Uttal

Uttalsmarkeringen i **Engelsk-svenska ordboken** följer huvudsakligen 14:e upplagan (1977) av Jones/Gimson: *English Pronouncing Dictionary.*

Vokaler

Långa		**Korta**	
[iː]	steel	[ɪ]	ring
		[e]	pen
		[æ]	back
[ɑː]	father	[ʌ]	run
[ɔː]	call	[ɒ]	top
[uː]	too	[ʊ]	put
[ɜː]	girl	[ə]	about

Diftonger		**Nasaler**
[eɪ]	name	Nasalering av vokal markeras med tilde ~ över vokaltecknet: [ɑ̃ː] **ensemble**
[aɪ]	line	
[ɔɪ]	boy	
[əʊ]	phone	
[aʊ]	now	
[ɪə]	here	
[eə]	there	
[ʊə]	tour	

Konsonanter

Tonande		**Tonlösa**	
[b]	back	[p]	people
[d]	drink	[t]	too
[g]	go	[k]	call
[v]	very	[f]	fish
[ð]	there	[θ]	think
[z]	freeze	[s]	strike
[ʒ]	usual	[ʃ]	shop
[dʒ]	job	[tʃ]	check
[j]	you		
		[h]	here
		[x][1]	Bach
[m]	my		
[n]	next		
[ŋ]	ring		
[l]	long		
[r]	red		
[w]	win		

[1] *ach*-ljud (som i tyska *machen*)

Huvudtryck markeras med lodrätt accenttecken *i överkant,* som placeras *före* den stavelse som uppbär huvudtrycket: **about** [əˈbaʊt]

Bitryck markeras med lodrätt accenttecken *i nederkant,* som placeras *före* den stavelse som uppbär bitrycket: **academic** [ˌækəˈdemɪk]

Variantuttal som endast innebär *ändrade accentförhållanden* anges vanligen med accenttecken och bindestreck, varvid varje bindestreck representerar en stavelse: **benzene** [ˈbenziːn, –ˈ–]

Ljud som kan ute… *v stil:* **change** [tʃeɪndʒ]

The Standard

Swedish–English English–Swedish Dictionary

Svensk–engelska Engelska–svensk ordbok

The Standard Swedish–English English–Swedish Dictionary

Holt, Rinehart and Winston Eastbourne

Esselte Studium Stockholm

This **English–Swedish Dictionary** has been produced by Esselte Studium's Dictionary Department:

Bo Svensén
Britt-Marie Berglund
Lars G. Hansson
Margareta Hylén
Börje Lindvall
Inger Rider
Sonia Siljeström
Lillemor Swedenborg
Mona Wiman

English editor: **Vincent Petti**

Holt, Rinehart & Winston Ltd
St. Anne's Road, Eastbourne, East Sussex, BN21 3UN

First Holt, Rinehart & Winston edition 1986

British Library Cataloguing in Publication Data

The Standard Swedish dictionary.
1. Swedish language—Dictionaries—English
2. English language—Dictionaries—Swedish

439.7'3'21 PD5640

ISBN 0 03 910705 1

Computerized phototypesetting: Esselte Digitype AB
Printed and bound in Great Britain by Richard Clay
(The Chaucer Press) Ltd, Bungay, Suffolk

Preface

This **English–Swedish Dictionary** is a shorter version of the *Comprehensive English–Swedish Dictionary* (1980). Its aim is to present a wide range of English words and phrases, proper names and general information at the same time as it retains the clarity and readability of the larger work.

It will be found indispensable to students and professional people as well as the general public. The dictionary covers the general range of vocabulary, both British and American. Apart from the retention of all the most important words and phrases in the larger dictionary, a number of improvements have been made. The total number of words and phrases runs to 60,000, the pronunciation of each headword being given, as well as information as to inflection and grammatical constructions. The **English–Swedish Dictionary** has been compiled by the editorial staff of Esselte Studium's Dictionary Department. The English Editor, Vincent Petti, of Stockholm University, has been responsible for the selection of words, phrases and senses, as well as for the pronunciations given. He was also consulted on all the problems that arose during the progress of the work.

Solna March 1983

ESSELTE STUDIUM
Dictionary Department

Guide to the Use of the English–Swedish Dictionary

The words are in strict alphabetical order and their spelling is as a rule British English, but American variants are consistently given. Proper names and abbreviations are included in the dictionary and are not treated separately.

When a headword consists of two or more words, these have been treated as if they were one word as regards alphabetical order:

alabaster
à la carte
alacrity

Words with the same spelling but of different origin have been treated as separate headwords and are preceded by a bold-faced numeral:

1 copper [ˈkɒpə] *s* sl. snut polis
2 copper [ˈkɒpə] *s* **1** koppar **2**...

Compounds may be written in three different ways:

a) as one word with a hyphen: *air-letter*
b) as one word without a hyphen: *airmail*
c) as two words: *air lane*

In this dictionary, compounds of the a) and b) type are listed as headwords. Compounds of the c) type are listed as examples under the first part of the compound. There is no uniform system however in English, so if a compound is not found as a headword, look under the first element of the compound.

The pronunciation system is explained on the inside cover.

Inflections are indicated when they are irregular:

arise [əˈraɪz] (*arose arisen*) *itr*
goose [gu:s] (pl. *geese* [gi:s])*s*

Irregular forms are also given as headwords with a reference to the basic form:

geese [gi:s] *s* pl. av *goose*

The different types of information that may occur in an entry are normally given in the same order:

1. Headword
2. Pronunciation
3. Inflection or Construction
4. Part of speech
5. Translation of headword
6. Phrase (with translation)

Here is a simple example with all the categories represented:

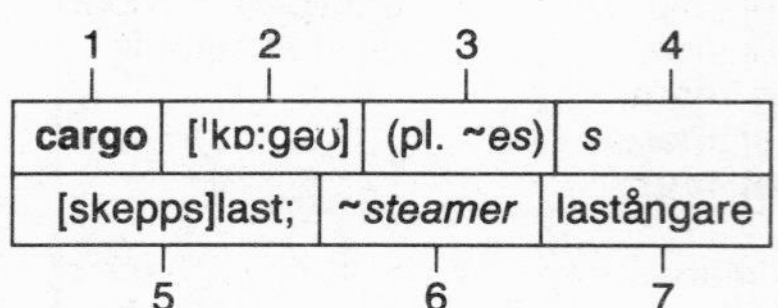

Symbols See pages vii–viii in the Swedish–English section of the dictionary

Abbreviations See pages ix–xvi in the Swedish–English section of the dictionary.

Pronunciation in the English–Swedish Dictionary

The phonetic notation is chiefly that used in the *English Pronouncing Dictionary* (14th Ed. 1977) by Gimson/Jones.

Vowels

Long		*Short*	
[i:]	st**ee**l	[ɪ]	r**i**ng
		[e]	p**e**n
		[æ]	b**a**ck
[ɑ:]	f**a**ther	[ʌ]	r**u**n
[ɔ:]	c**a**ll	[ɒ]	t**o**p
[u:]	t**oo**	[ʊ]	p**u**t
[ɜ:]	g**i**rl	[ə]	**a**bout

Diphthongs

[eɪ]	n**a**me
[aɪ]	l**i**ne
[ɔɪ]	b**oy**
[əʊ]	ph**o**ne
[aʊ]	n**ow**
[ɪə]	h**ere**
[eə]	th**ere**
[ʊə]	t**our**

Nasals

The nazalisation of vowels is marked with a tilde over the vowel symbol: [ɑ̃ :] ens**em**ble

Consonants

Voiced		*Voiceless*	
[b]	**b**ack		
[d]	**d**rink	[p]	**p**eople
[g]	**g**o	[t]	**t**oo
[v]	**v**ery	[k]	**c**all
[ð]	**th**ere	[f]	**f**ish
[z]	free**z**e	[θ]	**th**ink
[ʒ]	u**s**ual	[s]	**s**trike
[dʒ]	**j**ob	[ʃ]	**sh**op
[j]	**y**ou	[tʃ]	**ch**eck
		[h]	**h**ere
[m]	**m**y	[x][1]	Ba**ch**
[n]	**n**ext		
[ŋ]	ri**ng**		
[l]	**l**ong		
[r]	**r**ed		
[w]	**w**in		

[1] *ch*-sound as in Scottish *loch*, German *machen*

Primary stress is indicated by means of the ˈ sign placed *before* a syllable: **about** [ˈba t]

Secondary stress is indicated by means of the ˌ sign placed *before* a syllable: **academic** [ˌæk ˈdemɪk]

A variant pronunciation involving only a change of stress pattern is indicated thus: **benzene** [ˈbenzi:n,–ˈ–]

Sounds that may be omitted are indicated by an *italicized* symbol: **change** [t eɪn*d*]

1

Engelsk–svenska
English–Swedish

A, a [eɪ] (pl. *A's, a's* [eɪz]) *s* A, a; *A flat* mus. ass; *A sharp* mus. aiss; *he knows the subject from A to Z* han kan ämnet utan och innan
A [eɪ] *a* o. *s* (förk. för *adult*) [film som är] olämplig för barn under 14 år
A1 [eɪ'wʌn] *a* **1** sjö. A1 beteckn. för fartyg av första klassen i Lloyd's Register **2** fam. förstklassig, prima; i toppform [*feel* ~]
1 a el. **an** [ə resp. ən, n; beton. eɪ resp. æn] *obest art* **1** en, ett **2** samma; *they are of a size* de är av [en och] samma storlek; *two at a time* två i taget (åt gången) **3** per; *twice a day* äv. två gånger om dagen
2 @ [æt] hand. (vid prisnotering) à
A.A. förk. för *Automobile Association*
AB ['eɪ'bi:] Am. = *B.A.* förk. för *Bachelor of Arts*
aback [ə'bæk] *adv, be taken* ~ bildl. baxna
abacus ['æbəkəs] *s* kulram, räkneram
abandon [ə'bændən] **I** *tr* **1** ge upp [~ *an attempt*], frångå **2** överge [*he has* ~*ed his wife*], lämna [*the sailors* ~*ed the ship*] **3** ~ *o.s.* hänge sig [*to* åt] **II** *s* otvungenhet; frigjordhet; *with* ~ uppsluppet, ohämmat
abandoned [ə'bændənd] *a* **1** lössläppt, utsvävande **2** övergiven
abandonment [ə'bændənmənt] *s* **1** över-, uppgivande **2** övergivenhet **3** hängivelse **4** otvungenhet; frigjordhet
abase [ə'beɪs] *tr* förnedra, förödmjuka
abash [ə'bæʃ] *tr* göra generad (förlägen)
abate [ə'beɪt] **I** *tr* **1** minska, dämpa, lindra **2** sänka, slå av på [~ *the price*] **II** *itr* avta, mojna
abbess ['æbes] *s* abbedissa
abbey ['æbɪ] *s* abbotskloster, abbedisskloster; klosterkyrka
abbot ['æbət] *s* abbot
abbreviate [ə'bri:vɪeɪt] *tr* förkorta, avkorta
abbreviation [əˌbri:vɪ'eɪʃən] *s* förkortning; kortform
ABC ['eɪbi:'si:] *s* abc, alfabet; *the* ~ *of gardening* trädgårdsskötselns abc (grunder)
abdicate ['æbdɪkeɪt] **I** *tr* avsäga sig **II** *itr* abdikera
abdication [ˌæbdɪ'keɪʃən] *s* abdikation, avsägelse
abdomen ['æbdəmen] *s* abdomen, buk, mage; [*lower*] ~ underliv
abdominal [æb'dɒmɪnl] *a* abdominal, buk-, underlivs-; ~ *belt* maggördel
abduct [æb'dʌkt] *tr* röva bort, enlevera
Abel ['eɪbəl]
Aberdeen [ˌæbə'di:n]
Aberdonian [ˌæbə'dəunjən] *s* aberdeenbo
aberration [ˌæbə'reɪʃən] *s* **1** villfarelse; avvikelse **2** abnormitet **3** *in a moment of* ~ i ett anfall av sinnesförvirring
abet [ə'bet] *tr* medverka till brott; [*aid and*] ~ *a p.* vara ngns medhjälpare i brott
abettor [ə'betə] *s* medhjälpare i brott
abeyance [ə'beɪəns] *s, be in* ~ vila, ligga nere, få anstå; *fall* (*go*) *into* ~ komma ur bruk; träda ur kraft för en tid
abhor [əb'hɔ:] *tr* avsky
abhorrence [əb'hɒrəns] *s* avsky, fasa
abhorrent [əb'hɒrənt] *a* motbjudande, förhatlig [*to* för]
abide [ə'baɪd] (*abode abode* el. reg.) **I** *itr* **1** end. reg., ~ *by* stå fast vid [~ *by a promise*]; hålla sig till; stå för [~ *by the consequences*]; foga sig efter [~ *by a p.'s decision*] **2** poet. dröja, stanna [kvar]; vistas **II** *tr* **1** tåla, stå ut med **2** foga sig efter [~ *a decision*]
abiding [ə'baɪdɪŋ] *a* bestående, varaktig
ability [ə'bɪlətɪ] *s* **1** förmåga; skicklighet, duglighet; *to the best of my* ~ efter bästa förmåga **2** begåvning; mest pl. *-ies* anlag, talanger; *a man of* ~ en begåvad man
abject ['æbdʒekt] *a* **1** usel, eländig **2** ynklig, krypande
ablative ['æblətɪv] *a* o. *s* gram. ablativ[-]
ablaze [ə'bleɪz] *adv* o. pred. *a* **1** i brand, i lågor **2** starkt upplyst, bildl. glödande [*with* av]
able ['eɪbl] *a* **1** duglig, skicklig, duktig, kunnig; *be* ~ *to do a th.* kunna (vara i stånd att) göra ngt **2** ~ *seaman* se *able-bodied 2*
able-bodied ['eɪbl'bɒdɪd] *a* **1** stark, arbetsför **2** ~ *seaman* matros
ablution [ə'blu:ʃən] *s, perform o.'s* ~*s* skämts. tvätta sig
ably ['eɪblɪ] *adv* skickligt, duktigt, kunnigt
ABM ['eɪbi:'em] förk. för *anti-ballistic missile*
abnormal [æb'nɔ:məl] *a* abnorm, onormal
abnormality [ˌæbnɔ:'mælətɪ] *s* abnormitet, avvikelse [från det normala]
abnormity [æb'nɔ:mətɪ] *s, the* ~ *of the crime* det monstruösa i brottet
aboard [ə'bɔ:d] *adv* o. *prep* ombord [på]; *all* ~*!* alla passagerare ombord!
abode [ə'bəud] **I** *s* **1** litt. boning, bostad, hem **2** vistelse; *with* (*of*) *no fixed* ~ jur. utan stadig hemvist **II** imp. o. pp. av *abide*
abolish [ə'bɒlɪʃ] *tr* avskaffa, upphäva
abolition [ˌæbəʊ'lɪʃən] *s* avskaffande
A-bomb ['eɪbɒm] *s* atombomb
abominable [ə'bɒmɪnəbl] *a* avskyvärd, vederstygglig; fam. urusel, gräslig [~ *weather*]
abominate [ə'bɒmɪneɪt] *tr* avsky
abomination [əˌbɒmɪ'neɪʃən] *s* avsky; styggelse
aboriginal [ˌæbə'rɪdʒənl] **I** *a* ursprunglig,

urfolklig; ~ *tribes* urfolk **II** *s* urinvånare
aborigin|e [ˌæbəˈrɪdʒɪn|ɪ] (pl. *-es* [-i:z]) *s* urinvånare, inföding
abort [əˈbɔ:t] *itr* **1** få missfall, abortera **2** förkrympa **3** fam. misslyckas, stranda
abortion [əˈbɔ:ʃən] *s* **1** missfall; abort; *have an* ~ få abort **2** missbildad varelse **3** misslyckande
abortionist [əˈbɔ:ʃənɪst] *s* abortör
abortive [əˈbɔ:tɪv] *a* **1** förkrympt, ofullgången **2** felslagen, dödfödd; misslyckad
abound [əˈbaund] *itr* **1** finnas i överflöd **2** ~ *in* (*with*) ha i överflöd, vimla av
about [əˈbaut] **I** *prep* **1** i rumsbet. omkring (runt) i (på) [*walk* ~ *the town*]; [runt]omkring [*the fields* ~ *Oxford*], om [*bind a rope* ~ *him*]; *somewhere* ~ *here* här någonstans **2** på sig [*I have no money* ~ *me*]; hos [*there is something* ~ *him* (*it*) *I don't like*], med, över **3** om [*tell me* ~ *it*], angående; i, i fråga om, med [*careless* ~ *his appearance*]; över; *be* ~ handla om, gälla; *well, what* ~ *it?* nå, än sen?; *what* (*how*) ~ . . *?* hur är (var, går, gick) det med . .?, hur skulle det vara (smaka) med . .? [*what* (*how*) ~ *a cup of tea?*]; ska vi . .? [*what* (*how*) ~ *going to the cinema?*] **4** sysselsatt med; *while you are* ~ *it* medan du [ändå] håller på; *you have been a long time* ~ *it* du har tagit god tid på dig [med det] **5** i måtts- och tidsuttryck omkring [*for* ~ *five miles,* ~ *6 o'clock*], jfr äv. *II 5*; *he is* ~ *your size* han är ungefär av din storlek **II** *adv* **1** omkring [*rush* ~], runt [*go* ~ *in circles*]; runtomkring; hit och dit [*order a p.* ~]; se äv. under resp. vb; *all* ~ på alla sidor, runtomkring **2** om åt motsatt (annat) håll; *right* ~*!* höger om!; *it's* [*quite*] *the other way* ~ det är precis tvärtom **3** ute, i rörelse, i farten, i omlopp; liggande framme; *be* ~ äv. finnas [att få]; *there is a lot of influenza* ~ influensan går mycket [just nu]; *be* [*out and*] ~ vara uppe (igång [igen]) efter sjukdom, vara på benen **4** *take turns* ~ tura[s] om **5** ungefär, nästan [~ *as high as that tree*]; *that's* ~ *right* (~ *it*)*!* fam. så är det, ungefär!; det är lagom! **6** *be* ~ *to* + inf. stå i begrepp att, [just] skola [*he was* ~ *to leave*]
about-face [əˈbautˈfeɪs] *s* o. *itr* isht Am. = följ.
about-turn [əˈbautˈtɜ:n] **I** *s* helomvändning äv. bildl. **II** *itr* göra helt om; bildl. göra en helomvändning
above [əˈbʌv] **I** *prep* över högre än; ovan[för]; mer än; jämte, utom; ~ *all* framför allt; *over and* ~ förutom; *it is* ~ *me* det går över mitt förstånd (min förmåga); *he is* ~ *suspicion* han är höjd över alla misstankar; *he is* ~ *telling a lie* han håller sig för god att ljuga **II** *adv* **1** ovan [*the statement* ~]; där ovan; här ovan; ovanför; upptill; *from* ~ upp-, ovan|ifrån, bildl. från högre ort **2** däröver; [*books of 100 pages*] *and* ~ . . och mer **III** *a* o. *s* ovanstående; *the* ~ ovannämnda [person]; [det] ovanstående
above-board [əˈbʌvˈbɔ:d] **I** *adv* öppet, ärligt **II** pred. *a* öppen, ärlig
above-mentioned [əˌbʌvˈmenʃənd] *a* ovannämnd, anförd
abracadabra [ˌæbrəkəˈdæbrə] *s* abrakadabra, ss. trolleriformel äv. hokuspokus
Abraham [ˈeɪbrəhæm, -həm]
abrasion [əˈbreɪʒən] *s* avskavning; slitning
abrasive [əˈbreɪsɪv] **I** *s* slip|medel, -pasta **II** *a* **1** avslipande, slip- [~ *paper*] **2** bildl. a) skrovlig, sträv [*an* ~ *voice*] b) motsträvig
abreast [əˈbrest] *adv* i bredd, bredvid varandra; ~ *of* (*with*) i jämnhöjd (nivå) med, jämsides med, inte efter i utveckling etc.; *keep* ~ *with a p.* hålla jämna steg med ngn; ~ *of the times* med sin tid
abridge [əˈbrɪdʒ] *tr* förkorta, korta av [på]
abridg[e]ment [əˈbrɪdʒmənt] *s* **1** förkortning **2** sammandrag
abroad [əˈbrɔ:d] *adv* **1** utomlands, utrikes, i (till) utlandet [*live* (*go*) ~] **2** i farten [*few people were* ~]; i svang (omlopp); *there is a rumour* ~ det går ett rykte
abrogate [ˈæbrəugeɪt] *tr* avskaffa, upphäva
abrupt [əˈbrʌpt] *a* **1** tvär, brådstörtad, abrupt **2** ryckig isht om stil; tvär, korthuggen, brysk
abscess [ˈæbsɪs] *s* böld, bulnad, abscess
abscond [əbˈskɒnd] *itr* avvika, rymma
absence [ˈæbsəns] *s* **1** frånvaro; se äv. *1 leave III 2* **2** brist [*of* på]; avsaknad, frånvaro [*of* av] **3** ~ *of mind* tankspriddhet
absent [ss. adj. ˈæbsənt, ss. vb æbˈsent] **I** *a* **1** frånvarande; se äv. *1 leave III 2* **2** obefintlig **3** tankspridd **II** *refl* hålla sig borta
absentee [ˌæbsənˈti:] *s* frånvarande; skolkare
absenteeism [ˌæbsənˈti:ɪzəm] *s* [ogiltig] frånvaro från arbetet; skolk
absent-minded [ˈæbsəntˈmaɪndɪd] *a* tankspridd, disträ
absolute [ˈæbsəlu:t, -lju:t] *a* **1** absolut [*an* ~ *majority*], fullständig [~ *freedom*]; total; ren, komplett [*an* ~ *fool*], riktig [*an* ~ *genius*] **2** enväldig, oinskränkt [~ *power*], absolut [*an* ~ *monarchy*] **3** fackl. absolut [~ *temperature*] **4** gram. absolut [~ *comparative*]
absolutely [ˈæbsəlu:tlɪ, -lju:-, i bet. *2* ˌ- -ˈ- -] *adv* **1** absolut, fullständigt etc., jfr *absolute*; helt [och hållet], alldeles **2** fam., ~*!* absolut!
absolution [ˌæbsəˈlu:ʃən, -ˈlju:-] *s* **1** frikännande **2** teol. absolution; avlösning
absolve [əbˈzɒlv] *tr* **1** frikänna; lösa, frita[ga] [*from* från] **2** teol. meddela avlösning

absorb [əb'sɔ:b, əb'z-] *tr* **1** absorbera; införliva; *be ~ed by* uppgå i **2** uppsluka, helt uppta[ga]; *be ~ed in* vara försjunken i
absorbent [əb'sɔ:bənt, əb'z-] **I** *a* absorberande; *~ cotton* isht Am. bomull, vadd **II** *s* absorberande medel
absorbing [əb'sɔ:bɪŋ, əb'z-] *a* absorberande; bildl. fängslande
absorption [əb'sɔ:pʃən, əb'z-] *s* **1** absorbering, absorption **2** försjunkenhet
abstain [əb'steɪn] *itr* **1** avstå; avhålla sig; vara avhållsam **2** *~* [*from voting*] lägga ned sin röst
abstemious [æb'sti:mjəs] *a* återhållsam, avhållsam
abstention [əb'stenʃən] *s* **1** *~* [*from voting*] röstnedläggelse; *two ~s* två nedlagda röster **2** återhållsamhet
abstinence ['æbstɪnəns] *s* avhållelse [*from* från]; av-, åter|hållsamhet, nykterhet
abstinent ['æbstɪnənt] *a* av-, åter|hållsam, måttlig, nykter
abstract [ss. adj. o. subst. 'æbstrækt, ss. vb -'-] **I** *a* abstrakt; teoretisk; *~ mathematics* ren matematik **II** *s* **1** abstrakt begrepp; *in the ~* i princip (teorin) **2** sammandrag, utdrag, referat **III** *tr* **1** abstrahera; ta bort **2** sammanfatta, göra sammandrag av
abstraction [æb'strækʃən] *s* **1** abstraktion **2** borttagande **3** tankspriddhet
abstruse [æb'stru:s] *a* svårfattlig, dunkel
absurd [əb'sɜ:d] *a* orimlig, absurd
absurdity [əb'sɜ:dətɪ] *s* o. **absurdness** [əb'sɜ:dnəs] *s* orimlighet, absurditet
abundance [ə'bʌndəns] *s* **1** överflöd; [stor] mängd **2** rikedom
abundant [ə'bʌndənt] *a* **1** överflödande, riklig **2** rik [*in* på]
abuse [ss. subst. ə'bju:s, ss. vb ə'bju:z] **I** *s* **1** missbruk; missförhållande **2** ovett, glåpord, smädelser [*a stream of ~*]; *a word of ~* ett okvädinsord **II** *tr* **1** missbruka **2** skymfa
abusive [ə'bju:sɪv] *a* ovettig, smädlig
abut [ə'bʌt] *itr, ~ on* gränsa intill
abysmal [ə'bɪzməl] *a* bottenlös; urusel
abyss [ə'bɪs] *s* avgrund
Abyssinia [ˌæbɪ'sɪnjə] hist. Abessinien
Abyssinian [ˌæbɪ'sɪnjən] hist. **I** *s* abessinier **II** *a* abessinsk
A.C. ['eɪ'si:] förk. för *alternating current* växelström
A/C el. **a/c** hand., förk. för *account II 2*
acacia [ə'keɪʃə] *s* akacia
academic [ˌækə'demɪk] **I** *a* akademisk; teoretisk **II** *s* akademiker; teoretiker
academician [əˌkædə'mɪʃən] *s* akademimedlem
academy [ə'kædəmɪ] *s* **1** akademi; *~ of music* musikhögskola; *riding ~* ridskola **2** lärt samfund, akademi [*The Royal A ~*]
accede [æk'si:d] *itr, ~ to* a) tillträda ämbete; komma på [*~ to the throne*] b) [an]sluta sig till parti c) instämma i; gå med på
accelerate [ək'seləreɪt] **I** *tr* påskynda, accelerera **II** *itr* accelerera
acceleration [əkˌselə'reɪʃən] *s* acceleration; påskyndande
accelerator [ək'seləreɪtə] *s* gaspedal; fys., kem. accelerator
accent [ss. subst. 'æksənt, ss. vb æk'sent] **I** *s* **1** accent, tryck, betoning, tonvikt **2** accent, brytning; *speak with a German ~* äv. bryta på tyska **3** accent[tecken] **4** fam. tonvikt; *with the ~ on* med tonvikt på **II** *tr* betona, accentuera
accentuate [æk'sentjʊeɪt] *tr* betona, accentuera
accentuation [ækˌsentjʊ'eɪʃən] *s* betoning, accentuering
accept [ək'sept] *tr* **1** anta, acceptera, motta, ta emot **2** godta [*~ an excuse*]; erkänna, gå med på [*~ a p.'s terms*]; ansluta sig till teori etc.; acceptera **3** hand. acceptera växel
acceptability [əkˌseptə'bɪlətɪ] *s* godtagbarhet; acceptabilitet
acceptable [ək'septəbl] *a* antaglig, godtagbar, acceptabel; välkommen [*to* för]
acceptance [ək'septəns] *s* **1** antagande etc., jfr *accept I* **2** godtagande; erkännande; bifall, anslutning, accepterande; *gain wide ~* accepteras i vida kretsar
accepted [ək'septɪd] *a* allmänt erkänd (accepterad), vedertagen
access ['ækses] *s* **1** tillträde; tillgång; ingång, väg [*to* till]; tillgänglighet; *~ road* tillfartsväg till motorväg; *easy of ~* lättåtkomlig **2** anfall, utbrott [*of* av]
accessary [ək'sesərɪ] **I** *s* **1** [med]hjälpare, medbrottsling **2** se *accessory II 1* **II** pred. *a* medbrottslig, delaktig [*to* i]
accessible [ək'sesəbl] *a* tillgänglig, åtkomlig [*to* för]
accession [æk'seʃən] *s* **1** tillträde; inträdande [*to* i]; *~* [*to the throne*] tronbestigning **2** anslutning [*to* till]; biträdande [*to* av] **3** tillskott, tillökning, tillägg
accessor|y [ək'sesərɪ] **I** *a* **1** åtföljande, bidragande, bi- **2** se *accessary II* **II** *s* **1** pl. *-ies* tillbehör, accessoarer **2** se *accessary I 1*
accidence ['æksɪdəns] *s* språkv. formlära
accident ['æksɪdənt] *s* **1** tillfällighet, slump; *by ~* av en händelse (slump) **2** olycks|fall, -händelse, olycka; *~s will happen* en olycka händer så lätt
accidental [ˌæksɪ'dentl] *a* **1** tillfällig, oavsiktlig **2** oväsentlig
acclaim [ə'kleɪm] *tr* tilljubla, hylla [*~ the winner*]; hälsa såsom [*they ~ed him king*]
acclamation [ˌæklə'meɪʃən] *s* **1** vanl. pl. *~s* bifallsrop, hälsningsjubel **2** acklamation

acclimatize [ə'klaɪmətaɪz] **I** *tr* acklimatisera; anpassa **II** *itr* acklimatisera sig
accolade ['ækəʊleɪd] *s* **1** dubbning till riddare, riddarslag **2** hyllning, lovord [*the ~s of the critics*]
accommodate [ə'kɒmədeɪt] *tr* **1** inhysa, logera, ge husrum, inkvartera; rymma **2** lämpa, anpassa, passa in [*to* efter]; ställa in; ackommodera **3** försona **4** hjälpa
accommodating [ə'kɒmədeɪtɪŋ] *a* tillmötesgående
accommodation [əˌkɒmə'deɪʃən] *s* **1** [Am. vanl. pl. *~s*] bostad, [hus]rum, logi **2** anpassning, avpassande [*to* efter] **3** visat tillmötesgående **4** uppgörelse
accompaniment [ə'kʌmpənɪmənt] *s* **1** tillbehör, bihang **2** mus. ackompanjemang
accompanist [ə'kʌmpənɪst] *s* ackompanjatör, ackompanjatris
accompan|y [ə'kʌmpənɪ] *tr* **1** beledsaga **2** åtfölja [*-ied by his son*], följa med, göra sällskap med; *-ied with* bildl. åtföljd av **3** mus. ackompanjera
accomplice [ə'kʌmplɪs, -'kɒm-] *s* medbrottsling
accomplish [ə'kʌmplɪʃ, -'kɒm-] *tr* **1** utföra; uträtta [*he will never ~ anything*], åstadkomma; uppfylla **2** fullborda
accomplished [ə'kʌmplɪʃt, -'kɒm-] *a* fulländad; fint bildad
accomplishment [ə'kʌmplɪʃmənt, -'kɒm-] *s* **1** utförande; fullbordande; jfr f. ö. *accomplish* **2** prestation **3** pl. *~s* talanger
accord [ə'kɔ:d] **I** *tr* bevilja, medge **II** *itr* vara i överensstämmelse, stämma överens **III** *s* **1** samstämmighet, överensstämmelse; *in ~ with* i överensstämmelse med; *with one ~* enhälligt **2** a) överenskommelse b) förlikning **3** *of o.'s own ~* självmant
accordance [ə'kɔ:dəns] *s, in ~ with* i överensstämmelse (enlighet) med
according [ə'kɔ:dɪŋ] *adv* **1** *~ as* konj. i den mån som, alltefter som **2** *~ to* prep. enligt, efter; alltefter [*~ to circumstances*]
accordingly [ə'kɔ:dɪŋlɪ] *adv* **1** i enlighet därmed, därefter **2** således, följaktligen
accordion [ə'kɔ:djən] *s* dragspel
accost [ə'kɒst] *tr* **1** [gå fram till och] tilltala **2** antasta
account [ə'kaʊnt] **I** *tr* o. *itr* **1** *~ for* **a)** redovisa [för], svara för **b)** tjäna som förklaring på; *that ~s for it* det förklarar saken **2** betrakta såsom, anse [såsom] **II** *s* **1** beräkning; pl. *~s* handelsräkning **2** räkning, konto; pl. *~s* räkenskaper; *current ~, ~ current* löpande räkning, kontokurant; *balance* (*square* jfr ex. nedan) *~s with a p.* utjämna sitt konto hos ngn; *keep ~s* föra räkenskaper (böcker); *open an ~ with* öppna konto hos; *pay* (*settle*) *an ~* betala (göra upp) en räkning; *put down to a p.'s ~* uppföra på ngns konto; *settle* (*square*) *~s with a p.* bildl. göra upp [räkningen] med ngn; *on ~* a conto, i avräkning (avbetalning) [*of* på]; *on o.'s own ~* för egen räkning; *on a p.'s ~* för ngns skull; *on that ~* för den [sakens] skull; *on no ~, not on any ~* på inga villkor; *on ~ of* på grund av, med anledning av **3** *turn* (*put*) *to ~* dra nytta av, använda till sin fördel **4** redovisning; *call* (*bring*) *a p. to ~* ställa ngn till svars; *give a good ~ of o.s.* sköta sig bra **5** uppskattning, värdering; *leave out of ~* lämna ur räkningen; *take into ~* ta med i [be]räkningen; ta hänsyn till; *of no ~* utan betydelse **6** berättelse, redogörelse, rapport, beskrivning; *give an ~ of* redogöra för; *by all ~s* efter allt vad man har hört
accountable [ə'kaʊntəbl] *a* **1** ansvarig [*for a th.* för ngt; *to* inför] **2** förklarlig
accountancy [ə'kaʊntənsɪ] *s* bokföring
accountant [ə'kaʊntənt] *s* räkenskapsförare; kamrer; *chartered* (*certified public* Am.) *~* auktoriserad revisor
accoutrement [ə'ku:təmənt, -trə-] *s*, mest i pl. *~s* utrustning, utstyrsel; mil. munderingspersedlar
accredit [ə'kredɪt] *tr* ackreditera [*to* hos, i]; befullmäktiga
accretion [ə'kri:ʃən] *s* **1** tillväxt; tillskott, tillsats **2** anhopning, avlagring [*~s of dirt*]
accrue [ə'kru:] *itr* **1** tillkomma; tillfalla [*to a p.* ngn] **2** växa till, uppstå [*from* av] isht om ränta; *~d interest* upplupen ränta
accumulate [ə'kju:mjʊleɪt] **I** *tr* hopa, samla [ihop (på hög)], ackumulera **II** *itr* hopa sig, ackumuleras
accumulation [əˌkju:mjʊ'leɪʃən] *s* anhopning, ackumulation; samlande
accumulator [ə'kju:mjʊleɪtə] *s* fys., data. ackumulator
accuracy ['ækjʊrəsɪ] *s* exakthet, precision, riktighet; noggrannhet
accurate ['ækjʊrət] *a* exakt, precis, riktig; noggrann
accursed [ə'kɜ:sɪd] *a* förbannad
accusation [ˌækju:'zeɪʃən] *s* anklagelse, beskyllning
accusative [ə'kju:zətɪv] *s* ackusativ; *the ~* [*case*] ackusativ[en]
accuse [ə'kju:z] *tr* **1** anklaga [*of* för; *before, to* inför, hos], beskylla [*of* för]; *the ~d* den anklagade **2** klandra
accustom [ə'kʌstəm] *tr* vänja [*to* vid]
accustomed [ə'kʌstəmd] *a* **1** van [*to* vid] **2** [sed]vanlig
ace [eɪs] *s* **1** ess, äss; etta på tärning etc. **2** *within an ~ of* ytterst nära **3** pers. äss, stjärna [*tennis ~*] **4** i tennis serveäss
acerbity [ə'sɜ:bətɪ] *s* skärpa, bildl. syrlighet

acetate ['æsɪteɪt, -tət] *s* acetat
acetic [ə'si:tɪk] *a,* ~ *acid* ättiksyra
acetone ['æsɪtəʊn] *s* aceton
acetylene [ə'setɪli:n] *s* acetylen[gas]
ache [eɪk] **I** *itr* värka, göra ont; ~ *for* längta [intensivt] efter **II** *s* värk
achieve [ə'tʃi:v] *tr* **1** utföra, uträtta; åstadkomma, prestera **2** [upp]nå [~ *o.'s aims*]
achievement [ə'tʃi:vmənt] *s* **1** utförande, verkställande **2** verk; insats; prestation
Achilles [ə'kɪli:z] Akilles; ~' *heel* akilleshäl
acid ['æsɪd] **I** *a* sur; bitter, syrlig äv. bildl. **II** *s* syra; ~ *test* bildl. eldprov, prövosten
acidity [ə'sɪdətɪ] *s* aciditet; syrlighet
acidulous [ə'sɪdjʊləs] *a* syrlig
acknowledge [ək'nɒlɪdʒ] *tr* **1** erkänna [~ *o.s. beaten*; ~ *o.'s mistake*], tillstå, kännas vid **2** ~ [*receipt of*] bekräfta (erkänna) mottagandet av **3** uttrycka sin erkänsla för [~ *a p.'s services*] **4** ~ *a p.* kännas vid ngn
acknowledg[e]ment [ək'nɒlɪdʒmənt] *s* **1** erkännande; bekräftelse **2** kvitto **3** *in* ~ *of* [*your help*] till tack för . .
acme ['ækmɪ] *s* höjdpunkt, kulmen
acne ['æknɪ] *s* akne, 'finnar'
acorn ['eɪkɔ:n] *s* ekollon
acoustic[al] [ə'ku:stɪk, -əl] *a* akustisk, ljud-
acoustics [ə'ku:stɪks] *s* **1** (konstr. som pl.) akustik **2** (konstr. som sg.) akustik läran om ljudet
acquaint [ə'kweɪnt] *tr* **1** ~ *o.s. with* bekanta sig med; sätta sig in i; *be* ~*ed with* vara bekant med; vara insatt i, känna [till] **2** ~ *a p. with a th.* underrätta ngn om ngt
acquaintance [ə'kweɪntəns] *s* **1** bekantskap [*with* med]; kännedom [*with* om]; *make a p.'s* ~ (*the* ~ *of a p.*) göra bekantskap med ngn (ngns bekantskap); *a nodding* (*bowing*) ~ en flyktig bekantskap **2** bekant; *circle of* ~*s* bekantskapskrets
acquaintanceship [ə'kweɪntənʃɪp] *s* **1** bekantskap **2** bekantskapskrets
acquiesce [ˌækwɪ'es] *itr* samtycka [*in* till]; foga sig
acquiescence [ˌækwɪ'esns] *s* samtycke [*in* till], accepterande [*in* av]
acquiescent [ˌækwɪ'esnt] *a* eftergiven, medgörlig
acquire [ə'kwaɪə] *tr* förvärva, skaffa [sig]; ~ *a taste for* få smak för; pp.: ~*d* förvärvad; inlärd; som man har lagt sig till med [*an* ~*d habit*]
acquirement [ə'kwaɪəmənt] *s* **1** förvärvande **2** isht pl.: ~*s* färdigheter, talanger
acquisition [ˌækwɪ'zɪʃən] *s* **1** förvärvande, tillägnande **2** förvärv, ackvisition
acquisitive [ə'kwɪzɪtɪv] *a* förvärvslysten; hagalen; *the* ~ *society* ung. prylsamhället
acquisitiveness [ə'kwɪzɪtɪvnəs] *s* habegär
acquit [ə'kwɪt] *tr* **1** fritaga, frikänna [*of* från] **2** ~ *o.s. well* sköta sig bra
acquittal [ə'kwɪtl] *s* **1** frikännande; *sentence of* ~ frikännande dom **2** fullgörande av plikt
acre ['eɪkə] *s* ytmått 'acre' (4 047 m^2), ung. tunnland
acreage ['eɪkərɪdʒ] *s* antal 'acres'; areal
acrid ['ækrɪd] *a* bitter, skarp; kärv, frän
acridity [æ'krɪdətɪ] *s* o. **acridness** ['ækrɪdnəs] *s* bitterhet; frånhet
acrimonious [ˌækrɪ'məʊnjəs] *a* bitter, skarp, kärv, frän [~ *dispute*]
acrimony ['ækrɪmənɪ] *s* skärpa, bitterhet
acrobat ['ækrəbæt] *s* akrobat
acrobatic [ˌækrəʊ'bætɪk] *a* akrobatisk
acrobatics [ˌækrəʊ'bætɪks] (konstr. ss. pl.) *s* akrobatik, akrobatkonster
acronym ['ækrəʊnɪm] *s* akronym initialord som uttalas som ett 'vanligt' ord (t. ex. NATO)
across [ə'krɒs] (se äv. under resp. verb, t. ex. *get, put*) **I** *adv* **1** över; på tvären, tvärs; i korsord vågrätt; *measure a th.* ~ mäta ngt på bredden **2** över [*come* ~ *to my office tomorrow*], på (till) andra sidan **3** i kors **II** *prep* **1** över, tvärsöver, på, genom; ~ *the years* genom åren; *come* (*run*) ~ komma över ngt, stöta (råka) på ngt (ngn) **2** över, på (till) andra sidan [av] [~ *the river*]
acrylic [ə'krɪlɪk] *a,* ~ *fibre* akrylfiber
act [ækt] **I** *s* **1** handling, gärning, åtgärd; *the Acts* [*of the Apostles*] Apostlagärningarna; ~ *of charity* barmhärtighetsverk; ~ *of faith* troshandling, hjärtesak; ~ *of God* jur. force majeure, laga hinder; *caught in the* [*very*] ~ tagen på bar gärning **2** parl. beslut [*A*~ *of Parliament*]; lag, laga stadga **3** teat. akt; nummer [*a circus* ~]; *put on an* ~ låtsas, spela teater **II** *itr* **1** handla [*towards a p.* mot ngn]; agera, uppträda; ingripa; bete sig; ~ *on a p.'s advice* handla efter ngns råd **2** fungera, tjänstgöra [*as* som]; verka; ~ *for* (*on behalf of*) *a p.* representera (företräda) ngn **3** [in]verka, göra verkan [*on* på] **4** teat. spela [teater] äv. bildl. **III** *tr* **1** uppföra pjäs; uppträda som; spela [~ [*the part of*] *Hamlet*], agera **2** ~ *out* psykol. agera ut
acting ['æktɪŋ] **I** *a* [för tillfället] tjänstgörande, tillförordnad [~ *consul,* ~ *headmaster*] **II** *s* teat. spel, spelsätt
action ['ækʃən] *s* **1** handling, aktion; handlande, uppträdande; agerande; *take* ~ ingripa, handla, vidta åtgärder; *a man of* ~ en handlingsmänniska **2** inverkan [*by the* ~ *of the air*]; verkan [*the* ~ *of the drug*] **3** funktion [*the* ~ *of the heart*], gång hos maskin o. d.; *put into* ~ sätta i gång (i verket); *put out of* ~ sätta ur funktion, [för]sätta ur spel, mil. försätta ur stridbart skick

4 konkr. verk, mekanism; [piano]mekanik **5** handling i pjäs, roman etc. **6** jur. [laga] åtgärder; *bring an ~ against* väcka åtal mot **7** strid, aktion [*go into ~*]
activate ['æktɪveɪt] *tr* göra aktiv, aktivera
activation [ˌæktɪ'veɪʃən] *s* aktivering
active ['æktɪv] **I** *a* **1** aktiv; verksam, verkande; flitig, livlig; rörlig; *~ capital* rörligt kapital **2** gram., *the ~ voice* aktiv form, aktiv[um] **II** *s* gram., *the ~* aktiv[um]
activit|y [æk'tɪvətɪ] *s* **1** aktivitet, verksamhet **2** energi, flit **3** pl. *-ies* verksamhet; *leisure-time -ies* fritidssysselsättningar
actor ['æktə] *s* skådespelare, aktör
actress ['æktrəs] *s* skådespelerska, aktris
actual ['æktʃuəl] *a* **1** faktisk, verklig, formlig; *during the ~ ceremony* under själva ceremonin; *in ~ fact* i själva verket **2** nuvarande, pågående
actually ['æktʃuəlɪ] *adv* **1** egentligen, i själva verket **2** faktiskt, verkligen
actuate ['æktjueɪt] *tr* **1** sätta i rörelse **2** driva [*be ~d by love of o.'s country*]
acuity [ə'kju:ətɪ] *s* skärpa; skarpsinne
acumen [ə'kju:men, 'ækjumen] *s* skarp|sinnighet, -sinne; *business ~* utpräglat sinne för affärer
acupuncture ['ækjupʌŋktʃə] *s* med. akupunktur
acute [ə'kju:t] *a* **1** spetsig, skarp, fin; *~ angle* spetsig vinkel **2** skarp, häftig, intensiv **3** hög, gäll **4** skarpsinnig **5** akut [*~ disease*; *~ accent*]
A.D. ['eɪ'di:, 'ænəʊ'dɒmɪnaɪ] (förk. för *Anno Domini* se d. o.) e. Kr.
ad [æd] *s* fam. (kortform för *advertisement*) annons
adage ['ædɪdʒ] *s* ordspråk, tänkespråk
adagio [ə'dɑ:dʒɪəʊ] *s* o. *adv* mus. adagio
Adam ['ædəm] egennamn; *as old as ~* gammal som gatan
adamant ['ædəmənt] *a* orubblig, benhård, obeveklig
adapt [ə'dæpt] *tr* (se äv. *adapted*) **1** lämpa, av-, an|passa [*to, for* efter, till]; adaptera **2** bearbeta, omarbeta
adaptability [əˌdæptə'bɪlətɪ] *s* anpassningsförmåga, användbarhet
adaptable [ə'dæptəbl] *a* anpassningsbar, som [lätt] kan anpassa sig; användbar
adaptation [ˌædæp'teɪʃən] *s* **1** anpassning, omställning **2** bearbetning
adapted [ə'dæptɪd] *a* **1** avpassad, lämpad; anpassad, lämplig [*to* för, till] **2** bearbetad [*~ for broadcasting*]
adapter o. **adaptor** [ə'dæptə] *s* **1** bearbetare **2** tekn. tillsats, anslutningsdon; adapter
A.D.C. förk. för *aide-de-camp*
add [æd] **I** *tr* **1** tillägga; tillsätta **2** addera, summera [*up* ihop]; *~ed to* tillika med, jämte **II** *itr* **1** addera **2** *~ to* öka, förhöja; *to ~ to it all* till råga på allt **3** *~ up* om siffror stämma; *~ up to* uppgå till, bildl. gå ut på
added ['ædɪd] *a* ökad, ytterligare, extra
addend|um [ə'dend|əm] (pl. *-a* [-ə]) *s* tillägg
adder ['ædə] *s* zool. huggorm
addict [ss. vb ə'dɪkt, ss. subst. 'ædɪkt] **I** *tr, ~ o.s. to* hänge sig åt; *be ~ed to* vara begiven på (hemfallen åt); missbruka t. ex. narkotika **II** *s* slav under narkotika o. d.; *drug (dope) ~* narkoman, narkotikamissbrukare; *morphia ~* morfinist; *be a theatre ~* vara teaterbiten; *work ~* arbetsnarkoman
addiction [ə'dɪkʃən] *s* begivenhet [*to* på], hängivenhet, böjelse [*to* för]; missbruk
addition [ə'dɪʃən] *s* **1** tilläggande; tillsättning; tillägg, tillskott; *~ to the family* tillökning i familjen; *in ~* dessutom, därtill; *in ~ to* förutom, jämte **2** addition
additional [ə'dɪʃənl] *a* ytterligare; förhöjd, ökad; extra
additive ['ædɪtɪv] *s* tillsats
addled ['ædld] *a* **1** om ägg rutten **2** förvirrad, konfys
address [ə'dres] **I** *tr* **1** rikta, ställa [*~ words (a request); to* till] **2** vända sig till, tilltala; tala (hålla tal) till **3** titulera **4** adressera; skriva adress på **II** *refl, ~ o.s. to* vända sig till i ord **III** *s* **1** adress; utanskrift **2** [hyllnings]adress **3** offentligt tal; anförande
addressee [ˌædre'si:] *s* adressat
adduce [ə'dju:s] *tr* anföra, andra[ga], åberopa [*~ reasons*]
adenoids ['ædənɔɪdz] *s pl* med. polyper
adept ['ædept] **I** *a* skicklig [*at, in* i], erfaren; invigd [*in* i] **II** *s* mästare, expert [*in, at* i, på], kännare
adequacy ['ædɪkwəsɪ] *s* tillräcklighet, nöjaktighet; lämplighet
adequate ['ædɪkwət] *a* **1** tillräcklig, nöjaktig; tillräckligt med [*~ food*]; *be ~ to* vara vuxen (i stånd till) **2** fullgod, adekvat
adhere [əd'hɪə] *itr, ~ to* a) sitta (klibba) fast vid b) hålla (stå) fast vid c) ansluta sig till
adherence [əd'hɪərəns] *s* **1** vidhängande, fastsittande [*to* vid] **2** fasthållande, tillgivenhet **3** anslutning [*to* till]
adherent [əd'hɪərənt] *s* anhängare [*of*]
adhesion [əd'hi:ʒən] *s* **1** vidhäftning[sförmåga] **2** anslutning
adhesive [əd'hi:sɪv] **I** *a* som fastnar, vidhängande; självhäftande, häft- [*~ plaster*]; gummerad [*~ envelope*]; klibbig; *~ tape* tejp, klisterremsa **II** *s* bindemedel; klister
ad hoc ['æd'hɒk] *a* (lat.) ad hoc, för ändamålet i fråga; *~ committee* ad hoc-utskott, utskott för visst uppdrag
adieu [ə'dju:] *interj* o. *s* poet. farväl
adipose ['ædɪpəus] *a* fet; *~ tissue* fettvävnad

adj. förk. för *adjective, adjutant*
adjacent [ə'dʒeɪsənt] *a* närgränsande, angränsande; ~ *to* belägen intill (bredvid)
adjectival [ˌædʒek'taɪvəl] *a* adjektivisk
adjective ['ædʒɪktɪv] *s* adjektiv
adjoin [ə'dʒɔɪn] **I** *tr* stöta (gränsa) till **II** *itr* stöta (gränsa) till varandra
adjoining [ə'dʒɔɪnɪŋ] *a* angränsande
adjourn [ə'dʒɜ:n] **I** *tr* ajournera, skjuta upp [~ *a meeting*] **II** *itr* ajournera sig
adjudge [ə'dʒʌdʒ] *tr* **1** tilldöma, tillerkänna **2** [av]döma
adjudicate [ə'dʒu:dɪkeɪt] **I** *tr* **1** [av]döma **2** tilldöma **II** *itr* sitta till doms, döma
adjudication [əˌdʒu:dɪ'keɪʃən] *s* **1** tilldömande **2** [rannsakning och] dom
adjunct ['ædʒʌŋkt] *s* **1** tillsats, bihang; komplement **2** gram. bestämning
adjust [ə'dʒʌst] *tr* **1** ordna, rätta [till]; reglera; justera; rucka klocka; ställa in **2** avpassa, anpassa, lämpa [*to* efter]
adjustable [ə'dʒʌstəbl] *a* inställbar, reglerbar, justerbar; ~ *spanner* skiftnyckel
adjustment [ə'dʒʌs*t*mənt] *s* **1** ordnande; reglering; justering; ruckning; inställning **2** avpassning, anpassning [*to* efter]
adjutant ['ædʒʊtənt] *s* [regements]adjutant
ad lib ['æd'lɪb] *adv* (lat.) förk. för *ad libitum* **1** efter behag **2** fam. improviserat, fritt
ad-lib ['æd'lɪb] *itr* o. *tr* fam. improvisera
adman ['ædmæn] *s* fam. reklamman
admass ['ædmæs] *s* lättpåverkad masspublik
admin [əd'mɪn] fam. förk. för *administration*
administer [əd'mɪnɪstə] *tr* **1** administrera, förvalta **2** skipa [~ *justice*] **3** kyrkl. utdela [~ *the sacrament*] **4** ge, erbjuda, tilldela **5** ~ *an oath to a p.* förestava en ed för ngn
administration [ədˌmɪnɪs'treɪʃən] *s* **1** handhavande, administrering, förvaltning **2** lands förvaltning, administration; regering **3** skipande; ~ *of justice* rättskipning **4** utdelning av sakrament **5** förestavande av ed
administrative [əd'mɪnɪstrətɪv] *a* förvaltande, förvaltnings-, administrations-; administrativ [*an* ~ *post*]
administrator [əd'mɪnɪstreɪtə] *s* **1** förvaltare, föreståndare **2** administratör
admirable ['ædmərəbl] *a* beundransvärd
admiral ['ædmərəl] *s* amiral
admiration [ˌædmə'reɪʃən] *s* beundran
admire [əd'maɪə] *tr* **1** beundra **2** prisa
admirer [əd'maɪərə] *s* beundrare
admissible [əd'mɪsəbl] *a* tillåtlig, tillåten; antaglig
admission [əd'mɪʃən] *s* **1** tillträde [*have* ~ *to*]; inträde [*apply for* (söka) ~ *into*]; intagning [*into, to* i, på]; ~ *fee* inträde[savgift], entré **2** medgivande, erkännande
admit [əd'mɪt] **I** *tr* **1** släppa in; anta[ga]; uppta[ga] [~ *as a partner*]; *children not* ~*ted* barn äger ej tillträde; *the ticket* ~*s two persons* biljetten gäller för två personer **2** rymma, ha plats för **3** erkänna, medge **II** *itr* **1** ~ *of* tillåta, lämna rum för förbättringar m. m. **2** ~ *to* erkänna
admittance [əd'mɪtəns] *s* inträde, tillträde; *no* ~ tillträde förbjudet, obehöriga äger ej tillträde
admittedly [əd'mɪtɪdlɪ] *adv* erkänt; obestridligen
admixture [əd'mɪkstʃə] *s* blandning; tillsats
admonish [əd'mɒnɪʃ] *tr* **1** förmana; tillrättavisa **2** varna
admonition [ˌædməʊ'nɪʃən] *s* **1** förmaning; tillrättavisning **2** varning
admonitory [əd'mɒnɪtərɪ] *a* förmanande, varnande
ado [ə'du:] *s* ståhej, väsen; *much* ~ *about nothing* mycket väsen för ingenting; *without further* ~ utan vidare spisning
adolescence [ˌædəʊ'lesns] *s* uppväxttid, ungdom[stid] ungefär mellan 13 och 19 år
adolescent [ˌædəʊ'lesnt] *s* ung människa ungefär mellan 13 och 19 år, ungdom
adopt [ə'dɒpt] *tr* **1** adoptera; anta, uppta **2** införa [~ *a new method*] **3** anta, godkänna
adoption [ə'dɒpʃən] *s* **1** adoptering; *the country of his* ~ hans adoptivland **2** införande **3** antagande, godkännande
adorable [ə'dɔ:rəbl] *a* dyrkansvärd; fam. förtjusande, bedårande
adoration [ˌædə'reɪʃən] *s* tillbedjan, dyrkan
adore [ə'dɔ:] *tr* dyrka; fam. avguda, älska
adorn [ə'dɔ:n] *tr* pryda, [ut]smycka
adornment [ə'dɔ:nmənt] *s* **1** prydande, [ut]smyckande **2** prydnad
adrenalin [ə'drenəlɪn] *s* adrenalin
Adriatic [ˌeɪdrɪ'ætɪk] *a* o. *s, the* ~ [*Sea*] Adriatiska havet
adrift [ə'drɪft] *adv* o. pred. *a* på (i) drift, vind för våg; *cast* ~ göra (kasta) loss
adroit [ə'drɔɪt] *a* skicklig; händig, flink
adulation [ˌædjʊ'leɪʃən] *s* grovt smicker
adult ['ædʌlt, ə'dʌlt] **I** *a* [full]vuxen; [avsedd] för vuxna; ~ *education* vuxenundervisning **II** *s* [full]vuxen människa
adulterate [ə'dʌltəreɪt] *tr* förfalska livsmedel o. d.
adulterer [ə'dʌltərə] *s* äktenskapsbrytare
adulterous [ə'dʌltərəs] *a* utomäktenskaplig [*an* ~ *relationship*]; som innebär äktenskapsbrott
adultery [ə'dʌltərɪ] *s* äktenskapsbrott
adulthood ['ædʌlthʊd, ə'dʌlthʊd] *s* mogen ålder
adv. förk. för *adverb, adverbial*

advance [əd'vɑ:ns] **I** *tr* **1** flytta fram[åt]; sträcka (skjuta, sätta) fram **2** befordra, [be]främja; upphöja **3** ställa upp [~ *a theory*], framkasta, lägga fram **4** förskottera, försträcka lån **5** ~ *the ignition* tekn. höja tändningen **II** *itr* **1** gå framåt, avancera; närma sig **2** göra framsteg; tillta **3** stiga i pris **4** avancera, bli befordrad **III** *s* **1** framryckande, frammarsch; framflyttning **2** framsteg, befordran; ökning **3** [försök till] närmande **4** förskott; försträckning **5** höjning, stegring i pris **6** attr.: ~ *guard* (*party*) förtrupp; ~ *publicity* förhandsreklam **7** *in* ~ på förhand, i förväg; i förskott
advanced [əd'vɑ:nst] *a* **1** [långt] framskriden, långt kommen (liden, hunnen); ~ *in years* ålderstigen **2** framskjuten isht mil. [~ *positions*] **3** avancerad [~ *ideas*], långtgående; *A~ level* se *certificate I 2*
advancement [əd'vɑ:nsmənt] *s* **1** befordran, avancemang **2** [be]främjande **3** framåtskridande
advantage [əd'vɑ:ntɪdʒ] *s* fördel äv. i tennis; företräde; övertag, överlägsenhet; förmån, vinst, nytta; ~ *in* (*out*) tennis. fördel in (ut); *have the* ~ *of* ha övertaget över; *you have the* ~ *of me* jag har inte äran att känna er; *take* ~ *of* utnyttja, dra fördel av, dra växlar på; *to* ~ fördelaktigt; *turn to* ~ utnyttja
advantageous [ˌædvən'teɪdʒəs] *a* fördelaktig, förmånlig
advent ['ædvənt, -vent] *s* **1** *A~* advent **2** ankomst; tillkomst
adventure [əd'ventʃə] **I** *s* äventyr; vågstycke **II** *tr* äventyra, riskera
adventurer [əd'ventʃərə] *s* äventyrare
adventuress [əd'ventʃərəs] *s* äventyrerska, lycksökerska
adventurous [əd'ventʃərəs] *a* äventyrslysten; äventyrlig
adverb ['ædvɜ:b] *s* adverb
adverbial [əd'vɜ:bjəl] **I** *a* adverbiell **II** *s* adverbial
adversary ['ædvəsərɪ] *s* motståndare
adverse ['ædvɜ:s] *a* **1** som är [rakt] emot, mot- [~ *winds*]; fientlig **2** a) ogynnsam, skadlig b) kritisk [~ *comments*]
adversity [əd'vɜ:sətɪ] *s* motgång, motighet
advert ['ædvɜ:t] *s* fam. = *advertisement*
advertise ['ædvətaɪz] **I** *tr* annonsera; göra reklam för; tillkännage; ~ *o.'s presence* dra uppmärksamheten till sig **II** *itr* annonsera
advertisement [əd'vɜ:tɪsmənt] *s* **1** annons; tillkännagivande **2** reklam; annonsering
advertiser ['ædvətaɪzə] *s* annonsör
advertising ['ædvətaɪzɪŋ] *s* annonsering, reklam; reklambranschen; ~ *agency* annonsbyrå, reklambyrå; ~ *sign* reklamskylt
advice [əd'vaɪs] *s* **1** utan pl. råd; *a piece* (*bit, word*) *of* ~ ett [litet] råd; *take legal* ~ rådfråga en advokat **2** hand. meddelande, avi
advice-note [əd'vaɪsnəut] *s* hand. avi
advisable [əd'vaɪzəbl] *a* [till]rådlig; välbetänkt, klok
advise [əd'vaɪz] *tr* **1** [till]råda [*on* angående, i], förorda [*the doctor ~d a rest*]; ~ *against* avråda från **2** underrätta [*of* om]; hand. meddela; avisera [*as ~d*]
advised [əd'vaɪzd] *a* klok, välbetänkt
advisedly [əd'vaɪzɪdlɪ] *adv* överlagt; avsiktligt
adviser [əd'vaɪzə] *s* rådgivare
advisory [əd'vaɪzərɪ] *a* rådgivande
advocacy ['ædvəkəsɪ] *s*, ~ *of* befrämjande av, kamp för; *in* ~ *of* till försvar för
advocate [ss. subst. 'ædvəkət, ss. vb 'ædvəkeɪt] **I** *s* försvarare [*of* av], förespråkare, förkämpe [*of* för] **II** *tr* förespråka
AE förk. för *American English*
aeon ['i:ən, 'i:ɒn] *s* eon, tidsålder; evighet
aerate ['eəreɪt] *tr* **1** [genom]lufta **2** *~d water* kolsyrat vatten
aerial ['eərɪəl] **I** *a* luft-, flyg-; ~ *camera* flygkamera; ~ *combat* luftstrid; ~ *map* [flyg]fotokarta; ~ *photograph* flygbild; ~ *railway* linbana **II** *s* tekn. antenn
aerie ['eərɪ, 'ɪərɪ] *s* **1** [rovfågels]näste; bildl. 'örnnäste' **2** rovfågels kull
aero ['eərəu] *a* luft-, flyg-, aero-; ~ *engine* flygmotor
aerobatics [ˌeərə*u*'bætɪks] (konstr. ss. sg.) *s* konstflygning
aerodrome ['eərədrəum] *s* flyg|fält, -plats
aerodynamic ['eərə*u*daɪ'næmɪk] *a* aerodynamisk
aerodynamics ['eərə*u*daɪ'næmɪks] (konstr. ss. sg.) *s* fys. aerodynamik
aerogram ['eərə*u*græm] *s* **1** aerogram **2** radiotelegram
aeromechanics [ˌeərə*u*mɪ'kænɪks] (konstr. ss. sg.) *s* fys. aeromekanik
aeronaut ['eərənɔ:t] *s* [ballong]flygare, aeronaut
aeronautic[**al**] [ˌeərə'nɔ:tɪk, -əl] *a* flyg- [*an ~ term*]
aeronautics [ˌeərə'nɔ:tɪks] (konstr. ss. sg.) *s* flygkonst, aeronautik; attr. luftfarts-
aeroplane ['eərəpleɪn] *s* flygplan
aerosol ['eərə*u*sɒl] *s* ® aerosol
aerospace ['eərə*u*speɪs] *s* rymd inom rymdtekniken
aesthete ['i:sθi:t] *s* estet
aesthetic [i:s'θetɪk] *a* estetisk
aesthetics [i:s'θetɪks] (konstr. ss. sg.) *s* estetik
afar [ə'fɑ:] *adv* litt., *from* ~ ur fjärran
affability [ˌæfə'bɪlətɪ] *s* förbindlighet, tillgänglighet

affable ['æfəbl] *a* förbindlig, tillgänglig

affair [ə'feə] *s* **1** angelägenhet, sak, affär; *current ~s* aktuella frågor (problem); *foreign ~s* utrikesärenden[a]; *mind your own ~s* sköt dina egna angelägenheter; *state of ~s* sakernas tillstånd, förhållanden **2** händelse, sak, affär, historia; *love ~* se *love-affair*; *have an ~ with a p.* ha ett förhållande (en kärleksaffär) med ngn **3** fam. sak, grej

1 affect [ə'fekt] *tr* **1** beröra, påverka, inverka på; drabba, angripa; ta på [*it ~s my health* (*nerves*)]; *some plants are ~ed by the cold* en del växter är känsliga för kyla **2** göra intryck på, röra; *be ~ed by the sight* bli rörd vid (gripen av) åsynen **3** läk. angripa [*his left lung is ~ed*]

2 affect [ə'fekt] *tr* **1** låtsas ha (känna); förege [*he ~ed illness*] **2** låtsa[s] **3** ha förkärlek för [*she ~s long words*]

affectation [ˌæfek'teɪʃən] *s* **1** tillgjordhet, affekterat sätt **2** *~ of ignorance* låtsad okunnighet

1 affected [ə'fektɪd] *a* **1** angripen, behäftad [*with* med] **2** [upp]rörd, gripen **3** påverkad i yttre mening

2 affected [ə'fektɪd] *a* tillgjord, konstlad, affekterad; låtsad; *be ~* göra sig till

affection [ə'fekʃən] *s* **1** ömhet, kärlek, tillgivenhet [ofta pl. *~s: gain a p.'s ~*[*s*]; *the object of his ~s*] **2** sjukdom

affectionate [ə'fekʃənət] *a* tillgiven, kärleksfull, öm

affectionately [ə'fekʃənətlɪ] *adv* tillgivet; *Yours ~* i brev Din (Er) tillgivne

affidavit [ˌæfɪ'deɪvɪt] *s* edlig skriftlig försäkran

affiliate [ə'fɪlɪeɪt] *tr* uppta [i en förening] [*~ a member*]; ansluta [*to, with* till], förena [*with* med]; *~d company* dotterbolag; *~d society* filial[förening]

affiliation [əˌfɪlɪ'eɪʃən] *s* upptagande [som medlem], anslutning, anknytning

affinity [ə'fɪnətɪ] *s* **1** släkt[skap]; frändskap mellan djur, språk etc.; släktdrag **2** samhörighet[skänsla]; tycke; *spiritual ~* själsfrändskap **3** kem. affinitet

affirm [ə'fɜːm] *tr* o. *itr* **1** försäkra, bestämt påstå; intyga **2** [be]jaka

affirmation [ˌæfə'meɪʃən] *s* bekräftelse; försäkran; påstående

affirmative [ə'fɜːmətɪv] *a* o. *s* bekräftande, bejakande; *answer in the ~* svara jakande

affix [ss. vb ə'fɪks, ss. subst. 'æfɪks] **I** *tr* **1** fästa [*~ a stamp to* (*on*) *an envelope*] **2** tillägga, [vid]foga [*to* till, vid]; *~ o.'s signature to a document* sätta sin namnteckning under ett dokument **II** *s* språkv. affix

afflict [ə'flɪkt] *tr* plåga, hemsöka, drabba

afflicted [ə'flɪktɪd] *a* **1** bedrövad, olycklig [*at* över; *by* genom] **2** angripen, drabbad, plågad, hemsökt [*with* av]

affliction [ə'flɪkʃən] *s* **1** bedrövelse; lidande, sjukdom **2** hemsökelse; olycka

affluence ['æfluəns] *s* rikedom, välstånd

affluent ['æfluənt] *a* rik, förmögen; *the ~ society* överflödssamhället

afford [ə'fɔːd] *tr* **1** *I can ~ it* a) jag har råd med det b) jag kan tillåta (kosta på) mig det; *I can't ~ the time* min tid räcker inte till **2** ge, skänka, bereda [*~ great pleasure*]

afforestation [æˌfɒrɪs'teɪʃən] *s* skogs|odling, -plantering

affray [ə'freɪ] *s* slagsmål på allmän plats

affront [ə'frʌnt] **I** *tr* skymfa, förolämpa, förnärma **II** *s* skymf, förolämpning

Afghan ['æfgæn] **I** *s* **1** a) afghan b) afghanska språket **2** afghanhund **II** *a* afghansk

Afghanistan [æf'gænɪstæn]

Afghanistani [æfˌgænɪ'stɑːnɪ] *s* afghan

afield [ə'fiːld] *adv* bort, borta [*far ~*]

aflame [ə'fleɪm] *adv* o. pred. *a* i brand, i ljusan låga; [i] eld och lågor äv. bildl.

AFL-CIO förk. för *American Federation of Labor and Congress of Industrial Organizations* landsorganisationen i USA

afloat [ə'fləut] *adv* o. pred. *a* **1** flytande; flott [*get a boat ~*] **2** till sjöss, på sjön **3** vattenfylld, översvämmad **4** svävande i luften **5** fri från ekonomiska bekymmer, flytande [*to keep o.s. ~*] **6** i gång; i omlopp; *there is a rumour ~* det går ett rykte

afoot [ə'fut] *adv* o. pred. *a* i rörelse; i (på) gång [*plans are ~*]; i görningen

aforementioned [ə'fɔːˌmenʃənd] *a* isht jur. [ovan]bemälde; förutnämnd

aforenamed [ə'fɔːneɪmd] *a* o. **aforesaid** [ə'fɔːsed] *a* isht jur. förutnämnd

afraid [ə'freɪd] pred. *a* rädd [*of* för, *to* att, *that* att]; *~ about* (*for*) orolig för; *I am ~ I can't* jag kan tyvärr inte; *I am ~ not* tyvärr inte; *don't be ~ to* [*ask*] tveka inte att . .

afresh [ə'freʃ] *adv* ånyo, på nytt

Africa ['æfrɪkə] Afrika

African ['æfrɪkən] **I** *s* afrikan **II** *a* afrikansk

Afrikaans [ˌæfrɪ'kɑːns] *s* afrikaans

Afrikaner [ˌæfrɪ'kɑːnə] *s* afrikand

Afro ['æfrəu] *s* afrofrisyr; attr. afro-

Afro-Asian [ˌæfrəu'eɪʃən] **I** *s* afroasiat **II** *a* afroasiatisk

aft [ɑːft] *adv* sjö. akter ut (över)

after ['ɑːftə] **I** *adv* **1** rum efter, bakom **2** tid efter[åt], senare **II** *prep* **1** rum o. tid efter; bakom, näst; Am. över [*a quarter ~ two*]; *~ all* när allt kommer omkring, ändå; *~ you!* [var så god] du först!; *~ you with the salt* kan jag få saltet efter dig? **2** efter uttr. syftemål; *be ~ a th.* sträva efter ngt; *be ~ a p.* vara efter ngn [*the police are ~ him*]; hänga efter ngn **3** efter, i jämförelse med;

enligt; ~ *a fashion* på sätt och vis; [*a painting*] ~ *Rubens* . . i Rubens stil **III** *konj* sedan, efter det att **IV** *a* äv. i sms. **1** senare, efter- **2** sjö. akter-
after-care ['ɑ:ftəkeə] *s* eftervård
after-dinner ['ɑ:ftəˌdɪnə] *a* middags- [~ *speech*]
after-effect ['ɑ:ftərɪˌfekt] *s* efterverkning
afterglow ['ɑ:ftəgləʊ] *s* aftonrodnad; bildl. efterglans
after-life ['ɑ:ftəlaɪf] *s* **1** liv efter detta **2** *in* ~ senare i livet
aftermath ['ɑ:ftəmæθ] *s* efterdyningar, [efter]verkningar [*the* ~ *of war*]
afternoon ['ɑ:ftə'nu:n] *s* eftermiddag
afters ['ɑ:ftəz] *s pl* fam. efterrätt
after-shave ['ɑ:ftəʃeɪv] *a*, ~ *lotion* rakvatten, 'aftershave'
afterthought ['ɑ:ftəθɔ:t] *s* **1** vidare (annan) tanke **2** efterklokhet; [*add a th.*] *as an* ~ . . efteråt
afterwards ['ɑ:ftəwədz] *adv* efteråt, sedan, sedermera
again [ə'gen, ə'geɪn] *adv* **1** igen, åter; *don't do that* ~*!* äv. gör inte om det!; ~ *and* ~, *time and* ~ gång på gång, gång efter annan; *as much* ~ lika mycket till; *never* ~ aldrig mer[a]; *over* ~ omigen, en gång till **2** vidare; åter[igen]; å andra sidan
against [ə'genst, ə'geɪnst] *prep* **1** mot, emot; vid, intill; *run* [*up*] ~ *a p.* stöta (råka) på ngn **2** i avvaktan på; *warn* ~ varna för **3** *as* ~ i jämförelse med, gentemot
agape [ə'geɪp] *adv* o. pred. *a* med vidöppen mun
agaric ['ægərɪk, ə'gærɪk] *s* skivling
agate ['ægət] *s* agat
Agatha ['ægəθə]
age [eɪdʒ] **I** *s* **1** ålder; *old* ~ ålderdom[en]; *he is my* ~ han är i min ålder; *we are the same* ~ vi är jämnåriga (lika gamla); *be your* ~*!* var inte barnslig!; *be* (*come*) *of* ~ vara (bli) myndig; *he is ten years of* ~ han är tio år gammal; *over* ~ överårig; *under* ~ omyndig, minderårig **2** tid [*the Ice A*~]; tidevarv, tidsålder, period; *the atomic* ~ atomåldern; *the Middle Ages* medeltiden **3** lång tid, evighet; *for* ~*s* i (på) evigheter, i (på) många herrans år **II** *itr* åldras **III** *tr* göra gammal, komma att åldras
aged [i bet. *1* eɪdʒd, i bet. *2* 'eɪdʒɪd] *a* **1** i en ålder av; *a man* ~ *forty* en fyrtioårig man **2** åldrig, ålderstigen; *the* ~ de gamla
age-group ['eɪdʒgru:p] *s* åldersgrupp
ageing ['eɪdʒɪŋ] *a* åldrande
agency ['eɪdʒənsɪ] *s* **1** agentur; byrå, kontor **2** medverkan, förmedling, försorg **3** verkande kraft; inverkan; makt [*an invisible* ~] **4** verksamhet; verkan **5** organ inom FN o. d.
agenda [ə'dʒendə] *s* föredragningslista, dagordning
agent ['eɪdʒənt] *s* **1** agent, ombud, representant; förvaltare **2** medel [*chemical* ~]; [verkande] kraft; orsak **3** [*secret*] ~ hemlig agent, agent
agglomerate [ss. vb ə'glɒməreɪt, ss. adj. -ət] **I** *tr* gyttra [ihop], hopa **II** *itr* gyttra ihop (hopa) sig **III** *a* hopgyttrad
aggrandize [ə'grændaɪz] *tr* förstora, utvidga persons el. stats makt (rang); upphöja ngn
aggrandizement [ə'grændɪzmənt] *s* förstoring etc., jfr *aggrandize*; *policy of* ~ utvidgningspolitik
aggravate ['ægrəveɪt] *tr* **1** försvåra, förvärra **2** fam. reta, förarga
aggravating ['ægrəveɪtɪŋ] *a* **1** försvårande, förvärrande [~ *circumstances*] **2** fam. retsam, förarglig
aggravation [ˌægrə'veɪʃən] *s* **1** försvårande, förvärrande **2** försvårande omständighet **3** fam. förtret, förargelse
aggregate [ss. adj. o. subst. 'ægrɪgət; ss. vb -eɪt] **I** *a* sammanlagd, total [~ *amount*] **II** *s* **1** summa; *in the* ~ totalt [sett] **2** massa, samling **III** *tr* hopa, samla, sammangyttra **IV** *itr* hopas, hopa sig
aggregation [ˌægrɪ'geɪʃən] *s* [samman]hopning, [hop]gyttring
aggression [ə'greʃən] *s* aggression; angrepp; *war of* ~ anfallskrig
aggressive [ə'gresɪv] *a* aggressiv, stridslysten
aggressor [ə'gresə] *s* angripare
aggrieved [ə'gri:vd] *a* sårad, kränkt; bedrövad; jur. förfördelad, förorättad
aghast [ə'gɑ:st] pred. *a* förskräckt, bestört [*at* över]
agile ['ædʒaɪl, Am. 'ædʒəl] *a* vig, [lätt]rörlig
agility [ə'dʒɪlətɪ] *s* vighet, rörlighet
agitate ['ædʒɪteɪt] **I** *tr* uppröra, oroa **II** *itr* agitera
agitation [ˌædʒɪ'teɪʃən] *s* **1** [sinnes]rörelse; oro **2** agitation
agitator ['ædʒɪteɪtə] *s* agitator; uppviglare, orosstiftare
aglow [ə'gləʊ] *adv* o. pred. *a* **1** glödande **2** om pers. strålande [~ *with* (av) *health*]
Agnes ['ægnɪs]
agnostic [æg'nɒstɪk] **I** *s* agnostiker **II** *a* agnostisk
ago [ə'gəʊ] *adv* för . . sedan; [*he did it*] *years* ~ . . för flera år sedan; *as long* ~ *as 1941* redan 1941
agog [ə'gɒg] *adv* o. pred. *a* ivrig; i spänd förväntan; *be* ~ *for news* ivrigt vänta på nyheter
agonize ['ægənaɪz] *tr* pina

agonized ['ægənaɪzd] *a* förtvivlad [~ *cries*]
agonizing ['ægənaɪzɪŋ] *a* kvalfull, upprivande
agony ['ægənɪ] *s* **1** vånda, [själs]kval; svåra plågor; *the ~ column* i tidning spalten under rubriken 'Personligt' **2** dödskamp
agrarian [ə'greərɪən] *a* jord-, agrarisk, agrar-; bonde-
agree [ə'gri:] *itr* o. *tr* **1** samtycka [*to* till]; ~ *to* äv. gå med på **2** komma överens, bli ense [*on, about* om; *that* om att]; ~ [*on*] *a price* enas om ett pris **3** vara överens (ense) [*on, about* om]; instämma; *you must ~ that*.. håll med om att.. **4** passa, stämma; ~ *with* stämma överens med; *fish doesn't ~ with me* jag tål inte fisk
agreeable [ə'grɪəbl] *a* **1** angenäm, trevlig [*to* för] **2** fam. villig; *be ~ to* gå med på
agreed [ə'gri:d] *a* avgjord, beslutad; *be ~* vara överens (ense); *~!* avgjort!
agreement [ə'gri:mənt] *s* **1** överenskommelse, avtal; förlikning; *make* (*come to, reach*) *an ~ with a p.* komma överens (enas, träffa avtal) med ngn **2** överensstämmelse; enighet
agricultural [ˌægrɪ'kʌltʃərəl] *a* jordbrukande, jordbruks-
agriculture ['ægrɪkʌltʃə] *s* jordbruk
agronomy [ə'grɒnəmɪ] *s* lantbruksvetenskap, agronomi
aground [ə'graʊnd] *adv* o. pred. *a* på grund
ague ['eɪgju:] *s* något åld. **1** frossa **2** frosskakning
ah [ɑ:] *interj* ah!, o!, ack!
ahead [ə'hed] *adv* o. pred. *a* före; i förväg; framåt; bildl. förestående; sjö. för ut, för över; *full speed ~* sjö. full fart framåt; *straight ~* rakt fram; *~ of* framför; före; *be ~ of* bildl. vara före (längre kommen än); *go ~!* sätt i gång!; fortsätt!; *look ~* se framåt; *plan ~* planera för framtiden
ahoy [ə'hɔɪ] *interj* ohoj!
aid [eɪd] **I** *tr* hjälpa, bistå **II** *s* hjälp, bistånd; hjälpmedel [*visual ~*]; *by the ~ of* med hjälp av; *in ~ of* till förmån för; *hearing* (*deaf*) *~* hörapparat
aide [eɪd] *s* **1** se *aide-de-camp* **2** medhjälpare, rådgivare
aide-de-camp ['eɪddə'kɑ̃:ŋ] (pl. *aides-de--camp* ['eɪdzdə'kɑ̃:ŋ]) *s* mil. adjutant
ail [eɪl] **I** *tr* opers. plåga, besvära **II** *itr, be ~ing* vara krasslig
aileron ['eɪlərɒn] *s* flyg. skev[nings]roder
ailment ['eɪlmənt] *s* krämpa, sjukdom
aim [eɪm] **I** *tr* måtta, sikta med [*at* på] **II** *itr* sikta [*at* på]; syfta [*at* till]; sträva [*at* efter] **III** *s* **1** sikte; *miss o.'s ~* förfela målet; *take ~* ta sikte, sikta [*at* på] **2** mål [*his ~ in life*], målsättning; syfte; avsikt, ändamål
aimless ['eɪmləs] *a* utan mål, planlös

ain't [eɪnt] ovårdat el. dial. för *am* (*are, is*) *not*; *have not, has not*
1 air [eə] **I** *s* **1** luft; atmosfär; *the open ~* fria luften; *have some fresh ~, take the ~* hämta frisk luft; *clear the ~* rensa luften; *by ~* per (med) flyg; *go by ~* flyga; *it was in the ~* det låg i luften; *be* (*go*) *up in the ~* fam. bli rasande, gå upp i limningen; *appear out of thin ~* dyka upp ur tomma intet; *vanish into thin ~* gå upp i rök; *go on* (*off*) *the ~* om radio, TV börja (sluta) sända; *on the ~* i radio (TV) **2** fläkt, drag **3** attr. ofta flyg-, luft- (jfr äv. sms. m. *air-* nedan); *the Royal A~ Force* (*R.A.F.* förk.) brittiska flygvapnet; *~ chief marshal, ~ marshal, ~ vice-marshal* grader i R.A.F. motsv. resp. general, generallöjtnant, generalmajor; *~ commodore* grad i R.A.F. motsv. överste av 1. graden; *~ cover* mil. flygstöd; *~ defence missile* luftvärnsrobot; *~ defence warning system* luftbevakningssystem; *~ gunner* flygskytt; *~ lane* luftled, flygrutt; *~ umbrella* mil. flygparaply **II** *tr* **1** vädra, lufta; torka **2** bildl. briljera (lysa) med
2 air [eə] *s* **1** utseende; *an ~ of luxury* en luxuös prägel **2** min, åtbörd; *put on an ~ of innocence* ta på sig en oskyldig min **3** mest pl. *~s* förnäm (viktig) min; *give o.s.* (*put on*) *~s* ta på sig en förnäm min
3 air [eə] *s* melodi
air- för sms. jfr äv. *1 air I 3*
air-base ['eəbeɪs] *s* flygbas
air-bed ['eəbed] *s* luftmadrass
airborne ['eəbɔ:n] *a* flygburen, luftburen
air-brake ['eəbreɪk] *s* **1** tryckluftbroms t. ex. på tåg **2** luftbroms isht på flygplan
air-conditioned ['eəkənˌdɪʃənd] *a* luftkonditionerad
air-conditioning ['eəkənˌdɪʃənɪŋ] *s* luftkonditionering
aircraft ['eəkrɑ:ft] (pl. lika) *s* flygplan; *~ carrier* hangarfartyg
aircraftman ['eəkrɑ:ftmən] *s* o. **aircraftsman** ['eəkrɑ:ftsmən] *s* menig i brittiska flygvapnet (R.A.F.)
air-cushion ['eəˌkʊʃən] *s* **1** uppblåsbar kudde **2** tekn. luftkudde; *~ vehicle* svävare
airdrome ['eədrəʊm] *s* Am. för *aerodrome*
air-duct ['eədʌkt] *s* luftkanal
Airedale ['eədeɪl] *a* o. *s*, *~* [*terrier*] airedaleterrier
airfield ['eəfi:ld] *s* flygfält
air-force ['eəfɔ:s] *s* flygvapen, flygstridskrafter, flygstyrka
airgun ['eəgʌn] *s* luftgevär, luftbössa
air-hostess ['eəˌhəʊstɪs] *s* flygvärdinna
airing ['eərɪŋ] *s* **1** vädring; torkning; *~ cupboard* torkskåp **2** promenad; åk-, rid|tur
air-launch ['eəlɔ:ntʃ] *tr* skjuta ut robot o. d. från flygplan; *~ed ballistic missile* ung. at-

tackrobot, jaktrobot
airless ['eələs] *a* **1** vindstilla **2** kvav **3** lufttom
air-letter ['eə,letə] *s* aerogram
airlift ['eəlɪft] *s* luftbro
airline ['eəlaɪn] *s* **1** flyglinje **2** flygbolag [i flygbolags namn vanl. *~s*]
airliner ['eə,laɪnə] *s* trafik[flyg]plan
airlock ['eəlɒk] *s* **1** luftblåsa i en ledning o. d.; luftlås **2** luftsluss
airmail ['eəmeɪl] *s* flygpost
airman ['eəmən] *s* flygare
air-minded ['eə,maɪndɪd] *a* flygsinnad
airplane ['eəpleɪn] *s* isht Am. flygplan
air-pocket ['eə,pɒkɪt] *s* luftgrop
airport ['eəpɔ:t] *s* flygplats, flygfält
air-pressure ['eə,preʃə] *s* lufttryck
airproof ['eəpru:f] *a* lufttät
air-raid ['eəreɪd] *s* flyg|räd, -anfall; *~ warning* flyglarm
air-rifle ['eə,raɪfl] *s* luftgevär
air-route ['eəru:t] *s* flygväg, luftled
airscrew ['eəskru:] *s* [flygplans]propeller
airshaft ['eəʃɑ:ft] *s* lufttrumma
airship ['eəʃɪp] *s* luftskepp
air-sick ['eəsɪk] *a* flygsjuk
air-sickness ['eə,sɪknəs] *s* flygsjuka
airstrip ['eəstrɪp] *s* start- och landningsbana isht tillfällig
air-taxi ['eə,tæksɪ] *s* flygtaxi
airtight ['eətaɪt] *a* lufttät; *an ~ alibi* ett vattentätt alibi
air-to-air ['eətʊ'eə] *a* mil. 'luft-luft-'; *~ missile* jaktrobot
air-to-surface ['eətə'sɜ:fɪs] *a* mil. 'luft-mark-'; *~ missile* attackrobot
airway ['eəweɪ] *s* **1** flyg. luftled **2** flygbolag [i flygbolags namn vanl. *~s*]
airworthy ['eə,wɜ:ðɪ] *a* flygduglig
airy ['eərɪ] *a* **1** luftig **2** overklig, tom **3** ledig, ogenerad, nonchalant
aisle [aɪl] *s* **1** kyrk. a) sidoskepp b) mittgång **2** flyg. mittgång **3** isht Am. gång mellan bänkrader på teater (mellan diskar, hyllor i affär); *rolling in the ~s* se under *roll III 1*
aitch [eɪtʃ] *s* bokstaven h; *drop o.'s ~es* tappa h-na i uttalet, typiskt för obildat språk
ajar [ə'dʒɑ:] *adv* på glänt
Ajax ['eɪdʒæks]
akimbo [ə'kɪmbəʊ] *adv, with arms ~* med händerna i sidan
akin [ə'kɪn] pred. *a* släkt, besläktad [*to* med]; liknande
Al [æl] kortform för *Albert, Alfred*
à la [ɑ:lɑ:] *prep* (fr.) à la [*a film ~ Hollywood*]; efter, lik[t]
Alabama [,ælə'bæmə]
alabaster ['æləbɑ:stə] *s* alabaster
à la carte [ɑ:lɑ:'kɑ:t] *adv* (fr.) à la carte
alacrity [ə'lækrətɪ] *s* beredvillighet
Aladdin [ə'lædɪn]
alarm [ə'lɑ:m] **I** *s* **1** larmsignal, [a]larm; *state of ~* larmberedskap; *give the ~* slå larm **2** oro, ängslan, bestörtning **3** väckarklocka; alarmapparat **II** *tr* **1** larma, varsko **2** oroa, skrämma [upp]
alarm-clock [ə'lɑ:mklɒk] *s* väckarklocka
alarmed [ə'lɑ:md] *a* förskräckt, uppskrämd, orolig [*at, by* över, av]
alarming [ə'lɑ:mɪŋ] *a* oroande, oroväckande, alarmerande [*~ news*]
alas [ə'læs, ə'lɑ:s] *interj* ack, tyvärr
Alaska [ə'læskə]
Albania [æl'beɪnjə] Albanien
Albanian [æl'beɪnjən] **I** *s* **1** alban **2** albanska [språket] **II** *a* albansk
Albany ['ɔ:lbənɪ, 'æl-]
albatross ['ælbətrɒs] *s* albatross
albeit [ɔ:l'bi:ɪt] *konj* poet. änskönt, ehuru
Albert ['ælbət]
Alberta [æl'bɜ:tə]
albino [æl'bi:nəʊ] *s* albino
ALBM förk. för *air-launched ballistic missile*
album ['ælbəm] *s* **1** album **2** LP-skiva, skivalbum **3** skivbox; set LP-skivor
albumen ['ælbjʊmɪn, æl'bju:mɪn, æl'bju:men] *s* **1** äggvita i ägg **2** enkelt äggviteämne
alchemist ['ælkəmɪst] *s* alkemist
alchemy ['ælkəmɪ] *s* alkemi
alcohol ['ælkəhɒl] *s* alkohol, sprit
alcoholic [,ælkə'hɒlɪk] **I** *a* alkoholhaltig; alkohol- **II** *s* alkoholist
alcoholism ['ælkəhɒlɪzəm] *s* alkoholism
alcove ['ælkəʊv] *s* **1** alkov, nisch; *dining ~* matvrå **2** lövsal, berså
alder ['ɔ:ldə] *s* bot. al
alderman ['ɔ:ldəmən] *s* 'ålderman' inom kommunfullmäktige
Alec ['ælɪk] kortform för *Alexander*
alert [ə'lɜ:t] **I** *a* **1** vaken, på alerten **2** pigg, livlig **II** *s* **1** flyglarm **2** *on the ~* på utkik; på vakt, på spänn **III** *tr* försätta i beredskap, larma, varna
A-level ['eɪ,levl] se *certificate I 2*
Alexander [,ælɪg'zɑ:ndə]
Alexandra [,ælɪg'zɑ:ndrə]
alfalfa [æl'fælfə] *s* bot. blålusern
Alfred ['ælfrɪd]
alga ['ælgə] (pl. *algae* ['ældʒi:]) *s* alg; tång
algebra ['ældʒɪbrə] *s* algebra
algebraic[al] [,ældʒɪ'breɪɪk, -əl] *a* algebraisk
Algeria [æl'dʒɪərɪə] Algeriet
Algerian [æl'dʒɪərɪən] **I** *s* algerier **II** *a* algerisk
Algernon ['ældʒənən]
Algiers [æl'dʒɪəz] Alger
Algy ['ældʒɪ] kortform för *Algernon*
alias ['eɪlɪæs] **I** *adv* alias, även kallad **II** *s*

alias; *under an ~* under falskt namn
alibi ['ælɪbaɪ] *s* alibi; bortförklaring
Alice ['ælɪs]
alien ['eɪljən] **I** *a* **1** utländsk **2** främmande; olik; oförenlig [*to* med]; motbjudande [*to* för] **II** *s* främling
alienate ['eɪljəneɪt] *tr* göra främmande, fjärma; stöta bort
alienation [ˌeɪljə'neɪʃən] *s* fjärmande; alienation
alienist ['eɪljənɪst] *s* rättspsykiater
1 alight [ə'laɪt] *itr* **1** stiga av (ned, ur); landa; *~ from* [*a bus*] stiga av (ur, ned från). . **2** falla ner ur luften; hamna **3** *~ on* bildl. komma 'på, finna
2 alight [ə'laɪt] pred. *a* **1** [upp]tänd; i eld och lågor; *catch ~* ta eld **2** upplyst
align [ə'laɪn] *tr* göra rak, ställa upp i rät linje, rikta [in]; *they ~ed themselves with us* bildl. de ställde sig på vår sida
alignment [ə'laɪnmənt] *s* **1** placering i [rak] linje; uppställning [på linje]; inriktning; *be in* (*out of*) *~* stå (inte stå) i rät linje; *wheel ~* bil. [justering av] hjulinställning **2** rak (rät) linje **3** bildl. gruppering
alike [ə'laɪk] **I** pred. *a* lik[a]; *be very much ~* vara mycket lika varandra, likna varandra mycket **II** *adv* lika[ledes], på samma sätt
alimentary [ˌælɪ'mentərɪ] *a* närande, närings-; *~ canal* matsmältningskanal
alimony ['ælɪmənɪ] *s* underhåll, understöd
alive [ə'laɪv] pred. *a* **1** i livet, vid liv [*keep a claim ~*]; levande [*be buried ~*]; *no man ~* ingen i hela världen **2** *~ and kicking* pigg och nyter; *be ~ with* myllra av; *look ~!* fam. raska på! **3** *be ~ to* vara medveten om
alkali ['ælkəlaɪ] (pl. *~[e]s*) *s* alkali
alkaline ['ælkəlaɪn] *a* alkalisk
all [ɔ:l] **I** *a* o. *pron* **1** all, allt, alla; *~ at once* alla (allt) på en gång; se äv. *III*; *~ but* a) alla utom, allt utom b) nästan, så gott som; *it's not ~ that good* fam. 'så bra är det då [verkligen] inte; *~ of us* vi (oss) alla; *that's ~ there is to it* fam. så enkelt är det; så är (var) det med den saken; *three ~* tre lika; *at ~* alls, ens, över huvud; *not at ~* inte alls; *not at ~!* för all del!, ingen orsak!; *for ~ I care* vad mig beträffar, se vidare under *for I 9*; *he may be dead for ~ I know* han är kanske död, vad vet jag?; *for ~ that* trots det; *once* [*and*] *for ~* en gång för alla; *in ~* inalles, allt som allt; *~ in ~* på det hela taget; *best of ~* allra bäst; *he of ~ people* han av alla människor, just han **2** hela [*~ the, ~ my* etc.] **3** hel- [*~ wool*]
II *s* allt[ihop], allting; alla
III *adv* alldeles, helt och hållet, bara, idel; *~ about* runtomkring; *~ along* a) prep. utefter (utmed) hela b) adv. hela tiden [*I knew it ~ along*]; *~ at once* plötsligen; *be ~ for a th.* vara helt för ngt; *I'm ~ for it* fam. jag är helt (absolut) för (med på) det; det tycker jag absolut vi skall göra; *~ out* fullt; för fullt; med full fart; *go ~ out* göra sitt yttersta, ta ut sig helt; *~ over* a) prep. över hela b) adv. över (i) hela kroppen; *that is Tom ~ over* det är Tom upp i dagen; *it's ~ over* (*up*) *with him* det är ute (slut) med honom; *~ right!* klart!, kör för det!, gärna för mig!; *he'll come ~ right* visst kommer han; *he is ~ right* han mår bra; det är ingen fara med honom; han är OK; *he is doing ~ right* han klarar sig bra; *it's* [*quite*] *~ right* a) det är (går) bra, det är i sin ordning b) för all del, det gör ingenting; *it's ~ right with me* gärna för mig; *it will be ~ right* det ordnar sig nog; *~ the more* (*worse*) så mycket (desto) mera (värre); *~ the same* ändå, i alla fall; *it's ~ the same to me* det gör mig detsamma; jfr *same 1*; *~ there* fam. vaken, skärpt; *he's not ~ there* han är inte riktigt klok
Allah ['ælə, 'ælɑ:]
allay [ə'leɪ] *tr* stilla, lugna; mildra, dämpa
allegation [ˌælɪ'geɪʃən] *s* anklagelse; påstående; *false ~s* falska beskyllningar
allege [ə'ledʒ] *tr* **1** andraga, anföra, uppge som ursäkt m. m. **2** påstå; *the ~d murderer* den utpekade mördaren
Alleghany ['ælɪgeɪnɪ]
Allegheny ['ælɪgenɪ]
allegiance [ə'li:dʒəns] *s* [undersåtlig] tro och lydnad; lojalitet, trohet; hist. länsplikt
allegoric[al] [ˌælə'gɒrɪk, -əl] *a* allegorisk
allegory ['ælɪgərɪ] *s* allegori
allegretto [ˌælɪ'gretəʊ] *s* o. *adv* mus. allegretto
allegro [ə'leɪgrəʊ] *s* o. *adv* mus. allegro
alleluia [ˌælɪ'lu:jə] *interj* o. *s* halleluja
all-embracing ['ɔ:lem'breɪsɪŋ] *a* allomfattande
allergic [ə'lɜ:dʒɪk] *a* allergisk [*to* mot]
allergy ['ælədʒɪ] *s* allergi
alleviate [ə'li:vɪeɪt] *tr* lätta, lindra, mildra
alleviation [əˌli:vɪ'eɪʃən] *s* lättnad, lindring
alley ['ælɪ] *s* **1** gränd; *blind ~* återvändsgränd **2** allé, gång isht i park el. trädgård **3** kägel-, bowling|bana **4** *that's* [*right*] *up my ~* fam. det passar mig precis, det är min specialitet
alley-way ['ælɪweɪ] *s* gränd; bakgata
All Fools' Day ['ɔ:l'fu:lzdeɪ] *s* 1 april då man narras april
alliance [ə'laɪəns] *s* **1** förbindelse; släktskap, frändskap **2** förbund, allians
allied [ə'laɪd, attr. 'ælaɪd] *a* **1** släkt, befryndad [*to, with* med] **2** förbunden, allierad
alligator ['ælɪgeɪtə] *s* zool. alligator
all-in ['ɔ:l'ɪn] *a* **1** allomfattande, fullständig, hel-; *~ price* allt-i-ett-pris; *~ wrestling*

fribrottning **2** fam. slutkörd, dödstrött

alliteration [əˌlɪtə'reɪʃən] *s* allitteration

allocate ['æləʊkeɪt] *tr* tilldela [~ *duties to a p.*], fördela; anslå

allocation [ˌæləʊ'keɪʃən] *s* tilldelning, fördelning; anslag

allot [ə'lɒt] *tr* **1** fördela, dela ut **2** tilldela; anvisa, anslå

allotment [ə'lɒtmənt] *s* **1** fördelning **2** [jord]lott, koloniträdgård **3** tilldelning

all-out ['ɔːl'aʊt] *a* fullständig, total, allomfattande, jfr *all out* under *all III*

allow [ə'laʊ] **I** *tr* **1** tillåta, låta; *be ~ed in* få vara (komma in) i; *be ~ed to do a th.* äv. få göra ngt; *no dogs ~ed* hundar får ej medtagas; ~ *me!* låt mig göra det (hjälpa er)! **2** bevilja, ge [*he ~s her £8 a week for expenses*], anslå **3** godkänna [~ *a claim*]; erkänna, medge **4** anslå, beräkna, räkna in (från); *we ~ 5 per cent for cash* vi lämnar 5% kassarabatt **II** *refl* **1** låta sig [*I ~ed myself to be persuaded*] **2** tillåta sig, hänge sig åt [~ *o.s. luxuries*] **III** *itr* **1** ~ *for* ta i betraktande, ta hänsyn till, räkna med **2** ~ *of* medge, tillåta; *it ~s of several interpretations* det kan tolkas på flera sätt

allowable [ə'laʊəbl] *a* tillåten; avdragsgill

allowance [ə'laʊəns] *s* **1** underhåll; lön, traktamente [*daily ~*]; anslag, bidrag, tillägg [*entertainment ~*], understöd [*unemployment ~*] **2** ranson, tilldelning **3** hand. m. m. avdrag, rabatt; ersättning; [skatte]avdrag **4** *make ~[s] for* ta hänsyn till

alloy [ss. subst. 'ælɔɪ, ss. vb ə'lɔɪ] **I** *s* **1** legering **2** tillsats **II** *tr* legera

all-round ['ɔːl'raʊnd] **I** *adv* runt omkring **II** *a* mångsidig; mångkunnig; allround

all-rounder ['ɔːl'raʊndə] *s* 'allround' idrottsman; mångsidig begåvning

All Saints' Day ['ɔːl'seɪntsdeɪ] *s* allhelgonadag[en] 1 november

allsorts ['ɔːlsɔːts] *s* blandning; *liquorice ~* se under *liquorice*

allspice ['ɔːlspaɪs] *s* kryddpeppar

all-time ['ɔːl'taɪm] *a* fam., *an ~ low* ett bottenrekord; *an ~ record* alla tiders rekord

allude [ə'luːd] *itr*, ~ *to* hänsyfta (anspela) på

allure [ə'ljʊə] *tr* **1** locka [*from* från, *to* till] **2** tjusa, fängsla

allurement [ə'ljʊəmənt] *s* **1** lockelse [*the ~s of a big city*], dragningskraft **2** lockbete

alluring [ə'ljʊərɪŋ] *a* lockande, förförisk

allusion [ə'luːʒən] *s* hänsyftning, anspelning; *in ~ to* med hänsyftning på

[illegible]vial [ə'luːvjəl] *a* alluvial, sväm- [~ *de-*[illegible]], uppslammad

[illegible] vb vanl. ə'laɪ, ss. subst. vanl. 'ælaɪ] **I** *tr* [illegible]da, förena, alliera [*to, with* med] **II** *s* bundsförvant, allierad; bildl. frände; *the Allies* de allierade

almanac ['ɔːlmənæk] *s* almanack, kalender

almighty [ɔːl'maɪtɪ] **I** *a* allsmäktig [*A~ God*; *the A~*]; fam. väldig; *God A~!* herregud! **II** *adv* fam. väldigt, oerhört

almond ['ɑːmənd] *s* mandel

almoner ['ɑːmənə] *s* sjukhuskurator

almost ['ɔːlməʊst] *adv* nästan, nära; närmare; *he ~ fell* han var nära att falla

alms [ɑːmz] (konstr. vanl. som pl.; pl. *alms*) *s* allmosa, allmosor

aloft [ə'lɒft] *adv* o. pred. *a* **1** högt upp, i höjden **2** upp[åt], till väders

alone [ə'ləʊn] **I** pred. *a* ensam, allena, för sig själv; på egen hand; *let* (*leave*) ~ se *1 let III 1* o. *1 leave I 1* **II** *adv* endast, enbart

along [ə'lɒŋ] **I** *prep* längs, längs efter, utmed, utåt, framåt, nedåt; ~ *the street* gatan fram **II** *adv* **1** framåt, åstad, i väg **2** *come ~!* kom nu!, kom så går vi!, raska på! **3** ~ *with* tillsammans med, jämte **4** *all ~* hela tiden

alongside [ə'lɒŋ'saɪd] **I** *adv* vid sidan; ~ *of* långsides (jämsides) med **II** *prep* vid sidan av

aloof [ə'luːf] *adv* o. pred. *a* **1** på avstånd, borta, undan; bildl. äv. reserverad, otillgänglig; *keep* [*o.s.*] ~ hålla sig på sin kant; *stand ~* hålla sig undan **2** sjö. [till (i)] lovart

aloud [ə'laʊd] *adv* högt, med hög röst

alp [ælp] *s* alp, högfjäll; *the Alps* Alperna

alpaca [æl'pækə] *s* alpacka zool. o. tyg

alpha ['ælfə] *s* grekiska bokstaven alfa; betyg: ung. väl godkänd; *A~ and Omega* A och O; begynnelsen och änden; ~ *particles* alfapartiklar; ~ *rays* alfastrålar

alphabet ['ælfəbet] *s* alfabet

alphabetic[al] [ˌælfə'betɪk, -əl] *a* alfabetisk; ~ *order* äv. bokstavsordning

alpine ['ælpaɪn] *a* alpin[sk], alp-, fjäll-

already [ɔːl'redɪ, ɒl-] *adv* redan

alright se *all right* under *all III*

Alsace ['ælsæs] Alsace, Elsass

Alsace-Lorraine ['ælsæslɒ'reɪn] Alsace-Lorraine, Elsass-Lothringen

Alsatian [æl'seɪʃjən] **I** *a* elsassisk; ~ *dog* schäfer[hund] **II** *s* **1** elsassare **2** schäfer[-hund]

also ['ɔːlsəʊ, 'ɒl-] *adv* också, även, likaså, dessutom

also-ran ['ɔːlsəʊræn] *s* **1** oplacerad häst i kapplöpning **2** fam. om pers. medelmåtta

altar ['ɔːltə] *s* altare

altar-boy ['ɔːltəbɔɪ] *s* korgosse

altar-piece ['ɔːltəpiːs] *s* altartavla

alter ['ɔːltə, 'ɒl-] **I** *tr* [för]ändra **II** *itr* förändras

alteration [ˌɔːltə'reɪʃən] *s* [för]ändring

altercation [ˌɔːltə'keɪʃən] *s* gräl, ordväxling

alternate [ss. adj. ɔːl'tɜːnət, ss. vb 'ɔːltəneɪt] **I** *a* omväxlande, alternerande; ~ *days* [alternerande] varannan dag **II** *tr* låta [om]växla, växla om med **III** *itr* alternera; [om]växla; svänga; tura[s] om; *-ing current* växelström
alternately [ɔːl'tɜːnətlɪ] *adv* omväxlande, växelvis, ömsom
alternation [ˌɔːltə'neɪʃən] *s* växling
alternative [ɔːl'tɜːnətɪv] **I** *a* alternativ, annan **II** *s* alternativ
alternator ['ɔːltəneɪtə] *s* elektr. växelströmsgenerator; omformare
although [ɔːl'ðəʊ] *konj* fastän, även om
altimeter ['æltɪmiːtə] *s* flyg. höjdmätare
altitude ['æltɪtjuːd] *s* höjd över havet el. horisonten
alto ['æltəʊ] mus. **I** *s* alt; altstämma **II** *a* alt- [~ *clarinet* (*saxophone*)]
altogether [ˌɔːltə'geðə] **I** *adv* **1** helt [och hållet], alldeles **2** sammanlagt, allt som allt **II** *s* fam., *in the* ~ spritt naken
altruism ['æltrʊɪzəm] *s* altruism, oegennytta
altruistic [ˌæltrʊ'ɪstɪk] *a* altruistisk
alum ['æləm] *s* alun
aluminium [ˌæljʊ'mɪnjəm] *s* aluminium
aluminum [ə'luːmənəm] *s* Am. = *aluminium*
always ['ɔːlweɪz, -wəz] *adv* alltid, jämt
AM förk. för *amplitude modulation* AM
A.M. ['eɪ'em] förk. för (Am.) *Master of Arts*
Am. förk. för *America, American*
am [æm, obeton. əm] 1 pers. sg. pres. av *be*
a.m. ['eɪ'em] förk. för *ante meridiem* (lat. före middagen) [på] förmiddagen, fm., f.m.
amalgam [ə'mælgəm] *s* **1** kem. amalgam **2** blandning
amalgamate [ə'mælgəmeɪt] **I** *tr* **1** kem. amalgamera **2** blanda; förena, slå samman t. ex. två företag **II** *itr* slås (gå) samman
amalgamation [əˌmælgə'meɪʃən] *s* **1** kem. amalgamering **2** blandning; förening; sammanslagning, sammangående
amass [ə'mæs] *tr* hopa, lägga på hög, samla
amateur ['æmətə, ˌæmə'tɜː] *s* amatör
amateurish [ˌæmə'tɜːrɪʃ] *a* amatörmässig
amateurism ['æmətərɪzəm] *s* amatörskap
amatory ['æmətərɪ] *a* kärleks-, erotisk
amaze [ə'meɪz] *tr* förbluffa, göra häpen
amazement [ə'meɪzmənt] *s* häpnad
amazing [ə'meɪzɪŋ] *a* häpnadsväckande, fantastisk
Amazon ['æməzən] *s* **1** *the* ~ Amazonfloden **2** *a*~ bildl. amason, manhaftig kvinna
ambassador [æm'bæsədə] *s* ambassadör
amber ['æmbə] **I** *s* **1** bärnsten, bärnstensfärg **2** trafik. gult ljus **II** *a* **1** av bärnsten; bärnstensfärgad **2** gul om trafikljus
ambergris ['æmbəgrɪs] *s* österländsk gråambra
ambidextrous ['æmbɪ'dekstrəs] *a* lika skicklig med båda händerna
ambiguity [ˌæmbɪ'gjuːətɪ] *s* tvetydighet
ambiguous [æm'bɪgjʊəs] *a* tvetydig
ambition [æm'bɪʃən] *s* **1** ärelystnad, äregirighet **2** ambition[er]; framåtanda; strävan
ambitious [æm'bɪʃəs] *a* **1** ärelysten, äregirig **2** ambitiös, framåt
ambivalent ['æmbɪ'veɪlənt] *a* ambivalent
amble ['æmbl] **I** *itr* **1** gå i passgång **2** gå i sakta mak, lunka **II** *s* **1** passgång **2** maklig gång, lunk
ambulance ['æmbjʊləns] *s* ambulans
ambush ['æmbʊʃ] **I** *s* bakhåll, försåt; *be* (*lie*) *in* ~ ligga i bakhåll (på lur); *fall into an* ~ råka i ett bakhåll **II** *tr* locka i ett bakhåll; överfalla från bakhåll
AmE förk. för *American English*
ameliorate [ə'miːljəreɪt] *tr* förbättra
amelioration [əˌmiːljə'reɪʃən] *s* förbättring
amen ['ɑː'men, 'eɪ'men] *interj* amen!
amenable [ə'miːnəbl] *a* mottaglig, tillgänglig [*to* för]; foglig, medgörlig; *he's not* ~ *to reason* det går inte att resonera med honom
amend [ə'mend] **I** *tr* **1** rätta, emendera **2** göra en ändring (ett tillägg) i lagförslag m. m. **3** förbättra **II** *itr* bättra sig, förbättras
amendment [ə'men*d*mənt] *s* **1** rättelse **2** ändring, tillägg i lagförslag m. m.; ändringsförslag; motförslag **3** förbättring
amends [ə'mendz] *s, make* ~ *for* gottgöra, ersätta
amenity [ə'miːnətɪ] *s* **1** behag, behaglighet; *the -ies of town life* stadslivets lockelser (behag); *cultural -ies* kulturutbud **2** bekvämlighet; *every* ~ alla moderna bekvämligheter **3** tjänst, facilitet; *the -ies* [*offered by a bank*] äv. den service . .
America [ə'merɪkə] Amerika
American [ə'merɪkən] **I** *a* amerikansk; ~ *cloth* vaxduk; ~ *Indian* indian **II** *s* amerikan[are]
Americanism [ə'merɪkənɪzəm] *s* amerikanism
Americanize [ə'merɪkənaɪz] *tr* amerikanisera
amethyst ['æmɪθɪst] *s* ametist
amiability [ˌeɪmjə'bɪlətɪ] *s* vänlighet, älskvärdhet
amiable ['eɪmjəbl] *a* vänlig, älskvärd
amicability [ˌæmɪkə'bɪlətɪ] *s* vänskaplighet; vänskap
amicable ['æmɪkəbl] *a* vänskaplig, vänlig
amid [ə'mɪd] *prep* **1** mitt i (uti), mitt ibland **2** under [~ *general applause*]
amidships [ə'mɪdʃɪps] *adv* midskepps, mittskepps
amidst [ə'mɪdst] *prep* = *amid*

amiss [ə'mɪs] *adv* o. pred. *a* på tok, fel, galen, galet; *not* ~ inte illa; inte olämplig[t]; *take it* ~ ta illa upp

amity ['æmətɪ] *s* vänskap[lighet], vänskapligt förhållande, samförstånd

ammeter ['æmətə] *s* fys. ampere|meter, -mätare

ammonia [ə'məʊnjə] *s* ammoniak

ammoniac [ə'məʊnɪæk] *a* ammoniak-

ammonium [ə'məʊnjəm] *s* ammonium

ammunition [ˌæmjʊ'nɪʃən] *s* ammunition; ~ *belt* patronbälte

amnesia [æm'ni:zjə] *s* amnesi minnesförlust

amnesty ['æmnəstɪ] *s* amnesti, benådning

amniotic [ˌæmnɪ'ɒtɪk] *a*, ~ *fluid* fostervatten

amoeb|a [ə'mi:b|ə] (pl. äv. *-ae* [-i:]) *s* amöba

amok [ə'mɒk] *adv* se *amuck*

among [ə'mʌŋ] *prep* o. **amongst** [ə'mʌŋst] *prep* bland, ibland; mellan flera; ~ *themselves* (*yourselves* etc.) sinsemellan

amoral [ˌeɪ'mɒrəl, ə'mɒrəl] *a* amoralisk

amorous ['æmərəs] *a* amorös; kärleksfull

amorphous [ə'mɔ:fəs] *a* amorf, formlös

amount [ə'maʊnt] **I** *itr*, ~ *to* **a**) belöpa sig till, uppgå till **b**) bildl. vara detsamma som [*it* ~*s to a refusal*], innebära, betyda; [*his arguments*] *do not* ~ *to much* .. är inte mycket värda; *it* ~*s to the same thing* det går på ett ut **II** *s* **1** belopp, [slut]summa **2** mängd, massa; kvantitet; *any* ~ *of* en hel massa [med], massvis med

amp [æmp] förk. för *ampere*[*s*], *amplifier*

ampere ['æmpeə] *s* ampere

amperemeter ['æmpeəˌmi:tə] *s* = *ammeter*

amphetamine [ˌæm'fetəmaɪn] *s* med. amfetamin

amphibian [æm'fɪbɪən] **I** *a* amfibisk **II** *s* **1** zool. amfibie **2** amfibiefordon

amphibious [æm'fɪbɪəs] *a* amfibisk

amphitheatre ['æmfɪˌθɪətə] *s* amfiteater

ample ['æmpl] *a* **1** rymlig; vidsträckt, omfattande **2** fyllig, yppig [~ *figure*] **3** riklig, ymnig; fyllig, utförlig; *we have* ~ *time* vi har gott om tid **4** [fullt] tillräcklig, lagom

amplification [ˌæmplɪfɪ'keɪʃən] *s* **1** utvidgning **2** utläggning, utförligare framställning **3** elektr. förstärkning

amplifier ['æmplɪfaɪə] *s* elektr. förstärkare

amplify ['æmplɪfaɪ] *tr* **1** utvidga **2** utveckla, brodera ut [~ *a story*] **3** elektr. förstärka

amplitude ['æmplɪtju:d] *s* **1** vidd, bredd, omfattning **2** riklighet, ymnighet **3** fys. amplitud, svängningsvidd; ~ *modulation* amplitudmodulering

[illegible]ly ['æmplɪ] *adv* rikligt, mer än nog

[illegible]ule ['æmpu:l] *s* ampull

[illegible]tate ['æmpjʊteɪt] *tr* amputera

[illegible]tation [ˌæmpjʊ'teɪʃən] *s* amputering

amuck [ə'mʌk] *adv*, *run* ~ löpa amok, få raserianfall

amulet ['æmjʊlət] *s* amulett

amuse [ə'mju:z] *tr* roa, underhålla; ~ *o.s.* roa sig [[*by*] *doing a th.* med att göra ngt]

amusement [ə'mju:zmənt] *s* nöje; förströelse, förlustelse; förnöjelse; *he looked at me in* ~ han såg roat på mig; *do a th. for* ~ göra ngt för nöjes skull; ~ *arcade* spelhall med automater o. dyl.; ~ *park* (*ground*) nöjesfält, tivoli

amusing [ə'mju:zɪŋ] *a* lustig, rolig; underhållande

an [ən, n, beton. æn] *obest art* se *1 a*

anachronism [ə'nækrənɪzəm] *s* anakronism

anachronistic [əˌnækrə'nɪstɪk] *a* anakronistisk, otidsenlig

anaemia [ə'ni:mjə] *s* blodbrist, anemi

anaemic [ə'ni:mɪk] *a* blodfattig, anemisk

anaesthesia [ˌænɪs'θi:zjə] *s* bedövning

anaesthetic [ˌænɪs'θetɪk] **I** *s* bedövningsmedel; narkos; *local* ~ lokalbedövning; *be under an* ~ vara bedövad (sövd) **II** *a* bedövande; bedövnings-

anagram ['ænəgræm] *s* anagram

anal ['eɪnəl] *a* anal, anal- [~ *fin*]

analgesic [ˌænæl'dʒesɪk, -'dʒi:-] **I** *a* smärtstillande **II** *s* smärtstillande medel

analogic[**al**] [ˌænə'lɒdʒɪk, -əl] *a* analogisk

analogous [ə'næləgəs] *a* analog [*to* med]; jämförbar [*to, with* med]; liknande

analogue ['ænəlɒg] *s* **1** motsvarighet [*of* till] **2** attr. analog [~ *data*]; ~ *computer* data. analogdator

analogy [ə'nælədʒɪ] *s* analogi, motsvarighet; jämförelse, parallell [*draw an* ~ *between*]; *on the* ~ *of* i analogi med

analyse ['ænəlaɪz] *tr* analysera; noga undersöka

analys|is [ə'næləs|ɪs] (pl. *-es* [-i:z]) *s* analys; undersökning; *in the last* (*final*) ~ när allt kommer omkring

analyst ['ænəlɪst] *s* **1** analytiker **2** kemist

analytic[**al**] [ˌænə'lɪtɪk, -əl] *a* analytisk

anarchic[**al**] [æ'nɑ:kɪk, -əl] *a* anarkistisk

anarchism ['ænəkɪzəm] *s* anarkism

anarchist ['ænəkɪst] *s* anarkist

anarchy ['ænəkɪ] *s* anarki

anathema [ə'næθəmə] *s* **1** bannlysning, förbannelse, bannstråle **2** styggelse; *he was* ~ han var avskydd

anatomical [ˌænə'tɒmɪkəl] *a* anatomisk

anatomist [ə'nætəmɪst] *s* anatom

anatomize [ə'nætəmaɪz] *tr* dissekera

anatomy [ə'nætəmɪ] *s* **1** anatomi **2** dissekering **3** [kropps]byggnad, struktur

ancestor ['ænsəstə] *s* stamfader; pl. ~*s* förfäder

ancestral [æn'sestrəl] *a* fäderneärvd; fä-

derne- [~ *home*]; familje- [~ *portraits*]
ancestry ['ænsəstrɪ] *s* **1** börd, anor **2** förfäder
anchor ['æŋkə] **I** *s* ankare; *drop* (*cast*) ~ kasta ankar; *weigh* ~ lätta ankar; *ride* (*lie, be*) *at* ~ ligga för ankar; *come to* ~ ankra **II** *tr* förankra; stadigt fästa [*to* vid] **III** *itr* ankra, kasta ankar
anchorage ['æŋkərɪdʒ] *s* **1** [för]ankring **2** ankarplats
anchovy ['æntʃəvɪ, æn'tʃəuvɪ] *s* sardell; zool. [äkta] ansjovis
ancient ['eɪnʃənt] **I** *a* **1** forntida, gammal, forn; ~ *history* forntidens historia; ~ *monument* se *monument 1* **2** skämts. [ur]gammal, lastgammal **II** *s, the* ~*s* antikens folk
ancillary [æn'sɪlərɪ] *a* underordnad [*to a th.* ngt]; bi- [~ *roads*]; stöd- [~ *action*]
and [ənd, ən, beton. ænd] *konj* och; ~ *so on*, ~ *so forth* och så vidare (osv.); ~ *others* med flera (m. fl.)
Andalusia [ˌændə'lu:zjə] Andalusien
andante [æn'dæntɪ] *s* o. *adv* mus. andante
Andes ['ændi:z] *s pl, the* ~ Anderna
Andrew ['ændru:] bibl. Andreas; *St.* ~ Skottlands skyddshelgon; *St.* ~*'s Day* 30 nov., Skottlands nationaldag
anecdote ['ænɪkdəut] *s* anekdot
anemia [ə'ni:mjə] *s* se *anaemia*
anemone [ə'nemənɪ] *s* **1** bot. anemon; [*wild*] ~ sippa; *wood* ~ vitsippa **2** zool., *sea* ~ havsanemon
aneroid ['ænərɔɪd] *a* o. *s*, ~ [*barometer*] aneroidbarometer
anew [ə'nju:] *adv* ånyo, på nytt; om igen
angel ['eɪndʒəl] *s* ängel äv. bildl.
Angela ['ændʒələ]
angelic [æn'dʒelɪk] *a* änglalik; ängla-
anger ['æŋgə] **I** *s* vrede, ilska **II** *tr* reta upp, förarga
angina [æn'dʒaɪnə] *s* läk. angina
1 angle ['æŋgl] **I** *s* vinkel; hörn; syn|vinkel, -punkt, aspekt; tendens; *at right* ~*s to* i rät vinkel mot; *at an* ~ på sned, snett; ~ *of elevation* höjd-, elevations|vinkel; ~ *of incidence* fys. infallsvinkel **II** *tr* vinkla, tillrättalägga [~ *the news*]
2 angle ['æŋgl] *itr* meta, fiska med krok
angler ['æŋglə] *s* metare, sportfiskare
Anglesey ['æŋglsɪ]
Anglican ['æŋglɪkən] **I** *a* anglikansk, som tillhör anglikanska kyrkan **II** *s* medlem av anglikanska kyrkan
anglicism ['æŋglɪsɪzəm] *s* anglicism
anglicize ['æŋglɪsaɪz] *tr* anglisera
angling ['æŋglɪŋ] *s* metning, mete
Anglo- ['æŋgləu] i sms. engelsk-, anglo-
Anglo-American ['æŋgləuə'merɪkən] **I** *s* angloamerikan **II** *a* engelsk-amerikansk
Anglo-French ['æŋgləu'frentʃ] *a* engelsk-fransk
anglophile ['æŋgləufaɪl] *s* anglofil, englandsvän
anglophobe ['æŋgləufəub] *s* engelskhatare
anglophobia [ˌæŋgləu'fəubjə] *s* anglofobi, engelskfientlighet
Anglo-Saxon ['æŋgləu'sæksən] **I** *a* **1** anglosaxisk **2** fornengelsk **II** *s* **1** anglosaxare **2** anglosaxiska [språket]
Anglo-Swedish ['æŋgləu'swi:dɪʃ] *a* engelsk-svensk, svensk-engelsk
Angola [æŋ'gəulə]
Angolan [æŋ'gəulən] **I** *s* angolan **II** *a* angolansk
angora [æŋ'gɔ:rə] *s* tyg av angoraull
angry ['æŋgrɪ] *a* ond, arg, ilsken, vredgad, förbittrad [*at* (*about*) *a th.* på (över) ngt; *with* (*at*) *a p.* på ngn]
anguish ['æŋgwɪʃ] *s* pina, vånda, kval, ångest; beklämning; *be in* ~ våndas
anguished ['æŋgwɪʃt] *a* ångestfylld, plågad
angular ['æŋgjulə] *a* vinkel-, vinklig; kantig
aniline ['ænɪli:n] *s* anilin; ~ *dye* anilinfärg
animadversion [ˌænɪməd'vɜ:ʃən] *s* anmärkning, klander
animadvert [ˌænɪməd'vɜ:t] *itr*, ~ [*up*]*on* anmärka på, klandra
animal ['ænəməl] **I** *s* djur äv. bildl. **II** *a* **1** animal[isk], djur-; *the* ~ *kingdom* djurriket; ~ *spirits* livs|glädje, -lust; ~ *trainer* domptör, djurtämjare **2** djurisk, köttslig
animalcule [ˌænɪ'mælkju:l] *s* mikroskopiskt djur
animality [ˌænɪ'mælətɪ] *s* **1** animalisk natur **2** djuriskhet
animate [ss. adj. 'ænɪmət, -meɪt, ss. vb 'ænɪmeɪt] **I** *a* **1** levande **2** livlig **II** *tr* **1** ge liv åt **2** liva upp, animera; väcka; ~*d discussion* livlig (animerad) diskussion **3** sporra **4** ~*d cartoon* tecknad film
animation [ˌænɪ'meɪʃən] *s* **1** upplivande [verkan] **2** livlighet, liv
animosity [ˌænɪ'mɒsətɪ] *s* ovilja, agg, förbittring, animositet [*against, towards* mot]
aniseed ['ænɪsi:d] *s* anisfrö
ankle ['æŋkl] *s* vrist, ankel, fot|led, -knöl
ankle-length ['æŋkleŋθ] *a* ankellång, [hel]lång
annals ['ænlz] *s pl* **1** annaler, årsbok **2** hävder
Anne [æn] ss. drottningnamn Anna
anneal [ə'ni:l] *tr* **1** ut-, mjuk|glödga **2** bildl. härda
annex [ss. vb ə'neks, ss. subst. 'æneks] **I** *tr* **1** tillägga; bifoga [*to* till] **2** förena [*to* med] **3** annektera, införliva [*to* med] **II** *s* **1** tillägg **2** annex; tillbyggnad
annexation [ˌænek'seɪʃən] *s* **1** tillägg; förening [*to* med] **2** annektering, införlivning [*to* med]

annihilate [ə'naɪəleɪt] *tr* tillintetgöra, förinta
annihilation [əˌnaɪə'leɪʃən] *s* tillintetgörelse, förintelse
anniversary [ˌænɪ'vɜːsərɪ] *s* årsdag; [*wedding*] ~ bröllopsdag årsdag
Anno Domini ['ænəʊ'dɒmɪnaɪ] *adv* [år].. efter Kristi födelse
annotate ['ænəʊteɪt] *tr* kommentera, förse med noter; *~d* [*edition*] kommenterad..
annotation [ˌænəʊ'teɪʃən] *s* anteckning; not; kommentar
announce [ə'naʊns] *tr* **1** tillkännage, kungöra, meddela **2** anmäla; annonsera
announcement [ə'naʊnsmənt] *s* tillkännagivande, kungörelse; meddelande; anmälan; annons om födelse etc.
announcer [ə'naʊnsə] *s* radio. o. TV. hallåman (hallåa), programannonsör
annoy [ə'nɔɪ] *tr* förarga, reta; besvära
annoyance [ə'nɔɪəns] *s* förargelse, förtret, irritation; *a look of* ~ en förargad blick
annoying [ə'nɔɪɪŋ] *a* förarglig, retsam
annual ['ænjʊəl] **I** *a* **1** årlig, års-; ordinarie [~ *general meeting*] **2** som varar [bara] ett år; ettårig **II** *s* **1** årsbok, kalender; *boys'* (*girls'*) ~ ung. pojkarnas (flickornas) julbok **2** ettårig växt
annually ['ænjʊəlɪ] *adv* årligen; årsvis
annuity [ə'njuːətɪ] *s* livränta; tidsränta
annul [ə'nʌl] *tr* annullera, [upp]häva [~ *a contract*], upplösa [~ *a marriage*], avskaffa
annulment [ə'nʌlmənt] *s* annullering etc., jfr *annul*
annunciation [əˌnʌnsɪ'eɪʃən] *s, A~* [*Day*] Marie Bebådelsedag 25 mars
anode ['ænəʊd] *s* elektr. anod
anodyne ['ænəʊdaɪn] *s* smärtstillande medel
anoint [ə'nɔɪnt] *tr* smörja, isht helga, inviga
anomalous [ə'nɒmələs] *a* oregelbunden, abnorm, anomal
anomaly [ə'nɒməlɪ] *s* avvikelse från regeln, anomali, abnormitet; missförhållande
anon [ə'nɒn] *adv* åld. el. skämts. snart
anon. [ə'nɒn] förk. för *anonymous*
anonymity [ˌænə'nɪmətɪ] *s* anonymitet
anonymous [ə'nɒnɪməs] *a* anonym
anorak ['ænəræk] *s* anorak, vindjacka
another [ə'nʌðə] *indef pron* **1** en annan; *one day after* ~ den ena dagen efter den andra; [*we talked of*] *one thing and* ~ .. ett och annat **2** en till **3** *one* ~ varandra
answer ['ɑːnsə] **I** *s* **1** svar [*to* på]; *a plain* ~ klart besked; *for an* ~ till (som) svar; *in* ~ *to* till (som) svar på; *he knows all the ~s* han har svar på allt **2** lösning, svar, [...]tat **II** *tr* **1** svara; besvara, svara på; [...]öta; ~ *the bell* (*door*) gå och öppna [...]ren]; ~ *the telephone* svara i telefonen **2** lösa uppgift o. d. **3** lyda, följa; ~ *the helm* lyda roder **4** möta, täcka, honorera skuld **5** motsvara, svara mot, uppfylla förväntningar el. syfte, stämma med **III** *itr* **1** svara [*to* på]; ~ *back* svara (käfta) emot **2** ~ *to* **a**) lyda; ~ *to the helm* lyda roder; ~ *to the name of*.. lystra till (ha) namnet.. **b**) motsvara, stämma med **3** ~ *for* [an]svara för [*to* inför]; stå till svars för
answerable ['ɑːnsərəbl] *a* ansvarig [*to* inför, *for* för en handling]
ant [ænt] *s* myra
antagonism [æn'tægənɪzəm] *s* motstånd; fiendskap, motsättning; antagonism
antagonist [æn'tægənɪst] *s* motståndare, antagonist
antagonistic [ænˌtægə'nɪstɪk] *a* motverkande; antagonistisk
antagonize [æn'tægənaɪz] *tr* egga (reta) upp [mot varandra]; stöta bort
antarctic [ænt'ɑːktɪk] **I** *a* antarktisk; *the A~ Circle* södra polcirkeln; *the A~ Ocean* Södra ishavet **II** *s, the A~* Antarktis
antecedent [ˌæntɪ'siːdənt] **I** *a* föregående; tidigare [*to* än] **II** *s* **1** föregångare [*of* till] **2** gram. korrelat **3** pl. *~s* antecedentia, antecedentier **4** pl. *~s* förfäder
antechamber ['æntɪˌtʃeɪmbə] *s* förrum
antedate ['æntɪ'deɪt] *tr* **1** antedatera, fördatera **2** föregå
antediluvian ['æntɪdɪ'luːvjən] *a* antediluviansk: a) från tiden före syndafloden b) skämts. stenålders-, urmodig
antelope ['æntɪləʊp] *s* antilop
ante meridiem ['æntɪmə'rɪdɪəm] *adv* (lat. före middagen) [på] förmiddagen
antenatal ['æntɪ'neɪtl] *a,* ~ *clinic* mödravårdscentral; ~ *exercises* mödragymnastik före förlossningen
antenn|a [æn'ten|ə] *s* **1** (pl. *-ae* [-iː]) zool. antenn, [känsel]spröt **2** (pl. *-as*) tekn. (isht Am.) antenn
antepenultimate ['æntɪpɪ'nʌltɪmət] *a* tredje från slutet [~ *syllable*]
anterior [æn'tɪərɪə] *a* **1** föregående, tidigare; ~ *to* äldre än; före **2** främre
anteroom ['æntɪrʊm] *s* förrum
anthem ['ænθəm] *s* hymn; *national* ~ nationalsång
ant-hill ['ænthɪl] *s* myrstack
anthology [æn'θɒlədʒɪ] *s* antologi
Anthony ['æntənɪ]
anthracite ['ænθrəsaɪt] *s* antracit
anthrax ['ænθræks] *s* mjältbrand
anthropoid ['ænθrəʊpɔɪd] **I** *a* människoliknande, människo- **II** *s* människoliknande varelse (apa)
anthropological [ˌænθrəpə'lɒdʒɪkəl] *a* antropologisk, isht kulturantropologisk
anthropologist [ˌænθrə'pɒlədʒɪst] *s* antro-

polog, isht kulturantropolog
anthropology [ˌænθrəˈpɒlədʒɪ] *s* antropologi, isht kulturantropologi
anthropomorphous [ˌænθrəpəʊˈmɔːfəs] *a* antropomorf, människolik
anti-aircraft [ˈæntɪˈeəkrɑːft] *a* luftvärns-
anti-ballistic [ˈæntɪbəˈlɪstɪk] *a*, ~ *missile* antirobot[robot]
antibiotic [ˈæntɪbaɪˈɒtɪk] **I** *s* antibiotikum **II** *a* antibiotisk
antibody [ˈæntɪˌbɒdɪ] *s* antikropp
antic [ˈæntɪk] *s*, pl. ~*s* upptåg
anticipate [ænˈtɪsɪpeɪt] *tr* antecipera; förutse, ana; vänta sig, räkna med; se fram emot [~ *great pleasure*]; förekomma [*be ~d by a p.*], gå i förväg [~ *events*], föregripa; ta ut på förhand (i förskott)
anticipation [ænˌtɪsɪˈpeɪʃən] *s* antecipation, antecipering; förväntan; aning, förkänsla, förkänning, försmak; föregripande; [uttagande i] förskott; *in* ~ i förväg, på förhand [*thanking you in* ~]
anticipatory [ænˈtɪsɪpeɪtərɪ] *a* anteciperande; förutseende; förväntansfull
anticlimax [ˈæntɪˈklaɪmæks] *s* antiklimax
anti-clockwise [ˈæntɪˈklɒkwaɪz] *adv* moturs
anticyclone [ˈæntɪˈsaɪkləʊn] *s* meteor. anticyklon
anti-dazzle [ˈæntɪˈdæzl] *a* avbländbar [*an ~ driving mirror*], bländfri
antidote [ˈæntɪdəʊt] *s* motgift, antidot
antifreeze [ˈæntɪfriːz] *s* kylarvätska
antilogarithm [ˈæntɪˈlɒgərɪðəm] *s* mat. antilogaritm
anti-missile [ˈæntɪˈmɪsaɪl, Am. -ˈmɪsl] *a*, ~ *missile* antirobotrobot
antimony [ˈæntɪmənɪ] *s* antimon
antipathy [ænˈtɪpəθɪ] *s* motvilja, antipati [*to, towards, against* mot]
anti-personnel [ˈæntɪpɜːsəˈnel] *a*, ~ *bomb* sprängbomb (splitterbomb) för bekämpning av levande mål, antipersonell bomb
antipodes [ænˈtɪpədiːz] *s pl* antipoder
anti-pollution [ˈæntɪpəˈluːʃən] *a*, ~ *campaign* miljövårdskampanj
antiquarian [ˌæntɪˈkweərɪən] **I** *a* antikvarisk, som rör forntiden, forn- **II** *s* antikvarie; samlare av antikviteter
antiquary [ˈæntɪkwərɪ] *s* = *antiquarian II*
antiquated [ˈæntɪkweɪtɪd] *a* föråldrad, antikverad
antique [ænˈtiːk] **I** *a* **1** antik; forntida **2** gammaldags, föråldrad **II** *s* antikvitet; ~ *dealer* antikvitetshandlare
antiquit|y [ænˈtɪkwətɪ] *s* **1** uråldrighet, ålderdomlighet **2** antiken **3** pl. *-ies* fornlämningar [*Roman -ies*]
antirrhinum [ˌæntɪˈraɪnəm] *s* bot. lejongap
anti-Semite [ˈæntɪˈsiːmaɪt] *s* antisemit
anti-Semitic [ˈæntɪsəˈmɪtɪk] *a* antisemitisk
anti-Semitism [ˈæntɪˈsemɪtɪzəm] *s* antisemitism
antiseptic [ˌæntɪˈseptɪk] *a* o. *s* antiseptisk[t medel]
antisocial [ˈæntɪˈsəʊʃəl] *a* **1** asocial; samhällsfientlig **2** osällskaplig
antithes|is [ænˈtɪθəs|ɪs] (pl. *-es* [-iːz]) *s* **1** antites **2** motsats [*of, to* till]
antler [ˈæntlə] *s* horn på hjortdjur; tagg (gren) på dylikt horn
antonym [ˈæntənɪm] *s* antonym motsatsord
Antwerp [ˈæntwɜːp] Antwerpen
anus [ˈeɪnəs] *s* anus, analöppning
anvil [ˈænvɪl] *s* städ
anxiety [æŋˈzaɪətɪ] *s* **1** ängslan, bekymmer, oro **2** iver [~ *to please*] **3** psykol. ångest
anxious [ˈæŋkʃəs] *a* **1** ängslig, bekymrad, orolig [*about* (för) *a p.'s health*]; rädd **2** angelägen [*for* om]; ~ *to* angelägen om att, ivrig att få [*I'm ~ to go there*]
any [ˈenɪ] **I** fören. o. självst. *indef pron* **1** någon, något, några; *our losses, if* ~ våra eventuella förluster; *I'm not having* ~ fam. jag vill inte veta av det **2** vilken (vilket, vilka) som helst [*you can have ~ of these books*], varje [~ *child knows that*], all [*he needs ~ help he can get*] **3** ~ [*considerable*] någon nämnvärd; *for ~ length of time* för någon längre tid; *a person with ~ sense* en människa med aldrig så litet förstånd **4** ~ *one* vilken som helst men endast en [~ *one of them*] **II** *adv* **1** något el. vanl. utan svensk motsvarighet [*you don't love me ~ more* (*longer*)] **2** *not ~ the* + komp., *not ~ too* = *none the, none too* se *none II*
anybody [ˈenɪˌbɒdɪ, ˈenɪbədɪ] självst. *indef pron* **1** någon [*has ~ been here?*]; *he will never be* ~ han blir aldrig något **2** vem som helst; ~ *who* den (var och en) som
anyhow [ˈenɪhaʊ] *adv* **1** på något [som helst] sätt; på vilket sätt som helst **2** i alla (varje) fall; ändå [*I have got a lot to do* ~] **3** lite hur som helst [*the books were placed* ~]
anyone [ˈenɪwʌn] självst. *indef pron* = *anybody*
anything [ˈenɪθɪŋ] självst. *indef pron* **1** något, någonting [*I can't see* ~] **2** vad som helst; allt; ~ *but pleasant* allt annat än trevlig; *not for* ~ inte för allt i världen; *it's as easy as* ~ det är hur lätt som helst **3** ~ *like* el. *like* ~ se under *1 like II 3*
anyway [ˈenɪweɪ] *adv* = *anyhow*
anywhere [ˈenɪweə] *adv* **1** någonstans; ~ *else* någon annanstans; *not ~ near so good* inte på långt när så bra; *miles from* ~ bortom all ära och redlighet **2** var som helst, överallt; ~ *you like* var[t] du vill
A.P. förk. för *Associated Press*
apace [əˈpeɪs] *adv* litt. fort, snabbt, hastigt

apache [ə'pæʃ] *s* apache parisgangster
apart [ə'pɑ:t] *adv* **1** åt sidan, avsides; *jesting* (*joking*) ~ skämt åsido; *set* (*put*) ~ anvisa, lägga undan; anslå [*for* till]; *set* (*put*) ~ *from* skilja från, göra olik **2** för sig [själv]; ~ *from* bortsett från, frånsett, oavsett; *I can't tell them* ~ jag kan inte skilja på dem **3** isär, ifrån varandra, med . . mellanrum [*two yards* ~; *far* ~]; *take a th.* ~ ta isär ngt; *take a p.* ~ fam. skälla ut ngn
apartheid [ə'pɑ:theɪt, -haɪt] *s* apartheid
apartment [ə'pɑ:tmənt] *s* **1** enstaka rum; pl.: ~*s* möblerad våning, möblerade rum **2** Am. våning, lägenhet; ~ *house* hyreshus
apathetic [ˌæpə'θetɪk] *a* apatisk; likgiltig
apathy ['æpəθɪ] *s* apati; likgiltighet [*towards* inför, gentemot]
ape [eɪp] **I** *s* svanslös apa **II** *tr* apa efter, härma
Apennines ['æpənaɪnz] *s pl, the* ~ Apenninerna
aperient [ə'pɪərɪənt] **I** *a* [svagt] avförande **II** *s* [svagt] avföringsmedel
aperitive [ə'perɪtɪv] *s* aperitif
aperture ['æpətjʊə] *s* **1** öppning **2** fotogr. bländare
apex ['eɪpeks] *s* spets, topp
aphorism ['æfərɪzəm] *s* aforism
aphrodisiac [ˌæfrəʊ'dɪzɪæk] *s* afrodisiakum medel som verkar sexuellt uppeggande
Aphrodite [ˌæfrəʊ'daɪtɪ] Afrodite
apiary ['eɪpjərɪ] *s* bikupa, bihus
apiece [ə'pi:s] *adv* per styck; per man
aplomb [ə'plɒm] *s* självsäkerhet, aplomb
apocalypse [ə'pɒkəlɪps] *s, the A*~ Uppenbarelseboken, Apokalypsen
Apocrypha [ə'pɒkrɪfə] *s pl* apokryfiska böcker i Bibeln
apocryphal [ə'pɒkrɪfəl] *a* apokryfisk
Apollo [ə'pɒləʊ] Apollon
apologetic [əˌpɒlə'dʒetɪk] *a* ursäktande
apologize [ə'pɒlədʒaɪz] *itr* be om ursäkt, ursäkta sig; ~ *to a p.* be ngn om ursäkt
apology [ə'pɒlədʒɪ] *s* ursäkt, avbön; *make an* ~ be om ursäkt
apoplectic [ˌæpəʊ'plektɪk] *a* **1** läk. apoplektisk; ~ *fit* (*stroke*) slaganfall **2** fam. hetlevrad; röd i ansiktet
apoplexy ['æpəʊpleksɪ] *s* läk. apoplexi, slag; *fit of* ~ slaganfall
apostasy [ə'pɒstəsɪ] *s* avfall, apostasi
apostate [ə'pɒstət] **I** *a* avfällig **II** *s* avfälling, apostat
apostle [ə'pɒsl] *s* apostel; *the Apostles' Creed* den apostoliska trosbekännelsen
apostolic [ˌæpəs'tɒlɪk] *a* **1** apostolisk **2** påvlig; *the A*~ *See* påvestolen
apostrophe [ə'pɒstrəfɪ] *s* apostrof[tecken]
apothecar|y [ə'pɒθəkərɪ] *s* åld. apotekare; *-ies' weight* medicinalvikt
apotheos|is [əˌpɒθɪ'əʊs|ɪs] (pl. *-es* [-i:z]) *s* **1** apoteos; förhärligande **2** kanonisering **3** himmelsfärd
appal [ə'pɔ:l] *tr* förfära, förskräcka; ~*ling* skrämmande, förfärlig
Appalachian [ˌæpə'leɪtʃjən] geogr., *the* ~ *Mountains, the* ~*s* Appalacherna
apparatus [ˌæpə'reɪtəs] (pl. ~*es* el. *pieces of* ~) *s* apparat; apparatur; redskap; anordning; *heating* ~ värmeanläggning
apparel [ə'pærəl] *s* poet. o. Am. dräkt, kläder
apparent [ə'pærənt] *a* synbar[lig], uppenbar; skenbar
apparently [ə'pærəntlɪ] *adv* till synes, synbarligen, uppenbarligen; skenbart
apparition [ˌæpə'rɪʃən] *s* syn, andesyn, spökbild; spöke
appeal [ə'pi:l] **I** *itr* **1** vädja [*to a p. for* (om) *a th.*] **2 a**) jur. vädja; ~ *against* överklaga **b**) parl., ~ *to the country* utlysa [ny]val **3** ~ *to* tilltala, falla i smaken **4** ~ *to* åberopa [sig på], vädja till **II** *s* **1** vädjan[de], bön; appell [*to* till]; *the book has a wide* ~ boken vänder sig till en bred läsekrets; *make an* ~ *for* rikta en vädjan (appell) om **2** jur. överklagande [*against a decision* av ett utslag], appell; *enter* (*lodge*) *an* ~ överklaga, anföra besvär; *court of* ~ appellationsdomstol; *give notice of* ~ anmäla vad; *right of* ~ besvärsrätt **3** lockelse, attraktion; *sex* ~ sex appeal
appealing [ə'pi:lɪŋ] *a* **1** lockande [*an* ~ *smile*], tilltalande [*an* ~ *dress*], attraktiv **2** vädjande, bönfallande [*an* ~ *look*]
appear [ə'pɪə] *itr* **1 a**) bli (vara) synlig, visa sig, uppträda, anlända; ~ *out of thin air* se *1 air I 1* **b**) framträda för offentligheten, uppträda **c**) inställa sig [~ *in court*]; uppträda som sakförare **d**) om bok komma ut, om artikel publiceras, stå **2 a**) vara uppenbar, framträda, framgå [*from* av] **b**) synas, tyckas, förefalla, verka
appearance [ə'pɪərəns] *s* **1 a**) framträdande, uppträdande, ankomst; åsyn; *make o.'s* ~ uppträda, visa sig; *put in* (*make*) *an* ~ visa sig [ett slag] **b**) offentligt uppträdande, framträdande **c**) inställelse; *put in a personal* ~ inställa sig personligen **d**) utgivning, publicering **2** utseende; isht pl. ~*s* [yttre] sken; ~*s are against him* han har skenet emot sig; *keep up* ~*s* bevara skenet; *judge by* ~*s* döma efter utseendet; *in* ~ till utseendet; *for the sake of* ~[*s*] för syns skull; *to* (*by, from*) *all* ~[*s*] efter allt att döma
appease [ə'pi:z] *tr* stilla [~ *o.'s hunger*], lugna, blidka [genom eftergifter]
appeasement [ə'pi:zmənt] *s* lugnande, blidkande; *policy of* ~ eftergiftspolitik
append [ə'pend] *tr* vidhänga, fästa [*to* vid]; bifoga, tillägga [*to* till]

appendicitis [əˌpendɪ'saɪtɪs] *s* läk. blindtarmsinflammation, appendicit
append|ix [ə'pend|ɪks] (pl. *-ixes* el. *-ices* [-ɪsi:z]) *s* **1** bihang, bilaga, appendix **2** anat., *the* ~ maskformiga bihanget, appendix; 'blindtarmen'
appertain [ˌæpə'teɪn] *itr*, ~ *to* tillhöra, tillkomma
appetite ['æpətaɪt] *s* **1** aptit, matlust **2** lust; begär
appetizer ['æpətaɪzə] *s* aptitretande medel
appetizing ['æpətaɪzɪŋ] *a* aptitretande; aptitlig; lockande
applaud [ə'plɔ:d] *tr* o. *itr* applådera
applause [ə'plɔ:z] *s* applåd[er]
apple ['æpl] *s* äpple; ~ *of discord* stridsäpple; *he is the* ~ *of my eye* han är min ögonsten
apple-cart ['æplkɑ:t] *s*, *upset the* ~ fam. ställa till trassel, fördärva det hela
apple-dumpling ['æpl'dʌmplɪŋ] *s* kok. äppelknyte
apple-pie ['æpl'paɪ] *s* äppelpaj; ~ *bed* 'påsbädd' som uppstår då man 'bäddar säck'; ~ *order* fam. perfekt ordning
apple-sauce ['æpl'sɔ:s] *s* **1** äppelmos **2** Am. fam. smicker
appliance [ə'plaɪəns] *s* anordning; apparat, redskap, hjälpmedel; *fire-fighting* ~*s* brandredskap
applicability [ˌæplɪkə'bɪlətɪ] *s* användbarhet, tillämplighet, lämplighet
applicable ['æplɪkəbl] *a* användbar, tillämplig, passande
applicant ['æplɪkənt] *s* sökande [*for* till]
application [ˌæplɪ'keɪʃən] *s* **1** ansökan [*for* om], anmälan, hänvändelse; ~ *form* anmälningsblankett; *make an* ~ *for* söka, anhålla om; *make* [*an*] ~ *to* vända sig till, anhålla hos; *on* ~ på begäran **2** anbringande, applicering; *for external* ~ *only* endast för utvärtes bruk **3** tillämpning, applicering [*to* på]; tillämplighet **4** användning **5** flit
applicator ['æplɪkeɪtə] *s* applikator; påstrykare
applied [ə'plaɪd] *a* praktisk, tillämpad [~ *mathematics*]; ~ *research* målforskning
apply [ə'plaɪ] **I** *tr* **1** anbringa, applicera, lägga (stryka) [på] [~ *a bandage*; ~ *paint*] **2 a**) använda [*to* till, på, om] **b**) tillgripa [~ *sanctions against*] **c**) tillämpa, applicera [~ *a rule*; *to* på] **d**) ägna [~ *all o.'s energies to* [*doing*] *a th.*] **II** *refl* **1** göra sitt bästa **2** ~ *o.s. to* ägna sig åt, vinnlägga sig om **III** *itr* **1** [kunna] tillämpas, vara tillämplig [*to* på], gälla **2** ansöka [*to a p.* hos ngn; *for a th.* om ngt], [hän]vända sig [*to* till; *for a th.* för att få ngt]; ~ *for a post* söka en plats
appoint [ə'pɔɪnt] *tr* **1** bestämma, fastställa [~ *a day for the meeting*] **2** utnämna, förordna; tillsätta [~ *a committee*]
appointment [ə'pɔɪntmənt] *s* **1** [avtalat] möte, träff; *I have an* ~ *with* (*to meet*) *her at 10 o'clock* jag har stämt möte med henne kl. 10; *she kept* (*broke*) *the* ~ hon kom (kom inte) [på utsatt tid] till mötet; *make* (*fix*) *an* ~ *with* göra upp om ett (stämma) möte med, beställa tid hos t. ex. läkare **2** utnämning; *by* ~ *to H.M. the King* (*Queen*) om firma kunglig hovleverantör **3** tjänst, anställning, befattning, plats
apportion [ə'pɔ:ʃən] *tr* fördela [proportionellt]
apposite ['æpəʊzɪt] *a* träffande, lämplig [*an* ~ *remark*]; välfunnen
apposition [ˌæpəʊ'zɪʃən] *s* gram. apposition
appraisal [ə'preɪzəl] *s* värdering, uppskattning; bedömning
appraise [ə'preɪz] *tr* värdera, uppskatta [*at* till]; bedöma
appreciable [ə'pri:ʃəbl] *a* märkbar; väsentlig
appreciate [ə'pri:ʃɪeɪt] **I** *tr* **1** uppskatta, värdera, sätta värde på; *I would* ~ *it if . .* jag skulle vara tacksam om . . **2** inse, förstå **3** höja [i värde] **II** *itr* stiga [i värde]
appreciation [əˌpri:ʃɪ'eɪʃən] *s* **1** uppskattning **2** uppfattning; förståelse [*of* för]; värdering; omdöme **3** värdestegring
appreciative [ə'pri:ʃjətɪv] *a* uppskattande
apprehend [ˌæprɪ'hend] *tr* **1** gripa, anhålla **2** uppfatta, begripa **3** frukta, befara
apprehensible [ˌæprɪ'hensəbl] *a* [upp]fattbar, begriplig
apprehension [ˌæprɪ'henʃən] *s* **1** gripande, anhållande **2** fattande; fattningsförmåga **3** farhåga, fruktan
apprehensive [ˌæprɪ'hensɪv] *a* ängslig
apprentice [ə'prentɪs] **I** *s* lärling, elev **II** *tr* sätta i lära [*to* hos]
apprenticeship [ə'prentɪʃɪp] *s* lärlingskap; lärlingstid, lärotid
apprise [ə'praɪz] *tr* högt. underrätta [*of* om]
approach [ə'prəʊtʃ] **I** *itr* närma sig, nalkas, stunda, förestå; ~*ing* äv. annalkande **II** *tr* **1** närma sig, nalkas [*they* ~*ed the shore*] **2** gå upp mot, liknas vid [*few writers can* ~ *Shakespeare in greatness*] **3** göra vissa trevare hos, söka [ta] kontakt med; *he is rather difficult to* ~ han är rätt svårtillgänglig **4** ge sig i kast med [~ *a problem*] **III** *s* **1** närmande, annalkande, ankomst; flyg. inflygning **2** infart[sväg], tillfartsväg **3** ~ *to* [*a problem*] sätt att behandla . ., grepp på . . **4** inställning [*to* till], syn [*to* på]; synsätt **5** första steg (försök) **6** pl. ~*es* närmanden [*make* ~*es to a p.*]
approachable [ə'prəʊtʃəbl] *a* åtkomlig,

tillgänglig
approbation [ˌæprəʊ'beɪʃən] *s* gillande, godkännande; bifall
appropriate [ss. adj. ə'prəuprɪ|ət, ss. vb -eɪt] **I** *a* lämplig, passande; välvald [*an ~ name*], riktig, tillbörlig, skälig; *the ~ authority* vederbörande myndighet **II** *tr* **1** anslå, bevilja [*~ money for (to) a th.*], anvisa; pp. *~d* bestämd för visst ändamål **2** tillägna sig; lägga beslag på
appropriation [əˌprəuprɪ'eɪʃən] *s* **1** anslående etc., jfr *appropriate II 1*; bevillning; anslag[sbelopp] **2** beslag[tagande]
approval [ə'pru:vəl] *s* gillande; godkännande, bifall; *on ~* till påseende
approve [ə'pru:v] **I** *itr, ~ of* gilla, samtycka till **II** *tr* godkänna [*~ a decision*], stadfästa; *~ the minutes* justera protokollet
approved [ə'pru:vd] *a* **1** a) godkänd, godtagen; på handling o. d. godkännes, bifalles, tillstyrkes b) beprövad [*~ methods*] **2** *~ school* ungdomsvårdsskola
approx. förk. för *approximate, approximately*
approximate [ss. adj. ə'prɒks|ɪmət, ss. vb -ɪmeɪt] **I** *a* **1** approximativ, ungefärlig; *what's the ~ time?* vad är klockan på ett ungefär? **2** *~ to* närmande sig **3** som liknar (kommer nära), liknande, likartad **II** *tr* **1** närma sig, komma nära; ungefär belöpa sig till **2** ungefärligen beräkna, approximera **III** *itr, ~ to* närma sig, komma nära
approximately [ə'prɒksɪmətlɪ] *adv* approximativt, ungefär, cirka; tillnärmelsevis
approximation [əˌprɒksɪ'meɪʃən] *s* approximativt värde, approximation
appurtenance [ə'pɜ:tənəns] *s* **1** tillbehör **2** tillhörighet
Apr. förk. för *April*
apricot ['eɪprɪkɒt] *s* aprikos
April ['eɪprəl] *s* april; *~ fool!* april, april! *~ Fools' Day* 1 april då man narras april
apron ['eɪprən] *s* **1** förklä[de] **2** teat. avantscen **3** platta på flygplats
apron-string ['eɪprənstrɪŋ] *s, be tied to a p.'s ~s* gå i ngns ledband
apropos ['æprəpəu, ˌ- -'-] *adv* **1** passande; lägligt [*they arrived very ~*] **2** *~ of* apropå, på tal om
apt [æpt] *a* **1** lämplig; träffande, lyckad, passande [*an ~ quotation (remark)*] **2** böjd, fallen, benägen [*to* för, för att]; *be ~ to do a th.* ha en benägenhet att göra ngt; *~ to break* skör; *~ to forget* glömsk
aptitude ['æptɪtju:d] *s* skicklighet; fallenhet, anlag [*~ for languages*];
aqualung ['ækwəlʌŋ] *s* dykapparat för sportdykare
aquamarine [ˌækwəmə'ri:n] **I** *s* akvamarin **II** *a* blågrön
aquaplaning ['ækwəˌpleɪnɪŋ] *s* **1** surfande efter motorbåt **2** trafik. vattenplaning däckens glidning på våt beläggning
aquari|um [ə'kweərɪ|əm] (pl. *-ums* el. *-a* [-ə]) *s* akvarium
Aquarius [ə'kweərɪəs] astr. Vattumannen
aquatic [ə'kwætɪk] *a* som växer (lever) i vatten; vatten-
aqueduct ['ækwɪdʌkt] *s* akvedukt; vattenledning
aquiline ['ækwɪlaɪn] *a* örnlik; örn- [*~ nose*]
Arab ['ærəb] **I** *s* **1** arab **2** *street ~* rännstensunge **II** *a* arabisk, arab-
Arabia [ə'reɪbjə] Arabien
Arabian [ə'reɪbjən] **I** *s* arab **II** *a* arabisk; *the ~ Nights* Tusen och en natt
Arabic ['ærəbɪk] **I** *a* arabisk; *~ numerals* arabiska siffror **II** *s* arabiska [språket]
arable ['ærəbl] *a* odlings-, bruk|bar [*~ land*]
arbiter ['ɑ:bɪtə] *s* **1** domare; *~ of taste* smakdomare **2** skiljedomare
arbitrary ['ɑ:bɪtrərɪ] *a* **1** godtycklig **2** egenmäktig
arbitrate ['ɑ:bɪtreɪt] **I** *tr* avgöra genom skiljedom **II** *itr* tjänstgöra som skiljedomare, medla
arbitration [ˌɑ:bɪ'treɪʃən] *s* skiljedom[sförfarande]; medling
arbitrator ['ɑ:bɪtreɪtə] *s* jur. skiljedomare, medlare, förlikningsman
arbour ['ɑ:bə] *s* berså, löv|sal, -valv
arc [ɑ:k] *s* **1** cirkelbåge **2** tekn. båge
arcade [ɑ:'keɪd] *s* valvgång; arkad; passage täckt butiksgata
arcane [ɑ:'keɪn] *a* hemlig, svårbegriplig
1 arch [ɑ:tʃ] **I** *s* **1** [valv]båge, böjning, valv **2** hålfot; *~ support* hålfotsinlägg **II** *tr* betäcka med valv; välva; kröka
2 arch [ɑ:tʃ] *a* skälmaktig, tjuvpojks-
archaeologic[al] [ˌɑ:kɪə'lɒdʒɪk, -əl] *a* arkeologisk
archaeologist [ˌɑ:kɪ'ɒlədʒɪst] *s* arkeolog
archaeology [ˌɑ:kɪ'ɒlədʒɪ] *s* arkeologi
archaic [ɑ:'keɪɪk] *a* ålderdomlig; arkaistisk
archaism ['ɑ:keɪɪzəm] *s* arkaism
archangel ['ɑ:kˌeɪndʒəl] *s* ärkeängel
archbishop ['ɑ:tʃ'bɪʃəp] *s* ärkebiskop
archbishopric [ˌɑ:tʃ'bɪʃəprɪk] *s* ärkebiskopsdöme, ärkestift
archdeacon ['ɑ:tʃ'di:kən] *s* arkidiakon näst biskop i rang
archdiocese ['ɑ:tʃ'daɪəsɪs, -si:s] *s* ärkestift
archduke ['ɑ:tʃ'dju:k, '- -] *s* ärkehertig
arched [ɑ:tʃt] *a* välvd; valv-; bågformig
arch-enemy ['ɑ:tʃ'enɪmɪ] *s* ärkefiende
archer ['ɑ:tʃə] *s* bågskytt
archery ['ɑ:tʃərɪ] *s* bågskytte
archetypal [ˌɑ:kɪ'taɪpəl] *a* ursprunglig, arketypisk
archetype ['ɑ:kɪtaɪp] *s* urtyp, förebild, ar-

ketyp
Archibald ['ɑ:tʃɪbɔ:ld, -bəld]
Archie ['ɑ:tʃɪ] kortform för *Archibald*
Archimedes [ˌɑ:kɪ'mi:di:z]
archipelago [ˌɑ:kɪ'peləgəʊ] *s* skärgård, arkipelag; ögrupp; örikt hav
architect ['ɑ:kɪtekt] *s* arkitekt
architectural [ˌɑ:kɪ'tektʃərəl] *a* arkitektonisk; byggnads-
architecture ['ɑ:kɪtektʃə] *s* arkitektur; byggnads|konst, -stil
archives ['ɑ:kaɪvz] *s pl* arkiv
archway ['ɑ:tʃweɪ] *s* valv|port, -gång
arctic ['ɑ:ktɪk] **I** *a* arktisk; *the A~ Circle* norra polcirkeln; *the A~ Ocean* Norra ishavet **II** *s, the A~* Arktis, Nordpolsområdet
ardent ['ɑ:dənt] *a* ivrig, nitisk, varm [*an ~ admirer*], brinnande [*~ desire*]
ardour ['ɑ:də] *s* glöd, iver, nit
arduous ['ɑ:djʊəs] *a* svår, mödosam
are [beton. ɑ:, obeton. ə] pl. o. 2 pers. sg. pres. av *be*
area ['eərɪə] *s* **1** yta, areal; ytinnehåll; area; *~ bombing* ytbombning **2** a) område, trakt; kvarter [*shopping ~*]; distrikt [*postal ~*], zon b) plats, utrymme; *~ code* Am. riktnummer **3** gård utanför källarvåningen mellan hus och trottoar; *~ steps* trappa [från trottoaren] ned till gården **4** bildl. område
arena [ə'ri:nə] *s* arena, stridsplats
aren't [ɑ:nt] = *are not*; *~ I?* fam. = *am I not?*
Argentina [ˌɑ:dʒən'ti:nə]
Argentine ['ɑ:dʒəntaɪn, -ti:n] **I** *a* argentinsk **II** *s* **1** argentinare **2** *the ~* Argentina
Argentinian [ˌɑ:dʒən'tɪnjən] **I** *a* argentinsk **II** *s* argentinare
argon ['ɑ:gɒn] *s* kem. argon
argot ['ɑ:gəʊ] *s* [yrkes]jargong, förbrytarslang, argot
argue ['ɑ:gju:] **I** *itr* **1** anföra skäl, argumentera [*for, against*]; resonera; tvista, gräla, bråka [*~ with a p.*] **2** döma, sluta [*from* av, efter] **II** *tr* **1** bevisa; visa, vittna om **2** hävda, göra gällande **3** dryfta, diskutera; framlägga [skälen för]
argument ['ɑ:gjʊmənt] *s* **1** argument **2** bevis[föring], slutledning; resonemang **3** dispyt **4** huvudinnehåll i bok etc.
argumentation [ˌɑ:gjʊmen'teɪʃən] *s* argumenterande, argumentation; bevisföring
argumentative [ˌɑ:gjʊ'mentətɪv] *a* diskussionslysten
Argyllshire [ɑ:'gaɪlʃɪə, -ʃə]
aria ['ɑ:rɪə] *s* mus. aria
arid ['ærɪd] *a* **1** torr; ofruktbar, kal **2** bildl. torftig
aridity [æ'rɪdətɪ] *s* **1** torrhet; ofruktbarhet, kalhet **2** bildl. torftighet
Aries ['eəri:z] astr. Väduren
aright [ə'raɪt] *adv* rätt, riktigt [*if I remember ~*], väl
arise [ə'raɪz] (*arose arisen*) *itr* **1** uppstå, framträda **2** härröra [*from*]
arisen [ə'rɪzn] pp. av *arise*
aristocracy [ˌærɪs'tɒkrəsɪ] *s* aristokrati
aristocrat ['ærɪstəkræt] *s* aristokrat
aristocratic [ˌærɪstə'krætɪk] *a* aristokratisk
Aristophanes [ˌærɪs'tɒfəni:z] Aristofanes
Aristotle ['ærɪstɒtl] Aristoteles
arithmetic [ə'rɪθmətɪk] *s* aritmetik; räkning
arithmetical [ˌærɪθ'metɪkəl] *a* aritmetisk; räkne- [*~ problem*]
Arizona [ˌærɪ'zəʊnə]
ark [ɑ:k] *s* ark [*Noah's ~*]
Arkansas ['ɑ:kənsɔ:, ibl. ɑ:'kænzəs]
1 arm [ɑ:m] *s* **1** arm i olika bet.; *~ wrestling* armbrytning; *at ~'s length* a) på rak arm b) bildl. på avstånd; *within ~'s reach* inom räckhåll; *~ in ~* arm i arm; *children* (*infants*) *in ~s* spädbarn **2** ärm **3** karm, armstöd **4** bildl. arm [*the ~ of the law*]
2 arm [ɑ:m] **I** *s* **1** vanl. pl.: *~s* vapen; i kommando gevär; *~s deal* vapen|affär, -transaktion; *~s race* kapprustning; *small ~s* handeldvapen; *in* (*up in*) *~s* i (under) vapen; *be up in ~s against* vara på krigsstigen mot; *present ~s!* skyldra gevär!; *take up ~s* gripa till vapen **2** försvarsgren; *the air ~* flygvapnet **II** *tr* [be]väpna [*~ed forces*]; [ut]rusta, armera; förse med vapen **III** *itr* väpna sig, rusta
armada [ɑ:'mɑ:də] *s* stor flotta, armada
armadillo [ˌɑ:mə'dɪləʊ] *s* bältdjur, bälta
Armageddon [ˌɑ:mə'gedn] *s* bibl. Harmagedon; bildl.: världskrig; ragnarök
Armagh [ɑ:'mɑ:]
armament ['ɑ:məmənt] *s* **1** [krigs]rustning; bestyckning isht på skepp; *~[s] race* kapprustning; *reduction of ~s* nedrustning **2** pl. *~s* krigsmakt
armature ['ɑ:mətjʊə, -tʃʊə] *s* tekn. armatur, ankare; rotor
armband ['ɑ:mbænd] *s* armbindel; ärmhållare
armchair ['ɑ:m'tʃeə, '- -] *s* fåtölj, länstol; *~ critic* skrivbordskritiker utan erfarenhet av det han kritiserar; *~ strategist* skrivbordsstrateg
armed [ɑ:md] *a* [be]väpnad etc., jfr *2 arm II*
Armenia [ɑ:'mi:njə] Armenien
Armenian [ɑ:'mi:njən] **I** *a* armenisk **II** *s* **1** armenier **2** armeniska [språket]
armistice ['ɑ:mɪstɪs] *s* vapenvila, stillestånd
armlet ['ɑ:mlət] *s* armbindel
armorial [ɑ:'mɔ:rɪəl] *a, ~ bearings* vapen, sköldemärke
armory ['ɑ:mərɪ] *s* Am. **1** se *armoury* **2**

vapenfabrik

armour ['ɑ:mə] **I** *s* [vapen]rustning[ar]; pansar; armering **II** *tr* [be]pansra; armera; *~ed car* pansarbil; *~ed column* pansarkolonn; *~ed forces* pansartrupper

armour-plate ['ɑ:məpleɪt] *s* pansarplåt

armoury ['ɑ:mərɪ] *s* vapenförråd, rustkammare; arsenal äv. bildl.

armpit ['ɑ:mpɪt] *s* armhåla

arm-rest ['ɑ:mrest] *s* armstöd

arm-twisting ['ɑ:mˌtwɪstɪŋ] **I** *s* starka påtryckningar, tvångsmetoder **II** *a* tumskruvs- [*~ policy*]

army ['ɑ:mɪ] *s* **1** armé, här **2** stor hop, härskara [*~ of officials*]

Arnold ['ɑ:nəld]

aroma [ə'rəʊmə] *s* arom

aromatic [ˌærəʊ'mætɪk] *a* aromatisk

arose [ə'rəʊz] imp. av *arise*

around [ə'raʊnd] **I** *adv*, [*all*] *~* runt [omkring], omkring; *be ~* a) finnas; finnas i närheten [*be ~ in case I need you*] b) komma, infinna sig [*I'll be ~ by nine*]; *fool ~* fjanta omkring **II** *prep* runt[om], [runt] omkring; *~ the clock* dygnet runt

arousal [ə'raʊzəl] *s* uppväckande; bildl. uppryckning; upphetsning [*sexual ~*]

arouse [ə'raʊz] *tr* [upp]väcka mest bildl. [*~ suspicion*]

A.R.P. förk. för *Air Raid Precautions* luftskydd

arraign [ə'reɪn] *tr* **1** ställa inför rätta; anklaga **2** klandra

arrange [ə'reɪndʒ] **I** *tr* **1** ordna, ställa i ordning; arrangera, anordna; disponera [*the book is well ~d*] **2** mus. arrangera, bearbeta **3** bilägga, göra upp [*~ disputes*] **4** ordna med, arrangera **II** *itr* göra upp [*~ with a p.*];ordna; *~ for* ordna, ombesörja

arrangement [ə'reɪndʒmənt] *s* **1** ordnande **2** ordning; anordning; uppställning; disposition; arrangemang **3** mus. arrangemang, bearbetning **4** anstalt, åtgärd, disposition

arrant ['ærənt] *a* riktig [*an ~ knave*], durkdriven, inpiskad [*an ~ liar*]

array [ə'reɪ] **I** *tr* **1** ställa upp i stridsordning **2** pryda **II** *s* **1** stridsordning [äv. *battle ~*] **2** uppbåd **3** imponerande samling **4** litt. dräkt

arrear [ə'rɪə] *s*, pl. *~s* resterande skulder; restantier; *~s of work* eftersläpande arbete; *be in ~*[*s*] vara efter (på efterkälken)

arrest [ə'rest] **I** *tr* **1** hejda, stoppa **2** anhålla, arrestera **3** bildl. fängsla **II** *s* anhållande, arrestering; *be under ~* vara arresterad; *place* (*put*) *under ~* sätta i arrest

arresting [ə'restɪŋ] *a* bildl. fängslande

arrival [ə'raɪvəl] *s* **1** ankomst [*at, in* till]; *on ~* vid framkomsten; *to await ~* på brev eftersändes ej **2** pl. *~s* ankommande fartyg (tåg, flyg, resande)

arrive [ə'raɪv] *itr* anlända, ankomma, komma [fram] [*at, in* till]

arrogance ['ærəgəns] *s* arrogans, övermod

arrogant ['ærəgənt] *a* arrogant, övermodig

arrogate ['ærəʊgeɪt] *tr, ~ to o.s.* tillvälla sig

arrow ['ærəʊ] *s* pil projektil el. symbol

arrow-head ['ærəʊhed] *s* pilspets

arse [ɑ:s] *s* vulg. arsle, arsel, röv

arse-hole ['ɑ:shəʊl] *s* vulg. rövhål; ss. skällsord arsel

arsenal ['ɑ:sənl] *s* arsenal

arsenic ['ɑ:snɪk] *s* arsenik

arson ['ɑ:sn] *s* mordbrand

1 art [ɑ:t] åld. 2 pers. sg. pres. av *be* [*thou ~*]

2 art [ɑ:t] *s* **1** konst; *~ student* konststuderande; *the fine ~s* de sköna konsterna **2** *the ~s* humaniora; *the Faculty of Arts* filosofiska (humanistiska) fakulteten **3** konstfärdighet, skicklighet **4** list; knep

arterial [ɑ:'tɪərɪəl] *a* pulsåders-, arteriell [*~ blood*]; *~ road* trafikpulsåder

arteriosclerosis [ɑ:'tɪərɪəʊsklɪə'rəʊsɪs] *s* arterioskleros, åderförkalkning

artery ['ɑ:tərɪ] *s* pulsåder äv. bildl.

artesian [ɑ:'ti:zjən] *a* artesisk [*~ well*]

artful ['ɑ:tfʊl] *a* slug, listig

arthritis [ɑ:'θraɪtɪs] *s* ledinflammation, artrit; *rheumatoid ~* ledgångsreumatism

Arthur ['ɑ:θə]

artichoke ['ɑ:tɪtʃəʊk] *s*, [*globe*] *~* kronärtskocka; *Jerusalem ~* jordärtskocka;

article ['ɑ:tɪkl] *s* **1** hand. artikel, vara, persedel [*~s of clothing*] **2** artikel, uppsats **3** gram. artikel [*the definite ~*] **4** pl. *~s* kontrakt, villkor; *~s of apprenticeship* lärlingskontrakt; *~s of association* bolagsordning

articulate [ss. adj. ɑ:'tɪkjʊlət, ss. vb -leɪt] **I** *a* tydlig [*~ speech*], klar, artikulerad **II** *tr* o. *itr* **1** förena genom leder, leda; *~d lorry* långtradare **2** artikulera, tala [tydligt]

articulation [ɑ:ˌtɪkjʊ'leɪʃən] *s* **1** ledfogning; ledförbindelse **2** artikulation; tal

artifice ['ɑ:tɪfɪs] *s* **1** konstgrepp, knep **2** konst[färdighet]

artificial [ˌɑ:tɪ'fɪʃəl] *a* konstgjord, konst- [*~ silk*], artificiell [*~ light*]; konstlad

artificiality [ˌɑ:tɪfɪʃɪ'ælətɪ] *s* konstgjordhet; förkonstling

artillery [ɑ:'tɪlərɪ] *s* artilleri; *light ~* fältartilleri

artilleryman [ɑ:'tɪlərɪmən] *s* artillerist

artisan [ˌɑ:tɪ'zæn, 'ɑ:tɪz-] *s* hantverkare

artist ['ɑ:tɪst] *s* konstnär, artist; isht målare

artiste [ɑ:'ti:st] *s* artist scenisk konstnär

artistic [ɑ:'tɪstɪk] *a* konstnärlig, artistisk

artistry ['ɑ:tɪstrɪ] *s* konstnärskap, artisteri

artless ['ɑ:tləs] *a* **1** oskicklig; klumpig **2** menlös, naiv; enkel, naturlig

arty ['ɑ:tɪ] *a* fam. tillgjord, 'konstnärlig',

bohemaktig
arty-crafty ['ɑ:tɪ'krɑ:ftɪ] *a* fam. 'konstnärlig', artistisk på ett ytligt el. modebetonat sätt
arum ['eərəm] *s*, ~ *lily* odlad kalla
Aryan ['eərɪən] **I** *a* arisk **II** *s* arier
as [æz, obeton. əz] **I** *adv* så [*twice* ~ *heavy*], lika [*I'm* ~ *tall as you*] **II** *rel adv* o. *konj* **1** jämförande **a)** som [*do* ~ *you like!*], liksom; *he is a hard worker,* ~ *you are* han arbetar hårt, [precis] som du **b)** som, på samma sätt som; [*hold the tennis racket*] ~ *I do* .. som jag **c)** som, i egenskap av [*she worked* ~ *a journalist*] **2** såsom, till exempel **3** medgivande hur .. än [*absurd* ~ *it sounds, it is true*]; *angry* ~ *he was* [, *he tried to keep calm*] fastän han var arg .. ; *try* ~ *he might* hur [mycket] han än försökte **4** tid [just] när (som); medan; allteftersom **5** orsak då, eftersom **III** *rel pron* som [*such* (*the same*) ~]; såsom **IV** särskilda uttryck: *so* ~ *to* se *so I 3*; *such* ~ se *such*; ~ *against* mot; ~ *far* ~ se *far II 1*; ~ *for* vad beträffar; ~ *from* hand. från [och med]; ~ *good* ~ så gott som, nästan, jfr *good II 1*; ~ *if* [lik]som om, se vid. *if I 1*; ~ *if to* liksom för att; ~ *it is* redan nu, ändå, som det är; ~ *it were* så att säga, liksom; ~ *regards* vad beträffar; *it is* ~ *simple* ~ *that* så enkelt är det; ~ *though* se *though I 2*; ~ *to* vad beträffar, med avseende på, angående, om; ~ *well* se *2 well I 3* o. *II 2 a*; ~ *yet* ännu [så länge]
asbestos [æz'bestɒs] *s* asbest
ascend [ə'send] **I** *tr* bestiga [~ *the throne*], fara (gå, klättra, stiga) uppför (upp i el. på) [~ *a river*] **II** *itr* stiga [uppåt]; höja sig
ascendancy [ə'sendənsɪ] *s* herravälde; övertag, inflytande, makt [*over* över]
ascendant [ə'sendənt] *s*, *be in the* ~ vara på väg uppåt, ha (få) övertaget
ascension [ə'senʃən] *s*, *A*~ *Day* Kristi Himmelsfärdsdag
ascent [ə'sent] *s* **1** bestigning; uppstigning **2** stigning, backe
ascertain [ˌæsə'teɪn] *tr* förvissa sig om, ta (få) reda på [~ *the facts*]; fastställa
ascertainable [ˌæsə'teɪnəbl] *a* möjlig att utröna
ascetic [ə'setɪk] **I** *a* asketisk **II** *s* asket
asceticism [ə'setɪsɪzəm] *s* askes
ascorbic [əs'kɔ:bɪk] *a*, ~ *acid* askorbinsyra
ascribable [əs'kraɪbəbl] *a*, *it is* ~ *to* det kan tillskrivas
ascribe [əs'kraɪb] *tr* tillskriva [*a th. to a p.* ngn ngt]
aseptic [ə'septɪk] *a* aseptisk, bakteriefri
asexual [ə'seksjʊəl] *a* könlös, asexuell
1 ash [æʃ] *s* ask[träd]; *mountain* ~ rönn
2 ash [æʃ] *s* **1** vanl. pl.: ~*es* aska **2** pl.: ~*es* stoft
ashamed [ə'ʃeɪmd] pred. *a* skamsen; *be* (*feel*) ~ äv. skämmas [*of* för, över]
ashcan ['æʃkæn] *s* Am. soptunna
ashen ['æʃn] *a* liknande aska, ask-, askgrå
ashore [ə'ʃɔ:] *adv* i land; på land; *cast* ~ kasta upp på land, spola i land; *run* (*be driven*) ~ stranda; *set* ~ äv. landsätta
ash-pan ['æʃpæn] *s* asklåda
ash-tray ['æʃtreɪ] *s* askkopp, askfat
Ash Wednesday ['æʃ'wenzdɪ] *s* askonsdag
Asia ['eɪʃə] Asien; ~ *Minor* Mindre Asien
Asian ['eɪʃən, 'eɪʃjən] **I** *a* asiatisk; ~ *flu* fam. asiaten slags influensa **II** *s* asiat
Asiatic [ˌeɪʃɪ'ætɪk] *a* o. *s* se föreg.
aside [ə'saɪd] **I** *adv* **1** avsides, åt sidan, undan; *joking* ~ skämt åsido; *turn* ~ *from* [*the main road*] vika av från .. **2** i enrum **II** *s* teat. avsidesreplik
asinine ['æsɪnaɪn] *a* åsnelik; dum
ask [ɑ:sk] **I** *tr* **1** fråga [*about* om]; höra efter; ~ *o.'s way* fråga sig fram; ~ *me another* den som det visste!; *I* ~ *you!* har du sett på maken!; *if you* ~ *me* om jag får säga min mening; *be* ~*ed* bli tillfrågad **2** begära; be [*for* om]; ~ *a p.'s advice* fråga ngn till råds **3** [in]bjuda; ~ *a p. in* be ngn stiga in; ~ *a p. to dance* bjuda upp ngn; ~ *a p. to dinner* bjuda ngn på middag **II** *itr* **1** fråga [*about* om], ställa frågor; ~ *for* fråga efter för att få se etc. **2** be, bedja [*for* om]; ~ *for trouble* (*for it*) ställa till trassel för sig [själv], utmana ödet; *you* ~*ed for it* fam. du kan skylla dig själv
askance [əs'kæns, -'kɑ:ns] *adv*, *look* ~ *at a p.* snegla misstänksamt på ngn
askew [əs'kju:] **I** pred. *a* sned, skev **II** *adv* snett, skevt; *have o.'s hat* [*on*] ~ ha hatten på sned
asking ['ɑ:skɪŋ] *s* **1** frågande; *I could have it for the* ~ jag kunde få det bara jag bad om det **2** ~ *price* hand. begärt pris
aslant [ə'slɑ:nt] *adv* på sned, på tvären
asleep [ə'sli:p] *adv* o. pred. *a* sovande; *be* ~ sova; *fall* ~ somna [in], falla i sömn
ASM förk. för *air-to-surface missile*
asocial [eɪ'səʊʃəl, ə's-] *a* asocial
asparagus [əs'pærəgəs] *s* sparris; ~ *tip* sparrisknopp
aspect ['æspekt] *s* **1** aspekt; sida, synpunkt **2** läge; utsikt; *southern* ~ sydläge **3** utseende, min, uppsyn [*a man of* (med) *fierce* ~], ansikte
aspen ['æspən] *s* asp[träd]
asperity [æs'perətɪ] *s* kärvhet, skärpa; pl. *-ies* spydigheter, giftigheter
aspersion [əs'pɜ:ʃən] *s* smädelse, klander; *cast* ~*s* (*an* ~) [*up*]*on* förtala, baktala
asphalt ['æsfælt] **I** *s* asfalt **II** *tr* asfaltera
asphyxia [æs'fɪksɪə] *s* kvävning, med. asfyxi
asphyxiate [æs'fɪksɪeɪt] *tr* kväva

aspic ['æspɪk] *s* aladåb
aspidistra [ˌæspɪ'dɪstrə] *s* bot. aspidistra
aspirant [əs'paɪərənt] *a* o. *s* [person] som eftersträvar [*to a th.* ngt]
aspirate [ss. adj. o. subst. 'æspərət, ss. vb 'æspəreɪt] **I** *a* aspirerad **II** *s* aspirata, h-ljud **III** *tr* aspirera, uttala med h-ljud
aspiration [ˌæspə'reɪʃən] *s* längtan, strävan[de]
aspire [əs'paɪə] *itr* sträva [*to* efter], aspirera [*to* på]
aspirin ['æspərɪn] *s* farm. aspirin
1 ass [æs, isht som skällsord äv. ɑːs] *s* åsna
2 ass [æs] *s* Am. vulg. arsle, röv
assail [ə'seɪl] *tr* **1** angripa, överfalla **2** överösa, bestorma med frågor o. d.
assailable [ə'seɪləbl] *a* angriplig, angripbar
assailant [ə'seɪlənt] *s* angripare
assassin [ə'sæsɪn] *s* [lönn]mördare
assassinate [ə'sæsɪneɪt] *tr* lönnmörda
assassination [əˌsæsɪ'neɪʃən] *s* lönnmord
assault [ə'sɔːlt, ə'sɒlt] **I** *s* **1** anfall, angrepp [[*up*]*on* mot] **2** stormning; ~ *craft* stormbåt; ~ *troops* stormtrupp[er]; *carry by* ~ ta med storm **3** överfall; ~ *and battery* jur. övervåld och misshandel **II** *tr* anfalla, angripa; storma; överfalla
assay [ə'seɪ] *tr* pröva ngts renhet
assemblage [ə'semblɪdʒ] *s* **1** [för]samling **2** montering, hopsättning
assemble [ə'sembl] **I** *tr* **1** församla, sammankalla; samla, dra samman [~ *troops*] **2** montera, sätta ihop **II** *itr* samlas
assembler [ə'semblə] *s* [bil]montör
assembly [ə'semblɪ] *s* **1** sammankomst; skol. morgonsamling; ~ *hall* samlingssal, aula; ~ *room*[*s*] se *assembly-room* **2** [för]samling; sällskap **3** [representant]församling; *the U.N. General A*~ FN:s generalförsamling **4** montering, hopsättning; ~ *line* monteringsband, löpande band
assembly-room [ə'semblɪrum] *s* festsal, gillesal; möteslokal; pl. ~*s* festvåning
assent [ə'sent] **I** *itr* samtycka, instämma [*to* till resp. i] **II** *s* **1** samtycke, bifall; *royal* ~ kunglig sanktion av lagar; *by common* ~ med allas samtycke; enhälligt **2** gillande [*to* av], instämmande [*to* i]
assert [ə'sɜːt] *tr* hävda, förfäkta; kräva; ~ *o.s.* göra sig gällande, hävda sig
assertion [ə'sɜːʃən] *s* [bestämt] påstående, hävdande, förfäktande
assertive [ə'sɜːtɪv] *a* bestämd [*an* ~ *tone* (*voice*)]; självsäker; påstridig
assess [ə'ses] *tr* **1** fastställa värde, belopp **2** beskatta, taxera **3** uppskatta, värdera [*at* till], bedöma
assessable [ə'sesəbl] *a* taxer[ings]bar
assessment [ə'sesmənt] *s* **1** beskattning, taxering **2** uttaxerad summa, skatt[esumma] **3** uppskattning, värdering, bedömning
assessor [ə'sesə] *s* taxeringsman
asset ['æset] *s* **1** vanl. pl. ~*s* jur. o. hand. tillgångar; ~*s and liabilities* firmas tillgångar och skulder **2** tillgång, fördel
asseverate [ə'sevəreɪt] *tr* bedyra
asshole ['æshəul] *s* Am. vulg. = *arse-hole*
assiduity [ˌæsɪ'djuːətɪ] *s* trägenhet, flit
assiduous [ə'sɪdjuəs] *a* trägen, flitig
assign [ə'saɪn] *tr* **1** tilldela, anvisa [*a th. to a p.* ngn ngt], anslå [*for, to* för, till]; ~ *a p. to do a th.* ge ngn i uppdrag att göra ngt **2** bestämma tid m.m. **3** anföra skäl **4** ~ *to* hänföra till, tillskriva
assignation [ˌæsɪg'neɪʃən] *s* **1** avtal om möte **2** tilldelning, anvisning **3** överlåtelse
assignment [ə'saɪnmənt] *s* **1** tilldelning, anvisning **2** anförande av skäl **3** uppgift, uppdrag; skol. äv. beting
assimilate [ə'sɪmɪleɪt] *tr* o. *itr* **1** assimilera[s] äv. fonet., införliva[s]; uppta[s] **2** ~ *to* (*with*) *a th.* göra (bli) lik ngt
assimilation [əˌsɪmɪ'leɪʃən] *s* assimilation äv. fonet., assimilering
assist [ə'sɪst] **I** *tr* hjälpa, assistera, bistå **II** *itr* hjälpa till, assistera
assistance [ə'sɪstəns] *s* hjälp, assistans, bistånd
assistant [ə'sɪstənt] **I** *a* assisterande, biträdande, extra[-], under- [~ *surgeon*]; ~ *master* ung. adjunkt; ~ *professor* Am. ung. universitetslektor **II** *s* [med]hjälpare, assistent; [affärs]biträde, expedit [äv. *shop* ~]
assize [ə'saɪz] *s* domstol; förhör
associate [ss. adj. o. subst. ə'səuʃɪət, ss. vb -eɪt] **I** *a* förbunden; associerad; åtföljande; ~ *professor* Am. ung. docent **II** *s* **1** delägare, kompanjon; kollega **2** bundsförvant **III** *tr* **1** förena, -binda; *Associated Press* namn på Am. nyhetsbyrå **2** associera, förbinda i tanken **3** *be* ~*d with* [*a company*] vara knuten till . . **4** ~ *o.s. with* associera sig med, ansluta sig till **IV** *itr* umgås
association [əˌsəusɪ'eɪʃən] *s* **1** förenande; förening, sammanslutning **2** förening, förbund, sällskap, samfund; *A*~ *football* vanlig fotboll i motsats till rugby **3** förbindelse; umgänge, kamratskap **4** association, tankeförbindelse; samband
assonance ['æsəunəns] *s* assonans, vokalrim; allitteration
assorted [ə'sɔːtɪd] *a* klassificerad; sorterad; ~ *sweets* blandade karameller
assortment [ə'sɔːtmənt] *s* **1** sortering **2** sort, klass **3** sortiment [*an* ~ *of goods*]; blandning t. ex. av karameller
assuage [ə'sweɪdʒ] *tr* mildra, lindra
assume [ə'sjuːm, -'suːm] *tr* **1** anta[ga], förutsätta, förmoda, ponera; ta för givet; *assuming this to be true* förutsatt att detta är

sant **2** anta [~ *a new name*]; inta [~ *a pose*]; anlägga, ta på sig [~ *an air of innocence*]; ~*d name* antaget (fingerat) namn, täcknamn **3** tillträda [~ *an office*]; överta, åta[ga] sig [~ *the direction of a business*]; ta på sig [~ *a responsibility*]; ~ *command* [över]ta befälet
assumption [ə'sʌmpʃən] *s* **1** antagande, förutsättning; *on* (*under*) *the* ~ *that* under förutsättning att **2** antagande av gestalt; tillträdande av befattning etc.; övertagande **3** övermod
assurance [ə'ʃuərəns] *s* **1** försäkr|an, -ing **2** säkerhet, visshet **3** [själv]säkerhet; fräckhet **4** livförsäkring
assure [ə'ʃuə] *tr* **1** för|säkra, -vissa [*of* om] **2** säkerställa, trygga **3** livförsäkra
assured [ə'ʃuəd] *a* **1** säker, viss, betryggad; säkerställd **2** säker, förvissad [*of* om] **3** trygg; självsäker
assuredly [ə'ʃuərɪdlɪ] *adv* säkert, förvisso
Assyria [ə'sɪrɪə] Assyrien
Assyrian [ə'sɪrɪən] **I** *a* assyrisk **II** *s* **1** assyrier **2** assyriska [språket]
aster ['æstə] *s* aster
asterisk ['æstərɪsk] *s* asterisk, stjärna (*)
astern [ə'stɜ:n] *adv* akter ut (över)
asteroid ['æstərɔɪd] *s* asteroid
asthma ['æsmə] *s* astma
asthmatic [æs'mætɪk] **I** *a* astmatisk **II** *s* astmatiker
astigmatic [ˌæstɪg'mætɪk] *a* astigmatisk
astigmatism [æs'tɪgmətɪzəm] *s* astigmatism
astir [ə'stɜ:] *adv* o. pred. *a* i rörelse
astonish [əs'tɒnɪʃ] *tr* förvåna, överraska
astonishing [əs'tɒnɪʃɪŋ] *a* förvånande, förvånansvärd
astonishment [əs'tɒnɪʃmənt] *s* förvåning; [*he looked*] *in* ~ . . förvånad (förvånat)
astound [əs'taund] *tr* slå med häpnad, förbluffa
astounding [əs'taundɪŋ] *a* häpnadsväckande, förbluffande
astraddle [ə'strædl] *adv* o. *a* grensle; grenslad
astrakhan [ˌæstrə'kæn] *s* astrakan skinn
astray [ə'streɪ] *adv* vilse [*go* ~]; på avvägar; *be led* ~ äv. bli vilseledd
astride [ə'straɪd] **I** *adv* med utspärrade ben, bredbent; grensle **II** *prep* grensle över
astringent [ə'strɪndʒənt] **I** *a* **1** adstringerande, sammandragande **2** bildl. kärv, sträng **II** *s* adstringerande medel
astrologer [ə'strɒlədʒə] *s* astrolog
astrological [ˌæstrə'lɒdʒɪkəl] *a* astrologisk
astrology [ə'strɒlədʒɪ] *s* astrologi
astronaut ['æstrənɔ:t] *s* astronaut
astronomer [ə'strɒnəmə] *s* astronom
astronomic[al] [ˌæstrə'nɒmɪk, -əl] *a* astronomisk äv. bildl. [~ *figures*]
astronomy [ə'strɒnəmɪ] *s* astronomi
astrophysics ['æstrəʊ'fɪzɪks] (konstr. ss. sg.) *s* astrofysik
astute [ə'stju:t] *a* skarpsinnig; knipslug
asunder [ə'sʌndə] *adv* isär, sönder
asylum [ə'saɪləm] *s* **1** asyl, fristad **2** *lunatic* ~ hist. hospital; bildl. dårhus
asymmetric [ˌæsɪ'metrɪk] *a* asymmetrisk
at [æt, obet. ət] *prep* **1** uttr. befintl., plats: på [~ *the hotel*]; vid [~ *my side*]; i [~ *Oxford*]; genom [*enter* ~ *the door*]; till [*arrive* ~ *Bath*]; ~ *my aunt's* hos min faster; ~ *the Browns'* [hemma] hos familjen Brown; ~ *a distance* på avstånd; ~ *home* hemma; ~ *my place* (*house*) [hemma] hos mig; *stand* ~ *the window* stå vid (i) fönstret; *live* ~ *No. 5 John Street* bo [på] John Street 5 **2** uttr. riktning, mål: på [*look* ~]; åt [*shout* ~]; mot [*smile* ~]; *get* (*go* etc.) ~ se under resp. verb **3** uttr. tid, tillfälle: vid [~ *midnight*]; på [~ *the same time*]; i [~ *the last moment*]; ~ [*the age of*] *sixty* vid sextio [års ålder]; ~ *Christmas* under julen; i jul; vid jul; ~ *five* [*o'clock*] [klockan] fem **4** uttr. sysselsättning, sätt, tillstånd: i [~ *rest*, ~ *war*]; på [~ *o.'s own risk*]; med [~ *a speed of*]; ~ *full speed* med (i, för) full fart; ~ *its highest* som högst; *be* ~ *a p.* vara 'på ngn, ligga efter ngn; *he has been* ~ *it* [*all day*] han har hållit på (varit i farten) . . ; *while you are* ~ *it* medan du [ändå] håller på **5** för, till [ett pris av]; à; *sell* ~ *a loss* sälja med förlust **6** uttr. anledning: över [*astonished* ~]; åt [*laugh* ~]; vid [*bitter* ~ *the thought*] **7** ~ *that* dessutom, till på köpet
atavism ['ætəvɪzəm] *s* atavism
ate [et, isht Am. eɪt] imp. av *eat*
atheism ['eɪθɪɪzəm] *s* ateism
atheist ['eɪθɪɪst] *s* ateist
Athenian [ə'θi:njən] **I** *a* atensk **II** *s* atenare
Athens ['æθɪnz] Aten
athlete ['æθli:t] *s* [fri]idrottsman
athletic [æθ'letɪk] *a* **1** idrotts- [~ *association*]; idrottslig **2** spänstig; atletisk
athletics [æθ'letɪks] *s* **1** (konstr. ss. pl.) friidrott **2** (konstr. ss. sg.) idrott[ande]
at-home [ət'həʊm] *s* mottagning [hemma]
athwart [ə'θwɔ:t] **I** *prep* **1** tvärs över **2** om fartyg tvärs för **II** *adv* tvärs över, på tvären
atishoo [ə'tɪʃu:] *interj* atschi! vid nysning
Atlantic [ət'læntɪk] **I** *a* atlant- [*the* ~ *Pact*]; *the* ~ *Ocean* Atlanten, Atlantiska oceanen **II** *s*, *the* ~ Atlanten
atlas ['ætləs] *s* atlas, kartbok
atmosphere ['ætməˌsfɪə] *s* atmosfär, bildl. äv. stämning
atmospheric [ˌætməs'ferɪk] *a* atmosfärisk; ~ *pressure* lufttryck
atmospherics [ˌætmə'sferɪks] *s pl* [atmos-

färiska] störningar

atoll [ˈætɒl, əˈtɒl] *s* atoll, ringformig korallö

atom [ˈætəm] *s* **1** atom; ~ *bomb* atombomb; *smash a th. to ~s* slå ngt i tusen bitar **2** smula, dugg

atom-bomb [ˈætəmbɒm] *tr* atombomba

atomic [əˈtɒmɪk] *a* atom- [~ *bomb* (*energy*)]; atomisk; ~ *pile* atomreaktor; ~ *radiation* radioaktiv strålning

atomize [ˈætəʊmaɪz] *tr* **1** förvandla till atomer **2** smula sönder

atomizer [ˈætəʊmaɪzə] *s* sprej[flaska]; rafräschissör

atone [əˈtəʊn] *itr*, ~ *for* sona; gottgöra

atonement [əˈtəʊnmənt] *s* gottgörelse [*for* för]; relig. försoning

atrocious [əˈtrəʊʃəs] *a* ohygglig, skändlig, avskyvärd; grov; fam. gräslig, förfärlig

atrocity [əˈtrɒsətɪ] *s* ohygglighet, grymhet, skändlighet, gräslighet; ogärning, illdåd

atrophy [ˈætrəfɪ] **I** *s* förtvining, atrofi; bildl. avtrubbning **II** *tr* komma att förtvina; bildl. trubba av **III** *itr* förtvina; bildl. trubbas av

attaboy [ˈætəbɔɪ] *interj* bravo!, heja!

attach [əˈtætʃ] **I** *tr* **1** fästa, sätta fast (på) [*to* på, vid]; bifoga, fästa [~ *conditions to* (vid)], foga; ~ *credit to* sätta tro till; ~*ed* äv. vidfäst, tillhörande, byggn. hopbyggd; ~*ed please find*.. hand. (i brev) bifogat finner Ni..; *be ~ed to* äv. vara förenad (förknippad) med **2** ~ *o.s. to* ansluta sig till **3** bildl. binda [*to o.s.* vid sig]; knyta [*to* till]; *be ~ed to* a) vara fäst vid, tycka om b) vara knuten till **4** mil. placera [*to* vid, i], kommendera [*to* till] **II** *itr*, ~ *to* a) vara förknippad med, följa ˈmed b) häfta vid, vidlåda; *the blame ~es to him* skulden faller på honom

attaché [əˈtæʃeɪ] *s* attaché; *attaché case* [əˈtæʃɪkeɪs] attachéväska

attachment [əˈtætʃmənt] *s* **1** fastsättning, fästande **2** [vidfästbar] anordning, tillsats; pl. ~*s* äv. tillbehör **3** tillgivenhet **4** mil. placering, kommendering

attack [əˈtæk] **I** *s* anfall [[*up*]*on* mot]; angrepp [*against, on* mot, på]; attack [*a heart* ~]; *an ~ of fever* ett feberanfall **II** *tr* angripa, anfalla, attackera; ta itu med [~ *a problem*]

attacker [əˈtækə] *s* angripare; sport. anfallsspelare

attain [əˈteɪn] *tr* o. *itr*, ~ [*to*] [upp]nå [~ *the age of sixty*], komma upp till

attainable [əˈteɪnəbl] *a* uppnåelig

attainment [əˈteɪnmənt] *s* **1** uppnående **2** vanl. pl. ~*s* kunskaper, färdigheter

attempt [əˈtempt] **I** *tr* försöka; försöka att göra [~ *impossibilities*]; försöka sig på; ~*ed escape* flyktförsök **II** *s* **1** försök; ~ *at escaping* (*to escape*) flyktförsök **2** *an* ~ [*up*]*on a p.'s life* ett attentat mot ngn

attend [əˈtend] **I** *tr* **1** vårda, sköta, om läkare behandla; betjäna kunder o. d. **2** uppvakta **3** åtfölja; *be ~ed by* [*risks*] medföra..; ~*ed with* [*difficulties*] förenad (förknippad) med.. **4** bevista, besöka, delta i; *well ~ed* talrikt besökt **II** *itr* **1** vara uppmärksam; ~ *to* uppmärksamma, lyssna till; expediera [~ *to a customer*]; sköta; passa [på]; sköta om, ombesörja; *are you being ~ed to?* i affär var det tillsagt här? **2** ~ *on* passa upp på; uppvakta **3** ~ [*up*]*on* åtfölja, vara en följd av **4** närvara, delta

attendance [əˈtendəns] *s* **1** betjäning, uppassning; uppvaktning; tillsyn; *medical* ~ läkarvård; *in* ~ tjänstgörande, uppvaktande [*upon* hos] **2** närvaro [*at, on* vid, på], deltagande [*at, on* i] **3** antal närvarande (deltagare); publik

attendant [əˈtendənt] **I** *s* **1** vaktmästare [~ *in* (på) *a theatre*]; uppsyningsman, vakt [*park* ~]; serviceman; skötare **2** följeslagare, tjänare [*on* hos, åt] **II** *a* **1** åtföljande, beledsagande **2** uppvaktande [*on* hos]

attention [əˈtenʃən] **I** *s* **1** uppmärksamhet; kännedom [*bring a th. to a p.'s* ~]; vård, tillsyn, passning; *attract* ~ tilldra sig uppmärksamhet, väcka uppseende; *call* (*direct, draw*) *a p.'s ~ to* fästa (rikta) ngns uppmärksamhet på; *pay ~ to* ägna uppmärksamhet åt, vara uppmärksam på; lägga märke till **2** mil., *stand at* ~ stå i givakt **3** pl. ~*s* uppvaktning **II** *interj* **1** mil. givakt! **2** ~, *please!* i högtalare o. d. hallå, hallå!

attentive [əˈtentɪv] *a* uppmärksam [*to* mot; på]; påpasslig [*to* mot]

attenuate [əˈtenjʊeɪt] *tr* göra smal; förtunna; [för]minska;försvaga

attest [əˈtest] **I** *tr* **1** vittna om; intyga; bevittna [~ *a signature*]; attestera, vidimera **2** språkv. belägga **3** gå ed på **II** *itr*, ~ *to* bära vittne om; bekräfta

attic [ˈætɪk] *s* vind, vinds|våning, -rum

attire [əˈtaɪə] **I** *tr* kläda, skruda **II** *s* klädsel, kläder, dräkt, skrud

attitude [ˈætɪtjuːd] *s* **1** ställning, hållning; *strike an* ~ inta en pose **2** bildl. inställning, hållning, attityd [*towards* till, [gente]mot]

attorney [əˈtɜːnɪ] *s* **1** [befullmäktigat] ombud **2** Am. advokat; *district* ~ allmän åklagare **3** *power of* ~ fullmakt befogenhet

Attorney-General [əˈtɜːnɪˈdʒenərəl] *s* **1** kronjurist, motsv. ung. justitiekansler **2** Am. justitieminister

attract [əˈtrækt] *tr* **1** dra till sig, attrahera; locka; tilldra[ga] sig, väcka [~ *attention*]; *feel ~ed to* känna sig dragen till **2** ådra[ga] sig sjukdom o. d.

attraction [əˈtrækʃən] *s* **1** dragning[skraft], attraktion; lockelse, behag, charm **2** attraktion[snummer]; pl. ~*s* äv. nöjen

attractive [ə'træktɪv] *a* attraktiv, tilldragande, lockande; tilltalande
attributable [ə'trɪbjutəbl] *a, it is ~ to* det kan tillskrivas (anses bero på)
attribute [ss. subst. 'ætrɪbju:t, ss. vb ə'trɪbju:t] **I** *s* attribut äv. gram.; utmärkande drag **II** *tr* tillskriva [*a th. to a p.* ngn ngt]
attrition [ə'trɪʃən] *s* nötning, förslitning; skavning; *war of ~* utnötningskrig
attune [ə'tju:n] *tr* ställa in [*to* efter], bringa i samklang [*to* med], anpassa [*to* efter, till]
ATV ['eɪti:'vi:] förk. för *Associated Television*
aubergine ['əubəʒi:n] *s* aubergine, äggplanta
auburn ['ɔ:bən] *a* kastanjebrun, rödbrun
auction ['ɔ:kʃən] **I** *s* auktion **II** *tr, ~ [off]* auktionera bort
auctioneer [ˌɔ:kʃə'nɪə] *s* auktionsförrättare
audacious [ɔ:'deɪʃəs] *a* **1** djärv, dristig **2** fräck
audacity [ɔ:'dæsətɪ] *s* **1** djärvhet, dristighet **2** fräckhet
audibility [ˌɔ:də'bɪlətɪ] *s* hörbarhet
audible ['ɔ:dəbl] *a* hörbar
audience ['ɔ:djəns] *s* **1** publik; auditorium, åhörare; i radio äv. lyssnare, lyssnarkrets; i TV äv. tittare; författares äv. läsekrets **2** *obtain an ~ with* få audiens hos
audio ['ɔ:dɪəu] *a* ljud- [*~ effects*]
audiophile ['ɔ:dɪəufaɪl] *s* hi-fi-entusiast, audiofil
audio-visual ['ɔ:dɪəu'vɪzjuəl, -ʒuəl] *a, ~ aids* audivisuella hjälpmedel
audit ['ɔ:dɪt] **I** *s* revision, granskning av räkenskaper **II** *tr* revidera, granska
audition [ɔ:'dɪʃən] *s* prov|sjungning, -spelning, prov för engagemang o. d.
auditor ['ɔ:dɪtə] *s* **1** åhörare **2** revisor
auditorium [ˌɔ:dɪ'tɔ:rɪəm] *s* hörsal; [teater]salong
Audrey ['ɔ:drɪ]
Aug. förk. för *August*
auger ['ɔ:gə] *s* navare; större borr
aught [ɔ:t] *s, for ~ I care* gärna för mig; *for ~ I know* inte annat än jag vet
augment [ɔ:g'ment] **I** *tr* öka, förstora, förstärka, utvidga **II** *itr* öka[s]
augur ['ɔ:gə] **I** *s* augur, teckentydare **II** *tr* o. *itr* **1** varsla [om], lova; *it ~s ill (well) for the future* det bådar illa (gott) för framtiden **2** [före]spå
augury ['ɔ:gjurɪ] *s* [jär]tecken, omen
August ['ɔ:gəst] *s* augusti
august [ɔ:'gʌst] *a* majestätisk; vördnadsvärd
Augustus [ɔ:'gʌstəs]
auk [ɔ:k] *s* zool. alka, tordmule
auld [ɔ:ld] *a* Skottl. gammal; *~ lang syne* ['ɔ:ldlæŋ'saɪn] = *old long since* forna (framfarna) dar; *A~ Reekie* [..'ri:kɪ] fam. beteckn. för Edinburgh
aunt [ɑ:nt] *s* tant; faster, moster
auntie o. **aunty** ['ɑ:ntɪ] *s* smeksamt för *aunt*
au pair [ˌəu'peə] (fr.) **I** *a* [anställd] au pair (mot fritt vivre) **II** *s* au pair[flicka]
aura ['ɔ:rə] *s* utstrålning, atmosfär, nimbus
aurora [ɔ:'rɔ:rə] *s* **1** *A~* myt. Aurora **2** *~ australis* [.. ɔ:s'treɪlɪs] sydsken; *~ borealis* [..ˌbɔ:rɪ'eɪlɪs] norrsken
auspice ['ɔ:spɪs] *s,* pl. *~s* auspicier: a) beskydd, egid [*under the ~s of*] b) förebud
auspicious [ɔ:s'pɪʃəs] *a* **1** gynnsam, lovande [*an ~ beginning*]; lyckobådande **2** glädjande [*on this ~ occasion*]
Aussie ['ɒzɪ, 'ɒsɪ] *s* fam. australier
Austen ['ɒstɪn, 'ɔ:s-]
austere [ɒs'tɪə, ɔ:s-] *a* **1** sträng, allvarlig, bister **2** spartansk **3** stram
austerity [ɒs'terətɪ, ɔ:s-] *s* **1** stränghet, allvar, bisterhet **2** spartanskhet **3** stramhet **4** attr. spar-, inskränknings-
Austin ['ɒstɪn, 'ɔ:s-]
Australasian [ˌɒstrə'leɪʒjən, ˌɔ:s-] **I** *a* australasiatisk **II** *s* australasier, person från Australasien
Australia [ɒs'treɪljə, ɔ:s-] Australien
Australian [ɒs'treɪljən, ɔ:s-] **I** *a* australisk **II** *s* australier
Austria ['ɒstrɪə, 'ɔ:s-] Österrike
Austrian ['ɒstrɪən, 'ɔ:s-] **I** *a* österrikisk **II** *s* österrikare
autarchy ['ɔ:tɑ:kɪ] *s* envälde, despotism
autarky ['ɔ:tɑ:kɪ] *s* stats självhushållning, autarki
authentic [ɔ:'θentɪk] *a* autentisk, äkta
authenticate [ɔ:'θentɪkeɪt] *tr* bevisa äktheten av; bestyrka, verifiera
authenticity [ˌɔ:θen'tɪsətɪ] *s* äkthet, autenticitet
author ['ɔ:θə] *s* **1** författare, författarinna [*of* till] **2** upphovsman
authoress ['ɔ:θərəs] *s* författarinna
authoritarian [ˌɔ:θɒrɪ'teərɪən] *a* auktoritär
authoritative [ɔ:'θɒrɪtətɪv] *a* **1** auktoritativ **2** officiell **3** befallande, myndig
authority [ɔ:'θɒrətɪ, ɒ'θ-] *s* **1** myndighet, [laga] makt, [bestämmande]rätt, maktbefogenhet [*over* över]; *be in ~* ha befälet (ledningen, makten); *those in ~* de makthavande; *on o.'s own ~* på eget bevåg **2** bemyndigande, befogenhet; fullmakt **3** myndighet, instans, nämnd [*the Atomic Energy A~*]; styrelse [*the port ~*]; *the authorities* vanl. myndigheterna, de styrande **4** auktoritet, anseende; pondus; *carry ~* väga tungt **5** stöd, belägg [*~ for a statement*]; hemul; källa; sagesman; *on good ~* från säker källa **6** auktoritet, fackman [*on* i],

expert [*on* på]
authorization [ˌɔ:θəraɪ'zeɪʃən] *s* bemyndigande, berättigande; attest
authorize ['ɔ:θəraɪz] *tr* **1** auktorisera, bemyndiga, befullmäktiga **2** godkänna, sanktionera; ~ *a sum for payment* attestera ett belopp **3** rättfärdiga; berättiga [till]
authorship ['ɔ:θəʃɪp] *s* författarskap
autobiographic[al] ['ɔ:təʊˌbaɪəʊ'græfɪk, -əl] *a* självbiografisk
autobiography [ˌɔ:təʊbaɪ'ɒgrəfɪ] *s* självbiografi
autocracy [ɔ:'tɒkrəsɪ] *s* envälde, autokrati
autocrat ['ɔ:təʊkræt] *s* envåldshärskare, autokrat
autocratic [ˌɔ:təʊ'krætɪk] *a* enväldig, autokratisk
autocross ['ɔ:təʊkrɒs] *s* sport. rallycross
auto-erotic [ˌɔ:təʊɪ'rɒtɪk] *a* autoerotisk
autograph ['ɔ:təgrɑ:f, -græf] **I** *s* autograf, egenhändig namnteckning **II** *tr* skriva sin autograf i (på), signera
automat ['ɔ:təmæt] *s* **1** automat[restaurang] **2** [varu]automat
automata [ɔ:'tɒmətə] *s* pl. av *automaton*
automate ['ɔ:təmeɪt] *tr* automatisera
automatic [ˌɔ:tə'mætɪk] **I** *a* **1** automatisk; automat- [~ *weapon*]; själv|gående, -verkande; själv- [~ *steering*]; ~ *machine* automat; ~ *ticket machine* biljettautomat; ~ *pilot* se *autopilot* **2** automatisk, mekanisk **II** *s* automatvapen
automatically [ˌɔ:tə'mætɪkəlɪ] *adv* automatiskt; av sig själv
automation [ˌɔ:tə'meɪʃən] *s* automation; automatisering; automatik
automatization [ɔ:ˌtɒmətaɪ'zeɪʃən] *s* automatisering; automation
automa|ton [ɔ:'tɒmə|tən] (pl. *-tons* el. *-ta* [-tə]) *s* robot
automobile ['ɔ:təməʊbi:l] *s* isht Am. bil
autonomous [ɔ:'tɒnəməs] *a* autonom, självstyrande
autonomy [ɔ:'tɒnəmɪ] *s* **1** autonomi, självstyre[lse]; självbestämmanderätt **2** självstyrande samhälle
autopilot ['ɔ:təʊˌpaɪlət] *s* autopilot, styrautomat
autopsy ['ɔ:təpsɪ] *s* obduktion, autopsi
autumn ['ɔ:təm] *s* höst; för ex. jfr *summer*
autumnal [ɔ:'tʌmnəl] *a* höst-, höstlig; höstlik
auxiliar|y [ɔ:g'zɪljərɪ] **I** *a* hjälp- [~ *verb* (*troops*)]; reserv- [~ *supply*]; ~ *branch* filial; *be* ~ *to* vara till hjälp för **II** *s* **1** hjälpare **2** pl. *-ies* hjälptrupper **3** hjälpverb
AV förk. för *audio-visual*
Av. förk. för *Avenue*
av. förk. för *average*
avail [ə'veɪl] **I** *tr* o. *itr* **1** ~ *o.s. of* begagna sig av, utnyttja **2** gagna; *not* ~ äv. inte tjäna något till **II** *s, of no* ~ till ingen nytta; *to no* ~ förgäves
availability [əˌveɪlə'bɪlətɪ] *s* **1** tillgänglighet; anträffbarhet **2** biljetts giltighet
available [ə'veɪləbl] *a* **1** tillgänglig, disponibel, ledig; anträffbar; till buds stående; användbar **2** giltig; *be* ~ äv. gälla
avalanche ['ævəlɑ:nʃ] *s* lavin
avant-garde ['ævɑ̃:ŋ'gɑ:d] *s* (fr.) avantgarde
avarice ['ævərɪs] *s* girighet
avaricious [ˌævə'rɪʃəs] *a* girig; sniken
Ave. förk. för *avenue*
avenge [ə'vendʒ] *tr* hämnas, ta hämnd för; ~ *o.s.* (*be* ~*d*) *on* hämnas (ta hämnd) på
avenger [ə'vendʒə] *s* hämnare
avenue ['ævənju:] *s* **1** allé, trädkantad uppfartsväg **2** aveny, boulevard **3** bildl. väg [~ *to success*]
aver [ə'vɜ:] *tr* **1** försäkra, bedyra **2** jur. bestyrka, bevisa
average ['ævərɪdʒ] **I** *s* **1** genomsnitt, snitt, medeltal, medelvärde; *above* [*the*] ~ över medelmåttan (genomsnittet); *on* [*an* (*the*)] ~ i [genom]snitt, i medeltal **2** hand. sjö. haveri; *general* ~ gemensamt haveri **II** *a* genomsnittlig, genomsnitts-; ordinär **III** *tr* **1** beräkna medeltalet (ibl. genomsnittsvärdet) av **2** i genomsnitt (medeltal) uppgå till **IV** *itr,* ~ *out* jämna ut sig
averse [ə'vɜ:s] *a, be* ~ *to* (*from*) ogilla, tycka illa om [*be* ~ *to hard work*]
aversion [ə'vɜ:ʃən] *s* motvilja, avsmak, aversion, avoghet; *take an* ~ *to* få motvilja (aversion) mot; [*it is*] *my pet* ~ .. min fasa
avert [ə'vɜ:t] *tr* **1** vända bort; avleda [~ *suspicion*] **2** avvärja, avstyra, förhindra
aviary ['eɪvjərɪ] *s* voljär, stor fågelbur
aviation [ˌeɪvɪ'eɪʃən] *s* **1** flygning, flyg|konst, -teknik; flygväsen **2** attr. flyg-
aviator ['eɪvɪeɪtə] *s* flygare; pilot
avid ['ævɪd] *a* **1** ivrig, entusiastisk [*an* ~ *reader*] **2** glupsk [~ *hunger*]
avidity [ə'vɪdətɪ] *s* **1** iver, entusiasm **2** glupskhet
avocado [ˌævəʊ'kɑ:dəʊ] *s,* ~ [*pear*] avocado
avocation [ˌævəʊ'keɪʃən] *s* **1** bisyssla, fritidssysselsättning **2** se *vocation*
avoid [ə'vɔɪd] *tr* undvika, hålla sig ifrån; undgå [*doing a th.* att göra ngt]
avoidable [ə'vɔɪdəbl] *a* som kan undvikas
avoidance [ə'vɔɪdəns] *s* undvikande
avoirdupois [ˌævədə'pɔɪz] *s,* ~ [*weight*] 'avoirdupois' handelsviktsystem i engelskspråkiga länder [*one* ~ *pound* = *16 ounces*]
avouch [ə'vautʃ] *tr* litt. **1** hävda, försäkra **2** intyga, garantera
avow [ə'vau] *tr* öppet tillstå, erkänna

avowal [ə'vaʊəl] *s* öppen bekännelse; erkännande
avuncular [ə'vʌŋkjʊlə] *a* farbroderlig
await [ə'weɪt] *tr* invänta, vänta [på], avvakta, emotse [*~ing your reply*]
awake [ə'weɪk] **I** (*awoke awoke[n]*, ibl. *awaked awaked*) *itr* **1** vakna isht bildl. **2** *~ to* bli medveten om, få upp ögonen för **II** (för tema se *I*) *tr* väcka äv. bildl. **III** pred. *a* vaken; *be ~ to* vara medveten om
awaken [ə'weɪkən] **I** *tr* väcka isht bildl.; *~ to* väcka till medvetande (insikt) om **II** *itr* vakna
awakening [ə'weɪknɪŋ] **I** *a* väckande äv. bildl.; vaknande **II** *s* [upp]vaknande äv. bildl.
award [ə'wɔ:d] **I** *tr* till|dela, -erkänna, -döma; belöna med; bevilja **II** *s* **1** [skilje]dom, utslag **2** pris; belöning; stipendium
aware [ə'weə] *a* medveten [*of* om]; uppmärksam [*of* på]; *as far as I am ~* så vitt jag vet; *I was not ~ of it* det hade jag inte en aning om
away [ə'weɪ] **I** *adv* **1** bort, i väg, sin väg [*run ~*]; undan, ifrån sig, åt sidan [*put a th. ~*]; ur vägen; *~ [with]!* bort [med]!; se vid. under vb ss. *do, get, put* m. fl. **2** bort[a] [*far ~*] **3** borta; ute, frånvarande **4** vidare, 'på [*eat ~*]; se vid. under vb ss. *fire, peg, work* m. fl. **5** långt [*~ back (down)*] **6** *straight (right) ~* med detsamma, genast; *out and ~* utan jämförelse; *far and ~* långt, vida **II** *a* sport. borta- [*~ match (ground)*] **III** *s* sport. bortamatch
awe [ɔ:] **I** *s* vördnad, djup respekt **II** *tr* inge vördnad (djup respekt); imponera på; skrämma [*into* till]
awe-inspiring ['ɔ:ɪnˌspaɪərɪŋ] *a* respektinjagande, vördnadsbjudande
awesome ['ɔ:səm] *a* **1** skräckinjagande, hemsk **2** formidabel, väldig [*an ~ problem*]
awe-stricken ['ɔ:ˌstrɪkən] *a* o. **awe-struck** ['ɔ:strʌk] *a* skräckslagen; fylld av vördnad
awful ['ɔ:fl] *a* **1** ohygglig, fruktansvärd, skräckinjagande **2** fam. förfärlig, förskräcklig, hemsk **3** vördnadsbjudande
awfully ['ɔ:flɪ] *adv* **1** ohyggligt etc., jfr *awful 1* **2** förfärligt etc., jfr *awful 2*
awhile [ə'waɪl] *adv* en stund; en tid [bortåt]
awkward ['ɔ:kwəd] *a* **1** tafatt, klumpig, valhänt [*an ~ fellow*] **2** förlägen, osäker, bortkommen [*feel ~*] **3** obekväm, opraktisk [*an ~ size*] **4** besvärlig [*an ~ problem*]; förarglig, penibel [*an ~ situation*], pinsam [*an ~ pause*]
awl [ɔ:l] *s* syl, pryl, ål verktyg
awning ['ɔ:nɪŋ] *s* sol|segel, -tält; markis
awoke [ə'wəʊk] imp. o. pp. av *awake*
awoken [ə'wəʊkən] pp. av *awake*
awry [ə'raɪ] **I** pred. *a* sned, på sned, vriden **II** *adv* **1** snett, på sned, vridet **2** galet, på tok
axe [æks] **I** *s* **1** yxa, bila; *broad ~* bila; *he has an ~ to grind* han har egna intressen att bevaka **2** fam., *apply the ~ [to]* låta yxan gå [över], göra kraftiga nedskärningar [i]; *get the ~* bli avskedad **II** *tr* fam. skära ned [*~ expenditure*]; dra in [*200 posts were ~d*]; avskeda [*200 employees were ~d*]
axes ['æksi:z] *s* pl. av *axis*
axiom ['æksɪəm] *s* axiom
axiomatic [ˌæksɪəʊ'mætɪk] *a* axiomatisk
ax|is ['æks|ɪs] (pl. *-es* [-i:z]) *s* mat., fys., pol. axel
axle ['æksl] *s* [hjul]axel
Axminster ['æksmɪnstə] *s, ~ [carpet]* axminstermatta
ay [aɪ] **I** *adv* o. *interj* dial. ja; *~ ~, Sir* sjö. ska ske, kapten (styrman o. d.) **II** *s, the ~es have it* jarösterna är i majoritet
aye [eɪ] *adv* Skottl. o. poet. alltid, ständigt
Ayrshire ['eəʃɪə, -ʃə]
azalea [ə'zeɪljə] *s* azalea
azimuth ['æzɪməθ] *s* astr. azimut
Azores [ə'zɔ:z] *s pl, the ~* Azorerna
Aztec ['æztek] **I** *s* aztek **II** *a* aztekisk, aztek-
azure ['æʒə, 'eɪʒə] *a* azurblå, himmelsblå

B

B, b [bi:] (pl. *B's, b's* [bi:z]) *s* B, b; *B* mus. h; *B flat* mus. b; *B sharp* mus. hiss
b. förk. för *born*; *bowled* i kricket
B.A. ['bi:'eɪ] förk. för *Bachelor of Arts, British Academy, British Airways*
baa [bɑ:] **I** *s* bräkande **II** *itr* bräka
babble ['bæbl] **I** *itr* **1** babbla, jollra; pladdra **2** sorla **II** *s* **1** babbel, joller; pladder **2** sorl
babbler ['bæblə] *s* pratmakare
babe [beɪb] *s* litt. spenabarn, spädbarn; barnunge
babel ['beɪbəl] *s* **1** *the Tower of B~* Babels torn **2** villervalla; virrvarr [*a ~ of voices*]; *a ~ of tongues* språkförbistring
baboon [bə'bu:n] *s* babian
baby ['beɪbɪ] *s* **1** [litet] barn, spädbarn, baby; *~ buggy* Am. barnvagn; *~ carriage* isht Am. barnvagn; *hold the ~* fam. bildl. stå där med allt besväret; *throw the ~ away (out) with the bathwater* bildl. kasta ut barnet med badvattnet **2** barnslig person, barnunge **3** *~ car* minibil, småbil; *~ grand* miniflygel **4** sötnos; tjej, brud
baby-boy ['beɪbɪ'bɔɪ] *s* gossebarn
baby-girl ['beɪbɪ'gɜ:l] *s* flickebarn
babyhood ['beɪbɪhʊd] *s* [späd] barndom
babyish ['beɪbɪɪʃ] *a* barnslig

Babylon ['bæbɪlən] Babel, Babylon äv. bildl.
Babylonia [ˌbæbɪ'ləunjə] Babylonien
Babylonian [ˌbæbɪ'ləunjən] **I** *a* babylonisk **II** *s* babylonier
baby-minder ['beɪbɪˌmaɪndə] *s* dagmamma
baby-sit ['beɪbɪsɪt] (*baby-sat baby-sat*) *itr* sitta barnvakt
baby-sitter ['beɪbɪˌsɪtə] *s* barnvakt
bacchanalian [ˌbækə'neɪljən] *a* backanalisk
Bacchus ['bækəs]
baccy ['bækɪ] *s* fam. tobak
Bach [tonsättaren bɑ:x, bɑ:k]
bachelor ['bætʃələ] *s* **1** ungkarl; *~ girl* ungkarlsflicka **2** univ. ung. kandidat; *B~ of Arts* (*Science*) ung. filosofie kandidat[examen] efter ungefär tre års humanistiska (resp. naturvetenskapliga) studier
bachelorhood ['bætʃələhud] *s* ungkarlsstånd
bacill|us [bə'sɪl|əs] (pl. *-i* [-aɪ]) *s* bacill
back [bæk] **I** *s* **1** rygg; *break a p.'s ~* bildl. ta knäcken på ngn; *break the ~ of* se *break A I 7*; *put o.'s ~ into it* lägga manken till; *put* (*get*) *a p.'s ~ up* reta upp ngn; *be glad to see the ~ of a p.* (*a th.*) vara glad att bli kvitt (av med) ngn (ngt); *turn o.'s ~* [*up*]*on* se under *turn A I 1*; *get off my ~!* fam. lägg av!; *with o.'s ~ to the wall* bildl. ställd mot väggen **2** baksida; bakre del (ända); ryggstöd; *~ of the head* nacke, bakhuvud; *at the ~ of* bakom äv. bildl.; [*put a th.*] *~ to front* . . bakfram (bak och fram) **3** sport. back **II** *a* **1** på baksidan, bak- [*~ street*]; *~ page* sista sida av tidning; *~ seat* baksäte; plats baktill, jfr äv. *back-seat*; *take a ~ seat* bildl. hålla sig i bakgrunden **2** omvänd; gående bakåt; retur-; bak- [*~ current*], tillbaka **3** resterande; *~ pay* retroaktiv lön; *~ tax*[*es*] kvarskatt **III** *adv* **1** bakåt; tillbaka; *~ and forth* fram och tillbaka **2** tillbaka; åter, igen; till gengäld; om tid tillbaka, för . . sedan; *go ~* [*up*]*on o.'s word* bryta sitt ord; jfr vid. *go A I 16* **3** avsides, bort **4** efter, i efterhand **5** *~ of* Am. bakom **IV** *tr* **1** dra (skjuta o. d.) tillbaka; backa [*~ a car*] **2** *~* [*up*] hålla om ryggen, backa upp **3** hålla (satsa) på [*~ a horse*] **V** *itr* **1** röra sig bakåt, gå (träda) tillbaka; backa; rygga **2** *~ down* stiga ned baklänges; bildl. retirera, backa ur; *~ out* gå baklänges ut [*of* ur]; dra sig tillbaka (ur spelet), backa ut, hoppa av
backache ['bækeɪk] *s* ryggsmärtor, värk i ryggen
back-bencher ['bæk'bentʃə] *s* parl. icke-minister
backbite ['bækbaɪt] **I** *tr* baktala **II** *itr* tala illa om folk
backbiter ['bækˌbaɪtə] *s* baktalare
backbiting ['bækˌbaɪtɪŋ] *s* förtal
backbone ['bækbəun] *s* **1** ryggrad; *to the ~* helt igenom, ut i fingerspetsarna [*British to the ~*] **2** förnämsta stöd (del), ryggrad
backbreaking ['bækˌbreɪkɪŋ] *a* hård, slitsam [*a ~ job*]
backchat ['bæk-tʃæt] *s* fam. skämtsam replikväxling; uppkäftighet
backcloth ['bækklɒθ] *s* teat. fond[kuliss]
back-comb ['bækkəum] *tr* tupera
backdate ['bæk'deɪt] *tr* **1** ge retroaktiv verkan; pp.: *~d* retroaktiv **2** antedatera
backdoor ['bæk'dɔ:] **I** *s* **1** bakdörr **2** smygväg **II** *a* smyg-, bakvägs-
backer ['bækə] *s* **1** hjälpare, stöd[jare] **2** vadhållare
backer-up ['bækər'ʌp] (pl. *backers-up* ['bækəz'ʌp]) *s* stöd[jare], gynnare
backfire ['bæk'faɪə, '- -] **I** *s* motor. baktändning **II** *itr* **1** motor. baktända **2** bildl. slå slint
backgammon [bæk'gæmən] *s* brädspel
background ['bækgraund] *s* **1** bakgrund, fond; miljö i film o. d.; *~ effects* ljudeffekter; *~ noise* störningar [i bakgrunden]; [*white spots on*] *a blue ~* . . [en] blå botten **2** bildl. bakgrund, miljö
backhand ['bækhænd] *s* backhand i tennis o. d.
backhanded ['bæk'hændɪd] *a* **1** backhand- **2** tvetydig, tvivelaktig [*~ compliment*]
backhander ['bækˌhændə] *s* **1** slag med handryggen; sport. backhand[slag] **2** bildl. sidohugg; tillrättavisning
backing ['bækɪŋ] *s* **1** backning **2** stödjande; stöd, uppbackning **3** hand. endossering
backlash ['bæklæʃ] *s* [häftig] motreaktion
backlog ['bæklɒg] *s* **1** hand.: inte effektuerade inneliggande order, orderstock **2** eftersläpande arbete
back-number ['bæk'nʌmbə] *s* gammalt nummer av tidning el. tidskrift
back-pedal ['bæk'pedl] *itr* **1** trampa bakåt, bromsa på cykel **2** bildl. backa ut, retirera
back-rest ['bækrest] *s* ryggstöd
backroom ['bækrum] *a* **1** [som ligger] åt gården (baksidan) **2** fam., *~ boy* forskare (expert) som arbetar bakom kulisserna
back-seat ['bæksi:t] *a*, *~ driver* 'baksätesförare' person som från baksätet i en bil ger föraren råd hur han skall köra
backside ['bæk'saɪd] *s* **1** baksida **2** fam. ända, rumpa
backslapping ['bækˌslæpɪŋ] *s* ryggdunkande, överdriven hjärtlighet
backslide ['bæk'slaɪd] (*backslid backslid*) *itr* återfalla i brott, synd o. d.; avfalla
backslider ['bæk'slaɪdə] *s* avfälling
backstage ['bæk'steɪdʒ] *adv* o. *a* bakom kulisserna (scenen)

backstair ['bæk'steə] *a* hemlig, bakvägs-; ~ *revolution* palatsrevolution
backstairs ['bæk'steəz] *s pl* baktrappa; köksuppgång
back-street ['bækstri:t] *s* bakgata
backstroke ['bækstrəuk] *s* ryggsim
backup ['bækʌp] *s* **1** backning; ~ *light* backljus **2** stöd
backward ['bækwəd] **I** *a* **1** bakåtriktad, bak[åt]vänd, baklänges-; åter- **2** efterbliven **II** *adv* se *backwards*
backwards ['bækwədz] *adv* bak|åt, -ut, -länges, tillbaka; ~ *and forwards* fram och tillbaka; *know a th.* ~ kunna ngt utan och innan; *lean (bend) over* ~ bildl. gå till överdrift [åt andra hållet]
backwash ['bækwɒʃ] *s* **1** svallvåg[or] **2** bildl. efterverkningar, efterdyningar
backwater ['bæk,wɔ:tə] *s* **1** bakvatten **2** uppdämt flodvatten; bildl. dödvatten; avkrok
backwoods ['bækwudz] *s pl* Am. avlägsna skogstrakter, obygd[er]
backwoodsman ['bækwudzmən] *s* nybyggare
backyard ['bæk'jɑ:d] *s* bakgård; Am. trädgård bakom huset
bacon ['beɪkən] *s* bacon, saltat o. rökt sidfläsk; *bring home the* ~ fam. tjäna till brödfödan; *save o.'s* ~ fam. rädda sitt skinn
bacteria [bæk'tɪərɪə] *s* pl. av *bacterium*
bacteriological [bæk,tɪərɪə'lɒdʒɪkəl] *a* bakteriologisk [~ *warfare*]
bacteriology [bæk,tɪərɪ'ɒlədʒɪ] *s* bakteriologi
bacteri|um [bæk'tɪərɪ|əm] (pl. *-a* [-ə]) *s* bakterie
bad [bæd] **I** (*worse worst*) *a* **1** dålig, usel; svår [*a* ~ *blunder (cold)*]; sorglig [~ *news*]; ~ *luck* otur; ~ *at* dålig (svag) i; *go* ~ ruttna, bli skämd (dålig); *go from* ~ *to worse* bli allt sämre (värre); *not* ~ inte illa, ganska bra; *that's too* ~*!* fam. vad tråkigt!, vad synd! **2** oriktig, falsk, ogiltig; ~ *coin* falskt mynt **3** ond, elak; fördärvad; ~ *language* svordomar, grovt språk **4** skadlig [~ *for o.'s eyes*] **5** sjuk, krasslig; *be taken* ~ fam. bli sjuk (dålig) **II** *s* **1** *go to the* ~ förfalla, spåra ur om personer **2** *I am £90 to the* ~ jag har förlorat (har en brist på) 90 pund
bade [bæd, beɪd] imp. av *bid*
badge [bædʒ] *s* **1** märke, emblem; *policeman's* ~ polisbricka **2** bildl. [känne]tecken, kännemärke [*chains are a* ~ *of slavery*]
badger ['bædʒə] **I** *s* grävling **II** *tr* ansätta; trakassera; tjata på; *he* ~*ed me into coming* han tjatade på mig tills jag kom
badly ['bædlɪ] (*worse worst*) *adv* **1** dåligt, illa; svårt; *be* ~ *off* ha det dåligt ställt; *be* ~ *off for* ha [mycket] ont om **2** *want (need)* ~ behöva i högsta grad; *be* ~ *in want (need) of a th.* vara i stort behov av ngt
badminton ['bædmɪntən] *s* sport. badminton
bad-tempered ['bæd'tempəd] *a* på dåligt humör, vresig, sur
baffle ['bæfl] **I** *tr* **1** förvirra, förbrylla **2** trotsa [*it* ~*s description*] **II** *s* radio. baffel
baffling ['bæflɪŋ] *a* förvirrande, förbryllande; svårlöst [*a* ~ *problem*]
bag [bæg] **I** *s* **1** påse; säck; bag[g]; väska; ~ *of bones* fam. benget; *in the* ~ fam. klar, som i en liten ask **2** jaktbyte, fångst **3** pl.: ~*s* sl. massor [~*s of money (room)*] **4** *a mixed* ~ fam. en brokig samling (blandning) **5** pl.: ~*s* fam. brallor **6** sl. käring; slampa **II** *tr* **1** ~ [*up*] lägga i en påse (i påsar) etc., jfr *I 1* **2** fånga **3** fam. knycka, lägga beslag på
bagatelle [,bægə'tel] *s* **1** bagatell **2** fortuna[spel]
baggage ['bægɪdʒ] *s* **1** bagage, resgods, reseffekter vid flyg- el. sjöresa, Am. äv. vid landresa; ~ *car* Am. resgodsvagn, godsfinka **2** mil. tross **3** skämts. stycke, snärta
baggy ['bægɪ] *a* påsig, säckig
bagpipe ['bægpaɪp] *s,* ofta pl. ~*s* säckpipa
bagpiper ['bægpaɪpə] *s* säckpipblåsare
bah [bɑ:] *interj* föraktfullt äh!, ss!
Bahama [bə'hɑ:mə] *s, the* ~ *Islands, the* ~*s* Bahamaöarna
1 bail [beɪl] **I** *tr,* ~ [*out*] ösa [ut] [~ *water* [*out*]]; ösa [läns], länsa [~ [*out*] *a boat*] **II** *itr* **1** ~ [*out*] ösa **2** flyg., isht Am., se *2 bale I 1*
2 bail [beɪl] **I** *s* borgen för anhållens inställelse inför rätta; *let out on* ~ försätta på fri fot mot borgen; *refuse* ~ vägra frisläppande mot borgen **II** *tr,* ~ [*out*] utverka frihet åt anhållen genom att ställa borgen för honom
bailiff ['beɪlɪf] *s* **1** utmätningsman **2** förvaltare, inspektor
bairn [beən] *s* isht Skottl. o. Nordeng. barn
bait [beɪt] **I** *tr* **1** hetsa djur **2** reta, mobba **3** agna krok, sätta [ut] bete på; locka **II** *s* agn, bete; *rise to (swallow) the* ~ nappa på kroken äv. bildl.
baize [beɪz] *s* **1** boj, filt tyg **2** attr. klädd med boj, filtklädd [~ *door*]
bake [beɪk] **I** *tr* ugns|steka, -baka, -torka; baka, grädda; ~*d beans* vita bönor i tomatsås; ~*d potatoes* ugnsbakad potatis **II** *itr* **1** stekas, bakas, gräddas; torka **2** *be baking in the sun* [ligga och] steka sig i solen
bakelite ['beɪkəlaɪt] *s* ® bakelit
baker ['beɪkə] *s* bagare; ~*'s dozen* tretton
bakery ['beɪkərɪ] *s* bageri
baking-powder ['beɪkɪŋ,paudə] *s* bak-, jäst|pulver
baking-soda ['beɪkɪŋ,səudə] *s* natriumbikarbonat
baking-tin ['beɪkɪŋtɪn] *s* bak-, kak|form

Balaclava [ˌbælə'klɑ:və] egennamn; ~ *helmet* mil. yllekapuschong, vindskyddshuva
balalaika [ˌbælə'laɪkə] *s* mus. balalajka
balance ['bæləns] **I** *s* **1** våg, balansvåg; vågskål; *hang* (*be*) *in the* ~ hänga på en tråd, vara oviss **2** motvikt **3** balans äv. bildl. [*lose o.'s* ~]; jämvikt; jämviktsläge; *throw a p. off his* ~ få ngn att tappa balansen, få ngn ur balans; ~ *of power* maktbalans **4** hand. balans; saldo, behållning; tillgodohavande [*bank* ~]; återstod, rest; ~ *brought forward* ingående saldo; ~ [*to be*] *carried forward* utgående saldo; ~ *of payments* betalningsbalans; ~ *of trade* handelsbalans; ~ *in hand* kassabehållning; *on* ~ på det hela taget; *strike a* ~ göra upp balansen; bildl. finna en medelväg **5** fam., *the* ~ resten **6** oro i ur **II** *tr* **1** [av]väga [mot varandra]; jämföra **2** balansera; bringa (hålla) i jämvikt **3** mot-, upp|väga; utjämna **4** hand. avsluta böcker; balansera; saldera; ~ *the books* göra bokslut **III** *itr* balansera; vara i jämvikt; jämna ut sig
balance-sheet ['bælənsʃi:t] *s* **1** balans[-räkning] **2** budgetsammandrag **3** bokslut
balcony ['bælkənɪ] *s* **1** balkong **2** *the* ~ a) teat. (vanl.) andra raden, Am. första raden b) på biograf balkongen
bald [bɔ:ld] **I** *a* **1** [flint]skallig **2** bildl. naken, ohöljd; rakt på sak **3** bildl. torr [~ *statement of the facts*] **II** *itr* bli skallig
balderdash ['bɔ:ldədæʃ] *s* gallimatias, smörja
bald-headed ['bɔ:ld'hedɪd] *a* [flint]skallig; *go at* (*for*) *it* ~ fam. rusa på blint
baldric ['bɔ:ldrɪk] *s* axelgehäng; bälte
1 bale [beɪl] *s* bal, packe
2 bale [beɪl] **I** *itr* **1** ~ *out* hoppa med (rädda sig i) fallskärm **2** se *1 bail II 1* **II** *tr* se *1 bail I*
baleful ['beɪlfʊl] *a* olycksbringande, fördärvlig [~ *influence*]; ondskefull
balk [bɔ:k, bɔ:lk] **I** *s* **1** balk, bjälke **2** hinder **II** *tr* hindra, korsa ngns planer; gäcka, svika; ~ *of* lura på **III** *itr* om häst tvärstanna, vägra att hoppa; bildl. rygga, dra sig [*at* för]
Balkan ['bɔ:lkən] **I** *a* Balkan-, balkan- **II** *s*, *the* ~*s* Balkan
1 ball [bɔ:l] *s* **1** bal, dans[tillställning] **2** sl., *have* [*o.s.*] *a* ~ ha kul
2 ball [bɔ:l] **I** *s* **1** boll; klot; ~ *boy* bollpojke, bollkalle; ~ *control* bollbehandling; ~ *of energy* (*fire*) energiknippe; *the* ~ *is with him* (*is in his court*) bildl. bollen är hos honom; *have the* ~ *at o.'s feet* ha chansen; *keep* (*set, start*) *the* ~ *rolling* hålla (få, sätta) i gång det hela (konversationen); *play* ~ isht Am. fam. samarbeta, vara (leka) 'med; *be* (*have a lot*) *on the* ~ fam. vara skärpt (duktig) **2** kula; ~ *joint* kulled; ~ *pen* kulpenna **3** nystan [~ *of wool*] **4** vulg., ~*s* a) ballar testiklar b) skit[prat] **II** *tr* sl., ~ *up* soppa (trassla) till
ballad ['bæləd] *s* **1** visa **2** ballad, folkvisa
ballast ['bæləst] **I** *s* barlast, ballast **II** *tr* barlasta, ballasta
ball-bearing ['bɔ:l'beərɪŋ] *s* kullager
ball-cock ['bɔ:lkɒk] *s* flottörventil
ballerina [ˌbælə'ri:nə] *s* ballerina
ballet ['bæleɪ] *s* balett
ballet-dancer ['bælɪˌdɑ:nsə] *s* balett|dansare, -dansör, -dansös
ball game ['bɔ:lgeɪm] *s* Am. match, isht basebollmatch
ballistics [bə'lɪstɪks] (konstr. vanl. ss. sg.) *s* ballistik
ballocks ['bɒləks] *s pl* vulg. ballar testiklar
balloon [bə'lu:n] **I** *s* **1** ballong; *now the* ~ *goes up!* fam. nu brakar det lös[t]!; ~ *glass* konjakskupa, aromglas **2** pratbubbla **II** *itr* svälla, pösa; stiga i höjden [*costs* ~*ed*] **III** *tr* **1** komma att svälla (pösa) **2** ~ *a ball* [*into the air*] sparka en boll högt upp i luften
ballot ['bælət] **I** *s* **1** röstsedel, valsedel **2** sluten omröstning; omröstningsresultat; *take a* ~ företa en sluten omröstning **II** *itr* **1** företa en sluten omröstning **2** dra lott
ballot-box ['bælətbɒks] *s* valurna
ballot-paper ['bælətˌpeɪpə] *s* röstsedel, valsedel
ball-pen ['bɔ:lpen] *s* kulpenna
ball-point ['bɔ:lpɔɪnt] *s*, ~ [*pen*] kul-[spets]penna
ball-room ['bɔ:lrʊm] *s* balsal; danssalong
balls up ['bɔ:lz'ʌp] *tr* sl., se *2 ball II*
bally ['bælɪ] *a* o. *adv* fam. förbaskad (förbaskat); sabla
ballyhoo [ˌbælɪ'hu:] *s* fam. jippon; bluff; ståhej
balm [bɑ:m] *s* balsam; tröst, lindring
balmy ['bɑ:mɪ] *a* **1** balsamisk; doftande **2** lindrande; mild **3** sl. se *barmy*
baloney [bə'ləʊnɪ] *s* se *boloney*
balsa ['bɔ:lsə, 'bælsə] *s* **1** balsaträd; balsaträ **2** balsa flotte
balsam ['bɔ:lsəm] *s* **1** balsam **2** balsamin
Baltic ['bɔ:ltɪk, 'bɒl-] **I** *a* baltisk; östersjö-; ~ *herring* strömming; *the* ~ *Sea* Östersjön; *the* ~ *States* Baltikum **II** *s*, *the* ~ Östersjön
Baltimore ['bɔ:ltɪmɔ:]
Baluchistan [bə'lu:tʃɪstɑ:n] Beluchistan
baluster ['bæləstə] *s* **1** baluster, balustraddocka **2** ~*s* trappräcke
balustrade [ˌbæləs'treɪd] *s* balustrad
bamboo [bæm'bu:] *s* bambu; bamburör
bamboozle [bæm'bu:zl] *tr* fam. **1** lura **2** förbrylla
ban [bæn] **I** *s* officiellt förbud [*travel* ~]; kyrkl. bann; *driving* ~ körförbud; *nuclear test* ~ bombprovstopp; *put a* ~ *on* förbjuda; bannlysa **II** *tr* förbjuda; bannlysa

banal [bə'nɑ:l] *a* banal
banality [bə'nælətɪ] *s* banalitet
banana [bə'nɑ:nə] *s* banan
band [bænd] **I** *s* **1** band; snodd **2** skärp, bälte; på cigarr maggördel **3** remsa; linning **4** radio. band [*19-metre ~*] **5** mek. [drag]rem [äv. *endless ~*]; *~ conveyor, feeder ~* transportband **6** trupp, skara; band [*~ of robbers*], gäng **7** mindre orkester, musikkår; *jazz ~* jazzband **II** *tr* o. *itr*, *~* [*themselves*] *together* förena sig, gadda ihop sig
bandage ['bændɪdʒ] **I** *s* bandage, förband[sartikel], binda, bindel **II** *tr* förbinda; binda för
bandanna [bæn'dænə] *s* snusnäsduk
bandbox ['bæn*d*bɒks] *s* dams hattask
banderole ['bændərəul] *s* banderoll
bandit ['bændɪt] *s* bandit, bov
bandmaster ['bæn*d*ˌmɑ:stə] *s* kapellmästare
bandoleer [ˌbændə*u*'lɪə] *s* patronbälte som bärs över axeln
bandolier [ˌbændə*u*'lɪə] *s* se *bandoleer*
bandstand ['bændstænd] *s* musikestrad
bandwagon ['bændˌwægən] *s*, *climb* (*jump*) *on to the ~* polit. gå över till segrarsidan, ansluta sig till det framgångsrika partiet
bandwidth ['bændwɪdθ] *s* radio. bandbredd
bandy ['bændɪ] **I** *tr* **1** kasta fram och tillbaka, bolla med [ofta *~ about*] **2** växla ord, hugg; *~ words* gräla, munhuggas **II** *a* om ben krokig; hjulbent
bandy-legged ['bændɪlegd] *a* hjulbent
bane [beɪn] *s* fördärv, undergång; förbannelse
baneful ['beɪnf*u*l] *a* ödesdiger, fördärvlig [*to* för]
bang [bæŋ] **I** *tr* o. *itr* banka, smälla, slå; knalla; dunka; dänga **II** *s* **1** slag, smäll, knall, skräll, duns; *sonic ~* bang, överljudsknall **2** fam., *with a ~* bums, tvärt [*he fell for her with a ~*] **3** vulg. knull samlag **III** *interj* o. *adv* bom, pang; bums, vips; *~ in the middle* mitt i prick; *~ on time* fam. precis, punktligt; *go ~* smälla till
banger ['bæŋə] *s* sl. **1** korv **2** rysk smällare
Bangkok [bæŋ'kɒk, '-'-]
Bangladesh ['bæŋglə'deʃ]
bangle ['bæŋgl] *s* armring; ankelring
bang-on ['bæŋ'ɒn] fam. **I** *adv* mitt i prick **II** *a* jättefin, prima
banish ['bænɪʃ] *tr* **1** landsförvisa, förvisa **2** visa bort; bildl. bannlysa; slå bort [*~ cares*]
banishment ['bænɪʃmənt] *s* [lands]förvisning
banister ['bænɪstə] *s* **1** baluster **2** vanl. *~s* (konstr. ss. sg. el. pl.; pl. *~s*) trappräcke
banjo ['bændʒəu] (pl. *~s* el. *~es*) *s* banjo
1 bank [bæŋk] **I** *s* **1** strand[sluttning] **2** [sand]bank, rev, grund **3** bank [*~ of clouds*], vall; driva; [dikes]ren **4** flyg. bankning **II** *tr*, *~* [*up*] a) dämma för [*~ up a river*] b) packa ihop, torna upp i drivor [*~* [*up*] *snow*] **III** *itr* **1** flyg. banka **2** *~ up* hopa sig, packa ihop sig
2 bank [bæŋk] *s* **1** rad av t. ex. tangenter på tangentbord **2** hist. roddarbänk på galär
3 bank [bæŋk] **I** *s* **1** bank[inrättning]; *~ account* bankkonto, bankräkning; *~ card* bankkreditkort kreditkort utfärdat av en bank; *~ holiday* bankfridag; *~ manager* bank|kamrer, -direktör; *~ statement* [bank]kontoutdrag **2** [spel]bank; *break the ~* spränga banken **3** *blood ~* blodbank **II** *itr* **1** ha (sätta in) pengar på banken; *~ with* ha bankkonto hos **2** *~* [*up*]*on* fam. lita (räkna) på **III** *tr* **1** sätta in pengar [på banken] **2** förvandla i pengar
banker ['bæŋkə] *s* **1** bankir; bankdirektör **2** spel. bankör **3** på tipskupong säker match
banking ['bæŋkɪŋ] *s* bankrörelse, bankväsen; *~ account* bankkonto, bankräkning
banking-house ['bæŋkɪŋhaus] *s* bankirfirma; bank
bank-note ['bæŋknəut] *s* sedel
bank-rate ['bæŋkreɪt] *s* diskonto
bankroll ['bæŋkrəul] *s* sedelbunt
bankrupt ['bæŋkrʌpt] **I** *s* person som har gjort konkurs; bankruttör **II** *a* **1** bankrutt, konkursmässig; *go ~* göra konkurs (bankrutt) **2** bildl., *~ of* [*ideas*] i total avsaknad av . . **III** *tr* försätta i konkurs
bankruptcy ['bæŋkrəp*t*sɪ] *s* konkurs; bankrutt; *be on the verge of ~* vara konkursmässig
banner ['bænə] *s* baner, fana isht bildl.
banns [bænz] *s pl* lysning; *publish* (*read, put up*) *the ~* avkunna lysning
banquet ['bæŋkwɪt] *s* bankett, festmåltid, kalas
bantam ['bæntəm] *s* **1** dvärg-, bantam|höns **2** bantamviktare
bantamweight ['bæntəmweɪt] *s* sport. **1** bantam[vikt] **2** bantamviktare
banter ['bæntə] **I** *s* skämt[ande] **II** *tr* o. *itr* skämta, raljera, småretas [*a p.* med ngn]
Bantu ['bæn'tu:] **I** *s* bantuneger **II** *a* bantu-
baptism ['bæptɪz*ə*m] *s* dop, döpelse
baptismal [bæp'tɪzm*ə*l] *a* dop- [*~ certificate* (*name*)], döpelse-
baptist ['bæptɪst] *s* **1** döpare; *John the B~* Johannes döparen **2** *B~* baptist
baptize [bæp'taɪz] *tr* döpa
bar [bɑ:] **I** *s* **1 a**) stång, spak; ribba; tacka, barr [*gold ~*]; bjälke, stolpe; *~ chart* (*graph*) stapeldiagram; *~ of chocolate* chokladkaka; *a ~ of soap* en tvål **b**) bom; pl. *~s* äv. galler [*behind ~s*] **2** sandbank, sandrev **3** hinder [*to* för], spärr **4 a**) [bar]-

disk b) avdelning på en pub [*the saloon* ~] **5** mus. taktstreck; takt **6 a**) skrank i rättssal; domstol; *the prisoner at the* ~ den anklagade **b**) *the B*~ advokaterna, 'advokatsamfundet'; *be called to the B*~ bli utnämnd till advokat **II** *tr* **1** a) bomma till (för, igen) b) stänga in[ne] (ute), spärra in c) spärra [av], stänga [av], blockera [~ *the way*] **2** bildl. a) [för]hindra; utesluta b) avstänga [~ *a p. from a race*] c) förbjuda [*she* ~*s smoking in her house*] **III** *prep* fam. utom [~ *one*]; ~ *none* ingen undantagen

Barabbas [bə'ræbəs]

barb [bɑ:b] **I** *s* hulling **II** *tr* förse med en hulling; ~*ed wire* taggtråd

Barbados [bɑ:'beɪdəuz]

Barbara ['bɑ:bərə]

barbarian [bɑ:'beərɪən] **I** *s* barbar **II** *a* barbarisk, barbar-

barbaric [bɑ:'bærɪk] *a* barbarisk

barbarism ['bɑ:bərɪzəm] *s* **1** barbari, barbariskt tillstånd **2** barbarisk handling

barbarity [bɑ:'bærətɪ] *s* [vild] grymhet, omänsklighet, utslag av barbari

barbarous ['bɑ:bərəs] *a* barbarisk

barbecue ['bɑ:bɪkju:] **I** *s* **1** utomhusgrill; stekspett **2** helstekt djur (isht oxe, gris) **3** [stor] tillställning i det fria, barbecue, stekafton **II** *tr* anrätta på en utomhusgrill

barber ['bɑ:bə] *s* barberare, [hår]frisör; ~*'s shop* frisersalong

barbiturate [bɑ:'bɪtjurət] *s* barbiturat

bard [bɑ:d] *s* bard, skald

bare [beə] **I** *a* **1** bar [~ *hands*], naken; kal; ödslig, [folk]tom [*a* ~ *street*] **2** blottad **3** fattig, utblottad, tom [*of* på] **4** blott och bar, blott[a] [*the* ~ *idea*]; knapp [*a* ~ *majority*] **5** luggsliten **II** *tr* göra bar (kal); blotta; ~ *o.'s teeth* visa tänderna

bareback ['beəbæk] **I** *adv* barbacka **II** *a*, *a* ~ *rider* en barbackaryttare

barefaced ['beəfeɪst] *a* oblyg, skamlös, fräck [*a* ~ *lie*]

barefoot ['beəfut] *a* o. *adv* barfota

bareheaded ['beə'hedɪd] *a* barhuvad

bare-legged ['beə'legd] *a* barbent

barely ['beəlɪ] *adv* **1** nätt och jämnt, knappt, med nöd och näppe **2** sparsamt, torftigt [*a* ~ *furnished room*]

bargain ['bɑ:gɪn] **I** *s* **1** handel, köp, [förmånlig] affär; uppgörelse; *that's a* ~*!* [då är det] avgjort!; *make a* ~ *with a p. about a th.* göra upp med ngn om ngt; *make the best of a bad* ~ göra det bästa möjliga av situationen; *strike* (*conclude*) *a* ~ *with a p.* träffa avtal med ngn; *into the* ~ [till] på köpet **2** gott köp; kap, fynd **3** attr., ~ *price* fyndpris; ~ *sale* utförsäljning till vrakpriser **II** *itr* **1** köpslå, pruta **2** förhandla, göra upp [*for* om]; ~*ing counter* (*chip*) förhandlingsobjekt **3** fam., ~ *for* räkna med, vänta [sig]; *he got more than he* ~*ed for* han blev bönhörd över hövan

bargain-counter ['bɑ:gɪn,kauntə] *s* realisationsdisk, fynddisk

bargain-hunter ['bɑ:gɪn,hʌntə] *s* fyndjägare

barge [bɑ:dʒ] **I** *s* [kanal]pråm **II** *itr* fam. **1** törna, stöta, rusa [*into* in i, på, mot] **2** ~ *in* tränga sig på, avbryta

barge-pole ['bɑ:dʒpəul] *s* sjö. stake; *I wouldn't touch it with a* ~ jag skulle inte vilja ta i den med tång

baritone ['bærɪtəun] **I** *s* baryton **II** *a* baryton-

barium ['beərɪəm] *s* barium

1 bark [bɑ:k] **I** *s* bark **II** *tr* **1** barka [av] **2** skrapa [skinnet av]

2 bark [bɑ:k] **I** *itr* **1** skälla [*at* på], ge skall; *you're* ~*ing up the wrong tree* fam. du är inne på fel spår **2** ryta **3** hosta [skrällande]; knalla [*the big guns* ~*ed*] **II** *tr*, ~ *out* ryta [~ *out o.'s orders*] **III** *s* **1** skall, skällande **2** rytande; *his* ~ *is worse than his bite* han är inte så farlig som han låter

barker ['bɑ:kə] *s* fam. kundfångare

barley ['bɑ:lɪ] *s* korn sädesslag; *pearl* ~ pärlgryn

barley-sugar ['bɑ:lɪ,ʃugə] *s* bröstsocker

barley-water ['bɑ:lɪ,wɔ:tə] *s* kornvatten

barmaid ['bɑ:meɪd] *s* kvinnlig bartender

barman ['bɑ:mən] *s* bartender

barmy ['bɑ:mɪ] *a* sl. tokig, knasig, knäpp

barn [bɑ:n] *s* lada, loge; Am. ladugård, stall

barnacle ['bɑ:nəkl] *s* långhals fastsittande kräftdjur

barn-owl ['bɑ:naul] *s* tornuggla

barnstorm ['bɑ:nstɔ:m] *itr* fam. **1** vara ute på turné **2** valtala

barnstormer ['bɑ:n,stɔ:mə] *s* **1** kringresande skådespelare **2** andra klassens skådespelare **3** fam. [kringresande] valtalare

barnyard ['bɑ:njɑ:d] *s* loggård

barometer [bə'rɒmɪtə] *s* barometer

barometric[al] [,bærəʊ'metrɪk, -əl] *a* barometer-, barometrisk

baron ['bærən] *s* baron

baroness ['bærənəs] *s* baronessa

baronet ['bærənət] *s* baronet adelsman av lägsta ärftliga rang

baronial [bə'rəunjəl] *a* baronlig, baron-

baroque [bə'rɒk] **I** *s* barock **II** *a* barock-

barque [bɑ:k] *s* **1** bark[skepp] **2** poet. skepp, båt

1 barrack ['bærək] *s*, pl. ~*s* (konstr. vanl. ss. sg.; pl. ~*s*) kasern; barack; hyreskasern; ~ *square* kaserngård

2 barrack ['bærək] *itr* o. *tr* sport. demonstrera sitt missnöje [med] genom att bua (klappa i händerna)

barracking ['bærəkɪŋ] *s* sport. missnöjesyttringar, buanden
barracuda [ˌbærə'kju:də] *s* zool. barracuda
barrage ['bærɑ:ʒ] *s* mil. spärreld; ~ *balloon* spärrballong
barrel ['bærəl] *s* **1** fat, tunna **2** tekn. a) trumma, cylinder b) [gevärs]pipa, eldrör **3** fam., *a* ~ *of* en massa
barrel-organ ['bærəlˌɔ:gən] *s* positiv
barren ['bærən] *a* **1** ofruktbar [~ *soil*], karg; ofruktsam; steril **2** torftig, blottad [*of* på]; tom; andefattig **3** resultatlös
barricade [ˌbærɪ'keɪd] **I** *s* barrikad **II** *tr* barrikadera
barrier ['bærɪə] *s* **1** barriär; skrank, bom; spärr; tullbom **2** bildl. hinder, barriär
barring ['bɑ:rɪŋ] *prep* utom, med uteslutande av; bortsett från; ~ *accidents* om inga olyckor inträffar
barrister ['bærɪstə] *s* [överrätts]advokat med rätt att föra parters talan vid överrätt
1 barrow ['bærəʊ] *s* [grav]kummel, gravhög, ättehög
2 barrow ['bærəʊ] *s* **1** skottkärra **2** hand-, drag|kärra
Bart. [bɑ:t] förk. för *Baronet*
bartender ['bɑ:ˌtendə] *s* bartender
barter ['bɑ:tə] **I** *itr* idka (driva) byteshandel, schackra **II** *tr* byta, byta ut (bort) [*for* mot], schackra **III** *s* byteshandel; byte
Bartholomew [bɑ:'θɒləmju:] bibl. Bartolomeus
basalt ['bæsɔ:lt, bə'sɔ:lt] *s* basalt
1 base [beɪs] *a* **1** simpel, tarvlig, lumpen **2** usel; ~ *metals* oädla metaller
2 base [beɪs] **I** *s* **1** bas i olika bet., äv. kem. o. mil. [*naval* ~]; grundval; sockel, fot; ~ *camp* basläger; ~ *metal* huvudbeståndsdel i en legering **2** sport. start-, mål|linje; mål i vissa spel; i baseball bas **II** *tr* basera, grunda, stödja; bygga [~ *o.'s hopes on a th.*]
baseball ['beɪsbɔ:l] *s* baseball, baseboll
baseless ['beɪsləs] *a* grundlös, ogrundad
basement ['beɪsmənt] *s* källarvåning
1 bases ['beɪsɪz] *s* pl. av *2 base I*
2 bases ['beɪsi:z] *s* pl. av *basis*
bash [bæʃ] **I** *tr* fam. slå, drämma; klå upp **II** *s* **1** fam. våldsamt slag **2** *have a* ~ [*at a th.*] sl. försöka [sig på ngt]
bashful ['bæʃfʊl] *a* blyg, skygg; försagd
basic ['beɪsɪk] *a* **1** grund-, bas-, grundläggande, fundamental; ~ *needs* elementära behov **2** kem. o. min. basisk
basically ['beɪsɪkəlɪ] *adv* i grund och botten
Basil ['bæzl]
basil ['bæzl] *s* bot. basilika[ört]
basilica [bə'zɪlɪkə] *s* basilika kyrka
basilisk ['bæzɪlɪsk] *s* zool., myt. basilisk
basin ['beɪsn] *s* **1** fat, handfat; skål **2** geol. bäcken; kitteldal; sänka med vatten **3** [hamn-, dock]bassäng **4** flodområde
bas|is ['beɪs|ɪs] (pl. *-es* [-i:z]) *s* bas; basis, grundval, grund; förutsättning
bask [bɑ:sk] *itr*, ~ *in the sun* sola [sig], gassa sig i solen
basket ['bɑ:skɪt] *s* korg
basket-ball ['bɑ:skɪtbɔ:l] *s* sport. basket[-boll]
Basque [bæsk, bɑ:sk] **I** *a* baskisk **II** *s* **1** bask folk **2** baskiska [språket]
1 bass [bæs] *s* zool. havsabborre
2 bass [beɪs] mus. **I** *s* bas **II** *a* bas-; låg, djup
bass-drum ['beɪs'drʌm] *s* bastrumma
bassinet [ˌbæsɪ'net] *s* babykorg [med fast sufflett], korgflätad barnvagn [med sufflett]
bassoon [bə'su:n] *s* fagott
bassoonist [bə'su:nɪst] *s* fagottist, fagottblåsare
bass-player ['beɪsˌpleɪə] *s* basist
bastard ['bɑ:stəd, 'bæs-] *s* **1** utomäktenskapligt barn; bastard **2** sl. knöl; jävel
1 baste [beɪst] *tr* tråckla [ihop]
2 baste [beɪst] *tr* ösa stek
3 baste [beɪst] *tr* piska, klå
bastion ['bæstɪən] *s* bastion
1 bat [bæt] *s* fladdermus; läderlapp; *as blind as a* ~ stenblind
2 bat [bæt] **I** *s* slagträ i kricket m. m.; racket i bordtennis; *off o.'s own* ~ själv, utan hjälp **II** *itr* i kricket o. d. vara inne [som slagman]
3 bat [bæt] *tr* fam., *without* ~*ting an eyelid* utan att blinka
batch [bætʃ] *s* **1** bak av samma deg, sats **2** hop, omgång, hög [*a* ~ *of letters*]; *in* ~*es* högvis, buntvis
bate [beɪt] **I** *tr* **1** minska, dämpa; *with* ~*d breath* med återhållen andedräkt **2** dra av; slå av på **II** *itr* försvagas, förminskas
bath [bɑ:θ; i pl. (ss. subst.) bɑ:ðz] **I** *s* **1** bad; *have* (*take*) *a* ~ ta sig ett bad, bada inomhus el. vid badanstalt; ~ *attendant* badmästare, baderska; ~ *crystals* (*salt*) badsalt **2** badkar, badbalja **3** badrum **4** ~*s* a) bad|hus, -inrättning; bad [*Turkish* ~*s*] b) kuranstalt, kurort; *swimming* ~*s* simhall **II** *tr* o. *itr* bada
bath-chair ['bɑ:θ'tʃeə, '--] *s* [trehjulig] rullstol för sjuka
bathe [beɪð] **I** *tr* o. *itr* **1** bada **2** badda [på] [~ *o.'s eyes*] **II** *s* bad i det fria
bather ['beɪðə] *s* badare, badgäst
bathing ['beɪðɪŋ] *s* badning, bad; ~ *accident* drunkningsolycka; ~ *beauty* (*belle*) badflicka
bathing-beach ['beɪðɪŋbi:tʃ] *s* badstrand
bathing-cap ['beɪðɪŋkæp] *s* badmössa
bathing-costume ['beɪðɪŋˌkɒstju:m] *s* o.
bathing-dress ['beɪðɪŋdres] *s* baddräkt

bathing-hut ['beɪðɪŋhʌt] *s* badhytt
bathing-suit ['beɪðɪŋsu:t, -sju:t] *s* baddräkt
bathing-trunks ['beɪðɪŋtrʌŋks] *s pl* badbyxor
bathrobe ['bɑ:θrəub] *s* badkappa, badrock
bathroom ['bɑ:θrum] *s* badrum; Am. äv. toalett
bath-towel ['bɑ:θˌtauəl] *s* badhandduk
bath-tub ['bɑ:θtʌb] *s* badkar; badbalja
bathwater ['bɑ:θˌwɔ:tə] *s* badvatten
bathysphere ['bæθɪsfɪə] *s* batysfär
batik ['bætɪk] *s* batik
batiste [bæ'ti:st] *s* batist
batman ['bætmən] *s* mil. uppassare, kalfaktor
baton ['bætən] *s* **1** [polis]batong **2** taktpinne **3** [kommando]stav [*marshal's* ~] **4** stafett[pinne]
bats [bæts] pred. *a* fam. tokig, knäpp [*he's* ~]
batsman ['bætsmən] *s* slagman i t.ex kricket
battalion [bə'tæljən] *s* bataljon
1 batten ['bætn] **I** *s* **1** smalare planka, ribba, list **2** sjö. latta **II** *tr* **1** beslå (förstärka) med plank etc. **2** sjö., ~ *down* skalka
2 batten ['bætn] **I** *itr* **1** ~ *on a p.* leva högt på ngns bekostnad **2** bli fet **II** *tr* göda
1 batter ['bætə] **I** *tr* **1** slå [in (ned)], krossa; ~ *the door down* slå in dörren **2** illa tilltyga; nöta ut **II** *itr* hamra, bulta
2 batter ['bætə] *s* kok. smet; ~ *pudding* ung. ugnspannkaka
battered ['bætəd] *a* sönderslagen, illa medfaren, bucklig [*a* ~ *old hat*]; ~ *baby* barn som företer tecken på misshandel
battering-ram ['bætərɪŋræm] *s* mil. murbräcka
battery ['bætərɪ] *s* **1** mil. o. fys. batteri **2** uppsättning, serie **3** jur., [*assault and*] ~ övervåld och misshandel
battery-charger ['bætərɪˌtʃɑ:dʒə] *s* batteriladdare
battle ['bætl] **I** *s* **1** strid, drabbning, batalj, [fält]slag [*the* ~ *of Waterloo*]; duell; *fight a losing* ~ kämpa förgäves **2** seger [*a good beginning is half the* ~] **3** bildl. strid, kamp **II** *itr* kämpa
battle-array ['bætl-əˌreɪ] *s* mil. slagordning
battle-axe ['bætl-æks] *s* **1** hist. stridsyxa **2** fam. ragata, harpa
battle-cruiser ['bætlˌkru:zə] *s* slagkryssare, linjekryssare
battle-cry ['bætlkraɪ] *s* stridsrop, bildl. äv. [kamp]paroll
battledress ['bætldres] *s* fältuniform
battlefield ['bætlfi:ld] *s* slagfält
battleground ['bætlgraund] *s* slagfält
battlement ['bætlmənt] *s*, mest pl. ~*s* mur (bröstvärn) med tinnar; tinnar; krenelerat tak
battleship ['bætlʃɪp] *s* slagskepp
batty ['bætɪ] *a* sl. knasig, knäpp, tokig
bauble ['bɔ:bl] *s* grannlåt; struntsak; leksak
bauxite ['bɔ:ksaɪt] *s* min. bauxit
Bavaria [bə'veərɪə] Bayern
Bavarian [bə'veərɪən] **I** *a* bayersk **II** *s* **1** bayrare **2** bayerska [dialekten]
bawdy ['bɔ:dɪ] **I** *a* oanständig **II** *s* oanständiga historier
bawl [bɔ:l] **I** *itr* **1** vråla, hojta **2** storgråta, tjuta **II** *tr* **1** ryta, vråla [~ *commands*] **2** ~ *a p. out* Am. fam. skälla ut ngn
1 bay [beɪ] *s* lagerträd; pl. ~*s* lager[krans]
2 bay [beɪ] *s* [havs]vik, bukt
3 bay [beɪ] *s* **1** avdelning, utrymme; avbalkning, bås **2** ark. avdelning **3** nisch **4** burspråk; ~ *window* burspråksfönster **5** sjö. se *sick-bay* **6** flyg. stagfält; bombrum
4 bay [beɪ] **I** *s* **1** jakt. ståndskall **2** nödställt läge; *bring to* ~ få att göra stånd; *keep* (*hold*) *at* ~ hålla stånd mot hund; hålla på avstånd (i schack) **II** *itr* skälla
5 bay [beɪ] **I** *a* brun om häst **II** *s* brun häst
bay-lea|f ['beɪli:|f] (pl. *-ves* [-vz]) *s* lagerbärsblad, lagerblad
bayonet ['beɪənət] *s* bajonett
bay-tree ['beɪtri:] *s* lagerträd
bazaar [bə'zɑ:] *s* basar
bazooka [bə'zu:kə] *s* mil. bazooka, raketgevär
BBC ['bi:bi:'si:] förk. för *British Broadcasting Corporation*
B.C. ['bi:'si:] **1** förk. för *before Christ* f. Kr. **2** förk. för *British Columbia*
BE förk. för *British English*
be [bi:, bɪ] (imp. indikativ *was*, 2 pers. sg. samt pl. *were*; imp. konjunktiv *were*; pp. *been*; pres. indikativ *am, are, is*, pl. *are*) *itr* **I** *huvudvb* **1 a**) vara; bli [*the answer was*. .]; *my wife* [*that is*] *to* ~ min blivande hustru; jfr äv. kombinationer som *to-be* m. fl. **b**) *there is, there are* det är, det finns; *there was a pause* det blev en paus **2** vara: a) vara (finnas) till, existera b) äga rum, ske [*when is the wedding to* ~*?*] c) kosta [*the fare is £2*] d) må, känna sig [*how is the patient today?*] e) ligga [*the book is on the table*], sitta [*he is in prison*] f) vara lika med, göra [*three threes are nine*]; *he is dead, isn't he?* han är död, eller hur?; *he is wrong* han har fel; *here you are!* fam. a) här har du!, var så god! b) [jaså,] här är du!; *how are you?* hur mår du?, hur står det till?; *that is* äv. det vill säga; *as it were* så att säga **3** gå [*we were at school together*]; stå [*the verb is in the singular*] **4** med prep. o. adv. (se i allm. dessa ord) i specialbet.: ~ **about** a) handla om b) hålla på med; *there are a lot of rumours about* det går en massa rykten; *he was about to* han skulle just; ~ **at** a) ha för sig b) sätta åt ngn,

vara på ngn; ~ **for** förorda, vara för [*I am for that method*]; *now you are for it!* det kommer du att få för!, nu smäller det!; ~ **in on** *a th.* vara med om ngt; ~ **off** ge sig i väg (av)

II *hjälpvb* **1** tillsammans med pp.: a) passivbildande: bli, bliva b) vara; *he was saved* han räddades, han blev räddad; *when were you born?* när är du född?; **2** tillsammans med pres. p., bildande progressiv form: *they are building a house* de håller på och bygger ett hus; *the house is being built* huset håller på att byggas; *he is leaving tomorrow* han reser i morgon **3** tillsammans med inf.: a) *am* (*are, is*) *to* skall [*when am I to come back?*] b) *was* (*were*) *to* skulle [*he was never to come back again*; *if I were to tell you . .*]; kunde [*the book was not to ~ found*]

beach [bi:tʃ] **I** *s* strand; havsstrand, sandstrand; badstrand **II** *tr* sätta på land

beachcomber ['bi:tʃˌkəumə] *s* **1** lång inrullande havsvåg **2** strandgodssökare

beach-head ['bi:tʃhed] *s* mil. brohuvud

beacon ['bi:kən] *s* **1** fyr; båk; flygfyr **2** signaleld **3** [globformigt] trafikmärke, -ljus vid övergångsställe [*flashing ~*]

bead [bi:d] *s* **1** pärla av glas, trä etc.; pl. *~s* äv. pärlhalsband; *string ~s* trä upp [ett] halsband **2** pl. *~s* radband; *tell o.'s ~s* läsa sina böner **3** droppe; *~s of sweat* svettpärlor **4** korn på gevär; *draw a ~ on* sikta (ta sikte) på

beading ['bi:dɪŋ] *s* pärlliknande kant; pärlstavslist

beadle ['bi:dl] *s* **1** univ. vaktmästare **2** förr kyrkvaktare

beady ['bi:dɪ] *a* pärlformig; om ögon små [och] lysande

beagle ['bi:gl] *s* beagle hundras

beak [bi:k] *s* **1** näbb **2** sl. kran näsa **3** sl. polisdomare

beaker ['bi:kə] *s* glasbägare för laboratorieändamål; mugg

be-all ['bi:ɔ:l] *s, the ~ and end-all* A och O, allt; summan av kardemumman

beam [bi:m] **I** *s* **1** bjälke, balk; vågbalk **2** däcksbalk; *on the starboard* (*port*) ~ tvärs om styrbord (babord) **3** [ljus]stråle, strålknippe, ljuskägla; riktad radiosignal; radiokurs **II** *tr* utstråla, sända [ut], rikta strålar, radiovågor o. d. **III** *itr* stråla, skina [*~ with happiness*]

beam-ends ['bi:m'endz] *s pl* balkändar; *on her ~* om fartyg med ena relingen i vattnet; *be on o.'s ~* bildl. stå på bar backe

bean [bi:n] *s* **1** böna; *full of ~s* fam. i högform; *give a p. ~s* sl. ge ngn på pälsen **2** sl. gosse [*old ~!*] **3** sl. rött öre [*not worth a ~*]

beanfeast ['bi:nfi:st] *s* kalas, hippa

beano ['bi:nəu] *s* sl. kalas, hippa

1 bear [beə] **I** *s* **1** björn; *be like a ~ with a sore head* se under *sore I 1* **2** astr., *the Great* (*Lesser* el. *Little*) *B~* Stora (Lilla) björn[en] **3** börs. baissespekulant; *~ market* baisse **II** *itr* börs. spekulera i kursfall (baisse)

2 bear [beə] (*bore borne,* äv. *born,* se d.o.) **I** *tr* (se äv under *III*) **1** **a**) högt. o. poet. bära, föra **b**) bildl. i en del uttr.: *~ testimony* (*witness*) vittna; *~ in mind* komma ihåg **2** bildl. bära [*~ arms*; *~ a name*]; äga, ha [*~ some resemblance to*]; inneha [*~ a title*] **3** *~ o.s.* [upp]föra sig, uppträda [*~ o.s. with dignity*] **4** bära på, hysa [*~ a grudge against a p.*; *the love she bore him*] **5** bära [upp] [*~ the weight of the roof*; *~ the responsibility*] **6** uthärda; tåla, tolerera, stå ut med **7** bära [*~ fruit*]; frambringa; föda [*~ a child*]; *~ 5 per cent interest* ge 5% ränta **II** *itr* (se äv. under *III*) **1** bära, hålla [*the ice doesn't ~ yet*] **2** tynga, trycka, stödja, vila [*on, upon, against* mot, på] **3** *bring to ~* sätta i gång; göra gällande [*bring o.'s influence to ~*]; applicera, tillämpa, utöva [*bring pressure to ~*] **4** bana sig fram; föra, ta av [*~ to the right*]; isht sjö. bära, segla, ligga, styra, stäva [*~ west*] **5** bära [frukt] **6** *~ with a p.* fördra (ha tålamod med) ngn **III** *tr* o. *itr* med adv. isht i specialbet.: ~ **down** tynga (trycka) ned; slå ner, tillintetgöra, besegra [*~ down all resistance*], överväldiga; *~ down* [*up*]*on* a) styra [ned] mot, närma sig [med full fart] b) störta (kasta) sig över; ~ **out** [under]-stödja, bekräfta; *you will ~ me out that . .* du kan intyga att . .; *be borne out by events* a) vara (bli) sannspådd b) besannas genom händelsernas utveckling; ~ **up** hålla uppe, upprätthålla; hålla modet uppe; *~ up!* tappa inte modet!

bearable ['beərəbl] *a* uthärdlig, dräglig

beard [bɪəd] **I** *s* skägg **II** *tr, ~ the lion in his den* bildl. uppsöka lejonet i dess kula

bearded ['bɪədɪd] *a* skäggig, med skägg

bearer ['beərə] *s* **1** bärare **2** bud, överbringare **3** innehavare; *made out to ~* utställd på innehavaren

bearing ['beərɪŋ] *s* **1** hållning, uppträdande **2** betydelse [[*up*]*on* för], samband; *it has no ~ on the subject* det har inte med saken att göra **3** läge; sjö. pejling, bäring; *take o.'s ~s* a) ta reda på var man befinner sig b) bildl. orientera sig; *have lost o.'s ~s* ha tappat orienteringen; *find o.'s ~s* orientera sig **4** tekn. lager

bearskin ['beəskɪn] *s* björnskinn; björnskinnsmössa

beast [bi:st] *s* **1** fyrfota djur; best **2** [nöt]-kreatur; dragdjur **3** bildl. a) odjur, fä, kräk b) skämts. usling, rackare [*you ~!*]

beastly ['bi:stlɪ] *a* djurisk, rå; fam. avskyvärd, otäck, gräslig

beat [bi:t] **I** (*beat beaten*) *tr* **1** slå; piska; bulta, hamra, smida; driva; slå med; ~ *o.'s breast* ge uttryck åt sin förtvivlan genom att slå sitt bröst; ~ *a retreat* slå till reträtt; ~ *time* slå takten **2** vispa [~ *eggs*], vispa ihop, vispa upp **3** slå [~ *a record*], besegra, överträffa [~ *a p.*]; *that* ~*s the band* (*everything*) sl. det slår alla rekord; *he always* ~*s me to it* han kommer alltid före [mig]; *there is nothing to* ~ *it* ingenting går upp mot det; *it* ~*s me how* fam. jag fattar inte hur **4** ~ *a way* (*path*) bana [sig] väg **5** slå i buskar o. d. efter vilt, avdriva **6** ~ *it* sl. kila, sticka **7** med adv. isht i specialbet.: ~ **down** *the price* pruta ned priset; ~ *a p. down* pruta med ngn; ~ **out** a) smida, hamra ut b) markera [~ *out the rhythm*] c) trampa upp [~ *out a path*]; ~ **up** vispa [~ *up cream*], vispa upp; trumma ihop; ~ *a p. up* fam. klå upp ngn **II** (*beat beaten*) *itr* **1** slå, piska [*on, at, against* mot] **2** slå, klappa [*his heart was still* ~*ing*] **3** ~ [*down*] gassa **III** *s* **1** [regelbundet] slag (ljud); takt, taktslag; starkton; trumning, bultande etc., jfr *beat I* o. *II* **2** rond; pass; område **3** = *beatnik* **IV** *a* fam. utmattad, slagen; *the* ~ *generation* beteckning för illusionslös ungdom, frigjord från sociala normer

beaten ['bi:tn] *a* o. *pp* (av *beat*) **1** slagen; piskad; hamrad; vispad **2** besegrad; fam. utmattad **3** tilltrampad, utnött; *the* ~ *track* de gamla hjulspåren, gamla vanan

beater ['bi:tə] *s* **1** slagverktyg ss. klubba, stöt; [matt]piskare **2** visp **3** drevkarl

beatific [ˌbi:ə'tɪfɪk] *a* **1** glädjestrålande **2** saliggörande

beatification [bɪˌætɪfɪ'keɪʃən] *s* beatifikation, saligförklaring

beatify [bɪ'ætɪfaɪ] *tr* **1** göra lycklig **2** beatificera, saligförklara

beating ['bi:tɪŋ] *s* **1** slående, piskande etc., jfr *beat I* o. *II* **2** stryk: a) smörj b) nederlag; *take a* ~ få smörj (stryk)

beatitude [bɪ'ætɪtju:d] *s* salighet, sällhet

beatnik ['bi:tnɪk] *s* beatnik

Beatrice ['bɪətrɪs]

beau [bəʊ] (pl. ~*x* [-z]) *s* **1** sprätt **2** friare; älskare

Beaufort ['bəʊfət] egennamn; *the* ~ *scale* beaufortskalan

beauteous ['bju:tjəs] *a* poet. skön, fager

beautician [bju:'tɪʃən] *s* kosmetolog, skönhetsexpert

beautiful ['bju:təfʊl, -tɪf-] *a* skön, vacker

beautify ['bju:tɪfaɪ] *tr* försköna, pryda

beauty ['bju:tɪ] *s* **1** skönhet; förträfflighet; ~ *contest* skönhetstävling; ~ *parlour* skönhetssalong; ~ *queen* skönhetsdrottning; ~ *sleep* skönhetssömn sömn före midnatt; ~ *spot* a) musch b) naturskön plats **2** skönhet [*she is a* ~]; pärla, praktexemplar

beaux [bəʊz] *s* pl. av *beau*

beaver ['bi:və] *s* bäver; bäverskinn

becalm [bɪ'kɑ:m] *tr, be* ~*ed* sjö. råka ut för stiltje

became [bɪ'keɪm] imp. av *become*

because [bɪ'kɒz] **I** *konj* emedan, därför att **II** *adv,* ~ *of* för [. . skull], på grund av

beck [bek] *s, be at a p.'s* ~ *and call* lyda ngns minsta vink

beckon ['bekən] **I** *itr* göra tecken, vinka [*to* åt] **II** *tr* göra tecken åt; vinka till sig

become [bɪ'kʌm] (*became become*) **I** *itr* **1** bli, bliva **2** *what has* ~ *of it?* vart har det tagit vägen?; *what has* ~ *of him?* vad har det blivit av honom? **II** *tr* passa, anstå, klä

becoming [bɪ'kʌmɪŋ] *a* passande, tillbörlig; klädsam

bed [bed] **I** *s* **1** bädd; säng; bolster [*feather* ~]; ~ *and board* kost och logi; ~ *and breakfast* rum inklusive frukost; *twin* ~*s* två [likadana] sängar; *make the* ~[*s*] bädda; *you've made* (*as you make*) *your* ~ *so you must lie on it* som man bäddar får man ligga; *I'm for* ~ nu går jag och lägger mig; *be in* ~ *with* [*the*] *flu* ligga [sjuk] i influensa; *get out of* ~ *on the wrong side* fam. vakna på fel sida; *go to* ~ [gå och] lägga sig, gå till sängs; *go to* ~ *with* fam. gå i säng med; *put to* ~ lägga, stoppa i säng **2** [trädgårds]säng, rabatt **3** [flod]bädd **4** tekn. underlag [*a* ~ *of gravel*]; fundament **5** lag, lager [*a* ~ *of clay*] **II** *tr* **1** plantera [~ *out*] **2** bädda in (ned) fixera

bedbug ['bedbʌg] *s* vägglus

bedchamber ['bedˌtʃeɪmbə] *s* åld. sovrum

bedclothes ['bedkləʊðz] *s pl* sängkläder

bedding ['bedɪŋ] *s* **1** sängkläder **2** strö

bedeck [bɪ'dek] *tr* pryda, smycka

bedevil [bɪ'devl] *tr* **1** komplicera, trassla till, förvärra [*problems that* ~ *racial relations*] **2** pina, plåga; oroa

bedevilment [bɪ'devlmənt] *s* **1** komplikation, förvirring **2** besatthet

Bedfordshire ['bedfədʃɪə, -ʃə]

bedlam ['bedləm] *s* tumult, kaos, kalabalik

Bedouin ['bedʊɪn] *s* beduin

bedpan ['bedpæn] *s* [stick]bäcken

bedpost ['bedpəʊst] *s* sängstolpe; *between you, me and the* ~ fam. oss emellan [sagt]

bedraggle [bɪ'drægl] *tr* smutsa ner klänning o. d.

bedridden ['bedˌrɪdn] *a* fjättrad vid sängen, sängliggande

bed-rock ['bed'rɒk] *s* berggrund; *get down to* ~ bildl. (ung.) gå till botten

bedroom ['bedrʊm] *s* sängkammare, sovrum; ~ *town* Am. sovstad

Beds. [bedz] förk. för *Bedfordshire*

bed-settee ['bedse'ti:] *s* bäddsoffa

bedside ['bedsaɪd] *s, at the* ~ vid sängkan-

ten; *at (by) a p.'s* ~ vid ngns sjukbädd; ~ *lamp* sänglampa; ~ *manner* läkares [lugnande] sätt mot patienter; ~ *table* nattduksbord
bed-sitter ['bed'sɪtə] *s* fam. se följ.
bed-sitting-room ['bed'sɪtɪŋrum] *s* [kombinerat] sov- och vardagsrum; [hyres]rum
bedsore ['bedsɔ:] *s* liggsår
bedspread ['bedspred] *s* sängöverkast
bedstead ['bedsted] *s* sängstomme; säng
bedtime ['bedtaɪm] *s* säng-, lägg|dags [*it's* ~ *now!*]; ~ *story* godnattsaga
bed-wetting ['bed,wetɪŋ] *s* sängvätning
bee [bi:] *s* **1** bi; *have a* ~ *in o.'s bonnet* ha en fix idé **2** *sewing* ~ Am. syjunta; *spelling* ~ stavnings|lek, -tävling
Beeb [bi:b] *s, the* ~ fam. = *BBC*
beech [bi:tʃ] *s* bot. bok; ~ *nut* bokollon
beef [bi:f] **I** *s* **1** oxkött, nötkött; ~ *cube* buljongtärning **2** (pl. *beeves*) oxe, biffdjur, slaktdjur; ~ *cattle* biffdjur **3** sl. kraft **4** sl. klagomål, bråk **II** *itr* sl. knota [*about* över]
beefeater ['bi:f,i:tə] *s* vaktare i Towern
beefsteak ['bi:fsteɪk] *s* biff[stek]
beef-tea ['bi:f'ti:] *s* [klar] buljong
beefy ['bi:fɪ] *a* **1** lik oxkött; tjock **2** kraftig
bee-hive ['bi:haɪv] *s* bikupa
bee-keeper ['bi:,ki:pə] *s* biodlare
bee-line ['bi:laɪn] *s, make a* ~ *for* ta raka vägen till
Beelzebub [bi:'elzɪbʌb] Belsebub
been [bi:n, bɪn] pp. av *be*
beer [bɪə] *s* öl; *small* ~ se *small I 2*
beery ['bɪərɪ] *a* **1** lik öl, öl- **2** öldoftande
beeswax ['bi:zwæks] *s* bivax; bonvax
beet [bi:t] *s* bot. beta; ~ *sugar* betsocker
Beethoven [tonsättaren 'beɪthəuvn]
beetle ['bi:tl] *s* skalbagge; fam. kackerlacka
beetle-browed ['bi:tlbraud] *a* med buskiga ögonbryn; dyster
beetroot ['bi:tru:t] *s* rödbeta
befall [bɪ'fɔ:l] (*befell befallen*) litt. **I** *tr* hända, ske, drabba **II** *itr* hända, ske
befit [bɪ'fɪt] *tr* litt. passa, anstå
before [bɪ'fɔ:] **I** *prep* framför, [in]för; före; ~ *long* inom kort **II** *adv* framför, före; förut; förr **III** *konj* innan, förrän
beforehand [bɪ'fɔ:hænd] *adv* på förhand; i förväg; *be* ~ *with a th.* vara före med ngt
befriend [bɪ'frend] *tr* hjälpa, gynna
beg [beg] **I** *tr* **1** tigga **2** be (tigga) om; ~ *to* be att få [~ *to do a th.*], få be att; *I* ~ *to inform you* jag får [härmed] meddela **3** ~ *the question* svara undvikande, kringgå [sak]frågan **II** *itr* **1** tigga; *go* ~*ging* a) gå och tigga b) vara ledig [*there is a job going* ~*ging*] **2** [tigga och] be, anhålla
began [bɪ'gæn] imp. av *begin*
beget [bɪ'get] (*begot begotten*) *tr* **1** avla, föda; *only begotten* enfödd **2** ge upphov till; frambringa, förorsaka
beggar ['begə] **I** *s* **1** tiggare; ~*s cannot be choosers* man får ta vad man kan få **2** fam. kanalje, rackare; gynnare; *the little* ~ skämts. den lille rackaren; *you lucky* ~*!* [din] lyckans ost! **II** *tr* **1** göra till tiggare **2** ~ *description* trotsa all beskrivning
beggarly ['begəlɪ] *a* **1** utblottad **2** bildl. torftig; ömklig
beggary ['begərɪ] *s* armod; *reduce a p. to* ~ bringa ngn till tiggarstaven
begging ['begɪŋ] **I** *s* tiggande, tiggeri **II** *a* tiggande, tiggar- [~ *letter*]
begin [bɪ'gɪn] (*began begun*) **I** *itr* börja, begynna; *to* ~ *with* a) för det första b) till att börja med, först **II** *tr* börja; börja med
beginner [bɪ'gɪnə] *s* nybörjare
beginning [bɪ'gɪnɪŋ] *s* **1** början, begynnelse; ursprung; *at the* ~ i början **2** pl. ~*s* första början, begynnelsestadium
begone [bɪ'gɒn] *itr* något åld., ~*!* försvinn!
begonia [bɪ'gəunjə] *s* bot. begonia
begot [bɪ'gɒt] imp. av *beget*
begotten [bɪ'gɒtn] pp. av *beget*
begrudge [bɪ'grʌdʒ] *tr* **1** inte unna [~ *a p. a th.*], missunna [*he* ~*d me everything*], avundas **2** inte gilla, inte tycka om [~ *spending money on repairs*] **3** ogärna (motvilligt) ge ut (bevilja)
beguile [bɪ'gaɪl] *tr* **1** lura, narra, bedra[ga] **2** roa, tjusa **3** fördriva, få tid o. d. att gå
begun [bɪ'gʌn] pp. av *begin*
behalf [bɪ'hɑ:f] *s, on* (*in* Am.) *a p.'s* ~ i ngns ställe, för ngns räkning, [p]å ngns vägnar
behave [bɪ'heɪv] **I** *itr* **1** uppföra sig, bete sig; bära sig åt; ~ *towards* (*to*) handla gentemot **2** uppföra sig väl, sköta sig **II** *refl* uppföra sig väl, vara snäll
behaviour [bɪ'heɪvjə] *s* **1** uppförande, beteende; uppträdande; *be on o.'s best* ~ uppföra sig så väl som möjligt; om barn vara riktigt snäll **2** reaktion; sätt att arbeta
behead [bɪ'hed] *tr* halshugga
beheld [bɪ'held] imp. o. pp. av *behold*
behind [bɪ'haɪnd] **I** *prep* bakom, efter; *be* ~ *time* vara försenad; *be* ~ *the times* vara efter sin tid; *put* ~ *one* skjuta ifrån sig **II** *adv* bakom; bakpå, baktill; bakåt, tillbaka; efter; kvar [*stay* ~] **III** *s* fam. bak, stuss
behindhand [bɪ'haɪndhænd] *adv* o. pred. *a* efter, på efterkälken [~ *with* (*in*) *o.'s work*]
behold [bɪ'həuld] (*beheld beheld*) *tr* litt. skåda; ~*!* si!
beholden [bɪ'həuldən] pred. *a, be* ~ *to a p.* vara ngn tack skyldig
beholder [bɪ'həuldə] *s* åskådare
beige [beɪʒ] **I** *s* beige [färg] **II** *a* beige[färgad]
being ['bi:ɪŋ] **I** *a, for the time* ~ för närvarande (tillfället); tillsvidare **II** *s* **1** till-

varo, existens; *come into ~* bli till **2** väsen natur **3** väsen, ande; varelse [*human ~*]
belated [bɪ'leɪtɪd] *a* försenad; senkommen
belch [beltʃ] **I** *itr* rapa **II** *tr* spy ut eld o. d. **III** *s* rapning, uppstötning
beleaguer [bɪ'li:gə] *tr* belägra äv. bildl.
Belfast ['bel'fɑ:st, 'belfɑ:st]
belfry ['belfrɪ] *s* **1** klock|torn, -stapel **2** sl., *have bats in the ~* ha tomtar på loftet
Belgian ['beldʒən] **I** *a* belgisk **II** *s* belgare, belgier
Belgium ['beldʒəm] Belgien
Belgrade [bel'greɪd] Belgrad
Belial ['bi:ljəl] Belial, djävulen
belie [bɪ'laɪ] *tr* motsäga, strida mot; handla i strid mot; vederlägga, jäva; svika rykte
belief [bɪ'li:f] *s* tro [*in* på]; övertygelse; tilltro [*in* till]; *past ~* otrolig[t]; *to the best of my ~* så vitt jag vet
believable [bɪ'li:vəbl] *a* trolig, trovärdig
believe [bɪ'li:v] **I** *itr* tro; *~ in* tro på **II** *tr* tro; tro på, sätta tro till; *make ~* låtsas
believer [bɪ'li:və] *s* **1** troende [person] **2** *a ~ in* en som tror på
Belisha [bɪ'li:ʃə] egennamn; *~ beacon* trafikfyr vid övergångsställe
belittle [bɪ'lɪtl] *tr* minska; förringa
bell [bel] *s* **1** [ring]klocka; bjällra, skälla; sjö. glas halvtimme; boxn. gonggong; *does that ring a ~?* fam. säger det dig något? **2** [blom]klocka
belladonna [ˌbelə'dɒnə] *s* belladonna
belle [bel] *s* skönhet, vacker kvinna; *the ~ of the ball* balens drottning
bellhop ['belhɒp] *s* Am. fam. pickolo
bellicose ['belɪkəʊs] *a* krigisk; stridslysten
belligerent [bɪ'lɪdʒərənt] **I** *a* **1** krigförande **2** stridslysten **II** *s* krigförande makt; *the ~s* äv. de stridande
bellow ['beləʊ] *itr* böla, råma; skrika; ryta
bellows ['beləʊz] (konstr. ss. pl. el. sg.; pl. *bellows*) *s* [blås]bälg
bell-pull ['belpʊl] *s* klocksträng
belly ['belɪ] **I** *s* buk; mage; *~ button* skämts. navel; *~ dancer* magdansös **II** *itr*, *~ [out]* bukta sig, svälla [ut]
belly-ache ['belɪeɪk] **I** *s* magknip; ont i magen **II** *itr* fam. gnälla, knota
bellyful ['belɪfʊl] *s*, *get a (o.'s) ~* få sitt lystmäte; få mer än nog
belly-land ['belɪlænd] *itr* buklanda
belly-landing ['belɪˌlændɪŋ] *s* buklandning
belong [bɪ'lɒŋ] *itr* **1** ha sin plats, höra hemma; passa in **2** *~ to* tillhöra; tillkomma
belonging [bɪ'lɒŋɪŋ] *s*, pl. *~s* tillhörigheter
Belorussia [ˌbeləʊ'rʌʃə] Vitryssland
beloved [bɪ'lʌvd, -vɪd] **I** *a* älskad **II** *s* älskling
below [bɪ'ləʊ] *prep* o. *adv* nedanför, under; nedan; inunder [*in the rooms ~*]; *from ~* nerifrån
Belshazzar [bel'ʃæzə] Belsassar
belt [belt] **I** *s* **1** bälte i olika bet.; zon, distrikt [*wheat ~*]; skärp, liv-, svång|rem **2** gehäng **3** [driv]rem; *~ conveyor* bandtransportör **4** pansargördel **5** *a ~ on the ear* en örfil **II** *tr* **1** förse (fästa) med bälte etc. **2** prygla med rem **III** *itr* sl. **1** kuta **2** *~ up!* håll klaffen!
bemoan [bɪ'məʊn] *tr* begråta, klaga över
bemuse [bɪ'mju:z] *tr* förvirra; omtöckna
Ben [ben] kortform för *Benjamin*; *Big ~* fam., klockan på parlamentshuset i London
bench [ben*t*ʃ] *s* **1** bänk; säte; *the Treasury B~* regeringsbänken i underhuset **2** *the ~* domarkåren; rätten; *the King's (Queen's) B~ [Division]* överrätten en avdelning av *High Court of Justice* **3** arbetsbänk, hyvelbänk
bend [bend] **I** (*bent bent*, dock *~ed* i *on ~ed knees*) *tr* **1** böja, kröka; vika; *on ~ed knees* på sina bara knän **2** vända, styra [*~ o.'s course*]; *be bent [up]on* se *bent III 2* **II** (*bent bent*) *itr* **1** böja (kröka) sig, böjas; svikta **2** luta (böja) sig [*down (forward)*]; *catch a p. ~ing* fam. överraska ngn, ta ngn på sängen **3** böja av, kröka **4** böja sig, [ge] vika [*to, before* för] **III** *s* **1** böjning; krök, krok, bukt; kurva; *go round the ~* fam. bli tokig; *he drives me round the ~* fam. han gör mig galen **2** sjö. knop, stek
beneath [bɪ'ni:θ] *adv* o. *prep* nedanför, under; nedan; *he is ~ contempt* han är under all kritik
benediction [ˌbenɪ'dɪkʃən] *s* välsignelse; tacksägelse[bön]
benefaction [ˌbenɪ'fækʃən] *s* **1** välgärning **2** gåva, donation
benefactor ['benɪfæktə] *s* **1** välgörare **2** gynnare, donator
benefice ['benɪfɪs] *s* pastorat
beneficent [bɪ'nefɪsənt] *a* välgörande
beneficial [ˌbenɪ'fɪʃəl] *a* välgörande, nyttig, hälsosam [*to* för]
beneficiary [ˌbenɪ'fɪʃərɪ] *s* förmånstagare; testamentstagare
benefit ['benɪfɪt] **I** *s* **1** förmån, fördel, nytta, behållning, utbyte; understöd; *give a p. the ~ of the doubt* hellre fria än fälla ngn; *maternity (sickness, unemployment) ~* se under *maternity* etc. **2** *~ [performance]* recett[föreställning]; *~ [match]* recettmatch **II** *tr* göra ngn gott (nytta), vara till nytta för, gagna **III** *itr*, *~ by (from)* ha (dra) nytta av, ha behållning av, vinna på
Benelux ['benɪlʌks]
benevolence [bɪ'nevələns] *s* välvilja
benevolent [bɪ'nevələnt] *a* **1** välvillig **2** välgörenhets- [*~ society*]; *~ fund* understödsfond
Bengal [beŋ'gɔ:l] **I** Bengalen **II** attr. *a*

bengalisk [~ *tiger*]
Bengalese [ˌbeŋɡəˈliːz] (pl. lika) *s* bengal[ier]
benighted [bɪˈnaɪtɪd] *a* litt. som lever i andligt mörker [*a ~ heathen*]; oupplyst
benign [bɪˈnaɪn] *a* **1** välvillig **2** gynnsam [~ *climate*] **3** läk. godartad [~ *tumour*]
benignant [bɪˈnɪɡnənt] *a* **1** vänlig, nådig, välvillig **2** gynnsam
Benjamin [ˈbendʒəmɪn]
Bennet[t] [ˈbenɪt]
Ben Nevis [benˈnevɪs]
bent [bent] **I** *s* **1** böjelse [*follow o.'s ~*]; anlag **2** *to the top of o.'s ~* så mycket man kan (förmår) **II** imp. av *bend* **III** *pp* o. *a* **1** böjd, krokig, krökt etc., jfr *bend I* **2** *be ~ [up]on* ha föresatt sig
benumb [bɪˈnʌm] *tr* **1** göra känsellös; *~ed with cold* stel av köld **2** bildl. förlama
benzedrine [ˈbenzɪdriːn] *s* ® bensedrin, amfetamin
benzene [ˈbenziːn, -ˈ-] *s* bensen, bensol
benzine [ˈbenziːn, -ˈ-] *s* bensin för rengöring o. d.
benzol [ˈbenzɒl] *s* bensol
bequeath [bɪˈkwiːð] *tr* testamentera lösegendom; efterlämna, lämna i arv
bequest [bɪˈkwest] *s* **1** testamente **2** testamentarisk gåva, legat
bereave [bɪˈriːv] (*bereft bereft* el. *~d ~d*) *tr* beröva, frånta[ga]; pp. *~d* lämnad ensam, ss. attr. efterlämnad, sörjande
bereavement [bɪˈriːvmənt] *s* smärtsam förlust [genom dödsfall], sorg; dödsfall
bereft [bɪˈreft] imp. o. pp. av *bereave*
beret [ˈbereɪ, ˈberɪ] *s* basker[mössa]
beriberi [ˈberɪˈberɪ] *s* läk. beriberi
Berkeley [ˈbɑːklɪ, Am. ˈbɜːklɪ]
Berks. [bɑːks] förk. för *Berkshire*
Berkshire [ˈbɑːkʃɪə, -ʃə]
Berlin [bɜːˈlɪn]
Bermuda [bəˈmjuːdə] *s*, ~ el. *the ~s* Bermudasöarna
Bernard [ˈbɜːnəd] **I** egennamn **II** *s*, *St. ~* el. *St. ~ dog* [sən*t*ˈbɜːnədˈdɒɡ] sanktbernhardshund
berry [ˈberɪ] *s* **1** bär **2** romkorn **3** [*coffee*] ~ kaffeböna; *brown as a ~* brun som en neger
berserk [bəˈsɜːk] **I** *s* bärsärk **II** *a*, *go* (*run*) ~ gå bärsärkagång
Bert [bɜːt] kortform för *Albert, Bertram, Herbert*
berth [bɜːθ] *s* **1** koj[plats], sovplats; hytt **2** kajplats **3** svängrum för båt; *give [a p. (a th.)] a wide ~* hålla sig på avstånd från . .
Bertie [ˈbɜːtɪ] kortform för *Albert, Bertram, Herbert*
Bertram [ˈbɜːtrəm]
Beryl [ˈberɪl]
beryllium [beˈrɪljəm] *s* kem. beryllium
beseech [bɪˈsiːtʃ] (*besought besought*) *tr* litt. bönfalla, besvärja, be enträget
beset [bɪˈset] (*beset beset*) *tr* **1** belägra, besätta **2** bildl. ansätta, anfäkta; *be ~ with* vara förenad med (full av)
besetting [bɪˈsetɪŋ] *a* outrotlig, inrotad; ~ *sin* skötesynd
beside [bɪˈsaɪd] *prep* **1** bredvid, vid sidan av; nära, intill **2** ~ *o.s.* utom sig [*with* av]
besides [bɪˈsaɪdz] **I** *adv* dessutom; för resten, för övrigt **II** *prep* [för]utom, jämte
besiege [bɪˈsiːdʒ] *tr* **1** belägra **2** bildl. bestorma
besmirch [bɪˈsmɜːtʃ] *tr* smutsa ner; besudla
besom [ˈbiːzəm] *s* viska, kvast
besotted [bɪˈsɒtɪd] *a* **1** bedårad; betagen **2** omtöcknad; berusad
besought [bɪˈsɔːt] imp. o. pp. av *beseech*
bespeak [bɪˈspiːk] (*bespoke bespoken*) *tr* litt. **1** beställa, tinga på **2** vittna om
bespoke [bɪˈspəʊk] *a* [mått]beställd [*a ~ suit*]; beställnings- [~ *tailoring*]
Bess [bes] kortform för *Elizabeth*
Bessarabia [ˌbesəˈreɪbjə] Bessarabien
best [best] **I** *a* o. *adv* (superl. av *good, 2 well,* se äv. dessa) bäst; ~ *man* bestman brudgummens marskalk; *the ~ part of an hour* nära nog en timme; *put o.'s ~ leg* (*foot*) *foremost* (*forward*) skynda sig; lägga manken till; *as ~ he could* så gott han [någonsin] kunde **II** *s* **1** det, den, de bästa; fördel; *all the ~ [of luck]!* lycka till!; *look o.'s ~* vara [som] mest till sin fördel; *the ~ of it [was that . .]* det bästa (roligaste) [i det hela] . .; *get* (*have*) *the ~ of it* få (ha) övertaget; *make the ~ of* göra det bästa möjliga av; *make the ~ of it* göra så gott man kan; *make the ~ of a bad job* göra det bästa möjliga av situationen; ta skeden i vacker hand; *it is all for the ~* det är bäst så (som sker); *to the ~ of o.'s knowledge* såvitt man vet; *to the ~ of o.'s ability* efter bästa förmåga **2** finkläder; *dressed in o.'s Sunday ~* söndagsklädd **3** fam., [*get*] *six of the ~* . . sex rapp, . . stryk **4** fam., [*he is*] *one of the ~* . . en reko kille **III** *tr* fam. besegra; få övertaget över
bestial [ˈbestjəl] *a* djurisk; bestialisk
bestow [bɪˈstəʊ] *tr* **1** skänka [*a th. [up]on a p.* ngn ngt] **2** använda, lägga ned [*on* på]
bestride [bɪˈstraɪd] (*bestrode bestridden*) *tr* sitta (stå, sätta sig) grensle över
best-seller [ˈbestˈselə] *s* bestseller, bästsäljare
bet [bet] **I** *s* vad; *make* (*lay*) *a ~* slå (hålla) vad; *he* (*it*) *is a safe ~* han (det) är ett säkert kort; *it's a sure ~!* det kan man slå sig i backen på! **II** (*bet bet*; ibl. *~ted ~ted*) *tr*

o. *itr* **1** slå vad [om]; ~ *on* [*a horse*] hålla (satsa) på . . **2** fam., *you* ~*!* det kan du skriva upp!; *you* ~ *your life* (*boots*)*!* det kan du ge dig katten på!
beta ['bi:tə] *s* grekiska bokstaven beta; betyg: ung. godkänd; ~ *particles* betapartiklar
betake [bɪ'teɪk] (*betook betaken*) *refl,* ~ *o.s. to* a) bege sig till b) ta sin tillflykt till
Bethlehem ['beθlɪhem]
betide [bɪ'taɪd] (end. 3 pers. sg. pres. konj.) *tr* o. *itr* hända, vederfaras; *woe* ~ *you!* ve dig!
betimes [bɪ'taɪmz] *adv* litt. tidigt; i [god] tid
betoken [bɪ'təʊkən] *tr* litt. **1** bebåda **2** vittna om, antyda
betray [bɪ'treɪ] *tr* **1** förråda **2** svika [~ *a p.'s confidence*] **3** röja [~ *a secret*], avslöja **4** förleda [*into* till]
betrayal [bɪ'treɪəl] *s* **1** förrådande; förräderi, svek **2** avslöjande
betroth [bɪ'trəʊð] *tr* högt. trolova [*to* med]
betrothal [bɪ'trəʊðəl] *s* trolovning
Betsy ['betsɪ] kortform för *Elizabeth*
better ['betə] **I** *a* o. *adv* o. *s* (komp. av *good, 2 well,* se äv. dessa) bättre; ss. adv. äv. mera; hellre; *his* ~ *half* hans äkta hälft; *be* ~ *off* ha det bättre ställt; ha det (klara sig) bättre [*we'd be* ~ *off without it*]; *no* ~ *than* [*a beggar*] inte annat än . ., rätt och slätt . .; *so much the* ~*, all the* ~ så mycket (desto) bättre; *the sooner the* ~ ju förr dess hellre (bättre); *for the* ~ till det bättre; *for* ~*, for worse* i vigselformulär i nöd och lust; *for* ~*,* [*or*] *for worse* vad som än händer; *get the* ~ *of* få övertaget över; *think* ~ *of it* komma på bättre (andra) tankar; *you had* ~ *try* det är bäst att du försöker **II** *s, o.'s* ~*s* folk som är förmer [än man själv] **III** *tr* **1** förbättra; bättra på, putsa [~ *a record*] **2** ~ *o.s.* få det bättre ställt
betterment ['betəmənt] *s* förbättring, reform[er]
betting ['betɪŋ] *s* vadhållning; ~ *office* (*shop*) vadhållningsbyrå
Betty ['betɪ] kortform för *Elizabeth*
between [bɪ'twi:n] **I** *prep* [e]mellan; ~ *you and me,* ~ *ourselves* oss emellan [sagt]; ~ *us* (*you, them*) tillsammans, gemensamt **II** *adv* emellan, däremellan; *in* ~ dess-, där|-emellan
betwixt [bɪ'twɪkst] *prep* o. *adv* mest poet. = *between*
bevel ['bevəl] **I** *s* **1** smygvinkel **2** fas, snedslipad kant **II** *tr* snedhugga; snedda; fasa [av]
beverage ['bevərɪdʒ] *s* dryck isht tillagad, ss. te, kaffe etc.
bevy ['bevɪ] *s* flock vaktlar, lärkor; hop damer; *a* ~ *of beauties* en samling skönheter
bewail [bɪ'weɪl] **I** *tr* klaga (sörja) över [~ *o.'s lot*] **II** *itr* klaga, sörja
beware [bɪ'weə] *itr,* ~ *of* akta sig för; ~ *of pickpockets!* varning för ficktjuvar!
bewilder [bɪ'wɪldə] *tr* förvirra, förbrylla
bewitch [bɪ'wɪtʃ] *tr* **1** förhäxa **2** förtrolla, tjusa
bewitching [bɪ'wɪtʃɪŋ] *a* förtrollande [*a* ~ *smile*], tjusande
beyond [bɪ'jɒnd] **I** *prep* (se äv. under resp. huvudord, t. ex. *joke, measure*) **1** bortom [~ *the bridge*]; längre än till **2** senare än, efter [~ *the usual hour*] **3** utom, utöver, mer än, med undantag av; över [*live* ~ *o.'s means*]; ~ *criticism* höjd över all kritik; ~ *danger* utom all fara; *it is* ~ *description* det är obeskrivligt; *it is* ~ *me* a) det går över mitt förstånd b) det är mer än jag förmår (kan); ~ *that* därutöver; för övrigt **II** *adv* **1** bortom, på andra sidan; längre [*not a step* ~] **2** därutöver **III** *s* **1** *the* ~ det okända, livet efter detta **2** [*at*] *the back of* ~ bortom all ära och redlighet
b/f förk. för *brought forward* bokf. transport
B.H.P. o. **b.h.p.** förk. för *brake horsepower*
bi- [baɪ] *pref* bi-: a) två- [*bisexual* bisexuell, tvåkönad] b) dubbel- [*biconcave* bikonkav, dubbelkonkav]
biannual [baɪ'ænjʊəl] *a* **1** halvårs-; inträffande två gånger om året **2** = *biennial I*
bias ['baɪəs] **I** *s* **1** a) förutfattad mening; fördom[ar]; partiskhet b) benägenhet, böjelse [*towards* för] **2** på tyg diagonal; *cut on the* ~ snedskuren **3** ensidig belastning på bowlsklot **4** radio. förspänning **5** radio., på kassettdäck bias, förmagnetisering **II** (*bias*[*s*]*ed bias*[*s*]*ed*) *tr* **1** göra partisk (fördomsfull); påverka **2** förse med sidotyngd
bias[s]ed ['baɪəst] *a* ensidig, partisk; fördomsfull; *be* ~ äv. ha fördomar
bib [bɪb] *s* haklapp; *best* ~ *and tucker* finkläder, stass
Bible ['baɪbl] *s* bibel
Bible-oath ['baɪbl'əʊθ] *s, I swear on my* ~ *that . .* jag kan gå ed på att . .
biblical ['bɪblɪkəl] *a* biblisk; bibel- [~ *quotation*]
bibliography [,bɪblɪ'ɒgrəfɪ] *s* **1** bibliografi, litteraturförteckning **2** bibliografi vetenskapen om böcker
bibliophile ['bɪblɪəʊfaɪl] *s* bibliofil, bokälskare
bicarbonate [baɪ'kɑ:bənət] *s,* ~ [*of soda*] bikarbonat
bicentenary [,baɪsen'ti:nərɪ] *s* tvåhundraårs|dag, -jubileum
biceps ['baɪseps] (pl. lika) *s* anat. biceps
bicker ['bɪkə] *itr* gnabbas, käbbla
bickering ['bɪkərɪŋ] *s* gnabb, käbbel
bicycle ['baɪsɪkl] **I** *s* cykel **II** *itr* cykla
bicycle-clip ['baɪsɪklklɪp] *s* cykelklämma
bicyclist ['baɪsɪklɪst] *s* cyklist

bid [bɪd] **I** (*bid bid*; i bet. *2-5:* imp. *bade*, ibl. *bid*; pp. *bidden* el. *bid*) *tr* **1** bjuda på auktion o. i kortspel; [*two hundred*] *~!* .. bjudet! **2** i högre stil befalla, bjuda; *do as you are ~* gör som du är tillsagd **3** *~ defiance to* litt. utmana, trotsa **4** säga [*~ farewell to a p.*]; *~ a p. welcome* hälsa ngn välkommen **5** åld. [in]bjuda [*~den guest*] **II** (*bid bid*; i bet. *2* vanl. *bade bidden*) *itr* **1** bjuda på auktion [*for a th.* på ngt]; *~ against a p.* bjuda över ngn; *~ for* [*popularity*] vara ute efter .. **2** *~ fair to* ha goda utsikter att **III** *s* **1** bud på auktion o. i kortspel; försök, satsning; *make a ~ for* vara ute efter **2** isht Am. anbud
bidden ['bɪdn] pp. av *bid*
bidder ['bɪdə] *s* person som bjuder på auktion o. i kortspel; anbudsgivare; *the highest* (*best*) *~* den högstbjudande
bidding ['bɪdɪŋ] *s* **1** bud på auktion, anbud; budgivning i kortspel; *~ was slow* buden var tröga **2** befallning [*at his ~*]; *do a p.'s ~* lyda ngn
bide [baɪd] *tr*, *~ o.'s time* bida sin tid
bidet ['bi:deɪ] *s* bidé
biennial [baɪ'enɪəl] **I** *a* **1** tvåårig **2** inträffande vartannat år **II** *s* tvåårig växt
bier [bɪə] *s* lik|bår, -vagn; bildl. grav
biff [bɪf] sl. **I** *tr*, *~ a p.* smocka till ngn **II** *s* smocka
bifocal ['baɪ'fəukəl] *a* bifokal
bifocals ['baɪ'fəukəlz] *s pl* bifokalglasögon
bifurcate ['baɪfəkeɪt] *tr* o. *itr* dela [sig] i två grenar, klyva [sig]
big [bɪg] **I** *a* **1** stor, storväxt, kraftig; stor- [*~ toe*]; *great ~* fam. stor stor [*a great ~ bear*], stor stark [*a great ~ man*]; *~ brother* storebror; *~ bug* (*gun*) sl. se *bug I 4*, *gun I 4*; *~ business* storfinansen; *~ cheese* (*noise*, *shot*) sl. a) storpamp, höjdare b) bas, boss; *~ end* [*bearing*] tekn. vevlager; *~ game* storvilt; *what's the ~ idea?* vad är meningen med det [här] egentligen?; *carry the ~ stick* visa sin makt; *do things in a ~ way* slå på stort; *go over in a ~ way* slå an kolossalt, göra enorm succé; *too ~ for o.'s boots* fam. stöddig, mallig; *look ~* se viktig ut **2** *~ with child* i grossess **II** *adv* fam. malligt, stöddigt [*act ~*]; *talk ~* vara stor i orden
bigamist ['bɪgəmɪst] *s* bigamist
bigamous ['bɪgəməs] *a* skyldig till (innebärande) bigami; *~ marriage* bigami, tvegifte
bigamy ['bɪgəmɪ] *s* bigami, tvegifte
biggish ['bɪgɪʃ] *a* ganska stor etc., se *big*
big-head ['bɪghed] *s* fam. viktigpetter
big-headed ['bɪg'hedɪd] *a* fam. uppblåst
big-mouthed ['bɪg'mauðd] *a* **1** stor i mun (orden); gapig **2** med stor mun
bigness ['bɪgnəs] *s* storlek; storväxthet
bigot ['bɪgət] *s* bigott person
bigoted ['bɪgətɪd] *a* bigott; trångsynt
bigotry ['bɪgətrɪ] *s* bigotteri; trångsynthet
big-time ['bɪgtaɪm] *s* isht Am. fam., *get into the ~* komma upp bland topparna
bigwig ['bɪgwɪg] *s* sl. högdjur, höjdare
bijouterie [bi:'ʒu:təri:] *s* (fr.) bijouterier
bike [baɪk] fam. (förk. av *bicycle*) **I** *s* cykel **II** *itr* cykla
bikini [bɪ'ki:nɪ] *s* bikini
bilabial [baɪ'leɪbjəl] *s* o. *a* bilabial
bilateral [baɪ'lætərəl] *a* bilateral
bilberry ['bɪlbərɪ] *s* blåbär
bile [baɪl] *s* galla
bilge [bɪldʒ] *s* **1** sjö. slag fartygsskrovs rundning **2** sl. smörja, nonsens
bilge-water ['bɪldʒ,wɔ:tə] *s* sjö. slagvatten
bilingual [baɪ'lɪŋgwəl] *a* tvåspråkig
bilious ['bɪljəs] *a* gallsjuk; *~ attack* anfall åt gallan
bilk [bɪlk] *tr*, *~ a p.* [*out*] *of a th.* lura ngn på ngt
Bill [bɪl] kortform för *William*
1 bill [bɪl] **I** *s* näbb **II** *itr* om duvor näbbas; *~ and coo* kyssas och smekas
2 bill [bɪl] **I** *s* **1** lagförslag; proposition; motion; *bring in* (*introduce*) *a ~* framlägga en proposition, väcka motion **2** räkning, nota [*for* på; *the ~, please!*]; faktura; *foot the ~* fam. betala kalaset (räkningen) **3** affisch, program; [*post* (*stick*)] *no ~s!* affischering förbjuden!; *fill* (*top* etc.) *the ~* se resp. verb **4** växel [äv. *~ of exchange*; *for* på summa] **5** Am. sedel [*a ten-dollar ~*] **6** *~ of fare* matsedel; teat. o. d., fam. program; *~ of health* fartygs sundhetspass; *get a clean ~ of health* bli friskförklarad, bildl. förklaras oförvitlig; *~ of lading* konossement; *~ of sale* köpebrev; pantförskrivning [av lösöre] **II** *tr* sätta upp på affisch[er]
billboard ['bɪlbɔ:d] *s* Am. affischtavla
billet ['bɪlɪt] **I** *s* inkvartering; *be* (*live*) *in ~s* ligga i kvarter **II** *tr* inkvartera [*on*, *at* hos, i]
billet-doux ['bɪleɪ'du:] (pl. *billets-doux* ['bɪleɪ'du:z]) *s* (fr.) skämts. kärleksbrev
billfold ['bɪlfəuld] *s* Am. plånbok
billiards ['bɪljədz] (konstr. ss. sg.) *s* biljard [*play ~*]; biljardspel
billiard-table ['bɪljəd,teɪbl] *s* biljard[bord]
billion ['bɪljən] *s* **1** biljon **2** Am. o. numera ibl. Engl. miljard
billionaire [,bɪljə'neə] *s* Am. miljardär
billow ['bɪləu] **I** *s* litt. stor våg, bölja **II** *itr* bölja, svalla; *~ out* välla ut
billowy ['bɪləuɪ] *a* böljande
Billy ['bɪlɪ] kortform för *William*
billy ['bɪlɪ] *s* **1** isht Austr., fam. kokkärl, kastrull för campare **2** Am. klubba; batong
billycan ['bɪlɪkæn] *s* = *billy 1*
billy-goat ['bɪlɪgəut] *s* getabock
billy-ho ['bɪlɪhəu] *s* o. **billy-o** ['bɪlɪəu] *s*, *like ~* fam. som sjutton, som bara den

bimetallic [ˌbaɪmɪ'tælɪk] *a* **1** bimetallisk **2** med dubbel myntfot
bin [bɪn] *s* lår; låda; skrin, burk för bröd
binary ['baɪnərɪ] *a* binär [~ *system*]; dubbel- [~ *star*]; ~ [*automatic*] *computer* dator
bind [baɪnd] **I** (*bound bound*; se äv. *1 bound*) *tr* **1** binda i olika bet.; binda [fast], fästa [*to* vid]; binda ihop; kok. reda; ~ *together* förena **2** binda om [*with* med]; ~ [*up*] förbinda, binda (linda) om sår **3** vara bunden om **4** binda [in] [~ *books*] **5** kanta, sko **6** binda med kontrakt, städja; stadfästa **7** förbinda, förplikta; *be bound over* få villkorlig dom **8** sl. tråka ut **II** (*bound bound*) *itr* **1** hålla (sitta) ihop; hårdna **2** fastna, hänga upp sig **3** sl. kvirra, grumsa **III** *s* sl. tråkmåns; gnällpipa; *it's a* ~ det är dötrist
binder ['baɪndə] *s* **1** bindare; bindemedel **2** bokbindare **3** [lösblads]pärm, mapp
binding ['baɪndɪŋ] **I** *s* **1** bindning, bindande etc., jfr *bind I* o. *II* **2** förband; binda **3** [bok]band **II** *a* bindande [[*up*]*on* för]
binge [bɪndʒ] *s* supkalas, [sprit]fest; *be* (*go*) *on the* ~ vara ute och svira
bingo ['bɪŋgəʊ] *s* bingo spel
binnacle ['bɪnəkl] *s* sjö. nakterhus
binocular [bɪ'nɒkjʊlə] *s*, pl. ~*s* [teater]kikare, fältkikare; *a pair of* ~*s* en kikare
binomial [baɪ'nəʊmjəl] mat. **I** *s* binom **II** *a* binomial- [*biodegradable*]
biochemistry ['baɪə*ʊ*'kemǝstrɪ] *s* biokemi
biodegradable ['baɪə*ʊ*dɪ'greɪdəbl] *a* biologiskt nedbrytbar
biographer [baɪ'ɒgrəfə] *s* biograf, levnadstecknare
biographic[al] [baɪə*ʊ*'græfɪk, -əl] *a* biografisk
biography [baɪ'ɒgrəfɪ] *s* biografi, levnadsteckning
biological [ˌbaɪə*ʊ*'lɒdʒɪkəl] *a* biologisk
biologist [baɪ'ɒlədʒɪst] *s* biolog
biology [baɪ'ɒlədʒɪ] *s* biologi
biometrics [ˌbaɪə*ʊ*'metrɪks] (konstr. ss. sg.) *s* biometri
bionic [baɪ'ɒnɪk] *a* **1** bionisk, bionik- **2** fam. övermänsklig, fenomenal
biosphere ['baɪə*ʊ*sfɪə] *s* biosfär
bipartisan [ˌbaɪpɑːtɪ'zæn] *a* stödd av två partier, tvåparti-
biped ['baɪped] **I** *s* tvåfotat djur **II** *a* tvåfotad
biplane ['baɪpleɪn] *s* biplan
birch [bɜːtʃ] **I** *s* **1** björk **2** [björk]ris **II** *tr* piska, ge ris
bird [bɜːd] *s* **1** fågel; *early* ~ se *early II*; *a little* ~ *has told me* en [liten] fågel har viskat i mitt öra; *a* ~ *in the hand is worth two in the bush* en fågel i handen är bättre än tio i skogen; ~*s of a feather flock together* lika barn leka bäst; *they are* ~*s of a feather* de är av samma skrot och korn; ~ *of paradise* paradisfågel; ~ *of passage* flyttfågel; ~ *of prey* rovfågel; *give a p. the* ~ sl. vissla ut ngn; *kill two* ~*s with one stone* slå två flugor i en smäll **2** jakt. fågel, isht rapphöna **3** sl. typ, kurre [*a queer* ~]
birdcage ['bɜːdkeɪdʒ] *s* fågelbur
bird-fancier ['bɜːdˌfænsɪə] *s* fågelkännare; fågelhandlare
birdie ['bɜːdɪ] *s* **1** golf. birdie ett slag under par **2** barnspr. pippi[fågel]
bird-nest ['bɜːdnest] *s* fågelbo
bird's-eye view ['bɜːdzaɪ'vjuː] *s* **1** fågelperspektiv; [*have*] *a* ~ *of* [*the city*] [se] . . i fågelperspektiv **2** överblick
bird's-nest ['bɜːdznest] *s* fågelbo
bird-watcher ['bɜːdˌwɒtʃə] *s* fågelskådare
Birmingham ['bɜːmɪŋəm]
Biro ['baɪərəʊ] *s* ® kul[spets]penna
birth [bɜːθ] *s* **1** födelse, bildl. äv. uppkomst, tillkomst, tillblivelse; födsel; ~ *certificate* personbevis; födelseattest; ~ *pill* P-piller; *give* ~ *to* föda, nedkomma med, bildl. ge upphov till; *at* ~ vid födelsen **2** ursprung; börd, härkomst; *by* ~ till börden; född [*Swedish by* ~]
birth-control ['bɜːθkənˌtrəʊl] *s* födelsekontroll
birthday ['bɜːθdeɪ] *s* födelsedag; ~ *honours* ordensutnämningar på kungens (drottningens) födelsedag; *in o.'s* ~ *suit* i paradisdräkt; *happy* ~ [*to you*]! har den äran [att gratulera] på födelsedagen!
birthmark ['bɜːθmɑːk] *s* födelsemärke
birthplace ['bɜːθpleɪs] *s* födelseort
birth-rate ['bɜːθreɪt] *s* nativitet, födelsetal
birthright ['bɜːθraɪt] *s* förstfödslorätt
birth-stone ['bɜːθstəʊn] *s* månadssten
Biscay ['bɪskeɪ, -kɪ] Biscaya; *the Bay of* ~ Biscayabukten
biscuit ['bɪskɪt] **I** *s* käx; skorpa; *take the* ~ fam. ta priset, vara höjden av fräckhet **II** *a* ljusbrun
bisect [baɪ'sekt] *tr* dela i två [lika] delar
bisexual ['baɪ'seksjʊəl] *a* tvåkönad; bisexuell
bishop ['bɪʃəp] *s* **1** biskop **2** schack. löpare
bishopric ['bɪʃəprɪk] *s* biskops|ämbete, -stift
bismuth ['bɪzməθ] *s* vismut
bison ['baɪsn] (pl. lika) *s* **1** bison[oxe] **2** visent
1 bit [bɪt] **I** *s* **1** borr[järn], borrskär; hyveljärn **2** bett på betsel; *take the* ~ *between o.'s teeth* a) bli istadig äv. bildl. b) skena i väg; hugga i på skarpen **II** *tr* **1** betsla **2** kuva
2 bit [bɪt] *s* **1** bit i allm.; stycke; *a* ~ fam. litet, något, en smula [*a* ~ *tired*]; ett tag (slag) [*wait a* ~]; *not a* ~ fam. inte ett dugg [*not a* ~ *afraid*]; *a* ~ *of all right* sl. alla tiders; *not*

a ~ of it fam. inte ett dugg; visst inte; *~s of girls* flicksnärtor; *every ~* vartenda dugg; *every ~ as [good]* precis lika ..; *a ~ [jealous]* lite ..; *not the least little ~* inte det allra ringaste; *quite a ~* en hel del; *for a ~* ett [litet] tag; *~ by ~* bit för bit; undan för undan; *do o.'s ~* fam. göra sitt, dra sitt strå till stacken; *pull a th. to ~s* fam. plocka sönder ngt [i småbitar]; *go (come) to ~s* gå i [små]bitar; *~s and pieces* småsaker **2** *two (four) ~s* Am. sl. 25 (50) cent

3 bit [bɪt] imp. av *bite*

bitch [bɪtʃ] **I** *s* **1** hynda **2** sl. slyna; satkärring; *son of a ~* se under *son 1* **II** *itr* sl. gnälla

bitchy ['bɪtʃɪ] *a* [små]elak, spydig

bite [baɪt] **I** (*bit bitten*; se äv. *bitten*) *tr* **1** bita; bita i (på); bita sig i [*~ o.'s lip*]; *he bit the hand that fed him* ung. han var otacksam mot sin välgörare; *~ off more than one can chew* ta sig vatten över huvudet; *~ a p.'s head off* bita (snäsa) av ngn; *what is biting you?* vad är det med dig? **2** svida (sticka, bränna, bita) i (på) **3** fräta på (in i) **II** (*bit bitten*) *itr* **1** bita [*at* efter]; bitas; sticka[s] **2** sticka, svida **3** nappa, hugga [*at* på]; nappa på kroken **4** fräta; bita sig in **III** *s* **1** bett; stick **2** napp, hugg **3** munsbit, tugga; matbit **4** tag, grepp **5** bett, tandställning **6** bildl. sting, snärt

biting ['baɪtɪŋ] *a* bitande, stickande

bitten ['bɪtn] *a* o. *pp* (av *bite*) **1** biten, stungen; *~ with* biten (besatt) av vurm o. d. **2** *be ~* bli lurad; *once ~ twice shy* av skadan blir man vis, bränt barn skyr elden

bitter ['bɪtə] **I** *a* **1** bitter, besk äv. bildl.; *~ almond* bittermandel; *to the ~ end* till det bittra slutet, in i det sista; *~ orange* pomerans **2** förbittrad, hätsk **3** bitande [*a ~ wind*] **II** *s* **1** bitterhet **2** slags beskt öl [äv. *~ beer*] **3** pl. *~s* bitter besk aperitif [*gin and ~s*] **III** *adv* bitande [*it was ~ cold*]

bittersweet ['bɪtəswi:t] *a* bitter|ljuv, -söt

bitty ['bɪtɪ] *a* **1** [små]plottrig **2** kornig

bitumen ['bɪtjumɪn] *s* miner. bitumen

bituminous [bɪ'tju:mɪnəs] *a* bituminös

bivalve ['baɪvælv] *a* o. *s* tvåskalig [mussla]

bivouac ['bɪvuæk] **I** *s* bivack **II** *itr* o. *tr* bivackera

biweekly ['baɪ'wi:klɪ] *a* o. *adv* [inträffande (utkommande)] varannan vecka

biz [bɪz] *s, show ~* fam., se *show-business*

bizarre [bɪ'zɑ:] *a* bisarr

blab [blæb] **I** *itr* sladdra, skvallra; babbla **II** *tr, ~ [out]* sladdra om

black [blæk] **I** *a* svart; mörk båda äv. bildl.; *~ art* svartkonst, svart magi; *~ coffee* kaffe utan grädde (mjölk); *the B~ Country* 'svarta landet' Englands viktigaste järn- o. kolinduströmråde; *~ eye* blått öga efter slag; *the B~ Forest* Schwarzwald; *a ~ look* en mörk blick; *~ magic* svart magi, svartkonst; *B~ Maria* fam. Svarta Maja polisens piketbil; *the ~ market* svarta börsen; *B~ Monday* bildl. olycksdag; *be in a ~ mood* vara dyster [till sinnes]; *the B~ Sea* Svarta havet; *~ sheep* svart får, bildl. äv. rötägg; *~ spot* a) [kris]drabbat område b) olycksdrabbad (farlig) vägsträcka; *~ tie* a) svart rosett (fluga) b) smoking [*wear a ~ tie*], jfr *black-tie*; [*beat*] *~ and blue* [slå] gul och blå; *he is not as ~ as he is painted* han är bättre än sitt rykte **II** *s* **1** svart, svart färg **2** svärta **3** neger, svart **III** *tr* o. *itr* **1** svärta; blanka **2** *~ a p.'s eye* ge ngn ett blått öga **3** *~ out* a) stryka [ut] b) mörklägga

blackball ['blækbɔ:l] *tr* **1** rösta [med svart kula] mot **2** fam. svartlista, bojkotta

black-beetle ['blæk'bi:tl] *s* kackerlacka

blackberry ['blækbərɪ] *s* björnbär

blackbird ['blækbɜ:d] *s* koltrast

blackboard ['blækbɔ:d] *s* svart tavla; *~ jungle* skola med stora ordningsproblem

black-coat ['blækkəut] *a* o. **black-coated** ['blæk,kəutɪd] *a, ~ worker* manschettarbetare

blackcurrant ['blæk'kʌrənt] *s* svart vinbär

blacken ['blækən] **I** *tr* **1** svärta **2** svärta ned [*a p.'s character* ngn] **II** *itr* svartna

blackguard ['blægɑ:d] *s* skurk, slyngel

blackhead ['blækhed] *s* pormask

blacking ['blækɪŋ] *s* [sko]svärta

blackish ['blækɪʃ] *a* svartaktig

blacklead ['blæk'led] *s* **1** grafit **2** [ugns]svärta

blackleg ['blækleg] *s* svartfot, strejkbrytare

black-list ['blæklɪst] *tr* svartlista

blackmail ['blækmeɪl] **I** *s* [penning]utpressning **II** *tr* pressa ut pengar av, öva [penning]utpressning mot

blackmailer ['blæk,meɪlə] *s* utpressare

black-marketeer ['blæk,mɑ:kɪ'tɪə] *s* svartabörshaj

blackout ['blækaut] *s* **1** mörkläggning **2** strömavbrott; radio. störning[ar], avbrott [i sändningen] **3** läk. blackout

black-pudding ['blæk'pudɪŋ] *s* blodkorv

blacksmith ['blæksmɪθ] *s* [grov]smed; hovslagare

black-tie ['blæk'taɪ] attr. *a* smoking- [*~ dinner*]

blacky ['blækɪ] *s* neds. svarting

bladder ['blædə] *s* blåsa; anat. [urin]blåsa

blade [bleɪd] *s* **1** blad på kniv, åra, till rakhyvel m. m., klinga **2** skulderblad **3** bot.: smalt blad, [gräs]strå **4** fam. [lustig] kurre

blamable ['bleɪməbl] *a* klandervärd

blame [bleɪm] **I** *tr* klandra; förebrå [*~ o.s. [for]*]; *~ a p. for a th.* lägga skulden på ngn för ngt; *I have myself to ~* jag får skylla mig själv; *I am not to ~* det är inte mitt fel **II** *s* **1** skuld; *lay (put, throw) the ~ [up]on a p.* lägga skulden på ngn **2** klander

blameless ['bleɪmləs] *a* oklanderlig; skuldfri

blameworthy ['bleɪm,wɜːðɪ] *a* klandervärd

blanch [blɑːntʃ] *tr* göra blek, komma att blekna; bleka; *~ almonds* skålla mandel; *~ed celery* blekselleri

blancmange [blə'mɒnʒ] *s* [majsena]pudding; blancmangé

bland [blænd] *a* **1** förbindlig; blid; [smått] ironisk **2** mild [*~ air*]

blandish ['blændɪʃ] *tr* [fint] smickra

blandishment ['blændɪʃmənt] *s,* mest pl.: *~s* a) smicker, inställsamhet b) lockelse[r]

blank [blæŋk] **I** *a* **1** a) ren, tom, blank, oskriven; inte ifylld b) *~ cartridge* lös patron jfr *II 6* **2** byggn. blind- [*~ door*] **3** tom, uttryckslös; *look ~* se oförstående ut; *my mind went ~* jag blev alldeles tom i huvudet, det stod alldeles stilla för mig **4** händelselös **5** pur, ren [*~ despair*] **6** orimmad; *~ verse* blankvers **II** *s* **1** tomrum äv. bildl., lucka; *his mind (memory) was a complete ~* han var alldeles tom i huvudet, det stod alldeles stilla för honom **2** rent (oskrivet) blad; Am. blankett, formulär **3** nit i lotteri; *draw a ~* dra en nit, bildl. äv. kamma noll **4** prick vid målskjutning **5** tankstreck i st. f. något utelämnat **6** lös patron; *fire ~s* skjuta med lös ammunition

blanket ['blæŋkɪt] **I** *s* **1** [säng]filt; hästtäcke **2** *~ of clouds* molntäcke; *~ of snow* snötäcke **3** *wet ~* bildl. glädjedödare, döddansare **4** attr.: omfattande, generell; *~ insurance policy* slags helförsäkring **II** *tr* **1** täcka, täcka med en filt **2** innefatta

blankly ['blæŋklɪ] *adv* **1** tomt, uttryckslöst **2** blankt [*deny ~*]

blare [bleə] **I** *itr* smattra [som en trumpet] **II** *tr, ~ [out]* skrälla fram **III** *s* smatter

blarney ['blɑːnɪ] *s* fam. fagert tal, smicker

blasé ['blɑːzeɪ] *a* (fr.) blasé, blaserad

blaspheme [blæs'fiːm] *itr* o. *tr* häda, smäda

blasphemous ['blæsfəməs] *a* hädisk, blasfemisk

blasphemy ['blæsfəmɪ] *s* hädelse, blasfemi

blast [blɑːst] **I** *s* **1** [stark] vindstöt (vindpust); *a ~ of hot air* en het luftström **2** a) tryckvåg[or] vid explosion b) explosion, sprängskott c) sprängsats, sprängladdning; *~ effect* sprängkraft; *~ wave* tryckvåg **3** bergv. bläster[luft]; *in (at) full ~* fam. i full gång (fart), för fullt **4** [trumpet]stöt, signal från t. ex. fartygssiren, bilhorn; tjut **II** *tr* **1** spränga **2** skövla, förinta **3** fam., *oh ~!, ~ it!* jäklar [också]!; *~ you!* fan ta dig!

blasted ['blɑːstɪd] attr. *a* fam. sabla, jäkla

blaster ['blɑːstə] *s* bergsprängare

blast-off ['blɑːstɒf] *s* uppskjutning av raket

blatant ['bleɪtənt] *a* **1** skränig, skrikig **2** skriande [*~ poverty*]; påfallande, flagrant

blather ['blæðə] *s* o. *itr* se *blether*

1 blaze [bleɪz] **I** *s* **1** [stark] låga; flammande eld; *in a ~* i ljusan låga **2** brand, eldsvåda **3** fam., *go to ~s!* dra åt helskota (skogen)!; [*he ran*] *like ~s* .. som bara den; *what the ~s!* vad tusan! **4** starkt sken (ljus); *a ~ of colour* ett hav av glödande färger **5** våldsamt utbrott [*a ~ of anger*] **II** *itr* **1** flamma, brinna, stå i ljusan låga; *~ with anger* flamma av vrede; *~ up* slå ut i full låga, flamma upp **2** skina klart (starkt); lysa äv. bildl.; *~ with colour* spraka av färg **3** *~ away* fam. brassa på; gå på

2 blaze [bleɪz] *tr, ~ a trail* bildl. bana väg

blazer ['bleɪzə] *s* [klubb]jacka; blazer

blazing ['bleɪzɪŋ] **I** *a* **1** flammande etc., jfr *1 blaze II* **2** våldsam [*~ rows*] **3** förbaskad **II** *adv, ~ hot* brännhet

blazon ['bleɪzn] **I** *s* vapen[sköld] **II** *tr* **1** måla (beskriva) heraldiska vapen **2** ge glans åt **3** *~ abroad* basun[er]a ut

bleach [bliːtʃ] **I** *tr* bleka **II** *itr* blekas, vitna, blekna **III** *s* blekmedel

bleacher ['bliːtʃə] *s* **1** blekmedel **2** vanl. pl. *~s* Am. sittplatser utan tak på idrottsplats

bleak [bliːk] *a* **1** kal [*a ~ landscape*] **2** kylig, kulen; råkall **3** trist, dyster [*~ prospects*]

blear-eyed ['blɪəraɪd] *a* skumögd

bleary ['blɪərɪ] *a* om ögon rinnande; om blick skum

bleary-eyed ['blɪərɪaɪd] *a* = *blear-eyed*

bleat [bliːt] **I** *itr* bräka **II** *s* bräkande

bled [bled] imp. o. pp. av *bleed*

bleed [bliːd] **I** (*bled bled*) *itr* blöda; *~ to death* förblöda **II** (*bled bled*) *tr* **1** åderlåta **2** fam. pungslå; *~ a p. white* plocka ngn på allt vad han äger **3** tekn. lufta [*~ brakes*] **III** *s* blödning; *nose ~* näsblod

bleeder ['bliːdə] *s* **1** läk. blödare **2** sl. jäkel

bleeding ['bliːdɪŋ] **I** *a* **1** blödande; *~ heart* bot. löjtnantshjärta[n] **2** sl. jäkla, sabla **II** *s* blödning; *nose ~* näsblod

bleep [bliːp] **I** *s* pip radiosignal **II** *itr* pipa

blemish ['blemɪʃ] **I** *tr* vanställa, fläcka, skämma, besudla **II** *s* fläck, fel, skönhetsfel, skönhetsfläck, skavank

1 blench [blentʃ] *itr* rygga tillbaka

2 blench [blentʃ] **I** *tr* göra vit (blek) **II** *itr* vitna, blekna

blend [blend] **I** *tr* blanda [*~ tea*]; förena **II** *itr* blanda sig [med varandra], blandas, smälta samman; passa ihop **III** *s* **1** blandning [*~ of tea (tobacco, whisky)*] **2** teleskopord (jfr *portmanteau word* under *portmanteau*)

bless [bles] *tr* **1** välsigna: a) [*God*] *~ you!* a)

Gud bevare (välsigne) dig! b) prosit! **b)** lyckliggöra; *~ed with* begåvad med **c)** *~ me!*; [*God*] *~ my soul!*; *well, I'm ~ed!* o, du store tid!, kors i alla mina dar!; *I'm ~ed if I know* det vete katten! **2** prisa [och lova] **3** *~ o.s.* korsa sig, göra korstecknet; *he hasn't a penny to ~ himself with* han har inte ett rött öre

blessed [ss. adj. 'blesɪd, ss. pp. blest] **I** *a* **1** välsignad **2** lycklig; salig [*~ are the poor*] **3** helig [*the B~ Virgin*] **4** fam. förbaskad, välsignad; *every ~ day* vareviga dag; *the whole ~ lot* hela jäkla rasket **II** *pp* se *bless*

blessing ['blesɪŋ] *s* **1** välsignelse **2** nåd, gudagåva; glädjeämne; *it's a mixed ~* det är på både gott och ont; *a ~ in disguise* tur i oturen; *count o.'s ~s* trösta sig med de glädjeämnen man ändå har

blether ['bleðə] **I** *s* munväder **II** *itr* prata dumheter, pladdra

blew [blu:] imp. av *1 blow*

blight [blaɪt] **I** *s* **1** bot. mjöldagg, rost, brand, sot **2** bildl. pest **II** *tr* fördärva

blighter ['blaɪtə] *s* sl. rackare; *lucky ~!* lyckans ost!

Blighty ['blaɪtɪ] *s* mil. sl. under första världskriget hemlandet England

blimey ['blaɪmɪ] *interj* sl. jösses!

blimp [blɪmp] *s* fam. stockkonservativ typ

blind [blaɪnd] **I** *a* **1** blind [*~ in* (på) *one eye*]; *~ date* 'blindträff' träff med obekant person; *turn a ~ eye to a th.* blunda för ngt; *~ spot* a) anat., *the ~ spot* blinda fläcken b) bildl., *he has a ~ spot there* han är [som] blind på den punkten **2** bildl. blind [*~ to* (för) *a p.'s faults*] **3** dold, hemlig **4** utan öppning[ar] (fönster); *~ alley* se *alley 1* **5** *he did not take a ~ bit of notice of it* han brydde sig inte ett dugg om det; *not say a ~ word* fam. inte säga flaska **II** *adv*, *~ drunk* fam. dödfull **III** *s* **1** rullgardin; markis; *Venetian ~* persienn **2** skygglapp **3** svepskäl, förevändning; täckmantel **IV** *tr* **1** göra blind; bländа **2** bildl. förblinda; *~ a p. to* göra ngn blind för

blinders ['blaɪndəz] *s pl* Am. skygglappar

blindfold ['blaɪn*d*fəuld] **I** *tr* binda för ögonen på **II** *a* o. *adv* **1** med förbundna ögon **2** besinningslös[t]

blindman's-buff ['blaɪn*d*mænz'bʌf] *s* blindbock

blink [blɪŋk] **I** *itr* **1** blinka; plira [*at* mot]; blinka förvånat **2** glimta, skimra **3** *~ at* bildl. blunda för **II** *tr* **1** blinka med **2** bildl. blunda för [*~ the fact*] **III** *s* **1** glimt **2** blink **3** sl., *on the ~* trasig, sönder

blinker ['blɪŋkə] *s* **1** blinksignal; blinker på bil **2** pl. *~s* skygglappar

blinking ['blɪŋkɪŋ] *a* sl. förbaskad

blip [blɪp] *s* blip ljusfläck på radarskärm

bliss [blɪs] *s* lycksalighet, lycka [*matrimonial ~*]

blissful ['blɪsf*u*l] *a* lycksalig, säll; *be in ~ ignorance of* sväva i lycklig okunnighet om

blister ['blɪstə] **I** *s* blåsa; blemma **II** *tr* bilda (få) blåsor på [*~ o.'s hands*] **III** *itr* få blåsor

blistering ['blɪst*ə*rɪŋ] *a* **1** rasande [*~ pace*]; *~ criticism* svidande kritik **2** glödhet

blithe [blaɪð] *a* **1** poet. glad, munter **2** bekymmerslös, tanklös [*~ disregard*]

blithering ['blɪð*ə*rɪŋ] *a* fam. jäkla, jädrans

blithesome ['blaɪðsəm] *a* poet. munter, glättig

blitz [blɪts] fam. **I** *s* blixtanfall, blixtkrig **II** *tr* rikta blixtanfall mot; bomba

blitzkrieg ['blɪtskri:g] *s* se *blitz I*

blizzard ['blɪzəd] *s* [häftig] snöstorm

bloat [bləut] *tr* o. *itr* blåsa upp; svälla

bloated ['bləutɪd] *a* uppsvälld, plufsig; uppblåst äv. bildl. [*~ with* (av) *pride*]; däst

bloater ['bləutə] *s* lätt saltad rökt sill

blob [blɒb] *s* droppe; klick [*a ~ of paint*]

bloc [blɒk] *s* pol. block, sammanslutning

block [blɒk] **I** *s* **1** kloss, kubb, stock, block av sten, trä **2** stupstock **3** stock, block, form för hatt **4** [lyft]block; *~ and tackle* talja **5** stock för träsnitt; kliché **6** kompakt massa; stort parti; *in ~* i klump **7** bunt; post av aktier; [skriv]block **8** [byggnads]komplex, kvarter; *~ of flats* hyreshus; *walk round the ~* gå runt kvarteret **9** [cylinder]block, motorblock **10** hinder; stopp; [väg]spärr **11** *knock a p.'s ~ off* klå [upp] ngn **12** attr., *~ letter* tryckbokstav; *write in ~ letters* skriva med tryckbokstäver, texta **II** *tr* **1** blockera äv. sport., spärra [av], täppa till, stänga av [äv. *~ up*], hindra; *~ out the light* stänga ute ljuset **2** stötta [under] **3** ekon. blockera, spärra

blockade [blɒ'keɪd] **I** *s* blockad; *raise* (*run*) *a ~* häva (bryta) en blockad **II** *tr* **1** blockera **2** stänga för; stänga in[ne]

blockade-runner [blɒ'keɪd,rʌnə] *s* blockadbrytare

blockage ['blɒkɪdʒ] *s* stopp; blockering

block-buster ['blɒk,bʌstə] *s* fam. kvartersbomb

blockhead ['blɒkhed] *s* fam. dumskalle

bloke [bləuk] *s* fam. kille

blond [blɒnd] **I** *a* blond **II** *s* blond person

blonde [blɒnd] **I** *a* blond [*a ~ girl*] **II** *s* blondin

blood [blʌd] **I** *s* **1** blod i div. bet.: **a)** mera eg., *~ bank* blodbank; *~ count* a) blodkroppsräkning b) blodvärde; *~ orange* blodapelsin **b)** symboliserande blodig död o. d., *~ sport* blodig (grym) sport; *they are out for his ~* de törstar efter hans blod **c)** symboliserande olika sinnestillstånd o. d., *stir up bad ~* väcka ont blod; *his ~ is up* hans blod är i svallning; *his ~ ran cold [when he heard it]* blodet isades i hans ådror . .; *you can't get ~ out of a stone* man kan inte få (ta) något där inget finns; *it makes my ~ boil [when I think of it]* det kommer blodet att koka i mig . .; *in cold ~* [helt] kallblodigt, med berått mod **d)** symboliserande börd, släktförhållanden o.d., *run in the ~* ligga i blodet (släkten); *related by ~ [to]* släkt genom blodsband [med] **2** åld. sprätt, snobb **II** *tr* **1** ge hundar smak på blod; *he has been ~ed* ung. han har gjort sina första lärospån **2** åderlåta

blood-and-thunder ['blʌdənd'θʌndə] attr. *a* bloddrypande [*a ~ novel*]

blood-curdling ['blʌd,kɜːdlɪŋ] *a* bloddrypande; hårresande

blood-donor ['blʌd,dəunə] *s* blodgivare

blood-feud ['blʌdfjuːd] *s* blodshämnd

blood-heat ['blʌdhiːt] *s* normal kroppstemperatur

bloodhound ['blʌdhaund] *s* blodhund

bloodless ['blʌdləs] *a* **1** blodlös; [mycket] blek **2** oblodig [*a ~ victory*]

blood-letting ['blʌd,letɪŋ] *s* **1** blodavtappning; åderlåtning äv. bildl. **2** blodsutgjutelse

blood-poisoning ['blʌd,pɔɪznɪŋ] *s* blodförgiftning

blood-pressure ['blʌd,preʃə] *s* blodtryck

blood-pudding ['blʌd,pudɪŋ] *s* blodkorv

blood-relation ['blʌdrɪ'leɪʃən] *s* blodsförvant

bloodshed ['blʌdʃed] *s* blodsutgjutelse

bloodshot ['blʌdʃɒt] *a* blodsprängd

blood-stained ['blʌdsteɪnd] *a* blodfläckad

blood-sucker ['blʌd,sʌkə] *s* blodigel; blodsugare äv. bildl.

bloodthirsty ['blʌd,θɜːstɪ] *a* blodtörstig

blood-transfusion ['blʌdtræns'fjuːʒən] *s* blodtransfusion

blood-vessel ['blʌd,vesl] *s* blodkärl åder

bloody ['blʌdɪ] **I** *a* **1** blodig; *get o.s. [all] ~* bloda ner sig **2** sl. förbannad, satans, djävla [*~ fool*]; *no ~ good* djävla dålig **II** *adv* sl. förbannat, satans, djävla; *not ~ likely!* i helvete heller! **III** *tr* blodbefläcka, bloda ner

bloody-minded ['blʌdɪ,maɪndɪd] *a* brutal; hämndlysten; *he did it just to be ~* han gjorde det bara för att jäklas

bloom [bluːm] **I** *s* **1 a)** blomma; koll. blom[mor]; *be in ~* stå i blom **b)** bildl. blomstring[stid] **2 a)** tunn beläggning på plommon, druvor o. d. **b)** bildl. friskhet, fägring **II** *itr* blomma, stå (slå ut) i full blom

bloomer ['bluːmə] *s* fam. tabbe, blunder

bloomers ['bluːməz] *s pl* slags påsiga damunderbyxor

blooming ['bluːmɪŋ] **I** *a* **1** blommande **2** fam. jäkla **II** *adv* fam. jäkla; *not ~ likely!* i helsicke heller!

blossom ['blɒsəm] **I** *s* blomma; koll. blom[mor]; blomning; *be in ~* stå i blom **II** *itr* **1** slå ut i blom, blomma **2** bildl., *~ forth (out)* blomma upp; *~ into* utveckla sig till

blot [blɒt] **I** *s* **1** plump, bläckfläck **2** [skam]fläck **II** *tr* **1** bläcka (plumpa) ner [i]; *~ o.'s copybook* fam. få en klick på sig, göra bort sig **2** läska, torka med läskpapper **3** *~ [out]* a) stryka ut (över), sudda över b) fördunkla, skymma c) utplåna, utrota

blotch [blɒtʃ] *s* större fläck

blotchy ['blɒtʃɪ] *a* fläckig

blotter ['blɒtə] *s* **1** läsk|block, -papper **2** Am. förteckning över polismål; journal, lista

blotting-pad ['blɒtɪŋpæd] *s* läskblock; skrivunderlägg

blotting-paper ['blɒtɪŋ,peɪpə] *s* läskpapper

blotto ['blɒtəu] *a* sl. plakat berusad

blouse [blauz] *s* **1** blus **2** uniformsjacka

1 blow [bləu] **I** (*blew blown,* i bet. *5 a* dock *blowed*) *itr* o. *tr* **1** blåsa; blåsa i [*~ o.'s whistle*]; *~ kisses* kasta slängkyssar; *~ o.'s nose* snyta sig; *~ o.'s own trumpet* bildl. slå på trumman för sig själv; *he ~s hot and cold* han gör (säger) än si än så **2 a)** spränga [i luften]; *~ sky-high* spränga i luften, bildl. fullständigt vederlägga, skjuta i sank; *~ o.'s top* fam. bli alldeles rasande **b)** elektr., *the fuse has ~n* proppen har gått **3 a)** flåsa, flämta; om valar blåsa, spruta; *puff and ~* pusta **b)** göra andfådd; spränga [*~ a horse*] **4** ljuda [*the whistle ~s at noon*] **5** div. slangbetydelser: **a)** ge katten (sjutton) i; *~ it!* jäklar också!; *~ed if I know!* det vete katten!; *well I'll be ~ed!* det var som tusan!; *I'm (I'll be) ~ed if . .* förbaske mig om . . **b)** slänga ut, kasta ut [*~ £20 on a dinner*], göra av med pengar; *~ a chance* sumpa ett tillfälle **c)** sticka, kila, dunsta **6** med adv. i spec. bet.: *~* **in** fam. komma in[susande], dyka upp, titta in; *~* **off: a)** *~ off steam* släppa ut ånga, bildl. ge luft åt sina känslor, avreagera sig **b)** *he had two fingers ~n off* han fick två fingrar avskjutna (bortsprängda); *~* **out: a)** slockna **b)** släcka, blåsa ut [*~ out a candle*] **c)** *the gale has ~n itself out* stormen har bedarrat **d)** *~ out o.'s brains* skjuta sig för pannan; *~* **over: a)** blåsa omkull **b)** om t. ex. oväder (äv. bildl.) dra förbi, gå över, lägga sig; *~* **up: a)** blåsa upp, pumpa upp [*~ up a tyre*] **b)** explodera äv. bildl., flyga i luften **c)** spränga i luften **d)** fam. skälla ut **e)** fam. fotogr. förstora [upp] [*~ up a photograph*] **f)** fam. blåsa upp, göra ett stort nummer av **g)** *a storm is ~ing up* det drar ihop sig till oväder **II** *s* blåsande, blåsning

2 blow [bləu] *s* **1** slag, stöt; *come to ~s* råka

i slagsmål (handgemäng); *strike a ~* se *strike A I 1*; *without [striking] a ~* utan strid **2** bildl. [hårt] slag, motgång [*to* för]
blow-dry ['bləʊdraɪ] *tr* föna håret
blower ['bləʊə] *s* **1** blåsare **2** sl. telefon
blow-fly ['bləʊflaɪ] *s* spyfluga
blowjob ['bləʊdʒɒb] *s* vulg. sug oral stimulering av penis; *give a p. a ~* suga av ngn
blow-lamp ['bləʊlæmp] *s* blåslampa
blown [bləʊn] pp. av *1 blow*
blowpipe ['bləʊpaɪp] *s* **1** blåsrör **2** glasblåsarpipa
blow-torch ['bləʊtɔ:tʃ] *s* blåslampa
blow-up ['bləʊʌp] *s* **1** explosion **2** fam. fotogr. förstoring
blowzy ['blaʊzɪ] *a* sjaskig, slafsig
blub [blʌb] *itr* fam. lipa
blubber ['blʌbə] **I** *s* **1** späck hos valdjur o. d. **2** lip[ande], gråt **II** *itr* [gråta och] lipa
bludgeon ['blʌdʒən] **I** *s* [knöl]påk **II** *tr* **1** slå, slå ned **2** bildl. [med våld] tvinga
blue [blu:] **I** *a* **1** blå; *~ baby* blue baby spädbarn med blåsjuka; *~ blood* bildl. blått blod; *~ cheese* ädelost; *~ chip* a) blå [spel]mark av högt värde b) bildl. värdefull tillgång c) säkert [värde]papper; *once in a ~ moon* sällan eller aldrig; *cry (scream) ~ murder* se *murder I*; *the ~ ribbon* a) strumpebandsorden[s band] b) blå bandet nykterhetsmärke c) första priset, högsta utmärkelsen **2** fam. deppig; *~ funk* se *funk* **3** blå, konservativ **4** fam. porr- [*a ~ film*] **II** *s* **1** blått; blå färg **2** blåelse **3** *the ~* poet. a) [den blå] himlen b) [det blå] havet; *a gift from the ~* en gåva från ovan; *appear (come) out of the ~* komma nerdimpande som från himlen **4** i Oxford o. Cambridge **a**) rätt att bära blått ss. tecken på att man har representerat sitt universitet i idrott **b**) representant för sitt universitet i idrott **5** konservativ [*a true ~*], blå **6** *~s* mus., se *blues* **7** pl.: *the ~s* fam. deppighet, melankoli; *have the ~s* vara deppig
Bluebeard ['blu:bɪəd] *s* [riddar] Blåskägg
bluebell ['blu:bel] *s* **1** Skottl. o. Nordeng. blåklocka **2** Sydeng. engelsk klockhyacint
blueberry ['blu:bərɪ] *s* blåbär
bluebird ['blu:bɜ:d] *s* blåsångare
bluebottle ['blu:ˌbɒtl] *s* spyfluga
blue-collar ['blu:'kɒlə] *a*, *~ worker* blåställsarbetare
blue-eyed ['blu:aɪd] *a* **1** blåögd äv. bildl. **2** *~ boy* fam. gullgosse, kelgris
blue-pencil ['blu:'pensl] *tr* korrigera, stryka i, censurera [med blåpenna (rödpenna)]
blueprint ['blu:prɪnt] **I** *s* **1** blåkopia **2** plan, utkast; planritning; *at the ~ stage* på skrivbordsstadiet **II** *tr* **1** göra en blåkopia av **2** göra upp en plan till, skissera
blues [blu:z] (konstr. ss. sg. el. pl.) *s* mus. blues
bluestocking ['blu:ˌstɒkɪŋ] *s* bildl. blåstrumpa
1 bluff [blʌf] **I** *tr* o. *itr* bluffa **II** *s* **1** bluff; *call a p.'s ~* få ngn att visa sina kort, testa om ngn bluffar **2** bluff[makare]
2 bluff [blʌf] **I** *a* **1** tvärbrant **2** burdus, rättfram **II** *s* brant udde (klippa)
bluffer ['blʌfə] *s* bluff[makare]
bluish ['blu:ɪʃ] *a* blåaktig
blunder ['blʌndə] **I** *itr* **1** drumla, drulla, törna [*against, into* mot, in i], traska, stappla [*on, along* fram]; *~ [up]on* stöta på **2** dumma (dabba) sig **II** *s* blunder, tabbe
blunderbuss ['blʌndəbʌs] *s* muskedunder
blunderer ['blʌndərə] *s* klåpare
blundering ['blʌndərɪŋ] *a* klumpig [*a ~ attempt*]; *~ fool (idiot)* drummel
blunt [blʌnt] **I** *a* **1** slö, trubbig **2** trög, slö; avtrubbad **3** burdus, rättfram **II** *tr* göra slö, trubba av äv. bildl.
bluntly ['blʌntlɪ] *adv* rent ut, rakt på sak
blur [blɜ:] **I** *s* **1** fläck, plump **2** [skam]fläck **3** sudd[ighet]; surr [*a ~ of voices*] **II** *tr* **1** bläcka (smeta, fläcka) ner **2** besudla, [be]fläcka **3** göra suddig (otydlig) **4** göra skum[ögd] **III** *itr* bli suddig; *her eyes ~red with tears* hennes blick skymdes av tårar
blurb [blɜ:b] *s* reklamtext på bokomslag
blurred [blɜ:d] *a* o. **blurry** ['blɜ:rɪ] *a* suddig, otydlig, oskarp
blurt [blɜ:t] *tr*, *~ out* vräka ur sig
blush [blʌʃ] **I** *itr* rodna; blygas **II** *s* **1** rodnad, rodnande; *put a p. to the ~* få ngn att rodna (blygas); *without a ~* utan att rodna **2** rosenskimmer **3** *at first ~* vid första påseendet
bluster ['blʌstə] **I** *itr* **1** om vind o. d. storma, rasa **2** domdera, gorma och svära; skrävla **II** *tr*, *~ out* vräka ur sig **III** *s* **1** om vind o. d. raseri **2** gormande; skrävel
blusterer ['blʌstərə] *s* skränfock; skrävlare
blustery ['blʌstərɪ] *a* **1** stormig **2** skrävlande; hotfull
B.M.A. förk. för *British Medical Association*
B.M.C. förk. för *British Motor Corporation*
B.O. ['bi:'əʊ] förk. för *body odour*
boa ['bəʊə] *s* **1** boa[orm] **2** [dam]boa
Boadicea [ˌbəʊədɪ'sɪə]
boar [bɔ:] *s* galt, fargalt; *wild ~* vildsvin
board [bɔ:d] **I** *s* **1** bräde, bräda **2** [anslags]tavla, [svart] tavla **3** kost [*free ~*]; [*full*] *~ and lodging* kost och logi, mat och husrum, [hel]inackordering; *full ~* helpension **4** råd, styrelse, direktion; nämnd; departement; *~ of directors* styrelse, direktion för t. ex. bolag; *~ of education* ung. skol[över]styrelse; *~ of governors* styrelse, direktion för t. ex. institution **5** [skepps]bord; *go by the ~* gå över bord; bildl. gå över styr; *on ~* ombord [på (i) fartyg, flygplan, Am. äv. tåg] **6** teat., *on the ~s* vid teatern **7** [pärm]papp,

kartong **II** *tr* **1** brädfodra, klä med bräder; ~ *up* sätta bräder för (kring) **2** ~ *a p.* ha ngn i maten, ha ngn [hel]inackorderad; ~ [*out*] *a p.* ackordera in (ut) ngn **3** gå ombord på; stiga på **III** *itr* vara inackorderad [i maten]

boarder ['bɔ:də] *s* **1** inackordering[sgäst], pensionatsgäst, [mat]gäst **2** intern[atselev]

boarding ['bɔ:dɪŋ] *s* **1** brädfodring; bräder **2** inackordering **3** bordning, påstigning

boarding-card ['bɔ:dɪŋkɑ:d] *s* embarkeringskort

boarding-house ['bɔ:dɪŋhaus] *s* pensionat

boarding-school ['bɔ:dɪŋsku:l] *s* internat[skola]

board-room ['bɔ:drum] *s* styrelserum

boast [bəust] **I** *s* skryt; stolthet **II** *itr* skryta **III** *tr* kunna skryta med [att ha], [kunna] ståta med

boaster ['bəustə] *s* skrytmåns

boastful ['bəustful] *a* skrytsam

boat [bəut] **I** *s* **1** båt; *be* [*all*] *in the same* ~ bildl. sitta i samma båt **2** skål för sås **II** *itr* åka båt, ro, segla

boater ['bəutə] *s* **1** roddare, seglare **2** styv platt halmhatt

boating ['bəutɪŋ] *s* rodd, segling

boat|man ['bəut|mən] (pl. *-men* [-mən]) *s* båtkarl

boat-race ['bəutreɪs] *s* kapprodd

boatswain ['bəusn] *s* båtsman; på örlogsfartyg däcksunderofficer

Bob [bɒb] **1** kortform för *Robert* **2** ~*'s your uncle* fam. så är allting kirrat

1 bob [bɒb] **I** *s* **1** knix; knyck, ryck **2** bobbat hår **3** bobb **II** *itr* **1** guppa, hoppa, dingla; nicka **2** ~ *up* dyka upp **III** *tr* **1** knycka på [~ *the head*] **2** bobba hår

2 bob [bɒb] (pl. lika) *s* fam. förr shilling

bobbin ['bɒbɪn] *s* **1** spole, [tråd]rulle **2** [knyppel]pinne

Bobby ['bɒbɪ] **I** kortform för *Robert* **II** *s* fam., *b*~ 'bobby', polis[man]

bobsled ['bɒbsled] *s* o. **bobsleigh** ['bɒbsleɪ] *s* bobb, bobsleigh

bod [bɒd] *s* fam. karl, kille; person

bode [bəud] **I** *tr* [före]båda **II** *itr* båda, varsla

bodice ['bɒdɪs] *s* **1** [klännings]liv, blusliv **2** slags midjekorsett

bodily ['bɒdəlɪ] **I** *a* kroppslig, fysisk **II** *adv* **1** kroppsligen **2** helt och hållet, med hull och hår

bodkin ['bɒdkɪn] *s* **1** trädnål **2** lång hårnål

body ['bɒdɪ] **I** *s* **1** kropp; lekamen; ~ *mike* halsmikrofon, 'mygga'; ~ *odour* kroppsodör; [*he earns scarcely*] *enough to keep* ~ *and soul together* .. tillräckligt för att uppehålla livet; *belong to a p.* ~ *and soul* vara starkt bunden till ngn **2** lik, [död] kropp **3** bål **4** [klännings]liv **5** huvuddel, viktigaste del **6** stomme, skrov; kaross[eri]; ~ *shop* Am. bilplåtslageri **7** huvudmassa, majoritet [*the* ~ *of the people*]; *the* ~ *of public opinion* den övervägande folkmeningen **8** samfund, kår, församling [*a legislative* ~], organ; ~ *politic* stat[skropp]; *governing* ~ styrande organ **9** huvudstyrka; styrka, avdelning; skara, grupp; samling **10** kropp; ämne [*a compound* ~]; *foreign* ~ läk. främmande föremål; *heavenly* ~ himlakropp **11** styrka, fasthet; must, fyllighet [*wine of good* ~] **12** fam. människa, person; *heir of the* ~ bröstarvinge **II** *tr,* ~ *forth* förkroppsliga; gestalta

body-blow ['bɒdɪbləu] *s* **1** boxn. kroppsslag **2** bildl. hårt slag

body-builder ['bɒdɪˌbɪldə] *s* **1** om pers. body-builder, kroppsbyggare **2** muskelstärkare **3** närande föda

bodyguard ['bɒdɪgɑ:d] *s* livvakt

body-stocking ['bɒdɪˌstɒkɪŋ] *s* kroppsstrumpa

bodywork ['bɒdɪwɜ:k] *s* karosseri[utformning]

Boer ['bəuə] *s* boer

boffin ['bɒfɪn] *s* sl. vetenskapare, toppforskare

bog [bɒg] **I** *s* **1** mosse, myr **2** sl. dass **II** *tr, be* (*get*) ~*ged down* fam. ha kört (köra) fast

bogey ['bəugɪ] *s* **1** se *bogy* **2** golf. bogey, par

boggle ['bɒgl] *itr* **1** *the mind* ~*s at it* man häpnar över det **2** tveka, krångla

bogie ['bəugɪ] *s* **1** boggi **2** tralla

bogus ['bəugəs] *a* fingerad, sken- [~ *marriage*], bluff-

bogy ['bəugɪ] *s* **1** [*old*] *B*~ den onde, hin håle **2** spöke **3** buse som man skrämmer barn med; ~ *team* sport. bogey team lag som man fruktar att möta **4** fam. deckare, snut

Bohemia [bəu'hi:mjə] **I** Böhmen **II** *s* bohem[kretsar]

Bohemian [bəu'hi:mjən] **I** *s* **1** böhmare **2** bohem **II** *a* **1** böhmisk **2** bohemisk

1 boil [bɔɪl] *s* böld, varböld, spikböld

2 boil [bɔɪl] **I** *itr* koka, sjuda båda äv. bildl. **II** *tr* koka; ~*ed sweets* slags hårda karameller **III** *tr* o. *itr* med adv.: ~ **away** a) koka bort b) koka för fullt; ~ **down** a) koka ihop tr. o. itr. b) koka av c) bildl., *it all* ~*s down to* .. det hela inskränker sig till .. **IV** *s* kokning; kokpunkt; *be at* (*on*) *the* ~ vara i kok[ning]; *bring a th. to the* ~ koka upp ngt

boiler ['bɔɪlə] *s* **1** kokkärl, kokare **2** [ång]panna; ~ *room* pannrum; ~ *suit* overall

boiler-man ['bɔɪləmæn] *s* maskinist, pannskötare

boiling ['bɔɪlɪŋ] **I** *s* kok[ning], sjudning **II** *adv,* ~ *hot* kokhet

boiling-point ['bɔɪlɪŋpɔɪnt] *s* kokpunkt
boisterous ['bɔɪstərəs] *a* **1** bullrande [~ *laughter*], bullersam **2** stormig, hård
bold [bəʊld] *a* **1** djärv, dristig; vågad; *make so ~ as to* tillåta sig att **2** framfusig; *as ~ as brass* fräck som bara den **3** bildl. djärv
bole [bəʊl] *s* trädstam
bolero [i bet. *1* bə'leərəʊ, i bet. *2* 'bɒlərəʊ] *s* **1** bolero spansk dans **2** bolero kort damjacka
Bolivia [bə'lɪvɪə]
Bolivian [bə'lɪvɪən] **I** *s* bolivian **II** *a* boliviansk
bollocks ['bɒləks] *s pl* se *ballocks*
boloney [bə'ləʊnɪ] *s* **1** slags rökt korv **2** sl. [skit]snack, dynga; humbug, bluff
Bolshevik ['bɒlʃəvɪk] **I** *s* bolsjevik **II** *a* bolsjevikisk
Bolshevism ['bɒlʃəvɪzəm] *s* bolsjevism
bolster ['bəʊlstə] **I** *s* **1** lång underkudde, pöl; dyna **2** underlag, stöd **II** *tr* [mest ~ *up*] [under]stödja [~ *up a theory*], stötta
1 bolt [bəʊlt] **I** *s* **1** bult; nagel; stor skruv **2** låskolv, regel; slutstycke i skjutvapen **3** *have shot o.'s* [*last*] ~ fam. ha uttömt sina [sista] krafter **4** åskvigg; *a ~ from the blue* en blixt från klar himmel **5** rulle tyg **6** *make a ~ for* rusa mot; *make a ~ for it* sjappa **7** hastig [ned]sväljning **II** *itr* **1** rusa [i väg]; skena; fam. kila i väg, sticka **2** reglas [*the door ~s on the inside*] **III** *tr* **1** fam. svälja utan att tugga, kasta i sig **2** fästa med bult[ar] **3** regla **IV** *adv*, ~ *upright* kapprak
2 bolt [bəʊlt] *tr* sikta, skräda mjöl
bomb [bɒm] **I** *s* bomb; [*the party*] *went* [*down*] *like a ~* fam. ... blev en fullträff **II** *tr* bomba; ~ *out* bomba ut **III** *itr* bomba
bombard [bɒm'bɑ:d] *tr* bombardera
bombardier [ˌbɒmbə'dɪə] *s* furir vid artilleriet
bombardment [bɒm'bɑ:dmənt] *s* bombardemang
bombast ['bɒmbæst] *s* bombasm, svulst
bombastic [bɒm'bæstɪk] *a* bombastisk, svulstig
bomb-bay ['bɒmbeɪ] *s* bombrum i flygplan
bomb-disposal ['bɒmdɪsˌpəʊzəl] *s*, ~ *squad* desarmeringsgrupp
bomber ['bɒmə] *s* **1** bombare, bombplan **2** bombfällare
bombing-raid ['bɒmɪŋreɪd] *s* bombräd
bombproof ['bɒmpru:f] *a* bombsäker
bombshell ['bɒmʃel] *s* **1** granat; *it fell like a ~* det slog ner som en bomb **2** bildl. **a)** knalleffekt **b)** *a blonde ~* ett blont bombnedslag om sexig kvinna
bomb-site ['bɒmsaɪt] *s* [sönder]bombat område
bona fide ['bəʊnə'faɪdɪ] *a* o. *adv* (lat.) bona fide, i god tro; äkta
bonanza [bəʊ'nænzə] *s* **1** rik malmåder (gruva, oljekälla) **2** bildl. guldgruva, fynd
bon-bon ['bɒnbɒn] *s* (fr.) konfektbit
bond [bɒnd] **I** *s* **1** förbindelse; borgen, säkerhet; *his word is as good as his ~* han står vid sitt ord **2** obligation; revers [*for* på] **3** *in ~* [liggande] i tullnederlag **4** bildl. band [~[*s*] *of friendship*], boja **II** *itr*, ~ *together* sitta (hålla) ihop
bondage ['bɒndɪdʒ] *s* träldom, slaveri
bonded ['bɒndɪd] *a*, ~ *warehouse* tullnederlag
bondsman ['bɒndzmən] *s* livegen, träl; slav
bone [bəʊn] **I** *s* **1** ben; [ben]knota; *be chilled* (*frozen*) *to the ~* frysa ända in i märgen; *work a p. to the ~* låta ngn arbeta som en slav; *work o.'s fingers to the ~* arbeta som en slav; [*as*] *dry as a ~* torr som fnöske **2 a)** ~ *of contention* tvistefrö, stridsäpple **b)** *have a ~ to pick with a p.* fam. ha en gås oplockad med ngn **c)** *make no ~s about a th.* fam. inte dra sig för ngt; *he made no ~s about the fact that* ... fam. han stack inte under stol med att ... **II** *tr* **1** bena fisk, bena ur **2** sl. knycka, sno
boned [bəʊnd] *a* benad om fisk, benfri
bone-dry ['bəʊn'draɪ] *a* snustorr
bonehead ['bəʊnhed] *s* sl. träskalle
bone-idle ['bəʊn'aɪdl] *a* o. **bone-lazy** ['bəʊn'leɪzɪ] *a* genomlat, urlat
bone-meal ['bəʊnmi:l] *s* benmjöl
boner ['bəʊnə] *s* sl. jättetabbe
bonfire ['bɒnˌfaɪə] *s* bål, brasa
bonhomie ['bɒnɒmi:] *s* (fr.) gemyt[lighet]
bonkers ['bɒŋkəz] *a* sl. [hel]galen, snurrig
bonnet ['bɒnɪt] *s* **1** hätta för barn, huva; bahytt; skotsk mössa **2** skyddshuv **3** motorhuv på bil
bonny ['bɒnɪ] *a* **1** söt, fager [*a ~ lass*] **2** isht om barn duktig; knubbig
bonus ['bəʊnəs] *s* premie; gratifikation; bonus; till försäkringstagare [premie]återbäring; *cost-of-living ~* dyrtidstillägg
bony ['bəʊnɪ] *a* benig, full av ben; knotig
boo [bu:] **I** *interj* bu!, fy!, pytt!; *he wouldn't say ~ to a goose* han gör inte en fluga för när **II** *s* bu[rop], fy[rop] **III** *itr* o. *tr* bua [åt]
1 boob [bu:b] sl. **I** *s* **1** klantskalle; drummel **2** tabbe **II** *itr* klanta (dabba) sig
2 boob [bu:b] *s* sl., pl. ~*s* pattar bröst
boob tube ['bu:b'tju:b] *s* Am. fam., *the ~* dumburken TV
booby ['bu:bɪ] *s* **1** klantskalle; drummel **2** *the ~* jumbo; ~ *prize* jumbopris
booby-trap ['bu:bɪtræp] *s* **1** elakt skämt, fälla **2** mil. minförsåt, minfälla
book [bʊk] **I** *s* **1** bok; häfte; ~ *matches* avrivningständstickor i tändsticksplån; ~ *of stamps* frimärkshäfte; ~ *of words* se *word I 8*; *by the ~* efter reglerna, på föreskrivet

sätt; *in my* ~ bildl. enligt min mening; *try every trick in the* ~ försöka alla möjliga knep; *be in a p.'s good* (*bad, black*) ~*s* ligga bra (dåligt) till hos ngn; *I can read you like a* ~ du kan inte dölja någonting för mig; *on the* ~*s* inskriven som medlem; *take a leaf out of a p.'s* ~ ta exempel av ngn, följa ngns exempel; *bring* (*call*) *a p. to* ~ ställa ngn till ansvar **2** telefonkatalog [*he is* (står) *in the* ~] **3** libretto, text **4** [lista över] ingångna vad; *make a* ~ vara bookmaker; *that won't* (*doesn't*) *suit my* ~ fam. det ingår inte i mina planer **II** *tr* **1** a) notera, bokföra, boka, anteckna b) skriva upp [*be* ~*ed for an offence*] **2** (ibl. *itr*) boka, i förväg köpa, [förhands]beställa, reservera biljett, plats, rum **3** pollettera [ofta ~ *through*] **4** fam. engagera, lägga beslag på

bookcase ['bukkeɪs] *s* bokhylla

book-club ['bukklʌb] *s* bokklubb; läsecirkel

book-end ['bukend] *s* bokstöd

bookie ['bukɪ] *s* fam. se *bookmaker*

booking ['bukɪŋ] *s* [förhands]beställning; förköp; biljettförsäljning; pollettering

booking-office ['bukɪŋˌɒfɪs] *s* biljettkontor, biljettlucka

bookish ['bukɪʃ] *a* **1** bokälskande **2** boklärd

bookkeeper ['bukˌki:pə] *s* bokhållare, bokförare

bookkeeping ['bukˌki:pɪŋ] *s* bokföring

book-learning ['bukˌlɜ:nɪŋ] *s* boklärdom, bokvett

booklet ['buklət] *s* liten bok, häfte, småskrift, broschyr

bookmaker ['bukˌmeɪkə] *s* bookmaker

bookmark ['bukmɑ:k] *s* o. **book-marker** ['bukˌmɑ:kə] *s* bokmärke

bookpost ['bukpəust] *s, by* ~ som trycksak[er] beträffande böcker

bookseller ['bukˌselə] *s* bokhandlare; ~*'s* [*shop*] bokhandel

bookshop ['bukʃɒp] *s* bokhandel

bookstall ['bukstɔ:l] *s* bokstånd; tidningskiosk

bookworm ['bukwɜ:m] *s* bokmal

1 boom [bu:m] *s* **1** sjö. bom **2** [*derrick*] ~ kranarm **3** vid flottning bom

2 boom [bu:m] **I** *itr* dåna, dundra **II** *tr,* ~ [*out*] uttala med dånande röst **III** *s* dån, dunder; [djup] klang av klocka o. d.

3 boom [bu:m] **I** *s* **1** [kraftig] hausse, boom; högkonjunktur **2** [våldsam] reklam **II** *tr* göra reklam för, haussa upp **III** *itr* häftigt stiga; blomstra [*business is* ~*ing*]

boomerang ['bu:məræŋ] **I** *s* bumerang äv. bildl. **II** *itr* bildl. verka som en bumerang

1 boon [bu:n] *s* **1** välsignelse [*this dictionary is a great* ~], förmån **2** litt. ynnest

2 boon [bu:n] *a,* ~ *companion* glad broder, stallbroder

boor [buə] *s* tölp, [bond]lurk

boorish ['buərɪʃ] *a* tölpaktig

boost [bu:st] **I** *tr* **1** hjälpa upp, skjuta fram **2** höja, öka; ~ *morale* stärka moralen **3** reklamera upp, puffa för **II** *s* **1** höjning, ökning; uppsving **2** reklam, propaganda

booster ['bu:stə] *s* **1** reklamman **2** tekn. a) hjälpmotor b) startraket [äv. ~ *rocket*]

1 boot [bu:t] *s, to* ~ [till] på köpet

2 boot [bu:t] **I** *s* **1** känga; pjäxa; stövel; *football* ~ fotbollssko; *the* ~ *is on the other foot* fam. det är alldeles tvärtom, rollerna är ombytta; *get the* ~ sl. få sparken; *too big for o.'s* ~*s* fam. stöddig, mallig **2** bagagelucka, bagageutrymme **II** *tr* sparka; ~ *out* fam. ge sparken, sparka

bootblack ['bu:tblæk] *s* skoputsare

bootee ['bu:ti:] *s* **1** stövlett; halvkänga **2** barnsocka

booth [bu:ð, bu:θ] *s* **1** [salu]stånd, [marknads]tält, bod **2** bås avskärmad plats **3** telefonkiosk; *listening* ~ uppspelningshytt i skivaffär

bootlace ['bu:tleɪs] *s* kängsnöre, skorem

bootleg ['bu:tleg] **I** *tr* **1** smuggla, langa **2** tillverka illegalt **II** *itr* smuggla (langa) sprit

bootlegger ['bu:tˌlegə] *s* **1** [sprit]smugglare, langare **2** illegal tillverkare

bootlegging ['bu:tˌlegɪŋ] *s* **1** [sprit]smuggling, langning **2** illegal tillverkning

bootlicker ['bu:tˌlɪkə] *s* fjäsker, tallrikslickare

bootstrap ['bu:tstræp] *s* stövelstropp; *by o.'s own* ~*s* bildl. av egen kraft

booty ['bu:tɪ] *s* byte, rov

booze [bu:z] fam. **I** *itr* supa, dricka **II** *s* **1** sprit **2** fylla; fylleskiva; *be on the* ~ svira

boozer ['bu:zə] *s* fam. fyllbult, suput

boracic [bə'ræsɪk] *a* kem., ~ *acid* borsyra

borax ['bɔ:ræks] *s* kem. borax

Bordeaux [bɔ:'dəu]

border ['bɔ:də] **I** *s* **1** kant, utkant; rand, brädd **2** gräns, gränsområde **3** bård; list, ram; kantrabatt **II** *tr* **1** kanta, begränsa **2** gränsa till **III** *itr,* ~ [*up*]*on* gränsa till äv. bildl. [*it* ~*s on the ridiculous*]

borderland ['bɔ:dəlænd] *s* gränsland, gränsområde äv. bildl.

borderline ['bɔ:dəlaɪn] *s* gränslinje; ~ *case* gränsfall

1 bore [bɔ:] imp. av *2 bear*

2 bore [bɔ:] **I** *s* **1** borrhål **2** rör; [gevärs]lopp; cylinderdiameter **II** *tr* borra [igenom] **III** *itr* **1** borra [~ *for* (efter) *oil*] **2** tränga (borra) sig fram

3 bore [bɔ:] **I** *s* **1** *a* ~ något [lång]tråkigt, en plåga; *what a* ~*!* vad tråkigt! **2** tråkmåns **II** *tr* tråka ut

bored [bɔ:d] *a* uttråkad, ointresserad
boredom ['bɔ:dəm] *s* [lång]tråkighet; leda
boric ['bɔ:rɪk, 'bɒrɪk] *a* kem. bor-; ~ *acid* borsyra
boring ['bɔ:rɪŋ] *a* tråkig, långtråkig, trist
born [bɔ:n] *a* o. *pp* (av *2 bear*) **1** född; boren [*a ~ poet*]; -född [*American-born*]; *lowly* (*well*) ~ av låg (hög) börd; *he is a ~* [*teacher*] han är som skapt till..; *a ~ liar* en oförbätterlig lögnare; *an Englishman ~ and bred* en äkta (riktig) engelsman; ~ *of* a) född av [~ *of good parents*] b) som har sitt ursprung i [*misfortunes ~ of the war*] **2** *never in* [*all*] *my ~ days* aldrig i livet
borne [bɔ:n] *pp* (av *2 bear*) **1** buren etc., burit etc. **2** född [~ *by Eve*]; fött [*she has ~ him two sons*]
Borneo ['bɔ:nɪəʊ]
boron ['bɔ:rɒn, -rən] *s* kem. bor
borough ['bʌrə] *s* **1** stad (stadsdel) som administrativt begrepp; ~ *council* kommunfullmäktige, stadsfullmäktige; *municipal ~* [stads]kommun som ej bildar eget grevskap **2** *parliamentary ~* stadsvalkrets
borrow ['bɒrəʊ] *tr* o. *itr* låna [*from, of* av]
borrower ['bɒrəʊə] *s* låntagare
borsch [bɔ:ʃ] *s* borsjtj rysk el. polsk soppa
Borstal ['bɔ:stl] **I** egennamn; ~ *Institution* se följ. **II** *s, b~* ung. ungdomsvårdsskola, ungdomsfängelse
bortsch [bɔ:ʃtʃ] *s* se *borsch*
borzoi ['bɔ:zɔɪ] *s* rysk vinthund, borzoi
bosh [bɒʃ] fam. **I** *s* strunt[prat] **II** *interj* [strunt]prat!
Bosnia ['bɒznɪə] Bosnien
bosom ['bʊzəm] *s* barm, bröst; famn; sköte bildl. [*in the ~ of o.'s family*]; ~ *friend* hjärtevän
1 boss [bɒs] fam. **I** *s* boss, bas; pamp **II** *tr* leda [~ *a job*], dirigera, sköta, ordna; ~ *a p. about* köra med ngn
2 boss [bɒs] *s* buckla äv. på sköld; knopp
boss-eyed ['bɒsaɪd] *a* fam. **1** vindtirig, vindögd **2** sned **3** tokig
bossy ['bɒsɪ] *a* fam. dominerande
Boston ['bɒstən] egennamn; ~ *terrier* bostonterrier
bosun o. **bo'sun** ['bəʊsn] *s* se *boatswain*
botanic[al] [bə'tænɪk, -əl] *a* botanisk
botanist ['bɒtənɪst] *s* botaniker, botanist
botanize ['bɒtənaɪz] *itr* botanisera
botany ['bɒtənɪ] *s* botanik
botch [bɒtʃ] **I** *s* fuskverk **II** *tr* **1** förfuska, fuska bort; *a ~ed piece of work* ett fuskverk **2** laga dåligt **III** *itr* fuska, klåpa
botcher ['bɒtʃə] *s* klåpare
both [bəʊθ] **I** *pron* båda [två], bägge [två]; ~ *of us* vi (oss) båda [två] **II** *adv*, ~ .. *and* både .. och
bother ['bɒðə] **I** *tr* **1** plåga, besvära, störa; ~ *o.s.* (*o.'s head*) *about* bry sin hjärna (sitt huvud) med; *I can't be ~ed* [*to do it*] jag orkar (gitter) inte [göra det] **2** ~ [*it*]! tusan också! **II** *itr* göra sig besvär, besvära sig [*about* med]; oroa sig [*about* för]; *not ~ about* strunta i **III** *s* besvär, omak; bråk
bothersome ['bɒðəsəm] *a* besvärlig
Bothnia ['bɒθnɪə] *s, the Gulf of ~* Bottniska viken
Botswana [bɒ'tswɑ:nə]
bottle ['bɒtl] **I** *s* butelj, flaska; *go on* (*hit* Am.) *the ~* [börja] supa **II** *tr* **1** tappa på flaska; *~d beer* flasköl **2** lägga in på glas, konservera **3** ~ *up* a) stänga av b) hålla tillbaka, undertrycka [~ *up o.'s anger*]
bottle-baby ['bɒtl,beɪbɪ] *s* flaskbarn
bottle-fed ['bɒtlfed] *a* uppfödd med flaska
bottleneck ['bɒtlnek] *s* flaskhals isht bildl.
bottle-opener ['bɒtl,əʊpənə] *s* kapsylöppnare
bottle-party ['bɒtl,pɑ:tɪ] *s* ung. knytkalas
bottom ['bɒtəm] **I** *s* **1** botten, fot, undre (nedre) del; underdel; [stol]sits; fam. ända, stjärt; *at the ~ of* nederst (nedtill) på; *~s up!* botten upp!, drick i botten! **2** botten av hav m.m.; djup; *touch ~* se *touch I 3* **3** bortända; *the ~ of the table* nedre ändan av bordet **4** sjö. skrov, botten, köl **5** grundval; upphov; *at ~* i grund och botten; *be at the ~ of* ligga (stå) bakom; *get to the ~ of* gå till botten med **II** attr. *a* **1** lägsta, sista, nedersta, understa; *bet o.'s ~ dollar* satsa sitt sista öre; ~ *gear* lägsta växeln **2** grund- **III** *tr* **1** förse med botten **2** stödja [*upon* på] **3** nå botten på; gå till botten med **IV** *itr* bottna, nå botten
bottomless ['bɒtəmləs] *a* **1** bottenlös **2** outgrundlig [*a ~ mystery*] **3** outtömlig
bottommost ['bɒtəmməʊst] *a* nederst, underst
bottomry ['bɒtəmrɪ] *s* sjö., jur. bodmeri
botulism ['bɒtjʊlɪzəm] *s* med. botulism
bouclé ['bu:kleɪ] *s* bouclé
boudoir ['bu:dwɑ:] *s* budoar, boudoir
bougainvillea [,bu:gən'vɪlɪə] *s* bot. bougainvillea
bough [baʊ] *s* isht större trädgren; lövruska
bought [bɔ:t] imp. o. pp. av *buy*
boulder ['bəʊldə] *s* [sten]block
boulevard ['bu:ləvɑ:] *s* (fr.) boulevard, esplanad
bounce [baʊns] **I** *itr* **1** studsa; hoppa **2** störta [*into* in i; *out of* ut (upp) ur] **3** fam. avvisas, nobbas om check utan täckning **II** *tr* knuffa, kasta; studsa [~ *a ball*]; fam. kasta ut **III** *s* **1** duns, stöt **2** studs[ning], hopp; *on the ~* i studsen **3** gåpåaranda
bouncer ['baʊnsə] *s* fam. utkastare
bouncing ['baʊnsɪŋ] *a* **1** frisk och frodig [*a ~ girl*], bamsig **2** studsande

1 bound [baʊnd] **I** imp. av *bind* **II** *pp* o. *a* bunden etc., jfr *bind I*; [in]bunden [*~ books*]; *~ up in* upptagen av; *~ up with* nära lierad (förbunden) med; *be ~ up with* äv. hänga ihop med; *be ~ to* vara skyldig (tvungen) att; *he is ~ to win* han vinner säkert; *be in duty ~ to* vara förpliktad att; *I'll be ~* fam. det vill jag lova; *you are ~ to notice it* du kan inte undgå att märka det

2 bound [baʊnd] *a* destinerad, på väg [*for* till]; *homeward ~* på väg hem

3 bound [baʊnd] **I** *itr* studsa; skutta; spritta; *his heart ~ed with joy* hjärtat hoppade av glädje **II** *s* skutt, hopp, språng; studsning; *at one (a) ~* a) i ett språng b) med ens

4 bound [baʊnd] **I** *s*, pl. *~s* gräns[er]; *out of ~s* isht skol. o. mil. [på] förbjudet område; *out of (beyond) all ~s* utom alla gränser; *keep within ~s* hålla måttan **II** *tr* **1** begränsa [*be ~ed by*] **2** utgöra gräns för

boundary ['baʊndərɪ] *s* gräns[linje]

bounden ['baʊndən] *a*, *~ duty* ovillkorlig skyldighet

bounder ['baʊndə] *s* fam. bracka; knöl

boundless ['baʊndləs] *a* gränslös

bounteous ['baʊntɪəs] *a* se *bountiful*

bountiful ['baʊntɪfʊl] *a* **1** givmild, frikostig **2** rik[lig]

bounty ['baʊntɪ] *s* **1** ekon. premie [*export ~*] **2** skottpengar **3** gåva **4** handpenning vid värvning **5** välgörenhet, frikostighet

bouquet [bʊ'keɪ] *s* **1** bukett **2** om vin bouquet

bourbon ['bɜːbən, 'bʊə-] *s* bourbon amerikansk whisky

bourgeois ['bʊəʒwɑː] **I** (pl. lika) *s* medelklassare, borgare, småborgare **II** *a* medelklass-, borgerlig; småborgerlig

bourgeoisie [ˌbʊəʒwɑː'ziː] *s* bourgeoisie, borgarklass, medelklass

bout [baʊt] *s* **1** dust, kamp [*wrestling ~*] **2** ryck, anfall [*~ of activity*], släng [*~ of influenza*]; *~ of coughing* hostattack

bovine ['bəʊvaɪn] *a* **1** nötkreaturs-; oxlik **2** bildl. dum, trög

Bovril ['bɒvrəl] *s* ® slags köttextrakt, buljong

1 bow [baʊ] **I** *tr* **1** böja [*~ o.'s head*]; kröka; *be ~ed down with* a) vara nertyngd av b) digna av **2** nicka [*he ~ed his assent*] **3** *~ a p. in (out)* under bugningar visa ngn in (följa ngn ut) **II** *itr* **1** buga [sig] [*to* för]; *~ and scrape* se *scrape II 4* **2** böja sig [*~ to* (för) *a p.'s opinion*]; underkasta sig [*to a th.* ngt] **III** *s* bugning; *make o.'s ~* a) göra sin entré b) debutera; *take a ~* ta emot applåderna; buga och tacka

2 bow [baʊ] *s* **1** sjö., ofta pl. *~s* bog; för, stäv **2** etta, bogman roddare närmast fören

3 bow [bəʊ] **I** *s* **1** rundning; båge; *~ window* utbyggt rundat fönster, rundat burspråksfönster **2** [pil]båge **3** stråke **4** knut, rosett **II** *tr* spela med stråke på

Bow Bells ['bəʊ'belz] *s pl* klockorna i *Bow Church*; *be born within the sound of ~* vara ett äkta londonbarn, vara cockney

Bow Church ['bəʊ'tʃɜːtʃ] kyrka i Londons City

bowdlerize ['baʊdləraɪz] *tr* censurera bok m. m.

bowel ['baʊəl] *s* **1** läk. tarm **2** pl. *~s*: **a**) inälvor; mage; *keep o.'s ~s open* hålla magen i gång **b**) inre [*the ~s of the earth*]

bower ['baʊə] *s* **1** berså, lövsal **2** poet. boning; gemak

bowie-knife ['bəʊɪnaɪf] *s* bowiekniv jaktkniv

1 bowl [bəʊl] *s* **1** skål, bunke, spilkum, bål **2** [sked]blad **3** [pip]huvud **4** Am. stadion

2 bowl [bəʊl] **I** *s* **1** klot; boll **2** *~s* (konstr. ss. sg.) bowls spel **3** sport. kast **II** *itr* o. *tr* **1** spela bowls **2** rulla längs marken **3 a**) i kricket kasta; *~ [out]* slå ut slagmannen **b**) *~ over* a) slå omkull b) bildl. göra konfys (häpen)

bow-legged ['bəʊlegd, -ˌlegɪd] *a* hjulbent

bow-legs ['bəʊlegz] *s pl*, *have ~* vara hjulbent

1 bowler ['bəʊlə] *s* bowlare; isht i kricket kastare

2 bowler ['bəʊlə] *s*, *~ [hat]* kubb, plommonstop

bowling ['bəʊlɪŋ] *s* **1** bowling **2** bowls spel **3** i kricket sätt att kasta [bollen], kastande

bowling-alley ['bəʊlɪŋˌælɪ] *s* bowlingbana; bowlinghall

bowling-green ['bəʊlɪŋgriːn] *s* gräsplan för bowls[spel]

bowser ['baʊzə] *s* tankbil på flygplats

bowsprit ['bəʊsprɪt] *s* bogspröt

bow-tie ['bəʊ'taɪ] *s* rosett, fluga, butterfly

bow-wow [ss. interj. 'baʊ'waʊ, ss. subst. '- -] **I** *interj* vov [vov]! **II** *s* vovve

1 box [bɒks] *s* buxbom träslag och träd

2 box [bɒks] **I** *s* **1** låda, skrin; ask, dosa, box; hylsa; ruta; gymn. plint; *the ~* fam. teve, TV; *~ camera* lådkamera; *~ junction* trafikmarkering rutat område; *in the wrong ~* i galen tunna **2** avbalkning, bås; fack; spilta; *~ number [222]* postv. box .., fack ..; *be in the ~* jur. befinna sig i vittnesbåset; *put a p. in the ~* jur. höra ngn som vittne **3** loge på teater **4** [telefon]hytt **5** kuskbock **6** [vakt]kur **7** fotb., fam., *the ~* straffområdet **II** *tr* **1** lägga (stoppa) i en låda; *~ [up]* a) packa in b) klämma ihop **2** *~ the compass* sjö. repa upp kompassens streck

3 box [bɒks] **I** *s*, *~ on the ear[s]* örfil **II** *tr* o. *itr* boxa[s]; *~ a p.'s ears* örfila ngn

1 boxer ['bɒksə] *s* boxare

2 boxer ['bɒksə] *s* boxer hundras

boxing ['bɒksɪŋ] *s* boxning

Boxing Day ['bɒksɪŋdeɪ] *s* annandag jul, om dagen efter juldagen är en söndag tredjedag jul
boxing-glove ['bɒksɪŋglʌv] *s* boxhandske
boxing-match ['bɒksɪŋmætʃ] *s* boxningsmatch
box-kite ['bɒkskaɪt] *s* lådformig drake
box-office ['bɒksˌɒfɪs] *s* biljettkontor, biljettlucka för teater o. d.; *be a ~ success* (*draw*), *have ~ appeal* vara en kassapjäs
box-pleat ['bɒkspli:t] *s* motveck
box-room ['bɒksrum] *s* skrubb, vindskontor
box-spanner ['bɒksˌspænə] *s* hylsnyckel
box-spring ['bɒkssprɪŋ] *a* resår- [*~ mattress*]
box-wood ['bɒkswud] *s* buxbom träslag
boy [bɔɪ] *s* **1** pojke, gosse, grabb; *~!* å sjutton!; *old ~* se under *old*; *~s will be ~s* pojkar är [nu en gång] pojkar **2** [infödd] tjänare
boycott ['bɔɪkɒt] **I** *tr* bojkotta **II** *s* bojkott
boy-friend ['bɔɪfrend] *s* pojkvän
boyhood ['bɔɪhud] *s* pojkår, barndom
boyish ['bɔɪɪʃ] *a* pojkaktig; pojk-
B.P. förk. för *British Petroleum*
Br. förk. för *British*
bra [brɑ:] *s* fam. (kortform av *brassiere*) bh, behå
brace [breɪs] **I** *s* **1 a**) spänne; krampa; band **b**) pl. *~s* hängslen [*a pair of ~s*] **c**) sträva; stag; stöd **2** borrsväng **3** sjö. brass **4** (pl. lika) par [*a ~ of ducks*] **II** *tr* **1** binda om; spänna; stärka **2** bildl., *~ o.s.* [*up*] samla krafter, ta sig samman **3** sjö. brassa
bracelet ['breɪslət] *s* armband, armring
bracing ['breɪsɪŋ] *a* uppiggande [*~ air*]
bracken ['brækən] *s* bot. bräken; ormbunke
bracket ['brækɪt] **I** *s* **1** konsol, vinkeljärn **2** tekn. arm **3** parentes[tecken]; *in ~s* inom parentes **4** grupp, klass [*income ~*] **II** *tr* **1** sätta inom parentes; *~ed* som står inom parentes **2** *~* [*together*] jämställa
brackish ['brækɪʃ] *a* bräckt om vatten
bradawl ['brædɔ:l] *s* tekn. spetsborr; syl
brae [breɪ] *s* Skottl. stup, sluttning
brag [bræg] **I** *itr* skryta, skrävla **II** *s* skryt, skrävel
braggadocio [ˌbrægə'dəutʃɪəu] *s* skrävel
braggart ['brægət, -gɑ:t] **I** *s* skrävlare **II** *a* skrävlande
Brahms [brɑ:mz]
braid [breɪd] **I** *s* **1** [hår]fläta **2** hårband **3** garneringsband, kantband, snodd; träns **II** *tr* **1** fläta isht hår; sno **2** [band]kanta
braiding ['breɪdɪŋ] *s* garneringsband
braille [breɪl] *s* blindskrift
brain [breɪn] **I** *s* **1** hjärna; pl. *~s* hjärnmassa; *blow o.'s ~s out* skjuta sig [en kula] för pannan; *~ death* hjärndöd **2** mest pl. *~s* hjärna, begåvning; *cudgel* (*beat, rack*) *o.'s ~s* bry sin hjärna, gnugga geniknölarna; *he has got ~s* han är intelligent (skärpt); *pick a p.'s ~s* stjäla (hugga) ngns idéer; *have* [*got*] *a th. on the ~* ha fått ngt på hjärnan; *~s* (*~* Am.) *trust* hjärntrust **II** *tr* slå in skallen på
brain-child ['breɪntʃaɪld] *s, that's his ~* det är han som har kläckt idén [till det]
brain-drain ['breɪndreɪn] *s* fam. forskarflykt, begåvningsflykt
brainless ['breɪnləs] *a* obegåvad, enfaldig
brainstorm ['breɪnstɔ:m] *s* **1** fam. våldsamt [känslo]utbrott **2** isht Am. = *brainwave*
brainwash ['breɪnwɒʃ] **I** *s* hjärntvätt **II** *tr* hjärntvätta
brainwashing ['breɪnˌwɒʃɪŋ] *s* hjärntvätt
brainwave ['breɪnweɪv] *s* snilleblixt
brainwork ['breɪnwɜ:k] *s* tankearbete
brainy ['breɪnɪ] *a* fam. begåvad, klyftig
braise [breɪz] *tr* kok. bräsera
1 brake [breɪk] *s* se *bracken*
2 brake [breɪk] *s* busksnår, buskage
3 brake [breɪk] *s* se *shooting-brake*
4 brake [breɪk] **I** *s* [lin]bråka **II** *tr* bråka lin o. d.
5 brake [breɪk] **I** *s* broms; *apply* (*put on*) *the ~*[*s*] bromsa; *put a ~ on* bromsa, hejda; *~ horsepower* bromsad hästkraft **II** *tr* o. *itr* bromsa; *braking distance* bromssträcka
brake-block ['breɪkblɒk] *s* bromsklots
brake-fluid ['breɪkfluɪd] *s* bromsolja, bromsvätska
brake-shoe ['breɪkʃu:] *s* bromsback
bramble ['bræmbl] *s* **1** taggig buske; björnbärsbuske **2** björnbär
bran [bræn] *s* kli, sådor
branch [brɑ:ntʃ] **I** *s* **1** gren, kvist **2** a) förgrening, utgrening; gren [*~ of industry*]; arm [*~ of a river*] b) bildl. avdelning, del; område **3** filial; avdelningskontor **4** järnv. bibana; sträcka **5** tekn. grenrör **II** *itr* sända ut grenar [äv. *~ out*]; *~* [*off*], *~* [*out*] [för]grena sig; *~ off* äv. vika av; *~ out* äv. utvidga sin verksamhet, expandera
brand [brænd] **I** *s* **1** [eld]brand; poet. fackla **2** brännjärn **3** brännmärke; stämpel; *the ~ of Cain* kainsmärket **4** hand. sort [*~ of coffee*], märke [*~ of cigarettes*]; *~ image* ung. märkesbild i reklamen **5** poet. svärd **II** *tr* **1** bränna [in], märka med brännjärn [*~ cattle*]; brännmärka, stämpla [*~ as an aggressor*] **2** *~ed goods* märkesvaror
brandish ['brændɪʃ] *tr* svänga vapen o. d.
brand-new ['brænd'nju:] *a* splitt[er] ny
brandy ['brændɪ] *s* konjak
brash [bræʃ] *a* **1** oblyg, fräck **2** förhastad
brass [brɑ:s] *s* **1** mässing, mässingsföremål; litt. o. åld. brons; *sounding ~* bibl. ljudande malm; *the top ~* fam. höjdarna,

mil. äv. de högsta militärerna; *not worth a ~ farthing* inte värd ett rött öre; *~ hat* mil. fam. höjdare, hög militär; *get down to ~ tacks* komma till saken **2** minnesplåt, minnestavla av mässing i kyrka **3** *the ~* a) bleckblåsinstrumenten b) om orkestermedlemmarna blecket, bleckblåsarna; *~ band* mässingsorkester **4** fam. stålar **5** fam. fräckhet

brassard ['bræsɑ:d] *s* armbindel [med emblem]

brasserie ['bræsərı] *s* brasserie restaurang

brassie ['brɑ:sı] *s* brassie golfklubba

brassiere ['bræsıə, Am. brə'zıə] *s* bysthållare, bh, behå

brass-rubbing ['brɑ:sˌrʌbıŋ] *s* konst. frottage [gjord] på mässingsföremål

brat [bræt] *s* skitunge, satunge; rackarunge

bravado [brə'vɑ:dəu] *s* skryt, övermod, karskhet; *out of ~* bara för att imponera

brave [breıv] **I** *a* **1** modig, tapper **2** litt. fin, grann **II** *s* indiankrigare **III** *tr* trotsa, tappert möta; *~ it out* inte låta sig bekomma

bravery ['breıvərı] *s* mod, tapperhet

bravo ['brɑ:'vəu] **I** *interj* bravo! **II** (pl. *~s*, i bet. *2* äv. *~es*) *s* **1** bravo[rop] **2** bandit

bravura [brə'vuərə] *s* **1** bravur **2** bravurnummer

brawl [brɔ:l] **I** *itr* bråka, gorma **II** *s* bråk, gormande

brawler ['brɔ:lə] *s* bråkmakare

brawn [brɔ:n] *s* **1** muskler; muskelstyrka **2** kok. sylta

brawny ['brɔ:nı] *a* muskulös, stark

bray [breı] **I** *itr* **1** om åsna skria **2** skrälla, smattra **II** *tr*, *~ [out]* skrälla fram; basunera ut **III** *s* **1** skri[ande] **2** skräll, smatter

brazen ['breızn] **I** *a* **1** av mässing (brons) **2** skrällig [*a ~ voice*] **3** fräck, skamlös [*a ~ lie*] **II** *tr*, *~ it out* fräckt låtsas som ingenting, komma med fräcka undanflykter

brazen-faced ['breıznfeıst] *a* se *brazen I 3*

brazier ['breızjə] *s* **1** fyrfat, glödpanna **2** Am. utomhusgrill

Brazil [brə'zıl] **I** Brasilien **II** *s*, *b~* se *brazil-nut*

Brazilian [brə'zıljən] **I** *a* brasiliansk **II** *s* brasilian[are]

brazil-nut [brə'zılnʌt] *s* paranöt

BrE förk. för *British English*

breach [bri:tʃ] **I** *s* **1** brytning; brytande; brott; överträdelse; *~ of discipline* disciplinbrott; *~ of duty* tjänstefel; *~ of faith* löftesbrott; *~ of the peace* brott mot (störande av) allmänna ordningen; *~ of promise [of marriage]* brutet äktenskapslöfte; *~ of trust* trolöshet mot huvudman **2** bräsch; hål; rämna, bräcka; bildl. klyfta; *step into (fill) the ~* bildl. rycka in [och hjälpa till]; *throw (fling) o.s. into the ~* bildl. a) rycka till undsättning b) kasta sig in i striden **3** brottsjö **II** *tr* slå en bräsch i

bread [bred] **I** *s* **1** bröd; matbröd; *a slice (piece) of ~ and butter* en smörgås; jfr *bread-and-butter*; *his ~ is buttered on both sides* han har det mycket väl förspänt; *he knows [on] which side his ~ is buttered* han vet att hålla sig framme **2** levebröd, bröd [*o.'s daily ~*], föda, uppehälle **3** sl. stålar, kosing **II** *tr* bröa, panera

bread-and-butter ['bredənd'bʌtə] *a*, *~ letter* tackbrev

bread-basket ['bredˌbɑ:skıt] *s* **1** brödkorg **2** sl. kista mage

bread-bin ['bredbın] *s* brödburk, brödskrin

bread-board ['bredbɔ:d] *s* brödbräda

breadcrumb ['bredkrʌm] **I** *s* **1** [bröd]inkråm **2** isht pl. *~s* rivebröd, brödsmulor **II** *tr* bröa, panera

bread-line ['bredlaın] *s* existensminimum, svältgräns [*live below (on) the ~*]

breadth [bredθ] *s* **1** bredd, vidd; utrymme **2** *~ of mind* vidsynthet

breadthwise ['bredθwaız] *adv* på bredden

bread-winner ['bredˌwınə] *s* familjeförsörjare

break [breık] **A** (*broke broken*) *vb* **I** *tr* (se äv. *III*) **1** bryta [av], bryta [sönder], bräcka, knäcka; ha (slå) sönder [*~ a vase*]; spränga [*~ a blood-vessel*]; *~ open* bryta upp, spränga [*~ open a door*] **2** krossa [*~ a p.'s heart*], bryta [*~ a p.'s will*]; knäcka, ruinera; bryta ner **3** bryta mot, överträda [*~ the law*] **4** avbryta; bryta [*~ the silence*], göra slut på; dämpa [*~ the force of a blow*] **5** dressera, tämja; *~ a horse* rida (köra) in en häst **6** *~ a p. of* vänja ngn av med, få ngn att lägga bort; *~ o.s. of* vänja sig av med, lägga bort, sluta **7** spec. förb.: *~ the back of the work* göra undan det värsta av arbetet; *~ the bank* spel. spränga banken; *~ bounds* lämna det tillåtna området; *~ a cipher* forcera ett chiffer; *~ the ice* bildl. bryta isen; *the ship broke its moorings* fartyget slet sina förtöjningar; *~ the news to a p.* meddela ngn nyheten; *~ prison (jail)* bryta sig ut ur fängelset; *~ and enter [a house]* bryta sig in i . .

II *itr* (se äv. *III*) **1** gå sönder, spricka [*the glass broke*], brytas (slås) sönder; brista; gå av [*the rope broke*]; bräckas, knäckas; sprängas [*a blood-vessel broke*] **2** om röst **a)** brytas; *her voice broke* hennes röst började darra **b)** *his voice is beginning to ~* han börjar komma i målbrottet **3** bryta sig lös (fri); *~!* boxn. bryt!; *the ship broke from its moorings* fartyget slet sina förtöjningar; *~ loose* om t. ex. djur slita sig **4** *the storm broke* ovädret bröt lös[t]; *the weather broke* vädret slog om **5** gry; *dawn is ~ing* det gryr

6 om knoppar o. d. spricka ut **7** om våg o. d. bryta [sig], gå hög **8** bryta fram, ljuda [*a cry broke from her lips*]; plötsligt framträda [*upon* för] **9** ~ *even* fam. få det att gå ihop **10** ~ *into* **a**) bryta ut i, brista [ut] i [~ *into laughter*] **b**) börja begagna, [börja] tära på [~ *into o.'s capital*] **c**) gå över till, falla [in] i [~ *into a gallop*] **d**) ~ *into a house* bryta sig in i ett hus **11** ~ *through* bryta sig igenom **12** ~ *with* bryta med [*a p.* ngn]

III *tr* o. *itr* med adv. isht med spec. övers.: ~ **away** slita sig lös (loss); göra sig fri [*from* från]; ~ *away from* äv. bryta med; ~ **down: a**) bryta ner; slå in en dörr; knäcka ngns hälsa **b**) dela (lösa) upp **c**) bryta samman; få ett sammanbrott; störta samman, falla ihop **d**) gå sönder [och stanna], strejka **e**) komma av sig; stranda, bryta samman [*the negotiations broke down*] **f**) svikta, svika, brytas ned [*his health broke down*]; bli bruten (förkrossad); ~ **in: a**) träna upp; rida in, köra in [~ *in a horse*]; tämja **b**) röka in [~ *in a pipe*] **c**) bryta [sig] in **d**) infalla inflicka; ~ *in* [*up*]*on* plötsligt störa (avbryta); ~ **off: a**) [plötsligt] avbryta; ~ *off an engagement* slå upp (bryta) en förlovning **b**) brytas av; lösgöra sig **c**) avbryta sig; ~ **out: a**) bryta [sig] ut [~ *out of jail*] **b**) utbryta, bryta ut [*war* (*a fire*) *has broken out*] **c**) brista ut; ~ *out laughing* brista ut i skratt **d**) ~ *out in spots* få utslag på huden; ~ *out into a sweat* råka i svettning; ~ **up: a**) bryta sönder (upp), slita (slå) sönder **b**) upplösa, skingra [*the police broke up the crowd*] **c**) dela upp [~ *up a word into syllables*], lösa upp; stycka **d**) sluta [*school ~s up today*]

B *s* **1** brytande, brytning; brott **2** spricka, bräcka; avbrott; paus, rast; omslag i t. ex. vädret; *without a* ~ utan avbrott, i ett kör **3** *at* ~ *of day* vid dagens inbrott, i gryningen **4** fam., *a bad* ~ otur; *a lucky* ~ tur **5** fam. chans [*give him a* ~] **6** utbrytning ur t. ex. fängelse; *make a* ~ *for it* fam. försöka fly

breakable ['breɪkəbl] **I** *a* brytbar, bräcklig **II** *s*, pl. *~s* sköra saker

breakage ['breɪkɪdʒ] *s* **1** sönderbrytning **2** pl. *~s* sönderslaget gods, bräckage

breakaway ['breɪkəweɪ] *s* brytande, brytning [*from* med]; utbrytning [*from* ur]; sport. kontring

breakdown ['breɪkdaʊn] *s* **1** sammanbrott [*the ~ of the negotiations*]; misslyckande **2** maskinhaveri; motorstopp; ~ *lorry* (*van*) bärgningsbil **3** analys

breaker ['breɪkə] *s* **1** bränning, brottsjö **2** ~ *point* brytarspets

breakfast ['brekfəst] **I** *s* frukost, morgonmål; ~ *food* flingor o. d. **II** *itr* äta frukost

break-in ['breɪkɪn] *s* inbrott

breaking-point ['breɪkɪŋpɔɪnt] *s* bristningsgräns

breakneck ['breɪknek] *a* halsbrytande [~ *speed*]

break-out ['breɪkaʊt] *s* utbrytning, flykt ur t. ex. fängelse

breakthrough ['breɪkθruː] *s* genombrott

breakup ['breɪkʌp] *s* **1** upplösning [*the ~ of a marriage*]; brytning; splittring; förfall [*the ~ of an empire*]; sammanbrott **2** avslutning t. ex. i skolan; uppbrott

breakwater ['breɪkˌwɔːtə] *s* vågbrytare

bream [briːm] *s* zool. braxen

breast [brest] **I** *s* bröst äv. bildl., barm; bringa; *make a clean ~ of it* lätta sitt samvete **II** *tr* möta, trotsa; ~ *the tape* sport. spränga målsnöret

breast-fed ['brestfed] *a* uppfödd med bröstmjölk; ~ *baby* bröstbarn

breast-feed ['brestfiːd] (*breast-fed breast-fed*) *tr* amma

breastplate ['bres*t*pleɪt] *s* bröstharnesk; bröstplåt

breaststroke ['bres*t*strəʊk] *s* bröstsim

breath [breθ] *s* **1** andedräkt; anda; andning; *catch o.'s* ~ kippa efter andan; *hold o.'s* ~ hålla andan; *save your ~!* låt bli att säga någonting!, var (håll) tyst!; *take a p.'s ~ away* få ngn att tappa andan; *waste o.'s ~ on* spilla ord på; *out of* ~ andfådd; *be short of* ~ vara andfådd; *speak under o.'s* ~ tala i viskande ton **2** andetag, andedrag; pust, fläkt; *a ~ of fresh air* en nypa frisk luft

breathalyser ['breθəlaɪzə] *s* alkotestapparat; ~ *test* alkotest

breathe [briːð] **I** *itr* **1** andas; leva; ~ *down a p.'s neck* bildl. vara hack i häl på ngn **2** andas ut, hämta andan; ~ *again* (*freely*) andas (pusta) ut **3** ~ *of* a) ha en fläkt av b) bildl. ge uttryck åt, andas **II** *tr* **1** andas; ~ *fire* spruta eld; ~ *o.'s last* dra sin sista suck; ~ *new life into* blåsa nytt liv i; ~ *out* utandas **2** bildl., ~ *a word of* knysta om **3** låta andas (pusta) ut, låta häst rasta

breather ['briːðə] *s* vilopaus; *take a* ~ äv. pusta ut ett slag

breathing-space ['briːðɪŋspeɪs] *s* andrum

breathless ['breθləs] *a* andfådd; andlös

breathtaking ['breθˌteɪkɪŋ] *a* andlöst spännande, nervkittlande; hisnande

bred [bred] imp. o. pp. av *breed*

breech [briːtʃ] *s* **1 a**) bak, bakdel; ~ *delivery* (*presentation*) läk. sätesbjudning **b**) bakstycke; byxbak **2** på vapen bakstycke; ~ *mechanism* bakladdningsmekanism

breeches ['brɪtʃɪz] *s pl* knäbyxor

breed [briːd] **I** (*bred bred*) *tr* **1** föda upp djur; odla **2** frambringa, alstra; skapa, väcka [~ *bad blood*], föda [*war ~s misery*], avla **3** [upp]fostra [*to* i, för] **4** föda [fram] **II** (*bred bred*) *itr* **1** få (föda) ungar; föröka sig **2** uppstå **III** *s* **1** ras, avel; ~ *of cattle* kreatursstam **2** sort, slag [*men of the same* ~]

breeder ['bri:də] *s* **1** uppfödare [*horse* ~] **2** avelsdjur **3** ~ [*reactor*] inom kärnfysiken bridreaktor

breeding ['bri:dɪŋ] *s* **1** alstring; uppfödande **2** fostran[de] **3** fortplantning **4** god uppfostran, hyfs[ning]

breeze [bri:z] **I** *s* **1** bris, fläkt, [lätt] vind **2** sl. lätt match [*the test was a* ~] **II** *itr* fam., ~ *in* (*out*) komma insusande (utrusande)

breezy ['bri:zɪ] *a* **1** blåsig; sval, frisk **2** glad[lynt], gemytlig, livad

brekker ['brekə] *s* sl. för *breakfast*

Bren gun ['brengʌn] *s* kulsprutegevär

brethren ['breðrən] *s pl* se *brother*

Breton ['bretən] **I** *a* bretonsk, bretagnisk **II** *s* breton, bretagnare

breve [bri:v] *s* mus. brevis

brevet ['brevɪt] *s*, ~ *rank* titulär grad

breviary ['bri:vjərɪ] *s* breviarium, katolsk bönbok

brevity ['brevətɪ] *s* korthet; koncishet; ~ *is the soul of wit* det korta är det mest träffande; i begränsningen visar sig mästaren

brew [bru:] **I** *tr* **1** brygga; ~ [*up*] *tea* koka te **2** bildl. ställa till med [~ *mischief*] **II** *itr* **1** bryggas **2** bildl. vara i görningen [*there is something* ~*ing*]; *a storm is* ~*ing* det drar ihop sig till oväder **III** *s* brygd

brewer ['bru:ə] *s* bryggare

brewery ['bru:ərɪ] *s* bryggeri

Brian ['braɪən]

1 briar ['braɪə] *s* **1** bot. briar, ljungträ **2** briarpipa

2 briar ['braɪə] *s* se *2 brier*

bribe [braɪb] **I** *s*, *a* ~ el. pl. ~*s* mutor, muta **II** *tr* muta, besticka **III** *itr* ge mutor

bribery ['braɪbərɪ] *s* bestickning; [tagande av] mutor

bric-a-brac ['brɪkəbræk] *s* mindre värdefulla antikviteter, kuriosa

brick [brɪk] **I** *s* **1** tegel[sten]; ~ *wall* tegel-mur, -vägg; se vidare ex. under *wall I*; [*as*] *hard as a* ~ hård som sten, stenhård; *drop a* ~ fam. trampa i klaveret; *like a ton of* ~*s* fam. med förkrossande tyngd **2** byggkloss; *box of* ~*s* bygglåda **3** sl. hedersprick **II** *tr* **1** mura med tegel **2** ~ *up* (*in*) mura igen

brickbat ['brɪkbæt] *s* **1** tegelstensbit isht använd som kastvapen **2** bildl., *throw* ~*s at* utsätta för skarp kritik

bricklayer ['brɪkˌleɪə] *s* murare

brickyard ['brɪkjɑ:d] *s* tegelbruk

bridal ['braɪdl] *a* brud-, bröllops-

bride [braɪd] *s* brud

bridegroom ['braɪdgrum] *s* brudgum

bridesmaid ['braɪdzmeɪd] *s* brudtärna

1 bridge [brɪdʒ] *s* kortsp. bridge

2 bridge [brɪdʒ] **I** *s* **1** bro; brygga äv. tandläk.; övergång över järnväg etc., vägöverfart; [kommando]brygga; ~ *passage* mus. överledning; *we'll cross that* ~ *when we come to it* ung. den dagen (tiden) den sorgen; *never cross your* ~*s till you come to them* man ska inte oroa sig i förväg **2** ~ *of the nose* näsrygg **3** näsbrygga på glasögonbågar **4** stall på stråkinstrument **II** *tr* slå en bro över, bildl. överbrygga, övervinna

bridgehead ['brɪdʒhed] *s* mil. brohuvud

Bridget ['brɪdʒɪt]

bridle ['braɪdl] **I** *s* **1** betsel; *give a horse the* ~ ge en häst fria tyglar **2** tygel, tvång **II** *tr* **1** betsla **2** tygla, hålla i schack; lägga band på **III** *itr*, ~ [*up*] knycka på nacken

bridle-path ['braɪdlpɑ:θ] *s* ridväg

brief [bri:f] **I** *s* **1** resumé av fakta etc. i ett mål; dossié; *hold a* ~ *for a p.* föra ngns talan **2** pl. ~*s* trosor **3** se *briefing* **II** *a* kort, kortfattad, kortvarig; *be* ~ fatta sig kort; *in* ~ i korthet; *the news in* ~ nyheterna i sammandrag **III** *tr* **1** jur. ge en resumé av fakta i målet, anlita [~ *a barrister*] **2** orientera, instruera; underrätta [på förhand]

brief-case ['bri:fkeɪs] *s* portfölj

briefing ['bri:fɪŋ] *s* orientering, briefing

1 brier ['braɪə] *s* se *1 briar*

2 brier ['braɪə] *s* törnbuske, isht nyponbuske

Brig. förk. för *Brigadier*

brig [brɪg] *s* brigg

brigade [brɪ'geɪd] *s* **1** mil. brigad **2** kår

brigadier [ˌbrɪgə'dɪə] *s* brigadgeneral, motsv. överste av 1. graden inom armén

brigadier-general ['brɪgədɪə'dʒenərəl] *s* hist. o. Am. brigadgeneral, motsv. överste av 1. graden

brigand ['brɪgənd] *s* stråtrövare, bandit

bright [braɪt] **I** *a* **1** klar, ljus, lysande; blank; ~ *red* klarröd färg **2** glad [*feel* ~], ljus [~ *prospects*]; *look on the* ~ *side* [*of things*] se det från den ljusa sidan **3** skärpt, begåvad; *a* ~ *idea* en ljus idé, iron. [just] ett fint påhitt; *he is not on the* ~ *side* han är inget ljushuvud precis **II** *adv* klart [*shine* ~]

brighten ['braɪtn] **I** *tr* **1** göra ljus[are], göra klar[are]; polera **2** muntra upp, liva [upp], pigga upp [äv. ~ *up*] **II** *itr*, ~ [*up*] bli ljus[are] etc., lysa upp [*his face* ~*ed up*]

Brighton ['braɪtn]

brill [brɪl] *s* zool. slätvar

brilliance ['brɪljəns] *s* o. **brilliancy** ['brɪljənsɪ] *s* **1** glans, prakt, lysande sken **2** briljans, talang[fullhet], begåvning

brilliant ['brɪljənt] **I** *a* **1** strålande [~ *sunshine*], glänsande **2** briljant; strålande [*a* ~ *idea*]; genialisk **II** *s* briljant

brilliantine [ˌbrɪljən'ti:n] *s* briljantin
brim [brɪm] **I** *s* **1** brädd, kant, rand **2** brätte **II** *itr* vara bräddad; *~ming eyes* tårfyllda ögon
brimful[l] ['brɪm'fʊl] *a* bräddfull, rågad; bildl. sprängfylld [*~ of ideas*]
brindled ['brɪndld] *a* brokig; [brungul]-spräcklig
brine [braɪn] *s* saltvatten, saltlake; attr. salt-
bring [brɪŋ] (*brought brought*) *tr* (se äv. fraser m. *bring* under bl. a. *bear, home, sense*) **1** komma med, ha (föra) med sig; hämta; [för]sätta [*into* i]; inbringa [*his writings ~ him £8,000 a year*]; [för]skaffa; *~ me* .. ta hit (hämta) ..; *~* [*down*] *upon o.s.* ådra sig **2 a**) frambringa, framkalla; medföra; orsaka **b**) förmå, bringa, få [*to* till att] **3** lägga fram, dra fram; *~ an action against a p.* väcka åtal mot ngn **4** med adv. isht med spec. övers.: *~* **about** få till stånd, förorsaka, framkalla [*~ about a crisis*]; *~* **along** ha med sig, ta med [sig]; *~* **back** ta (ha) med sig tillbaka; väcka [*~ back many memories*]; återinföra; *~ a p. back to health* återge ngn hälsan; *~ a p. back to life* återuppliva ngn; *~* **down** skjuta ner [*~ down a plane*]; störta [*~ down a tyrant*]; få ner, sänka [*~ down prices*]; föra fram, fortsätta [*~ down a history to modern times*]; *~ o.'s fist down on the table* slå näven i bordet; *~ down the house* väcka (riva ner) stormande applåder; *~ down upon* dra [ner] över, jfr *~* [*down*] *upon o.s.* under *1*; *~* **forth** frambringa, framföda; lägga fram [*~ forth a proposal*]; *~ forth young* få ungar; *~* **forward** föra fram; flytta fram, tidigarelägga [*~ forward a meeting*]; anföra, lägga fram [*~ forward proof*]; bokf. transportera; *amount brought forward* bokf. transport från ngt; *balance brought forward* ingående saldo; *~* **in** föra in, bära in, ta in; inbringa [*~ in money*]; väcka [*~ in a bill*]; införa; kalla in [*~ in experts*]; *the jury brought in a verdict of guilty* juryns utslag löd på 'skyldig'; *~* **off** klara av [*it was difficult, but they brought it off*]; *~* **on** förorsaka [*an illness brought on by* ..], medföra, framkalla; *~* **out** framhäva [*~ out a contrast*], bringa i dagen; uppföra [*~ out a play*], ge ut [*~ out a new book*]; *~ out the best in a p.* få fram det bästa hos ngn; *~* **round** få att kvickna till, återställa; ta med [sig]; *~ a p. round to o.'s point of view* omvända ngn till sin åsikt; *~* **to** väcka till medvetande [igen]; *~* **up** uppfostra, utbilda, föda upp; kasta upp [*~ up o.'s dinner*]; ta (dra) upp [*~ up a question*], föra (bringa) på tal; föra (lyfta, hämta) upp; föra fram till en viss tidpunkt
brink [brɪŋk] *s* rand, kant, brädd, brant [*on the ~ of ruin*]; *be on the ~ of* [*a great discovery*] stå inför ..
brinkmanship ['brɪŋkmənʃɪp] *s* konsten att föra en politik till randen av krig
briny ['braɪnɪ] **I** *a* salt **II** *s* fam., *the ~* havet
Bri-nylon [ˌbraɪ'naɪlən] *s* ® bri-nylon
Brisbane ['brɪzbən, -beɪn]
brisk [brɪsk] *a* **1** livlig, rask [*at a ~ pace*] **2** uppiggande, frisk [*~ air*]
brisket ['brɪskɪt] *s* isht kok. bringa
bristle ['brɪsl] **I** *s* borst[hår]; skäggstrå, styvt hår[strå]; vanl. pl.: *~s* koll. borst **II** *itr* **1** *~* [*up*] resa sig **2** *~* [*up*] resa borst **3** *~ with* bildl. vimla av [*~ with difficulties*]
bristly ['brɪslɪ] *a* borstig [*a ~ moustache*], borstlik, full av borst; sträv [*a ~ chin*]
Bristol ['brɪstl] egennamn; *~ fashion* se *shipshape*
Brit. förk. för *Britain, Britannia, British*
Britain ['brɪtn] **1** [*Great*] *~* Storbritannien, ibl. England **2** hist. Britannien
Britannia [brɪ'tænjə] Britannien
Britannic [brɪ'tænɪk] *a* brittisk [*His* (*Her*) *~ Majesty*]
British ['brɪtɪʃ] **I** *a* brittisk; engelsk **II** *s, the ~* britterna, engelsmännen
Briton ['brɪtn] *s* hist. o. isht poet. britt
Brittany ['brɪtənɪ] Bretagne
brittle ['brɪtl] *a* spröd, skör, bräcklig
Bro. ['brʌðə] förk. för *Brother*
broach [brəʊtʃ] *tr* **1** slå upp vin-, ölfat **2** framkasta, bringa på tal [*~ a subject*]
broad [brɔ:d] **I** *a* **1** bred; vid[sträckt]; *~ beans* bondbönor; *it's as ~ as it's long* det kommer på ett ut; *in ~ daylight* mitt på ljusa dagen **2** tydlig, klar [*a ~ hint*] **3** grov, huvudsaklig, stor [*~ outline*[*s*]]; allmän, generell [*~ principles*]; *in a ~ sense* i stora (grova) drag **II** *s* **1** *~ of the back* ryggtavla **2** isht Am. sl. fruntimmer, brud; fnask
broad-based ['brɔ:dbeɪst] *a* på bred basis
broadcast ['brɔ:dkɑ:st] **I** (*broadcast broadcast*; ibl. *~ed ~ed*) *tr* **1** sända [i radio (TV)] **2** så för hand, bredså **3** bildl. sprida vitt och brett **II** (för tema se *I*) *itr* uppträda (tala) i radio, uppträda i TV **III** *s* **1** [radio]utsändning, [TV-]sändning **2** *~* [*sowing*] bredsådd **IV** *a* radio-, TV-
broadcasting ['brɔ:dˌkɑ:stɪŋ] *s* radio; *the British B~ Corporation* brittiska icke--kommersiella radion, BBC; *~ station* radiostation
broad-chested ['brɔ:d'tʃestɪd] *a* bredbröstad
broaden ['brɔ:dn] **I** *tr* göra bred[are] (vid[are]); vidga [ut] [äv. *~ out*]; *~ o.'s mind* vidga sin horisont **II** *itr* bli bred[are]
broadly ['brɔ:dlɪ] *adv* brett etc., jfr *broad I*; i stora drag, i huvudsak; [i] friare [betydelse]; *~ speaking* i stort sett
broad-minded ['brɔ:d'maɪndɪd] *a* vidsynt,

tolerant, fördomsfri
broad-shouldered ['brɔ:d'ʃəuldəd] *a* bredaxlad
broadside ['brɔ:dsaɪd] **I** *s* **1** sida av ett fartyg; ~ *on* [med] bredsidan till **2** sjö., mil. o. bildl. bredsida **3** ~ [*ballad*] skillingtryck **II** *itr* sport. ställa upp motorcykeln i kurva, lägga upp en sladd
Broadway ['brɔ:dweɪ] gata, teater- och nöjescentrum i New York
brocade [brəʊ'keɪd] *s* brokad
broccoli ['brɒkəlɪ] *s* broccoli, sparriskål
brochure ['brəuʃjuə] *s* broschyr; prospekt
1 brogue [brəug] *s* broguesko; golfsko
2 brogue [brəug] *s* dialekt[uttal], isht irländskt uttal
broil [brɔɪl] **I** *tr* halstra, grilla **II** *itr* halstras, grillas; steka sig; vara glödhet
broiler ['brɔɪlə] *s* **1** halster, rost, grill **2** broiler
broiling ['brɔɪlɪŋ] *a* brännhet, stekhet
broke [brəuk] **I** imp. av *break* **II** *a* fam. pank
broken ['brəukən] *pp* o. *a* **1** bruten, bräckt etc., jfr *break A*; sönder, sönderslagen, trasig [*a ~ marriage*], splittrad [*a ~ home*] **2** [ned]bruten; ruinerad **3** tämjd, inriden, dresserad [ofta ~ *in*] **4** avbruten, störd [~ *sleep*]
broken-hearted ['brəukən'hɑ:tɪd] *a* [ned]-bruten av sorg
broker ['brəukə] *s* **1** mäklare; agent **2** utmätningsman
brolly ['brɒlɪ] *s* sl. **1** paraply **2** fallskärm
bromide ['brəumaɪd] *s* **1** kem. bromid; *potassium ~* bromkalium **2** sl. banalitet
bromine ['brəumi:n] *s* kem. brom
bronchial ['brɒŋkjəl] *a* bronkial, luftrörs-
bronchitis [brɒŋ'kaɪtɪs] *s* bronkit, luftrörskatarr
bronco ['brɒŋkəu] *s* otämjd häst i västra USA
Brontë ['brɒntɪ]
Bronx [brɒŋks] *s, the ~* Bronx; ~ *cheer* Am. sl. = *raspberry 2 a*
bronze [brɒnz] **I** *s* **1** brons; *the B~ Age* bronsåldern **2** bronsfärg **3** brons[föremål] **II** *tr* **1** bronsera **2** göra brun (solbränd) **III** *itr* bli brun (solbränd)
brooch [brəutʃ] *s* brosch; bröstnål
brood [bru:d] **I** *s* **1** kull **2** avkomma **II** *itr* **1** ligga på ägg, ruva **2** vila, ruva [*night ~ed over the town*] **3** grubbla, ruva [*on* (*over*) på]
brood-hen ['bru:dhen] *s* ligghöna
broody ['bru:dɪ] *a* grubblande
1 brook [bruk] *s* bäck
2 brook [bruk] *tr* tåla, fördraga; medge
brooklet ['bruklət] *s* liten bäck
Brooklyn ['bruklɪn]
broom [bru:m, brum] *s* **1** bot. ginst **2** kvast; [långskaftad] sopborste; *a new ~ sweeps clean* nya kvastar sopar bäst
broomstick ['bru:mstɪk] *s* kvastskaft, kvastkäpp
Bros. ['brʌðəz] förk. för *Brothers*
broth [brɒθ] *s* [kött]spad, buljong; köttsoppa; *too many cooks spoil the ~* ju flera kockar, dess sämre soppa
brothel ['brɒθl] *s* bordell
brother ['brʌðə] (pl. *~s,* i bet. *3* ofta *brethren*) *s* **1** bror, broder; *Smith Brothers* Bröderna Smith firmanamn; *they are ~*[*s*] *and sister*[*s*] de är syskon **2** *~s in arms* vapenbröder; *~ officer* officerskamrat **3** relig. [tros]broder **4** isht Am. sl. kille; kompis, polare
brotherhood ['brʌðəhud] *s* broderskap; brödraskap, samfund; *the ~ of man* den mänskliga gemenskapen
brother-in-law ['brʌðərɪnlɔ:] (pl. *brothers--in-law* ['brʌðəzɪnlɔ:]) *s* svåger
brotherly ['brʌðəlɪ] *a* broderlig
brougham ['bru:əm] *s* [enspänd] kupé (täckvagn)
brought [brɔ:t] imp. o. pp. av *bring*
brouhaha ['bru:hɑ:hɑ:] *s* fam. **1** ståhej **2** kalabalik
brow [brau] *s* **1** ögonbryn; *knit o.'s ~s* rynka pannan (ögonbrynen) **2** panna; bildl. min, uppsyn **3** *~ of a hill* backkrön
browbeat ['braubi:t] (*browbeat browbeaten*) *tr* spela översittare mot, kuscha
brown [braun] **I** *a* brun; ~ *bread* ung. mörkt bröd, limpa; ~ *paper* omslagspapper; *in a ~ study* försjunken i grubbel (drömmerier); ~ *sugar* farinsocker **II** *s* brun färg; brunt **III** *tr* **1** brunsteka, bryna **2** *be ~ed off* sl. vara utled (deppig)
brownie ['braunɪ] *s* **1** tomte **2** *B~* miniorscout
Browning ['braunɪŋ] **I** egennamn **II** *s* browning[pistol]
brownish ['braunɪʃ] *a* brunaktig
browse [brauz] **I** *s, have a ~ among* (*through*) [*a p.'s books*] botanisera bland . . **II** *itr* **1** beta **2** bildl., ~ *among* (*through*) [*a p.'s books*] botanisera bland . .
Bruges [bru:ʒ] Brügge
bruise [bru:z] **I** *s* blåmärke; fläck på frukt o. d. **II** *tr* ge blåmärken, slå gul och blå; stöta frukt
bruiser ['bru:zə] *s* fam. bjässe; proffsboxare
brunch [brʌntʃ] *s* frukost-lunch
brunette [bru:'net] *s* o. *a* brunett
Brunswick ['brʌnzwɪk] Braunschweig
brunt [brʌnt] *s, bear the ~* bildl. komma i skottgluggen, få ta emot stöten; *bear the ~ of the blame* bära största skulden
brush [brʌʃ] **I** *s* **1** borste; kvast; pensel **2** [av]borstning; *give a p. a ~* borsta av ngn **3**

[räv]svans **4** elektr. [kol]borste **5** sammandrabbning; nappatag **6** småskog, snårskog, snår; ris **II** *tr* **1** borsta, borsta av; sopa; skrubba; ~ *away* stryka bort [~ *away a tear*]; ~ *aside* (*away*) bildl. avvisa, avfärda; ~ *off* a) borsta av (bort) b) fam. nobba, avspisa; ~ *up* borsta upp; snygga upp; friska upp [~ *up o.'s English*] **2** snudda vid **III** *itr* **1** ~ *against* (*by, past*) snudda vid **2** ~ *off* gå att borsta bort; ~ *off on* bildl. smitta av sig på

brush-off ['brʌʃɒf] *s* fam. avspisning; *give a p. the* ~ nobba (avspisa) ngn

brush-up ['brʌʃʌp] *s* uppsnyggning; uppfriskning; *give o.'s English a* ~ friska upp sin engelska; *have a wash and* ~ snygga till (upp) sig

brushwood ['brʌʃwʊd] *s* småskog, snårskog, snår; ris ss. bränsle

brush-work ['brʌʃwɜ:k] *s* penselföring

brusque [brʊsk, bru:sk] *a* burdus, brysk

Brussels ['brʌslz] Bryssel; attr. bryssel-; ~ *sprouts* ['brʌsl'sprauts] pl. brysselkål

brutal ['bru:tl] *a* brutal, rå

brutality [bru:'tælətɪ] *s* brutalitet, råhet

brutalize ['bru:təlaɪz] *tr* förråa; brutalisera

brute [bru:t] **I** *a* **1** om djur oskälig **2** djurisk; rå; ~ *force* rå styrka **II** *s* **1** oskäligt djur **2** brutal (rå) människa; fam. odjur, fä

brutish ['bru:tɪʃ] *a* djurisk, rå

B. Sc. ['bi:es'si:] förk. för *Bachelor of Science*

B.S.T. förk. för *British Standard* (*Summer*) *Time*

Bt. förk. för *Baronet*

bubble ['bʌbl] **I** *s* **1** bubbla; bubblande; ~ *bath* skumbad; *blow* ~*s* blåsa såpbubblor **2** bildl. luftbubbla; humbug **II** *itr* bubbla

bubble-and-squeak ['bʌblən'skwi:k] *s* uppstekt potatismos med kål o. d.

bubble-pack ['bʌblpæk] *s* blisterpack

bubbly ['bʌblɪ] *s* sl. champis, skum[pa]

bubonic [bjʊ'bɒnɪk] *a*, ~ *plague* böldpest

buccaneer [ˌbʌkə'nɪə] *s* sjörövare; äventyrare

Buchan ['bʌkən]

Bucharest [ˌbju:kə'rest, ˌbu:-] Bukarest

buck [bʌk] **I** *s* **1** bock, hanne av dovhjort, stenbock, antilop, hare, kanin m. fl. **2** *pass the* ~ sl. vältra över ansvaret **3** Am. sl. dollar; *a fast* ~ lättförtjänta pengar **II** *itr* o. *tr* **1** om häst hoppa med krökt rygg; stånga **2** ~ *up* fam. raska på; pigga upp [sig]

bucket ['bʌkɪt] *s* **1** pyts, ämbar, spann, hink; *a drop in the* ~ en droppe i havet; *kick the* ~ sl. kola av; *the rain was coming down in* ~*s* regnet öste ner **2** mudderskopa **3** ~ *seat* skålad sits i bil, flygplan o. d.

bucketful ['bʌkɪtfʊl] (pl. ~*s* el. *bucketsful*) *s* ss. mått spann, hink [*of* med]

bucket-shop ['bʌkɪtʃɒp] *s* jobbarbörs för spekulationsaffärer

Buckingham ['bʌkɪŋəm]

Buckinghamshire ['bʌkɪŋəmʃɪə, -ʃə]

buckle ['bʌkl] **I** *s* spänne, buckla **II** *tr* **1** spänna [*on* på; *up* ihop] **2** ~ *o.s. to* ta itu med **3** ~ [*up*] buckla [till], böja **III** *itr* **1** ~ *to* (*down*) hugga i, lägga manken till **2** ~ [*up*] böja (kröka, vika) sig, bågna

buckler ['bʌklə] *s* liten rund sköld

buckram ['bʌkrəm] *s* styv kanfas

Bucks. [bʌks] förk. för *Buckinghamshire*

buckshee ['bʌk'ʃi:] *a* o. *adv* sl. gratis

buckwheat ['bʌkwi:t] *s* bovete

bucolic [bjʊ'kɒlɪk] *a* idyllisk, pastoral [*a* ~ *scene*]; bukolisk, herde- [~ *poetry*]

bud [bʌd] **I** *s* knopp; *nip* [*a plot*] *in the* ~ kväva .. i sin linda **II** *itr* knoppas, slå ut

Budapest [ˌbju:də'pest, ˌbu:-]

Buddha ['bʊdə]

Buddhism ['bʊdɪzəm] *s* buddism

Buddhist ['bʊdɪst] *s* buddist

budding ['bʌdɪŋ] *a* knoppande; bildl. spirande, blivande

buddy ['bʌdɪ] *s* fam. kompis, polare

budge [bʌdʒ] **I** *itr* röra sig ur fläcken, flytta sig, vika äv. bildl. [*he wouldn't* ~ *an inch*] **II** *tr* röra ur fläcken

budgerigar ['bʌdʒərɪgɑ:] *s* undulat

budget ['bʌdʒɪt] **I** *s* budget; riksstat; ~ *plan* avbetalningssystem; ~ *price* ekonomipris **II** *itr* göra upp en budget

budgetary ['bʌdʒɪtərɪ] *a* budget[s]-, budgetär, statsfinansiell

budgie ['bʌdʒɪ] *s* fam. se *budgerigar*

Buenos Aires ['bwenəs'aɪərɪz]

buff [bʌf] **I** *s* **1** sämskskinn **2** polerverktyg; nagelpolerare **3** mattgul färg **4** fam. entusiast, fantast **5** fam., *in the* ~ spritt naken **II** *tr* polera med sämskskinn

buffalo ['bʌfələʊ] (pl. ~*es* el. lika) *s* buffel; bisonoxe

1 buffer ['bʌfə] *s* buffert; ~ *state* buffertstat

2 buffer ['bʌfə] *s* sl., *old* ~ gammal stofil

1 buffet ['bʌfɪt] **I** *s* knuff, stöt; bildl. slag, törn **II** *tr* slå [till], knuffa [omkring]; fara illa med; *be* ~*ed by* bli illa tilltygad av

2 buffet ['bʊfeɪ, Am. bə'feɪ] *s* **1** möbel buffé, skänk **2** buffé restaurang o. mål; ~ *car* järnv. serveringskupé, buffévagn

buffoon [bə'fu:n] **I** *s* pajas, gycklare; *play the* ~ spela pajas **II** *itr* spela pajas

buffoonery [bə'fu:nərɪ] *s* pajasfasoner

bug [bʌg] **I** *s* **1** vägglus **2** isht Am. [liten] insekt **3** fam. bacill **4** sl., *big* ~ pamp, högdjur **5** isht Am. sl. fluga, dille **6** Am. sl. entusiast [*a hi-fi* ~] **7** sl. dold mikrofon **8** fam. [fabrikations]fel, defekt **II** *tr* **1** sl. placera dolda mikrofoner i **2** isht Am. sl. tjata på

bugbear ['bʌgbeə] *s* buse, spöke; skrämbild; *that's my ~* det är min fasa

bugger ['bʌgə] **I** *s* **1** jur. sodomit **2** vulg. sate, jävel **3** vulg., *it's a ~* det är för jävligt **II** *tr* vulg. **1** *now you've ~ed it up!* nu jävlar har du soppat till det! **2** *~ it!* fan [också]!; ge fan i det! **3** *I'm ~ed if I know* det vete fan! **III** *itr* vulg., *~ about* larva omkring; *~ off* sticka [åt helvete]

buggery ['bʌgərɪ] *s* **1** jur. tidelag; sodomi **2** vulg., *like ~* som bara fan

bugging ['bʌgɪŋ] *s* sl. utplacering av dolda mikrofoner; *~ device* avlyssningsapparat

buggy ['bʌgɪ] *s* **1** lätt enspännare **2** Am. barnvagn

bugle ['bju:gl] *s* [jakt]horn; mil. signalhorn

build [bɪld] **I** (*built built*) *tr* bygga; uppföra, anlägga väg; forma, skapa; bildl. bygga, grunda; *be built that way* fam. vara skapt så; *he is heavily built* han är kraftigt byggd; *~ up* bygga upp **II** (för tema se *I*) *itr* **1** bygga **2** *~ up* hopa sig; stegras **III** *s* [kropps]byggnad; konstruktion; struktur

builder ['bɪldə] *s* byggare; byggmästare

building ['bɪldɪŋ] *s* byggande, byggnation, byggnad; hus

building-society ['bɪldɪŋsə,saɪətɪ] *s* hypotekskassa

build-up ['bɪldʌp] *s* **1** mil. uppladdning [*a ~ of forces*] **2** förhandsreklam **3** utbyggnad, utveckling **4** uppbyggande, stegring

built [bɪlt] imp. o. pp. av *build*

built-in ['bɪltɪn] *a* inbyggd [*~ aerial*] äv. friare; *~ wardrobe* [inbyggd] garderob

built-up ['bɪltʌp] *a* uppbyggd; [tät]bebyggd [*~ area*], utbyggd

bulb [bʌlb] *s* **1** [blom]lök **2** elektrisk [glöd]lampa; kula på termometer o. d.

bulbous ['bʌlbəs] *a* lökformig; tjock, uppsvälld

Bulgaria [bʌl'geərɪə, bu:l-] Bulgarien

Bulgarian [bʌl'geərɪən, bu:l-] **I** *s* **1** bulgar **2** bulgariska [språket] **II** *a* bulgarisk

bulg|e [bʌldʒ] **I** *s* **1** bula, buckla; utbuktning; rundning **2** uppgång; *the [birthrate] ~* fam. de stora årskullarna **II** *itr* bukta (svälla) ut, puta ut; *-ing eyes* utstående ögon; *-ing pockets* putande fickor

bulk [bʌlk] **I** *s* **1** volym; omfång, storlek, [stor] massa; *the ~* det mesta, huvuddelen, de flesta **2** skeppslast, bulklast; *in ~* i stora partier; i lös last (vikt); *by the ~* i klump **3** växt-, kost|fibrer; *~ food* fiberrik kost **II** *itr, ~ large* inta en framträdande plats

bulky ['bʌlkɪ] *a* skrymmande, klumpig

1 bull [bʊl] *s* [påve]bulla

2 bull [bʊl] *s* **1** tjur [*take the ~ by the horns*]; *like a ~ at a gate* buffligt; *like a ~ in a china shop* som en elefant i en porslinsbutik **2** han[n]e av elefant, val m. fl. **3** börs. haussespekulant; *~ market* hausse **4** sl. mil. skitspänst **5** sl. skit[prat], båg

bull-at-a-gate ['bʊlætə'geɪt] attr. *a* bufflig; *~ tactics* överrumplingstaktik

bull-baiting ['bʊl,beɪtɪŋ] *s* tjurhetsning

bulldog ['bʊldɒg] *s* bulldogg

bulldoze ['bʊldəʊz] *tr* **1** fam. tyrannisera, tvinga [*~ a p. into doing a th.*] **2** schakta

bulldozer ['bʊl,dəʊzə] *s* bulldozer, bandschaktare

bullet ['bʊlɪt] *s* kula till gevär o. d.; *get the ~* sl. få sparken

bulletheaded ['bʊlɪt,hedɪd] *a* rundhuvad

bulletin ['bʊlɪtɪn] *s* bulletin; rapport [*weather ~*]; *~ board* Am. anslagstavla

bulletproof ['bʊlɪtpru:f] *a* skottsäker

bullfight ['bʊlfaɪt] *s* tjurfäktning

bull-fighter ['bʊl,faɪtə] *s* tjurfäktare

bull-fighting ['bʊl,faɪtɪŋ] *s* tjurfäktning

bullfinch ['bʊlfɪntʃ] *s* zool. domherre

bullion ['bʊljən] *s* omyntat (oförarbetat) guld (silver); guld-, silver|tacka

bullock ['bʊlək] *s* stut, oxe

bullring ['bʊlrɪŋ] *s* tjurfäktningsarena

bull's-eye ['bʊlzaɪ] *s* skottavlas prick; fullträff äv. bildl.

bullshit ['bʊlʃɪt] *s* vulg. **1** skit[snack], båg **2** mil. skitspänst onödig rutin

bull-terrier ['bʊl'terɪə] *s* bullterrier

1 bully ['bʊlɪ] **I** *s* översittare, kaxe **II** *tr* mobba; spela översittare mot, tyrannisera, trakassera **III** *itr* domdera; spela översittare

2 bully ['bʊlɪ] *s, ~ [beef]* konserverat oxkött

bullying ['bʊlɪɪŋ] *s* pennalism, översitteri

bulrush ['bʊlrʌʃ] *s* bot. **1** säv **2** kaveldun

bulwark ['bʊlwək, -wɜ:k] *s* **1** bålverk äv. bildl. **2** *~[s]* sjö. brädgång, reling

bum [bʌm] **I** *s* **1** vulg. rumpa, ända **2** Am. fam. luffare; odåga; *be on the ~* fam. gå på luffen **II** *a* isht Am. sl. [ur]usel; falsk **III** *itr* Am. fam. **1** stryka omkring **2** snylta

bumble-bee ['bʌmblbi:] *s* humla

bumf [bʌmf] *s* sl. **1** dasspapper **2** tråkiga officiella papper o. d.: 'skit', 'smörja'

bump [bʌmp] **I** *s* **1** törn, stöt, duns **2** bula; knöl **3** ojämnhet på väg, gupp **4** flyg. luftgrop **II** *tr* **1** stöta, dunka, köra [*~ o.'s head on the ceiling*]; *~ a p. off* sl. skicka ngn vidare mörda ngn **2** Am., *~ up* driva upp pris o. d. **III** *itr* **1** stöta, dunsa, törna, köra; *I ~ed into him* äv. jag stötte ihop med honom **2** skumpa fram **3** *~ and grind* jucka och rotera med höfterna vid stripteasedans

bumper ['bʌmpə] *s* **1** stöt-, ko|fångare på bil **2** attr. jätte-, rekord- [*~ crop, ~ year*] **3** bräddfullt glas, bräddad bägare

bumpkin ['bʌmpkɪn] *s* tölp, bondlurk

bumptious ['bʌmpʃəs] *a* dryg, påstridig
bumpy ['bʌmpɪ] *a* om väg o. d. ojämn, guppig
bun [bʌn] *s* **1** bulle; *hot cross* ~ långfredagsbulle med kors; *take the* ~ sl. ta priset, vara först (värst) **2** [hår]knut
bunch [bʌntʃ] **I** *s* **1** klase [~ *of grapes*]; bukett [~ *of flowers*], knippa [~ *of keys*], bunt **2** fam. samling, hop; massa; *the best of the* ~ den bästa av hela bunten **II** *tr,* ~ [*up*] bunta ihop; drapera **III** *itr,* ~ [*up*] dra ihop sig
bundle ['bʌndl] **I** *s* **1** bunt, knyte, bylte, knippe; *a* ~ *of energy* ett energiknippe **2** sl. jättesumma [pengar]; *do* (*go*) *a* ~ *on* vara (bli) tokig i **II** *tr* **1** stuva, proppa [*into* in (ner) i]; ~ *up* bunta (samla) ihop **2** fösa, köra, skicka [~ *a p. away* (*off, out*)] **III** *itr,* ~ *away* (*off, out*) packa sig i väg; ~ *into* [*a car*] stuva in sig i . .
bung [bʌŋ] **I** *s* propp; tapp **II** *tr* **1** täppa igen [ofta ~ *up*]; ~ *up a p.'s eyes* sl. mura igen ögonen på ngn **2** sl. kasta, slänga
bungalow ['bʌŋgələʊ] *s* bungalow; enplansvilla
bungle ['bʌŋgl] **I** *tr* fuska bort, förfuska **II** *itr* fumla, klåpa **III** *s* fuskverk; klåperi
bungler ['bʌŋglə] *s* fuskare, klåpare
bunion ['bʌnjən] *s* öm inflammerad knöl på stortån
1 bunk [bʌŋk] *s* sl. kortform för *bunkum*
2 bunk [bʌŋk] *s* brits; sovhytt; ~ *bed* våningssäng
3 bunk [bʌŋk] sl. **I** *itr* smita, sjappa **II** *s, do a* ~ smita, sjappa
bunker ['bʌŋkə] **I** *s* **1** fartygs kolbox, oljetank **2** mil. bunker **3** golf. bunker **II** *itr* bunkra, ta in kol (olja)
bunkered ['bʌŋkəd] *a* golf. fast i bunker
bunkhouse ['bʌŋkhaʊs] *s* [sov]barack
bunkum ['bʌŋkəm] *s* floskler; humbug
bunny ['bʌnɪ] *s* **1** barnspr. kanin **2** ~ [*girl*] bunny nattklubbsvärdinna med kanindräkt
Bunsen ['bʌnsn] egennamn; ~ *burner* bunsenbrännare
bunting ['bʌntɪŋ] *s* flaggväv, koll. flaggor
Bunyan ['bʌnjən]
buoy [bɔɪ] **I** *s* sjö. **1** boj; prick **2** se *lifebuoy* **II** *tr* **1** sjö. pricka ut med boj[ar] **2** bildl., ~ [*up*] hålla uppe, bära upp; inge mod
buoyancy ['bɔɪənsɪ] *s* **1** flytförmåga; bärkraft; attr. flyt- [~ *garments*] **2** okuvlighet; friskt lynne **3** om pris o. d. tendens att stiga
buoyant ['bɔɪənt] *a* **1** som lätt flyter, flytande; ~ *mine* flytmina **2** elastisk, spänstig [*with a* ~ *step*]; om pers. livlig, glad[lynt]
B.U.P. ['bi:ju:'pi:] förk. för *British United Press*
bur [bɜ:] *s* taggfrukt; kardborre
burble ['bɜ:bl] *itr* klucka; fam. babbla, pladdra
burbot ['bɜ:bət] *s* zool. lake
burden ['bɜ:dn] **I** *s* **1** börda [*to, on* för], last; ansvar [*the main* ~]; *be a* ~ *to* [*the State*] ligga . . till last; *the* ~ *of proof* jur. bevisbördan; *beast of* ~ lastdjur **2** sjö. dräktighet **3** litt. omkväde, refräng **4** huvudtema i tal, bok o. d. **II** *tr* belasta, betunga
burdensome ['bɜ:dnsəm] *a* betungande
burdock ['bɜ:dɒk] *s* bot. kardborre
bureau ['bjʊərəʊ] (pl. ~*x* [-z] el. ~*s* [-z]) *s* **1** sekretär; skrivbord **2** ämbetsverk; byrå [*information* ~] **3** Am. byrå möbel
bureaucracy [bjʊə'rɒkrəsɪ] *s* byråkrati
bureaucrat ['bjʊərəʊkræt] *s* byråkrat
bureaucratic [ˌbjʊərəʊ'krætɪk] *a* byråkratisk
burg [bɜ:g] *s* Am. fam. [små]stad
burgeon ['bɜ:dʒən] poet. **I** *s* knopp **II** *itr* knoppas
burger ['bɜ:gə] *s* kok. fam. hamburgare; ss. efterled i sms. -burgare
burglar ['bɜ:glə] *s* inbrottstjuv; ~ *alarm* tjuvlarm
burglarize ['bɜ:gləraɪz] *itr* o. *tr* isht Am. = *burgle*
burglar-proof ['bɜ:gləpru:f] *a* stöldsäker, dyrkfri
burglary ['bɜ:glərɪ] *s* inbrott, inbrottsstöld
burgle ['bɜ:gl] *itr* o. *tr* göra inbrott [i]
Burgundy ['bɜ:gəndɪ] **I** Bourgogne, hist. Burgund **II** *s, b*~ bourgogne[vin]
burial ['berɪəl] *s* begravning
burial-ground ['berɪəlgraʊnd] *s* begravningsplats, kyrkogård
burial-service ['berɪəlˌsɜ:vɪs] *s* jordfästning
burke [bɜ:k] *tr* bildl. undvika, kringgå
burlesque [bɜ:'lesk] **I** *a* burlesk, farsartad **II** *s* burlesk pjäs, fars, spex; Am. äv. varieté ofta med striptease; parodi **III** *tr* parodiera
burly ['bɜ:lɪ] *a* kraftig, kraftigt byggd
Burma ['bɜ:mə]
Burmese ['bɜ:'mi:z] **I** (pl. lika) *s* burmes **II** *a* burmesisk
burn [bɜ:n] **I** (*burnt burnt,* äv. *burned burned*) *tr* bränna, förbränna; sveda, bränna vid; bränna (elda) upp; ~ *o.'s boats* (*bridges*) bränna sina skepp; ~ *the candle at both ends* bildl. bränna sitt ljus i båda ändarna; ~ *o.'s fingers* bränna fingrarna äv. bildl.; *have money to* ~ fam. ha pengar som gräs; *he is* ~*t out* bildl. han är utbränd; *the candle had* ~*t itself out* ljuset hade brunnit ner (ut) **II** (för tema se *I*) *itr* **1** brinna, brinna upp; lysa, glöda äv. bildl.; ~ *away* a) brinna [*the fire was* ~*ing away cheerfully*] b) brinna ner (upp) [*the candle had* ~*t away*]; ~ *down* brinna ner [till grunden]; ~ *out* brinna ut (slut); bildl. ta slut, ebba ut; ~ *up* a)

brinna upp b) flamma upp, ta sig **2** brännas vid; brännas **3** ~ *to* längta efter att **III** *s* **1** brännskada, brännsår **2** fam., *do a slow* ~ långsamt ilskna till

burner ['bɜ:nə] *s* brännare; låga på gasspis

burning ['bɜ:nɪŋ] **I** *a* brännande; brinnande, glödande; *a* ~ *question* en brännande (aktuell) fråga **II** *s* [för]bränning; *there is a smell of* ~ det luktar bränt

burning-glass ['bɜ:nɪŋglɑ:s] *s* brännglas

burnish ['bɜ:nɪʃ] **I** *tr* göra blank, blankskura, polera **II** *itr* bli blank **III** *s* glans

Burns [bɜ:nz]

burnsides ['bɜ:nsaɪdz] *s pl* Am. fam. polisonger

burnt [bɜ:nt] **I** imp. o. pp. av *burn* **II** *a* bränd [~ *almonds*]; ~ *offering* (*sacrifice*) brännoffer; ~ *sugar* brynt socker

burp [bɜ:p] fam. **I** *s* rapning **II** *itr* rapa

1 burr [bɜ:] *s* se *bur*

2 burr [bɜ:] **I** *tr* o. *itr* skorra; skorra på [~ *o.'s r's*] **II** *s* **1** skorrning **2** surr **3** kvist, ådring i trä **4** tandläk., slags borr

burrow ['bʌrəʊ] **I** *s* kanins m. fl. djurs håla, lya **II** *itr* **1** göra en håla **2** gräva ner sig **III** *tr* gräva; ~ *o.'s way* gräva sig fram (ner)

bursar ['bɜ:sə] *s* **1** skattmästare isht univ. **2** Skottl. univ. stipendiat **3** stipendium

burst [bɜ:st] **I** (*burst burst*) *itr* **1** brista, rämna, spricka; krevera; om knopp slå ut; om moln upplösa sig i regn; *he was* ~*ing* [*to tell us the news*] han höll på att spricka av iver.. **2** ~ *open* flyga upp [*the door* ~ *open*] **3** störta, komma störtande [*he* ~ *into the room*]; ~ *in* a) störta [sig] in b) avbryta; ~ *in upon* [plötsligt] komma (falla) över; avbryta; ~ *out* a) störta [sig] ut b) bryta ut (fram) c) brista [ut]; ~ *out laughing* brista i skratt; ~ *into flames* flamma upp, ta eld; ~ *into laughter* (*tears*) brista i skratt (gråt); ~ *into song* brista ut i sång; ~ *upon* kasta sig över **II** (*burst burst*) *tr* spränga [~ *a balloon*], spräcka; ~ *a tyre* få en ringexplosion; ~ *open* spränga, bryta upp **III** *s* **1** bristning **2** explosion; krevad; salva; ~ *of gunfire* skottsalva, eldskur **3** plötsligt utbrott, anfall [*a* ~ *of energy*]; storm [*a* ~ *of applause*]; ~ *of laughter* skrattsalva; *a* ~ *of speed* [en] spurt; *work in sudden* ~*s* arbeta ryckvis

bursting ['bɜ:stɪŋ] *s* bristande, sprängning, utbrott; ~ *point* bristningsgräns

burstproof ['bɜ:stpru:f] *a* krocksäker [~ *locks*]

bur|y ['berɪ] *tr* **1** begrava [~ *alive*] **2** gräva ner [~ *o.s. in the country*]; gömma

bus [bʌs] **I** (pl. ~*es* el. ~*ses*) *s* **1** buss; *miss the* ~ inte hinna med (missa) bussen; bildl. missa sin chans **2** sl. om bil o. flygplan kärra **3** Am., ~ *boy* a) diskplockare b) smörgåsnisse **II** *itr* fam. åka buss **III** *tr* fam. **1** transportera i buss; Am. skol. bussa **2** ~ *it* åka buss

busby ['bʌzbɪ] *s* mil. björnskinnsmössa

1 bush [bʊʃ] *s* **1** buske; busksnår; *the* ~ *telegraph* djungeltelegrafen; *beat about the* ~ gå som katten kring het gröt **2** ~ [*of hair*] kalufs **3** [räv]svans **4** vildmark

2 bush [bʊʃ] *s* tekn. hylsa; bussning

bush-baby ['bʊʃˌbeɪbɪ] *s* zool. öronmaki

bushel ['bʊʃl] *s* bushel rymdmått för spannmål o. d. = 8 *gallons* a) Engl. = 36,368 l. b) i USA = 35,238 l.; *hide o.'s light under a* ~ sätta sitt ljus under en skäppa

bushman ['bʊʃmən] *s* Afr. buschman

bushy ['bʊʃɪ] *a* buskig; yvig [*a* ~ *tail*]

business ['bɪznəs] *s* **1** (utan pl.) affär[er], affärsliv[et], affärsverksamhet; ~ *hours* affärstid, kontorstid; ~ *man* affärsman; ~ *management* driftsekonomi, företagsekonomi; ~ *reply card* postkort med betalt svar; *do a good stroke of* ~ göra en god affär; *go into* ~ bli affärsman; *on* ~ i affärer **2** (med pl. ~*es*) affär, [affärs]företag, firma **3** (med pl. ~*es*) bransch [*he is in the oil* ~ (*in show* ~)] **4** (utan pl.) uppgift, göra, sak; syssla; ärende [*I asked him his* ~]; [verkligt] arbete [~ *before pleasure*]; *combine* ~ *with pleasure* förena nytta med nöje; *I made it my* ~ *to* jag åtog mig att; *he means* ~ fam. han menar allvar; *no admittance except on* ~ obehöriga äger ej tillträde; *get down to* ~ ta itu med uppgiften o. d., komma till saken **5** (utan pl.) angelägenhet[er], sak; fam. svår sak [*he did not know what a* ~ *it was*]; fam. sak, historia, affär; *a bad* ~ en sorglig historia; *it's no* ~ *of yours, it's none of your* ~ det angår dig inte; *mind your own* ~*!* fam. sköt du ditt!; *send a p. about his* ~ köra bort ngn; *sick of the whole* ~ led på alltsammans; *like nobody's* ~ fam. som bara den

business-like ['bɪznɪslaɪk] *a* affärsmässig

businessman ['bɪznɪsmæn] *s* affärsman

busker ['bʌskə] *s* gatumusikant

busman ['bʌsmən] *s* busschaufför; ~*'s holiday* 'arbetssemester'

bussing ['bʌsɪŋ] *s* busstransport; Am. skol. bussning

bus-stop ['bʌsstɒp] *s* busshållplats

1 bust [bʌst] *s* **1** byst **2** bröst, barm **3** bystmått

2 bust [bʌst] sl. **I** (*bust bust*) *tr* **1** ~ *a p. on the nose* ge ngn en smocka **2** bryta [~ *an arm*]; spränga **3** ruinera **II** (*bust bust*) *itr* krevera; sprängas; göra konkurs **III** *a* bankrutt; *go* ~ a) gå sönder b) göra bankrutt

bustard ['bʌstəd] *s* trapp fågel

buster ['bʌstə] *s* isht Am. fam. **1** a) friskus b) i sms. -bomb [*block-buster*] **2** i tilltal hörru

1 bustle ['bʌsl] *s* hist. turnyr

2 bustle ['bʌsl] **I** *itr* jäkta, flänga, fjäska [~ *about*]; skynda sig **II** *tr* jaga, jäkta **III** *s* brådska, fläng, jäkt, liv, larm

bust-up ['bʌstʌp] *s* fam. häftigt gräl

busy ['bɪzɪ] **I** *a* **1** sysselsatt, upptagen; *be ~ packing* hålla på att packa; *get ~* sätta i gång; [*line*] ~ telef. upptaget **2** flitig, verksam; ~ *as a bee* flitig som en myra **3** ivrig, ständigt i farten **4** bråd [~ *season*]; ~ *street* livligt trafikerad gata **II** *tr, ~ o.s. with* (*in, about*) sysselsätta sig med

busybody ['bɪzɪˌbɒdɪ] *s* beskäftig människa, fjäsker

but [bʌt, bət] **I** *konj* **1** men, utan; dock; ~ *of course!* ja naturligtvis!; *not only .. ~* [*also*] inte bara .. utan också **2** (äv. *prep*) **a**) utom [*all* (*no one*) ~ *he*]; mer än, annat än [att] [*you have no choice ~ to marry her*]; om inte [*whom should he meet ~ me?*]; *all ~* [*unknown*] nästan .. **b**) ~ *for* [*that*] bortsett från ..; ~ *for you* om inte du vore (hade varit) **c**) ~ [*that* (*what* fam.)] utan att; att inte; som inte; om inte [*she would have fallen ~ that I caught her*]; *not ~ that* (*what* fam.) *he* .. inte för att han inte ..; *I don't doubt ~ that* jag tvivlar inte på att **d**) *first ~ one* (*two*) [som] tvåa (resp. trea); *the last ~ one* (*two*) den näst sista (resp. den näst näst sista, den tredje från slutet); *the next ~ one* den andra härifrån (i ordningen) **3** än [*who else ~ he could have done it?*] **4** litt. som inte [*there is none of them ~ would lay down his life for her*] **II** *adv* bara [*he is ~ a child*]; ~ *now* alldeles nyss **III** *s* men; aber

butane ['bju:teɪn] *s* butan[gas]

butch [butʃ] *s* sl. **1** karlakarl; snaggad tuffing **2** karlaktig kvinna; lesbisk kvinna

butcher ['butʃə] **I** *s* slaktare, bildl. äv. bödel; *the ~'s* [*shop*] köttaffären, slakteriaffären **II** *tr* **1** slakta brutalt **2** bildl. misshandla

butchery ['butʃərɪ] *s* **1** attr. slaktar-, slakteri- [~ *business*] **2** blodbad, massaker

butler ['bʌtlə] *s* hovmästare, förste betjänt

1 butt [bʌt] *s* tunna för regnvatten; stort öl-, vin|fat

2 butt [bʌt] **I** *s* **1** tjockända; handtag; [gevärs]kolv **2** cigarrstump; fimp; sl. cigarrett **II** *tr* isht Am. fimpa [~ *a cigarette*]

3 butt [bʌt] *s* skottavla äv. bildl.

4 butt [bʌt] *tr* o. *itr* **1** stöta [till] med huvud el. horn, knuffa, stånga[s] [*at, against* på, mot] **2** ~ *in* fam. blanda (lägga) sig i

butt-end ['bʌt'end] *s* **1** tjockända; [gevärs]kolv **2** rest, stump; isht Am. fimp

butter ['bʌtə] **I** *s* smör; *melted* (*drawn*) ~ skirat smör; *look as if ~ would not melt in o.'s mouth* se beskedlig (oskyldig) ut **II** *tr* **1** bre[da] smör på; jfr äv. *bread 1* ex. **2** ~ *up* fam. smickra, fjäska för

butter-bean ['bʌtəbi:n] *s* vaxböna; [torkad] limaböna

buttercup ['bʌtəkʌp] *s* smörblomma; ranunkel

butter-dish ['bʌtədɪʃ] *s* smörask

butterfingered ['bʌtəˌfɪŋgəd] *a* klumpig, fumlig, som lätt tappar saker (bollar etc.)

butterfingers ['bʌtəˌfɪŋgəz] (konstr. ss. sg.; pl. *butterfingers*) *s* klumpig (fumlig) person som lätt tappar saker (bollar etc.)

butterfly ['bʌtəflaɪ] *s* fjäril; ~ [*stroke*] fjärilsim

buttermilk ['bʌtəmɪlk] *s* kärnmjölk

butterscotch ['bʌtəskɒtʃ] *s* slags knäck

buttock ['bʌtək] *s* anat. skinka; pl. ~*s* äv. bak[del], ända

button ['bʌtn] **I** *s* **1** knapp **2** knopp **II** *tr, ~ up* knäppa ihop **III** *itr, ~* [*up*] [kunna] knäppas [med knappar], gå att knäppa

buttonhole ['bʌtnhəul] **I** *s* **1** knapphål **2** fam. knapphålsblomma **II** *tr* **1** förse med knapphål **2** hejda och uppehålla med prat

buttons ['bʌtnz] (konstr. ss. sg.; pl. *buttons*) *s* fam. pickolo

buttress ['bʌtrəs] **I** *s* strävpelare, stöd; stöttepelare [*the ~es of society*] **II** *tr* förse med strävpelare, stödja [bildl. äv. ~ *up*]

buxom ['bʌksəm] *a* mest om kvinna frodig, mullig

buy [baɪ] **I** (*bought bought*) *tr* o. *itr* köpa; ~ *a p. a drink* bjuda ngn på en drink; *he bought it* fam. han gick 'på det; *he won't ~ it* fam. a) han tror inte på det b) han går inte med på det; *I'll ~ it* fam. ung. ut med det!; det går jag med på; ~ *off* friköpa, lösa ut; köpa sig fri från; ~ *out* lösa (köpa) ut **II** *s* fam. köp; *it's a good ~* äv. det är en god affär

buyer ['baɪə] *s* köpare, spekulant; firmas inköpare; ~*s' resistance* köpmotstånd

buzz [bʌz] **I** *s* **1** surr[ande] av insekt el. maskin **2** sorl **3** fam., *give a p. a ~* slå en signal till ngn **II** *itr* **1** surra **2** sorla, mumla **3** sl., ~ [*off*] sticka, dunsta **4** ~ *off* fam. ringa av **III** *tr* **1** surra med [*the fly ~ed its wings*] **2** fam. slunga [~ *stones*] **3** fam. slå en signal till, ringa upp **4** flyg. sl. flyga tätt intill, preja

buzzard ['bʌzəd] *s* zool. vråk, isht ormvråk

buzzer ['bʌzə] *s* **1** ångvissla **2** elektr. o. d. summer; fam. a) ringklocka b) telefon

buzz-saw ['bʌzsɔ:] *s* cirkelsåg

buzz-word ['bʌzwɜ:d] *s* slagord

by [baɪ] **I** *prep* (se äv. resp. huvudord) **1** uttr. befintl.: vid, bredvid, vid sidan av, hos [*come and sit ~ me*]; i adress per; ~ *land and sea* till lands och sjöss; *North ~ East* nord till ost, mellan N och NNO; ~ *itself* ensamt, jfr *3* nedan; ~ *o.s.* ensam, för sig själv, jfr *3* nedan; *it's nice to have it ~ you* det är skönt att ha det till hands **2** uttr. riktning el. rörelse:

a) till, intill [*come here ~ me*] **b**) längs, utmed, utefter; förbi [*he went ~ me*]; genom [*enter ~ a side door*]; över, via [*~ Paris*]; *travel ~ land* resa till lands; *~ the way* el. *~ the by* (*bye*) i förbigående [sagt], apropå; förresten **3** uttr. medel el. orsak: med, genom [*send ~ post; he had two sons ~ her*]; vid, i [*lead ~ the hand*]; på [*live ~ o.'s pen*]; *~ itself* av sig själv; *~ o.s.* själv, på egen hand, utan hjälp; *multiply ~ six* multiplicera med sex **4** i tidsuttryck: **a**) till, senast klockan, senast [om], strax före [*I must be home ~ six*]; vid, mot, i [*~ the end of the day*]; *~ this time tomorrow* i morgon så här dags **b**) om, under; *~ night* om natten, nattetid **c**) per; *~ the hour* i timmen, per timme **d**) *day ~ day* dag för dag **e**) *miss the train ~ two minutes* komma två minuter för sent till tåget **5** i agenten: av [*a portrait ~ Watts*] **6** i måttsuttryck: **a**) *longer ~ two metres* två meter längre; *the price rose ~ ten per cent* priset steg [med] 10% **b**) i, per, efter; *sell ~ retail* sälja i minut; *~ weight* efter vikt **c**) *three metres long ~ four metres broad* tre meter lång och fyra meter bred **d**) efter, för, och; *bit ~ bit* bit för bit; *little ~ little* så småningom; *one ~ one* en och (efter) en **7** uttr. överensstämmelse: enligt, efter, [att döma] av [*~ his accent; ~ my watch*]; *it's OK ~ me* gärna för mig; *~ request* på begäran; *~ rights* med rätta **8** uttr. förhållande: **a**) mot, gentemot [*he did his duty ~ his parents*] **b**) till [*a lawyer ~ profession*], genom; *Brown ~ name* vid namn Brown; *go ~ the name of* gå under namnet; *know ~ sight* känna till utseendet **II** *adv* (se äv. resp. huvudord) **1** i närheten, bredvid, intill [*close* (*hard, near*) *~*] **2** förbi [*pass ~*]; *the years went ~* åren gick **3** undan, av, i reserv [*put* (*lay*) *money ~*]; åt sidan, ifrån sig [*he put his tools ~*] **4** *~ and ~* så småningom, längre fram, [litet] senare **5** *~ and large* i stort sett, på det hela taget **III** *a* se *bye I* **IV** *s*, *by the ~* i förbigående [sagt], apropå

bye [baɪ] **I** *a* **1** bi-, sido- [*~ road*] **2** avsides belägen **II** *s*, *by the ~* se *by IV*

1 bye-bye ['baɪ'baɪ] *interj* fam. ajö, ajö!, hej, hej!

2 bye-bye ['baɪbaɪ] *s* barnspr., *now you are going to ~*[*s*] nu ska du sussa

bye-law se *by-law*

by-election ['baɪɪˌlekʃən] *s* fyllnadsval

bygone ['baɪgɒn] **I** *a* [för]gången, svunnen **II** *s*, *let ~s be ~s* låta det skedda vara glömt; glömma och förlåta

by-law ['baɪlɔː] *s* lokal myndighets, bolags o. d. reglemente, förordning, stadga

by-pass ['baɪpɑːs] **I** *s*, *~* [*road*] förbifartsled, omfartsled **II** *tr* gå (leda) förbi; kringgå

by-path ['baɪpɑːθ] *s* biväg

byplay ['baɪpleɪ] *s* teat. stumt spel av birollsinnehavare; bildl. bihandling

by-product ['baɪˌprɒdʌkt] *s* biprodukt

Byron ['baɪərən]

Byronic [baɪ'rɒnɪk] *a* byronsk

bystander ['baɪˌstændə] *s* åskådare

by-way ['baɪweɪ] *s* **1** biväg, avväg **2** bildl. outforskat område [*~s of history*]

byword ['baɪwɜːd] *s* **1** *the place was a ~ for iniquity* platsen var ökänd för sin syndfullhet **2** ordstäv; favorituttryck

Byzantine [bɪ'zæntaɪn, baɪ'z-] **I** *s* bysantin **II** *a* bysantinsk

Byzantium [bɪ'zæntɪəm, baɪ'z-] Bysans

C

C, c [siː] (pl. *C's, c's* [siːz]) *s* C,c; *C flat* mus. cess; *C sharp* mus. ciss

C förk. för *carbon*

C. förk. för *Celsius, Centigrade, Centum* (lat. = *a hundred*), *Conservative*

C 3 ['siː'θriː] *a* **1** tillhörande lägsta klassen av vapenföra värnpliktiga **2** undermålig

c. förk. för *cent*[*s*], *century, circa, cubic*

ca. förk. för *circa*

cab [kæb] *s* **1** taxi[bil], hyrbil; förr [häst]droska **2** förarhytt i lok, buss o. d.

cabaret ['kæbəreɪ] *s*, *~* [*show*] kabaré

cabbage ['kæbɪdʒ] *s* **1** kål, isht vitkål; kålhuvud **2** fam. kolli, paket gm sjukdom o. d. helt hjälplös person

cabby ['kæbɪ] *s* fam. se *cab-driver*

cab-driver ['kæbˌdraɪvə] *s* [taxi]chaufför

cabin ['kæbɪn] *s* **1** stuga, koja; hytt **2** sjö. hytt; kajuta **3** flyg. kabin

cabin-boy ['kæbɪnbɔɪ] *s* sjö. hyttuppassare

cabin-cruiser ['kæbɪnˌkruːzə] *s* motorkryssare

cabinet ['kæbɪnət] *s* **1** skåp med lådor el. hyllor; badrumsskåp, förvaringsskåp, vitrinskåp; skrin; låda, hölje på TV el. radio; *filing ~* dokumentskåp **2** pol. kabinett, ministär; *~ crisis* regeringskris; *~ minister* kabinettsminister, statsråd; *shadow ~* skuggkabinett

cabinet-maker ['kæbɪnətˌmeɪkə] *s* möbel-, fin|snickare

cable ['keɪbl] **I** *s* **1** kabel; vajer **2** ankar|tåg, -kätting **3** längdmått kabellängd **4** telegr., elektr. [undervattens-, jord]kabel, ledning **5** [kabel]telegram [*~ address*] **II** *tr* telegrafera [till], kabla

cablecast ['keɪblkɑːst] **I** (*cablecast cablecast*) *tr* sända i (via) kabel-TV **II** *s* sändning

i (via) kabel-TV
cablegram ['keɪblgræm] *s* kabeltelegram
cable-railway ['keɪblˌreɪlweɪ] *s* linbana
cabman ['kæbmən] *s* [taxi]chaufför
caboodle [kə'bu:dl] *s* sl., *the whole* ~ hela klabbet
cab-rank ['kæbræŋk] *s* taxihållplats; rad väntande taxibilar
cab stand ['kæbstænd] *s* Am. = *cab-rank*
ca'canny [kɔ:'kænɪ, kɑ:-] *s* maskning som kampmetod vid arbetskonflikt
cache [kæʃ] *s* gömställe
cachet ['kæʃeɪ] *s* [äkthets]stämpel, prägel; status
cachou ['kæʃu:] *s* kasju[pastill] mot dålig andedräkt
cackle ['kækl] **I** *itr* **1** kackla **2** pladdra, kackla **3** skrocka **II** *s* **1** kackel, kacklande **2** pladder, kacklande; *cut the* ~*!* sl. håll babblan! **3** flatskratt
cacophonous [kæ'kɒfənəs] *a* illalåtande; kakofonisk
cacophony [kæ'kɒfənɪ] *s* missljud; kakofoni
cact|us ['kækt|əs] (pl. *-uses* el. *-i* [-aɪ]) *s* kaktus
cad [kæd] *s* fam. bracka; knöl
cadaverous [kə'dævərəs] *a* lik-; likblek
caddie ['kædɪ] *s* golf. caddie
caddish ['kædɪʃ] *a* fam. tarvlig, simpel; brackig; lymmel-, knöl|aktig
1 caddy ['kædɪ] *s* te|burk, -dosa, -skrin
2 caddy ['kædɪ] *s* = *caddie*
cadence ['keɪdəns] *s* **1** rytm; takt **2** tonfall **3** mus. kadens
cadenza [kə'denzə] *s* mus. kadens
cadet [kə'det] *s* **1** kadett **2** aspirant
cadge [kædʒ] **I** *itr* snylta; tigga **II** *tr* snylta till sig, tigga sig till
cadger ['kædʒə] *s* snyltare, snyltgäst
Cadillac ['kædɪlæk]
cadmium ['kædmɪəm] *s* kem. kadmium
cadre ['kɑ:də, 'kɑ:drə; i pl. 'kɑ:dəz, -drə] *s* **1** kader **2** bildl. stomme, kärna
Caesar ['si:zə] **I** egennamn **II** *s* kejsare
Caesarean el. **Caesarian** [sɪ'zeərɪən] *a* cesarisk, kejserlig; ~ *section* (*operation*) läk. kejsarsnitt
caesium ['si:zjəm] *s* kem. cesium
caesura [sɪ'zjʊərə] *s* metr. cesur
c.a.f. förk. för *cost and freight*
café ['kæfeɪ, 'kæfɪ] *s* kafé; konditori med servering; [liten] restaurang
café-au-lait ['kæfeɪəʊ'leɪ, 'kæfɪ-] *s* café au lait, kaffe med mjölk
cafeteria [ˌkæfə'tɪərɪə] *s* cafeteria
caffeine ['kæfi:n, -feɪn] *s* koffein
caftan ['kæftən, -tæn] *s* österländsk kaftan
cage [keɪdʒ] **I** *s* **1** bur **2** hisskorg; gruv. uppfordringskorg, hiss **3** sport. korg; [mål]-bur **II** *tr* sätta i bur; spärra in; *a* ~*d bird* en fågel i bur
cagey ['keɪdʒɪ] *a* fam. **1** förtegen, förbehållsam **2** på sin vakt, misstänksam
cahoot [kə'hu:t] *s*, *be in* ~*s with* vara i maskopi med
Cain [keɪn] Kain; *raise* ~ se under *raise I 6*
cairn [keən] *s* stenkummel, röse
Cairo [i Egypten 'kaɪərəʊ]
caisson ['keɪsən] *s* **1** vattenbyggn. kassun; brokista, stenkista **2** mil. ammunitionsvagn; ammunitionskista
cajole [kə'dʒəʊl] *tr* lirka med, använda lämpor med; ~ *a p. into* (*out of*) *doing a th.* [försöka] förmå ngn att (att inte) göra ngt
cajolery [kə'dʒəʊlərɪ] *s* lämpor, mild övertalning
cake [keɪk] **I** *s* **1** tårta, mjuk kaka t. ex. sockerkaka; bakelse; ~*s and ale* gammaldags festande; *sell like hot* ~*s* gå åt som smör [i solsken]; *a piece of* ~ sl. en enkel match; *take the* ~ fam. ta [första] priset, vara nummer ett; *you cannot have your* ~ *and eat it* (*eat your* ~ *and have it*) ordspr. man kan inte både äta kakan och ha den kvar **2** platt bulle, plätt, krokett [*fish* ~, *potato* ~] **3** *a* ~ *of soap* en tvål[bit] **II** *itr* baka ihop sig **III** *tr* forma till en kaka; *shoes* ~*d with mud* leriga skor
calabash ['kæləbæʃ] *s* **1** kalebass[pumpa], flaskkurbits; kalebassträd **2** kalebass, kalebass|flaska, -pipa
calamitous [kə'læmətəs] *a* olycklig, olycksbringande
calamity [kə'læmətɪ] *s* olycka, katastrof
calcify ['kælsɪfaɪ] **I** *tr* förkalka **II** *itr* förkalkas
calcium ['kælsɪəm] *s* kalcium
calculable ['kælkjʊləbl] *a* beräknelig, som kan beräknas
calculate ['kælkjʊleɪt] **I** *tr* beräkna, kalkylera, räkna ut **II** *itr* **1** räkna äv. på maskin **2** ~ [*up*]*on* räkna med **3** Am. tro, förmoda
calculated ['kælkjʊleɪtɪd] *pp* o. *a* beräknad, avsedd; *a* ~ *insult* en avsiktlig förolämpning; *a* ~ *risk* en kalkylerad risk
calculating ['kælkjʊleɪtɪŋ] *a* beräknande; ~ *machine* räknemaskin
calculation [ˌkælkjʊ'leɪʃən] *s* beräkning, uträkning, kalkyl
calculator ['kælkjʊleɪtə] *s* **1** [be]räknare **2** räknemaskin, kalkylator **3** räknetabell[er]
calcul|us ['kælkjʊl|əs] (pl. *-uses* el. *-i* [-aɪ]) *s* **1** läk. sten, grus **2** mat. kalkyl [*differential* ~]
Caledonia [ˌkælɪ'dəʊnjə] poet. Kaledonien Skottland
calendar ['kæləndə] *s* **1** kalender, tideräkning **2** almanack[a]; kalender [~ *month*] **3** datumvisare på klocka **4** univ. katalog
calender ['kæləndə] **I** *s* **1** mangel **2** sa-

tineringsmaskin för papper **II** *tr* **1** mangla **2** satinera

1 cal|f [kɑ:f] (pl. *-ves*) *s* vad kroppsdel

2 cal|f [kɑ:f] (pl. *-ves*) *s* **1** kalv **2** unge av elefant, säl, val m. fl. **3** kalvläder, kalvskinn

calf-bound [ˈkɑ:fbaund] *a* bunden i kalvskinn (franskt band)

calf-love [ˈkɑ:flʌv] *s* ungdomsförälskelse

caliber [ˈkælɪbə] *s* isht Am., se *calibre*

calibrate [ˈkælɪbreɪt] *tr* kalibrera; avväga

calibration [ˌkælɪˈbreɪʃən] *s* **1** kalibrering **2** koll., uppsättning av gradstreck på skala

calibre [ˈkælɪbə] *s* kaliber

calico [ˈkælɪkəu] (pl. *~es* el. *~s*) *s* kalikå; kattun

Calif förk. för *California*

California [ˌkælɪˈfɔ:njə] Kalifornien

Caligula [kəˈlɪgjulə]

caliph [ˈkælɪf, ˈkeɪl-] *s* kalif

caliphate [ˈkælɪfeɪt] *s* kalifat

call [kɔ:l] **I** *tr* (m. adv. se *III*) **1** kalla [för], benämna; uppkalla [*after*]; *~ a p. names* kasta glåpord efter ngn; *be ~ed* heta, kallas [för]; *we'll ~ it five pounds* fam. låt gå för (vi säger väl) fem pund **2** kalla [på], ropa på, ropa in, kalla in, tillkalla, larma [*~ the police*]; anropa; isht Am. telefonera, ringa [till]; *~ attention to* fästa uppmärksamheten på **3** utropa, ropa upp; *~ a strike* proklamera strejk **4** väcka **5** om Gud, plikt o. d. bjuda, kalla **6** kortsp. a) bjuda b) syna
II *itr* (m. adv. se *III*) **1** ropa [*to* åt]; *~ for* a) ropa på (efter), ropa in aktör o. d. b) be om; efterlysa c) mana till; påkalla, kräva, [er]fordra; *~ upon* (*on*) påkalla, ta i anspråk; vända sig till, uppfordra, uppmana, anmoda [*~ upon a p. to do a th.*]; *feel ~ed upon to* känna sig manad (uppfordrad) att **2** göra visit, komma på besök, hälsa ˈpå; *~ at* besöka, titta in på (till); om tåg o. d. stanna vid; *~ for* [komma och] hämta, fråga efter; *~ on* (*upon*) hälsa ˈpå, besöka **3** telefonera, ringa [*for* efter] **4** kortsp. a) bjuda b) syna
III *tr* o. *itr* med adv.: *~* **back:** a) ropa tillbaka b) återkalla c) telef. ringa upp igen; ringa [upp] senare; *~* **forth:** a) framkalla, locka (mana) fram b) uppbjuda, samla [*~ forth all your energy*]; *~* **in:** a) kalla (ropa) in b) inkalla, tillkalla, anlita c) dra in [*~ in bank-notes*] d) titta in till ngn; *~* **off:** a) dra bort, avleda [*~ off a p.'s attention*] b) inställa, avlysa [*~ off a meeting*], avblåsa [*~ off a strike*] c) bryta [*the engagement has been ~ed off*] d) ropa tillbaka [*~ your dog off!*]; *~* **out:** a) kalla ut b) kalla in, uppbåda, kommendera ut [*~ out a large force of police*], larma c) framkalla, ta fram [*~ out the best in* (hos) *a p.*] d) ropa ut, ropa upp [*~ out the winners*] e) beordra att strejka, ta ut i strejk [*~ out the metal workers*] f) [ut]ropa, skrika ˈtill; *~* **over** ropa upp; *~* **up:** a) kalla fram (upp) b) frammana, framkalla; återkalla [i minnet] [*~ up scenes of childhood*]; väcka c) telef. ringa upp [*my brother ~ed me up*] d) mil. inkalla
IV *s* **1** rop; *~ for help* rop på hjälp **2** läte, lockton, lockrop **3** anrop äv. radio.; signal; påringning; telefonsamtal **4** upprop; mil. appell **5** kallelse äv. inre; maning, uppfordran, bud; inkallelse; inropning av aktör o. d.; bildl. röst; *he feels the ~ of the sea* han känner sig dragen till sjön; *on ~* i beredskap; *within ~* inom hörhåll (räckhåll) **6** krav, fordran, anspråk [*for* på], rätt; *have the first ~ on* ha företrädesrätt till **7** skäl, anledning [*there is no ~ for you to worry*] **8** hand. efterfrågan [*for* på] **9** besök, visit; *port* (*place*) *of ~* anlöpningshamn **10** kortsp. a) bud b) syn

call-box [ˈkɔ:lbɒks] *s* **1** telefonhytt, telefonkiosk **2** [polis]larmskåp

call-boy [ˈkɔ:lbɔɪ] *s* **1** ung. inspicient som förvarnar om scenentré **2** Am. pickolo

caller [ˈkɔ:lə] *s* besökande, besökare

call-girl [ˈkɔ:lgɜ:l] *s* callgirl

calligraphy [kəˈlɪgrəfɪ] *s* **1** kalligrafi, skön|skrift, -skrivningskonst **2** vacker [hand]stil

call-in [ˈkɔ:lɪn] *s* isht Am. radio. o. TV. telefonväktarprogram

calling [ˈkɔ:lɪŋ] *s* **1** [levnads]kall, yrke **2** skrå, klass

calling-up [ˈkɔ:lɪŋˈʌp] *s*, *~ notice* mil. inkallelseorder

callipers [ˈkælɪpəz] *s pl* krum|cirkel, -passare

callisthenics [ˌkælɪsˈθenɪks] (konstr. ss. sg. el. pl.) *s* slags plastisk gymnastik, plastik

callous [ˈkæləs] *a* **1** valkig **2** känslolös; [känslo]kall

call-over [ˈkɔ:lˌəuvə] *s* [namn]upprop

callow [ˈkæləu] *a* **1** fjäderlös, ofjädrad **2** bildl. omogen, oerfaren, grön [*a ~ youth*]

call-up [ˈkɔ:lʌp] *s* mil. inkallelse

callus [ˈkæləs] *s* valk, kallus

calm [kɑ:m] **I** *a* **1** lugn, stilla, ostörd **2** fam. ogenerad, fräck **II** *s* lugn, stillhet; vindstilla, stiltje **III** *tr* lugna, stilla; *~ a p. down* lugna [ner] ngn **IV** *itr, ~ down* lugna sig

caloric [kəˈlɒrɪk] *s* fys. värme

calorie [ˈkælərɪ] *s* kalori

calumny [ˈkæləmnɪ] *s* förtal, smädelse

Calvary [ˈkælvərɪ] Golgata

calve [kɑ:v] *itr* o. *tr* kalva

1 calves [kɑ:vz] *s* pl. av *1 calf*

2 calves [kɑ:vz] *s* pl. av *2 calf*

calypso [kəˈlɪpsəu] *s* mus. calypso

cam [kæm] *s* mek. [excenter]kam

camaraderie [ˌkæməˈrɑ:dərɪ] *s* kamaraderi, kamratskap, kamratanda

camber [ˈkæmbə] **I** *s* lätt välvning, dosering

av väg o. d., buktning; bil. camber **II** *tr* göra krum, lätt svänga uppåt, dosera
Cambodia [kæm'bəʊdjə] Cambodja
Cambrian ['kæmbrɪən] *a* isht geol. kambrisk; walesisk
cambric ['keɪmbrɪk] *s* kambrik, batist
Cambridge ['keɪmbrɪdʒ] egennamn; ~ [*University*] det ena av Englands två äldsta universitet
Cambridgeshire ['keɪmbrɪdʒʃɪə, -ʃə]
Cambs. [kæm*bz*] förk. för *Cambridgeshire*
came [keɪm] imp. av *come*
camel ['kæm*ə*l] *s* kamel
camellia [kə'mi:ljə, -'mel-] *s* bot. kamelia
Camembert ['kæməmbeə] *s* camembert[-ost]
cameo ['kæmɪəʊ] *s* **1** kamé **2** karaktärsstudie
camera ['kæm*ə*rə] *s* kamera
camera-man ['kæm*ə*rəmæn] *s* kameraman, fotograf
Cameroon ['kæməru:n] Kamerun republiken
cami-knickers [ˌkæmɪ'nɪkəz] *s pl* combination underplagg
camisole ['kæmɪsəʊl] *s* blusskyddare
camomile ['kæmə*ʊ*maɪl] *s* bot. kamomill
camouflage ['kæmʊflɑ:ʒ] **I** *s* camouflage, maskering **II** *tr* camouflera, maskera
1 camp [kæmp] **I** *s* **1** läger äv. bildl.; koloni [*summer* ~]; *pitch a* ~ slå läger **2** åld. här [i fält] **II** *itr* **1** slå läger; ligga i läger; tälta, campa; ~ *out* bo i tält, campa; *go* ~*ing* åka ut och campa **2** fam. kampera; slå sig ned
2 camp [kæmp] *s* 'camp' något banalt som uppfattas som estetiskt tilltalande
campaign [kæm'peɪn] **I** *s* kampanj; fälttåg **II** *itr* delta i (organisera) en kampanj
campaigner [kæm'peɪnə] *s* **1** förkämpe **2** *old* ~ veteran
campanula [kəm'pænjʊlə] *s* klockblomma, campanula
camp-bed ['kæmp'bed] *s* fält-, tält|säng
Campbell ['kæmbl]
camp-chair ['kæmp'tʃeə] *s* fällstol med ryggstöd
camper ['kæmpə] *s* campare
camphor ['kæmfə] *s* kamfer; ~ *ball* malkula
camping ['kæmpɪŋ] *s* camping, lägerliv
camping-ground ['kæmpɪŋgraʊnd] *s* o. **camping-site** ['kæmpɪŋsaɪt] *s* campingplats
campsite ['kæmpsaɪt] *s* lägerplats
camp-stool ['kæmpstu:l] *s* liten fällstol
campus ['kæmpəs] *s* **1** collegeområde, campus **2** college, universitet **3** universitetsvärld
camshaft ['kæmʃɑ:ft] *s* mek. kamaxel, excenteraxel

1 can [kæn, kən] (nek. *cannot, can't*; imp. *could* jfr d. o.) *hjälpvb* pres. **1** kan **2** kan [få], får
2 can [kæn] **I** *s* kanna; burk [*a* ~ *of peaches*]; dunk [*petrol* ~]; ~ *of worms* se *worm I 1*; *carry the* ~, *take the* ~ *back* fam. bära hundhuvudet **II** *tr* lägga in, konservera
Canada ['kænədə]
Canadian [kə'neɪdjən] **I** *a* kanadensisk **II** *s* kanadensare
canal [kə'næl] *s* grävd kanal
canalize ['kænəlaɪz] *tr* kanalisera
canapé ['kænəpeɪ] *s* kanapé, sandwich
canard [kæ'nɑ:d] *s* (fr.) [tidnings]anka
canary [kə'neərɪ] *s* **1** *the Canaries* Kanarieöarna **2** kanariefågel
canasta [kə'næstə] *s* kortsp. canasta
Canberra ['kænb*ə*rə]
cancan ['kænkæn] *s* (fr.) cancan dans
cancel ['kæns*ə*l] **I** *tr* **1** stryka över, korsa över; stämpla [över] [~ *stamps*] **2** annullera; förklara ogiltig; upphäva; återkalla [~ *a command*]; inställa; avbeställa [~ *an order*]; lämna återbud till [~ *an engagement*] **3** mat. eliminera **4** neutralisera, motverka **II** *itr,* ~ *out* upphäva (ta ut) varandra
cancellation [ˌkænsə'leɪʃ*ə*n] *s* **1** a) överstrykning etc., jfr *cancel I 1* b) stämpel **2** annullering etc., jfr *cancel I 2*
cancer ['kænsə] *s* **1** läk. cancer; bildl. kräftsvulst **2** astr., *C*~ Kräftan; *the Tropic of C*~ Kräftans vändkrets
cancerous ['kæns*ə*rəs] *a* cancer-, cancerartad; bildl. kräft- [*a* ~ *growth* (svulst)]
candela [kæn'di:lə, 'kændələ] *s* fys. candela, cd måttenhet för ljusstyrka
candelabra [ˌkændɪ'lɑ:brə] *s* o. **candelabr|um** [ˌkændɪ'lɑ:br|əm] (pl. *-a* [-ə] el. *-ums*) *s* kandelaber
candid ['kændɪd] *a* öppen, uppriktig; ~ *camera* dold kamera; *to be quite* ~ om jag ska vara riktigt ärlig
candidacy ['kændɪdəsɪ] *s* = *candidature*
candidate ['kændɪdət] *s* kandidat, sökande
candidature ['kændɪdətʃə] *s* kandidatur
candied ['kændɪd] *a* kanderad [~ *fruit*]; ~ *peel* kok. suckat
candle ['kændl] *s* ljus av stearin, talg, vax o. d.; levande ljus; *burn the* ~ *at both ends* bränna sitt ljus i båda ändarna; *he can't hold a* ~ *to* han kan inte på långt när mäta sig med; *the game is not worth the* ~ det är inte värt krutet (mödan)
candle-grease ['kændlgri:s] *s* stearin
candlelight ['kændllaɪt] *s* levande ljus; eldsljus [*by* (vid) ~]
candlestick ['kændlstɪk] *s* ljusstake
candour ['kændə] *s* uppriktighet, öppenhet
candy ['kændɪ] **I** *s* kandisocker; Am. äv. karamell[er], konfekt, godis; ~ *store* Am.

gottaffär **II** *tr* kandera
candy-floss ['kændɪflɒs] *s* sockervadd
cane [keɪn] **I** *s* **1** rör; sockerrör **2** [spatser]-käpp, spanskrör **3** rotting [~ *furniture*]; spö; *get the* ~ få smaka rottingen **II** *tr* prygla, klå upp, piska
cane-chair ['keɪntʃeə] *s* rottingstol
cane-sugar ['keɪnˌʃʊgə] *s* rörsocker
canine ['keɪnaɪn, 'kænaɪn] **I** *a* **1** hund- **2** ~ *teeth* hörn-, ögon|tänder **II** *s* hörn-, ögon|-tand
caning ['keɪnɪŋ] *s* prygel, stryk
canister ['kænɪstə] *s* kanister; bleck|dosa, -burk; cylindrisk behållare
canker ['kæŋkə] **I** *s* **1** bot. [lövträds]kräfta; rost **2** bildl. kräfta, frätande ont **II** *tr* o. *itr* **1** fräta[s] [upp] **2** bildl. fräta[s] sönder
cankerous ['kæŋkərəs] *a* frätande; kräft-artad
cannabis ['kænəbɪs] *s* cannabis
canned [kænd] *a* **1** konserverad [~ *beef*], på burk [~ *peas*]; ~ *food* burkmat; ~ *goods* konserver; ~ *music* fam. burkad in-spelad musik **2** sl. packad berusad
cannery ['kænərɪ] *s* konservfabrik
cannibal ['kænɪbəl] *s* kannibal
cannibalism ['kænɪbəlɪzəm] *s* kannibalism
cannibalize ['kænɪbəlaɪz] *tr* bildl. slakta [~ *a car*]
cannon ['kænən] (pl. ~*s* el. lika) *s* **1** kanon; koll. artilleri **2** automatkanon i flygplan
cannonade [ˌkænə'neɪd] *s* kanonad
cannon-ball ['kænənbɔ:l] *s* **1** kanonkula **2** i tennis o. d., ~ [*service*] kanon[serve]
cannon-fodder ['kænənˌfɒdə] *s* kanonmat
cannot ['kænɒt] kan (får) inte
canny ['kænɪ] *a* försiktig [i affärer], slug
canoe [kə'nu:] **I** *s* kanot **II** *itr* paddla [kanot]
canoeist [kə'nu:ɪst] *s* kanotpaddlare, kano-tist
canon ['kænən] *s* **1** kyrkligt påbud; ~ *law* kanonisk lag **2** kanik **3** 'kanon, rättesnöre **4** a) bibl. kanoniska böcker b) lista över en klassikers autentiska verk **5** mus. kanon
canonization [ˌkænənaɪ'zeɪʃən] *s* kanoni-sering
canonize ['kænənaɪz] *tr* kanonisera, hel-gonförklara
can-opener ['kænˌəʊpənə] *s* konserv-, burk|öppnare
canopy ['kænəpɪ] *s* **1** baldakin, tron-, säng|-himmel **2** tak; [himla]valv
canst [kænst] åld. 2 pers. sg. pres. av *1 can* [*thou* ~]
1 cant [kænt] *s* **1** förbrytarspråk, tjuvspråk **2** jargong; floskler; humbug
2 cant [kænt] **I** *s* **1** snedslipad kant **2** sluttning **II** *tr* **1** snedslipa, snedda [av] **2** ställa på kant (sned); vältra **III** *itr* **1** stjälpa, välta, kantra **2** sjö. vända, svänga
can't [kɑ:nt] = *cannot*
Cantab[.] ['kæntæb] *a* förk. för *Cantabrigi-an*
Cantabrigian [ˌkæntə'brɪdʒɪən] *a* från Cambridge, cambridge-
cantankerous [kæn'tæŋkərəs] *a* grälsjuk, sur, vresig
cantata [kæn'tɑ:tə] *s* kantat
canteen [kæn'ti:n] *s* **1** marketenteri; kan-tin; lunchrum **2** fältkök **3** fältflaska **4** schatull [med bordssilver] **5** kantin mat- o. servislåda i fält; soldats matkärl
canter ['kæntə] **I** *s* kort galopp; *at a* ~ i galopp; *win at a* ~ vinna lätt [och ledigt] **II** *itr* rida i kort galopp, galoppera lätt
Canterbury ['kæntəbərɪ] egennamn; ~ *bell* blåklocka
cantilever ['kæntɪli:və] *s* byggn. kantilever; ~ *bridge* konsolbro
canto ['kæntəʊ] *s* sång del av diktverk
canton ['kæntɒn] *s* kanton, distrikt
cantor ['kæntə] *s* kantor
Canute [kə'nju:t] Knut [den Store]
canvas ['kænvəs] *s* **1** a) segel-, tältduk b) kanfas; smärting; [grovt] linne; brandsegel c) ~ [*for needlework*] stramalj **2** koll. segel **3** tält; *under* ~ i tält **4** målning, tavla, duk **5** boxn. ringgolv, matta; *on the* ~ golvad
canvass ['kænvəs] **I** *tr* **1** [gå runt och] bearbeta [~ *a district for* (för att få) *votes*], [söka] värva röster i (av) **2** grundligt dryfta **II** *itr* **1** agitera; ~ [*for votes*] värva röster **2** ~ *for* [*a newspaper* (*a firm*)] vara ackvisitör (försäljare) för . . **III** *s* **1** röstvärvning **2** ackvisition
canvasser ['kænvəsə] *s* **1** röstvärvare, valarbetare **2** ackvisitör; agent, försäljare
canvassing ['kænvəsɪŋ] *s* se *canvass III*
canyon ['kænjən] *s* kanjon djup trång floddal
cap [kæp] **I** *s* **1** mössa; keps; ~ *and bells* narrmössa, narrkåpa; ~ *and gown* akade-misk dräkt; *if the* ~ *fits* [*wear it!*] om du känner dig träffad [så ta åt dig!]; *set o.'s* ~ *at* (*for* Am.) fam. om kvinna lägga sina krokar för **2** kapsyl, lock, kapsel; hylsa, hätta, huv, hatt **3** [*percussion*] ~ tändhatt; knallhatt; pl. ~*s* äv. knallpulver[remsa] **4** sport. lag-mössa ss. utmärkelse **II** *tr* **1** sport., *be* ~*ped* [*for England*] bli uttagen till [engelska] landslaget **2** slå, överglänsa [~ *a story*]; *to* ~ *it all* till råga på allt
capabilit|y [ˌkeɪpə'bɪlətɪ] *s* **1** förmåga; skicklighet **2** isht pl. *-ies* möjligheter, anlag
capable ['keɪpəbl] *a* **1** duglig, skicklig; duk-tig, begåvad **2** ~ *of* i stånd (kapabel) till
capacious [kə'peɪʃəs] *a* rymlig
capacitor [kə'pæsɪtə] *s* elektr. kondensator
capacit|y [kə'pæsətɪ] *s* **1** plats, utrymme [*of* för]; *the hotel has a large* ~ hotellet kan

ta emot mycket folk; *the seating ~ of [the hall]* antalet sittplatser i . .; *filled to ~* fylld till sista plats **2** kapacitet: **a)** fys. rymd, volym **b)** förmåga; kraft, prestationsförmåga; effekt; *work to ~* arbeta för fullt **c)** förmåga, duglighet [ofta pl. *-ies*]; *he is a man of great ~* han är en stor kapacitet **3** *that is within my ~* det är något som jag fattar (klarar) **4** jur. kompetens, befogenhet **5** egenskap, ställning; *in the ~ of* i egenskap av **6** ss. attr., *~ house (audience)* fullsatt hus; *there was a ~ crowd* det var fullsatt

1 cape [keɪp] *s* **1** udde, kap **2** *the C~* a) Godahoppsudden b) Kapprovinsen; *the C~ Coloureds* den färgade befolkningsgruppen i Kapprovinsen sydafrikaner av blandras; *the C~ Province* Kapprovinsen; *the C~ of Good Hope* Godahoppsudden

2 cape [keɪp] *s* cape, krage

1 caper ['keɪpə] *s*, pl. *~s* kapris krydda; *~ sauce* kaprissås

2 caper ['keɪpə] **I** *s* glädjesprång, krumsprång; tilltag; *cut ~s* a) göra glädjesprång b) hitta på rackartyg **II** *itr* göra glädjesprång

Cape Town ['keɪptaʊn] Kapstaden

capillary [kə'pɪlərɪ] **I** *a* **1** hår- **2** hårrörs-, kapillär; *~ attraction* kapillärkraft **II** *s* hårrörskärl, kapillär; hårrör

capital ['kæpɪtl] **I** *a* **1** jur. belagd med dödsstraff [*~ crime*]; döds- [*~ sentence*]; *~ punishment* dödsstraff **2** ödesdiger [*a ~ error*] **3** huvudsaklig; förnämst; *~ city* huvudstad; *~ ship* slag|skepp, -kryssare **4** utmärkt, ypperlig **5** stor [*~ letter, ~ S*] **II** *s* **1** huvudstad **2** stor bokstav **3** byggn. kapitäl **4** kapital; förmögenhet; attr. kapital- [*~ investments*]; *circulating (floating) ~* rörligt (flytande) kapital; *~ gains tax* skatt på realisationsvinst; *~ goods* kapitalvaror; *make ~ [out] of* bildl. slå mynt av

capitalism ['kæpɪtəlɪzəm] *s* kapitalism

capitalist ['kæpɪtəlɪst] *s* kapitalist

capitalistic [ˌkæpɪtə'lɪstɪk] *a* kapitalistisk

capitalize ['kæpɪtəlaɪz] **I** *tr* **1** kapitalisera **2** förvandla till kapital **3** förse med kapital **4** bildl. utnyttja, dra fördel av **5** skriva med stor [begynnelse]bokstav **II** *itr*, *~ on* utnyttja, dra fördel av

capitulate [kə'pɪtjʊleɪt] *itr* kapitulera

capitulation [kəˌpɪtjʊ'leɪʃən] *s* kapitulation

capon ['keɪpən] *s* kapun

caprice [kə'pri:s] *s* kapris; nyck, infall

capricious [kə'prɪʃəs] *a* nyckfull, lynnig

Capricorn ['kæprɪkɔ:n] *s* astr. Stenbocken; *the Tropic of ~* Stenbockens vändkrets

capsicum ['kæpsɪkəm] *s* paprika

capsize [kæp'saɪz] *itr* kapsejsa, kantra

capstan ['kæpstən] *s* **1** sjö. ankar-, gång|spel **2** drivrulle, capstan på bandspelare **3** *~ lathe* supportsvarv

capsule ['kæpsju:l] *s* **1** kapsel i olika bet., t. ex. rymd., med., bot. **2** kapsyl, hylsa

Capt. förk. för *Captain*

captain ['kæptɪn] **I** *s* **1** **a)** kapten inom armén (Am. äv. inom flyget) **b)** sjö. kommendör; *C~ of the Fleet* flagg|adjutant, -kapten **2** [sjö]kapten, befälhavare **3** anförare, ledare, chef; sport. [lag]kapten; *~ of industry* industri|chef, -magnat **4** Am. a) poliskommissarie b) [brand]kapten **II** *tr* leda, anföra

caption ['kæpʃən] **I** *s* rubrik, överskrift; [film]titel; [bild-, film]text **II** *tr* förse med rubrik (text), rubricera; kalla

captious ['kæpʃəs] *a* **1** spetsfundig **2** klandersjuk, småaktig

captivate ['kæptɪveɪt] *tr* fängsla, tjusa

captive ['kæptɪv] **I** *a* fången, fängslad; *be taken ~* bli tagen till fånga **II** *s* **1** fånge **2** slav [*to* under]

captivity [kæp'tɪvətɪ] *s* fångenskap

captor ['kæptə] *s* tillfångatagare, erövrare

capture ['kæptʃə] **I** *s* **1** tillfångatagande; gripande; erövring; uppbringande, kapande av fartyg **2** fångst, byte **II** *tr* ta till fånga; gripa; ta[ga], erövra, inta[ga]; uppbringa, kapa; bildl. fånga [*it ~d my imagination*]

car [kɑ:] *s* **1** bil; poet. vagn; *~ hire service* biluthyrning; *~ park* bilparkering, parkeringsplats **2** Am. [järnvägs]vagn **3** kärra **4** flyg. gondol, [ballong]korg

carafe [kə'ræf, -'rɑ:f] *s* karaff

caramel ['kærəmel] *s* **1** bränt socker, karamell; *~ custard* brylépudding **2** kola

carat ['kærət] *s* karat

caravan ['kærəvæn] **I** *s* **1** karavan **2** husvagn; *~ site* campingplats [för husvagnar] **II** *itr* bo i (resa omkring med) husvagn

caraway ['kærəweɪ] *s* kummin[ört]

carbide ['kɑ:baɪd] *s* karbid

carbine ['kɑ:baɪn] *s* mil. karbin

carbohydrate ['kɑ:bəʊ'haɪdreɪt] *s* kolhydrat

carbolic [kɑ:'bɒlɪk] *a* karbol-; *~ acid* karbol[syra]

carbon ['kɑ:bən] *s* **1** kem. kol; *~ dioxide* koldioxid, kolsyra; *~ monoxide* koloxid **2** se *carbon-paper*; *~ [copy]* genomslag[skopia] **3** elektr. kolspets **4** tekn. sot

carbonate [ss. subst. 'kɑ:bənət, ss. vb -neɪt] **I** *s* karbonat **II** *tr* behandla med kolsyra; pp. *~d* kolsyrad, kolsyrehaltig

carboniferous [ˌkɑ:bə'nɪfərəs] *a* geol. kol|förande, -haltig

carbon-paper [''kɑ:bənˌpeɪpə] *s* karbon-, kopie|papper

carborne ['kɑ:bɔ:n] *a* bilburen

carborundum [ˌkɑ:bə'rʌndəm] *s* tekn. kar-

borundum
carboy ['kɑ:bɔɪ] *s* damejeanne
carbuncle ['kɑ:bʌŋkl] *s* karbunkel böld
carburet[t]or [ˌkɑ:bjʊ'retə] *s* förgasare, karburator
carcase ['kɑ:kəs] *s* = följ.
carcass ['kɑ:kəs] *s* **1** kadaver, as **2** djurkropp, [slakt]kropp **3** fam. korpus, stofthydda; liv[hank] [*save o.'s* ~] **4** bildl. [tomt] skal, lämning **5** [byggnads]stomme, skrov
carcinogen [kɑ:'sɪnədʒən, -dʒen] *s* carcinogent (cancerframkallande) ämne
1 card [kɑ:d] **I** *s* karda, ullkam **II** *tr* karda; *~ed wool* kardgarn
2 card [kɑ:d] *s* **1** kort av olika slag, ss. spel-, visit-, bjudnings-, jul|kort; *~s* äv. kortspel [*win at* (i) *~s*]; *~ index* kortregister, kartotek (jfr *card-index*); *get o.'s ~s* fam. få sparken; *have a ~ up o.'s sleeve* ha något i bakfickan; *play o.'s ~s well* bildl. sköta (spela) sina kort väl; *put* (*lay*) *o.'s ~s on the table* lägga korten på bordet; *show o.'s ~s* bekänna färg (kort); *it is on* (*in*) *the ~s* det är mycket möjligt **2** fam. företag, satsning [*a dubious ~*] **3** program; lista **4** fam. original; *queer ~* konstig prick
cardamom o. **cardamum** ['kɑ:dəməm] *s* kardemumma
cardan ['kɑ:dn] *a*, *~ joint* kardanknut
cardboard ['kɑ:dbɔ:d] *s* papp, kartong
card-carrying ['kɑ:dˌkærɪɪŋ] *a*, *~ member* [in]registrerad medlem av politiskt parti o. d.
card-game ['kɑ:dgeɪm] *s* kortspel
cardiac ['kɑ:dɪæk] *a* hjärt- [*~ patient*]
Cardiff ['kɑ:dɪf]
cardigan ['kɑ:dɪgən] *s* cardigan, kofta
cardinal ['kɑ:dɪnl] **I** *a* **1** huvudsaklig, främst, kardinal-; avgörande, väsentlig [*of ~ importance*]; *~ number* (*numeral*) grundtal; *the ~ points* [*of the compass*] de fyra väderstrecken; *~ virtues* kardinaldygder **2** högröd, purpurröd; *~ red* högröd (purpurröd) färg, högrött, purpurrött **II** *s* kardinal
card-index ['kɑ:d'ɪndeks] **I** *tr* föra upp på kort **II** attr. *a* kort- [*~ system*]; *~ file* kortlåda
cardiogram ['kɑ:dɪəʊgræm] *s* läk. kardiogram
card-playing ['kɑ:dˌpleɪɪŋ] *s* kortspel
card-sharper ['kɑ:dˌʃɑ:pə] *s* falskspelare
card-table ['kɑ:dˌteɪbl] *s* spelbord
care [keə] **I** *s* **1** bekymmer **2** omtänksamhet, omtanke [*for* om]; noggrannhet; *take ~ to* vara noga med (angelägen) att; *take ~ not to* akta sig för att; [*handle*] *with ~* på paket o. d. aktas [för stötar], varsamt **3** vård [*be under* (*in*) *the ~ of*]; *take ~ of* ta vård (hand) om; sköta [om]; akta, vara rädd om; *take ~* [*of yourself*]! sköt om dig!, ha det så bra!; *~ of* (*c/o* förk.) på brev adress, c/o [*c/o Smith*] **II** *itr* **1** bry sig om [det] [*I don't ~ what he says*]; *~ about* bry (bekymra) sig om; *~ for* a) bry sig om, ha lust med [*I shouldn't ~ for that*] b) sörja för, sköta om c) tycka om, hålla av; *would you ~ for an ice-cream?* vill du ha en glass?; *I don't ~* det gör mig detsamma; *I don't ~ a damn* (*hang*) se resp. subst.; *I couldn't ~ less* fam. det struntar jag i **2** *~ to* ha lust att, [gärna] vilja [*would you ~ to play?*]
careen [kə'ri:n] sjö. **I** *tr* kölhala; [komma att] kränga **II** *itr* kränga, ligga över
career [kə'rɪə] **I** *s* **1** [levnads]bana, yrke [*choose a ~*]; karriär; utveckling; *choose a military ~* välja den militära banan **2** *in full ~* i fyrsprång, i full fart **II** *itr* rusa [*about, along*]; springa i full fart
careerist [kə'rɪərɪst] *s* karriärist, streber
carefree ['keəfri:] *a* bekymmerslös, sorgfri
careful ['keəfʊl] *a* **1** försiktig; aktsam [*of* om, med]; omtänksam; sparsam; *be ~ with* akta, vara aktsam om **2** omsorgsfull, noggrann, noga
careless ['keələs] *a* **1** slarvig, vårdslös, oförsiktig **2** obekymrad [*of* om], likgiltig [*of* för] **3** sorglös
carelessness ['keələsnəs] *s* slarv, vårdslöshet etc., jfr *careless*
caress [kə'res] **I** *tr* smeka **II** *s* smekning
caretaker ['keəˌteɪkə] *s* **1** vaktmästare; fastighetsskötare, portvakt **2** *~ government* expeditionsministär
careworn ['keəwɔ:n] *a* tärd (trött) av bekymmer
cargo ['kɑ:gəʊ] (pl. *~es*, Am. äv. *~s*) *s* [skepps]last; *~ steamer* lastångare
Caribbean [ˌkærɪ'bi:ən] *a* karibisk
caricature ['kærɪkəˌtjʊə] **I** *s* karikatyr **II** *tr* karikera
caricaturist ['kærɪkəˌtjʊərɪst] *s* karikatyrtecknare
caries ['keərɪi:z] *s* karies: a) benröta b) [*dental*] *~* tandröta
carillon ['kærɪljən, kə'rɪljən] *s* klockspel
Carinthia [kə'rɪnθɪə] Kärnten
Carlisle [kɑ:'laɪl]
Carlyle [kɑ:'laɪl]
Carmarthen [kə'mɑ:ðən]
Carmarthenshire [kə'mɑ:ðənʃɪə, -ʃə]
carmine ['kɑ:maɪn] **I** *s* karmin **II** *a* karminröd
carnage ['kɑ:nɪdʒ] *s* blodbad, massmord, slakt
carnal ['kɑ:nl] *a* **1** sinnlig, köttslig [*~ pleasures*]; *have ~ knowledge of* ha sexuellt umgänge med **2** världslig
carnation [kɑ:'neɪʃən] *s* [trädgårds]nejlika
carnival ['kɑ:nɪvəl] *s* karneval[stid]
carnivorous [kɑ:'nɪvərəs] *a* köttätande
carol ['kærəl] *s* lovsång; [*Christmas*] *~* jul-

sång

Caroline ['kærəlaɪn]

carousal [kə'rauzəl] *s* dryckeslag; rummel

carouse [kə'rauz] *itr* rumla, festa

1 carp [kɑ:p] (pl. lika) *s* zool. karp

2 carp [kɑ:p] *itr* gnata; ~ *at* hacka (klanka) på, häckla; ~*ing criticism* småaktig kritik

Carpathian [kɑ:'peɪθjən] *a, the ~ Mountains* Karpaterna

carpenter ['kɑ:pəntə] *s* [byggnads-, grov]-snickare, timmerman; ~*'s bench* hyvelbänk

carpentry ['kɑ:pəntrɪ] *s* **1** snickar-, timmermans|yrke; träslöjd **2** snickeri[arbete]

carpet ['kɑ:pɪt] **I** *s* större mjuk matta; *be on the ~* a) vara på tapeten b) bli åthutad **II** *tr* **1** mattbelägga, täcka [liksom] med en matta **2** fam. ge en skrapa

carpet-bag ['kɑ:pɪtbæg] *s* stor kappsäck

carpet-bagger ['kɑ:pɪtˌbægə] *s* politisk lycksökare

carpet-rod ['kɑ:pɪtrɒd] *s* mattstång som håller fast trappmatta

car-pool ['kɑ:pu:l] **I** *s* samåknings|grupp, -organisation **II** *itr* samåka

carport ['kɑ:pɔ:t] *s* carport vägglöst garage

carriage ['kærɪdʒ] *s* **1** transport, forsling, frakt, fraktning **2** frakt[kostnad]; ~ *free* (*paid*) fraktfritt **3** hållning, sätt att föra sig **4** järnv. [person]vagn **5** ekipage, vagn **6** vagns underrede **7** på skrivmaskin m. m. vagn

carriageway ['kærɪdʒweɪ] *s* kör|bana, -väg; *dual ~* väg med skilda körbanor

carrier ['kærɪə] *s* **1** a) bärare; [stads]bud; åkare b) transportföretag, fraktförare **2** Am., [*mail*] ~ brevbärare **3** ~ [*bi*]*cycle* paket-, transport|cykel; ~ *plane* transport[flyg]plan **4** [*aircraft*] ~ hangarfartyg **5** pakethållare **6** väska **7** smitt-, bacill|bärare **8** fackl. bärare; ~ [*wave*] radio. bärvåg

carrier-bag ['kærɪəbæg] *s* [bär]kasse

carrier-pigeon ['kærɪəˌpɪdʒɪn] *s* brevduva

carrion ['kærɪən] *s* kadaver, as

carrion-crow ['kærɪən'krəu] *s* svartkråka

Carrol ['kærəl]

carrot ['kærət] *s* morot; *the stick and the ~* bildl. käppen och moroten hotelser och löften

carroty ['kærətɪ] *a* morotsfärgad; rödblond

carry ['kærɪ] **I** *tr* (se äv. *III*; för *carry* i förbindelser ss. ~ *conviction*, ~ *into effect*, ~ *into execution* se resp. subst.) **1** allm. bära; bära på; ha med (på) sig, medföra; gå [omkring] med, ha; ~ *the sense of* ha betydelsen [av] **2** frambära, komma med brev, nyhet o. d.; om tidning innehålla, publicera, ha **3** forsla, frakta, transportera **4** föra äv. bildl. [*that would ~ us too far*]; driva [~ *the joke too far*]; om vind driva [fram]; leda t. ex. vatten, ljud **5** ha plats för, rymma, [kunna] ta; ~*ing capacity* last|förmåga, -kapacitet **6** erövra, inta; hemföra, vinna pris o. d.; driva (få) igenom åtgärd, kandidat o. d.; segra i, vinna val; ~ *everything* (*all*) *before one* genomdriva allt; ha en oerhörd framgång; *be carried* om motion o. d. gå igenom, bli antagen **7** hålla, föra kropp, huvud **8** medföra, innebära [~ *responsibility*] **9** föra (flytta) över; bokf. överföra, transportera [ofta ~ *forward*]

II *itr* (se äv. *III*) **1** utföra transporter **2** om ljud [kunna] höras

III *tr* o. *itr* i spec. förb. med adv.: ~ **along** [lyckas] övertyga; *he carried* [*the audience*] *along with him* han fick .. med sig; ~ **away**: a) bära (föra) bort b) bildl. hänföra, rycka med sig; *be carried away by* ryckas med av; bli upptänd av c) sjö. om vind, vågor bryta, rycka bort; ~ **back** föra tillbaka [i tiden]; ~ **forward** bokf. transportera; [*amount*] *carried forward* transport till ngt; *balance* [*to be*] *carried forward* utgående saldo; ~ **off**: a) bära (föra) bort b) hemföra, vinna [~ *off a prize*] c) bära upp, [kunna] uppträda i d) uppväga; släta över e) klara av, behärska [~ *off a situation*]; ~ *it off* [*well*] sköta (klara) sig bra; ~ **on**: a) föra [~ *on a conversation*]; [be]driva, sköta, utöva b) fortsätta, gå vidare; ~ *on* [*with*] fortsätta [med], fullfölja; [*here's £5*] *to ~ on with* .. så länge c) fam. bära sig [illa] åt, bråka; ~ **out** utföra; genomföra, fullfölja, verkställa; tillämpa; uppfylla [~ *out a promise*]; ~ **over**: a) bära (föra, ta) över b) hand. överföra; bokf. transportera; [*amount*] *carried over* transport c) föra vidare; *that will ~ you over* på det kan du klara dig; ~ **through**: a) genomföra; driva igenom b) klara (föra) igenom

carry-all ['kærɪɔ:l] *s* rymlig bag (väska)

carry bag ['kærɪbæg] *s* Am. [bär]kasse

carry-cot ['kærɪkɒt] *s* babylift bärkasse för spädbarn

car-sickness ['kɑ:ˌsɪknəs] *s* bilsjuka

cart [kɑ:t] **I** *s* tvåhjulig kärra; skrinda; *be in the ~* fam. vara i knipa; *put the ~ before the horse* börja i galen ända **II** *tr* **1** köra, forsla **2** släpa [på], kånka på

carte blanche ['kɑ:t'blɑ̃:nʃ] *s* (fr.) **1** blankofullmakt **2** carte blanche, oinskränkt fullmakt

cartel [kɑ:'tel] *s* kartell

carter ['kɑ:tə] *s* åkare, körare

cart-horse ['kɑ:thɔ:s] *s* arbets-, drag|häst

cartilage ['kɑ:təlɪdʒ] *s* brosk

cart-load ['kɑ:tləud] *s* vagnslass; bildl. helt lass

carton ['kɑ:tən] *s* kartong, pappask; paket; *a ~ of* [*cigarettes*] en limpa ..

cartoon [kɑ:'tu:n] **I** *s* **1** [skämt]teckning; [politisk] karikatyr **2** [tecknad] serie **3**

[*animated*] ~ tecknad (animerad) film **4** konst. kartong **II** *tr* rita karikatyr av, karikera

cartoonist [kɑ:'tu:nɪst] *s* skämttecknare; karikatyrtecknare, kartonist

cartridge ['kɑ:trɪdʒ] *s* **1** patron; [*film*] ~ [film]patron **2** pickup, nålmikrofon **3** kassett, cartridge

cartridge-paper ['kɑ:trɪdʒ,peɪpə] *s* karduspapper

cart-wheel ['kɑ:twi:l] *s* **1** vagns-, kärr|hjul **2** *turn ~s* hjula

cartwright ['kɑ:traɪt] *s* vagnmakare

carve [kɑ:v] (imp. *~d*; pp. *~d*, poet. *~n*) **I** *tr* **1** skära, snida; skära in (ut); hugga; sticka, gravera **2** skära för (upp), tranchera kött **3** *~ o.'s own future* själv skapa sig en framtid, slå sig fram på egen hand **4** *~ out* a) hugga (skära) ut b) tillkämpa sig; förvärva, skapa sig [*~ out a fortune*] **5** *~ up* a) fam. dela [upp] [*~ up the booty*] b) sl. dolka, najfa knivskära **II** *itr* **1** skära i trä, snida; skulptera; hugga i marmor **2** skära för [steken]

carven ['kɑ:vən] poet. pp. av *carve*

carver ['kɑ:və] *s* **1** [trä]snidare; bildhuggare **2** förskärare **3** förskärar-, trancher|kniv

carving ['kɑ:vɪŋ] *s* [trä]snideri, utskärning; uthugget (skulpterat) arbete

carving-knife ['kɑ:vɪŋnaɪf] *s* förskärar-, trancher|kniv

cascade [kæs'keɪd] **I** *s* **1** kaskad; [litet] vattenfall; *~ of applause* applådåska **2** svall [*a ~ of lace*] **II** *itr* falla som en kaskad

1 case [keɪs] *s* **1** fall; förhållande; händelse; sak, fråga; läge; *this* (*such*) *being the ~* eftersom det förhåller sig så; *as the ~ may be* alltefter omständigheterna; [*just*] *in ~ I forget* ifall jag skulle glömma; [*take it*] *just in ~* . . för alla eventualiteter; *in ~ of* i händelse av, vid [*in ~ of fire*]; *in the ~ of* i fråga om, när det gäller (rör sig om), för; *in any ~* i varje fall, i vilket fall som helst, i alla händelser; *in that ~* i så fall; *in this ~* i det här fallet **2 a**) jur. [rätts]fall; mål; process [*lose a ~*], sak; affär **b**) jur. o. friare bevis[material]; argument, skäl; *the ~ for the defendant* (*prosecution*) försvarets (åklagarsidans) sakframställning; *he has a good* (*strong*) *~* han har starka bevis att stödja sig på, hans sak ligger väl till; *establish* (*prove*) *o.'s ~* bevisa|[riktigheten av]|sitt påstående, bevisa att man har rätt; *there is a good ~ for* . ., *a good ~ can be made* [*out*] *for* . . det finns starka argument för . ., det är mycket som talar för . .; *put a p.'s ~* föra ngns talan; *state o.'s ~* framlägga fakta [i målet], framlägga sin sak **3** [sjukdoms]fall **4** gram. kasus **5** fam. original, lustig typ **6** attr., *~ history* a) läk. sjukdomshistoria b) fakta om fallet (jur. i målet); *~ sheet* sjukjournal

2 case [keɪs] **I** *s* **1** låda; ask; skrin; fodral, etui; [pack]lår **2** väska, portfölj **3** hölje, hylsa; huv, mantel; [kudd]var, överdrag; boett; löspärm **4** [glas]monter **5** fack **6** boktr. [stil]kast **II** *tr* **1** lägga (packa) in [i en låda (ask etc., jfr *I*)] **2** [be]kläda, beslå

casein ['keɪsi:ɪn] *s* kasein, ostämne

casement ['keɪsmənt] *s* [sidohängt] fönster

cash [kæʃ] **I** *s* kontanter, reda pengar [äv. *hard ~, ready ~, ~ in hand*]; pengar [*be rolling in ~*]; kassa; *~ discount* kassarabatt; *~ purchase* kontantköp; *~ down* mot kontant betalning; *pay* [*in*] *~* betala kontant; *be in ~* vara [stadd] vid kassa **II** *tr* lösa in [*~ a cheque*], lösa (kvittera, ta) ut [*~ a money-order*], förvandla i kontanter **III** *itr*, *~ in on* utnyttja, slå mynt av

cash-account ['kæʃə'kaunt] *s* kassakonto

cash-book ['kæʃbuk] *s* kassabok

cash-box ['kæʃbɒks] *s* kassa|skrin, -låda

cash-desk ['kæʃdesk] *s* kassa där man betalar

cashew ['kæʃu:] *s*, *~ nut* kasjunöt, indisk nöt

cashflow ['kæʃfləu] *s* ekon., ung. penningflöde

1 cashier [kæ'ʃɪə] *s* kassör, kassörska

2 cashier [kə'ʃɪə, kæ'ʃ-] *tr* **1** mil. avskeda **2** kassera

cashmere [kæʃ'mɪə] *s* cashmere, kaschmir

cash-price ['kæʃ'praɪs] *s* kontantpris

cash-register ['kæʃ,redʒɪstə] *s* kassaapparat

casing ['keɪsɪŋ] *s* beklädnad; hölje; hylsa

casino [kə'si:nəu] *s* kasino äv. kortspel

cask [kɑ:sk] *s* **1** fat, tunna **2** [smör]drittel

casket ['kɑ:skɪt] *s* **1** skrin, schatull; [ask]urna **2** Am. [lik]kista

Caspian ['kæspɪən] *a*, *the ~ Sea* Kaspiska havet

casserole ['kæsərəul] *s* gryta eldfast form o. maträtt

cassette [kə'set] *s* kassett för bandspelare, TV, film; *~ deck* kassettdäck

cassock ['kæsək] *s* lång prästrock, kaftan

cast [kɑ:st] **I** (*cast cast*) *tr* **1** kasta isht bildl. [*~ a shadow*]; *~ lots* kasta (dra) lott; *~ a net* kasta (lägga) ut ett nät; *~ o.'s vote* avge sin röst; *~ into the shade* bildl. ställa i skuggan **2** kasta omkull (på rygg) **3** kasta av; fälla fjädrar, löv o. d. **4** gjuta, stöpa, forma äv. bildl. **5** addera [ihop]; *~ figures* addera **6** teat. tilldela; *the piece was well ~* rollbesättningen var bra **7** astrol. beräkna, ställa [*~ a p.'s horoscope*] **8** med adv.: *~* **aside** kasta bort, kassera; *~* **away** kasta (slänga) bort, förspilla; *be ~ away* sjö. lida skeppsbrott; *~* **in** *o.'s lot with* göra gemensam sak med; ~ **off** kasta bort (av, loss), kassera; lägga av kläder; ~ **out** fördriva, driva ut; köra bort; ~ **up:** a) kasta (kräkas) upp b) lyfta [på] ögon o. d. c) räkna ihop **II** (*cast cast*) *itr* **1** räkna; addera **2** med adv.: ~ **about** söka, leta, se sig om [*for* efter]; fundera på; ~ **off** sjö. kasta loss **III** *s* **1** kast[ande]; *a ~ of the dice* ett tärningskast **2** kast med metspö **3** a) avgjutning b) gjutform; *plaster ~* läk. gipsförband **4** teat. a) roll|fördelning, -besättning b) *the ~* personerna, de medverkande; *an all-star ~* en stjärnensemble **5** utseende; läggning, prägel; typ; *~ of features* anletsdrag **6** *have a ~ in o.'s eye* skela [på ena ögat]

castanets [ˌkæstəˈnets] *s pl* kastanjetter

castaway [ˈkɑːstəweɪ] *s* **1** skeppsbruten [person] **2** utstött varelse; *society's ~s* vinddrivna existenser **3** bortkastad sak

caste [kɑːst] *s* **1** kast, bildl. äv. ståndsklass **2** kastväsen

castigate [ˈkæstɪgeɪt] *tr* tukta; hudflänga

castigation [ˌkæstɪˈgeɪʃən] *s* tuktan; skarp kritik, hudflängning

casting-vote [ˈkɑːstɪŋˈvəut] *s* utslagsröst

cast-iron [ˈkɑːstˈaɪən] *s* **1** gjutjärn **2** attr. gjutjärns-; bildl. järn- [*~ will*], järnhård, orubblig; vattentät [*~ alibi*]

castle [ˈkɑːsl] **I** *s* **1** slott, borg, kastell; *~s in the air* (*in Spain*) luftslott **2** schack. torn **II** *tr* o. *itr* schack. rockera

cast-off [ˈkɑːstˈɒf] **I** *a* kasserad, avlagd **II** *s* **1** pl. *~s* avlagda kläder **2** ratad person

castor [ˈkɑːstə] *s* **1** hjul, trissa på rullbord o. d. **2** ströare, strödosa [*sugar ~*]; *~ sugar* [fint] strösocker **3** bil. caster[vinkel]

castor-oil [ˈkɑːstərˈɔɪl] *s* ricinolja

castrate [kæsˈtreɪt] *tr* kastrera

castration [kæsˈtreɪʃən] *s* kastrering

casual [ˈkæʒjuəl] **I** *a* **1** tillfällig; flyktig; *~ customer* strökund; *~ labourer* tillfällighetsarbetare **2** planlös, lättvindig **3** nonchalant, ogenerad; ledig; *~ jacket* sport-, fritids|jacka **II** *s* **1** tillfällighetsarbetare, tillfälligt anställd **2** strökund **3** fritidssko **4** pl.: *~s* fritidskläder

casualt|y [ˈkæʒjuəltɪ] *s* **1** olycksfall; *~ ward* (*department*) olycksfallsavdelning på sjukhus **2** offer i krig, olyckshändelse o. d.; pl. *-ies* äv. döda och sårade, förolyckade

casuist [ˈkæzjuɪst, ˈkæʒju-] *s* kasuist

casuistry [ˈkæzjuɪstrɪ, ˈkæʒju-] *s* kasuistik

casus belli [ˈkɑːsusˈbeliː] *s* (lat.) casus belli, anledning till krigsförklaring

1 cat [kæt] *s* **1** katt; katta, bildl. äv. markatta, morrhoppa; *it's raining* (*coming down*) *~s and dogs* regnet står som spön i backen; *when the ~'s away the mice will play* när katten är borta dansar råttorna på bordet; *the ~ is out of the bag* hemligheten har sipprat (kommit) ut; *let the ~ out of the bag* prata bredvid mun[nen]; *see which way the ~ jumps* känna efter varifrån vinden blåser; *even a ~ may look at a king* får man inte ens titta på dig?; *it's enough to make a ~ laugh* fam. det är så man kan skratta ihjäl sig; *put the ~ among the pigeons* ställa till bråk (oro i lägret); *she is like a ~ on hot bricks* fam. hon sitter som på nålar; *it's the ~'s pyjamas* (*whiskers*) sl. det är toppen (kalas) **2** kattdjur

2 cat [kæt] *s* (fam. kortform för *caterpillar* [*tractor*]) bandtraktor

cataclysm [ˈkætəklɪzəm] *s* **1** naturkatastrof, kataklysm **2** polit. o. d. omstörtning

catacomb [ˈkætəkuːm, -kəum] *s* katakomb

Catalan [ˈkætələn] **I** *s* **1** katalan **2** katalanska [språket] **II** *a* katalansk

catalog [ˈkætəlɒg] *s* o. *tr* Am. = följ.

catalogue [ˈkætəlɒg] **I** *s* katalog, förteckning, register; uppräkning **II** *tr* katalogisera; göra upp en förteckning över

Catalonia [ˌkætəˈləunjə] Katalonien

Catalonian [ˌkætəˈləunjən] **I** *s* katalan **II** *a* katalansk

catalyst [ˈkætəlɪst] *s* katalysator

cat-and-mouse [ˈkætənˈmaus] *a, play a ~ game with a p.* leka med ngn som katten med råttan

catapult [ˈkætəpʌlt] **I** *s* **1** katapult; *~ take-off* katapultstart **2** slangbåge **II** *tr* **1** flyg. starta med katapult **2** skjuta [iväg] med slangbåge

cataract [ˈkætərækt] *s* **1** katarakt, vattenfall **2** läk. grå starr

catarrh [kəˈtɑː] *s* katarr

catastrophe [kəˈtæstrəfɪ] *s* katastrof

catastrophic [ˌkætəˈstrɒfɪk] *a* katastrofal

cat-burglar [ˈkætˌbɜːglə] *s* fasadklättrare, inbrottstjuv

catcall [ˈkætkɔːl] **I** *s* protestvissling **II** *itr* vissla [till protest]

catch [kætʃ] **I** (*caught caught*) *tr* **1** fånga; fånga in (upp), få tag i; ta (få) fast, gripa, ta fatt, ta; om eld antända, fatta [tag] i; *~ hold of* ta (fatta, gripa) tag i, ta fast i **2** hinna [i tid] till, komma med [*~ the train*]; *~ the post* hinna lägga posten på lådan **3** ertappa, komma på [*a p. stealing* ngn med att stjäla]; *~ a p. out* avslöja (ertappa) ngn; [*you wouldn't*] *~ me doing that!* det skulle inte falla mig in att göra det! **4** träffa [*I caught him on the nose*]; slå **5** få, ådra sig; smittas av; *~* [*a*] *cold* bli förkyld, förkyla sig; *you'll ~ it from me* a) du kommer att bli smittad av mig b) fam. du ska få med mig att göra **6** uppfånga, uppfatta; fatta, begripa; träffa, fånga [*~ the right atmosphere*]; *~ sight of* få syn på, få se **7** fånga [*~ a p.'s attention*]; fängsla; hejda; *~ o.'s breath* flämta till, kippa efter andan; *it caught my eye* det fångade min blick **8** fastna med [*she caught her dress in the door*]; haka i [*the nail caught her dress*]; *get caught* fastna, komma i kläm **9** lura; snärja **10** ~ *up* hinna ifatt, hinna upp [*he caught me up*]; *caught up in* a) inblandad i b) fångad (medryckt) av **II** (*caught caught*) *itr* **1** fastna, haka (häkta, hänga) upp sig **2** fatta (ta) eld, tända **3** smitta, vara smittsam **4** ~ *at* gripa [efter] **5** ~ *on* fam.: a) slå [an (igenom)], göra lycka [*the play never caught on*] b) fatta galoppen, vara med på noterna **6** ~ *up* ta igen vad man försummat; ~ *up on* a) ta igen [~ *up on arrears in work*] b) klämma åt, sätta fast; ~ *up with* hinna ifatt, komma ikapp med **III** *s* **1** [fångad] lyra; *that was a good* ~ det var bra taget (fångat) **2** fångst; notvarp **3** kap, byte, fynd **4** ~ *question* kuggfråga; *there is a* ~ *in it* det är något skumt med det **5** *there was a* ~ *in her voice* hennes röst stockade sig **6** spärr[anordning], [spärr]hake; klinka; knäppe, lås

catching ['kætʃɪŋ] *a* smittande, smittsam

catchment ['kætʃmənt] *s*, ~ *area* (*basin*) flodområde, nederbördsområde

catchpenny ['kætʃˌpenɪ] **I** *a* publikfriande [*a* ~ *title*] **II** *s* lockbete, lockvara

catch-phrase ['kætʃfreɪz] *s* slagord, klyscha

catchword ['kætʃwɜːd] *s* **1** slagord **2** rubrikord; kolumntitel

catchy ['kætʃɪ] *a* **1** klatschig, slående [*a* ~ *title*] **2** kinkig, knepig

catechism ['kætəkɪzəm] *s* **1** katekes **2** [katekes]förhör

catechize ['kætəkaɪz] *tr* **1** förhöra på katekesen **2** förhöra

categorical [ˌkætə'gɒrɪkəl] *a* kategorisk

categorize ['kætəgəraɪz] *tr* kategorisera

category ['kætəgərɪ] *s* kategori

cater ['keɪtə] *itr* **1** leverera mat (måltider) [~ *for parties*] **2** a) ~ *for* servera [mat till], hålla med mat b) ~ *for* (*to*) sörja för, underhålla; sköta om, ordna för; tillgodose

caterer ['keɪtərə] *s* leverantör av mat

catering ['keɪtərɪŋ] *s* servering (tillhandahållande) av måltider (mat), 'catering'; *the* ~ *trade* restaurangbranschen

caterpillar ['kætəpɪlə] *s* **1** [fjärils]larv; kål-, löv|mask **2** ~ [*tank*] stridsvagn, tank; ~ [*tractor*] bandtraktor; ~ *treads* larvfötter

caterwaul ['kætəwɔːl] **I** *itr* jama; föra oväsen **II** *s* kattskrik; oväsen

catfish ['kætfɪʃ] *s* zool. havskatt

catgut ['kætgʌt] *s* katgut, tarmsträng

cathedral [kə'θiːdrəl] *s* katedral, domkyrka

Catherine ['kæθərɪn] ss. kejsarinne- o. helgonnamn Katarina

catheter ['kæθɪtə] *s* läk. kateter

cathode ['kæθəʊd] *s* elektr. katod; ~ *ray* katodstråle

catholic ['kæθəlɪk] **I** *a* **1** universell, allmän **2** [all]omfattande; vidsynt, frisinnad **3** kyrkl., *C*~ katolsk [*the Roman C*~ *Church*] **II** *s*, *C*~ katolik [*a Roman C*~]

Catholicism [kə'θɒlɪsɪzəm] *s* katolicism[en]

catkin ['kætkɪn] *s* bot. hänge

cat-o'-nine-tails ['kætə'naɪnteɪlz] *s* sjö. niosvansad katt, repdagg

cat's-eye ['kætsaɪ] *s* kattöga

cat's-paw ['kætspɔː] *s* blint redskap

catsup ['kætsəp, 'kætʃəp] *s* se *ketchup*

cattle ['kætl] *s pl* nötkreatur, boskap

cattle-cake ['kætlkeɪk] *s* foderkaka

cattle-grid ['kætlgrɪd] *s* färist galler i vägbana som hindrar klövdjur att passera

cattle-rustler ['kætlˌrʌslə] *s* Am. boskapstjuv

cattle-show ['kætlʃəʊ] *s* kreatursutställning

catty ['kætɪ] *a* **1** kattlik **2** [små]elak, giftig

cat-walk ['kætwɔːk] *s* gångbro, [gång]brygga kring maskinanläggning o. d.

Caucasian [kɔː'keɪzjən] **I** *a* kaukasisk **II** *s* kaukasier, vit

Caucasus ['kɔːkəsəs] *s*, *the* ~ Kaukasus

caucus ['kɔːkəs] *s* **1** i USA förberedande valmöte; nomineringsmöte **2** valorganisation; *the* ~ partiapparaten

caught [kɔːt] imp. o. pp. av *catch*

caul [kɔːl] *s* **1** anat. fosterhinna **2** hårnät

cauldron ['kɔːldrən] *s* kittel

cauliflower ['kɒlɪflaʊə] *s* blomkål

caulk [kɔːk] *tr* dikta, driva [och becka] fartyg

causal ['kɔːzəl] *a* orsaksmässig; orsaks-

causality [kɔː'zælətɪ] *s* kausalitet, orsaks-, kausal|sammanhang

causation [kɔː'zeɪʃən] *s* **1** förorsakande **2** orsakssammanhang

cause [kɔːz] **I** *s* **1** orsak, grund [*of* till], anledning [*of* (*for*) till; *the* ~ *of fire*]; ~ *and effect* orsak och verkan **2** jur. o. friare sak [*work for a good* ~] **II** *tr* [för]orsaka, åstadkomma, föranleda, framkalla, vålla [~ *trouble to a p.*]; förmå, göra så att, låta; ~ *a th. to be done* låta göra ngt

causerie ['kəʊzəriː] *s* fr. kåseri; pratstund

caustic ['kɔːstɪk, 'kɒs-] *a* **1** brännande, frätande; kaustik [~ *soda*]; ~ *lime* bränd kalk **2** skarp; bitande [~ *remarks*]

cauterize ['kɔːtəraɪz] *tr* läk. kauterisera: a) bränna med brännjärn o. d. b) etsa med frätmedel

caution ['kɔːʃən] **I** *s* **1** försiktighet, varsamhet **2** varning; tillrättavisning [*dismissed with a* ~] **3** sl., *you're a* ~ vad du är festlig **II** *tr* varna [*against* för; *not to* för att +

inf.]; råda, förmana [*to* att]
cautionary ['kɔːʃənərɪ] *a* varnande, varnings-
cautious ['kɔːʃəs] *a* försiktig, varsam
cavalcade [ˌkævəl'keɪd] *s* kavalkad äv. bildl.
cavalier [ˌkævə'lɪə] **I** *s* hist. **1** ryttare **2** riddare **II** *a* självrådig, nonchalant
cavalry ['kævəlrɪ] *s* kavalleri
cavalryman ['kævəlrɪmən] *s* kavallerist
cave [keɪv] **I** *s* håla, grotta; källare **II** *tr,* ~ *in* krossa, stuka **III** *itr,* ~ [*in*] a) störta in, rasa, falla ihop b) ge efter c) fam. säcka ihop
cave-dweller ['keɪvˌdwelə] *s* grottmänniska
cave-man ['keɪvmən] *s* **1** grottmänniska **2** grobian
Cavendish ['kævəndɪʃ] **I** egennamn **II** *s, c~* cavendish slags sötad tobak
cavern ['kævən] *s* håla, jordkula; grotta
cavernous ['kævənəs] *a* hålig; lik en håla; ihålig; ~ *eyes* djupt liggande ögon
caviar[**e**] ['kævɪɑː] *s* kaviar
cavil ['kævl] *itr* kverulera, hacka, kritisera
caviller ['kævələ] *s* klandersjuk person, kverulant; småaktig kritiker
cavity ['kævətɪ] *s* hålighet, håla; tandläk. kavitet, hål; *oral* ~ munhåla
cavort [kə'vɔːt] *itr* fam. hoppa omkring
caw [kɔː] **I** *itr* kraxa **II** *s* kraxande, krax
cayenne [keɪ'en, attr. 'keɪen] *s* kajennpeppar [äv. *C~ pepper*]
C.B. mil., förk. för *confined* (*confinement*) *to barracks*
C.B.E. förk. för *Commander of* [*the Order of*] *the British Empire*
CBS förk. för *Columbia Broadcasting System*
C.C. förk. för *City Council, Consular Corps, County Council, Cricket* (*Cycling*) *Club*
c.c. ['siː'siː] förk. för *cubic centimetre*[*s*] (*contents*)
C.D. förk. för *Corps diplomatique*
Cdr. förk. för *Commander*
cease [siːs] **I** *itr* upphöra, sluta upp [*from* med] **II** *tr* sluta, upphöra med; ~ *fire!* mil. eld upphör!; ~ *work* lägga ned arbetet **III** *s, without* ~ oupphörligt, oavbrutet
cease-fire ['siːs'faɪə] *s* eldupphör[order]; kort vapenvila
ceaseless ['siːsləs] *a* oupphörlig, ändlös
Cecil ['sesl]
Cecilia [sə'siːljə]
Cecily ['sesəlɪ]
cedar ['siːdə] *s* ceder; cederträ
cede [siːd] *tr* avträda, avstå [~ *territory*]
cedilla [sɪ'dɪlə] *s* språkv. cedilj
Cedric ['sedrɪk, 'siːdrɪk]
ceiling ['siːlɪŋ] *s* **1** innertak, tak i rum **2** flygv. maximihöjd **3** bildl. högsta nivå, tak [*price* ~], topp; maximipris [äv. ~ *price*]
celanese [ˌselə'niːz] *s* ® slags konstsilke
celebrate ['seləbreɪt] **I** *tr* **1** fira, högtidlighålla, celebrera **2** lovsjunga **II** *itr* **1** fira en [minnes]högtid **2** fam. festa
celebrated ['seləbreɪtɪd] *a* berömd, frejdad; celeber
celebration [ˌselə'breɪʃən] *s* **1** firande, högtidlighållande, celebrerande **2** fest
celebrity [sə'lebrətɪ] *s* berömdhet, celebritet, kändis
celerity [sə'lerətɪ] *s* snabbhet, hastighet
celery ['selərɪ] *s* bot. selleri; [*blanched*] ~ blekselleri
celestial [sə'lestjəl] *a* **1** himmelsk [~ *beauty*], gudomlig **2** astr. himla- [~ *body*]
Celia ['siːljə]
celibacy ['selɪbəsɪ] *s* celibat, ogift stånd
celibate ['selɪbət] **I** *a* ogift **II** *s, he is a* ~ han lever i celibat
cell [sel] *s* cell i olika bet., elektr. äv element
cellar ['selə] *s* källare; vinkällare
cellarage ['selərɪdʒ] *s* källarutrymme
cellist ['tʃelɪst] *s* cellist
cello ['tʃeləʊ] *s* cello
cellophane ['seləʊfeɪn] *s* ® cellofan
cellular ['seljʊlə] *a* cell- [~ *tissue*]; cellformig; cellulär
celluloid ['seljʊlɔɪd] *s* **1** celluloid **2** *on* ~ på film, filmad
cellulose ['seljʊləʊs] *s* cellulosa; ~ *acetate* cellulosaacetat, 'acetat'
Celsius ['selsjəs]
Celt [kelt] *s* kelt
Celtic ['keltɪk, fotbollslag 'seltɪk] **I** *a* keltisk; *the* ~ *fringe* [den keltisktalande befolkningen i] Skottland, Wales, Cornwall och Irland **II** *s* **1** keltiska språket **2** namn på skotskt fotbollslag
cement [sɪ'ment] **I** *s* cement; kitt **II** *tr* **1** cementera; kitta **2** bildl. fast förena, befästa
cemetery ['semətrɪ] *s* kyrkogård ej vid kyrka
cenotaph ['senəʊtɑːf] *s* cenotafium, minnesgravvård
censer ['sensə] *s* rökelsekar
censor ['sensə] **I** *s* censor [*film* ~] **II** *tr* censurera
censorious [sen'sɔːrɪəs] *a* kritisk, fördömande
censorship ['sensəʃɪp] *s* censur
censure ['senʃə] **I** *s* klander, tadel; *vote of* ~ se *vote I 5*; *pass* ~ *on* rikta kritik mot **II** *tr* kritisera, fördöma
census ['sensəs] *s* folkräkning; ung. mantalsskrivning; *traffic* ~ trafikräkning
cent [sent] *s* **1** *per* ~ procent, jfr *per* **2** cent
centaur ['sentɔː] *s* centaur, kentaur
centenarian [ˌsentɪ'neərɪən] **I** *a* hundraårig **II** *s* hundraåring
centenary [sen'tiːnərɪ] **I** *s* **1** hundraårsperiod **2** hundraårsdag, -jubileum **II** *a* hundraårs-, hundraårig

centennial [sen'tenjəl] *s* o. *a* se *centenary I 2* o. *II*
center ['sentə] *s* Am. = *centre*
centigrade ['sentɪgreɪd] *a* celsius- [*~ thermometer*]; *20 degrees ~* 20 grader Celsius
centigram[me] ['sentɪgræm] *s* centigram
centilitre ['sentɪˌli:tə] *s* centiliter
centimetre ['sentɪˌmi:tə] *s* centimeter
centipede ['sentɪpi:d] *s* tusenfoting insekt
CENTO ['sentəʊ] förk. för *Central Treaty Organization*
central ['sentrəl] **I** *a* central; huvud- [*the ~ figures in a novel*]; center-, mitt-; mellerst; *~ heating* centralvärme; *C~ Intelligence Agency* federala underrättelsetjänsten i USA, CIA **II** *s* Am. telefonstation
centralization [ˌsentrəlaɪ'zeɪʃən] *s* centralisering
centralize ['sentrəlaɪz] *tr* centralisera
centre ['sentə] **I** *s* **1** centrum, center äv. mil., sport. o. polit., mitt[punkt], medelpunkt; central för verksamhet; sport. inlägg; [*business and shopping*] *~* [affärs]centrum, city; *~ forward* center[forward]; *~ of gravity* tyngdpunkt **2** i choklad o. d. fyllning **II** *tr* **1** centrera **2** koncentrera; *be ~d* [*up*]*on* kretsa kring **3** fotb. spela (lägga) in mot mitten **III** *itr* fotb. göra inlägg mot mitten
centrefold ['sentəfəʊld] *s* mittuppslag
centrepiece ['sentəpi:s] *s* bordsuppsats
centre-spread ['sentəspred] *s* mittuppslag
centrifugal [sen'trɪfjʊgəl, ˌsentrɪ'fju:g-] *a* centrifugal[-] [*~ force*]
centrifuge ['sentrɪfju:dʒ] *s* tekn. centrifug
century ['sentʃərɪ] *s* **1** århundrade, sekel; *in the 20th ~* på 1900-talet **2** hundra[tal]; i kricket hundra poäng [*make* (*score*) *a ~*]
ceramic [sɪ'ræmɪk] *a* keramisk
ceramics [sɪ'ræmɪks] *s* **1** (konstr. ss. sg.) keramik krukmakeri **2** (konstr. ss. pl.) keramik, lergods
Cerberus ['sɜ:bərəs] Cerberus, Kerberos
cereal ['sɪərɪəl] **I** *a* säd[es]-, hörande till sädesslagen **II** *s* sädesslag; pl. *~s* äv. a) spannmål, isht brödsäd b) flingor, rostat ris o. d. som morgonmål [*breakfast ~s*]
cerebellum [ˌserɪ'beləm] *s,* [*the*] *~* lilla hjärnan
cerebral ['serɪbrəl] *a* hjärn-, cerebral
cerebrum ['serɪbrəm] *s,* [*the*] *~* stora hjärnan
ceremonial [ˌserɪ'məʊnjəl] **I** *a* ceremoniell, högtids- [*~ dress*] **II** *s* ceremoniel
ceremonious [ˌserɪ'məʊnjəs] *a* ceremoniös; omständlig
ceremony ['serəmənɪ] *s* **1** ceremoni; högtidlighet; akt [*~ of baptism*]; *Master of Ceremonies* ceremoni-, klubb|mästare; isht Am. programvärd **2** utan pl. ceremonier, formalitet[er]; *stand on ~* hålla på etiketten (formerna)
cerise [sə'ri:z] **I** *a* körsbärsröd, cerise[röd] **II** *s* körsbärsrött, cerise[rött]
cert [sɜ:t] *s* sl. **1** *a* [*dead*] *~* en given sak; *a ~ to win* en given vinnare; *we knew it for a ~* vi var bergsäkra på det **2** säker vinnare
cert. förk. för *certificate, certify*
certain ['sɜ:tn] *a* **1** säker [*of, about* på; *that* på att]; *make ~ of* förvissa (försäkra) sig om; *for ~* [alldeles] säkert (bestämt), med säkerhet **2** viss [*feel a ~ reluctance*]; *a ~ Mr. Jones* en viss herr Jones
certainly ['sɜ:tnlɪ] *adv* **1** säkert, med säkerhet **2** säkerligen, förvisso; sannerligen, minsann **3** visserligen, nog [för att] **4** som svar ja visst, gärna [det]; *~ not!* visst inte!
certainty ['sɜ:tntɪ] *s* säkerhet, visshet; *a ~* en given sak; *that's a ~* det är säkert; *bet on a ~* slå vad utan risk, hålla på en säker häst; *for a ~* med säkerhet, säkert
certificate [ss. subst. sə'tɪfɪkət, ss. vb -keɪt] **I** *s* **1** skriftligt intyg, bevis, attest [*of* (*to*) om, på, över]; kvitto; certifikat; tillståndsbevis; *health ~* friskintyg; *savings ~s* slags sparobligationer **2** betyg; diplom; *C~ of Secondary Education* (*C.S.E.*) ung. avgångsexamen från grundskola; *General C~ of Education* (*G.C.E.*) *Ordinary level* (*O-level,* resp. *Advanced level* el. *A-level*) avgångsexamen från *secondary school* med ung. grundskoleutbildning (resp. med ung. gymnasieutbildning) **II** *tr* förse med (tilldela) intyg etc., jfr *I,* utfärda intyg etc. åt; pp.: *~d* examinerad, formellt behörig [*~d nurse*]
certify ['sɜ:tɪfaɪ] *tr* **1** attestera handling; utfärda intyg om, intyga, betyga, bestyrka; konstatera dödsfall o. d.; *this is to ~ that* härmed intygas att **2** *~* [*as insane*] sinnessjukförklara
certitude ['sɜ:tɪtju:d] *s* visshet, övertygelse
cervix ['sɜ:vɪks] *s* anat. cervix; livmoderhals
cessation [se'seɪʃən] *s* upphörande, avbrott; slut
cesspit ['sespɪt] *s* **1** kloakbrunn **2** bildl. dypöl, kloak
cesspool ['sespu:l] *s* **1** avloppsbrunn, kloak[brunn] **2** bildl. dypöl [*~ of iniquity*]
cetacean [sɪ'teɪʃjən] **I** *a* val- **II** *s* val[djur]
Ceylon [sɪ'lɒn]
Ceylonese [ˌsi:lə'ni:z] **I** *a* ceylonesisk **II** *s* ceylones
cf. [kəm'peə; kən'fɜ:; 'si:'ef] (förk. för *confer* lat. = *compare*) jfr, jämför
c.f. förk. för *cost and freight*
c/f förk. för *carried forward* bokf. transport
cg. förk. för *centigram*[*s*], *centigramme*[*s*]
Ch. förk. för *chapter*
chafe [tʃeɪf] **I** *tr* **1** gnida (gnugga) [varm] **2** skava; *my foot is ~d* jag har fått skavsår på foten **3** bildl. reta **II** *itr* **1** gnida sig, skrapa **2**

skrubba sig **3** bildl. bli irriterad, reta upp sig, rasa [*at* (*under*) över] **III** *s* skavsår

1 chaff [tʃɑ:f] *s* **1** agnar **2** hackelse **3** skräp

2 chaff [tʃɑ:f] fam. **I** *s* drift; skoj, gyckel **II** *itr* skoja, retas **III** *tr* skoja (retas) med

chaffinch ['tʃæfɪntʃ] *s* bofink

chaffing ['tʃɑ:fɪŋ] *s* skoj, gyckel

chafing-dish ['tʃeɪfɪŋdɪʃ] *s* värmeplatta att hålla mat varm på vid bordet

chagrin ['ʃægrɪn] **I** *s* förtret **II** *tr* förtreta

chain [tʃeɪn] **I** *s* **1** kedja; kätting **2** pl. *~s* bojor **3** bildl. kedja; följd, rad [*~ of events*]; *~ accident* seriekrock; *~ lightning* Am. sicksackblixt; *~ reaction* kedjereaktion; *~ of mountains* bergskedja; *~ of thoughts* tankekedja **4** lantmätarkedja; ss. mått = 22 *yards* 20,1 m **II** *tr* kedja fast [*to* vid]; fjättra; lägga bojor (kedjor) på; *~ up* kedja fast

chain-armour ['tʃeɪn'ɑ:mə] *s* ringbrynja

chain-gang ['tʃeɪngæŋ] *s* arbetslag av hopkedjade straffångar

chain-letter ['tʃeɪn,letə] *s* kedjebrev

chain-mail ['tʃeɪn'meɪl] *s* ringbrynja

chain-saw ['tʃeɪnsɔ:] *s* kedjesåg, motorsåg

chain-smoker ['tʃeɪn,sməʊkə] *s* kedjerökare

chain-store ['tʃeɪnstɔ:] *s* filial[affär], kedjebutik; pl. *~s* butikskedja

chair [tʃeə] **I** *s* **1** stol; *take a ~!* sitt ner! **2** lärostol, kateder; professur; *C~ of Philosophy* professur i filosofi **3** ordförande-, talmans|stol; ordförande[skap]; *be in the ~* sitta [som] ordförande, föra ordet; *take the ~* inta ordförandeplatsen **4** *the ~* Am. elektriska stolen **II** *tr* **1** vara ordförande i [*~ a committee*], vara (sitta som) ordförande vid [*~ a meeting*] **2** bära i [gull]stol

chair-lift ['tʃeəlɪft] *s* sittlift, stollift

chair|man ['tʃeə|mən] (pl. *-men* [-mən]) *s* ordförande; styrelseordförande; *~'s report* verksamhetsberättelse

chairmanship ['tʃeəmənʃɪp] *s* ordförande|skap, -post

chairperson ['tʃeə,pɜ:sn] *s* ordförande; styrelseordförande

chair|woman ['tʃeə|,wʊmən] (pl. *-women* [-,wɪmɪn]) *s* [kvinnlig] ordförande

chalet ['ʃæleɪ] *s* **1** chalet, schweizerhydda **2** stuga, hydda på sommarläger o. d.

chalice ['tʃælɪs] *s* **1** bägare **2** [nattvards]-kalk

chalk [tʃɔ:k] **I** *s* **1** krita; *as like* (*different*) *as ~ and cheese* olika som natt och dag **2** kritstreck; *better by a long ~* fam. långt bättre; *not by a long ~* fam. inte på långa vägar **II** *tr* skriva (rita, märka) med krita; *~ up* skriva upp [*against a p.* på ngns räkning]; *~ up a score* kunna notera poäng (mål); *~ up a record* sätta rekord

chalky ['tʃɔ:kɪ] *a* kritig, kritvit; krithaltig

challenge ['tʃælɪndʒ] **I** *s* **1** utmaning; stimulerande uppgift **2** uppfordran, uppmaning **3** anrop av vaktpost o. d.; anropssignal **4** bestridande **II** *tr* **1** utmana [*~ a p. to a duel*]; trotsa [*~ a p.'s power*]; *I ~ you to do it* försök [att] göra det om du kan **2** uppfordra, uppmana [*~ a p. to fight*] **3** om vaktpost o. d. anropa **4** jur. jäva, anföra jäv mot [*~ a witness*] **5** bestrida [*~ a p.'s right*]

challenge-cup ['tʃælɪndʒkʌp] *s* sport. vandringspokal

challenger ['tʃælɪndʒə] *s* utmanare

challenging ['tʃælɪndʒɪŋ] *a* utmanande; manande; stimulerande

chamber ['tʃeɪmbə] *s* **1** a) poet. kammare, rum b) *~ music* kammarmusik; *~ of horrors* skräck|kammare, -kabinett **2** pl. *~s* a) juristkontor i *Inn of Court* b) ungkarlslägenhet **3** parl. kammare; *the Lower C~* a) andra kammaren b) i USA representanthuset; *the Upper C~* a) första kammaren b) i USA senaten **4** *C~ of Commerce* handelskammare **5** tekn., zool. o. d. kammare; mil. patronläge, hylsläge **6** fam. kärl, potta

chamberlain ['tʃeɪmbəlɪn] *s* kammarherre

chambermaid ['tʃeɪmbəmeɪd] *s* städerska på hotell; husa

chamber-pot ['tʃeɪmbəpɒt] *s* nattkärl

chameleon [kə'mi:ljən] *s* zool. kameleont

chamfer ['tʃæmfə] **I** *tr* **1** fasa av **2** räffla, fåra **II** *s* **1** avfasning; fas **2** räffla, fåra

chamois ['ʃæmwɑ:] *s* stenget, gems

chamois-leather ['ʃæmɪleðə] *s* sämskskinn

1 champ [tʃæmp] *tr* o. *itr* tugga [på] foder, betsel, bita [i]; *be ~ing* [*at*] *the bit* bildl. brinna av iver (otålighet)

2 champ [tʃæmp] *s* fam. = *champion I 1*

champagne [ʃæm'peɪn] *s* champagne

champion ['tʃæmpjən] **I** *s* **1** mästare [*tennis* (*world*) *~*]; champion; segrare **2** förkämpe [*of* för] **II** *a* **1** rekord-, förnämst; *the ~ team* mästarlaget **2** skämts. första klassens, jubel- [*~ idiot*]; *that's ~!* det är toppen! **III** *tr* kämpa för, förfäkta

championship ['tʃæmpjənʃɪp] *s* **1** mästerskap, titel i idrott o. d., mästerskapstävling **2** försvar [*of* för]

chance [tʃɑ:ns] **I** *s* **1** tillfällighet, händelse; slump; *by ~* händelsevis; *game of ~* hasardspel **2** chans, gynnsamt tillfälle; möjlighet, utsikt[er] [*of* till]; *run the ~ of getting lost* löpa risk att komma bort; *stand a* [*good* (*fair*)] *~* ha [goda] utsikter; *on the ~ that* i hopp om att **3** isht pl. *~s* sannolikhet; *the ~s are that* allting talar för att **II** *a* tillfällig [*~ likeness*], oförutsedd; förlupen [*a ~ bullet*]; *a ~ remark* en anmärkning i förbigående **III** *itr* hända (slumpa) sig; råka [*I ~d to be out*]; *~* [*up*]*on* råka på, råka

finna **IV** *tr* fam. riskera; ~ *it* chansa, ta chansen; ~ *o.'s arm* göra ett försök
chancel ['tʃɑːnsəl] *s* kyrkl. [hög]kor
chancellery ['tʃɑːnsələrɪ] *s* **1** kanslersämbete; kansli **2** ambassad-, konsulat|kansli
chancellor ['tʃɑːnsələ] *s* kansler äv. vid universitet; *Lord* [*High*] *C*~ lordkansler justitieminister; *C*~ *of the Exchequer* Engl. finansminister
chancellorship ['tʃɑːnsələʃɪp] *s* kanslers|ämbete, -post
chancery ['tʃɑːnsərɪ] *s* **1** *the C*~ [*Division*] lordkanslerns domstol, kanslersrätten en avdelning av *High Court of Justice* **2** *in* ~ fam. i klämma, i knipa
chancy ['tʃɑːnsɪ] *a* fam. osäker, riskabel
chandelier [ˌʃændə'lɪə] *s* ljuskrona
change [tʃeɪndʒ] **I** *tr* **1** ändra, förändra [*into* till]; ändra på [~ *the rules*]; lägga om [~ *the system*]; förvandla, omvända; ~ *front* (*face*) bildl. göra en helomvändning; ~ *o.'s mind* ändra sig **2** byta; byta ut [*for* mot]; skifta [~ *colour*]; ~ *o.'s clothes* byta [kläder], byta om; ~ *places* byta plats; ~ *sides* a) byta sida (parti) b) ändra ståndpunkt; ~ *trains* byta tåg **3** växla pengar **II** *itr* **1** byta [kläder], byta om, klä om [sig] **2** byta [tåg (båt, plan)] **3** ändras, förändras, förvandlas, ändra sig, växla, kasta (slå) om [*the wind has* ~*d*]; byta **4** bil. växla [~ *down* (*up*)] **III** *s* **1** [för]ändring [~ *for* (till) *the better*]; omkastning; svängning [*a sudden* ~]; växling; skifte; ~ *of life* klimakterium, övergångsperiod **2** ombyte, utbyte, byte; omväxling; *it makes a* ~ det blir en smula omväxling; ~ *of address* adress[för]ändring; ~ *of air* luftombyte; *for a* ~ för omväxlings skull, som omväxling; iron. för en gångs skull **3** ombyte [*a* ~ *of clothes*] **4** pl.: ~*s* växlingar vid växelringning; *ring the* ~*s* a) ringa alla växlingar b) bildl. vrida och vända **5** *C*~ börsen [*on C*~] **6** växel, småpengar [äv. *small* ~]; pengar tillbaka [*I didn't get any* ~]; *exact* ~ jämna pengar; *can you give me* ~ *for a pound?* kan ni växla ett pund [åt mig]?; *you won't get much* ~ *out of him* fam. bildl. med honom kommer du ingenstans; *keep the* ~*!* det är jämna pengar!
changeability [ˌtʃeɪndʒə'bɪlətɪ] *s* föränderlighet, ombytlighet, ostadighet
changeable ['tʃeɪndʒəbl] *a* **1** föränderlig, ombytlig, ostadig **2** som kan ändras (bytas)
changeling ['tʃeɪndʒlɪŋ] *s* bortbyting
change-over ['tʃeɪndʒˌəʊvə] *s* **1** omkoppling **2** bildl. övergång; omläggning; omslag
changing-room ['tʃeɪndʒɪŋrʊm] *s* omklädningsrum
channel ['tʃænl] **I** *s* **1** kanal, sund; *the* [*English*] *C*~ Engelska kanalen; *the C*~ *Islands* Kanalöarna **2** flodbädd **3** strömfåra; segelränna [*navigable* ~] **4** ränna, kanal för vätskor **5** radio., TV. kanal **6** bildl. medium, kanal; *through* [*the*] *official* ~*s* tjänstevägen **II** *tr* **1** göra kanaler i **2** kanalisera
chant [tʃɑːnt] **I** *tr* o. *itr* **1** poet. sjunga; besjunga **2** kyrkl. sjunga liturgiskt; mässa **3** skandera, ropa taktfast **II** *s* **1** poet. sång **2** kyrkl. [liturgiskt] recitativ; psalm ur Psaltaren **3** bildl. taktfast ropande
chaos ['keɪɒs] *s* kaos
chaotic [keɪ'ɒtɪk] *a* kaotisk
1 chap [tʃæp] **I** *tr* framkalla sprickor i hud **II** *itr* få sprickor **III** *s* spricka isht i hud
2 chap [tʃæp] *s* fam. karl; kille, grabb; *old* ~*!* gamle gosse!
3 chap [tʃæp] *s*, pl. ~*s* käft; käkar; se vid. *2 chop*
chapel ['tʃæpəl] *s* **1** kapell; kyrka; gudstjänstlokal, bönhus, bönsal; ~ *of ease* annexkyrka **2** gudstjänst [i kapellet etc.]
chapelgoer ['tʃæpəlˌgəʊə] *s* frikyrklig [person]
chaperon ['ʃæpərəʊn] **I** *s* bildl. förkläde **II** *tr* vara förkläde åt
chaplain ['tʃæplɪn] *s* [hus]kaplan; präst, pastor ofta regements-, sjömans- o. d.
chaplet ['tʃæplət] *s* **1** krans att bära på huvudet **2** radband, rosenkrans **3** halsband
chappie ['tʃæpɪ] *s* = *2 chap*
chapter ['tʃæptə] *s* **1** kapitel; *a* ~ *of accidents* en rad olyckor; ~ *and verse* a) kapitel och vers i Bibeln b) bildl. exakt källa, stöd **2** domkapitel
1 char [tʃɑː] **I** *itr* städa, arbeta som städhjälp **II** *s* fam. se *charwoman*
2 char [tʃɑː] **I** *tr* bränna till kol, kola; komma att förkolna **II** *itr* förkolna, förkolas
3 char [tʃɑː] *s* sl. te [*a cup of* ~]
4 char [tʃɑː] *s* röding; bäckröding
charabanc ['ʃærəbæŋ] *s* öppen turistbuss
character ['kærəktə] *s* **1** karaktär; natur; egenart; beskaffenhet; ~ *sketch* karaktärsskildring, karakteristik; *judge of* ~ människokännare **2** [god (fast)] karaktär [*a man of* (med) ~] **3** anseende; vitsord, betyg **4** person[lighet] [*public* ~]; fam. individ, original; ~ *actor* karaktärsskådespelare **5** gestalt, figur; roll; typ; *in* ~ rollenligt, i stil; karakteristiskt; *be out of* ~ inte passa ihop med rollen; inte vara karakteristisk **6** [skrift]tecken [*Chinese* ~*s*], bokstav
characteristic [ˌkærəktə'rɪstɪk] **I** *a* karakteristisk, kännetecknande [*of* för] **II** *s* kännemärke, kännetecken, karaktärsdrag
characterization [ˌkærəktəraɪ'zeɪʃən] *s* karakterisering, karakteristik
characterize ['kærəktəraɪz] *tr* karakterise-

ra, beteckna [*as* såsom]; känneteckna
charade [ʃə'rɑ:d] *s* charad; *~s* (konstr. ss. sing.) [levande] charad lek
charcoal ['tʃɑ:kəul] *s* träkol
charge [tʃɑ:dʒ] **I** *tr* **1** anklaga; framföra anklagelsen [*that* att]; *~ a p. with a th.* beskylla (anklaga) ngn för ngt **2** ta [betalt] [*how much do you ~ for it?*] **3** hand. debitera, belasta ett konto [*with* för, med]; *~ a th. to a p.'s account* (*against a p., up to a p.*) debitera ngns konto med ngt, skriva upp ngt på ngn[s konto] **4** ladda [*~ a gun* (*an accumulator*)]; fylla [i (på)]; *the atmosphere was ~d* atmosfären var laddad **5** *~ a p. with doing a th.* ge ngn i uppdrag att göra ngt **6** mil. o. d. anfalla, storma fram mot; rusa (gå) 'på; fotb. tackla **II** *itr* **1** storma (rusa) fram [*at* mot]; rusa [in] **2** ta betalt [*~ extra for a seat*] **III** *s* **1** anklagelse, beskyllning; *put a p. on a ~* mil. anmäla ngn; *on a ~ of* anklagad för; *bring a ~ against* rikta en anklagelse mot; väcka åtal mot; *he faces serious ~s* han står åtalad för grova brott; *prefer a ~* [*against a p.*] komma med en beskyllning (anklagelse) [mot ngn]; yrka ansvar [på ngn]; göra polisanmälan [mot ngn] **2** pris, avgift, taxa; *what is your ~ for . .?* vad tar ni för . .?; *free of ~* gratis **3** fast utgift; pl. *~s* omkostnader **4** tekn., elektr. laddning **5** åläggande, befallning; uppdrag **6** vård; uppsikt [*put* (ställa) *under a p.'s ~*]; [*man*] *in ~* vakthavande; *be in ~ of* ha hand om, ha ansvaret för, ha vården om [*Mary was in ~ of the child*]; *take ~ of a th.* ta hand om ngt **7** skyddsling **8** [fängsligt] förvar; *give a p. in ~* låta arrestera ngn **9** mil. o. d. anfall, chock; fotb. tackling
chargeable ['tʃɑ:dʒəbl] *a* **1** ansvarig, åtalbar [*with* för] **2** *it is ~ to his account* det skall påföras (debiteras) hans konto
charge-account ['tʃɑ:dʒəˌkaunt] *s* Am. [kund]konto i varuhus
chargé d'affaires ['ʃɑ:ʒeɪdæ'feə] (pl. *chargés d'affaires* [utt. som sg.]) *s* chargé d'affaires
charger ['tʃɑ:dʒə] *s* **1** stridshäst, isht officershäst **2** laddningsapparat **3** *demand a p.'s head on a ~* bildl. begära ngns huvud på ett fat
chariot ['tʃærɪət] *s* stridsvagn, triumfvagn
charioteer [ˌtʃærɪə'tɪə] *s* körsven
charisma [kə'rɪzmə] *s* karisma, utstrålning
charitable ['tʃærɪtəbl] *a* **1** medmänsklig; välgörenhets- [*~ institution*] **2** välvillig
charity ['tʃærətɪ] *s* **1** människokärlek, [kristlig] kärlek [*faith, hope and ~*], kärlek till nästan; *~ begins at home* ung. man bör först hjälpa sina närmaste **2** mildhet [i omdömet], överseende **3** barmhärtighet; välgörenhet; allmosor; *~ bazaar* välgörenhetsbasar **4** välgörenhetsinrättning
charlady ['tʃɑ:ˌleɪdɪ] *s* = *charwoman*
charlatan ['ʃɑ:lətən] *s* charlatan, kvacksalvare
Charlemagne ['ʃɑ:ləmeɪn] Karl den store
Charles [tʃɑ:lz] ss. kunganamn Karl
Charleston ['tʃɑ:lstən] **I** egennamn **II** *s* charleston dans
Charley el. **Charlie** ['tʃɑ:lɪ] fam. för *Charles*
charm [tʃɑ:m] **I** *s* **1** charm, tjuskraft, dragningskraft; tjusning; pl. *~s* behag, skönhet **2** trollformel; trolldom, förtrollning; *it worked like a ~* det hade en mirakulös verkan; det gick som smort **3** amulett **4** berlock **II** *tr* **1** charmera, tjusa, förtrolla; hänföra **2** trolla [*~ away*], förtrolla; *bear* (*have*) *a ~ed life* vara osårbar
charmer ['tʃɑ:mə] *s* charmör, tjusare
charming ['tʃɑ:mɪŋ] *a* charmfull, charmig, förtjusande, bedårande
charred [tʃɑ:d] *a* kolad, förkolnad
chart [tʃɑ:t] **I** *s* **1** tabell; grafisk framställning; diagram; karta [*weather ~*] **2** vägg-, undervisnings|plansch [äv. *wall ~*] **3** sjökort **II** *tr* kartlägga
charter ['tʃɑ:tə] **I** *s* **1 a**) kungligt brev, frihetsbrev, privilegiebrev **b**) stiftelseurkund, oktroj, koncession **c**) privilegium, rättighet[er] **2** *the C~ of the United Nations* Förenta Nationernas stadga **3 a**) charter; *a ~ flight* en chartrad flygresa; *~ flights, air ~* charterflyg **b**) certeparti; befraktning, chartring **II** *tr* **1** bevilja (ge) ngn rättigheter (privilegier, oktroj, koncession) **2** chartra, befrakta
chartered ['tʃɑ:təd] *a* **1** upprättad genom ett kungligt brev etc., jfr *charter I 1*; auktoriserad [*~ accountant*] **2** chartrad [*~ aircraft*]
char|woman ['tʃɑ:|ˌwumən] (pl. *-women* [-ˌwɪmɪn]) *s* städerska, städhjälp
chary ['tʃeərɪ] *a* **1** *be ~ of* a) vara rädd (akta sig) för [*be ~ of catching cold*] b) vara mån om [*be ~ of o.'s reputation*] **2** sparsam, njugg **3** kräsen, nogräknad
Chas. [tʃɑ:lz] förk. för *Charles*
1 chase [tʃeɪs] **I** *tr* jaga; förfölja; springa efter [*~ girls*] **II** *itr* fam. springa [*she ~s after boys*], rusa [*~ about*] **III** *s* **1** jakt; förföljande **2** villebråd
2 chase [tʃeɪs] *tr* **1** ciselera **2** infatta i guld o. d.
chasm ['kæzəm] *s* klyfta, avgrund
chassis ['ʃæsɪ, -si:] *s* bil., radio. m. m. chassi; underrede
chaste [tʃeɪst] *a* kysk
chasten ['tʃeɪsn] *tr* **1** tukta, straffa **2** bildl. tygla, dämpa **3** bildl. rena, förfina
chastise [tʃæs'taɪz] *tr* straffa, tukta, aga

chastisement [tʃæs'taɪzmənt] *s* straff, tuktan, aga
chastity ['tʃæstətɪ] *s* kyskhet; ~ *belt* kyskhetsbälte
chasuble ['tʃæzjubl] *s* mässhake
chat [tʃæt] **I** *itr* prata **II** *tr* sl., ~ *up* snacka med, snacka in sig hos; flirta med **III** *s* **1** prat, pratande, småprat, pratstund [*have a cosy* ~]; ~ *show* radio. o. TV. pratshow intervju med kändisar **2** zool. stenskvätta
château ['ʃætəu] (pl. ~*x* [-z]) *s* (fr.) slott
chateaubriand ['ʃætəu'brɪɑ̃:] *s* kok. chateaubriand
chattel ['tʃætl] *s*, vanl. pl. ~*s* lösöre, lösegendom, tillhörigheter [äv. *goods and* ~*s*]
chatter ['tʃætə] **I** *itr* **1** pladdra **2** klappra, smattra [*the typewriter keys* ~], skaka; *his teeth* ~*ed with cold* han hackade tänder av köld **3** snattra, tjattra **II** *s* pladder, snatter
chatterbox ['tʃætəbɒks] *s* pratkvarn
chatty ['tʃætɪ] *a* **1** pratsam **2** kåserande
Chaucer ['tʃɔ:sə]
chauffeur ['ʃəufə] *s* [privat]chaufför
chauvinism ['ʃəuvɪnɪzəm] *s* chauvinism; *male* ~ manschauvinism
chauvinist ['ʃəuvɪnɪst] *s* chauvinist; *male* ~ manschauvinist; *male* ~ *pig* fam. [mullig] mansgris
cheap [tʃi:p] **I** *a* **1** billig; billighets- [~ *edition*]; gottköps- [~ *articles*] **2** lättköpt; futtig; tarvlig; billig [~ *jokes*] **II** *adv* billigt [*get* (*sell*) ~] **III** *s*, *on the* ~ fam. [för] billigt [pris]
cheapen ['tʃi:pən] **I** *tr* **1** göra billig[are] **2** bildl. göra tarvlig **II** *itr* bli billig[are]
cheapjack ['tʃi:pdʒæk] *s* [gatu]försäljare
cheapskate ['tʃi:pskeɪt] *s* isht Am. sl. **1** snåljåp **2** ynkligt kräk
cheat [tʃi:t] **I** *tr* lura, narra; ~ *a p. out of a th.* lura av ngn ngt **II** *itr* fuska; fiffla; ~ *at cards* fuska i kortspel **III** *s* **1** svindlare, skojare; fuskare **2** bedrägeri; fusk
cheating ['tʃi:tɪŋ] *s* bedrägeri, fusk
check [tʃek] **I** *s* **1** stopp, avbrott; spärr, hinder; broms; bakslag, motgång; *act as a* ~ *on* verka återhållande (som broms) på **2** *keep* (*hold*) *in* ~ hålla i schack; *keep* (*hold*) *the enemy in* ~ hålla fienden stången; *keep* (*put*) *a* ~ *on* lägga band på; hålla i schack **3** a) kontroll, koll [*make a* ~], prov b) kontrolltecken; *keep a* ~ *on* kontrollera, ha koll på **4** kontramärke, bricka, pollett; Am. polletteringsmärke; Am. [restaurang]nota **5** Am. check **6** spelmark; *cash* (*hand*) *in o.'s* ~*s* sl. lämna in, kola av dö **7** rutigt mönster (tyg); ~ *pattern* rutmönster, rutigt mönster **8** schack **II** *interj* schack! **III** *tr* **1** hejda, hämma, bromsa, stoppa; sport. hindra, blockera **2** tygla, hålla i styr, hejda [*he* ~*ed himself*] **3** kontrollera, kolla, checka; gå igenom; bocka (pricka) för (av) **4** Am. a) pollettera b) lämna i garderoben t. ex. på teatern **5** tillrättavisa **6** ruta, göra rutig **7** schacka **IV** *itr* **1** om hund, häst hejda sig **2** Am., ~ [*up*] stämma [*with*] **3** ~ *in* a) boka in sig [~ *in at a hotel*] b) anmäla sig, stämpla [in] på arbetsplats; ~ *into a hotel* ta in på ett hotell; ~ *out* a) betala sin hotellräkning b) stämpla [ut] på arbetsplats **4** kontrollera, kolla [äv. ~ *up*]; ~ *up on a p.* (*a th.*) kontrollera ngn (ngt)
checkbook ['tʃekbuk] *s* Am. checkhäfte
checked [tʃekt] *a* rutig [~ *material*]
checker ['tʃekə] *s* **1** kontrollör; kontrollant **2** Am., ~*s* (konstr. ss. sg.) dam[spel]
checkmate ['tʃekmeɪt] **I** *s* **1** schack och matt, schackmatt **2** avgörande nederlag **II** *tr* **1** göra schackmatt **2** bildl. schacka
checkpoint ['tʃekpɔɪnt] *s* kontrollstation; vägspärr
check-up ['tʃekʌp] *s* kontroll, undersökning, granskning
Cheddar ['tʃedə] **I** egennamn **II** *s* cheddar[-ost]
cheek [tʃi:k] **I** *s* **1** kind **2** bildl. fam. 'mage'; fräckhet; *what* ~*!* vad fräckt!; *I like your* ~ iron. du är inte lite fräck du! **II** *tr* fam. vara fräck mot
cheek-bone ['tʃi:kbəun] *s* kindben
cheeky ['tʃi:kɪ] *a* fam. fräck, uppkäftig
cheep [tʃi:p] **I** *itr* o. *tr* pipa **II** *s* pip
cheer [tʃɪə] **I** *s* **1** bravorop, hurrarop; hejaramsa; *three* ~*s for* ett [trefaldigt (sv. motsv. fyrfaldigt)] leve för **2** fam., ~*s!* skål! **3** glädje, munterhet, jubel **4** uppmuntran; *words of* ~ litt. uppmuntrande ord **5** litt. undfägnad, förplägnad; *make good* ~ äta och må gott **II** *tr* **1** muntra upp, trösta [*I felt a bit* ~*ed*]; ~ *up* pigga (liva) upp **2** ~ [*on*] heja på **3** hurra för, ropa bravo åt **III** *itr* **1** ~ *up* bli gladare; ~ *up!* var inte så ledsen!, ryck upp dig! **2** hurra, heja
cheerful ['tʃɪəful] *a* **1** glad [av sig], gladlynt, munter [*a* ~ *smile*] **2** glädjande, trevlig; ljus och glad [*a* ~ *room*]
cheerfulness ['tʃɪəfulnəs] *s* gladlynthet
cheering ['tʃɪərɪŋ] **I** *s* hurrarop; hejarop **II** *a* glädjande [*that's* ~ *news*]
cheerio ['tʃɪərɪ'əu] *interj* fam. **1** hej [då]!, ajö! **2** något åld. skål!
cheerleader ['tʃɪəˌli:də] *s* sport. o. d. klackanförare, ledare av hejarklack
cheerless ['tʃɪələs] *a* glädjelös, dyster
cheery ['tʃɪərɪ] *a* glad, munter [*a* ~ *smile*], glättig, livlig
1 cheese [tʃi:z] *s* ost; ~ *spread* smältost, bredbar ost
2 cheese [tʃi:z] *s* sl. **1** *hard* ~ otur, osis **2** *big* ~ [stor]pamp, höjdare; boss, chef
3 cheese [tʃi:z] *tr* sl., ~ *it!* sluta!, lägg av!;

be ~d off vara deppig
cheeseboard ['tʃi:zbɔ:d] *s* ostbricka
cheeseburger ['tʃi:zˌbɜ:gə] *s* ostburgare
cheesecake ['tʃi:zkeɪk] *s* **1** ung. ostpaj, ostpastej **2** sl. [sexiga bilder av] pinuppor
cheesecloth ['tʃi:zklɒθ] *s* ostduk, tunt tyg
cheese-paring ['tʃi:zˌpeərɪŋ] **I** *s* småsnålhet **II** *a* småsnål, gnidig
cheetah ['tʃi:tə] *s* zool. gepard
chef [ʃef] *s* (fr.) köksmästare, kock
Chelsea ['tʃelsɪ]
chemical ['kemɪkəl] **I** *a* kemisk; *~ warfare* kemisk krigföring **II** *s* kemikalie
chemise [ʃə'mi:z, ʃɪ'm-] *s* damlinne
chemist ['kemɪst] *s* **1** kemist **2** apotekare; *~'s shop* ung. apotek, färghandel
chemistry ['keməstrɪ] *s* kemi
cheque [tʃek] *s* check
cheque-book ['tʃekbʊk] *s* checkhäfte
chequered ['tʃekəd] *a* **1** rutig **2** brokig, skiftande, skiftesrik [*a ~ career*]
cherish ['tʃerɪʃ] *tr* hysa [*~ a hope*], nära en känsla
cheroot [ʃə'ru:t] *s* cigarill
cherry ['tʃerɪ] **I** *s* **1** a) körsbär b) körsbärsträd c) körsbärsträ **2** körsbärsrött **II** *a* [körsbärs]röd
cherub ['tʃerəb] *s* **1** (pl. *~im* [-ɪm]) relig. kerub **2** konst. o. bildl. kerub
cherubic [tʃe'ru:bɪk] *a* kerubisk; änglalik
cherubim ['tʃerəbɪm] *s* pl. av *cherub 1*
chervil ['tʃɜ:vɪl] *s* bot. körvel
Cheshire ['tʃeʃə] eng. grevskap; *~ cheese* cheshireost; *grin like a ~ cat* grina som en solvarg
chess [tʃes] *s* schack[spel]
chessboard ['tʃesbɔ:d] *s* schackbräde
chessman ['tʃesmæn] *s* schackpjäs
chest [tʃest] *s* **1** kista, låda; *~ of drawers* byrå **2** bröst[korg]; *get a th. off o.'s ~* fam. lätta sitt hjärta genom att tala om ngt
Chester ['tʃestə]
chest-expander ['tʃestɪksˌpændə] *s* armstärkare
chestnut ['tʃesnʌt] **I** *s* **1** a) kastanje b) kastanjeträd **2** kastanjebrunt **3** fux häst **4** fam. [gammal] historia **II** *a* kastanjebrun; om häst fuxfärgad
Cheviot ['tʃevɪət] *s, the ~s, the ~ Hills* Cheviotbergen
Chevrolet ['ʃevrəʊleɪ]
chevron ['ʃevrən] *s* ärmvinkel på uniform
chew [tʃu:] **I** *tr* **1** tugga; *~ the cud* se *cud*; *~ the fat* (*rag*) fam. snacka [i det oändliga] **2** bildl. grubbla på **II** *itr* **1** tugga **2** bildl. grubbla **III** *s* **1** tuggning **2** buss; tugga
chewing-gum ['tʃu:ɪŋgʌm] *s* tuggummi
chianti [kɪ'æntɪ] *s* chianti[vin]
chiaroscuro [kɪ'ɑ:rə'skʊərəʊ] *s* (ital.) konst. klärobskyr
chic [ʃi:k] **I** *s* stil, elegans **II** *a* chic, elegant
Chicago [ʃɪ'kɑ:gəʊ, tʃɪ-]
chicanery [ʃɪ'keɪnərɪ] *s* lagvrängning, [advokat]knep
chick [tʃɪk] *s* **1** [nykläckt] kyckling **2** fågelunge **3** fam., *the ~s* ungarna, småttingarna **4** sl. tjej, brud
chicken ['tʃɪkɪn] **I** *s* kyckling, isht Am. äv. höna; höns; *count o.'s ~s before they are hatched* ung. sälja skinnet innan björnen är skjuten; *she's no [spring] ~* hon är ingen duvunge **II** *a* fam. feg, skraj
chicken-feed ['tʃɪkɪnfi:d] *s* fam. struntsummor, småpotatis
chicken-hearted ['tʃɪkɪnˌhɑ:tɪd] *a* harhjärtad, feg
chicken-pox ['tʃɪkɪnpɒks] *s* vattkoppor
chicken-run ['tʃɪkɪnrʌn] *s* hönsgård
chicory ['tʃɪkərɪ] *s* **1** endiv; Am. chicorée frisée, frisésallad **2** cikoria; cikoriarot
chide [tʃaɪd] (imp.: *chided, chid*; pp.: *chided, chid, chidden*) *tr* litt. banna, tillrättavisa
chief [tʃi:f] **I** *s* **1** huvudman [*the ~ of a clan*], hövding; chef, ledare; *~ of staff* stabschef; *~ of state* statsöverhuvud **2** *in ~* a) framför allt, i synnerhet b) ss. efterled i sms. [*-in-chief,* t. ex. *commander-in-chief*] över-, chef[s]-, huvud-, förste **II** *a* **1** i titlar chef[s]-, huvud- [*~ editor*], över-, förste **2** huvud-, förnämst, viktigast, störst; ledande; *C~ Justice of the United States* president (ordförande) i USA:s högsta domstol; *Lord C~ Justice* president i Högsta domstolen; *~ priest* överstepräst
chiefly ['tʃi:flɪ] *adv* framför allt, först och främst; huvudsakligen
chieftain ['tʃi:ftən] *s* **1** ledare **2** hövding
chieftaincy ['tʃi:ftənsɪ] *s* ledarskap; hövdingavärdighet
chiffon ['ʃɪfɒn] *s* chiffong
chiffonier [ˌʃɪfə'nɪə] *s* serveringsbord, låg buffé; isht Am. chiffonjé
chilblain ['tʃɪlbleɪn] *s* frostknöl, kylskada
child [tʃaɪld] (pl. *children* ['tʃɪldrən]) *s* **1** barn äv. bildl.; *~ allowance* a) barnavdrag vid skatt b) barnbidrag; *~ guidance clinic* rådgivningsbyrå för uppfostringsfrågor; *it is ~'s play* det är en barnlek (en enkel match); *children's party* barnkalas; *from a ~* från barndomen, redan som barn; *with ~* gravid, havande **2** skapelse, produkt [*the ~ of his imagination*]
childbearing ['tʃaɪldˌbeərɪŋ] *s* barnafödande
childbirth ['tʃaɪldbɜ:θ] *s* förlossning, barnsbörd; barnsäng [*die in ~*]
child-care ['tʃaɪldkeə] *s* barnavård
childhood ['tʃaɪldhʊd] *s* barndom; *be in o.'s second ~* vara barn på nytt
childish ['tʃaɪldɪʃ] *a* barnslig, enfaldig

childlike ['tʃaɪldlaɪk] *a* barnslig [~ *innocence*], lik ett barn
child-minder ['tʃaɪld,maɪndə] *s* dagmamma, [dag]barnvårdare
child-minding ['tʃaɪld,maɪndɪŋ] *s* barntillsyn; barnpassning
childproof ['tʃaɪldpru:f] *a* barnsäker [~ *locks*]
children ['tʃɪldrən] pl. av *child*
Chile ['tʃɪlɪ]
Chilean ['tʃɪlɪən] **I** *s* chilen, chilenare **II** *a* chilensk
chill [tʃɪl] **I** *s* kyla äv. bildl., köld; *catch a* ~ förkyla sig; *take the* ~ *off* ljumma upp; temperera **II** *a* kall, kylig äv. bildl. **III** *tr* kyla [av]; *be* ~*ed to the bone* (*marrow*) frysa ända in i märgen, vara genomfrusen
chilli ['tʃɪlɪ] *s* chili spansk peppar
chilly ['tʃɪlɪ] *a* **1** kylig äv. bildl., kall **2** frusen
chime [tʃaɪm] **I** *s* **1** klockspel [äv. ~ *of bells*] **2** [klockspels]ringning [ofta pl. ~*s*] **II** *itr* **1** ringa, klinga; ringa [klockspel] **2** ~ *in* infalla [*'of course' he* ~*d in*], inflicka; instämma **3** ~ [*in*] *with* harmoniera med **III** *tr* **1** ringa i [~ *the bells*]; *the clock* ~*d twelve* klockan slog tolv **2** [fram]sjunga entonigt
chimera [kaɪ'mɪərə, kɪ'm-] *s* hjärnspöke; inbillningsfoster; chimär
chimney ['tʃɪmnɪ] *s* **1** skorsten; rökgång **2** lampglas
chimney-piece ['tʃɪmnɪpi:s] *s* **1** spiselkrans över eldstad **2** spiselhylla
chimney-pot ['tʃɪmnɪpɒt] *s* skorsten, skorstenspipa ovanpå taket
chimney-stack ['tʃɪmnɪstæk] *s* skorstensgrupp av sammanbyggda pipor, skorsten
chimney-sweep ['tʃɪmnɪswi:p] *s* o. **chimney-sweeper** ['tʃɪmnɪ,swi:pə] *s* skorstensfejare, sotare
chimpanzee [,tʃɪmpən'zi:] *s* schimpans
chin [tʃɪn] *s* haka; *double* ~ dubbelhaka; *keep o.'s* ~ *up* fam. hålla humöret uppe; *take it on the* ~ fam. ta det med jämnmod
China ['tʃaɪnə] Kina
china ['tʃaɪnə] *s* porslin
china-clay ['tʃaɪnə'kleɪ] *s* porslinslera, kaolin
china-closet ['tʃaɪnə,klɒzɪt] *s* porslinsskåp
China|man ['tʃaɪnə|mən] (pl. *-men* [-mən]) *s* neds. kinaman, kines
Chinatown ['tʃaɪnətaun] *s* kines|kvarter[et], -kvarteren
chinchilla [tʃɪn'tʃɪlə] *s* zool. chinchilla
chin-chin ['tʃɪn'tʃɪn] *interj* fam. **1** hej [svejs]! **2** skål!
chine [tʃaɪn] *s* kok. rygg[stycke] av slaktat djur
Chinese ['tʃaɪ'ni:z] **I** *s* **1** (pl. lika) kines **2** kinesiska [språket] **II** *a* kinesisk; ~ *lantern* kulört lykta
Chink [tʃɪŋk] *s* sl. neds. kines
1 chink [tʃɪŋk] *s* **1** spricka; *a* ~ *in o.'s armour* bildl. en sårbar punkt **2** springa
2 chink [tʃɪŋk] **I** *s* klirrande, klingande av mynt o. d. **II** *itr* om mynt o. d. klirra, klinga
chintz [tʃɪnts] *s* chintz, kretong
chin-wag ['tʃɪnwæg] *s* fam. pratstund
chip [tʃɪp] **I** *s* **1** flisa, spån; skärva; bit, stycke; *he is a* ~ *off* (*of*) *the old block* fam. han är sin far upp i dagen; *he has a* ~ *on his shoulder* fam. han är lättstött **2** tunn skiva frukt, potatis o. d.; pl. ~*s* a) pommes frites [*fish and* ~*s*] b) Am. [potatis]chips **3** hack i t. ex. porslinsyta **4** sl. **a**) spelmark; *hand* (*pass, cash*) *in o.'s* ~*s* lämna in, kola av dö; *have had o.'s* ~*s* ha kolat av; *when the* ~*s are down* när det kommer till kritan; *blue* ~ se *blue I 1* **b**) pl. ~*s* flis pengar [*buy* (placera) ~*s*] **5** data. chip, halvledarbricka **II** *tr* **1** spänta, tälja, flisa; ~*ped potatoes* pommes frites **2** slå en flisa ur; skava av (sönder), knacka av (bort); ~*ped* äv. kantstött **3** fam. reta, retas (driva) med **III** *itr* **1** gå [sönder] i flisor (små stycken); om porslin o. d. [lätt] bli kantstött **2** ~ *in* fam. sticka emellan, göra ett inpass
chip-basket ['tʃɪp,bɑ:skɪt] *s* spånkorg
chipboard ['tʃɪpbɔ:d] *s* **1** slags träflismaterial, fibermaterial **2** slags [kartong]papp
chipolata [,tʃɪpə'lɑ:tə] *s* slags [liten] kryddad prinskorv
Chippendale ['tʃɪpəndeɪl]
chiropodist [kɪ'rɒpədɪst] *s* fotvårdsspecialist
chiropody [kɪ'rɒpədɪ] *s* fotvård
chiropractor ['kaɪərəʊ'præktə] *s* läk. kiropraktor, fam. kotknackare
chirp [tʃɜ:p] **I** *itr* o. *tr* kvittra, pipa; om syrsa gnissla **II** *s* kvitter, pip; syrsas gnisslande
chirpy ['tʃɜ:pɪ] *a* glad; livlig
chirrup ['tʃɪrʌp] **I** *itr* kvittra **II** *s* kvitter
chisel ['tʃɪzl] **I** *s* mejsel; stämjärn, huggjärn **II** *tr* **1** mejsla, hugga ut **2** sl. lura, köra upp
chiseller ['tʃɪzlə] *s* sl. lurendrejare
1 chit [tʃɪt] *s* barnunge; ~ *of a girl* flicksnärta
2 chit [tʃɪt] *s* **1** skuldsedel; påskriven nota **2** kvitto; intyg **3** lapp; kort meddelande
chit-chat ['tʃɪttʃæt] **I** *s* [små]prat **II** *itr* småprata
chivalrous ['ʃɪvəlrəs] *a* **1** chevaleresk, artig, hövisk **2** ridderlig
chivalry ['ʃɪvəlrɪ] *s* **1** artighet, höviskhet, chevalereskhet **2** ridderlighet **3** ridderskap; *the age of* ~ riddartiden
chive [tʃaɪv] *s* gräslök
chiv[v]y ['tʃɪvɪ] *tr* köra med, gnata på
chloride ['klɔ:raɪd] *s* kem. klorid; ~ *of lime* klorkalk
chlorinate ['klɔ:rɪneɪt] *tr* klorera

chlorine ['klɔ:ri:n] *s* kem. klor, klorgas
chloroform ['klɒrəfɔ:m] kem. **I** *s* kloroform **II** *tr* kloroformera
chlorophyll ['klɒrəfɪl] *s* kem. klorofyll
choc [tʃɒk] *s* fam. choklad, fylld chokladbit
choc-ice ['tʃɒkaɪs] *s* chokladglass isht chokladdoppad
chock [tʃɒk] **I** *s* kil, kloss att stötta med; sjö. [båt]klamp **II** *tr* stötta [med klossar]; sjö. ställa en båt på klamparna; ~ *up* kila fast
chock-a-block ['tʃɒkə'blɒk] *a* se *chock-full*
chock-full [tʃɒk'fʊl] *a* fullpackad, proppfull [*with* med, av]
chocolate ['tʃɒkələt] *s* **1** choklad; *a* ~ en fylld chokladbit, en chokladpralin; *a bar of* ~ en chokladkaka; *a box of* ~*s* en ask choklad[praliner] **2** chokladbrunt
choice [tʃɔɪs] **I** *s* **1** val; *take your* ~ välj själv; *by* ~ helst; *it is a matter of* ~ det är efter behag **2** [fritt] val; *I have no* ~ [*in the matter*] jag har inget annat val **3** urval, sortiment **II** *a* utsökt, utvald; prima
choir ['kwaɪə] *s* **1** [sång-, kyrko]kör **2** kor i kyrka
choir-boy ['kwaɪəbɔɪ] *s* korgosse
choirmaster ['kwaɪə,mɑ:stə] *s* kördirigent, körledare
chok|e [tʃəʊk] **I** *tr* **1** kväva; strypa **2** bildl. kväva, undertrycka **3** täppa (stoppa) till; bil. choka **4** ~ *off* fam. avskräcka **II** *itr* [hålla på att] kvävas [~ *with rage*]; storkna; ~ *on a th.* få ngt i vrångstrupen; *-ing voice* kvävd röst **III** *s* bil. choke; tekn. [luft]spjäll
choker ['tʃəʊkə] *s* **1** scarf **2** [tättsittande] halsband **3** hög krage, fadermördare
chok[e]y ['tʃəʊkɪ] *s* sl. finka, arrest
choler ['kɒlə] *s* poet. vrede, ilska
cholera ['kɒlərə] *s* kolera
choleric ['kɒlərɪk] *a* kolerisk, hetlevrad
cholesterol [kə'lestərɒl] *s* kolesterol
choose [tʃu:z] (*chose chosen*) **I** *tr* **1** välja, välja ut, utkora **2** ~ [*rather*] föredra **3** vilja, behaga; gitta [*I don't* ~ *to work*] **II** *itr* **1** välja; *there is nothing* (*little*) *to* ~ *between them* det är inte stor skillnad på dem **2** ha lust, vilja [*do just as you* ~]
choos[e]y ['tʃu:zɪ] *a* kinkig, kräsen
1 chop [tʃɒp] **I** *tr* hugga, hacka [sönder]; ~ *a ball* sport. skära en boll; ~ *wood* hugga ved; ~ *up* hacka sönder **II** *s* **1** hugg; sport. skärande slag **2** avhugget stycke **3** kotlett med ben
2 chop [tʃɒp] *s*, pl. ~*s* käft; käkar; *fat* ~*s* fam. fläskigt ansikte; *lick o.'s* ~*s* slicka sig om mun
3 chop [tʃɒp] **I** *tr* o. *itr* **1** ~ *logic* använda spetsfundigheter **2** ~ *and change* a) tr. ideligen ändra b) itr. vara fram och tillbaka **3** ~ *about* (*round*) om vind slå om **II** *s*, ~*s* *and changes* tvära kast
chop-house ['tʃɒphaʊs] *s* matställe
Chopin ['ʃɒpæ̃:ŋ]
chopper ['tʃɒpə] *s* **1** huggare [*wood* ~] **2** köttyxa, hackkniv **3** fam. helikopter
chopping-block ['tʃɒpɪŋblɒk] *s* huggkubbe
choppy ['tʃɒpɪ] *a* sjö. krabb [*a* ~ *sea*]
chopstick ['tʃɒpstɪk] *s* **1** pl. ~*s* kinesiska matpinnar **2** ~*s* (konstr. ss. sg.) fam. pekfingervalsen
chop-suey ['tʃɒp'su:ɪ] *s* chop-suey kinesisk rätt
1 choral ['kɔ:rəl] *a* sjungen i kör, kör-
2 choral o. **chorale** [kɒ'rɑ:l] *s* koral, psalm
chord [kɔ:d] *s* mus. ackord; *common* ~ treklang; *strike a* ~ a) slå [an] ett ackord b) väcka ett minne
chore [tʃɔ:] *s* **1** syssla; pl. ~*s* [husliga] småsysslor **2** obehagligt jobb; grovgöra
choreographer [,kɒrɪ'ɒgrəfə] *s* koreograf
choreography [,kɒrɪ'ɒgrəfɪ] *s* koreografi
chorister ['kɒrɪstə] *s* korgosse, korsångare
chortle ['tʃɔ:tl] **I** *s* [kluckande] skratt, skrockande **II** *itr* skrocka
chorus ['kɔ:rəs] **I** *s* korus, kor, kör; körsång; refräng; [revy]balett **II** *tr* o. *itr* sjunga (ropa) i kör (korus)
chorus-girl ['kɔ:rəsgɜ:l] *s* balettflicka
chose [tʃəʊz] imp. av *choose*
chosen ['tʃəʊzn] pp. av *choose*
chow [tʃaʊ] *s* chow-chow hundras
chowder ['tʃaʊdə] *s* chowder stuvning av musslor, fisk, grönsaker m.m.
Christ [kraɪst] Kristus; ~! Herre Gud!, jösses!; *before* (*after*) ~ före (efter) Kristi födelse
christen ['krɪsn] *tr* o. *itr* **1** döpa **2** döpa (kristna) till
Christendom ['krɪsndəm] *s* kristenhet[en]
christening ['krɪsnɪŋ] *s* dop; ~ *robe* dopklänning
Christian ['krɪstʃən] **I** *a* kristen, kristlig; ~ *burial* kyrklig begravning; ~ *name* förnamn, dopnamn **II** *s* kristen
Christianity [,krɪstɪ'ænətɪ] *s* **1** kristendom[en] **2** kristlighet
Christine ['krɪsti:n, krɪs'ti:n]
Christmas ['krɪs*t*məs] *s* jul[en]; juldagen; ~ *Day* juldag[en]; ~ *Eve* julafton[en]; ~ *card* julkort; ~ *carol* julsång; ~ *present* julklapp; ~ *pudding* plumpudding; ~ *stocking* julklappsstrumpa strumpa i vilken julklapparna stoppas
Christmas-box ['krɪsməsbɒks] *s* julpengar, julklapp till brevbärare m. fl.
Christmas-time ['krɪsməstaɪm] *s* jultid[en], jul[en]
Christmas-tree ['krɪsməstri:] *s* julgran
Christopher ['krɪstəfə]

chromatic [krəʊ'mætɪk] *a* mus. kromatisk
chrome [krəʊm] *s* kem. krom
chromium ['krəʊmjəm] *s* krom metall
chromium-plated ['krəʊmjəm'pleɪtɪd] *a* förkromad
chromosome ['krəʊməsəʊm] *s* kromosom
chronic ['krɒnɪk] *a* **1** kronisk; inrotad **2** fam. hopplös; *he swore something* ~ han svor alldeles förskräckligt
chronicle ['krɒnɪkl] **I** *s* krönika **II** *tr* uppteckna, skildra, skriva en krönika över
chronicler ['krɒnɪklə] *s* krönikör
chronograph ['krɒnəʊgrɑːf] *s* kronograf
chronological [ˌkrɒnə'lɒdʒɪkəl] *a* kronologisk [*in* ~ *order*]
chronology [krə'nɒlədʒɪ] *s* kronologi, tideräkning
chronometer [krə'nɒmɪtə] *s* kronometer, precisionsur
chrysalis ['krɪsəlɪs] *s* puppa
chrysanthemum [krɪ'sænθəməm] *s* krysantemum
chub [tʃʌb] *s* zool. färna
chubby ['tʃʌbɪ] *a* knubbig; trind, rund [~ *cheeks*]
1 chuck [tʃʌk] **I** *tr* fam. slänga, kasta; ge upp, släppa, strunta i; sl. skippa, spola; ~ *it!* sl. lägg av!; ~ *o.'s money about* strö pengar omkring sig; ~ *out* kasta ut; sl. skippa; ~ *up* ge på båten; spola **II** *s* fam. kast; knyck
2 chuck [tʃʌk] *s* tekn. chuck
chucker-out ['tʃʌkər'aʊt] *s* fam. utkastare
chuckle ['tʃʌkl] **I** *itr* skrocka; [små]skratta **II** *s* skrockande [skratt]
chuckle-head ['tʃʌklhed] *s* fam. fårskalle
chuffed [tʃʌft] *a* fam. **1** jätteglad **2** sur
chug [tʃʌg] **I** *itr* puttra; töffa **II** *s* puttrande; töffande
chukker ['tʃʌkə] *s* spelperiod i polo
chum [tʃʌm] **I** *itr*, ~ *up with* bli god vän med **II** *s* kamrat, kompis, [god] vän
chummy ['tʃʌmɪ] *a* fam. kamratlig; sällskaplig
chump [tʃʌmp] *s* **1** träkloss, klabb **2** fam., *off o.'s* ~ alldeles knäpp **3** fam. träskalle
chunk [tʃʌŋk] *s* tjockt stycke, stor bit
church [tʃɜːtʃ] *s* kyrka; attr. kyrk[o]-; *the C~ of England, the English* (*Anglican*) *C~* engelska statskyrkan, anglikanska kyrkan; *as poor as a* ~ *mouse* fattig som en kyrkråtta; *go into* (*enter*) *the C~* bli präst
churchgoer ['tʃɜːtʃˌgəʊə] *s* kyrkobesökare; kyrksam person; pl. ~*s* äv. kyrkfolk
churchgoing ['tʃɜːtʃˌgəʊɪŋ] *s* kyrkobesök
Churchill ['tʃɜːtʃɪl]
churchyard ['tʃɜːtʃjɑːd, '-'-] *s* kyrkogård kring kyrka
churl [tʃɜːl] *s* tölp, drummel
churlish ['tʃɜːlɪʃ] *a* ohyfsad, drumlig
churn [tʃɜːn] **I** *s* **1** [smör]kärna **2** mjölkkanna för transport av mjölk **II** *tr* **1** kärna **2** ~ [*up*] piska (röra, skvalpa) upp **3** ~ *out* spotta fram
chute [ʃuːt] *s* **1** vattenfall **2** ränna, glidbana för malm m. m., rutsch **3** rutschbana **4** kälkbacke **5** fam. (kortform för *parachute*) fallskärm
chutney ['tʃʌtnɪ] *s* chutney slags pickles
CIA ['siːaɪ'eɪ] förk. för *Central Intelligence Agency* CIA den federala underrättelsetjänsten i USA
cicada [sɪ'kɑːdə] *s* zool. cikada, sångstrit
Cicero ['sɪsərəʊ]
cicerone [ˌtʃɪtʃə'rəʊnɪ] *s* ciceron, vägvisare
C.I.D. ['siːaɪ'diː] förk. för *Criminal Investigation Department*
cider ['saɪdə] *s* cider, äppelvin
c.i.f. [sɪf] hand. förk. för *cost, insurance,* [*and*] *freight* cif
cig [sɪg] *s* fam. cig cigarett; cigarr
cigar [sɪ'gɑː] *s* cigarr
cigarette [ˌsɪgə'ret] *s* cigar[r]ett; ~ *machine* cigarrettrullningsmaskin
cigarette-case [ˌsɪgə'retkeɪs] *s* cigarettetui
cigarette-end [ˌsɪgə'retend] *s* cigarrettstump, fimp
cigarette-holder [ˌsɪgə'retˌhəʊldə] *s* cigarrettmunstycke
cigarette-lighter [ˌsɪgə'retˌlaɪtə] *s* cigarrettändare
cigarillo [sɪgə'rɪləʊ] *s* cigarill
C.-in-C. förk. för *Commander-in-Chief*
cinch [sɪntʃ] *s* sl., *it's a* ~ det är en enkel match; *he is a* ~ *to win* han vinner bergis
cinder ['sɪndə] *s* **1** slagg; sinder **2** askmörja, glöd; pl. ~*s* isht aska; *be burnt to a* ~ förbrännas till aska
Cinderella [ˌsɪndə'relə] **I** Askungen **II** *s* bildl. styvbarn
cinder-track ['sɪndətræk] *s* sport. kolstybbsbana
cine-camera ['sɪnɪˌkæmərə] *s* filmkamera
cinema ['sɪnəmə] *s* bio, biograf[lokal]; *go to the* ~ gå på bio
cinemagoer ['sɪnəməˌgəʊə] *s* biobesökare
cinemascope ['sɪnəməskəʊp] *s* ® cinemascope
cine-projector ['sɪnɪprəˌdʒektə] *s* filmprojektor
cinerama [ˌsɪnə'rɑːmə] *s* ® cinerama
cinnamon ['sɪnəmən] *s* kanel
cipher ['saɪfə] **I** *s* **1** siffra **2** chiffer[skrift] **II** *tr* **1** ~ [*out*] räkna ut **2** chiffrera
circa ['sɜːkə] *prep* o. *adv* (lat.) cirka, omkring
Circe ['sɜːsɪ] grek. myt. Kirke
circle ['sɜːkl] **I** *s* **1** cirkel i olika bet.; ring; krets, omkrets **2** kretsgång **3** [full] serie (omgång); period; *come full* ~ gå varvet

runt, sluta där man började, se äv. *wheel I 1* **4** krets [*family* ~]; *in business ~s* i affärskretsar; ~ *of readers* läsekrets **5** teat. rad, galleri; *the dress* ~ första raden; *the upper* ~ andra raden **II** *tr* **1** omge; ~ *in* innesluta **2** fara omkring (runt); kretsa runt (över) [*the aircraft ~d the landing-field*] **3** ringa [in], göra en ring runt **III** *itr* kretsa; cirkulera

circlet ['sɜ:klət] *s* **1** liten cirkel **2** diadem; arm-, hals|ring

circs [sɜ:ks] *s pl* fam. för *circumstances*

circuit ['sɜ:kɪt] *s* **1** kretsgång, omlopp, varv, rond; rutt; tur, runda; *make a* ~ *of* göra en rond kring **2** omkrets **3** område; krets **4** jur., ung. domsaga, domstolsdistrikt; ~ *judge* tingsdomare **5** elektr. [ström]krets; *short* ~ kortslutning; *printed* ~ *card* kretskort; ~ *diagram* kretsschema **6** turné|väg, -rutt **7** sport. racerbana

circuitous [sə'kju:ɪtəs] *a* **1** indirekt, på omvägar; slingrande; ~ *road* (*route*) omväg **2** omständlig

circular ['sɜ:kjʊlə] **I** *a* cirkelrund; cirkel-, rund-; kretsformig, cirkulär; kringgående; ~ *letter* cirkulär; ~ *road* kringfartsled, ringväg; ~ *staircase* spiraltrappa; ~ *tour* rundresa **II** *s* cirkulär, rundskrivelse

circularize ['sɜ:kjʊləraɪz] *tr* skicka cirkulär till

circulate ['sɜ:kjʊleɪt] **I** *tr* låta cirkulera, sätta i omlopp; skicka omkring; låta gå runt **II** *itr* cirkulera, vara i omlopp

circulating ['sɜ:kjʊleɪtɪŋ] *a* cirkulerande; ~ *decimal* (*fraction*) mat. periodiskt decimalbråk; ~ *library* lån[e]bibliotek

circulation [,sɜ:kjʊ'leɪʃən] *s* **1** cirkulation; omlopp [~ *of the blood*]; *withdraw from* ~ dra in, ta ur cirkulation[en]; *be in* ~ vara i omlopp (cirkulation) **2** avsättning; spridning [~ *of books*]; upplaga av tidning

circumcise ['sɜ:kəmsaɪz] *tr* omskära

circumcision [,sɜ:kəm'sɪʒən] *s* omskärelse

circumference [sə'kʌmfərəns] *s* omkrets; periferi

circumflex ['sɜ:kəmfleks] *a* o. *s*, ~ [*accent*] cirkumflex

circumlocution [,sɜ:kəmlə'kju:ʃən] *s* omskrivning; omsvep

circumnavigate [,sɜ:kəm'nævɪgeɪt] *tr* segla omkring (runt[om])

circumnavigation ['sɜ:kəm,nævɪ'geɪʃən] *s* världsomsegling

circumscribe ['sɜ:kəmskraɪb] *tr* **1** begränsa; kringskära, kringgärda **2** rita en ring (cirkel) kring; geom. omskriva

circumscription [,sɜ:kəm'skrɪpʃən] *s* **1** omkrets **2** begränsning; inskränkning **3** omskrift runt mynt **4** geom. omskrivning

circumspect ['sɜ:kəmspekt] *a* försiktig; förtänksam; varsam

circumspection [,sɜ:kəm'spekʃən] *s* försiktighet; förtänksamhet

circumstance ['sɜ:kəmstəns, -stæns] *s* **1** omständighet; förhållande, faktum; *in* (*under*) *the ~s* under sådana omständigheter **2** pl. *~s* [ekonomiska] förhållanden; *in reduced ~s* i knappa omständigheter **3** i en berättelse detaljer **4** krus, ståt [*pomp and* ~]

circumstantial [,sɜ:kəm'stænʃəl] *a* **1** som beror på omständigheterna; ~ *evidence* jur. indicier **2** utförlig; omständlig

circumvent [,sɜ:kəm'vent] *tr* **1** omringa **2** kringgå [~ *the rules*], hindra **3** överlista

circus ['sɜ:kəs] *s* **1** cirkus; ~ *performer* cirkusartist; *bread and ~es* bröd och skådespel **2** [runt] torg, [rund] plan, rund öppen plats [isht i namn: *Piccadilly C~*]; rundel

cirrhosis [sɪ'rəʊsɪs] *s* med. cirrhos

cissy ['sɪsɪ] *s* o. *a* fam. se *sissy*

cistern ['sɪstən] *s* cistern; behållare, tank

citadel ['sɪtədl] *s* citadell

citation [saɪ'teɪʃən, sɪ't-] *s* **1** åberopande, citering; citat **2** hedersomnämnande

cite [saɪt] *tr* **1** åberopa; anföra, citera **2** jur. [in]stämma; kalla **3** mil., *~d in dispatches* omnämnd i dagordern

citizen ['sɪtɪzn] *s* **1** medborgare; invånare; ~ *of the world* världsmedborgare; *Citizens' Advice Bureau* [social] rådgivningsbyrå **2** borgare i stad; stadsbo **3** Am. civilperson

citizenship ['sɪtɪznʃɪp] *s* [med]borgarskap; medborgaranda [*good* ~]

citric ['sɪtrɪk] *a* kem. citron- [~ *acid*]

citron ['sɪtrən] *s* **1** sötcitron; citronträd **2** Am., liten vattenmelon [äv. ~ *melon*]

citrous ['sɪtrəs] *a* se *citrus II*

citrus ['sɪtrəs] **I** *s* citrus[träd] **II** *a* citrus- [~ *fruits*]

city ['sɪtɪ] *s* stor stad; *the C~* City Londons affärskvarter; ~ *centre* [stads] centrum, city; ~ *editor* handelsredaktör; *freedom of the* ~ borgarrätt; ~ *hall* stadshus, rådhus

civet ['sɪvɪt] *s* **1** zool. civett, sibetkatt **2** sibet[olja]

civic ['sɪvɪk] *a* **1** medborgerlig, medborgar-; kommunal **2** stads-

civics ['sɪvɪks] (konstr. ss. sg.) *s* samhällslära, medborgarkunskap

civil ['sɪvl] *a* **1** medborgerlig; ~ *rights* medborgerliga rättigheter; ~ *unrest* inre oroligheter; ~ *war* inbördeskrig **2** hövlig **3** civil; ~ *aviation* civilflyg; *C~ Defence* civilförsvar; ~ *engineer* väg- och vattenbyggare, väg- och vattenbyggnadsingenjör; ~ *marriage* borgerlig vigsel; ~ *servant* statstjänsteman, eg. tjänsteman inom civilförvaltningen; *the C~ Service* civilförvaltningen statsförvaltningen utom den militära o. kyrkliga **4** jur., ~ *law* a) civilrätt b) romersk

rätt **5** parl., ~ *list* civillista, hovstat[en]
civilian [sɪ'vɪljən] **I** *s* civil[ist], civilperson **II** *a* civil [~ *life*]; *in* ~ *life* i det civila
civility [sɪ'vɪlətɪ] *s* hövlighet [*to* mot]
civilization [ˌsɪvəlaɪ'zeɪʃən] *s* **1** civiliserande, civilisering [*the* ~ *of mankind*] **2** civilisation, kultur
civilize ['sɪvəlaɪz] *tr* civilisera; förfina
civvies ['sɪvɪz] *s pl* fam. civila kläder; *in* ~ civilklädd
civvy ['sɪvɪ] *s* fam. civilist; ~ *street* det civila [livet]
cl. förk. för *centilitre*[*s*], *class*
clad [klæd] **I** åld. o. poet. imp. o. pp. av *clothe* **II** *a* klädd; *poorly* ~ fattigt klädd
claim [kleɪm] **I** *tr* **1** fordra, kräva [*the accident* ~*ed many victims*] **2** göra anspråk på **3** göra gällande; hävda **II** *s* **1** fordran, krav; begäran; yrkande; [rätts]anspråk [*to* (*on, for*) på]; påstående; *lay* ~ *to* göra anspråk på; *put in* (*enter, make*) *a* ~ *for* resa krav på **2** rätt [*to a th.* till ngt] **3** jur. tillgodohavande **4** jordlott, gruvlott
claimant ['kleɪmənt] *s* [rätts]sökande; ~ *to the throne* tronpretendent
clairvoyance [kleə'vɔɪəns] *s* **1** klärvoajans, synskhet **2** klarsynthet
clairvoyant [kleə'vɔɪənt] **I** *a* klärvoajant, synsk **II** *s* klärvoajant (synsk) person
clam [klæm] *s* ätlig mussla; bildl. mussla tillknäppt person
clambake ['klæmbeɪk] *s* Am. skaldjurspicknick [på stranden]
clamber ['klæmbə] **I** *itr* klättra, kravla **II** *s* klättring, kravlande
clammy ['klæmɪ] *a* fuktig (kall) och klibbig
clamorous ['klæmərəs] *a* larmande, högröstad, bullersam
clamour ['klæmə] **I** *s* rop, skrik; larm, buller; ~ *for* rop på [~ *for revenge*], högljudda krav på **II** *itr* skrika, larma, ropa; protestera [*against* mot]; ~ *for* ropa på [~ *for revenge*], kräva [högljutt]
clamp [klæmp] **I** *s* **1** krampa; klämma **2** skruvtving; spännbleck i skruvstäd; filklove **II** *tr* **1** klämma fast (ihop), foga samman **2** ~ *controls on* införa kontroll över (på) **III** *itr* fam., ~ *down on* slå ner på, klämma åt
clamp-down ['klæmpdaʊn] *s* fam. skärpt kontroll [*on* över]
clan [klæn] *s* klan äv. bildl.; stam
clandestine [klæn'destɪn] *a* hemlig[hållen]
clang [klæŋ] **I** *s* skarp metallisk klang, klämtande, skrällande [*the* ~ *of an alarm-bell*] **II** *itr* o. *tr* klinga; ringa (klämta, skrälla) [med]
clanger ['klæŋə] *s* sl. klavertramp; *drop a* ~ trampa i klaveret; göra en dundertabbe
clangour ['klæŋgə] *s* ihållande metallisk klang; larm
clank [klæŋk] **I** *s* rassel, skrammel med kedjor, pytsar o. d. **II** *itr* o. *tr* rassla (skramla) [med]
clannish ['klænɪʃ] *a* klanartad, klan-; med stark släktkänsla
1 clap [klæp] **I** *tr* **1** klappa [i] [~ *o.'s hands*]; applådera **2** klappa [~ *a p. on the shoulder*], dunka [~ *a p. on* (i) *the back*] **3** fam., ~ *a p. in*[*to*] *prison* sätta ngn i kurran; ~ *eyes on* få syn på; ~ *on all sail* sätta till alla segel **II** *itr* **1** klappa [i händerna], applådera **2** braka, smälla **III** *s* **1** skräll, knall [~ *of thunder*], smäll **2** klapp [*a* ~ *on the shoulder*], dunk [*a* ~ *on* (i) *the back*] **3** handklappning, applåd
2 clap [klæp] *s* sl., *the* ~ dröppel, gonorré
clapper ['klæpə] *s* **1** [klock]kläpp **2** pl. ~*s* slags långsmala kastanjetter **3** pl. ~*s* se *clapperboard*
clapperboard ['klæpəbɔːd] *s*, ~ el. pl. ~*s* film. [synkron]klappa
clapping ['klæpɪŋ] *s* handklappning[ar], applåd[er]
claptrap ['klæptræp] *s* publikfriande klyschor, tomma fraser
claque [klæk] *s* (fr.) teat. o. d. klack
Clara ['kleərə]
Clarence ['klærəns]
claret ['klærət] *s* rödvin av bordeauxtyp
clarification [ˌklærɪfɪ'keɪʃən] *s* **1** klargörande, klarläggande **2** klarning; skirning
clarify ['klærɪfaɪ] **I** *tr* **1** klargöra, klarlägga **2** göra klar; skira **II** *itr* klarna, bli klar
clarinet [ˌklærɪ'net] *s* klarinett
clarinet[t]ist [ˌklærɪ'netɪst] *s* klarinettist
clarion ['klærɪən] **I** *s* klarin, gäll trumpet **II** *a* klar och högljudd; ~ *call* stridssignal
clarity ['klærətɪ] *s* klarhet
clash [klæʃ] **I** *itr* **1** skrälla, skramla **2** råka i konflikt, inte stämma [*with* med]; skära sig [*with* mot]; strida [*with* mot]; *the colours* ~ färgerna skär sig [mot varandra]; [*the two concerts*] ~ . . kolliderar **3** drabba samman, komma ihop sig [*with* med] **II** *s* **1** skräll, smäll **2** sammanstötning; konflikt
clasp [klɑːsp] **I** *s* **1** knäppe, spänne; lås [~ *of a handbag*] **2** omfamning; handslag; grepp **II** *tr* **1** knäppa [fast], låsa **2** omfamna, trycka, krama; ~ *hands* skaka hand; ~ *o.'s hands* knäppa händerna
clasp-knife ['klɑːspnaɪf] *s* fällkniv
class [klɑːs] **I** *s* **1** klass i samhället; klassväsende; ~ *struggle* (*war*[*fare*]) klasskamp **2** klass, grupp **3** skol. klass; lektion, [läs]timme; [läro]kurs; *evening* ~*es* kvällskurs[er]; *take a* ~ om lärare ha en klass; *in* ~ på lektionen (lektionerna) **4** univ., *he got a first* (*second, third*) ~ se under *first* etc. **5** klass, kvalitet; attr. av [hög] klass, utmärkt; *it has no* ~ den har ingen stil **6** Am. årgång, årsklass **II** *tr* klassa; klassificera; ~ *among*

räkna bland **III** *itr* räknas [*as* som]
class-conscious ['klɑ:s'kɒnʃəs] *a* klassmedveten
class-distinction ['klɑ:sdɪs'tɪŋkʃən] *s* klasskillnad
classic ['klæsɪk] **I** *a* klassisk [~ *style*], mönstergill, tidlös **II** *s* **1** klassiker i olika bet.; pl. ~*s* klassiska språk (studier, författare); *the Classics* a) den klassiska litteraturen, klassikerna b) klassisk musik **2** klassiskt evenemang, isht klassisk hästkapplöpning
classical ['klæsɪkəl] *a* klassisk [~ *music*]
classicism ['klæsɪsɪzəm] *s* klassicism
classicist ['klæsɪsɪst] *s* klassicist
classifiable ['klæsɪfaɪəbl, ,- -'- - -] *a* klassificerbar
classification [,klæsɪfɪ'keɪʃən] *s* klassifikation, klassificering
classified ['klæsɪfaɪd] *a* **1** klassificerad; systematisk; ~ *advertisement* (*ad* fam.) rubrikannons; ~ *results* sport. fullständiga resultat; ~ *telephone directory* yrkesregister **2** hemligstämplad [~ *information*]
classify ['klæsɪfaɪ] *tr* **1** klassificera, indela [i klasser]; rubricera **2** hemligstämpla
classmate ['klɑ:smeɪt] *s* klasskamrat
class-ridden ['klɑ:s,rɪdn] *a*, *be* ~ vara genomsyrad av klasskänsla
classroom ['klɑ:srʊm] *s* klassrum, lektionssal
classy ['klɑ:sɪ] *a* fam. flott, stilig
clatter ['klætə] **I** *itr* slamra, skramla, klappra **II** *tr* slamra etc. med **III** *s* slammer [~ *of cutlery*], klapper [~ *of hoofs*], smatter
Claud[**e**] [klɔ:d]
Claudius ['klɔ:djəs]
clause [klɔ:z] *s* **1** gram. a) sats b) [*subordinate*] ~ bisats; *main* ~ huvudsats **2** klausul; moment i paragraf; artikel, paragraf
claustrophobia [,klɔ:strə'fəʊbjə] *s* klaustrofobi, cellskräck
clavichord ['klævɪkɔ:d] *s* mus. klavikord
clavicle ['klævɪkl] *s* nyckelben
claw [klɔ:] **I** *s* klo i olika bet. **II** *tr* **1** klösa, riva **2** riva (rycka) till sig **III** *itr* klösa, riva
claw-back ['klɔ:bæk] *s* finansiering [av statliga utgifter] genom ökat skattetryck
clay [kleɪ] *s* **1** lera, lerjord [äv. ~ *soil*]; *be a colossus with feet of* ~, *have feet of* ~ vara en koloss på lerfötter **2** om människan stoft [och aska]
clay-pigeon ['kleɪ,pɪdʒɪn] *s* **1** lerduva **2** Am. sl. lätt byte, måltavla
clay-pipe ['kleɪpaɪp] *s* kritpipa, lerpipa
clean [kli:n] **I** *a* **1** ren [~ *hands*, ~ *air*; ej radioaktiv ~ *bomb*]; renlig [~ *animal*] **2** ren, fläckfri; anständig; *keep the party* ~ fam. hålla det hela på ett anständigt plan; *a* ~ *record* ett fläckfritt förflutet **3** ren, tom; klar; *show a* ~ *pair of heels* lägga benen på ryggen; *come* ~*!* fam. ut med sanningen! **4** slät, glatt; jämn [*a* ~ *edge*] **5** ren [*a ship with* ~ *lines*], välformad, nätt **6** skicklig; ren; *a* ~ *stroke* i tennis o. d. ett rent slag **7** fullständig [*a* ~ *break with the past*]; *make a* ~ *sweep* göra rent hus [*of* med] **8** Am. sl. luspank **II** *adv* alldeles, totalt [*I* ~ *forgot*], rent, rakt, tvärt **III** *tr* **1** rengöra, göra ren (snygg); snygga upp; putsa; borsta [~ *shoes*]; [kem]tvätta; städa [i]; rensa; rensa upp **2** tömma, länsa [~ *o.'s plate*] **3** med adv.: ~ **away** (**off**) rensa (putsa) bort; ~ **down** borsta (torka, tvätta) av [grundligt]; ~ **out**: **a**) rensa [upp], tömma; städa [i] **b**) fam. pungslå, renraka **c**) länsa [*the tourists* ~*ed out the shops*]; ~ **up**: **a**) rensa upp [i], städa undan [i]; göra rent [i] **b**) länsa [~ *up o.'s plate*] **IV** *itr* **1** rengöras; bli ren **2** ~ *up* a) städa, göra rent [efter sig] b) snygga till sig **V** *s* fam. rengöring, städning etc., jfr *III*
clean-cut ['kli:n'kʌt] *a* skarpt skuren; bildl. klar, väl avgränsad; ~ *features* rena drag
cleaner ['kli:nə] *s* **1** städerska, städare; tvättare **2** rensare [*pipe-cleaner*], renare **3** innehavare av (anställd vid) en kemtvätt; *send o.'s clothes to the* [*dry*] ~*s* skicka kläderna på kemtvätt **4** rengörings-, fläckborttagnings|medel **5** *send* (*take*) *a p. to the* ~*s* sl. a) barskrapa ngn b) läxa upp ngn
cleanliness ['klenlɪnəs] *s* renlighet, renhet; ~ *is next to godliness* ung. renlighet är en dygd
cleanly [ss. adv. 'kli:nlɪ, ss. adj. 'klenlɪ] **I** *adv* rent etc., jfr *clean I* **II** *a* ren [av sig], renlig
cleanse [klenz] *tr* **1** rengöra; befria; rensa **2** mest bildl. rena, rentvå
cleanser ['klenzə] *s* rengöringsmedel
clean-shaven ['kli:n'ʃeɪvn] *a* slätrakad
clean-up ['kli:nʌp] *s* **1** [grundlig] rengöring, uppröjning; sanering **2** bildl. [upp]rensning, utrensning **3** sl. avgörande seger
clear [klɪə] **I** *a* **1** klar, ljus; ren, frisk [~ *complexion*] **2** klar, tydlig; *make* ~ klargöra; *as* ~ *as daylight* solklar **3** redig, klar [*a* ~ *head*] **4** säker; *I want to be quite* ~ *on this point* äv. jag vill inte att det ska bli något missförstånd på den punkten **5** fläckfri; oskyldig; ~ *conscience* rent samvete **6** fri [*of* från; ~ *of snow*]; klar, öppen [~ *for traffic*]; tom; frigjord, lös; *all* ~*!* faran över! **7** hand. ren, netto- [~ *loss* (*profit*)] **8** hel, full [*six* ~ *days*]

II *s*, *in the* ~ a) frikänd, rentvådd b) utom fara c) skuldfri

III *adv* **1** klart [*shine* ~], ljust; tydligt **2** alldeles, fullständigt **3** *get* ~ *of* komma lös från, bli fri från; *keep* (*stay*) ~ *of* hålla sig ifrån; *stand* ~ *of* gå ur vägen för

IV *tr* **1** göra klar; klara; ~ *the air* rensa luften; ~ *o.'s throat* klara strupen, harkla

sig **2** frita [från skuld], förklara oskyldig [*of* till]; ~ *o.s. of suspicion* rentvå sig från misstankar **3** befria [*of* från]; göra (ta) loss; reda ut; röja, rensa, tömma [~ *your pockets*]; röja av [~ *a desk*]; utrymma, lämna; ~ *the decks* [*for action*] sjö. göra klart till drabbning (klart skepp); bildl. göra sig klar (redo); ~ *the table* duka av [bordet]; ~ *the way* bana väg **4** klara komma förbi (över) [*the horse ~ed the hedge*] **5** sjö. klarera fartyg, varor i tullen; ~ *through the customs* förtulla, [låta] tullbehandla **6** hand. o. d.: **a**) betala, göra sig kvitt [~ *o.'s debts*]; klara, täcka [~ *expenses*] **b**) förtjäna netto **c**) utförsälja **d**) cleara **7** förelägga för godkännande [*with* hos]; godkänna [*the article was ~ed for publication*]; ~ *a p.* säkerhetskontrollera ngn; ~ *a plane for landing* ge ett flygplan tillstånd att landa **8** klargöra, förklara, klara ut **9** med adv.: ~ **away** röja undan, skaffa undan, ta (röja, rensa) bort; duka av (ut) [~ *away the tea-things*]; ~ **off** göra sig kvitt (av med); klara av, betala [~ *off a debt*]; ~ **out** rensa ut (bort); tömma, rensa [*the police ~ed out the streets*], länsa; röja ur; slutförsälja; köra (jaga) ut [~ *them out of the country*]; ~ **up**: a) ordna, bringa ordning i [~ *up the mess*], städa, göra rent i (på) b) klargöra, klara upp [~ *up a mystery*], reda upp (ut)
V *itr* **1** klarna, bli klar, ljusna **2** skingra sig [*the clouds* (*the crowd*) *~ed*], lätta, försvinna **3** med adv.: ~ **away**: a) duka av b) dra bort, skingra sig [*the clouds have ~ed away*], lätta [*the fog has ~ed away*], försvinna; ~ **off** (**out**) fam. sticka, dunsta; ~ *off* (*out*)! stick!; ~ **up** klarna

clearance ['klɪərəns] *s* **1** frigörande, befriande; undanröjande; sanering, rensning; tömning av t. ex. brevlåda; röjning; *slum* ~ slumsanering **2** tullbehandling, [tull]klarering **3** ~ [*sale*] utförsäljning, lagerrensning **4** start-, landnings|tillstånd **5** [*security*] ~ [intyg om verkställd] säkerhetskontroll **6** spelrum; fri höjd [*a ~ of two feet*]

clear-cut ['klɪə'kʌt] *a* skarpt skuren (markerad), ren [~ *features*]; klar, entydig [~ *decision*]

clear-headed ['klɪə'hedɪd] *a* med klart huvud, klar[tänkt]

clearing ['klɪərɪŋ] *s* **1** klarnande; klargörande; förklaring; fritagande etc., jfr *clear IV, V* **2** undanröjande; röjning; röjt land, hygge, uthuggning **3** clearing, klarerande; ~ *bank* clearingbank

clearing-house ['klɪərɪŋhaus] *s* clearingcentral, avräkningsanstalt för banker

clearly ['klɪəlɪ] *adv* **1** klart, tydligt **2** tydligen, påtagligen

clearness ['klɪənəs] *s* klarhet, genomskinlighet; tydlighet

clear-sighted ['klɪə'saɪtɪd] *a* klarsynt, skarpsynt

clearway ['klɪəweɪ] *s* väg med stoppförbud

cleavage ['kli:vɪdʒ] *s* **1** klyvning; spaltning; splittring; spricka, klyfta **2** fördjupning mellan brösten, djup urringning

1 cleave [kli:v] *itr*, ~ *to* a) klibba fast vid b) hänga fast vid, hålla sig till

2 cleave [kli:v] (imp. *cleft, cleaved, clove*; pp. *cleft*, ss. adj. äv. *cloven*) *tr* **1** klyva [sönder]; bildl. splittra [sönder]; *cleft chin* kluven haka; *in a cleft stick* bildl. i valet och kvalet **2** bilda en klyfta mellan (i), skilja åt

cleaver ['kli:və] *s* hackkniv, köttyxa

clef [klef] *s* mus. klav; *C* ~ c-klav

cleft [kleft] **I** imp. o. pp. av *2 cleave* **II** *s* klyfta

clematis ['klemətɪs, klɪ'meɪtɪs] *s* bot. klematis

clemency ['klemənsɪ] *s* mildhet; förbarmande, nåd

clement ['klemənt] *a* mild; barmhärtig

clench [klen*t*ʃ] *tr* **1** bita ihop (om), pressa hårt samman; hålla hårt fast; ~ *o.'s fist* knyta näven **2** se *clinch III*

Cleopatra [klɪə'pætrə, -'pɑ:t-] Kleopatra

clergy ['klɜ:dʒɪ] (konstr. ss. pl.) *s* prästerskap, präster

clergy|man ['klɜ:dʒɪ|mən] (pl. *-men* [-mən]) *s* präst isht inom engelska statskyrkan

cleric ['klerɪk] *s* präst[man]

clerical ['klerɪkəl] *a* **1** klerikal; prästerlig [~ *duties*]; ~ *collar* prästs rundkrage **2** kontors-, bokhållar-; ~ *error* skrivfel, avskrivningsfel; ~ *staff* kontorspersonal

clerk [klɑ:k, Am. klɜ:k] *s* **1** kontorist; tjänsteman; bokhållare; [post]expeditör; *bank* ~ banktjänsteman **2** jur. o. d. sekreterare, notarie [äv. *recording* ~]; *town* ~ ung. stadsjurist; *C~ of the Court* rättens sekreterare **3** Am. a) [butiks]biträde, expedit b) portier

clever ['klevə] *a* **1** begåvad, intelligent **2** skicklig, duktig **3** sinnrik, fiffig [*a ~ device*]

clever-dick ['klevədɪk] *s* fam. besserwisser

cliché ['kli:ʃeɪ] *s* (fr.) klyscha, kliché

cliché-ridden ['kli:ʃeɪˌrɪdn] *a* full av klyschor [*a ~ article*]

click [klɪk] **I** *itr* **1** knäppa [till], klicka [till]; ticka **2** fam. a) ha tur, lyckas b) vara en succé **3** fam. klaffa **4** fam. a) passa (funka) ihop b) tända [på varandra] **II** *tr* knäppa med; ~ *o.'s heels* slå ihop klackarna; ~ *o.'s tongue* smacka med tungan **III** *s* **1** knäppning etc., jfr *I* **2** smackande; klickljud

client ['klaɪənt] *s* klient; kund

clientele [ˌkli:ɑ̃:*n*'tel] *s* klientel; kundkrets

cliff [klɪf] *s* [brant] klippa; stup, bergvägg isht vid havsstrand

cliff-hanger ['klɪfˌhæŋə] *s* fam. rysare i flera avsnitt; nervpirrande historia
climacteric [klaɪ'mæktərɪk, ˌklaɪmæk'terɪk] *s* **1** klimakterium, övergångsålder **2** kritisk period
climate ['klaɪmət] *s* klimat äv. bildl.
climatic [klaɪ'mætɪk] *a* klimatisk, klimat-
climax ['klaɪmæks] *s* klimax, kulmen
climb [klaɪm] **I** *itr* **1** klättra, klänga; kliva; ~ *down* a) kliva (stiga) ner, bildl. stämma ner tonen, slå till reträtt b) klättra (kliva) nedför (ned från); ~ *up* a) klättra (etc.) upp b) = *II* **2** stiga, höja sig, slutta uppåt **II** *tr* klättra (klänga, kliva) uppför (upp på, upp i), bestiga **III** *s* klättring; stigning
climber ['klaɪmə] *s* **1** klättrare, [berg]bestigare [*mountain* ~] **2** streber [äv. *social* ~]
clime [klaɪm] *s* poet. luftstreck, trakt, nejd
clinch [klɪntʃ] **I** *s* boxn. clinch; *fall into a* ~ gå i clinch **II** *itr* boxn. gå i clinch **III** *tr* **1** nita, klinka **2** avgöra [slutgiltigt] [~ *an argument*]; göra upp [~ *a sale*]
cling [klɪŋ] (*clung clung*) *itr* klänga sig [fast], klamra (hänga) sig fast [[*on*] *to* vid, intill]; hålla sig [tätt] [*to* intill]; fastna, sitta [fast], klibba [*to* i, vid]; om kläder o. d. smita åt; ~ *to a doctrine* hålla fast vid en lära; *the children* ~ *to their mother's skirts* barnen hänger mamma i kjolarna; ~ *together* hålla ihop
clinging ['klɪŋɪŋ] *a* klängande etc., jfr *cling*; efterhängsen; om kläder åtsmitande
clinic ['klɪnɪk] *s* klinik
clinical ['klɪnɪkəl] *a* **1** klinisk; ~ *thermometer* febertermometer **2** [strängt] objektiv
1 clink [klɪŋk] **I** *itr* o. *tr* klirra (klinga) [med]; ~ *glasses* skåla **II** *s* klirr, klingande
2 clink [klɪŋk] *s* sl. finka, kurra
clinker ['klɪŋkə] *s* **1** klinker[tegel] **2** tegel-, slagg-, lava|klump; pl. ~*s* slagg
1 clip [klɪp] **I** *tr* fästa (klämma, hålla) ihop [med gem etc., jfr *II 1*] **II** *s* **1** gem, hållare, klämma; clip[s], spänne; *trouser* ~ byxspänne för cykling **2** mil. patronknippe
2 clip [klɪp] **I** *tr* **1** klippa [~ *tickets*]; ~ *a bird's* (*a p.'s*) *wings* vingklippa en fågel (ngn) **2** stympa, klippa av ord o. d. **3** sl. klippa till **II** *s* **1** klippning, klipp **2** rapp, slag
clip-board ['klɪpbɔːd] *s* skrivplatta
clip-on ['klɪpɒn] *a*, ~ *earrings* öronclips
clipper ['klɪpə] *s* **1** biljettång; pl. ~*s* äv. sax; hårklippningsmaskin **2** sjö. klipper[skepp]
clippie ['klɪpɪ] *s* fam. kvinnlig [buss]konduktör
clipping ['klɪpɪŋ] *s* **1** klippning **2** tidningsurklipp
clique [kliːk] *s* klick, kotteri
clit [klɪt] *s* vulg. kläpp klitoris
clitoris ['klɪtərɪs] *s* klitoris, kittlare
cloak [kləuk] **I** *s* **1** [släng]kappa, mantel **2** bildl. täckmantel **II** *tr* **1** svepa in **2** bildl. dölja, överskyla
cloak-and-dagger ['kləukən'dægə] *a* romantisk spion- (agent-) [~ *novel*]
cloakroom ['kləukrum] *s* **1** a) kapprum, garderob b) effektförvaring, resgodsinlämning; ~ *attendant* rockvaktmästare **2** toalett
1 clobber ['klɒbə] *s* fam. paltor, kläder
2 clobber ['klɒbə] *tr* sl. **1** slå sönder och samman; bildl. pungslå **2** utklassa, ge på nöten **3** sabla ned
clock [klɒk] **I** *s* **1** klocka, [vägg-, torn]ur; *beat the* ~ bildl. bli färdig före [utsatt tid]; *turn* (*put*) *the* ~ *back* bildl. vrida tillbaka klockan (utvecklingen); *work against the* ~ arbeta i kapp med klockan; *round* (*around*) *the* ~ dygnet runt **2** fam. mätare, hastighetsmätare, vägmätare; taxameter; kontrollur **3** sl. nylle, fejs ansikte **II** *tr* **1** sport. ta tid på, klocka **2** fam., ~ [*up*] a) klockas för b) komma upp i, registrera **3** sl. klippa till **III** *itr*, ~ *in* (*on*) stämpla in på stämpelur; ~ *out* (*off*) stämpla ut
clock-face ['klɒkfeɪs] *s* urtavla
clocking-in ['klɒkɪŋ'ɪn] *a*, ~ *card* stämpelkort
clockwise ['klɒkwaɪz] *adv* medurs
clockwork ['klɒkwɜːk] **I** *s* urverk; *like* ~ bildl. som ett urverk, som smort; ~ *train* mekaniskt tåg **II** *a* som ett urverk
clod [klɒd] *s* **1** klump av jord, lera o. d. **2** jord, mull **3** bildl. tölp; tjockskalle
clodhopper ['klɒdˌhɒpə] *s* bondlurk
clog [klɒg] **I** *s* **1** träsko, clog **2** klamp, black på djur **II** *tr* **1** tynga ned; hindra, hämma **2** täppa till, stoppa [till] **III** *itr* klibba fast, gå trögt; täppas till; klumpas ihop
clog-dance ['klɒgdɑːns] *s* träskodans
cloister ['klɔɪstə] *s* **1** kloster **2** klostergång, pelargång
cloistered ['klɔɪstəd] *a* kloster- [~ *life*]
clone [kləun] biol. **I** *s* klon samling individer uppkomna genom ett slags könlös fortplantning **II** *tr* klona framställa en kopia av genom ett slags könlös fortplantning
clonk [klɒŋk] **I** *tr* fam. drämma till **II** *itr* klampa; dunka **III** *s* dunk[ande]
clop [klɒp] **I** *s* klapprande av hovar o. d. **II** *itr* klappra
1 close [kləuz] **I** *tr* **1** stänga [~ *the door*]; slå igen [~ *a book*]; sluta [till (ihop)]; stänga av; lägga ner [~ *a factory*]; ~ *o.'s eyes to* bildl. blunda för; ~ *the ranks* (*files*) mil. sluta leden; ~ *down* stänga, lägga ner; ~ *up* sluta till; fylla; bomma igen; ~*d book* bildl. sluten bok; avslutat kapitel; ~*d circuit* sluten [ström]krets, jfr äv. *closed-circuit*;

~d shop a) företag (yrke) [öppet] för enbart fackligt organiserad arbetskraft b) organisationstvång **2** sluta, avsluta **3** sjö. komma nära (inpå) **4** minska [*~ the distance*] **II** *itr* **1** stängas, slutas [till] [*on* om (efter)]; sluta sig [*certain flowers ~ at night*]; gå att stänga [*this box doesn't ~ properly*]; minskas [*the distance between us ~d*]; *~ [up]on* gripa om, sluta sig om, omsluta **2** sluta [*he ~d with the remark*]; avslutas, ta slut; läggas ned [*the play ~d after two weeks*]; stänga **3** förenas; närma sig; *~ about (round)* omringa; sluta sig kring **4** drabba samman **5** med adv.: *~* **down** om affär o. d. stänga[s], slå igen, läggas ner; radio. o. d. sluta sända (sändningen); *~* **in** komma närmare, falla [på]; om dagarna bli kortare; *~ in [up]on* sluta sig omkring; omringa; kasta sig över **III** *s* (jfr *2 close III*) **1** slut [*the ~ of day*], avslutning; *draw (bring) a th. to a ~* föra ngt till ett slut **2** mus. kadens

2 close [kləus] **I** *a* **1** nära [*a ~ relative*]; intim, förtrolig; omedelbar; *~ combat* närstrid, handgemäng; *at ~ quarters (range)* på nära håll; i närstrid; *run a p. a ~ second* ligga hack i häl på ngn; *it was a ~ shave (thing, call)* fam. det var nära ögat, för vid. ex. med *~ shave* se under *shave B 2* **2** tät [*~ thicket*]; fast [*~ texture*]; hopträngd [*~ handwriting*] **3** ingående, grundlig [*~ investigation*]; noggrann [*~ analysis*]; nära [*a ~ resemblance*], trogen [*a ~ translation*]; följdriktig [*~ reasoning*]; uppmärksam [*a ~ observer*]; *~ attention* stor (spänd) uppmärksamhet; *keep a ~ watch on a p.* hålla noggrann uppsikt över ngn **4** strängt bevakad [*a ~ prisoner*]; strängt bevarad [*a ~ secret*]; *~ arrest* rumsarrest, mil. vaktarrest **5** inte öppen för alla [*~ scholarship*] **6 a**) gömd, dold; *keep (lie) ~* hålla sig (ligga) gömd **b**) hemlig; hemlighetsfull, förtegen **7** kvav, kvalmig [*~ air*] **8** snål, knusslig **9** mycket jämn [*~ contest (finish)*] **10** fonet. sluten [*a ~ vowel*] **11** *the ~ season* olaga tid för jakt o. fiske **II** *adv* tätt, nära, strax [*by (to)* intill (bredvid); *upon* efter; inpå]; tätt ihop, nära tillsammans [ofta *~ together*]; *run it ~* o. d. ex. se *run A II*; *~ at hand* strax i närheten (intill); nära förestående; *~ on a p.'s heels* tätt i hälarna på ngn; *sail ~ to the wind* se *1 wind I 1*; *~ upon (on)* prep. inemot, uppemot [*~ on 100*] **III** *s* (jfr *1 close III*) **1** [återvänds]gränd **2** domkyrkoplats, område kring domkyrka

closed-circuit ['kləuzd,sɜ:kɪt] *a, ~ television* intern-TV

close-down ['kləuzdaun] *s* stängning, nedläggning [*~ of a factory*]

close-fisted ['kləus'fɪstɪd] *a* snål, knusslig

close-fitting ['kləus'fɪtɪŋ] *a* tätt åtsittande

closely ['kləuslɪ] *adv* **1** nära [*~ related*], intimt **2** tätt [*~ packed*] **3** ingående [*question a p. ~*], grundligt etc., jfr *2 close I 3*

close-shaven ['kləus'ʃeɪvn] *a* slätrakad

closet ['klɒzɪt] **I** *s* **1** åld. [litet] rum **2** Am. garderob **3** skåp **4** klosett, toalett **II** *a* hemlig

close-up ['kləusʌp] *s* film. o. bildl. närbild

closing ['kləuzɪŋ] *a* **1** stängnings- [*~ time*] **2** avslutnings-, slut-; *the ~ date for applications* sista ansökningsdagen; *the ~ years of the century* århundradets sista år

closing-time ['kləuzɪŋtaɪm] *s* stängningstid; stängningsdags

closure ['kləuʒə] *s* **1** tillslutning **2** slut **3** closure, tvångsavslutning av debatt

clot [klɒt] **I** *s* **1** klimp, klump **2** *~* [*of blood*] klump levrat blod, [blod]propp **3** sl. tjockskalle **II** *itr* bilda klimpar etc., jfr *I 1* o. *2*; löpna; skära sig, levra sig; om sås m. m. stelna **III** *tr* (se äv. *clotted*) [låta] koagulera

cloth [klɒθ] *s* **1** tyg; kläde **2** trasa för putsning o. d. **3** duk **4** bokb. klot [*~ binding*]; *in ~* i klotband **5** a) ämbetsdräkt b) *the ~* fam. prästerskapet

clothe [kləuð] (*clothed clothed*, åld. o. poet. *clad clad*) *tr* klä, bekläda; täcka, hölja

clothes [kləuðz, kləuz] *s pl* **1** kläder **2** tvätt[kläder], linne **3** = *bedclothes*

clothes-brush ['kləuðzbrʌʃ] *s* klädborste

clothes-hanger ['kləuðz,hæŋə] *s* klädgalge

clothes-horse ['kləuðzhɔ:s] *s* torkställning för kläder

clothes-line ['kləuðzlaɪn] *s* klädstreck

clothes-peg ['kləuðzpeg] *s* **1** klädnypa, klädklyka **2** klädhängare

clothespin ['kləuðzpɪn] *s* Am. = *clothes-peg 1*

clothier ['kləuðɪə] *s* herrkonfektion[shandlare]; tyghandlare

clothing ['kləuðɪŋ] *s* beklädnad; kläder; *men's ~* herrkonfektion

clotted ['klɒtɪd] *a* full av klumpar; levrad etc., jfr *clot II, III*; *~ cream* slags tjock grädde

cloud [klaud] **I** *s* **1** moln, sky båda äv. bildl.; *be (have o.'s head) in the ~s* vara i det blå, sväva bland molnen; *on ~ nine (seven)* fam. i sjunde himlen **2** svärm, moln [*~ of insects*] **3** skugga, fläck [*a ~ on a p.'s reputation*]; *under a ~* i onåd **II** *tr* **1** täcka med moln **2** bildl. förmörka, fördunkla; göra oklar **III** *itr* mulna [ofta *~ up (over)*]; fördunklas; bli oklar

cloud-burst ['klaudbɜ:st] *s* skyfall

cloud-cuckoo-land ['klaud'kuku:lænd] *s* sagolandet; drömvärlden

cloudy ['klaudɪ] *a* **1** molnig, molntäckt;

mulen **2** oklar, grumlig

clout [klaʊt] **I** *s* **1** fam. [kraftigt] slag **2** trasa, lapp, [tyg]bit **3** isht Am. fam. inflytande **II** *tr* fam. slå till, klå

1 clove [kləʊv] *s* klyfta av vitlök o. d.

2 clove [kləʊv] *s* kryddnejlika

3 clove [kləʊv] imp. av *2 cleave*

cloven ['kləʊvn] *a* (eg. pp. av *2 cleave*) kluven; ~ *foot* (*hoof*) klöv

clover ['kləʊvə] *s* klöver; *be in* ~ vara på grön kvist

clown [klaʊn] **I** *s* clown, pajas **II** *itr,* ~ [*about*] spela pajas, spexa

clowning ['klaʊnɪŋ] *s* clowneri, pajaskonster; spexande

clownish ['klaʊnɪʃ] *a* clownaktig, pajas-

cloy [klɔɪ] **I** *tr* övermätta, överlasta; ~ *the appetite* förstöra aptiten **II** *itr* vara sliskig

club [klʌb] **I** *s* **1** klubba; grov påk **2** kort. klöverkort; pl. ~*s* klöver; *the ten of* ~*s* klövertian **3** klubb **II** *tr* klubba [till (ned)] **III** *itr,* ~ *together* slå sig tillsammans; dela kostnaderna lika; lägga ihop

clubbable ['klʌbəbl] *a* sällskaplig, trevlig

club-foot ['klʌb'fʊt, '- -] *s* klumpfot

club-footed ['klʌb'fʊtɪd] *a* klumpfotad

cluck [klʌk] **I** *itr* skrocka **II** *s* **1** skrockande **2** dumhuvud [äv. *dumb* ~]

clue [klu:] *s* ledtråd, spår; ~*s across* (*down*) i korsord vågräta (lodräta) ord; *I haven't a* ~ fam. det har jag ingen aning om

clump [klʌmp] **I** *s* **1** klunga, tät [träd]grupp **2** klump, tjock bit **3** klamp, tramp **II** *tr* **1** samla i en klump **2** fam. smocka till

clumsy ['klʌmzɪ] *a* klumpig; tafatt

clung [klʌŋ] imp. o. pp. av *cling*

cluster ['klʌstə] **I** *s* **1** klunga, klase; skock, hop, samling **2** språkv. kluster, grupp [*consonant* ~] **II** *tr* samla (gruppera) i en klunga (klungor etc.) **III** *itr* växa i (samlas i) en klunga (klungor etc.), klunga ihop sig

1 clutch [klʌtʃ] **I** *tr* gripa [fast] tag i (om), gripa [om]; hålla fast [omsluten]; sluta, trycka [*she* ~*ed her doll to her*] **II** *itr* gripa [*at* efter] **III** *s* **1** [hårt] grepp, tag **2** tekn. **a**) koppling; kopplingspedal; ~ *plate* kopplingslamell; *disengage the* ~ koppla (trampa) ur, frikoppla; *let* (*slip*) *in the* ~ på t. ex. bil släppa upp koppling[spedal]en **b**) kona **c**) klo **3** pl. ~*es* bildl. klor [*get into a p.'s* ~*es*]

2 clutch [klʌtʃ] *s* **1** äggrede **2** [kyckling]-kull

clutter ['klʌtə] **I** *tr,* ~ [*up*] belamra, skräpa ned i (på) **II** *s* virrvarr, röra; bråte

Clwyd ['klu:ɪd]

Clyde [klaɪd]

cm. förk. för *centimetre*[*s*]

C.N.D. förk. för *Campaign for Nuclear Disarmament*

C.O. förk. för *Commanding Officer, conscientious objector*

Co. 1 [kəʊ, 'kʌmpənɪ] förk. för *Company* [*Smith & Co.*] **2** förk. för *County*

co- [kəʊ] *pref* med- [*co-belligerent*], sam- [*co-education*], ko- [*co-axial*], tillsammans

c/o 1 förk. för *care of* på brev c/o, adress [*c/o Smith*] **2** förk. för *carried over*

coach [kəʊtʃ] **I** *s* **1 a**) [gala]vagn, kaross; ~ *and four* fyrspann **b**) hist. [post]diligens **c**) turistbuss, [långfärds]buss **d**) järnv. personvagn; Am. ung. andraklassvagn **2 a**) privatlärare, handledare **b**) sport. tränare, instruktör, coach **II** *itr* arbeta som privatlärare etc., ge [privat]lektioner; arbeta som tränare etc. **III** *tr* ge [privat]lektioner, preparera [*for* till examen, *in* i ämne]; träna

coachbuilder ['kəʊtʃ,bɪldə] *s* karosseritillverkare

coaching ['kəʊtʃɪŋ] *s* privatlektioner, handledning, instruktion; träning

coach|man ['kəʊtʃ|mən] (pl. *-men* [-mən]) *s* [liv]kusk, körsven

coachwork ['kəʊtʃwɜ:k] *s* karosseri[utformning]

coagulate [kəʊ'ægjʊleɪt] **I** *tr* koagulera **II** *itr* koagulera, levra sig; ysta sig

coagulation [kəʊ,ægjʊ'leɪʃən] *s* koagulering

coal [kəʊl] **I** *s* kol, isht stenkol; *a live* ~ ett glödande kol[stycke], ett glöd; *carry* ~*s to Newcastle* ge bagarbarn bröd; *haul* (*call*) *a p. over the* ~*s* ge ngn en skrapa, läxa upp ngn; *heap* ~*s of fire on a p.'s head* samla glödande kol på ngns huvud **II** *tr* kola, förse med [bunker]kol **III** *itr* kola, bunkra

coal-bin ['kəʊlbɪn] *s* kolbox

coalbunker ['kəʊl,bʌŋkə] *s* kolbunker

coaldust ['kəʊldʌst] *s* koldamm

coalesce [,kəʊə'les] *itr* **1** växa samman, smälta samman **2** förena sig

coalescence [,kəʊə'lesns] *s* **1** sammanväxande, sammansmältning **2** förening

coal-face ['kəʊlfeɪs] *s* kolfront; *the* ~ friare kolgruvorna

coal-field ['kəʊlfi:ld] *s* kolfält

coal-gas ['kəʊlgæs] *s* kolgas; lysgas

coal-heaver ['kəʊl,hi:və] *s* kolbärare

coalhole ['kəʊlhəʊl] *s* **1** liten kolkällare **2** kolkällarlucka i trottoar

coaling ['kəʊlɪŋ] *s* kolbunkring, kolning

coaling-station ['kəʊlɪŋ,steɪʃən] *s* bunkringsstation, kol[nings]station

coalition [,kəʊə'lɪʃən] *s* **1** sammansmältning, förening **2** koalition; ~ *government* koalitions-, samlings|regering

coal|man ['kəʊl|mæn] (pl. *-men* [-mən]) *s* **1** kolhandlare **2** kolbärare

coal-merchant ['kəʊl,mɜ:tʃənt] *s* kolhandlare

coalmine ['kəʊlmaɪn] *s* kolgruva

coalmining ['kəul,maɪnɪŋ] *s* kolbrytning
coal-pit ['kəulpɪt] *s* kolgruva
coal-scuttle ['kəul,skʌtl] *s* kolhink, kolbox
coal-tar ['kəultɑ:] *s* stenkolstjära
coal-tit ['kəultɪt] *s* svartmes
coarse [kɔ:s] *a* **1** grov [~ *sand*] **2** enkel, torftig **3** grov [~ *language*], rå, ohyfsad
coarsen ['kɔ:sn] **I** *tr* förgrova, förråa **II** *itr* förgrovas, förråas
coast [kəust] **I** *s* kust; *the ~ is clear* bildl. kusten är klar; *the ~ guard* sjöräddningen, kustbevakningen **II** *tr* segla längs **III** *itr* **1** segla längs kusten **2** idka kusthandel **3** a) på cykel: åka (rulla) nedför utan att trampa b) i bil: rulla (åka) [nedför] med kopplingen ur c) ~ [*along*] bildl. driva vind för våg
coastal ['kəustl] *a* kust-; ~ *waters* kustfarvatten
coaster ['kəustə] *s* kustfartyg
coastguard ['kəus*t*gɑ:d] *s* medlem av sjöräddningen (kustbevakningen)
coat [kəut] **I** *s* **1** a) rock; kappa b) kavaj; jacka till promenaddräkt; ~ *of arms* vapensköld, vapen; ~ *of mail* brynja; *cut o.'s ~ according to o.'s cloth* rätta mun[nen] efter matsäcken; *trail o.'s ~* se under *trail II 1* **2** på djur päls, hårbeklädnad **3** [yttre] lager, skikt; beläggning t. ex. på tungan; *apply a ~ of paint to* stryka färg på **II** *tr* betäcka, belägga, bestryka, dra över; dragera [~ *pills with sugar*]; [be]kläda
coated ['kəutɪd] *a* betäckt, belagd [~ *tongue*]; dragerad
coat-hanger ['kəut,hæŋə] *s* rockhängare, galge
coating ['kəutɪŋ] *s* beläggning, hinna; bestrykning; lager; överdrag
coat-tail ['kəutteɪl] *s* rockskört, frackskört; *trail o.'s ~s* se *trail II 1*
coax [kəuks] **I** *tr* lirka med, använda lämpor med; övertala **II** *itr* använda lämpor, lirka
co-axial ['kəu'æksɪəl] *a*, ~ *cable* koaxialkabel
cob [kɒb] *s* **1** se *cob-nut* **2** majskolv
cobalt ['kəubɔ:lt] *s* kobolt
1 cobble ['kɒbl] **I** *s* kullersten **II** *tr*, *~d street* kullerstensgata
2 cobble ['kɒbl] *tr* lappa [ihop], laga
cobbler ['kɒblə] *s* **1** sko|makare, -flickare **2** sl., [*a load of old*] *~s* skit[prat], smörja
cobble-stone ['kɒblstəun] *s* kullersten
co-belligerent ['kəubɪ'lɪdʒərənt] **I** *a* medkrigförande **II** *s* medkrigförande makt
cob-nut ['kɒbnʌt] *s* [spansk] hasselnöt
cobra ['kəubrə, 'kɒ-] *s* kobra, glasögonorm
cobweb ['kɒbweb] *s* **1** spindelnät, spindelväv **2** *blow away the ~s* få lite frisk luft
coca-cola ['kəukə'kəulə] *s* ® coca-cola
cocaine [kə'keɪn] *s* kokain
cochineal ['kɒtʃɪni:l] *s* koschenill färgämne
cock [kɒk] **I** *s* **1** tupp; *fighting ~* se *fighting-cock* **2** isht i sms. han[n]e av fåglar **3** *the ~ of the walk* högsta hönset; *hallo, old ~!* tjänare, gamle gosse! **4** kran, pip, tapp **5** hane på gevär; *at full ~* [med hanen] på helspänn; *at half ~* [med hanen] på halvspänn; *go off at half ~* bildl. starta[s] i förtid **6** sl. skitsnack **7** vulg. kuk penis **8** *it's all to ~!* sl. det är åt helsicke! **II** *tr* **1** ställa (sticka) rätt upp, resa; ~ [*up*] *o.'s ears* spetsa öronen; ~ *o.'s eyebrow* höja på ögonbrynet; ~ *o.'s leg* lyfta på benet **2** spänna hanen på, osäkra **3** sl., ~ *up* soppa till
cockade [kɒ'keɪd] *s* kokard
cock-a-doodle-doo ['kɒkədu:dl'du:] **I** *s* o. *interj* kuckeliku **II** *itr* säga kuckeliku, gala
cock-and-bull ['kɒkən*d*'bul] *a*, ~ *story* rövarhistoria, lögnhistoria, amsaga
cockatoo [,kɒkə'tu:] *s* zool. kakadu[a], kakadora
cockchafer ['kɒk,tʃeɪfə] *s* ollonborre
cocked [kɒkt] *a*, ~ *hat* trekantig hatt; *knock a p. into a ~ hat* a) göra slarvsylta av ngn b) göra ngn alldeles paff
cocker ['kɒkə] *s*, ~ [*spaniel*] cockerspaniel
cockerel ['kɒkərəl] *s* tuppkyckling, ungtupp
cock-eyed ['kɒkaɪd] *a* **1** skelögd, vindögd **2** sl. sned, vind; på sniskan [*the picture is* (hänger) ~]
cockfighting ['kɒk,faɪtɪŋ] *s* tuppfäktning
cock-horse ['kɒk'hɔ:s] *s*, *ride a ~* rida, rida ranka
cockle ['kɒkl] *s* **1** hjärtmussla **2** *it warmed the ~s of my heart* det gjorde mig varm ända in i själen
cockle-shell ['kɒklʃel] *s* **1** musselskal **2** nötskal liten bräcklig båt
cockney ['kɒknɪ] **I** *s* **1** cockney londonbo som talar londondialekten **2** cockney londondialekten **II** *a* cockney- [~ *accent*]
cockpit ['kɒkpɪt] *s* cockpit, förarkabin
cockroach ['kɒkrəutʃ] *s* kackerlacka
cockscomb ['kɒkskəum] *s* **1** tuppkam **2** narrmössa med tuppkam
cock-sparrow ['kɒk'spærəu] *s* sparvhane
cocksure ['kɒk'ʃuə] *a* tvärsäker [*about* (*of*) på]; självsäker
cocktail ['kɒkteɪl] *s* cocktail; ~ *cabinet* barskåp; ~ *lounge* cocktailbar; ~ *stick* cocktailpinne
cock-up ['kɒkʌp] *s* sl. **1** grov tabbe **2** jävla soppa (röra)
cocky ['kɒkɪ] *a* fam. snorkig, mallig
coco ['kəukəu] *s* kokospalm
cocoa ['kəukəu] *s* kakao; choklad som dryck
cocoanut o. **coconut** ['kəukənʌt] *s* **1** kokosnöt; ~ *matting* kokosmatta; ~ *shy* på tivoli, stånd där man vinner kokosnötter genom att pricka dem **2** kokospalm

coconut-palm ['kəʊkənʌtpɑ:m] *s* kokospalm
cocoon [kə'ku:n] **I** *s* **1** kokong **2** plasthinna som rostskyddsmedel **II** *tr* täcka med en plasthinna
coco-palm ['kəʊkəʊpɑ:m] *s* kokospalm
C.O.D. ['si:əʊ'di:] förk. för *cash* (Am. *collect*) *on delivery* [mot] efterkrav, [mot] postförskott
cod [kɒd] *s* torsk; *dried* ~ kabeljo
coda ['kəʊdə] *s* mus. coda
coddle ['kɒdl] *tr* klema bort
code [kəʊd] **I** *s* **1** kodex; lagsamling, balk; ~ *of honour* hederskodex **2** kod; [telegram]nyckel; chiffer, chifferspråk; data. programmeringskod; *the Morse* ~ morsekoden **3** *dialling* (*area* Am.) ~ riktnummer **II** *tr* **1** koda, chiffrera **2** kodifiera
codeine ['kəʊdi:n] *s* kodein
codfish ['kɒdfɪʃ] *s* se *cod*
codger ['kɒdʒə] *s* fam., *old* ~ gubbstrutt
codicil ['kəʊdɪsɪl] *s* jur. kodicill
codification [,kəʊdɪfɪ'keɪʃən] *s* kodifikation, kodifiering
codify ['kəʊdɪfaɪ, 'kɒd-] *tr* kodifiera
codling ['kɒdlɪŋ] *s* småtorsk
cod-liver, ~ *oil* ['kɒdlɪvər'ɔɪl] fiskleverolja
codpiece ['kɒdpi:s] *s* hist. blygdkapsel
co-driver ['kəʊ,draɪvə] *s* co-driver, andreförare
co-ed ['kəʊ'ed] fam. **I** *s* **1** kvinnlig samskoleelev, studentska [vid samundervisningsanstalt] **2** samskola **II** *a,* ~ *school* samskola
co-education ['kəʊ,edjʊ'keɪʃən] *s* samundervisning
co-educational ['kəʊ,edjʊ'keɪʃənl] *a,* ~ *school* samskola
coefficient [,kəʊɪ'fɪʃənt] *s* koefficient mat. o. fys.; grad
coerce [kəʊ'ɜ:s] *tr* tvinga till underkastelse, betvinga
coercion [kəʊ'ɜ:ʃən] *s* tvång, betvingande
coercive [kəʊ'ɜ:sɪv] *a* tvångs-, tvingande
coeval [kəʊ'i:vəl] *a* **1** jämnårig [*with* med] **2** samtidig
coexist ['kəʊɪg'zɪst] *itr* finnas till samtidigt [*with* som]; leva sida vid sida
coexistence ['kəʊɪg'zɪstəns] *s* samtidig förekomst; samlevnad [*peaceful* ~]
C. of E. förk. för *Church of England*
coffee ['kɒfɪ] *s* kaffe
coffee-bar ['kɒfɪbɑ:] *s* kaffebar, cafeteria
coffee-berry ['kɒfɪ,berɪ] *s* kaffeböna
coffee-break ['kɒfɪbreɪk] *s* kaffepaus
coffee-grinder ['kɒfɪ,graɪndə] *s* kaffekvarn
coffee-house ['kɒfɪhaʊs] *s* **1** hist. kaffehus **2** enklare restaurang, kafé
coffee-mill ['kɒfɪmɪl] *s* kaffekvarn
coffee-pot ['kɒfɪpɒt] *s* kaffekanna; kaffepanna
coffee-stall ['kɒfɪstɔ:l] *s* transportabelt kaffestånd
coffer ['kɒfə] *s* **1** kista; isht penningkista, kassaskrin **2** pl. ~*s* skattkammare, fonder
coffin ['kɒfɪn] *s* likkista
cog [kɒg] *s* kugge
cogency ['kəʊdʒənsɪ] *s* övertygande styrka, slagkraft
cogent ['kəʊdʒənt] *a* tvingande, övertygande [*a* ~ *reason*]
cogitate ['kɒdʒɪteɪt] **I** *itr* tänka, fundera **II** *tr* tänka ut, fundera ut
cogitation [,kɒdʒɪ'teɪʃən] *s* **1** begrundan[de], funderande **2** tanke, reflexion; pl. ~*s* äv. funderingar
cognac ['kɒnjæk, 'kəʊn-] *s* cognac; konjak
cognate ['kɒgneɪt] *a* besläktad
cognition [kɒg'nɪʃən] *s* kognition
cognizance ['kɒgnɪzəns] *s* kännedom, vetskap
cognizant ['kɒgnɪzənt] *a, be* ~ *of* (*that*) ha vetskap om (om att)
cohabit [kəʊ'hæbɪt] *itr* sammanbo
cohabitation [,kəʊhæbɪ'teɪʃən] *s* sam[man]boende isht utan vigsel
cohere [kəʊ'hɪə] *itr* hänga ihop (samman); vara förenad; stämma överens
coherence [kəʊ'hɪərəns] *s* **1** sammanhang **2** bildl. sammanhållning
coherent [kəʊ'hɪərənt] *a* sammanhängande; följdriktig
cohesion [kəʊ'hi:ʒən] *s* kohesion[skraft]; sammanhang
cohesive [kəʊ'hi:sɪv] *a* kohesions-; sammanhängande
cohort ['kəʊhɔ:t] *s* **1** ant. kohort **2** skara, band
coiffeur [kwɑ:'fɜ:] *s* (fr.) frisör
coiffure [kwɑ:'fjʊə] *s* (fr.) frisyr, koaffyr
coign [kɔɪn] *s,* ~ *of vantage* fördelaktig ställning; utkiksplats, observationsplats
coil [kɔɪl] **I** *tr* lägga i ringlar; rulla (ringla) ihop [ofta ~ *up*] **II** *itr* ringla (slingra) sig; ~ *up* rulla (ringla) ihop sig **III** *s* **1** rulle; ~ *of rope* tågrulle **2** rörspiral; elektr. induktionsrulle, spole **3** spiral livmoderinlägg **4** slinga
coin [kɔɪn] **I** *s* slant, mynt, peng; koll. pengar; *pay a p. back in his own* (*the same*) ~ betala ngn med samma mynt; *the other side of the* ~ medaljens frånsida **II** *tr* **1** mynta, prägla **2** mynta, [ny]bilda, skapa [~ *a word*]; . . *to* ~ *a phrase* . . för att använda en klyscha
coinage ['kɔɪnɪdʒ] *s* **1** [mynt]prägling **2** myntsystem, myntsort **3** prägling, [ny]bildning isht av ord
coincide [,kəʊɪn'saɪd] *itr* **1** sammanfalla, sammanträffa [*with* med] **2** stämma över-

ens [*with* med]
coincidence [kəʊ'ɪnsɪd*ə*ns] *s* **1** sammanträffande, tillfällighet [*what a ~!*] **2** överensstämmelse
coincident [kəʊ'ɪnsɪd*ə*nt] *a* **1** sammanfallande, sammanträffande **2** överensstämmande
coincidental [kəʊˌɪnsɪ'dentl] *a* **1** tillfällig **2** samtidig
coiner ['kɔɪnə] *s* **1** myntare **2** falskmyntare
coitus ['kəʊɪtəs] *s* med. coitus, samlag
1 coke [kəʊk] *s* koks; *go and eat ~* fam. dra åt skogen
2 coke [kəʊk] *s* sl. koks kokain
3 coke [kəʊk] *s* ® fam. = *coca-cola*
Col. förk. för *Colonel*
col. förk. för *colonial, colony, column*
cola ['kəʊlə] *s* kolaträd; kolanöt
colander ['kʌləndə] *s* durkslag grov sil
cold [kəʊld] **I** *a* kall, frusen, bildl. äv. kallsinnig; *~ comfort* [en] klen tröst; *have* (*get*) *~ feet* fam. bli skraj, ha (få) kalla fötter; *give a p. the ~ shoulder* se *cold-shoulder*; *~ store* kylrum, kylhus; *~ sweat* kallsvett; *~ turkey* sl. se *turkey 2*; *throw* (*pour*) *~ water on* [*a proposal*] behandla . . kallsinnigt; *feel* (*be*) *~* frysa; *I knocked him ~* jag slog honom medvetslös **II** *s* **1** köld, kyla; *leave out in the ~* bildl. inte bry sig om, lämna utanför **2** förkylning; *~ in the head* snuva; *catch* [*a*] *~, get a ~* förkyla sig, bli förkyld
cold-blooded ['kəʊld'blʌdɪd] *a* kallblodig
cold-cream ['kəʊldkri:m] *s* cold-cream
cold-hearted ['kəʊld'hɑ:tɪd] *a* kallhjärtad, kallsinnig
coldness ['kəʊldnəs] *s* kyla, köld, bildl. äv. kallsinnighet
cold-shoulder ['kəʊld'ʃəʊldə] *tr* behandla kyligt, ignorera
cold-storage ['kəʊld'stɔ:rɪdʒ] *s* [förvaring i] kylrum; *put a th. into ~* bildl. lägga ngt på is
Coleridge ['kəʊl*ə*rɪdʒ]
coleslaw ['kəʊlslɔ:] *s* kålsallad
colic ['kɒlɪk] *s* kolik
Coliseum [ˌkɒlɪ'sɪəm] = *Colosseum*
colitis [kɒ'laɪtɪs, kəʊ'l-] *s* läk. kolit
coll. förk. för *colloquial*
collaborate [kə'læbəreɪt] *itr* samarbeta
collaboration [kəˌlæbə'reɪʃ*ə*n] *s* samarbete
collaborationist [kəˌlæbə'reɪʃ*ə*nɪst] *s* polit. (neds.) samarbetsman, kollaboratör
collaborator [kə'læbəreɪtə] *s* **1** medarbetare **2** = *collaborationist*
collage [kɒ'lɑ:ʒ, '- -] *s* konst. collage
collapse [kə'læps] **I** *s* **1** läk. kollaps, utmattning; *a nervous ~* ett nervöst sammanbrott **2** hopfallande, sammanstörtande, ras **3** bildl. sammanbrott, krasch **II** *itr* **1** kollapsa, klappa ihop **2** falla ihop [*the table ~d*], braka (störta) samman; rasa [*the price of steel ~d*] **3** spricka, gå om intet
collapsible [kə'læpsəbl] *a* hopfällbar
collar ['kɒlə] **I** *s* **1** krage **2** halsband t. ex. på hund **3** tekn. hylsa; fläns, krage **II** *tr* **1** ta i kragen; gripa, hugga [*~ a thief*] **2** fam. knycka
collar-bone ['kɒləbəʊn] *s* nyckelben
collar-stud ['kɒləstʌd] *s* kragknapp
collate [kə'leɪt] *tr* kollationera
collateral [kə'læt*ə*r*ə*l] **I** *a* **1** belägen sida vid sida, parallell; kollateral **2** *~ security* tilläggssäkerhet **II** *s* = *~ security* se *I 2*
collation [kə'leɪʃ*ə*n] *s* **1** kollationering **2** lätt måltid
colleague ['kɒli:g] *s* kollega, arbetskamrat
1 collect ['kɒlekt] *s* kyrkl. kollekt kort bön
2 collect [kə'lekt] **I** *tr* **1** samla, samla in (ihop, upp) **2** kassera in, indriva; ta upp, få in **3** *~ o.s., ~ o.'s wits* samla sig, ta sig samman **4** avhämta, hämta **II** *itr* **1** samlas, samla sig; hopas **2** samla [böcker, mynt m. m.] **III** *adv* Am. mot efterkrav, mot postförskott [*send a parcel ~*]; [*a telegram*] *sent ~* . . som betalas av mottagaren
collected [kə'lektɪd] *a* **1** samlad [*the ~ works of Milton*] **2** samlad, fattad, sansad
collection [kə'lekʃ*ə*n] *s* **1** samlande, hopsamlande, hopsamling **2** insamling; [brevlåds]tömning; post. äv. tur [*2nd ~*]; kyrkl. kollekt **3** inkassering, uppbörd, indrivning **4** samling, kollektion; anhopning
collective [kə'lektɪv] **I** *a* **1** samlad, sammanlagd **2** kollektiv äv. gram.; samfälld; *~ bargaining* kollektivförhandlingar; *~ farm* kollektivjordbruk; *~ security* pol. kollektiv säkerhet **II** *s* kollektiv äv. gram.
collectivization [kəˌlektɪvaɪ'zeɪʃ*ə*n] *s* kollektivisering
collector [kə'lektə] *s* samlare
colleen ['kɒli:n] *s* Irl. flicka
college ['kɒlɪdʒ] *s* **1** a) college b) internatskola [*Eton C~*] c) Am., slags [internat]högskola d) collegebyggnad **2** [fack]högskola; *~ of education* lärarhögskola **3** skola, institut; *~ of further education* skola för vidareutbildning, yrkesskola, fackskola **4** kollegium; *the C~ of Physicians* läkarsällskapet
collegiate [kə'li:dʒɪət] *a* **1** college-, hörande till ett college **2** kollegie-, kollegial
collide [kə'laɪd] *itr* kollidera, stöta ihop, krocka; råka i konflikt
collie ['kɒlɪ] *s* collie hundras
collier ['kɒlɪə] *s* **1** kolgruv[e]arbetare **2** sjö. kolfartyg
colliery ['kɒljərɪ] *s* kolgruva
collision [kə'lɪʒ*ə*n] *s* kollision; sammanstötning, krock; *be on* [*a*] *~ course with* ha

råkat på kollisionskurs med

collocation [ˌkɒləʊ'keɪʃən] *s* sammanställning; [ord]förbindelse

collodion [kə'ləudjən] *s* kem. o. tekn. kollodium

collop ['kɒləp] *s* liten köttskiva

colloquial [kə'ləukwɪəl] *a* samtals-, talspråklig, familjär

colloquialism [kə'ləukwɪəlɪzəm] *s* familjärt uttryck

colloquially [kə'ləukwɪəlɪ] *adv* familjärt, i vardagsspråket, i dagligt tal

colloquy ['kɒləkwɪ] *s* samtal; dialog

collusion [kə'lu:ʒən] *s* jur. maskopi; hemlig överenskommelse

Cologne [kə'ləun] **I** Köln **II** *s*, *c~* [eau-de-]cologne

Colombia [kə'lɒmbɪə]

1 colon ['kəulən] *s* grovtarm, kolon

2 colon ['kəulən] *s* kolon skiljetecken

colonel ['kɜ:nl] *s* överste

colonial [kə'ləunjəl] **I** *a* kolonial, koloni[al]- **II** *s* koloniinvånare

colonialism [kə'ləunjəlɪzəm] *s* kolonialism

colonist ['kɒlənɪst] *s* kolonist, nybyggare

colonization [ˌkɒlənaɪ'zeɪʃən] *s* kolonisation, kolonisering

colonize ['kɒlənaɪz] *tr* kolonisera

colonizer ['kɒlənaɪzə] *s* kolonisatör

colonnade [ˌkɒlə'neɪd] *s* kolonnad

colony ['kɒlənɪ] *s* **1** koloni; nybygge **2** zool. samhälle

color Am. se *colour*

Colorado [ˌkɒlə'rɑ:dəu]

coloration [ˌkʌlə'reɪʃən] *s* färgteckning, färg[giv]ning; kolorit

coloratura [ˌkɒlərə'tuərə] *s* (ital.) mus. koloratur

colossal [kə'lɒsl] *a* kolossal, jättelik; fam. äv. väldig, fantastisk

Colosseum [ˌkɒlə'sɪəm]

Colossians [kə'lɒʃənz] *s pl* bibl., [*the Epistle to the*] *~* (konstr. ss. sg.) Kolosserbrevet

colossus [kə'lɒsəs] *s* koloss

colour ['kʌlə] **I** *s* **1 a**) färg, kulör båda äv. bildl. **b**) attr. färg- [*~ television*]; *~ scheme* färg[samman]sättning; färgschema; *~ transparency* färgdia[positiv], färgbild **2** [ansikts]färg; *get a ~* få färg bli solbränd; *have a high ~* ha hög [ansikts]färg **3** pl. *~s* i spec. betydelser: **a**) ett lags färger; klubbdräkt; *get* (*win*) *o.'s ~s* komma med i [idrotts]-laget **b**) flagg[a], fana; *desert o.'s ~s* rymma från sitt regemente; *join the ~s* ta värvning; *lower o.'s ~s* stryka flagg bildl.; *nail o.'s ~s to the mast* framhärda, stå fast; *under false ~s* under falsk flagg; *come off with flying ~s* klara sig med glans **c**) *show o.'s ~s* visa (bekänna) färg; *show o.'s true ~s* visa sitt rätta ansikte; *paint a th. in dark ~s* skildra ([ut]måla) ngt i mörka färger; *see a th. in its true ~s* se ngt i dess rätta ljus **4** sken, förevändning [*under ~ of*]; *give* (*lend*) *~ to a th.* ge ngt ett visst sken av sannolikhet; *give a false ~ to* framställa i falsk dager **5** ton, karaktär **II** *tr* färga, färglägga äv. bildl., måla, kolorera; ge färg åt **III** *itr* få färg; rodna [äv. *~ up*]

colour-bar ['kʌləbɑ:] *s* rasdiskriminering på grund av hudfärg; rasbarriär

colour-blind ['kʌləblaɪnd] *a* färgblind

coloured ['kʌləd] *a* **1** färgad, kulört **2** färgad av inte vit härkomst **3** bildl. färgad, färglagd [*~ account*]

colourful ['kʌləfʊl] *a* färgrik, färgstark [*~ style*], brokig [*~ life*]

colouring ['kʌlərɪŋ] *s* **1** färg[lägg]ning **2** om ansikte o. d. färg[er] **3** falskt sken **4** färgbehandling **5** färgmedel; *~ matter* färgämne

colourless ['kʌlələs] *a* färglös äv. bildl.

1 colt [kəult] *s* **1** föl, fåle **2** novis

2 colt [kəult] *s* (äv. *C~*) Colt[-revolver]

Columbia [kə'lʌmbɪə] poet. äv. namn på USA

Columbine ['kɒləmbaɪn] Colombina

columbine ['kɒləmbaɪn] **I** *a* duvlik **II** *s* akleja

column ['kɒləm] *s* **1** kolonn byggn. o. mil.; pelare äv. bildl.; stod; *spinal ~* anat. ryggrad **2** kolumn; spalt **3 a**) rattstång; *~ shift* rattväxel **b**) *control ~* [flyg]spak

columnist ['kɒləmnɪst] *s* kåsör, kolumnist, kommentator, krönikör

coma ['kəumə] *s* läk. koma medvetslöshet

comatose ['kəumətəus] *a* läk. komatös, medvetslös

comb [kəum] **I** *s* **1** kam **2** karda **II** *tr* **1** kamma; *~* [*out*] bildl. finkamma **2** karda

combat ['kɒmbæt] **I** *s* kamp, strid; *single ~* tvekamp, envig **II** *tr* bekämpa

combatant ['kɒmbətənt] *a* o. *s* stridande

combination [ˌkɒmbɪ'neɪʃən] *s* **1** kombination, sammanställning; serie **2** sammanslutning; förening äv. kem. **3** [*motorcycle*] *~* motorcykel med sidvagn **4** kombination i ett kombinationslås **5** pl. *~s* combination[s] underplagg

combine [ss. vb kəm'baɪn, ss. subst. 'kɒmbaɪn] **I** *tr* ställa samman; förena; slå ihop; kombinera **II** *itr* **1** förena sig; samverka **2** ingå kemisk förening **III** *s* **1** sammanslutning i pol. el. ekon. syfte, syndikat **2** *~* [*harvester*] skördetröska

combustible [kəm'bʌstəbl] *a* brännbar; lättantändlig

combustion [kəm'bʌstʃən] *s* förbränning; *~ engine* förbränningsmotor; *spontaneous ~* självantändning

come [kʌm] **I** (*came come*) *itr* **1** komma; komma hit (dit); resa; *~ apart* (*to pieces*) gå sönder **2** sträcka sig, gå **3** ske; ~ *what may* hända vad som hända vill **4** kunna fås, finnas att få [*it ~s in packets*] **5** sl., *he* (*she*) *came* det gick för honom (henne), han (hon) kom fick orgasm **6** spec. användningar av vissa former av 'come': **a**) imper., ~ [~]*!* el. ~ *now!* a) se så!, så ja! b) försök inte! c) raska på! **b**) inf., *to* ~ kommande, blivande, framtida; *in days to* ~ under kommande dagar **c**) pres. konj., ~ fam. nästkommande; om; ~ *Xmas* till julen **7** ~ *to* + inf. a) komma för att [*he has ~ here to work*] b) [småningom] komma att [*I've ~ to hate this*], ha hunnit; ~ (*when one ~s*) *to think of it* när man tänker efter (på saken) **8** *how ~?* hur kommer det sig? **9 a**) med adj. bli, visa sig; ~ *easy to a p.* gå (falla sig) lätt för ngn; ~ *expensive* bli (ställa sig) dyr; ~ *loose* lossna **b**) med pp. el. adj. med förstavelsen 'un-', ~ *undone* (*untied* etc.) gå upp, lossna

10 med adv. o. prep. i spec. betydelser: ~ **about** inträffa, ske, hända [sig], gå till

~ **across** komma över äv. bildl; hitta, få tag i [*I came across it in Rome*]; råka på

~ **again**! sl. vadå?, va sa?

~ **along: a**) komma (följa, gå) med; ~ *along!* kom nu!, skynda på!; försök igen! **b**) visa sig, komma hit (dit, fram) **c**) klara sig [*you are coming along fine*]; ta sig [*the garden is coming along nicely*], arta sig

~ **at: a**) komma åt, få tag i **b**) gå lös på

~ **back: a**) komma tillbaka; *it ~s back to me now* nu minns jag **b**) ~ *back at a p.* ge ngn svar på tal

~ **by: a**) komma förbi **b**) få tag i, komma över [*he did not ~ by it honestly*]

~ **down: a**) komma (gå) ner **b**) sträcka sig (gå) [ner] **c**) störta samman (ner) **d**) *they have ~ down in the world* det har gått utför med dem **e**) lämnas i arv **f**) ~ *down handsome*[*ly*] fam. vara verkligt flott **g**) ~ *down on* slå ner på, fara ut mot **h**) ~ *down to* kunna reduceras till [*it all ~s down to this*]; se äv. ex. under ~ *to g*) o. *h*) nedan **i**) ~ *down in favour of* ta ställning för

~ **forth** träda fram

~ **forward** träda fram, stiga fram; anmäla sig, erbjuda sig; ~ *forward with a proposal* lägga fram ett förslag

~ **from: a**) komma (vara) från; *coming from you* [*that's a compliment*] för att komma från dig . . **b**) komma [sig] av [*that ~s from your being so impatient*]

~ **in: a**) komma in, inträda; komma i mål **b**) komma till makten **c**) komma på modet (i bruk) **d**) infalla, börja **e**) ~ *in handy* (*useful*) komma väl (bra) till pass **f**) *where do I ~ in?* var kommer jag in [i bilden]? **g**) ~ *in for* få del av, få [sig]

~ **into: a**) få ärva [~ *into a fortune*], tillträda **b**) ~ *into blossom* gå i blom; ~ *into fashion* komma på modet; ~ *into play* träda i verksamhet; spela in; ~ *into power* komma till makten; ~ *into the world* komma till världen

~ **of: a**) komma sig av [*this ~s of carelessness*]; *no good will ~ of it* det kommer inte att leda till något gott; *that's what ~s of your lying!* där har du för att du ljuger! **b**) härstamma från; *he ~s of a good family* han är av god familj

~ **off: a**) gå ur, lossna [från]; [*this lipstick*] *doesn't ~ off* . . smetar inte **b**) ramla av (ner) [från] **c**) ~ *off it!* försök inte!; lägg av! **d**) äga rum, bli av [*the party won't ~ off*] **e**) lyckas [*if my plan ~s off*]; avlöpa, gå [*did everything ~ off all right?*] **f**) klara sig [*he came off best*]

~ **on: a**) komma [efter], närma sig **b**) träda fram [på scenen] **c**) bryta in, falla på [*night came on*]; *autumn is coming on* det börjar bli höst **d**) ta sig, utveckla sig; repa sig; *how are you coming on?* hur går det för dig? **e**) ~ *on!* kom nu!, skynda på!; kom om du törs!

~ **out: a**) komma ut äv. om bok o. d. **b**) ~ *out* [*on strike*] gå i strejk **c**) gå ur [*these stains won't ~ out*] **d**) *he came out third* han kom trea; ~ *out badly* klara sig dåligt; ~ *out winner* sluta som segrare **e**) komma fram; bli synlig, visa sig; om blomma slå ut; *he always ~s out well in photographs* han blir (gör sig) alltid bra på kort **f**) komma i dagen, komma fram, komma ut [*when the news came out*] **g**) visa sig [vara] [~ *out all right*] **h**) debutera, komma ut i sällskapslivet **i**) rycka ut [~ *out in defence of a p.*] **j**) ~ *out at* bli, uppgå till [*the total ~s out at 200*] **k**) ~ *out in spots* få utslag

~ **over: a**) komma över **b**) fam. känna sig, bli [*she came over queer*] **c**) *what had ~ over her?* vad gick (kom) det åt henne?

~ **round: a**) komma över, titta in [på besök]; ~ *round and see a p.* komma och hälsa på ngn **b**) *Christmas will soon ~ round* snart är det jul igen **c**) kvickna till, hämta sig **d**) komma på andra tankar, omvända sig; gå (komma) över [*he will never ~ round to our way of thinking*]

~ **through: a**) klara sig, undkomma; klara sig igenom **b**) komma in [*a report has just ~ through*]

~ **to: a**) komma till, nå; *whatever are we coming to?* vad ska det bli av oss?, var ska det sluta?; *you'll have to take what's coming to you* du får ta konsekvenserna; *he had it coming to him* fam. han hade sig själv att skylla **b**) kvickna till **c**) drabba; *no harm will ~ to you* det ska inte hända dig något ont **d**) få ärva; tillfalla genom arv o. d.; ~ *to the throne* komma på tronen **e**) belöpa sig till, komma (gå) på; *how much does it ~ to?* äv. hur mycket blir det? **f)** leda till; *~ to nothing* gå om intet; *it ~s to the same thing* det kommer på ett ut **g)** gälla, bli tal om; *when it ~s [down] to it* när det kommer till kritan, när allt kommer omkring **h)** betyda, innebära; *it ~s [down] to this - if we are to . .* saken är helt enkelt den - om vi ska . . **i)** *~ to that* för den delen, för resten **j)** sjö. stanna **k)** sjö. lova

~ **under** komma (höra) under

~ **up: a)** komma upp; komma fram; dyka upp; [*two meat-pies*] *coming up!* t. ex. på restaurang . . klara! **b)** komma på tapeten, komma på tal **c)** *my lottery ticket has come up* jag vann (har vunnit) [på lotteri] **d)** *the shirt ~s up white with . .* skjortan blir vit [när den tvättas] med . . **e)** *~ up against* kollidera med; råka ut för [*~ up against a difficulty*] **f)** *~ up to* nå (räcka) upp till; uppgå till; motsvara, uppfylla **g)** *~ up with* komma med [*~ up with a new suggestion*]

II (*came come*) *tr* **1** fam. spela, agera; *~ the great lady* spela fin dam; *~ it over* spela herre över, topprida; *don't try to ~ it with (over) me!* försök inte med mig! **2** *~ a cropper* se *cropper* **3** *~ it strong* se *strong II*

III *s* sl. sats sädesvätska

come-back ['kʌmbæk] *s* **1** [lyckad] comeback **2** fam. svar [på tal] **3** ersättning

comedian [kə'mi:djən] *s* komiker

comedienne [kəˌmi:dɪ'en] *s* komedienn

come-down ['kʌmdaun] *s* steg nedåt isht socialt

comedy ['kɒmədɪ] *s* komedi, lustspel

comely ['kʌmlɪ] *a* täck, fin, [rätt] vacker

comer ['kʌmə] *s, all ~s* alla som ställer upp

comestible [kə'mestɪbl] *s,* vanl. pl. *~s* matvaror

comet ['kɒmɪt] *s* komet

comfort ['kʌmfət] **I** *s* **1** tröst; lättnad **2** a) *~* el. pl. *~s* komfort, bekvämligheter b) komfort, välbefinnande **3** *~ station* Am. bekvämlighetsinrättning, offentlig toalett **II** *tr* trösta; *be ~ed* låta trösta sig

comfortable ['kʌmfətəbl] *a* **1** bekväm, komfortabel **2** som har det bra; *be in ~ circumstances* ha det bra ställt **3** tillräcklig, trygg [*a ~ income*]; *with a ~ margin* med god marginal **4** väl till mods, obesvärad

comforter ['kʌmfətə] *s* **1** tröstare **2** yllehalsduk **3** tröst[napp]

comfy ['kʌmfɪ] *a* fam. se *comfortable*

comic ['kɒmɪk] **I** *a* komisk, lustig; komedi-; *~ opera* operett; *~ paper* skämttidning, serietidning; *~ song* kuplett; *~ strip* skämtserie, tecknad serie **II** *s* fam. **1** skämttidning, serietidning; skämtserie **2** komiker på varieté

comical ['kɒmɪkəl] *a* komisk, festlig

comicality [ˌkɒmɪ'kælətɪ] *s* komiskhet

coming ['kʌmɪŋ] **I** *a* **1** kommande, förestående; annalkande **2** lovande; *~ man* framtidsman, påläggskalv **II** *s* **1** ankomst; annalkande; bibl. tillkommelse **2** pl. *~s and goings* a) spring ut och in, folk som kommer och går b) saker som händer

comity ['kɒmətɪ] *s, the ~ of nations* internationell hövlighet; [det] internationella umgänget

comma ['kɒmə] *s* komma[tecken]; *inverted ~s* anföringstecken, citationstecken

command [kə'mɑ:nd] **I** *tr* **1** befalla **2** föra befälet (ha befäl) över, kommendera **3** förfoga över, disponera [över] [*~ vast sums of money*] **4** inge, tillvinna sig [*he ~s our respect*] **5** erbjuda utsikt över; erbjuda [*the hill ~s a fine view*] **6** inbringa; betinga [sig] ett pris **II** *itr* befalla; föra befäl[et], kommendera **III** *s* **1** befallning; bud; mil. order, kommando [*at his ~*]; *~ module* kommandomodul; *at the word of ~* på kommando, på given signal **2** **a)** herravälde, makt; mil. befäl [*under the ~ of*], kommendering; *take ~ of* ta befälet över; *in ~* kommenderande, befälhavande; *be in ~* föra befäl[et] [*of* över, på, i]; *he is first (second) in ~* han är högste chefen (närmast under chefen) **b)** kontroll; *he has complete ~ of the situation* han behärskar fullständigt situationen **c)** *have a good ~ of a language* behärska ett språk bra **3** *all the money at his ~* alla pengar som står till hans förfogande **4** mil. kommando; befälsområde; *Bomber C~* bombflyget; *Fighter C~* jaktflyget

commandant [ˌkɒmən'dænt] *s* kommendant; befälhavare

commandeer [ˌkɒmən'dɪə] *tr* ta ut till militärtjänst; rekvirera, beslagta

commander [kə'mɑ:ndə] *s* **1** befälhavare, anförare, chef **2** sjö. kommendörkapten **3** i orden (ung.) kommendör av andra klassen; *knight ~* ung. kommendör av första klassen

commander-in-chief [kə'mɑ:ndərɪn'tʃi:f] (pl. *commanders-in-chief* [-dəzɪn-]) *s* överbefälhavare, högsta befälhavare

commanding [kə'mɑ:ndɪŋ] *a* **1** befälhavande, kommenderande; *~ officer* mil. chef, befälhavare **2** imponerande [*~ appearance*] **3** *~ position* dominerande läge; *a ~ view of* [en] fri och öppen utsikt över

commandment [kə'mɑ:ndmənt] *s* bud[ord]; *the ten ~s* tio Guds bud

command|o [kə'mɑ:ndəʊ] (pl. vanl. *-os*) *s* kommandotrupp; kommandosoldat

commemorate [kə'meməreɪt] *tr* fira (hedra, bevara) minnet av

commemoration [kəˌmemə'reɪʃən] *s* åminnelse, firande [*in* (till) *~ of*]

commemorative [kə'memərətɪv] *a* min-

nes- [~ *exhibition*], jubileums- [~ *stamp*]
commence [kə'mens] **I** *itr* börja, begynna, inledas **II** *tr* [på]börja, inleda
commencement [kə'mensmənt] *s* början, begynnelse, inledning
commend [kə'mend] *tr* **1** lovorda, prisa **2** anbefalla, rekommendera; *it ~ed itself to him* det tilltalade honom **3** anförtro
commendable [kə'mendəbl] *a* lovvärd, berömvärd
commendation [ˌkɒmen'deɪʃən] *s* rekommendation, lovord
commendatory [kɒ'mendətərɪ] *a* berömmande, anbefallande; rekommendations-
commensurable [kə'menʃərəbl] *a* **1** kommensurabel, jämförbar **2** proportionerlig
commensurate [kə'menʃərət] *a* sammanfallande; proportionell; *be ~ with* stå i [rimlig] proportion till
comment ['kɒment] **I** *s* kommentar[er] [*on* till, om; *about* om]; anmärkning; *no ~!* [jag har] ingen kommentar!; *make ~s on* (*about*) äv. kommentera **II** *itr, ~ on* (*about*) kommentera; uttala sig om; kritisera
commentary ['kɒməntərɪ] *s* **1** kommentar [*on* till] **2** referat, reportage [*on* från]
commentate ['kɒmenteɪt] *itr, ~ on* kommentera; referera
commentator ['kɒmenteɪtə] *s* kommentator
commerce ['kɒməs] *s* handel[n], varuutbyte
commercial [kə'mɜːʃəl] **I** *a* kommersiell, handels-, merkantil; *~ pilot* trafikflygare; *~ traffic* yrkesmässig trafik; *~ traveller* handelsresande **II** *s* i radio o. TV reklaminslag, annons; reklamfinansierat program
commercialize [kə'mɜːʃəlaɪz] *tr* kommersialisera
Commie ['kɒmɪ] *s* fam., vanl. neds. = *Communist*
commiserate [kə'mɪzəreɪt] **I** *tr* hysa medlidande med, ömka **II** *itr, ~ with a p.* kondolera ngn
commiseration [kəˌmɪzə'reɪʃən] *s* medömkan, medlidande
commissar [ˌkɒmɪ'sɑː] *s* kommissarie i Sovjet
commissariat [ˌkɒmɪ'seərɪət, -'sær-] *s* **1** isht mil. intendentur **2** kommissariat i Sovjet
commission [kə'mɪʃən] **I** *s* **1** a) uppdrag, order; ärende; beställning b) bemyndigande, förordnande; *in ~* sjö. om fartyg i beredskap, i [aktiv] tjänst; *out of ~* a) sjö. om fartyg i reserv, ur [aktiv] tjänst b) fam. ur funktion **2** kommission; utredning **3** isht mil. officersfullmakt; *resign o.'s ~* ta avsked [som officer] **4** hand. a) kommission b) provision, kommissionsarvode **II** *tr* **1** bemyndiga; ge officersfullmakt; *~ed officer* officer **2** sjö. försätta fartyg i beredskap, utrusta **3 a)** uppdra åt [~ *an artist to paint a portrait*]; *be ~ed to* få i uppdrag att **b)** beställa [~ *a portrait*]
commissionaire [kəˌmɪʃə'neə] *s* vaktmästare, dörrvakt på t. ex. biograf, varuhus
commissioner [kə'mɪʃənə] *s* **1** kommitterad, delegerad **2** medlem av en statlig o. d. styrelse (nämnd) **3** chef för förvaltningsgren; kommissarie; *~ of police, police ~* polismästare **4** *High C~* överkommissarie ung. ambassadör inom Brittiska samväldet **5** guvernör i brittiskt protektorat o. d.
commit [kə'mɪt] *tr* (se äv. *committed*) **1** föröva [~ *a crime*], begå [~ *an error*] **2** anförtro [*to* åt], överlämna; *~ to memory* lägga på minnet, lära sig utantill; *~ to paper* (*to writing*) skriva ned, fästa på papperet **3** jur., *~ a p. for trial* hänskjuta målet mot ngn till högre rätt **4** *~ o.s.* a) kompromettera sig b) ta ställning; binda sig, engagera sig; förbinda sig, åta[ga] sig c) anförtro sig [~ *o.s. to God*]
commitment [kə'mɪtmənt] *s* **1** åtagande, förpliktelse **2** pol. o. d. engagemang [*to* i] **3** överlämnande, anförtroende
committed [kə'mɪtɪd] *pp* o. *a* **1** engagerad [~ *writers, ~ literature*] **2** som har tagit ställning
committee [kə'mɪtɪ] *s* **1** utskott; kommitté, utredning; *standing ~* ständigt utskott **2** styrelse i en förening o. d.
commodious [kə'məʊdjəs] *a* rymlig [och bekväm]
commodity [kə'mɒdətɪ] *s* [handels]vara, artikel
commodore ['kɒmədɔː] *s* **1** sjö. kommendör av 1. graden **2** *air ~* se under *1 air I 3*
common ['kɒmən] **I** *a* **1** gemensam, samfälld; *highest ~ factor* största gemensamma faktor; *the C~ Market* gemensamma marknaden, EG; *~ noun* gram. artnamn, appellativ **2** allmän, offentlig; *it is ~ knowledge that* det är allmänt känt att; *~ law* jur. (ung.) sedvanerätt[en] grundvalen för det engelska rättsväsendet; *the Book of C~ Prayer* se *prayer* **3** vanlig, allmän, gängse; enkel, ordinär; *the ~ man* den enkle medborgaren; *~ sense* sunt förnuft; *~ or garden* fam. vanlig enkel, helt vanlig **4** sämre, enklare [*a ~ make of goods*]; vulgär, tarvlig **5** mus., *~ time* 4/4-takt **II** *s* **1** allmänning **2** *something out of the ~* någonting utöver det vanliga **3** *in ~* gemensamt; *have interests in ~* ha gemensamma intressen
commonalty ['kɒmənəltɪ] *s, the ~* folk i allmänhet, gemene man
commoner ['kɒmənə] *s* icke adlig person
common-law ['kɒmənlɔː] *a, ~ marriage* samvetsäktenskap

commonly ['kɒmənlɪ] *adv* **1** vanligen, vanligtvis, allmänt **2** vanligt

commonplace ['kɒmənpleɪs] **I** *s* **1** banalitet **2** vardaglig företeelse **II** *a* alldaglig; vardaglig, banal

common-room ['kɒmənrum] *s* kollegierum, lärarrum; sällskapsrum t. ex. för lärare

commons ['kɒmənz] *s* **1** *the* [*House of*] *C~* underhuset **2** *short ~* klen kost; *be on short ~* ha satts på indragningsstat

commonsense ['kɒmən'sens] *a* förnuftig

commonsensical ['kɒmən'sensɪkəl] *a* förnuftig

commonwealth ['kɒmənwelθ] *s, the British C~* [*of Nations*] el. *the C~* Brittiska samväldet

commotion [kə'məuʃən] *s* **1** tumult, rabalder, uppståndelse **2** orolighet[er], uppror

communal ['kɒmjunl, kə'mju:nl] *a* **1** gemensam, kollektiv; *~ aerial* (*antenna*) centralantenn; *~ family* storfamilj; *~ kitchen* soppkök, kollektiv utspisning; *~ life* samliv inom en grupp **2** *~ disturbances* inre oroligheter mellan olika folkgrupper **3** kommunal, kommun-, jfr *commune I 1*

commune [ss. subst. 'kɒmju:n, ss. vb kə'mju:n] **I** *s* **1** kommun i vissa länder utanför den engelsktalande världen **2** kollektiv, storfamilj **II** *itr* litt. umgås förtroligt

communicable [kə'mju:nɪkəbl] *a* **1** som lätt kan meddelas **2** smittsam

communicant [kə'mju:nɪkənt] *s* **1** nattvardsgäst **2** sagesman

communicate [kə'mju:nɪkeɪt] **I** *tr* meddela, delge, vidarebefordra; överföra [*~ a disease to a p.*] **II** *itr* **1** *~ with* sätta sig i förbindelse med, kommunicera med **2** stå i förbindelse med varandra; *communicating rooms* [angränsande] rum med dörr emellan

communication [kə,mju:nɪ'keɪʃən] *s* **1** meddelande [*this ~ is confidential*] **2** överförande [*the ~ of a disease*] **3** kommunikation[er] i olika bet., förbindelse[r] [*be in ~ with*]; *means of ~* kommunikations-, samfärds|medel; *~ cord* nödbromslina

communicative [kə'mju:nɪkətɪv] *a* **1** meddelsam, öppenhjärtig **2** kommunikativ [*~ competence*]

communicator [kə'mju:nɪkeɪtə] *s* meddelare

communion [kə'mju:njən] *s* **1** gemenskap; inbördes samband **2** umgänge **3** [*Holy*] *C~* nattvard

communiqué [kə'mju:nɪkeɪ] *s* kommuniké

Communism ['kɒmjunɪzəm] *s* kommunism

Communist ['kɒmjunɪst] **I** *s* kommunist **II** *a* kommunistisk [*the ~ Party*]

community [kə'mju:nətɪ] *s* **1** *the ~* det allmänna, samhället **2** samhälle [*a civilized ~*]; samfund [*a religious ~*]; koloni [*the Jewish ~ in London*] **3** gemensamhet [*sense of ~*] **4** attr., *~ centre* ung. kulturcentrum; *~ chest* Am. välfärdsfond; *~ singing* allsång; *~ spirit* allmänanda, samhällsanda

commute [kə'mju:t] **I** *tr* byta ut; förvandla [*~ a death sentence to imprisonment for life*] **II** *itr* trafik. pendla

commuter [kə'mju:tə] *s* trafik. pendlare

comp. förk. för *comparative, compare*

1 compact [ss. subst. 'kɒmpækt, ss. adj. o. vb kəm'pækt] **I** *s* [liten] puderdosa **II** *a* kompakt, tätt packad; fast; kort[fattad], om stil o. d. koncis **III** *tr* pressa (sätta) samman

2 compact ['kɒmpækt] *s* pakt, fördrag

1 companion [kəm'pænjən] *s* sjö., se *companion-way*

2 companion [kəm'pænjən] *s* **1** följeslagare; kamrat; *~s in arms* vapenbröder **2** motstycke, make; *~ volume* kompletterande band **3** sällskap[sdam] [*to* hos] **4** handbok [*The Gardener's C~*] **5** riddare i orden; *knight ~* riddare i orden med endast en klass

companionable [kəm'pænjənəbl] *a* sällskaplig, trevlig, umgängsam

companionship [kəm'pænjənʃɪp] *s* kamratskap; sällskap

companion-way [kəm'pænjənweɪ] *s* sjö. [kajut]trappa, nedgång [till kajuta]

company ['kʌmpənɪ] *s* **1** sällskap; *keep a p. ~* hålla (göra) ngn sällskap; *part ~* skiljas [*with* från] **2** främmande, besök [*expect ~*] **3** hand. bolag; företag, firma, kompani; *~ law* jur. bolagsrätt **4** mil. kompani; *~ sergeant-major* fanjunkare **5** *the ship's ~* sjö. [fartygets] befäl och besättning

comparable ['kɒmpərəbl] *a* jämförlig, jämförbar [*with, to* med]; *be ~ with* äv. kunna jämföras med

comparative [kəm'pærətɪv] **I** *a* **1** komparativ äv. gram.; jämförande [*~ philology*]; *the ~ degree* komparativ[en] **2** relativ [*living in ~ comfort*] **II** *s* gram. komparativ

comparatively [kəm'pærətɪvlɪ] *adv* jämförelsevis, förhållandevis, relativt

compare [kəm'peə] **I** *tr* **1** jämföra; *~ to* jämföra med, likna vid [*the heart may be ~d to a pump*]; *~ notes* jämföra sina intryck (erfarenheter) **2** gram. komparera **II** *itr* [kunna] jämföras (jämställas); *it ~s favourably with* det kan mäta sig med **III** *s, beyond ~* a) utan jämförelse [*beauty beyond ~*] b) makalöst [*lovely beyond ~*]

comparison [kəm'pærɪsn] *s* **1** jämförelse; *bear* (*stand*) *~ with* tåla [en] jämförelse med; *there is no ~ between them* de går inte att jämföra; *without* (*beyond all*) *~* utan [all] jämförelse **2** gram. komparation

compartment [kəm'pɑ:tmənt] *s* **1** avdelning, bås, fack, rum äv. sjö. [*watertight ~*] **2** järnv. kupé; *driver's ~* förarhytt
compass ['kʌmpəs] *s* **1** kompass; *mariner's ~* sjökompass; *point of the ~* kompasstreck, väderstreck; *take a ~ bearing* ta bäring **2** pl. *~es* passare; *a pair of ~es* en passare **3** omkrets; område; omfång
compass-card ['kʌmpəskɑ:d] *s* kompassros
compassion [kəm'pæʃən] *s* medlidande, [med]ömkan, förbarmande
compassionate [kəm'pæʃənət] *a* medlidsam
compatibility [kəmˌpætə'bɪlətɪ] *s* förenlighet; kompatibilitet
compatible [kəm'pætəbl] *a* förenlig, överensstämmande; kompatibel
compatriot [kəm'pætrɪət] *s* landsman
compeer [kɒm'pɪə] *s* [jäm]like; kollega
compel [kəm'pel] *tr* **1** tvinga **2** framtvinga
compelling [kəm'pelɪŋ] *a* **1** tvingande [*~ circumstances*] **2** auktoritativ, med pondus [*~ personality*] **3** som kräver undersökning [*~ evidence*] **4** fängslande [*a ~ novel*] **5** övertygande
compendious [kəm'pendɪəs] *a* [kort och] koncis, summarisk
compendium [kəm'pendɪəm] *s* kompendium, sammandrag; handbok
compensate ['kɒmpenseɪt] **I** *tr* **1** *~ a p.* [*for*] kompensera (ersätta) ngn [för] **2** kompensera äv. fys. o. psykol.; uppväga; utjämna **II** *itr, ~ for* kompensera, uppväga
compensation [ˌkɒmpen'seɪʃən] *s* **1** kompensation, gottgörelse; skadestånd **2** kompensation äv. fys. o. psykol.; utjämning
compère ['kɒmpeə] **I** *s* konferencié; programledare **II** *tr* vara konferencié (programledare) för
compete [kəm'pi:t] *itr* **1** tävla, kämpa, konkurrera **2** delta[ga] [*~ in a race*]
competence ['kɒmpətəns] *s* **1** kompetens, duglighet **2** jur. kompetens, behörighet
competent ['kɒmpətənt] *a* **1** kompetent, duglig **2** tillräcklig [*a ~ knowledge of French*] **3** kompetent, behörig
competition [ˌkɒmpə'tɪʃən] *s* **1** konkurrens, tävlan **2** tävling, match
competitive [kəm'petətɪv] *a* **1** konkurrenskraftig [*~ prices*] **2** tävlings-, konkurrensbetonad
competitor [kəm'petɪtə] *s* [tävlings]deltagare, tävlande; medtävlare; konkurrent
compilation [ˌkɒmpɪ'leɪʃən] *s* kompilation, kompilering etc., jfr följ.
compile [kəm'paɪl] *tr* ställa samman [*~ an anthology*], utarbeta, kompilera
complacence [kəm'pleɪsns] *s* o. **complacency** [kəm'pleɪsnsɪ] *s* självbelåtenhet
complacent [kəm'pleɪsnt] *a* självbelåten
complain [kəm'pleɪn] *itr* beklaga sig, klaga [*of, about* över; *to* för, hos]
complaint [kəm'pleɪnt] *s* **1** klagan, klagomål; hand. reklamation; *lodge a ~ against* klaga på; jur. inge klagomål mot **2** åkomma, sjukdom; pl. *~s* äv. krämpor
complaisance [kəm'pleɪzəns] *s* tillmötesgående, förekommande sätt
complaisant [kəm'pleɪzənt] *s* tillmötesgående, förekommande
complement [ss. subst. 'kɒmplɪmənt, ss. vb 'kɒmplɪment] **I** *s* **1** komplement **2** fullt antal, full mängd; *the ship's ~* [fartygets] befäl och besättning **3** gram. predikatsfyllnad **II** *tr* komplettera [*~ each other*]
complementary [ˌkɒmplɪ'mentərɪ] *a* komplement-, fyllnads-, kompletterande
complete [kəm'pli:t] **I** *a* komplett, fullständig [*~ control*], fullkomlig [*a ~ stranger*], full [*to my ~ satisfaction*]; avslutad, färdig **II** *tr* **1** avsluta, slutföra, fullborda, göra färdig; fullgöra; pp. *~d* äv. färdig **2** komplettera, fullständiga **3** fylla i [*~ a form*]
completion [kəm'pli:ʃən] *s* **1** avslutning, slutförande etc., jfr *complete II 1* **2** komplettering, fullständigande **3** ifyllande [*~ of a form*]
complex ['kɒmpleks] **I** *a* **1** sammansatt; *~ sentence* satsfogning **2** komplicerad, invecklad **3** *~ fraction* dubbelbråk **II** *s* **1** komplex äv. psykol.; sammanfattning **2** anläggning, komplex [*a sports ~*]
complexion [kəm'plekʃən] *s* **1** hy, ansiktsfärg **2** bildl. utseende; prägel, karaktär [*it changed the ~ of the war*]; *put a false ~ on* ställa i [en] falsk dager; *put a new ~ on* ställa i ett helt nytt ljus
complexity [kəm'pleksətɪ] *s* **1** invecklad (komplicerad) beskaffenhet **2** komplikation
compliance [kəm'plaɪəns] *s* **1** uppfyllelse, tillmötesgående, samtycke [*with* till]; *in ~ with* i enlighet med **2** eftergivenhet
compliant [kəm'plaɪənt] *a* eftergiven
complicate ['kɒmplɪkeɪt] *tr* komplicera, trassla (krångla) till
complicated ['kɒmplɪkeɪtɪd] *a* komplicerad, invecklad
complication [ˌkɒmplɪ'keɪʃən] *s* komplikation äv. med.; krånglighet
complicity [kəm'plɪsətɪ] *s* delaktighet; *~ in crime* medbrottslighet
compliment [ss. subst. 'kɒmplɪmənt, ss. vb 'kɒmplɪment] **I** *s* **1** komplimang **2** pl. *~s* hälsning[ar]; *my ~s to your wife* hälsa din fru; *with the ~s of the season* med önskan om en god jul och ett gott nytt år; *tell him with my ~s that* hälsa honom [och säg] att **II** *tr* komplimentera [*on* för]; gratulera,

lyckönska [*on* till]

complimentary [ˌkɒmplɪ'mentərɪ] *a* **1** berömmande, smickrande, artighets- **2** fri-, gratis- [~ *ticket*]; ~ *copy* friexemplar

comply [kəm'plaɪ] *itr* ge efter, foga sig; ~ *with* lyda, rätta sig efter, iaktta [~ *with* [*the*] *regulations*]; uppfylla

component [kəm'pəunənt] **I** *a*, ~ *part* [bestånds]del **II** *s* komponent, [beståndsdel

comport [kəm'pɔːt] *refl* uppföra (bete) sig

compose [kəm'pəuz] **I** *tr* **1** bilda, utgöra; ~*d of* bestående av; *be* ~*d of* bestå (utgöras) av **2** utarbeta, sätta ihop [~ *a speech*], författa; komponera, tonsätta; ordna [~ *the figures in a picture*]; ställa samman; ~ *poetry* skriva vers, dikta **3** boktr. sätta **4** bilägga [~ *a quarrel*] **5** ordna, lägga till rätta; ~ *o.'s thoughts* samla tankarna; ~ *o.s.* lugna (sansa, samla) sig, ta sig samman **II** *itr* komponera; skriva, författa, dikta

composed [kəm'pəuzd] *a* lugn, samlad

composer [kəm'pəuzə] *s* kompositör, tonsättare

composite ['kɒmpəzɪt] *a* sammansatt

composition [ˌkɒmpə'zɪʃən] *s* **1** mus. komposition; komponerande **2** uppläggning; utarbetande, författande; [litterärt] arbete (alster, verk) **3** skol. uppsatsskrivning; uppsats **4** boktr. sättning **5** sammansättning, bildning; blandning, förening **6** hand. ackord[summa]; kompensation **7** jur. förlikning

compositor [kəm'pɒzɪtə] *s* boktr. sättare

compost ['kɒmpɒst] *s* kompost

composure [kəm'pəuʒə] *s* fattning; *behave with* ~ uppträda lugnt och sansat

compote ['kɒmpɒt] *s* kompott

1 compound [ss. vb kəm'paund, ss. adj. o. subst. 'kɒmpaund] **I** *tr* **1** blanda [ihop (till)]; sätta ihop (samman) **2** göra upp [i godo]; ~ *a quarrel* bilägga en tvist **3** gottgöra genom skadestånd **4** öka; förvärra [*that* ~*s the error*] **II** *itr* **1** kompromissa, förlikas **2** ~ *for* a) lämna skadestånd för b) ta emot skadeersättning för **3** hand., ~ *with o.'s creditors* göra ackord [med sina fordringsägare] **III** *a* **1** sammansatt; ~ *fraction* dubbelbråk; ~ *interest* ränta på ränta; ~ *time* mus. sammansatt taktart **2** läk. komplicerad [~ *fracture*] **IV** *s* **1** sammansättning, förening; sammansatt ämne **2** gram. sammansatt ord, sammansättning

2 compound ['kɒmpaund] *s* **1** i Afrika inhägnat område för inhemska arbetare **2** inhägnad isht för krigsfångar

comprehend [ˌkɒmprɪ'hend] *tr* **1** begripa, förstå **2** inbegripa, omfatta, innefatta

comprehensibility ['kɒmprɪˌhensə'bɪlətɪ] *s* begriplighet, förståelighet

comprehensible [ˌkɒmprɪ'hensəbl] *a* begriplig, förståelig

comprehension [ˌkɒmprɪ'henʃən] *s* **1** fattningsförmåga; förstånd **2** [riktig] uppfattning; *reading* ~ läsförståelse **3** omfattning

comprehensive [ˌkɒmprɪ'hensɪv] **I** *a* **1** [vitt]omfattande; innehållsrik; allsidig, mångsidig; ~ *policy* ung. allriskförsäkring **2** ~ *school* ung. grund- och gymnasieskola för elever över 11 år **II** *s* se *I 2*

compress [ss. vb kəm'pres, ss. subst. 'kɒmpres] **I** *tr* **1** pressa (trycka) ihop (samman); komprimera; ~*ed air* tryckluft, komprimerad luft **2** bildl. tränga samman (ihop) **II** *s* kompress; [vått] omslag [*cold* (*hot*) ~]

compression [kəm'preʃən] *s* **1** sammantryckning; tryck; tekn. kompression **2** koncentration i uttryck m. m.

compressor [kəm'presə] *s* tekn. kompressor

comprise [kəm'praɪz] *tr* omfatta, innefatta; inbegripa, inkludera

compromise ['kɒmprəmaɪz] **I** *s* kompromiss; sammanjämkning, förlikning **II** *itr* kompromissa **III** *tr* **1** kompromettera **2** bilägga genom [en] kompromiss **3** äventyra [~ *national security*]

compromising ['kɒmprəmaɪzɪŋ] *a* komprometterande

comptroller [kən'trəulə] *s* kontrollör; ~ *of accounts* räkenskapsgranskare

compulsion [kəm'pʌlʃən] *s* tvång

compulsive [kəm'pʌlsɪv] *a* tvångsmässig, tvångs- [~ *action*]; tvingande; *he is a* ~ *gambler* ung. han är besatt av speldjävulen; *a* ~ *liar* en obotlig lögnare

compulsory [kəm'pʌlsərɪ] *a* obligatorisk; tvångs-, tvångsmässig; ~ *school attendance* skolplikt

compunction [kəm'pʌŋkʃən] *s* samvets|betänkligheter, -kval; skrupler; ånger

computation [ˌkɒmpju'teɪʃən] *s* beräkning, överslag, kalkyl; uträkning

compute [kəm'pjuːt] **I** *tr* beräkna, bestämma, kalkylera **II** *itr* räkna

computer [kəm'pjuːtə] *s*, [*electronic*] ~ dator; *analogue* ~ analogimaskin; *digital* ~ digital maskin

computerize [kəm'pjuːtəraɪz] *tr* databehandla; datorisera

comrade ['kɒmreɪd] *s* kamrat äv. pol. o. d.; ~*s in arms* vapenbröder

Con. förk. för *Conservative*

1 con [kɒn] *tr*, ~ [*over*] läsa på

2 con [kɒn] förk. för *contra*; *pro and* ~ se under *1 pro II*

3 con [kɒn] sl. **I** *s* = *confidence* i ~ *game*, ~ *man*, ~ *trick* **II** *tr* lura [*a p. into doing a th.* ngn att göra ngt], dupera, dra vid näsan

4 con [kɒn] *s* (kortform för *convenience*) bekvämlighet [*all modern* ~*s*]

concatenate [kɒnˈkætəneɪt] *tr* bildl. länka samman (ihop)
concatenation [kɒnˌkætəˈneɪʃən] *s* sammanlänkning; serie
concave [ˈkɒnˈkeɪv] *a* konkav [~ *lens*]
concavity [kɒnˈkævətɪ] *s* konkavitet, konkav yta
conceal [kənˈsiːl] *tr* dölja, hemlighålla [*from* för]; ~*ed lighting* indirekt belysning
concealment [kənˈsiːlmənt] *s* **1** hemlighållande, döljande **2** fördoldhet, hemlighet; *in* ~ dold, gömd
concede [kənˈsiːd] *tr* **1** medge, bevilja; erkänna [riktigheten av]; tillerkänna **2** ge upp, avstå [från] [~ *o.'s share*]; ~ *the election* erkänna sig besegrad i valet; ~ *a game* förlora (släppa) ett game i t. ex. tennis
conceit [kənˈsiːt] *s* **1** inbilskhet, egenkärlek **2** inbillning; sökt vändning, tankelek
conceited [kənˈsiːtɪd] *a* inbilsk, egenkär
conceivable [kənˈsiːvəbl] *a* fattbar; tänkbar, möjlig
conceive [kənˈsiːv] **I** *tr* **1** tänka ut, hitta på **2** föreställa sig; [upp]fatta; tänka **3** fatta [~ *a friendship* (*dislike*) *for*] **4** avfatta, formulera [~*d in plain terms*] **5** bli havande (dräktig) med; avla **II** *itr* **1** bli havande; bli dräktig **2** ~ *of* föreställa sig
concentrate [ˈkɒnsəntreɪt] **I** *tr* koncentrera; samla; mil. dra samman; inrikta [~ *o.'s attention on*] **II** *itr* koncentreras; koncentrera sig
concentration [ˌkɒnsənˈtreɪʃən] *s* koncentration; ~ *camp* koncentrationsläger
concentric [kɒnˈsentrɪk] *a* koncentrisk
concept [ˈkɒnsept] *s* begrepp
conception [kənˈsepʃən] *s* **1** föreställning, uppfattning; begrepp **2** tanke, idé [*a bold* ~]; fam. aning [*I had no* ~ *that* . .] **3** befruktning; avlelse; bildl. skapelse; ursprung
concern [kənˈsɜːn] **I** *tr* **1** angå, röra; *to whom it may* ~ till den (dem) det vederbör **2** bekymra, oroa; ~ *o.s. with* (*about*) bekymra (bry) sig om, befatta sig med **II** *s* **1** angelägenhet, affär, sak; *it is no* ~ *of mine* det angår (rör) mig inte **2** hand. företag; rörelse, affär, firma **3** befattning [*with* med]; förbindelse, samband **4** bekymmer, oro [*at* (*for*) för (över)], deltagande [*filled with* ~]; omsorg **5** delaktighet, andel [*have a* ~ *in the business*]
concerned [kənˈsɜːnd] *pp* o. *a* **1** bekymrad, orolig [*about* (*at, for*) över (för)] **2** inblandad, invecklad; berörd; *be* ~ *with* ha att göra med, ha (ta) befattning med; *as far as I am* ~ vad mig beträffar, för min del; gärna för mig; *where work is* ~ [, *I always try to do my best*] vad beträffar (gäller) arbete . .; *the parties* ~ berörda parter
concerning [kənˈsɜːnɪŋ] *prep* angående, beträffande
concert [ˈkɒnsət] *s* **1** konsert; ~ *hall* konsertsal; *at* ~ *pitch* a) konsertstämd stämd en aning över normalton b) bildl. i högsta trim **2** samklang, kör **3** samförstånd
concerted [kənˈsɜːtɪd] *a* **1** gemensam [~ *action*], samlad **2** flerstämmig
concertgoer [ˈkɒnsətˌgəʊə] *s* konsertbesökare
concert-grand [ˈkɒnsətˈgrænd] *s* konsertflygel
concertina [ˌkɒnsəˈtiːnə] *s* concertina litet dragspel
concerto [kənˈtʃɜːtəʊ] *s* konsert musikstycke för soloinstrument och orkester
concession [kənˈseʃən] *s* **1** medgivande, eftergift; beviljande **2** tillmötesgående **3** koncession [*oil* ~*s*]
concessionaire [kənˌseʃəˈneə] *s* koncessionsinnehavare; generalagent
conch [kɒntʃ] *s* zool. trumpetsnäcka
conchie el. **conchy** [ˈkɒntʃɪ] *s* (av *conscientious objector*) sl. samvetsöm [värnpliktig], malaj vapenvägrare
conciliate [kənˈsɪlɪeɪt] *tr* **1** blidka, försona **2** medla mellan; förena, förlika
conciliation [kənˌsɪlɪˈeɪʃən] *s* **1** förlikning [*court of* ~], medling; försoning; ~ *board* förlikningskommission **2** försonlighet
conciliator [kənˈsɪlɪeɪtə] *s* förlikningsman; medlare; försonare
conciliatory [kənˈsɪlɪətərɪ] *a* försonande, försonlig, konciliant; förbindlig
concise [kənˈsaɪs] *a* koncis, kortfattad
concision [kənˈsɪʒən] *s* korthet, koncentration
conclave [ˈkɒnkleɪv] *s* kyrkl. o. bildl. konklav
conclude [kənˈkluːd] **I** *tr* **1** avsluta, slutföra **2** sluta [~ *a pact*]; göra upp **3** dra slutsatsen [*that* att]; ~ *a th. to be* [*useful*] anse att ngt är . . **II** *itr* sluta; avslutas; *to* ~ till sist
concluding [kənˈkluːdɪŋ] *a* avslutnings-, slut-
conclusion [kənˈkluːʒən] *s* **1** slut, avslutning; *in* ~ slutligen; *bring to a* ~ slutföra **2** slutande [*the* ~ *of a peace treaty*] **3** *try* ~*s with* mäta sig med **4** slutledning; [slut]resultat; *come to the* ~ *that* . . komma till den slutsatsen att . .
conclusive [kənˈkluːsɪv] *a* **1** slutlig, slutgiltig **2** avgörande, bindande [~ *evidence*]
concoct [kənˈkɒkt] *tr* **1** laga till [~ *a dinner*], koka ihop **2** hitta på, koka ihop
concoction [kənˈkɒkʃən] *s* **1** tillagning; hopkok, brygd **2** påhitt, hopkok
concomitant [kənˈkɒmɪtənt] **I** *a* beledsagande [~ *circumstances*] **II** *s* beledsagande omständighet
concord [ˈkɒŋkɔːd] *s* **1** endräkt **2** harmoni **3** gram. kongruens

concordance [kən'kɔːdəns] *s* **1** överensstämmelse, samstämmighet **2** konkordans[bok]
concordat [kɒn'kɔːdæt] *s* konkordat; överenskommelse
concourse ['kɒŋkɔːs] *s* sammanträffande; tillströmning, tillopp
concrete ['kɒnkriːt] **I** *a* **1** konkret; saklig **2** fast, kompakt **3** av betong, betong- **II** *s* betong
concretion [kən'kriːʃən] *s* **1** sammansmältning, sammanväxning **2** fast massa, gyttring; förhårdning
concretize ['kɒnkrətaɪz] *tr* konkretisera
concubine ['kɒŋkjʊbaɪn] *s* konkubin, bihustru
concupiscence [kən'kjuːpɪsəns] *s* sexuellt begär
concur [kən'kɜː] *itr* **1** sammanfalla **2** samverka, medverka **3** instämma [*with* med]
concurrence [kən'kʌrəns] *s* **1** instämmande [*in* i], bifall [*in* till] **2** samverkan, medverkan
concurrent [kən'kʌrənt] *a* **1** jämlöpande, samtidig **2** samverkande **3** samstämmig, samfälld
concussion [kən'kʌʃən] *s* **1** häftig skakning; stöt **2** läk. hjärnskakning
condemn [kən'dem] *tr* **1** döma [*~ed to death*]; fördöma; fälla; *the ~ed cell* dödscellen **2** kassera, utdöma; *~ed houses* rivningshus
condemnation [ˌkɒndem'neɪʃən] *s* **1** [fällande] dom; fördömelse; förkastelsedom **2** kasserande, utdömning
condemnatory [kən'demnətərɪ] *a* [för]dömande
condensation [ˌkɒnden'seɪʃən] *s* **1** kondensering, kondensation; imma **2** nedskärning av text o.d.
condense [kən'dens] **I** *tr* **1** kondensera **2** koncentrera; skära ned **II** *itr* kondenseras
condenser [kən'densə] *s* tekn. kondensator
condescend [ˌkɒndɪ'send] *itr* nedlåta sig, värdigas
condescending [ˌkɒndɪ'sendɪŋ] *a* nedlåtande
condescension [ˌkɒndɪ'senʃən] *s* nedlåtenhet
condiment ['kɒndɪmənt] *s* krydda; smaktillsats
condition [kən'dɪʃən] **I** *s* **1** villkor, förutsättning, betingelse; pl. *~s* äv. förhållanden, omständigheter; *on ~ that* på villkor att, under förutsättning att; *on no ~* på inga villkor **2** tillstånd, skick, stånd [*in good ~*]; isht sport. kondition, form **3** samhällsställning **II** *tr* (se äv. *conditioned*) **1** göra beroende [*on* (*upon*) av] **2** betinga äv. psykol.; bestämma; anpassa, vänja **3** [för]sätta i god kondition **4** tekn. konditionera
conditional [kən'dɪʃənl] **I** *a* **1** villkorlig; beroende [*on* av, på] **2** gram. konditional, villkors- [*~ clause*]; *the ~ mood* konditionalis **II** *s* gram. **1** konditionalis **2** villkorsbisats
conditioned [kən'dɪʃənd] *a* **1** betingad [*~ reflex*], beroende **2** villkorlig, på prov
condolatory [kən'dəulətərɪ] *a* beklagande, deltagande
condole [kən'dəul] *itr* uttrycka sitt deltagande
condolence [kən'dəuləns] *s* beklagande, deltagande, kondoleans; *letter of ~* kondoleansbrev
condom ['kɒndəm] *s* kondom
condominium ['kɒndə'mɪnɪəm] *s* **1** kondominat, gemensam överhöghet **2** Am. a) andelsfastighet b) andelslägenhet
condonation [ˌkɒndəʊ'neɪʃən] *s* överseende; förlåtelse
condone [kən'dəun] *tr* **1** överse med **2** försona, gottgöra; uppväga
condor ['kɒndɔː] *s* zool. kondor
conduce [kən'djuːs] *itr, ~ to*[*wards*] leda (bidra) till, främja
conducive [kən'djuːsɪv] *a, be ~ to* bidra till, främja
conduct [ss. subst. 'kɒndʌkt, ss. vb kən'dʌkt] **I** *s* **1** uppförande, uppträdande, vandel **2** skötsel **3** ledning; förrättning **II** *tr* **1** föra, leda [äv. fys.: *~ electricity*]; ledsaga; *~ed party* resesällskap; *~ed tour* se *tour I* **2** anföra, leda [*~ a business enterprise*], mus. äv. dirigera; handha, sköta; förrätta, uträtta **3** *~ o.s.* uppföra sig **III** *itr* mus. dirigera
conduction [kən'dʌkʃən] *s* fys. överföring, ledande
conductivity [ˌkɒndʌk'tɪvətɪ] *s* fys. ledningsförmåga; konduktivitet
conductor [kən'dʌktə] *s* **1** ledare, ledsagare **2** mus. dirigent **3** konduktör på buss el. spårvagn; Am. äv. konduktör på tåg, tågmästare **4** bildl. kanal **5** fys. ledare
conductress [kən'dʌktrəs] *s* [kvinnlig] konduktör
conduit ['kɒndɪt] *s* [vatten-, rör]ledning; kanal; elektr. [lednings]rör, skyddsrör
cone [kəun] *s* **1** kon, kägla **2** kotte **3** strut [*ice-cream ~*]
confection [kən'fekʃən] *s* **1** tillagning **2** sötsak; konfekt **3** modesak för dam
confectioner [kən'fekʃnə] *s, ~'s* [*shop*] godsaksaffär, konfektbutik
confectionery [kən'fekʃnərɪ] *s* **1** sötsaker, godsaker, konfekt **2** godsaksaffär **3** godsaks-, konfekt|tillverkning
confederacy [kən'fedərəsɪ] *s* **1** allians, förbund **2** sammansvärjning, maskopi **3** konfederation

confederate [ss. subst. o. adj. kən'fedərət, ss. vb kən'fedəreɪt] **I** *s* **1** förbundsmedlem, konfedererad **2** medbrottsling **II** *a* förbunden, förenad, förbunds- **III** *tr* förena, uppta i förbund **IV** *itr* ingå förbund
confederation [kən,fedə'reɪʃən] *s* statsförbund, konfederation; förbund
confer [kən'fɜ:] **I** *tr* **1** förläna, tilldela [*a th.* [*up*]*on a p.* ngn ngt; ~ *a degree* (*a title*) *on a p.*], skänka [~ *power on a p.*]; ~ *a doctorate on a p.* promovera ngn [till doktor] **2** lat. imper. jämför, se *cf.* **II** *itr* konferera, överlägga, rådslå
conference ['kɒnfərəns] *s* konferens, överläggning; *be in* ~ sitta i sammanträde
conferment [kən'fɜ:mənt] *s* förlänande, tilldelande
confess [kən'fes] **I** *tr* **1** bekänna, erkänna **2** bikta **II** *itr* **1** erkänna; ~ *to* medge, erkänna [~ *to a crime*] **2** bikta sig
confession [kən'feʃən] *s* **1** bekännelse, erkännande **2** bikt, syndabekännelse **3** ~ [*of faith*] trosbekännelse
confessional [kən'feʃənl] **I** *a* bekännelse-, bikt-; ~ *box* biktstol **II** *s* biktstol; bikt
confessor [kən'fesə] *s* **1** bekännare **2** biktfader
confetti [kən'fetɪ] (ital. pl.; konstr. ss. sg.) *s* konfetti
confidant [,kɒnfɪ'dænt] *s* förtrogen vän[inna], rådgivare
confide [kən'faɪd] **I** *itr* (se äv. *confiding*), ~ *in* lita (förlita sig) på; ~ *in a p.* äv. anförtro sig åt ngn **II** *tr* anförtro [*to* åt]
confidence ['kɒnfɪdəns] *s* **1** förtroende; tillit; förtröstan; förtrolighet; *take a p. into o.'s* ~ göra ngn till sin förtrogne; *vote of* ~ förtroendevotum; *vote of no* ~ misstroendevotum; ~ *man* (*trickster*) bondfångare; ~ *trick* bondfångarknep, bondfångeri **2** tillförsikt, självförtroende
confident ['kɒnfɪdənt] *a* **1** tillitsfull; säker [*of* om (på)] **2** säker, trygg; självsäker
confidential [,kɒnfɪ'denʃəl] *a* förtrolig; konfidentiell
confidently ['kɒnfɪdəntlɪ] *adv* tillitsfullt etc., jfr *confident*
confiding [kən'faɪdɪŋ] *a* förtroendefull, tillitsfull
configuration [kən,fɪgju'reɪʃən] *s* gestalt, gestaltning, form; konfiguration
confine [ss. subst. 'kɒnfaɪn, ss. vb kən'faɪn] **I** *s*, pl. ~*s* gräns[er], gränsområde **II** *tr* **1** hålla fängslad, spärra in, stänga in; sätta in; *be* ~*d to barracks* mil. ha (få) kasernförbud; *be* ~*d to bed* vara sängliggande **2** begränsa, inskränka; *be* ~*d for space* vara trångbodd
confinement [kən'faɪnmənt] *s* **1** fångenskap, fängsligt förvar; ~ *to barracks* mil. kasernförbud **2** barnsäng, nedkomst **3** inskränkning, begränsning
confirm [kən'fɜ:m] *tr* (jfr *confirmed*) **1** bekräfta [~ *a p.'s suspicions*]; stadfästa [~ *a treaty*], ratificera; godkänna; ~ *the minutes* justera protokollet **2** befästa, stärka, [be]styrka **3** kyrkl. konfirmera
confirmation [,kɒnfə'meɪʃən] *s* **1** bekräftelse; stadfästelse; godkännande **2** befästande, styrkande **3** kyrkl. konfirmation
confirmed [kən'fɜ:md] *pp* o. *a* **1** bekräftad etc., jfr *confirm*; konstaterad [*25* ~ *cases of polio*] **2** inbiten [~ *bachelor*]; inrotad; oförbätterlig [~ *drunkard*]
confiscate ['kɒnfɪskeɪt] *tr* konfiskera, beslagta
confiscation [,kɒnfɪs'keɪʃən] *s* konfiskering, konfiskation, beslag
conflagration [,kɒnflə'greɪʃən] *s* stor brand
conflict [ss. subst. 'kɒnflɪkt, ss. vb kən'flɪkt] **I** *s* konflikt; sammanstötning, strid; motsats; ~ *of opinion* meningsskiljaktighet **II** *itr* **1** drabba samman **2** bildl. gå isär, vara oförenlig [*the two versions of the story* ~], skilja sig; råka (komma, stå) i strid (konflikt) [*with* med]
conflicting [kən'flɪktɪŋ] *a* motstridande, motsägande [~ *evidence*]; motsatt [~ *views*]; stridande
confluence ['kɒnfluəns] *s* **1** sammanflöde **2** tillopp
conform [kən'fɔ:m] **I** *tr* anpassa [*to* till, efter], forma, lämpa, foga [*to* efter] **II** *itr* **1** rätta (lämpa, foga) sig [*to* efter], anpassa sig [*to* till, efter] **2** vara förenlig, överensstämma [*to, with* med]
conformable [kən'fɔ:məbl] *a* överensstämmande, förenlig [*to* med]
conformist [kən'fɔ:mɪst] *s* konformist
conformity [kən'fɔ:mətɪ] *s* överensstämmelse, likhet, likformighet; konformitet; likriktning; anpassning
confound [kən'faund] *tr* **1** förvirra; göra förlägen **2** förväxla, blanda samman **3** bringa i oordning **4** fam., ~ *it!* jäklar!
confounded [kən'faundɪd] *pp* o. *a* **1** förvirrad etc., jfr *confound* **2** förbaskad [~ *nuisance*]
confront [kən'frʌnt] *tr* **1** konfrontera **2** *be* ~*ed by* (*with*) *a new problem* ställas (bli ställd) inför ett nytt problem **3** [modigt] möta; stå ansikte mot ansikte med
confrontation [,kɒnfrʌn'teɪʃən] *s* konfrontation, konfrontering
Confucius [kən'fju:ʃjəs] Konfucius
confuse [kən'fju:z] *tr* **1** förvirra, förvilla, göra konfys **2** röra ihop (till); ~ *the issue* förvirra begreppen; trassla till saken **3** förväxla, blanda ihop
confused [kən'fju:zd] (adv. *confusedly*

[kən'fju:zɪdlɪ]) *a* **1** förvirrad, förbryllad [*at* över]; konfunderad, konfys **2** oordnad, rörig, virrig
confusion [kən'fju:ʒən] *s* **1** förvirring, oreda, oordning, förbistring; *the plan made ~ worse confounded* planen trasslade till begreppen ännu mer **2** förväxling, sammanblandning **3** förvirring; förlägenhet
confutation [ˌkɒnfju:'teɪʃən] *s* vederläggning
confute [kən'fju:t] *tr* vederlägga
congeal [kən'dʒi:l] *itr* o. *tr* [få att] stelna (koagulera), frysa [till is]
congenial [kən'dʒi:njəl] *a* **1** [natur]besläktad, av samma art; samstämd **2** sympatisk, tilltalande **3** lämplig, passande
congenital [kən'dʒenɪtl] *a* medfödd [*~ defect*]; inbiten [*~ liar*]
conger-eel ['kɒŋgər'i:l] *s* zool. havsål
congested [kən'dʒestɪd] *a* o. *pp* **1** läk. blodöverfylld **2** till trängsel fylld, tätt packad; *~ areas* överbefolkade områden
congestion [kən'dʒestʃən] *s* **1** läk. blodstockning, kongestion **2** stockning i trafik o. d.; överbelastning; överbefolkning
conglomerate [ss. adj. o. subst. kən'glɒmərət, ss. vb kən'glɒməreɪt] **I** *a* hopgyttrad **II** *s* **1** gytter **2** ekon. o. geol. konglomerat **III** *itr* gyttra ihop sig, samlas
conglomeration [kənˌglɒmə'reɪʃən] *s* gytter, hopgyttring, anhopning, konglomerat
Congo ['kɒŋgəʊ] *s*, *the ~* Kongo
Congolese [ˌkɒŋgəʊ'li:z] **I** *s* kongoles **II** *a* kongolesisk
congratulate [kən'grætjʊleɪt] *tr* gratulera, lyckönska [*~ a p.* [*up*]*on* (till) *his success*]
congratulation [kənˌgrætjʊ'leɪʃən] *s* gratulation, lyckönskning, lyckönskan; *Congratulations!* [jag (vi)] gratulerar!
congratulatory [kən'grætjʊlətərɪ, -leɪtərɪ] *a* lyckönsknings-, gratulations-
congregate ['kɒŋgrɪgeɪt] **I** *tr* samla ihop, sammanföra; församla **II** *itr* samlas
congregation [ˌkɒŋgrɪ'geɪʃən] *s* **1** samling **2** församling **3** kyrkl. kongregation
congregational [ˌkɒŋgrɪ'geɪʃənl] *a* församlings-
congress ['kɒŋgres] *s* **1** kongress; *C~ of Industrial Organizations* se *AFL-CIO* **2** [*the*] *C~* kongressen lagstiftande församlingen i USA
Congressman ['kɒŋgresmən] *s* Am. kongressledamot; isht medlem av kongressens representanthus
congruence ['kɒŋgrʊəns] *s* **1** [inbördes] överensstämmelse **2** geom. o. gram. kongruens
congruent ['kɒŋgrʊənt] *a* **1** överensstämmande **2** kongruent äv. geom.
congruous ['kɒŋgrʊəs] *a* **1** kongruent, överensstämmande **2** följdriktig **3** passande, lämplig
conic ['kɒnɪk] *a* o. **conical** ['kɒnɪkəl] *a* konisk, kägelformig
conifer ['kɒnɪfə] *s* barrträd
coniferous [kəʊ'nɪfərəs] *a* kottbärande, barr-
conjectural [kən'dʒektʃərəl] *a* grundad på gissningar; hypotetisk
conjecture [kən'dʒektʃə] **I** *s* gissning[ar], förmodan; hypotes **II** *tr* gissa sig till, förmoda **III** *itr* gissa
conjoin [kən'dʒɔɪn] **I** *tr* [nära] förena, förbinda **II** *itr* förena sig
conjoint [kən'dʒɔɪnt] *a* förenad; förbunden
conjugal ['kɒndʒʊgəl] *a* äktenskaplig
conjugate ['kɒndʒʊgeɪt] *tr* gram. konjugera, böja
conjugation [ˌkɒndʒʊ'geɪʃən] *s* gram. konjugation, böjning
conjunction [kən'dʒʌŋkʃən] *s* **1** förening, förbindelse; *in ~* tillsammans; *in ~ with* i samverkan med **2** astr. o. gram. konjunktion; *co-ordinating* (*subordinating*) *~* samordnande (underordnande) konjunktion
conjuncture [kən'dʒʌŋktʃə] *s* sammanträffande av händelser el. omständigheter
conjure ['kʌndʒə, i bet. *I 2* kən'dʒʊə] **I** *tr* **1** trolla fram; *~ up* a) trolla fram [*~ up a meal*] b) frambesvärja [*~ up the spirits of the dead*] **2** besvärja, bönfalla **II** *itr* trolla; *a name to ~ with* ett namn med fin klang
conjurer ['kʌndʒərə] *s* trollkarl
conjuring ['kʌndʒərɪŋ] *s* trolldom; *~ tricks* trollkonster
1 conk [kɒŋk] *s* sl. snabel näsa
2 conk [kɒŋk] *itr* fam., *~ out* a) om t.ex. maskin krångla, strejka b) svimma; tuppa av
conker ['kɒŋkə] *s* fam. **1** [häst]kastanj **2** *~s* (konstr. ss. sg.) slags lek med kastanjer
connect [kə'nekt] **I** *tr* förbinda, förena, anknyta, ansluta; foga (länka, koppla) samman; förknippa [*with* med]; tekn. koppla [ihop (in, om, till)]; *~ up* isht tekn. ansluta, förena; *be ~ed with* ha förbindelse (ha att göra, stå i samband) med; vara lierad med; *you are ~ed with Rome!* telef. klart Rom!; *~ing link* föreningslänk, förbindelselänk **II** *itr* hänga ihop; stå i samband (förbindelse)
connected [kə'nektɪd] *a* o. *pp* **1** sammanhängande **2** besläktad; förbunden; *be well ~* ha fina släktingar; ha försänkningar
Connecticut [kə'netɪkət]
connecting-rod [kə'nektɪŋrɒd] *s* vevstake
connection [kə'nekʃən] *s* **1** förbindelse, förening; sammanhang; anslutning, anknytning, samband; *miss o.'s ~* missa anslutande båt (flyg m. m.); *in this ~* i detta sammanhang, i samband härmed **2** person-

lig förbindelse; umgänge med ngn; befattning med ngt; *have good ~s* ha försänkningar **3** tekn. koppling; kontakt; ledning

connective [kə'nektɪv] *a* bindande, förenande; *~ tissue* bindväv

connexion [kə'nekʃən] *s* se *connection*

conning-tower ['kɒnɪŋˌtaʊə] *s* sjö. stridstorn, manövertorn

connivance [kə'naɪvəns] *s* tyst medgivande

connive [kə'naɪv] *itr, ~ at* se genom fingrarna med; *~ with* spela under täcke med

connoisseur [ˌkɒnə'sɜ:] *s* kännare, förståsigpåare, konnässör

connotation [ˌkɒnəʊ'teɪʃən] *s* bibetydelse

connote [kə'nəʊt] *tr* ha bibetydelsen [av]; innebära; betyda

connubial [kə'nju:bjəl] *a* äktenskaplig

conquer ['kɒŋkə] **I** *tr* **1** erövra **2** övervinna, besegra **II** *itr* segra

conqueror ['kɒŋkərə] *s* erövrare; segrare, besegrare; [*William*] *the C~* Vilhelm Erövraren

conquest ['kɒŋkwest] *s* erövring äv. bildl.; seger; *the* [*Norman*] *C~* normandernas erövring av England 1066

Conrad ['kɒnræd]

Cons. förk. för *Conservative*

consanguinity [ˌkɒnsæŋ'gwɪnətɪ] *s* blodsband, blodsfrändskap

conscience ['kɒnʃəns] *s* samvete; *in all ~* fam. sannerligen

conscience-stricken ['kɒnʃənsˌstrɪkən] *a* drabbad av samvetskval

conscientious [ˌkɒnʃɪ'enʃəs] *a* samvetsgrann; *~ objector* samvetsöm [värnpliktig], vapenvägrare

conscientiously [ˌkɒnʃɪ'enʃəslɪ] *adv* samvetsgrant

conscious ['kɒnʃəs] *a* **1** medveten [*of* om] **2** vid medvetande

consciousness ['kɒnʃəsnəs] *s* medvetande; medvetenhet

conscript [ss. subst. 'kɒnskrɪpt, ss. vb kən'skrɪpt] **I** *s* värnpliktig [soldat], rekryt **II** *tr* ta ut till militärtjänst, kalla in

conscription [kən'skrɪpʃən] *s* uttagning till militärtjänst; värnplikt

consecrate ['kɒnsɪkreɪt] *tr* inviga; helga; ägna [*to* åt]; *~d earth* vigd jord

consecration [ˌkɒnsɪ'kreɪʃən] *s* invigning; helgande; ägnande [*to* åt]

consecutive [kən'sekjʊtɪv] *a* på varandra följande, i rad, i följd [*several ~ days*]

consecutively [kən'sekjʊtɪvlɪ] *adv* efter varandra, i rad, i följd

consensus [kən'sensəs] *s* samstämmighet; *the ~* [*of opinion*] *is that* det är den allmänna meningen att

consent [kən'sent] **I** *s* samtycke, bifall, medgivande; *age of ~* jur. äktenskapsålder; *by common* (*general*) *~* enhälligt, enstämmigt **II** *itr* samtycka, ge sitt samtycke; *~ to* [*the proposal*] gå med på . .; *~ing adult* isht jur. homosexuell

consequence ['kɒnsɪkwəns] *s* **1** följd, konsekvens; slutsats; *in ~* som en följd av detta, följaktligen; *in ~ of* till följd av **2** vikt, betydelse [*a th. of ~*]; *it is of no ~* det betyder ingenting; det spelar ingen roll **3** *a man of ~* en betydande man

consequent ['kɒnsɪkwənt] *a* **1** *be ~* [*up*]*on* vara en följd av **2** följdriktig

consequential [ˌkɒnsɪ'kwenʃəl] *a* **1** se *consequent* **2** a) dryg, viktig b) betydande

consequently ['kɒnsɪkwəntlɪ] *adv* följaktligen

conservancy [kən'sɜ:vənsɪ] *s* **1** hamn-, flod|styrelse med domsrätt i fiskeri- o. sjöfartsfrågor [*the Thames C~*] **2** *nature ~* natur|vård, -skydd

conservation [ˌkɒnsə'veɪʃən] *s* bevarande; konservering; naturvård; miljövård

conservatism [kən'sɜ:vətɪzəm] *s* konservatism

conservative [kən'sɜ:vətɪv] **I** *a* **1** konservativ **2** fam. försiktig; *at a ~ estimate* vid en försiktig beräkning **II** *s* konservativ person; *C~* konservativ, högerman

conservatoire [kən'sɜ:vətwɑ:] *s* [musik]konservatorium

conservatory [kən'sɜ:vətrɪ] *s* **1** drivhus; orangeri **2** [musik]konservatorium

conserve [kən'sɜ:v] **I** *tr* **1** bevara; vidmakthålla; förvara **2** koka in frukt **II** *s*, vanl. pl. *~s* inlagd frukt; fruktkonserver

consider [kən'sɪdə] **I** *tr* (jfr *considered, considering*) **1** tänka (fundera) på, överväga, betrakta; betänka **2** ta hänsyn till, beakta, tänka på [*~ the feelings of others*] **3** uppskatta [*highly ~ed*] **4** anse [*I ~ it* [*to be*] *best*], anse (betrakta) som, hålla [för]; tro **II** *itr* tänka [efter]

considerable [kən'sɪdərəbl] *a* betydande; betydlig, avsevärd; *~ trouble* åtskilligt besvär

considerably [kən'sɪdərəblɪ] *adv* betydligt [*~ worse*], avsevärt

considerate [kən'sɪdərət] *a* hänsynsfull, omtänksam

consideration [kənˌsɪdə'reɪʃən] *s* **1** övervägande, betraktande; beaktande; *take a th. into ~* ta ngt i betraktande; ta hänsyn till ngt; *on* [*further*] *~* vid närmare eftertanke; *leave a th. out of ~* lämna ngt ur räkningen **2** hänsyn, synpunkt **3** ersättning; vederlag **4** hänsyn, omtanke; *out of ~ for* av hänsyn till

considered [kən'sɪdəd] *a* **1** väl övervägd; *in our ~ opinion* enligt vår grundade me-

ning **2** ansedd [*highly ~ firms*]
considering [kən'sɪdərɪŋ] **I** *prep* o. *konj* i betraktande av (med tanke på, med hänsyn till) [att] **II** *adv* fam. efter omständigheterna, när allt kommer omkring
consign [kən'saɪn] *tr* **1** överlämna [*~ to the flames*], överantvarda [*~ o.'s soul to God*]; anförtro **2** hand. avsända, översända varor med båt, tåg o. d.; konsignera
consignee [ˌkɒnsaɪ'niː] *s* [varu]mottagare
consignment [kən'saɪnmənt] *s* **1** utlämnande **2** hand. avsändning av varor; konsignation; varusändning
consignment-note [kən'saɪnməntnəut] *s* fraktsedel
consignor [kən'saɪnə] *s* [varu]avsändare
consist [kən'sɪst] *itr* bestå [*of* av, *in* i]
consistency [kən'sɪstənsɪ] *s* **1** konsistens **2** fasthet; stadga **3** konsekvens; följdriktighet
consistent [kən'sɪstənt] *a* **1** överensstämmande, förenlig [*with* med] **2** konsekvent; följdriktig **3** fast; jämn [*the team has been ~*]
consistently [kən'sɪstəntlɪ] *adv* konsekvent, genomgående
consolation [ˌkɒnsə'leɪʃən] *s* tröst
1 console [kən'səul] *tr* trösta
2 console ['kɒnsəul] *s* **1** konsol [*~ table*] **2** golvmodell av t.ex. TV **3** manöverbord, kontrollbord äv. data.
consolidate [kən'sɒlɪdeɪt] **I** *tr* **1** konsolidera, befästa, stärka **2** slå samman, sammanföra bolag, områden etc. **3** konsolidera en skuld, fondera; *~d annuities* consols slags statsobligationer **II** *itr* **1** bli fast, konsolideras **2** gå samman [*the two companies have ~d*]
consolidation [kənˌsɒlɪ'deɪʃən] *s* konsolidering; befästande etc., jfr *consolidate*; fondering
consols ['kɒnsəlz] *s pl* = *consolidated annuities*, se *consolidate I 3*
consommé [kən'sɒmeɪ] *s* (fr.) [kött]buljong, consommé
consonance ['kɒnsənəns] *s* konsonans, samklang; överensstämmelse
consonant ['kɒnsənənt] **I** *a* överensstämmande [*with* (*to*) med] **II** *s* konsonant
consort [ss. subst. 'kɒnsɔːt, ss. vb kən'sɔːt] **I** *s* make, maka, gemål; *prince ~* prinsgemål **II** *itr*, *~* [*with*] a) sällskapa (umgås) [med] b) harmoniera [med]
consortium [kən'sɔːtjəm] *s* konsortium
conspectus [kən'spektəs] *s* översikt [*of* över]
conspicuous [kən'spɪkjuəs] *a* **1** iögonfallande, tydlig **2** framstående; *be ~ by o.'s absence* lysa med sin frånvaro
conspiracy [kən'spɪrəsɪ] *s* konspiration, sammansvärjning, komplott
conspirator [kən'spɪrətə] *s* konspiratör, sammansvuren
conspire [kən'spaɪə] *itr* **1** konspirera, sammansvärja sig **2** samverka; bidra [*to* till]
constable ['kʌnstəbl, 'kɒn-] *s* polis, polisman; *Chief C~* polismästare för stad el. grevskap
constabulary [kən'stæbjulərɪ] *s* poliskår; gendarmeri
Constance ['kɒnstəns] **1** personnamn **2** staden Konstanz; *Lake ~* Bodensjön
constancy ['kɒnstənsɪ] *s* **1** beständighet, varaktighet **2** ståndaktighet; trofasthet
constant ['kɒnstənt] **I** *a* **1** ständig; beständig, konstant **2** ståndaktig; trofast [*to* mot] **II** *s* mat. o. fys. konstant
constantly ['kɒnstəntlɪ] *adv* [jämt och] ständigt, stadigt, konstant
constellation [ˌkɒnstə'leɪʃən] *s* konstellation äv. bildl., stjärnbild
consternation [ˌkɒnstə'neɪʃən] *s* bestörtning
constipate ['kɒnstɪpeɪt] *tr* o. *itr* vålla förstoppning [hos]; *be ~d* ha förstoppning, vara hård i magen
constipation [ˌkɒnstɪ'peɪʃən] *s* läk. förstoppning
constituency [kən'stɪtjuənsɪ] *s* valkrets; valmanskår
constituent [kən'stɪtjuənt] **I** *a* **1** bestånds- [*~ part*] **2** konstituerande [*~ assembly*] **3** väljande, valmans-; *~ body* valkorporation **II** *s* **1** beståndsdel **2** valman, väljare
constitute ['kɒnstɪtjuːt] *tr* **1** utgöra, bilda; *he* (*it*) *is so ~d that ..* han (den) är så beskaffad (funtad, skapad) att .. **2** konstituera, inrätta; upprätta, bilda [*~ a provisional government*] **3** utse (förordna) ngn till
constitution [ˌkɒnstɪ'tjuːʃən] *s* **1** [stats]författning, konstitution; grundlag **2** [kropps]konstitution **3** sammansättning [*the ~ of the council*]; struktur, beskaffenhet **4** konstituerande, inrättande, upprättande **5** utseende, förordnande
constitutional [ˌkɒnstɪ'tjuːʃənl] **I** *a* **1** konstitutionell; medfödd **2** konstitutionell [*~ rights*]; grundlagsenlig, författningsenlig **II** *s* fam., stärkande promenad [*take a ~*]
constitutive ['kɒnstɪtjuːtɪv] *a* konstitutiv, grundläggande
constrain [kən'streɪn] *tr* **1** tvinga; *be ~ed to* nödgas **2** inskränka, hindra rörelse
constrained [kən'streɪnd] *a* tvungen, onaturlig, konstlad
constraint [kən'streɪnt] *s* **1** tvång; bundenhet **2** tvungenhet **3** restriktion
constrict [kən'strɪkt] *tr* dra samman (ihop)
constriction [kən'strɪkʃən] *s* sammandragning; förträngning

constrictor [kən'strɪktə] *s*, [*boa*] ~ boa[-orm]
construct [kən'strʌkt] *tr* konstruera; uppföra, bygga [upp]; ställa upp [~ *a theory*]
construction [kən'strʌkʃən] *s* **1** konstruktion; uppförande, byggnad [*the new railway is under* ~] **2** byggnad, konstruktion **3** gram. o. mat. konstruktion **4** tolkning
constructional [kən'strʌkʃənl] *a* konstruktions-, byggnads-
constructive [kən'strʌktɪv] *a* konstruktiv [~ *criticism*], positiv
constructor [kən'strʌktə] *s* konstruktör
construe [kən'stru:] *tr* **1** gram. konstruera **2** analysera en sats o. d.; översätta ordagrant **3** tolka [*his remarks were wrongly* ~*d*], tyda
consul ['kɒnsəl] *s* konsul
consular ['kɒnsjʊlə] *a* konsuls-, konsulat-
consulate ['kɒnsjʊlət] *s* konsulat
consul-general ['kɒnsəl'dʒenərəl] *s* generalkonsul
consulship ['kɒnsəlʃɪp] *s* konsulsbefattning; konsulat
consult [kən'sʌlt] **I** *tr* rådfråga, konsultera; se efter i (på) [~ *a map*], slå upp i [~ *a dictionary*]; ~ *o.'s watch* se på klockan **II** *itr* överlägga, rådslå, rådgöra, konferera
consultant [kən'sʌltənt] *s* **1** konsulterande läkare **2** konsulent, konsult
consultation [ˌkɒnsəl'teɪʃən] *s* **1** överläggning, rådplägning, konferens; samråd [*in* ~ *with*] **2** konsultation
consultative [kən'sʌltətɪv] *a* rådgivande, konsultativ
consulting [kən'sʌltɪŋ] **I** *a* rådgivande [~ *architect*], konsulterande [~ *physician*] **II** *s*, ~ *room* mottagningsrum
consume [kən'sju:m] *tr* **1** a) om eld m. m. förtära; förstöra b) bildl., ~*d with* förtärd av, upptänd av [~*d with desire*], uppfylld av **2** a) förbruka, konsumera b) förtära
consumer [kən'sju:mə] *s* konsument, förbrukare; ~ *guidance* konsumentupplysning; ~[*s'*] *goods* konsumtionsvaror
consummate [ss. adj. kən'sʌmət, ss. vb 'kɒnsəmeɪt] **I** *a* fulländad, utsökt **II** *tr* **1** fullkomna, fullända **2** fullborda [*the marriage was never* ~*d*]
consummation [ˌkɒnsə'meɪʃən] *s* **1** fullbordande **2** fulländning
consumption [kən'sʌmpʃən] *s* **1** förtäring; *unfit for human* ~ otjänlig som människoföda **2** konsumtion, förbrukning **3** ngt åld. lungsot
consumptive [kən'sʌmptɪv] något åld. **I** *a* lungsiktig, lungsots- **II** *s* lungsotspatient
contact ['kɒntækt] **I** *s* **1** kontakt, beröring, förbindelse [*come in* (*into*) ~ *with*]; bekantskap; ~ *breaker* elektr. brytkontakt; ~ *breaker points* bil. brytarspetsar; ~ *lenses* kontaktlinser; *make* ~ elektr. sluta strömmen **2** läk. eventuell smitt[o]bärare **II** *tr* komma (stå) i kontakt med, kontakta
contagion [kən'teɪdʒən] *s* **1** smitta [genom beröring] **2** smitt[o]sam sjukdom **3** bildl. smitta; farsot
contagious [kən'teɪdʒəs] *a* smitt[o]sam; smitt[o]förande; [*her enthusiasm*] *is* ~ äv. ..smittar av sig
contain [kən'teɪn] *tr* **1** innehålla, innefatta, rymma **2** geom. begränsa; *the angle* ~*ed by AB and AC* vinkeln AB-AC **3** ~ *o.s.* behärska sig **4** mil. hålla, binda en fientlig styrka
container [kən'teɪnə] *s* behållare, kärl; container
containment [kən'teɪnmənt] *s*, ~ *policy* uppdämningspolitik åtgärder för att hejda främmande expansion
contaminate [kən'tæmɪneɪt] *tr* [för]orena, smitta ner; kontaminera; bildl. besmitta
contamination [kənˌtæmɪ'neɪʃən] *s* förorening äv. konkr.; nedsmittning; kontamination äv. språkv.
contemplate ['kɒntəmpleɪt] **I** *tr* **1** betrakta, beskåda **2** fundera över (på) [~ *a problem*] **3** räkna med [såsom möjlig] **4** ha för avsik, ha planer på, fundera på; pp. ~*d* äv. tilltänkt **II** *itr* fundera, meditera
contemplation [ˌkɒntəm'pleɪʃən] *s* betraktande, beskådande; begrundande; kontemplation; *deep in* ~ försjunken i tankar
contemplative [kən'templətɪv] *a* tankfull, begrundande; relig. o. d. kontemplativ
contemporaneous [kənˌtempə'reɪnjəs] *a* samtidig, samtida; av samma ålder
contemporary [kən'tempərərɪ] **I** *a* samtidig; jämnårig; samtida; nutida; modern [~ *art* (*style*)] **II** *s* samtida [*of* till]
contempt [kən'tempt] *s* förakt, ringaktning [*of* (*for*) för]; *hold in* ~ hysa förakt för; ~ *of court* ohörsamhet (förargelseväckande beteende) inför rätta
contemptible [kən'temptəbl] *a* föraktlig; usel [~ *coward*]
contemptuous [kən'temptjʊəs] *a* föraktfull, hånfull [*of* mot]
contend [kən'tend] **I** *itr* **1** strida, kämpa [*against* (*with*) mot (med); ~ *with difficulties*] **2** sträva; tävla [~ *for* (om) *a prize*] **3** tvista, strida **II** *tr* **1** hävda **2** strida om
contender [kən'tendə] *s* isht sport. tävlande; utmanare
1 content ['kɒntent] *s* **1** innehåll i motsats mot form, innebörd; halt; jfr *contents* **2** volym, innehåll [*cubic* ~]
2 content [kən'tent] **I** *s* belåtenhet; *to o.'s heart's* ~ av hjärtans lust **II** *a* nöjd, belåten **III** *tr* tillfredsställa; ~ *o.s.* nöja sig [*with* med]
contented [kən'tentɪd] *a* nöjd, belåten;

förnöjsam
contention [kən'tenʃən] *s* **1** strid, stridighet **2** påstående; åsikt, argument
contentious [kən'tenʃəs] *a* **1** stridslysten **2** omtvistad
contentment [kən'tentmənt] *s* belåtenhet
contents ['kɒntents] *s pl* innehåll [*the ~ of a book*]; *table of ~* innehållsförteckning
contest [ss. subst. 'kɒntest, ss. vb kən'test] **I** *s* **1** strid, kamp **2** tävling [*a speed ~*], tävlan, match **II** *itr* strida, kämpa, tävla [*for* om] **III** *tr* **1** bekämpa; bestrida [*~ a will*] **2** kämpa om; tävla om [*~ a prize*]; *~ a seat* kandidera i en valkrets
contestant [kən'testənt] *s* stridande [part]; tävlande; konkurrent
contested [kən'testɪd] *a* omtvistad; *~ election* val med motkandidater
context ['kɒntekst] *s* sammanhang; kontext; *quotations out of ~* lösryckta citat
contiguity [ˌkɒntɪ'gju:ətɪ] *s* beröring, omedelbar närhet; kontiguitet
contiguous [kən'tɪgjuəs] *a* angränsande, intilliggande; *~ to* som gränsar till; *be ~* gränsa till varandra
continence ['kɒntɪnəns] *s* återhållsamhet; avhållsamhet; kyskhet
continent ['kɒntɪnənt] **I** *a* återhållsam; avhållsam; kysk **II** *s* **1** kontinent, fastland; *the C~* kontinenten Europas fastland **2** världsdel
continental [ˌkɒntɪ'nentl] **I** *a* kontinental; fastlands-; *~ breakfast* kontinental frukost, kaffefrukost **II** *s* fastlandseuropé
contingenc|y [kən'tɪndʒənsɪ] *s* **1** eventualitet [*be prepared for all -ies*], [tänkbar] möjlighet; oförutsedd händelse **2** tillfällighet **3** pl. *-ies* oförutsedda utgifter **4** *~ plan* katastrofplan
contingent [kən'tɪndʒənt] **I** *a* **1** eventuell; oviss **2** betingad [*on* av] **3** tillfällig **4** *~ to* medföljande, hörande till **II** *s* kontingent
continual [kən'tɪnjuəl] *a* ständig, oupphörlig; ihållande [*~ rain*]; idelig
continuation [kənˌtɪnju'eɪʃən] *s* fortsättning, fortsättande, återupptagande
continue [kən'tɪnju] **I** *tr* **1** fortsätta [*~ doing* (*to do*) *a th.*], fortfara med; [*to be*] *~d* fortsättning [följer] **2** [bi]behålla, låta kvarstå **II** *itr* **1** fortsätta, fortfara **2** förbli, stanna [kvar], kvarstå [*~ in office*]
continued [kən'tɪnjud] *pp* o. *a* **1** fortsatt **2** oavbruten, ständig
continuity [ˌkɒntɪ'nju:ətɪ] *s* **1** kontinuitet **2** *~ girl* scripta **3** radio. o. TV. programmanuskript, sammanbindande kommentar
continuous [kən'tɪnjuəs] *a* kontinuerlig, fortlöpande, sammanhängande; ihållande; ständig; *~ performance* nonstopföreställning[ar]; *~ tense* gram. progressiv form
contort [kən'tɔ:t] *tr* förvrida; förvränga
contortion [kən'tɔ:ʃən] *s* förvridning; grimas
contortionist [kən'tɔ:ʃənɪst] *s* ormmänniska
contour ['kɒnˌtuə] **I** *s* kontur; gränslinje; grunddrag; *~ line* topogr. nivåkurva på karta; *~ map* höjdkarta **II** *tr* dra upp konturerna av
contra ['kɒntrə] **I** *prep* mot **II** *s* motskäl; motsida
contraband ['kɒntrəbænd] *s* kontraband; smuggelgods; kontrabandstrafik
contrabass ['kɒntrə'beɪs] *s* kontrabas, basfiol
contraception [ˌkɒntrə'sepʃən] *s* [användning av] preventivmedel, födelsekontroll
contraceptive [ˌkɒntrə'septɪv] **I** *a* preventiv[-] **II** *s* preventivmedel
contract [ss. subst. 'kɒntrækt, ss. vb kən'trækt] **I** *s* **1** avtal; kontrakt; förbindelse; *~ bridge* kontraktsbridge **2** hand. kontrakt; entreprenad, ackord, beting [*by* (på) *~*]; *place a ~ for* lämna på entreprenad **II** *tr* **1** avtala, avsluta genom kontrakt, förbinda sig [*to do*] **2** ingå [*~ a marriage*], sluta [*~ an alliance*]; få, ådra sig [*~ a disease*], åsamka sig [*~ debts*] **3** förlova [bort] **4** dra samman (ihop) äv. gram., kontrahera; rynka [*~ the brows*] **III** *itr* **1** avsluta ett kontrakt, göra upp [*for* om]; *~ing party* kontrahent **2** dra ihop sig, dras samman **3** *~ out* dra sig ur spelet; hoppa av [*of a th.* från ngt]; anmäla sitt utträde [*of a th.* ur ngt]; *~ out of a th.* äv. dra sig ur ngt
contracted [kən'træktɪd] *pp* o. *a* **1** kontrakterad, avtalad **2** sammandragen äv. gram.; förträngd; hopkrympt
contractible [kən'træktəbl] *a* samman-, hop|dragbar
contraction [kən'trækʃən] *s* **1** sammandragning, hopdragning; kontraktion; förkortning **2** *the ~ of debts* (*an infection*) att ådra sig skulder (en infektion)
contractor [kən'træktə] *s* leverantör; entreprenör; *builder and ~* byggnadsentreprenör
contractual [kən'træktjuəl] *a* kontrakts-, kontraktsenlig
contradict [ˌkɒntrə'dɪkt] **I** *tr* säga emot, motsäga; stå i strid med **II** *itr* säga emot
contradiction [ˌkɒntrə'dɪkʃən] *s* motsägelse; *~ in terms* självmotsägelse
contradictory [ˌkɒntrə'dɪktərɪ] *a* **1** motsägande, [mot]stridig **2** motsägelselysten
contradistinction [ˌkɒntrədɪs'tɪŋkʃən] *s, in ~ to* i motsats till, till skillnad från
contralto [kən'træltəu] *s* mus. **1** alt; altstämma **2** kontraalt; kontraaltstämma
contraption [kən'træpʃən] *s* fam. apparat,

anordning, inrättning, grej, manick
contrapuntal [ˌkɒntrəˈpʌntl] *a* mus. kontrapunktisk
contrariness [ˈkɒntrərɪnəs] *s* fam. **1** oppositionslust **2** motsträvighet
contrariwise [ˈkɒntrərɪwaɪz, i bet. *3* kənˈtreərɪ-] *adv* **1** tvärtom; däremot **2** omvänt; på motsatt sätt **3** fam. motsträvigt
contrary [ˈkɒntrərɪ, i bet. *I 3* kənˈtreərɪ] **I** *a* **1** motsatt; stridande [*to* mot]; ~ *to* [tvärt]emot, i strid mot **2** motig; ogynnsam [~ *weather*], mot- [~ *winds*] **3** fam. motsträvig **II** *adv*, ~ *to* [tvärt]emot, i strid mot [*act ~ to the rules*] **III** *s* motsats; *on the* ~ tvärtom; däremot
contrast [ss. subst. ˈkɒntrɑːst, ss. vb kənˈtrɑːst] **I** *s* kontrast, motsättning, motsats; *in ~ to* (*with*) i motsats till (mot); *be in glaring ~ to* sticka bjärt av mot, stå i bjärt kontrast till **II** *tr* ställa [upp] som motsats [*with* mot, till], jämföra [*with* med] **III** *itr* kontrastera, sticka av, bilda en kontrast
contravene [ˌkɒntrəˈviːn] *tr* **1** kränka; handla mot **2** strida mot **3** bestrida
contravention [ˌkɒntrəˈvenʃən] *s* kränkning; *in ~ of* i strid mot
contretemps [ˈkɔːntrətɑːŋ] (pl. lika [utt. = sg.]) *s* hinder, motighet; streck i räkningen
contribute [kənˈtrɪbjuːt] **I** *tr* **1** bidra med, ge (lämna) [som bidrag] **2** ~ *articles to* [*a paper*] medarbeta i .., bidra med artiklar i .. **II** *itr* **1** ge (lämna) bidrag **2** ~ *to a paper* medverka (vara medarbetare) i en tidning **3** bidra, medverka
contribution [ˌkɒntrɪˈbjuːʃən] *s* bidrag; inlägg i diskussion o. d.; insats; tillskott
contributor [kənˈtrɪbjutə] *s* bidragsgivare; medarbetare i tidskrift o. d. [*to* i]
contributory [kənˈtrɪbjutərɪ] *a* bidragsgivande; bidragande [~ *factors*]
contrite [ˈkɒntraɪt] *a* ångerfull
contrition [kənˈtrɪʃən] *s* ånger, ruelse
contrivance [kənˈtraɪvəns] *s* **1** anordning; inrättning **2** knep, påhitt **3** utfunderande
contrive [kənˈtraɪv] **I** *tr* **1** tänka ut, hitta på; planera **2** finna medel (utvägar) till, [lyckas] åstadkomma, lyckas **II** *itr* lyckas; reda sig
contrived [kənˈtraɪvd] *pp* o. *a* **1** planerad m. m., jfr föreg. **2** konstlad, utstuderad
control [kənˈtrəul] **I** *s* **1** kontroll, herravälde [*he lost ~ of* (över) *his car*], makt [*of* över]; övervakande; uppsikt, tillsyn [*parental ~*]; reglering [*import ~*]; behärskning; *passport ~* passkontroll; *they are beyond ~* man får inte bukt med dem; *circumstances beyond o.'s ~* omständigheter som man inte råder över; *be in ~* [*of*] ha makten (ledningen, tillsynen) [över]; *be in the ~ of* kontrolleras av; *the situation was getting out of ~* man började tappa kontrollen över situationen **2** ~ [*group*] kontroll[grupp] **3** kontroll-, styranordning, manöverorgan, kontroll; pl. *~s* kontrollinstrument, reglage, flyg. styrorgan; *at the ~s* flyg. vid spakarna; ~ *tower* flyg. trafik[lednings]torn, kontrolltorn **II** *tr* kontrollera, behärska; övervaka, revidera [~ *the accounts*]; dirigera; sköta; reglera; bemästra; hålla ordning (styr) på [~ *a class*]; styra, tygla [~ *o.'s temper*; ~ *a horse*]; ~ *o.s.* behärska sig
controllable [kənˈtrəuləbl] *a* kontrollerbar
controller [kənˈtrəulə] *s* kontrollant
controversial [ˌkɒntrəˈvɜːʃəl] *a* **1** kontroversiell, tviste- [*a ~ issue*] **2** stridslysten
controversy [kənˈtrɒvəsɪ, ˈkɒntrəvɜːsɪ] *s* kontrovers, strid, tvist
contumacious [ˌkɒntjuˈmeɪʃəs] *a* tredsk[ande], gensträvig
contumacy [ˈkɒntjuməsɪ, kənˈtjuːm-] *s* tredska, gensträvighet
contumely [ˈkɒntjuːmlɪ] *s* skymford, hån
contuse [kənˈtjuːz] *tr* ge blåmärken
contusion [kənˈtjuːʒən] *s* kontusion, blåmärke
conundrum [kəˈnʌndrəm] *s* gåta, vitsgåta
conurbation [ˌkɒnɜːˈbeɪʃən] *s* storstadsregion
convalesce [ˌkɒnvəˈles] *itr* tillfriskna
convalescence [ˌkɒnvəˈlesns] *s* tillfriskande, konvalescens
convalescent [ˌkɒnvəˈlesnt] **I** *a* **1** tillfrisknande **2** konvalescent-; ~ *home* konvalescenthem **II** *s* konvalescent
convection [kənˈvekʃən] *s* fys. konvektion
convector [kənˈvektə] *s* konvektor
convene [kənˈviːn] **I** *itr* sammanträda, samlas **II** *tr* **1** sammankalla **2** instämma, inkalla
convener [kənˈviːnə] *s* sammankallande [ledamot]
convenience [kənˈviːnjəns] *s* **1** lämplighet; bekvämlighet; *flag of ~* bekvämlighetsflagg; *marriage of ~* konvenansparti; *when it suits your ~* när det passar dig; *do it at your* [*own*] ~ gör det när det passar dig; *at your earliest ~* hand. (i brev) så snart det är Er möjligt **2** förmån, fördel **3** [*public*] ~ bekvämlighetsinrättning, offentlig toalett **4** *make a ~ of a p.* utnyttja ngn
convenient [kənˈviːnjənt] *a* lämplig, läglig, förmånlig, passande; bekväm; praktisk, behändig [*a ~ tool*]; välbelägen, central; *if it is ~ to* (*for*) *you* om det passar dig
convent [ˈkɒnvənt] *s* [nunne]kloster
convention [kənˈvenʃən] *s* **1** konvent [*national ~*]; sammankomst **2** överenskommelse, konvention; fördrag **3** konvention[en], vedertaget bruk; konvenans[en]

conventional [kən'venʃənl] *a* **1** konventionell [~ *weapons*]; sedvanlig; vedertagen; traditionsbunden; traditionell **2** överenskommen, fördragsenlig
converge [kən'vɜ:dʒ] *itr* löpa (stråla) samman, konvergera; sträva mot samma punkt
convergence [kən'vɜ:dʒəns] *s* konvergens
convergent [kən'vɜ:dʒənt] *a* konvergent, sammanlöpande
conversant [kən'vɜ:sənt] *a*, ~ *with* insatt i, förtrogen med
conversation [ˌkɒnvə'seɪʃən] *s* konversation, samtal; *make* ~ kallprata, hålla konversationen i gång
conversational [ˌkɒnvə'seɪʃənl] *a* samtals- [*in a* ~ *tone*]; kåserande [~ *style*]
1 converse [kən'vɜ:s] *itr* konversera, samtala
2 converse ['kɒnvɜ:s] **I** *a* omvänd, motsatt **II** *s* omvänt förhållande; motsats
conversely [ˌkɒn'vɜ:slɪ] *adv* omvänt
conversion [kən'vɜ:ʃən] *s* **1** omvandling, förvandling, ombyggnad [*into* (*to*) till]; omställning, omläggning [~ *to war production*] **2** omvändelse **3** ekon. m. m. konvertering; omräkning; ~ *table* förvandlings-, omräknings|tabell **4** rugby. mål efter 'försök'
convert [ss. subst. 'kɒnvɜ:t, ss. vb kən'vɜ:t] **I** *s* omvänd; konvertit; *be a* ~ *to* [*Catholicism*] ha gått över till . . **II** *tr* **1** omvandla, förvandla, göra (bygga) om [*into* till]; omforma; ställa (lägga) om; omsätta [~ *ideas into* (i) *deeds*] **2** relig. m. m. omvända **3** ekon. m. m. konvertera, omsätta [~ *into cash*]; räkna om **4** ståla järn **5** rugby., ~ *a try* göra mål efter ett 'försök' **III** *itr* **1** [kunna] förvandlas [*a sofa that* ~*s into a bed*] **2** ställa (lägga) om **3** relig. m. m. omvändas, konvertera **4** rugby. göra mål [efter ett 'försök']
converter [kən'vɜ:tə] *s* tekn., elektr. omformare
convertible [kən'vɜ:təbl] **I** *a* **1** som kan omvandlas (förvandlas, omvändas, omsättas); omsättlig, omsättningsbar **2** med fällbart tak (sufflett) **3** utbytbar, konvertibel **II** *s* cabriolet
convex [kən'veks, isht attr. 'kɒnv-] *a* konvex
convexity [kən'veksətɪ] *s* konvexitet
convey [kən'veɪ] *tr* **1** föra, befordra, forsla; medföra [*this train* ~*s goods*]; överbringa [~ *a message to a p.*]; framföra hälsning o. d. **2** leda vatten o. d.; fortplanta **3** meddela, ge, bibringa; uttrycka **4** jur. överlåta
conveyance [kən'veɪəns] *s* **1** befordran, transport **2** fortskaffningsmedel, åkdon **3** jur. överlåtelse[handling]
conveyer el. **conveyor** [kən'veɪə] *s* tekn. [band]transportör, transportband [äv. ~ *band* (*belt*)]; ~ *belt* äv. löpande band
convict [ss. vb kən'vɪkt, ss. subst. 'kɒnvɪkt] **I** *tr* fälla [*of* för], förklara skyldig [*of* till]; överbevisa [*of* om]; *formerly* ~*ed* tidigare straffad **II** *s* straffånge
conviction [kən'vɪkʃən] *s* **1** brottslings fällande; [fällande] dom [*of* mot]; överbevisande; *he had three previous* ~*s* han var straffad tre gånger tidigare; *demand a p.'s* ~ yrka ansvar på ngn **2** övertygelse; *carry* ~ verka övertygande; *a man of strong* ~*s* en man med mycket bestämda åsikter
convince [kən'vɪns] *tr* övertyga, överbevisa [*of* om]
convivial [kən'vɪvɪəl] *a* **1** festlig, fest-, glad [~ *evening*] **2** sällskaplig, gemytlig
conviviality [kənˌvɪvɪ'ælətɪ] *s* **1** feststämning **2** sällskaplighet, gemytlighet
convocation [ˌkɒnvəʊ'keɪʃən] *s* **1** sammankallande **2** möte, församling
convoke [kən'vəʊk] *tr* inkalla, sammankalla
convoluted ['kɒnvəlu:tɪd] *a* **1** full av vindlingar; spiralformig **2** bildl. invecklad
convolvulus [kən'vɒlvjʊləs] *s* bot. konvolvulus, vinda
convoy ['kɒnvɔɪ] **I** *tr* konvojera; eskortera **II** *s* konvoj [*the* ~ *was attacked by submarines*]; eskort
convulse [kən'vʌls] *tr* **1** [våldsamt] skaka (uppröra) **2** framkalla krampryckning[ar] hos; ~*d with anger* skakande av ilska; ~*d with laughter* kiknande av skratt
convulsion [kən'vʌlʃən] *s* **1** mest pl. ~*s* konvulsion[er], krampanfall; *we were in* ~*s* [*of laughter*] vi vred oss av skratt **2** isht polit. o. geol. häftig skakning; omvälvning
convulsive [kən'vʌlsɪv] *a* konvulsivisk, krampartad
1 coo [ku:] *itr* o. *tr* kuttra; se äv. *1 bill II*
2 coo [ku:] *interj* sl. oh, åh, oj
cook [kʊk] **I** *s* kock; kokerska, köksa; *she is a good* ~ hon lagar god mat **II** *tr* **1** laga till, laga mat; koka, steka **2** fam., ~ *up* koka ihop, hitta på [~ *up a story*] **3** fam., ~ *the books* fiffla med böckerna (bokföringen) **III** *itr* **1** laga mat **2** koka[s], steka[s]; tillagas **3** fam., *what's* ~*ing?* vad står på?
cookbook ['kʊkbʊk] *s* isht Am. kokbok
cooker ['kʊkə] *s* **1** [kok]spis **2** matäpple
cookery ['kʊkərɪ] *s* kokkonst, matlagning
cookery-book ['kʊkərɪbʊk] *s* kokbok
cook-house ['kʊkhaʊs] *s* mil. fältkök
cookie ['kʊkɪ] *s* **1** Skottl. bulle **2** Am. [små]kaka; kex **3** Am. sl., *toss o.'s* ~*s* kasta upp, spy
cooking ['kʊkɪŋ] *s* tillagning, matlagning; kokning, stekning; *plain* ~ se under *plain I 4*; *do the* ~ laga maten; ~ *apple* matäpple; ~ *chocolate* blockchoklad; ~ *oil* matolja

cooking-range ['kʊkɪŋreɪndʒ] *s* [kok]spis
cool [ku:l] **I** *a* **1** sval, kylig, svalkande **2** kylig; kallsinnig **3** lugn, fattad, kall; *keep ~!* ta det lugnt! **4** oberörd, ogenerad; *a ~ customer (fish)* en fräck en **5** fam., *a ~ thousand* hela (sina modiga) tusen pund e. d. **6** isht Am. sl. jättebra, häftig **II** *adv* fam., *play it ~* ta det lugnt **III** *s* **1** svalka [*in the ~ of the evening*] **2** fam., *lose o.'s ~* tappa huvudet; *keep o.'s ~* hålla huvudet kallt **IV** *tr* **1** göra sval[are]; svala av, kyla äv. bildl., lugna ner [äv. *~ down*]; svalka; *~ing system* kylsystem **2** sl., *~ it!* ta det lugnt! **V** *itr* svalna, kylas av äv. bildl.; *~ down (off)* a) svalna; kylas av b) fam. lugna ner sig
coolant ['ku:lənt] *s* tekn. kylmedel; kylvätska
cooler ['ku:lə] *s* **1** kylare [*wine ~*] **2** sl. finka fängelse[cell]
cool-headed ['ku:l'hedɪd] *a* lugn
coolie ['ku:lɪ] *s* kuli
coolish ['ku:lɪʃ] *a* något kylig, sval
coolness ['ku:lnəs] *s* **1** svalka **2** lugn **3** kallsinnighet **4** fräckhet
coon [ku:n] *s* (kortform för *raccoon*) **1** zool. tvättbjörn, sjubb **2** isht Am. sl. (neds.) neger
coop [ku:p] **I** *s* bur för höns o. d. **II** *tr* sätta i bur; stänga in; hålla fången [äv. *~ up (in)*]
co-op ['kəʊɒp] *s* fam. (kortform för *co-operative society* el. *shop* el. *store*) konsum
cooper ['ku:pə] *s* tunnbindare
co-operate [kəʊ'ɒpəreɪt] *itr* samarbeta; samverka, bidra
co-operation [kəʊˌɒpə'reɪʃən] *s* **1** samarbete; samverkan **2** kooperation
co-operative [kəʊ'ɒpərətɪv] **I** *a* **1** samarbetsvillig **2** kooperativ [*~ society*]; *~ shop (store)* äv. konsumbutik; *the C~ Wholesale Society* ung. Kooperativa förbundet **II** *s* kooperativ förening
co-opt [kəʊ'ɒpt] *tr* välja in [*on to* i]
co-ordinate [ss. adj. o. subst. kəʊ'ɔ:dənət, ss. vb kəʊ'ɔ:dɪneɪt] **I** *a* likställd; samordnad äv. gram. [*~ clause*], koordinerad; mat. koordinat- **II** *s* mat. koordinat[a] **III** *tr* koordinera, samordna
co-ordination [kəʊˌɔ:dɪ'neɪʃən] *s* samordning, koordination, koordinering
coot [ku:t] *s* **1** zool. sothöna; *bald as a ~* kal som en biljardboll **2** fam. tokstolle
cop [kɒp] sl. **I** *s* **1** snut polis **2** kap; byte; *it's a fair ~* a) jag ger mig! b) han (etc.) har tagits på bar gärning; *no [great] (not much) ~* inte mycket att hurra för **II** *tr* haffa brottsling; *~ it* få på pälsen; råka illa ut
copartner ['kəʊ'pɑ:tnə] *s* medintressent, delägare, kompanjon
copartnership ['kəʊ'pɑ:tnəʃɪp] *s* delägarskap, kompanjonskap
1 cope [kəʊp] *s* **1** korkåpa **2** valv, kupol
2 cope [kəʊp] *itr* klara det, fam. stå pall, palla; *~ with* klara, fam. palla för
Copenhagen [ˌkəʊpn'heɪgən] Köpenhamn
co-pilot ['kəʊ'paɪlət] *s* flyg. andrepilot
copious ['kəʊpjəs] *a* **1** riklig, kopiös, rikhaltig **2** innehållsrik; ordrik; vidlyftig
1 copper ['kɒpə] *s* sl. snut polis
2 copper ['kɒpə] *s* **1** koppar **2** kopparmynt, [koppar]slant **3** stor kopparkittel
copper-beech ['kɒpəbi:tʃ] *s* bot. blodbok
copperplate ['kɒpəpleɪt] *s* **1** kopparplåt isht för gravering; kopparstick [äv. *~ engraving*] **2** välvårdad och liksom präntad stil
coppersmith ['kɒpəsmɪθ] *s* kopparslagare
coppery ['kɒpərɪ] *a* koppar-; kopparaktig
coppice ['kɒpɪs] *s* småskog; skogsdunge
copra ['kɒprə] *s* kopra torkad frövita av kokosnöt
copse [kɒps] *s* se *coppice*
copulate ['kɒpjʊleɪt] *itr* kopulera; ha samlag
copulation [ˌkɒpjʊ'leɪʃən] *s* kopulation, parning; samlag
copy ['kɒpɪ] **I** *s* **1** kopia: a) reproduktion b) avbild c) avskrift d) genomslag; *fair (clean) ~* renskrift; *rough ~* koncept, kladd; *top ~* original maskinskrivet huvudexemplar; *true ~ [certified]* rätt avskrivet intygas **2** exemplar, nummer av bok, tidning o. d.; *single ~* lösnummer **3** a) manuskript till sättning b) copy, [reklam]text c) stoff, material **II** *tr* **1** kopiera; ta [en] kopia av; *~ [down]* skriva av; *~ out* skriva ut (ren) **2** efterlikna, imitera; apa efter, härma
copybook ['kɒpɪbʊk] *s* **1** förskriftsbok, välskrivningsbok; jfr *blot* ex. **2** attr. a) banal; klassisk b) mönstergill, exemplarisk
copy-cat ['kɒpɪkæt] *s* fam. härmapa
copydesk ['kɒpɪdesk] *s* Am. redaktionsbord
copyright ['kɒpɪraɪt] **I** *s* copyright, upphovs[manna]rätt; *~ reserved* eftertryck förbjudes **II** *tr* förvärva (få) copyright på
copywriter ['kɒpɪˌraɪtə] *s* copywriter, [reklam]textförfattare
coquet [kəʊ'ket] **I** *a* kokett **II** *itr* kokettera; *~ with* bildl. leka med
coquetry ['kəʊkətrɪ] *s* koketteri
coquette [kəʊ'ket] *s* kokett [kvinna]
coquettish [kəʊ'ketɪʃ] *a* kokett, behagsjuk
coracle ['kɒrəkl] *s* fiskarbåt rund läderklädd videbåt
coral ['kɒrəl] **I** *s* **1** korall; *~ reef* korallrev **2** korallrött **II** *a* korallröd
cord [kɔ:d] **I** *s* **1** rep, snöre, lina, streck, snodd, stropp; Am. elektr. sladd **2** anat., *spinal ~* ryggmärg; *vocal ~s* stämband **3** pl.: *~s* manchesterbyxor **4** cord i bl. a. bildäck **II** *tr* binda [om] med rep (snöre)

cordage ['kɔːdɪdʒ] *s* tågvirke
cordial ['kɔːdjəl] **I** *a* **1** hjärtlig [*a ~ smile*]; innerlig [*~ dislike*] **2** hjärtstärkande **II** *s* **1** hjärtstärkande medel **2** [frukt]saft
cordiality [ˌkɔːdɪ'ælətɪ] *s* hjärtlighet, värme
cordite ['kɔːdaɪt] *s* kordit röksvagt krut
cordon ['kɔːdn] **I** *s* kordong; *police ~* polis-kedja, -spärr **II** *tr*, *~* [*off*] spärra av med poliskedja
corduroy ['kɔːdərɔɪ] *s* manchester[sammet]; pl. *~s* manchesterbyxor
core [kɔː] *s* **1** kärnhus **2** bildl. kärna; kärnpunkt; *~ time* (*hours*) fixtid; *to the ~* alltigenom, genom- [*rotten to the ~*]; [ända] in i själen [*touched to the ~*] **3** tekn. kärna **4** fys. härd, reaktorhärd
co-respondent ['kəʊrɪ'spɒndənt] *s* medsvarande i ett skilsmässomål
corgi ['kɔːgɪ] *s*, [*Welsh*] *~* Welsh Corgi hund
Corinth ['kɒrɪnθ] Korint
Corinthian [kə'rɪnθɪən] **I** *a* korintisk **II** *s* korint[i]er; *the First Epistle to the ~s* Första Korint[i]erbrevet
cork [kɔːk] **I** *s* kork **II** *tr* korka
corker ['kɔːkə] *s* fam. **1** a) dräpande argument b) grov lögn **2** a) praktexemplar [*he is a ~*] b) pangsak
cork-screw ['kɔːkskruː] **I** *s* korkskruv **II** *itr* fam. gå i spiral[er], slingra sig
cormorant ['kɔːmərənt] *s* zool. skarv
1 corn [kɔːn] **I** *s* **1** säd äv. växande, spannmål **2** a) i större delen av Engl. isht vete b) Skottl. o. Irl. havre c) Am., [*Indian*] *~* majs; *~ on the cob* [kokta] majskolvar ss. maträtt **3** [sädes]-korn **4** sl. banal (sentimental) smörja, trams **II** *tr* salta, konservera [*~ed beef*]
2 corn [kɔːn] *s* liktorn; jfr *tread I* ex.
corn-cob ['kɔːnkɒb] *s* majskolv
corn-crake ['kɔːnkreɪk] *s* zool. korn-, ängs-knarr
cornea ['kɔːnɪə] *s* anat. hornhinna
cornelian [kɔː'niːljən] *s* miner. karneol
corner ['kɔːnə] **I** *s* **1** a) hörn, hörna b) [gat]hörn c) flik, snibb; *cut ~s* bildl. ta genvägar; rationalisera; *turn the ~* vika (vända) om hörnet, bildl. komma över (klara) det värsta; *be in a tight ~* vara i knipa **2** vinkel; *the ~s of her mouth* hennes mungipor; *look at a p. out of the ~ of o.'s eye* ge ngn en förstulen blick **3** friare: a) hörn [*the four ~s of the earth*] b) vrå, krypin c) skamvrå [*put a boy in the ~*] **4** sport.: **a**) fotb. hörna; *take a ~* lägga en hörna **b**) boxn. hörna; *be in a p.'s ~* vara ngns sekond **II** *tr* **1** förse med hörn; pp. *~ed* i sms. -vinklig, -kantig [*three-cornered*] **2** tränga in i ett hörn; bildl. sätta i knipa **3** börs. behärska [*~ the market*] **III** *itr* **1** ta kurvor[na] [*the car can ~ very fast*] **2** börs. bilda en corner
corner-kick ['kɔːnəkɪk] *s* fotb. hörnspark, hörna
corner-stone ['kɔːnəstəʊn] *s* hörnsten, bildl. äv. grundval
cornet ['kɔːnɪt] *s* **1** mus. kornett **2** glasstrut
corn-exchange ['kɔːnɪksˌtʃeɪndʒ] *s* spannmålsbörs
cornfield ['kɔːnfiːld] *s* sädesfält; Am. majsfält
cornflakes ['kɔːnfleɪks] *s pl* cornflakes, majsflingor
cornflour ['kɔːnflaʊə] *s* **1** majsmjöl, majsena **2** finsiktat mjöl
cornflower ['kɔːnflaʊə] *s* bot. **1** blåklint **2** [åker]klätt
cornice ['kɔːnɪs] *s* kornisch; [krans]gesims
Cornish ['kɔːnɪʃ] *a* från (i) Cornwall; cornisk
cornucopia [ˌkɔːnjʊ'kəʊpjə] *s* **1** ymnighetshorn **2** överflöd
Cornwall ['kɔːnwəl]
corny ['kɔːnɪ] *a* sl. **1** banal och sentimental **2** förlegad, korny **3** fånig, larvig [*~ jokes*]
corollary [kə'rɒlərɪ] *s* **1** följdsats **2** naturlig följd
coronary ['kɒrənərɪ] **I** *a*, *~ artery* kransartär; *~ thrombosis* koronartrombos **II** *s* fam. hjärtinfarkt
coronation [ˌkɒrə'neɪʃən] *s* kröning
coroner ['kɒrənə] *s* coroner ämbetsman som utreder orsaken till dödsfall vid misstanke om mord o. d.; *~'s inquest* [av coroner och jury anställt] förhör om dödsorsaken
coronet ['kɒrənət] *s* **1** [furstlig el. adlig] krona **2** diadem; blomsterkrans
corpora ['kɔːpərə] *s* pl. av *corpus*
1 corporal ['kɔːpərəl] *s* mil. **1** Engl. furir gruppbefäl inom armén o. flyget; yngre: korpral gruppbefäl inom flyget **2** Am. korpral gruppbefäl inom armén
2 corporal ['kɔːpərəl] *a* kroppslig, kropps-; lekamlig; *~ punishment* kroppsaga
corporate ['kɔːpərət] *a* **1** gemensam, kollektiv, samfälld; kår- [*~ spirit*] **2** korporativ [*~ state*]; *~ body* korporation
corporation [ˌkɔːpə'reɪʃən] *s* **1** korporation, kår; samfund **2** a) [statligt] bolag [*British Broadcasting C~*] b) Am. [aktie]bolag c) attr. bolags- [*~ taxes*] **3** jur. juridisk person **4** a) styrelse; [*municipal*] *~* kommunstyrelse b) attr. kommunal **5** fam. kalaskula
corporeal [kɔː'pɔːrɪəl] *a* kroppslig, lekamlig, fysisk
corps [kɔː] (pl. *corps* [kɔːz]) *s* kår; *diplomatic ~* diplomatisk kår
Corps Diplomatique ['kɔːdɪpləʊmæ'tiːk] *s* (fr.) diplomatisk kår
corpse [kɔːps] *s* lik
corpulence ['kɔːpjʊləns] *s* korpulens, fet-

ma

corpulent ['kɔ:pjʊlənt] *a* korpulent, fet

corp|us ['kɔ:p|əs] (pl. *-ora* [-ərə]) *s* **1** kropp **2** [skrift]samling; samlad produktion [*the Dickens ~*]

corpuscle ['kɔ:pʌsl] *s* anat. kropp [*blood ~*]

corral [kɔ:'rɑ:l] **I** *s* fålla, inhägnad för djur **II** *tr* stänga (driva) in i en fålla

correct [kə'rekt] **I** *tr* **1** rätta; rätta till, korrigera, justera; ändra; *~ proofs* läsa korrektur **2** tillrättavisa **II** *a* **1** rätt, korrekt; exakt; *that's ~!* det stämmer! **2** korrekt [till sättet]; regelrätt; *the ~ thing* det riktiga

correction [kə'rekʃən] *s* **1** rättning, rättelse; korrigering, justering; ändring; korrektion **2** tillrättavisning **3** avhjälpande

corrective [kə'rektɪv] **I** *a* förbättrande, rättande, korrigerings- [*~ lenses*]; *~ training* skyddsuppfostran **II** *s* korrektiv, botemedel

correlate ['kɒrəleɪt] **I** *s* korrelat **II** *tr* o. *itr* sätta (stå) i [växel]förhållande (relation) [*with, to* till], korrelera [*with, to* med]

correlation [ˌkɒrə'leɪʃən] *s* växelförhållande, korrelation

correlative [kɒ'relətɪv] **I** *a* korrelativ, motsvarande **II** *s* korrelat ord (begrepp)

correspond [ˌkɒrɪs'pɒnd] *itr* **1** motsvara varandra; stämma överens; *~ to* (*with*) motsvara **2** brevväxla, korrespondera

correspondence [ˌkɒrɪs'pɒndəns] *s* **1** motsvarighet [*to*]; överensstämmelse [*with*] **2** brevväxling, korrespondens; *~ clerk* hand. korrespondent; *~ column* insändarspalt; *~ school* korrespondensinstitut, brevskola

correspondent [ˌkɒrɪs'pɒndənt] *s* **1** brevskrivare **2** tidn. a) korrespondent b) insändare; *our special ~* vår utsände medarbetare

corresponding [ˌkɒrɪs'pɒndɪŋ] *a* **1** motsvarande **2** korresponderande [*~ member*]

correspondingly [ˌkɒrɪs'pɒndɪŋlɪ] *adv* på motsvarande sätt, i motsvarande grad

corridor ['kɒrɪdɔ:] *s* korridor; *~ train* genomgångståg

corrigend|um ['kɒrɪ'dʒend|əm] (pl. *-a* [-ə]) *s* rättelse i text; pl. *-a* [lista med] rättelser

corroborate [kə'rɒbəreɪt] *tr* bestyrka, bekräfta

corroboration [kəˌrɒbə'reɪʃən] *s* bestyrkande, bekräftelse, bekräftande

corroborative [kə'rɒbərətɪv] *a* o. **corroboratory** [kə'rɒbərətərɪ] *a* bestyrkande, bekräftande

corrode [kə'rəʊd] **I** *tr* fräta [på]; fräta bort (sönder) **II** *itr* **1** fräta [sig] [*into, through*] **2** frätas sönder (bort)

corrosion [kə'rəʊʒən] *s* korrosion; frätning; sönderfrätande

corrosive [kə'rəʊsɪv] **I** *a* korrosions-; frätande **II** *s* frätande ämne, frätmedel

corrugate ['kɒrʊgeɪt] *tr* räffla; korrugera [*~d iron*]; *~d cardboard* (*paper*) wellpapp

corrupt [kə'rʌpt] **I** *a* **1** [moraliskt] fördärvad, depraverad **2** korrumperad; korrupt [*~ system*]; *~ practices* bedrägligt förfarande; valfusk **3** förvrängd, förvanskad **II** *tr* **1** [moraliskt] fördärva, göra depraverad **2** korrumpera, muta **3** förvanska text **4** skämma **III** *itr* **1** [moraliskt] fördärvas **2** verka korrumperande, korrumpera **3** ruttna

corruption [kə'rʌpʃən] *s* **1** fördärvande; sedefördärv **2** korruption, mutning **3** förvrängning **4** förskämning, förruttnelse

corsage [kɔ:'sɑ:ʒ, 'kɔ:sɑ:ʒ] *s* klänningsliv

corsair ['kɔ:seə] *s* **1** sjörövare **2** sjörövarfartyg

corselet ['kɔ:slət] *s* = *corselette*

corselette ['kɔ:slɪt] *s* korselett

corset ['kɔ:sɪt] **I** *s* korsett, snörliv **II** *tr* korsettera

Corsica ['kɔ:sɪkə] Korsika

Corsican ['kɔ:sɪkən] **I** *a* korsikansk **II** *s* korsikan

cortège [kɔ:'teɪʒ] *s* (fr.) **1** kortege **2** följe

cort|ex ['kɔ:t|eks] (pl. *-ices* [-ɪsi:z]) *s* bot. o. anat. bark

cortical ['kɔ:tɪkəl] *a* bark-, barkartad

cortices ['kɔ:tɪsi:z] *s* pl. av *cortex*

cortisone ['kɔ:tɪzəʊn] *s* farm. cortison

corundum [kə'rʌndəm] *s* miner. korund

coruscate ['kɒrəskeɪt] *itr* gnistra, blixtra

corvette [kɔ:'vet] *s* sjö. korvett

cosecant ['kəʊ'si:kənt] *s* mat. cosekant

cosh [kɒʃ] sl. **I** *s* [gummi]batong med inlagd blyklump **II** *tr* slå [till] med en batong

cosine ['kəʊsaɪn] *s* mat. kosinus

cosmetic [kɒz'metɪk] **I** *a* kosmetisk **II** *s* skönhetsmedel; pl. *~s* kosmetika

cosmetician [ˌkɒzmə'tɪʃən] *s* kosmetolog

cosmic ['kɒzmɪk] *a* kosmisk [*~ rays*]

cosmonaut ['kɒzmənɔ:t] *s* kosmonaut

cosmopolitan [ˌkɒzmə'pɒlɪtən] **I** *a* kosmopolitisk **II** *s* kosmopolit, världsborgare

cosmos ['kɒzmɒs] *s, the ~* kosmos, världsalltet

Cossack ['kɒsæk] *s* kosack

cosset ['kɒsɪt] *tr* dalta med, klema bort

cost [kɒst] **I** (*cost cost,* i bet. *2 ~ed ~ed*) *itr* o. *tr* **1** kosta; *~ a p. dear*[*ly*] stå ngn dyrt **2** hand. kostnadsberäkna **II** *s* **1** kostnad[er], pris [*of* för]; bekostnad; *~ and freight* som transportklausul fraktfritt, c&f; *~, insurance,* [*and*] *freight* som transportklausul fraktfritt och assuransfritt, cif; *the ~ of living* levnadskostnaderna; *~ accountant* (*clerk*) kostnadsberäknare; *~ price* inköps-, självkostnads|pris; *count the ~* beräkna kostnaderna, bildl. tänka på följderna; *at ~* [*price*] till inköpspris; *at the ~ of* bildl. på bekostnad av; till priset av; *at any ~* el. *at*

all ~s till varje pris; *as I know to my ~* som jag vet av bitter erfarenhet **2** jur., pl. *~s* rättegångskostnader [*£15 fine* (i böter) *and £5 ~s*]
co-star ['kəʊ'stɑː] *tr* o. *itr, he ~red* (*was ~red*) *with her* han spelade mot henne
Costa Rica ['kɒstə'riːkə]
costermonger ['kɒstəˌmʌŋgə] *s* frukt- och grönsaksmånglare på gatan
costing ['kɒstɪŋ] *s* kostnadsberäkning, kalkylering
costive ['kɒstɪv] *a* förstoppad; *be ~* ha trög mage
costly ['kɒstlɪ] *a* dyrbar, kostbar; dyr
cost-of-living ['kɒstəv'lɪvɪŋ] *a, ~ allowance* (*bonus*) dyrtidstillägg; *~ index* levnadskostnadsindex
costume ['kɒstjuːm] *s* **1** folkdräkt, nationaldräkt; klädedräkt; [promenad]dräkt; *~ ball* maskeradbal **2** teat. kostym
cosy ['kəʊzɪ] **I** *a* **1** [hem]trevlig, trivsam, [varm och] skön, mysig **2** självbelåten **II** *s* **1** huv; se *tea-cosy* **2** se *egg-cosy*
cot [kɒt] *s* **1** barnsäng, spjälsäng **2** sjö. hängkoj
cotangent ['kəʊ'tændʒənt] *s* mat. cotangens, kotangent
coterie ['kəʊtərɪ] *s* kotteri
Cotswold ['kɒtswəʊld] *s, the ~s, the ~ hills* Cotswolds bergstrakt i sydvästra England
cottage ['kɒtɪdʒ] *s* **1** [litet] hus; stuga, torp[stuga]; *country ~* [litet] landställe **2** attr., *~ cheese* isht Am. keso®; *~ loaf* runt matbröd med liten topp på; *~ piano* mindre piano
cotton ['kɒtn] **I** *s* bomull; [bomulls]tråd **II** *itr* **1** *~* [*on*] *to* bli god vän med **2** fam., *~ on* [*to it*] fatta [galoppen]
cotton-wool ['kɒtn'wʊl] *s* råbomull; bomull
couch [kaʊtʃ] **I** *s* **1** dyscha, schäslong, [bädd]soffa; bänk för massage o. d. **2** litt. [vilo]bädd **II** *tr* uttrycka, avfatta
couchette [kuː'ʃet] *s* (fr.) järnv. liggvagnsplats; *~* [*car*] liggvagn
cougar ['kuːgə] *s* zool. kuguar, puma
cough [kɒf] **I** *itr* o. *tr* hosta; *~ up* hosta upp; bildl. fam. klämma fram med; hosta upp, punga ut [med] **II** *s* hosta; hostning
cough-drop ['kɒfdrɒp] *s* hals-, host|tablett
cough-lozenge ['kɒfˌlɒzɪndʒ] *s* halspastill
cough-mixture ['kɒfˌmɪkstʃə] *s* hostmedicin
could [kʊd, obeton. kəd] *hjälpvb* (imp. av *1 can*) **1** kunde; skulle kunna; *he is as nice as ~ be* han är det snällaste som finns **2** kunde (skulle kunna) få [*~ I speak to Mr. Smith?*]
couldn't ['kʊdnt] = *could not*
couldst [kʊdst] åld. 2 pers. sg. imp. av *1 can* [*thou ~*]
coulter ['kəʊltə] *s* plog|kniv, -järn, -rist
council ['kaʊnsl] *s* **1** råd; rådsförsamling; *town* (*city*) *~* kommunfullmäktige, stadsfullmäktige; *the Security C~* säkerhetsrådet i FN; *the C~ of Europe* Europarådet; *Order in C~* kunglig förordning; *~ houses* kommunala bostäder; *~ estate* kommunalt bostadsområde; *~ school* kommunal skola **2** kyrkomöte **3** styrelse
councillor ['kaʊnsɪlə] *s* rådsmedlem; [*town* (*city*)] *~* kommunfullmäktig, stadsfullmäktig
counsel ['kaʊnsəl] **I** *s* **1** rådplägning, överläggning; *take ~* rådgöra **2** a) råd, maning b) rådslut c) plan; *keep o.'s own ~* behålla sina tankar för sig själv; *~ of perfection* ouppnåeligt ideal **3** (pl. lika) advokat som biträder part vid rättegång, rättegångsbiträde; *~ for the defence, defence ~* försvarsadvokat[en]; *King's* (*Queen's*) *C~* 'kunglig advokat' titel given åt framstående advokater (*barristers*) **II** *tr* **1** råda ngn **2** tillråda, förorda; mana till [*~ patience*]
counsellor ['kaʊnsələ] *s* **1** rådgivare **2** *~* [*of embassy*] ambassadråd **3** Irl. o. Am. advokat
counselor ['kaʊnsələ] *s* Am., se *counsellor*
1 count [kaʊnt] *s* icke-brittisk greve
2 count [kaʊnt] **I** *tr* **1** a) räkna b) räkna till [*~ three*] c) räkna in (ihop, samman) d) räkna upp e) beräkna, räkna ut [*~ o.'s profits*] **2** inberäkna, räkna med; *six, ~ing the driver* sex, föraren medräknad **3** anse (räkna) som (för); *~ o.s. fortunate* (*lucky*) skatta sig lycklig; *~ a th. against a p.* se ngt som en nackdel för (hos) ngn **4** gälla [för] [*the ace ~s 10*] **5** m. adv.: *~ in* inberäkna, räkna med; *~ me in* räkna med mig också; *~ out* a) räkna upp t. ex. pengar b) boxn. räkna ut c) lämna ur räkningen, inte räkna med [*~ me out*]; *~ up* räkna (summera) ihop **II** *itr* **1** räkna [*~ up to* ([ända] till) *ten*] **2** *~* [*up*]*on* räkna (lita) på, räkna med **3** a) räknas, betyda något, spela en roll b) räknas med, tas med i beräkningen; *~ against a p.* vara en nackdel för ngn, ligga ngn i fatet **4** *~ down* räkna ner t. ex. inför start **III** *s* **1** [samman]räkning; slutsumma; *keep ~ of* hålla räkning på; *lose ~* tappa [bort] räkningen **2** boxn. räkning; *take the ~* ta (gå ner för) räkning; *down for the ~* ner[e] för räkning **3** *take ~ of* ta hänsyn till **4** jur. anklagelsepunkt, åtalspunkt
countable ['kaʊntəbl] **I** *a* som kan räknas, räknebar, gram. äv. pluralbildande **II** *s* gram. räknebart (pluralbildande) substantiv
count-down ['kaʊntdaʊn] *s* nedräkning vid t. ex. start
countenance ['kaʊntənəns] **I** *s* **1** ansiktsuttryck, uppsyn; min **2** ansikte, anlete

3 *keep o.'s* ~ hålla masken; *put* (*stare*) *a p. out of* ~ bringa (få) ngn ur fattningen **4** stöd, medhåll; *give* ~ *to a plan* stödja en plan **II** *tr* understödja; tillåta, tåla
1 counter ['kauntə] *s* **1** räknare; räkne|apparat, -verk **2** [spel]mark; pjäs, bricka, jetong **3** pollett **4** i butik o. d. disk [*sell under the* ~]; bardisk; kassa; [expeditions]lucka; *over the* ~ t. ex. på apotek utan recept
2 counter ['kauntə] **I** *a, be* ~ *to* strida mot **II** *adv,* ~ *to* tvärt emot [*act* ~ *to a p.'s wishes*]; *run* (*go*) ~ *to* bildl. gå rakt emot, strida mot **III** *tr* **1** motsätta sig, motarbeta **2** bemöta, besvara
counteract [ˌkauntə'rækt] *tr* motverka, motarbeta; neutralisera
counteraction [ˌkauntə'rækʃən, i bet. *2* 'kauntərˌækʃən] *s* **1** motarbetande, motverkan; neutralisering **2** motaktion
counter-attack ['kauntərəˌtæk] **I** *s* motanfall **II** *tr* göra motanfall mot **III** *itr* göra motanfall
counter-attraction ['kauntərəˌtrækʃən] *s* konkurrerande dragplåster
counterbalance ['kauntəˌbæləns, ss. vb ˌ- -'- -] **I** *s* motvikt **II** *tr* uppväga
counterblast ['kauntəblɑ:st] *s* våldsamt motangrepp
counter-claim ['kauntəkleɪm] *s* mot-, gen|-fordran
counter-espionage ['kauntər'espɪənɑ:ʒ] *s* kontraspionage
counterfeit ['kauntəfɪt] **I** *a* förfalskad; falsk, oäkta **II** *s* förfalskning **III** *tr* förfalska
counterfeiter ['kauntəˌfɪtə, -ˌfi:tə] *s* förfalskare; isht falskmyntare
counterfoil ['kauntəfɔɪl] *s* talong, stam på biljetthäfte o. d.; kupong, mottagardel
countermand ['kauntə'mɑ:nd] *tr* **1** kontramandera, återkalla **2** ge kontraorder om
counter-measure ['kauntəˌmeʒə] *s* motåtgärd
counter-offensive ['kauntərəˌfensɪv] *s* motoffensiv
counterpane ['kauntəpeɪn] *s* något åld. sängöverkast
counterpart ['kauntəpɑ:t] *s* motstycke, pendang; motsvarighet
counterpoint ['kauntəpɔɪnt] *s* mus. kontrapunkt
counter-productive ['kauntəprə'dʌktɪv] *a, be* ~ motverka sitt eget syfte
counter-revolution ['kauntərevəˌlu:ʃən] *s* kontrarevolution
counter-revolutionary ['kauntərevə'lu:ʃənərɪ, -və'lju:-] *a* o. *s* kontrarevolutionär
counter-tenor ['kauntə'tenə] *s* mus. kontratenor
countess ['kauntəs] *s* **1** icke-brittisk grevinna **2** countess earls maka el. änka
counting-house ['kauntɪŋhaus] *s* [räkenskaps]kontor
countless ['kauntləs] *a* otalig, oräknelig
country ['kʌntrɪ] *s* **1** land, rike; *appeal* (*go*) *to the* ~ utlysa [ny]val **2** landsbygd; landsort; *in the* ~ a) på landet b) i landsorten; *go into the* ~ fara ut på landet **3** område äv. bildl.; land, trakt; terräng; *flat* ~ slättland **4** attr. lantlig, lant- [~ *shop*]; ~ *club* ung. klubbhus [med idrottsanläggning]; ~ *cousin* släkting (oskuld) från landet; ~ *gentleman* lantjunkare, godsägare
country-and-western ['kʌntrɪənd̦ˌwestən] *a* o. *s,* ~ [*music*] country and western slags amerikansk folkmusik
country-dance ['kʌntrɪdɑ:ns] *s* folkdans
country-house ['kʌntrɪ'haus] *s* **1** herrgård, [lant]gods **2** landställe, hus på landet
countryman ['kʌntrɪmən] *s* **1** landsman **2** lantman; lantbo
country-seat ['kʌntrɪ'si:t] *s* herresäte, [lant]gods
countryside ['kʌntrɪsaɪd] *s* landsbygd; trakt, landskap; natur
county ['kauntɪ] *s* **1** grevskap; attr. grevskaps-, motsv. läns-; *the Home Counties* grevskapen närmast London; ~ *council* grevskapsråd, motsv. landsting; ~ *court* grevskapsrätt lägre lokal civilmålsdomstol; ~ *school* kommunal skola; ~ *town* grevskapshuvudstad, motsv. residensstad **2** Am. (ung.) [stor]kommun i vissa delstater
coup [ku:] *s* kupp; *bring* (*pull*) *off a* ~ göra en [lyckad] kupp
coup d'état ['ku:deɪ'tɑ:] *s* (fr.) statskupp
coupe [ku:p] *s* [glass]coupe
coupé ['ku:peɪ] *s* kupé bil och vagn
couple ['kʌpl] **I** *s* par **II** *tr* **1** koppla; koppla ihop, bildl. äv. förena, förbinda **2** para **3** gifta ihop **III** *itr* **1** para sig **2** gifta sig
couplet ['kʌplət] *s* rimmat verspar
coupling ['kʌplɪŋ] *s* **1** [hop]koppling **2** kopplingsanordning
coupon ['ku:pɒn] *s* kupong; mottagardel; [*football*] *pools* ~ tipskupong
courage ['kʌrɪdʒ] *s* mod; tapperhet; *have the* ~ *of o.'s convictions* [våga] stå för sin övertygelse
courageous [kə'reɪdʒəs] *a* modig, tapper
courier ['kurɪə] *s* **1** kurir, ilbud **2** reseledare
course [kɔ:s] **I** *s* **1** lopp [*win the* ~]; bana; *the* ~ *of the river* a) flodens lopp b) flodfåran **2** riktning, sjö. o. flyg. kurs **3** [för]lopp, gång [*the* ~ *of events*]; vederbörlig ordning; *let things take* (*run*) *their* [*own*] ~ låta sakerna ha sin [gilla] gång; *in the* ~ *of* under (inom) [loppet av]; *in* ~ *of time* med tiden; *in due* ~ [*of time*] i vederbörlig ordning **4** *of* ~ naturligtvis; *it is a matter of* ~ det är en självklar sak **5** bildl. väg, [för-

farings]sätt; ~ *of action* handlingssätt, tillvägagångssätt; *your best ~ is to* .. det bästa [du kan göra] är att .. **6** serie; räcka, följd [*for a ~ of years*]; ~ *of lectures* föreläsningsserie; ~ *of study* studieplan **7** [läro]kurs, studiegång **8** läk. kur; ~ *of treatment* [behandlings]kur **9** hand. kurs [~ *of exchange*] **10** rätt vid en måltid [*three ~es*]; *first ~* förrätt, entrérätt **11** [kapplöpnings-, golf]bana; *stay the ~* om häst löpa loppet till slut **II** *tr* jaga **III** *itr* springa; rinna

court [kɔ:t] **I** *s* **1** kringbyggd gård, gårdsplan; borggård **2** liten tvärgata, återvändsgränd **3** sport. plan, bana [*tennis ~*]; *service ~* serveruta i tennis **4** hov; hovstat; mottagning vid hovet, cour **5** *pay* [*o.'s*] *~ to a p.* göra ngn sin kur, uppvakta ngn **6** jur. a) ~ [*of law* (*justice*)] domstol, rätt b) rättegångsförhandlingar, session [*open the ~*] c) rättssal, domsal; ~ *of appeal* appellationsdomstol; *before the ~* inför rätten (rätta); *in ~* inför rätta (rätten); i rätten [*sit in ~*]; *in the ~* i rättssalen; *out of ~* utanför domstolen, genom förlikning [*settle a matter out of ~*]; *put* (*rule*) *a p. out of ~* jur. o. bildl. avvisa ngn; *go to ~* dra saken inför rätta **II** *tr* **1** fjäska för **2** uppvakta, göra ngn sin kur, fria till **3** söka vinna [~ *a p.'s approval*]; fria till **4** utsätta sig för [~ *danger*]; ~ *disaster* utmana ödet **III** *itr* **1** vara på friarfärd **2** ha sällskap

court-card ['kɔ:tkɑ:d] *s* kortsp. klätt kort

courteous ['kɜ:tjəs, 'kɔ:t-] *a* artig, förekommande; hövisk

courtesan [ˌkɔ:tɪ'zæn] *s* kurtisan

courtesy ['kɜ:təsɪ] *s* artighet; höviskhet; *by* [*the*] *~ of* med benäget tillstånd av; ~ *call* artighetsvisit; ~ *cop* fam. trafikpolis som vänligt visar trafikant till rätta; ~ *light* bil. innerbelysning; ~ *title* hövlighetstitel

court-house ['kɔ:thaus] *s* domstolsbyggnad

courtier ['kɔ:tjə] *s* hovman

courting ['kɔ:tɪŋ] **I** *s* uppvaktning, kurtis **II** *a* uppvaktande; ~ *couple* älskande par

courtly ['kɔ:tlɪ] *a* hövisk

court-martial ['kɔ:t'mɑ:ʃəl] **I** (pl. *courts-martial* el. *court-martials*) *s* krigsrätt; ståndrätt **II** *tr* ställa inför krigsrätt

court-room ['kɔ:trum] *s* rätts-, dom|sal

courtship ['kɔ:t-ʃɪp] *s* **1** uppvaktning, kurtis **2** parningslek **3** bildl. frieri [*of* till]

courtyard ['kɔ:tjɑ:d] *s* gård, gårdsplan

cousin ['kʌzn] *s* **1** kusin; *second ~* syssling; *third ~* brylling **2** släkting

1 cove [kəuv] *s* **1** liten vik **2** vrå, håla

2 cove [kəuv] *s* fam. jeppe, prick [*a queer ~*]

covenant ['kʌvənənt] **I** *s* avtal, överenskommelse; fördrag; jur. klausul **II** *tr* o. *itr,* ~ [*for*] träffa avtal [om]

Coventry ['kɒvəntrɪ] stad i Warwickshire; *send a p. to ~* bildl. frysa ut (bojkotta) ngn

cover ['kʌvə] **I** *tr* **1** täcka, betäcka, täcka över, hölja [över]; översålla; beklädа, klä [över]; belägga; *~ed with shame* fylld av skamsenhet **2** dölja, skyla, skydda **3** skydda; täcka; utgöra skydd för **4** ~ [*with a rifle*] ha under kontroll [med ett gevär] **5** sträcka sig över, omfatta, omspänna [~ *a wide field* äv. bildl.]; täcka [*that ~s the meaning*]; innefatta **6** tidn., radio. o. d. bevaka, täcka; referera **7** hand. täcka behov, kostnad, förlust o. d.; försäkra **8** tillryggalägga, avverka **9** betäcka sto **10** ~ *up* hölja (täcka) över; dölja, skyla över; tysta ner; ~ *up o.'s tracks* sopa igen spåren efter sig; ~ *o.s. up well* klä på sig ordentligt **II** *itr,* ~ *up* släta (skyla) över, sopa igen spåren; ~ *up for a p.* skydda ngn **III** *s* **1** täcke, överdrag, skynke; [om]hölje, omslag; fodral; huv; hylsa; däck; *under ~* under tak **2** lock **3** pärm[ar], omslag; ~ *girl* omslagsflicka **4** kuvert; *under plain ~* [med] diskret avsändare; [*send a th.*] *under separate ~* .. separat **5** skydd; betäckning; gömställe; *under* [*the*] *~ of* a) i skydd av b) under täckmantel av **6** snår; djurs ide, lya **7** hand. täckning; likvid **8** [bords]kuvert

coverage ['kʌvərɪdʒ] *s* **1** hand. täckning **2** utförlig behandling **3** tidn., radio. o. d. bevakning; täckning; reportage

cover-charge ['kʌvətʃɑ:dʒ] *s* kuvertavgift

covering ['kʌvərɪŋ] **I** *s* **1** klädsel; täcke etc., se *cover III 1* **2** täckning, täckande etc., jfr *cover I* **II** *a* täckande etc., jfr *cover I*; ~ *letter* följebrev

coverlet ['kʌvələt] *s* [säng]överkast, [säng]täcke

covert ['kʌvət] **I** *a* förstulen; förtäckt, maskerad [~ *threat*] **II** *s* **1** skydd, gömställe **2** snår ss. skydd för vilt, lya

cover-up ['kʌvərʌp] *s* mörkläggning, nedtystande, döljande

covet ['kʌvət] *tr* åtrå; bibl. begära

covetous ['kʌvətəs] *a* lysten, girig

covey ['kʌvɪ] *s* **1** kull isht av rapphöns; flock **2** hop

1 cow [kau] *s* **1** a) ko b) hona av vissa större djur; *till the ~s come home* fam. i det oändliga **2** fam. neds. om kvinna kossa; apa

2 cow [kau] *tr* skrämma, kuscha; kuva

coward ['kauəd] *s* feg stackare, ynkrygg

cowardice ['kauədɪs] *s* feghet, rädsla

cowardly ['kauədlɪ] *a* **1** feg, rädd **2** gemen

cowbell ['kaubel] *s* koskälla

cowboy ['kaubɔɪ] *s* cowboy; *play* [*at*] *~s and Indians* leka indianer och vita

cowcatcher ['kauˌkætʃə] *s* Am. järnv. kofångare

cower ['kaʊə] *itr* krypa ihop; kuscha
cowgirl ['kaʊgɜ:l] *s* cowboyflicka
cowhand ['kaʊhænd] *s* cowboy; boskapsskötare
cowherd ['kaʊhɜ:d] *s* boskapsherde
cowhide ['kaʊhaɪd] *s* kohud; koläder
cowl [kaʊl] *s* **1** munkkåpa **2** huva, kapuschong på kåpa **3** rökhuv, ventilatorhuv
cowlick ['kaʊlɪk] *s* hårvirvel; tjusarlock
co-worker ['kəʊ'wɜ:kə] *s* medarbetare
cowpuncher ['kaʊˌpʌntʃə] *s* isht Am. fam. = *cowboy*
cowshed ['kaʊʃed] *s* ladugård
cowslip ['kaʊslɪp] *s* bot. gullviva
cox [kɒks] (fam. förk. för *coxswain*) **I** *s* styrman i kapproddbåt, cox **II** *tr* o. *itr* styra, vara cox [i] vid kapprodd
coxcomb ['kɒkskəʊm] *s* inbilsk snobb
coxswain ['kɒksweɪn, 'kɒksn] *s* **1** styrman i kapproddbåt, cox **2** rorsman
coy [kɔɪ] *a* blyg, pryd, sipp; skälmsk
coyote ['kɔɪəʊt, Am. kaɪ'əʊtɪ] *s* zool. koyot, prärievarg
cozen ['kʌzn] *tr* bedra; lura, narra
cp. förk. för *compare*
c.p. förk. för *carriage paid*
Cpl. förk. för *1 Corporal*
Cr. förk. för *credit, crown*
1 crab [kræb] *s* krabba; kräftdjur
2 crab [kræb] *s* **1** vildapel; vildäpple **2** kverulant, surkart
crab-apple ['kræbˌæpl] *s* vildapel; vildäpple
crabbed ['kræbɪd] *a* **1** knarrig, vresig, sur **2** krafsig, klottrig [~ *handwriting*]
crabby ['kræbɪ] *a* se *crabbed 1*
crack [kræk] (se äv. *cracked, cracking*) **I** *itr* (jfr *III*) **1** knaka; braka; knalla, smälla **2** spricka, brista **3** kollapsa, knäckas [~ *under the strain*] **4** om röst brytas **II** *tr* (jfr *III*) **1** klatscha (knäppa, smälla) med; få att knaka [~ *the joints of o.'s fingers*] **2** spräcka, slå (ha) sönder; knäcka [~ *nuts*] **3** knäcka [~ *a problem*], forcera [~ *a code*] **4** slå (klappa) till [~ *a p. over* (i) *the head*] **5** spränga [~ *a safe*] **6** spräcka röst **7** ~ *a bottle of wine* knäcka en flaska vin; ~ *jokes* vitsa, skämta **III** *tr* o. *itr* med adv. o. adj.: ~ **down on** fam. slå ner på, klämma åt; ~ **open** [*a safe*] bryta upp (spränga)..; ~ **up** fam. **a)** klappa ihop **b)** krascha [med], kvadda **c)** *they're not what they're ~ed up to be* de är överreklamerade **IV** *s* **1** knakande, brak, knall, smäll, skräll; *till the ~ of doom* till domedag **2** spricka, rämna **3** skavank; spricka [*a ~ in the façade*] **4** fam. smäll, klatsch, hårt slag [*give a p. a ~ on* (i) *the head*] **5** ~ *of dawn* fam. [dag]gryning **6** fam. spydighet, elakhet; *make a ~ at a p.* ge ngn en känga **7** fam., *have a ~ at a th.* försöka [sig på] ngt **8** fam. toppman, trumfess **V** *a* fam. förstklassig, finfin; mäster- [*a ~ shot*]; elit-, topp- [*a ~ team*]
crack-brained ['krækbreɪnd] *a* förryckt, vrickad, tokig
crack-down ['krækdaʊn] *s* fam. hård[are] kontroll, stränga restriktioner
cracked [krækt] *pp* o. *a* **1** knäckt, spräckt, sprucken, sönder; sprickig **2** om röst sprucken, bruten **3** fam. vrickad, rubbad, tokig
cracker ['krækə] *s* **1** fyrv. smällare, svärmare **2** [*Christmas*] ~ smällkaramell **3** tunt [smörgås]kex, cracker; Am. kex i allm.
crackers ['krækəz] pred. *a* fam. knasig, galen
cracking ['krækɪŋ] **I** *adv* fam. fantastiskt, jätte- **II** *pres p* **1** knakande etc., jfr *crack I* o. *II* **2** *get* ~ sl. sätta i gång, sno sig
crackle ['krækl] **I** *itr* knastra, spraka **II** *s* knaster, knastrande
crackling ['kræklɪŋ] *s* **1** knastrande **2** knaprig svål på ugnstekt skinka
crackpot ['krækpɒt] fam. **I** *a* tokig, knasig, vansinnig [~ *ideas*] **II** *s* knasboll, tokstolle
cracks|man ['kræks|mən] (pl. *-men* [-mən]) *s* sl. [in]tjackare inbrottstjuv
cradle ['kreɪdl] **I** *s* **1** vagga äv. bildl.; *from the ~ to the grave* från vaggan till graven **2** telef. klyka **3** ställning; rörlig plattform vid byggnadsarbete **II** *tr* lägga i vagga[n]; vagga
craft [krɑ:ft] *s* **1** skicklighet **2** hantverk, yrke, konst; slöjd [*metal ~*]; *arts and ~s* pl. konsthantverk **3** listighet **4** (pl. lika) a) fartyg, båt, farkost b) se *aircraft* o. *spacecraft*
craftsman ['krɑ:ftsmən] *s* hantverkare; [skicklig] yrkesman; konstnär
craftsmanship ['krɑ:ftsmənʃɪp] *s* hantverk; hantverks-, yrkes-, konst|skicklighet
crafty ['krɑ:ftɪ] *a* listig, slug
crag [kræg] *s* brant klippa; klippspets
craggy ['krægɪ] *a* klippig
crake [kreɪk] *s* kornknarr
cram [kræm] **I** *tr* **1** proppa [full], stoppa full; pressa ned, stuva (stoppa) in **2** proppa mat i, göda **3** plugga med [~ *pupils*]; drilla [~ *a p. in a subject*] **II** *itr* **1** proppa i sig mat **2** plugga [*for* på, till en examen]
cram-full ['kræm'fʊl] *a* proppfull [*of* med]
cramming ['kræmɪŋ] *s* examensplugg; korvstoppning
cramp [kræmp] **I** *s* **1** läk. kramp; sendrag; *writer's ~* skrivkramp **2** tekn. krampa **II** *tr* **1** förorsaka kramp i **2** ~ [*up*] tränga ihop **3** inskränka; hämma; ~ *a p.'s style* hämma ngn
cramped [kræmpt] *pp* o. *a* **1** styv, stel **2** alltför trång; instängd; bildl. begränsad; *be ~ for room* (*space*) ha trångt [om plats], vara trångbodd **3** hopträngd, gnetig stil
cranberry ['krænbərɪ] *s* tranbär
crane [kreɪn] **I** *s* **1** trana **2** [lyft]kran; *over-*

head ~ travers **II** *tr* sträcka på [~ *o.'s neck*] **III** *itr* sträcka på halsen; sträcka sig
crane-fly ['kreɪnflaɪ] *s* zool. harkrank
cranial ['kreɪnjəl] *a* kranie-, skall- [~ *fracture*]
cranium ['kreɪnjəm] *s* kranium, skalle
crank [kræŋk] **I** *s* **1** vev; startvev till bil **2** fam. excentrisk individ, original **II** *tr* **1** böja (bryta) rätvinkligt [äv. ~ *down*] **2** förse med vev **3** ~ [*up*] veva i gång bil, starta
crank-case ['kræŋkkeɪs] *s* tekn. vevhus
crank-shaft ['kræŋkʃɑːft] *s* vevaxel
cranky ['kræŋkɪ] *a* excentrisk
cranny ['krænɪ] *s* springa, spricka; vrå; *every nook and* ~ alla vinklar och vrår
crap [kræp] **I** *itr* vulg. skita **II** *s* sl. skit, smörja; skitsnack; *have a* ~ vulg. skita
crape [kreɪp] **I** *s* kräpp, krusflor; sorg|flor, -band **II** *tr* klä (hölja) i sorgflor
craps [kræps] (konstr. vanl. ss. sg.) *s* tärningsspel; *shoot* ~ spela *craps,* kasta tärning
crash [kræʃ] **I** *itr* **1** a) braka, skrälla b) krossas, gå i kras, braka sönder **2** braka iväg (fram), rusa med [ett] brak; ~ *into* [*a car*] smälla ihop med . . **3** flyg. störta, haverera; bildl. krascha, göra bankrutt **II** *tr* **1** slå i kras; kasta (slå) med ett brak; kvadda, krascha [med], flyg. äv. störta med **2** fam. tränga sig på, våldgästa [~ *a party*] (jfr *gatecrash*) **III** *s* **1** brak, krasch, skräll **2** katastrof; olycka [*killed in a car* ~], flyg. äv. störtning, haveri; kollision, smäll, krock; finansiell krasch; ~ *barrier* vägräcke **IV** *a* snabb- [~ *course*]; ~ *programme* katastrofplan **V** *interj* o. *adv* krasch!
crash-helmet ['kræʃˌhelmɪt] *s* störthjälm
crashing ['kræʃɪŋ] *a* fam. fantastisk; *he is a* ~ *bore* han är en riktig tråkmåns
crash-land ['kræʃlænd] *itr* o. *tr* kraschlanda [med]
crash-landing ['kræʃˌlændɪŋ] *s* kraschlandning
crash-wagon ['kræʃˌwægən] *s* flyg. bärgningsbil, räddningsbil
crass [kræs] *a* grov [~ *ignorance*]; kapital, kolossal [~ *stupidity*]; dum
crate [kreɪt] *s* spjällåda, stor packkorg; [öl]-back
crater ['kreɪtə] *s* krater i olika bet.
cravat [krə'væt] *s* kravatt
crave [kreɪv] *tr* o. *itr* **1** be om, utbe sig [*of, from* av] **2** ~ [*for*] längta efter, åtrå; ha behov av **3** kräva, erfordra
craven ['kreɪvən] **I** *a* feg, mesig **II** *s* feg stackare, mes
craving ['kreɪvɪŋ] *s* begär, åtrå [*for* efter]
crawfish ['krɔːfɪʃ] *s* se *crayfish*
crawl [krɔːl] **I** *itr* **1** krypa; kravla, kräla, släpa (hasa) sig [fram]; bildl. fjäska [*to* för] **2** myllra, krylla [*with* av] **3** simn. crawla **II** *s* **1** krypande etc. **2** crawl[sim]
crawler ['krɔːlə] *s* **1** krypare; bildl. trögmåns **2** crawlare, crawlsimmare **3** bandtraktor **4** pl. ~*s* krypbyxor **5** fjäskare
crayfish ['kreɪfɪʃ] *s* zool. kräfta
crayon ['kreɪən] *s* [färg]krita
craze [kreɪz] **I** *tr* göra [sinnes]rubbad **II** *s* mani, dille [*for* på]; modefluga; *the latest* ~ sista skriket; *it's the* ~ det är på modet
crazy ['kreɪzɪ] *a* **1** tokig, galen; *it drives me* ~ det gör mig galen **2** ~ *pavement* (*paving*) [beläggning med] oregelbundet lagda plattor; ~ *quilt* lapptäcke
creak [kriːk] **I** *itr* **1** knarra, knaka, gnissla **2** bildl. knaka i fogarna **II** *s* knarr[ande], knakande, gnissel
creaky ['kriːkɪ] *a* knarrande
cream [kriːm] **I** *s* **1** grädde; *double* ~ tjock grädde, vispgrädde; *single* ~ tunn grädde, kaffegrädde **2** kok. **a**) kräm som efterrätt o. tårtfyllning; ~ *bun* (*puff*) petit-chou; ~ *cracker* cream cracker slags osötat kex **b**) crème redd soppa **c**) fylld chokladpralin **3** kräm för hud, skor m. m. **4** bildl. grädda [*the* ~ *of society*] **5** kräm[färg] **II** *a* kräm-, grädd|färgad **III** *tr* **1** skumma [grädden av]; ~ [*off*] bildl. ta ut det bästa av **2** [grädd]stuva
cream-cheese ['kriːm'tʃiːz] *s* mjuk gräddost; [*fresh*] ~ keso®; kvark
cream-coloured ['kriːmˌkʌləd] *a* kräm-, grädd|färgad, gulvit
cream-jug ['kriːmdʒʌg] *s* gräddkanna
creamy ['kriːmɪ] *a* **1** gräddaktig, gräddrik, gräddfärgad **2** mjuk och fyllig
crease [kriːs] **I** *s* veck: a) rynka, skrynkla b) pressveck **II** *tr* **1** a) pressa [veck på] b) skrynkla [ned] **2** om gevärskula snudda vid **III** *itr* skrynkla (rynka) sig, bli skrynklig
creased [kriːst] *a* **1** a) skrynklig b) med pressveck, pressad **2** sl. mosig berusad
create [krɪ'eɪt] **I** *tr* **1** skapa; frambringa, åstadkomma, framkalla; inrätta, upprätta [~ *a new post*]; väcka [~ *a sensation*]; ställa till [med] [~ *a scene*]; kreera en roll **2** utnämna **II** *itr* sl. bråka, ställa till bråk
creation [krɪ'eɪʃən] *s* **1** skapande, frambringande etc., jfr *create I 1*; skapelse **2** skapelse; verk, produkt **3** utnämning isht adlig **4** kreation, modeskapelse
creative [krɪ'eɪtɪv] *a* skapande [*a* ~ *artist*], kreativ; skapar- [~ *power*]; konstruktiv
creativity [ˌkriːeɪ'tɪvətɪ] *s* kreativitet, skapande förmåga (kraft)
creator [krɪ'eɪtə] *s* skapare; upphovsman
creature ['kriːtʃə] *s* **1** varelse; människa [*a lovely* ~]; typ [*that horrid* ~]; *poor* ~ stackars krake **2** djur [*dumb* ~*s*]; Am. isht [nöt]kreatur **3** skapelse; foster **4** bildl. hantlangare **5** ~ *comforts* detta livets goda
crèche [kreɪʃ] *s* **1** [barn]daghem **2** [jul]-

krubba
credence ['kri:dəns] *s* [till]tro; *give ~ to* sätta [till]tro till; *letter of ~* dipl. kreditiv[-brev]
credentials [krɪ'denʃəlz] *s pl* isht dipl. kreditiv[brev]
credibility [ˌkredə'bɪlətɪ] *s* trovärdighet; *~ gap* trovärdighetsklyfta, förtroendeklyfta
credible ['kredəbl] *a* trovärdig; trolig
credit ['kredɪt] **I** *s* **1** tilltro; *give ~ to* sätta tro till **2** anseende, [gott] rykte **3** ära, förtjänst; heder, beröm; *~ where ~ is due* äras den som äras bör; *be a ~ to* vara en heder för; *be to the ~ of a p., do a p. ~* hedra ngn, göra ngn heder; *get ~ for* få beröm för; *give a p. ~ for* a) tro ngn om b) hålla ngn räkning för; *take the ~* ta åt sig äran; *passed with ~* betyg med beröm godkänd **4** film. o. TV., *~s* el. *~ titles* [lista över de] tekniska och konstnärliga medverkande **5** hand. **a**) kre'dit; *on ~* på kredit (räkning); *~ account* kundkonto i varuhus; *~ card* köp-, kredit|kort; *~ squeeze* kreditåtstramning **b**) tillgodohavande; 'kredit; *~ note* tillgodokvitto; *letter of ~* kreditiv; *on the ~ side* på plussidan **6** Am. skol., univ. poäng, kurspoäng **II** *tr* **1** tro [på]; *~ a p. with a th.* a) tro ngn om [att ha] ngt b) tillskriva ngn ngt, ge ngn äran av ngt; *he is ~ed with having said* han tros ha sagt **2** hand. kreditera, gottskriva
creditable ['kredɪtəbl] *a* hedrande, aktningsvärd [*a ~ attempt*], förtjänstfull
creditor ['kredɪtə] *s* kreditor, borgenär, fordringsägare
credulity [krə'dju:lətɪ] *s* lättrogenhet, godtrogenhet
credulous ['kredjʊləs] *a* lättrogen
creed [kri:d] *s* trosbekännelse; troslära
creek [kri:k] *s* **1** liten vik (bukt); flodarm **2** Am. å, bäck; [bi]flod **3** *up the ~* sl. a) i knipa b) tokig; uppåt väggarna
creep [kri:p] **I** (*crept crept*) *itr* krypa; kräla; smyga [sig]; bildl. smyga sig [*errors have crept in*]; *it makes my flesh ~* det gör att det kryper i mig **II** *s* **1** *I get the ~s* fam. det ryser i mig **2** sl. äckel[potta]
creeper ['kri:pə] *s* **1** kryp-, klätter|växt **2** pl. *~s* Am. krypbyxor
creepy ['kri:pɪ] *a* **1** krypande **2** kuslig, ruskig; skräck- [*a ~ film*]
creepy-crawly ['kri:pɪ'krɔ:lɪ] *a* se *creepy*
cremate [krɪ'meɪt] *tr* kremera, bränna
cremation [krɪ'meɪʃən] *s* kremering
crematori|um [ˌkremə'tɔ:rɪ|əm] (pl. *-a* [-ə]) *s* o. **crematory** ['kremətərɪ] *s* krematorium
crenellate ['krenəleɪt] *tr* krenelera, förse med tinnar (skottgluggar)
creole ['kri:əʊl] **I** *s* kreol i olika bet., isht ättling till vita invandrare i Sydamerika **II** *a* kreolsk
creosote ['krɪəsəʊt] *s* kreosot
crêpe el. **crepe** [kreɪp] *s* **1** kräpp[tyg], crêpe **2** *~ paper* kräppapper; *~ rubber* rågummi till skor; *~ shoes* rågummiskor **3** kok. crêpe
crêpe de Chine ['kreɪpdə'ʃi:n] *s* (fr.) crêpe de chine
crept [krept] imp. o. pp. av *creep*
crescendo [krɪ'ʃendəʊ] *s* mus. crescendo äv. bildl.
crescent ['kresnt] **I** *s* **1** månskära; halvmåne **2** svängd husrad (gata) **3** giffel **II** *a* **1** halvmånformig **2** astr., *~ moon* månskära
cress [kres] *s* krasse
crest [krest] *s* **1** kam på tupp; tofs på djurs huvud **2** hjälmbuske; hjälmkam **3** herald. hjälmprydnad; ätts vapen [*family ~*] **4** krön, topp; vågkam; *be* [*riding*] *on the ~ of the wave* stå på sitt livs höjdpunkt
crested ['krestɪd] *a* **1** tofsprydd, tofs- **2** vapenprydd, med vapen [på] [*~ note-paper*]
crestfallen ['krestˌfɔ:lən] *a* nedslagen, modfälld
cretaceous [krɪ'teɪʃəs] *a* **1** krit|haltig, -artad **2** geol., *C~* krit- [*the C~ period*]
Cretan ['kri:tən] **I** *s* kretensare **II** *a* kretensisk
Crete [kri:t] Kreta
cretin ['kretɪn] *s* kretin
cretinous ['kretɪnəs] *a* kretinartad
cretonne ['kretɒn, kre'tɒn] *s* kretong
crevice ['krevɪs] *s* skreva, spricka, springa
1 crew [kru:] imp. av *1 crow I*
2 crew [kru:] *s* **1** sjö. o. flyg. besättning; *ground ~* markpersonal **2** isht neds. gäng
crew-cut ['kru:kʌt] *s* snaggning; *have a ~* vara snaggad
crib [krɪb] **I** *s* **1** a) krubba b) se *crèche 2* **2** [baby]korg; Am. babysäng, spjälsäng **3** Am. binge **4** fam. plagiat **5** skol. sl. lathund; fusklapp **II** *tr* fam. knycka; planka **III** *itr* fam. fuska, skriva av
cribbage ['krɪbɪdʒ] *s* cribbage
crick [krɪk] *s* sendrag [*a ~ in the neck*]
1 cricket ['krɪkɪt] *s* zool. syrsa
2 cricket ['krɪkɪt] *s* **1** kricket **2** *not ~* fam. inte just, inte rent spel
cricketer ['krɪkɪtə] *s* kricketspelare
crier ['kraɪə] *s* utropare; *town ~* offentlig utropare
crikey ['kraɪkɪ] *interj* fam., *~!* jösses!
crime [kraɪm] *s* brott äv. friare, förbrytelse, brottshandling; brottslighet, kriminalitet [*prevent ~*]; *~ wave* våg av brottslighet; *~ writer* deckarförfattare
Crimea [kraɪ'mɪə] *s, the ~* Krim
Crimean [kraɪ'mɪən] *a, the ~ War* Krimkri-

get
criminal ['krɪmɪnl] **I** *a* **1** brottslig, kriminell; straffbar; förbrytar- [~ *quarter*] **2** kriminal-; brott-; ~ *case* brottmål; ~ *court* brottmålsdomstol; ~ *law* straffrätt; ~ *offender* brottsling; ~ *record* straffregister; [*no*] ~ *record* tidigare [ej] straffad; *the C~ Investigation Department* kriminalpolisen i London **II** *s* brottsling, förbrytare
criminality [ˌkrɪmɪ'nælətɪ] *s* brottslighet, kriminalitet
criminalize ['krɪmɪnəlaɪz] *tr* kriminalisera
criminologist [ˌkrɪmɪ'nɒlədʒɪst] *s* kriminolog
criminology [ˌkrɪmɪ'nɒlədʒɪ] *s* kriminologi
crimp [krɪmp] *tr* krusa, våga; vecka
crimson ['krɪmzn] **I** *s* karmosin[rött] **II** *a* karmosinröd, högröd **III** *tr* o. *itr* färga (bli) högröd
cringe [krɪndʒ] *itr* **1** krypa ihop av rädsla **2** krypa, svansa [*to* för]
cringer ['krɪndʒə] *s* krypare, lismare
crinkle ['krɪŋkl] **I** *itr* rynka (krusa, skrynkla) sig **II** *tr* **1** rynka, krusa; *~d paper* kräppapper **2** böja i sicksack, bukta **III** *s* veck, skrynkla; våg i hår
crinkly ['krɪŋklɪ] *a* skrynklig, veckig; krusig
crinoline ['krɪnəli:n] *s* krinolin
cripple ['krɪpl] **I** *s* krympling **II** *tr* **1** göra till krympling, lemlästa **2** bildl. lamslå, förlama
crippled ['krɪpld] *a* lam, lytt, vanför; invalidiserad [*with* av]; bildl. lamslagen
crippling ['krɪplɪŋ] *a* förlamande [*a ~ blow*]; förödande [*a ~ attack*]
cris|is ['kraɪs|ɪs] (pl. *-es* [-i:z]) *s* kris
crisp [krɪsp] **I** *a* **1** krusig, krullig **2** knaprig, frasig, mör [~ *biscuits*], spröd [~ *lettuce*] **3** frisk och kylig om luft o. d.; fräsch **4** bildl. kort och koncis, klar, rapp om stil o. d. **5** fam. om sedel prasslande; ny **II** *s*, [*potato*] *~s* [potatis]chips **III** *tr* o. *itr* **1** krusa (krulla) [sig] **2** göra (bli) knaprig etc., se *I 2*
crispbread ['krɪspbred] *s* knäckebröd
crispy ['krɪspɪ] *a* **1** krusig **2** frasig; färsk
criss-cross ['krɪskrɒs] **I** *a* [löpande] i kors; korsmönstrad [~ *design*]; ~ *pattern* korsmönster **II** *adv* kors och tvärs **III** *s* kors[-mönster] **IV** *tr* korsa, ruta med linjer; genomkorsa, genomfara **V** *itr* korsa varandra
crit [krɪt] *s* fam. kortform för *criticism*
criteri|on [kraɪ'tɪərɪ|ən] (pl. oftast *-a* [-ə]) *s* kriterium
critic ['krɪtɪk] *s* kritiker
critical ['krɪtɪkəl] *a* **1** kritisk [*of* mot]; kritikernas [~ *opinions*] **2** kritisk avgörande; krisartad **3** krisdrabbad **4** livsviktig
criticism ['krɪtɪsɪzəm] *s* kritik [*of* av, över]; klander; *pass ~ on* kritisera, anmärka på
criticize ['krɪtɪsaɪz] *tr* o. *itr* kritisera
critique [krɪ'ti:k] *s* kritik, kritisk avhandling
croak [krəuk] **I** *itr* **1** kraxa; om groda kväka **2** sl. kola [av] dö **II** *tr* **1** kraxa fram **2** sl. ta kål på döda **III** *s* kraxande; kväkande
Croat ['krəuət] *s* kroat
Croatia [krəu'eɪʃə] Kroatien
Croatian [krəu'eɪʃən] *a* kroatisk
crochet ['krəuʃeɪ, -ʃɪ] **I** *s* virkning **II** *tr* o. *itr* virka
crochet-hook ['krəuʃɪhuk] *s* virknål
1 crock [krɒk] **I** *s* **1** gammal hästkrake **2** fam. skrälle **II** *itr* fam., ~ [*up*] säcka ihop
2 crock [krɒk] *s* **1** lerkärl, lerkruka **2** lerskärva
crockery ['krɒkərɪ] *s* porslin; lerkärl, lergods
crocodile ['krɒkədaɪl] *s* **1** krokodil; ~ *tears* bildl. krokodiltårar **2** krokodilskinn
crocus ['krəukəs] *s* bot. krokus
Croesus ['kri:səs] **I** Krösus **II** *s* krösus
Cromwell ['krɒmwəl, 'krʌm-]
crone [krəun] *s* **1** kär[r]ing **2** gammal tacka
crony ['krəunɪ] *s* kumpan, stallbroder
crook [kruk] **I** *s* **1** herdestav; kräkla **2** krök[ning], krok **3** fam. skojare, svindlare, tjuv **II** *tr* kröka, böja **III** *itr* kröka (böja) sig
crook-backed ['krukbækt] *a* krokryggig
crooked ['krukɪd] *a* **1** krokig, böjd, krökt **2** sned [*a ~ smile*] **3** ohederlig, oärlig, skum
croon [kru:n] *tr* o. *itr* nynna, gnola
crooner ['kru:nə] *s* crooner refrängsångare
crop [krɒp] **I** *s* **1** a) skörd [*the potato ~*]; årsproduktion i allm. b) gröda [*the main ~s of the country*]; *bad ~s* klen skörd; ~ *rotation* jordbr. växelbruk **2** massa [*a ~ of questions*]; *a new ~ of students* en ny studentkull **3** kräva; *neck and ~* snabb och resolut **4** a) piskskaft b) kort [rid]piska med ögla **5** stubbning av hår, snaggning äv. frisyr **II** *tr* skära (hugga) av; beskära; snagga **III** *itr*, ~ *up* dyka upp, yppa sig; komma på tal
cropped [krɒpt] *a* kortklippt, snaggad
cropper ['krɒpə] *s* fam., *come* [*down*] *a ~* a) stå på näsan, trilla b) köra i examen; göra fiasko
croquet ['krəukeɪ, -kɪ] *s* krocket[spel]
croquette [krɒ'ket, krəu'ket] *s* kok. krokett
crosier ['krəuʒə] *s* kräkla, biskopsstav
cross [krɒs] **I** *s* **1** kors; kryss; [*sign of the*] ~ korstecken **2** bildl. kors; *take up o.'s ~* ta sitt kors på sig **3** *make o.'s ~* sätta sitt bomärke **4** korsning, korsningsprodukt; mellanting **5** *on the ~* på snedden **6** fotb. inlägg **II** *a* **1** kors-, tvär-, sido-; kryss-; ~ *reference* [kors]hänvisning **2** mot- [~ *winds*] **3** fam. ond, arg [*with* på]; vresig **III** *tr* **1** lägga i kors, korsa [~ *o.'s legs*]; korsa över; ~ *swords* se *sword*; *keep o.'s fingers ~ed* hålla tummen (tummarna) **2** ~ *o.s.* korsa sig **3** sätta tvärstreck på [~ *o.'s t's*]; ~ *the t's* [*and dot the i's*] vara ytterst nog-

grann **4** stryka [*off the list* från listan]; ~ *out* korsa över, stryka över (ut) **5** fara [tvärs] över (genom); gå [tvärs] över, korsa [~ *the street*]; passera, ta sig över [~ *the frontier*]; *it ~ed my mind* det kom för mig, det föll mig in **6** gå om, korsa [*your letter ~ed mine*]; passera, möta [*we ~ed each other*] **7** bildl. korsa, gäcka, gå emot [*he ~es me in everything*] **8** biol. korsa **IV** *itr* **1** ligga i kors; korsa (skära) varandra **2** gå om (korsa) varandra [*the letters ~ed*] **3** ~ [*over*] fara (gå) över

crossbar ['krɒsbɑ:] *s* tvär|bom, -slå; stång på herrcykel; sport. [mål]ribba

crossbeam ['krɒsbi:m] *s* tvärbjälke

cross-bench ['krɒsben*t*ʃ] *s* parl. bänk för politiskt oavhängiga parlamentsledamöter

cross-bencher ['krɒsˌben*t*ʃə] *s* politiskt oavhängig parlamentsledamot

crossbones ['krɒsbəʊnz] *s pl,* [*skull and*] ~ [dödskalle med] korslagda benknotor dödssymbol

crossbow ['krɒsbəʊ] *s* armborst; pilbössa

crossbreed ['krɒsbri:d] *s* korsning, korsningsprodukt; blandras

cross-bun ['krɒs'bʌn] *s,* [*hot*] ~ korsmärkt bulle som äts på långfredagen

cross-country ['krɒs'kʌntrɪ] **I** *a* **1** terräng- [~ *race*]; terränggående [~ *vehicle*] **2** [som går] över hela landet [*a ~ tour*] **II** *adv* genom terrängen **III** *s* terränglöpning

cross-examination ['krɒsɪgˌzæmɪ'neɪʃ*ə*n] *s* korsförhör

cross-examine ['krɒsɪg'zæmɪn] *tr* [kors]förhöra

cross-eyed ['krɒsaɪd] *a* vindögd, skelögd

cross-fertilize ['krɒs'fɜ:tɪlaɪz] *tr* bot. korsbefrukta

crossfire ['krɒsfaɪə] *s* korseld äv. bildl.

cross-grained ['krɒsgreɪnd] *a* **1** snedfibrig **2** bildl. vresig, tvär

crossing ['krɒsɪŋ] *s* **1** över|resa, -fart **2** korsning; gatu-, spår-, väg|korsning; övergång vid järnväg o. d.; [*pedestrian*] ~ övergångsställe [för fotgängare]; *level* (*grade* Am.) ~ järnvägskorsning [i plan]; *zebra* ~ övergångsställe [med sebralinjer]

cross-legged ['krɒslegd] *a* med benen i kors; med ena benet över det andra

cross-purpose ['krɒs'pɜ:pəs] *s, be at ~s* missförstå varandra, syfta åt olika håll; *talk at ~s* tala förbi varandra

cross-question ['krɒs'kwestʃ*ə*n] *tr* korsförhöra

cross-questioning ['krɒs'kwestʃ*ə*nɪŋ] *s* korsförhör

cross-reference ['krɒs'refr*ə*ns] *s* [kors]hänvisning i bok o. d.

crossroad ['krɒsrəʊd] *s* **1** korsväg; biväg **2** *~s* (konstr. ss. sg.; pl. *~s*) vägkorsning, korsväg [*we came to a ~s*]; *be at the ~s* bildl. stå vid skiljevägen

cross-section ['krɒs'sekʃ*ə*n] *s* tvärsnitt äv. bildl.

crosstalk ['krɒstɔ:k] *s* **1** telef. o. radio. överhörning **2** fam. snabb replikväxling

crosswind ['krɒswɪnd] *s* sidvind

cross-wise ['krɒswaɪz] *adv* **1** i kors, korsvis **2** på tvären, tvärs [över]

crossword ['krɒswɜ:d] *s* korsord; ~ *puzzle* korsord[sgåta]

crotch [krɒtʃ] *s* **1** klyka [~ *of a tree*] **2** skrev

crotchet ['krɒtʃɪt] *s* **1** mus. fjärdedelsnot **2** nyck, infall

crotchety ['krɒtʃətɪ] *a* fam. knarrig, vresig

crouch [kraʊtʃ] *itr,* ~ [*down*] huka sig [ned], krypa ihop

croup [kru:p] *s* läk. krupp, strypsjuka

croupier ['kru:pɪə] *s* croupier vid spelbank

1 crow [krəʊ] **I** *itr* **1** (imp. äv. *crew*) gala [*the cock crew*] **2** stoltsera **II** *s* tupps galande

2 crow [krəʊ] *s* kråka; *as the ~ flies* fågelvägen

crowbar ['krəʊbɑ:] *s* kofot, bräckjärn

crowd [kraʊd] **I** *s* **1** folk|massa, -samling; [folk]trängsel; *draw a good ~* dra mycket folk **2** *the ~* [den stora] massan; *follow* (*move with*) *the ~* följa med strömmen **3** fam. sällskap, gäng **II** *itr* trängas, skocka sig; tränga sig; strömma i skaror; *people ~ed round* folk strömmade till **III** *tr* (se äv. *crowded*) **1** packa [full] [~ *a bus with children*]; överlasta **2** packa ihop [~ *children into a bus*] **3** trängas i (på) [*they ~ed the hall*]; ~ *out* tränga ut (undan)

crowded ['kraʊdɪd] *pp* o. *a* **1** [full]packad, [full]proppad etc., jfr *crowd III*; full [av folk], fullsatt [*a ~ bus*], myllrande [~ *streets*]; *play to ~ houses* spela för fulla hus **2** späckad [*a ~ programme*]

crown [kraʊn] **I** *s* **1 a**) krona; *the C~* kronan, staten; *an officer of the ~* en statstjänsteman **b**) attr. kunglig [~ *appointment*]; *C~ Colony* kronkoloni; *C~ Court* ung. motsv. tingsrätt [för mål rörande allvarligare brott]; ~ *prince* icke-brittisk kronprins; ~ *witness* jur. kronans vittne **2** krans [*laurel ~*]; **3** krona [*a Swedish ~*] **4** a) topp, krön; hjässa b) [träd]krona c) [tand]krona; *drive on the ~ of the road* köra mitt i körbanan **5** [hatt]kulle **6** bildl. höjdpunkt **II** *tr* kröna; värdigt avsluta; *to ~* [*it*] *all* till råga på allt

crowning ['kraʊnɪŋ] *a* som bildar höjdpunkten, topp- [*a ~ achievement*]; *the ~ glory* kronan på verket

crown-land ['kraʊn'lænd] *s,* ~[*s* pl.] kronojord

crow's-feet ['krəʊzfi:t] *s pl* fam. rynkor

kring ögonen, kråkspark
crow's-nest ['krəʊznest] *s* sjö. mastkorg; utkik
crozier ['krəʊʒə] *s* se *crosier*
crucial ['kru:ʃəl] *a* avgörande [*a ~ case; a ~ test*], central; kritisk; prövande
crucible ['kru:səbl] *s* smältdegel
crucifix ['kru:sɪfɪks] *s* krucifix
crucifixion [ˌkru:sɪ'fɪkʃən] *s* korsfästelse
crucify ['kru:sɪfaɪ] *tr* korsfästa; bildl. pina, plåga
crude [kru:d] *a* **1** rå; obearbetad; primitiv [*~ methods*], grov, enkel [*a ~ mechanism*] **2** grov, plump [*~ jokes*], oslipad, ohyfsad
crudity ['kru:dətɪ] *s* råhet; grovhet, plumphet
cruel [krʊəl] *a* grym; fam. gräslig
cruelty ['krʊəltɪ] *s* grymhet; *~ to animals* djurplågeri; *~ to children* ung. barnmisshandel
cruet ['kru:ɪt] *s* **1** flaska till bordställ **2** bordställ
cruet-stand ['kru:ɪtstænd] *s* bordställ
cruise [kru:z] **I** *itr* **1** kryssa [omkring]; vara på kryssning **2** köra i lagom fart; *~ at* [*70 miles an hour*] ha en marschfart av (på)..; *cruising range* (*radius*) aktionsradie; *have a cruising speed of* [*70 miles an hour*] ha (göra) en marschfart av (på).. **II** *s* kryssning, sjöfärd, tur
cruiser ['kru:zə] *s* **1** kryssare **2** *~* [*weight*] boxn. a) lätt tungvikt b) lätt tungviktare
crumb [krʌm] **I** *s* **1** smula av bröd m. m. **2** bildl. gnutta **3** inkråm i bröd **II** *tr* **1** smula sönder **2** kok. bröa, panera
crumble ['krʌmbl] **I** *tr* smula sönder **II** *itr* falla sönder, smula sig; förfalla, vittra
crumbly ['krʌmblɪ] *a* som lätt smular sig
crumbs [krʌmz] *interj* fam. kors!, himmel!
crummy ['krʌmɪ] *a* sl. urkass; sjabbig
crumpet ['krʌmpɪt] *s* **1** slags mjuk tekaka som rostas och ätes varm **2** sl., *bit of ~* pangbrud
crumple ['krʌmpl] **I** *tr, ~* [*up*] krama ihop, skrynkla, knyckla [till (ihop)], tufsa till **II** *itr, ~* [*up*] a) skrynkla sig, bli skrynklig; krossas [*the wings of the aircraft ~d up*] b) bildl. falla, duka under, svikta
crunch [krʌntʃ] **I** *tr* knapra i sig, knapra på, tugga sönder **II** *itr* **1** knapra **2** knastra, om snö knarra **III** *s* **1** knaprande; knastrande **2** kritisk punkt, krux; *when it comes to the ~* när det kommer till kritan
crunchy ['krʌntʃɪ] *a* knaprig; knastrande
crusade [kru:'seɪd] **I** *s* korståg, bildl. äv. kampanj **II** *itr* börja (delta i) ett korståg (en kampanj)
crusader [kru:'seɪdə] *s* kors|farare, -riddare; bildl. [för]kämpe
crush [krʌʃ] **I** *tr* **1** krossa; mala sönder, klämma illa **2** pressa, trycka **3** skrynkla till **4** bildl. krossa, kuva **II** *itr* **1** krossas, klämmas [sönder] **2** tränga sig fram **3** skrynkla sig **III** *s* **1** krossande; pressning **2** folkmassa **3** fam. stor bjudning, 'svep' **4** fam., *have a ~ on* svärma för **5** fruktdryck
crush-barrier ['krʌʃˌbærɪə] *s* järnräcke avspärrning vid folksamling, kravallstaket
crushing ['krʌʃɪŋ] *a* förkrossande [*a ~ defeat*], överväldigande, dräpande [*a ~ reply*]
Crusoe ['kru:səʊ]
crust [krʌst] **I** *s* **1** skorpa, kant på bröd o. d. **2** skorpa på sår **3** skare **4** [jord]skorpa **II** *tr* [be]täcka (överdra) med en skorpa [äv. *~ over*] **III** *itr* täckas av (bilda) [en] skorpa
crustacean [krʌs'teɪʃjən] **I** *s* kräftdjur, skaldjur **II** *a* kräftdjurs-, skaldjurs-
crusted ['krʌstɪd] *a* **1** överdragen med en skorpa **2** om vin med bottensats; lagrad
crusty ['krʌstɪ] *a* **1** se *crusted 1* o. *2*; skorpartad, hård **2** bildl. sur; vresig
crutch [krʌtʃ] *s* **1** krycka; bildl. stöd **2** skrev
crux [krʌks] *s* krux, stötesten; *the ~ of the matter* den springande punkten, kruxet
cry [kraɪ] **I** *itr* **1** ropa, skrika; utropa **2** gråta **3** med adv. el. prep.: *~ for* ropa på (efter), kräva; gråta efter; gråta av [*~ for joy*]; *~ off* ge återbud, utebli; *~ out* ropa högt, skrika till; *for ~ing out loud!* fam. för Guds skull! sluta, tig o. d.; *~ out against* högljutt protestera mot; *~ out for* ropa på, fordra, högljutt begära **II** *tr* **1** ropa, skrika **2** gråta [*~ o.s. to sleep*] **3** med adv.: *~ down* fördöma, göra ner; *~ out* [ut]ropa, skrika; *~ up* prisa, höja till skyarna **III** *s* **1** rop, skrik; ropande; *a far* (*long*) *~* lång väg, långt **2** [an]skri, [opinions]storm **3** stridsrop; slagord **4** djurs skri; skall; *in full ~* i full fart **5** koppel jakthundar **6** gråtstund; *have a good ~* fam. gråta ut
cry-baby ['kraɪˌbeɪbɪ] *s* lipsill
crying ['kraɪɪŋ] attr. *a* [himmels]skriande, flagrant [*~ evil*]; trängande [*~ need* (*want*)]; *a ~ shame* en evig skam
crypt [krɪpt] *s* krypta; gravvalv
cryptic ['krɪptɪk] *a* kryptisk
crypto-communist ['krɪptəʊ'kɒmjʊnɪst] *s* kryptokommunist
cryptogram ['krɪptəʊgræm] *s* kryptogram; chiffer[skrift]
crystal ['krɪstl] **I** *s* **1** kristall [*salt ~s*] **2** kristallglas **3** Am. klockglas, urglas **II** *a* kristallklar; *~ ball* kristallkula; *~ receiver* (*set*) radio. (hist.) kristallmottagare
crystal-gazing ['krɪstlˌgeɪzɪŋ] *s* kristallskådning
crystalline ['krɪstəlaɪn] *a* kristall-, kristallklar; kristallisk
crystallization [ˌkrɪstəlaɪ'zeɪʃən] *s* kristallisering; bildl. utkristallisering

crystallize ['krɪstəlaɪz] **I** *tr* kristallisera; *~d fruit[s]* kanderad frukt **II** *itr* kristallisera[s]; bildl. utkristallisera sig
c/s förk. för *cycles per second*
C.S.E. ['si:es'i:] förk. för *Certificate of Secondary Education*
ct. förk. för *cent*
cts. förk. för *cents*
cu. förk. för *cubic*
cub [kʌb] *s* **1** unge isht av varg, björn, lejon m.m. **2** fam. [pojk]valp **3** gröngöling, grön journalist [äv. *~ reporter*] **4** *~* [*scout*] miniorscout, tidigare benämning vargunge
Cuba ['kju:bə] Kuba
Cuban ['kju:bən] **I** *s* kuban **II** *a* kubansk
cubby-hole ['kʌbɪhəʊl] *s* **1** krypin **2** fack; skåp
cube [kju:b] **I** *s* **1** kub; tärning; *~ sugar* kubformat bitsocker **2** mat. kub; *~ root* kubikrot **II** *tr* **1** upphöja till tre, upphöja i kub; dra kubikroten ur **2** skära i tärningar
cubic ['kju:bɪk] *a* kubisk; kubik-; tredimensionell; *~ capacity* volym, bil. o. d. cylindervolym, slagvolym; *~ equation* tredjegradsekvation; *~ measure* rymd-, kubik|mått; *~ metre* kubikmeter, m^3
cubicle ['kju:bɪkl] *s* **1** hytt, bås **2** sovcell i skola o. d.
cubism ['kju:bɪzəm] *s* konst. kubism
cuckold ['kʌkəʊld] åld. el. skämts. **I** *s* hanrej **II** *tr* göra till hanrej
cuckoo ['kʊku:] **I** *s* **1** gök; *~ clock* gökur **2** fam. idiot **II** *interj* kuku!; tittut!
cucumber ['kju:kʌmbə] *s* gurka; *cool as a ~* fam. lugn som en filbunke
cud [kʌd] *s, chew the ~* idissla; bildl. fundera länge
cuddle ['kʌdl] **I** *tr* krama, kela med **II** *itr, ~* [*up*] krypa tätt tillsammans (ihop); kura ihop sig; *~ up to* smyga sig intill **III** *s* omfamning, kramning
cuddlesome ['kʌdlsəm] *a* se *cuddly*
cuddly ['kʌdlɪ] *a* kelig, smeksam; *~ doll* kramdocka; *~ bear* [mjuk] nalle, teddybjörn
cudgel ['kʌdʒəl] **I** *s* [knöl]påk; *take up the ~s* ta parti, bryta en lans [*for* för] **II** *tr* klå, prygla; *~ o.'s brains* se *brain*
1 cue [kju:] **I** *s* **1** teat. stickreplik, slutord i replik; signal; vink; *miss a ~* missa en stickreplik (entré); *take o.'s ~ from a p.* rätta sig efter ngn **2** attr., *~ button* på bandspelare o. d. framspolningsknapp **II** *tr, ~ing device* på skivspelare o. d. cueing-anordning
2 cue [kju:] *s* [biljard]kö
1 cuff [kʌf] **I** *tr* örfila upp **II** *s* örfil
2 cuff [kʌf] *s* **1** ärmuppslag; Am. äv. byxuppslag **2** manschett **3** pl. *~s* fam. = *handcuffs* **4** *off the ~* fam. på rak arm, improviserat; utom protokollet
cuff-link ['kʌflɪŋk] *s* manschettknapp
cuirass [kwɪ'ræs] *s* harnesk, kyrass
cuisine [kwɪ'zi:n] *s* kök, kokkonst
cul-de-sac ['kʊldə'sæk, 'kʌldəsæk] *s* återvänds|gränd, -gata
culinary ['kʌlɪnərɪ, 'kju:l-] *a* kulinarisk; köks-, matlagnings-
cull [kʌl] **I** *tr* litt. plocka; välja ut; sortera (gallra) ut **II** *s* utgallrat djur, slaktdjur; pl. *~s* äv. utskotts|timmer, -frukt m. m.
culminate ['kʌlmɪneɪt] *itr* kulminera, nå höjdpunkten
culmination [ˌkʌlmɪ'neɪʃən] *s* kulmen, höjdpunkt
culpability [ˌkʌlpə'bɪlətɪ] *s* brottslighet, skuld
culpable ['kʌlpəbl] *a* brottslig; skyldig [*of* till]
culprit ['kʌlprɪt] *s* brottsling, anklagad; syndare; *the ~* äv. den skyldige
cult [kʌlt] *s* **1** kult; dyrkan **2** sekt
cultivable ['kʌltɪvəbl] *a* odlingsbar
cultivate ['kʌltɪveɪt] *tr* **1** bruka, bearbeta jord; odla **2** bilda [*~ o.'s mind* (själ)] **3** odla, ägna sig åt, lägga an på; *~ a p.*, *~ a p.'s acquaintance* odla ngns bekantskap
cultivated ['kʌltɪveɪtɪd] *a* **1** kultiverad, bildad **2** [upp]odlad
cultivation [ˌkʌltɪ'veɪʃən] *s* **1** brukning, bearbetning av jord; kultur; odling **2** odling, utveckling **3** bildning, själskultur
cultural ['kʌltʃərəl] *a* kulturell, bildnings-, kultur-
culture ['kʌltʃə] **I** *s* **1** kultur [*Greek ~*]; bildning; *a man of ~* en kultiverad (bildad) människa **2** biol. odling; kultur [*~ of bacteria*]; *~ pearls* odlade pärlor **II** *tr* **1** odla, bilda, förfina [*~d taste*]; *~d people* kultiverade människor **2** odla [*~d pearls*]
culvert ['kʌlvət] *s* kulvert; [väg]trumma
cumber ['kʌmbə] *tr* betunga, belamra; hindra
Cumberland ['kʌmbələnd]
cumbersome ['kʌmbəsəm] *a* hindersam, besvärlig; ohanterlig; tung; klumpig
Cumbria ['kʌmbrɪə]
cumbrous ['kʌmbrəs] *a* se *cumbersome*
cummerbund ['kʌməbʌnd] *s* Ind. [brett] skärp
cumulative ['kju:mjʊlətɪv] *a* som hopar sig, [ac]kumulativ, växande; hopad, ackumulerad [*the ~ wealth of generations*]
cunning ['kʌnɪŋ] **I** *a* **1** slug, listig **2** Am. fam. söt, näpen **II** *s* slughet, list
cunt [kʌnt] *s* vulg. fitta äv. kvinna som sexualobjekt o. som skällsord
cup [kʌp] **I** *s* **1** kopp äv. ss. mått [*two ~s of sugar*]; bägare äv. bildl.; kalk äv. bildl.; *my ~ of tea* se *tea 1* **2** [pris]pokal, cup; *challenge*

~ vandringspokal; ~ *final* cupfinal **3** anat. ledskål **4** kupa på behå **5** bål dryck **II** *tr* **1** kupa [~ *o.'s hand*] **2** läk. (hist.) koppa
cupboard ['kʌbəd] *s* skåp; skänk; *skeleton in the* ~ se *skeleton*
cupboard-love ['kʌbədlʌv] *s* matfrieri
cupful ['kʌpfʊl] (pl. ~*s* el. *cupsful*) *s* kopp ss. mått; *a* ~ *of* en kopp [med]
cupholder ['kʌpˌhəʊldə] *s* innehavare av vandringspris, cupförsvarare
Cupid ['kju:pɪd] **I** Cupido; ~*'s bow* amorbåge **II** *s* amorin
cupidity [kjʊ'pɪdətɪ] *s* snikenhet, vinningslystnad
cupola ['kju:pələ] *s* kupol; lanternin
cuppa ['kʌpə] *s* sl. kopp [te]
cupric ['kju:prɪk] *a* kopparhaltig, koppar-
cupro-nickel [ˌkju:prəʊ'nɪkl] *s* kem. kopparnickel
cup-tie ['kʌptaɪ] *s* fotb. cupmatch
cur [kɜ:] *s* **1** hundracka, byracka **2** ynkrygg
curable ['kjʊərəbl] *a* botlig, botbar
curate ['kjʊərət] *s* [kyrko]adjunkt, pastoratsadjunkt
curative ['kjʊərətɪv] *a* botande, läkande
curator [ˌkjʊə'reɪtə] *s* **1** intendent vid museum o. d. **2** tillsyningsman
curb [kɜ:b] **I** *s* **1** kindkedja på stångbetsel **2** bildl. band, tygel; kontroll [~ *on* (över) *rising prices*]; *put* (*keep*) *a* ~ *on* lägga band på, hålla i schack **3** Am. se *kerb* **II** *tr* hindra, hålla i styr, tygla
curd [kɜ:d] *s*, vanl. pl. ~*s* ostmassa; ~ [*cheese*] kvark
curdle ['kɜ:dl] **I** *tr* ysta **II** *itr* löpna, ysta sig; *it made my blood* ~ det kom blodet att isas i ådrorna på mig
cure [kjʊə] **I** *s* **1** botemedel äv. bildl. [*for* mot] **2** kur [*of* mot (för)]; bot [*of* för (mot)]; botande, kurering [*of* av]; tillfrisknande **II** *tr* **1** bota [*of* från (för)], läka, kurera [*of* för] **2** konservera, lägga in, salta, röka, torka
cure-all ['kjʊərɔ:l] *s* universalmedel
curfew ['kɜ:fju:] *s* utegångsförbud
curio ['kjʊərɪəʊ] *s* kuriositet konstsak
curiosity [ˌkjʊərɪ'ɒsətɪ] *s* **1** vetgirighet; nyfikenhet **2** kuriositet, raritet; ~ *shop* antikvitetsaffär
curious ['kjʊərɪəs] *a* **1** vetgirig; nyfiken [*about* på] **2** egendomlig, underlig
curl [kɜ:l] **I** *tr* krulla, ringla, locka; kröka [*he* ~*ed his lips in a sneer*]; ~ *up o.'s legs* dra upp benen under sig **II** *itr* locka (krusa, kröka, slingra) sig; *her hair* ~*s naturally* hon har självlockigt hår; ~ *up* a) rulla (ringla) ihop sig; kura ihop sig b) fam. falla ihop, ge tappt; *she* ~*ed up with laughter* hon vred sig av skratt **III** *s* **1** [hår]lock **2** ring, våglinje **3** krusning, krökning
curler ['kɜ:lə] *s* papiljott; [hår]spole
curlew ['kɜ:lju:] *s* zool. spov, isht storspov
curling ['kɜ:lɪŋ] *s* **1** krullande etc., jfr *curl I-II* **2** sport. curling
curly ['kɜ:lɪ] *a* lockig, krullig
curmudgeon [kɜ:'mʌdʒən] *s* **1** gnidare **2** bitvarg
currant ['kʌrənt] *s* **1** korint **2** vinbär
currency ['kʌrənsɪ] *s* **1** a) utbredning, spridning [*give* ~ *to* (åt) *a report*] b) livstid, gångbarhet; giltighetstid; omlopp[stid], cirkulation **2** valuta; sedlar
current ['kʌrənt] **I** *a* **1** gångbar, cirkulerande [~ *money*]; om vara kurant; bildl. gängse, allmänt utbredd [~ *opinions*]; aktuell [~ *fashions*], rådande [*the* ~ *crisis*]; *be* ~ a) gälla b) vara allmänt godtagen **2** innevarande, löpande; dagens, senaste [*the* ~ *issue of the magazine*]; *at the* ~ *rate of exchange* till gällande kurs, till dagskurs **II** *s* **1** ström; strömdrag **2** [elektrisk] ström; strömstyrka **3** strömning, riktning
currently ['kʌrəntlɪ] *adv* just nu, för närvarande
curriculum [kə'rɪkjʊləm] *s* lärokurs; läro-, undervisnings|plan
1 curry ['kʌrɪ] **I** *s* curry; curryrätt; *chicken* ~ currystuvat höns **II** *tr* tillaga med curry
2 curry ['kʌrɪ] *tr* **1** rykta **2** bereda **3** ~ *favour* ställa sig in [*with* hos]
curse [kɜ:s] **I** *s* **1** förbannelse; svordom; *lay a p. under a* ~ uttala en förbannelse över ngn **2** gissel, plåga **3** kyrkans bann **II** *tr* **1** förbanna **2** plåga **III** *itr* svära [*at* över]
cursed ['kɜ:sɪd] *a* förbannad, fördömd
cursive ['kɜ:sɪv] *a* kursiv; ~ *script* skrivstil
cursory ['kɜ:sərɪ] *a* flyktig [~ *glance*]
curt [kɜ:t] *a* brysk, snäv, tvär, barsk
curtail [kɜ:'teɪl] *tr* korta av, förkorta [~ *o.'s holiday*], beskära; inskränka; minska
curtailment [kɜ:'teɪlmənt] *s* avkortning etc., jfr *curtail*
curtain ['kɜ:tn] **I** *s* **1** gardin; draperi, förhänge; *draw the* ~*s* dra för gardinerna **2** ridå [*the* ~ *rises*]; ~ *of fire* mil. eldridå; spärreld; *safety* ~ teat. o. d. järnridå **3** sl., pl. ~*s* döden, slutet **II** *tr* förse med förhänge
curtain-call ['kɜ:tnkɔ:l] *s* teat. inropning
curtain-lecture ['kɜ:tnˌlektʃə] *s* sparlakansläxa, skarp tillrättavisning
curtain-raiser ['kɜ:tnˌreɪzə] *s* kort förpjäs
curtain-rod ['kɜ:tnrɒd] *s* gardinstång
curts[e]y ['kɜ:tsɪ] **I** *s* nigning; *drop a* ~ niga **II** *itr* niga
curvaceous [kɜ:'veɪʃəs] *a* fam. om kvinna kurvig
curvature ['kɜ:vətʃə] *s* krökning, krokighet; ~ *of the spine* ryggradskrökning
curve [kɜ:v] **I** *s* kurva äv. mat., båglinje, båge, krök[ning], böjning; pl. ~*s* äv. kvinnas

runda former, kurvor **II** *tr* böja, kröka **III** *itr* böja (kröka) sig, svänga
curved [kɜ:vd] *a* böjd, krökt, krokig
cushion ['kʊʃən] **I** *s* **1** kudde, dyna **2** valk under hår el. kjol **3** bilj. vall **4** a) tekn. luftkudde [äv. ~ *of air*] b) bildl. buffert **II** *tr* **1** förse (skydda) med kuddar (dynor); madrassera, stoppa [*~ed seats*] **2** dämpa, mildra [~ *the effects of the crisis*]
cushiony ['kʊʃənɪ] *a* kuddlik, mjuk
cushy ['kʊʃɪ] *a* fam. bekväm, latmans- [*a ~ job*]
cuspidor ['kʌspɪdɔ:] *s* Am. spott|låda, -kopp
cuss [kʌs] *s* fam. **1** förbannelse; *I don't give a ~* det skiter jag i; *not worth a* [*tinker's*] *~* inte värd ett jäkla dugg **2** individ, typ
cussed ['kʌsɪd] *a* fam. **1** fördömd **2** envis
cussedness ['kʌsɪdnəs] *s* fam. vrånghet; *out of pure ~* på pin kiv
custard ['kʌstəd] *s* slags [ägg]kräm; vaniljsås
custodian [kʌs'təʊdjən] *s* **1** förmyndare; vårdare **2** väktare
custody ['kʌstədɪ] *s* **1** förmynderskap; vård, vårdnad **2** [fängsligt] förvar; *give into ~* överlämna till polisen; *take into ~* anhålla; *in ~* i häkte; *in safe ~* i säkert förvar
custom ['kʌstəm] **I** *s* **1** sed[vänja], bruk, vana; kutym, praxis **2** jur. gammal hävd **3** pl. *~s* tull[ar], tullavgift[er]; *the Customs* tullväsendet; tullverket, tullen; *~s examination* tull|behandling, -visitation; *~s officer* tulltjänsteman; se äv. *clear IV 5* **4** hand.: **a**) *give o.'s ~ to* bli kund hos **b**) kundkrets, kunder **II** *a* isht Am. beställnings- [~ *tailors*]
customary ['kʌstəmərɪ] *a* vanlig, bruklig
custom-built ['kʌstəmbɪlt] *a* isht Am. specialbyggd, byggd på beställning
customer ['kʌstəmə] *s* **1** kund **2** fam. individ, typ, figur; *queer* (*rum, odd*) *~* konstig prick; *ugly ~* otrevlig typ
custom-house ['kʌstəmhaʊs] *s* tull|hus, -kammare
custom-made ['kʌstəmmeɪd] *a* isht Am. special|beställd, -tillverkad; måttbeställd
cut [kʌt] **A** (*cut cut*) *vb* **I** *tr* (se äv. *III* o. *B*) **1** skära [i] äv. bildl. [*it ~ me to* (i) *the heart*] **2** skära (hugga, klippa) [av (sönder)]; klippa; fälla [~ *timber*]; *have o.'s hair ~* [låta] klippa håret; *~ to pieces* skära (klippa) sönder (i stycken); bildl. slå i spillror; nedgöra **3** skära [för] kött o. d.; *~ it fine* fam. komma i sista sekunden, nätt och jämnt klara det **4** skära (bryta) igenom; gå genom, skära **5** *~ o.'s teeth* få tänder; *~ o.'s second teeth* byta tänder **6** skära ner, knappa in på, minska, sänka; korta av, förkorta **7** bryta, klippa av filmning, del av program o. d.; stryka [~ *a scene*]; stoppa, stänga av [ofta ~ *off*]; sluta med [~ [*out*] *that noise!*]; *~ a p. short* avbryta ngn [tvärt]; *~ a th. short* stoppa ngt **8** tillverka genom skärning o. d., göra [~ *a key*], skära (hugga) [till (ut, in)]; snida; gravera; slipa sten, glas; gräva (hugga) [ut] **9** göra, utföra rörelse, se under *2 caper I, dash III 5, figure I 2* **10** kortsp. a) kupera [~ *the cards*] b) dra [~ *a card*] **11** fam., *~ a p.* [*dead*] behandla ngn som luft **12** fam. ge upp, ge på båten, skolka från [~ *a lecture*], skippa; *~ o.'s losses* avveckla en förlustbringande affär, dra sig ur spelet
II *itr* (se äv. *III* o. *B*) **1** skära, hugga, klippa, slå; bita, ta [*the knife ~s well*]; bryta, klippa av; *it ~s both ways* bildl. det är på både gott och ont; det verkar i bägge riktningarna; *~ and come again!* det finns att ta av (mera att hämta)! **2** kortsp. kupera **3** fam. kila, sticka; smita; *~ and run* sticka **4** *~ loose* a) slita sig loss b) slå sig lös c) sjö. kapa förtöjningarna
III *tr* o. *itr* med prep. o. adv. isht med spec. övers.: *~* **across: a**) skära igenom **b**) bildl. skära [tvärs]över ([tvärs]igenom) [~ *across all party lines*] **c**) ta en genväg
~ **at: a**) slå (hugga) på, rikta ett hugg mot **b**) bildl. drabba hårt
~ **away** skära (hugga) bort (av)
~ **back** skära ner; bildl. skära ner [på], göra inskränkningar [i]
~ **down: a**) hugga ner, fälla, meja ner **b**) knappa in på, inskränka, begränsa, skära ner, minska [~ *down expenses*]
~ **in: a**) skära (hugga) in; gravera **b**) blanda sig i (avbryta) samtalet **c**) *~ in* [*on a p.*] i dans ta ngns partner **d**) trafik. tränga sig in i [bil]kön, göra en snäv omkörning **e**) *~ a p. in on the profit* låta ngn få vara med och dela vinsten
~ **into: a**) göra ett ingrepp i **b**) skära in i **c**) inkräkta på
~ **off: a**) hugga (skära, kapa) av (bort) **b**) skära av äv. bildl., isolera, avstänga **c**) göra slut på, stoppa, dra in [~ *off an allowance*] **d**) [av]bryta, stänga (slå) av [~ *off an engine*; *~ off the gas supply*] **e**) avspisa, avfärda; *~ a p. off with a shilling* göra ngn arvlös
~ **out: a**) skära (hugga) ut, klippa ut; *~ out a path* hugga sig en stig, hugga (bana) sig väg **b**) klippa (skära) till; *be ~ out for* vara som klippt och skuren för (till); *he is not ~ out for* han lämpar sig inte för (till, som) **c**) fam. skära bort, stryka, hoppa över [~ *out unimportant details*]; sluta upp med, låta bli [~ *out tobacco*]; slopa [~ *out afternoon tea*]; *~ it out!* lägg av! **d**) tränga ut [~ *out all rivals*], peta **e**) elektr. koppla av, bryta, slå ifrån **f**) om motor koppla ur, stanna [*one of the engines ~ out*] **g**) *~ out of* beröva [~ *a p. out of his share*]

~ **over** ta en genväg [över], kila över
~ **through** ta en genväg [över (genom)]
~ **up:** **a)** skära [sönder (upp)], stycka; hugga sönder, dela, såga sönder [*~ up timber*] **b)** klippa (skära) till [*~ up cloth*] **c)** fam. såra djupt, stöta [*she was ~ up by his remark*] **d)** bedröva, uppröra [*she was very ~ up after the funeral*] **e)** *~ up rough* (*nasty*) börja bråka, ilskna till; *~ up well* (*fat*) fam. lämna efter sig en vacker slant
B *a, ~ flowers* lösa blommor, snittblommor; *~ glass* slipat glas, kristall; *at ~ price* till underpris; *~ tobacco* skuren tobak; *~ and dried* (*dry*) fix och färdig
C *s* **1** skärning; genomskärning; klippning **2** hugg, stick; rapp [*a ~ with a whip*], slag; snitt [*a ~ of the knife*], klipp [*a ~ of the scissors*]; *~ and thrust* a) hugg och stöt, närkamp b) bildl. ordväxling, hugg och mothugg **3** skåra, skråma, snitt, rispa; *a ~ above me* fam. a) ett pinnhål högre än jag b) lite för svårt (för fint) för mig **4** nedsättning, reduktion [*~ in prices*], nedskärning [*~ in salaries*], minskning; *power ~* se *power-cut* **5** gliring [*that remark was a ~ at me*] **6** stycke; skiva, bit [*a ~ off the joint*] **7** strykning [*~s in the play*], klipp **8** snitt [*the ~ of a suit*] **9** [*short*] *~* genväg **10** kupering av kort **11** sl. andel i vinsten
cut-back ['kʌtbæk] *s* **1** film. återblick **2** minskning, nedskärning
cute [kju:t] *a* fam. **1** skarp, fyndig, klipsk; fiffig **2** isht Am. söt, rar, gullig; trevlig, kul
cuticle ['kju:tɪkl] *s* **1** ytterhud; hinna **2** nagelband
cutie ['kju:tɪ] *s* Am. fam. sötnos, söt flicka
cutlass ['kʌtləs] *s* böjt kort svärd; huggare
cutler ['kʌtlə] *s* knivsmed
cutlery ['kʌtlərɪ] *s* **1** knivsmide **2** koll. matbestick; knivar, eggverktyg
cutlet ['kʌtlət] *s* **1** kotlett; [kött]skiva **2** [pann]biff
cut-out ['kʌtaut] *s* **1** elektr. säkerhetspropp, säkring; [ström]brytare **2** utklippsfigur, pappersdocka
cut-price ['kʌtpraɪs, '-'-] *a, ~ shop* ung. lågprisaffär
cutter ['kʌtə] *s* **1** skärare [*glass-cutter*], huggare, snidare; tillskärare **2** skärmaskin; skärande verktyg[sdel] **3** sjö. kutter
cut-throat ['kʌtθrəut] **I** *s* mördare, bandit **II** *a* **1** mordisk; bildl. mördande [*~ competition*] **2** *~ razor* fam. rakkniv
cutting ['kʌtɪŋ] **I** *a* **1** skärande, vass; *~ edge* [vass] egg; skär[egg]; huvudskär på borr **2** bitande, sårande [*~ remark*], skarp **3** bitande, snål [*~ wind*] **II** *s* **1** a) skärande, skärning etc., jfr *cut A I* o. *II* b) försäljning till underpris **2** avskuret stycke, bit **3** urklipp [*press ~*] **4** trädg. stickling, skott
cutting-room ['kʌtɪŋrum] *s* film. o. d. klipprum
cuttle-fish ['kʌtlfɪʃ] *s* bläckfisk
C.W.S. förk. för *Co-operative Wholesale Society*
cwt. ['hʌndrədweɪt] förk. för *centum* (lat.) *weight = hundredweight* se d. o.
cyanide ['saɪənaɪd] *s* kem. cyanid; *potassium ~* cyankalium
cybernetics [ˌsaɪbə'netɪks] (konstr. ss. sg. el. pl.) *s* cybernetik, kybernetik
cyclamen ['sɪkləmən] *s* cyklamen; alpviol
cycle ['saɪkl] **I** *s* cykel; krets[lopp], omloppstid; period; takt i förbränningsmotor; *~s per second* svängningar per sekund **II** *itr* **1** cykla **2** kretsa
cyclic ['saɪklɪk] *a* cyklisk; kretsande
cyclist ['saɪklɪst] *s* cyklist
cyclone ['saɪkləun] *s* cyklon, virvelvind
cyclonic [saɪ'klɒnɪk] *a* cyklon-, virvlande
cyclopaedia [ˌsaɪkləʊ'pi:djə] *s* encyklopedi
Cyclops ['saɪklɒps] (pl. lika el. vanl. *Cyclopes* [saɪ'kləupi:z]) *s* kyklop, cyklop
cyclorama [ˌsaɪklə'rɑ:mə] *s* teat., TV. rundhorisont; film. konkav vidfilmsduk
cygnet ['sɪgnət] *s* ung svan, svanunge
cylinder ['sɪlɪndə] *s* **1** cylinder, vals, rulle; *~ block* bil. cylinderblock, motorblock; *~ head* bil. topplock, cylinderlock; *on all ~s* fam. för fullt **2** lopp, rör i eldvapen
cylindrical [sɪ'lɪndrɪkəl] *a* cylindrisk
cymbal ['sɪmbəl] *s* mus. bäcken, cymbal
cynic ['sɪnɪk] *s* cyniker
cynical ['sɪnɪkəl] *a* cynisk
cynicism ['sɪnɪsɪzəm] *s* cynism; människoförakt
cynosure ['sɪnəzjuə, 'saɪn-] *s* bildl. ledstjärna; medelpunkt för beundran, centrum för intresset
Cynthia ['sɪnθɪə]
cypher ['saɪfə] *s* se *cipher*
cypress ['saɪprəs] *s* bot. cypress
Cypriot ['sɪprɪət] **I** *a* cypriotisk **II** *s* cypriot, invånare på Cypern
Cyprus ['saɪprəs] Cypern
Cyril ['sɪrəl]
Cyrus ['saɪərəs] Kyros, Cyrus
cyst [sɪst] *s* läk. cysta
czar [zɑ:] *s* tsar
czardas ['tʃɑ:dæʃ] (pl. lika) *s* czardas ungersk dans
czarevitch ['zɑ:rəvɪtʃ] *s* tsarevitj
czarina [zɑ:'ri:nə] *s* tsarinna
Czech [tʃek] **I** *s* tjeck **II** *a* tjeckisk
Czechoslovak ['tʃekəʊ'sləuvæk] **I** *s* tjeckoslovak **II** *a* tjeckoslovakisk
Czechoslovakia ['tʃekəʊsləʊ'vækɪə, -'vɑ:kɪə] Tjeckoslovakien
Czechoslovakian ['tʃekəʊsləʊ'vækɪən,

-'vɑ:kɪən] **I** *a* tjeckoslovakisk **II** *s* tjeckoslovak

D

D, d [di:] (pl. *D's, d's* [di:z]) *s* D, d; *D flat* mus. dess; *D sharp* mus. diss
'd [d] = *had; would, should* [*he'd = he had; he would*]; *did* [*where'd he go?*]
d. 1 förk. för *died, dime, dollar* **2** förk. för (eg. lat. *denarius*) äldre *penny, pence* [*6d.*]; jfr *p*
D.A. ['di:'eɪ] förk. för *District Attorney*
1 dab [dæb] *s* zool. sandskädda
2 dab [dæb] **I** *tr* o. *itr* lätt beröra, torka, klappa lätt, badda **II** *s* lätt slag, klapp
3 dab [dæb] *s* fam. överdängare, baddare [äv. *~ hand; at* i, på]
dabble ['dæbl] **I** *tr* plaska med **II** *itr* **1** plaska **2** dilettantmässigt syssla litet [*at, in* med]
dabbler ['dæblə] *s* dilettant, klåpare
da capo [dɑ:'kɑ:pəʊ] *adv* mus. dakapo
dace [deɪs] (pl. lika) *s* zool. stäm mörtfisk
dachshund ['dækshʊnd] *s* tax
Dacron ['dækrɒn, 'deɪ-] *s* ® textil. dacron
dactyl ['dæktɪl] *s* daktyl
dad [dæd] *s* fam. pappa, farsa
daddy ['dædɪ] *s* fam. pappa
daddy-long-legs ['dædɪ'lɒŋlegz] (pl. lika) *s* zool. pappa långben harkrank
daffodil ['dæfədɪl] *s* påsklilja, gul narciss
daft [dɑ:ft] *a* fam. tokig, fånig
dagger ['dægə] *s* dolk; *they are at ~s drawn* det är strid på kniven mellan dem; *look ~s* se *look I 5*
dago ['deɪgəʊ] (pl. *~*[*e*]*s*) *s* sl. dago föraktfullt om sydeuropé
daguerrotype [də'gerəʊtaɪp] *s* dagerrotyp[i]
dahlia ['deɪljə, Am. 'dælɪə] *s* bot. dahlia
daily ['deɪlɪ] **I** *a* daglig, om dagen; *~ dozen* ung. morgongymnastik **II** *adv* dagligen, om dagen **III** *s* **1** dagstidning **2** daghjälp
Daimler ['deɪmlə]
dainty ['deɪntɪ] **I** *s* läckerbit, godbit **II** *a* **1** läcker **2** utsökt; nätt, späd; skör, bräcklig, fin [*~ china*] **3** kräsen, granntyckt
dairy ['deərɪ] *s* **1** mejeri **2** mjölkaffär
dairy-cattle ['deərɪˌkætl] *s pl* mjölkboskap
dairy-farm ['deərɪfɑ:m] *s* gård med mjölkdjur
dairymaid ['deərɪmeɪd] *s* mejerska
dairyman ['deərɪmən] *s* **1** mejerist **2** mjölkhandlare
dais ['deɪɪs] *s* podium för större bord, tron o. d.
daisy ['deɪzɪ] *s* **1** bot. tusensköna, bellis; *ox-eye ~* prästkrage **2** [*this car is*] *a ~* sl. .. 'toppen'
Dakota [də'kəʊtə]
dale [deɪl] *s* isht Nordeng. [liten] dal äv. poet.
Dallas ['dæləs]
dalliance ['dælɪəns] *s* **1** lek, skämt **2** flört, kurtis **3** söl[ande]
dally ['dælɪ] *itr* **1** *~ with* leka (skämta) med [*~ with a woman's feelings*] **2** flörta, kurtisera **3** söla
Dalmatia [dæl'meɪʃɪə] Dalmatien
Dalmatian [dæl'meɪʃɪən] *s* **1** dalmatier **2** dalmatiner[hund]
1 dam [dæm] *s* om djur moder
2 dam [dæm] **I** *s* damm, fördämning **II** *tr, ~* [*up*] dämma av (för, till, upp)
damage ['dæmɪdʒ] **I** *s* **1** (utan pl.) skada, skadegörelse [*to* (på)] **2** pl. *~s* jur. skade|ersättning, -stånd **3** fam., *what's the ~?* vad kostar kalaset? **II** *tr* o. *itr* skada; skadas
damask ['dæməsk] *s* **1** damast [*~ silk*] **2** damaskenerstål
dame [deɪm] *s* **1** poet., *D~ Fortune* fru Fortuna **2** Dame [titel på] kvinnlig medlem av Empireorden **3** sl. fruntimmer, brud
dammit ['dæmɪt] *interj* fam. jäklar också!
damn [dæm] **I** *tr* **1** fam. förbanna; *~ it!* jäklar också!; *well I'll be ~ed!* det var som tusan!; *I'm ~ed if I'll do it!* förbanne mig om jag gör det! **2** döma, bringa i fördärvet **II** *s* fam., *I don't care* (*give*) *a ~ if* .. jag ger sjutton i om .. **III** *adv* fam. förbaskat **IV** *a* fam. förbaskad, jäkla [*~ fool!*] **V** *interj* fam. jäklar, också!
damnable ['dæmnəbl] *a* fördömlig; fam. förbaskad
damnation [dæm'neɪʃən] *s* **1** fördömelse [*eternal ~*] **2** svordom jäklar också!
damned [dæmd] **I** *a* **1** fördömd **2** fam. förbaskad **II** *adv* fam. förbaskat [*~ hot*]
damnedest ['dæmdɪst] *s* fam., *do o.'s ~* göra sitt yttersta
Damocles ['dæməkli:z] Damokles
damp [dæmp] **I** *s* fukt **II** *a* fuktig **III** *tr* **1** fukta **2** dämpa äv. bildl.
dampen ['dæmpən] **I** *tr* **1** fukta **2** bildl. dämpa **II** *itr* **1** bli fuktig **2** bildl. dämpas
damper ['dæmpə] *s* **1** fuktare **2** dämpare äv. bildl. **3** mus. dämmare; sordin [*~ pedal*]; *put a ~ on* bildl. dämpa, lägga sordin på
damsel ['dæmzəl] *s* poet. ungmö; skämts. fröken, ung dam, tös
damson ['dæmzən] *s* krikon plommonsort
Dan [dæn] kortform för *Daniel*
dance [dɑ:ns] **I** *itr* o. *tr* dansa [*~ to music*]; *~ to a p.'s tune* (*pipe*) dansa efter ngns pipa **II** *s* **1** dans; *lead a p. a* [*pretty*] *~* ställa till besvär för (köra med) ngn **2** dans[stycke] **3** dans[tillställning], bal
dance-band ['dɑ:nsbænd] *s* dansorkester

dance-floor ['dɑ:nsflɔ:] *s* dansgolv; dansbana
dance-hall ['dɑ:nshɔ:l] *s* dans|ställe, -lokal
dancer ['dɑ:nsə] *s* **1** dansande [*the ~s*] **2** dansare; dansör; dansös
dancing-girl ['dɑ:nsɪŋgɜ:l] *s* dansös, balettflicka, danserska; Ind. bajadär
dandelion ['dændɪlaɪən] *s* maskros
dandified ['dændɪfaɪd] *a* snobbig, sprättig
dandle ['dændl] *tr* gunga barn, låta rida ranka
dandruff ['dændrʌf] *s* mjäll
dandy ['dændɪ] **I** *s* dandy, [kläd]snobb **II** *a* **1** snobbig, sprättig **2** fam. fin[fin]
Dane [deɪn] *s* **1** dansk **2** grand danois [äv. *Great ~*]
dang [dæŋ] *tr* o. *s* o. *interj* fam., se *damn I, II* o. *V*
danger ['deɪnʤə] *s* fara, risk [*of* för]; *~ signal* varningssignal; *out of ~* utom fara
dangerous ['deɪnʤərəs] *a* farlig [*for, to* för], riskfull; *~ driving* ovarsam (vårdslös) körning; *play a ~ game* spela ett högt spel
dangle ['dæŋgl] *itr* o. *tr* dingla [med]; *~ a th. before a p.* fresta ngn med ngt
Daniel ['dænjəl]
Danish ['deɪnɪʃ] **I** *a* dansk; *~ pastry* wienerbröd **II** *s* danska [språket]
dank [dæŋk] *a* fuktig, rå
Danube ['dænju:b] *s, the ~* Donau
Daphne ['dæfnɪ]
dapper ['dæpə] *a* [liten och] prydlig, nätt
dapple ['dæpl] **I** *a* fläckig, spräcklig, apelgrå **II** *tr* o. *itr* göra (bli) fläckig etc., jfr *I*
dappled ['dæpld] *a* se *dapple I*
dapple-grey ['dæpl'greɪ] *a* apelgrå, gråspräcklig
Darby ['dɑ:bɪ] egennamn; *~ and Joan* gammalt lyckligt äkta par
dare [deə] **I** (imp. *dared*, ibl. *dare*; pp. *dared*) *itr* o. *hjälpvb* **1** våga, tordas, töras [*he ~ not* (*he does not ~* [*to*]) *come*; *he did not ~* [*to*] (*he ~*[*d*] *not*) *come*; *he has not ~d* [*to*] *come*] **2** *I ~ say you know* du vet nog; *I ~ say* ofta iron. kanske det **II** (*~d ~d*) *tr* **1** våga [sig på] **2** trotsa **3** utmana; *I ~ you to strike me!* slå till om du törs!
dare-devil ['deəˌdevl] **I** *s* våghals, friskus **II** *a* våghalsig, dumdristig
daren't [deənt] = *dare not*
daresay ['deə'seɪ] = *dare say*, se under *dare I 2*
daring ['deərɪŋ] **I** *a* **1** djärv, dristig **2** vågad [*a ~ book*] **II** *s* djärvhet, dristighet
Darjeeling [dɑ:'ʤi:lɪŋ]
dark [dɑ:k] **I** *a* **1** mörk **2** bildl. mörk, svart, dyster [*~ prospects*]; förtäckt [*~ threats*] **3** hemlig [*keep a th. ~*]; *keep ~ about* fam. hålla tyst (tätt) med **4** *~ horse* äv. om pers. dark horse, 'mörk häst', oskrivet blad **5** *the D~ Ages* medeltidens mörkaste århundraden **II** *s* mörker; *before* (*after*) *~* före (efter) mörkrets inbrott, innan (sedan el. när) det blivit mörkt; *be in the ~ about* sväva i okunnighet om
darken ['dɑ:kən] **I** *itr* **1** bli mörk[are], mörkna **2** bildl. förmörkas, få ett dystert utseende **II** *tr* **1** förmörka; mörklägga; skymma; *~ a p.'s door* sätta foten innanför ngns dörr **2** bildl. fördystra; fördunkla
darkish ['dɑ:kɪʃ] *a* mörklagd; rätt mörk
darkness ['dɑ:knəs] *s* **1** mörker **2** dunkel
darky ['dɑ:kɪ] *s* fam. neds. svarting, nigger
darling ['dɑ:lɪŋ] **I** *s* älskling [*my ~!*], raring **II** *a* älsklings-; gullig, bedårande [*a ~ hat*]
1 darn [dɑ:n] *tr* sl., *~ it!* förbaskat också!
2 darn [dɑ:n] **I** *tr* stoppa [*~ socks*] **II** *s* stopp[ning]
darned [dɑ:nd] sl. **I** *a* förbaskad **II** *adv* förbaskat
darning-needle ['dɑ:nɪŋˌni:dl] *s* stoppnål
darning-wool ['dɑ:nɪŋwʊl] *s* stoppgarn
dart [dɑ:t] **I** *s* **1** pil; ibl. kastspjut **2** *~s* (konstr. ss. sg.) pilkastning, dart; *play ~s* kasta pil, spela dart **3** plötslig snabb rörelse, språng **II** *tr* kasta [*~ a glance*] **III** *itr* pila, rusa, störta, kila
dartboard ['dɑ:tbɔ:d] *s* pilkastningstavla, darttavla
Dartmoor ['dɑ:tˌmʊə] hed o. fängelse i Devonshire
Darwin ['dɑ:wɪn]
dash [dæʃ] **I** *tr* **1** slå, kasta, slänga [*away, down, out*]; stöta, köra ngt mot ngt [*against, into*]; *~ out a p.'s brains* slå in skallen på ngn **2** *~ a th. to pieces* slå ngt i kras **3** bestänka **4** *~ down* (*off*) kasta ned, rafsa ihop [*~ down* (*off*) *a few letters*] **5** krossa, gäcka [*~ a p.'s hopes*] **6** sl., *~ it!* förbaskat också! **II** *itr* **1** stöta, slå, törna [*against*] **2** störta, rusa [*at* mot, på; *away*] **III** *s* **1** rusning, anfall [*for* för att nå]; *make a ~* äv. rusa **2** sport. sprinterlopp **3** stänk; släng, drag; tillsats, skvätt **4** tankstreck **5** käckhet, kläm, fart; *cut a ~* briljera, slå på stort
dashboard ['dæʃbɔ:d] *s* instrument|bräda, -panel på bil, flygplan
dashing ['dæʃɪŋ] *a* **1** käck, hurtig, klämmig **2** flott; stilig
dastardly ['dæstədlɪ] *a* feg [och lömsk]
data ['deɪtə] *s* **1** pl. av *datum* **2** (konstr. vanl. ss. sg.) data. data, information; *~ bank* dataregister, databank; [*automatic*] *~ processing* [automatisk] databehandling
datamation [ˌdeɪtə'meɪʃən] *s* databehandling
1 date [deɪt] *s* **1** dadel **2** dadelpalm
2 date [deɪt] **I** *s* **1** datum; årtal; *out of ~* omodern, gammalmodig; *to ~* hittills; till[s] dato; *up to ~* à jour, med sin tid,

aktuell; *bring up to ~* göra aktuell, uppdatera; modernisera; bokf. föra à jour **2** fam. träff, avtalat möte; om pers.: sällskap, flick-, pojk|vän **II** *tr* **1** datera; tidsbestämma [*~ old coins*] **2** fam. stämma träff med, avtala möte med; uppvakta **III** *itr* **1** *~ from* (*back to*) datera sig från (till) **2** bli (vara) gammalmodig [*his books ~*] **3** vara daterad

dated ['deɪtɪd] *a* gammalmodig, föråldrad

date-line ['deɪtlaɪn] *s* **1** datumgräns **2** datering **3** tidsgräns; *when's the ~?* när löper fristen ut?

date-mark ['deɪtmɑ:k] *s* datumstämpel

date-palm ['deɪtpɑ:m] *s* dadelpalm

date-stamp ['deɪtstæmp] *s* datumstämpel

dative ['deɪtɪv] *s* dativ; *the ~* [*case*] dativ[en]

dat|um ['deɪt|əm] (pl. *-a* [-ə]) *s* utgångspunkt, faktum; pl. *-a* äv. data, uppgifter; jfr *data*

daub [dɔ:b] **I** *tr* **1** bestryka; smeta **2** smeta ner **3** mål. kludda ihop **II** *itr* mål. kludda **III** *s* **1** smet; [färg]klick **2** mål. kludd[eri]

dauber ['dɔ:bə] *s* målarkludd

daughter ['dɔ:tə] *s* dotter

daughter-in-law ['dɔ:tərɪnlɔ:] (pl. *daughters-in-law* ['dɔ:təzɪnlɔ:]) *s* svärdotter, sonhustru

daunt [dɔ:nt] *tr* skrämma

dauntless ['dɔ:ntləs] *a* oförfärad

David ['deɪvɪd] egennamn; *St. ~* Wales' skyddshelgon; *St. ~'s Day* 1 mars, Wales' nationaldag

Davy ['deɪvɪ] **1** kortform för *David*; *go to ~ Jones's locker* drunkna **2** *~ lamp* Davys säkerhetslampa, gruvlampa

dawdle ['dɔ:dl] *tr* o. *itr*, *~* [*away*] söla [bort]

dawdler ['dɔ:dlə] *s* sölkorv; latmask

dawn [dɔ:n] **I** *itr* dagas, gry äv. bildl., bryta fram; *~* [*up*]*on* gry (dagas) över; bildl. gå upp för **II** *s* gryning, dagning äv. bildl., början; *at ~* i gryningen

day [deɪ] *s* **1** dag; *the ~ after tomorrow* i övermorgon; *the ~ before yesterday* i förrgår; *he is better than you any ~* fam. han är alla gånger bättre än du; *the other ~* häromdagen; *some ~* en dag; en vacker dag; *one of these* [*fine*] *~s* endera dagen, en vacker dag; *this ~ week* (*fortnight*) i dag [om] åtta (fjorton) dagar; *this many a ~* på mången god dag, på länge; *what ~* [*of the week*] *is it?* vad är det för dag i dag?; *what sort of ~ is it?* vad är det för väder [i dag]?; *he's fifty* [*years of age*] *if he's a ~* han är femtio år så säkert som aldrig det; *let's call it a ~* fam. nu räcker det för i dag, nu lägger vi av; *name the ~* bestämma dag [vanl. för bröllopet]; *~ off* ledig dag, fridag; *~ by ~* dag för dag, dagligen; *pay by the ~* betala per dag; *by ~* om (på) dagen; *for ~s on end* flera dagar i rad; *live from ~ to ~* leva för dagen; *it's all in the ~'s work* fam. det är man så van vid; *officer of the ~* dagofficer; *to a ~* precis på dagen **2** dygn [äv. *~ and night*] **3** ofta pl. *~s* tid; tidsålder; [glans]period; *it has had its ~* den har spelat ut sin roll; *those were the ~s!* det var tider det!; *at the present ~* i närvarande stund; *in his ~* på sin (hans) tid; *in all my born ~s* i hela mitt liv; *in the old ~s* förr i världen (tiden); *fall on evil ~s* råka i fattigdom och nöd; *to this ~* än i dag

day-boy ['deɪbɔɪ] *s* ung. externatelev

daybreak ['deɪbreɪk] *s* gryning, dagning

day-care ['deɪkeə] *a*, *~ centre* daghem

daydream ['deɪdri:m] **I** *s* dagdröm **II** *itr* dagdrömma

daydreamer ['deɪˌdri:mə] *s* dagdrömmare

daylight ['deɪlaɪt] *s* **1** dagsljus; gryning; *in broad ~* mitt på ljusa dagen; *see ~* bildl. se en ljusning; se dagens ljus; *it's ~ robbery* fam. det är rena rövarpriset **2** tom-, mellan|rum **3** sl., *beat the* [*living*] *~s out of a p.* göra mos av ngn; *scare* (*frighten*) *the ~s out of a p.* skrämma ngn från vettet

daylight-saving ['deɪlaɪtˌseɪvɪŋ] *s* o. *a*, *~* [*time*] sommartid

day-nursery ['deɪˌnɜ:sərɪ] *s* daghem

day-return ['deɪrɪ'tɜ:n] *a*, *~ ticket* [en]dagsbiljett för återresa samma dag

daytime ['deɪtaɪm] *s* dag i mots. till natt; *in* (*during*) *the ~* om (på) dagen

day-to-day ['deɪtə'deɪ] *a* daglig [*the ~ running of the factory*]

daze [deɪz] **I** *tr* bedöva; förvirra; blända **II** *s*, *in a ~* omtumlad, vimmelkantig

dazzl|e ['dæzl] **I** *tr* blända; förblinda; förvirra; *a -ing display* en bländande uppvisning **II** *itr* blända[s] **III** *s* bländande skimmer

dB förk. för *decibel*[*s*]

D.C. ['di:'si:] förk. för *direct current* (likström), *District of Columbia*

D.D. ['di:'di:] förk. för *Doctor of Divinity* teol. dr

D-day ['di:deɪ] *s* dagen D dag för igångsättande av militär operation, spec. 6 juni 1944, dagen för invasionen i Normandie

DDT ['di:di:'ti:] *s* DDT bekämpningsmedel

deacon ['di:kən] *s* diakon

deaconess ['di:kənes] *s* diakonissa

dead [ded] **I** *a* **1** död äv. bildl., livlös; torr [*~ leaves*]; *~ and gone* fam. död och begraven; *~ end* återvändsgränd; slutpunkt; stickspår; *~ letter* a) död bokstav om lag som ej längre efterlevs b) post. obeställbart brev; *~ march* sorgmarsch; *the D~ Sea* Döda havet **2** dödsliknande; *in a ~ faint* helt avsvimmad **3** stel, utan känsel, domnad; okänslig, oemottaglig [*to* för] **4** matt, glanslös [*~*

colour] **5** dov [~ *sound*] **6** orörlig, stillastående **7** stilla, tyst; flau, matt, trög [~ *market*]; ~ *season* dödsäsong; *in the* ~ *hours of the night* mitt i natten **8** ~ *heat* dött (oavgjort) lopp; ~ *weight* livlös massa; betungande börda äv. bildl.; sjö. dödvikt **9** jämn, slät; *on a* ~ *level* precis på samma plan (nivå); precis jämsides **10** fam. tvär, plötslig; absolut, fullständig [~ *certainty*], ren [~ *loss*]; *he was in* ~ *earnest* han menade fullt allvar; ~ *silence* dödstystnad; *come to a* ~ *stop* tvärstanna; inte kunna komma ur fläcken **11** exakt; *hit the* ~ *centre of the target* träffa mitt i prick **II** *s* **1** *the* ~ de döda **2** *in the* (*at*) ~ *of night* mitt i natten; *in the* ~ *of winter* mitt i [den] kallaste vintern **III** *adv* **1** fam. död- [~ *certain*, ~ *drunk*], döds- [~ *tired*]; ~ *slow* mycket sakta **2** rakt, rätt; ~ *against* rakt emot

dead-beat ['ded'bi:t] *a* fam. dödstrött

deaden ['dedn] *tr* **1** bedöva; döva, lindra t. ex. smärta; dämpa **2** göra okänslig [*to* för]

dead-end ['ded'end] *a* **1** ~ *job* arbete utan befordringsmöjligheter **2** isht Am. bakgårds-, slum-; ~ *kid* rännstensunge

dead-line ['dedlaın] *s* tidsgräns; *when is the* ~? när löper fristen ut?; *the* ~ *for delivery is tomorrow* sista leveransdagen är i morgon

deadlock ['dedlɒk] *s* dödläge

deadly ['dedlı] **I** *a* **1** dödlig, dödsbringande; giftig; ~ *nightshade* bot. belladonna **2** döds- [~ *enemies*] **3** dödslik **4** fam. dödtrist **II** *adv* dödligt, döds- [~ *pale*]

dead-on ['ded'ɒn] *a* på pricken

deadpan ['ded'pæn] sl. **I** *s* pokeransikte **II** *a*, ~ *face* pokeransikte

deaf [def] *a* döv; ~ *and dumb* dövstum; *my words fell on* ~ *ears* jag talade för döva öron; *turn a* ~ *ear to* slå dövörat till för

deaf-aid ['defeıd] *s* hörapparat

deafen ['defn] *tr* göra döv; bedöva; ~*ing* öronbedövande

deaf-mute ['def'mju:t] *s* dövstum [person]

1 deal [di:l] *s* **1** bredare gran-, furu|planka; pl. ~*s* koll. plank **2** virke gran, furu

2 deal [di:l] **I** *s* **1** *a great* (*good*) ~ en hel del, åtskilligt **2** fam. affär, affärstransaktion; uppgörelse, överenskommelse; *that's a* ~! då säger vi det!, kör till!; *big* ~! isht Am. än sen då?, iron. fantastiskt! **3** *new* ~ 'ny giv', ekonomiskt och socialt reformprogram **4** fam., *give a p. a fair* (*square*) ~ behandla ngn rättvist **5** kort. giv, givning; *whose* ~ *is it?* vem skall ge? **II** (*dealt dealt*) *tr* utdela [äv. ~ *out*]; tilldela, ge [~ *a p. a blow*]; kort. dela ut, ge **III** (*dealt dealt*) *itr* **1** handla, göra affärer **2** ~ *with* a) ha att göra med b) behandla; handla mot, uppträda mot c) ta itu med, gripa sig an [~ *with a problem*]; handlägga, bereda ärende d) handla om, behandla **3** kort. ge

dealer ['di:lə] *s* **1** handlande [*in* med], ofta i sms. -handlare **2** *a plain* ~ en hederlig människa **3** börsspekulant **4** kort. givare

dealing ['di:lıŋ] *s*, **1** vanl. pl.: ~*s* affärer; förbindelse[r]; umgänge; samröre; *underhand* ~[*s*] fiffel, mygel **2** vanl. pl.: ~*s* uppförande; handlande

dealt [delt] imp. o. pp. av *2 deal*

dean [di:n] *s* **1** domprost **2** univ. dekan[us] **3** doyen [~ *of the diplomatic corps*]

dear [dıə] **I** *a* **1** kär [*to* för]; rar, gullig; hälsningsfras i brev äv. bäste [*D*~ *Mr. Brown*]; *D*~ *Sir* (*Madam*) i formella brev: utan motsvarighet i sv.; *he ran for* ~ *life* han sprang för brinnande livet **2** dyr, kostsam **II** *s* **1** isht i tilltal, ~*est* kära du; *my* ~ kära du; [*carry this for me*,] *there's a* ~ fam. . . så är du snäll **2** raring [*she is a* ~] **III** *adv* dyrt **IV** *interj*, ~ *me!* uttr. förvåning o. d. kors!, nej men!; *oh* ~! oj då, aj, aj; ~ ~! oj! oj!

dearly ['dıəlı] *adv* **1** innerligt, högt [*love* ~]; ivrigt, livligt **2** dyrt [*sell o.'s life* ~]

dearth [dɜ:θ] *s* **1** brist, knapphet **2** hungersnöd

deary ['dıərı] *s* fam., *hallo* ~! hej raring!

death [deθ] *s* död; frånfälle; dödsfall; *it will be the* ~ *of me* det blir min död; *hold on like grim* ~ hålla ut in i det sista; *catch o.'s* ~ [*of cold*] fam. få en brakförkylning; *be at* ~*'s door* ligga för döden; *be in at the* ~ jakt. vara med vid villebrådets dödande; bildl. vara med i slutskedet; *be frightened* (*scared*) *to* ~ *of a th.* (*a p.*) vara dörädd för ngt (ngn); *be sick* (*bored, tired*) *to* ~ *of a th.* (*a p.*) vara utled på ngt (ngn); *put to* ~ ta livet av, avliva, avrätta

deathbed ['deθbed] *s* dödsbädd

death-blow ['deθbləʊ] *s* dödande slag; bildl. dödsstöt, dråpslag

death-duties ['deθ,dju:tız] *s pl* olika slags arvsskatt

deathlike ['deθlaık] *a* döds|lik, -liknande

deathly ['deθlı] **I** *a* dödlig; dödslik, döds- **II** *adv* dödligt, döds-

death-rate ['deθreıt] *s* dödstal, dödlighet

death-ray ['deθreı] *s* dödsstråle

death-roll ['deθrəʊl] *s* lista över döda (stupade)

death's-head ['deθshed] *s* dödskalle

death-throes ['deθθrəʊz] *s pl* dödsryckningar äv. bildl.

death-trap ['deθtræp] *s* dödsfälla

death-warrant ['deθ,wɒrənt] *s* dödsdom

death-wish ['deθwıʃ] *s* psykol. dödsdrift

debacle [deı'bɑ:kl] *s* katastrof, sammanbrott; stort nederlag

debar [dı'bɑ:] *tr* **1** utesluta, avstänga **2**

förhindra; förbjuda
debase [dɪ'beɪs] *tr* **1** försämra **2** förnedra **3** sänka silverhalten i [~ *the coinage*]
debatable [dɪ'beɪtəbl] *a* diskutabel, omtvistlig; omstridd
debat|e [dɪ'beɪt] **I** *itr* o. *tr* **1** diskutera, debattera, dryfta; *-ing society* diskussionsklubb **2** fundera [på] **II** *s* diskussion, debatt
debater [dɪ'beɪtə] *s* debattör
debauch [dɪ'bɔ:tʃ] **I** *tr* moraliskt fördärva, korrumpera **II** *s* orgie; utsvävning
debauchee [ˌdebɔ:'tʃi:] *s* vällusting
debauchery [dɪ'bɔ:tʃərɪ] *s* utsvävningar, liderlighet
debenture [dɪ'bentʃə] *s* debenture, slags obligation
debilitate [dɪ'bɪlɪteɪt] *tr* försvaga
debility [dɪ'bɪlətɪ] *s* svaghet, kraftlöshet
debit ['debɪt] **I** *s* debet **II** *tr* debitera
debonair [ˌdebə'neə] *a* charmig; glad[lynt]
debouch [dɪ'bautʃ] *itr* **1** mil. rycka fram **2** mynna ut
debris ['deɪbri:, 'deb-] *s* spillror; skräp
debt [det] *s* skuld; *bad ~s* osäkra fordringar; *National D~* statsskuld; *~ collector* inkasserare; *I owe you a ~ of gratitude* jag står i tacksamhetsskuld till er; *be in a p.'s ~* stå i skuld hos ngn; *be in ~* vara skuldsatt; *run into ~* sätta sig i skuld; *out of ~* skuldfri
debtor ['detə] *s* **1** gäldenär **2** *D~* bokföringsrubrik debet
debunk [di:'bʌŋk] *tr* fam. avslöja, säga sanningen om
debut ['deɪbu:] *s* debut
debutante ['debjʊtɑ:nt] *s* kvinnlig debutant spec. i societetslivet
Dec. förk. för *December*
decade ['dekeɪd, dɪ'keɪd] *s* decennium, årtionde
decadence ['dekədəns] *s* dekadans, förfall
decadent ['dekədənt] *a* dekadent, förfallen
decagram[me] ['dekəgræm] *s* dekagram
decal ['di:kæl] *s* dekal
decalitre ['dekəˌli:tə] *s* dekaliter
decametre ['dekəˌmi:tə] *s* dekameter
decamp [dɪ'kæmp] *itr* **1** bryta upp [från lägret], avtåga **2** rymma [fältet], avvika
decant [dɪ'kænt] *tr* dekantera; hälla [upp]
decanter [dɪ'kæntə] *s* [vin]karaff
decapitate [dɪ'kæpɪteɪt] *tr* halshugga
decarbonize [di:'kɑ:bənaɪz] *tr* sota motor; tekn. befria från kol
decathlon [dɪ'kæθlɒn, -ən] *s* sport. tiokamp
decay [dɪ'keɪ] **I** *itr* **1** förfalla; fördärvas; tyna av **2** multna, murkna; vissna **3** vara angripen av karies **II** *tr* **1** fördärva, tära på **2** orsaka karies i **III** *s* **1** förfall; avtynande, avtyning; *fall into ~* råka i förfall **2** förmultning, förruttnelse **3** karies[angrepp]
decayed [dɪ'keɪd] *a* **1** förfallen **2** skämd, murken; [karies]angripen
decaying [dɪ'keɪɪŋ] *a* **1** stadd i förfall **2** ruttnande; *~ teeth* [karies]angripna tänder
Decca ['dekə]
decease [dɪ'si:s] *s* frånfälle, död
deceased [dɪ'si:st] **I** *a* avliden **II** *s, the ~* den avlidne; de avlidna
deceit [dɪ'si:t] *s* **1** bedrägeri; svek **2** bedräglighet
deceitful [dɪ'si:tfʊl] *a* bedräglig, svekfull
deceive [dɪ'si:v] *tr* o. *itr* bedra[ga], vilseleda; lura; *be ~d* äv. missräkna sig
deceiver [dɪ'si:və] *s* bedragare
decelerate [di:'seləreɪt] *tr* o. *itr* minska hastigheten (farten) [på], sakta [farten]
deceleration ['di:ˌselə'reɪʃən] *s* fartminskning
December [dɪ'sembə] *s* december
decency ['di:snsɪ] *s* **1** anständighet; *in [common] ~* anständigtvis **2** fam. hygglighet
decenni|um [dɪ'senj|əm] (pl. *-a* [-ə] el. *-ums*) *s* decennium, årtionde
decent ['di:snt] *a* **1** passande, tillbörlig; anständig; städad; ordentlig; ärbar **2** fam. hygglig, snäll **3** fam. hygglig, skaplig
decentralize [di:'sentrəlaɪz] *tr* decentralisera
deception [dɪ'sepʃən] *s* **1** bedrägeri, list, knep **2** illusion, villfarelse
deceptive [dɪ'septɪv] *a* bedräglig, vilseledande; *appearances are ~* skenet bedrar
decibel ['desɪbel] *s* fys. decibel
decide [dɪ'saɪd] **I** *tr* **1** avgöra; bestämma [sig för], besluta [sig för] **2** inse, finna **II** *itr* **1** bestämma sig, besluta sig **2** välja [*between*] **3** avgöra, döma
decided [dɪ'saɪdɪd] *a* **1** bestämd, avgjord [*a ~ difference*] **2** bestämd [*in a ~ voice*]
decider [dɪ'saɪdə] *s* sport. avgörande lopp (match, parti)
deciding [dɪ'saɪdɪŋ] *a* avgörande, utslagsgivande [*a ~ factor*]
deciduous [dɪ'sɪdjʊəs] *a* årligen lövfällande [*~ trees*]; *~ forest* lövskog
decigram[me] ['desɪgræm] *s* decigram
decilitre ['desɪˌli:tə] *s* deciliter
decimal ['desɪməl] **I** *a* decimal- [*~ system*]; *~ fraction* decimalbråk; *~ point* decimalkomma i sv. [*0·26* läses vanl. *point two six*] **II** *s* decimal; decimalbråk
decimate ['desɪmeɪt] *tr* decimera
decimetre ['desɪˌmi:tə] *s* decimeter
decipher [dɪ'saɪfə] *tr* dechiffrera; tyda [ut]
decision [dɪ'sɪʒən] *s* **1** avgörande; beslut; utslag, dom[slut]; *come to (arrive at) a ~* fatta ett beslut **2** beslutsamhet
decisive [dɪ'saɪsɪv] *a* **1** avgörande **2** bestämd; beslutsam

deck [dek] **I** *s* **1** sjö. däck **2** våning, plan i buss o. d. **3** isht Am. kortlek **II** *tr* mest poet. smycka, pryda [äv. ~ *out*]
deck-chair ['dektʃeə] *s* däcksstol; fällstol
decker ['dekə] *s* i sms. -däckare [*double-decker*]
deck-hand ['dekhænd] *s* sjö. jungman
deckle-edged ['dekl'edʒd, '—] *a*, ~ *paper* handgjort papper med oskurna kanter
declaim [dɪ'kleɪm] **I** *itr* **1** deklamera **2** orera **II** *tr* deklamera
declamation [ˌdeklə'meɪʃən] *s* **1** talarkonst **2** deklamation
declamatory [dɪ'klæmətərɪ] *a* deklamatorisk; högtravande
declaration [ˌdeklə'reɪʃən] *s* **1** förklaring [~ *of war*], tillkännagivande; *the D~ of Independence* Am. oavhängighetsförklaringen av 1776 **2** deklaration, anmälan; *customs* ~ tulldeklaration
declare [dɪ'kleə] **I** *tr* **1** förklara, tillkännage, deklarera, förkunna, betyga [*a th. to a p.* ngt för ngn]; ~ *war on* (*against*) förklara krig mot; *well, I ~!* det må jag då säga! **2** deklarera, anmäla, uppge; [*have you anything*] *to ~?* tullv. . . att förtulla? **3** kort. bjuda **II** *itr* förklara (uttala) sig [~ *for* (*against*) *a th.*]
declared [dɪ'kleəd] *a* förklarad, uttalad; svuren
declassify ['di:'klæsɪfaɪ] *tr* offentliggöra, släppa fri [~ *information*]
declension [dɪ'klenʃən] *s* gram. deklination; böjning
declinable [dɪ'klaɪnəbl] *a* gram. böjlig
declin|e [dɪ'klaɪn] **I** *itr* **1** slutta nedåt, luta; böja sig ned **2** om sol o. d. dala, sjunka **3** bildl. gå utför (tillbaka), avta[ga], minska; förfalla; *-ing birth-rate* sjunkande födelsetal; *-ing health* avtagande hälsa **4** avböja, tacka nej **II** *tr* **1** böja ned, luta **2** avböja, undanbe sig; vägra **3** gram. böja, deklinera **III** *s* **1** avtagande, tillbakagång, nedgång; förfall; *be on the* ~ vara i avtagande **2** nedgång, minskning **3** sluttning
declivity [dɪ'klɪvətɪ] *s* sluttning [nedåt], lutning
declutch ['di:'klʌtʃ] *itr* motor. koppla (trampa) ur
decoct [dɪ'kɒkt] *tr* koka av
decoction [dɪ'kɒkʃən] *s* **1** avkokning **2** avkok, dekokt
decode ['di:'kəud] *tr* dechiffrera; data. avkoda
decoder ['di:'kəudə] *s* data. avkodare
décolletage [ˌdeɪkɒl'tɑ:ʒ] *s* (fr.) dekolletage, urringning
décolleté [deɪ'kɒlteɪ] *a* (fr.) dekolleterad, urringad
decompose [ˌdi:kəm'pəuz] **I** *tr* lösa upp, sönderdela, bryta ned **II** *itr* lösas upp, falla sönder; vittra; ruttna
decomposition [ˌdi:kɒmpə'zɪʃən] *s* upplösning, sönderfall; förruttnelse
decontaminate ['di:kən'tæmɪneɪt] *tr* avgasa, sanera
decontamination ['di:kənˌtæmɪ'neɪʃən] *s* avgasning, sanering
decontrol ['di:kən'trəul] *tr* frige vara från [stats]kontroll; slopa kontrollen av
décor ['deɪkɔ:] *s* teat. o. d. dekor, dekorationer
decorate ['dekəreɪt] *tr* **1** dekorera; pryda, smycka, klä [~ *the Christmas tree*] **2** måla och tapetsera; inreda
decoration [ˌdekə'reɪʃən] *s* **1** dekorering, prydande, [ut]smyckning; *interior* ~ heminredning **2** dekoration, prydnad [*Christmas ~s*] **3** dekoration, orden
decorative ['dekərətɪv] *a* dekorativ
decorator ['dekəreɪtə] *s* **1** dekoratör **2** [*painter and*] ~ målare hantverkare; *interior* ~ inredningsarkitekt
decorous ['dekərəs] *a* anständig, korrekt
decorum [dɪ'kɔ:rəm] *s* **1** anständighet, värdighet, dekorum **2** konvenans, god ton
decoy [ss. subst. 'di:kɔɪ, ss. vb dɪ'kɔɪ] **I** *s* **1** lockfågel äv. bildl.; lockbete, lockmedel; bulvan **2** andkoja **II** *tr* **1** fånga med lockfågel **2** bildl. locka [i fällan]; lura
decrease [ss. vb vanl. dɪ'kri:s, ss. subst. 'di:kri:s] **I** *itr* o. *tr* minska[s], avta **II** *s* minskning, nedgång; *on the* ~ i avtagande
decreasingly [dɪ'kri:sɪŋlɪ] *adv* mindre och mindre, allt mindre
decree [dɪ'kri:] **I** *s* **1** dekret, påbud; förordning, kungörelse **2** jur. dom **II** *tr* påbjuda, bestämma, förordna, dekretera
decree nisi [dɪ'kri:'naɪsaɪ, -sɪ] *s* jur. provisorisk skilsmässa, hemskillnad
decrepit [dɪ'krepɪt] *a* skröplig; fallfärdig
decry [dɪ'kraɪ] *tr* nedvärdera, racka ner på
dedicate ['dedɪkeɪt] *tr* **1** ägna; ~ *o.s. to* ägna (hänge) sig åt **2** tillägna, dedicera **3** inviga
dedicated ['dedɪkeɪtɪd] *a* o. *pp* hängiven, [starkt] engagerad
dedication [ˌdedɪ'keɪʃən] *s* **1** hängivenhet [*to* för]; engagemang **2** tillägnan, dedikation **3** invigning
dedicatory ['dedɪkətərɪ] *a* dedikations-
deduce [dɪ'dju:s] *tr* sluta sig till, härleda, deducera [fram]
deduct [dɪ'dʌkt] *tr* dra av (ifrån); *be ~ed from* avgå från summa
deductible [dɪ'dʌktəbl] *a* avdragsgill isht vid självdeklaration
deduction [dɪ'dʌkʃən] *s* **1** avdrag, avräkning **2** härledning; slutledning; slutsats
deed [di:d] *s* **1** handling; gärning; *by* (*in*)

word and ~ i ord och gärning **2** bragd, bedrift **3** jur. a) överlåtelsehandling b) dokument, kontrakt, urkund, handling
deed-poll ['di:dpəul] *s, change o.'s name by* ~ ung. [officiellt] byta namn
deejay [di:'dʒeɪ] *s* sl. disc-jockey, skivpratare
deem [di:m] *tr* litt. anse, [för]mena; tro
deep [di:p] **I** *a* **1** djup; *go off the* ~ *end* fam. bli rasande; *be in* (*get into*) ~ *water*[*s*] bildl. vara ute (komma ut) på djupt vatten; ~ *in thought* [försänkt] i djupa tankar **2** djup, svårfattlig, dunkel **3** djupsinnig **4** djup[gående], grundlig [~ *insight*] **II** *adv* djupt äv. bildl. [*go* (*sink*) ~]; långt [~ *into* (in på) *the night*]; ~ *down* [*in his heart*] innerst inne **III** *s* havsdjup; *the* ~ poet. havet, djupet
deepen ['di:pən] *tr* o. *itr* fördjupa[s]; göra (bli) djupare
deep-freeze ['di:p'fri:z] **I** (*deep-froze deep-frozen* el. ~*d* ~*d*) *tr* djupfrysa; *deep-frozen meat* djupfryst kött **II** *s* frys[box]
deep-fry ['di:p'fraɪ] *tr* fritera, flottyrkoka
deep-laid ['di:p'leɪd] *a* noggrant planerad, utstuderad, slug [*a* ~ *scheme*]
deep-rooted ['di:p'ru:tɪd] *a* djupt [in]rotad, djuprotad [~ *hatred*]
deep-sea ['di:psi:] *a* storsjö-, djuphavs- [~ *fishing*], djup- [~ *diving*]
deep-seated ['di:p'si:tɪd] *a* djupt liggande [~ *causes*]; djupt [in]rotad [~ *conviction*]
deep-set ['di:p'set] *a* djupt liggande [~ *eyes*]
deer [dɪə] (pl. lika) *s* hjort; rådjur
deer-stalker ['dɪəˌstɔ:kə] *s* **1** gång-, hjort|skytt **2** fam. jägarmössa typ Sherlock Holmes
deer-stalking ['dɪəˌstɔ:kɪŋ] *s* smygjakt på hjort
de-escalate [dɪ'eskəleɪt] *tr* o. *itr* trappa[s] ned
de-escalation [dɪˌeskə'leɪʃən] *s* nedtrappning
deface [dɪ'feɪs] *tr* **1** vanställa, vanpryda **2** utplåna
de facto [ˌdi:'fæktəu] (lat.) **I** *a* faktisk **II** *adv* de facto, i själva verket
defamation [ˌdefə'meɪʃən] *s* ärekränkning, förtal
defamatory [dɪ'fæmətərɪ] *a* ärekränkande
defame [dɪ'feɪm] *tr* ärekränka, förtala
default [dɪ'fɔ:lt] **I** *s* **1** försummelse; underlåtenhet att betala **2** sport., *win* (*lose*) *a game by* ~ vinna (förlora) en match på walkover genom att motspelarna (man själv) uteblir **3** *in* ~ *of* i brist på **II** *itr* **1** tredskas; inte fullgöra sin[a] skyldighet[er]; brista i betalning; bryta kontrakt **2** mil. ta bondpermission
defaulter [dɪ'fɔ:ltə] *s* försumlig person; försumlig betalare; mil. försumlig soldat
defeat [dɪ'fi:t] **I** *s* **1** besegrande; nederlag [*suffer* [*a*] ~], sport. äv. förlust **2** omintetgörande **II** *tr* **1** besegra, slå; *be* ~*ed* äv. lida nederlag, förlora **2** omintetgöra
defeatism [dɪ'fi:tɪzəm] *s* defaitism
defeatist [dɪ'fi:tɪst] *s* defaitist
defecate ['defəkeɪt] *itr* läk. ha avföring
defect [ss. subst. 'di:fekt, ss. vb dɪ'fekt] **I** *s* brist [~*s in the system*; *of* på]; defekt; ofullkomlighet, fel, felaktighet, lyte; *speech* ~ talfel **II** *itr* pol. avfalla; hoppa av
defection [dɪ'fekʃən] *s* pol. avfall; avhopp
defective [dɪ'fektɪv] *a* bristfällig; defekt; ofullständig; felaktig; *mentally* ~ [intellektuellt] efterbliven
defector [dɪ'fektə] *s* pol. avfälling; avhoppare
defence [dɪ'fens] *s* **1** försvar; skydd [~ *against the cold*], värn; ~ *mechanism* psyk. försvarsmekanism; *in* ~ *of* till försvar för **2** jur. försvarstalan, svaromål; *the* ~ svarandesidan **3** pl. ~*s* mil. försvarsverk
defenceless [dɪ'fensləs] *a* försvars-, värn|lös
defend [dɪ'fend] *tr* **1** försvara; skydda, värja, värna [*against, from* mot, för] **2** jur., ~ *o.s.* föra sin egen talan
defendant [dɪ'fendənt] *s* o. *a* jur. svarande
defender [dɪ'fendə] *s* försvarare; sport. försvarsspelare
defense [dɪ'fens] *s* Am. = *defence*
defensible [dɪ'fensəbl] *a* försvarbar
defensive [dɪ'fensɪv] **I** *a* defensiv, försvars- **II** *s, be on the* ~ hålla sig på defensiven
1 defer [dɪ'fɜ:] *tr* o. *itr* skjuta upp, dröja [[*doing*] *a th.* med [att göra] ngt] ~*red payment* uppskjuten betalning
2 defer [dɪ'fɜ:] *itr,* ~ *to* böja sig (falla undan) för, foga sig efter
deference ['defərəns] *s* hänsyn, hänsynsfullhet [*show* (*pay*) ~ *to* (mot)]; aktning
deferential [ˌdefə'renʃəl] *a* hänsyns-, aktnings|full
defiance [dɪ'faɪəns] *s* utmaning; trots; *bid* ~ *to* utmana, trotsa; *in* ~ *of* trots, i trots av
defiant [dɪ'faɪənt] *a* utmanande; trotsig
deficiency [dɪ'fɪʃənsɪ] *s* **1** bristfällighet; brist; *mental* ~ [intellektuell] efterblivenhet **2** hand. deficit, brist; *make up* (*good*) *a* ~ ersätta felande belopp
deficient [dɪ'fɪʃənt] *a* bristande; bristfällig, ofullständig; underhaltig; *mentally* ~ [intellektuellt] efterbliven; *be* ~ *in* sakna
deficit ['defɪsɪt] *s* hand. underskott, deficit, brist
1 defile [dɪ'faɪl] **I** *s* pass, trång passage **II** *itr* mil. marschera på ett led (i kolonn), defilera
2 defile [dɪ'faɪl] *tr* [för]orena; besudla
definable [dɪ'faɪnəbl] *a* definierbar
define [dɪ'faɪn] *tr* **1** bestämma [gränserna

för], begränsa, avgränsa; fixera, precisera [~ *a p.'s duties*]; fastställa **2** definiera
definite ['defınət] *a* avgränsad; fastställd; avgjord; uttrycklig [*a ~ answer*]; exakt, bestämd äv. gram. [*the ~ article*], definitiv
definitely ['defınətlı] *adv* absolut, avgjort, definitivt
definition [ˌdefı'nıʃən] *s* **1** definition **2** tydlighet; skärpa på TV-bild, foto m. m.
definitive [dı'fınətıv] *a* **1** definitiv, avgörande, oåterkallelig [*a ~ answer*] **2** föredömlig [och auktoritativ] [*a ~ edition*]
deflate [dı'fleıt] **I** *tr* **1** släppa luften ur, tömma på luft **2** ekon. minska; åstadkomma en deflation av; sänka [~ *prices*] **3** bildl. stuka [till]; gäcka **II** *itr* **1** tömmas på luft **2** ekon. åstadkomma (undergå) en deflation
deflation [dı'fleıʃən] *s* ekon. deflation
deflationary [dı'fleıʃnərı] *a* ekon. deflations-
deflect [dı'flekt] **I** *tr* få ngt att böja (vika) av, avleda **II** *itr* böja (vika) av
deflection [dı'flekʃən] *s* böjning [åt sidan (nedåt)], krökning; avvikning, avvikelse
Defoe [dı'fəʊ, də'f-]
defoliant [dı'fəʊlıənt] *s* avlövningsmedel, defoliant
defoliation [di:ˌfəʊlı'eıʃən] *s* lövfällning; avlövning
deform [dı'fɔ:m] *tr* deformera, vanställa
deformation [ˌdi:fɔ:'meıʃən] *s* vanställande; missbildning; deformation
deformed [dı'fɔ:md] *a* vanställd, deformerad; vanskapad, missbildad
deformity [dı'fɔ:mətı] *s* **1** vanskaplighet **2** deformitet, missbildning, lyte
defraud [dı'frɔ:d] *tr* bedraga [*of* på]
defrauder [dı'frɔ:də] *s* bedragare, förskingrare
defray [dı'freı] *tr* bestrida, bära [~ *the costs*]
defrayal [dı'freıəl] *s* o. **defrayment** [dı'freımənt] *s* bestridande [~ *of the costs*]
defrost ['di:'frɒst] *tr* tina upp fruset kött o. d.; frosta av t. ex. kylskåp, vindruta
defroster ['di:'frɒstə] *s* defroster
deft [deft] *a* flink, händig, skicklig, kvick
defunct [dı'fʌŋ*k*t] *a* avliden, död
defuse ['di:'fju:z] *tr* desarmera
defy [dı'faı] *tr* **1** trotsa [~ *the law*]; gäcka; *the problem defied solution* problemet gick inte att lösa **2** utmana
degeneracy [dı'dʒenərəsı] *s* degeneration, urartning; förfall
degenerate [ss. adj. o. subst. dı'dʒenərət, ss. vb dı'dʒenəreıt] **I** *a* degenererad, urartad **II** *s* degenererad individ **III** *itr* degenerera[s], urarta
degeneration [dıˌdʒenə'reıʃən] *s* degenerering, degeneration, urartning
degradation [ˌdegrə'deıʃən] *s* **1** degradering; avsättande **2** förnedring; försämring, förfall
degrade [dı'greıd] *tr* **1** degradera; avsätta **2** förnedra, förödmjuka; fördärva
degree [dı'gri:] *s* **1** grad; *by ~s* gradvis, stegvis; *to a certain* (*to some*) ~ i viss (någon) mån; *to a high ~* i hög grad **2** rang, värdighet, ställning [*a man of high ~*] **3** mat., gram., univ. m. fl. grad, univ. äv. examen [*study for a ~, take the ~ of B.A.*]; *the third ~* jur. tredje graden hänsynslös förhörsmetod
dehydrate [di:'haıdreıt] **I** *tr* **1** torka; *~d eggs* äggpulver **2** kem. dehydratisera **II** *itr* torka
deification [ˌdi:ıfı'keıʃən] *s* förgudning
deify ['di:ıfaı] *tr* upphöja till gud; avguda
deign [deın] *itr, ~ to* nedlåta sig [till] att, värdigas
deism ['di:ızəm] *s* deism
deity ['di:ətı] *s* gudom; gudomlighet; gud[inna]
deject [dı'dʒekt] *tr* göra nedslagen (nedstämd)
dejection [dı'dʒekʃən] *s* nedslagenhet, förstämning
delay [dı'leı] **I** *tr* **1** dröja med [~ *doing a th.*] **2** fördröja, försena, uppehålla; *~ing tactics* förhalningstaktik **II** *itr* dröja **III** *s* fördröjning; dröjsmål; försening
delayed-action [dı'leıd'ækʃən] *a, ~ bomb* tidsinställd bomb
delectable [dı'lektəbl] *a* behaglig, ljuvlig
delectation [ˌdi:lek'teıʃən] *s* förnöjelse; muntration
delegacy ['delıgəsı] *s* **1** ombudsmannaskap **2** delegation, deputation
delegate [ss. subst. 'delıgət, -geıt, ss. vb 'delıgeıt] **I** *s* delegat, fullmäktig, delegerad, ombud **II** *tr* delegera: a) bemyndiga b) anförtro t. ex. myndighet åt ngn
delegation [ˌdelı'geıʃən] *s* **1** delegering; befullmäktigande; överlåtande av t. ex. myndighet på ngn **2** delegation, deputation
delete [dı'li:t] *tr* stryka [ut], utplåna
deleterious [ˌdelı'tıərıəs] *a* fördärvlig, skadlig
deletion [dı'li:ʃən] *s* [ut]strykning; utplånande
Delhi ['delı]
deliberate [ss. adj. dı'lıbərət, ss. vb dı'lıbəreıt] **I** *a* **1** överlagd, avsiktlig; ~ *falsehood* medveten osanning **2** försiktig, betänksam **II** *tr* överväga, tänka över **III** *itr* **1** överväga, betänka sig **2** rådslå, överlägga [*on* om]
deliberately [dı'lıbərətlı] *adv* **1** avsiktligt, medvetet **2** betänksamt, försiktigt
deliberation [dıˌlıbə'reıʃən] *s* **1** moget

övervägande, betänkande **2** överläggning
delicacy ['delɪkəsɪ] *s* **1** finhet **2** spädhet, klenhet, ömtålighet **3** känslighet **4** finess **5** finkänslighet; takt **6** delikatess, läckerhet
delicate ['delɪkət] *a* **1** fin, utsökt [~ *features,* ~ *lace*]; mild **2** späd, klen, ömtålig [*a* ~ *child,* ~ *health*], skör, spröd, vek **3** delikat, ömtålig [*a* ~ *situation*]; vansklig [*a* ~ *operation*] **4** känslig, fin [~ *instruments*] **5** finkänslig; taktfull **6** läcker [~ *food*]
delicatessen [ˌdelɪkə'tesn] *s* **1** delikatessaffär **2** (konstr. ss. pl.) färdiglagad mat, charkuterivaror; delikatesser
delicious [dɪ'lɪʃəs] *a* **1** härlig, ljuvlig **2** läcker, delikat, utsökt
delight [dɪ'laɪt] **I** *s* nöje, glädje, [väl]behag; förtjusning; *take* [*a*] ~ *in* finna nöje i; njuta av **II** *tr* glädja **III** *itr,* ~ *in* finna nöje i, njuta av [*he* ~*s in teasing me*]
delighted [dɪ'laɪtɪd] *a* glad, förtjust [*at* (*with*) *a th.* över ngt]; *I shall be* ~ *to come* jag kommer med förtjusning
delightful [dɪ'laɪtf*u*l] *a* förtjusande, härlig
delimitation [dɪˌlɪmɪ'teɪʃən] *s* avgränsning; utstakning av gräns
delineate [dɪ'lɪnɪeɪt] *tr* **1** teckna [konturerna av]; skissera **2** beskriva, skildra
delineation [dɪˌlɪnɪ'eɪʃən] *s* **1** [kontur]-teckning; skiss **2** beskrivning
delinquency [dɪ'lɪŋkwənsɪ] *s* **1** *juvenile* ~ ungdomsbrottslighet **2** förseelse
delinquent [dɪ'lɪŋkwənt] **I** *a* brottslig **II** *s* delinkvent; *juvenile* ~ ungdomsbrottsling
delirious [dɪ'lɪrɪəs] *a* gripen av yrsel, yrande; vild; yr, ifrån sig [~ *with* (av) *joy*]
delirium [dɪ'lɪrɪəm] *s* delirium; yrsel, feberfantasier; yra; raseri [*fit of* ~]
deliver [dɪ'lɪvə] *tr* **1** lämna av, lämna ut, lämna fram, överlämna, hand. leverera; dela ut, bära ut [~ *letters*]; framföra [~ *a message to a p.*] **2** befria [*from*]; frälsa [~ *us from evil*] **3** föredra, framföra, hålla [~ *a speech*] **4** förlösa; *be* ~*ed of a child* nedkomma med (föda) ett barn **5** ~ [*up* (*over*)] lämna ifrån sig; *stand and* ~*!* pengarna eller livet! **6** rikta, dela ut [~ *a blow*]; ~ *battle* leverera batalj
deliverance [dɪ'lɪvərəns] *s* **1** befrielse, räddning [*from*] **2** yttrande; utlåtande
deliverer [dɪ'lɪvərə] *s* **1** befriare, räddare **2** leverantör; [varu]bud
delivery [dɪ'lɪvərɪ] *s* **1** av-, över-, ut|lämnande, leverans [~ *of goods*]; utdelning, utbär-[n]ing [~ *of letters*]; utsändning [*parcels'* ~]; [post]tur [*by the first* ~]; ~ *date* leveransdatum; ~ *man* varubud; ~ *note* följesedel; ~ *van* skåp-, transport|bil; *special* ~ express[befordran]; *cash* (*collect* Am.) *on* ~ [mot] efterkrav, [mot] postförskott **2** framförande [~ *of a speech*]; framställningssätt **3** förlossning, nedkomst **4** överlämnande, uppgivande [~ *of a fort*]
dell [del] *s* däld, liten dal
delphinium [del'fɪnɪəm] *s* bot. riddarsporre
delta ['deltə] *s* **1** grekiska bokstaven delta; ~ *rays* deltastrålar **2** delta[land] [*the Nile D*~]
delude [dɪ'lu:d, -'lju:d] *tr* lura, narra, förleda [*into* till]; ~ *o.s.* bedra (lura) sig själv
deluge ['delju:dʒ] **I** *s* **1** översvämning, syndaflod; häftigt regn, skyfall **2** bildl. störtflod **II** *tr* översvämma äv. bildl., dränka
delusion [dɪ'lu:ʒən, -'lju:-] *s* [själv]bedrägeri, illusion, inbillning; ~*s of grandeur* storhetsvansinne; *be under the* ~ *that* sväva i den villfarelsen att
delusive [dɪ'lu:sɪv, -'lju:-] *a* o. **delusory** [dɪ'lu:sərɪ, -'lju:-] *a* bedräglig, vilseledande, illusorisk
de luxe [də'lu:ks] *a* luxuös, lyx-
delve [delv] *itr,* ~ *into* forska (gräva) i
demagnetization ['di:ˌmægnɪtaɪ'zeɪʃən, di:'m-] *s* avmagnetisering
demagnetize ['di:'mægnɪtaɪz, di:'m-] *tr* avmagnetisera
demagogic [ˌdemə'gɒgɪk, -'gɒdʒɪk] *a* demagogisk
demagogue ['deməgɒg] *s* demagog, folkuppviglare
demagogy ['deməgɒgɪ, -gɒdʒɪ] *s* demagogi
demand [dɪ'mɑ:nd] **I** *tr* **1** begära, fordra, kräva **2** begära att få veta, fråga efter **II** *s* **1** begäran [*for* om], fordran, krav [*for* på]; anspråk; ~ *note* kravbrev; *make* ~*s on a p.* ställa anspråk på ngn; *on* ~ vid anfordran **2** efterfrågan [*for* på]; ~ *and supply* tillgång och efterfrågan; *in* ~ efterfrågad
demanding [dɪ'mɑ:ndɪŋ] *a* fordrande, krävande
demarcate ['di:mɑ:keɪt] *tr* avgränsa
demarcation [ˌdi:mɑ:'keɪʃən] *s* avgränsning; *line of* ~ demarkationslinje
demean [dɪ'mi:n] *tr,* ~ *o.s.* nedlåta sig
demeanour [dɪ'mi:nə] *s* uppträdande, hållning
demented [dɪ'mentɪd] *a* sinnessjuk; fam. heltokig
démenti [deɪ'mɑ:nti:] *s* (fr.) dementi, officiellt förnekande
demerit [di:'merɪt] *s* brist, svaghet; *merits and* ~*s* se *merit*
demi- ['demɪ] *pref* halv-
demigod ['demɪgɒd] *s* halvgud
demijohn ['demɪdʒɒn] *s* damejeanne
demilitarize ['di:'mɪlɪtəraɪz] *tr* demilitarisera
demise [dɪ'maɪz] *s* **1** frånfälle, död **2** upphörande
demisemiquaver ['demɪsemɪˌkweɪvə] *s* mus. trettiotvåendelsnot

demist [di:ˈmɪst] *tr* ta bort imman från
demister [di:ˈmɪstə] *s* defroster
demo [ˈdeməʊ] *s* fam. (kortform för *demonstration*) [protest]demonstration
demob [ˈdi:ˈmɒb] mil. fam. **I** *tr* (kortform för *demobilize*), *be* (*get*) *~bed* mucka **II** *s* (kortform för *demobilization*) muck
demobilization [ˈdi:ˌməʊbɪlaɪˈzeɪʃən] *s* demobilisering; hemförlovning
demobilize [di:ˈməʊbɪlaɪz] *tr* demobilisera; hemförlova
democracy [dɪˈmɒkrəsɪ] *s* demokrati, folkvälde
democrat [ˈdeməkræt] *s* demokrat
democratic [ˌdeməˈkrætɪk] *a* demokratisk
democratize [dɪˈmɒkrətaɪz] *tr* demokratisera
demographic [ˌdi:məˈgræfɪk] *a* demografisk
demolish [dɪˈmɒlɪʃ] *tr* **1** demolera, rasera, riva [ned] **2** bildl. förstöra; kullkasta
demolition [ˌdeməˈlɪʃən] *s* **1** demolering, rasering, [ned]rivning **2** bildl. förstörelse; kullkastning **3** mil., *~ squad* sprängpatrull
demon [ˈdi:mən] *s* **1** demon äv. bildl.; ond ande; djävul **2** fam. överdängare, baddare
demoniacal [ˌdi:məʊˈnaɪəkəl] *a* besatt, demonisk, djävulsk
demonstrable [dɪˈmɒnstrəbl] *a* bevislig, bevisbar; uppenbar
demonstrably [dɪˈmɒnstrəblɪ] *adv* bevisligen
demonstrate [ˈdemənstreɪt] **I** *tr* **1** bevisa; [upp]visa **2** demonstrera, [öppet] visa [*~ o.'s gratitude*] **3** demonstrera; förevisa **II** *itr* demonstrera
demonstration [ˌdeməns'treɪʃən] *s* **1** bevisning; uppvisande **2** demonstration
demonstrative [dɪˈmɒnstrətɪv] *a* **1** demonstrativ, öppen[hjärtig] **2** gram. demonstrativ
demonstrator [ˈdemənstreɪtə] *s* **1** demonstrant **2** demonstratör
demoralization [dɪˌmɒrəlaɪˈzeɪʃən] *s* demoralisering
demoralize [dɪˈmɒrəlaɪz] *tr* demoralisera
demote [dɪˈməʊt] *tr* degradera; flytta ned
demotion [dɪˈməʊʃən] *s* degradering; nedflyttning
demur [dɪˈmɜ:] **I** *itr* göra invändningar **II** *s* invändning
demure [dɪˈmjʊə] *a* **1** blyg[sam] **2** tillgjort allvarlig, blyg[sam]
den [den] *s* **1** djurs håla, lya, kula **2** tillhåll, näste [*thieves' ~*], håla [*an opium ~*]; fam. lya, krypin
denial [dɪˈnaɪəl] *s* **1** förnekande **2** avslag [*~ of* (på) *a request*], vägran; tillbakavisande **3** dementi **4** självförnekelse
denier [ˈdenɪə, ˈdenɪeɪ] *s* textil. denier
denigrate [ˈdenɪgreɪt] *tr* svärta ned, förtala
denim [ˈdenɪm] *s* **1** denim jeanstyg **2** fam., pl. *~s* blå-, överdrags|byxor; denimjeans
Denis [ˈdenɪs]
denizen [ˈdenɪzn] *s* mest poet. invånare
Denmark [ˈdenmɑ:k] Danmark
Dennis [ˈdenɪs]
denominate [dɪˈnɒmɪneɪt] *tr* benämna, beteckna [såsom]
denomination [dɪˌnɒmɪˈneɪʃən] *s* **1** benämning, beteckning **2** valör; myntenhet **3** denomination, kyrkosamfund
denominational [dɪˌnɒmɪˈneɪʃənl] *a* konfessionell, hörande till kyrkosamfund
denominator [dɪˈnɒmɪneɪtə] *s* mat. nämnare; *lowest* (*least*) *common ~* minsta gemensamma nämnare
denote [dɪˈnəʊt] *tr* beteckna; ange; tyda på
dénouement [deɪˈnu:mɑ̃:ŋ] *s* (fr.) upplösning i drama o. d.
denounce [dɪˈnaʊns] *tr* **1** peka ut, stämpla [*~ a p. as a spy*]; brännmärka, [skarpt] kritisera **2** ange brottsling
dense [dens] *a* **1** tät [*a ~ crowd, a ~ forest*]; kompakt **2** dum
densely [ˈdenslɪ] *adv* tätt, tät- [*~ populated*]
density [ˈdensətɪ] *s* **1** täthet **2** fys. densitet
dent [dent] **I** *s* buckla **II** *tr* göra märken i, buckla [till]; pp. *~ed* tillbucklad
dental [ˈdentl] **I** *a* **1** tand-; tandläkar-; *~ plate* tandprotes; *~ surgeon* tandläkare **2** fonet. dental [*~ sound*] **II** *s* fonet. dental
dentifrice [ˈdentɪfrɪs] *s* tand|pulver, -kräm
dentist [ˈdentɪst] *s* tandläkare
dentistry [ˈdentɪstrɪ] *s* tandläkaryrket; tandläkekonst
denture [ˈdentʃə] *s* tand|protes, -garnityr
denude [dɪˈnju:d] *tr* blotta [*of* på], avkläda; beröva
denunciation [dɪˌnʌnsɪˈeɪʃən] *s* **1** fördömande, brännmärkning **2** angivelse av brottsling **3** uppsägning [*~ of a treaty*]
deny [dɪˈnaɪ] *tr* **1** neka till, bestrida; dementera; *there is no ~ing the fact that . .* det kan inte förnekas att . . **2** neka, vägra; avvisa, tillbakavisa **3** *~ o.s.* neka sig, försaka
deodorant [dɪˈəʊdərənt] *s* deodorant
depart [dɪˈpɑ:t] **I** *itr* **1** avresa; avlägsna sig; om tåg o. d. avgå **2** *~ from* avvika (skilja sig) från; frångå [*~ from routine*] **II** *tr, ~ this life* skiljas från detta livet, gå ur tiden
departed [dɪˈpɑ:tɪd] **I** *a* **1** gången, [för]svunnen **2** hädan-, bort|gången **II** *s, the ~* den avlidne (avlidna), de avlidna
department [dɪˈpɑ:tmənt] *s* **1** avdelning; bildl. område; fack, gren; *~ store* varuhus; *the D~ of English* vid univ. o. d. engelska institutionen **2** [regerings]departement,

ministerium; *the D~ of State* el. *the State D~* i USA utrikesdepartementet
departmental [ˌdi:pɑ:t'mentl] *a* avdelnings-; departements-
departure [dɪ'pɑ:tʃə] *s* **1** avresa, avfärd, avgång; *point of ~* utgångspunkt; *~ platform* avgångsplattform; *take o.'s ~* avresa; avlägsna sig **2** avgående tåg (båt) [*arrivals and ~s*] **3** avvikelse; avsteg; *a new ~* ett nytt initiativ, en nyhet [*a new ~ in physics*]
depend [dɪ'pend] *itr* **1** bero, komma an [[*up*]*on* på]; *that* (*it* [*all*]) *~s* fam. det beror på **2** lita [[*up*]*on* på]; *~* [*up*]*on it* fam. det kan du lita på, var lugn för det
dependable [dɪ'pendəbl] *a* pålitlig
dependant [dɪ'pendənt] *s* beroende person; underlydande, tjänare
dependence [dɪ'pendəns] *s* **1** beroende, avhängighet [[*up*]*on* av] **2** tillit, förtröstan [[*up*]*on* till]
dependency [dɪ'pendənsɪ] *s* besittning
dependent [dɪ'pendənt] **I** *a* beroende [[*up*]*on* av]; hänvisad [[*up*]*on* till]; underordnad; *~ clause* bisats **II** *s* se *dependant*
depict [dɪ'pɪkt] *tr* **1** avbilda; teckna av **2** skildra, framställa
depiction [dɪ'pɪkʃən] *s* bild; skildring
deplete [dɪ'pli:t] *tr* [ut]tömma [*of* på]; förbruka, åderlåta
depletion [dɪ'pli:ʃən] *s* [ut]tömning, förbrukning, åderlåtning
deplorable [dɪ'plɔ:rəbl] *a* beklagansvärd, beklaglig; bedrövlig
deplore [dɪ'plɔ:] *tr* djupt beklaga
deploy [dɪ'plɔɪ] **I** *tr* **1** mil. sprida; gruppera **2** bildl. utveckla **II** *itr* mil. sprida sig; gruppera sig
depopulate [di:'pɒpjʊleɪt] *tr* avfolka
depopulation [di:ˌpɒpjʊ'leɪʃən] *s* avfolkning
deport [dɪ'pɔ:t] **I** *tr* föra bort; deportera, förvisa **II** *refl* uppföra (skicka) sig
deportation [ˌdi:pɔ:'teɪʃən] *s* deportation, förvisning
deportee [di:ˌpɔ:'ti:] *s* deporterad [person]
deportment [dɪ'pɔ:tmənt] *s* uppförande, uppträdande; hållning
depose [dɪ'pəʊz] **I** *tr* **1** avsätta t. ex. kung **2** jur. vittna [under ed] om **II** *itr* jur. vittna [under ed]
deposit [dɪ'pɒzɪt] **I** *tr* **1** lägga (sätta) ned; lägga ägg **2** deponera, lämna i förvar; sätta in [*~ money in a bank*] **3** deponera; lämna i handpenning **4** avlagra; utfälla bottensats **II** *s* **1** deposition; insättning [*savings-bank's ~s*] **2** pant; handpenning, förskott, insats; *no ~* på engångsflaska ingen retur **3** fällning, bottensats; avlagring; fyndighet [*ore ~*]
deposition [ˌdepə'zɪʃən, ˌdi:p-] *s* **1** avsättning av t. ex. kung **2** jur. vittnesmål, edlig försäkran **3** deponerande, insättning **4** [ut]fällning, avlagring **5** nedläggande
depositor [dɪ'pɒzɪtə] *s* insättare
depository [dɪ'pɒzɪtərɪ] *s* förvaringsställe; nederlag; *night ~* Am. servicebox, nattfack
depot ['depəʊ, Am. vanl. 'di:pəʊ] *s* **1** mil. depå **2** depå, förråd; nederlag **3** spårvagnshall; bussgarage **4** bangård **5** Am. busstation; järnvägsstation; flygterminal
deprave [dɪ'preɪv] *tr* fördärva, demoralisera
depraved [dɪ'preɪvd] *a* depraverad
depravity [dɪ'prævətɪ] *s* depravation
deprecat|e ['deprəkeɪt] *tr* **1** ogilla, beklaga **2** *a -ing gesture* en avvärjande gest
deprecation [ˌdeprə'keɪʃən] *s* ogillande, avståndstagande; avvärjande
deprecatory ['deprɪkətərɪ] *a* ogillande; avvärjande
depreciate [dɪ'pri:ʃɪeɪt] **I** *tr* **1** minska i värde; skriva ned valuta **2** bildl. nedvärdera **3** hand. skriva av **II** *itr* falla [i värde]
depreciation [dɪˌpri:ʃɪ'eɪʃən] *s* **1** värdeminskning, [värde]försämring; nedvärdering **2** bildl. nedvärdering
depreciatory [dɪ'pri:ʃjətərɪ] *a* nedsättande, förringande
depredation [ˌdeprə'deɪʃən] *s* plundring, härjning
depress [dɪ'pres] *tr* **1** trycka ned; slå an tangent **2** deprimera, göra nedslagen
depressed [dɪ'prest] *a* **1** nedstämd, nere, deprimerad [*he looked ~*] **2** matt, flau; *~ areas* krisområden där arbetslöshet råder
depressing [dɪ'presɪŋ] *a* deprimerande, nedslående
depression [dɪ'preʃən] *s* **1** depression; nedstämdhet **2** nedtryckning, sänkning **3** sänka, fördjupning **4** depression, lågkonjunktur **5** meteor. lågtryck; lågtryckscentrum
deprivation [ˌdeprɪ'veɪʃən] *s* berövande; förlust; försakelse
deprive [dɪ'praɪv] *tr* beröva [*a p. of a th.* ngn ngt]; undandra [*a p. of a th.* ngn ngt]
dept. förk. för *department*
depth [depθ] *s* djup äv. bildl.; djuphet; bredd; djupsinne; *the ~s* djupet [*from the ~s of my heart*]; *in ~* ingående [*a study in ~*]; *in the ~s of despair* i djupaste förtvivlan; *in the ~ of night* mitt i [den] mörkaste natten; *in the ~ of winter* mitt i [den kallaste] vintern; *be* (*get*) *out of o.'s ~* vara (komma för långt ut) på djupet; bildl. vara ute på hal is; *that's beyond my ~* det går över min horisont
depth-charge ['depθtʃɑ:dʒ] *s* sjunkbomb
deputation [ˌdepjʊ'teɪʃən] *s* **1** befullmäktigande **2** deputation

depute [dɪ'pju:t] *tr* **1** anförtro, överlåta åt ställföreträdare **2** befullmäktiga
deputize ['depjutaɪz] *itr* vikariera
deputy ['depjutɪ] *s* **1** deputerad; fullmäktig, ombud **2** ställföreträdare, vikarie; attr. vice-, ställföreträdande
derail [dɪ'reɪl] *tr* o. *itr* om tåg o. d. [få att] spåra ur
derange [dɪ'reɪndʒ] *tr* **1** bringa i oordning, rubba; störa **2** *mentally ~d* mentalsjuk
derangement [dɪ'reɪndʒmənt] *s* **1** oordning, rubbning, störning **2** mentalsjukdom
Derby ['dɑ:bɪ, Am. 'dɜ:bɪ] **I** egennamn **II** *s* **1** Derby årlig hästkapplöpning vid Epsom i England **2** a) derby om liknande tävlingar i andra länder b) [*local*] ~ lokalderby **3** *d~* Am. plommonstop, kubb
Derbyshire ['dɑ:bɪʃɪə, -ʃə]
Derek ['derɪk]
derelict ['derɪlɪkt] *a* övergiven, herrelös; öde- [*a ~ house*]
dereliction [ˌderɪ'lɪkʃən] *s* **1** övergivande **2** ödeläggelse **3** [äv. *~ of duty*] pliktförgätenhet, försumlighet
deride [dɪ'raɪd] *tr* håna, förlöjliga
derision [dɪ'rɪʒən] *s* hån, förlöjligande
derisive [dɪ'raɪsɪv] *a* o. **derisory** [dɪ'raɪsərɪ] *a* **1** hånfull, gäckande **2** löjlig
derivation [ˌderɪ'veɪʃən] *s* härledning; härstamning, ursprung; etymologi
derivative [dɪ'rɪvətɪv] **I** *a* härledd, avledd **II** *s* kem. derivat; gram. avledning
derive [dɪ'raɪv] **I** *tr* **1** dra, få, erhålla; *be ~d from* äv. härleda sig från **2** derivera, av-, här|leda **II** *itr* härleda sig, härstamma
dermatitis [ˌdɜ:mə'taɪtɪs] *s* med. dermatit
derogatory [dɪ'rɒgətərɪ] *a* **1** förklenande, förringande [*~ remarks*] **2** skadlig [*to* för]; inkräktande, inskränkande
derrick ['derɪk] *s* **1** slags lyftkran; lastbom **2** borrtorn över oljebrunn
dervish ['dɜ:vɪʃ] *s* dervisch
descant [ss. subst. 'deskænt, ss. vb dɪs'kænt] **I** *s* mus. **1** diskant **2** flerstämmig sång **II** *itr, ~* [*up*]*on* breda ut sig över
descend [dɪ'send] **I** *itr* **1** gå (komma, fara o. d.) ned; stiga ned; sjunka, sänka sig [*upon, on* över] **2** slutta [nedåt] **3** gå i arv **4** *~* [*up*]*on* överrumpla; slå ned på; [oväntat] titta in hos, överraska; hemsöka **5** *~ to* a) inlåta sig på b) nedlåta sig till c) genom arv tillfalla **II** *tr* **1** stiga (gå) nedför [*~ a hill*] **2** *be ~ed from* härstamma från
descendant [dɪ'sendənt] *s* ättling, avkomling [*of* till]
descent [dɪ'sent] *s* **1** ned|stigande, -stigning; nedgång; nedfärd **2** sluttning, nedförsbacke **3** plötsligt överfall **4** bildl. nedgång **5** härstamning [*from*]; *in the direct line of ~* i rakt nedstigande led

describe [dɪs'kraɪb] *tr* **1** beskriva; framställa, skildra **2** beteckna, benämna
description [dɪs'krɪpʃən] *s* **1** beskrivning; skildring; signalement **2** slag, sort
descriptive [dɪs'krɪptɪv] *a* beskrivande [*a ~ catalogue*]; skildrande; deskriptiv
descry [dɪs'kraɪ] *tr* skönja; upptäcka
desecrate ['desɪkreɪt] *tr* vanhelga
desecration [ˌdesɪ'kreɪʃən] *s* vanhelgande
desegregate ['di:'segrɪgeɪt] *tr* o. *itr* upphäva [ras]segregationen [i]
desegregation ['di:segrɪ'geɪʃən] *s* desegregation
1 desert [dɪ'zɜ:t] *s*, vanl. pl. *~s* förtjänst; *get* (*meet with*) *o.'s ~s* få vad man förtjänar
2 desert [ss. adj. o. subst. 'dezət, ss. vb dɪ'zɜ:t] **I** *a* öde, obebodd, ödslig; öken- **II** *s* öken äv. bildl.; ödemark **III** *tr* överge; svika; desertera från; pp.: *~ed* äv. folktom, öde **IV** *itr* desertera, rymma; svika; hoppa av
deserter [dɪ'zɜ:tə] *s* desertör
desertion [dɪ'zɜ:ʃən] *s* **1** övergivande **2** desertering, rymning
deserve [dɪ'zɜ:v] *tr* förtjäna, vara förtjänt av, vara värd
deservedly [dɪ'zɜ:vɪdlɪ] *adv* välförtjänt; med rätta
deserving [dɪ'zɜ:vɪŋ] *a* förtjänstfull, värdig, värd; *a ~ case* om pers. ett ömmande fall; *a ~ cause* ett behjärtansvärt ändamål
desiccate ['desɪkeɪt] *tr* torka [ut], göra torr
design [dɪ'zaɪn] **I** *tr* **1** formge; teckna, skissera; göra utkast till, rita [*~ a building*]; skapa, konstruera **2** planera, planlägga **3** avse [*a room ~ed for children*] **II** *itr* formge; teckna; rita [mönster] **III** *s* **1** form[givning], design; planläggning, planering; utkast; ritning [*a ~ for* (till) *a building*]; konstruktion, utförande; modell **2** mönster **3** plan; avsikt, syfte; *have ~s against a p.* hysa onda avsikter mot ngn; *a ~ on a p.'s life* ett anslag mot ngns liv; *she has ~s on him* hon lägger an på honom
designate [ss. vb 'dezɪgneɪt, ss. adj. 'dezɪgnət, -neɪt] **I** *tr* **1** ange; beteckna, benämna **2** designera, bestämma, utse, avse **II** *a* designerad, utnämnd
designedly [dɪ'zaɪnɪdlɪ] *adv* avsiktligt
designer [dɪ'zaɪnə] *s* **1** formgivare, designer; [mönster]ritare; tecknare [*fashion ~*]; *stage ~* scenograf, dekoratör **2** planerare, planläggare
designing [dɪ'zaɪnɪŋ] **I** *a* slug, beräknande **II** *s* formgivning, design; planläggning
desirable [dɪ'zaɪərəbl] *a* **1** önskvärd **2** åtråvärd
desire [dɪ'zaɪə] **I** *tr* **1** önska [sig], åtrå; *leave much to be ~d* lämna mycket övrigt att önska **2** begära, be **II** *s* **1** önskan; längtan, begär, åtrå [*for, of* efter, till] **2** begäran [*at*

(på) *your* ~] **3** önskning, önskemål
desirous [dɪ'zaɪərəs] *a* ivrig, lysten [*of* efter]; *be* ~ *of a th.* önska ngt
desist [dɪ'zɪst, dɪ'sɪst] *itr* avstå; upphöra
desk [desk] *s* **1** [skriv]bord; [skol]bänk; pulpet; *teacher's* ~ kateder **2** kassa i butik [*pay at the* ~]; reception på hotell
desolate [ss. adj. 'desələt, ss. vb 'desəleɪt] **I** *a* **1** ödslig; kal; övergiven; enslig **2** tröstlös; ensam [och övergiven] **II** *tr* **1** avfolka; ödelägga **2** göra bedrövad (förtvivlad)
desolation [ˌdesə'leɪʃən] *s* **1** ödeläggelse, förödelse **2** ödslighet **3** övergivenhet; förtvivlan
despair [dɪs'peə] **I** *s* förtvivlan [*at* över], misströstan [*of* om]; *be in* ~ vara förtvivlad; misströsta [*of* om] **II** *itr* förtvivla, misströsta [*of* om]
despairingly [dɪs'peərɪŋlɪ] *adv* förtvivlat
desperado [ˌdespə'rɑːdəʊ] *s* desperado, bandit
desperate ['despərət] *a* **1** desperat, förtvivlad; hänsynslös; huvudlös; drastisk **2** fam. fantastisk, förskräcklig [*a* ~ *hurry*]
desperation [ˌdespə'reɪʃən] *s* förtvivlan; desperation; *it drives me to* ~ fam. det gör mig vansinnig
despicable [dɪs'pɪkəbl] *a* föraktlig, ömklig
despise [dɪs'paɪz] *tr* förakta, ringakta
despite [dɪs'paɪt] *prep* trots, oaktat
despoil [dɪs'pɔɪl] *tr* [be]röva [*a p. of a th.* ngn ngt], [ut]plundra [*a p. of* (på) *a th.*]
despondence [dɪs'pɒndəns] *s* o. **despondency** [dɪs'pɒndənsɪ] *s* förtvivlan, misströstan
despondent [dɪs'pɒndənt] *a* förtvivlad, modfälld
despot ['despɒt] *s* despot, tyrann
despotic [des'pɒtɪk] *a* despotisk
despotism ['despətɪzəm] *s* despoti[sm]
dessert [dɪ'zɜːt] *s* dessert
dessertspoon [dɪ'zɜːtspuːn] *s* dessertsked
dessertspoonful [dɪ'zɜːtspuːnˌful] *s* dessertsked ss. mått
destination [ˌdestɪ'neɪʃən] *s* destination; bestämmelseort
destine ['destɪn] *tr* bestämma, ämna [*for* för, till]; destinera [*the ship was* ~*d for* (till) *Hull*]; *he was* ~*d never to see her again* han skulle aldrig träffa henne igen
destiny ['destɪnɪ] *s* **1** [livs]öde; bestämmelse **2** ödesgudinna
destitute ['destɪtjuːt] *a* [ut]blottad [*of* på]; utfattig; *be* ~ *of* äv. sakna, vara helt utan
destitution [ˌdestɪ'tjuːʃən] *s* fattigdom, armod, nöd
destroy [dɪs'trɔɪ] *tr* förstöra; tillintetgöra, förinta; riva ned, rasera; ödelägga; avliva
destroyer [dɪs'trɔɪə] *s* **1** förstörare **2** sjö. jagare
destructible [dɪs'trʌktəbl] *a* förstörbar
destruction [dɪs'trʌkʃən] *s* **1** förstörande, tillintetgörelse, förintelse; ödeläggelse; destruktion **2** undergång
destructive [dɪs'trʌktɪv] *a* destruktiv; förstörande; ~ *criticism* nedgörande kritik
desultory ['desəltərɪ] *a* osammanhängande; planlös, ometodisk; flyktig [~ *remarks*]
detach [dɪ'tætʃ] *tr* **1** lösgöra, ta loss, [av]skilja **2** mil. detachera, avdela
detachable [dɪ'tætʃəbl] *a* lös-, av|tagbar
detached [dɪ'tætʃt] *a* **1** avskild, enstaka, fristående; isolerad **2** opartisk, objektiv; oengagerad, likgiltig
detachment [dɪ'tætʃmənt] *s* **1** lösgörande, avskiljande, lossnande, avsöndring **2** avskildhet; isolering; opartiskhet; objektivitet; likgiltighet **3** mil. detachering
detail ['diːteɪl, dɪ'teɪl] **I** *tr* **1** utförligt relatera; specificera **2** mil. ta ut, kommendera, avdela, detachera [*for* till] **II** *s* detalj[er]; *give the* ~*s* förklara närmare
detailed ['diːteɪld, dɪ'teɪld] *a* detaljerad, detaljrik; omständlig
detain [dɪ'teɪn] *tr* **1** uppehålla, försena, hindra **2** hålla [kvar] i häkte; internera
detainee [ˌdiːteɪ'niː] *s* häktad (internerad) [person]; [politisk] fånge
detect [dɪ'tekt] *tr* upptäcka; spåra [upp]
detection [dɪ'tekʃən] *s* upptäckt; uppspårning
detective [dɪ'tektɪv] **I** *a* detektiv-, kriminal- [*a* ~ *story*]; ~ *inspector* kriminalinspektör **II** *s* detektiv
detector [dɪ'tektə] *s* tekn., radio. detektor; *sound* ~ lyssnarapparat
détente [deɪ'tɑ̃ːnt] *s* (fr.) pol. avspänning
detention [dɪ'tenʃən] *s* **1** uppehållande; [ofrivillig] försening **2** kvarhållande [i häkte]; internering; ~ *camp* mil. fång-, interneringsläger; ~ *centre* fångläger **3** kvarsittning efter skolans slut
deter [dɪ'tɜː] *tr* avskräcka, avhålla [*from*]
detergent [dɪ'tɜːdʒənt] **I** *a* renande **II** *s* tvätt-, disk-, rengörings|medel
deteriorate [dɪ'tɪərɪəreɪt] **I** *tr* försämra **II** *itr* försämras; urarta; sjunka i värde
deterioration [dɪˌtɪərɪə'reɪʃən] *s* försämring; urartning
determinate [dɪ'tɜːmɪnət] *a* bestämd
determination [dɪˌtɜːmɪ'neɪʃən] *s* **1** beslutsamhet, bestämdhet **2** bestämmande; fastställande **3** beslut, fast föresats
determine [dɪ'tɜːmɪn] **I** *tr* **1** bestämma; fastställa; beräkna; avgöra **2** besluta (bestämma) [sig för] **3** få (komma) ngn att bestämma sig **II** *itr* besluta [sig]; ~ *on a th.* bestämma (besluta) sig för ngt
deterrent [dɪ'terənt] **I** *a* avskräckande **II** *s* avskräcknings|medel, -vapen

detest [dɪ'test] *tr* avsky
detestable [dɪ'testəbl] *a* avskyvärd
detestation [ˌdi:tes'teɪʃən] *s* avsky [*of* för]
dethrone [dɪ'θrəʊn] *tr* störta från tronen, avsätta; detronisera
detonat|e ['detəʊneɪt] **I** *tr* få att detonera; spränga **II** *itr* detonera; *-ing cap* knallhatt
detonation [ˌdetəʊ'neɪʃən] *s* detonation
detonator ['detəʊneɪtə] *s* detonator; sprängkapsel; tändhatt, knallhatt; tändrör
detour ['di:tʊə] *s* omväg; avstickare
detract [dɪ'trækt] *itr*, *~ from* förringa
detraction [dɪ'trækʃən] *s* förringande
detractor [dɪ'træktə] *s* förtalare
detriment ['detrɪmənt] *s* skada, förfång, men [*without ~ to* (för), *to the ~ of* (för)]
detrimental [ˌdetrɪ'mentl] *a* skadlig, menlig [*to* för]
Detroit [də'trɔɪt]
1 deuce [dju:s] *s* **1** spel. tvåa **2** i tennis fyrtio lika, deuce
2 deuce [dju:s] *s* fam. tusan, helsike; *a ~ of a mess* en sabla röra
deuced [dju:st, 'dju:sɪd] *a* fam. förbaskad
Deuteronomy [ˌdju:tə'rɒnəmɪ] *s* Femte mosebok
devaluation [ˌdi:vælju'eɪʃən] *s* devalvering, nedskrivning av valuta
devalue ['di:'vælju:] *tr* devalvera, skriva ned valuta
devastate ['devəsteɪt] *tr* ödelägga
devastating ['devəsteɪtɪŋ] *a* ödeläggande
devastation [ˌdevəs'teɪʃən] *s* ödeläggelse
develop [dɪ'veləp] **I** *tr* **1** utveckla; öva upp; arbeta upp; bygga ut; utnyttja, exploatera **2** få [*~ a fever*] **3** fotogr. framkalla **II** *itr* utveckla sig, utvecklas [*into* till]; *~ing country* utvecklingsland, u-land
developer [dɪ'veləpə] *s* **1** exploatör; *property ~* ung. byggherre; neds. tomtjobbare **2** fotogr. framkallare; framkallningsvätska
development [dɪ'veləpmənt] *s* **1** utveckling; uppövning; utarbetning; [till]växt; utbyggnad; utnyttjande, exploatering **2** [*housing*] *~* bostadsområde **3** fotogr. framkallning
deviate ['di:vɪeɪt] *itr* avvika
deviation [ˌdi:vɪ'eɪʃən] *s* avvikelse
deviationist [ˌdi:vɪ'eɪʃənɪst] *s* deviationist person som avviker från den fasta [kommunistiska] partilinjen
device [dɪ'vaɪs] *s* **1** plan; påhitt; knep **2** anordning, apparat, påhitt, manick **3** emblem, märke på sköld, vapen **4** *leave a p. to his own ~s* låta ngn klara sig själv
devil ['devl] *s* **1** djävul, satan, fan, sate ofta bildl. [*poor ~*]; *the D~* djävulen; *what (who) the ~..?* vad (vem) tusan (i helsike)..?; *run like the ~* springa som tusan; *the ~ take the hindmost* var och en får rädda sig själv; *there will be the ~ to pay* det kommer att bli ett jäkla liv, då kommer fan lös; *to give the ~ his due..* i rättvisans namn måste man i alla fall erkänna att..; *go to the ~* dra (gå) åt helsike; *play the ~ with* ta kål på; *raise the ~* se under *raise I 6*; *talk of the ~ [and he will appear]* när man talar om trollen [, så står de i farstun]; *between the ~ and the deep [blue] sea* mellan två eldar, i valet och kvalet **2** fam. fart, ruter, sathumör
devilish ['devlɪʃ] **I** *a* **1** djävulsk, satanisk **2** fam. förbaskad, jäkla **II** *adv* fam. förbaskat
devil-may-care ['devlmeɪ'keə] *a* oförvägen; vårdslös; sorglös
devilment ['devlmənt] *s* jäkelskap; sattyg
devilry ['devlrɪ] *s* **1** sattyg **2** djävulskhet
devious ['di:vjəs] *a* **1** slingrande; irrande; *~ ways* omvägar **2** bedräglig, oärlig
devise [dɪ'vaɪz] *tr* hitta på, tänka ut
devitalize [di:'vaɪtəlaɪz] *tr* försvaga
devoid [dɪ'vɔɪd] *a*, *~ of* blottad på, utan
devolution [ˌdi:və'lu:ʃən] *s* **1** överlåtande [*the ~ of property*]; delegering **2** decentralisering; [begränsat mått av] självstyre isht för Skottland och Irland
devolve [dɪ'vɒlv] **I** *tr* överlåta [*on, upon*] **II** *itr* **1** *~ [up]on* tillfalla, åligga, falla på ngn (ngns lott) **2** jur. övergå [*upon, on, to* till]
Devon ['devn]
Devonshire ['devnʃɪə, -ʃə]
devote [dɪ'vəʊt] *tr* [upp]offra; *~ o.s. to* ägna (hänge) sig åt
devoted [dɪ'vəʊtɪd] *a* o. *pp* **1** hängiven; tillgiven, trogen **2** helgad, bestämd [*to* åt]
devotee [ˌdevəʊ'ti:] *s* dyrkare, entusiastisk anhängare [*of* av]; *~ of jazz* jazzfantast
devotion [dɪ'vəʊʃən] *s* **1** tillgivenhet [*to* för]; hängivenhet [*to* för]; *~ to duty* plikttrohet **2** offrande, anslående av ngt för ett ändamål **3** fromhet **4** pl. *~s* andaktsövning
devour [dɪ'vaʊə] *tr* sluka; uppsluka; *be ~ed by curiosity* brinna av nyfikenhet
devout [dɪ'vaʊt] *a* **1** from, gudfruktig; andäktig **2** innerlig, uppriktig [*a ~ wish*]
dew [dju:] *s* dagg
dew-drop ['dju:drɒp] *s* daggdroppe
dewlap ['dju:læp] *s* zool. dröglapp; slör
dewy ['dju:ɪ] *a* daggig, daggstänkt
dexterity [deks'terətɪ] *s* fingerfärdighet etc., jfr följ.
dexterous ['dekstərəs] *a* **1** fingerfärdig, händig, skicklig **2** fyndig; smidig **3** högerhänt
dextrose ['dekstrəus] *s* druvsocker, dextros
D.F.C. förk. för *Distinguished Flying Cross*
dg. förk. för *decigram[s], decigramme[s]*
dhoti ['dəʊtɪ] *s* Ind. höftkläde för män
diabetes [ˌdaɪə'bi:ti:z] *s* läk. diabetes, sockersjuka

diabetic [ˌdaɪəˈbetɪk, -ˈbiːt-] **I** *s* diabetiker, sockersjuk [patient] **II** *a* diabetisk, sockersjuk
diabolical [ˌdaɪəˈbɒlɪkəl] *a* diabolisk, djävulsk
diadem [ˈdaɪədem, -dəm] *s* diadem; krona
diagnose [ˈdaɪəgnəuz] *tr* läk. diagnostisera
diagnos|is [ˌdaɪəgˈnəus|ɪs] (pl. *-es* [-iːz]) *s* diagnos
diagonal [daɪˈægənl] *a* o. *s* diagonal
diagram [ˈdaɪəgræm] *s* diagram
dial [ˈdaɪəl] **I** *s* **1** urtavla **2** visartavla **3** radio. stationsskala **4** telef. fingerskiva, nummerskiva; *~ [tele]phone* automattelefon; *~ tone* kopplings-, svars|ton **5** solur, solvisare **6** sl. nylle, fejs **II** *tr* ringa [upp]; slå telefonnummer **III** *itr* slå på fingerskivan; slå ett nummer
dialect [ˈdaɪəlekt] *s* dialekt
dialectal [ˌdaɪəˈlektl] *a* dialektal
dialectic[al] [ˌdaɪəˈlektɪk, -əl] *a* dialektisk
dialectics [ˌdaɪəˈlektɪks] (konstr. ss. sg.) *s* dialektik, disputeringskonst
dialling [ˈdaɪəlɪŋ] *s* telefonering, ringande; *~ code* riktnummer; *~ tone* kopplings-, svars|ton
dialogue [ˈdaɪəlɒg] *s* dialog, samtal
diameter [daɪˈæmɪtə] *s* diameter
diametric[al] [ˌdaɪəˈmetrɪk, -əl] *a* diametrisk; diametral
diamond [ˈdaɪəmənd] *s* **1 a)** diamant; *cut ~* slipad diamant; *rough ~* oslipad (rå) diamant; bildl. ohyfsad men godhjärtad människa; *~ cut ~* ordspr. ung. list mot list **b)** attr. diamant- [*~ wedding*]; *~ anniversary* 60- el. 75-års|dag (-jubileum); *~ jubilee* 60- el. 75-årsjubileum **2** kort. ruterkort; pl. *~s* ruter; *the ten of ~s* rutertian **3** i baseball diamond, innerplan
diamond-drill [ˈdaɪəmənddrɪl] *s* diamantborr
Diana [daɪˈænə]
diaper [ˈdaɪəpə] *s* **1** dräll **2** isht Am. blöja
diaphanous [daɪˈæfənəs] *a* genomskinlig
diaphragm [ˈdaɪəfræm] *s* **1** mellangärde; diafragma; membran **2** fotogr. bländare
diapositive [ˌdaɪəˈpɒzɪtɪv] *s* diapositiv
diarrhoea [ˌdaɪəˈrɪə] *s* diarré
diary [ˈdaɪərɪ] *s* dagbok; almanacka
diatribe [ˈdaɪətraɪb] *s* diatrib; häftig och bitter kritik, stridsskrift, häftigt utfall
dibs [dɪbz] *s pl* sl. kosing, stålar
dice [daɪs] **I** *s pl* (av *1 die 1*) tärningar; tärning[sspel]; *play ~* spela tärning; *it was no ~* fam. det (den gubben) gick inte **II** *itr* spela tärning **III** *tr* kok. skära i tärningar
dicey [ˈdaɪsɪ] *a* fam. knivig, knepig
dichotomy [daɪˈkɒtəmɪ] *s* delning; dikotomi
Dick [dɪk] kortform för *Richard*
dick [dɪk] *s* vulg. pick penis
Dickens [ˈdɪkɪnz]
dickens [ˈdɪkɪnz] *s* fam., *what (who) the ~ ..?* vad (vem) tusan ..?
Dickensian [dɪˈkenzɪən] **I** *s* Dickensbeundrare **II** *a* dickensk [*a ~ character*]
1 dick[e]y [ˈdɪkɪ] *a* fam. dålig; ostadig; krasslig
2 dick[e]y [ˈdɪkɪ] *s* fam. **1** se *dick[e]y-bird* **2** på bil baklucka med säte **3** löst skjortbröst
dick[e]y-bird [ˈdɪkɪbɜːd] *s* fam. pippi
dicta [ˈdɪktə] *s* pl. av *dictum*
dictaphone [ˈdɪktəfəun] *s* ® diktafon
dictate [ss. subst. ˈdɪkteɪt, ss. vb dɪkˈteɪt] **I** *s* diktat, [på]bud, befallning, föreskrift [*follow the ~s of fashion*]; rättesnöre; ingivelse [*follow the ~s of o.'s conscience*] **II** *tr* o. *itr* diktera; föreskriva; *I won't be ~d to* jag låter mig inte kommenderas
dictation [dɪkˈteɪʃən] *s* **1** diktamen **2** föreskrift, order [*at his ~*]; [på]bud
dictator [dɪkˈteɪtə] *s* diktator
dictatorial [ˌdɪktəˈtɔːrɪəl] *a* diktatorisk
dictatorship [dɪkˈteɪtəʃɪp] *s* diktatur
diction [ˈdɪkʃən] *s* språk[stil]; diktion
dictionary [ˈdɪkʃənrɪ] *s* ordbok, lexikon; *a walking ~* ett levande lexikon
dict|um [ˈdɪkt|əm] (pl. *-ums* el. *-a* [-ə]) *s* uttalande, utlåtande; maxim, sentens
did [dɪd] imp. av *2 do*
didactic [dɪˈdæktɪk, daɪˈd-] *a* didaktisk, läro- [*~ poem*]; docerande, undervisande
diddle [ˈdɪdl] *tr* fam., *~ a p. out of a th.* snyta ngn på ngt
didn't [ˈdɪdnt] = *did not*
didst [dɪdst] åld. 2 pers. sg. imp. av *2 do* [*thou ~*]
1 die [daɪ] *s* **1** (pl. *dice* se d. o.) tärning; *as straight as a ~* a) rak som en pinne b) bildl. genomhederlig **2** (pl. *~s*) präglingsstämpel, mynt-, pappers|stämpel; matris, stans
2 die [daɪ] *itr* **1** dö, omkomma, avlida; stupa, falla [*~ in war*]; *~ hard* se *hard II 2*; *never say ~!* ge aldrig tappt! **2** dö ut, [ut]slockna **3** *I'm dying to do it* [åh,] vad jag längtar efter att få göra det!; *I'm dying for a cup of coffee* jag är [hemskt] kaffesugen **4** *~ down (away)* dö bort, slockna; *~ off* dö en efter en, dö bort; *~ out* dö ut
die-cast [ˈdaɪkɑːst] *a* formgjuten; formpressad
die-hard [ˈdaɪhɑːd] **I** *a* stockkonservativ **II** *s* stockkonservativ person (politiker)
diesel-electric [ˈdiːzəlɪˈlektrɪk] *a* dieselelektrisk
1 diet [ˈdaɪət] *s* församling; icke-engelsk riksdag
2 diet [ˈdaɪət] **I** *s* diet; föda, kost[håll]; *be on a ~* hålla diet; banta **II** *tr* sätta på diet **III** *itr* hålla diet; banta

dietician el. **dietitian** [ˌdaɪə'tɪʃən] *s* dietist, dietexpert
differ ['dɪfə] *itr* **1** vara olik[a], skilja sig åt; avvika [*from* från] **2** vara av olika mening
difference ['dɪfrəns] *s* **1** olikhet; [åt]skillnad; mellanskillnad; avvikelse; differens; *all the ~ in the world* en oerhörd (himmelsvid) skillnad; *that makes all the ~* det är (blir) stor skillnad [det]; *a letter makes all the ~* ett brev betyder så mycket; *it makes no ~* det gör ingenting [till saken]; *it makes no ~ to me* det gör mig detsamma; *it doesn't make much ~* det spelar inte så stor roll; *with a ~* på annat sätt [*they do it with a ~*] **2** meningsskiljaktighet [äv. *~ of opinion*]; tvist
different ['dɪfrənt] *a* olik[a], skild, skiljaktig, annorlunda; [helt] annan
differential [ˌdɪfə'renʃəl] **I** *a* differentiell, differential- [*~ calculus, ~ tariffs*]; *~ gear* tekn. differentialväxel **II** *s* **1** mat. differential **2** skillnad, differens [*wage ~*]
differentiate [ˌdɪfə'renʃɪeɪt] *tr* o. *itr* **1** skilja [sig]; differentiera[s] **2** *~ between* göra åtskillnad mellan
differentiation [ˌdɪfərenʃɪ'eɪʃən] *s* differentiering
differently ['dɪfrəntlɪ] *adv* annorlunda, på ett annat sätt, olika
difficult ['dɪfɪkəlt, -fək-] *a* **1** svår **2** svår [att göra till lags], besvärlig; omedgörlig
difficult|y ['dɪfɪkəltɪ, -fək-] *s* **1** svårighet[er]; *have [some] ~ in understanding* ha svårt att förstå **2** trassel **3** vanl. pl. *-ies* [penning]knipa **4** betänklighet, invändning [*raise (make) -ies*]
diffidence ['dɪfɪdəns] *s* brist på självförtroende, osäkerhet; försagdhet
diffident ['dɪfɪdənt] *a* utan självförtroende, osäker; *be ~ about doing a th.* tveka att göra ngt
diffract [dɪ'frækt] *tr* o. *itr* fys. diffraktera[s]
diffraction [dɪ'frækʃən] *s* fys. diffraktion, böjning
diffuse [ss. adj. dɪ'fju:s, ss. vb dɪ'fju:z] **I** *a* **1** [kring]spridd; diffus äv. bildl. **2** bildl. vidlyftig, omständlig [*a ~ writer (style)*] **II** *tr* o. *itr* sprida[s] omkring, utbreda[s]
diffusion [dɪ'fju:ʒən] *s* **1** [kring]spridning; utbredning **2** fys. o. kem. diffusion
dig [dɪg] **I** (*dug dug*) *tr* **1** gräva; gräva i; böka i; gräva (leta) fram; *~ out* gräva fram äv. bildl. [*~ out some old papers*]; gräva upp äv. bildl.; *~ up* gräva upp äv. bildl. [*~ up an old statue (a scandal)*], gräva fram **2** stöta, sticka **3** sl. a) digga tycka om [o. förstå]; spisa lyssna på [*~ modern jazz*] b) kolla [in] titta på **II** (*dug dug*) *itr* **1** gräva [*for* efter]; böka; gräva sig [*into* in i] **2** *~ into* [*o.'s work (a meal)*] hugga in på . . **3** fam. bo, logera **III** *s* fam. stöt, stick; bildl. pik, känga [*that remark was a ~ at* (åt) *me*]
digest [ss. subst. 'daɪdʒest, ss. vb dɪ'dʒest, daɪ'dʒ-] **I** *s* **1** sammandrag **2** tidskrift med utdrag ur litterära verk **II** *tr* **1** smälta mat, kunskaper o. d. **2** tänka över (igenom) **3** systematisera **III** *itr* smälta; smälta maten
digestible [dɪ'dʒestəbl, daɪ'dʒ-] *a* smältbar
digestion [dɪ'dʒestʃən, daɪ'dʒ-] *s* [mat]smältning; digestion; *good ~* bra mage
digestive [dɪ'dʒestɪv, daɪ'dʒ-] *a* **1** matsmältningsbefordrande, digestiv **2** matsmältnings- [*~ complaint*]
digger ['dɪgə] *s* **1** grävare **2** grävmaskin
digit ['dɪdʒɪt] *s* **1** ensiffrigt tal, siffra; *a number of three ~s* ett tresiffrigt tal **2** anat. finger; tå
digital ['dɪdʒɪtl] *a* **1** finger- **2** digital [*~ computer, ~ clock*]
dignified ['dɪgnɪfaɪd] *a* värdig; ädel, förnäm; vördnadsbjudande
dignify ['dɪgnɪfaɪ] *tr* göra värdig; förläna värdighet åt; upphöja
dignitary ['dɪgnɪtərɪ] *s* dignitär
dignity ['dɪgnətɪ] *s* **1** värdighet; [sant] värde, höghet; *stand [up]on o.'s ~* hålla på sin värdighet **2** hög rang (titel), värdighet
digress [daɪ'gres] *itr* avvika [*~ from the subject*]; komma från ämnet
digression [daɪ'greʃən] *s* avvikelse (utvikning, digression) [från ämnet]
digs [dɪgz] *s pl* fam. [hyres]rum, lya
1 dike [daɪk] *s* **1** dike **2** damm, fördämning
2 dike [daɪk] *s* sl. lotus lesbisk kvinna
dilapidated [dɪ'læpɪdeɪtɪd] *a* förfallen, [fallen] i ruiner, fallfärdig; vanvårdad
dilapidation [dɪˌlæpɪ'deɪʃən] *s* förfall; vanvård
dilate [daɪ'leɪt] **I** *tr* [ut]vidga [*~ the nostrils*], tänja ut **II** *itr* **1** [ut]vidga sig, vidgas **2** bildl. breda ut sig [*[up]on* över ämne]
dilation [daɪ'leɪʃən] *s* utvidgning
dilatory ['dɪlətərɪ] *a* **1** senfärdig **2** förhalande
dilemma [dɪ'lemə] *s* dilemma; *on the horns of a ~* i ett dilemma, i valet och kvalet
dilettant|e [ˌdɪlɪ'tænt|ɪ] **I** (pl. *-i* [-i:]) *s* **1** dilettant **2** konstälskare **II** *a* dilettantmässig
diligence ['dɪlɪdʒəns] *s* flit, arbetsamhet
diligent ['dɪlɪdʒənt] *a* flitig, arbetsam
dill [dɪl] *s* bot. dill
dilly-dally ['dɪlɪdælɪ] *itr* fam. vackla, vela
dilute [daɪ'lju:t] *tr* spä [ut], blanda [ut], förtunna; bildl. försvaga; urvattna
dilution [daɪ'lu:ʃən] *s* utspädning, förtunning; urvattning äv. bildl.
dim [dɪm] **I** *a* **1** dunkel [*~ memories*], matt; svag [*his eyesight is getting ~*]; oklar, vag; *take a ~ view of* se *view I 5* **2** fam. korkad **II**

tr **1** fördunkla; dämpa [~ *the light*] **2** Am., ~ *the* [*head*]*lights* blända av; *drive with ~med* [*head*]*lights* köra på halvljus **III** *itr* fördunklas; dämpas

dime [daɪm] *s* Am. tiocentare; ~ *store* billighetsaffär

dimension [dɪ'menʃən, daɪ'm-] **I** *s* dimension **II** *tr* dimensionera

dimensional [dɪ'menʃənl, daɪ'm-] *a* dimensionell

diminish [dɪ'mɪnɪʃ] *tr* o. *itr* [för]minska[s]; försvaga[s]

diminishingly [dɪ'mɪnɪʃɪŋlɪ] *adv* [allt] mindre och mindre

diminuendo [dɪˌmɪnjʊ'endəʊ] *adv* o. *s* mus. diminuendo

diminution [ˌdɪmɪ'nju:ʃən] *s* [för]minskning; avtagande

diminutive [dɪ'mɪnjʊtɪv] **I** *a* diminutiv, mycket liten **II** *s* gram. diminutiv

dimple ['dɪmpl] **I** *s* smilgrop **II** *tr* o. *itr* bilda gropar [i]; krusa[s]

dimwit ['dɪmwɪt] *s* fam. knasboll

dimwitted ['dɪmˌwɪtɪd] *a* fam. knasig dum

din [dɪn] **I** *s* dån, buller, larm **II** *tr*, ~ *a th. into a p.'s head* hamra (banka) in ngt i huvudet på ngn **III** *itr* dåna, bullra, larma

dine [daɪn] **I** *itr* äta middag, dinera **II** *tr* bjuda på middag, ge middag för; *be ~d and wined* bli furstligt trakterad

diner ['daɪnə] *s* **1** middagsgäst **2** järnv. restaurangvagn **3** Am. bar[servering], matställe

ding-dong ['dɪŋ'dɒŋ] **I** *s* bingbång **II** *a* kraftig, ettrig [*a ~ battle*]

dinghy ['dɪŋgɪ] *s* jolle; räddningsbåt

dingle ['dɪŋgl] *s* djup [skogig] dal[gång]

dingy ['dɪndʒɪ] *a* smutsig; sjaskig, sjabbig

dining-car ['daɪnɪŋkɑ:] *s* järnv. restaurangvagn

dining-hall ['daɪnɪŋhɔ:l] *s* matsal

dining-room ['daɪnɪŋrʊm] *s* matsal

dinky ['dɪŋkɪ] *a* [liten och] nätt

dinner ['dɪnə] *s* middag[småltid]; bankett [äv. *public ~*]; *be at ~* äta middag, hålla på att äta; *sit down to ~* sätta sig till bords; *take a lady in to ~* föra en dam till bordet

dinner-dance ['dɪnədɑ:ns] *s* middag med dans

dinner-jacket ['dɪnəˌdʒækɪt] *s* smoking

dinner-party ['dɪnəˌpɑ:tɪ] *s* middag[sbjudning]

dinner-plate ['dɪnəpleɪt] *s* flat [middags]-tallrik

dinner-service ['dɪnəˌsɜ:vɪs] *s* bords-, mat|-servis

dinner-time ['dɪnətaɪm] *s* middags|dags, -tid

dinosaur ['daɪnəʊsɔ:] *s* dinosaurie, skräcködla

dint [dɪnt] *s* **1** märke efter slag **2** *by ~ of* i kraft av, med uppbjudande av

diocese ['daɪəsɪs, -si:s] *s* stift, biskopsdöme

diode ['daɪəʊd] *s* radio., elektr. diod; *light emitting ~* lysdiod

diorama [ˌdaɪə'rɑ:mə] *s* diorama

dioxide [daɪ'ɒksaɪd] *s* kem. dioxid

dip [dɪp] **I** *tr* **1** doppa, sänka ned [*in, into*] **2** stöpa [~ *candles*] **3** färga [om] [~ *a garment*] **4** tvätta [~ *sheep*] **5** ~ *the flag* (*colours*) sjö. hälsa med flaggan **6** ~ *the* [*head*]*lights* blända av; *drive with ~ped* [*head*]*lights* köra på halvljus **II** *itr* **1** dyka [ned], doppa sig **2** om solen m. m. sänka sig **3** ~ *into* bläddra i [~ *into a book*] **4** om t. ex. terräng luta (slutta) nedåt **III** *s* **1** doppning, sänkning **2** fam. dopp, bad **3** tvättvätska för får

Dip. Ed. förk. för *Diploma in Education*

diphtheria [dɪf'θɪərɪə, dɪp'θ-] *s* difteri

diphthong ['dɪfθɒŋ, 'dɪpθ-] *s* diftong

diploma [dɪ'pləʊmə] *s* **1** diplom **2** a) akademisk examen (grad) b) akademiskt avgångsbetyg

diplomacy [dɪ'pləʊməsɪ] *s* diplomati

diplomat ['dɪpləmæt] *s* diplomat

diplomatic [ˌdɪplə'mætɪk] *a* diplomatisk

diplomatist [dɪ'pləʊmətɪst] *s* diplomat

dipper ['dɪpə] *s* **1** skopa, össlev **2** Am. fam., *the* [*Big*] *D~* Karlavagnen

dippy ['dɪpɪ] *a* sl. knasig tokig

dipsomania [ˌdɪpsəʊ'meɪnjə] *s* dipsomani, periodsuperi

dipsomaniac [ˌdɪpsəʊ'meɪnɪæk] *s* dipsoman, periodsupare

dipstick ['dɪpstɪk] *s* olje[mät]sticka

dire ['daɪə] *a* **1** gräslig, förfärlig **2** ~ *necessity* tvingande nödvändighet

direct [dɪ'rekt, daɪ'r-] **I** *tr* **1** rikta [*to, towards* mot, på; *at* mot]; vända blick; ställa, styra [~ *o.'s steps towards home*] **2** leda, dirigera; [väg]leda; instruera; regissera [~ *a film*] **3** [an]visa, visa vägen [*can you ~ me to the station?*] **4** adressera [~ *a letter to a p.*] **5** befalla, beordra, föreskriva; *as ~ed* enligt föreskrift (order) **II** *itr* **1** dirigera; regissera **2** befalla, bestämma **III** *a* **1** direkt i olika bet. [~ *tax*]; rak [*the ~ opposite*], rät; omedelbar; ~ *current* likström; ~ *hit* fullträff; ~ *object* direkt objekt, ackusativobjekt; ~ *speech* direkt tal (anföring) **2** rättfram, öppen; tydlig **3** i rakt nedstigande led [*a ~ descendant*] **IV** *adv* direkt; rakt, rätt

direction [dɪ'rekʃən, daɪ'r-] *s* **1** riktning; håll [*in* (åt) *which ~ did he go?*], led, kant; bildl. område, sfär; ~ *finder* pejlapparat, pejlare; [*flashing*] ~ *indicator* körriktningsvisare, blinker; *in every ~* åt alla håll; på alla områden; *in the ~ of* mot, åt . .

till; *sense of ~* lokalsinne **2** [väg]ledning; överinseende **3** ofta pl. *~s* anvisning[ar]; föreskrift[er]; direktiv; regi; *by ~* enligt uppdrag; *~s for use* bruksanvisning
directive [dɪ'rektɪv, daɪ'r-] *s* direktiv
directly [dɪ'rektlɪ, daɪ'r-] **I** *adv* **1** direkt; rakt **2** rakt på sak **3** genast, strax **II** *konj* så snart som, så fort
director [dɪ'rektə, daɪ'r-] *s* **1** direktör; chef; ledare; styresman **2** film. o. Am. teat. regissör **3** mus. dirigent **4** handledare; *~ of studies* studierektor **5** styrelsemedlem; *board of ~s* [bolags]styrelse
directorate [dɪ'rektərət, daɪ'r-] *s* **1** direktörsbefattning; direktorat **2** direktion, styrelse
director-general [dɪ'rektə'dʒenərəl, daɪ'r-] *s* generaldirektör
directorship [dɪ'rektəʃɪp, daɪ'r-] *s* direktörs|befattning, -period; ledning
directory [dɪ'rektərɪ, daɪ'r-] *s* **1** adresskalender; *telephone ~* telefonkatalog; *~ inquiries* telef. nummerbyrå[n] **2** Am. direktion, styrelse
direful ['daɪəfʊl] *a* litt. förfärlig, gruvlig
dirge [dɜ:dʒ] *s* sorgesång, sorgedikt
dirigible ['dɪrɪdʒəbl] **I** *a* styrbar **II** *s* styrbar ballong, styrbart luftskepp
dirndl ['dɜ:ndl] *s, ~* [*skirt*] dirndlkjol
dirt [dɜ:t] *s* **1** smuts, smörja, snusk, fam. skit äv. bildl.; *they are as common as ~* a) det går tretton på dussinet [av dem] b) de är hur vulgära ('billiga') som helst; *fling* (*throw*) *~ at a p.* smutskasta (förtala) ngn; *treat a p. like ~* behandla ngn illa **2** fam. [lös] jord; *a ~ road* Am. en obelagd väg, en grusväg
dirt-cheap ['dɜ:t'tʃi:p] *a* o. *adv* jättebillig[t], som hittat, till vrakpris
dirt-track ['dɜ:ttræk] *s* sport. dirttrackbana
dirty ['dɜ:tɪ] **I** *a* **1** smutsig, oren **2** bildl. snuskig [*a ~ story*]; lumpen, gemen, ful, ojust; ruskig; *give a p. a ~ look* ge ngn en ilsken (mördande) blick; *have a ~ mind* ha [en] snuskig fantasi; *~ play* sport. ojust spel; *a ~ trick* ett fult spratt; [*I have to do all*] *the ~ work* . . slavgörat **3** om väder ruskig **II** *tr* smutsa ner **III** *itr* bli smutsig
disability [,dɪsə'bɪlətɪ] *s* **1** oduglighet, oförmåga **2** invaliditet; *~ pension* invalidpension **3** inkompetens, diskvalifikation
disable [dɪs'eɪbl] *tr* **1** göra oduglig (oförmögen) **2** ramponera; göra till invalid, lemlästa **3** diskvalificera
disabled [dɪs'eɪbld] *a* **1** oduglig **2** handikappad, vanför; sjö., om fartyg redlös, sjöoduglig; *~ soldier* (*ex-serviceman*) krigsinvalid
disabuse [,dɪsə'bju:z] *tr, ~ a p. of an illusion* ta ngn ur en villfarelse
disadvantage [,dɪsəd'vɑ:ntɪdʒ] *s* **1** nackdel [*I know nothing to his ~*]; *be at a ~, labour* (*lie*) *under a ~* vara i underläge, vara i ett ofördelaktigt läge; *put a p. at a ~* försätta ngn i ett ofördelaktigt läge **2** *sell to ~* sälja med förlust
disadvantageous [,dɪsædvɑ:n'teɪdʒəs] *a* ofördelaktig, ogynnsam [*to* för]
disaffected [,dɪsə'fektɪd] *a* missnöjd [*to* med]; fientligt stämd [*to* mot]
disaffection [,dɪsə'fekʃən] *s* missnöje [*to, towards* med]; ovilja [*to, towards* mot]
disafforest [,dɪsə'fɒrɪst] *tr* avverka skogen på (i), kalhugga
disagree [,dɪsə'gri:] *itr* **1** inte samtycka, inte instämma; *I ~* det håller jag inte med om **2** inte komma överens, vara oense [*with a p.*; *about* (*on*) *a th.*] **3** inte stämma överens **4** *~ to* inte samtycka till **5** om mat o. d., *this food ~s with me* jag tål inte den här maten
disagreeable [,dɪsə'grɪəbl] **I** *a* obehaglig, oangenäm, otrevlig **II** *s,* isht pl. *~s* obehag[ligheter], besvär[ligheter]
disagreement [,dɪsə'gri:mənt] *s* **1** meningsskiljaktighet **2** oenighet, misshällighet **3** bristande överensstämmelse
disallow ['dɪsə'laʊ] *tr* inte godkänna, förklara ogiltig [*~ a goal*]; tillbakavisa [*~ a claim*]
disappear [,dɪsə'pɪə] *itr* försvinna
disappearance [,dɪsə'pɪərəns] *s* försvinnande
disappoint [,dɪsə'pɔɪnt] *tr* **1** göra besviken; *be ~ed* vara (bli) besviken (missräknad) [*in* (*with*) *a p.* på ngn; *with a th.* på ngt] **2** svika, gäcka [*~ a p.'s expectations*]
disappointing [,dɪsə'pɔɪntɪŋ] *a* misslyckad, tråkig; [*she was*] *~* . . en besvikelse
disappointment [,dɪsə'pɔɪntmənt] *s* besvikelse, missräkning; motgång
disapprobation [,dɪsæprəʊ'beɪʃən] *s* ogillande
disapproval [,dɪsə'pru:vəl] *s* ogillande
disapprove ['dɪsə'pru:v] *tr* o. *itr, ~* [*of*] ogilla, förkasta, avslå
disarm [dɪs'ɑ:m] *tr* o. *itr* **1** avrusta, nedrusta; oskadliggöra, desarmera [*~ a mine*] **2** bildl. avväpna [*a ~ing smile*]
disarmament [dɪs'ɑ:məmənt] *s* avrustning, nedrustning; oskadliggörande, desarmering
disarrange ['dɪsə'reɪndʒ] *tr* ställa till oreda i; rubba [*~ a p.'s plans*]; rufsa till [*~ a p.'s hair*]
disarray ['dɪsə'reɪ] **I** *s* oreda, oordning **II** *tr* bringa oreda i
disassociate ['dɪsə'səʊʃɪeɪt] *tr* **1** skilja, hålla isär [*~ two ideas*] **2** *~ o.s. from* ta avstånd från
disaster [dɪ'zɑ:stə] *s* [svår] olycka; kata-

strof
disastrous [dɪ'zɑ:strəs] *a* olycksbringande, katastrofal
disavow ['dɪsə'vaʊ] *tr* inte vilja kännas vid; desavuera; förkasta
disband [dɪs'bænd] **I** *tr* upplösa [~ *a theatrical company*]; mil. hemförlova **II** *itr* upplösa sig, skingras
disbandment [dɪs'bændmənt] *s* upplösning, hemförlovning
disbelief ['dɪsbɪ'li:f] *s* betvivlande [*in* av]; misstro [*in* till]
disbelieve ['dɪsbɪ'li:v] *tr* o. *itr*, ~ [*in*] inte tro [på], tvivla [på]
disbeliever ['dɪsbɪ'li:və] *s* tvivlare; otrogen [*a* ~]
disburden [dɪs'bɜ:dn] *tr* befria från börda; lätta [~ *o.'s mind* (*heart*)]
disbursement [dɪs'bɜ:smənt] *s* utbetalning, [kontant]utlägg; utgift
disc [dɪsk] *s* **1** [rund] skiva, platta; lamell; bricka; ~ *brake* skivbroms; *a slipped* ~ diskbråck **2** grammofonskiva
discard [dɪs'kɑ:d] *tr* **1** kasta [bort]; förkasta; lägga av (bort); överge [~ *a theory*]; kassera **2** kort. kasta [bort], saka **3** avskeda
discern [dɪ'sɜ:n] *tr* **1** urskilja, skönja, märka; inse, bedöma **2** särskilja
discernible [dɪ'sɜ:nəbl] *a* urskiljbar, märkbar, skönjbar
discerning [dɪ'sɜ:nɪŋ] *a* omdömesgill, skarpsynt, insiktsfull
discernment [dɪ'sɜ:nmənt] *s* urskillning[sförmåga], skarpsinne, omdöme
discharge [dɪs'tʃɑ:dʒ] **I** *tr* **1** lasta av; lossa [~ *cargo*]; sätta av [~ *passengers*]; lyfta av [~ *a burden*] **2** [av]lossa, skjuta [av], fyra av [~ *a gun*] **3** elektr. ladda ur **4** tömma [ut]; läk. avsöndra, utsöndra **5** befria, lösa **6** frige [~ *a prisoner*]; skriva ut [~ *a patient*]; avskeda; mil. avföra ur rullorna; ~ *a bankrupt* jur. förklara en konkursgäldenär ur konkurs **7** avbörda sig, [till fullo] betala [~ *a debt*]; fullgöra, uppfylla [~ *o.'s duties*] **II** *itr* **1** lossa[s] **2** elektr. ladda ur sig **3** om böld vara sig **4** mynna (rinna) ut **III** *s* **1** avlastning; lossning [*port of* ~] **2** avlossande; skott, salva **3** elektr. urladdning **4** a) uttömning, utströmning, utflöde b) läk. flytning; avsöndring, utsöndring **5** ansvarsfrihet, frikännande; frigivning [~ *of a prisoner*]; utskrivning [~ *of a patient*]; avsked[ande]; isht mil. hemförlovning; *dishonourable* ~ mil. avsked efter krigsrättsutslag; *honourable* ~ mil. avsked med goda vitsord; *obtain o.'s* ~ bli frigiven (utskriven) **6** betalning [~ *of a debt*] **7** fullgörande, uppfyllande [~ *of o.'s duties*]
disciple [dɪ'saɪpl] *s* lärjunge, discipel; anhängare
disciplinarian [ˌdɪsɪplɪ'neərɪən] *s* person som håller disciplin, fam. disciplinkarl
disciplinary ['dɪsɪplɪnərɪ] *a* disciplinär
discipline ['dɪsɪplɪn] **I** *s* **1** disciplin, tukt, [god] ordning [*keep* (*maintain*) ~] **2** skolning; övning **3** bestraffning, tuktan **4** disciplin, vetenskapsgren **II** *tr* disciplinera
disc-jockey ['dɪskˌdʒɒkɪ] *s* fam. disc-jockey, skivpratare
disclaim [dɪs'kleɪm] *tr* frånsäga sig [~ *responsibility for a th.*]; förneka
disclaimer [dɪs'kleɪmə] *s* förnekande, dementi
disclose [dɪs'kləʊz] *tr* blotta; bringa i dagen; avslöja [~ *a secret to* (för) *a p.*]
disclosure [dɪs'kləʊʒə] *s* avslöjande, yppande
disco ['dɪskəʊ] *s* fam. disco: a) diskotek b) dansparty med popmusik från band- eller skivspelare
discoloration [dɪsˌkʌlə'reɪʃən] *s* avfärgning; missfärgning
discolour [dɪs'kʌlə] **I** *tr* avfärga; missfärga; fläcka **II** *itr* bli missfärgad
discomfit [dɪs'kʌmfɪt] *tr* bringa (få) ur fattningen; göra snopen
discomfiture [dɪs'kʌmfɪtʃə] *s* **1** snopenhet, förvirring **2** nederlag
discomfort [dɪs'kʌmfət] **I** *s* obehag; otrevnad, besvärlighet, obekväm[lig]het **II** *tr* [för]orsaka obehag
discompose [ˌdɪskəm'pəʊz] *tr* **1** få ur jämvikt (fattningen) **2** ställa till oreda i
discomposure [ˌdɪskəm'pəʊʒə] *s* **1** upprördhet; oro **2** oordning
disconcert [ˌdɪskən'sɜ:t] *tr* bringa ur fattningen, förvirra; göra förlägen; pp.: ~*ed* isht förlägen
disconnect ['dɪskə'nekt] *tr* avbryta förbindelsen mellan; skilja [*from, with* från]; ta loss; koppla av (ur), stänga av [~ *the telephone*]; koppla ifrån [~ *a railway-carriage*]
disconnected ['dɪskə'nektɪd] *a* **1** osammanhängande [~ *speech*] **2** skild [*from, with* från], utan samband (sammanhang)
disconsolate [dɪs'kɒnsələt] *a* otröstlig
discontent ['dɪskən'tent] *s* missnöje, missbelåtenhet
discontented ['dɪskən'tentɪd] *a* missnöjd, missbelåten
discontinuance [ˌdɪskən'tɪnjʊəns] *s* avbrytande; upphörande; nedläggning
discontinue ['dɪskən'tɪnjʊ] **I** *tr* avbryta; sluta (upphöra) med, avbeställa [~ *a newspaper*]; lägga ned [~ *the work*]; dra in [~ *a bus line*] **II** *itr* sluta, upphöra
discord ['dɪskɔ:d] *s* **1** oenighet, tvedräkt **2** mus. dissonans; mus. o. bildl. disharmoni
discordance [dɪs'kɔ:dəns] *s* **1** oenighet **2** disharmoni, missämja

discordant [dɪs'kɔ:dənt] *a* **1** motsatt [~ *opinions*] **2** oenig **3** disharmonisk; skärande; *strike a ~ note* bildl. skorra (rimma) illa
discotheque ['dɪskəʊtek] *s* diskotek
discount ['dɪskaunt] **I** *s* **1** rabatt; diskont[o]; [växel]avdrag; *cash ~* kassarabatt; *trade ~* handelsrabatt, varurabatt **2** diskontering av växel **3** reservation [*make a ~*] **4** *at a ~* under pari, till underkurs, stående lågt i värde (kurs) **II** *tr* **1** diskontera växel **2** dra av; minska värde, fördel, bortse ifrån; reducera, inte tro [helt] på [~ *a story*]
discountenance [dɪs'kauntɪnəns] *tr* **1** bringa (få) ur fattningen; göra modfälld (nedslagen) **2** ogilla, ta avstånd från
discourage [dɪs'kʌrɪdʒ] *tr* **1** göra modfälld **2** inte uppmuntra [till]; avskräcka, söka hindra [~ *a p. from doing a th.*]; motverka
discouragement [dɪs'kʌrɪdʒmənt] *s* **1** modfälldhet **2** avskräckande; motarbetande, motverkan; motgång
discouraging [dɪs'kʌrɪdʒɪŋ] *a* **1** nedslående [*a ~ result*]; avskräckande **2** motverkande, hindrande
discourse [ss. subst. 'dɪskɔ:s, ss. vb -'-] **I** *s* **1** föredrag, tal **2** litt. samtal **II** *itr* **1** hålla tal; ~ [*up*]*on* utbreda sig över **2** samtala
discourteous [dɪs'kɜ:tjəs] *a* ohövlig
discourtesy [dɪs'kɜ:tɪsɪ] *s* ohövlighet
discover [dɪs'kʌvə] *tr* upptäcka; finna
discovery [dɪs'kʌvərɪ] *s* upptäckt
discredit [dɪs'kredɪt] **I** *s* vanrykte; vanheder, skam; *be a ~ to* vara en skam för; *bring* (*throw*) ~ [*up*]*on* bringa i vanrykte, misskreditera **II** *tr* **1** betvivla **2** misskreditera, diskreditera; rubba förtroendet till
discreditable [dɪs'kredɪtəbl] *a* vanhedrande, misskrediterande, diskrediterande
discreet [dɪs'kri:t] *a* diskret, taktfull
discrepancy [dɪs'krepənsɪ] *s* avvikelse; diskrepans
discrepant [dɪs'krepənt] *a* avvikande
discrete [dɪs'kri:t] *a* [åt]skild
discretion [dɪs'kreʃən] *s* **1** urskillning[sförmåga], omdöme; diskretion, takt; *reach years* (*age*) *of ~* nå mogen ålder, bli vuxen; *~ is the better part of valour* ung. försiktighet är en dygd **2** handlingsfrihet, bestämmanderätt [*exercise o.'s ~*]; gottfinnande; *at* [*o.'s own*] ~ efter behag; *use your ~* gör som du själv finner för gott
discretionary [dɪs'kreʃənərɪ] *a* godtycklig; *~ powers* diskretionär myndighet
discriminate [dɪs'krɪmɪneɪt] *tr* o. *itr* **1** skilja [*between* på, mellan]; åtskilja; urskilja **2** göra skillnad [*between* på, mellan], diskriminera; *~ against* diskriminera
discriminating [dɪs'krɪmɪneɪtɪŋ] *a* **1** särskiljande, typisk **2** omdömesgill, skarpsinnig [~ *judgement*]; kräsen [*a ~ taste*]
discrimination [dɪsˌkrɪmɪ'neɪʃən] *s* **1** skiljande; diskriminering [*race ~*]; åtskillnad [*without ~*] **2** urskillning; skarpsinne
discriminatory [dɪs'krɪmɪnətərɪ] *a* diskriminerande
discursive [dɪs'kɜ:sɪv] *a* planlös, avvikande från ämnet; vidlyftig
discus ['dɪskəs] *s* diskus
discuss [dɪs'kʌs] *tr* diskutera, debattera
discussion [dɪs'kʌʃən] *s* diskussion, debatt; *bring a th. up for ~* ta upp ngt till diskussion
disdain [dɪs'deɪn] **I** *s* förakt, ringaktning **II** *tr* förakta, ringakta
disdainful [dɪs'deɪnfʊl] *a* föraktfull
disease [dɪ'zi:z] *s* sjukdom[ar]
diseased [dɪ'zi:zd] *a* sjuklig; fördärvad
disembark ['dɪsɪm'bɑ:k] **I** *tr* landsätta **II** *itr* landstiga, debarkera
disembarkation [ˌdɪsembɑ:'keɪʃən] *s* **1** landstigning, debarkering **2** landsättning
disembod|y ['dɪsɪm'bɒdɪ] *tr* befria från kroppen; pp. *-ied* äv. okroppslig, utan kropp
disembowel [ˌdɪsɪm'bauəl] *tr* ta inälvorna ur
disenchant ['dɪsɪn'tʃɑ:nt] *tr* ta ur en illusion, desillusionera, öppna ögonen på
disenchantment [ˌdɪsɪn'tʃɑ:ntmənt] *s* uppvaknande ur en illusion; desillusion
disencumber ['dɪsɪn'kʌmbə] *tr* befria, lösgöra [*of* från]
disengage ['dɪsɪn'geɪdʒ] **I** *tr* **1** lös-, fri|göra, lossa, befria [*from*]; koppla loss **2** tekn. koppla ifrån **3** mil. dra ur striden **II** *itr* frigöra sig
disengaged ['dɪsɪn'geɪdʒd] *a* ledig, ej upptagen
disengagement [ˌdɪsɪn'geɪdʒmənt] *s* lös-, fri|görande, frigörelse
disentangle ['dɪsɪn'tæŋgl] **I** *tr* **1** lösgöra, befria ur trassel, förvecklingar o. d. **2** reda ut härva o. d. **II** *itr* **1** komma lös **2** reda ut sig
disequilibrium ['dɪsekwɪ'lɪbrɪəm] *s* bristande jämvikt; störning [~ *in the balance of payments*]
disestablish ['dɪsɪs'tæblɪʃ] *tr* skilja kyrkan från staten; skilja från statskyrkan
disfavour ['dɪs'feɪvə] *s* misshag [*incur* (ådra sig) *a p.'s ~*], motvilja; ogillande [*regard a th. with ~*]; onåd [*fall into ~*]
disfigure [dɪs'fɪgə] *tr* vanställa, vanpryda
disfigurement [dɪs'fɪgəmənt] *s* **1** vanställande, vanprydande **2** vanställdhet
disforest [dɪs'fɒrɪst] *tr* avverka skogen på (i), kalhugga
disfranchise ['dɪs'frænʃaɪz] *tr* beröva rösträtt
disfranchisement [dɪs'frænʃɪzmənt] *s* berövande (förlust) av rösträtt

disgorge [dɪs'gɔːdʒ] *tr* **1** spy ut **2** *the river ~s itself into* [*the sea*] floden mynnar ut i . .
disgrace [dɪs'greɪs] **I** *s* **1** ogunst, onåd [*fall into ~*] **2** vanära; skam[fläck] [*the slums are a ~*]; *bring ~ on o.'s family* dra vanära över familjen (släkten); *this is a ~!* detta är rena skandalen! **II** *tr* **1** vanhedra; skämma ut, vara en skam för **2** bringa i onåd
disgraceful [dɪs'greɪsf*ʊ*l] *a* vanhedrande [*to* för]; skamlig [*~ behaviour*]; skandalös; *you are ~!* du borde skämmas!
disgruntled [dɪs'grʌntld] *a* missnöjd; sur
disguise [dɪs'gaɪz] **I** *tr* **1** förkläda, klä[da] ut, maskera; *~d as a beggar* förklädd till tiggare **2** förställa, förvända [*~ o.'s voice*] **3** maskera, kamouflera **II** *s* **1** förklädnad; mask; kamouflage; *in ~* förklädd; *in the ~ of* förklädd till **2** förställning; maskering
disgust [dɪs'gʌst] **I** *s* avsky, avsmak [*at, with* för]; äckel, vämjelse [*for* inför, vid, över]; *much to my ~* till min stora förtret **II** *tr* väcka avsky (avsmak etc.) hos, äckla; *be ~ed* vara upprörd, äcklas [*at* (över) *a p.'s behaviour*; *by* (av, över) *a sight*; *with* (över) *a p.*]
disgusting [dɪs'gʌstɪŋ] *a* äcklig; vidrig, motbjudande
dish [dɪʃ] **I** *s* **1** fat; karott; flat skål; assiett [*butter ~*]; [*dirty*] *~es* odiskad disk; *wash* [*up*] *the ~es* diska **2** [mat]rätt; *hot ~* varmrätt **3** sl. goding söt flicka **II** *tr* **1** ~ [*up*] lägga upp [*~* [*up*] *the food*]; sätta fram, servera [*~* [*up*] *the dinner*]; *~ out* dela ut **2** fam. lura; knäcka besegra
dishabille [ˌdɪsæ'biːl] *s, in ~* i negligé
disharmonious ['dɪshɑː'məʊnjəs] *a* disharmonisk
disharmony ['dɪs'hɑːmənɪ] *s* disharmoni
dishcloth ['dɪʃklɒθ] *s* disktrasa; kökshandduk
dishearten [dɪs'hɑːtn] *tr* göra modfälld (modlös, nedslagen); *~ing* nedslående, beklämmande
dishevelled [dɪ'ʃevəld] *a* ovårdad [*~ hair*]
dishonest [dɪs'ɒnɪst, dɪ'zɒ-] *a* ohederlig, oärlig
dishonesty [dɪs'ɒnɪstɪ, dɪ'zɒ-] *s* ohederlighet, oärlighet
dishonour [dɪs'ɒnə, dɪ'zɒ-] **I** *s* vanära, skam **II** *tr* **1** vanära, vanhedra **2** hand. inte honorera (godkänna) växel o.d.
dishonourable [dɪs'ɒnərəbl, dɪ'zɒ-] *a* **1** vanhedrande **2** ohederlig; gemen
dishpan ['dɪʃpæn] *s* Am. diskbalja
dishwasher ['dɪʃˌwɒʃə] *s* **1** diskmaskin **2** diskare, diskerska
dishwater ['dɪʃˌwɔːtə] *s* diskvatten; fam. [te]blask; *as dull as ~* fam. dödtråkig
disillusion [ˌdɪsɪ'luːʒən, -'ljuː-] **I** *s* desillusion[ering] **II** *tr* desillusionera
disinclination [ˌdɪsɪnklɪ'neɪʃən] *s* obenägenhet
disincline ['dɪsɪn'klaɪn] *tr* göra obenägen; *he was ~d* [*to help me*] han hade ingen lust . .
disinfect [ˌdɪsɪn'fekt] *tr* desinficera
disinfectant [ˌdɪsɪn'fektənt] **I** *a* desinficerande **II** *s* desinfektionsmedel
disinfection [ˌdɪsɪn'fekʃən] *s* desinfektion, desinficering
disinflationary [ˌdɪsɪn'fleɪʃənərɪ] *a* hand. inflationsbekämpande, disinflations-
disinherit ['dɪsɪn'herɪt] *tr* göra arvlös
disintegrate [dɪs'ɪntɪgreɪt] *tr* o. *itr* sönderdela[s], desintegrera[s]
disintegration [dɪsˌɪntɪ'greɪʃən] *s* upplösning, sönderdelning, desintegration
disinter ['dɪsɪn'tɜː] *tr* gräva upp [ur jorden], ta upp ur graven; bildl. gräva fram
disinterested [dɪs'ɪntrəstɪd] *a* oegennyttig, osjälvisk; opartisk
disjointed [dɪs'dʒɔɪntɪd] *a* osammanhängande [*~ speech*]
disk [dɪsk] *s* isht Am., se *disc*
dislike [dɪs'laɪk, i bet. *II 2* '- -] **I** *tr* tycka illa om, ogilla **II** *s* **1** motvilja, aversion [*of, for* mot]; *take a ~ to* fatta motvilja mot **2** *likes and ~s* sympatier och antipatier
dislocate ['dɪsləʊkeɪt] *tr* **1** läk. vrida ur led, vricka **2** bildl. förrycka, rubba; *the traffic was badly ~d by the snowfall* snöfallet vållade stor oreda i trafiken
dislocation [ˌdɪsləʊ'keɪʃən] *s* **1** läk. vrickning **2** bildl. förvirring, oreda; rubbning
dislodge [dɪs'lɒdʒ] *tr* driva bort, fördriva; [för]flytta, rubba; rycka loss
disloyal [dɪs'lɔɪəl] *a* illojal; otrogen
disloyalty [dɪs'lɔɪəltɪ] *s* illojalitet; otrohet
dismal ['dɪzməl] *a* dyster, trist; sorglig
dismantle [dɪs'mæntl] *tr* demontera, montera ned, ta isär [*~ an engine*]; sjö. avrusta
dismay [dɪs'meɪ, dɪz'm-] **I** *s* bestörtning, förfäran **II** *tr* göra bestört (förfärad)
dismember [dɪs'membə] *tr* **1** slita sönder lem för lem **2** stycka, dela sönder (upp) [*~ a country*]
dismemberment [dɪs'membəmənt] *s* **1** lemlästning **2** styckning, sönder-, upp|delning [*~ of great estates*]
dismiss [dɪs'mɪs] **I** *tr* **1** avskeda, ge avsked **2** skicka bort; låta gå [*the teacher ~ed his class*]; upplösa församling etc.; släppa [ut] [*~ a patient from hospital*] **3** slå ur tankarna; avfärda, expediera; avslå [*~ a petition*] **4** jur. ogilla, förklara ogiltig [*~ a complaint*]; *~ the case* avskriva målet **II** *itr* mil., *~!* höger och vänster om marsch!
dismissal [dɪs'mɪsəl] *s* **1** avsked[ande] **2** bortskickande; upplösning; frigivande; hemförlovning **3** avvisande; avslag

dismount ['dɪs'maʊnt] **I** *itr* stiga av (ned, ur), sitta av **II** *tr* **1** kasta av (ur sadeln) **2** demontera [~ *a gun*] **3** ~ *o.'s horse* stiga av hästen
disobedience [ˌdɪsə'bi:djəns] *s* olydnad, ohörsamhet [*to* mot]
disobedient [ˌdɪsə'bi:djənt] *a* olydig, ohörsam [*to* mot]
disobey ['dɪsə'beɪ] *tr* o. *itr* inte lyda, vara olydig [mot]; överträda [~ *the law*]
disobliging ['dɪsə'blaɪdʒɪŋ] *a* inte tillmötesgående
disorder [dɪs'ɔ:də] *s* **1** oordning; *throw into* ~ ställa till oreda (förvirring) i **2** orolighet [*political* ~*s*] **3** läk. rubbning[ar], störning
disordered [dɪs'ɔ:dəd] *a* **1** oordnad; störd, i olag **2** läk. sjuk [~ *imagination*], rubbad
disorderly [dɪs'ɔ:dəlɪ] *a* **1** oordnad; förvirrad **2** bråkig, störande [~ *conduct*]; *charged with being drunk and* ~ anklagad för fylleri och förargelseväckande beteende
disorganization [dɪsˌɔ:gənaɪ'zeɪʃən, dɪˌz-] *s* desorganisation, upplösning; oordning
disorganize [dɪs'ɔ:gənaɪz, dɪ'z-] *tr* desorganisera, upplösa; ställa till oreda i [~ *the traffic*]; *be* ~*d* äv. råka i oordning
disorient [dɪs'ɔ:rɪent] *tr* isht Am. = *disorientate*
disorientate [dɪs'ɔ:rɪenteɪt] *tr* desorientera, vilseleda; förvirra
disown [dɪs'əʊn] *tr* inte [vilja] kännas vid, neka att erkänna [~ *a son*]; förneka; desavuera
disparage [dɪs'pærɪdʒ] *tr* nedvärdera; nedsätta, tala nedsättande om; ringakta
disparagement [dɪs'pærɪdʒmənt] *s* nedvärdering etc., jfr *disparage*
disparate ['dɪspərət] *a* olikartad
disparity [dɪs'pærətɪ] *s* olikhet, skillnad
dispassionate [dɪs'pæʃənət] *a* lidelsefri; opartisk
dispatch [dɪs'pætʃ] **I** *tr* **1** [av]sända, expediera [~ *a letter*] **2** klara av, expediera [~ *a task*]; avsluta **3** göra av med döda, 'expediera' **II** *s* **1** avsändning, avsändande; expediering; spedition; ~ *note* post. adresskort; varuanmälan; *by* ~ med ilbud **2** undanstökande, expediering [*the prompt* ~ *of a matter*] **3** 'expedierande', dödande **4** skyndsamhet, hast [*with all* ~] **5** rapport, depesch; *be mentioned in* ~*es* mil. få hedersomnämnande i krigsrapporterna
dispatch-box [dɪs'pætʃbɒks] *s* dokumentskrin
dispatch-rider [dɪs'pætʃˌraɪdə] *s* mil. [motor]ordonnans
dispel [dɪs'pel] *tr* för|jaga, -driva, skingra
dispensary [dɪs'pensərɪ] *s* apotek på sjukhus, fartyg o. d.; officin i apotek
dispensation [ˌdɪspen'seɪʃən] *s* **1** utdelning, fördelning [~ *of medicine*] **2** skipande, skipning [~ *of justice*] **3** *divine* ~, ~ *of providence* försynens skickelse **4** isht kyrkl. dispens
dispens|e [dɪs'pens] **I** *tr* **1** dela ut, fördela, ge [~ *alms*] **2** tillreda och lämna ut, dispensera [~ *medicines*]; *-ing chemist* apotekare **3** skipa [~ *justice*] **II** *itr*, ~ *with* a) avvara, undvara, klara sig utan [~ *with a p.'s services*] b) göra onödig (överflödig)
dispenser [dɪs'pensə] *s* **1** apotekare **2** dispenser hållare för rakblad o. d.; automat
dispersal [dɪs'pɜ:səl] *s* [ut]spridning; skingring
disperse [dɪs'pɜ:s] **I** *tr* sprida; skingra **II** *itr* sprida sig; skingra sig
dispersion [dɪs'pɜ:ʃən] *s* [kring]spridning; kringspriddhet
dispirited [dɪ'spɪrɪtɪd] *a* modfälld, nedslagen
displace [dɪs'pleɪs] *tr* **1** flytta [på], rubba sak ur dess läge, förskjuta **2** ersätta **3** tränga undan (ut) **4** pol., ~*d person* tvångsförflyttad, flykting
displacement [dɪs'pleɪsmənt] *s* **1** omflyttning, rubbning, förskjutning **2** ersättande; undanträngande **3** sjö. deplacement **4** bil. cylindervolym, slagvolym
display [dɪs'pleɪ] **I** *tr* **1** förevisa, visa fram; skylta med [~ *goods in the window*] **2** visa [prov på] [~ *courage*], röja [~ *o.'s ignorance*], ådagalägga, utveckla **3** veckla (bre) ut **4** visa upp, ståta med; demonstrera [~ *o.'s affection*] **II** *s* **1** förevisning, uppvisning [*a fashion* ~]; utställning; skyltning [*a* ~ *of goods*]; *window* ~ [fönster]skyltning; ~ *of colours* färgprakt; ~ *window* skyltfönster **2** uttryck [*of* för], prov [*a fine* ~ *of* (på) *courage*] **3** *make a* ~ *of* stoltsera (ståta) med
displease [dɪs'pli:z] *tr* misshaga, väcka missnöje hos; *be* ~*d* vara missnöjd
displeasing [dɪs'pli:zɪŋ] *a* misshaglig; obehaglig; förarglig
displeasure [dɪs'pleʒə] *s* missnöje, misshag, ogillande
disport [dɪs'pɔ:t] *tr*, ~ *o.s.* roa sig; leka
disposable [dɪs'pəʊzəbl] *a* **1** disponibel, [som står] till förfogande **2** som kan slängas bort; engångs- [~ *paper plates*]
disposal [dɪs'pəʊzəl] *s* **1** bort|skaffande, -kastande, undanröjning, expediering; *bomb* ~ *squad* bombröjningsgrupp **2** avyttrande, försäljning; överlämnande; placering **3** förfogande, disposition; *be at* (*be left to*) *a p.'s* ~ stå till ngns förfogande **4** anordning, disposition
dispose [dɪs'pəʊz] **I** *itr* **1** ~ *of* a) slänga bort, bli (göra sig) av med [~ *of rubbish*];

kassera [~ *of old clothes*]; bringa ur världen [~ *of a problem*]; avfärda [~ *of a question*]; expediera, klara av [~ *of a piece of business*] **b)** avyttra, göra sig av med **c)** [fritt] förfoga över, disponera [över] **2** *Man proposes, God ~s* människan spår, [men] Gud rår **II** *tr* ordna, ställa upp

disposed [dɪs'pəʊzd] *a* **1** böjd, benägen, upplagd, disponerad [*to, for* för; *to do*] **2** ~ *of* såld; upptagen inte längre disponibel; slut [*the money is ~ of*]

disposer [dɪs'pəʊzə] *s* avfallskvarn [äv. *waste (garbage) ~*]

disposition [ˌdɪspə'zɪʃən] *s* **1** anordning, placering, arrangemang; uppställning **2** förberedelse, disposition; ordnande **3** sinnelag, lynne, temperament **4** läggning, disposition **5** benägenhet **6** förfogande[rätt]

dispossess ['dɪspə'zes] *tr* **1** ~ *a p. of a th.* frånta[ga] (beröva) ngn ngt **2** driva bort ägare, fördriva; vräka

dispossession ['dɪspə'zeʃən] *s* **1** fråntagande, berövande **2** vräkning

disproportion ['dɪsprə'pɔːʃən] *s* brist på proportion, disproportion

disproportionate [ˌdɪsprə'pɔːʃənət] *a* oproportionerlig, illa avvägd

disprove ['dɪs'pruːv] *tr* vederlägga; motbevisa

disputable [dɪs'pjuːtəbl, 'dɪspjʊtəbl] *a* omtvistlig, tvistig, diskutabel

disputation [ˌdɪspjʊ'teɪʃən] *s* dispyt

disputatious [ˌdɪspjʊ'teɪʃəs] *a* oppositionslysten

dispute [dɪs'pjuːt] **I** *itr* disputera, diskutera, tvista [*about, on* om] **II** *tr* **1** diskutera, tvista om, debattera **2** bestrida [~ *a claim*]; ifrågasätta **3** strida om [~ *a territory*] **III** *s* dispyt, meningsbyte [*about, over* om]; tvist, träta; konflikt [*labour ~*]

disputed [dɪs'pjuːtɪd] *a* omtvistad, omstridd

disqualification [dɪsˌkwɒlɪfɪ'keɪʃən] *s* diskvalifikation, diskvalificering[sgrund]

disqualify [dɪs'kwɒlɪfaɪ] *tr* diskvalificera

disquiet [dɪs'kwaɪət] **I** *tr* oroa, göra orolig **II** *s* oro

disquieting [dɪs'kwaɪətɪŋ] *a* oroande, oroväckande

disquisition [ˌdɪskwɪ'zɪʃən] *s* föredrag, avhandling

Disraeli [dɪs'reɪlɪ, dɪz-]

disregard ['dɪsrɪ'gɑːd] **I** *tr* inte fästa avseende vid, ignorera, nonchalera [~ *a warning*], förbise, åsidosätta [~ *a p.'s wishes*] **II** *s* ignorerande, nonchalerande [~ *of a rule*]

disrepair ['dɪsrɪ'peə] *s* dåligt skick [*the house was in bad* (mycket) ~], förfall

disreputable [dɪs'repjʊtəbl] *a* illa beryktad; vanhedrande

disrepute ['dɪsrɪ'pjuːt] *s* vanrykte [*fall into* ~]; vanheder

disrespect ['dɪsrɪ'spekt] *s* respektlöshet, brist på aktning (respekt)

disrespectful [ˌdɪsrɪ'spektfʊl] *a* respektlös, vanvördig

disrobe ['dɪs'rəʊb] **I** *itr* o. *refl,* ~ [*o.s.*] ta av sig ämbetsdräkten; klä av sig **II** *tr* klä av

disrupt [dɪs'rʌpt] *tr* splittra, söndra, upplösa [*the party was ~ed*]; störa [~ *a meeting*]; *traffic was ~ed* det blev avbrott i trafiken

disruption [dɪs'rʌpʃən] *s* **1** splittring, söndring etc., jfr *disrupt*; avbrott; rubbning[ar] **2** upplösning [*the state was in* ~]; sönderfall [*the ~ of an empire*]

disruptive [dɪs'rʌptɪv] *a* splittrande, söndrande, upplösande; omstörtande [~ *forces*]; ~ *elements* oroselement

dissatisfaction ['dɪsˌsætɪs'fækʃən] *s* missnöje, missbelåtenhet, otillfredsställelse

dissatisfied ['dɪs'sætɪsfaɪd] *a* missnöjd, missbelåten, otillfredsställd

dissect [dɪ'sekt] *tr* **1** anat. dissekera; *~ing table* dissektionsbord **2** bildl. dissekera, ingående analysera

dissection [dɪ'sekʃən] *s* **1** anat. dissektion, dissekering **2** bildl. kritisk analys

dissemble [dɪ'sembl] **I** *tr* dölja, maskera [~ *o.'s emotions*]; hyckla **II** *itr* förställa sig, hyckla

dissembler [dɪ'semblə] *s* hycklare; bedragare

disseminate [dɪ'semɪneɪt] *tr* sprida [ut], utbreda

dissemination [dɪˌsemɪ'neɪʃən] *s* [kring]-spridning, utspridning, utbredande

dissension [dɪ'senʃən] *s* meningsskiljaktighet; oenighet, tvedräkt

dissent [dɪ'sent] **I** *itr* **1** skilja sig i åsikter, avvika [*from* från]; reservera sig [*from* mot] **2** isht avvika från (gå ur) statskyrkan **II** *s* **1** avvikelse i åsikter, meningsskiljaktighet **2** frikyrklighet, separatism

dissenter [dɪ'sentə] *s* **1** oliktänkande [person] **2** ~ el. *D~* dissenter, frikyrklig, frireligiös

dissentient [dɪ'senʃɪənt] **I** *a* avvikande, skiljaktig [~ *opinions*]; oliktänkande **II** *s* oliktänkande [person]; reservant

dissertation [ˌdɪsə'teɪʃən] *s* [doktors]avhandling [[*up*]*on* om, över]

disservice ['dɪs'sɜːvɪs] *s* otjänst, björntjänst [*do a p. a* ~]; skada

dissever [dɪs'sevə] *tr* skilja [åt]; dela [sönder]

dissident ['dɪsɪdənt] **I** *a* oliktänkande; avvikande **II** *s* oliktänkande [person]

dissimilar ['dɪ'sɪmɪlə] *a* olik[a]; ~ *to a th.* olik ngt

dissimilarity [ˌdɪsɪmɪ'lærətɪ] *s* olikhet [*to*

a th. med ngt]

dissipate ['dɪsɪpeɪt] **I** *tr* **1** skingra, jaga bort [*~ a p.'s fears*] **2** förslösa, slösa bort [*~ o.'s fortune*]; splittra [*~ o.'s forces*] **II** *itr* **1** skingra sig, skingras **2** fam. leva utsvävande

dissipated ['dɪsɪpeɪtɪd] *a* **1** utsvävande, lättsinnig **2** härjad, utlevad [*look ~*]

dissipation [ˌdɪsɪ'peɪʃən] *s* **1** skingrande; upplösning **2** förslösande; *~ of o.'s energy* slöseri med krafterna **3** utsvävningar

dissociate [dɪ'səʊʃɪeɪt] *tr* skilja, separera; hålla isär [*~ two ideas*]; *~ o.s. from* ta avstånd från

dissociation [dɪˌsəʊsɪ'eɪʃən] *s* [åt]skiljande; upplösning; avståndstagande

dissolute ['dɪsəlu:t, -lju:t] *a* **1** utsvävande, tygellös **2** härjad, utlevad [*look ~*]

dissolution [ˌdɪsə'lu:ʃən, -'lju:-] *s* upplösning [*the ~* [*of Parliament*]]

dissolve [dɪ'zɒlv] **I** *tr* upplösa [*~ a partnership*]; sönderdela; lösa [upp] **II** *itr* upplösa sig, upplösas; lösa sig, smälta

dissonance ['dɪsənəns] *s* **1** mus. o. bildl. dissonans, disharmoni **2** oenighet

dissonant ['dɪsənənt] *a* dissonerande, missljudande, disharmonisk

dissuade [dɪ'sweɪd] *tr* avråda

dissuasion [dɪ'sweɪʒən] *s* avrådan

distaff ['dɪstɑ:f] *s* **1** slända; spinnrockshuvud **2** *on the ~ side* på kvinnolinjen (spinnsidan)

distance ['dɪstəns] **I** *s* avstånd; distans; sträcka; *~ recorder* vägmätare; *at a ~* på avstånd; *keep o.'s ~, keep at a ~* hålla sig på avstånd, bildl. hålla distans, vara reserverad; *in the ~* i fjärran, på [långt] avstånd **II** *tr* lämna [långt] bakom sig, distansera

distant ['dɪstənt] *a* **1** avlägsen, fjärran i rum o. tid; [långt] bort; *we had a ~ view of the tower* vi såg tornet i fjärran; *~ early warning* [*system*] robotvarningssystem **2** avlägsen i fråga om släktskap [*a ~ cousin*] **3** avlägsen, svag [*a ~ resemblance*] **4** reserverad

distaste ['dɪs'teɪst] *s* avsmak [*for* för]; motvilja [*for* mot, för], olust

distasteful [dɪs'teɪstfʊl] *a* osmaklig, motbjudande

1 distemper [dɪs'tempə] **I** *s* limfärg; tempera[färg] **II** *tr* måla med limfärg (temperafärg)

2 distemper [dɪs'tempə] *s* valpsjuka

distend [dɪs'tend] **I** *tr* utvidga; blåsa upp **II** *itr* svälla [ut], utvidgas

distension [dɪs'tenʃən] *s* utvidgning, uttänjning, utsträckande, svällande

distil [dɪs'tɪl] **I** *tr* **1** destillera; bränna; rena äv. bildl.; *the ~ling industry* whisky-, sprit|industrin **2** [låta] droppa **II** *itr* **1** destillera[s] **2** sippra; droppa

distillation [ˌdɪstɪ'leɪʃən] *s* **1** destillering **2** destillat

distiller [dɪs'tɪlə] *s* **1** destillator, destillatör; spritfabrikant **2** destillationsapparat

distillery [dɪs'tɪlərɪ] *s* bränneri; sprit-, whisky|fabrik

distinct [dɪs'tɪŋkt] *a* **1** tydlig, klar, distinkt [*a ~ voice*] **2** olik[a]; skild [*two ~ groups*]; *be ~ from..* vara olik..; *as ~ from* till skillnad från; *keep ~* hålla isär

distinction [dɪs'tɪŋkʃən] *s* **1** [åt]skillnad [*of* i, på, till]; [sär]skiljande; distinktion; *draw a ~* göra skillnad [*between* på, mellan]; *without ~* utan åtskillnad; *without ~ of persons* utan hänsyn till person **2** särmärke **3** framstående ställning, anseende; betydelse, värde [*a novel of ~*] **4** utmärkelse, hedersbevisning, distinktion; *he passed with ~* han fick spets [på betyget]

distinctive [dɪs'tɪŋktɪv] *a* särskiljande, distinktiv, utmärkande, karakteristisk

distinctiveness [dɪs'tɪŋktɪvnəs] *s* särprägel, egenart

distinctly [dɪs'tɪŋktlɪ] *adv* tydligt, distinkt

distinguish [dɪs'tɪŋgwɪʃ] **I** *tr* **1** tydligt skilja [åt], särskilja; *be ~ed from* skilja sig från; *as ~ed from* till skillnad från **2** urskilja [*~ objects at a distance*] **3** känneteckna, utmärka; *be ~ed by* utmärka sig genom **4** utmärka; *~ o.s.* äv. göra sig bemärkt; *be ~ed for* utmärka sig för **II** *itr* göra skillnad, skilja [*between* mellan, på]

distinguishable [dɪs'tɪŋgwɪʃəbl] *a* **1** skiljbar; *they are hardly ~* man kan knappt skilja dem åt **2** märkbar; tydlig

distinguished [dɪs'tɪŋgwɪʃt] *a* **1** framstående; ryktbar; förnämlig, lysande [*a ~ career*]; *D~ Flying Cross* britt. o. Am. medalj för tapperhet i flygtjänst; *D~ Service Order* britt. militärförtjänstorden **2** distingerad, stilfull

distinguishing [dɪs'tɪŋgwɪʃɪŋ] *a* särskiljande; karakteristisk [*~ features*]; igenkännings- [*a ~ badge*]

distort [dɪs'tɔ:t] *tr* **1** förvrida [*a face ~ed by pain*]; *~ing mirror* skrattspegel **2** förvränga, förvanska [*~ facts*]

distortion [dɪs'tɔ:ʃən] *s* **1** förvridning; förvrängning, förvanskning; tekn. distorsion **2** vrångbild

distract [dɪs'trækt] *tr* **1** dra bort, avvända, avleda [*~ a p.'s attention* (*mind*) *from a th.*]; distrahera **2** vara en avkoppling för **3** förvirra, göra ngn ifrån sig

distracted [dɪs'træktɪd] *a* **1** förvirrad, ifrån sig **2** vansinnig [*it's enough to drive* (göra) *one ~*]

distraction [dɪs'trækʃən] *s* **1** förvirring, oreda; förvirrande **2** avkoppling, förströelse **3** sinnesförvirring; *to ~* till vanvett

distraught [dɪs'trɔ:t] *a* förvirrad; ifrån sig

distress [dɪs'tres] **I** *s* **1** trångmål, betryck; nödläge; nöd; [sjö]nöd [*a ship in* ~]; ~ *call* (*signal*) nödrop; sjö. nödsignal **2** smärta, kval, sorg, bedrövelse **II** *tr* plåga, pina
distressed [dɪs'trest] *a* **1** nödställd, svårt betryckt; ~ *areas* krisområden där arbetslöshet råder **2** olycklig; bedrövad
distressing [dɪs'tresɪŋ] *a* plågsam, smärtsam; beklämmande, bedrövlig, sorglig [*a* ~ *case*]; oroande [~ *news*]
distribute [dɪs'trɪbju:t] *tr* **1** dela ut; fördela; distribuera **2** sprida [ut]; utbreda **3** dela in, fördela [*into* (i) *classes*]
distribution [ˌdɪstrɪ'bju:ʃən] *s* **1** utdelning [*prize* ~]; fördelning äv. statist.; distribution; *the* ~ *of power* maktfördelningen **2** utbredning; spridning
distributive [dɪs'trɪbjutɪv] *a* **1** fördelande, fördelnings-; isht gram. distributiv **2** ut-, till|delande
distributor [dɪs'trɪbjutə] *s* utdelare, distributör; spridare; [ström]fördelare i t. ex. bil
district ['dɪstrɪkt] *s* **1** område, distrikt i allm.; bygd, trakt **2** distrikt; stadsdel; ~ *attorney* Am. allmän åklagare; ~ *visitor* socialarbetare; *urban* ~ *council* stadskommunfullmäktige i mindre stad **3** *The D~ of Columbia* Columbia Förenta staternas förbundsdistrikt med huvudstaden Washington
distrust [dɪs'trʌst] **I** *s* misstro[ende] [*of* till]; tvivel [*of* på] **II** *tr* misstro, inte lita på
distrustful [dɪs'trʌstfʊl] *a* misstrogen, skeptisk, misstänksam [*of* mot]
distrustfulness [dɪs'trʌstfʊlnəs] *s* misstro[genhet]; misstänksamhet
disturb [dɪs'tɜ:b] *tr* **1** störa [~ *a p. in his work*] **2** oroa, ofreda; ställa till oreda (förvirring) i; rubba
disturbance [dɪs'tɜ:bəns] *s* **1** störande **2** oro; störning **3** oordning, oreda; bråk [*a political* ~]; *create a* ~ uppträda störande
disunite ['dɪsju:'naɪt] **I** *tr* skilja, söndra; upplösa; göra oense **II** *itr* skiljas, upplösas
disuse ['dɪs'ju:s] *s*, *fall into* ~ komma ur bruk, falla i glömska
disused ['dɪs'ju:zd] *a* avlagd, slopad; oanvänd; nedlagd [*a* ~ *gravel-pit*]
disyllabic [ˌdɪsɪ'læbɪk] *a* tvåstavig
disyllable [dɪ'sɪləbl] *s* tvåstavigt ord
ditch [dɪtʃ] **I** *s* dike; grav; *die in the last* ~ kämpa till sista andetaget **II** *tr* **1** dika [ut] **2** omge med dike **3** fam. köra i diket med [~ *a car*] **4** fam. ge respass, ge på båten
ditch-water ['dɪtʃˌwɔ:tə] *s* dikesvatten; [*as*] *dull as* ~ fam. dödtråkig
dither ['dɪðə] **I** *itr* **1** vackla, tveka **2** darra **II** *s* fam., *be all of a* ~ darra som ett asplöv av nervositet; *have the* ~*s* ha stora skälvan
ditto ['dɪtəʊ] *adv* o. *s* hand. o. fam. dito
ditty ['dɪtɪ] *s* [liten] visa (sång); enkel dikt
divan [dɪ'væn] *s* divan soffa
dive [daɪv] **I** *itr* **1** dyka [*for* efter]; ~ *in* hoppa i **2** flyg. dyka **3** sticka ned handen [*into* i], rota **II** *s* **1** dykning; sport. [sim]hopp; *make a* ~ *for* dyka ned efter, kasta sig efter; *he made a* ~ *into the shop* han smet in i butiken **2** fam. krog, sylta; spelhåla
dive-bomb ['daɪvbɒm] *tr* o. *itr* fälla störtbomber [på (över)]
dive-bomber ['daɪvbɒmə] *s* störtbombplan, störtbombare
diver ['daɪvə] *s* dykare
diverge [daɪ'vɜ:dʒ] *itr* gå åt olika håll, gå isär, skilja sig åt; avvika [*from*]
divergence [daɪ'vɜ:dʒəns] *s* o. **divergency** [daɪ'vɜ:dʒənsɪ] *s* isärgående; avvikelse, skiljaktighet, motsättning [~ *of opinion*]
divergent [daɪ'vɜ:dʒənt] *a* isärgående; avvikande, skild, delad [~ *views*]
divers ['daɪvɜ:z] *a* åld. varjehanda, diverse
diverse [daɪ'vɜ:s] *a* olik[a], olikartad; skild [*from*]; mångfaldig
diversification [daɪˌvɜ:sɪfɪ'keɪʃən] *s* **1** differentiering **2** omväxling; diversifiering
diversified [daɪ'vɜ:sɪfaɪd] *a* omväxlande, mångfaldig; diversifierad
diversify [daɪ'vɜ:sɪfaɪ] *tr* göra olik; ge omväxling åt; diversifiera
diversion [daɪ'vɜ:ʃən] *s* **1** avledande [*the* ~ *of a p.'s attention*]; omläggning [*traffic* ~], förbifart; avstickare [*a* ~ *from the main road*] **2** tidsfördriv, förströelse, avkoppling **3** mil. diversion, skenmanöver
diversionary [daɪ'vɜ:ʃənərɪ] *a* isht mil. avledande, sken- [*a* ~ *attack*]
diversity [daɪ'vɜ:sətɪ] *s* olikhet, skiljaktighet; mångfald; ~ *of opinion* meningsskiljaktighet
divert [daɪ'vɜ:t] *tr* **1** avleda [~ *the course of a river*; ~ *a p.'s thoughts from a th.*]; dra, leda [bort]; dirigera (lägga) om [~ *the traffic*] **2** roa, underhålla
diverting [daɪ'vɜ:tɪŋ] *a* underhållande
divest [daɪ'vest] *tr* beröva, fråntaga[ga], ta[ga] [i]från [*a p. of a th.* ngn ngt]; ~ *o.s. of* avstå från
divide [dɪ'vaɪd] **I** *tr* **1** dela [upp] [~ *into* (i) *different parts*]; avstava [~ *words*] **2** mat. dividera, dela [~ *8 by* (med) *4*] **3** dela in [*into* i] **4** [åt]skilja, dela av [*the river* ~*s my land from his*] **5** dela, splittra, göra oense [~ *friends*], söndra; *a country* ~*d against itself* ett splittrat land; *opinions are* ~*d on* [*this question*] det råder delade meningar om (i) .. **6** fördela [äv. ~ *up*]; skifta; utdela [~ *profits*] **7** parl. låta [om]rösta **II** *itr* **1** dela sig; dela upp sig [*into* i] **2** skilja sig [*from*] **3** vara oense **4** mat. gå att dividera

(dela) **5** parl. [om]rösta, votera **III** *s* geol. vattendelare
dividend ['dɪvɪdend] *s* **1** mat. dividend **2** utdelning på aktier o. d., äv. bildl.; dividend; återbäring
dividers [dɪ'vaɪdəz] *s pl* [stick]passare
divination [ˌdɪvɪ'neɪʃən] *s* spådom
divine [dɪ'vaɪn] **I** *a* **1** gudomlig; guds-; teologisk; ~ *right* gudomlig rätt; ~ *service* gudstjänst **2** fam. gudomlig, härlig [~ *weather*]; förtjusande, bedårande [*a* ~ *hat*] **II** *s* fam. teolog; prelat **III** *tr* **1** förutsäga, sia om, spå **2** ana sig till [~ *a p.'s intentions*] **IV** *itr* **1** sia, spå **2** gå (leta) med slagruta
diviner [dɪ'vaɪnə] *s* **1** spåman **2** slagruteman [äv. *water-diviner*]
diving ['daɪvɪŋ] *s* **1** dykning; sport. simhopp[ning]; *high* ~ höga hopp **2** flyg. dykning
diving-bell ['daɪvɪŋbel] *s* dykarklocka
diving-board ['daɪvɪŋbɔ:d] *s* trampolin
divining-rod [dɪ'vaɪnɪŋrɒd] *s* slagruta
divinity [dɪ'vɪnətɪ] *s* **1** gudom[lighet] **2** gud, gudinna; *the D~* Gud, Den Högste **3** teologi; *Bachelor of D~* ung. teologie kandidat; *Doctor of D~* teologie doktor **4** skol. religionskunskap, kristendom
divisible [dɪ'vɪzəbl] *a* delbar [*by* med; *into* i]
division [dɪ'vɪʒən] *s* **1** delning; indelning [*into* i]; ~ *of labour* arbetsfördelning **2** mat. division, delning **3** a) avdelning b) krets, område; distrikt **4** mil., sport. division **5** skiljelinje; gräns [*the ~s between various classes of society*] **6** bildl. skiljaktighet; splittring **7** parl. [om]röstning, votering
divisor [dɪ'vaɪzə] *s* mat. divisor
divorce [dɪ'vɔ:s] **I** *s* **1** skilsmässa; jur. äktenskapsskillnad; *a ~ suit* en skilsmässoprocess; *get* (*obtain*) *a* ~ få skilsmässa; *start* (*institute*) ~ *proceedings* söka (begära) skilsmässa **2** bildl. skiljande, skilsmässa **II** *tr* **1** [låta] skilja sig från [~ *o.'s wife*]; skilja makar **2** skilja [åt] [~ *church and state*; *be ~d from reality*] **III** *itr* skilja sig, skiljas
divorcée [dɪˌvɔ:'si:] *s* (fr.) frånskild kvinna
divulge [daɪ'vʌldʒ, dɪ'v-] *tr* avslöja, röja, förråda, yppa, sprida [ut] [~ *a secret*]
divvy ['dɪvɪ] *s* fam. [an]del; utdelning; återbäring
Dixie ['dɪksɪ] **I** egennamn **II** *s* Am. fam. Dixie, sydstaterna
dixie ['dɪksɪ] *s* mil. kokkärl, fältgryta
Dixiecrat ['dɪksɪkræt] *s* Am. sydstatsdemokrat, dixiekrat
Dixieland ['dɪksɪlænd] *s* **1** Am. sydstaterna, Dixie **2** dixieland jazzstil
D.I.Y. förk. för *do-it-yourself*
dizziness ['dɪzɪnəs] *s* yrsel, svindel
dizzy ['dɪzɪ] *a* **1** yr i huvudet; yr **2** svindlande [~ *heights*] **3** förvirrad; virrig, snurrig

D.J. förk. för *disc-jockey*
djinn [dʒɪn] *s* se *jinn*
dl förk. för *decilitre*[*s*]
D.Litt. förk. för *Doctor of Letters*
dm. förk. för *decimetre*[*s*]
DNA ['di:en'eɪ] *s* kem. (förk. för *deoxyribonucleic acid*) deoxiribonukleinsyra, DNA
1 do [dəʊ] *s* mus. do
2 do [du:] **A** (*did done*; 3 pers. sg. pres. *does*) *vb* (se äv. *done* o. *don't*) **I** *tr* (se äv. *III*) **1** göra [~ *o.'s duty* (*best*)]; utföra [~ *repairs*]; framställa [*we can ~ this lipstick in ten shades*]; *are you ~ing anything tonight?* har du något för dig i kväll?; *what can I ~ for you?* vad kan jag stå till tjänst med?; till kund i butik vad får det lov att vara?; *that did it* bildl. det gjorde susen; då var det klippt; *it does him credit* det hedrar honom **2** sköta [om], ha hand om [~ *the correspondence*] **3** syssla med [~ *painting*]; arbeta på (med) [*we are ~ing a dictionary*] **4** **a**) ordna, göra i ordning; ~ *o.'s hair* se *hair*; ~ *a room* städa ett rum; ~ *the windows* tvätta fönstren **b**) utföra; ~ *sums* (*arithmetic*) räkna; ~ *the rumba* dansa rumba **c**) ta [hand om] [*I'll ~ you next*] **5** läsa, studera [~ *science at the university*]; ~ *o.'s homework* läsa (göra) sina läxor **6** avverka, göra: **a**) köra [*we did 80 miles today*] **b**) fam. se [*we did Spain in* (på) *a week*]; *I did a show* jag var och såg en föreställning **7** spela [*he did Hamlet*] **8** lösa [~ *a crossword*]; ~ *a jig-saw puzzle* lägga pussel **9** avtjäna, sitta [inne] [~ *five years in prison*] **10** anrätta, laga till **11** fam. lura, snuva [*out of* på] **12** fam., *they ~ you very well at the hotel* man bor och äter mycket bra på hotellet **13** fam. vara lagom för, räcka för [*three pieces will ~ me*]; passa [*this room will ~ me*] **14** fam. ta kål på [*that game did me*]; sl. fixa mörda **15** vulg. knulla [~ *a woman*]

II *itr* (se äv. *III*) **1** göra [~ *as you are told*]; handla [*you did right*]; bära sig åt; *oh, ~!* gör det [du]!; *please, ~!* var så god!, ja gärna!; *be up and ~ing* vara uppe och i full gång **2** *there is nothing ~ing* det händer ingenting, hand. det görs inga affärer; *nothing ~ing!* fam. aldrig i livet! **3** klara (sköta) sig [*how is he ~ing at school?*]; må [*she is ~ing better now*]; ~ *or die* segra eller dö; *how do you ~?* hälsningsformel god dag **4** passa; gå an [*it doesn't ~ to offend him*]; räcka [till], vara nog (lagom); *that'll ~* det är bra, det duger (räcker); *we'll have to make it ~* det får lov att duga (räcka)

III *tr* o. *itr* med adv. el. prep. isht med spec. övers.: ~ **away with: a**) avskaffa, slopa **b**) ta livet av; ~ **by** behandla [~ *well by a p.*]; *hard done by* illa behandlad; ~ **for: a**) duga till (som) [*the room will ~ for a kitchen*] **b**) fam. hushålla för; *he does for himself* han klarar sig (hushållet) själv **c)** klara sig med [*how will you ~ for water?*] **d)** ta kål på; *he is done for* han är slut; det är slut med honom; ~ **in** sl.: **a)** fixa mörda **b)** ta kål på; *be done in* äv. vara utmattad (slut) **c)** lura; ~ **out: a)** städa [upp i]; måla [och tapetsera] **b)** ~ *a p. out of a th.* lura ifrån ngn ngt; ~ *a p. out of his job* ta jobbet ifrån ngn; ~ **over** snygga (bättra) upp; ~ **up: a)** reparera, renovera, snygga upp **b)** slå (packa) in [~ *up a parcel*] **c)** knäppa [~ *up o.'s coat*]; knyta **d)** *be done up* vara slut (tröttkörd); ~ **with: a)** göra (ta sig till) med [*what am I to ~ with him?*] **b)** *have to ~ with* ha att göra med; *it has (is) nothing to ~ with you* det har ingenting med dig att göra **c)** *I can ~ with two* jag klarar mig med två; jag behöver två; *I could ~ with a drink* det skulle smaka bra med en drink **d)** *be done with* vara över (slut); *let's have done with it* låt oss få slut på (komma ifrån) det; [*buy the car*] *and have done with it* .. först som sist, .. så är det gjort; *when you have done with the knife* när du är färdig med kniven; ~ **without** klara (reda) sig utan

IV *hjälpvb* **1** ss. ersättningsverb göra; [*do you know him?*] *yes, I ~* .. ja, det gör jag; *you saw it, didn't you?* du såg det, eller hur? **2** förstärkande (alltid beton.) i jak. sats, t. ex.: *I ~ wish I could help you* jag önskar verkligen att jag kunde hjälpa dig; *~ come!* kom för all del! **3** omskrivande: **a)** i frågesats t. ex.: *~ you like it?* tycker du om det?; *~ I get off here?* ska jag stiga av här?; *doesn't he know it?* vet han det inte? **b)** i nekande sats med *not* t. ex.: *I don't dance* jag dansar inte; *~ not touch!* får ej vidröras! **c)** i satser inledda med nekande adv. el. dyl., t. ex.: *only (not until) then did he come* först (inte förrän) då kom han

B *s* fam. **1** fest, kalas **2** *~'s and don'ts* regler och förbud

do. förk. för *ditto*

Doakes [dəʊks]

1 doc [dɒk] *s* fam. doktor

2 doc [dɒk] *s* fam. kortform för *document*

docile ['dəʊsaɪl] *a* läraktig; foglig

docility [də(ʊ)'sɪlətɪ] *s* läraktighet; foglighet

1 dock [dɒk] *tr* **1** stubbsvansa; stubba **2** dra av på [~ *a p.'s wages*], dra av [*off* från]

2 dock [dɒk] *s* förhörsbås i rättssal; *be in the ~* sitta på de anklagades bänk

3 dock [dɒk] **I** *s* **1** [skepps]docka; hamnbassäng; *floating ~* flytdocka **2** ofta pl. *~s* hamn, hamnanläggning; varv; kaj; *naval ~s* örlogsvarv **II** *tr* o. *itr* docka

docker ['dɒkə] *s* hamnarbetare

docket ['dɒkɪt] **I** *s* **1** innehållsförteckning **2** adresslapp på paket o. d. **II** *tr* förse dokument o. d. med innehållsförteckning; rubricera

dockyard ['dɒkjɑːd] *s* [skepps]varv; *naval ~* örlogsvarv

doctor ['dɒktə] **I** *s* **1** univ. doktor; *D~ of Philosophy* filosofie doktor **2** läkare, doktor; *family ~* husläkare; *~'s certificate* läkarintyg **II** *tr* fam. **1** sköta om [~ *a child*], kurera, bota [~ *a cold*] **2** kastrera [~ *a cat*] **3** blanda upp **4** frisera, fiffla med

doctorate ['dɒkt(ə)rət] *s* doktorsgrad

doctrinaire [ˌdɒktrɪ'neə] **I** *s* doktrinär, principryttare **II** *a* doktrinär

doctrine ['dɒktrɪn] *s* doktrin, lära, lärosats; trossats; dogm; *matter of ~* trosfråga

document [ss. subst. 'dɒkjʊmənt, ss. vb 'dɒkjʊment] **I** *s* dokument, handling **II** *tr* dokumentera

documentary [ˌdɒkjʊ'ment(ə)rɪ] **I** *a* dokumentarisk; dokumentär-, reportage- [*a ~ film*]; *~ evidence* skriftligt bevis **II** *s* reportage i TV o. radio; dokumentär-, reportagefilm

documentation [ˌdɒkjʊmen'teɪʃ(ə)n] *s* dokumentering, dokumentation

dodder ['dɒdə] *itr* **1** stappla, vackla **2** darra av svaghet

dodderer ['dɒdərə] *s* fam. gubbstrutt

doddering ['dɒdərɪŋ] *a* gaggig; *a ~ old fool* en [gaggig] gammal gubbstrutt

dodge [dɒdʒ] **I** *itr* **1** vika undan, hoppa åt sidan; smita, gömma sig [~ *behind a tree*]; kila fram och tillbaka **2** göra undanflykter, slingra sig **II** *tr* vika undan för [~ *a blow*]; undvika, slingra sig ifrån [~ *a question*]; kringgå [~ *the issue*]; smita från [~ *taxes*] **III** *s* **1** språng (hopp) åt sidan **2** fam. knep

dodgem ['dɒdʒəm] *s* radiobil på nöjesfält

dodger ['dɒdʒə] *s* filur, skojare; person som slingrar sig undan; *an artful ~* en riktig filur; *tax ~* skatteskolkare, -smitare

dodgy ['dɒdʒɪ] *a* fam. knepig, kvistig

doe [dəʊ] *s* **1** hind **2** har-, kaninhona

does [dʌz, dəz] 3 pers. sg. pres. av *do*

doeskin ['dəʊskɪn] *s* **1** dovhjortsskinn **2** doeskin tyg

doesn't ['dʌznt] = *does not*

doest ['duːɪst] åld. 2 pers. sg. pres. av *do* [*thou ~*]

doeth ['duːɪθ] åld. 3 pers. sg. pres. av *do* [*he ~*]

doff [dɒf] *tr* litt. ta av [sig]

dog [dɒg] **I** *s* **1** hund; *the ~s* fam. hundkapplöpning[en]; *be top ~* fam. vara bäst; vara högsta hönset i korgen; *every ~ has his day* var och en får någon gång sin chans; *give a ~ a bad name and hang him* ung. har man en gång fått en skamfläck på sig så sitter den; *let sleeping ~s lie* väck inte den björn som sover; *teach an old ~ new tricks* lära gamla hundar sitta; *dressed up like a ~'s dinner* sl. jättesnofsigt klädd; *lead* *a ~'s life* fam. leva ett hundliv; *lead a p. a ~'s life* fam. göra livet surt för ngn; *take a hair of the ~ [that bit you]* fam. ta [sig] en återställare; *the country is going to the ~s* fam. det går åt pipan med landet; *he is going to the ~s* fam. det går utför med honom; *a ~ in the manger* en missunnsam person som inte ens unnar andra vad han inte själv kan ha nytta av **2** fam. karl, prick; *dirty ~* fähund; *lazy ~* lathund; *lucky ~* lyckans ost **II** *tr* förfölja äv. bildl. [*~ged by misfortune*]; *~ a p.* (*a p.'s steps*) följa ngn i hälarna

dog-collar ['dɒgˌkɒlə] *s* **1** hundhalsband **2** sl. rundkrage prästkrage

doge [dəʊdʒ] *s* doge i Venedig

dog-ear ['dɒgˌɪə] *tr* göra hundöron i; *~ed* med hundöron, skamfilad

dog-end ['dɒgend] *s* sl. [cigarrett]fimp

dog-fight ['dɒgfaɪt] *s* **1** hundslagsmål; bildl. vilt slagsmål **2** flyg. luftduell

dogged ['dɒgɪd] *a* envis, ihärdig, seg, hårdnackad

Dogger Bank ['dɒgə'bæŋk] *s, the ~* Doggers bank

doggerel ['dɒgərəl] *s* enklare poesi; knittelvers

doggie ['dɒgɪ] *s* fam. vovve

doggo ['dɒgəʊ] *adv* fam., *lie ~* äv. [ligga och] trycka, hålla sig undan

doggy ['dɒgɪ] *s* fam. vovve

dog-kennel ['dɒgˌkenl] *s* hundkoja

dogma ['dɒgmə] *s* dogm; trossats; dogmatik

dogmatic [dɒg'mætɪk] *a* dogmatisk

do-gooder ['du:'gʊdə] *s* fam. välgörenhetsfantast, blåögd idealist

dogsbody ['dɒgzˌbɒdɪ] *s* sl. passopp

dog-tired ['dɒg'taɪəd] *a* dödstrött

dog-watch ['dɒgwɒtʃ] *s* sjö. plattvakt vakt ombord kl. 16 - 18 o. 18 - 20

doh [dəʊ] *s* se *1 do*

doily ['dɔɪlɪ] *s* tallriksunderlägg, tablett av spets, tyg e. d.

doing ['du:ɪŋ] *s* **1** handling; utförande; *it is all his ~* det är helt och hållet hans verk; *it will take some ~* det är inte gjort utan vidare **2** pl. *~s* förehavanden

do-it-yourself [ˌdu:ɪtjɔ:'self] *a* gör-det--själv-, hobby-; *~ kit* byggsats

Dolby ['dɒlbɪ] egennamn; *the ~ System* radio.® Dolby-systemet

doldrums ['dɒldrəmz] *s pl* **1** stiltje; *in the ~* om skepp hindrad av vindstilla; bildl. nedstämd, dyster; utan liv, flau **2** geogr. stiltjeområden

dole [dəʊl] **I** *s* **1** utdelning av mat el. pengar; allmosa **2** fam. arbetslöshetsunderstöd; *be* (*go*) *on the ~* gå och stämpla **II** *tr, ~ out* dela ut [i småportioner]

doleful ['dəʊlfʊl] *a* sorglig, dyster; sorgsen, bedrövad

doll [dɒl] **I** *s* **1** docka leksak **2** pers. a) docka b) sl. brud, böna **II** *tr* o. *itr, ~ up* fam. klä (snofsa) upp [sig]; *all ~ed up* snofsigt klädd

dollar ['dɒlə] *s* dollar [*five ~s*]

dollop ['dɒləp] *s* fam. slick, klick [*a ~ of cream*]

doll's-house ['dɒlzhaʊs] *s* dockskåp; dockhem

Dolly ['dɒlɪ] smeknamn för *Dorothy*

dolly ['dɒlɪ] *s* **1** barnspr. docka **2** sl. böna, brud **3** film. o. TV. dolly, kameravagn

dolomite ['dɒləmaɪt] *s* geol. dolomit

Dolomites ['dɒləmaɪts] *s pl, the ~* Dolomiterna

dolorous ['dɒlərəs] *a* sorglig; sorgsen

dolphin ['dɒlfɪn] *s* zool. delfin

dolphinarium [ˌdɒlfɪ'neərɪəm] *s* delfinarium

dolt [dəʊlt] *s* dumhuvud, träskalle

domain [dəʊ'meɪn] *s* **1** domän, besittning[ar]; [jord]egendom **2** bildl. område, gebit

dome [dəʊm] *s* **1** kupol **2** poet. ståtlig byggnad **3** sl. skalle

domed [dəʊmd] *a* **1** välvd [*a ~ forehead*]; kupolformig **2** försedd med kupol

dome-shaped ['dəʊmʃeɪpt] *a* välvd

domestic [dəʊ'mestɪk] **I** *a* **1** hus-, hushålls-; *~ appliances* hushållsapparater; husgeråd; *~ duties* hushållsgöromål; *~ help* hemhjälp; *~ life* hemliv; *~ quarrel* familjegräl; *~ science* hushållslära, skol. hemkunskap; *enter ~ service* ta plats som hembiträde **2** huslig, hemkär **3** inrikes [*~ policy*]; inhemsk **4** *~ animal* husdjur; tamdjur **II** *s* hembiträde, hemhjälp

domesticate [dəʊ'mestɪkeɪt] *tr* **1 a**) *she is not ~d* hon är inte huslig [av sig] **b**) fästa vid hemmet **c**) naturalisera **2** tämja, domesticera [*~d animals*]

domestication [dəʊˌmestɪ'keɪʃən] *s* **1** vänjande vid hemmet; tämjande, domesticering **2** tamt tillstånd

domesticity [ˌdəʊmes'tɪsətɪ] *s* **1** hemliv, familjeliv; hemkärlek **2** tamt tillstånd

domicile ['dɒmɪsaɪl, -sɪl] **I** *s* isht jur. hemort, vistelseort, hemvist **II** *tr* göra bofast; *~d* bosatt, med fast bostad

dominance ['dɒmɪnəns] *s* herravälde, [över]makt; dominans

dominant ['dɒmɪnənt] **I** *a* härskande; behärskande, förhärskande; dominerande [*~ position*]; dominant **II** *s* mus. dominant

dominate ['dɒmɪneɪt] **I** *tr* behärska, dominera; härska (dominera) över **II** *itr* härska, dominera; vara förhärskande

domination [ˌdɒmɪ'neɪʃən] *s* herravälde, övervälde, styre

domineer [ˌdɒmɪ'nɪə] *itr* dominera, härska,

spela herre
domineering [ˌdɒmɪ'nɪərɪŋ] *a* dominerande, tyrannisk
Dominican [də'mɪnɪkən] **I** *a* **1** dominikan[er]- [*the ~ Order*] **2** dominikansk [*the ~ Republic*] **II** *s* dominikan[ermunk]
dominion [də'mɪnjən] *s* **1** herravälde; makt **2** välde, besittning **3** polit. dominion numera självständig medlem av Brittiska samväldet
domino ['dɒmɪnəu] (pl. *~es* el. *~s*) *s* **1** domino maskeraddräkt **2 a)** dominobricka **b)** *~es* (konstr. ss. sg.) domino[spel]
1 don [dɒn] *tr* litt. ikläda sig, ta på [sig]
2 don [dɒn] *s* **1** don spansk titel före förnamn [*D~ Juan*] **2** univ. lärare vid ett college; äldre collegemedlem; akademiker
Donald ['dɒnld] egennamn; *~ Duck* Kalle Anka
donate [dəʊ'neɪt] *tr* skänka; donera
donation [dəʊ'neɪʃən] *s* [bidrags]givande; gåva; donation
Doncaster ['dɒŋkəstə]
done [dʌn] *pp* o. *a* **1** gjort, gjord etc., jfr *2 do A*; *it can't be ~* det går inte; *~!* kör till!, bra!; *well ~!* bravo!, det gjorde du bra!; *have* (*are*) *you ~?* har du slutat?, är du färdig?; *I wish they would come and have ~* om de ville komma ändå så det snart blev slut på det; *have you ~ talking?* har du pratat färdigt? **2** fam. lurad **3** kok. [färdig]kokt, [färdig]stekt **4** *it isn't ~* det är inte passande; *it's the ~ thing* det är god ton
Donegal ['dɒnɪgɔ:l]
donjon ['dɒndʒən] *s* huvudtorn i borg
donkey ['dɒŋkɪ] *s* åsna äv. bildl.; *~ work* slavgöra; [*for*] *~'s years* fam. [i, på] många herrans år
Donne [dʌn, dɒn]
donnish ['dɒnɪʃ] *a* akademisk; pedantisk
donor ['dəunə] *s* donator; givare [*blood ~*]
Don Quixote [dɒn'kwɪksəʊt] Don Quijote
don't [dəunt] **I** *vb* = *do not*; *~!* låt bli! **II** *s* skämts. förbud
don't-know ['dəunt'nəu] *s* person som svarar 'vet ej' vid opinionsundersökning o. d.
doodle ['du:dl] **I** *itr* klottra **II** *s* klotter, krumelurer
doom [du:m] **I** *s* **1** ont öde; undergång, dödsdom **2** *the day of ~* domens dag; se äv. *crack IV 1* **II** *tr* döma, [förut]bestämma
doomed [du:md] *a* dömd [*~ to die*]; dödsdömd äv. bildl.
doomsday ['du:mzdeɪ] *s* domedag [*till ~*]
doomwatcher ['du:mˌwɒtʃə] *s* fam., ung. miljöaktivist; domedagsprofet
door [dɔ:] *s* dörr; port; ingång; lucka till ugn o. d.; dörröppning; *next ~* se *next I 1*; *three ~s away* (*off*) tre hus härifrån; *a ~ to* [*success*] en väg (nyckel) till ..; *show a p. the ~* visa ngn på dörren; *the car is at the ~* bilen är framkörd; *be at death's ~* ligga för döden; *lay a th. at a p.'s ~* ge ngn skulden för ngt; *out of ~s* utomhus; *within ~s* inomhus
door-bell ['dɔ:bel] *s* dörrklocka
door-frame ['dɔ:freɪm] *s* dörrkarm
doorkeeper ['dɔ:ˌki:pə] *s* dörr-, port|vakt
door-knob ['dɔ:nɒb] *s* runt dörrhandtag
door-knocker ['dɔ:ˌnɒkə] *s* portklapp
doorman ['dɔ:mən] *s* dörrvakt, vaktmästare, portier
doornail ['dɔ:neɪl] *s*, *dead as a ~* stendöd
door-plate ['dɔ:pleɪt] *s* dörrskylt, namnplåt [på dörren]
door-post ['dɔ:pəust] *s* dörrpost; *deaf as a ~* stendöv
doorstep ['dɔ:step] *s* **1** [dörr]tröskel; [*we have them*] *on our ~* .. inpå knutarna **2** ofta pl. *~s* yttertrappa, farstutrappa **3** fam. jättetjock [bröd]skiva
door-to-door ['dɔ:tə'dɔ:] *a*, *~ salesman* dörrknackare
doorway ['dɔ:weɪ] *s* dörr[öppning]; port[-gång]
dope [dəup] **I** *s* **1** fam. knark, narkotika; dopingmedel; *take ~* knarka; *~ fiend* (*addict*) knarkare, narkoman; *~ merchant* (*pedlar, pusher*) knark-, narkotika|langare **2** sl. [förhands]tips, stalltips; *have all the ~ on* sitta inne med alla uppgifter om **3** sl. dummer, fåntratt **II** *tr* fam. ge knark; dopa; bedöva; *~d* äv. knark-, narkotika|påverkad
dopey ['dəupɪ] *a* fam. **1** omtöcknad, påverkad **2** fånig, dum
dopy ['dəupɪ] *a* se *dopey*
Doris ['dɒrɪs]
dorm [dɔ:m] *s* fam. kortform för *dormitory 1*
dormant ['dɔ:mənt] *a* bildl. slumrande, outnyttjad [*~ faculties*]; passiv [*a ~ volcano*]
dormer-window ['dɔ:mə'wɪndəu] *s* vindskupefönster
dormice ['dɔ:maɪs] *s* pl. av *dormouse*
dormitory ['dɔ:mətrɪ] *s* **1** sovsal **2** Am. studenthem **3** *~* [*suburb*] sovstad
dor|mouse ['dɔ:|maus] (pl. *-mice* [-maɪs]) *s* zool. sjusovare, sovmus; hasselmus
Dorothy ['dɒrəθɪ]
dorsal ['dɔ:səl] *a* dorsal, rygg- [*~ fin*]
Dorset ['dɔ:sɪt]
Dorsetshire ['dɔ:sɪtʃɪə, -ɪtʃə]
1 dory ['dɔ:rɪ] *s* zool. Sankt Pers fisk
2 dory ['dɔ:rɪ] *s* liten roddbåt
dosage ['dəusɪdʒ] *s* läk. dosering; dos
dose [dəus] **I** *s* **1** dos, dosis **2** bildl. dosis, portion; släng [*a ~ of flu*]; *give a p. a ~ of his own medicine* bildl. betala ngn med samma mynt **3** fam. könssjukdom, VS **II** *tr* **1** ge medicin; *~ a p.* (*o.s.*) *with* ge ngn (ta) [en dos] **2** dosera [*~ a medicine*]

doss [dɒs] sl. **I** *s* slaf [på ungkarlshotell] **II** *itr* slafa [på ungkarlshotell]
doss-house ['dɒshaus] *s* sl. ungkarlshotell
dossier ['dɒsɪeɪ] *s* dossier
dost [dʌst] åld. 2 pers. sg. pres. av *do* [*thou* ~]
dot [dɒt] **I** *s* **1** punkt äv. mus., prick [*the* ~ *over an i*]; ~*s and dashes* punkter och streck t. ex. i morsealfabetet; *on the* ~ fam. punktligt, prick; på stubben; [*in*] *the year* ~ fam. för många herrans år sen **2** fam. smula [*a* ~ *of butter*] **II** *tr* (se äv. *dotted*) **1** pricka, punktera [~ *a line*]; sätta prick över [~ *o.'s i's*]; ~ *the* (*o.'s*) *i's* [*and cross the* (*o.'s*) *t's*] vara ytterst noggrann **2** ligga [ut]spridd på (över) **3** sl., ~ *a p. one* klippa till ngn
dotage ['dəutɪdʒ] *s* ålderdomsslöhet, senilitet; *be in o.'s* ~ gå i barndom
dotard ['dəutəd] *s* senil gubbe
dote [dəut] *itr*, ~ [*up*]*on* avguda, dyrka; *a doting husband* en kärleksfull make
doth [dʌθ] åld. 3 pers. sg. pres. av *do* [*he* ~]
dotted ['dɒtɪd] *a* o. *pp* **1** prickad [~ *line*]; prickig; *sign on the* ~ *line* signera, skriva under; ~ *note* mus. punkterad not **2** översållad [*with* med (av)]; [*a landscape*] ~ *with houses* .. med hus spridda överallt
dottle ['dɒtl] *s* rest av orökt tobak i pipa, 'länsman'
dotty ['dɒtɪ] *a* sl. fnoskig, vrickad; tokig
double ['dʌbl] **I** *a* dubbel, dubbel- [~ *chin* (*bed*)]; tvåfaldig; ~ *cream* tjock grädde, vispgrädde; ~ *figures* tvåsiffriga tal; *play a* ~ *game* bildl. spela dubbelspel; ~ *standard* a) dubbel myntfot b) dubbelmoral **II** *adv* dubbelt [~ *as dear*; *see* ~]; två gånger **III** *s* **1** *the* ~ det dubbla; dubbelt så mycket (många); *win the* ~ fotb. fam. vinna både cupen och ligan; ~ *or quits* kvitt eller dubbelt **2** exakt kopia; avbild; dubbelgångare **3** mil. språngmarsch; *at* (*on*) *the* ~ i språngmarsch; i fyrsprång; fortare än kvickt **4** i tennis o.d.: ~*s* (konstr. ss. sg.) dubbel, dubbelmatch; *men's* ~*s* herrdubbel **IV** *tr* **1** fördubbla, dubblera **2** vika (lägga, böja) dubbel; ~ *up* böja (vika) ihop; ~ *o.s. up* krypa (kura) ihop **3** sjö. runda, dubblera [~ *a cape*] **4** teat., ~ *parts in a play* spela dubbla roller i en pjäs **V** *itr* **1** fördubblas, öka (stiga) till det dubbla, bli dubbel **2** ~ *up* vika sig [dubbel], vrida sig [~ *up with laughter*] **3** mil. gå i hastig marsch, utföra språngmarsch; ~ *up!* kommando språngmarsch!; fam. raska på!
double-barrelled ['dʌbl,bærəld] *a* **1** två-, dubbel|pipig **2** bildl., ~ *name* dubbelnamn
double-bass ['dʌbl'beɪs] *s* mus. kontrabas
double-bedded ['dʌbl,bedɪd] *a* med två sängar; med dubbelsäng
double-breasted ['dʌbl'brestɪd] *a* om plagg dubbelknäppt, tvåradig
double-check ['dʌbl'tʃek] *tr* **1** dubbelkontrollera **2** schack. dubbelschacka
double-cross ['dʌbl'krɒs] fam. **I** *tr* spela dubbelspel med, lura **II** *s* dubbelspel
double-crosser ['dʌbl'krɒsə] *s* fam. se *double-dealer*
double-dealer ['dʌbl'di:lə] *s* person som spelar dubbelspel, skojare
double-dealing ['dʌbl'di:lɪŋ] *s* dubbelspel, falskhet
double-decker ['dʌbl'dekə] *s* **1** dubbeldäckare [om buss äv. ~ *bus*] **2** ~ [*sandwich*] dubbeldäckare, tredubbel smörgås
double-edged ['dʌbl'edʒd] *a* **1** tveeggad äv. bildl. **2** tvetydig [*a* ~ *compliment*], dubbelbottnad
double-exposure ['dʌblɪks'pəuʒə] *s* dubbelexponering
double-faced ['dʌblfeɪst] *a* bildl. falsk, hycklande
double-glazed ['dʌbl'gleɪzd] *a*, ~ *window* dubbelfönster
double-glazing ['dʌbl'gleɪzɪŋ] *s* koll. dubbelfönster, dubbla fönster
double-jointed ['dʌbl'dʒɔɪntɪd] *a* mjuk i lederna som en akrobat
double-quick ['dʌbl'kwɪk] **I** *a*, ~ *time* (*pace*) hastig marsch, snabb takt **II** *adv* hastigt, snabbt; fam. fortare än kvickt
double-spacing ['dʌbl'speɪsɪŋ] *s* dubbelt radavstånd
double-stop ['dʌbl'stɒp] *itr* mus. spela med dubbelgrepp
double-take ['dʌbl'teɪk] *s* **1** försenad reaktion använd som komisk effekt **2** *he did a* ~ [*when he saw it*] han hoppade till ..
double-talk ['dʌbltɔ:k] *s* dubbelbottnat sätt att uttrycka sig, 'dubbelsnack'
doubly ['dʌblɪ] *adv* dubbelt [*be* ~ *careful*]
doubt [daut] **I** *s* tvivel; ovisshet; tvekan; *no* ~ utan tvivel, otvivelaktigt, nog; *I have no* ~ *that* jag tvivlar inte på att; *I have my* ~*s* jag har mina misstankar (betänkligheter); *I have my* ~*s whether he will come* jag tvivlar på att han kommer; *give a p. the benefit of the* ~ hellre fria än fälla ngn; *beyond* (*past*) [*all*] ~ utom allt tvivel; *be in* ~ tveka; *when in* ~ i tveksamma fall **II** *itr* tvivla [*of* på]; tveka, vara oviss **III** *tr* betvivla, tvivla på [~ *the truth of a th.*]; misstro
doubtful ['dautf(ʊ)l] *a* **1** tvivelaktig [*a* ~ *case*]; oviss [*a* ~ *fight*], osäker [*a* ~ *claim*] **2** om pers. tveksam, osäker
doubtless ['dautləs] *adv* utan tvivel (tvekan), säkert
douche [du:ʃ] *s* **1** sköljning; *cold* ~ bildl. kalldusch **2** sköljkanna
dough [dəu] *s* **1** deg **2** sl. kosing, stålar
doughnut ['dəunʌt] *s* (kok.) slags munk

doughy ['dəʊɪ] *a* degig äv. bildl.
Douglas ['dʌgləs]
dour [dʊə] *a* sträng; envis; kärv, seg
douse [daʊs] *tr* **1** doppa [i vatten], blöta; *~ with water* duscha över med vatten **2** släcka [*~ a candle*]
dove [dʌv] *s* duva ofta bildl., äv. pol.
dovecote ['dʌvkəʊt, -kɒt] *s* duvslag; *flutter the ~s* röra om i idyllen
Dover ['dəʊvə]
dovetail ['dʌvteɪl] **I** *s* snick. laxstjärt, sinka **II** *tr* **1** laxa (sinka) [ihop] **2** bildl. passa in i varandra, foga ihop **III** *itr* passa ihop, sammanfalla [*my plans ~ with his*]
dowager ['daʊədʒə] *s* änkefru som ärvt titel el. egendom efter sin man; fam. äldre högreståndsdam
dowdy ['daʊdɪ] *a* sjaskig, gammalmodig
dowel ['daʊəl] *s* tekn. dymling; [lås]pinne; träbult
dower ['daʊə] *s* **1** [änkas] del ur boet **2** hemgift
1 down [daʊn] *s* höglänt kuperat hedland
2 down [daʊn] *s* dun, ludd äv. bot.; fjun
3 down [daʊn] **I** *adv* o. pred. *a* **1** ned, ner; nedåt, utför; i korsord lodrätt; *go ~ south* resa söderut **2** nere [*~ in the cellar*; *he looks ~ today*]; *live ~ south* bo söderut **3** kontant [*pay £10 ~*]; *cash ~* kontant **4** back, minus; *be one ~* sport. ligga under med ett mål **5** *note* (*write*) *~* anteckna, skriva upp **6** specialbet. i förb. med verb (se äv. under resp. verb ss. *break, bring, come, go, let, take* m. fl.): *be ~* a) vara nere äv. bildl.; ha kommit ner från sovrummet; ha gått ner [*the moon is ~*; *prices are ~*] b) vara neddragen [*the blinds were ~*] c) vara urladdad [*the battery is ~*] d) *hit a man who is ~* slå en redan slagen **7** specialbet. i förb. med prep.: **a**) *be ~ for* ha tecknat sig för; *he is ~ for that job* [det är meningen att] han skall göra det jobbet **b**) *~ from* [*the Middle Ages*] ända från .. **c**) *~ in the mouth* fam. nedslagen, moloken **d**) *be ~ on a p.* ogilla (vilja åt) ngn; hacka på ngn [*he is always ~ on me*] **e**) *~ to* [*our time*] ända (fram) till ..; *~ to the last detail* in i minsta detalj **f**) *~ with* [*the tyrant*]*!* ned (bort) med ..!; *be ~ with* [*the flu*] ligga [sjuk] i .. **8** *~ under* fam. på andra sidan jordklotet isht i Australien el. Nya Zeeland **II** attr. *a* **1** sjunkande, fallande [*a ~ tendency*] **2** nedåtgående, avgående, från stan [*the ~ traffic*]; *~ platform* plattform för södergående (avgående) tåg **3** kontant [*~ payment*]; *~ payment* äv. handpenning **III** *prep* nedför, utför; [ner] i [*throw a th. ~ the sink*]; nedåt; nedigenom [*~ the ages*]; [där] borta i [*~ the hall*], nere i; längs med, utefter [*~ the street*]; *walk ~ the street* äv. gå gatan fram[åt]; [*there's a pub*] *~ the street* .. längre ner på gatan **IV** *tr* fam. lägga ifrån sig; tömma [*~ a glass of beer*]; *~ tools* lägga ned arbetet, strejka **V** *s*, *ups and ~s* se under *up III*
down-and-out ['daʊnən'aʊt] *a* **1** ensam och utblottad, utslagen **2** sport. [ut]slagen
down-at-heel ['daʊnət'hi:l] *a* **1** nedkippad, -gången [*~ shoes*] **2** sjabbig
downbeat ['daʊnbi:t] **I** *s* mus. nedslag **II** *a* isht Am. fam. sorglig
downcast ['daʊnkɑ:st, '-'-] *a* nedslagen [*with ~ eyes*]
downfall ['daʊnfɔ:l] *s* **1** skyfall **2** fall, undergång [*the ~ of an empire*], fördärv
downgrade ['daʊngreɪd] **I** *s* **1** vägs o. d. lutning **2** *be on the ~* vara på tillbakagång **II** *tr* degradera; förringa, nedvärdera
downhearted ['daʊn'hɑ:tɪd] *a* nedstämd, modlös; *are we ~?* ingen rädder här!
downhill ['daʊn'hɪl] **I** *a* sport., *~ race* störtlopp; *~ run* (*skiing*) utförsåkning **II** *adv* nedför [backen], utför; *go ~* bildl. förfalla
Downing ['daʊnɪŋ]
downmost ['daʊnməʊst] *a* o. *adv* nederst
downpour ['daʊnpɔ:] *s* störtregn
downright ['daʊnraɪt] **I** *a* **1** ren, fullkomlig [*a ~ lie*], fullständig **2** rättfram, uppriktig **II** *adv* riktigt; fullkomligt, grundligt
downstage ['daʊnsteɪdʒ] *a* o. *adv* teat. i (mot) förgrunden
downstairs ['daʊn'steəz] *adv* nedför trappan (trapporna), ner [*go ~*]; [där] nere
downthrow ['daʊnθrəʊ] *s* omstörtning
down-to-earth ['daʊntʊ'ɜ:θ] *a* realistisk
downtown ['daʊn'taʊn, ss. adj. '–] *adv* o. *a* isht Am. in till (ner mot) stan (centrum); i centrum
downtrodden ['daʊnˌtrɒdn] *a* förtrampad, förtryckt
downward ['daʊnwəd] **I** *a* nedåtgående, sjunkande [*a ~ tendency*]; *~ slope* nedförsbacke **II** *adv* se följ.
downwards ['daʊnwədz] *adv* nedåt, ned
downy ['daʊnɪ] *a* dunig, dunbeklädd
dowry ['daʊərɪ] *s* hemgift
doyen ['dɔɪən] *s* **1** dipl. doyen **2** nestor
doz. förk. för *dozen*
doze [dəʊz] **I** *itr* dåsa, slumra; *~ off* slumra till **II** *s* lätt slummer; tupplur
dozen ['dʌzn] (pl. lika efter adjektiviska ord som betecknar antal, se ex.) *s* dussin [*two ~ knives*; *some ~s of knives*], dussintal; *baker's ~* tretton [stycken]; *by the ~* dussinvis; *do o.'s daily ~* fam. göra sin morgongymnastik; *talk nineteen* (*forty*) *to the ~* prata som en kvarn (i ett kör); *I've ~s of things* [*to do*] jag har massor [av saker] ..
dozenth ['dʌznθ] *a* tolfte
dozy ['dəʊzɪ] *a* dåsig, sömnig, slö
Dr el. **Dr. 1** ['dɒktə] förk. för *Doctor* **2** ['detə]

förk. för *Debtor*

drab [dræb] *a* **1** gråbrun, smutsgul **2** trist, enformig

draft [drɑ:ft] äv. Am. stavn. för *draught*, se d. o. **I** *s* **1** isht mil. uttagning, detachering, detachement, kommendering; Am. äv. a) inkallelse [till militärtjänst] b) inkallad grupp; ~ *dodger* (*evader*) Am. värnpliktsvägrare **2** plan, utkast, koncept **3** hand. dragning; tratta, dragen växel **II** *tr* **1** ta ut för särskilt uppdrag el. ändamål, detachera; Am. äv. kalla in [till militärtjänst] **2** göra (skriva) utkast till, skissera

drafts|man ['drɑ:ftsmən] (pl. *-men*) *s* ritare; tecknare

drag [dræg] **I** *tr* **1** släpa, dra; ~ *o.'s feet* a) dra fötterna efter sig b) bildl. dra ut på tiden; ~ [*her* (*its*)] *anchor* sjö. driva för ankare[t], dragga **2** ~ [*out* (*on*)] dra ut på; förhala; framsläpa **3** dragga på (i) [~ *the lake for the body*] **II** *itr* **1** släpa; röra sig (gå) långsamt, släpa sig fram [*the time seemed to* ~]; bli (sacka) efter; ~ *on* dra ut [på tiden] **2** dragga **III** *s* **1** släpande rörelse, släpande **2** hämsko, broms äv. bildl.; motstånd; hinder [*she was a* ~ *on* (för) *his career*] **3** dragnät, släpnot **4** fam. bloss på cigarrett o. d.; sl. tagg, pinne cigarrett; knarkpinne marijuanacigarrett **5** sl. [manlig] transvestit, tant [äv. ~ *queen*]; transvestitkläder **6** sl. a) torrboll, tråkmåns b) *it's a* ~ det är dötrist **7** sl. a) kärra bil b) isht Am. 'drag race' accelerationstävling för bilar

drag-net ['drægnet] *s* dragnät, släpnot

dragon ['drægən] *s* drake

dragon-fly ['drægənflaɪ] *s* zool. trollslända

dragoon [drə'gu:n] **I** *s* mil. dragon **II** *tr*, ~ *into* tvinga till

drain [dreɪn] **I** *tr* **1** ~ [*off* (*away*)] låta rinna av, avleda [~ *liquid*]; tappa ut **2** dränera; dika av (ut) **3** tömma [i botten]; dricka ur **4** filtrera, sila **5** bildl. utblotta, [ut]tömma, åderlåta [*of* på] **II** *itr*, ~ *off* (*away*) rinna av (bort) **III** *s* **1** dräneringsrör, avlopps|trumma, -ränna, avlopp; kloak[ledning]; *covered* ~ täckdike; *it has gone down the* ~ fam. det har gått åt pipan; *throw* (*pour*) *money down the* ~ fam. kasta pengarna i sjön **2** åderlåtning; *it is a great* ~ *on his strength* (*resources*) det tar (tär) på hans krafter (resurser) **3** läk. kanyl

drainage ['dreɪnɪdʒ] *s* **1** dränering, avvattning, avtappning; avdikning; bildl. åderlåtning **2** avrinnande **3** en trakts vattenavlopp; avloppsledningar; kloaksystem; täckdiken **4** avloppsvatten

draining-board ['dreɪnɪŋbɔ:d] *s* torkbräda på diskbänk

drain-pipe ['dreɪnpaɪp] **I** *s* avloppsrör, stuprör; täckdikesrör; pl. ~*s* fam. stuprörsbyxor **II** *a* stuprörs- [~ *trousers*]

drake [dreɪk] *s* ankbonde, andrake

dram [dræm] *s* **1** medicinalvikt: 60 grains (1/8 ounce, 3,888 g); handelsvikt: 27,344 grains (1/16 ounce, 1,772 g) **2** hutt, sup **3** smula, nypa

drama ['drɑ:mə] *s* drama, skådespel; ~ *critic* teaterkritiker; *school of* ~ teaterskola

dramatic [drə'mætɪk] *a* dramatisk; ~ *critic* teaterkritiker

dramatics [drə'mætɪks] *s* **1** (konstr. vanl. ss. sg.) dramatik; teater **2** (konstr. ss. pl.) bildl. teatraliskt sätt

dramatis personae ['drɑ:mətɪspɜ:'səʊnaɪ] *s pl* (lat.) personer på rollistan

dramatist ['dræmətɪst] *s* dramatiker

dramatization [ˌdræmətaɪ'zeɪʃən] *s* dramatisering

dramatize ['dræmətaɪz] *tr* dramatisera

drank [dræŋk] imp. av *drink*

drape [dreɪp] **I** *tr* **1** drapera; klä[da] **2** fam. slänga, vräka [*he* ~*d his legs over the arm of his chair*] **II** *s* Am. draperi; förhänge

draper ['dreɪpə] *s* klädes-, manufaktur|handlare

drapery ['dreɪpərɪ] *s* **1** klädes-, manufaktur|varor [äv. ~ *goods*] **2** klädeshandel, manufakturaffär **3** draperi

drastic ['dræstɪk] *a* drastisk

drat [dræt] *tr* fam., ~ [*it*]! förbaskat!

dratted ['drætɪd] *a* fam. förbaskad, jäkla

draught [drɑ:ft] **I** *s* **1** *beast of* ~ dragdjur **2** notvarp; fångst [*a* ~ *of fish*] **3** klunk; [ande]drag; dos **4** [luft]drag; *there is a* ~ det drar **5** *beer on* ~, ~ [*beer*] fatöl **6** teckning, utkast [*rough* ~], skiss; koncept [vanl. *draft*] **7** ~*s* (konstr. ss. sg.) dam[spel] **II** *tr* göra utkast till, rita, skissera [vanl. *draft*]

draught-beer ['drɑ:ft'bɪə] *s* fatöl

draught-board ['drɑ:ftbɔ:d] *s* damspelsbräde

draught-horse ['drɑ:fthɔ:s] *s* draghäst

draughtsman ['drɑ:ftsmən] *s* ritare, tecknare [*he is a good* ~]

draughty ['drɑ:ftɪ] *a* dragig [*a* ~ *room*]

draw [drɔ:] **I** (*drew drawn*) *tr* (se äv. *III* o. *drawn*) **1** dra[ga] i olika bet.; dra till (åt, med) sig; föra, leda **2** förvrida [*a face* ~*n with pain*] **3** dra åt (till); ~ *a curtain* a) dra för en gardin b) dra undan (upp) en gardin; ~ *o.'s sword* dra blankt; ~ *a tooth* dra ut en tand **4** rita, teckna **5** spänna [~ *a bow*] **6** andas in **7** dra [till sig], attrahera [~ *large crowds*; *feel* ~*n to a p.*]; *he drew my attention to* han fäste min uppmärksamhet på **8** ~ *a chicken* ta ur en kyckling; *hanged,* ~*n and quartered* hist. hängd, uppsprättad och styckad **9** pumpa (dra) upp [~ *water from a well*; ~ *beer from a cask*], hämta upp; ~ *it mild* fam. ta det försiktigt, inte slå på [för] stort **10** ~ *the winner* få en vinst; vinna på

kapplöpning **11** spela oavgjord [~ *a game*] **12** hämta [~ *an example from an author*]; dra upp, ställa upp, göra [~ *distinctions*] **13** locka fram [~ *tears*, ~ *applause*], framkalla; *he would not be ~n* fam. a) han ville inte yttra sig b) han lät sig inte provoceras **14** förtjäna, uppbära, ha [~ [*a salary of*] *£ 100 a month*]; lyfta [~ *o.'s salary* (*pay*)] **15** hand. dra, trassera, ställa ut, skriva ut [~ *a bill* (*cheque, draft*) *on a p.*]
II (*drew drawn*) *itr* (se äv. *III*) **1** dra[ga]; om te o. d. [stå och] dra **2** rita, teckna **3** ha dragningskraft, dra [*the play is still ~ing well*] **4** ~ *near* närma sig, nalkas **5** samlas, skocka sig [~ *round the fire*] **6** dra lott [*for* om] **7** sport. spela oavgjort [*the teams drew*]
III (*drew drawn*) *tr* o. *itr* med prep. o. adv., isht med spec. övers.: ~ *a p.* **aside** ta ngn avsides; ~ **away** dra [sig] tillbaka (undan); dra ifrån i lopp; ~ **back** dra [sig] tillbaka (undan); ~ **forth** dra (släpa) fram; framkalla, locka fram, väcka; ~ **in** dra (ta) in (ihop); om dagar bli kortare; ~ **on:** a) dra på sig [~ *the enemy on*] b) driva på c) locka [med] d) hand. trassera (dra) på; bildl. dra växlar på, utnyttja [~ *on a p.'s credulity*] e) nalkas, närma sig [*winter is ~ing on*] f) ~ *on o.'s imagination* låta fantasin spela; ~ *on a p.* dra blankt mot ngn; ~ **out:** a) dra (ta) ut b) dra ut [på] [~ *out a meeting*], förlänga c) locka fram [~ *out latent talents*] d) om dagar bli längre; ~ **to:** a) dra för [~ *the curtain to*] b) ~ *to a close* (*an end*) närma sig slutet; ~ **together:** a) dra ihop (samman) b) förena [sig], samla [sig]; ~ **up:** a) dra upp (närmare) b) mil. o. d. ställa upp [sig] c) avfatta, utarbeta, sätta upp [~ *up a document* (*a programme*)] d) stanna e) ~ *o.s. up* räta (sträcka) på sig
IV *s* **1** drag[ning]; *be quick on the ~* vara färdig att ta till vapen, dra snabbt **2** fam. attraktion, dragplåster, teat. äv. kassapjäs **3** [resultat av] lottdragning, dragning **4** oavgjord match; remi; *it ended in a ~* det slutade (blev) oavgjort

drawback ['drɔ:bæk] *s* nackdel, avigsida

drawbridge ['drɔ:brɪdʒ] *s* klaffbro; vindbrygga

drawee [drɔ:'i:] *s* hand. trassat

drawer ['drɔ:ə] *s* **1** person som drar etc. (jfr *draw*) **2** ritare, tecknare **3** författare till dokument **4** hand. trassent, utställare **5** [byrå]låda, bordslåda; *chest of ~s* byrå

drawers [drɔ:z] *s pl* [under]byxor, [under]benkläder, kalsonger

drawing ['drɔ:ɪŋ] **I** *a* dragande, drag- **II** *s* **1** dragande, dragning; attraktion etc., jfr *draw I-III* **2** ritning, teckning; ritkonst

drawing-board ['drɔ:ɪŋbɔ:d] *s* ritbräde

drawing-card ['drɔ:ɪŋkɑ:d] *s* bildl. dragplåster

drawing-pin ['drɔ:ɪŋpɪn] *s* häftstift

drawing-room ['drɔ:ɪŋrum] *s* salong, sällskapsrum

drawl [drɔ:l] **I** *itr* släpa på orden, tala släpigt **II** *tr* säga i en släpande ton **III** *s* släpigt tal

drawn [drɔ:n] *pp* o. *a* **1** dragen; uppdragen etc., jfr *draw*; ~ *chicken* urtagen kyckling; ~ *face* härjat ansikte **2** oavgjord [~ *game*]

dray [dreɪ] *s* bryggarvagn; långkärra

dread [dred] **I** *tr* frukta **II** *s* fruktan [*of* för]; skräck [*live in ~ of* (för) *a th.*], fasa **III** *a* litt. **1** fruktad **2** vördnadsbjudande

dreadful ['dredfʊl] *a* förskräcklig, förfärlig; hemsk, gräslig; *penny ~* se *penny*

dreadnought ['dredno:t] *s* sjö. dreadnought slagskeppstyp

dream [dri:m] **I** *s* dröm; *the girl of my ~s* min drömflicka; *she looked a ~* hon var [vacker] som en dröm **II** (*dreamt dreamt* [dremt] el. *dreamed dreamed* [dremt el. dri:md]) *tr* o. *itr* drömma; ~ *up* fantisera ihop

dreamer ['dri:mə] *s* drömmare; svärmare

dreamland ['dri:mlænd] *s* drömmarnas land; drömland

dreamlike ['dri:mlaɪk] *a* drömlik

dreamt [dremt] imp. o. pp. av *dream*

dreamy ['dri:mɪ] *a* drömmande, svärmisk

dreary ['drɪərɪ] **I** *a* dyster, tråkig, trist **II** *s* fam. tråkmåns

1 dredge [dredʒ] **I** *s* släpnät, bottenskrapa, mudderverk **II** *tr* o. *itr* **1** fiska (skrapa) upp [äv. ~ *up* (*out*)] **2** muddra [upp]

2 dredge [dredʒ] *tr* beströ, pudra över

1 dredger ['dredʒə] *s* mudderverk; grävmaskin; sandsugarverk

2 dredger ['dredʒə] *s* ströare för mjöl o. d.

dregs [dregz] *s pl* **1** drägg, bottensats; *drink* (*drain*) *to the ~s* tömma till sista droppen **2** bildl. drägg, avskum [*the ~s of society*]

drench [drentʃ] *tr* genomdränka; pp. *~ed* genomdränkt, genomvåt

Dresden ['drezdən] egennamn; ~ *china* meissenporslin

dress [dres] **I** *tr* **1** klä[da]; ~ *o.s.* klä sig, klä om [sig]; *get ~ed* klä sig; ~ *up* klä upp, klä fin; styra ut; klä ut [*he ~ed himself up as a pirate*] **2** bearbeta, bereda [~ *furs* (*leather*)]; appretera tyg **3** tillreda, anrätta, tillaga [~ *a salad*]; rensa [~ *a chicken*] **4** förbinda, lägga om, sköta om [~ *a wound*] **5** fam., ~ *down* skälla ut, ge på huden **II** *itr* klä sig [~ *well*]; klä på sig; klä om [sig] [~ *for dinner*]; ~ *up* a) klä sig fin b) klä ut sig, maskera sig [*he ~ed up as a pirate*] **III** *s* dräkt, kläder, klädsel, klänning; toalett; *full ~* gala, paraduniform, högtidsdräkt; *evening ~*, ~ *circle* m. fl., se resp. ord; ~ *coat* frack; ~ *designer* modetecknare; ~ *rehearsal* generalrepetition, genrep

dresser ['dresə] *s* **1** köksskåp med öppna överhyllor, hyllskänk; Am. toalettbord **2** person som bearbetar (etc., jfr *dress I*) **3** teat. påklädare **4** operationsassistent; sjukvårdare

dressing ['dresɪŋ] *s* **1** påklädning; omklädning **2** beredning, tillredning **3** salladssås, dressing [*salad* ~] **4** gödsel; *top* ~ övergödslingsmedel **5** omslag, förband

dressing-down ['dresɪŋ'daʊn] *s* utskällning [*give a p. a* ~]

dressing-gown ['dresɪŋgaʊn] *s* morgonrock; nattrock

dressing-room ['dresɪŋrʊm] *s* omklädningsrum; påklädningsrum, toalettrum; teat. o. d. klädloge

dressing-station ['dresɪŋˌsteɪʃən] *s* mil. förbandsplats

dressing-table ['dresɪŋˌteɪbl] *s* toalett|-bord, -byrå

dressmaker ['dresˌmeɪkə] *s* sömmerska, damskräddare

dress-shirt ['dres'ʃɜːt] *s* frackskjorta

dress-suit ['dres'suːt, -'sjuːt] *s* frack[kostym]

dressy ['dresɪ] *a* fam. **1** om sak stilig, elegant **2** stiligt klädd

drew [druː] imp. av *draw*

drib [drɪb] *s, in ~s and drabs* i småportioner, i småposter

dribble ['drɪbl] **I** *itr* **1** droppa, drypa; sippra **2** dregla **3** sport. dribbla **II** *tr* **1** droppa, drypa; låta sippra [*out* (*away*) bort] **2** sport. dribbla **III** *s* **1** droppe **2** sport. dribbling

driblet ['drɪblət] *s, in ~s* i småposter; i småportioner

drier ['draɪə] *s* torkare; torkmaskin; hårtork

drift [drɪft] **I** *s* **1** drivande, drift; strömning; glidning [*wage* ~] **2** driva [*a ~ of snow*] **3** tendens [*the general* ~]; tankegång **II** *itr* driva [fram] [liksom] med strömmen, glida; *let things* ~ låta det ha sin gång; ~ *apart* glida ifrån varandra; ~ *into war* dras in i krig

drift-ice ['drɪftaɪs] *s* drivis

drift-net ['drɪftnet] *s* drivgarn

drift-wood ['drɪftwʊd] *s* drivved

1 drill [drɪl] **I** *tr* **1** drilla, borra; genomborra **2** exercera, drilla; öva [upp], träna **II** *itr* **1** drilla, borra; borra sig [*into* in i] **2** exercera; öva, träna **III** *s* **1** [drill]borr; borrmaskin **2** exercis, drill; träning, övning

2 drill [drɪl] *s* zool. drill babianart

3 drill [drɪl] *s* kyprat bomullstyg, twills

drink [drɪŋk] **I** (imp. *drank*; pp. *drunk*, poet. *drunken*) *tr* o. *itr* **1** dricka; supa [upp]; tömma [~ *the cup of sorrow*]; ~ *o.s. to death* supa ihjäl sig; ~ *off* (*up*) dricka ur, tömma; ~ *to a p.* dricka ngn till, skåla med ngn; dricka ngns skål; ~ *to a p.'s health* dricka ngns skål **2 a**) ~ [*in* (*up*)] suga upp [*a plant ~s in* (*up*) *moisture*] **b**) ~ *in* bildl. insupa; sluka **II** *s* **1** dryck [*food and* ~] **2** dryckesvaror; [*strong*] ~ starka drycker, spritdryck[er] **3** drickande, dryckenskap; supighet **4** klunk; glas, sup, drink [*have a* ~!]; *a ~ of water* ett glas (lite) vatten; *stand ~s all round* bjuda hela laget på ett glas

drinkable ['drɪŋkəbl] *a* drickbar

drinker ['drɪŋkə] *s* drinkare; supare;

drinking ['drɪŋkɪŋ] *s* **1** drickande, supande **2** attr. dricks- [~ *glass*]; dryckes- [~ *habits*]; ~ *companion* dryckesbroder, supbroder

drinking-bout ['drɪŋkɪŋbaʊt] *s* **1** dryckeslag, supgille **2** [sup]period

drinking-fountain ['drɪŋkɪŋˌfaʊntən] *s* dricksfontän

drinking-song ['drɪŋkɪŋsɒŋ] *s* dryckesvisa

drinking-water ['drɪŋkɪŋˌwɔːtə] *s* dricksvatten

drip [drɪp] **I** *itr* o. *tr* drypa [~ *with* (av) *perspiration*]; droppa **II** *s* **1** drypande; dropp **2** sl. tråkmåns; dumbom

drip-coffee ['drɪp'kɒfɪ] *s* bryggkaffe

drip-dry ['drɪp'draɪ] **I** *itr* o. *tr* dropptorka[s] **II** *a* som kan dropptorka[s]

dripping ['drɪpɪŋ] *s* **1** dropp[ande] **2** fett som dryper från stek; [stek]flott, flottyr

drive [draɪv] **I** (*drove driven*) *tr* **1** driva; driva på (fram) **2** fösa, driva [~ *cattle*]; tränga, tvinga [~ *a p. into a corner*] **3** köra [~ *a car*]; skjutsa; ~ *o.'s own car* ha (hålla sig med) egen bil **4** driva på; pressa [*be hard ~n*] **5** förmå, tvinga [[*in*]*to* till]; ~ *a p. out of his senses*, ~ *a p. mad* (*crazy*) göra ngn galen **6** sport. slå [~ *a ball*] **7** slå (driva, köra) in [~ *a nail into* (i) *the wall*] **8** driva, föra; genomföra; ~ *a good bargain* göra en god affär; ~ *a hard bargain* inte låta pruta med sig **II** (*drove driven*) *itr* **1** driva[s] [fram]; trycka (pressa) 'på; ~ *ashore* driva i land **2** köra, åka, fara; ~ *up* [*to the door*] köra fram om bil, chaufför m. m. **3** sport. slå **4** ~ *at* syfta på; *what are you driving at?* vart vill du komma? **III** *s* **1** åktur, färd; körning; *go for* (*take*) *a* ~ ta (ge sig ut på) en åktur **2** körväg; privat uppfartsväg, infart **3** sport. drive slag **4** energi [*plenty of* ~], kläm **5** kampanj, satsning, 'drive'; attack, offensiv **6** kortsp., *whist* ~ whistturnering **7** tekn. drift [*electric* ~]; bil. styrning [*left-hand* ~]; *front-wheel* ~ framhjulsdrift

drive-in ['draɪvɪn] **I** *s* drive-in-bank, drive-in-bio m. m. **II** *a* drive-in- [~ *bank*]

drivel ['drɪvl] **I** *itr* dilla, prata smörja **II** *s* dravel, tjafs

driven ['drɪvn] pp. av *drive*
driver ['draɪvə] *s* **1** förare, chaufför; *~'s licence* körkort **2** driver slags golfklubba
driveway ['draɪvweɪ] *s* isht Am. körväg; privat uppfartsväg, infart
driving ['draɪvɪŋ] **I** *pp* o. *a* drivande etc., jfr *drive*; driv-; *~ rain* slagregn; *~ storm* rasande storm **II** *s* körning, åkning; drivande etc., jfr *drive*; *~ instructor* bilinstruktör, bilskollärare; *~ mirror* backspegel; *~ offence* trafikförseelse; *~ school* trafikskola, bilskola; *~ test* körkortsprov
driving-licence ['draɪvɪŋˌlaɪsəns] *s* körkort
drizzle ['drɪzl] **I** *itr* dugga, duggregna **II** *s* duggregn
drizzly ['drɪzlɪ] *a* duggande; våt
droll [drəul] *a* rolig, [puts]lustig; tokrolig
dromedary ['drɒmədərɪ] *s* dromedar
drone [drəun] **I** *s* **1** drönare, hanbi **2** surr; entonigt tal **II** *itr* surra; tala entonigt
drool [dru:l] *itr* **1** dregla **2** dilla
droop [dru:p] **I** *itr* **1** sloka, hänga [ned]; börja vissna; sänka sig [*her heavy eyelids ~ed*]; slutta **2** tyna av, falla ihop; sjunka [*his spirits ~ed*] **II** *tr* hänga (sloka) med; sänka **III** *s* slokande (hängande) ställning
drop [drɒp] **I** *s* **1** droppe; *a ~ in the ocean* (*bucket*) en droppe i havet **2** fam. tår, glas [*take a ~*], droppe, gnutta **3** slags karamell [*acid ~s*] **4** a) örhänge [äv. *eardrop*] b) prisma, droppe i ljuskrona **5** fall[ande], nedgång; sjunkande; *at the ~ of a hat* [som] på en given signal **6** Am. [brevlåds]öppning
II *itr* **1** droppa [ned]; drypa [*with* av] **2** falla, sjunka; sjunka ned [*~ into a chair*] **3** falla [ned]; stupa [*~ with fatigue*]; *~ dead!* sl. dra åt helsike! **4** lägga sig, mojna [*the wind ~ped*] **5** sluta, upphöra; *let the matter ~* låta saken falla **6** med adv. o. prep. med spec. bet.: *~* **away** falla ifrån, gå bort; *~* **back** falla tillbaka; *~* **behind** sacka (komma) efter; *~* **down** *on* fam. slå ned på; *~* **in** titta 'in [*~ in at a pub*]; *~ in on a p.* titta in till (hälsa 'på) ngn apropå; *~* **into: a**) titta 'in i (på) **b**) falla in i [*~ into a habit*], övergå till [*~ into verse*]; *~* **off: a**) falla av **b**) avta, minska [*business has ~ped off*], falla bort **c**) somna in (till) [*he ~ped off*]; *~* **out: a**) falla ur (bort) **b**) dra sig ur, ge upp, gå ur tävling, hoppa av; *~* **over** titta 'över, hälsa 'på; *~* **through** falla igenom, rinna ut i sanden
III *tr* **1** a) tappa [*~ the teapot*; *~ a stitch*], släppa; spilla b) fälla [*~ anchor*; *~ bombs*]; släppa ner [*supplies were ~ped by parachute*] c) låta undfalla sig, fälla; *~ a p. a hint* ge ngn en vink; *~ me a line!* skriv ett par rader!; *~ me a postcard!* skriv ett kort! **2** drypa, droppa **3** låta falla bort, kasta bort, utelämna; tappa [bort] [*the printer has ~ped a line*] **4** överge, upphöra med [*~ a bad habit*]; avstå ifrån; avbryta, gå ifrån; sluta umgås med; isht sport. peta [*~ a player*]; *~ it!* låt bli!; *let's ~ the subject* låt oss lämna det här ämnet **5** släppa (sätta, lämna) av [*shall I ~ you* (*the luggage*) *at the station?*]
drop-curtain ['drɒpˌkɜ:tn] *s* teat. [mellanakts]ridå
drop-hammer ['drɒpˌhæmə] *s* tekn. fallhammare, hejare
drop-kick ['drɒpkɪk] *s* rugby. droppspark
droplet ['drɒplət] *s* liten droppe; *~ infection* droppinfektion
drop-off ['drɒpɒf] *s* minskning
drop-out ['drɒpaut] *s* **1** avhoppare från studier o. d., studieavbrytare **2** en socialt utslagen
droppings ['drɒpɪŋz] *s pl* spillning av djur
dropsy ['drɒpsɪ] *s* vattusot
dross [drɒs] *s* **1** [slagg]skum på smält metall **2** slagg, avfall, skräp äv. bildl.
drought [draut] *s* torka, regnbrist
drove [drəuv] **I** imp. av *drive* **II** *s* **1** hjord på vandring **2** massa människor
drover ['drəuvə] *s* **1** oxdrivare, kreatursfösare **2** kreaturs4handlare
drown [draun] **I** *itr* drunkna [*a ~ing man catches at a straw*] **II** *tr* **1** dränka äv. bildl. [*~ o.'s sorrows*]; *be ~ed* drunkna **2** översvämma **3** bildl. dränka, överrösta
drowning ['draunɪŋ] *s* drunkning; dränkning
drowse [drauz] *itr* dåsa, halvsova
drowsiness ['drauzɪnəs] *s* sömnighet
drowsy ['drauzɪ] *a* **1** sömnig; dåsig, slö **2** sövande
drub [drʌb] *tr* piska, banka, prygla [*~ a th. out of* (*into*) *a p.*]
drubbing ['drʌbɪŋ] *s* kok stryk, smörj
drudge [drʌdʒ] **I** *s* arbetsträl, arbetsslav **II** *itr* slava, träla, slita
drudgery ['drʌdʒərɪ] *s* slavgöra, slit
drug [drʌg] **I** *s* **1** drog, apoteksvara; läkemedel; sömnmedel, bedövningsmedel; pl. *~s* äv. narkotika; *~ pusher* narkotikalangare **2** *a ~ on the market* en svårsåld vara **II** *tr* **1** blanda sömnmedel (narkotika) i **2** droga; ge sömnmedel (narkotika); bedöva, söva
drug-addict ['drʌgˌædɪkt] *s* narkotikamissbrukare, narkoman
drug-addiction ['drʌgəˌdɪkʃən] *s* narkomani
drugget ['drʌgɪt] *s* drogett grovt ylletyg
druggist ['drʌgɪst] *s* **1** kemikaliehandlare; droghandlare **2** isht Am. apotekare; drugstoreinnehavare
drugstore ['drʌgstɔ:] *s* Am. drugstore, apotek och kemikalieaffär med bar, tidningsförsäljning m. m.

Druid ['dru:ɪd] *s* hist. druid keltisk präst
drum [drʌm] **I** *s* **1** trumma [*beat the* ~]; *big* (*bass*) ~ stortrumma, bastrumma; *beat the big* ~ bildl. slå på stora trumman **2** trummande **3 a)** tekn. trumma; vals, cylinder; ~ *brake* trumbroms **b)** fat, dunk **4** i örat a) trumhinna b) trumhåla **II** *itr* **1** trumma; bildl. dunka, bulta, banka **2** isht Am. värva kunder; agitera [*for* för] **III** *tr* **1** trumma [~ *a rhythm*]; trumma med [~ *o.'s heels*] **2** ~ *up* trumma ihop, samla, värva **3** ~ *out* offentligt stöta ut ur regemente o. d.; fördriva **4** ~ *a th. into a p.* slå i ngn ngt
drumfire ['drʌm,faɪə] *s* mil. trumeld
drum-major ['drʌm'meɪdʒə] *s* regementstrumslagare; tamburmajor
drum-majorette ['drʌm,meɪdʒə'ret] *s* isht Am. [kvinnlig] tamburmajor
drummer ['drʌmə] *s* **1** trumslagare **2** isht Am. fam. handelsresande, provryttare
drum-roll ['drʌmrəul] *s* trumvirvel
drumstick ['drʌmstɪk] *s* **1** trumpinne **2** på stekt fågel: köttigt ben nedanför låret
drunk [drʌŋk] **I** pp. av *drink* **II** vanl. pred. *a* drucken, berusad äv. bildl. [~ *with joy*], full; *dead* (*blind*) ~ dödfull **III** *s* fyllo, fyllerist
drunkard ['drʌŋkəd] *s* drinkare, fyllbult
drunken ['drʌŋkən] **I** vanl. attr. *a* **1** full, berusad; ~ *driver* rattfyllerist; ~ *driving* rattfylleri **2** försupen **II** poet. pp. av *drink*
drunkenness ['drʌŋkənnəs] *s* fylla, rus; berusat tillstånd
drunkometer [drʌŋ'kɒmɪtə] *s* alkotest[apparat]
drupe [dru:p] *s* bot. stenfrukt
dry [draɪ] **I** (adv. *drily, dryly*) *a* **1** torr; uttorkad; *run* (*go*) ~ om källa, djur m. m. torka ut, sina; ~ *cell* torrelement; ~ *goods* torra varor, specerier; isht Am. manufakturvaror **2** fam. torr i halsen **3** tråkig, torr [*a* ~ *subject*] **II** *tr* **1** torka; *dried milk* torrmjölk, mjölkpulver **2** torka ut **III** *itr* torka; förtorka[s]; *hang* [*up*] *to* ~ hänga på tork; ~ *up* a) sina [ut], torka ut b) fam. tystna [*he dried up suddenly*]; ~ *up!* fam. håll mun!
dryad ['draɪəd] *s* dryad, trädnymf, skogsnymf
dry-clean ['draɪ'kli:n] *tr* kemtvätta
dry-cleaner ['draɪ'kli:nə] *s,* ~*s* (konstr. ss. sg.) kemtvätt[inrättning]
dry-cure ['draɪ'kjuə] *tr* torrsalta kött o. d.
drying ['draɪɪŋ] *s* torkande, torkning etc., jfr *dry II* o. *III*; ~ *cupboard* torkskåp; ~ *room* torkrum
dry-rot ['draɪ'rɒt] *s* torröta
D.Sc. förk. för *Doctor of Science*
D.S.O. förk. för *Distinguished Service Order*
d.t.'s ['di:'ti:z] (konstr. ss. sg. el. pl.) *s* fam., *the* ~ dille, delirium [tremens]
dual ['dju:əl] *a* tvåfaldig, dubbel; ~ *control* dubbelkommando; ~ *nationality* dubbelt medborgarskap; ~ *personality* se *personality 1*
dualism ['dju:əlɪzəm] *s* dualism
1 dub [dʌb] *tr* **1** dubba [*a p. a knight* ngn till riddare] **2** ofta skämts. kalla för; göra till
2 dub [dʌb] *tr* film. o. d. dubba
dubious ['dju:bjəs] *a* **1** tvivelaktig; tvetydig, suspekt, dubiös **2** tveksam
Dublin ['dʌblɪn]
ducal ['dju:kəl] *a* hertiglig, hertig-
ducat ['dʌkət] *s* hist. dukat guldmynt
duchess ['dʌtʃəs] *s* hertiginna
duchy ['dʌtʃɪ] *s* hertigdöme
1 duck [dʌk] **I** *s* **1** anka; and [*wild* ~]; *like water off a* ~*'s back* som vatten på en gås; *he's got* ~*'s disease* skämts. han är kort i rocken; ~ *soup* Am. sl. en smal sak, en enkel match; *he takes to it like a* ~ *to water* när det gäller det är han som fisken i vattnet; *like a dying* ~ *in a thunderstorm* som ett hjälplöst fån; *sitting* ~ se *sitting I 3* **2** fam. raring, älskling **3** i kricket noll **4** se *lame duck* under *lame I 1* **5** *play* ~*s and drakes* kasta smörgås **6** a) hastig dykning, dopp b) bock, nick **II** *itr* **1** dyka ned o. snabbt komma upp igen, doppa sig **2** böja sig hastigt, ducka; bocka sig, nicka **III** *tr* **1** doppa **2** hastigt böja [ned] [~ *o.'s head*]; ducka för **3** fam. smita ifrån (undan) [~ *a responsibility*]
2 duck [dʌk] *s* segelduk; pl. ~*s* buldansbyxor
3 duck [dʌk] *s* mil. fam., slags amfibielastbil, jfr *DUKW*
duckling ['dʌklɪŋ] *s* ankunge
duckweed ['dʌkwi:d] *s* bot. andmat
ducky ['dʌkɪ] *s* fam., *hallo,* ~*!* hej raring!
duct [dʌkt] *s* **1** rörledning, rör, kanal **2** anat. gång, kanal
ductile ['dʌktaɪl, Am. -tl] *a* **1** tänjbar, smidig; formbar **2** bildl. plastisk, smidig; foglig
dud [dʌd] fam. **I** *s* **1** blindgångare **2** fiasko; odugling **3** falskt mynt, falsk sedel **4** pl. ~*s* paltor, kläder **II** *a* odulig, skräp-; falsk
dude [dju:d, du:d] *s* Am. fam. snobb, sprätt
dudgeon ['dʌdʒən] *s, in high* ~ mycket förgrymmad
due [dju:] **I** *a* **1** som skall betalas; *debts* ~ *to us* våra fordringar; *be* (*become, fall*) ~ förfalla [till betalning] **2** vederbörlig, tillbörlig, behörig [*in* ~ *form*; *with* ~ *care*; *with* ~ *respect*]; *in* ~ *course* [*of time*] i vederbörlig ordning, i sinom tid **3** ~ *to* beroende på; på grund av; *be* ~ *to* bero på [*the delay was* ~ *to an accident*], ha sin grund (orsak) i **4** väntad; *I am* ~ *in London tonight* jag skall vara i London i kväll; *the train is* ~ *at 6* tåget beräknas ankomma kl. 6; [*the last train*] *was* ~ *to leave at 10* . . skulle gå kl. 10 **5** *he is* ~ *for promotion*

han står i tur för befordran **II** *adv* rakt, precis; ~ *north* rätt (rakt) norrut **III** *s* **1** *a p.'s* ~ ngns rätt (del, andel), vad som tillkommer ngn [*give a p. his* ~] **2** skuld [*pay o.'s* ~*s*] **3** pl. ~*s* tull; avgift[er] [*harbour* ~*s*]; *membership* ~*s* medlemsavgift[er]

duel ['dju:əl] **I** *s* duell [*fight a* ~]; envig; tvekamp **II** *itr* duellera

duellist ['dju:əlɪst] *s* duellant

duenna [djʊ'enə] *s* duenna, 'förkläde'

duet [djʊ'et] *s* duett; *play* ~*s* äv. spela fyrhändigt

duffel ['dʌfəl] *s* duffel; ~ *coat* duffel ytterplagg

duffer ['dʌfə] *s* fam. dumbom, fårskalle

1 dug [dʌg] *s* juver; spene

2 dug [dʌg] imp. o. pp. av *dig*

dug-out ['dʌgaʊt] *s* **1** underjordiskt skyddsrum **2** kanot urholkad trädstam

duke [dju:k] *s* **1** hertig **2** sl., pl. ~*s* nävar

dukedom ['dju:kdəm] *s* **1** hertigdöme **2** hertigvärdighet

DUKW [dʌk] *s* mil. kodnamn för amfibielastfordon

dulcet ['dʌlsɪt] *a* litt. ljuv, smekande

dulcimer ['dʌlsɪmə] *s* mus. hackbräde

dull [dʌl] **I** *a* **1** matt, grå, mulen **2** [lång]tråkig, trist **3** långsam i uppfattning, trög **4** dov [~ *ache*], molande [~ *pain*]; ~ *of hearing* lomhörd **5** slö [*a* ~ *razor*] **6** hand. trög, flau, matt; död [~ *season*] **II** *tr* förslöa, göra slö [~ *the edge of the razor*]; matta, dämpa **III** *itr* bli trög; förslöas

dullard ['dʌləd] *s* trögmåns; slöfock

duly ['dju:lɪ] *adv* vederbörligen, tillbörligt; som sig bör; i vederbörlig ordning

dumb [dʌm] **I** *a* **1** stum, mållös; ~ *animals* oskäliga djur; *strike* ~ göra mållös (stum); ~ *show* stumt spel, pantomin **2** tyst[låten] **3** fam. dum [*a* ~ *blonde*]; *a* ~ *cluck* ett dumhuvud **II** *tr* förstumma

dumbbell ['dʌmbel] *s* **1** hantel **2** sl. idiot

dumbfound [dʌm'faʊnd] *tr* göra mållös, förstumma; pp. ~*ed* äv. förbluffad, häpen

dumb-waiter ['dʌm'weɪtə] *s* **1** flyttbart serveringsbord med vridbara hyllor **2** mathiss

dumdum ['dʌmdʌm] *s* dumdumkula [äv. ~ *bullet*]

dummy ['dʌmɪ] **I** *s* **1** attrapp; dummy; skyltfigur; skyltexemplar; skyltdocka; buktalares docka; [*tailor's*] ~ a) provdocka b) [kläd]snobb; *sell the* ~ fotb. finta [med bollen] **2** bildl. bulvan **3** statist utan repliker; nolla **4** [tröst]napp, tröst **5** kortsp. träkarl **6** sl. stum [person] **7** sl. dumhuvud **II** *a* falsk, sken-, blind-; ~ *cartridge* blindpatron

dump [dʌmp] **I** *tr* **1** stjälpa av, tippa [~ *the coal*], dumpa; slänga **2** hand. dumpa **II** *s* **1** avfalls-, avskrädes|hög; avstjälpningsplats, [sop]tipp **2** fam. håla, kyffe **3** mil. m. m.: tillfällig förrådsplats, depå, upplag

dumping-ground ['dʌmpɪŋgraʊnd] *s* avstjälpningsplats äv. bildl.

dumpling ['dʌmplɪŋ] *s* kok. klimp som vanl. kokas i soppa o. d.; äppelknyte [äv. *apple-dumpling*]

dumps [dʌmps] *s pl*, *be* [*down*] *in the* ~ fam. vara nere (deppig)

dumpy ['dʌmpɪ] *a* rultig, undersätsig

1 dun [dʌn] **I** *a* mörkt grå-, gul|brun **II** *s* **1** grå-, gul|brunt **2** gulbrun häst med svart man

2 dun [dʌn] **I** *s* **1** fordringsindrivare, fordringsägare, björn **2** krav på betalning **II** *tr* kräva, björna; ~*ning letter* kravbrev

dunce [dʌns] *s* dumhuvud, dummerjöns

Dundee [dʌn'di:] egennamn; ~ *cake* slags stor fruktkaka

dune [dju:n] *s* dyn, flygsandskulle

dung [dʌŋ] **I** *s* dynga, gödsel **II** *tr* gödsla

dungaree [ˌdʌŋgə'ri:] *s* slags grov bomullstvills; pl. ~*s* överdragskläder, blåställ

dungeon ['dʌndʒən] *s* underjordisk fängelsehåla

dunghill ['dʌŋhɪl] *s* gödselhög; sophög

Dunhill ['dʌnhɪl]

dunk [dʌŋk] *tr* doppa

Dunlop ['dʌnlɒp]

dunno [də'nəʊ] fam. förvrängning av [*I*] *don't know*

duo ['dju:əʊ] *s* **1** mus. duo, duett **2** duo, par

duodenal [ˌdju:əʊ'di:nl] *a* läk. duodenal-; ~ *ulcer* sår på tolvfingertarmen, magsår

dupe [dju:p] **I** *s* lättlurad (godtrogen) person **II** *tr* lura, dupera

duple ['dju:pl] *a* dubbel; ~ *time* mus. tvåtakt

duplex ['dju:pleks] **I** *a* tvåfaldig; tekn. duplex- **II** *s* Am. våning i två etager [äv. ~ *apartment*]; tvåfamiljshus med två ingångar

duplicate [ss. adj. o. subst. 'dju:plɪkət, ss. vb 'dju:plɪkeɪt] **I** *a* dubbel, tvåfaldig; dubblett-; likadan **II** *s* **1** dubblett, duplikat; kopia; *in* ~ i två [likalydande] exemplar **2** pantkvitto **III** *tr* **1** fördubbla **2** duplicera; ta kopia av; *duplicating paper* dupliceringspapper

duplication [ˌdju:plɪ'keɪʃən] *s* fördubbling; duplicering

duplicator ['dju:plɪkeɪtə] *s* dupliceringsapparat

duplicity [djʊ'plɪsətɪ] *s* dubbelspel

Dupont ['dju:pɒnt]

durability [ˌdjʊərə'bɪlətɪ] *s* varaktighet; hållbarhet

durable ['djʊərəbl] *a* varaktig; hållbar

duration [djʊə'reɪʃən] *s* varaktighet [*be of long* ~]; *for the* ~ a) så länge kriget varar b) så länge det varar

duress [djʊə'res] *s* **1** [olaga] tvång, yttre

våld **2** fängsligt förvar, fångenskap
Durham ['dʌrəm]
during ['djʊərɪŋ] *prep* under [~ *the war*], under loppet av, medan ngt pågår; [*he usually comes*] ~ *the summer* .. på (om) sommaren (somrarna)
dusk [dʌsk] *s* skymning; dunkel; *at* ~ i skymningen
dusky ['dʌskɪ] *a* **1** dunkel, skum **2** svartaktig, mörklagd
dust [dʌst] **I** *s* **1** damm, stoft; *make* (*raise*) *a* ~ riva upp damm, damma; *raise* (*make, kick up*) *a* ~ fam. ställa till bråk; *throw* ~ *in a p.'s eyes* slå blå dunster i ögonen på ngn **2** sopor **3** fint pulver av olika slag, puder **4** bildl. stoft, aska, jord **5** *be in the* ~ ligga i stoftet; *in* ~ *and ashes* ung. i säck och aska **6** åld. o. poet. människans stoft[hydda] **II** *tr* **1** damma ner; göra dammig **2** beströ, strö [över], [be]pudra **3** damma [av], dammtorka [äv. ~ *off*]; borsta dammet ur; ~ *a p.'s jacket* fam. ge ngn på pälsen
dustbin ['dʌstbɪn] *s* soptunna, soplår
dustcart ['dʌstkɑ:t] *s* sopkärra, sopvagn
dustcloth ['dʌstklɒθ] *s* dammtrasa
dust-cover ['dʌst,kʌvə] *s* skyddsomslag på bok
duster ['dʌstə] *s* dammborste; dammtrasa, dammvippa; [tavel]sudd
dusting ['dʌstɪŋ] *s* **1** damning, [be]pudring etc., jfr *dust II* **2** sl. kok stryk
dust-jacket ['dʌst,dʒækɪt] *s* skyddsomslag på bok
dust-laden ['dʌst,leɪdn] *a* dammbemängd, dammig [~ *air*]
dust|man ['dʌst|mən] (pl. *-men* [-mən]) *s* **1** sophämtare **2** se *sandman*
dustpan ['dʌstpæn] *s* sopskyffel
dust-proof ['dʌstpru:f] *a* dammtät
dust-up ['dʌstʌp] *s* gräl; slagsmål
dust-wrapper ['dʌst,ræpə] *s* se *dust-cover*
dusty ['dʌstɪ] *a* **1** dammig **2** urtråkig; *a* ~ *answer* ett svävande (intetsägande) svar **3** *not so* ~ sl. inte så illa (tokig)
Dutch [dʌtʃ] **I** *a* holländsk, nederländsk; ~ *auction* auktion där auktionsförrättaren sänker priset tills köpare anmält sig; ~ *comfort* dålig tröst; ~ *courage* konstlat mod; brännvinskurage; ~ *treat* knytkalas; *talk to a p. like a* ~ *uncle* läsa lagen (hålla förmaningstal) för ngn; *go* ~ fam. betala var och en sin andel (för sig) **II** *s* **1** holländska [språket]; *double* ~ rotvälska **2** *the* ~ holländarna
Dutch|man ['dʌtʃ|mən] (pl. *-men* [-mən]) *s* holländare; *he's guilty or I'm a* ~ jag kan slå mig i backen på att han är skyldig
Dutch|woman ['dʌtʃ|,wʊmən] (pl. *-women* [-,wɪmɪn]) *s* holländska
duteous ['dju:tjəs] *a* lydig, plikttrogen
dutiable ['dju:tjəbl] *a* tullpliktig
dutiful ['dju:tɪfʊl] *a* **1** plikttrogen **2** pliktskyldig [~ *attention*]
duty ['dju:tɪ] *s* **1** plikt, skyldighet **2** tjänst, tjänstgöring; åliggande, uppgift; uppdrag; göromål; mil. äv. vakt; ~ *officer* dagofficer; *off* ~ inte i tjänst, ledig; tjänstledig, permitterad; *on* ~ a) i tjänst (tjänstgöring), tjänstgörande b) vakthavande, jourhavande c) på post; *enter upon* (*take up*) *o.'s duties* tillträda sin plats; *the officer on* ~ dagofficeren, jourhavande officeren **3** hand. pålaga, avgift [*customs* ~], skatt på vara, accis, tull [*import* ~]
duty-bound ['dju:tɪ'baʊnd] *a* förpliktad
duty-free ['dju:tɪ'fri:] *a* tullfri
duvet ['dju:veɪ] *s* ejderdunstäcke, duntäcke
Dvorak ['dvɔ:ʒɑ:k, -æk]
dwarf [dwɔ:f] **I** (pl. ~*s* el. *dwarves*) *s* dvärg äv. djur el. växt; dvärgträd, dvärgväxt **II** *a* dvärg- [~ *birch*], dvärglik **III** *tr* **1** hämma i växten, förkrympa **2** få att verka mindre; *be* ~*ed by* verka liten vid sidan av
dwarfish ['dwɔ:fɪʃ] *a* dvärglik, dvärgartad
dwarves [dwɔ:vz] *s* pl. av *dwarf*
dwell [dwel] (*dwelt dwelt*) *itr* **1** litt. vistas, bo **2** ~ *on* dröja (uppehålla sig) vid [~ *on a subject*]; hålla ut [~ *on a note* (ton)]
dwelling ['dwelɪŋ] *s* boning; bostad; bostadsenhet
dwelling-house ['dwelɪŋhaʊs] *s* bostads-, bonings|hus
dwelt [dwelt] imp. o. pp. av *dwell*
dwindle ['dwɪndl] **I** *itr* smälta (krympa) ihop, försvinna; reduceras [*into* till], förminskas **II** *tr* komma (få) att smälta (krympa) ihop
DX ['di:'eks] radio.: förk. för *distance* DX, distans-, kortvågs|mottagning
dye [daɪ] **I** *s* färg; färgämne; färgmedel; bildl. beskaffenhet; *a villain of the deepest* ~ en ärkeskurk **II** *tr* färga **III** *itr* gå att färga, ta till sig färg, färgas
d'ye [djɪ, djə] fam. = *do you*
dyed-in-the-wool ['daɪdɪnðə'wʊl] *a* **1** färgad före spinningen (bearbetningen) **2** bildl. tvättäkta; durkdriven, fullfjädrad
dyeing ['daɪɪŋ] *s* färgning
dyer ['daɪə] *s* färgare; ~ *and cleaner* kemisk tvätt tvättinrättning
dye-works ['daɪwɜ:ks] (konstr. vanl. ss. sg.; pl. *dye-works*) *s* färgeri
Dyfed ['dʌvɪd]
dying ['daɪɪŋ] **I** *s* döende, död; döendet; attr. döds- [~ *bed*]; *to my* ~ *day* så länge jag lever; ~ *wish* sista önskan **II** *a* döende
1 dyke [daɪk] *s* o. *tr* se *1 dike*
2 dyke [daɪk] *s* se *2 dike*
Dylan ['dɪlən]
dynamic [daɪ'næmɪk] **I** *a* dynamisk äv. bildl.; kraft- **II** *s* **1** ~*s* (konstr. ss. sg.) fys.

dynamik **2** ~*s* (konstr. vanl. ss. pl.) bildl., mus. dynamik **3** dynamisk kraft
dynamics [daɪ'næmɪks, dɪ'n-] *s* se *dynamic II 1* o. *2*
dynamite ['daɪnəmaɪt] **I** *s* dynamit **II** *tr* spränga med dynamit
dynamiter ['daɪnəmaɪtə] *s* dynamitard
dynamo ['daɪnəməʊ] *s* generator
dynasty ['dɪnəstɪ, 'daɪn-] *s* dynasti
dysentery ['dɪsntrɪ] *s* dysenteri, rödsot
dyslexia [dɪs'leksɪə] *s* dyslexi ordblindhet
dyspepsia [dɪs'pepsɪə] *s* läk. dyspepsi, matsmältningsrubbning
dyspeptic [dɪs'peptɪk] **I** *s* person som lider av dålig matsmältning **II** *a* med dålig matsmältning

E

E, e [i:] (pl. *E's, e's* [i:z]) *s* E, e; *E flat* mus. ess; *E sharp* mus. eiss
E. förk. för *east*; *Eastern* postdistrikt i London
each [i:tʃ] *indef pron* **1 a**) var [för sig], varje särskild; självst. var och en [för sig]; ~ *and every* varenda; *on* ~ *side* på varje sida, på vardera sidan; [*put one pound*] *on a horse* ~ *way* kapplöpn. . . både på vinnare och på plats **b**) adverbiellt var[dera]; [*he gave them*] *one pound* ~ . . ett pund var[dera], . . var sitt pund; [*they cost*] *one pound* ~ . . ett pund [per] styck **2** ~ *other* varandra
eager ['i:gə] *a* ivrig, angelägen; ~ *beaver* arbetsmyra, streber; ~ *expectation* spänd förväntan
eagerness ['i:gənəs] *s* iver, begär [*for* efter]; otålighet
eagle ['i:gl] *s* örn
eagle-eyed ['i:gl'aɪd] *a* med örnblick, skarpögd
1 ear [ɪə] *s* [sädes]ax
2 ear [ɪə] *s* öra; *my* ~*s are burning* det hettar i öronen på mig, bildl. jag känner på mig att man talar om mig; *be all* ~*s* vara idel öra; *give* (*lend an*) ~ *to* [noggrant] lyssna till; *gain a p.'s* ~ få ngn att lyssna till sig; *have a good* ~ [*for music*] ha fint öra för musik, ha [gott] musiköra; *have* (*keep*) *o.'s* (*an*) ~ *to the ground* vara lyhörd för (hålla sig underrättad om) vad som rör sig i tiden; *play by* ~ spela efter gehör; *play* [*it*] *by* ~ känna sig för, handla på känn; *set them by the* ~*s* tussa ihop dem, vålla stridigheter mellan dem; *a word in your* ~ ett ord i all förtrolighet; *be out on o.'s* ~ fam. få sparken, bli petad; *be up to the* (*o.'s*) ~*s in debt* vara skuldsatt upp över öronen; *be up to the* (*o.'s*) ~*s in work* sitta ända upp till halsen i arbete
earache ['ɪəreɪk] *s* örsprång, öronvärk; *have* [*an*] ~ äv. ha ont i öronen
eardrop ['ɪədrɒp] *s* långt örhänge
eardrum ['ɪədrʌm] *s* trumhinna
earflap ['ɪəflæp] *s* [nedfällbar] öronlapp
earful ['ɪəfʊl] *s*, *get an* ~ *of this!* lyssna på det här!
earl [ɜ:l] *s* brittisk greve
earldom ['ɜ:ldəm] *s* grevevärdighet
early ['ɜ:lɪ] **I** *adv* tidigt; för tidigt [*the train arrived an hour* ~]; ~ *tomorrow morning* i morgon bitti; *as* ~ *as Chaucer* redan på Chaucers tid; ~ *on* fam. tidigt **II** *a* **1** tidig; för tidig [*you are an hour* ~]; snar [*reach an* ~ *agreement*]; första [*the* ~ *days of June*]; *he's an* ~ *bird* han är uppe med tuppen, han är morgonpigg; *the* ~ *bird catches the worm* morgonstund har guld i mund; *in the* ~ *days of the cinema* i filmens barndom; *in the* ~ *forties* i början av (på) fyrtiotalet; ~ *summer* försommar[en]; ~ *warning* förvarning; ~ *warning system* mil. fjärrvarningssystem varningsradar mot robotanfall; *tomorrow at the earliest* tidigast i morgon **2** forn, äldre, äldst [*the* ~ *Church*]
earmark ['ɪəmɑ:k] **I** *s* märke i örat på djur; ägarmärke i allm.; bildl. kännetecken **II** *tr* **1** märka djur i örat **2** anslå, reservera; öronmärka; ~*ed for* äv. avsedd för
earn [ɜ:n] *tr* förtjäna, tjäna [~ *£3,000 a year*]; vinna, skörda; förvärva
1 earnest ['ɜ:nɪst] *s* **1** handpenning **2** tecken, bevis [*an* ~ *of my good intentions*]
2 earnest ['ɜ:nɪst] **I** *a* allvarlig [*an* ~ *attempt*]; uppriktig [*an* ~ *wish*]; intensiv; enträgen **II** *s*, *in* [*real* (*dead*)] ~ på [fullt] allvar; *are you in* ~*?* menar du allvar?
earnings ['ɜ:nɪŋz] *s pl* förtjänst, intäkt[er], inkomst[er]; *his* ~ vad han förtjänar
earphone ['ɪəfəʊn] *s* hörlur; öronmussla, hörpropp
ear-piece ['ɪəpi:s] *s* **1** telef., radio. hörlur **2** [glasögon]skalm
ear-piercing ['ɪəˌpɪəsɪŋ] *a* öronbedövande, genomträngande
earplug ['ɪəplʌg] *s* öronpropp
earring ['ɪərɪŋ] *s* örhänge
earshot ['ɪəʃɒt] *s* hörhåll [*out of* ~]
ear-splitting ['ɪəˌsplɪtɪŋ] *a* öronbedövande
earth [ɜ:θ] **I** *s* **1** jord [*the* ~ *is a planet*; *a lump of* ~], jordklot; mull, mylla; mark [*fall to* [*the*] ~]; ~ *to* ~, [*ashes to ashes,*] *dust to dust* av jord är du kommen, jord skall du åter varda; *it costs the* ~ det kostar en förmögenhet; *how* (*what, why*) *on* ~ . .? hur (vad, varför) i all världen (i Herrans namn) . .?; *I feel like nothing on* ~ jag känner mig urvissen; *this place looks like*

nothing on ~ vad här ser [gräsligt] ut! **2** jakt. lya, kula, gryt; *run* (*go*) *to ~* om räv e. d. gå under, gå i gryt; *go to ~* bildl. gå under jorden; *run* .. *to ~* tvinga en räv e. d. att gå under (gå i gryt); bildl. äntligen finna (spåra upp) .. **3** elektr. jord, jordkontakt, jordledning **II** *tr* elektr. jorda

earth-bound ['ɜ:θbaund] *a* **1** jordbunden **2** på väg mot jorden [*an ~ astronaut*]

earth-closet ['ɜ:θˌklɒzɪt] *s* torrklosett

earthen ['ɜ:θən] *a* jord-, ler- [*an ~ jar*]

earthenware ['ɜ:θənweə] *s* lergods

earthly ['ɜ:θlɪ] *a* **1** jordisk, världslig **2** fam., *not an ~* [*chance*] inte skuggan av en chans; *it is no ~ use* det tjänar inte ett dugg till

earthquake ['ɜ:θkweɪk] *s* jordskalv, jordbävning

earth-shaking ['ɜ:θˌʃeɪkɪŋ] *a* som skakar (skakade) hela världen [*an ~ event*]

earthwork ['ɜ:θwɜ:k] *s* jordvall; mil. grävt värn

earthworm ['ɜ:θwɜ:m] *s* daggmask

earthy ['ɜ:θɪ] *a* **1** av jord, jord- **2** jordnära

ear-trumpet ['ɪəˌtrʌmpɪt] *s* hörlur för lomhörd

earwig ['ɪəwɪg] *s* **1** tvestjärt **2** Am., slags tusenfoting, jordkrypare

ease [i:z] **I** *s* **1** välbefinnande; lugn, ro; ledighet, naturlighet; *at ~* el. *at o.'s ~* a) bekvämt, i lugn och ro b) väl till mods c) obesvärad, ogenerad d) makligt, i sakta mak; [*stand*] *at ~!* mil. manöver!; *ill at ~* illa till mods; *put* (*set*) *a p. at ~* få ngn att känna sig väl till mods, lugna ngn **2** lätthet **3** lättnad **II** *tr* **1** lindra [*~ the pain*]; *~ o.'s mind* lugna sig **2** lätta [på] [*~ the pressure*]; underlätta; sakta [ner] [*~* [*down*] *the speed*] **3** lossa litet på [*~ the lid*], lätta på; moderera; *~ off* lätta på **III** *itr* **1** *~* [*off*] lätta, minska [*the tension is easing off*]; *~ up* ta det lugnare **2** *~* [*up*] sakta farten

easel ['i:zl] *s* staffli

easily ['i:zəlɪ] *adv* **1** lätt, med lätthet; mycket väl [*it may ~ happen*], gott och väl; *it comes ~ to him* han har lätt för det; *I can ~ understand that* det kan jag gott förstå; *~ the best* den avgjort bästa **2** lugnt

easiness ['i:zɪnəs] *s* **1** lätthet **2** lugn; ledighet

east [i:st] **I** *s* **1** öster, öst, ost; *from the ~* från öster, österifrån; *the wind is in the ~* vinden är ostlig; *on the ~ of* på östsidan av, öster om; *to* (*towards*) *the ~* mot (åt) öster, österut; *to the ~ of* öster om **2** *the E~* a) Östern, Österlandet b) i USA Östern, östaterna; *the Far E~* Fjärran Östern; *the Middle E~* Mellersta Östern, Mellanöstern; *the Near E~* Främre Orienten **II** *a* östlig, ostlig, östra, öst- [*on the ~ coast*]; *E~ Anglia* Östangeln ung. motsv. Norfolk o. Suffolk; *the E~ End* ['i:st'end] East End östra delen av London med dock- och fabriksområden samt arbetarbostäder; *E~ Germany* Östtyskland; *E~ Indian* a) subst. indier b) adj. indisk; *the E~ Indies* pl. Ostindien; *the E~ Side* östra delen av Manhattan i New York **III** *adv* mot (åt) öster, österut [*go* (*travel*) *~*]; *north by ~* nord till ost; *due ~* rakt österut; *~ of* öster om

eastbound ['i:stbaund] *a* östgående

East-End ['i:st'end] *a* east-end-, från (i) East End i London

Easter ['i:stə] *s* påsk[en]; *~ Day* (*Sunday*) påskdag[en]; *~ Eve* (*Saturday*) påskafton[en]; *~ Monday* annandag påsk

easterly ['i:stəlɪ] **I** *a* östlig, ostlig; från öster; mot öster **II** *adv* östligt, ostligt; mot (åt) öster, österut; från öster **III** *s* östlig vind

eastern ['i:stən] *a* **1** östlig, ostlig, östra, öst-; *~ Europe* Östeuropa **2** *E~* österländsk

easternmost ['i:stənməust] *a* östligast

eastward ['i:stwəd] **I** *a* östlig, ostlig, östra **II** *adv* mot (åt) öster, österut, sjö ostvart

eastwards ['i:stwədz] *adv* = *eastward II*

easy ['i:zɪ] **I** *a* **1** lätt, enkel; *it comes ~ to him* han har lätt för det; *he is not an ~ customer to deal with* han är inte lätt att tas med; *it's dead ~* (*as ~ as pie*) fam. det är jätteenkelt **2** bekymmerslös [*lead an ~ life*], lugn [*feel ~ about the future*], obekymrad, sorglös; *be in* (*on*) *E~ Street* fam. vara på grön kvist **3** bekväm, behaglig; *at an ~ pace* sakta och makligt **4** ledig [*an ~ style*; *~ manners*], otvungen **5** mild, lätt; *on ~ terms* på förmånliga villkor, på avbetalning **6** *he is an ~ mark* fam. han är väldigt lättlurad; *she is a woman of ~ virtue* hon är lätt på foten **7** *come in* (*be*) *an ~ first* komma in som god etta; *that's an ~ two hours' work* det är minst två timmars arbete **8** *she is ~ on the eye* fam. hon är snygg att se på **II** *adv* fam. **1** lätt [*easier said than done*]; *~ come, ~ go* lätt fånget, lätt förgånget **2** bekvämt; *~ does it!* sakta i backarna!, ta det lugnt!; [*go*] *~!* sakta!, försiktigt!; *go ~ on* [*the milk*]*!* spara på ..!; *go ~ on the boy!* ta inte i så hårt med pojken!; *stand ~!* mil. lediga!; *take it ~!* ta det lugnt!

easy-chair ['i:zɪ'tʃeə, 'i:zɪtʃeə] *s* länstol, fåtölj

easy-going ['i:zɪˌgəuɪŋ] *a* bekväm [av sig], maklig äv. om fart [*at an ~ pace*]; hygglig; *he is ~* äv. han tar lätt på saker och ting

eat [i:t] (*ate* [et, isht Am. eɪt] *eaten* ['i:tn]) **I** *tr* **1** äta; förtära, konsumera; *I'll ~ my hat if* .. fam. jag ska äta upp min hatt om ..; *~*

o.'s heart out lida i tysthet [*over* av]; ~ *o.'s words* [få] äta upp sina egna ord **2** bildl. förtära [~*en by fire*]; *what's* ~*ing you?* vad är det med dig?; ~ *away* fräta (nöta) bort **3** ~ *up* äta upp, förtära; sluka [*the car was* ~*ing up the miles*]; *be* ~*en up with curiosity* vara nära att förgås av nyfikenhet **II** *itr* **1** äta **2** bildl. fräta; ~ *into* fräta sig in i; ~ *into o.'s fortune* tära på sin förmögenhet

eatable ['i:təbl] **I** *a* ätbar njutbar **II** *s*, pl. ~*s* mat[varor], livsmedel

eaten ['i:tn] pp. av *eat*

eater ['i:tə] *s* **1** person som äter; ss. efterled i sms. -ätare [*meat-eater*]; *a hearty* ~ en storätare; *he is a poor* ~ han är liten i maten, han äter litet **2** ätfrukt; ätäpple

eating ['i:tɪŋ] attr. *a* ät- [~ *apples*]

eating-house ['i:tɪŋhaus] *s* matställe, [enkel] restaurang

eats [i:ts] *s pl* sl. käk, krubb mat

eau-de-Cologne ['əudəkə'ləun] *s* eau-de--cologne

eaves [i:vz] *s pl* takfot, takskägg

eavesdrop ['i:vzdrɒp] **I** *s* takdropp **II** *itr* tjuvlyssna **III** *tr* tjuvlyssna på

eavesdropper ['i:vz,drɒpə] *s* tjuvlyssnare

ebb [eb] **I** *s* ebb; bildl. nedgång ~ *and flow* ebb och flod; *be at a low* ~ stå lågt, om pers. vara nere **II** *itr* **1** om tidvatten o. d. dra sig tillbaka, ebba **2** bildl. ebba ut, sina

ebonite ['ebənaɪt] *s* ebonit

ebony ['ebənɪ] *s* ebenholts

ebullience [ɪ'bʌljəns, -'bʊl-] *s* hänförelse, sprudlande vitalitet

ebullient [ɪ'bʌljənt, -'bʊl-] *a* översvallande, sprudlande

E.C. ['i:'si:] förk. för *East Central* postdistrikt i London

eccentric [ɪk'sentrɪk] **I** *a* **1** excentrisk; originell **2** excentrisk [~ *circles*]; om kretslopp inte cirkelrund **II** *s* **1** original, underlig figur, kuf **2** mek. excenter[skiva]

eccentricity [,eksen'trɪsətɪ] *s* excentricitet; originalitet

Ecclesiastes [ɪ,kli:zɪ'æsti:z] *s* Predikaren, Ecclesiastes

ecclesiastic [ɪ,kli:zɪ'æstɪk] *s* präst

ecclesiastical [ɪ,kli:zɪ'æstɪkəl] *a* kyrko- [~ *year*]; andlig, kyrklig, ecklesiastisk

ECG ['i:si:'dʒi:] förk. för *electrocardiogram* EKG

echelon ['eʃəlɒn] *s* mil. echelong

echo ['ekəu] **I** (pl. ~*es*) *s* eko, genklang **II** *itr* eka, genljuda **III** *tr* **1** återkasta [äv. ~ *back*] **2** mekaniskt upprepa

echo-sounder ['ekəu,saundə] *s* ekolod

éclair [eɪ'kleə, ɪ'k-] *s* eclair avlång petit-chou [*chocolate* ~]

eclectic [e'klektɪk, ɪ'klek-] **I** *a* eklektisk **II** *s* eklektiker

eclipse [ɪ'klɪps] **I** *s* **1** förmörkelse, eklips; *lunar* ~ månförmörkelse; *solar* ~ solförmörkelse **2** bildl. tillbakagång; *suffer an* ~ falla i glömska; [*her popularity*] *is in* ~ .. är i dalande **II** *tr* **1** förmörka **2** bildl. ställa i skuggan, överglänsa

ecliptic [ɪ'klɪptɪk] **I** *a* ekliptisk, förmörkelse- **II** *s* ekliptika

ecocide ['i:kəusaɪd] *s* ekocid, miljömord

ecological [,i:kəu'lɒdʒɪkəl] *a* ekologisk

ecology [i:'kɒlədʒɪ] *s* ekologi

econ. förk. för *economic, economics*

economic [,i:kə'nɒmɪk] *a* ekonomisk [~ *policy*], nationalekonomisk

economical [,i:kə'nɒmɪkəl] *a* **1** ekonomisk, hushållsaktig, sparsam [~ *habits*]; dryg [*this coffee is very* ~] **2** se *economic*

economics [,i:kə'nɒmɪks] *s* **1** (konstr. ss. sg.) nationalekonomi; ekonomi; *school of* ~ ung. handelshögskola **2** (konstr. ss. pl.) ekonomiska sidor (aspekter)

economist [ɪ'kɒnəmɪst] *s* ekonom; nationalekonom [äv. *political* ~]

economize [ɪ'kɒnəmaɪz] **I** *itr* spara [*on* på], hushålla [*on* med], vara sparsam (ekonomisk) [*on* med], ekonomisera **II** *tr* **1** spara på, hushålla med **2** utnyttja

economy [ɪ'kɒnəmɪ] *s* **1** sparsamhet, ekonomi; hushållning, besparing; ~ *drive* sparkampanj; ~ *size* ekonomiförpackning; *practise* ~ iaktta sparsamhet **2** ekonomi; näringsliv; *planned* ~ planhushållning, planekonomi; *political* ~ nationalekonomi; *the public* (*national*) ~ statshushållningen **3** återhållsamhet, ekonomi

ecstas|y ['ekstəsɪ] *s* extas, hänryckning; *go into -ies over* råka i extas över

ecstatic [eks'tætɪk] *a* extatisk; hänryckt

ectoplasm ['ektəuplæzəm] *s* spirit. ektoplasma

Ecuador ['ekwədɔ:, ,ekwə'dɔ:]

ecumenic[al] [,i:kju'menɪk, -əl] *a* ekumenisk

eczema ['eksəmə] *s* eksem

Ed [ed] kortform för *Edgar, Edward*

ed. förk. för *edition, editor, education*

Edam ['i:dæm] **I** egennamn **II** *s*, ~ [*cheese*] edamer[ost]

Eddy ['edɪ] kortform för *Edgar, Edward*

eddy ['edɪ] **I** *s* strömvirvel **II** *itr* virvla, kretsa

edelweiss ['eɪdlvaɪs] *s* edelweiss

Eden ['i:dn] *s* Eden, paradiset; *the Garden of* ~ Edens (paradisets) lustgård

Edgar ['edgə]

edge [edʒ] **I** *s* **1** egg [*the* ~ *of a knife*], skarp kant, tekn. skär; bildl. skärpa, udd; *give an* ~ *to* slipa egg på, skärpa; *the knife has no* ~ kniven är slö; *not to put too fine an* ~ *upon it* rent ut sagt; *take the* ~ *off* göra en kniv

o. d. slö; döva aptiten; ta udden av, förstöra; *on ~* på helspänn, otålig, nervös; *it set my nerves on ~* det gick mig på nerverna; *that sound sets my teeth on ~* det där ljudet får mig att rysa av obehag **2** kant [*the ~ of a table*], rand [*the ~ of a precipice*], bryn [*the water's ~, the ~ of a forest*]; *he needs his ~s rubbing off* han behöver slipas av; *be on the ~ of* bildl. just stå i begrepp att **3** ås, kam, rygg, krön **4** fördel; *have an (the) ~ on a p.* ha övertag[et] över ngn **II** *tr* **1** kanta [*houses ~d the road*], infatta, besätta **2** vässa, slipa **3** maka, flytta [*~ o.'s chair nearer the fire*]; tränga, skjuta [*~ a p. into the background*]; lirka; *~ o.s.* (*~ o.'s way*) *through the crowd* tränga sig fram genom folkmassan; *~ out* utmanövrera **III** *itr* röra sig i sidled [*he ~d towards the door*], maka (lirka) sig; *~ away* avlägsna sig, maka sig bort

edgeways ['edʒweɪz] *adv* o. **edgewise** ['edʒwaɪz] *adv* med kanten (sidan) först (överst), på kant; om två saker kant i kant; *I couldn't get a word in edgeways* jag fick inte en syl i vädret

edging ['edʒɪŋ] *s* kant, bård [*an ~ of lace*]

edgy ['edʒɪ] *a* **1** skarp, vass **2** [lätt]retlig

edibility [ˌedə'bɪlətɪ] *s* ätlighet

edible ['edəbl] **I** *a* ätlig, ätbar **II** *s*, vanl. pl. *~s* mat[varor]

edict ['i:dɪkt] *s* edikt, förordning, påbud

edification [ˌedɪfɪ'keɪʃən] *s* uppbyggelse; upplysning [*for your ~*]

edifice ['edɪfɪs] *s* större el. ståtlig byggnad; bildl. uppbyggnad

edify ['edɪfaɪ] *tr* bygga upp

edifying ['edɪfaɪɪŋ] *a* uppbygglig

Edinburgh ['edɪnbərə, -bʌrə]

Edison ['edɪsn]

edit ['edɪt] *tr* redigera, vara redaktör för, ge ut; klippa [ihop] film

Edith ['i:dɪθ]

edition [ɪ'dɪʃən] *s* upplaga, utgåva, edition

editor ['edɪtə] *s* redaktör; utgivare; [*chief*] *~* chefredaktör, huvudredaktör

editorial [ˌedɪ'tɔ:rɪəl] **I** *a* redaktörs-, redaktions-, redigerings-, redaktionell [*~ work*], utgivar- **II** *s* [tidnings]ledare

editor-in-chief ['edɪtərɪn'tʃi:f] *s* chefredaktör, huvudredaktör

editorship ['edɪtəʃɪp] *s* redaktörskap; redaktion [*under the ~ of Mr. A.*]

Edmund ['edmənd]

Edna ['ednə]

EDP förk. för *electronic data processing*

educate ['edjukeɪt] *tr* **1** utbilda; uppfostra, fostra **2** lära [*~ the dog to sit up*], träna

education [ˌedju'keɪʃən] *s* **1** utbildning [*commercial ~*]; utbildningsväsen[det]; uppfostran; bildning [*classical ~*]; fostran [*intellectual ~*]; undervisning; *higher ~* den högre undervisningen; *the Department of E~ and Science* ung. utbildningsdepartementet **2** pedagogik

educational [ˌedju'keɪʃənl] *a* utbildnings-; bildande; uppfostrings-; undervisnings-; *the ~ authorities* skolmyndigheterna; *~ books* läroböcker

educator ['edjukeɪtə] *s* uppfostrare; lärare; pedagog

Edward ['edwəd] ss. kunganamn Edvard

Edwardian [ed'wɔ:djən] **I** *s* edvardian **II** *a* edvardiansk

EEC ['i:i:'si:] förk. för *European Economic Community* EG

EEG ['i:i:'dʒi:] förk. för *electroencephalogram*

eel [i:l] *s* ål [*as slippery as an ~*]

eena, ~, meena, mina, mo ['i:nə'mi:nə'maɪnə'məu] ung. ole, dole, doff räkneramsa

eeny, ~, meeny, miney, mo ['i:nɪ'mi:nɪ'maɪnɪ'məu] se *eena*

e'er [eə] *adv* poet. sammandragning av *ever*

eerie ['ɪərɪ] *a* o. **eery** ['ɪərɪ] *a* hemsk [*an ~ shriek*], kuslig, spöklik

efface [ɪ'feɪs] *tr* **1** utplåna, stryka, sudda ut (bort) **2** ställa i skuggan; *~ o.s.* träda i bakgrunden

effect [ɪ'fekt] **I** *s* **1** effekt äv. mek., verkan [*cause and ~*], verkning [*the ~s of the hurricane*], inverkan [*the ~ of heat upon metals*], påverkan, inflytande [*have a bad ~ on*]; följd [*one ~ of the war was that . .*]; *take ~* a) träda i kraft b) göra verkan; *weak from the ~s of the illness* svag efter sjukdomen; *in ~* a) i själva verket b) praktiskt taget; *come (go) into ~* träda i kraft; *bring (put, carry) a th. into ~* sätta ngt i verket; *with ~ from today* med verkan (räknat) från [och med] i dag **2** effekt, intryck; *the general ~* helhetsintrycket; *sound ~s* ljudeffekter, ljudkuliss **3** innebörd, innehåll; *a statement to the ~ that . .* ett påstående som går ut på att . .; *words to that ~* [några] ord i den stilen, något i den riktningen **4** pl. *~s* effekter, tillhörigheter, lösöre[n] **II** *tr* åstadkomma [*~ changes*], verkställa, utföra, genomföra [*~ a reform*]; *~ an order* verkställa (expediera, effektuera) en order

effective [ɪ'fektɪv] *a* **1** effektiv [*~ measures*], verksam [*~ assistance*], kraftig [*an ~ blow*] **2** effektfull [*an ~ photograph*], verkningsfull **3** faktisk; verklig [*the ~ strength of an army*] **4** Am. i kraft; *be ~* äv. gälla

effectual [ɪ'fektʃuəl] *a* effektiv [*~ measures*], verksam, ändamålsenlig

effectuate [ɪ'fektjueɪt] *tr* åstadkomma [*~ a settlement*], utföra, genomföra, verkställa

effeminacy [ɪ'femɪnəsɪ] *s* feminint sätt (uppträdande), omanlighet; klemighet
effeminate [ɪ'femɪnət] *a* feminin, omanlig; klemig
effervesce [ˌefə'ves] *itr* brusa, skumma; bildl. vara upprymd
effervescence [ˌefə'vesns] *s* brusande, skummande; bildl. upprymdhet
effervescent [ˌefə'vesnt] *a* brusande, skummande; bildl. upprymd
effete [ɪ'fi:t] *a* kraftlös; dekadent [*~ aristocracy*]
efficacious [ˌefɪ'keɪʃəs] *a* effektiv, verksam [*an ~ cure*]
efficacity [ˌefɪ'kæsətɪ] *s* o. **efficacy** ['efɪkəsɪ] *s* effektivitet [*the ~ of the method*], ändamålsenlighet; verkan
efficiency [ɪ'fɪʃənsɪ] *s* effektivitet: a) duglighet, prestation[sförmåga] b) verkningsgrad
efficient [ɪ'fɪʃənt] *a* **1** effektiv; ändamålsenlig; verksam **2** effektiv, kompetent, skicklig, duktig, duglig [*an ~ secretary*]
effigy ['efɪdʒɪ] *s* bild isht på mynt el. minnesvård, avbildning; docka, figur
effloresce [ˌeflɔ:'res] *itr* **1** slå ut i blom **2** kem. efflorescera, utvittra
effort ['efət] *s* **1** ansträngning, kraftansträngning, satsning, kraft[resurser] [*spend o.'s ~*]; *the war ~* krigsansträngningen, krigsinsatsen; *make an ~ to* anstränga sig för att, göra ett försök att; *I will make every ~* jag skall göra allt vad jag kan; *put a great deal of ~ into organizing* [*an expedition*] lägga ner stor möda på att organisera..; *by o.'s own* [*unaided*] *~s* av egen kraft; *with ~* med möda **2** prestation
effortless ['efətləs] *a* lätt [och ledig]; obesvärad; *~ smile* otvunget leende
effrontery [ɪ'frʌntərɪ] *s* oförskämdhet
effulgence [ɪ'fʌldʒəns] *s* glans, skimmer
effulgent [ɪ'fʌldʒənt] *a* strålande [*her ~ beauty*], skimrande
effuse [ɪ'fju:z] *tr* **1** utgjuta **2** utstråla
effusion [ɪ'fju:ʒən] *s* **1** utgjutning, utgjutelse **2** utgjutelse i tal el. skrift [*literary ~s*] **3** öppenhjärtighet; hjärtlighet
effusive [ɪ'fju:sɪv] *a* översvallande [*~ thanks*]; demonstrativ
EFL förk. för *English as a Foreign Language*
EFTA ['eftə] förk. för *European Free Trade Association* EFTA
e. g. ['i:'dʒi:, fərɪg'zɑ:mpl] förk. för *exempli gratia* (lat.) = *for example* t. ex.
egalitarian [ɪˌgælɪ'teərɪən] **I** *a* jämlikhets- **II** *s* jämlikhetsförkämpe
1 egg [eg] *tr, ~ a p. on* egga [upp] ngn, driva (mana) på ngn
2 egg [eg] *s* ägg; *~ beater* äggvisp; *bad ~* a) skämt (dåligt) ägg b) rötägg; *as sure as ~s* [*is ~s*] fam. så säkert som amen i kyrkan, så säkert som aldrig det; *have ~ on o.'s face* fam. få stå där med skammen; få på nöten; *don't teach your grandmother to suck ~s* ägget ska inte lära hönan värpa, tala inte om för mig hur jag ska göra; *put* (*have*) *all o.'s ~s in one basket* sätta allt på ett kort (bräde); *in the ~* i sin linda
egg-and-spoon ['egənd'spu:n] *a, ~ race* äggkapplöpning kapplöpning med ägg i sked
egg-cosy ['egˌkəuzɪ] *s* äggvärmare
egg-cup ['egkʌp] *s* äggkopp
egg-flip ['egflɪp] *s* ung. äggtoddy
egghead ['eghed] *s* fam. ägghuvud intellektuell person
egg-nog ['egnɒg] *s* ung. äggtoddy
egg-plant ['egplɑ:nt] *s* aubergine, äggplanta
egg-timer ['egˌtaɪmə] *s* äggklocka
egg-whisk ['egwɪsk] *s* äggvisp
eglantine ['egləntaɪn] *s* äppelros
ego ['egəu, 'i:g-] *s* **1** fil. jag, ego; *the ~* jaget **2** fåfänga [*it injured my ~*]
egocentric [ˌegəu'sentrɪk, ˌi:g-] **I** *a* egocentrisk **II** *s* egocentriker
egoism ['egəuɪzəm, 'i:g-] *s* **1** egoism, egennytta **2** självupptagenhet **3** se *egotism 1* o. *2*
egoist ['egəuɪst] *s* egoist
egoistic [ˌegəu'ɪstɪk, ˌi:g-] *a* egoistisk, egennyttig
egotism ['egəutɪzəm, 'i:g-] *s* **1** självförhävelse, egotism **2** egenkärlek **3** egoism, egennytta
egotist ['egəutɪst, 'i:g-] *s* **1** självupptagen person; egocentriker **2** egoist
egotistic [ˌegəu'tɪstɪk, ˌi:g-] *a* **1** självupptagen **2** egoistisk
ego-trip ['egəutrɪp, 'i:g-] *s* 'ego-trip', självförverkligande; *be on an ~* [vilja] stärka den egna jagkänslan
egregious [ɪ'gri:dʒjəs] *a* oerhörd [*~ folly*], flagrant [*an ~ blunder*]
egress ['i:gres] *s* utgång; utträde
egret ['i:gret] *s* **1** ägretthäger **2** ägrett fjäder
Egypt ['i:dʒɪpt] Egypten
Egyptian [ɪ'dʒɪpʃən] **I** *a* egyptisk **II** *s* **1** egyptier **2** egyptiska [språket]
eh [eɪ] *interj, ~!* a) va?, va för nåt? b) eller hur?, va? [*nice, ~?*]
eider ['aɪdə] *s* **1** ejder **2** ejderdun
eiderdown ['aɪdədaun] *s* **1** ejderdun **2** duntäcke
eight [eɪt] (jfr *five* med ex. o. sms.) **I** *räkn* åtta; *have had one over the ~* sl. ha tagit sig ett glas (järn) för mycket **II** *s* **1** åtta **2** [*figure of*] *~* åtta skridskofigur
eighteen ['eɪ'ti:n] *räkn* o. *s* arton, aderton; jfr *fifteen* o. sms.
eighteenth ['eɪ'ti:nθ] *räkn* o. *s* artonde, adertonde; arton[de]del, aderton[de]del;

jfr *fifth*
eightfold ['eɪtfəʊld] **I** *a* åttadubbel, åttafaldig **II** *adv* åttadubbelt, åttafaldigt, åttafalt
eighth [eɪtθ] *räkn* o. *s* åttonde; åtton[de]del; jfr *fifth*
eightieth ['eɪtɪɪθ] *räkn* o. *s* **1** åttionde **2** åttion[de]del
eighty ['eɪtɪ] (jfr *fifty* med sms.) **I** *räkn* åtti[o] **II** *s* åtti[o]; åtti[o]tal
Eileen ['aɪli:n]
Einstein ['aɪnstaɪn]
Eire ['eərə]
eisteddfod [aɪs'teðvɒd] *s* eisteddfod walesiskt sångarmöte med tävlingar i t.ex. folkmusik och folkdans
either ['aɪðə, isht Am. 'i:ðə] **I** *indef pron* **1** a) endera, ettdera, vilken[dera] (vilket[dera]) som helst b) någon[dera], något[dera] **2** vardera, vartdera; båda, bägge; *can you say ~?* kan man säga bådadera? **II** *adv* heller [*if you don't come, he won't come ~*] **III** *konj*, *~ .. or* a) antingen .. eller [*he must be ~ mad or drunk*] b) både .. och [*he is taller than ~ you or me*] c) vare sig .. eller [*he didn't come ~ yesterday or today*]
ejaculate [ɪ'dʒækjʊleɪt] **I** *tr* **1** utropa [*no, he ~d*], utstöta **2** tömma ut, ejakulera sädesvätska **II** *itr* **1** ropa **2** tömma ut sädesvätska, ejakulera
ejaculation [ɪˌdʒækjʊ'leɪʃən] *s* **1** utrop **2** uttömning; sädesuttömning, ejakulation
eject [ɪ'dʒekt] *tr* **1** a) kasta ut, driva ut, förvisa b) vräka **2** kasta (slunga, stöta) ut
ejection [ɪ'dʒekʃən] *s* **1** utkastande, utdrivande; vräkning **2** utkastande, utslungande, utstötning; *~ seat* katapultstol
ejector-seat [ɪ'dʒektəsi:t] *s* katapultstol
1 eke [i:k] *tr* **1** *~ out* fylla ut, komplettera; dryga ut; få att räcka till; öka ut, öka på; *~ out o.'s income* [för]tjäna litet extra **2** *~ out a livelihood* nödtorftigt dra sig fram
2 eke [i:k] *adv* åld. också, likaså
EKG ['i:keɪ'dʒi:] isht Am. förk. för *electrocardiogram*
elaborate [ss. adj. ɪ'læbərət, ss. vb ɪ'læbəreɪt] **I** *a* i detalj genomförd (utarbetad); utspekulerad, utstuderad; omsorgsfull; omständlig; komplicerad **II** *tr* [i detalj] utarbeta, genomarbeta [*~ a plan*], i detalj utforma [*~ a theory*] **III** *itr* uttala sig närmare [*on* om], gå in på detaljer
elaboration [ɪˌlæbə'reɪʃən] *s* omsorgsfullt utarbetande (utformande)
élan [eɪ'lɑ̃:ŋ, -'lɔ̃:ŋ] *s* (fr.) fart, schvung
eland ['i:lənd] *s* eland, älgantilop
elapse [ɪ'læps] *itr* förflyta, förgå
elastic [ɪ'læstɪk] **I** *a* **1** elastisk äv. bildl. [*~ rules*], spänstig [*~ gait*], fjädrande; tänjbar; töjbar **2** resår-, gummi- [*~ bands*] **II** *s* resår[band], gummiband, gummisnodd
elasticity [ˌelæs'tɪsətɪ, ˌi:l-] *s* elasticitet; spänst[ighet]; tänjbarhet
Elastoplast [ɪ'læstəplɑ:st] *s* ® elastiskt plåster
elate [ɪ'leɪt] *tr* göra upprymd; berusa, liva sinnet; fylla med stolthet
elated [ɪ'leɪtɪd] *a* upprymd, glad, hänförd
elation [ɪ'leɪʃən] *s* upprymdhet, glädje
Elbe [elb] geogr., *the ~* Elbe
elbow ['elbəʊ] **I** *s* **1** armbåge; *~ of a chair* armstöd; *rub ~s with* se *rub I*; *at o.'s ~* strax bredvid sig, tätt intill; *his jacket is out at ~[s]* han har [nött] hål på armbågarna på kavajen **2** knä på t. ex. ett rör, böjning, krök[ning] **II** *tr* **1** *~ o.s. forward* armbåga sig fram **2** skuffa (knuffa) [med armbågen]
elbow-grease ['elbəʊgri:s] *s* fam. slit, hårt jobb; energi
elbow-room ['elbəʊrʊm] *s* svängrum, armbågsrum, utrymme
1 elder ['eldə] **I** *a* (komp. av *old*) äldre isht om släktingar [*his ~ brother*] **II** *s* **1** vanl. pl., *my ~s* de som är äldre än jag **2** ung. [församlings]äldste
2 elder ['eldə] *s* fläder, hyll
elderberry ['eldəˌberɪ] *s* fläderbär; *~ wine* fläderbärsvin
elderly ['eldəlɪ] *a* äldre [*an ~ gentleman*], rätt gammal
eldest ['eldɪst] *a* (superl. av *old*) äldst isht om släktingar
El Dorado [ˌeldə'rɑ:dəʊ] *s* eldorado
Eleanor ['elɪnə]
elect [ɪ'lekt] **I** *a* [ny]vald, blivande men ännu inte installerad [*the bishop ~*], utsedd; *the president ~* den tillträdande presidenten **II** *s*, *the ~* de utvalda **III** *tr* **1** välja genom röstning, utse [*~ a p. to an office*] **2** välja, bestämma sig för [*~ to stay at home*]
election [ɪ'lekʃən] *s* val isht genom röstning, inval [*to* i]; *a general ~* allmänna val
electioneer [ɪˌlekʃə'nɪə] **I** *itr* delta i valkampanjen **II** *s* deltagare i valkampanjen, [val]agitator
elective [ɪ'lektɪv] *a* **1** tillsatt genom val, vald **2** som besätts genom val **3** med rätt att välja [*an ~ assembly*] **4** val-; *~ franchise* rösträtt **5** Am. valfri, tillvals- [*~ subjects*]
elector [ɪ'lektə] *s* **1** väljare, valman **2** hist., *E~* kurfurste
electoral [ɪ'lektərəl] *a* **1** val- [*~ law*], valmans-; *the E~ College* elektorskollegiet i USA som förrättar presidentvalet; *~ register* röstlängd **2** hist., *E~* kurfurstlig
electorate [ɪ'lektərət] *s* **1** valmanskår; *the ~* äv. väljarna **2** hist. kurfurstendöme
electric [ɪ'lektrɪk] *a* **1** elektrisk, el-; *~ blanket* elektrisk värmefilt; *~ blue* stålblå; *~ bulb* glödlampa; *~ car* elbil; *the ~ chair*

elektriska stolen; ~ *cooker* elspis, elektrisk spis; ~ *eel* zool. darrål; ~ *eye* fotoelektrisk cell, fotocell; ~ *shock* [elektrisk] stöt; ~ *shock treatment* läk. elchockbehandling; ~ *sign* ljusskylt; ~ *torch* ficklampa **2** bildl. laddad [*the atmosphere was* ~]

electrical [ɪ'lektrɪkəl] *a* elektrisk, el-, elektricitets-; ~ *engineer* elektroingenjör

electrician [ɪlek'trɪʃən] *s* elektriker, elmontör; elektrotekniker

electricity [ɪlek'trɪsətɪ] *s* **1** elektricitet, el, ström; ~ *bill* elräkning **2** elektricitetslära

electrification [ɪˌlektrɪfɪ'keɪʃən] *s* **1** elektrifiering **2** elektrisering

electrify [ɪ'lektrɪfaɪ] *tr* **1** elektrifiera **2** elektrisera, bildl. äv. elda, egga

electrocardiogram [ɪˌlektrəʊ'kɑːdjəʊgræm] *s* elektrokardiogram

electrocute [ɪ'lektrəkjuːt] *tr* **1** avrätta i elektriska stolen **2** döda med elektrisk ström

electrocution [ɪˌlektrə'kjuːʃən] *s* **1** avrättning i elektriska stolen **2** dödande med elektrisk ström

electrode [ɪ'lektrəʊd] *s* elektrod

electrodynamic [ɪˌlektrəʊdaɪ'næmɪk] *a* elektrodynamisk

electroencephalogram [ɪˌlektrəʊɪn'sefələʊgræm] *s* elektroencefalogram

electrolys|is [ɪlek'trɒlɪs|ɪs] (pl. *-es* [-iːz]) *s* elektrolys

electromagnet [ɪˌlektrəʊ'mægnət] *s* elektromagnet

electromagnetic [ɪˌlektrəʊmæg'netɪk] *s* elektromagnetisk [~ *waves*]

electromagnetism [ɪˌlektrəʊ'mægnətɪzəm] *s* elektromagnetism

electron [ɪ'lektrɒn] *s* elektron

electronic [ɪlek'trɒnɪk] *a* elektronisk [~ *data processing*; ~ *music*]; ~ *brain* elektronhjärna; ~ *computer* dator, datamaskin; ~ *flash* elektronblixt

electronics [ɪlek'trɒnɪks] (konstr. ss. sg.) *s* elektronik

electroplate [ɪ'lektrəʊpleɪt] **I** *tr* galvanisera, försilvra **II** *s* [galvaniserat] nysilver

electroshock [ɪ'lektrəʊʃɒk] *s* läk., ~ *treatment* elchockbehandling

electrostatic [ɪˌlektrəʊ'stætɪk] *a* elektrostatisk [~ *loudspeaker*]

electrotechnology [ɪˌlektrəʊtek'nɒlədʒɪ] *s* elektroteknik

electrotherapy [ɪˌlektrəʊ'θerəpɪ] *s* elektroterapi

elegance ['elɪgəns] *s* elegans; stilfullhet

elegant ['elɪgənt] *a* **1** elegant; smakfull, stilfull [~ *furniture*], förfinad [~ *manners*]; ~ *wine* utsökt (charmant) vin **2** elegant [klädd] [*an* ~ *lady*], [fin och] förnäm

elegiac [ˌelɪ'dʒaɪək] *a* **1** elegisk; ~ *couplet* metr. distikon **2** klagande

elegy ['elɪdʒɪ] *s* elegi

element ['elɪmənt] *s* **1** kem. grundämne **2** element [*the four* ~*s*], urämne; *be in o.'s* ~ vara i sitt rätta element **3** beståndsdel, ingrediens; element; moment [*an important* ~ *of military training*]; inslag; *criminal* ~*s* kriminella element; *an* ~ *of danger* ett faromoment **4** *the* ~*s* elementen, elementerna [*the fury of the* ~*s*]; väder och vind **5** *the* ~*s* elementa, [de] första grunderna [*the* ~*s of economics*]

elemental [ˌelɪ'mentl] *a* **1** elementens, elementernas [~ *fury*]; ~ *force* naturkraft **2** elementär, väsentlig [~ *ingredients*]

elementary [ˌelɪ'mentərɪ] *a* **1** elementär [~ *arithmetic*], enkel; grund- [~ *knowledge*]; nybörjar-; ~ *mathematics* lägre matematik; ~ *school* a) Engl. (förr) folkskola b) Am. (ung.) grundskola omfattande årskurserna 1-6 eller 1-8 **2** kem. enkel, grund- [~ *substance*]; fys. elementar- [~ *particle*]

elephant ['eləfənt] *s* elefant; *white* ~ bildl. dyrbar lyx, ekonomisk belastning

elephantine [ˌelə'fæntaɪn] *a* **1** elefant- **2** stor som en elefant, jättestor; klumpig

elevate ['elɪveɪt] *tr* **1** lyfta upp, höja [upp]; transportera upp **2** upphöja [*an archbishop* ~*d to cardinal*] **3** höja, lyfta moraliskt, kulturellt o. d.

elevated ['elɪveɪtɪd] *a* **1** upphöjd etc., jfr *elevate*; ~ *railway* (*railroad* Am.) högbana **2** högstämd, hög, ädel; ~ *style* högre stil

elevation [ˌelɪ'veɪʃən] *s* **1** [upp]höjande, lyftande; [för]höjning, stegring **2** [upp]höjning [*an* ~ *in the ground*] **3** upphöjelse [~ *to the throne*] **4** mil. elevation **5** höjd över havsytan (marken) **6** byggn. vertikalprojektion **7** högstämdhet; moralisk upphöjdhet, höghet, storhet, ädelhet

elevator ['elɪveɪtə] *s* **1** elevator, paternosterverk; isht Am. hiss **2** spannmålsmagasin, silomagasin **3** flyg. höjdroder

eleven [ɪ'levn] (jfr *fifteen* o. sms.) **I** *räkn* elva **II** *s* **1** elva **2** sport. elva[mannalag]

elevenses [ɪ'levnzɪz] *s pl* fam. elvarast; förmiddagskaffe

eleventh [ɪ'levnθ] *räkn* o. *s* elfte; elftedel; jfr *fifth*; *at the* ~ *hour* i elfte timmen

elf [elf] (pl. *elves*) *s* myt. alf, älva; troll

elfin ['elfɪn] *a* älv-, älvlik

elfish ['elfɪʃ] *a* älv-, älvlik; bildl. lekfull

Elgar ['elgə, -gɑː]

elicit [ɪ'lɪsɪt] *tr* locka fram [~ *a reply*], få fram [~ *the truth*]; framkalla [~ *a protest*]

eligibility [ˌelɪdʒə'bɪlətɪ] *s* valbarhet [*for* till]; kvalifikation[er], lämplighet

eligible ['elɪdʒəbl] *a* **1** valbar [*for* till; ~ *for an office*]; berättigad [~ *for a pension*], kvalificerad [~ *for membership*], lämplig **2**

som är en lämplig äktenskapskandidat [*an ~ young man*]
Elijah [ɪ'laɪdʒə] profeten Elias
eliminate [ɪ'lɪmɪneɪt] *tr* **1** eliminera; avlägsna; utelämna, lämna åsido, utesluta, bortse från [*~ a possibility*]; likvidera; *~d* sport. utslagen **2** fysiol. avsöndra
elimination [ɪˌlɪmɪ'neɪʃən] *s* **1** eliminering, avlägsnande etc., jfr *eliminate* **2** sport. utslagning; *~ competition* utslagningstävling
Elinor ['elɪnə]
Eliot[t] ['eljət]
Elisha [ɪ'laɪʃə] profeten Elisa
elision [ɪ'lɪʒən] *s* **1** fonet. elision **2** utelämning
élite [eɪ'li:t, ɪ'li:t] *s* elit
elixir [ɪ'lɪksə] *s* elixir; universalmedel
Eliza [ɪ'laɪzə]
Elizabeth [ɪ'lɪzəbəθ] ss. drottningnamn Elisabet
Elizabethan [ɪˌlɪzə'bi:θən] **I** *a* elisabetansk från (under) Elisabet I:s tid **II** *s* elisabetan
elk [elk] *s* **1** [europeisk] älg **2** Nordam. kanadahjort, nordamerikansk vapiti
ell [el] *s* hist. aln längdmått = ung. 1,14 m
Ellen ['elɪn]
Elliot[t] ['eljət]
ellipse [ɪ'lɪps] *s* geom. ellips
ellips|is [ɪ'lɪps|ɪs] (pl. *-es* [-i:z]) *s* språkv. ellips
elliptic [ɪ'lɪptɪk] *a* geom. elliptisk
elliptical [ɪ'lɪptɪkəl] *a* **1** språkv. elliptisk, ellips- **2** geom. elliptisk
elm [elm] *s* alm
elocution [ˌeləʊ'kju:ʃən] *s* talarkonst, talteknik; recitation
elocutionary [ˌeləʊ'kju:ʃənərɪ] *a* tal-, talar-
elocutionist [ˌeləʊ'kju:ʃənɪst] *s* taltekniker; recitatör
elongate ['i:lɒŋgeɪt] **I** *tr* förlänga, dra ut **II** *itr* förlängas; bli långsträckt
elongation [ˌi:lɒŋ'geɪʃən] *s* förlängning, utsträckning
elope [ɪ'ləʊp] *itr* rymma för att gifta sig
elopement [ɪ'ləʊpmənt] *s* rymning för att gifta sig
eloquence ['eləʊkwəns] *s* vältalighet
eloquent ['eləʊkwənt] *a* vältalig, bildl. äv. talande [*an ~ gesture*]
else [els] *adv* **1** annars; *or ~* för annars, eller också [*he must be joking, or ~ he is mad*]; *don't do that, or ~!* låt bli det där, annars så! **2** annan, mer, fler [t. ex. *anybody ~* (*~'s*)], annat, mer [t. ex. *anything ~*], andra [*everybody* (alla) *~*; *who* (vilka) *~?*], annars [*who* (vem) *~?*]; *everywhere ~* på alla andra ställen; *little ~* föga annat; *nowhere ~* ingen annanstans
elsewhere ['els'weə] *adv* någon annanstans, på annat (andra) håll
Elsie ['elsɪ]
Elsinore [ˌelsɪ'nɔ:] Helsingör
elucidate [ɪ'lu:sɪdeɪt] *tr* klargöra, belysa, illustrera, förklara
elucidation [ɪˌlu:sɪ'deɪʃən] *s* klargörande, belysning, illustration, förklaring
elude [ɪ'lu:d, -'lju:d] *tr* undkomma, undgå [*~ a danger*], väja undan för [*~ a blow*]; slingra sig undan (ifrån); gäcka, trotsa
elusive [ɪ'lu:sɪv, -'lju:-] *a* svårfångad, undanglidande, gäckande [*~ shadow*]; svårgripbar; obestämbar [*~ rhythm*]
elves [elvz] *s* pl. av *elf*
Elysian [ɪ'lɪzɪən] *a* elyseisk [*the ~ fields*]; himmelsk, paradisisk
'em [əm, m] *pers pron* fam. = *them*
emaciate [ɪ'meɪʃɪeɪt] *tr* utmärgla, göra avtärd
emaciation [ɪˌmeɪsɪ'eɪʃən] *s* utmärgling, avtärdhet
emanate ['eməneɪt] *itr, ~ from* emanera (härröra) från; ha sitt ursprung i
emanation [ˌemə'neɪʃən] *s* utflöde, utströmning, utgående
emancipate [ɪ'mænsɪpeɪt] *tr* frige [*~ the slaves*], frigöra, emancipera
emancipation [ɪˌmænsɪ'peɪʃən] *s* frigivning, frigörelse; emancipation
Emanuel [ɪ'mænjʊəl, e'm-]
emasculate [ɪ'mæskjʊleɪt] *tr* förvekliga, försvaga; urvattna
emasculation [ɪˌmæskjʊ'leɪʃən] *s* förvekligande, försvagande
embalm [ɪm'bɑ:m] *tr* **1** balsamera **2** bildl. hålla levande, bevara
embalmment [ɪm'bɑ:mmənt] *s* balsamering; bevarande
embankment [ɪm'bæŋkmənt] *s* **1** invallning **2** fördämning; [järnvägs]bank, vägbank, jordvall **3** i namn på gator längs Temsen i London [*the* [*Victoria*] *E~*]
embargo [em'bɑ:gəʊ] **I** (pl. *~es*) *s* embargo, på fartyg äv. kvarstad; handelsförbud; förbud, stopp, spärr **II** *tr* lägga embargo på, kvarstadsbelägga; införa förbud mot; beslagta
embark [ɪm'bɑ:k] **I** *tr* **1** inskeppa; ta ombord [*the ship ~ed passengers*] **2** engagera, inveckla ngn **II** *itr* **1** embarkera, gå ombord **2** *~ on* inlåta sig i (på) [*~ on speculations*]; ge sig in (ut) på; sätta i gång med
embarkation [ˌembɑ:'keɪʃən] *s* inskeppning
embarrass [ɪm'bærəs] *tr* **1** göra förlägen (generad); förvirra **2** hindra [*that ~ed our freedom of movement*], hämma, besvära
embarrassed [ɪm'bærəst] *pp* o. *a* **1** förlägen, generad [*at* över], besvärad [*feel ~*] **2** *~* [*by lack of money*] i penningknipa; *~* [*by debts*] skuldsatt

embarrassing [ɪm'bærəsɪŋ] *a* pinsam, penibel [*an ~ situation*], genant, besvärande [*an ~ silence*]
embarrassment [ɪm'bærəsmənt] *s* **1** förlägenhet **2** penningknipa **3** besvär, hinder
embassy ['embəsɪ] *s* ambassad, beskickning
embed [ɪm'bed] *tr* **1** bädda in; bildl. lagra [*~ded in o.'s memory*], inpränta **2** omsluta
embellish [ɪm'belɪʃ] *tr* **1** försköna, [ut]smycka **2** bildl. brodera ut [*~ a story*]
embellishment [ɪm'belɪʃmənt] *s* **1** försköande, utsmyckande; bildl. utbroderande **2** utsmyckning **3** mus. prydnadsnot
ember ['embə] *s* glödande kol; pl. *~s* äv. glöd
embezzle [ɪm'bezl] *tr* försnilla, förskingra
embezzlement [ɪm'bezlmənt] *s* försnillning, förskingring
embitter [ɪm'bɪtə] *tr* göra bitter; *~ a p.'s life* förbittra livet för ngn
embitterment [ɪm'bɪtəmənt] *s* bitterhet
emblazon [ɪm'bleɪzən] *tr* **1** herald. pryda [med heraldiska bilder] **2** [ut]smycka **3** förhärliga, lovprisa
emblem ['embləm] *s* emblem, sinnebild, symbol [*an ~ of peace*]
emblematic[al] [ˌemblə'mætɪk, -əl] *a* symbolisk [*of* för]; *be ~ of* symbolisera
embodiment [ɪm'bɒdɪmənt] *s* **1** förkroppsligande; konkr. inkarnation, personifikation **2** införlivande; inneslutning
embody [ɪm'bɒdɪ] *tr* **1** ge konkret form (uttryck) åt; vara ett uttryck för; förkroppsliga; *be embodied in* ta form i, få uttryck i **2** införliva; inbegripa, innesluta, innehålla [*~ many new features*] **3** ge kroppslig gestalt åt, konkretisera
embolden [ɪm'bəuldən] *tr* göra djärv, uppmuntra
embolism ['embəlɪzəm] *s* läk. emboli blodpropp
embonpoint [ˌɒmbɒm'pwɑːŋ] *s* (fr.) embonpoint, 'mage'
emboss [ɪm'bɒs] *tr* utföra i relief, prägla, ciselera; *~ed leather* läderplastik; *~ed map* reliefkarta
embrace [ɪm'breɪs] **I** *tr* **1** omfamna, krama **2** anta, ta emot [*~ an offer*]; gripa, begagna [*~ an opportunity*]; gå över till [*~ Christianity*], anamma; omfatta, hylla [*~ a principle*] **3** omfatta, innefatta; spänna över [*this book ~s the whole field*] **II** *itr* omfamna varandra, kramas **III** *s* omfamning, kram, famntag
embrocation [ˌembrəʊ'keɪʃən] *s* salva, liniment
embroider [ɪm'brɔɪdə] *tr* **1** brodera **2** bildl. brodera ut [*~ a story*]
embroidery [ɪm'brɔɪdərɪ] *s* **1** brodering; broderi **2** bildl. utbrodering
embroil [ɪm'brɔɪl] *tr* dra in [*~ a nation in a war*]; *~ o.s. in, become ~ed in* bli invecklad i, blanda sig i
embryo ['embrɪəʊ] *s* **1** embryo **2** bildl. frö; *in ~* i vardande, blivande [*a poet in ~*]
embryonic [ˌembrɪ'ɒnɪk] *a* embryonal, foster-
emend [ɪ'mend] *tr* emendera, korrigera text
emendation [ˌiːmen'deɪʃən] *s* emendation, korrigering av text
emerald ['emərəld] *s* smaragd; *the E~ Isle* den gröna ön Irland
emerge [ɪ'mɜːdʒ] *itr* **1** dyka upp, stiga upp; komma fram (ut), träda fram **2** uppstå [*a new situation has ~d*], dyka upp [*a new problem has ~d*]; framgå [*it ~d that . .*]
emergence [ɪ'mɜːdʒəns] *s* uppdykande, framträdande
emergency [ɪ'mɜːdʒənsɪ] *s* **1** nödläge, kris, kritiskt läge, kritisk situation; oförutsedd händelse; *against* (*for*) *an ~* för alla eventualiteter; *in an ~, in case of ~* i ett nödläge; vid trängande behov, i en kritisk situation; *proclaim a state of ~* proklamera undantagstillstånd **2** attr. reserv-; nöd- [*~ landing*], kris- [*~ meeting*]; tvångs- [*~ situation*]; *~ brake* nödbroms; *~ exit* (*door*) reservutgång; *~ fund* krisfond, kriskassa; *~ measures* krisåtgärder, nödfallsåtgärder, beredskapsåtgärder; *~ powers* ung. extraordinära befogenheter; *~ ward* olycksfallsavdelning på sjukhus
emergent [ɪ'mɜːdʒənt] *a* uppdykande; framträdande, frambrytande [*~ rays*]; som är under utveckling, nybliven [*the ~ countries of Africa*]
emeritus [ɪ'merɪtəs] *a* emeritus
Emerson ['eməsn]
emery ['emərɪ] *s* smärgel
emery-board ['emərɪbɔːd] *s* sandpappersfil slags nagelfil
emery-cloth ['emərɪklɒθ] *s* smärgelduk
emery-paper ['emərɪˌpeɪpə] *s* smärgelpapper
emetic [ɪ'metɪk] *s* läk. kräkmedel
emigrant ['emɪgrənt] **I** *s* utvandrare, emigrant **II** *a* emigrant-, utvandrar-; utvandrande
emigrate ['emɪgreɪt] *itr* utvandra, emigrera
emigration [ˌemɪ'greɪʃən] *s* emigration, utvandring
émigré ['emɪgreɪ] *s* [politisk] emigrant
Emily ['eməlɪ]
eminence ['emɪnəns] *s* **1** högt anseende, berömmelse [*win ~ as a scientist*] **2** höjd, kulle **3** *His* (*Your*) *E~* Hans (Ers) Eminens
eminent ['emɪnənt] *a* **1** framstående, ansedd, hög; utomordentligt skicklig, eminent **2** utomordentlig [*~ services*], ena-

stående [~ *success*], utmärkt
eminently ['emɪnəntlɪ] *adv* i högsta grad [~ *qualified*], synnerligen
emir [e'mɪə] *s* emir
emissary ['emɪsərɪ] *s* emissarie, [hemligt] sändebud
emission [ɪ'mɪʃən] *s* **1** utsändande; utstrålning [~ *of light*], utveckling [~ *of heat*], utströmning **2** emission [~ *of shares*]
emit [ɪ'mɪt] *tr* **1** sända ut, stråla ut, avge [~ *heat*], sprida [~ *light*], ge ifrån sig [~ *an odour*] **2** utstöta [~ *a cry*], ge ifrån sig [~ *a sound*] **3** emittera, ge ut [~ *shares*]
Emma ['emə]
Emment[h]al ['eməntɑːl] *s* emment[h]aler[ost]
Emmy ['emɪ] **I** egennamn **II** *s* Emmy TV--utmärkelse i USA
emolument [ɪ'mɒljumənt] *s* [extra] löneförmån [*salary £2,000 with no ~s*], [bi]inkomst; arvode
emotion [ɪ'məuʃən] *s* **1** [sinnes]rörelse **2** [stark] känsla [~ *of joy* (*hatred*)], [känslo]stämning
emotional [ɪ'məuʃənl] *a* **1** känslo- [~ *life*], känslomässig, känslobetonad, emotionell **2** lättrörd, känslosam, känslofull
emotive [ɪ'məutɪv] *a* känslobetonad, känslomässig, känsloladdad
emperor ['empərə] *s* kejsare
emphas|is ['emfəs|ɪs] (pl. *-es* [-iːz]) *s* eftertryck, emfas; tonvikt, betoning; *put* (*lay*) ~ *on, give* ~ *to* lägga tonvikt[en] (huvudvikten) på, betona; ge eftertryck åt
emphasize ['emfəsaɪz] *tr* [med eftertryck] betona, framhäva, poängtera, lägga tonvikt[en] på, ge eftertryck åt
emphatic [ɪm'fætɪk] *a* **1** eftertrycklig, kraftig, bestämd, emfatisk; *be* ~ *about* trycka på, betona **2** starkt betonad [*an* ~ *word*]
emphatically [ɪm'fætɪkəlɪ] *adv* eftertryckligt, med eftertryck, emfatiskt
empire ['empaɪə] *s* **1** a) kejsardöme, kejsarrike, rike [*the Roman* ~] b) imperium, välde **2** *E~* attr. empir[e]-; *E~ style* empir[e]
empirical [em'pɪrɪkəl] *a* empirisk
empiricism [em'pɪrɪsɪzəm] *s* empiri[sm]
emplane [ɪm'pleɪn] **I** *itr* gå ombord [på planet] **II** *tr* ta (föra) ombord [på planet]
employ [ɪm'plɔɪ] **I** *tr* **1** sysselsätta, ge arbete åt, ha anställd, ha i sin tjänst; anställa, anlita; *be ~ed by* vara anställd hos **2** använda; *his time is ~ed in . .* hans tid är upptagen med [att] . . **II** *s, in a p.'s* ~ i ngns tjänst, anställd hos ngn; *take a p. into o.'s* ~ anställa ngn, ta ngn i sin tjänst
employee [ˌemplɔɪ'iː] *s* arbetstagare, anställd
employer [ɪm'plɔɪə] *s* arbetsgivare
employment [ɪm'plɔɪmənt] *s* **1** sysselsättning, arbete, anställning, tjänst, plats; ~ *agency* (*bureau*) arbetsförmedling[sbyrå]; ~ *office* [statlig] arbetsförmedling[sbyrå] **2** användning
emporium [em'pɔːrɪəm] *s* **1** handelscentrum; marknad **2** stort varuhus
empower [ɪm'pauə] *tr* **1** bemyndiga, befullmäktiga **2** sätta i stånd
empress ['emprɪs] *s* kejsarinna
empty ['emptɪ] **I** *a* **1** tom äv. bildl.; *on an* ~ *stomach* på fastande mage; ~ *vessels make the greatest noise* (*sound*) tomma tunnor skramlar mest **2** enfaldig **II** *s* tomfat, tomflaska, tomglas **III** *tr* tömma; lasta av [~ *a lorry*]; evakuera [~ *a city*]; hälla, slå [~ *the water into* (i) *the bucket*]; tömma (hälla, slå) ut [~ [*out*] *the contents*]; ~ *of* tömma på, beröva [~ *a phrase of all meaning*] **IV** *itr* **1** om flod falla ut [*into* i] **2** tömmas, bli tom
empty-handed ['emptɪ'hændɪd] *a* tomhänt
empty-headed ['emptɪ'hedɪd] *a* tom i huvudet, korkad
emu ['iːmjuː] *s* zool. emu, australisk struts
emulate ['emjuleɪt] *tr* tävla med, söka efterlikna (överträffa)
emulation [ˌemju'leɪʃən] *s* tävlan; efterliknande, efterbildande
emulous ['emjuləs] *a* **1** ~ *of* angelägen om att överträffa **2** rivaliserande [~ *admirers*]
emulsifier [ɪ'mʌlsɪfaɪə] *s* emulgeringsmedel
emulsify [ɪ'mʌlsɪfaɪ] *tr* emulgera
emulsion [ɪ'mʌlʃən] *s* emulsion
enable [ɪ'neɪbl] *tr,* ~ *a p. to* sätta ngn i stånd att, göra det möjligt för ngn att; *so as to* ~ *us to . .* så att vi kan . .
enabling [ɪ'neɪblɪŋ] *a,* ~ *act* fullmaktslag
enact [ɪ'nækt] *tr* **1** anta [~ *a new tax law*]; stadga, föreskriva **2** teat. spela [~ *a role*] **3** utspela [*the murder was ~ed in . .*]
enactment [ɪ'næktmənt] *s* **1** antagande [*the* ~ *of a bill*] **2** lag, stadgande, förordning
enamel [ɪ'næməl] **I** *s* **1** emalj **2** konst. emalj[arbete], emaljmålning **3** lackfärg [äv. ~ *paint*]; [färgat] nagellack **II** *tr* **1** emaljera; glasera lerkärl **2** måla med lackfärg; lackera
enamoured [ɪ'næməd] *a* förälskad, betagen [*of* i]
encamp [ɪn'kæmp] **I** *tr* förlägga i läger **II** *itr* ligga i läger; slå läger
encampment [ɪn'kæmpmənt] *s* **1** lägerplats; läger **2** förläggande i läger
encase [ɪn'keɪs] *tr* **1** innesluta, lägga in, packa in **2** omge, omsluta
encephalitis [ˌensefə'laɪtɪs] *s* läk. encefalit, hjärninflammation

enchain [ɪn'tʃeɪn] *tr* fjättra; fängsla
enchant [ɪn'tʃɑːnt] *tr* **1** förhäxa; förtrolla **2** tjusa, hänföra
enchanter [ɪn'tʃɑːntə] *s* trollkarl
enchanting [ɪn'tʃɑːntɪŋ] *a* bedårande, förtjusande, förtrollande
enchantment [ɪn'tʃɑːntmənt] *s* **1** förtrollning, förhäxning **2** trollkraft, tjuskraft, förtrollning **3** förtjusning
enchantress [ɪn'tʃɑːntrəs] *s* trollkvinna; tjuserska
encircle [ɪn'sɜːkl] *tr* omge, innesluta, omsluta; omringa [*~d by enemy forces*], inringa
encirclement [ɪn'sɜːklmənt] *s* inringning
enclave ['enkleɪv] *s* enklav
enclose [ɪn'kləʊz] *tr* **1** inhägna, omgärda **2** i brev o. d. bifoga, bilägga; *~d please find* härmed bifogas; [*a price-list*] *is ~d* äv. . . medföljer **3** stänga in [*~ an army*] **4** omge, innesluta [på alla sidor], omsluta
enclosure [ɪn'kləʊʒə] *s* **1** bilaga till brev **2** inhägnad, inhägnat område
encomium [en'kəʊmjəm] *s* lovtal
encompass [ɪn'kʌmpəs] *tr* **1** omge, omringa, omsluta **2** omfatta, omspänna
encore [ɒŋ'kɔː] **I** *interj* dakapo!, om igen! **II** *tr* begära dakapo av [*the audience ~d the song*]; ropa dakapo åt **III** *s* **1** extranummer [*give* (*sing*) *an ~*], dakapo[nummer] **2** dakapo[rop], inropning
encounter [ɪn'kaʊntə] **I** *tr* möta, råka, träffa [på]; stöta på [*~ problems*], råka på, råka ut för [*~ difficulties*] **II** *s* **1** möte, sammanträffande; sammanstötning **2** *~ group* psykol. encountergrupp, sensi[tivitets]träningsgrupp
encourage [ɪn'kʌrɪdʒ] *tr* uppmuntra; gynna [*~ commerce*], [under]stödja, befrämja
encouragement [ɪn'kʌrɪdʒmənt] *s* uppmuntran [*to* till]; främjande, understöd
encouraging [ɪn'kʌrɪdʒɪŋ] *a* uppmuntrande, hoppingivande
encroach [ɪn'krəʊtʃ] *itr* inkräkta, göra intrång [[*up*]*on* på]
encroachment [ɪn'krəʊtʃmənt] *s* intrång, inkräktande, övergrepp [[*up*]*on* på, i]
encrust [ɪn'krʌst] *tr* **1** bilda en skorpa på **2** täcka, [be]kläda; *~ed with precious stones* inlagd med ädelstenar
encumber [ɪn'kʌmbə] *tr* **1** tynga [ner], betunga, belasta; besvära, hindra **2** belasta [*an estate ~ed with mortgages* (inteckningar)], jur. gravera; inteckna, skuldsätta [*an ~ed estate*]; *~ed with debts* skuldsatt **3** belamra [*a room ~ed with furniture*]
encumbrance [ɪn'kʌmbrəns] *s* **1** börda; påhäng, hinder, belastning **2** jur. gravation, servitut
encyclop[a]edia [en,saɪkləʊ'piːdjə] *s* encyklopedi, konversationslexikon, uppslagsbok; *a walking ~* ett levande lexikon
encyclop[a]edic [en,saɪkləʊ'piːdɪk] *a* encyklopedisk
end [end] **I** *s* **1** slut; avslutning; ände, ända; *he's the ~!* fam. han är botten!; [*you won't get it*] *and that's the ~ of it* . . och därmed basta!; *that's the ~ of him* hans saga är all; *that's not the ~ of the world* det är inte hela världen (ingen katastrof); **change** *~s* byta sida i bollspel; **keep** *o.'s ~ up* fam. hålla stånd, stå på sig; **make** [*both*] *~s meet* få det att gå ihop; **put** *an ~ to* sätta stopp för; *I liked the book* **no** *~* fam. jag tyckte väldigt mycket om boken; *he has no ~ of* [*money*] fam. han har massor med . .; *he is no ~ of a fellow* fam. han är alla tiders kille; *no ~ of trouble* fam. en förfärlig massa besvär; *there is* (*are*) *no ~ of* . . fam. det finns massor med . .; *be* **at** *an ~* vara slut; vara förbi (ute) [*all hope is at an ~*]; *at the ~* vid (i, på) slutet; till sist, till slut; [*how's the weather*] *at your ~?* i telefon . . hos er?; *I am at the ~ of* [*my patience*] det är slut med . .; jfr *finger, loose, tether, wit*; **in** *the ~* till slut, till sist; i längden; när allt kom[mer] omkring; **on** *~* a) på ända, på högkant b) i sträck [*two hours on ~*], i ett kör; [*it rained*] *for days on ~* . . dagar i ända; *his hair stood on ~* håret reste sig på hans huvud; **to** *the very ~* ända till slutet; *bring to an ~* avsluta, sluta, få (göra) slut på; *come to an ~* ta slut **2** [sista] bit, stump; ända av garn o. d. **3** mål [*with this ~ in view*], ändamål, syfte; *an ~ in itself* ett självändamål; *the ~ justifies the means* ändamålet helgar medlen **II** *tr* sluta, avsluta; göra slut på [*~ the dispute*] **III** *itr* sluta, upphöra, ta slut [*the road ~s here*], avslutas, avlöpa [*the affair ~ed* [*up*] *happily*]; *all's well that ~s well* slutet gott, allting gott; *~* [*up*] *by doing a th.* till sist göra ngt; *~ up in* sluta (hamna) i [*he ~ed up in jail*]
end-all ['endɔːl] *s* se *be-all*
endanger [ɪn'deɪndʒə] *tr* utsätta för fara, äventyra [*~ o.'s chances of success*], blottställa; *~ o.'s life* riskera livet
endear [ɪn'dɪə] *tr* göra avhållen (omtyckt); *he ~ed himself to them* han vann deras tillgivenhet
endearing [ɪn'dɪərɪŋ] *a* vinnande [*an ~ smile*], älskvärd
endearment [ɪn'dɪəmənt] *s* ömhetsbetygelse; *term of ~* smeksamt uttryck, smekord
endeavour [ɪn'devə] **I** *itr* sträva [*to* efter att], bemöda sig [*to* [om] att], försöka **II** *s* strävan, bemödande, försök [*to do*]
endemic [en'demɪk] **I** *a* endemisk, inhemsk **II** *s* endemi, endemisk sjukdom
end-game ['endgeɪm] *s* slutspel isht i schack

ending ['endɪŋ] *s* **1** slut, avslutning; *happy* ~ lyckligt slut **2** gram. ändelse
endive ['endɪv] *s* **1** chicorée frisée, frisésallad; Am. endiv **2** Am. cikoria[rot]
endless ['endləs] *a* ändlös, oändlig
end-on ['end'ɒn] *a*, ~ *collision* kollision stäv mot stäv
endorse [ɪn'dɔ:s] *tr* **1** skriva sitt namn på baksidan av, endossera [~ *a cheque*] **2** *his driving licence was* ~*d* han fick en anteckning om trafikförseelse i körkortet (en prickning) **3** bildl. stöda [~ *a plan*], bekräfta, intyga, rekommendera, godkänna
endorsement [ɪn'dɔ:smənt] *s* **1** endossering; påskrift; endossement **2** anteckning i körkort om trafikförseelse, prickning **3** bildl. stöd, bekräftelse
endow [ɪn'daʊ] *tr* **1** donera pengar (driftskapital) till **2** bildl. begåva, utrusta
endowment [ɪn'daʊmənt] *s* **1** donerande **2** donation, donationsmedel, gåvofond **3** ~ *insurance* kapitalförsäkring **4** begåvning; pl. ~*s* anlag, [natur]gåvor
endue [ɪn'dju:] *tr* litt. utrusta, förse
endurance [ɪn'djʊərəns] *s* **1** uthållighet **2** uthärdande; *it is beyond* (*past*) ~ det är outhärdligt
endure [ɪn'djʊə] **I** *tr* uthärda [~ *pain*], [få] utstå [~ *hardships*], lida [~ *a loss*], stå emot slitning o. d.; stå ut med, tåla **II** *itr* **1** räcka, vara; stå sig, leva [vidare], bestå [*his work will* ~] **2** hålla ut **3** vara hållbar, hålla
enduring [ɪn'djʊərɪŋ] *a* varaktig [*an* ~ *peace*], bestående [~ *value*]
E.N.E. förk. för *east-north-east* ostnordost
enema ['enɪmə] *s* läk. lavemang
enemy ['enəmɪ] **I** *s* fiende äv. bildl.; *make an* ~ *of* bli ovän med, få en ovän (fiende) i **II** attr. *a* fiendens, fientlig [~ *aircraft*]
energetic [ˌenə'dʒetɪk] *a* energisk, kraftfull [*an* ~ *leader*]; ~ *measures* kraftåtgärder
energy ['enədʒɪ] *s* energi äv. fys., kraft
enervate ['enɜ:veɪt] *tr* försvaga, förslappa
enervation [ˌenɜ:'veɪʃən] *s* förslappning, kraftlöshet
enfant terrible [ɑ̃:*n*'fɑ̃:te'ri:blə] *s* (fr.) enfant terrible; *an* ~ ibl. äv. gossen Ruda
enfeeble [ɪn'fi:bl] *tr* försvaga, göra kraftlös
enfeeblement [ɪn'fi:blmənt] *s* försvagande; kraftlöshet
enfold [ɪn'fəʊld] *tr* svepa om (in), omsluta
enforce [ɪn'fɔ:s] *tr* **1** upprätthålla (vidmakthålla) respekten för [~ *law and order*], hävda; driva igenom [~ *o.'s principles*]; ~ *a debt* driva in en skuld **2** tvinga fram; tilltvinga sig; tvinga [~ *a p. to pay*]
enforced [ɪn'fɔ:st] *a* framtvingad, påtvingad [~ *idleness*]; avtvingad
enforcement [ɪn'fɔ:smənt] *s* **1** upprätthållande [~ *of law and order*], genomdrivande, hävdande [~ *of a claim*]; indrivande **2** framtvingande
enfranchise [ɪn'fræn*t*ʃaɪz] *tr* **1** ge rösträtt **2** frige [~ *a slave*]
enfranchisement [ɪn'fræn*t*ʃɪzmənt] *s* **1** förlänande av rösträtt; *the* ~ *of women* införandet av kvinnlig rösträtt **2** frigivande
Eng. förk. för *England, English*
eng. förk. för *engineer, engineering*
engage [ɪn'geɪdʒ] **I** *tr* (jfr *engaged*) **1** anställa [~ *a servant,* ~ *a clerk*], engagera, anlita; beställa, reservera [~ *seats*], tinga **2** i pass., *be* ~*d* förlova sig **3** sysselsätta [*the puzzle* ~*d him all day*] **4** uppta [*work* ~*s much of his time*], ta i anspråk, lägga beslag på **5** mil. sätta in [i strid]; ta upp kampen med, anfalla **6** tekn. koppla ihop (in) kugghjul; ~ *the clutch* släppa upp koppling[spedal]en; ~ [*the*] *first gear* lägga i ettan[s växel] **II** *itr* **1** åta sig [*he* ~*d to provide the capital*] **2** ~ *in* engagera sig i [*he* ~*s in politics*], ägna sig åt [*he* ~*s in business*]; ~ *in conversation with* inleda samtal med **3** ~ *with* inlåta sig i strid med (mot) **4** tekn. (om kugghjul o. d.) gripa in i varandra
engaged [ɪn'geɪdʒd] *a* **1** förlovad; *the* ~ *couple* de förlovade; *be* ~ a) vara förlovad b) [äv. *become* ~] förlova sig **2** upptagen [*he is* ~ *at the moment*]; bortbjuden; engagerad, djupt inbegripen [~ *in conversation*]; sysselsatt [*in, with, on* med]; anställd; ~ på t. ex. toalettdörr upptaget; ~ *tone* telef. upptagetton; *be* ~ *in* delta i; *be* ~ *in* (*with, on*) hålla på med
engagement [ɪn'geɪdʒmənt] *s* **1** förbindelse, förpliktelse, åtagande, engagemang; avtal, överenskommelse; [avtalat] möte; *sorry, I've got a previous* ~ tyvärr är jag redan upptagen **2** förlovning [*to* med] **3** anställning [~ *as secretary*], engagemang [*a lucrative* ~] **4** mil. sammanstötning, drabbning
engaging [ɪn'geɪdʒɪŋ] *a* vinnande, intagande [*an* ~ *smile*]
engender [ɪn'dʒendə] *tr* föda [*hatred* ~*s violence*], framkalla [~ *fear*], avla, alstra
engine ['en*d*ʒɪn] *s* **1** motor [*motor-car* ~]; maskin; *aircraft* ~ flygmotor; ~ *compartment* i bil motorrum; ~ *controls* flyg. motorreglage **2** lok[omotiv]; ~ *shed* lok[omotiv]stall
engine-driver ['en*d*ʒɪnˌdraɪvə] *s* lok[omotiv]förare
engineer [ˌen*d*ʒɪ'nɪə] **I** *s* **1** ingenjör; tekniker; mekaniker; *mining* ~ bergsingenjör; *naval* ~ mariningenjör **2** a) sjö. maskinist b) Am. lok[omotiv]förare **3** mil. ingenjör[s]soldat; pl. ~*s* ingenjör[s]trupper [*The Royal Engineers*] **4** anstiftare, upphovsman **II** *tr* **1** som ingenjör vara med om att bygga (anlägga) **2** fam. genomföra [~ *a scheme*],

anstifta [~ *a plot*], ordna till med
engineering [ˌendʒɪˈnɪərɪŋ] *s* **1** ingenjörsvetenskap, ingenjörskonst; teknik; maskinindustri, verkstadsindustri; maskinteknik, maskinkonstruktion; *Bachelor of E~* ung. teknologie kandidat; *Master of E~* ung. civilingenjör **2** fam. intriger, knep
engine-fitter [ˈendʒɪnˌfɪtə] *s* maskinuppsättare, montör
engine-room [ˈendʒɪnrum] *s* maskinrum
England [ˈɪŋglənd, -ŋl-]
English [ˈɪŋglɪʃ] **I** *a* engelsk **II** *s* **1** engelska [språket]; *the King's* (*Queen's*) ~ ung. riktig (korrekt) engelska; *Old* ~ fornengelska före omkr. 1100; *Middle* ~ medelengelska omkr. 1100-1500; *in plain* ~ rent ut [sagt] **2** *the* ~ engelsmännen
English|man [ˈɪŋglɪʃ|mən] (pl. *-men* [-mən]) *s* engelsman
English|woman [ˈɪŋglɪʃ|ˌwumən] (pl. *-women* [-ˌwɪmɪn]) *s* engelska
engraft [ɪnˈgrɑːft] *tr* ympa [in] [*into, on* på], bildl. äv. inprägla
engrave [ɪnˈgreɪv] *tr* **1** rista in, [in]gravera **2** bildl. inprägla; *his words are ~d on my mind* (*memory*) hans ord står outplånligt inristade i mitt minne
engraver [ɪnˈgreɪvə] *s* gravör
engraving [ɪnˈgreɪvɪŋ] *s* **1** [in]gravering **2** gravyr, stick
engross [ɪnˈgrəus] *tr* **1** uppta [*the work ~ed him*], lägga beslag på; *be ~ed in* vara helt upptagen av; *~ing* adj. fängslande [*an ~ing novel*] **2** pränta, texta
engulf [ɪnˈgʌlf] *tr* [upp]sluka [*a boat ~ed in* (av) *the sea*]
enhance [ɪnˈhɑːns] *tr* höja, öka [~ *the value of a th.*], förhöja [*the light ~d her beauty*]
Enid [ˈiːnɪd]
enigma [ɪˈnɪgmə] *s* gåta; mysterium
enigmatic [ˌenɪgˈmætɪk] *a* gåtfull, dunkel
enjoin [ɪnˈdʒɔɪn] *tr* ålägga [*a p. to do a th.*], föreskriva [*the doctor ~ed a strict diet*], [på]bjuda [~ *silence*]
enjoy [ɪnˈdʒɔɪ] *tr* **1** njuta av, tycka om; finna nöje i; ha roligt på [*did you ~ the party?*]; *I am ~ing it here* jag trivs här; *he ~ed it very much* han tyckte det var mycket roligt (trevligt) **2** åtnjuta, ha [~ *a good income*], äga **3** ~ *o.s.* ha trevligt (roligt), roa sig; ~ *yourself!* ha det så trevligt!
enjoyable [ɪnˈdʒɔɪəbl] *a* njutbar, trevlig, underhållande [*a very ~ film*], angenäm
enjoyment [ɪnˈdʒɔɪmənt] *s* **1** njutning; nöje, glädje; *derive ~ from, take ~ in* finna nöje (glädje) i **2** åtnjutande, besittning
enkindle [ɪnˈkɪndl] *tr* upptända; egga
enlarge [ɪnˈlɑːdʒ] **I** *tr* förstora, förstora upp [~ *a photo*], [ut]vidga [~ *a hole*], utöka; bygga ut, bygga till [~ *o.'s house*]; vidga **II** *itr* **1** förstoras, utvidga sig, vidgas **2** ~ [*up*]*on* breda ut sig över [~ [*up*]*on a subject*]
enlarged [ɪnˈlɑːdʒd] *a* förstorad, utvidgad, utökad; *greatly* ~ starkt förstorad
enlargement [ɪnˈlɑːdʒmənt] *s* förstorande, förstoring [*an ~ from a negative*], utvidgning, ökning, tillväxt
enlarger [ɪnˈlɑːdʒə] *s* fotogr. förstoringsapparat
enlighten [ɪnˈlaɪtn] *tr* upplysa, ge upplysningar [~ *a p. on a subject*]; ge information
enlightened [ɪnˈlaɪtnd] *a* upplyst [*an ~ despot*]
enlightenment [ɪnˈlaɪtnmənt] *s* upplysning; *the Age of E~* upplysningstiden
enlist [ɪnˈlɪst] **I** *tr* **1** mil. värva [~ *recruits*] **2** bildl. söka få [~ *a p.'s help*], ta i anspråk, vinna **II** *itr* **1** mil. ta värvning **2** bildl., ~ *in a cause* ivrigt kämpa (engagera sig) för en sak
enlistment [ɪnˈlɪstmənt] *s* mil. värvning; inskrivning
enliven [ɪnˈlaɪvn] *tr* liva [upp], ge liv åt, pigga upp [*he ~ed the party*]
en masse [ɑ̃ːŋˈmæs] *adv* (fr.) en masse; som helhet
enmesh [ɪnˈmeʃ] *tr* snärja in; fånga
enmity [ˈenmətɪ] *s* fiendskap, ovänskap
ennoble [ɪˈnəubl] *tr* adla; bildl. äv. förädla
enormity [ɪˈnɔːmətɪ] *s*, *the ~ of* det oerhörda (avskyvärda) i [*the ~ of the crime*]
enormous [ɪˈnɔːməs] *a* enorm, oerhörd, jättestor, ofantlig, väldig [~ *profits*]
enough [ɪˈnʌf] *a* o. *s* o. *adv* **1** nog, tillräckligt; *just* ~ alldeles lagom [med]; ~ *is as good as a feast* lagom är bäst; *that's ~!* nu räcker det verkligen!, nu får det vara nog!; *be* ~ vara nog (tillräcklig, lagom); *it's ~ to drive one mad* det är så man kan bli galen; *it isn't good ~* det är inte bra nog, det duger inte; *will you be kind ~ to . .* vill du vara vänlig och . . **2** ganska, nog så [*a good ~ man in his way*]; *oddly* ~ egendomligt nog
enquire [ɪnˈkwaɪə] *itr* o. *tr* se *inquire*
enquiry [ɪnˈkwaɪərɪ] *s* se *inquiry*
enrage [ɪnˈreɪdʒ] *tr* göra rasande (ursinnig)
enraged [ɪnˈreɪdʒd, en-] *a* rasande, ursinnig, förbittrad
enrapture [ɪnˈræptʃə] *tr* hänföra, hänrycka
enrich [ɪnˈrɪtʃ] *tr* **1** göra rik; berika **2** anrika
enrichment [ɪnˈrɪtʃmənt] *s* **1** berikande **2** anrikning
enrobe [ɪnˈrəub] *tr* klä[da] [*in, with* i]
enrol[l] [ɪnˈrəul] **I** *tr* isht mil. enrollera, sjö. mönstra på; värva; föra in (upp), skriva in; ta emot (in) [*the university has enrolled 20,000 students*], ta upp [~ *a p. in* (~ *a p. as a member of*) *a society*] **II** *itr* [låta] enrollera sig; skriva in sig

enrolment [ɪn'rəʊlmənt] *s* enrollering; påmönstring; inskrivning; inregistrering
en route [ɑ̃:*n*'ru:t, ɒn'r-] *adv* o. *a* (fr.) på väg
ensconce [ɪn'skɒns] *tr,* ~ *o.s.* förskansa sig; slå sig ner [*the cat* ~*d itself in the armchair*]
ensemble [ɑ̃:*n*'sɑ̃:*m*bl] *s* **1** helhetsintryck **2** om kläder ensemble **3** mus. ensemble
enshrine [ɪn'ʃraɪn] *tr* lägga [ned] en relik e. d. i ett skrin, gömma såsom en relik; innesluta, omsluta
enshroud [ɪn'ʃraʊd] *tr* svepa in
ensign ['ensaɪn; i bet. *4* 'ensn] *s* **1** [national]-flagga; fana; baner, standar; vimpel **2** tecken; märke; symbol [*an* ~ *of authority*] **3** hist. fanbärare; fänrik **4** Am. sjö. fänrik
ensilage ['ensɪlɪdʒ] *s* jordbr. ensilage; ensilering
enslave [ɪn'sleɪv] *tr* förslava ofta bildl.; underkuva
enslavement [ɪn'sleɪvmənt] *s* förslavning; slaveri
ensnare [ɪn'sneə] *tr* fånga [med snara], snara [~ *birds*]; snärja; förleda
ensue [ɪn'sju:] *itr* **1** följa [därpå]; inträda; *ensuing* [på]följande; *the ensuing ages* eftervärlden; *the ensuing war* det krig som följde **2** bli följden; uppstå
ensure [ɪn'ʃʊə] *tr* **1** tillförsäkra, garantera; säkerställa, säkra, trygga [~ *peace*]; ~ *that . .* se till att . . **2** garantera, [an]svara för, försäkra **3** skydda [~ *o.s. against loss*]
entail [ɪn'teɪl] **I** *tr* **1** medföra, föra (dra) med sig, vara förenad med **2** ~ *a th. on a p.* pålägga ngn ngt **3** förvandla till fideikommiss; ~*ed estate* fideikommiss **II** *s* [upprättande av] fideikommiss
entangle [ɪn'tæŋgl] *tr* **1** trassla (snärja) in [*the cow* ~*d its horns in the branches*] **2** trassla ihop **3** krångla (trassla) till [~ *the question*] **4** *get* ~*d in* bli invecklad i [*he got* ~*d in a lawsuit* (process)]
entanglement [ɪn'tæŋglmənt] *s* **1** intrasslande; tilltrasslande **2** trassel, härva; komplikation, förveckling **3** hinder; snara; *barbed-wire* ~*s* taggtrådshinder
enter ['entə] **I** *itr* **1** gå in, komma in, träda in, stiga in (på) **2** anmäla sig, ställa upp [*two days before the race he decided not to* ~] **3** ~ **into**: **a**) gå (tränga) in i [*we* ~*ed into the forest*] **b**) ge sig in i (på), inlåta sig i (på) [~ *into a discussion*], ta upp [~ *into business relations*], påbörja [~ *into negotiations*], öppna, inleda [~ *into a correspondence with a p.*] **c**) gå in på (i) [~ *into details*] **d**) ingå i [*this did not* ~ *into our plans*] **4** ~ [**up**]**on**: **a**) slå in på [~ [*up*]*on a new career* (bana)]; ~ [*up*]*on o.'s duties* tillträda tjänsten **b**) inlåta sig i (på) [~ [*up*]*on an undertaking*], gå (komma) in på [~ [*up*]*on a discussion*]; påbörja, börja [~ [*up*]*on negotiations*] **c**) ingå, träffa [~ [*up*]*on an agreement*] **II** *tr* **1** gå in i, komma in i, träda in i [~ *a house*], stiga in i [~ *a room*]; mil. tåga (rycka) in i [~ *a town*]; fara (resa) in i; köra in i [*the train* ~*ed a tunnel*]; tränga in i [*the bullet* ~*ed the flesh*]; stiga upp i (på), stiga på [~ *a bus;* ~ *a train*]; gå in vid [~ *the army*], skriva in sig i, bli medlem av [~ *a club*]; *it never* ~*ed my head* (*mind*) det föll mig aldrig in; ~ *the legal profession* slå in på juristbanan **2** anteckna, notera, skriva upp (in) [~ *a name on a list*]; bokföra **3** inge, lägga in, avge [~ *a protest*]; anmäla [~ *a horse for* (till) *a race*]; ~ *o.s.* (*o.'s name*) *for* anmäla sig till
enteric [en'terɪk] *a* o. *s* inälvs-, tarm-; ~ [*fever*] tyfus
enteritis [ˌentə'raɪtɪs] *s* enterit, tarmkatarr
enterprise ['entəpraɪz] *s* **1** företag, vågstycke **2** [affärs]företag **3** företagsamhet [*private* ~]
enterprising ['entəpraɪzɪŋ] *a* företagsam, initiativrik
entertain [ˌentə'teɪn] **I** *tr* **1** bjuda [*with* på]; ~ *some friends to dinner* ha några vänner [hemma] på middag **2** underhålla; *keep a p.* ~*ed* roa ngn **3** överväga, reflektera på [~ *a proposal*] **4** hysa [~ *hopes*]; umgås med [*he never* ~*ed such ideas* (tankar)] **II** *itr* ha främmande, ha bjudningar
entertainer [ˌentə'teɪnə] *s* entertainer, underhållare
entertaining [ˌentə'teɪnɪŋ] *a* underhållande, roande, rolig
entertainment [ˌentə'teɪnmənt] *s* **1** a) förplägnad, traktering b) representation; ~ *allowance* representationstillägg **2** underhållning, nöje; offentlig [nöjes]tillställning; ~ *tax* nöjesskatt **3** övervägande [*the* ~ *of the proposal*]; hysande av planer, tankar etc.
enthral[l] [ɪn'θrɔ:l] *tr* hålla trollbunden [~ *o.'s audience*], trollbinda, fängsla
enthralling [ɪn'θrɔ:lɪŋ] *a* fängslande, betagande
enthrone [ɪn'θrəʊn] *tr* **1** upphöja på tronen; installera biskop **2** bildl., *be* ~*d* inta främsta platsen [*the ruler was* ~*d in the hearts of his people*]
enthronement [ɪn'θrəʊnmənt] *s* **1** upphöjande på tronen **2** biskopsinstallation
enthuse [ɪn'θju:z] fam. **I** *itr* bli entusiastisk **II** *tr* entusiasmera
enthusiasm [ɪn'θju:zɪæzəm] *s* entusiasm, hänförelse
enthusiast [ɪn'θju:zɪæst] *s* entusiast, fantast
enthusiastic [ɪnˌθju:zɪ'æstɪk] *a* entusiastisk, hänförd
entice [ɪn'taɪs] *tr* locka, förleda, lura

enticement [ɪn'taɪsmənt] *s* lockelse, frestelse; lockmedel

entire [ɪn'taɪə] *a* **1** hel, fullständig, fullkomlig, komplett, absolut; total, odelad [*he enjoys our ~ confidence*], i sin helhet [*reprint the article ~*] **2** hel, intakt

entirely [ɪn'taɪəlɪ] *adv* helt [och hållet], fullständigt, fullkomligt, komplett; enbart

entirety [ɪn'taɪərətɪ] *s* helhet [*in its ~*]; fullständighet

entitle [ɪn'taɪtl] *tr* **1** betitla, benämna; *a book ~d . .* en bok med titeln . . **2** berättiga; *be ~d to* vara berättigad till (att)

entity ['entətɪ] *s* **1** enhet **2** väsen

entomology [ˌentəʊ'mɒlədʒɪ] *s* entomologi

entourage [ˌɒntʊ'rɑːʒ] *s* (fr.) **1** omgivning[ar], miljö **2** följe, svit; omgivning

entrails ['entreɪlz] *s pl* inälvor, innanmäte

1 entrance ['entrəns] *s* **1** ingång [*the ~ to the house*], entré [*the main ~*]; uppgång; infart[sväg]; sjö. inlopp [*the ~ to the harbour*]; [flod]mynning; början; *separate* (*private*) *~* egen ingång **2** inträde, inträdande; entré, inträde på scenen; intåg, inmarsch [*the ~ of the army into the city*]; sjö. inlöpande **3** inträde, tillträde [*~ into a club*]; *~ examination* inträdesprov

2 entrance [ɪn'trɑːns] *tr* hänföra, hänrycka

entrance-fee ['entrənsfiː] *s* **1** inträdes-, entré|avgift **2** anmälningsavgift; inskrivningsavgift

entrance-hall ['entrənshɔːl] *s* hall, entré

entrant ['entrənt] *s* [anmäld] deltagare [*the ~s for the race*], tävlande; aspirant

entrap [ɪn'træp] *tr* **1** fånga [i en fälla] [*~ a lion*]; snärja **2** förleda, lura

entreat [ɪn'triːt] *tr* bönfalla, enträget be

entreaty [ɪn'triːtɪ] *s* enträgen bön (begäran); *with a look of ~* med en bönfallande blick

entrée ['ɒntreɪ] *s* (fr.) **1** inträde, tillträde; entré **2** a) entré[e] rätt som serveras mellan fisk- och kötträtten b) Am. huvudrätt

entrench [ɪn'trentʃ] **I** *tr* mil. gräva [skytte]värn (skyttegravar) kring; *~ o.s.* förskansa sig, gräva ner sig **II** *itr*, *~ upon* inkräkta på

entrenchment [ɪn'trentʃmənt] *s* befästning, förskansning; värn, skyttegrav

entrepôt ['ɒntrəpəʊ] *s* (fr.) hand. nederlag[splats], entrepôt

entrepreneur [ˌɒntrəprə'nɜː] *s* **1** företagare; entreprenör **2** arrangör av konserter o. d.

entrust [ɪn'trʌst] *tr*, *~ a th. to a p.* el. *~ a p. with a th.* anförtro ngn ngt (ngt åt ngn)

entry ['entrɪ] *s* **1** inträde [*the ~ of China into* (i) *world politics*], inträdande; intåg, inmarsch; inresa [*~ into* (till) *a country*]; *~ permit* inresetillstånd; *No E~* trafik. förbud mot infart; *make o.'s ~* a) träda in, göra sin entré b) hålla sitt intåg **2** isht Am. ingång, infart[sväg] **3** anteckning, notering, införande; [införd] post; notis; [*book-keeping by*] *double* (*single*) *~* dubbel (enkel) bokföring **4** [insänt] tävlingsbidrag **5** uppslagsord; artikel i lexikon, uppslagsverk **6** a) deltagarlista, anmälningslista [*the ~ for the race*] b) anmäld deltagare [*nearly fifty entries for* (till) *the race*]

entwine [ɪn'twaɪn] *tr* fläta ihop (samman)

enumerate [ɪ'njuːməreɪt] *tr* **1** räkna upp; nämna **2** räkna

enumeration [ɪˌnjuːmə'reɪʃən] *s* uppräkning

enumerator [ɪ'njuːməreɪtə] *s* uppräknare

enunciate [ɪ'nʌnsɪeɪt] **I** *tr* **1** uttala [*he ~s his words distinctly*] **2** formulera, utforma [*~ a new theory*] **II** *itr* artikulera

enunciation [ɪˌnʌnsɪ'eɪʃən] *s* **1** uttal, artikulation **2** formulering, utformning

envelop [ɪn'veləp] *tr* **1** svepa in, lägga in; [in]hölja; *~ed in mystery* höljd i dunkel **2** mil. innesluta

envelope ['envələʊp] *s* kuvert; omslag

envelopment [ɪn'veləpmənt] *s* **1** insvepande **2** mil. inneslutning

envenom [ɪn'venəm] *tr* förgifta äv. bildl.

enviable ['envɪəbl] *a* avundsvärd

envious ['envɪəs] *a* avundsjuk

environ [ɪn'vaɪərən] *tr* omge, omsluta

environment [ɪn'vaɪərənmənt] *s* **1** miljö, levnadsförhållanden; förhållanden [*social ~*] **2** omgivning[ar]

environmental [ɪnˌvaɪərən'mentl] *a* miljöbetingad; miljö- [*~ changes*]; *~ control* (*protection*) miljövård (miljöskydd)

environmentalist [ɪnˌvaɪərən'mentəlɪst] *s* miljövårdare

environs [ɪn'vaɪərənz] *s pl* omgivningar, omnejd

envisage [ɪn'vɪzɪdʒ] *tr* **1** betrakta; föreställa sig **2** förutse [*~ complications*]

envoy ['envɔɪ] *s* sändebud

envy ['envɪ] **I** *s* avund, avundsjuka **II** *tr* avundas, missunna

enzyme ['enzaɪm] *s* kem. enzym

eon ['iːən, 'iːɒn] *s* se *aeon*

EP ['iː'piː] *s* (förk. för *extended play*) EP[-skiva]

epaulet[te] ['epəʊlet, -pɔːl-] *s* epålett; *win o.'s ~s* få sin officersfullmakt

ephemeral [ɪ'femərəl, -'fiːm-] *a* efemär, kortlivad, flyktig

Ephesian [ɪ'fiːʒjən] *s* efes[i]er; [*the Epistle to the*] *~s* (konstr. ss. sg.) Efes[i]erbrevet

epic ['epɪk] **I** *a* **1** episk **2** enorm; storslagen **II** *s* epos, episk dikt

epicentre ['epɪsentə] *s* geol. epicentrum

epicure ['epɪkjʊə] *s* finsmakare, gourmet

epicurean [ˌepɪkjʊə'riːən] **I** *a* epikureisk, njutningslysten **II** *s* epikuré, njutningsmänniska
epidemic [ˌepɪ'demɪk] **I** *a* epidemisk **II** *s* epidemi [*an influenza* ~], farsot
epidermis [ˌepɪ'dɜːmɪs] *s* epidermis, överhud
epidiascope [ˌepɪ'daɪəskəʊp] *s* opt. epidiaskop
epiglottis [ˌepɪ'glɒtɪs] *s* struplock, epiglottis
epigram ['epɪgræm] *s* epigram
epigrammatic [ˌepɪgrə'mætɪk] *a* epigrammatisk
epilepsy ['epɪlepsɪ] *s* epilepsi
epileptic [ˌepɪ'leptɪk] **I** *a* epileptisk **II** *s* epileptiker
epilogue ['epɪlɒg] *s* epilog
Epiphany [ɪ'pɪfənɪ] *s*, [*the*] ~ tretton[de]dagen
episcopacy [ɪ'pɪskəpəsɪ] *s* **1** episkopalstyrelse **2** *the* ~ episkopatet, biskoparna
episcopal [ɪ'pɪskəpəl] *a* biskops-, biskoplig; episkopal
episcopalian [ɪˌpɪskəʊ'peɪljən] *s* medlem av episkopalkyrkan
episode ['epɪsəʊd] *s* episod; avsnitt, del [*a TV series of 30* ~*s*]
episodic [ˌepɪ'sɒdɪk] *a* episodisk
epistle [ɪ'pɪsl] *s* epistel äv. skämts. om brev; brev
epistolary [ɪ'pɪstələrɪ] *a* brev-; i brevform
epitaph ['epɪtɑːf] *s* gravskrift, inskrift, epitaf[ium]
epithet ['epɪθet] *s* **1** epitet **2** skymford
epitome [ɪ'pɪtəmɪ] *s* **1** sammandrag, koncentrat **2** *be the* ~ *of* vara typisk för
epitomize [ɪ'pɪtəmaɪz] *tr* **1** göra ett sammandrag av; sammanfatta **2** vara typisk för, stå som symbol för, representera
E.P.N.S. förk. för *electroplated nickel-silver*
epoch ['iːpɒk] *s* epok; *mark an* ~ (*a new* ~) bilda epok
epoch-making ['iːpɒkˌmeɪkɪŋ] *a* epokgörande
epoxide [ɪ'pɒksaɪd] *s* kem. epoxid
Epsom ['epsəm] stad bekant för sin årliga hästkapplöpning *Derby*
Eq förk. för *equalizer 2*
equability [ˌekwə'bɪlətɪ, ˌiːk-] *s* jämnhet; lugn; likformighet
equable ['ekwəbl, 'iːk-] *a* jämn [*an* ~ *climate*]; lugn; likformig, regelbunden
equal ['iːkwəl] **I** *a* **1** lika [*two and two are* (*is*) ~ *to* (med) *four*]; lika stor [*to* som; *in* ~ *parts*]; samma [*of* ~ *size*]; jämlik; jämställd, jäm[n]god; *be on an* ~ *footing with* stå på jämlik fot med; ~ *sign* likhetstecken **2** *be* ~ *to* bildl. motsvara [*the supply is* ~ *to the demand*]; [kunna] gå i land med, klara av; vara lika bra som; *be* ~ *to the occasion* vara situationen vuxen **II** *s* like, make; jämlike; *is he your* ~ *in strength?* är han lika stark som du? **III** *tr* vara (bli) lik, vara jämlik med, [fullt] motsvara, mat. vara lika med [*two times two* ~*s four*]
equality [ɪ'kwɒlətɪ] *s* **1** likhet **2** jämlikhet; likställighet, likställdhet; ~ *of income for all* lika inkomst för alla
equalization [ˌiːkwəlaɪ'zeɪʃən] *s* **1** utjämning, likställande; likställdhet **2** på kassettdäck frekvenskorrektion, frekvenskorrigering
equalize ['iːkwəlaɪz] **I** *tr* utjämna; göra lika; likställa **II** *itr* sport. utjämna, kvittera
equalizer ['iːkwəlaɪzə] *s* **1** utjämnare; sport. utjämnings-, kvitterings|mål **2** på kassettdäck equalizer, [omkopplare för] in- och avspelningskorrektion **3** Am. sl. puffra pistol
equally ['iːkwəlɪ] *adv* lika [*they did it* ~ *well*]; jämnt [*spread* ~ *over the country*]
equanimity [ˌekwə'nɪmətɪ, ˌiːk-] *s* jämnmod, sinneslugn
equate [ɪ'kweɪt] *tr* **1** jämställa, likställa **2** mat. ställa upp som ekvation
equation [ɪ'kweɪʒən] *s* **1** ekvation **2** jämställande **3** utjämnande, utjämning; jämvikt
equator [ɪ'kweɪtə] *s* ekvator
equatorial [ˌekwə'tɔːrɪəl, ˌiːk-] *a* ekvatorial
equerry ['ekwərɪ] *s* [hov]stallmästare
equestrian [ɪ'kwestrɪən] **I** *a* rid- [~ *skill*]; ~ *sports* hästsport **II** *s* ryttare
equidistant ['iːkwɪ'dɪstənt] *a* lika avlägsen [*from*]; med samma avstånd
equilateral ['iːkwɪ'lætərəl] *a* liksidig
equilibrist [ɪ'kwɪlɪbrɪst] *s* ekvilibrist, balanskonstnär
equilibri|um [ˌiːkwɪ'lɪbrɪ|əm] (pl. *-a* [-ə] el. *-ums*) *s* jämvikt, jämviktsläge äv. bildl.
equine ['ekwaɪn, 'iːk-] *a* häst-
equinox ['iːkwɪnɒks, 'ek-] *s*, *autumnal* ~ höstdagjämning; *vernal* (*spring*) ~ vårdagjämning
equip [ɪ'kwɪp] *tr* **1** utrusta, rusta **2** styra ut, ekipera **3** göra rustad [~ *a p.* (*o.s.*) *for a task*]
equipage ['ekwɪpɪdʒ] *s* ekipage häst och vagn
equipment [ɪ'kwɪpmənt] *s* utrustande, utrustning; ekipering, mil. mundering; materiel; artiklar [*sports* ~]; anläggning [*hi-fi* ~]
equipoise ['ekwɪpɔɪz, 'iːk-] *s* jämvikt; motvikt
equitable ['ekwɪtəbl] *a* rättvis; skälig, billig
equity ['ekwətɪ] *s* **1** [rätt och] billighet, rättfärdighet **2** sedvanerätt
equivalence [ɪ'kwɪvələns] *s* likvärdighet, motsvarighet; fys., kem. ekvivalens
equivalent [ɪ'kwɪvələnt] **I** *a* likvärdig, jämförlig, överensstämmande [*to* med]; [fullt]

motsvarande [*to this* detta]; fys., kem. ekvivalent **II** *s* **1** motsvarande värde **2** motsvarighet [*of, to* till]; kem. ekvivalent; *be the ~ of* äv. motsvara
equivocal [ɪ'kwɪvəkəl] *a* **1** dubbeltydig **2** tvivelaktig [*an ~ success*]
equivocate [ɪ'kwɪvəkeɪt] *itr* uttrycka sig tvetydigt; komma med undanflykter, slingra sig; svara undvikande
equivocation [ɪˌkwɪvə'keɪʃən] *s* **1** [användande av] tvetydigt uttryckssätt; undanflykt **2** dubbeltydighet
E.R. förk. för *Eduardus Rex* (lat., konung Edvard), *Elizabeth Regina* (lat., drottning Elisabet)
era ['ɪərə] *s* **1** era; tidevarv, tidsålder **2** tid[e]räkning [*the Christian ~*]
eradicate [ɪ'rædɪkeɪt] *tr* utrota, lyckas bekämpa [*~ crime*]
eradication [ɪˌrædɪ'keɪʃən] *s* utrotning
erase [ɪ'reɪz] *tr* radera äv. ljudband; radera (sudda, stryka) ut (bort); utplåna äv. bildl. [*~ a th. from o.'s (the) memory*]
erasement [ɪ'reɪzmənt] *s* [ut]radering, utstrykning; utplånande
eraser [ɪ'reɪzə] *s* radergummi, kautschuk; raderkniv
erasure [ɪ'reɪʒə] *s* **1** [ut]radering, utstrykning **2** raderat ställe, radering
ere [eə] åld. el. poet. **I** *prep* före i tiden; *~ this (now)* hittills, härförinnan; *~ long* inom kort **II** *konj* **1** innan, förrän **2** hellre än att
erect [ɪ'rekt] **I** *a* upprätt, rak, [upprätt]stående [*~ position*]; högburen [*with o.'s head ~*]; fysiol. erigerad, styv **II** *tr* **1** resa [*~ a statue*], uppföra [*~ a building*] **2** resa [upp], ställa upprätt **3** upprätta, bilda
erection [ɪ'rekʃən] *s* **1** uppförande, byggande; uppställande; montering **2** [upp]resande **3** upp-, in|rättande **4** fysiol. erektion **5** konkr. byggnad, konstruktion
erg [ɜ:g] *s* fys. erg
ergonomics [ˌɜ:gəʊ'nɒmɪks] (konstr. ss. sg. el. pl.) *s* ergonomi, arbetsvetenskap
Eric ['erɪk] Erik
Erie ['ɪərɪ] *s, Lake ~* Eriesjön
Erin ['erɪn, 'ɪərɪn] Erin poet. namn på Irland
Eritrea [ˌerɪ'treɪə, -'trɪə]
ermine ['ɜ:mɪn] *s* hermelin[sskinn]
Ernest ['ɜ:nɪst]
Ernie ['ɜ:nɪ] kortform för *Ernest*
erode [ɪ'rəʊd] **I** *tr* **1** fräta bort (sönder); geol. erodera **2** bildl. undergräva **II** *itr* **1** frätas [bort (sönder)], eroderas **2** bildl. undergrävas
Eros ['ɪərɒs, 'erɒs]
erosion [ɪ'rəʊʒən] *s* frätning äv. bildl.; bortfrätande; sönderfrätning; geol. erosion
erosive [ɪ'rəʊsɪv] *a* frätande, frätnings-; geol. eroderande, erosions-
erotic [ɪ'rɒtɪk] *a* erotisk
erotica [ɪ'rɒtɪkə] *s* erotisk litteratur
eroticism [ɪ'rɒtɪsɪzəm] *s* o. **erotism** ['erətɪzəm] *s* **1** erotisk natur (läggning; drift) **2** erotiskt inslag, erotik [*the ~ in his poetry*]
erotogenic [ɪˌrɒtəʊ'dʒenɪk] *a* erogen [*~ zone*]
err [ɜ:] *itr* missta sig, ta fel (miste); fela
errand ['erənd] *s* ärende, uppdrag; *run (go) [on] ~s* springa (gå) ärenden; *go (be sent) on a fool's ~* gå (skickas) förgäves
errand-boy ['erəndbɔɪ] *s* springpojke
errata [e'rɑ:tə] *s* pl. av *erratum*
erratic [ɪ'rætɪk] *a* **1** oregelbunden; planlös; ojämn; irrande **2** oberäknelig, excentrisk
erratum [e'rɑ:t|əm] (pl. *-a* [-ə]) *s* **1** tryckfel **2** rättelse; pl. *-a* [lista med] rättelser
erroneous [ɪ'rəʊnjəs] *a* felaktig, oriktig
error ['erə] *s* **1** fel, oriktighet, felaktighet; misstag; *in ~* av misstag **2** förseelse
erstwhile ['ɜ:stwaɪl] litt. **I** *adv* förut, förr **II** *a* förutvarande
erudite ['erʊdaɪt] *a* lärd
erudition [ˌerʊ'dɪʃən] *s* lärdom
erupt [ɪ'rʌpt] *itr* **1** ha (få) utbrott [*the volcano ~ed*] **2** om finnar etc. slå ut
eruption [ɪ'rʌpʃən] *s* **1** utbrott; geol. äv. eruption **2** [*skin*] *~* [hud]utslag
erysipelas [ˌerɪ'sɪpələs] *s* läk. ros[feber]
Esau ['i:sɔ:]
escalate ['eskəleɪt] *tr* o. *itr* trappa upp, eskalera
escalation [ˌeskə'leɪʃən] *s* upptrappning, eskalering
escalator ['eskəleɪtə] *s* rulltrappa; i USA äv. rullande trottoar
escalope ['eskələʊp] *s* kok. tunn skiva kött; schnitzel
escapade [ˌeskə'peɪd] *s* eskapad; upptåg
escape [ɪs'keɪp, es-] **I** *itr* **1** [lyckas] fly, rymma; undkomma, komma undan [*~ with o.'s life*]; *an ~d convict* en förrymd straffånge **2** om vätskor o. d. rinna (strömma, läcka) ut **II** *tr* undgå, slippa [undan (ifrån)] [*~ punishment*]; undkomma, klara sig undan [*~ the police*]; *it ~d me (my notice)* det undgick mig (min uppmärksamhet); *his name ~s me* jag kan inte komma på hans namn **III** *s* **1** rymning, flykt; *~ route* flyktväg; *have a narrow ~* komma undan med knapp nöd; *that was a narrow ~!* det var nära ögat! **2** bildl., *~ [from reality]* verklighetsflykt **3** utströmning av vatten, gas o. d., läcka [*an ~ of gas*] **4** se *fire-escape*
escapee [ˌeskeɪ'pi:] *s* rymling, rymmare
escape-hatch [ɪs'keɪphætʃ] *s* nödutgång[slucka] på flygplan m. m.
escapement [ɪs'keɪpmənt] *s* gång, spärrhake i ur
escape-valve [ɪs'keɪpvælv] *s* avloppsventil

escapism [ɪs'keɪpɪzəm] *s* eskapism, verklighetsflykt
escapist [ɪs'keɪpɪst] *s* eskapist
escarpment [ɪs'kɑ:pmənt] *s* brant sluttning
eschew [ɪs'tʃu:] *tr* undvika, avhålla sig från
escort [ss. subst. 'eskɔ:t, ss. vb ɪs'kɔ:t] **I** *s* **1** eskort; följe, skydd; vaktare [*he eluded his ~*], skyddsvakt **2** kavaljer, ledsagare **3** ss. attr. eskort-; *~ carrier* eskorthangarfartyg **II** *tr* **1** eskortera, ledsaga **2** vara kavaljer åt
escritoire [ˌeskrɪ'twɑ:] *s* sekretär
escutcheon [ɪs'kʌtʃən] *s* vapensköld; *a blot on his ~* en fläck på hans ära
E.S.E. förk. för *east-south-east* ostsydost
Eskimo ['eskɪməʊ] *s* eskimå
esoteric [ˌesəʊ'terɪk] *a* esoterisk; hemlig, mystisk; svårtillgänglig
esp. förk. för *especially*
espalier [ɪs'pæljə] *s* **1** spaljé **2** spaljéträd
especial [ɪs'peʃəl] *a* särskild, speciell [*of ~ value*]; synnerlig; *in ~* i synnerhet
especially [ɪs'peʃəlɪ] *adv* särskilt, speciellt; i synnerhet; synnerligen
Esperanto [ˌespə'ræntəʊ] *s* esperanto
espionage [ˌespɪə'nɑ:ʒ] *s* spioneri, spionage
esplanade [ˌesplə'neɪd, -'nɑ:d] *s* **1** promenad[plats], strandpromenad **2** mil. esplanad
espousal [ɪs'paʊzəl] *s* omfattande, hyllande [*~ of a principle*], stödjande [*~ of a cause*]; *~ of* äv. anslutning till
espouse [ɪs'paʊz] *tr* omfatta, hylla [*~ a principle*], ansluta sig till; *~ a p.'s cause* ta sig an (stödja) ngns sak
espresso [e'spresəʊ, ɪ's-] *s* **1** espresso[kaffe] **2** *~ [bar]* espressobar
esprit de corps ['espri:də'kɔ:] *s* (fr.) kamratanda, kåranda
espy [ɪs'paɪ] *tr* urskilja, skymta, få syn på
Esq. [ɪs'kwaɪə] förk. för *Esquire* herr [i brevadress: *John* (*J.*) *Miller, ~*]
esquire [ɪs'kwaɪə] *s* herr se *Esq.*
essay [ss. subst. 'eseɪ, ss. vb e'seɪ, 'eseɪ] **I** *s* **1** essä, uppsats [*on* om, över] **2** försök [*an ~ at teaching*] **II** *tr* försöka sig på [*~ a task*]
essayist ['eseɪɪst] *s* essäist, essäförfattare
essence ['esns] *s* **1** [innersta] väsen, väsende, innersta natur [*the ~ of Socialism*]; *the ~ of* äv. det väsentliga i; *he was the ~ of politeness* han var artigheten själv; *in ~* i huvudsak; i själva verket **2** essens [*fruit ~*]; extrakt [*meat ~*]
essential [ɪ'senʃəl] **I** *a* **1** väsentlig, nödvändig, oumbärlig [*to* för; *for* i och för] **2** egentlig; inre [*the ~ man*]; *~ difference* väsensskillnad **II** *s* väsentlighet [*concentrate on ~s*]; grunddrag [*of* i]; *in all ~s* på alla väsentliga punkter
essentially [ɪ'senʃəlɪ] *adv* **1** väsentligen; i huvudsak; i själva verket **2** väsentligt, i hög grad
Essex ['esɪks]
establish [ɪs'tæblɪʃ] *tr* (se äv. *established*) **1** upprätta, grunda, grundlägga, bilda [*~ a new state*] **2** engagera; installera; etablera; *~ o.s.* a) skapa sig en ställning [*as* som] b) etablera sig [*as* som] **3** skapa [*~ a custom*], införa [*~ a rule*], upprätta, knyta [*~ relations*], få till stånd; stadfästa [*~ a law*]; *~ law and order* upprätthålla lag och ordning **4** fastställa, fastslå [*~ a p.'s identity*], bevisa [*~ o.'s innocence*], konstatera, påvisa
established [ɪs'tæblɪʃt] *a* **1** a) fast, fastställd [*~ rules* (*laws*)]; vedertagen, hävdvunnen [*an ~ custom*]; stadgad, grundmurad [*an ~ reputation*] b) etablerad; erkänd [*an ~ artist*], inarbetad [*an ~ firm*]; stadgad; *the ~ order of things* a) den bestående ordningen b) tingens ordning **2** fastslagen, bevisad, känd [*an ~ fact*] **3** ordinarie, fast anställd [*~ civil servants*] **4** *the E~ Church of England* engelska statskyrkan
establishment [ɪs'tæblɪʃmənt] *s* **1** upprättande, grundande, grundläggande; tillkomst; etablerande; skapande, införande; upprättande; fastställande **2** mil., sjö. styrka, besättning [*be on* (ha) *full ~*]; *naval ~* flotta **3** [offentlig] institution, inrättning, anstalt [*an educational ~*] **4** företag, etablissemang; fabrik, verk **5** hushåll; *keep* [*up*] *a large ~* föra stort hus **6** *the E~* det etablerade samhället, etablissemanget; *the* [*Church*] *E~* statskyrkan
estate [ɪs'teɪt] *s* **1** gods, [lant]egendom; *~ agent* a) fastighetsmäklare b) godsförvaltare; *~ car* herrgårdsvagn, kombivagn **2** [*housing*] *~* bostadsområde; *council* [*housing*] *~* kommunalt bostadsområde **3** jur. egendom, ägodelar; *personal ~* [personlig] lösegendom, lösöre; *real ~* fast egendom **4 a**) [döds]bo, stärbhus, kvarlåtenskap; förmögenhet; *wind up an ~* göra en boutredning; *~ duty* (*tax*) arvskatt **b**) konkursbo **5** *the three ~s* [*of the realm*] de tre stånden
estate-bottled [ɪs'teɪtˌbɒtld] *a* slottstappad [*~ wines*]
estate-owner [ɪs'teɪtˌəʊnə] *s* godsägare; fastighetsägare
esteem [ɪs'ti:m] **I** *tr* **1** [upp]skatta, [hög]akta, värdera **2** anse (betrakta) som **II** *s* [hög]aktning; *hold a p. in* [*high*] *~* högakta ngn
Esther ['estə] bibl. Ester
esthete ['i:sθi:t, 'es-] *s* etc. se *aesthete* etc.
Esthonia [es'təʊnjə, es'θəʊ-] se *Estonia*
estimable ['estɪməbl] *a* aktningsvärd
estimate [ss. vb 'estɪmeɪt, ss. subst. 'estɪmət,

-meɪt] **I** *tr* **1** uppskatta, värdera, beräkna [*at* till] **2** bedöma **II** *itr* göra ett kostnadsförslag [*for* på] **III** *s* **1** uppskattning, värdering, beräkning; kalkyl; *at* (*on*) *a rough* (*conservative*) ~ vid en ungefärlig (försiktig) beräkning **2** parl. budgetförslag; *the Estimates* [riks]staten, budgeten **3** bedömning; uppfattning

estimation [ˌestɪ'meɪʃən] *s* **1** uppskattning, värdering, beräkning, kalkyl **2** omdöme, uppfattning

Estonia [es'təʊnjə] Estland

Estonian [es'təʊnjən] **I** *a* estnisk, estländsk **II** *s* **1** est, estländare **2** estniska [språket]

estrange [ɪs'treɪndʒ] *tr* göra främmande, fjärma; stöta bort [~ *o.'s friends*]; *become* ~*d* komma ifrån varandra

estrangement [ɪs'treɪndʒmənt] *s* avlägsnande, fjärmande; kyligt förhållande; främlingskap

estuary ['estjʊərɪ] *s* bred [flod]mynning

etc. [et'setrə] ibl. skrivet *&c,* förk. för följ.

et cetera [et'setrə] *adv* etcetera (etc.), och så vidare (osv.)

etch [etʃ] *tr* o. *itr* etsa

etching ['etʃɪŋ] *s* etsning

eternal [ɪ'tɜːnl] *a* evig; evinnerlig, idelig, ständig [*these* ~ *strikes*]

eternally [ɪ'tɜːnəlɪ] *adv* evigt; evinnerligt; ideligen, ständigt

eternity [ɪ'tɜːnətɪ] *s* evighet

Ethel ['eθəl]

ether ['iːθə] *s* eter i olika bet.

ethereal [ɪ'θɪərɪəl] *a* **1** eterisk, översinnlig **2** kem. eter-; ~ *oil* eterisk olja

ethic ['eθɪk] **I** *s* etik **II** *a* se följ.

ethical ['eθɪkəl] *a* etisk, moralisk, sedlig

ethics ['eθɪks] (konstr. ss. pl. el. sg.) *s* etik

Ethiopia [ˌiːθɪ'əʊpjə] Etiopien

Ethiopian [ˌiːθɪ'əʊpjən] **I** *s* etiopier, etiop **II** *a* etiopisk

ethnic ['eθnɪk] *a* etnisk; ras-, folk- [~ *minorities*]; ~ *Germans* personer tillhörande den tyska folkgruppen, tyska invandrare

ethnical ['eθnɪkəl] *a* **1** etnisk; ras-, folk- **2** etnologisk

ethnographic[al] [ˌeθnəʊ'græfɪk, -əl] *a* etnografisk

ethnography [eθ'nɒgrəfɪ] *s* etnografi

ethnologic[al] [ˌeθnəʊ'lɒdʒɪk, -əl] *a* etnologisk

ethnology [eθ'nɒlədʒɪ] *s* etnologi

ethology [ɪ'θɒlədʒɪ] *s* etologi

ethyl ['eθɪl] *s* kem. etyl

ethylene ['eθɪliːn] *s* kem. etylen; ~ *glycol* glykol

etiquette ['etɪket, ˌetɪ'ket] *s* **1** etikett, god ton, konvenans **2** hederskodex

Etna ['etnə] *s,* [*Mount*] ~ Etna

Eton ['iːtn] egennamn; ~ *College* en av Englands förnämsta *public schools*

Etruria [ɪ'trʊərɪə] Etrurien

Etruscan [ɪ'trʌskən] **I** *a* etruskisk **II** *s* **1** etrusk, etrusker **2** etruskiska [språket]

étude [eɪ'tjuːd] *s* mus. etyd

etymologic[al] [ˌetɪmə'lɒdʒɪk, -əl] *a* etymologisk

etymology [ˌetɪ'mɒlədʒɪ] *s* etymologi

eucalyptus [ˌjuːkə'lɪptəs] *s* bot. eukalyptus

Eucharist ['juːkərɪst] *s, the* ~ nattvarden; nattvardens sakrament; hostian

Euclid ['juːklɪd] Euklides

Eugene [juː'ʒeɪn, 'juːdʒiːn] Eugen

eugenic [juː'dʒenɪk] *a* ras-, arvs|hygienisk, eugenisk

eugenics [juː'dʒenɪks] (konstr. ss. sg.) *s* ras-, arvs|hygien

eulogize ['juːlədʒaɪz] *tr* [lov]prisa, berömma, hålla lovtal över

eulogy ['juːlədʒɪ] *s* lovtal, beröm

eunuch ['juːnək] *s* eunuck, kastrat

euphemism ['juːfəmɪzəm] *s* eufemism, förskönande omskrivning

euphemistic [ˌjuːfə'mɪstɪk] *a* eufemistisk

euphony ['juːfənɪ] *s* välljud; eufoni

euphoria [jʊ'fɔːrɪə] *s* eufori, exalterat lyckorus

Euphrates [jʊ'freɪtiːz] *s, the* ~ Eufrat

euphuism ['juːfjʊɪzəm] *s* litt. konstlad (affekterad) stil

Eurasia [jʊə'reɪʃə, -'reɪʒə] Eurasien

Eurasian [jʊə'reɪʃən, -eɪʒn] **I** *a* eurasisk **II** *s* eurasier

Euratom [jʊə'rætɒm] förk. för *European Atomic Energy Community* Euratom

eureka [jʊə'riːkə] *interj* heureka!, 'jag har [funnit] det!'

eurhythmics [juː'rɪðmɪks] (konstr. vanl. ss. sg.) *s* rörelserytmik, eurytmi

Euripides [jʊə'rɪpɪdiːz]

Eurocrat ['jʊərəʊkræt] *s* EG-byråkrat

Eurodollar ['jʊərəʊˌdɒlə] *s* ekon. eurodollar

Europe ['jʊərəp] Europa

European [ˌjʊərə'piːən] **I** *a* europeisk **II** *s* europé

Eurovision ['jʊərəʊˌvɪʒən]

Eurydice [jʊə'rɪdɪsɪ] Eurydike

Eustace ['juːstəs]

euthanasia [ˌjuːθə'neɪzjə] *s* eutanasi, dödshjälp

evacuate [ɪ'vækjʊeɪt] *tr* **1** evakuera [~ *children*; ~ *an area*]; mil. utrymma [~ *a fort*] **2** tömma, tekn. evakuera

evacuation [ɪˌvækjʊ'eɪʃən] *s* **1** evakuering; utrymning **2** uttömning; ~ [*of the bowels*] avföring

evacuee [ɪˌvækjʊ'iː] *s* evakuerad person; *an* ~ en evakuerad

evade [ɪ'veɪd] *tr* **1** undvika, undgå; slingra sig undan (ifrån); kringgå [~ *the law*], smita från [~ *taxes*] **2** gäcka, trotsa

evaluate [ɪ'væljueɪt] *tr* bedöma, uppskatta, utvärdera

evaluation [ɪˌvælju'eɪʃən] *s* bedömning, uppskattning, utvärdering

evanescence [ˌi:və'nesns, ˌev-] *s* **1** förbleknande, försvinnande **2** flyktighet

evanescent [ˌi:və'nesnt, ˌev-] *a* **1** förbleknande, försvinnande; flyktig **2** skir, subtil

evangelic [ˌi:væn'dʒelɪk] *a* evangelisk

evangelist [ɪ'vændʒəlɪst] *s* **1** evangelist **2** väckelsepredikant, evangelist

Evans ['evənz]

evaporate [ɪ'væpəreɪt] **I** *itr* **1** dunsta [av (bort)] **2** bildl. gå upp i rök **II** *tr* **1** komma att dunsta bort [*heat ~s water*] **2** torka genom avdunstning; avdunsta; *~d milk* evaporerad mjölk, kondenserad osötad mjölk

evaporation [ɪˌvæpə'reɪʃən] *s* avdunstning, evaporation; torkning

evasion [ɪ'veɪʒən] *s* **1** undvikande; försök att slingra sig undan **2** undanflykt[er]

evasive [ɪ'veɪsɪv] *a* undvikande; svårfångad; *be ~* äv. komma med undanflykter, slingra sig

Eve [i:v] bibl. Eva

eve [i:v] *s* **1** mest poet. afton, kväll **2** [helgdags]afton; *Christmas E~* julafton **3** *on the ~ of* kvällen (dagen) före, tiden omedelbart före

Eveline ['i:vlɪn, 'evlɪn]

Evelyn ['i:vlɪn, 'evlɪn]

1 even ['i:vən] *s* poet. afton

2 even ['i:vən] **I** *a* **1** jämn; slät, plan [*an ~ surface*]; likformig [*~ in quality*]; *make ~* jämna; *~ with* i jämnhöjd med, i samma plan som; *keep ~ with* hålla jämna steg med **2** *get ~ with a p.* bli kvitt med ngn; *get ~ with a p. for a th.* ta revansch på ngn för ngt, ge ngn igen för ngt **II** *adv* **1** även, också, till och med, redan; i nek. o. fråg. sats ens; *not ~* inte ens (en gång); *~ as a child* redan som barn; *~ if* även om, om också [*~ if I had seen it*]; *~ now* a) redan nu b) ändå, likafullt [*~ now he won't believe me*]; *~ so* ändå, likväl; *~ then* a) redan då b) ändå, likafullt [*~ then he wouldn't believe me*] **2** vid komp. ännu, ändå [*~ better*], till och med **III** *tr* **1** *~ out* jämna ut (till) [*~ out the soil*]; utjämna [*~ out the differences*] **2** *~ up* utjämna

evening ['i:vnɪŋ] *s* **1** kväll, afton; *musical ~* musikafton, musikalisk soaré; *this ~* i kväll, i afton; *in the ~* på kvällen, på (om) kvällarna; *of an ~* på (om) kvällarna **2** ss. attr. kvälls- [*~ party*], afton- [*the ~ star*]; *~ classes* (*school*) aftonskola; *~ dress* aftonklänning; frack; *~ gown* aftonklänning

evenly ['i:vənlɪ] *adv* jämnt; lika [*divide the money ~*]; *~ matched* jämspelt

evensong ['i:vənsɒŋ] *s* aftonsång, kvällsandakt

event [ɪ'vent] *s* **1** händelse, tilldragelse; evenemang; [*they are expecting*] *a happy ~* .. en lycklig tilldragelse; *the course* (*run*) *of ~s* händelseförloppet, händelsernas gång; *in the natural course* (*run*) *of ~s* under normala förhållanden **2** *at all ~s* i alla händelser, i varje fall; *in the ~ of* (*that*) i händelse av (att); *in that ~* i så fall **3** sport. tävling, nummer på tävlingsprogram, [tävlings]gren **4** *wise after the ~* efterklok

eventful [ɪ'ventful] *a* händelserik

eventide ['i:vəntaɪd] *s* poet. afton[stund]

eventual [ɪ'ventʃuəl] *a* **1** slutlig, slutgiltig **2** möjlig, eventuell **3** därav följande

eventuality [ɪˌventʃu'ælətɪ] *s* möjlighet, eventualitet

eventually [ɪ'ventʃuəlɪ] *adv* slutligen, till slut (sist); omsider, så småningom

ever ['evə] *adv* **1** någonsin [*better than ~*]; *did you ~?* fam. har man nånsin sett (hört) på maken?; *hardly* (*scarcely*) *~* nästan aldrig, knappast någonsin; *nothing ~ happens* det händer aldrig någonting; *seldom, if ~* sällan eller aldrig, sällan om ens någonsin **2** **a**) spec. förb.: *as ~* som alltid, som vanligt [*he came late - as ~*]; *for ~* för alltid (evigt); jämt [och ständigt] [*he is for ~ grumbling*]; *England for ~!* leve England!; [*they lived happily*] *~ after* .. i alla sina dagar; *~ since* alltsedan, ända sedan [*~ since I left*], så länge [*~ since I can remember*], alltsedan dess [*he has lived there ~ since*]; *~ and again* (*and anon* litt.) då och då, tid efter annan **b**) i brevslut: *Yours ~* Din (Er) tillgivne **3** fam., *who* (*why, how, where*) *~* vem (varför, hur, var) i all världen **4** fam. förstärkande **a**) *as quickly as ~ I can* så fort jag någonsin kan; *before it was ~ thought of* innan det alls var påtänkt; *~ so* hemskt, väldigt, jätte- [*I like it ~ so much*] **b**) efter superl. som någonsin funnits; *the greatest film ~* alla tiders största film **5** **a**) framför komp. allt; *an ~ greater amount* en allt (ständigt) större mängd **b**) se sms. med *ever-*

Everest ['evərɪst] egennamn [*Mount ~*]

evergreen ['evəgri:n] **I** *a* vintergrön, ständigt grön **II** *s* **1** vintergrön (ständigt grön) växt **2** evergreen, långlivad schlager

ever-growing [ˌevə'grəuɪŋ] *a* ständigt växande

ever-increasing [ˌevərɪn'kri:sɪŋ] *a* ständigt växande, allt större [*an ~ demand*]

everlasting [ˌevə'lɑ:stɪŋ] **I** *a* evig [*~ fame* (*snow*)]; [be]ständig; varaktig; evinnerlig, idelig [*~ complaints*]; *~ flower* evighetsblomma **II** *s* **1** evighet **2** bot. eternell, evighetsblomma

evermore ['evə'mɔ:] *adv* **1** evigt, beständigt; *for* ~ för evigt, i evighet **2** i nek. sats någonsin igen, vidare

Everton ['evət*ə*n]

every ['evrɪ] fören. *indef pron* varje, var, varenda; all [*I wish you* ~ *success*]; *I have* ~ *reason to* . . jag har allt (alla) skäl att . .; ~ *other* (*second*) *day*, ~ *two days* varannan dag; ~ *three days*, ~ *third day* var tredje dag; *one child out of* (*in*) ~ *five* [*is ill*] vart femte barn . .; ~ *bit as* [*good*] fullt ut (precis) lika . .; ~ *one of them* (*us*) varenda en; ~ *now and then* (*again*) då och då, allt emellanåt; ~ *time* a) var (varje) gång b) jämt c) fam. alla gånger, absolut; ~ *man for himself* rädde sig den som kan, var och en är sig själv närmast

everybody ['evrɪˌbɒdɪ] självst. *indef pron* var och en [*there is a chair for* ~], en var, varje människa [~ *has a right to* . .], alla [*has* ~ *seen it?*]; ~ *else* alla andra; *good night*, ~*!* god natt allesammans!

everyday ['evrɪdeɪ] *a* daglig [*in* ~ *speech*]; vardags- [~ *clothes*]; vardaglig, alldaglig

everyone ['evrɪwʌn] självst. *indef pron* se *everybody*

everything ['evrɪθɪŋ] självst. *indef pron* allt, allting; var (varenda) sak; alltsammans; ~ *but* allt möjligt utom

everywhere ['evrɪweə] *adv* överallt

evict [ɪ'vɪkt] *tr* vräka, avhysa; fördriva

eviction [ɪ'vɪkʃ*ə*n] *s* vräkning, avhysning

evidence ['evɪd*ə*ns] **I** *s* **1** bevis, belägg [*of* på, *for* för]; tecken [*of* på], vittnesbörd, vittnesmål; spår, märke [*of* av, efter]; indicier; *call a p. in* ~ inkalla ngn som vittne; *give* ~ avlägga vittnesmål, vittna inför rätta; *turn King's* (*Queen's*, Am. *State's*) ~ uppträda som kronvittne mot medbrottslingar **2** *be in* ~ synas, visa sig; förekomma, uppträda, finnas **II** *tr* bevisa; bestyrka; visa

evident ['evɪd*ə*nt] *a* tydlig, uppenbar; *make* ~ klart visa, bevisa, ådagalägga

evidently ['evɪd*ə*ntlɪ] *adv* tydligen, uppenbarligen

evil ['i:vl] **I** *a* **1** ond [~ *deeds*], ondskefull, syndig **2** skadlig, fördärvlig [*an* ~ *influence*] **II** *s* ont [*a necessary* ~], det onda [*the origin of* ~]; missförhållande [*social* ~*s*], olycka; *deliver us from* ~ fräls oss ifrån ondo

evil-minded ['i:vl'maɪndɪd] *a* illasinnad

evince [ɪ'vɪns] *tr* visa [~ *a tendency to*], visa prov på, röja [~ *great intelligence*]; bevisa

eviscerate [ɪ'vɪsəreɪt] *tr* ta ur, rensa

evocation [ˌevəʊ'keɪʃ*ə*n, ˌi:v-] *s* frammanande, frambesvärjning

evocative [ɪ'vɒkətɪv] *a* stämningsmättad, minnesväckande

evoke [ɪ'vəʊk] *tr* väcka [~ *protest*], framkalla [~ *a smile*]; frammana

evolution [ˌi:və'lu:ʃ*ə*n, ˌev-] *s* utveckling, utvecklande; evolution; *theory of* ~ utvecklingslära, evolutionsteori

evolutionary [ˌi:və'lu:ʃnərɪ, ˌev-] *a* utvecklings-, evolutions-

evolve [ɪ'vɒlv] **I** *tr* **1** utveckla [~ *a theory*]; framlägga [~ *a plan*] **2** utveckla, frambringa [~ *a new variety of a plant*], framställa; arbeta (tänka) ut [~ *a solution*] **II** *itr* utveckla sig, utvecklas

ewe [ju:] *s* tacka fårhona; ~ *lamb* tacklamm

ewer ['ju:ə] *s* vattenkanna, handkanna

ex. förk. för *example*

ex- [eks] *pref* förutvarande, f. d., ex- [*ex-husband*; *ex-president*]

exacerbate [eks'æsəbeɪt] *tr* **1** irritera; förbittra **2** förvärra [~ *the pain*]

exacerbation [eksˌæsə'beɪʃ*ə*n] *s* **1** irritation; förbittring **2** förvärrande

exact [ɪg'zækt] **I** *a* exakt; noggrann **II** *tr* **1** kräva, fordra [~ *obedience from* (*of*) (av) *a p.*] **2** utkräva, indriva [~ *payment from* (*of*)]

exacting [ɪg'zæktɪŋ] *a* fordrande, krävande

exaction [ɪg'zækʃ*ə*n] *s* utkrävande, indrivning [~ *of taxes*]; avfordrande [*of* av]

exactitude [ɪg'zæktɪtju:d] *s* noggrannhet; exakthet

exactly [ɪg'zæktlɪ] *adv* **1** exakt, precis; noga, just [*you are* ~ *the man I want*]; alldeles; egentligen [*what is your plan* ~*?*]; ~*!* ja, just det! **2** noggrant

exaggerate [ɪg'zædʒəreɪt] *tr* överdriva; förstora

exaggeration [ɪgˌzædʒə'reɪʃ*ə*n] *s* överdrift; förstoring

exalt [ɪg'zɔ:lt] *tr* **1** upphöja; lyfta, stärka [~*ed by that thought*] **2** förhärliga

exaltation [ˌegzɔ:l'teɪʃ*ə*n] *s* **1** upphöjelse **2** hänförelse; exaltation

exalted [ɪg'zɔ:ltɪd] *a* o. *pp* **1** högt uppsatt [*an* ~ *personage*] **2** upphöjd, hög [*an* ~ *literary style*] **3** överdrivet hög [*an* ~ *opinion of his own worth*] **4** hänförd, exalterad

exam [ɪg'zæm] *s* fam. (kortform för *examination*) examen, tenta

examination [ɪgˌzæmɪ'neɪʃ*ə*n] *s* **1** undersökning [*of* (*into*) av], prövning; granskning; *customs'* ~ tullvisitering **2** examen, examination, tentamen; *fail in an* ~ bli kuggad i en examen; *pass an* (*o.'s*) ~ ta (avlägga) examen; *sit for* (*take*) *an* ~ gå upp (vara uppe) i [en] examen

examination-paper [ɪgˌzæmɪ'neɪʃ*ə*nˌpeɪpə] *s* examensskrivning

examine [ɪg'zæmɪn] *tr* **1** undersöka; pröva, granska, visitera **2** examinera, pröva, förhöra äv. jur.

examinee [ɪgˌzæmɪ'ni:] *s* examinand, tentand

examiner [ɪg'zæmɪnə] *s* **1** undersökare, granskare; besiktningsman **2** examinator, tentator
example [ɪg'zɑːmpl] *s* **1** exempel [*of* på]; varning [*let this be an ~ to you*]; *make an ~ of a p.* statuera ett exempel på ngn; *set a good ~* föregå med gott exempel; *for ~* till exempel **2** [övnings]exempel
exasperate [ɪg'zæspəreɪt, -'zɑːs-] *tr* göra ursinnig (förtvivlad), förarga
exasperating [ɪg'zæspəreɪtɪŋ, -'zɑːs-] *a* som kan göra en ursinnig (förtvivlad), retfull, förarglig
exasperation [ɪgˌzæspə'reɪʃən, -ˌzɑːs-] *s* förbittring; ursinne
excavate ['ekskəveɪt] *tr* gräva [ut]; gräva upp; schakta [bort]
excavation [ˌekskə'veɪʃən] *s* grävning; utgrävning; schaktning; uppgrävning
excavator ['ekskəveɪtə] *s* **1** grävare, schaktare; utgrävare **2** tekn. grävmaskin, schaktningsmaskin
exceed [ɪk'siːd] *tr* **1** överskrida [*~ the speed limit*]; överstiga [*the cost must not ~ £500*], överskjuta; *not ~ing* om (på) högst **2** överträffa [*it ~ed our expectations*]
exceedingly [ɪk'siːdɪŋlɪ] *adv* ytterst, synnerligen
excel [ɪk'sel] **I** *itr* vara främst, excellera **II** *tr* överträffa; *~ o.s.* överträffa sig själv
excellence ['eksələns] *s* **1** förträfflighet **2** framstående (utmärkt) egenskap
excellency ['eksələnsɪ] *s* titel excellens [*Your (His, Her) E~*]
excellent ['eksələnt] *a* utmärkt, förträfflig
except [ɪk'sept] **I** *tr* undanta, göra undantag för; *[the] present company ~ed* de närvarande givetvis undantagna **II** *prep* utom, undantagandes; *~ for* bortsett från, utan [*~ for your presence I should . .*]; frånsett; *~ that* konj. utom att, bortsett från att
excepting [ɪk'septɪŋ] *prep* med undantag för, utom
exception [ɪk'sepʃən] *s* undantag; *with the ~ of* med undantag av; *take ~ to (against)* ta avstånd ifrån; ta illa upp
exceptional [ɪk'sepʃənl] *a* undantags-; ovanlig, exceptionell
excerpt [ss. subst. 'eksɜːpt, ss. vb ek'sɜːpt] **I** *s* utdrag, excerpt [*from* ur] **II** *tr* excerpera
excess [ɪk'ses, attr. 'ekses] *s* **1** överskridande; ofta pl. *~es* övergrepp, våldsamheter **2** omåttlighet **3** överdrift; övermått; *an ~ of enthusiasm* överdriven entusiasm **4** *an ~ of imports [over exports]* importöverskott; *~ luggage (weight)* övervikt, överviktsbagage; *~ postage* tilläggsporto; *in ~ of* överstigande
excessive [ɪk'sesɪv] *a* överdriven, orimlig [*~ demands*]; omåttlig [*~ drinker*]; häftig, våldsam [*~ rainfall*]; *~ price* överpris
exchange [ɪks'tʃeɪndʒ] **I** *s* **1** byte [*lose by* (på, vid) *the ~*], utbyte; [ut]växling; *~ student* utbytesstudent; *~ of letters* brevväxling; *~ of views* meningsutbyte; *in ~* i stället; *in ~ for* i utbyte mot **2** hand. **a)** växling av pengar; växelkontor; [växel]kurs; *foreign ~* se under *foreign 1*; *rate of ~* [växel]kurs **b)** växel [äv. *bill of ~*] **c)** börs [*the Stock E~*] **3** telefon|station, -växel **II** *tr* byta [ut] [*for* mot; *~ hats*]; växla [*~ words (blows)*], skifta; utväxla [*~ prisoners*]
exchequer [ɪks'tʃekə] *s*, *the E~* ung. riksrevisionsverket; *Chancellor of the E~* Engl. finansminister
1 excise ['eksaɪz] *s* accis
2 excise [ek'saɪz] *tr* skära bort (ut); stryka
excitability [ɪkˌsaɪtə'bɪlətɪ] *s* lättretlighet
excitable [ɪk'saɪtəbl] *a* lättretlig, hetsig
excite [ɪk'saɪt] *tr* **1** egga [upp], elda, hetsa upp; uppröra **2** väcka [*~ interest*], uppväcka; framkalla **3** fysiol. reta, stimulera
excited [ɪk'saɪtɪd] *a* o. *pp* upp|eggad, -hetsad, -rörd; ivrig; spänd [*about* på]; *nothing to get ~ about* ingenting att hetsa upp sig för
excitement [ɪk'saɪtmənt] *s* **1** sinnesrörelse, rörelse, spänning [*feverish ~*]; uppståndelse; upprördhet, upphetsning; iver **2** *the ~s of the journey* det spännande under resan
exciting [ɪk'saɪtɪŋ] *a* spännande; eggande, upphetsande
exclaim [ɪks'kleɪm] **I** *itr* **1** skrika ['till], ropa **2** *~ against* fara ut mot; högljutt anklaga **II** *tr* utropa, skrika [*'what!' he ~ed*]
exclamation [ˌeksklə'meɪʃən] *s* utrop; *~ mark (sign)* utropstecken
exclamatory [eks'klæmətərɪ] *a* **1** utrops- **2** skrikande
exclud|e [ɪks'kluːd] *tr* utesluta [*~ all possibility of doubt*], utestänga; undanta; *-ing packing* el. *packing -ed* exklusive emballage
exclusion [ɪks'kluːʒən] *s* uteslutande, uteslutning, utestängande; *to the ~ of* med uteslutande av
exclusive [ɪks'kluːsɪv] *a* **1** exklusiv [*~ club*] **2** uteslutande; särskild, speciell [*~ privileges*]; ensam-; exklusiv, med ensamrätt [*an ~ piece of news*]; *mutually ~* som utesluter varandra; *have ~ rights for the sale of* ha ensam[försäljnings]rätt till
exclusively [ɪks'kluːsɪvlɪ] *adv* uteslutande, enbart, endast
exclusiveness [ɪks'kluːsɪvnəs] *s* exklusivitet; exklusiv karaktär
excommunicate [ˌekskə'mjuːnɪkeɪt] *tr* bannlysa, exkommunicera
excommunication ['ekskəˌmjuːnɪ'keɪʃən] *s* bannlysning
excrement ['ekskrəmənt] *s* exkrement

excrescence [ɪks'kresns] *s* [överflödig] utväxt, missbildning; bildl. överflödighet
excrete [eks'kri:t] *tr* fysiol. avsöndra, utsöndra, uttömma
excretion [eks'kri:ʃən] *s* fysiol. av-, ut|söndring; uttömning
excruciating [ɪks'kru:ʃɪeɪtɪŋ] *a* ytterst plågsam (svår), olidlig [~ *pain*]; fam. hemsk
exculpate ['ekskʌlpeɪt] *tr* frita, rentvå
excursion [ɪks'kɜ:ʃən] *s* utflykt, utfärd, [rund]tur, exkursion [*make* (*go on*) *an* ~]; ~ *ticket* utflykts-, rundturs|biljett
excusable [ɪks'kju:zəbl] *a* förlåtlig, ursäktlig
excuse [ss. vb ɪks'kju:z, ss. subst. ɪks'kju:s] **I** *tr* **1** förlåta, ursäkta; urskulda, rättfärdiga [*nothing can* ~ *such rudeness*]; ~ *me* förlåt, ursäkta **2** befria, frita; *I'll* ~ *you from coming* du slipper komma; ~ *o.s.* be att få slippa, skicka återbud **II** *s* **1** ursäkt; bortförklaring, förevändning [*on some* ~ *or other*], föregivande; *make an* ~ ursäkta sig; *make* ~*s* komma med undanflykter (bortförklaringar) **2** befrielse från förpliktelse; *absent without* [*good*] ~ frånvarande utan giltigt förfall
excuse-me [ɪks'kju:zmi:] *a* o. *s*, *ladies'* ~ [*dance*] damernas [dans]
ex-directory [ˌeksdɪ'rektərɪ] *a*, ~ *number* hemligt telefonnummer
execrable ['eksɪkrəbl] *a* avskyvärd
execrate ['eksɪkreɪt] *tr* förbanna; avsky
execration [ˌeksɪ'kreɪʃən] *s* förbannelse; avsky
executant [ɪg'zekjʊtənt] *s* **1** verkställare **2** exekutör, utövare
execute ['eksɪkju:t] *tr* **1** utföra [~ *orders*], verkställa [~ *a p.'s commands*; ~ *a sentence*]; exekvera, effektuera, expediera [~ *an order*]; uträtta, fullgöra **2** avrätta
execution [ˌeksɪ'kju:ʃən] *s* **1** utförande, verkställande; verkställighet; fullgörande; *carry into* (*put in*) ~ verkställa, sätta i verket **2** avrättning
executioner [ˌeksɪ'kju:ʃənə] *s* bödel; skarprättare
executive [ɪg'zekjʊtɪv] **I** *a* utövande, verkställande [*the* ~ *power*]; administrativ; ~ *committee* a) styrelse i fackförening o. d. b) förvaltningsutskott; exekutivkommitté; arbetsutskott **II** *s* **1** *the* ~ den verkställande myndigheten **2** företagsledare; chef; chefstjänsteman; *chief sales* ~ försäljningschef **3** styrelse; exekutivkommitté
executor [ɪg'zekjʊtə] *s* testamentsexekutor, testamentsverkställare
executrix [ɪg'zekjʊtrɪks] *s* [kvinnlig] testamentsexekutor
exeges|is [ˌeksɪ'dʒi:s|ɪs] (pl. *-es* [-i:z]) *s* exeges; [bibel]tolkning

exemplary [ɪg'zemplərɪ] *a* **1** exemplarisk, mönstergill, föredömlig [~ *behaviour*] **2** avskräckande [~ *punishment*]
exemplification [ɪgˌzemplɪfɪ'keɪʃən] *s* exemplifiering
exemplify [ɪg'zemplɪfaɪ] *tr* exemplifiera, belysa
exempt [ɪg'zem*p*t] **I** *a* fritagen, undantagen, befriad [~ *from taxes* (*military service*)] **II** *tr* frita, undanta, befria, ge dispens
exemption [ɪg'zem*p*ʃən] *s* frikallande, befrielse [~ *from military service*]; förskoning; dispens; ~ *from taxes* skattefrihet
exercise ['eksəsaɪz] **I** *s* **1** utövande [*the* ~ *of authority*], bruk; utövning [*the* ~ *of o.'s duties*] **2** övning, träning [*the* ~ *of mental faculties*]; kroppsövning; motion [*physical* (*bodily*) ~], kroppsrörelse; exercis; *take* ~ motionera **3** övningsuppgift, skrivövning [äv. *written* ~], skrivning; stil; mus. övning, övningsstycke **4** Am. (ofta pl.) högtidlighet, 'program'; *graduation* ~*s* skolavslutning **II** *tr* **1** öva, utöva [~ *power*]; begagna, använda, bruka [~ *o.'s authority*]; visa [~ *caution*] **2** öva, träna [~ *the muscles*]; öva in; exercera, drilla [~ *soldiers*] **III** *itr* **1** öva sig; exercera **2** motionera, skaffa sig motion
exercise-book ['eksəsaɪzbʊk] *s* skrivbok, övningsbok
exerciser ['eksəsaɪzə] *s* motionsredskap
exert [ɪg'zɜ:t] *tr* **1** utöva [~ *influence*]; använda, bruka; uppbjuda, utveckla [~ *all o.'s strength*] **2** ~ *o.s.* bemöda (anstränga) sig
exertion [ɪg'zɜ:ʃən] *s* **1** utövande [~ *of authority*], uppbjudande [*with the* ~ *of all his strength*]; ~ *of power* maktutövning **2** ansträngning, bemödande, strävan
Exeter ['eksɪtə]
exeunt ['eksɪʌnt] *itr* (lat.) teat. de går ut
exhalation [ˌeks*h*ə'leɪʃən] *s* utandning; utdunstande, utdunstning
exhale [eks'heɪl] **I** *tr* andas ut [~ *air from the lungs*] **II** *itr* **1** avdunsta **2** andas ut
exhaust [ɪg'zɔ:st] **I** *tr* **1** uttömma [~ *o.'s patience* (*a subject*)], förbruka; utblotta [*of* på] **2** utmatta [*the war* ~*ed the country*]; ~ *o.s.* bli utmattad **II** *s* utströmning; avgas[er]; avloppsånga; avgasrör; ~ *manifold* avgas[gren]rör
exhausted [ɪg'zɔ:stɪd] *a* o. *pp* **1** uttömd; förbrukad; utsugen [~ *soil*] **2** utmattad, slut [*feel* ~]
exhaust-gas [ɪg'zɔ:stgæs] *s* utströmningsgas, avgas[er]
exhaustion [ɪg'zɔ:stʃən] *s* **1** uttömmande, uttömning, förbrukning **2** utmattning
exhaustive [ɪg'zɔ:stɪv] *a* uttömmande; omfattande, ingående [~ *inquiries*]
exhaust-pipe [ɪg'zɔ:stpaɪp] *s* avgasrör, av-

loppsrör
exhaust-valve [ɪg'zɔ:stvælv] *s* utblåsnings-, avgas-, avlopps|ventil
exhibit [ɪg'zɪbɪt] **I** *tr* **1** förevisa [~ *a film*]; ställa ut [~ *paintings*], skylta [med] **2** visa, ådagalägga [~ *prudence*]; uppvisa **II** *itr* ställa ut, ha utställning **III** *s* **1** jur. [bevis]-föremål **2** utställningsföremål [*do not touch the* ~*s*]
exhibition [ˌeksɪ'bɪʃən] *s* **1** utställning, exposition; förevisande; uppvisning [*an* ~ *of* (i) *bad manners*]; *make an* ~ *of o.s.* skämma ut sig **2** ådagaläggande, [fram]visande; framläggande; uppvisande **3** stipendium
exhibitioner [ˌeksɪ'bɪʃənə] *s* stipendiat
exhibitionism [ˌeksɪ'bɪʃənɪzəm] *s* exhibitionism
exhibitionist [ˌeksɪ'bɪʃənɪst] *s* exhibitionist
exhibitor [ɪg'zɪbɪtə] *s* utställare
exhilarate [ɪg'zɪləreɪt] *tr* liva (muntra) upp; göra upprymd
exhilaration [ɪgˌzɪlə'reɪʃən] *s* **1** upplivande, uppiggande **2** munterhet, upprymdhet
exhort [ɪg'zɔ:t] *tr* uppmana, [för]mana; uppmuntra, egga
exhortation [ˌegzɔ:'teɪʃən] *s* maning, uppmaning
exhumation [ˌeks*h*ju:'meɪʃən] *s* uppgrävning, framgrävning; gravöppning
exhume [eks'hju:m] *tr* gräva upp; ta upp ur graven
exigency ['eksɪdʒənsɪ, ɪg'zɪdʒənsɪ] *s* **1** [tvingande] nödvändighet, nöd **2** nödläge
exigent ['eksɪdʒənt] *a* **1** tvingande, trängande **2** krävande, fordrande
exile ['eksaɪl, 'egz-] **I** *s* **1** landsflykt, exil **2** landsförvisad, landsflyktig **II** *tr* [lands]förvisa
exist [ɪg'zɪst] *itr* (jfr *existing*) finnas [till]; existera; förekomma, förefinnas
existence [ɪg'zɪstəns] *s* tillvaro, existens; förekomst, förefintlighet; *come* (*spring*) *into* ~ uppkomma; *in* ~ existerande
existent [ɪg'zɪstənt] *a* som finns till; existerande, befintlig; förefintlig
existential [ˌegzɪ'stenʃəl] *a* existensiell
existentialism [ˌegzɪs'tenʃəlɪzəm] *s* filos. existentialism
existing [ɪg'zɪstɪŋ] *a* **1** existerande **2** nuvarande, dåvarande, nu (då) gällande
exit ['eksɪt, 'egzɪt] **I** *itr* **1** (lat.) teat. han (hon) går ut **2** gå ut **II** *s* **1** teat. o. bildl. sorti [*make o.'s* ~] **2** utgående, utgång, utträde; ~ *permit* utresetillstånd; ~ *visa* utresevisum **3** utgång, väg ut; avfart
ex-libris [eks'laɪbrɪs, -'lɪb-] *s* exlibris
exodus ['eksədəs] *s* **1** [mass]utvandring [*general* ~], folkvandring, flykt [*the* ~ *to the country*] **2** *E*~ Andra mosebok
ex officio [ˌeksə'fɪʃɪəʊ] *adv* (lat.) ex officio, å (på) ämbetets vägnar
exonerate [ɪg'zɒnəreɪt] *tr* frita, frikänna, rentvå [~ *from blame*]
exoneration [ɪgˌzɒnə'reɪʃən] *s* frikännande, fritagande
exorbitance [ɪg'zɔ:bɪtəns] *s* övermått; orimlighet, obillighet i priser, fordringar o. d.
exorbitant [ɪg'zɔ:bɪtənt] *a* omåttlig, orimlig, oerhörd [~ *prices*]
exorcise ['eksɔ:saɪz] *tr* besvärja, driva ut [~ *an evil spirit*]
exorcism ['eksɔ:sɪzəm] *s* exorcism, andebesvärjelse
exorcist ['eksɔ:sɪst] *s* exorcist, andebesvärjare
exotic [ɪg'zɒtɪk] *a* exotisk, främmande
expand [ɪks'pænd] **I** *tr* **1** vidga, utvidga; utbreda **2** utveckla [~ *an idea*]; vidga, öka ut **II** *itr* **1** [ut]vidga sig, [ut]vidgas, expandera [*trade has* ~*ed*] **2** breda ut (utveckla) sig; bildl. bli meddelsam
expanse [ɪks'pæns] *s* vidd, vid yta
expansion [ɪks'pænʃən] *s* **1** utbredande, öppnande **2** expansion äv. fys.; utbredning, utvidgning
expansive [ɪks'pænsɪv] *a* **1** expansiv, utvidgbar **2** expansions- [~ *force*, ~ *engine*], utvidgnings- **3** utbredd, vidsträckt **4** bildl. öppen, oreserverad; expansiv
expatiate [eks'peɪʃɪeɪt] *itr* vara vidlyftig, breda ut sig [~ [*up*]*on* (över) *a subject*]
expatriate [i bet. *I* eks'pætrɪeɪt, -'peɪt-, i bet. *II* o. *III* eks'pætrɪət, -'peɪt-] **I** *tr* landsförvisa **II** *s* **1** utvandrare; landsflykti[n]g **2** person som bor utomlands **III** *a* **1** utvandrad; landsflyktig **2** utlands- [~ *Americans*]
expect [ɪks'pekt] **I** *tr* **1** vänta, vänta sig, förvänta; ~ *support from* räkna med (på) understöd av (från) **2** fam. anta, förmoda [*I* ~ *so* (det)] **II** *itr* fam., *be* ~*ing* vänta barn
expectancy [ɪks'pektənsɪ] *s* förväntan; förväntning
expectant [ɪks'pektənt] *a* **1** väntande, förväntansfull **2** havande; ~ *mothers* blivande mödrar
expectation [ˌekspek'teɪʃən] *s* **1** väntan, förväntan, förhoppning; pl. ~*s* förväntningar [*great* ~*s*], utsikter [att få ärva]; *fall short of* (*not come up to*) *a p.'s* ~[*s*] inte motsvara ngns förväntningar; *arouse* (*excite, raise*) ~*s* väcka förväntningar; *beyond* (*contrary to*) ~[*s*] över (mot) [all] förväntan; *in* ~ *of* i avvaktan på **2** sannolikhet för ngt; ~ *of life* försäkr. sannolik livslängd; [återstående] medellivslängd
expectorate [eks'pektəreɪt] *tr* o. *itr* hosta upp; spotta [ut]
expedience [ɪks'pi:djəns] *s* o. **expediency** [ɪks'pi:djənsɪ] *s* **1** lämplighet, ändamåls-

enlighet **2** egoistiska hänsyn, egennytta

expedient [ɪks'pi:djənt] **I** *a* ändamålsenlig, lämplig; fördelaktig, opportun **II** *s* medel, utväg, lösning

expedite ['ekspɪdaɪt] *tr* **1** expediera, uträtta [~ *a piece of business*] **2** påskynda

expedition [ˌekspɪ'dɪʃən] *s* **1** expedition, [forsknings]färd **2** mil. expedition, fälttåg

expeditionary [ˌekspɪ'dɪʃənərɪ] *a*, ~ *force* mil. expeditions|styrka, -kår

expel [ɪks'pel] *tr* **1** driva ut, fördriva, jaga bort **2** förvisa, utvisa; utestänga; relegera

expend [ɪks'pend] *tr* ge ut, lägga ut, lägga ner, använda, offra [~ *money, time and care*]; förbruka

expendable [ɪks'pendəbl] *a* som kan förbrukas (offras)

expenditure [ɪks'pendɪtʃə] *s* **1** förbrukning, åtgång [~ *of ammunition*] **2** utgifter

expense [ɪks'pens] *s* utgift [*household* ~*s*]; utlägg; bekostnad äv. bildl. [*be funny at* (på) *a p.'s* ~]; ~ *account* omkostnadskonto; representationskonto; *travelling* ~*s* resekostnader; *at o.'s own* ~ på egen bekostnad

expensive [ɪks'pensɪv] *a* dyr [*an* ~ *restaurant*], kostsam; *he has* ~ *tastes* han har en dyrbar smak

experience [ɪks'pɪərɪəns] **I** *s* **1** erfarenhet; egen erfarenhet, rön; praktik; vana; *office* ~ kontorspraktik; *profit by* ~ lära sig av erfarenheten **2** upplevelse, händelse, äventyr, erfarenhet [*an unpleasant* ~] **II** *tr* uppleva, erfara; röna

experienced [ɪks'pɪərɪənst] *a* **1** erfaren, rutinerad; beprövad **2** upplevd, känd

experiment [ɪks'perɪmənt, ss. vb -ment] **I** *s* försök, experiment, rön [~*s made by a p.*]; *by* ~ genom försök, experimentellt **II** *itr* experimentera, göra försök

experimental [eksˌperɪ'mentl] *a* **1** försöks- [~ *farm*], experiment- [~ *theatre*], experimentell [~ *method*], experimental- [~ *physics*] **2** erfarenhets-, erfarenhetsmässig **3** experimenterande, trevande

experimentation [eksˌperɪmen'teɪʃən] *s* experimenterande, försök

expert ['ekspɜ:t] **I** *a* **1** sakkunnig [~ *advice*], fackmanna-, expert- [~ *work*] **2** kunnig, skicklig, förfaren, tränad, övad [*at* (*in*) på, i] **II** *s* expert, specialist, sakkunnig, fackman [*at* (*in, on*) på, i]

expertise [ˌekspɜ:'ti:z] *s* expertutlåtande; expertis; sakkunskap

expertness ['ekspɜ:tnəs] *s* skicklighet, expertis, sakkunskap

expiate ['ekspɪeɪt] *tr* sona [~ *o.'s sins*], få plikta för

expiation [ˌekspɪ'eɪʃən] *s* sonande, soning

expiration [ˌekspɪ'reɪʃən] *s* **1** utandning **2** utlöpande [~ *of a contract*]; utgång [*at the* ~ *of his term of office*]; upphörande

expire [ɪks'paɪə] **I** *tr* andas ut **II** *itr* **1** gå ut [*his passport has* ~*d*], löpa ut [*the period has* ~*d*]; upphöra **2** uppge andan, dö

expiry [ɪks'paɪərɪ] *s* se *expiration 2*

explain [ɪks'pleɪn] *tr* förklara, klargöra [*to a p.* för ngn]; ~ *away* bortförklara; *that will take some* ~*ing* det blir inte så lätt att förklara

explanation [ˌeksplə'neɪʃən] *s* förklaring; *by way of* ~ till förklaring

explanatory [ɪks'plænətərɪ] *a* förklarande [~ *notes,* ~ *additions*], upplysande

expletive [eks'pli:tɪv] *s* svordom, kraftuttryck

explicable [eks'plɪkəbl] *a* förklarlig

explicit [ɪks'plɪsɪt] *a* **1** tydlig, klar [~ *statement*], bestämd [~ *belief*]; uttrycklig [~ *promise*] **2** rättfram; *be* ~ uttrycka sig tydligt

explode [ɪks'pləud] **I** *tr* **1** få att (låta) explodera, spränga [i luften] **2** misskreditera, kullkasta; pp. ~*d* äv. utdömd, förkastad **II** *itr* explodera, springa i luften

1 exploit ['eksplɔɪt] *s* lysande bedrift, bragd

2 exploit [ɪks'plɔɪt] *tr* exploatera: a) bearbeta [~ *a mine*], utnyttja [~ *natural resources*] b) egennyttigt utnyttja

exploitation [ˌeksplɔɪ'teɪʃən] *s* exploatering, utnyttjande

exploration [ˌeksplɔ:'reɪʃən] *s* utforskning, utforskande; *journey of* ~ forskningsresa

exploratory [eks'plɔ:rətərɪ] *a* **1** utforskande, undersökande; forsknings- **2** förberedande

explore [ɪks'plɔ:] *tr* utforska; genomforska; undersöka [~ *the possibilities*]

explorer [ɪks'plɔ:rə] *s* forsknings-, upptäckts|resande; utforskare

explosion [ɪks'pləuʒən] *s* **1** explosion, sprängning; *the population* ~ befolkningsexplosionen **2** bildl. [våldsamt] utbrott [~ *of anger*]

explosive [ɪks'pləusɪv] **I** *a* **1** explosiv; ~ *charge* sprängladdning **2** bildl. a) häftig [~ *temper*] b) explosiv, brännbar [*an* ~ *issue*] **II** *s* **1** sprängämne **2** fonet. klusil, explosiva

exponent [eks'pəunənt] *s* **1** mat. exponent **2** exponent, talesman [*of* för]; tolk, framställare [*of* av]

export [ss. subst. 'ekspɔ:t, ss. vb eks'pɔ:t] **I** *tr* exportera **II** *s* **1** exportvara; pl. ~*s* äv. export[en] **2** export, utförsel

exporter [eks'pɔ:tə] *s* exportör

expose [ɪks'pəuz] *tr* **1** utsätta [~ *to* (för) *danger* (*the weather*)], exponera; blottställa, utsätta för fara **2** exponera, ställa ut [~ *goods in a shop window*]; ~ *o.s. indecently* blotta sig sedlighetssårande **3** yppa, röja [~ *a secret*]; avslöja [~ *a swindler*]; uppdaga [~ *a plot*] **4** fotogr. exponera [~ *a film*]

exposé [eks'pəʊzeɪ] *s* exposé, framställning, översikt

exposed [ɪks'pəʊzd] *a* o. *pp* **1** utsatt [~ *situation*], blottställd; blottad, oskyddad **2** utställd, synlig

exposition [ˌekspəʊ'zɪʃən] *s* **1** framställning, redogörelse [*an* ~ *of* (för) *his views*] **2** utläggning, förklaring; kommentar [*on* till (av)]; skildring **3** a) utställning, exposition b) utställande, framvisande

expostulate [ɪks'pɒstjʊleɪt] *itr* protestera; ~ *with a p. about* (*on, over*) *a th.* protestera hos ngn mot ngt, förebrå ngn ngt

expostulation [ɪksˌpɒstjʊ'leɪʃən] *s* [vänlig men bestämd] protest, förebråelse, föreställning

exposure [ɪks'pəʊʒə] *s* **1** utsättande [~ *to* (för) *ridicule*], blottställande **2** att vara utsatt [~ *to* (för) *rain*], utsatthet; *die from* ~ frysa ihjäl, dö av köld; *on* ~ *to the air* då det utsätts för luftens inverkan **3 a**) exponering; *indecent* ~ (jur.) sedlighetssårande blottande **b**) fotogr. exponering; exponeringstid; ~ *meter* exponeringsmätare **4** utställande, exponerande [~ *of goods in a shop-window*] **5** avslöjande [*the* ~ *of a fraud*], blottande, demaskering

expound [ɪks'paʊnd] *tr* **1** förklara, lägga ut **2** utveckla, framställa [~ *a theory*]

express [ɪks'pres] **I** *a* **1** exakt, fullständig[t lik] **2** uttrycklig, tydlig [~ *command*] **3** särskild, speciell; *for the* ~ *purpose of*.. enkom för [det syftet] att.. **4** express-, il-, snäll-; ~ *company* Am. expressbyrå; transportfirma; ~ *delivery* [*of letters*] expressbefordran [av brev]; ~ *letter* expressbrev; ~ *train* expresståg; snälltåg **II** *adv* med ilbud, express [*send a th.* ~] **III** *s* **1** expressbefordran; *send a th. by* (*per*) ~ skicka ngt express **2** expresståg; snälltåg **3** Am. expressbyrå; transportfirma **IV** *tr* **1** uttrycka [~ *o.'s surprise*], uttala [*his own* ~*ed opinion*]; framställa **2** skicka express

expression [ɪks'preʃən] *s* **1** yttrande, uttryckande, uttalande; ~*s of opinion* meningsyttringar; ~ *of sympathy* sympatiyttring **2** språkligt, algebraiskt o. d. uttryck; uttryckssätt **3** [ansikts]uttryck; känsla [*play with* ~]; uttrycksfullhet

expressionism [ɪks'preʃənɪzəm] *s* expressionism

expressive [ɪks'presɪv] *a* **1** ~ *of* som uttrycker, uttryckande **2** uttrycksfull, talande [*an* ~ *look*], betecknande [*an* ~ *term*]

expressly [ɪks'preslɪ] *adv* **1** uttryckligen; tydligt, bestämt **2** enkom, särskilt, speciellt

expressway [ɪks'presweɪ] *s* Am. motorväg

expropriate [eks'prəʊprɪeɪt] *tr* expropriera [~ *land*]; lägga beslag på

expropriation [eksˌprəʊprɪ'eɪʃən] *s* expropriation, expropriering

expulsion [ɪks'pʌlʃən] *s* utdrivande, utdrivning [~ *of air*]; uteslutning, utstötande [~ *from a political party*]; utvisning; univ. relegation [*the* ~ *of a student*]

expurgate ['ekspɜːgeɪt, -pəg-] *tr* rensa [från anstötligheter], censurera [~ *a book*]; rensa bort [~ *obscene parts from a book*]

exquisite [eks'kwɪzɪt, 'ekskwɪzɪt] *a* **1** utsökt, fin [~ *taste*] **2** utomordentlig [~ *pleasure*] **3** fin, skarp [~ *sensibility*]

ex-service|man ['eks'sɜːvɪs|mæn] (pl. *-men*) *s* f. d. soldat, [krigs]veteran

extant [eks'tænt] *a* som finns kvar, bevarad; som existerar

extemporaneous [eksˌtempə'reɪnjəs] *a* o.

extemporary [ɪks'tempərərɪ] *a* improviserad, oförberedd, extemporerad

extempore [eks'tempərɪ] **I** *adv* extempore, oförberett [*speak* ~] **II** *a* se *extemporaneous*

extemporization [eksˌtempəraɪ'zeɪʃən] *s* improvisation, extemporering

extemporize [ɪks'tempəraɪz] *itr* o. *tr* improvisera, extemporera

extend [ɪks'tend] (jfr *extended*) **I** *tr* **1** sträcka ut, sträcka (räcka) fram, räcka ut [~ *o.'s hand to a p.*] **2** utsträcka [~ *o.'s domains*], förlänga [~ *o.'s visit*], dra ut [~ *a railway*]; [ut]vidga [~ *the city boundaries*; ~ *o.'s knowledge*]; hand. prolongera [~ *a loan*] **3** bygga till (ut) [~ *a house*] **4** bildl. ge, erbjuda [~ *aid*], visa [~ *hospitality*], bjuda [~ *a cordial welcome*] **5** ~ *o.s.* ta ut sig; *the horse was fully* ~*ed* hästen pressades till det yttersta **II** *itr* **1** sträcka sig [*a road that* ~*s for miles and miles*]; breda ut sig [*a vast plain* ~*ed before us*]; räcka, vara [*the occupation* ~*ed from 1940 to 1945*] **2** utsträckas; utvidgas **3** sticka ut (fram)

extended [ɪks'tendɪd] *a* o. *pp* **1** utsträckt, framsträckt [~ *hand*] **2** förlängd, utdragen, långvarig; [ut]vidgad [*on an* ~ *scale*]; vidsträckt [~ *empire*]; ~ *family* storfamilj; ~ *play record* EP-skiva; *an* ~ *tour of Sweden* en längre tur genom Sverige

extension [ɪks'tenʃən] *s* **1** utsträckande, utvidgande, utvidgning [~ *of o.'s knowledge*]; sträckning; förlängning [*an* ~ *of my holiday*], prolongation [~ *of a bill*]; *by* ~ [*of the sense*] i vidare betydelse **2** utbredning [*the* ~ *of Islam*], utsträckning **3 a**) tillbyggnad [*build an* ~ *to a house*]; utbyggnad, förlängning; utdragsskiva, klaff **b**) attr.: ~ *flex* (*cord*) förlängningssladd, skarvsladd; ~ *ladder* utskjutningsstege, slags brandstege; ~ *loudspeaker* extra högtalare **4** telef. anknytning[sapparat] **5** *University E~* utanför universitetet anordnade universitetskurser; folkuniversitet

extensive [ɪks'tensɪv] *a* vidsträckt, omfångsrik, väldig; omfattande [*~ preparations*]; utförlig, vittgående; *make ~ use of a th.* använda ngt i stor utsträckning

extensively [ɪks'tensɪvlɪ] *adv* i stor utsträckning (omfattning, skala)

extent [ɪks'tent] *s* **1** utsträckning, omfattning, omfång, vidd [*the ~ of the danger*]; *to a great ~* i stor utsträckning, i hög grad; *to some (a certain) ~* till en viss grad, i viss mån **2** sträcka, yta, område [*a vast ~ of marsh*]

extenuate [eks'tenjʊeɪt] *tr* [för]minska, överskyla; ursäkta; *extenuating circumstances* förmildrande omständigheter

extenuation [eks,tenjʊ'eɪʃən] *s* förmildrande; urskuldande; *in ~ of* [så]som ursäkt för

exterior [eks'tɪərɪə] **I** *a* yttre, ytter-, utvändig, utvärtes; utomhus- [*~ aerial*] **II** *s* yttre [*a good man with a rough ~*]; utsida, yttersida, exteriör [*the ~ of a building*]

exterminate [ɪks'tɜ:mɪneɪt] *tr* utrota, tillintetgöra

extermination [ɪks,tɜ:mɪ'neɪʃən] *s* utrotande, förintande; attr. utrotnings-; *war of ~* utrotningskrig

external [eks'tɜ:nl] **I** *a* yttre [*~ factors*]; ytter-, utvärtes [*for ~ use only!*]; utvändig [*an ~ surface*]; synbar; utrikes- [*~ policy*]; *~ degree* akademisk grad avlagd utanför universitetet **II** *s* **1** yttre, utsida **2** pl. *~s* yttre, yttre former (tecken)

extinct [ɪks'tɪŋkt] *a* **1** slocknad [*an ~ volcano*], utslocknad **2** utdöd [*an ~ species*]; *become ~* dö ut; utslockna

extinction [ɪks'tɪŋkʃən] *s* **1** [ut]släckande [*~ of a fire*] **2** utdöende [*~ of a species*], [ut]slocknande

extinguish [ɪks'tɪŋgwɪʃ] *tr* **1** släcka [ut] [*~ a fire*]; [för]kväva [*~ the flames*] **2** tillintetgöra; utrota, utplåna [*~ a species*]

extinguisher [ɪks'tɪŋgwɪʃə] *s* eldsläckare, [hand]brandsläckare

extirpate ['ekstɜ:peɪt] *tr* rycka upp med rötterna; bildl. utrota, utplåna

extirpation [,ekstɜ:'peɪʃən] *s* utrotande, utrotning

extol [ɪks'təʊl] *tr* höja till skyarna, lovprisa, berömma

extort [ɪks'tɔ:t] *tr* pressa ut [*~ money from* (av) *a p.*], avtvinga, avpressa [*~ a confession from a p.*], framtvinga

extortion [ɪks'tɔ:ʃən] *s* utpressning; avtvingande, avpressande

extortionate [ɪks'tɔ:ʃənət] *a* orimlig, ocker- [*~ prices*; *~ interest*]

extra ['ekstrə] **I** *adv* extra **II** *a* extra, ytterligare; *~ postage* portotillägg; *~ time* fotb. förlängning **III** *s* **1** extra ting (sak) **2** extraavgift, -debitering [*no ~s*] **3** extrablad, -nummer **4** film. o. d. statist

extract [ss. vb ɪks'trækt, ss. subst. 'ekstrækt] **I** *tr* **1** dra (ta) ut [*~ teeth*; mat. *~ the root of* (ur) *a number*] **2** extrahera [*~ an essence*], skilja ut, pressa [ut] [*~ juice*]; utvinna **3** tvinga fram [*~ information (money) from a p.*] **4** hämta, finna [*~ pleasure from* (ur, i) *a th.*] **5** excerpera [*~ passages from* (ur) *a book*]; göra utdrag ur **II** *s* **1** extrakt [*meat ~*] **2** utdrag [*~ from* (ur) *a book*]

extraction [ɪks'trækʃən] *s* **1** utdragning, uttagning; extraherande, extraktion **2** börd, härkomst

extracurricular ['ekstrəkə'rɪkjʊlə] *a* utanför schemat; *~ activities* fritidssysselsättningar

extradite ['ekstrədaɪt] *tr* utlämna brottsling till annan stat; få utlämnad

extradition [,ekstrə'dɪʃən] *s* utlämning

extramarital ['ekstrə'mærɪtl] *a*, *~ relations* utomäktenskapliga förbindelser

extramural ['ekstrə'mjʊərəl] *a*, *~ department* univ. avdelning för kursverksamhet utanför universitetet

extraneous [eks'treɪnjəs] *a* **1** yttre [*~ circumstances*]; [som kommer] utifrån **2** utomstående [*~ persons*]; *be ~ to* stå utanför

extraordinarily [ɪks'trɔ:dənərəlɪ] *adv* utomordentligt, ovanligt

extraordinary [ɪks'trɔ:dənərɪ] *a* **1** särskild, tillfällig, extra; *ambassador ~* utomordentligt sändebud **2** extraordinär [*~ powers* (befogenheter)]; ovanlig; märklig

extrasensory ['ekstrə'sensərɪ] *a*, *~ perception* utomsinnlig varseblivning, extrasensorisk perception

extra-special ['ekstrə'speʃəl] *a* fam. extrafin

extraterritorial ['ekstrə,terɪ'tɔ:rɪəl] *a* exterritorial

extravagance [ɪks'trævəgəns] *s* **1** extravagans, överdåd, onödig lyx **2** överdrift

extravagant [ɪks'trævəgənt] *a* **1** extravagant, överdådig **2** [våldsamt] överdriven [*~ praise*]; omåttlig, orimlig [*~ (demand)*]

extravaganza [eks,trævə'gænzə] *s* **1** mus. o. litt. fantasi, fantasistycke **2** teat. o. d. utstyrselstycke **3** fantasteri

extreme [ɪks'tri:m] **I** *a* **1** ytterst [*the ~ Left*]; längst bort (fram, ut), borterst **2** ytterst stor, ytterst; extrem; drastisk [*~ measures*]; *the ~ penalty [of the law]* lagens strängaste straff **3** ytterlighets-, extrem [*an ~ case*] **II** *s* **1** *carry matters to an ~ (to ~s)* driva saken (det) till sin spets; *go to ~s* gå till ytterligheter (överdrift) **2** högsta grad;

in the ~ i högsta grad, ytterst
extremely [ɪks'tri:mlɪ] *adv* ytterst, oerhört, högst, utomordentligt [~ *satisfactory*]
extremist [ɪks'tri:mɪst] *s* extremist, ytterlighetsman
extremit|y [ɪks'treməti] *s* **1** yttersta del (punkt) **2** anat., pl. *-ies* extremiteter **3** högsta grad, höjdpunkt **4** pl. *-ies* ytterlighetsåtgärder **5** nödläge, tvångsläge; *driven to* ~ driven till det yttersta
extricate ['ekstrɪkeɪt] *tr* lösgöra, frigöra; dra (plocka) fram
extrication [ˌekstrɪ'keɪʃən] *s* frigörelse, frigörande
extrinsic [eks'trɪnsɪk] *a* **1** yttre; utanför liggande; ~ *to* utanför **2** oväsentlig
extrovert ['ekstrəʊvɜ:t] psykol. **I** *s* utåtvänd (extrovert) person **II** *a* utåtvänd, extrovert
extrude [eks'tru:d] **I** *tr* stöta (pressa) ut **II** *itr* skjuta ut
exuberance [ɪg'zju:bərəns] *s* **1** översvallande; strålande vitalitet; livsglädje **2** överflöd, ymnighet, frodighet
exuberant [ɪg'zju:bərənt] *a* **1** sprudlande [~ *joy*], översvallande [~ *praise*], levnadsglad **2** överflödande; ymnig, frodig [~ *vegetation*; ~ *imagination*]
exude [ɪg'zju:d] **I** *itr* sippra (svettas) ut, avsöndras, utsöndras **II** *tr* ge ifrån sig [~ *an odour*], avsöndra, utsöndra
exult [ɪg'zʌlt] *itr* jubla, triumfera
exultant [ɪg'zʌltənt] *a* jublande, triumferande
exultation [ˌegzʌl'teɪʃən] *s* jubel, triumf
exx. förk. för *examples*
eye [aɪ] **I** *s* **1** öga; syn[förmåga]; blick [*he has an artist's* ~]; uppsikt, övervakning [*be under the* ~ *of a p.*]: **a**) i vissa uttryck: *the naked* ~ blotta ögat; *an* ~ *for colours* färgsinne; *that's all my* ~ [*and Betty Martin*]! sl. i helsicke heller!, det är bara skitsnack! **b**) ss. obj. till verb: *close* (*shut*) *o.'s* ~*s to* blunda för, se genom fingrarna med; *get o.'s* ~ [*well*] *in* sport. träna upp ögat; *give a p. the* ~ fam. [ögon]flörta med ngn; *have o.'s* ~*s about one* ha ögonen med sig; *have an* ~ *for* ha blick (sinne, öga) för; *have o.'s* ~ *on a th.* fam. a) ha ngt i kikarn b) ha ett gott öga till ngt; *have an* ~ *to* ha ett öga på; ha i kikarn; *have an* ~ *to the main chance* (*an* ~ *to business*) vara om sig; *keep o.'s* ~*s open* (*peeled, skinned*) fam. ha ögonen med sig; *keep an* ~ *on* hålla ett [vaksamt] öga på; *keep an* ~ *out for* hålla utkik efter; *make* ~*s at* [ögon]flörta med; *open a p.'s* (*o.'s*) ~*s* se *open III 1*; *run o.'s* ~[*s*] *over* titta över, ögna igenom; *set* (*clap, lay*) ~*s on* få syn på; *set o.'s* ~*s on* kasta sina blickar på; *strike a p.'s* ~ falla ngn i ögonen **c**) med prep.: *before* (*under*) *the very* ~*s of a p.* a) inför ngns ögon b) mitt för näsan (ögonen) på ngn; *an* ~ *for an* ~ öga för öga; *in o.'s mind's* ~ se *mind I 1*; *in the* ~[*s*] *of the law* i lagens mening, enligt lagen; *do a p. in the* ~ fam. dra ngn grundligt vid näsan; *give a p. one* (*a smack*) *in the* ~ fam. ge ngn en smocka [i ögat]; *that was one* (*a smack*) *in the* ~ *for him* fam. där fick han; *be in the public* ~ vara föremål för offentlig uppmärksamhet; *see* ~ *to* ~ *with a p.* se på saken på samma sätt som ngn; *be up to the* (*o.'s*) ~*s in work* ha arbete upp över öronen; *with an* ~ *to* i avsikt att **2** [nåls]öga [*the* ~ *of a needle*]; ögla; bot. öga [*the* ~*s of a potato*] **II** *tr* betrakta, mönstra [*they* ~*d her with suspicion*], syna
eyeball ['aɪbɔ:l] *s* ögonglob, ögonsten
eyebrow ['aɪbraʊ] *s* ögonbryn; *be up to the* ~*s in work* ha arbete upp över öronen
eye-catching ['aɪˌkætʃɪŋ] *a* som fångar ögat
eyeful ['aɪfʊl] *s* fam. **1** *they got a real* ~ de fick verkligen se mycket; *get* (*have*) *an* ~ *of this!* ta en titt på det här! **2** *she is an* ~ hon är något att vila ögonen på (en fröjd för ögat) **3** *get an* ~ *of dust* få damm i ögat
eyeglass ['aɪglɑ:s] *s* **1** monokel **2** pl. ~*es* glasögon **3** okular[lins] i kikare o. d.
eyelash ['aɪlæʃ] *s* ögonfrans, ögonhår
eyelid ['aɪlɪd] *s* ögonlock
eye-liner ['aɪˌlaɪnə] *s* eyeliner
eye-opener ['aɪˌəʊpnə] *s* tank[e]ställare
eyepiece ['aɪpi:s] *s* okular[lins] i kikare o. d.
eye-shade ['aɪʃeɪd] *s* ögonskärm
eyeshadow ['aɪˌʃædəʊ] *s* kosmetisk ögonskugga
eyeshot ['aɪʃɒt] *s* synhåll [*within* ~]
eyesight ['aɪsaɪt] *s* syn [*have a good* ~], synförmåga
eye-socket ['aɪˌsɒkɪt] *s* ögonhåla
eyesore ['aɪsɔ:] *s* ful (störande) syn, åbäke, skönhetsfläck
eye-|tooth ['aɪ|tu:θ] (pl. *-teeth* [-ti:θ]) *s* ögontand, hörntand
eyewash ['aɪwɒʃ] *s* **1** farm. ögonvatten, ögonbad **2** fam. humbug; bluff
eyewitness ['aɪ'wɪtnəs] **I** *s* åsyna vittne, ögonvittne **II** *tr* vara ögonvittne till
eyrie o. **eyry** ['aɪərɪ, 'eər-] *s* **1** högt beläget [rovfågels]näste **2** rovfågels kull
Ezekiel [ɪ'zi:kjəl] Hesekiel
Ezra ['ezrə] Esra

F

F, f [ef] (pl. *F's, f's* [efs]) *s* F, f; *F flat* mus. fess; *F sharp* mus. fiss
F. förk. för *Fahrenheit, Fellow*
f förk. för *2 forte*
f. förk. för *feet, feminine, folio, foot*
F.A. ['ef'eɪ] förk. för *Football Association*
fa [fɑ:] *s* mus. fa
fab [fæb] *a* fam. jättefin
fable ['feɪbl] *s* **1** fabel **2** a) saga, myt b) sagovärld **3** osanning
fabric ['fæbrɪk] *s* **1** tyg [*silk ~s*], väv, textil [äv. *textile ~*]; stoff **2** [upp]byggnad; stomme, konstruktion [*the ~ of the roof*]; *the social ~* samhällsstrukturen **3** struktur, textur [*cloth of a beautiful ~*] **4** större byggnad, kyrkobyggnad
fabricate ['fæbrɪkeɪt] *tr* **1** bildl. dikta ihop, fabricera [*~ a story*]; förfalska [*~ a document*] **2** sätta ihop, montera [ihop]; tillverka, förfärdiga isht delar el. halvfabrikat
fabrication [ˌfæbrɪ'keɪʃən] *s* **1** a) bildl. hopdiktande, fabricering; dikt, påhitt [*rumours founded on mere ~*] b) förfalskning **2** hopsättning, hopmontering **3** tillverkning isht av delar el. halvfabrikat
fabulous ['fæbjʊləs] *a* **1** fabelns, fabel- [*~ animal*]; diktad **2** fabulös, sagolik [*~ price (wealth)*]; fam. fantastisk, jättefin
façade [fə'sɑ:d] *s* fasad äv. bildl.
face [feɪs] **I** *s* **1** a) ansikte b) uppsyn, min [*a sad ~*]; *full ~* en face, rakt framifrån; *her ~ is her fortune* hon lever på sitt utseende; *his ~ fell* han blev lång i ansiktet (synen); *have the ~ to* ha fräckheten (panna, mage) att; *keep a straight ~* hålla masken, hålla sig för skratt; *lose ~* förlora ansiktet (anseendet); *make (pull) ~s* göra grimaser, grimasera [*at* åt]; *pull a long ~* bli lång i ansiktet (synen); *put a bold (brave, good) ~ on it* hålla god min i elakt spel; *save [o.'s] ~* rädda ansiktet (skenet); *show o.'s ~* visa sig; *in [the] ~ of* a) [ställd] inför [*in the ~ of an accomplished fact*] b) trots [*succeed in the ~ of great danger*]; *fly in the ~ of* a) rusa rakt på b) bildl. trotsa; strida (gå) emot [*it flies in the ~ of all facts*]; *laugh in a p.'s ~* skratta ngn [rakt] upp i ansiktet; *slam the door in a p.'s ~* slå igen dörren mitt för näsan på ngn; *fall on o.'s ~* ramla framstupa; *to a p.'s ~* mitt [upp] i ansiktet på ngn, rent ut [*I'll tell him so to his ~*]; *~ to ~* ansikte mot ansikte; [*be brought*] *~ to ~ with a problem* [ställas] inför ett problem **2** a) yta [*disappear from (off) the ~ of the earth*]; *on the ~ of it (things)* bildl. vid första påseendet, ytligt sett **b**) framsida, på byggnad äv. fasad, på mynt o. d. bildsida; rätsida; utsida; [klipp]vägg **c**) [ur]tavla **d**) tekn. slagyta **3** *~ value* nominellt värde; *take a th. at [its] ~ value* bildl. ta ngt för vad det är [värt]
II *tr* **1** a) [modigt] möta [*~ dangers (the enemy)*]; se i ögonen (vitögat) [*~ death*] b) vara beredd på, räkna med [*we will have to ~ that*]; ha ögonen öppna för, inte blunda för [*~ reality, ~ the facts*]; *let's ~ it - he is . .* man (vi) måste erkänna att han är . . **2** a) stå inför [*~ ruin*] b) möta [*the problem that ~s us*]; *a crisis ~d us* vi stod inför en kris; *be ~d with* stå (vara ställd) inför **3** vända ansiktet mot, stå (vara) vänd mot, se mot; stå ansikte mot ansikte med; befinna sig (ligga) mitt emot; ligga (vetta) mot (åt); *the picture ~s page 10* bilden står mot sidan 10 **4** lägga med framsidan upp spelkort, brev o. d. **5** förse med [upp]slag **6** beklä[da], klä [*~ a building with brick*]
III *itr* **1** vara (stå) vänd, vända sig [*towards* mot]; vetta, ligga [*to, towards, on* mot, åt; [*to the*] *north* mot (åt) norr] **2** *~ up to* a) [modigt] möta b) ta itu med [*~ up to the problem*]; böja sig för [*~ up to the fact that . .*] **3** mil. göra vändning; *about ~!* helt om!; *right (left) [about] ~!* [helt] höger (vänster) om!
face-card ['feɪskɑ:d] *s* kortsp. klätt kort, målare
face-cloth ['feɪsklɒθ] *s* tvättlapp
facedown ['feɪsdaʊn] *s* isht Am. sammandrabbning, konfrontation
face-flannel ['feɪsˌflænl] *s* tvättlapp
face-lift ['feɪslɪft] *s* ansiktslyftning äv. bildl.
face-lotion ['feɪsˌləʊʃən] *s* ansiktsvatten
face-pack ['feɪspæk] *s* ansiktsmask
face-powder ['feɪsˌpaʊdə] *s* [ansikts]puder
face-saving ['feɪsˌseɪvɪŋ] *a* som räddar ansiktet; för att rädda ansiktet [*a ~ gesture*]
facet ['fæsɪt] *s* **1** fasett **2** bildl. sida [*a ~ of a problem*], aspekt
faceted ['fæsɪtɪd] *a* fasetterad, fasettslipad
facetious [fə'si:ʃəs] *a* skämtsam, lustig
face-towel ['feɪsˌtaʊəl] *s* toaletthandduk
facia ['feɪʃə] *s* se *fascia*
facial ['feɪʃəl] **I** *a* ansikts- [*~ expression*] **II** *s* ansiktsbehandling
facile ['fæsaɪl, Am. 'fæsl] *a* **1** lätt[vunnen], lättköpt [*~ victory*], enkel, lättvindig [*~ method*] **2** flyhänt; flink [*~ fingers*], ledig [*he has a ~ pen*] **3** lättsam, ledig
facilitate [fə'sɪlɪteɪt] *tr* underlätta, förenkla; främja
facility [fə'sɪlətɪ] *s* **1** lätthet, ledighet; färdighet; flinkhet; [*he can do both*] *with equal ~ . .* lika lätt **2 a**) möjlighet, lätthet;

every ~ for [*bathing and tennis*] rika tillfällen (möjligheter) till . . **b)** pl. *-ies* möjligheter, resurser; anordningar, faciliteter, hjälpmedel; toalett [*the -ies are on the left*]; *bathing -ies* badmöjligheter; *modern -ies* moderna bekvämligheter (hjälpmedel)
facing ['feɪsɪŋ] **I** *s* **1** byggn. fasadbeklädnad **2** kantgarnering, skoning; infodring **II** *pres p* [som vetter] mot (åt) [*a window ~ north*]; *the man ~ me* mannen mitt emot mig; *sit ~* [*towards*] *the engine* åka framlänges på tåg
facsimile [fæk'sɪməlɪ] *s* faksimil[e]
fact [fækt] *s* **1** a) faktum b) [sak]uppgift [*he doubted the author's ~s*]; *~ and fiction* fantasi och verklighet; *the ~* [*of the matter*] *is that . .* saken är den att . ., faktum är att . .; *a matter of ~* ett faktum; *as a matter of ~, in* [*actual*] *~, in point of ~* i själva verket, i verkligheten (realiteten) **2** jur., *after the ~* efter brottet [*accessary* (medverkande) *after the ~*]
fact-finding ['fækt͵faɪndɪŋ] *a, ~ commission* undersökningskommitté
faction ['fækʃən] *s* **1** isht pol. fraktion, [oppositions]klick, falang **2** partikäbbel
factious ['fækʃəs] *a* **1** upprorisk, oppositionslysten **2** partisinnad
factitious [fæk'tɪʃəs] *a* konstlad; konstgjord
factor ['fæktə] *s* **1** faktor, förhållande **2** mat. faktor **3** hand. agent, kommissionär
factorize ['fæktəraɪz] *tr* mat. dela upp i faktorer
factory ['fæktərɪ] *s* fabrik, fabriksanläggning, bruk, verk; *F~ Acts* arbetarskyddslagar; *~ hand* fabriksarbetare
factotum [fæk'təutəm] *s* faktotum, allt i allo
factual ['fæktʃuəl] *a* **1** saklig **2** verklig, faktisk
facultative ['fækəltətɪv] *a* valfri, fakultativ
facult|y ['fækəltɪ] *s* **1** förmåga [*administrative* (*critical*) *~*]; *~ for* förmåga till, fallenhet (talang) för, sinne för; *mental -ies* själsförmögenheter; *be in possession of all o.'s -ies* vara vid sina sinnens fulla bruk **2** skicklighet, duglighet **3** univ. **a)** fakultet; *the ~ of Law* (*Medicine*) juridiska (medicinska) fakulteten **b)** fakultetsmedlemmar, fakultet **4** Am. lärar|stab, -kår
fad [fæd] *s* modefluga [*the ~ of the year*]; fluga, dille, vurm, mani
fade [feɪd] **I** *itr* **1** vissna **2** blekna, bildl. äv. förblekna; bli urblekt; mattas; *~* [*away* (*out*)] så småningom försvinna, dö bort; tona bort; tyna av (bort), vissna bort; *~ into* glida (tona) över i **3** film. m. m., *~ out* tona bort **II** *tr* **1** bleka, komma att blekas **2** film. m. m., *~ one scene into another* låta en scen tona över i en annan; *~ in* tona in (upp); *~ out* tona bort
faded ['feɪdɪd] *a* **1** vissnad, utblommad **2** urblekt [*~ jeans*]; [för]bleknad; *~ beauty* passerad skönhet
fade-in ['feɪdɪn] *s* film. m. m. upptoning
fade-out ['feɪdaut] *s* film. m. m. borttoning
fading ['feɪdɪŋ] *s* **1** vissnande **2** bleknande **3** radio. fading
faeces ['fiːsiːz] *s pl* exkrementer, avföring
faerie ['feɪərɪ] *s* åld. feland[et], feernas värld
Faeroe ['feərəu] *s, the ~s* el. *the ~ Islands* Färöarna
fag [fæg] **I** *itr* **1** slita, knoga **2** eng. skol. vara passopp åt äldre elev **II** *tr* trötta ut, tröttköra; *~ged out* utsjasad, utmattad **III** *s* **1** slit[göra], knog, jobb; *it's too much* [*of a*] *~* det är för jobbigt **2** eng. skol. passopp [åt äldre kamrat] **3** fam. cig, tagg cigarrett
fag-end ['fægend] *s* **1** tamp, ända; sluttamp **2** rest, stump **3** fam. fimp
faggot ['fægət] *s* **1** risknippe, knippe bränsle; bunt stickor **2** knippa, knippe, bunt
fah [fɑː] *s* mus. fa
Fahrenheit ['færənhaɪt] *s* Fahrenheit, Fahrenheits skala med fryspunkten vid 32° och kokpunkten vid 212°
fail [feɪl] **I** *itr* **1** a) misslyckas b) stranda [*the conference ~ed*] c) om skörd o. d. slå fel d) kuggas, bli kuggad [*~ in mathematics*] e) falla igenom [*~ in an election*] **2** strejka [*the engine ~ed*]; stanna [*his heart ~ed*] **3** hand. göra bankrutt, gå omkull **4** tryta, ta slut [*our supplies ~ed*]; inte räcka till [*if his strength ~s*] **5** avta, försämras [*his health* (*eyesight*) *is ~ing*]; om ljus o. ljud försvinna, dö bort; *he has been ~ing in health lately* han har varit sjuklig sista tiden **6** *~ in* a) sakna, brista i [*~ in respect*] b) svika [*~ in* o.'s duty] **II** *tr* **1** svika, lämna i sticket [*I will not ~ you*]; *his courage ~ed him* modet svek honom; *words ~ me* jag saknar ord **2** *~ to* a) försumma (underlåta) att [*he ~ed to inform us*] b) vägra att, inte vilja [*the engine ~ed to start*] c) undgå att [*he could not ~ to notice it*] d) misslyckas med (i) att, inte lyckas att; *~ to come* (*appear*) utebli, inte komma; *he did not ~ to keep his word* han svek inte sitt ord; *I ~ to see* jag kan inte (har svårt att) inse **3** fam. a) kugga [*the teacher ~ed me*] b) bli kuggad (underkänd) i [*~ an exam*]
failing ['feɪlɪŋ] **I** *s* fel, brist, svaghet [*we all have our little ~s*] **II** *a* strejkande; trytande; sviktande; försvinnande; avtagande [*~ eyesight*], vacklande [*~ health*] **III** *prep* i brist på; om det inte finns (blir) [*~ instructions* (*good weather*)]; *~ this* (*that*) i annat fall, om så inte är fallet
failure ['feɪljə] *s* **1** a) misslyckande, fiasko;

strandning [*the ~ of the peace conference*] b) misslyckad person; *be* (*prove*) *a ~* misslyckas; *percentage of ~s* kuggningsprocent **2** uraktlåtenhet, underlåtenhet [*~ to obey orders*], försummelse; brist, avsaknad [*of* på]; *his ~ to help us* [*was disappointing*] att han inte hjälpte oss . . **3** strejkande; sinande [*the ~ of supplies*]; fel; *heart ~* hjärtförlamning, -slag; *engine* (*motor*) *~* motorstopp

fain [feɪn] *adv* poet. el. åld., *I would ~* jag skulle gärna [vilja]

faint [feɪnt] **I** *a* **1** svag, matt [*a ~ voice*] **2** otydlig [*~ traces*], dunkel [*a ~ recollection*]; *~ colours* svaga färger; *I haven't the ~est idea* (*I haven't the ~est* fam.) jag har inte den ringaste (blekaste) aning **3** *~ heart never won fair lady* man vinner inte en kvinna med vankelmod **II** *s* svimning; *in a dead ~* avsvimmad; *go off in a ~* svimma **III** *itr* svimma [*from* (av) *hunger*]; *~ away* svimma av; *~ing fit* svimningsanfall

faint-hearted ['feɪnt'hɑːtɪd] *a* klenmodig

1 fair [feə] *s* **1** marknad; *a* (*the*) *day after the ~* för sent, post festum; *vanity ~* fåfängans marknad **2** hand. mässa

2 fair [feə] **I** *a* **1** a) rättvis, just [*to, on* mot] b) sport. just, regelmässig c) skälig, rimlig [*a ~ reward*], billig; *~ is ~* rätt ska vara rätt; *all's ~ in love and war* i krig och kärlek är allt tillåtet; *it is only ~* det är inte mer än rätt; *~ and square* öppen och ärlig; *~ enough* kör till, för all del; *~ competition* lojal konkurrens; *~ game* jakt. jaktbart (lovligt) villebråd; *be ~ game* bildl. vara lovligt byte; *by ~ means or foul* med ärliga eller oärliga medel, med rätt eller orätt; *~ play* fair play, rent (ärligt) spel; *give a p. a ~ trial* a) ge ngn en chans b) låta ngn få en rättvis rättegång; *give a th. a ~ trial* pröva ngt ordentligt; *give a p. a ~ warning* varna (varsko) ngn i tid **2** a) ganska (rätt) stor (bra); ansenlig b) hygglig, rimlig [*~ prices* (*terms*)]; *~* ss. betyg godkänd; *~ to middling* fam. någorlunda, ganska skaplig **3** meteor. klar [*a ~ day* (*sky*)]; *~* [*weather*] uppehållsväder **4** lovande [*~ prospects*], gynnsam; *have a ~ chance* [*of success*] ha goda utsikter (stora chanser) [att lyckas] **5** ljus[lagd], blond [*a ~ girl, ~ hair*], ljus [*a ~ complexion*] **6** vacker, som låter bra [*~ words* (*promises*)]; *~ speeches* fagert tal **7** ren[skriven]; tydlig; *~ copy* renskrift, renskrivet exemplar **8** oförvitlig, fläckfri; *her ~ name* hennes goda namn [och rykte] **9** poet., litt. fager, skön [*a ~ maiden*]; *the ~ sex* det täcka könet **II** *adv* **1** rättvist, just, ärligt, hederligt, riktigt **2** *write* (*copy*) *a th. out ~* skriva rent ngt **3** *bid ~ to* ha goda utsikter att **4** *~* [*and square*] fam. a) rätt, rakt [*the ball hit him ~* [*and square*] *on the chin*] b) öppet [och ärligt]

fairground ['feəgraʊnd] *s* nöjesplats, marknadsplats

fair-haired ['feə'heəd, attr. 'feəh-] *a* **1** ljushårig **2** *~ boy* isht Am. gullgosse, kelgris

fairly ['feəlɪ] *adv* **1** a) rättvist [*treat a p. ~*] b) ärligt, hederligt; med ärliga medel [*win a th. ~*]; *answer ~ and squarely* svara öppet och ärligt **2** tämligen, rätt, ganska [*~ good*], någorlunda **3** alldeles, fullständigt [*he was ~ beside himself*] **4** lämpligen [*it may be ~ described as*]

fair-minded ['feə'maɪndɪd] *a* rättvis; rättsinnig

fairness ['feənəs] *s* **1** a) rättvisa b) ärlighet, öppenhet c) rimlighet; *in* [*all*] *~* i rättvisans namn, rimligen; *treat a p. with ~* behandla ngn rättvist **2** ljuslagdhet

fair-sized ['feəsaɪzd] *a* ganska stor, medelstor

fairway ['feəweɪ] *s* **1** farled, segelled **2** golf. fairway klippt del av spelfält

fair-weather ['feəˌweðə] *a* **1** godväders- [*~ sail*] **2** bildl., *~ friends* vänner i medgång

fairy ['feərɪ] **I** *s* **1** fe; älva **2** sl. fikus homofil **II** *a* felik, älvlik; fe-, älv[a]- [*~ queen*]; sago- [*~ prince*]; *~ godmother* god fe

fairyland ['feərɪlænd] *s* **1** älvornas rike **2** sagoland

fairy-story ['feərɪˌstɔːrɪ] *s* o. **fairy-tale** ['feərɪteɪl] *s* **1** [fe]saga **2** saga, [lögn]historia, myt

fait accompli [ˌfeɪtə'kɒmpliː, ˌ- - -'-] *s* (fr.) fait accompli, [fullbordat] faktum

faith [feɪθ] *s* **1** a) tro äv. relig. [*in* på] b) förtroende [*in* för], tillit [*in* till]; *have ~ in* tro (lita) på, ha förtroende för; *put o.'s ~ in* tro på, lita (förlita sig) på; *pin o.'s ~* [*up*]*on* (*to*) sätta sin lit till **2** tro, troslära, bekännelse, religion [*the Christian ~*] **3** *break ~* [*with*] bryta sitt löfte [till], vara illojal [mot] **4** trohet, redlighet, hederlighet; *in good ~* i god tro; på heder och ära; *bad ~* trolöshet, svek; *in bad ~* trolöst, svekfullt

faithful ['feɪθfʊl] *a* **1** trogen, trofast [*to a p.* mot ngn]; verklighetstrogen; *it is a ~ likeness* det är porträttlikt **2** exakt, noggrann [*a ~ account* (*copy*)] **3** *the ~* de rättrogna

faithfully ['feɪθfəlɪ] *adv* **1** troget etc., jfr *faithful 1*; uppriktigt; *promise ~* fam. lova säkert; *Yours ~* i brevslut Högaktningsfullt, Med utmärkt högaktning **2** exakt, troget

faith-healer ['feɪθˌhiːlə] *s* helbrägdagörare

faith-healing ['feɪθˌhiːlɪŋ] *s* helbrägdagörelse [genom tron]

faithless ['feɪθləs] *a* **1** trolös, svekfull; opålitlig [*to* mot] **2** vantrogen, klentrogen

fake [feɪk] **I** *tr* **1** a) [äv. *~ up*] bättra på, försköna [*~* [*up*] *a report*], fiffla (fuska) med b) förfalska [~ *an oil-painting*] c) [äv. ~ *up*] hitta på, dikta ihop [~ [*up*] *the news* (*a story*)] **2** simulera [~ *illness*]; ~ *it* bluffa **II** *itr* **1** fiffla **2** hitta på, dikta **3** simulera, bluffa **III** *s* **1** a) förfalskning [*the picture was a* ~] b) uppdiktad historia, hopkok c) bluff d) attrapp **2** bluff[makare] **3** attr. förfalskad [*a* ~ *picture*]; uppdiktad; falsk, fingerad, sken- [*a* ~ *marriage*]

fakir ['feɪˌkɪə, fə'kɪə] *s* fakir

falcon ['fɔːlkən] *s* [jakt]falk

falconer ['fɔːlkənə] *s* falkenerare

falconry ['fɔːlkənrɪ] *s* falkenerarkonst; falkjakt

Falkland ['fɔːlklənd] egennamn; *the* ~ *Islands* Falklandsöarna

fall [fɔːl] **I** (*fell fallen*) *itr* **1** falla; falla omkull, ramla, trilla [*he fell and broke his leg*]; gå ned, sjunka [*the price has ~en*]; stupa [*he fell in the war*]; störtas [*the government fell*]; infalla, inträffa [*Easter Day ~s on a Sunday*]; *his face fell* han blev lång i ansiktet **2** slutta [nedåt] **3** avta, mojna, lägga sig [*the wind fell*] **4 a)** bli [~ *lame*]; ~ *ill* bli sjuk, insjukna **b)** ~ *asleep* somna [in], falla i sömn **5** ~ *flat* (*foul, short*) se under resp. huvudord

6 med prep. o. adv.: ~ **across** stöta (råka) på, träffa på; ~ **among** råka in i (in bland); ~ **astern** sjö. sacka akterut; ~ **away a)** falla ifrån, svika **b)** falla bort, bortfalla; vika undan **c)** falla (tackla) av, tyna bort; ~ **back a)** dra sig (vika) tillbaka [[*up*]*on* till] **b)** ~ *back* [*up*]*on* bildl. falla tillbaka på, ta till; ~ **behind** bli efter; *have ~en behind with* vara efter med, vara på efterkälken med; ~ **below** understiga, inte gå upp till beräkning o. d.; ~ **down** falla (ramla) ned; falla [omkull]; falla ihop; ~ *down on* fam. misslyckas med, stupa på; ~ **for a)** falla för [~ *for a p.'s charm*] **b)** gå 'på, låta lura sig av; ~ **from a)** falla [ned] från [*he fell from a tree*] **b)** störtas från [~ *from power*]; ~ *from favour* (*grace*) falla (råka) i onåd; ~ **in a)** falla (ramla, störta) in, falla ihop **b)** mil. falla in i ledet, ställa upp [sig] på led; ~ *in!* uppställning! **c)** ~ *in with* råka träffa, bli bekant med; gå (vara) med på, gilla; foga sig efter [~ *in with a p.'s wishes*]; ~ **into a)** falla [ned] i; bildl. försjunka i [~ *into a reverie* (drömmar)], falla i [~ *into a deep sleep*]; råka i [~ *into disgrace*] **b)** komma in i, förfalla till [~ *into bad habits*] **c)** kunna indelas i [*it ~s into three parts*]; ~ **off a)** falla (ramla) av, falla (ramla) ned från **b)** avta, minska, sjunka, gå ned [*sales have ~en off*], försämras, tappa, mattas [*the novel ~s off towards the end*] **c)** falla ifrån; svika; ~ **on (upon) a)** falla på, åligga, tillkomma [*this duty ~s* [*up*]*on me*] **b)** anfalla, överfalla; kasta sig över [*they fell* [*up*]*on the food*] **c)** komma (råka) på [~ *upon a theme*]; ~ **out a)** falla (ramla) ut, om hår falla av **b)** utfalla, avlöpa; falla sig [så], råka vara (bli) så **c)** mil. gå ur (lämna) ledet **d)** bli osams, råka i gräl; ~ **over** falla (ramla) omkull, falla över ända; ~ *over o.s.* bildl. anstränga sig till det yttersta; ~ **through** gå om intet, misslyckas; falla igenom; ~ **to a)** falla på, drabba [*the cost ~s to me*], åligga, tillkomma [*this duty ~s to me*] **b)** tillfalla, komma ngn till del **c)** sätta i gång; börja [på]; ~ *to blows* råka i slagsmål; ~ **under a)** falla (komma, höra) under; höra (räknas) till, sortera under **b)** råka ut för, bli föremål för; ~ *under suspicion* bli misstänkt

II *s* **1** fall; fallande, sjunkande; nedgång, minskning; ~ *in prices* prisfall; *the* ~ *of darkness* mörkrets inbrott; ~ *of the hammer* klubbslag vid auktion **2** Am. höst **3** isht pl. ~*s* [vatten]fall [*the Niagara Falls*] **4** brottn. fall; *try a* ~ *with a p.* försöka få fall på ngn; bildl. ta ett [nappa]tag med ngn

fallacious [fə'leɪʃəs] *a* bedräglig, falsk, vilseledande

fallacy ['fæləsɪ] *s* **1** vanföreställning; villfarelse **2** falsk slutledning, felslut

fallen ['fɔːlən] *a* o. *pp* (av *fall*) fallen äv. bildl. [*a* ~ *woman*]; nedfallen [~ *trees*]; störtad [~ *kings*]; *the* ~ pl. de fallna, de stupade

fall-guy ['fɔːlgaɪ] *s* sl. **1** lätt byte **2** syndabock

fallibility [ˌfælə'bɪlətɪ] *s* felbarhet

fallible ['fæləbl] *a* **1** felbar **2** felaktig, bedräglig, otillförlitlig [*a* ~ *rule*]

falling ['fɔːlɪŋ] *a* fallande [~ *diphthongs*]; ~ *star* stjärnfall

falling-off ['fɔːlɪŋ'ɒf] *s* avtagande, nedgång, minskning; tillbakagång

Fallopian [fə'ləupɪən] *a,* ~ *tube* anat. äggledare

fall-out ['fɔːlaut] *s,* [*radio-active*] ~ [radioaktivt] nedfall (utfall)

1 fallow ['fæləu] **I** *s* träda, trädesåker **II** *a* i träda [~ *land*]; obrukad, försummad

2 fallow ['fæləu] *a* [blekt] brunaktig, rödgul

false [fɔːls] **I** *a* **1** falsk [*a* ~ *note* (ton)]; osann; felaktig, oriktig [*a* ~ *conclusion*]; bedräglig; otrogen; ~ *scent* villospår **2** falsk, förfalskad [*a* ~ *coin*]; oäkta [~ *diamonds*]; lös- [~ *hair* (*teeth*)] **II** *adv, play a p.* ~ bedra ngn

falsehood ['fɔːlshud] *s* lögn, osanning [*tell a gross* ~]; ljugande

falsetto [fɔːl'setəu] **I** *s* falsett **II** *adv* i falsett [*sing* ~]

falsies ['fɔːlsɪz] *s pl* sl. lösbröst fyllnadsbehå

falsification [ˌfɔːlsɪfɪ'keɪʃən] *s* förfalskning; falsarium

falsify ['fɔ:lsɪfaɪ] *tr* förfalska; förvränga

falsity ['fɔ:lsətɪ] *s* **1** oriktighet; falskhet, lögnaktighet **2** lögn, osanning

falter ['fɔ:ltə] *itr* **1** stappla, vackla **2** sväva på målet; stamma **3** vara (bli) osäker, vackla, tveka

fame [feɪm] *s* ryktbarhet, berömmelse

famed [feɪmd] *a* ryktbar, berömd

familiar [fə'mɪljə] **I** *a* **1** förtrolig [*on a ~ footing*], förtrogen; bekant; känd **2** ledig, familjär, otvungen [*~ style*] **3** familjär, närgången [*with* mot] **II** *s* förtrogen vän

familiarity [fə,mɪlɪ'ærətɪ] *s* **1** nära (förtrogen) bekantskap, förtrogenhet [*with* med] **2** förtrolighet; *on terms of ~* på förtrolig fot **3** närgångenhet; intimitet

familiarize [fə'mɪljəraɪz] *tr* **1** göra bekant (förtrogen) [*with* med]; *~ o.s. with a th.* äv. sätta sig in i ngt **2** ge allmän spridning åt

family ['fæməlɪ] *s* **1** familj äv. zool., bot., kem.; hushåll, hus; *a wife and ~* hustru och barn; *treat a p. as one of the ~* behandla ngn som familjemedlem (som barn i huset); *be* (*put*) *in the ~ way* fam. vara (göra) med barn; *~ allowance* barnbidrag, familjebidrag; *~ doctor* husläkare; *~ man* a) familjefar b) hemmatyp, hemkär man **2 a**) släkt, ätt; släktlinje; *it runs in the ~* det ligger i släkten; *~ estate* familje-, fäderne-, stam|gods; *~ likeness* släkttycke; *~ tree* stamträd **b**) börd, extraktion **3** folkfamilj; stam, ras [*Teutonic ~*]

famine ['fæmɪn] *s* **1** hungersnöd **2** [stor] brist **3** svält, hunger

famine-stricken ['fæmɪn,strɪkən] *a* svältande, hungrande

famish ['fæmɪʃ] *itr* svälta, lida hungersnöd; *I'm ~ing* fam. jag håller på att dö av hunger

famished ['fæmɪʃt] *a* utsvulten; *I'm ~* fam. jag håller på att dö av hunger

famous ['feɪməs] *a* berömd, ryktbar, [mycket] omtalad

famously ['feɪməslɪ] *adv* fam. utmärkt, jättefint, strålande [*we get on ~*]

1 fan [fæn] **I** *s* **1** solfjäder **2** tekn. fläkt **II** *tr* **1** fläkta på [*~ the fire to make it burn*]; bildl. underblåsa [*~ the passions*], blåsa upp [*into* till]; *~ o.s.* fläkta sig **2** sprida i solfjädersform [*~ the cards*] **3** fläkta, vanna säd; fläkta bort agnar **III** *itr* **1** fläkta **2** *~* [*out*] sprida sig [solfjäderformigt]

2 fan [fæn] *s* fam. entusiast, fantast, supporter [*baseball ~*], fan [*rock ~*], beundrare [*Bach ~*]; *~ mail* beundrar|post, -brev

fanatic [fə'nætɪk] **I** *a* fanatisk **II** *s* fanatiker

fanatical [fə'nætɪkəl] *a* fanatisk

fanaticism [fə'nætɪsɪzəm] *s* fanatism

fan-belt ['fænbelt] *s* fläktrem

fancied ['fænsɪd] *a* **1** inbillad [*a ~ wrong*] **2** omtyckt, favorit-

fancier ['fænsɪə] *s* expert, förståsigpåare, isht i sms. -kännare, -vän, -uppfödare [*bird-fancier*]; samlare

fanciful ['fænsɪfʊl] *a* **1** nyckfull, fantasi|full, -rik, full av inbillningar **2** fantastisk [*a ~ scheme*], besynnerlig **3** inbillad

fanc|y ['fænsɪ] **I** *s* **1** fantasi, inbillningsförmåga **2** fantasi[bild], föreställning; inbillning **3** infall; nyck [*a passing* (övergående) *~*] **4** lust; tycke, förkärlek; böjelse, smak; svärmeri; *it caught* (*struck, took*) *my ~* det föll mig i smaken; *take a ~ to* bli förtjust i, fatta tycke för **II** attr. *a* **1** prydligt utsirad, fin-, fantasi-, lyx-, mode-; *~ dress* maskeraddräkt, fantasikostym; *~ goods* ung. prydnadssaker, fantasiartiklar; finare modeartiklar **2** fantastisk, nyckfull, godtycklig, överdriven; *~ price* fantasipris **3** av högsta kvalitet, speciellt utvald [*~ crabs*] **III** *tr* **1** föreställa sig, tänka sig; tycka sig finna; *just ~!, ~ that!* kan man tänka sig!; *~ his believing it!* tänk att han trodde det! **2** inbilla sig, tycka [*I -ied I heard footsteps*]; förmoda **3** fam., *~ o.s.* ha höga tankar om sig själv, tro att man är något [*he -ies himself as an actor*] **4** tycka om, gilla [*I don't ~ this place*]; vara pigg på [*I don't ~ doing it*]; fatta tycke för; önska sig, vilja ha

fancy-dress ['fænsɪ'dres, attr. '- - -] *s* maskeraddräkt, fantasikostym; *~ ball* maskerad[bal], kostymbal

fancy-work ['fænsɪ'wɜ:k] *s* finare handarbete[n], broderi

fandango [fæn'dæŋgəʊ] *s* fandango dans

fanfare ['fænfeə] *s* fanfar

fang [fæŋ] *s* **1** bete, huggtand **2** orms gifttand

fan-light ['fænlaɪt] *s* solfjädersformat fönster

Fanny ['fænɪ] egennamn; *sweet ~ Adams* sl. inte ett jävla dugg

fanny ['fænɪ] *s* **1** vulg. fitta **2** fam. rumpa, bak

fantasize ['fæntəsaɪz] *itr* fantisera

fantastic [fæn'tæstɪk] *a* fantastisk; excentrisk, befängd; orimlig [*a ~ scheme*], otrolig

fantasy ['fæntəsɪ, -əzɪ] *s* **1** fantasi; illusion **2** fantastiskt infall, nyck **3** mus. fantasi

far [fɑ:] (*farther farthest* el. *further furthest*) **I** *a* **1** fjärran, avlägsen; *the F~ East* Fjärran Östern **2** bortre [*the ~ end* (del) *of the room*]; *at the ~ end of* vid bortersta ändan av **II** *adv* **1** långt [*how ~ is it from here to . .?*]; långt bort[a]; *go ~* se *go A I 14*; *far gone* se under *gone 2*; *~* [*on*] *into the night* långt inpå natten; *~ and wide* vida omkring, vitt och brett; *be ~ from* [*being*] vara långtifrån, vara allt annat än; *~ from it* långt därifrån, tvärtom; *~ be it from me* *to*.. det vare mig fjärran att.., jag vill ingalunda..; *as* (*so*) ~ *as* a) prep. [ända (så långt som)] till [*as* ~ *as the station*] b) konj. så vitt [*as* (*so*) ~ *as I know*]; *as* ~ *as that goes* vad det beträffar; *how* ~ hur långt, bildl. äv. hur pass mycket, i vad mån; *so* ~ så till vida; hittills; *so* ~ *so good* så långt är (var) allt gott och väl; *in so* ~ *as* i den mån [som] **2** vida, långt, mycket [~ *better* (*more*)]; ~ *too much* alldeles för mycket; *by* ~ betydligt, i hög grad, avgjort; ~ *and away the best* den ojämförligt bästa

farad ['færəd] *s* elektr. farad

Faraday ['færədɪ, -deɪ]

far-away ['fɑːrəweɪ] *a* **1** avlägsen, fjärran [~ *countries*] **2** bildl. frånvarande [*a* ~ *look*]

farce [fɑːs] *s* fars

farcical ['fɑːsɪkəl] *a* farsartad

fare [feə] **I** *s* **1** [passagerar]avgift, biljett[-pris] [*pay o.'s* ~], taxa; ~ *meter* taxameter; ~ *stage* taxezon **2** en el. flera passagerare, resande [*he drove his* ~ *home*]; körning [*the taxi-driver got a* ~] **3** kost äv. bildl. [*the literary* ~], kosthåll, mat [*the* ~ *at a hotel*]; *homely* (*plain*) ~ husmanskost; *bill of* ~ matsedel **II** *itr* **1** klara sig [~ *well* (*badly*)]; *how did you* ~? hur hade du det?; hur gick det för dig?; ~ *thee well!* åld. farväl!, lev väl! **2** ~ *well* leva gott; få bra mat

farewell ['feə'wel] **I** *interj* farväl! **II** *s* **1** farväl, avsked **2** attr. avskeds- [*a* ~ *gift*]

far-famed ['fɑː'feɪmd] *a* vida berömd

far-fetched ['fɑː'fetʃt] *a* [lång]sökt

far-flung ['fɑː'flʌŋ] *a* vittomfattande, vidsträckt; fjärran [~ *lands*]

farinaceous [ˌfærɪ'neɪʃəs] *a* mjöl-, mjölrik [*a* ~ *diet*]; stärkelsehaltig [~ *foods*]; mjölig

farm [fɑːm] **I** *s* **1** a) lantbruk, [lant]gård, bondgård, större farm isht i USA b) för djuruppfödning: farm [*fox-farm*], gård [*pig-farm*] **2** sport. mindre träningsklubb organiserad av större klubb, plantskola **II** *tr* **1** bruka [~ *land* (jorden)]; odla [*he* ~*s 200 acres*]; ~ *o.'s own land* bruka sin jord själv **2** arrendera; arrendera ut; ~ *out* lämna (lägga) ut arbete **III** *itr* driva jordbruk

farmer ['fɑːmə] *s* **1** lantbrukare, jordbrukare, bonde, isht i USA farmare **2** djuruppfödare: farmare [*fox-farmer*], uppfödare [*pig-farmer*], odlare [*fish-farmer*] **3** arrendator

farm-hand ['fɑːmhænd] *s* lant-, jordbruks|arbetare

farmhouse ['fɑːmhaus] *s* man[gårds]byggnad på gård, bondgård

farming ['fɑːmɪŋ] *s* **1** jordbruk, lantbruk **2** uppfödning [*pig-farming*], odling [*fish-farming*]

farmstead ['fɑːmsted] *s* bondgård

farmyard ['fɑːmjɑːd] *s* [kringbyggd] gård vid bondgård

Faroe ['feərəu] *s* se *Faeroe*

far-off ['fɑːr'ɒf] *a* **1** avlägsen, fjärran **2** bildl. frånvarande, drömmande [*a* ~ *look*]

far-out ['fɑːr'aut] *a* **1** avlägsen [*a* ~ *planet*] **2** bildl. mycket okonventionell, excentrisk

farrago [fə'rɑːgəu] *s* röra, blandning; *a* ~ *of nonsense* en massa svammel

far-reaching ['fɑː'riːtʃɪŋ] *a* vittgående [~ *consequences*], omfattande [~ *reforms*]

farrier ['færɪə] *s* **1** hovslagare **2** hästveterinär

farrow ['færəu] **I** *s* griskull **II** *itr* grisa

far-seeing ['fɑː'siːɪŋ] *a* framsynt

far-sighted ['fɑː'saɪtɪd] *a* **1** framsynt, förutseende **2** långsynt, som ser bra på långt håll

fart [fɑːt] vulg. **I** *s* prutt, fjärt **II** *itr* prutta, fjärta

farther ['fɑːðə] (komp. av *far*; för ex. se äv. *further*) **I** *a* bortre [*the* ~ *bank of the river*], avlägsnare **II** *adv* längre [*we can't go any* ~], längre bort; ~ *on* längre bort (fram)

farthermost ['fɑːðəməust] *a* se *farthest I*

farthest ['fɑːðɪst] (superl. av *far*) **I** *a* bortersta, avlägsnast, längst bort **II** *adv* längst; längst bort

farthing ['fɑːðɪŋ] *s* förr: 1/4 penny; *it isn't worth a* [*brass*] ~ det är inte värt ett dugg

fartlek ['fɑːtlek] *s* joggning varvad med snabba ryck

fascia ['feɪʃə] *s* motor., ~ [*panel* (*board*)] instrumentbräda

fascinate ['fæsɪneɪt] *tr* fascinera, hänföra, fängsla, tjusa

fascinating ['fæsɪneɪtɪŋ] *a* fascinerande, förtjusande

fascination [ˌfæsɪ'neɪʃən] *s* tjusning, förtrollning; lockelse

fascism ['fæʃɪzəm] *s* fascism

fascist ['fæʃɪst] **I** *s* fascist **II** *a* fascistisk, fascist-

fashion ['fæʃən] **I** *s* **1** sätt, vis [*in* (på) *this* ~]; *after* (*in*) *a* ~ någorlunda, på sätt och vis **2 a**) [kläd]mod, mode; *it is all* (*quite*) *the* ~ det är toppmodernt (sista skriket); *become the* ~, *come into* ~ komma på modet (i ropet), bli modern; *lead* (*set*) *the* ~ bestämma (diktera) modet, vara tongivande; *be* (*have gone*) *out of* ~ vara omodern, ha kommit ur modet; *the world of* ~ den fina (förnäma) världen **b**) attr. mode- [~ *drawing* (*journal*)]; ~ *designer* modetecknare; ~ *parade* (*show*) modevisning, mannekänguppvisning **3** fason, mönster, snitt **II** *tr* forma, fasonera; formge

fashionable ['fæʃənəbl] *a* **1** modern [~ *clothes*], mode- **2** fashionabel; på modet; förnäm, societets-; elegant

fashion-plate ['fæʃənpleɪt] *s* **1** mode|

plansch, -teckning **2** bildl. modedocka
1 fast [fɑ:st] **I** *s* fasta; fastetid **II** *itr* fasta
2 fast [fɑ:st] **I** *a* **1** fast[sittande]; stark; hållbar, [tvätt]äkta [~ *colours*], färgäkta; bildl. trofast [*a* ~ *friend*]; *take* [*a*] ~ *hold of* ta [ett] stadigt (fast) tag i; *make* ~ göra (binda) fast; säkra **2** snabb [*a* ~ *horse*], hastig [*a* ~ *trip*]; snabbgående; ~ *food* snabbmat; ~ *lane* trafik. omkörningsfil; ~ *train* snälltåg; *be a* ~ *thinker* tänka snabbt; *he's a* ~ *worker* äv. han förspiller ingen tid; *my watch is* ~ min klocka går före **3** vidlyftig, nöjeslysten; utsvävande, lättsinnig; *lead a* ~ *life* leva om, föra ett utsvävande liv; *pull a* ~ *one* se *pull I 3* **II** *adv* **1** fast [*stand* ~]; stadigt, hårt, tätt; *hold* ~ *to* hålla stadigt (fast) i; bildl. hålla fast vid; *play* ~ *and loose with* handskas lättsinnigt med; leka med; *be* ~ *asleep* sova djupt (tungt) **2** fort [*run* (*speak*) ~]; snabbt, raskt
fastback ['fɑ:stbæk] *s* fastback biltyp med starkt bakåtsluttande tak
fast-day ['fɑ:stdeɪ] *s* fastedag
fasten ['fɑ:sn] **I** *tr* **1** fästa, sätta fast [*to* vid, i, på]; göra fast, binda [fast] [*to* vid, på]; regla, säkra [~ *a door* (*window*)]; knyta [till]; knäppa; spänna fast [~ *your seat-belts!*], sätta på; ~ *down* låsa (spika, slå) fast; ~ *up* fästa (knyta, binda) ihop (igen, till); ~ *up o.'s coat* knäppa igen sin rock **2** bildl. fästa [*on, upon* vid, på]; ~ *o.s. on to a p.* bildl. hänga sig på ngn **II** *itr* **1** fastna; gå igen [*the door will not* ~], gå att stänga; fästas; *the dress* ~*s down the back* klänningen knäpps i ryggen **2** ~ *on* bemäktiga sig; ta fasta på [*he* ~*ed on the idea*], hänga upp sig på, fästa sig vid
fastener ['fɑ:snə] *s* fäste, fästanordning; knäppanordning; hållare; hake, hasp [*door* (*window*) ~]; spänne, lås; *paper* ~ [prov]-påsklämma
fastening ['fɑ:snɪŋ] *s* **1** fästande, fastsättning, [hop]fästning, knäppning **2** fästanordning, band, rem; knäppe, lås
fast-food ['fɑ:stfu:d] *a* snabbmats- [~ *restaurants*]
fastidious [fəs'tɪdɪəs] *a* kräsen, kinkig, nogräknad, petnoga [*about* med]
fasting ['fɑ:stɪŋ] *s* fasta, fastande
fasting-day ['fɑ:stɪŋdeɪ] *s* fastedag
fat [fæt] **I** *a* **1** tjock [*a* ~ *child* (*book*)], fet; späckad [*a* ~ *wallet*]; ~ [*face*] *type* boktr. fetstil; *grow* ~ bli fet (tjock) **2** fet, oljig, flottig [~ *food*] **3** bördig, fruktbar [~ *lands*] **4** givande, inbringande [*a* ~ *job*], fet; ~ *cheque* fam. stor (fet) check; *a* ~ *lot* se under *lot I 8* **II** *s* **1** fett; fettämne; *cooking* ~ matfett; *deep* ~ flottyr; *the* ~ *is in the fire* fam. det osar hett (bränt); *chew the* ~ se under *chew I 1* **2** *live on the* ~ *of the land* leva kräsligt, ha goddagar
fatal ['feɪtl] *a* **1** dödlig, dödande [*a* ~ *dose*]; livsfarlig; *be* (*prove*) ~ få dödlig utgång; ~ *accident* dödsolycka **2** olycksbringande, ödesdiger [*to* för; ~ *consequences*]; fatal [*a* ~ *mistake*]; *be* (*prove*) ~ *to* omintetgöra
fatalism ['feɪtəlɪzəm] *s* fatalism
fatalist ['feɪtəlɪst] *a* fatalist
fatalistic [ˌfeɪtə'lɪstɪk] *a* fatalistisk
fatality [fə'tælətɪ] *s* **1** a) svår (förödande) olycka b) dödsolycka c) [döds]offer **2** ödesbestämdhet **3** dödlighet [*the* ~ *of* (i) *certain diseases*]
fate [feɪt] *s* **1** ödet [*F*~ *decided otherwise*]; *as sure as* ~ fam. så säkert som amen i kyrkan **2** öde; fördärv, undergång; *meet o.'s* ~ gå sitt öde till mötes; finna sin död **3** pl. *the Fates* ödesgudinnorna
fated ['feɪtɪd] *a* ödesbestämd; förutbestämd [*he was* ~ *to die*]
fateful ['feɪtfʊl] *a* ödesdiger, avgörande
fat-guts ['fætgʌts] *s* sl. tjockis
fat-head ['fæthed] *s* fam. tjockskalle
father ['fɑ:ðə] **I** *s* **1** fader, far, pappa; *Our F*~ [, *which art in heaven*] Fader vår ..; ~ *Christmas* jultomten; *F*~ *Time* Tiden **2** kat. kyrk.: *F*~ titel Fader, pater [*F*~ *Doyle*]; ~ *confessor* biktfader **3** doyen, nestor; *the F*~ *of the House* [*of Commons*] ålderspresidenten i underhuset **4** pl. ~*s* [för]fäder **II** *tr* **1** avla; vara far till [*he* ~*ed five sons*]; vara upphovsman till **2** erkänna faderskapet till **3** ~ *a th. upon a p.* utpeka ngn som upphovsman till ngt
fatherhood ['fɑ:ðəhʊd] *s* faderskap
father-in-law ['fɑ:ðərɪnlɔ:] (pl. *fathers-in-law* ['fɑ:ðəzɪnlɔ:]) *s* svärfar
fatherland ['fɑ:ðəlænd] *s* fädernesland
fatherly ['fɑ:ðəlɪ] *a* faderlig [~ *love*]; öm
fathom ['fæðəm] **I** *s* famn mått (= 6 *feet* ung. = 1,83 m) **II** *tr* **1** utgrunda, utforska [~ *a mystery*], fatta, komma underfund med **2** loda [djupet av], mäta med lod
fathomless ['fæðəmləs] *a* bottenlös, omätlig, outgrundlig
fatigu|e [fə'ti:g] **I** *s* **1** trötthet, utmattning; *school* ~ skolleda **2** ansträngning **3** mil. handräckning: a) handräckningstjänst b) handräckningsmanskap **II** *tr* trötta ut, utmatta; *-ing* tröttande, ansträngande
fatigue-duty [fə'ti:gˌdju:tɪ] *s* mil. handräckningstjänst
fatigue-party [fə'ti:gˌpɑ:tɪ] *s* mil. handräckningsmanskap
fatness ['fætnəs] *s* fetma
fatso ['fætsəʊ] *s* Am. sl. tjockis
fatten ['fætn] **I** *tr* göda **II** *itr* fetma, bli fet
fattening ['fætənɪŋ] *a* fettbildande
fatty ['fætɪ] **I** *a* **1** fetthaltig, fet [~ *bacon*]; fett- [~ *acid* (*content*)] **2** oljig **3** ~ *degener-*

ation sjuklig fettbildning **II** *s* fam. tjockis
fatuity [fə'tju:ətɪ] *s* dumhet, enfaldighet
fatuous ['fætjuəs] *a* dum, enfaldig
faucet ['fɔ:sɪt] *s* isht. Am. kran på ledningsrör; tappkran
fault [fɔ:lt] **I** *s* **1** fel; brist, skavank; *find* ~ anmärka, klandra, kritisera; *find ~ with* finna fel hos, klandra, kritisera; *I have no ~ to find with* jag har inte något att anmärka mot (på); *to a ~* överdrivet [*he is cautious to a ~*]; *with all ~s* ung. i befintligt skick **2** skuld, fel [*it is his ~ that we are late*]; *through no ~ of his* [*own*] utan egen förskyllan; *be at ~* vara skyldig, bära skulden; *my memory is at ~* jag minns fel, mitt minne sviker mig **3** sport. fel[serve]; *double ~* dubbelfel **4** geol. förkastning **II** *tr* anmärka på, kritisera, klandra
faultfinder ['fɔ:lt,faɪndə] *s* felfinnare
faultfinding ['fɔ:lt,faɪndɪŋ] **I** *s* klandersjuka **II** *a* klandersjuk
faultless ['fɔ:ltləs] *a* felfri; oklanderlig
faulty ['fɔ:ltɪ] *a* **1** felaktig; bristfällig, ofullkomlig **2** klandervärd
faun [fɔ:n] *s* faun
fauna ['fɔ:nə] *s* fauna, djurvärld
fauteuil ['fəutɜ:ɪ] *s* (fr.) teat. plats på främre parkett
faux pas ['fəu'pɑ:] (pl. *faux pas* ['fəu'pɑ:z]) *s* (fr.) fadäs, tabbe; felsteg
favour ['feɪvə] **I** *s* **1** gunst, ynnest, bevågenhet [*win a p.'s ~*]; gillande; *find ~* bli populär, vinna insteg; *be* (*stand*) *high in a p.'s ~* stå väl (högt i gunst) hos ngn; *come* (*be taken*) *into ~ again* a) bli tagen till nåder igen b) bli populär igen; *be out of ~* a) vara i onåd [*with a p.* hos ngn] b) inte vara populär längre; *fall out of ~* a) falla i onåd b) komma ur modet **2** a) gunst, ynnest [*I regard it as a ~*], ynnestbevis b) tjänst [*can you do me a ~?*] c) förmån, fördel, favör; *in ~ of* till förmån för; *all in ~* [*of the plan*] *will raise their hands* alla som röstar 'för [planen] räcker upp händerna; *in our ~* till vår förmån (favör), oss till godo **3** *treat with ~, show ~ towards* favorisera, ge företräde **4** [band]rosett, kokard; [kotiljongs]märke **II** *tr* **1** gilla, vara välvilligt inställd till [*~ a scheme*] **2** gynna, understödja, uppmuntra [*~ tourism*], förorda [*~ strong measures*]; vara gynnsam för, underlätta; pp.: *~ed* gynnad, understödd; *the ~ed few* de få lyckligt lottade **3** favorisera, gynna [*~ o.'s own pupils*], ta parti för **4** *~ with* hedra med, förära
favourable ['feɪvərəbl] *a* **1** välvillig, vänlig [*to* mot] **2** gynnsam, bra [*~ circumstances* (*weather*)], fördelaktig [*to* för]
favourite ['feɪvərɪt] **I** *s* favorit äv. sport., gunstling [*with a p., of a p.'s* hos ngn]; *this book is my ~* det här är min älsklingsbok (favoritbok) **II** *a* favorit-, älsklings-
favouritism ['feɪvərɪtɪzəm] *s* favorisering; *show ~ towards* favorisera
Fawkes [fɔ:ks] egennamn; jfr *2 guy I 1*
1 fawn [fɔ:n] **I** *s* **1** hjortkalv, dovhjortskalv; [rådjurs]kid **2** ljust gulbrun färg **II** *a* ljust gulbrun
2 fawn [fɔ:n] *itr* **1** om hund visa tillgivenhet, vifta på svansen **2** bildl. svansa, krypa, fjäska [[*up*]*on* för]
fawning ['fɔ:nɪŋ] *a* krypande, fjäskande
fay [feɪ] *s* poet. fe, älva
F.B.I. ['efbi:'aɪ] förk. för *Federal Bureau of Investigation, Federation of British Industries*
F.C. förk. för *Football Club*
fealty ['fi:əltɪ] *s* länsplikt; *swear ~ to a p.* svära ngn tro och huldhet; *take an oath of ~* svära en trohetsed
fear [fɪə] **I** *s* **1** fruktan, rädsla [*of* för; *that* el. *lest* [för] att]; *be* (*stand*) *in ~ of* hysa fruktan för, frukta, vara rädd för **2** farhåga [*my worst ~s were confirmed* (besannades)], ängslan, fruktan, oro, bekymmer; *be in ~ of o.'s life* frukta för sitt liv **3** *no ~* det är ingen fara; *no ~!* aldrig i livet! **II** *tr* frukta [*~ God* (*the worst*)]; vara rädd för; befara **III** *itr* vara rädd, frukta
fearful ['fɪəfʊl] *a* **1** rädd [*of* för; *that* el. *lest* [för] att]; räddhågad, lättskrämd **2** fruktansvärd; förskräcklig
fearless ['fɪələs] *a* oförfärad, oförskräckt
fearsome ['fɪəsəm] *a* förskräcklig, ryslig
feasibility [,fi:zə'bɪlətɪ] *s* genomförbarhet
feasible ['fi:zəbl] *a* **1** genomförbar **2** a) användbar, passande b) sannolik, plausibel
feast [fi:st] **I** *s* **1** isht kyrklig fest, högtid, helg, helgdag [*movable and immovable ~s*] **2** festmåltid, bankett **3** a) kalas b) bildl. njutning, fest, fröjd [*a ~ for the eyes*] **II** *tr* hålla kalas för, traktera; fägna; *~ o.'s eyes* [*up*]*on* låta ögat njuta av **III** *itr* festa, kalasa [*on, upon* på]
feat [fi:t] *s* **1** bragd, bedrift **2** kraftprov, bragd [*mountaineering ~s*], konststycke, prestation
feather ['feðə] **I** *s* fjäder; *fine ~s make fine birds* kläderna gör mannen; *they are birds of a ~* de är av samma skrot och korn; *birds of a ~ flock together* lika barn leka bäst, kaka söker maka; *that is a ~ in his cap* (*hat*) bildl. det är en fjäder i hatten [för honom]; *show the white ~* visa feghet, visa sig feg; *in high* (*fine*) *~* på strålande humör, i högform; *you could* (*might*) *have knocked me down with a ~* jag blev alldeles paff **II** *tr* **1** [be]fjädra, förse med fjäder; klä (pryda med) fjädrar; *~ o.'s* [*own*] *nest* sko sig, tillgodose sina egna intressen, skaffa sig

fördelar **2** rodd. skeva [med] [~ *o.'s oar*]
feather-bed ['feðə'bed, ss. vb '- - -] **I** *s* **1** [fjäder]bolster **2** bildl., ~ *industry* industri som hjälps (backas upp) av staten **II** *tr* bildl. bädda mjukt för; ekon. hålla flytande [genom stödåtgärder] [~ *the farmers*]
feather-brained ['feðəbreɪnd] *a* tanklös, virrig; huvudlös
feathered ['feðəd] *a* [be]fjädrad [*our ~ friends*]
featherweight ['feðəweɪt] *s* sport. **1** fjädervikt **2** fjäderviktare
feathery ['feðərɪ] *a* fjäderlik; lätt; dunig
feature ['fi:tʃə] **I** *s* **1** a) ansikts|parti, -del b) pl. ~*s* [anlets]drag **2** [sär]drag; känne|tecken, -märke [*geographical ~s*]; inslag [*unusual ~s in the programme*]; del, led i ngt; egendomlighet **3** a) [äv. ~ *film* (*picture*)] lång-, huvud|film; spelfilm b) specialartikel [äv. ~ *article*] c) radio. o. TV. feature, reportage med autentiska inslag d) huvudnummer [*the ~ of tonight's programme*] e) speciell attraktion; specialitet; *a regular ~* ett stående inslag (nummer) **II** *tr* **1** känneteckna **2** skissera, teckna [dragen av] **3** demonstrera, visa [upp], presentera ss. huvudsak, nyhet el. särskild attraktion
featureless ['fi:tʃələs] *a* formlös
Feb. förk. för *February*
febrile ['fi:braɪl] *a* feberaktig; febril
February ['februərɪ, 'febjuərɪ] *s* februari
feckless ['fekləs] *a* hjälplös; gagnlös
fecund ['fi:kənd, 'fek-] *a* fruktbar; fruktsam
fecundity [fi:'kʌndətɪ, fe'k-] *s* fruktsamhet; fruktbarhet; bildl. alstringskraft, produktivitet; uppfinningsrikedom
1 Fed förk. för *Federal*
2 Fed [fed] *s* Am. fam. medlem av den federala polisen; *the ~s* den federala polisen
fed [fed] imp. o. pp. av *feed*
federacy ['fedərəsɪ] *s* statsförbund, federation
federal ['fedərəl] *a* förbunds- [~ *republic*], federal [*the F~ Government of the U.S.*]; *the F~ Bureau of Investigation* säkerhetspolisen i USA; ~ *agent* medlem av den federala polisen i USA; *the F~ Republic of Germany* Förbundsrepubliken Tyskland; *F~ Reserve Bank* centralbank i vart och ett av USA:s 12 bankdistrikt
federalism ['fedərəlɪzəm] *s* federalism
federalize ['fedərəlaɪz] *tr* förena till ett förbund (en förbundsstat)
federate [ss. vb 'fedəreɪt, ss. adj. o. subst. 'fedərət] **I** *tr* o. *itr* förena [sig] till (bilda) ett förbund (en förbundsstat) **II** *a* förbunden, förenad; federerad, förbunds- [~ *states*] **III** *s* förbundsmedlem, enskild stat i federation
federated ['fedəreɪtɪd] *a* förenad; federativ, federerad, förbunds- [~ *state*]
federation [ˌfedə'reɪʃən] *s* **1** sammanslutning, förening, förbund, federation; *the F~ of British Industries* brittiska industriförbundet **2** statsförbund, federation
fee [fi:] **I** *s* **1** honorar, arvode **2** avgift [*entrance-fee*] **3** jur. ärvd jordegendom, arvgods; ~ *simple* egendom med full besittningsrätt; ~ *tail* ung. fideikommiss **II** *tr* **1** betala [arvode till], honorera [~ *a barrister*] **2** engagera mot arvode
feeble ['fi:bl] *a* svag; klen; matt, slapp
feeble-minded ['fi:bl'maɪndɪd] *a* sinnessvag, svagsint
feed [fi:d] **I** (*fed fed*) *tr* **1** a) [ut]fodra [~ *the pigs*], ge mat [~ *the dog*] b) bespisa c) föda, [liv]nära [*he has a big family to ~*] d) mata [~ *the baby*]; ~ *o.'s face* sl. käka för fullt; ~ *up* göda, mätta **2** fam., *be fed up* vara utled på allting; *be fed up with* vara trött (utled) på **3** bildl. underhålla, ge näring åt **4** förse, hålla försedd [~ *a furnace with coal*] **5** tillföra, fylla på (i) [~ *coal to* (*into*) *a furnace*]; ~ *information into a computer* mata in information i en dator **II** (*fed fed*) *itr* **1** a) om djur äta; beta [*the cows were ~ing in the meadow*] b) skämts. om pers. äta, käka **2** ~ *on* livnära sig på (av), äta [*cattle ~ chiefly on grass*] **III** *s* **1** utfodring; matande; *out at ~* ute på bete; *be off o.'s ~* fam. inte ha någon matlust **2** foder; [foder]ranson **3** fam. mål, kalas; *have a good ~* få ett riktigt skrovmål **4** Am. fam. mat, käk [*I love good ~*] **5** tekn. a) matning, tillförsel b) laddning, påfyllning c) attr. matar- [~ *pump*, ~ *tank*]; ~ *pipe* matar-, tillförsel-, tillopps|rör
feedback ['fi:dbæk] *s* tekn. o. psykol. återkoppling, feedback [*acoustic ~*]; gensvar; *positive ~* medkoppling; *negative ~* motkoppling
feeder ['fi:də] *s* **1** matare, utfodrare **2** ätare **3** boskapsuppfödare **4** tillflöde äv. bildl. **5** tekn. a) [in]matare b) elektr. matare, matarmaskin, matarledning; ~ *bus* matarbuss
feeding ['fi:dɪŋ] *s* **1** utfodring; bespisning; matande; ~ *time* a) utfodringstid för djur i fångenskap b) fam. matdags **2** foder, mat **3** tekn. matning, in-, fram|matning
feeding-bottle ['fi:dɪŋˌbɒtl] *s* nappflaska
feel [fi:l] **I** (*felt felt*) *tr* **1** känna [~ *pain*], märka; ha en känsla av; känna på, erfara; känna av, lida av [~ *the cold*], ha känning av; ~ *o.'s feet* bildl. känna sig hemma (säker); ~ *o.'s legs* se under *leg I 1*; ~ *in o.'s bones that* känna på sig att, ha på känn att **2** sondera; ~ *o.'s ground* känna sig för, sondera terrängen; ~ *o.'s way* treva sig fram **3** tycka, anse; inse; *I ~ it my duty to*

go jag känner det som min plikt att gå **II** (*felt felt*) *itr* **1** känna [efter] [~ *in o.'s purse*]; ~ *for* treva (leta) efter **2** känna; känna sig, må [*how do you ~?*]; *how do you ~ about that?* vad tycker du om det?; ~ *for* känna (ömma) för; ~ *sorry for* tycka synd om; ~ *up to* se *up I 6*; ~ *ashamed* skämmas; ~ *awful* fam. känna det mycket obehagligt; känna sig hemskt vissen; ~ *cold* frysa; ~ *like* känna sig som [*I felt like a liar*]; ha lust med (till) [*do you ~ like a walk?*]; *I ~ like* [*a cup of tea*] det skulle smaka med ..; ~ *like a million dollars* må jättebra **3** kännas [*your hands ~ cold*]; *make o.s. felt* göra sig kännbar (gällande); sätta sin prägel [*on* på] **III** (*felt felt*) *refl* **1** ~ *o.s.* känna sig, tycka att man är [*she felt herself slighted*] **2** ~ *o.s.* känna sig i form, vara sig själv [*she doesn't ~ herself today*] **IV** *s* **1** känsel **2** *let me have a ~* låt mig känna [på det] **3** känselförnimmelse, känsla; *have a soft ~* kännas mjuk

feeler ['fi:lə] *s* **1** zool. känselspröt, antenn **2** bildl. trevare, försöksballong; *put out a ~* göra (skicka ut) en trevare

feeling ['fi:lɪŋ] **I** *a* kännande; känslig, känslofull; sympatisk **II** *s* **1** känsel [*the arm has lost all ~*]; [känsel]förnimmelse **2** känsla [*a ~ of joy*]; medkänsla [*for* med]; *bad ~* missämja; *no hard ~s, I hope!* jag hoppas du inte tar illa upp!; *hurt a p.'s ~s* såra ngn (ngns känslor); *play with ~* spela med känsla (inlevelse) **3** uppfattning; *the general ~ was against it* stämningen (den allmänna meningen) var emot det **4** ~ *for* känsla för [*he has a ~ for music*] **5** förbittring; ~[*s*] *ran high* känslorna råkade i svallning

feet [fi:t] *s* pl. av *foot*

feign [feɪn] *tr* **1** hitta på [~ *an excuse*], dikta upp **2** låtsa[s]; förege, simulera [~ *illness*], hyckla

feigned [feɪnd] (adv. *feignedly* ['feɪnɪdlɪ]) *a* låtsad, simulerad [*a ~ illness*], spelad; förställd [*a ~ voice*]; fingerad [*under a ~ name*], falsk

feint [feɪnt] **I** *s* **1** skenmanöver, skenanfall, krigslist; isht sport. fint **2** list, knep **II** *itr* företa ett skenanfall; isht sport. finta

feldspar ['feldspɑ:] *s* miner. fältspat

felicitate [fə'lɪsɪteɪt] *tr* lyckönska, gratulera [[*up*]*on* till]

felicitation [fəˌlɪsɪ'teɪʃən] *s* lyckönskan

felicitous [fə'lɪsɪtəs] *a* välfunnen [~ *words*], väl vald, lyckad, träffande

felicity [fə'lɪsətɪ] *s* **1** lycksalighet **2** lyckat uttryck; pl. *felicities* lyckade vändningar

feline ['fi:laɪn] **I** *a* katt-; kattlik [*walk with ~ grace*], kattmjuk **II** *s* kattdjur

Felix ['fi:lɪks]

1 fell [fel] imp. av *fall*

2 fell [fel] *tr* fälla, slå till marken, avverka, hugga ner [~ *a tree*]

3 fell [fel] *s* fäll, skinn isht med håret på

4 fell [fel] *a* poet. grym [~ *design*]; bister

5 fell [fel] *s* bar höglandsås, berg mest i ortnamn

fellow ['feləʊ, i bet. *1* fam. äv. 'felə] *s* **1** fam. karl, prick [*he's a pleasant ~*], kille, grabb; *my dear ~!* kära (snälla) du!; *little ~* pojkvasker, liten krabat; *a queer ~* en konstig kropp (prick) **2** vanl. pl. ~*s* kamrater [*his ~s at school*], kolleger **3** medmänniska **4** make av ett par **5** medlem, ledamot av ett lärt sällskap [*F~ of the British Academy*] **6** univ. o. d., ung. docent[stipendiat], forskardocent **7** attr. (ofta) med- [~ *passenger*]; ~ *actor* a) medspelare b) skådespelarkollega; ~ *student* studiekamrat; ~ *worker* arbetskamrat

fellow-country|man ['feləʊ'kʌntrɪ|mən] (pl. *-men* [-mən]) *s* landsman

fellow-creature ['feləʊ'kri:tʃə] *s* medmänniska

fellow-feeling ['feləʊ'fi:lɪŋ] *s* medkänsla

fellow|man ['feləʊ|'mæn] (pl. *-men* [-'men]) *s* medmänniska

fellow-officer ['feləʊ'ɒfɪsə] *s* officerskollega

fellowship ['feləʊʃɪp] *s* **1** kamratskap; gemenskap; samhörighet **2** a) brödraskap, sammanslutning b) medlemskap

fellow-traveller ['feləʊ'trævələ] *s* **1** reskamrat, medresenär **2** polit. medlöpare, anpassling

felon ['felən] *s* jur. [grov] förbrytare

felonious [fə'ləʊnjəs] *a* jur. brottslig; kriminell

felony ['felənɪ] *s* jur. (förr) ung. grövre brott; svårare förbrytelse

felspar ['felspɑ:] *s* se *feldspar*

1 felt [felt] imp. o. pp. av *feel*

2 felt [felt] **I** *s* **1** filt tyg; ~ *pen* tuschpenna m. filtspets **2** filthatt [äv. ~ *hat*] **II** *tr* klä med filt

female ['fi:meɪl] **I** *a* kvinno-, kvinnlig [*a ~ pilot*]; av honkön [*a ~ animal*]; ~ *elephant* elefanthona; ~ *friend* väninna; ~ *sex* kvinn[o]kön **II** *s* **1** neds. fruntimmer **2** statist. o. d. kvinna [*males and ~s*]

feminine ['femɪnɪn] **I** *a* **1** kvinnlig, kvinno- [~ *logic*], feminin **2** gram. feminin [*the ~ gender*] **II** *s* gram., *the ~* femininum

femininity [ˌfemɪ'nɪnətɪ] *s* kvinnlighet

feminism ['femɪnɪzəm] *s* kvinnosaken; feminism

feminist ['femɪnɪst] *s* feminist; *the ~ movement* kvinnorörelsen

femme fatale ['fæmfə'tɑ:l el. fr. utt.] *s* (fr.) femme fatale farligt vacker kvinna

femur ['fi:mə] *s* anat. lårben

fen [fen] *s* kärr, träsk, myr, sankmark

fence [fens] **I** *s* **1** stängsel, staket, inhägnad; *sit (be) on the ~* fam. inta en avvaktande hållning **2** fäktning **3** sl. a) hälare b) tjuv[gods]gömma **II** *tr* inhägna, omgärda [äv. *~ in (round, up)*]; *~d with barbed wire* omgiven av taggtråd[shinder] **III** *itr* **1** fäkta; parera; bildl. slingra sig, komma med undanflykter **2** sl. vara hälare

fencer ['fensə] *s* fäktare

fencing ['fensɪŋ] *s* **1** fäktning, fäktkonst; parerande **2** inhägnande **3** koll. a) stängsel b) stängselmaterial **4** sl. häleri

fencing-master ['fensɪŋˌmɑːstə] *s* fäktmästare

fend [fend] **I** *tr ~ [off]* avvärja, parera [*~ off a blow*]; hålla undan **II** *itr* fam., *~ for o.s.* sörja för (reda, klara) sig själv

fender ['fendə] *s* **1** skydd; buffert; på lok o. d. kofångare **2** eldgaller, sprakgaller framför eldstad **3** Am. flygel, stänkskärm

fennel ['fenl] *s* fänkål växt

fenny ['fenɪ] *a* träskig, träskartad, sank

ferment [ss. subst. 'fɜːment, ss. vb fə'ment] **I** *s* **1** jäsningsämne, jäsämne, ferment äv. bildl. **2** jäsning; *in a [state of] ~* el. *in ~* bildl. i jäsning, i uppror **II** *itr* jäsa äv. bildl., fermentera **III** *tr* **1** bringa i jäsning, komma (få) att jäsa **2** hetsa [upp]; underblåsa

fermentation [ˌfɜːmen'teɪʃən] *s* jäsning

fermenting [fə'mentɪŋ] **I** *a* jäsande; jäs- **II** *s* jäsning

fern [fɜːn] *s* ormbunke, koll. ormbunkar

ferocious [fə'rəʊʃəs] *a* vildsint, vild, grym, blodtörstig [*a ~ tiger*]; våldsam [*a ~ headache*]

ferocity [fə'rɒsətɪ] *s* vild[sint]het, grymhet, våldsamhet

ferret ['ferət] **I** *s* jaktiller, frett; *~ eyes* vessleögon **II** *itr* **1** jaga med jaktiller (frett) [*go ~ing*] **2** snoka [äv. *~ about*]; *~ about for* snoka efter **III** *tr* **1** jaga (driva ut) kaniner o. d. med jaktiller (frett) **2** bildl. jaga; *~ out* snoka (spåra) upp, snoka reda på

ferrety ['ferətɪ] *a* vesslelik, vessle- [*~ eyes*]

ferric ['ferɪk] *a* kem. järn-; ferri-; *~ oxide* järnoxid

ferriferous [fe'rɪfərəs] *a* järnhaltig

ferrite ['feraɪt] *s, ~ rod aerial (antenna)* radio. ferritantenn

ferro-concrete ['ferəʊ'kɒŋkriːt] *s* byggn. järnbetong, armerad betong

ferrous ['ferəs] *a* kem. järn-; *~ oxide* järnoxidul

ferrule ['feruːl] *s* **1** doppsko, skoning **2** sammanhållande metallring, tubring

ferry ['ferɪ] **I** *s* **1** färja båt o. flygplan; *~ service* färjtrafik, färjförbindelse **2** färjställe **3** färjförbindelse **II** *tr* **1** färja, transportera **2** flyga [*aircraft ~ing cars*], transportera [med flyg] **III** *itr* färja, ta färjan

ferry-boat ['ferɪbəʊt] *s* färja

ferryman ['ferɪmən] *s* färjkarl

fertile ['fɜːtaɪl, Am. 'fɜːtl] *a* **1** bördig [*~ fields*], fruktbar, rik [*~ soil*] **2** fruktsam, fertil [*women of ~ age*] **3** bildl. givande, fruktbar [*a ~ subject*]; rik [*in, of* på]; uppfinningsrik; produktiv [*a ~ author*]; *a ~ imagination* en rik fantasi

fertility [fə'tɪlətɪ] *s* bördighet, fruktbarhet; fruktsamhet, fertilitet; *~ pill* fruktsamhetspiller; *~ of invention* uppfinningsförmåga

fertilization [ˌfɜːtɪlaɪ'zeɪʃən] *s* **1** gödsling, gödning **2** biol. befruktning

fertilize ['fɜːtɪlaɪz] *tr* **1** gödsla, göda **2** biol. befrukta

fertilizer ['fɜːtɪlaɪzə] *s* gödningsmedel, isht konstgödning, konstgödsel

ferule ['feruːl] *s* färla

fervent ['fɜːvənt] *a* glödande [*~ zeal*], eldig [*a ~ lover*], het, brinnande [*~ prayers*], varm [*a ~ admirer*], ivrig, entusiastisk [*a ~ advocate* (förespråkare) *of*]

fervid ['fɜːvɪd] *a* eldig [*a ~ orator*], brinnande, glödande

fervour ['fɜːvə] *s* glöd, innerlighet, brinnande iver

fester ['festə] *itr* **1** bulna; vara [sig]; *a ~ing sore* ett varigt sår, bildl. en kräft|skada, -härd **2** fräta, orsaka bitterhet, ligga och gro

festival ['festəvəl] *s* **1** relig. högtid [*Christmas and Easter are Church ~s*], fest [*harvest ~*], helg **2** festival, festspel [*the Salzburg F~*]; *a ~ of music* en musikfest **3** årsfest; fest, högtidlighet **4** attr. fest- [*~ march*], högtids- [*~ day*]; festival-; festlig

festive ['festɪv] *a* festlig [*on ~ occasions*], fest- [*~ mood, ~ atmosphere* (stämning)]; i feststämning, festande; *the ~ season* julen

festivit|y [fes'tɪvətɪ] *s* **1** feststämning [äv. *air of ~*], festglädje, festivitas; glädje **2** ofta pl. *-ies* festligheter, högtidligheter [*wedding -ies*]; *a great many -ies* en massa fester

festoon [fes'tuːn] **I** *s* feston[g], girland **II** *tr* smycka med feston[g]er (girlander)

FET förk. för *field-effect transistor*

fetch [fetʃ] **I** *tr* **1** hämta, gå 'efter, skaffa; ha (ta) med sig; om hund apportera; *~ it!* till hund apport! **2** framkalla [*~ a laugh from* (bland) *the audience*] **3** *~ a deep breath* dra ett djupt andetag; *~ a sigh* dra (upphäva) en suck **4** inbringa [*it ~ed £600*]; betinga [*the pictures ~ed a high price*] **5** fam. göra intryck på [*that dress will ~ him*], imponera på **6** fam. ge [*~ a p. a blow*] **II** *itr* **1** *~ and carry* a) om hund apportera b) vara passopp (springpojke), springa ärenden [*for* åt] c) springa omkring med skvaller **2** *the pump ~es* pumpen suger (tar, ger vatten) **3** sjö. ligga upp, knipa [*~ to windward* (i vinden)] **III** *tr* o. *itr* med adv. isht med spec. övers.: *~*

down slå (skjuta, få) ner; få ner priset; ~ **out** hämta (få, locka) fram; ~ **up** fam. a) kasta (kräkas) upp b) hamna [~ *up at an inn*]
fetching ['fetʃɪŋ] *a* fam. tilltalande, tilldragande, vinnande [*a ~ smile*]; förtjusande
fête [feɪt] **I** *s* stor fest isht i det fria, högtidlighet; välgörenhetsfest, basar **II** *tr* ge en fest för, fira med en fest
fetid ['fetɪd, 'fi:tɪd] *a* stinkande
fetish ['fi:tɪʃ, 'fetɪʃ] *s* fetisch; *make a ~ of* vara överdrivet upptagen av
fetishism ['fi:tɪʃɪzəm, 'fetɪʃɪzəm] *s* fetischdyrkan; psykol. fetischism
fetishist ['fi:tɪʃɪst, 'fetɪʃɪst] *s* fetischdyrkare; psykol. fetischist
fetlock ['fetlɒk] *s* zool. hovskägg på hästben
fetter ['fetə] **I** *s* boja; tjuder; pl. *~s* äv. fjättrar **II** *tr* **1** fjättra, tjudra **2** bildl. klavbinda, binda [*~ed by convention*], lägga band på, hämma
fettle ['fetl] *s* kondition, vigör, form; *in fine ~* a) i fin (god) form b) på gott humör
feud [fju:d] *s* fejd, strid, tvist
feudal ['fju:dl] *a* läns-; feodal- [*~ system*], feodal
feudalism ['fju:dəlɪzəm] *s* feodalism, feodalväsen
feudalistic [,fju:də'lɪstɪk] *a* feodal[istisk]
fever ['fi:və] *s* feber; febersjukdom; *a high ~* hög feber; *at ~ heat (pitch)* bildl. vid kokpunkten
fevered ['fi:vəd] *a* **1** febersjuk **2** bildl. febril; uppjagad [*a ~ imagination*]
feverish ['fi:vərɪʃ] *a* **1** feber- [*a ~ condition*]; *he is ~* han har feber **2** bildl. het, brinnande [*~ desire*], feberaktig [*~ excitement*], febril [*~ activity*]
fever-stricken ['fi:və,strɪkən] *a* feberhärjad
few [fju:] *a* o. *s* få, inte [så] många [*I have ~ cigarettes left*], lite[t] [*there are very ~ people* (folk) *here; we are one too ~*]; *a ~* några få, några [stycken], lite[t] [*would you like a ~ strawberries?*]; *a chosen ~* några få utvalda; *not a ~* el. *quite a ~* el. *a good ~* inte så få, ganska (rätt) många, inte så lite[t]; *only a ~* el. *some ~* [helt] få, bara några få, bara lite[t]; *the ~* fåtalet, minoriteten; *the first (last) ~ days* de [allra] första (senaste el. sista) dagarna; *~ and far between* tunnsådda, sällsynta; *the houses are ~ and far between* det är långt mellan husen; *~ in number[s]* fåtaliga
fewer ['fju:ə] *a* o. *s* (komp. av *few*) färre; mindre [*one month ~*]; *no ~ than* inte mindre än, ända [upp] till
fewest ['fju:ɪst] *a* o. *s* (superl. av *few*) fåtaligast, minst
fez [fez] *s* fez, fe[t]s
ff. förk. för *folios; and the following pages* [*see p. 100 ff.*]
fiancé [fɪ'ɑ:nseɪ] *s* fästman
fiancée [fɪ'ɑ:nseɪ] *s* fästmö
fiasco [fɪ'æskəʊ] *s* fiasko, misslyckande; *the play was a ~* stycket gjorde fiasko
fib [fɪb] fam. **I** *s* liten (oskyldig) lögn, smålögn; *tell ~s* småljuga **II** *itr* småljuga
fibber ['fɪbə] *s* fam. [liten] lögnare
fibre ['faɪbə] *s* **1** fiber, tråd i t. ex. kött, nerv, tåga av t. ex. lin **2** koll. fiber[massa] **3** rottråd äv. bildl. **4** struktur **5** bildl. halt [*a person of strong* (hög) *moral ~*], virke [*of solid* (gott) *~*]
fibreboard ['faɪbəbɔ:d] *s* [trä]fiberplatta
fibre-glass ['faɪbəglɑ:s] *s* glasfiber
fibrositis [,faɪbrəʊ'saɪtɪs] *s* läk. fibrosit bindvävsinflammation
fibrous ['faɪbrəs] *a* fibrös, fibrig
fibula ['fɪbjʊlə] *s* anat. vadben
fickle ['fɪkl] *a* ombytlig, nyckfull [*a ~ woman*], oberäknelig; föränderlig
fiction ['fɪkʃən] *s* **1** [ren] dikt, påhitt; saga, osann historia; fiktion ofta jur., [ren] konstruktion; *fact and ~* fantasi och verklighet **2** skönlitteratur men vanl. end. på prosa, romaner och noveller [*prefer history to ~*]; *work of ~* skönlitterärt verk, isht roman
fictional ['fɪkʃənl] *a* uppdiktad, diktad, dikt-; skönlitterär
fictitious [fɪk'tɪʃəs] *a* uppdiktad [*the characters in the book are ~*]; fingerad, antagen [*the criminal used a ~ name*]
fiddle ['fɪdl] **I** *s* **1** fiol; [*as*] *fit as a ~* frisk som en nötkärna, pigg som en mört; *have a face as long as a ~* vara lång i ansiktet (synen); *play first (second) ~* bildl. spela första (andra) fiolen [*to* i förhållande till] **2** sl. fuffens, fiffel **II** *itr* fam. **1** spela fiol **2 a)** ~ [*about*] *with* fingra (pilla) på; mixtra [*don't ~ with the lock*] **b)** fjanta [*~ about doing nothing*] **III** *tr* **1** fam. spela på fiol [*~ a tune*] **2** *~ away* fam. plottra bort, förspilla [*~ away o.'s time*] **3** sl. fiffla (fuska) med
fiddler ['fɪdlə] *s* **1** fiolspelare, spelman **2** sl. fifflare, skojare
fiddlestick ['fɪdlstɪk] *s* **1** fiolstråke **2** *~s!* struntprat!, dumheter!
fiddling ['fɪdlɪŋ] *a* fam. **1** beskäftig, fjantig **2** om saker strunt-, futtig [*a ~ sum of money*] **3** petig, pillrig
fiddly ['fɪdlɪ] *a* se *fiddling 2* o. *3*
fidelity [fɪ'delətɪ] *s* **1** trohet [*to* mot; *~ to o.'s principles*], trofasthet **2** trohet, naturtrohet, trohet mot originalet; exakt likhet; naturtrogen återgivning av ljud m. m., jfr *high fidelity* under *high I 4*
fidget ['fɪdʒɪt] **I** *s* **1** *have the ~s, be in a ~* vara nervös (rastlös), inte kunna sitta (vara) stilla **2** orolig (nervös) människa **II** *itr* inte kunna sitta (vara) stilla, nervöst

skruva (flytta) [på] sig [äv. *~ about*]; *don't ~!* sitt stilla!; *~ with* nervöst fingra på
fidgety ['fɪdʒətɪ] *a* nervös, orolig; som inte kan sitta stilla
fie [faɪ] *interj* fy!; *~ upon you!* fy skam!
fief [fi:f] *s* förläning, län
field [fi:ld] **I** *s* **1** fält [*a ~ of wheat*]; åker[fält]; mark; hage **2** ss. efterled i sms. -fält [*coal-field, airfield*] **3** område [*he is eminent in* (på) *his ~*], fält [*a new ~ of research*], fack **4** fys. o. d. fält; *magnetic ~* magnetfält **5** mil. fält, slagfält, krigsskådeplats; [fält]slag; *~ marshal* fältmarskalk **6** sport. **a)** plats, plan [*football ~*]; *sports ~* idrottsplats; *~ events* tävlingar i hopp och kast **b)** koll. fält deltagare i tävling, jakt o. d. **II** *tr* **1** i kricket o. baseboll stoppa och skicka tillbaka bollen **2** fotb. ställa upp ett lag, spelare **III** *itr* i kricket o. baseboll ta bollen; vara i utelaget, vara uteman
field-artillery ['fi:ldɑ:ˌtɪlərɪ] *s* fältartilleri
field-day ['fi:lddeɪ] *s* **1** mil. fälttjänstgöringsdag, manöverdag **2** bildl. stor (glad) dag; [*the Press had*] *a ~* . . en av sina stora dagar **3** Am. idrottsdag, friluftsdag i skolan
field-effect ['fi:ldɪˌfekt] *a*, *~ transistor* fälteffekttransistor
fielder ['fi:ldə] *s* i kricket o. baseboll uteman, fältspelare
field-glass ['fi:ldglɑ:s] *s*, vanl. pl. *~es* fältkikare; *a pair of ~es* en fältkikare
field-|mouse ['fi:ld|maʊs] (pl. *-mice* [-maɪs]) *s* zool. sork
field-officer ['fi:ldˌɒfɪsə] *s* mil. regementsbefäl
field-sports ['fi:ldspɔ:ts] *s pl* friluftssport, isht jakt och fiske
field-work ['fi:ldwɜ:k] *s* **1** fältarbete till skillnad från skrivbordsarbete **2** arbete ute på fälten (åkern)
fiend [fi:nd] *s* **1** djävul; ond ande **2** odjur, djävul [*he is a ~*]; plågoande **3** fam. slav under last, fanatiker, fantast, entusiast; *dope ~* knarkare, narkoman; *fresh-air ~* friluftsfantast; *be a golf ~* vara golfbiten
fiendish ['fi:ndɪʃ] *a* djävulsk, ondskefull
fierce [fɪəs] *a* **1** vild, vildsint, ilsken **2** våldsam, häftig [*~ anger*], hård, skarp
fieriness ['faɪərɪnəs] *s* hetta, hetsighet
fiery ['faɪərɪ] *a* **1** brännande [*~ heat*], glödande; flammande [*~ eyes*] **2** eldig [*a ~ speech*], livlig; hetsig [*a ~ temper*]
fiesta [fɪ'estə] *s* fest[lighet], fiesta
fife [faɪf] *s* [pickola]flöjt
Fifeshire ['faɪfʃɪə, -ʃə]
fifteen ['fɪf'ti:n] (jfr *five* o. sms.) **I** *räkn* femton **II** *s* **1** femton [*a total of ~*]; femtontal [*for each* (*every*) *~*] **2** rugby. femtonmannalag
fifteen-fifties ['fɪfti:n'fɪftɪz] *s pl*, [*in*] *the ~* [på] 1550-talet
fifteenth ['fɪf'ti:nθ] *räkn* o. *s* femtonde; femton[de]del; jfr *fifth*
fifth [fɪfθ] **I** *räkn* femte; *the ~ century* 400-talet, femte århundradet; *~ column* femtekolonn; *the ~ floor* [våningen] fem (Am. fyra) trappor upp; *~ part* femtedel; *in the ~ place* i femte rummet, för det femte **II** *adv*, *the ~ largest town* den femte staden i storlek **III** *s* **1** femtedel; *one ~ of a litre* en femtedels liter **2** *the ~ of April* (*on the ~ of April* ss. adverbial) den femte april **3** mus. kvint **4** motor. femmans växel, femman
fifthly ['fɪfθlɪ] *adv* för det femte
fiftieth ['fɪftɪɪθ] *räkn* o. *s* **1** femtionde **2** femtion[de]del
fifty ['fɪftɪ] **I** *räkn* femti[o] **II** *s* femti[o]; femti[o]tal; *in the* [*'*]*fifties* på femtiotalet av ett århundrade; *he is in his fifties* han är någonstans mellan femtio och sextio
fifty-fifth ['fɪftɪ'fɪfθ] *räkn* femti[o]femte
fifty-fifty ['fɪftɪ'fɪftɪ] *a* o. *adv* fifty-fifty, jämn[t]; *on a ~ basis* på lika basis; *a ~ chance* femti[o] procents chans; *go ~* [*with a p.*] dela lika (jämnt, fifty-fifty) [med ngn]
fifty-five ['fɪftɪ'faɪv] *räkn* femti[o]fem
fiftyfold ['fɪftɪfəʊld] **I** *a* femtiodubbel, femtiofaldig **II** *adv* femtiodubbelt, femtiofaldigt, femtiofalt, femtio gånger så mycket
fiftyish ['fɪftɪɪʃ] *räkn* fam. omkring femti, i femtiårsåldern
1 fig [fɪg] *s* **1** fikon; *green ~s* färska fikon **2** fikonträd **3** *I don't care a ~ for* jag struntar blankt i; *not worth a ~* inte värd ett ruttet lingon
2 fig [fɪg] *s* fam. **1** *in full ~* i full gala (stass) **2** form, kondition [*in fine ~*]
fig. förk. för *figure, figuratively*
fight [faɪt] **I** (*fought fought*) *itr* slåss, kämpa, strida, boxas **II** (*fought fought*) *tr* **1** bekämpa [*~ the enemy*; *~ disease*], kämpa (strida) mot, slåss med; *~ off the enemy* slå tillbaka fienden **2** utkämpa [äv. *~ out*; *~ a battle*] **3** kämpa för vid rättegång o. d.; kämpa (konkurrera) om; *~ a case* processa om en sak; föra en process; *~ a constituency* kandidera i en valkrets; *~ it out* slåss om det, göra upp sinsemellan; kämpa striden till slut **4** *~ o.'s way* kämpa (slå) sig fram **III** *s* slagsmål, kamp [*the ~ against disease*], strid; boxningsmatch; *put up a good ~* kämpa tappert; *show ~* visa stridshumör
fighter ['faɪtə] *s* **1** slagskämpe; boxare; kämpe **2** mil. jaktplan
fighter-bomber ['faɪtəˌbɒmə] *s* mil. attackflygplan
fighting ['faɪtɪŋ] **I** *a* stridande; stridsberedd; strids- [*~ patrol*] **II** *s* strid, strider [*street ~*], kamp; slagsmål; *we have a ~*

chance vi har en liten chans; *I didn't get a ~ chance* jag fick inte den minsta chans; *~ fit* i toppform; *~ spirit* kampanda, kamplust; *in ~ trim* i stridbart skick

fighting-cock ['faɪtɪŋkɒk] *s* stridstupp

fig-leaf ['fɪgli:f] (pl. *-ves*) *s* fikon[a]löv

figment ['fɪgmənt] *s* påfund, påhitt; *~ [of the imagination]* fantasifoster, inbillningsfoster

figurative ['fɪgjʊrətɪv] *a* **1** bildlig [*a ~ expression*] **2** figurativ [*~ art*]

figuratively ['fɪgjʊrətɪvlɪ] *adv* bildligt, i bildlig betydelse (bemärkelse); figurativt

figure ['fɪgə] **I** *s* **1 a**) siffra; pl. *~s* äv. uppgifter, statistik [*according to the latest ~s*]; *a double ~* ett tvåsiffrigt tal; *he is good at (has a good head for) ~s* han är bra i räkning, han räknar bra; [*his income*] *runs into six ~s* .. uppgår till ett sexsiffrigt tal **b**) fam. belopp, pris; *name your ~!* säg vad du ska ha för det (den, dem)! **2** figur [*she has a good* (snygg) *~*]; skepnad [*a ~ moving slowly in the dusk*]; bildl. gestalt [*one of the greatest ~s in history*], person [*a public* (offentlig) *~*]; *she is a fine ~ of a woman* hon är en stilig (parant) kvinna; *a ~ of fun* en löjlig figur; *cut a fine ~* ta sig elegant (imponerande) ut; *cut a poor (sorry) ~* göra en slät figur **3** figur [*geometrical ~s*; *see ~ (fig.* förk.) *31*], illustration, bild; staty, skulptur **4** figur [*rhetorical ~s*]; *~ of speech* bildligt uttryck, bild **5** i dans figur, tur **II** *tr* **1** a) beräkna, kalkylera b) *~ out* räkna ut; fundera ut; förstå, komma underfund med [*~ a th. (a p.) out*] **2** Am. anta, förmoda **III** *itr* **1** *~ on* isht Am. fam. räkna med [*they ~d on your arriving early*]; lita på; räkna (spekulera) på **2** *it ~s out at £45* det blir 45 pund **3** framträda, uppträda, figurera, förekomma [*the persons that ~ in the book*]; spela en [viss] roll **4** Am. anta, förmoda, tro [*he's going to lose, I ~*] **5** Am. fam. vara självklar [*that ~s*]

figure-head ['fɪgəhed] *s* **1** sjö. galjonsbild **2** bildl. galjonsfigur

figure-of-eight [ˌfɪgərəv'eɪt] *s* åtta isht skridskofigur

figure-skating ['fɪgəˌskeɪtɪŋ] *s* konståkning på skridsko

Fiji ['fi:dʒi:]

Fijian [fi:'dʒi:ən, 'fi:dʒɪən] **I** *a* fijiansk **II** *s* fijian

filament ['fɪləmənt] *s* **1** fin tråd (fiber) **2** tråd i glödlampa, glödtråd

filbert ['fɪlbət] *s* odlad art av hasselnöt; filbertsnöt

filch [fɪltʃ] *tr* knycka, sno

1 file [faɪl] **I** *s* fil verktyg **II** *tr* fila, glätta; *~ away* fila bort

2 file [faɪl] **I** *s* **1** samlingspärm, pärm, mapp, arkiv; kartotek; dokumentskåp **2** [dokument]samling, kortsystem; [tidnings]lägg, årgång; *on our ~s* i vårt register **II** *tr* **1** sätta in [i sin pärm], arkivera; [in]registrera **2** jur. o. d. lämna in, inge skrivelse; *~ an application* lägga in [en] ansökan

3 file [faɪl] **I** *s* rad av personer el. saker efter varandra, led; mil. rote, kolonn; *in single (Indian) ~* i gåsmarsch, på ett led; *the rank and ~* se under *1 rank I 2* **II** *itr* gå (marschera) i en lång rad; mil. marschera i rotar

filial ['fɪljəl] *a* sonlig, dotterlig

filibuster ['fɪlɪbʌstə] **I** *s* Am. pol. maratontalare, filibuster som med obstruktionstaktik söker hindra votering **II** *itr* **1** bedriva fribyteri **2** Am. pol. maratontala för att förhindra votering, göra obstruktion

filigree ['fɪlɪgri:] *s* filigran[sarbete]

filing ['faɪlɪŋ] *s* insättande [i sin pärm] etc., jfr *2 file II*; *~ cabinet* dokumentskåp; *~ system* registreringssystem

filings ['faɪlɪŋz] *s pl* filspån

fill [fɪl] **I** *tr* **1** fylla; plombera, fylla en tand; komplettera; *~ the bill* fam. a) hålla måttet, duga b) motsvara behovet; [*£500*] *will just ~ the bill for us now* .. är precis vad vi behöver nu; *~ a pipe* stoppa en pipa **2** tillfredsställa; mätta **3** beklä[da], inneha en tjänst; besätta, tillsätta en tjänst; *~ a p.'s place* inta ngns plats, efterträda ngn **II** *itr* fyllas **III** *tr* o. *itr* med adv.: *~* **in: a**) fylla i [*~ in a form* (blankett)]; fylla ut; fylla igen; stoppa (sätta, skriva) i (in) **b**) *~ a p. in on a th.* fam. sätta ngn in i ngt [*~ me in on the latest news*]; *~* **out: a**) tr. fylla ut, göra rundare [*it will ~ out your cheeks*]; *~ out a form* fylla i en blankett **b**) itr. bli fylligare (rundare) [*her cheeks had ~ed out*], lägga på hullet; *~* **up: a**) tr. fylla [upp], fylla helt; fylla till brädden, fylla i (på) [*~ up the glass*]; fylla i [*~ up a form* (blankett)]; fylla igen [*~ up a pond* (damm)]; komplettera; *~ up the tank* [*with petrol*] fylla tanken, tanka **b**) itr. fyllas [igen], bli full; fylla på bensin, tanka **IV** *s* **1** lystmäte; *eat o.'s ~* äta sig mätt **2** fyllning; *a ~ of tobacco* en stopp, en pipa tobak

filler ['fɪlə] *s* **1** påfyllare; *~ cap* på bil a) bensintankslock b) kylarlock **2** fyll[nads]medel i plast; slags spackel[färg]

fillet ['fɪlɪt] **I** *s* **1** hårband, pannband; bindel **2** kok. filé; *~ of sole* sjötungsfilé **II** *tr* filea; *~ed sole* sjötungsfilé

fill-in ['fɪlɪn] *s* **1** vikarie, avlösare **2** resumé, kortfattad redogörelse

filling ['fɪlɪŋ] **I** *a* **1** mättande; fyllande **2** fyllnads- [*~ material*], fyllnings- **II** *s* **1** fyllande etc., jfr *fill I*; ifyllning **2** konkr. fyllnad, fyllning [*a custard ~ for a pie*], plomb [*a gold ~*]; fyllnadsgods

filling-station ['fɪlɪŋ,steɪʃən] *s* bensinstation
fillip ['fɪlɪp] *s* **1** knäpp [med fingrarna] [*give a p. a ~ on the nose*] **2** bildl. stimulans, stimulus, uppruskning; knuff framåt
filly ['fɪlɪ] *s* **1** stoföl; ungsto **2** fam. jäntunge
film [fɪlm] **I** *s* **1** hinna, tunt skikt [*a ~ of dust*], film [*a ~ of oil*], tunt överdrag; beläggning på tänder **2** fotogr. o. på bio film; filmrulle; pl. *~s* äv. film-, bio|föreställning; *go to the ~s* gå på bio; *~ director* filmregissör; *~ producer* filmproducent; *~ star* filmstjärna; *~ strip* bildband; *~ studio* filmateljé **II** *tr* **1** filma [*~ a play*]; filmatisera [*~ a novel*] **2** täcka med en hinna etc., jfr *I* **III** *itr* **1** filma **2** göra sig på film; lämpa sig för filmatisering **3** betäckas med en hinna etc., jfr *I*
filmgoer ['fɪlm,gəʊə] *s* biobesökare
filmland ['fɪlmlænd] *s* filmvärlden
filmstrip ['fɪlmstrɪp] *s* bildband
film-struck ['fɪlmstrʌk] *a* filmbiten
filmy ['fɪlmɪ] *a* hinnaktig, tunn; lätt
filter ['fɪltə] **I** *s* filter **II** *tr* filtrera; sila; brygga kaffe [genom filter] **III** *itr* **1** filtreras; silas **2** trafik. svänga [av] från stillastående fil **3** *~ into* söka (ta) sig in i, långsamt vinna insteg i; *~ through* söka sig (sila) igenom; sippra ut
filter-paper ['fɪltə,peɪpə] *s* filterpapper
filter-tip ['fɪltətɪp] *s* filter[munstycke]; filtercigarrett
filter-tipped ['fɪltətɪpt] *a* försedd med filtermunstycke, filter- [*~ cigarette*]
filth [fɪlθ] *s* smuts, lort; fam. smörja, skit
filthy ['fɪlθɪ] *a* **1** smutsig, lortig; snuskig; oanständig; *~ lucre* snöd vinning **2** fam. urusel [*have a ~ memory*] **3** fam., *~ with money* nerlusad med pengar
filtrate ['fɪltreɪt] **I** *s* filtrat **II** *tr* filtrera
filtration [fɪl'treɪʃən] *s* filtrering
fin [fɪn] *s* **1** fena äv. på flygplan **2** sl. tass
final ['faɪnl] **I** *a* **1** slutlig, sista; avgörande, slutgiltig [*the ~ result*], definitiv; sport. final- [*~ match*]; *~ settlement* slutuppgörelse, slutlikvid **2** gram. avsikts-, final [*~ clause*] **II** *s* **1** sport., *~*[*s* pl.] final [*the Cup F~*; *enter* (gå till) *the ~s*], sluttävlan **2** *~*[*s* pl.] isht univ. slutexamen [*take o.'s ~s*]
finale [fɪ'nɑːlɪ] *s* **1** mus. final **2** bildl. final, avslutning
finalist ['faɪnəlɪst] *s* finalist
finality [faɪ'nælətɪ] *s* slutgiltighet
finalize ['faɪnəlaɪz] *tr* lägga sista handen vid [*~ o.'s plans*], slutföra; slutgiltigt godkänna [*~ a list*]
finally ['faɪnəlɪ] *adv* slutligen, till sist, äntligen; slutgiltigt
finance ['faɪnæns, fɪ'n-] **I** *s* **1** finans; finansväsen; attr. vanl. finans-; *Minister of F~* finansminister **2** pl. *~s* a) stats finanser [*are the country's ~s sound?*] b) enskilds ekonomi; *my ~s are in a bad state* min ekonomi är dålig **II** *tr* finansiera
financial [faɪ'nænʃəl, fɪ'n-] *a* finansiell, finans- [*a ~ centre*], ekonomisk [*~ aid*]; *~ year* räkenskapsår, budgetår
financier [faɪ'nænsɪə, fɪ'n-] *s* **1** finansman **2** kapitalist
finch [fɪntʃ] *s* zool. fink
find [faɪnd] **I** (*found found*) *tr* **1** finna i div. bet. ss.: **a**) hitta, påträffa, få tag i; se, upptäcka, konstatera [*no trace could be found*]; finna ngt vara [*I ~ it useless*]; *be found* finnas, påträffas, förekomma; *~ o.'s feet* a) [börja] kunna stå [*the baby began to ~ its feet*] b) bli medveten om sin kraft, finna sig till rätta; *you must take us as you ~ us* du måste ta oss som vi är **b**) söka (leta, ta) reda (rätt) på [*help Mary to ~ her hat*], hitta; få isht tid, tillfälle o. d.; söka ut [åt]; skaffa [*~ a p. work*], hitta på [*I can ~ nothing new to say*]; *I can't ~ time to read* jag hinner aldrig läsa; *~ o.'s* (*the*) *way* leta sig fram, hitta [vägen], söka sig, bildl. finna medel (en utväg) [*~ o.'s way to do a th.*]; [*a more stupid person*] *would be difficult to ~* .. får man leta efter **c**) nå, träffa [*the bullet found its mark*] **d**) anse [*I ~ it absurd*], tycka ngn (ngt) vara; inse, märka [*I found that I was mistaken*]; *be found* befinnas [*he was found guilty*] **2** jur. döma, besluta; *~ a p. guilty* förklara ngn skyldig; *~ a p. not guilty* frikänna ngn **3** förse; underhålla; *~ the expenses* bestrida kostnaderna; *~ a p. in* (*with*) *a th.* bestå ngn [med] ngt, hålla ngn med ngt **4** *~ out* leta reda (rätt) på, ta reda på; söka upp; upptäcka; finna ut, tänka ut, hitta (komma) på; *~ a p. out* genomskåda (avslöja) ngn **II** (*found found*) *refl* [be]finna sig; känna sig [*how do you ~ yourself?*]; sörja för sig själv; *~ o.s. in a th.* själv hålla sig med ngt **III** (*found found*) *itr* **1** jur. avkunna utslag, döma [*for* till förmån för] **2** *~ out* [*about it*] ta reda på det **IV** *s* fynd, upptäckt
finding ['faɪndɪŋ] *s* **1** finnande, upphittande; *~s* [*are*] *keepings* fam. ung. den som hittar [en sak] får behålla [den] **2** jur. utslag, dom, beslut **3** slutsats; *the ~s of the committee* resultatet av kommitténs undersökningar **4** fynd, upptäckt
1 fine [faɪn] **I** *s* böter [*sentence a p. to a ~*], bötesbelopp, vite; *impose a ~ of £10 on a p.* döma ngn till 10 punds böter, döma ngn att plikta 10 pund **II** *tr* bötfälla; *he was ~d £100* han fick böta 100 pund
2 fine [faɪn] **I** *a* fin i div. bet. ss.: **a**) utmärkt [*that was a ~ performance*]; skicklig [*he is a ~ musician*]; *~!* ofta bra!, utmärkt!; *that's*

all very ~ but . . det är gott och väl (är nog bra), men . .; *I feel ~* jag mår bra **b)** vacker [*a ~ garden* (*poem*)]; stilig [*a ~ woman*]; *it makes a ~ show* det ser prydligt ut **c)** om väder vacker; *one ~ day* en vacker dag, en gång avseende förfluten tid eller framtid; *one of these ~ days* en vacker dag, endera dagen avseende framtid **d)** elegant [*~ clothes*]; *~ manners* fint (bildat) sätt, belevenhet **e)** utsökt [*a ~ taste*], förfinad; *the ~ arts* de sköna konsterna **f)** iron. skön; *you're a ~ one!* du är just en fin (snygg) en! **g)** ej grov o. d. [*~ dust, ~ sand*], finkornig; tunn [*~ thread*], spetsig **h)** om metaller o. d. ren [*~ gold*] **i)** om skillnad o. d. [*a ~ distinction, ~ nuances*], subtil, hårdragen **II** *adv* fint etc.; *cut* (*run*) *it ~* se *cut I 3* resp. *run A II 1*; *~ cut* finskuren [*~ cut tobacco*]; *I'm doing ~* fam. jag klarar mig fint; jag mår bra; *that will suit me ~* fam. det passar mig utmärkt

finery ['faɪnərɪ] *s* finkläder, stass; prakt

finesse [fɪ'nes] *s* **1** fin urskillning, takt, finess, förfining **2** fiffighet, slughet

fine-tooth[ed] ['faɪntu:θ, -t] *a, go over* (*through*) *with a ~ comb* finkamma; fingranska, lusläsa

finger ['fɪŋgə] **I** *s* **1** finger; *first ~* pekfinger; *little ~* lillfinger; *middle ~* långfinger; *ring ~* ringfinger; *second ~* långfinger; *he has it at his ~s'* (*~*) *ends* han har (kan) det på sina fem fingrar; *his ~s are all thumbs* han är mycket fumlig (klumpig, valhänt); *he has a ~ in it* han har ett finger med i spelet, jfr *1 pie*; *lay* (*put*) *a ~ on* röra [vid]; *lay* (*put*) *o.'s ~ on* bildl. sätta fingret på [*put o.'s ~ on the weak spot*]; *put the ~ on* sl. utpeka (ange) för polisen; *not lift* (*raise*) *a ~ to* . . inte röra ett finger för att . .; *take* (*get, pull*) *your ~ out!* sl. sno på!; *twist* (*turn*) *a p. round o.'s* [*little*] *~* kunna linda ngn kring (runt) sitt [lill]finger; *let a chance slip through o.'s ~s* låta en chans gå sig ur händerna; *look through o.'s ~s at* se genom fingrarna med, blunda för **2** *fish ~s* kok. fiskpinnar **II** *tr* **1** fingra (tumma) på; känna på [*~ a piece of cloth*] **2** spela på ett instrument **3** förse noter med fingersättning **III** *itr* fingra [*at* på]; leka, plocka [*with* med]

finger-bowl ['fɪŋgəbəul] *s* sköljkopp på matbordet

finger-end ['fɪŋgərend] *s* fingerspets, fingertopp; *he has it at his ~s* han har (kan) det på sina fem fingrar

finger-food ['fɪŋgəfu:d] *s* fingermat, mat som brukar ätas med fingrarna t. ex. rädisor

finger-mark ['fɪŋgəmɑ:k] *s* märke efter ett [smutsigt] finger

finger-nail ['fɪŋgəneɪl] *s* fingernagel

finger-plate ['fɪŋgəpleɪt] *s* skyddsplåt på dörr mot smutsiga fingrar

finger-post ['fɪŋgəpəust] *s* vägvisare

fingerprint ['fɪŋgəprɪnt] *s* fingeravtryck

finger-stall ['fɪŋgəstɔ:l] *s* fingertuta

finger-tip ['fɪŋgətɪp] *s* fingerspets, fingertopp; *have a th. at o.'s ~s* ha (kunna) ngt på sina fem fingrar

finical ['fɪnɪkəl] *a* petig, pedantisk i t. ex. klädsel, sätt; kinkig

finicking ['fɪnɪkɪŋ] *a* o. **finicky** ['fɪnɪkɪ] *a* fam. se *finical*

finish ['fɪnɪʃ] **I** *tr* **1** sluta, avsluta, slutföra, fullfölja [*~ the race* (loppet)], lägga sista handen vid; göra färdig, få färdig, bli färdig med; göra slut på [*we have ~ed* [*off* (*up*)] *the pie*], dricka upp, dricka ur; *~ eating* äta färdigt **2** i div. tekn. bet.: ytbehandla [*the woodwork has been beautifully ~ed*]; ge en finish; förädla; bearbeta **3** *~* [*off*] fam. ta död på [*that long climb almost ~ed me*], expediera [*I ~ed him with a single blow*], ta kål på [*the illness nearly ~ed him off*] **II** *itr* **1** sluta, upphöra, bli färdig [äv. *~ off, ~ up*]; *I've ~ed with him* jag har gjort slut (är färdig) med honom; *we ~ed up at a pub* till slut hamnade vi på en pub **2** sport. fullfölja tävlingen [*three boats did not ~*], komma i mål i viss kondition etc., sluta [*he ~ed third* (som trea)] **III** *s* **1** slut, avslutning; finish, upplopp; *be in at the ~* vara med om slutet (slutkampen); vara med i slutskedet; sport. vara med på upploppet; *bring to a ~* avsluta, få (göra) färdig; *carry a th. to a ~* genomföra ngt, föra ngt i hamn; *fight to a ~* kämpa (slåss) till det yttersta; *a fight to the ~* en kamp på liv och död **2** slutlig behandling, ytbehandling, finish, polering **3** fulländning

finished ['fɪnɪʃt] *a* **1** färdig; fulländad [*a ~ performance*]; [*the car*] *is perfectly ~* . . har en perfekt finish; *~ goods* (*products*) färdigvaror, helfabrikat **2** fam. slut [*I'm ~, I can't go on*], färdig

finishing ['fɪnɪʃɪŋ] *a* fulländande; *~ line* sport. mållinje; *~ post* sport. (ung.) mål; *~ school* flickpension; *~ tape* sport. målsnöre; *give a th. the ~ touch, give* (*put*) *the ~ touch to a th.* lägga sista handen vid ngt

finite ['faɪnaɪt] *a* **1** begränsad; ändlig äv. mat. **2** gram. finit

Finland ['fɪnlənd]

Finlander ['fɪnləndə] *s* finländare

Finn [fɪn] *s* finne, finländare

finnan ['fɪnən] *s, ~* [*haddock*] kok. rökt kolja

Finnish ['fɪnɪʃ] **I** *a* finsk, finländsk **II** *s* finska [språket]

Finno-Ugrian ['fɪnəʊ'ju:grɪən] *a* o. **Finno-Ugric** ['fɪnəʊ'ju:grɪk] *a* finsk-ugrisk

fiord [fjɔ:d] *s* fjord
fir [fɜ:] *s* **1** bot. gran, isht ädelgran; tall, fur[uträd]; *Scotch* ~ tall **2** granvirke; furuvirke
fire ['faɪə] **I** *s* **1** eld[en] i allm.; *catch* (*take*) ~ fatta (ta) eld, råka i brand; *set* ~ *to, set on* ~ sätta (tända) eld på, sätta i brand, tutta [eld] på; *on* ~ i brand, bildl. [i] eld och lågor; *be on* ~ brinna, stå i lågor; *play with* ~ leka med elden isht bildl. **2 a**) eld i eldstad, brasa; bål; låga **b**) *electric* ~ elkamin; jfr *gas-fire* **3** eldsvåda, brand; ~*!* elden är lös!; ~ *house* Am. brandstation; ~ *service* (*department* Am.) brandväsen, brandkår **4** mil. eld, skottlossning; ~*!* ge fyr!, eld!; *line of* ~ skottlinje, skjutriktning; *be under* ~ vara under beskjutning, bildl. vara i elden; [*the Minister*] *came under* ~ bildl. . . kom i skottgluggen **5** bildl. flamma, lidelse, hetta, glöd [*a speech that lacks* ~] **II** *tr* **1** avskjuta, fyra av, avlossa, bränna av; bildl. fyra av [*he* ~*d off questions*]; ~ *questions at a p.* bombardera ngn med frågor; ~ *a salute* skjuta (ge) salut **2** antända, sätta (sticka) i brand, sätta (tända) eld på [~ *a haystack*] **3** fam. ge sparken, sparka avskeda **4** steka; bränna tegel **5** elda, mata en ångpanna o. d. **6** bildl. elda [upp], egga, stimulera [~ *a p.'s imagination*]; fylla [~ *a p. with enthusiasm*] **III** *itr* ge eld, ge fyr, skjuta [*at, on* mot, på]; om skjutvapen brinna av; ~ *away* bildl. sätta i gång
fire-alarm ['faɪərəˌlɑ:m] *s* brandalarm
firearm ['faɪərɑ:m] *s,* mest pl. ~*s* skjutvapen, eldvapen
fireball ['faɪəbɔ:l] *s* eldkula, klotblixt
fire-bomb ['faɪəbɒm] *s* brandbomb
fire-brand ['faɪəbrænd] *s* **1** eldbrand **2** bildl. orostiftare; brandfackla
fire-brigade ['faɪəbrɪˌgeɪd] *s* brandkår
fireclay ['faɪəkleɪ] *s* eldfast lera
fire-control ['faɪəkənˌtrəʊl] *s* mil. eldledning
fire-cracker ['faɪəˌkrækə] *s* fyrv. smällare
firedamp ['faɪədæmp] *s* explosiv gruvgas
firedog ['faɪədɒg] *s* eldhund i öppen spis
fire-drill ['faɪədrɪl] *s* brandövning
fire-eater ['faɪərˌi:tə] *s* **1** eldslukare **2** fam. slagskämpe; hetsporre
fire-engine ['faɪərˌendʒɪn] *s* brandbil
fire-escape ['faɪərɪsˌkeɪp] *s* **1** brandstege **2** reservutgång
fire-extinguisher ['faɪərɪksˌtɪŋgwɪʃə] *s* [hand]brandsläckare
fire-fighter ['faɪəˌfaɪtə] *s* brandman isht vid skogsbränder
fire-fighting ['faɪəˌfaɪtɪŋ] *a* brandsläcknings-, brandförsvars-
firefly ['faɪəflaɪ] *s* zool. eldfluga
fire-guard ['faɪəgɑ:d] *s* **1** sprakgaller **2** Am. brandvakt; brandman
fire-insurance ['faɪərɪnˌʃʊərəns] *s* brandförsäkring
fire-irons ['faɪərˌaɪənz] *s pl* brasredskap
firelight ['faɪəlaɪt] *s* eldsken
fire|man ['faɪə|mən] (pl. *-men* [-mən]) *s* **1** brandman, brandsoldat **2** eldare
fireplace ['faɪəpleɪs] *s* eldstad, [öppen] spis
fire-power ['faɪəˌpaʊə] *s* mil. eldkraft
fireproof ['faɪəpru:f] *a* brandfri, brandsäker; eldfast; ~ *curtain* teat. järnridå
fireside ['faɪəsaɪd] *s* **1** *the* ~ platsen kring [den öppna] spisen, härden; *by the* ~ vid brasan, vid hemmets härd **2** attr. hem-; *a* ~ *chat* (*talk*) ett informellt tal i radio eller TV, ett 'tal vid brasan'
fire-station ['faɪəˌsteɪʃən] *s* brandstation
fire-water ['faɪəˌwɔ:tə] *s* fam. eldvatten
firewood ['faɪəwʊd] *s* ved; hand. splitved
firework ['faɪəwɜ:k] *s* fyrverkeripjäs; ~*s* a) pl. fyrverkeripjäser; fyrverkeri b) bildl. (konstr. ss. pl. el. sg.) ett utbrott; [*if you irritate him,*] *there'll be* ~*s* .. så smäller det
firing ['faɪərɪŋ] *s* **1** a) avskjutande etc., jfr *fire II*; mil. eldgivning, skottlossning b) antändning, eldning; ~ *mechanism* (*device*) avfyrnings|mekanism, -anordning; ~ *range* skotthåll [*come within* ~ *range*] **2** bränsle
firing-line ['faɪərɪŋlaɪn] *s* mil. eldlinje
firing-party ['faɪərɪŋˌpɑ:tɪ] *s* o. **firing-squad** ['faɪərɪŋskwɒd] *s* mil. **1** exekutionspluton, exekutionsavdelning **2** salutavdelning
1 firm [fɜ:m] *s* [handels]firma
2 firm [fɜ:m] **I** *a* **1** fast [~ *flesh,* ~ *muscles*], hård; *be on* ~ *ground* bildl. ha (känna) fast mark under fötterna **2** fast, stadig **II** *adv* fast [*stand* ~]
first [fɜ:st] **I** *a* o. *räkn* första, förste; förnämsta, förnämste, högst; *the* ~ *two* de två första; ~ *aid* första hjälpen, jfr *first-aid*; ~ *appearance* debut; *the* ~ *floor* [våningen] en trappa upp; Am. bottenvåningen; ~ *name* förnamn; ~ *night* premiär[kväll]; ~ *offender* förstagångsförbrytare; *in the* ~ *place* först och främst; i första (främsta) rummet; för det första; ~ *principles* grundprinciper; *at* ~ *sight* (*view, blush*) vid första anblicken (påseendet, ögonkastet [*love at* ~ *sight*]); [*the*] ~ *thing tomorrow morning* med detsamma (genast) i morgon bitti; *you don't know the* ~ *thing about it* du vet inte ett dyft om det; ~ *things first* låt oss ta sakerna i tur och ordning **II** *adv* **1** först; ~ *of all* allra först; först och främst; ~ *come* ~ *served* den som kommer först till kvarnen får först mala **2** [i] första klass [*travel* ~] **III** *s* **1** *at* ~ först, i början; *from the* ~ ända från början, från första början; *from* ~ *to last* från början till slut **2** första, förste

3 hand. a) pl. *~s* prima [kvalitet] [*these stockings are ~s*] b) *~ of exchange* prima[-växel] **4** sport.: a) förstaplats b) etta **5** univ., *a ~* ung. högsta betyget i examen för *honours degree* (jfr *honour I 5*) **6** motor. ettans växel; *put the car in ~* lägga in ettan

first-aid ['fɜ:st'eɪd] *a, ~ kit* förbandslåda; *~ post* (*station*) hjälpstation

first-born ['fɜ:s*t*bɔ:n] *a* o. *s* förstfödd

first-class ['fɜ:s*t*'klɑ:s] **I** *a* **1** förstaklass- [*~ passengers*]; förstklassig; *a ~ row* fam. ett ordentligt gräl **2** *~ mail* a) Engl. förstaklasspost snabbefordrad post b) Am. brevpost **II** *adv* [i] första klass [*travel ~*]

first-fruits ['fɜ:stfru:ts] *s pl* förstlingar, första frukt[er] (vinst) av ngt

first-hand ['fɜ:st'hænd] **I** *a* förstahands-, i första hand, direkt- [*~ information*] **II** *adv* i första hand [*learn* (få veta) *a th. ~*], direkt

firstling ['fɜ:stlɪŋ] *s* förstling

firstly ['fɜ:stlɪ] *adv* för det första

first-nighter ['fɜ:st,naɪtə] *s* teat. premiärbesökare, premiärlejon

first-rate ['fɜ:st'reɪt] *a* o. *adv* första klassens, förstklassig, prima, utmärkt

firth [fɜ:θ] *s* fjord, fjärd, havsarm

fiscal ['fɪsk*ə*l] *a* fiskal, som rör statsinkomsterna, finans-; *~ reform* skattereform; *~ year* räkenskapsår, budgetår

fish [fɪʃ] **I** (pl. *~es* el. isht koll. *~*) *s* **1** fisk; *~ and chips* friterad fisk och pommes frites köps ofta för omedelbar förtäring; *~ fingers* kok. fiskpinnar; *he is like a ~ out of water* han är inte i sitt rätta element; *drink like a ~* dricka som en svamp; *a pretty* (*nice*) *kettle of ~* iron. en skön röra; en snygg historia; *neither ~, flesh, nor fowl* (*nor good red herring*) varken fågel eller fisk **2** fam., *odd* (*queer*) *~* lustig kurre **II** *itr* fiska; *~ for* a) fiska [*~ for trout*] b) bildl. fiska (fika, leta) efter; *~ for compliments* fam. gå med håven **III** *tr* a) fiska, fånga, dra upp [ur vattnet] [*~ trout*] b) fiska i [*~ a river*]; *~ out* fiska upp äv. bildl.

fish-ball ['fɪʃbɔ:l] *s* kok. fiskbulle

fish-cake ['fɪʃkeɪk] *s* kok. fiskbulle

fisherman* ['fɪʃəmən] *s* [isht yrkes]fiskare

fishery ['fɪʃərɪ] *s* **1** fiskeri; fiske **2** fiskevatten

fish-hook ['fɪʃhʊk] *s* metkrok

fishing ['fɪʃɪŋ] *s* fiskande, fiske; fiskevatten; *~ village* fiskeläge

fishing-line ['fɪʃɪŋlaɪn] *s* metrev

fishing-net ['fɪʃɪŋnet] *s* fisknät

fishing-rod ['fɪʃɪŋrɒd] *s* metspö

fishing-tackle ['fɪʃɪŋ,tækl] *s* fiskredskap, fiskedon

fish-knife ['fɪʃnaɪf] *s* fiskkniv

fishmonger ['fɪʃ,mʌŋgə] *s* fiskhandlare, fiskmånglare

fish-paste ['fɪʃpeɪst] *s* kok., bredbar fiskpasta

fish-slice ['fɪʃslaɪs] *s* fiskspade

fishwife ['fɪʃwaɪf] *s* o. **fishwoman** ['fɪʃ,wʊmən] *s* fiskgumma, fiskhandlerska

fishy ['fɪʃɪ] *a* **1** fisklik, fisk- [*a ~ smell*]; *~ eyes* uttryckslösa ögon, fiskögon **2** fam. skum, misstänkt; otrolig [*a ~ story*]

fission ['fɪʃən] *s* klyvning äv. fys.; biol. delning; *nuclear ~* fys. fission, kärnklyvning

fissure ['fɪʃə] *s* **1** klyfta, rämna, spricka **2** klyvning

fist [fɪst] *s* **1** knytnäve, näve; *he shook his ~ at me* han hötte åt mig [med näven] **2** fam. handstil [*I know his ~*]

fisticuffs ['fɪstɪkʌfs] (konstr. ss. sg. el. pl.) *s* knytnävskamp; slagsmål

fistula ['fɪstjʊlə] *s* läk. fistel[gång]

1 fit [fɪt] *s* **1** a) anfall, attack av sjukdom o. d. b) krampanfall, konvulsioner; *~ of apoplexy* slag[anfall]; *~ of coughing* hostanfall; *fainting ~* svimningsanfall; *it gave me a ~, I nearly had a ~* jag höll på att få slag **2** *~ of laughter* skrattanfall; *in a ~ of generosity* i ett anfall av ädelmod (frikostighet); *by ~s* [*and starts*] ryckvis, stötvis

2 fit [fɪt] **I** *a* **1** lämplig, duglig; passande, värdig [*you are not ~ to . .*]; *be ~ for* äv. lämpa sig för, duga till, passa för [*he is not ~ for the position*]; *~ for work* arbetsduglig, arbetsför; *think* (*see*) *~ to* anse lämpligt att, finna för gott att **2** färdig, redo; fam. färdig, nära [*so angry that he was ~ to burst*] **3** spänstig; kry; *keep ~* hålla sig i form; jfr *fiddle I 1* **II** *tr* **1 a**) om kläder passa; *how does it ~ me?* hur sitter den [på mig]? **b**) allm. passa i (till) [*the key doesn't ~ the lock*], passa in på [*the description ~s him*], svara mot; *~ the bill* vara lämplig **2 a**) göra lämplig (passande), kvalificera **b**) anpassa, avpassa [*to* efter; *~ a shoe to the foot*] **3 a**) passa in, sätta in, anbringa, sätta på [*~ a new tyre on to* (på) *a car*], sätta in **b**) prova [in]; *he was ~ted* [*for a new suit*] man tog mått på honom . . **4** utrusta, förse [*~ a p. with clothes*]; *~ out* utrusta, ekipera; sjörusta och bemanna fartyg; *~ up* inreda, möblera; utrusta, förse **III** *itr* passa, om kläder äv. sitta; *~ in with* passa ihop (stämma) med **IV** *s* passform; [*these shoes*] *are just your ~ . .* passar dig precis; *be a tight ~* sitta åt

fitful ['fɪtf*ʊ*l] *a* ryckig, ryckvis; ojämn; nyckfull

fitness ['fɪtnəs] *s* **1** kondition [*physical ~*] **2** lämplighet, duglighet

fitted ['fɪtɪd] *a* **1** lämpad, lämplig, rustad, passande; avpassad, anpassad [*to* efter] **2** inpassad etc., jfr *2 fit II 3*; *~ carpet* heltäckande matta, heltäckningsmatta; *~*

wardrobe garderob, inbyggt klädskåp
fitter ['fɪtə] *s* **1** montör, mekaniker, installatör **2** [av]provare; tillskärare
fitting ['fɪtɪŋ] **I** *a* **1** passande, lämplig **2** ss. efterled i sms. -sittande [*badly-fitting*]; jfr *close-fitting* **II** *s* **1 a**) avpassning, hoppassning; utrustning; tekn. [in]montering **b**) provning [*go to the tailor's for a* ~]; ~ *room* provrum **c**) om kläder storlek, passform, om skor läst [*a broader* ~] **2** pl. ~*s* tillbehör, inredning [~*s for an office*]; beslag på dörrar, fönster o. d.; armatur [*electric* [*light*] ~*s*]
five [faɪv] **I** *räkn* fem; *the F~ Towns* benämning på porslinsindustriområdet i Staffordshire; *a child of* ~ ett barn på fem år; ~ *to one* fem mot ett om chanser **II** *s* femma; femtal [*for each* (*every*) ~]; *the* ~ *of diamonds* ruter fem, ruterfemman; *I take* ~*s in gloves* jag har [nummer] 5 i handskar; *by* (*in*) ~*s* fem och fem, fem åt gången
five-act ['faɪvækt] attr. *a*, ~ *play* skådespel i fem akter
five-acter ['faɪv'æktə] *s* femaktare
five-day ['faɪvdeɪ] attr. *a* femdagars- [~ *week*]
five-figure ['faɪv,fɪgə] attr. *a* femsiffrig
five-finger ['faɪv,fɪŋgə] *s*, ~ *exercises* mus. övningar för en hand (fem fingrar)
fivefold ['faɪvfəʊld] **I** *a* femdubbel, femfaldig **II** *adv* femdubbelt, femfaldigt, femfalt, fem gånger så mycket
five-foot ['faɪvfʊt] attr. *a* femfots- [*a* ~ *plank*]
five-inch ['faɪvɪntʃ] attr. *a* femtums- [*a* ~ *nail*]
fiveish ['faɪvɪʃ] *räkn* se *fivish*
five-o'clock ['faɪvə,klɒk] attr. *a* fem- [*the* ~ *train*], som äger rum klockan fem; ~ *shadow* 'eftermiddagsskägg' skäggstubb som börjar synas på eftermiddagen
five-piece ['faɪvpi:s] *a* i (med) fem delar [*a* ~ *suite*]
five-ply ['faɪvplaɪ] *a* om garn m. m. femtrådig, femdubbel [~ *thread*]
fiver ['faɪvə] *s* fam. fempundssedel; Am. femdollarssedel; *a* ~ äv. fem pund (dollar)
five-room ['faɪvrʊm] attr. *a*, ~ *flat* femrumsvåning fem rum och kök
fives [faɪvz] (konstr. ss. sg.) *s* fives bollspel vid vilket en liten boll med den behandskade flata handen slås mot en mur
five-seater ['faɪv'si:tə] *s* femsitsig bil
five-sided ['faɪv'saɪdɪd] *a* femsidig, femkantig
five-speed ['faɪvspi:d] *a* femväxlad [*a* ~ *sports car*]
five-star ['faɪvstɑ:] attr. *a* femstjärnig [*a* ~ *general*]
five-storey ['faɪv,stɔ:rɪ] attr. *a* o. **five-storied** ['faɪv,stɔ:rɪd] attr. *a* femvånings-
five-thirty ['faɪv'θɜ:tɪ] *räkn*, *at* ~ [klockan] halv sex
five-year ['faɪvjɪə, -jɜ:] attr. *a* femårs- [*a* ~ *plan*]
five-year-old ['faɪvjərəʊld, -jɪər-] **I** *a* femårig, fem års **II** *s* femåring
fivish ['faɪvɪʃ] *räkn* fam. **1** vid femsnåret **2** i femårsåldern, ungefär fem [år] **3** ungefär fem [stycken]
fix [fɪks] **I** *tr* **1** fästa, anbringa, montera, sätta fast [*in* i, *on* på, *to* vid, i, på]; sätta upp [~ *a shelf to* (på) *the wall*]; sätta 'på [~ *bayonets*] **2** fästa, rikta [*he* ~*ed his eyes* (blicken) *on me*; ~ *o.'s attention on a th.*] **3** fastställa, fixera, bestämma [~ *a limit*, ~ *a time*], fastslå; ~*ed by law* i lag bestämd **4** ge fasthet (stadga) åt, göra fast; befästa [*a custom is* ~*ed by tradition*]; fotogr. o. d. fixera **5** sätta [in], arrangera, placera, ställa [äv. ~ *up*]; leda in; etablera; ~ *up* äv. skaffa rum åt, ta emot; ~ *a p. up with a th.* ordna (fixa) ngt åt ngn **6** fam. isht Am. [äv. ~ *up*] **a**) fixa, greja, klara, kirra [*I'll* ~ *it for you*], göra i ordning, göra klar, städa [upp i], snygga (hyfsa) till [~ *o.'s clothes*]; sätta ihop, laga [~ *a broken lock*], laga [till] [~ *lunch*]; ~*ed up* äv. upptagen [*I'm already* ~*ed up for* (på) *Saturday*] **b**) ordna (klara) upp, kirra [*I'll* ~ *things* (det) *with the hotel*] **c**) fixa, göra upp [på förhand] [*the match was* ~*ed*]; muta [~ *the jury*]; fiffla med [~ *a race-horse*] **d**) *I'll* ~ *him!* han ska få! **II** *itr* **1** fastna **2** ~ [*up*]*on* bestämma sig (fastna) för **III** *s* knipa [*be in an awful* ~]
fixation [fɪk'seɪʃən] *s* **1** fästande etc., jfr *fix I 1* **2** fastställande, fixering **3** psykol. fixering; *have a mother* ~ äv. vara modersbunden
fixative ['fɪksətɪv] *s* fixativ, fixeringsmedel
fixed [fɪkst] *a* **1** fix; fästad, fast, bildl. äv. inrotad; stadig; ~ *bayonets* påsatta bajonetter; ~ *idea* fix idé **2** orörlig, stel **3** fast[ställd], bestämd [~ *price*]
fixedly ['fɪksɪdlɪ] *adv* fast, stadigt; bestämt; *look* ~ *at a p.* fixera ngn
fixer ['fɪksə] *s* **1** fotogr. fixeringsmedel **2** isht Am. fam. fixare, mellanhand
fixing-bath ['fɪksɪŋbɑ:θ] *s* fotogr. fixerbad
fixity ['fɪksətɪ] *s* fasthet; beständighet
fixture ['fɪkstʃə] *s* **1** fast tillbehör (inventarium); bildl. iron. fam. [gammalt] inventarium, stamgäst [*he is a* ~]; pl. ~*s* väggfasta inventarier, inredning **2** sport. [fastställd dag för en] tävling (match, jakt); ~ *list* lagens säsongprogram
fizz [fɪz] **I** *itr* väsa, fräsa, om kolsyrad dryck brusa **II** *s* **1** väsning, fräsande; brus **2** fam. skumpa isht champagne; brus kolsyrad dryck; fizz drink [*gin* ~]

fizzle ['fɪzl] **I** *itr* **1** småfräsa, pysa **2** ~ [*out*] a) spraka till och slockna b) fam. rinna ut i sanden, gå i stöpet, sluta snöpligt **II** *s* svag väsning, småfräsande, pysande
fizzy ['fɪzɪ] *a* fräsande; brusande, mousserande; ~ *water* kolsyrat vatten
fjord [fjɔːd] *s* fjord
flabbergast ['flæbəgɑːst] *tr* fam. göra paff; *I was ~ed* jag blev alldeles paff
flabby ['flæbɪ] *a* **1** slapp [~ *muscles*], fet och slapp [~ *cheeks*], sladdrig; plussig **2** bildl. slapp, svag [*a ~ character*]
flaccid ['flæksɪd] *a* lös, sladdrig [~ *flesh*], slapp [~ *muscles*], slak
1 flag [flæg] *s* bot. [gul] svärdslilja
2 flag [flæg] *s* stenplatta; trottoarsten
3 flag [flæg] **I** *s* flagga; fana; *F~ Day* amerikanska flaggans dag 14 juni; ~ *of convenience* sjö. bekvämlighetsflagg; *keep the ~ flying* hålla fanan högt; *lower* (*strike*) *the* (*o.'s*) ~ stryka flagg; *show the* ~ a) om fartyg göra ett officiellt besök i utländsk hamn b) fam. markera [sin] närvaro, visa sig **II** *tr* **1** hissa flagg på, pryda med flaggor **2** signalera med flaggor [till] **3** ~ [*down*] stoppa genom att vinka med en flagga (med handen) [~ *a train*]; hejda [~ *a taxi*]
4 flag [flæg] *itr* **1** om segel, vingar o. d. hänga slappt ner, sloka **2** om växter vissna, hänga **3** slappna, mattas [*his enthusiasm ~ged*], sacka efter, börja gå trögt [*the conversation ~ged*]; *~ging courage* sviktande mod; *~ging interest* sjunkande intresse
flag-day ['flægdeɪ] *s* flaggmärkesdag i England då insamlingar görs genom försäljning av miniatyrflaggor
flagellate ['flædʒəleɪt] *tr* gissla, piska
flagellation [ˌflædʒə'leɪʃən] *s* gissling, flagellation
flageolet [ˌflædʒəʊ'let] *s* flageolett[flöjt]
flagon ['flægən] *s* vinkanna, vinkrus
flagpole ['flægpəul] *s* flaggstång
flagrant ['fleɪgrənt] *a* flagrant, uppenbar [~ *violation of a treaty*]; skriande, skändlig
flagship ['flægʃɪp] *s* flaggskepp
flagstaff ['flægstɑːf] *s* flaggstång
flagstone ['flægstəun] *s* stenplatta; trottoarsten
flail [fleɪl] **I** *s* slaga **II** *tr* **1** tröska [med slaga] **2** slå (fäkta) med [~ *o.'s arms*]
flair [fleə] *s* väderkorn; bildl. äv. [fin] näsa, känsla; stil; ~ *for clothes* sinne för kläder
flak [flæk] *s* luftvärn; luftvärnseld
flake [fleɪk] **I** *s* flaga [*~s of old paint*]; flinga [*~s of snow; soap-flakes*]; flak [*~s of ice*]; skiva; fjäll; lager; ~ [*tobacco*] flake **II** *tr* flisa, flaga; ta (skära) av i flagor **III** *itr* flaga (skiva) sig; ~ [*away* (*off*)] flagna
flaky ['fleɪkɪ] *a* flagig, skivig; flingliknande; ~ *pastry* [bladig] smördeg

flamboyance [flæm'bɔɪəns] *s* praktfullhet etc., jfr följ.
flamboyant [flæm'bɔɪənt] *a* **1** praktfull, grann **2** bombastisk; överdriven, översvallande [~ *manner*]; skrikig [~ *advertising*]
flame [fleɪm] **I** *s* **1** flamma, låga; *be in ~s* stå i lågor **2** bildl. eld, glöd **3** fam. flamma, käresta **II** *itr* flamma, låga
flamenco [flə'meŋkəʊ] *s* flamenco
flame-thrower ['fleɪmˌθrəʊə] *s* mil. eldspruta, eldkastare
flaming ['fleɪmɪŋ] *a* **1** flammande [*a ~ sword*] **2** glödande [~ *enthusiasm*]; braskande [~ *headlines*] **3** fam. förbaskad; *a ~ lie* en fräck lögn
flamingo [flə'mɪŋgəʊ] *s* zool. flamingo
flan [flæn] *s*, *fruit* ~ frukttårta; ~ *pastry* mördeg; pajdeg
Flanders ['flɑːndəz] Flandern; ~ *poppy* a) kornvallmo b) märke som säljs på *Poppy Day*, se *poppy*
flange [flændʒ] *s* tekn. fläns, list
flank [flæŋk] **I** *s* **1** flank; slakt. slaksida **2** flank; flygel; ~ *attack* flankanfall **II** *tr* **1** flankera, begränsa **2** mil. anfalla i flanken
flannel ['flænl] *s* **1** ylleflanell, flanell; attr. flanell-, av flanell **2** flanelltrasa, flanellapp; tvättlapp **3** pl. *~s* flanellbyxor **4** sl. a) båg, bluff b) fjäsk
flannelboard ['flænlbɔːd] *s* flanellograf
flannelette [ˌflænə'let] *s* flanelette, bomullsflanell
flannelgraph ['flænlgrɑːf] *s* flanobild, flanellografbild
flannelly ['flænəlɪ] *a* flanelliknande
flap [flæp] **I** *tr* **1** klappa, slå, daska **2** slå med [*the bird ~ped its wings*], flaxa med; vifta med [~ *a towel*] **II** *itr* **1** flaxa **2** sjö. om segel slå, leva **3** sl. råka i panik; *don't ~!* ingen panik! **III** *s* **1** dask, klatsch **2** vingslag, flaxande **3** flik [*the ~ of an envelope*]; lock [*the ~ of a pocket*]; läm, lucka **4** *get into a* ~ sl. få stora skälvan (frossan) bli nervös
flapjack ['flæpdʒæk] *s* **1** kok. a) slags [havre]-snittkaka b) slags [liten] pannkaka **2** fam. puderdosa
flare [fleə] **I** *itr* **1** om låga fladdra; blossa; skimra; flamma upp; ~ *up* flamma upp, bildl. äv. brusa upp **2** vara utsvängd [*the skirt ~s from the waist*], pösa **II** *s* **1** fladdrande låga; sjö. bloss; signalljus, lysraket; ~ [*bomb*] lysbomb **2** utbuktning
flared [fleəd] *a* utsvängd [*a ~ skirt*]
flare-up ['fleərʌp] *s* [plötsligt] uppflammande, uppblossande; fam. bråk, slagsmål
flash [flæʃ] **I** *itr* **1** lysa fram, blänka [till] [*a ray of light ~ed*], blinka; blixtra, flamma [*lightning ~ed in the sky; her eyes ~ed*] **2** fara som en blixt; *a car ~ed by* en bil susade förbi **3** sl. blotta sig **II** *tr* **1** låta lysa

(blixtra) [~ *a light*]; lysa med [~ *a torch*]; blinka med [*the driver ~ed his headlights*]; ~ *a smile at a p.* ge ngn ett strålande leende; ~ *a signal* signalera [med ljus]; ~ *back* återkasta **2** bildl. radiera, telegrafera [ut] **3** fam. lysa (briljera) med, vifta med [~ *a few banknotes*] **III** *s* **1** plötsligt sken, glimt, stråle [~ *of light*]; blixt; blink från fyr, signallampa o. d.; bildl. utbrott [*a ~ of anger*]; ~ *bomb* mil. lysbomb, fotobomb; ~ *of lightning* blixt; ~ *in the pan* a) kortlivad succé, engångssuccé b) person som gör en kortlivad succé; *in a ~* på ett ögonblick (kick); som en blixt **2** mil. förbandstecken **3** film. glimt, kort scen **4** se *newsflash* **5** sl. blottande av könsorgan **IV** *a* **1** [tras]grann, prålig [~ *jewellery*, ~ *people*]; vräkig, flott [*a ~ hotel*] **2** oäkta, falsk [~ *money*]

flashback ['flæʃbæk] *s* tillbakablick, återblick i berättelse el. film

flashbulb ['flæʃbʌlb] *s* fotogr. blixtljuslampa, fotoblixt

flashburn ['flæʃbɜːn] *s* strålningsskada vid atomsprängning

flashcard ['flæʃkɑːd] *s* **1** bildkort som hålls upp inför skolklass **2** sport. poängskylt som domare håller upp

flashcube ['flæʃkjuːb] *s* fotogr. blixtkub

flashgun ['flæʃgʌn] *s* fotogr. synkroniserad blixtljuslampa, synkronblixt

flashlamp ['flæʃlæmp] *s* **1** ficklampa; signallampa **2** fotogr. blixtljuslampa

flashlight ['flæʃlaɪt] *s* **1** blink-, blänk|fyr; blinkljus **2** fotogr. blixtljus **3** ficklampa

flash-point ['flæʃpɔɪnt] *s* fys. flampunkt, antändningstemperatur för eldfarliga oljor

flashy ['flæʃɪ] *a* **1** ytlig [~ *rhetoric*] **2** prålig, skrikig; vräkig

flask [flɑːsk] *s* **1** [långhalsad] flaska ofta bastomspunnen; fickflaska, plunta; fältflaska **2** [laboratorie]kolv

1 flat [flæt] *s* lägenhet, [bostads]våning; *block of ~s* hyreshus

2 flat [flæt] **I** *a* **1** plan, platt [~ *roof*]; horisontell; ~ *spin* se *spin* **2** liggande raklång [~ *on the ground*]; *fall ~* falla raklång; bildl. falla platt till marken, misslyckas; *knock a p. ~* fälla ngn till marken; *lay the city ~* jämna staden med marken **3** flack, platt [~ *as a pancake*]; slät; ~ *plates* flata tallrikar; ~ *race* slätlopp; ~ *tyre* (*tire* Am.) punktering **4** enhetlig, enhets- [~ *price*]; ~ *rate* enhetlig taxa (lönesättning), enhetstaxa **5** platt, banal [*a ~ joke*] **6** slapp, livlös **7** hand. matt, trög, flau [~ *market*] **8** fadd, duven, avslagen [~ *beer*] **9** mus. a) sänkt en halv ton; med ♭-förtecken b) en halv ton för låg; [lite] falsk; *A ~* etc., se resp. bokstav; *the piano is ~* pianot är för lågt stämt (är ostämt) **10** direkt; ~ *refusal* blankt (rent) avslag; *that's ~!* och därmed punkt (basta)! **II** *adv* **1** precis, exakt, blankt [*in* (på) *ten seconds ~*]; rent ut, rakt i ansiktet [*he told me ~ that . .*]; ~ *out* a) rent ut, rakt i ansiktet b) för fullt, i full fart; *go ~ out* fam. sätta full fart; ligga 'i **2** plant, platt etc., jfr *I*; *lie ~ out* ligga utsträckt; *sing ~* sjunga falskt **III** *s* **1** flackt land, låg slätt; *salt ~s* saltmarker **2** platta; flata av hand, svärd m. m. **3** teat. kuliss, dekoration **4** mus. ♭-förtecken, ♭; *sharps and ~s* svarta tangenter på t. ex. piano **5** fam. punktering [*I had a ~*]

flat-bottomed ['flætˌbɒtəmd, '-'- -] *a* flatbottnad

flatfish ['flætfɪʃ] *s* zool. plattfisk

flat|foot ['flæt|fʊt] (pl. *-feet* [-fiːt]) *s* **1** plattfot **2** sl. polis, snut

flatfooted ['flæt'fʊtɪd] *a* **1** plattfotad **2** fam. bestämd, absolut [*a ~ refusal*] **3** fam., *catch a p. ~* ta ngn på sängen

flat-hunting ['flætˌhʌntɪŋ] *pres p, be ~* vara på jakt efter lägenhet

flat-iron ['flætˌaɪən] *s* strykjärn

flatlet ['flætlət] *s* liten lägenhet (våning)

flatly ['flætlɪ] *adv* **1** uttryckligen, absolut, direkt; ~ *refuse* vägra blankt **2** plant etc., jfr *2 flat I*

flatten ['flætn] **I** *tr* **1** göra plan (platt); platta till; platta ut; sl. golva; ~ *o.s. against the wall* trycka sig [tätt] mot väggen (muren) **2** bildl. platta till, göra nedslagen **II** *itr*, ~ [*out*] bli plan (platt), plattas till; ~ *out* flyg. ta upp planet, flyta ut

flatter ['flætə] *tr* smickra

flatterer ['flætərə] *s* smickrare

flattering ['flætərɪŋ] *a* smickrande

flattery ['flætərɪ] *s* smicker

flatulence ['flætjʊləns] *s* **1** väderspänning[ar], läk. flatulens **2** uppblåsthet

flatulent ['flætjʊlənt] *a* **1** väderspänd **2** uppblåst

flaunt [flɔːnt] **I** *tr* **1** briljera med, skylta med [~ *o.'s vices*] **2** nonchalera **II** *itr* **1** briljera, stoltsera; kråma sig **2** pråla, prunka

flautist ['flɔːtɪst] *s* flöjtist, flöjtspelare

flavour ['fleɪvə] **I** *s* smak [*a strawberry ~*]; arom, doft; bismak [*a ~ of onions*] **II** *tr* sätta smak (piff) på, smaksätta, krydda

flavouring ['fleɪvərɪŋ] *s* **1** smaksättning, kryddning **2** krydda, smaktillsats

flaw [flɔː] *s* **1** spricka **2** fel, skavank; brist

flawless ['flɔːləs] *a* utan sprickor; felfri; fläckfri [*a ~ reputation*]; fulländad

flax [flæks] *s* lin

flaxen ['flæksən] *a* linartad; lingul

flay [fleɪ] *tr* **1** flå **2** bildl. skinna, klå **3** bildl. hudflänga, ge på huden

flea [fliː] *s* loppa; ~ *market* loppmarknad;

send a p. away with a ~ in his ear snoppa av ngn

flea-bite ['fli:baɪt] *s* **1** loppbett **2** bildl. bagatell

flea-bitten ['fli:ˌbɪtn] *a* **1** loppbiten **2** fam. maläten, sjaskig

flea-pit ['fli:pɪt] *s* fam. liten sjabbig bio (teater)

fleck [flek] **I** *s* **1** fläck, stänk [*~s of colour* (*light*)]; prick **2** korn [*~s of dust*] **II** *tr* göra fläckig; *~ed with clouds* lätt molnig

fled [fled] imp. o. pp. av *flee*

fledged [fledʒd] *a* flygfärdig; *fully ~* se *full-fledged*

fledgeling o. **fledgling** ['fledʒlɪŋ] *s* **1** just flygfärdig fågelunge **2** bildl. nybörjare

flee [fli:] (*fled fled*) **I** *itr* **1** fly, ta till flykten [*~ before* (för) *an enemy*] **2** fly sin kos **II** *tr* **1** fly från (ur) [*~ the country*] **2** fly, undvika [*~ temptation*]

fleece [fli:s] **I** *s* fårs ull[beklädnad], päls, [ull]fäll; *the Golden F~* Gyllene Skinnet **II** *tr* **1** klippa får **2** fam. skinna, klå [*of* på]; skörta upp **3** beströ [*a sky ~d with clouds*]

fleecy ['fli:sɪ] *a* ullig

1 fleet [fli:t] *s* flotta; eskader, flottilj; *Admiral of the F~* (*F~ Admiral* Am.) storamiral; *~ of cars* bilpark

2 fleet [fli:t] *a* poet. hastig, snabb

fleeting ['fli:tɪŋ] *a* snabb, hastig; flyktig

Fleet Street ['fli:tstri:t] **I** gata i London **II** *s* bildl. pressen, tidningsvärlden i London

Fleming ['flemɪŋ]

Flemish ['flemɪʃ] **I** *a* flamländsk **II** *s* **1** flamländska [språket] **2** *the ~* flamländarna

flesh [fleʃ] **I** *s* kött äv. bildl. [*the ~ is weak*]; hull; [frukt]kött; *more than ~ and blood can stand* mera än en människa kan stå ut med; *go the way of all ~* gå all världens väg dö; *proud ~* svallkött, dödkött; *put on ~* lägga på hullet, fetma; *in the ~* [livs] levande; i egen [hög] person; *exact* (*have, demand*) *o.'s pound of ~* ung. skoningslöst ta (kräva) ut sin fordran till sista öret **II** *tr* **1** jakt. ge hundar smak på kött **2** skrapa hud o. d.

flesh-coloured ['fleʃˌkʌləd] *a* hudfärgad

fleshiness ['fleʃɪnəs] *s* köttighet; fetma

fleshings ['fleʃɪŋz] *s pl* hudfärgade trikåer

fleshly ['fleʃlɪ] *a* **1** köttslig, sinnlig **2** kroppslig, fysisk **3** världslig, jordisk

flesh-pot ['fleʃpɒt] *s* köttgryta ofta bildl. [*the ~s of Egypt*]

fleshy ['fleʃɪ] *a* **1** köttig [*~ fruits*; *the ~ parts of the leg*]; fet; köttlik **2** köttslig

flew [flu:] imp. av *1 fly*

flex [fleks] **I** *s* elektr. sladd **II** *tr* böja [*~ o.'s arms*]; spänna muskel

flexibility [ˌfleksə'bɪlətɪ] *s* böjlighet etc., jfr följ.; elasticitet; flexibilitet

flexible ['fleksəbl] *a* **1** böjlig, smidig, mjuk [*a ~ material*], elastisk **2** bildl. **a**) flexibel [*a ~ system*], anpassbar, smidig; *~ working hours* flextid **b**) foglig, medgörlig

flextime ['flekstaɪm] *s* o. **flexitime** ['fleksɪtaɪm] *s* flextid

flibbertigibbet ['flɪbətɪ'dʒɪbɪt] *s* pratmakare; flyktig (lättsinnig) människa; slarver

1 flick [flɪk] **I** *tr* **1** snärta till, smälla [till], ge ett lätt slag, slå [lätt]; *~ away* (*off*) slå (knäppa) bort; *~ the ash off a cigar* slå av askan på en cigarr; *~ a th. open* öppna ngt med en knäpp **2** slänga (svänga) med [*the horse ~ed its tail*], snärta med piska **3** *~ through* snabbt bläddra igenom **II** *s* **1** lätt slag; knäpp, släng, snärt; snabb vridning [*a ~ of the wrist*] **2** knäpp ljud

2 flick [flɪk] *s* sl., *go to the ~s* gå på bio

flicker ['flɪkə] **I** *itr* flämta, fladdra [*the candle ~ed*], flimra; vippa, dansa [*~ing shadows*]; *~ out* blåsas ut, slockna **II** *s* flämtande, fladdrande; glimt [*a ~ of hope*]

flick-knife ['flɪknaɪf] *s* stilettkniv

1 flight [flaɪt] **I** *s* **1** a) flykt [*~ of a bird*] b) flygning [*a solo ~*], flygtur; attr. vanl. flyg- [*~ instruments*] c) bana väg [*the ~ of an arrow*] d) bildl. flykt, snabb gång [*the ~ of time*]; *~ recorder* färdskrivare i flygplan; *~ of a bullet* kulbana; *~ of fancy* [ren] fantasi, påhitt; *a ~ of the imagination* en fantasiutflykt **2** mil. [flyg]grupp; *~ lieutenant* kapten inom flyget; *~ sergeant* fanjunkare plutonsbefäl inom flyget **3** flock [*a ~ of swallows*], svärm, insektssvärm; [fågel]sträck; skur, regn [*a ~ of arrows*] **4** rad av trappsteg, trappa [äv. *~ of stairs*]; *two ~s up* två trappor upp **II** *tr* sätta styrfjäder på pil

2 flight [flaɪt] *s* flykt, flyende; *~ of capital* kapitalflykt; *put the enemy to ~* slå fienden på flykten; *take* [*to*] *~* ta till flykten, fly

flighty ['flaɪtɪ] *a* flyktig; lättsinnig

flimsy ['flɪmzɪ] *a* tunn [*a ~ wall*], sladdrig [*soft ~ silk*]; svag, bräcklig [*a ~ cardboard box*], ohållbar, klen [*a ~ argument*]

flinch [flɪntʃ] *itr* **1** rygga tillbaka [*from* från, [in]för]; svikta; *~ from o.'s duty* undandra sig sin plikt **2** rycka till av smärta; *without ~ing* utan att blinka (knysta)

fling [flɪŋ] **I** (*flung flung*) *itr* rusa, störta [*away, off* bort, iväg; *out* ut] **II** (*flung flung*) *tr* **1** kasta, slunga, slänga [*~ a stone at a bird*]; slå [*~ o.'s arms about a p.*], slänga ut; utslunga; kasta (sätta) in [*~ all o.'s resources into . .*]; brottn. kasta; slå omkull; *~ open* slå (slänga, rycka) upp; *~ o.s. into a th.* bildl. kasta sig in i ngt; *~ o.s.* [*up*]*on a p.* kasta sig över ngn **2** med adv.: *~* **about** slänga omkring [*~ things about*]; *~ o.s. about* sprattla; *~* **away** slänga (kasta) bort (ifrån sig); ~ **on** slänga på sig [~ *o.'s clothes on*] **III** *s* **1** kast **2** försök; hugg, gliring; *have* (*take*) *a* ~ *at* a) ge sig i kast med b) ge ngn en gliring **3** släng, häftig rörelse **4** [*Highland*] ~ slags livlig skotsk dans **5** *have a* (*o.'s*) ~ slå runt, festa om

flint [flɪnt] *s* flinta, [flint]sten äv. bildl.; stift i tändare; *a heart of* ~ ett hjärta av sten

flint-lock ['flɪntlɒk] *s* flintlås; flintlåsgevär

flinty ['flɪntɪ] *a* flint-; flinthård, stenhård

1 flip [flɪp] **I** *tr* **1** knäppa iväg [~ *a ball of paper*]; slänga, kasta; ~ *a coin* äv. singla slant; ~ *the ash off a cigar* slå av askan på en cigarr **2** snärta (slå, knäppa) till [~ *a p. on the ear*] **3** vifta (slå, smälla, snärta) med [~ *a whip*]; kasta [med] [~ *a fishing-fly*]; ~ *through* bläddra igenom **II** *s* **1** knäpp, smäll, snärt, klatsch; ryck **2** fam.: kort flygtur, kort flygning **3** volt, kullerbytta

2 flip [flɪp] *s* flip slags drink med rå äggula

flip-chart ['flɪptʃɑ:t] *s* bläddermapp

flip-flop ['flɪpflɒp] *s* fam., pl. ~*s* slags badskor, 'kulisandaler'

flipover ['flɪpˌəʊvə] *s* stativ (konferenstavla) [med blädderblock], flip-over

flippancy ['flɪpənsɪ] *s* nonchalans, lättvindighet

flippant ['flɪpənt] *a* nonchalant, lättvindig [*a* ~ *remark*], näsvis

flipper ['flɪpə] *s* **1** grodmans, säls m. m. simfot; fenlik vinge hos pingvin **2** sl. labb

flipping ['flɪpɪŋ] *a* sl. förbaskad, förbenad

flip-side ['flɪpsaɪd] *s* baksida på grammofonskiva

flirt [flɜ:t] **I** *itr* flörta [*with* med], bildl. äv. leka [~ *with an idea*] **II** *s* flört äv. pers.

flirtation [flɜ:'teɪʃən] *s* flört, kurtis

flirtatious [flɜ:'teɪʃəs] *a* o. **flirty** ['flɜ:tɪ] *a* flörtig, koketterande

flit [flɪt] **I** *itr* **1** fladdra, flyga [*bees* ~*ting from flower to flower*] **2** flacka [~ *from place to place*] **II** *s*, *do a moonlight* ~ fam. [av]dunsta under natten och smita från hyran

flitch [flɪtʃ] *s* [saltad och rökt] fläsksida [äv. ~ *of bacon*]

flitter ['flɪtə] *itr* fladdra omkring, flaxa

flivver ['flɪvə] *s* sl., om bil billig kärra; om privatflygplan [liten] kärra

Flo [fləʊ] kortform för *Florence 2*

float [fləʊt] **I** *itr* **1** flyta [*wood* ~*s on water*], driva på vattnet **2** sväva [*dust* ~*ing in the air*; ~ *on* (bland) [*the*] *clouds*]; vaja, svaja **3** flacka; *a rumour is* ~*ing around the town* det går ett rykte i stan **II** *tr* **1** hålla flytande; vara segelbar för båtar **2** flotta [~ *logs*]; driva **3** sätta i gång, starta, grunda [~ *a company*, ~ *a scheme*]; bjuda (släppa) ut, lägga upp [~ *a loan*] **4** ekon. låta flyta [~ *the dollar* (*pound*)] **III** *s* **1** flotte **2** flöte; simdyna; ~ *chamber* tekn. flottörhus **3** hjulskovel [äv. *float-board*] **4** slags låg kärra, flakvagn; öppen kortegevagn i festtåg

floating ['fləʊtɪŋ] *a* **1** flytande; svävande; rörlig, lös; ~ *anchor* drivankare; ~ *bridge* flottbro; pontonbro; ~ *dock* flytdocka; ~ *kidney* vandrande (rörlig) njure **2** rörlig [~ *population*]; ~ *voter* marginalväljare **3** ekon. flytande, rörlig [~ *capital*]; svävande [~ *debt*]; ~ *assets* likvida medel

1 flock [flɒk] **I** *s* **1** flock, skock [~ *of geese*]; hjord av mindre djur [~ *of sheep*] **2** om pers. skara; hjord, församling, menighet **II** *itr* flockas, skocka sig

2 flock [flɒk] *s* **1** tuss, tott av ull, bomull o. d. **2** ~[*s* pl.] flock-, avfalls|ull

floe [fləʊ] *s* isflak

flog [flɒg] *tr* **1** prygla, piska, aga [~ *with a cane*] **2** pressa [~ *an engine*]; ~ *a dead horse* spilla krut på döda hökar, slå in öppna dörrar; ~*ged to death* bildl. uttjatad, utnött **3** sl. sälja, kursa ofta olovligt

flogging ['flɒgɪŋ] *s* prygel, aga, smörj; *a* ~ ett kok stryk

flood [flʌd] **I** *s* **1** högvatten, flod **2** översvämning; flöde, [stört]flod, ström äv. bildl. [*a* ~ *of tears* (*visitors*)]; *the F*~ bibl. syndafloden **3** poet. bölja; älv; hav **II** *tr* översvämma äv. bildl. [~ *the market*], dränka med vatten[massor]; bevattna; få att svämma över; flöda [~ *the carburettor*]; *be* ~*ed* översvämmas; stå under vatten; ~*ed with light* badande i (dränkt av) ljus; [*thousands of people*] *were* ~*ed out* .. var (blev) husvilla genom översvämning[en] **III** *itr* flöda över sina bräddar, svämma över

floodgate ['flʌdgeɪt] *s* dammlucka; nedre slussport; sluss äv. bildl.

floodlight ['flʌdlaɪt] **I** *s* **1** strålkastare, flodljus, projektör **2** pl. ~*s* strålkastar|belysning, -ljus, flodljus; fasadbelysning **II** (*floodlighted floodlighted* el. *floodlit floodlit*) *tr* **1** belysa med strålkastare; fasadbelysa, hålla fasadbelyst **2** bildl. avslöja

floodlighting ['flʌdˌlaɪtɪŋ] *s* strålkastarbelysning; fasadbelysning

floodlit ['flʌdlɪt] **I** imp. o. pp. av *floodlight* **II** *a* strålkastarbelyst; fasadbelyst

floor [flɔ:] **I** *s* **1** golv; golvbeläggning; botten [*the* ~ *of the ocean*]; *take the* ~ börja dansen; ~ *shift* golvväxel **2** slät mark (yta) **3** våning våningsplan; *the first* ~ [våningen] en trappa upp, Am. bottenvåningen; *ground* ~ se *ground-floor* **4** *the* ~ *of the House* sessionssalen med undantag för åhörarläktarna; *cross the* ~ gå över till motståndarsidan i debatt; *take the* ~ få ordet, ta till orda **II** *tr* **1** lägga golv i; golvbelägga **2** kasta (slå) omkull, golva boxare; *be* ~*ed* äv. bli kuggad; *be* ~*ed by a problem* inte kunna klara (gå bet på) ett problem

floor-cloth ['flɔ:klɒθ] *s* skurtrasa

flooring ['flɔ:rɪŋ] *s* **1** [golv]beläggning; golv[yta] **2** golvbräder

floor-lamp ['flɔ:læmp] *s* golvlampa

floor-show ['flɔ:ʃəʊ] *s* kabaré, uppträdande på restaurang o. d., krogshow

floor-walker ['flɔ:ˌwɔ:kə] *s* inspektör, inspektris på varuhus, avdelningschef

floosie el. **floozie** el. **floozy** ['flu:zɪ] *s* sl. slyna, fnask; brud

flop [flɒp] **I** *itr* **1** flaxa, daska, smälla, slå; ~ *about* a) om sko kippa, glappa b) om pers. gå och hänga **2** sprattla **3** lufsa; plumsa; ~ [*down*] dimpa (dunsa) ner **4** fam. göra fiasko, spricka **5** Am. sl. lägga sig, koja **II** *s* **1** flaxande; smäll, duns; plums **2** fam. misslyckande, fiasko, flopp **3** Am. sl. a) slaf i ungkarlshotell b) = *flophouse* **III** *adv* o. *interj* pladask, plums

flophouse ['flɒphaʊs] *s* Am. sl. ungkarlshotell, slafis

floppy ['flɒpɪ] *a* flaxande, slak; svajig; ~ *hat* slokhatt

flora ['flɔ:rə] *s* flora

floral ['flɔ:rəl] *a* blom- [~ *design*], blomster- [~ *decoration*]

Florence ['flɒrəns] **1** stad i Italien Florens **2** kvinnonamn

Florentine ['flɒrəntaɪn] **I** *a* florentinsk **II** *s* florentinare

floriculture ['flɔ:rɪkʌltʃə, 'flɒr-] *s* blomsterodling

florid ['flɒrɪd] *a* **1** bildl. blomsterrik; överlastad [~ *style*], yppig; utsirad **2** rödlätt, rödblommig [~ *complexion*]

Florida ['flɒrɪdə]

florin ['flɒrɪn] *s* **1** florin, gulden **2** i Engl. ett silvermynt = 2 *shilling,* officiellt avskaffat 1971

florist ['flɒrɪst] *s* blomsterhandlare, -odlare; ~*'s* [*shop*] blomsteraffär

floss [flɒs] *s* **1** avfallssilke **2** flocksilke **3** [*dental*] ~ tandtråd för rengöring av tänder

Flossie ['flɒsɪ] kortform för *Florence 2*

flotilla [fləʊ'tɪlə] *s* sjö. flottilj

flotsam ['flɒtsəm] *s* vrakgods, sjöfynd; ~ *and jetsam* a) vrakspillror b) diverse småsaker, krafs

1 flounce [flaʊns] **I** *s* volang, garnering **II** *tr* garnera med volanger

2 flounce [flaʊns] **I** *itr* **1** rusa, störta [*she* ~*d out of the room in a rage*] **2** sprattla **II** *s* sprattling; knyck, ryck

1 flounder ['flaʊndə] *s* zool. flundra

2 flounder ['flaʊndə] *itr* **1** sprattla, tumla, rulla omkring liksom i dy; ~ *about* irra omkring **2** trassla in sig; stå och hacka

flour ['flaʊə] **I** *s* [sikt]mjöl, isht vetemjöl **II** *tr* beströ med mjöl

flourish ['flʌrɪʃ] **I** *itr* **1** blomstra; florera [*the system* ~*ed for centuries*]; leva och verka [*he* ~*ed about 400 B.C.*] **2** stoltsera; briljera **II** *tr* **1** svänga, svinga [~ *a sword*] **2** pryda med snirklar, utsira **3** lysa med [~ *o.'s wealth*] **III** *s* **1** snirkel, släng på bokstäver, krumelur **2** blomsterspråk, floskler **3** elegant sväng (svängning) [*he took off his hat with a* ~] **4** ståtande, prål, prålande **5** mus. fanfar [*sound* (blåsa) *a* ~]; *with a* [*great*] ~ *of trumpets* bildl. med pukor och trumpeter

flourishing ['flʌrɪʃɪŋ] *a* blomstrande; livskraftig; frodig

floury ['flaʊərɪ] *a* av mjöl, mjölig; mjöllik

flout [flaʊt] *tr* trotsa [~ *the law*]; nonchalera, strunta i [~ *a p.'s wishes*]; håna

flow [fləʊ] **I** *itr* (se äv. *flowing*) **1** flyta, rinna, strömma **2** bildl. härröra, komma [*wealth* ~*s from industry*] **3** om hår o. d. bölja, svalla, svaja; falla **4** stiga [*the river* ~*ed over its banks*]; *ebb and* ~ om tidvattnet falla och stiga **5** ~ *with* överflöda (flyta) av [~ *with milk and honey*] **II** *s* **1** rinnande; flöde, flod, [jämn] ström; tillströmning [*the* ~ *of people into industry*]; genomströmning **2** överflöd; tillflöde **3** hårs svall **4** tidvattnets stigande, flod; *ebb and* ~ ebb och flod; *the tide is on the* ~ det är flod **5** fys. ström **6** [*menstrual*] ~ menstruation

flower ['flaʊə] **I** *s* **1** blomma; *no* ~*s* [*by request*] vid begravning blommor undanbedes **2** blom, blomning; *be in* ~ stå i blom, blomma **3** *the* ~ *of the nation's manhood* blomman av nationens män; *in the* ~ *of youth* i ungdomens vår **4** ~*s of speech* ofta iron. granna fraser, stilblommor; *language of* ~*s* blomsterspråk **5** ~*s of sulphur* kem. svavelblomma **II** *itr* (se äv. *flowering*) blomma, stå (slå ut) i blom; bildl. blomstra, utvecklas

flower-bed ['flaʊəbed] *s* [blom]rabatt

flowered ['flaʊəd] *a* prydd med blommor; blommig [~ *chintz*]

flowering ['flaʊərɪŋ] **I** *a* blommande [~ *bushes*] **II** *s* blomning, blomningstid

flowerpot ['flaʊəpɒt] *s* blomkruka

flower-show ['flaʊəʃəʊ] *s* blomsterutställning

flowery ['flaʊərɪ] *a* **1** blomrik, blommande **2** blomsterprydd; blommig [*a* ~ *carpet*] **3** bildl. blomsterrik [~ *language*]

flowing ['fləʊɪŋ] *a* **1** flytande, strömmande; flödande **2** böljande, fladdrande [~ *hair,* ~ *robes*], vajande; vid [~ *trousers*], yvig [*a* ~ *tie*] **3** om stil, form o. d. ledig, flytande; ~ *lines* mjuka (eleganta) linjer

flown [fləʊn] pp. av *1 fly*

fl.oz. förk. för *fluid ounce*[*s*]

flu [flu:] *s* fam. influensa, flunsa

fluctuate ['flʌktjʊeɪt] *itr* **1** fluktuera, variera, växla **2** vackla [~ *between hope and*

despair], skifta
fluctuation [ˌflʌktjʊ'eɪʃən] *s* **1** växling, skiftning, ostadighet, variation; pl. *~s* äv. [kurs]rörelser, fluktuationer [*~s in prices*] **2** tveksamhet, vacklan
flue [flu:] *s* rök|fång, -gång, -kanal
fluency ['flu:ənsɪ] *s* ledighet i uttryckssätt, uttal m. m.; talförhet
fluent ['flu:ənt] *a* ledig [*~ verse*]; flytande [*speak ~ French*]; talför
fluently ['flu:əntlɪ] *adv* flytande [*speak English ~*]
fluff [flʌf] **I** *s* **1** löst ludd, ulldamm; dun **2** fam. felsägning, felspelning o. d., miss **3** sl., *a* [*little*] *bit of ~* en snygg [liten] tjej **II** *tr* **1** ludda upp **2** *~ up* (*out*) burra (skaka) upp **3** fam. staka sig på; fuska bort t. ex. slag i spel; *~ o.'s lines* teat. staka sig på sina repliker
fluffy ['flʌfɪ] *a* **1** luddig; dunig, fjunig; om hår len och burrig **2** luftig, fluffig
fluid ['flu:ɪd] **I** *a* **1** flytande; i flytande form; *~ clutch* (*drive*) vätskekoppling; *~ ounce* mått för våtvaror: a) Engl. = 28,4 cm^3 b) Am. = 29,6 cm^3 **2** obestämd [*~ plans*]; ledig [*~ style*]; instabil [*~ market conditions*] **3** likvid; disponibel [*~ capital*] **II** *s* vätska; *drink plenty of ~s* dricka mycket
fluidity [flʊ'ɪdətɪ] *s* **1** fluiditet; flytande tillstånd **2** om stil o. d. ledighet
1 fluke [flu:k] *s* zool. **1** levermask, leverflundra **2** flundra fisk
2 fluke [flu:k] *s* **1** sjö. [ankar]fly **2** hulling på harpun
3 fluke [flu:k] *s* fam. **1** lyckträff, tur, flax **2** bilj. tupp, lyckträff
flummox ['flʌməks] *tr* fam. förbrylla
flung [flʌŋ] imp. o. pp. av *fling*
flunk [flʌŋk] isht Am. fam. **I** *itr* **1** spricka, bli kuggad **2** backa ur **II** *tr* **1** spricka (köra) i (på) [*~ an examination*] **2** kugga, köra
flunkey o. **flunky** ['flʌŋkɪ] *a* lakej
fluorescence [flʊə'resns] *s* fluorescens
fluorescent [flʊə'resnt] *a* fluorescerande [*~ light*]; *~ lamp* lysrörslampa; *~ lighting* lysrörsbelysning
fluoridate ['flʊərɪdeɪt] *tr* fluoridera
fluoride ['flʊəraɪd] *s* **1** fluorid **2** fluorförening
fluoridize ['flʊərɪdaɪz] *tr* fluoridera
fluorine ['flʊəri:n] *s* fluor
flurry ['flʌrɪ] **I** *s* **1** [kast]by **2** nervös oro, nervositet, uppståndelse; hets, jäkt; *be in a ~* vara nervös; *in a ~ of excitement* i nervös upphetsning **II** *tr* uppröra, förvirra; *don't get flurried!* bli inte nervös!
1 flush [flʌʃ] *tr* skrämma upp; jaga bort [*from, out of*]
2 flush [flʌʃ] **I** *itr* **1** forsa [fram], flöda **2** blossa upp, rodna [häftigt] [äv. *~ up*] **II** *tr* **1** spola [ren] [*~ the* [*lavatory*] *pan*] **2** göra röd, få att rodna; *~ed with wine* het (blossande röd) av vin **3** egga upp; *~ed with joy* rusig av glädje; *~ed with victory* segerdrucken **III** *s* **1** häftig ström, fors **2** tillströmning **3** [ren]spolning **4** [känslo]-svall; rus, yra [*in the first ~ of victory*] **5** [häftig] rodnad [*a ~ of shame*]; glöd; feberhetta **6** flor [*in full ~*]; *in the first ~ of youth* i ungdomens vår
3 flush [flʌʃ] *a* **1** vid kassa; rik [*he was feeling ~ on pay-day*]; om tillgång riklig **2** jämn, slät [*a ~ door*], grad, plan; *~ against* tätt intill (mot); *~ with* i jämnhöjd (linje) med **3** om slag rak, direkt
4 flush [flʌʃ] *s* kortsp. flush; *straight ~* straight flush 5 kort i svit i samma färg
fluster ['flʌstə] **I** *tr* förvirra, göra nervös **II** *s, all in a ~* nervös och orolig
flute [flu:t] **I** *s* flöjt **II** *itr* blåsa flöjt
flutist ['flu:tɪst] *s* flöjtist, flöjtspelare
flutter ['flʌtə] **I** *itr* **1** fladdra, flaxa; vaja [*the flag ~ed in the wind*] **2** flaxa omkring, sväva **3** vara orolig **II** *s* **1** fladdrande, flaxande; fladder; [*tape*] *~* snabbt svaj i ljudåtergivning på tonband **2** uppståndelse; virrvarr; *be in a ~* vara uppjagad (nervös) **3** fam. spekulation [*a ~ in mining shares*]; *have a little ~* [*at the races*] spela lite . .
fluvial ['flu:vɪəl] *a* flod-
flux [flʌks] *s* **1** [ständig] förändring; *in a state of ~* stadd i omvandling **2** omlopp [*~ of money*] **3** flöde, ström **4** fys. strömhastighet **5** metall. fluss[medel]
1 fly [flaɪ] **A** (*flew flown*; i bet. *I 4* o. *II 4* vanl. *fled fled* imp. o. pp. av 'flee') *vb* **I** *itr* (se äv. *flying*) **1** flyga; *the bird is* (*has*) *flown* fågeln är utflugen äv. bildl.; *~ high* bildl. sikta högt **2** ila, flyga, fara; rusa; *~ into a rage* bli rasande, råka i raseri; *let ~* skjuta av [*let ~ an arrow*], slunga (vräka) ur sig [*let ~ an oath*]; *send a p. ~ing* a) slå omkull ngn b) slå ngn på flykten; *send things ~ing* slänga saker omkring sig **3** fladdra, vaja [*the flags were ~ing*] **4** fly [*they fled before* (för) *the enemy*] **5** med adv.: *~* **about** flyga omkring; *~* **away** flyga bort (sin kos); *the hat flew away* hatten blåste bort; *~* **off** flyga bort, rusa i väg **II** *tr* **1** låta flyga; *~ a kite* se *kite* **2** flyga, föra, köra [*~ an aeroplane*]; flyga [med], föra [*~ passengers*]; flyga över [*~ the Atlantic*] **3** föra, hissa flagg; *~ the colours* flagga **4** fly [från (ur)] [*~ the country*]
B *s* **1** *~* (*flies* pl., fam.) gylf, julp på kläder **2** [*tent*] *~* a) tältdörr b) yttertält **3** pl. *flies* scenvind; utrymme över scenen
2 fly [flaɪ] *s* fluga; *he wouldn't hurt a ~* han gör inte en fluga förnär; *a ~ in the ointment* bildl. smolk i mjölken; *there are no flies on him* sl. han är inte dum inte

3 fly [flaɪ] *a* sl. klipsk, smart, slug

fly-blown ['flaɪbləʊn] *a* flugsmutsad; bildl. fläckad, skämd [*a ~ reputation*]

fly-by-night ['flaɪbaɪnaɪt] *s* **1** a) nattmänniska, nattuggla b) 'nattfjäril' **2** sl. person som smiter från skulder [på natten]

flyer ['flaɪə] *s* **1** flygare **2** flygplan

flying ['flaɪɪŋ] **I** *s* flygning **II** *a* o. attr. *s* **1** flygande; flyg- [*~ field*]; *~ bomb* robot[bomb]; *~ fish* flygfisk; *~ fox* flygande hund; *~ officer* löjtnant inom flyget; *~ range* flygplans aktionsradie; *~ saucer* flygande tefat **2** 'flygande', snabb; hastig [*~ trip*]; *~ visit* snabbvisit, blixtvisit; *~ squad* rörlig polisstyrka som sätts in vid bankrån o.d. **3** *~ buttress* strävbåge [med strävpelare]

fly-leaf ['flaɪli:f] *s* bokb. försättsblad

fly-over ['flaɪˌəʊvə] *s* **1** planskild korsning **2** vägbro, överfart

fly-paper ['flaɪˌpeɪpə] *s* flugpapper

fly-past ['flaɪpɑ:st] *s* förbiflygning, flygparad

fly-under ['flaɪˌʌndə] *s* vägport, underfart

flyweight ['flaɪweɪt] *s* sport. **1** flugvikt **2** flugviktare

fly-wheel ['flaɪwi:l] *s* mek. svänghjul

FM förk. för *frequency modulation* FM

foal [fəʊl] **I** *s* föl **II** *itr* föla

foam [fəʊm] **I** *s* skum, fradga, lödder; *~ [rubber]* skumgummi; *~ extinguisher* skumsläckare **II** *itr* skumma, fradga; *he ~ed at the mouth* fradgan stod om munnen på honom, bildl. äv. han skummade av raseri

foamy ['fəʊmɪ] *a* skummig, fradgande

1 fob [fɒb] *s* **1** urficka nedanför byxlinningen **2** nyckelring [med emblem], emblem

2 fob [fɒb] *tr*, *~ off a th. on a p.* pracka på ngn ngt; *~ a p. off with* avspisa ngn med

f.o.b. [fɒb] hand. förk. för *free on board* fob, fritt ombord

focal ['fəʊkəl] *a* fokal-, brännpunkts-; *~ distance* (*length*) brännvidd; *~ point* brännpunkt äv. bildl.

foci ['fəʊ|saɪ, -ki:] *s* pl. av *focus*

fo'c'sle el. **fo'c's'le** ['fəʊksl] *s* (eg. *forecastle*) sjö. back; skans

fo|cus ['fəʊ|kəs] **I** (pl. *-ci* [-saɪ, -ki:] el. *-cuses*) *s* **1** fokus, brännpunkt; *the object is in ~* skärpan är inställd på föremålet; *bring into ~* a) ställa in skärpan på b) bildl. ställa i brännpunkten; *the picture is out of ~* bilden är oskarp **2** bildl. centrum [*the ~ of an earthquake*]; *the ~ of attention* centrum för uppmärksamheten **II** *tr* o. *itr* **1** fokusera[s], samla [sig] i en brännpunkt, samla[s]; bildl. koncentrera[s]; *~ on* fästa huvudvikten vid; *~ o.'s attention on* koncentrera sin uppmärksamhet på **2** ställa in [*~ the eye*; *~ the lens*]; ställa in skärpan

fodder ['fɒdə] *s* [torr]foder

foe [fəʊ] *s* poet. fiende, motståndare

foetal ['fi:tl] *a* foster- [*~ stage*]

foetus ['fi:təs] *s* foster

fog [fɒg] **I** *s* **1** dimma, tjocka, mist; töcken; *~ lamp* (*light*) bil. dimstrålkastare **2** bildl., *in a ~* a) omtöcknad b) villrådig **II** *tr* **1** hölja i dimma; göra dimmig **2** bildl. göra förvirrad

fog-bank ['fɒgbæŋk] *s* sjö. mist-, dim|bank

fog-bound ['fɒgbaʊnd] *a* uppehållen på grund av dimma

fogey ['fəʊgɪ] *s*, *old ~* fam. gammal stofil

foggy ['fɒgɪ] *a* **1** dimmig; töcknig **2** bildl. dunkel [*~ idea*]; suddig, vag; virrig; *I haven't the foggiest [idea]* jag har inte den blekaste aning

fog-horn ['fɒghɔ:n] *s* sjö. mistlur

foible ['fɔɪbl] *s* [mänsklig] svaghet, svag sida

1 foil [fɔɪl] *s* folie; foliepapper; *be* (*serve as*) *a ~ to* [tjäna till att] framhäva, ge relief åt

2 foil [fɔɪl] *tr* omintetgöra, gäcka, kullkasta

3 foil [fɔɪl] *s* florett

foist [fɔɪst] *tr*, *~ a th. [off] on a p.* lura (pracka) på ngn ngt

1 fold [fəʊld] *s* **1** [får]fålla, inhägnad **2** [fåra]hjord **3** bildl. fårahus [*return to the ~*], församling

2 fold [fəʊld] **I** *tr* **1** vika [ihop]; vecka; *~ up* lägga (vika) ihop [*~ up a map*] **2** fälla ihop [äv. *~ up*; *~ up a chair*; *the bird ~ed its wings*]; *~ o.'s arms* lägga armarna i kors; *with ~ed arms* med korslagda armar; *~ o.'s hands* knäppa ihop händerna **3** *~ o.'s arm about* (*round*) slå (lägga) armen om **4** svepa [in], slå in [äv. *~ up*], hölja [in] **II** *itr* **1** vikas, vika [ihop] sig; vecka sig, bilda veck; kunna vikas; *~ up* [kunna] fällas (vikas) ihop **2** fam., *~ up* a) slå igen, sluta b) gå omkull (åt pipan) c) klappa ihop **III** *s* **1** veck [*a dress hanging in loose ~s*] **2** vindling, slinga, bukt; hoprullad [orm]ring; sänka i berg

foldaway ['fəʊldəweɪ] attr. *a* [hop]vikbar, [hop]fällbar [*a ~ bed*]

folder ['fəʊldə] *s* **1** folder; broschyr **2** samlingspärm; mapp

folding ['fəʊldɪŋ] *a* [hop]vikbar, [hop]fällbar; *~ bed* fällsäng, tältsäng; *~ chair* fällstol; *~ doors* a) vikdörrar b) skjutdörrar; *~ seat* fällbar sits, nedfällbart säte

fold-out ['fəʊldaʊt] *s* utvikningsblad i bok, tidning e. d.

foliage ['fəʊlɪɪdʒ] *s* löv, lövverk, bladverk

folio ['fəʊlɪəʊ] *s* folio[format] [*in ~*]; bok i folio; folioark

folk [fəʊk] *s* **1** *~[s]* (konstr. ss. pl.) folk, människor; *hello ~s!* hej gott folk (mina vänner)!; *country ~* lant|folk, -bor; *little ~[s]* småttingar, barn; *my ~[s]* mina anhöriga, min familj; *old ~[s]* gammalt folk, gamla människor; *the old ~s at home* de gamla (anhöriga) där hemma; far och mor **2** attr. folk- [*~ music*]; *~ song* folkvisa

folk-dance ['fəʊkdɑ:ns] *s* folkdans

folklore ['fəʊklɔ:] *s* folklore; folk|saga[n], -sägner

folksy ['fəʊksɪ] *a* fam. folklig; gemytlig

follies ['fɒlɪz] *s pl* se *folly 2*

follow ['fɒləʊ] **I** *tr* **1** följa [bakom, på, efter i rum el. tid]; komma efter; efterträda **2** följa med, åtfölja [*disease often ~s malnutrition*] **3** följa, lyda, rätta sig efter [*~ his advice, ~ the fashion*]; *~ suit* bekänna färg; bildl. följa exemplet, göra likadant **4** ägna sig åt yrke; *~ the law* vara jurist **5** följa [med], hänga med; *can you ~ me?* förstår du vad jag menar? **6** *~ up* a) följa noga b) följa upp, fullfölja [*~ up a victory*], vidare utföra (utveckla) ämne o. d. **II** *itr* **1** följa; komma efter [*go on ahead and I'll ~*]; *as ~s* på följande sätt; som följer, följande; *to ~* efter, ovanpå [detta]; *with dinner to ~* med efterföljande middag; *~ on* (adv.) följa (fortsätta) efter; *~ through* (adv.) sport. ta ut (fullfölja) slaget helt **2** vara en följd [*from* av]; [*because he is good*] *it does not ~ that he is wise* .. behöver han för den skull inte vara klok

follower ['fɒləʊə] *s* **1** följeslagare **2** anhängare, efterföljare

following ['fɒləʊɪŋ] **I** *a* följande [*the ~ story*] **II** *s* följe, anhängare; anhängarskara **III** *prep* **1** till följd av **2** [omedelbart] efter

follow-through ['fɒləʊ'θru:] *s* sport. fullföljande [av slaget]

follow-up ['fɒləʊ'ʌp] *s* uppföljning, fortsättning; efterbehandling; efterkontakt vid yrkesvägledning

folly ['fɒlɪ] *s* **1** dåraktighet, dårskap **2** *the follies* revyn

foment [fəʊ'ment] *tr* **1** underblåsa [*~ rebellion*] **2** badda, lägga varma omslag på

fomentation [ˌfəʊmen'teɪʃən] *s* **1** underblåsande **2** baddning; värmande omslag

fond [fɒnd] *a* **1** *be ~ of* tycka om, vara förtjust i, hålla av **2** öm [*~ looks*] **3** klemig [*a ~ parent*]; tillgiven **4** fåfäng [*~ hope*]

fondant ['fɒndənt] *s* fondant; socker|massa, -glasyr

fondle ['fɒndl] *tr* kela med, smeka

fondly ['fɒndlɪ] *adv* **1** ömt, kärleksfullt **2** *~ imagine that* leva i den glada tron att

fondness ['fɒndnəs] *s* tillgivenhet, ömhet; förkärlek [*for* för]

fondu[e] ['fɒndju:] *s* kok. [ost]fondue

1 font [fɒnt] *s* dopfunt; vigvattenskål

2 font [fɒnt] *s* se *2 fount*

fontanel[le] [ˌfɒntə'nel] *s* anat. fontanell

food [fu:d] *s* mat [*~ and drink*]; föda, näring äv. bildl. [*mental ~*]; livsmedel; födoämne; *articles of ~* matvaror; *~ poisoning* matförgiftning; *~ rationing* livsmedelsransonering; *~ for thought* en tank[e]ställare

foodstuff ['fu:dstʌf] *s* födoämne, matvara, livsmedel

food-value ['fu:dˌvælju:] *s* näringsvärde

fool [fu:l] **I** *s* **1** dåre, dumbom; *a ~ and his money are soon parted* ung. om dårar inte gick till torget, skulle dåliga varor aldrig bli sålda; *don't be a ~!* var inte dum [nu]!; *it made me feel a ~* det gjorde mig generad (förlägen); *live in a ~'s paradise* leva i lycklig okunnighet, leva på illusioner **2** narr; förr hovnarr, gyckelmakare; *~'s cap* narrhuva; *All Fools' Day* ['ɔ:l'fu:lzdeɪ] första april då man narras april; *make a ~ of a p.* göra ngn löjlig, skoja med ngn, dra ngn vid näsan; *make a ~ of o.s.* göra sig löjlig, bära sig dumt åt, göra bort sig; *play* (*act*) *the ~* spela pajas; bära sig fånigt (dumt) åt **II** *a* fam. dum, dåraktig, fånig **III** *tr* **1** skoja (driva) med; lura; *you can't ~ me* mig lurar du inte **2** *~ away* slarva bort [*~ away o.'s time*] **IV** *itr* larva sig; *~* [*about* (*around*)] *with* leka (plocka) med, fingra på

foolery ['fu:lərɪ] *s* dårskap, narraktighet; gyckel

foolhardy ['fu:lˌhɑ:dɪ] *a* dumdristig

foolish ['fu:lɪʃ] *a* dåraktig, dum; löjlig [*cut* (göra) *a ~ figure*]

foolproof ['fu:lpru:f] *a* idiotsäker

foolscap ['fu:lskæp] *s* folio pappersformat, ung. 4 × 3 dm; skriv-, dokument|papper

foot [fʊt] **I** (pl. *feet* [fi:t]) *s* **1** fot; *my ~!* fam. nonsens!, jo, pyttsan!; *be on o.'s feet* a) stå; resa sig b) vara på benen, vara frisk c) vara på fötter ekonomiskt, klara sig; *carry a p. off his feet* a) kasta omkull ngn b) bildl. lägga ngn för sina fötter c) bildl. överväldiga ngn; *catch a p. on the wrong ~* överraska (komma på) ngn; *fall* (*land*) *on o.'s feet* bildl. komma ned på fötterna; *find o.'s feet* se *find I 1 a*); *get o.'s ~ in* fam. få in en fot i; *go on ~* gå till fots; *have one ~ in the grave* stå med ena foten i graven; *have the ball at o.'s feet* ha chansen; *help a p. to his feet* hjälpa ngn på benen (att resa sig); *jump to o.'s feet* springa (rusa) upp; *knock a p. off his feet* kasta omkull ngn, bildl. fullständigt överrumpla ngn; *put o.'s ~ down* säga bestämt ifrån, protestera, slå näven i bordet; *put o.'s best ~ foremost* (*forward*) se *best I*; *put o.'s ~ in it* fam. trampa i klaveret, göra bort sig; *rise to o.'s feet* resa sig, stiga upp; *be run off o.'s feet* fam. ha fullt upp att göra; *rush a p. off his feet* bringa ngn ur fattningen; *set a p.* (*a th.*) *on his* (*its*) *feet* hjälpa ngn (sätta ngt) på fötter äv. bildl.; *at a p.'s feet* vid (för) ngns fötter äv. bildl.; *by ~* till fots; *on* ~ a) till fots b) på fötter, i rörelse c) i gång, i verket **2** fot [*at the* ~ *of the mountain*]; fotända [~ *of a bed*], nederdel, underdel [~ *of a sail*] **3** fot, stativ, sockel **4** fot mått (= 12 *inches* ung. = 30,48 cm); *five* ~ (*feet* ibl.) *six* 5 fot 6 [tum] **II** *tr* **1** ~ *it* a) gå [på sina ben], traska b) tråda dansen **2** sticka 'vid, förfota strumpa **3** ~ *the bill* fam. betala kalaset (räkningen)

footage ['fʊtɪdʒ] *s* antal fot, film. filmmetrar

foot-and-mouth disease [ˌfʊtən'maʊθdɪˌzi:z] *s* mul- och klövsjuka

football ['fʊtbɔ:l] *s* fotboll; *the F~ Association* engelska fotbollsförbundet; *the F~ Association Cup* engelska cupen; *the F~ League* engelska ligan; ~ *jersey* fotbollströja; ~ *pool* se *2 pool 4*; ~ *shorts* fotbollsbyxor

footballer ['fʊtbɔ:lə] *s* fotbollsspelare

foot-bath ['fʊtbɑ:θ] *s* fotbad; fotbadkar

footboard ['fʊtbɔ:d] *s* fotbräde, fotsteg

foot-brake ['fʊtbreɪk] *s* fotbroms

foot-bridge ['fʊtbrɪdʒ] *s* gångbro

footer ['fʊtə] *s* **1** fam. fotboll [*play* ~] **2** ss. efterled se t. ex. *six-footer*

footfall ['fʊtfɔ:l] *s* steg, ljud av steg

foot-hill ['fʊthɪl] *s* [lägre] utlöpare av berg o. d., kulle vid foten av berg

foothold ['fʊthəʊld] *s* fotfäste; *secure* (*gain, get*) *a* ~ få fotfäste

footing ['fʊtɪŋ] *s* **1** fotfäste; bildl. säker ställning; *gain* (*get*) *a* ~ få fotfäste, bildl. äv. vinna insteg; *keep o.'s* ~ hålla sig på fötterna **2** bildl. grund, basis; *put a business on a sound* ~ konsolidera ett företag **3** bildl. förhållande; *be on an equal* ~ *with* stå på jämlik fot med; *be on a friendly* ~ *with* stå på vänskaplig fot med; *on a war* ~ på krigsfot

footle ['fu:tl] *itr* fam. bära sig fånigt åt; ~ *about* [gå omkring och] larva sig

footlights ['fʊtlaɪts] *s pl* teat. **1** ramp; rampljus **2** *the* ~ scenen, skådespelaryrket

footling ['fu:tlɪŋ] *a* fam. futtig, ynklig, strunt- [*a* ~ *sum*], obetydlig [~ *little jobs*]

foot|man ['fʊt|mən] (pl. *-men* [-mən]) *s* betjänt, lakej

footmark ['fʊtmɑ:k] *s* fotspår

footnote ['fʊtnəʊt] *s* [fot]not, anmärkning nederst på sida

footpath ['fʊtpɑ:θ] *s* gångstig

foot-pound ['fʊtpaʊnd] *s* fys. pundfot

footprint ['fʊtprɪnt] *s* fotspår; fotavtryck

foot-rest ['fʊtrest] *s* fotstöd, pall

foot-rule ['fʊtru:l] *s* fotmått, tumstock 1 fot lång

footsie ['fʊtsɪ] *s* fam. fotflört

foot-slogging ['fʊtˌslɒgɪŋ] *s* fam. marscherande, marsch

footstep ['fʊtstep] *s* **1** steg, fotsteg **2** fotspår, fjät; *tread* (*follow*) *in a p.'s* ~*s* gå i ngns fotspår; följa ngn i spåren

footstool ['fʊtstu:l] *s* pall

foot-ton ['fʊttʌn] *s* fys. tonfot

footwear ['fʊtweə] *s* fotbeklädnad, skodon

footwork ['fʊtwɜ:k] *s* fotarbete i sport

foozle ['fu:zl] fam. **I** *tr* fördärva, fuska bort t. ex. golfslag **II** *s* misslyckat slag; bom

fop [fɒp] *s* snobb, sprätt[hök]

foppery ['fɒpərɪ] *s* sprättaktighet; löjlig fåfänga

foppish ['fɒpɪʃ] *a* sprättig

for [fɔ:, obetonat fə] **I** *prep* (se äv. förb. m. t. ex. *call, go, in*) **1** a) för [*work* ~ *money*] b) [i utbyte] mot [*new lamps* ~ *old*]; *E* ~ *elephant* E som i elefant; *sit* ~ *a constituency* representera en valkrets **2** a) till [*here's a letter* ~ *you*] b) åt [*I can hold it* ~ *you*] c) för, för ngns räkning, å ngns vägnar [*he acted* ~ *me*]; *there's friendship* ~ *you!* fam. det kan man kalla vänskap!, iron. och det skall kallas vänskap! **3** för att få [*go to a p.* ~ *help*], efter [*ask* ~ *a p.*], om [*ask* ~ *help*], på [*hope* ~]; till [*dress* ~ *dinner*]; *now you are* ~ *it!* fam. det kommer du att få för!, nu åker du fast!; *oh* ~ [*a cup of tea*]! den som hade ..!; *be out* ~ *a walk* vara ute och gå; *there's a gentleman* ~ *you* det är en herre som söker er; *what's this* ~? fam. a) vad är det här till? b) vad är det här bra för? **4** till [*the train* ~ *London*] **5** för [*bad* ~ *the health*] **6** lydande på; till ett belopp av; *a bill* ~ *£100* en räkning på 100 pund **7** med anledning av, på grund av, till följd av, av [*cry* ~ *joy*]; ~ *this reason* av den anledningen; *if it had not been* ~ *him* om inte han hade varit **8** trots; *he is a good man* ~ *all that* han är en bra människa trots allt **9** vad beträffar, i fråga om [*the worst year ever* ~ *accidents*], angående; ~ *all I care* vad mig beträffar, gärna för mig; [*he is dead*] ~ *all I know* .. vad jag vet; ~ *all I can see* inte annat än jag kan se; *so much* ~ *that!* det var det!, nog om den saken!; *as* ~ vad beträffar; *as* ~ *me* för min del; *be hard up* ~ *money* ha ont om pengar **10** såsom, för; som, till [*they chose him* ~ *their leader*]; ~ *instance* (*example*) till exempel; *I* ~ *one* jag för min del; ~ *one thing* för det första; *I know it* ~ *certain* (~ *a fact*) det vet jag säkert (bestämt) **11** för [att vara] [*not bad* ~ *a beginner*] **12 a**) i tidsuttr.: på [*I haven't seen him* ~ *a long time*]; [*be away*] ~ *a month* .. [i] en månad; ~ *several months* [*past*] sedan flera månader tillbaka **b**) i rumsuttr.: ~ *kilometres* på (under) flera kilometer; *we walked* ~ *two kilometres* vi gick två kilometer **13** *it is* ~ *you to decide* det är du som skall bestämma; *it is not* ~

me to judge det är inte min sak att döma; *here is a book ~ him to read* här har han en bok att läsa; *it is common ~ a man to do so* det är vanligt att en man gör så **II** *konj* för, ty; [*I asked her to stay,*] *~ I had something to tell her* äv. . . jag hade nämligen något att säga henne

forage ['fɒrɪdʒ] **I** *s* **1** foder åt hästar o. boskap **2** foderanskaffning **II** *itr* **1** söka efter föda **2** leta, rota [äv. *~ about* (*round*); *for* efter]

forage-cap ['fɒrɪdʒkæp] *s* mil. lägermössa

foray ['fɒreɪ] **I** *s* plundringståg, räd; *make* (*go on*) *a ~* ge sig ut på plundringståg **II** *itr* ge sig ut på plundringståg

forbad [fə'bæd] imp. av *forbid*

forbade [fə'bæd, -'beɪd] imp. av *forbid*

1 forbear ['fɔ:beə] *s,* pl. *~s* förfäder

2 forbear [fɔ:'beə] (*forbore forborne*) **I** *tr* avhålla sig från, låta bli; upphöra med **II** *itr, ~ from* avhålla sig från, låta bli

forbearance [fɔ:'beərəns] *s* fördrag[samhet], tålamod, överseende

forbearing [fɔ:'beərɪŋ] *a* överseende, tålmodig, fördragsam

forbid [fə'bɪd] (imp. *forbade,* ibl. *forbad*; pp. *forbidden*) *tr* **1** förbjuda [*a p. a th.*; *a p. to do a th.*]; *God ~!* det (vilket) Gud förbjude! **2** utestänga från **3** utesluta, hindra

forbidden [fə'bɪdn] pp. av *forbid*

forbidding [fə'bɪdɪŋ] *a* frånstötande [*a ~ appearance* (yttre)], osympatisk

forbore [fɔ:'bɔ:] imp. av *2 forbear*

forborne [fɔ:'bɔ:n] pp. av *2 forbear*

force [fɔ:s] **I** *s* **1** styrka, kraft äv. bildl. [*the ~ of an argument* (*a blow*)]; makt; *social ~s* sociala krafter; *~ of habit* vanans makt; *from* [*sheer*] *~ of habit* av gammal vana; *by ~ of* i kraft av; *by ~ of arms* med vapenmakt; *in* [*great*] *~* mil. i stort antal **2** styrka, trupp, kår [*a ~ of 8,000 men*]; *the F~* polisen; pl. *~s* äv. stridskrafter [*naval ~s*]; *air ~* flygvapen; *armed ~s* väpnade styrkor, krigsmakt; *join ~s with* förena (alliera) sig med **3** våld [*use ~*]; *brute ~* [fysiskt] våld; *by ~* med våld **4** [laga] kraft, giltighet; *be in ~* äga (vara i) kraft, gälla; *come into ~* träda i kraft; *put in*[*to*] *~* sätta i kraft **5** verklig innebörd, exakt mening [*the ~ of a word*] **6** fys. kraft; *electric* (*magnetic*) *~* elektrisk (magnetisk) fältstyrka **II** *tr* **1** tvinga, nödga **2** pressa [upp]; forcera; *~ the pace* driva upp farten (tempot); *~ a smile* pressa fram ett leende **3** bryta upp, spränga [*~ a lock*]; *~ a passage* (*o.'s way*) [med våld] bana sig väg, tränga sig [*in*[*to*] in i (till); *through*] **4 a**) tvinga fram, tvinga till sig [*from, out of* av], pressa fram [*from, out of* ur, från] **b**) *~ a th.* [*up*]*on a p.* tvinga (truga) på ngn ngt **5** spec. förbindelser med a d v.: *~ down* pressa (tvinga) ner, tvinga i sig [*~ down a bit of food*]; trycka ner; *~ out* pressa (tvinga) fram; *~ through* driva (trumfa) igenom; *~ up* driva upp [*~ up the price*]

forced [fɔ:st] *a* o. *pp* **1** tvingad etc., jfr *force II*; tvungen; påtvingad, tvångs- [*~ feeding, ~ labour*]; *~ landing* nödlandning **2** forcerad; *~ march* äv. ilmarsch **3** tillkämpad [*a ~ calmness*]; konstlad, ansträngd [*a ~ manner*]

force-feed ['fɔ:sfi:d] (*force-fed force-fed*) *tr* tvångsmata äv. bildl.

force-feeding ['fɔ:sˌfi:dɪŋ] *s* tvångsmatning

forceful ['fɔ:sfʊl] *a* kraftfull, stark [*a ~ personality*]

force-land ['fɔ:slænd] *itr* nödlanda

force majeure ['fɔ:smæ'ʒɜ:] *s* (fr.) force majeure

forcemeat ['fɔ:smi:t] *s* kok. fyllning, [kött]färs, köttbullssmet

forceps ['fɔ:seps] (konstr. ss. sg. el. pl.; pl. *forceps*) *s* isht kirurgisk tång, pincett

forcible ['fɔ:səbl] *a* **1** tvångs- [*~ feeding*] **2** kraftig, eftertrycklig; effekt-, uttrycks|full

forcibly ['fɔ:səblɪ] *adv* **1** med våld; mot min (din etc.) vilja **2** med eftertryck

Ford [fɔ:d] **I** egennamn **II** *s* Ford, fordbil

ford [fɔ:d] **I** *s* vad[ställe] **II** *tr* vada över

fore [fɔ:] **I** *a* framtill belägen; framförvarande; främre **II** *s* främre del; sjö. för; *to the ~* a) tillgänglig; fullt synlig b) aktuell [*the question is much to the ~*]; *come to the ~* a) framträda b) komma upp (på tapeten), bli aktuell; träda i förgrunden **III** *adv, ~ and aft* i för och akter

1 forearm ['fɔ:rɑ:m] *s* underarm

2 forearm [fɔ:r'ɑ:m, '-'-] *tr* beväpna [på förhand], förbereda

forebear ['fɔ:beə] *s* se *1 forbear*

forebode [fɔ:'bəʊd] *tr* **1** [före]båda, varsla [om] **2** ana, i förväg frukta [*~ disaster*]

foreboding [fɔ:'bəʊdɪŋ] *s* **1** [ond] aning, föraning **2** förebud, varsel; [ond] spådom

forecast ['fɔ:kɑ:st] **I** (*forecast forecast* el. *~ed ~ed*) *tr* **1** förutse **2** förutsäga **3** varsla **II** *s* [förhands]beräkning; prognos; *weather ~* väderrapport

forecastle ['fəʊksl] *s* se *fo'c'sle*

forecourt ['fɔ:kɔ:t] *s* **1** [för]gård **2** del av tennisbana mellan servelinje o. nät

forefather ['fɔ:ˌfɑ:ðə] *s* förfader, stamfader

forefinger ['fɔ:ˌfɪŋgə] *s* pekfinger

fore|foot ['fɔ:|fʊt] (pl. *-feet* [-fi:t]) *s* framfot

forefront ['fɔ:frʌnt] *s, be in the ~* bildl. vara högaktuell, stå i förgrunden

forego [fɔ:'gəʊ] (*forewent foregone*) *tr* se *forgo*

foregoing [fɔ:'gəʊɪŋ] *a* föregående, ovan-

nämnd, förut nämnd
foregone ['fɔ:gɒn] *a*, *a ~ conclusion* en given sak; *it's a ~ conclusion that* äv. det är givet [på förhand] att
foreground ['fɔ:graund] *s* förgrund; *in the ~* i förgrunden; bildl. äv. aktuell
forehand ['fɔ:hænd] *s* i tennis o. d. forehand
forehead ['fɒrɪd, 'fɔ:hed] *s* panna
foreign ['fɒrən] *a* **1** utländsk; utrikes[-]; främmande [*~ power*]; *minister for* (*of*) *~ affairs* el. *~minister* utrikesminister; *the Secretary of State for F~ and Commonwealth Affairs* el. *the F~ and Commonwealth Secretary* Engl. utrikesministern; *~ exchange* a) utländsk valuta b) valutahandel [äv. *~ exchange dealings*]; *~ exchange market* valutamarknad; *the F~ Legion* främlingslegionen; *the F~ and Commonwealth Office* utrikesdepartementet i London; *~ trade* utrikeshandel, handel med utlandet **2** främmande [*to* för]
foreigner ['fɒrənə] *s* utlänning
foreknowledge ['fɔ:'nɒlɪdʒ] *s* förhandskännedom
foreland ['fɔ:lənd] *s* udde, kap
foreleg ['fɔ:leg] *s* framben
forelock ['fɔ:lɒk] *s* pannlugg, lock i pannan; *take time by the ~* gripa tillfället i flykten; ta tillfället i akt
fore|man ['fɔ:|mən] (pl. *-men* [-mən]) *s* **1** [arbets]förman, verkmästare; arbetsledare; boktr. faktor **2** ordförande i jury
foremast ['fɔ:mɑ:st, sjö. -məst] *s* fockmast
foremost ['fɔ:məust] **I** *a* främst, först; förnämst **II** *adv* främst [*first and ~*], först; *head ~* huvudstupa, på huvudet; *put o.'s best foot* (*leg*) *~* se *best I*
forename ['fɔ:neɪm] *s* förnamn
forenoon ['fɔ:nu:n] *s* förmiddag
forensic [fə'rensɪk] *a* juridisk; *~ medicine* rättsmedicin
foreplay ['fɔ:pleɪ] *s* förspel till sexuellt umgänge
forerunner ['fɔ:ˌrʌnə] *s* förelöpare; föregångare
foresail ['fɔ:seɪl, sjö. -sl] *s* försegel, fock
foresee [fɔ:'si:] (*foresaw foreseen*) *tr* förutse; veta på förhand
foreseeable [fɔ:'si:əbl] *a* förutsebar; *in the ~ future* inom överskådlig framtid
foreshadow [fɔ:'ʃædəu] *tr* bebåda, förebåda; ställa i utsikt
foreshore ['fɔ:ʃɔ:] *s* strandremsa
foreshorten [fɔ:'ʃɔ:tn] *tr* konst. förkorta [perspektiviskt], förminska
foresight ['fɔ:saɪt] *s* **1** förutseende, framsynthet **2** förtänksamhet
foreskin ['fɔ:skɪn] *s* anat. förhud
forest ['fɒrɪst] *s* [stor] skog äv. bildl.
forestall [fɔ:'stɔ:l] *tr* förekomma; föregripa [*~ criticism*]; gå .. i förväg
forester ['fɒrəstə] *s* **1** jägmästare **2** skogvaktare
forestry ['fɒrəstrɪ] *s* skogsvetenskap; skogsvård
foretaste ['fɔ:teɪst] *s* försmak
foretell [fɔ:'tel] (*foretold foretold*) *tr* förutsäga, förespå; förebåda
forethought ['fɔ:θɔ:t] *s* förtänksamhet
forever [fə'revə] *adv* för alltid; jämt
forewarn [fɔ:'wɔ:n] *tr* varsko, förvarna; *~ed is forearmed* varnad är väpnad
foreword ['fɔ:wɜ:d] *s* förord, företal
Forfar ['fɔ:fə, 'fɔ:fɑ:]
forfeit ['fɔ:fɪt] **I** *s* **1** bötessumma, böter; pant i lek **2** förverkande, förlust **3** *~s* (konstr. ss. sg.) pantlek **II** *tr* **1** förverka, gå miste om, få plikta med [*~ o.'s life*] **2** mista, förlora
forfeiture ['fɔ:fɪtʃə] *s* **1** förverkande, förlust **2** böter
forgather [fɔ:'gæðə] *itr* samlas, komma tillsammans
forgave [fə'geɪv] imp. av *forgive*
1 forge [fɔ:dʒ] *itr*, *~ ahead* kämpa (arbeta, pressa) sig fram (förbi)
2 forge [fɔ:dʒ] **I** *s* **1** smedja, smidesverkstad **2** smidesugn **3** järnverk **II** *tr* **1** smida **2** förfalska [*~ a cheque*], efterapa
forger ['fɔ:dʒə] *s* förfalskare
forgery ['fɔ:dʒərɪ] *s* **1** förfalskning[sbrott], efterapning; falsarium [*a literary ~*] **2** jur. urkundsförfalskning
forget [fə'get] (*forgot forgotten*) **I** *tr* glömma [bort], inte minnas (komma ihåg); *never to be forgotten* oförglömlig **II** *itr*, *~ about a th.* glömma bort ngt
forgetful [fə'getfʊl] *a* glömsk
forgetfulness [fə'getfʊlnəs] *s* glömska
forget-me-not [fə'getmɪnɒt] *s* bot. förgätmigej
forgivable [fə'gɪvəbl] *a* förlåtlig
forgive [fə'gɪv] (*forgave forgiven*) **I** *tr* förlåta [*a p.* [*for*] *a th.* ngn ngt] **II** *itr* förlåta
forgiven [fə'gɪvn] pp. av *forgive*
forgiveness [fə'gɪvnəs] *s* förlåtelse; överseende
forgiving [fə'gɪvɪŋ] *a* förlåtande, överseende
forgo [fɔ:'gəu] (*forwent forgone*) *tr* avstå från, försaka [*~ pleasures*]
forgot [fə'gɒt] imp. av *forget*
forgotten [fə'gɒtn] pp. av *forget*
fork [fɔ:k] **I** *s* **1** gaffel **2** grep **3** förgrening, gren; vägskäl, skiljeväg; korsväg **4** anat. gren, skrev **5** [*tuning*] *~* stämgaffel **II** *tr* **1** lyfta med grep (gaffel) **2** fam., *~ out* punga ut [med] **III** *itr* **1** [för]grena sig; *~ left* ta (vika) av till vänster **2** fam., *~ out* (*up, over* isht Am.) punga ut med stålarna

forked [fɔ:kt] *a* [för]grenad, delad; ~ *lightning* sicksackblixt[ar]
fork-lift ['fɔ:klɪft] *s*, ~ [*truck*] gaffeltruck
forlorn [fə'lɔ:n] *a* **1** [ensam och] övergiven **2** hopplös [*a* ~ *cause*] **3** bedrövlig, eländig **4** ~ *hope* förtvivlat företag
form [fɔ:m] **I** *s* **1** form; *the* ~ *of a poem* en dikts form; *a mere* [*matter of*] ~ en ren formsak; *be in* (*on*) ~ t. ex. sport. vara i [fin] form (i god kondition); *be in great* ~ vara i högform **2** gestalt, skepnad; *the law in its new* ~ lagen i sin nya utformning **3** etikett[sak], form, formalitet; *it is bad* ~ det passar sig inte, det är obelevat; *it is good* ~ det hör till god ton **4** formulär, blankett [*fill up a* ~]; ~ *letter* standardbrev **5** [lång]bänk utan rygg, skolbänk **6** [skol]klass; årskurs **7** [gjut]form **II** *tr* **1** bilda [~ *a Government*]; forma, gestalta, dana; [an]ordna, inrätta; grunda; ~ *a coalition* ingå (bilda) en koalition **2** utbilda, fostra, dana, forma [~ *a child's character*] **3** utveckla, förvärva, skaffa sig [~ *a habit*]; stifta [~ *an acquaintance*] **4** utforma, göra upp [~ *a plan*]; bilda (göra) sig [~ *an opinion*] **5** utgöra [~ *part* (en del) *of*] **III** *itr* formas, ta form; bildas, bilda sig [*ice had* ~*ed*]; ~ *into* forma sig till
formal ['fɔ:məl] *a* **1** formell; formenlig **2** formlig, uttrycklig **3** högtidlig [*a* ~ *occasion*], ceremoniös; formell [*a* ~ *bow*]; ~ *dress* högtidsdräkt **4** stel; formalistisk
formaldehyde [fɔ:'mældɪhaɪd] *s* kem. formaldehyd
formalin ['fɔ:məlɪn] *s* kem. formalin
formalism ['fɔ:məlɪzəm] *s* formalism
formalist ['fɔ:məlɪst] *s* formalist, formmänniska
formalit|y [fɔ:'mælətɪ] *s* **1** formenlighet; formbundenhet; formalism **2** konventionalism, formalism **3** formalitet [*customs -ies*]; formsak; *a mere* ~ en ren formalitet
formally ['fɔ:məlɪ] *adv* **1** formellt; för formens skull; helt formellt [*they never met, except* ~] **2** direkt, uttryckligen **3** i vederbörlig form (ordning)
format ['fɔ:mæt] *s* boks format
formation [fɔ:'meɪʃən] *s* **1** formande; utformning; bildning äv. konkr.; daning; gestaltning **2** mil. o. sport. formering; gruppering **3** [berg]formation
formative ['fɔ:mətɪv] *a* **1** formande, danande, bildande; utbildnings-; utvecklings- **2** ordbildande, avlednings-
former ['fɔ:mə] *a* **1** föregående, tidigare [*my* ~ *students*]; *in* ~ *times* förr i världen **2** förra, förre, f. d., ex- [*the* ~ *prime minister*] **3** *the* ~ den förre (förra), det (de) förra [*the* ~ . . *the latter* . .]
formerly ['fɔ:məlɪ] *adv* förut; förr [i världen]; ~ *ambassador in* f. d. ambassadör i
formic ['fɔ:mɪk] *a* myr-; ~ *acid* myrsyra
Formica [fɔ:'maɪkə] *s* ® Formica slags plastlaminat
formidable ['fɔ:mɪdəbl, fɔ:'mɪd-] *a* **1** fruktansvärd; skräckinjagande; respektingivande, avskräckande **2** formidabel, överväldigande, väldig [*a* ~ *task*]
form-master ['fɔ:mˌmɑ:stə] *s* klassföreståndare
Formosa [fɔ:'məʊsə, -əʊzə]
form-room ['fɔ:mrʊm] *s* klassrum
formul|a ['fɔ:mjʊl|ə] (pl. äv. *-ae* [-i:]) *s* **1** formel; formulering; formulär **2** mat. o. kem. formel **3** recept
formulate ['fɔ:mjʊleɪt] *tr* formulera
formulation [ˌfɔ:mjʊ'leɪʃən] *s* formulering
fornicate ['fɔ:nɪkeɪt] *itr* bedriva otukt, hora
fornication [ˌfɔ:nɪ'keɪʃən] *s* otukt, hor
fornicator ['fɔ:nɪkeɪtə] *s* horkarl
forsake [fə'seɪk] (*forsook forsaken*) *tr* **1** överge, lämna [i sticket], svika [~ *o.'s friend*] **2** ge upp [~ *an idea*]
forsaken [fə'seɪkən] pp. av *forsake*
forsook [fə'sʊk] imp. av *forsake*
forsooth [fə'su:θ] *adv* åld. el. skämts. sannerligen, minsann
forswear [fɔ:'sweə] (*forswore forsworn*) *tr* **1** avsvär[j]a [sig]; förneka [~ *a debt*] **2** ~ *o.s.* begå mened
forsythia [fɔ:'saɪθjə] *s* bot. forsythia
fort [fɔ:t] *s* fort, fäste; skans; *hold the* ~ bildl. hålla ställningarna; sköta det hela
1 forte ['fɔ:teɪ, -tɪ, isht Am. fɔ:t] *s* stark sida [*singing is not my* ~]
2 forte ['fɔ:tɪ] *s* o. *adv* (ital.) mus. forte
forth [fɔ:θ] *adv* **1** framåt; vidare; *back and* ~ fram och tillbaka; *from this time* ~ hädanefter; *and so* ~ osv., o.s.v. **2** fram, ut [*bring* (*come*) ~]
forthcoming [fɔ:θ'kʌmɪŋ] *a* **1** kommande, förestående; stundande; ~ *events* kommande program t. ex. på bio; *be* ~ finnas tillgänglig, föreligga **2** fam. tillmötesgående, förekommande; meddelsam
forthright ['fɔ:θraɪt] *a* rättfram, öppen
forthwith ['fɔ:θ'wɪθ] *adv* genast; skyndsamt
fortieth ['fɔ:tɪɪθ] *räkn* o. *s* **1** fyrtionde **2** fyrtion[de]del
fortification [ˌfɔ:tɪfɪ'keɪʃən] *s* **1** mil. befästande **2** [för]stärkande; bestyrkande **3** befästning; isht pl. ~*s* [be]fästningsverk
fortif|y ['fɔ:tɪfaɪ] *tr* **1** mil. befästa **2** [för]stärka; ~ *o.s. with a glass of rum* styrka sig med ett glas rom **3** förskära blanda vin med alkohol; *-ied wine* vanl. starkvin
fortitude ['fɔ:tɪtju:d] *s* mod, själsstyrka, tålamod

fortnight ['fɔːtnaɪt] *s* fjorton dagar (dar); *every* ~ el. *once a* ~ var fjortonde dag; *today* ~ el. *a* ~ *today* i dag om fjorton dar
fortnightly ['fɔːtˌnaɪtlɪ] *a* o. *adv* [som äger rum (utkommer) o. d.] var fjortonde dag
fortress ['fɔːtrəs] *s* fästning; befäst ort
fortuitous [fɔː'tjuːɪtəs] *a* tillfällig; slumpartad
fortunate ['fɔːtʃənət] *a* **1** lycklig; lyckad; *be* ~ ha tur **2** lyckosam, lycklig
fortunately ['fɔːtʃənətlɪ] *adv* lyckligtvis
fortune ['fɔːtʃuːn] *s* **1** lycka, öde, [levnads]-lott; tur; *F*~ lyckan personifierad, lyckogudinnan; *Dame F*~ fru Fortuna; *a piece of good* ~ en lycka, tur; *gentleman of* ~ äventyrare; *soldier of* ~ legosoldat, äventyrare; *his* ~*s declined* lyckan vände sig för honom; *the* ~*s of war* krigslyckan; *F*~ *favours the brave* (*bold*) lyckan står den djärve bi; *tell a p. his* ~ spå ngn; *try o.'s* ~ pröva lyckan **2** förmögenhet; *come into a* ~ ärva en förmögenhet
fortune-hunter ['fɔːtʃuːnˌhʌntə] *s* lycksökare, lyckojägare
fortune-teller ['fɔːtʃuːnˌtelə] *s* spåman; spåkvinna
fortune-telling ['fɔːtʃuːnˌtelɪŋ] *s* spådomskonst
forty ['fɔːtɪ] (jfr *fifty* m. sms.) **I** *räkn* fyrti[o]; ~ *winks* fam. [en] liten tupplur **II** *s* fyrti[o]; fyrti[o]tal
forty-niner ['fɔːtɪ'naɪnə] *s* 'fyrti[o]nia' benämning på deltagare i guldrushen i Kalifornien 1849
forum ['fɔːrəm] *s* forum; domstol
forward ['fɔːwəd] **I** *a* **1** främre [~ *ranks*], framtill belägen; sjö. för-, i fören **2** framåtriktad, fram-; framryckande; framåt; ~ *gear* växel [för gång framåt] **3** försigkommen; brådmogen [*a* ~ *child*] **4** framfusig, påflugen, näsvis [*a* ~ *young man*] **5** avancerad, radikal [~ *people,* ~ *opinions*] **6** hand. termins-, framtida [~ *delivery*] **II** *s* sport. forward, anfallsspelare, kedjespelare **III** *adv* **1** framåt, fram, framlänges; sjö. förut, föröver inombords; *bring* (*come* m. fl.) ~ se resp. vb; ~ *march!* framåt marsch!; *backward and* ~ fram och tillbaka, hit och dit; *date* ~ postdatera **2** fram, vidare [*rush* ~]; långt (längre) fram **IV** *tr* **1** [be]främja, befordra, gynna [~ *a p.'s interests*] **2** vidarebefordra, eftersända; *please* ~ el. *to be* ~*ed* på brev eftersändes; skicka, [av]sända; befordra, expediera; spediera
forwards ['fɔːwədz] *adv* framåt, framlänges; *backwards and* ~ fram och tillbaka
fossil ['fɒsl] *s* fossil, förstening; *an old* ~ bildl. om pers. en gammal stofil
fossilize ['fɒsɪlaɪz] *tr* o. *itr* **1** fossilisera[s], förstena[s] **2** bildl. göra föråldrad

foster ['fɒstə] *tr* **1** ta sig an, vårda [~ *the sick*] **2** utveckla [~ *musical ability*]; befordra, gynna, stödja [~ *trade*]
foster-brother ['fɒstəˌbrʌðə] *s* fosterbroder
foster-father ['fɒstəˌfɑːðə] *s* fosterfa[de]r
foster-mother ['fɒstəˌmʌðə] *s* fostermo[de]r; amma
foster-parents ['fɒstəˌpeərənts] *s pl* fosterföräldrar
foster-sister ['fɒstəˌsɪstə] *s* fostersyster
fought [fɔːt] imp. o. pp. av *fight*
foul [faʊl] **I** *a* **1** illaluktande, stinkande, vidrig [~ *smell*]; [för]skämd, rutten, osund **2** äcklig [*a* ~ *taste*]; gräslig [*a* ~ *dress*] **3** smutsig [~ *linen*], oren, förorenad [~ *water*]; ~ *air* förpestad luft **4** full av sot (smuts), [till]täppt [*a* ~ *chimney, a* ~ *gun-barrel*]; belagd [*a* ~ *tongue*]; *a* ~ *pipe* en sur pipa **5** *fall* (*run*) ~ *of* a) kollidera med; segla (törna) på, driva emot b) komma (råka) i konflikt med [*fall* ~ *of the law*] **6** ~ *weather* fult väder, ruskväder, stormigt och regnigt väder; ~ *wind* motvind **7** gemen, skändlig, skamlig [*a* ~ *deed*]; rå, oanständig [~ *language*]; fam. otäck, ruskig; *he has a* ~ *mouth* han är ful i mun **8** ojust, regelvidrig, ogiltig; ~ *means* olagliga medel; ~ *play* a) ojust (falskt, ohederligt) spel b) oredlighet; brott **II** *s* ojust spel, fel, brott mot reglerna, ruff; boxn. foul; *commit a* ~ ruffa **III** *itr* sport. spela ojust (mot reglerna), ruffa **IV** *tr* **1** smutsa ned, förorena; bildl. fläcka, besudla; vanställa; ~ *o.'s own nest* smutsa i eget bo **2** täppa till [~ *a drain*] **3** sjö. m. m. göra oklar, trassla till, fastna i [~ *the anchor,* ~ *the cable*]; kollidera med **4** sport. spela (vara) ojust mot **5** sl., ~ *up* soppa till förstöra
foully ['faʊllɪ] *adv* otäckt, vidrigt; avskyvärt, grymt, skändligt [*be* ~ *murdered*]
foul-mouthed ['faʊlmaʊðd] *a* rå, ful i mun; ovettig
1 found [faʊnd] imp. o. pp. av *find*
2 found [faʊnd] *tr* **1** grunda, lägga grunden till, grundlägga [~ *a colony* (*school*)], stifta **2** bildl. grunda, basera, bygga [[*up*]*on* på; ~*ed on fact*]; *well* ~*ed* välgrundad
foundation [faʊn'deɪʃən] *s* **1** grundande **2** stiftelse **3** grund; underlag; *the* ~[*s*] *of a building* grunden till en byggnad; *shaken to its* [*very*] ~*s* skakad i sina grundvalar; *the report has no* ~ ryktet saknar grund **4** underlag; ~ *cream* puderunderlag; ~ [*garment*] formplagg ss. korsett, korselett
1 founder ['faʊndə] *s* grundare, grundläggare
2 founder ['faʊndə] *itr* **1** om häst snava och falla, stupa av trötthet **2** sjö. sjunka, förlisa, gå under **3** om t. ex. hus, mark sjunka; rasa **4**

bildl. stupa; gå under; stranda
founding ['faʊndɪŋ] *a,* ~ *father* grundare, grundläggare, [in]stiftare; *the F~ Fathers* Am. 'unionens fäder' beteckn. för statsmän från revolutionstiden, isht medlemmar av författningskonventet 1787
foundling ['faʊndlɪŋ] *s* hittebarn
foundry ['faʊndrɪ] *s* gjuteri; järnbruk
1 fount [faʊnt] *s* poet. källa, [spring]brunn
2 fount [faʊnt, fɒnt] *s* boktr. [stil]sats; stil
fountain ['faʊntən] *s* **1** fontän **2** bildl. källa; ursprung **3** poet. källsprång, källa, brunn **4** reservoar
fountain-head ['faʊntən'hed] *s* **1** flods källa **2** bildl. källa; ursprung
fountain-pen ['faʊntənpen] *s* reservoarpenna
four [fɔː] (jfr *five* m. ex. o. sms.) **I** *räkn* fyra; ~ *eyes* sl. glasögonorm person med glasögon **II** *s* fyra; fyrtal; *on all ~s* på alla fyra; *be on all ~s* bildl. vara helt jämställd [*with* med]
four-cylinder ['fɔːˌsɪlɪndə] attr. *a* fyrcylindrig
four-dimensional ['fɔːdɪ'menʃənl, -daɪ'm-] *a* fyrdimensionell
four-engined ['fɔːr'endʒɪnd] *a* fyrmotorig
fourfold ['fɔːfəʊld] **I** *a* fyrdubbel, fyrfaldig **II** *adv* fyrdubbelt, fyrfaldigt, fyrfalt
four-footed ['fɔː'fʊtɪd] *a* fyrfota-, fyrfotad
four-four ['fɔː'fɔː] *a* o. *s,* ~ [*time*] fyrafjärdedelstakt
four-leaf ['fɔːliːf] *a* o. **four-leaved** ['fɔːliːvd] *a,* ~ *clover* fyrväppling, fyrklöver
four-legged ['fɔː'legd, 'fɔː'legɪd] *a* fyrbent
four-letter ['fɔː'letə] *a,* ~ *words* runda ord sexord
four-poster ['fɔː'pəʊstə] *s* himmelssäng
fourscore ['fɔː'skɔː] *räkn* åld., poet. åttio
foursome ['fɔːsəm] *s* **1** golf. foursome, fyrspel **2** två par, sällskap på fyra personer
four-speed ['fɔː'spiːd] *a* fyrväxlad
four-square ['fɔː'skweə] *a* **1** fyrkantig, kvadratisk **2** stadig, bastant **3** öppenhjärtig
four-stroke ['fɔːstrəʊk] attr. *a* fyrtakts- [*a ~ engine*]
fourteen ['fɔː'tiːn] *räkn* o. *s* fjorton; jfr *fifteen* o. sms.
fourteenth ['fɔː'tiːnθ] *räkn* o. *s* fjortonde; fjorton[de]del; jfr *fifth*
fourth [fɔːθ] (jfr *fifth*) **I** *räkn* fjärde **II** *s* **1** fjärdedel **2** *the F~* [*of July*] fjärde juli Förenta staternas nationaldag **3** mus. kvart **4** *make a ~* vara (bli) fjärde man **5** motor. fyrans växel, fyran
fourth-class ['fɔːθklɑːs] *a,* ~ *mail* Am. ung. paketpost
fourthly ['fɔːθlɪ] *adv* för det fjärde
fourth-rate ['fɔːθ'reɪt, attr. '- -] *a* fjärde klassens; undermålig
four-track ['fɔːtræk] *a* fyrspårs- [~ *tape-recorder*]
four-wheeler ['fɔː'wiːlə] *s* fyrhjuling
fowl [faʊl] *s* höns[fågel]; fjäderfä
fowler ['faʊlə] *s* fågeljägare
fox [fɒks] **I** *s* räv äv. bildl. **II** *tr* fam. lura; förbrylla
fox-brush ['fɒksbrʌʃ] *s* rävsvans
fox-earth ['fɒksɜːθ] *s* rävlya
foxed [fɒkst] *a* lurad
foxglove ['fɒksglʌv] *s* bot. digitalis, fingerborgsblomma
foxhole ['fɒkshəʊl] *s* mil. skyttevärn
foxhunt ['fɒkshʌnt] **I** *s* rävjakt till häst med hundar **II** *itr* jaga räv
foxhunting ['fɒksˌhʌntɪŋ] *s* rävjakt till häst med hundar
fox-terrier ['fɒks'terɪə] *s* foxterrier
foxtrot ['fɒkstrɒt] *s* foxtrot
foxy ['fɒksɪ] *a* rävlik; rävaktig, slug
foyer ['fɔɪeɪ] *s* foajé
Fr. förk. för *Father, French*
fr. förk. för *franc[s], from*
fracas ['frækɑː] *s* stormigt uppträde, bråk
fraction ['frækʃən] *s* **1** [bråk]del **2** mat. bråk; *vulgar ~* allmänt bråk **3** polit. o. d. fraktion
fractional ['frækʃənl] *a* mat. bruten, bråk- [~ *numbers*]; obetydlig
fractious ['frækʃəs] *a* **1** bråkig, oregerlig **2** grinig, besvärlig, kinkig [*a ~ child*]
fracture ['fræktʃə] **I** *s* **1** brytning **2** kir. [ben]brott, fraktur **II** *tr* o. *itr* bryta[s]
fragile ['frædʒaɪl, Am. -dʒəl] *a* bräcklig, ömtålig [~ *health*; ~ *china*], skör, spröd; klen
fragility [frə'dʒɪlətɪ] *s* bräcklighet etc., jfr föreg.
fragment [ss. subst. 'frægmənt, ss. vb fræg'ment] **I** *s* stycke, bit, skärva, splitter [~ *of glass*]; fragment, brottstycke [*overhear ~s of a conversation*] **II** *itr* gå sönder, splittras
fragmentary ['frægməntərɪ] *a* fragmentarisk, ofullständig; lösryckt
fragmentation [ˌfrægmen'teɪʃən] *s* [upp]splittring, sönderdelning; ~ *bomb* mil. sprängbomb
fragrance ['freɪgrəns] *s* vällukt, doft
fragrant ['freɪgrənt] *a* välluktande, doftande
frail [freɪl] *a* **1** bräcklig, skör, spröd, klen [*a ~ child*] **2** lätt förledd, svag
frailty ['freɪltɪ] *s* **1** [moralisk] svaghet; brist **2** bräcklighet; förgänglighet
frame [freɪm] **I** *tr* **1** inrätta, konstruera **2** utforma, göra upp [~ *a plan,* ~ *a plot*]; utarbeta; bilda, forma **3** rama in, infatta [i ram] **4** fam. a) koka (dikta, sätta) ihop [~ *a charge*] b) fixa t. ex. match c) falskeligen anklaga; sätta fast genom en falsk anklagelse, snärja; anstifta en komplott mot; sätta dit **II** *itr* arta sig [~ *well*] **III** *s* **1** stomme;

skrov; underrede; ram t. ex. på cykel o. bilchassi, stativ **2** ram [*~ of a picture*], karm, infattning; [glasögon]bågar; *~ of reference* referensram **3** kropp, kroppsbyggnad [*his powerful ~*] **4** drivbänk **5** *~* [*of mind*] [sinnes]stämning **6** ram, organisation, struktur **7** bild[ruta] på filmremsa o. d.; [TV-]-bild **8** vävstol; [sy]båge

frame-up ['freɪmʌp] *s* fam. komplott; falsk anklagelse (beskyllning); provokation

framework ['freɪmwɜːk] *s* **1** stomme; skelett; konstruktion **2** bildl. stomme; ram, struktur [*the ~ of society*]; *within the ~ of* inom ramen för

franc [fræŋk] *s* franc

France [frɑːns] Frankrike

Frances ['frɑːnsɪs]

franchise ['fræntʃaɪz] *s* **1** rösträtt **2** medborgarrätt

Francis ['frɑːnsɪs] ss. kunganamn etc. Frans; ss. helgonnamn Franciscus

Franciscan [fræn'sɪskən] **I** *a* franciskan[er]- [*a ~ friar*] **II** *s* franciskan[munk]

Franco-German ['fræŋkəʊ'dʒɜːmən] *a* fransk-tysk

Francophile ['fræŋkəʊfaɪl] **I** *s* franskvän **II** *a* franskvänlig

Franco-Prussian ['fræŋkəʊ'prʌʃən] *a, the ~ War* fransk-tyska kriget

1 Frank [fræŋk] *s* hist. frank

2 Frank [fræŋk] **1** egennamn **2** kortform för *Francis*

frank [fræŋk] *a* öppen[hjärtig], rättfram, uppriktig [*with* mot]; *to be quite ~* för att säga det rent ut

Frankenstein ['fræŋkənstaɪn]

frankfurter ['fræŋkfɜːtə] *s* frankfurterkorv

frankincense ['fræŋkɪnˌsens] *s* virak; rökelse

frankly ['fræŋklɪ] *adv* öppet etc., jfr *frank*; uppriktigt sagt

frantic ['fræntɪk] *a* **1** ursinnig, vild; rasande, hektisk [*a ~ search*] **2** fam. förfärlig

fraternal [frə'tɜːnl] *a* broderlig, broders-

fraternity [frə'tɜːnətɪ] *s* **1** broderskap, broderlighet **2** broderskap; samfund, gille **3** Am. manlig studentförening vid college

fraternization [ˌfrætənaɪ'zeɪʃən] *s* fraternisering; förbrödring

fraternize ['frætənaɪz] *itr* fraternisera; förbrödra sig

fratricide ['frætrɪsaɪd] *s* **1** brodermord **2** brodermördare

fraud [frɔːd] *s* **1** bedrägeri; svek; svindel; bluff **2** fam. bedragare, bluff[makare]

fraudulence ['frɔːdjʊləns] *s* bedräglighet, svek

fraudulent ['frɔːdjʊlənt] *a* bedräglig [*~ bankruptcy*]; svekfull, falsk

fraught [frɔːt] *a, ~ with* åtföljd av; *~ with disaster* olycksdiger; *~ with danger* farofylld

1 fray [freɪ] *s, eager for the ~* stridslysten

2 fray [freɪ] **I** *tr* **1** nöta (slita) [ut], göra trådsliten; *~ed cuffs* trasiga manschetter **2** bildl. slita (nöta) på; *~ed nerves* trasiga nerver **II** *itr* bli nött ([tråd]sliten)

frazzle ['fræzl] *s* fam., *beat a p. to a ~* slå ngn sönder och samman; *worn to a ~* a) trådsliten b) bildl. utsliten

F.R.C.P. förk. för *Fellow of the Royal College of Physicians*

F.R.C.S. förk. för *Fellow of the Royal College of Surgeons*

freak [friːk] **I** *s* **1** nyck, infall **2** *~* [*of nature*] kuriositet; underligt djur; missfoster; vidunder **3** fam. original originell pers. **4** sl., mest i sms. fanatiker [*football ~*]; *health ~* ung. frisksportare, hurtbulle **II** *a* **1** nyckfull, onormal [*a ~ storm*] **2** abnorm

freakish ['friːkɪʃ] *a* nyckfull; underlig; abnorm

freckle ['frekl] **I** *s* fräkne **II** *tr* o. *itr* göra (bli) fräknig; få fräknar

freckled ['frekld] *a* o. **freckly** ['freklɪ] *a* fräknig

Fred [fred] o. **Freddy** ['fredɪ] kortformer för *Frederick*

Frederick ['fredrɪk] ss. kunganamn Fredrik

free [friː] **I** *a* **1** fri; frivillig; *he is ~ to* det står honom fritt att; *please feel ~ to come* du får gärna komma; *leave a p. ~ to* ge ngn fria händer att; *set ~* frige, [för]sätta på fri fot; frigöra; *~ agent* människa med full handlingsfrihet; *~ kick* fotb. frispark **2** fri, oupptagen, ledig [*have a day ~*]; öppen för vem som helst; *~ fight* allmänt slagsmål **3** befriad, fri[tagen]; *~ from* äv. utan; *~ from debt* skuldfri **4** [kostnads]fri, gratis [äv. *~ of cost* (*charge*)]; *~ pass* (*ticket*) fribiljett; *~ on board* (*f.o.b.* förk.) hand. fritt ombord **5** otvungen, ledig [*~ movements*]; frispråkig; frigjord; *make ~ with a p.* ta sig friheter med ngn; *make ~ with a th.* handskas fritt med ngt som om det vore ens eget; *~ and easy* otvungen, naturlig; ogenerad **6** frikostig, generös; *~ with o.'s money* frikostig **II** *adv* fritt **III** *tr* befria, fri|ge, -göra, -ta [*from, of* från]

freebee ['friːbiː] *s* fam. se *freebie*

freebie ['friːbɪ] *s* fam. gratisgrunka; fribiljett, fri måltid m. m.;

freebooter ['friːˌbuːtə] *s* fribytare

freedom ['friːdəm] *s* **1** frihet, oberoende, självständighet; självbestämmande[rätt]; *~ of the press* tryckfrihet **2** frigjordhet; frispråkighet; ledighet [*~ of movements*]; fräckhet **3** privilegium; nyttjanderätt; *~* [*of the city*] hedersborgarskap

free-for-all ['friːfərˌɔːl] *s* allmänt (öppet)

slagsmål
free-hand ['fri:hænd] *a* frihands- [~ *drawing*]
freehanded ['fri:'hændɪd] *a* frikostig
freehold ['fri:həʊld] *s* [egendom med] full besittningsrätt; egen mark (tomt)
free-lance ['fri:lɑ:ns] **I** *s* frilans **II** *itr* arbeta som frilans, frilansa
free-living ['fri:'lɪvɪŋ] *s* frosseri
freely ['fri:lɪ] *adv* **1** fritt, obehindrat **2** frivilligt; villigt, gärna [~ *grant a th.*] **3** öppet, oförbehållsamt; ogenerat, ledigt **4** rikligt, mycket [*borrow* ~]; flott [*live* ~]
freemason ['fri:ˌmeɪsn] *s* frimurare
freemasonry ['fri:ˌmeɪsnrɪ] *s* frimureri
free-rider ['fri:'raɪdə] *s* 'snålskjutsåkande' (oorganiserad) arbetare
freesia ['fri:zjə] *s* bot. freesia
free-spoken ['fri:'spəʊkən] *a* frispråkig
free-style ['fri:staɪl] *a*, ~ *swimming* fritt simsätt; ~ *wrestling* fribrottning
freethinker ['fri:'θɪŋkə] *s* fritänkare
free-trade ['fri:'treɪd] *s* frihandel
freeway ['fri:weɪ] *s* Am. motorväg
free-wheel ['fri:'wi:l] *itr* åka (köra) på frihjul
freeze [fri:z] **I** (*froze frozen*) *itr* **1** frysa, förvandlas till is [*the water froze*]; frysa till; frysa fast [*to* i, vid]; bildl. isas, bli till is [*the blood froze in his veins*] **2** frysa, vara iskall [*I'm freezing*]; ~ *to death* frysa ihjäl **II** (*froze frozen*) *tr* **1** [komma att] frysa, förvandla till is, isbelägga [*the river is frozen* [*over*]]; frysa [ned (in)], djupfrysa [~ *meat*]; lokalbedöva [~ *a tooth*]; bildl. isa, förlama **2** *be frozen up* frysa fast; *the lake is frozen up* sjön är tillfrusen **3** ~ *out* fam. frysa ut, bojkotta; konkurrera ut **4** hand. förbjuda; spärra [~ *a bank account*]; maximera, frysa [~ *prices*] **5** film., TV. frysa en bild **III** *s* köldknäpp; [*wage*] ~ lönestopp
freeze-dry ['fri:z'draɪ] *tr* frystorka
freeze-drying ['fri:zˌdraɪɪŋ] *s* frystorkning
freezer ['fri:zə] *s* frys[box, -skåp, -fack]
freezing ['fri:zɪŋ] **I** *a* bitande kall, iskall äv. bildl. **II** *adv*, ~ *cold* iskall
freezing-compartment ['fri:zɪŋkəmˌpɑ:tmənt] *s* frysfack
freezing-mixture ['fri:zɪŋˌmɪkstʃə] *s* fys. köldblandning
freezing-point ['fri:zɪŋpɔɪnt] *s* fryspunkt
freight [freɪt] **I** *s* **1** frakt[avgift]; ~ *rates* (*charges*) fraktsatser **2** fraktgods; frakt, last **3** Am., ~ *car* godsvagn **II** *tr* **1** lasta [~ *a ship*] **2** frakta
freighter ['freɪtə] *s* **1** frakt-, last|båt; fraktflygare, transportflygplan **2** befraktare; speditör
French [frentʃ] **I** *a* fransk; ~ *bean* skärböna; haricot vert; ~ *chalk* ett slags talk; skräddarkrita; ~ *dressing* [fransk] dressing gjord av olja, vinäger m. m.; ~ *fried* [*potatoes*], ~ *fries* pommes frites; ~ *horn* valthorn; *take* ~ *leave* fam. smita, avdunsta; ~ *letter* fam. gummi kondom; ~ *loaf* pain riche; ~ *polish* schellack; ~ *roll* franskbröd, småfranska; ~ *window* franskt fönster, glasdörr till trädgård o.d. **II** *s* **1** franska [språket] **2** *the* ~ fransmännen
French|man ['frentʃmən] (pl. *-men* [-mən]) *s* fransman
French|woman ['frentʃ|ˌwʊmən] (pl. *-women* [-ˌwɪmɪn]) *s* fransyska
frenetic [frə'netɪk] *a* frenetisk, ursinnig
frenzied ['frenzɪd] *a* vanvettig, vild, ursinnig [~ *rage*]
frenzy ['frenzɪ] *s* ursinne, raseri; vanvett [*he was almost driven to* ~]; vansinne
frequency ['fri:kwənsɪ] *s* frekvens äv. fys., talrikhet; hastighet av puls o. d.; fys. äv. svängningstal; ~ *count* frekvensundersökning; ~ *modulation* (*FM* förk.) radio. frekvensmodulering; *high* ~ (*HF* förk.) radio. höga frekvenser; *ultra high* ~ (*UHF* förk.) radio. ultrahöga frekvenser; *very high* ~ (*VHF* förk.) radio. mycket höga frekvenser
frequent [ss. adj. 'fri:kwənt, ss. vb frɪ'kwent] **I** *a* ofta förekommande, allmän, vanlig [*a* ~ *sight*]; tät [~ *visits*]; snabb [*a* ~ *pulse*]; frekvent; *a* ~ *caller* en flitig besökare **II** *tr* ofta besöka, frekventera [~ *a café*], hålla till i (på); *much* ~*ed* mycket besökt
frequenter [frɪ'kwentə] *s* flitig besökare, stamkund
frequently ['fri:kwəntlɪ] *adv* ofta, titt och tätt
fresco ['freskəʊ] *s* fresko|måleri, -målning; *paint in* ~ måla al fresco
fresh [freʃ] *a* **1** ny [*a* ~ *paragraph*, ~ *supplies*] **2** färsk [~ *bread*]; frisk [~ *water*], fräsch [~ *colours* (*flowers*)] **3** frisk, uppfriskande, sval [~ *air* (*breeze*)]; ~ *breeze* sjö. styv bris; ~ *gale* sjö. hård kuling **4** nygjord; nyss utkommen **5** grön oerfaren, färsk **6** frisk [och kry], frisk och ungdomlig, fräsch; pigg, spänstig; *as* ~ *as a daisy* pigg som en mört **7** fam. påflugen; *don't get* ~*!* var inte så fräck!
fresh-air ['freʃˌeə] *a*, ~ *fiend* friluftsfantast
freshen ['freʃn] **I** *tr*, ~ [*up*] friska upp [~ *up o.'s English*], fräscha upp [~ *up a dress*] **II** *itr* bli frisk[are], bli fräsch[are]
fresher ['freʃə] *s* fam., se *freshman*
fresh-laid ['freʃleɪd] *a* nyvärpt, nylagd [~ *eggs*]
freshly ['freʃlɪ] *adv* friskt etc., jfr *fresh*; isht nyligen; ~ *painted* nymålad; ~ *ground* [*coffee*] nymalet . .
fresh|man ['freʃmən] (pl. *-men* [-mən]) *s*

univ. recentior; Am. skol. förstaårselev
freshwater ['freʃ,wɔ:tə] *a* sötvattens- [~ *fish*]
1 fret [fret] **I** *itr* **1** [gå omkring och] sura (grina), reta upp sig [~ *over trifles*], gräma sig, oroa sig **2** gnaga; fräta, tära, skava **II** *tr* **1** reta [upp], plåga, oroa; gräma **2** om små djur gnaga [på], äta [på] [*moths ~ted the robes*], nöta [bort (av)]; fräta [bort] **III** *s* förtret; *be in a ~* vara på dåligt humör
2 fret [fret] *tr* pryda med sniderier (inläggningar); pryda i allm.; pp.: *~ted* rikt snidad
3 fret [fret] *s* [tvär]band på stränginstruments greppbräde
fretful ['fretfʊl] *a* sur, grinig; retlig
fretsaw ['fretsɔ:] *s* lövsåg
fretwork ['fretwɜ:k] *s* **1** genombrutet arbete; fläṫ-, galler|verk **2** lövsågsarbete
Freudian ['frɔɪdjən] *s* o. *a* freudian[sk]
F.R.G.S. förk. för *Fellow of the Royal Geographical Society*
Fri. förk. för *Friday*
friar ['fraɪə] *s* [tiggar]munk; broder
friary ['fraɪərɪ] *s* munkkloster
fricassee ['frɪkəsi:] *s* kok. frikassé
fricative ['frɪkətɪv] fonet. **I** *a* frikativ **II** *s* frikativa
friction ['frɪkʃən] *s* **1** friktion; gnidning **2** bildl. friktion, slitningar, motsättningar
Friday ['fraɪdɪ, -deɪ] *s* fredag; jfr *Sunday*; *Black ~* olycksdag; *Good ~* långfredag[en]; *man ~* Fredag i Robinson Crusoe
fridge [frɪdʒ] *s* fam. kyl[skåp]
friend [frend] *s* **1** vän, väninna; kamrat; *be ~s with* vara [god] vän med; *be bad ~s* vara ovänner; *make ~s with* bli god vän med; *my learned ~* ung. min ärade kollega jurister emellan; *lady ~* väninna **2** *the Society of Friends* Vännernas samfund kväkarna
friendless ['frendləs] *a* utan vänner, ensam
friendliness ['frendlɪnəs] *s* vänlighet, vänskaplighet
friendly ['frendlɪ] **I** *a* vänlig, vänskaplig [*to, with* mot]; *~ match* sport. vänskapsmatch **II** *s* sport. vänskapsmatch
friendship ['frendʃɪp] *s* vänskap
frieze [fri:z] *s* ark. fris
frig [frɪg] *tr* o. *itr* vulg. runka
frigate ['frɪgət] *s* fregatt
frigging ['frɪgɪŋ] *a* vulg. jävla
fright [fraɪt] *s* **1** skräck, förskräckelse; fruktan [*of* för]; *get* (*have*) *a ~* bli skrämd, få en chock; *give a p. a ~* skrämma ngn, göra ngn rädd **2** fam. spöke, fågelskrämma; fasa; [*her new hat*] *is a ~* . . är förskräcklig
frighten ['fraɪtn] *tr* skrämma, förskräcka; *~ a p. out of his wits* skrämma ngn från vettet; *~ a p. to death* skrämma livet ur ngn
frightful ['fraɪtfʊl] *a* förskräcklig, förfärlig
frigid ['frɪdʒɪd] *a* **1** [is]kall **2** bildl. kall[sinnig], kylig [*a ~ welcome*]; frigid
frigidity [frɪ'dʒɪdətɪ] *s* **1** köld, kyla **2** bildl. kallsinnighet, kyla; frigiditet
frill [frɪl] **I** *s* **1** krås, veckad (plisserad) remsa **2** pl. *~s* fam. grannlåter, krusiduller; choser **II** *tr* förse med krås; rynka, krusa, plissera
frilly ['frɪlɪ] *a* **1** krusad, plisserad; snirklad **2** luftig, lätt [*~ clothes*]
fringe [frɪndʒ] **I** *s* **1** frans[ar]; bård **2** marginal; [ut]kant, ytterkant; *~ benefits* extraförmåner utöver lön; *~ group* yttergrupp i politik; *lunatic ~* fanatisk extremistgrupp **3** lugg **II** *tr* förse med frans[ar], fransa; kanta
frippery ['frɪpərɪ] *s* bjäfs, prål, grannlåt[er]
frisbee ['frɪzbɪ] *s* sport. frisbee rund kastskiva
Frisco ['frɪskəʊ] Am. fam. San Francisco
Frisian ['frɪzɪən] **I** *a* frisisk **II** *s* **1** fris **2** frisiska [språket]
frisk [frɪsk] **I** *itr*, *~* [*about*] hoppa, skutta **II** *tr* sl. muddra leta igenom
frisky ['frɪskɪ] *a* yster, uppsluppen, sprallig
1 fritter ['frɪtə] *s* kok. struva; *apple ~s* friterade äppelringar; *bread ~s* fattiga riddare
2 fritter ['frɪtə] *tr*, *~ away* plottra bort, slösa bort [*~ away o.'s time*]
frivolity [frɪ'vɒlətɪ] *s* flärd, lättsinne; frivolitet; tramsighet
frivolous ['frɪvələs] *a* **1** om saker obetydlig [*a ~ book*], bagatellartad **2** om pers. lättsinnig; tramsig, fjantig; nöjeslysten
frizz [frɪz] *tr* krusa, krulla [*~ hair*]
1 frizzle ['frɪzl] *tr* o. *itr* steka, fräsa
2 frizzle ['frɪzl] **I** *tr* krusa, krulla [*~ hair*] **II** *itr* krusa (krulla) sig
frizzly ['frɪzlɪ] *a* o. **frizzy** ['frɪzɪ] *a* krusig, krullig [*~ hair*]
fro [frəʊ] *adv*, *to and ~* fram och tillbaka, av och an, hit och dit
frock [frɒk] *s* **1** [lätt vardags]klänning **2** munkkåpa
frock-coat ['frɒk'kəʊt] *s* bonjour
1 frog [frɒg] *s* kordongknapp på uniform m. m.; snoddgarnering, galon
2 frog [frɒg] *s* groda; *have a ~ in the* (*o.'s*) *throat* vara rostig i halsen, vara hes
frog|man ['frɒg|mən] (pl. *-men* [-mən]) *s* grodman, röjdykare
frog-march ['frɒgmɑ:tʃ] *tr* bära i armar och ben med ansiktet nedåt [*~ a prisoner*]
frolic ['frɒlɪk] **I** *s* skoj, upptåg **II** *itr* leka, hoppa, skutta; ha upptåg för sig, ha skoj
frolicsome ['frɒlɪksəm] *a* lekfull, uppsluppen, sprallig
from [frɒm] *prep* **1** från; ur; *~ a child* ända från barndomen; *~ time to time* från tid till annan, då och då **2** om material av [*steel is made ~ iron*], ur, från **3** om orsak, motiv m. m. på grund av [*absent ~ illness*]; av [*do*

a th. ~ *politeness*]; att döma av [~ *his appearance I should say* . .], efter [~ *what I have heard he is* . .] **4** om mönster, förebild efter **5** *safe* (*secure*) ~ säker för; *keep secrets* ~ *a p.* ha hemligheter för ngn **6** tillsammans med prep. o. adv.: ~ *above* ovanifrån; ~ *among* [fram] ur, från; ~ *behind* bakifrån; ~ *below* (*beneath*) nedifrån; ~ *without* utifrån

frond ['frɒnd] *s* bot. ormbunksblad

front [frʌnt] **I** *s* **1** framsida, främre del; fasad; *in* ~ framtill, före [*walk in* ~]; *in* ~ *of* framför, utanför, inför; *come to the* ~ komma på tapeten, bli aktuell; träda i förgrunden **2** mil. front [*be at* (vid) *the* ~] **3** meteor. front [*cold* ~] **4 a**) hållning, uppträdande; *show* (*present, put on*) *a bold* ~ hålla god min **b**) fräckhet, panna [*have the* ~ *to do a th.*] **5 a**) 'fasad' **b**) täckmantel; ~ *organization* täckorganisation **c**) galjonsfigur bildl. **6** skjortbröst **II** *a* framtill belägen, fram-, främre, främsta, front-, första; *the* ~ *bench* parl. ministerbänken; oppositionsledarbänken; ~ *door* ytterdörr, port; ~ *page* förstasida av tidning; ~ *room* rum åt gatan; ~ *row* teat. o. d. första bänk[rad]; ~ *seat* framsäte; plats framtill, plats längst fram; *have a* ~ *seat* bildl. vara med där det händer; ~ *vowel* främre vokal; ~ *wheel* framhjul **III** *itr* vetta, ligga [*on, to, towards* mot, åt] **IV** *tr* **1** ligga (stå) [mitt] emot **2** beklädа framsidan av [~ *a house with stone*]

frontal ['frʌntl] *a* frontal; front-

front-bencher ['frʌnt'bentʃə] *s* parl. regeringsmedlem; oppositionsledare

frontier ['frʌntɪə] *s* politisk, stats gräns; gränsområde

frontiersman ['frʌntɪəzmən] *s* gränsbo; Am. nybyggare västerut

frontispiece ['frʌntɪspi:s] *s* titelplansch, frontespis

front-runner ['frʌntˌrʌnə] *s* person som ligger i täten (ligger bäst till) i tävling o. d.; *be the* ~ ligga i täten etc.

frost [frɒst] **I** *s* **1** frost; tjäle; köld, kyla under fryspunkten; äv. bildl.; *ten degrees of* ~ Celsius tio grader kallt; *Jack F*~ frosten personifierad **2** rimfrost [*the grass was covered with* ~] **II** *tr* **1** frostskada **2** betäcka med rimfrost; ~*ed window-panes* fönsterrutor med rimfrost på **3** glasera med socker [~*ed cake*] **4** mattslipa, mattera [~*ed glass* (*silver*)] **III** *itr,* ~ *over* (*up*) täckas av rimfrost

frost-bite ['frɒstbaɪt] *s* köldskada

frost-bitten ['frɒstˌbɪtn] *a* frost|biten, -skadad

frost-bound ['frɒstbaʊnd] *a* **1** in-, fast|frusen **2** hårdfrusen

frosting ['frɒstɪŋ] *s* glasyr på bakverk

frosty ['frɒstɪ] *a* frost- [~ *nights*], frostig, iskall, kylig äv. bildl. [*a* ~ *welcome*]

froth [frɒθ] **I** *s* **1** fradga, skum [~ *on the beer*] **2** bildl. svammel **II** *itr* fradga [sig], skumma

frothy ['frɒθɪ] *a* fradgande, skummande

frown [fraʊn] **I** *itr* **1** rynka pannan (ögonbrynen) **2** ~ *at* ([*up*]*on*) se ogillande på **II** *s* rynkad panna; bister uppsyn; sura miner

frowzy ['fraʊzɪ] *a* **1** instängd, unken, kvalmig **2** snuskig, osnygg [*a* ~ *hotel*]; sjaskig

froze [frəʊz] imp. av *freeze*

frozen ['frəʊzn] pp. av *freeze*; djupfryst [~ *food*]; ofta om tillgångar [fast]frusen, bunden [~ *credits*]; maximerad, fastlåst [~ *prices,* ~ *wages*]

F.R.S. förk. för *Fellow of the Royal Society*

fructify ['frʌktɪfaɪ] **I** *itr* bära frukt **II** *tr* befrukta

frugal ['fru:gəl] *a* sparsam; måttlig; enkel [*a* ~ *meal*]

frugality [frʊ'gælətɪ] *s* sparsamhet etc., jfr *frugal*

fruit [fru:t] *s* **1** frukt äv. koll.; ~ *salad* fruktsallad **2** frukt, produkt [*the* ~*s of industry*]; resultat [*the* ~ *of long study*]

fruit-cake ['fru:tkeɪk] *s* [engelsk] fruktkaka

fruit-drop ['fru:tdrɒp] *s,* pl. ~*s* syrliga karameller med olika fruktsmak

fruiterer ['fru:tərə] *s* frukthandlare

fruitful ['fru:tfʊl] *a* **1** fruktbar, bördig **2** givande, rik [*a* ~ *subject*]

fruition [frʊ'ɪʃən] *s* förverkligande; *come to* ~ förverkligas

fruit-juice ['fru:tdʒu:s] *s* [frukt]saft, [frukt]juice

fruitless ['fru:tləs] *a* fruktlös, gagnlös

fruit-machine ['fru:tməˌʃi:n] *s* enarmad bandit

fruity ['fru:tɪ] *a* **1** fruktliknande, med fruktsmak **2** bildl. fam. saftig; kraftig; klangfull [*a* ~ *voice*]

frump [frʌmp] *s* fam. tantaktigt fruntimmer, gammal tant

frumpish ['frʌmpɪʃ] *a* o. **frumpy** ['frʌmpɪ] *a* tantaktig, tantig

frustrate [frʌs'treɪt] *tr* **1** omintetgöra, motverka, gäcka, svika [~ *a p.'s hopes*] **2** göra besviken, frustrera

frustration [frʌs'treɪʃən] *s* **1** omintetgörande etc., jfr föreg. **2** missräkning; frustrering; *sense of* ~ känsla av vanmakt

1 fry [fraɪ] **I** *tr* steka i panna, bryna, fräsa [upp]; ~ *up* steka (värma) upp **II** *itr* stekas

2 fry [fraɪ] (pl. lika) *s* **1** småfisk, gli; yngel av fisk, grodor m. m. **2** *small* ~ fam. små|glin, -ungar; obetydligt folk

frying-pan ['fraɪɪŋpæn] *s* stekpanna; *out of*

the ~ into the fire ur askan i elden
fry-pan ['fraɪpæn] *s* Am. stekpanna
ft. [fʊt resp. fi:t] förk. för *foot* resp. *feet*
fuchsia ['fju:ʃə] *s* bot. fuchsia, bloddroppe
fuck [fʌk] vulg. **I** *tr* o. *itr* **1** knulla ha samlag [med] **2** *~ it (you)!* fan [också]!; *~ about = muck about*; *~ off!* dra åt helvete!; *~ up* sabba förstöra **II** *s* knull samlag
fuck-all ['fʌk'ɔ:l] *s* vulg., [*sweet*] ~ inte ett jävla dugg
fucking ['fʌkɪŋ] *a* vulg. jävla
fuddle ['fʌdl] *tr* **1** supa full [*~ o.s.*]; pp.: *~d* full **2** förvirra, göra omtöcknad
fuddy-duddy ['fʌdɪˌdʌdɪ] *s* fam. [gammal] stofil, kuf
fudge [fʌdʒ] *s* fudge slags mjuk kola
fuel [fjʊəl] **I** *s* bränsle, drivmedel; bildl. näring; *~ oil* bränn-, eldnings|olja; *~ tank* bränsletank; *add ~ to the fire* (*flames*) gjuta olja på elden **II** *tr* förse med bränsle, tanka, fylla på **III** *itr* tanka, bunkra; *~ling station* bunkringsstation
fug [fʌg] *s* fam. instängdhet, kvalm[ighet]
fuggy ['fʌgɪ] *a* fam. instängd, kvalmig
fugitive ['fju:dʒɪtɪv] **I** *a* flyende; förrymd [*a ~ slave*] **II** *s* flykting; rymling
fugue [fju:g] *s* mus. fuga
fulcrum ['fʌlkrəm] *s* stöd, stödjepunkt isht för hävstång
fulfil [fʊl'fɪl] *tr* **1** uppfylla, infria [*~ a p.'s hopes*]; fullgöra, utföra [*~ o.'s duties*]; fylla [*~ a need*] **2** fullborda [*~ a task*]
fulfilment [fʊl'fɪlmənt] *s* **1** uppfyllelse etc., jfr *fulfil* **2** fullbordan, förverkligande
full [fʊl] **I** *a* **1** full, fylld [*of* av, med], fullsatt [fam. äv. *~ up*]; *I'm ~* [*up*] fam. jag är mätt; *we are ~* om hotell o. d. vi har fullt; *~ house* teat. utsålt [hus] **2** *be ~ of* vara upptagen av **3** riklig [*a ~ meal*], ymnig **4** full[ständig]; hel [*a ~ dozen*]; fulltalig [*a ~ jury*]; *~ cream* tjock grädde; *~ dress* gala, stor toalett, paraduniform, högtidsdräkt; *at ~ length* raklång; bildl. utförligt, fullständigt; *~ moon* fullmåne; *at ~ speed* i (för) full fart; *~ stop* punkt i skrift; *in ~ view* fullt i sikte, klart synlig; *in ~ view of* klart synlig för, mitt framför **5** mäktig, stark, fyllig, djup [*~ voice*] **6** fyllig, rund [*a ~ bust* (*figure*), *~ lips*] **II** *adv* fullt, fullkomligt, fullständigt; drygt [*~ six miles*]; alldeles; rakt, rätt [*the light fell ~ upon him*] **III** *s, in ~* fullständigt, i sin helhet, till fullo; *to the ~* fullständigt, till fullo
full-back ['fʊlbæk] *s* fotb. back
full-blooded ['fʊl'blʌdɪd] *a* **1** fullblods- [*a ~ horse*] **2** kraftfull; varmblodig
full-blown ['fʊl'bləʊn] *a* fullt utslagen [*a ~ rose*]; mogen
full-bodied ['fʊl'bɒdɪd] *a* fyllig, mustig
full-bottomed ['fʊl'bɒtəmd] *a* vid nedtill
full-dress ['fʊldres] *a* **1** gala-, parad- **2** fullständig; *~ debate* generaldebatt; *~ rehearsal* generalrepetition
fuller ['fʊlə] *s* textil. valkare
full-face ['fʊl'feɪs] *a* o. *adv* en face; *a ~ photo* ett foto taget [rakt] framifrån
full-fledged ['fʊl'fledʒd] *a* **1** fullfjädrad, flygfärdig **2** bildl. färdig[utbildad], utbildad, mogen, fullfjädrad [*a ~ artist*]
full-grown ['fʊl'grəʊn] *a* fullväxt; fullvuxen
full-length ['fʊl'leŋθ] *a* hellång [*a ~ skirt*]; hel; oavkortad [*a ~ novel*]; *a ~ film* en långfilm; *a ~ mirror* en helfigursspegel; *a ~ portrait* en helbild, ett porträtt i helfigur
fullness ['fʊlnəs] *s* **1** fullhet; mätthet; *out of the ~ of his heart* av hela sitt hjärta **2** fullständighet; riklighet **3** fyllighet
full-scale ['fʊlskeɪl] *a* **1** i naturlig skala (storlek) [*a ~ drawing*] **2** omfattande, total [*a ~ war*]
full-time ['fʊltaɪm] *a* heltids- [*a ~ employee*]
fully ['fʊlɪ] *adv* **1** fullt, fullständigt, till fullo, helt [*capital ~ paid up*]; utförligt; *~ automatic* helautomatisk **2** drygt, 'hela' [*~ two days*]
fully-fashioned ['fʊlɪ'fæʃənd] *a* form-, fason|stickad
fulmar ['fʊlmə] *s* zool. [vanlig] stormfågel
fulminate ['fʌlmɪneɪt] *itr* bildl. dundra, rasa
fulmination [ˌfʌlmɪ'neɪʃən] *s* bannstråle; våldsamt fördömande (utfall)
fulsome ['fʊlsəm] *a* överdriven [*~ politeness*], grov [*~ flattery*], osmaklig
fumble ['fʌmbl] **I** *itr* fumla; famla [*for* efter; *~ about in the dark*]; treva, gräva [*~ in o.'s pockets for* (efter) *o.'s matches*]; *a fumbling attempt* ett fumligt (klumpigt) försök **II** *tr* fumla med; missa [*~ a chance* (*ball*)]
fume [fju:m] **I** *s* **1** oftast pl. *~s* rök [*~s of a cigar*]; dunst[er], utdunstning[ar]; ånga, ångor; stank, lukt **2** *be in a ~* rasa **II** *itr* **1** ryka; ånga **2** vara rasande [*at* över] **III** *tr* **1** röka trä o. d. **2** fylla med rökelsedoft
fumigate ['fju:mɪgeɪt] *tr* desinficera [genom rökning]
fumigation [ˌfju:mɪ'geɪʃən] *s* desinfektion, rökning
fun [fʌn] *s* **1** nöje; skämt, upptåg, skoj; *for ~, for the ~ of it* för skojs skull; *in ~* på skämt, på skoj; *what ~!* så (vad) roligt!; *it was such ~* det var så roligt; *have ~* ha roligt (kul); *make ~ of, poke ~ at* göra narr av, driva med; *then the ~ started* fam. så brakade det lös; *~ and games* fam. tjo och tjim; skoj; *~ of the fair* marknadsgyckel; *figure of ~* löjlig figur; driftkucku **2** attr., fam. rolig [*a ~ party*], skojig, kul

function ['fʌŋkʃən] **I** *s* **1** funktion, uppgift [*the ~ of education*]; syssla, kall **2** [offentlig] ceremoni; tillställning, fest, högtidlighet; bjudning [*social ~s*] **3** mat. m. m. funktion **II** *itr* fungera; verka; tjänstgöra
functional ['fʌŋkʃənl] *a* funktionell
functionary ['fʌŋkʃənərɪ] **I** *s* funktionär; lägre ämbets-, tjänste|man **II** *a* **1** ämbets-, officiell **2** fysiol. funktionell
fund [fʌnd] **I** *s* **1** bildl. fond, stor tillgång [*a ~ of experience*], förråd [*a ~ of amusing stories*] **2** fond; [grund]kapital; kassa; insamling **3** [*public*] *~s* statsobligationer, statspapper **4** fam., pl. *~s* tillgångar, [penning]medel; *be in ~s* vara stadd vid kassa; *be short of ~s* ha ebb i kassan **II** *tr* fondera
fundamental [ˌfʌndə'mentl] **I** *a* fundamental; grund- [*~ principle*]; grundläggande [*to* för]; principiell **II** *s*, vanl. pl.: *~s* grund|principer, -drag; *agree on ~s* vara enig[a] i huvudsak (princip)
funeral ['fju:nərəl] *s* **1** begravning; *that's his ~* fam. det blir hans sak [att klara av] **2** *~* [*procession*] begravningståg
funereal [fjʊ'nɪərɪəl] *a* **1** begravnings- **2** dyster, sorglig
fun-fair ['fʌnfeə] *s* fam. nöjesfält, tivoli
fungus ['fʌŋgəs] (pl. *fungi* ['fʌŋgaɪ]) *s* svamp, svampbildning
funicular [fjʊ'nɪkjʊlə] *a* rep-, tåg-; kabel-; *~ railway* bergbana
funk [fʌŋk] fam. **I** *s* förskräckelse, rädsla; *be in a* [*blue*] *~* vara skraj (byxis) **II** *itr* vara skraj **III** *tr* **1** vara skraj för **2** smita ifrån
funnel ['fʌnl] **I** *s* **1** tratt **2** skorsten på båt el. lok; rökfång **II** *tr* o. *itr* kanalisera[s]
funnel-shaped ['fʌnlʃeɪpt] *a* trattformig
funnies ['fʌnɪz] *s pl* sl., *the ~* serierna i tidning
funny ['fʌnɪ] *a* **1** rolig, lustig; komisk; *~ business* (*stuff*) skämt, lustighet[er]; skoj; fiffel, humbug; tricks; *the ~ page* serie-, skämt|sidan i tidning **2** konstig, märkvärdig; lustig [*that ~ little shop*]
funny-bone ['fʌnɪbəʊn] *s* tjuvsena armbågsnerv
fur [fɜ:] **I** *s* **1** päls[hår] på vissa djur **2** a) skinn av vissa djur b) *~* el. pl.: *~s* päls, pälsverk ss. klädesplagg [*wear a ~* (*~s*)]; *~ coat* päls[kappa] **3** a) beläggning på tungan b) pannsten **II** *tr* **1** pälsfodra **2** belägga
furbelow ['fɜ:bɪləʊ] *s* **1** [veckad] kappa på kjol, volang; garnering **2** pl. *~s* grannlåt[er] äv. bildl.
furbish ['fɜ:bɪʃ] *tr* **1** *~* [*up*] polera **2** *~ up* putsa upp, piffa upp; friska upp
furious ['fjʊərɪəs] *a* rasande, ursinnig, våldsam, häftig [*a ~ gale*], vild [*~ driving*]; *fast and ~* uppsluppen, vild
furl [fɜ:l] **I** *tr* rulla ihop; fälla ihop [*~ an umbrella*]; sjö. beslå [*~ a sail*] **II** *itr* rullas (fällas) ihop
fur-lined ['fɜ:'laɪnd] *a* pälsfodrad
furlong ['fɜ:lɒŋ] *s* 1/8 engelsk mil 201,17 m
furlough ['fɜ:ləʊ] *s* permission [*home on ~*]
furnace ['fɜ:nɪs] *s* **1** masugn, [smält]ugn **2** värme[lednings]panna
furnish ['fɜ:nɪʃ] *tr* **1** förse, utrusta; leverera, anskaffa [*a p. with a th.* ngt till (åt) ngn]; *~ed with* [försedd] med **2** bildl. lämna bevis, exempel o. d. **3** inreda, möblera
furnishing ['fɜ:nɪʃɪŋ] *s* **1** utrustande, utrustning; pl. *~s* möbler och inventarier; *men's ~s* Am. herrekipering **2** inredning, möblering; *~ fabrics* inredningstextilier
furniture ['fɜ:nɪtʃə] (utan pl.) *s* möbler; möblemang, bohag; *a piece of ~* en möbel t. ex. soffa; *a suite of ~* en möbel, ett möblemang; *a great deal of ~* mycket möbler; *~ remover* flyttkarl; *~ van* flyttbil
furore [fjʊə'rɔ:rɪ] *s* begeistring, sensation
furrier ['fʌrɪə] *s* körsnär
furrow ['fʌrəʊ] **I** *s* **1** [plog]fåra **2** bildl. fåra äv. i ansiktet; ränna, räffla **II** *tr* plöja; fåra
furry ['fɜ:rɪ] *a* **1** pälsbetäckt; päls|klädd, -fodrad **2** belagd [*a ~ tongue*]
further ['fɜ:ðə] **I** *a* (komp. av *far*) **1** bortre [*the ~ end of the room*], avlägsnare, längre bort **2** vidare, ytterligare, fortsatt; *without ~ consideration* utan närmare övervägande; *~ education* vidareutbildning, fortbildning; *until ~ notice* (*orders*) tills vidare; *~ outlook* meteor. allmänna utsikter [för den närmaste tiden]; *for ~ particulars apply to . .* närmare upplysningar [erhålles] hos . . **II** *adv* (komp. av *far*) **1** längre [*we can see ~ from here*], längre bort, mera avlägset; *~ on* längre fram; *I can go no ~* bildl. jag kan inte sträcka mig längre; *it will* (*shall*) *go no ~* det stannar oss emellan; *I'll see you ~ first* fam. aldrig i livet!, sällan!; *wish a p. ~* fam. önska ngn dit pepparn växer **2** vidare, ytterligare; dessutom; närmare; *inquire* (*go*) *~ into the matter* närmare undersöka saken **III** *tr* [be]främja, gynna; hjälpa [fram]; befordra
furtherance ['fɜ:ðərəns] *s* [be]främjande; [fram]hjälpande
furthermore ['fɜ:ðə'mɔ:] *adv* vidare, dessutom
furthermost ['fɜ:ðəməʊst] *a* avlägsnast, borterst, ytterst
furthest ['fɜ:ðɪst] (superl. av *far*) **I** *a* borterst, avlägsnast, ytterst **II** *adv* längst [bort], ytterst
furtive ['fɜ:tɪv] *a* förstulen [*a ~ glance*], [gjord] i smyg, hemlig, hemlighetsfull [*a ~ manner*]
fury ['fjʊərɪ] *s* **1** raseri, ursinne [*in a ~*]; våldsamhet; raserianfall; *like ~* fam. frukt-

ansvärt; i rasande fart; *fly into a ~* bli rasande **2** bildl. furie [*she is a little ~*] **3** *F~* myt. furie
furze [fɜ:z] *s* bot. ärttörne
1 fuse [fju:z] **I** *tr* o. *itr* **1** smälta; smälta samman äv. bildl.; gjuta[s] samman [*into* till]; slå samman t. ex. bolag; bildl. förena[s] **2** *the bulb* (*lamp*) *had ~d* proppen hade gått **II** *s* säkring, [säkerhets]propp [*a ~ has blown* (gått)]; *~ wire* smält|tråd, -säkring
2 fuse [fju:z] *s* brand-, tänd|rör, lunta; stubintråd; *time ~* mil. tidrör; *have a short ~* Am. (fam.) ha kort stubin, tända lätt
fuselage ['fju:zɪlɑ:ʒ] *s* [flyg]kropp
fusillade [ˌfju:zɪ'leɪd] *s* gevärs|eld, -salva; *a ~* [*of questions*] en korseld ..
fusion ['fju:ʒən] *s* **1** [samman]smältning; sammanslagning av företag o. d., fusion [*~ into one*] **2** kärnfys. fusion [*nuclear ~*]
fuss [fʌs] **I** *s* bråk, väsen, uppståndelse, ståhej; *make a ~* göra (föra) väsen, bråka; *make a ~ of* (*over*) *a p.* göra väsen av ngn; pyssla om ngn; *without any ~* utan att göra [stor] affär av det **II** *itr* göra mycket väsen, bråka, tjafsa; *~ over the children* pyssla om barnen; pjoska med barnen
fusspot ['fʌspɒt] *s* fam. petmåns, petimäter, bråkmakare
fussy ['fʌsɪ] *a* **1** beskäftig, fjäskig; bråkig; tjafsig, petig **2** utstyrd [*~ clothes*]
fustian ['fʌstɪən] *s* **1** tjockt kyprat bomullstyg ss. parkum, manchester **2** svulst, bombasm i språk
fusty ['fʌstɪ] *a* **1** unken, mögelluktande [*~ bread*] **2** förlegad, gammalmodig
futile ['fju:taɪl, Am. 'fju:tl] *a* fåfäng, gagn-, menings|lös; värdelös [*a ~ book*]
futility [fjʊ'tɪlətɪ] *s* fåfänglighet, gagnlöshet; värdelöshet
future ['fju:tʃə] **I** *a* framtida, [till]kommande, blivande; senare [*a ~ chapter*]; *~ prospects* framtidsutsikter; *the ~ tense* gram. futurum **II** *s* **1** framtid; *the immediate ~* [den] närmaste framtiden; *in ~* hädanefter, i fortsättningen; *in the ~* i framtiden **2** gram., *the ~* futurum
fuzz [fʌz] *s* **1** fjun, dun, ludd; stoft **2** sl. snut polis, deckare detektiv
fuzzy ['fʌzɪ] *a* **1** fjunig, luddig, flockig **2** suddig **3** krusig, burrig [*~ hair*]
fwd. o. **fwd** förk. för *forward*

G

G, g [dʒi:] (pl. *G's, g's* [dʒi:z]) *s* G, g; *G flat* mus. gess; *G sharp* mus. giss
G [dʒi:] (pl. *G's, Gs* [dʒi:z]) *s* Am. sl. tusing 1000 dollar
g. förk. för *genitive, gramme*[*s*], *gram*[*s*]
gab [gæb] *s* fam. prat, gafflande; *have the gift of the ~* ha gott (smort) munläder
gabardine [ˌgæbə'di:n] *s* se *gaberdine*
gabble ['gæbl] **I** *itr* babbla, pladdra, kackla **II** *tr* rabbla **III** *s* babbel, pladder, kackel
gaberdine [ˌgæbə'di:n] *s* **1** textil. gabardin **2** hist. judes kaftan; grov och vid långrock
gable ['geɪbl] *s* [hus]gavel
Gabon [gə'bɒn]
Gabriel ['geɪbrɪəl]
1 gad [gæd] *interj*, [*by*] *~!* för tusan!
2 gad [gæd] *itr* fam., *~ about* stryka (driva) omkring
gadabout ['gædəbaʊt] *s* fam. dagdrivare, flanör
gadfly ['gædflaɪ] *s* zool. broms, styng
gadget ['gædʒɪt] *s* fam. **1** anordning, grej, manick **2** tillbehör, finess [*the car is equipped with all sorts of ~s*]
Gaelic ['geɪlɪk] **I** *a* gaelisk **II** *s* gaeliska [språket]
1 gaff [gæf] *s* huggkrok, gaff; ljuster
2 gaff [gæf] *s* sl., *blow the ~* tjalla, skvallra
gaffe [gæf] *s* fam. tabbe, blunder
gaffer ['gæfə] *s* **1** gubbe, gamling **2** [arbets]-bas
gag [gæg] **I** *tr* lägga munkavle på **II** *itr* teat. o. film. improvisera; komma med gags **III** *s* **1** munkavle, bildl. äv. munkorg **2** teat. o. film. komiskt inslag, gag **3** sl. skämt
gaga ['gɑ:gɑ:] *a* sl. **1** gaggig, senil **2** betuttad [*about* (*over*) i]
1 gage [geɪdʒ] *s* stridshandske; utmaning
2 gage [geɪdʒ] *tr* o. *s* isht Am. se *gauge*
gaggle ['gægl] *s* **1** [gås]flock **2** skämts. skock, svärm [*a ~ of reporters*]
gaiety ['geɪətɪ] *s* **1** glädje, munterhet **2** festligt intryck (utseende) [*flags gave a ~ to the scene*]
gaily ['geɪlɪ] *adv* glatt, muntert
gain [geɪn] **I** *s* **1 a**) vinst i allm.; förvärv; fördel **b**) [snöd] vinning **2** pl. *~s* affärsvinst, inkomst[er]; *ill-gotten ~s* orättfånget gods; skämts. lättförtjänta pengar **3** ökning [*a ~ in weight*] **II** *tr* **1** vinna [*~ experience* (*time*)], skaffa sig [*~ permission*], få [*~ speed*], erhålla; tillvinna sig [*~ confidence* (*sympathy*)]; *~ 2 kilos* öka (gå upp) 2 kilo; *~ ground* se under *2 ground I* **2** [för]tjäna [*~ o.'s living*] **3** nå [*~ the shore*], [upp]nå

[~ *o.'s ends* (mål)] **4** om klocka forta sig **III** *itr* **1** vinna, göra vinst; öka, gå upp [~ *in weight*]; tilltaga **2** ~ [*up*]*on* a) vinna (ta in) på [~ *on the others in a race*] b) dra ifrån [~ *on o.'s pursuers*] **3** om klocka forta sig
gainer ['geɪnə] *s* vinnare
gainful ['geɪnfʊl] *a* vinstgivande, lönande; ~ *employment* förvärvsarbete
gainfully ['geɪnfʊlɪ] *adv,* ~ *employed* förvärvsarbetande
gainings ['geɪnɪŋz] *s pl* intäkter, förtjänst
gainsay [geɪn'seɪ] (imp. o. pp. *gainsaid* [geɪn'seɪd, -'sed]) *tr* **1** bestrida, förneka **2** motsäga [*I dare not* ~ *him*]
Gainsborough ['geɪnzbərə]
gait [geɪt] *s* gång, sätt att gå [*limping* ~]
gaiter ['geɪtə] *s* damask
gal [gæl] *s* fam. tjej
gal. förk. för *gallon*[*s*]
gala ['gɑːlə, 'geɪlə] *s* **1** stor fest; gala; *swimming* ~ simuppvisning **2** *in* ~ *dress* i galadräkt; ~ *night* teat. galakväll
galactic [gə'læktɪk] *a* astr. galaktisk
Galahad ['gæləhæd]
galantine ['gælәntiːn] *s* kok. galantine
Galatian [gə'leɪʃjən] *s* galater; [*the Epistle to the*] ~*s* (konstr. ss. sg.) Galaterbrevet
galaxy ['gæləksɪ] *s* **1** galax; *the G*~ Vintergatan **2** bildl. lysande samling [*a* ~ *of beauties*]
gale [geɪl] *s* **1** [hård] vind, storm **2** sjö. kuling, storm 7-10 grader Beaufort; ~ *warning* stormvarning **3** ~*s of laughter* skrattsalvor
Galicia [gə'lɪʃɪə] **1** Galicien i Spanien **2** Galizien i Polen
Galilean [ˌgælɪ'liːən] **I** *a* galileisk **II** *s* galilé
Galilee ['gælɪliː] Galileen; *the Sea of* ~ Galileiska sjön
Galileo [ˌgælɪ'leɪəʊ]
1 gall [gɔːl] *s* **1** galla **2** bildl. bitterhet; galla
2 gall [gɔːl] **I** *tr* **1** skava [sönder], skrubba **2** bildl. plåga, irritera, reta, förarga **II** *s* **1** skav-, skrubb|sår, sårnad **2** bildl. irritation
gallant ['gælənt, i bet. *3* äv. gə'lænt] *a* **1** tapper, modig, käck **2** ståtlig, präktig [*a* ~ *ship*] **3** galant, chevaleresk
gallantr|y ['gæləntrɪ] *s* **1** mod, hjältemod, tapperhet **2** a) artighet [mot damer], galanteri b) artighet, artighetsfras
gall-bladder ['gɔːlˌblædə] *s* anat. gallblåsa
galleon ['gælɪən] *s* sjö. hist. spansk gallion
gallery ['gælərɪ] *s* **1** galleri, [konst]museum; *art* ~ konst|galleri, -salong **2** läktare inomhus; teat. översta (tredje) rad; *the* ~ äv. läktarna; *press* ~ pressläktare **3** läktar-, galleri|publik; *play to the* ~ spela för galleriet, fria till publiken **4** täckt bana [*shooting-gallery*] **5** *rogues'* ~ förbrytaralbum
galley ['gælɪ] *s* **1** sjö. hist. galär **2** stor roddbåt, isht örlogsfartygs slup **3** sjö. kabyss, kök **4** se följ.
galley-proof ['gælɪpruːf] *s* spaltkorrektur
Gallic ['gælɪk] *a* gallisk; fransk
Gallicism ['gælɪsɪzəm] *s* gallicism
gallivant [ˌgælɪ'vænt] *itr* gå och driva (dra), flanera; ranta
gallon ['gælən] *s* gallon rymdmått för isht våta varor: a) Engl., [*imperial*] ~ = 4,546 liter b) i USA = 3,785 liter
gallop ['gæləp] **I** *itr* galoppera; bildl. rasa, jaga [~ *through o.'s work*] **II** *s* **1** galopp; *ride at a* (*at full*) ~ rida i galopp **2** ridtur i galopp [*let's go for a* ~]
gallows ['gæləʊz] (konstr. vanl. ss. sg.; pl. ~[*es*]) *s* galge [*a* ~ *was set up*]; *send a p. to the* ~ döma ngn till galgen
gallows-bird ['gæləʊzbɜːd] *s* galgfågel
gall-stone ['gɔːlstəʊn] *s* läk. gallsten
Gallup ['gæləp] egennamn; ~ *poll* gallupundersökning
galore [gə'lɔː] *adv* massvis; *whisky* ~ massor av visky
galosh [gə'lɒʃ] *s* **1** galosch **2** Am. pampusch
Galsworthy ['gɔːlzwɜːðɪ]
galumph [gə'lʌmf] *itr* klampa [~*ing like an elephant*], dunka [*my heart was* ~*ing*]
galvanic [gæl'vænɪk] *a* galvanisk
galvanism ['gælvənɪzəm] *s* galvanism
galvanize ['gælvənaɪz] *tr* **1** galvanisera **2** bildl. egga, entusiasmera [~ *a p. into doing a th.*]; uppliva
galvanometer [ˌgælvə'nɒmɪtə] *s* galvanometer
gam [gæm] *s* isht Am. sl. spira ben
Gambia ['gæmbɪə]
gambit ['gæmbɪt] *s* **1** schack. spelöppning, gambit **2** bildl. utspel; inledning; knep; [*opening*] ~ spelöppning
gamble ['gæmbl] **I** *itr* spela [hasard]; spekulera, jobba [~ *in shares*]; ~ *on* fam. slå vad om, tippa **II** *tr* sätta på spel, satsa **III** *s* [hasard]spel; bildl. hasard; lotteri
gambler ['gæmblə] *s* [hasard]spelare
gambling ['gæmblɪŋ] *s* hasardspel
gambling-den ['gæmblɪŋden] *s* spelhåla
gambling-house ['gæmblɪŋhaʊs] *s* spelkasino
gamboge [gæm'buːʒ, -'bəʊʒ] *s* gulröd färg, gulockra
gambol ['gæmbəl] **I** *s* **1** hopp, skutt **2** isht pl. ~*s* upptåg, lustigheter **II** *itr* göra glädjesprång, hoppa och skutta
1 game [geɪm] **I** *s* **1** spel äv. bildl.; lek [*children's* ~*s*]; pl. ~*s* äv. sport, idrott; *athletic* ~*s* idrotter, idrottstävlingar; *the Olympic Games* [de] olympiska spelen; *the* ~ *is up* spelet är förlorat; *give the* ~ *away* fam. avslöja alltihop; *play* ~*s* spela spel, leka lekar; bildl. leka, mixtra [*stop playing* ~*s*

with the radio]; *play the ~* spela just, följa spelreglerna; bildl. uppföra sig just; *two can play at that ~* bildl. den ena är inte sämre än den andra, det där kan jag också; *beat a p. at his own ~* slå ngn med hans egna vapen; *be off o.'s ~* vara ur form (slag) **2** a) match [*let's play another ~*] b) [spel]parti; *a ~ of chess* ett parti schack **3** vunnet spel; game i tennis; set i bordtennis o. badminton **4** a) förehavande b) knep, tricks c) lek, skämt; gyckel; *none of your ~s!* kom inte med några dumheter!; *what ~ is he up to?* vad är det han har i kikarn?, vad har han för sig?; *you are having a ~ with me* du skojar bara med mig **5** spel [*they sell toys and ~s*] **6** fam. bransch [*the advertising ~*] **7** a) vilt, villebråd b) byte; mål; *big ~* storvilt; *be easy ~ for a p.* vara ett lätt byte för ngn; *fair ~* se *2 fair I 1* **II** *a* **1** jakt-, vilt- **2** modig, morsk; stridslysten **3** hågad [*for a th.*]; *be ~ for anything* gå med på allting; *I'm quite ~* gärna, jag ställer gärna upp

2 game [geɪm] *a* ofärdig, lam [*a ~ leg*]

game-keeper ['geɪmˌkiːpə] *s* skogvaktare

game plan ['geɪmplæn] *s* Am. [fälttågs]plan äv. bildl.; strategi

game-preserving ['geɪmprɪˌzɜːvɪŋ] *s* jakt-, vilt|vård

gamesmanship ['geɪmzmənʃɪp] *s* fam. [konsten att vinna genom] psykning

games-master ['geɪmzˌmɑːstə] *s* gymnastiklärare

gaming ['geɪmɪŋ] *s* spel, dobbel

gaming-rooms ['geɪmɪŋrumz] *s pl* spelsal[ar], kasino

gaming-table ['geɪmɪŋˌteɪbl] *s* spelbord

gamma ['gæmə] *s* grekiska bokstaven gamma; *~ rays* gammastrålar

1 gammon ['gæmən] *s* saltad o. rökt skinka

2 gammon ['gæmən] fam. **I** *s* skoj, humbug; struntprat **II** *interj*, *~!* [strunt]prat! **III** *itr* **1** prata strunt **2** låtsas, bluffa **IV** *tr* proppa full med dumma historier; narra, lura [*~ a p. into doing* (till att göra) *a th.*]

gammy ['gæmɪ] *a* fam. ofärdig, lam [*~ leg*]

gamp [gæmp] *s* fam. paraflax paraply

gamut ['gæmət] *s* **1** mus. tonskala; [ton]omfång **2** bildl. skala, register

gander ['gændə] *s* **1** gåskarl **2** sl. titt [*take a ~ at*]

gang [gæŋ] **I** *s* **1** [arbets]lag **2** liga, band; fam. gäng, sällskap **II** *itr* **1** *~ up* slå sig ihop; gadda ihop sig [*on, against* mot]; *~ up on* äv. mobba **2** Skottl. gå

gangbang ['gæŋbæŋ] *s* sl. kompisknull flera mäns samlag med samma flicka

Ganges ['gæn*d*ʒiːz]

gangland ['gæŋlænd] *s* sl. gangstervärlden

gangling ['gæŋglɪŋ] *a* gänglig, spinkig

gang-plank ['gæŋplæŋk] *s* landgång

gangrene ['gæŋgriːn] *s* kallbrand

gangster ['gæŋstə] *s* gangster

gangway ['gæŋweɪ] **I** *s* **1** gång, passage isht mellan bänkrader **2** sjö. landgång; gångbord; fallrep **II** *interj*, *~!* ge plats!

gannet ['gænɪt] *s* zool. havssula

gantry ['gæntrɪ] *s* **1** kranportal; traversbana; lastningsbrygga **2** järnv. signalbrygga; film. o. d. strålkastarbrygga

gaol [dʒeɪl] **I** *s* fängelse; häkte; för sms. se äv. *jail* **II** *tr* sätta i fängelse

gaol-bird ['dʒeɪlbɜːd] *s* fängelsekund

gaoler ['dʒeɪlə] *s* fångvaktare

gap [gæp] *s* **1** öppning, hål, gap; bräsch; blotta [*a ~ in our defences*] **2** bildl. a) lucka [*a ~ in his knowledge*]; mellanrum, tomrum; avbrott [*a ~ in the conversation*], hopp b) klyfta [*generation ~*]

gape [geɪp] *itr* **1** gapa, om spricka o. d. öppna sig vitt **2** [stå och] gapa, glo [*at* på]

gaping ['geɪpɪŋ] *a* gapande [*a ~ hole*]

garage ['gærɑːdʒ, -rɪdʒ, -rɑːʒ] **I** *s* garage; [bil]verkstad, servicestation; *~ mechanic* bilmekaniker **II** *tr* ställa in i garage

garb [gɑːb] *s* **1** dräkt, skrud, kostym **2** bildl. sken; mask; *in the ~ of* under sken av

garbage ['gɑːbɪdʒ] *s* **1** avskräde, [köks]avfall; Am. äv. sopor; *~ can* Am. soptunna; *~ collector* (*man*) Am. sophämtare, renhållningsarbetare; *~ disposal unit* avfallskvarn **2** bildl. smörja, skräp

garble ['gɑːbl] *tr* förvanska, vanställa

garden ['gɑːdn] **I** *s* **1** trädgård; [villa]tomt; *the G~ of Eden* Edens lustgård; *back* (*front*) *~* trädgård bakom (framför) huset; *~ city* trädgårds-, villa|stad; *everything in the ~ is lovely* fam. allt är frid och fröjd; *lead a p. up the ~* [*path*] fam. lura (förleda) ngn **2** vanl. pl. *~s* offentlig park med trädgårdsanläggningar [*Kensington Gardens*]; *zoological ~*[*s*] zoologisk trädgård, djurpark **II** *a* trädgårds-, odlad [*~ plants*]; *common or ~* se under *common I 3*

gardener ['gɑːdnə] *s* trädgårdsmästare; *landscape ~* trädgårdsarkitekt; *I'm a keen ~* jag är mycket road av trädgårdsarbete

gardenia [gɑː'diːnjə] *s* bot. gardenia

gardening ['gɑːdnɪŋ] *s* trädgårds|skötsel, -odling; trädgårdsarbete

garden-party ['gɑːdnˌpɑːtɪ] *s* garden party, trädgårdsfest

gargantuan [gɑː'gæntjuən] *a* gigantisk, enorm [*~ appetite*]

gargle ['gɑːgl] **I** *tr* gurgla [sig i] [*~ o.'s throat*] **II** *itr* gurgla sig **III** *s* **1** gurgelvatten **2** gurgling

gargoyle ['gɑːgɔɪl] *s* **1** ark. vattenkastare ofta i form av grotesk figur **2** fam. fågelskrämma

garish ['geərɪʃ] *a* **1** prålig [*~ dress*], vräkig

2 bländande [~ *sun*]; gräll [~ *colours*]
garland ['gɑ:lənd] **I** *s* **1** krans av blommor, blad o. d., girland [*Christmas* ~] **2** segerkrans, pris **II** *tr* pryda med krans[ar], bekransa
garlic ['gɑ:lɪk] *s* vitlök
garment ['gɑ:mənt] *s* klädesplagg; bildl. klädnad; pl. ~*s* kläder
garn [gɑ:n] *interj* sl. äh [fan]!, skitsnack!
garner ['gɑ:nə] litt. **I** *s* **1** spannmåls|bod, -magasin **2** bildl. samling, antologi [*a ~ of English verse*] **II** *tr* magasinera, lagra; samla [*up* ihop], bärga [*in*]
garnet ['gɑ:nɪt] *s* **1** miner. granat **2** granatrött
garnish ['gɑ:nɪʃ] **I** *tr* **1** kok. garnera [*fish ~ed with parsley*] **2** pryda, pynta **II** *s* kok. garnering
garret ['gærət] *s* vindskupa, enklare vindsvåning
garrison ['gærɪsn] **I** *s* garnison **II** *tr* förse med garnison; förlägga garnison i
garrotte [gə'rɒt] **I** *s* **1** struptag **2** snara att strypa med **3** a) strypjärn b) garrottering **II** *tr* **1** strypa; ta struptag på **2** garrottera
garrulity [gæ'ru:lətɪ] *s* prat|samhet, -sjuka
garrulous ['gærʊləs] *a* prat|sam, -sjuk
garter ['gɑ:tə] *s* **1** a) [knä]strumpeband b) Am. strumpeband; ärmhållare **2** [*the Order of*] *the G~* strumpebandsorden
gas [gæs] **I** *s* **1** gas; *light the ~* tända gasen **2** a) [gift]gas [*tear-gas*] b) lustgas [äv. *laughing-gas*] **3** fam. snack, munväder **4 a)** Am. fam. (kortform för *gasoline*) bensin; ~ *station* bensinstation **b)** *step on the ~* trampa på gasen, gasa på, bildl. skynda på **5** sl., *he* (*it*) *is a real ~* han (det) är toppen (alla tiders) **II** *itr* fam. snacka, babbla; skrävla **III** *tr* gasa, anfalla (döda) med gas; gasförgifta
gasbag ['gæsbæg] *s* fam. pratkvarn
Gascony ['gæskənɪ] Gascogne
gas-cooker ['gæs,kʊkə] *s* gasspis
gaseous ['gæsjəs] *a* gas|formig, -artad
gas-fire ['gæs,faɪə] *s* gaskamin
gash [gæʃ] **I** *tr* skära (hugga) djupt i **II** *s* lång djup skåra, gapande skärsår
gas-helmet ['gæs,helmɪt] *s* heltäckande gasmask
gasify ['gæsɪfaɪ] *tr* o. *itr* förvandla[s] till gas, förgasa[s]
gas-jet ['gæsdʒet] *s* gaslåga; gasbrännare
Gaskell ['gæskəl]
gasket ['gæskɪt] *s* tekn. packning; [*cylinder head*] ~ topplockspackning
gas-lamp ['gæslæmp] *s* gaslykta; gaslampa
gaslight ['gæslaɪt] *s* gasbelysning; gasljus
gas-lighter ['gæs,laɪtə] *s* gaständare
gas-main ['gæsmeɪn] *s* [huvud]gasledning
gas-mantle ['gæs,mæntl] *s* gasstrumpa
gas-mask ['gæsmɑ:sk] *s* gasmask
gas-meter ['gæs,mi:tə] *s* gasmätare apparat
gasolene ['gæsəʊli:n] *s* se följ.
gasoline ['gæsəʊli:n] *s* Am. [motor]bensin
gasometer [gæ'sɒmɪtə] *s* **1** gasklocka **2** kem. gasometer, gasbehållare
gasp [gɑ:sp] **I** *itr* dra efter andan, flämta; ~ *for breath* kippa efter andan (luft) **II** *tr*, ~ [*out*] flåsa (flämta) fram **III** *s* flämtning, häftigt (tungt) andetag; *at o.'s last ~* nära att ge upp andan, döende; utpumpad
gasper ['gɑ:spə] *s* sl. [gift]pinne cigarrett
gas-proof ['gæspru:f] *a* gas|säker, -tät
gas-range ['gæsreɪndʒ] *s* gasspis
gas-ring ['gæsrɪŋ] *s* gasbrännare på gasspis; gaskök
gas-stove ['gæsstəʊv] *s* gas|spis, -kök
gassy ['gæsɪ] *a* **1** full av gas **2** fam. pratig
gastric ['gæstrɪk] *a* mag- [~ *pains*]; ~ *ulcer* magsår
gastritis [gæs'traɪtɪs] *s* magkatarr, gastrit
gastronomic [,gæstrə'nɒmɪk] *a* gastronomisk
gastronomist [gæs'trɒnəmɪst] *s* gastronom
gastronomy [gæs'trɒnəmɪ] *s* gastronomi
gasworks ['gæswɜ:ks] (konstr. vanl. ss. sg.; pl. *gasworks*) *s* gasverk
gat [gæt] *s* isht Am. sl. puffra
gate [geɪt] *s* **1** port [*a city ~*]; grind, järnv. äv. bom; järnv. o. vid flygplats spärr **2** bildl. [inkörs]port **3** [damm]lucka; [sluss]port **4** sport. publiksiffra [*TV has affected ~s*], publiktillströmning [*a big ~*]
gâteau ['gætəʊ] (pl. ~*x* [-z]) *s* tårta
gatecrash ['geɪtkræʃ] *itr* o. *tr* fam., ~ [*into*] objuden dimpa ner på [~ [*into*] *a party*]; planka till, smita in på [~ *into a football match*]; tränga sig in på; ~ *on a p.* våldgästa ngn
gatecrasher ['geɪt,kræʃə] *s* fam. objuden gäst, snyltgäst, inkräktare; plankare
gatefold ['geɪtfəʊld] *s* utvikningsblad i tidning
gate-keeper ['geɪt,ki:pə] *s* grindvakt[are], portvakt
gate-post ['geɪtpəʊst] *s* grindstolpe; *between you and me and the ~* fam. i förtroende (oss emellan) [sagt]
gateway ['geɪtweɪ] *s* **1** port[gång], portvalv **2** bildl. [inkörs]port; väg, nyckel [~ *to fame*]
gather ['gæðə] **I** *tr* **1** [för]samla [~ *a crowd*] **2** a) samla [ihop] [~ *sticks*] b) plocka [~ *flowers* (*mushrooms*)] c) samla in, bärga in; ~ *together* samla (plocka) ihop [~ *o.'s papers together*]; ~ *o.s. together* samla ihop sig; hämta sig **3** a) få, vinna [~ *experience*] b) skaffa sig, inhämta [~ *information*]; ~ *speed* få fart **4** dra den slutsatsen, förstå [*from* av] **5** sömn. rynka **6** ~ *up* samla ihop

[~ *up o.'s books* (*skirts*)], samla upp **II** *itr* **1** [för]samlas **2** samla (dra ihop) sig [*the clouds are ~ing*] **3** om böld mogna; bulna
gathering ['gæðərɪŋ] **I** *s* **1** samling [*we were a great ~*] **2** sammankomst **3** [material]-samling **4** [för]samlande, hopsamling, plockning, plockande etc., jfr *gather I* **II** *a* annalkande [~ *storm*]
GATT [gæt] förk. för *General Agreement on Tariffs and Trade* GATT
gauche [gəʊʃ] *a* klumpig, tafatt; taktlös
gaucho ['gaʊtʃəʊ] *s* gaucho
gaudy ['gɔːdɪ] *a* prålig, brokig, skrikig
gauge [geɪdʒ] **I** *tr* **1** a) mäta kaliber, storlek b) justera mått o. vikter; kalibrera c) gradera **2** bildl. bedöma, mäta, sondera, pejla [~ *people's reactions*], uppskatta **II** *s* **1** [standard]-mått; dimension[er], vidd, kaliber; tjocklek; *take the ~ of* ta mått på **2** spårvidd; *standard ~* normal spårvidd **3** sjö., fartygs djupgående **4** mätare [*oil* (*petrol*) ~] **5** bildl. mätare [~ *of* (på) *intellect*], måttstock
Gaul [gɔːl] **I** Gallien **II** *s* galler
gaunt [gɔːnt] *a* mager, avtärd, utmärglad
1 gauntlet ['gɔːntlət] *s* **1** kraghandske **2** järnhandske; *pick* (*take*) *up the ~* ta upp stridshandsken; *throw* (*fling*) *down the ~* kasta [strids]handsken
2 gauntlet ['gɔːntlət] *s, run the ~* löpa gatlopp
Gauss [gaʊs]
gauze [gɔːz] *s* gas, flor; ~ *bandage* gasbinda; *wire ~* metalltrådsduk, trådnät
gave [geɪv] imp. av *give*
gavel ['gævl] *s* ordförande-, auktions|klubba
gavotte [gə'vɒt] *s* gavott
Gawd [gɔːd] *s* sl. Gud
gawk [gɔːk] **I** *s* tölp **II** *itr* Am. [stå och] gapa [*at* på]
gawky ['gɔːkɪ] *a* tafatt, klumpig
gawp [gɔːp] *itr* fam. [stå och] glo [*at* på]
gay [geɪ] *a* **1** glad, munter **2** glättig, livfull [~ *music*], grann, lysande, färgrik, prålig **3** *a ~ dog* en glad lax **4** sl. homo[fil] äv. subst.
Gaza [stad 'gɑːzə, bibl. äv. 'geɪzə]
gaze [geɪz] **I** *itr* stirra [*at*, [*up*]*on* på]; *he ~d into her eyes* han såg henne djupt i ögonen **II** *s* stirrande; blick [*with a bewildered ~*]
gazelle [gə'zel] *s* zool. gasell
gazette [gə'zet] *s* officiell tidning [*the London G~*]
gazetteer [ˌgæzɪ'tɪə] *s* geografisk uppslagsbok
gazump [gə'zʌmp] sl. **I** *itr* trissa upp priset i efterhand vid husförsäljning **II** *tr* skörta upp ngn vid husförsäljning
G.B. ['dʒiː'biː] förk. för *Great Britain*
G.B.E. ['dʒiːbiː'iː] förk. för *Knight Grand Cross* [*of the Order*] *of the British Empire*
G.B.S. ['dʒiːbiː'es] förk. för *George Bernard Shaw*
G.C. förk. för *George Cross*
G.C.E. ['dʒiːsiː'iː] förk. för *General Certificate of Education*
G.C.F.(**M.**) förk. för *greatest common factor* (*measure*) största gemensamma faktor (divisor)
G.C.V.O. ['dʒiːsiːviː'əʊ] förk. för *Knight Grand Cross of the* [*Royal*] *Victorian Order*
Gdns. förk. för *Gardens* [*Kensington ~*]
gear [gɪə] **I** *s* **1** redskap, utrustning, don [*fishing-gear*] **2** a) kugghjul, drev, sammankopplade drivhjul b) mekanism, inrättning [*steering-gear*] **3** kopplingsmekanism, utväxling; motor. växel; *change* (*shift* Am.) *~*[*s*] växla; *reverse ~* back[växel]; *in top ~* på högsta växeln; *drive in second ~* köra på tvåan[s växel]; *put a car in third ~* lägga i treans växel [på en bil]; *throw out of ~* koppla [i]från (av, ur); bildl. bringa i olag **4** persedlar, tillhörigheter, saker **5** fam. kläder, utstyrsel **II** *tr* **1** ~ *down* (*up*) växla ner (upp) [~ *down the car*]; ~ *up* bildl. sätta fart på **2** ~ *to* rätta efter [~ *production to the demand*]; *be ~ed to* äv. vara inriktad på
gear-box ['gɪəbɒks] *s* motor. växellåda
gear-change ['gɪətʃeɪndʒ] *s* motor. växling; *automatic ~* automatväxel
gear-lever ['gɪəˌliːvə] *s* växelspak
gearshift ['gɪəʃɪft] *s* växel; växelspak
gear-wheel ['gɪəwiːl] *s* kugghjul
gecko ['gekəʊ] *s* zool. gecko[ödla]
gee [dʒiː] *interj* isht Am., ~ [*whizz*]! jösses!, nej men!, oh [då]! [~ *what a surprise!*]
gee-gee ['dʒiːdʒiː] *s* fam. o. barnspr. toto, pålle
geese [giːs] *s* pl. av *goose*
gee-up ['dʒiːʌp] *interj* hoppla tillrop till häst
geezer ['giːzə] *s* sl. gubbe; stofil, kuf
Geiger ['gaɪgə] egennamn; ~ *counter* geigermätare
geisha ['geɪʃə] *s* geisha
gel [dʒel] **I** *s* kem. gel **II** *itr* **1** bilda gel, gelatisera; stelna **2** fam. lyckas
gelatine [ˌdʒelə'tiːn] *s* gelatin
gelatinous [dʒɪ'lætɪnəs] *a* gelatin-, gelé|artad; innehållande gelatin
geld [geld] *tr* kastrera, snöpa, gälla
gelding ['geldɪŋ] *s* **1** kastrering **2** kastrerad häst, valack
gelignite ['dʒelɪgnaɪt] *s* spränggelatin
gem [dʒem] *s* **1** ädelsten, juvel **2** bildl. a) klenod, pärla b) litet konstverk; *the ~ of the collection* pärlan i samlingen
Gemini ['dʒemɪnaɪ, -nɪ] *s* astr. Tvillingarna
gen [dʒen] *s* sl., *the ~* informationerna, upplysningarna; *what's the ~?* hur är läget?
gen. förk. för *general, genitive*
gendarme ['ʒɑ̃ːndɑːm] *s* gendarm

gender ['dʒendə] *s* kön isht gram., genus
gene [dʒi:n] *s* biol. gen, arvsanlag
genealogical [ˌdʒi:njə'lɒdʒɪkəl] *a* genealogisk; ~ *table* stamtavla
genealogist [ˌdʒi:nɪ'ælədʒɪst] *s* genealog, släktforskare
genealogy [ˌdʒi:nɪ'ælədʒɪ] *s* **1** genealogi, släktforskning **2** stamtavla
genera ['dʒenərə] *s* pl. av *genus*
general ['dʒenərəl] **I** *a* **1** allmän [*a ~ principle; the ~ welfare*]; generell; vanlig, genomgående [*it's a ~ mistake*]; ungefärlig [*I can give you a ~ idea of it*]; *in ~, as a ~ rule* i allmänhet, på det hela taget; *G~ Certificate of Education* se *certificate I 2*; *~ degree* lägre akademisk examen utan specialisering (mots. *honours*); *a ~ election* allmänna val; *~ knowledge* allmänbildning; *~ meeting* allmänt sammanträde; [bolags]stämma; *~ practitioner* allmänpraktiserande läkare; *the ~ public* den stora allmänheten; *the ~ reader* den vanlige läsaren, läsaren i gemen; *in ~ terms* i allmänna ordalag **2** general- [*~ agent*]; *the U.N. G~ Assembly* FN:s generalförsamling; *the G~ Post Office* a) huvud-, central|postkontoret b) postverket; *~ strike* stor-, general|strejk **3** i titlar efterställt huvudordet general- [*consul-general, major-general*], över- [*inspector-general*] **4** mil., *~ officer commanding* kommenderande general; *~ staff* generalstab **II** *s* mil. general
generalissimo [ˌdʒenərə'lɪsɪməʊ] *s* överbefälhavare; i t. ex. Sovjet generalissimus
generalit|y [ˌdʒenə'rælətɪ] *s* **1** allmängiltighet [*a rule of great ~*] **2** obestämdhet, vaghet [*the ~ of a statement*] **3** pl. *-ies* allmänna fraser, allmänna ordalag [*speak in -ies*] **4** största del [*the ~ of mankind*]
generalization [ˌdʒenərəlaɪ'zeɪʃən] *s* generalisering; allmän slutsats
generalize ['dʒenərəlaɪz] **I** *itr* generalisera **II** *tr* **1** generalisera **2** göra allmän, popularisera
generally ['dʒenərəlɪ] *adv* **1** i allmänhet, vanligtvis, för det mesta, i regel **2** allmänt [*the new plan was ~ welcomed*] **3** i allmänhet; *~ speaking* i stort sett
general-purpose ['dʒenərəl'pɜ:pəs] *a* universal- [*a ~ tool*]
generat|e ['dʒenəreɪt] *tr* alstra, frambringa, utveckla, generera [*~ electricity*], framkalla [*~ hatred*]; *-ing station* kraftstation
generation [ˌdʒenə'reɪʃən] *s* **1** alstring, frambringande; åstadkommande; framställning [*~ of electricity*] **2** generation i olika bet.; släktled; mansålder [*a ~ ago*]; *~ gap* generationsklyfta **3** avlande, fortplantning
generative ['dʒenərətɪv] *a* **1** fortplantnings-, generativ [*~ faculty*] **2** skapande, produktiv **3** språkv. generativ [*~ grammar*]
generator ['dʒenəreɪtə] *s* tekn. generator
generic [dʒɪ'nerɪk] *a* generisk, släkt- [*a ~ name*]; allmän; *~ term* sammanfattande benämning
generosity [ˌdʒenə'rɒsətɪ] *s* **1** storsinthet, ädelmod **2** generositet, frikostighet, givmildhet
generous ['dʒenərəs] *a* **1** storsint, ädel[modig] **2** generös, frikostig, givmild **3** riklig, stor [*a ~ helping* (portion)]
genesis ['dʒenəsɪs] *s* **1** uppkomst [*the ~ of the idea*], begynnelse, tillblivelse; vetensk. genesis **2** *G~* Första mosebok
genetic [dʒɪ'netɪk] *a* genetisk [*~ damage*]; ärftlighets- [*~ research*]
geneticist [dʒɪ'netɪsɪst] *s* genetiker, ärftlighetsforskare
genetics [dʒɪ'netɪks] (konstr. ss. sg.) *s* genetik, ärftlighets|forskning, -lära
Geneva [dʒə'ni:və] Genève
genial ['dʒi:njəl] *a* **1** mild, gynnsam [*a ~ climate*] **2** gemytlig, jovialisk, sympatisk
geniality [ˌdʒi:nɪ'ælətɪ] *s* **1** mildhet **2** vänlighet, gemytlighet, jovialitet
geni|e ['dʒi:nɪ] (pl. *-i* [-aɪ]) *s* ande, genie i arabiska sagor
genii ['dʒi:nɪaɪ] *s* pl. av *genie* o. *genius 4* o. *5*
genital ['dʒenɪtl] *a* köns- [*~ parts*]
genitals ['dʒenɪtlz] *s pl* [yttre] könsorgan, könsdelar, genitalier
genitival [ˌdʒenɪ'taɪvəl] *a* genitivisk
genitive ['dʒenətɪv] *s* genitiv; *the ~* [*case*] genitiv[en]
genius ['dʒi:njəs] (pl. i bet. *2 ~es*, i bet. *4* o. *5 genii* ['dʒi:nɪaɪ]) *s* **1** a) geni, genialitet, snille b) begåvning, [naturlig] fallenhet; *a flash of ~* en snilleblixt; *a man of ~* ett geni (snille), en lysande begåvning **2** geni, snille **3** anda, kynne, skaplynne [*the French ~*] **4** genius, [skydds]ande **5** ande, genie
Genoa ['dʒenəʊə, dʒə'nəʊə] Genua
genocide ['dʒenəʊsaɪd] *s* folkmord
Genoese [ˌdʒenəʊ'i:z] **I** *a* genuesisk **II** (pl. lika) *s* genues[are]
genre [ʒɑ̃:ŋr, ʒɔ̃:ŋr] *s* genre, slag; stil
gent [dʒent] *s* (förk. av *gentleman*) **1** fam. herre; skämts. fin karl **2** hand., *~s'* herr- [*~s' pyjamas*] **3** fam., *gents* el. *gents'* (konstr. ss. sg.) herrtoalett
genteel [dʒen'ti:l] *a* iron. fin, förnäm [av sig], struntförnäm [*~ manners*]
gentian ['dʒenʃɪən] *s* bot. gentiana, stålört
gentile ['dʒentaɪl] **I** *a* icke-judisk, bibl. hednisk **II** *s* icke-jude, bibl. hedning
gentility [dʒen'tɪlətɪ] *s* **1** vanl. iron. finhet, [strunt]förnämitet; *shabby ~* sjaskig elegans **2** vanl. iron. fint folk, herrskapsfolk, överklass[personer] **3** fint sätt, förfining

gentle ['dʒentl] *a* **1** mild, blid [~ *manner*], mjuk; öm [*a ~ heart*]; stilla, låg [*a ~ voice*], diskret [*a ~ hint*], lätt [*a ~ touch*], varsam; måttlig, lagom [~ *heat*]; sakta [sluttande], svag [*a ~ slope*] **2** om pers. mild, blid, vänlig, snäll; *the ~ sex* det svaga könet **3** ädel, förnäm [~ *birth* (*family*)]

gentlefolk ['dʒentlfəʊk] (konstr. ss. pl.) *s* herrskapsfolk, fint folk

gentle|man ['dʒentl|mən] (pl. *-men* [-mən]) *s* **1** herre [*there is a ~ waiting for you*]; *-men!* mina herrar!; *-men's lavatory* herrtoalett **2** gentleman [*a fine old ~*]; *-men's agreement* muntlig överenskommelse som baserar sig på ömsesidigt förtroende **3** något åld. ståndsperson, herreman; jur. rentier

gentlemanly ['dʒentlmənlɪ] *a* gentlemanna|lik, -mässig

gentleness ['dʒentlnəs] *s* mildhet; vänlighet; saktmod; ömhet etc., jfr *gentle*

gentle|woman ['dʒentl|ˌwʊmən] (pl. *-women* [-ˌwɪmɪn]) *s* fin (förnäm) dam

gently ['dʒentlɪ] *adv* **1** sakta, stilla [*close the door ~*], varsamt [*hold it ~*], svagt [*the road slopes ~*]; *~ [does it]!* sakta i backarna! **2** milt, vänligt, mjukt etc., jfr *gentle*

gentry ['dʒentrɪ] *s* **1** *the ~* (konstr. vanl. ss. pl.) a) lågadeln b) den högre medelklassen, herrskapsklassen; *the landed ~* godsägararistokratin **2** (konstr. ss. pl.) fam., skämts. el. föraktl. människor, individer [*these ~*]

genuflect ['dʒenjʊflekt] *itr* knäböja

genuflection o. **genuflexion** [ˌdʒenjʊ'flekʃən] *s* knäböjande, knäböjning

genuine ['dʒenjʊɪn] *a* äkta [~ *pearls*], ren, oförfalskad; genuin; autentisk; sann, verklig [*a ~ cause for satisfaction*]

genus ['dʒi:nəs] (pl. *genera* ['dʒenərə]) *s* **1** naturv. släkte, genus **2** slag, grupp, klass

Geo. [dʒɔ:dʒ] förk. för *George*

geocentric [ˌdʒi:əʊ'sentrɪk] *a* geocentrisk

geodesic [ˌdʒi:əʊ'desɪk, -'di:s-] *a* geodetisk

Geoffr[e]y ['dʒefrɪ]

geog. förk. för *geographical, geography*

geographer [dʒɪ'ɒgrəfə] *s* geograf

geographical [dʒɪə'græfɪkəl] *a* geografisk

geography [dʒɪ'ɒgrəfɪ] *s* geografi

geologic[al] [dʒɪə'lɒdʒɪk, -əl] *a* geologisk

geologist [dʒɪ'ɒlədʒɪst] *s* geolog

geology [dʒɪ'ɒlədʒɪ] *s* geologi

geometric[al] [dʒɪə'metrɪk, -əl] *a* geometrisk

geometrician [ˌdʒɪəʊmə'trɪʃən] *s* geometriker

geometry [dʒɪ'ɒmətrɪ] *s* geometri

geophysical [ˌdʒi:əʊ'fɪzɪkəl] *a* geofysisk

geophysics [ˌdʒi:əʊ'fɪzɪks] (konstr. ss. sg.) *s* geofysik

geopolitics [ˌdʒi:əʊ'pɒlɪtɪks] (konstr. ss. sg.) *s* geopolitik

Geordie ['dʒɔ:dɪ] *s* fam. genuin invånare i Tyneside

George [dʒɔ:dʒ] ss. kunga- el. helgonnamn Georg; *St. ~* Sankt Georg Englands skyddshelgon, Sankt Göran; *St. ~'s Day* 23 april, Englands nationaldag; *the ~ Cross* Georgskorset utmärkelse åt civilpersoner i England; *by ~!* fam. för tusan!, ta mig sjutton!

georgette [dʒɔ:'dʒet] *s* crêpe georgette tyg

Georgia ['dʒɔ:dʒjə] **1** Georgia **2** Georgien

Georgian ['dʒɔ:dʒjən] **I** *a* **1** georgiansk, från Georgarnas (de eng. kungarnas) tid: a) 1714-1830 [~ *architecture* (*furniture*)] b) 1912-1922 [~ *poetry*] **2** georgisk **II** *s* **1** georgier **2** georgiska språket

Georgie ['dʒɔ:dʒɪ] smeknamn för *George*

Georgina [dʒɔ:'dʒi:nə]

Ger. förk. för *German, Germany*

Gerald ['dʒerəld]

Geraldine ['dʒerəldi:n]

geranium [dʒə'reɪnjəm] *s* bot. pelargon[ia]; geranium

geriatric [ˌdʒerɪ'ætrɪk] *a* geriatrisk

geriatrics [ˌdʒerɪ'ætrɪks] (konstr. ss. sg.) *s* med. geriatri, geriatrik

germ [dʒɜ:m] *s* **1** embryo, grodd **2** bakterie; mikrob; *~ warfare* bakteriologisk krigföring **3** bildl. frö, upprinnelse [*the ~ of an idea*]

German ['dʒɜ:mən] **I** *a* tysk; *~ measles* läk. röda hund; *~ sausage* medvurst; *~ shepherd* Am. schäfer[hund] **II** *s* **1** tysk; tyska **2** tyska [språket]

germane [dʒɜ:'meɪn] *a* nära förbunden [*to* med]; relevant

Germanic [dʒɜ:'mænɪk] **I** *a* germansk **II** *s* urgermanska [språket]

Germany ['dʒɜ:mənɪ] Tyskland

germicide ['dʒɜ:mɪsaɪd] *s* bakteriedödande medel (ämne)

germinal ['dʒɜ:mɪnl] *a* **1** grodd- [~ *bud*]; i frö **2** bildl. framväxande [~ *ideas*]; nydanande [*a ~ poet*]

germinate ['dʒɜ:mɪneɪt] **I** *itr* gro, spira [upp]; bildl. spira, utvecklas **II** *tr* få att gro (spira [upp]); bildl. framkalla

germination [ˌdʒɜ:mɪ'neɪʃən] *s* groning, uppspirande; knoppning

gerontology [ˌdʒerɒn'tɒlədʒɪ] *s* med. gerontologi

gerrymander ['dʒerɪmændə] **I** *s* fusk, manipulation för att gynna ett visst parti **II** *tr* fuska med för att gynna ett visst parti

Gershwin ['gɜ:ʃwɪn]

Gertie ['gɜ:tɪ] kortform för *Gertrude*

Gertrude ['gɜ:tru:d]

gerund ['dʒerənd] *s* gram. gerundium; i eng. gram. verbalsubstantiv på '-ing'

Gestapo [ges'tɑ:pəʊ] *s* (ty.) hist. gestapo

gestation [dʒes'teɪʃən] *s* dräktighet; havandeskap; bildl. ung. tankemöda

gesticulate [dʒes'tɪkjʊleɪt] *itr* gestikulera, göra åtbörder

gesticulation [dʒesˌtɪkjʊ'leɪʃən] *s* **1** gestikulerande **2** gest, åtbörd

gesture ['dʒestʃə] *s* gest, åtbörd; bildl. gest

get [get] (*got got*, pp. Am. ofta äv. *gotten*) **I** *tr* (se äv. under resp. subst. o. adj., t. ex. *better, best, ready, 1 wind*; se äv. *III*) **1** få [~ *permission*]; *I've got it from him* a) jag har fått det av honom b) jag har hört det av honom **2** [lyckas] få, skaffa sig [~ *a job*]; inhämta [~ *information*] **3** få, råka ut för [~ *the measles*; ~ *a shock*]; *he'll ~ it!* han ska få [så han tiger]! **4** fånga, få, få in **5** fånga, få fram [*the painter got her expression well*] **6** få tag i, nå [*I got him on the phone*] **7** radio. o. TV. få (ta) in [*can you ~ France?*] **8** fam. få [fast] [*they got the murderer*], knäppa skjuta **9** fam. uppfatta [*I didn't ~ your name*]; märka; fatta [*do you ~ what I mean?*] **10** fam. **a**) sätta fast (dit); *you've got me there!* nu är jag ställd! **b**) ta, fördärva [*narcotics will ~ him*] **11** fam. **a**) *it ~s me* [*how he can be so stupid*] jag fattar inte .. **b**) reta, förarga [*his arrogance ~s me*] **c**) tända, påverka; *that got them* det tände dom på **12 a**) *have got* ha **b**) *have got to* vara (bli) tvungen att; *I've got to go* jag måste gå; *you have only got to ..* du behöver bara .. **13** skaffa [~ *a p. a job*], ordna [med] [~ *tickets for* (åt) *a p.*], hämta **14 a**) komma med, hinna [med] [*did you ~ the bus?*] **b**) *that won't ~ us anywhere* det kommer vi ingen vart med **15 a**) göra, få [~ *a p. angry*]; ~ *o.'s feet wet* bli våt om fötterna; ~ *o.s. all wet* blöta ner sig **b**) ~ *a th. done* se till att ngt blir gjort; få ngt gjort, låta göra ngt; ~ *o.'s hair cut* [låta] klippa sig (klippa håret) **c**) ~ *a p.* (*a th.*) *going* få (sätta) i gång ngn (ngt) **16** ~ *a p.* (*a th.*) *to* få (förmå) ngn (ngt) att

II *itr* (se äv. *III*) **1** komma [*I got home early*]; ~ *there* komma (ta sig) dit; *I got there in time* jag kom (hann) fram i tid; *he's not ~ting anywhere, he's ~ting nowhere* han kommer ingen vart **2 a**) ~ *to* + inf. [småningom] komma att + inf., lära sig att + inf. [*I got to like him*]; ~ *to be* [komma att] bli [*they got to be friends*]; *be ~ting to* + inf. börja [att] + inf. [*I'm ~ting to like him*]; ~ *to know* få reda på, få veta [*how did you ~ to know it?*], lära känna [*I got to know him in 1980*] **b**) ~ + pres. p. börja + inf. [~ *talking*]; ~ *going* komma i gång **3** bli [~ *better* (*dirty*)]; ~ *married* gifta sig; *how stupid can you ~?* hur dum får man vara egentligen?; *he's ~ting old* han börjar bli gammal

III *tr* o. *itr* med prep. o. adv. isht med spec. övers.: ~ **about: a**) ta itu med, sätta i gång med [*let's ~ about the job*] **b**) resa omkring, komma ut [bland folk]; vara uppe och ute om sjukling **c**) komma ut, sprida sig om rykte

~ **across** bildl. fam. gå in, gå hem [*their ideas never got across to* (hos) *others*]

~ **along: a**) klara (reda) sig [*we can't ~ along without money*] **b**) komma vidare (framåt, längre); se vid. ~ *on d*) **c**) *I must be ~ting along* jag måste ge mig i väg; ~ *along with you!* fam. ge dig i väg!; snack! **d**) se ~ *on e*)

~ **at: a**) komma åt, nå [*I can't ~ at it*]; komma över; få tag i **b**) komma på [~ *at the truth*] **c**) syfta på, mena; *what are you ~ting at?* vart är det du vill komma? **d**) fam. vilja 'åt, trakassera [*he was ~ting at me*]

~ **away: a**) komma i väg, ge sig av; sport. starta **b**) komma undan, rymma; *there is no ~ting away from the fact that ..* man kan inte komma ifrån att ..; ~ *away with* lyckas med, komma undan med; ~ *away with it* klara sig, slippa undan; lyckas, ta hem spelet; ~ *away with you!* fam. äh, prat!

~ **back: a**) få igen (tillbaka) [~ *o.'s money back*]; skaffa igen (tillbaka) [*I'll ~ it back*] **b**) komma (gå) tillbaka, återvända **c**) ~ *o.'s own back on a p.* ta revansch på ngn

~ **behind** komma (bli) efter

~ **by: a**) komma (ta sig) förbi **b**) klara sig [*she can't ~ by without him*]; passera, duga

~ **down: a**) få ned, få i sig [*he couldn't ~ the medicine down*] **b**) anteckna, skriva (ta) ned **c**) göra nere, ta (slita) på [*worries ~ you down*]; *don't let it ~ you down* ta inte vid dig så hårt för det **d**) gå (komma, stiga) ned (av) **e**) ~ *down to* ta itu med

~ **in: a**) få (ta) in i olika bet.: få under tak [~ *in the harvest*]; sätta in [~ *in a blow*]; ~ *a word in* [*edgeways*] få en syl i vädret **b**) ~ *a p. in* [*to repair the TV*] få hem (skicka efter) ngn .. **c**) ta sig in [*I got in through the window*] **d**) komma in, bli invald [*he got in by a large majority*] **e**) ~ *in with* komma ihop med, bli vän med

~ **into: a**) stiga (komma) in i (upp på) [~ *into a bus*] **b**) komma i, få på sig [~ *into o.'s clothes*] **c**) råka (komma) i [~ *into danger* (*difficulties*)], komma in i, få [~ *into bad habits*] **d**) ~ *a p. into* få (skaffa) in ngn i [~ *a p. into a firm*] **e**) komma (sätta sig) in i [*you'll soon ~ into the job*] **f**) sätta sig i [*the pain ~s into the joints*]; *what has got into him?* vad har det flugit i honom?

~ **off: a**) få (ta) av (upp, loss) [*I can't ~ the lid off*] **b**) få i väg [~ *the children off to school*] **c**) få frikänd; gå fri, bli frikänd; slippa (klara sig) undan [*he got off lightly* (lindrigt)] **d**) lämna [*they got off the subject*] **e**) ge sig av, komma i väg; ~ *off to bed* gå och lägga sig; ~ *off to sleep* somna in **f)** gå (stiga) av [*he got off* [*the train*]]; gå bort (ner) från [~ *off the chair*]; ~ *off it!* sl. äh, lägg av!; försök inte!; *tell a p. where to ~ off* fam. be ngn dra åt skogen **g)** ~ *off* [*work*] bli ledig [från arbetet] **h)** ~ *off with* fam. stöta på, få ihop det med

~ **on: a)** få (sätta) på [*I can't ~ the lid on*], ta (få, sätta) på sig [*I got my coat on*] **b)** öka, utveckla fart **c)** gå (stiga) på [*he got on* [*the train*]]; sätta sig [upp] på; ~ *on o.'s feet* a) stiga (komma) upp; resa sig för att tala b) bildl. komma på fötter; *she ~s on my nerves* hon går mig på nerverna **d)** gå vidare, fortsätta; lyckas, ha framgång; trivas; *how is he ~ting on?* hur har han det?, hur står det till med honom?; hur går det för honom?; *how is the work ~ting on?* hur går det med arbetet?; ~ *on* [*with it*]*!* skynda (raska) på! **e)** dra jämnt, komma [bra] överens, trivas [*with a p.* med ngn]; *he is easy to ~ on with* han är lätt att umgås med **f)** ~ *on* [*in years* (*life*)] [börja] bli gammal; *time is ~ting on* tiden går **g)** *be ~ting on for* närma sig, gå mot [*he is ~ting on for 70*] **h)** ~ *on to* komma upp på [*he couldn't ~ on to the bus*]; få tag i i telefon, [få] tala med

~ **out: a)** få fram [*he got out a few words*], ta (hämta) fram [*he got out a bottle of wine*]; få (ta) ut (ur); ~ *a th. out of a p.* få (locka) ur (av) ngn ngt **b)** ge ut, komma ut med [*they got out an anthology*] **c)** gå (komma, stiga, ta sig) ut [*of* ur], komma upp [*of* ur]; gå (stiga) av (ur); komma (sippra) ut [*the secret got out*]; ~ *out of* äv. komma ifrån (ur) [~ *out of a habit*]

~ **over: a)** få undangjord (undanstökad) **b)** komma (ta sig) över; bildl. komma över i olika bet.: övervinna [~ *over o.'s shyness*], hämta sig från [~ *over an illness*], glömma

~ **round: a)** kringgå [~ *round a law*]; komma ifrån [*you can't ~ round the fact that . .*] **b)** lyckas övertala; *she knows how to ~ round him* hon vet hur hon ska ta honom **c)** ~ *round to* få tillfälle till, få tid med

~ **through: a)** få (driva) igenom i [~ *a bill through Parliament*] **b)** gå igenom; *he got through* [*his examination*] han klarade sig [i examen]; *the bill got through* lagförslaget gick igenom **c)** komma (klara sig) igenom; bli färdig med **d)** komma fram äv. i telefon **e)** göra slut på [*he got through all his money*]

~ **to: a)** komma [fram] till, nå; ~ *to bed* komma i säng **b)** sätta (komma) i gång med [~ [*down*] *to work*] **c)** *where has it got to?* fam. vart har det tagit vägen?

~ **together: a)** få ihop, samla [~ *a team together*], samla (plocka) ihop [~ *your things together*]; skaffa ihop **b)** samlas, träffas [*let's ~ together sometime*]

~ **up: a)** få upp; få att stiga upp (resa sig); lyfta upp **b)** gå (stiga) upp [~ *up early in the morning*]; resa sig, ställa sig upp **c)** [an]ordna [~ *up a party*] **d)** styra ut [*the book was beautifully got up*]; klä ut **e)** få, skaffa sig [~ *up an appetite*], få upp [~ *up steam*] **f)** lära (läsa, plugga) in **g)** ~ *up to* komma till; komma (hinna) ifatt; hitta på, ställa till [med] [~ *up to mischief*]

get-at-able [get'ætəbl] *a* tillgänglig, möjlig att nå, lättillgänglig

getaway ['getəweɪ] *s* fam. **1** start **2** rymning, flykt; *make a ~* rymma, smita

get-rich-quick ['getrɪtʃ'kwɪk] *a* fam. penningsugen

get-together ['getə'geðə] *s* fam. träff, sammankomst

Gettysburg ['getɪzbɜ:g]

get-up ['getʌp] *s* fam. **1** utstyrsel [*the book has an elaborate ~*] **2** klädsel; utstyrsel

gewgaw ['gju:gɔ:] *s*, pl. *~s* krimskrams

geyser [i bet. *1* 'gaɪzə, 'gi:-, i bet. *2* 'gi:-] *s* **1** gejser **2** varmvattenberedare

Ghana ['gɑ:nə]

Ghanaian [gɑ:'neɪən] **I** *a* i (från) Ghana **II** *s* ghanan, ghanes

ghastly ['gɑ:stlɪ] *a* **1** hemsk, ohygglig **2** fam. gräslig, förskräcklig **3** spöklik

gherkin ['gɜ:kɪn] *s* liten [inläggnings]gurka, pickelsgurka

ghetto ['getəʊ] *s* getto

ghost [gəʊst] *s* **1** spöke; döds ande, vålnad; gengångare; *lay a ~* besvärja (fördriva) en ande; *raise a ~* frambesvärja en ande; *~ story* spökhistoria **2** *give up the ~* ge upp andan **3** *the Holy G~* den Helige Ande **4** skugga [*he is the ~ of his former self* (jag)]; fam. tillstymmelse; skymt [*the ~ of a smile*]

ghostlike ['gəʊstlaɪk] *a* spöklik

ghostly ['gəʊstlɪ] *a* spöklik, ande- [*a ~ figure*], spök- [*~ hour*]

ghost-writer ['gəʊst,raɪtə] *s* spökskrivare, ghostwriter person som författar för annans räkning

ghoul [gu:l] *s* **1** mytol. ghul likätande ond ande **2** likplundrare, gravskändare

ghoulish ['gu:lɪʃ] *a* **1** demonisk, hemsk, djävulsk **2** makaber [~ *humour*]

Ghurka ['gʊəkə, 'gɜ:k-]

GI, G.I. ['dʒi:'aɪ] *s* Am. mil., fam. menig [soldat], värnpliktig

giant ['dʒaɪənt] **I** *s* jätte; gigant äv. bildl. **II** *a* jätte- [~ *cactus*], jättelik, gigantisk

giantess ['dʒaɪəntɪs] *s* jättinna, jättekvinna

gibber ['dʒɪbə] **I** *itr* pladdra; sluddra **II** *s* pladder; sludder

gibberish ['dʒɪbərɪʃ] *s* pladdrande; rotvälska, rappakalja

gibbet ['dʒɪbɪt] *s* enarmad galge i vilken

avrättade brottslingar hängdes upp
gibbon ['gɪbən] *s* zool. gibbon långarmad apa
gibbous ['gɪbəs] *a* **1** astr., *the ~ moon* månen i faserna mellan halvmåne och fullmåne **2** puckelryggig, kutig
gibe [dʒaɪb] **I** *itr, ~ at* håna, pika, ge gliringar **II** *s* gliring, stickord
giblets ['dʒɪbləts] *s pl* kok. [fågel]krås
Gibraltar [dʒɪ'brɔ:ltə] Gibraltar; *the Strait[s] of ~* Gibraltarsund
giddiness ['gɪdɪnəs] *s* yrsel, svindel
giddy ['gɪdɪ] *a* **1** yr [i huvudet], vimmelkantig [*be (turn) ~*] **2** svindlande [*a ~ height*]
gift [gɪft] **I** *s* **1** gåva, skänk; givande; gåvorätt; *~ token (voucher)* ung. presentkort **2** gåva, talang, [medfödd] förmåga, begåvning; *he has a ~ for languages* han har lätt för språk, han är mycket språkbegåvad **II** *tr* begåva, förläna, utrusta
gifted ['gɪftɪd] *a* begåvad, talangfull
gift-horse ['gɪfthɔ:s] *s, never look a ~ in the mouth* man skall inte skåda given häst i munnen
1 gig [gɪg] *s* gigg enspänt tvåhjuligt åkdon
2 gig [gɪg] *s* mus. fam. [kortvarigt] engagemang [*he had a few ~s at jazz clubs*]
gigantic [dʒaɪ'gæntɪk] *a* gigantisk, jättestor; väldig, oerhörd, enorm
giggle ['gɪgl] **I** *itr* fnissa, fnittra **II** *s* fniss, fnitter
gigolo ['ʒɪgələʊ] *s* gigolo
Gilbert ['gɪlbət]
gild [gɪld] *tr* förgylla; bildl. förgylla [upp], ge glans åt, smycka; *~ the lily* se *lily*; *~ the pill* bildl. sockra det beska pillret
1 gill [gɪl] *s* **1** gäl; *white about the ~s* fam. blek om nosen **2** bot. skiva under svamps hatt
2 gill [dʒɪl] *s* mått för våta varor, vanl. 1/4 *pint* 1,42 dl (Am. 1,18 dl)
Gillette [dʒɪ'let]
gillyflower ['dʒɪlɪˌflaʊə] *s* bot. **1** trädgårdsnejlika **2** gyllenlack, lackviol **3** lövkoja
gilt [gɪlt] **I** *a* förgylld **II** *s* förgyllning
gilt-edged ['gɪltedʒd] *a* **1** med guldsnitt **2** *~ securities* guldkantade papper (säkerheter)
gimbal ['dʒɪmbəl] *s*, vanl. *~s* (konstr. ss. sg.) sjö. kardansk upphängning, balansring
gimcrack ['dʒɪmkræk] *a* grannlåts-, struntgimlet ['gɪmlət] *s* tekn. handborr, vrickborr
gimmick ['gɪmɪk] *s* fam. gimmick, jippo
gimmickry ['gɪmɪkrɪ] *s* fam. gimmickar, påhitt; jippo[n]
Gimson ['gɪmsn]
1 gin [dʒɪn] *s* gin; *pink ~* gin smaksatt med angostura
2 gin [dʒɪn] *s* **1** snara, giller **2** tekn. [bomulls]rensningsmaskin
ginger ['dʒɪndʒə] **I** *s* **1** ingefära **2** fam. ruter, kläm; *~ group* aktivistgrupp, pådrivargrupp **3** ljust rödgul färg **4** fam. person med rödblont hår **II** *tr, ~ [up]* bildl. fam. elda upp **III** *a* fam. rödgul, rödblond [*~ hair*]
ginger-ale ['dʒɪndʒər'eɪl] *s* o. **ginger-beer** ['dʒɪndʒə'bɪə] *s* kolsyrat ingefärsdricka
gingerbread ['dʒɪndʒəbred] *s* pepparkaka; *take the gilt off the ~* bildl. ta bort det roliga i det hela
gingerly ['dʒɪndʒəlɪ] *adv* försiktigt, varsamt
ginger-snap ['dʒɪndʒəsnæp] *s* tunn spröd pepparkaka
gingery ['dʒɪndʒərɪ] *a* rödgul
gingham ['gɪŋəm] *s* gingham slags tyg
gingivitis [ˌdʒɪndʒɪ'vaɪtɪs] *s* läk. gingivit inflammation i tandköttet
gink [gɪŋk] *s* sl. kille, karl; typ
ginseng ['dʒɪnseŋ] *s* bot. o. läk. ginseng[rot]
gipsy ['dʒɪpsɪ] **I** *s* zigenare, zigenerska **II** *a* zigenar-
giraffe [dʒɪ'rɑ:f, -'ræf] *s* zool. giraff
gird [gɜ:d] (*~ed ~ed* el. *girt girt*) *tr* poet., litt. omgjorda; fästa svärd o. d. [*on to* vid]
girder ['gɜ:də] *s* byggn. bärbjälke, balk
girdle ['gɜ:dl] **I** *s* gördel: a) bälte äv. bildl. b) höfthållare **II** *tr* omgjorda, omge
girl [gɜ:l] *s* **1** flicka äv. flickvän **2** tjänsteflicka **3** *~ guide (scout* Am.) flickscout
girl-friend ['gɜ:lfrend] *s* flickvän fästmö; flickbekant, väninna
girlhood ['gɜ:lhʊd] *s* flicktid, flickålder
girlie ['gɜ:lɪ] **I** *s* fam. liten flicka, tös **II** *a* fam. med [halv]nakna flickor [*a ~ magazine*]
girlish ['gɜ:lɪʃ] *a* flick-; flickaktig
giro ['dʒaɪrəʊ] *s* [post]giro; *~ account* postgirokonto
girt [gɜ:t] imp. o. pp. av *gird*
girth [gɜ:θ] *s* omfång; omkrets [*10 metres in ~*]
Gissing ['gɪsɪŋ]
gist [dʒɪst] *s* kärnpunkt, huvudpunkt
git [gɪt] *s* sl. **1** snubbe **2** klantskalle
give [gɪv] **A** (*gave given*; jfr *given*) *vb* **I** *tr* (se äv. *III* o. fraser med 'give' under *birth, ear, evidence, 2 ground, rise* m. fl.) **1 a)** ge, skänka, donera; förläna; bevilja; avge [*~ o.'s vote* (röst)]; *be ~n* få **b)** ge frist; *I'll ~ you until tonight* jag ger dig frist till i kväll; *you'd better ~ yourself an hour to get there* det är bäst du räknar med en timme för att komma dit **c)** *~ me .. [any day (every time)]!* tacka vet jag ..! **d)** *~ or take* fam. på ett ungefär **2** ge mot ersättning; *~ as good as one gets* ge [lika gott] igen; *I'll ~ it [to] him!* jag ska ge honom!, han ska minsann få! **3** ge, lämna, räcka, överlämna, överlåta; erbjuda; framföra hälsning; *~ my compliments (love) to* hälsa så mycket till, [hjärtliga] hälsningar till; *~ o.'s hand* räcka fram handen, jfr *hand*; *~* **way: a)** retirera **b)**

ge vika, ge efter, brista [*the ice (rope) gave way*], svikta; om priser vika **c**) ge (lämna) plats, vika [undan], väja [*to* för], lämna företräde [*to* åt; ~ *way to traffic coming [in] from the right*] **d**) hemfalla, hänge sig [*to* åt]; ge efter [*to* för; ~ *way to grief*], ge vika **4** offra tid, kraft o. d. [*to* på]; *he gave his life to [the cause of peace]* han ägnade sitt liv åt . .; ~ *o.'s mind (o.s.) to* ägna (hänge) sig åt **5** frambringa, ge ss. produkt, resultat [*a lamp ~s light*]; framkalla, väcka [~ *offence* (anstöt)], vålla, [för]orsaka [~ *a p. pain*] **6** lägga fram, framställa, lämna; ange [*he gave no reason for . .*]; *don't ~ me that!* sl. kom inte med det där! **7 a**) framföra, hålla [~ *a talk* (ett föredrag), ~ *a lecture*]; teat. ge [*they are giving Hamlet*] **b**) utbringa [~ *a toast* (skål) *for*, ~ *three cheers for*] **8** utfärda, ge [~ *a command*]; avge, lämna [~ *an answer*]; fälla, avkunna [~ *judgement*] **9** ~ *a cry (scream)* skrika till, ge till ett skri[k]; ~ *a jump* hoppa till; ~ *a sigh* utstöta en suck; *not ~ a sound* inte ge ifrån sig ett knyst; ~ *a start* rycka till

II *itr* **1** ge; ~ *and take* ge och ta, kompromissa **2** ge vika, vika sig, svikta [*the branch gave*], svika [*my nerves began to ~*]; slappna **3** vetta [*[up]on, on [to]*]

III *tr* o. *itr* m. adv.: ~ **away: a**) ge bort, skänka bort **b**) dela ut, överlämna [~ *away the prizes*] **c**) fam.: oavsiktligt förråda, avslöja [~ *away a secret*]

~ **back** ge (lämna) tillbaka, återställa [~ *a th. back to its owner*]

~ **forth** ge ifrån sig, låta höra; sända ut

~ **in: a**) lämna in [~ *in your examination papers*] **b**) ~ *in o.'s name* anmäla sig **c**) ge sig, ge vika, ge med sig, ge upp [*I ~ in*]; falla till föga, ge efter [*to* för]

~ **off** avge [*this coal ~s off a lot of smoke*], sända ut, dunsta ut

~ **out: a**) dela ut [~ *out tickets*] **b**) [låta] tillkännage, meddela **c**) avge [~ *out heat*], sända ut gas o. d. **d**) tryta, ta slut; svika [*his strength gave out*] **e**) krångla, strejka

~ **over: a**) överlämna [*to* till], överlåta [*to* på] **b**) överge, upphöra med, sluta med **c**) ~ *o.s. over to* hänge sig åt

~ **up: a**) lämna ifrån sig, avlämna [*tickets must be ~n up at the entrance*], överlämna, utlämna; avstå från [~ *up o.'s seat to a lady*]; överge [~ *up a theory*]; ~ *o.s. up* överlämna sig, anmäla sig [för polisen] **b**) ge upp [~ *up the attempt*]; ge upp hoppet om [*the doctors have ~n him up*] **c**) ~ *o.s. up to* hänge sig åt **d**) upphöra [med]; *he gave up smoking* han slutade röka

B *s*, ~ *and take* ömsesidiga eftergifter, kompromisser, kompromissvilja

giveaway ['gɪvəweɪ] *s* **1** oavsiktligt förrådande, avslöjande **2** presentartikel som reklam **3** ~ *price* vrakpris

given ['gɪvn] *a* o. *pp* (av *give*) **1** given, skänkt; ~ *name* Am. förnamn **2** ~ *to* begiven på; fallen för [~ *to boasting* (skryt)]; lagd för; hemfallen åt **3** bestämd, överenskommen, given [*a ~ time*] **4** förutsatt

giver ['gɪvə] *s* givare [*a generous ~*]

gizzard ['gɪzəd] *s* fåglars muskelmage; fam. hals; *it sticks in his ~* bildl. han har svårt att smälta det

Gk. förk. för *Greek*

glacé ['glæseɪ] *a* **1** om läder glacé-, glansig **2** glaserad [~ *fruit*]

glacial ['gleɪsjəl] *a* is-, istids-, glacial, glaciär-

glacier ['glæsjə, 'gleɪs-] *s* glaciär, jökel

glad [glæd] *a* **1** end. pred. glad [*about, at* över, åt], belåten [*about, at* med]; ~ *of* glad att få; *I'm ~ to hear that . .* det var roligt att höra att . .; *I shall be ~ to come* jag kommer gärna **2** glädjande, glad; *give a p. the ~ eye* sl. ögonflörta med ngn; *give a p. the ~ hand* sl. ta emot ngn med öppna armar; ~ *rags* sl. stass

gladden ['glædn] *tr* glädja [*it ~ed my heart*], fröjda

glade [gleɪd] *s* glänta, glad

gladiator ['glædɪeɪtə] *s* gladiator

gladiol|us [ˌglædɪ'əʊl|əs] (pl. *-i* [-aɪ] el. *-uses*) *s* bot. gladiolus

gladly ['glædlɪ] *adv* med glädje, gärna

gladness ['glædnəs] *s* glädje

Gladstone ['glædstən] egennamn; ~ *bag* el. *g~* resväska som öppnas i två lika hälfter

Gladys ['glædɪs]

Glam. förk. för *Glamorgan[shire]*

glam [glæm] *s* fam., se *glamour*

Glamorgan[shire] [glə'mɔːgən, -ʃɪə, -ʃə]

glamorize ['glæməraɪz] *tr* förhärliga, glorifiera, glamorisera

glamorous ['glæmərəs] *a* glamorös, förtrollande, tjusig [~ *film stars*]

glamour ['glæmə] *s* glamour, glans, tjuskraft [*the ~ of the East*], romantiskt skimmer, [förtrollande] charm [*the ~ of moonlight on the sea*]; ~ *boy* charmgosse; ~ *girl* 'glamour girl', tjusig flicka

glance [glɑːns] **I** *itr* **1** titta [hastigt (flyktigt)], ögna [*at* i; *over, through* igenom; ~ *over (through) a letter*] **2** snudda [*on* vid]; studsa **3** blänka [till], glänsa [till] [*their helmets ~d in the sunlight*], glimta [till] **II** *tr*, ~ *o.'s eye over* ögna igenom **III** *s* **1** [hastig (flyktig)] blick, titt [*at* på]; ögonkast [*at* (vid) *the first ~*]; påseende [*at a cursory* (flyktigt) ~]; *at a ~* med en enda blick **2** [ljus]glimt, skimmer, blänk[ande] **3** anspelning

gland [glænd] *s* körtel

glandular ['glændjʊlə] *a* körtel-
glans [glænz] *s* anat. ollon
glare [gleə] **I** *itr* **1** lysa skarpt, blänka, glänsa **2** glo, stirra [vilt], blänga [ilsket] [*at* på] **II** *s* **1** [bländande (skarpt)] ljus **2** bildl. a) glans b) *in the full ~ of publicity* inför öppen ridå, i rampljuset **3** ilsken blick
glaring ['gleərɪŋ] *a* **1** bländande, skarp [*~ sunshine*], glänsande **2** [vilt] stirrande, blängande [*~ eyes*] **3** skrikande, bjärt, gräll [*~ colours*], påtaglig [*~ defects*], iögon[en]-fallande [*~ faults*], flagrant, grov, uppenbar [*a ~ mistake* (*error*)]; [himmels]skriande [*~ injustice*], skärande [*~ contrasts*]
Glasgow ['glɑ:sgəʊ,'glɑ:zg-]
glass [glɑ:s] *s* **1** glas [*made of ~*] **2** a) [dricks]glas [*a ~ of wine; have a ~ too much*] b) spegel c) [enkel]kikare, teleskop d) timglas e) barometer [*the ~ is rising*] f) fönsterruta g) pl. *~es* glasögon **3** koll. glassaker, glas [*~ and china* (porslin)] **4** sjö. glas halvtimme **5** *~ eye* emaljöga
glass-cutter ['glɑ:sˌkʌtə] *s* glasskärare person o. verktyg; glasslipare
glassful ['glɑ:sfʊl] *s* glas ss. mått [*a ~ of brandy*]
glasshouse ['glɑ:shaʊs] *s* **1** växthus, drivhus **2** glashus; *people who live in ~s should not throw stones* man skall inte kasta sten när man sitter i glashus
glassware ['glɑ:sweə] *s* glasvaror, glassaker, glas [*~ and china* (porslin)]
glass-wool ['glɑ:swʊl] *s* glasull
glassy ['glɑ:sɪ] *a* **1** glas-, glasaktig **2** bildl. glatt, glansig; glasartad [*a ~ look* (blick)]
Glaswegian [glæs'wi:dʒjən, glɑ:s-] glasgowbo
glaucoma [glɔ:'kəʊmə] *s* läk. glaukom, grön starr
glaze [gleɪz] **I** *tr* **1** sätta glas i, glasa [*~ a window*] **2** glasera [*~ cakes*]; *~d earthenware* fajans; *~d tiles* kakel **3** glätta, glanska; *~d paper* glanspapper **II** *itr* om blick bli glasartad, stelna **III** *s* **1** glasyr **2** glans; glansig yta
glazier ['gleɪzjə] *s* glasmästare
glazing ['gleɪzɪŋ] *s* **1** glasning, insättande av glas[rutor] **2** koll. fönster[rutor] **3** glasering **4** glasyr
G.L.C. förk. för *Greater London Council*
gleam [gli:m] **I** *s* glimt, stråle äv. bildl.; [svagt] ljussken (blinkande) [*the ~ of a distant lighthouse*]; *a ~ of hope* en ljusglimt **II** *itr* glimma, skimra svagt, glänsa
glean [gli:n] *tr* **1** plocka [*~ ears* (ax)] **2** samla [ihop] [*~ materials*], plocka (skrapa) ihop [*~ information*], snappa upp
gleaner ['gli:nə] *s* axplockare; samlare
gleaning ['gli:nɪŋ] *s* **1** axplockning **2** pl. *~s* [små]plock [*~s from* (ur) *newspapers*]
glee [gli:] *s* **1** uppsluppen glädje [*shout with* (av) *~*], munterhet **2** glee flerstämmig sång
gleeful ['gli:fʊl] *a* glad, munter
glen [glen] *s* trång dal, dalgång, däld; klyfta
glengarry [glen'gærɪ] *s* glengarry skotsk båtformig mössa
glib [glɪb] *a* talför, munvig [*a ~ talker*]; hal [*have a ~ tongue*]; lättvindig [*~ excuses*]
glide [glaɪd] **I** *itr* **1** glida, glida fram **2** flygv. utföra glidflykt; glida **II** *s* glidning
glider ['glaɪdə] *s* glid[flyg]plan, segel[flyg]-plan
gliding ['glaɪdɪŋ] *s* glidning; segelflygning
glimmer ['glɪmə] **I** *itr* glimma, lysa svagt, skimra **II** *s* **1** svagt sken, skimmer, glimrande **2** glimt, skymt [*a ~ of hope*]
glimpse [glɪmps] **I** *s* skymt [*of* av]; flyktig blick [*at* på]; *catch* (*get*) *a ~ of* [få] se en skymt av **II** *tr* se en skymt (glimt) av
glint [glɪnt] **I** *itr* glittra, blänka, skimra **II** *s* glimt [*an ironical ~ in his eye*]; glitter, blänk [*~s of gold in her hair*]
glisten ['glɪsn] *itr* glittra, stråla [*her eyes ~ed with* (av) *joy*], glimma, glänsa
glitter ['glɪtə] **I** *itr* **1** glittra [*~ing eyes*], blänka [*a ~ing sword*], gnistra [*~ing diamonds*], tindra [*stars ~ing in the sky*]; glimma; *all that ~s is not gold* det är inte guld allt som glimmar **2** bildl. lysa, glänsa; *~ing prizes* lockande belöningar **II** *s* glitter äv. konkr., glittrande, glimmer; prakt
gloat [gləʊt] *itr*, *~ over* (*on*) glo (stirra) skadeglatt (lystet, girigt) på, betrakta med skadeglada blickar [*~ over o.'s victim*], ruva på (över) [*~ over o.'s treasures*]; vara skadeglad över [*~ over a p.'s misfortunes*]
global ['gləʊbəl] *a* global [*~ strategy, ~ warfare*], världsomspännande; total
globe [gləʊb] *s* **1** klot, kula **2** *the ~* jordklotet **3** [*terrestrial*] *~* [jord]glob **4** anat., *~* [*of the eye*] ögonglob
globe-trotter ['gləʊbˌtrɒtə] *s* globetrotter, jordenruntfarare
globular ['glɒbjʊlə] *a* klotformig, klotrund
globule ['glɒbju:l] *s* [litet] klot, [liten] rund kula, droppe
glockenspiel ['glɒkənspi:l] *s* klockspel instrument
gloom [glu:m] *s* **1** dunkel, mörker **2** dysterhet, förstämning; *cast a ~ on* (*over*) kasta en mörk skugga över
gloominess ['glu:mɪnəs] *s* **1** dunkel, mörker **2** dysterhet, förstämning
gloomy ['glu:mɪ] *a* **1** mörk, dunkel, skum [*~ light* (belysning)] **2** dyster [*~ air* (min)]; beklämd, melankolisk, trist
Gloria ['glɔ:rɪə]
glorification [ˌglɔ:rɪfɪ'keɪʃən] *s* förhärligande; glorifiering
glorify ['glɔ:rɪfaɪ] *tr* **1** lovprisa, prisa; glori-

fiera **2** sprida glans över **3** försköna, piffa (snygga) upp

glorious ['glɔ:rɪəs] *a* **1** strålande, underbar, praktfull [*a* ~ *sunset*], härlig **2** ärofull, lysande [*a* ~ *victory*]; ~ *liberty* den gyllene friheten **3** fam. rejäl [*a* ~ *row* (gräl)]; *a* ~ *mess* en salig röra

glory ['glɔ:rɪ] **I** *s* **1** ära [*win* ~ *on the field of battle*] **2** [förnämsta] prydnad, stolthet **3** lov och pris, ära [~ [*be*] *to* (vare) *God*] **4** härlighet **5** *in* [*all*] *o.'s* ~ a) på sin höjdpunkt, på höjden av sin makt [*ancient Greece in* [*all*] *its* ~], i all sin glans b) i sitt esse [*when he's teaching, he's in his* ~] **II** *itr*, ~ *in* vara stolt över [~ *in o.'s own strength*], glädja sig åt

Glos. [glɒs] förk. för *Gloucestershire*

1 gloss [glɒs] **I** *s* **1** glans [*the* ~ *of silk*], glänsande yta **2** bildl. sken [*a* ~ *of legality*] **II** *tr* **1** göra glansig; glätta **2** förgylla upp; ~ *over* släta över [~ *over a p.'s faults*]

2 gloss [glɒs] **I** *s* **1** glossa, [förklarande] not (anmärkning), randanmärkning **2** glossar; kommentar **II** *tr* **1** glossera; kommentera, förklara **2** bortförklara [äv. ~ *away* (*over*)]

glossary ['glɒsərɪ] *s* ordlista, ordförteckning; glossar; [special]ordbok

glossy ['glɒsɪ] **I** *a* glansig, glänsande [~ *silk*], blankpolerad; ~ *magazine* elegant tidskrift på högglättat papper; ~ *print* foto. blank kopia **II** *s* fam., se *glossy magazine* ovan

glottal ['glɒtl] *a* stämbands-, glottal; ~ *stop* fonet. [glottis]stöt, 'knacklaut'

glottis ['glɒtɪs] *s* anat. röstspringa, glottis

Gloucester ['glɒstə]

Gloucestershire ['glɒstəʃɪə, -ʃə]

glove [glʌv] *s* handske, fingervante; [box]-handske; ~ *locker* handskfack i bil; *fit like a* ~ passa som hand i handske, passa precis; *handle* (*treat*) *a p. with* [*kid*] ~*s* behandla ngn med silkesvantar; *handle a p. without* [*kid*] ~*s* inte lägga fingrarna emellan med ngn

glow [gləʊ] **I** *itr* glöda äv. bildl. [~ *with* (av) *enthusiasm*], brinna [*with* av]; ~*ing with health* strålande av hälsa; jfr *glowing* **II** *s* glöd [*the* ~ *of sunset*]; frisk rodnad

glower ['glaʊə] *itr* blänga (glo) ilsket [*at* på]

glowering ['glaʊərɪŋ] *a* bister, hotfull

glowing ['gləʊɪŋ] **I** *pres p* o. *a* glödande äv. bildl. [~ *enthusiasm*], blossande [~ *cheeks*], entusiastisk [*a* ~ *account* (skildring)]; glänsande; varm **II** *adv*, ~ *hot* glödhet

glow-worm ['gləʊwɜ:m] *s* zool. lysmask

glucose ['glu:kəʊs] *s* kem. glykos, glukos

glue [glu:] **I** *s* lim [*fish* ~] **II** *tr* limma, limma fast [vanl. ~ *on*], limma ihop [vanl. ~ *together*]; bildl. fästa hårt, klistra [fast] [*on*, *to* vid]

gluey ['glu:ɪ] *a* limmig, limaktig, klibbig

glum [glʌm] *a* trumpen, surmulen; dyster

glut [glʌt] **I** *tr* **1** översvämma [~ *the market* [*with fruit*]] **2** överlasta, proppa full, [över]-mätta **3** bildl. mätta lystnad, tillfredsställa till det yttersta **II** *s* överflöd; *there is a* ~ *in the market* marknaden är övermättad

gluten ['glu:tən] *s* gluten

glutenous ['glu:tənəs] *a* glutenhaltig

glutinous ['glu:tɪnəs] *a* glutinös, limmig; klibbig, seg

glutton ['glʌtn] *s* storätare, matvrak, frossare; *a* ~ *for work* en arbetsmyra

gluttonous ['glʌtənəs] *a* frossande

glycerin[**e**] [ˌglɪsə'ri:n, 'glɪsərɪn] *s* kem. glycerin

glycol ['glaɪkɒl, 'glɪk-] *s* kem. glykol

gm. förk. för *gramme*[*s*], isht Am. *gram*[*s*]

G-|man ['dʒi:|mæn] (pl. *-men* [-men]) *s* fam. medlem av (detektiv från) F.B.I. säkerhetspolisen i USA, G-man, F.B.I.-man

G.M.T. ['dʒi:'em'ti:] förk. för *Greenwich Mean Time*

gnarled [nɑ:ld] *a* knotig, knölig

gnash [næʃ] **I** *itr* om person gnissla, skära tänder **II** *tr*, ~ *o.'s teeth* gnissla med tänderna, skära tänder

gnat [næt] *s* mygga; knott

gnaw [nɔ:] (~*ed* ~*ed*) **I** *tr* **1** gnaga på [~ *a bone*], tugga på [*he was* ~*ing his finger-nails*], gnaga [*rats* ~*ed a hole in the floor*]; plåga [~*ed with* (av) *anxiety*] **2** fräta på **II** *itr* gnaga äv. bildl. [~*ing hunger*; *at* på]

gneiss [naɪs, gnaɪs] *s* geol. gnejs

gnome [nəʊm] *s* **1** gnom, jordande, bergtroll **2** bildl. gnom, finansman [*the* ~*s of Zurich*]

gnostic ['nɒstɪk] *s* gnostiker

G.N.P. förk. för *gross national product* BNP, bruttonationalprodukt

gns. förk. för *guineas*

gnu [nu:, nju:] *s* zool. gnu[antilop]

go [gəʊ] **A** (*went gone*; 3 pers. sg. pres. *goes*) *vb* (se äv. *going, gone* o. fraser med 'go' under *bang III, easy, here, let, native* m. fl.)

I *itr* (med adv. o. prep., se isht *16*) **1** fara, resa, åka, köra, färdas; ge sig av, ge sig i väg; gå; *I must be* ~*ing* jag måste i väg; *look where you are* ~*ing!* se dig för!; *who goes there?* vem där?; ~ *fishing* fara ut och fiska, gå och fiska **2** om tid gå; *to* ~ kvar [*there is only five minutes to* ~] **3** utfalla, gå [*how did the voting* ~ ?]; *how goes it?* hur går det?, fam. hur står det till?; *how's your new job* ~*ing?* hur går det med ditt nya arbete? **4 a**) vara i gång, gå [*the clock won't* ~] **b**) sätta i gång, starta; [*ready, steady,*] ~*!* . . gå! **5** gå till väga; [*when you draw* (spänner) *a bow*] *you* ~ *like this* . . gör man så här **6** bli [~ *bad* (*blind*)] **7 a**) försvinna, gå [*there went all my money*]; upphöra, gå över [*I wish this pain would* ~]; avskedas **b)** gå [sönder]; gå i stöpet [*there* ~ *all my plans*] **c)** säljas, gå [*the house went cheap*] **d)** gå [åt] [*his money went on books*] **8 a)** ha sin plats, skola (bruka) vara (stå, hänga, ligga) [*where do the cups* (*does the picture*) ~*?*]; ligga **b)** få plats (rum), rymmas [*they will* ~ *in the bag*] **9** ljuda, gå [*the siren went*]; låta; säga [*'bang!' went the gun*]; *how does the tune* ~*?* hur låter (går) melodin? **10** betr. ordalydelse o. d. lyda; om sång gå [*to* på; *it goes to the tune of* (melodin) . .]; *as the phrase goes* som man brukar säga; *the story goes that* . . det berättas (sägs) att . . **11** gälla, vara sista ordet [*what he says goes*] **12 a)** räcka, förslå, räcka till **b)** nå **13** [i allmänhet] vara; *as things* ~ som förhållandena (läget) nu är, i stort sett **14** ~ **far** el. ~ *a long* (*great*) *way:* **a)** fara etc. långt **b)** gå (komma) långt [*he will no doubt* ~ *far*] **c)** räcka långt (länge) **d)** gå (sträcka sig) långt; *that's* ~*ing too far* det är att gå för långt **15** ~ **to** + inf.: **a)** bidra till att, tjäna till att; *it goes to prove* (*show*) *that* . . det bevisar att . . **b)** behövas för att; *the qualities that* ~ *to make a teacher* de egenskaper som är nödvändiga för (som gör) en lärare **c)** om pengar o. d. gå (användas) till att **d)** ~ *to see* gå (fara etc.) och hälsa på, besöka, söka

16 med adv. o. prep. isht med spec. övers. (se äv. ex. under resp. huvudord): ~ **about: a)** gå (fara etc.) omkring **b)** om rykte gå, vara i omlopp **c)** ~ *a long* (*great*) *way about* göra en lång omväg **d)** ta itu med [~ *about o.'s work*]

~ **against: a)** strida (vara) emot [*it goes against my principles*], bjuda ngn emot **b)** gå ngn emot, gå olyckligt för **c)** motsätta sig, handla mot [~ *against a p.'s wishes*]

~ **ahead: a)** sätta i gång, börja; fortsätta; ~ *ahead!* äv. kör [i gång]! **b)** gå [raskt] framåt **c)** gå (rycka) fram[åt]; gå före [*you* ~ *ahead and say we're coming*] **d)** ta ledningen isht sport., gå om, passera äv. bildl.

~ **along: a)** fara etc. [vidare], fortsätta **b)** [*he makes up* (hittar på) *stories*] *as he goes along* . . på löpande band **c)** ~ *along with* fara etc. tillsammans med, följa med; instämma med, hålla med [*I can't* ~ *along with you on* (i) *that*] **d)** ~ *along* [*with you*]*!* fam. prata smörja!, snack!, i väg med dig!

~ **at: a)** rusa på, ge sig på, gå lös på [*he went at him with his fists*] **b)** ta itu med, gripa sig an med [~ *at it the right way*]

~ **back: a)** fara etc. tillbaka, återvända; träda tillbaka; gå tillbaka, datera sig från **b)** ~ *back on* undandra sig; bryta [~ *back on o.'s word*], svika [~ *back on o.'s promise*]

~ **before: a)** fara etc. före; gå före [*pride* (högmod) *goes before a fall*] **b)** tas upp i, föreläggas [*the question will* ~ *before a committee*] **c)** träda (komma) inför

~ **beyond** gå utöver, överskrida

~ **by: a)** passera [förbi], gå (fara) förbi; förflyta, gå [*time went by slowly*] **b)** fara över (via) [~ *by Paris to Italy*]; fara etc. med [~ *by boat*]; ~ *by air* flyga; ~ *by car* åka bil **c)** gå (rätta sig) efter [*that's nothing to* ~ *by*], döma (gå) efter [*you can't* ~ *by people's faces*] **d)** ~ *by the name of* . . gå (vara känd) under namnet

~ **down: a)** gå ner; falla, sjunka; *he has gone down in the world* det har gått utför med honom **b)** gå under äv. bildl. **c)** minska [~ *down in weight*], försämras [~ *down in quality*], om vind o. vågor lägga sig **d)** sträcka sig fram till en [tid]punkt, gå [ända] fram [*the first volume goes down to 1978*] **e)** ~ *down to* (*in*) *history* gå till historien (eftervärlden) **f)** slå an [*the speech went down with* (på) *the audience*], göra lycka, göra sig [~ *down on the stage*], gå in (hem) [*with* hos] **g)** insjukna [~ *down with* (i) *malaria*]

~ **for: a)** ~ *for a walk* göra (ta [sig]) en promenad, gå ut och gå; ~ *for a swim* gå och bada **b)** gå efter, [gå (åka) och] hämta **c)** gå lös på, ge sig på, kasta sig över [*the dog went for him*] **d)** gälla [för] [*that goes for you too!*] **e)** fam. gilla; *I rather* ~ *for that* jag gillar det skarpt **f)** *he's got a lot* ~*ing for him* fam. han har det väl förspänt

~ **in: a)** gå in; gå 'i [*the cork won't* ~ *in*]; gå in i [*the key won't* ~ *in the lock*] **b)** om solen gå i moln **c)** delta, vara (gå) med i tävling o. d. **d)** ~ *in for* gå in för, satsa på, lägga an på, sträva efter, ägna sig åt [~ *in for farming*], slå sig på [~ *in for golf*]; vara mycket för [*she goes in for dress* (kläder)]; vara 'för, verka för [*they* ~ *in for his policy*]; hänge sig åt; gå upp i [~ *in for an examination*]

~ **into: a)** gå in i (på); gå in vid [~ *into the army*]; gå med i, delta i; träda in i, slå sig på [~ *into politics*] **b)** gå in på [~ *into details*; *I won't* ~ *into that now*], ge sig in på, noggrant undersöka [~ *into the matter* (*problem*)] **c)** klä sig i, anlägga [~ *into mourning*] **d)** falla i, gripas av, råka i [~ *into ecstasies*]; ~ *into hysterics* bli hysterisk

~ **off: a)** ge sig i väg, sticka [i väg] **b)** explodera, om skott o. eldvapen gå av, brinna av, smälla, om väckarklocka [börja] ringa, om t. ex. siren [börja] ljuda **c)** bli dålig, bli skämd; falla av, avta; bli sämre **d)** ~ *off* [*to sleep*] falla i sömn, somna **e)** gå [*how did the play* ~ *off?*] **f)** ~ *off into* brista ut i

~ **on: a)** fara etc. vidare, fortsätta; ~ *on about* tjata om, köra med [*he went on about his theories*] **b)** ~ *on to* gå över till, fortsätta med **c**) fortgå, pågå, vara, hålla på [*the talks went on all day*] **d**) försiggå, pågå, stå 'på [*what's ~ing on here?*]; vara på (i) gång **e**) bära sig åt, uppföra sig; bråka [*he always goes on at* (med) *me about that*] **f**) om kläder gå på **g**) teat. komma in [på scenen] **h**) ~ *on* [*with you*]*!* fam. nä hör du!, larva dig inte! **i**) klara sig, reda sig; *I've got enough to ~ on with* jag har så det räcker **j**) tändas, komma [på] [*the lights went on*]; ~ *on for* se *be going on for* under *going II 4* **k**) 'gå efter [*the only thing we have to ~ on*], hålla sig till [*what evidence have we to ~ on?*], bygga på **l**) göra, ge sig ut på [~ *on a journey*]

~ **out: a**) gå (fara) etc. ut; *out you ~!* ut med dej! **b**) strejka, gå i strejk [äv. ~ *out on strike*] **c**) slockna [*my pipe has gone out*] **d**) försvinna, dö ut **e**) ~ *all out* sätta in alla sina krafter, göra sitt yttersta, ta ut sig helt **f**) ~ *out of* gå ur, komma ur [~ *out of use*] **g**) ~ *out with* fam. sällskapa med

~ **over: a**) gå över till ett annat parti o. d. **b**) stjälpa, välta **c**) ~ *over* [*big*] fam. slå an [kolossalt], göra [enorm] succé **d**) gå igenom, granska [~ *over the accounts* (räkenskaperna)], se över [*the mechanic went over the engine*], besiktiga [~ *over the house before buying it*]; läsa igenom, läsa på, repetera; retuschera

~ **round: a**) fara etc. runt (omkring), se sig om **b**) gå runt [*wheels ~ round*]; *it makes my head ~ round* det gör mig yr i huvudet **c**) räcka [till] för alla [*the glasses will never ~ round*] **d**) ~ *round to* gå över till, [gå (ta) och] hälsa på; *let's ~ round to my place* kom så går vi hem till mig

~ **through: a**) gå igenom i div. bet., t. ex. söka (rota) igenom [~ *through a p.'s pockets*]; [detalj]granska; utföra, genomföra; genomgå [~ *through an operation*], gå i lås [*the deal did not ~ through*] **b**) göra av med, göra slut på [*he went through all his money*] **c**) ~ *through with* genomföra, fullfölja

~ **to** (se äv. ex. under *length, piece, sea* m. fl.): **a**) gå i [~ *to school* (*to church*)]; gå på [~ *to the theatre*]; gå till [~ *to bed*] **b**) vända sig till, gå till **c**) om pengar o. d. anslås till, användas till, gå till [*all his money went to charity*] **d**) svara mot; *three feet ~ to one yard* det går tre fot på en yard **e**) ta på sig [~ *to a great deal of trouble*] **f**) ~ *to blazes* (*hell*)*!* dra åt helsike **g**) ~ *to it* fam. sätta i gång, sätta fart

~ **together: a**) fara etc. tillsammans; fam. vara tillsammans **b**) [bruka] följas åt, höra samman (ihop), gå väl ihop

~ **under: a**) gå under, sjunka, förlisa **b**) gå (duka) under, göra konkurs, gå omkull [*the firm has gone under*] **c**) ~ *under the name of* . . gå (vara känd) under namnet . .

~ **up: a**) gå upp, stiga [*prices went up*] **b**) fara etc. upp; resa [in] [~ *up to town* (*London*)] **c**) om rop höjas, höras **d**) tändas, komma [på] [*the lights went up*] **e**) ~ *up for* gå upp i [~ *up for an examination*] **f**) gå (fara) uppför; gå (klättra) upp i

~ **with: a**) fara etc. med, följa [med] [*I'll ~ with you*] **b**) fam. vara ihop med [*he's ~ing with her*] **c**) följa 'med [~ *with the times* (tiden)] **d**) höra till [*it goes with the profession*]; höra ihop med; *and everything that goes with it* med allt vad därtill hör **e**) passa (gå) till

~ **without: a**) bli (vara) utan, få vara (reda sig) utan **b**) *it goes without saying* det säger sig självt

II *tr,* ~ **it** fam. **a**) leva om, festa **b**) gå 'på, köra 'på; ~ *it!* sätt i gång bara! **c**) hålla i, inte ge sig **d**) ~ *it alone* handla på egen hand

B (pl. *~es*) *s* **1** gående, gång; *it's no ~* fam. det går inte, det är ingen idé; *be on the ~* fam. vara i farten (i gång) [*she has been on the ~ all day*] **2** fam. **a**) *a rum ~* en snygg historia **b**) *it was a near ~* det var nära ögat **3** fam. fart, ruter [*there's no ~ in him*], liv, kläm, schvung [*music without ~*]; *full of ~* schvungfull; *she is full of ~* det är verkligen fart på henne **4** fam. försök; tag; *have a ~* [*at it*] försöka, göra ett försök; *it's your ~* det är din tur; *at one ~* på en gång; *he did it* [*at the*] *first ~* han lyckades vid första försöket **5** fam. succé; *make a ~ of a th.* lyckas med ngt, ha framgång med ngt **6** *from the word ~* från första stund (början)

goad [gəʊd] **I** *s* **1** pikstav **2** bildl. sporre **II** *tr* **1** driva på (sticka) med en pikstav **2** bildl., ~ *a p. into doing a th.* sporra (reta) ngn att göra ngt; ~ *a p. into fury* driva ngn till raseri

go-ahead ['gəʊəhed] **I** *a* framåt [av sig] [*he is very ~*], företagsam, energisk; gåpåaraktig; framåtsträvande; *give the ~ signal* ge klarsignal **II** *s* klarsignal, klartecken

goal [gəʊl] *s* sport. o. i allm. mål [*the ~ of his ambition*]; ~ *average* sport. målkvot; *keep ~* stå i mål; *score a ~* göra [ett] mål

goalgetter ['gəʊlˌgetə] *s* fam. målspottare

goalie ['gəʊlɪ] *s* fam. målvakt

goalkeeper ['gəʊlˌkiːpə] *s* målvakt

goalkick ['gəʊlkɪk] *s* fotb. inspark

goalless ['gəʊlləs] *a* sport. mållös, utan mål; *the match was a ~ draw* matchen slutade oavgjort 0-0

goal-mouth ['gəʊlmaʊθ] *s* fotb. m. m. målöppning; *in the ~* äv. på mållinjen

goal-post ['gəʊlpəʊst] *s* målstolpe

goat [gəʊt] *s* **1** get; *get a p.'s ~* fam. gå ngn på nerverna, reta ngn; *play* (*act*) *the* [*giddy*] *~* fam. fjanta omkring **2** bock vällusting

goatee [gəʊ'tiː] *s* pipskägg
gob [gɒb] *s* sl. gap, käft; *shut your ~!* håll käften!; *~ stopper* stor rund hård karamell
1 gobble ['gɒbl] **I** *tr*, *~ [up (down)]* glufsa i sig, slafsa i sig, sluka **II** *itr* glufsa, slafsa
2 gobble ['gɒbl] om (el. som) kalkon **I** *itr* klucka **II** *s* kluck[ande]
gobbledygook ['gɒbldɪguːk] *s* fam. pompös kanslistil
go-between ['gəʊbɪˌtwiːn] *s* mellanhand
goblet ['gɒblət] *s* glas på fot, remmare
goblin ['gɒblɪn] *s* elakt troll, nisse, svartalf
go-by ['gəʊbaɪ] *s*, *give a p.* (*a th.*) *the ~* ignorera (inte låtsas om, inte bry sig om, undvika) ngn (ngt)
G.O.C. ['dʒiːəʊ'siː] förk. för *General Officer Commanding*
go-cart ['gəʊkɑːt] *s* **1** gåstol, gångstol för att lära barn gå **2** sittvagn för barn **3** se *go-kart*
god [gɒd] *s* **1** *G~* Gud; *G~ the Father* Gud Fader; *G~ bless me!* o, du milde! **2** pl., *the ~s* [publiken på] hyllan på teater, 'paradiset'
god|child ['gɒd|tʃaɪld] (pl. *-children* [-ˌtʃɪldrən]) *s* gudbarn, fadderbarn
goddam[n] ['gɒdæm] isht Am. fam. **I** *interj* fan också! **II** *a* djävla, satans, förbannad
goddaughter ['gɒdˌdɔːtə] *s* guddotter
goddess ['gɒdɪs] *s* gudinna
godfather ['gɒdˌfɑːðə] *s* gudfar, manlig fadder
godforsaken ['gɒdfə'seɪkn] *a* gudsförgäten, eländig
Godfrey ['gɒdfrɪ]
godhead ['gɒdhed] *s* gudanatur, gudomlighet
godless ['gɒdləs] *a* gudlös
godlike ['gɒdlaɪk] *a* gudalik, gudomlig
godliness ['gɒdlɪnəs] *s* gudsfruktan, fromhet
godly ['gɒdlɪ] *a* gudfruktig, from
godmother ['gɒdˌmʌðə] *s* gudmor, kvinnlig fadder
godparent ['gɒdˌpeərənt] *s* fadder, gud|förälder, -mor, -far
godsend ['gɒdsend] *s* oväntad gåva, gudagåva; evig lycka; *it was a ~* äv. det kom som sänt från himlen
godson ['gɒdsʌn] *s* gudson
godspeed ['gɒd'spiːd] *s* lycka till [på resan] [*bid* (*wish*) *a p. ~*]
goer ['gəʊə] *s* **1** *comers and ~s* folk som kommer och går **2** ss. efterled i sms. -besökare [*filmgoer, churchgoer*]
go-getter ['gəʊˌgetə, '-'--] *s* fam. energisk karl; neds. gåpåare
goggle ['gɒgl] *itr* glo, stirra med vidöppna ögon
goggle-box ['gɒglbɒks] *s* sl., *the ~* dumburken TV
goggles ['gɒglz] *s pl* **1** skyddsglasögon, bilglasögon, solglasögon **2** sl. brillor
going ['gəʊɪŋ] **I** *s* **1** gående, gång **2** före [*heavy ~*], väg[lag] [*the ~ was bad*]; *it's heavy ~* bildl. det går trögt; *you'd better go while the ~ is good* bildl. det är bäst du går medan det ännu finns en chans **3** [*50 miles an hour*] *is good ~* .. är en bra [medel]fart; *pretty good ~!* inte illa alls! **II** *a* o. *pres p* i spec. bet. **1 a)** väl inarbetad (upparbetad) [*a ~ concern*] **b)** *get ~* komma i gång; sätta i gång [*get ~!*] **c)** *get a th. ~* få ngt i gång; *set a th. ~* sätta i gång ngt; *get a party ~* få fart på (liv i) en fest; *get a p. ~* sätta fart på ngn **d)** *be still ~ strong* se *strong II* **2 a)** som finns [att få], som står att få [*the best coffee ~*]; [*the biggest fool*] *~* .. som går på två ben; *he ate anything ~* han åt allt som fanns att få; *are there any cigarettes ~?* finns det några cigarretter att få? **b)** hand. [nu] gällande, dags-, marknads- [*the ~ price*] **3** *~, ~, gone!* vid auktion första, andra, tredje [gången]! **4** *be ~ on for* närma sig [*she is ~ on for forty*] **5** *be ~ to* + inf. skola, tänka [*what are you ~ to do?*], ämna; just skola [till att] [*he was ~ to say something when ..*], stå i begrepp att; *it's ~ to rain* det blir [snart] regn
going-over ['gəʊɪŋ'əʊvə] (pl. *goings-over*) *s* fam. genomgång, granskning
goings-on ['gəʊɪŋz'ɒn] *s pl* fam. förehavanden, aktivitet[er] [*I've heard of your ~*]
goitre ['gɔɪtə] *s* läk. struma
go-kart ['gəʊkɑːt] *s* gokart liten tävlingsbil
gold [gəʊld] *s* **1** guld; *as good as ~* förfärligt snäll; *a heart of ~* ett hjärta av guld **2** attr. guld- [*a ~ watch*], gyllene; *~ filling* tandläk. guldplomb; *~ plate* a) guldservis b) gulddubblé; *~ standard* guldmyntfot
gold-digger ['gəʊldˌdɪgə] *s* **1** guldgrävare **2** gold-digger kvinna som söker utnyttja förmögna män
gold-dust ['gəʊlddʌst, 'gəʊld'd-] *s* guldstoft
golden ['gəʊldən] *a* **1** guld- [*~ earrings*], av guld; guldglänsande, gyllene [*~ hair*] **2** *~ age* guldålder; *~ handshake* 'gyllene handskakning', gratifikation gåva vid avgång ur tjänsten; *the ~ mean* den gyllene medelvägen [*strike* (gå) *the ~ mean*], det rätta lagom; *a ~ opportunity* ett utmärkt tillfälle; *~ rule* gyllene regel; *~ syrup* [ljus] sirap; *~ wedding* guldbröllop
goldfinch ['gəʊldfɪntʃ] *s* zool. steglits[a]
goldfish ['gəʊldfɪʃ] *s* guldfisk
gold-foil ['gəʊldfɔɪl] *s* guldfolie, guldblad, tjockare bladguld
Golding ['gəʊldɪŋ]
gold-leaf ['gəʊld'liːf] *s* bladguld, bokguld
gold-mine ['gəʊldmaɪn] *s* guldgruva äv. bildl. [*this shop is a ~*]

gold-plated ['gəʊld,pleɪtɪd] *a* förgylld
gold-rimmed ['gəʊldrɪmd] *a* guldbågad
gold-rush ['gəʊldrʌʃ] *s* guldrush, guldfeber
goldsmith ['gəʊldsmɪθ] *s* guldsmed
golf [gɒlf] **I** *s* golf[spel] **II** *itr* spela golf
golf-club ['gɒlfklʌb] *s* **1** golfklubba **2** golfklubb
golf-course ['gɒlfkɔ:s] *s* golfbana
golfer ['gɒlfə] *s* golfspelare
golf-links ['gɒlflɪŋks] (konstr. ofta ss. sg.) *s* golfbana
Golgotha ['gɒlgəθə] Golgata
Goliath [gəʊ'laɪəθ] Goljat, Goliat
golliwog ['gɒlɪwɒg] *s* grotesk svart trasdocka
golly ['gɒlɪ] *interj,* *~!* fam. kors [i alla mina dar]!
G.O.M. förk. för *Grand Old Man*
Gomorrah [gə'mɒrə] Gomorra
gondola ['gɒndələ] *s* gondol
gondolier [,gɒndə'lɪə] *s* gondoljär
gone [gɒn] *a* o. *pp* (av *go*) **1** borta, försvunnen [*the book is ~*]; slut [*my money is ~*] **2** förlorad, uppgiven; *be far ~* a) vara starkt utmattad (svårt sjuk) b) vara långt framskriden [*the work is far ~*]; vara långt gången **3** förgången, gången [*~ ages* (tider)]; förbi; *it is past and ~* det tillhör det förflutna; *it's just ~ four* klockan är litet över (drygt) fyra; *she is six months ~* [*with child*] fam. hon är i sjätte månaden **4** *she is ~ on him* fam. hon är tokig i honom
goner ['gɒnə] *s* fam., *he is a ~* det är ute med honom
gong [gɒŋ] *s* **1** gonggong **2** mil. sl. medalj
gonna ['gɒnə] fam. förvrängning av *going to*
gonorrhoea [,gɒnə'rɪə] *s* läk. gonorré, dröppel
goo [gu:] *s* fam. **1** klibbig smet, kladd **2** [sliskig] sentimentalitet
good [gʊd] **I** (*better best*) *a* **1** god, bra [*a ~ knife*]; [*very*] *~!* bra!, fint!, skönt!; *she has a ~ figure* hon har [en] snygg figur **2 a**) nyttig, hälsosam; *it is ~ for colds* det är bra mot förkylningar **b**) färsk inte skämd, frisk **c**) *is it ~ to eat?* duger det att äta? **3** duktig, skicklig, styv, bra [*at* i; *he is ~ at mathematics*] **4** angenäm, god [*~ news*] **5 a**) vänlig, snäll, hygglig [*to* mot] **b**) snäll [*be a ~ boy!*] **6 a**) ordentlig, riktig, rejäl [*a ~ beating* (kok stryk)]; bastant; *have a ~ wash* tvätta sig ordentligt **b**) rätt stor, rätt lång [*we've come a ~ way*]; *a ~ while* en bra stund **c**) dryg [*a ~ hour*]; *a ~ two hours* dryga (drygt) två timmar **d**) adverbiellt framför adj. rätt, ganska, riktigt [*a ~ long walk* (*time*)] **7** rolig, trevlig, god, bra [*a ~ joke*] **8** tillförlitlig, pålitlig, bra [*a car with ~ brakes*]; ekonomiskt säker, solid; *I have it on ~ authority* jag har det från säker källa **9** moraliskt god [*a ~ and holy man*], bra **10** i hälsnings- och avskedsfraser: *~ afternoon* god middag; god dag; adjö; *~ day* god dag; adjö; *~ evening* god afton; god dag; adjö; *~ morning* god morgon; god dag; adjö; *~ night* god natt, god afton, adjö **11** i förb. m. subst. i spec. bet.: *a ~ fellow* en trevlig (hygglig) karl; *G~ Friday* långfredag[en]; *~ gracious!, ~ Heavens!* du milde!, kors [i alla mina dar]!, himmel!; *~ humour* gott lynne, glatt humör; *~ looks* fördelaktigt utseende; *~ nature* godmodighet; *~ offices* bona officia, förmedling; *and a ~ thing, too* fam. och väl var det; *I know a ~ thing when I see it* jag förstår mig på vad som är bra; *too much of a ~ thing* för mycket av det goda; *all in ~ time* i lugn och ro; *all in ~ time!* äv. ta det lugnt! **12** i förb. m. vb i spec. bet.: **hold ~** se *1 hold II 4*; **make ~**: **a**) gottgöra [*make ~ a loss*], ersätta [*make ~ the damage*], täcka [*make ~ a deficiency*], betala; ta igen något försummat, hämta in t. ex. tid; reparera, återställa **b**) utföra, förverkliga, genomföra [*make ~ o.'s retreat*]; hålla [*make ~ a promise*] **c**) fam. lyckas, klara sig, göra sin lycka
II *adv* **1** *as ~ as* så gott som [*as ~ as settled*] **2** fam. väl, bra; *they beat us ~ and proper* de klådde upp oss ordentligt
III *s* **1** gott [*~ and evil* (ont)]; det goda [*prefer ~ to evil* (det onda)]; nytta, gagn; *it is* [*all*] *for your own ~* det är till (för) ditt eget bästa; *nothing but ~ can come of it* det kan bara vara till nytta; *be some ~* komma (vara) till nytta; *he is no ~* det är inte mycket [bevänt] med honom; han är inte någon bra människa; *it is no ~* det är inte lönt, det tjänar ingenting till, det är ingen idé; *what's the ~ of that?* vad ska det vara bra för?; *do ~* göra gott [*to* mot]; *it does you ~* det är bra (nyttigt) för dig; *much ~ may it do you!* väl bekomme! oftast ironiskt; *he is up to no ~* han har något rackartyg i sikte **2** *for ~* för gott, för alltid **3** *I am £10 to the ~* jag har vunnit (har ett överskott på) 10 pund **4** goda [människor] [*~ and bad alike respected him*] **5** se *goods*
goodbye [gʊd'baɪ] *s* o. *interj* adjö, farväl
good-for-nothing ['gʊdfə,nʌθɪŋ] *s* odåga
good-humoured ['gʊd'hju:məd] *a* godlynt, gladlynt
goodish ['gʊdɪʃ] *a* **1** rätt bra, tämligen god **2** avsevärd, rätt lång, rätt stor
good-looker ['gʊd'lʊkə] *s* sl., *she is a ~* hon är en snygging
good-looking ['gʊd'lʊkɪŋ] *a* som ser bra ut, snygg, vacker
goodly ['gʊdlɪ] *a* **1** [rätt] stor, betydande, ansenlig [*a ~ sum*] **2** vacker, behaglig

good-natured ['gʊd'neɪtʃəd] *a* godmodig, godsint, vänlig

goodness ['gʊdnəs] *s* **1** godhet, dygd **2** godhet, vänlighet **3** ~ *knows* a) [det] vete Gud (gudarna) b) Gud ska veta [~ *knows I've tried hard*]; *thank* ~! gudskelov!; ~ *gracious!*, [*my*] ~! du milde!, kors [i alla mina dar]!; *for* ~' *sake!* för Guds skull!; *I wish* (*hope*) *to* ~ *that*.. jag önskar (hoppas) verkligen att..

goods [gʊdz] *s pl* **1** ~ [*and chattels*] lösören, lösegendom, tillhörigheter [*half his* ~ *were stolen*]; *worldly* ~ jordiska ägodelar **2** varor, artiklar, gods; frakt på järnväg, fraktgods; ~ *train* godståg; *leather* ~ lädervaror, läderartiklar **3** fam., *the* ~ det riktiga; äkta vara; rätta sorten, toppen [*she's the* ~]; *deliver the* ~ bildl. göra sitt, hålla sitt ord (löfte) **4** fam., *piece* (*bit*) *of* ~ [flick]-snärta, stycke

goods-train ['gʊdztreɪn] *s* godståg

good-tempered ['gʊd'tempəd] *a* godlynt, godmodig

good-time ['gʊdtaɪm] *a, a* ~ *girl* fam. en nöjeslysten flicka

goodwill ['gʊd'wɪl] *s* **1** hand. goodwill; kundkrets vid affärsöverlåtelse **2** god vilja, samförstånd; ~ *tour* goodwillresa

goody ['gʊdɪ] **I** *s*, isht pl. *goodies* fam. godis, gott[er], godsaker, sötsaker **II** *interj*, ~! el. ~, ~! smaskens!, fint!, alla tiders!

goody-goody ['gʊdɪ'gʊdɪ] **I** *a* gudsnådelig, hymlande **II** *s* gudsnådelig person

gooey ['gu:ɪ] *a* isht Am. fam. **1** klibbig, smetig, kladdig **2** sentimental; sliskig

goof [gu:f] sl. **I** *s* **1** idiot, fjant, knasboll **2** tabbe, groda **II** *itr* trampa i klaveret; göra en tabbe **III** *tr* Am. fuska bort, sumpa

goofy ['gu:fɪ] **I** *a* sl. dum, fånig **II** *s, G*~ Jan Långben seriefigur

goose [gu:s] (pl. *geese* [gi:s]) *s* **1** gås; ~ *pimples* = *goose-flesh*; *cook a p.'s* ~ fam. fixa ngn; stoppa ngn **2** bildl. gås, dumbom

gooseberry ['gʊzbərɪ] *s* **1** krusbär **2** *play* ~ fam. vara femte hjulet under vagnen

gooseberry-fool ['gʊzbərɪ'fu:l] *s* kok. krusbärskräm

goose-flesh ['gu:sfleʃ] *s* gåshud

goose-gog ['gʊzgɒg] *s* fam. krusbär

goose-step ['gu:sstep] *s* mil. noggrann marsch

G.O.P. förk. för *Grand Old Party*

Gordon ['gɔ:dn]

1 gore [gɔ:] *s* mest litt. levrat blod

2 gore [gɔ:] *tr* stånga [ihjäl]; genomborra

gorge [gɔ:dʒ] **I** *s* **1** trång klyfta, trångt pass **2** strupe; *his* ~ *rose at it, it made his* ~ *rise* bildl. det äcklade honom **II** *tr* **1** ~ *o.s. with* proppa i sig, frossa på **2** sluka glupskt **III** *itr* frossa [[*up*]*on* på]; smörja kråset

gorgeous ['gɔ:dʒəs] *a* praktfull [*a* ~ *sunset*], prunkande; fam. underbar, härlig

Gorgon ['gɔ:gən] *s* **1** myt. gorgon **2** *g*~ om kvinna skräcködla

Gorgonzola [ˌgɔ:gən'zəʊlə] *s*, ~ [*cheese*] gorgonzola[ost]

gorilla [gə'rɪlə] *s* gorilla

gormandize ['gɔ:məndaɪz] *itr* frossa

gormandizer ['gɔ:məndaɪzə] *s* frossare

gormless ['gɔ:mləs] *a* fam. dum, knasig

gorse [gɔ:s] *s* ärttörne

gory ['gɔ:rɪ] *a* blodig, blodbesudlad

gosh [gɒʃ] *interj*, ~! kors [i alla mina dar]!, jösses!

goshawk ['gɒshɔ:k] *s* zool. duvhök

gosling ['gɒzlɪŋ] *s* gässling, gåsunge

go-slow ['gəʊ'sləʊ] *s* maskning vid arbetskonflikt

gospel ['gɒspəl] *s* evangelium; *it is* [*the*] ~ *truth* det är säkert som amen i kyrkan, det är så sant som jag står här; *take a th. for* ~ [*truth*] tro blint på ngt

gospeller ['gɒspələ] *s* evangelieuppläsare

gossamer ['gɒsəmə] *s* **1** [tunn] spindelväv **2** ytterst tunn gas; flor

gossip ['gɒsɪp] **I** *s* **1** skvaller, sladder; *talk* ~ prata om ditt och datt, småprata **2** skvallerbytta, pratmakare; skvallerkärring **II** *itr* skvallra, sladdra; småprata

gossipmonger ['gɒsɪpˌmʌŋgə] *s* se *gossip I 2*

gossipy ['gɒsɪpɪ] *a* skvalleraktig; småpratig

got [gɒt] **I** imp. o. pp. av *get*; *have* ~ se *get I 12 a*); *have* ~ *to* se *get I 12 b*) **II** *a*, ~ *up* se *get up* under *get III*

Goth [gɒθ] *s* **1** got **2** bildl. barbar, vandal

Gothenburg ['gɒθənbɜ:g] Göteborg

Gothic ['gɒθɪk] **I** *a* gotisk äv. byggn. **II** *s* **1** gotiska [språket] **2** gotik byggnadsstil

gotta ['gɒtə] fam. förvrängning av *got a* o. *got to*

gotten ['gɒtn] se *get*

gouge [gaʊdʒ, gu:dʒ] **I** *s* håljärn, hålmejsel **II** *tr* **1** urholka (gräva ut) [liksom] med håljärn **2** trycka ut [~ *out a p.'s eye with o.'s thumb*]

goulash ['gu:læʃ, -lɑ:ʃ] *s* kok. gulasch

gourd [gʊəd] *s* kurbits; kalebass

gourmand ['gʊəmənd] *s* gourmand

gourmet ['gʊəmeɪ] *s* gourmé, finsmakare

gout [gaʊt] *s* gikt

gouty ['gaʊtɪ] *a* giktbruten

govern ['gʌvən] **I** *tr* **1** styra, regera [över], härska över [~ *a country*] **2** leda, bestämma [*be* ~*ed by other factors*], styra, reglera **3** gram. styra **4** jur. gälla [för], reglera [*the law* ~*ing the sale of spirits*] **II** *itr* styra, regera, härska

governable ['gʌvənəbl] *a* som [lätt] kan behärskas (styras)

governess ['gʌvənəs] *s* guvernant
governing ['gʌvənɪŋ] *a* regerande; styrande, härskande [*the ~ classes*]; ledande [*the ~ principle*]; *~ body* direktion, styrelse
government ['gʌvnmənt, 'gʌvəmənt] *s* **1** styrande, styrelse; ledning **2** styrelsesätt, regeringsform, statsskick **3** regering, ministär; *the G~* äv. staten [*at the expense of the G~*], statsmakterna; *form a G~* bilda regering **4** attr. regerings- [*in G~ circles*]; stats- [*G~ control*]; *G~ bond* statsobligation; *G~ Issue* Am. mil., fam. menig [soldat], värnpliktig jfr följ. ex.; *G~ Issue* [*equipment*] Am. mil. av staten tillhandahållen utrustning (mundering); *G~ official* ämbetsman
governmental [ˌgʌvən'mentl] *a* regerings-, regeringens, stats-
governor ['gʌvənə] *s* **1** styresman, ledare; härskare, regent **2** ståthållare; guvernör t. ex. i delstat i USA **3 a**) direktör [*~ of a prison*]; chef [*the G~ of the Bank of England*] **b**) styrelsemedlem; [*board of*] *~s* styrelse, direktion **4** fam., se *guvnor* **5** tekn. regulator, styrmekanism
governor-general ['gʌvənə'dʒenərəl] *s* generalguvernör
Govt. förk. för *Government*
gown [gaun] *s* **1** finare klänning [*dinner ~*], dräkt **2** talar, [svart] kappa ämbetsdräkt för akademiker, domare m. fl.; *cap and ~* akademisk [ämbets]dräkt
G.P. ['dʒiː'piː] förk. för *general practitioner*
G.P.O. ['dʒiːpiː'əu] förk. för *General Post Office*
grab [græb] **I** *tr* hugga, gripa; rycka till sig; roffa (grabba) åt sig **II** *itr* hugga, nafsa, gripa [*at* efter] **III** *s* hastigt grepp, hugg [*for* (*at*) efter]; *make a ~ at* försöka gripa [tag i]
grace [greɪs] **I** *s* **1** behag, behagfullhet, grace, charm, elegans; *airs and ~s* koketteri **2** takt, anständighetskänsla; *with* [*a*] *good ~* gärna, [god]villigt; *with* [*a*] *bad ~* med illa dold ovilja, motvilligt **3** *a saving ~ of humour* ett försonande drag av humor **4** myt., *the Graces* gracerna **5** ynnest, gunst; välvilja, nåd; *be in a p.'s bad ~s* vara illa anskriven (vara i onåd) hos ngn; *be in a p.'s good ~s* vara väl anskriven hos ngn; *fall from* (*out of*) *~* råka i onåd **6** *days of ~* respitdagar, anstånd; nåd[atid] **7** teol. nåd [*God's ~*]; [*state of*] *~* nådastånd; *in the year of ~ 1976* i nådens år 1976; *by the ~ of God* med Guds nåde **8** bordsbön [*say ~*] **9** *His* (*Her, Your*) *G~* Hans (Hennes, Ers) nåd **II** *tr* pryda, smycka; *he ~s his profession* han är en prydnad för sin kår
graceful ['greɪsful] *a* **1** behagfull, graciös [*~ movements*] **2** charmerande, smakfull; behaglig; älskvärd [*a ~ compliment*]
graceless ['greɪsləs] *a* charmlös, klumpig
grace-note ['greɪsnəut] *s* prydnadsnot
gracious ['greɪʃəs] *a* **1** nådig, älskvärd **2** *good ~!, goodness ~!, my ~!, ~ me!* [o,] du milde!, [o,] herre Gud! **3** behaglig; *~ living* vällevnad **4** förekommande [*a ~ host*]
gradation [grə'deɪʃən] *s* **1** gradering; skala **2** pl. *~s* övergångar, [mellan]stadier, grader; nyanser; *by ~s* gradvis
grade [greɪd] **I** *s* **1** grad; steg, stadium; rang; lönegrad; nivå **2** Am. [skol]klass, årskurs; *~ school* folkskola, grundskola **3** isht Am. betyg, poäng **4** kvalitet; sort; *~ A* klass A, bästa sorten **5** isht Am., vägs o. d. stigning, lutning; *make the ~* bildl. fam. nå toppen, lyckas; *be on the down* (*up*) *~* bildl. se *downgrade* resp. *upgrade* **6** Am. höjdläge, plan; *~ crossing* järnvägskorsning [i plan] **II** *tr* **1** gradera; sortera; dela in (upp) i kategorier; klassificera **2** Am. betygsätta, sätta betyg på **III** *itr* graderas
gradient ['greɪdjənt] *s* vägs o. d. stigning, lutning; konkr. stigning, backe, sluttning
gradual ['grædʒuəl] *a* gradvis; successiv; jämn; långsam; *~ slope* svag sluttning
gradually ['grædʒuəlɪ] *adv* gradvis, successivt, efter hand; så småningom, sakta
graduate [ss. subst. o. adj. 'grædʒuət, ss. vb 'grædjueɪt] **I** *s* akademiker, person med akademisk examen; Am. äv. elev som fullgjort sin skolgång **II** *a* **1** med akademisk examen; högre akademisk [*~ course*]; *~ student* forskarstudent **2** examinerad, utbildad [*~ nurse*] **III** *itr* avlägga (ta) [akademisk] examen [*from* vid]; kvalificera sig [*as* till]; Am. äv. avsluta sina [skol]studier; *~ in law* ta juridisk kandidatexamen **IV** *tr* gradera [*~d in inches*]; *~d glass* mätglas
graduation [ˌgrædju'eɪʃən] *s* **1** [avläggande av] akademisk examen; slags promotion; Am. äv. avgång från skola i allm., avgångsexamen **2** gradering [*~ of a thermometer*]
graffit|o [græ'fiːt|əu] (pl. *-i* [-iː]) *s* **1** konst. graffito, ristning **2** pl. *-i* [vägg]klotter, graffiti
1 graft [grɑːft] **I** *s* **1** ymp[kvist] **2** läk. transplanterad vävnad **3** a) ympning b) läk. transplantation **II** *tr* **1** ympa; ympa in [*in*[*to*] (*on*) i (på)] **2** läk. transplantera
2 graft [grɑːft] **I** *s* fam. korruption, mutor, mygel **II** *itr* **1** fam. mygla **2** sl. knega
grafter ['grɑːftə] *s* fam. skojare, myglare
Graham[**e**] ['greɪəm]
grail [greɪl] *s* graal, gral [*the Holy G~*]
grain [greɪn] **I** *s* **1** [sädes]korn, gryn [*a ~ of rice*], frö **2** [bröd]säd, spannmål **3** korn [*~s of sand* (*salt*)], gryn; bildl. grand, uns, korn, gnutta [*not a ~ of truth*]; *a few ~s of comfort* en liten smula tröst; *take a th. with a ~ of salt* ta ngt med en nypa salt **4** gran

minsta eng. vikt = 0,0648 g **5** a) ytas kornighet; narv på läder; lugg b) ådrighet, ådring äv. konstgjord; fiber c) inre struktur, textur d) bildl. natur, läggning; *against the ~* a) mot luggen b) mot fibrernas längdriktning; *it goes* (*is*) *against the ~ for me to* bildl. det strider mot min natur att **II** *tr* **1** göra kornig, granulera **2** mål. ådra, marmorera

grained [greɪnd] *a* **1** kornig, i sms. -kornig [*fine-grained, coarse-grained*]; granulerad; *~ leather* narvat läder **2** mål. ådrad, ådrig

gram [græm] *s* isht Am. = *gramme*

grammar ['græmə] *s* **1** grammatik [*study ~*] **2** språk[behandling], språkriktighet **3** bok grammatik, språklära [*a ~ of English*]

grammarian [grə'meərɪən] *s* grammatiker

grammar-school ['græməsku:l] *s* **1** = *secondary grammar* [*school*] se under *secondary* **2** förr läroverk

grammatical [grə'mætɪkəl] *a* grammatisk [*~ rule*]; grammatikalisk

gramme [græm] *s* gram

gramophone ['græməfəʊn] *s* grammofon; *~ record* grammofonskiva

Grampian ['græmpjən] skotsk region; *the ~ Hills* (*Mountains*), *the ~s* Grampianbergen i Skottland

gran [græn] *s* fam. farmor; mormor

granary ['grænərɪ] *s* spannmålsmagasin

grand [grænd] **I** *a* **1** stor, pampig; storartad, storslagen [*a ~ view*], ståtlig [*a ~ palace*], lysande [*a ~ spectacle*]; förnäm, fin [*a ~ lady*], distingerad; *put on a ~ air* (*manner*) spela förnäm; *~ old man* grand old man, nestor; *the G~ Old Party* benämning på republikanska partiet i USA; *~ opera* [stor] opera seriös o. utan talpartier; *~ piano* flygel; *~ style* högre (storslagen) stil; *live in ~ style* leva flott **2** stor, störst, förnämst, huvud-; högste, överste, stor-; *G~ Cross* storkors av orden; *G~ Duchess* storhertiginna, storfurstinna; *G~ Duke* storhertig, storfurste; *G~ Master* stormästare; *the G~ National* årlig hinderritt i Liverpool; *~ tour* hist. långresa genom Europa ss. del av förnäm ung mans uppfostran **3** slutgiltig; *~ finale* stort slutnummer, grande finale; stor avslutning; *~ total* slutsumma **4** fam. utmärkt, härlig [*~ weather*]; [*that's*] *~!* fint!, utmärkt! **II** *s* **1** mus. flygel **2** sl. tusen dollar (pund) **3** *the G~* Grand hotell, bio o. d.

grand-aunt ['grændɑ:nt] *s* fars (mors) faster (moster)

grand|child ['græn|tʃaɪld] (pl. *-children* [-ˌtʃɪldrən]) *s* barnbarn

granddad ['grændæd] *s* fam. farfar; morfar

granddaughter ['grænˌdɔ:tə] *s* sondotter; dotterdotter

grandee [græn'di:] *s* **1** grand av Spanien **2** storman, magnat, 'storhet'

grandeur ['grændʒə] *s* **1** storslagenhet, majestät [*the solemn ~ of this church*] **2** andlig storhet, resning; värdighet; förnämhet **3** prakt, ståt

grandfather ['grændˌfɑ:ðə] *s* farfar; morfar; *~*[*'s*] *clock* golvur

grandiloquence [græn'dɪləkwəns] *s* högtravande språk, svulstighet

grandiloquent [græn'dɪləkwənt] *a* högtravande, svulstig

grandiose ['grændɪəʊs] *a* stor|slagen, -artad; grandios

grandma ['grænmɑ:] *s* o. **grandmam[m]a** ['grænməˌmɑ:] *s* fam. farmor; mormor

grandmother ['grændˌmʌðə] *s* farmor; mormor

grandnephew ['grændˌnevjʊ] *s* brors (systers) sonson (dotterson)

grandniece ['grændni:s] *s* brors (systers) sondotter (dotterdotter)

grandpa ['grænpɑ:] *s* o. **grandpapa** ['grænpəˌpɑ:] *s* fam. farfar; morfar

grandparent ['grændˌpeərənt] *s* farfar, farmor; morfar, mormor; *~s* farföräldrar; morföräldrar

Grand Prix [grɑ:n'pri:] *s* Grand Prix

grandson ['grændsʌn] *s* sonson; dotterson

grandstand ['grændstænd] **I** *s* **1** huvudläktare, åskådarläktare vid tävlingar o. d. **2** publik på huvudläktaren (åskådarläktaren) **II** *a*, *~ finish* spurt på upploppet

granduncle ['grændˌʌŋkl] *s* fars (mors) farbror (morbror)

grange [greɪndʒ] *s* lantgård; utgård

granite ['grænɪt] *s* granit

granny ['grænɪ] *s* fam. farmor; mormor

grant [grɑ:nt] **I** *tr* **1** tillmötesgå, bevilja [*~ a request*]; tillerkänna [*he was ~ed a pension*]; *~ a child his wish* uppfylla ett barns önskan; *his prayer was ~ed* hans bön blev hörd **2** bevilja, ge [*~ permission*], anslå pengar [*towards* till]; förläna, skänka; jur. överlåta [*~ property*]; *God ~ that* Gud give att; *it is not ~ed to everybody to* det är inte allom givet att **3** medge; *~* (*~ed, ~ing*) *that* förutsatt att; låt oss anta att, även om [så vore att]; *take a th. for ~ed* ta ngt för givet; förutsätta ngt; tro ngt utan vidare **II** *s* **1** anslag, bidrag [*towards* till], stipendium; förläning; *direct ~ school* skola med statsanslag; *government ~* statsanslag, statsbidrag; *make a p. a ~* bevilja ngn ett anslag **2** beviljande, anslående; förlänande

granular ['grænjʊlə] *a* [små]kornig, grynig

granulate ['grænjʊleɪt] *tr* göra kornig, korna, granulera; *~d sugar* strösocker

granule ['grænju:l] *s* [litet] korn, partikel

grape [greɪp] *s* [vin]druva; vin[ranka]; *it's just sour ~s* ung. surt, sa räven om rönnbären; *~ hyacinth* bot. pärlhyacint

grapefruit ['greɪpfru:t] *s* grapefrukt
grapeshot ['greɪpʃɒt] *s* kartesch; hist. druvhagel
grape-sugar ['greɪp,ʃʊgə] *s* druvsocker
grapevine ['greɪpvaɪn] *s* **1** vinranka **2** *the ~ [telegraph]* djungeltelegrafen
graph [græf, grɑ:f] *s* grafisk framställning, diagram, kurva; *~ paper* rutat papper
graphic ['græfɪk] *a* **1** grafisk [*~ industry*], skrift-, skriv- [*~ symbols*]; *~ arts* a) teckning, målning och grafik b) grafik, grafisk konst **2** [framställd] i diagram, diagram-, grafisk **3** bildl. målande, [livs] levande [framställd] [*a ~ description*]
graphics ['græfɪks] *s pl* grafik, grafisk konst
graphite ['græfaɪt] *s* miner. grafit, blyerts
graphologist [græ'fɒlədʒɪst] *s* grafolog
graphology [græ'fɒlədʒɪ] *s* grafologi
grapnel ['græpnəl] *s* **1** sjö. dragg **2** hist. sjö. änterhake
grapple ['græpl] *itr, ~ with* strida (slåss) med [*~ with the enemy*]; brottas med, bildl. äv. ge sig i kast med, ta itu med, gripa sig an med, försöka lösa [*~ with a problem*]
grappling-hook ['græplɪŋhʊk] *s* o. **grappling-iron** ['græplɪŋ,aɪən] *s* se *grapnel*
grasp [grɑ:sp] **I** *tr* **1** fatta [tag i], gripa; *~ the nettle* bildl. ta tjuren vid hornen **2** gripa om, hålla fast, hålla i **3** fatta, begripa [*~ the point*], sätta sig in i [*~ the situation*] **II** *itr, ~ at* gripa efter; nappa på **III** *s* **1** grepp, [fast] tag; räckhåll; *beyond (within) his ~* utom (resp. inom) räckhåll för honom **2** ngns våld, klor [*be in a p.'s ~*] **3** uppfattning, förståelse; *have a good ~ of the subject* ha ett bra grepp om (behärska) ämnet; *beyond his ~* över hans horisont (fattningsförmåga)
grasping ['grɑ:spɪŋ] *a* **1** grip-, gripande etc., jfr *grasp I* **2** vinningslysten, sniken
grass [grɑ:s] *s* **1** gräs; *he does not let the ~ grow under his feet* han låter inte gräset gro under sina fötter **2** [gräs]bete, betesmark [*half of the farm is ~*]; gräsbeväxt mark; gräs, gräsmatta [*keep off the ~!*]; *turn out (put, send) to ~* driva (släppa) ut på [grön]bete **3** sl. tjallare **4** sl., *~ [weed]* marijuana
grasshopper ['grɑ:s,hɒpə] *s* zool. gräshoppa
grassland ['grɑ:slænd] *s* grässlätt, gräsmark
grass-roots ['grɑ:s'ru:ts] **I** *s pl, the ~* bildl. a) gräsrötterna, det enkla folket b) roten, [själva] grunden; [*attack a problem*] *at the ~* . . vid gräsrötterna (på gräsrotsnivå) **II** *a* gräsrots- [*at ~ level*], på gräsrotsnivå
grass-snake ['grɑ:ssneɪk] *s* zool. snok
grass-widow ['grɑ:s'wɪdəʊ] *s* gräsänka; frånskild [kvinna]
grass-widower ['grɑ:s'wɪdəʊə] *s* gräsänkling; frånskild [man]
grassy ['grɑ:sɪ] *a* gräsbevuxen; gräs-
1 grate [greɪt] **I** *tr* **1** riva, smula sönder **2** gnissla med; *~ o.'s teeth* skära tänder, gnissla med tänderna **II** *itr* **1** gnissla, knarra, gnälla [*a door ~s on its hinges*] **2** skorra illa; *~ [up]on* skära i [*~ on the ear*]; irritera, stöta [*~ on a p.'s feelings*]
2 grate [greɪt] *s* [eld]rist, spisgaller; öppen spis (häll)
grateful ['greɪtfʊl] *a* **1** tacksam [*to* (mot) *a p., for* (för) *a th.*] **2** litt. angenäm [*~ news*], behaglig; tacknämlig, tacksam [*a ~ part* (roll)]
grater ['greɪtə] *s* rivjärn; skrapare, rasp
gratification [,grætɪfɪ'keɪʃən] *s* **1** tillfredsställande [*the ~ of a desire*] **2** tillfredsställelse; nöje, njutning
gratify ['grætɪfaɪ] *tr* tillfredsställa [*~ a p.'s curiosity*]; göra belåten (nöjd)
gratifying ['grætɪfaɪɪŋ] *a* tillfredsställande, glädjande, angenäm
1 grating ['greɪtɪŋ] *a* gnisslande; skärande, skorrande, hård, sträv [*~ voices (laughter)*]
2 grating ['greɪtɪŋ] *s* galler, gallerverk
gratis ['greɪtɪs, 'grɑ:tɪs] *adv* o. *a* gratis
gratitude ['grætɪtju:d] *s* tacksamhet [*to* (mot) *a p. for a th.*]
gratuitous [grə'tju:ɪtəs] *a* **1** kostnadsfri, avgiftsfri, gratis **2** ogrundad [*~ assumption*], omotiverad; oberättigad, oförtjänt [*a ~ insult*]; opåkallad, onödig [*a ~ lie*]
gratuity [grə'tju:ətɪ] *s* **1** drickspengar; *no gratuities!* drickspengar undanbedes! **2** gratifikation
1 grave [greɪv, i bet. *2* grɑ:v] *a* **1** allvarsam, allvarlig, grav [*a ~ error*]; svår, betänklig [*~ consequences, ~ illness*] **2** språkv., *~ accent* grav accent
2 grave [greɪv] *s* grav; gravvård
grave-digger ['greɪv,dɪgə] *s* dödgrävare
gravel ['grævəl] **I** *s* grus, grov sand **II** *tr* **1** grusa, sanda **2** bildl. fam. bringa ur fattningen, förbrylla
gravel-pit ['grævəlpɪt] *s* grustag, grusgrop
gravestone ['greɪvstəʊn] *s* gravsten
graveyard ['greɪvjɑ:d] *s* kyrkogård, begravningsplats
graving-dock ['greɪvɪŋdɒk] *s* torrdocka
gravitate ['grævɪteɪt] *itr* **1** gravitera, sträva mot en medelpunkt **2** bildl., *~ towards* dras mot
gravitation [,grævɪ'teɪʃən] *s* **1** gravitation, tyngdkraft; *the law of ~* tyngdlagen, gravitationslagen **2** bildl. dragning, tendens [*towards (to)* mot]
gravity ['grævətɪ] *s* **1** allvar, allvarlighet, värdighet; högtidlighet [*the ~ of the ceremony*] **2** allvar, vikt, betydelse **3** tyngd, vikt; *centre of ~* tyngdpunkt; *specific ~*

densitet **4** tyngdkraft; *force of ~* dragningskraft; *the law of ~* tyngdlagen, gravitationslagen
gravy ['greɪvɪ] *s* köttsaft; sky, jus, köttspad; [kött]sås
gravy-boat ['greɪvɪbəʊt] *s* såsskål, såssnipa
gray [greɪ] *a* = *grey*
1 graze [greɪz] **I** *tr* **1** snudda vid, tuscha; skrapa mot **2** skrapa, skrubba [*~ o.'s knee*] **II** *itr*, *~ against* snudda vid, skrapa mot; *~ by (past)* stryka förbi **III** *s* skrubbsår
2 graze [greɪz] **I** *itr* beta, gå på bete **II** *tr* [låta] beta, driva på bete, valla [*~ sheep*]
grazier ['greɪzjə] *s* boskapsuppfödare
grease [ss. subst. gri:s, ss. vb gri:z, gri:s] **I** *s* **1** fett, talg, ister, flott **2** tekn. smörjmedel, smörjolja, smörja, [konsistens]fett **II** *tr* smörja med fett; smörja, rundsmörja; *like ~d lightning* som en oljad blixt, blixtsnabbt; *~ a p.'s palm* smörja (muta) ngn
grease-gun ['gri:sgʌn] *s* smörjspruta, fettspruta
grease-paint ['gri:speɪnt] *s* teat. smink
greaseproof ['gri:spru:f] *a* [som är] motståndskraftig mot fett; *~ [paper]* smörgåspapper, smörpapper
grease-spot ['gri:sspɒt] *s* flottfläck
greasy ['gri:zɪ, 'gri:sɪ] *a* **1** fet [*~ food*]; oljig, talgig; hal [*a ~ road*] **2** flottig, smetig
great [greɪt] **I** *a* (se äv. *greater*) **1** stor; *the G~ Bear* astr. Stora björn[en]; *G~ Britain* Storbritannien, ibl. England; *a ~ wind* en stark vind; *a ~ big fish* fam. en väldig fisk, en jättefisk; *a ~ big man* fam. en stor stark karl **2** stor, viktig, betydelsefull [*a ~ occasion*; *no ~ matter*]; *the ~ attraction* glansnumret, huvudnumret; *the ~ majority* det stora flertalet; *the G~ Powers* stormakterna; *the ~ thing is to keep calm* det viktigaste är att hålla sig lugn; *the G~ War* [första] världskriget **3** stor, framstående, betydande [*a ~ painter, a ~ statesman*]; storsint, ädel [*a ~ deed*] **4** mäktig, stor; hög, förnäm [*a ~ lady*]; *Charles the G~* Karl den store **5** om tid lång [*a ~ interval*]; hög [*a ~ age*]; *a ~ while* en lång stund **6** stor, väldig; ivrig, flitig [*a ~ reader*]; *~ friends* mycket goda vänner **7** fam. härlig, underbar [*it was a ~ sight*]; utmärkt, storartad; [*that's*] *~!* fint!, utmärkt!; *we had a ~ time* vi hade jättetrevligt; *wouldn't it be ~ if..!* vore det inte underbart om..! **II** *adv* fam. utmärkt; *things are going ~* det (allt) går utmärkt (väldigt bra, fint) **III** subst. *a, the ~* de stora, ässen [*the golf ~s*]; de mäktiga
great-aunt ['greɪtɑ:nt] *s* = *grand-aunt*
greatcoat ['greɪtkəʊt] *s* överrock; militärs kappa
greater ['greɪtə] *a* (komp. av *great*) större etc., jfr *great I*; *G~ London* Stor-London; *G~ London Council* Londons högsta förvaltande myndighet; *to a ~ or less extent* i större eller mindre utsträckning
great-grand|child ['greɪt'græn|tʃaɪld] (pl. *-children* [-ˌtʃɪldrən]) *s* barnbarnsbarn
great-granddaughter ['greɪt'grænˌdɔ:tə] *s* sons (dotters) sondotter (dotterdotter); barnbarnsbarn
great-grandfather ['greɪt'grændˌfɑ:ðə] *s* farfars (farmors) far, gammelfarfar; morfars (mormors) far, gammelmorfar
great-grandmother ['greɪt'grændˌmʌðə] *s* farfars (farmors) mor, gammelfarmor; morfars (mormors) mor, gammelmormor
great-grandson ['greɪt'grændsʌn] *s* sons (dotters) sonson (dotterson); barnbarnsbarn
great-great-grandfather ['greɪtgreɪt'grændˌfɑ:ðə] *s* farfars (farmors, morfars, mormors) farfar (morfar)
greatly ['greɪtlɪ] *adv* **1** mycket, i hög grad, storligen, högeligen [*~ disappointed*]; *be ~ mistaken* ta grundligt fel **2** storsinnat
greatness ['greɪtnəs] *s* **1** storlek i omfång, grad **2** storhet, höghet, hög rang
great-uncle ['greɪtˌʌŋkl] *s* = *grand-uncle*
grebe [gri:b] *s* zool. dopping
Grecian ['gri:ʃən] *a* grekisk i stil [*~ nose*]
Greece [gri:s] Grekland
greed [gri:d] *s* glupskhet; lystnad
greedy ['gri:dɪ] *a* **1** glupsk [*a ~ boy*] **2** lysten; girig
greedy-guts ['gri:dɪgʌts] *s* sl. matvrak
Greek [gri:k] **I** *s* **1** grek; grekinna **2** grekiska [språket]; *it is ~ to me* fam. det är rena grekiskan för mig **II** *a* grekisk
green [gri:n] **I** *a* **1** grön; grönskande; *~ belt* grönt bälte, grönområden kring stad; *have ~ fingers (a ~ thumb)* fam. ha hand med blommor, ha gröna fingrar; *give a p. the ~ light* fam. ge ngn grönt ljus (klarsignal); *~ pound* 'grönt pund' enhet för beräkning av Storbritanniens bidrag till el. från EG:s jordbruksfond **2** färsk om matvaror; grön, omogen [*~ fruit*] **3** omogen, oerfaren, 'grön'; naiv **4** frisk, spänstig, ungdomlig [*a ~ old age*]; *keep a p.'s memory ~* hålla ngns minne levande **II** *s* **1** grönt; grön färg **2** allmän gräsplan, gräsmatta, äng; plan, bana [isht i sms. *bowling-green*]; golf. a) green b) golfbana; *the village ~* byallmänningen **3** grönska **4** pl. *~s* fam. grönsaker
greenback ['gri:nbæk] *s* fam. [amerikansk] dollarsedel med grön baksida
greenery ['gri:nərɪ] *s* **1** grönska **2** [prydnads]grönt, gröna kvistar
green-eyed ['gri:naɪd] *a* grönögd; bildl. avundsjuk; svartsjuk
greenfly ['gri:nflaɪ] *s* zool. [grön] bladlus
greengage ['gri:ngeɪdʒ] *s* renklo, reine

claude slags plommon

greengrocer ['gri:nˌgrəusə] *s* [frukt- och] grönsakshandlare

greengrocery ['gri:nˌgrəusərɪ] *s* **1** [frukt- och] grönsaksaffär **2** frukt och grönsaker ss. handelsvaror

greenhorn ['gri:nhɔ:n] *s* bildl. gröngöling

greenhouse ['gri:nhaʊs] *s* växthus

greenish ['gri:nɪʃ] *a* grönaktig

Greenland ['gri:nlənd] Grönland

Greenlander ['gri:nˌləndə] *s* grönländare

greenness ['gri:nnəs] *s* **1** grön färg **2** grönska **3** brist på erfarenhet; omogenhet

green-stuff ['gri:nstʌf] *s* **1** grönsaker **2** grönfoder

Greenwich ['grɪnɪdʒ, 'gren-, -ɪtʃ] egennamn; ~ *Mean Time* Greenwichtid

Greenwich Village ['grenɪtʃ'vɪlɪdʒ, 'grɪn-] stadsdel på Manhattan i New York, hemvist för bohemer, studenter o. d.

greet [gri:t] *tr* **1** hälsa [*be ~ed with cheers; he ~ed me with a nod*] **2** välkomna, ta emot gäst o. d. **3** om syn, ljud, lukt möta [*a surprising sight ~ed us (our eyes)*]

greeting ['gri:tɪŋ] *s* hälsning [*Christmas ~s*]; hälsningsfras; välkomnande; *~[s] telegram* lyckönskningstelegram, lyxtelegram

gregarious [grɪ'geərɪəs] *a* **1** som lever i flock **2** sällskaplig

Gregorian [grɪ'gɔ:rɪən] *a* gregoriansk [*~ calendar*]

Gregory ['gregərɪ] ss. påvenamn m. m. Gregorius

gremlin ['gremlɪn] *s* sl. 'gremling' elakt väsen som vållar fel på flygplan; *printer's ~* tryckfelsnisse

grenade [grɪ'neɪd] *s* mil., liten granat, handgranat, gevärsgranat

grenadier [ˌgrenə'dɪə] *s* grenadjär

Greta ['gri:tə, 'gretə]

grew [gru:] imp. av *grow*

grey [greɪ] **I** *a* grå; *~ eminence* grå eminens; *~ matter* fam. grå celler, intelligens **II** *s* grått; grå färg; grå nyans **III** *itr* gråna, bli grå

greybeard ['greɪbɪəd] *s* gråskägg, gammal man

grey-headed ['greɪ'hedɪd] *a* gråhårig, grånad

greyhound ['greɪhaʊnd] *s* vinthund; *~ racing* sport. hundkapplöpning; *G~* Am. Greyhoundbuss långfärdsbuss

greyish ['greɪɪʃ] *a* gråaktig

grid [grɪd] *s* **1** galler; rist **2** [kraft]ledningsnät **3** elektr., radio. galler; gitter **4** rutnät, rutsystem på karta **5** sl. båge, cykel

griddle ['grɪdl] *s* [pannkaks]lagg, bakplåt för gräddning ovanpå spisen

griddle-cake ['grɪdlkeɪk] *s* slags pannkaka, plätt

gridiron ['grɪdˌaɪən] *s* **1** halster; grill; rost **2** nät[verk] **3** Am. fam. fotbollsplan

grief [gri:f] *s* sorg, bedrövelse [*for* över; *at* vid, över]; *good ~!* fam. bevare mig väl!, kors!; *come to ~* a) råka illa ut, råka ut för en olycka; förolyckas, sjö. förlisa b) gå omkull, stranda

grievance ['gri:vəns] *s* missnöjesanledning; klagomål [*against* mot]; *have a ~* ha något att klaga över

grieve [gri:v] högt. **I** *tr* bedröva, vålla sorg [*~ o.'s parents*]; *I am ~d to hear* det gör mig ont att höra **II** *itr* sörja [*at (for, over, about)* över; *to* + inf. över att]

grievous ['gri:vəs] *a* sorglig, smärtsam, pinsam, svår [*a ~ loss (injury)*]; bitter klagan, svår [*~ pain*]; farlig, allvarlig [*a ~ error*]

griffin ['grɪfɪn] *s* mytol. o. herald. grip

grill [grɪl] **I** *tr* **1** halstra, grilla, steka (rosta) på halster **2** bildl. pina; ansätta hårt [i korsförhör], halstra, grilla **II** *itr* halstras, stekas mest bildl. **III** *s* **1** grillrätt, grillat (halstrat) kött m. m. **2** halster, grill; rost

grille [grɪl] *s* **1** galler omkring el. framför ngt; skyddsgaller; gallergrind; [gallerförsedd] lucka **2** grill på bil

grill-room ['grɪlrʊm] *s* grill [rum i] restaurang

grim [grɪm] *a* **1** hård, sträng [*~ determination*] **2** barsk, bister [*~ expression*]; ohygglig [*~ outlook*]; grym [*~ truth*]; dyster plats o. d.; *hold on like ~ death* se *death* **3** fam. otrevlig, ruskig

grimace [grɪ'meɪs, 'grɪməs] **I** *s* grimas **II** *itr* grimasera

grime [graɪm] **I** *s* ingrodd smuts, sot **II** *tr* smutsa (sota) ned; *~d* smutsig, sotig

grimy ['graɪmɪ] *a* smutsig, sotig [*~ face*]

grin [grɪn] **I** *itr* flina, grina; visa tänderna; *~ and bear it* hålla god min i elakt spel, ta det hela med gott humör; *~ like a Cheshire cat* se *Cheshire* **II** *s* flin; grin

grind [graɪnd] **I** (*ground ground*) *tr* **1** mala [*~ corn into* (till) *flour*]; *~ [to pieces]* mala (smula) sönder, krossa **2** bildl. förtrycka; trycka till marken; *~ the faces of the poor* förtrycka (utarma) de fattiga **3** slipa: a) vässa b) polera; *ground glass* matt (mattslipat) glas **4** skrapa [med] [*on, against* på, mot]; *~ o.'s heel into the ground* borra ner hälen i marken; *~ o.'s teeth [together]* skära tänder[na] **5** veva; *~ out a tune* veva fram en melodi; *~ out some verses* klämma fram några verser **6** fam. plugga [*~ French*] **II** (*ground ground*) *itr* **1** mala; gå att mala **2** [stå och] veva (mala); *the gramophone was ~ing away* grammofonen malde i ett **3** skrapa, skava [*on, against* på, mot; *a ship ~ing on (against) the rocks*], gnissla; *~ to a halt* stanna med ett gnissel; bildl. stanna av, köra fast **4** fam. sträva och slita, träla; plugga; ~ [*away*] *at o.'s studies* plugga, knoga med sina studier **5** rotera utmanande med höfterna i dans **III** *s* **1** målning; skrap, skrapande ljud; *fine* ~ finmalning **2** fam. knog, slit, slitgöra **3** Am. sl. plugghäst

grinder ['graɪndə] *s* **1** malare; slipare; skärslipare **2** kvarn [*coffee-grinder*]; [övre] kvarnsten; slipmaskin **3** kindtand, oxeltand; pl. ~*s* fam. tänder

grindstone ['graɪn*d*stəʊn] *s* slipsten; *keep* (*hold*) *a p.'s nose to the* ~ bildl. hålla ngn i ständigt arbete, driva på ngn

gringo ['grɪŋgəʊ] *s* gringo sydamerikanskt öknamn på utlänning isht amerikan el. engelsman

grip [grɪp] **I** *s* **1** grepp, [fast] tag, fattning [*of* om]; *have a* ~ *of* ha grepp på (om) ämne; *have a* ~ *on a p.* ha ngn helt i sin hand; *keep a* ~ *of o.s.* behålla behärskningen; *lose o.'s* ~ förlora greppet; *take* (*get*) *a* ~ *on o.s.* fam. ta sig i kragen, skärpa sig **2** handtag, grepp på vapen, väska m. m. **3** hårklämma **4** pl. ~*s* nappatag; *get* (*come*) *to* ~*s with* äv. bildl. komma inpå livet, ta ett nappatag med, ge sig i kast med **II** *tr* **1** gripa [om], fatta tag i [~ *the railing*] **2** bildl. gripa, fängsla **III** *itr* fatta (få) fast tag; få grepp

gripe [graɪp] *s,* [*the*] ~*s* läk. magknip, kolik

gripping ['grɪpɪŋ] *a* gripande, fängslande

gripsack ['grɪpsæk] *s* Am. resväska, kappsäck; bag

grisly ['grɪzlɪ] *a* hemsk, kuslig, gräslig

grist [grɪst] *s* mäld; ~ *to the mill* bildl. välkommet bidrag (tillskott), vinst, fördel

gristle ['grɪsl] *s* anat. brosk

grit [grɪt] **I** *s* **1** hård partikel, slipkorn; sandkorn; sand, grus **2** [grovkornig] sandsten **3** bildl. fam. gott gry, fasthet, kurage **II** *tr* gnissla med; ~ *o.'s teeth* skära tänder

grits [grɪts] (konstr. ss. sg. el. pl.) *s* **1** [kross]-gryn **2** gröpe

gritty ['grɪtɪ] *a* grusig, sandig, grynig

grizzle ['grɪzl] *itr* fam. mest om barn grina, gnälla

grizzled ['grɪzld] *a* gråhårig; gråsprängd

grizzle-guts ['grɪzlgʌts] *s* fam. gnällmåns

grizzler ['grɪzlə] *s* fam. gnällmåns

grizzly ['grɪzlɪ] **I** *a* grå, gråaktig; gråhårig; ~ *bear* stor nordamerikansk gråbjörn, grisslybjörn **II** *s* se ~ *bear* under *I*

groan [grəʊn] **I** *itr* stöna, jämra sig [~ *with* (av) *pain*]; sucka, digna [*under* (*beneath*) under börda]; om trä o. d. knaka; *the table* ~*ed with food* bordet dignade av mat **II** *tr,* ~ [*out*] stöna fram **III** *s* **1** stönande, jämmer; knakande **2** [missnöjt] mummel

groats [grəʊts] (konstr. ss. sg. el. pl.) *s* gröpe; [hel]gryn

grocer ['grəʊsə] *s* specerihandlare; ~*'s* [*shop* (*store* isht Am.)] speceriaffär, livsmedelsaffär

grocery ['grəʊsərɪ] *s* **1** mest pl. *groceries* specerier **2** speceriaffär [Am. äv. ~ *store*]

grog [grɒg] *s* sjö. toddy på rom, whisky el. konjak

groggy ['grɒgɪ] *a* fam. ostadig [på benen]; svag; vacklande; isht sport. groggy

groin [grɔɪn] *s* anat. ljumske; fam. skrev [*kick a p. in the* ~]

groom [gru:m] **I** *s* **1** stalldräng, ridknekt **2** brudgum **II** *tr* **1** sköta, ansa hästar; rykta **2** göra fin (snygg); *badly* ~*ed* ovårdad **3** träna, förbereda, trimma [~ *a political candidate*]

groove [gru:v] **I** *s* **1** fåra, räffla, ränna, skåra; spår i t. ex. grammofonskiva; fals; gänga på skruv **2** bildl. [hjul]spår, slentrian, gängor, vana [*fall into the old* ~]; *get into a* ~ fastna i slentrian **II** *tr* räffla, göra en fåra (skåra) i

groovy ['gru:vɪ] *a* **1** slentrianmässig **2** sl. toppenskön, mysig; toppensnygg

grope [grəʊp] **I** *itr* treva, famla, känna, leta [*for* (*after*) efter] **II** *tr,* ~ *o.'s way* treva sig fram

gross [grəʊs] **I** *a* **1** grov, plump, rå, simpel [~ *language*] **2** grov [~ *carelessness,* ~ *exaggeration*], krass [~ *materialism*]; skriande, flagrant [~ *injustice*]; ~ *negligence* jur. grov oaktsamhet (försumlighet) **3** fet, uppsvälld [*a* ~ *corpulent man*] **4** total-, brutto- [~ *profit*]; ~ *national product* bruttonationalprodukt; ~ [*register*] *tonnage* bruttoregisterton **II** *s* **1** (pl. lika) gross 12 dussin [*two* ~ *pens*] **2** *in* [*the*] ~ hand. i parti, en gros

grossly ['grəʊslɪ] *adv* grovt, starkt, kraftigt [~ *exaggerated*]; skändligt

grossness ['grəʊsnəs] *s* **1** grovhet, råhet, simpelhet **2** grovhet, skändlighet

grotesque [grə*ʊ*'tesk] *a* grotesk, fantastisk; barock [*that is quite* ~]

grotto ['grɒtəʊ] *s* grotta

grotty ['grɒtɪ] *a* sl. **1** urusel **2** ful; snuskig

grouch [graʊtʃ] fam. **I** *itr* vara sur, knota **II** *s* surhet, trumpenhet; *have a* ~ *against a p.* vara sur på ngn

grouchy ['graʊtʃɪ] *a* sur, vresig

1 ground [graʊnd] imp. o. pp. av *grind*

2 ground [graʊnd] **I** *s* **1** mark; jord; grund; ~ *clearance* markfrigång; ~ *crew* flyg. markpersonal; *the* ~ *defences* luftvärnsartilleriet; ~ *forces* markstridskrafter ~ *staff* flyg. markpersonal; *break fresh* (*new*) ~ a) bryta (odla upp) ny mark b) bildl. bryta nya vägar (ny mark); *cut the* ~ *from under a p.*[*'s feet*] rycka undan marken under ngns fötter; *be sure of o.'s* ~ bildl. vara säker på sin sak; *be on firm* ~ ha fast mark under fötterna; *fall* (*be dashed*) *to the* ~

falla ned; gå om intet, falla till marken [*the scheme fell to the* ~]; misslyckas; grusas [*our hopes were dashed to the* ~]; *it would suit me down to the* ~ fam. det skulle passa mig alldeles precis (förträffligt) **2** mark, terräng; område, plats [*parade* ~], plan [*cricket* ~]; [idrotts]anläggning, stadion; ~ *staff* personal vid idrottsplats; *we have covered a lot of* ~ *today* vi har hunnit långt i dag; *gain* ~ vinna terräng; vinna utbredning; *go over the* ~ *again* bildl. gå igenom saken (materialet, problemet) igen; *hold* (*stand, keep, maintain*) *o.'s* ~ bibehålla sin position, hävda sin ställning, stå på sig; *lose* ~ förlora terräng, gå tillbaka, avta **3** pl. ~*s* inhägnat område, [stor] tomt; *the house and* ~*s* huset och området omkring, huset med tillhörande mark **4** persons jord, jordegendom, marker, ägor **5** botten isht sjö. o. bildl., havsbotten; *break* ~ lyfta ankar **6** pl. ~*s* bottensats, sump [*coffee-grounds*]; drägg **7** isht Am. elektr. jord[kontakt], jordledning **8** grund, grundval; underlag, botten [*pink roses on a white* ~] **9** anledning, grund, orsak, motiv, [giltigt] skäl [*of* till, för]; *give* ~[*s*] *for* ge anledning till; *have good* ~[*s*] *for believing* ha goda skäl för (all anledning) att tro; *there is no* ~ (*are no* ~*s*) *for anxiety* det finns ingen anledning att oroa sig (till oro); *on the* ~[*s*] *of* med anledning (på grund) av

II *tr* **1** grunda, bygga, basera [*on* på]; *well* ~*ed* [väl]grundad, motiverad **2** ~ *o.s. in a subject* slå i sig grunderna av ett ämne; *be well* ~*ed in* ha goda grunder (kunskaper) i **3** flyg. a) tvinga att landa b) förbjuda (hindra) att flyga; ge pilot marktjänst, beröva pilot hans flygcertifikat; *all aircraft are* ~*ed* inga plan kan (får) starta

ground-bait ['graun*d*beɪt] *s* lockmat som kastas ut för att locka fisk till metställe

ground-bass ['graun*d*'beɪs] *s* mus. basso ostinato

ground-control ['graun*d*kən'trəul] *s*, ~ *approach* markstationerad landningsradar, GCA

ground-floor ['graun*d*'flɔ:] *s* bottenvåning, första våning, bottenplan; *on the* ~ äv. på nedre botten; *get in on the* ~ bildl. a) komma in i bolag med samma rättigheter som stiftarna b) vara med från starten

groundless ['graundləs] *a* grundlös, ogrundad

groundnut ['graun*d*nʌt] *s* bot. jordnöt

ground-plan ['graun*d*plæn] *s* grundritning, planritning

ground-rent ['graundrent] *s* jordränta, tomtören

groundsel ['graunsl] *s* bot. korsört

groundsheet ['graun*d*ʃi:t] *s* markskydd mot fukt, tältunderlag

groundsman ['graun*d*zmən] *s* planskötare för kricketplan o. d.

ground-staff ['graun*d*stɑ:f] *s* flyg. markpersonal

ground-swell ['graundswel] *s* **1** grunddyning, lång svår dyning **2** bildl. underström

ground-to-air ['graundtu'eə] *a* mil. 'mark-luft-'; ~ *missile* ung. luftvärnsrobot

groundwork ['graundwɜ:k] *s* **1** grundval, grund [~ *for* el. *of* (till, för) *a good education*], basis **2** grundläggande arbete

group [gru:p] **I** *s* **1** grupp; klunga; sammanslutning, riktning; ~ [*life*] *insurance* grupplivförsäkring **2** mil. [flyg]eskader; Am. ung. [flyg]flottilj; ~ *captain* överste vid flygvapnet **II** *tr* gruppera, ordna, ordna (samla) i grupp[er] **III** *itr* gruppera sig

groupie ['gru:pɪ] *s* sl. popgruppsfan flicka som följer med olika popgrupper

1 grouse [graus] (pl. lika) *s* skogshöns, skogsfågel; mest moripa, skotsk ripa; *black* ~ orre; *great* (*wood*) ~ tjäder; ~ *shooting* moripjakt

2 grouse [graus] fam. **I** *s* knot, knorrande, klagomål **II** *itr* knota, knorra [*about* över]

grouser ['grausə] *s* person som gnatar

grove [grəuv] *s* skogsdunge; lund

grovel ['grɒvl] *itr* kräla i stoftet, krypa

groveller ['grɒvlə] *s* lismare, krypande person

grovelling ['grɒvlɪŋ] *a* krypande, inställsam

grow [grəu] (*grew grown*) **I** *itr* **1** växa, växa upp; gro, spira [*plants* ~ *from seeds*]; växa till; bli större; utvecklas; utvidgas; tillta, stiga, öka[s] [*his influence has* ~*n*]; ~ *out of* a) växa ur [~ *out of o.'s clothes*] b) växa ifrån [~ *out of bad habits*], upphöra med; ~ *up* växa upp, bli fullvuxen; växa fram, uppstå; *be* ~*n up* vara [full]vuxen (stor) **2** ~ [*up*]*on* a) hota att bli ngn övermäktig, bli allt djupare rotad hos [*the habit grew* [*up*]*on him*] b) mer och mer tilltala ngn; *he* (*it*) ~*s on you* han (det) vinner i längden **3** [småningom] bli [~ *better*]; *be* ~*ing* börja bli [*be* ~*ing late* (*old*)] **4** ~ *to* + inf. mer och mer börja [att], komma att [*I grew to like it*] **II** *tr* **1** odla [~ *potatoes*]; producera **2** låta växa, anlägga; ~ *a beard* lägga sig till med skägg **3** *be* ~*n* [*over*] vara beväxt (bevuxen, övervuxen) [*with* med]

grower ['grəuə] *s* **1** om växt, *it is a rapid* (*fast*) ~ den växer fort **2** odlare, producent

growing-pains ['grəuɪŋpeɪnz] *s pl* **1** växtvärk, bildl. äv. barnsjukdomar **2** [emotionella] pubertetsbesvär

growl [graul] **I** *itr* **1** morra, brumma [*at* mot (åt)] **2** knota, knorra **II** *tr* brumma (morra) fram **III** *s* morrande etc., jfr *I*; argt (missnöjt) mummel

grown [grəun] **I** pp. av *grow* **II** *a* **1** fullvuxen, vuxen **2** grodd [~ *wheat*]

grown-up ['grəunʌp] **I** *a* vuxen [*a* ~ *son*] **II** *s* vuxen [person]; *two* ~*s* två vuxna

growth [grəuθ] *s* **1** växt; tillväxt [*the* ~ *of the city*]; utveckling [*the* ~ *of trade*]; utvidgning, stigande, tilltagande **2** odling, produktion **3** växt, växtlighet, vegetation [*a thick* ~ *of weeds*], bestånd; *a week's* ~ *of beard* en veckas skäggväxt; ~ *of hair* hårväxt **4** skörd, årgång isht av vin, alster

groyne [grɔɪn] *s* vågbrytare av trä el. sten

grub [grʌb] **I** *itr* gräva, rota, böka äv. bildl. [*for* efter]; ~ *about* gå och rota (böka) **II** *tr,* ~ [*up*] gräva i, gräva upp land; rensa (röja) upp mark **III** *s* **1** zool. larv, mask **2** sl. käk, krubb mat

grubby ['grʌbɪ] *a* smutsig; snuskig, sjaskig

grudge [grʌdʒ] **I** *tr* **1** knorra över; ~ *the cost* dra sig för kostnaderna **2** missunna, avundas [*they* ~*d him his success*] **II** *s* missunnsamhet, avund; *bear a p. a* ~ el. *have a* ~ *against a p.* hysa agg till ngn

grudging ['grʌdʒɪŋ] *a* motsträvig, ovillig; motvillig; missunnsam, njugg

gruel [grʊəl] *s* välling; havresoppa

gruelling ['grʊəlɪŋ] fam. **I** *a* mycket ansträngande, hård [*a* ~ *motor-race*], het; sträng [*a* ~ *cross-examination*] **II** *s* ordentlig omgång; svår (hård) pärs

gruesome ['gru:səm] *a* hemsk, kuslig

gruff [grʌf] *a* grov; sträv, barsk

grumble ['grʌmbl] **I** *itr* knota, klaga, knorra [*about* (*at, over*) över] **II** *s* morrande, muttrande; knot; mullrande

grumpy ['grʌmpɪ] *a* knarrig, vresig, butter

grunt [grʌnt] **I** *itr* grymta; knorra, knota **II** *tr* grymta fram **III** *s* grymtning, grymtande

gruyère ['gru:jeə] *s* gruyère slags schweizisk ost

gryphon ['grɪfən] *s* se *griffin*

G-string ['dʒi:strɪŋ] *s* **1** fikonlöv, frimärke minsta kvarvarande plagg hos stripteasedansös **2** mus. g-sträng

Gt. Br[**it**]. förk. för *Great Britain*

guano ['gwɑ:nəʊ] *s* guano

guarantee [ˌgærən'ti:] **I** *s* **1** garanti; säkerhet; borgen; garantibevis **2** garant; borgensman; *be* ~ *for* äv. gå i god för, garantera **II** *tr* garantera [~ *peace*]; gå i borgen för, gå i god för; borga för; tillförsäkra [~ *a p. immunity*]; säkerställa ngn, ge ngn garantier [*against* (*from*) mot]; *this clock is* ~*d for one year* det är ett års garanti på den här klockan

guarantor [ˌgærən'tɔ:, gə'ræntɔ:] *s* garant; borgensman

guaranty ['gærəntɪ] *s* jur. garanti, borgen, borgensförbindelse

guard [gɑ:d] **I** *tr* **1** bevaka [~ *prisoners*], hålla vakt vid [~ *the frontiers*], vakta [över], övervaka **2** skydda, bevara [*against* (*from*) mot (för, från)]; gardera äv. schack. o. kortsp.; ~ *o.s. against* gardera (skydda, säkra) sig mot **II** *itr* hålla vakt; vara på sin vakt [*against* mot], akta sig [*against* för; ~ *against temptations*]; fäktn. gardera sig; ~ *against* äv. a) gardera (skydda) sig mot [~ *against disease* (*suspicion*)] b) vara ett skydd mot **III** *s* **1** vakt, vakthållning, bevakning, skydd; *keep* ~ hålla vakt, stå (gå) på vakt; *be off o.'s* ~ inte vara på sin vakt; *catch* (*take*) *a p. off his* ~ överrumpla ngn; *throw a p. off his* ~ invagga ngn i säkerhet, avleda ngns uppmärksamhet; *be on* ~ stå (gå) på vakt, ha vakt; *be on o.'s* ~ vara på sin vakt [*against* mot]; akta sig [*against* för] **2** skydd, värn; försvar **3** försvarsställning, gard i fäktning o. d. **4** fångvaktare; vaktman; vakt; väktare **5** isht mil. vakt, vaktmanskap, bevakning; *Home G*~ se *home II 2*; ~ *of honour* hedersvakt; *the changing of the* ~ vaktombytet; *mount* ~ se *2 mount I 7*; *relieve* ~ avlösa vakten **6** pl. ~*s* garde [*Horse Guards*] **7** konduktör på tåg el. postdiligens; bromsare; Am. spärrvakt **8** skydd, skyddsanordning av olika slag, t. ex.: bygel; parerplåt på värja o. d.; skärm på cykel

guarded ['gɑ:dɪd] *a* **1** bevakad, vaktad, skyddad, garderad **2** försiktig; reserverad, förbehållsam [*a* ~ *reply*], diskret

guardedly ['gɑ:dɪdlɪ] *adv* försiktigt, reserverat, förbehållsamt, med förbehåll

guardhouse ['gɑ:dhaʊs] *s* mil. vakthus, vaktlokal; arrest

guardian ['gɑ:djən] *s* **1** väktare [~ *of the law*]; bevakare [~ *of public interests*]; attr. beskyddande, skydds- [~ *angel*] **2** jur. förmyndare; vårdnadshavare, målsman

guardianship ['gɑ:djənʃɪp] *s* **1** förmynderskap; *be under* ~ stå under förmyndare **2** skydd, beskydd, vård, uppsikt

guard-rail ['gɑ:dreɪl] *s* **1** [skydds]räcke; bröstvärn; skyddslist **2** järnv. moträl

guard-ring ['gɑ:drɪŋ] *s* skyddsring; extra ring som hindrar annan ring att glida av

guardroom ['gɑ:drʊm] *s* mil. vaktrum, vaktlokal; arrestrum

guardsman ['gɑ:dsmən] *s* **1** gardesofficer; gardist **2** Am. nationalgardist

Guatemala [ˌgwætɪ'mɑ:lə, ˌgwɑ:t-]

guava ['gwɑ:və] *s* bot. guavaträd; guava[-frukt]

gudgeon ['gʌdʒən] *s* zool. sandkrypare

guelder-rose ['geldə'rəʊz] *s* bot. [skogs]-olvon; snöbollsbuske

Guernsey ['gɜ:nzɪ]

guerrilla [gə'rɪlə] *s* **1** ~ *war*[*fare*] gerillakrig[föring] **2** gerillasoldat; pl. ~*s* äv. gerillatrupper, gerilla

guess [ges] **I** *tr* **1** gissa [~ *her age*], gissa sig till [~ *the truth*]; uppskatta [*at* till]; gissa [rätt på] **2** isht Am. fam. tro, anta, förmoda; *I* ~ *I'll go now* jag tänker gå nu; *I* ~ *so* jag tror (förmodar) det **II** *itr* gissa [*at a th.* [på] ngt]; *keep a p.* ~*ing* hålla ngn i ovisshet **III** *s* gissning, förmodan; *it's anybody's* ~ ingen vet, det är omöjligt att säga; *your* ~ *is as good as mine* jag vet inte mer om det än du; *give* (*have, make*) *a* ~ gissa [*at a th.* [på] ngt]; *at a* ~ gissningsvis

guessing ['gesıŋ] *a*, ~ *game* gisslek

guesswork ['geswɜ:k] *s* gissning[ar], [rena] spekulationer

guest [gest] *s* gäst; främmande [*we're expecting* ~*s to dinner*]; *be my* ~*!* fam. var så god!, ta för dig bara!

guest-house ['gesthaus] *s* [finare] pensionat, gästhem

guest-night ['gestnaıt] *s* gästafton på klubb, college e. d.

guest-room ['gestrum] *s* gästrum

guffaw [gʌ'fɔ:] **I** *s* gapskratt **II** *itr* gapskratta

Guiana [gaı'ænə, gı'ɑ:nə]

guidance ['gaıdəns] *s* ledning; anförande; ciceronskap; vägledning, orientering; rådgivning [*marriage* ~]

guide [gaıd] **I** *tr* **1** visa vägen, [väg]leda, ledsaga; guida; ~*d tour* se under *tour I* **2** styra, leda [~ *a horse*]; vara vägledande för, vägleda; ~*d missile* [fjärr]styrd projektil (robot) **II** *s* **1** vägvisare; guide, gid, reseledare, förare, ciceron, ledsagare; rådgivare, vägledare [*her religious* ~]; rättesnöre; ledning [*serve as a* ~]; ledtråd; ~ *dog* ledarhund **2** handbok [*a* ~ *to* (i) *English conversation*], resehandbok [*a* ~ *to* (över) *Italy*], guide, katalog [*a* ~ *to* (över) *the museum*]; *railway* ~ tågtidtabell **3** [*girl*] ~ flickscout **4** tekn. ledare, ledskena

guide-book ['gaıdbuk] *s* vägvisare, resehandbok, guide; katalog

guideline ['gaıdlaın] *s* riktlinje

guide-post ['gaıdpəust] *s* vägvisare, vägstolpe, vägskylt

guiding-star ['gaıdıŋ'stɑ:] *s* ledstjärna

guild [gıld] *s* gille, skrå; sällskap

guilder ['gıldə] *s* holländsk etc. gulden, florin

guildhall ['gıld'hɔ:l] *s* **1** gilleshus, gillessal **2** rådhus, stadshus

guile [gaıl] *s* svek, förräderi; list

guileless ['gaılləs] *a* sveklös; ärlig

guillemot ['gılımɒt] *s* zool. sillgrissla

guillotine [ˌgılə'ti:n] **I** *s* **1** giljotin **2** parl. diskussionsspärr, tidsbegränsning för debatt **3** skärmaskin för papper **II** *tr* **1** giljotinera **2** parl. tillämpa diskussionsspärr på lagförslag

guilt [gılt] *s* skuld [*proof of his* ~]; skuldkänsla

guiltless ['gıltləs] *a* oskyldig [*of* till]

guilty ['gıltı] *a* **1** skyldig [~ *of* (till) *murder*]; *find a p.* ~ (*not* ~) förklara ngn skyldig (inte skyldig); *plead* ~ erkänna sig skyldig; *plead not* ~ neka **2** skuldmedveten [*a* ~ *look*]; ~ *conscience* dåligt samvete

Guinea ['gını]

guinea ['gını] *s* guinea: a) förr mynt om 21 shilling b) räkneenhet på samma belopp (avskaffad 1971)

guinea-fowl ['gınıfaul] *s* pärlhöns, pärlhöna

guinea-pig ['gınıpıg] *s* **1** zool. marsvin **2** försökskanin

Guinness ['gınıs] **I** egennamn **II** *s* ® Guinness slags porter

guise [gaız] *s* utseende, yttre; sken, mask; *in the* ~ *of* förklädd till, klädd som, i gestalt av; *under the* ~ *of* under sken (en mask) av

guitar [gı'tɑ:] *s* gitarr

guitarist [gı'tɑ:rıst] *s* gitarrist

gulch [gʌltʃ] *s* Am. [smal] bergsklyfta

gulden ['guldən] *s* holländsk etc. gulden

gulf [gʌlf] *s* **1** golf, [havs]bukt; vik [*the G*~ *of Bothnia*]; *the G*~ *Stream* Golfströmmen; *the G*~ *of Mexico* Mexikanska golfen **2** poet. o. bildl. svalg, avgrund, [djup] klyfta

gull [gʌl] *s* zool. mås; trut

gullet ['gʌlıt] *s* matstrupe; strupe

gullible ['gʌləbl] *a* lättlurad, lättrogen

Gulliver ['gʌlıvə]

gully ['gʌlı] *s* **1** ränna, klyfta, ravin **2** [djupt] dike, rännsten, avloppskanal

gulp [gʌlp] **I** *tr*, ~ [*down*] svälja [häftigt], stjälpa (slänga) i sig [~ *down a cup of tea*], sluka **II** *itr* svälja, nästan storkna **III** *s* sväljning; klunk; *at one* ~ i ett tag (drag)

1 gum [gʌm] *s* anat., mest pl. ~*s* tandkött

2 gum [gʌm] *interj* fam., *by* ~*!* för tusan!

3 gum [gʌm] **I** *s* **1** gummi; kåda **2** slags hård genomskinlig gelékaramell **3** tuggummi [äv. *chewing-gum*] **4 a**) ~ *boots* gummistövlar **b**) pl. ~*s* Am. fam. galoscher **II** *tr* **1** gummera; fästa (klistra upp) med gummi [ofta ~ *down* (*up*)]; ~ *together* klistra ihop **2** ~ *up* sl. förstöra; stoppa; ~ *up the works* sl. förstöra (sabba) alltihop

gumption ['gʌmpʃən] *s* fam. sunt förnuft; fyndighet; företagsamhet, framåtanda

gum-tree ['gʌmtri:] *s* bot. **1** eukalyptus, [australiskt] gummiträd **2** *be up a* ~ fam. a) sitta i klistret b) vara på villovägar

gun [gʌn] **I** *s* **1** mil. kanon; bössa, gevär; *a salute of 21* ~*s* en salut på 21 skott **2** fam. revolver; pistol **3** tryckspruta; *grease* ~ smörjspruta **4** spec. uttr.: *big* ~ sl. stor (verklig) kanon; pamp, högdjur; *son of a* ~ fam. skojare, kanalje; *we were going great* ~*s* fam. a) det gick som smort [för oss] b) vi var i finfin form; *stick* (*stand*) *to o.'s* ~*s* bildl.

stå fast, stå på sig **II** *itr* **1** skjuta med gevär **2** ~ *for* fam. a) vara på jakt efter [*Jones is ~ning for you*], förfölja b) vara ute efter, kämpa för [*be ~ning for a rise*] **III** *tr* **1** fam. skjuta [på] **2** fam., ~ [*down*] skjuta ner

gun-barrel ['gʌnˌbærəl] *s* mil. gevärspipa, gevärslopp; eldrör

gunboat ['gʌnbəut] *s* sjö. kanonbåt

gun-carriage ['gʌnˌkærɪdʒ] *s* mil. lavett

gun-cotton ['gʌnˌkɒtn] *s* kem. bomullskrut

gun-fight ['gʌnfaɪt] *s* isht Am. fam. revolverstrid

gunfire ['gʌnˌfaɪə] *s* mil. artillerield

gun|man ['gʌn|mən] (pl. *-men* [-mən]) *s* gangster, revolverman, bandit

gun-metal ['gʌnˌmetl] *s* kanonmetall

gunner ['gʌnə] *s* **1** mil. kanonjär; artillerist; riktare; [kulsprute]skytt äv. på flygplan; *rear ~* akterskytt på flygplan **2** sjö. artillerist

gunnery ['gʌnərɪ] *s* artillerivetenskap, skjutlära

gunpoint ['gʌnpɔɪnt] *s, at ~* under pistolhot (gevärshot)

gunpowder ['gʌnˌpaudə] *s* krut; *the G~ Plot* krutkonspirationen, jfr *2 guy I 1*

gunrunner ['gʌnˌrʌnə] *s* vapensmugglare

gunrunning ['gʌnˌrʌnɪŋ] *s* vapensmuggling

gunshot ['gʌnʃɒt] *s* skottvidd, skotthåll

gunsmith ['gʌnsmɪθ] *s* gevärssmed

gunwale ['gʌnl] *s* sjö. reling

gurgle ['gɜ:gl] **I** *itr* **1** klunka, klucka; porla **2** gurgla **II** *s* porlande; skrockande, gurglande ljud

Gurkha ['gɜ:kə] *s* gurkha person av den härskande klassen i Nepal

guru ['guru:] *s* (Ind.) guru

Gus [gʌs] kortform för *Augustus*

gush [gʌʃ] **I** *itr* **1** välla [fram] [*oil ~ed from the well*], forsa [ut] [*blood ~ed from the wound*], strömma [ut] **2** fam. vara översvallande **II** *s* **1** framvällande; ström, stråle [*a ~ of water*] **2** bildl. häftigt utbrott [*a ~ of anger*]; fam. sentimentalt svammel

gushing ['gʌʃɪŋ] *a* översvallande, sentimental

gusset ['gʌsɪt] *s* kil i klädesplagg

Gussy ['gʌsɪ] kortform för *Augustus*

gust [gʌst] *s* **1** häftig vindstöt, vindil, kastvind, [storm]by; ~ *of smoke* rökpuff, rökmoln **2** bildl. [häftigt] utbrott [*a ~ of anger*]

gusto ['gʌstəu] *s* förkärlek; njutning; *with* [*great*] ~ med stort välbehag

gusty ['gʌstɪ] *a* byig, stormig

gut [gʌt] **I** *s* **1** tarm; tarmkanal; *blind ~* blindtarm **2** tarmsträng, kattgut **3** tafs till metrev, gut **4** sl., pl. *~s* se *guts* **II** *tr* **1** rensa fisk **2** tömma, rensa; *~ted by fire* urblåst (utbränd) av eld

guts [gʌts] *s pl* sl. **1** inälvor, tarmar; innanmäte; *I hate his ~* jag avskyr honom som pesten **2** mage, buk **3** kurage; *he has got no ~* a) det är ingen ruter i honom b) han är [för] feg **4** Am. mage, fräckhet

gutta-percha [ˌgʌtə'pɜ:tʃə] *s* guttaperka

gutter ['gʌtə] *s* **1** rännsten äv. bildl.; ~ *press* skandalpress; *take a p. out of the ~* bildl. plocka upp ngn från gatan, dra upp ngn ur rännstenen **2** avloppsränna, avloppsrör **3** takränna

guttersnipe ['gʌtəsnaɪp] *s* rännstensunge

guttural ['gʌtərəl] **I** *a* strupljuds-, guttural **II** *s* strupljud; gutturalt ljud

guv [gʌv] *s* kortform för *guvnor*

guvnor ['gʌvnə] *s* fam. farsa; gubbe; bas; *how far is it, ~?* [hör du,] hur långt är det?

1 guy [gaɪ] *s* sjö. gaj, stötta

2 guy [gaɪ] **I** *s* **1** Guy-Fawkes-docka som till minnet av Guy Fawkes, aktiv i krutkonspirationen 1605, bärs omkring på gatorna och bränns 5 nov. **2** bildl. 'fågelskrämma', löjlig figur **3** fam. karl, kille; *fall ~* se *fall-guy*; *a queer ~* en konstig kropp (typ) **II** *tr* skoja med

Guyana [gaɪ'ænə]

guzzle ['gʌzl] **I** *itr* supa, pimpla; vräka i sig, frossa **II** *tr* supa, pimpla; vräka i sig

guzzle-guts ['gʌzlgʌts] *s* sl. se *guzzler*

guzzler ['gʌzlə] *s* fylltratt; matvrak

Gwen [gwen] kortform för följ.

Gwendolen el. **Gwendoline** ['gwendəlɪn]

Gwent [gwent]

gym [dʒɪm] *s* fam. kortform för *gymnasium, gymnastics*

gymkhana [dʒɪm'kɑ:nə] *s* **1** idrottsplats, idrottshall **2** gymkhana, idrottstävlingar

gymnasi|um [dʒɪm'neɪzj|əm] (pl. *-ums* el. *-a* [-ə]) *s* gymnastiksal; gymnastiklokal, idrottslokal; lekplats, lekpark

gymnast ['dʒɪmnæst] *s* gymnast

gymnastic [dʒɪm'næstɪk] **I** *a* gymnastisk **II** *s*, mest *~s* (konstr. ss. sg.) gymnastik; *mental ~s* hjärngymnastik, tankeövningar

gym-slip ['dʒɪmslɪp] *s* fam. gymnastikdräkt [för flickor]

gynaecologist [ˌgaɪnɪ'kɒlədʒɪst] *s* gynekolog

gynaecology [ˌgaɪnɪ'kɒlədʒɪ] *s* gynekologi

gyp [dʒɪp] *s* sl. smörj, stryk; *give a p. ~* a) ge ngn på huden; klå upp ngn b) pina ngn

gypsum ['dʒɪpsəm] *s* miner. gips

gypsy ['dʒɪpsɪ] *s* o. *a* o. *itr* isht Am. se *gipsy*

gyrate [ˌdʒaɪə'reɪt] *itr* rotera, virvla [runt]

gyration [ˌdʒaɪə'reɪʃən] *s* rotation, roterande, virvlande; kretsande

gyro ['dʒaɪərəu] *s* **1** gyro[skop]; gyrokompass; ~ *horizon* flyg. gyrohorisont, horisontgyro **2** autogiro

gyro-compass ['dʒaɪərəuˌkʌmpəs] *s* gyrokompass

gyroscope ['dʒaɪərəskəup] *s* tekn. gyroskop

gyroscopic [ˌdʒaɪərəsˈkɒpɪk] *a* gyroskopisk

H

H, h [eɪtʃ] (pl. *H's, h's* [ˈeɪtʃɪz]) *s* H, h; jfr *aitch*
H förk. för *hard* (på blyertspenna), *hydrogen*
h. förk. för *hour[s]*; jfr *h. and c.*
ha [hɑː] *interj* [ha] ha!, åh!; ~ ~*!* ha, ha!
Haarlem [ˈhɑːlem, -ləm]
habeas corpus [ˈheɪbjəsˈkɔːpəs] *s,* [*writ of*] ~ ung. åläggande om prövning [inför rätta] av det berättigade i frihetsberövandet
haberdashery [ˈhæbədæʃərɪ, ˌ-ˈ---] *s* **1** sybehör, korta varor; Am. herrekiperingsartiklar **2** sybehörs-, kortvaru|affär; Am. herrekipering[saffär]
habit [ˈhæbɪt] *s* **1** vana [*be the slave of* ~]; *a bad* ~ en ovana, en dålig (ful) vana; *be in the* ~ *of* ha för vana att, bruka; *force of* ~ se *force I 1* **2** dräkt, klädnad; [*riding*] ~ dams riddräkt
habitable [ˈhæbɪtəbl] *a* beboelig
habitat [ˈhæbɪtæt] *s* naturv. lokal, naturlig hemvist, fyndort; omgivning
habitation [ˌhæbɪˈteɪʃən] *s* **1** beboende, bebyggelse; *not fit for* ~ obeboelig **2** litt. boning, bostad [*a human* ~]
habit-forming [ˈhæbɪtˌfɔːmɪŋ] *a* vanebildande
habitual [həˈbɪtjʊəl] *a* **1** invand, inrotad [*a* ~ *practice*]; vanemässig **2** inbiten, vane- [*a* ~ *drunkard*] **3** vanlig [*a* ~ *sight*]
habitually [həˈbɪtjʊəlɪ] *adv* jämt
habituate [həˈbɪtjʊeɪt] *tr* vänja [*to* vid]
habitué [həˈbɪtjʊeɪ] *s* habitué, stamgäst
1 hack [hæk] **I** *tr* **1** hacka [i]; hacka (hugga) sönder; stympa **2** fotb. sparka motspelare på smalbenet **II** *itr* **1** hacka [*at* i, på] **2** fotb. sparka motspelare på smalbenet **3** ~*ing cough* hackhosta
2 hack [hæk] *s* **1** uthyrningshäst, åkarhäst; föraktl. hästkrake **2** a) ~ [*writer*] dussinförfattare b) arbets|träl, -slav
hackle [ˈhækl] *s* **1** häckla **2** tupps nackfjäder; pl. ~*s* hunds nackhår; *get a p.'s* ~*s up* komma (få) ngn att resa borst, reta upp ngn
hackney [ˈhæknɪ] *s* **1** enkel rid-, åkar-, vagns|häst **2** hyrdroska, åkardroska
hackneyed [ˈhæknɪd] *a* banal, utnött
hacksaw [ˈhæksɔː] *s* tekn. bågfil metallsåg
hackwork [ˈhækwɜːk] *s* föraktl. rutin-, beställnings|arbete; slavgöra
had [hæd, obeton. həd, əd, d] imp. o. pp. av *have*
haddock [ˈhædək] *s* kolja [*finnan* (rökt) ~]
Hades [ˈheɪdiːz] **I** egennamn **II** *s* Hades, underjorden
hadn't [ˈhædnt] = *had not*
Hadrian [ˈheɪdrɪən] Hadrianus
hadst [hædst] åld. 2 pers. sing. imp. av *have* [*thou* ~]
haemoglobin [ˌhiːməʊˈgləʊbɪn] *s* kem. hemoglobin
haemophilia [ˌhiːməʊˈfɪlɪə] *s* läk. blödarsjuka, hemofili
haemorrhage [ˈhemərɪdʒ] *s* läk. blödning; *cerebral* ~ hjärnblödning
haemorrhoids [ˈhemərɔɪdz] *s pl* läk. hemorrojder
haft [hɑːft] *s* handtag, skaft på dolk, kniv
hag [hæg] *s* häxa, trollpacka; hagga
haggard [ˈhægəd] *a* utmärglad, [av]tärd, härjad
haggis [ˈhægɪs] *s* Skottl., maträtt bestående av ränta av får, havremjöl m. m. kokt i djurmage
haggle [ˈhægl] *itr* pruta; köpslå
haggler [ˈhæglə] *s* prutmakare
hagiography [ˌhægɪˈɒgrəfɪ] *s* författande av helgonbiografier
hagridden [ˈhægˌrɪdn] *a* plågad av maran; gastkramad; *be* ~ *with* (*by*) bildl. plågas av
Hague [heɪg] *s, The* ~ Haag
1 hail [heɪl] **I** *s* hagel; bildl. skur [*a* ~ *of blows*] **II** *itr* hagla **III** *tr* bildl. låta hagla [*on* över]
2 hail [heɪl] **I** *tr* **1** hälsa, hylla [~ *a p.* [*as*] *leader*] **2** kalla på; ropa till sig; sjö. preja; *within* ~*ing distance* inom prejningshåll (hörhåll) **II** *itr,* ~ *from* vara från, höra hemma i [*he* ~*s from Boston*] **III** *interj* hell!
hail-fellow-well-met [ˈheɪlˌfeləʊˈwelˈmet] *a* kamratlig, förtrolig; *be* ~ *with a p.* vara kamrat (bundis, tjänis) med ngn
hailstone [ˈheɪlstəʊn] *s* hagel[korn]
hailstorm [ˈheɪlstɔːm] *s* hagel|by, -skur
hair [heə] *s* hår; hårstrå; *a fine head of* ~ [ett] vackert hår; ~ *clip* (*grip*) hårklämma; ~ *curler* hårspole; papiljott; *do o.'s* ~ kamma sig; *keep your* ~ *on!* sl. ta't lugnt!; *let o.'s* ~ *down* a) släppa ned håret b) fam. koppla av; slå sig lös; *it makes my* ~ *stand on end* det får håret att resa sig på mig; *split* ~*s* ägna sig åt hårklyverier, hänga upp sig på struntsaker; *she didn't turn a* ~ hon ändrade inte en min, det bekom henne inte det minsta; *get a p. by the short* ~*s* fam. få ngn helt i sitt våld; hålla ngn kort; *to a* ~ på håret (pricken); jfr *turn B 1*; *a* ~ *of the dog* [*that bit you*] fam. en återställare
hairbreadth [ˈheəbredθ] **I** *s* hårsbredd, hårsmån; *escape by a* ~ undkomma med knapp nöd **II** *a* hårfin [*a* ~ *difference*];

have a ~ escape undkomma med knapp nöd
hairbrush ['heəbrʌʃ] *s* hårborste
haircloth ['heəklɒθ] *s* hårduk; tageltyg
haircut ['heəkʌt] *s* **1** [hår]klippning; *have (get) a ~* klippa sig **2** klippning, frisyr
hairdo ['heədu:] *s* fam. frisyr
hairdresser ['heəˌdresə] *s* [hår]frisör; hårfrisörska; *~'s* frisersalong; raksalong
hair-drier, äv. **hair-dryer** ['heəˌdraɪə] *s* hårtork
hair-dye ['heədaɪ] *s* hårfärgningsmedel
hairpiece ['heəpi:s] *s* postisch; tupé
hairpin ['heəpɪn] *s* hårnål; *~ bend* hårnålskurva
hair-raiser ['heəˌreɪzə] *s* fam. rysare
hair-raising ['heəˌreɪzɪŋ] *a* hårresande; spännande, rafflande
hair-restorer ['heərɪ'stɔ:rə] *s* hårväxtmedel
hair's-breadth ['heəzbredθ] *s* o. *a* se *hair-breadth*
hair-shirt ['heə'ʃɜ:t, '- -] *s* tagelskjorta
hair-splitting ['heəˌsplɪtɪŋ] *s* hårklyveri[er], spetsfundigheter
hairspring ['heəsprɪŋ] *s* spiralfjäder i klocka
hair-style ['heəstaɪl] *s* frisyr
hairy ['heərɪ] *a* hårig; luden
Haiti ['heɪtɪ, hɑ:'i:tɪ]
Haitian ['heɪʃjən, hɑ:'i:ʃən] **I** *s* haitier **II** *a* haitisk
hake [heɪk] *s* zool. kummel
Hal [hæl] kortform för *Henry*
halberd ['hælbəd] *s* hillebard
halberdier [ˌhælbə'dɪə] *s* hillebardiär
halcyon ['hælsɪən] **I** *s* **1** myt. isfågel **2** zool. kungsfiskare **II** *a* stilla, fridfull, lycklig; *~ days* fridfulla dagar; sötebrödsdagar
1 hale [heɪl] *a*, *~ and hearty* frisk och kry
2 hale [heɪl] *tr* litt. hala, draga kraftigt; släpa
half [hɑ:f] **I** (pl. *halves*) *s* **1** halva, hälft; *I'll go halves with you* jag skall dela lika med dig; *too clever by ~* väl (lite för) slipad; *do a th. by halves* göra ngt halvt om halvt (halvdant); *cut in ~ (into halves)* skära itu, klyva **2** sport.: a) halvlek b) halv[back], halva **II** *a* halv [*~ my time*]; *~ a crown* förr: värdet av 2 1/2 shilling (1/8 pund); *~ an hour* en halvtimme, en halv timme; *I have ~ a mind to try* jag har nästan lust att försöka **III** *adv* **1** halvt, till hälften, halvvägs, halv- [*~ cooked*; *~ dead*]; [*at*] *~ five* fam. = följ.; [*at*] *~ past five* [klockan] halv sex **2** *not ~*: **a)** fam. inte alls, ingalunda; *not ~ bad* inte så illa **b)** sl., iron.: *not ~!* om!, det kan du skriva upp!; *he was not ~ good!* om han (aktare vad han) var bra!
half-and-half ['hɑ:fənd'hɑ:f] **I** *s* lika blandning; hälft[en] av var; en del av varje **II** *a* som innehåller hälften var (lika delar)

half-baked ['hɑ:f'beɪkt] *a* **1** halvstekt **2** bildl. halvfärdig; ogenomtänkt; omogen; fam. knasig, halvfnoskig
half-breed ['hɑ:fbri:d] *s* **1** halvblod **2** biol. bastard, korsning
half-brother ['hɑ:fˌbrʌðə] *s* halvbroder
half-caste ['hɑ:fkɑ:st] *s* halvblod; halvblodsindier
half-crown ['hɑ:f'kraun] *s* förr silvermynt på 2 1/2 shilling (1/8 pund)
half-hearted ['hɑ:f'hɑ:tɪd, 'hɑ:fˌh-] *a* halvhjärtad, likgiltig
half-holiday ['hɑ:f'hɒlədɪ] *s* halv fridag
half-hour ['hɑ:f'auə] *s* halvtimme; *it is striking the ~* klockan slår halv
half-hourly ['hɑ:f'auəlɪ] *a* o. *adv* varje halvtimme [*a ~ bus service*]
half-length ['hɑ:f'leŋθ, attr. '- -] *a* i halvfigur; *~ picture* bröstbild
half-mast ['hɑ:f'mɑ:st] *s*, *at ~* på halv stång
half-nelson ['hɑ:f'nelsn] *s* brottn. halvnelson
half-note ['hɑ:fnəut] *s* Am. mus. halvnot
halfpence ['heɪpəns] *s* värdet av en halv penny
halfpenny ['heɪpənɪ] *s* halvpenny[mynt]
halfpennyworth ['heɪpənɪwɜ:θ, 'heɪpəθ] *s* en halv pennys värde; *a ~ of . .* . . för en halv penny
half-price ['hɑ:f'praɪs] **I** *s* halvt pris **II** *a* o. *adv* till (för) halva priset
half-seas-over ['hɑ:fsi:z'əuvə] *a* fam. dragen, på lyran
half-sister ['hɑ:fˌsɪstə] *s* halvsyster
half-time ['hɑ:f'taɪm] *s* halvtid äv. sport.
half-truth ['hɑ:ftru:θ, i pl. -tru:ðz] *s* halvsanning
halfway ['hɑ:f'weɪ] **I** *a* som ligger halvvägs (på halva vägen); bildl. halv[-]; *a ~ house* ett värdshus (rastställe o. d.) på halva vägen; ett mellanstadium, någonting mitt emellan **II** *adv* halvvägs; *meet ~* bildl. möta på halva vägen, gå till mötes; *meet trouble ~* göra sig onödiga bekymmer
half-wit ['hɑ:fwɪt] *s* **1** fån, idiot **2** sinnessvag person
half-witted ['hɑ:f'wɪtɪd] *a* **1** [halv]fnoskig, fånig **2** sinnessvag
half-yearly ['hɑ:f'jɪəlɪ] *a* halvårs-, som sker varje halvår, halvårlig
halibut ['hælɪbət] *s* zool. helgeflundra
halitosis [ˌhælɪ'təusɪs] *s* läk. dålig andedräkt
hall [hɔ:l] *s* **1** sal; hall; aula, [samlings]sal, [samlings]lokal [*assembly ~*]; *lecture ~* föreläsningssal **2** samlingshus, samlingslokal; *concert ~* konserthus; *town (city) ~* stadshus, rådhus **3** univ. [college]matsal **4** entré, [för]hall, farstu, tambur, vestibul
hallelujah [ˌhælɪ'lu:jə] *s* o. *interj* halleluja

hallmark ['hɔ:lmɑ:k] **I** *s* **1** guldsmeds-, kontroll|stämpel **2** kännetecken, hallstämpel, kännemärke [*the ~ of success*] **II** *tr* kontrollstämpla, [hall]stämpla
hallo [hə'ləʊ, 'hæ'ləʊ] *interj* o. *s* se *hello*
halloo [hə'lu:, hæ'l-] **I** *interj* o. *s* jakt. hallå[rop] **II** *itr* hojta, ropa hallå
hallow ['hæləʊ, i pp. kyrkl. ofta -ləʊɪd] *tr* helga [*~ed be thy name*], göra helig
Hallowe'en ['hæləʊ'i:n] *s* isht Skottl. o. Am. allhelgonaafton 31 okt.
hall-stand ['hɔ:lstænd] *s* fristående klädhängare, tamburställ
hallucination [hə,lu:sɪ'neɪʃən, -,lju:-] *s* hallucination, sinnesvilla, synvilla
hallucinatory [hə'lu:sɪnətərɪ, -'lju:-] *a* hallucinatorisk
hallucinogenic [hə'lu:sɪnə'dʒenɪk, -'lju:-] *a* o. *s* hallucinogen
halo ['heɪləʊ] *s* **1** sol-, mån-, ljus|gård, halo; ring **2** [helgon]gloria äv. bildl.; nimbus
halogen ['hæləʊdʒen] *s* kem. halogen
1 halt [hɔ:lt] **I** *s* halt, rast, paus, uppehåll; rastställe; järnv. anhalt, hållplats; *call a ~* a) mil. kommendera halt b) bildl. säga stopp; *come to* (*make*) *a ~* göra halt (uppehåll) **II** *itr* o. *tr* [låta] stanna, [låta] göra halt
2 halt [hɔ:lt] *itr* vackla, tveka; *~ing delivery* hackigt framställningssätt
halter ['hɔ:ltə] *s* **1** grimma **2** [galg]rep
halve [hɑ:v] *tr* **1** halvera, dela lika (itu) **2** minska till (med) hälften
halves [hɑ:vz] *s* pl. av *half*
1 ham [hæm] *s* **1** skinka [*a slice of ~*]; lår på djur **2** pl. *~s* skinkor, bak[del] **3** has
2 ham [hæm] fam. **I** *s*, *~* [*actor*] buskisaktör; *~ acting* överdrivet spel **II** *itr* spela över, spela buskteater
hamburger ['hæmbɜ:gə] *s* hamburgare
ham-fisted ['hæm,fɪstɪd] *a* o. **ham-handed** ['hæm,hændɪd] *a* fumlig, klumpig, tafatt
Hamlet ['hæmlət]
hamlet ['hæmlət] *s* liten by isht utan kyrka
hammer ['hæmə] **I** *s* **1** hammare äv. i piano o. anat.; slägga; *go at it ~ and tongs* fam. slåss (gräla) för fullt; ta i på skarpen (av alla krafter) **2** [auktions]klubba **3** sport. slägga; *throwing the ~* släggkastning **II** *tr* **1** hamra på; spika fast (upp); *he ~ed* [*his fist on*] *the table* han dunkade (hamrade) [med näven] i bordet; *~ home* slå in ordentligt **2** *~* [*out*] a) hamra [ut], hamra till, smida b) bildl. utarbeta **3** *~ a th. into a p.'s head* (*into a p.*) slå i ngn ngt **4** fam. klå grundligt i t. ex. spel **III** *itr* **1** hamra, slå, dunka [*~ at* (*on*) *the door*] **2** *~* [*away*] *at* slita med
hammock ['hæmək] *s* hängmatta; *garden ~* hammock
hammy ['hæmɪ] *a* fam. överdriven; teatralisk
1 hamper ['hæmpə] *s* större korg [*luncheon ~*]
2 hamper ['hæmpə] *tr* hindra, hämma [*~ progress*]; belamra; besvära
Hampshire ['hæmpʃɪə, -ʃə]
hamshackle ['hæm,ʃækl] *tr* fjättra
hamster ['hæmstə] *s* zool. hamster
hamstring ['hæmstrɪŋ] (*hamstrung hamstrung*) *tr* bildl. lamslå, undertrycka
hand [hænd] **I** *s* **1** hand i olika bet.: **a**) [*win*] *~s down* .. med lätthet; *~s off!* bort med händerna (tassarna)!; *~s up!* a) upp med händerna! b) räck upp en hand (händerna)!; [*bind* (*tie*)] *~ and foot* .. till händer och fötter; *wait on a p. ~ and foot* passa upp [på] ngn; *be ~ in glove with* stå på förtrolig fot med, vara intim [vän] med; *right ~* bildl. högra hand [*he is my right ~*]; *have* (*get, gain*) *the upper ~* ha (få, ta) övertaget (överhand[en]); *ask for a woman's ~* anhålla om en kvinnas hand; *change ~s* övergå i andra händer; *not do a ~'s turn* fam. inte göra ett dyft; *force a p.'s ~* bildl. tvinga ngn att bekänna färg; *give* (*lend*) *a helping ~* hjälpa till; *give* (*lend*) *a p. a ~* ge ngn en hjälpande hand; *have a ~ in a th.* vara inblandad i ngt; *have o.'s ~s full* ha händerna fulla, ha fullt upp att göra; *hold* (*stay*) *o.'s ~* vänta och se, ge sig till tåls; *hold* (*stay*) *a p.'s ~* hejda ngn; *lay o.'s ~*[*s*] *on* hitta när man behöver; *lay* [*o.'s*] *~s on* a) lägga beslag (vantarna) på; få tag i b) bära hand på ngn c) välsignande lägga händer[na] på; *lift a* (*o.'s*) *~* se *lift I 1*; *shake ~s* se *shake A I 1*; *take a ~ in* ta del i **b**) i vissa fastare prep. förb.: *close* (*near*) **at** *~* nära, för handen; till hands; [nära] förestående; *the hour was at ~* timmen närmade sig; *at a p.'s ~*[*s*] från ngn, från ngns sida [*I did not expect such treatment at your ~s*]; **by** *~* för hand [*done by ~*]; *send by ~* sända med bud; *take a p. by the ~* ta ngn i hand[en]; **from** *~ to ~* ur hand i hand, från man till man; *from ~ to mouth* ur hand i mun, för dagen [*live from ~ to mouth*]; **in** *~* a) i hand[en]; till sitt förfogande [*have some money in ~*]; på lager, i kassan; föreliggande [*the matter in ~*]; resterande, kvarvarande [*the copies still in ~*] b) i sin hand, under kontroll [*keep* [*well*] *in ~*] c) för händer [*whatever he has in ~*], på gång; *one game in ~* sport. en match mindre spelad; *take in ~* ta hand om; *put in*[*to*] *a p.'s ~s* lämna i ngns händer, överlämna åt ngn; *go ~ in ~ with* bildl. gå hand i hand med, hålla jämna steg med; *fall* **into** *a p.'s ~s* falla (råka) i händerna på ngn; **off** *~* på rak arm; *get a th. off o.'s ~s* slippa (komma) ifrån ngt; *take a th.* (*a p.*) *off a p.'s ~s* befria ngn från

ngt (ngn); **on** ~ a) till hands [*I'll be on ~ when you come*] b) i sin ägo; på lager [*a stock of goods on ~*]; *on o.'s ~s* på sitt ansvar, i sin vård; **out of** ~ a) genast, utan vidare b) ur kontroll, oregerlig [*the children have got out of ~ lately*]; *let o.'s temper get out of ~* tappa humöret; *your letter has come* **to** ~ Ert brev har kommit mig (oss) till handa; *~ to ~* man mot man i handgemäng **2** visare på ur [*second-hand*] **3** sida, håll, hand; *on all ~s* på alla håll (händer); *on [the] one ~.. on the other ~* å ena sidan.. å andra sidan; *on the right ~* på höger hand, till höger **4** hand; källa; *learn a th. at first ~* få veta ngt i första hand **5** pers.: **a)** arbetare, man [*how many ~s do you employ?*]; [sjö]man, besättningsman, gast; *all ~s* hela besättningen, alle man **b)** *a bad (good) ~ at* dålig (duktig) i; *I'm an old ~ at this* jag är gammal och van vid det här **6** handlag, skicklighet; *get o.'s ~ in* träna upp sig; komma i slag; *have (keep) o.'s ~ in* hålla sig tränad (i form); *try o.'s ~ at* försöka (ge) sig på **7** handstil **8** i formell stil namnteckning **9** kort.: **a)** parti, spel **b)** [kort på] hand; *declare o.'s ~* bjuda [på sina kort]; bildl. lägga korten på bordet; *play into a p.'s ~s* spela i händerna på ngn; *it strengthens their ~* bildl. det stärker deras förhandlingsposition **10** fam. applåder; *give a p. a [big] ~* ge ngn en [stor] applåd **II** *tr* räcka, lämna, ge [*a th. to a p.*]; *~ back* lämna tillbaka; *~ down* [över]lämna i arv, låta gå i arv, fortplanta t. ex. tradition [*~ down to posterity*]; *be ~ed down to* gå [i arv] till; *~ in* lämna in, inge [*~ in an application*]; *~ on* skicka (låta gå) vidare; *~ out* dela ut, lämna ifrån sig; *~ over to* överlåta (överlämna) åt (till); *~ round* servera; låta gå [laget] runt; dela ut; *~ it to a p.* fam. ge ngn sitt erkännande

handbag ['hæn*d*bæg] *s* handväska

handball ['hæn*d*bɔ:l] *s* sport. **1** slags squashliknande spel utan racket för 2 el. 4 personer **2** handboll

handbill ['hæn*d*bɪl] *s* reklamlapp, flygblad; affisch

handbook ['hæn*d*bʊk] *s* handbok

h. and c. förk. för *hot and cold [water]*

handcart ['hæn*d*kɑ:t] *s* hand-, drag|kärra

handclap ['hæn*d*klæp] *s* handklappning

handcuff ['hæn*d*kʌf] **I** *s* hand|klove, -boja **II** *tr* sätta handklovar (handbojor) på

handed ['hændɪd] *a* ss. efterled i sms. -hänt [*left-handed*]

Handel ['hændl] Händel

handful ['hæn*d*fʊl] *s* **1** handfull; *a ~ of..* en handfull.., ett litet antal.. **2** fam. besvärlig individ (uppgift); *that child is a ~* det där barnet ger mig fullt upp att göra

handicap ['hændɪkæp] **I** *s* **1** sport. handicap; handicaptävling **2** handikapp; belastning **II** *tr* **1** sport. ge handicap; belasta med [minus]handicap **2** handikappa [*~ped children*]; vålla avbräck; belasta

handicraft ['hændɪkrɑ:ft] *s* **1** hantverk, [hem]slöjd, handarbete **2** hantverksskicklighet

handiwork ['hændɪwɜ:k] *s* **1** skapelse; verk [*the whole trouble is his ~*] **2** slöjd; konsthantverk

handkerchief ['hæŋkətʃɪf] *s* **1** näsduk **2** huvudduk; sjalett

handle ['hændl] **I** *tr* **1** ta i, beröra, vidröra [*do not ~ the fruit*] **2** hantera [*~ tools*]; begagna, handha, handskas (umgås) med [*nasty stuff to ~*]; behandla [*~ colour*] **3** sköta [om], leda, ställa med; ta, behandla, handskas med [*~ a p. gently*]; klara [av] [*~ a situation*]; ha hand om [*he ~s large sums of money*]; manövrera [*~ a ship*] **4** behandla [*~ a problem*] **5** handla med, föra [*they ~ only fruit*] **II** *itr, this car ~s well* den här bilen känns bra att köra **III** *s* handtag, skaft, öra, grepe, dörrvred; vev; *fly off the ~* fam. bli rasande, brusa upp; *have a ~ to o.'s name* fam. ha en titel

handlebar ['hændlbɑ:] *s* **1** ofta pl. *~s* styrstång, styre på cykel **2** *~ moustache* (*~s* pl.) cykelstyre, knävelborrar slags mustasch

handling ['hændlɪŋ] *s* beröring, hantering, behandling m. m., jfr *handle I*; *his ~ of..* hans sätt att handskas med..

hand-loom ['hændlu:m] *s* handvävstol

handmade ['hæn*d*'meɪd, attr. '- -] *a* handgjord, tillverkad för hand

handmaid ['hæn*d*meɪd] *s* o. **handmaiden** ['hæn*d*ˌmeɪdn] *s* tjänarinna

handout ['hændaʊt] *s* fam. **1** pressmeddelande, kommuniké; stencil som delas ut **2** gratisprov; reklamlapp **3** allmosa, gåva t. ex. mat, kläder till dörrknackare

handpick ['hænd'pɪk] *tr* plocka för hand; handplocka äv. bildl.

handrail ['hændreɪl] *s* ledstång, räcke

handsaw ['hæn*d*sɔ:] *s* handsåg; fogsvans

handset ['hæn*d*set] *s* telefonlur, mikrofon

handshake ['hæn*d*ʃeɪk] *s* hand|slag, -tryckning; *[golden] ~* se *golden 2*

handsome ['hænsəm] **I** *a* **1** vacker, ståtlig, stilig; *~ man* stilig (snygg) man (karl); *~ woman* ståtlig kvinna **2** vacker, fin, generös, storslagen [*a ~ present*] **3** ansenlig, vacker, nätt [*a ~ sum of money*] **4** Am. skicklig, duktig; fin [*a ~ speech*] **II** *adv, ~ is as ~ does* vacker är som vackert gör

handsomely ['hænsəmlɪ] *adv* vackert etc., jfr *handsome I*; vänligt, berömmande [*speak ~ of a p.*]; *come down ~* fam. vara verkligt flott

handspring ['hæn*d*sprɪŋ] *s* handvolt
handstand ['hæn*d*stænd] *s, do a* ~ stå på händerna
hand-to-hand ['hæn*d*tə'hænd] *a,* ~ *fighting* strid[er] man mot man, handgemäng
hand-to-mouth ['hæn*d*tə'maʊθ] *a, lead a* ~ *existence* leva ur hand i mun
handwriting ['hænd,raɪtɪŋ] *s* handstil, skrift
handy ['hændɪ] *a* **1** händig, skicklig, praktisk **2** till hands [*have a th.* ~]; *the first towel* ~ första bästa handduk; *come in* ~ komma väl till pass **3** lätthanterlig [*a* ~ *volume*]; bekväm, praktisk
handy-man ['hændɪmæn] (pl. *handy-men*) *s* allt i allo; hantlangare
hang [hæŋ] **A** (*hung hung,* i bet. *I 2* mest ~*ed* ~*ed*) *vb* **I** *tr* (se äv. *III*) **1** hänga [upp] [äv. ~ *up*]; ~ *wallpaper* sätta upp tapeter **2** a) hänga [~ *o.s.*], avliva medelst hängning b) fam., ~*!* el. ~ *it* [*all*]*!* jäklar också!; ~ *the expense!* strunta i vad det kostar!; ~ *you!* dra åt skogen!; *well I'll be* ~*ed!* det var som tusan!; *I'll be* ~*ed if*.. nej, så förbaske mig [om]..; *I'll see you* ~*ed first!* katten (tusan) heller! **3** hänga [med] [~ *o.'s head*] **4** behänga, pryda; ~ *a room with pictures* hänga upp tavlor i ett rum **5** ~ *fire* a) om skjutvapen vara hårdtryckt b) bildl. gå trögt, dra ut på tiden **II** *itr* (se äv. *III*) **1** hänga, vara upphängd [*by* vid, med, i, på; *from* i, ned från; *on* i, på] **2** hänga[s] i galgen, bli hängd **3** hänga, luta [fram, ned] **4** sväva; ~ *in the balance* vara oviss, hänga på en tråd **III** *tr* o. *itr* med prep. o. adv. i spec. bet.: ~ **about** el. ~ **around** gå och driva, slå dank; stå och hänga; hänga i (på); ~ **back** dra sig, tveka; ~ **behind** hålla sig bakom (efter); ~ **on: a**) hänga (bero) på **b**) hänga (hålla) [sig] fast, klamra sig fast [*to* vid, i] **c**) tynga på, trycka; *time* ~*s heavy on my hands* tiden släpar sig fram **d**) ~ *on a moment* (*minute*)*!* fam. dröj (vänta) ett ögonblick!; ~ **out:** a) hänga ut (upp, fram) t. ex. kläder b) om tunga hänga ut[e] c) fam. hålla till, hålla hus; ~ **over:** a) hänga [hotande] över [~ *over a p.'s head*] b) fam. hänga efter; stå över; ~ **together** hänga (hålla) ihop; ~ **up: a**) skjuta åt sidan, lägga på hyllan, uppskjuta; fördröja [*the work was hung up by the strike*] **b**) ringa av, lägga på [luren]; ~ *up on a p.* ringa av i örat på ngn **c**) se *hung-up*
B *s* **1** fall [*the* ~ *of a gown*] **2** fam., *get the* ~ *of* komma på det klara (underfund) med, få grepp på **3** fam., *I don't give* (*care*) *a* ~ det bryr jag mig inte ett dugg om
hangar ['hæŋə, -ŋgɑ:] *s* hangar
hangdog ['hæŋdɒg] *a* skamsen; slokörad; ~ *face* (*look*) galgfysionomi
hanger ['hæŋə] *s* hängare i o. till kläder; [kläd]galge
hanger-on ['hæŋər'ɒn] (pl. *hangers-on*) *s* fam. påhäng, snyltgäst, 'kardborre'
hang-gliding ['hæŋ,glaɪdɪŋ] *s* hängflygning, drakflygning
hanging ['hæŋɪŋ] **I** *a* **1** hängande; lutande; ~ *garden* hängande trädgård, terrassträdgård **2** hängnings-, häng-, galg- **II** *s* **1** [upp]hängning; ~ *committee* hängningskommitté som bestämmer tavlornas plats på en utställning **2** hängning straff **3** oftast pl. ~*s* förhängen, draperier, gobelänger; tapeter
hang|man ['hæŋmən] (pl. *-men*) *s* bödel
hang-out ['hæŋaʊt] *s* fam. [stam]tillhåll
hangover ['hæŋ,əʊvə] *s* **1** kvarleva, rest **2** fam. baksmälla, kopparslagare
hangup ['hæŋʌp] *s* fam. komplex, fixering, fix idé
hanker ['hæŋkə] *itr,* ~ *after* (*for*) [gå och] längta (tråna) efter, åtrå
hankering ['hæŋkərɪŋ] *s* längtan [*a* ~ *for* (*after*) *fame*], åtrå
hanky ['hæŋkɪ] *s* fam. kortform för *handkerchief*
hanky-panky ['hæŋkɪ'pæŋkɪ] *s* fam. smussel; mygel
Hansard ['hænsɑ:d, -səd] **I** egennamn **II** *s* Hansard det officiella eng. parlamentstrycket
hansom ['hænsəm] *s* förr tvåhjulig droska
Hants. [hænts] förk. för *Hampshire*
ha'pence ['heɪpəns] = *halfpence*
ha'penny ['heɪpənɪ] = *halfpenny*
haphazard ['hæp'hæzəd] **I** *a* tillfällig, slumpmässig [*a* ~ *remark*]; *in a* ~ *manner* [liksom] på en höft **II** *adv* på en höft, på måfå, på en slump
hapless ['hæpləs] *a* olycklig
happen ['hæpən] *itr* **1** hända [*to a p.* ngn], ske, inträffa; falla sig; komma sig; ~ *what may* hända vad som hända vill; *how did it* ~*?* hur gick det till?, hur kom det sig?; *as it* ~*s* (~*ed*) händelsevis; *as it* ~*s, I have*.. jag råkar ha..; *it* [*so*] ~*ed that* det föll sig så att; *these things will* ~ så kan det gå **2** råka; *I* ~*ed to know* av en händelse visste jag, jag råkade veta; *you don't* ~ *to have matches on you?* du har väl händelsevis inte tändstickor på dig? **3** Am., *my friend* ~*ed along* min vän dök upp helt apropå; ~ *in* titta in
happening ['hæpənɪŋ] *s* **1** händelse, tilldragelse **2** teat. o. d. happening
happily ['hæpəlɪ] *adv* **1** lyckligt **2** lyckligtvis
happiness ['hæpɪnəs] *s* lycka, glädje
happy ['hæpɪ] *a* **1** lycklig [*about, at* över], glad; [*here's*] ~ *days!* skål!, hej!; ~ *hunting-grounds* se *hunting-ground*; *I shall be* ~ *to assist* jag står gärna till tjänst **2** lycklig, gynnsam [*be in the* ~ *position of hav-*

ing . .]; [*A*] *H~ New Year!* gott nytt år! **3** lyckad, träffande **4** ss. efterled i sms. -glad, -galen [*trigger-happy*]
happy-go-lucky ['hæpɪgəʊ'lʌkɪ] *a* sorglös, lättsinnig, som tar dagen som den kommer
Hapsburg ['hæpsbɜ:g] Habsburg
hara-kiri ['hærə'kɪrɪ] *s* (jap.) **1** harakiri **2** bildl. självmord [*political ~*]
harangue [hə'ræŋ] **I** *s* harang **II** *tr* harangera; föraktl. predika för **III** *itr* föraktl. predika, orera
harass ['hærəs] *tr* plåga, besvära, jäkta; ansätta, trakassera; oroa [*~ the enemy*]
harbinger ['hɑ:bɪndʒə] *s* förebud [*a ~ of spring*], varsel; förelöpare mest bildl.; budbärare
harbour ['hɑ:bə] **I** *s* **1** hamn **2** bildl. hamn, tillflykt[sort], skydd **II** *tr* **1** härbärgera, ge skydd åt, hysa [*~ refugees*; *~ fugitives* (rymlingar)], gömma [*~ smuggled goods*] **2** bildl. hysa [*~ suspicions*] **III** *itr* gå i hamn
harbour-master ['hɑ:bə,mɑ:stə] *s* hamnkapten
hard [hɑ:d] **I** *a* **1** hård, fast; *~ and fast* se *hard-and-fast*; *~ cash* (*money*) reda pengar, kontanter **2** hård, häftig [*a ~ fight*], kraftig; ihärdig [*a ~ worker*], seg; *~ drinker* storsupare; *~ labour* jur. straffarbete **3** svår [*a ~ question*]; *he has learnt it the ~ way* han har fått slita hårt för att lära sig det; *play ~ to get* vara svårflörtad; *be ~ of hearing* vara lomhörd, höra dåligt **4** hård[hjärtad], känslolös; sträng, fordrande [*a ~ master*]; tung [*a ~ life*], tryckande; om klimat sträng, hård, svår [*~ weather, a ~ winter*]; *drive a ~ bargain* pressa priset till det yttersta; *~ feelings* se *feeling II 2*; *~ lines* (*luck*) fam. otur; *it is ~* [*lines*] *on him* det är synd om honom; *be ~ on a p.* vara hård (sträng) mot ngn **5** om pris [hög och] fast; *~ currency* hårdvaluta **6** *~ drugs* tung narkotika; *~ liquor* starksprit **II** *adv* **1** hårt, våldsamt, väldigt, häftigt, intensivt, skarpt [*look ~ at*], kraftigt [*it is blowing* (*freezing, raining*) *~*]; strängt; ivrigt, flitigt [*study ~*]; *try ~* verkligen försöka, anstränga sig **2** illa; med svårighet [*the victory was ~ won*]; svårt; *be ~ put to it* se *put I 1*; *die ~* bildl. vara seglivad; *be ~ up* fam. ha det dåligt ställt, ha ont om pengar; *be ~ up for ideas* sakna idéer **3** nära; sjö. dikt; *~ by* strax bredvid, alldeles intill **III** *s* sl. straffarbete
hard-and-fast ['hɑ:dən'fɑ:st] *a* orubblig, benhård [*~ rules*]
hardback ['hɑ:dbæk] *s* bok med styva pärmar, [in]bunden bok
hardbake ['hɑ:dbeɪk] *s* mandelknäck
hard-baked ['hɑ:d'beɪkt] *a* fam. kallhamrad
hardboard ['hɑ:dbɔ:d] *s* hardboard slags träfiberplatta
hard-boiled ['hɑ:d'bɔɪld] *a* **1** hårdkokt [*~ eggs*] **2** fam. hårdkokt, kallhamrad
hard-core ['hɑ:dkɔ:] *a* **1** hårdnackad; orubblig **2** *~ porno*[*graphy*] hårdporr
hard-earned ['hɑ:d'ɜ:nd] *a* surt (med möda) förvärvad
harden ['hɑ:dn] **I** *tr* **1** göra hård[are]; [för]stärka **2** härda [*~ children*; *~ steel*]; vänja; stålsätta [*~ o.s. against*]; *~ o.s. to* härda sig mot, vänja sig vid **3** förhärda; *~ o.'s heart* förhärda sig; *~ed* förhärdad [*a ~ed criminal*] **II** *itr* **1** hårdna; härdas; förhärdas **2** om pris bli fast[are]
hard-fought ['hɑ:d'fɔ:t] *a* hård[nackad] [*a ~ battle*]; häftigt omstridd
hard-headed ['hɑ:d'hedɪd] *a* kall, förslagen, praktisk [*a ~ businessman*]
hard-hearted ['hɑ:d'hɑ:tɪd] *a* hård[-hjärtad]
hard-hit ['hɑ:d'hɪt] *a* hårt drabbad
hard-hitting ['hɑ:d'hɪtɪŋ] *a* slagkraftig, kraftfull; intensiv [*a ~ campaign*]
hardihood ['hɑ:dɪhʊd] *s* djärvhet, dristighet; fräckhet
hard-liner ['hɑ:d,laɪnə] *s* fam. hårding, tuffing
hard-luck ['hɑ:dlʌk] *a*, *~ story* litania i syfte att väcka medlidande, sorglig (patetisk) historia
hardly ['hɑ:dlɪ] *adv* **1** knappt, knappast [*that is ~ right*], inte gärna; *~ had he sat down when* (*before,* ibl. *than*) [*the door opened*] han hade knappt satt sig förrän . .; *~ anybody* knappt (knappast) någon, nästan ingen; *~ ever* nästan aldrig **2** med möda [*hardly-earned*]
hard-pressed ['hɑ:d'prest] *a* hårt ansatt, illa däran, i knipa
hardship ['hɑ:dʃɪp] *s* vedermöda, strapats, prövning; *suffer great ~s* lida mycken vedermöda, slita mycket ont
hardtop ['hɑ:dtɒp] *s* bil. hardtop
hardware ['hɑ:dweə] *s* **1** järn-, metall-, smides|varor; *~ store* Am. järn|affär, -handel **2** data. hård-, maskin|vara **3** sl. vapen
hardwood ['hɑ:dwʊd] *s* lövträ; hårt träslag av lövträd
hard-working ['hɑ:d,wɜ:kɪŋ, pred. '-'- -] *a* arbetsam, strävsam
hardy ['hɑ:dɪ] *a* **1** härdad [*a ~ mountaineer*], motståndskraftig, tålig, härdig [*~ plants*] **2** djärv, dristig
hare [heə] **I** *s* hare; *~ and hounds* lek snitseljakt till fots; *start a ~* bildl. ta upp en [oväsentlig] fråga till diskussion; *run with the ~ and hunt with the hounds* bära kappan på båda axlarna; spela dubbelspel **II** *itr* fam. rusa, springa, fly [sin kos]

harebell ['heəbel] *s* bot. **1** blåklocka **2** engelsk klockhyacint
hare-brained ['heəbreɪnd] *a* tanklös; yr, vild, 'snurrig'
harelip ['heə'lɪp, '- -] *s* har|mynthet, -läpp
harem ['heərəm, hɑ:'ri:m] *s* harem
haricot ['hærɪkəʊ] *s*, ~ [*bean*] böna, isht trädgårdsböna
hark [hɑ:k] *itr* **1** lyssna; ~ *to* lyssna till (på); ~ *at him!* fam. hör på honom! **2** ~ *back* gå tillbaka [~ *back to the old days*]
Harlem ['hɑ:ləm, -lem] stadsdel i New York
harlequin ['hɑ:lɪkwɪn] *s* **1** harlekin **2** narr
Harley ['hɑ:lɪ] egennamn; ~ *Street* Londons förnämsta läkargata
harlot ['hɑ:lət] *s* åld. el. ss. skällsord sköka, hora
harm [hɑ:m] **I** *s* skada, ont; *more* ~ *than good* mera skada än nytta; *there is no* ~ *done* det är ingen skada skedd; *there is no* ~ *in trying* det skadar inte att försöka; *do* ~ vålla skada; *I meant no* ~ jag menade inget illa, det var inte så illa ment; *out of* ~*'s way* i säkerhet; utom fara; *keep out of* ~*'s way* akta sig, hålla sig undan **II** *tr* skada, göra ngn ont (illa)
harmful ['hɑ:mf*ʊ*l] *a* skadlig, fördärvlig
harmless ['hɑ:mləs] *a* oskadlig, ofarlig; oförarglig; *render* ~ oskadliggöra
harmonic [hɑ:'mɒnɪk] **I** *a* harmonisk **II** *s* [harmonisk] överton, alikvotton
harmonica [hɑ:'mɒnɪkə] *s* mun|spel, -harmonika
harmonious [hɑ:'məʊnjəs] *a* **1** bildl. harmonisk, samstämmig; endräktig **2** harmonisk, välljudande
harmonium [hɑ:'məʊnjəm] *s* [orgel]harmonium, kammarorgel
harmonize ['hɑ:mənaɪz] **I** *itr* harmoniera, stämma överens, passa ihop **II** *tr* **1** harmonisera, sätta harmonier till melodi; göra harmonisk **2** bildl. bringa i samklang
harmony ['hɑ:m*ə*nɪ] *s* **1** mus. harmoni; sam|klang, -spel; välljud **2** bildl. harmoni, samstämmighet [*in* ~]; samförstånd, endräkt; *be in* ~ *with* äv. harmoniera med; *be out of* ~ inte passa (gå) ihop **3** harmonilära
harness ['hɑ:nɪs] **I** *s* sele äv. bildl., seldon; *in* ~ bildl. i arbete[t], i tjänst[en] **II** *tr* **1** sela [på]; spänna för; bildl. binda [*to* vid] **2** utnyttja, ta i anspråk, exploatera, utbygga t. ex. vattenfall, tämja [~ *nuclear power*]
Harold ['hær*ə*ld] ss. kunganamn Harald
harp [hɑ:p] **I** *s* mus. harpa **II** *itr* **1** spela [på] harpa **2** ~ *on* [jämt] tjata (mala) om; ~ *on the same string* fam. tugga om samma sak
harpist ['hɑ:pɪst] *s* harpist
harpoon [hɑ:'pu:n] **I** *s* harpun **II** *tr* harpunera
harpsichord ['hɑ:psɪkɔ:d] *s* mus. cembalo
harpy ['hɑ:pɪ] *s* **1** myt. harpya **2** ragata
harridan ['hærɪd*ə*n] *s* gammal häxa, käring
harrier ['hærɪə] *s* **1** harrier, engelsk harhund **2** zool. kärrhök **3** terränglöpare
Harriet ['hærɪət]
Harrod ['hærəd] egennamn; ~*s* stort varuhus i London
Harrow ['hærəʊ] en av Englands mest berömda *public schools*
harrow ['hærəʊ] **I** *s* harv **II** *tr* **1** harva **2** bildl. plåga, pina
harrowing ['hærəʊɪŋ] *a* upprörande, hemsk [*a* ~ *story*]
Harry ['hærɪ] **1** form för *Henry* **2** fam., *play old* ~ *with* gå illa åt
harry ['hærɪ] *tr* **1** härja, plundra **2** plåga, ansätta
harsh [hɑ:ʃ] *a* **1** hård, sträv **2** skarp, kärv [*a* ~ *flavour*] **3** skärande, sträv, skorrande **4** grov, hård [*a* ~ *expression*] **5** hård [*a* ~ *climate*] **6** hård, sträng [~ *treatment*]
hart [hɑ:t] *s* zool. [kron]hjort hanne
harum-scarum ['heərəm'skeərəm] *s* vildhjärna, tokstolle
Harvard ['hɑ:vəd, -vɑ:d] egennamn; ~ [*University*] USA:s äldsta universitet
harvest ['hɑ:vɪst] **I** *s* **1** skörd [*ripe for* ~]; skördetid; ~ *moon* fullmåne närmast höstdagjämningen **2** skörd, gröda; ~ *festival* kyrkl. skörde-, tacksägelse|fest efter avslutad skörd **3** bildl. skörd, vinst; *reap the* ~ skörda frukten **II** *tr* skörda, inhösta äv. bildl.
harvester ['hɑ:vɪstə] *s* **1** skörde|man, -arbetare **2** skördemaskin; självbindare
harvest-|mouse ['hɑ:vɪst|maʊs] (pl. *-mice* [-maɪs]) *s* zool. dvärgmus
Harwich ['hærɪdʒ]
has [hæz, obeton. həz, əz] 3 pers. sg. pres. av *have*
has-been ['hæzbɪn] *s* fam. fördetting
1 hash [hæʃ] **I** *tr* hacka sönder t. ex. kött **II** *s* **1** kok. slags ragu; hachis **2** bildl. hackmat, röra; *make a* ~ *of* göra pannkaka av, röra till; *settle a p.'s* ~ fam. göra hackmat (slarvsylta) av ngn **3** bildl. uppkok
2 hash [hæʃ] *s* fam. hasch
hasheesh ['hæʃi:ʃ, -ʃɪʃ] *s* se *hashish*
hashish ['hæʃi:ʃ, -ʃɪʃ] *s* haschisch
hash-up ['hæʃʌp] *s* bildl. uppkok
hasn't ['hæznt, 'hæzn] = *has not*
hasp [hɑ:sp, hæsp] *s* hasp; klinka; spänne
hassle ['hæsl] isht Am. fam. **I** *s* käbbel; kurr slagsmål; virrvarr; krångel **II** *itr* käbbla; slåss **III** *tr* trakassera
hassock ['hæsək] *s* knäkudde, mjuk knäpall; fotkudde
hast [hæst] åld. 2 pers. sg. pres. av *have* [*thou* ~]
haste [heɪst] *s* hast, skyndsamhet; brådska, jäkt; *make* ~ raska på, skynda sig; *more* ~,

less speed ordspr. ung. [det är klokast att] skynda långsamt

hasten ['heɪsn] **I** *tr* påskynda, driva på **II** *itr* skynda [sig]

Hastings ['heɪstɪŋz]

hasty ['heɪstɪ] *a* **1** brådskande, skyndsam, snabb, hastig [*a ~ glance*] **2** förhastad, överilad **3** häftig, hetsig [*a ~ temper*]

hat [hæt] *s* hatt; *~ trick* se *hat-trick*; *bad ~* fam. slyngel, rötägg; *old ~* adj., fam. omodern, förlegad, ute; *opera ~* chapeau-claque; *soft felt ~* mjuk hatt, filthatt; *top* (*high*) *~* hög hatt, cylinder; *my ~!* fam. du store [tid]!, kors!; *take off* (*raise*) *o.'s ~ to* ta av [sig] (lyfta på) hatten för äv. bildl., hälsa på; *pass* (*send*) *round the ~* skicka omkring hatten (håven), göra en insamling; *talk through o.'s ~* fam. prata i vädret (nattmössan); bluffa; *keep a th. under o.'s ~* hålla tyst om ngt

hat-box ['hætbɒks] *s* hattask; hattfodral för damhattar

1 hatch [hætʃ] *s* **1** lucka, öppning; halvdörr **2** sjö. [skepps]lucka **3** *down the ~!* fam. skål!, botten upp!

2 hatch [hætʃ] **I** *tr* **1** kläcka [ut] [äv. *~ out*] **2** bildl. kläcka [fram, ut], koka ihop **II** *itr* kläckas [ut] äv. bildl.

hatchback ['hætʃbæk] *s* bil. halvkombi

hatchet ['hætʃɪt] *s* [hand]yxa; *~ man* Am. fam. yrkesmördare; hejduk; *bury the ~* begrava stridsyxan, sluta fred

hatchet-face ['hætʃɪtfeɪs] *s* vasst och smalt ansikte

hatchway ['hætʃweɪ] *s* sjö. [skepps]lucka, lucköppning

hate [heɪt] **I** *s* hat, avsky **II** *tr* hata; tycka ytterst illa om, inte tåla, avsky

hateful ['heɪtf*ʊ*l] *a* **1** förhatlig [*to* för] **2** hatfull, hätsk

hath [hæθ] åld. 3 pers. sg. pres. av *have* [*he ~*]

hat-rack ['hætræk] *s* hatthylla

hatred ['heɪtrɪd] *s* hat, ovilja, avsky [*of, towards* mot, för]

hat-stand ['hætstænd] *s* fristående hatt-, kläd|hängare

hatter ['hætə] *s* hattmakare; *~'s* hattaffär; *as mad as a ~* spritt [språngande] galen

hat-trick ['hættrɪk] *s* hat trick i fotb.: tre mål av samma spelare i en match

haughty ['hɔ:tɪ] *a* hög[dragen], högmodig

haul [hɔ:l] **I** *tr* **1** isht sjö. hala, dra, släpa, bogsera **2** transportera, frakta **3** *~* [*up*] föra [*be ~ed* [*up*] *before a magistrate*]; *~ up* fam. ställa till ansvar; ge en överhalning, läxa upp **4** sjö. styra fartyg upp mot vinden **II** *itr* **1** hala, dra [*at,* [*up*]*on* i, på] **2** sjö. ändra kurs **III** *s* **1** halning, tag i halning, drag **2** notvarp, drag; fångst **3** kap, byte

haulage ['hɔ:lɪdʒ] *s* halande; transport; transportkostnader; *~ contractor* åkeriägare

hauler ['hɔ:lə] *s* o. **haulier** ['hɔ:ljə] *s* åkare; [*firm of*] *~s* åkeri

haulm [hɔ:m] *s* **1** stjälk **2** blast av t. ex. potatis, ärter

haunch [hɔ:n*t*ʃ] *s* höft, länd; kok. lår[stycke]; *sit on o.'s ~es* sitta på huk, om hund sitta på bakbenen

haunt [hɔ:nt] **I** *tr* **1** ofta besöka, hålla till i (på, hos) **2** spöka i (på, hos); *~ed castle* spökslott **3** om tankar o. d. förfölja **II** *s* tillhåll; vistelseort

haunting ['hɔ:ntɪŋ] *a* oförglömlig [*its ~ beauty*]; efterhängsen [*a ~ melody*]

Havana [hə'vænə] **I** Havanna **II** *s* havannacigarr

have [hæv, ss. vb obeton. həv] **A** (*had had*; 3 pers. sg. pres. *has*) *vb* **I** tempusbildande *hjälpvb* ha [*I ~* (*had*) *done it*]; [*it's the first time*] *I ~ been here* .. jag är här

II *tr* **1** ha, äga; *~ a cold* vara förkyld **2** hysa, ha [*~ a special liking* (förkärlek) *for*]; visa; *he had no fear* han kände ingen fruktan; *~ regard to* ta hänsyn till **3** göra, få sig, ta [sig] [*~ a walk*; *~ a bath*]; *~ a look* (*try*) se resp. subst. **4** få [*I had a letter from him*]; äta [*I am having my dinner*], dricka, ta [*we had a cup of tea*]; *let a p. ~ a th.* låta ngn få ngt; *what will you ~?* vad får det lov att vara? **5** få föda [*~ a baby*] **6** fam. ha [fått] ngn fast, ha satt ngn på det hala; lura; *you had me there!* nu har du mig fast! **7** *~ it* i mera spec. bet.: **a**) *as Byron has it* som det står hos Byron; *as the proverb has it* som det heter i ordspråket; *rumour has it that* ryktet går att; *he will ~ it that* han hävdar (vill ha det till) att; *as chance would ~ it, they* .. slumpen ville att de .. **b**) *the ayes ~ it* jarösterna är i majoritet **c**) fam. få [på pälsen], få på huden; *let him ~ it* [*good and proper*]*!* ge honom bara! **d**) *he's had it* sl. han är död; det är slut med honom; han har missat chansen; *you've had it!* sl. för sent!, nix, det går inte!, nu är det klippt! **e**) *~ it your own way!* gör som du vill! **f**) med prep. o. adv.: *I didn't think he had it in him* jag trodde inte att han var så duktig; *~ it in for* fam. ha ett horn i sidan till, vilja komma åt; *~ it out with a p.* göra upp (tala ut) med ngn **8 a**) tillåta; *I won't ~ it* jag tänker inte finna mig i det **b**) *I'm not having any!* fam. det går jag inte med på! **9** *~ to* + inf. vara (bli) tvungen att, få lov att, behöva [*he had to pay £100*; *he did not ~ to wait long*]; *I ~ to go* äv. jag måste gå; *that will ~ to do* det får duga **10** *~ a th. done* se till att ngt blir gjort; få ngt gjort; *he had his garden weeded* han lät rensa trädgården [från ogräs]; *~ o.'s hair cut* [låta] klippa sig (klippa håret); *he is having his house repaired* han håller på och reparerar huset **11** ~ *a p. do a th.* låta ngn göra ngt [~ *your doctor examine her*]; ~ *a p. doing a th.* få se (råka ut för) att ngn gör ngt [*we shall soon* ~ *them calling every day*]; *what would you* ~ *me do?* vad vill ni att jag skall göra?; *I won't* ~ *you playing in my room!* jag vill inte att ni leker i mitt rum! **12** med prep. o. adv. isht med spec. betydelser: ~ **on** ha kläder på sig [*he had nothing on*]; ~ *a few pounds on a horse* sätta några pund på en häst; ~ *a p. on* fam. driva med ngn; *I* ~ *nothing on this evening* fam. jag har inget för mig i kväll; *he has nothing on me* fam. han är inte bättre än jag; *the police had nothing on him* fam. polisen hade ingen hållhake på honom; ~ *a tooth* **out** [låta] dra ut en tand; ~ *a p.* **up** stämma ngn [inför rätta]; *be had up* åka fast [*he was had up for drunken driving*]

III *itr,* imp. *had* i spec. användning: *you had better* (*best* ibl.) *ask him* det är bäst att du frågar honom

B *s, the* ~*s and the have-nots* [de] bemedlade och [de] obemedlade, [de] rika och [de] fattiga

haven ['heɪvn] *s* hamn, bildl. äv. tillflykt[sort]

have-not ['hævnɒt] *s* se *have B*

haven't ['hævnt, 'hævn] = *have not*

haver ['heɪvə] *itr* tveka, vackla; krångla

haversack ['hævəsæk] *s* tornister, ryggsäck

havoc ['hævək] *s* förstörelse, ödeläggelse; *cry* ~ ge signal till plundring (våldsdåd); slå alarm; *make* (*work*) ~ anställa förödelse, härja; *make* ~ *of* förstöra, ödelägga; *make* (*play, raise*) ~ *with* gå illa åt

haw [hɔ:] *itr* säga hm, hacka; jfr *2 hem II*

Hawaii [hɑ:'waɪi:]

Hawaiian [hɑ:'waɪɪən] **I** *a* hawaii-, från Hawaii **II** *s* hawaiibo

1 hawk [hɔ:k] *s* hök; falk

2 hawk [hɔ:k] **I** *tr* [äv. ~ *about*] bjuda ut, ropa ut isht på gatan; sprida **II** *itr* sälja (bjuda ut) varor

hawker ['hɔ:kə] *s* gatu|försäljare, -handlare; kolportör; gårdfarihandlare

hawk-eyed ['hɔ:kaɪd] *a* falkögd

hawser ['hɔ:zə] *s* sjö. tross, tåg, kabel; kätting

hawthorn ['hɔ:θɔ:n] *s* bot. hagtorn

hay [heɪ] *s* hö; *the mowing of* ~ [hö]slåttern; *hit the* ~ fam. knyta sig, krypa till kojs; *make* ~ bärga hö; *make* ~ *of* bildl. vända upp och ned på; göra kål (slut) på; *make* ~ *while the sun shines* smida medan järnet är varmt; ta tillfället i akt

Haydn [kompositören: 'haɪdn]

hay-fever ['heɪˌfi:və] *s* läk. höfeber, hösnuva

hayfork ['heɪfɔ:k] *s* hötjuga, högaffel

haymaker ['heɪˌmeɪkə] *s* slåtterkarl, höbärgare

hayrick ['heɪrɪk] *s* höstack

haystack ['heɪstæk] *s* höstack

haywire ['heɪwaɪə] *a* sl., *go* ~ bli knasig (vild); paja gå sönder

hazard ['hæzəd] **I** *s* **1** slump, hasard; lyckträff **2** risk[fylldhet], fara; *at* ~ på spel; *at all* ~*s* till varje pris, trots alla risker **3** hinder på golfbana **II** *tr* **1** riskera **2** våga [~ *a guess*], våga framkasta [~ *an opinion*]

hazardous ['hæzədəs] *a* riskfylld

haze [heɪz] *s* dis[ighet], töcken

hazel ['heɪzl] **I** *s* **1** bot. a) hassel b) hasselnöt **2** nötbrun (ljusbrun) färg **II** *a* nötbrun [~ *eyes*]

hazel-nut ['heɪzlnʌt] *s* hasselnöt

hazy ['heɪzɪ] *a* **1** disig, dimmig **2** bildl. dunkel, dimmig, suddig [*a* ~ *recollection*]

HB förk. för *hard black* medium om blyertspenna

H-bomb ['eɪtʃbɒm] *s* h-bomb vätebomb

h. & c. förk. för *hot and cold* [*water*]

H.C.F. förk. för *highest common factor*

H.D. förk. för *heavy-duty*

H.E. förk. för *His Eminence, His Excellency*

1 he [hi:, obeton. hɪ, ɪ] **I** (objektsform *him*) *pron* **1** pers. han, om djur äv. den, det, om människan hon **2** determ. den om pers. i allm. bet. mest i sentenser o. d. [~ *who lives will see*] **II** (pl. ~*s*) *s* han[n]e, han [*our dog is a* ~] **III** *a* ss. förled i sms. vid djurnamn han- [*he-dog*]; -han[n]e [*he-fox*]; jfr *he-goat*

2 he [hi:] *s, play* ~ leka kull (sistan, tafatt)

head [hed] **I** *s* **1** huvud, skalle: **a**) i förb. m. annat subst.: ~ *over ears* (*heels*) *in debt* (*in love*) upp över öronen skuldsatt (förälskad); *from* ~ *to foot* från topp till tå, fullständigt; ~ *of hair* hår[växt]; *fall* ~ *over heels* falla huvudstupa (handlöst); *turn* ~ *over heels* slå (göra) en kullerbytta (volt); *he is* ~ *and shoulders above the rest* han är mer än huvudet högre än de andra, bildl. äv. han är vida överlägsen de andra; *he has* [*got*] *a good* ~ *on his shoulders* (*on him*) fam. han har huvudet på skaft **b**) ss. subj.: *his* ~ *has been turned by this success* den här framgången har stigit honom åt huvudet; *two* ~*s are better than one* fyra ögon ser mer än två **c**) ss. obj.: *give a p. his* ~ ge ngn fria tyglar (händer); *he has a good* (*poor*) ~ *for figures* han är bra (dålig) på att räkna; *keep o.'s* ~ hålla huvudet kallt, bibehålla fattningen; *keep o.'s* ~ *above water* hålla sig flytande äv. bildl.; *laugh o.'s* ~ *off* fam. skratta ihjäl sig; *they lay* (*put*) *their* ~*s together* de slår sina kloka huvuden ihop; *lose o.'s* ~ a) förlora huvudet, bli halshuggen b) tappa huvudet, förlora fattningen **d)** m. prep. o. adv.: *he is taller than Tom by a ~* han är huvudet längre än Tom; *win by a ~* vinna med en huvudlängd; *~ first (foremost)* huvudstupa; *do it (work it out) in o.'s ~* räkna ut det i huvudet; *put a th. into a p.'s ~* intala (inbilla, sätta i) ngn ngt; *whatever put that into your ~?* hur kunde du komma på den tanken (idén)?; *take it into o.'s ~ to [do a th.]* få i sitt huvud (få för sig) att man ska . .; *off o.'s ~* fam. knasig, tokig; *on o.'s ~* fam. som ingenting [*I could do it on my ~*]; *get it out of your ~!* slå det ur tankarna!; *over a p.'s ~* bildl. över huvudet på ngn [*talk over a p.'s ~*]; med förbigående av ngn [*be promoted over the ~s of o.'s colleagues*]; *go to a p.'s ~* stiga ngn åt huvudet [*the whisky went to his ~, success has gone to his ~*] **2 a)** chef [*the ~ of the firm*], ledare, direktör; huvudman; rektor; *the ~ of the family* familjens överhuvud, ättens huvudman; *~ of state* statschef **b)** ledarställning, spets [*be* (stå) *at the ~ of a th.*]; front, tät äv. mil. **3 a)** person, individ; *a (per) ~* per man (skaft), vardera [*they paid £2 a ~*] **b)** *twenty ~ of cattle* tjugo [stycken] nötkreatur **c)** antal, bestånd [*a large ~ of game*] **4 a)** övre ända [*the ~ of a ladder*], topp, spets; knopp; [kolonn]huvud, kapitäl; huvudända [*the ~ of a bed*]; källa [*the ~ of a river*]; *the ~ of the table* övre ändan av bordet, hedersplatsen **b)** huvud [*the ~ of a nail*]; *a ~ of cabbage* ett kålhuvud **c)** *~s or tails?* krona eller klave?; *~s I win, tails you lose!* skämts. jag vinner i vilket fall som helst; *I cannot make ~ or tail of it* fam. jag blir inte klok på det **d)** skum, fradga [*the ~ on a glass of beer*]; grädde på mjölk **e)** bildl. höjdpunkt, kris[punkt]; *bring matters to a ~* driva saken till sin spets; *come (draw, gather, grow) to a ~* komma (dra ihop sig) till en kris **5 a)** rubrik, överskrift, titel; *under the ~ of. .* under rubriken . . **b)** huvudpunkt, huvudavdelning, moment, kapitel; kategori **6 a)** framdel [*the ~ of a plough*]; spets [*arrow-head*] **b)** [hög] udde [ofta i egennamn: *Beachy H~*]

II *a* **1** huvud- [*~ office*]; över-; främsta, första; *~ boy* ung. förste ordningsman i skola; *~ note (tone)* mus. ton med huvudklang; *~ teacher* rektor **2** mot- [*~ wind*]

III *tr* **1** anföra, leda [*~ a procession*]; stå i spetsen för; *~ the list* stå överst på listan **2** förse med huvud (rubrik, överskrift, titel) **3** vända, rikta, styra [*~ o.'s ship for* (mot) *the harbour*]; *~ed for* på väg mot (till), destinerad till **4** *~ off* [komma förbi och] mota tillbaka; genskjuta; stoppa; bildl. avvärja, förhindra **5** fotb. nicka, skalla

IV *itr* **1** stäva, styra [kosan], sätta kurs [*for, towards* mot; *~ south* (sydvart)] **2** bildl., *be ~ing for* gå till mötes; *he is ~ing for ruin* han är på god väg att bli ruinerad

headache ['hedeɪk] *s* **1** huvudvärk **2** fam., *that's not my ~* det är inte min huvudvärk (sak); *give a p. a ~* vålla ngn huvudbry

headdress ['heddres] *s* huvudbonad; huvudprydnad[er]

header ['hedə] *s* **1** huvudhopp, dykning; fall [på huvudet] **2** fotb. nick, skalle

headgear ['hedgɪə] *s* huvudbonad

head-hunter ['hed,hʌntə] *s* huvudjägare

heading ['hedɪŋ] *s* **1** rubrik, överskrift, titel **2** anförande, ledning [*the ~ of a procession*] **3** avdelning, stycke **4** riktning, kurs **5** huvud på brevpapper o. d. **6** fotb. nickning, skallning

headlamp ['hedlæmp] *s* bil. strålkastare

headland ['hedlənd] *s* hög udde

headlight ['hedlaɪt] *s* strålkastare på bil; *drive with ~s on* bil. köra på helljus

headline ['hedlaɪn] *s* rubrik; *hit (make) the ~s* bli (vara) rubrikstoff (förstasidesstoff)

headlong ['hedlɒŋ] **I** *adv* på huvudet, med huvudet före, huvudstupa [*fall ~*]; besinningslöst [*rush ~ into danger*] **II** *a* brådstörtad, plötslig [*a ~ decision*]

headmaster ['hed'mɑːstə] *s* rektor

headmistress ['hed'mɪstrəs] *s* kvinnlig rektor

head-on ['hed'ɒn] *a* o. *adv* med huvudet (framsidan) före; *~ collision* frontalkrock

headphone ['hedfəun] *s*, vanl. pl. *~s* hörlurar; hörtelefon

headquarters ['hed'kwɔːtəz] (pl. *headquarters*) *s* högkvarter[et]; säte, huvudkontor[et] [*the ~ of a company*]; central[en]; operationsbas[en]

headrest ['hedrest] *s* huvudstöd; nackstöd i bil

headroom ['hedrum] *s* trafik. fri höjd

headset ['hedset] *s* huvudmikrotelefon

headshrinker ['hed,ʃrɪŋkə] *s* sl. hjärnskrynklare psykiater

headstone ['hedstəun] *s* gravsten [vid huvudändan]

headstrong ['hedstrɒŋ] *a* halsstarrig, obändig, egensinnig

head-waiter ['hed'weɪtə] *s* hovmästare

headway ['hedweɪ] *s* **1** fart [framåt]; framsteg; *make ~* skjuta fart; komma framåt (vidare), göra framsteg; *we are making no ~* äv. vi kommer ingen vart **2** trafik. fri höjd

headwind ['hedwɪnd] *s* motvind

headword ['hedwɜːd] *s* uppslagsord, stickord; rubrik[ord]

head-work ['hedwɜːk] *s* tankearbete, intellektuellt arbete

heady ['hedɪ] *a* **1** brådstörtad; besinnings-

lös **2** stark, berusande [*a ~ wine*]
heal [hi:l] **I** *tr* **1** bota, bibl. hela; läka; *time ~s all wounds* tiden läker alla sår **2** återställa, laga; *~ the breach* överbrygga klyftan **II** *itr* läka[s] [*the wound ~s slowly*]
healer ['hi:lə] *s* helbrägdagörare; botemedel
health [helθ] *s* **1** hälsa, sundhet; *~ food store* hälsokostbod **2** hälsotillstånd, hälsa [*good ~*]; *bad* (*ill*) *~* dålig (svag) hälsa, ohälsa, sjuklighet; *~ certificate* friskintyg; *~ insurance* sjukförsäkring; *~ service* hälsovård **3** *drink* [*to*] *a p.'s ~* dricka ngns skål, skåla med ngn; *here's a ~ to . .!* en skål för . .!; *your ~!, good ~!* skål!
health-resort ['helθrɪˌzɔ:t] *s* kurort
healthy ['helθɪ] *a* **1** frisk [*be ~*; *a ~ appetite*]; vid god hälsa [*be ~*]; sund [*~ views*] **2** hälsosam [*~ climate*], sund
heap [hi:p] **I** *s* **1** hög, hop; *all in a ~* i en enda hög; *be struck* (*knocked*) *all of a ~* fam. bli alldeles paff **2** fam., *a ~ of* en hel hög, en massa; *it did me ~s of good* det gjorde mig förfärligt gott; *~s more* mycket mer **II** *tr* **1** *~* [*up* (*together*)] hopa, lägga i en hög [*~* [*up*] *stones*], stapla [upp]; lägga på hög **2** fylla [*~ a plate with food*]; råga [*a ~ed spoonful*] **3** *~* [*favours*] *on a p.*, *~ a p. with* [*favours*] överösa ngn med . .
hear [hɪə] (*heard heard*) **I** *tr* **1** höra; lyssna på (till); åhöra; *~ a p. out* höra ngn till slut **2** få höra, få veta **3** jur. [för]höra [*~ a witness*]; behandla [*~ a case*] **II** *itr* **1** höra; uppfatta; *~! ~!* utrop av bifall ja! [ja!], bravo!, instämmer! **2** få höra; *~ from* höra av, höra [något] från; *~ of* höra talas om; *I won't ~ of such a thing* jag vill inte veta av något sådant
heard [hɜ:d] imp. o. pp. av *hear*
hearer ['hɪərə] *s* åhörare
hearing ['hɪərɪŋ] *s* **1** hörsel; *~ spectacles* hörglasögon; *be hard of ~* vara lomhörd, höra dåligt **2** *in a p.'s ~* i ngns närvaro, så att ngn hör; *within* (*out of*) *~* inom (utom) hörhåll **3** åhörande, lyssnande; utfrågning; jur. hörande, förhör; prövning, behandling; *gain a ~* vinna gehör; *give a p. a ~* lyssna till (på) ngn; *give a p.* (*get*) *a fair ~* ge ngn (få) en chans att försvara sig; *ask for a new ~* jur. begära förnyad prövning
hearing-aid ['hɪərɪŋeɪd] *s* hörapparat
hearken ['hɑ:kən] *itr* litt. o. åld. lyssna
hearsay ['hɪəseɪ] *s* hörsägen, rykte[n]
hearse [hɜ:s] *s* likvagn
heart [hɑ:t] *s* **1** anat. hjärta; *~ failure* hjärt|förlamning, -slag; *~ transplant, ~ transplantation* hjärttransplantation; *fatty ~* fetthjärta **2** hjärta [*he lost his ~ to her*]; sinne [*a man after my* [*own*] *~*]; själ; mod; *change of ~* sinnes[för]ändring; *~ and soul* adv. med liv och lust [*throw o.s. ~ and soul into a th.*]; med liv och själ, med hela sin själ; *bless my ~* [*and soul*]! fam. kors i all min dar!; *put o.'s ~* [*and soul*] *into o.'s work* lägga in (ner) hela sin själ i arbetet; *her ~ went out to him* hennes tankar gick till honom; hon kände starkt med honom; *break a p.'s ~* krossa ngns hjärta; *it breaks my ~ to see . .* det skär mig i hjärtat att se . .; *it was enough to break your ~* det var hjärtskärande (hjärtslitande); *have a ~!* var lite bussig nu [va]!; *he had his ~ in his mouth* han hade hjärtat i halsgropen; *have o.'s ~ in the right place* ha hjärtat på rätta stället; *have o.'s ~ in o.'s work* arbeta med liv och lust, känna arbetsglädje; *lose ~* tappa modet, bli modfälld; *set o.'s ~ at rest* slå sig till ro; bli lugn; *set o.'s ~ on a th.* fästa sig [särskilt] vid ngt; *take ~* fatta (repa) mod; *wear o.'s ~ on o.'s sleeve* öppet visa sina känslor; *at ~* i själ och hjärta, i grund och botten; *light at ~* lätt till sinnes (om hjärtat); *sick at ~* beklämd, betryckt, nedstämd; *we have it very much at ~* det ligger oss mycket varmt om hjärtat; *at the bottom of o.'s ~* innerst inne; *by ~* utantill, ur minnet; *from* [*the bottom of*] *o.'s ~* av allt hjärta, innerligt; *in my ~ of ~s* i djupet av mitt hjärta, innerst inne; *it is a matter very near to his ~* det är en hjärtesak för honom; *~ to ~* förtroligt, öppet; *take a th. to ~* ta illa vid sig av ngt, ta ngt hårt; *to o.'s ~'s content* av hjärtans lust; så mycket man vill; *with all o.'s ~* av hela sitt hjärta **3** hjärta [*in the ~ of the city*], centrum, medelpunkt; *the ~ of the matter* sakens kärna; *~ of oak* bildl. kärnkarl **4** kort. hjärterkort; pl. *~s* hjärter; *the ten of ~s* hjärtertian
heartache ['hɑ:teɪk] *s* [hjärte]sorg
heartbeat ['hɑ:tbi:t] *s* hjärtslag pulsslag
heartbreak ['hɑ:tbreɪk] *s* [hjärte]sorg
heartbreaking ['hɑ:tˌbreɪkɪŋ] *a* förkrossande, hjärt|slitande, -skärande
heartbroken ['hɑ:tˌbrəʊkən] *a* med krossat (brustet) hjärta, tröstlös
heartburn ['hɑ:tbɜ:n] *s* halsbränna
hearten ['hɑ:tn] *tr* uppmuntra [*~ing news*]
heartfelt ['hɑ:tfelt] *a* djupt känd, innerlig, hjärtlig [*~ thanks*]
hearth [hɑ:θ] *s* **1** härd äv. tekn.; eldstad, spis[el] **2** [huslig] härd [*~ and home*], hem
hearth-rug ['hɑ:θrʌg] *s* spis[el]matta
heartily ['hɑ:təlɪ] *adv* **1** hjärtligt, uppriktigt, varmt **2** tappert, friskt; ivrigt **3** med god aptit, duktigt **4** innerligt, ordentligt [*~ sick* (led) *of a th.*], fullständigt
heartless ['hɑ:tləs] *a* hjärtlös, hård
heart-rending ['hɑ:tˌrendɪŋ] *a* hjärtslitande

heart-searching ['hɑ:tˌsɜ:tʃɪŋ] *s*, ~[*s* pl.] självrannsakan
heart-strings ['hɑ:tstrɪŋz] *s pl* bildl. hjärtesträngar; innersta känslor [*play on a p.'s* ~]
heart-to-heart ['hɑ:ttə'hɑ:t] *a* förtrolig [*a ~ talk*]
hearty ['hɑ:tɪ] **I** *a* **1** hjärtlig [*a ~ welcome*], varm; uppriktig; ivrig **2** kraftig [*a ~ blow*]; hurtfrisk [*a ~ type*] **3** *he is a ~ eater* han äter duktigt, han har frisk aptit **4** riklig [*a ~ meal*] **II** *s* sl., ung. hurtbulle, friskus
heat [hi:t] **I** *s* **1** hetta; värme; *white ~* se *white I 2* bildl. hetta, iver [*speak with some ~*]; upphetsning, vrede; *in the ~ of the moment* i ett ögonblick av upphetsning **3** sport. heat, [enkelt] lopp, löpning, uttagningslopp; *dead ~* dött lopp; *trial* (*preliminary*) *~s* försöksheat, uttagningslopp **4** brunst; *in* (*on, at*) ~ brunstig **5** isht Am. sl. **a**) *put* (*turn*) *the ~ on a p.* sätta åt ngn; utöva press på ngn **b**) *the ~* snuten, snutarna; *the ~ is on* snuten (snutarna) är efter mig (dig etc.) **II** *tr*, ~ [*up*] upphetta, värma [upp] **III** *itr*, ~ [*up*] bli het (varm, upphettad)
heated ['hi:tɪd] *pp* o. *a* upphettad etc., jfr *heat II*; het, hetsig, animerad, livlig [*a ~ discussion*]
heater ['hi:tə] *s* värmeapparat, värmeelement; kamin; värmare [*car ~*]
heath [hi:θ] *s* hed
heathen ['hi:ðən] **I** *s* **1** hedning; *the ~* koll. hedningarna **2** fam. vilde [*that young ~*], barbar **II** *a* hednisk, hedna-
heather ['heðə] *s* bot. ljung
heating ['hi:tɪŋ] *s* upphettning, uppvärmande, uppvärmning, eldning; *central ~* centralvärme, värmeledning
heat-stroke ['hi:tstrəʊk] *s* värmeslag
heat-wave ['hi:tweɪv] *s* **1** värmebölja **2** fys. värmevåg
heave [hi:v] **I** (*~d ~d*, isht sjö. *hove hove*) *tr* **1** lyfta, häva [ofta ~ *up*]; komma att hävas **2** dra [*~ a sigh*], utstöta **3** kasta [*~ a th. overboard, ~ a brick*] **4** sjö. hiva, hyva, vinda [upp], [för]hala; hissa [*~ a sail*]; *~ the anchor* lätta ankar; *~ the ship to* dreja (lägga) bi **II** (*~d ~d*, isht sjö. *hove hove*) *itr* **1** höja sig, svälla; *~ in sight* sjö. o. fam. komma i sikte, dyka upp äv. om pers. **2** hävas [och sänkas], bölja, svalla [*the heaving billows* (vågorna)] **3** *~ ho!, ~ away!* hi å hå!; *~ to* dreja (lägga) bi **III** *s* **1** hävning, lyftning; tag [*a mighty ~*] **2** höjning, stigning; svallning, böljegång **3** sjö. hivande
heaven ['hevn] *s* **1** vanl. pl. *~s* himmel, himlavalv **2** rel. o. fam. i utrop himmel[en]; himmelrike[t]; Gud [*H~'s will*]; *good Heavens!* se *good I 11*; *by Heaven*[*s*]*!* vid Gud!; *thank H~!* Gud vare tack och lov!
heavenly ['hevnlɪ] *a* **1** himmelsk; gudomlig; från himlen [*a ~ angel*]; *~ choir* änglakör **2** himla-, himmels-; *~ bodies* himlakroppar **3** fam. gudomlig, underbar
heaven-sent ['hevnsent] *a* välkommen, perfekt [*a ~ opportunity*]
heavenwards ['hevnwədz] *adv* mot himlen
heavily ['hevəlɪ] *adv* **1** tungt [*~ loaded*], hårt [*~ taxed* (beskattad)], strängt [*~ punished*]; kraftigt [*it rained ~*]; högt [*~ insured*]; tätt [*~ populated*]; mödosamt; trögt, långsamt **2** i hög grad
heaviness ['hevɪnəs] *s* tyngd, grovhet etc., jfr *heavy I*
heavy ['hevɪ] **I** *a* **1** tung; grov [*~ features*]; bastant, kraftig; *~ traffic* a) tung trafik b) stark (livlig) trafik **2** mil. tung, tungt beväpnad **3** stor [*~ expenses*], svår [*a ~ loss* (*defeat*)]; stark, livlig [*~ demand* (efterfrågan)]; våldsam, häftig [*a ~ blow* (*storm*)]; *a ~ dose* en stark dos; *a ~ drinker* en storsupare; *a ~ fine* höga böter; *a ~ sea* [en] stark sjögång, sjö. grov sjö; *a ~ smoker* en storrökare; *make ~ weather of* . . bildl. se under *weather I 1 a*) **4** tyngd, laddad, mättad [*with* med, av] **5** tung, tråkig [*a ~ book*]; *a ~ part* en allvarlig roll **6** ansträngande, hård [*~ work*] **7** tung [*with a ~ heart*], betryckt, nedslagen **II** *adv* tungt; *time hangs* (*lies*) *~* [*on my hands*] tiden kryper fram (blir lång) [för mig]
heavy-duty ['hevɪ'dju:tɪ] *a* slitstark, tålig [*~ gloves*]; tekn. tung; *~ oil* HD-olja
heavy-handed ['hevɪ'hændɪd] *a* **1** hårdhänt, tung; handfast **2** klumpig, tafatt
heavy-hearted ['hevɪ'hɑ:tɪd] *a* tung om hjärtat, tungsint
heavyweight ['hevɪweɪt] *s* **1** tungvikt; attr. tungvikts- [*~ title*], tung **2** tungviktare
Hebraic [hɪ'breɪɪk, he'b-] *a* hebreisk
Hebrew ['hi:bru:] **I** *s* **1** hebré **2** hebreiska [språket] **II** *a* hebreisk
Hebrides ['hebrɪdi:z] *s pl, the ~* Hebriderna
heck [hek] *s, what the ~!* vad i helsike!
heckle ['hekl] *tr* häckla, avbryta [med irriterande frågor]
heckler ['heklə] *s* häcklare
hectare ['hektɑ:, -teə] *s* hektar
hectic ['hektɪk] *a* **1** hektisk, febrig [*~ cheeks*] **2** bildl. hektisk [*lead a ~ life*]
hectogram[**me**] ['hektəʊgræm] *s* hektogram
hectolitre ['hektəʊˌli:tə] *s* hektoliter
Hector ['hektə] **I** egennamn **II** *tr, h~* tyrannisera, hunsa; *a hectoring tone* [en] mästrande ton **III** *itr, h~* spela översittare; skrävla
he'd [hi:d] = *he had*; *he would*
hedge [hedʒ] **I** *s* **1** häck, inhägnad, gärdsgård **2** bildl. skrank, hinder; skydd **3** vid

vadslagning [hel]gardering **II** *tr* **1** inhägna [med en häck]; omgärda, kringgärda; spärra av [ofta ~ *up*]; ~ *in* (*round, about*) omge på alla sidor, omgärda; omsluta; omringa, inringa **2** vid vadslagning [hel]gardera
hedgehog ['hedʒhɒg] *s* zool., mil. igelkott
hedgerow ['hedʒrəʊ] *s* busk-, träd|häck
hedge-sparrow ['hedʒˌspærəʊ] *s* zool. järnsparv
hedonism ['hi:dəʊnɪzəm] *s* fil. hedonism; fam. njutningslystnad
hedonist ['hi:dəʊnɪst] *s* fil. hedonist; fam. njutningsmänniska
heebie-jeebies ['hi:bɪ'dʒi:bɪz] *s pl* sl., *the* ~ [stora] darren nervositet
heed [hi:d] **I** *tr* bry sig om [~ *a warning*] **II** *s, give* (*pay*) ~ *to* ta hänsyn till, fästa avseende vid, bry sig om; *take* ~ ta sig i akt
heedless ['hi:dləs] *a* **1** ~ *of* obekymrad om **2** tanklös
hee-haw ['hi:'hɔ:] **I** *s* **1** skri av åsna **2** gapskratt **II** *itr* **1** skria om åsna **2** gapskratta
1 heel [hi:l] **I** *s* **1** häl; bakfot; klack; bakkappa på sko; *kick* (*cool*) *o.'s* ~*s* [få (stå och)] vänta; slå dank; *kick up o.'s* ~*s* fam. slå klackarna i taket; *show a clean pair of* ~*s* lägga benen på ryggen, ta till benen (sjappen); *be at* (*on*) *a p.'s* ~*s* vara (ligga) hack i häl på ngn, vara (ligga) i hälarna på ngn; *down at* ~ se *down-at-heel*; *turn on o.'s* ~[*s*] svänga om på klacken; *come to* ~ om hund gå fot; bildl. foga sig, lyda; *take to o.'s* ~*s* lägga benen på ryggen **2** isht Am. sl. knöl, kräk **II** *tr* klacka [~ *shoes*]
2 heel [hi:l] *itr* sjö., ~ [*over*] kränga, få slagsida
hefty ['heftɪ] *a* fam. stöddig, bastant [*a* ~ *policeman*]; kraftig [*a* ~ *push*]
hegemony [hɪ'gemənɪ, 'hedʒɪmənɪ] *s* hegemoni, herravälde; ledning, ledarställning
he-goat ['hi:gəʊt] *s* [geta]bock
heifer ['hefə] *s* kviga
height [haɪt] *s* **1** höjd [*the* ~ *of a mountain*] **2** längd [*draw o.s. up* (sträcka på sig) *to o.'s full* ~], storlek; *what is your* ~*?* hur lång (stor) är du?; *of medium* (*middle*) ~ av medellängd **3** höjd; kulle; topp [*mountain* ~*s*] **4** höjdpunkt, toppunkt; höjd [*the* ~ *of his ambition*]; *the* ~ *of fashion* högsta modet; *the* ~ *of perfection* fullkomligheten själv; *at its* ~ på sin höjdpunkt; *when the storm was at its* ~ när stormen rasade som värst; *in the* ~ *of summer* under högsommaren
heighten ['haɪtn] **I** *tr* **1** göra hög[re], höja **2** bildl. [för]höja [~ *an effect*], öka; förstärka **II** *itr* mest bildl. [för]höjas, ökas
heinous ['heɪnəs] *a* skändlig, avskyvärd [*a* ~ *crime*]
Heinz [haɪnts]
heir [eə] *s* [laglig] arvinge, arvtagare; ~ *apparent* (pl. ~*s apparent*) närmaste arvinge, bröstarvinge till ännu levande; ~ *to the throne* tronarvinge
heiress ['eərɪs] *s* arvtagerska
heirloom ['eəlu:m] *s* släktklenod, ärvd pjäs, arv[e]gods
heist [haɪst] *s* sl. stöt, rån[överfall]
held [held] imp. o. pp. av *1 hold*
Helen ['helɪn] egennamn; ~ *of Troy* Sköna Helena
helicopter ['helɪkɒptə] *s* helikopter
heliocentric [ˌhi:lɪəʊ'sentrɪk] *a* astr. heliocentrisk
heliotrope ['hi:ljətrəʊp] *s* bot., miner., astr., lantm. heliotrop
heliport ['helɪpɔ:t] *s* heli[kopter]flygplats, heliport
helium ['hi:ljəm] *s* kem. helium
hell [hel] *s* helvete[t]; ~*'s bells!* helvete [också]!; *oh,* ~*!* jäklar [också]!; det var [som] fan!; *a* ~ *of a noise* ett jäkla oväsen; *what the* ~ [*do you want*]*?* vad i helvete ..?, vad fan ..?; *give a p.* ~ göra helvetet hett för ngn, göra det hett [om öronen] för ngn; *this tooth is giving me* ~ det gör jävligt ont i den här tanden; *play* ~ *with* jäklas med; vända upp och ned på; *raise* ~ se under *raise I 6*; *ride* ~ *for leather* rida allt vad tygen håller; *run* ~ *for leather* fam. ligga som en rem efter marken, rusa fram; *just for the* ~ *of it* bara för skojs skull; *go to* ~*!* dra åt helvete!
he'll [hi:l] = *he will* (*shall*)
hellbent ['helbent] *a* isht Am. fam. absolut inställd [*on* på], fast besluten [~ *on doing* (att göra) *a th.*]
hellish ['helɪʃ] *a* helvetisk, infernalisk
hello [hə'ləʊ] *interj* o. *s* hallå!, uttr. förvåning äv. jaså [minsann]!, vad nu då!; ss. hälsning hej!, tjänare!
helluva ['heləvə] *a* o. *adv* sl. = *hell of a,* se under *hell*
helm [helm] **I** *s* roder hela styrinrättningen o. bildl.; rorkult **II** *tr* styra isht bildl.
helmet ['helmɪt] *s* hjälm; kask
helmsman ['helmzmən] *s* rorgängare, rorsman
helot ['helət] *s* **1** hist. helot **2** bildl. slav, träl
help [help] **I** *tr* **1** hjälpa; bistå; *so* ~ *me God* så sant mig Gud hjälpe; *God* ~ *you if ..!* Gud nåde dig om ..!; ~ *out* a) hjälpa ut; hjälpa ngn ur knipan b) hjälpa upp, förbättra **2** ~ *a p. to a th.* servera ngn ngt [*may I* ~ *you to some soup?*]; ~ *o.s.* ta för sig [*to* (av) *a th.*]; ~ *o.s. to a th.* fam. lägga sig till med ngt; ~ *yourself!* var så god [och ta]! **3** låta bli, hjälpa; *I can't* ~ *it* jag kan inte låta bli, jag kan inte hjälpa det; *I can't* ~ *laughing* jag kan inte låta bli att skratta; [*I won't do*

it] *if I can* ~ *it* . . om jag slipper (kan slippa); [*he won't do it again*] *if I can* ~ *it* . . om jag har något att säga till om; [*don't be longer*(*don't do any more*)] *than you can* ~ . . än du behöver; *it can't be* ~*ed* det kan inte hjälpas, det är ingenting att göra åt det **II** *itr* **1** hjälpa [till]; ~ *to* hjälpa till att, bidra till att [*this* ~*s to explain*]; ~ *out* hjälpa till [*she* ~*ed out in the shop*] **2** servera **III** *s* hjälp; *be of* ~ [*to a p.*] vara [ngn] till hjälp; *can I be of any* ~ *to you?* kan jag hjälpa dig [med någonting]?; *it wasn't* [*of*] *much* ~ det var inte till stor hjälp

helper ['helpə] *s* hjälpare; medhjälpare

helpful ['helpfʊl] *a* hjälpsam, tjänstvillig

helping ['helpɪŋ] *s* portion [*a* ~ *of pie*]

helpless ['helpləs] *a* hjälplös

helpmate ['helpmeɪt] *s* [med]hjälpare, hjälp isht om maka el. make

Helsinki ['helsɪŋkɪ, -'- -] Helsingfors

helter-skelter ['heltə'skeltə] *adv* o. *a* huller om buller; huvudstupa, brådstörtad [*a* ~ *flight*]; *run* ~ flänga omkring

helve [helv] *s* handtag, skaft isht av yxa

1 hem [hem] **I** *s* fåll; [neder]kant **II** *tr* **1** fålla; kanta **2** ~ *in* stänga inne, omringa

2 hem [ss. interj. hm, ss. vb hem] **I** *interj* hm! **II** *itr* säga hm, humma; tveka; ~ *and haw* (*ha*) humma, dra på orden; knota

he-|man ['hi:|mæn] (pl. *-men* [-men]) *s* fam. he-man, verklig karl

hemidemisemiquaver ['hemɪˌdemɪ'semɪˌkweɪvə] *s* mus. 1/64 not

Hemingway ['hemɪŋweɪ]

hemisphere ['hemɪˌsfɪə] *s* halvklot, hemisfär; *the Western* ~ västra halvklotet

hemlock ['hemlɒk] *s* **1** bot. odört **2** odörtsgift

hemp [hemp] *s* bot. hampa

hempen ['hempən] *a* hamp-, av hampa

hemstitch ['hemstɪtʃ] **I** *tr* o. *itr* sy med hålsöm **II** *s* hålsöm

hen [hen] *s* **1** höna **2** isht i sms. hona [*peahen*], höna; ~ *turkey* kalkonhöna

henbane ['henbeɪn] *s* bot. bolmört

hence [hens] *adv* **1** härav [~ *it follows that* . .] **2** följaktligen, därför **3** härefter; *five years* ~ äv. om fem år **4** åld., poet., [*get thee*] ~*!* [vik] hädan!

henceforth ['hens'fɔ:θ] *adv* o. **henceforward** ['hens'fɔ:wəd] *adv* hädanefter, framdeles

hench|man ['hentʃ|mən] (pl. *-men* [-mən]) *s* hejduk, hantlangare

hen-coop ['henku:p] *s* hönsbur, hönshus

henna ['henə] *s* bot. henna[färg]

hen-party ['henˌpɑ:tɪ] *s* fam. fruntimmersbjudning

henpecked ['henpekt] *a* hunsad, kujonerad; *be* ~ stå under toffeln; *a* ~ *husband* en toffelhjälte

Henry ['henrɪ] ss. kunganamn Henrik

hepatica [hɪ'pætɪkə] *s* bot. blåsippa

hepatitis [ˌhepə'taɪtɪs] *s* läk. hepatit, leverinflammation

heptagon ['heptəgən] *s* geom. sjuhörning

heptagonal [hep'tægənl] *a* sjuhörnig

her [hɜ:] **I** *pers pron* (objektsform av *she*) **1** henne vanl. äv. om fartyg; om tåg, bil, land m. m. den, det **2** fam. hon [*it's* ~] **3** sig [*she took it with* ~] **II** fören. *poss pron* hennes [*it is* ~ *hat*]; sin [*she sold* ~ *house*]; dess; jfr *my*

herald ['herəld] **I** *s* **1** hist. härold **2** heraldiker **3** bildl. härold [*the* ~ *of spring*], förebud **II** *tr* förebåda, inleda [~ *a new era*]

heraldic [he'rældɪk] *a* heraldisk

heraldry ['herəldrɪ] *s* heraldik

herb [hɜ:b] *s* ört; växt [*collect* ~*s*]; kryddväxt; läkeört, medicinalväxt

herbaceous [hɜ:'beɪʃəs] *a* örtartad; ört-; ~ *border* kantrabatt

herbal ['hɜ:bəl] *a* ört- [~ *medicine*]

herbalist ['hɜ:bəlɪst] *s* medicinalväxt|handlare, -odlare

Herbert ['hɜ:bət]

herbivorous [hɜ:'bɪvərəs] *a* växt-, gräs|ätande

Herculean [ˌhɜ:kjʊ'li:ən] *a* herkulisk; Herkules-; *a* ~ *task* ett herkulesarbete

Hercules ['hɜ:kjʊli:z] Herkules

1 herd [hɜ:d] **I** *s* **1** hjord [*a* ~ *of cattle*], flock **2** neds. hop, massa; *follow the* ~ bildl. följa med strömmen **II** *itr* gå i hjord[ar]; gå i flock; ~ *together* flockas, samlas

2 herd [hɜ:d] *tr* vakta [~ *sheep*]; driva

herds|man ['hɜ:dz|mən] (pl. *-men* [-mən]) *s* **1** [boskaps]herde **2** Am. utfodrare; kreatursskötare

here [hɪə] *adv* **1** här; hit; ~*, you!* hallå där!; ~*'s to you!*, ~*'s how!* [din] skål!; ~ *and now* genast; ~ *and there* här och där; hit och dit; ~*, there, and everywhere* överallt; åt alla håll och kanter; *that's neither* ~ *nor there* bildl. det hör inte till saken; ~ *today,* [*and*] *gone tomorrow* i dag röd, i morgon död; ~ *you are!* här har du!, var så god!; se här! **2** här, härvidlag, i det här fallet [~ *we agree*] **3** nu, då; ~ *we go!* nu (då) sätter vi i gång!; nu börjas det!

hereabout[s] ['hɪərəˌbaut, -s] *adv* häromkring, här i (på) trakten

hereafter [hɪər'ɑ:ftə] **I** *adv* litt. el. jur. **1** här-, hädan|efter **2** här nedan **3** i ett annat liv **II** *s* litt., *the* ~ livet efter detta (döden)

hereby ['hɪə'baɪ] *adv* härmed [*I* ~ *beg to inform you* . .]; härigenom

hereditary [hɪ'redɪtərɪ] *a* arv- [~ *foe*]; arvs-; ärftlighets- [~ *principle*]; ärftlig [~

disease]; [ned]ärvd; medfödd [~ *talent*]
heredity [hɪ'redətɪ] *s* ärftlighet; arv
Hereford ['herɪfəd]
Herefordshire ['herɪfədʃɪə, -ʃə]
herein ['hɪər'ɪn] *adv* isht jur. häri
heresy ['herəsɪ] *s* kätteri; irrlära
heretic ['herətɪk] *s* kättare
heretical [hɪ'retɪkəl] *a* kättersk
hereto ['hɪə'tu:] *adv* åld. el. jur. härtill
heretofore ['hɪətʊ'fɔ:] *adv* åld. el jur. hittills; fordom
hereupon ['hɪərə'pɒn] *adv* härpå; i följd härav
herewith ['hɪə'wɪð, -'-] *adv* härmed
heritage ['herɪtɪdʒ] *s* arv
hermaphrodite [hɜ:'mæfrədaɪt] **I** *s* hermafrodit **II** *a* hermafroditisk, tvekönad
hermetic [hɜ:'metɪk] *a* hermetisk[t tillsluten]
hermit ['hɜ:mɪt] *s* eremit; enstöring
hermitage ['hɜ:mɪtɪdʒ] *s* eremit|hydda, -boning
hernia ['hɜ:njə] *s* läk. bråck
hero ['hɪərəʊ] (pl. *~es*) *s* **1** hjälte; *the ~ of the hour* (*day*) dagens hjälte **2** huvudperson i bok o. d., hjälte [*the ~ of the play*]
Herod ['herəd] Herodes
heroic [hɪ'rəʊɪk] **I** *a* heroisk; hjälte- [*~ death, ~ deeds*]; hjältemodig; *~ couplet* parrimmad jambisk vers **II** *s,* pl. *~s* högtravande språk, poser, hjältefasoner
heroical [hɪ'rəʊɪkəl] *a* heroisk, hjältemodig
heroin ['herəʊɪn] *s* heroin
heroine ['herəʊɪn] *s* hjältinna
heroism ['herəʊɪzəm] *s* hjältemod, heroism
heron ['herən] *s* zool. häger
herring ['herɪŋ] *s* zool. sill
herring-bone ['herɪŋbəʊn] *s* sillben; attr. fiskbens- [*~ pattern*], fiskbensmönstrad
hers [hɜ:z] självst. *poss pron* hennes [*is that book ~?*]; sin [*she must take ~*]; jfr *1 mine*
herself [hə'self] *refl* o. *pers pron* sig [*she brushed ~*], sig själv [*she helped ~*]; hon själv [*nobody but ~*], själv [*she can do it ~*]; *the queen ~* drottningen själv; jfr *myself*
Hertford [i Engl. 'hɑ:fəd]
Hertfordshire ['hɑ:fədʃɪə, 'hɑ:tf-, -ʃə]
Herts. [hɑ:ts, hɜ:ts] förk. för *Hertfordshire*
Hertz [hɜ:ts] **I** egennamn **II** *s* hertz frekvensenhet
he's [hi:z, hɪz] = *he is* ; *he has*
hesitance ['hezɪtəns] *s* o. **hesitancy** ['hezɪtənsɪ] *s* se *hesitation*
hesitant ['hezɪtənt] *a* tvekande, tveksam
hesitate ['hezɪteɪt] *itr* tveka; vara villrådig, vackla; *he who ~s is lost* ung. den intet vågar, han intet vinner; *he ~s at nothing* han drar sig inte för någonting
hesitation [ˌhezɪ'teɪʃən] *s* tvekan, tveksamhet, villrådighet, vacklan; *have no ~ in doing a th.* inte tveka att göra ngt
heterodox ['hetərəʊdɒks] *a* heterodox; kättersk
heterogeneous ['hetərəʊ'dʒi:njəs] *a* heterogen, olik[artad]; brokig [*a ~ collection*]
heterosexual ['hetərəʊ'seksjʊəl] *a* heterosexuell
het-up ['het'ʌp] *a* fam. upphetsad, upprörd
hew [hju:] (*~ed ~ed* el. *~n*) **I** *tr* **1** hugga [i] ngt; hugga sönder; *~ down* hugga ned, fälla **2** hugga (yxa) till; släthugga **II** *itr* hugga
hewer [hjʊə] *s* **1** huggare; *~s of wood and drawers of water* bibl. vedhuggare och vattenbärare, bildl. arbetsträlar **2** kolbrytare, gruvarbetare
hewn [hju:n] pp. av *hew*
hexagon ['heksəgən] *s* geom. hexagon, sexhörning
hexagonal [hek'sægənl] *a* geom. hexagonal
hexameter [hek'sæmɪtə] *s* metr. hexameter
hey [heɪ] *interj* hej! för att påkalla uppmärksamhet, hallå [där]!; *~, you!* hallå där!; *~ presto!* hokuspokus!, vips!
heyday ['heɪdeɪ] *s* höjd[punkt]; glans|tid, -dagar, bästa dagar (tid); blomstringstid; *in the ~ of youth* i ungdomens vår
HF förk. för *high frequency*
hg. förk. för *hectogram*[*s*], *hectogramme*[*s*]
H.H. förk. för *His* (*Her*) *Highness*
hiatus [haɪ'eɪtəs] *s* **1** lucka, gap t. ex. i manuskript **2** avbrott, uppehåll
hibernate ['haɪbəneɪt] *itr* övervintra; gå (ligga) i ide äv. bildl.
hibernation [ˌhaɪbə'neɪʃən] *s* övervintring; djurs vinterdvala; *go into ~* gå i ide
hibiscus [hɪ'bɪskəs] *s* bot. hibiskus
hiccough o. **hiccup** ['hɪkʌp] **I** *s* hickning, hicka; *have the ~s* ha hicka **II** *itr* hicka
hick [hɪk] isht Am. sl. **I** *s* bondlurk; lantis **II** *a* bondsk, lantlig
hickory ['hɪkərɪ] *s* hickory[träd], amerikanskt valnötsträd; hickoryträ
hid [hɪd] imp. o. pp. av *2 hide*
hidden ['hɪdn] **I** pp. av *2 hide* **II** *a* [undan]gömd; [för]dold, hemlig [*~ motives*]
1 hide [haɪd] *s* **1** [djur]hud; skinn **2** fam. skinn [*save o.'s ~*]; *have a thick ~* bildl. vara tjockhudad; *tan a p.'s ~* ge ngn på huden
2 hide [haɪd] **I** (*hid hidden* el. *hid*) *tr* gömma, dölja [*from* för; *for* åt]; hålla gömd; *~ o.s.* gömma sig; *~ o.'s head for shame* gömma sig av skam, skämmas; *~ o.'s light* [*under a bushel*] sätta sitt ljus under en skäppa **II** (*hid hidden* el. *hid*) *itr* gömma sig
hide-and-seek ['haɪdənd'si:k] *s* kurragömma äv. bildl.
hide-away ['haɪdəˌweɪ] *s* fam. gömställe
hidebound ['haɪdbaʊnd] *a* bildl. inskränkt;

förstockad
hideous ['hɪdɪəs] *a* otäck, ohygglig, gräslig; anskrämlig, vederstygglig [*a ~ face*]
hide-out ['haɪdaʊt] *s* fam. gömställe, tillhåll
1 hiding ['haɪdɪŋ] *s* stryk; *a* [*good*] *~* ett [ordentligt] kok stryk
2 hiding ['haɪdɪŋ] *s, be in ~* hålla sig gömd (undan); *go into ~* gömma sig
hiding-place ['haɪdɪŋpleɪs] *s* gömställe
hie [haɪ] *itr* poet. el. skämts. skynda, hasta
hierarchy ['haɪərɑ:kɪ] *s* hierarki
hieroglyph ['haɪərəʊglɪf] *s* **1** hieroglyf[tecken] **2** hemligt tecken
hieroglyphic [,haɪərəʊ'glɪfɪk] **I** *a* **1** hieroglyfisk **2** sinnebildlig, symbolisk **II** *s* **1** hieroglyf[tecken] **2** hemligt tecken, symbol
hi-fi ['haɪ'faɪ] (fam. för *high-fidelity*) **I** *s* **1** hifi naturtrogen ljudåtergivning **2** hifi-anläggning **II** *a* hifi- [*a ~ set* (anläggning)]
higgledy-piggledy ['hɪgldɪ'pɪgldɪ] **I** *adv* huller om buller **II** *a* rörig
high [haɪ] **I** *a* (se äv. *sea, spirit, tea* m. fl. subst.) **1** hög; högt belägen; *~ chair* [hög] barnstol; *H~ German* högtysk[a]; *~ jump* höjdhopp (jfr *high-jump*); *the tide is ~* det är flod; *~ and dry* sjö. på torra land; strandad; bildl. ställd utanför; barskrapad; *leave a p. ~ and dry* lämna ngn i sticket **2** hög, högre [*a ~ official*]; fin, förnäm [*of ~ family*]; *~ finance* högre finans, storfinans; *~ life* [livet i] den förnäma världen **3** förnämst; i titlar över- [*H~ Commissioner*]; *H~ Admiral* storamiral; *~ altar* högaltare; *~ mass* katolsk högmässa; *~ priest* överstepräst; *~ street* huvud-, stor|gata [ofta ss. namn *the H~ Street*, fam. *the H~*]; *~ table* univ. honnörsbord **4** hög [*~ fever*], stark; intensiv, livlig; *~ colour* (*complexion*) hög (stark) [ansikts]färg; *~ fidelity* high fidelity, naturtrogen ljudåtergivning (jfr *high-fidelity*); *~ frequency* se *high-frequency* o. *frequency*; *~ pressure* högtryck äv. bildl. [*work at ~ pressure*] (jfr *high-pressure*); *~ tension* elektr. högspänning (jfr *high-tension*); *~ voltage* elektr. högspänning (jfr *high-voltage*); *~ wind* hård (stark, kraftig) vind **5** *at ~ noon* precis kl. 12 på dagen, när solen står (stod) som högst; *the ~ season* högsäsongen; *~ summer* högsommar; *it is ~ time you went* det är på tiden (hög tid) att du går **6** högdragen; *be ~ and mighty* fam. vara hög [av sig], vara dryg (överlägsen) **7** extrem, ultra- [*a ~ Tory*]; kyrkl. ortodox, högkyrklig; *H~ Church* högkyrka[n] den högkyrkliga riktningen inom den anglikanska kyrkan **8** upprymd, glad; fam. full berusad, på snusen; sl. hög, tänd narkotikaberusad; *have a ~ time* fam. ha riktigt kul **9** lyxig, flott [*~ living*] **10** om kött ankommen, om vilt vanl. välhängd, med stark viltsmak **11** i USA: *~ school* 'high school'; *junior ~ school* ung. grundskolans högstadium; *senior ~ school* ung. gymnasieskola **II** *adv* (se äv. *1 fly, run* m. fl. verb) **1** högt [*~ in the air*; *~ up*]; *search* (*hunt, look*) *~ and low* leta överallt, söka med ljus och lykta **2** högt, i högt tonläge **3** starkt, kraftigt [*the wind was blowing ~*] **4** *as ~ as* så högt som **III** *s* **1** fam. topp, rekord[höjd], höjdpunkt, rekordsiffra [*sales have reached a new ~*] **2** *on ~* i (mot) höjden (himmelen); *from on ~* från höjden (ovan)
high-and-mighty ['haɪənd'maɪtɪ] *a* fam. högdragen, dryg
highball ['haɪbɔ:l] *s* whiskygrogg
highboy ['haɪbɔɪ] *s* Am. byrå med höga ben
highbrow ['haɪbraʊ] fam. **I** *s* intelligensaristokrat, neds. intelligens-, kultur|snobb **II** *a* intellektuell, kulturell; neds. kultursnobbig
high-class ['haɪ'klɑ:s] *a* högklassig; förstklassig [*a ~ hotel*], kvalitets- [*~ article*]
high-days ['haɪdeɪz] *s pl, ~ and holidays* helgdagar
high-explosive ['haɪɪks'pləʊsɪv] *a* högexplosiv; spräng- [*~ bomb* (*shell*)]
high-falutin ['haɪfə'lu:tɪn] *a* o. **high-faluting** ['haɪfə'lu:tɪŋ] *a* fam. högtravande, bombastisk [*~ language*], högtflygande
high-fidelity ['haɪfɪ'delətɪ] *a* high fidelity- med naturtrogen ljudåtergivning [*a ~ set* (anläggning)]
highflier ['haɪ'flaɪə] *s* högtsträvande person, streber
highflown ['haɪfləʊn] *a* högtravande
high-flying ['haɪ'flaɪɪŋ] *a* högtflygande; högtsträvande
high-frequency ['haɪ'fri:kwənsɪ] *a* högfrekvens- [*~ amplifier*]
high-grade ['haɪgreɪd] *a* förstklassig, prima, av hög kvalitet
high-handed ['haɪ'hændɪd] *a* egenmäktig, godtycklig; övermodig [*he has a ~ manner*]
high-hat ['haɪ'hæt] fam. **I** *s* högfärdsblåsa, högdjur **II** *tr* vara mallig mot **III** *a* högfärdig, dryg
high-heeled ['haɪhi:ld] *a* högklackad
high-jump ['haɪdʒʌmp] *s* **1** sport. höjdhopp **2** sl., *he is for the ~* han kommer att åka dit
highland ['haɪlənd] **I** *s* högland; isht pl. *~s* höglandstrakt, bergsbygd; *the Highlands* Skotska högländerna **II** *a* höglands-
highlander ['haɪləndə] *s* bergsbo; *H~* [skotsk] högländare
high-level ['haɪ,levl] attr. *a* på hög nivå [*~ conference*]
high-life ['haɪlaɪf] *s* se under *high I 2*
highlight ['haɪlaɪt] **I** *s* **1** konst., *~*[*s* pl.] glansdager, huvudljus **2** höjdpunkt; hu-

vudattraktion; pl. *~s* mus. urval [av kända partier] **II** *tr* bildl. framhäva, accentuera, sätta strålkastarljus på [*~ the deficiencies*]
highly ['haɪlɪ] *adv* **1** högt [*~ esteemed*]; starkt [*~ seasoned*] **2** högst, ytterst, högeligen, i hög grad [*~ interesting*]; *~ recommend* varmt rekommendera **3** berömmande, uppskattande [*speak ~ of a p.*]; *think ~ of a p.* ha höga tankar om ngn
highly-strung ['haɪlɪ'strʌŋ] *a* nervös [av sig]; överspänd
high-minded ['haɪ'maɪndɪd] *a* högsint, storsint, ädel; upphöjd [*~ purpose*]
highness ['haɪnəs] *s* **1** höjd, storlek; *the ~ of prices* de höga priserna **2** *His* (*Her, Your*) *H~* Hans (Hennes, Ers) Höghet
high-octane ['haɪ'ɒkteɪn] *a* högoktanig
high-pitched ['haɪ'pɪtʃt] *a* hög, som har högt tonläge [*a ~ sound*]; gäll, skrikig
high-powered ['haɪ'paʊəd] *a* **1** högeffektiv **2** energisk, intensiv **3** stark, kraftig [*a ~ engine*]; starkt förstorande [*a ~ microscope*]
high-pressure ['haɪˌpreʃə] *a* **1** högtrycks- **2** påträngande [*~ advertising*]
high-priest ['haɪ'pri:st] *s* överstepräst
high-ranking ['haɪˌræŋkɪŋ] *a* högt uppsatt, med hög rang
high-rise ['haɪraɪz] **I** attr. *a* höghus- [*~ area*]; *~ building* höghus **II** *s* höghus
highroad ['haɪrəʊd] *s* **1** allmän (stor) landsväg **2** bildl., *the ~ to success* vägen till framgång
high-sounding ['haɪˌsaʊndɪŋ] *a* klingande [*~ titles*], högtravande
high-speed ['haɪspi:d] attr. *a* snabbgående; snabb- [*~ drill*]
high-tension ['haɪ'tenʃən] *a* högspännings- [*~ cable*]
high-up ['haɪʌp] *s* fam. högdjur, höjdare
high-voltage ['haɪ'vəʊltɪdʒ] *a* högspännings- [*~ cable*]; *~ current* starkström
high-water ['haɪ'wɔ:tə] *a* högvatten[s]-; *~ mark* högvattens|märke, -linje; bildl. höjdpunkt, kulmen
highway ['haɪweɪ] *s* **1** allmän landsväg; *divided* (*dual*) *~* Am. väg med skilda körbanor; *the H~ Code* vägtrafikförordningen; *~s and byways* vägar och stigar **2** huvudstråk, led i allm. till lands el. sjöss **3** bildl., *the ~ to success* vägen till framgång
highwayman ['haɪweɪmən] *s* stråtrövare
hijack ['haɪdʒæk] fam. **I** *tr* kapa t. ex. flygplan; [preja och] råna (plundra); stjäla under transport **II** *itr* företa kapning[ar]; plundra; stjäla [smuggelsprit] **III** *s* kapning
hijacker ['haɪˌdʒækə] *s* fam. [flygplans]kapare; rånare, plundrare
hike [haɪk] fam. **I** *s* **1** [fot]vandring **2** Am. höjning, ökning [*a ~ in wages*] **II** *itr* **1** [fot]vandra; promenera, marschera **2** *~ up* om kläder åka (glida) upp **III** *tr* **1** dra, hissa [*~ up o.'s socks*] **2** släpa, fösa [*they ~d him out*] **3** Am. höja [*~ the price of milk*]
hiker ['haɪkə] *s* [fot]vandrare
hilarious [hɪ'leərɪəs] *a* **1** uppsluppen, livad [*a ~ party*]; munter **2** festlig, dråplig
hilarity [hɪ'lærətɪ] *s* uppsluppenhet; munterhet
Hilda ['hɪldə]
hill [hɪl] *s* **1** kulle, berg, höjd; backe; *as old as the ~s* gammal som gatan, urgammal; *be over the ~* isht Am. vara (ha kommit) över det värsta; ha det bästa bakom sig; *up ~ and down dale* backe upp och backe ned **2** hög, kupa av jord, sand o. d.; stack [*ant-hill*]
hillbilly ['hɪlˌbɪlɪ, '-'- -] *s* Am. fam. **1** lantis, bondlurk isht i södra USA **2** attr. lantlig, bondsk; *~ music* folkmusik från södra USA
hillock ['hɪlək] *s* mindre kulle; hög
hillside ['hɪl'saɪd, '- -] *s* bergs-, back|sluttning, backe
hilly ['hɪlɪ] *a* bergig, kullig, kuperad [*~ country*], backig
hilt [hɪlt] *s* fäste, handtag på svärd, dolk o. d.; [*up*] *to the ~* helt och hållet
him [hɪm] (objektsform av *1 he*) **I** *pers pron* **1** honom **2** fam. han [*it's ~*] **3** sig [*he took it with ~*] **II** *determ pron* den [*the prize goes to ~ who wins*]
Himalaya [ˌhɪmə'leɪə] *s, the ~s, the ~ Mountains* Himalaya[bergen]
himself [hɪm'self] *refl* o. *pers pron* sig [*he brushed ~*], sig själv [*he helped ~*]; han själv [*nobody but ~*], själv [*he can do it ~*]; *the king ~* kungen själv; jfr *myself*
1 hind [haɪnd] *s* zool. hind
2 hind [haɪnd] *a* bakre, bak- [*~ wheel*]; *~ leg* bakben; *he can talk the ~ leg off a donkey* fam. han pratar som ett vattenfall; *get up on o.'s ~ legs* resa sig
1 hinder ['haɪndə] *a* bakre [*~ end, ~ part*]
2 hinder ['hɪndə] *tr* hindra [*from going* [från] att gå; *~ a p. in his work*]; förhindra [*~ a crime*]; avhålla [*from* från]; vara (stå) i vägen för
Hindi ['hɪndi:] *s* hindi
hindmost ['haɪndməʊst] *a* bakerst; borterst
hindquarter ['haɪnd'kwɔ:tə] *s*, pl. *~s* på djur länder, bakdel
hindrance ['hɪndrəns] *s* hinder [*to* för]; *be more of a ~ than a help* vara mera till besvär (hinders) än till nytta (hjälp)
hindsight ['haɪndsaɪt] *s* efterklokhet
Hindu ['hɪn'du:] **I** *s* hindu **II** *a* hinduisk
Hindustan [ˌhɪndʊ'stɑ:n] Hindustan
Hindustani [ˌhɪndʊ'stɑ:nɪ] *s* **1** hindustani **2** hindu från Hindustan
hinge [hɪndʒ] **I** *s* **1** gångjärn; *be off the ~s*

fam. bildl. vara rubbad (vrickad) **2** [*stamp*] ~ [frimärks]fastsättare **3** bildl. central (springande) punkt **II** *tr* **1** förse (fästa) [liksom] med gångjärn **2** ~ *a th. on* bildl. låta ngt bero av [*he ~d his action on future sales*] **III** *itr*, ~ *on* (*upon*) bildl. hänga (bero) på [*everything ~s* [*up*]*on what happens next*]

hint [hɪnt] **I** *s* **1** vink, antydan, fingervisning; anspelning; pl. *~s* äv. råd [*~s for housewives*], tips; *take the* ~ förstå vinken **2** aning, gnutta [*gin with a ~ of vermouth*]; spår **II** *tr* antyda [*to* för]; låta ana **III** *itr*, ~ *at* antyda, anspela (syfta) på

hinterland ['hɪntəlænd] *s* inland mots. kustland

1 hip [hɪp] *s*, [*rose*] ~ nypon frukt

2 hip [hɪp] *interj*, *~, ~, hurrah* (*hurray*)! hipp hipp hurra!

3 hip [hɪp] *a* isht Am. sl. hip, inne modern

4 hip [hɪp] *s* höft; länd; *have a p. on the* ~ ha övertaget över ngn

hip-bath ['hɪpbɑːθ] *s* sittbad; sittbadkar

hip-flask ['hɪpflɑːsk] *s* [fick]plunta

hippie ['hɪpɪ] *s* hippie

hippo ['hɪpəʊ] *s* fam. flodhäst

hip-pocket ['hɪpˌpɒkɪt] *s* bakficka på byxor

hippodrome ['hɪpədrəʊm] *s* **1** hist. hippodrom **2** cirkusarena, manege

hippopotam|us [ˌhɪpə'pɒtəm|əs] (pl. *-uses*, ibl. *-i* [-aɪ]) *s* zool. flodhäst

hipster ['hɪpstə] *s* Am. sl. hipster person som följer med sin tid

hire ['haɪə] **I** *s* **1** hyra, [hyres]avgift; hyrande, förhyrning; lejande; *for* ~ till uthyrning, att hyra, på taxibil ledig; *on* ~ a) att hyra, till uthyrning b) förhyrd; *let out on* ~ hyra ut; *car* ~ *company* biluthyrningsfirma; *car* ~ *service* biluthyrning **2** lön **II** *tr* **1** hyra, förhyra **2** isht Am. anställa, engagera **3** leja [~ *a murderer*] **4** ~ *out* hyra ut

hired ['haɪəd] *a* hyrd [*a* ~ *car*], lejd [~ *servants*]; ~ *bus* abonnerad (hyrd) buss

hireling ['haɪəlɪŋ] *s* **1** person som bara arbetar för pengarnas skull **2** mutkolv

hire-purchase ['haɪə'pɜːtʃəs] *s* avbetalningsköp ss. system; attr. avbetalnings- [~ *contract* (*system*)]; *buy* (*pay for*) *on* ~ köpa på avbetalning

hirsute ['hɜːsjuːt] *a* hårig, lurvig, raggig

his [hɪz, obeton. ɪz] fören. o. självst. *poss pron* hans [*it's ~ car; the car is ~*]; sin [*he sold ~ car*]; jfr *my* o. *1 mine*

hiss [hɪs] **I** *itr* väsa, fräsa, vissla [*at* åt]; brusa; ~ *at* äv. vissla ut [~ *at a new play*] **II** *tr* **1** vissla åt, vissla ut **2** väsa fram **III** *s* väsning, fräsande; brusande; [ut]vissling

historian [hɪs'tɔːrɪən] *s* historiker

historic [hɪs'tɒrɪk] *a* historisk

historical [hɪs'tɒrɪkəl] *a* historisk som tillhör historien [~ *novel*], historie- [~ *writing*]

history ['hɪstərɪ] *s* **1** historia; historien [*the first time in ~*]; *ancient* (*mediaeval, modern*) ~ forntidens (medeltidens, nyare tidens) historia; ~ *of art* konsthistoria; *become* ~ gå till historien **2** berättelse, historia

histrionic [ˌhɪstrɪ'ɒnɪk] *a* **1** skådespelar-, teater- **2** teatralisk

histrionics [ˌhɪstrɪ'ɒnɪks] (konstr. ss. pl. el. sg.) *s* bildl. teater; *cut out the ~!* låt bli att spela teater!

hit [hɪt] **I** (*hit hit*) *tr* **1** slå [till]; träffa [*he did not ~ me*]; ~ *the mark* (*target*) träffa prick (rätt); *it ~s you in the eye* det faller i ögonen, det är påfallande **2** slå, stöta [*against, on* mot, på, i] **3** köra (ränna, stöta, törna) mot, köra på [*the car ~ a tree*], träffa, ta i [*the ball ~ the net*] **4** komma på, hitta, finna [~ *a happy medium*], träffa [~ *the right note*] **5** drabba (träffa) [kännbart] [*feel* [*o.s.*] ~]; *that ~ him hard* det tog honom hårt; *be hard ~* drabbas hårt (kännbart) **6** fam. nå, komma upp till [~ *a new high*]; komma [upp] på [~ *the front page*]; ~ *the hay* krypa till kojs; ~ *the road* (*trail*) fam. a) ge sig ut på luffen, lifta b) ge sig i väg **7** ~ *it off* fam. komma [bra] överens **II** (*hit hit*) *itr* **1** slå, rikta slag [*at* mot]; ~ *back* slå tillbaka; bildl. bita ifrån sig; ~ *out* slå omkring sig; ~ *out at* (*against*) slå efter; bildl. gå till attack mot [~ *out at o.'s critics*] **2** träffa; stöta, slå [*against* mot]; ~ *and run* smita [från olycksplatsen] om bilförare (jfr *hit-and-run*); ~ *or miss* på vinst och förlust, på en höft; ~ [*up*]*on* komma (hitta) på [~ *upon an idea*], träffa på; råka **III** *s* **1** slag, stöt, träff isht i spel, fäktning o. d.; *direct* ~ fullträff **2** gliring **3** [*lucky*] ~ lyckokast; lyckträff **4** [publik]succé, slagnummer; schlager, hit; ~ *parade* schlagerparad; hitlista, tio-i-topp-lista; *be* (*make*) *a big* ~ göra stor succé **5** sl. mord; rån; ~ *man* lejd mördare

hit-and-miss ['hɪtənd'mɪs] *a* slumpartad

hit-and-run ['hɪtənd'rʌn] *a* **1** ~ *case* [fall av] smitning; ~ *driver* smitare, smitbilist **2** mil., ~ *raid* blixtanfall; överraskningsräd

hitch [hɪtʃ] **I** *tr* **1** rycka, dra [*I ~ed my chair nearer*]; ~ *up* dra (hala) upp [~ *up o.'s trousers*] **2** göra (binda) fast [~ *a horse to* (vid) *a tree*], haka fast, koppla [~ *a trailer to a car*]; ~ *o.'s wagon to a star* sikta mot stjärnorna; fam. skaffa sig inflytelserika förbindelser; ~ *up* spänna för [~ *up the mare*] **3** fam., ~ *a lift* (*a ride*) lifta, få en lift **II** *s* **1** ryck, knyck, dragning; stöt **2** linkande, haltning **3** sjö. stek **4** fasthakande, fastnande **5** tillfälligt avbrott; hinder, hake, aber [*a ~ in our plans*]; *there's a £ some-*

where det har hakat upp sig någonstans; *technical* ~ tekniskt missöde; *without a* ~ utan mankemang (gnissel)
hitch-hike ['hɪtʃhaɪk] **I** *itr* lifta **II** *s* lift
hitch-hiker ['hɪtʃˌhaɪkə] *s* liftare
hither ['hɪðə] *adv* litt. hit; ~ *and thither* hit och dit
hitherto ['hɪðə'tu:] *adv* hit[in]tills
hit-or-miss ['hɪtɔ:'mɪs] *a* slumpartad; osystematisk
hive [haɪv] **I** *s* **1** a) bikupa b) bisvärm **2** bildl. svärm; *what a* ~ *of industry!* vilka arbetsmyror! **II** *tr* **1** stocka bin **2** hysa, härbärgera **3** samla i förråd, samla in **4** ~ *off* lägga över, överflytta [[*on*] *to* på, till]
hives [haɪvz] (konstr. ss. sg. el. pl.) *s* läk. nässelfeber
hl. förk. för *hectolitre*[*s*]
H.M. ['eɪtʃ'em] förk. för *His* (*Her*) *Majesty*
hm o. **h'm** [mm, hm] *interj* se *2 hem*
H.M.S. ['eɪtʃem'es] förk. för *His* (*Her*) *Majesty's Service, His* (*Her*) *Majesty's Ship*
H.M.S.O. ['eɪtʃemes'əu] förk. för *His* (*Her*) *Majesty's Stationery Office*
H.M.V. ['eɪtʃem'vi:] förk. för *His Master's Voice* ® Husbondens röst grammofonskivmärke
Ho. förk. för *House*
hoard [hɔ:d] **I** *s* **1** samlat förråd, lager; undangömd skatt [*a miser's* ~] **2** arkeol. depåfynd **II** *tr* samla (skrapa) ihop, samla på hög, lägga på kistbotten [ofta ~ *up*]; hamstra, lagra [~ *food*]; ~ *up treasure* samla rikedomar **III** *itr* hamstra
hoarder ['hɔ:də] *s* samlare; hamstrare
1 hoarding ['hɔ:dɪŋ] *s* **1** samling, [upp]lagring; hamstring **2** pl. ~*s* samlat förråd
2 hoarding ['hɔ:dɪŋ] *s* **1** plank kring bygge o. d. **2** affisch|plank, -tavla
hoarfrost ['hɔ:'frɒst] *s* rimfrost
hoarse [hɔ:s] *a* hes
hoary ['hɔ:rɪ] *a* **1** grå, grånad, vit av ålder [*a* ~ *head*] **2** urgammal, uråldrig
hoary-headed ['hɔ:rɪ'hedɪd] *a* grå-, vit|hårig
hoax [həuks] **I** *tr* lura, narra [*into doing a th.* [till] att göra ngt]; spela ngn ett spratt; ~ *a p. into believing a th.* lura (slå) i ngn ngt **II** *s* skämt; upptåg, skoj; bluff; [tidnings]anka
hob [hɒb] *s* spis|häll, -platta vid sidan av eldhärden
hobble ['hɒbl] **I** *itr* **1** halta, linka; stappla [fram] **2** bildl. stappla, staka sig i tal; halta om vers **II** *tr* **1** komma (få) att halta **2** binda ihop fötterna på häst; binda ihop fötterna **III** *s* haltande, linkande; stapplande
hobble-skirt ['hɒblskɜ:t] *s* snäv kjol
hobby ['hɒbɪ] *s* hobby [*gardening is her pet* ~]
hobby-horse ['hɒbɪhɔ:s] *s* **1** gunghäst; käpphäst **2** bildl. käpphäst; *ride o.'s* ~ rida på (köra med) sin käpphäst
hobgoblin ['hɒbgɒblɪn] *s* **1** [elakt] troll **2** bildl. spöke, skräckbild
hobnail ['hɒbneɪl] *s* grovt sulstift; ~ *boots* stiftade skor
hobnailed ['hɒbneɪld] *a* stiftad [~ *boots*]
hobnob ['hɒbnɒb] *itr* umgås intimt, fraternisera [*with* med]
hobo ['həubəu] (pl. ~*s* el. ~*es*) *s* isht Am. **1** luffare **2** kringvandrande arbetare
Hobson ['hɒbsn] egennamn; *it's* [*a case of*] ~*'s choice* det finns inget val
1 hock [hɒk] *s* has på djur
2 hock [hɒk] *s* rhenvin
3 hock [hɒk] *s* fam., *in* ~ på stampen (pantbanken)
hockey ['hɒkɪ] *s* sport. [land]hockey; ~ *rink* [is]hockeybana; ~ *stick* hockeyklubba
hocus-pocus ['həukəs'pəukəs] *s* hokuspokus; trollkonst[er]; fiffel
hod [hɒd] *s* bärtråg för tegel, murbruk o. d.; [murbruks]tråg
hoe [həu] **I** *s* hacka; kuphacka; *Dutch* ~ [gång]skyffel, skyffeljärn **II** *tr* o. *itr* hacka
hog [hɒg] **I** *s* **1** svin; slaktsvin **2** bildl. svin; matvrak **3** *go the whole* ~ ta steget fullt ut; löpa linan ut **II** *tr* fam. hugga för sig, roffa åt sig; kasta sig över; ~ *it* hugga för sig
hoggish ['hɒgɪʃ] *a* svinaktig; glupsk
Hogmanay ['hɒgmənеɪ] *s* Skottl. o. Nordengl. **1** nyårsafton **2** nyårsfirande
hogshead ['hɒgzhed] *s* fat för öl o. vin; ss. mått vanl. 52 1/2 eng. gallons = 238,5 liter (i USA 62 gallons = 234,5 liter)
hoi polloi [hɔɪ'pɒlɔɪ] *s, the* ~ pöbeln
1 hoist [hɔɪst] **I** *tr* hissa [~ *a flag,* ~ *sail*]; hissa (lyfta) upp [*on to* på]; hala upp [äv. ~ *up*]; häva [~ *o.s. out of bed*] **II** *s* **1** hissning; lyft **2** hissverk, lyftanordning; hiss
2 hoist [hɔɪst] *pp, be* ~ *with o.'s own petard* bildl. fångas i sin egen fälla
hoity-toity ['hɔɪtɪ'tɔɪtɪ] *a* fam. dryg; mallig, stöddig
1 hold [həuld] **I** (*held held*) *tr* **1** hålla, hålla i [~ *the ladder for me!*]; hålla fast (kvar); ~ *my arm* håll (ta) mig under armen; ~ *o.'s head high* hålla huvudet högt **2** bära (hålla) upp [*this pillar* ~*s the platform*] **3** hålla för, tåla; *he can* ~ *his liquor* han tål en hel del sprit; ~ *water* vara [vatten]tät; om brunn hålla vatten; bildl. hålla, vara hållbar [*the argument doesn't* ~ *water*] **4** innehålla; rymma, ha plats för [*the theatre* ~*s 500 people*]; *what does the future* ~ *for us?* vad kommer framtiden att föra med sig [åt oss]? **5** inneha [~ *a record*], ha, äga [~ *shares*], sköta, upprätthålla, bekläda [~ *an office* (*a post*)]; inta [~ *a high position*],

ligga på [~ *second place*]; ~ *office* sitta vid makten, regera **6** hålla sig kvar på (i) [~ *a job*]; hålla [~ *a fortress*]; ~ *it!* vänta ett tag!; ~ *the line, please* telef. var god och vänta (dröj); *the car ~s the road well* bilen ligger bra på vägen; ~ *o.'s own* (*ground*) stå på sig, stå sig, hålla stånd, hävda sig **7** behålla, hålla kvar; hålla fången, fängsla [~ *a p.'s attention*], uppta; mus. hålla ut [~ *a note*] **8** hålla, avhålla [~ *a meeting* (*a debate*)], anordna, ställa till med; föra, hålla i gång [~ *a conversation*]; fullfölja, fortsätta kurs **9** hejda; hålla [~ *o.'s breath*] **10 a**) anse; ~ [*the view*] *that* anse att; ~ *a p. to be* anse ngn vara, anse ngn som (för) **b**) ha, hysa [~ *an opinion*], hylla, omfatta [~ *a theory*]; litt. hålla [~ *a p. dear*]; ~ *a p. in contempt* hysa förakt för ngn **c**) ~ *a th. against a p.* lägga ngn ngt till last **d**) ~ *a th. over a p.* låta ngt hänga över ngn som ett hot

11 med adv.: ~ **back** hålla tillbaka, hejda; dölja, förtiga [*from* för], hålla inne med [~ *back information*]; ~ *a th. back from a p.* äv. undanhålla ngn ngt; ~ **down** hålla ner [~ *o.'s head down*], hålla fast; hålla nere, förtrycka; fam. behålla, stanna kvar i (på) [*he can't ~ down a job*]; ~ **in** hålla in (inne), tygla [~ *in o.'s horse*]; *behärska, lägga band på* [~ *in o.'s temper*; ~ *o.s. in*]; ~ **off** hålla på avstånd, hålla ifrån sig [~ *the enemy off*], skjuta upp, dröja med; ~ **on** hålla fast, hålla på plats; ~ **out** hålla (räcka) ut (fram) [*he held out his hand*]; erbjuda [~ *out many opportunities*]; ~ *out hopes* (*expectations*) *to a p.* inge ngn hopp, väcka förväntningar hos ngn; ~ **together** hålla ihop (samman) [*he ~s the nation together*]; binda; ~ **up: a**) hålla (räcka, sträcka) upp [~ *up your hand*]; ~ *up o.'s head* bildl. hålla huvudet högt **b**) hålla (visa) fram; bildl. framhålla, ställa upp [~ *up as a model*]; ~ *up to* utsätta för, utlämna åt [~ *a p. up to contempt*]; ~ *up to ridicule* göra till ett åtlöje **c**) hålla uppe, stödja **d**) uppehålla, försena [*we have been held up by fog*], hejda, stanna [~ *up the traffic*], hålla tillbaka **e**) överfalla [och plundra], råna

II (*held held*) *itr* **1** hålla [*the rope held*], hålla ihop **2** behålla (inte släppa) taget **3** hålla i sig, hålla (stå) sig [*will the fine weather ~?*] **4** ~ [*good*] stå fast [*my promise still ~s* [*good*]], gälla, vara giltig (tillämplig), hålla streck, stå sig [*the rule ~s* [*good*]] **5** ~ *to* (*by*) hålla (stå) fast vid [~ *to* (*by*) *o.'s opinion*], vidhålla, hålla sig till **6** ~ *with* fam. gilla [~ *with a method*], hålla med

7 med adv.: ~ **back** dra sig undan, tveka, dröja; ~ **forth** predika, orera, utbreda sig [*on* om, över]; ~ **off: a**) hålla sig på avstånd, hålla sig borta [*from* från] **b**) hålla upp, dröja; *if the rain ~s off* om det håller uppe, om det inte blir regn; ~ **on: a**) hålla [sig] fast, hålla i sig [*to* i, vid; ~ *on to the rope*], klamra sig fast [*to* vid; ~ *on to office* (makten)] **b**) hålla ut [~ *on to the end*] **c**) ~ *on!* vänta ett tag!; ~ **out: a**) hålla ut, hålla stånd; ~ *out for* a) stå fast vid sitt krav på b) avvakta, vänta tills man får **b**) räcka [*will the food ~ out?*] **c**) hålla till, uppehålla sig [*a gang who ~s out there*] **d**) fam., ~ *out on a p.* a) dölja (förtiga) något för ngn b) strunta i ngns önskan (krav); ~ **together** hålla ihop (samman); ~ **up: a**) hålla sig uppe; hålla ut **b**) stå (hålla i) sig [*if the wind ~s up*]; hålla uppe **c**) fam. hejda sig, vänta

III *s* **1** tag, grepp, fattning; fäste; bildl. hållhake [*on, over* på], grepp [*on, over* på, om], herravälde [*maintain o.'s ~ over a p.* (*a th.*)]; *catch* (*take, lay, seize*) ~ *of* ta (fatta, gripa) tag i, gripa; *have a ~ on* ha en hållhake på **2** brottn. grepp, boxn. fasthållning; *no ~s barred* alla grepp är tillåtna

2 hold [həuld] *s* sjö. o. flyg. lastrum

holdall ['həuldɔ:l] *s* mjuk bag med bärrem

holder ['həuldə] *s* **1** innehavare [~ *of a bill* (*a championship*)], upprätthållare [~ *of a post*]; ägare av land o. d.; i sms. -hållare [*record-holder*]; ~ *of a scholarship* stipendiat **2** hållare ofta i sms.; handtag; behållare; skaft [*pen-holder*]; munstycke [*cigarette-holder*]; ställ [*bottle-holder*]

holding ['həuldɪŋ] *s* **1** innehav[ande]; besittning, arrendering **2** arrende[gård]; lantegendom; *small ~* småbruk **3** pl. *~s* [innehav av] värdepapper; *our ~s of shares* vårt aktieinnehav

hold-up ['həuldʌp] *s* **1** rånöverfall, rånkupp **2** avbrott, uppehåll [*a ~ in the work*]; [trafik]stopp

hole [həul] **I** *s* **1** hål; grop; glugg; håla [*a wretched little ~*], djurs kula, lya **2** fam. bildl. knipa, klämma [*be in a ~*] **II** *tr* **1** göra hål i (genom) **2** slå (spela) boll i hål i golf o. d.; driva in i håla (lya) **III** *itr* **1** göra hål; få hål, om strumpor gå sönder **2** golf., ~ *in one* gå i hål med ett slag, göra hole in one

hole-and-corner ['həulənd'kɔ:nə] *a* fam. **1** hemlig; ~ *transactions* skumraskaffärer **2** trist, ledsam

holiday ['hɒlədɪ, -deɪ] **I** *s* **1** helgdag; fridag, lovdag, vilodag; *bank ~* bankfridag **2** ledighet, lov, semester [*a week's ~*]; *~s* pl. ferier, lov [*the school ~s, Christmas ~s*], semester, semestrar; *take a ~* ta sig ledigt, ta semester **3** attr. helgdags- [~ *clothes*]; semester- [~ *pay*]; ferie- [~ *course*]; ~ *camp* a) semester|anläggning, -by b) feriekoloni, barnkoloni; ~ *cottage* fritidshus, sommarstuga; *in a ~ mood* i feststämning

II *itr* semestra, fira semester
holiday-maker ['hɒlədɪˌmeɪkə, -deɪ-] *s* semesterfirare
holier-than-thou ['həulɪəðən'ðau] *a* självgod [~ *attitude*]
holiness ['həulɪnəs] *s* helighet
hollow ['hɒləu] **I** *a* **1** ihålig **2** urholkad; insjunken, infallen [~ *cheeks*] **3** tom [*a* ~ *nut*] **4** ihålig, tom, intetsägande [~ *words*]; opålitlig, falsk [~ *friend*]; värdelös [~ *victory*] **II** *adv* fam. fullständigt, grundligt, med besked [*beat a p.* ~] **III** *s* **1** [i]hålighet **2** håla, urholkning; grop; bäcken, dal; *in the* ~ *of o.'s hand* i sin kupade hand **IV** *tr* göra ihålig, holka ur [äv. ~ *out*]
hollow-chested ['hɒləuˌtʃestɪd] *a* med insjunket bröst
hollow-eyed ['hɒləuaɪd] *a* hålögd
holly ['hɒlɪ] *s* bot. järnek, kristtorn
hollyhock ['hɒlɪhɒk] *s* bot. stockros
Hollywood ['hɒlɪwud]
Holmes [həumz]
holocaust ['hɒləkɔ:st] *s* **1** brännoffer **2** förhärjande eld **3** stor förödelse; förintelse
hols [hɒls] *s pl* fam. = *holidays*
holster ['həulstə] *s* pistolhölster
holy ['həulɪ] **I** *a* helig; from; *the H~ Bible* bibeln; *the H~ Communion* (*Sacrament*) [den heliga] nattvarden; *the H~ Ghost* (*Spirit*) den Helige Ande; ~ *Moses!* sl. jösses!, milda makter!; *H~ Scripture* se *scripture 1*; *the H~ See* påvestolen; ~ *smoke!* sl. jösses!, milda makter!; ~ *war* religionskrig; korståg; ~ *water* vigvatten **II** *s* helgedom; *the H~ of Holies* det allra heligaste äv. bildl.
homage ['hɒmɪdʒ] *s*, *pay* (*do*) ~ *to* hylla, bringa sin hyllning, betyga sin vördnad
Homburg ['hɒmbɜ:g] **I** egennamn **II** *s*, ~ [*hat*] slags mjuk smalbrättad filthatt
home [həum] **I** *s* **1** hem; bostad; hemvist; hem|ort, -bygd, -land; *there is no place like* ~ el. *east or west,* ~ *is best* borta bra men hemma bäst; *make o.'s* ~ bosätta sig, slå sig ned; *set out* (*make*) *for* ~ bege sig på hemväg, ge sig i väg hem; **at** ~: **a**) hemma [*stay at* ~], i hemmet; i hemlandet [*at* ~ *and abroad*] **b**) hemmastadd äv. bildl.; *feel at* ~ känna sig som hemma, finna sig till rätta; *make yourself at* ~ känn dig som hemma; *be at* ~ *in* vara hemma i (på), vara hemmastadd (bevandrad) i **c**) sport. hemma, på hemmaplan **d**) *be at* ~ [*to a p.*] ha mottagning [för ngn], ta emot [ngn]; *a* ~ *from* ~ ett andra hem **2** hem; anstalt; *maternity* ~ mödrahem **3** a) i spel mål, i lekar bo b) hemmamatch [*2* ~*s and 2 aways*] **II** *a* **1** hem- [~ *life*], hemmets [~ *comforts*]; hemma-; för hemmabruk [~ *exerciser*]; hemgjord; hemlagad; ~ *economics* hushållslära, skol. hemkunskap **2** [som ligger] i hemorten (nära hemmet); hem-, hemma-; *the H~ Counties* grevskapen närmast London; *H~ Guard* a) hemvärn [*the H~ Guard*] b) hemvärnsman **3** sport. hemma- [~ *match* (*team*)]; ~ *base* (*plate*) i baseboll innemål, slagbas; ~ *ground* hemmaplan; ~ *run* i baseboll 'home run' rundning av spelfält **4** inhemsk [~ *products*], inländsk; inrikes- [~ *news*]; ~ *affairs* inre angelägenheter; *the Secretary of State for the H~ Department* el. *the H~ Secretary* Engl. inrikesministern; *the* ~ *market* hemmamarknaden; *the H~ Office* ung. motsv. inrikesdepartementet **5** ~ *truths* obehagliga (beska) sanningar **III** *adv* **1** hem [*come* (*go*) ~; *welcome* ~], hemåt; *it's nothing to write* ~ *about* fam. det är ingenting att hurra för (hänga i julgran) **2** hemma, hemkommen; framme; i (vid) mål **3** i (in) ordentligt (så långt det går) [*drive a nail* ~], i botten [*press a pedal* ~]; *bring a th.* ~ *to a p.* fullt klargöra ngt för ngn, få ngn att klart inse ngt; *go* ~ ta, träffa [prick] [*the shot went* ~], gå hem (in) [*the remark went* ~]; ta skruv; *hit* (*strike*) ~ träffa rätt
home-coming ['həumˌkʌmɪŋ] *s* hemkomst
home-grown ['həum'grəun] *a* av inhemsk skörd, inhemsk [~ *tomatoes*]
home-help ['həum'help, '- -] *s* hemhjälp, hemsamarit
homeless ['həumləs] *a* hemlös; bostadslös
homely ['həumlɪ] *a* **1** enkel, anspråkslös [*live in a* ~ *manner*]; vardaglig, vanlig; tarvlig, simpel; ~ *fare* husmanskost **2** hemlik, hemtrevlig [*a* ~ *atmosphere*] **3** Am. alldaglig, tämligen ful [*a* ~ *face*], charmlös, intetsägande [*a* ~ *girl*]
home-made ['həum'meɪd] *a* hemgjord, hemmagjord äv. bildl., hem|bakad, -lagad
homeopath etc. se *homoeopath* etc.
Homer ['həumə] Homeros
homeroom ['həumrum] *s* Am. hemrum, klassrum
homesick ['həumsɪk] *a* som lider av hemlängtan, hemsjuk; *be* (*feel*) ~ längta hem, ha hemlängtan
homesickness ['həumsɪknəs] *s* hemlängtan, hemsjuka
homespun ['həumspʌn] **I** *a* **1** hemspunnen; hemvävd **2** bildl. naturlig, enkel; hemmagjord **II** *s* hemvävt tyg; homespun; hemspunnet garn
homestead ['həumsted] *s* [bond]gård
home-straight ['həum'streɪt] *s* o. **home-stretch** ['həum'stretʃ] *s* sport. upplopp[s-sida]
homeward ['həumwəd] **I** *adv* hemåt; mot hemmet (hemlandet) **II** *a* hem- [~ *voyage*]

homewards ['həumwədz] *adv* se *homeward I*
homework ['həumwɜ:k] *s* hemarbete; skol. äv. hemuppgifter, [hem]läxor; *a piece of ~* en läxa; *he hasn't done his ~* bildl. fam. han har inte satt sig in i saken ('läst på')
homicidal [,hɒmɪ'saɪdl] *a* mordisk [*~ tendencies*]; dråp-, mord-
homicide ['hɒmɪsaɪd] *s* **1** dråpare, mördare **2** dråp, mord; *the ~ [squad]* mordkommissionen
homily ['hɒməlɪ] *s* [moral]predikan
homing ['həumɪŋ] *a* **1** hemvändande; *~ pigeon* brevduva **2** målsökande
hominy ['hɒmɪnɪ] *s* **1** majsgryn **2** majs[gryns]gröt
homo ['həuməu] *s* o. *a* fam. homofil
homoeopath ['həumjəupæθ] *s* homeopat
homoeopathy [,həumɪ'ɒpəθɪ] *s* homeopati
homogeneity [,hɒməudʒe'ni:ətɪ] *s* homogenitet, enhetlighet
homogeneous [,hɒməu'dʒi:njəs] *a* homogen, enhetlig, likartad
homogenize [hɒ'mɒdʒənaɪz] *tr* homogenisera
homonym ['hɒməunɪm] *s* språkv. homonym, likljudande ord
homophone ['hɒməufəun] *s* språkv. homofon; homonym
homosexual ['həuməu'seksjuəl] **I** *a* homosexuell **II** *s* homosexuell person
homosexuality ['həuməuseksju'ælətɪ] *s* homosexualitet
Hon. 1 ['ɒnərərɪ] förk. för *honorary* **2** ['ɒnərəbl] förk. för *Honourable*
Honduras [hɒn'djuərəs]
hone [həun] **I** *s* fin slip-, bryn|sten isht för rakkniv **II** *tr* slipa, bryna isht rakkniv
honest ['ɒnɪst] **I** *a* ärlig, hederlig, redbar, rättskaffens; öppen [*an ~ face*], uppriktig [*~ opinion*]; ärbar **II** *adv* se följ.
honestly ['ɒnɪstlɪ] *adv* **1** ärligt, hederligt, redbart; ärligen; uppriktigt **2** uppriktigt sagt, ärligt talat [*I don't think I can, ~*]
honest-to-goodness ['ɒnɪstə'gudnəs] *a* fam. verklig, äkta
honesty ['ɒnɪstɪ] *s* ärlighet; hederlighet, redbarhet, rättskaffenhet; uppriktighet; *~ is the best policy* ärlighet varar längst
honey ['hʌnɪ] *s* **1** honung **2** bildl. sötma **3** fam. raring, sötnos **4** fam. urtjusig sak
honey-bee ['hʌnɪbi:] *s* zool. [honungs]bi
honeycomb ['hʌnɪkəum] **I** *s* vaxkaka; vaxkakemönster **II** *tr* göra hålig (cellformig), genom|sålla, -borra [*a rock ~ed with passages*]; bildl. genomtränga; undergräva
honeycombed ['hʌnɪkəumd] *a* hålig, porös; nätmönstrad; genompyrd
honeydew ['hʌnɪdju:] *s* **1** honungsdagg **2** *~ melon* honungsmelon
honeyed ['hʌnɪd] *a* **1** honungsfylld **2** bildl. honungs|len, -söt [*~ voice*]
honeymoon ['hʌnɪmu:n] **I** *s* smekmånad; bröllopsresa **II** *itr* fira [sin] smekmånad; vara på bröllopsresa
honeysuckle ['hʌnɪ,sʌkl] *s* bot. kaprifol[ium]; try
Hong Kong [hɒŋ'kɒŋ] Hongkong
honk [hɒŋk] **I** *s* **1** skrik, snattrande av vildgäss **2** bils tutande **II** *itr* om bil, chaufför tuta
honky-tonk ['hɒŋkɪtɒŋk] *s* Am. sl. [dans]hak, sylta, tredje klassens nattklubb
Honolulu [,hɒnə'lu:lu:]
honor o. **honorable** Am. se *honour* o. *honourable*
honorary ['ɒnərərɪ] *a* heders- [*~ doctor* (*member*)], honorär-, titulär- [*~ consul*]; *~ office* (*post*) förtroendeuppdrag; *~ secretary* sekreterare utan arvode; *~ treasurer* kassör, skattmästare utan arvode
honorific [,ɒnə'rɪfɪk] **I** *a* artighets-, heders- [*~ title*] **II** *s* artighetsuttryck; hederstitel
honour ['ɒnə] **I** *s* **1** ära, heder [*it is an ~ to* (för) *me*]; *in a p.'s ~* till ngns ära; *in ~ of* för att hedra (fira), för att hedra minnet av; *in ~ of the occasion* dagen till ära; *guard of ~* hedersvakt; *maid of ~* se *maid 4* **2** heder, hederskänsla; *there is ~ among thieves* det finns hederskänsla även bland tjuvar; *he is in ~ bound to* han är moraliskt förpliktad att; *on my ~* på hedersord, på min ära; *put a p. on his ~* låta ngn ge sitt hedersord; vädja till ngns hederskänsla; *code of ~* hederskodex; *point of ~* hederssak; *word of ~* hedersord; *~ bright* fam. det är säkert, absolut **3** *Your H~* Ers Nåd, Ers Höghet nu mest till vissa domare **4** mest pl. *~s* hedersbetygelser; utmärkelser; *~s list* förteckning över [officiella] utmärkelser (ordensutnämningar); *do the ~s* utöva (sköta) värdskapet; *pay a p. the last ~s* visa (göra) ngn den sista tjänsten; [*with*] *military ~s* [under] militära hedersbetygelser **5** univ., *~s* [*degree*] 'honours' kvalificerad examen med tre bedömningsgrader; *get a first-class ~s degree in history* få högsta betyg i historia i *honours degree* **6** kortsp., pl. *~s* honnörer **II** *tr* **1** hedra, ära; utmärka **2** hand. honorera, infria, lösa in växel **3** anta, motta inbjudan
honourable ['ɒnərəbl] *a* **1** hedervärd, värd att äras **2** ärofull [*~ peace*], hedrande, hederlig, hedersam [*~ burial* (*terms*)]; *~ mention* hedersomnämnande **3** redbar, rättskaffens, ärans [*Brutus is an ~ man*], ärlig [*~ conduct*] **4** förnäm, högt uppsatt [*~ family* (*lady*)], hög **5 a)** ärad epitet som tillkommer underhusets (i USA kongressens) medlemmar **b)** *the H~* (*Hon.* förk.) välborna, välborne titel som tillkommer yngre söner till

earls samt barn till *viscounts* o. *barons*; *the Right H~* (*Rt. Hon.* förk.) högvälborne titel som tillkommer *earls, viscounts* o. *barons*
Hon. Sec. förk. för *Honorary Secretary*
1 hood [hʊd] *s* **1** kapuschong; huva, hätta, luva **2** univ. krage löst hängande på akademisk ämbetsdräkt **3** a) huv, valvkappa, [skydds]-tak; skydd; rökhuv, rökfång, kåpa b) sufflett c) Am. motorhuv
2 hood [hʊd, hu:d] *s* sl. se *hoodlum*
hooded ['hʊdɪd] *pp* o. *a* **1** [försedd] med kapuschong (huva) **2** övertäckt
hoodlum ['hu:dləm] *s* fam. ligist; bov
hoodoo ['hu:du:] *s* isht Am. **1** olycksbringare **2** otur, olycka
hoodwink ['hʊdwɪŋk] *tr* föra bakom ljuset
hooey ['hu:ɪ] *s* isht Am. fam. strunt[prat]
hoof [hu:f] (pl. *~s*, ibl. *hooves*) *s* **1** hov; [*cloven*] *~* klöv **2** skämts. fot, klöv [*take your ~s off my sofa*]
hook [hʊk] **I** *s* **1** hake, krok; hängare, hank i kläder; [met]krok; [virk]nål; [telefon]klyka; [*swallow a story*] *~, line and sinker* ..helt och hållet, ..utan vidare; *sling* (*take*) *o.'s ~* sl. sticka, ge sig i väg; *by ~ or by crook* på ett eller annat sätt; *be off the ~* fam. ha kommit ur knipan; *buy clothes off the ~* fam. köpa färdigt, köpa konfektion; *get a p. off the ~* fam. hjälpa ngn ur knipan; *on o.'s own ~* fam. på egen hand, på eget bevåg (ansvar) **2** boxn. krok[slag], hook **II** *tr* **1** häkta [ihop (igen)], knäppa [med hakar och hyskor] [*~ a dress*] **2** fånga med hake (krok); bildl. fånga, få på kroken [*~ a rich husband*] **3** *~ on* haka (kroka) fast (på) [*to* vid, i]; *~ up* a) haka (häkta) ihop b) koppla in, ansluta **4** fam. knycka, hugga **5** kröka [på] [*~ o.'s finger*] **6** boxn. ge ett krokslag (en krok) **7** sl., *~ it* smita, sticka **III** *itr* **1** häktas [ihop (igen)], knäppas [*the dress ~s at the back*] **2** *~ on* haka sig fast [*to* vid]
hookah ['hʊkə, -kɑ:] *s* vattenpipa
hooked [hʊkt] *a* **1** böjd, krökt, krokig [*~ nose*] **2** försedd med krok[ar] [*~ stick*] **3** sl., *be ~ on* vara slav under; vara tokig i
hooker ['hʊkə] *s* Am. sl. fnask gatflicka
hookey ['hʊkɪ] *s* se *hooky*
hook-up ['hʊkʌp] *s* radionät, TV-nät; samsändning [*a country-wide ~*]
hooky ['hʊkɪ] *s* Am. fam., *play ~* skolka [från skolan]
hooligan ['hu:lɪgən] *s* ligist; buse; bov, förbrytare
hooliganism ['hu:lɪgənɪzəm] *s* ligistfasoner; busliv
hoop [hu:p] *s* **1** tunnband äv. leksak; band, beslag **2** ring [spänd med papper] som cirkusryttare hoppar genom; *go through the ~*[*s*] fam. gå igenom (ha) ett litet helvete; *put a p. through the ~*[*s*] fam. sätta åt ngn; sätta ngn på prov **3** krinolinband
hoop-la ['hu:plɑ:] *s* ringkastning på nöjesfält
hoorah [hʊ'reɪ, -'rɑ:] *interj* se följ.
hooray [hʊ'reɪ] *interj* hurra!
hoot [hu:t] **I** *itr* **1** bua, skräna [*at* åt] **2** skrika, hoa om uggla **3** tjuta om t. ex. ångvissla, tuta om t. ex. signalhorn **II** *tr* bua åt **III** *s* **1** buande, skrän; vrål [*~s of rage*] **2** ugglas skrik, hoande **3** ångvisslas tjut, signalhorns tut **4** fam., *I don't care* (*give*) *a ~* (*two ~s*) det bryr jag mig inte ett dugg om
hooter ['hu:tə] *s* ångvissla; tuta, signalhorn
Hoover ['hu:və] **I** egennamn **II** *s* ® a) dammsugarmärke b) fam., *h~* dammsugare **III** *tr* ® fam., *h~* dammsuga
hooves [hu:vz] *s* pl. av *hoof*
1 hop [hɒp] **I** *itr* **1** hoppa, skutta **2** skämts. fam. dansa [och skutta] **3** fam. kila [*~ over the road*], sticka; kliva, hoppa [*~ into a car*]; *~* [*off*] sl. sticka, försvinna **II** *tr* **1** hoppa över [*~ a ditch*] **2** sl., *~ it* sticka, försvinna; *~ it!* stick! **III** *s* **1** hopp, hoppande isht på ett ben; skutt; *catch a p. on the ~* a) ta ngn på sängen b) ertappa (ta) ngn på bar gärning; *~, skip* (*step* isht Am.), *and jump* sport. trestegshopp **2** fam. skutt dans
2 hop [hɒp] *s* humle[planta]; pl. *~s* humle
hope [həʊp] **I** *s* hopp, förhoppning [*of* om; *that* om att]; förtröstan [*in* på, till]; *you've got a ~* (*some ~s*)*!* och det trodde du!; *raise a p.'s ~ too much* väcka alltför stora förhoppningar hos ngn; *set o.'s ~s on a p.* sätta sitt hopp till ngn; *live* (*be*) *in ~s of* ha hopp om [att få], hoppas på [att få] **II** *itr* hoppas [*for* på; *~ for a good result*] **III** *tr* hoppas [på]; *~ against hope that* hoppas trots allt att
hopeful ['həʊpfʊl] **I** *a* hoppfull, förhoppningsfull [*be* (*feel*) *~ about the future*] **II** *s*, [*young*] *~* hoppfull individ; lovande förmåga
hopefully ['həʊpfʊlɪ] *adv* **1** hoppfullt etc., jfr *hopeful I* **2** förhoppningsvis
hopeless ['həʊpləs] *a* hopplös, förtvivlad [*~ grief; a ~ case*], tröstlös; ohjälplig, omöjlig; obotlig [*a ~ idiot*]
hopping ['hɒpɪŋ] **I** *a* hoppande **II** *adv*, *~ mad* fam. rosenrasande, ursinnig
hopsack ['hɒpsæk] *s* hopsack panamavävt tyg; *~ weave* hopsackvävnad
hopscotch ['hɒpskɒtʃ] *s* hoppa hage lek; *play ~* hoppa hage
Horace ['hɒrəs] ss. namn på rom. skald Horatius
horde [hɔ:d] *s* hord i olika bet. [*~s of Tartars*]; svärm [*a ~ of locusts*]
horizon [hə'raɪzn] *s* horisont
horizontal [ˌhɒrɪ'zɒntl] **I** *a* horisontal, horisontell, vågrät; *~ bar* gymn. räck; *~ position* liggande ställning **II** *s* horisontal|linje,

-läge, -plan

hormone ['hɔ:məʊn] *s* hormon

horn [hɔ:n] *s* **1** horn i alla bet.; ~ *of plenty* ymnighetshorn; *French* ~ mus. valthorn **2** signalhorn **3** tratt på gammaldags grammofon; lur **4** kok. strut [*cream* ~] **5** snigels horn; *draw (pull) in o.'s* ~*s* bildl. a) dra in på staten, spara b) slå av på takten

hornbeam ['hɔ:nbi:m] *s* bot. avenbok

hornbill ['hɔ:nbɪl] *s* zool. hornfågel

horned [hɔ:nd] *a* **1** försedd med horn **2** hornformig

hornet ['hɔ:nɪt] *s* zool. bålgeting; *stir up a* ~*'s nest, bring a* ~*'s nest about o.'s ears* bildl. sticka sin hand i ett getingbo

hornless ['hɔ:nləs] *a* hornlös [~ *cattle*]

hornpipe ['hɔ:npaɪp] *s* hornpipe slags livlig [solo]dans

horny ['hɔ:nɪ] *a* **1** hornartad; hård som horn; om hand valkig **2** sl. kåt; sexgalen

horoscope ['hɒrəskəʊp] *s* horoskop; *cast a p.'s* ~ ställa ngns horoskop

horrible ['hɒrəbl] *a* fasansfull, ohygglig, otäck [*a* ~ *sight*]; fam. förskräcklig, förfärlig, hemsk, ryslig [~ *noise* (*weather*)]

horrid ['hɒrɪd] *a* avskyvärd, hemsk, vidrig [~ *spectacle*]; fam. gräslig, hemsk

horrific [hɒ'rɪfɪk] *a* fam. fasaväckande, hårresande

horrify ['hɒrɪfaɪ] *tr* slå med fasa (skräck), förfära; uppröra; pp. *horrified* skräckslagen, förfärad; upprörd

horrifying ['hɒrɪfaɪɪŋ] *a* skräckinjagande, fasaväckande, skräck-; upprörande

horror ['hɒrə] *s* **1** fasa, skräck, avsky [*of* för] **2 a**) fasa, ohygglighet [*the* ~*s of war*]; *chamber of* ~*s* skräck|kammare, -kabinett **b**) attr. skräck- [~ *film* (*comics*)] **3** pl., *the* ~*s* fam. **a**) deppighet, melankoli; *it gives me the* ~*s* det gör att jag får stora skälvan **b**) delirium, dille

horror-stricken ['hɒrəˌstrɪkən] *a* o. **horror-struck** ['hɒrəstrʌk] *a* skräckslagen, förfärad

hors de combat ['*h*ɔ:də'kɔ̃:*m*bɑ:] *a* (fr.) [försatt] ur stridbart skick, ur spelet

hors-d'œuvre [ɔ:'dɜ:vr] (pl. lika el. ~*s* [utt. = sg.]) *s* hors d'œuvre; pl. ~*s* smårätter, assietter; *mixed* ~ ung. smörgåsbord

horse [hɔ:s] **I** *s* **1** häst; hingst; hästdjur; *eat like a* ~ äta som en varg; *work like a* ~ arbeta (slita) som ett djur; *I'm so hungry - I could eat a* ~ jag är hungrig som en varg; *don't look a gift* ~ *in the mouth* se *gift-horse*; *be* (*get*) *on o.'s high* ~ fam. sätta sig på sina höga hästar; *I have got it* [*straight*] *from the* ~*'s mouth* jag har det från säkert håll; det är ett stalltips **2** (konstr. ss. pl.) mil. kavalleri; kavallerister **3** gymn. häst **4** ställning ss. stöd, torkställning för kläder [äv. *clothes-horse*]; bock; sågbock **II** *itr* Am. sl., ~ *around* busa; spexa, spela pajas

horseback ['hɔ:sbæk] *s, on* ~ till häst, ridande; *be on* ~ sitta till häst; *ride on* ~ rida

horse-breaker ['hɔ:sˌbreɪkə] *s* beridare, hästtämjare

horse-chestnut ['hɔ:s'tʃesnʌt] *s* bot. hästkastanj[e]

horse-cloth ['hɔ:sklɒθ] *s* hästtäcke

horseflesh ['hɔ:sfleʃ] *s* **1** hästkött **2** fam. hästar; *he is a good judge of* ~ han är hästkännare

horsefly ['hɔ:sflaɪ] *s* zool. broms, hästfluga

horsehair ['hɔ:sheə] *s* [häst]tagel, hästhår; attr. tagel- [~ *mattress*]

horse-laugh ['hɔ:slɑ:f] *s* gapskratt

horseman ['hɔ:smən] *s* ryttare

horsemanship ['hɔ:smənʃɪp] *s* ryttarskicklighet; ridkonst

horse-opera ['hɔ:sˌɒpərə] *s* Am. sl. [vilda]-västern film el. pjäs i radio el. TV, hästopera

horseplay ['hɔ:spleɪ] *s* skoj; spex[ande]

horsepower ['hɔ:sˌpaʊə] (pl. lika) *s* fys. hästkraft [*an engine of* (på) *70* ~]

horse-race ['hɔ:sreɪs] *s* [häst]kapplöpning, ryttartävling

horse-racing ['hɔ:sˌreɪsɪŋ] *s* [häst]kapplöpning[ar]; kapplöpningssport

horse-radish ['hɔ:sˌrædɪʃ] *s* bot. pepparrot

horse-sense ['hɔ:ssens] *s* fam. vanligt bondförstånd

horseshoe ['hɔ:ʃʃu:] *s* hästsko

horse-show ['hɔ:ʃʃəʊ] *s* uppvisning med hästar (av hästekipage)

horsetail ['hɔ:steɪl] *s* **1** hästsvans **2** hästsvans[frisyr]

horse-trading ['hɔ:sˌtreɪdɪŋ] *s* bildl. kohandel

horsewhip ['hɔ:swɪp] **I** *s* [rid]piska, ridspö **II** *tr* piska [upp]

horsewoman ['hɔ:sˌwʊmən] *s* ryttarinna

horsy ['hɔ:sɪ] *a* **1** häst-; hästlik **2** häst-[sport]intresserad

horticultural [ˌhɔ:tɪ'kʌltʃərəl] *a* trädgårdsodlings-, hortikulturell; ~ *exhibition* (*show*) trädgårdsutställning

horticulture ['hɔ:tɪkʌltʃə] *s* trädgårds|odling, -skötsel, -konst, hortikultur

horticulturist [ˌhɔ:tɪ'kʌltʃərɪst] *s* trädgårdsodlare

hosanna [həʊ'zænə] *s* o. *interj* hosianna

hose [həʊz] **I** *s* **1** slang för bevattning, dammsugare o. d. **2** (konstr. ss. pl.) hand. [lång]-strumpor [*six pair of* ~] **II** *tr* vattna [med slang], spruta [vatten på]; ~ *down* spola av

hose-pipe ['həʊzpaɪp] *s* slang för bevattning

hosier ['həʊzɪə, 'həʊʒə] *s* strump-, trikåvaru|handlare

hosiery ['həʊzɪərɪ] *s* strumpor, trikåvaror

hospitable ['hɒspɪtəbl, hɒs'pɪt-] *a* gäst|fri, -vänlig [*a ~ house*], hjärtlig
hospital ['hɒspɪtl] *s* sjukhus, lasarett
hospitality [ˌhɒspɪ'tælətɪ] *s* gästfrihet
hospitalization [ˌhɒspɪtəlaɪ'zeɪʃən] *s* inläggning på sjukhus; sjukhusvistelse
hospitalize ['hɒspɪtəlaɪz] *tr* lägga in på sjukhus
1 host [həʊst] *s* massa, mängd [*a ~ of details*], svärm, stor hop [*a ~ of admirers*]
2 host [həʊst] *s* **1** värd **2** värdshusvärd; *mine ~* värden
3 host [həʊst] *s* kat., *the H~* hostian
hostage ['hɒstɪdʒ] *s* gisslan
hostel ['hɒstəl] *s* hospits, gästhem; härbärge; *youth ~* vandrarhem
hosteller ['hɒstələ] *s*, [*youth*] *~* person som bor (tar in) på vandrarhem
hostess ['həʊstɪs] *s* värdinna äv. serviceperson [*air-hostess*]
hostile ['hɒstaɪl, Am. -tl] *a* fiende-; fientlig, fientligt inställd (stämd, sinnad) [*to* mot]
hostility [hɒs'tɪlətɪ] *s* fientlighet, fientlig inställning, fiendskap
hot [hɒt] **I** *a* **1** het, varm; *be ~ and bothered, be ~ under the collar* vara upphetsad (skärrig); *turn ~ and cold* bliömsom varm och ömsom kall; *~ air* fam. tomt skryt, bluff, snack; *go* (*sell*) *like ~ cakes* gå åt som smör; *the ~ line* polit. den heta linjen; *a ~ meal, ~ meals* lagad (varm) mat; *drop a p. like a ~ potato* fam. såga av ngn; *get into ~ water* fam. råka i knipa, få det hett om öronen; *catch* (*get*) *it ~* fam. få en ordentlig omgång, få på huden; *give it him ~* [*and strong*] fam. ge honom efter noter; *make it ~ for a p.* fam. göra livet surt för ngn **2** om krydda stark; om smak skarp, brännande **3** hetsig, häftig, het [*a ~ temper*] **4** svår; farlig; *the place is becoming too ~ for him* marken börjar bränna under hans fötter **5** fam. rykande färsk, högaktuell, het [*~ news*] **6** nära; *~ on the track* (*trail, heels*) *of a p.* hack i häl efter ngn; *be ~ on the trail* vara inne på rätt spår; *you are getting ~* i lek det bränns! **7** sl. jättebra, skarp; *~ stuff* skarp brud (sak) **II** *itr*, *~ up* fam. ta fart, bli livligare
hotbed ['hɒtbed] *s* **1** drivbänk **2** bildl. härd, grogrund [*a ~ of* (för) *vice*]
hot-blooded ['hɒt'blʌdɪd] *a* hetlevrad, hetsig; varmblodig; passionerad
hotchpotch ['hɒtʃpɒtʃ] *s* bildl. mischmasch, röra; hopkok [*of* på]
hot-dog ['hɒt'dɒg] *s* varm korv [med bröd]; attr. korv- [*~ stand*]
hotel [həʊ'tel, əʊ't-] *s* hotell; *put up at a*[*n*] *~* ta in på [ett] hotell
hotelier [həʊ'telɪeɪ] *s* o. **hotel-keeper** [həʊ'telˌkiːpə] *s* hotell|värd, -innehavare
hothead ['hɒthed] *s* brushuvud
hot-headed ['hɒt'hedɪd] *a* hetsig, häftig
hothouse ['hɒthaʊs] *s* drivhus, växthus
hot-plate ['hɒtpleɪt] *s* **1** [elektrisk] kokplatta; spishäll **2** värmeplatta
hotpot ['hɒtpɒt] *s* kok. köttgryta
hot-tempered ['hɒt'tempəd] *a* hetlevrad
Hottentot ['hɒtntɒt] *s* hottentott
hot-water ['hɒtˌwɔːtə] *a* varmvatten[s]- [*~ tap*]
hot-water-bottle [hɒt'wɔːtəˌbɒtl] *s* sängvärmare, varmvattenflaska
hound [haʊnd] **I** *s* **1** [jakt]hund **2** fähund, lymmel [*a lazy ~*] **3** Am. sl. fantast **II** *tr* bildl. jaga [*~ed by o.'s creditors*], förfölja; *~ down* fånga in
hour ['aʊə] *s* **1** timme; tidpunkt; pl. *~s* äv. [arbets]tid [*school ~s*]; *a quarter of an ~* en kvart; *keep early ~s* ha tidiga vanor, vara tidig av sig; *keep late ~s* ha sena vanor, hålla sena tider; *the clock strikes the ~s* klockan slår timslag (hela timmar); *after ~s* efter arbetstid; efter stängningsdags; *at all ~s of the day and night* vid alla tider på dygnet; *at an early ~* [*of the day*] tidigt [på dagen]; *at the eleventh ~* i elfte timmen, i sista minuten; *at* [*such*] *a late ~* [så] sent; *at such an ~ of the day* så dags på dagen; *at this ~* så här dags; *by the ~* a) timvis, i timmar b) per (efter) timme; *for ~s* [*together*], *for ~s and ~s* i timmar, timtals, timvis; *in* (*during*) *the lunch ~* på (under) lunchen (lunchrasten); *in the small ~s* på småtimmarna (nattkröken fam.); [*he came*] *on the ~* . . på slaget; [*buses run*] *on the ~* . . varje hel timme **2** stund [*the ~ has come*]; *the man of the ~* mannen för dagen
hourglass ['aʊəglɑːs] *s* timglas
hour-hand ['aʊəhænd] *s* timvisare
hourly ['aʊəlɪ] **I** *a* **1** [som går (inträffar)] varje timme, [en gång] i timmen; tim- **2** ständig [*in ~ expectation of*] **II** *adv* **1** i timmen, varje timme [*two doses ~*] **2** ständigt; vilken timme som helst
house [ss. subst. haʊs, i pl. 'haʊzɪz; ss. vb haʊz] **I** *s* **1** hus; fam. kåk; villa; fastighet, lägenhet; bostad; boning, hem; *my ~ is my castle* mitt hem är min borg; *it's on the ~* fam. det är huset (värden på stället) som bjuder [på det]; *eat a p. out of ~ and home* äta ngn ur huset; *to a p.'s ~* hem till ngn; *invite a p. to o.'s ~* bjuda hem ngn; *~ sparrow* gråsparv; *~ telephone* porttelefon; *~ of cards* korthus isht bildl.; *set* (*put*) *o.'s ~ in order* beställa om sitt hus; *as safe as ~s* så säkert som aldrig det; *like a ~ on fire* fam. med rasande fart; som en dans **2** parl. hus; *the Lower H~* a) andra kammaren b) underhuset; *the Upper H~* a) första kammaren b) överhuset; *the Houses of Parlia-*

ment parlamentshuset i London; *the H~ of Commons* underhuset; *the H~ of Lords* överhuset; *the H~ of Representatives* representanthuset i kongressen i USA **3** teat. **a**) salong; *there was a full ~* det var utsålt hus; *bring down the ~* (*the ~ down*) ta publiken med storm, väcka (riva ner) stormande applåder; *play to an empty ~* spela för tomma bänkar **b**) föreställning [*the second ~ starts at 9 o'clock*] **4** handels-, affärs|hus, firma; *publishing ~* [bok]förlag **5** skol. hus, elevhem på internatskola **6** hushåll; *keep ~* ha eget hushåll; hushålla; *set up ~* sätta bo, bilda eget hushåll **7** släkt, ätt, familj [*an ancient ~*], hus **II** *tr* **1** skaffa bostad (tak över huvudet) åt; hysa in, inlogera; härbärgera, hysa, ta emot; *the club is ~d there* klubben har sina lokaler där **2** förvara, lägga (ställa) in; få under tak **3** rymma [under sitt tak], innehålla

house-agent ['haʊsˌeɪdʒənt] *s* fastighetsmäklare

houseboat ['haʊsbəʊt] *s* husbåt

housebreaker ['haʊsˌbreɪkə] *s* **1** inbrottstjuv **2** husrivare, rivningsarbetare

housebreaking ['haʊsˌbreɪkɪŋ] *s* **1** inbrott **2** rivning [av hus]

house-detective ['haʊsdɪˌtektɪv] *s* isht Am. hotell-, varuhus|detektiv

housefly ['haʊsflaɪ] *s* zool. husfluga

household ['haʊs*h*əʊld] **I** *s* hushåll, hus **II** *a* hushålls-, hem-; vardags-; husbehovs-; *~ duties* hushålls|göromål, -bestyr; *~ name* känt namn; kändis; *~ word* allmänt bekant ord; bevingat ord, ordstäv; *his name is a ~ word* hans namn är på allas läppar

householder ['haʊsˌ*h*əʊldə] *s* hus-, lägenhets|innehavare, person med egen bostad

house-hunting ['haʊsˌhʌntɪŋ] *pres p, go ~* gå på jakt efter hus

housekeeper ['haʊsˌki:pə] *s* hushållerska, husföreståndarinna

housekeeping ['haʊsˌki:pɪŋ] *s* hushållning, hushållsskötsel; *~ money* (*allowance*) hushållspengar

housemaid ['haʊsmeɪd] *s* husa, husjungfru; *~'s knee* läk. skurknä, skurknöl

housemaster ['haʊsˌmɑ:stə] *s* föreståndare för elevhem, 'husfar' vid internatskola

housemistress ['haʊsˌmɪstrəs] *s* föreståndarinna för elevhem, 'husmor' vid internatskola

house-owner ['haʊsˌəʊnə] *s* villaägare

house-party ['haʊsˌpɑ:tɪ] *s* **1** weekendbjudning [på landet] **2** weekendgäster

house-physician ['haʊsfɪˌzɪʃən] *s* lasarettsläkare som bor inom sjukhuset

house-proud ['haʊspraʊd] *a* överdrivet huslig, pedantiskt noga med hemmets skötsel

house-surgeon ['haʊsˌsɜ:dʒən] *s* lasarettsläkare, kirurg som bor inom sjukhuset

house-to-house ['haʊstə'haʊs] *a* genom personliga besök i hemmen (dörrknackning) [*~ canvassing*]; *~ selling* hem-, direkt|försäljning

house-top ['haʊstɒp] *s* [hus]tak; *proclaim a th. from the ~s* basuna ut ngt

house trailer ['haʊsˌtreɪlə] *s* Am. husvagn

housetrained ['haʊstreɪnd] *a* rumsren, rumsvan [*a ~ dog*]

house-warming ['haʊsˌwɔ:mɪŋ] *s* o. *a, ~* [*party*] inflyttningsfest i nytt hem

housewi|fe ['haʊswaɪ|f] (pl. *-ves* [-vz]) *s* hemmafru

housewifely ['haʊsˌwaɪflɪ] *a* husmoderlig [*~ duties*]; skicklig [som] husmor

housewifery ['haʊswɪfərɪ, 'hʌzɪfrɪ] *s* hushåll; hushållsgöromål isht ss. läroämne

housework ['haʊswɜ:k] *s* hushålls|arbete, -göromål

housing ['haʊzɪŋ] *s* **1** inhysande, härbärgering **2** bostäder [*modern ~*]; byggnader, hus; bostadsförhållanden; *~ accommodation* bostad, bostäder; *~ estate* bostadsområde, bebyggelse; *be on the ~ list* stå i bostadskön; *~ shortage* bostadsbrist **3** bostadsbyggande; *~ agency* bostadsförmedling **4** skydd, löst tak **5** tekn. hus

hove [həʊv] imp. o. pp. av *heave*

hovel ['hɒvəl, 'hʌv-] *s* **1** [öppet] skjul, lider **2** ruckel, kyffe

hover ['hɒvə] *itr* **1** om fåglar, flygplan o. d. sväva, kretsa [*over* över] **2** bildl. sväva [*~ between life and death*]; pendla [*~ between two extremes*]; tveka, vackla

hovercraft ['hɒvəkrɑ:ft] (pl. lika) *s* svävare, svävfarkost

hovertrain ['hɒvətreɪn] *s* luftkuddetåg

how [haʊ] *adv* **1** hur; *~ do you do?* god dag! vid presentation; *~ are you?* hur står det till [med dig]?, hur mår du?; *~'s that?* a) hur kommer det sig? b) vad tycker du om det?; *that's ~ it is* så är det, så ligger det till; *that's ~ he got it* det var så (på så sätt) han fick det; *~ ever* hur i all världen [*~ will you ever manage?*] **2** så, vad, hur i utrop; *~ kind you are!* vad du är snäll!; *~ true!* se *true I 1* **3** att [*he told me ~ there had been a storm*]

Howard ['haʊəd]

however [haʊ'evə] **I** *adv* **1** hur . . än [*~ rich he may be*]; [*give me a room*] *~ small* . . hur litet som helst, . . det må vara aldrig så litet **2** fam. = *how ever,* se *how 1* **II** *konj* emellertid, likväl, dock

howitzer ['haʊɪtsə] *s* mil. haubits

howl [haʊl] **I** *itr* tjuta, vina [*the wind ~ed through* (i) *the trees*]; yla [*a wolf ~s*]; vråla; *~ with laughter* tjuta av skratt **II** *tr, ~ down* överrösta, tysta ned [med skrik] **III** *s* tjut,

vinande; ylande; vrål; ramaskri
howler ['haulə] *s* fam. groda; grovt fel
howling ['haulɪŋ] *a* **1** tjutande etc., jfr *howl I* **2** ödslig [*a ~ wilderness*] **3** fam. dunder-, jätte- [*a ~ blunder*]
hoyden ['hɔɪdn] *s* yrhätta, vildkatta
H.P. el. **h.p.** förk. för *hire-purchase, horse-power*
H.Q. förk. för *Headquarters*
hr. förk. för *hour*
H.R.H. förk. för *His (Her) Royal Highness*
hrs. förk. för *hours*
ht. förk. för *height*
hub [hʌb] *s* **1** [hjul]nav **2** centrum [*a ~ of commerce*]
hubbub ['hʌbʌb] *s* larm, stoj[ande], bråk, rabalder; ståhej
hubby ['hʌbɪ] *s* fam. äkta man, gubbe
hub-cap ['hʌbkæp] *s* navkapsel
huckaback ['hʌkəbæk] *s* [grov] dräll för handdukar, handduksväv
huckleberry ['hʌklbərɪ] *s* Am. huckleberry den blåbärsliknande frukten från buskar av släktet Gaylussacia
huckster ['hʌkstə] **I** *s* **1** krämare, månglare; gatuförsäljare **2** skojare, fifflare **II** *itr* schackra, köpslå; gå omkring och sälja
Huddersfield ['hʌdəzfi:ld]
huddle ['hʌdl] **I** *tr* vräka (stuva, bylta, gyttra) ihop [äv. *~ together (up)*]; *the children were ~d together* barnen satt (låg) tätt tryckta intill varandra; *~ o.s. up* krypa ihop, kura ihop sig; *he lay ~d up* han låg hopkrupen **II** *itr* [äv. *~ together (up)*] skocka [ihop] sig, tränga (gyttra) ihop sig; trycka sig intill varandra [*the children ~d together to keep warm*], kura ihop sig, krypa ihop **III** *s* **1** massa, hög [*a ~ of large stones*], bråte; samling, anhopning **2** virrvarr; *all in a ~* i en enda röra **3** fam. [hemlig] överläggning; *be in a ~* ha en privat (hemlig) överläggning, diskutera i enrum
1 hue [hju:] *s* färg [*the ~s of the rainbow*]; färgskiftning, nyans; bildl. schattering
2 hue *s, ~ and cry* ['hju:ən'kraɪ] rop som manar till förföljande [*they raised the ~ and cry: – 'Stop thief!'*]; klappjakt, skallgång; ramaskri; *raise (start) a ~ and cry after* anställa klappjakt på (efter); *raise (start) a ~ and cry against* inleda en [förföljelse]-kampanj mot, upphäva ett ramaskri mot
huff [hʌf] **I** *itr, ~ and puff* blåsa och flåsa **II** *tr* **1** förnärma, göra stött **2** i damspel blåsa, ta [bort] [*~ a piece* (bricka)] **III** *s* [utbrott av] dåligt humör [*he went away in a ~*]; *be in a ~* vara förnärmad
huffy ['hʌfɪ] *a* butter, tjurig [*in a ~ mood*]; lättstött; *get ~* bli förnärmad
hug [hʌg] **I** *tr* **1** omfamna, trycka till sitt bröst, krama **2** hålla fast vid [*~ a belief*] **II** *s* omfamning, famntag, kram
huge [hju:dʒ] *a* väldig, jättestor, enorm
hugely ['hju:dʒlɪ] *adv* väldigt, enormt, oerhört [mycket] [*we enjoyed ourselves ~*]
Hugh [hju:]
hula-hula ['hu:lə'hu:lə] *s* hula-hula hawaiisk dans
hulk [hʌlk] *s* **1** holk, hulk gammalt avriggat fartygsskrov **2** vrak, ruin, skelett, skal [*the fire reduced the building to an empty ~*] **3** bildl. åbäke [*you* (ditt) *great ~*]
hulking ['hʌlkɪŋ] *a* fam. stor och tung, åbäkig; lunsig; klumpig
1 hull [hʌl] **I** *s* skida, balja på ärter o. d.; skal **II** *tr* sprita ärter; skala; *~ed grain (barley)* helgryn
2 hull [hʌl] *s* sjö., flygv. [fartygs]skrov; [flygbåts]skrov
hullabaloo [ˌhʌləbə'lu:] *s* ståhej, rabalder, larm, bråk; *make a great ~ about a th.* ställa till ett himla väsen om ngt
hullo ['hʌ'ləʊ, hʌ'l-] *interj* o. *s* se *hello*
hum [hʌm] **I** *itr* **1** surra [*~ like a bee*]; mus., radio. o. TV. samt om t. ex. humla brumma; om trafik brusa **2** gnola, nynna **3** mumla, säga hm, humma; *~ and haw (ha)* se *hem and haw (ha)* under *2 hem II* **4** sorla; fam. vara i liv och rörelse; *things are beginning to ~* fam. nu börjar det hända saker och ting; *make things ~* fam. få fart på saker och ting **II** *tr* gnola [på], nynna [på] [*~ a song*] **III** *s* surrande [*the ~ of bees*], surr [*the ~ of the spinning-wheel*]; brum[mande]; sorl [*a ~ of voices*]
human ['hju:mən] **I** *a* mänsklig [*to err is ~*], människo- [*the ~ body*]; *~ being* mänsklig varelse, människa; *the ~ race* människosläktet; *we are only ~* vi är ju inte mer än människor **II** *s* människa [*we ~s, all ~s*]
humane [hjʊ'meɪn] *a* human [*a ~ officer*], mänsklig, människovänlig, barmhärtig
humanism ['hju:mənɪzəm] *s* **1** mänsklighet, humanitet **2** humanism
humanist ['hju:mənɪst] *s* humanist
humanitarian [hjʊˌmænɪ'teərɪən] **I** *s* humanitetsförkämpe; människovän **II** *a* humanitär, humanitets-; människovänlig
humanity [hjʊ'mænətɪ] *s* **1** mänskligheten [*crimes against ~*], människosläktet **2** den mänskliga naturen, människonatur[en]; mänsklighet **3** människokärlek, humanitet, [sann] mänsklighet; [*treat people and animals*] *with ~* .. humant **4** *the humanities* humaniora isht klassiska språk o. d.
humanize ['hju:mənaɪz] *tr* **1** göra mänsklig, förmänskliga **2** humanisera, göra mer human (mänsklig)
humanly ['hju:mənlɪ] *adv* mänskligt, på mänskligt sätt; *all that is ~ possible* allt

som står i mänsklig makt
Humber ['hʌmbə]
Humberside ['hʌmbəsaɪd]
humble ['hʌmbl] **I** *a* **1** ödmjuk [*a ~ attitude*], underdånig; undergiven; *eat ~ pie* [få] svälja förödmjukelsen; krypa till korset; *your ~ servant* Er ödmjuke tjänare, i skrivelser vördsammast **2** låg [*a ~ post*], ringa, blygsam, enkel [*a man of ~ origin*], anspråkslös; *in my ~ opinion* enligt min ringa mening **II** *tr* göra ödmjuk; kväsa [*~ a p.'s pride*]; förödmjuka; *~ o.s.* ödmjuka sig
humble-bee ['hʌmblbi:] *s* zool. humla
humbug ['hʌmbʌg] **I** *s* **1** humbug, skoj, svindel, bluff **2** humbug, skojare, bluff[-makare] **3** slags pepparmyntskaramell **II** *interj*, *~!* [strunt]prat!, snack! **III** *tr* lura, dra vid näsan **IV** *itr* bluffa, humbuga
humbuggery ['hʌmbʌgərɪ, hʌm'b-] *s* humbug, skoj
humdinger ['hʌmdɪŋə] *s* sl., *a ~* a) något alldeles extra [fint] b) en baddare
humdrum ['hʌmdrʌm] *a* enformig [*a ~ life*], [lång]tråkig [*a ~ job*]; vardaglig, banal
humid ['hju:mɪd] *a* fuktig [*~ air, ~ ground*]
humidifier [hjʊ'mɪdɪfaɪə] *s*, [*air*] *~* luftfuktare
humidify [hjʊ'mɪdɪfaɪ] *tr* fukta
humidity [hjʊ'mɪdətɪ] *s* fukt, fuktighet, fuktighetsgrad
humiliate [hjʊ'mɪlɪeɪt] *tr* förödmjuka
humiliation [hjʊˌmɪlɪ'eɪʃən] *s* förödmjukelse, förödmjukande
humility [hjʊ'mɪlətɪ] *s* ödmjukhet
humming-bird ['hʌmɪŋbɜ:d] *s* zool. kolibri
humorist ['hju:mərɪst] *s* humorist; humoristisk författare; skämtare
humorous ['hju:mərəs] *a* humoristisk [*a ~ writer*]; skämtsam, lustig [*~ remarks*]
humour ['hju:mə] **I** *s* **1** humor, skämtlynne, skämtsamhet; *he has no sense of ~* han har inget sinne för humor **2** a) humör, lynne b) sinnelag, temperament; *in a bad* (*good*) *~* på dåligt (gott) humör **II** *tr* blidka; *~ a p.* äv. låta ngn få sin vilja fram
hump [hʌmp] **I** *s* **1** puckel, knöl **2** mindre, rund kulle, hög **3** sl., *it gives me the ~* jag får spader av det; det gör mig deppig; *he has* [*got*] *the ~* han deppar **II** *tr* kuta med, dra upp [äv. *~ up*; *~ up o.'s shoulders*]; *~ o.'s back* skjuta rygg [*the cat ~ed her back*]
humpback ['hʌmpbæk] *s* puckelrygg person o. rygg; *~ whale* zool. knölval, puckelval
humpbacked ['hʌmpbækt] *a* puckelryggig
humph [mm, hʌmf] *interj* hm!
humpty-dumpty ['hʌmptɪ'dʌmptɪ] *s* liten tjockis, rulta; *Humpty-Dumpty* Klumpedump i barnkammarrim
humus ['hju:məs] *s* humus, mylla, mull
Hun [hʌn] *s* **1** hist. hunn[er] **2** barbar; vandal **3** fam. hunn[er] föraktl. benämning på tysk soldat
hunch [hʌntʃ] **I** *tr*, *~* [*up*] kröka, [böja och] dra upp [*he was sitting with his shoulders ~ed up*]; *~ o.'s back* skjuta rygg, kuta [rygg]; *~ed up* äv. hopkrupen **II** *s* **1** puckel **2** fam., *I have a ~ that* jag har på känn att
hunchback ['hʌntʃbæk] *s* puckelrygg person o. rygg
hunchbacked ['hʌntʃbækt] *a* puckelryggig
hundred ['hʌndrəd] *räkn* o. *s* hundra; hundratal, hundrade [*in ~s*]; *a* (*one*) *~* [ett] hundra; *a ~ to one* hundra mot ett; *a ~ per cent* a) adj. hundraprocentig, fullständig b) adv. hundraprocentigt, fullständigt; *~s of people* hundratals människor; *by the ~* el. *by ~s* i hundratal
hundredfold ['hʌndrədfəʊld] **I** *adv, a ~* hundrafalt, hundrafaldigt **II** *s, a ~* hundrafalt
hundredth ['hʌndrədθ] **I** *räkn* hundrade; *~ part* hundra[de]del **II** *s* hundra[de]del; *a ~ of a second* en hundradels sekund
hundredweight ['hʌndrədweɪt] *s* ung. centner i Storbritannien = 50,802 kg, i USA 45,359 kg
hung [hʌŋ] imp. o. pp. av *hang*
Hungarian [hʌŋ'geərɪən] **I** *a* ungersk **II** *s* **1** ungrare **2** ungerska [språket]
Hungary ['hʌŋgərɪ] Ungern
hunger ['hʌŋgə] **I** *s* **1** hunger; *~ is the best sauce* hungern är den bästa kryddan **2** bildl. hunger, törst [*~ for knowledge*], längtan [*~ for love*] **II** itr **1** vara hungrig; svälta, hungra **2** bildl. hungra, törsta [*~ for knowledge*], längta [*~ for love*]
hunger-march ['hʌŋgəmɑ:tʃ] *s* hungermarsch, hungerdemonstration av t. ex. arbetslösa
hungry ['hʌŋgrɪ] *a* **1** hungrig **2** bildl. hungrande, törstande, längtande; *be ~ for* hungra (törsta) efter [*be ~ for knowledge*], längta efter [*be ~ for affection*]
hung-up ['hʌŋ'ʌp] *a* fam., *be ~* a) vara försenad (förhindrad) b) vara ur gängorna
hunk [hʌŋk] *s* fam. tjockt stycke, tjock skiva [*a ~ of bread*]
hunt [hʌnt] **I** *tr* **1** jaga [*~ big game* (*tigers*)] **2** jaga (leta) [ivrigt] efter, vara på jakt efter; *~ the slipper* lek smussla sko; *~ the thimble* lek gömma fingerborgen, motsv. sv. gömma ringen (nyckel) **3** driva, jaga [*away* bort; *out* ut] **II** *itr* **1** jaga; *be out* (*go*) *~ing* vara [ute] på (gå på) jakt **2** snoka, söka, leta; *be ~ing for* vara på jakt (språng) efter **III** *s* **1** jakt, i Storbritannien isht hetsjakt, rävjakt till häst med hundar som dödar räven **2**

letande [*for* efter], jakt [*the ~ for* (på) *the murderer*]; *be on the ~ for* vara på jakt efter, leta (spana) efter **3** jaktsällskap, jaktklubb

hunter ['hʌntə] *s* **1** jägare äv. bildl. som efterled i sms. [*fortune-hunter*] **2** a) jakthund b) hunter jakthäst **3** jaktur med metallock över urglaset

hunting ['hʌntɪŋ] *s* jakt ss. näringsgren [*~ and fishing*] el. sport [*he is fond of ~*] i Storbritannien isht om jakt till häst

hunting-box ['hʌntɪŋbɒks] *s* jakthydda

Huntingdon ['hʌntɪŋdən]

Huntingdonshire ['hʌntɪŋdənʃɪə, -ʃə]

hunting-ground ['hʌntɪŋgraund] *s* jaktmark; *the happy ~s* de sälla jaktmarkerna; *happy ~* bildl. fyndgruva [*a happy ~ for book collectors*]

hunting-lodge ['hʌntɪŋlɒdʒ] *s* jakthydda, jaktstuga

Hunts. [hʌnts] förk. för *Huntingdonshire*

huntsman ['hʌntsmən] *s* jägare

hurdle ['hɜːdl] **I** *s* **1** grindstaket, grindstängsel använt isht för fårfållor **2** i häcklöpning häck, i hästsport hinder; *~s* (konstr. ss. sg.) häcklöpning, häck [*110 metres ~s*] **3** bildl. hinder, barriär **II** *tr* **1** inhägna med grindstaket **2** kapplöpn. hoppa över, ta ett hinder

hurdler ['hɜːdlə] *s* sport. häcklöpare

hurdle-race ['hɜːdlreɪs] *s* sport. **1** häcklöpning **2** hinderlöpning för hästar

hurdy-gurdy ['hɜːdɪˌgɜːdɪ] *s* mus. positiv

hurl [hɜːl] **I** *tr* **1** slunga, vräka, kasta [*at*, [*up*]*on* mot, på] **2** utslunga [*~ threats at* (mot)], kasta, slunga; *~ defiance at* trotsa **II** *s* kraftigt kast, slungning

hurly-burly ['hɜːlɪˌbɜːlɪ] *s* oväsen, tumult, larm, villervalla, virrvarr

Huron ['hjuərən] *s, Lake ~* Huronsjön

hurrah [hʊ'rɑː] o. **hurray** [hʊ'reɪ] **I** *interj* hurra! **II** *s* hurra **III** *itr* hurra

hurricane ['hʌrɪkən] *s* orkan

hurricane-lamp ['hʌrɪkənlæmp] *s* stormlykta, stormlanterna

hurried ['hʌrɪd] *a* påskyndad; brådstörtad; brådskande, hastig [*a ~ meal*], snabb, skyndsam; överilad

hurry ['hʌrɪ] **I** *tr* **1** snabbt föra, snabbt dirigera (föra fram) [*~ troops to the front*]; driva [på], fösa; *~ a p. along* skynda på ngn; *~ a p. away* (*off*) snabbt föra bort ngn **2** skynda på, jäkta [*it's no use ~ing her*]; påskynda [ofta *~ on, ~ up*; *~ dinner*] **II** *itr* skynda sig, jäkta [*don't ~, there's plenty of time*]; skynda, ila, rusa [*~ away* (*off*)]; brådska; *~ on* skynda vidare; *~ up* skynda (raska, kvicka) på **III** *s* brådska, jäkt; hast; *in a terrific ~* i flygande fläng; *be in a ~* ha (få) bråttom [*to* [med] att]; [*I won't go there again*] *in a ~* fam. . . i första taget

hurt [hɜːt] **I** (*hurt hurt*) *tr* **1** skada, skada sig i, göra illa, göra sig illa i; *~ o.s.* göra sig illa, slå sig [*did you ~ yourself?*]; *get ~* mil. bli sårad **2** *my foot ~s me* jag har ont i foten, det gör ont (värker) i foten [på mig] **3** bildl.: a) skada [*it ~ his reputation*]; *that won't ~ him* det tar han ingen skada av b) såra [*feel* (känna sig) *~*], stöta, kränka; *~ a p.'s feelings* såra ngn (ngns känslor) **II** (*hurt hurt*) *itr* **1** vålla skada; *it won't ~* det skadar inte, det gör ingenting **2** göra ont [*it ~s terribly*] **III** *s* **1** kroppslig skada, isht slag **2** skada förfång, men, oförrätt

hurtle ['hɜːtl] **I** *tr* slunga, kasta, slå [*against* mot] **II** *itr* **1** susa [fram] [*the car ~d down the road*], rusa **2** rasa, störta, braka, dråsa

husband ['hʌzbənd] **I** *s* man [*her future* (blivande) *~*], äkta man, make; *~ and wife* man och hustru, äkta makar **II** *tr* hushålla med [*~ o.'s resources*], spara på

husbandry ['hʌzbəndrɪ] *s* jordbruk, åkerbruk, lanthushållning; *animal ~* boskapsskötsel

hush [hʌʃ, ss. interj. vanl. ʃː] **I** *tr* **1** hyssja åt; tysta [ner]; *~ a baby to sleep* vyss[j]a ett barn till sömns; *~ed silence* djup tystnad; *in a ~ed tone* (*voice*) i dämpad ton (med dämpad röst) **2** *~* [*up*] tysta ner [*~ up a scandal*], hemlighålla **II** *itr* **1** tystna **2** hyssja [*at* åt, på] **III** *s* tystnad, stillhet [*in the ~ of night*] **IV** *interj, ~!* sch!, hyssj!, tyst!

hushaby ['hʌʃəbaɪ] *interj* vyssanlull!, vyss!

hush-hush ['hʌʃ'hʌʃ] fam. **I** *a* hemlig, topphemlig [*a ~ investigation*] **II** *s* hysch-hysch, tissel och tassel

hush-money ['hʌʃˌmʌnɪ] *s* pengar (mutor) för att tiga

husk [hʌsk] **I** *s* skal, hylsa, skida **II** *tr* skala

1 husky ['hʌskɪ] *a* **1** skalliknande **2** skaltorr **3** torr [i halsen]; hes, skrovlig; beslöjad [*a ~ voice*] **4** fam. stor och stark, kraftig

2 husky ['hʌskɪ] *s* eskimåhund

hussar [hʊ'zɑː] *s* husar

hussy ['hʌzɪ, 'hʌsɪ] *s* **1** jäntunge, satunge **2** slinka, slyna, slampa

hustings ['hʌstɪŋz] *s* **1** valkampanj, valmöte **2** talartribun, talarstol för valtalare

hustle ['hʌsl] **I** *tr* **1** knuffa [till], stöta [till], skuffa till, tränga [ihop]; fösa [*~ a p. out of the room*], tvinga, pressa; *I don't want to be ~d* jag tycker inte om att man kör med (jäktar) mig **2** fam. påskynda, forcera [*~ the work*] **3** isht Am. sl. lura ngn att spela [hasard] **4** Am. sl. lura, snuva **II** *itr* **1** knuffas, trängas **2** skynda sig, sno sig **3** Am. sl. a) sno stjäla b) om prostituerad ragga [upp] kunder, c) spela [hasard] **III** *s* **1** knuffande, skuffande **2** jäkt; *~ and bustle* fart och fläng **3** Am. sl. fiffel; bluff, båg

hustler ['hʌslə] *s* **1** gåpåare **2** isht Am. sl.

fifflare, skojare **3** Am. sl. fnask
hut [hʌt] **I** *s* **1** hydda, koja; hytt **2** mil. provisorisk barack **II** *tr* förlägga i barack
hutch [hʌtʃ] *s* bur [*rabbit-hutch*]
hyacinth ['haɪəsɪnθ] *s* bot. o. miner. hyacint
hyaena [haɪ'i:nə] se *hyena*
hybrid ['haɪbrɪd] **I** *s* hybrid, korsning; bildl. blandprodukt **II** *a* hybrid; bland- [*~ race*]
Hyde [haɪd]
hydrangea [haɪ'dreɪndʒə] *s* bot. [vanlig] hortensia
hydrant ['haɪdrənt] *s* vattenpost; *fire ~* brandpost[huvud]
hydrate ['haɪdreɪt] kem. **I** *s* hydrat **II** *tr* hydratisera
hydraulic [haɪ'drɔ:lɪk] *a* hydraulisk [*~ brake*]; *~ lift* hydraulisk lyftbrygga
hydraulics [haɪ'drɔ:lɪks] (konstr. vanl. ss. sg.) *s* hydraulik; vattenbyggnad[slära]
hydro ['haɪdrəu] *s* fam. vattenkuranstalt
hydrocarbon ['haɪdrəu'kɑ:bən] *s* kem. kolväte
hydrochloric ['haɪdrəu'klɒrɪk] *a* klorväte-; *~ acid* saltsyra
hydroelectric ['haɪdrəuɪ'lektrɪk] *a* hydroelektrisk, vattenkraft[s]-; *~ power* vattenkraft
hydrofoil ['haɪdrəufɔɪl] *s* **1** flygv. bärplan **2** bärplansbåt, hydrofoilbåt
hydrogen ['haɪdrədʒən] *s* kem. väte, hydrogen; *~ bomb* vätebomb; *~ peroxide, peroxide of ~* väteperoxid, vätesuperoxid
hydropathic [ˌhaɪdrəu'pæθɪk] *a, ~ establishments* vattenkuranstalter
hydropathy [haɪ'drɒpəθɪ] *s* läk. hydropati, vattenläkekonst, vattenkur
hydrophobia [ˌhaɪdrəu'fəubjə] *s* läk. rabies, vattuskräck
hydroplane ['haɪdrəupleɪn] *s* planande racerbåt, stegbåt
hydrotherapy ['haɪdrəu'θerəpɪ] *s* läk. hydroterapi, vattenkur
hydroxide [haɪ'drɒksaɪd] *s* kem. hydroxid
hyena [haɪ'i:nə] *s* zool. hyena; *spotted (laughing) ~* fläckig hyena
hygiene ['haɪdʒi:n] *s* hygien, hälsovårdslära; hälsovård
hygienic [haɪ'dʒi:nɪk] *a* hygienisk
hygrometer [haɪ'grɒmɪtə] *s* fys. hygrometer
hymen ['haɪmən] *s* anat. mödomshinna, hymen
hymn [hɪm] *s* **1** hymn, lovsång **2** psalm i psalmbok
hyoscine ['haɪəusi:n] *s* farm. hyoscin, skopolamin
hyperaesthetic ['haɪpəri:s'θetɪk] *a* överkänslig
hyperbole [haɪ'pɜ:bəlɪ] *s* ret. hyperbol, överdrift
hypercritical ['haɪpə'krɪtɪkəl] *a* hyperkritisk, överkritisk
hypermarket ['haɪpəˌmɑ:kɪt] *s* stormarknad
hypersensitive ['haɪpə'sensɪtɪv] *a* överkänslig; lättstött
hypersonic ['haɪpə'sɒnɪk] *a* hypersonisk mer än fem gånger ljudhastigheten [*~ speed*]
hypertension ['haɪpə'tenʃən] *s* fysiol. för högt blodtryck, hypertoni
hyphen ['haɪfən] *s* bindestreck
hyphenate ['haɪfəneɪt] *tr* skriva med bindestreck, sätta bindestreck mellan
hypnosis [hɪp'nəusɪs] *s* hypnos
hypnotic [hɪp'nɒtɪk] *a* hypnotisk äv. friare
hypnotism ['hɪpnətɪzəm] *s* **1** hypnotism **2** hypnos
hypnotist ['hɪpnətɪst] *s* hypnotisör
hypnotize ['hɪpnətaɪz] *tr* hypnotisera
hypo ['haɪpəu] *s* fam. (fotogr.) fixernatron, fixersalt
hypochondria [ˌhaɪpəu'kɒndrɪə] *s* läk. hypokondri, inbillningssjuka
hypochondriac [ˌhaɪpəu'kɒndrɪæk] **I** *s* hypokonder, inbillningssjuk människa **II** *a* hypokondrisk, inbillningssjuk, tungsint
hypocrisy [hɪ'pɒkrəsɪ] *s* hyckleri, skenhelighet
hypocrite ['hɪpəkrɪt] *s* hycklare, skenhelig person, skrymtare
hypocritical [ˌhɪpəu'krɪtɪkəl] *a* hycklande, skenhelig
hypodermic [ˌhaɪpəu'dɜ:mɪk] **I** *a* införd under huden; subkutan [*~ injection*]; *~ syringe (needle)* injektionsspruta, injektionsnål **II** *s* spruta insprutning under huden
hypotenuse [haɪ'pɒtənju:z] *s* geom. hypotenusa
hypothes|is [haɪ'pɒθəs|ɪs] (pl. *-es* [-i:z]) *s* hypotes, antagande, tankeexperiment; *working ~* arbetshypotes
hypothetical [ˌhaɪpəu'θetɪkəl] *a* hypotetisk
hyssop ['hɪsəp] *s* bot. isop
hysteria [hɪs'tɪərɪə] *s* hysteri
hysterical [hɪs'terɪkəl] *a* hysterisk
hysterics [hɪs'terɪks] (konstr. vanl. ss. sg.) *s* hysteri; *go into ~* få ett hysteriskt anfall
Hz förk. för *hertz*

I

I, i [aɪ] (pl. *I's, i's* [aɪz]) *s* I, i
I [aɪ] (objektsform *me*) *pers pron* jag
iambic [aɪ'æmbɪk] **I** *a* jambisk **II** *s,* vanl. pl.

~s jambisk vers
Ian [ɪən, 'iːən]
Iberian [aɪ'bɪərɪən] *a* iberisk; *the ~ Peninsula* Pyreneiska (Iberiska) halvön
ibex ['aɪbeks] *s* zool. stenbock
ibid. förk. för *ibidem*
ibidem [ɪ'baɪdem, 'ɪbɪdem] *adv* (lat.) ibidem på samma ställe (sida)
ibis ['aɪbɪs] *s* zool. ibis[fågel]
IBM ['aɪbiː'em] förk. för *International Business Machines* IBM
ICBM [ˌaɪ'siːˌbiː'em] förk. för *Intercontinental Ballistic Missile* interkontinental [ballistisk] robot
ice [aɪs] **I** *s* **1** is; *dry ~* kolsyresnö, torris; *break the ~* bryta isen äv. bildl.; *cut no (little) ~* fam. inte göra något intryck [*with* på]; *on ~* fam. på is [*let's put* (lägga) *that question on ~*]; *be (tread, skate) on thin ~* bildl. vara ute på hal is **2** glass; *an ~* en glass **3** isht Am. sl. istapp[ar], glitter diamanter, juveler **II** *tr* **1** lägga på is, iskyla, isa drycker; *~d coffee* iskaffe; *~d water* isvatten, iskylt vatten **2** *~* [*over*] täcka (belägga) med is, isbelägga [*the pond was ~d over*]; *~d up* överisad **3** isa, förvandla till is **4** glasera [*~ cakes*] **III** *itr* **1** *~* [*over*] frysa till [*the pond ~d over*] **2** *~ up* bli nedisad, frysa
ice-age ['aɪseɪdʒ] *s* istid
ice-bag ['aɪsbæg] *s* isblåsa
iceberg ['aɪsbɜːg] *s* **1** isberg; *~ lettuce* isbergssallad; *the tip of the ~* bildl. toppen av isberget ytan av ett stort problem e. d. **2** bildl. isbit, känslokall person
ice-bound ['aɪsbaʊnd] *a* isblockerad, tillfrusen [*an ~ harbour*]; fastfrusen [*an ~ ship*]
icebox ['aɪsbɒks] *s* isskåp, Am. äv. kylskåp
ice-breaker ['aɪsˌbreɪkə] *s* isbrytare
ice-cap ['aɪskæp] *s* iskalott, istäcke
ice-cream ['aɪs'kriːm] *s* glass
ice-cube ['aɪskjuːb] *s* iskub, istärning, isbit
ice-floe ['aɪsfləʊ] *s* isflak
ice-hockey ['aɪsˌhɒkɪ] *s* ishockey
Iceland ['aɪslənd] Island
Icelander ['aɪsləndə] *s* isländning
Icelandic [aɪs'lændɪk] **I** *a* isländsk **II** *s* isländska [språket]
ice-lolly ['aɪsˌlɒlɪ] *s* isglass[pinne]
iceman ['aɪsmæn] *s* Am. ishandlare, iskarl, isutkörare
ice-pack ['aɪspæk] *s* **1** packisfält **2** isblåsa
ice-pail ['aɪspeɪl] *s* ishink, [vin]kylare
ice-pick ['aɪspɪk] *s* isklyvare
ice-rink ['aɪsrɪŋk] *s* skridskobana, isrink
ice-skate ['aɪsskeɪt] *itr* åka skridsko[r]
ice-tray ['aɪstreɪ] *s* islåda i kylskåp för iskuber
I.C.I. ['aɪsiː'aɪ] förk. för *Imperial Chemical Industries*
icicle ['aɪsɪkl] *s* istapp, ispigg
icily ['aɪsɪlɪ] *adv* isande, iskallt
iciness ['aɪsɪnəs] *s* iskyla, isande köld äv. bildl.
icing ['aɪsɪŋ] *s* **1** nedisning isht flyg. [äv. *~ down*], isbildning **2** glasyr på bakverk **3** *~ sugar* pudersocker **4** i ishockey icing
icon ['aɪkɒn] *s* kyrkl. ikon
iconoclasm [aɪ'kɒnəʊklæzəm] *s* bildstorm[ande], bildstormeri
iconoclast [aɪ'kɒnəʊklæst] *s* bildstormare, ikonoklast
icy ['aɪsɪ] *a* **1** iskall, isig, bitande kall **2** isig [*~ roads*] **3** bildl. iskall [*in an ~ tone*]
ID ['aɪ'diː] förk. för *identity*; *~ card* ID-kort
I'd [aɪd] = *I had*; *I would, I should*
Ida ['aɪdə]
Idaho ['aɪdəhəʊ]
idea [aɪ'dɪə] *s* idé; begrepp, föreställning, uppfattning; mening, avsikt; påhitt; uppslag; aning, begrepp [*I have no ~ what happened*]; *the very ~ makes me sick* bara tanken äcklar mig; *that's the ~!* just det, ja!; *what's the big ~?* vad är meningen med det här?; [*a cup of tea*] *would not be a bad ~* . . skulle inte vara [så] dumt; *that's only your ~* det är bara som du tror; *don't* [*you*] *get ~s into your head!* inbilla dig ingenting!; *have an ~ that . .* ana att . .; *I have no ~* det har jag ingen aning om
ideal [aɪ'dɪəl] **I** *a* **1** idealisk, önske- [*~ weather*] **2** inbillad; utopisk **II** *s* ideal
idealism [aɪ'dɪəlɪzəm] *s* idealism
idealist [aɪ'dɪəlɪst] *s* idealist
idealistic [aɪˌdɪə'lɪstɪk] *a* idealistisk
idealize [aɪ'dɪəlaɪz] *tr* idealisera, framställa som [ett] ideal
identical [aɪ'dentɪkəl] *a* **1** identisk [*with* med], identiskt lik, likvärdig [*with* med], likalydande [*in two ~ copies*]; *~ twins* enäggstvillingar **2** *the ~* precis samma
identification [aɪˌdentɪfɪ'keɪʃən] *s* identifiering, identifikation; igenkännande; uppgående, inlevelse [*with* i]; *~ mark* igenkänningstecken; *~ papers* legitimationspapper, identitetspapper; *~ parade* konfrontation för att identifiera en misstänkt
identify [aɪ'dentɪfaɪ] **I** *tr* **1** identifiera **2** *~ o.s. with* identifiera sig med, ansluta sig till, associera sig med [*~ o.s. with a party* (*a policy*)], gå upp i, fördjupa sig i [*~ o.s. with a subject*]; leva sig in i [*~ o.s. with a part* (en roll)] **3** *~ o.s.* legitimera sig **II** *itr, ~ with* identifiera sig med
identikit [aɪ'dentɪkɪt] *s* 'identikit' konstruerad identifieringsbild
identity [aɪ'dentətɪ] *s* identitet äv. mat.; *~ card* identitetskort, legitimationskort; *~ disc* mil. identitetsbricka, dödsbricka; *~ papers* legitimationspapper, identitetspapper; *mistaken ~* se *mistaken II 2*

ideological [ˌaɪdɪə'lɒdʒɪkəl] *a* ideologisk
ideology [ˌaɪdɪ'ɒlədʒɪ] *s* ideologi
Ides o. **ides** [aɪdz] *s* (lat.) idus; *the ~ of March* den 15 mars
idiocy ['ɪdɪəsɪ] *s* idioti[sm]
idiom ['ɪdɪəm] *s* **1** idiom, språk **2** idiomatiskt uttryck; språkegenhet
idiomatic [ˌɪdɪə'mætɪk] *a* idiomatisk
idiosyncrasy [ˌɪdɪə'sɪŋkrəsɪ] *s* egenhet; karakteristiskt drag (uttryckssätt)
idiot ['ɪdɪət, 'ɪdjət] *s* idiot; dumbom
idiotic [ˌɪdɪ'ɒtɪk] *a* idiotisk, dåraktig
idle ['aɪdl] **I** *a* **1** sysslolös, overksam, ledig; oanvänd; *~ amusement* tidsfördriv **2** tekn. stillastående; på tomgång; *be* (*lie*) *~* stå stilla, vara ur drift **3** lat, lättjefull **4** gagnlös, fåfäng, fruktlös [*~ speculations*]; *~ gossip* löst skvaller; *an ~ threat* ett tomt hot **II** *itr* **1** lata sig, slöa **2** tekn. gå på tomgång **III** *tr, ~* [*away*] slösa bort [*don't ~ away your time*]
idler ['aɪdlə] *s* dagdrivare; lätting
idling ['aɪdlɪŋ] *s* tekn., *~* [*speed*] tomgång
idly ['aɪdlɪ] *adv* sysslolöst etc., jfr *idle I*
idol ['aɪdl] *s* **1** avgud; avgudabild **2** bildl. avgud, idol
idolatrous [aɪ'dɒlətrəs] *a* **1** avgudadyrkande, avgudisk **2** bildl. blint beundrande
idolatry [aɪ'dɒlətrɪ] *s* **1** avgudadyrkan **2** bildl. måttlös beundran
idolization [ˌaɪdəʊlaɪ'zeɪʃən] *s* avgudadyrkan; dyrkan
idolize ['aɪdəʊlaɪz] *tr* avguda; dyrka
idyl[l] ['ɪdɪl] *s* idyll
idyllic [aɪ'dɪlɪk, ɪ'd-] *a* idyllisk
i.e. ['aɪ'iː, 'ðæt'ɪz] förk. för *id est* (lat.) = *that is* dvs.
if [ɪf] **I** *konj* **1** om, ifall [att], såvida; om . . så [*I'll do it ~ it kills me* (ska bli min död)*!*]; *as ~* som om; *as ~ to* liksom för att; *it isn't as ~ he doesn't know the rules* det är inte så att han inte kan reglerna; *even ~* även (till och med) om; *~ not* a) om inte b) annars [*leave him alone; ~ not I'll . .*]; *~ anything* snarare [*conditions had ~ anything worsened*]; *~ only* om bara; *~ only to* om inte annat så för att; *~ so* i så fall; *it weighs two pounds ~ it weighs an ounce* den väger två [skål]pund så säkert som aldrig det; *well, ~ it isn't John!* ser man på, är det inte John?; *~ it had not been for him* om inte han hade varit; *~ that* om ens det [*it will take three hours, ~ that*] **2** om, ifall, huruvida; *I doubt ~ he will come* jag tvivlar på att han kommer **II** *s* villkor, förbehåll [*there are many ~s in the contract*]; *without ~s and ands* utan om och men
igloo ['ɪgluː] *s* iglo[o] snöhydda
ignite [ɪg'naɪt] **I** *tr* [an]tända, sätta eld på **II** *itr* tändas, fatta eld
ignition [ɪg'nɪʃən] *s* tändning, antändning; brand; tändningslås; *~ coil* tändspole; *~ key* tändningsnyckel, startnyckel
ignoble [ɪg'nəʊbl] *a* gemen [*an ~ action*], simpel, tarvlig, skamlig
ignominious [ˌɪgnəʊ'mɪnɪəs] *a* skymflig [*an ~ defeat*], skändlig; nedrig
ignominy ['ɪgnəmɪnɪ] *s* vanära, skam
ignoramus [ˌɪgnə'reɪməs] *s* dumhuvud
ignorance ['ɪgnərəns] *s* okunnighet [*in ~ of* (om) *the facts*], ovetskap [*of* om]
ignorant ['ɪgnərənt] *a* okunnig, ovetande [*of* om]
ignore [ɪg'nɔː] *tr* ignorera, inte ta någon notis om (hänsyn till); inte bry sig om
iguana [ɪ'gwɑːnə] *s* leguan amerikansk ödla
ikon ['aɪkɒn] *s* se *icon*
ilex ['aɪleks] *s* bot. kristtorn, järnek
I'll [aɪl] = *I will, I shall*
ill [ɪl] **I** (*worse worst*) *a* **1** mest pred. sjuk, dålig [*feel ~*]; *be ~* vara sjuk; *be taken ~, fall ~* bli sjuk, insjukna [*with the flu* i influensa] **2** dålig klandervärd; *~ fame* (*repute*) dåligt rykte, vanrykte **3** illvillig, dålig [*~ humour* (*temper*)] **4** om sak olycklig, ofördelaktig; dålig [*an ~ omen*]; *~ fortune* olycka, otur; *have ~ luck* ha otur; *it's an ~ wind that blows nobody any good* det finns inget ont som inte har något gott med sig **II** *s* **1** ont **2** skada; *do ~* göra illa (orätt) **3** vanl. pl. *~s* motgångar [*the ~s of life*], missförhållanden [*social ~s*] **III** (*worse worst*) *adv* **1** illa; *go ~ with* gå illa för; *speak ~ of* tala illa om **2** litt. svårligen, knappast [*I can ~ afford it*]
ill-advised ['ɪləd'vaɪzd] *a* oklok, oförnuftig [*an ~ step* (*measure*)]
ill-assorted ['ɪlə'sɔːtɪd] *a, an ~ couple* ett omaka par
ill-behaved ['ɪlbɪ'heɪvd] *a* ohyfsad
ill-bred ['ɪl'bred] *a* ouppfostrad, obelevad
ill-breeding ['ɪl'briːdɪŋ] *s* dålig uppfostran
ill-concealed ['ɪlkən'siːld] *a* illa dold
ill-considered ['ɪlkən'sɪdəd] *a* mindre välbetänkt, obetänksam
illegal [ɪ'liːgəl] *a* illegal, olaglig, lagstridig
illegality [ˌɪlɪ'gælətɪ] *s* olaglighet
illegibility [ɪˌledʒə'bɪlətɪ] *s* osläslighet
illegible [ɪ'ledʒəbl] *a* oläslig, oläsbar
illegitimacy [ˌɪlɪ'dʒɪtɪməsɪ] *s* **1** utomäktenskaplig börd **2** olaglighet etc., jfr *illegitimate I*
illegitimate [ˌɪlɪ'dʒɪtɪmət] **I** *a* **1** illegitim, olaglig [*an ~ action*], orättmätig **2** utomäktenskaplig [*an ~ child*] **II** *s* utomäktenskapligt (illegitimt) barn
ill-fated ['ɪl'feɪtɪd] *a* **1** olycklig, olycksalig [*an ~ voyage*], olycksförföljd [*an ~ ship*] **2** olycksbringande
ill-feeling ['ɪl'fiːlɪŋ] *s* agg, groll; avoghet
ill-gotten ['ɪl'gɒtn] *a* orättfången; se äv.

gain I 2 ex.
illiberal [ɪ'lɪbərəl] *a* **1** okultiverad **2** trångbröstad, inskränkt **3** knusslig, snål
illicit [ɪ'lɪsɪt] *a* olovlig, olaglig; smyg- [~ *trade*], lönn- [~ *distillery* (bränneri)]
illimitable [ɪ'lɪmɪtəbl] *a* oändlig; gränslös
Illinois [ˌɪlɪ'nɔɪ]
illiteracy [ɪ'lɪtərəsɪ] *s* **1** analfabetism **2** brist på bildning
illiterate [ɪ'lɪtərət] **I** *a* **1** inte läs- och skrivkunnig; ~ *person* analfabet **2** obildad **3** full av språkfel [*an* ~ *letter*] **II** *s* **1** analfabet **2** obildad person
ill-luck ['ɪl'lʌk] *s* olycka, otur; *as* ~ *would have it* olyckligtvis
ill-mannered ['ɪl'mænəd] *a* ohyfsad
ill-natured ['ɪl'neɪtʃəd] *a* elak, ondskefull
illness ['ɪlnəs] *s* sjukdom
illogical [ɪ'lɒdʒɪkəl] *a* ologisk
ill-tempered ['ɪl'tempəd] *a* elak; butter
ill-timed ['ɪl'taɪmd] *a* oläglig, olämplig; illa beräknad; malplacerad [~ *jokes*]
ill-treat ['ɪl'tri:t] *tr* misshandla
ill-treatment ['ɪl'tri:tmənt] *s* misshandel
illuminate [ɪ'lju:mɪneɪt, ɪ'lu:-] *tr* **1** upplysa [*poorly* ~*d rooms*], belysa **2** illuminera; ~*d advertisement* (*sign*) ljusreklam
illumination [ɪˌlju:mɪ'neɪʃən, ɪˌlu:-] *s* **1** upplysning, belysning **2** vanl. pl. ~*s* illuminering[ar], illumination[er]
illusion [ɪ'lu:ʒən, ɪ'lju:-] *s* **1** illusion, inbillning[sfoster], fantasifoster; *cherish* (*entertain*) *no* ~*s about* inte göra sig några illusioner om **2** [sinnes]villa; *optical* ~ synvilla
illusionist [ɪ'lu:ʒənɪst, ɪ'lju:-] *s* illusionist, trollkonstnär
illusive [ɪ'lu:sɪv, ɪ'lju:-] *a* o. **illusory** [ɪ'lu:sərɪ, ɪ'lju:-] *a* illusorisk, bedräglig
illustrate ['ɪləstreɪt] *tr* illustrera, belysa, förtydliga, åskådliggöra
illustration [ˌɪləs'treɪʃən] *s* illustration, belysning genom exempel o. d.; bild; *by way of* ~ som ett belysande exempel; exempelvis
illustrative ['ɪləstrətɪv, -streɪt-] *a* belysande [*an* ~ *anecdote*], illustrativ
illustrator ['ɪləstreɪtə] *s* illustratör
illustrious [ɪ'lʌstrɪəs] *a* lysande [*an* ~ *career*], [vida] berömd, frejdad [~ *heroes*]
ill-will ['ɪl'wɪl] *s* illvilja, agg
ILO ['aɪel'əʊ] förk. för *International Labour Office, International Labour Organization*
I'm [aɪm] = *I am*
image ['ɪmɪdʒ] **I** *s* **1** [avguda]bild, beläte **2** opt. bild, spegelbild [äv. *reflected* ~] **3** avbild äv. bibl.; *he is the very* (*spitting*) ~ *of his father* han är sin far upp i dagen **4** språklig bild [*speak in* ~*s*], metafor, liknelse **5** image, profil, framtoning **II** *tr* avbilda
imagery ['ɪmɪdʒərɪ] *s* bildspråk
imaginable [ɪ'mædʒɪnəbl] *a* tänkbar, som tänkas kan, som man kan tänka sig
imaginary [ɪ'mædʒɪnərɪ] *a* inbillad [~ *dangers*], inbillnings- [~ *illness*]
imagination [ɪˌmædʒɪ'neɪʃən] *s* **1** fantasi **2** inbillning [*it is only* ~], föreställning; *that's only your* ~ det är bara som du tror
imaginative [ɪ'mædʒɪnətɪv] *a* fantasirik, fantasifull; fantasi-
imaginativeness [ɪ'mædʒɪnətɪvnəs] *s* fantasirikedom, uppfinningsförmåga
imagine [ɪ'mædʒɪn] *tr* **1** föreställa sig, tänka sig; [*just*] ~*!* kan man tänka sig! **2** gissa, misstänka, tro [*I* ~ *it will rain*] **3** inbilla sig
imbalance [ɪm'bæləns] *s* obalans, bristande balans
imbecile ['ɪmbəsi:l] **I** *a* imbecill; idiotisk **II** *s* imbecill [person]; idiot
imbecility [ˌɪmbə'sɪlətɪ] *s* imbecillitet; dåraktighet
imbibe [ɪm'baɪb] *tr* **1** suga upp, suga åt (till) sig, suga in **2** bildl. insupa, suga in, suga i sig [~ *knowledge*] **3** skämts. dricka
imbue [ɪm'bju:] *tr* genomsyra, uppfylla [~*d with* (av) *hatred*]; ~ *a p. with courage* inge ngn mod
imitate ['ɪmɪteɪt] *tr* efterlikna, efterapa; härma, imitera
imitation [ˌɪmɪ'teɪʃən] *s* **1** efterbildning, efterapning, imitation äv. konkr., [efter]härmning **2** attr. oäkta, imiterad [~ *tortoise-shell*], falsk, konst- [~ *leather*]
imitative ['ɪmɪtətɪv] *a* efterliknande, efterhärmande, imitativ
imitator ['ɪmɪteɪtə] *s* imitatör, efterbildare, härmare
immaculate [ɪ'mækjʊlət] *a* obefläckad, fläckfri, felfri, ren; oklanderlig; *the I~ Conception* den obefläckade avlelsen
immaterial [ˌɪmə'tɪərɪəl] *a* **1** oväsentlig, utan betydelse [*that is quite* ~ *to* (för) *me*] **2** immateriell, okroppslig
immature [ˌɪmə'tjʊə] *a* vanl. bildl. omogen
immaturity [ˌɪmə'tjʊərətɪ] *s* omogenhet
immeasurable [ɪ'meʒərəbl] *a* omätlig, oöverskådlig [~ *damage*]; gränslös
immediacy [ɪ'mi:djəsɪ] *s* **1** omedelbarhet **2** aktualitet [*these topics have lost their* ~]
immediate [ɪ'mi:djət] *a* **1** omedelbar, omgående; överhängande [*in* ~ *danger*]; *in the* ~ *future* inom den närmaste [fram]tiden **2** närmaste [*the* ~ *heir to the throne*]
immediately [ɪ'mi:djətlɪ] **I** *adv* **1** omedelbart, omgående **2** närmast, omedelbart [*the time* ~ *before the war*]; direkt [*be* ~ *affected by the strike*] **II** *konj* så snart [som]
immemorial [ˌɪmɪ'mɔ:rɪəl] *a* uråldrig [~ *privileges*]; *from time* ~ från urminnes tid
immense [ɪ'mens] *a* ofantlig, enorm, oerhörd, väldig; utomordentlig
immensity [ɪ'mensətɪ] *s* väldig omfattning

[*the* ~ *of the disaster*]; omätlighet; ofantlighet; oerhörd (väldig) mängd (massa)
immerse [ɪ'mɜ:s] *tr* **1** sänka ner [*in*[*to*] i isht en vätska], doppa [ner]; döpa genom nedsänkande i vatten **2** bildl.: ~ *o.s. in* fördjupa sig i
immersion [ɪ'mɜ:ʃən] *s* **1** nedsänkning, neddoppning; dop genom nedsänkning i vatten; ~ *heater* doppvärmare **2** bildl. upptagenhet [*in* av], uppgående [*in* i]
immigrant ['ɪmɪgrənt] *s* immigrant, invandrare
immigrate ['ɪmɪgreɪt] *itr* immigrera, invandra [*into* till]
immigration [ˌɪmɪ'greɪʃən] *s* immigration, invandring
imminence ['ɪmɪnəns] *s* hotande närhet [*the* ~ *of war*], överhängande fara [*of* för]
imminent ['ɪmɪnənt] *a* hotande, överhängande [*an* ~ *danger*], nära förestående
immobile [ɪ'məʊbaɪl] *a* orörlig
immobility [ˌɪməʊ'bɪlətɪ] *s* orörlighet
immobilize [ɪ'məʊbɪlaɪz] *tr* göra orörlig; immobilisera
immoderate [ɪ'mɒdərət] *a* omåttlig, måttlös [~ *eating*], hejdlös
immodest [ɪ'mɒdɪst] *a* **1** oblyg, oförskämd [~ *claims*] **2** oanständig [~ *dress*]
immolate ['ɪməʊleɪt] *tr* slakta (döda) till offer, offra
immolation [ˌɪməʊ'leɪʃən] *s* [upp]offrande, offer äv. bildl.
immoral [ɪ'mɒrəl] *a* omoralisk; osedlig
immorality [ˌɪmə'rælətɪ] *s* omoral; osedlighet
immortal [ɪ'mɔ:tl] *a* odödlig, oförgänglig
immortality [ˌɪmɔ:'tælətɪ] *s* odödlighet
immortalize [ɪ'mɔ:təlaɪz] *tr* odödliggöra, föreviga
immovable [ɪ'mu:vəbl] *a* orörlig, orubblig; ~ *feasts* kyrkl. fasta helgdagar
immune [ɪ'mju:n] *a* immun [*from, against* mot]; okänslig, oemottaglig [*he is* ~ *to flattery*]; skyddad [*from, against* mot]
immunity [ɪ'mju:nətɪ] *s* **1** läk. immunitet [*from, against* mot] **2** a) parl., dipl. immunitet b) befrielse [~ *from taxation*]
immunize ['ɪmjunaɪz] *tr* läk. immunisera, skyddsympa, vaccinera [*against* mot]
immunology [ˌɪmju'nɒlədʒɪ] *s* läk. immunologi, immunitetslära
immure [ɪ'mjʊə] *tr* stänga in, spärra in
imp [ɪmp] *s* **1** smådjävul **2** [bus]frö
imp. förk. för *imperative, imperfect, imperial*
impact ['ɪmpækt] *s* **1** stöt [*against, on* mot]; sammanstötning; nedslag [*point of* ~]; kraft [*the* ~ *of the blow*] **2** inverkan [*the* ~ *of science* [*up*]*on society*], verkan, inflytande, effekt; intryck [*the speech made little* ~ *on him*]
impair [ɪm'peə] *tr* försämra, skada [~ *o.'s health*]; försvaga, minska; *have* ~*ed hearing* ha nedsatt hörsel
impairment [ɪm'peəmənt] *s* försämring; försvagning
impale [ɪm'peɪl] *tr* spetsa på en påle
impart [ɪm'pɑ:t] *tr* **1** ge, skänka, förläna [~ *authority to*]; överföra [*motion is* ~*ed to the wheels*] **2** meddela, vidarebefordra
impartial [ɪm'pɑ:ʃəl] *a* opartisk
impartiality ['ɪmˌpɑ:ʃɪ'ælətɪ] *s* opartiskhet
impassable [ɪm'pɑ:səbl] *a* oframkomlig, ofarbar [~ *roads*]; oöverstiglig [~ *mountains*]
impasse [æm'pɑ:s] *s* återvändsgränd isht bildl., dödläge
impassioned [ɪm'pæʃənd] *a* lidelsefull, passionerad
impassive [ɪm'pæsɪv] *a* känslolös; uttryckslös [*an* ~ *face*]; lugn, oberörd
impassivity [ˌɪmpæ'sɪvətɪ] *s* känslolöshet etc., jfr föreg.
impatience [ɪm'peɪʃəns] *s* otålighet
impatient [ɪm'peɪʃənt] *a* otålig; ~ *at* otålig över; ~ *for* otålig efter, otålig att få [~ *for the result*]; ~ *with a p.* otålig på ngn
impeach [ɪm'pi:tʃ] *tr* **1** ifrågasätta **2** jur. anklaga, åtala isht ämbetsman **3** jur. ställa inför riksrätt åtala inför amerikanska senaten
impeachment [ɪm'pi:tʃmənt] *s* **1** ifrågasättande; nedsättande **2** anklagelse **3** riksrättsåtal, riksrättsprocess, jfr *impeach 3*
impeccable [ɪm'pekəbl] *a* oklanderlig [~ *manners,* ~ *clothes*], otadlig [~ *character*]
impecunious [ˌɪmpɪ'kju:njəs] *a* medellös, obemedlad
impedance [ɪm'pi:dəns] *s* elektr. impedans
impede [ɪm'pi:d] *tr* hindra, hämma, hejda
impediment [ɪm'pedɪmənt] *s* hinder, avbräck [*to* för]; förhinder; äktenskapshinder; ~ *of* (*in o.'s*) *speech* talfel
impel [ɪm'pel] *tr* **1** driva [*he had been* ~*led to crime by poverty*], förmå, egga, aktivera [~ *a p. to greater efforts*] **2** [fram]driva
impending [ɪm'pendɪŋ] *a* överhängande, hotande [~ *danger*]; annalkande
impenetrability [ɪmˌpenɪtrə'bɪlətɪ] *s* ogenomtränglighet etc., jfr *impenetrable*
impenetrable [ɪm'penɪtrəbl] *a* **1** ogenomtränglig [*to, by* för; ~ *darkness*] **2** bildl. ogenomtränglig [*an* ~ *mystery*], outgrundlig; otillgänglig
impenitent [ɪm'penɪtənt] *a* obotfärdig
imperative [ɪm'perətɪv] *a* **1** absolut nödvändig [*it is* ~ *that he should come*], tvingande [*an* ~ *necessity*] **2** bjudande, befallande [*an* ~ *gesture*] **3** gram. imperativ; *the* ~ *mood* imperativ[en]
imperceptible [ˌɪmpə'septəbl] *a* oförnimbar; omärklig, omärkbar [*to* för]; *by* ~

degrees omärkligt

imperfect [ɪm'pɜ:fɪkt] **I** *a* **1** ofullständig **2** ofullkomlig, bristfällig **3** gram. imperfektiv[isk]; progressiv form **II** *s* gram. progressiv form isht i imperfektum

imperfection [ˌɪmpə'fekʃən] *s* **1** ofullständighet **2** ofullkomlighet; bristfällighet, defekt, skavank; skönhetsfel

imperial [ɪm'pɪərɪəl] **I** *a* **1** kejserlig [*His I~ Majesty*], kejsar- [*~ crown*] **2** hist. som gäller [brittiska] imperiet, imperie- [*~ trade*] **3** brittisk standard- [*~ weights and measures*]; *~ gallon* se *gallon* **4** bildl. majestätisk **II** *s* pipskägg à la Napoleon III

imperialism [ɪm'pɪərɪəlɪzəm] *s* imperialism

imperialistic [ɪmˌpɪərɪə'lɪstɪk] *a* imperialistisk

imperil [ɪm'perəl] *tr* litt. äventyra, riskera

imperious [ɪm'pɪərɪəs] *a* befallande [*~ looks* (min)], högdragen; övermodig

imperishable [ɪm'perɪʃəbl] *a* oförgänglig, odödlig [*~ glory*]

impermanent [ɪm'pɜ:mənənt] *a* obeständig, övergående

impermeable [ɪm'pɜ:mjəbl] *a* ogenomtränglig; *~ to water* vattentät

impersonal [ɪm'pɜ:sənl] *a* opersonlig äv. gram.

impersonate [ɪm'pɜ:səneɪt] *tr* **1** imitera [*~ famous people*] **2** personifiera, representera **3** framställa, gestalta [*he has ~d Hamlet on the stage*]

impersonation [ɪmˌpɜ:sə'neɪʃən] *s* **1** imitation [*~s of famous people*] **2** personifiering **3** gestaltning [*his ~ of Hamlet*]

impersonator [ɪm'pɜ:səneɪtə] *s* imitatör

impertinence [ɪm'pɜ:tɪnəns] *s* **1** näsvishet; oförskämdhet **2** brist på relevans

impertinent [ɪm'pɜ:tɪnənt] *a* **1** näsvis; oförskämd **2** irrelevant

imperturbability ['ɪmpəˌtɜ:bə'bɪlətɪ] *s* orubblighet; orubbligt lugn

imperturbable [ˌɪmpə'tɜ:bəbl] *a* orubblig; orubbligt lugn

impervious [ɪm'pɜ:vjəs] *a* **1** ogenomtränglig, oframkomlig; *~ to water* vattentät **2** oemottaglig [*~ to* (för) *reason*]

impetigo [ˌɪmpɪ'taɪgəʊ] *s* impetigo slags hudutslag

impetuosity [ɪmˌpetjʊ'ɒsətɪ] *s* häftighet

impetuous [ɪm'petjʊəs] *a* häftig, våldsam

impetus ['ɪmpɪtəs] *s* **1** rörelseenergi, fart; *with great ~* med våldsam kraft **2** bildl., *give an ~ to* sätta fart på (i)

impiety [ɪm'paɪətɪ] *s* ogudaktighet

impinge [ɪm'pɪndʒ] *itr* **1** stöta, falla, slå [[*up*]*on, against* mot] **2** bildl., *~* [*up*]*on* göra intryck på, påverka **3** inkräkta [*on* på]

impious ['ɪmpɪəs] *a* ogudaktig, gudlös

impish ['ɪmpɪʃ] *a* okynnig, småjäklig

implacable [ɪm'plækəbl] *a* oförsonlig [*an ~ enemy, ~ hatred*], obeveklig

implant [ɪm'plɑ:nt] *tr* inplanta [*~ ideas in a p.*], inympa [*~ good habits in children*], inprägla, inskärpa [*in a p.* hos ngn]

implausible [ɪm'plɔ:zəbl] *a* osannolik

implement [ss. sb. 'ɪmplɪmənt, ss. vb -ment] **I** *s* verktyg, redskap, tillbehör **II** *tr* realisera, genomföra, förverkliga [*~ a plan*], fullgöra, uppfylla [*~ a promise*]

implementation [ˌɪmplɪmen'teɪʃən] *s* realiserande etc., jfr *implement II*

implicate ['ɪmplɪkeɪt] *tr* blanda in [*~ a p. in a crime*], dra in [*~ officials in a scandal*]; *be ~d in* äv. bli invecklad i

implication [ˌɪmplɪ'keɪʃən] *s* **1** inblandning, delaktighet [*~ in a conspiracy*] **2** innefattande, inbegripande; innebörd; [naturlig] slutsats (följd), konsekvens[er]; implikation; *by ~* underförstått

implicit [ɪm'plɪsɪt] *a* **1** underförstådd [*an ~ threat*], implicit; tyst [*an ~ agreement*], stillatigande **2** obetingad, blind [*~ faith*]

implicitly [ɪm'plɪsɪtlɪ] *adv* underförstått etc., jfr *implicit*; i förtäckta ordalag

implied [ɪm'plaɪd] *a* underförstådd [*an ~ compliment*], indirekt

implore [ɪm'plɔ:] **I** *tr* bönfalla, enträget be, tigga och be [*a p. to do a th.*; *for* om] **II** *itr* bönfalla etc., jfr *I*; *~ for mercy* tigga om nåd

imply [ɪm'plaɪ] *tr* (jfr *implied*) **1** innebära, inbegripa, medföra, föra med sig; förutsätta **2** antyda, vilja göra gällande

impolite [ˌɪmpə'laɪt] *a* oartig, ohövlig, ohyfsad

impolitic [ɪm'pɒlətɪk] *a* oklok, oförståndig

imponderable [ɪm'pɒndərəbl] **I** *a* ovägbar; ouppskattbar **II** *s*, vanl. pl. *~s* imponderabilia obestämbara faktorer

import [ss. sb. 'ɪmpɔ:t, ss. vb ɪm'pɔ:t] **I** *s* **1** import, attr. import- [*~ duty* (tull)], införsel; vanl. pl. *~s* importvaror, -artiklar; import[en] [*the ~s exceed the exports*] **2** innebörd, betydelse, mening **3** vikt, betydelse [*questions of great ~*] **II** *tr* **1** importera, föra in [*into* till] **2** innebära, beteckna

importance [ɪm'pɔ:təns] *s* vikt, betydelse; *attach* [*great*] *~ to* lägga (fästa) [stor] vikt vid, fästa [stort] avseende vid

important [ɪm'pɔ:tənt] *a* viktig, väsentlig, betydelsefull, betydande [*an ~ person*]

importantly [ɪm'pɔ:təntlɪ] *adv* **1** viktigt nog **2** huvudsakligen, i första hand

importation [ˌɪmpɔ:'teɪʃən] *s* import[erande]

importer [ɪm'pɔ:tə] *s* importör

importunate [ɪm'pɔ:tjʊnət] *a* efterhängsen [*~ beggars*]; påträngande

importune [ɪm'pɔ:tju:n] *tr* **1** tigga och be

[*for* om], ligga över (åt, efter) [~ *a p. with requests for* (böner om) *money*], tjata på, besvära **2** om prostituerad antasta

importunity [ˌɪmpɔːˈtjuːnətɪ] *s* efterhängsenhet, enträgenhet

impose [ɪmˈpəuz] **I** *tr* **1** lägga på [~ *taxes*], lägga [~ *a burden* [*up*]*on*]; införa [~ *a speed-limit*]; ~ *a fine* [*up*]*on a p.* döma ngn till böter; ~ *a tax* [*up*]*on* lägga skatt på, beskatta **2** ~ *a th.* [*up*]*on a p.* tvinga (pracka) på ngn ngt **II** *itr*, ~ [*up*]*on*: a) lura, narra [~ *on a p. to do a th.*], dupera, bedra b) utnyttja, begagna sig av [~ [*up*]*on a p.'s credulity*]

imposing [ɪmˈpəuzɪŋ] *a* imponerande; vördnadsbjudande, ståtlig, majestätisk

imposition [ˌɪmpəˈzɪʃən] *s* **1** påläggande [*the* ~ *of new taxes*], införande, påbud **2** pålaga, skatt **3** a) börda, belastning b) skol. straffläxa **4** lurande, bedrägeri

impossibility [ɪmˌpɒsəˈbɪlətɪ] *s* omöjlighet; *ask for -ies* begära det omöjliga

impossible [ɪmˈpɒsəbl] *a* **1** omöjlig, ogörlig **2** fam. outhärdlig [*it's an* ~ *situation!*]

impossibly [ɪmˈpɒsəblɪ] *adv* **1** hopplöst [~ *lazy*] **2** *not* ~ möjligtvis

impostor [ɪmˈpɒstə] *s* bedragare, skojare

imposture [ɪmˈpɒstʃə] *s* bedrägeri, skoj

impotence [ˈɪmpətəns] *s* **1** maktlöshet; oförmåga, kraftlöshet; *reduce to* ~ göra maktlös **2** fysiol. impotens

impotent [ˈɪmpətənt] *a* **1** maktlös, vanmäktig **2** fysiol. impotent

impound [ɪmˈpaund] *tr* beslagta, konfiskera

impoverish [ɪmˈpɒvərɪʃ] *tr* **1** utarma, göra utfattig; *he is* ~*ed* han har blivit utfattig **2** utarma [~ *the soil*]; försämra, försvaga

impoverishment [ɪmˈpɒvərɪʃmənt] *s* utarmande, utarmning; försämring

impracticability [ɪmˌpræktɪkəˈbɪlətɪ] *s* ogenomförbarhet etc., jfr följ.

impracticable [ɪmˈpræktɪkəbl] *a* **1** ogenomförbar [*an* ~ *plan*], outförbar, ogörlig; oanvändbar [*an* ~ *method*] **2** ofarbar, oframkomlig

impractical [ɪmˈpræktɪkəl] *a* **1** opraktisk **2** = *impracticable*

impracticality [ˈɪmˌpræktɪˈkælətɪ] *s* **1** opraktiskhet **2** ogenomförbarhet

imprecate [ˈɪmprɪkeɪt] *tr* **1** nedkalla [~ *curses* (*evil*) [*up*]*on* (över) *a p.*] **2** förbanna

imprecation [ˌɪmprɪˈkeɪʃən] *s* **1** nedkallande av förbannelse (hämnd) **2** förbannelse

imprecise [ˌɪmprɪˈsaɪs] *a* inexakt

impregnable [ɪmˈpregnəbl] *a* **1** ointaglig [*an* ~ *fortress*]; ogenomtränglig [~ *defence*] **2** oövervinnelig; oantastlig

impregnate [ˈɪmpregneɪt] *tr* **1** befrukta äv. bildl. **2** impregnera [~ *wood*]; mätta [*water* ~*d with salt*]; genomdränka

impresario [ˌɪmpreˈsɑːrɪəu] *s* impressario

1 impress [ss. sb. ˈɪmpres, ss. vb ɪmˈpres] **I** *s* avtryck; märke, stämpel, prägel äv. bildl.; *bear the* ~ *of* bära [en] prägel av; *leave an* ~ *on* sätta sin prägel på **II** *tr* **1** a) trycka på, trycka in ett märke o. d. [*in*[*to*] i, *on* på, i]; ~ *a mark on* sätta ett märke på b) stämpla, prägla [*with* med] **2** inprägla, inskärpa en idé o. d. [*on* hos]; ~ *a th.* [*up*]*on o.'s mind* inprägla (inpränta) ngt i minnet **3** göra intryck på, imponera på; ~*ed by* (*with*) imponerad av

2 impress [ɪmˈpres] *tr* tvångsvärva män för flottan el. armén, tvångsmönstra [~ *sailors*]

impression [ɪmˈpreʃən] *s* **1** intryck; verkan **2** intryck, förnimmelse, känsla; *I was under the* ~ *that* jag hade det intrycket (hade för mig) att **3** påtryckning, intryckning av ett märke o. d. **4** märke, spår, stämpel, prägel äv. bildl. **5** tryckning [*a first* ~ *of 5,000 copies*], omtryckning, nytryck

impressionable [ɪmˈpreʃənəbl] *a* mottaglig för intryck

impressionism [ɪmˈpreʃənɪzəm] *s* impressionism

impressionist [ɪmˈpreʃənɪst] *s* impressionist

impressionistic [ɪmˌpreʃəˈnɪstɪk] *a* impressionistisk

impressive [ɪmˈpresɪv] *a* effektfull, verkningsfull, slående, imponerande

imprint [ss. sb. ˈɪmprɪnt, ss. vb ɪmˈprɪnt] **I** *s* **1** avtryck [*the* ~ *of a foot*], intryck, märke, prägel **2** typ., [*publisher's* (*printer's*)] ~ tryckort, tryckår och förläggarens (boktryckarens) namn **II** *tr* **1** trycka på, trycka in, stämpla [*on* på], märka **2** bildl. inprägla, inpränta [~ *a th. on* (*in*) *the memory*]

imprison [ɪmˈprɪzn] *tr* sätta i fängelse, fängsla; hålla fängslad

imprisonment [ɪmˈprɪznmənt] *s* fängslande; fångenskap, frihetsstraff, fängelse[straff]; ~ *for life* livstids fängelse

improbability [ɪmˌprɒbəˈbɪlətɪ] *s* osannolikhet

improbable [ɪmˈprɒbəbl] *a* osannolik

impromptu [ɪmˈprɒmptjuː] **I** *adv* utan förberedelse, oförberett [*speak* ~], [helt] improviserat **II** *s* improvisation; mus. impromptu **III** *a* oförberedd, improviserad

improper [ɪmˈprɒpə] *a* **1** oegentlig; oriktig, felaktig [~ *diagnosis*]; orättmätig; ~ *fraction* mat. oegentligt bråk **2** opassande [~ *conduct*], oanständig [~ *language*]

impropriety [ˌɪmprəˈpraɪətɪ] *s* **1** oegentlighet **2** olämplighet **3** oanständighet

improve [ɪmˈpruːv] **I** *tr* förbättra, [ut]bilda, utveckla [~ *a method*], fullkomna, förkovra; främja; stärka [~ *o.'s health*]; *that did* *not* ~ *matters* det gjorde inte saken bättre **II** *itr* **1** förbättras; gå framåt; ~ *on a th.* förbättra ngt, bättra på (överträffa) ngt [*he* ~*d on his previous record*] **2** repa sig efter sjukdom

improvement [ɪm'pru:vmənt] *s* förbättring etc., jfr *improve*; *it is an* ~ *on* . . den är en förbättring i jämförelse med . .

improvidence [ɪm'prɒvɪdəns] *s* brist på [ekonomiskt] förutseende; slösaktighet

improvident [ɪm'prɒvɪdənt] *a* oförutseende; slösaktig, lättsinnig

improvisation ['ɪmprəvaɪ'zeɪʃən] *s* improvisation

improvise ['ɪmprəvaɪz] **I** *tr* improvisera; *an* ~*d bed* en provisorisk bädd (säng) **II** *itr* improvisera [*on* över]

improviser ['ɪmprəvaɪzə] *s* improvisatör

imprudence [ɪm'pru:dəns] *s* oklokhet

imprudent [ɪm'pru:dənt] *a* oklok, obetänksam

impudence ['ɪmpjʊdəns] *s* oförskämdhet, fräckhet; *none of your* ~*!* var lagom fräck!

impudent ['ɪmpjʊdənt] *a* oförskämd, fräck

impugn [ɪm'pju:n] *tr* ifrågasätta [~ *a p.'s integrity* (hederlighet)], bestrida; jäva

impulse ['ɪmpʌls] *s* **1** stöt; *give an* ~ *to* sätta fart på (i), aktivera **2** impuls, ingivelse, instinkt, lust [*feel an* ~ *to do a th.*]

impulsive [ɪm'pʌlsɪv] *a* **1** impulsiv **2** framdrivande

impunity [ɪm'pju:nətɪ] *s, with* ~ ostraffat

impure [ɪm'pjʊə] *a* oren

impurity [ɪm'pjʊərətɪ] *s* orenhet, förorening

imputation [ˌɪmpjʊ'teɪʃən] *s* tillvitelse, beskyllning [*of* för]

impute [ɪm'pju:t] *tr* tillskriva, tillvita, påbörda [*a th. to a p.* ngn ngt]

in [ɪn] **I** *prep* (se äv. under resp. huvudord, t. ex. *despair, disguise, honour*) **1** uttr. befintlighet: i [~ *a box,* ~ *politics*], på [~ *the fields,* ~ *the street*], vid [*the house is* ~ *a street near the centre*; *he is* ~ *the police*]; *there is something* ~ *it* det ligger någonting i det **2** klädd o. d. i [*dressed* ~ *mourning* (*white*)] **3 a**) i ngns (ngts) väsende (karaktär o. d.) [*there is no great harm* (inte mycket ont) ~ (äv. hos) *him*]; *what's* ~ *a name?* vad betyder väl ett namn? **b**) hos i en författares verk o. d. [~ *Shakespeare*] **4** i tidsuttr. o. d.: **a**) om den period under vilken något sker: i [~ *April*], om el. på [~ *the morning,* ~ [*the*] *summer*]; under [~ *my absence*]; ~ [*the year*] *1980* [år] 1980; ~ *the 18th century* på 1700-talet **b**) om tid som åtgår för något på [*I did it* ~ *five minutes*] **c**) efter (inom) viss tid om [*she will be back* ~ *a month*] **d**) före *ing*-form el. verbalsubstantiv vid [*be careful* ~ *using* (användningen av) *it*]; *she slipped* ~ *crossing the street* hon halkade när (då) hon gick över gatan **5** i uttr. som anger sätt, medel, språk o. d. på, med, i; ~ *earnest* på allvar; ~ *this way* (*manner*) på detta sätt; *written* ~ *pencil* skriven med blyerts; ~ *a loud voice* med hög röst; ~ *a word* med ett ord [sagt] **6** i uttr. som betecknar urval, proportion, antal på [*not one* ~ *a hundred*], till [*seven* ~ *number*] **7** [i anseende] till, i fråga om; *blind* ~ *one eye* blind på ena ögat **8** i uttr. som anger ett tillstånd vid [~ *good health*] **9** angivande avsikt till, som; ~ *memory of* till minne av; ~ *reply to* [*your letter*] som (till) svar på . . **10** särskilda fall: enligt [~ *my opinion*]; under [~ *these circumstances*]; *there is nothing* ~ *it* fam. det är hugget som stucket

II *adv* **1** in [*come* ~]; *day* ~, *day out* dag ut och dag in **2** inne, hemma [*he wasn't* ~ *when I called*]; framme, anländ; *the train is* ~ tåget är inne, tåget har kommit **3** i vissa uttr.: *be* ~ **for: a**) kunna vänta sig, få räkna med [*we're* ~ *for bad weather*]; *be* ~ *for it* äv. vara illa ute, få det hett om öronen **b**) vara anmäld (ha anmält sig) till [*be* ~ *for a competition*] **c**) vara uppe (gå upp) i [*be* ~ *for an examination*]; *have it* ~ *for a p.* fam. ha ett horn i sidan till ngn; *be* ~ **on** fam.: a) vara med i (om), ha del i [*if there's any profit, I want to be* ~ *on it*], delta i b) ha reda på; *be* (*keep*) [*well*] ~ **with** fam. ha tumme med [*he was* ~ *with the boss*], stå på god fot med

III *s, all the* ~*s and outs* alla konster och knep; *know the* ~*s and outs of a th.* känna [till] ngt utan och innan

IV *a* **1** fam. inne modern o. d. [*turbans are* ~ *this year*], jfr *in- 1*; *it's the* ~ *thing to* . . det är inne att . . **2** inkommande [*the* ~ *train*]

in. förk. för *inch*[*es*]

in- [ɪn med huvudtryck] *pref* **1** fam. inne- [*in-clothes*; *the latest in-place*], jfr *in IV 1*; mode- [*in-words*] **2** se *in IV 2* o. sms., t. ex. *in-laws*

inability [ˌɪnə'bɪlətɪ] *s* oförmåga; oduglighet; [*he regretted*] *his* ~ *to help* . . att han inte var i stånd att hjälpa

inaccessibility ['ɪnækˌsesə'bɪlətɪ] *s* otillgänglighet, oåtkomlighet

inaccessible [ˌɪnæk'sesəbl] *a* otillgänglig, oåtkomlig [*to* för]

inaccuracy [ɪn'ækjʊrəsɪ] *s* bristande noggrannhet; felaktighet, oriktighet

inaccurate [ɪn'ækjʊrət] *a* inte [tillräckligt] noggrann; felaktig, oriktig

inaction [ɪn'ækʃən] *s* overksamhet

inactive [ɪn'æktɪv] *a* inaktiv, overksam

inactivity [ˌɪnæk'tɪvətɪ] *s* overksamhet, inaktivitet

inadequacy [ɪn'ædɪkwəsɪ] *s* otillräcklighet, bristfällighet; bristande motsvarighet

inadequate [ɪn'ædɪkwət] *a* inadekvat; inte avpassad [*to* efter]; otillräcklig; bristfällig
inadmissible [ˌɪnəd'mɪsəbl] *a* otillåtlig; oantaglig; jur. inte godtagbar [~ *evidence*]
inadvertence [ˌɪnəd'vɜːtəns] *s* **1** ouppmärksamhet **2** förbiseende
inadvertent [ˌɪnəd'vɜːtənt] *a* **1** ouppmärksam, ovarsam **2** oavsiktlig
inadvisable [ˌɪnəd'vaɪzəbl] *a* inte tillrådlig, oklok
inalienable [ɪn'eɪljənəbl] *a* oförytterlig, omistlig [~ *rights*]
inane [ɪ'neɪn] *a* **1** tom, innehållslös **2** idiotisk, fånig [~ *remark*]; banal
inanimate [ɪn'ænɪmət] *a* inte levande, livlös; utan liv (livlighet)
inanity [ɪ'nænətɪ] *s* **1** tomhet, innehållslöshet **2** fånighet; banalitet
inapplicable [ɪn'æplɪkəbl] *a* inte tillämpbar (passande)
inappreciable [ˌɪnə'priːʃəbl] *a* omärklig, omärkbar, obetydlig [*an* ~ *difference*]
inappropriate [ˌɪnə'prəuprɪət] *a* olämplig, malplacerad
inapt [ɪn'æpt] *a* **1** olämplig, malplacerad [~ *remark*] **2** oskicklig, tafatt [~ *attempt*]
inaptitude [ɪn'æptɪtjuːd] *s* **1** olämplighet **2** oskicklighet, oduglighet
inarticulate [ˌɪnɑː'tɪkjulət] *a* **1** oartikulerad, otydlig; *he is* ~ han har svårt att uttrycka sig **2** mållös [~ *with rage*] **3** utan leder, oledad [*an* ~ *body*]
inasmuch [ɪnəz'mʌtʃ] *adv,* ~ *as* konj. eftersom, emedan
inattention [ˌɪnə'tenʃən] *s* ouppmärksamhet; brist på omtanke, försumlighet; oartighet
inattentive [ˌɪnə'tentɪv] *a* ouppmärksam, inte uppmärksam
inaudibility [ɪnˌɔːdə'bɪlətɪ] *s* ohörbarhet
inaudible [ɪn'ɔːdəbl] *a* ohörbar
inaugural [ɪ'nɔːgjurəl] *a* invignings-, öppnings- [~ *speech*]; installations- [~ *lecture*]
inaugurate [ɪ'nɔːgjureɪt] *tr* **1** inviga, öppna [~ *an exhibition*] **2** installera [~ *a president*] **3** inleda, inaugurera [~ *a new era*], införa [~ *a new policy*]
inauguration [ɪˌnɔːgju'reɪʃən] *s* **1** invigning, öppnande **2** installation [*the* ~ *of the President of the U.S.A.*] **3** inledning, införande
inauspicious [ˌɪnɔːs'pɪʃəs] *a* **1** olycksbådande **2** ogynnsam
inboard ['ɪnbɔːd] *a* sjö. inombords-
inborn ['ɪn'bɔːn, attr. 'ɪnb-] *a* se *inbred*
inbred ['ɪn'bred, attr. 'ɪnb-] *a* medfödd, inneboende
inbreeding ['ɪn'briːdɪŋ] *s* inavel
Inc. förk. för *Incorporated* isht Am., ung. AB
incalculable [ɪn'kælkjuləbl] *a* **1** oräknelig, oändlig [~ *quantities*] **2** oförutsebar; oöverskådlig [~ *consequences*] **3** oberäknelig
in camera [ɪn'kæmərə] (lat.) jur. inom lyckta dörrar
incandescence ['ɪnkæn'desns] *s* glödning
incandescent ['ɪnkæn'desnt] *a* glödande; ~ *lamp* glödlampa
incantation [ˌɪnkæn'teɪʃən] *s* besvärjelse, besvärjelseformel, trollformel
incapability [ɪnˌkeɪpə'bɪlətɪ] *s* oduglighet; oförmåga
incapable [ɪn'keɪpəbl] *a* **1** oduglig; inkompetent **2** ~ *of* oförmögen till
incapacitate [ˌɪnkə'pæsɪteɪt] *tr* **1** göra [tillfälligt] arbetsoförmögen **2** jur. diskvalificera
incapacitated [ˌɪnkə'pæsɪteɪtɪd] *a* [tillfälligt] arbetsoförmögen, inte arbetsför
incapacity [ˌɪnkə'pæsətɪ] *s* **1** oförmåga, inkompetens; arbetsodugIighet; ~ *for work* arbetsoförmåga **2** jur. obehörighet
incarcerate [ɪn'kɑːsəreɪt] *tr* fängsla, spärra in
incarceration [ɪnˌkɑːsə'reɪʃən] *s* fängslande, inspärrning
incarnate [ss. adj. ɪn'kɑːnət, -neɪt, ss. vb 'ɪnkɑːneɪt] **I** *a* förkroppsligad; fam. inbiten, inpiskad; *a devil* ~ en djävul i människohamn; *he is evil* ~ han är den personifierade ondskan **II** *tr* förkroppsliga; levandegöra
incarnation [ˌɪnkɑː'neɪʃən] *s* inkarnation, förkroppsligande
incautious [ɪn'kɔːʃəs] *a* oförsiktig, förhastad
incendiary [ɪn'sendjərɪ] **I** *a* **1** mordbrands-, brand-; ~ *bomb* brandbomb **2** uppviglande, upphetsande; ~ *speech* brandtal **II** *s* **1** mordbrännare; pyroman **2** brandbomb
1 incense ['ɪnsens] *s* rökelse
2 incense [ɪn'sens] *tr* reta upp, göra rasande (förbittrad); ~*d* förbittrad [~*d at* el. *by* (över) *a p.'s conduct* (*remarks*)]
incentive [ɪn'sentɪv] *s* drivfjäder, sporre, incitament
inception [ɪn'sepʃən] *s* påbörjande; *from its* ~ från [första] början
incertitude [ɪn'sɜːtɪtjuːd] *s* ovisshet, osäkerhet
incessant [ɪn'sesnt] *a* oavbruten, oupphörlig, ständig
incest ['ɪnsest] *s* incest, blodskam
incestuous [ɪn'sestjuəs] *a* incestuös; skyldig till (innebärande) incest
inch [ɪntʃ] **I** *s* tum 2,54 cm; *square* ~ kvadrattum; *he is every* ~ *a gentleman* han är en gentleman ut i fingerspetsarna; *give him an* ~ *and he'll take a mile* ordspr. om man ger honom ett finger så tar han hela handen; *I*

don't trust him an ~ jag litar inte ett dugg på honom; *~ by ~* tum för tum, sakta men säkert, gradvis; *he was within an ~ of succeeding* han var mycket nära att lyckas; [*I'll thrash him*] *within an ~ of his life* .. halvt fördärvad **II** *tr, ~ o.'s way* (*o.s.*) *forward* flytta sig framåt tum för tum

inchoative [ɪn'kəʊətɪv] *a* **1** begynnande **2** gram. inkoativ

incidence ['ɪnsɪdəns] *s* **1** förekomst, frekvens [*the increasing ~ of road accidents*], utbredning **2** fördelning [*the ~ of the expense*] **3** *angle of ~* fys. infallsvinkel

incident ['ɪnsɪdənt] **I** *s* händelse, tilldragelse, incident; *frontier ~s* gränsintermezzon **II** *a, ~ to* förenad med; tillhörande

incidental [,ɪnsɪ'dentl] *a* **1** tillfällig; oväsentlig; *it has the ~ advantage that* det har också den fördelen att; *~ music* scenmusik; beledsagande musik **2** *~ to* som följer (är förbunden) med, som brukar följa med

incidentally [,ɪnsɪ'dentəlɪ] *adv* **1** tillfälligtvis, i förbigående **2** för övrigt, förresten [*~, why did you come so late?*]

incinerate [ɪn'sɪnəreɪt] *tr* förbränna till aska; Am. bränna, kremera

incineration [ɪn,sɪnə'reɪʃən] *s* förbränning [till aska]; Am. eldbegängelse, kremering

incinerator [ɪn'sɪnəreɪtə] *s* **1** förbränningsugn t. ex. för sopor **2** Am. krematorieugn

incipient [ɪn'sɪpɪənt] *a* begynnande, i första stadiet, i begynnelsestadiet; gryende

incise [ɪn'saɪz] *tr* **1** skära (rista) in **2** skära upp, öppna sår

incision [ɪn'sɪʒən] *s* inskärning; skåra, snitt, insnitt

incisive [ɪn'saɪsɪv] *a* **1** [in]skärande **2** bildl. skarp [*~ criticism*]

incisor [ɪn'saɪzə] *s* framtand, skärtand

incite [ɪn'saɪt] *tr* **1** egga [upp], sporra **2** framkalla, väcka

incitement [ɪn'saɪtmənt] *s* **1** [upp]eggande; tillskyndan; provokation **2** incitament, eggelse, sporre; motiv

incivility [,ɪnsɪ'vɪlətɪ] *s* ohövlighet

inclemency [ɪn'klemənsɪ] *s* om väder el. klimat omildhet, stränghet

inclement [ɪn'klemənt] *a* om väder el. klimat omild, sträng, bister

inclination [,ɪnklɪ'neɪʃən] *s* **1** lutning; böjning [*~ of* (på) *the head*]; fys. inklination; *angle of ~* lutningsvinkel **2** benägenhet, lust, håg, böjelse [*to* (*for*) för; *to* + inf. [för] att]; tendens; *follow o.'s own ~*[*s*] följa sin egen böjelse

incline [ɪn'klaɪn, ss. subst. 'ɪnklaɪn] **I** *tr* **1** luta ned (fram), ge en lutning; böja **2** göra böjd (benägen) [*to* för] **II** *itr* **1** luta [*to* (*towards*) mot (åt)] **2** vara böjd (benägen) [*to* för]; visa tendens **III** *s* lutning, sluttning

inclined [ɪn'klaɪnd] *a* **1** lutande, sluttande **2** benägen, böjd [*to* för]; *he is ~ to be late* han har en tendens att komma sent; *do you feel ~ for* (*to go for*) *a walk?* har du lust med en promenad?

include [ɪn'klu:d] *tr* omfatta, innefatta, inbegripa; *~ a th. in o.'s programme* ta med ngt på sitt program

included [ɪn'klu:dɪd] *pp* o. *a* inberäknad, inklusive [*all expenses ~*]; *be ~ in* (*on*) *the list* komma med på listan

including [ɪn'klu:dɪŋ] *pres p* omfattande; inklusive [*~ all expenses*], däribland [*fifty maps ~ six of North America*]

inclusion [ɪn'klu:ʒən] *s* inbegripande; medräknande; medtagande

inclusive [ɪn'klu:sɪv] *a* **1** inberäknad, till och med; [*from Monday*] *to Saturday ~* .. t. o. m. lördag; *~ of* inklusive, inberäknad, medräknad, med **2** som inkluderar allt [*an ~ fee*], med allt inberäknat; fullständig [*an ~ list*]; *~ terms* t. ex. på hotell: fast pris med allt inberäknat **3** [all]omfattande

incognito [,ɪnkɒg'ni:təʊ] **I** *adv* inkognito, under antaget namn **II** *a* [som reser (uppträder)] inkognito **III** *s* **1** inkognito **2** person som uppträder inkognito

incoherence [,ɪnkəʊ'hɪərəns] *s* brist på sammanhang; oförenlighet

incoherent [,ɪnkəʊ'hɪərənt] *a* osammanhängande [*~ speech*]; inkonsekvent

incombustible [,ɪnkəm'bʌstəbl] *a* obrännbar, inte brännbar; eldfast

income ['ɪnkʌm] *s* inkomst, avkastning; *he has a very large ~* han har mycket stora inkomster; *have a private ~* ha [privat]förmögenhet; *live over* (*beyond*) *o.'s ~* leva över sina tillgångar

income-bracket ['ɪnkʌm,brækɪt] *s* inkomstgrupp, inkomstklass

income-tax ['ɪnkəmtæks] *s* inkomstskatt; *~ return* självdeklaration; *~* [*return*] *form* deklarationsblankett

incoming ['ɪn,kʌmɪŋ] *a* **1** inkommande, ingående [*~ letters*], ankommande [*~ trains*] **2** [ny]tillträdande [*~ tenant*]

incommensurate [,ɪnkə'menʃərət] *a* otillräcklig [*to* (*with*) för]; *be ~ to* (*with*) äv. inte stå i proportion till

incommode [,ɪnkə'məʊd] *tr* vålla besvär

incommunicado ['ɪnkə,mju:nɪ'kɑ:dəʊ] *a* isolerad, avskild från yttervärlden

incomparable [ɪn'kɒmpərəbl] *a* **1** ojämförlig [*with* (*to*) med] **2** oförliknelig, makalös [*~ beauty*]

incompatibility ['ɪnkəm,pætə'bɪlətɪ] *s* **1** oförenlighet **2** tekn. inkompatibilitet

incompatible [,ɪnkəm'pætəbl] *a* **1** oförenlig [*with* med] **2** tekn. inkompatibel

incompetence [ɪn'kɒmpətəns] *s* **1** inkompetens, oförmåga **2** jur. obehörighet, jävighet
incompetent [ɪn'kɒmpətənt] *a* **1** inkompetent, oduglig **2** jur. obehörig, jävig
incomplete [ˌɪnkəm'pli:t] *a* ofullständig; ofullbordad
incomprehensibility [ɪnˌkɒmprɪhensə'bɪlətɪ] *s* obegriplighet
incomprehensible [ɪn'kɒmprɪ'hensəbl] *a* obegriplig
incomprehension [ɪn'kɒmprɪ'henʃən] *s* oförmåga att förstå
inconceivable [ˌɪnkən'si:vəbl] *a* obegriplig, ofattbar [*to* för]
inconclusive [ˌɪnkən'klu:sɪv] *a* inte avgörande, inte bindande [~ *evidence*]; resultatlös [~ *discussion*]; ofullständig
incongruity [ˌɪnkɒŋ'gru:ətɪ] *s* **1** brist på överensstämmelse, inkongruens; oförenlighet **2** motsägelse, orimlighet
incongruous [ɪn'kɒŋgrʊəs] *a* **1** oförenlig, inkongruent **2** omaka, som inte går ihop (i stil) [*with* med] **3** orimlig, absurd
inconsequence [ɪn'kɒnsɪkwəns] *s* **1** inkonsekvens **2** brist på sammanhang
inconsequent [ɪn'kɒnsɪkwənt] *a* **1** inkonsekvent, inte följdriktig; ologisk **2** osammanhängande **3** obetydlig
inconsequential [ɪnˌkɒnsɪ'kwenʃəl] *a* **1** obetydlig, oviktig **2** se *inconsequent 1, 2*
inconsiderable [ˌɪnkən'sɪdərəbl] *a* obetydlig, oansenlig
inconsiderate [ˌɪnkən'sɪdərət] *a* **1** tanklös **2** taktlös, hänsynslös [~ *behaviour*]
inconsistency [ˌɪnkən'sɪstənsɪ] *s* **1** oförenlighet [*with* med] **2** inkonsekvens
inconsistent [ˌɪnkən'sɪstənt] *a* **1** oförenlig; *be* ~ *with* äv. strida mot, inte stämma med **2** inkonsekvent; motsägande
inconsolable [ˌɪnkən'səʊləbl] *a* otröstlig
inconspicuous [ˌɪnkən'spɪkjʊəs] *a* föga iögonenfallande; oansenlig; diskret
inconstancy [ɪn'kɒnstənsɪ] *s* vankelmod; ombytlighet
inconstant [ɪn'kɒnstənt] *a* vankelmodig; ombytlig, flyktig [*an* ~ *lover*]
incontestable [ˌɪnkən'testəbl] *a* oemotsäglig; obestridlig; ovedersäglig
incontinence [ɪn'kɒntɪnəns] *s* **1** hämningslöshet **2** läk. inkontinens
incontinent [ɪn'kɒntɪnənt] *a* **1** hämningslös **2** läk. lidande av inkontinens
incontrovertible ['ɪnkɒntrə'vɜ:təbl] *a* obestridlig [~ *fact*], ovederlägglig
inconvenience [ˌɪnkən'vi:njəns] **I** *s* olägenhet [*to* för]; obekvämlighet; obehag; *put a p. to* ~ vålla ngn besvär **II** *tr* besvära
inconvenient [ˌɪnkən'vi:njənt] *a* oläglig; olämplig; obekväm; besvärlig [*to* (*for*) för]
inconvertible [ˌɪnkən'vɜ:təbl] *a* inte utbytbar; om sedel inte växlingsbar mot mynt
incorporate [ɪn'kɔ:pəreɪt] **I** *tr* **1** införliva, inlemma, inkorporera [*in*[*to*] i (med), *with* med]; lägga till; omfatta **2** göra till (konstituera som) en korporation; ~*d company* isht Am. aktiebolag **3** slå samman t. ex. banker **II** *itr* införlivas; förena sig, slå sig (gå) samman [*the firm* ~*d with others*]
incorporation [ɪnˌkɔ:pə'reɪʃən] *s* **1** införlivande, inlemmande, inkorporering; infogande **2** erkännande såsom korporation
incorrect [ˌɪnkə'rekt] *a* oriktig, felaktig, inkorrekt
incorrigibility [ɪnˌkɒrɪdʒə'bɪlətɪ] *s* oförbätterlighet
incorrigible [ɪn'kɒrɪdʒəbl] *a* oförbätterlig
incorruptible [ˌɪnkə'rʌptəbl] *a* **1** oförstörbar; oförgänglig **2** omutlig, obesticklig
increase [ss. vb ɪn'kri:s; ss. subst. 'ɪnkri:s] **I** *itr* öka[s], stiga [*the birth-rate is increasing*], växa ['till], tillta [*in* i] **II** *tr* öka [på], höja **III** *s* ökning, utökning; [för]höjning; tilltagande, tillväxt [*of* av (i)]; *crime is on the* ~ brottsligheten är i tilltagande
increasing [ɪn'kri:sɪŋ] *pres p* o. *a* ökande, stigande; *to an ever* ~ *extent* i allt större utsträckning (högre grad)
increasingly [ɪn'kri:sɪŋlɪ] *adv* mer och mer, alltmer
incredibility [ɪnˌkredɪ'bɪlətɪ] *s* otrolighet
incredible [ɪn'kredəbl] *a* otrolig; fam. ofattbar
incredulity [ˌɪnkrə'dju:lətɪ] *s* klentrogenhet
incredulous [ɪn'kredjʊləs] *a* klentrogen
increment ['ɪnkrɪmənt] *s* tillväxt, ökning, tillägg; lönepåslag [*annual* ~*s of* £*50*]
incriminate [ɪn'krɪmɪneɪt] *tr* anklaga för brott [*to* inför]; binda vid brottet; pp. ~*d* misstänkt för brott[et]
incriminatory [ɪn'krɪmɪnətərɪ] *a* fällande [~ *evidence*]
incubate ['ɪnkjʊbeɪt] **I** *tr* ruva [på]; kläcka **II** *itr* **1** ruva; kläckas äv. bildl. **2** odlas
incubation [ˌɪnkjʊ'beɪʃən] *s* ruvande, ruvning; äggkläckning
incubator ['ɪnkjʊbeɪtə] *s* **1** äggkläckningsmaskin **2** läk. kuvös
incubus ['ɪŋkjʊbəs] *s* mara äv. bildl.
inculcate ['ɪnkʌlkeɪt] *tr* inskärpa, inprägla, inpränta [[*up*]*on* (*in*) *a p.* hos ngn]
inculpate ['ɪnkʌlpeɪt] *tr* anklaga, tadla
incumbency [ɪn'kʌmbənsɪ] *s* kyrkl. innehavande av kyrkligt ämbete; pastorat
incumbent [ɪn'kʌmbənt] **I** *s* pastoratsinnehavare; kyrkoherde **II** *a*, *it is* ~ [*up*]*on you* det åligger dig
incur [ɪn'kɜ:] *tr* ådra sig [~ *hatred*], åsamka sig [~ *expense*], utsätta sig för [~ *risks*]

incurable [ɪn'kjuərəbl] *a* obotlig [~ *diseases*]
incursion [ɪn'kɜ:ʃən] *s* räd, plundringståg; bildl. intrång [~*s on my leisure time*]
indebted [ɪn'detɪd] *a* **1** skuldsatt; *be* ~ *to a p.* vara skyldig ngn pengar **2** tack skyldig [*to a p.* ngn]; *be* ~ *to a p. for a th.* äv. stå i tacksamhetsskuld till ngn för ngt
indebtedness [ɪn'detɪdnəs] *s* **1** skuldsättning; skuld **2** tacksamhetsskuld [*to* till]
indecency [ɪn'di:snsɪ] *s* oanständighet
indecent [ɪn'di:snt] *a* **1** oanständig; ~ *exposure* (jur.) sedlighetssårande blottande **2** fam. opassande [*leave a party in* ~ *haste*]
indecision [ˌɪndɪ'sɪʒən] *s* obeslutsamhet
indecisive [ˌɪndɪ'saɪsɪv] *a* obeslutsam
indeclinable [ˌɪndɪ'klaɪnəbl] *a* gram. oböjlig
indecorous [ɪn'dekərəs] *a* opassande, otillständig
indecorum [ˌɪndɪ'kɔ:rəm] *s* opassande beteende, otillständighet
indeed [ɪn'di:d] **I** *adv* **1** verkligen, faktiskt, minsann; ja, rent av **2** visserligen **3** i svar ja (jo) visst, jaså; *yes,* ~*!* ja visst!, ja verkligen! **II** *interj* verkligen!
indefatigable [ˌɪndɪ'fætɪgəbl] *a* outtröttlig
indefensible [ˌɪndɪ'fensəbl] *a* omöjlig att försvara, ohållbar; oförsvarlig [~ *conduct*]
indefinable [ˌɪndɪ'faɪnəbl] *a* odefinierbar, obestämbar
indefinite [ɪn'defɪnət] *a* obestämd, svävande, vag [*an* ~ *reply*]; inte närmare bestämd, obegränsad; ~ *article* obestämd artikel
indefinitely [ɪn'defɪnətlɪ] *adv* obestämt, svävande; på obestämd tid; obegränsat
indelible [ɪn'deləbl] *a* outplånlig; ~ *pencil* ung. anilinpenna
indelicacy [ɪn'delɪkəsɪ] *s* **1** ogrannlagenhet, taktlöshet **2** plumphet
indelicate [ɪn'delɪkət] *a* **1** ogrannlaga, taktlös **2** grov, plump
indemnification [ɪnˌdemnɪfɪ'keɪʃən] *s* skadeersättning, gottgörelse
indemnify [ɪn'demnɪfaɪ] *tr* **1** skydda, trygga [~ *a p. from* el. *against* (mot) *loss*] **2** hålla skadeslös, gottgöra
indemnity [ɪn'demnətɪ] *s* **1** skadeslöshet (straffrihet); strafflöshet **2** gottgörelse, skadeersättning, skadestånd
indent [ɪn'dent] **I** *tr* **1** tanda kanten av ngt; göra inskärning i **2** typ. o. d. dra in, börja en bit in på, göra [ett] indrag på [~ *the first line of each paragraph*] **II** *itr* rekvirera, beställa [*on a p. for a th.* ngt från ngn]
indentation [ˌɪnden'teɪʃən] *s* **1** tandning; inskärning, hack, skåra **2** intryck, märke; buckla **3** typ. o. d. indrag
indented [ɪn'dentɪd] *pp* o. *a* tandad etc., jfr *indent I*; naggad; inskuren; med bucklor; oregelbunden [*an* ~ *coastline*]
indenture [ɪn'dentʃə] *s* kontrakt, isht lärlingskontrakt, arbetskontrakt
independence [ˌɪndɪ'pendəns] *s* oberoende, oavhängighet, självständighet; frihet; *I*~ *Day* Am. 4 juli, självständighetsdagen firas till minne av oavhängighetsförklaringen 1776; *war of* ~ frihetskrig
independent [ˌɪndɪ'pendənt] **I** *a* **1** oberoende [*of* av], oavhängig, självständig [*an* ~ *thinker*; ~ *research*]; fri, fri- [~ *church*]; independent **2** ekonomiskt oberoende; ~ *means* privat förmögenhet, egna pengar **II** *s* independent
indescribable [ˌɪndɪs'kraɪbəbl] *a* obeskrivlig, obeskrivbar
indestructible [ˌɪndɪs'trʌktəbl] *a* **1** oförstörbar; outslitlig **2** outplånlig
indeterminable [ˌɪndɪ'tɜ:mɪnəbl] *a* **1** obestämbar **2** omöjlig att avgöra
indeterminate [ˌɪndɪ'tɜ:mɪnət] *a* obestämd, obestämbar
ind|ex ['ɪnd|eks] **I** (pl. *-exes*, i bet. *2* o. *3* vanl. *-ices* [-ɪsi:z]) *s* **1** alfabetisk förteckning, register; index; *card* ~ kortregister; ~ *card* kartotekskort **2** indicium, tecken, mätare [*of* på] **3** mat. o. d. index; exponent **4** [pris]index, indextal **II** *tr* förse med register (index); katalogisera
index-finger ['ɪndeksˌfɪŋgə] *s* pekfinger
India ['ɪndjə] Indien
Indian ['ɪndjən] **I** *a* indisk [*the* ~ *Ocean*]; indiansk; ~ *club* kägelliknande gymnastikklubba; ~ *corn* majs; *in* ~ *file* i gåsmarsch, på ett led; ~ *ink* kinesisk tusch; ~ *summer* brittsommar, indiansommar **II** *s* **1** indier **2** indian [äv. *Red* (*American*) ~] **3** fam. indianska språk
Indiana [ˌɪndɪ'ænə]
Indianapolis ['ɪndɪə'næpəlɪs]
India-rubber el. **india-rubber** ['ɪndjə'rʌbə] *s* kautschuk, [rå]gummi; suddgummi
indicate ['ɪndɪkeɪt] *tr* ange, antyda, visa; ge uttryck åt [~ *o.'s disapproval*], visa (peka) på, vittna om, tyda på [*everything* ~*d the opposite*]; indikera; ~ *the rhythm* markera takten; *be* ~*d* vara önskvärd (tillrådlig)
indication [ˌɪndɪ'keɪʃən] *s* **1** angivande **2** tecken, kännetecken, indicium; symptom; *the* ~*s are that* allt tyder på att
indicative [ɪn'dɪkətɪv] **I** *a* **1** ~ *of* utvisande, angivande, antydande; *be* ~ *of* tyda på, visa **2** gram. indikativ **II** *s* gram. **1** *the* ~ indikativ[en] **2** indikativform
indicator ['ɪndɪkeɪtə] *s* **1** visare; nål; bil. körriktningsvisare, blinker **2** tekn. indikator, mätare **3** tecken [*of* på]
indices ['ɪndɪsi:z] *s* pl. av *index*
indict [ɪn'daɪt] *tr* åtala, väcka åtal mot
indictable [ɪn'daɪtəbl] *a* åtalbar

indictment [ɪn'daɪtmənt] *s* åtal [för brott]
indifference [ɪn'dɪfrəns] *s* **1** likgiltighet [*to* för], liknöjdhet **2** betydelselöshet
indifferent [ɪn'dɪfrənt] *a* **1** likgiltig [~ *to* (för) *danger*]; kallsinnig; okänslig **2** oviktig, oväsentlig **3** medelmåttig [*an* ~ *book*]
indigence ['ɪndɪdʒəns] *s* fattigdom, armod
indigenous [ɪn'dɪdʒɪnəs] *a* **1** infödd; inhemsk [*to* i] **2** medfödd, naturlig [*to* för]
indigent ['ɪndɪdʒənt] *a* fattig, utblottad
indigestible [ˌɪndɪ'dʒestəbl] *a* osmältbar, svårsmält
indigestion [ˌɪndɪ'dʒestʃən] *s* dålig matsmältning; matsmältningsbesvär, magbesvär; ont i magen
indignant [ɪn'dɪgnənt] *a* indignerad, harmsen, förnärmad
indignation [ˌɪndɪg'neɪʃən] *s* indignation, harm
indignity [ɪn'dɪgnətɪ] *s* kränkning, skymf, förödmjukelse
indigo ['ɪndɪgəʊ] **I** *s* indigo[blått] **II** *a* indigoblå
indirect [ˌɪndɪ'rekt, -daɪ'r-] *a* indirekt, sekundär, bi-; förtäckt; *an* ~ *route* en omväg; ~ *speech* indirekt tal (anföring)
indiscernible [ˌɪndɪ'sɜːnəbl] *a* omärkbar
indiscipline [ɪn'dɪsɪplɪn] *s* brist på disciplin
indiscreet [ˌɪndɪs'kriːt] *a* **1** obetänksam, tanklös **2** indiskret, taktlös
indiscretion [ˌɪndɪs'kreʃən] *s* **1** a) obetänksamhet, oförsiktighet, tanklöshet b) felsteg; snedsprång **2** indiskretion, taktlöshet
indiscriminate [ˌɪndɪs'krɪmɪnət] *a* **1** utan åtskillnad; godtycklig, slumpartad, planlös [~ *reading*] **2** urskillningslös, omdömeslös
indispensable [ˌɪndɪs'pensəbl] *a* oundgänglig, oumbärlig
indisposed [ˌɪndɪs'pəʊzd] *a* **1** indisponerad; obenägen, inte upplagd [*to, for* för] **2** indisponerad, opasslig, inte riktigt bra
indisposition [ˌɪndɪspə'zɪʃən] *s* **1** obenägenhet, olust [*to, for* för] **2** indisposition, opasslighet, illamående
indisputable ['ɪndɪs'pjuːtəbl, ɪn'dɪspjʊtəbl] *a* obestridlig, odiskutabel
indissoluble [ˌɪndɪ'sɒljʊbl] *a* **1** oupplöslig [*an* ~ *marriage*], fast **2** olöslig [~ *substances*]
indistinct [ˌɪndɪs'tɪŋ*k*t] *a* otydlig, oklar
indistinguishable [ˌɪndɪs'tɪŋgwɪʃəbl] *a* omöjlig att [sär]skilja; obestämbar
individual [ˌɪndɪ'vɪdjʊəl] **I** *a* individuell, enskild, särskild; egenartad, personlig [~ *style*]; individual- [~ *psychology*]; i portionsstorlek [~ *fruit pie*] **II** *s* individ
individuality ['ɪndɪˌvɪdjʊ'ælətɪ] *s* individualitet, egenart, särprägel
individualize [ˌɪndɪ'vɪdjʊəlaɪz] *tr* **1** individualisera **2** ge en personlig prägel åt
individually [ˌɪndɪ'vɪdjʊəlɪ] *adv* individuellt, var och en särskilt; särpräglat
indivisibility ['ɪndɪˌvɪzɪ'bɪlətɪ] *s* odelbarhet
indivisible [ˌɪndɪ'vɪzəbl] *a* odelbar
Indo-China ['ɪndəʊ'tʃaɪnə] Indokina
indoctrinate [ɪn'dɒktrɪneɪt] *tr* indoktrinera
indoctrination [ɪnˌdɒktrɪ'neɪʃən] *s* indoktrinering
Indo-European ['ɪndə*ʊ*ˌjʊərə'piːən] *a* indoeuropeisk
indolence ['ɪndələns] *s* indolens, slöhet
indolent ['ɪndələnt] *a* indolent, slö, loj
indomitable [ɪn'dɒmɪtəbl] *a* okuvlig [~ *courage*, ~ *will*], oövervinnelig
Indonesia [ˌɪndə*ʊ*'niːzjə] Indonesien
Indonesian [ˌɪndə*ʊ*'niːzjən] **I** *a* indonesisk **II** *s* **1** indones **2** indonesiska [språket]
indoor ['ɪndɔː] *a* inomhus- [~ *games*]
indoors ['ɪn'dɔːz] *adv* inomhus
indubitable [ɪn'djuːbɪtəbl] *a* otvivelaktig
induce [ɪn'djuːs] *tr* **1** förmå, föranleda, förleda **2** medföra, [för]orsaka [*illness* ~*d by overwork*], framkalla
inducement [ɪn'djuːsmənt] *s* bevekelsegrund; motivation; lockbete; sporre
induction [ɪn'dʌkʃən] *s* **1** filos., fys., mat. induktion; framkallande [~ *of the hypnotic state*]; ~ *coil* induktionsapparat, induktionsrulle **2** installation; introduktion **3** Am. mil. inkallelse; ~ *paper* inkallelseorder
indulge [ɪn'dʌldʒ] **I** *tr* **1** ge efter för; skämma bort; ~ *o.s.* a) hänge sig [~ *o.s. in* (åt) *nostalgic memories*] b) klema med sig c) slå sig lös **2** lämna fritt lopp åt [~ *o.'s inclinations*], tillfredsställa **II** *itr* **1** ~ *in* hänge sig åt, festa på **2** fam., *he* ~*s too much* han dricker för mycket
indulgence [ɪn'dʌldʒəns] *s* **1** överseende **2** eftergivenhet, efterlåtenhet; släpphänthet **3** tillfredsställande [*of* av]; [miss]bruk [*in* av]; njutning[ar], nöje[n] **4** kyrkl. avlat
indulgent [ɪn'dʌldʒənt] *a* **1** överseende [*to* (*towards*) mot] **2** alltför eftergiven, släpphänt [*towards* mot], klemig
industrial [ɪn'dʌstrɪəl] *a* industriell, industri-; ~ *alcohol* alkohol för industriellt bruk, denaturerad sprit; ~ *design* industriell formgivning; ~ *disease* yrkessjukdom; ~ *dispute* arbetskonflikt; ~ *relations* förhållandet mellan arbetsmarknadens parter; *the I*~ *Revolution* den industriella revolutionen, industrialismens genombrott
industrialism [ɪn'dʌstrɪəlɪzəm] *s* industrialism
industrialist [ɪn'dʌstrɪəlɪst] *s* industriman, industriidkare
industrialize [ɪn'dʌstrɪəlaɪz] *tr* industrialisera
industrious [ɪn'dʌstrɪəs] *a* flitig, arbetsam

industry ['ɪndəstrɪ] *s* **1** flit, arbetsamhet **2** industri; näringsliv; industrigren, näring[s-gren]

inebriate [ɪ'ni:brɪeɪt] **I** *s* alkoholist, [vane]drinkare **II** *tr* rusa, berusa

inebriation [ɪ,ni:brɪ'eɪʃən] *s* berusning

inedible [ɪn'edəbl] *a* oätlig, oätbar

ineffable [ɪn'efəbl] *a* outsäglig, obeskrivlig

ineffaceable [,ɪnɪ'feɪsəbl] *a* outplånlig

ineffective [,ɪnɪ'fektɪv] *a* ineffektiv; oduglig [*an ~ salesman*]; verkningslös [*an ~ remedy*]

ineffectual [ɪnɪ'fektʃʊəl] *a* **1** utan effekt [*~ measures*], verkningslös [*an ~ remedy*], resultatlös, fruktlös [*~ efforts*] **2** om pers. ineffektiv

inefficacious [,ɪnefɪ'keɪʃəs] *a* verkningslös [*an ~ remedy*], utan verkan; gagnlös

inefficiency [,ɪnɪ'fɪʃənsɪ] *s* ineffektivitet

inefficient [,ɪnɪ'fɪʃənt] *a* **1** ineffektiv [*~ measures*] **2** om pers. ineffektiv, inkompetent

inelastic [,ɪnɪ'læstɪk] *a* oelastisk; osmidig

inelegance [ɪn'elɪgəns] *s* brist på elegans

inelegant [ɪn'elɪgənt] *a* utan elegans

ineligibility [ɪn,elɪdʒə'bɪlətɪ] *s* **1** ovalbarhet [*for* till] **2** olämplighet

ineligible [ɪn'elɪdʒəbl] *a* **1** inte valbar [*for* till] **2** olämplig, inte kvalificerad

ineluctable [,ɪnɪ'lʌktəbl] *a* ofrånkomlig, oundviklig

inept [ɪ'nept] *a* **1** orimlig, befängd; dum **2** oduglig; malplacerad [*~ remarks*]; klumpig [*an ~ attempt*]

ineptitude [ɪ'neptɪtju:d] *s* **1** orimlighet; dumhet **2** oduglighet; olämplighet

inequality [,ɪnɪ'kwɒlətɪ] *s* olikhet, skillnad; *social ~* brist på social jämlikhet

inequitable [ɪn'ekwɪtəbl] *a* orättfärdig, orättvis

inequity [ɪn'ekwətɪ] *s* orättfärdighet, orättvisa

ineradicable [,ɪnɪ'rædɪkəbl] *a* outrotlig

inert [ɪ'nɜ:t] *a* trög, slö; overksam, död [*~ mass*]; *~ gases* inerta gaser, ädelgaser

inertia [ɪ'nɜ:ʃjə] *s* tröghet; slöhet; inaktivitet; *~ reel* [*belt*] bil. rullbälte

inescapable [,ɪnɪs'keɪpəbl] *a* oundviklig, ofrånkomlig

inestimable [ɪn'estɪməbl] *a* ovärderlig

inevitability [ɪn,evɪtə'bɪlətɪ] *s* oundviklighet

inevitable [ɪn'evɪtəbl] **I** *a* oundviklig, ofrånkomlig; fam. äv. obligatorisk [*the ~ happy ending*] **II** *s, bow to the ~* finna sig i (böja sig för) det oundvikliga

inexact [,ɪnɪg'zækt] *a* inexakt; felaktig

inexactitude [,ɪnɪg'zæktɪtju:d] *s* o. **inexactness** [,ɪnɪg'zæktnəs] *s* brist på noggrannhet; felaktighet

inexcusable [,ɪnɪks'kju:zəbl] *a* oursäktlig, oförlåtlig; oförsvarlig

inexhaustible [,ɪnɪg'zɔ:stəbl] *a* **1** outtömlig [*an ~ supply*] **2** outtröttlig [*~ patience*]

inexorable [ɪn'eksərəbl] *a* obeveklig, obönhörlig

inexpediency [,ɪnɪks'pi:djənsɪ] *s* olämplighet

inexpedient [,ɪnɪks'pi:djənt] *a* olämplig; inte tillrådlig, oklok

inexpensive [,ɪnɪks'pensɪv] *a* [pris]billig, inte dyr

inexperience [,ɪnɪks'pɪərɪəns] *s* oerfarenhet, brist på erfarenhet

inexperienced [,ɪnɪks'pɪərɪənst] *a* oerfaren

inexpert [ɪn'ekspɜ:t] *a* oerfaren, ovan; okunnig

inexplicability [ɪn,eksplɪkə'bɪlətɪ] *s* oförklarlighet

inexplicable [,ɪneks'plɪkəbl] *a* oförklarlig

inexpressible [,ɪnɪks'presəbl] *a* outsäglig, obeskrivlig; obeskrivbar

inextinguishable [,ɪnɪks'tɪŋgwɪʃəbl] *a* outsläcklig, osläcklig; oförstörbar

inextricable [ɪn'ekstrɪkəbl] *a* olöslig [*an ~ dilemma*]; oupplöslig [*an ~ knot*]

infallibility [ɪn,fælə'bɪlətɪ] *s* ofelbarhet

infallible [ɪn'fæləbl] *a* ofelbar; osviklig

infamous ['ɪnfəməs] *a* **1** illa beryktad, ökänd **2** vanhedrande; skamlig, infam [*~ lie*]

infamy ['ɪnfəmɪ] *s* **1** vanära; *hold a p. up to ~* dra vanära över ngn **2** skändlighet

infancy ['ɪnfənsɪ] *s* spädbarnsålder; [tidiga] barnaår; [tidig] barndom äv. bildl.

infant ['ɪnfənt] **I** *s* **1** spädbarn **2** småbarn **II** *a* **1** spädbarns-, småbarns-; *~ mortality* barnadödlighet **2** ny[etablerad] [*~ industries*]

infanticide [ɪn'fæntɪsaɪd] *s* barnamord

infantile ['ɪnfəntaɪl] *a* barn-, spädbarns-; neds. barnslig, infantil; *~ paralysis* åld. barnförlamning

infantry ['ɪnfəntrɪ] *s* infanteri, fotfolk

infantryman ['ɪnfəntrɪmən] *s* infanterist

infant-school ['ɪnfəntsku:l] *s* ung. förskola, lägsta stadiet av 'primary school' för barn mellan 5 och 7 år

infatuate [ɪn'fætjʊeɪt] *tr* bedåra, förblinda

infatuated [ɪn'fætjʊeɪtɪd] *pp* o. *a* förblindad [*~ with* (av) *love*]; besatt [*he was ~ by her*]; *~ with a p.* blint förälskad i ngn

infatuation [ɪn,fætjʊ'eɪʃən] *s* förblindelse; [blind] förälskelse, passion

infect [ɪn'fekt] *tr* infektera, smitta

infection [ɪn'fekʃən] *s* infektion, smitta; smittämne; smittosam sjukdom

infectious [ɪn'fekʃəs] *a* smitt[o]sam, läk. infektiös; bildl. äv. smittande [*~ laugh*]; *~*

disease smittosam sjukdom, infektionssjukdom
infelicity [ˌɪnfɪˈlɪsətɪ] *s* olämplighet, mindre lyckligt uttryck (ord o. d.)
infer [ɪnˈfɜː] *tr* **1** sluta sig till; *he ~red that* han drog den slutsatsen att **2** innebära
inference [ˈɪnfərəns] *s* slutledning; slutsats; *by ~,* [*this..*] härav (därav) följer att..
inferior [ɪnˈfɪərɪə] **I** *a* lägre i rang o. d. [*to* än], underlägsen, underordnad [*to a p.* ngn, *to a th.* ngt]; sämre [*to* än], dålig [*~ quality*] **II** *s* underordnad [*his ~s*]
inferiority [ɪnˌfɪərɪˈɒrətɪ] *s* underlägsenhet; *~ complex* mindervärdeskomplex
infernal [ɪnˈfɜːnl] *a* **1** som hör till underjorden; *the ~ regions* underjorden, dödsriket **2** infernalisk; fam. förbannad [*an ~ nuisance*]
inferno [ɪnˈfɜːnəʊ] *s* inferno, helvete
infertile [ɪnˈfɜːtaɪl, Am. -tl] *a* ofruktbar, ofruktsam, steril; obefruktad
infertility [ˌɪnfəˈtɪlətɪ] *s* ofruktbarhet, ofruktsamhet; sterilitet
infest [ɪnˈfest] *tr* hemsöka, översvämma; härja på (i); *be ~ed with* vara hemsökt (angripen, full, översvämmad) av
infestation [ˌɪnfesˈteɪʃən] *s* hemsökelse; härjning
infidel [ˈɪnfɪdəl] *s* otrogen t. ex. icke-kristen, icke-jude, icke-muhammedan, hedning
infidelity [ˌɪnfɪˈdelətɪ] *s* **1** relig. otro **2** [fall av] otrohet, trolöshet [*to* mot]
infighting [ˈɪnˌfaɪtɪŋ] *s* **1** närkamp i boxning **2** knivskarp konkurrens
infiltrate [ˈɪnfɪltreɪt] **I** *tr* infiltrera; nästla sig (tränga) in i **II** *itr* nästla sig (tränga) in
infiltration [ˌɪnfɪlˈtreɪʃən] *s* infiltration, infiltrering, inträngande
infiltrator [ˈɪnfɪltreɪtə] *s* infiltratör
infinite [ˈɪnfɪnət, ˈɪnˌfaɪnaɪt] **I** *a* oändlig, ändlös, omätlig [*~ number*]; isht gram. infinit; *~ harm* oerhört stor skada **II** *s, the ~* oändligheten; *the I~* den Oändlige Gud
infinitely [ˈɪnfɪnətlɪ] *adv* oändligt etc., jfr *infinite I*
infinitesimal [ˌɪnfɪnɪˈtesɪməl] *a* oändligt liten; mat. infinitesimal- [*~ calculus*]
infinitive [ɪnˈfɪnɪtɪv] **I** *a* infinitiv-; *the ~ mood* infinitiv[en] **II** *s, the ~* infinitiv[en]
infinity [ɪnˈfɪnətɪ] *s* **1** oändlighet, ändlöshet **2** oändligheten
infirm [ɪnˈfɜːm] *a* **1** klen, skröplig, ålderdomssvag **2** obeslutsam
infirmity [ɪnˈfɜːmətɪ] *s* skröplighet, [ålderdoms]svaghet; pl. *infirmities* krämpor
inflame [ɪnˈfleɪm] *tr* **1** tända, upptända; hetsa [upp] [*his words ~d the mob*] **2** inflammera [*an ~d boil*] **3** underblåsa, förvärra
inflammable [ɪnˈflæməbl] *a* lättantändlig; eldfarlig [*highly* (mycket) *~*]
inflammation [ˌɪnfləˈmeɪʃən] *s* **1** antändning **2** upphetsning, glöd **3** inflammation
inflammatory [ɪnˈflæmətərɪ] *a* **1** upphetsande; provocerande **2** inflammatorisk [*~ condition*]
inflatable [ɪnˈfleɪtəbl] *a* uppblåsbar
inflate [ɪnˈfleɪt] *tr* **1** blåsa upp, pumpa [upp], fylla med luft (gas) **2** göra uppblåst **3** ekon. öka på ett inflationsdrivande sätt, driva upp över verkliga värdet [*~ prices*]
inflated [ɪnˈfleɪtɪd] *pp* o. *a* **1** uppblåst; pumpad, luftfylld **2** svulstig [*~ language*] **3** ekon. inflations- [*~ prices*]
inflation [ɪnˈfleɪʃən] *s* **1** uppblåsning; uppsvälldhet **2** svulstighet **3** ekon. inflation
inflationary [ɪnˈfleɪʃnərɪ] *a* inflationsdrivande, -främjande; inflationistisk; *~ spiral* inflationsspiral
inflect [ɪnˈflekt] *tr* **1** gram. böja, deklinera, konjugera **2** modulera [*~ o.'s voice*]
inflection [ɪnˈflekʃən] *s* **1** gram. böjning; böjd form; böjningsändelse **2** röstens modulation; tonfall
inflexibility [ɪnˌfleksəˈbɪlətɪ] *s* oböjlighet
inflexible [ɪnˈfleksəbl] *a* oböjlig; orubblig, obeveklig
inflexion [ɪnˈflekʃən] *s* se *inflection*
inflict [ɪnˈflɪkt] *tr* pålägga, ålägga [*~ a penalty*], vålla, tillfoga [*~ suffering*]; tilldela [*~ a blow*], påtvinga [*on a p.* i samtl. fall ngn]; *~ o.s. on a p.* tvinga sig på ngn
infliction [ɪnˈflɪkʃən] *s* **1** påläggande etc., jfr *inflict* **2** lidande, hemsökelse, straff[dom]
inflow [ˈɪnfləʊ] *s* inströmmande; tillströmning; tillflöde; tillförsel
influence [ˈɪnflʊəns] **I** *s* inflytande [[*up*]*on* (*over*) på (över); *with* hos]; inverkan, påverkan; *have ~ with a p.* äga inflytande hos ngn; *be under the ~ of* stå under inflytande av; *under the ~ of drink* spritpåverkad; *driving under the ~ of drink* rattfylleri **II** *tr* ha inflytande på; influera, inverka på, påverka; förmå
influential [ˌɪnflʊˈenʃəl] *a* inflytelserik
influenza [ˌɪnflʊˈenzə] *s* influensa
influx [ˈɪnflʌks] *s* **1** inströmning, inflöde **2** tillströmning, tillflöde [*~ of visitors*]
info [ˈɪnfəʊ] *s* fam. kortform för *information*
inform [ɪnˈfɔːm] **I** *tr* meddela, underrätta, upplysa, informera [*a p. of a th.* ngn [om] ngt] **II** *itr* **1** ge information, informera **2** *~ against* (*on*) uppträda som angivare mot, ange
informal [ɪnˈfɔːml] *a* informell; *~ dress* på bjudningskort kavaj, vardagsdräkt
informality [ˌɪnfɔːˈmælətɪ] *s* informell karaktär, anspråkslöshet
informant [ɪnˈfɔːmənt] *s* sagesman, källa

information [ˌɪnfəˈmeɪʃən] *s* **1** (utan pl.) meddelande[n]; underrättelse[r], upplysning[ar], uppgift[er], information[er] [*about* (*on*) angående (om)]; ~ *bureau* informations|kontor, -byrå; *an interesting piece of* ~ en intressant nyhet (upplysning) **2** jur. angivelse
informative [ɪnˈfɔːmətɪv] *a* upplysande; informativ; lärorik
informed [ɪnˈfɔːmd] *a* **1** välunderrättad, välinformerad; *keep a p.* ~ *as to* hålla ngn à jour med **2** kultiverad, skolad
informer [ɪnˈfɔːmə] *s* angivare
infra-red [ˈɪnfrəred] *a* infraröd [~ *rays*]; ~ *lamp* värmelampa
infrastructure [ˈɪnfrəˌstrʌktʃə] *s* mil. o. ekon. infrastruktur
infrequency [ɪnˈfriːkwənsɪ] *s* ovanlighet, sällsynthet
infrequent [ɪnˈfriːkwənt] *a* ovanlig, sällsynt
infrequently [ɪnˈfriːkwəntlɪ] *adv* sällan
infringe [ɪnˈfrɪndʒ] **I** *tr* överträda [~ *a rule*], kränka [~ *rights*]; göra intrång i [~ *a copyright*] **II** *itr*, ~ *against* överträda, bryta mot; ~ [*up*]*on* inkräkta på, göra intrång i
infringement [ɪnˈfrɪndʒmənt] *s* brott [*of* mot], överträdelse, kränkning [*of* av]
infuriate [ɪnˈfjʊərɪeɪt] *tr* göra rasande
infuriating [ɪnˈfjʊərɪeɪtɪŋ] *a* fruktansvärt irriterande, som man kan bli rasande på
infuse [ɪnˈfjuːz] **I** *tr* **1** ingjuta [*into* i], inge, bibringa; genomsyra; ~ *life into* gjuta liv i **2** göra infusion på; låta stå och dra [~ *the tea*] **II** *itr* [stå och] dra [*let the tea* ~]
infusion [ɪnˈfjuːʒən] *s* **1** ingjutande; tillförsel **2** infusion; dekokt, avkok **3** tillsats
ingenious [ɪnˈdʒiːnjəs] *a* fyndig, påhittig; genial, genialisk; sinnrik [~ *machine*]
ingénue [ˌænʒeɪˈnjuː] *s* (fr.) ingeny
ingenuity [ˌɪndʒɪˈnjuːətɪ] *s* fyndighet, påhittighet; genialitet; sinnrikhet
ingenuous [ɪnˈdʒenjʊəs] *a* öppen, frimodig [~ *smile*], uppriktig [~ *confession*]; naiv
inglorious [ɪnˈglɔːrɪəs] *a* **1** skamlig, neslig **2** obemärkt, okänd
ingoing [ˈɪnˌgəʊɪŋ] *a* ingående, inkommande; tillträdande; ~ *mail* [*tray*] [korg för] inkommande post
ingot [ˈɪŋgət] *s* tacka, [obearbetat] metallstycke av guld, silver el. stål, stång
ingrained [ɪnˈgreɪnd] *a* **1** genomfärgad **2** bildl. ingrodd [~ *with dirt*], inrotad [~ *prejudices*]
ingratiate [ɪnˈgreɪʃɪeɪt] *refl*, ~ *o.s. with a p.* ställa (nästla) sig in hos ngn
ingratiating [ɪnˈgreɪʃɪeɪtɪŋ] *a*, ~ *smile* insmickrande (inställsamt) leende
ingratiatingly [ɪnˈgreɪʃɪeɪtɪŋlɪ] *adv* inställsamt
ingratitude [ɪnˈgrætɪtjuːd] *s* otacksamhet [*to* mot]
ingredient [ɪnˈgriːdjənt] *s* ingrediens, beståndsdel
ingress [ˈɪngres] *s* inträde; inträngande [*into* i]
ingrowing [ˈɪnˌgrəʊɪŋ] *a* som växer inåt [~ *toenail*]
inhabit [ɪnˈhæbɪt] *tr* bebo, befolka
inhabitable [ɪnˈhæbɪtəbl] *a* beboelig
inhabitant [ɪnˈhæbɪtənt] *s* invånare
inhale [ɪnˈheɪl] **I** *tr* andas in [~ *cigarette smoke*], inhalera **II** *itr* andas in; dra halsbloss
inhaler [ɪnˈheɪlə] *s* inhalator, inandningsapparat
inherent [ɪnˈhɪərənt] *a* inneboende, ingående [*in* i]; naturlig, medfödd
inherit [ɪnˈherɪt] **I** *tr* ärva äv. bildl., få i arv [*from* av (efter)] **II** *itr* ärva
inheritance [ɪnˈherɪtəns] *s* arv
inheritor [ɪnˈherɪtə] *s* arvinge, arvtagare
inhibit [ɪnˈhɪbɪt] *tr* **1** hämma [*an* ~*ed person*], undertrycka [~ *o.'s impulses*]; hindra **2** förbjuda
inhibition [ˌɪnhɪˈbɪʃən] *s* **1** hämmande, hämning **2** psykol. hämning
inhibitory [ɪnˈhɪbɪtərɪ] *a* hämmande
inhospitable [ɪnˈhɒspɪtəbl, ˌɪnhɒsˈp-] *a* ogästvänlig [*an* ~ *person*]
inhuman [ɪnˈhjuːmən] *a* **1** omänsklig, brutal, inhuman **2** inte mänsklig; övermänsklig
inhumane [ˌɪnhjʊˈmeɪn] *a* se *inhuman 1*
inhumanity [ˌɪnhjʊˈmænətɪ] *s* omänsklighet, grymhet
inimical [ɪˈnɪmɪkəl] *a* **1** fientlig, fientligt sinnad **2** ogynnsam, skadlig [*to* för]
inimitable [ɪˈnɪmɪtəbl] *a* oefterhärmlig
iniquitous [ɪˈnɪkwɪtəs] *a* orättfärdig, orättvis; upprörande
iniquity [ɪˈnɪkwətɪ] *s* **1** orättfärdighet, orättvisa; ondska **2** synd
initial [ɪˈnɪʃəl] **I** *a* begynnelse- [~ *stage*], inledande, utgångs- [~ *position*], första [*the* ~ *symptoms of a disease*], initial-; ~ *capital* a) startkapital b) stor begynnelsebokstav **II** *s* begynnelsebokstav; initial **III** *tr* märka med initialer; underteckna med initialer
initially [ɪˈnɪʃəlɪ] *adv* i början
initiate [ɪˈnɪʃɪeɪt] **I** *tr* **1** börja, påbörja, inleda, sätta i gång, initiera, starta **2** inviga [~ *a p. into* (i) *a secret*], göra förtrogen [*into* med], initiera **3** uppta (ta in) [som medlem] [~ *a p. into* (i) *a society*] **II** *s* [nyligen] invigd [person]; nybörjare
initiation [ɪˌnɪʃɪˈeɪʃən] *s* **1** påbörjande, begynnelse, inledning **2** införande, invigning **3** upptagande; ~ *ceremonies* intagningsce-

remonier
initiative [ɪ'nɪʃɪətɪv] *s* **1** initiativ; *on (of) o.'s own ~* på eget initiativ **2** initiativkraft, företagsamhet [*have (lack) ~*]
initiator [ɪ'nɪʃɪeɪtə] *s* initiativtagare; påbörjare
inject [ɪn'dʒekt] *tr* **1** spruta in, injicera [*into* i] **2** bildl. ingjuta, lägga in
injection [ɪn'dʒekʃən] *s* **1** injektion, insprutning; spruta **2** mek. insprutning [*fuel ~*]
injudicious [ˌɪndʒʊ'dɪʃəs] *a* omdömeslös, oklok
Injun ['ɪndʒən] *s* **1** = *Indian II 2* **2** *honest ~!* det är alldeles säkert!, absolut!
injunction [ɪn'dʒʌŋkʃən] *s* förständigande, åläggande; befallning; föreskrift; förbud
injure ['ɪndʒə] *tr* **1** skada [*~ o.'s arm; ~ a p.'s reputation*], såra **2** förorätta; *~d party* jur. målsägare; *~d pride* sårad stolthet; *in an ~d voice* i en förorättad (sårad) ton
injurious [ɪn'dʒʊərɪəs] *a* **1** skadlig [*~ to health* (för hälsan)] **2** kränkande [*~ statement*], skymflig, smädlig
injury ['ɪndʒərɪ] *s* **1** skada; men; *~ time* fotb. o. d. förlängning (tidstillägg) [på grund av skada] **2** oförrätt; *do [an] ~ to a p.* skada ngn
injustice [ɪn'dʒʌstɪs] *s* orättvisa, orättfärdighet [*to* mot]; *do a p. an ~* göra ngn orätt
ink [ɪŋk] **I** *s* **1** bläck **2** trycksvärta, tryckfärg [äv. *printer's ~*] **II** *tr* bläcka ned; *~ in (over)* skriva 'i (rita 'i) med bläck
ink-eraser ['ɪŋkɪˌreɪzə] *s* bläckkautschuk
inkling ['ɪŋklɪŋ] *s* aning, nys, hum [*of* om]
ink-pad ['ɪŋkpæd] *s* färg-, stämpel|dyna
ink-pot ['ɪŋkpɒt] *s* bläckhorn
ink-stand ['ɪŋkstænd] *s* skrivställ; bläckhorn
inky ['ɪŋkɪ] *a* bläckig
inlaid ['ɪn'leɪd] **I** imp. o. pp. av *inlay* **II** *a* inlagd; *~ work* inlagt arbete, inläggning
inland [ss. adj. 'ɪnlənd, -lænd, ss. adv. ɪn'lænd] **I** *a* **1** belägen (som ligger) inne i landet; *~ sea* stor insjö **2** inländsk, inrikes; *~ revenue* statens inkomster av direkta och indirekta skatter; *the [Board of] I~ Revenue* brittiska skatteverket **II** *adv* inne i landet; inåt landet, in i landet
in-laws [ɪn'lɔːz, '- -] *s pl* släktingar genom giftermål svärföräldrar o. d., ingifta [*parents and ~*]
inlay [ss. vb 'ɪn'leɪ, ss. subst. 'ɪnleɪ] **I** (*inlaid inlaid*) *tr* lägga in trä, elfenben, mosaik o. d. i ngt **II** *s* inlagt arbete, inläggning
inlet ['ɪnlet] *s* **1** sund, havsarm; liten vik **2** ingång; inlopp; insläpp, intag [*air ~*]; *~ valve* inloppsventil; insugningsventil
inmate ['ɪnmeɪt] *s* intern, intagen på institution; pensionär; patient; invånare [*all the ~s of the house*]
in memoriam [ɪnmɪ'mɔːrɪəm] *adv* (lat.) in memoriam, till minne av
inmost ['ɪnməʊst] *a* innerst; *in the ~ depths of the forest* djupast (längst) inne i skogen
inn [ɪn] *s* **1** gästgivargård; värdshus **2** *the Inns of Court* de fyra juristkollegierna i London, advokatsamfund för utbildning av *barristers*
innards ['ɪnədz] *s pl* fam. **1** mage, inälvor **2** innanmäte
innate ['ɪ'neɪt] *a* medfödd, naturlig
innavigable [ɪ'nævɪgəbl] *a* inte segelbar
inner ['ɪnə] *a* inre; invändig; *~ tube* innerslang
innermost ['ɪnəməʊst] *a* innerst
innings ['ɪnɪŋz] *s* **1** i kricket o. d. [inne]omgång, tur att vara inne **2** bildl. tid vid makten [*a long ~*]; *have a long ~* äv. leva länge
innkeeper ['ɪnˌkiːpə] *s* gästgivare; värdshusvärd
innocence ['ɪnəʊsns] *s* **1** oskuld, oskyldighet **2** enfald **3** oskadlighet
innocent ['ɪnəʊsnt] **I** *a* **1** oskyldig [*of* till]; oskuldsfull **2** lättrogen, enfaldig **3** oskadlig; oskyldig [*~ amusements*] **II** *s* **1** oskyldig person **2** lättrogen person; oskuld
innocuous [ɪ'nɒkjʊəs] *a* oskadlig [*~ drugs*], ofarlig [*~ snakes*]; bildl. menlös
innovation [ˌɪnəʊ'veɪʃən] *s* **1** förnyelse, nyskapande **2** innovation, nyhet
innovator ['ɪnəʊveɪtə] *s* förnyare, nyskapare, innovatör
innuendo [ˌɪnjʊ'endəʊ] *s* [förtäckt] antydning, [elak] anspelning, insinuation
innumerable [ɪ'njuːmərəbl] *a* oräknelig, otalig
inoculate [ɪ'nɒkjʊleɪt] *tr* **1** läk. ympa in smittämne, inokulera [*on (into)* på (i)]; *get ~d* bli vaccinerad, låta vaccinera sig **2** bildl., *~ a p. with a th.* inplanta ngt hos ngn
inoculation [ɪˌnɒkjʊ'leɪʃən] *s* läk. [in]ympning, inokulation, skyddsympning, vaccination
inoffensive [ˌɪnə'fensɪv] *a* oförarglig
inopportune [ɪn'ɒpətjuːn] *a* oläglig, inopportun
inordinate [ɪ'nɔːdɪnət] *a* omåttlig, överdriven [*~ demands*]
inorganic [ˌɪnɔː'gænɪk] *a* oorganisk
in-patient ['ɪnˌpeɪʃənt] *s* sjukhuspatient
input ['ɪnput] *s* **1** insats; tillförsel; intag **2** elektr. o. radio. tillförd energi[mängd], ineffekt; ingångs- **3** data. a) ingångsdata, indata b) inmatning
inquest ['ɪnkwest] *s* rättslig undersökning; förhör om dödsorsaken (jfr *coroner*); jury
inquietude [ɪn'kwaɪɪtjuːd] *s* oro
inquire [ɪn'kwaɪə] **I** *itr* **1** fråga, höra sig för, höra efter [*about (after) a th.* om (angåen-

de) ngt; *of a p.* hos ngn]; hänvända sig [*at* till]; ~ *after a p.* fråga hur det står till med ngn **2** ~ *into* undersöka, utreda **II** *tr* fråga om (efter) [~ *the way*]; ta reda på
inquiry [ɪn'kwaɪərɪ] *s* **1** a) förfrågan, förfrågning [*about* (*after, for*) om] b) efterforskning, undersökning, utredning [*into* om (i)] c) förhör; *judicial* ~ rättslig undersökning; *hold an* ~ göra en undersökning, hålla ett förhör; *make inquiries* göra förfrågningar; *court of* ~ undersökningsdomstol **2** *a look of* ~ en frågande blick
inquisition [ˌɪnkwɪ'zɪʃən] *s* **1** jur. [rättslig] undersökning **2** *the I*~ inkvisitionen
inquisitive [ɪn'kwɪzɪtɪv] *a* frågvis, nyfiken [*about* angående (på)]
inroad ['ɪnrəud] *s* **1** fientligt infall, inbrytning [*into* [in] i] **2** intrång, inkräktande [*into* (*on*) i (på)]; *make* ~*s into* (*on*) ta (tära) på; *it made heavy* ~*s on my time* det lade beslag på mycket av min tid
insane [ɪn'seɪn] *a* sinnessjuk, mentalsjuk; vansinnig, vanvettig [*an* ~ *idea*], galen
insanitary [ɪn'sænɪtərɪ] *a* hälsovådlig; ohälsosam; osanitär
insanity [ɪn'sænətɪ] *s* sinnessjukdom, mentalsjukdom; vansinne, vanvett
insatiable [ɪn'seɪʃjəbl] *a* omättlig
inscribe [ɪn'skraɪb] *tr* **1** skriva [in], rista [in] **2** skriva in, enrollera **3** hand. inregistrera aktieägare o. d.; ~*d share* aktie ställd till viss person
inscription [ɪn'skrɪpʃən] *s* inskrift, inskription [~ *on a medal*], påskrift
inscrutable [ɪn'skru:təbl] *a* outgrundlig [*an* ~ *smile*], mystisk
insect ['ɪnsekt] *s* insekt; bildl. kryp
insecticide [ɪn'sektɪsaɪd] *s* insektdödande medel, insektmedel
insecure [ˌɪnsɪ'kjuə] *a* osäker [~ *footing* (*hold*); ~ *foundation*], otrygg [*feel* ~]
insecurity [ˌɪnsɪ'kjuərətɪ] *s* osäkerhet, otrygghet
inseminate [ɪn'semɪneɪt] *tr* **1** inseminera **2** bildl. inympa, inplantera
insemination [ɪnˌsemɪ'neɪʃən] *s, artificial* ~ [artificiell] insemination, konstgjord befruktning
insensate [ɪn'senseɪt] *a* **1** död, livlös **2** känslolös, brutal [~ *cruelty*]; okänslig
insensibility [ɪnˌsensə'bɪlətɪ] *s* **1** känslolöshet, okänslighet [*to* för] **2** medvetslöshet
insensible [ɪn'sensəbl] *a* **1** medvetslös **2** okänslig [~ *to* (för) *pain*]; likgiltig [*to* (*of*) för], omedveten [*to* (*of*) om] **3** omärklig; *by* ~ *degrees* omärkligt
insensitive [ɪn'sensətɪv] *a* okänslig [*to* för]
inseparable [ɪn'sepərəbl] *a* oskiljaktig
insert [ss. vb ɪn'sɜ:t, ss. subst. 'ɪnsɜ:t] **I** *tr* sätta (föra, skjuta, sticka) in, infoga [*in* (*into*) i] **II** *s* **1** inlägg, tillägg **2** a) inlaga, bilaga i tidning b) insticksblad i bok
insertion [ɪn'sɜ:ʃən] *s* **1** insättande, införande etc., jfr *insert I* **2** a) inlägg, insats b) tillägg i skrift o. d. c) inlaga, bilaga i tidning
inset ['ɪnset] *s* **1** insatt extrasida **2** infälld specialkarta (bild o. d.)
inshore ['ɪn'ʃɔ:] *adv* o. *a* **1** in mot land (kusten) **2** ~ *fisheries* kustfiske
inside ['ɪn'saɪd] **I** *s* **1** insida; *the* ~ insidan, innersidan; det inre (innersta); ~ *out* ut och in; med avigsidan (insidan) ut; *know a th.* ~ *out* känna (kunna) ngt utan och innan; *turn a th.* ~ *out* vända ut och in på ngt **2** fam. mage; pl. ~*s* inälvor **3** fam. inre krets [*a man on* (i) *the* ~] **II** *a* inre, invändig, inner- [~ *pocket*]; invärtes; intern; ~ *information* 'inside information'; förhandstips, stalltips; ~ *job* sl. internt jobb stöld med hjälp av någon inifrån; ~ *left* (*right*) fotb. vänsterinner (högerinner); *the* ~ *pages* insidorna i tidning **III** *adv* inuti, invändigt; inåt; [där] inne; in [*walk* ~*!*]; bildl. inombords; *he has been* ~ fam. han har suttit inne i fängelse **IV** *prep* inne i, inom, inuti; in i; innanför
insider ['ɪn'saɪdə] *s* person ur den inre kretsen, initierad
insidious [ɪn'sɪdɪəs] *a* försåtlig, smygande [~ *disease*]
insight ['ɪnsaɪt] *s* bildl. insikt[er], inblick [*into* i]; skarpsinne; insyn; *gain an* ~ *into* få [en] inblick i
insignia [ɪn'sɪgnɪə] *s* insignier; mil. gradbeteckning[ar], utmärkelsetecken
insignificance [ˌɪnsɪg'nɪfɪkəns] *s* obetydlighet; betydelselöshet
insignificant [ˌɪnsɪg'nɪfɪkənt] *a* obetydlig, oansenlig; betydelselös
insincere [ˌɪnsɪn'sɪə] *a* inte uppriktig, falsk
insincerity [ˌɪnsɪn'serətɪ] *s* bristande (brist på) uppriktighet, falskhet
insinuate [ɪn'sɪnjueɪt] *tr* **1** insinuera, låta påskina; antyda **2** oförmärkt smyga (föra) in; nästla sig in
insinuation [ɪnˌsɪnju'eɪʃən] *s* **1** insinuation, antydan **2** insmygande, inträngande
insipid [ɪn'sɪpɪd] *a* **1** utan smak, smaklös, fadd **2** intetsägande, urvattnad, banal
insipidity [ˌɪnsɪ'pɪdətɪ] *s* **1** smaklöshet, faddhet **2** banalitet
insist [ɪn'sɪst] *itr* o. *tr* **1** insistera; ~ *on* (*upon*) insistera på, [bestämt] yrka på, kräva **2** vidhålla sin ståndpunkt; ~ *on* (*upon*) a) stå fast vid, vidhålla, hävda [bestämt], hålla på [*he* ~*s on punctuality*] b) [ständigt] understryka; framhålla
insistence [ɪn'sɪstəns] *s* **1** hävdande [*on* av], fasthållande [*on* vid]; understrykande

[*on* av]; envishet **2** yrkande, krav, insisterande [*on* på]
insistent [ɪn'sɪstənt] *a* envis, enträgen; ihärdig; ihållande
insobriety [ˌɪnsəʊ'braɪətɪ] *s* onykterhet
insofar ['ɪnsəʊ'fɑː] *adv* isht Am., ~ *as* se *in so far as* under *far II 1*
insole ['ɪnsəul] *s* innersula; iläggssula
insolence ['ɪnsələns] *s* oförskämdhet, fräckhet
insolent ['ɪnsələnt] *a* oförskämd, fräck
insoluble [ɪn'sɒljubl] *a* olöslig [~ *salts*; *an* ~ *problem*]
insolvency [ɪn'sɒlvənsɪ] *s* insolvens
insolvent [ɪn'sɒlvənt] **I** *a* insolvent, oförmögen att betala **II** *s* insolvent gäldenär
insomnia [ɪn'sɒmnɪə] *s* läk. sömnlöshet
insomniac [ɪn'sɒmnɪæk] *s* sömnlös [person]
insomuch [ˌɪnsəʊ'mʌtʃ] *adv*, ~ *as* eftersom, enär
inspect [ɪn'spekt] *tr* syna, granska; inspektera, besiktiga; övervaka
inspection [ɪn'spekʃən] *s* **1** granskning, synande [*of* av]; inspektion, besiktning; *tour of* ~ inspektionsresa; *on close*[*r*] ~ vid närmare granskning **2** inspektion, övervakning, överinseende, uppsikt, tillsyn
inspector [ɪn'spektə] *s* **1** inspektör, inspektor; granskare; kontrollant; uppsyningsman **2** *police* ~, [*chief*] ~ förste polisassistent; [polis]kommissarie
inspectorate [ɪn'spektərət] *s* **1** inspektorat, inspektörsområde **2** inspektörskår
inspector-general [ɪn'spektə'dʒenərəl] *s* ung. överinspektör
inspiration [ˌɪnspə'reɪʃən] *s* inspiration, ingivelse
inspire [ɪn'spaɪə] *tr* inspirera; fylla [~ *a p. with enthusiasm*]; inge [~ *confidence*]
inspired [ɪn'spaɪəd] *a* inspirerad [*in an* ~ *moment*]; gudabenådad
inspiring [ɪn'spaɪərɪŋ] *a* inspirerande
inst. ['ɪnstənt] förk. för *instant* ds, dennes, innevarande [månad] [*your letter of the 15th* ~]
instability [ˌɪnstə'bɪlətɪ] *s* instabilitet; ostadighet, vacklan; obeständighet
install [ɪn'stɔːl] *tr* **1** installera, inviga **2** installera [~ *electricity*], lägga (dra) in [~ *wires*]; sätta upp, montera
installation [ˌɪnstə'leɪʃən] *s* **1** installation; tillträdande; invigning (insättning) i ämbete **2** installering; uppsättning; montering
instalment [ɪn'stɔːlmənt] *s* **1** avbetalning; amortering; *by* ~*s* på avbetalning; *pay by monthly* ~*s* avbetala månadsvis; *purchase on the* ~ *system* (*plan*) köpa på avbetalning **2** [små]portion, del; avsnitt; *by* ~*s* litet i sänder; i flera avsnitt
instance ['ɪnstəns] **I** *s* **1** exempel [*of* på]; belägg [*of* för, på]; fall; *for* ~ till exempel; *in this* ~ i detta fall **2** *at the* ~ *of a p.* på yrkande (begäran) av ngn **3** isht jur. instans **II** *tr* **1** anföra som exempel **2** exemplifiera
instant ['ɪnstənt] **I** *a* **1** ögonblicklig, omedelbar [~ *relief*] **2** trängande [~ *need of help*] **3** [vanl. skrivet *inst.*, jfr d. o.] innevarande [månad], dennes **4** ~ *coffee* snabbkaffe **II** *s* ögonblick; *this* ~ nu genast; *in an* ~ ögonblickligen
instantaneous [ˌɪnstən'teɪnjəs] *a* ögonblicklig; isht tekn. momentan
instantly ['ɪnstəntlɪ] **I** *adv* ögonblickligen, omedelbart **II** *konj* i samma ögonblick [som] [*he ran* ~ *he saw me*]
instead [ɪn'sted] *adv* i stället; ~ *of* i stället för
instep ['ɪnstep] *s* **1** a) [fot]vrist b) ovanläder på sko **2** veter. skenben
instigate ['ɪnstɪgeɪt] *tr* **1** egga, uppvigla **2** anstifta, uppvigla till [~ *a strike*]
instigation [ˌɪnstɪ'geɪʃən] *s* tillskyndan, uppfordran; anstiftan, hets; *at* (*by*) *the* ~ *of a p.* på tillskyndan (anstiftan) av ngn
instigator ['ɪnstɪgeɪtə] *s* tillskyndare; anstiftare; upphovsman
instil [ɪn'stɪl] *tr* **1** drypa in, [låta] droppa [*into* i] **2** bildl. inge [*a th. into a p.* (*a p.'s mind*) ngn ngt], ingjuta, väcka [*a th. into a p.* (*a p.'s mind*) ngt hos ngn]
instinct [ss. subst. 'ɪnstɪŋkt, ss. adj. ɪn'stɪŋkt] **I** *s* instinkt, [naturlig] drift; instinktiv känsla [*an* ~ *for art*] **II** pred. *a*, ~ *with* fylld (besjälad) av
instinctive [ɪn'stɪŋktɪv] *a* instinktiv, instinktmässig [~ *behaviour*], ofrivillig
institute ['ɪnstɪtjuːt] **I** *tr* **1** inrätta, upprätta, grunda, stifta, instifta **2** inleda, anställa, företa [~ *an inquiry into the matter*], vidta [~ *legal proceedings*] **II** *s* institut; samfund, stiftelse; ~ *of education* ung. lärarhögskola
institution [ˌɪnstɪ'tjuːʃən] *s* **1** inrättande etc., jfr *institute I* **2** institution, stiftelse, samfund; institut; anstalt, inrättning
institutional [ˌɪnstɪ'tjuːʃənl] *a* **1** institutionell; ~ *care* anstaltsvård, sluten vård **2** hävdvunnen, stadgad
instruct [ɪn'strʌkt] *tr* **1** undervisa, handleda [*in* i] **2** instruera, ge anvisning[ar] [*a p. on a th.* ngn i (om) ngt]; visa **3** informera, underrätta **4** ge instruktioner, beordra
instruction [ɪn'strʌkʃən] *s* **1** undervisning, handledning, instruktion **2** pl. ~*s* instruktioner, föreskrift[er], upplysning[ar]; ~*s* [*for use*] bruksanvisning[ar]
instructional [ɪn'strʌkʃənl] *a* **1** undervisnings- [~ *film*], instruktions- [*for* ~ *purposes*] **2** upplysande
instructive [ɪn'strʌktɪv] *a* instruktiv, upp-

lysande, lärorik

instructor [ɪn'strʌktə] *s* **1** lärare, instruktör, handledare [*of* (*in*) i] **2** Am. ung. extra universitetslektor (universitetsadjunkt)

instrument [ss. subst. 'ɪnstrəmənt, ss. vb -ment] **I** *s* **1** instrument, verktyg, redskap, [hjälp]medel; apparat; ~ *board* (*panel*) instrumentbräda; *surgical* ~ kirurgiskt instrument; ~ *of torture* tortyrredskap; *be the* ~ *of a p.'s death* vara orsak till ngns död **2** mus. instrument [*musical* ~] **II** *tr* instrumentera musik

instrumental [ˌɪnstrə'mentl] *a* **1** verksam, bidragande [*to* till, *in* i]; *be* ~ *in* äv. bidra (medverka) till **2** instrument- [~ *navigation*]; instrumentell **3** mus. instrumental

instrumentalist [ˌɪnstrə'mentəlɪst] *s* mus. instrumentalist

instrumentation [ˌɪnstrəmen'teɪʃən] *s* mus. instrumentering

insubordinate [ˌɪnsə'bɔːdənət] *a* olydig [mot överordnad], uppstudsig

insubordination ['ɪnsəˌbɔːdɪ'neɪʃən] *s* insubordination, uppstudsighet

insubstantial [ˌɪnsəb'stænʃəl] *a* **1** overklig, okroppslig **2** tunn; svag; torftig

insufferable [ɪn'sʌfərəbl] *a* odräglig [*an* ~ *child*], olidlig [~ *heat*], outhärdlig

insufficiency [ˌɪnsə'fɪʃənsɪ] *s* otillräcklighet; brist [*of* på]

insufficient [ˌɪnsə'fɪʃənt] *a* otillräcklig, bristande [~ *evidence*], bristfällig

insular ['ɪnsjʊlə] *a* **1** öliknande **2** öbo- [~ *mentality*], trångsynt

insularity [ˌɪnsjʊ'lærətɪ] *s* **1** karaktär av ö **2** öbomentalitet, trångsynthet

insulate ['ɪnsjʊleɪt] *tr* **1** fys. o. tekn. isolera; *insulating tape* isoleringsband **2** isolera

insulation [ˌɪnsjʊ'leɪʃən] *s* **1** fys. o. tekn. isolation, isolering **2** isolering; avskiljande

insulator ['ɪnsjʊleɪtə] *s* fys. o. tekn. isolator

insulin ['ɪnsjʊlɪn] *s* läk. insulin

insult [ss. subst. 'ɪnsʌlt, ss. vb ɪn'sʌlt] **I** *s* förolämpning, skymf [*to* mot]; *add* ~ *to injury* göra ont värre **II** *tr* förolämpa, skymfa

insuperable [ɪn'sjuːpərəbl] *a* oöverstiglig isht bildl. [~ *barriers*], oövervinnelig

insupportable [ˌɪnsə'pɔːtəbl] *a* outhärdlig, olidlig

insurable [ɪn'ʃʊərəbl] *a* som kan försäkras

insurance [ɪn'ʃʊərəns] *s* försäkring [*life-insurance*], assurans; försäkringssumma; försäkringspremie[r]; ~ *company* försäkringsbolag; ~ *policy* försäkringsbrev; *marine* ~ sjöförsäkring; ~ *against accidents* olycksfallsförsäkring; ~ *against fire* brandförsäkring; *take out an* ~ [*policy*] ta en försäkring

insure [ɪn'ʃʊə] **I** *tr* försäkra, assurera **II** *itr* försäkra [*against* mot]

insured [ɪn'ʃʊəd] **I** *pp* o. *a* försäkrad, assurerad [~ *letter*] **II** *s*, *the* ~ försäkringstagaren

insurer [ɪn'ʃʊərə] *s* försäkringsgivare, assuradör

insurgent [ɪn'sɜːdʒənt] **I** *a* upprorisk, upprors- **II** *s* upprorsman, rebell; insurgent

insurmountable [ˌɪnsə'maʊntəbl] *a* oöverstiglig, oövervinnelig [~ *difficulties*]

insurrection [ˌɪnsə'rekʃən] *s* resning, revolt, uppror

insusceptible [ˌɪnsə'septəbl] *a* oemottaglig, okänslig [*of* (*to*) för]

int. förk. för *interest, interjection, international, intransitive*

intact [ɪn'tækt] *a* orörd, intakt; i orubbat skick, oskadad; i behåll [*get away with o.'s life* ~]; obruten [*the seal was* ~]

intake ['ɪnteɪk] *s* **1** a) intag för vatten o. d.; inlopp b) insugning; inmatning; tillförsel; ~ *manifold* insugnings[gren]rör **2** intagning [*the* ~ *of new students*], rekrytering [*an annual* ~ *of 100,000 men*]

intangibility [ɪnˌtændʒə'bɪlətɪ] *s* obestämbarhet, ofattbarhet; ogripbarhet

intangible [ɪn'tændʒəbl] *a* inte påtaglig; obestämd; ofattbar; abstrakt, ogripbar

integer ['ɪntɪdʒə] *s* mat. helt tal

integral ['ɪntɪgrəl] **I** *a* **1** integrerande, väsentlig [~ *part*] **2** hel, i ett stycke, odelad; *an* ~ *whole* ett [samlat] helt **3** mat., ~ *calculus* integralkalkyl **II** *s* mat. integral

integrate ['ɪntɪgreɪt] **I** *tr* **1** fullständiga **2** förena; polit. o. d. integrera; *an* ~*d personality* en hel (harmonisk) människa **3** mat. o. d. integrera **4** elektr., ~*d circuit* integrerad krets **II** *itr* **1** bli integrerad om skola, område o. d. **2** anpassa sig [~ *into the community*]

integration [ˌɪntɪ'greɪʃən] *s* **1** förening till ett helt; samordning; samverkan; anpassning [*into* till]; polit. o. d. integration, integrering **2** mat. integration

integrity [ɪn'tegrətɪ] *s* **1** redbarhet, hederlighet; *a man of* ~ en redbar man **2** fullständighet, orubbat tillstånd **3** integritet

integument [ɪn'tegjʊmənt] *s* hölje; skinn, skal, hinna

intellect ['ɪntəlekt] *s* **1** intellekt, förstånd **2** pers. intelligens, [överlägsen] begåvning [*he was the greatest* ~ *of them all*]

intellectual [ˌɪntə'lektjʊəl] **I** *a* intellektuell; andlig [~ *gifts*]; ~ *faculties* själsförmögenheter **II** *s* pers. intellektuell

intelligence [ɪn'telɪdʒəns] *s* **1** intelligens, förstånd; ~ *quotient* intelligenskvot **2** (utan pl.) underrättelse[r], upplysning[ar], meddelande[n] [*of* (*about*) om]; ~ [*service*] underrättelsetjänst

intelligent [ɪn'telɪdʒənt] *a* intelligent; be-

gåvad
intelligentsia [ɪnˌtelɪ'dʒentsɪə] *s, the* ~ intelligent[s]ian, den intellektuella eliten
intelligibility [ɪnˌtelɪdʒə'bɪlətɪ] *s* förståelighet, begriplighet
intelligible [ɪn'telɪdʒəbl] *a* förståelig, begriplig [*to* för]
intemperance [ɪn'tempərəns] *s* omåttlighet isht i mat o. dryck, överdrift [*in* i]; dryckenskap
intemperate [ɪn'tempərət] *a* **1** omåttlig, supig **2** obehärskad [~ *language*]
intend [ɪn'tend] *tr* **1** ämna, tänka; mena **2** avse, ämna; *this book is* ~*ed for you* det är meningen att du skall få den här boken; *this is* ~*ed to represent* detta skall föreställa
intended [ɪn'tendɪd] **I** *a* **1** avsedd, tilltänkt; fam. blivande [*his* ~ *bride*] **2** avsiktlig **II** *s* fam., *his* ~ hans tillkommande
intense [ɪn'tens] *a* **1** intensiv, stark [~ *heat*], häftig [~ *passion*], våldsam [~ *hatred*], sträng [~ *cold*]; djup [~ *disappointment*]; livlig [~ *interest*] **2** om pers. intensiv
intensify [ɪn'tensɪfaɪ] **I** *tr* intensifiera, förstärka, stegra, skärpa, öka **II** *itr* intensifieras, bli intensiv[are], stegras, skärpas
intensity [ɪn'tensətɪ] *s* **1** intensitet, styrka, häftighet, våldsamhet **2** fys. o. d. styrka
intensive [ɪn'tensɪv] *a* **1** intensiv, koncentrerad [~ *study*], kraftig [~ *efforts*]; ~ *care* läk. intensivvård; ~ *care unit* intensivvårdsavdelning; ~ *reading* intensivläsning **2** gram. förstärkande [~ *adverb*]
intent [ɪn'tent] **I** *a* spänt uppmärksam, spänd [~ *look*]; ~ *on* helt inriktad på; ivrigt upptagen av **II** *s* isht jur. syfte, avsikt, uppsåt [*with* ~ *to steal*]; *to all* ~*s and purposes* praktiskt taget, i allt väsentligt
intention [ɪn'tenʃən] *s* avsikt, syfte, uppsåt; [syfte]mål; föresats; mening, tanke; *with the* ~ *of saving time* i avsikt att spara tid; *with the best* ~, *with the best* [*of*] ~*s* i bästa avsikt, i all välmening; [*the way to*] *hell is paved with good* ~*s* vägen till helvetet är stenlagd med goda föresatser
intentional [ɪn'tenʃənl] *a* avsiktlig
intentionally [ɪn'tenʃnəlɪ] *adv* avsiktligt
intently [ɪn'tentlɪ] *adv* med spänd uppmärksamhet; ivrigt
inter [ɪn'tɜː] *tr* begrava, gravsätta
interact [ˌɪntər'ækt] *itr* påverka varandra
interaction [ˌɪntər'ækʃən] *s* växelverkan, växelspel, samspel
inter alia ['ɪntər'eɪlɪə] *adv* (lat.) inter alia, bland annat
interbreed ['ɪntə'briːd] (*interbred interbred*) **I** *tr* korsa raser **II** *itr* korsas [med varandra]
interbreeding ['ɪntə'briːdɪŋ] *s* korsning av raser
intercede [ˌɪntə'siːd] *itr* lägga sig ut, fälla (göra) förbön [*he* ~*d with* (hos) *the governor for the condemned man*]; medla
intercept [ˌɪntə'sept] *tr* **1** snappa upp på vägen [~ *a letter*]; fånga upp, hindra [~ *the light*] **2** genskjuta, hejda [~ *the enemy's bombers*]; spärra [vägen för]; avskära [~ *their supplies*]
interception [ˌɪntə'sepʃən] *s* uppsnappande etc., jfr *intercept*; avbrytande; mil. äv. radiospaning; robot. målfångning
intercession [ˌɪntə'seʃən] *s* förbön; medling; *make* ~ *for a p.* lägga sig ut för ngn
interchange [ss. vb ˌɪntə'tʃeɪndʒ, ss. subst. 'ɪntətʃeɪndʒ] **I** *tr* **1** utbyta [~ *views*], [ut]växla [~ *gifts*]; byta ut [mot varandra] [~ *two things*] **2** låta omväxla [~ *work with play*] **II** *s* **1** a) [ömsesidigt] utbyte [~ *of gifts* (*ideas*)], utväxling b) ordskifte c) handelsutbyte; ~ *of courtesies* ömsesidiga artighetsbetygelser **2** växling [*the* ~ *of seasons*]
interchangeability ['ɪntəˌtʃeɪndʒə'bɪlətɪ] *s* utbytbarhet
interchangeable [ˌɪntə'tʃeɪndʒəbl] *a* utbytbar, som kan bytas ut [*with* mot]
interchangeably [ˌɪntə'tʃeɪndʒəblɪ] *adv* omväxlande [*with* med]
intercollegiate ['ɪntəkə'liːdʒɪət] *a* [som äger rum] mellan olika college (Am. äv. universitet) [~ *debates*]
intercom ['ɪntəkɒm] *s* fam. **1** ~ [*system*] se *intercommunication 2* **2** ~ [*telephone*] snabbtelefon, lokaltelefon apparat
intercommunicate [ˌɪntəkə'mjuːnɪkeɪt] *itr* stå i förbindelse med varandra; kommunicera
intercommunication ['ɪntəkəˌmjuːnɪ'keɪʃən] *s* **1** inbördes förbindelse; kommunikation **2** ~ *system* snabbtelefonsystem; kommunikationsradio
interconnect ['ɪntəkə'nekt] *tr* förena med varandra
intercontinental ['ɪntəˌkɒntɪ'nentl] *a* interkontinental
intercourse ['ɪntəkɔːs] *s* **1** umgänge [*with* med]; gemenskap; förbindelse **2** [*sexual*] ~ sexuellt umgänge, samlag
interdenominational ['ɪntəˌdɪnɒmɪ'neɪʃənl] *a* samkyrklig
interdependence [ˌɪntədɪ'pendəns] *s* ömsesidigt beroende
interdependent [ˌɪntədɪ'pendənt] *a* beroende av varandra
interdict [ss. subst. 'ɪntədɪkt, ss. vb ˌɪntə'dɪkt] **I** *s* **1** förbud **2** kyrkl. interdikt **II** *tr* förbjuda
interdisciplinary ['ɪntəˌdɪsɪ'plɪnərɪ] *a* tvärvetenskaplig
interest ['ɪntrəst, -tərest] **I** *s* **1** intresse [*in* för]; *sphere of* ~ intressesfär **2** intresse,

bästa; egen fördel; *it is to his ~ to* det ligger i hans intresse att **3** intresse [*American ~s in Asia*]; andel [*have an ~ in a brewery*], insats; anspråk, rätt; *controlling ~* aktiemajoriteten **4** ~[*s* pl.] intresserade kretsar, [grupp av] intressenter; *the landed ~*[*s*] godsägarna; *the moneyed ~* kapitalintresset **5** ränta, räntor; *compound ~* ränta på ränta; *simple ~* enkel ränta; *five per cent ~* fem procents ränta; *bear* (*yield*) *~* ge ränta, löpa med ränta, förränta sig; *lend money at* (*on*) *~* låna ut pengar mot ränta; *he returned the blow with ~* han slog igen ännu hårdare; *without ~* räntefri[tt] **II** *tr* (se äv. *interested*) **1** intressera [*in* för]; göra intresserad [*in* av (för)] **2** angå, intressera [*the fight for peace ~s all nations*]

interested ['ɪntrəstɪd, -tərest-] *pp* o. *a* **1** intresserad; *be ~ in* intressera sig för, vara intresserad av (för); *those ~* el. *the ~ parties* vederbörande, berörda parter **2** partisk [*~ witness*] **3** egennyttig, självisk [*~ motives*]

interesting ['ɪntrəstɪŋ, -tərest-] *a* intressant [*to* för]

interfere [ˌɪntə'fɪə] *itr* **1** om pers. ingripa [*in* i, *with* mot]; *don't ~!* lägg dig inte i det [här (där)]!; *~ between* [*husband and wife*] gå emellan . .; *~ with* lägga sig i; inkräkta på; mixtra med **2** om saker komma [hindrande] i vägen (emellan); *~ with* a) hindra, störa b) kollidera med, komma i konflikt med **3** fys., om vågrörelser interferera

interference [ˌɪntə'fɪərəns] *s* **1** ingripande [*without ~ from the police*]; inblandning [*in* i] **2** hinder, störning **3** konflikt **4** a) fys. interferens b) radio. o. d. störningar

interfering [ˌɪntə'fɪərɪŋ] *a* som lägger sig i; störande

Interflora [ˌɪntə'flɔːrə] Interflora, den internationella Blomsterförmedlingen

interim ['ɪntərɪm] (lat.) **I** *a* interims-, provisorisk **II** *s* mellantid; *in the ~* under tiden

interior [ɪn'tɪərɪə] **I** *a* **1** inre; invändig; inomhus-; *~ decoration* heminredning; *~ decorator* inredningsarkitekt **2** inlands- **3** inrikes **II** *s* **1** inre; insida; interiör, fotogr. inomhusbild **2** *the Department of the I~* i USA o. vissa andra länder inrikesdepartementet; *Minister* (*Secretary* Am.) *of the I~* inrikesminister

interior-decorate [ɪn'tɪərɪə'dekəreɪt] *tr* inreda rum o. d.

interject [ˌɪntə'dʒekt] *tr* skjuta (kasta) in [*~ a remark*]

interjection [ˌɪntə'dʒekʃən] *s* inpass; gram. interjektion, utropsord

interlace [ˌɪntə'leɪs] **I** *tr* fläta samman isht bildl.; fläta in, blanda [in] **II** *itr* vara sammanflätad (sammanvävd)

interlard [ˌɪntə'lɑːd] *tr* späcka, blanda upp [*an essay ~ed with quotations*]

interleaf ['ɪntəliːf] *s* rent mellanblad i bok

interleave [ˌɪntə'liːv] *tr* interfoliera [*~ a book*]

interlinear [ˌɪntə'lɪnɪə] *a* [skriven (tryckt)] mellan raderna

interlink [ˌɪntə'lɪŋk] *tr* länka samman

interlock [ˌɪntə'lɒk] **I** *itr* gripa (gå in, klaffa) i varandra, hänga ihop; vara sammankopplad **II** *tr* spärra, låsa; fläta ihop

interlocutor [ˌɪntə'lɒkjʊtə] *s* interlokutör

interloper ['ɪntələʊpə] *s* inkräktare

interlude ['ɪntəluːd, -ljuːd] *s* **1** mellanspel; uppehåll, paus; intervall **2** mus. mellanspel

intermarriage [ˌɪntə'mærɪdʒ] *s* giftermål[sförbindelse] mellan personer av olika familj, ras o. d.; blandäktenskap

intermarry ['ɪntə'mærɪ] *itr* om familjer, raser o. d. förenas genom giftermål [*with* med andra familjer o. d.], gifta sig med varandra

intermediary [ˌɪntə'miːdjərɪ] **I** *a* **1** förmedlande, som uppträder som mellanhand **2** mellanliggande **II** *s* **1** mellanhand, mäklare; förmedlare **2** medel; mellanled

intermediate [ˌɪntə'miːdjət] *a* mellanliggande; som utgör ett övergångsstadium; mellan-; *~ stage* mellanstadium

interment [ɪn'tɜːmənt] *s* begravning, gravsättning

intermezz|o [ˌɪntə'mets|əʊ] (pl. *-os* el. *-i* [-iː]) *s* intermezzo, mellanspel

interminable [ɪn'tɜːmɪnəbl] *a* oändlig, ändlös; långtråkig [*an ~ sermon*]

interminably [ɪn'tɜːmɪnəblɪ] *adv* i det oändliga

intermingle [ˌɪntə'mɪŋgl] **I** *tr* blanda [in] **II** *itr* blanda sig; umgås, träffas

intermission [ˌɪntə'mɪʃən] *s* uppehåll, avbrott, paus [*without ~*]

intermittent [ˌɪntə'mɪtənt] *a* intermittent; ojämn, oregelbunden [*~ pulse*]; periodisk

intermix [ˌɪntə'mɪks] *tr* blanda

intermixture [ˌɪntə'mɪkstʃə] *s* [upp]blandning

intern [ɪn'tɜːn] *tr* internera, spärra in

internal [ɪn'tɜːnl] *a* inre; invärtes, invändig; inner-; för invärtes bruk; inhemsk, inrikes-; intern; *~ combustion engine* förbränningsmotor; *~ revenue* Am. = *inland revenue*

internally [ɪn'tɜːnəlɪ] *adv* i det inre, invärtes; i sitt inre, inom sig

international [ˌɪntə'næʃənl] **I** *a* internationell, mellanfolklig; världsomfattande; sport. lands- [*~ team*] **II** *s* sport. **1** landskamp **2** landslagsspelare

Internationale [ˌɪntənæʃə'nɑːl] *s, the ~* Internationalen revolutionssång

internationalization ['ɪntəˌnæʃnəlaɪ'zeɪ-

ʃən] *s* internationalisering
internationalize [ˌɪntəˈnæʃnəlaɪz] *tr* internationalisera
internecine [ˌɪntəˈniːsaɪn] *a* förödande för alla parter [~ *war*]; inbördes [~ *struggle*]
internee [ˌɪntɜːˈniː] *s* internerad person; *the ~s* de internerade
internment [ɪnˈtɜːnmənt] *s* internering
inter-office [ˌɪntərˈɒfɪs] *a* mellan avdelningar[na] på kontor, intern [*an ~ memorandum*]; ~ *telephone* lokaltelefon
interpellate [ɪnˈtɜːpeleɪt] *tr* interpellera
interplanetary [ˌɪntəˈplænɪtərɪ] *a* interplanetarisk, mellan planeter[na]
interplay [ˈɪntəˈpleɪ] *s* samspel; växelverkan; skiftning [~ *of* (mellan) *light and shade*]
Interpol [ˈɪntəpɒl] *s* (förk. för *International Criminal Police Organization*) Interpol
interpolate [ɪnˈtɜːpəʊleɪt] *tr* interpolera, inflicka ord o. d. i text
interpolation [ɪnˌtɜːpəʊˈleɪʃən] *s* interpolering, interpolation; tillägg
interpose [ˌɪntəˈpəʊz] **I** *tr* **1** sätta (anbringa) emellan; komma emellan med; inlägga [~ *a veto*] **2** inflicka [~ *a question*] **II** *itr* **1** gå (träda) emellan **2** avbryta
interpret [ɪnˈtɜːprɪt] **I** *tr* tolka, tyda; förklara **II** *itr* tjänstgöra som (vara) tolk
interpretation [ɪnˌtɜːprɪˈteɪʃən] *s* tolkning; tydning, förklaring
interpreter [ɪnˈtɜːprɪtə] *s* tolk; tolkare
interracial [ˌɪntəˈreɪʃjəl] *a* mellan skilda raser
interrail [ˌɪntəˈreɪl] *itr* tågluffa
interregnum [ˌɪntəˈregnəm] *s* interregnum
interrelate [ˈɪntərɪˈleɪt] **I** *tr* få att stämma överens; *an ~d series of experiments* en serie av inbördes besläktade experiment **II** *itr* vara inbördes besläktad [*with* med]
interrelation [ˈɪntərɪˈleɪʃən] *s* inbördes förhållande
interrogate [ɪnˈterəʊgeɪt] *tr* fråga ut; förhöra [~ *a witness*]
interrogation [ɪnˌterəʊˈgeɪʃən] *s* **1** utfrågning, förhör **2** fråga; *mark* (*note*) *of* ~ frågetecken
interrogative [ˌɪntəˈrɒgətɪv] **I** *a* frågande; interrogativ **II** *s* gram. frågeord
interrogator [ɪnˈterəʊgeɪtə] *s* förhörsledare, utfrågare
interrogatory [ˌɪntəˈrɒgətərɪ] *a* frågande
interrupt [ˌɪntəˈrʌpt] **I** *tr* avbryta [~ *the speaker*]; störa **II** *itr* avbryta [*don't* ~*!*]
interruption [ˌɪntəˈrʌpʃən] *s* avbrytande; avbrott
intersect [ˌɪntəˈsekt] **I** *tr* skära, korsa; ~*ed with* (*by*) genomskuren av **II** *itr* skära varandra, korsas
intersection [ˌɪntəˈsekʃən] *s* **1** skärning, korsning; genomskärning **2** isht geom. skärningspunkt **3** gatukorsning, vägkorsning
intersperse [ˌɪntəˈspɜːs] *tr* blanda in; blanda upp, späcka, krydda [*a speech ~d with witty remarks*]
interstellar [ˈɪntəˈstelə] *a* interstellär, mellan stjärnor
interstice [ɪnˈtɜːstɪs] *s* springa, rämna
intertwine [ˌɪntəˈtwaɪn] **I** *tr* fläta samman **II** *itr* slingra ihop sig
interurban [ˌɪntərˈɜːbən] *a* interurban
interval [ˈɪntəvəl] *s* **1** mellanrum i tid o. rum; intervall; avbrott; mellanakt; paus, rast; *bright ~s* tidvis uppklarnande [väder]; *at ~s* a) med intervaller, emellanåt b) med mellanrum **2** mus. intervall
intervene [ˌɪntəˈviːn] *itr* **1** komma emellan (i vägen) [*if nothing ~s*], tillstöta **2** intervenera; ingripa [~ *in the debate*], inskrida; gå (träda) emellan, medla **3** infalla; *during the years that ~d* under de mellanliggande åren
intervention [ˌɪntəˈvenʃən] *s* intervention, ingripande, inskridande; medling
interview [ˈɪntəvjuː] **I** *s* intervju; samtal **II** *tr* ha en intervju (ett samtal) med, intervjua
interviewer [ˈɪntəvjuːə] *s* intervjuare
interweave [ˌɪntəˈwiːv] (*interwove interwoven*) *tr* väva (fläta) samman; väva (fläta) in
intestate [ɪnˈtestət] *a, die* ~ dö utan att efterlämna testamente
intestinal [ɪnˈtestɪnl] *a* tarm- [~ *canal*], inälvs- [~ *worm*]
intestine [ɪnˈtestɪn] *s,* vanl. pl. *~s* tarmar; inälvor; *the large* ~ tjocktarmen; *the small* ~ tunntarmen
in-thing [ˈɪnθɪŋ] *s* fam. innegrej modesak; [*high heels*] *are the* ~ det är inne med . .
intimacy [ˈɪntɪməsɪ] *s* förtrolighet; förtroligt (intimt) förhållande; umgänge
intimate [ss. adj. o. subst. ˈɪntɪmət, ss. vb ˈɪntɪmeɪt] **I** *a* **1** förtrolig, intim [~ *friend*]; [mycket] nära [~ *connection*]; ingående [*an ~ knowledge of*]; *be on ~ terms with* a) stå på förtrolig fot med b) ha ett förhållande med **2** innersta [~ *feelings*] **II** *s* förtrogen vän, förtrogen **III** *tr* **1** tillkännage, meddela **2** antyda, låta förstå
intimation [ˌɪntɪˈmeɪʃən] *s* **1** tillkännagivande, meddelande **2** antydan, vink
intimidate [ɪnˈtɪmɪdeɪt] *tr* skrämma [*into doing a th.* [till] att göra ngt]; terrorisera
intimidation [ɪnˌtɪmɪˈdeɪʃən] *s* skrämsel; hotelser
into [ˈɪntʊ, framför konsonantljud äv. ˈɪntə] *prep* (se äv. under resp. huvudord) **1** om rörelse, riktning o. d. in i [*come ~ the house*]; ut i [*come ~ the garden*]; fram i [*come ~ the light*]; i [*jump ~ the water; divide a th.* ~

two parts, 2 ~ 10 is 5 (går 5 gånger)]; in på [*go ~ a restaurant*] **2** bildl. a) i [*get ~ difficulties*] b) till [*change ~*]; *develop ~* utveckla [sig] till; *translate ~ English* översätta till engelska **3** fam., *be ~ a th.* vara intresserad av ngt, syssla med ngt

intolerable [ɪn'tɒlərəbl] *a* outhärdlig, odräglig

intolerance [ɪn'tɒlərəns] *s* intolerans

intolerant [ɪn'tɒlərənt] *a* intolerant

intonation [ˌɪntəʊ'neɪʃən] *s* intonation, musikalisk accent

intone [ɪn'təʊn] *tr* o. *itr* läsa sjungande (entonigt) [*~ a prayer*]

in toto [ɪn'təʊtəʊ] *adv* (lat.) i sin (dess) helhet [*accept a plan ~*]; totalt, fullständigt

intoxicant [ɪn'tɒksɪkənt] *s* berusningsmedel, rusdryck

intoxicate [ɪn'tɒksɪkeɪt] *tr* berusa äv. bildl.

intoxicated [ɪn'tɒksɪkeɪtɪd] *a* berusad äv. bildl., yr i huvudet [*with, by* av]

intoxicating [ɪn'tɒksɪkeɪtɪŋ] *a* [be]rusande

intoxication [ɪnˌtɒksɪ'keɪʃən] *s* berusning äv. bildl., rus

intractable [ɪn'træktəbl] *a* motspänstig, obändig; omedgörlig; svårbearbetad

intramural ['ɪntrə'mjʊərəl] *a* innanför stadens (universitetets o. d.) murar

intransigent [ɪn'trænsɪdʒənt] *a* omedgörlig, oförsonlig

intransitive [ɪn'trænsətɪv] *a* gram. intransitiv

intra-uterine ['ɪntrə'ju:təraɪn] *a* med. livmoders-, i livmodern; *~* [*contraceptive*] *device* livmoderinlägg

intravenous ['ɪntrə'vi:nəs] *a* med. intravenös

in-tray ['ɪntreɪ] *s* korg (låda) för ingående post

intrepid [ɪn'trepɪd] *a* oförskräckt, orädd

intrepidity [ˌɪntrə'pɪdətɪ] *s* oförskräckthet, oräddhet

intricac|y ['ɪntrɪkəsɪ] *s* krånglighet, trassslighet; virrvarr; pl. *-ies* förvecklingar

intricate ['ɪntrɪkət] *a* **1** invecklad, krånglig **2** tilltrasslad [*an ~ plot*], hoptrasslad

intrigue [ɪn'tri:g] **I** *s* intrig[erande], ränksmideri, ränker **II** *itr* intrigera, smida ränker **III** *tr* väcka intresse (nyfikenhet) hos [*the news ~d us*]; fängsla [*the puzzle ~d her*]

intriguer [ɪn'tri:gə] *s* intrigmakare, ränksmidare

intriguing [ɪn'tri:gɪŋ] *a* **1** intrigant **2** fängslande, spännande; intressant; förbryllande

intrinsic [ɪn'trɪnsɪk] *a* inre, inneboende [*the ~ power*]; egentlig, verklig, reell

intrinsically [ɪn'trɪnsɪkəlɪ] *adv* i sig själv[t], i sitt innersta väsen; egentligen, verkligen, reellt

introduce [ˌɪntrə'dju:s] *tr* **1** införa, introducera [*into* i; *~ new ideas* (*methods*)]; *~ into* äv. infoga i [*~ amendments into a bill*] **2** föra in [*~ a tube into a wound*] **3** inleda [*~ a subject with a few jokes*] **4** presentera, föreställa [*to* för]; introducera; *~ o.s.* presentera sig; *allow me to ~..* får jag presentera (föreställa).. **5** göra bekant [*to a th.* med ngt]; *be ~d to* stifta bekantskap med, bli insatt (invigd) i

introduction [ˌɪntrə'dʌkʃən] *s* **1** introduktion, införande [*the ~ of a new fashion*] **2** introduktion, inledning [*to* till], handledning [*to* i] **3** presentation [*to* för]; *letter of ~* rekommendations-, introduktions|brev

introductory [ˌɪntrə'dʌktərɪ] *a* inledande, inlednings-; förberedande

introspection [ˌɪntrəʊ'spekʃən] *s* psyk. introspektion, självjakttagelse

introspective [ˌɪntrəʊ'spektɪv] *a* introspektiv, inåtvänd

introvert ['ɪntrəʊvɜ:t] **I** *a* inåtvänd, sluten; psyk. introvert **II** *s* inåtvänd person

intrud|e [ɪn'tru:d] **I** *itr* tränga sig på, inkräkta; *I hope I'm not -ing* jag hoppas jag inte stör **II** *tr, ~ o.s. upon* tränga sig på

intruder [ɪn'tru:də] *s* inkräktare, objuden gäst

intrusion [ɪn'tru:ʒən] *s* inkräktning, intrång [[*up*]*on* på, i]; inträngande [*into* i]

intrusive [ɪn'tru:sɪv] *a* **1** inkräktande **2** påflugen, påträngande

intuition [ˌɪntjʊ'ɪʃən] *s* intuition; ingivelse

intuitive [ɪn'tju:ɪtɪv] *a* intuitiv

inundate ['ɪnʌndeɪt] *tr* översvämma

inundation [ˌɪnʌn'deɪʃən] *s* översvämning

inure [ɪ'njʊə] *tr* vänja; härda [*~d to* (mot) *cold* (*hardship*)]

invade [ɪn'veɪd] **I** *tr* invadera, ockupera; om sjukdomar angripa; *an invading army* en invasionsarmé **II** *itr* göra invasion

invader [ɪn'veɪdə] *s* inkräktare, angripare

1 invalid [ss. subst. o. adj. 'ɪnvəlɪd, -li:d, ss. vb 'ɪnvəli:d] **I** *s* sjukling; invalid **II** attr. *a* sjuklig; sjuk-; invalid-; *an ~ chair* en rullstol **III** *tr* o. *itr* invalidisera[s]

2 invalid [ɪn'vælɪd] *a* ogiltig [*an ~ cheque*], utan laga kraft [*an ~ claim*]; som inte gäller (duger) [*an ~ excuse*]

invalidate [ɪn'vælɪdeɪt] *tr* göra ogiltig, ogiltigförklara; jur. jäva

1 invalidity [ˌɪnvə'lɪdətɪ] *s* sjuklighet; invaliditet

2 invalidity [ˌɪnvə'lɪdətɪ] *s* ogiltighet

invaluable [ɪn'væljʊəbl] *a* ovärderlig

invariability [ɪnˌveərɪə'bɪlətɪ] *s* oföränderlighet; beständighet

invariable [ɪn'veərɪəbl] **I** *a* oföränderlig; [be]ständig **II** *s* mat. konstant

invariably [ɪn'veərɪəblɪ] *adv* oföränderligt,

konstant; ständigt, undantagslöst
invasion [ɪn'veɪʒən] *s* invasion äv. bildl. [*an ~ of tourists*]; [fientligt] infall
invective [ɪn'vektɪv] *s* **1** (utan pl.) invektiv, smädelser, skymford **2** pl. *~s* förbannelser, kraftuttryck, invektiv
inveigh [ɪn'veɪ] *itr*, *~ against* fara ut mot
inveigle [ɪn'vi:gl, -'veɪgl] *tr* locka, förleda, lura [*a p. into* (*into doing*) *a th.* ngn till (att göra) ngt]
invent [ɪn'vent] *tr* **1** uppfinna **2** hitta på
invention [ɪn'venʃən] *s* **1** uppfinning; påfund, [ren] dikt (lögn) **2** uppfinnande [*the ~ of the telephone*]; *necessity is the mother of ~* nöden är uppfinningarnas moder
inventive [ɪn'ventɪv] *a* **1** uppfinningsrik, påhittig **2** uppfinnar- [*~ genius*]
inventiveness [ɪn'ventɪvnəs] *s* uppfinningsförmåga, påhittighet
inventor [ɪn'ventə] *s* uppfinnare
inventory ['ɪnvəntrɪ] *s* inventarium, varuförteckning; bouppteckning; *make* (*take*) *an ~ of a th.* upprätta [en] inventarieförteckning över ngt
Inverness [ˌɪnvə'nes]
Invernesshire [ˌɪnvə'nesʃɪə, -ʃə]
inverse ['ɪn'vɜ:s] *a* omvänd, omkastad; motsatt; *in ~ proportion* (*ratio*) *to* omvänt proportionell mot
inversion [ɪn'vɜ:ʃən] *s* inversion, omvändning, omkastning
invert [ɪn'vɜ:t] *tr* vända upp och ned [på] [*~ a glass*]; kasta (vända, flytta) om
invertebrate [ɪn'vɜ:tɪbreɪt] zool. **I** *s* invertebrat, ryggradslöst djur **II** *a* ryggradslös
inverted [ɪn'vɜ:tɪd] *a* upp och nedvänd; omvänd, omkastad; inverterad; *~ commas* anförings-, citations|tecken; *~ word-order* gram. omvänd ordföljd
invest [ɪn'vest] **I** *tr* **1** investera, placera [*~ money in* (i) *stocks*] **2** installera [*~ a p. in an office*] **3** *~ with* utrusta med, förse med [*~ a p. with power* (*full authority*)] **4** omringa, belägra [*~ a fortress*] **II** *itr* investera, placera pengar (kapital) [*~ in stocks*]; fam. lägga ut (ner) pengar [*in* på]
investigate [ɪn'vestɪgeɪt] *tr* utforska, undersöka; utreda [*~ a crime*]
investigation [ɪnˌvestɪ'geɪʃən] *s* undersökning [*into* angående, av; *of* av]; [ut]forskning; utredning
investigator [ɪn'vestɪgeɪtə] *s* forskare; undersökare; utredare
investiture [ɪn'vestɪtʃə] *s* investitur, insättande (installerande) [i ämbete]
investment [ɪn'vestmənt] *s* **1** investering, placering [*~ of* (av) *money in stocks*]; kapitalplacering **2** mil. belägring, omringning
investor [ɪn'vestə] *s* investerare; aktieägare
inveteracy [ɪn'vetərəsɪ] *s* ingroddhet
inveterate [ɪn'vetərət] *a* inrotad, ingrodd [*an ~ habit*]; oförbätterlig, inbiten [*an ~ smoker*]; *an ~ enemy* en oförsonlig fiende
invidious [ɪn'vɪdɪəs] *a* olycklig, betänklig; stötande; *make ~ distinctions* (*comparisons*) göra åtskillnad (orättvisa jämförelser)
invigilate [ɪn'vɪdʒɪleɪt] *itr* vakta, hålla vakt vid examensskrivning
invigilation [ɪnˌvɪdʒɪ'leɪʃən] *s* vakt[-hållning] vid examensskrivning
invigilator [ɪn'vɪdʒɪleɪtə] *s* skrivvakt
invigorat|e [ɪn'vɪgəreɪt] *tr* stärka, styrka, liva [upp]; friska upp; *an -ing climate* ett stärkande klimat
invincibility [ɪnˌvɪnsɪ'bɪlətɪ] *s* oövervinnlighet
invincible [ɪn'vɪnsəbl] *a* oövervinnlig
inviolability [ɪnˌvaɪələ'bɪlətɪ] *s* okränkbarhet
inviolable [ɪn'vaɪələbl] *a* okränkbar [*an ~ law*], oantastlig; helig [*an ~ oath*]
inviolacy [ɪn'vaɪələsɪ] *s* okränkthet
inviolate [ɪn'vaɪələt] *a* **1** okränkt, orörd, obruten, oantastad **2** okränkbar, oantastlig
invisibility [ɪnˌvɪzə'bɪlətɪ] *s* osynlighet
invisible [ɪn'vɪzəbl] *a* osynlig [*to* för]; *~ exports* (*imports*) hand. osynlig export (import); *~ mending* konststoppning
invitation [ˌɪnvɪ'teɪʃən] *s* **1** inbjudan: *~ card* inbjudningskort **2** kallelse; anmodan, uppmaning **3** lockelse, invit
invite [ɪn'vaɪt] *tr* **1** [in]bjuda, invitera [*~ a p. to* (till, på) *dinner*] **2** a) be, uppfordra, uppmana, anmoda, inbjuda b) be om; ge anledning till; dra till sig; *~ comparison* (*criticism*) inbjuda till jämförelser (kritik)
inviting [ɪn'vaɪtɪŋ] *a* inbjudande; lockande, frestande; attraktiv
invocation [ˌɪnvəʊ'keɪʃən] *s* **1** åkallan [*~ of the Muses*], anropande, invokation **2** åberopande
invoice ['ɪnvɔɪs] **I** *s* faktura, [varu]räkning **II** *tr* fakturera
invoke [ɪn'vəʊk] *tr* åkalla [*~ the Muses*], anropa; uppväcka; frambesvärja [*~ evil spirits*]; *~ vengeance on* nedkalla hämnd över
involuntary [ɪn'vɒləntərɪ] *a* ofrivillig; oavsiktlig
involve [ɪn'vɒlv] *tr* **1** inveckla, dra in; blanda in; *~ o.s. in unnecessary expense* skaffa sig onödiga utgifter; [*people who are*] *~d* . . inblandade; *~d in* äv. engagerad i **2** medföra, involvera, innefatta **3** *an ~d sentence* en invecklad mening
involvement [ɪn'vɒlvmənt] *s* inblandning; *~ in* äv. engagemang i
invulnerability [ɪnˌvʌlnərə'bɪlətɪ] *s* osårbarhet

invulnerable [ɪn'vʌlnərəbl] *a* osårbar [*to* för]; oangriplig, oantastlig
inward ['ɪnwəd] **I** *a* inre; invändig, invärtes: in[åt]gående, inåtriktad **II** *adv* inåt
inwardly ['ɪnwədlɪ] *adv* invärtes; i sitt inre (hjärta) [*grieve ~*]; innerst inne
inwards ['ɪnwədz] *adv* inåt
inwrought ['ɪn'rɔ:t] *a* inarbetad [*~ in a pattern*]; invävd [*~ pattern*]; sammanvävd
iodine ['aɪəʊdi:n, 'aɪədaɪn] *s* kem. jod
I.O.M. förk. för *Isle of Man*
ion ['aɪən, 'aɪɒn] *s* fys., kem. jon
ionize ['aɪənaɪz] *tr* jonisera
ionosphere [aɪ'ɒnəsfɪə] *s* jonosfär
I O U ['aɪəʊ'ju:] *s* (= *I owe you*) skuldsedel, enkel revers
I.O.W. förk. för *Isle of Wight*
Iowa ['aɪəʊə, 'aɪəwə]
IPA ['aɪpi:'eɪ] **1** förk. för *International Phonetic Alphabet* (*Association*) IPA **2** förk. för *International Press Association*
ipso facto ['ɪpsəʊ'fæktəʊ] *adv* (lat.) ipso facto; genom sakens natur
Ipswich ['ɪpswɪtʃ]
I.Q. ['aɪ'kju:] (pl. *~s*) *s* (förk. för *intelligence quotient*) IK, IQ
I.R.A. ['aɪɑ:r'eɪ] *s* (förk. för *Irish Republican Army*) I.R.A.
Irak [ɪ'rɑ:k] se *Iraq*
Iran [ɪ'rɑ:n]
Iranian [ɪ'reɪnjən, aɪ'r-] **I** *a* iransk **II** *s* **1** iran[ier] **2** iranska [språket]
Iraq [ɪ'rɑ:k] Irak
Iraqi [ɪ'rɑ:kɪ] **I** *a* irakisk **II** *s* iraker, irakier
irascibility [ɪˌræsɪ'bɪlətɪ] *s* hetsighet, lättretlighet
irascible [ɪ'ræsɪbl] *a* hetsig, lättretlig
irate [aɪ'reɪt] *a* vred, rasande, ilsken
IRBM ['aɪ'ɑ:'bi:'em] förk. för *Intermediate Range Ballistic Missile* [ballistisk] medeldistansrobot
ire ['aɪə] *s* poet. vrede, raseri
Ireland ['aɪələnd] Irland
Irene [aɪ'ri:nɪ, 'aɪri:n]
iridescence [ˌɪrɪ'desns] *s* regnbågsskimmer
iridescent [ˌɪrɪ'desnt] *a* regnbågsskimrande
iridium [aɪ'rɪdɪəm, ˌaɪə'r-] *s* iridium
Iris ['aɪərɪs]
iris ['aɪərɪs] *s* **1** anat. iris, regnbågshinna **2** bot. iris; svärdslilja
Irish ['aɪərɪʃ] **I** *a* irländsk, irisk; *~ coffee* Irish coffee kaffe med whisky, socker och grädde i; *the ~ Republican Army* Irländska republikanska armén illegal nationalistorganisation; *the ~ Sea* Irländska sjön; *~ stew* irländsk fårgryta (stuvning), Irish stew **II** *s* **1** irländska (iriska) [språket] **2** *the ~* irländarna
Irish|man ['aɪərɪʃmən] (pl. *-men* [-mən]) *s* irländare
Irish|woman ['aɪərɪʃˌwʊmən] (pl. *-women* [-ˌwɪmɪn]) *s* irländska
irk [ɜ:k] *tr* förtreta, irritera; *it ~s me* [*to do that*] det tråkar ut (irriterar) mig . .
irksome ['ɜ:ksəm] *a* tröttsam, irriterande
iron ['aɪən] **I** *s* **1** järn äv. bildl.; *corrugated ~* korrugerad plåt; *have* [*too*] *many ~s in the fire* ha [för] många järn i elden; *a will of ~, an ~ will* en järnvilja; *strike while the ~ is hot* smida medan järnet är varmt **2** stryk-, press|järn **3** brännjärn **4** golf. järn[klubba] **5** läk. järn[preparat] **6** pl. *~s* järn, bojor [*put a man in ~s*] **7** sl. järn skjutvapen **II** attr. *a* **1** järn- [*an ~ mine* (*plate*)]; järn-, stål|grå; *~ age* arkeol. järnålder; *~ constitution* järn|hälsa, -fysik; *~ curtain* järnridå bildl.; *~ lung* läk. järnlunga **2** järnhård, oböjlig, sträng, obarmhärtig; järn- [*an ~ grip*]; *rule with an ~ hand* styra med järnhand **3** isht mil., *~ ration* reservproviant, nödranson **4** *~ man* Am. sl. a) [silver]dollar b) om pers. robot, maskin **III** *tr* **1** stryka [*~ a shirt*], pressa **2** *~ out* a) bildl. utjämna [*~ out difficulties*] b) släta (pressa) ut [*~ out wrinkles*]
iron-foundry ['aɪənˌfaʊndrɪ] *s* järngjuteri
ironic [aɪ'rɒnɪk] *a* o. **ironical** [aɪ'rɒnɪkəl] *a* ironisk
ironing ['aɪənɪŋ] *s* **1** strykning med strykjärn, pressning **2** stryktvätt
ironing-board ['aɪənɪŋbɔ:d] *s* strykbräde
ironmonger ['aɪənˌmʌŋgə] *s* järnhandlare; *~'s* [*shop*] järn|affär, -handel
ironmongery ['aɪənˌmʌŋgərɪ] *s* **1** järnvaror, smide[svaror] **2** järn|affär, -handel
ironware ['aɪənweə] *s* järnvaror
ironwork ['aɪənwɜ:k] *s* **1** smide[sgods], järn[gods]; järnartiklar **2** järnkonstruktion
ironworks ['aɪənwɜ:ks] (konstr. vanl. ss. sg.; pl. *ironworks*) *s* järn|verk, -bruk [*an ~*]
irony ['aɪərənɪ] *s* ironi
Iroquois ['ɪrəkwɔɪ, -kwɔɪz] **I** *s* irokeser **II** *a* irokesisk
irradiate [ɪ'reɪdɪeɪt] *tr* **1** bestråla, belysa; kasta ljus över [*~ a subject*] **2** utstråla [*~ happiness*]
irrational [ɪ'ræʃənl] *a* **1** irrationell; orimlig [*~ fears*] **2** oskälig [*an ~ animal*]
irreconcilable ['ɪˌrekən'saɪləbl] *a* **1** oförsonlig [*~ enemies*] **2** oförenlig [*to, with* med; *~ ideas*]
irrecoverable [ˌɪrɪ'kʌvərəbl] *a* **1** oersättlig [*~ losses*], som ej kan återfås **2** hand. oindrivbar [*~ debts*]
irredeemable [ˌɪrɪ'di:məbl] *a* **1** hand. ouppsägbar [*an ~ debt* (*loan*)]; oinlösbar, oinlöslig **2** oersättlig [*an ~ loss*] **3** oförbätterlig [*an ~ sinner*]
irreducible [ˌɪrɪ'dju:səbl] *a* oreducerbar äv.

mat.; omöjlig att reducera; mat. omöjlig att förenkla; absolut [~ *minimum*]

irrefutable [ɪ'refjʊtəbl, ˌɪrɪ'fju:t-] *a* ovedersäglig, obestridlig [*an ~ argument*]

irregular [ɪ'regjʊlə] **I** *a* **1** oregelbunden [*an ~ pulse* (*plural*)]; ojämn [*an ~ surface*] **2** oegentlig, inkorrekt, reglementsvidrig [*~ conduct* (*proceedings*)]; ogiltig **3** irreguljär [*~ troops*] **II** *s*, pl. *~s* irreguljära trupper

irregularity [ɪˌregjʊ'lærətɪ] *s* oregelbundenhet; oriktighet; oordentlighet i levnadssätt; ojämnhet [*-ies in the surface*]

irrelevance [ɪ'reləvəns] *s* irrelevans; brist på (bristande) samband [*~ to* (med) *the case in question*]; ovidkommande anmärkning

irrelevant [ɪ'reləvənt] *a* irrelevant, ovidkommande; ej tillämplig

irreligious [ˌɪrɪ'lɪdʒəs] *a* irreligiös; gudlös

irremediable [ˌɪrɪ'mi:djəbl] *a* obotlig, ohjälplig

irreparable [ɪ'repərəbl] *a* irreparabel [*~ damage*]; ohjälplig, obotlig [*~ injury*]; oersättlig [*~ loss*]

irreplaceable [ˌɪrɪ'pleɪsəbl] *a* oersättlig

irrepressible [ˌɪrɪ'presəbl] *a* okuvlig; obetvinglig [*~ desire*]; uppsluppen

irreproachable [ˌɪrɪ'prəʊtʃəbl] *a* oförvitlig; oklanderlig [*~ conduct*]

irresistibility ['ɪrɪˌzɪstə'bɪlətɪ] *s* oemotståndlighet

irresistible [ˌɪrɪ'zɪstəbl] *a* oemotståndlig

irresolute [ɪ'rezəlu:t, -lju:t] *a* obeslutsam, villrådig; vankelmodig

irresolution ['ɪˌrezə'lu:ʃən, -'lju:-] *s* obeslutsamhet, villrådighet; vankelmod

irrespective [ˌɪrɪs'pektɪv] *a*, *~ of* utan hänsyn till, oavsett [*~ of the consequences*]

irresponsibility ['ɪrɪsˌpɒnsə'bɪlətɪ] *s* oansvarighet

irresponsible [ˌɪrɪs'pɒnsəbl] *a* oansvarig, utan ansvar; ansvarslös [*~ behaviour*]

irretrievable [ˌɪrɪ'tri:vəbl] *a* oersättlig [*an ~ loss*]; obotlig, ohjälplig

irretrievably [ˌɪrɪ'tri:vəblɪ] *adv* oåterkalleligen, ohjälpligt, räddningslöst

irreverence [ɪ'revərəns] *s* vanvördnad

irreverent [ɪ'revərənt] *a* vanvördig

irreversible [ˌɪrɪ'vɜ:səbl] *a* **1** oåterkallelig **2** ej omvändbar; fys., kem. irreversibel

irrevocable [ɪ'revəkəbl] *a* oåterkallelig [*an ~ decision*]

irrigate ['ɪrɪgeɪt] *tr* [konst]bevattna

irrigation [ˌɪrɪ'geɪʃən] *s* [konst]bevattning; irrigation

irritability [ˌɪrɪtə'bɪlətɪ] *s* [lätt]retlighet, irritabilitet äv. fysiol.

irritable ['ɪrɪtəbl] *a* [lätt]retlig, irritabel äv. fysiol; på dåligt humör [äv. *in an ~ mood*]

irritant ['ɪrɪtənt] **I** *a* läk. irriterande, retande **II** *s* retmedel, irritament

irritate ['ɪrɪteɪt] *tr* irritera, reta äv. fysiol.; reta upp, oroa, förarga

irritating ['ɪrɪˌteɪtɪŋ] *a* irriterande, retande äv. fysiol.; retsam; ret- [*an ~ cough*]

irritation [ˌɪrɪ'teɪʃən] *s* irritation, retning äv. fysiol.; förbittring

irruption [ɪ'rʌpʃən] *s* invasion [*into* i]; inträngande, inbrytning

Irving ['ɜ:vɪŋ]

is [beton. ɪz, obeton. z, s] 3 pers. sg. pres. av *be*

Isaac ['aɪzək] bibl. Isak

Isabel ['ɪzəbel]

Isaiah [aɪ'zaɪə] bibl. Jesaja

ISBN förk. för *international standard book number* ISBN

Iscariot [ɪs'kærɪət] bibl. Iskariot

isinglass ['aɪzɪŋglɑ:s] *s* husbloss; slags gelatin

Islam ['ɪzlɑ:m, -ləm] *s* islam

Islamic [ɪz'læmɪk] *a* islamisk, islamitisk

island ['aɪlənd] *s* **1** ö [*the Orkney Islands*], äv. bildl. **2** refug [äv. *traffic ~*]

isle [aɪl] *s* poet. o. i vissa egennamn ö [*the I~ of Wight*; *the British Isles*]

islet ['aɪlət] *s* liten ö, holme

ism ['ɪzəm] *s* ism [*this is the age of ~s*]

isn't ['ɪznt] = *is not*

isobar ['aɪsəʊbɑ:] *s* meteor. isobar

isolate ['aɪsəleɪt] *tr* isolera

isolated ['aɪsəleɪtɪd] *a* isolerad; enstaka

isolation [ˌaɪsəʊ'leɪʃən] *s* isolering; *~ ward* epidemi-, isoleringsavdelning; *~ hospital* epidemisjukhus

isolationism [ˌaɪsəʊ'leɪʃənɪzəm] *s* isolationism, isoleringspolitik

isolationist [ˌaɪsəʊ'leɪʃənɪst] **I** *s* isolationist **II** *a* isolationistisk

isosceles [aɪ'sɒsɪli:z] *a* geom. likbent

isotherm ['aɪsəʊθɜ:m] *s* meteor. isoterm

isotope ['aɪsəʊtəʊp] *s* kem. isotop

Israel ['ɪzreɪəl]

Israeli [ɪz'reɪlɪ] **I** *a* israel[i]sk **II** *s* israel

Israelite ['ɪzrɪəlaɪt] **I** *s* israelit **II** *a* israelitisk

issue ['ɪʃu:, 'ɪsju:] **I** *itr* **1** komma [ut], strömma ut [*smoke issuing from the chimneys*]; utgå, gå ut **2** stamma, härröra, jur. härstamma [*from* från, ur] **3** sändas ut, släppas ut [*from* från] **4** *~ in* sluta (resultera) i **II** *tr* **1** låta utgå, sända ut [*~ a decree* (*an order*)]; avge [*~ a report*]; lämna (dela) ut [*~ rations*]; utfärda [*~ an order*; *~ a certificate*]; sälja [*~ cheap tickets*] **2** släppa ut [i marknaden], ge ut [*~ new stamps*]; emittera [*~ banknotes* (*shares*)]; publicera **3** mil. utrusta, förse **4** om bibliotek låna ut **III** *s* **1** utströmmande; utsläpp **2** utgång [*a happy ~ of the affair*], utfall [*the ~ of the war*], följd, resultat **3** utgivande, utgivning [*the* ~ *of new stamps*]; utlämnande, utdelning [*the* ~ *of rations*]; utfärdande [*the* ~ *of orders* (*a certificate*)]; utsläppande [i marknaden], emission äv. konkr. [*the* ~ *of new shares* (*banknotes*)]; avgivande [*the* ~ *of a report*]; *day of* ~ a) emissionsdatum; utgivningsdag b) utlåningsdag **4** upplaga [*the* ~ *of a newspaper*], utgåva, nummer [*an* ~ *of a magazine*]; publikation **5** isht jur. barn, bröstarvingar, avkomma, efterlevande [*die without male* ~] **6** mil. ranson, tilldelning; utrustning **7** fråga, spörsmål, stridsfråga [*political* ~*s*]; jur. [tviste]mål, sak; *evade the* ~ kringgå [huvud]frågan, fam. slingra sig undan; *be at* ~ vara omstridd (under debatt); *the point at* ~ tvistefrågan [*between* emellan], själva sakfrågan

isthmus ['ɪsməs, -sθm-] *s* näs [*the I*~ *of Panama*]

1 it [ɪt] **I** *pers pron* **1** den, det; sig [*the engine pushed the waggons in front of* ~]; ~ *must not be believed that*.. man får inte tro att..; *that's 'it* det var (är) rätt (riktigt); just det, ja; *that's just 'it* det är just det det är frågan om, just precis; *now you've done* ~*!* nu har du minsann ställt till det! **2** utan direkt motsvarighet i sv. (se äv. resp. huvudord): **a**) *bus* ~ fam. ta bussen, åka buss; *confound* ~*!* fam. jäklar!, tusan också!; *he left* ~ *to others to do* ~ han överlät åt andra att göra det; *I take* ~ *that*.. jag antar (förmodar) att.. **b**) efter prep.: *run for* ~ fam. sticka, kila; skynda (sno) sig; *have a good time of* ~ ha väldigt roligt; *be with* ~ se *with 10* **II** *s* fam. **1** *be 'it* 'ha den' i sistan o. d. lekar **2** *she's got 'it* hon har 'det

2 it [ɪt] *s* fam. vermut [*gin and 'it*]

Italian [ɪ'tæljən] **I** *a* italiensk **II** *s* **1** italienare; italienska **2** italienska [språket]

Italianate [ɪ'tæljənət] *a* italianiserad

Italianize [ɪ'tæljənaɪz] *tr* italianisera

italic [ɪ'tælɪk] boktr. **I** *a* kursiv [~ *type*] **II** *s*, pl. ~*s* kursiv[ering], kursiv[erad] stil; *in* ~*s* med (i) kursiv; *print in* ~*s* kursivera

italicize [ɪ'tælɪsaɪz] *tr* kursivera

Italy ['ɪtəlɪ] Italien

itch [ɪtʃ] **I** *s* **1** klåda **2** starkt begär **II** *itr* **1** klia; känna klåda **2** bildl. känna längtan (lust, begär) [*for a th.* efter ngt; *to do a th.* [efter] att göra ngt]; *my fingers* ~ (*I am* ~*ing*) *to*.. det kliar i fingrarna på mig att [få]..

itching ['ɪtʃɪŋ] **I** *s* klåda **II** *a* **1** kliande; ~ *powder* klipulver **2** bildl. lysten, nyfiken; *have an* ~ *palm* vara girig

item ['aɪtəm] *s* **1** punkt [*the first* ~ *on the agenda*]; nummer [*the first* ~ *on the programme*]; post [*an* ~ *on a list*]; moment; sak, artikel **2** ~ [*of news*], *news* ~ notis, nyhet i tidning

itemize ['aɪtəmaɪz] *tr* specificera, ange i detalj

iterate ['ɪtəreɪt] *tr* upprepa

iteration [ˌɪtə'reɪʃən] *s* upprepning

itinerant [ɪ'tɪnərənt, aɪ't-] *a* [kring]resande, kringvandrande [~ *musicians*]

itinerary [aɪ'tɪnərərɪ, ɪ't-] *s* **1** resväg **2** resebeskrivning **3** resehandbok; resplan

its [ɪts] *poss pron* dess; sin [*the dog obeys* ~ *master*]; jfr *my*

it's [ɪts] = *it is*

itself [ɪt'self] *refl* o. *pers pron* sig [*the dog scratched* ~], sig själv [*the child dressed* ~]; själv [*the thing* ~ *is not valuable*]; *he is honesty* ~ han är hederligheten själv; jfr *myself*

ITV ['aɪti:'vi:] förk. för *Independent Television*

IU[**C**]**D** förk. för *intra-uterine* [*contraceptive*] *device* IUP intrauterint preventivmedel; livmoderinlägg

I've [aɪv] = *I have*

Ivor ['aɪvə]

ivory ['aɪvərɪ] *s* **1** a) elfenben b) elfenbensfärg, -vitt; ~ *tower* bildl. elfenbenstorn [*live in o.'s* ~ *tower*] **2** pl. *-ies* a) elefantbetar b) sl. elfenben pianotangenter

ivy ['aɪvɪ] *s* bot. murgröna; *the I*~ *League* en grupp av högt ansedda universitet i östra USA

J

J, j [dʒeɪ] (pl. *J's, j's* [dʒeɪz]) *s* J, j

jab [dʒæb] **I** *tr* sticka [~ *a needle into* (i) *o.'s arm*], stöta [*he* ~*bed his elbow into my side*]; slå [till] **II** *itr* stöta (slå) [till]; boxn. jabba [*at* mot] **III** *s* **1** stöt; slag; boxn. jabb **2** fam. stick injektion

jabber ['dʒæbə] **I** *itr* o. *tr* pladdra, babbla **II** *s* pladder, babblande

jacaranda [ˌdʒækə'rændə] *s* jakaranda[trä]

Jack [dʒæk] fam. för *John*; ~ *and Jill* fam. ung. motsv. Kålle och Ada; *every* ~ *and Jill* [*was there*] fam. varenda kotte..; ~ *Frost* Kung Bore; ~ *the Ripper* hist. Jack uppskäraren; *before you could say* ~ *Robinson* innan man visste ordet av; i ett nafs; ~ [*tar*] ngt åld. fam. sjöbjörn, sjöbuss; *the Union* ~ Union Jack Storbritanniens flagga

jack [dʒæk] **I** *s* **1** *every man* ~ [*of them*] fam. varenda kotte **2** kort. knekt **3** telef. jack; elektr. grenuttag **4** domkraft; vinsch, vindspel **5** mus. docka i cembalo; spelare i piano **6** stövelknekt **II** *tr* **1** ~ [*up*] hissa (lyfta) [upp] med domkraft **2** fam., ~ *up* höja

[~ *up prices*]
jackal ['dʒækɔ:l, -kəl] *s* zool. o. bildl. sjakal
jackanapes ['dʒækəneɪps] *s* sprätt, [inbilsk] snobb; slyngel
jackaroo ['dʒækəru:] *s* austr. sl. gröngöling
jackass [i bet. *1* o. *3* 'dʒækæs, i bet. *2* vanl. 'dʒækɑ:s] *s* **1** åsnehingst **2** bildl. åsna, fårskalle **3** skrattfågel [äv. *laughing ~*]
jack-boot ['dʒækbu:t] *s* **1** kragstövel; militärstövel **2** stövelklackstaktik [äv. ~ *tactics*]
jackdaw ['dʒækdɔ:] *s* zool. kaja
jacket ['dʒækɪt] *s* **1** jacka; kavaj, blazer, rock kavaj; grövre kofta; *dust his ~* fam. klå upp honom **2** tekn. fodral, beklädnad, kappa; *water ~* vattenmantel **3** omslag; skyddsomslag till bok **4** skal på potatis, frukt o. d.; [*baked*] ~ *potatoes* ugnsbakad potatis
Jackie ['dʒækɪ] **1** kortform för *Jacqueline* **2** fam. för *Jack*
Jack-in-office ['dʒækɪnˌɒfɪs] (pl. *Jacks-in--office*) *s* paragrafryttare; struntviktig byråkrat
jack-in-the-box ['dʒækɪnðəbɒks] *s* gubben i lådan äv. bildl.
jack-knife ['dʒæknaɪf] *s* stor fällkniv
Jack-of-all-trades ['dʒækəv'ɔ:ltreɪdz] (pl. *Jacks-of-all-trades*) *s* tusenkonstnär, mångsysslare
jackpot ['dʒækpɒt] *s* spel. [jack]pott; [stor]vinst; *hit the ~* fam. vinna [jack]potten; kamma hem en storvinst; ha stor framgång
jack-tar ['dʒæk'tɑ:] *s* ngt åld. fam. sjöbjörn, sjöbuss
Jacob ['dʒeɪkəb] bibl. Jakob
Jacobean [ˌdʒækəʊ'bi:ən] *a* från (tillhörande) Jakob I:s tid 1603-25 [~ *style*]
Jacqueline ['dʒækli:n, 'ʒæ-]
1 jade [dʒeɪd] **I** *s* **1** utsläpad hästkrake, ök **2** neds. fruntimmer, slyna **II** *tr* trötta ut
2 jade [dʒeɪd] *s* min. jade [*jade-green*]
jaded ['dʒeɪdɪd] *a* **1** tröttkörd **2** avtrubbad [~ *taste*], nedsatt [~ *appetite*] **3** trött, blasé
jag [dʒæg] **I** *s* **1** tagg, udd, tand **2** jack, hack i kniv o. d. **II** *tr* tanda; göra jack (hack) i
jagged ['dʒægɪd] *a* ojämn [*a ~ edge*], [såg]tandad [*a ~ knife*], spetsig [~ *rocks*]
jaguar ['dʒægjʊə] *s* **1** jaguar **2** *J~* Jaguar bilmärke
jail [dʒeɪl] **I** *s* fängelse **II** *tr* sätta i fängelse
jailbird ['dʒeɪlbɜ:d] *s* fängelsekund; fånge
jailbreak ['dʒeɪlbreɪk] *s* rymning [från fängelse] med våld
jailer ['dʒeɪlə] *s* fångvaktare
jailhouse ['dʒeɪlhaus] *s* = *jail I*
jalop[p]y [dʒə'lɒpɪ] *s* sl. rishög, bilskrälle
1 jam [dʒæm] *s* **1** sylt, marmelad **2** fam. kalas, toppen; en lätt match; [*a bit of*] ~ a) tur, flax b) ett nöje
2 jam [dʒæm] **I** *s* **1** kläm, press **2** [folk]trängsel; [trafik]stockning [*traffic ~*]; anhopning; ~ *of logs* timmerbråte i flottled **3** stopp i maskin o. d., låsning; radio. störning **4** sl. knipa, klämma; *be in* (*get into*) *a ~* vara i (råka i) knipa (klämma, klistret) **5** ~ *session* jam-session sammankomst där man improviserar jazzmusik **II** *tr* **1** klämma, stoppa, pressa [*together* ihop; *into* in (ner) i]; ~ *on the brakes* bromsa hårt **2** fylla, blockera [~ *a passage*]; *~med* packad [*~med with people*] **3** sätta ur funktion, stoppa [~ *a machine*]; radio. störa [~ *a transmission*] **III** *itr* **1** råka i kläm, bli fastkilad; fastna; blockeras **2** låsa sig [*the brakes ~med*]
Jamaica [dʒə'meɪkə]
Jamaican [dʒə'meɪkən] **I** *s* jamaican **II** *a* jamaicansk
jamb [dʒæm] *s* sido|post, -karm i dörr el. fönster
jamboree [ˌdʒæmbə'ri:] *s* **1** fam. hippa, skiva **2** jamboree lägermöte av scouter
James [dʒeɪmz] ss. kunganamn o. bibl. Jakob; *the Court of Saint ~* officiell beteckning på brittiska hovet; *the Epistle of ~* Jakobs brev
jamming ['dʒæmɪŋ] *s* störning [genom störningssändare]
jam-pot ['dʒæmpɒt] *s* syltburk
Jan. förk. för *January*
Jane [dʒeɪn]
Janeiro [dʒə'nɪərəʊ]
Janet ['dʒænɪt]
jangl|e ['dʒæŋgl] **I** *itr* rassla, skramla [*-ing keys*]; låta illa, skära [i öronen] **II** *tr* föra oljud med; rassla med [~ *o.'s keys*] **III** *s* oljud, missljud; rassel, skrammel
janitor ['dʒænɪtə] *s* dörrvakt[are]; isht Am. äv. portvakt, fastighetsskötare
janitress ['dʒænɪtrəs] *s* Am. [kvinnlig] portvakt
jankers ['dʒæŋkəz] *s pl* mil. sl. bur[en] arrest
January ['dʒænjʊərɪ] *s* januari
Jap [dʒæp] *s* fam. japp, japanes
Japan [dʒə'pæn] **I** Japan **II** *s, j~* a) japanlack b) japanskt [lack]arbete **III** *tr, j~* lackera med japanlack; svärta, blanka äv. bildl.
Japanese ['dʒæpə'ni:z] **I** *a* japansk **II** *s* **1** (pl. lika) japan; japanska **2** japanska [språket]
jape [dʒeɪp] *s* skämt, skoj; drift
japonica [dʒə'pɒnɪkə] *s* bot. [liten] rosenkvitten
1 jar [dʒɑ:] *s* kruka; burk
2 jar [dʒɑ:] **I** *itr* **1** låta illa, ljuda falskt; gnissla; skorra, skära [[*up*]*on* (i) *the ears*] **2** skramla, skallra; skaka, vibrera, darra **3** bildl., ~ *on* stöta, irritera **4** strida [*his opinions ~ with* (mot) *mine*], ej gå ihop [*with* med]; skorra [*with* mot] **II** *s* **1** skorrande **2** skrammel, knarr; skakning, stöt **3** bildl. chock [*a nasty ~*] **4** bildl. konflikt
jarful ['dʒɑ:fʊl] *s, two ~s of jam* två burkar

sylt
jargon ['dʒɑːgən] *s* **1** pladder, dravel; rotvälska **2** jargong [*medical ~*], fikonspråk
jarring ['dʒɑːrɪŋ] *a* skärande [*a ~ note*]; stridig; vibrerande
Jas. [dʒeɪmz, dʒæs] förk. för *James*
jasmine ['dʒæsmɪn, -æzm-] *s* bot. jasmin
jaundice ['dʒɔːndɪs] *s* **1** läk. gulsot **2** bildl. missunnsamhet, avundsjuka
jaundiced ['dʒɔːndɪst] *a* **1** behäftad med gulsot, gulsiktig **2** missunnsam, avundsjuk; fördomsfull; *take a ~ view of a th.* se missunnsamt (med avund) på ngt
jaunt [dʒɔːnt] **I** *s* utflykt, utfärd; [nöjes]resa **II** *itr* göra en utflykt, ta en tur
jaunty ['dʒɔːntɪ] *a* **1** lätt och ledig [*a ~ step*], sorglös; hurtig, pigg, käck **2** käck, stilig [*a ~ little hat*]
Java ['dʒɑːvə]
Javanese [ˌdʒɑːvə'niːz] **I** *a* javanesisk **II** *s* **1** (pl. lika) javanes; javanesiska **2** javanesiska [språket]
javelin ['dʒævlɪn] *s* [kast]spjut
javelin-throwing ['dʒævlɪnˌθrəʊɪŋ] *s* sport. spjutkastning
jaw [dʒɔː] **I** *s* **1** käke; hakparti, haka; *lower ~* underkäke; *upper ~* överkäke **2** pl. *~s* mun, gap; käft äv. på skruvstäd o. d.; bildl. käftar [*the ~s of death*] **3** fam. käft, trut **4** fam. käftande, gafflande, snack; [moral]predikan **II** *itr* fam. gaffla, snacka [*away* 'på']; *~ at* skälla (tjata) på
jawbreaker ['dʒɔːˌbreɪkə] *s* fam. tungvrickningsord
jay [dʒeɪ] *s* zool. [nöt]skrika
jay-walk ['dʒeɪwɔːk] *itr* fam. gå över gatan utan att se sig för (på fel ställe)
jay-walker ['dʒeɪˌwɔːkə] *s* fam. gådrulle
jazz [dʒæz] **I** *s* **1** jazz [*~ band*] **2** sl. snack [*and all that ~*] **II** *tr* **1** arrangera (spela) som jazz **2** *~ up* piffa (pigga) upp; sätta fart (sprutt) i (på)
jazzy ['dʒæzɪ] *a* **1** jazzig **2** sl. med sprutt (ruter) i **3** fam. gräll, prålig [*a ~ tie*]; vräkig
jealous ['dʒeləs] *a* **1** svartsjuk; avundsjuk [*of* på], missunnsam [*of* mot] **2** rädd, mån [*~ of* (om) *o.'s prestige*] **3** misstänksamt vaksam; *keep a ~ eye on* misstroget bevaka
jealousy ['dʒeləsɪ] *s* svartsjuka; avundsjuka, missunnsamhet
Jean [dʒiːn]
jean [dʒiːn] *s* slags bomullstyg; pl.: *~s* jeans
jeep [dʒiːp] *s* jeep; *~ carrier* Am. sjö. eskorthangarfartyg
jeepers ['dʒiːpəz] *interj* Am. fam., *~ [creepers]!* jösses [då]!, kors i jösse namn!
jeer [dʒɪə] **I** *itr* driva, gyckla, skoja [*at* med]; hånskratta, skratta hånfullt [*at* åt]; *~ at* äv. håna **II** *tr* håna, skratta hånfullt åt **III** *s* hånfullt yttrande (tillrop)
jeering ['dʒɪərɪŋ] **I** *a* hånfull, spydig **II** *s* hån, spydighet
Jefferson ['dʒefəsn]
Jehovah [dʒɪ'həʊvə] Jehova [*~'s Witnesses*], Jahve
jejune [dʒɪ'dʒuːn] *a* litt. torftig, mager, andefattig [*a ~ novel*]; ynklig [*~ attempts*]
Jekyll ['dʒekɪl] egennamn; *~ and Hyde* doktor Jekyll och mister Hyde dubbelnatur
jell [dʒel] **I** *itr* bli [till] gelé, stelna; bildl. fam. ta fast form [*our plans haven't ~ed yet*] **II** *tr* bildl. fam. låta ta fast form
jelly ['dʒelɪ] *s* gelé; *~ babies* sega gubbar slags godis; *beat a p. into a ~* fam. slå ngn sönder och samman
jelly-fish ['dʒelɪfɪʃ] *s* zool. manet
jemmy ['dʒemɪ] **I** *s* kofot bräckjärn; dyrk **II** *tr* bryta upp, öppna [med kofot]
Jennifer ['dʒenɪfə]
Jenny ['dʒenɪ, 'dʒɪnɪ] kortform för *Jennifer*
jeopardize ['dʒepədaɪz] *tr* äventyra, sätta på spel, riskera, våga [*~ o.'s life*]
jeopardy ['dʒepədɪ] *s* fara [*be in ~ of* (för) *o.'s life*], våda, riskabel (farlig) belägenhet
jeremiad [ˌdʒerɪ'maɪəd] *s* jeremiad, klagovisa
Jeremiah [ˌdʒerɪ'maɪə] Jeremia
Jeremy ['dʒerɪmɪ]
Jericho ['dʒerɪkəʊ] Jeriko; *go to ~!* dra åt fanders (pepparn, skogen)!
jerk [dʒɜːk] **I** *s* **1** ryck, knyck; stöt, puff [*he gave me a ~*]; kast, släng [*a ~ of* (på, med) *the head*]; *give a ~* rycka till; fara upp **2** [kramp]ryckning i musklerna; *the ~s* spasmer, konvulsioner **3** *physical ~s* fam. [ben]sprattel gymnastik **4** i tyngdlyftning stöt **5** Am. fam. sodamixare, biträde i glassbar [äv. *soda ~*] **6** isht Am. sl. tokskalle; typ; drummel **II** *tr* kasta [med en knyck], slänga [i väg]; rycka; stöta (puffa, vrida) till **III** *itr* **1** rycka [till]; fara upp **2** *~ off* sl. runka onanera
jerkin ['dʒɜːkɪn] *s* **1** långväst **2** hist., åtsittande ärmlös [läder]jacka
jerky ['dʒɜːkɪ] *a* ryckig, stötig; krampaktig
jerrican ['dʒerɪkæn] *s* vattendunk; bensindunk
1 Jerry ['dʒerɪ] kortform för *Gerald, Jeremy*
2 Jerry ['dʒerɪ] *s* mil. sl. tysk; tysk soldat
jerry ['dʒerɪ] *s* sl. potta
jerry-builder ['dʒerɪˌbɪldə] *s* dålig (usel) byggmästare, husskojare
jerry-built ['dʒerɪbɪlt] *a* dåligt (uselt) byggd, uppsmälld
Jersey ['dʒɜːzɪ] **I** egennamn **II** *s* **1** *j~* [jersey]tröja **2** *j~* textil. jersey
Jerusalem [dʒə'ruːsələm] egennamn; *~ artichoke* jordärtskocka
jessamine ['dʒesəmɪn] *s* bot. jasmin
jest [dʒest] **I** *s* skämt; lustighet; drift, gyckel; *make a ~ of a th.* ta ngt på skämt (som

ett skämt); *in ~* på skämt (skoj) **II** *itr* skämta, skoja

jester ['dʒestə] *s* **1** skämtare; kvickhuvud **2** hist. gycklare vid hov o. d., hovnarr

jesting ['dʒestɪŋ] **I** *a* skämtsam **II** *s* skämt, skoj; gyckel, drift

Jesu ['dʒi:zju:] litt. Jesu[s]

Jesuit ['dʒezjʊɪt] *s* jesuit

Jesus ['dʒi:zəs] egennamn; *the Society of ~* jesuit[er]orden; *~!* fam. Herre Gud!

1 jet [dʒet] **I** *s* **1** stråle [*a ~ of water*]; ström [*a ~ of gas*]; låga **2** isht flyg. jet reaktionsdrift; attr. jet- [*~ plane*] **3** jetplan; jetflyg [*go by ~*] **4** *the ~ set* fam. 'the jet set', innekretsarna **5** pip, rör; tekn. munstycke **II** *itr* **1** spruta ut i en stråle **2** flyga med jetflyg

2 jet [dʒet] **I** *s* min. jet **II** *a* jet-; jet-, kol|svart

jet-black ['dʒet'blæk] *a* jet-, kol|svart

jet-lag ['dʒetlæg] *s* rubbad dygnsrytm efter längre flygning, 'jet-lag'

jetliner ['dʒetˌlaɪnə] *s* linjejetplan

jet-propelled ['dʒetprəˌpeld] *a* isht flyg. jetdriven

jetsam ['dʒetsəm] *s* överbordkastat (utkastat) gods; ilandflutet vrakgods; *flotsam and ~* se *flotsam*

jettison ['dʒetɪsn] **I** *tr* **1** kasta överbord [*~ goods to lighten a ship*]; göra sig av med [*the plane ~ed its bombs*] **2** [om]kullkasta [*~ a plan*] **II** *s* kastande överbord av last

jetty ['dʒetɪ] *s* **1** pir, vågbrytare **2** utskjutande [angörings]brygga, kaj

Jew [dʒu:] *s* jude

jew-baiting ['dʒu:ˌbeɪtɪŋ] *s* judeförföljelse

jewel ['dʒu:əl] **I** *s* **1** juvel, ädelsten; [juvel]-smycke; bildl. klenod, skatt, pärla, juvel [*his wife is a ~*]; pl. *~s* ofta smycken **2** sten [*the ~s of a watch*] **II** *tr* **1** besätta (pryda) med juveler **2** förse med stenar; *a ~led watch* en klocka med stenar

jewel-case ['dʒu:əlkeɪs] *s* juvelskrin

jeweller ['dʒu:ələ] *s* juvelerare, guldsmed

jewellery ['dʒu:əlrɪ] *s* smycken, juveler; *a piece of ~* ett smycke

jewelry Am. se *jewellery*

Jewess ['dʒu:ɪs, dʒu:'es] *s* judinna

Jewish ['dʒu:ɪʃ] *a* judisk

Jewry ['dʒʊərɪ] *s* judarna

jew's-harp ['dʒu:z'hɑ:p] *s* mungiga

1 jib [dʒɪb] sjö. **I** *s* **1** klyvare **2** kran|arm, -bjälke **II** *tr* skifta segel, flytta över bom

2 jib [dʒɪb] *itr* **1** om t. ex. häst vara istadig, vägra [att gå vidare]; rygga, skygga **2** dra sig ur spelet; *~ at* skygga (rygga) för

jiff [dʒɪf] *s* o. **jiffy** ['dʒɪfɪ] *s* fam. ögonblick [*wait half a ~*]; *in a ~* i ett nafs, på ett kick

jig [dʒɪg] **I** *s* **1** jigg slags dans; jiggmelodi **2** tekn. jigg vid borrning o. d. **II** *itr* jigga, dansa jigg; skutta, gunga [upp och ned]

jiggered ['dʒɪgəd] *a* fam., [*well,*] *I'm ~!* det var som katten!

jiggery-pokery ['dʒɪgərɪ'pəʊkərɪ] *s* fam. fiffel, skoj; hokuspokus; knep

jiggle ['dʒɪgl] *tr* o. *itr* vicka; ruska [på]

jigsaw ['dʒɪgsɔ:] *s* figur-, kontur-|såg; *~* [*puzzle*] pussel

Jill [dʒɪl] egennamn; *Jack and ~* se *Jack*

jilt [dʒɪlt] *tr* överge, ge på båten

Jim [dʒɪm] kortform för *James*; *~ Crow* Am. fam. a) diskriminering av negrer b) neds. nigger

jiminy ['dʒɪmɪnɪ] *interj* fam., [*by*] *~!* det var som tusan!, kors då!, herre gud!

Jimmy ['dʒɪmɪ] fam. för *James*

jingle ['dʒɪŋgl] **I** *itr* **1** klinga; skramla, rassla [*the keys ~d in his pocket*] **2** om vers låta som rena klingklanget **II** *tr* klinga med; skramla (rassla) med [*he ~d his keys*] **III** *s* **1** klingande, pinglande; skramlande, rassel; klirr **2** klingklang neds. om vers, karamellvers; ramsa; upprepning av ord el. ljud

jingo ['dʒɪŋgəʊ] **I** *s* **1** (pl. *~es*) krigshetsare, 'jingo' **2** fam., *by ~!* för tusan! **II** *a* chauvinistisk, krigsgalen

jingoism ['dʒɪŋgəʊɪzəm] *s* chauvinism

jingoistic [ˌdʒɪŋgəʊ'ɪstɪk] *a* chauvinistisk

jinks [dʒɪŋks] *s pl, high ~* upptåg, skoj; festande

jinn [dʒɪn] *s* djinn, ande; genie

jinx [dʒɪŋks] *s* sl. olycka person o. sak; *put a ~ on a p.* dra olycka över ngn

jitter ['dʒɪtə] *s* sl., *be all of a ~, have the ~s* ha stora darren, vara nervis (darrig)

jitterbug ['dʒɪtəbʌg] **I** *s* jitterbug dans **II** *itr* jitterbugga, dansa jitterbug

jittery ['dʒɪtərɪ] *a* fam. skakis, nervis nervös

Jnr. o. **jnr.** ['dʒu:njə] förk. för *junior*

Joan [dʒəʊn] egennamn; [*St.*] *~ of Arc* Jeanne d'Arc

Job [dʒəʊb] egennamn; *the Book of ~* bibl. Jobs bok; *have the patience of ~* ha en ängels tålamod

job [dʒɒb] **I** *s* **1** arbete, arbetsuppgift; *~ analysis* arbets|analys, -studie[r]; *a fine ~ of work* ett fint arbete; *make a good* (*bad*) *~ of a th.* göra (klara av) ngt bra (dåligt); *be out of a ~* vara arbetslös **2** arbete, produkt [*the new car is a fine ~*] **3** fam. jobb; fasligt besvär, knog, slit [*what a ~!*]; *this will do the ~* det kommer att göra susen **4** fam. jobb anställning [*he has a good ~*]; arbetsplats; *~s for the boys* ung. rena svågerpolitiken, rena myglet **5** fam. sak; fall; affär, historia; *give a p. up as a bad ~* anse ngn som ett hopplöst fall; *he gave it up as a bad ~* han gav spelet förlorat; *and a good ~, too!* och gudskelov för det! **6** sl., *pull a ~* göra en stöt inbrott o.d.; *a put-up ~* se *put-up* **7** jobberi, spekulation; *~ lot* varuparti att jobba med, jobbarlager **II** *itr* **1** arbeta på ackord **2** jobba, spekulera [~ *in stocks*]; mygla **III** *tr* **1** jobba i (med), spekulera i **2** fiffla med

jobber ['dʒɒbə] *s* **1** tillfällighetsarbetare; ackordsarbetare **2** mellanhand; grossist; mäklare **3** jobbare, börsspelare

jobbery ['dʒɒbərɪ] *s* **1** jobberi **2** mygel

jobbing ['dʒɒbɪŋ] *a*, ~ *gardener* trädgårdsmästare som arbetar mot timlön; ~ *printer* accidenstryckare

jobcentre ['dʒɒbˌsentə] *s* arbetsförmedling[skontor]

jockey ['dʒɒkɪ] **I** *s* **1** jockej, jockey **2** Am. fam. förare **II** *tr* manövrera; lura [*a p. into doing a th.* ngn [till] att göra ngt] **III** *itr* manövrera; ~ *for position* a) kapplöpn. tränga [medtävlare] för att få bättre position b) bildl. försöka att manövrera sig in i (på) en fördelaktig position

jockstrap ['dʒɒkstræp] *s* suspensoar

jocose [dʒə*ʊ*'kəʊs] *a* litt. munter

jocular ['dʒɒkjʊlə] *a* skämtsam; lustig, humoristisk

jocularity [ˌdʒɒkjʊ'lærətɪ] *s* skämtsamhet; lustighet, humor

jocund ['dʒɒkənd, 'dʒəʊk-] *a* litt. munter, glad

jodhpurs ['dʒɒdpʊəz] *s pl* **1** spetsbyxor ridbyxor [*a pair of* ~] **2** [äv. *jodhpur boots*] jodhpurs slags kängor

Joe [dʒəʊ] kortform för *Joseph*; ~ *Blow* (*Doakes*) Am. genomsnittsamerikan[en]

jog [dʒɒg] **I** *tr* **1** stöta (puffa) till [*he ~ged my elbow*], knuffa [till], skuffa; komma att skumpa (guppa) [*the horse ~ged its rider up and down*] **2** bildl., ~ *a p.'s memory* friska upp ngns minne; ge ngn en påstötning **II** *itr* **1** skaka, ruska; dunsa, dunka **2** lunka, skumpa [*along* på, fram]; sport. jogga **III** *s* **1** knuff, stöt **2** [sakta] lunk

joggle ['dʒɒgl] **I** *tr* skaka, ruska **II** *itr* skaka; skumpa **III** *s* lätt skakning

jog-trot ['dʒɒgtrɒt] **I** *s* jämn (sakta) lunk äv. bildl.; slentrian, rutin; *at a* ~ i sakta lunk (mak) **II** *a* lugn och maklig

John [dʒɒn] **I** ss. kunganamn Johan, bibl. o. ss. påvenamn Johannes; ~ *the Baptist* Johannes Döparen; ~ *Bull* John Bull personifikation av Storbritannien; [den typiske] engelsmannen; ~ *Doe* jur. N.N. fingerad person (kärande) **II** *s*, *the j~* sl. toa[n], muggen

Johnnie ['dʒɒnɪ] fam. för *John*

Johnny ['dʒɒnɪ] **I** fam. för *John* **II** *s*, *j~* sl. kille; typ

John o' Groats o. **John o' Groat's** ['dʒɒnə'grəʊts] Skottlands nordspets, jfr *Land's End*

Johnson ['dʒɒnsn]

joie de vivre ['ʒwɑːdə'viːvr] *s* (fr.) livs|glädje, -lust

join [dʒɔɪn] **I** *tr* **1** förena [~ *one thing to* (med) *another*]; förbinda [~ *an island to* (med) *the mainland*]; föra samman; knyta samman; slå samman; foga samman, sätta ihop [~ *the pieces*]; koppla; ~ *battle* drabba samman; ~ *forces* slå sig ihop, förena sig [*with* med]; ~ *two persons in marriage* viga två personer; ~ *together* (*up*) foga samman, sätta ihop; förena **2** förena sig med, slå sig tillsammans med; följa med; komma över (gå in) till; gå in i (vid) [~ *a society*], ansluta sig till [~ *a party*]; ~ *the army* gå in i (vid) armén; ~ *o.'s regiment* återvända till sitt regemente; *won't you* ~ *us?* vill du inte göra oss sällskap? **3** gränsa till **II** *itr* förenas; förena sig [*in* i; *with* med]; sluta sig tillsammans; ~ *in* adv. vara (komma, bli) med [*may I* ~ *in?*], delta, falla (stämma) in; ~ *in* prep. delta i, blanda sig i [~ *in the conversation*], stämma (falla) in i [*they all ~ed in the song*]; ~ *up* fam. bli soldat, ta värvning **III** *s* skarv, fog, hopfogning

joiner ['dʒɔɪnə] *s* [inrednings]snickare

joinery ['dʒɔɪnərɪ] *s* snickeri

joint [dʒɔɪnt] **I** *s* **1** sammanfogning[sställe], föreningspunkt; tekn. fog, skarv **2** led[-gång] [*finger ~s*]; *out of* ~ ur led, ur gängorna; i olag; *the time is out of* ~ tiden är ur led **3** kok. stek; [styckad] bit; ~ *of lamb* lammstek **4** sl. a) sylta, sämre nattklubb (kafé); [lönn]krog; spelhåla b) kyffe **5** sl. knarkpinne **II** attr. *a* förenad, förbunden; gemensam, samfälld; ~ *account* gemensamt konto, gemensam räkning; *J~ Chiefs of Staff* Am. högsta militärledningen; ~ *ownership* jur. gemensam egendomsrätt; ~ *stock* aktiekapital; ~ *stock company* aktiebolag **III** *tr* foga ihop (samman), förbinda

jointly ['dʒɔɪntlɪ] *adv* gemensamt, samfällt

joist [dʒɔɪst] *s* tvärbjälke

joke [dʒəʊk] **I** *s* **1** skämt; kvickhet, vits, lustighet; puts; skoj; *practical* ~ practical joke handgripligt skämt; spratt, skoj; *the ~'s on me* det är mig skämtet (det) går ut över; *it's no* ~ det är minsann ingenting att skämta med (om); *it's no* ~ *to be* (~ *being*) . . det är [minsann] inte så roligt att vara . .; *crack* (*make*) *~s* säga kvickheter; *play a* ~ *on a p.* spela ngn ett spratt; *he can't take a* ~ han tål inte skämt; *it's getting beyond a* ~ det börjar gå för långt **2** föremål för skämt (drift) [*a standing* ~], driftkucku **II** *itr* skämta, skoja [*about* om; *at, with* med; *on* över, med], driva [*at, with* med]

joker ['dʒəʊkə] *s* **1** skämtare; kvickhuvud **2** sl. kille, grabb **3** kort. joker

joking ['dʒəʊkɪŋ] **I** *a* skämtsam **II** *s* skämt, skoj; *this is no ~ matter* det här är inget att skämta om; *~ apart* skämt åsido
jokingly ['dʒəʊkɪŋlɪ] *adv* på skämt; skämtsamt
jollification [ˌdʒɒlɪfɪ'keɪʃən] *s* fam. [glad] fest; muntration
jollity ['dʒɒlətɪ] *s* munterhet; skoj; fest[ande]; festlighet
jolly ['dʒɒlɪ] **I** *a* glad, trevlig, rolig, munter; på snusen; *J~ Roger* sjörövarflagga[n] med dödskallemärke **II** *adv* fam. mycket, väldigt; *that's ~ good* det var riktigt bra; *take ~ good care not to* akta sig väldigt noga för att; *a ~ good fellow* en hedersknyffel, en utmärkt karl; *he knows ~ well* han vet nog; *they ~ well ought to!* fattas bara annat!
jolt [dʒəʊlt] **I** *itr* om åkdon o. d. skaka [till], skumpa **II** *tr* skaka [om], ruska; ge en chock; kullkasta **III** *s* skakning, ryck; bildl. chock
Jonah ['dʒəʊnə] bibl. Jona
Jonathan ['dʒɒnəθən] bibl. Jonatan
Jones [dʒəʊnz] egennamn; *keep up with the ~es* ung. göra som Svenssons gör, inte vara sämre än grannen
jonquil ['dʒɒŋkwɪl] *s* bot. jonk[v]ill slags narciss
Jordan ['dʒɔ:dn] *s* **1** *the ~* Jordan[floden] **2** Jordanien
Jordanian [dʒɔ:'deɪnjən] **I** *a* jordansk **II** *s* jordanier
Jos [dʒɒs] kortform för *Joseph*
Joseph ['dʒəʊzɪf] bibl. Josef
Josephine ['dʒəʊzəfi:n]
Joshua ['dʒɒʃwə] bibl. Josua
josser ['dʒɒsə] *s* fam. kille, gosse; typ; *that old ~* den där gamla gubben
joss-stick ['dʒɒsstɪk] *s* [kinesisk] rökelsepinne
jostle ['dʒɒsl] **I** *tr* knuffa [till], skuffa (tränga) undan; *~ o.'s way* armbåga sig fram **II** *itr* knuffas, skuffas, trängas; *~ with a p. for a th.* konkurrera med ngn om ngt
jot [dʒɒt] **I** *s* jota, dugg, dyft **II** *tr, ~ down* krafsa (kasta) ned, anteckna; skiss[er]a
jotter ['dʒɒtə] *s* anteckningsbok
jottings ['dʒɒtɪŋz] *s pl* anteckningar
joule [dʒu:l] *s* fys. joule
journal ['dʒɜ:nl] *s* **1** tidskrift isht teknisk el. vetenskaplig, journal; tidning **2** journal, dagbok; liggare; sjö. loggbok; *keep a ~* föra dagbok (journal) **3** mek. axeltapp
journalese ['dʒɜ:nə'li:z] *s* tidningsjargong
journalism ['dʒɜ:nəlɪzəm] *s* journalistik
journalist ['dʒɜ:nəlɪst] *s* journalist, tidningsman
journalistic [ˌdʒɜ:nə'lɪstɪk] *a* journalistisk
journey ['dʒɜ:nɪ] **I** *s* resa isht till lands o. bildl. [*make* (*go on, start on, set out on*) *a ~*] **II** *itr* resa
journeyman ['dʒɜ:nɪmən] *s* gesäll
joust [dʒaust] hist. **I** *itr* tornera **II** *s* tornering
Jove [dʒəʊv] Jupiter; *by ~* (*j~*)*!* för tusan!
jovial ['dʒəʊvjəl] *a* jovialisk [*a ~ fellow*], fryntlig; gemytlig, munter
joviality [ˌdʒəʊvɪ'ælətɪ] *s* jovialitet, fryntlighet
jowl [dʒaul] *s* käkben; [under]käke, haka
joy [dʒɔɪ] *s* glädje, fröjd [*at* över; *jump for* (av) *~*]; glädjekälla; *wish a p. ~* se *wish I*
Joyce [dʒɔɪs]
joyful ['dʒɔɪfʊl] *a* **1** glad, förtjust **2** glädjande [*~ news*]; lycklig [*a ~ event*]
joyfulness ['dʒɔɪfʊlnəs] *s* glädje, fröjd
joyless ['dʒɔɪləs] *a* glädjelös
joyous ['dʒɔɪəs] *a* **1** glad **2** glädjande [*~ news*]
joyride ['dʒɔɪraɪd] *s* nöjestur
joystick ['dʒɔɪstɪk] *s* flyg. fam. styrspak
J.P. ['dʒeɪ'pi:] förk. för *Justice of the Peace*
Jr. o. **jr.** ['dʒu:njə] förk. för *junior*
Juan ['dʒu:ən]
jubilant ['dʒu:bɪlənt] *a* jublande, triumferande
jubilation [ˌdʒu:bɪ'leɪʃən] *s* jubel; seger-, fest|jubel
jubilee ['dʒu:bɪli:] *s* jubileum; jubelfest
Judaea [dʒu:'dɪə] Judéen
Judah ['dʒu:də] bibl. Juda
Judaic [dʒʊ'deɪɪk] *a* judisk, judaisk
Judaism ['dʒu:deɪɪzəm] *s* judendom; judaism
Judas ['dʒu:dəs] egennamn; bildl. judas, förrädare
judder ['dʒʌdə] **I** *itr* skaka, vibrera [kraftigt] **II** *s* skakning, vibration
judge [dʒʌdʒ] **I** *s* domare; bedömare, kännare [*a good ~ of horses*]; [*the Book of*] *Judges* bibl. Domareboken; *~'s stand* (*box*) domar|torn, -plats vid [häst]kapplöpning; *be a good ~ of* förstå sig bra på, känna väl till; *I am no ~ of that* det kan jag inte döma om; *set o.s. up as a ~* [*up*]*on a p.* sätta sig till doms över ngn **II** *tr* **1** döma, fälla dom över; avgöra; bestämma [*that* att] **2** bedöma, döma; *as far as I can ~* såvitt jag kan [be]döma; *it's for you to ~* det får ni själv bedöma (avgöra) **3** anse [för] [*I ~d him to be about 50*]; förmoda **III** *itr* **1** tjänstgöra (sitta) som domare **2** döma, fälla omdöme [*of* om, över; *by, from* efter]; *to ~ from, judging by* (*from*) att döma av
judgement ['dʒʌdʒmənt] *s* **1** dom, jur. äv. utslag isht i civilmål; *give* (*pass, pronounce*) *~* avkunna (fälla) dom, fälla utslag [*against, for; on* över]; *sit in ~ on a p.* sitta (sätta sig) till doms över ngn **2** *the Last J~* yttersta domen; *the Day of J~, J~ Day* domedagen **3** straffdom, dom, straff **4**

dom, kritik, klander **5** bedömande, bedömning, omdöme; omdömesförmåga; *error of ~* felbedömning; *in my ~* enligt min mening; *to the best of my ~* efter bästa förstånd

judicature ['dʒuːdɪkətʃə] *s* **1** rättskipning, domsrätt, jurisdiktion; *the Supreme Court of J~* se *supreme I* **2** domarkår

judicial [dʒʊ'dɪʃəl] *a* **1** rättslig, juridisk, domstols-, judiciell; rätts- [*a ~ act*]; domar- [*~ duties*]; *~ murder* justitiemord; *~ proceedings* lagliga (laga) åtgärder, rättegång, åtal **2** opartisk [*a ~ investigation*]

judiciary [dʒʊ'dɪʃɪərɪ] *s, the ~* domarkåren, domarna; pol. den dömande makten

judicious [dʒʊ'dɪʃəs] *a* förståndig, klok; omdömesgill, välbetänkt

Judith ['dʒuːdɪθ] bibl. Judit

judo ['dʒuːdəʊ] *s* sport. judo

Judy ['dʒuːdɪ] **I** egennamn; Punchs hustru i kasperteatern [*Punch and ~*] **II** *s, ~* el. *j~* sl. brud, tjej kvinna, flicka

jug [dʒʌg] *s* **1** kanna, krus, kruka, tillbringare **2** sl. kåk fängelse, finka arrest

Juggernaut ['dʒʌgənɔːt] **I** Jagannath[a] hinduisk gud[abild] **II** *s* **1** bildl. blind kraft som krossar allt i sin väg, ung. terror; 'ångvält' **2** *j~* [*lorry*] fam. långtradare

juggins ['dʒʌgɪnz] *s* fam. dummerjöns

juggle ['dʒʌgl] **I** *itr* göra [troll]konster, trolla; *~* [*about*] *with* äv. jonglera (bolla) med **II** *tr* manipulera med [*~ figures*]

juggler ['dʒʌglə] *s* **1** jonglör, trollkarl, taskspelare **2** bildl. skojare, bedragare

jugglery ['dʒʌglərɪ] *s* **1** jonglerande, bollande, taskspeleri **2** bildl. skoj, knep

Jugoslav ['juːgəʊ'slɑːv] *a* o. *s* se *Yugoslav*

Jugoslavia ['juːgəʊ'slɑːvjə] se *Yugoslavia*

Jugoslavian ['juːgəʊ'slɑːvjən] *a* o. *s* se *Yugoslavian*

jugular ['dʒʌgjʊlə] **I** *a* strup-, hals-, läk. jugular; *~ vein = II* **II** *s* hals|blodåder, -ven

juice [dʒuːs] *s* **1** saft; jos, juice; *gastric ~*[*s*] magsaft **2** fam. a) soppa bensin b) elström

juicy ['dʒuːsɪ] *a* **1** saftig **2** fam. bildl. saftig, mustig, pikant

ju-jitsu [dʒuː'dʒɪtsuː] *s* sport. jiujitsu

jujube ['dʒuːdʒuːb] *s* slags karamell

jukebox ['dʒuːkbɒks] *s* juke-box

Jul. förk. för *July*

julep ['dʒuːlep] *s* **1** julep a) slags söt kall dryck b) Am. slags whiskydrink **2** farm.: sötad medicintillsats, ung. sirap

Julia ['dʒuːljə]

Juliet ['dʒuːljət] hos Shakespeare Julia

Julius ['dʒuːljəs]

July [dʒʊ'laɪ] *s* juli

jumble ['dʒʌmbl] **I** *tr, ~* [*up* (*together*)] blanda (röra) ihop **II** *s* virrvarr, röra, mischmasch; sammelsurium [*a ~ of words*]; *~ sale* loppmarknad på välgörenhetsbasar

jumbly ['dʒʌmblɪ] *a* rörig, kaotisk

jumbo ['dʒʌmbəʊ] *s* **1** fam. jumbo elefant **2** jätte; klumpeduns äv. bildl. **3** *~* [*jet*] jumbojet[plan]

jump [dʒʌmp] **I** *itr* **1** hoppa; skutta; guppa; hoppa till; *~ at* hoppa 'på byte o. d.; *~ at a chance* gripa en chans; *~ at an idea* förtjust (ivrigt) nappa på en idé; *~ down a p.'s throat* fam. bildl. kasta sig över ngn; *~ for joy* hoppa högt (dansa) av glädje; *~ on a p.* bildl. slå ned på ngn; *~ to conclusions* dra förhastade slutsatser; *~ to o.'s feet* springa (rusa) upp; *~ to it* fam. skynda (raska) på, sätta fart; *it made him ~* det kom (fick) honom att hoppa högt **2** [plötsligt] stiga, springa i höjden om pris o. d. [*shares ~ed on the Stock Exchange*] **II** *tr* **1** hoppa över äv. bildl. [*~ a fence* (*chapter*)]; *~ the gun* fam. tjuvstarta; *~ the* [*traffic*] *lights* fam. köra mot rött ljus; *~ the queue* fam. tränga sig (smita) före [i kön]; *~ the rails* (*track*) spåra ur; *~ rope* Am. hoppa [hopp]rep **2** *~ a train* tjuvåka med [ett] tåg **3** förmå (få) att hoppa, låta hoppa [*~ o.'s horse over a fence*] **4** skrämma; driva upp [*~ game* (villebråd)] **5** slå ned på; överfalla; plundra **III** *s* **1** hopp; skutt, språng; *high ~* höjdhopp; *long ~* längdhopp; *pole ~* stavhopp; *~ rope* Am. hopprep; *be one ~ ahead* isht Am. vara steget före; *give a ~* hoppa (rycka) till av förskräckelse o. d.; *he is for the high ~* se *high-jump* **2** [plötslig] stegring [*a ~ in prices*]

jumped-up ['dʒʌmptʌp] *a* fam., *they are a ~ lot* de är en samling uppkomlingar

jumper ['dʒʌmpə] *s* **1** hoppare; *high ~* höjdhoppare **2** jumper plagg

jumpy ['dʒʌmpɪ] *a* **1** hoppig **2** fam. darrig

Jun. o. **jun.** ['dʒuːnjə] förk. för *junior*

junction ['dʒʌŋkʃən] *s* **1** förenande, förening; förbindelse **2** föreningspunkt, mötesplats **3** järnvägsknut; vägkors[ning]

juncture ['dʒʌŋktʃə] *s* **1** föreningspunkt; fog **2** kritiskt ögonblick, avgörande tidpunkt

June [dʒuːn] *s* juni

jungle ['dʒʌŋgl] *s* djungel; bildl. äv. snårskog; *the law of the ~* djungelns lag

junior ['dʒuːnjə] **I** *a* yngre äv. i tjänsten o. d. [*to* än]; den yngre, junior [*John Smith, J~*]; junior- [*a ~ team*]; lägre i rang; *~ high school* se *high I 11*; *~ miss* fam. tonårsfröken, tonåring; *~ partner* yngre kompanjon; *~ school* ung. grundskolans lågstadium **II** *s* **1** [person som är] yngre äv. i tjänsten o. d.; yngre medlem; yngre kompanjon; *he is six years my ~* han är sex år yngre än jag **2** isht sport. junior **3** Am. tredjeårsstudent vid college **4** Am. fam. grabb[en] [*take it easy, ~!*]

juniper ['dʒu:nɪpə] *s* **1** bot. en; *~ berry* enbär **2** envirke, ene
1 junk [dʒʌŋk] *s* skräp [*an attic full of ~*], skrot, lump, smörja äv. bildl. [*talk ~*]; *~ art* skrotkonst; *~ food* 'skräpmat', 'tomma kalorier' popcorn, chips o. d.; *~ shop* skrotaffär; *~ yard* skrotupplag
2 junk [dʒʌŋk] *s* djonk kinesiskt segelfartyg
junket ['dʒʌŋkɪt] **I** *s* **1** slags kvarg **2** kalas, fest; utflykt, picknick **II** *itr* kalasa, festa
junketing ['dʒʌŋkɪtɪŋ] *s* kalas[ande], fest[ande]
junkie ['dʒʌŋkɪ] *s* sl. knarkare narkoman
junta ['dʒʌntə] *s* pol. junta
Jupiter ['dʒu:pɪtə]
juridical [dʒʊə'rɪdɪkəl] *a* juridisk, rättslig
jurisdiction [ˌdʒʊərɪs'dɪkʃən] *s* **1** jurisdiktion, rätt[s]skipning; domsrätt, domvärjo **2** lagskipningsområde, domsaga
jurisdictional [ˌdʒʊərɪs'dɪkʃənl] *a* jurisdiktions-
jurisprudence ['dʒʊərɪsˌpru:dəns] *s* juridik, rättsvetenskap
jurist ['dʒʊərɪst] *s* rättslärd; jurist
juror ['dʒʊərə] *s* jury|man, -medlem, -ledamot; [pris]domare
jury ['dʒʊərɪ] *s* **1** jury; *grand ~* Am. åtalsjury; *be on a ~* vara utsedd till jurymedlem; *serve on a ~* sitta i en jury **2** [tävlings]jury, domarkommitté
jury-box ['dʒʊərɪbɒks] *s* jury|skrank, -bänk
juryman ['dʒʊərɪmən] *s* juryman
just [dʒʌst] **I** *a* **1** rättvis [*a ~ decision*], rättskaffens **2** rätt, riktig [*~ conduct*] **3** välförtjänt [*~ reward*] **4** skälig, rimlig [*the payment is ~*] **5** berättigad, befogad **II** *adv* **1** just [*this is ~ what I wanted*]; alldeles, exakt, precis [*it's ~ two o'clock*]; *it's ~ as well* det är lika [så] bra (gott); *~ by* strax bredvid; *that's ~ it* just [precis] det ja; *he is ~ the man* [*for the post*] han är rätte mannen . . **2** just [*they have ~ left*], nyss, nyligen **3** genast, strax; *it's ~ on six* klockan är strax sex **4** nätt och jämnt; *that's ~ possible* det är ju möjligt **5** bara, endast [*she is ~ a child*]; *~ fancy!* tänk bara! **6** fam. fullkomligt, alldeles [*he's ~ crazy*]; helt enkelt, faktiskt [*isn't it ~ splendid?*]; *not ~ yet* inte riktigt än[nu]
justice ['dʒʌstɪs] *s* **1** rättvisa, rätt; *law and ~* lag och rätt; *administer* (*dispense*) *~* skipa rättvisa (lag, rätt); *do ~ to a p.* göra ngn rättvisa; *he did* [*ample*] *~ to* [*the dinner*] han gjorde [all] heder åt . .; *court of ~* domstol, rätt; *High Court of J~* ung. hovrätt; *bring to ~* dra[ga] inför rätta **2** rätt [och billighet]; berättigande; riktighet; rimlighet; *the ~ of* det berättigade (befogade) i **3** domare isht i *Supreme Court of Judicature,* ung. justitieråd; *Lord J~* domare i *Court of Appeal*; *Lord Chief J~* se under *chief II 2*; *Mr. J~ Smith* domaren Smith i *High Court of Justice*; *J~ of the Peace* fredsdomare
justiciary [dʒʌs'tɪʃɪərɪ] *s* domsrätt, domvärjo, jurisdiktion
justifiable [ˌdʒʌstɪ'faɪəbl] *a* försvarlig, rättmätig; riktig, rättfärdig [*a ~ action*]
justification [ˌdʒʌstɪfɪ'keɪʃən] *s* försvar, rättfärdigande; berättigande; urskuldande
justify ['dʒʌstɪfaɪ] *tr* **1** försvara; rättfärdiga; urskulda, ursäkta [*nothing can ~ such an action*]; berättiga; *the end justifies the means* ändamålet helgar medlen **2** bevisa [*~ a statement*], bestyrka
justly ['dʒʌstlɪ] *adv* rättvist [*treat a p. ~*]; med rätta, på goda grunder [*~ indignant*]
justness ['dʒʌstnəs] *s* rättvisa; rättmätighet; *the ~ of a th.* det rättvisa i ngt
jut [dʒʌt] *itr*, *~ out* (*forth*) skjuta ut, sticka fram (ut)
jute [dʒu:t] *s* bot. o. textil. jute
Jutland ['dʒʌtlənd] Jylland
jutting ['dʒʌtɪŋ] *a* utskjutande
Juvenal ['dʒu:vənl] Juvenalis
juvenescent [ˌdʒu:və'nesnt] *a* ung; ungdomlig
juvenile ['dʒu:vənaɪl, Am. -nəl] **I** *s* ungdom person, ung människa; pl. *~s* minderåriga; *for ~s* äv. barntillåten **II** *a* **1** ungdoms- [*~ books*], barn-; *~ court* ungdomsdomstol; *~ delinquency* ungdomsbrottslighet; *~ delinquent* (*offender*) ungdomsbrottsling **2** ung [*a ~ talent*]; barnslig, omogen, juvenil
juxtapose ['dʒʌkstəpəʊz] *tr* placera intill varandra, placera sida vid sida
juxtaposition [ˌdʒʌkstəpə'zɪʃən] *s* plats (läge) intill varandra, sammanställning; *be in ~* ligga (stå) sida vid sida

K

K, k [keɪ] (pl. *K's, k's* [keɪz]) *s* K, k
K förk. för *kelvin*
k förk. för *kilo-*
Kaf[f]ir ['kæfə] *s* åld. el. neds. kaffer
Kaiser ['kaɪzə] *s* hist. kejsare, kaiser
kale [keɪl] *s* grön-, krus-, blå|kål
kaleidoscope [kə'laɪdəskəʊp] *s* kalejdoskop
kaleidoscopic [kəˌlaɪdə'skɒpɪk] *a* kalejdoskopisk, mångskiftande, brokig
Kampuchea [ˌkæmpʊ'tʃi:ə]
kangaroo [ˌkæŋgə'ru:] *s* zool. känguru; *~ court* skendomstol

Kansas ['kænzəs]
kaolin ['keɪəlɪn] *s* kaolin fin porslinslera
kapok ['keɪpɒk] *s* kapock, glansull
kappa ['kæpə] *s* grekiska bokstaven kappa
kaput [kæ'put] *a* (ty.) sl. kaputt, slut, förbi
karate [kə'rɑ:tɪ] *s* sport. karate; ~ *chop* karateslag
Karelia [kə'ri:lɪə] Karelen
Kashmir [ˌkæʃ'mɪə]
Kate [keɪt] kortform för *Catharine, Catherine, Katharine, Katherine*
Katharine ['kæθərɪn]
Katherine ['kæθərɪn]
Kathleen ['kæθli:n]
Katie ['keɪtɪ] se *Kate*
kayak ['kaɪæk] *s* kajak
K.B.E. förk. för *Knight Commander of the British Empire*
K.C. förk. för *King's Counsel, Knight Commander*
kc. förk. för *kilocycle[s]*
K.C.B. förk. för *Knight Commander of the Bath*
K.C.V.O. förk. för *Knight Commander of the [Royal] Victorian Order*
Keats [ki:ts]
kebab [kɪ'bæb] *s* kok. grillspett
kedgeree [ˌkedʒə'ri:] *s* ung. fiskrisotto med ägg
keel [ki:l] **I** *s* köl äv. bot.; *on an even* ~ a) sjö. på rät[t] köl b) bildl. på rätt köl; i balans **II** *tr*, ~ [*over*] vända upp och ned på, välta båt **III** *itr*, ~ [*over*] kantra; vända upp kölen
keen [ki:n] *a* **1** skarp, vass [*a* ~ *edge, a* ~ *razor*] **2** skarp, intensiv, bitande [~ *satire*] **3** om känslor m.m. intensiv; häftig [*a* ~ *pain*]; stark [*a* ~ *sense of duty*]; levande [*a* ~ *interest*]; frisk [*a* ~ *appetite*]; hård [~ *competition*] **4** om sinnen, förstånd skarp; fin [*a* ~ *nose for*] **5** ivrig; entusiastisk; passionerad [*a* ~ *lover of music*]; ~ *on* pigg på, entusiastisk för; förtjust i
keen-eyed ['ki:n'aɪd] *a* skarpsynt
keenness ['ki:nnəs] *s* skärpa äv. bildl., intensitet, häftighet etc., jfr *keen*
keep [ki:p] **A** (*kept kept*) *vb* **I** *tr* (se äv. *III*) **1** hålla, behålla, -hålla kvar; uppehålla; ~ *alive* hålla vid liv; ~ *a p. company* hålla ngn sällskap; ~ *o.'s head* behålla fattningen; ~ *going* a) hålla vid liv; hålla i gång b) hålla flytande [*will £20* ~ *you going until pay-day?*]; *I won't* ~ *you long* jag ska inte uppehålla dig länge; ~ *a p. waiting* låta ngn vänta **2** behålla; hålla på, spara [på] [~ *for future needs*]; låta stå; ha; förvara; bevara [~ *a secret*] **3** hålla, ha, äga, hålla sig med [~ *a car,* ~ *a dog*]; föra [*we don't* ~ *that brand* (märke)] **4** underhålla, uppehålla, försörja [*wife and children to* ~]; *kept woman* hålldam, älskarinna **5** hålla [~ *a* (*o.'s*) *promise*] **6** föra [~ *a diary*], sköta [~ *accounts*] **7** sköta, vårda **8** skydda, bevara; ~ *goal* stå i mål
II *itr* (se äv. *III*) **1** hålla sig [~ *awake,* ~ *silent*]; förbli; *how are you* ~*ing?* hur står det till [med dig]?; ~ *cool!* ta det lugnt! **2** stå sig, hålla sig [*will the meat* ~*?*] **3** fortsätta [~ *straight on* (rakt fram)]; ~ *left!* håll (kör, gå) till vänster! **4** ~ [*on*] *doing a th.* fortsätta (fortfara) [med] att göra ngt; *he kept* [*on*] *changing his plans* han ändrade ideligen sina planer; ~ *going* fortsätta; hålla sig i gång (på benen); ~ *moving!* rör på er!; *she* ~*s* [*on*] *talking* hon bara pratar och pratar
III *tr* o. *itr* med adv. el. prep. med spec. övers.: ~ **at** *it* hålla i arbete; ligga i, inte ge upp; ~ **away** hålla på avstånd (borta); ~ **back** hålla tillbaka, hejda; ~ **down** hålla nere [~ *down prices*]; undertrycka, hålla tillbaka [~ *down a revolt*]; ~ **from** avhålla från; dölja för; ~ *a p. from doing a th.* hindra ngn (avhålla ngn) från att göra ngt; ~ **in** hålla inne [med], lägga band på; hålla med [~ *a p. in pocket money*]; hålla sig inne; ~ [*well*] *in with* fam. hålla sig väl med; ~ **off** hålla på avstånd; avvärja; stänga ute; hålla sig undan; hålla sig ifrån, undvika [*I kept off the subject*]; ~ *off the grass!* beträd ej gräsmattan!; ~ **on** fortsätta med; behålla [på], inte ta av sig [~ *o.'s hat on*]; hålla i sig [*if the rain* ~*s on*]; ~ *on at* fam. tjata på; hålla efter ngn; ~ **out** hålla ute, stänga ute [*of* från]; ~ *out of* hålla sig borta ifrån, hålla sig utanför (ifrån); ~ *out of a p.'s way* undvika (gå ur vägen för) ngn; ~ **to** hålla sig till; hålla fast vid [~ *to o.'s plans*]; stå fast vid [~ *to o.'s promise*]; ~ *a th. to o.s.* [be]hålla ngt för sig själv, tiga med ngt; ~ [*o.s.*] *to o.s.* hålla sig för sig själv; ~ *to the right!* håll (kör, gå) till höger!; ~ **together** hålla ihop (tillsammans); *enough to* ~ *body and soul together* tillräckligt för att uppehålla livet; ~ **under** hålla nere, kuva, tygla; ~ *the fire under* hålla elden under kontroll; ~ **up** hålla uppe, uppehålla äv. bildl. [*they kept me up all night*; ~ *up a correspondence*]; vidmakthålla, hålla i stånd; fortsätta [med], hålla i gång; hålla vid liv [~ *up a conversation*]; hålla sig uppe äv. bildl.; hålla i sig; ~ *it up* fortsätta [med det], hänga i, inte ge tappt; ~ *up with* hålla jämna steg med; hinna med
B *s* **1** underhåll; uppehälle [*earn o.'s* ~] **2** [huvud]torn i medeltida borg **3** *for* ~*s* fam. för alltid, för gott
keeper ['ki:pə] *s* **1** vårdare för mentalsjuka; skogvaktare; vakt[are]; [djur]skötare **2** a) ss. efterled i sms. -innehavare [*shopkeeper*], -hållare; -vakt [*goalkeeper*], -vaktare, -vår-

dare b) sport. målvakt
keep-fit ['ki:p'fɪt] *a, ~ exercises* motionsgymnastik; *~ movement* frisksport[rörelse]
keeping ['ki:pɪŋ] *s* **1** förvar, vård; *in safe ~* i säkert förvar **2** samklang, harmoni; *be in ~ with* gå ihop (i stil) med; *be out of ~ with* inte gå ihop med, svära mot, inte passa in i
keepsake ['ki:pseɪk] *s* minne, minnesgåva, souvenir
keg [keg] *s* kagge, kutting
Keith [ki:θ]
Kellogg ['kelɒg]
kelp [kelp] *s* bot. brunalg, [havs]tång
Kelvin ['kelvɪn] **I** egennamn **II** *s* fys., *k~* kelvin enhet för temperatur
1 Ken förk. för *Kentucky*
2 Ken [ken] kortnamn för *Kenneth*
ken [ken] **I** *tr* Skottl. känna [igen] **II** *s, it is beyond my ~* det går över min horisont
Kennedy ['kenədɪ]
kennel ['kenl] **I** *s* **1** hundkoja **2** vanl. pl. *~s* kennel, hundgård **II** *itr* bo (hålla till) i en hundkoja (kennel)
Kenneth ['kenɪθ]
Kent [kent]
Kentucky [ken'tʌkɪ]
Kenya ['kenjə, 'ki:n-]
kept [kept] imp. o. pp. av *keep*
kerb [kɜ:b] *s* trottoarkant
kerbstone ['kɜ:bstəun] *s* kantsten i trottoarkant
kerchief ['kɜ:tʃɪf] *s* sjalett, halsduk
kerfuffle [kə'fʌfl] *s* sl. ståhej
kernel ['kɜ:nl] *s* **1** kärna i nöt, fruktsten o. säd; [sädes]korn **2** bildl. kärna, grundstomme
kerosene ['kerəsi:n] *s* fotogen
kestrel ['kestrəl] *s* zool. tornfalk
ketch [ketʃ] *s* sjö. ketch
ketchup ['ketʃəp] *s* ketchup [*tomato ~*]
kettle ['ketl] *s* [kaffe-, te]panna; [fisk]-kittel; *a pretty* (*nice*) *~ of fish* en skön röra
kettle-drum ['ketldrʌm] *s* puka
kettle-holder ['ketlˌhəuldə] *s* grytlapp
Kevin ['kevɪn]
key [ki:] **I** *s* **1** nyckel äv. bildl.; lösning, förklaring; *master ~* huvudnyckel **2** facit[-bok], nyckel **3** tangent på piano, skrivmaskin m. m.; klaff på blåsinstrument; nyckel på telegraf **4** mus. tonart [*the ~ of C*]; bildl. ton[art], stil; färgton; *~ signature* mus. förtecken; *all in the same ~* monotont **II** *tr* mus. stämma; *~ up* bildl. stimulera, skruva upp
keyboard ['ki:bɔ:d] *s* klaviatur; manual på orgel; tangentbord; *~ instrument* klaverinstrument
key-fob ['ki:fɒb] *s* nyckelemblem
keynote ['ki:nəut] *s* mus. o. bildl. grundton; grundtanke, grundprincip
key-ring ['ki:rɪŋ] *s* nyckelring
keystone ['ki:stəun] *s* byggn. slutsten i valv; bildl. grundval, kärna; grundprincip
keyword ['ki:wɜ:d] *s* nyckelord
K.G. förk. för *Knight of the Garter*
kg. förk. för *kilogram*[*s*], *kilogramme*[*s*]
khaki ['kɑ:kɪ] **I** *s* kaki tyg o. färg **II** *a* kakifärgad; kaki-
Khedive [kɪ'di:v] *s* kediv
Khmer [kmeə] *s* khmer
kHz förk. för *kilohertz*
kibbutz [kɪ'bu:ts] (pl. *kibbutzim* [ˌki:but-'si:m]) *s* kibbutz
kibosh ['kaɪbɒʃ] *s* sl. **1** skitprat; humbug **2** *put the ~ on* ta (göra) kål på; sätta p för
kick [kɪk] **I** *tr* (se äv. *III*) sparka [till]; *~ the bucket* sl. kola [av] dö; *I could ~ myself for missing the chance* vad det retar (grämer) mig att jag inte tog chansen **II** *itr* (se äv. *III*) **1** sparka[s]; om häst slå bakut **2** bildl. protestera [*~ against* (*at*) *a decision*]; bråka, klaga [*about* om, över]; vara uppstudsig [*against, at* mot] **3** om skjutvapen rekylera, stöta **III** *tr* o. *itr* med prep. o. adv. med spec. övers.: *~* **against** *the pricks* spjärna mot udden; *~* **off** sparka av sig skorna; sparka i gång [*~ off a campaign*]; göra avspark i fotboll; *~* **out** sparka ut; kasta ut; slå bakut; *be ~ed out* fam. få sparken (kicken); *~* **over** sparka omkull; *~ over the traces* bildl. hoppa över skaklarna; *~* **up** sparka (riva) upp t. ex. damm; fam. ställa till; *~ up a row* (*fuss, shindy*) ställa till bråk (oväsen) **IV** *s* **1** spark; *free ~* frispark; *penalty ~* straffspark **2** fam. a) nöje, spänning, stimulans, sl. kick b) mani, vurm; *he gets a big ~ out of skiing* han tycker det är helskönt (kul) att åka skidor; *for ~s* för nöjes skull **3** fam. styrka, krut i dryck **4** rekyl, stöt av skjutvapen
kickback ['kɪkbæk] *s* Am. fam. **1** motreaktion **2** ung. olaglig provision **3** mutor
kickdown ['kɪkdaun] *s* nedväxling i automatväxlad bil, kickdown
kick-off ['kɪkɒf] *s* **1** avspark i fotboll **2** bildl. igångsparkande [*the ~ of a campaign*]
1 kid [kɪd] *s* **1** killing, kid **2** get-, killingskinn; chevreau; *~ gloves* glacéhandskar; *treat a p. with ~ gloves* bildl. behandla ngn med silkesvantar **3** fam. barn, unge; *~ brother* lillebror; *~ sister* lillasyster; (*~s'*) *stuff* a) något för barn b) en barnlek
2 kid [kɪd] **I** *tr* lura, narra; skoja (retas) med **II** *itr* skämta, skoja; retas; *I'm not ~ding!* jag skämtar (skojar) inte!; *~ around* skoja
kidder ['kɪdə] *s* fam. skojare; retsticka
kidding ['kɪdɪŋ] *s* skoj; *no ~!* bergis!
kiddy ['kɪdɪ] *s* fam. litet barn, unge; pl. *kiddies* äv. småttingar
kid-glove ['kɪdglʌv] *a* [som sker] med silkesvantar [*~ treatment*], hänsynsfull
kidnap ['kɪdnæp] **I** *tr* kidnappa, röva bort **II**

s kidnapp[n]ing
kidnapping ['kɪdnæpɪŋ] *s* kidnapp[n]ing; barnarov
kidney ['kɪdnɪ] *s* **1** njure **2** bildl. art, slag, sort [*a man of the right* ~]; natur, läggning
kidney-bean ['kɪdnɪ'bi:n] *s* bot. trädgårdsböna, isht skär-, bryt|böna; rosenböna
kill [kɪl] **I** *tr* **1** döda, mörda, slå ihjäl; slakta; ta död (kål) på; göra slut på; dämpa; förkasta [~ *a bill*]; *be* ~*ed* dö, omkomma; *be* ~*ed* [*in action*] stupa [i strid]; ~ [*the*] *time* fördriva tiden, få tiden att gå; ~ *two birds with one stone* slå två flugor i en smäll; ~ *a p. with kindness* ta livet av ngn med [missriktad] vänlighet; *it is a case of* ~ *or cure* ung. det må bära eller brista, går det så går det **2** fam., *you're* ~*ing me!* jag dör av skratt! **3** fotb. döda, dämpa boll **II** *itr* **1** döda, dräpa [*thou shalt not* ~], mörda **2** fam. göra susen; *got up* (*dressed*) *to* ~ uppklädd till tusen **III** *s* jakt.: villebrådets dödande; [jakt]byte
killer ['kɪlə] *s* **1** mördare, dråpare; slaktare **2** sak som dödar; utrotningsmedel; *his punch was a* ~ hans slag var dödande
killing ['kɪlɪŋ] **I** *s* **1** dödande etc., jfr *kill I*; mord **2** fam., *make a* ~ göra ett fint kap **II** *a* **1** dödande, dödlig; bildl. mördande [*a* ~ *pace* (tempo)] **2** fam. oemotståndlig; fantastisk; dörolig
kill-joy ['kɪldʒɔɪ] *s* glädje|dödare, -störare
kill-or-cure ['kɪlɔ:'kjuə] *a*, ~ *remedy* hästkur
kiln [kɪln] **I** *s* brännugn för kalk, tegel o. d.; torkugn **II** *tr* bränna (torka) i brännugn
kilo ['ki:ləu] *s* förk. för *kilogram*[*me*]
kilo- ['kɪləu] *pref* kilo- ett tusen
kilocycle ['kɪləuˌsaɪkl] *s* kilocykel
kilogram[**me**] ['kɪləugræm] *s* kilogram
kilohertz ['kɪləuhɜ:ts] *s* kilohertz
kilolitre ['kɪləuˌli:tə] *s* kiloliter
kilometre ['kɪləuˌmi:tə, kɪ'lɒmɪtə] *s* kilometer
kiloton ['kɪləutʌn] *s* kiloton
kilowatt ['kɪləuwɒt] *s* kilowatt
kilt [kɪlt] *s* kilt
kilted ['kɪltɪd] *a* klädd i kilt
kimono [kɪ'məunəu] *s* kimono
kin [kɪn] *s* **1** (konstr. ss. pl.) släkt[ingar] **2** släktskap; *of* ~ släkt, besläktad; *next of* ~ se *next-of-kin* **3** familj ätt
1 kind [kaɪnd] *s* **1** slag, sort; *nothing of the* ~ inte alls så; *something of the* ~ något ditåt (i den stilen); ~ **of: a**) *a* ~ *of* ett slags, något slags; *I had a* ~ *of feeling* jag hade liksom på känn; *a different* ~ *of* ett annat slags; *every* ~ *of* el. *all* ~*s of* alla slags, alla möjliga; *that* ~ *of thing* sådant där; *what* ~ *of weather is it?* vad är det för väder?; *he is not the* ~ *of man to do such a thing* han är inte den som gör något sådant **b**) adverbiellt fam. liksom, på sätt och vis, nästan, nog [*I* ~ *of expected it*] **2** *in* ~ in natura [*pay in* ~]; *benefits in* ~ naturaförmåner; *repay in* ~ betala med samma mynt
2 kind [kaɪnd] *a* vänlig, snäll, god, hygglig [~ *people*; *to* mot]; ~ *regards* hjärtliga hälsningar; *would you be* ~ *enough to* (*so* ~ *as to*)..? vill du vara vänlig och..?
kindergarten ['kɪndəˌgɑ:tn] *s* (ty.) lekskola, kindergarten
kind-hearted ['kaɪnd'hɑ:tɪd] *a* godhjärtad, snäll
kindle ['kɪndl] **I** *tr* **1** antända, tända [på] **2** bildl. upptända, väcka [~ *interest*] **II** *itr* tända, fatta eld
kindling ['kɪndlɪŋ] *s* **1** antändning, upptändande **2** tänd-, torr|ved, stickor att tända eld med; tändmaterial
kindly ['kaɪndlɪ] **I** *a* vänlig, välvillig, godhjärtad **II** *adv* vänligt, snällt; ~ *shut the door!* var snäll och stäng dörren!; *take* ~ *to* trivas med; finna sig i
kindness ['kaɪndnəs] *s* vänlighet, snällhet, hjälpsamhet, välvilja, godhet [*to* mot]; *do a p. a* ~ visa ngn en vänlighet
kindred ['kɪndrəd] **I** *s* **1** släktskap genom födsel **2** (konstr. ss. pl.) släkt[ingar] [*his* ~ *live abroad*] **II** attr. *a* besläktad, befryndad; liknande; ~ *souls* (*spirits*) själsfränder
kinetic [kɪ'netɪk, kaɪ'n-] *a* fys. kinetisk
kinetics [kɪ'netɪks, kaɪ'n-] (konstr. ss. sg.) *s* fys. kinetik
king [kɪŋ] *s* **1** kung, konung; *the First Book of the Kings* bibl. Första Konungaboken; *the* ~ *of soaps* i reklam världens bästa tvål; *dish fit for a* ~ kunglig rätt **2** kung i kortlek, schack m. fl. spel; dam i damspel; ~ *of hearts* hjärter kung
kingdom ['kɪŋdəm] *s* **1** kungarike; kungadöme; *the United K*~ *of Great Britain and Northern Ireland* Förenade kungariket Storbritannien och Nordirland **2** bildl. rike, välde; *the* ~ *of heaven* himmelriket; ~ *come* livet efter detta; *thy* ~ *come* bibl. tillkomme ditt rike; *wait till* ~ *come* fam. vänta i evighet **3** naturv., *the animal, vegetable, and mineral* ~*s* djur-, växt- och mineralriket
kingfisher ['kɪŋˌfɪʃə] *s* zool. kungsfiskare
kingly ['kɪŋlɪ] *a* kunglig, konungslig
kingmaker ['kɪŋˌmeɪkə] *s* kungamakare
kingpin ['kɪŋpɪn] *s* **1** i bowling mittenkägla; i kägelspel kung **2** bildl. ledare; stöttepelare
king-size ['kɪŋsaɪz] *a* jättestor, extra stor; 'king-size', extra lång [*a* ~ *cigarette*]
kink [kɪŋk] *s* **1** knut, ögla på tråd; krusig [hår]lock **2** egenhet; fix idé
kinkajou ['kɪŋkədʒu:] *s* zool. veckelbjörn
kinky ['kɪŋkɪ] *a* **1** tovig; krusig; knutig **2**

fam. bisarr, konstig; pervers
kinsfolk ['kɪnzfəʊk] (konstr. ss. pl.) *s* litt. släkt[ingar] [*my* ~ *live abroad*]
kinship ['kɪnʃɪp] *s* släktskap; blodsband; bildl. frändskap, likhet
kins|man ['kɪnz|mən] (pl. *-men* [-mən]) *s* litt. [manlig] släkting, frände
kins|woman ['kɪnz|ˌwʊmən] (pl. *-women* [-ˌwɪmɪn]) *s* litt. [kvinnlig] släkting, frände
kiosk ['kiːɒsk] *s* kiosk
kip [kɪp] sl. **I** *s* **1** pang, kvart ungkarlshotell, härbärge; slaf säng **2** sömn **II** *itr* [äv. ~ *down*] gå och kvarta, knyta sig lägga sig; slafa sova
kipper ['kɪpə] *s* 'kipper' slags fläkt, saltad o. [rök]torkad fisk, isht sill
kirsch [kɪəʃ] *s* kirsch, körsbärsbrännvin
kiss [kɪs] **I** *tr* kyssa äv. bildl., pussa; ~ *the dust* (*ground*) a) krypa i stoftet b) bita i gräset; ~ *the rod* bildl. kyssa riset **II** *itr* kyssas, pussas **III** *s* **1** kyss, puss; *the* ~ *of death* dödsstöten; *give a p. the* ~ *of life* behandla ngn med mun-mot-mun-metoden; *give a th. the* ~ *of life* blåsa nytt liv i ngt **2** kyss bakverk o. konfekt
kissable ['kɪsəbl] *a* kysstäck
kiss-curl ['kɪskɜːl] *s* tjusarlock
kisser ['kɪsə] *s* sl. trut mun; nylle ansikte
kissproof ['kɪspruːf] *a* kyssäkta
kit [kɪt] *s* **1** utrustning av kläder m. m., grejor, saker [*golfing* ~]; persedlar; mundering, utstyrsel; byggsats; *first-aid* ~ förbandslåda **2** kappsäck; mil. packning, ränsel
kit-bag ['kɪtbæg] *s* **1** sport|bag, -väska **2** mil. ränsel, ryggsäck
kitchen ['kɪtʃən, 'kɪtʃɪn] **I** *s* kök **II** attr. *a* köks-; ~ *roll* köks-, hushålls|rulle; ~ *unit* färdigkomponerat kök som köps i en enhet från fabrikant
kitchenette [ˌkɪtʃɪ'net] *s* kokvrå, litet kök
kitchen-garden ['kɪtʃɪn'gɑːdn] *s* köksträdgård
kitchen-maid ['kɪtʃɪnmeɪd] *s* kökspiga, köksa
kitchen-midden ['kɪtʃɪn'mɪdn] *s* arkeol. kökkenmödding
kitchen-range ['kɪtʃɪnreɪndʒ] *s* köksspis
kitchen-sink ['kɪtʃɪn'sɪŋk] *s* diskbänk; ~ *drama* teat. vardagsdrama
kite [kaɪt] *s* **1** zool. glada **2** drake av papper o. d.; *fly a* ~ a) sända upp en drake b) bildl. släppa upp en försöksballong
kite-flying ['kaɪtˌflaɪɪŋ] *s* **1** drakflygning **2** bildl. opinionspejling
kith [kɪθ] *s*, ~ *and kin* vänner och fränder; släktingar
kitsch [kɪtʃ] *s* (ty.) fam. krimskrams, kitsch
kitschy ['kɪtʃɪ] *a* banal, kitschig
kitten ['kɪtn] *s* kattunge; *have* ~*s* fam. få spader; sitta som på nålar
kittenish ['kɪtənɪʃ] *a* lekfull [som en kattunge]; smeksam
1 kitty ['kɪtɪ] *s* kattunge, kissemiss
2 kitty ['kɪtɪ] *s* **1** spel. pott, insats **2** fam. kassa
kiwi ['kiːwiː] *s* **1** zool. kivi **2** *K*~ sl. nyzeeländare
klaxon ['klæksn] *s* bilhorn med kraftigt ljud
kleenex ['kliːneks] *s* ® ansiktsservett, 'kleenex'
kleptomania [ˌkleptəʊ'meɪnjə] *s* kleptomani
kleptomaniac [ˌkleptəʊ'meɪnɪæk] *s* kleptoman
Klondike ['klɒndaɪk]
km. förk. för *kilometre*[*s*]
knack [næk] *s* skicklighet, talang att göra ngt, [gott] handlag, grepp, förmåga; *get the* ~ *of a th.* få kläm på ngt; *there's a* ~ *in it* det finns ett knep med det
knacker ['nækə] *s* **1** hästslaktare **2** person som köper upp rivningshus (skrotfärdiga båtar o. d.); ~*'s yard* skrotupplag
knapsack ['næpsæk] *s* ryggsäck, ränsel
knave [neɪv] *s* **1** kanalje, skojare **2** knekt i kortlek; ~ *of hearts* hjärter knekt
knavery ['neɪvərɪ] *s* skurkstreck
knavish ['neɪvɪʃ] *a*, ~ *trick* skurkstreck
knead [niːd] *tr* knåda äv. massera; älta
knee [niː] *s* knä äv. tekn., byggn.; *bend* (*bow*) *the* (*o.'s*) ~[*s*] böja knä, knäböja; *fall down* (*go* [*down*]) *on o.'s* ~*s* falla på knä [*to* för]; *on o.'s bended* ~*s* på sina bara knän; *bring a p. to his* ~*s* tvinga ngn på knä
knee-breeches ['niːˌbrɪtʃɪz] *s pl* knäbyxor
knee-cap ['niːkæp] *s* knäskål
kneed [niːd] *a* ss. efterled i sms. med . . knän
knee-deep ['niː'diːp] *a* o. *adv* [nedsjunken] till knäna, upp (ända) till knäna
knee-high ['niː'haɪ] **I** *a* som går [upp] till knäna, knähög **II** *adv* upp (ända) till knäna
kneel [niːl] (*knelt knelt* el. ~*ed* ~*ed*) *itr* knäböja, falla (ligga) på knä [*to* för ngn; *before* inför]; ~ *down* falla på knä
knee-length ['niː'leŋθ] *a* knäkort
knell [nel] *s* själaringning; klämtning; bildl. dödsklocka, olyckligt förebud; dödsstöt
knelt [nelt] imp. o. pp. av *kneel*
knew [njuː] imp. av *know*
knickerbocker ['nɪkəbɒkə] *s* **1** pl. ~*s* knickerbockers, slags golfbyxor **2** ~ *glory* fruktvarvad glass [i högt glas]
knickers ['nɪkəz] *s pl* **1** fam. för *knickerbockers*; knickers **2** [dam]underbyxor [med ben], benkläder; mamelucker
knick-knack ['nɪknæk] *s* prydnadsföremål, småsak; pl. ~*s* äv. krimskrams, krafs
knife [naɪf] **I** (pl. *knives* [naɪvz]) *s* kniv; *have* [*got*] *o.'s* ~ *into a p.* ha ett horn i sidan till ngn **II** *tr* knivhugga, sticka ned [med kniv]
knife-grinder ['naɪfˌgraɪndə] *s* **1** [skär]sli-

pare **2** slipsten

knight [naɪt] **I** *s* **1** medeltida riddare **2** riddare av en orden; ~ *commander* ung. kommendör av första klassen; ~ *companion* riddare i orden med endast en klass; *K~ Grand Cross* riddare av storkorset (Empireordens storkors); ~ *of the road* fam. landsvägsriddare **3** knight adelsman av lägsta rang (titeln ej ärftlig) **4** springare, häst i schack **II** *tr* dubba till riddare; utnämna till knight, adla

knight-errant ['naɪt'erənt] (pl. *knights-errant*) *s* vandrande riddare

knighthood ['naɪthʊd] *s* **1** riddar-, knight|värdighet; *confer a ~ on* förläna riddarvärdighet åt; utnämna till knight, adla; *order of ~* riddarorden **2** ridderskap koll.

knit [nɪt] **I** (*~ted ~ted* el. *knit knit*; i bet. *1* vanl. *~ted ~ted*) *tr* **1** sticka t. ex. strumpor **2** dra ihop, rynka; *~ o.'s brows* rynka pannan (ögonbrynen) **3** [ofta *~ together*] [fast] förena, knyta (binda) [samman]; få att växa ihop [*~ broken bones*] **II** (*~ted ~ted* el. *knit knit*; i bet. *1* vanl. *~ted ~ted*) *itr* **1** sticka **2** växa ihop; förenas äv. bildl.; knytas till varandra **3** rynka sig, rynkas [*his brows ~*]

knitting ['nɪtɪŋ] *s* stickning äv. konkr.; stickat arbete

knitting-needle ['nɪtɪŋˌni:dl] *s* [strump]-sticka

knitwear ['nɪtweə] *s* trikåvaror

knives [naɪvz] *s* pl. av *knife*

knob [nɒb] *s* **1** knopp, knapp, kula; ratt på t. ex. radio; runt handtag, vred [*door-knob*]; knöl **2** liten bit [*a ~ of sugar* (*coal*)]; klick [*a ~ of butter*] **3** *the same to you with ~s on!* dito!

knobbly ['nɒblɪ] *a* = *knobby*

knobby ['nɒbɪ] *a* knölig, knagglig; knotig

knobkerrie ['nɒbˌkerɪ] *s* knölklubba sydafrikanskt [kast]vapen

knock [nɒk] **I** *tr* (se äv. *III*) **1** slå [hårt], slå till; bulta, knacka; *~ a p. cold* slå ngn medvetslös; slå ngn med häpnad **2** sl. slå med beundran (häpnad) **3** sl. racka ner på

II *itr* (se äv. *III*) **1** knacka äv. om motor, bulta [*~ at the door*], slå **2** stöta (slå) ihop, kollidera, krocka [*into* med]

III *tr* o. *itr* med adv. el. prep. med spec. övers.: ~ **about: a**) slå (kasta) hit och dit; våldsamt misshandla **b**) fam. driva (flacka) omkring [i] **c**) fam. om saker ligga och skräpa; ~ **against** stöta (slå) emot, kollidera med; *~ o.'s head against a stone* (*brick*) *wall* bildl. köra huvudet i väggen; ~ **back: a**) sl. svepa, stjälpa i sig [*~ back five beers*] **b**) *that ~ed me back ten pounds* sl. jag åkte på en smäll på tio pund; ~ **down: a**) slå ned (till marken), köra på; riva ned (omkull) **b**) riva; montera ned, ta isär t. ex. maskin för transport **c**) på auktion klubba, sälja [*to* åt, till] **d**) fam. pressa ned, slå av på [*~ down the price of*]; *I ~ed him down 5 per cent* jag fick honom att slå av 5% på priset; ~ **in** slå in (i); bryta upp; *~ a th.* **into** *shape* få fason på ngt; ~ **off**: a) slå av b) slå av på [*~ a pound off the price*] c) sluta [med] [*~ off work at five*], sluta arbetet, lägga av d) fam. klara av; smälla ihop [*~ off an article*] e) sl. knycka, stjäla f) sl. knäppa mörda; *~ a p.'s head off* bildl. slå in skallen på ngn; *~ it off!* sl. lägg av!; ~ **on** slå mot (i) [*~ o.'s head on a wall*]; *~ on the head* slå ngn i skallen; bildl. sätta p (stopp) för [*~ a plan on the head*]; ~ **out: a**) slå ut; knacka ur [*~ out o.'s pipe*]; *~ the bottom out of* slå ur botten på; bildl. slå hål på, kullkasta [*~ the bottom out of a theory*] **b**) knocka, slå ut boxare, slå, besegra; slå medvetslös; bildl. överväldiga; lamslå; ~ **over:** a) slå (stöta) omkull b) Am. överrumpla, göra paff; ~ **to** *pieces* slå i bitar (sönder) äv. bildl.; ~ **together** sätta ihop i en hast, smälla ihop; ~ **up: a**) kasta upp; knacka upp, väcka genom att knacka **b**) fam. [hastigt] ställa till med, improvisera; sno ihop [*~ up a meal*], rafsa ihop; skramla ihop **c**) fam. göra poäng i kricket **d**) trötta ut; pp.: *~ed up* utmattad, utsjasad **e**) sl. göra på smällen göra gravid **f**) *~ up against* fam. stöta på (ihop med) [*~ up against a friend*]

IV *s* **1** slag; knackning äv. i motor; smäll, stöt; *there is a ~ at the door* det knackar [på dörren] **2** fam. [inne]omgång i kricket **3** sl. smäll, stöt; kritik; prickning; *take a ~* få en knäck, bli ruinerad

knock-about ['nɒkəbaʊt] *a* **1** bullersam; *~ comedy* buskteater **2** om kläder oöm, vardags-

knock-down ['nɒkdaʊn] **I** *a* **1** *~ blow* dråpslag **2** om pris nedsatt; på auktion minimi- [*a ~ price*] **3** isärtagbar; *~ furniture* byggmöbler, monterbara möbler **II** *s* **1** boxn. nedslagning **2** Am. [pris]nedsättning

knocker ['nɒkə] *s* **1** portklapp **2** Am. sl. gnällspik, felfinnare **3** sl., pl. *~s* pattar bröst

knocking-shop ['nɒkɪŋʃɒp] *s* sl. bordell

knock-kneed ['nɒk'ni:d] *a* kobent

knock-out ['nɒkaʊt] **I** *a* knockout- [*a ~ blow*]; *~ drops* sl. knockoutdroppar bedövningsmedel som blandas i drink **II** *s* **1** knockout[slag] i boxning **2** sl. panggrunka

knock-shop ['nɒkʃɒp] *s* sl. bordell

knock-up ['nɒk'ʌp] *s* fam. inslagning, träning före [tennis]match; *have a ~* bolla träningsslå i t. ex. tennis

knoll [nəʊl] *s* [rund] kulle

knot [nɒt] **I** *s* **1** knut; knop; *undo* (*untie*) *a ~* lösa (knyta) upp en knut **2** [band]rosett **3** skärnings-, förenings|punkt; nervknut **4** bildl. svårighet, problem; *tie o.s.* [*up*] *in*[*to*]

~*s* el. *get into ~s* bildl. trassla in sig; trassla till det för sig **5** knöl, [ut]växt; ledknut; kvist i trä **6** klunga, grupp [*people were standing about in ~s*] **7** sjö. knop **II** *tr* knyta i knut **III** *itr* knuta sig

knotted ['nɒtɪd] *a* knutig; knölig, knotig; *get ~!* sl. dra åt helvete!

knotty ['nɒtɪ] *a* **1** knutig; knölig, knotig **2** bildl. kvistig, kinkig [*a ~ problem*]

knout [naut] *s* knutpiska

know [nəu] **I** (*knew known*) *tr* o. *itr* (se äv. *known*) **1** veta; ha reda på, känna till, veta av; [*he's a bit stupid,*] *you ~* . . vet du, . . förstår du; *you never ~* man kan aldrig veta; *I wouldn't ~* fam. jag har ingen aning; *as* (*so*) *far as I ~* såvitt jag vet; [*he is dead*] *for all I ~* . . vad jag vet; *~ o.'s own mind* veta vad man vill; *~ a thing or two* el. *~ what's what* fam. ha [väl] reda på sig; *not if I ~ it* fam. inte så länge jag får ett ord med i laget; *let me ~* [*when you are ready*] säg till [mig] . . ; *before you ~ where you are* innan man vet ordet av; [*I'm so happy*] *I hardly ~ where I am* . . så jag knappt vet till mig; *~ about* känna till, veta om; *what do you ~* [*about that*]*!* fam. vad säger du om det då!, nej men ser man på!; *that's all you ~* [*about it*]*!* iron. du skulle bara veta!, det är vad du tror!; *~ of* känna till, veta [*I ~ of a place that would suit you*]; ha hört talas om [*I ~ of him*]; *not that I ~ of* inte såvitt (vad) jag vet **2** kunna, ha lärt sig, vara kunnig i; *he ~s his business* han kan sin sak; *he ~s all about cars* han kan [allt om] bilar; *I ~ nothing about paintings* jag förstår mig inte alls på tavlor; *~ a th. by heart* kunna ngt utantill **3** *~ how to* kunna [konsten att], förstå sig på att; veta att; *~ how to read* kunna läsa **4** känna, vara bekant med [*I don't ~ him*]; *get to ~* lära känna, bli bekant med; [*he will do it*] *if I ~ him* . . om jag känner honom rätt **5** känna igen; identifiera; [kunna] skilja [*from* från]; *~ a good thing when one sees it* kunna skilja på bra och dåligt; *I knew him by his voice* jag kände igen honom på rösten **6** vara med om, uppleva [*he knew poverty in his early life*], se [*he has ~n better days*]; *it has never been ~n to happen* det har veterligen aldrig hänt; *she has never been ~n to tell a lie* man har aldrig hört henne ljuga **II** *s, in the ~* fam. initierad, invigd

know-all ['nəuɔ:l] *s* fam. besserwisser; allvetare

know-how ['nəuhau] *s* fam. know-how, kunnande, sakkunskap, expertis

knowing ['nəuɪŋ] **I** *a* **1** kunnig, insiktsfull **2** medveten **3** [knip]slug, slipad [*a ~ fellow*], menande [*a ~ glance*] **II** *s* vetande, kunskap; *there is no ~ where that will end* man kan inte veta var det skall sluta

knowingly ['nəuɪŋlɪ] *adv* **1** medvetet, avsiktligt **2** menande **3** kunnigt

knowledge ['nɒlɪdʒ] (utan pl.) *s* **1** kunskap[er], insikt[er] [*of* om, i]; vetskap, kännedom, medvetande [*of* om]; erfarenhet [*of* av]; vetande, lärdom; *get ~ of* få vetskap om, få veta, få reda på; *it came* (*was brought*) *to my ~* det kom till min kännedom (vetskap); *to* [*the best of*] *my ~* såvitt (vad) jag vet **2** *carnal ~* jur. könsumgänge

knowledgeable ['nɒlɪdʒəbl] *a* kunnig; klyftig; välunderrättad

known [nəun] *a* o. *pp* (av *know*) känd [*as* som, för att vara], bekant [*to a p.* för ngn]; *be ~ by* a) vara känd av [*he is ~ by all*] b) kännas igen på; *be ~ by the name of* . . vara känd (gå) under namnet . .; *become ~ to a p.* bli bekant för ngn, komma till ngns kännedom; *make ~* bekant-, offentlig|göra; meddela; *make o.s. ~* göra sig känd; ge sig till känna [*to* för]; *as is well ~* som bekant

knuckle ['nʌkl] **I** *s* **1** knoge; led; *rap a p. over the ~s* slå (smälla) ngn på fingrarna **2** på vissa djur knäled; kok. lägg på kalv o. svin **3** [*a bit*] *near the ~* fam. på gränsen till oanständig **II** *itr, ~ under* (*down*) falla till föga, böja sig [*to* för]; *~ down to* äv. hugga i med, ta itu med [*~ down to the job*]

knuckle-duster ['nʌkl,dʌstə] *s* knogjärn

knurled [nɜ:ld] *a* räfflad, krusad, tandad

K.O. ['keɪ'əu] *tr* o. *s* boxn. sl. = *knock out, knock-out*

koala [kəu'ɑ:lə] *s* zool. koala, pungbjörn

kodak ['kəudæk] *s* ® kodak kamera

kohlrabi ['kəul'rɑ:bɪ] *s* bot. kålrabbi

kookaburra ['kukə,bʌrə] *s* zool. skrattfågel

kooky ['ku:kɪ] *a* isht Am. sl. korkad, knasig

Koran [kɒ'rɑ:n] *s, the ~* Koranen

Korea [kə'rɪə]

Korean [kə'rɪən] **I** *s* **1** korean, koreanska **2** koreanska [språket] **II** *a* koreansk

kosher ['kəuʃə] **I** *a* **1** jud. om mat o. d. koscher ritualenlig [*~ food*] **2** fam. äkta, genuin **II** *s* koscher mat, jfr *I 1*

kowtow ['kau'tau] **I** *s* djup bugning kinesisk vördnadsbetygelse **II** *itr* buga sig; krypa [*to* för]

k.p.h. förk. för *kilometres per hour*

Kremlin ['kremlɪn] *s, the ~* Kreml

krona ['krəunə] (pl. *kronor* el. *~s*) *s* krona svensk myntenhet

krypton ['krɪptɒn] *s* kem. krypton

kudos ['kju:dɒs] *s* fam. beröm, ära, heder

Ku Klux Klan ['kju:klʌks'klæn] Ku Klux Klan hemlig organisation i USA

kummel ['kuməl] *s* kumminbrännvin

Kuwait [ku'weɪt, -'waɪt]

kW, kw. förk. för *kilowatt*[*s*]

L

L, l [el] (pl. *L's, l's* [elz]) *s* L, l
L (förk. för *Learner*) övningsbil ss. skylt; ~ *plates* övningsbilsskyltar
L. förk. för *2 lake, Latin, Liberal, 2 left*
£, £ [paund, pl. vanl. paundz] förk. för (eg. *libra* lat.) *pound* (*pounds*) [*sterling*] pund, £
l. förk. för *litre*[*s*]
L.A. ['el'eɪ] förk. för *Los Angeles*
la [lɑː] *s* mus. la
Lab. förk. för *Labour* [*Party*]
lab [læb] *s* (kortform av *laboratory*) labb
label ['leɪbl] **I** *s* **1** etikett; märke; adresslapp **2** bildl. etikett, stämpel [*attach a ~ to* (på) *people*], beteckning **3** skivmärke grammofonbolag **II** *tr* etikettera, förse med adresslapp, märka; sätta etikett på äv. bildl.; rubricera; stämpla [*as* såsom]
labial ['leɪbjəl] **I** *a* läpp-, labial **II** *s* språkv. labial
labor ['leɪbə] Am. **I** *s* se *labour I*; ~ *union* fackförening **II** *itr* o. *tr* se *labour II* o. *III*
laboratory [lə'bɒrətərɪ, 'læbərə-] *s* laboratorium; verkstad äv. bildl.
laborious [lə'bɔːrɪəs] *a* **1** mödosam [~ *task*]; tung [~ *style*] **2** arbetsam
labour ['leɪbə] **I** *s* **1** arbete, möda, ansträngning, vedermöda; *hard* ~ straffarbete; *love's ~'s lost* [det var] kärt besvär förgäves; ~ *of love* kärt besvär (arbete) **2** ekon. a) arbete b) arbetskraft; arbetare koll.; *skilled* ~ se *skilled 2*; ~ *exchange* hist. [statlig] arbetsförmedling; ~ *force* arbetsstyrka **3** polit., *L~* arbetarna, arbetarklassen; *L~* el. *the L~ Party* arbetarpartiet; *L~ Government* arbetarregering; *L~ leader* a) ledare för arbetarpartiet, arbetarledare b) fackföreningsledare **4** förlossningsarbete; värkar [äv. ~ *pains*], barnsnöd [*in* ~] **II** *itr* **1** arbeta [hårt] [~ *at* (på, med) *a task*] **2** bemöda sig [*to* [om] att], sträva [*to* efter att; *for* efter] **3** ~ *under* ha att dras (kämpa) med [~ *under a difficulty*]; lida av **4** arbeta sig [fram] [*the car ~ed up the hill*] **III** *tr* utarbeta [i detalj]; breda ut sig över
laboured ['leɪbəd] *a* bildl. **1** överarbetad, ansträngd, tvungen, krystad [~ *style*] **2** besvärad, tung [~ *breathing*]
labourer ['leɪbərə] *s* arbetare, isht grovarbetare; *agricultural* (*farm*) ~ jordbruksarbetare, lantarbetare
labour-saving ['leɪbəˌseɪvɪŋ] *a* arbetsbesparande; ~ *devices* (*appliances*) arbetsbesparande hjälpmedel
Labrador ['læbrədɔː] **I** egennamn **II** *s*, ~ [*dog* (*retriever*)] labrador [retriever] hundras
laburnum [lə'bɜːnəm] *s* bot. gullregn
labyrinth ['læbərɪnθ] *s* labyrint äv. bildl.
labyrinthine [ˌlæbə'rɪnθaɪn] *a* labyrintisk
L.A.C. förk. för *leading aircraftman*
lace [leɪs] **I** *s* **1** snöre; snodd **2** galon[er] [*gold* ~] **3** spets[ar] **II** *tr* **1** snöra [*together* (*up*) till (ihop, åt)]; ~ [*up*] [*o.'s shoes*] snöra .. **2** trä [*through* genom] **3** fam. klå [upp]; besegra **4** fam. spetsa [~ *coffee with brandy*]; *~d coffee* ung. kaffegök, kaffekask **III** *itr*, ~ [*up*] snöras [*it ~s* [*up*] *at the side*]
lacerate ['læsəreɪt] *tr* **1** slita sönder, sarga **2** bildl. riva upp, verka upprivande på
laceration [ˌlæsə'reɪʃən] *s* **1** sönderslitning **2** rivsår
lachrymose ['lækrɪməus] *a* **1** tårfylld, gråtfärdig [~ *voice*] **2** gråtmild; sorglig
lack [læk] **I** *s* brist [*of* på]; fattigdom [*of* på]; ~ *of attention* m. fl. ex. jfr *want I 1*; *for ~ of* av brist på; *no ~ of* ingen brist på **II** *tr* sakna, lida brist på, vara utan **III** *itr* **1** ~ *for* sakna [*they ~ed for nothing*] **2** *be ~ing* fattas, saknas [*for* för; *from* i (hos)] **3** *be ~ing in* sakna, vara utan
lackadaisical [ˌlækə'deɪzɪkəl] *a* nonchalant, likgiltig, slapp [~ *manner*]
lackey ['lækɪ] *s* lakej äv. bildl.
lack-lustre ['lækˌlʌstə] *a* glanslös
laconic [lə'kɒnɪk] *a* lakonisk, kortfattad
lacquer ['lækə] **I** *s* **1** lackfernissa **2** lack [*Japanese* ~] **3** lackarbete[n] **II** *tr* lackera
lacrosse [lə'krɒs] *s* lacrosse lagspel med gummiboll och håvlik racket
lactic ['læktɪk] *a* kem. mjölk- [~ *acid*]
lacun|a [lə'kjuːn|ə] (pl. *-ae* [-iː] el. *-as*) *s* lucka, tomrum
lad [læd] *s* **1** pojke, gosse, grabb; *my* ~ i tilltal min vän **2** fam. karl, kille, 'gosse'; *you're a ~!* du är verkligen festlig!
ladder ['lædə] **I** *s* **1** stege, trappstege; sjö. lejdare; [fisk]trappa **2** [löp]maska på strumpa o. d. **II** *itr*, *my stocking has ~ed* det har gått en maska på min strumpa **III** *tr* riva upp en maska (maskor) på strumpa
ladderproof ['lædəpruːf] *a* masksäker [~ *stockings*]
laddie ['lædɪ] *s* [liten] pojke, grabb
lade [leɪd] (*laded laden* el. *laded*) *tr* lasta varor på fartyg; ta ombord varor
laden ['leɪdn] *a* o. *pp* (av *lade*) **1** lastad; *trees ~ with apples* träd dignande av äpplen **2** bildl. mättad; fylld [~ *with* (med, av)]
la-di-da[**h**] ['lɑːdɪ'dɑː] *a* sl. tillgjord, snobbig, affekterad, blaserad, 'fin'
lading ['leɪdɪŋ] *s* **1** lastning **2** [skepps]last; *bill of* ~ konossement
ladle ['leɪdl] **I** *s* slev [*soup* ~] **II** *tr* ösa med slev, sleva; ~ *out* ösa upp, servera
lady ['leɪdɪ] *s* **1** dam; *ladies and gentlemen*

mina damer och herrar; *his young* ~ fam. hans flicka (fästmö); *my dear young* ~ bästa fröken **2 a)** ~*'s* el. *ladies'* ofta dam- [*ladies' hairdresser*]; *ladies' invitation (excuse-me)* [*dance*] damernas dans; ~*'s maid* kammarjungfru; ~*'s* (*ladies'*) *man* fruntimmerskarl **b)** *ladies* el. *ladies'* (konstr. ss. sg.) fam. damtoalett **3** attr. kvinnlig; ~ *author* författarinna, kvinnlig författare; ~ *friend* kvinnlig vän, väninna **4** fru; härskarinna; *the* ~ *of the house* frun i huset, värdinnan **5** poet. härskarinna, hjärtas dam, älskade **6** *L~* Lady adelstitel **7** *Our L~* Vår Fru Jungfru Maria

ladybird ['leɪdɪbɜːd] *s* zool. [Maria] nyckelpiga, gullhöna [äv. ~ *beetle*]

ladybug ['leɪdɪbʌg] *s* Am. se *ladybird*

lady-in-waiting ['leɪdɪɪn'weɪtɪŋ] (pl. *ladies-in-waiting*) *s* [uppvaktande] hovdam

lady-killer ['leɪdɪˌkɪlə] *s* kvinnotjusare

ladylike ['leɪdɪlaɪk] *a* som (lik) en lady, förnäm, kultiverad

ladyship ['leɪdɪʃɪp] *s* **1** ladys rang **2** *Her* (*Your*) *L~* Hennes (Ers) nåd

lady's-maid ['leɪdɪzmeɪd] *s* kammarjungfru

1 lag [læg] **I** *itr* bli (komma, hänga, släpa) efter, komma på efterkälken [äv. ~ *behind*] **II** *s* försening; förskjutning; eftersläpning; tekn. retardation; *time* ~ se *time-lag*

2 lag [læg] *s, old* ~ sl. kåkfarare, fängelsekund

3 lag [læg] **I** *s* tekn. stav i isolerande trähuv över ångpanna o. d. **II** *tr* värmeisolera

lager ['lɑːgə] *s* lager[öl], pilsner

laggard ['lægəd] *s* sölkorv; slöfock

lagging ['lægɪŋ] *s* tekn. isolering äv. material

lagoon [lə'guːn] *s* lagun

laid [leɪd] imp. o. pp. av *4 lay*

lain [leɪn] pp. av *2 lie*

lair [leə] *s* **1** vilda djurs läger, lya, kula, håla, ide **2** bildl. lya, tillhåll

laird [leəd] *s* Skottl. godsägare

laisser-faire o. **laissez-faire** ['leɪseɪ'feə] *s* **1** ekon. laissez faire statlig passivitet gentemot enskilda företag[are] **2** efterlåtenhet, låt-gå--system

laity ['leɪətɪ] (konstr. ss. pl.) *s, the* ~ lekmännen

1 lake [leɪk] *s* lackfärg; [*crimson*] ~ röd lackfärg, lackrött

2 lake [leɪk] *s* sjö, insjö; *the* [*English*] *Lakes, the L~ District* sjödistriktet i nordvästra England; *the Great Lakes* Stora sjöarna mellan USA o. Canada

lama ['lɑːmə] *s* lama buddistisk munk

lamb [læm] *s* **1** lamm äv. bildl.; *be like a* ~ vara from som ett lamm, vara foglig **2** kok. lamm[kött]; *roast* ~ lammstek

lambaste [læm'beɪst] *tr* fam. **1** klå upp **2** skälla ut

lambkin ['læmkɪn] *s* litet lamm, lammunge

lamb's-wool ['læmzwʊl] *s* **1** lammull **2** lammulls|tyg, -tröja o. d.

lame [leɪm] **I** *a* **1** halt; ofärdig; ~ *duck* fam. a) hjälplös person; invalid b) insolvent börsspekulant, dålig betalare **2** bildl. bristfällig; haltande [~ *verses*]; lam [*a* ~ *excuse*] **II** *tr* göra halt (ofärdig)

lamé [læ'meɪ] *s* (fr.) lamé

lament [lə'ment] **I** *itr* klaga, jämra [sig], gråta [*for* (*over*) över]; ~ *for a p.* äv. sörja ngn **II** *tr* beklaga; begråta, sörja över; sörja [~ *a p.*]; pp. ~*ed* djupt saknad; *your late* ~*ed father* din bortgångne far **III** *s* **1** [ve]klagan **2** klagosång, klagovisa

lamentable ['læməntəbl] *a* **1** beklaglig, sorglig [*a* ~ *mistake*] **2** bedrövlig, jämmerlig [*a* ~ *performance*], ynklig

lamentation [ˌlæmen'teɪʃən] *s* [ve]klagan, jämmer, sorg; beklagande

laminate ['læmɪneɪt] *tr* **1** valsa (hamra) ut till tunna skivor (plattor) **2** klyva i tunna skivor **3** laminera; ~*d glass* lamellglas

lamp [læmp] *s* **1** lampa; lykta **2** pl. ~*s* sl. ögon, korpgluggar

lampblack ['læmpblæk] *s* kimrök

lamplight ['læmplaɪt] *s* lampsken, lampljus

lamplighter ['læmpˌlaɪtə] *s* lykttändare

lamp-oil ['læmpɔɪl] *s* fotogen till lampa

lampoon [læm'puːn] **I** *s* pamflett, smädeskrift, nidskrift **II** *tr* skriva en pamflett (pamfletter) mot; smäda i skrift

lamppost ['læmppəʊst] *s* **1** lyktstolpe; *between you and me and the* ~ fam. oss emellan [sagt] **2** sl. pers. lång räkel (drasut)

lamprey ['læmprɪ] *s* zool. nejonöga

lampshade ['læmpʃeɪd] *s* lampskärm

Lanarkshire ['lænəkʃɪə, -ʃə]

Lancashire ['læŋkəʃɪə, -ʃə]

Lancaster ['læŋkəstə] egennamn; *the House of* ~ huset Lancaster kungaätt

Lancastrian [læŋ'kæstrɪən] *s* **1** Lancashire-, Lancaster|bo **2** hist. anhängare (medlem) av huset Lancaster (jfr *Lancaster*)

lance [lɑːns] **I** *s* **1** lans; *break a* ~ *with* bryta en lans med, ta en dust med **2** lansiär **3** fisk. spjut; ljuster **4** lansett **II** *tr* läk. öppna med lansett

lance-corporal ['lɑːns'kɔːpərəl] *s* korpral gruppbefäl inom armén

lancer ['lɑːnsə] *s* mil. lansiär

lancet ['lɑːnsət] *s* lansett

Lancs. [læŋks] förk. för *Lancashire*

land [lænd] **I** *s* **1** land i mots. till hav, vatten; *see* (*find out*) *how the* ~ *lies* sondera terrängen; *on* ~ a) på [torra] land b) till lands **2** litt. o. bildl. land, rike; *the* ~ *of dreams* drömmarnas land (rike) **3** ägd mark, jord; pl. ~*s* [jord]egendomar; marker, ägor; *a* *piece of* ~ ett stycke mark (jord), en tomt **4** jord, mark [*arable* ~, *stony* ~]; *work on the* ~ vara lantarbetare **II** *tr* **1** landsätta, sätta i land [~ *passengers*], föra i land, lossa [~ *goods*]; landa fiskfångst **2** a) dra i land, landa [~ *a fish*] b) bildl. fam. fånga, få tag i [~ *a husband*; ~ *a job*]; ta (kamma) hem, vinna [~ *the prize*] **3** ~ *an aeroplane* gå ned med (landa med) ett flygplan **4** ~ *o.s. in great trouble* råka in i en mycket besvärlig situation; *they were* ~*ed in a strange town* [*without money*] de befann sig mitt i en främmande stad ..; *be* ~*ed with* få (ha fått) på halsen (på sig) **5** sl. pricka in, ge [~ *a punch*]; ~ *a p. one* [*in the eye*] klippa till ngn [i synen] **III** *itr* **1** landa, lägga till; landstiga, gå i land [*we* ~*ed at Bombay*] **2** landa [*the aeroplane* ~*ed*], gå ned; ta mark, slå ned; ~ *on o.'s feet* komma ned på fötterna äv. bildl. **3** hamna [äv. ~ *up*; ~ *in the mud*], råka in [*in* i]; sluta [*in* med (i)]; ~ *up in* hamna (sluta) i, råka rakt in i; ~ *up with* fam. sluta med, plötsligt sitta där med **4** sl. om slag träffa, gå in

land-agent ['lænd,eɪdʒᵊnt] *s* **1** egendomsmäklare **2** förvaltare

landed ['lændɪd] *a* **1** jordägande, besutten; *the* ~ *interest*[*s*] godsägarna; ~ *proprietor* godsägare **2** jord-; ~ *estate* jordegendom, gods; ~ *property* jordegendom

landfall ['lændfɔ:l] *s* **1** sjö. landkänning; *a good* ~ en exakt angöring **2** flyg. landning

land-force ['lændfɔ:s] *s* krigsstyrka till lands; pl. ~*s* landstridskrafter

landing ['lændɪŋ] *s* **1** landning; landstigning; landsättning; *emergency* (*forced*) ~ nödlandning **2** landningsplats; kaj; landgång **3** trappavsats

landing-craft ['lændɪŋkrɑ:ft] *s* mil. landstignings|båt, -farkost

landing-field ['lændɪŋfi:ld] *s* flygfält

landing-stage ['lændɪŋsteɪdʒ] *s* sjö. isht flytande [landnings]brygga, flottbrygga

landing-strip ['lændɪŋstrɪp] *s* [litet] flygfält; bana, stråk på flygfält

landlady ['lænd,leɪdɪ] *s* **1** [hyres]värdinna; [kvinnlig] husägare; [värdshus]värdinna **2** [kvinnlig] godsägare som arrenderar ut jord

landlocked ['lændlɒkt] *a* [nästan] instängd (omgiven) av land

landlord ['lændlɔ:d] *s* **1** [hyres]värd; husägare; [värdshus]värd **2** jordägare, godsägare som arrenderar ut jord

land-lubber ['lænd,lʌbə] *s* sjö. landkrabba

landmark ['lændmɑ:k] *s* **1** gränsmärke, råmärke **2** landmärke; orienteringspunkt **3** bildl. hållpunkt; milstolpe

landmine ['lændmaɪn] *s* mil. landmina

landowner ['lænd,əʊnə] *s* jordägare

landscape ['lænskeɪp] *s* **1** landskap, natur; ~ *architecture* landskapsarkitektur; ~ *gardener* trädgårdsarkitekt; ~ *gardening* trädgårdskonst, trädgårdsarkitektur **2** konst. landskap; landskapsmåleri

Land's End ['lændz'end] Englands sydvästligaste udde; *from* ~ *to John o'Groats* ung. från norr till söder, från ena ändan av landet till den andra

landslide ['lændslaɪd] *s* **1** jordskred **2** polit. jordskred; jordskredsseger

landslip ['lændslɪp] *s* jordras

land-surveyor ['lændsə'veɪə] *s* lantmätare

lane [leɪn] *s* **1** a) smal väg mellan häckar o. d., stig b) trång gata, gränd, ofta bakgata; *it is a long* ~ *that has no turning* allting har en ända hur tröstlöst det än ser ut **2** häck av militär o. d.; passage, gång mellan led o. d. **3** körfält, fil [äv. *traffic* ~] **4** farled, rutt för oceanfartyg; segelled; flyg. luftled, luftkorridor, passage, stråk **5** sport. bana

language ['læŋgwɪdʒ] *s* **1** språk; tungomål; ~ *laboratory* inlärningsstudio, språklaboratorium **2** [*bad*] ~ rått (grovt) språk; *strong* ~ a) kraftiga ordalag b) kraftuttryck

languid ['læŋgwɪd] *a* **1** slapp, matt äv. bildl. [~ *gesture*] **2** slö; trög, långsam [av sig]

languish ['læŋgwɪʃ] *itr* **1** avmattas, tyna av äv. bildl.; försmäkta, tyna bort **2** tråna, trängta [*for* efter; *to* efter att]

languishing ['læŋgwɪʃɪŋ] *a* **1** trånande, smäktande **2** [av]tynande [~ *existence*]

languor ['læŋgə] *s* **1** slapphet, svaghet, matthet **2** slöhet; likgiltighet **3** vemod

languorous ['læŋgərəs] *a* **1** smäktande [~ *notes* (toner)] **2** slapp, slö, blaserad

lank [læŋk] *a* **1** om hår lång och rak, stripig **2** [lång och] gänglig; [lång och] mager

lanky ['læŋkɪ] *a* [lång och] gänglig

lanolin ['lænəʊlɪn] *s* o. **lanoline** ['lænəʊli:n, -lɪn] *s* lanolin

lantern ['læntən] *s* **1** lykta; lanterna; *Chinese* ~ kulört lykta, papperslykta; ~ *jaws* infallna kinder **2** [*magic*] ~ laterna magica; skioptikon; ~ *slide* skioptikonbild, ljusbild

lanyard ['lænjəd] *s* **1** sjö. taljerep; sejsing; repstump **2** sjö. o. mil. snodd som fäste för visselpipa el. kniv **3** mil. fyrsnöre

Laos ['lɑ:ɒs]

1 lap [læp] *s* knä; sköte äv. bildl. [*in the* ~ *of the gods*]; *in* (*on*) *o.'s* ~ i knät; *live in the* ~ *of luxury* föra en lyxtillvaro

2 lap [læp] **I** *tr* **1** a) linda, svepa b) linda (svepa) in [*in* i], linda (svepa) om [*in* med] **2** bildl. svepa (bädda) in **3** lägga kant över kant **4** sport. a) varva komma ett el. flera varv före b) avverka [*she* ~*ped the course in 3 minutes*] **II** *itr* skjuta (gå, nå) ut [*over* över]; ~ *over* överlappa varandra **III** *s* **1** överskjutande del (kant); överskjutning, överlappning **2** sport. varv; ~ *of honour* ärevarv

3 etapp

3 lap [læp] **I** *tr* **1** lapa, slicka upp (i sig) [äv. ~ *up*]; sörpla i sig **2** om vågor plaska (skvalpa, klucka) mot **II** *itr* om vågor plaska, skvalpa, klucka [*against* (*on*) mot] **III** *s* **1** lapande; slick **2** plaskande, [våg]skvalp

lap-dog ['læpdɒg] *s* knähund

lapel [lə'pel] *s* slag på kavaj o. d.

lapidary ['læpɪdərɪ] *a* [som] huggen i sten; korthuggen, koncis

lapis lazuli [ˌlæpɪs'læzjʊlaɪ] *s* lasursten, lapis lazuli; ~ [*blue*] lasurblått

Lapland ['læplænd] Lappland

Laplander ['læplændə] *s* o. **Lapp** [læp] *s* same, lapp

Lappish ['læpɪʃ] **I** *a* samisk, lapsk **II** *s* samiska (lapska) [språket]

lapse [læps] **I** *s* **1** lapsus, förbiseende, misstag; *it was a ~ of* [*the*] *memory* det var ett minnesfel; ~ *of the pen* skrivfel; ~ *of the tongue* felsägning **2** felsteg, försyndelse; avfall, avvikelse, avsteg [~ *from o.'s principles*] **3** upphörande; utlöpande, förfallande [~ *of a concession*] **4** om tid [för]lopp; *a ~ of a hundred years* [en tidrymd av] hundra år **II** *itr* **1 a**) sjunka ned, förfalla, återfalla [*into* till (i)]; ~ *into* äv. försjunka i **b**) ~ *from* avfalla (avvika) från, göra avsteg från **2** upphöra, komma ur bruk [*the custom has ~d*] **3** jur. a) förfalla, utlöpa b) återgå **4** om tid förflyta

lapsed [læpst] *a* **1** kommen ur bruk, försvunnen **2** teol. som avfallit från sin tro [*a ~ Catholic*] **3** jur. a) förfallen b) hemfallen

lapwing ['læpwɪŋ] *s* zool. vipa, isht tofsvipa

larboard ['lɑ:bəd, -bɔ:d] *s* sjö. förr babord

larceny ['lɑ:sənɪ] *s* jur. stöld; *petty* ~ fam. snatteri

larch [lɑ:tʃ] *s* bot. lärk[träd] [äv. *larch-tree*]

lard [lɑ:d] **I** *s* isterflott, [svin]ister **II** *tr* späcka äv. bildl. [*~ed with quotations*]

larder ['lɑ:də] *s* skafferi; visthus

large [lɑ:dʒ] **I** *a* **1** stor; vid[sträckt], [vitt]omfattande **2** frikostig, liberal, stor, storslagen [~ *charity*]; vid[synt] **II** *s, at* ~ **a**) fri, lös, på fri fot; *set a p. at* ~ försätta ngn på fri fot; *walk about at* ~ gå fritt omkring **b**) i stort; *the public at* ~ den stora allmänheten

large-hearted ['lɑ:dʒ'hɑ:tɪd] *a* vidhjärtad, storsinnad

largely ['lɑ:dʒlɪ] *adv* till stor (övervägande) del; i hög grad; i stor utsträckning

large-scale ['lɑ:dʒskeɪl] *a* i stor skala, storskalig [~ *map*]; omfattande, stor

large-size ['lɑ:dʒsaɪz] attr. *a* o. **large-sized** ['lɑ:dʒsaɪzd] *a* stor; i stort format; i stort nummer (större storlek)

largess[e] [lɑ:'dʒes] *s* **1** generös gåva **2** frikostighet

largish ['lɑ:dʒɪʃ] *a* ganska stor; *a ~ sum of money* en större summa pengar

largo ['lɑ:gəʊ] mus. **I** *adv* o. *s* largo **II** *a* largo-

lariat ['lærɪət] *s* **1** tjuder **2** lasso

1 lark [lɑ:k] *s* zool. lärka; *rise with the* ~ stiga upp med tuppen

2 lark [lɑ:k] **I** *s* fam. upptåg, skoj; kul; *have a ~ with* skoja med **II** *itr* skoja, leka [*with* med]; ~ *about* skoja, bråka

larkspur ['lɑ:kspɜ:] *s* bot. riddarsporre

larv|a ['lɑ:v|ə] (pl. *-ae* [-i:]) *s* zool. larv

larynges [læ'rɪndʒi:z] *s* pl. av *larynx*

laryngitis [ˌlærɪn'dʒaɪtɪs] *s* läk. laryngit, strupkatarr

laryngoscope [lə'rɪŋgəskəʊp] *s* laryngoskop

larynx ['lærɪŋks] (pl. *larynges* [læ'rɪndʒi:z] el. *~es*) *s* struphuvud

lascivious [lə'sɪvɪəs] *a* lysten, vällustig, liderlig; obscen

laser ['leɪzə] *s* fys. laser

1 lash [læʃ] **I** *tr* piska; prygla; gissla; piska med [*the tiger ~ed its tail angrily*]; ~ *o.s. into a fury* piska (arbeta) upp sig till raseri **II** *itr* a) piska, slå b) störta [sig] [*into* i]; *the rain was ~ing down* regnet öste ner; ~ *out* a) slå vilt omkring sig; om häst slå bakut [*at* mot] b) fam. slå på stort, slösa, spendera; ~ *out against* (*at*) bildl. gå till angrepp mot; fara ut mot **III** *s* **1** a) snärt på piska b) litt. o. bildl. piska, gissel **2** [pisk]rapp äv. bildl.; snärt **3** spörapp, spöslag **4** ögon|frans, -hår

2 lash [læʃ] *tr* surra [*to* vid; *together* ihop]; ~ *down* surra fast

lashing ['læʃɪŋ] *s* **1** piskande, piskning etc., jfr *1 lash I* o. *II* **2** pl.: *~s of* fam. massor av

lass [læs] *s* flicka, tös

lassitude ['læsɪtju:d] *s* **1** trötthet, matthet **2** liknöjdhet, slöhet

lasso [læ'su:] **I** *s* lasso **II** *tr* fånga med lasso

1 last [lɑ:st] **I** *s* skomakares läst; *stick to o.'s* ~ bli vid sin läst, inte lägga sig i det man inte begriper **II** *tr* lästa [ut]

2 last [lɑ:st] **I** *a* **1** sist; ytterst; slutlig; ~ *name* Am. efternamn; *in the ~ place* i sista rummet (hand); *the ~ two volumes* de två sista (sista två) banden; ~ [*but*] *not least* sist men inte minst; *your* ~ hand. Ert senaste brev **2** sist, senast, sistliden; förra; ~ *evening* i går kväll; ~ *week* [i] förra veckan; ~ *year* i fjol, förra året; ~ *Christmas* i julas; ~ *Monday, on Monday* ~ i måndags; ~ *Monday week* i måndags åtta dagar sedan; *this day ~ week* i dag för en vecka sedan; *the year before* ~ förförra året, i förfjol; *the ~ few years* de senaste åren **3** ytterst, högst; *to the ~ degree* i högsta grad **II** *adv* **1** sist [*who came ~?*]; i sista rummet; ss. förled i sms. sist- [*last-mentioned*]; ~ *of all* allra sist **2** senast, sist, sista gången [*when did you see him ~?*] **3** [och] slutligen (till sist)

III *s* **1** sista; *the* ~ **a**) den sista; det sista; *the* ~ *but one* (*two*) se *but I 2 d*) **b**) den föregående (andra); den sistnämnda **2** *to* (*till*) *the* [*very*] ~ ända in i det sista, in i döden; *from first to* ~ från början till slut **3** *breathe* (*gasp*) *o.'s* ~ utandas sin sista suck **4** *I shall never hear the* ~ *of that* det där kommer jag att få höra många gånger **5** *at* ~ till slut, äntligen; *at long* ~ äntligen

3 last [lɑːst] **I** *itr* **1** vara, hålla på [*how long did the programme* ~*?*], räcka; *while it* ~*ed* så länge det varade **2** hålla [*the coat will* ~ *the year out*]; hålla sig, stå sig **3** hålla ut [äv. ~ *out*]; klara sig **II** *tr* räcka [till] för ngn [*it will* ~ *me a month*]

lastly ['lɑːstlɪ] *adv* till sist, slutligen

last-minute ['lɑːstˌmɪnɪt] *a* i sista minuten [*a* ~ *appeal*]

Las Vegas ['læs'veɪgəs]

lat. förk. för *latitude*

latch [lætʃ] **I** *s* **1** [dörr]klinka; *the door is on the* ~ låset [på dörren] är uppställt **2** [säkerhets]lås **3** spärrhake **II** *tr* stänga med klinka; låsa **III** *itr* **1** låsa sig, gå i lås **2** ~ *on to* fam. a) få, komma över b) få tag i (på)

latchkey ['lætʃkiː] *s* portnyckel; ~ *child* nyckelbarn

late [leɪt] **I** (komp. *later* o. *latter*, superl. *latest* o. *last*; jfr d. o.) *a* **1** sen; för sen, försenad, fördröjd; långt framskriden; *in the* ~ *forties* i slutet av (på) fyrtiotalet; *he is in his* ~ *forties* han är närmare femtio; ~ *summer* sensommar[en]; *be* ~ vara sen (försenad), komma [för] sent [*be* ~ *for* (till) *dinner*]; *don't be* ~*!* kom inte för sent!; *make* ~ försena; *don't make it* ~*!* kom inte hem för sent! **2** endast attr. a) [nyligen] avliden, framliden b) förre, förra; före detta (förk. f. d.), förutvarande, tidigare; *my* ~ *husband* min avlidne (salig) man; *the* ~ *king* gamle (salig) kungen; *the* ~ *prime minister* förutvarande (förre; framlidne) premiärministern; ~ *Smith & Sons* på skylt o. d. Smith & Söners efterträdare **3** nyligen avslutad (inträffad); senaste tidens [*the* ~ *political troubles*], senaste; *of* ~ *years* på (under) senare år[en]; *of* ~ a) på senare tid[en], på sista tiden b) nyligen **II** (komp. *later*, superl. *latest* o. *last*; jfr d. o.) *adv* **1** sent; för sent; *better* ~ *than never* bättre sent än aldrig; *sit* [*up*] ~, *be up* ~ sitta (vara) uppe länge om kvällarna; *sleep* ~ sova länge; ~ *at night* sent på natten; ~ *in the day* sent (långt fram) på dagen; bildl. i senaste laget; ~ *into the night* till långt in på natten; *as* (*so*) ~ *as 1920* [ännu] så sent som 1920, ännu 1920 **2** poet. nyligen

latecomer ['leɪtˌkʌmə] *s* person som kommer för sent, senkomling, eftersläntrare

lately ['leɪtlɪ] *adv* på sista tiden, på sistone

lateness ['leɪtnəs] *s*, *the* ~ *of his arrival* hans sena ankomst

latent ['leɪtənt] *a* latent [~ *disease*], dold [~ *talent*]; ~ *energy* bunden energi

later ['leɪtə] **I** *a* senare; nyare, yngre; *of a* ~ *date* av senare datum **II** *adv* senare; efteråt; *sooner or* ~ förr eller senare; ~ *in the day* senare (längre fram) på dagen; ~ *on* senare, längre fram; *see you* ~*!* hej så länge!

lateral ['lætərəl] *a* sido- [~ *movement*]

laterally ['lætərəlɪ] *adv* i sidled

latest ['leɪtɪst] *a* senast, sist [*the* ~ *fashion*]; *it's the* ~ fam. det är sista modet (skriket); *at* [*the*] ~ senast, inte senare än; *by Monday at the* ~ senast om (på) måndag

latex ['leɪteks] *s* bot. mjölksaft; latex

lath [lɑːθ] *s* ribba, spjäla, läkt, latta, list; ~ *and plaster* putsning, rappning

lathe [leɪð] *s* **1** svarv; svarvstol **2** drejskiva

lather ['lɑːðə] **I** *s* lödder; *all in* (*of*) *a* ~ löddrig, drypande av svett **II** *tr* tvåla in; täcka med lödder **III** *itr* löddra sig

lathery ['lɑːðərɪ] *a* löddrig

Latin ['lætɪn] **I** *a* latinsk, romersk; ~ *America* Latinamerika; *the* ~ *peoples* de romanska folken **II** *s* latin

latish ['leɪtɪʃ] *a* ganska (något) sen

latitude ['lætɪtjuːd] *s* **1** latitud, bredd; geogr. äv. breddgrad [äv. *degree of* ~] **2** handlingsfrihet, [rörelse]frihet; spelrum

latitudinal [ˌlætɪ'tjuːdɪnl] *a* geogr. latitud-

latrine [lə'triːn] *s* latrin[grop], avträde

latter ['lætə] *a* **1** *the* ~ den (det, de) senare [*the former . . the* ~ . .]; denne [*my brother asked the landlord but the* ~ . .], denna, dessa **2** sista, senare [*the* ~ *half* (*part*)]

latterly ['lætəlɪ] *adv* på sista tiden, nyligen

lattice ['lætɪs] *s* **1** galler[verk], spjälverk [äv. *lattice-work*] **2** gallerfönster; fönster med blyinfattade rutor [äv. ~ *window*]

Latvia ['lætvɪə] Lettland

Latvian ['lætvɪən] **I** *a* lettisk **II** *s* **1** lett **2** lettiska [språket]

laud [lɔːd] *tr* lova, prisa; ~ *a p.* (*a th.*) [*up*] *to the skies* höja ngn (ngt) till skyarna

laudable ['lɔːdəbl] *a* lov-, beröm|värd

laudanum ['lɔːdənəm] *s* laudanum

laudatory ['lɔːdətərɪ] *a* prisande, berömmande

laugh [lɑːf] **I** *itr* **1** skratta; *don't make me* ~*!* skoja inte!; ~ *on the wrong* (*other*) *side of o.'s face* (*mouth*) skratta så lagom, bli (vara) så lagom glad; *he who* ~*s last* ~*s longest* ordspr. skrattar bäst som skrattar sist **2** bildl. le, glittra, stråla [*the waves* ~*ed in the sun*] **II** *tr* skratta; ~ *away* (*off*) slå bort med ett skratt; ~ *out of court* skratta ut **III** *s* skratt; *the* ~ *was on him* det var han som fick tji; *have the last* ~ vara den som

skrattar sist; *raise a ~* framkalla [ett] skratt
laughable ['lɑ:fəbl] *a* skrattretande; löjlig
laughing ['lɑ:fɪŋ] **I** *a* skrattande; *~ hyena (jackass)* se resp. huvudord **II** *s* skratt, skrattande; *it is no ~ matter* det är ingenting att skratta åt
laughing-gas ['lɑ:fɪŋgæs] *s* lustgas
laughing-stock ['lɑ:fɪŋstɒk] *s* [föremål för] åtlöje; driftkucku
laughter ['lɑ:ftə] *s* skratt; *die with ~* skratta sig fördärvad; *roars (fits, peals) of ~* skallande skrattsalvor
1 launch [lɔ:n*t*ʃ] **I** *tr* **1** sjösätta fartyg; sätta i sjön, skjuta ut båt **2** slunga [ut], kasta [*~ a spear*], skjuta av, sända i väg [*~ a torpedo*], skjuta (sända) upp [*~ a rocket*]; rikta [*~ a blow*]; utslunga **3** lansera, föra fram; starta [*~ a campaign*]; ge fart åt, hjälpa fram; *~ an attack* börja ett anfall **II** *itr* sätta i gång, starta; *~ into:* a) kasta sig in i (på); dra på sig [*~ into expense*] b) brista ut i; *~ out:* a) sätta i gång [*on* med]; ge sig in [*on* på]; ge sig ut [*into* på] b) ta [skarpt] till orda c) slösa, vara oförsiktig med pengar; *~ out against a p.* bildl. ge sig på ngn
2 launch [lɔ:n*t*ʃ] *s* **1** barkass **2** större motorbåt för passagerartrafik; ångslup
launching ['lɔ:n*t*ʃɪŋ] *s* **1** sjösättning; stapelavlöpning **2** start av raket, segelflygplan m. m., uppskjutning, avfyrning
launching-pad ['lɔ:n*t*ʃɪŋpæd] *s* avskjutningsramp, startplatta för raket o. d.
launching-site ['lɔ:n*t*ʃɪŋsaɪt] *s* startområde för raketer o. d.
launder ['lɔ:ndə] *tr* **1** tvätta [och stryka] **2** bildl. tvätta svarta pengar
launderette [ˌlɔ:ndə'ret, lɔ:n'dret] *s* självtvätt[inrättning], tvättomat ®
laundress ['lɔ:ndrəs] *s* tvätterska
laundromat ['lɔ:ndrəmæt] *s* isht Am. ® se *launderette*
laundry ['lɔ:ndrɪ] *s* **1** tvättinrättning; tvättstuga **2** tvätt, tvättkläder **3** tvätt [och strykning (mangling)]
Laura ['lɔ:rə]
laureate ['lɔ:rɪət] *a* lager|krönt, -prydd; lager-; *Poet L~* hovskald
Laurel ['lɒrəl] egennamn; *~ and Hardy* Helan och Halvan
laurel ['lɒrəl] *s* **1** lager; lagerträd **2** bildl., *gain (reap, win) ~s* skörda lagrar; *look to o.'s ~s* vara rädd om sin [ledar]ställning; *rest on o.'s ~s* vila på sina lagrar
laurel-wreath ['lɒrəlri:θ] *s* lagerkrans
Laurence ['lɒrəns]
lav [læv] *s* fam. kortform för *lavatory*
lava ['lɑ:və] *s* lava
lavatory ['lævətərɪ] *s* toalett[rum], W.C.
lavatory-pan ['lævətərɪpæn] *s* wc-skål
lavatory-paper ['lævətərɪˌpeɪpə] *s* toalettpapper
lavender ['lævəndə] *s* lavendel
lavish ['lævɪʃ] **I** *a* **1** slösaktig, frikostig [*~ of* (med) *praise*]; flott **2** slösande [*~ praise*], överflödande, påkostad **II** *tr* slösa [med], vara frikostig med, förslösa [*on* på]
law [lɔ:] *s* **1** lag; regel; *~ and order* lag och ordning; *the ~ of gravitation* tyngdlagen, gravitationslagen; *the ~ of the land* landets lag[ar], lagen; *~ of nature* naturlag; *the arm of the ~* lagens arm; *make ~s* stifta lagar; *be a ~ unto o.s.* gå sina egna vägar, skriva sina egna lagar; *become ~* bli lag; om lagförslag vinna laga kraft; *beyond the ~* utom räckhåll för lagen; *go beyond the ~* bryta mot lagen; *by (according to) ~* enligt lag[en]; i lag **2** jur. rätt; *civil ~* se *civil 4* **3** juridik, rättsvetenskap, lagfarenhet; *~ lord* lagkunnig överhusmedlem, 'laglord'; *~ student* juris studerande; *the L~ Courts* justitiepalatset i London; *court of ~* domstol, rätt; *doctor of ~[s]* juris doktor; *the faculty of ~* juridiska fakulteten; *read (study) ~* läsa (studera) juridik **4** *the ~* a) juristyrket b) fam. polisen; *enter (go in for) the ~* slå in på juristbanan, läsa juridik, bli jurist
law-abiding ['lɔ:əˌbaɪdɪŋ] *a* laglydig
law-breaker ['lɔ:ˌbreɪkə] *s* lagbrytare
law-court ['lɔ:kɔ:t] *s* domstol, [tings]rätt
lawful ['lɔ:f*u*l] *a* **1** laglig [*~ means, a ~ act, a ~ cause*], tillåten i lag, lagenlig, laga **2** laglig [*~ owner; ~ right*], erkänd av lagen, [lagligt] berättigad; *~ age* myndig (laga) ålder; *~ business* lovliga ärenden; *~ game (prey)* lovligt byte; *~ heir* rättmätig arvinge; *~ wife* lagvigd hustru
lawgiver ['lɔ:ˌgɪvə] *s* lagstiftare
lawless ['lɔ:ləs] *a* laglös, rättslös
lawmaker ['lɔ:ˌmeɪkə] *s* lagstiftare
1 lawn [lɔ:n] *s* fint linne, fin bomull, batist
2 lawn [lɔ:n] *s* gräsmatta, gräsplan; gräsmark; *~ tennis* [lawn]tennis
lawn-mower ['lɔ:nˌməʊə] *s* gräsklippare; *power[ed] ~* motorgräsklippare
Lawrence ['lɒrəns]
lawsuit ['lɔ:su:t -sju:t] *s* process, rättegång; mål; *bring a ~ against* öppna process mot
lawyer ['lɔ:jə] *s* jurist; advokat, affärsjurist
lax [læks] *a* slapp [*~ discipline*]; släpphänt
laxative ['læksətɪv] **I** *a* läk. lösande, avförande, laxer- **II** *s* laxermedel, laxativ
laxity ['læksətɪ] *s* o. **laxness** ['læksnəs] *s* slapphet, löslighet; löshet
1 lay [leɪ] *s* poet. kväde, sång; ballad, visa
2 lay [leɪ] *a* lekmanna- [*~ preacher (opinion)*]; *~ brother* lek[manna]broder, tjänande broder; *~ sister* leksyster
3 lay [leɪ] imp. av *2 lie*

4 lay [leɪ] **A** (*laid laid*) *vb* **I** *tr* (se äv. *III* o. fraser med 'lay' under *claim* m. fl.) **1** lägga; placera; ~ *bricks* mura; ~ *eggs* lägga ägg, värpa; ~ *the foundation* lägga grunden; ~ *hold of* fatta (få) tag i, ta på, gripa; utnyttja, begagna förevändning; ~ *o.'s hopes on* sätta sitt hopp (sin lit) till **2** få (komma) att lägga sig; ~ *a ghost* besvärja (driva bort) en ande **3** duka [~ *the table*], duka fram **4** täcka [~ *a floor with a carpet*]; lägga 'på [~ *a carpet*]; belägga **5** lägga [på] [~ *a tax* (*a burden*) *on*], kasta [~ *the blame on*]; ~ *a th. at a p.'s door* ge ngn skulden för ngt; ~ *a th. to a p.'s credit* räkna ngn ngt till förtjänst **6** anlägga [~ *a road*]; bygga, lägga, dra [~ *a pipeline*]; ~ *a cable* lägga ner (ut) en kabel; slå (dra) en kabel **7** vid vadhållning sätta, hålla [~ *ten to* (mot) *one*]; ~ *a bet* slå (hålla) vad **8** förlägga [~ *the scene* (*story*) *in* (till)] **9** lägga fram [~ *facts before* (för)]; ~ *an accusation against* framlägga en anklagelse mot **10** sl. sätta 'på ha samlag med [~ *a girl*] **11** med adj. lägga; ~ *bare* blottlägga; ~ *open* öppna; blottställa, utsätta [*to* för]; ~ *waste* ödelägga

II *itr* (se äv. *III*) **1** värpa **2** slå vad [*against* mot] **3** sjö. lägga sig [~ *close to the wind*] **4** i ovårdat språk i st. f. *2 lie*

III *tr* o. *itr* med adv. o. prep. isht med spec. övers.: ~ **about** fam. slå vilt omkring sig; ~ **aside: a**) lägga av (undan), spara [~ *aside money for o.'s old age*] **b**) lägga bort (ifrån sig) [~ *aside the book*]; ~ **by: a**) tr. = ~ *aside a*) **b**) sjö. lägga bi; ~ **down: a**) lägga ner [~ *down a book*]; ~ *o.s. down* lägga sig; ~ *down* [*o.'s*] *arms* lägga ned vapnen, sträcka vapen **b**) lägga ner, nedlägga [~ *down o.'s office*], ge upp **c**) offra [~ *down o.'s life*] **d**) lägga på bordet, satsa; deponera **e**) [börja] bygga, konstruera [~ *down a new ship*], anlägga **f**) fastställa, fastslå, uppställa [~ *a th. down as a rule*]; hävda, konstatera; ~ *down the law* fam. a) uttala sig auktoritativt b) docera, lägga ut texten **g**) göra upp, utarbeta [~ *down a plan*]; ~ **off: a**) friställa [~ *off workmen*] **b**) fam. sluta upp med, låta bli, lägga av [~ *off!*] **c**) fam. ta ledigt, vila; ~ **on: a**) lägga (dra, leda) in, installera [~ *on electricity* (*water*)] **b**) fam. ordna, arrangera **c**) lägga på [~ *on taxes*] **d**) lägga 'på [~ *on paint*], anbringa, applicera; ~ *it on* [*thick* (*with a trowel*)] bildl. bre 'på [för tjockt] **e**) sätta på spåret [~ *on the hounds* (*the police*)]; ~ **out: a**) lägga ut; lägga fram [~ *out o.'s clothes*]; duka fram; breda ut **b**) fam. slå ut (sanslös) **c**) lägga ut, göra av med [~ *out o.'s money*] **d**) planera, anlägga [och ordna] [~ *out a garden*]; staka ut väg o. d.; göra upp [~ *out plans*]; göra layouten till [~ *out a page*] **e**) ~ *o.s. out* bemöda sig, göra sig besvär [*to* att]; ~ **together** lägga (slå) ihop; *they laid* [*their*] *heads together* de slog sina kloka huvuden ihop; ~ **up: a**) lägga upp, lagra [~ *up provisions*], lägga undan **b**) sjö. lägga upp [*the ship is laid up*] **c**) fam., *be laid up* ligga sjuk [*with the flu* i influensa]

B *s* **1** läge; ställning, riktning; *know the ~ of the land* veta hur landet ligger **2** sl. a) madrass kvinnlig samlagspartner b) ligg samlag

layabout ['leɪəbaut] *s* sl. dagdrivare, odåga

lay-by ['leɪbaɪ] *s* parkeringsplats vid landsväg, rastplats

layer ['leɪə] *s* **1** lager, skikt, varv [~ *of clay*] **2** bot. avläggare **3** läggare; värphöna

layette [leɪ'et] *s* babyutstyrsel

lay-figure ['leɪ'fɪgə] *s* **1** skyltdocka, provdocka **2** bildl. nolla; staffagefigur

lay|man ['leɪ|mən] (pl. *-men* [-mən]) *s* lekman; icke-fackman

lay-off ['leɪɒf] *s* **1** friställning **2** a) ofrivillig ledighet; arbetslöshetsperiod b) paus; lugn period (årstid)

layout ['leɪaut] *s* **1** planering, anläggning **2** layout; plan; uppställning

layoutman ['leɪautmæn] *s* layoutman

Lazarus ['læzərəs] bibl. Lasarus

laze [leɪz] **I** *itr* lata sig, slöa; ~ *around* gå och slå dank; ~ *in bed* ligga och dra sig **II** *tr*, ~ *away o.'s time* dåsa bort tiden **III** *s* latstund

laziness ['leɪzɪnəs] *s* lättja

lazy ['leɪzɪ] *a* lat, lättjefull

lazy-bones ['leɪzɪˌbəunz] (konstr. ss. sg.; pl. *lazy-bones*) *s* fam. latmask, slöfock

lb. [paund, ss. pl. paundz] förk. för (eg. lat. *libra, librae*) *pound*[*s*] [skål]pund

lbs. [paundz] pl. av *lb.*

l.b.w. i kricket: förk. för *leg before wicket*

L/C förk. för *letter of credit*

LCD förk. för *liquid crystal display* (se *liquid I 1*) LCD

L.C.D. förk. för *lowest* (*least*) *common denominator*

L.C.M. förk. för *lowest* (*least*) *common multiple*

1 lead [led] **I** *s* **1** bly; ~ *poisoning* blyförgiftning; *red* ~ mönja **2** a) blyerts, grafit b) blyertsstift **3** kula; kulor, bly **4** sjö. [sänk]lod; *swing the* ~ sl. simulera, spela sjuk, skolka **5** plomb blysigill **6** pl. *~s* blytak; blyinfattning i fönster **II** *a* av bly, bly-

2 lead [li:d] **A** (*led led*) *vb* **I** *tr* (se äv. *III*) **1** leda, föra [*to* till; *into* in i]; vägleda; anföra; dirigera; vara ledare för, stå i spetsen för [~ *an undertaking*]; ~ *the way* gå före och visa vägen [*to* för], gå först; bildl. gå i spetsen, visa vägen; ~ *by the hand* leda, föra vid handen; ~ *by the nose* hålla i ledband, få vart man vill **2** föranleda, komma, få [*to* att]; *do not let this ~ you to* låt inte detta förleda dig att **3 a)** föra [*~ a miserable existence* (tillvaro)], leva [*~ a quiet life*]; *~ a double life* leva ett dubbelliv **b)** *~ a p. a dance* se *dance II 1*; *~ a p. a life* (*a dog's life*) göra livet surt för ngn, låta ngn veta att han lever **4** kortsp. [ha förhand och] spela ut, dra [*~ the ace of trumps*] **II** *itr* (se äv. *III*) **1** leda, gå före (i spetsen), vara (gå) först; anföra, vara ledare; ange tonen; ligga i täten; sport. leda, ha ledningen **2** om väg o. d. gå, föra, leda [*to* till; *into* in i]; *all roads ~ to Rome* ordspr. alla vägar bär till Rom **3** leda [*this led to great confusion*], resultera [*to* i] **4** kortsp. ha förhand, spela ut **III** *tr* o. *itr* med adv. o. prep. med spec. övers.: *~* **astray** föra vilse isht bildl.; föra på avvägar, förleda; *~* **away** föra bort; *be led away by* bildl. låta sig ryckas med (förledas) av; *~* **off:** a) föra bort b) öppna, inleda c) börja [*he led off by saying that . .*]; kortsp. spela ut, ha förhand; *~ a p.* **on** locka (uppmuntra; förleda) ngn; *~* **up to** föra (leda) [upp (fram)] till, resultera i **B** *s* **1** a) ledning; anförande b) ledande plats (ställning); försprång; tät c) ledtråd; tips; *follow* (*take*) *a p.'s ~* följa ngns exempel; *give the ~* ange tonen; *take the ~* a) ta (gå upp i) ledningen, gå i täten b) ta initiativet [*towards* till] **2** kortsp. utspel äv. bildl., förhand **3** teat. a) huvudroll b) huvudrollsinnehavare; hjälte, hjältinna **4** elektr. ledning; ledare; kabel **5** koppel rem

leaded ['ledɪd] *a* blyinfattad

leaden ['ledn] *a* **1** bly-; blyaktig **2** tung [*~ heart*]; tryckande, dyster

leader ['li:də] *s* **1** ledare; anförare, chef; föregångsman, främste man, förman; *follow my ~* lek: ung. 'följa John' **2** mus. ledare, isht Am. dirigent; konsertmästare **3** ledare i tidning

leadership ['li:dəʃɪp] *s* **1** ledarskap; ledning **2** ledarförmåga

leading ['li:dɪŋ] *a* ledande, ledar-; förnämst, viktigast, huvud-; tongivande; *~ actor* (*actress*) manlig (kvinnlig) huvudrollsinnehavare; *~ aircraftman* ung. vicekorpral inom flyget; *~ article* a) tidn. ledare; huvudartikel b) hand. lockvara; huvudartikel; *~ lady* skådespelerska (motspelerska) i huvudrollen; primadonna; *~ light* a) sjö. ledfyr b) bildl. stort (skinande) ljus; drivande kraft; *~ man* huvudrollsinnehavare; *~ note* mus. septima; *~ part* huvudroll; *~ question* isht jur. ledande fråga

leading-strings ['li:dɪŋstrɪŋz] *s pl* bildl. ledband; *be in ~* gå i ledband

lead-pencil ['led'pensl] *s* blyertspenna

leaf [li:f] **I** (pl. *leaves*) *s* **1** löv, blad; lövverk; *be in* [*full*] *~* vara utsprucken (lövad); *come into ~* spricka ut, lövas; *shake like a ~* darra som ett asplöv **2** blad i bok; *take a ~ out of a p.'s book* följa ngns exempel; *turn over a new ~* bildl. börja ett nytt liv **3** folie **4** [dörr]halva, [dörr]flygel **5** klaff, skiva till bord o. d. **II** *itr, ~ through* bläddra i

leaf-bud ['li:fbʌd] *s* bot. bladknopp

leafiness ['li:fɪnəs] *s* lövrikhet

leaflet ['li:flət] *s* flygblad, reklamlapp; folder, cirkulär, broschyr

leaf-mould ['li:fməuld] *s* lövjord

leafy ['li:fɪ] *a* lövad, lövrik, lummig

1 league [li:g] *s* förr: längdmått, ung. 5 km; poet. mil

2 league [li:g] *s* **1** förbund; *the L~* [*of Nations*] Nationernas förbund; *be in ~ with* stå i förbund med; vara i komplott med **2** sport. serie; *the L~* [engelska] ligan; *~ competition* serietävling

leak [li:k] **I** *s* läcka äv. elektr. o. bildl.; otäthet; läckage äv. bildl.; *a ~ of information* en [informations]läcka; *have* (*take*) *a ~* sl. kissa; *spring a ~* sjö. springa läck **II** *itr* läcka, inte hålla tätt; vara läck (otät); bildl. äv. låta nyheten (uppgiften) läcka ut; *the roof ~s* taket läcker; *the tap ~s* kranen droppar (läcker); *the rain is ~ing in* det regnar in; *~ out* sippra (läcka) ut äv. bildl. **III** *tr* låta läcka (sippra) ut (in), släppa igenom (in), bildl. äv. läcka [*~ news to the press*]

leakage ['li:kɪdʒ] *s* läckande, läckning; läckage; läckage äv. bildl

leaky ['li:kɪ] *a* läckande, läck, otät, gisten

1 lean [li:n] **I** *a* mager [*~ meat*]; tunn, smal; *~ years* magra år **II** *s* magert kött

2 lean [li:n] **I** (*leaned leaned* [lent, li:nd] el. *leant leant* [lent]) *itr* **1** luta sig [*~ out* (*forwards, over, against* osv.)]; stödja sig [*against* (*on*) mot (på)]; *~ on* (*upon*) bildl. förlita sig på **2** stå snett, luta [äv. *~ over; to* mot (åt)]; *~ over backwards* bildl. gå till överdrift [åt andra hållet] **II** (för tema se *I*) *tr* luta, stödja, ställa

leaning ['li:nɪŋ] *s* **1** lutning **2** böjelse, benägenhet, sympati [*towards* för]; *have literary ~s* ha litterära intressen

leant [lent] imp. o. pp. av *2 lean*

leap [li:p] **I** (*leapt leapt* [lept] el. *leaped leaped* [lept, li:pt]) *itr* hoppa **II** (för tema se *I*) *tr* hoppa över [*~ a wall*]; sätta över **III** *s* **1** hopp, språng; plötslig övergång; hinder; *a ~ in the dark* ett språng ut i det okända; *by ~s and bounds* med stormsteg **2** [fisk]-trappa

leap-day ['li:pdeɪ] *s* skottdag[en]

leap-frog ['li:pfrɒg] **I** *s* gymn. hoppa bock; *play ~* hoppa bock **II** *itr* hoppa bock; hoppa **III** *tr* hoppa bock över

leapt [lept] imp. o. pp. av *leap*

leap-year ['li:pjɜ:, -jɪə] *s* skottår

learn [lɜːn] (*learnt learnt* [lɜːnt] el. *learned learned* [lɜːnt, lɜːnd]) **I** *tr* **1** lära sig [*from a p.* av ngn]; läsa på, lära in; ~ *by heart* lära sig utantill **2** få veta, [få] höra, erfara [*from* av] **3** vulg. o. dial. för *teach* **II** *itr* **1** lära [sig] [*he* ~*s fast*] **2** [få] höra [*of* om]

learned [i bet. *I* lɜːnt, lɜːnd, i bet. *II* ˈlɜːnɪd] **I** imp. o. pp. av *learn* **II** *a* lärd; bevandrad [*in* i]; ~ *in the law* rättslärd, lagkunnig; *my* ~ *friend* min ärade kollega; *a* ~ *man* en lärd

learnedness [ˈlɜːnɪdnəs] *s* lärdom

learner [ˈlɜːnə] *s* lärjunge, elev; nybörjare; volontär; ~ *car* övningsbil

learning [ˈlɜːnɪŋ] *s* **1** inlärande, studium; inlärning **2** vetande, lärdom; bildning; *a man of* ~ en lärd man

learnt [lɜːnt] imp. o. pp. av *learn*

lease [liːs] **I** *s* arrende, uthyrande; arrende[tid], hyrestid; arrendekontrakt, hyreskontrakt; *have a long* ~ *of life* ha ett långt liv; *get* (*take* [*on*]) *a new* ~ *of life* få nytt liv, leva upp igen; *let out on* ~ arrendera (hyra) ut **II** *tr* **1** arrendera, hyra [*from* av], överta (inneha) arrendet på **2** arrendera ut, hyra ut [äv. ~ *out*; *to* till]; leasa

leasehold [ˈliːshəʊld] **I** *s* arrende **II** attr. *a* arrenderad, arrende-

leaseholder [ˈliːsˌhəʊldə] *s* arrendator

leash [liːʃ] **I** *s* [hund]koppel, rem; *give full* ~ *to* bildl. ge fria tyglar åt; *strain at the* ~ dra (rycka) i kopplet äv. bildl.; *on a* (*the*) ~ i koppel **II** *tr* koppla; föra i koppel

least [liːst] (superl. av *little*) **I** *a* o. *adv* minst **II** *s*, *the* ~ det minsta; *that's the* [*very*] ~ *I can do* det är det minsta jag kan göra; ~ *said, soonest mended* ordspr. ju mindre man talar om saken, dess bättre är det; *of two evils choose the* ~ ordspr. av två onda ting väljer man det minst onda; *to say the* ~ [*of it*] minst sagt, milt talat; *at* ~ a) åtminstone; i varje fall b) [allra] minst, åtminstone; *not* [*in*] *the* ~ inte det minsta

leastways [ˈliːstweɪz] *adv* fam. se följ.

leastwise [ˈliːstwaɪz] *adv* [eller] åtminstone, i varje fall

leather [ˈleðə] *s* **1** läder, skinn; ~ *upholstery* skinnklädsel **2** föremål av läder t. ex.: läderrem, [sämsk]skinn; sl. läder[kula] i t. ex. fotboll; pl. ~*s* skinnbyxor; ridbyxor

leather-bound [ˈleðəbaʊnd] *a* [inbunden] i skinnband

leatherette [ˌleðəˈret] *s* konstläder, läderimitation, slags klot

leathery [ˈleðərɪ] *a* läderartad, seg [~ *meat*]

1 leave [liːv] **I** (*left left*) *tr* **1** lämna; lämna kvar; lämna efter sig, efterlämna; glömma [kvar]; låta ligga [kvar]; lägga, ställa; uppskjuta [*don't* ~ *it too late* (för länge)]; ~ *it at that* låta det vara, lämna det därhän; *3 from 7* ~*s 4* 3 från 7 är (blir) 4; ~ *hold* (*go*) fam. släppa [taget]; *it* ~*s much* (*nothing*) *to be desired* det lämnar mycket (ingenting) övrigt att önska; ~ *a stain* sätta (lämna efter sig) en fläck; *he* ~*s a wife and two sons* han efterlämnar hustru och två söner; *the illness had left him a wreck* sjukdomen hade gjort honom till ett vrak; ~ *him be* låt honom vara; ~ *alone* låta vara [i fred], låta bli; inte lägga sig i; ~ *well* [*enough* Am.] *alone* ordspr. låt det vara som det är; väck inte den björn som sover; *be left* a) lämnas kvar b) finnas (bli) kvar; *she was left a widow* hon blev änka **2** testamentera, efterlämna **3** lämna, gå (resa) ifrån, avgå ifrån; överge; ~ *school* sluta (lämna) skolan **4** överlåta, lämna, överlämna [*to* åt]; låta; ~ *to chance* lämna åt slumpen; *I'll* ~ *it to you to . .* jag överlåter åt dig att . .; *you* ~ *me to do all the work* du låter mig göra alltsammans **5** spec. förb. med adv.: ~ *the books* [*lying*] **about** låta böckerna ligga kringströdda (ligga framme); ~ **aside** lämna åsido, bortse ifrån; ~ **behind** lämna [kvar], lämna efter sig, efterlämna; ställa kvar, glömma [kvar]; ~ **off** sluta [med], avbryta [~ *off work* (*reading*)]; sluta upp med, upphöra med, lägga bort [~ *off a bad habit*; ~ *off smoking*]; lägga av [~ *off o.'s winter clothes*]; ~ **out** a) utelämna, [ute]glömma; förbigå; inte inbjuda b) låta ligga framme; *feel left out of things* känna sig utanför

II (*left left*) *itr* **1** [av]resa, [av]gå, [av]segla, fara [sin väg], ge sig av (i väg) [*for* till]; lämna sin plats, sluta, flytta **2** ~ *off* sluta [*we left off at page 10*]

III *s* **1** lov, tillåtelse, tillstånd; *by* (*with*) *your* ~ a) med er tillåtelse b) ofta iron. med förlóv sagt; *he went out without a 'by your* ~*'* han gick ut utan att be om lov (utan vidare); *ask* (*beg*) ~ *to* anhålla att få **2** permission, [tjänst]ledighet [äv. ~ *of absence*], lov; *break* ~ överskrida permissionen; *ticket of* ~ se *ticket-of-leave*; *be on* ~ [*of absence*] ha permission; vara [tjänst]ledig; *absent with* ~ [tjänst]ledig, permitterad; *absent without* ~ frånvarande utan giltigt förfall **3** avsked, farväl; *take o.'s* ~ säga adjö, ta farväl; *take* ~ *of o.'s senses* bli galen; *take French* ~ se *French I*

2 leave [liːv] *itr* lövas, spricka ut

leaved [liːvd] *a* med blad; ss. efterled i sms. -bladig [*thick-leaved*]

leaven [ˈlevn] **I** *s* **1** surdeg **2** bildl. [positivt] inslag **II** *tr* **1** jäsa med surdeg **2** bildl. genomsyra; blanda [upp]

leavening [ˈlevənɪŋ] *s* se *leaven I 2*

leaves [liːvz] *s* pl. av *leaf*

leave-taking [ˈliːvˌteɪkɪŋ] *s* avsked; avskedstagande

leaving [ˈliːvɪŋ] *s* **1** avgång, avsked; ~ *cer-*

tificate avgångsbetyg **2** pl. *~s* [mat]rester; lämningar, kvarlevor

Lebanese [ˌlebəˈni:z] **I** (pl. lika) *s* libanes **II** *a* libanesisk

Lebanon [ˈlebənən] Libanon

lecher [ˈletʃə] *s* flickjägare, bock

lecherous [ˈletʃərəs] *a* liderlig; vällustig

lechery [ˈletʃərɪ] *s* liderlighet, lusta

lectern [ˈlektən] *s* **1** läspulpet, korpulpet i kyrka **2** kateder, talarstol

lecture [ˈlektʃə] **I** *s* **1** föreläsning, föredrag [*on* om (över)]; *~ hall* (*room*) föreläsningssal; *attend ~s* gå på (bevista) föreläsningar; *deliver* (*give*) *a ~* hålla en föreläsning **2** straffpredikan, skrapa **II** *itr* föreläsa, hålla föreläsningar [*on* om (över)] **III** *tr* **1** föreläsa för **2** läxa upp, ge en skrapa

lecturer [ˈlektʃərə] *s* **1** föreläsare, föredragshållare **2** univ.: ung. [universitets]lektor, docent

lectureship [ˈlektʃəʃɪp] *s* ung. [universitets]-lektorat, docentur

LED förk. för *light emitting diode* LED

led [led] imp. o. pp. av *2 lead*

ledge [ledʒ] *s* **1** [utskjutande] list, [smal] hylla **2** [klipp]avsats **3** klipprev

ledger [ˈledʒə] *s* hand. huvudbok, liggare

ledger-line [ˈledʒəlaɪn] *s* mus. hjälplinje

lee [li:] **I** *s* lä; läsida **II** attr. *a* lä- [*~ side*], i lä

leech [li:tʃ] *s* zool. blodigel; bildl.: a) igel [*he hangs on like a ~*] b) blodsugare

Leeds [li:dz]

leek [li:k] *s* bot. purjolök äv. nationalemblem för Wales

leer [lɪə] **I** *s* sneglande, lömsk (hånfull; lysten) [sido]blick **II** *itr* snegla, kasta lömska etc. blickar [*at* på]

lees [li:z] *s pl* drägg, bottensats äv. bildl.

leeward [ˈli:wəd, sjö. ˈlu:əd] **I** *a* lä-, i lä **II** *adv* i lä; lävart **III** *s* lä; *to ~* ner i lä, åt läsidan

leeway [ˈli:weɪ] *s* **1** sjö. avdrift; *make ~* göra avdrift, driva **2** *have much ~ to make up* bildl. ha mycket att ta igen **3** fam. spelrum; andrum, frist, marginal

1 left [left] imp. o. pp. av *1 leave*

2 left [left] **I** *a* vänster; *~ turn* vänstersväng; *the ~ wing* vänstra flygeln **II** *adv* till vänster [*of* om], åt vänster; *~ turn!* mil. vänster om!; *turn ~* svänga (gå, köra) till vänster, ta av åt vänster **III** *s* vänster sida (hand), vänster flygel; *the L~* polit. vänstern; *a straight ~* boxn. en rak vänster; *on your ~* till vänster om dig

left-hand [ˈlefthænd] attr. *a* vänster, vänster- [*~ side*; *~ traffic*]

left-handed [ˈleftˈhændɪd] *a* **1** vänsterhänt **2** tafatt, avig; klumpig; *~ compliment* tvetydig (ironisk, klumpig) komplimang

left-hander [ˈleftˈhændə] *s* **1** vänsterhänt person; sport. vänsterhandsspelare **2** vänsterslag

leftist [ˈleftɪst] **I** *s* vänsteranhängare **II** *a* vänsterorienterad, vänster- [*some ~ supporters*]

left-luggage [ˈleftˈlʌgɪdʒ] *s, ~* [*office*] järnv. o. d. effektförvaring, resgodsinlämning

leftmost [ˈleftməʊst] *a* längst till vänster

left-off [ˈleftɒf] fam. **I** *a, ~ clothes* avlagda kläder **II** *s,* pl. *~s* avlagda kläder

left-over [ˈleftˌəʊvə] **I** *a* överbliven; ledig **II** *s* **1** pl. *~s* [mat]rester **2** kvarleva, relikt

leftward [ˈleftwəd] **I** *a* vänster, vänster- **II** *adv* se följ.

leftwards [ˈleftwədz] *adv* till (åt) vänster

left-wing [ˈleftwɪŋ] *a* på vänsterkanten; vänster-, vänster|orienterad, -vriden

left-winger [ˈleftˈwɪŋə] *s* **1** vänsteranhängare, radikal **2** sport. vänsterytter

leg [leg] **I** *s* **1** ben lem; *wooden ~* träben; *feel* (*find*) *o.'s ~s* a) lära sig stå (gå) b) känna fast mark under fötterna, känna sig hemmastadd, finna sig till rätta; *give a p. a ~* bildl. ge ngn ett handtag; *he has not a ~ to stand on* fam. han har inget stöd [för sina påståenden]; *pull a p.'s ~* fam. driva (skoja) med ngn; *put o.'s best ~ foremost* (*forward*) se *best I*; *show a ~* fam. a) stiga upp ur sängen b) sätta [litet] fart; *stretch o.'s ~s* [få] sträcka på benen; röra på sig; *carry a p. off his ~s* rycka ngn med sig; *run a p. off his ~s* ta musten ur (trötta ut) ngn; *be on o.'s ~s* vara på benen igen efter sjukdom, ha repat sig; *be on o.'s last ~s* fam. a) vara nära slutet (alldeles utmattad) b) vara så gott som ruinerad; sjunga på sista versen; *stand on o.'s own ~s* stå på egna ben **2** kok. lägg, lår[stycke]; *~ of mutton* fårstek, fårlår **3** [byx]ben; skaft på strumpa el. stövel **4** ben, fot på möbel o. d. **5** i kricket: 'legsidan' del av planen till vänster räknat från slagmannen; *~ before* [*wicket*] 'ben framför' slagmannens stoppande av bollen med benen, när bollen skulle ha träffat grinden **6** sport. omgång av matcher o. d. [*first* (*second*) *~*] **7** etapp av distans, resa o. d. **II** *tr, ~ it* fam. lägga benen på ryggen

legacy [ˈlegəsɪ] *s* legat, testamentarisk gåva (donation); bildl. arv

legal [ˈli:gəl] *a* laglig, lag-; lagenlig; rättslig, juridisk; *take ~ action* vidta laga åtgärder; *take ~ advice* rådfråga en advokat; *~ aid* rättshjälp för obemedlade; *~ holiday* Am. bankfridag; *~ offence* lagbrott, straffbar handling; *~ person* juridisk person; *the ~ profession* den juridiska banan; juristerna; *without ~ rights* rättslös; *~ separation* av domstol ålagd hemskillnad; *~ tender* lagligt betalningsmedel

legality [lɪˈgælətɪ] *s* **1** laglighet, lagenlighet,

legalitet **2** juridisk spetsfundighet
legalization [ˌli:gəlaɪ'zeɪʃən] *s* legalisering
legalize ['li:gəlaɪz] *tr* legalisera, göra laglig
legate ['legət] *s* [påvlig] legat
legatee [ˌlegə'ti:] *s* legat-, testamentstagare, arvinge
legation [lɪ'geɪʃən] *s* legation, beskickning
legend ['ledʒənd] *s* **1** legend; [folk]saga, sägen **2** inskrift på mynt; inskription
legendary ['ledʒəndərɪ] *a* legend-; legendarisk [*~ heroes*]; sagoomspunnen
legerdemain ['ledʒədə'meɪn] *s* taskspeleri, trolleri, jonglerande äv. bildl.
legged [legd, 'legɪd] *a* vanl. ss. efterled i sms. med .. ben, -bent [*three-legged*]
legging ['legɪŋ] *s*, vanl. pl. *~s* benläder; långa el. höga damasker
legibility [ˌledʒɪ'bɪlətɪ] *s* läslighet etc., jfr *legible*
legible ['ledʒəbl] *a* läslig, läsbar; tydlig
legion ['li:dʒən] *s* legion; bildl. här[skara], [stor] skara; *the American* (*British*) *L~* krigsveteranorganisationer; *the Foreign L~* främlingslegionen; *their name is L~, they are ~* de är legio (oräkneliga)
legionary ['li:dʒənərɪ] **I** *a* legions- **II** *s* legionär, legionssoldat
legionnaire [ˌli:dʒə'neə] *s* legionär, medlem av *the American Legion* etc., se *legion*
legislate ['ledʒɪsleɪt] *itr* lagstifta
legislation [ˌledʒɪs'leɪʃən] *s* lagstiftning
legislative ['ledʒɪslətɪv] *a* lagstiftande; legislativ; *~ body* (*assembly*) lagstiftande församling
legislator ['ledʒɪsleɪtə] *s* lagstiftare
legislature ['ledʒɪslətʃə] *s* lagstiftande församling, legislatur
legit [lɪ'dʒɪt] *a* sl. just, ärlig; äkta, laglig
legitimacy [lɪ'dʒɪtɪməsɪ] *s* legitimitet, laglighet; rättmätighet; äkta börd
legitimate [ss. adj. lɪ'dʒɪtɪmət, ss. vb lɪ'dʒɪtɪmeɪt] **I** *a* **1** legitim, laglig, rättmätig [*the ~ king*] **2** legitim, född inom äktenskapet [*a ~ child*] **3** befogad, välgrundad, rimlig [*a ~ reason*]; berättigad, legitim [*~ claims*] **4** egentlig, reguljär **II** *tr* **1** legitimera, förklara för äkta **2** stadfästa; göra laglig, legalisera **3** rättfärdiga
legitimation [lɪˌdʒɪtɪ'meɪʃən] *s* legitimering; legalisering
legitimatize [lɪ'dʒɪtɪmətaɪz] *tr* legitimera
legitimize [lɪ'dʒɪtɪmaɪz] *tr* se *legitimatize*
leg-pull ['legpʊl] *s* fam. skämt
leg-pulling ['legˌpʊlɪŋ] *s* fam. skämt[ande]
leg-room ['legrʊm] *s* plats för benen, benutrymme
leg-show ['legʃəʊ] *s* fam. revy (varieté) med en massa bensprattel
leguminous [le'gju:mɪnəs] *a*, *~ plants* baljväxter, ärtväxter

leg-up ['legʌp] *s*, *give a p. a ~* hjälpa ngn upp i sadeln; ge ngn en hjälpande hand
Leicester ['lestə]
Leicestershire ['lestəʃɪə, -ʃə]
Leics. ['lestəʃɪə, -ʃə] förk. för *Leicestershire*
leisure ['leʒə, Am. vanl. 'li:ʒə] **I** *s* ledighet, fritid; frihet; *~ clothes* (*wear*) fritidskläder; *at ~* a) ledig, inte upptagen b) i lugn och ro [*do a th. at ~*]; *at your ~* när du får tid, när det passar dig **II** attr. *a* ledig, fri; *~ hours* (*time*) lediga stunder, fritid
leisured ['leʒəd, Am. vanl. 'li:ʒəd] *a* ledig, som förfogar över sin tid; lugn; *the ~ classes* de rika, överklassen
leisurely ['leʒəlɪ, Am. vanl. 'li:ʒəlɪ] **I** *a* lugn, maklig; *at a ~ pace* i lugn (maklig) takt **II** *adv* utan brådska, makligt
leisure-time ['leʒətaɪm, Am. vanl. 'li:ʒ-] *a* fritids- [*~ activities*]
leitmotif el. **leitmotiv** ['laɪtməʊˌti:f] *s* ledmotiv äv. mus.
lemming ['lemɪŋ] *s* zool. fjällämmel
lemon ['lemən] **I** *s* **1** a) citron b) citronträd [äv. *lemon-tree*] c) citronfärg; *~ squash* lemon squash citronsaft och [soda]vatten **2** sl. torrboll **II** *a* citronfärgad, citrongul
lemonade [ˌlemə'neɪd] *s* lemonad, läskedryck; sockerdricka
lemon-curd ['lemənkɜ:d] *s* citronkräm
lemon-juice ['leməndʒu:s] *s* citronsaft
lemon-peel ['lemənpi:l] *s* citronskal
lemon-sole ['lemənsəʊl] *s* kok. [fransk] sjötunga; flundra
lemon-squeezer ['leməṇˌskwi:zə] *s* citronpress
lemony ['lemənɪ] *a* med citronsmak (citronlukt); citronaktig [*~ taste*]
lemur ['li:mə] *s* maki slags halvapa
Len [len] kortform för *Leonard*
Lena ['li:nə]
lend [lend] (*lent lent*) *tr* **1** låna, låna ut; *~ at interest* låna [ut] mot ränta **2** *~ o.s. to* a) låna sig till, gå med på; förnedra sig till b) om sak lämpa sig (passa) för **3** ge, skänka [*~ enchantment*], förläna [*~ dignity*] *~ an ear* (*o.'s ears*) lyssna, höra [*to* på], låna ett [välvilligt] (sitt) öra [*to* åt]; *~ a p. a hand* ge ngn ett handtag; *~ a hand with a th.* hjälpa till med ngt; *~ a helping hand* räcka en hjälpande hand
lender ['lendə] *s* långivare
lending-library ['lendɪŋˌlaɪbrərɪ] *s* lånbibliotek
length [leŋθ] *s* **1** längd, om tid äv. varaktighet, långvarighet; sträcka, [ut]sträckning; *a ~ of pipe* ett rörstycke (stycke rör); *a ~ of rope* en repstump (tågända); *the ~ of time needed* den tid som behövs; *lie full ~* ligga raklång; *at* [*o.'s*] *full ~* raklång; *at arm's ~* a) på rak (sträckt) arm b) på en

arms avstånd c) bildl. på avstånd [*keep a p. at arm's ~*]; *win by three ~s* sport. vinna med tre längder; *ten metres in ~* tio meter lång; *a stay of some ~* en längre tids vistelse; *throughout the ~ and breadth of the country* över (i, genom) hela landet; *draw out a th. to a great ~* dra ut ngt på längden; *go the whole ~* bildl. ta steget fullt ut; *go to any ~s* ([*to*] *all ~s*) gå hur långt som helst med ngt, inte sky något; *go to great ~s* bildl. gå (sträcka sig) mycket långt **2** *at ~*: **a**) slutligen; äntligen **b**) länge [*speak at ~*] **c**) utförligt, omständligt, ingående, i detalj; *at great ~* mycket utförligt

lengthen ['leŋθən] **I** *tr* förlänga, göra [ännu] längre; dra ut på; *~ a skirt* lägga ned en kjol **II** *itr* förlängas, bli längre

lengthened ['leŋθənd] *a* förlängd; längre

lengthening ['leŋθənɪŋ] *s* förlängning

lengthiness ['leŋθɪnəs] *s* långrandighet

lengthways ['leŋθweɪz] *adv* se *lengthwise I*

lengthwise ['leŋθwaɪz] **I** *adv* på längden, längsefter **II** *a* längsgående, på längden

lengthy ['leŋθɪ] *a* [väl] lång, långvarig; [för] utförlig, vidlyftig; långdragen

lenience ['li:njəns] *s* o. **leniency** ['li:njənsɪ] *s* mildhet etc., jfr *lenient*; överseende

lenient ['li:njənt] *a* mild, fördragsam, överseende, eftergiven [*to* (*towards, with*) mot]

Lenin ['lenɪn]

Leningrad ['lenɪngræd, -grɑ:d]

lens [lenz] *s* **1** fys. o. anat. lins **2** fotogr. lins; objektiv; *~ aperture* bländaröppning

Lent [lent] *s* fasta[n], fastlag[en]

lent [lent] imp. o. pp. av *lend*

Lenten ['lentən] *a* fastlags-, faste-

lentil ['lentl] *s* bot. lins

Leo ['li:əʊ] egennamn; astr. Lejonet

Leonard ['lenəd]

Leonardo [ˌli:əʊ'nɑ:dəʊ]

leonine ['li:əʊnaɪn] *a* lejon-, lejonartad, lejonlik[nande]; bildl. äv. majestätisk

leopard ['lepəd] *s* zool. leopard; *can the ~ change its spots?* ung. ränderna går aldrig ur

leopardess ['lepədəs] *s* leopardhona

Leopold ['lɪəpəʊld]

leotard ['lɪətɑ:d] *s* trikå[er]; pl. *~s* trikåer

leper ['lepə] *s* spetälsk (leprasjuk) [person]

leprechaun ['leprəkɔ:n] *s* (Irl.) slags pyssling, tomte; troll

leprosy ['leprəsɪ] *s* spetälska, lepra

lesbian ['lezbɪən] **I** *a* lesbisk **II** *s* lesbisk kvinna

lese-majesty ['li:z'mædʒɪstɪ] *s* majestätsbrott äv. skämts.; högförräderi

lesion ['li:ʒən] *s* läk. organskada

Leslie ['lezlɪ]

less [les] **I** *a* o. *adv* o. *s* (komp. av *little,* se äv. d. o.) **1** mindre; *~ and ~* mindre och mindre, allt mindre; *the ~ said about it the better* ju mindre det pratas om saken, dess bättre [är det]; *none the ~ = nevertheless; little ~ than* föga mindre än; *in ~ than no time* på nolltid **2** *no* (*not, nothing*) *~* i div. uttr.: *I expected no ~* det var just vad jag väntade [mig]; *no ~ a person than the king* ingen mindre än kungen; *he got no ~ than £100* han fick inte mindre än (hela) 100 pund; [*we can guarantee you an income of*] *not ~ than £5,000* . . [allra] minst 5 000 pund; *it's no* (*nothing*) *~ than a scandal* det är ingenting mindre än en skandal **II** *prep* minus [*5 ~ 2 is 3*], med avdrag av (för) [*£10 a week ~ rates and taxes*]

lessee [le'si:] *s* arrendator; hyresgäst

lessen ['lesn] **I** *tr* **1** [för]minska, reducera **2** förringa, nedvärdera **II** *itr* minskas, bli mindre (färre); avta

lesser ['lesə] attr. *a* mindre [*the ~ prophets*]; *the L~ Bear* astr. Lilla björn[en]; *choose the ~ of two evils* välja det minst onda av två onda ting

lesson ['lesn] *s* **1** lektion; [undervisnings]-timme; *English ~* engelsklektion; engelsktimme **2** läxa, hemuppgift; *do* (*learn, prepare*) *o.'s ~s* lära sig läxorna, läsa på läxorna **3** bildl. läxa, lärdom; tillrättavisning, skrapa; *I learnt a* (*my*) *~* jag fick en läxa; *teach a p. a ~* ge (lära) ngn en läxa **4** kyrkl. bibeltext

lessor [le'sɔ:] *s* utarrenderare; hyresvärd

lest [lest] *konj* **1** för (så) att inte, av fruktan att [*I took it away ~ it should be stolen*], ifall ngt skulle hända **2** efter ord för fruktan, oro o. d. [för] att [kanske] [*we were afraid ~ he should come late*]

1 let [let] (*let let*) (i förb. med vissa adj., vb, prep. o. adv. se *III*) **I** *tr* **1** (äv. ss. hjälpvb) låta, tillåta; *won't you ~ me help you?* får jag inte hjälpa dig?; *yes, ~'s!* ja, det gör vi!; *~'s have a drink!* ska vi ta [oss] en drink?; *~ me introduce . .* får jag presentera. .; *~ him say whatever he likes* han må (får, kan) säga vad han vill; [*just*] *~ him try!* vanl. han skulle bara våga!; *~ it never be said that . .* ingen ska kunna säga att . .; *L~ there be light!* bibl. Varde ljus!; *~ AB be* [*equal to CD*] antag att AB är . . **2** släppa in [*my shoes ~ water*] **3** se *II*

II *tr* o. *itr* hyra ut [*she has ~ her house to* (åt) *us*], arrendera ut; hyras ut [*the flat ~s for £50 a month*]; *to ~* att hyra

III *tr* o. *itr* i vissa förb. (se f. ö. under resp. huvudord) **1** med adj.: **~ alone: a**) låta vara [i fred], låta bli, inte bry sig om [*~ those problems alone*]; *~ well alone!* låt det vara som det är! **b**) för att [nu] inte tala om, än[nu] (mycket) mindre [*he can't look after himself, ~ alone others*]; **~ loose** släppa, släppa lös [*~ that dog loose*]; ge fritt lopp åt **2** med vissa vb (se äv. under t. ex. *drop, 1 fly, 2 live*): ~ **be** låta vara [i fred], låta bli [~ *me be*; ~ *the poor dog be*]; ~ **fall: a**) låta falla; tappa **b**) fälla, låta undfalla sig [~ *fall a remark*]; ~ **go: a**) låta fara; släppa [~ *me go!*; ~ *go a p.'s hand*], släppa lös (fri); släppa ifrån sig; släppa taget; sjö. låta gå, fälla [~ *go the anchor*]; slå bort [tanken på]; ~ *go of* släppa [~ *go of a p.'s hand*] **b**) ~ *it go at that!* låt gå för det!; låt det vara [som det är]! **c**) ~ *o.s. go* låta sig ryckas med [*he* ~ *himself go on* (av) *the subject*], slå (släppa) sig lös, släppa efter; ~ **slip: a**) försumma [~ *slip an opportunity*] **b**) låta undfalla sig [~ *slip a remark*] **3** med adv. o. prep.: ~ **down: a**) släppa (dra, sänka, fira) ner; ~ *down o.'s hair* se *hair*; ~ *the window down* dra ner fönstret **b**) sömn. lägga (släppa) ner **c**) bildl. lämna i sticket, svika [~ *down a friend*]; förödmjuka; ~ **in: a**) släppa in [~ *in a p.*; ~ *in light and air*]; ~ *o.s. in* låsa upp (öppna) [dörren] och gå in **b**) fälla (lägga, foga) in **c**) ~ *in the clutch* släppa upp koppling[spedal]en **d**) ~ *a p. in for* [*a lot of trouble*] dra (blanda) in ngn i . ., förorsaka ngn . .; ~ *o.s. in for* inlåta sig på, ge sig in på; *you're* ~*ting yourself in for a lot of work* du får bara en massa arbete på halsen **e**) ~ *a p. in on* fam. inviga ngn i; ~ **into: a**) släppa in i; *be* ~ *into* släppas (slippa) in i **b**) sätta in i [*we must* ~ *another window into the wall*] **c**) inviga i, låta få veta [~ *a p. into a secret*]; ~ **off: a**) avskjuta, bränna av [~ *off fireworks*], fyra av äv. bildl. **b**) släppa, låta slippa undan [~ *off with* (med) *a fine*]; *be* ~ *off* släppas, slippa [undan (ifrån)] **c**) släppa ut t. ex. ånga, tappa av; släppa upp t. ex. en ballong; ~ *off steam* fam. avreagera sig **d**) släppa av [~ *me off at 12th Street!*] **e**) släppa sig fjärta; ~ **on** fam. skvallra [*I won't* ~ *on*]; förråda, erkänna; låtsas, låtsas om [*don't* ~ *on that you are annoyed*]; ~ **out: a**) släppa ut; släppa lös; *be* ~ *out* släppas (slippa) ut (lös) **b**) sömn. lägga (släppa) ut **c**) sjö. sticka ut rev **d**) avslöja [~ *out a secret*], tala 'om **e**) fam. fria (rentvå) [från misstankar] **f**) ~ *out* [*on lease*] hyra (arrendera) ut; ~ **through** släppa igenom (fram); ~ **up: a**) avta, minska; sluta **b**) ~ *up on* ta lite lättare på; behandla mildare

2 let [let] *s* **1** jur., *without* ~ *or hindrance* utan minsta hinder **2** sport. nätboll vid serve

let-down ['letdaun] *s* **1** besvikelse, missräkning; bakslag **2** minskning, nedgång

lethal ['li:θəl] *a* dödlig, dödande; ~ *chamber* avlivningsrum för djur; ~ *weapon* dödligt (livsfarligt) vapen

lethargic [le'θɑ:dʒɪk] *a* letargisk, sömnsjuk, dvallik; försoffad

lethargy ['leθədʒɪ] *s* letargi, slöhetstillstånd, dvala; försoffning, apati

let-off ['letɒf] *s* undkommande; *that was a light* ~ *for him* han slapp billigt undan

let's [lets] = *let us*

Lett [let] *s* **1** lett **2** lettiska [språket]

1 letter ['letə] *s* uthyrare [~ *of rooms*]

2 letter ['letə] **I** *s* **1** bokstav äv. bildl. [*keep the* ~ *of the law*]; *capital* (*small*) ~*s* stora (små) bokstäver; *to the* (*down to the last*) ~ bokstavligt; till punkt och pricka **2** boktr. typ, stil **3** brev, skrivelse [*on* om; *for, to* till]; ~ *tray* brevkorg; ~ *of credit* kreditiv; ~ *to the paper* (*editor*) insändare; *by* ~ genom (per) brev, brevledes, skriftligt; ~*s patent* patent[brev]; kungligt brev, privilegiebrev **4** ~*s* (konstr. ss. sg. el. pl.) litteratur, vitterhet; lärdom; *man of* ~*s* oftast författare, skriftställare; ibl. lärd (boksynt) man **II** *tr* stämpla ryggtitel o. d. på [~ *a book*]

letter-box ['letəbɒks] *s* brevlåda; postlåda

letter-card ['letəkɑ:d] *s* postbrev

letter drop ['letədrɒp] *s* Am. brevinkast, brevlåda i dörr

lettergram ['letəgræm] *s* brevtelegram

letter-head ['letəhed] *s* **1** brevhuvud **2** firmabrevpapper med brevhuvud

lettering ['letərɪŋ] *s* bokstäver, [in]skrift [~ *on a gravestone*]; textning

letterpress ['letəpres] *s* **1** ~ [*printing*] boktryck **2** [tryckt] text i motsats till illustrationer

letter-weight ['letəweɪt] *s* **1** brevpress **2** brevvåg

letting ['letɪŋ] *s* **1** uthyrning, utarrendering [äv. ~ *out*] **2** uthyrningsbostad, bostad att hyra [*furnished* ~]

Lettish ['letɪʃ] **I** *a* lettisk, lettländsk **II** *s* lettiska [språket]

lettuce ['letɪs] *s* bot. [huvud]sallat, sallad; salladshuvud

let-up ['letʌp] *s* avbrott, uppehåll [*it rained a whole week without* ~]; [vilo]paus

leuk[a]emia [lju'ki:mɪə, lu-] *s* läk. leukemi

Levant [lɪ'vænt] *s, the* ~ Levanten

levee ['levɪ] *s* **1** mottagning för herrar vid [brittiska] hovet, kur **2** i USA mottagning isht hos presidenten

level ['levl] **I** *s* **1** nivå, plan äv. bildl. [*a conference at the highest* ~]; höjd [*the water rose to a* ~ *of 10 metres*]; *the* ~ *of the water* vattenståndet; *above the* ~ *of the sea* över havsytan (havet); [*the lecture*] *was above my* ~ . . låg över min horisont (nivå); *on a* ~ *with* i nivå (höjd, paritet) med, i jämnhöjd med **2** fam., *on the* ~ uppriktigt, ärligt sagt, just; *he's on the* ~ han är renhårig (just) **3** vattenpass **II** *a* **1** jämn, slät, plan **2** vågrät; på samma plan [*with* som], i jämnhöjd, jämställd, likställd [*with* med]; likformig; jämn; ~ *crossing* plankorsning; järnvägskorsning [i plan]; *a ~ teaspoonful* en struken tesked; *do o.'s ~ best* göra sitt allra bästa; *draw ~* komma jämsides (i jämnhöjd) med varandra; *draw ~ with* hinna upp; *keep ~ with* hålla jämna steg med **3** *have a ~ head* vara redig (klar) i huvudet; *keep a ~ head* hålla huvudet kallt **III** *tr* **1** jämna, planera [*~ a lawn* (*road*)] **2** göra vågrät m. t. ex. ett vattenpass; nivellera; jämna ut [äv. *~ out*]; jämna till; göra likställd [*to, with* med]; *~ down* sänka [till en lägre nivå]; jämna; *~ up* höja [till en högre nivå]; jämna **3** *~* [*with* (*to*) *the ground*] jämna med marken, rasera **4** avpassa, lämpa [*to* efter]; *~ o.s. to* anpassa sig efter **5** rikta [*at, against* mot; *~ an accusation at a p.*]; *~ o.'s gun at* rikta (höja) geväret mot **IV** *itr* **1** bli jämn[are] **2** flyg., *~ off* plana ut

level-headed ['levl'hedɪd] *a* [väl]balanserad, nykter, sansad

lever ['li:və] **I** *s* **1** hävstång; spak; handtag; *~ watch* ankarur **2** bildl. hävstång, [hjälp]medel, 'vapen' [*a ~ to force him to resign*] **II** *tr* lyfta med [en] hävstång; bända [upp]

leverage ['li:vərɪdʒ] *s* **1** hävstångsverkan, hävstångskraft **2** bildl. inflytande

leveret ['levərɪt] *s* unghare

Levi ['li:vaɪ] **I** egennamn **II** *s, pl. ~s* ® Levis jeans

leviathan [lɪ'vaɪəθən] *s* **1** bibl. leviatan havsvidunder **2** bildl. koloss

levitate ['levɪteɪt] *itr* spirit. sväva

Leviticus [lɪ'vɪtɪkəs] *s* Tredje mosebok

levity ['levətɪ] *s* lättsinne, lättfärdighet

Levy ['li:vɪ, 'levɪ]

levy ['levɪ] **I** *s* **1** uttaxering; uppbörd **2** utskrivning, uppbåd **II** *tr* **1** uttaxera, ta upp, utskriva, lägga på [*~ a tax*]; *~ a tax* (*a fine*) *on a p.* påföra ngn en skatt (böter) **2** utskriva, uppbåda; sätta upp [*~ an army*]

lewd [lu:d, lju:d] *a* liderlig, oanständig

lexical ['leksɪkəl] *a* lexikalisk

lexicographer [ˌleksɪ'kɒgrəfə] *s* lexikograf, ordboksförfattare

lexicographical [ˌleksɪkəʊ'græfɪkəl] *a* lexikografisk

lexicography [ˌleksɪ'kɒgrəfɪ] *s* lexikografi

lexicon ['leksɪkən] *s* **1** lexikon vanl. om en grekisk, latinsk el. hebreisk ordbok **2** vokabulär, ordförråd

l.h. förk. för *left hand*

liabilit|y [ˌlaɪə'bɪlətɪ] *s* **1** ansvar; betalningsskyldighet; *limited ~* begränsad ansvarighet; *~ for* (*to*) *military service* värnplikt; *tax ~* skatteplikt **2** mottaglighet, benägenhet **3** pl. *-ies* hand. skulder, skuldförbindelser; *meet o.'s -ies* infria sina [skuld]förbindelser **4** bildl. belastning; olägenhet

liable ['laɪəbl] *a* **1** ansvarig **2** förpliktad, skyldig [*to* att; *be ~ to serve on a jury*]; *~ to* belagd med straff, skatt o. d., underkastad; *~ to duty* tullpliktig; *be ~ to a fine* kunna bötfällas; *make o.s. ~ to* utsätta sig för risken av **3** mottaglig, disponerad [*to* för]; benägen, fallen [*to* för; *to do a th.* [för] att göra ngt]; *colours ~ to fade* färger som gärna vill blekna; *it is ~ to be misunderstood* det kan så lätt missförstås

liaison [li:'eɪzən] *s* **1** [fritt] förhållande, [kärleks]förbindelse, liaison **2** mil. samband; *~ officer* sambandsofficer **3** *in ~ with* i förbund (maskopi) med

liana [lɪ'ɑ:nə] *s* o. **liane** [lɪ'ɑ:n] *s* bot. lian

liar ['laɪə] *s* lögnare, lögnerska, lögnhals

Lib. förk. för *Liberal*

lib [lɪb] *s* kortform för *liberation movement*; *women's ~* se *woman 2*

libation [laɪ'beɪʃən, lɪ'b-] *s* **1** libation, dryckesoffer **2** skämts. dryckeslag

libber ['lɪbə] *s* se *women's libber* under *woman 2*

libel ['laɪbəl] **I** *s* **1** ärekränkning isht i skrift; smädeskrift **2** skymf, förolämpning **II** *tr* ärekränka; smäda, skymfa

libeller ['laɪbələ] *s* o. **libellist** ['laɪbəlɪst] *s* ärekränkare, smädeskrivare

libellous ['laɪbələs] *a* ärekränkande, smädlig

liberal ['lɪbərəl] **I** *a* **1** frikostig, generös [*of* med, på; *to* mot; *a ~ giver*], givmild; riklig, rundlig [*a ~ sum*] **2** liberal, frisinnad **3** *a ~ education* [högre] allmänbildning **4** *L~* polit. liberal **II** *s, L~* polit. liberal

liberalism ['lɪbərəlɪzəm] *s* liberalism

liberality [ˌlɪbə'rælətɪ] *s* **1** frikostighet, generositet **2** liberalitet, fördomsfrihet

liberalize ['lɪbərəlaɪz] *tr* liberalisera

liberate ['lɪbəreɪt] *tr* befria [*from* från]; frige; bildl. o. kem. frigöra

liberation [ˌlɪbə'reɪʃən] *s* befrielse; frigivning; frigörelse; *~ movement* befrielserörelse; frihetsrörelse

liberator ['lɪbəreɪtə] *s* befriare

Liberia [laɪ'bɪərɪə]

libertine ['lɪbəti:n] *s* libertin, vällusting

liberty ['lɪbətɪ] *s* frihet; pl. *liberties* äv. fri- och rättigheter, privilegier; *~ of action* handlingsfrihet; *the ~ of the press* tryckfrihet[en]; *~ of speech* yttrandefrihet; *I took the ~ to borrow* (*of borrowing*) . . jag tog mig friheten att låna . .; *take liberties* ta sig friheter [*with a p.* [gente]mot ngn; *with a th.* med ngt], vara närgången [*with* mot]; *at ~* a) ledig, inte upptagen b) på fri fot [*runaways at ~*], i frihet c) fri, oförhindrad; *you are at ~ to* det står dig fritt att; *I am not at ~ to tell you* jag får inte (har inte lov att) tala om det; *set at ~* försätta på fri fot, frige [*set prisoners at ~*]; frigöra

libr|a ['laɪbr|ə] *s* (lat.) **1** (pl. *-ae* [-i:]) pund ss.

penningvärde el. vikt **2** *L~* astr. Vågen
librarian [laɪ'breərɪən] *s* bibliotekarie
librarianship [laɪ'breərɪənʃɪp] *s* bibliotekariebefattning
library ['laɪbrərɪ] *s* bibliotek; film. arkiv; [*gramophone*] *record* ~ diskotek samling grammofonskivor
librettist [lɪ'bretɪst] *s* librettoförfattare
librett|o [lɪ'bret|əʊ] (pl. *-os* el. *-i* [-ɪ]) *s* libretto
Libya ['lɪbɪə] Libyen
Libyan ['lɪbɪən] **I** *a* libysk **II** *s* libyer
lice [laɪs] *s* pl. av *louse 1*
licence ['laɪsəns] *s* **1** **a**) licens [*radio* ~], tillståndsbevis; privilegium; jfr *marriage, special, vehicle*; ~ *fee* licens[avgift]; *dog* ~ ung. hundskatt; *driving* (*driver's*) ~ körkort; *made under* [*a*] ~ tillverkad på licens **b**) [sprit]rättigheter **c**) [*pilot's*] ~ [flyg]certifikat **2** a) tygellöshet b) lättsinne **3** [handlings]frihet; *poetic* ~ poetisk frihet
license ['laɪsəns] **I** *tr* bevilja (ge) licens (tillstånd, [sprit]rättigheter); auktorisera; *shops* ~*d* [*to sell tobacco*] affärer som har rätt (tillstånd). . **II** *s* Am. = *licence*; ~ *plate* nummerplåt, registreringsskylt
licensed ['laɪsənst] *a* med [sprit]rättigheter; ~ *premises* (*house*) restaurang (hotell) med spriträttigheter
licensee [ˌlaɪsən'si:] *s* licensinnehavare; person som har [sprit]rättigheter
licenser ['laɪsənsə] *s* licensgivare, person som beviljar (utfärdar) en licens
licentiate [laɪ'senʃɪət] *s* **1** auktoriserad (legitimerad) utövare av ett visst yrke; *L~ of the Royal College of Physicians* (*Surgeons*) ung. legitimerad läkare **2** licentiat
licentious [laɪ'senʃəs] *a* tygellös, utsvävande
lichen ['laɪkən, 'lɪtʃən] *s* bot. lav
lick [lɪk] **I** *tr* **1** slicka äv. om eld o. vågor; slicka på; ~ *a p.'s boots* (*shoes*) fam. krypa [i stoftet] (krusa) för ngn; ~ *the dust* a) bita i gräset b) krypa (kräla) i stoftet, slicka stoftet; ~ *o.'s lips* (*chops*) slicka sig om mun[nen]; ~ *into shape* sätta (få) fason (hyfs) på **2** fam. klå upp, ge stryk, klå, slå [~ *a p. at tennis*]; *this* ~*s me* det går över mitt förstånd **II** *s* **1** slickning; *give o.'s face a cat's* ~ vaska av sig i ansiktet **2** sleke, saltsleke **3** fam. smäll; rapp **4** sl., *at a great* (*at full*) ~ i full fräs (speed)
licking ['lɪkɪŋ] *s* **1** slickande **2** fam. stryk, smörj
licorice ['lɪkərɪs] *s* isht Am., se *liquorice*
lid [lɪd] *s* **1** lock; *put the* ~ *on* fam. sätta stopp för [*put the* ~ *on gambling*], göra slut på; *take* (*blow*) *the* ~ *off* fam. avslöja [*the newspapers blew the* ~ *off corruption in the city*] **2** ögonlock [äv. *eyelid*] **3** sl. kanna hatt
lido ['li:dəʊ] *s* friluftsbad

1 lie [laɪ] **I** *s* lögn, osanning; *give a p. the* ~ beslå ngn med lögn; *give the* ~ *to a th.* vederlägga (motsäga) ngt, komma ngt på skam [*events gave the* ~ *to our fears*]; *tell a* ~ (~*s*) ljuga, tala osanning; *it was just a pack of* ~*s* det var bara en massa lögner **II** *itr* ljuga [*to* för]; *he* ~*d to my face* han ljög mig mitt upp i ansiktet
2 lie [laɪ] **I** (*lay lain*) *itr* **1** **a**) ligga [~ *motionless*]; ~ (*be lying*) *awake* ligga vaken; ~ *reading* ligga och läsa **b**) ligga begraven, vila; *here* ~*s* här vilar **2** **a**) utbreda sig, ligga [*know how the land* ~*s*], vara belägen, befinna sig **b**) om väg o. d. gå, leda **3** sjö. ligga an viss kurs **4** med adv. o. prep. i spec. bet.: ~ **about** ligga och skräpa, ligga kringspridd[a]; *leave money lying about* låta pengar ligga framme; ~ **at** sjö., ~ *at anchor* ligga för ankar; ~ **back** luta (lägga) sig tillbaka; ~ **down: a**) lägga sig [och vila], lägga sig ner **b**) *take an insult lying down* finna sig i en förolämpning; *take it lying down* ge sig utan vidare; ~ **in: a**) ligga i [*the difficulty* ~*s in the pronunciation*], bestå i, bero på; *everything that* ~*s in my power* allt som står i min makt **b**) ligga kvar i sängen **c**) ligga i barnsäng; ~ **on: a**) ligga på; ~ *hard* (*heavy*) *on* ligga tung över; vila tungt på, tynga [på] [*it lay heavy on his conscience*] **b**) åligga, tillkomma; ~ **under** ligga under; vara utsatt för; tyngas av; ~ *under an obligation to a p.* stå i tacksamhetsskuld till ngn; ~ *under suspicion* vara misstänkt; ~ **up: a**) lägga sig; ligga till sängs **b**) om fartyg läggas upp; ~ **with** ligga på, åvila [*the burden of proof* ~*s with you*], ligga hos [*the fault* ~*s with the Government*]; *it* ~*s with you to* det är din sak att **II** *s* läge, belägenhet; riktning, sträckning [*the* ~ *of the valley*]; *the* ~ *of the country* landets topografi; *know the* ~ *of the land* bildl. veta hur landet ligger
Liechtenstein ['lɪktənstaɪn]
lie-detector ['laɪdɪˌtektə] *s* lögndetektor
lie-down [laɪ'daʊn] *s*, *go and have a* ~ lägga sig och vila
lief [li:f] *adv* åld. el. litt. gärna
liege [li:dʒ] **I** *a* länspliktig, vasall-; ~ *lord* länsherre **II** *s* **1** länsherre, herre [*my* ~] **2** vanl. pl. ~*s* vasaller; [trogna] undersåtar
lie-in ['laɪɪn] *s* **1** *have a nice* ~ ligga och dra sig i sängen **2** liggdemonstration
lieu [lju:, lu:] *s*, *in* ~ *of* i stället för
Lieut. förk. för *Lieutenant*
lieutenant [lef'tenənt, Am. lu:'tenənt] *s* **1** löjtnant inom armén; kapten inom flottan; *flight* ~ kapten inom flyget **2** ställföreträdare, högra hand **3** i USA biträdande poliskommissarie
lieutenant-colonel [lefˌtenənt'kɜ:nl, Am. lu:ˌt-] *s* överstelöjtnant

lieutenant-commander [lef,tenəntkə'mɑ:ndə, Am. lu:,t-] *s* örlogskapten
lieutenant-general [lef,tenənt'dʒenərəl, Am. lu:,t-] *s* generallöjtnant
lieutenant-governor [lef,tenənt'gʌvənə, Am. lu:,t-] *s* viceguvernör
life [laɪf] (pl. *lives*) *s* **1** (för ex. se *2*) **a**) liv **b**) livstid, livslängd, liv [*a cat has nine lives*], levnad, levnadslopp; varaktighet, bestånd **c**) tillvaro, liv [*lead* (föra) *a quiet ~*]
2 ex. till *1*: *L~ Guards* livgarde; *~ peer* pär på livstid vars titel inte är ärftlig; *get a ~ sentence* få livstidsfängelse; [*he told me his*] *~ story* . . livs historia; *country ~* lantliv[et], livet på landet; *early ~* ungdom[en]; *early in ~* redan i ungdomen; *human ~* människoliv[et]; *the ~* [*and soul*] *of the party* sällskapets medelpunkt; *he was in danger of his ~* han var i dödsfara; *expectation of ~* sannolik[t återstående] livslängd; medellivslängd; [*tell the children*] *the facts of ~* fam. . . hur ett barn blir (kommer) till; *great loss of ~* stora förluster i människoliv, stor manspillan; *a matter of ~ and death* en livsfråga [*to* för]; *it is a matter of ~ and death* det är en fråga om liv eller död, det gäller livet; *a slice of ~* ett stycke verklighet; *at my time of ~* vid min ålder; *I had the time of my ~* fam. jag hade jätteroligt; *come to ~* kvickna till, komma till liv [igen]; *do* (*be given*) *~* sl. göra (få) livstid avtjäna livstids fängelse; *frighten the ~ out of a p.* skrämma livet ur ngn; *lose o.'s ~* förlora livet, omkomma, [få] sätta livet till; *put some ~ into* sätta lite liv i, sätta lite fart på; *put an end to* (*take*) *o.'s* [*own*] *~* ta livet av sig, ta sitt liv; *take a p.'s ~* ta livet av ngn, bringa ngn om livet; *take o.'s ~ in o.'s* [*own*] *hands* våga livet, ta risken; *for ~* a) för [att rädda] livet b) för livet [*friends for ~*], på livstid [*imprisonment for ~*]; [*they ran*] *for dear ~* . . för brinnande livet; *not for the ~ of me* fam. inte för mitt liv (allt i världen); *not on your ~* aldrig i livet
3 levnadsteckning, levnadsbeskrivning, biografi [*the lives of* (över) *great men*]
4 konst. natur, verklighet; *~ class* krokiklass med elever som tecknar efter levande modell; *from* (*after*) [*the*] *~* efter naturen, efter levande modell; *as large as ~* a) i kroppsstorlek, i naturlig storlek b) fam. livslevande, i egen hög person [*here he is as large as ~*]; *larger than ~* i övernaturlig storlek; överdriven
life-and-death ['laɪfənd'deθ] *a*, *a ~ struggle* en strid på liv och död
life-assurance ['laɪfə,ʃʊərəns] *s* livförsäkring
lifebelt ['laɪfbelt] *s* livbälte; räddningsbälte
lifeblood ['laɪfblʌd] *s* **1** hjärtblod **2** bildl. livsnerv, hjärteblod
lifeboat ['laɪfbəʊt] *s* livbåt; livräddningsbåt
lifebuoy ['laɪfbɔɪ] *s* livboj, frälsarkrans
life-giving ['laɪf,gɪvɪŋ] *a* livgivande; livande, vederkvickande
life-guard ['laɪfgɑ:d] *s* **1** livvakt **2** pl. *~s* livgarde **3** livräddare, strandvakt
life-insurance ['laɪfɪn,ʃʊərəns] *s* livförsäkring
life-jacket ['laɪf,dʒækɪt] *s* flytväst
lifeless ['laɪfləs] *a* livlös, död, utan liv
lifelike ['laɪflaɪk] *a* livslevande, naturtrogen, levande, verklighetstrogen
lifeline ['laɪflaɪn] *s* **1** livlina **2** räddningslina **3** livslinje i handen **4** livsviktig förbindelselinje
lifelong ['laɪflɒŋ] *a* livslång [*~ friendship*]
life-preserver ['laɪfprɪ,zɜ:və] *s* **1** knölpåk, batong **2** isht Am. livräddningsredskap, livbälte, flytväst
life-saving ['laɪf,seɪvɪŋ] **I** *s* livräddning **II** *a* livräddnings-
life-size ['laɪf'saɪz] *a* o. **life-sized** ['laɪf'saɪzd] *a* i kroppsstorlek, i naturlig storlek
life-span ['laɪfspæn] *s* biol. livslängd
lifetime ['laɪftaɪm] *s* livstid; *a ~* ett helt liv; hela livet [*it'll last a ~*]; *it is the chance of a ~* det är mitt (ditt etc.) livs [stora] chans
lift [lɪft] **I** *tr* **1** lyfta; lyfta på [*~ o.'s hat* (*the lid*)], höja; *have o.'s face ~ed* genomgå en ansiktslyftning; *~ up* lyfta upp, höja; *~ a hand* ta ett handtag, röra ett finger [*he never ~ed a hand to help me*] **2** häva [*~ a blockade*], upphäva **3** ta upp rotfrukter **4** fam. stjäla, snatta; knycka plagiera **II** *itr* **1** lyfta [*at* i, på] **2** lyfta, höja sig, om flygplan äv. gå upp, lätta; *~ off* rymd. starta, lyfta, lätta **3** lätta [*the fog ~ed*], lyfta, skingras **III** *s* **1** lyft[ande], lyftning, höjande, höjning; tyngd, börda **2** bildl. [gratis]skjuts, lift; *give a p. a ~* ge ngn lift (skjuts) **3** tekn. lyfthöjd; stigning **4** hiss; [skid]lift
liftman ['lɪftmæn] *s* hisskonduktör
ligament ['lɪgəmənt] *s* anat. ligament
ligature ['lɪgə,tʃʊə] *s* läk., boktr., mus. ligatur
1 light [laɪt] **I** *s* **1** ljus, [ljus]sken; belysning; dagsljus, dager; lampa; pl. *~s* ofta trafikljus; *~ meter* ljusmätare; *~ year* ljusår; [*shining*] *~* [klart skinande] ljus, snille; *bring to ~* bringa i dagen, dra fram i ljuset; *come to ~* komma i dagen; *have the ~s on* ha ljuset på (tänt) på t. ex. bil; *may I have a ~?* kan jag få lite eld?; *put on* (*put out*) *the ~* tända (släcka) [ljuset]; *see the ~* a) [äv. *see the ~ of day*] se dagens ljus, komma till världen b) rel. bli frälst (väckt); *shed* (*throw*) *~* [*up*]*on* bildl. sprida (kasta) ljus över, bringa klarhet i, belysa; *strike a ~* tända (stryka eld på) en tändsticka; *in a false ~* i [en] falsk dager; *place a th. in a*

good (favourable) ~ [fram]ställa ngt i en gynnsam (fördelaktig) dager; *I don't see the matter in that* ~ jag ser inte saken så; *stand (be) in a p.'s* ~ a) stå i ljuset för ngn, skymma ngn b) bildl. stå i vägen för ngn; *not worth a* ~ fam. inte värd ett ruttet lingon **2** sjö. a) fyr b) lanterna **3** pl. *~s* förstånd, vett; *according to o.'s ~s* efter bästa förstånd **4** ljusöppning; fönster[-ruta] **5** konst. ljusparti på tavla, dager; ~ *and shade* skuggor och dagrar **6** pl. *~s* teat. rampljus **II** *a* ljus; belyst, upplyst; [*it's beginning to*] *get (grow)* ~ .. bli ljust **III** (*lit lit* el. *lighted lighted*) *tr* **1** tända [äv. ~ *up*; ~ *a candle (a cigarette, the gas)*], få eld (fyr) i (på); ~ *a fire* tända (elda) en brasa **2** lysa upp [*lamps* ~ *the streets*], belysa, förse med belysning; ~ *up* lysa upp, belysa; tända [ljus] i; bildl. lysa upp; *a smile ~ed (lit) up her face* hennes ansikte lystes upp av ett leende **3** lysa ngn [på väg] **IV** (*lit lit* el. *lighted lighted*) *itr* **1** tändas; ta eld **2** ~ *up* a) tända [ljuset] [*it's time to* ~ *up*] b) fam. tända cigarretten (pipan, cigarren) [*he struck a match and lit up*] c) bildl. lysa upp [~ *up with delight* (av förtjusning)]

2 light [laɪt] **I** *a* **1** lätt [*a* ~ *burden*]; ~ *comedy* lättare komedi, lustspel; *a* ~ *meal* en lätt måltid; ~ *opera* operett; ~ *programme* lättare program, underhållningsprogram; ~ *reading* nöjesläsning; ~ *sentence* mild dom; *he is a* ~ *sleeper* han sover lätt; ~ *verse* lättare inte seriös vers; ~ *of (at) heart* lätt om hjärtat, lätt till sinnes **2** mil. lätt [~ *bomber*, ~ *infantry*], lättbeväpnad **3** lös, lätt [~ *soil* (jord)]; om dimma o. d. lätt, tunn **4** oviktig; obetydlig, ringa [*a* ~ *error*]; lindrig, lätt [*a* ~ *attack of illness*]; *this is no* ~ *matter* det här är ingen småsak (bagatell); *make* ~ *of* ringakta; bagatellisera **5** lättsinnig; flyktig; lätt[färdig] [~ *women*] **II** *adv* lätt [*sleep* ~]; *get off* ~ slippa lindrigt undan; *travel* ~ resa utan tungt (mycket) bagage **III** *s*, pl. *~s* se *lights*

3 light [laɪt] (*lit lit* el. *lighted lighted*) *itr*, ~ [*up*]*on* råka (stöta) på, [oförmodat] hitta

light-bulb ['laɪtbʌlb] *s* glödlampa

1 lighten ['laɪtn] **I** *tr* lätta [~ *a ship of* (från) *her cargo*], göra lättare; bildl. äv. lindra **II** *itr* lätta [*his worries seem to have ~ed*]

2 lighten ['laɪtn] **I** *tr* lysa upp, upplysa, göra ljus **II** *itr* **1** ljusna, klarna **2** blixtra

1 lighter ['laɪtə] *s* **1** tändare [*cigarette-lighter, gas-lighter*] **2** [lykt]tändare

2 lighter ['laɪtə] *s* läktare, pråm

light-fingered ['laɪt,fɪŋgəd] *a* **1** långfingrad, långfingrig **2** fingerfärdig

light-headed ['laɪt'hedɪd] *a* **1** yr i huvudet **2** förryckt, fnoskig **3** tanklös, lättsinnig

light-hearted ['laɪt'hɑːtɪd] *a* lätt om hjärtat (till sinnes), sorglös

lighthouse ['laɪthaus] *s* fyr, fyrtorn

lighthouse-keeper ['laɪthaus,kiːpə] *s* fyrvaktare

lighting ['laɪtɪŋ] *s* lyse, belysning

lighting-up ['laɪtɪŋ'ʌp] *a*, ~ *time* tändningsdags för gatubelysning o. d.

lightly ['laɪtlɪ] *adv* **1** lätt; ~ *clad* lättklädd, tunnklädd; ~ *done* lättstekt; *get off* ~ slippa (komma) lindrigt undan; *sleep* ~ sova lätt; *take a th.* ~ ta lätt på ngt; *touch* ~ [*up*]*on* bildl. beröra flyktigt **2** utan vägande skäl [*the prize is not given* ~]

lightning ['laɪtnɪŋ] *s* blixtrande, blixtar, blixt; *a flash of* ~ en blixt; *the* ~ *struck an oak* blixten (åskan) slog ner i en ek; *ball* ~ klotblixt[ar], kulblixt[ar]; *forked* ~ sicksackblixt[ar], grenig[a] blixt[ar]; *sheet* ~ ytblixt[ar]; *summer (heat)* ~ kornblixt[ar]; *like [greased]* ~ som en [oljad] blixt, blixtsnabbt; *with (at)* ~ *speed* med blixtens hastighet, blixtsnabbt

lightning-conductor ['laɪtnɪŋkən'dʌktə] *s* åskledare

lights [laɪts] *s pl* lungor av slaktat djur

lightship ['laɪt-ʃɪp] *s* fyrskepp

lightweight ['laɪtweɪt] *s* **1** lättvikt; attr. lättvikts- [~ *bicycle*], lätt **2** lättviktare

likable ['laɪkəbl] *a* sympatisk, trevlig; tilltalande, behaglig

1 like [laɪk] **I** *a* **1** pred. (jfr *II*) lik; *be* ~ vara lik, likna [*she is* ~ *him*], se ut som [*she was* ~ *a witch*]; *who do you think he is* ~? vem tycker du han är lik (liknar)?; *what's it* ~? a) hur[dan] är den? b) hur ser den ut? c) hur smakar den (det)? d) hur känns det?, hur är det?; *what .. is* ~ vad .. vill säga [*learn what skiing is* ~]; *I have one* ~ *this at home* jag har en likadan hemma; *that's more* ~ *it* se under *more 4* **2** attr. (litt.) liknande [*hospitals and* ~ *institutions*]; samma; ~ *father*, ~ *son* äpplet faller inte långt från trädet; *in* ~ *manner* på samma sätt, likaså **II** *prep* **1** som [*if I were to behave* ~ *you*], som t. ex., såsom, liksom, lik[t]; *he speaks French* ~ *a native* han talar franska som en infödd; ~ *this* så här; *a book* ~ *this* en sådan [här] bok; *just* ~ *that* [så där] utan vidare; *teachers are* ~ *that* lärare är såna **2** likt, typiskt [för]; *that is just* ~ *him!* det är [just (så)] likt honom! **3** i spec. förb.: ~ **anything** fam. som bara den [*he ran* ~ *anything*], så in i vassen; i högan sky [*cry* ~ *anything*], av hela sitt hjärta [*he wanted* ~ *anything to go there*]; *anything* ~ någorlunda, någotsånär [*if the weather is anything* ~ *fine*]; **nothing** ~ fam. inte alls, inte på långt när [*nothing* ~ *as (so) old*]; *there is nothing* ~ *sailing* det finns inget som går upp mot att segla; **something** ~: a) fam. omkring, ungefär, en [*something ~ £100*] **b**) något liknande [*feel something ~ anger*], något i stil med; *something ~ that* något i den stilen, något sådant **c**) *that's something ~!* det låter bra!, så ska det se ut!, det var inga dåliga grejer! **III** *konj* (inledande fullständig sats) fam.: a) som [*pronounce the word ~ I do*], såsom b) som om [*he behaved ~ he was the only one*] **IV** *adv* **1** *as ~ as not* högst sannolikt **2** fam. liksom, så att säga [*they encouraged us ~*] **V** *s* **1** *the ~* något liknande (dylikt, sådant); *the ~ of* maken till [*I never saw the ~ of him*]; *and the ~* och (med mera) dylikt, med flera **2** fam., *the ~s of me* såna som jag

2 like [laɪk] **I** *tr* o. *itr* tycka [bra] om, gilla; vilja [*do as you ~*], ha lust; vilja ha [*I ~ my tea strong*]; *how do you ~ it?* vad tycker du om det?; hur smakar det?; hur vill du ha det? t. ex. teet; hur trivs du?; *well, I ~ that!* iron. det må jag [då] säga!; *I ~ his impudence!* iron. han är inte lite fräck han!; *I should ~ to know* jag skulle [bra] gärna vilja veta; *what would you ~?* vad skulle du vilja ha?, vad får det lov att vara?; *he can try if he ~s* han får gärna försöka **II** *s, ~s and dislikes* sympatier och antipatier

likeable ['laɪkəbl] *a* se *likable*

likelihood ['laɪklɪhʊd] *s* sannolikhet, rimlighet; *in all ~* med all sannolikhet

likely ['laɪklɪ] **I** *a* **1** sannolik, trolig, antaglig, rimlig; *that's a ~ story!* iron. och det tror du jag ska gå på?; *when is he ~ to be at home?* när kan man träffa honom hemma?; *he is not ~ to come* det är inte troligt att han kommer; *we are ~ to have bad weather* vi får troligen dåligt väder; *it is ~ to be misunderstood* det kan lätt missförstås; *he is ~ to win* han vinner säkert; *not ~!* fam. knappast!, och det trodde du!; *not bloody ~!* fam. i helvete heller! **2** lämplig [*I couldn't find a ~ house*], passande [*for* för]; ägnad [*to* att]; tänkbar [*he called at every ~ house*] **II** *adv, very* (*most*) *~* el. *as ~ as not* [högst] sannolikt, troligen

like-minded ['laɪk'maɪndɪd] *a* likasinnad

liken ['laɪkən] *tr* litt. likna [*to* vid]

likeness ['laɪknəs] *s* **1** likhet [*between* mellan; *to* med]; *family ~* släkttycke **2** skepnad [*assume* (anta) *the ~ of a swan*]; form **3** porträtt; avbild; [*the portrait*] *is a good ~* . . är mycket likt

likewise ['laɪkwaɪz] *adv* **1** på samma sätt, sammaledes, likaledes **2** också, därtill, dessutom [*she is ~ our chairman*]

liking ['laɪkɪŋ] *s* tycke, sympati; [*special*] *~* förkärlek; *take a ~ to* fatta tycke (sympati) för, fatta (få) smak för; *to a p.'s ~* i ngns smak, till ngns belåtenhet [*is it to your ~?*]

lilac ['laɪlək] **I** *s* **1** syren **2** lila, gredelint **II** *a* lila[färgad], gredelin

Lilliput ['lɪlɪpʌt, -pʊt] Lilleputt land i Swifts Gullivers resor

Lilliputian [ˌlɪlɪ'pju:ʃjən] **I** *s* lilleputt invånare i Lilleputt o. friare **II** *a* lilleputt-; friare lilleputtaktig, pytteliten

lilo ['laɪləʊ] *s* ® luft-, gummimadrass

lilt [lɪlt] **I** *s* **1** glad visa (melodi), trall **2** [fast (vacker)] rytm, schvung **II** *tr* o. *itr* sjunga (spela, tala) glatt (rytmiskt)

lilting ['lɪltɪŋ] *a* rikt modulerad [*a ~ voice*]; sjungande [*a ~ Irish accent*]

Lily ['lɪlɪ]

lily ['lɪlɪ] *s* lilja; *paint* (*gild*) *the ~* söka förbättra naturen; överdriva

lily-livered ['lɪlɪ'lɪvəd] *a* feg

lily-of-the-valley ['lɪlɪəvðə'vælɪ] (pl. *lilies-of-the-valley*) *s* liljekonvalj

limb [lɪm] *s* **1** lem, arm, ben; *tear a p. ~ from ~* slita ngn i stycken; *sound in* [*wind and*] *~* frisk och färdig; *tremble in every ~* darra i hela kroppen; *without moving* (*stirring*) *a ~* utan att röra en fena **2** *be out on a ~* fam. vara illa ute

limbed [lɪmd] *a* ss. efterled i sms. -lemmad [*large-limbed*]

limber ['lɪmbə] **I** *a* böjlig, smidig, mjuk **II** *tr* o. *itr, ~ up* mjuka upp [*~ up o.'s muscles*]; *~* [*o.s.*] *up* mjuka upp sig, jogga

limbo ['lɪmbəʊ] *s* **1** teol. limbo, limbus **2** *be in ~* fam. ha fallit i glömska

1 lime [laɪm] *s* (bot.) slags grön tunnskalig citron

2 lime [laɪm] *s* bot. lind

3 lime [laɪm] **I** *s* kalk; *slaked ~* släckt kalk **II** *tr* **1** kalka vägg, jord, hudar **2** bestryka med fågellim; fånga med lim [*~ birds*]

lime-juice ['laɪmdʒu:s] *s* limejuice

lime-kiln ['laɪmkɪln] *s* kalkugn

limelight ['laɪmlaɪt] *s* **1** hist. kalkljus **2** bildl. rampljus; *be* (*appear*) *in the ~* stå (träda fram) i rampljuset

Limerick ['lɪmərɪk] **I** egennamn **II** *s* (äv. *l~*) limerick slags skämtvers

limestone ['laɪmstəʊn] *s* geol. kalksten

limit ['lɪmɪt] **I** *s* gräns; *that's the* [*giddy*] *~!* fam. äv. det är då höjden!, det var det värsta!; *there's a ~!* det måste finnas någon gräns!; *go the ~* gå till ytterligheter; *set ~s* (*a ~*) *to* bildl. sätta gränser (en gräns) för; *within ~s* inom vissa (rimliga) gränser **II** *tr* begränsa

limitation [ˌlɪmɪ'teɪʃən] *s* **1** begränsning, inskränkning; gräns **2** jur. preskription

limited ['lɪmɪtɪd] *a* begränsad, inskränkt; *~* [*liability*] *company* aktiebolag med begränsad ansvarighet

limousine ['lɪmu:zi:n] *s* limousine; lyxbil

1 limp [lɪmp] *a* mjuk, böjlig; slapp [*a ~ hand*], kraftlös, sladdrig

2 limp [lɪmp] **I** *itr* linka, halta **II** *s* haltande [gång]; *walk with a ~* halta
limpet ['lɪmpɪt] *s* zool. skålsnäcka
limpid ['lɪmpɪd] *a* klar [*a ~ style*], genomskinlig, kristallklar
limping ['lɪmpɪŋ] *a* haltande
linchpin ['lɪntʃpɪn] *s* **1** axelsprint, hjulsprint **2** bildl. stöttepelare; *the ~ of* det väsentliga i
Lincoln ['lɪŋkən]
Lincolnshire ['lɪŋkənʃɪə, -ʃə]
Lincs. [lɪŋks] förk. för *Lincolnshire*
linctus ['lɪŋktəs] *s* slags hostmedicin
linden ['lɪndən] *s* bot. lind [äv. *linden-tree*]
1 line [laɪn] **I** *s* (för div. fraser o. uttryck se isht *14*) **1 a**) lina; [met]rev; [kläd]streck; mätlina **b**) elektr., telegr., telef. ledning, kabel, tråd [*telephone ~s*], linje **2 a**) linje, streck **b**) kontur, grundlinje, linje **c**) linje i handen o. d., rynka, fåra **d**) linje i TV-bild; *~ frequency control, ~ hold* TV. linjehållning **3** gräns[-linje] [*cross the ~ into Canada*] **4** geogr., sjö., *the L~* linjen ekvatorn [*cross the L~*] **5** mil., sjö. linje i div. bet. [äv. t. ex. *the Maginot ~*]; *the ~* a) linjen, linjetrupperna b) fronten **6** linje äv. bolag [*a bus ~*], rutt; järnv. linje [*the train stopped on* (ute på) *the ~*], bana, spår **7** rad [*a ~ of chairs*], linje, länga, räcka; fil; isht Am. kö **8** i skrift: **a**) rad [*page 10 ~ 5; drop* (skriv) *me a ~; read between the ~s*]; vers[rad] **b**) teat., vanl. pl. *~s* replik [*the actor had forgotten his ~s*], roll [*he knew his ~s*] **c**) fam., pl.: [*marriage*] *~s* vigselattest **d**) skol., pl. *~s* rader som en elev åläggs att skriva som straff **9** [släkt]gren, linje, led [*in a direct* (direkt nedstigande) *~*]; ätt [*the last of his ~*] **10** riktning [*the ~ of march*], kurs, bildl. äv. linje [*follow the party ~*], handlingssätt [*what ~ would you recommend?*] **11 a**) fack, bransch [*what ~ is he in?*] **b**) *that's not in my ~* [*of country*] det är inte mitt fack (min bransch, mitt gebit); *saving is not in my ~* att spara ligger inte för mig **12** hand. vara, sortiment [*a cheap ~ in hats*], [varu]slag **13** *hard ~s* se *hard I 4* **14** div. fraser och uttryck: **a**) i förb. med 'of': *~ of action* förfaringssätt, handlingssätt; *~ of argument* bevisföring; argumentering; *~ of business* affärsgren, bransch; *~ of goods* varuslag; *~ of thought* tankegång; *the end of the ~* slutet [*it'll be the end of the ~ for him*] **b**) i förb. med vb: *be in ~* (*on a ~*) *with* ligga helt i linje med; *are you still on the ~?* a) är du kvar [i telefon]? b) pågår samtal?; *I have just been on the ~ to him* jag har just haft honom på tråden; *bring a th. into ~ with* bringa ngt i överensstämmelse (samklang) med; *draw the ~* bildl. dra gränsen [*at* vid], säga stopp, säga ifrån [*at* när det gäller]; *draw the ~ at* äv. inte vilja vara (gå) med på; *~ engaged* (*busy* Am.)*!* telef. upptaget!; *fall into ~* mil. falla in i ledet, bildl. ställa upp på samma linje; *fall into ~ with* fam. följa, acceptera; *hold the ~, please!* telef. var god och vänta!; *shoot a ~* sl. skryta; *take a ~* inta en hållning (ståndpunkt); *take a strong* (*firm, hard*) *~* uppträda bestämt **c**) andra förb. med prep. el. förb. med adv.: *all along the ~* bildl. över ([ut]efter) hela linjen, till alla delar; *in ~ for* i tur för; *in ~ with* i linje (överensstämmelse) med; *in that ~* bildl. i den vägen [*he did something in that ~*]; *pay on the ~* betala kontant; *on sound ~s* efter sunda principer; *don't step* (*do anything*) *out of ~!* gör inte något olämpligt! **II** *tr* **1** dra linjer (en linje) på, linjera **2** ordna i linje, rada upp, mil. ställa upp [på linje] [äv. *~ up*] **3** stå utefter, kanta [*many people ~d the streets*] **4** göra rynkig, fåra pannan o. d. **III** *itr* bilda linje; *~ up* ställa upp [sig]; ställa sig i kö, köa
2 line [laɪn] *tr* **1** fodra, beklä [invändigt], sko **2** fylla, stoppa full [*~ o.'s stomach*], späcka; *~ o.'s pocket* sko sig [*at a p.'s expense* på ngns bekostnad]
lineage ['lɪnɪɪdʒ] *s* **1** härstamning, härkomst **2** ättlingar, ätt
lineal ['lɪnɪəl] *a* i rätt nedstigande led [*a ~ descendant*], direkt
lineament ['lɪnɪəmənt] *s* **1** ofta pl. *~s* [anlets]drag **2** vanl. pl. *~s* huvuddrag
linear ['lɪnɪə] *a* **1** linje-, linjär; *~ measure* längdmått **2** mat., fys. endimensionell; *~ equation* linjär ekvation, förstagradsekvation **3** linjeformig
1 lined [laɪnd] *a* **1** randig; strimmig; *~ paper* linjerat papper **2** rynkad, rynkig
2 lined [laɪnd] *a* fodrad etc., jfr *2 line*; *well ~* fam. tät förmögen
line-drawing ['laɪnˌdrɔːɪŋ] *s* streckteckning
linen ['lɪnɪn] **I** *s* **1** linne[väv] **2** koll. linne [*bed-linen*]; underkläder; *dirty* (*soiled*) *~* smutskläder, smutstvätt **II** *a* linne-
liner ['laɪnə] *s* linjefartyg, oceanfartyg; trafik[flyg]plan
linesman ['laɪnzmən] *s* **1** sport. linjedomare, linjeman **2** banvakt
line-up ['laɪnʌp] *s* **1** uppställning äv. sport.; bildl. gruppering [*a new ~ of Afro-Asian powers*] **2** samling; isht radio. o. TV. program[utbud] **3** a) rad av misstänkta uppställda för identifiering b) konfrontation
1 ling [lɪŋ] *s* zool. långa torskart
2 ling [lɪŋ] *s* bot. ljung
linger ['lɪŋgə] *itr* (jfr *lingering*) **1 a**) dröja [sig] kvar, stanna [kvar] **b**) släntra [*~ homewards*] **2** *~ on* **a**) leva [vidare] trots sjukdom e. d. **b**) fortleva, [ännu] leva kvar [*the cus-*

tom ~s on] **3** ~ *on* (*over*) bildl. dröja vid [~ *on* (*over*) *a subject*]
lingerie ['læ̃:nʒəri:] *s* damunderkläder
lingering ['lɪŋgərɪŋ] *a* dröjande [*a ~ look*]; kvardröjande; långvarig [*a ~ illness*]
lingo ['lɪŋgəʊ] (pl. *~es* el. *~s*) *s* föraktl. el. skämts. språk; fikonspråk, rotvälska
linguist ['lɪŋgwɪst] *s* **1** språkkunnig person; *he is a good ~* han är mycket språkbegåvad; *he is a poor ~* han har svårt för språk **2** lingvist, språkforskare
linguistic [lɪŋ'gwɪstɪk] *a* lingvistisk, språkvetenskaplig; språklig
linguistics [lɪŋ'gwɪstɪks] (konstr. ss. sg.) *s* lingvistik, språkvetenskap
liniment ['lɪnəmənt] *s* liniment
lining ['laɪnɪŋ] *s* foder, [invändig] beklädnad; tekn. foder [*cylinder ~*], belägg [*brake ~*]; *every cloud has a silver ~* ingenting ont som inte har något gott med sig
link [lɪŋk] **I** *s* **1** a) länk i kedja b) manschettknapp c) ss. mått: 7,92 tum = 20,1 cm **2** bildl. länk; led, mellanlänk; förbindelse[-länk] [*the ~ between the past and the future*], föreningslänk; anknytning; *the missing ~* den felande länken **II** *tr* länka ihop (samman), förena [äv. *~ together* (*up*); *to* med], knyta [*to* till] **III** *itr*, *~* [*up*] länkas (kopplas) ihop (samman), förena sig
links [lɪŋks] *s* **1** (konstr. ss. pl.) strandhed **2** (konstr. ofta ss. sg.) golfbana
link-up ['lɪŋkʌp] *s* sammanlänkning; sammanträffande; förbindelse[led, -länk]
linnet ['lɪnɪt] *s* zool. hämpling
lino ['laɪnəʊ] *s* fam. för *linoleum, linotype*
linocut ['laɪnəʊkʌt] *s* linoleumsnitt
linoleum [lɪ'nəʊljəm] *s* linoleum; korkmatta
linotype ['laɪnəʊtaɪp] *s* linotype
linseed ['lɪnsi:d] *s* linfrö
linseed-oil ['lɪnsi:d'ɔɪl] *s* linolja
lint [lɪnt] *s* charpi, linneskav
lintel ['lɪntl] *s* överstycke på dörr el. fönster
lion ['laɪən] *s* **1** lejon; *the ~'s share* lejonparten, brorslotten **2** bildl. celebritet, lejon
Lionel ['laɪənl]
lioness ['laɪənəs] *s* lejoninna
lion-hearted ['laɪən,hɑ:tɪd] *a* modig som ett lejon
lionize ['laɪənaɪz] *tr* fira, dyrka
lip [lɪp] *s* **1** läpp; pl. *~s* läppar, mun [*put the glass to o.'s ~s*]; för fraser m. *lip* se äv. under *lick, seal, smack, stiff*; *lower* (*under*) *~* underläpp; *upper ~* överläpp; *curl o.'s ~* kröka läpparna i förakt; *from his own ~s* från hans egen mun **2** kant, rand, brädd; pip **3** sl., *none of your ~!* var inte så uppkäftig!
lip-gloss ['lɪpglɒs] *s* läppglans
Lippes ['lɪpɪs] egennamn; *~ loop* spiral livmoderinlägg
lip-read ['lɪpri:d] (*lip-read lip-read*) *tr* o. *itr* läsa på läpparna
lip-reading ['lɪp,ri:dɪŋ] *s* läppavläsning
lipsalve ['lɪpsælv] *s* cerat
lip-service ['lɪp,sɜ:vɪs] *s* tomma ord, fagra löften, munväder; *pay* (*give*) *~ to* tjäna (hylla) med läpparna (i ord men ej i handling)
lipstick ['lɪpstɪk] *s* läppstift
liquefaction [,lɪkwɪ'fækʃən] *s* **1** smältning; kondensering **2** flytande tillstånd
liquefy ['lɪkwɪfaɪ] *tr* o. *itr* smälta; kondensera; anta vätskeform; *liquefied petroleum gas* gasol, kondenserad petroleumgas
liqueur [lɪ'kjʊə] *s* likör
liquid ['lɪkwɪd] **I** *a* **1** flytande, i vätskeform; poet. vatten-, våt; *~ air* fys. flytande luft; *~ crystal display* flytande kristaller i t. ex. armbandsur; *~ measure* mått för våta varor; *~ paraffin* paraffinolja, flytande paraffin; *~ propellant rocket* raket som drivs med flytande bränsle; *~ soap* flytande tvål **2** klar [*a ~ sky*], genomskinlig; *~ eyes* blanka ögon **3** hand. likvid [*~ assets* (tillgångar)], disponibel **II** *s* **1** vätska **2** fonet. likvida
liquidate ['lɪkwɪdeɪt] **I** *tr* **1** likvidera, betala [*~ a debt*] **2** likvidera, avveckla [*~ a firm*] **3** bildl. likvidera, utrota, undanröja **II** *itr* träda i likvidation, gå i konkurs
liquidation [,lɪkwɪ'deɪʃən] *s* (jfr *liquidate*) **1** likvidering, betalning **2** likvidation, avveckling; *go into ~* träda i likvidation **3** likvidering, undanröjande etc.
liquidator ['lɪkwɪdeɪtə] *s* hand. likvidator
liquidity [lɪ'kwɪdətɪ] *s* **1** flytande tillstånd **2** likviditet
liquidize ['lɪkwɪdaɪz] *tr* göra flytande; mosa, pressa
liquidizer ['lɪkwɪdaɪzə] *s* slags mixer
liquor ['lɪkə] *s* **1** spritdryck, [rus]dryck, [stark]sprit; *alcoholic* (*spirituous*) *~s* alkoholhaltiga drycker, spritdrycker; *hard ~* Am. [stark]sprit **2** vätska; spad, sky
liquorice ['lɪkərɪs] *s* lakrits; *~ allsorts* engelsk lakritskonfekt
Lisbon ['lɪzbən] Lissabon
lisp [lɪsp] **I** *itr* läspa **II** *tr* läspa [fram] **III** *s* läspning; *have a ~* läspa
lisping ['lɪspɪŋ] *a* läspande
lissom[e] ['lɪsəm] *a* smidig, mjuk; vig
1 list [lɪst] *s* **1** stad[kant]; remsa; list **2** *enter the ~s* träda in på vädjobanan, ta upp kampen [*against, with* mot; *for* för]
2 list [lɪst] **I** *s* lista, förteckning [*of* på, över]; mil. rulla; *on the active ~* mil. i aktiv tjänst; *shopping ~* minneslista till inköp, inköpslista **II** *tr* **1 a**) ta upp (sätta upp, skriva upp) på listan (en lista); ta (föra) upp [*~ words in alphabetical order*] **b**) göra

upp en lista (förteckning) på (över) **2** hand. a) notera b) prissätta [*at* till]
3 list [lɪst] sjö. **I** *itr* ha (få) slagsida **II** *s* slagsida
listen ['lɪsn] *itr* lyssna, höra på, höra efter; *he would not ~ to reason* han ville inte ta reson; *~ in on* avlyssna, tjuvlyssna på; *~ in to* a) höra (lyssna på) i radio [*~ in to the Prime Minister* [*on the radio*]] b) avlyssna [*~ in to a telephone conversation*]
listener ['lɪsnə] *s* åhörare; lyssnare
listless ['lɪstləs] *a* håglös, apatisk; slö
Liszt [lɪst]
lit [lɪt] **I** imp. o. pp. av *light* **II** *a, ~* [*up*] sl. upprymd berusad
lit. förk. för *literary, literature*
litany ['lɪtənɪ] *s* kyrkl. litania äv. bildl.
liter ['li:tə] *s* Am. = *litre*
literacy ['lɪtərəsɪ] *s* läs- och skrivkunnighet
literal ['lɪtərəl] *a* **1** ordagrann [*~ translation*] **2** bokstavlig, egentlig [*in the ~ sense*]
literally ['lɪtərəlɪ] *adv* **1** ordagrant **2** bokstavligt, bokstavligen; i egentlig betydelse, egentligen; fam. bokstavligt talat
literary ['lɪtərərɪ] *a* litterär; litteratur- [*~ history*]; författar- [*the ~ profession*]
literate ['lɪtərət] *a* läs- och skrivkunnig; bildad
literature ['lɪtərətʃə] *s* litteratur
lithe [laɪð] *a* smidig, vig; böjlig
lithium ['lɪθɪəm] *s* kem. litium
lithograph ['lɪθəʊgrɑ:f, -græf] **I** *s* litografi **II** *tr* o. *itr* litografera
lithography [lɪ'θɒgrəfɪ] *s* litografi, stentryck
Lithuania [ˌlɪθju'eɪnjə] Litauen
Lithuanian [ˌlɪθju'eɪnjən] **I** *a* litauisk **II** *s* **1** litauer **2** litauiska [språket]
litigant ['lɪtɪgənt] **I** *a* processande, tvistande; *the ~ parties* parterna i målet **II** *s* tvistande part; *the ~s* parterna i målet
litigate ['lɪtɪgeɪt] **I** *itr* processa **II** *tr* processa om
litigation [ˌlɪtɪ'geɪʃən] *s* rättstvist, process
litmus ['lɪtməs] *s* lackmus [*~ paper*]
litre ['li:tə] *s* liter [*two ~s of milk*]
litter ['lɪtə] **I** *s* **1** skräp, avfall **2** a) bår för sjuka b) åld. bärstol **3** strö t. ex. under kreatur; gödsel; *peat ~* torvströ **4** kull [*a ~ of pigs* (*puppies*)] **II** *tr* **1** *~* [*up*] skräpa ner [i], stöka till i (på) [*~ up the room* (*the table*)] **2** *~* [*down*] a) strö (lägga strö) under [*~ down a horse*] b) strö på (i), lägga strö på ([på golvet] i) **3** föda (få) [en kull] ungar
litter-bag ['lɪtəbæg] *s* skräppåse t. ex. i bil
litter-basket ['lɪtəˌbɑ:skɪt] *s* o. **litter-bin** ['lɪtəbɪn] *s* papperskorg på allmän plats
litterbug ['lɪtəbʌg] *s* isht Am. fam. person som skräpar ner på allmän plats
litter-lout ['lɪtəlaut] *s* fam. person som skräpar ner på allmän plats
little ['lɪtl] (komp. *less* el. *lesser*, superl. *least*) **I** *a* (se äv. *II*) **1** liten, pl. små; lill- [*~ finger, ~ toe*], lilla- [*my ~ sister*], lille- [*my ~ brother*], små- [*~ children*]; *L~ Italy* de italienska kvarteren i storstad; *the ~ man* ofta den vanliga människan; *the ~ woman* skämts. frugan **2** småsint; futtig; *little things please ~ minds* ung. litet roar barn **II** *a* o. *adv* o. *s* **1** lite, litet; föga [*of ~ value*]; ringa [*of ~ importance*], obetydlig [*~ damage*]; *~ by ~* litet i sänder, [så] småningom, gradvis; *~ or nothing* föga eller intet, knappast någonting; *~ short of* se *short I 2*; *I have ~ left to say* jag har inte mycket att tillägga; *he ~ imagined that* el. *~ did he imagine that* föga anade han att; *make ~ of* bagatellisera, inte göra mycket väsen av; *every ~ helps* (*counts*) minsta bidrag mottas tacksamt, många bäckar små gör en stor å; *no ~* inte ringa, inte [så] litet [*it takes no ~ courage to do that*]; *he did what ~ he could* han gjorde det lilla han kunde; *the ~* det lilla [*the ~ of his work I have seen*] **2** *a ~* i spec. bet.: **a**) lite, litet [*he had a ~ money left*], en smula [*a ~ reflection* (eftertanke) *would have. .*] **b**) *not a ~* inte så litet, ganska mycket [*not a ~ courage is needed*], ganska [*I was not a ~ surprised*]; *only a ~* bara [helt] lite [*there was only a ~ snow left*], [endast] föga [*only a ~ better than*]
liturgic[al] [lɪ'tɜ:dʒɪk, -əl] *a* liturgisk
liturgy ['lɪtədʒɪ] *s* liturgi
livable ['lɪvəbl] *a* **1** beboelig **2** om liv dräglig **3** *~ with* lätt att bo ihop med
1 live [laɪv] **I** *a* mest attr. **1** levande, livslevande; *~ bait* levande bete; *a real ~ burglar* fam. en livslevande inbrottstjuv **2** glödande; *~ coal* glödande kol[stycke] **3** inte avbränd, oanvänd [*a ~ match*]; inte exploderad [*a ~ shell* (*bomb*)]; laddad [*a ~ cartridge*]; skarp, stridsladdad [*~ ammunition*]; *~ wire* a) strömförande (spänningsförande) ledning b) bildl. energiknippe **4** radio., TV. direkt-, direktsänd; *~ broadcast* direktsändning **II** *adv* radio., TV. direkt
2 live [lɪv] **I** *itr* **1** leva; fortleva, leva kvar [*his memory will always ~*]; *we ~ and learn* man lär så länge man lever; *~ and let ~* leva och låta [andra] leva; *long ~ the king!* leve kungen!; *~ well* a) leva (äta) gott; ha det bra b) leva ett rättskaffens liv; *~ by* leva av (på); *~ off* leva av (på); *~ on* a) prep. leva på [*~ on charity*], leva av b) adv. leva vidare, leva kvar; *~ through* genomleva, uppleva [*he has ~d through two wars*]; *you will ~ to repent this* en gång kommer du att få ångra det här; *~ to see* få uppleva; *~ together* leva ihop, sammanbo; *~ up to* a) leva ända till [*he ~d up to that*

period] b) uppfylla, infria löfte c) leva upp till, motsvara [~ *up to o.'s reputation*], göra skäl för d) leva enligt [~ *up to o.'s principles*]; ~ *with* a) leva samman (ihop) med b) leva med [*you have to learn to* ~ *with pollution*] **2** bo [~ *in the country*; ~ *with* (hos) *o.'s parents*], vara bosatt [~ *in London*]; vistas; ~ *in* bo på arbetsplatsen; *does your maid* ~ *in?* har du ditt hembiträde boende hos dig?; *unfit to* ~ *in* obeboelig; ~*d in* [*by*] bebodd [av] **II** *tr* leva [~ *a happy* (*double*) *life*]; ~ *a lie* ung. leva på en lögn; ~ *the part* leva sig in i rollen; ~ *down* a) rehabilitera sig efter, [lyckas] få folk att glömma [*he never* ~*d down the scandal*], gottgöra, sona [~ *down o.'s crimes*] b) [småningom] hämta sig efter (komma över) [~ *down a sorrow*]; ~ *out the storm* rida ut stormen; ~ *it up* fam. leva livet (livets glada dagar)

liveable ['lɪvəbl] *a* se *livable*

livelihood ['laɪvlɪhʊd] *s* [livs]uppehälle, levebröd; *means of* ~ födkrok; *earn* (*gain, make*) *o.'s* ~ förtjäna sitt uppehälle

livelong ['lɪvlɒŋ, 'laɪv-] *a* poet., litt., *the* ~ *day* (*night*) hela [den] långa dagen (natten)

lively ['laɪvlɪ] *a* livlig, pigg [~ *eyes*]; *in a* ~ *way* (*manner*) livligt; *look* ~*!* raska på!

liven ['laɪvn] **I** *tr*, ~ *up* liva (pigga) upp **II** *itr*, ~ *up* bli livlig[are], livas (piggas) upp

1 liver ['lɪvə] *s* person som för ett . . liv [*a free* ~]; *a fast* (*loose*) ~ en rucklare (vivör)

2 liver ['lɪvə] *s* lever anat. o. kok.; ~ *disease* leversjukdom; ~ *paste* leverpastej

liveried ['lɪvərɪd] *a* livréklädd, i livré

liverish ['lɪvərɪʃ] *a* **1** leversjuk **2** fam. ur gängorna

Liverpool ['lɪvəpu:l]

Liverpudlian [ˌlɪvə'pʌdlɪən] fam. **I** *a* Liverpool- **II** *s* Liverpoolbo

1 livery ['lɪvərɪ] *a* se *liverish*

2 livery ['lɪvərɪ] *s* **1** a) livré b) bildl. dräkt, skrud [*trees in the green* ~ *of summer*] **2** ~ [*company*] gille [i Londons City]

livery-stable ['lɪvərɪˌsteɪbl] *s* utfodringsstall, hyrstall

lives [laɪvz] *s* pl. av *life*

livestock ['laɪvstɒk] *s* kreatursbesättning, levande inventarier; boskap, husdjur

livid ['lɪvɪd] *a* **1** blygrå, svartblå [~ *marks on the body*]; blå[blek] [~ *with cold*]; likblek, vit [~ *with rage*] **2** fam. rasande

living ['lɪvɪŋ] **I** *a* **1** levande [~ *beings*; ~ *language*]; i livet [*are your parents* ~*?*]; *within* (*in*) ~ *memory* i mannaminne **2** [livs]levande; *he is the* ~ *image of his father* han är sin far upp i dagen **II** *s* **1** liv, att leva [~ *is expensive these days*]; vistelse, att vistas (bo); *be fond of good* ~ tycka om god mat och god dryck; *standard of* ~ levnadsstandard **2** levebröd; *earn* (*make*) *a* (*o.'s*) ~ förtjäna sitt uppehälle, försörja sig [*by* på]; *what does he do for a* ~*?* vad lever han av (på)?, vad sysslar han med?; *write for a* (*o.'s*) ~ leva (försörja sig) på att skriva **3** kyrkl. [prebende]pastorat **4** attr. livs-, levnads- [~ *conditions*]; ~ *quarters* bostad; *a* ~ *wage* en lön som man kan leva på

living-room ['lɪvɪŋrʊm] *s* vardagsrum

Livy ['lɪvɪ] Livius

Liz [lɪz] kortform för *Elizabeth*

Liza ['laɪzə]

lizard ['lɪzəd] *s* zool. ödla

Lizzie ['lɪzɪ] **I** kortform för *Elizabeth* **II** *s*, [*tin*] *l*~ sl. plåtlisa, billig gammal bil

'll [l] = *will, shall* [*I'll* = *I will, I shall*]

llama ['lɑ:mə] *s* zool. lama[djur]

Llewel[l]yn [lʊ'elɪn]

Lloyd [lɔɪd] egennamn; *Lloyd's* namnet på en sammanslutning av engelska försäkringsgivare

lo [ləʊ] *interj* a) åld. si! b) skämts., ~ *and behold!* se!, har man sett!, hör och häpna!

load [ləʊd] **I** *s* **1** last; börda; *a teaching* ~ *of* [*30 hours a week*] en undervisningsskyldighet på . .; *a* ~ *of hay* ett hölass; *a* ~ *was lifted from my heart* el. *that was* (*took*) *a* ~ *off my mind* en sten (tyngd) föll från mitt bröst **2** tekn. belastning **3** fam., pl.: ~*s* massor; ~*s of* massor (lassvis) med, en massa [~*s of people*] **4** sl., *get a* ~ *of* lyssna på; kolla [in] **II** *tr* **1** lasta [~ *a ship*; ~ *coal*], lassa; fylla, lägga in i [~ *the washing-machine*]; ~ *up* a) lasta (lassa) på b) lasta (lassa) full; ~ *o.s. up with* lasta på sig **2** belasta [~ *o.'s memory with*]; tynga ner; ~ *o.'s stomach* [*with food*] överlasta magen **3** överhopa [~ *a p. with gifts*; ~*ed with debts*] **4** ladda **5** ~ *dice* förfalska tärningar genom att göra en sida tyngre; *the dice are heavily* ~*ed against us* vi har alla oddsen emot oss **III** *itr* **1** lasta, ta in (ombord) last **2** ladda

loaded ['ləʊdɪd] *pp* o. *a* **1** lastad etc., jfr *load II*; ~ *dice* falska tärningar **2** bildl. [värde]laddad [*a* ~ *word*] **3** sl. packad berusad **4** sl. tät rik

loadstone ['ləʊdstəʊn] *s* magnetit, magnetisk järnmalm; bildl. magnet

1 loaf [ləʊf] (pl. *loaves*) *s* **1** a) limpa, bröd [äv. ~ *of bread*]; [*tin*] ~ formbröd; *half a* ~ *is better than none* små smulor är också bröd b) *meat* ~ kött[färs]limpa **2** ~ *sugar* toppsocker

2 loaf [ləʊf] *itr* stå och hänga [*they were* ~*ing at street corners*]; ~ [*about*] slå dank

loafer ['ləʊfə] *s* **1** dagdrivare; flanör **2** loafer slags sko

loam [ləʊm] *s* **1** formlera, loom **2** bördig lerjord, sandblandad lera

loamy ['ləʊmɪ] *a* lerartad, lerig

loan [ləʊn] **I** *s* lån; kredit; *ask for the ~ of* be att få låna; *on ~* utlånad [*the book has been on ~ to* . .]; till låns **II** *tr* låna [ut]
loan-word ['ləʊnwɜːd] *s* lånord
loath [ləʊθ] pred. *a* obenägen, ovillig [*to* att]
loathe [ləʊð] *tr* avsky
loathing ['ləʊðɪŋ] *s* avsky; vämjelse, äckel; *have a ~ for* hysa (känna) avsky för
loathsome ['ləʊðsəm, 'ləʊθs-] *a* avskyvärd, vidrig, äcklig, vämjelig [*a ~ disease*]
loaves [ləʊvz] *s* pl. av *1 loaf*
lob [lɒb] sport. **I** *s* lobb i kricket o. tennis **II** *tr* lobba
lobby ['lɒbɪ] **I** *s* **1** hall, vestibul, entréhall i hotell o. d.; [teater]foajé; korridor; tambur **2** parl. **a**) förhall där allmänheten kan komma till tals med medlemmar av lagstiftande församling [t. ex. *the ~ of the House of Commons*]; [*division*] ~ voterings-, omröstnings|korridor vid sidan av underhusets sessionssal **b**) påtryckningsgrupp, lobby **II** *itr* öva påtryckningar, bedriva korridorpolitik **III** *tr* **1** öva påtryckningar på medlem av lagstiftande församling **2** *~ through* driva igenom lagförslag genom påtryckningar
lobbyist ['lɒbɪɪst] *s* medlem av påtryckningsgrupp, lobbyist, korridorpolitiker
lobe [ləʊb] *s* lob [*~ of the brain*]; flik; *~ of the ear* örsnibb
lobelia [ləʊ'biːljə] *s* bot. lobelia
lobster ['lɒbstə] *s* hummer; *red as a ~* röd som en kräfta
lobster-pot ['lɒbstəpɒt] *s* hummertina
local ['ləʊkəl] **I** *a* lokal [*~ time*], lokal- [*~ call* (samtal)], plats-, orts-, på orten [*~ population*]; *the ~ authorities* de lokala (kommunala) myndigheterna; *~ education authority* lokal undervisningsmyndighet; *~ government* kommunal självstyrelse **II** *s* **1** ortsbo [*I met one of the ~s*]; *he is a ~* han är härifrån **2** sport., *the ~s* ortens eget lag **3** fam., *the ~* kvarterspuben, bykrogen
locale [ləʊ'kɑːl] *s* plats, scen för en händelse
locality [ləʊ'kælətɪ] *s* **1** lokalitet, plats, ställe; trakt, ort **2** läge, [geografisk] belägenhet **3** *sense of ~* lokalsinne
localize ['ləʊkəlaɪz] *tr* lokalisera, begränsa
locate [ləʊ'keɪt] *tr* **1** lokalisera, spåra; pejla [med hjälp av radio] **2** förlägga [*~ the headquarters in* (till) *Paris*], lokalisera; *be ~d* äv. vara belägen, sitta
location [ləʊ'keɪʃən] *s* **1** lokalisering, spårande **2** läge, plats [*a suitable ~ for a factory*] **3** film. inspelningsplats utanför studion; *shoot films on ~* filma på platsen
loc. cit. ['lɒk'sɪt] förk. för *loco citato* (lat.) loc. cit. på det anförda stället
loch [lɒk] *s* Skottl. insjö; fjord
1 lock [lɒk] *s* lock, länk av hår
2 lock [lɒk] **I** *s* **1** lås; *under ~ and key* inom lås och bom; *put a th. under ~ and key* låsa in (ner, undan) ngt **2** på gevär o. d. a) säkring b) hist. lås avfyringsmekanism; *~, stock, and barrel* rubb och stubb **3** spärr **4** sluss; *air ~* luftsluss **5** årklyka, årtull **6** bil., *four turns* [*of the wheel*] *from ~ to ~* fyra rattvarv mellan fulla framhjulsutslag **II** *tr* **1** låsa [igen], stänga [till] med lås; *~ out* a) låsa ut, stänga (låsa) ute b) lockouta, avstänga från arbetet; *~ up* a) låsa (stänga) till [*~ up a room*] b) låsa in (ner, undan) [*~ up the jewellery*] c) låsa in, stänga in [*~ o.s. up in* (på) *o.'s room*]; spärra in [*~ up a prisoner*] d) låsa, binda [*his capital is ~ed up in land*] **2** innesluta; *~ed in an embrace* tätt omslingrade **III** *itr* **1** gå i lås, låsas [*the door ~s automatically*], gå att låsa, kunna låsas; *~ up* låsa [efter sig] **2** låsa sig, fastna
lockable ['lɒkəbl] *a* låsbar
locker ['lɒkə] *s* [låsbart] skåp (fack), förvarings|fack, -box; [låsbar] låda
locket ['lɒkɪt] *s* medaljong
lock-gate ['lɒk'geɪt] *s* slussport
lockjaw ['lɒkdʒɔː] *s* med. käkläsa, munläsa; fam. stelkramp
lock-out ['lɒkaʊt] *s* lockout
locksmith ['lɒksmɪθ] *s* låssmed, klensmed
lock-up ['lɒkʌp] **I** *s* arrest, finka **II** *a* låsbar, som kan låsas; *~ garage* ung. hyrt garage utan anslutning till bostaden
locomotion [ˌləʊkə'məʊʃən] *s* **1** förflyttning, rörelse; rörelseförmåga **2** [kring]resande, transport
locomotive [ˌləʊkə'məʊtɪv] **I** *a* rörlig; *~ engine* isht lokomotiv **II** *s* lokomotiv, lok
locum tenens ['ləʊkəm'tiːnenz, -'ten-] *s* (lat.) vikarie för läkare el. präst
locust ['ləʊkəst] *s* **1** a) zool. gräshoppa från Asien o. Afrika b) bildl. parasit **2** ~ [*tree*] a) falsk akacia b) johannesbröd[träd]
locution [ləʊ'kjuːʃən] *s* talesätt, vändning
lode [ləʊd] *s* gruv. malmåder, malmgång
lodestar ['ləʊdstɑː] *s* ledstjärna
lodestone ['ləʊdstəʊn] *s* se *loadstone*
lodge [lɒdʒ] **I** *s* **1** grindstuga [äv. *gate-keeper's ~*], [trädgårdsmästar]bostad **2** [jakt]hydda, [jakt]stuga **3** portvaktsrum **II** *tr* **1** inkvartera, hysa [in], logera, härbärgera **2** isht jur. anföra, framföra [*~ a complaint* (klagomål)], inlägga [*~ a protest*] **3** placera, sätta, lägga **4** deponera [*~ money in the bank*] **5** driva (sticka) in vapen o. d.; *a bullet ~d in the brain* en kula som har fastnat i hjärnan **III** *itr* **1** hyra [rum], bo [*with* hos] **2** ta in, logera, bo **3** hamna; fastna
lodger ['lɒdʒə] *s* inneboende, hyresgäst; [*make a living*] *by taking* [*in*] *~s* . . genom att hyra ut rum
lodging ['lɒdʒɪŋ] *s* **1** husrum, logi; *~ for the*

night nattlogi **2** pl. *~s* hyresrum, uthyrningsrum; [hyres]lägenhet, bostad

lodging-house ['lɒdʒɪŋhaʊs] *s* enklare [privat]hotell; *common ~* ungkarlshotell, natthärbärge för mindre bemedlade

loft [lɒft] **I** *s* **1** vind, loft **2** i kyrka o. d. läktare, galleri **II** *tr* sport., *~ the ball* lyfta bollen; slå en hög boll

lofty ['lɒftɪ] *a* litt. **1** hög, imponerande [*a ~ tower* (*mountain*)], ståtlig; om rum hög i taket **2** bildl. hög [*~ ideals*], upphöjd [*~ sentiments, ~ style*], ädel

1 log [lɒg] **I** *s* **1** [timmer]stock, stam; vedträ; [trä]kubb; *sleep like a ~* sova som en stock **2** sjö. a) logg b) se *log-book* **II** *tr* föra in i loggboken

2 log [lɒg] förk. för *logarithm*

loganberry ['ləʊgənbərɪ] *s* loganbär en korsning mellan hallon och björnbär

logarithm ['lɒgərɪðəm] *s* mat. logaritm

log-book ['lɒgbʊk] *s* **1** sjö., flyg. loggbok **2** [rese]journal, [bil]dagbok

log-cabin ['lɒgˌkæbɪn] *s* timmerstuga, blockhus, timmerkoja

log-fire ['lɒgˌfaɪə] *s* stockvedsbrasa, stockeld

loggerhead ['lɒgəhed] *s*, *be at ~s* vara osams, ligga i luven på varandra

logic ['lɒdʒɪk] *s* logik; bildl. äv. beviskraft

logical ['lɒdʒɪkəl] *a* logisk, följdriktig; *carry* (*push*) *a th. to its ~ conclusion* ung. driva ngt till sin spets

logicality [ˌlɒdʒɪ'kælətɪ] *s* logiskhet, följdriktighet; *the ~ of* det logiska i

logician [lə'dʒɪʃən] *s* logiker

logistics [ləʊ'dʒɪstɪks] (konstr. ss. sg. el. pl.) *s* mil. underhållstjänst, planläggning och utförande av transporter och underhåll

logotype ['lɒgəʊtaɪp] *s* logotyp

log-roll ['lɒgrəʊl] fam. **I** *tr* pol. kohandla igenom lagförslag o. d. **II** *itr* **1** pol. kohandla, bedriva kohandel **2** om författare o. d. ge varandra goda recensioner

log-rolling ['lɒgˌrəʊlɪŋ] *s* fam. **1** pol. kohandel **2** om författare o. d. ömsesidigt beröm

loin [lɔɪn] *s* **1** pl. *~s* länder **2** kok. njurstek, fransyska

loin-cloth ['lɔɪnklɒθ] *s* höftskynke, höftkläde

loiter ['lɔɪtə] **I** *itr* söla; stå och hänga; *~ [about]* dra (driva) omkring, gå och driva **II** *tr, ~ away* söla bort

loiterer ['lɔɪtərə] *s* person som går och driver (står och hänger); dagdrivare

loitering ['lɔɪtərɪŋ] **I** *a* sölig **II** *s* söl[ande]; dagdriveri; *no ~* förbjudet att uppehålla sig inom området (på körbanan e. d.)

loll [lɒl] *itr* **1** ligga och dra sig [*~ in bed*]; sitta och hänga **2** *~ out* hänga ut ur munnen [*the dog's tongue was ~ing out*]

lollipop ['lɒlɪpɒp] *s* klubba, slickepinne

lolly ['lɒlɪ] *s* **1** fam. klubba, slickepinne; *ice ~* isglass[pinne] **2** sl. stålar pengar

Lombardy ['lɒmbədɪ] Lombardiet

Lomond ['ləʊmənd]

London ['lʌndən]

Londonderry [ˌlʌndən'derɪ]

Londoner ['lʌndənə] *s* londonbo

lone [ləʊn] attr. *a* poet. o. litt. ensam, enslig; ensamstående om ogift el. änka; *a ~ wolf* bildl. en ensamvarg

loneliness ['ləʊnlɪnəs] *s* ensamhet; enslighet, ödslighet; övergivenhet

lonely ['ləʊnlɪ] *a* ensam; enslig öde, ödslig; ensam och övergiven [*feel ~*]

loner ['ləʊnə] *s* enstöring

lonesome ['ləʊnsəm] *a* se *lonely*

1 long [lɒŋ] *itr* längta [*for* efter]

2 long [lɒŋ] **I** *a* (se äv. *IV* o. *longer, longest*) lång i rum o. tid; långvarig; långdragen; längd- [*~ jump*]; *~ drink* fam. långdrink; *a ~ memory* [ett] gott minne; *~ odds* höga odds; *it will be a ~ time before . .* det dröjer länge innan . .; *he won't arrive for a ~ time* han kommer inte på länge; *~ time no see!* sl. det var länge sen [vi sågs]!; *a ~ time ago* m. fl. fraser, se under *time I 1d* **II** *s* (se äv. *IV*) **1** *the ~ and short of it* summan av kardemumman, kontentan **2** lång [signal] i morsealfabetet **III** *adv* (se äv. *IV* o. *longer, longest*) **1** länge; *~ live the King!* leve kungen!; *he had not ~ dined* han hade nyss ätit **2** efter tidsuttr. hel; *an hour ~* en hel timme; *all day* (*night*) *~* hela dagen (natten) **IV** *a* o. *s* o. *adv* i div. spec. förb. **1** med verb: *I shan't* (*won't*) *be ~* jag är strax tillbaka, jag blir inte länge [borta]; *be ~ about a th.* hålla på länge (dröja) med ngt; *be ~ [in] doing a th.* hålla på länge (dröja) med att göra ngt; *he was not ~ [in] coming* han lät inte vänta på sig; *it was not ~ before he came* det dröjde inte länge förrän han kom; *take ~* ta lång tid **2** med adv., konj., prep.: *~ ago* för länge sedan; *as ~* så lång tid [*it will take three times as ~*]; *as* (*so*) *~ as* a) så länge [som] [*stay [for] as ~ as you like*], lika länge som b) om . . bara [*you may borrow the book so ~ as you keep it clean*]; *as ~ as . . ago* redan för . . sedan; *before ~* inom kort, snart; *for ~* länge; på länge; *so ~!* fam. hej [så länge]!; *~ since* för länge sedan

long. förk. för *longitude*

long-awaited ['lɒŋəˌweɪtɪd] *a* länge väntad

longbow ['lɒŋbəʊ] *s* långbåge, pilbåge

long-distance ['lɒŋ'dɪstəns] *a* långdistans- [*~ flight, ~ runner*], fjärr- [*~ train*]; *~ call* rikssamtal; *~ lorry* (*truck*) långtradare

longed-for ['lɒŋdfɔ:] *a* efterlängtad

longer ['lɒŋgə] (komp. av *2 long*) **I** *a* längre **II** *adv* längre om tid; vidare

longest ['lɒŋgɪst] (superl. av *2 long*) *a* o. *adv* längst

long-established ['lɒŋɪs'tæblɪʃt] *a* gammal [~ *firm*, ~ *custom*]

longevity [lɒn'dʒevətɪ] *s* långt liv; livslängd; hög ålder

longhand ['lɒŋhænd] *s* vanlig skrift i motsats till stenografi

longing ['lɒŋɪŋ] **I** *a* längtande, längtansfull **II** *s* längtan

longish ['lɒŋɪʃ] *a* rätt [så] lång, längre

longitude ['lɒn*d*ʒɪtju:d, 'lɒŋgɪ-] *s* longitud, längd; geogr. äv. längdgrad [äv. *degree of* ~]

longitudinal [ˌlɒn*d*ʒɪ'tju:dɪnl, ˌlɒŋgɪ-] *a* **1** längd-, längsgående; på längden **2** longitud-

long-legged ['lɒŋlegd, -'legɪd] *a* långbent, högbent

long-lived ['lɒŋ'lɪvd] *a* långlivad; långvarig

long-lost ['lɒŋlɒst] *a* för länge sedan förlorad

long-play ['lɒŋpleɪ] *a* o. **long-playing** ['lɒŋˌpleɪɪŋ] *a*, ~ *record* (*disc*) långspelande [grammofon]skiva, LP

long-range ['lɒŋ'reɪn*d*ʒ] *a* långskjutande [~ *gun*], med stor räckvidd; långdistans- [~ *flight*]; långtids- [~ *forecast* (prognos)], på lång sikt, långsiktig [~ *plans*]; ~ *ballistic missile* långdistansrobot

longshore|man ['lɒnʃɔ:|mən] (pl. *-men* [-mən]) *s* hamnarbetare, stuveriarbetare

long-sighted ['lɒŋ'saɪtɪd] *a* **1** långsynt; översynt **2** bildl. klarsynt, förutseende

long-standing ['lɒŋˌstændɪŋ] *a* gammal, långvarig

long-suffering ['lɒŋ'sʌfərɪŋ] *a* långmodig, tålmodig, tålig

long-term ['lɒŋtɜ:m] *a* lång, långfristig [~ *loans*]; på lång sikt, långsiktig [~ *policy*]

long-winded ['lɒŋ'wɪndɪd] *a* mångordig, omständlig, långrandig, långtråkig

loo [lu:] *s* fam., *the* ~ toa, dass[et]

loofah ['lu:fə, -fɑ:] *s* **1** bot. luffa **2** luffasvamp

look [lʊk] **I** *itr* o. *tr* **1** se, titta; ~ [*here*]! a) titta [här]! b) hör nu (du)!, vet du!; ~ *before you leap!* tänk först och handla sen!; ~ *alive!* fam. raska på!; ~ *sharp* se *sharp* **2** leta, söka; ~ [*and see*] se (titta) efter **3** se ut, verka, förefalla, synas, tyckas, te sig; se ut som, likna; ~ *like* se ut som, likna [*it* ~*s like gold*]; *what does he* ~ *like?* hur ser han ut?; *it* ~*s like being* [*a fine day*] det ser ut att (verkar) bli . .; *it* ~*s very like him* det är mycket likt honom; *it* ~*s like rain* det ser ut att bli regn; *he* ~*s* [*like*] *it* det ser han ut för; *she* ~*s 50* hon ser ut som [om hon vore] 50; *make a p.* ~ *a fool* göra ngn till ett åtlöje; *he* ~*s himself* (*his old self*) *again* han är sig lik igen; *he* ~*ed the part* han var som skapt för rollen **4** ha utsikt, vetta, ligga [*on* [*to*], *to*, *towards*, *into* mot, åt; *the window* ~*s north* (åt el. mot norr)] **5** ~ *daggers* ha mord i blicken; *he* ~*ed daggers at me* han gav mig en mördande blick

6 med adv. el. prep. (jfr äv. *4*): ~ **about** se sig om[kring]; ~ *about for* [*a job*] se sig om efter . ., söka . .; ~ **after** se efter, se till, passa på; sköta om, ha (ta) hand om, vårda; sköta [om] [~ *after o.'s health*]; tillvarata, bevaka [~ *after o.'s interests*]; ~ *after o.s.* klara (sköta) sig själv, sköta om sig; ~ **around** se sig om[kring], känna sig för; ~ **at** se (titta) på (åt); ~ *at every penny* se (vända) på slanten; *she is the sort of person you wouldn't* ~ *twice at* hon är inte en sådan som man vänder sig om efter två gånger; *that's how I* ~ *at it* så ser jag det; *it isn't much to* ~ *at* det ser ingenting ut [för världen]; *you wouldn't think so to* ~ *at him* det skulle man inte tro när man ser honom; ~ **away** se (titta) bort; ~ **back: a**) se sig om **b**) se (tänka) tillbaka [*on, upon, to* på] **c**) *from then on he never* ~*ed back* från och med då gick det stadigt framåt för honom; ~ **down** se (titta) ned [[*up*]*on* på]; ~ *down* [*up*]*on a p.* bildl. se ned på ngn; ~ **for: a**) leta (titta, söka) efter **b**) vänta [sig]; ~ **forward** se framåt; ~ *forward to* se fram emot, längta efter; emotse; ~ **in** titta in [*on a p.* till ngn], hälsa på [*on a p.* [hos] ngn]; ~ **into: a**) se (titta) in i **b**) undersöka [*I'll* ~ *into the matter*]; ~ **on: a**) se (titta) 'på, [bara] vara åskådare **b**) se *look upon*; ~ **out: a**) se (titta) ut [~ *out of* (genom) *the window*] **b**) se sig för; ~ *out!* se upp!, se dig för!, akta dig! **c**) ~ *out on* (*over*) ha utsikt över, vetta mot; ~ **over: a**) se över **b**) se igenom, se (gå) över; se på, inspektera [~ *over a house before buying it*], granska; undersöka; ~ **round: a**) se sig om[kring] [~ *round the town* (i staden)] **b**) se (titta, vända) sig om [*for* efter] **c**) se *look around*; ~ **through: a**) se (titta) igenom; titta i [~ *through a telescope*] **b**) se (titta, gå) igenom [~ *through some letters*]; undersöka, granska **c**) låtsas inte se; ~ **to: a**) bildl. se på (till) **b**) sköta (se) om; sörja för; ~ *to it that* . . se till (laga så, sörja för) att . . **c**) räkna med (på), vänta [sig], se fram emot; ~ *to a p. for a th.* vänta [sig] ngt av ngn; ~ **up: a**) se (titta) upp; ~ *up to a p.* se upp till ngn, respektera ngn **b**) *things are* ~*ing up* bildl. det ljusnar, det tar sig igen **c**) ta reda på, slå upp [~ *up a word in a dictionary*]; fam. söka upp, hälsa på **d**) ~ *a p. up and down* mönstra ngn [från topp till tå], mäta ngn med blicken; ~ **upon: a**) bildl. betrakta [~ *upon a p. with distrust*]; ~ *upon a th.*

with favour se på ngt med gillande **b)** ~ *upon as* betrakta som, anse som (för) **II** *s* **1** blick; titt; ögonkast; *let me have a* ~ får jag se (titta); *have* (*take*) *a* ~ *at* titta på, ta [sig] en titt på **2** a) utseende b) uttryck [*an ugly* ~ *on* (i) *his face*] c) min [*angry* ~*s*], uppsyn d) pl. ~*s* persons utseende [*she has her mother's* ~*s*]; *I don't like the* ~ *of it* jag tycker inte om det; det verkar oroande; *by the* ~ *of it* av utseendet att döma

look-alike ['lukəlaɪk] *s* dubbelgångare; *they are* ~*s* de är varandras dubbelgångare

looker-on ['lukər'ɒn] (pl. *lookers-on* ['lukəz'ɒn]) *s* åskådare

look-in ['lukɪn] *s* fam. **1** titt, påhälsning; *give a p. a* ~ titta in till ngn, hälsa på [hos] ngn **2** chans [*I didn't even get a* ~]

looking-glass ['lukɪŋglɑ:s] *s* spegel

look-out ['lukaut] *s* **1** utkik i alla bet.; ~ *man* utkiksman; *keep a good* ~ hålla skarp utkik [*for* efter]; *be on the* ~ *for* hålla utkik efter **2** utsikt; bildl. utsikter **3** *that's my* (*his*) ~ det är min (hans) sak (ensak)

look-over ['luk'əuvə] *s* genomsyn; inspektion, granskning; *give a th. a* ~ se igenom ngt; inspektera (granska) ngt

1 loom [lu:m] *s* **1** vävstol **2** lom på åra

2 loom [lu:m] *itr* dyka fram (upp) [*the ship* ~*ed* [*up*] *through the fog*], framträda, resa sig; skymta otydligt [*on* (mot) *the horizon*], förtona sig; ~ *ahead* bildl. hota, vara i annalkande [*dangers* ~*ing ahead*]

loony ['lu:nɪ] sl. **I** *a* galen; idiotisk; ~ *bin* dårhus **II** *s* dåre, tokstolle

loop [lu:p] **I** *s* **1** ögla; slinga; krök; stropp, hängare; träns **2** spiral livmoderinlägg **3** järnv. slingspår **4** cirkelbana, flyg. loping **5** liten ring, rund hylsa **II** *tr* **1** lägga i en ögla (öglor); göra (slå) en ögla (öglor) på **2** vira [i öglor] [~ *a rope round a th.*] **3** flyg., ~ *the loop* göra en loping **III** *itr* **1** bilda en ögla; gå i en ögla, bukta sig **2** flyga i cirkel [*come* ~*ing through the air*]; flyg. göra loping

loophole ['lu:phəul] *s* **1** skottglugg **2** bildl. kryphål, smyghål [*a* ~ *in the law*]

loose [lu:s] **I** *a* **1 a)** lös [~ *flowers*; *a* ~ *knot*; ~ *sand*]; slapp [~ *skin*], slak [*a* ~ *rope*]; lucker, porös [~ *soil*]; gles [*a* ~ *material*]; vid, löst sittande [~ *clothes*]; ~ *cash* små-, lös|pengar; ~ *ends* lösa ändar; bildl. oupp-klarade saker (frågor); *be at a* ~ *end* fam. vara sysslolös, inte ha något för sig **b)** (se äv. under resp. vb ss. *break, let*) lös, lossnad [*a* ~ *tooth*]; loss [*break a th.* ~]; glapp; *be* ~ äv. glappa; *come* ~ lossna; *get* ~ lossna; komma lös, slita sig [loss]; *set* ~ släppa lös (fri) **2** slankig, ledlös [~ *limbs*] **3** löslig [~ *thinking*], fri [*a* ~ *translation*], slapp [*a* ~ *style*]; vag, obestämd **4** lösaktig, lättfärdig, vidlyftig [*a* ~ *life* (*woman*)]; ~ *living* lösaktighet; ~ *morals* lättfärdighet, lösa seder **II** *s*, *be* [*out*] *on the* ~ fam. a) föra ett utsvävande liv b) vara ute på vift **III** *tr* **1** lösa, släppa lös **2** sjö. lossa

loose-fitting ['lu:sˌfɪtɪŋ] *a* löst sittande; ledig, vid

loose-leaf ['lu:sli:f] *a* lösblads- [~ *book* (*system*)], med lösa blad [~ *notebook*]

loosen ['lu:sn] **I** *tr* **1** lossa [på] [~ *a screw*], lösa upp [~ *a knot*]; bildl. lätta på, mildra [~ *discipline*] **2** göra lös[are], luckra [upp]; ~ *up* mjuka upp [~ *up o.'s muscles*] **3** bildl. lösa, frigöra **II** *itr* **1** lossna; om knut gå upp **2** lösas upp; bli lös[are] **3** ~ *up* fam. tina upp, bli mera meddelsam

loot [lu:t] **I** *s* **1** byte, rov **2** sl. stålar pengar **II** *tr* **1** plundra **2** råna **III** *itr* plundra

looter ['lu:tə] *s* plundrare; tjuv

lop [lɒp] *tr* **1** kvista, tukta, klippa, toppa träd **2** ~ [*off*] hugga av, kapa

lope [ləup] *itr* gå med långa kliv; om djur skutta

lop-eared ['lɒpɪəd] *a* slokörad

lop-sided ['lɒp'saɪdɪd] *a* **1** som lutar åt ena sidan; sned, skev; *be* ~ äv. luta åt ena sidan, hänga snett **2** bildl. skev, ensidig

loquacious [ləʊ'kweɪʃəs] *a* pratsam, pratsjuk; mångordig, pratig

loquaciousness [ləʊ'kweɪʃəsnəs] *s* o. **loquacity** [ləʊ'kwæsətɪ] *s* pratsamhet, pratsjuka; mångordighet

lor, lor' [lɔ:] *interj* fam. jösses!

lord [lɔ:d] **I** *s* **1** herre, härskare [*of* över]; poet. ägare [*of* till]; *the* ~ *of the manor* gods|herren, -ägaren **2** magnat [*press* ~*s*] **3** poet. o. skämts. gemål; *her* ~ [*and master*] hennes herre och man **4** teol., *the L*~ Herren, Gud; *Our L*~ Vår Herre och Frälsare, Kristus; *in the year of our L*~ *1500* år 1500 efter Kristi födelse; *the Lord's Prayer* fadervår, Herrens bön; [*good*] *L*~*!* Herre Gud!, du store [tid]!; [*good*] *L*~, *no!* nej, bevare mig väl!; *L*~ *bless me* (*my soul*)*!* fam. du store tid!; *L*~ *knows who* (*how*)*!* fam. Gud vet vem (hur)! **5** lord; *live like a* ~ leva furstligt (som en prins); *as drunk as a* ~ full som en alika (kaja); *swear like a* ~ svära som en borstbindare **6** *the* [*House of*] *Lords* överhuset **7** *L*~ Lord adelstitel före namn **8** *L*~ ämbetstitel [*L*~ *Chancellor, L*~ *Chief Justice* m. fl. se under *chancellor, chief* m. fl.]; *L*~ *Mayor* lordmayor, [över]borgmästare i London **9** *My Lord* [mɪ'lɔ:d, till domare äv. mɪ'lʌd] i tilltal till: a) högre adelsmän Ers nåd, greven, baron etc. b) högre domare, biskopar m. fl. Ers nåd, herr domare etc. **II** *tr*, ~ *it over* spela herre över

lordly ['lɔ:dlɪ] *a* **1** högdragen; befallande **2** förnäm, värdig; ståtlig

lordship ['lɔ:dʃɪp] *s* **1** herravälde, myndighet [*over* över] **2** *Your L~* Ers nåd

lore [lɔː] *s* kunskap, kännedom; [folk]-kultur [*Irish ~*]; *bird ~* läran om fåglarna

lorgnette [lɔːˈnjet] *s* lornjett

Lorna [ˈlɔːnə]

lorry [ˈlɒrɪ] *s* **1** lastbil [äv. *motor-lorry*]; i sms. -bil [*coal-lorry*] **2** flakvagn; öppen godsvagn

lorry-driver [ˈlɒrɪˌdraɪvə] *s* lastbils|chaufför, -förare

Los Angeles [lɒsˈændʒɪliːz, -ˈændʒələs]

lose [luːz] (*lost lost*; se äv. *losing* o. *lost*) **I** *tr* **1** förlora, mista [*~ o.'s money*]; tappa [*~ o.'s hair*]; bli av med [*I've lost my cold*]; missa [*I lost part of what he said*]; förlora i [*~ force*]; *~ courage* (*heart*) tappa modet, bli modfälld; *~ o.'s life* mista livet; *~ weight* gå ned i vikt, magra **2** förlora [*~ a war* (*an election*)], bli slagen i **3** tappa (slarva) bort [*I've lost my key*]; *~ sight of* förlora ur sikte; bortse från, glömma [bort]; *~ o.'s* (*the*) *way* råka (gå, köra o. d.) vilse **4** missa, komma för sent till [*~ the bus* (*train*)] **5** förspilla, ödsla [*~ time*], försumma, försitta [*~ the chance*]; *there's no time to ~* det är ingen tid att förlora **6** om klocka sakta sig, dra sig [efter] **II** *refl* tappa bort (förirra) sig [*I lost myself in the city*]; förlora sig [*~ o.s. in details*], försjunka, fördjupa sig [*he lost himself in a book*] **III** *itr* **1** förlora [*you won't ~ by* (på) *it*; *~ by* (med) *five points*], tappa; misslyckas, bli slagen **2** om klocka sakta sig **3** *~ out* misslyckas; förlora

loser [ˈluːzə] *s* förlorare [*be a bad* (*good*) *~*]; *be the ~ by* vara den som förlorar på

losing [ˈluːzɪŋ] *a* förlorande [*the ~ side*]; *he is playing a ~ game* han kämpar förgäves, han kommer att förlora

loss [lɒs] *s* **1** förlust; skada [*to* för]; förlorande, mistande; *cut o.'s ~es* se under *cut A I 12*; *he's* (*it's*) *a dead ~* fam. han (den) är värdelös; *he is no ~* ingen kommer att sakna honom; *~ of appetite* bristande aptit; *~ of blood* blodförlust; *no ~ of life* inga förluster i människoliv; *~ of sleep* brist på sömn; *~ of time* tidsförlust, tidsspillan; *feel the ~ of* känna saknad efter, sakna; *sell at a ~* sälja med förlust **2** *be at a ~* vara villrådig; *I'm completely at a ~* jag vet varken ut eller in; *he is never at a ~* [*what to do*] han vet alltid råd; *be at a ~ for words* sakna ord

lost [lɒst] **I** imp. av *lose* **II** *a* o. *pp* (av *lose*) **1** förlorad; borttappad, förkommen; försvunnen; *it is ~* äv. den är borta, den har försvunnit (kommit bort); *get ~* komma bort, försvinna; *get ~!* sl. dra åt helsike!, stick!; *be ~ in* a) försvinna i [*he was ~ in the crowd*] b) bildl. vara försjunken (fördjupad) i [*be ~ in thought* (tankar)]; *a ~ art* en bortglömd konst; *a ~ cause* ett hopplöst fall (företag); *~ property office* expedition för tillvaratagna effekter, hittegodsexpedition **2** a) vilse|gången, -kommen [*a ~ child*] b) bildl. bortkommen, vilsen [*I felt ~*] c) [helt] hjälplös, förlorad [*I'm ~ without my glasses*]; *I am ~* jag har gått (kört) vilse **3** sjö. förlist; *the crew was ~* besättningen omkom **4** förtappad, fördömd [*a ~ soul*]; *like a ~ soul* som en osalig ande **5** förspilld, bortkastad [*~ time*]; försutten, försummad [*~ opportunities*]; *be ~* [*up*]*on* bildl. vara bortkastad på, gå ngn förbi; *the hint was not ~ on him* han fattade vinken

lot [lɒt] *s* **1** lott; *cast* (*draw*) *~s* kasta (dra) lott [*for a th.* om ngt]; *cast* (*throw*) *in o.'s ~ with* förena sitt öde med, göra gemensam sak med; *by ~* genom lottning **2** a) lott, andel, del b) lott, öde; *fall to a p.'s ~* falla på ngns lott **3** a) film. inspelningsområde b) isht Am. tomt [*building ~*], plats [*burial ~*] **4** lott, nummer på auktion **5** hand. parti [*a new ~ of hats*] **6** fam. sällskap, samling, gäng; anhang [*he and his ~*]; *that ~* [*ought to be shot*] såna där [typer]..; *he is a bad ~* han är ett riktigt rötägg **7** fam., *the ~* allt, alltihop [*that's the ~*]; *the whole ~* hela bunten; [*go away*] *the whole ~ of you* .. allihopa **8** fam. massa, mängd; *a ~* mycket [*he is a ~ better*]; till stor del, i hög grad; *~s* massor; *quite a ~* en hel del, ganska (rätt) mycket; *a* [*fat*] *~ you care* (*know about it*)*!* det bryr du dig (vet du) väl inte ett dugg om!; *that's a fat ~* [*of good*]*!* det är minsann inte mycket [att ha]

lotion [ˈləʊʃən] *s* vätska, lösning [*antiseptic ~*]; vatten [*hair ~*]; *hand ~* handbalsam; *rubbing ~* liniment; *setting ~* läggningsvätska; *suntan ~* sol|mjölk, -olja

lottery [ˈlɒtərɪ] *s* lotteri äv. bildl. [*marriage is a ~*]; *~ ticket* lott[sedel]

lotto [ˈlɒtəʊ] *s* lotto[spel]

lotus [ˈləʊtəs] *s* lotus[blomma]

loud [laʊd] **I** *a* **1** hög [*~ voice*], kraftig, stark [*~ sound*]; högljudd; *in a ~ voice* med hög röst; *the ~ pedal* mus. fam. fortepedalen **2** bildl. skrikig [*a ~ tie*], gräll [*~ colours*]; vulgär **II** *adv* högt [*don't speak so ~!*]

louden [ˈlaʊdn] *itr* o. *tr* bli (göra) högre

loud-hailer [ˈlaʊdˈheɪlə] *s* megafon

loudly [ˈlaʊdlɪ] *adv* **1** högt etc., jfr *loud I 1* **2** bildl. skrikigt etc., jfr *loud I 2*

loudmouth [ˈlaʊdmaʊθ] *s* gaphals

loud-mouthed [ˈlaʊdmaʊθt, -maʊðd] *a* högljudd [av sig]; skränig, gapig

loudness [ˈlaʊdnəs] *s* **1** högljuddhet, [ljud]-styrka **2** bildl. skrikighet etc., jfr *loud I 2*

loudspeaker [ˈlaʊdˈspiːkə] *s* högtalare

Louis [ˈluːɪ, ˈluːɪs] ss. kunganamn Ludvig

Louise [lʊˈiːz]

Louisiana [lʊˌiːzɪˈænə]

lounge [laundʒ] **I** *itr* **1** släntra; ~ [*about*] gå och driva; ~ *off* släntra i väg **2** stå (sitta) och hänga; lata sig, slöa **II** *tr*, ~ *away* slöa bort [~ *away an hour*] **III** *s* **1** a) vestibul, foajé, hall [*the hotel* ~] b) salong; ~ *lizard* sl. gigolo; *cocktail* ~ cocktailbar; *the* ~ *bar* i pub den 'finaste' avdelningen **2** *have a* ~ *in a chair* sitta och slöa i en stol
lounger ['laundʒə] *s* dagdrivare, lätting
lounge-suit ['laundʒ'su:t, -'sju:t] *s* kavajkostym
lour ['lauə] *itr* se bister ut; blänga [*at, on* på]; om himlen mörkna, mulna
louse [laus] *s* **1** (pl. *lice* [laɪs]) lus **2** (pl. ~*s*) sl. äckel, fjant
lousy ['lauzɪ] *a* **1** lusig, full med löss **2** fam., ~ *with* nedlusad med [*he is* ~ *with money*] **3** fam. urdålig, urusel [*a* ~ *dinner*; *feel* ~], jäkla [*you* ~ *swine*]; nedrig
lout [laut] *s* slyngel; drummel, tölp
loutish ['lautɪʃ] *a* slyngelaktig
louver ['lu:və] *s* o. **louvre** ['lu:və] *s* spjälgaller; ventilationsgaller
lovable ['lʌvəbl] *a* älsklig, förtjusande
love [lʌv] **I** *s* **1** kärlek [*for* (*of*) *a p.* till ngn, *of a th.* till ngt]; föräIskelse [*for* i]; tillgivenhet [*towards* för]; lust, förtjusning [*of* för]; ~*'s labour's lost, labour of* ~ se *labour I 1*; *there is no* ~ *lost between them* de tål inte varandra; *make* ~ älska, ligga med varandra; *make* ~ *to* älska (ligga) med; ~ *of mankind* människokärlek; *for* ~ av kärlek [*marry for* ~], för kärleks skull; *it is not to be had for* ~ *or money* det går inte att få för pengar; *for the* ~ *of God!* för Guds skull!; *in* ~ förälskad, kär [*with* i]; *fall in* ~ *with* förälska sig i, bli kär (förälskad, förtjust) i **2** hälsning[ar]; [*give*] *my* ~ *to him* hälsa honom så mycket [från mig]; *send a p. o.'s* ~ hälsa till ngn, sända sin hjärtliga hälsning till ngn; [*lots of*] ~ i brevslut [många] hjärtliga hälsningar **3** pl. ~*s* kärlekshistorier **4** älskling, raring; lilla vän; till främmande person snälla du (ni) el. utan motsvarighet på sv.; *do that, there's a* ~*!* snälla rara du gör det! **5** i tennis o. d. noll; ~ *all* noll - noll; ~ *game* blankt game **II** *tr* o. *itr* älska; tycka [mycket] om, vara förtjust i [*she* ~*s dancing* (*to dance*)]; hålla [mycket] av; ~ *a p. dearly* älska ngn högt (ömt); *yes, I'd* ~ *to* ja, mycket gärna
love-affair ['lʌvəˌfeə] *s* kärleks|affär, -historia
lovebird ['lʌvbɜ:d] *s* **1** zool. dvärgpapegoja **2** pl. ~*s* fam. turturduvor
loveless ['lʌvləs] *a* kärlekslös, utan kärlek [*a* ~ *marriage*]
loveliness ['lʌvlɪnəs] *s* skönhet, ljuvlighet
love-lorn ['lʌvlɔ:n] *a* poet. försmådd av sin älskade, trånande
lovely ['lʌvlɪ] **I** *a* **1** förtjusande, vacker, söt, tjusig [*a* ~ *girl*], ljuvlig **2** fam. härlig, underbar [*we had a* ~ *holiday*]; festlig, kul, rolig [*a* ~ *joke*]; *it's* ~ *and warm here* det är varmt och skönt (gott) här **II** *s* fam. **1** skönhet isht om showflicka **2** raring
love-making ['lʌvˌmeɪkɪŋ] **I** *s* **1** kel, smek **2** erotik, älskog, kärlek **II** *a* älskande [~ *couples*]
love-match ['lʌvmætʃ] *s* giftermål av kärlek, inklinationsparti
love-play ['lʌvpleɪ] *s* [erotiskt] förspel
love-potion ['lʌvˌpəuʃən] *s* kärleksdryck
lover ['lʌvə] *s* **1** älskare; *the* ~*s* de älskande; *a couple of* ~*s* ett älskande par; *they are* ~*s* de har ett [kärleks]förhållande **2** vän, beundrare, älskare [*of* av]; *be a* ~ *of* äv. älska, tycka om; *a* ~ *of music, a music* ~ en musikälskare, en musikvän
lovesick ['lʌvsɪk] *a* kärlekskrank; smäktande
love-song ['lʌvsɒŋ] *s* kärlekssång
love-story ['lʌvˌstɔ:rɪ] *s* kärlekshistoria
love-token ['lʌvˌtəukən] *s* kärleks|gåva, -pant
lovey ['lʌvɪ] *s* o. **lovey-dovey** ['lʌvɪˌdʌvɪ] *s* fam. älskling
loving ['lʌvɪŋ] *a* kärleksfull, öm [~ *parents* (*words*)], älskande; tillgiven [*a* ~ *friend*]; *a* ~ *couple* ett älskande par, ett kärlekspar
lovingly ['lʌvɪŋlɪ] *adv* kärleksfullt etc., jfr *loving*
lovingness ['lʌvɪŋnəs] *s* kärlek, kärleksfullhet
1 low [ləu] **I** *itr* råma, böla **II** *s* råmande, bölande
2 low [ləu] **I** *a* **1** låg i olika bet.; djup [*a* ~ *bow*]; urringad [*a* ~ *dress*]; *the L~ Countries* Nederländerna, Belgien och Luxemburg; ~ *current* svagström; ~ *frequency* låga frekvenser; *L~ German* lågtysk[a]; ~ *pressure* lågtryck (jfr *low-pressure*); *in a* ~ *voice* med låg (lågmäld) röst; *the tide is* ~ det är ebb **2** ringa, obetydlig [~ *rainfall* (nederbörd)], låg [~ *birth* (börd)], oansenlig; lägre [~ *forms of life*]; ~ *life* [livet i] de lägre samhällsskikten **3** simpel, låg, vulgär [~ *manners*; ~ *company*], gemen, nedrig [*a* ~ *trick*] **4** klen, svag; nere, deppig [*feel* ~] **5** knapp; ~ *in protein* fattig på protein; *our supply is very* ~ vårt förråd är nästan helt slut **II** *adv* **1** lågt; djupt [*bow* ~]; lågmält, lågt, tyst [*speak* ~]; svagt [*burn* ~]; ~ [*down*] *on* (*in*) *the list* långt ner på listan **2** knappt **3** *as* ~ *as* [ända] ner till **4** i förb. med vissa verb: **bring** ~ a) sätta ned [krafterna hos], försvaga b) förnedra, förödmjuka [*be brought* ~] c) ruinera; **lay** ~ a) kasta omkull, döda b) tvinga att ligga till sängs [*influenza has laid him* ~]; **lie** ~ a)

ligga kullslagen (slagen till marken) b) fam. hålla sig gömd (undan) c) fam. ligga lågt **III** *s* **1** bottenläge, bottennotering; *a new ~ in tastelessness* bottenrekord i smaklöshet **2** meteor. lågtryck, lågtrycksområde
low-bred ['ləʊ'bred] *a* **1** ouppfostrad, ohyfsad **2** av låg börd
lowbrow ['ləʊbraʊ] fam. **I** *a* ointellektuell, obildad; enklare, ytlig [*~ entertainment*]; *~ music* populärmusik **II** *s* ointellektuell (obildad) person
low-class ['ləʊ'klɑːs, attr. '- -] *a* enklare, sämre, andra klassens [*a ~ pub*]
low-cut ['ləʊkʌt] *a* urringad
low-down ['ləʊdaʊn] **I** *a* **1** nedrig, gemen, lumpen [*a ~ trick*] **2** avsigkommen, förfallen, eländig **II** *s* sl., *get* (*give a p.*) *the ~ on a th.* bli tipsad (tipsa ngn) om ngt
1 lower ['laʊə] *tr* o. *itr* se *lour*
2 lower ['ləʊə] **I** *a* lägre etc., jfr *2 low I*; undre; nedre [*L~ Austria*]; under- [*~ lip* (*jaw*)]; *the ~ class* (*classes*) de lägre klasserna, underklassen; *~ deck* sjö. a) undre däck; trossdäck b) trossbotten c) underofficerare och manskap; *~ limit* undre gräns, minimigräns; *the ~ world* a) jorden b) underjorden **II** *adv* lägre etc., jfr *2 low II*; *~ down* längre ner **III** *tr* sänka; sätta ned äv. bildl. [*~ resistance* (motståndskraften)]; göra lägre; dämpa; skruva ned [*~ the gas* (*radio*)], minska [på]; sänka (hissa) ned [*into* i], hala (ta) ned [*~ a flag*]; sjö. fira [ner], sätta ut [*~ a boat*]; dra ner [*~ a window*]; fälla [ned]; *~ o.s.* a) sänka sig ned b) bildl. nedlåta sig [*to* till [att]] **IV** *itr* **1** sjunka, falla, gå ned [*it ~ed in value*]; bli lägre; dämpas **2** minska[s], avta
lower-case ['ləʊəkeɪs] *a* typ., *~ letter* gemen, liten bokstav
lowermost ['ləʊəməʊst] *a* lägst; underst
lowest ['ləʊɪst] **I** *a* o. *adv* lägst etc., jfr *2 low I* o. *II*; *the ~ bidder* den lägstbjudande **II** *s*, *at the ~* lägst [*ten at the ~*]
low-grade ['ləʊgreɪd] *a* av låg kvalitet, lågvärdig
low-key ['ləʊ'kiː] *a* o. **low-keyed** ['ləʊ'kiːd] *a* lågmäld, dämpad äv. bildl.
lowland ['ləʊlənd] **I** *s* lågland; *the Lowlands* Skotska lågländerna **II** *a* låglands-
Lowlander ['ləʊləndə] *s* [skotsk] lågländare
lowly ['ləʊlɪ] litt. **I** *a* **1** ödmjuk, blygsam, anspråkslös **2** ringa **II** *adv* anspråkslöst
low-lying ['ləʊ'laɪɪŋ] *a* låglänt
low-minded ['ləʊ'maɪndɪd] *a* lågsinnad, gemen; simpel, vulgär
low-necked ['ləʊ'nekt] *a* låghalsad, urringad
lowness ['ləʊnəs] *s* låghet, ringa höjd; ringa ställning; gemenhet etc., jfr *2 low I*
low-paid ['ləʊ'peɪd] *a* lågavlönad
low-pitched ['ləʊ'pɪtʃt] *a* låg, som har lågt tonläge [*a ~ sound*]; lågmäld [*a ~ voice*]
low-powered ['ləʊ'paʊəd] *a* svag, med liten effekt [*a ~ engine*]
low-pressure ['ləʊˌpreʃə] *a* **1** lågtrycks- [*~ turbine*] **2** bildl. diskret, försynt [*~ methods*]
low-rise ['ləʊraɪz] *a* låghus- [*~ area*]; *~ building* låghus
low-tar ['ləʊ'tɑː] *a* med låg tjärhalt
low-tension ['ləʊ'tenʃən] *a* lågspännings-
low-voltage ['ləʊ'vəʊltɪdʒ] *a* svagströms- [*~ motor*], lågspännings-
low-water ['ləʊ'wɔːtə] *a* lågvatten[s]-; *~ mark* lågvattensmärke, -linje
loyal ['lɔɪəl] *a* lojal, solidarisk [*to* mot, med], trofast, pålitlig [*a ~ friend*]
loyalist ['lɔɪəlɪst] *s* regeringstrogen person
loyalty ['lɔɪəltɪ] *s* lojalitet; trofasthet; [plikt]trohet
lozenge ['lɒzɪndʒ] *s* **1** ruta, geom. romb **2** pastill, tablett [*throat ~*]
LP ['el'piː] *s* (förk. för *long-playing*) LP[-]-skiva]
LRBM förk. för *long-range ballistic missile* långdistansrobot
LSD ['eles'diː] *s* LSD narkotiskt medel
L.S.D., £.s.d. ['eles'diː] *s* (förk. för *pounds, shillings, and pence*)
L-shaped ['elʃeɪpt] *a* L-formad
Lt. förk. för *lieutenant*
Lt. Col. förk. för *Lieutenant-Colonel*
Ltd. ['lɪmɪtɪd] förk. för *Limited* AB
Lt. Gen. förk. för *Lieutenant-General*
lubber ['lʌbə] *s* **1** luns, tölp **2** sjö. landkrabba
lubricant ['luːbrɪkənt] *s* smörjmedel
lubricate ['luːbrɪkeɪt] *tr* [rund]smörja; olja; smörja (olja) in; bildl. göra smidigare
lubricating ['luːbrɪkeɪtɪŋ] *a* smörj- [*~ oil*]
lubrication [ˌluːbrɪ'keɪʃən] *s* [rund]smörjning; insmörjning; attr. smörj-
Lucerne [luː'sɜːn, ljuː's-] Luzern; *the Lake of ~* Vierwaldstättersjön
lucern[e] [luː'sɜːn] *s* bot. lucern
lucid ['luːsɪd] *a* klar, redig; *~ intervals* ljusa [mellan]stunder
lucidity [luː'sɪdətɪ] *s* klarhet, redighet
luck [lʌk] *s* lycka, tur; *any ~?* lyckades det?, blev det något resultat?; *bad ~* otur, olycka; motgång; *have a run of bad ~* ha en ständig otur; *good ~* lycka, tur; *good ~ [to you]!* lycka till!; *hard* (*rotten, tough*) *~* fam. otur [*on a p.* för ngn]; *just my ~!* iron. det är min vanliga tur; *worse ~* tyvärr; *the best of ~!* lycka till [och ha det så bra]!; *a wonderful piece* (*slice, stroke*) *of ~* en underbar tur; *as ~ would have it, I was . .* slumpen gjorde att jag var . .; *my ~ is out, I'm out of*

~ jag har otur; *down on o.'s ~* fam. nere [i skorna]; i knipa

luckily ['lʌkəlɪ] *adv* lyckligtvis, som tur var; *~ for me* som tur var för mig

lucky ['lʌkɪ] *a* som har tur, med tur [*a ~ man*]; lyckad [*a ~ escape* (*guess*)]; lyckosam, lycklig, tursam; lyckobringande [*a ~ charm* (amulett)]; lycko- [*it's my ~ day* (*number*)]; *be ~* a) ha tur b) vara tur [*it's ~ for him*] c) bringa lycka [*a horse-shoe is ~*]; *a ~ dog* (*beggar, devil*) en lyckans ost; *~ you!* [din] lyckans ost!; *third time ~!* tredje gången gillt!; *strike* [*it*] *~* ha tur

lucrative ['lu:krətɪv] *a* lukrativ, lönande, räntabel, fördelaktig [*~ investments*]

lucre ['lu:kə] *s, for* [*filthy*] *~* för snöd vinnings skull

Lucy ['lu:sɪ]

lud *s, My ~* [mɪ'lʌd] = *My lord* se *lord I 9*

ludicrous ['lu:dɪkrəs] *a* löjlig; skrattretande

ludo ['lu:dəʊ] *s* ung. fia[spel]; 'ludo'

lug [lʌg] **I** *tr* **1** släpa, kånka [*he ~ged it up the stairs*], dra; släpa (kånka) på; *~ a th. about with one* släpa med sig ngt **2** rycka, dra [*~ a p. by* (i) *the ear*] **II** *itr* rycka [*at* i] **III** *s* släpande, kånkande, dragande; ryck

luggage ['lʌgɪdʒ] *s* resgods, bagage, effekter; *a piece of ~* ett kolli

luggage-label ['lʌgɪdʒˌleɪbl] *s* adresslapp

luggage-office ['lʌgɪdʒˌɒfɪs] *s* resgodsexpedition

luggage-rack ['lʌgɪdʒræk] *s* bagage|hylla, -nät

luggage-van ['lʌgɪdʒvæn] *s* resgodsvagn

lugubrious [lu:'gu:brɪəs] *a* sorglig, dyster

Luke [lu:k, lju:k] bibl. Lukas

lukewarm ['lu:kwɔ:m] *a* **1** ljum [*~ tea*] **2** bildl. halvhjärtad [*~ support*]; likgiltig

lull [lʌl] **I** *tr* **1** vyssja, lulla [*to sleep* till sömns] **2** bildl. söva [*~ a p.'s suspicions*], lugna, stilla [*~ a p.'s fears*] **3** *be ~ed* lugna sig **II** *itr* lugna sig, lägga sig, om storm äv. bedarra, mojna **III** *s* paus, uppehåll [*a ~ in the conversation*]; bildl. stiltje

lullaby ['lʌləbaɪ] *s* vagg|visa, -sång

lumbago [lʌm'beɪgəʊ] *s* läk. ryggskott

lumbar ['lʌmbə] *a* lumbal; *the ~ region* korsryggen

1 lumber ['lʌmbə] *itr* lufsa, klampa

2 lumber ['lʌmbə] **I** *s* **1** [gammalt] skräp, bråte; bildl. äv. smörja, tyngande gods, barlast **2** isht Am. timmer, virke **II** *tr, ~* [*up*] belamra, fylla [med skräp]; belasta, tynga

lumberer ['lʌmbərə] *s* isht Am. timmerhuggare, skogshuggare; skogsarbetare

lumberjack ['lʌmbədʒæk] *s* se *lumberer*

lumber-jacket ['lʌmbəˌdʒækɪt] *s* lumberjacka

lumberman ['lʌmbəmən] *s* se *lumberer*

lumber-room ['lʌmbərʊm] *s* skräpkammare

lumberyard ['lʌmbəjɑ:d] *s* brädgård

Luminal ['lu:mənəl] *s* ® fenemal, luminal

luminary ['lu:mɪnərɪ] *s* **1** lysande [himla]kropp **2** bildl. ljus; förgrundsfigur

luminosity [ˌlu:mɪ'nɒsətɪ] *s* lysförmåga; glans; astr. ljusstyrka

luminous ['lu:mɪnəs] *a* **1** lysande; självlysande [*~ paint*]; ljus- [*~ intensity*]; *~ tape* reflexband **2** bildl. klar, tydlig

lumme ['lʌmɪ] *interj* sl. jösses!, kors!

lummy ['lʌmɪ] *interj* sl. jösses!, kors!

1 lump [lʌmp] *tr* fam., *if you don't like it you can ~ it* du får hålla till godo med det antingen du vill eller inte

2 lump [lʌmp] **I** *s* **1** klump; stycke; klimp, bit; *~ sugar* bitsocker; *~ sum* klumpsumma; *a ~ of coal* ett kol; *a ~ of sugar* en sockerbit **2** fam. massa, mängd; hög [*the articles were piled in a great ~*] **3** bula, knöl **4** fam. **a**) trögmåns, tjockskalle **b**) *a big ~ of a man* en stor klumpeduns **II** *tr* slå ihop [*they ~ed their expenses*]; *~ together* slå ihop [i klump], bunta ihop; bildl. behandla i klump, skära över en kam **III** *itr* klumpa sig, klimpa sig

lumpy ['lʌmpɪ] *a* full av klumpar, klimpig [*~ sauce*]; knölig [*a ~ bed*], ojämn

lunacy ['lu:nəsɪ] *s* vansinne, vanvett

lunar ['lu:nə] *a* mån- [*~ landscape* (*module*)]; *~ month* synodisk månad; månvarv; *~ orbit* månbana; *~ probe* månsond

lunatic ['lu:nətɪk] **I** *a* vansinnig, vanvettig [*a ~ proposal*]; *~ fringe* se under *fringe I 2* **II** *s* **1** galning, dåre [*work like a ~*] **2** a) föråldr. sinnessjuk [person] b) jur., *certified ~* sinnessjukförklarad person

lunch [lʌntʃ] **I** *s* **1** lunch; [sen] frukost; *have* (*take*) *~* äta lunch (frukost); *~ packet, packed ~* [lunch]matsäck, lunch|korg, -paket **2** i USA a) lunch b) lätt måltid, mellanmål **II** *itr* äta lunch, luncha

luncheon ['lʌntʃən] (formellt för *lunch*) **I** *s* lunch **II** *itr* luncha, äta lunch

lunch-hour ['lʌntʃˌaʊə] *s* lunch|rast, -timme; frukostrast

lunchtime ['lʌntʃtaɪm] *s* lunchtid, lunchdags

lung [lʌŋ] *s* lunga äv. bildl.; attr. lung- [*~ cancer*]

lunge [lʌndʒ] **I** *s* **1** fäkt. utfall äv. bildl. **2** häftig rörelse; *with a ~ he grabbed the ball* han kastade sig på bollen **II** *itr* **1** göra [ett] utfall [äv. *~ out*; *at* mot] **2** rusa, störta; göra ett plötsligt ryck [*the car ~d forward*] **III** *tr* stöta, sticka t. ex. vapen [*into* i], slå slag

lupin ['lu:pɪn] *s* bot. lupin

1 lurch [lɜ:tʃ] **I** *s* överhalning, krängning; fam. raglande, vinglande **II** *itr* göra en överhalning, kränga; fam. ragla, vingla

2 lurch [lɜːtʃ] *s, leave in the ~* lämna i sticket

lure [ljʊə, lʊə] **I** *s* **1** lockbete; vid falkjakt lockfågel, bulvan **2** lockelse, dragningskraft [*the ~ of the sea*] **II** *tr* locka, lura [*away* bort, *into* in i]; *be ~d on to destruction* bli lockad i fördärvet

lurid ['ljʊərɪd, 'lʊə-] *a* **1** brandröd, glödande, flammande [*a ~ sky* (*sunset*)]; skrikig, gräll [*paperbacks in ~ covers*] **2** hotande, hotfull [*~ thunderclouds*]; kuslig, hemsk [*a ~ atmosphere*], makaber, otäck [*~ details*]

lurk [lɜːk] *itr* **1** [stå och] lura [*a man ~ing in the shadow*], stå (ligga) på lur **2** bildl. lura [*dangers were ~ing*]; dölja sig

lurking ['lɜːkɪŋ] *a* lurande [*~ dangers*]; dold; smygande [*a ~ suspicion*]

luscious ['lʌʃəs] *a* **1** läcker, delikat [*~ peaches*]; ljuvlig; *~ lips* sensuella läppar **2** fam. yppig [och sexig] [*a ~ blonde*]

lush [lʌʃ] *a* **1** frodig, yppig [*a ~ growth of vegetation*], saftig [*~ grass*]; grönskande [*~ meadows*] **2** flott, lyxig

lust [lʌst] **I** *s* lusta; kättja; åtrå, begär [*for* efter]; *~ for power* makt|lystnad, -begär **II** *itr, ~ for* (*after*) åtrå, eftertrakta, längta efter; törsta efter [*~ for* (*after*) *gold*]

lustful ['lʌstfʊl] *a* lysten [*~ eyes*], vällustig

lustily ['lʌstəlɪ] *adv* av alla krafter, energiskt, duktigt [*cry ~*], kraftigt; hjärtligt

lustiness ['lʌstɪnəs] *s* [livs]kraft, vigör

lustre ['lʌstə] *s* **1** glans; lyster **2** bildl. glans; *add fresh ~ to* skänka ny glans åt

lustrous ['lʌstrəs] *a* glänsande; skimrande [*~ pearls*]; strålande [*~ eyes*]

lusty ['lʌstɪ] *a* kraftfull, livskraftig; kraftig [*~ cheers, a ~ kick*], hjärtlig [*a ~ laugh*]; *a ~ appetite* en strålande aptit

lute [luːt, ljuːt] *s* mus. luta; se äv. *rift*

Luther ['luːθə, 'ljuː-]

Lutheran ['luːθərən] **I** *a* lut[h]ersk; evangelisk-lut[h]ersk [*the ~ Church*] **II** *s* lut[h]eran

luv [lʌv] *s* skämts., se *love I 4*

lux [lʌks] *s* lux måttenhet för belysningsstyrka

Luxemburg ['lʌksəmbɜːg]

luxuriance [lʌg'zjʊərɪəns, lʌg'ʒʊə-] *s* frodighet, yppighet, ymnighet

luxuriant [lʌg'zjʊərɪənt, lʌg'ʒʊə-] *a* frodig, yppig [*~ vegetation*], ymnig; yvig [*~ hair*]; överlastad, blomsterrik [*~ style*]

luxuriate [lʌg'zjʊərɪeɪt, lʌg'ʒʊə-] *itr* frodas; njuta i fulla drag; *~ in* (*on*) frossa i (på), njuta av, hänge sig åt

luxurious [lʌg'zjʊərɪəs, lʌg'ʒʊə-] *a* **1** luxuös [*a ~ hotel*], lyxig, flott [*~ surroundings*]; praktfull, överdådig; utsökt, läcker [*~ food*]; skön och bekväm **2** lyxälskande; lyxig [*~ habits*] **3** rik, stor [*a ~ harvest*]

luxur|y ['lʌkʃərɪ] *s* **1** lyx, överflöd, överdåd [*live in ~*]; *a life of ~* ett lyxliv, ett liv i lyx **2** lyxartikel, lyxvara [*jewels and other -ies*] **3** attr. lyx- [*a ~ hotel* (*tax*)]

Lydia ['lɪdɪə]

lye [laɪ] *s* lut

1 lying ['laɪɪŋ] **I** *pres p* av *1 lie II* **II** *a* lögnaktig **III** *s* ljugande; lögnaktighet

2 lying ['laɪɪŋ] *pres p* av *2 lie I*

lying-in ['laɪɪŋ'ɪn] *s* barnsäng; *~ hospital* BB barnbördshus

lymph [lɪmf] *s* fysiol., läk. lymfa

lynch [lɪntʃ] **I** *tr* lyncha **II** *s, ~ law* lynchlag

lynx [lɪŋks] *s* lo, lodjur

lynx-eyed ['lɪŋksaɪd] *a* skarpsynt, med lodjursögon

Lyons ['laɪənz, i bet. *2* äv. 'liːɔ̃ːŋ] **1** efternamn; *~'* restaurangkedja i London **2** Lyon

lyre ['laɪə] *s* mus. lyra

lyric ['lɪrɪk] **I** *a* lyrisk; *~ poet* lyrisk skald, lyriker; *~ poetry* (*verse*) lyrik **II** *s* lyrisk dikt; pl. *~s* a) lyrik b) [sång]text

lyrical ['lɪrɪkəl] *a* lyrisk, svärmisk

lyricism ['lɪrɪsɪzəm] *s* lyrisk karaktär (stil)

M

M, m [em] (pl. *M's, m's* [emz]) *s* M, m

M förk. för *motorway* [[*the*] *M 1*]

'm = *am* [*I'm*]

m. förk. för *male, metre*[*s*], *mile*[*s*], *million*[*s*], *2 minute*[*s*]

M.A. ['em'eɪ] förk. för *Master of Arts*

ma [mɑː] *s* fam. mamma; mor

ma'am [məm] *s* frun i tilltal av tjänstefolk m. fl. [*Yes, ~!*]; se äv. *madam 1*

Mabel ['meɪbəl]

Mac [mək, mæk] *pref* (eg. = 'son av'), vanl. obetonat, i skotska o. irländska namn, äv. skrivet *Mc* [*MacDonald, Macdonald, McDonald*]

mac [mæk] *s* fam. (kortform av *mackintosh*) regn|rock, -kappa

macabre [mə'kɑːbr, -bə] *a* makaber; kuslig

macadam [mə'kædəm] *s* makadam

macaroni [ˌmækə'rəʊnɪ] *s* (ital.) makaroni, makaroner

macaroon [ˌmækə'ruːn] *s* kok. mandelkaka, mandelbiskvi; makron; polyné

MacArthur [mə'kɑːθə]

macassar [mə'kæsə] *s* o. *a, ~* [*oil*] makassarolja

Macaulay [mə'kɔːlɪ]

macaw [mə'kɔː] *s* ara sydamerikansk papegoja

Macbeth [mək'beθ]

MacDonald [mək'dɒnəld]

1 mace [meɪs] *s* muskotblomma krydda
2 mace [meɪs] *s* **1** hist. [spik]klubba **2** spira, stav buren framför t. ex. talmannen i underhuset
Macedonia [ˌmæsɪ'dəunjə] Makedonien
Macedonian [ˌmæsɪ'dəunjən] **I** *a* makedonisk **II** *s* makedonier
Mach [mæk] *s*, ~ [*number*] flyg. machtal
machete [mə'tʃetɪ] *s* machete stor kniv
Machiavelli [ˌmækɪə'velɪ] **I** egennamn **II** *s* machiavellist samvetslös politiker; intrigmakare
Machiavellian [ˌmækɪə'velɪən] *a* machiavellisk, bildl. äv. samvetslös
machination [ˌmækɪ'neɪʃən, ˌmæʃ-] *s* ränksmideri, stämpling; pl. ~*s* ränker, intriger
machine [mə'ʃi:n] **I** *s* **1** maskin; [*automatic*] ~ automat **2** bildl. [parti]apparat [*the Democratic* ~]; maskineri **II** *tr* tillverka med maskin; sy på maskin
machine-gun [mə'ʃi:ngʌn] mil. **I** *s* kulspruta, maskingevär; *light* ~ kulsprutegevär **II** *itr* o. *tr* skjuta med kulspruta [på]
machine-gunner [mə'ʃi:nˌgʌnə] *s* mil. kulspruteskytt
machine-made [mə'ʃi:nmeɪd] *a* maskin|gjord, -tillverkad; maskinsydd
machine-room [mə'ʃi:nrum] *s* maskinhall
machinery [mə'ʃi:nərɪ] *s* **1** maskiner, maskinell utrustning [*the factory has much* ~]; *by* ~ med maskinkraft; maskinellt; *made by* ~ äv. maskintillverkad **2** maskineri, mekanism **3** bildl. maskineri, apparat [*the* ~ *of social life*]; [tillvägagångs]sätt
machine-tool [mə'ʃi:ntu:l] *s* verktygsmaskin
machinist [mə'ʃi:nɪst] *s* **1** maskinkonstruktör; maskinreparatör **2** maskin-, verkstads|arbetare; maskinsömmerska
machismo [mə'tʃɪzməu] *s* aggressiv manlighet; manschauvinism
macho ['mɑ:tʃəu] *s* (sp.) he-man, verklig karl
Mackenzie [mə'kenzɪ]
mackerel ['mækrəl] (pl. lika el. ibl ~*s*) *s* zool. makrill
mackintosh ['mækɪntɒʃ] *s* regn|rock, -kappa
Macmillan [mək'mɪlən]
macrocosm ['mækrəukɒzəm] *s* makrokosmos universum
mad [mæd] *a* **1** a) vansinnig; galen, tokig [*about, on* i]; bildl. äv. vanvettig [*a* ~ *idea*] b) fam. arg, rasande, förbaskad c) vild [*with* (av) *joy*]; *go* (*run*) ~ bli vansinnig (galen, tokig, arg etc.); *it's enough to drive* (*send*) *one* ~ det är så man kan bli vansinnig (galen); *like* ~ som [en] besatt [*he ran* (*worked*) *like* ~], vilt; *raving* ~, *stark* ~, *as* ~ *as a* [*March*] *hare* (*a hatter*) spritt [språngande] galen, helgalen **2** [folk]ilsken [*a* ~ *bull*]; galen om hund
Madagascar [ˌmædə'gæskə] Madagaskar
madam ['mædəm] *s* **1** i tilltal: ~ el. *M*~ frun, fröken, i affärer o. d. äv. damen, ofta utan motsv. i sv. [*Yes, M*~!]; *can I help you,* ~? kan jag hjälpa er (damen)?; [*Dear*] *M*~ tilltalsord i formella brev, utan motsv. i sv. **2** fam., *don't come the* ~! inga översittarfasoner! **3** fam. bordellmamma
madame ['mædəm] (pl. *mesdames* ['meɪdæm]) *s* (fr.) madam, fru
madcap ['mædkæp] *s* vildhjärna, galenpanna; yrhätta
madden ['mædn] *tr* göra galen (ursinnig)
maddening ['mædnɪŋ] *a* som kan göra en galen (vild) [~ *pains*]; vansinnig; fam. högst irriterande, outhärdlig [~ *delays*]
madder ['mædə] *s* **1** bot. a) krappväxt b) krapp[rot] **2** krappfärg[ämne]
made [meɪd] **I** imp. av *make* **II** *a* o. *pp* (av *make*) **1** gjord, tillverkad [~ *in England*]; i sms. -gjord, -tillverkad [*factory-made*]; *he is* ~ *for the job* han är som gjord (skapt) för arbetet; [*show them*] *what you are* ~ *of* .. vad du går för (duger till) **2** konstgjord [~ *fur*]; fabricerad; konstruerad, uppbyggd [*the plot is well* ~] **3** sammansatt [*a* ~ *dish*] **4** välbärgad, som lyckats [*a* ~ *man*]; *he's* ~ [*for life*] fam. hans lycka är gjord **5** *he is well* ~ han är välskapad (välväxt)
Madeira [mə'dɪərə] **I** Madeira; ~ *cake* sockerkaka med citronskal **II** *s* madeira vin
Madeleine [ss. eng. namn 'mædlɪn]
mademoiselle [ˌmædəmwə'zel] *s* (fr.) mademoiselle, fröken
made-to-measure ['meɪdtə'meʒə] *a* måttbeställd, måttsydd
made-up ['meɪd'ʌp] *a* **1** uppdiktad, hopkokad [*a* ~ *story*] **2** färdiggjord, konfektionssydd **3** sminkad, målad
Madge [mædʒ] kortform för *Margaret*
madhouse ['mædhaus] *s* fam. dårhus
Madison ['mædɪsn]
mad|man ['mædmən] (pl. *-men*) *s* dåre, galning, vettvilling
madness ['mædnəs] *s* **1** vansinne, galenskap, bildl. äv. vanvett **2** ursinne, raseri
Madonna [mə'dɒnə] *s* madonna
Madrid [mə'drɪd]
madrigal ['mædrɪgəl] *s* mus. o. litt. madrigal
madwoman ['mædˌwumən] *s* vansinnig kvinna
maelstrom ['meɪlstrɒm, -strəum] *s* malström äv. bildl.
maestro [mɑ:'estrəu, 'maɪstrəu] *s* mästare, maestro
Mafia ['mæfɪə, 'mɑ:-] *s*, ~ el. *m*~ maffia
magazine [ˌmægə'zi:n] *s* **1** [illustrerad] tidning, tidskrift; veckotidning **2** mil. [ammu-

nitions-, proviant]förråd; förråds-, krut|hus; [krut]durk **3** magasin i gevär

Magdalen [i bet. *1* 'mægdəlın, i bet. *2* 'mɔːdlın] **1** bibl. Magdalena **2** ~ *College* college i Oxford

Magellan [mə'gelən]

magenta [mə'dʒentə] *s* o. *a* magenta[färgad]

Maggie ['mægı] kortform för *Margaret*

maggot ['mægət] *s* [flug]larv; mask i ost o. kött

maggoty ['mægətı] *a* full av mask[ar], med mask i [~ *cheese*]

magic ['mædʒık] **I** attr. *a* magisk [~ *rites*], troll-, trolldoms- [~ *power*]; trolsk; förtrollad [*a* ~ *wood*]; *the* ~ *carpet* den flygande (förtrollade) mattan; *the M~ Flute* Trollflöjten; ~ *lantern* laterna magica; skioptikon; ~ *wand* troll|spö, -stav **II** *s* magi [*black* ~], trolldom; trolleri, trollkonster; magik; förtrollning, tjuskraft; *as if by* ~, *like* ~ som genom ett trollslag; *act like* ~ ha en magisk verkan

magical ['mædʒıkəl] *a* **1** magisk [~ *effect*], fantastisk **2** trolsk, förtrollande

magician [mə'dʒıʃən] *s* trollkarl; magiker

magisterial [ˌmædʒıs'tıərıəl] *a* auktoritativ; befallande [*a* ~ *manner*], docerande

magistracy ['mædʒıstrəsı] *s*, *the* ~ [freds]domarna, [freds]domarkåren

magistrate ['mædʒıstreıt, -trət] *s* fredsdomare ofta oavlönad, ej juridiskt utbildad domare; [underrätts]domare; ~*s' court* ung. motsv. tingsrätt

Magna C[h]arta ['mægnə'kɑːtə] *s* Magna Charta

magnanimity [ˌmægnə'nımətı] *s* storsinthet, ädelmod

magnanimous [mæg'nænıməs] *a* storsint, ädelmodig, högsint; ädel

magnate ['mægneıt] *s* magnat, storman

magnesia [məg'niːʃə] *s* kem. **1** magnesia **2** fam. magnesiumpreparat; bittersalt

magnesium [məg'niːzjəm] *s* kem. magnesium

magnet ['mægnət] *s* magnet

magnetic [mæg'netık] *a* **1** magnetisk; magnet- [~ *mine* (*needle*)]; ~ *tape* magnetband **2** bildl. tilldragande [*a* ~ *personality*]

magnetism ['mægnətızəm] *s* **1** magnetism **2** bildl. dragningskraft, magnetism

magnetization [ˌmægnətaı'zeıʃən] *s* magnetisering

magnetize ['mægnətaız] *tr* **1** magnetisera, göra magnetisk **2** bildl. fängsla, trollbinda

magneto [mæg'niːtəʊ] *s* [tänd]magnet, magnetapparat i motor

magnification [ˌmægnıfı'keıʃən] *s* förstoring

magnificence [məg'nıfısns] *s* storslagenhet, prakt

magnificent [məg'nıfısnt] *a* storslagen, magnifik; praktfull; fam. härlig [~ *weather*]

magnifico [mæg'nıfıkəʊ] (pl. ~*es*) *s* **1** venetiansk grand **2** bildl. storman, potentat

magnifier ['mægnıfaıə] *s* förstoringsglas, lupp, förstoringsapparat

magnify ['mægnıfaı] *tr* **1** förstora; ~*ing glass* förstoringsglas **2** bildl. förstora, överdriva [~ *the dangers*]

magniloquence [mæg'nıləʊkwəns] *s* högtravande språk; storordighet

magniloquent [mæg'nıləʊkwənt] *a* högtravande; stordig, skrytsam

magnitude ['mægnıtjuːd] *s* storlek; omfattning; betydelse, vikt; astr. magnitud, storleksordning; mat. storhet

magnolia [mæg'nəʊljə] *s* bot. magnolia

magnum ['mægnəm] *s* magnum[butelj]

magpie ['mægpaı] *s* zool. skata

Magyar ['mægjɑː] **I** *s* **1** magyar ungrare **2** magyariska [språket] ungerska **II** *a* magyarisk ungersk

Maharaja[h] [ˌmɑːhə'rɑːdʒə] *s* (hind.) maharadja

mahogany [mə'hɒgənı] *s* **1** mahogny[trä] **2** mahognyträd

Mahomet [mə'hɒmıt] Muhammed

maid [meıd] *s* **1** hembiträde, tjänsteflicka **2** poet. mö, flicka **3** ungmö; *old* ~ gammal ungmö (fröken, nucka); *he* (*she*) *is a bit of an old* ~ han (hon) är lite tantig [av sig] **4** ~ *of honour* a) hovfröken b) [förnämsta] brudtärna

maiden ['meıdn] **I** *s* poet. mö, flicka; ungmö **II** attr. *a* **1** ogift [*my* ~ *aunt*]; jungfrulig; *her* ~ *name was Mill* hennes flicknamn var Mill, hon är (var) född Mill **2** bildl. jungfrulig, orörd [~ *soil*]; opövad **3** förstlings-, allra första [~ *work*], jungfru- [~ *speech* (*voyage*)]

maidenhead ['meıdnhed] *s* **1** jungfrulighet; mödom **2** mödomshinna

maidenhood ['meıdnhʊd] *s* jungfrulighet; mödom

maidenlike ['meıdnlaık] *a* flickaktig; blyg

maidenly ['meıdnlı] *a* jungfrulig; ärbar

maidservant ['meıdˌsɜːvənt] *s* hembiträde, tjänsteflicka, jungfru

1 mail [meıl] *s* brynja, rustning; pansar; *coat of* ~ brynja, pansarskjorta

2 mail [meıl] **I** *s* **1** isht Am. post försändelser [*open the* ~]; postlägenhet [*by the next* ~]; post[befordran]; pl. ~*s* post[försändelser]; ~ *order* postorder; *send by* ~ sända med posten (per post) **2** post[verk] **3** posttåg [*night* ~] **II** *tr* isht Am. sända (skicka) med posten (per post); skicka [av] [~ *a parcel*], posta, lägga på [~ *a letter*]

mail-bag ['meılbæg] *s* postsäck; postväska

mailbox ['meɪlbɒks] *s* Am. brevlåda
mailing ['meɪlɪŋ] *s* **1** postande **2** attr., ~ *address* postadress; ~ *list* adressregister
mailman ['meɪlmən] *s* Am. brevbärare
mail-order ['meɪl,ɔ:də] attr. *a* postorder- [~ *catalogue* (*firm*)]
mail-van ['meɪlvæn] *s* **1** järnv. post|kupé, -vagn **2** postbil
maim [meɪm] *tr* lemlästa; skadskjuta
main [meɪn] **I** *a* **1** huvudsaklig, väsentlig; störst; huvud- [~ *building*]; ~ *bearings* ramlager; *have an eye to* (*look to*) *the* ~ *chance* se till sin egen vinning, ha födgeni, vara om sig; *the* ~ *entrance* huvudingången; *the* ~ *floor* Am. bottenvåningen, gatuplanet i varuhus; ~ *line* huvudlinje; *the* ~ *point* (*thing*) huvudsaken, huvudpunkten; ~ *road* huvudväg, [stor] landsväg; ~ *street* huvudgata, Am. storgata [ofta ss. namn *M*~ *Street*] **2** *by* ~ *force* a) med våld b) av alla krafter **II** *s* **1** *in the* ~ huvudsakligen, i huvudsak, på det hela taget **2** *with might and* ~ med all makt, av alla krafter **3** huvudledning för vatten, gas, elektricitet; pl. ~*s* elektr. nät; ~*s connection* nätanslutning; ~*s receiver* radio. nätmottagare; ~*s set* radio. nätansluten apparat **4** sjö. **a**) storsegel; *the* ~ vanl. storen **b**) stormast
main-brace ['meɪnbreɪs] *s* sjö. storbrass; se äv. *splice I 1*
main-deck ['meɪndek] *s* sjö. huvuddäck
Maine [meɪn]
mainhatch ['meɪnhætʃ] *s* sjö. storlucka
mainland ['meɪnlənd, -lænd] *s* fastland
mainly ['meɪnlɪ] *adv* huvudsakligen, mest, till största delen, övervägande; väsentligen
mainmast ['meɪnmɑ:st, sjö. -məst] *s* sjö. stormast
mainsail ['meɪnseɪl, sjö. -sl] *s* sjö. storsegel
mains-operated ['meɪnz,ɒpəreɪtɪd] *a* nätansluten, för (med) nätdrift
mainstay ['meɪnsteɪ] *s* **1** sjö. storstag **2** bildl. stöttepelare
maintain [meɪn'teɪn] *tr* **1** uppehålla, upprätthålla [~ *contact*], vidmakthålla [~ *law and order*], [bi]behålla, bevara [~ *a tradition*], hålla [~ *a speed of 90 kilometres an hour*] **2** underhålla, hålla i gott skick **3** hålla på, hävda [~ *o.'s rights*] **4** underhålla, försörja [~ *a family*], livnära **5** stå fast vid [~ *o.'s principles*]; vidhålla, hävda [*I* ~ *that* . .]
maintenance ['meɪntənəns] *s* **1** uppehållande etc., se *maintain 1* **2** underhållande; underhåll, skötsel; mil. underhållstjänst **3** försvarande, försvar; understödjande **4** underhållande, försörjning; underhåll [*she gets no* ~ *from her husband*]; ~ *order* jur. underhållsåläggande **5** förfäktande, vidhållande, hävdande

maize [meɪz] *s* bot. majs
majestic [mə'dʒestɪk] *a* majestätisk
majestically [mə'dʒestɪkəlɪ] *adv* majestätiskt
majesty ['mædʒɪstɪ] *s* majestät; majestätisk storhet (storslagenhet) [*the* ~ *of Rome*]; *Your* (*His, Her*) *M*~ Ers (Hans, Hennes) Majestät
majolica [mə'jɒlɪkə] *s* majolika slags fajans
major ['meɪdʒə] **I** *a* **1** större [*a* ~ *operation*], stor- [*a* ~ *war*], [mera] betydande [*the* ~ *cities*]; *the* ~ *part* (*portion*) större (största) delen, huvudparten; ~ *road* huvudled; ~ *road ahead* på trafikskylt korsande huvudled **2** mus. dur- [~ *scale*]; ~ *key* durtonart; *be in the* ~ *key* gå i dur; *A* ~ a-dur **II** *s* mil. major **III** *itr*, ~ *in* Am. univ. specialisera sig på, ha (välja) som huvudämne
Majorca [mə'dʒɔ:kə, mə'jɔ:-] Mallorca
major-domo ['meɪdʒə'dəʊməʊ] *s* hist. major domus
major-general ['meɪdʒə'dʒenərəl] *s* generalmajor
majority [mə'dʒɒrətɪ] *s* **1** majoritet: **a**) flertal; *the* ~ *of people* de flesta [människor] **b**) *absolute* (*clear, overall*) ~ absolut majoritet **2** myndig ålder, myndighetsålder; *attain* (*reach*) *o.'s* ~ bli myndig
make [meɪk] **A** (*made made*) *vb* **I** *tr* (se äv. *III* o. *made*; för spec. förbindelser ss. ~ *room* (*way*), ~ *a fool of*, ~ *light of* se under resp. huvudord) **1 a**) göra [*of, out of* av; *from* av, på]; tillverka, framställa; ~ *into* göra till, förvandla till; *she is as sweet as they* ~ *them* hon är det sötaste man kan tänka sig **b**) göra [i ordning], laga [till] [~ *lunch*], koka [~ *coffee* (*tea*)]; sy [~ *a dress*] **c**) göra, åstadkomma; ingå [~ *an agreement*], fatta [~ *a decision*]; hålla [~ *a speech*], stifta [~ *laws*], sluta [~ *an alliance*]; lämna, ge [~ *a contribution*], komma med [~ *excuses*], ställa [~ *conditions*], avge [~ *a promise*]; ~ *the bed* bädda [sängen]; ~ *bread* baka bröd; ~ *haste* raska på, skynda sig; ~ *a phone call* ringa ett samtal; ~ *war* föra krig; börja krig; ~ *water* a) sjö. ta in vatten, läcka b) kasta vatten

2 a) med adj. göra; ~ *a p. happy* göra ngn glad; *what* ~*s you so late?* hur kommer det sig att du är så sen? **b**) göra till [~ *it a rule*], utnämna (utse) till [*they made him chairman*]

3 med inf.: **a**) få (komma) att [*he made me cry*], förmå att [*he made me do it*], låta [*he made me work hard*], tvinga att; i roman o. d. låta [*the author* ~*s the heroine die in the last chapter*]; *it's enough to* ~ *one cry* det är så man kan gråta [åt det]; *what made the car stop?* vad var det som gjorde att bilen stannade? **b)** ~ *believe that one is* låtsas att man är **c)** ~ *do* klara sig

4 a) [för]tjäna [~ *£9,000 a year*]; göra [sig], skapa [sig] [~ *a fortune*]; få, skaffa sig [~ *many friends*] **b)** vinna, göra [~ *5 points*]; kortsp. ta [hem] [~ *a trick* (stick)] **c)** [för]skaffa [*that made him many enemies*]

5 bli, vara [*this ~s the tenth time*], göra; bilda, utgöra; *3 times 3 ~[s] 9* 3 gånger 3 är (blir, gör) 9; *100 pence ~ a pound* det går 100 pence på ett pund

6 a) uppskatta till [*I ~ the distance 5 miles*], få till [*how many do you ~ them?*]; *what time do you ~ it?, what do you ~ the time?* hur mycket är din klocka?; *what do you ~ of that?* vad säger (tror) du om det?; *I don't know what to ~ of it* jag vet inte vad jag ska tro om det **b)** bestämma (fastställa) till [~ *the price 10 dollars*]; ~ *it two!* a) ta två! b) vi säger två!; *let's ~ it 6 o'clock!* ska vi säga (bestämma) klockan 6?

7 avverka, tillryggalägga, köra o. d. [~ *50 miles in a day*]

8 a) komma fram till, [lyckas] nå [~ *the summit*] **b)** sjö. nå [~ *port*], angöra, få i sikte [~ *land*] **c)** hinna med (till) [*we made the bus*]; *can we ~ it?* hinner vi?

9 a) göra berömd [*that book made him*]; *it will ~ or break him* det blir hans framgång eller fall **b)** *that's made the (my) day* dagen är räddad

II *itr* (se äv. *III*) **1 a)** styra kurs, fara, gå [*for* mot, till; *towards* mot]; skynda, rusa [*for* mot, till; *towards* mot] **b)** ~ *at* slå efter, hötta mot [*he made at me with his stick*] **2** ~ *for* främja, bidra till, verka för [~ *for better understanding*] **3 a)** ~ *as if* (*as though*) låtsas som om [*he made as if he didn't hear us*]; göra min av att [vilja] [*he made as if to go*] **b)** ~ *to* göra en ansats att, visa tecken till att

III *tr* o. *itr* med adv. med spec. övers.: ~ **away with** a) röja undan b) försvinna med

~ **off** ge sig i väg, smita, sjappa [*with* med]

~ **out: a)** skriva (ställa) ut [~ *out a cheque*], utfärda [~ *out a passport*], göra upp, upprätta [~ *out a list*]; fylla i [~ *out a form*] **b)** tyda; uppfatta, urskilja, skönja **c)** förstå, begripa [*as far as I can ~ out*], komma underfund med; *I can't ~ him out* äv. jag förstår mig inte på honom; *how did you ~ that out?* hur kom du fram till det? **d)** bevisa [riktigheten av], framlägga, förklara [~ *out o.'s case*] **e)** påstå, göra gällande [*he made out that I was there*]

~ **over** överlåta, lämna över [*to* till]

~ **up: a)** utgöra, [tillsammans] bilda, skapa; *be made up of* bestå (utgöras) av **b)** göra (sätta, ställa) upp, upprätta [~ *up a list*] **c)** hitta på, dikta ihop **d)** laga (reda) till, göra i ordning, expediera [~ *up a prescription*]; sätta (blanda, röra) ihop [*into* till]; sy upp [~ *up a dress*], sy [ihop]; ~ *up a bed* ställa i ordning en säng **e)** slå (packa, lägga) in [~ *up a parcel*] **f)** sminka, teat. äv. maskera [*as* till]; ~ [*o.s.*] *up* sminka (måla) sig, göra make up, teat. äv. maskera sig **g)** göra upp, avsluta [~ *up the accounts*] **h)** fylla ut, komplettera; få ihop till [~ *up the required sum*]; täcka [~ *up a deficit*] **i)** göra upp [~ *up a quarrel*], bilägga; ~ *it up* bli sams igen **j)** ~ *up* [*for*] ersätta, gottgöra [~ *up* [*for*] *the loss*], reparera; ta igen, hämta in [~ *up* [*for*] *lost time*]; ~ *it up to a p.* [*for a th.*] gottgöra ngn [för ngt], ge ngn kompensation [för ngt]; ~ *up for lost ground* ta igen det försummade; *to ~ up for it* äv. i gengäld, som kompensation

B *s* **1** fabrikat: **a)** tillverkning [[*of*] *our own ~*] **b)** märke [*cars of all ~s*] **2** utförande, snitt **3** fam., *be on the ~* vara vinningslysten, vara om sig

make-believe ['meɪkbɪˌli:v] **I** *s* inbillning, fantasi; låtsaslek **II** attr. *a* låtsad, spelad; oäkta; låtsas- [~ *friend* (*world*)]

maker ['meɪkə] *s* **1** tillverkare, fabrikant **2** skapare; *the* (*our*) *M~* Skaparen

makeshift ['meɪkʃɪft] **I** *s* provisorium, nödlösning; surrogat **II** *a* provisorisk, tillfällig; nöd- [*a ~ solution*]; improviserad

make-up ['meɪkʌp] *s* **1** a) make up b) sminkning, teat. äv. maskering c) smink, kosmetika **2** sammansättning [*the ~ of a team*], beskaffenhet, natur

makeweight ['meɪkweɪt] *s* fyllnadsgods

making ['meɪkɪŋ] *s* **1** tillverkning, förfärdigande; tillagning; skapande; *the ~ of English* hur engelskan blivit vad den är; *that was the ~ of him* det gjorde folk av honom **2** *have the ~s of..* ha goda förutsättningar att bli.., vara ett bra ämne till..

Malacca [mə'lækə] **I** Malacka **II** *s, m~* [*cane*] spanskrör, rottingkäpp

maladjusted ['mælə'dʒʌstɪd] *a* **1** feljusterad **2** missanpassad; miljöskadad

maladjustment ['mælə'dʒʌs*t*mənt] *s* **1** feljustering **2** missanpassning; miljöskada

maladroit ['mælə'drɔɪt] *a* klumpig, tafatt

malady ['mælədɪ] *s* sjukdom [*spiritual maladies*]; sjuka, ont äv. bildl. [*a social ~*]

malaise [mæ'leɪz] *s* **1** illamående; olust[-känslor] **2** svårigheter, problem, besvär

malapropism ['mæləprɒpɪz*ə*m] *s* felanvändning av ord [*'epitaphs' for 'epithets' is a ~*], groda

malaria [mə'leərɪə] *s* läk. malaria

Malawi [mə'lɑ:wɪ]

Malay [mə'leɪ] **I** *s* **1** malaj **2** malajiska [språket] **II** *a* malajisk; *the ~ Peninsula* Malackahalvön

Malaya [mə'leɪə] Malaya södra delen av Malackahalvön
Malayan [mə'leɪən] **I** *a* malajisk **II** *s* malaj
Malaysia [mə'leɪzɪə] Malaysia, Malajsien
Malaysian [mə'leɪzɪən] **I** *s* malaysier **II** *a* malaysisk
Malcolm ['mælkəm]
malcontent ['mælkənˌtent] isht polit. **I** *a* missnöjd **II** *s* missnöjd person
male [meɪl] **I** *a* manlig [*~ heir*], mans- [*~ voice*], av mankön; han- [*~ animal*], av hankön; *~ child* gossebarn; *~ elephant* elefanthane; *~ nurse* sjukskötare, manlig sjuksköterska; *~ sex* mankön, hankön; *~* [*voice*] *choir* manskör **II** *s* **1** mansperson, manlig individ **2** zool. hane, hanne
malediction [ˌmælɪ'dɪkʃən] *s* förbannelse
maledictory [ˌmælɪ'dɪktərɪ] *a* förbannelse-
malefactor ['mælɪfæktə] *s* brottsling, missdådare, ogärningsman
malevolence [mə'levələns] *s* elakhet, illvilja
malevolent [mə'levələnt] *a* elak, illvillig
malformation ['mælfɔː'meɪʃən] *s* missbildning, vanskapthet
malformed [mæl'fɔːmd] *a* missbildad, vanskapt
Mali ['mɑːlɪ]
malice ['mælɪs] *s* illvilja, elakhet; spydighet; skadeglädje; *bear ~* hysa agg
malicious [mə'lɪʃəs] *a* illvillig, elak, ondskefull; maliciös, skadeglad [*a ~ smile*]
malign [mə'laɪn] **I** *a* skadlig, fördärvlig [*~ influence*] **II** *tr* baktala, svärta ned
malignancy [mə'lɪgnənsɪ] *s* **1** ondska, ondskefullhet **2** läk. elakartad beskaffenhet
malignant [mə'lɪgnənt] *a* **1** ondskefull, hätsk **2** läk. elakartad [*~ tumour*]
malinger [mə'lɪŋgə] *itr* isht mil. simulera spela sjuk
malingerer [mə'lɪŋgərə] *s* simulant
mallard ['mæləd] *s* zool. gräsand
malleability [ˌmælɪə'bɪlətɪ] *s* **1** smidbarhet **2** bildl. formbarhet; smidighet, foglighet
malleable ['mælɪəbl] *a* **1** smidbar **2** bildl. formbar, smidig; foglig
mallet ['mælɪt] *s* mindre klubba, [trä]hammare; sport. klubba för krocket och polo
mallow ['mæləʊ] *s* bot. malva
malnutrition ['mælnjʊ'trɪʃən] *s* fel-, undernäring
malpractice ['mæl'præktɪs] *s* **1** försummelse, ämbetsbrott; olaglighet **2** felgrepp, försyndelse
malt [mɔːlt] **I** *s* malt; *~ liquors* maltdrycker **II** *tr* **1** mälta **2** tillsätta malt till
Malta ['mɔːltə]
Maltese ['mɔːl'tiːz] **I** *a* maltesisk; *~ cross* malteserkors **II** *s* **1** (pl. lika) maltesare **2** maltesiska [språket]
maltreat [mæl'triːt] *tr* misshandla
maltreatment [mæl'triːtmənt] *s* misshandel, omild behandling
mama [mə'mɑː] *s* se *mamma*
mamma [mə'mɑː, Am. 'mɑːmə] *s* barnspr. mamma; *~'s boy* mammasgosse
mammal ['mæməl] *s* däggdjur
mammary ['mæmərɪ] *a* anat. bröst-; *~ gland* bröst-, mjölkkörtel
mammon ['mæmən] *s* mammon
mammoth ['mæməθ] **I** *s* zool. mammut **II** attr. *a* jättelik, mammut-, mastodont-
mammy ['mæmɪ] *s* isht Am. **1** barnspr. mamma **2** a) svart barnsköterska b) gammal negress
Man [mæn] *s, the Isle of ~* ön Man
man [mæn] **I** (pl. *men* [men]) *s* **1** man, karl; mannen [*~ is physically stronger than woman*]; herre [*important* (höga) *men*]; fam. i tilltal gosse! [*hurry up, ~!*], du, hörru; *a ~'s ~* en [riktig] karlakarl; *men's clothes* herrkläder; *every ~ for himself* var och en för sig; *an old ~* en gammal man, en [gammal] gubbe; *hello, old ~!* fam. hej gamle gosse (vän)!; *old ~ Jones* fam. gubben Jones; *her old ~* fam. hennes gubbe make; *the old ~* fam. [fars]gubben; *her young ~* fam. hennes pojkvän (pojke); *that ~ Brown* den där Brown; *~ and boy* adverbiellt alltsedan pojkåren; *be a ~!* var som en karl!; *when I am a ~* när jag blir stor; *he is your ~* han är [säkert] rätte mannen; *I'm your ~* fam. kör till då!, okay!; *make a ~ of a p.* göra karl (folk) av ngn; *~ for ~* individuellt [sett], en för en; *~ to ~* man mot man; man och man emellan; öppet; *a ~ about town* en vivör; en flanör; *the ~ in the street* fam. mannen på gatan, gemene man **2** människa [*all men must die*; *feel a new ~*]; vanl. *M~* människan i allm. bet.; *~ and beast* folk och fä; *Shaw the ~* Shaw som människa; *M~ proposes, God disposes* människan spår, [men] Gud rår; *the fall of ~* syndafallet **3** betjänt [*my ~ Jeeves*], tjänare; dräng; biträde **4** arbetare [*the men were locked out*] **5** vanl. pl. *men* mil. meniga [*officers and men*]; sjö. matroser; *200 men* äv. 200 man; *the men* äv. manskapet, karlarna **6** *he is a Bristol ~* han är från Bristol; *an Oxford ~* fam. en [gammal (f. d.)] oxfordstudent **7** attr. o. i sms. människo-, man-, karl- [*man-hater*]; manlig; *men friends* manliga vänner; herrbekanta **8** pjäs i schack; bricka i brädspel o. d.
II *tr* **1** isht sjö. o. mil. bemanna [*~ a ship*; *~ the guns*]; besätta med manskap [*~ the barricades*] **2** besätta [*~ a post*]
manacle ['mænəkl] **I** *s,* vanl. pl. *~s* handbojor, -klovar **II** *tr* sätta (lägga) handbojor på
manage ['mænɪdʒ] **I** *tr* **1** hantera [*~ an*

oar]; sköta, ha hand om, handha, leda [~ *a business*], förvalta; isht sjö. manövrera, styra **2** få bukt med, 'sköta [om]' [*I think I can ~ him*] **3** klara, orka med; lyckas med, lyckas [*she ~d to do it*]; sköta, ordna; *I can't* (*couldn't*) ~ *another thing* jag orkar inte mer (är mätt); *I think I can ~ that* det tror jag nog jag skall kunna (kan) klara **II** *itr* klara sig (det), reda sig [*we can't ~ without his help*]

manageable ['mænɪdʒəbl] *a* [lätt]hanterlig; lättskött; medgörlig, foglig

managed ['mænɪdʒd] *a* skött [*badly ~*]

management ['mænɪdʒmənt] *s* **1** a) skötsel, drift, förvaltning, ledning b) [företags]ledning, styrelse, direktion; *under new ~* på skylt ny regim **2** handhavande, behandling; hanterande; isht sjö. manövrering **3** behandling, manövrerande, lirkande

manager ['mænɪdʒə] *s* **1** direktör, chef, disponent; ledare, föreståndare; [*branch*] ~ kamrer för banks avdelningskontor **2** manager; sport. äv. lagledare; förbundskapten

manageress ['mænɪdʒə'res] *s* direktris; föreståndarinna

managerial [ˌmænə'dʒɪərɪəl] *a* direktörs- etc., jfr *manager 1, 2*; styrelse- [*a ~ meeting*]

managership ['mænɪdʒəʃɪp] *s* direktörskap, direktörspost etc., jfr *manager 1, 2*; sport. [lag]ledning, [lag]ledarskap

managing ['mænɪdʒɪŋ] *a* förvaltande, ledande, styrande; ~ *clerk* prokurist; kontorschef; ~ *director* verkställande direktör

Manchester ['mæntʃɪstə, -əstə]

man-child ['mæntʃaɪld] *s* gossebarn

Manchuria [mæn'tʃʊərɪə] Manchuriet

Mandalay [ˌmændə'leɪ]

mandarin ['mændərɪn] *s* **1** a) mandarin kinesisk ämbetsman b) (äv. *M~*) mandarin[-språket] **2** bildl. byråkrat, pamp, mandarin; ~ *prose* lärd jargong, mandarinspråk **3** a) mandarin frukt b) mandarinträd

mandarine [ˌmændə'ri:n] *s* se *mandarin 3*

mandate ['mændeɪt] **I** *s* **1** mandat, uppdrag; förordnande; avtal **2** fullmakt, bemyndigande **3** polit. a) mandat [*of, over* över] b) mandat[land, -område] **4** befallning, order **II** *tr* överlämna till mandatärmakt; *~d territory* mandat[område]

mandatory ['mændətərɪ] *a* **1** ~ *power* mandatärmakt **2** föreskriven, obligatorisk **3** befallande, påbjudande

mandolin[e] ['mændəlɪn] *s* mandolin

mandragora [mæn'drægərə] *s* o. **mandrake** ['mændreɪk] *s* bot. alruna

mandrill ['mændrɪl] *s* mandrill slags babian

mane [meɪn] *s* man på djur, äv. fam. för tjockt hår

man-eating ['mænˌi:tɪŋ] *a* människoätande [~ *tiger*]

maneuver [mə'nu:və] *s* o. *itr* o. *tr* Am., se *manœuvre*

manful ['mænfʊl] *a* manlig

manganese [ˌmæŋgə'ni:z] *s* kem. mangan

mange [meɪndʒ] *s* skabb på husdjur

mangel-wurzel ['mæŋgl'wɜ:zl] *s* bot. foderbeta

manger ['meɪndʒə] *s* krubba; *a dog in the ~* se *dog I 1*

1 mangle ['mæŋgl] **I** *s* **1** mangel, isht varm-, stryk|mangel **2** vridmaskin **II** *tr* o. *itr* **1** mangla **2** vrida

2 mangle ['mæŋgl] *tr* **1** hacka sönder, sarga **2** illa tilltyga **3** bildl. fördärva, misshandla

mango ['mæŋgəʊ] *s* bot. **1** mango frukt **2** mangoträd

mangy ['meɪndʒɪ] *a* **1** skabbig [*a ~ dog*] **2** sjaskig, eländig **3** bildl. lumpen, tarvlig, usel

manhandle ['mænˌhændl] *tr* fam. hantera hårdhänt, illa tilltyga, misshandla

man-hater ['mænˌheɪtə] *s* **1** människohatare **2** karl-, man|hatare

Manhattan [mæn'hætən]

manhole ['mænhəʊl] *s* manhål; i gata o. d. inspektionsbrunn

manhood ['mænhʊd] *s* **1** mannaålder, vuxen ålder [*reach ~*]; manbarhet **2** manlighet; mandom

mania ['meɪnjə] *s* mani; fluga, vurm

maniac ['meɪnɪæk] *s* **1** galning, dåre; niding **2** psyk. o. med. maniker

maniacal [mə'naɪəkəl] *a* galen, vansinnig

manic-depressive ['mænɪkdɪ'presɪv] psyk. o. med. **I** *a* mano-, manisk|depressiv **II** *s* mano-, manisk|depressiv [person]

manicure ['mænɪkjʊə] **I** *s* manikyr **II** *tr* manikyrera

manicurist ['mænɪkjʊərɪst] *s* manikyrist

manifest ['mænɪfest] **I** *a* påtaglig, uppenbar, tydlig, klar [*a ~ truth*] **II** *s* godslista, sjö. manifest **III** *tr* manifestera, ådagalägga, visa; uppenbara, tydligt visa, röja [~ *o.'s feelings*]; ~ *o.s.* a) visa sig [*the ghost ~ed itself at midnight*] b) yttra (visa) sig; göra sig gällande

manifestation [ˌmænɪfes'teɪʃən] *s* **1** manifestation; tecken; uttryck; utslag [*a ~ of bad temper*] **2** demonstration, manifestation

manifestly ['mænɪfestlɪ] *adv* uppenbarligen, tydligen

manifesto [ˌmænɪ'festəʊ] *s* manifest, offentlig deklaration, [program]förklaring

manifold ['mænɪfəʊld] **I** *a* mångfaldig, mångahanda [~ *duties*] **II** *s* förgreningsrör, [gren]rör [*exhaust ~, intake ~*]

manikin ['mænɪkɪn] *s* **1** pyssling, dvärg, kryp **2** skyltdocka; provdocka; målares modelldocka

Manila o. **Manilla** [mə'nɪlə] **I** egennamn **II** *s*

(äv. *m~*) **1** manilla[hampa] **2** attr. manilla-
manipulate [mə'nɪpjuleɪt] *tr* **1** hantera, manövrera [*~ a lever*] **2** fuska med [*~ accounts*] **3** manipulera, styra [*~ o.'s supporters*]
manipulation [məˌnɪpju'leɪʃən] *s* **1** handgrepp; hanterande, skötsel; användning **2** manipulation, konstgrepp, [affärs]knep **3** manipulation, styrning [*of* av]
Manitoba [ˌmænɪ'təubə]
mankind [i bet. *1* mæn'kaɪnd, i bet. *2* 'mænkaɪnd] *s* **1** mänskligheten, människosläktet **2** manssläktet, män, männen
manly ['mænlɪ] *a* **1** manlig [*~ behaviour; ~ sports*] **2** manhaftig [*a ~ woman*]
man-made ['mænmeɪd] *a* gjord (skapad) av människohänder; människotillverkad
manna ['mænə] *s* bibl., bot. manna äv. bildl.
mannequin ['mænɪkɪn] *s* **1** skyltdocka; provdocka **2** ngt åld. mannekäng
manner ['mænə] *s* **1** sätt, vis; *in a ~ of speaking* så att säga; *adverb of ~* sättsadverb; *he is to the ~ born* det faller sig alldeles naturligt för honom; han är född till det **2** sätt [att uppträda], hållning, uppträdande, beteende **3** pl. *~s* maner, [belevat] sätt, [gott] uppförande; *good ~s* god ton, fint sätt; goda seder; *where are your ~s?* hur uppför du dig egentligen?; *he has no ~s* han förstår inte att (kan inte) uppföra sig; *teach a p. ~s* lära ngn [att] uppföra sig **4** pl. *~s* seder, [levnads]vanor; *~s and customs* seder och bruk; *a comedy of ~s* en sedekomedi (karaktärskomedi) **5** stil, maner [*an artist's ~*] **6** sort, slag; *what ~ of man is he?* vad är det (han) för slags karl?; *by no* (*not by any*) *~ of means* inte på minsta sätt, på intet vis; *all ~ of things* allt möjligt
mannered ['mænəd] *a* [för]konstlad, tillgjord
mannerism ['mænərɪzəm] *s* maner
mannerly ['mænəlɪ] *a* belevad, väluppfostrad
mannish ['mænɪʃ] *a* manhaftig [*a ~ woman*]; karlaktig, maskulin, okvinnlig
manœuvrability [məˌnu:vrə'bɪlətɪ] *s* styrförmåga; manöverduglighet
manœuvre [mə'nu:və] **I** *s* manöver äv. bildl. **II** *tr* manövrera [med]; leda, föra, styra
man-of-war ['mænəv'wɔ:] (pl. *men-of--war*) *s* örlogs|fartyg, -man; krigsfartyg
manometer [mə'nɒmɪtə] *s* fys. manometer
manor ['mænə] *s* herrgård; gods; hist. säteri; *the lord of the ~* godsägaren; hist. godsherren
manor-house ['mænəhaus] *s* herrgård; herresäte; slott
manpower ['mænˌpauə] *s* arbetskraft
manqué [mɑ̃:ŋ'keɪ] *a* (fr.), *he is an artist ~* han är en misslyckad konstnär; han kunde ha blivit konstnär
manservant ['mænˌsɜ:vənt] (pl. *menservants*) *s* [manlig] tjänare, betjänt
mansion ['mænʃən] *s* **1** [ståtlig] byggnad, förnäm bostad, herrgård[sbyggnad] **2** pl. *~s* hyreshus, bostadskvarter
man-sized ['mænsaɪzd] *a* fam. **1** i mansstorlek **2** som kräver en man [*a ~ undertaking*]
manslaughter ['mænˌslɔ:tə] *s* jur. dråp
mantelpiece ['mæntlpi:s] *s* spis[el]|krans, -hylla; *~ clock* pendyl
mantelshelf ['mæntlʃelf] *s* spis[el]hylla
mantilla [mæn'tɪlə] *s* mantilj
mantis ['mæntɪs] *s* zool. bönsyrsa [äv. *praying ~*]
mantissa [mæn'tɪsə] *s* mat. mantissa
mantle ['mæntl] **I** *s* **1** mantel, cape **2** bildl. täcke [*a ~ of snow*] **3** zool. o. tekn. mantel **4** [glöd]strumpa [*gas-mantle*] **II** *tr* hölja, täcka; breda ut sig över [*a blush ~d her cheeks*]
man-to-man ['mæntə'mæn] *a* . . man mot man [*a ~ fight*], . . man och man emellan; *~ marking* sport. punktmarkering
manual ['mænjuəl] **I** *a* manuell, [utförd] med händerna, hand-; *~ gearshift* handspak **II** *s* handbok, lärobok
manually ['mænjuəlɪ] *adv* för hand, manuellt
manufacture [ˌmænju'fæktʃə] **I** *s* **1** tillverkning, fabrikation; produktion **2** produkt, [fabriks]vara; tillverkning, fabrikat **II** *tr* tillverka [*~ shoes*], fabricera, producera
manufacturer [ˌmænju'fæktʃərə] *s* fabrikant, tillverkare, producent; fabrikör
manufacturing [ˌmænju'fæktʃərɪŋ] **I** *s* fabrikation, tillverkning, produktion; fabricering **II** *a* fabriks- [*~ district*]
manure [mə'njuə] **I** *s* gödsel; *artificial ~* konstgödsel **II** *tr* gödsla, göda
manuscript ['mænjuskrɪpt] **I** *s* manuskript, manus [*of* till], handskrift **II** *a* handskriven [*a ~ copy*], i manuskript
Manx [mæŋks] *a* från ön Man
many ['menɪ] *a* o. *s* många; mycket [*~ people* (folk)]; *~ thanks* tack så mycket; *a good ~* ganska (rätt) många; ganska (rätt) mycket; *~ a man* mången [man]; [*I've been here*] [*~ and*] *~ a time* . . många gånger, . . mången gång; [*I've not been there*] *for ~ a day* . . på [mycket] länge, . . på mången god dag; *as ~ again* lika många till; *not very ~* inte så (särskilt, så värst) många; *they behaved like so ~ ruffians* de bar sig åt som riktiga busar; *he said so in so ~ words* han sa klart och tydligt så; han sa så (det) rent ut
Maori ['maurɪ] *s* **1** maori inföding på Nya

Zeeland **2** maori[språket]
map [mæp] **I** *s* karta; [sjö]kort [*a ~ of* (över) *the islands*]; *off the ~* fam. a) inte aktuell b) utanför kartan, avsides belägen **II** *tr*, *~ out* a) kartlägga [i detalj] b) staka ut; planera, ruta in [*~ out o.'s time*]
maple ['meɪpl] *s* **1** bot. lönn **2** lönn[trä]
maple-leaf ['meɪplli:f] (pl. *maple-leaves*) *s* lönn|löv, -blad Canadas nationalsymbol
Mar. förk. för *March*
mar [mɑ:] *tr* fördärva; skämma, störa; vanpryda; *make or ~* hjälpa eller stjälpa
marabou ['mærəbu:] *s* zool. marabu[stork]
maraca [mə'rækə] *s* mus., vanl. pl. *~s* maracas
Marathon ['mærəθən] **I** egennamn **II** *s* (äv. *m~*) maraton[lopp]; attr. maraton-
maraud [mə'rɔ:d] **I** *itr* marodera, plundra [*~ing bands of outlaws*]; företa härjningståg [*on* mot] **II** *tr* plundra [*a ~ed town*]
marauder [mə'rɔ:də] *s* marodör
marble ['mɑ:bl] **I** *s* **1** marmor **2** pl. *~s* [kollektion av] marmorskulpturer **3** kula till kulspel; *play ~s* spela kula **4** marmorering **II** *a* marmor- [*a ~ statue*]
marbled ['mɑ:bld] *a* marmorerad, ådrig
marble-topped ['mɑ:bltɒpt] *a* med marmorskiva [*a ~ table*]
March [mɑ:tʃ] *s* månaden mars
1 march [mɑ:tʃ] **I** *itr* **1** marschera [*for* mot, till; *against, on* mot], tåga; vandra; *~ off* marschera (tåga) i väg; *~ past* defilera [förbi]; *forward ~!* framåt marsch!; *quick ~!* [avdelning] framåt marsch! **2** bildl. gå framåt, avancera; *~ on* skrida fram[åt] [*time ~es on*] **II** *tr* låta marschera; föra [i marschordning]; *~ off* föra bort [*they ~ed him off to prison*] **III** *s* **1** marsch, tåg; *~ past* förbimarsch, defilering; *on the ~* under marsch[en]; på marsch **2** dagsmarsch [äv. *day's ~*]; *gain a ~ on* komma en dagsmarsch före; *steal a ~ on* bildl. [obemärkt] skaffa sig ett försprång framför **3** mus. marsch; *dead* (*funeral*) *~* begravnings-, sorg|marsch; *wedding ~* bröllopsmarsch **4** bildl. framåtskridande; *the ~ of events* händelseutvecklingen; *the ~ of time* tidens gång
2 march [mɑ:tʃ] *s*, pl. *~es* gränser; gränsland [*the Welsh ~es*]
marcher ['mɑ:tʃə] *s* ss. efterled i sms. -marschdeltagare [*hunger-marcher*]
marching ['mɑ:tʃɪŋ] *s* marsch[erande]; *be under ~ orders* ha fått marschorder
marchioness ['mɑ:ʃənɪs] *s* markisinna
mare [meə] *s* sto, märr
mare's-nest ['meəznest] *s* chimär, inbillningsfoster, illusion
Margaret ['mɑ:gərɪt]
margarine [ˌmɑ:dʒə'ri:n, ˌmɑ:gə-] *s* margarin
marge [mɑ:dʒ] *s* fam. för *margarine*
margin ['mɑ:dʒɪn] *s* **1** marginal; *~ release* margfrigörare på skrivmaskin **2** kant, rand, brädd; strand **3** hand. o. bildl. marginal; täckning; tidsmarginal; spelrum; *~ for error* felmarginal; *~ of profit* vinstmarginal
marginal ['mɑ:dʒɪnəl] *a* marginal-; kant-, rand-, brädd-; marginell, mindre, underordnad [*of ~ importance*]; *~ note* marginal|anteckning, -not, randanmärkning; *~ seat* pol. osäkert mandat, marginalmandat; *the ~ vote* pol. marginalväljarna
marginally ['mɑ:dʒɪnəlɪ] *adv* i marginalen; i kanten; marginellt
marguerite [ˌmɑ:gə'ri:t] *s* bot. prästkrage
Maria [eng. namn mə'raɪə, mə'rɪə] egennamn; *Black ~* se *black I*
Marianne [ˌmærɪ'æn]
Marie ['mɑ:rɪ, mə'ri:]
marigold ['mærɪgəuld] *s* bot. ringblomma; *French* (*African*) *~* tagetes, sammetsblomma
marihuana [ˌmærɪ'hwɑ:nə] *s* se följ.
marijuana [ˌmærɪ'jwɑ:nə, -'dʒwɑ:nə] *s* marijuana, marihuana
Marilyn ['mærɪlɪn]
marimba [mə'rɪmbə] *s* mus. marimba
marinade [ˌmærɪ'neɪd] kok. **I** *s* marinad **II** *tr* marinera
marinate ['mærɪneɪt] *tr* kok. marinera
marine [mə'ri:n] **I** *a* marin-, marin; havs- [*~ products*], sjö-; sjöfarts-; *the M~ Corps* Am. marinsoldatkåren; *~ insurance* sjö|försäkring, -assurans **II** *s* **1** marin, flotta; *the mercantile* (*merchant*) *~* handelsflottan **2** marinsoldat; *the* [*Royal*] *Marines* brittiska marinsoldatkåren
mariner ['mærɪnə] *s* litt. o. sjö. sjöman, sjöfarande, seglare; *master ~* kapten, befälhavare på handelsfartyg
Marion ['mærɪən, 'meər-]
marionette [ˌmærɪə'net] *s* marionett
marital ['mærɪtl] *a* äktenskaplig
maritime ['mærɪtaɪm] *a* **1** maritim [*~ climate*], sjö-; sjöfarts-, sjöfartsidkande; *~ commerce* (*trade*) sjöfart[shandel]; *~ insurance* sjöförsäkring; *~ law* sjörätt; sjölag; *a ~ people* ett sjöfarande folk **2** belägen vid havet; kust- [*~ provinces*]
marjoram ['mɑ:dʒərəm] *s* bot. mejram
Marjorie, Marjory ['mɑ:dʒərɪ]
Mark [mɑ:k] bibl. Markus
1 mark [mɑ:k] *s* mark mynt, hist. äv. vikt
2 mark [mɑ:k] **I** *s* **1** märke, fläck [*dirty ~s in a book*], prick; ärr; spår; *leave* (*make*) *a ~ on* sätta sitt märke (sin prägel) på; göra [starkt] intryck på; *leave o.'s ~* lämna spår efter sig; *make o.'s ~* [*in the world*] göra sig ett namn, utmärka sig **2** [känne]tecken,

kännemärke [*of* på]; uttryck [*of* för]; *a ~ of gratitude* ett bevis på tacksamhet **3** märke, tecken; bomärke [*make* (rita) *o.'s ~*]; *~ of exclamation, exclamation ~* utropstecken; *~ of origin* hand. ursprungsbeteckning **4** riktmärke, sjömärke **5** streck på en skala, märke på t. ex. logglina; *overstep the ~* överskrida gränsen, gå för långt; *pass the million ~* passera miljonstrecket; *be below the ~* inte hålla (fylla) måttet; inte vara kry (i form); *be up to the ~* hålla (fylla) måttet; vara riktigt kry (i form); *keep a p. up to the ~* bildl. ta ngn i örat **6** betyg [*get good ~s*], poäng **7** mål, prick, skottavla; *he's an easy ~* fam. han är ett tacksamt offer lättlurad; *hit the ~* träffa prick (rätt); slå huvudet på spiken; lyckas; *miss the ~* förfela sitt mål, bomma, missa [målet]; *beside the ~* vid sidan av; inte på sin plats; *wide of the ~* se *wide I 3* o. *II* **8** sport. startlinje; *on your ~s, get set, go!* på e[d]ra platser (klara), färdiga, gå!; *quick* (*slow*) *off the ~* snabb (långsam, trög) i starten **9** typ, modell t. ex. av flygplan [*Meteor M~ IV*]; kvalitet, sort; fam. typ [*she's just my ~*], stil; *that's just your ~* fam. det är något [som passar] för dig **10** *of ~* av [stor] betydelse, betydande, framstående [*a man of ~*]

II *tr* **1** sätta märke[n] på, märka [*~ a th. with chalk*]; prissätta; notera, anteckna; *~ down* sätta ned [priset på]; notera, anteckna; *~ off* avgränsa [*~ off an estate*]; märka ut [*~ off a border*]; *~ up* märka upp; sätta upp [priset på]; fam. skriva upp, lämna på krita **2** markera; utmärka, känneteckna; märka, sätta [sina] spår hos [*such an experience ~s you*]; beteckna [*this speech ~s a change of policy*]; *be ~ed by suffering* vara märkt av lidande; *his writing was ~ed by originality* hans stil präglades av originalitet; *~ time* göra på stället marsch; bildl. stå och stampa på samma fläck; *~ the time* slå takten **3** spel. o. sport. markera **4** betygsätta, rätta [*~ a paper* (skrivning)]; bedöma **5** pricka (märka) ut [*~ a route*]; *~ off* pricka för; *~ out* staka ut [*~ out boundaries*]; strecka; planera; utse, välja ut, bestämma [*for* till] **6** märka, lägga märke till; *~ my words* märk (sanna) mina ord

III *itr* **1** sätta märken **2** spel. o. sport. markera **3** märka, se upp

mark-book ['mɑ:kbuk] *s* betygsbok; anmärkningsbok

markdown ['mɑ:kdaun] *s* [pris]nedsättning [*a ~ of* (med) *20 per cent*]

marked [mɑ:kt] *a* **1** märkt etc., jfr *2 mark II* **2** markerad, tydlig, påfallande, påtaglig, markant [*a ~ difference* (*improvement*)]

marker ['mɑ:kə] *s* **1** märkare; stämplare; skol. o. d. rättare, betygsättare **2** markör **3** bokmärke **4** [spel]mark

market ['mɑ:kɪt] **I** *s* **1** [salu]torg, marknad[splats]; torgdag **2** ekon. o. hand. marknad [*the labour* (*world*) *~*]; efterfrågan [*for* på]; *~ research* marknadsundersökning[ar]; *~ value* marknadsvärde; kursvärde; *the black ~* svarta börsen; *the home ~* hemmamarknaden, den inhemska marknaden; *the ~ is brisk* (*dull, slack*) marknaden är livlig (trög, flau); *find* (*meet with*) *a ready ~* finna (få) god (hastig) avsättning; *in* (*on*) *the ~* i marknaden, i handeln; *be in the ~ for* reflektera på [att köpa], försöka få tag på (komma över); *put on the ~* släppa ut i marknaden (handeln) **II** *itr, go ~ing* gå på (till) torget [och handla] **III** *tr* **1** sälja på torget **2** hand. skaffa marknad för, marknadsföra, avsätta

marketable ['mɑ:kɪtəbl] *a* **1** säljbar, kurant **2** marknads-, handels- [*~ value*]

market-garden ['mɑ:kɪtˌgɑ:dn] *s* handelsträdgård

market-gardener ['mɑ:kɪtˌgɑ:dnə] *s* handelsträdgårdsmästare

market-hall ['mɑ:kɪthɔ:l] *s* saluhall

marketing ['mɑ:kɪtɪŋ] **I** *s* **1** [torg]handel; [torg]uppköp **2** torg-, marknads|varor **3** hand. marknadsföring, marketing **II** *a* marknadsförings- [*~ scheme*]; marknads-; *~ research* marknadsforskning

market-place ['mɑ:kɪtpleɪs] *s* [salu]torg; marknadsplats

market-price ['mɑ:kɪt'praɪs] *s* **1** marknadspris, marknadsvärde **2** torgpris

market-square ['mɑ:kɪt'skweə] *s, the ~* stortorget

market-town ['mɑ:kɪttaun] *s* ung. köping, [landsorts]stad med torgdag

market-value ['mɑ:kɪtˌvælju:] *s* marknads-, handels|värde

marking ['mɑ:kɪŋ] **I** *a* märk-, märknings-; stämpel- **II** *s* **1** märkning, stämpling; markering äv. sport.; betygsättning, rättning **2** teckning [*the ~ of an animal's skin*]

marking-ink ['mɑ:kɪŋɪŋk] *s* märkbläck

marking-iron ['mɑ:kɪŋˌaɪən] *s* märk-, bränn|järn

marksman ['mɑ:ksmən] *s* skicklig skytt

marksmanship ['mɑ:ksmənʃɪp] *s* skjut|skicklighet, -färdighet; träffsäkerhet

markup ['mɑ:kʌp] *s* [pris]höjning; pålägg, påslag; vinst

Marlborough ['mɔ:lbərə, 'mɑ:l-]

marline ['mɑ:lɪn] *s* sjö. märling

marline-spike ['mɑ:lɪnspaɪk] *s* sjö. märlspik, splitshorn

marm [mɑ:m] *s* = *ma'am*

marmalade ['mɑ:məleɪd] *s* [apelsin]marmelad

marmoreal [mɑ:'mɔ:rɪəl] *a* poet. marmor-;

marmorhaltig; marmorlik

marmoset ['mɑ:məuzet] *s* zool. marmosett

marmot ['mɑ:mət] *s* zool. murmeldjur

1 maroon [mə'ru:n] **I** *s* **1** rödbrun färg, rödbrunt **2** smällare **II** *a* rödbrun

2 maroon [mə'ru:n] *tr* landsätta (lämna kvar) [på en obebodd (öde) ö (kust)]

marquee [mɑ:'ki:] *s* **1** [stort] tält; officerstält **2** Am. [skärm]tak, baldakin över entré

marquess ['mɑ:kwɪs] *s* markis titel

marquis ['mɑ:kwɪs] *s* markis titel

marriage ['mærɪdʒ] *s* **1** äktenskap, giftermål, gifte; ~ *guidance* äktenskapsrådgivning; ~ *licence* äktenskapslicens tillstånd att gifta sig utan lysning; ~ *settlement* äktenskapsförord; ~ *of convenience* konvenansparti; *by* ~ genom gifte; *ask for a p.'s hand in* ~ anhålla om ngns hand **2** vigsel, bröllop; ~ *ceremony* vigsel|ceremoni, -akt; ~ *certificate* vigselattest; ~ *lines* fam. vigselattest; ~ *service* vigselformulär ritual; vigsel[akt]; *the M~ of Figaro* Figaros bröllop opera

marriageable ['mærɪdʒəbl] *a* giftasvuxen

married ['mærɪd] *a* o. *pp* gift [*to* med]; äktenskaplig; *the newly ~ couple* de nygifta; ~ *life* äktenskapligt samliv, äktenskap; *be* ~ vara gift; bli gift; gifta sig [*they were ~ in 1950*]; vigas; *get* ~ gifta sig; *engaged to be* ~ förlovad

marrow ['mærəu] *s* **1** märg; *spinal* ~ ryggmärg; *he was English to the* ~ han var engelsman till kropp och själ; *be frozen to the* ~ frysa ända in i märgen, vara genomfrusen **2** [*vegetable*] ~ pumpa, kurbits

marrowbone ['mærəubəun] *s* märgben, märgpipa

marry ['mærɪ] **I** *tr* (jfr *married*) **1** gifta sig med; *I have married you for better, for worse* jag lovade att älska dig i nöd och lust när vi gifte oss; ~ *money* (*a fortune*) gifta sig rikt, göra ett gott parti **2** ~ [*off*] gifta bort [*to* med] **3** viga; förena i äktenskap [*to* med] **II** *itr* gifta sig, ingå äktenskap; bildl. förenas

Mars [mɑ:z] myt. o. astr. Mars

marsh [mɑ:ʃ] *s* sumpmark, moras, träsk, kärr; ~ *gas* sumpgas

marshal ['mɑ:ʃəl] **I** *s* **1** mil. marskalk; jfr *1 air I 3* **2** marskalk; ceremonimästare **3** ordningsman, vakt vid tävlingar o. d. **4** Am., ung. sheriff (jfr *sheriff 2*); polismästare **II** *tr* **1** ställa upp [~ *military forces*] **2** ordna, bringa ordning i [~ *facts*]

marshalling-yard ['mɑ:ʃəlɪŋjɑ:d] *s* rangerbangård

marshland ['mɑ:ʃlænd] *s* sump|trakt, -mark; marskland

marsh-mallow ['mɑ:ʃˌmæləu] *s* **1** bot. altea **2** marshmallow sötsak

marshy ['mɑ:ʃɪ] *a* sumpig, träskartad

marsupial [mɑ:'sju:pjəl, -'su:-] **I** *a* pungartad; pungdjurs- **II** *s* pungdjur

mart [mɑ:t] *s* **1** marknad, handelscentrum **2** auktionskammare

marten ['mɑ:tɪn] *s* **1** zool. mård **2** mård-[skinn]

Martha ['mɑ:θə] bibl. Marta

martial ['mɑ:ʃəl] *a* krigisk; militär- [~ *music*]; ~ *law* krigsrätt; belägringstillstånd

Martian ['mɑ:ʃjən] **I** *a* astr. mars-, från Mars **II** *s* marsinvånare

Martin ['mɑ:tɪn]

martin ['mɑ:tɪn] *s* zool. svala; *sand* ~ backsvala

martinet [ˌmɑ:tɪ'net] *s* **1** mil. disciplintyrann **2** [hus]tyrann, formalist

Martini [mɑ:'ti:nɪ] **I** egennamn **II** *s* **1** martini slags vermouth **2** *m~* martini slags cocktail

martlet ['mɑ:tlət] *s* poet. [torn]svala

martyr ['mɑ:tə] **I** *s* martyr äv. bildl.; offer [*to* för]; *die a* ~ dö som martyr; *be a* ~ *to rheumatism* plågas av reumatism **II** *tr* låta lida martyrdöden, göra till martyr

martyrdom ['mɑ:tədəm] *s* martyrskap, martyrium; martyrdöd

marvel ['mɑ:vəl] **I** *s* underverk [*the ~s of modern science*], under **II** *itr* litt. förundra sig [*at* över; *that* över att]

Marvell ['mɑ:vəl]

marvellous ['mɑ:vələs] *a* underbar

Marx [mɑ:ks]

Marxism ['mɑ:ksɪzəm] *s* marxism[en]

Marxist ['mɑ:ksɪst] *s* marxist

Mary ['meərɪ] ss. drottningnamn (ofta) o. bibl. Maria; ~ *Queen of Scots* Maria Stuart; *the Virgin* ~ Jungfru Maria

Maryland ['meərɪlænd, Am. 'merɪlənd]

marzipan ['mɑ:zɪpæn] *s* marsipan

mascara [mæs'kɑ:rə] *s* mascara

mascot ['mæskət] *s* maskot

masculine ['mæskjulɪn] **I** *a* **1** manlig [*a ~ face, ~ pride*], maskulin [*a ~ appearance* (utseende)]; manhaftig [*a ~ woman*] **2** gram. maskulin [*the ~ gender*] **II** *s* gram., *the* ~ maskulinum

masculinity [ˌmæskju'lɪnətɪ] *s* manlighet; manhaftighet

maser ['meɪzə] *s* fys. maser [*optical* ~]

mash [mæʃ] **I** *s* **1** mäsk **2** sörp, slags blandfoder **3** mos; sörja **4** fam. potatismos [*sausage and* ~] **II** *tr* **1** mäska **2** sörpa **3** mosa; röra ihop; *~ed potatoes* potatismos

mashie ['mæʃɪ] *s* mashie slags golfklubba

mask [mɑ:sk] **I** *s* **1** [ansikts]mask; munskydd **2** bildl. mask [*his friendliness is only a* ~], förklädnad; sken, täckmantel **II** *tr* **1** maskera; förse med mask **2** bildl. maskera, förkläda; dölja [~ *o.'s feelings*]

masked [mɑ:skt] *a*, ~ *ball* maskeradbal

masochism ['mæsəʊkɪzəm] *s* masochism
masochist ['mæsəʊkɪst] *s* masochist
mason ['meɪsn] *s* **1** [sten]murare; sten|huggare, -arbetare **2** frimurare
masonic [mə'sɒnɪk] *a* frimurar- [~ *lodge*]
masonry ['meɪsnrɪ] *s* **1** murning [med sten] **2** konkr. [sten]murverk **3** frimureri[et]
masquerade [ˌmæskə'reɪd, ˌmɑːs-] **I** *s* maskerad **II** *itr* **1** vara maskerad (utklädd) **2** bildl. uppträda; ~ *as* äv. ge sig sken av att vara
masquerader [ˌmæskə'reɪdə, ˌmɑːs-] *s* maskeraddeltagare, mask; bluff[makare]
Mass förk. för *Massachusetts*
1 mass [mæs, isht kat. mɑːs] *s* (ofta *M~*) kyrk., mus. mässa; *high* ~ kat. högmässa; ~ *for the dead* själamässa; *attend* ~ gå i mässan; *say* ~ läsa mässan
2 mass [mæs] **I** *s* **1** massa; mängd, hop; *the* [*great*] ~ huvudmassan, större delen, [det stora] flertalet [*of* av]; *the* ~*es* massan, de breda lagren; [*the*] ~ *media* mass|medier[na], -media; ~ *meeting* massmöte **2** fys. massa **II** *tr* **1** samla [ihop], hopa; ~*ed choir* masskör **2** mil. koncentrera, dra samman [~ *troops*]; ~*ed attack* massanfall **III** *itr* **1** samlas, hopa (skocka) sig **2** mil. koncentreras
Massachusetts [ˌmæsə'tʃuːsəts]
massacre ['mæsəkə] **I** *s* massaker, massmord [*of* på], slakt **II** *tr* massakrera, slakta
massage ['mæsɑːʒ] **I** *s* massage; ~ *parlour* massageinstitut **II** *tr* massera
masseur [mæ'sɜː] *s* massör
masseuse [mæ'sɜːz] *s* massös
massif [mæ'siːf] *s* [berg]massiv
massive ['mæsɪv] *a* massiv, tung, stadig
mass-produce ['mæsprə'djuːs] *tr* mass|producera, -tillverka, serietillverka
mast [mɑːst] **I** *s* mast; *at full* ~ på hel stång; *at half* ~ på halv stång **II** *tr* förse med mast[er], förmasta [~ *a ship*]
masted ['mɑːstɪd] *a* försedd med mast[er], ss. efterled i sms. -mastad [*a three-masted ship*]
master ['mɑːstə] **I** *s* **1** husbonde; djurs husse; *the* ~ *of the house* herrn i huset, husbonden, husfadern; *like* ~ *like man* sådan herre, sådan dräng **2** herre, härskare [*of* över]; överman [*find o.'s* ~]; mästare; *I am* ~ *here* här är det jag som råder; *be* ~ *of o.'s own fate* bestämma över sitt eget öde; *be* ~ *of the situation* behärska situationen; *make o.s.* ~ *of* göra sig till herre över; lära sig behärska (bemästra); *serve many* ~*s* tjäna många herrar **3** sjö. kapten, befälhavare på handelsfartyg, skeppare; ~*'s certificate* sjökaptensbrev **4** lärare isht vid högre skolor; läro|mästare, -fader **5** univ. o. d., *M~ of Arts* ung. filosofie magister vid humanistisk fakultet; *M~ of Engineering* ung. civilingenjör; *M~ of Mining* (*Metallurgy*) ung. bergsingenjör; *M~ of Science* ung. filosofie magister vid naturvetenskaplig fakultet; *M~ of Surgery* ung. medicine licentiat i kirurgi **6** [hantverks]mästare, mäster; ~ *mechanic* verkmästare i fabrik o. d.; chefmekaniker; ~ *printer* boktryckare tryckeriägare **7** mästare [*a picture by an old* ~] **8** *M~ of Ceremonies* ceremoni-, klubb|mästare; programvärd **9** jakt. master, jaktledare; *M~ of* [*Fox*]*hounds* master vid rävjakt **10** *M~* före pojknamn unge herr [*M~ Henry*] **II** attr. *a* **1** mästerlig; mästar-, mäster- [*a* ~ *cook*]; överlägsen; ~ *criminal* förbrytarkung; ~ *race* herrefolk **2** huvud- [*a* ~ *plan*], över-, ledar-; förhärskande, dominerande; ~ *switch* huvudströmbrytare **III** *tr* **1** göra sig till (bli) herre över; över|vinna, -manna, -vältiga, tämja **2** [lära sig] behärska [~ *a language*], [lära sig] bemästra [~ *the situation*]; [helt] förstå, kunna
master-builder ['mɑːstə'bɪldə] *s* **1** byggmästare **2** mästerbyggare
masterful ['mɑːstəfʊl] *a* **1** översittaraktig, egenmäktig, dominerande **2** litt. mästerlig
master-key ['mɑːstəkiː] *s* huvudnyckel
masterly ['mɑːstəlɪ] *a* mästerlig, överlägset skicklig; *with a* ~ *hand* med mästarhand
mastermind ['mɑːstəmaɪnd] *tr* leda, dirigera, vara hjärnan bakom
master-mind ['mɑːstəmaɪnd] *s, be the* ~ *behind a th.* vara hjärnan bakom ngt
masterpiece ['mɑːstəpiːs] *s* mästerverk
master-stroke ['mɑːstəstrəʊk] *s* mäster|drag, -stycke, -kupp
master-tape ['mɑːstəteɪp] *s* master-band ljudbandsförlaga
mastery ['mɑːstərɪ] *s* **1** herravälde [~ *over o.'s enemies*]; övertag [*over, of* över]; kontroll [~ *of o.'s desires*]; *have the* ~ *of the seas* ha herraväldet till sjöss **2** mästerskap, överlägsen skicklighet; kunskap; *have a thorough* ~ *of a th.* grundligt behärska ngt
mast-head ['mɑːsthed] *s* masttopp
masticate ['mæstɪkeɪt] *tr* tugga; mala sönder
mastication [ˌmæstɪ'keɪʃən] *s* tuggning; söndermalning
mastiff ['mæstɪf, 'mɑːs-] *s* mastiff stor dogg
masturbate ['mæstəbeɪt] *itr* onanera
masturbation [ˌmæstə'beɪʃən] *s* onani
1 mat [mæt] *s* **1** matta; isht dörrmatta; *be on the* ~ fam. få en skrapa **2** underlägg för karott o. d., tablett **3** hoptovad massa
2 mat [mæt] *a* se *matt*
matador ['mætədɔː] *s* matador
1 match [mætʃ] *s* tändsticka; *dead* (*spent*) ~ avbränd tändsticka; *strike a* ~ tända en tändsticka

2 match [mætʃ] **I** *s* **1** sport. match, tävling; *football* (*soccer*) ~ fotbollsmatch **2** like, jämlike [*he has not his* ~], värdig (jämbördig) motståndare; *be no* ~ *for* inte kunna mäta sig med, inte vara någon match för; *he was more than a* ~ *for Smith* han var Smith överlägsen; *meet o.'s* ~ möta sin överman **3** motstycke, make, pendang [*find a* ~ *to the vase*]; [*these colours*] *are a good* ~ .. går (passar) bra ihop, .. matchar varandra bra **4** giftermål, äktenskap; parti **II** *tr* **1** vara en värdig (jämbördig) motståndare till, [kunna] mäta sig (tävla) med **2** gå [bra] ihop med, gå i stil med, passa [till], matcha **3** finna en värdig (jämbördig) motståndare till; sport. matcha [~ *a boxer*] **4** para ihop; avpassa [*to* efter]; finna ett motstycke (en pendang) till, skaffa maken till, [försöka] finna något som passar till; *be well* ~*ed* passa bra ihop; vara jämställda; *ill* ~*ed* omaka; ojämna; *beautifully* ~*ed colours* vackert matchande färger, färger som harmonierar vackert [med varandra] **5** gifta bort, förena i äktenskap [*with, to* med] **III** *itr* motsvara varandra, passa ihop; passa [*with* till], harmoniera [*with* med], matcha [varandra]; [*these two colours*] *don't* ~ *very well* .. går inte bra ihop; *to* ~ efterställt av samma sort, likadan; som matchar [varandra] [*a dress with a hat to* ~]

matchbook ['mætʃbʊk] *s* tändsticksplån med avrivningständstickor

matchbox ['mætʃbɒks] *s* tändsticksask

matchless ['mætʃləs] *a* makalös

match-maker ['mætʃˌmeɪkə] *s* **1** giftermålsarrangör **2** matcharrangör, promotor

match-point ['mætʃpɔɪnt] *s* matchpoäng; matchboll

matchwood ['mætʃwʊd] *s* tändsticks|trä, -ved; träflisor; *make* ~ *of, reduce to* ~ bildl. slå i tusen bitar, göra kaffeved av

maté ['mæteɪ] *s* maté, paraguayte

1 mate [meɪt] schack. **I** *s* o. *interj* matt; ~*!* [schack och] matt! **II** *tr* o. *itr* göra matt; *be* ~*d* bli (göras) matt

2 mate [meɪt] **I** *s* **1** fam. kompis, polare, [arbets]kamrat, i tilltal äv. du el. utan motsv. i sv. [*hallo,* ~*!*] **2** sjö. styrman; *chief* ~ överstyrman; *first* ~ förste styrman **3** *bricklayer's* ~ murarhantlangare **4** a) [god] make, [god] maka b) om djur, isht fåglar make, maka **II** *tr* para djur **III** *itr* om djur para sig

mater ['meɪtə] *s* (lat.) skol., sl. mamma, mor

material [mə'tɪərɪəl] **I** *a* **1** materiell [~ *comfort*; *the* ~ *world*]; kroppslig, lekamlig; påtaglig, konkret [~ *proof*] **2** väsentlig; viktig, betydelsefull **II** *s* material, ämne, stoff; tyg [~ *for* (till) *a dress*]; pl. ~*s* äv. materiel; *raw* ~[*s*] råmaterial, råvaror

materialism [mə'tɪərɪəlɪzəm] *s* materialism; *gross* ~ krass materialism

materialist [mə'tɪərɪəlɪst] *s* materialist

materialistic [məˌtɪərɪə'lɪstɪk] *a* materialistisk

materialize [mə'tɪərɪəlaɪz] **I** *tr* **1** materialisera, förkroppsliga **2** förverkliga [~ *o.'s plans*] **II** *itr* **1** ta fast form, förverkligas **2** fam. visa sig, dyka upp [*he did not* ~]

materially [mə'tɪərɪəlɪ] *adv* **1** materiellt, i sak **2** i väsentlig grad **3** påtagligt

maternal [mə'tɜːnl] *a* **1** moderlig; moders- [~ *love*] **2** på mödernet; ~ *grandfather* morfar; ~ *grandmother* mormor

maternally [mə'tɜːnəlɪ] *adv* **1** moderligt **2** på mödernet [*be* ~ *related*]

maternity [mə'tɜːnətɪ] *s* moderskap; attr. mödra- [~ *home*]; ~ *allowance* moderskapspenning; ~ *benefit* moderskapshjälp; ~ *dress* mammaklänning; ~ *hospital* BB, barnbördshus; ~ *ward* BB-avdelning

matey ['meɪtɪ] fam. **I** *a* **1** kamratlig [*a* ~ *fellow*] **2** sällskaplig, trevlig [*a* ~ *chap*]; vänskaplig [*a* ~ *chat*] **II** *s* kompis, polare

math [mæθ] *s* (Am. fam. kortform för *mathematics*) matte

mathematical [ˌmæθə'mætɪkəl] *a* matematisk

mathematician [ˌmæθəmə'tɪʃən] *s* matematiker

mathematics [ˌmæθə'mætɪks] *s* **1** (konstr. vanl. ss. sg.) matematik [~ *is his weak subject*] **2** (konstr. vanl. ss. pl.) matematik[kunskaper]; *his* ~ *are weak* han är svag i matematik

maths [mæθs] *s* (fam. kortform för *mathematics*) matte

Matilda [mə'tɪldə]

matin ['mætɪn] *s*, pl. ~*s* kyrk. morgon|bön, -andakt; kat. ottesång

matinée ['mætɪneɪ] *s* matiné, [efter]middagsföreställning; ~ *idol* film-, teater|idol

mating ['meɪtɪŋ] *s* parning; ~ *season* parningstid; brunsttid

matriarch ['meɪtrɪɑːk] *s* matriark

matriarchal [ˌmeɪtrɪ'ɑːkəl] *a* matriarkalisk

matriarchy ['meɪtrɪɑːkɪ] *s* matriarkat

matrices ['meɪtrɪsiːz, 'mæt-] *s* pl. av *matrix*

matricide ['meɪtrɪsaɪd] *s* **1** modermord **2** modermördare

matriculation [məˌtrɪkjʊ'leɪʃən] *s* **1** univ. immatrikulation, inskrivning **2** förr, ~ [*examination*] inträdesexamen vid univ.

matrimonial [ˌmætrɪ'məʊnjəl] *a* äktenskaplig, äktenskaps- [~ *troubles*]

matrimony ['mætrɪmənɪ] *s* **1** äktenskap[et]; *enter into holy* ~ inträda i det heliga äkta ståndet **2** giftermål, bröllop

matri|x ['meɪtrɪ|ks] (pl. *-ces* [-siːz] el. *-xes*) *s* matris äv. för grammofonskiva; gjutform

matron ['meɪtrən] *s* **1** [klinik]föreståndare; husmor i skola o. d. **2** mogen [gift] kvinna; matrona
matronhood ['meɪtrənhʊd] *s* fru-, matron|värdighet
matronly ['meɪtrənlɪ] *a* matron|lik, -aktig
matt [mæt] *a* matt [~ *finish* (yta)]
matted ['mætɪd] *a* **1** matt|belagd, -betäckt **2** [hop]flätad **3** tovig [~ *hair*]
matter ['mætə] **I** *s* **1** materia; stoff, substans; ämne [*liquid* ~, *solid* ~]; *colouring* ~ färgämne; *reading* ~ tryckalster; lektyr; *mind and* ~ ande och materia **2** ämne abstr.; innehåll **3** a) sak [*a* ~ *I know little about*], angelägenhet, affär, ärende; fråga, spörsmål [*legal* ~*s*] b) pl. ~*s* förhållande-n[a], tillståndet, saker och ting; *it's no laughing* ~ det är ingenting att skratta åt; *money* ~*s* penningfrågor; *it is a* ~ *of* . . det är en fråga om . ., det handlar om . ., det gäller . .; *a* ~ *of course* en självklar sak; *as a* ~ *of course* själv|fallet, -klart; *a* ~ *of fact* ett faktum; *as a* ~ *of fact* faktiskt, i själva verket; *a* ~ *of habit* en vanesak; *it is a* ~ *of life and death* det är en fråga om liv eller död, det gäller livet; *it is only a* ~ *of time* det är bara en tidsfråga; *make* ~*s worse* förvärra saken (situationen); *for that* ~ vad det beträffar, vad den saken angår; för den delen **4** orsak, anledning [*of, for* till]; föremål [*be a* ~ *of* (för) *interest*]; *it is a* ~ *of* (*for*) *regret that* . . det är att beklaga att . . **5** *no* ~ det gör ingenting, det spelar ingen roll; *no* ~ *where it* (*who it*) *is* var den (vem det) än må vara (är); *no* ~ *how I try* hur jag än försöker **6** *what is the* ~? vad står på?, vad har hänt?, vad är det?; *what is the* ~ *with him?* vad är det med honom?; *there is* (*she has*) *something the* ~ *with her heart* hon har något fel på hjärtat **7** post. **a**) Am. post[saker] [*second-class* ~] **b**) *postal* ~ postförsändelse[r], postsak[er]; *printed* ~ trycksak[er] **8** typ. text i motsats till rubriker el. annonser **9** med. var **10** *a* ~ *of* i tids- o. måttsuttryck o. d. några [få] [*within a* ~ *of hours*]; ungefär, omkring [*a* ~ *of* £*50*]; *a* ~ *of* [*10 miles* (*weeks*)] [så där] en . .
II *itr* betyda [*learning* ~*s less than common sense*], vara av betydelse; *it doesn't* ~ det gör ingenting, det spelar ingen roll; *it doesn't* ~ *to me* det gör mig detsamma; *it* ~*s little whether* . . det spelar liten roll om . .; *not that it* ~*s* inte för att det gör något
matter-of-fact ['mætərəv'fækt] *a* saklig, prosaisk, nykter
Matthew ['mæθju:] bibl. Matteus
mattress ['mætrəs] *s* madrass
mature [mə'tjʊə] **I** *a* **1** mogen [*after* ~ *consideration*]; fullt utvecklad; vuxen **2** förfallen [*a* ~ *bill* (växel)] **II** *tr* få (komma) att mogna **III** *itr* **1** mogna äv. bildl. [*his character* ~*d*]; ligga (stå) 'till sig [*this wine must* ~] **2** förfalla [till betalning]
maturity [mə'tjʊərətɪ] *s* **1** mognad, mogenhet **2** mogen ålder **3** hand. förfallo|tid, -dag; *at* (*on*) ~ vid förfall, på förfallodagen
Maud [mɔ:d]
maudlin ['mɔ:dlɪn] *a* gråtmild [~ *sentimentality*]; [fyll]sentimental
Maugham [mɔ:m]
maul [mɔ:l] *tr* mörbulta; illa tilltyga
Maundy ['mɔ:ndɪ] *s*, ~ *Thursday* skärtorsdag[en]
Maureen ['mɔ:ri:n]
Maurice ['mɒrɪs]
mausoleum [ˌmɔ:sə'li:əm] *s* mausoleum
mauve [məʊv] **I** *a* malvafärgad, [ljus]lila **II** *s* malva[färg], [ljus]lila
maverick ['mævərɪk] *s* isht Am. **1** omärkt kalv **2** partilös [person], pol. vilde
Mavis ['meɪvɪs]
maw [mɔ:] *s* mage [*the* ~ *of an animal*]; löpmage; kräva [*the* ~ *of a bird*]
mawkish ['mɔ:kɪʃ] *a* sentimental, känslosam; mjäkig
Max [mæks] kortform för *Maximilian*
max. förk. för *maximum*
maxim ['mæksɪm] *s* maxim, grundsats
maximal ['mæksɪməl] *a* maximal, störst
Maximilian [ˌmæksɪ'mɪljən]
maximize ['mæksɪmaɪz] *tr* bringa till [ett] maximum, göra maximal
maximum ['mæksɪməm] **I** *s* maximum, höjdpunkt, högsta punkt; *be at its* (*a*) ~ stå (vara) på höjdpunkten; vara maximal; [*he got 90 marks*] *out of a* ~ *of 100* . . av (på) maximalt 100 **II** attr. *a* högst, störst; maxi-mi- [~ *temperature*]; maximal, maximal-
May [meɪ] *s* månaden maj; ~ *Day* första maj ss. fest- o. demonstrationsdag
may [meɪ] (imp. *might*, jfr d. o.) *hjälpvb* pres. **1** kan [kanske (möjligen, eventuellt)] [*he* ~ *have said so*]; *it* ~ *be true* det kan vara (är kanske) sant; *as quietly as* ~ *be* så tyst som möjligt **2** får [lov att] [~ *I interrupt you?*]; kan [få]; ~ *I come in?* får jag komma in?; *yes, you* ~ ja, det får du; *you* ~ *be sure that* . . du kan vara säker på att . .; *you* ~ *as well ask him* du kan [lika] gärna [ta och] fråga honom **3** må, måtte; i bisats äv. skall, kommer att; ~ *this be a warning to you* må (måtte) detta bli dig en varning; *however that* ~ *be* hur det än förhåller sig (må vara) med den saken; *be that as it* ~ vare därmed hur som helst; *come* (*happen*) *what* ~ hända vad som hända vill
maybe ['meɪbi:] *adv* kanske, kanhända
Mayfair ['meɪfeə] fashionabel stadsdel i Londons West End

mayhem ['meɪhem] *s* **1** hist. o. Am. jur. lemlästning, stympning; misshandel **2** *cause (commit, create)* ~ åstadkomma förödelse

mayn't [meɪnt] = *may not*

mayonnaise [ˌmeɪə'neɪz] *s* majonnäs

mayor [meə] *s* borgmästare, mayor, ordförande i kommunfullmäktige; jfr *Lord Mayor* under *lord I 8*

mayoress ['meərəs] *s* mayors hustru, borgmästarinna; kvinnlig mayor (borgmästare); jfr *mayor*

maypole ['meɪpəul] *s* maj-, midsommarstång

mayst [meɪst] åld. 2 pers. sg. pres. av *may* [*thou* ~]

maze [meɪz] *s* **1** labyrint; virrvarr **2** förvirring; *be in a* ~ vara förvirrad

mazurka [mə'zɜːkə] *s* masurka

M.B. ['em'biː] förk. för *Medicinae Baccalaureus* (lat.) = *Bachelor of Medicine* ung. medicine kandidat

M.B.E. förk. för *Member of* [*the Order of*] *the British Empire*

M.C. ['em'siː] förk. för *Master of Ceremonies, Military Cross*

Mc, M^c^ [mək] *pref* se *Mac*

mc. förk. för *megacycle*[*s*], *millicurie*[*s*]

McCarthy [mə'kɑːθɪ]

McCarthyism [mə'kɑːθɪɪzəm] *s* Am. maccarthyism antikommunistiska strömningar på 1950-talet

McCoy [mə'kɔɪ] **I** egennamn **II** *s* sl., *be the* [*real*] ~ vara äkta [vara]

McDonald [mək'dɒnəld]

M.Ch. förk. för *Magister Chirurgiae* (lat.) = *Master of Surgery* ung. med. lic. i kirurgi

McKinley [mə'kɪnlɪ]

M.D. förk. för *Medicinae Doctor* (lat.) = *Doctor of Medicine* med. dr

me [miː, obeton. mɪ] **I** *pers pron* (objektsform av *I*) **1** mig **2** fam. jag [*it's only* ~; ~ *too*] **3** jag, mig [*he's younger than* ~]; *dear* ~! kors!, bevare mig!; *poor* ~ stackars mig (jag) **4** fam. för *my*; *she likes* ~ *singing* [*her to sleep*] hon tycker om att jag sjunger . . **5** (åld. el. poet. el Am. dial. för *myself*) mig [*I laid* ~ *down*] **II** fören. *poss pron* (dial. el. fam. för *my*) min [*where's* ~ *hat?*] **III** *s* fam., *the real* ~ mitt rätta (verkliga) jag

1 mead [miːd] *s* mjöd

2 mead [miːd] *s* poet. för *meadow*

meadow ['medəu] *s* äng

meagre ['miːgə] *a* mager äv. bildl. [*a* ~ *meal, a* ~ *result,* ~ *soil*]; knapp [*a* ~ *income*]; klen; torftig [*a* ~ *essay*], ynklig [~ *wages*]

1 meal [miːl] *s* mål [mat] [*three* ~*s a day*], måltid; ibl. mat; ~ *ticket* a) matkupong b) fam. födkrok; försörjare; *have hot* ~*s* äta lagad mat; *make a* ~ *of* göra sig ett skrovmål på; *I never drink with my* ~*s* jag dricker aldrig något till maten

2 meal [miːl] *s* [grovt] mjöl; [*corn*] ~ Am. majsmjöl; *fish* ~ fiskmjöl

mealtime ['miːltaɪm] *s* mattid; matdags

mealy ['miːlɪ] *a* mjölig [~ *potatoes*]

mealy-mouthed ['miːlɪmauðd] *a* **1** undanglidande **2** inställsam, skenhelig [*a* ~ *hypocrite*]; snirklad [~ *phrases*]

1 mean [miːn] **I** *s* **1** medelväg; *strike the golden* (*happy*) ~ gå den gyllene medelvägen **2** mat. medelvärde, -tal, medium [*the* ~ *of 3, 5, and 7 is 5*]; genomsnitt **II** *a* isht vetensk. medel- [~ *distance,* ~ *temperature*]

2 mean [miːn] *a* **1** torftig, dålig, eländig **2** simpel, lumpen, gemen, tarvlig; ful [*a* ~ *trick*] **3** ringa, oansenlig; *he is no* ~ *pianist* han är ingen dålig pianist **4** snål, knusslig, närig **5** fam., *feel* ~ skämmas **6** Am. fam. elak

3 mean [miːn] (*meant meant*) **I** *tr* **1** betyda; innebära [*his failure* ~*s my ruin*]; *does the name* ~ *anything to you?* säger namnet dig någonting?; *I know what it* ~*s* [*to be alone*] jag vet vad det vill säga . . **2** mena, vilja [*he* ~*s no harm* (illa)], ämna, tänka [*to do a th.* göra ngt]; ha för avsikt, vara fast besluten; *he* ~*s you no harm* han vill dig inget illa; *I* ~*t to tell you* jag tänkte tala om det för dig **3** [till]ämna [*for* till, åt, för], avse, mena [*as* (*for*) *a th.* som ngt; *for a p.* till (åt, för) ngn]; *that bullet was* ~*t for me* den kulan var ämnad åt (avsedd för) mig; *what is this* ~*t to be?* vad skall det här föreställa?; *it is* ~*t to be used* det är meningen att den skall användas; *I didn't* ~ *you to* [*do it*] det var inte min mening att du skulle . . **4** mena, syfta på, åsyfta, avse [*by* med]; *I* ~ *to say!* fam. a) det är ju det jag menar! b) jo, jag menar det!; *you don't* ~ *it!* det menar du [väl] inte! **II** *itr* mena

meander [mɪ'ændə] *itr* **1** om flod o. d. slingra sig **2** irra omkring **3** prata hit och dit

meandering [mɪ'ændərɪŋ] *a* slingrande, ringlande [~ *rivers* (*streets*)]

meanie ['miːnɪ] *s* fam. **1** snåljåp **2** knöl

meaning ['miːnɪŋ] **I** *a* menande, talande [*a* ~ *look*] **II** *s* mening; betydelse; innebörd; *what is the* ~ *of . . ?* vad betyder . .?; *what is the* ~ *of this?* vad är meningen med det här?, vad skall det här betyda?; *if you get my* ~ om du förstår vad jag menar

meaningful ['miːnɪŋful] *a* meningsfull, meningsfylld [~ *work*]; betydelsefull

meaningless ['miːnɪŋləs] *a* meningslös; betydelselös; intetsägande

means [miːnz] *s* **1** (konstr. ofta ss. sg.; pl. *means*) medel, hjälpmedel, utväg[ar], sätt [*a* ~, *this* ~]; *only a* ~ *to an end* endast ett medel att nå målet; *find* [*the*] ~ *to do a th.*

finna medel att göra ngt, lyckas göra ngt; *by ~ of* medelst, med hjälp av, genom; *by all ~* a) så gärna, för all del b) på alla sätt; *by any ~* på något sätt; *by no ~, not by any ~* visst inte, nej för all del, långtifrån, på intet sätt, ingalunda [*by no ~ an easy job*]; *by this ~* på det (detta) sättet, på så sätt **2** *means* pl. medel, tillgångar, resurser; *he had not the ~ to buy it* han hade inte råd att köpa det; *live beyond o.'s ~* leva över sina tillgångar; *a man of ~* en välbärgad man; *without ~* obemedlad

means-test ['mi:nztest] *s* behovs-, inkomst|prövning

meant [ment] imp. o. pp. av *3 mean*

meantime ['mi:ntaɪm] o. **meanwhile** ['mi:nwaɪl] **I** *s* mellantid; *in the ~* under tiden, så länge; under mellantiden **II** *adv* under tiden, så länge; under mellantiden

measles ['mi:zlz] (konstr. vanl. ss. sg.) *s* mässling; *German ~* röda hund

measly ['mi:zlɪ] *a* fam. ynklig, futtig

measurable ['meʒərəbl] *a* mätbar; överskådlig [*in a ~ future*]; *within ~ distance of* på nära avstånd från, nära, inte långt från

measure ['meʒə] **I** *s* **1** mått i allm.; måttenhet; måttsystem; mått konkr. [*a pint ~*], mått-, mät|redskap; dimension[er]; *weights and ~s* mått och vikt; *in ample ~* i rikt mått; *dry* (*liquid*) *~* mått för torra (våta) varor; *good* (*full*) *~* fullt mått, gott (rågat) mål; *for good ~* som påbröd; *short ~* knappt mått (mål); *give short* (*full*) *~* mäta knappt (väl); *take a p.'s ~* ta mått på ngn [*for a suit* till en kostym]; bildl. ta reda på vad ngn går för **2** mån, grad; *in a ~, in some ~* i viss (någon) mån; *in a great* (*large*) *~* i hög grad **3** gräns; *know no ~* inte känna någon gräns; *beyond ~, out of* [*all*] *~* omåttlig; övermåttan **4** [mått och] steg, åtgärd [*these ~s proved inadequate*]; *take ~s* vidta mått och steg; *take strong ~s* vidta stränga åtgärder **5** parl. lagförslag; *introduce a ~* framlägga ett [lag]förslag **6** versmått, meter **7** mus. takt, rytm **8** mat. divisor som går jämnt upp i ett tal; *greatest common ~* största gemensamma divisor **II** *tr* **1** mäta; ta mått på [*~ a p. for* (till) *a suit*]; *~ o.s.* (*o.'s ability, o.'s strength*) *against* (*with*) . . mäta sig (sin förmåga, sina krafter) med . .; *get* (*be*) *~d for a suit* [låta] ta mått till en kostym **2** avpassa, lämpa [*by, to* efter] **III** *itr* **1** mäta, ta mått **2** mäta visst avstånd; *it ~s 7 centimetres* den mäter 7 centimeter **3** gå att mäta, kunna mätas **4** bildl., *~ up* hålla måttet; *~ up to* kunna mäta sig med; motsvara [*it didn't ~ up to their expectations*]

measured ['meʒəd] *a* **1** [upp]mätt; avpassad **2** taktfast, regelbunden, jämn, avmätt [*~ steps*] **3** genomtänkt; *in ~ terms* i väl avvägda ordalag

measurement ['meʒəmənt] *s* **1** mätning; *unit of ~* måttenhet **2** pl. *~s* mått, dimensioner; *take a p.'s ~s* ta mått på ngn

meat [mi:t] *s* **1 a**) slaktat kött; *~ cube* buljongtärning **b**) [ätligt] innanmäte [*the ~ of a crab*], kött [*the ~ of a lobster*] **2** *~ and drink* mat och dryck; *one man's ~ is another man's poison* smaken är olika

meat-ball ['mi:tbɔ:l] *s* köttbulle

meat-pie ['mi:t'paɪ] *s* kött|pastej, -paj

meaty ['mi:tɪ] *a* **1** köttig; kött-; välmatad [*a ~ crab*] **2** innehållsrik, kärnfull

Mecca ['mekə] **I** Mecka **II** *s* bildl. Mecka [*a ~ for tourists*], vallfartsort

mechanic [mə'kænɪk] *s* mekaniker, reparatör; maskin-, verkstads|arbetare

mechanical [mə'kænɪkəl] *a* mekanisk äv. bildl.; maskinmässig, maskinell; vanemässig

mechanics [mɪ'kænɪks] *s* **1** (konstr. vanl. ss. sg.) mekanik; maskinlära **2** (konstr. ss. pl.) teknik [*the ~ of play-writing*]

mechanism ['mekənɪzəm] *s* **1** mekanism äv. bildl. o. psykol. [*defence ~*] **2** mekanik [*the ~ of supply and demand*]

mechanization [ˌmekənaɪ'zeɪʃən] *s* mekanisering; motorisering

mechanize ['mekənaɪz] *tr* mekanisera; motorisera [*~d forces*]

med. förk. för *medical, medieval, medium*

medal ['medl] *s* medalj; *the reverse of the ~* bildl. medaljens baksida (frånsida)

medallion [mɪ'dæljən] *s* medaljong

medallist ['medəlɪst] *s* medaljvinnare; *gold ~* guldmedaljör

meddle ['medl] *itr* blanda (lägga) sig 'i allting, lägga sin näsa i blöt; *~ with* a) blanda sig 'i b) fingra på, rota i

meddler ['medlə] *s* person som lägger sig 'i allt

meddlesome ['medlsəm] *a* beskäftig, beställsam

media ['mi:djə] *s* pl. av *medium*

mediaeval [ˌmedɪ'i:vəl] *a* = *medieval*

median ['mi:djən] **I** *a* mitt-, mellan-, median- **II** *s* median

mediate ['mi:dɪeɪt] **I** *itr* medla **II** *tr* medla [*~ a peace*]; åstadkomma t. ex. uppgörelse genom medling (förlikning); bilägga

mediation [ˌmi:dɪ'eɪʃən] *s* medlande; medling; förlikning

mediator ['mi:dɪeɪtə] *s* medlare; fredsmäklare; förlikningsman

medic ['medɪk] *s* fam. **1** läkare **2** medicinare student

Medicaid ['medɪkeɪd] *s* Am. statlig sjukhjälp åt låginkomsttagare

medical ['medɪkəl] **I** *a* medicinsk; läkar-;

medicinal- [~ *herb*]; ~ *adviser* [hus]läkare; ~ *attendance* (*care*) läkarvård; ~ *board* mil. ung. inskrivningsnämnd; ~ *certificate* friskintyg, läkarintyg; ~ *corps* mil. fältläkarkår; ~ *examination* (*inspection*) läkarundersökning; ~ *man* fam. [hus]läkare; ~ *officer* [tjänste]läkare; mil. militär-, bataljons|läkare; ~ *practitioner* praktiserande läkare, legitimerad läkare; ~ *register* [officiell] förteckning över legitimerade läkare; *be put on* (*be struck off*) *the* ~ *register* få (förlora sin) legitimation som läkare; ~ *school* medicinsk fakultet; ~ *student* medicine studerande, medicinare **II** *s* fam. **1** medicinare student **2** läkarundersökning

medicament [me'dɪkəmənt] *s* medikament, läke-, bote|medel

medicate ['medɪkeɪt] *tr* **1** ge medicinsk behandling, läkarbehandla **2** preparera [för medicinskt bruk]; ~*d soap* medicinsk tvål

medication [ˌmedɪ'keɪʃən] *s* **1** läkarbehandling; medicinerande **2** tillsättande av läkemedel **3** medikament

medicinal [me'dɪsɪnl] *a* **1** läkande, botande [~ *properties* (egenskaper)]; hälsobringande **2** medicinsk; medicinal- [~ *herb*]

medicinally [me'dɪsɪnəlɪ] *adv* i läkande syfte, såsom medicin

medicine ['medsɪn, -dɪsɪn] *s* **1** medicin äv. i mots. till kirurgi m. m.; läkekonst; läkarvetenskap; *Doctor of M*~ medicine doktor **2** medicin, läkemedel; ~ *cabinet* (*cupboard*) medicinskåp; *get some of o.'s own* ~ bildl. få smaka sin egen medicin; *take o.'s* ~ bildl. ta konsekvenserna

medicine-man ['medsɪnmæn] *s* medicinman

medico ['medɪkəʊ] *s* fam. **1** doktor, medikus **2** medicinare student

medieval [ˌmedɪ'iːvəl] *a* medeltida, medeltids-; *in* ~ *times* under medeltiden

mediocre [ˌmiːdɪ'əʊkə] *a* medelmåttig

mediocrity [ˌmiːdɪ'ɒkrətɪ] *s* **1** medelmåttighet, slätstrukenhet **2** pers. medelmåtta

meditate ['medɪteɪt] **I** *tr* **1** fundera på, planera **2** begrunda, grubbla på **II** *itr* meditera, fundera, grubbla [[*up*]*on* på, över]

meditation [ˌmedɪ'teɪʃən] *s* meditation, begrundan[de]; funderande, grubbel [*on* på, över]; *book of* ~*s* andaktsbok

meditative ['medɪtətɪv] *a* meditativ, begrundande, spekulativ

Mediterranean [ˌmedɪtə'reɪnjən] **I** *a* medelhavs-, mediterran; *the* ~ *Sea* Medelhavet **II** *s*, *the* ~ Medelhavet

medi|um ['miːdj|əm] **I** (pl. -*a* [-ə] el. -*ums*) *s* **1** medium äv. fys.; [hjälp]medel; förmedlare; uttrycksmedel; *the media* ofta massmedierna, massmedia; *by* (*through*) *the* ~ *of* medelst **2** spiritistiskt medium **3** medelväg [*a happy* (gyllene) ~] **II** *a* medel|stor, -stark, -god; mellanstor; ~ *size* medel-, mellan|storlek; ~ *wave* radio. mellanvåg

medium-range ['miːdjəmreɪndʒ] *a* medeldistans- [*a* ~ *missile*]

medium-size ['miːdjəmsaɪz] attr. *a* o. **medium-sized** ['miːdjəmsaɪzd] *a* medel-, mellan|stor

medlar ['medlə] *s* bot. [tysk] mispel[frukt]

medley ['medlɪ] *s* **1** [brokig] blandning, röra, virrvarr **2** mus. potpurri **3** simn. medley individuellt; ~ *relay* medley i lag

meek [miːk] *a* **1** ödmjuk, undergiven **2** foglig, beskedlig, spak; *as* ~ *as a lamb* from som ett lamm

meerschaum ['mɪəʃəm] *s* **1** min. sjöskum **2** sjöskumspipa [äv. ~ *pipe*]

1 meet [miːt] **I** (*met met*) *tr* **1** möta; träffa, råka, sammanträffa med; lära känna; om flod flyta samman (förena sig) med; ~ *Mr. Smith!* får jag föreställa herr Smith?; *there's more in this than* ~*s the eye* det ligger något bakom det här, det är en hund begraven här **2** möta i strid; bekämpa; bemöta [~ *criticism*], besvara; ~ *a difficulty* övervinna en svårighet **3** motsvara [~ *expectations*]; tillfredsställa, uppfylla, tillmötesgå [~ *demands*]; infria [~ *obligations*]; bestrida [~ *costs*]; täcka [~ *a deficiency*]; *the supply* ~*s the demand* tillgången motsvarar efterfrågan **II** (*met met*) *itr* **1** mötas; ses; träffas, råkas, sammanträda; om floder flyta samman; ~ *again* ses igen, återses; *Parliament* ~*s tomorrow* parlamentet samlas i morgon; *make both ends* ~ få det att gå ihop ekonomiskt **2** ~ *with* träffa [på], stöta på; uppleva [~ *with an adventure*]; komma över, hitta; möta, röna; ~ *with an accident* råka ut för en olyckshändelse; ~ *with approval* vinna gillande (bifall); ~ *with difficulties* stöta på svårigheter; ~ *with a loss* lida en förlust; ~ *with a refusal* få avslag, få nej; ~ *up with* träffa, råka **III** *s* **1** jakt. möte; mötesplats; jaktsällskap **2** Am. sport. tävling; meeting

2 meet [miːt] *a* litt., *as is* ~ [*and proper* (*fitting*)] som sig bör; *as you think* ~ som du finner lämpligt

meeting ['miːtɪŋ] *s* **1** möte; sammanträffande; sammankomst, sammanträde; församling **2** sport. tävling; meeting

Meg [meg] kortform för *Margaret*

mega- ['megə, ˌmegə se f. ö. sms. nedan] *pref* mega- en miljon

megacycle ['megəˌsaɪkl] *s* megacykel

megahertz ['megəhɜːts] *s* megahertz

megalithic [ˌmegə'lɪθɪk] *a* arkeol. megalitisk

megalomania ['megələʊ'meɪnjə] *s* stor-

hetsvansinne, megalomani
megalomaniac ['megələʊ'meɪnɪæk] *s* person som lider av storhetsvansinne (megalomani)
megaphone ['megəfəʊn] *s* megafon
megaton ['megətʌn] *s* megaton
megawatt ['megəwɒt] *s* megawatt
melancholia [ˌmelən'kəʊljə] *s* med. melankoli
melancholic [ˌmelən'kɒlɪk] *a* melankolisk
melancholy ['melənkəlɪ] **I** *s* melankoli, tungsinthet, svårmod **II** *a* **1** melankolisk, tungsint, trist; vemodig **2** sorglig
Melba ['melbə] egennamn; ~ *sauce* Melbasås hallon o. florsocker; *peach* ~ Coupe Melba dessert av persikor, vaniljglass o. hallon
Melbourne ['melbən, -bɔ:n]
mêlée ['meleɪ] *s* (fr.) skärmytsling; handgemäng; kalabalik
meliorate ['mi:ljəreɪt] *tr* förbättra
mellifluous [me'lɪfluəs] *a* bildl. honungs|söt, -len, -ljuv, smältande
mellow ['meləʊ] **I** *a* **1** om frukt, vin, ost mogen **2** om t. ex. ljud, färg, ljus fyllig, djup, rik **3** mogen, mild gnm ålder o. erfarenhet; fam. godmodig, fryntlig **II** *tr* **1** bringa till mognad, göra mogen etc., jfr *I*; mildra, dämpa **2** fam. göra lite glad (påverkad) av alkohol **III** *itr* **1** om t. ex. frukt mogna **2** mildras, dämpas; tina upp **3** mogna, mildras gnm ålder o. erfarenhet
melodic [mɪ'lɒdɪk] *a* melodisk, melodi-
melodious [mɪ'ləʊdjəs] *a* melodisk
melodrama ['meləʊˌdrɑ:mə] *s* melodram[a]
melodramatic [ˌmeləʊdrə'mætɪk] *a* melodramatisk; teatralisk
melody ['melədɪ] *s* **1** välljud, musik **2** melodi
melon ['melən] *s* bot. melon
melt [melt] **I** *itr* **1** smälta; lösas upp; fam. smälta bort av hetta **2** bildl. röras, smälta; ~ *into tears* smälta i tårar **II** *tr* **1** smälta; lösa upp; skira smör; ~ *down* smälta ned (ner) **2** bildl. röra, beveka, smälta
melt-down ['meltdaʊn] *s* härdsmälta i kärnreaktor
melting-point ['meltɪŋpɔɪnt] *s* fys. smältpunkt
melting-pot ['meltɪŋpɒt] *s* smältdegel äv. bildl.; *be in the* ~ bildl. vara i stöpsleven
member ['membə] *s* **1** medlem, ledamot; deltagare [*conference* ~]; parl. representant [*for* för valkrets]; *M~ of Parliament* parlamentsledamot, riksdagsman; *be* ~ *for* representera valkrets **2** del; led av t. ex. sats, ekvation
membership ['membəʃɪp] *s* **1** medlem-, ledamot|skap **2** medlemsantal, numerär
membrane ['membreɪn] *s* biol., anat. membran, hinna, tunn skiva
memento [mɪ'mentəʊ] *s* minne [*keep a th. as a* ~], minnessak
memo ['meməʊ] *s* (förk. för *memorandum*) PM, P.M.
memoir ['memwɑ:] *s* **1** biografi **2** vanl. pl. ~*s* memoarer, [levnads]minnen
memorable ['memərəbl] *a* minnesvärd
memorand|um [ˌmemə'rænd|əm] (pl. *-a* [-ə] el. *-ums*) *s* **1** [minnes]anteckning; promemoria **2** dipl. memorandum **3** jur. resumé **4** meddelande [*an inter-office* (internt) ~]
memorial [mɪ'mɔ:rɪəl] **I** attr. *a* minnes- [~ *service*] **II** *s* **1** minnesmärke [*to* över]; minne; *war* ~ krigsmonument **2** vanl. pl. ~*s* redogörelse, krönika **3** memorial, betänkande
memorize ['meməraɪz] *tr* memorera, lära sig utantill
memory ['memərɪ] *s* **1** minne, minnesförmåga; *if my* ~ *serves me* [*right*] om jag minns rätt; *it has escaped my* ~ det har fallit mig ur minnet; *lose o.'s* ~ tappa (förlora) minnet; *from* ~ ur minnet; *to the best of my* ~ såvitt jag kan minnas; *commit to* ~ lägga på minnet **2** minne, hågkomst; åminnelse; eftermäle; *memories of childhood* barndomsminnen; *down* ~ *lane* ung. bland gamla minnen; *in* (*to the*) ~ *of* till minne av; *of blessed* ~ salig i åminnelse; *within living* ~ i mannaminne **3** data. minne
men [men] *s* pl. av *man I*
menace ['menəs] **I** *s* hot [*to* mot], [hotande] fara [*to* för]; *he's a* ~ fam. han är en plåga **II** *tr* o. *itr* hota [med]
menacingly ['menəsɪŋlɪ] *adv* hotande, hotfullt
menagerie [mɪ'nædʒərɪ] *s* menageri
mend [mend] **I** *tr* **1** laga, reparera; lappa kläder, stoppa strumpor **2** avhjälpa; rätta till **3** förbättra; ~ *o.'s manners* (*ways*) bättra sig; *it doesn't* ~ *matters* det gör inte saken bättre **II** *itr* **1** bli bättre; tillfriskna, ta sig **2** *it is never too late to* ~ bättre sent än aldrig, det är aldrig för sent att bättra sig **III** *s* **1** lapp, stopp, lagning lagat ställe **2** *be on the* ~ a) vara på bättringsvägen b) om affärer hålla på och ordna sig
mendacious [men'deɪʃəs] *a* lögnaktig
mendacity [men'dæsətɪ] *s* lögnaktighet; osanning
Mendelssohn ['mendlsn]
mendicancy ['mendɪkənsɪ] *s* **1** tiggeri, bettleri **2** tiggarliv
mendicant ['mendɪkənt] **I** *a* tiggande, bettlande; tiggar- [~ *friar*] **II** *s* **1** tiggare **2** tiggarmunk
menfolk ['menfəʊk] (konstr. ss. pl.) *s* manfolk, karlar

menial ['mi:njəl] **I** *a* tjänar-; låg, tarvlig, enkel [~ *work*] **II** *s* föraktl. tjänare, betjänt
meningitis [ˌmenɪn'dʒaɪtɪs] *s* med. hjärnhinneinflammation, meningit
men-of-war ['menəv'wɔ:] *s* pl. av *man-of--war*
menopause ['menəʊpɔ:z] *s* med. menopaus, klimakterium
menses ['mensi:z] *s pl* med. menstruation
menstrual ['menstrʊəl] *a* menstruations-
menstruate ['menstrʊeɪt] *itr* menstruera, ha menstruation
menstruation [ˌmenstrʊ'eɪʃən] *s* menstruation
menswear ['menzweə] *s* herrkläder
mental ['mentl] *a* **1** mental, psykisk, själslig, andlig; intellektuell; ~ *age* intelligensålder; ~ *arithmetic* huvudräkning; ~ *asylum* mentalsjukhus; ~ *cruelty* själslig grymhet; ~ *faculties* själsförmögenheter; ~ *hospital* (*home*) mentalsjukhus; ~ *level* intelligensnivå; *make a* ~ *note of* lägga på minnet; *a* ~ *reservation* ett tyst förbehåll; ~ *test* intelligenstest; ~ *work* intellektuellt arbete **2** fam. galen, knasig [*go* (bli) ~]
mentality [men'tælətɪ] *s* **1** mentalitet, läggning, kynne **2** intelligens, förstånd
mentally ['mentəlɪ] *adv* **1** mentalt, psykiskt, själsligt; andligt; ~ *deranged* mentalsjuk **2** i tankarna, för sig själv; i huvudet
menthol ['menθɒl] *s* mentol
mentholated ['menθəleɪtɪd] *a* mentol-, med mentol
mention ['menʃən] **I** *s* omnämnande; *honourable* ~ hedersomnämnande; *make* ~ *of* [om]nämna **II** *tr* omnämna; nämna, tala om [*to* för]; *not to* ~ för att [nu] inte tala om; *don't* ~ *it!* ss. svar på tack el. ursäkt för all del!, ingen orsak!; [*that's odd,*] *now that you* ~ *it* .. nu när du säger det; *no harm worth* ~*ing* ingen nämnvärd skada
mentor ['mentɔ:] *s* rådgivare, handledare
menu ['menju:] *s* matsedel, meny
Mephistophelean [ˌmefɪstə'fi:ljən] *a* mefistofelisk
Mephistopheles [ˌmefɪs'tɒfɪli:z] Mefistofeles
mercantile ['mɜ:kəntaɪl] *a* merkantil; handels-, köpmans-; ~ *marine* handelsflotta
mercantilism ['mɜ:kəntɪlɪzəm] *s* merkantilism
Mercedes [bil mə'seɪdi:z]
mercenar|y ['mɜ:sɪnərɪ] **I** *a* **1** vinningslysten; egennyttig **2** om soldat lejd, lego- **II** *s* lego|soldat, -knekt; pl. *-ies* äv. legotrupper
mercer ['mɜ:sə] *s* manufakturhandlare i finare tyger
mercerize ['mɜ:səraɪz] *tr* mercerisera [~*d cotton*]
merchandise ['mɜ:tʃəndaɪz] *s* koll. [handels]varor
merchant ['mɜ:tʃənt] **I** *s* **1** köpman, grosshandlare, grossist isht importör el. exportör **2** sl. individ, typ **II** *a* handels-; ~ *fleet* (*navy*) handelsflotta; ~ *ship* (*vessel*) handelsfartyg
merchant|man ['mɜ:tʃənt|mən] (pl. *-men* [-mən]) *s* handelsfartyg
merciful ['mɜ:sɪfʊl] *a* barmhärtig, nådig
merciless ['mɜ:sɪləs] *a* obarmhärtig
mercurial [mɜ:'kjʊərɪəl] *a* **1** kvicksilver- [~ *poisoning*] **2** livlig [~ *temperament*], kvick[tänkt] **3** flyktig, ombytlig
Mercury ['mɜ:kjʊrɪ] Merkurius
mercury ['mɜ:kjʊrɪ] *s* kvicksilver; *the* ~ *is rising* barometern (termometern) stiger
merc|y ['mɜ:sɪ] *s* **1** barmhärtighet, förbarmande; nåd; ~ *killing* dödshjälp; *petition for* ~ nådeansökan; *ask* (*beg, cry*) *for* ~ be (tigga) om nåd; *have* ~ [*up*]*on a p.* förbarma sig över ngn; vara ngn nådig; *for* ~*'s sake* för Guds skull **2** lycka, tur; pl. *-ies* äv. nådegåvor; glädjeämnen; *be thankful* (*grateful*) *for small -ies* vara tacksam för litet **3** *be at the* ~ *of a p.* (*a th.*) vara i ngns (ngts) våld; *be left to the tender* ~ (*-ies*) *of* vara utlämnad på nåd och onåd åt
1 mere [mɪə] *a* blott, ren, bara; *by a* ~ (*the* ~*st*) *chance* av en ren slump; *the* ~ *idea of* blotta tanken på
2 mere [mɪə] *s* poet., dial. [liten] sjö, tjärn; damm
merely ['mɪəlɪ] *adv* endast, bara
meretricious [ˌmerɪ'trɪʃəs] *a* grann, prålig [~ *jewellery, a* ~ *style*]; oäkta
merge [mɜ:dʒ] **I** *tr* slå ihop (samman) [~ *two companies*; *with* med; *into* till]; *be* ~*d in* (*with*) gå upp i, smälta ihop (samman) med, införlivas med **II** *itr* gå ihop (samman) [*into* i; *with* med]; smälta ihop (samman), absorberas; flyta ihop [*into* med]
merger ['mɜ:dʒə] *s* **1** sammansmältning, införlivande **2** hand. sammanslagning, fusion
meridian [mə'rɪdɪən] **I** *s* **1** meridian, middagslinje **2** middagshöjd äv. bildl.; kulmen, höjdpunkt **II** *a* meridian-, middags-
meridional [mə'rɪdɪənl] *a* meridional, meridian-
meringue [mə'ræŋ] *s* maräng
merino [mə'ri:nəʊ] *s* **1** merinofår **2** merino; merino|tyg, -garn
Merionethshire [ˌmerɪ'ɒnɪθʃɪə, -ʃə]
merit ['merɪt] **I** *s* förtjänst, merit [*the book has its* ~*s*]; värde; ~*s and demerits* fel och förtjänster, fördelar och nackdelar; fakta för och emot; *the Order of M*~ eng. förtjänstorden; *a work of great* ~ ett mycket förtjänstfullt arbete; *the* ~*s of the case* det verkliga [sak]förhållandet; *judge a th. on its* ~*s* bedöma ngt [rent] objektivt **II** *tr*

förtjäna, vara värd, göra sig förtjänt av
merited ['merɪtɪd] *a* välförtjänt
meritocracy [ˌmerɪ'tɒkrəsɪ] *s* meritokrati
meritocrat ['merɪtəkræt] *s* meritokrat
meritorious [ˌmerɪ'tɔːrɪəs] *a* förtjänstfull, inte utan förtjänster; aktningsvärd
mermaid ['mɜːmeɪd] *s* sjöjungfru
merriment ['merɪmənt] *s* munterhet, uppsluppenhet
merry ['merɪ] *a* **1** munter, uppsluppen; glad; [*A*] *M~ Christmas!* God Jul!; *the M~ Widow* Glada änkan; *make ~* roa sig, festa **2** fam. lite glad lite berusad
merry-go-round ['merɪgəʊˌraʊnd] *s* karusell; bildl. virvel
merry-maker ['merɪˌmeɪkə] *s* festare, rumlare
merry-making ['merɪˌmeɪkɪŋ] *s* uppsluppenhet; festglädje, förlustelser
Mersey ['mɜːzɪ]
Merseyside ['mɜːzɪsaɪd]
mescalin ['meskəlɪn] *s* o. **mescaline** ['meskəliːn] *s* meskalin
mesdames ['meɪdæm] *s* pl. av *madame*
mesh [meʃ] **I** *s* **1** maska i nät o. d.; pl. *~es* äv. trådar; nät[verk]; snaror, garn äv. bildl. **2** mek. ingrepp [*in ~*] **II** *tr* **1** fånga i nät[et]; snara **2** mek. koppla ihop **III** *itr* **1** fastna i nät[et]; snärja in sig **2** om kugge gripa in
mesmerism ['mezmərɪzəm] *s* mesmerism, 'animal magnetism', slags hypnos
mesmerize ['mezməraɪz] *tr* **1** 'magnetisera'; hypnotisera **2** suggerera; fascinera
meson ['miːzɒn, 'mesɒn] *s* fys. meson
Mesopotamia [ˌmesəpə'teɪmjə] Mesopotamien
mess [mes] **I** *s* **1** röra, oreda, oordning, virrvarr; soppa bildl.; smörja, skräp; smuts; klämma, knipa; *he looked a ~* han såg ryslig (förfärlig) ut; *make a ~* smutsa (söla) ner, stöka till; *the dog has made a ~ on the mat* hunden har gjort på mattan; *make a ~ of* fuska med; förfuska, fördärva; trassla (röra) till; *make a ~ of things* ställa till oreda; trassla till allting; *we are in a fine ~* nu står vi där vackert, nu har vi allt ställt till det för oss; *get into a ~* råka i oordning; komma i knipa **2** matsällskap; mil., sjö. mäss **3** hopkok, mischmasch, soppa **4** fam. misslyckad individ **5** *sell o.'s birthright for a ~ of pottage* ordspr. sälja sin förstfödslorätt för en grynvälling **II** *tr* **1** *~* [*up*] röra ihop; förfuska, fördärva; vända upp och ned på; smutsa (söla, kladda) ner, stöka till; *he always ~es up everything* han trasslar alltid till allting; *~ a p. about* trassla till saker och ting (det) för ngn **2** mil. utspisa **III** *itr* **1** *~ about* knåpa, pillra, plottra; traska (larva) omkring **2** äta i mässen
message ['mesɪdʒ] *s* **1** meddelande [*did he leave any ~?*]; budskap äv. politiskt; bud; *he got the ~* fam. han förstod nog; *can I give* (*leave*) *a ~?* i telefon o. d. är det något jag kan framföra? **2** telegram **3** ärende
messenger ['mesɪndʒə] *s* **1** bud; budbärare, sändebud; *~ boy* expressbud; springpojke **2** kurir
Messiah [mɪ'saɪə] *s* Messias
messieurs [meɪ'sjɜː] *s* pl. av *monsieur*; jfr *Messrs.*
Messrs. ['mesəz] *s* (eg. förk. för *Messieurs*, isht i affärsstil använt ss. pl. av *Mr.*) **1** herrar[na], hrr **2** Firma, Herrar, Hrr [*~ Jones & Co.*]
mess-tin ['mestɪn] *s* mil. kokkärl, matback
mess-up ['mesʌp] *s* fam. trassel; röra
messy ['mesɪ] *a* **1** rörig, grötig; kinkig; virrig **2** smutsig; kladdig, snaskig
1 Met [met] *s, the ~* fam. Metropolitan opera i New York
2 Met [met] *s, the ~ Office = the Meteorological Office*
met [met] imp. o. pp. av *1 meet*
metabolic [ˌmetə'bɒlɪk] *a* metabolisk; *basal ~ rate* basal-, standard|omsättning
metabolism [me'tæbəlɪzəm] *s* ämnesomsättning, metabolism
metal ['metl] **I** *s* **1** metall **2** metallblandning, legering **3** krossten för vägbygge, makadam **4** järnv., pl. *~s* skenor, spår; *run off* (*leave, jump*) *the ~s* spåra ur **II** *a* metall-; *~ tip* beslag; hästsko **III** *tr* **1** belägga med metall, beslå **2** belägga med krossten, makadamisera [*a ~led road*]
metallic [mɪ'tælɪk] *a* metallisk; metall-; *~ taste* plåtsmak
metallurgic [ˌmetə'lɜːdʒɪk] *a* o. **metallurgical** [ˌmetə'lɜːdʒɪkəl] *a* metallurgisk
metallurgist [me'tælədʒɪst] *s* metallurg
metallurgy [me'tælədʒɪ] *s* metallurgi
metamorphos|is [ˌmetə'mɔːfəs|ɪs] (pl. *-es* [-iːz]) *s* metamorfos, förvandling
metaphor ['metəfə] *s* metafor, bild
metaphorical [ˌmetə'fɒrɪkəl] *a* metaforisk, bildlig
metaphysical [ˌmetə'fɪzɪkəl] *a* metafysisk; översinnlig
metaphysics [ˌmetə'fɪzɪks] (konstr. ss. sg.) *s* metafysik
mete [miːt] *tr, ~* [*out*] litt. av-, ut|mäta [*~ out punishment*]; tilldela, beskära
meteor ['miːtjə] *s* **1** meteor **2** bildl. komet, meteor
meteoric [ˌmiːtɪ'ɒrɪk] *a* meteor- [*a ~ stone*]; *a ~ career* en kometlik karriär
meteorite ['miːtjəraɪt] *s* meteorit
meteorological [ˌmiːtjərə'lɒdʒɪkəl] *a* meteorologisk; *~ office* vädertjänst
meteorologist [ˌmiːtjə'rɒlədʒɪst] *s* meteorolog

meteorology [ˌmi:tjə'rɒlədʒɪ] *s* meteorologi

1 meter ['mi:tə] *s* mätare; taxameter; ~ *maid* fam. lapplisa

2 meter ['mi:tə] *s* Am. = *metre*

meterage ['mi:tərɪdʒ] *s* **1** mätning **2** mätavgift **3** antal meter

meth [meθ] *s* fam. = *methylated spirit*

methane ['mi:θeɪn] *s* kem. metan, sump-, gruv|gas

methanol ['meθənɒl] *s* kem. metanol

method ['meθəd] *s* metod; ordning, system; *there is [a] ~ in his (her* etc.) *madness* det är metod i galenskapen

methodical [mɪ'θɒdɪkəl] *a* metodisk, systematisk; planmässig

Methodism ['meθədɪzəm] *s* kyrkl. metodism

Methodist ['meθədɪst] *s* kyrkl. metodist

methodology [ˌmeθə'dɒlədʒɪ] *s* metodik, metodologi

meths [meθs] *s pl* fam. = *methylated spirits*

Methuselah [mɪ'θju:zələ] Metusalem

methyl ['meθɪl] *s* kem. metyl; ~ *alcohol* metylalkohol, träsprit

methylate ['meθɪleɪt] *tr* försätta med träsprit; *~d spirit[s]* denaturerad sprit

meticulous [mə'tɪkjʊləs] *a* petig, pedantisk, småaktig; minutiös

metonymy [mɪ'tɒnɪmɪ, me't-] *s* metonymi [t. ex. *crown* i st. f. *king*]

metre ['mi:tə] *s* **1** meter längdmått **2** meter i poesi; versmått; takt

metric ['metrɪk] *a* meter- [*the ~ system*]; ~ *ton* ton 1.000 kg

metrical ['metrɪkəl] *a* **1** metrisk, i bunden form **2** mätts-; metrisk

metrication [ˌmetrɪ'keɪʃən] *s* övergång till metersystemet

metrics ['metrɪks] (konstr. ss. sg.) *s* metrik, verslära

metronome ['metrənəum] *s* metronom

metropolis [mə'trɒpəlɪs] *s* **1** metropol, huvudstad; storstad, världsstad; *the ~ (M~)* ofta London, Storlondon **2** kyrkl. metropolitsäte; ärkebiskopssäte

metropolitan [ˌmetrə'pɒlɪtən] **I** *a* **1** huvudstads-, storstads-, världsstads-; ofta London- [*the M~ Police*]; *the M~ Opera* opera i New York **2** kyrkl. metropolitansk **II** *s* **1** storstadsbo **2** kyrkl. metropolit; ärkebiskop

mettle ['metl] *s* **1** liv[lighet], eld[ighet]; mod, kurage; *be on o.'s ~* uppbjuda alla sina krafter; *put a p. on his ~* sätta ngn på prov **2** natur; temperament

mettlesome ['metlsəm] *a* livlig, eldig; morsk; om häst yster

mew [mju:] **I** *itr* jama **II** *s* jamande

mews [mju:z] (konstr. vanl. ss. sg.; pl. *mews*) *s* **1** stall, stallbyggnader; länga med ateljévåningar; hus-, garage|länga som urspr. varit stall **2** bakgata

Mexican ['meksɪkən] **I** *a* mexikansk **II** *s* mexikan[are]

Mexico ['meksɪkəu]

mezzanine ['metsəni:n] *s* **1** byggn. entresol-[våning], mezzanin [äv. ~ *storey*] **2** Am. teat. [främre] första raden

mezzo-soprano ['medzəusə'prɑ:nəu, 'metsəu-] *s* mus. mezzosopran

mezzotint ['medzəutɪnt, 'metsəu-] *s* mezzotint[gravyr]

mg. förk. för *milligram[s], milligramme[s]*

MHz förk. för *megahertz* MHz

mi [mi:] *s* mus. mi

Miami [maɪ'æmɪ]

miaou o. **miaow** [mɪ'au] **I** *s* jamande; mjau **II** *itr* jama

mica ['maɪkə] *s* min. glimmer

mice [maɪs] *s* pl. av *mouse*

Michael ['maɪkl] ss. kunganamn o. d. Mikael

Michaelmas ['mɪklməs] *s* mickelsmässa, Mikaeli, Mikaelsdagen 29 sept. [äv. ~ *Day*]; ~ *daisy* slags aster; ~ *term* a) univ. hösttermin b) jur. höstsession

Michelangelo [ˌmaɪkəl'ændʒələu]

Michigan ['mɪʃɪgən]

Mick [mɪk] kortform för *Michael*

Mickey ['mɪkɪ] **I** fam. för *Michael*; ~ *Mouse* Musse Pigg **II** *s* sl. **1** ~ [*Finn*] el. *m~* [*finn*] drink med knockoutdroppar **2** *take the m~ out of a p.* skoja (driva) med ngn

microbe ['maɪkrəub] *s* mikrob

microbiology ['maɪkrəubaɪ'ɒlədʒɪ] *s* mikrobiologi

microcard ['maɪkrəukɑ:d] *s* mikrokort

microcosm ['maɪkrəukɒzəm] *s* mikrokosm[os], värld i smått

microcosmic [ˌmaɪkrəu'kɒzmɪk] *a* mikrokosmisk

microelectronics ['maɪkrəuɪˌlek'trɒnɪks] (konstr. ss. sg.) *s* mikroelektronik

microfiche ['maɪkrəufɪʃ] *s* fotogr. microfiche

microfilm ['maɪkrəufɪlm] **I** *s* mikrofilm; arkivfilm **II** *tr* mikrofilma; arkivfotografera

microgroove ['maɪkrəugru:v] *s* mikrospår på grammofonskiva

micrometer [maɪ'krɒmɪtə] *s* mikrometer

micron ['maɪkrɒn] *s* mikron, mikromillimeter tusendels millimeter

micro-organism ['maɪkrəu'ɔ:gənɪzəm] *s* mikroorganism

microphone ['maɪkrəfəun] *s* mikrofon

microscope ['maɪkrəskəup] *s* mikroskop

microscopic [ˌmaɪkrəs'kɒpɪk] *a* mikroskopisk

micturate ['mɪktjureɪt] *itr* med. urinera

mid [mɪd] *a* mitt-, mellan-, mid-; [i] mitten

av (på); *from ~ May to ~ July* från mitten av maj till mitten av juli; *in ~ flight* i flykten; bildl. halvvägs

mid-air [ˌmɪd'eə] **I** *s, in ~* i luften, mellan himmel och jord [*be suspended* (sväva) *in ~*]; bildl. i ovisshet **II** attr. *a* i luften [*a ~ collision*]

Midas ['maɪdæs]

mid-Atlantic [ˌmɪdət'læntɪk] **I** *s* mitten av Atlanten **II** *a* som har både brittisk och amerikansk prägel [*a ~ accent*]

midday ['mɪddeɪ] *s* **1** middagstid, middag **2** attr. mitt på dagen, middags-; *~ dinner* frukostmiddag

midden ['mɪdn] *s* **1** gödsel-, avskrädes|hög **2** arkeol. kökkenmödding

middle ['mɪdl] **I** attr. *a* mellersta, mittersta, mellan-, medel-; *a man of ~ age* en medelålders man; *the M~ Ages* medeltiden; *~ C* mus. ettstrukna C; *the ~ class* (*classes*) medelklassen; *the lower* (*upper*) *~ class* (*classes*) undre (övre) medelklassen; *~ distance* a) konst. mellanplan b) sport. medeldistans; *the M~ East* Mellersta Östern; *~ finger* långfinger; *~ height* medelhöjd; *~ name* andra namn mellan tilltals- o. efternamn; *the M~ West* Mellanvästern i USA **II** *s* **1** mitt; *in the ~ of* i mitten av (på), mitt i (på, under) **2** midja

middle-age ['mɪdl'eɪdʒ] *a* o. **middle-aged** ['mɪdl'eɪdzd] *a* medelålders; *~ spread* fam. gum-, gubb|fläsk

middle-bracket ['mɪdlˌbrækɪt] *a* medel-, medelstor, mellan-

middlebrow ['mɪdlbraʊ] *s* person med konventionell smak, genomsnittsmänniska

middle-class ['mɪdl'klɑːs] *a* medelklass-, borgerlig

middle|man ['mɪdl|mæn] (pl. *-men* [-men]) *s* hand. mellanhand

middle-of-the-road ['mɪdləvðə'rəʊd] *a* moderat, mitten-, mellan-

Middlesbrough ['mɪdlzbrə]

Middlesex ['mɪdlseks]

middle-sized ['mɪdlsaɪzd] *a* medel-, mellan|stor; av medellängd

middleweight ['mɪdlweɪt] *s* isht sport. **1** mellanvikt **2** mellanviktare

middling ['mɪdlɪŋ] fam. **I** *a* **1** medelgod; medelmåttig **2** någorlunda [bra], något så när [frisk] **II** *adv* tämligen, någorlunda

Middx. förk. för *Middlesex*

midfield ['mɪdfiːld] *s* sport. mittfält

midfielder ['mɪdˌfiːldə] *s* sport. mittfältare

mid-fifties ['mɪdˌfɪftɪz] *s pl, in her ~* i femtifemårsåldern; *in the ~* [*he founded..*] i mitten på femtitalet..

midge [mɪdʒ] *s* **1** zool. [fjäder]mygga **2** bildl. om pers. mygga, kryp

midget ['mɪdʒɪt] **I** *s* dvärg som förevisas; kryp, [liten] plutt, lilleputt **II** *a* mini- [*~ golf*], lilleputt-, dvärg- [*~ submarine*]

midland ['mɪdlənd] *s, the Midlands* Midlands, mellersta England benämning på de centrala grevskapen

Midlothian [mɪd'ləʊðjən]

midnight ['mɪdnaɪt] *s* **1** midnatt; *dark* (*black*) *as ~* nattsvart **2** attr. midnatts-; nattsvart; *the ~ sun* midnattssolen; *burn the ~ oil* arbeta till långt in på natten

midriff ['mɪdrɪf] *s* **1** mellangärde, diafragma; mage **2** Am. infällt midjeparti på kläder

midship ['mɪdʃɪp] *s* midskeppsdel

midship|man ['mɪdʃɪp|mən] (pl. *-men* [-mən]) *s* sjö. kadett

midships ['mɪdʃɪps] *adv* midskepps

midst [mɪdst] litt. **I** *s* mitt; *in the ~ of* mitt i, mitt ibland, mitt uppe i, mitt under; *in our ~* [mitt] ibland oss, i vår krets **II** *prep* mitt i

midstream ['mɪdstriːm] *s* mitten av strömfåra[n]; *don't change* (*swap*) *horses in ~* ordspr. man skall inte byta häst mitt i strömmen

midsummer ['mɪdˌsʌmə] *s* midsommar; *M~ Day* midsommardagen 24 juni; *M~ Eve* midsommarafton; *~ madness* höjden av dårskap

midway ['mɪd'weɪ] *adv* halvvägs

Midwest ['mɪd'west] *s* Am., *the ~* Mellanvästern

mid|wife ['mɪdwaɪf] (pl. *-wives*) *s* barnmorska

midwifery ['mɪdwɪfərɪ] *s* förlossningskonst; förlossningshjälp

midwinter ['mɪd'wɪntə] *s* midvinter

mien [miːn] *s* litt. min, uppsyn; utseende

1 might [maɪt] *hjälpvb* (imp. av *may*) **1** kunde, skulle kunna; *he ~ lose his way* han kunde gå vilse; *as the case ~ be* allt efter omständigheterna **2** fick, kunde få; *~ I ask a question?* skulle jag kunna (kunde jag) få ställa en fråga?; *he asked if he ~ come in* han frågade om han fick komma in **3** måtte, skulle [komma att]; *I hoped he ~ succeed* jag hoppades han skulle lyckas

2 might [maɪt] *s* litt. makt; kraft, förmåga; *with all o.'s ~* el. *with* (*by*) *~ and main* med all makt, av alla krafter

might-have-been ['maɪtəvˌbɪn] *s, a ~* en som kunde ha blivit något [stort]; en misslyckad individ

mightily ['maɪtəlɪ] *adv* **1** mäktigt, väldigt, kraftigt **2** fam. väldigt, mycket

mighty ['maɪtɪ] **I** *a* **1** litt. mäktig, väldig **2** fam. väldig, kolossal **II** *adv* fam. väldigt

mignonette [ˌmɪnjə'net] *s* bot. luktreseda

migraine ['miːgreɪn, 'maɪ-] *s* migrän

migrant ['maɪgrənt] **I** *a* flyttande, vandrande **II** *s* **1** person som flyttar (drar) från plats till plats **2** flyttfågel; vandringsdjur

migrate [maɪ'greɪt] *itr* flytta; vandra; utvandra, dra bort
migration [maɪ'greɪʃən] *s* **1** flyttning; vandring; folkvandring; migration **2** grupp; flock; [fågel]sträck
migratory ['maɪgrətərɪ, maɪ'greɪtərɪ] *a* flyttande; utvandrande; flytt- [~ *birds*]
Mike [maɪk] kortform för *Michael*; *for the love of ~!* för Guds skull!
mike [maɪk] *s* fam. mick mikrofon
milady [mɪ'leɪdɪ] *s* **1** tilltal för adelsdam **2** fin (elegant) dam
Milan [mɪ'læn] Milano
Milanese ['mɪlə'ni:z] **I** *a* milanesisk **II** (pl. lika) *s* milanes[are]
milch [mɪltʃ] *a* mjölkande, mjölk-; ~ *cattle* livdjur; ~ *cow* mjölkko äv. bildl.
mild [maɪld] *a* mild; blid; svag [*a ~ protest*]; lindrig; beskedlig; *draw it ~* se *draw I 9*
mildew ['mɪldju:] **I** *s* **1** mjöldagg; bladmögel **2** mögel[fläckar] på tyg, papper o. d. **II** *tr* fläcka genom mjöldagg (mögel)
mildewed ['mɪldju:d] *a* o. **mildewy** ['mɪldjuɪ] *a* angripen av mjöldagg; möglig
mildly ['maɪldlɪ] *adv* milt etc., jfr *mild*; *to put it ~* milt uttryckt, minst sagt
Mildred ['mɪldrɪd, -red]
mile [maɪl] *s* [engelsk] mil, 'mile' (= 1760 *yards* = 1609 m); *nautical ~* nautisk mil, distansminut; *square ~* engelsk kvadratmil; *50 ~s an hour* 50 'miles' i timmen, ung. 80 km i timmen; *he's ~s above me* fam. han står skyhögt över mig; *it was ~s better* (*easier*) fam. det var ofantligt mycket bättre (lättare); *it was ~s from anywhere* det låg bortom all ära och redlighet; *for ~s* på många mil (mils omkrets); milsvitt; *for ~s and ~s* mil efter mil
mileage ['maɪlɪdʒ] *s* **1** antal [körda] 'miles' (mil); vägsträcka i 'miles' (mil); ~ *recorder* vägmätare **2** milkostnad; reseersättning **3** antal körda 'miles' (mil) per 'gallon' (liter)
mileometer [maɪ'lɒmɪtə] *s* vägmätare
milestone ['maɪlstəʊn] *s* milstolpe äv. bildl.
milieu ['mi:ljɜ:] *s* miljö, omgivning
militancy ['mɪlɪtənsɪ] *s* stridbarhet
militant ['mɪlɪtənt] **I** *a* **1** militant, stridbar **2** stridande, kämpande [*the Church ~*] **II** *s* **1** militant person **2** [strids]kämpe
militarism ['mɪlɪtərɪzəm] *s* militarism
militarist ['mɪlɪtərɪst] *s* militarist
militarize ['mɪlɪtəraɪz] *tr* militarisera
military ['mɪlɪtərɪ] **I** *a* militärisk, militär-, krigs-; ~ *academy* militärhögskola, krigs[hög]skola; ~ *court* krigsrätt; ~ *march* militärmarsch; ~ *service* militärtjänst; *compulsory ~ service* allmän värnplikt **II** (konstr. ss. pl.) *s* militärer; *the ~* militären
militate ['mɪlɪteɪt] *itr* strida vanl. bildl.; ~ *against* strida mot, tala mot; motverka
militia [mɪ'lɪʃə] *s* milis, lantvärn
militiaman [mɪ'lɪʃəmən] *s* milissoldat
milk [mɪlk] **I** *s* mjölk; *a land of* (*flowing with*) *~ and honey* bildl. ett land som flyter av mjölk och honung; *the ~ of human kindness* mänsklig godhet; ~ *of magnesia* farm. magnesiumhydroxidsuspension; *come home with the ~* fam. komma hem på morgonkulan; *it's no use* (*good*) *crying over spilt ~* ordspr. gjort är gjort, man ska inte gråta över spilld mjölk **II** *tr* **1** mjölka; tappa **2** bildl. mjölka, åderlåta; sko sig på **III** *itr* mjölka
milk-and-water ['mɪlkən'wɔ:tə] **I** *s* sentimentalt svammel **II** *a* **1** utspädd **2** bildl. urvattnad, fadd
milk-bar ['mɪlkbɑ:] *s* ung. glassbar där äv. mjölkdrinkar o. smörgåsar serveras
milking ['mɪlkɪŋ] *s* mjölkning
milkmaid ['mɪlkmeɪd] *s* **1** mjölkerska **2** mejerska
milkman ['mɪlkmən] *s* mjölk|utkörare, -bud, -försäljare
milk-round ['mɪlkraʊnd] *s* mjölkutkörares runda, rond; distrikt
milkshake ['mɪlk'ʃeɪk] *s* milkshake slags mjölkdrink med glass
milksop ['mɪlksɒp] *s* mes, mähä; morsgris
milk-|tooth ['mɪlk|tu:θ] (pl. *-teeth* [-ti:θ]) *s* mjölktand
milky ['mɪlkɪ] *a* **1** mjölk|aktig, -lik; mjölkig; grumlig **2** *the M~ Way* Vintergatan
mill [mɪl] **I** *s* **1** kvarn; *he has been* (*gone*) *through the ~* han har fått slita ont, han har varit med om litet av varje; *put a p. through the ~* sätta ngn på prov **2** fabrik; spinneri; verk, bruk samtliga isht ss. efterled i sms.; *cotton ~* bomullsspinneri **II** *tr* **1** mala; krossa **2** valsa t. ex. järn **3** räffla mynt m. m.
millboard ['mɪlbɔ:d] *s* [styv] papp
millennial [mɪ'lenɪəl] **I** *a* tusenårig **II** *s* tusenårs|jubileum, -fest
millennium [mɪ'lenɪəm] *s* **1** årtusende **2** *the ~* det tusenåriga riket
millepede ['mɪlɪpi:d] *s* zool. tusenfoting
miller ['mɪlə] *s* mjölnare
millet ['mɪlɪt] *s* bot. hirs
mill-hand ['mɪlhænd] *s* fabriksarbetare
milliampere [ˌmɪlɪ'æmpeə] *s* milliampere
milliard ['mɪljɑ:d] *s* miljard tusen miljoner
millibar ['mɪlɪbɑ:] *s* meteor. millibar
millicurie ['mɪlɪ'kjʊərɪ] *s* fys. millicurie
milligram[me] ['mɪlɪgræm] *s* milligram
millilitre ['mɪlɪˌli:tə] *s* milliliter
millimetre ['mɪlɪˌmi:tə] *s* millimeter
milliner ['mɪlɪnə] *s* modist; *~'s* [*shop*] mode-, hatt|affär
millinery ['mɪlɪnərɪ] *s* **1** modevaror inom hattbranschen **2** modistyrket; hattsömnad
million ['mɪljən] *s* miljon; *~s of people*

miljontals (miljoner) människor
millionaire [ˌmɪljə'neə] *s* miljonär
millionairess [ˌmɪljə'neərɪs] *s* miljonärska
millionth ['mɪljənθ] **I** *räkn* miljonte; *~ part* miljondel **II** *s* miljondel
millipede ['mɪlɪpi:d] *s* = *millepede*
milliwatt ['mɪlɪwɒt] *s* milliwatt
mill-pond ['mɪlpɒnd] *s* **1** kvarndamm; *the sea was as smooth as a ~* havet låg som en spegel **2** *the ~* skämts. pölen Atlanten
millstone ['mɪlstəʊn] *s* kvarnsten; *a ~ round a p.'s neck* bildl. en kvarnsten om ngns hals
milord [mɪ'lɔ:d] *s* (fr.) **1** = *My Lord* se *lord I 9 a)* **2** lord; rik engelsman
Milton ['mɪltən]
mime [maɪm] **I** *s* **1** mim **2** mim[iker], mimskådespelare **II** *itr* spela [panto]mim, mima; spela komedi **III** *tr* härma, efterapa
mimic ['mɪmɪk] **I** *a* **1** mimisk; härmande **2** imiterad, låtsad **II** *s* **1** imitatör, härmare **2** mimiker **III** *tr* härma, imitera, parodiera
mimicry ['mɪmɪkrɪ] *s* **1** härmande, härmning **2** efterapning **3** zool. mimikry
mimosa [mɪ'məʊzə] *s* bot. mimosa
min. förk. för *minimum, 2 minute[s]*
minaret ['mɪnəret] *s* minaret
mince [mɪns] **I** *tr* **1** hacka [fint]; hacka sönder; *~d meat* finskuret kött; köttfärs **2** välja [*~ o.'s words*]; *not ~ matters* ([*o.'s*] *words*) inte skräda orden **II** *itr* **1** tala tillgjort **2** trippa, gå tillgjort **III** *s* köttfärs
mincemeat ['mɪnsmi:t] *s* blandning av russin, mandel, socker, kryddor m. m. som fyllning i paj; *make ~ of* fam. göra slarvsylta av
mince-pie ['mɪns'paɪ] *s* paj med *mincemeat*
mincer ['mɪnsə] *s* köttkvarn
mincing ['mɪnsɪŋ] *a* tillgjord; trippande
mind [maɪnd] **I** *s* **1** sinne; själ; förstånd; ande; tankar; sinnelag; mentalitet; inställning [*a reactionary ~*]; *he has a brilliant ~* han är en lysande begåvning; *he has a dirty ~* han har snuskig fantasi; *have an open ~* vara öppen för nya idéer (intryck o. d.); *frame of ~* sinnesstämning; *presence of ~* sinnesnärvaro; *broaden a p.'s ~* vidga ngns synkrets (vyer); *keep o.'s ~ on* koncentrera sig på; *take a p.'s ~ off* få ngn att glömma; avleda ngns uppmärksamhet från; *unburden o.'s ~* lätta sitt sinne (hjärta); *dismiss a th. from o.'s ~* slå ngt ur tankarna; *in ~ and body* till kropp och själ; *in o.'s right ~* el. *of sound ~* vid sina sinnen (sinnens fulla bruk); *in o.'s ~'s eye* för sitt inre öga, i tankarna, i fantasien; *whatever put that into your ~?* hur kunde du komma på den tanken (idén)?; *that was a weight* (*load*) *off my ~* en sten föll från mitt bröst; *get a th. off o.'s ~* [lyckas] få ngt ur tankarna; *have a th. on o.'s ~* gå och tänka på ngt, ha ngt på hjärtat; *be out of o.'s ~* vara från sina sinnen; vara tokig; *put that out of your ~!* slå det ur tankarna! **2** mening, åsikt, tanke; *be of one ~* vara av samma mening (åsikt) [*with* som]; *change o.'s ~* ändra mening (åsikt); *give a p. a piece of o.'s ~* säga ngn sin mening rent ut, säga ngn rent ut vad man tycker; *read a p.'s ~* läsa ngns tankar; *to my ~* enligt min mening, i mitt tycke **3** lust, håg, böjelse; önskan; *have a good* (*great*) *~ to* ha god lust att; *have half a ~ to* nästan ha lust att; *know o.'s own ~* veta vad man vill; *make up o.'s ~* besluta (bestämma) sig; *make up o.'s ~ that* tro bestämt (ha för sig) att; *put o.'s ~ to it* verkligen koncentrera sig på (gå in för) det; *set o.'s ~ on a th.* sätta sig ngt i sinnet; *be in two ~s* vara villrådig **4** minne; *bear* (*have, keep*) *in ~* komma ihåg, ha (hålla) i minnet; *it must be borne in ~ that* man får inte glömma att; *he puts me in ~ of* han påminner mig om; *out of sight, out of ~* ordspr. ur syn ur sinn; [*from* (*since*)] *time out of ~* sedan urminnes tid[er] **5** pers. ande, personlighet; *great ~s* stora andar (begåvningar); *small ~s* små själar
II *tr* **1** ge akt på; tänka på; se till; *~ you are in time!* se till att du kommer i tid!; *~ you don't fall!* akta dig så att du inte faller!; *~ what you are doing!* se dig för!, tänk på vad du gör!; *~ o.'s P's and Q's* fam. tänka på vad man säger (gör) **2** akta sig för; vara rädd om; *~ the dog!* varning för hunden!; *~ your head!* akta huvudet! **3** se efter, sköta [om], passa [*~ children*]; *~ your own business!* fam. sköt du ditt (dina egna affärer)! **4** isht i nek. o. fråg. satser: **a**) bry sig om, fästa sig vid, tänka på; ha något emot; *I don't ~ . .* jag bryr mig inte om . .; jag har inget emot . .; *don't ~ me!* bry dig inte om mig!; genera dig inte [för mig]! äv. iron.; *you must not ~ what he says* du skall inte fästa dig vid vad han säger; *never ~ him!* bry dig inte om honom! **b**) i hövlighetsuttryck: *do you ~ my smoking?* har du något emot att jag röker?; *would you ~ shutting the window?* vill du vara snäll och stänga fönstret?; *don't ~ my asking, but . .* ursäkta att jag frågar, men . .
III *itr* **1** *~* [*you*]*!* kom ihåg!, märk väl!; *it's not the only one, ~* [*you*]*!* det är inte den enda, ska du veta! **2** *~!* akta dig!, se upp! **3** *do you ~ if I smoke?* har du något emot att jag röker?; *I don't ~* gärna för mig, det har jag inget emot; *I don't ~ if I do* sl. det säger jag inte nej till; *never ~!* a) strunt i det! b) bry (bekymra) dig inte om det! c) [äv. *never you ~!*] det angår dig inte!
mind-bending ['maɪndˌbendɪŋ] *a* sl. **1** som ger hallucinationer **2** överväldigande

mind-boggling ['maɪnd,bɒglɪŋ] *a* häpnadsväckande [~ *statistics*], ofattbar

minded ['maɪndɪd] *a* **1** hågad, sinnad [*to* att]; *socially* ~ socialt inriktad; samhällstillvänd **2** ss. efterled i sms. -sinnad, -sint [*high-minded*]; -medveten

minder ['maɪndə] *s* ss. efterled i sms. -skötare, -vakt

mindful ['maɪndfʊl] *a* uppmärksam; *be* ~ *of* vara uppmärksam på; tänka på

mindless ['maɪndləs] *a* **1** själlös; slö **2** glömsk [*of* av], ouppmärksam [*of* på], tanklös; ~ *of* äv. utan tanke på

mind-reader ['maɪnd,ri:də] *s* tankeläsare

1 mine [maɪn] självst. *poss pron* min [*it is* ~]; *a book of* ~ en av mina böcker; *a friend of* ~ en [god] vän till mig; *it's a habit of* ~ det är en vana jag har; *that son of* ~ *drives me mad!* den där sonen jag har gör mig galen!; *the pleasure is all* ~ nöjet är helt på min sida

2 mine [maɪn] **I** *s* **1** gruva **2** bildl. guldgruva; *be a* ~ *of information* vara en rik informationskälla **3** mil. mina; ~ *detector* min|sökare, -detektor; *lay* ~*s* lägga ut minor **II** *tr* **1** bryta [~ *ore*]; bearbeta **2** gräva [~ *tunnels*] **3** mil. minera; minspränga **III** *itr* **1** ~ *for gold* gräva [efter] guld **2** arbeta i en gruva **3** mil. minera, lägga ut minor

minefield ['maɪnfi:ld] *s* **1** mil. minfält **2** gruvfält

miner ['maɪnə] *s* gruvarbetare

mineral ['mɪnərəl] **I** *s* **1** mineral **2** pl. ~*s* koll. mineralvatten; läskedrycker **II** *a* mineralisk; mineralhaltig; mineral- [~ *oil*; ~ *wool*]; *the* ~ *kingdom* mineral-, sten|riket; ~ *waters* koll. mineralvatten; läskedrycker

mineralogist [,mɪnə'rælədʒɪst] *s* mineralog

mineralogy [,mɪnə'rælədʒɪ] *s* mineralogi

minestrone [,mɪnə'strəʊnɪ] *s* kok. minestrone slags italiensk soppa

mine-sweeper ['maɪn,swi:pə] *s* minsvepare

mingle ['mɪŋgl] **I** *tr* blanda; ~*d feelings* blandade känslor **II** *itr* blanda sig, blandas; förena sig; ~ *with* (*in*) blanda sig med (i)

mingy ['mɪndʒɪ] *a* fam. snål, knusslig

miniature ['mɪnjətʃə] **I** *s* miniatyr i ol. bet. **II** attr. *a* miniatyr-, i miniatyr; ~ *camera* småbildskamera; ~ *golf* miniatyr-, mini|golf **III** *tr* framställa i miniatyr

miniaturist ['mɪnjətjʊərɪst] *s* miniatyrmålare

miniaturized ['mɪnjətʃəraɪzd] *a* miniatyriserad, miniatyr-, i miniatyr[format]

minibus ['mɪnɪbʌs] *s* minibuss

minicab ['mɪnɪkæb] *s* minitaxi

minicamera ['mɪnɪ,kæmərə] *s* småbildskamera

minicomputer ['mɪnɪkəm'pju:tə] *s* minidator

minigolf ['mɪnɪgɒlf] *s* minigolf

minim ['mɪnɪm] *s* **1** mus. halvnot **2** kort nedstreck **3** minsta mått för våtvaror (Engl. = 0,0592 ml, i USA 0,0616 ml), ung. droppe

minimal ['mɪnɪməl] *a* minimal

minimize ['mɪnɪmaɪz] *tr* **1** reducera (begränsa) till ett minimum **2** bagatellisera

minimum ['mɪnɪməm] **I** *s* minimum, lägsta punkt; [*with*] *a* (*the*) ~ *of*. . [med] minsta möjliga . . **II** attr. *a* lägsta, minsta; minimi- [~ *wage*]; minimal, minimal-

mining ['maɪnɪŋ] *s* **1** gruvdrift; gruvarbete; brytning; ~ *engineer* bergsingenjör; gruvingenjör **2** mil., sjö. minering

minion ['mɪnjən] *s* **1** gunstling; föraktl. hejduk, hantlangare **2** tjänande ande

minister ['mɪnɪstə] **I** *s* **1** pol., dipl. minister; ~ *of state* Engl. ställföreträdande departementschef i vissa större departement **2** präst [äv. ~ *of religion*] **II** *itr* **1** hjälpa [till], tjäna; ~ *to* hjälpa, passa upp på; sköta; sörja för **2** kyrkl. officiera, förrätta gudstjänst

ministerial [,mɪnɪs'tɪərɪəl] *a* **1** ministeriell, minister-; regerings-; *the* ~ *benches* regeringspartiets bänkar **2** prästerlig, präst-

ministering ['mɪnɪstərɪŋ] *a*, ~ *angel* skyddsängel, bildl. äv. tjänande ängel

ministration [,mɪnɪs'treɪʃən] *s* **1** tjänande, hjälpande, vård; hjälp, medverkan; pl. ~*s* tjänster **2** prästerlig tjänsteförrättning

ministry ['mɪnɪstrɪ] *s* **1** ministär, regering, kabinett **2** departement, ministerium **3** ministertid; ministerämbete **4** prästerlig verksamhet (tjänstgöring); *enter the* ~ gå den prästerliga banan **5** prästerskap

mink [mɪŋk] *s* **1** flodiller; mink amerikansk art **2** skinn mink, nerz

Minneapolis [,mɪnɪ'æpəlɪs]

Minnesota [,mɪnɪ'səʊtə]

minnow ['mɪnəʊ] *s* zool. kvidd, elritsa; mört; guldfisk; liten fisk i allm.

minor ['maɪnə] **I** *a* **1** mindre [*a* ~ *operation*], smärre [~ *adjustments*], obetydlig [*a* ~ *poet*], mindre väsentlig, mindre viktig; små- [~ *planets*]; lindrig[are] [*a* ~ *illness*]; lägre i rang; *Asia M*~ Mindre Asien; *Brown* ~ i skolor den yngre [av bröderna] Brown; Brown junior **2** mus. moll- [~ *scale*]; ~ *key* molltonart; *be in the* ~ *key* gå i moll; *A* ~ a moll **3** jur. omyndig, minderårig **II** *s* jur. omyndig person, minderårig

Minorca [mɪ'nɔ:kə]

minorit|y [maɪ'nɒrətɪ, mɪ'n-] *s* **1** minoritet [*national -ies*]; mindretal; ~ *government* minoritetsregering; *be in a* (*the*) ~ vara i minoritet **2** minderårighet, omyndig ålder

minster ['mɪnstə] *s* **1** klosterkyrka **2** domkyrka, katedral [*York M*~]

minstrel ['mɪnstrəl] *s* **1** medeltida trubadur, minstrel **2** sångare, entertainer vanl. negersminkad [förr äv. *nigger* ~]; ~ *show* varieté med (uppträdande av) *minstrels*

1 mint [mɪnt] *s* **1** bot. mynta; ~ *sauce* myntsås **2** mint|chokladbit, -karamell

2 mint [mɪnt] **I** *s* **1** myntverk, mynt; *in* ~ *condition* (*state*) ny [och fin], obegagnad **2** *a* ~ *of money* en [hel] massa pengar **II** *tr* **1** mynta, prägla **2** bildl. mynta, prägla

minuet [ˌmɪnjʊ'et] *s* menuett dans el. musik

minus ['maɪnəs] **I** *prep* **1** minus **2** fam. utan [~ *her clothes*] **II** *a* minus-; negativ; ~ *sign* = *III* **III** *s* minus[tecken]

minuscule ['mɪnəskju:l] *a* diminutiv

1 minute [maɪ'nju:t] *a* **1** ytterst liten, minimal **2** *in* ~ *detail* in i minsta detalj

2 minute ['mɪnɪt] **I** *s* **1** minut; [liten] stund; *it is ten* ~*s to two* (*past two*) klockan är tio minuter i två (över två); *I won't be a* ~ (*half a* ~) jag kommer strax; *wait a* ~*!* [vänta] ett ögonblick!; låt mig se!; *just a* ~*!* ett ögonblick bara!; *I knew him the* ~ *I saw him* jag kände igen honom så snart jag fick se honom; *this* ~ på ögonblicket, genast; ~ *by* ~ minut för minut; *in a* ~ a) om ett ögonblick, strax b) på en minut; på ett ögonblick **2** minut del av grad **3** promemoria; memorandum; pl. ~*s* protokoll [*of* över, vid; från]; *confirm* (*approve*) *the* ~*s of the last meeting* justera (godkänna) protokollet från föregående möte; *keep* (*take*) *the* ~*s* föra protokoll **II** *tr* **1** ta tid på **2** anteckna, notera; föra protokoll över

minute-hand ['mɪnɪthænd] *s* minutvisare

minutely [maɪ'nju:tlɪ] *adv* **1** minimalt; obetydligt **2** minutiöst, i detalj

minx [mɪŋks] *s* slyna, markatta

miracle ['mɪrəkl] *s* **1** mirakel, under[verk]; *work* (*do*) ~*s* göra (uträtta) underverk **2** ~ [*play*] medeltida mirakel[spel]

miraculous [mɪ'rækjʊləs] *a* mirakulös; underbar; övernaturlig; undergörande, mirakel- [*a* ~ *medicine*]

mirage ['mɪrɑ:ʒ, mɪ'rɑ:ʒ] *s* hägring

mire ['maɪə] *s* **1** träsk, myr **2** dy äv. bildl.; gyttja; lera; *drag through* (*in, into*) *the* ~ bildl. dra ned i smutsen, smutskasta

Miriam ['mɪrɪəm] bibl. Mirjam

mirror ['mɪrə] **I** *s* **1** spegel äv. bildl.; ~ *writing* spegelskrift; *driving* ~ backspegel **2** mönster, förebild **II** *tr* [av]spegla

mirth [mɜ:θ] *s* munterhet; uppsluppenhet

mirthful ['mɜ:θfʊl] *a* munter; uppsluppen

misadventure ['mɪsəd'ventʃə] *s* olyckshändelse, missöde; *by* ~ jur. av våda

misanthrope ['mɪzənθrəʊp, 'mɪsən-] *s* misantrop, människohatare

misanthropic [ˌmɪzən'θrɒpɪk, ˌmɪsən-] *a* misantropisk, människofientlig

misanthropist [mɪ'zænθrəpɪst, mɪ'sæ-] *s* = *misanthrope*

misanthropy [mɪ'zænθrəpɪ, mɪ'sæ-] *s* misantropi, människoförakt

misappl|y ['mɪsə'plaɪ] *tr* **1** missbruka; pp. *-ied* äv. malplacerad **2** förskingra

misapprehend ['mɪsˌæprɪ'hend] *tr* missförstå, missuppfatta

misapprehension ['mɪsˌæprɪ'henʃən] *s* missförstånd, missuppfattning; *be under a* ~ missta[ga] sig

misappropriate ['mɪsə'prəʊprɪeɪt] *tr* förskingra; tillskansa sig; missbruka

misappropriation ['mɪsəˌprəʊprɪ'eɪʃən] *s* förskingring; missbruk

misbegotten ['mɪsbɪˌgɒtn] *a* **1** illegitim, oäkta **2** avskyvärd **3** missbildad, vanskapt

misbehave ['mɪsbɪ'heɪv] *itr* o. *refl,* ~ [*o.s.*] bära sig illa åt, uppföra sig illa (opassande)

misbehaviour ['mɪsbɪ'heɪvjə] *s* dåligt uppförande

miscalculate ['mɪs'kælkjʊleɪt] **I** *tr* felberäkna; missta[ga] sig på **II** *itr* räkna fel; missräkna sig, missta[ga] sig

miscalculation ['mɪsˌkælkjʊ'leɪʃən] *s* felräkning; felberäkning

miscarriage [ˌmɪs'kærɪdʒ] *s* **1** misslyckande; ~ *of justice* justitiemord **2** missfall

miscarry [ˌmɪs'kærɪ] *itr* **1** misslyckas **2** få missfall

miscast ['mɪs'kɑ:st] (*miscast miscast*) *tr* **1** ge skådespelare fel roll; *he was* ~ *as Hamlet* han passade inte för rollen som Hamlet **2** felaktigt besätta rollerna i

miscellaneous [ˌmɪsə'leɪnjəs] *a* **1** blandad, brokig, sammansatt **2** varjehanda

miscellan|y [mɪ'selənɪ] *s* **1** [brokig] blandning **2** pl. *-ies* blandade (strödda) skrifter **3** samling blandade (strödda) skrifter

mischance [ˌmɪs'tʃɑ:ns] *s* missöde, otur

mischief ['mɪstʃɪf] *s* **1** ont, skada, förtret; vålla förtret [*to* för]; *mean* ~ ha ont i sinnet; *there is* ~ *brewing* det är ugglor i mossen **2** *full of* ~, *up to all kinds of* ~ full av rackartyg; *be up to* ~ ha något rackartyg för sig; *get into* ~ hitta på rackartyg; *keep out of* ~ a) låta bli att göra rackartyg b) hålla ngn borta från rackartyg **3** skälmskhet; *her eyes were full of* ~ spjuvern lyste ur ögonen på henne **4** rackarunge

mischief-maker ['mɪstʃɪfˌmeɪkə] *s* orosstiftare; intrigmakare

mischievous ['mɪstʃɪvəs] *a* **1** skadlig **2** okynnig, rackar- **3** skälmsk, spjuveraktig

misconceive ['mɪskən'si:v] *tr* missuppfatta, missförstå

misconception ['mɪskən'sepʃən] *s* missuppfattning

misconduct [ss. subst. mɪs'kɒndʌkt, ss. vb 'mɪskən'dʌkt] **I** *s* **1** dåligt uppförande **2** jur.

äktenskapsbrott **3** vanskötsel **4** ämbetsbrott **II** *tr* **1** ~ *o.s.* a) uppföra sig illa b) jur. begå äktenskapsbrott **2** vansköta, missköta

misconstruction ['mɪskəns'trʌkʃən] *s* **1** miss-, fel|tolkning **2** felkonstruktion

misconstrue ['mɪskən'stru:] *tr* **1** miss-, fel|tolka, misstyda; missförstå **2** felkonstruera

miscreant ['mɪskrɪənt] *s* ngt åld. el. skämts. skurk, missdådare

misdeed ['mɪs'di:d] *s* missgärning, missdåd

misdemeanour [ˌmɪsdɪ'mi:nə] *s* **1** förseelse i allm. **2** jur.: Am. (Engl. hist.) förseelse, [mindre] lagöverträdelse

misdirect ['mɪsdɪ'rekt, -daɪ'r-] *tr* **1** miss-, vilse|leda **2** rikta fel; *~ed patriotism* missriktad patriotism **3** fel|sända, -adressera; visa ngn åt fel håll

misdoing ['mɪs'du:ɪŋ] *s*, vanl. pl. *~s* försyndelser; missgärningar

miser ['maɪzə] *s* gnidare, girigbuk

miserable ['mɪzərəbl] *a* **1** olycklig, förtvivlad; eländig **2** miserabel, eländig, bedrövlig [*a ~ cold*]; ynklig, usel [*a ~ pension*]; trist

miserliness ['maɪzəlɪnəs] *s* girighet, gnidighet

miserly ['maɪzəlɪ] *a* girig, gnidig

misery ['mɪzərɪ] *s* **1** elände; olycka; bedrövelse, förtvivlan; *put an animal out of its ~* göra slut på ett djurs lidanden **2** misär, nöd, elände, armod **3** fam. gnällspik

misfire ['mɪs'faɪə] *itr* **1** om skjutvapen klicka **2** om motor misstända **3** slå slint [*his plans ~d*]

misfit ['mɪsfɪt] *s* **1** dålig passform; *the coat is a ~* rocken passar inte **2** misslyckad individ, missanpassad [person]

misfortune [mɪs'fɔ:tʃən, -tʃu:n] *s* olycka; motgång; missöde; otur [*have the ~ to*]

misgauge ['mɪs'geɪdʒ] *tr* felbedöma

misgive [mɪs'gɪv] (*misgave misgiven*) *tr, his mind* (*heart*) *misgave him* han började ana oråd

misgiving [mɪs'gɪvɪŋ] *s* farhåga; misstanke; ~[*s* pl.] farhågor, onda aningar; betänkligheter

misgovern ['mɪs'gʌvən] *tr* illa regera, vanstyra

misgovernment ['mɪs'gʌvənmənt] *s* vanstyre

misguide ['mɪs'gaɪd] *tr* missleda, vilseleda

misguided ['mɪs'gaɪdɪd] *a* vilseledd; missriktad; omdömeslös

mishandle ['mɪs'hændl] *tr* misshandla; missköta

mishap ['mɪshæp] *s* missöde, malör; olyckshändelse

mishit [ss. subst. 'mɪshɪt, ss. vb -'-] **I** *s* miss, bom **II** (*mishit mishit*) *tr* missa

mishmash ['mɪʃmæʃ] *s* mischmasch, röra

misinform ['mɪsɪn'fɔ:m] *tr* vilseleda; felunderrätta [*you have been* (är) *~ed*]

misinterpret ['mɪsɪn'tɜ:prɪt] *tr* misstolka, feltolka; misstyda; missuppfatta

misinterpretation ['mɪsɪnˌtɜ:prɪ'teɪʃən] *s* misstolkning, feltolkning; missuppfattning

misjudge ['mɪs'dʒʌdʒ] *tr* **1** felbedöma, missta[ga] sig på **2** misskänna, underskatta

mislay [mɪs'leɪ] (*mislaid mislaid*) *tr* förlägga [*I have mislaid my gloves*]

mislead [mɪs'li:d] (*misled misled*) *tr* föra vilse; bildl. vilseleda

mismanage ['mɪs'mænɪdʒ] *tr* miss-, van|sköta

mismanagement ['mɪs'mænɪdʒmənt] *s* miss-, van|skötsel; dålig förvaltning

misnomer ['mɪs'nəʊmə] *s* oriktig benämning

misogynist [mɪ'sɒdʒɪnɪst] *s* kvinnohatare

misplace ['mɪs'pleɪs] *tr* felplacera; pp. *~d* äv. malplacerad; bortkastad [*~d generosity*]

misprint [ss. vb ˌmɪs'prɪnt, ss. subst. 'mɪsprɪnt] **I** *tr* trycka fel **II** *s* tryckfel

mispronounce ['mɪsprə'naʊns] *tr* uttala fel

mispronunciation ['mɪsprəˌnʌnsɪ'eɪʃən] *s* felaktigt uttal, feluttal; uttalsfel

misquote ['mɪs'kwəʊt] *tr* felcitera

misread ['mɪs'ri:d] (*misread misread*) *tr* läsa fel på; feltolka, missuppfatta

misrepresent ['mɪsˌreprɪ'zent] *tr* framställa oriktigt, ge en felaktig bild av; förvränga, vanställa

misrepresentation ['mɪsˌreprɪzen'teɪʃən] *s* falsk uppgift; oriktig framställning; förvrängning [*~ of facts*]; förtal

misrule ['mɪs'ru:l] **I** *s* vanstyre **II** *tr* illa regera, vanstyra

Miss förk. för *Mississippi*

1 miss [mɪs] *s* **1** fröken [*M~ Jones*], miss [*~ England*] **2** skämts. flicka; ung dam; flicksnärta **3** hand., *junior ~* tonåring

2 miss [mɪs] **I** *tr* **1** missa; inte hinna med [*~ the bus* (*boat*)]; bomma på; inte träffa mål; *~ the bus* (*boat*) äv. fam. missa chansen; *~ fire* a) klicka b) misslyckas, slå slint; *~ o.'s footing* förlora fotfästet; *you can't ~ it!* du kan inte undgå [att se (hitta)] den! **2** gå miste om, bli utan; missa; försumma **3** sakna [*~ a friend*]; känna saknad efter **4** *~* [*out*] utelämna; hoppa över **II** *itr* **1** missa, bomma **2** *~ out* avstå [*on* från]; utebli [*on* från]; *~ out on* äv. gå miste om **III** *s* miss, bom; *give a p. a ~* undvika ngn; *give a th. a ~* strunta i (hoppa över) ngt; *a ~ is as good as a mile* nära skjuter ingen hare

missal ['mɪsəl] *s* missale, [katolsk] mässbok

misshapen ['mɪs'ʃeɪpən] *a* vanskapt, missbildad

missile ['mɪsaɪl, Am. 'mɪsl] *s* **1** kastvapen

sten, spjut o. d.; projektil kula, granat, pil **2** robot[vapen], missil; raket; *intercontinental ballistic ~* interkontinental [ballistisk] robot; *intermediate (medium) range ballistic ~* [ballistisk] medeldistansrobot; *short range ballistic ~* [ballistisk] kortdistansrobot

missing ['mɪsɪŋ] *a* felande; saknad, försvunnen; frånvarande; borta; *be ~* saknas, fattas; *the ~ link* den felande länken

mission ['mɪʃən] *s* **1** delegation **2** diplomatisk beskickning **3** isht pol., mil. uppdrag **4** mission; uppgift; kall[else] **5** relig. mission; missionsstation

missionary ['mɪʃənərɪ] *s* missionär

missis ['mɪsɪz] *s* fam. **1** frun använt av tjänstefolk [*yes, ~*]; *the ~ has gone out* frun har gått ut **2** *the* (*my*) *~* skämts. frugan

Mississippi [ˌmɪsɪ'sɪpɪ]

missive ['mɪsɪv] *s* isht officiell skrivelse

Missouri [mɪ'zʊərɪ, mɪ's-]

misspell ['mɪs'spel] (*misspelt misspelt*) **I** *tr* stava fel på, stava fel **II** *itr* stava fel

misspelling ['mɪs'spelɪŋ] *s* felstavning, stavfel

misspend ['mɪs'spend] (*misspent misspent*) *tr* illa använda, missbruka; förspilla [*misspent youth*]; förslösa, slösa bort

misstatement ['mɪs'steɪtmənt] *s* falsk (oriktig) uppgift

missus ['mɪsɪz] *s* se *missis*

missy ['mɪsɪ] *s* fröken; i tilltal lilla fröken

mist [mɪst] **I** *s* dimma, dis, töcken, mist; imma **II** *tr* hölja i dimma; *the glass is ~ed over* det är imma på glaset **III** *itr* bli (vara) dimmig; *~ over* höljas i dimma; bli immig; skymmas [*her eyes ~ed with* (av) *tears*]; *~ up* bli immig

mistak|e [mɪs'teɪk] **I** (*mistook mistaken*) *tr* **1** miss|förstå, -uppfatta [*don't ~ me*] **2** ta miste på, ta fel på; missta[ga] sig på; *there is no -ing . .* man kan inte missta[ga] sig på . . **3** *~ a p.* (*a th.*) *for* förväxla ngn (ngt) med **II** *s* misstag; miss|förstånd, -uppfattning; fel; *make a ~* a) missta[ga] sig, göra ett misstag, ta fel b) i skrivning o. d. göra (skriva) ett fel; *spelling ~* stavfel; *and no ~, make no ~* det är inte tu tal om det, var [så] säker på det; [*do it now*] *and no ~!* . . och det utan vidare!; *by ~* av misstag

mistaken [mɪs'teɪkən] **I** *pp* (av *mistake*), *be ~* missta[ga] sig, ta fel [*about* på, i fråga om]; förväxlas [*for* med]; *they were often ~ for one another* de blev ofta förväxlade **II** *a* **1** felaktig, falsk; förfelad, missriktad **2** *it is a case of ~ identity* det föreligger en förväxling [av personer]

mistakenly [mɪs'teɪkənlɪ] *adv* av misstag; felaktigt; med orätt

mister ['mɪstə] *s* herr[n]; barnspr. farbror

mistime ['mɪs'taɪm] *tr* välja olämplig tid[-punkt] för, göra ngt i otid; felbedöma t. ex. slag i tennis; *~d* oläglig; malplacerad

mistletoe ['mɪsltəʊ] *s* bot. mistel

mistranslate ['mɪstræns'leɪt, -trɑːns-] *tr* översätta fel (oriktigt)

mistranslation ['mɪstræns'leɪʃən, -trɑːns-] *s* felöversättning

mistreat ['mɪs'triːt] *tr* misshandla

mistress ['mɪstrəs] *s* **1** husmor; matmor; djurs matte; *the ~ of the house* frun [i huset] **2** föreståndarinna [*of* för] **3** lärarinna, [kvinnlig] lärare **4** härskarinna [*of* över]; ägare, ägarinna [*of* till]; *be ~ of the sea[s]* härska över haven **5** älskarinna, mätress

mistrust ['mɪs'trʌst] **I** *tr* **1** misstro **2** misstänka **II** *s* misstro[ende] [*of, in* till]; tvivel

misty ['mɪstɪ] *a* dimmig äv. bildl., disig, immig

misunderstand ['mɪsʌndə'stænd] (*misunderstood misunderstood*) *tr* miss|förstå, -uppfatta

misunderstanding ['mɪsʌndə'stændɪŋ] *s* miss|förstånd, -uppfattning; misshällighet

misuse [ss. subst. 'mɪs'juːs, ss. vb 'mɪs'juːz] **I** *s* missbruk; felaktig användning **II** *tr* **1** missbruka; använda felaktigt **2** misshandla

1 mite [maɪt] *s* **1** bibl. skärv äv. bildl. [*the widow's ~*] **2** fam. liten smula **3** pyre, parvel; *poor little ~!* stackars liten!

2 mite [maɪt] *s* zool. kvalster; or

mitigable ['mɪtɪgəbl] *a* som kan blidkas

mitigate ['mɪtɪgeɪt] *tr* mildra, lindra [*~ pain*]; minska; *mitigating circumstances* förmildrande omständigheter

mitre ['maɪtə] *s* **1** mitra, biskopsmössa; bildl. biskopsvärdighet **2** tekn. gering

mitt [mɪt] *s* **1** halv|vante, -handske **2** [tum]-vante **3** fam. boxhandske **4** sl. labb, näve

mitten ['mɪtn] *s* **1** [tum]vante **2** halvvante

mix [mɪks] **I** *tr* **1** blanda [*together* ihop; *with* med]; föra samman; förena [*~ business with pleasure*]; blanda till, röra ihop [*~ a cake*]; tekn. mixa; *~ up* förväxla; *be* (*get*) *~ed up* a) vara (bli) inblandad [*in* i] b) vara (bli) förvirrad **2** korsa raser **II** *itr* **1** blanda sig; gå ihop [*with* med] **2** umgås [*~ in certain circles*]; blanda sig [*~ with the other guests*]; *~ in society* delta i sällskapslivet **III** *s* mix [*cake ~*], [färdig] blandning

mixed [mɪkst] *a* **1** blandad; bland-; sammansatt; *~ bathing* gemensamhetsbad; *~ blessing* se *blessing 2*; *~ breed* blandras; *~ company* a) blandat sällskap b) både herrar och damer; *~ doubles* sport. mixed dubbel; *~ economy* blandekonomi; *~ feelings* blandade känslor; *~ grill* kok. mixed grill; *~ metaphor* språkv. katakres; *~ school* samskola **2** fam. förvirrad

mixed-up [mɪkst'ʌp] *a* fam. förvirrad
mixer ['mɪksə] *s* **1** blandare [*concrete* ~]; mixer, matberedningsmaskin **2** inom ljudtekniken blandarbord, mixer; radio. kontrollbord **3** *he is a good* (*poor*) ~ fam. han har lätt (svårt) för att umgås med folk
mixture ['mɪkstʃə] *s* **1** blandning äv. konkr.; [*smoking*] ~ [tobaks]blandning **2** mixtur; *the* ~ *as before* fam. det gamla vanliga, den gamla vanliga proceduren (medicinen osv.)
mix-up ['mɪksʌp] *s* fam. **1** röra; [samman]blandning; förväxling **2** kalabalik
mizzen-mast ['mɪznmɑːst, sjö. -məst] *s* sjö. mesanmast, på fullriggare vanl. kryssmast
mizzen-sail ['mɪznseɪl] *s* sjö. mesansegel
ml. förk. för *millilitre*[*s*]
mm. förk. för *millimetre*[*s*]
Mme. förk. för *Madame*
mnemonic [niː'mɒnɪk] **I** *a* mnemoteknisk, som stöder minnet **II** *s* **1** stöd för minnet **2** ~*s* (konstr. ss. sg.) mnemonik, minnesteknik
M.O. förk. för *Medical Officer*
Mo förk. för *Missouri*
mo [məʊ] *s* fam. (kortform för *moment*); *half a* ~*!* [bara (vänta)] ett ögonblick!
moan [məʊn] **I** *itr* **1** jämra sig, stöna [svagt] **2** fam. knota, kvirra; ~ *and groan* gnöla och gnälla **II** *tr* litt. beklaga, begråta, jämra sig över **III** *s* **1** jämmer, stönande **2** fam. knot
moaning ['məʊnɪŋ] *s* **1** jämrande; klagan **2** fam. knot, kvirrande; ~ *and groaning* gnöl och gnäll
moat [məʊt] *s* vallgrav, slottsgrav
mob [mɒb] **I** *s* **1** pöbel, mobb; ~ *law* (*rule*) pöbelvälde; ~ *orator* folktalare **2** [pöbel]hop, folkmassa **3** fam. krets, klick **4** sl. [gangster]gäng, liga **II** *tr* omringa; anfalla; *be* ~*bed* äv. förföljas [av en folkhop] **III** *itr* skocka sig, samla sig i hop[ar]
mobile ['məʊbaɪl, -biːl] **I** *a* rörlig; mobil; transportabel; ~ *hospital* fältsjukhus; ~ *library* bokbuss; ~ *police* motoriserad trafikpolis, trafikövervakare **II** *s* konst. mobil
mobility [məʊ'bɪlətɪ] *s* rörlighet
mobilization [ˌməʊbɪlaɪ'zeɪʃən] *s* mobilisering, mobiliserande
mobilize ['məʊbɪlaɪz] **I** *tr* mobilisera; uppbåda, uppbjuda [~ *o.'s energy*] **II** *itr* mobilisera
mobster ['mɒbstə] *s* sl. ligamedlem, gangster
moccasin ['mɒkəsɪn] *s* mockasin
mocha ['mɒkə] *s* **1** mocka[kaffe] **2** mocka[-skinn]
mock [mɒk] **I** *tr* **1** förlöjliga, driva med **2** härma **3** gäcka **II** *itr* gyckla, driva, skoja [*at* med] **III** *s, make a* ~ *of a p.* göra narr av ngn **IV** attr. *a* **1** oäkta, falsk, imiterad; fingerad, sken-; låtsad, spelad [*with* ~ *dignity*]; ~ *auction* fingerad auktion; ~ *battle* (*fight*) skendrabbning **2** parodisk
mockery ['mɒkərɪ] *s* **1** a) gyckel, drift; hån b) [föremål för] åtlöje; *become the* ~ *of* bli till ett åtlöje för **2** parodi [*a* ~ *of justice*], vrångbild; *a* ~ rena farsen
mock-heroic ['mɒkhɪ'rəʊɪk] **I** *a* burleskt högtravande; parodiskt hjältelik [~ *dignity*] **II** *s* parodisk hjältedikt
mocking ['mɒkɪŋ] *a* gäckande; hånfull
mocking-bird ['mɒkɪŋbɜːd] *s* zool. härmfågel, härmtrast
mock-turtle ['mɒk'tɜːtl] *s*, ~ [*soup*] falsk sköldpaddssoppa
mock-up ['mɒkʌp] *s* modell ofta i full skala
mod. förk. för *modern*
modal ['məʊdl] *a* modal; formell; ~ *auxiliary* modalt hjälpverb
mod. cons. ['mɒd'kɒnz] förk. för *modern conveniences*
mode [məʊd] *s* **1** sätt; metod; ~ *of payment* betalningssätt **2** bruk; mode **3** tonart isht i grek. el. medeltida musik
model ['mɒdl] **I** *s* **1** modell [*clay* ~; *sports* ~; *Paris* ~*s*]; fotomodell; mannekäng; skyltdocka, provdocka; *sit* (*pose*) *as a* ~ sitta (stå) modell **2** mönster, förebild; *on the* ~ *of* efter [mönstret av] **II** °attr. *a* **1** modell- [*a* ~ *train*] **2** mönster-; mönstergill, exemplarisk **III** *tr* **1** modellera; forma; *delicately* ~*led features* fint formade (tecknade) drag **2** utforma; rita [modellen till]; planera **3** ~ *a th. after* (*on, upon*) [ut]forma (göra, bilda) ngt efter; ~ *o.s. after* (*on, upon*) *a p.* [försöka] efterlikna (ta efter) ngn **4** vara fotomodell för [~ *clothes*] **IV** *itr* **1** modellera [~ *in clay*] **2** arbeta som modell (fotomodell, mannekäng)
modelling ['mɒdəlɪŋ] *s* **1** modellering; utformning; form **2** arbete som modell (fotomodell, mannekäng)
moderate [ss. adj. o. subst. 'mɒdərət, ss. vb 'mɒdəreɪt] **I** *a* **1** måttlig; moderat, måttfull; rimlig, skälig; lagom; ~ *breeze* måttlig vind, sjö. frisk bris; ~ *oven* medelvarm ugn **2** medelmåttig; rätt bra **II** *s, M*~ moderat politiker **III** *tr* moderera; mildra **IV** *itr* **1** lugna (lägga) sig; avta [*the wind is moderating*] **2** leda förhandlingar[na], presidera
moderately ['mɒdərətlɪ] *adv* **1** måttligt; lagom **2** medelmåttigt; någorlunda
moderate-sized ['mɒdərətsaɪzd] *a* medelstor, lagom stor
moderation [ˌmɒdə'reɪʃən] *s* moderation, måtta, måttlighet, återhållsamhet; lugn, besinning; *exercise* ~ hålla måtta; *in* ~ med måtta, inom rimliga gränser; måttligt; lagom; *everything in* ~ lagom är bäst
moderator ['mɒdəreɪtə] *s* **1** skiljedomare; medlare **2** ordförande, förhandlingsledare **3** kärnfys. moderator

modern ['mɒdən] **I** *a* modern, nutida; nymodig; *a flat with ~ conveniences* en modern lägenhet, en lägenhet med moderna bekvämligheter; *~ times* nutiden; moderna tider **II** *s* nutidsmänniska
modernity [mɒ'dɜːnətɪ] *s* modern prägel, modernitet, nymodighet
modernization [ˌmɒdənaɪ'zeɪʃən] *s* modernisering
modernize ['mɒdənaɪz] **I** *tr* modernisera **II** *itr* bli (vara) modern
modest ['mɒdɪst] *a* **1** blygsam [*a ~ income*]; anspråkslös, försynt [*a ~ request*]; ringa; modest **2** anständig, sedesam
modesty ['mɒdɪstɪ] *s* **1** blygsamhet; anspråkslöshet **2** anständighet
modicum ['mɒdɪkəm] *s* [liten] smula; minimum [*with a ~ of effort*]
modification [ˌmɒdɪfɪ'keɪʃən] *s* **1** ändring; modifikation, modifiering **2** variation
modifier ['mɒdɪfaɪə] *s* gram. bestämning, bestämningsord; *adverbial ~* adverbial
modify ['mɒdɪfaɪ] *tr* **1** [för]ändra; modifiera; jämka (rucka) på, slå av på [*~ o.'s demands*] **2** gram. bestämma
modish ['məudɪʃ] *a* modern, på modet
modulate ['mɒdjuleɪt] **I** *tr* modulera; anpassa [*to* efter] **II** *itr* modulera
modulation [ˌmɒdju'leɪʃən] *s* modulation, modulering
module ['mɒdjuːl] *s* mått[enhet]; tekn. modul; *lunar [excursion] ~* månmodul
Mogul ['məugʌl] *s* **1** mongol, mogul **2** *m~* fam. magnat, pamp
mohair ['məuheə] *s* textil. mohair
Mohammed [məu'hæmed] Muhammed
Mohammedan [məu'hæmɪdən] **I** *a* muslimsk **II** *s* muslim
Mohawk ['məuhɔːk] *s* mohawk indian
Mohican ['məuɪkən] *s* mohikan indian
moiety ['mɔɪətɪ] *s* hälft; del
moist [mɔɪst] *a* fuktig [*~ climate; ~ lips*]
moisten ['mɔɪsn] **I** *tr* fukta **II** *itr* bli fuktig
moisture ['mɔɪstʃə] *s* fukt, fuktighet
moisturizer ['mɔɪstʃəraɪzə] *s* fuktighetsbevarare, fuktighetsbevarande crème
molar ['məulə] **I** *a, ~ tooth* = följ. **II** *s* oxeltand; kindtand; molar
molasses [məu'læsɪz] (konstr. ss. sg.) *s* **1** melass **2** isht Am. sirap
Moldavia [mɒl'deɪvjə] **1** Moldaviska Sovjetrepubliken, Moldavien **2** i Rumänien Moldova, Moldau
1 mole [məul] *s* [födelse]märke, [mörk] hudfläck
2 mole [məul] *s* zool. mullvad; [*as*] *blind as a ~* stenblind
molecular [məu'lekjulə] *a* molekyl-, molekylar[-], molekylär
molecule ['mɒlɪkjuːl] *s* fys. o. kem. molekyl
molehill ['məulhɪl] *s* mullvadshög; *make a mountain out of a ~* göra en höna av en fjäder, förstora upp allting
molest [məu'lest] *tr* ofreda, antasta, störa
molestation [ˌməules'teɪʃən] *s* ofredande
Moll [mɒl] **I** smeknamn för *Mary* **II** *s* sl., *m~* gangsterbrud [äv. *gangster's ~*]; fnask
mollify ['mɒlɪfaɪ] *tr* **1** blidka, lugna **2** dämpa, mildra, lindra
mollusc ['mɒləsk] *s* zool. mollusk, blötdjur
Molly ['mɒlɪ] smeknamn för *Mary*
mollycoddle ['mɒlɪkɒdl] **I** *s* vekling, mammas gosse **II** *tr* klema (pjoska) med
Moloch ['məulɒk] **I** bibl. Molok **II** *s* bildl. molok
molten ['məultən] *a* **1** smält, flytande [*~ lava*]; *~ metal* gjutmetall **2** stöpt, gjuten
molybdenum [mɒ'lɪbdənəm] *s* kem. molybden
mom [mɒm] *s* Am. fam. kortform för *momma*
moment ['məumənt] *s* **1** ögonblick; [liten] stund; tidpunkt; *the ~ of truth* sanningens [bistra] ögonblick; *one ~, half a ~, just a ~* [vänta] ett ögonblick, vänta litet; *this ~* adv. a) på ögonblicket, genast b) för ett ögonblick sedan, alldeles nyss; *leisure (spare) ~s* lediga stunder; *at the ~* för ögonblicket, för tillfället; *at the present ~* för närvarande; *at the same ~* i samma ögonblick; *at that very ~* [just] i samma ögonblick; *at a ~'s notice* när som helst, med detsamma; *in a ~* a) om ett ögonblick, på ögonblicket b) på ett ögonblick; *in his sane ~s* i sina (hans) ljusa stunder; *in a ~ of [anger]* i ett anfall av . .; *the man of the ~* mannen för dagen; *on the spur of the ~* se *spur I 2* **2** betydelse, vikt [*an affair of great ~*]
momentarily ['məuməntərəlɪ] *adv* [blott] för ett ögonblick; helt tillfälligt
momentary ['məuməntərɪ] *a* ögonblicklig, tillfällig, kortvarig, momentan
momentous [məu'mentəs] *a* [mycket] viktig, betydelsefull
momentum [məu'mentəm] *s* **1** fys., [*linear*] *~* impuls, rörelsemängd **2** fart äv. bildl.; styrka, [slag]kraft [*gain* (vinna i) *~*]; *the car gained (gathered) ~* bilen fick fart
momma ['mɒmə] *s* Am. fam., se *mamma*
Mon. förk. för *Monday, Monmouthshire*
Monacan ['mɒnəkən] *s* o. *a* se *Monegasque*
Monaco ['mɒnəkəu]
monarch ['mɒnək] *s* monark; härskare
monarchic[al] [mɒ'nɑːkɪk, -əl] *a* monarkisk; konungslig; monarkistisk
monarchist ['mɒnəkɪst] *s* monarkist
monarchy ['mɒnəkɪ] *s* monarki
monastery ['mɒnəstərɪ] *s* [munk]kloster
monastic [mə'næstɪk] *a* kloster-, munk-
monasticism [mə'næstɪsɪzəm] *s* **1** kloster-

väsen, munkväsen **2** klosterliv

Monday ['mʌndɪ, -deɪ] *s* måndag; *Easter ~* annandag påsk; jfr *Sunday*

Monegasque [ˌmɒnə'gæsk] **I** *s* monegask **II** *a* monegaskisk

monetary ['mʌnɪtərɪ] *a* monetär, mynt-, penning-; *the International M~ Fund* internationella valutafonden

money ['mʌnɪ] *s* **1** (utan pl.) a) pengar, penningar, slantar [*hard-earned ~*] b) attr. penning-; ekonomisk, finansiell; *~ matters* penningangelägenheter; *~ order* a) postremissväxel b) ung. postanvisning; *your ~ or your life!* pengarna eller livet!; *there is ~ in it* där är pengar att [för]tjäna; *~ for jam (old rope)* fam. lättförtjänta pengar, lätt jobb; *~ in hand* disponibla medel, kontanter; *make ~ hand over fist* fam. håva in massor med (skyffla in) pengar; *marry ~* gifta sig till pengar, gifta sig rikt; *have (get) o.'s ~'s worth* få valuta för pengarna (sina pengar); *cheap at (for) the ~* prisvärd; *for my ~* fam. a) enligt min mening b) tacka vet jag (jag föredrar)..; *Brown is the man for my ~* fam. jag skulle satsa på Brown; *be in the ~* sl. vara tät, tjäna grova pengar; *be short of ~* ha ont om pengar; *man of ~* penningstark man; *made of ~* stenrik **2** mynt[sort]; räknemynt

money-box ['mʌnɪbɒks] *s* sparbössa

moneyed ['mʌnɪd] *a* **1** penningstark, förmögen, tät [*a ~ man*] **2** penning- [*~ power*]; *the ~ interest* kapitalintresset

money-grubber ['mʌnɪˌgrʌbə] *s* girigbuk

money-grubbing ['mʌnɪˌgrʌbɪŋ] **I** *a* girig **II** *s* rofferi; snikenhet

money-lender ['mʌnɪˌlendə] *s* procentare, ockrare

money-making ['mʌnɪˌmeɪkɪŋ] **I** *a* **1** som [för]tjänar (gör) pengar **2** lönande **II** *s* penningförvärv; att tjäna pengar

money-order ['mʌnɪˌɔːdə] *s* **1** postremissväxel **2** ung. postanvisning

money-spinner ['mʌnɪˌspɪnə] *s* fam. guldgruva, sak som ger pengar

money's-worth ['mʌnɪzwɜːθ] *s*, *we got our ~* vi fick valuta för pengarna

Mongol ['mɒŋgɒl] **I** *s* **1** mongol **2** läk., *m~* mongoloid **II** *a* **1** mongolisk **2** läk., *m~* mongoloid, mongol- [*a ~ baby*]

Mongolia [mɒŋ'gəuljə] Mongoliet

Mongolian [mɒŋ'gəuljən] **I** *a* mongolisk **II** *s* **1** mongol **2** mongoliska [språket]

mongolism ['mɒŋgəʊlɪzəm] *s* läk. mongolism

Mongoloid ['mɒŋgəʊlɔɪd] **I** *a* **1** mongol-, mongoloid **2** läk., *m~* mongoloid **II** *s* mongoloid

mongoose ['mɒŋguːs] *s* zool. **1** mungo **2** slags kattapa

mongrel ['mʌŋgrəl] **I** *s* **1** byracka, bondhund **2** bastard; korsning **II** *a* av blandras; bastard-; korsnings-

Monica ['mɒnɪkə]

monitor ['mɒnɪtə] **I** *s* **1** skol. ordningsman **2** kontroll|apparat, -instrument **3** radio. o. TV. o. d. kontrollmottagare; monitor; *~ [screen]* bildskärm **II** *tr* övervaka, kontrollera; avlyssna **III** *itr* vara övervakare (kontrollant, avlyssnare)

monk [mʌŋk] *s* munk

monkey ['mʌŋkɪ] **I** *s* **1** zool. apa; markatta **2** bildl. i vissa förb.: *~ business* fam. a) ofog, rackartyg b) skum historia, skoj; *~ tricks* fam. ofog, rackartyg; *you little ~!* din lilla rackarunge (markatta)!; *young ~* fam. rackarunge, krabat; *get (have) o.'s ~ up* sl. bli (vara) förbannad; *make a ~ [out] of a p.* fam. driva med ngn; *put a p.'s ~ up* sl. reta gallfeber på ngn **II** itr, *~ [about] with* fam. mixtra (greja) med

monkey-nut ['mʌŋkɪnʌt] *s* fam. jordnöt

monkey-spanner ['mʌŋkɪˌspænə] *s* skiftnyckel

monkey-suit ['mʌŋkɪsuːt] *s* isht Am. sl. **1** grann uniform **2** smoking

monkey-wrench ['mʌŋkɪrentʃ] *s* skiftnyckel

Monmouthshire ['mɒnməθʃɪə, -ʃə]

monochromatic ['mɒnəʊkrəʊ'mætɪk] *a* monokrom; monokromatisk

monochrome ['mɒnəkrəum] **I** *a* monokrom, enfärgad **II** *s* monokrom

monocle ['mɒnəkl] *s* monokel

monogamous [mɒ'nɒgəməs] *a* monogam

monogamy [mɒ'nɒgəmɪ] *s* engifte, monogami

monogram ['mɒnəgræm] *s* monogram

monograph ['mɒnəgrɑːf, -græf] *s* monografi

monolith ['mɒnəʊlɪθ] *s* monolit pelare, skulptur o. d. i ett enda block

monolithic [ˌmɒnəʊ'lɪθɪk] *a* **1** monolitisk, uthuggen i ett block **2** bildl. massiv [och enkelriktad]; enhetlig [*~ culture*]

monologue ['mɒnəlɒg] *s* monolog

monomania [ˌmɒnəʊ'meɪnjə] *s* **1** monomani, fix idé **2** vurm, mani

monomaniac [ˌmɒnəʊ'meɪnɪæk] *s* monoman

monophthong ['mɒnəfθɒŋ] *s* fonet. monoftong

monopolize [mə'nɒpəlaɪz] *tr* **1** monopolisera; få (ha) monopol på (ensamrätt till) **2** bildl. [själv] lägga beslag på

monopoly [mə'nɒpəlɪ] *s* monopol, ensamrätt

monorail ['mɒnəʊreɪl] *s* enskenig järnväg

monosyllabic [ˌmɒnəʊsɪ'læbɪk] *a* enstavig, monosyllabisk

monosyllable ['mɒnəˌsɪləbl] *s* enstavigt ord
monotone ['mɒnətəʊn] *s* entonighet; enformig ton; *speak in a ~* tala entonigt
monotonous [mə'nɒtənəs] *a* **1** monoton, enformig [och tråkig] [*~ work*] **2** entonig, monoton [*a ~ voice*]
monotony [mə'nɒtənɪ] *s* monotoni, enformighet
monoxide [mɒ'nɒksaɪd] *s, carbon ~* koloxid
Monroe [mən'rəʊ, 'mʌnrəʊ]
monsieur [mə'sjɜ:] (pl. *messieurs*) *s* (fr.) monsieur, herr[e]
monsoon [mɒn'su:n] *s* meteor. monsun
monster ['mɒnstə] **I** *s* monster, vidunder; missfoster; odjur **II** attr. *a* kolossal
monstrosity [mɒns'trɒsətɪ] *s* **1** vidunder; missfoster; monstrum; odjur **2** vanskaplighet, monstrositet
monstrous ['mɒnstrəs] *a* **1** missbildad, vanskapt **2** vidunderlig, monstruös **3** ofantlig, enorm, kolossal **4** fam. fullkomligt orimlig, skandalös **5** avskyvärd, ohygglig
montage [mɒn'tɑ:ʒ] *s* film. o. d. montage
Montagu[e] ['mɒntəgju:]
Montana [mɒn'tænə, -'tɑ:n-]
Mont Blanc [mɔ̃:*m*'blɑ̃:*ŋ*]
Monte Carlo [ˌmɒntɪ'kɑ:ləʊ]
Montessori [ˌmɒnte'sɔ:rɪ]
Montevideo [ˌmɒntɪvɪ'deɪəʊ]
Montgomery [mən*t*'gʌmərɪ, mɒn*t*'gɒm-]
month [mʌnθ] *s* månad; *six ~s* äv. ett halvt år; *this ~* [i] denna månad[en]; *the 15th of this ~* den 15 i denna månad, den 15 dennes; *~ by ~* månad efter månad; *for ~s* i månader; *she's in her eighth ~* hon är i åttonde månaden; *never* (*not once*) *in a ~ of Sundays* fam. aldrig någonsin, aldrig i livet
monthly ['mʌnθlɪ] **I** *a* månatlig, månads- **II** *adv* månatligen, en gång i månaden, varje månad **III** *s* **1** månatlig tidskrift (tidning) -skrift **2** pl. *monthlies* fam. mens
Montreal [ˌmɒntrɪ'ɔ:l]
Monty ['mɒntɪ] kortform för *Montague, Montgomery*
monument ['mɒnjʊmənt] *s* **1** monument; minnesmärke, minnesvård; *ancient ~* fornminne; kulturminnesmärke; *a ~ to* en minnesvård (ett monument) över **2** betydelsefullt (monumentalt) verk; monument
monumental [ˌmɒnjʊ'mentl] *a* **1** monument-, minnes- [*a ~ inscription*] **2** monumental[-], storslagen; fam. enorm [*~ ignorance*]
moo [mu:] **I** *itr* säga 'mu'; råma **II** *s* **1** mu; råmande **2** fam. dumt fruntimmer, 'kossa'
mooch [mu:tʃ] *itr* fam., *~* [*about* (*around*)] driva [omkring], gå och drälla
moo-cow ['mu:kaʊ] *s* barnspr. kossamu
1 mood [mu:d] *s* gram. modus; *the subjunctive ~* konjunktiv[en]
2 mood [mu:d] *s* lynne, [sinnes]stämning; humör; *be in a melancholy ~* vara nedstämd; *be in the ~* vara upplagd [*for a th.* för ngt], ha lust [*for a th.* till (för, med) ngt]; *be in no ~* inte vara upplagd (ha lust)
moody ['mu:dɪ] *a* **1** lynnig, nyckfull **2** på dåligt humör, sur, retlig
moon [mu:n] **I** *s* **1** måne; *~ probe* månsond; *full ~* fullmåne; *new ~* nymåne; *there is a ~, the ~ is out* det är månsken; *he promised her the ~* (*the ~ and* [*the*] *stars*) han lovade henne guld och gröna skogar; *cry for the ~* begära att få ner månen; *the man in the ~* gubben i månen; *be over the ~* bildl. vara i sjunde himlen **2** mest poet. månad, månvarv; *once in a blue ~* se *blue I 1* **II** *itr* fam., *~* [*about* (*around*)] gå omkring och drömma (tråna) **III** *tr, ~ away* drömma (slöa) bort [*~ the afternoon away*]
moonbeam ['mu:nbi:m] *s* månstråle
moonlight ['mu:nlaɪt] **I** *s* månljus, månsken **II** attr. *a* månskens- [*~ night*] **III** *itr* fam. jobba extra, extraknäcka
moonlighting ['mu:nˌlaɪtɪŋ] *s* fam. extraknäck
moonlit ['mu:nlɪt] *a* månljus, månbelyst
moonscape ['mu:nskeɪp] *s* månlandskap
moonshine ['mu:nʃaɪn] *s* **1** månsken **2** vilda fantasier, nonsens
moonstone ['mu:nstəʊn] *s* miner. månsten
moonstruck ['mu:nstrʌk] *a* sinnesrubbad
moony ['mu:nɪ] *a* drömmande; fånig
Moor [mʊə, mɔ:] *s* mor; förr äv. morian
1 moor [mʊə, mɔ:] *s* [ljung]hed [*the Yorkshire ~s*]
2 moor [mʊə, mɔ:] *tr* o. *itr* sjö. förtöja
moorcock ['mʊəkɒk] *s* [tupp av] moripa
moorhen ['mʊəhen] *s* zool. **1** rörhöna **2** [höna av] moripa
mooring ['mʊərɪŋ, 'mɔ:-] *s* sjö. **1** förtöjning fastgörande; *~ cable* ankar-, förtöjnings|tross **2** vanl. pl. *~s* a) förtöjningar b) moring, förtöjnings|boj, -plats
Moorish ['mʊərɪʃ, 'mɔ:-] *a* morisk
moorland ['mʊələnd] *s* hed[land]
moose [mu:s] (pl. *~s* el. lika) *s* [amerikansk] älg
moot [mu:t] **I** attr. *a, ~ point* (*question*) omtvistad fråga **II** *tr* ta upp till diskussion, föra på tal
mop [mɒp] **I** *s* **1** mopp; disksvabb **2** fam. kalufs **II** *tr* torka [av], moppa [*~ the floor*]; sjö. svabba; *~ up* a) torka upp b) fam. suga upp [*~ up surplus credit*] c) fam. klara av, avverka [*~ up arrears of work*] d) mil. rensa [från fiender], rensa upp (ut)
mope [məʊp] *itr* vara dyster (nere),

grubbla, tjura
moped ['məuped] *s* moped
mopping-up ['mɒpɪŋ'ʌp] *a*, ~ *operations* mil. rensningsaktioner
moraine [mɒ'reɪn] *s* geol. morän
moral ['mɒrəl] **I** *a* **1** moralisk, sedelärande; sedlig, dygdig; ~ *philosophy* moralfilosofi, etik **2** andlig, moralisk; ~ *victory* moralisk seger **II** *s* **1** [sens]moral, [moralisk] lärdom ur ngt **2** pl. ~*s* moral, seder, vandel [*a person of doubtful* ~*s*]; *her loose* ~*s* hennes lättfärdighet
morale [mɒ'rɑːl] *s* isht truppers moral, stridsmoral, kampanda
moralist ['mɒrəlɪst] *s* moralist
morality [mə'rælətɪ] *s* **1** moral; morallära, sedelära; moralitet **2** sedlighet **3** ~ [*play*] moralitet, slags allegoriskt skådespel
moralize ['mɒrəlaɪz] **I** *itr* moralisera, predika moral [[*up*]*on* över] **II** *tr* **1** dra moralen ur, tolka moraliskt **2** göra mera moralisk
moralizer ['mɒrəlaɪzə] *s* moralpredikant
morass [mə'ræs] *s* moras; träsk
moratorium [ˌmɒrə'tɔːrɪəm] *s* moratorium, betalningsanstånd
morbid ['mɔːbɪd] *a* **1** sjuklig, morbid [~ *imagination*]; sjukdoms-; sjukligt dyster **2** makaber, ohygglig [~ *details*]
morbidity [mɔː'bɪdətɪ] *s* sjuklighet, morbiditet
mordant ['mɔːdənt] *a* bitande [~ *criticism*], sarkastisk
more [mɔː] *a* o. *s* o. *adv* (komp. till *much* o. *many*, se äv. d. o.; för ex. med *no* (*not any*) ~ se *5*) **1** mer, mera; *it's getting* ~ *and* ~ *difficult* (*exciting*) det blir allt svårare (mer och mer spännande); ~ *or less* a) mer eller mindre b) ungefär, cirka [*a hundred* ~ *or less*]; *little* ~ *than* föga mer än, inte stort mer (annat) än; *and what is* ~ och inte nog med det, och vad mera är; *there is* ~ *to it than that* fullt så enkelt är det inte; *all the* ~ el. *so much the* ~ så mycket mera, desto mera [*as* som]; *the* ~ *he gets, the* ~ *he wants* ju mer han får, dess (desto, ju) mer vill han ha; [*the*] ~ *fool you to follow his advice* du var dum som följde hans råd; [*the situation is*] [*all*] *the* ~ *difficult because* . . så mycket besvärligare eftersom **2** fler, flera [*than* än]; ~ *books* fler[a] böcker; *the* ~ *the merrier* ju fler[a] dess (desto, ju) roligare **3** ytterligare, till [*a few* ~], mer; vidare; *once* ~ en gång till, ännu en gång **4** ss. komp.-bildande adv. mer; -are; ofta (vid jämförelse mellan två) mest; -[a]st, -[a]ste; ~ *complicated* mera komplicerad; ~ *easily* lättare; *that's* ~ *like it* fam. det är (låter) bättre, det var annat det; *the* ~ *difficult problem* [*of the two*] det svåraste problemet [av de två] **5** **no** ~: **a**) inte mer[a], inga (inte) fler[a] **b**) inte (aldrig) mer; inte vidare, inte längre [*he is an actor no* ~]; inte heller; lika litet [*he knows very little about it,* [*and*] *no* ~ *do I*]; *no* ~ *of that!* nog om den saken!, nu får det vara nog!; *we saw no* ~ *of him* vi såg aldrig mer till honom; *no* ~ *than* a) knappast mer än, bara [*no* ~ *than five people*] b) lika litet som; *he can no* ~ *do it than he can fly* det är lika omöjligt [att göra] för honom som att flyga; **not any** ~: **a**) inte mer[a] (fler[a]) [*than* än; *I don't want any* ~] **b**) aldrig mer[a]; *I don't want to see him any* ~ jag vill aldrig se honom mer
morello [mə'reləu] *s* bot., ~ [*cherry*] morell
moreover [mɔː'rəuvə] *adv* dessutom
morganatic [ˌmɔːgə'nætɪk] *a* morganatisk, till vänster [~ *marriage*, ~ *wife*]
morgue [mɔːg] *s* **1** bårhus **2** tidn. sl. arkiv
moribund ['mɒrɪbʌnd] *a* döende; utdöende [~ *civilizations*]; stagnerande
Mormon ['mɔːmən] **I** *s* mormon; *the* ~ *State* Mormonstaten Utah **II** *a* mormonsk
morn [mɔːn] *s* poet. morgon
morning ['mɔːnɪŋ] *s* **1** morgon, förmiddag; ~*!* fam. för *good* ~*!*, se *good I 10*; *this* ~ i morse, i förmiddags; *the following* ~ el. [*the*] *next* ~ el. *the* ~ *after* morgonen därpå, nästa (följande) morgon (förmiddag); *I've got* (*I'm suffering from*) *the* ~ *after* jag är dagen efter, jag har baksmälla; *tomorrow* ~ i morgon bitti, i morgon förmiddag; *yesterday* ~ i går morse (förmiddag); ~*s* ss. adv. isht Am. på (om) mornarna; *in the* ~ på morgonen (förmiddagen), på (om) mornarna (förmiddagarna) **2** attr. morgon-, förmiddags- [*a* ~ *walk*]; ~ *coat* jackett; ~ *sickness* illamående på mornarna; havandeskapskräkningar
Moroccan [mə'rɒkən] **I** *a* marockansk **II** *s* marockan
Morocco [mə'rɒkəu] **I** Marocko **II** *s* marokäng
moron ['mɔːrɒn] *s* **1** psykol. debil [person] **2** fam. (neds.) idiot
morose [mə'rəus] *a* surmulen, butter
morpheme ['mɔːfiːm] *s* språkv. morfem
Morpheus ['mɔːfjəs] Morfeus drömmens gud; *in the arms of* ~ i Morfei armar sovande
morphia ['mɔːfjə] *s* o. **morphine** ['mɔːfiːn] *s* morfin; ~ *addict* morfinist
morphology [mɔː'fɒlədʒɪ] *s* isht biol. o. språkv. morfologi
morrow ['mɒrəu] *s* **1** litt. morgondag; *the* ~ morgondagen, följande (nästa) dag **2** bildl., [*on*] *the* ~ *of* tiden närmast efter
Morse [mɔːs] **I** egennamn; *the* ~ *code* (*alphabet*) morsealfabetet; ~ *key* morsenyckel **II** *s* morsealfabet; *a message in* ~ ett morsemeddelande

morsel ['mɔ:səl] *s* **1** munsbit; bit, smula **2** läckerhet, godbit, läckerbit
mortal ['mɔ:tl] **I** *a* **1** dödlig äv. bildl. [*man is ~; a ~ disease*]; jordisk, förgänglig [*this ~ life*]; dödsbringande, dödande, ödesdiger [*to* för]; döds- [*~ sin*]; *his ~ remains* hans jordiska kvarlevor; *~ wound* dödligt sår **2** fam. förfärlig, väldig **3** fam. (ss. förstärkningsord): *no ~ reason* ingen som helst anledning; *not a ~ soul* inte en själ, inte en enda [kotte]; *they wouldn't do a ~ thing* de ville inte göra ett enda (jäkla) dugg **II** *s* dödlig människa; skämts. varelse, själ [*a thirsty ~*]; *ordinary ~s* vanliga dödliga
mortality [mɔ:'tælətɪ] *s* **1** dödlighet **2** mortalitet, dödlighet [*infant ~*]; dödlighetsprocent, dödssiffra [*heavy* (hög) *~*]
mortally ['mɔ:təlɪ] *adv* **1** dödligt äv. bildl. [*~ wounded, ~ offended*] **2** fam. förfärligt, väldigt
1 mortar ['mɔ:tə] *s* **1** mortel **2** mil. granatkastare; åld. mörsare **3** raketapparat
2 mortar ['mɔ:tə] *s* murbruk
mortar-board ['mɔ:təbɔ:d] *s* **1** murbruksbräda **2** fam. akademikermössa med styv fyrkantig skiva ovanpå
Morte d'Arthur *s, Le ~* [lə'mɔ:t'dɑ:θə] Artursagan
mortgage ['mɔ:gɪdʒ] **I** *s* inteckning; hypotek; intecknings-, hypoteks|handling [äv. *~ deed*]; *first ~* första inteckning, botteninteckning; *first ~ loan* bottenlån **II** *tr* **1** inteckna [*~d up to the hilt*], belåna; hypotisera **2** bildl. sätta i pant, [pant]förskriva
mortician [mɔ:'tɪʃən] *s* Am. begravningsentreprenör
mortification [ˌmɔ:tɪfɪ'keɪʃən] *s* **1** förödmjukelse, kränkning **2** grämelse, förtret **3** späkning [*~ of the flesh* (av köttet)]
mortif|y ['mɔ:tɪfaɪ] *tr* **1** förödmjuka, kränka [*be -ied by* (av, genom)] **2** harma, gräma, förtreta [*be -ied at* (över)] **3** späka [*~ the flesh* (sitt kött el. sig)]
mortise ['mɔ:tɪs] *s* snick. tapphål; tappning
mortuary ['mɔ:tjuərɪ] *s* bårhus
Mosaic [məʊ'zeɪɪk] *a* mosaisk [*the ~ law*]
mosaic [məʊ'zeɪɪk] *s* mosaik; mosaikarbete
Moscow ['mɒskəʊ, Am. äv. 'mɒskaʊ] Moskva
Moses ['məʊzɪz] Mose[s]
Moslem ['mɒzlem] *s* o. *a* se *Muslim*
mosque [mɒsk] *s* moské
mosquito [məs'ki:təʊ] *s* zool. moskit[o], stickmygga; pl. *~[e]s* äv. mygg
moss [mɒs] *s* bot. mossa; attr. moss-
mossy ['mɒsɪ] *a* mossig; moss- [*~ green*]
most [məʊst] **I** *a* o. *s* mest, flest, den (det) mesta, de flesta; *~ boys* de flesta pojkar; *for the ~ part* mest, till största delen; mestadels, för det mesta; *have the ~ talent* ha [den] största begåvningen; *make the ~ of* dra största möjliga fördel av, göra det mesta möjliga av, ta vara på; *at* [*the*] *~* högst, på sin höjd; i bästa fall; *at the very ~* allra högst, på sin höjd **II** *adv* **1** mest [*what pleased me ~*]; *the one he values* [*the*] *~* den som han värderar högst (mest); *~ of all* allra mest, mest av allt **2** superlativbildande mest; -[a]st, -[a]ste; *the ~ beautiful of all* den allra vackraste; *~ easily* lättast; *the M~ High* den Allrahögste Gud **3** högst, i högsta grad, ytterst, synnerligen [*~ interesting*]; *~ certainly* [ja] absolut, alldeles säkert; *~ probably* (*likely*) högst sannolikt
most-favoured ['məʊst'feɪvəd] *a, ~ nation* mest gynnad nation
mostly ['məʊs*t*lɪ] *adv* **1** mest, mestadels, huvudsakligen **2** vanligen, för det mesta
M.O.T. [ˌeməʊ'ti:] förk. för *Ministry of Transport*; *~* [*test*] fam. årlig besiktning av motorfordon äldre än 3 år
motel [məʊ'tel] *s* motell
motet [məʊ'tet] *s* mus. motett
moth [mɒθ] *s* **1** nattfjäril **2** mal
moth-ball ['mɒθbɔ:l] *s* malkula, malmedel; *in ~s* bildl. i malpåse
moth-eaten ['mɒθˌi:tn] *a* maläten äv. bildl.
mother ['mʌðə] **I** *s* **1** moder äv. bildl.; mamma, mor; *~'s boy* mammas gosse; *~'s darling* mamma-, mors|gris; *I learnt it at my ~'s knee* ung. det kunde jag innan jag lärde mig gå; *the ~ of parliaments* parlamentens moder brittiska parlamentet; *queen ~* änkedrottning; *~ earth* moder jord; *be a ~ to* vara som en mor för; *become a ~* bli mor; *play ~s and fathers* leka mamma, pappa, barn **2** gumman, mor; *M~ Goose* ung. Gåsmor fiktiv författare till eng. barnrim **3** moder, abbedissa [äv. *M~ Superior*] **4** attr. moder-, moders-; *~ country* a) fosterland, fädernesland; hemland b) moderland; *~ tongue* (*language*) a) modersmål b) moderspråk **II** *tr* **1** sätta (föda) till världen; bildl. ge upphov till **2** vara som en mor för; pyssla om
mothercraft ['mʌðəkrɑ:ft] *s* barnavård [*a course in ~*]
motherhood ['mʌðəhʊd] *s* moderskap
mother-in-law ['mʌðərɪnlɔ:] (pl. *mothers-in-law* ['mʌðəzɪnlɔ:]) *s* **1** svärmor **2** fam. styvmor
motherlike ['mʌðəlaɪk] *a* moderlig
motherly ['mʌðəlɪ] *a* moderlig [*~ care*], moders- [*~ love, ~ pride*]
mother-of-pearl ['mʌðərəv'pɜ:l] *s* pärlemo[r]
mothproof ['mɒθpru:f] **I** *a* malsäker; *~ bag* malpåse **II** *tr* malsäkra
motif [məʊ'ti:f] *s* mus., konst. motiv, tema
motion ['məʊʃən] **I** *s* **1** rörelse; gest, åt-

börd, tecken; *slow* ~ film. ultrarapid[filmning]; slow-motion; ~ *picture* film; [*time and*] ~ *studies* arbetsstudier; *go through the ~s* fam. a) låtsas som om man arbetar (gör något), simulera b) visa hur det går (gick) till; *make a* ~ (~*s*) *to him to come* göra tecken (vinka) åt honom att komma; *make a* ~ (~*s*) *to leave* göra en ansats att ge sig i väg; *in* ~ i rörelse, i gång; *put* (*set*) *in* ~ sätta i rörelse (i gång) **2** [omröstnings]förslag, yrkande, motion; *submit* (*make*) *a* ~ väcka ett förslag; framställa ett yrkande **3** vanl. pl. ~*s* avföring **II** *itr* vinka, ge (göra) tecken **III** *tr* vinka (göra tecken) åt (till) [~ *a p. to come*]; ~ *a p. to a seat* vinka (ge tecken) åt ngn att sätta sig

motionless ['məuʃənləs] *a* orörlig; i vila

motivate ['məutɪveɪt] *tr* **1** motivera **2** vara drivfjädern bakom (motivet till) **3** ge motivation [åt], motivera

motivation [ˌməutɪ'veɪʃən] *s* motivering; isht psykol. motivation

motive ['məutɪv] **I** *s* motiv, bevekelsegrund; *from the best of* ~*s* med de bästa avsikter **II** *a* rörelse-; ~ *power* drivkraft

motley ['mɒtlɪ] **I** *a* brokig [~ *crowd*], blandad **II** *s* **1** brokig blandning **2** narrdräkt

moto-cross [ˌməutə'krɒs] *s* sport. motocross

motor ['məutə] **I** *s* **1** motor **2** attr. a) motor- b) bil- c) anat. o. psykol. motorisk [~ *nerve*]; ~ *show* bilsalong; ~ *works* bilfabrik **II** *itr* bila, åka bil [*we ~ed to Brighton*]

motor-assisted ['məutərə'sɪstɪd] *a* motordriven; ~ *pedal cycle* cykel med hjälpmotor, moped

motorbicycle ['məutəˌbaɪsɪkl] *s* motorcykel

motorbike ['məutəbaɪk] *s* fam. för *motorbicycle*

motorboat ['məutəbəut] *s* motorbåt

motorcade ['məutəkeɪd] *s* bilkortege

motorcar ['məutəkɑː] *s* bil

motor-coach ['məutəkəutʃ] *s* buss; turist-, rundturs|buss

motorcycle ['məutəˌsaɪkl] **I** *s* motorcykel; ~ *combination* motorcykel med sidvagn; *ride a* ~ köra motorcykel **II** *itr* köra (åka) motorcykel

motor-cyclist ['məutəˌsaɪklɪst] *s* motorcykelförare, motorcyklist

motoring ['məutərɪŋ] *s* **1** bilande, bilåkning, bilkörning; ~ *accident* bilolycka; ~ *offence* trafikförseelse; *school of* ~ trafikskola, bilskola **2** motorsport

motorism ['məutərɪzəm] *s* bilism

motorist ['məutərɪst] *s* bilist, bilförare

motorization [ˌməutəraɪ'zeɪʃən] *s* motorisering

motorize ['məutəraɪz] *tr* motorisera [~*d divisions*]

motor-launch ['məutəlɔːntʃ] *s* större motorbåt; motorbarkass

motor-lorry ['məutəˌlɒrɪ] *s* lastbil

motor-mechanic ['məutəmɪ'kænɪk] *s* montör, mekaniker

motor-race ['məutəreɪs] *s* motor-, bil|tävling

motor-ride ['məutəraɪd] *s* biltur

motor-scooter ['məutəˌskuːtə] *s* skoter

motor-ship ['məutəʃɪp] *s* motorfartyg

motor-vehicle ['məutəˌviːɪkl] *s* motorfordon

motor-vessel ['məutəˌvesl] *s* motorfartyg

motorway ['məutəweɪ] *s* motorväg

mottle ['mɒtl] *tr*, oftast pp. ~*d* fläckig, spräcklig; marmorerad

motto ['mɒtəu] *s* motto, valspråk, devis

1 mould [məuld] **I** *s* **1** [mat]jord, mylla; mull **2** mull, jord, stoft **II** *tr* mylla över

2 mould [məuld] *s* **1** mögel **2** mögelsvamp

3 mould [məuld] **I** *s* **1** form äv. bildl., gjutform; matris; tekn. äv. modell, schablon, mall; *cast in the same* ~ stöpt i samma form **2** kok. a) form b) pudding **3** bildl. typ, prägel, karaktär [*men of a quite different* ~] **II** *tr* gjuta, stöpa, forma, bilda [*out of* av; *into* till; [*up*]*on* efter]; dana, gestalta

moulder ['məuldə] *itr*, ~ [*away*] vittra (falla) sönder; [för]multna; bildl. förtvina

mouldering ['məuldərɪŋ] *a* **1** [för]vittrande, fallfärdig [~ *ruins*] **2** [för]multnande

mouldy ['məuldɪ] *a* **1** möglig; unken; murken; *become* (*grow, go*) ~ mögla **2** bildl. gammaldags, möglig; sjabbig **3** sl. lusig, urusel

moult [məult] **I** *itr* om fåglar rugga **II** *tr* fälla fjädrar

mound [maund] *s* hög, kulle; gravhög; kummel; vall, jordbank

1 mount [maunt] *s* litt. o. i namn berg [*the M~ of Olives*]; *M~ Etna* Etna

2 mount [maunt] **I** *tr* (jfr äv. *mounted*) **1** gå (springa) uppför [~ *the stairs*]; stiga (gå, klättra) upp på (i) [~ *a platform*]; bestiga [~ *the throne*]; ~ *a horse* stiga till häst **2** placera [*on* på] **3** a) hjälpa upp i sadeln b) förse med en häst (hästar) **4** montera; sätta upp; klistra (sätta) upp (in) [i album] [~ *stamps*]; infatta; rama in; beslå **5** mil. sätta i gång, öppna; ~ *an offensive* äv. ta till offensiven **6** mil. vara bestyckad med, sjö. föra [~ *50 guns*] **7** ~ *guard* a) gå 'på (överta) vakten, ställa sig på vakt b) gå på vakt, stå på post, hålla vakt **8** om djur betäcka, bestiga **II** *itr* (jfr äv. *mounted*) **1** stiga; stiga (gå, klättra) upp [*on* på]; gå uppför; höja sig **2** sitta upp, stiga till häst **3** bildl., ~ [*up*] stiga, växa **III** *s* **1** kartong, papper, underlag o. d. som bakgrund till bilder

m. m. **2** frimärksfastsättare **3** montering; infattning; inramning; beslag **4** objektglas för mikroskop **5** mil. stativ, lavett **6** [rid]häst
mountain ['mauntɪn] *s* [högre] berg, fjäll; *a ~ of flesh* ett fläskberg fet person; *move ~s* försätta berg; *~ ash* rönn
mountaineer [ˌmauntɪ'nɪə] **I** *s* **1** bergsbo **2** bergbestigare, alpinist **II** *itr* göra bergbestigningar, klättra [i bergen]
mountaineering [ˌmauntɪ'nɪərɪŋ] *s* bergbestigning[ar], alpinism
mountainous ['mauntɪnəs] *a* **1** bergig **2** ofantlig, enorm, hög som berg [*~ waves*]
mountainside ['mauntɪnsaɪd] *s* bergssida, bergssluttning
mountebank ['mauntɪbæŋk] *s* kvacksalvare; skojare, charlatan
mounted ['mauntɪd] *a* **1** uppklättrad, sittande [*on* på] **2** ridande [*~ police*], beriden, till häst; fordonsburen [*~ infantry*] **3** monterad; uppsatt; uppställd; uppklistrad, insatt i album; inramad, infattad; med beslag, beslagen **4** mil. bestyckad
Mountie ['mauntɪ] *s* fam., kanadensisk ridande polis
mourn [mɔːn] **I** *itr* sörja [*for* (*over*) över]; *~ for a p.* sörja ngn **II** *tr* sörja över; sörja
mourner ['mɔːnə] *s* **1** sörjande [person]; deltagare i sorgetåg; *the ~s* de sörjande; *the chief ~* den närmast sörjande **2** *professional* (*hired*) *~* gråterska, lejd sörjande
mournful ['mɔːnf(ʊ)l] *a* sorglig, dyster; sorgsen; klagande; sorg[e]-, begravnings-
mourning ['mɔːnɪŋ] **I** *a* sörjande **II** *s* sorg; sorgdräkt; *in ~* sorgklädd; *go into ~* anlägga sorg; *go out of ~* lägga av sorgen
mouse [maus] (pl. *mice* [maɪs]) *s* mus, [liten] råtta
mouse-coloured ['mausˌkʌləd] *a* råttfärgad, gråbrun
mouser ['mauzə, 'mausə] *s* råttfångare, råttkatt
mousetrap ['maustræp] *s* råttfälla
mousse [muːs] *s* kok. mousse
moustache [məs'tɑːʃ, Am. vanl. 'mʌstæʃ] *s* mustasch[er]; *grow a ~* anlägga mustasch
mousy ['mausɪ] *a* råttfärgad [*~ hair*]
mouth [ss. subst. mauθ, i pl. mauðz; ss. vb mauð] **I** *s* **1** mun; *corner of the ~* mungipa; *by word of ~* muntligen; *be down in the ~* vara deppig; *be in everybody's ~* vara på allas läppar; *have a big ~* prata för mycket; *have a foul ~* vara ful i mun[nen]; *have o.'s heart in o.'s ~* ha hjärtat i halsgropen; *put words into a p.'s ~* a) lägga ord i ngns mun b) tillskriva ngn ett uttalande; *shut your ~!* håll mun (käften)!; *stop a p.'s ~* täppa till mun[nen] på ngn; *take the words out of a p.'s ~* ta ordet ur mun[nen] på ngn **2** *make a* [*wry*] *~* göra en grimas [*at* åt] **3** mynning [*the ~ of a river*]; öppning, ingång, utgång **II** *tr* 'deklamera'; uttala tillgjort; forma [ljudlöst] med läpparna **III** *itr* **1** 'deklamera', tala tillgjort **2** grimasera
mouthful ['mauθfʊl] *s* munfull; munsbit, tugga; smula; *what a ~!* a) det var en ordentlig munsbit! b) vilken lång ramsa!; *you said a ~!* sl. där sa du något!
mouth-organ ['mauθˌɔːgən] *s* munspel
mouthpiece ['mauθpiːs] *s* **1** munstycke; bett på betsel **2** tratt, [tal]mikrofon på telefon **3** bildl. talesman; språkrör, organ
mouth-wash ['mauθwɒʃ] *s* munvatten
mouth-watering ['mauθˌwɔːtərɪŋ] *a* aptitretande, som får det att vattnas i munnen
movability [ˌmuːvə'bɪlətɪ] *s* rörlighet, flyttbarhet
movable ['muːvəbl] **I** *a* **1** rörlig, flyttbar; *~ feast* kyrkl. rörlig helg[dag]; *~ kidney* vandrande njure **2** lös, personlig [*~ goods*] **II** *s*, vanl. pl. *~s* lösöre, lösegendom, inventarier
move [muːv] **I** *tr* **1** flytta, flytta på, rubba; förflytta, transportera [*~ troops*]; *~ house* flytta, byta bostad **2** a) röra [på] [*~ o.'s lips*] b) sätta i gång; hålla i gång, driva; *~ heaven and earth* röra upp himmel och jord **3** röra, göra rörd, gripa, bedröva; göra intryck på, beveka; *be ~d* bli rörd, röras, gripas [*by* (*with*) av; *he was deeply ~d*] **4** påverka, förmå, driva, föranleda; *nothing could ~ him* ingenting kunde påverka honom; [*I will do it*] *when the spirit ~s me* .. när andan (anden) faller på **5** hemställa hos [*for* om] **6** parl. o. d. föreslå, framlägga förslag om; yrka [på] **II** *itr* **1** a) röra [på] sig b) förflytta sig, flytta [på] sig, maka [på] sig [*~ one step*]; *you must ~ very carefully* du måste gå fram med stor försiktighet; *~ with the times* följa med sin tid **2** a) sätta sig i rörelse, röra på sig [*begin to ~*], sätta[s] i gång b) bryta upp; flytta; *I must be moving* fam. jag måste ge mig av (i väg); *things are beginning to ~* det börjar röra på sig; *~ off* ge sig av, avlägsna sig; *~ on* gå på (vidare), cirkulera; *~ out* a) gå ut b) flytta [ut], avflytta; *~ up* stiga (gå) fram, maka ihop sig **3** i schack o. d. a) om pjäs röra sig, flyttas b) flytta, dra **4** företa sig något, vidta åtgärder, ingripa **5** vistas; *~ in the best society* röra sig (umgås) i de bästa kretsar **6** hemställa, väcka förslag [*for* om], yrka [*for* på] **III** *s* flyttning; i schack o. d. drag; bildl. [schack]drag [*a clever ~*], åtgärd, steg; *a wrong ~* ett feldrag; *what's the next ~?* fam. vad ska vi göra nu?; *it's your ~* det är ditt drag; *he is up to every ~* han kan knepen; *get a ~ on!* fam. raska (skynda) på!; *make a ~* i schack o. d. göra ett drag; bildl. äv. handla, göra något; *make a ~ to go* göra en ansats att gå; *be on the ~* vara i rörelse;

vara på rörlig fot; vara i farten

movement ['mu:vmənt] *s* **1** rörelse; *freedom of* ~ rörelsefrihet **2** mil. rörelse, förflyttning, manöver **3** isht pl. ~*s* förehavanden; *watch a p.'s* ~*s* iaktta ngns förehavanden **4** [ur]verk; gång **5** litt. o. konst. liv, flykt; rörelse, rytm **6** mus. sats [*the first* ~ *of a symphony*] **7** tendens, utveckling [*a* ~ *towards greater freedom*] **8** politisk, religiös o. d. rörelse [*the Labour* ~] **9** hand. a) rörelse, tendens, trend b) omsättning, aktivitet **10** avföring

mover ['mu:və] *s* **1** upphovsman, drivande kraft; *prime* ~ drivkraft, kraftkälla; primus motor **2** förslagsställare, motionär

movie ['mu:vɪ] *s* fam. film; *the* ~*s* bio; ~ *star* filmstjärna; ~ *house* (*theater*) Am. bio-[graf]; *go to the* ~*s* gå på bio

moviegoer ['mu:vɪˌgəʊə] *s* biobesökare

moving ['mu:vɪŋ] **I** *a* o. *pres p* **1** rörlig; ~ *coil* elektr. o. d. vridspole; ~ *coil microphone* elektrodynamisk mikrofon; ~ *picture* fam. [spel]film; ~ *staircase* (*stairway*) rulltrappa **2** rörande; gripande, stämningsfull [~ *ceremony*] **II** *s* [för]flyttning; ~ *van* Am. flyttbil

1 mow [məʊ] (imp.: *mowed*; pp.: *mown*) *tr* meja, slå [~ *grass* (*hay*)], skära [~ *corn*]; klippa [~ *a lawn*]; ~ *down* bildl. meja ned

2 mow [məʊ] *s* **1** [hö]stack, hövolm; skyl; halmstack **2** [hö]skulle

mower ['məʊə] *s* **1** a) slåttermaskin b) gräsklippningsmaskin, gräsklippare **2** a) slåtterkarl b) gräsklippare

mown [məʊn] pp. av *1 mow*

Mozambique [ˌməʊzəm'bi:k] Moçambique

Mozart ['məʊtsɑ:t]

M.P. ['em'pi:] **1** förk. för *Member of Parliament*; *he is an* ~ han är parlamentsledamot **2** förk. för *Metropolitan* (*Military*) *Police*

m.p.g. förk. för *miles per gallon*

m.p.h. förk. för *miles per hour*

Mr. el. **Mr** ['mɪstə] (pl. *Messrs.* ['mesəz]) förk. för *mister* hr, herr framför namn o. vissa titlar [~ *John Brown*, ~ *Chairman*]

MRBM förk. för *Medium Range Ballistic Missile* [ballistisk] medeldistansrobot

M.R.C.P. förk. för *Member of the Royal College of Physicians*

M.R.C.S. förk. för *Member of the Royal College of Surgeons*

Mrs. el. **Mrs** ['mɪsɪz] förk. för *missis* fru framför namn o. vissa titlar [~ *Brown*, ~ *Jane* (*John*) *B.*; ~ *Chairman*]

MS ['em'es, 'mænjuskrɪpt] (pl. *MSS* ['emes'es]) förk. för *manuscript*

M/S förk. för *motor-ship*

Ms. [mɪz] (pl. *Mses* ['mɪzɪz]) *s* gemensam titel för gift el. ogift kvinna i st. f. *Miss* el. *Mrs.*

M.Sc. förk. för *Master of Science*

MSS pl. av *MS*

M.T. förk. för *Mechanical* (*Motor*) *Transport*

Mt. förk. för *1 Mount, mountain*

M.T.B. förk. för *motor torpedo-boat*

mth[s] förk. för *month*[*s*]

much [mʌtʃ] **I** (*more most*) *a* mycket, mycken; *without* ~ *difficulty* utan större svårighet; ~ *good may it do you!* iron. väl bekomme!, lycka till!; *I have* ~ *pleasure in presenting*.. jag har [härmed] det stora nöjet presentera..; *it was all so* ~ *nonsense* (*rubbish*) det var bara smörja

II *s* **1** mycket [*you have* ~ *to learn*; *she is not* ~ *to look at*]; ~ *you know about it!* det vet du inte ett dugg om!; *this* (*that*) ~ så mycket; *not* ~*!* fam. visst inte!, sällan!; *nothing* ~ fam. just ingenting, inget vidare; *he is not* ~ *of a writer* han är inte någon vidare författare; *make* ~ *of* göra stor affär av; *I don't think* ~ *of* jag ger inte mycket för; [*his work*] *is not up to* ~ det är inte mycket bevänt med.. **2** *as* ~ lika (så) mycket [*as* som]; *as* ~ *again* (*more*) lika mycket till; *he said as* ~ det var ungefär vad han sa (menade); *I thought as* ~ var det inte det jag trodde; *it is as* ~ *as to say that*.. det är som om man skulle säga att..; *it was as* ~ *as he could do to keep calm* det var knappt han kunde hålla sig lugn **3** *how* ~ hur mycket; *how* ~ *is this?* vad kostar den här?; *how* ~ *does it all come to?* hur mycket blir det? **4** *so* ~ så mycket; *so* ~ *the better* (*the worse*) så mycket (desto) bättre (värre); *not so* ~ *as* inte så mycket som, inte ens [*they hadn't so* ~ *as heard of it*]; *the scene resembled nothing so* ~ *as*.. scenen liknade mest av allt..; *so* ~ *for that* så var det med det (den saken)

III (*more most*) *adv* **1** mycket: **a**) före komp. [~ *older* (*more useful*); ~ *inferior*]; *very* ~ *older* betydligt äldre **b**) före vissa adj. [äv. *very* ~; [*very*] ~ *afraid* (*alike*)]; *he doesn't look* ~ *like a clergyman* han ser knappast (just inte) ut som en (nån) präst; *it looks very* ~ *like it* det ser nästan så ut, det är inte långt ifrån **c**) vid vb o. pp. [äv. *very* ~; *I* ~ *regret the mistake*; [*very*] ~ *annoyed* (*astonished*)]; *thank you very* ~ tack så mycket **d**) vid adverbiella uttr. [~ *above the average*]; ~ *to my delight* till min stora förtjusning; ~ *too low* alldeles för låg **2** före superl. absolut, utan all tvekan; ~ *the best plan* äv. den avgjort bästa planen; ~ *the most likely* den allra sannolikaste **3** ungefär, nästan; *pretty* ~ *alike* ungefär lika; *it is* ~ *the same to me* det gör mig ungefär detsamma

much-advertised ['mʌtʃ'ædvətaɪzd] *a* uppreklamerad

much-needed ['mʌtʃ'ni:dɪd] *a* välbehövlig

muchness ['mʌtʃnəs] *s* fam., *it is much of a ~* det är hugget som stucket

muck [mʌk] **I** *s* **1** gödsel, dynga **2** fam. lort, skit, smörja; *make a ~ of* se *~ a th. up* under *II* **II** *tr* **1** gödsla **2** *~* [*out*] mocka [ut] i [*~* [*out*] *the cowshed*] **3** *~ up* fam. lorta (skita) ner **4** *~ a th. up* fam. göra pannkaka av ngt; soppa till ngt **5** *~ about* fam. tjafsa (bråka) med **III** *itr* **1** *~ about* fam. larva omkring; tjafsa; *~ about with* pillra med **2** *~ in* fam. slå sig ihop

muckrake ['mʌkreɪk] **I** *s* **1** se *muckraker* **2** dynggrep, dyngskovel **II** *itr* gräva fram skandaler, idka sensationsskriverier

muckraker ['mʌkˌreɪkə] *s* skandalspridare

muck-up ['mʌkʌp] *s* fam. röra, fiasko; *make a ~ of a th.* göra pannkaka av ngt;

mucky ['mʌkɪ] *a* fam. lortig, skitig; lerig

mucous ['mju:kəs] *a* slemmig; slem-; *~ membrane* slemhinna

mucus ['mju:kəs] *s* slem

mud [mʌd] *s* gyttja, dy; smuts, lera; *it's as clear as ~* skämts. iron. man fattar inte ett skvatt; *here's ~ in your eye!* sl. skål på dig!; *throw* (*fling*) *~ at* bildl. smutskasta

muddle ['mʌdl] **I** *tr* **1** fördärva, förfuska [*you have ~d the scheme*], trassla till **2** *~ up* (*together*) röra ihop [*he has ~d things up completely*]; blanda ihop, förväxla **II** *itr*, *~ along* (*on*) trassla sig fram; *~ through* trassla sig igenom **III** *s* röra, oreda, virrvarr, villervalla; virrighet; *make a ~ of* trassla till; fuska bort; *everything was in a ~* allt var en enda röra

muddled ['mʌdld] *a* rörig, oredig, virrig

muddle-headed ['mʌdlˌhedɪd] *a* virrig

muddy ['mʌdɪ] **I** *a* **1** smutsig, lerig [*~ roads* (*shoes*)]; nerstänkt; gyttjig **2** grumlig, grumsig, oklar **II** *tr* **1** göra smutsig (lerig); smutsa (stänka) ned; svärta ned **2** grumla

mudflap ['mʌdflæp] *s* stänkskydd på bil

mudflat ['mʌdflæt] *s* gyttjig strand[remsa]

mudguard ['mʌdgɑ:d] *s* stänkskärm

mud-pack ['mʌdpæk] *s* kosmetisk ansiktsmask

1 muff [mʌf] *s* **1** muff; skydd **2** tekn. muff, rörhylsa

2 muff [mʌf] fam. **I** *s* **1** miss, tabbe; *make a ~ of* missa, sumpa **2** klåpare [*at* i], klantskalle **II** *tr* missa, sumpa [*~ an opportunity*]; fuska bort **III** *itr* klanta sig; missa [bollen]

muffin ['mʌfɪn] *s* **1** ung. tekaka **2** Am. muffin; *English ~* ung. tekaka

muffle ['mʌfl] **I** *tr* **1** linda om [*~ o.'s throat*]; *~* [*up*] pälsa (klä) på [*~ o.s. up well*], svepa in; *~d up* [väl] omlindad, påpälsad, insvept **2** linda [om] för att dämpa ljud; dämpa; pp. *~d* dämpad, dov [*~d sounds*], [halv]kvävd [*~d voices*]; förstämd [*~d drums*] **II** *s* tekn. muffel ugnsinsats

muffler ['mʌflə] *s* **1** [ylle]halsduk **2** isht Am. ljuddämpare

mufti ['mʌftɪ] *s*, *in ~* civil[klädd]

1 mug [mʌg] **I** *s* **1** mugg [*a ~ of tea*], sejdel, krus [*a ~ of beer*] **2** sl. tryne, fejs **3** sl. lättlurad stackare; *it's a ~'s game* det är bara idioter som gör sånt **4** Am. sl. knöl, skurk, förbrytare **II** *tr* sl. överfalla och råna

2 mug [mʌg] sl. **I** *tr* plugga; *~ up* plugga (smälla) i sig **II** *itr* plugga, pluggläsa

mugger ['mʌgə] *s* sl. rånare, ligist

mugging ['mʌgɪŋ] *s* sl. överfall och rån

muggins ['mʌgɪnz] *s* sl. dummis

muggy ['mʌgɪ] *a* kvav, tryckande

mug shot ['mʌgʃɒt] *s* Am. sl. [förbrytar]fotografi

mugwump ['mʌgwʌmp] *s* sl. **1** a) viktigpetter b) högdjur **2** isht Am. [politisk] vilde

mulatto [mjʊ'lætəʊ] (pl. *~s* el. *~es*) *s* mulatt

mulberry ['mʌlbərɪ] *s* **1** mullbär; [*here we go round*] *the ~ bush* sånglek ..ett enebärssnår **2** mullbärsträd

mulch [mʌltʃ] **I** *s* **1** trädg. komposttäckning konkr. **2** gödselhalm **II** *tr* täcka över med kompostmaterial

1 mule [mju:l] *s* sandalett utan häl el. rem; hällös toffel

2 mule [mju:l] *s* mula; mulåsna; *as stubborn* (*obstinate*) *as a ~* envis som synden

mule-driver ['mju:lˌdraɪvə] *s* o. **muleteer** [ˌmju:lɪ'tɪə] *s* mulåsnedrivare

1 mull [mʌl] *itr* fam. fundera [*over* på]

2 mull [mʌl] *tr* [krydda och]glödga; *~ed wine* vinglögg

mullah ['mʌlə] *s* molla[h] muslimsk [rätts]lärd

mullet ['mʌlɪt] *s* zool., *grey ~* multe[fisk]; *red ~* mullus[fisk]

mulligatawny [ˌmʌlɪgə'tɔ:nɪ] *s*, *~* [*soup*] indisk currykryddad soppa med höns och ris

mullioned ['mʌlɪənd] *a*, *~ window* lodrätt delat fönster isht gotiskt

multicellular ['mʌltɪ'seljʊlə] *a* flercellig

multicoloured ['mʌltɪˌkʌləd] *a* mång-, fler|färgad

multifarious [ˌmʌltɪ'feərɪəs] *a* mångahanda [*his ~ duties*], mångskiftande

multilateral ['mʌltɪ'lætərəl] *a* multilateral [*~ agreement* (*treaty*)]; mång-, fler|sidig

multilingual ['mʌltɪ'lɪŋgwəl] *a* flerspråkig

multimillionaire ['mʌltɪmɪljə'neə] *s* mångmiljonär

multinational ['mʌltɪ'næʃənl] *a* multinationell

multipartite ['mʌltɪ'pɑ:taɪt] *a* **1** flerdelad **2** multilateral [*~ agreement*]

multiple ['mʌltɪpl] **I** *a* mångfaldig, åtskillig [*~ bruises*]; flerdubbel; multipel- [*~ sys-*

tem]; ~ *fracture* komplicerat benbrott; ~ *sclerosis* läk. multipel skleros; ~ *shop* (*store*) filial[affär] i butikskedja, kedjebutik; ~ *stores* butikskedja **II** *s* mat. mångfald, multipel; *lowest* (*least*) *common* ~ minsta gemensamma dividend

multiple-choice ['mʌltɪpl'tʃɔɪs] *a* flervals- [~ *test*, ~ *item* (uppgift)]

multiplex ['mʌltɪpleks] *a* mång-, fler|faldig; multiplex- [~ *telegraphy*]

multiplicand [ˌmʌltɪplɪ'kænd] *s* mat. multiplikand

multiplication [ˌmʌltɪplɪ'keɪʃən] *s* **1** multiplikation; ~ *table* multiplikationstabell; ~ *sign* multiplikationstecken **2** mång|faldigande, -dubblande

multiplicity [ˌmʌltɪ'plɪsətɪ] *s* mångfald [*a* ~ *of duties*]; mångskiftande karaktär

multiplier ['mʌltɪplaɪə] *s* mat. o. fys. multiplikator

multiply ['mʌltɪplaɪ] **I** *tr* **1** multiplicera [*by* med] **2** mångfaldiga; öka **II** *itr* **1** flerdubblas; ökas **2** föröka sig **3** multiplicera

multi-purpose ['mʌltɪ'pɜːpəs] *a* som kan användas till mycket, universal-

multi-racial ['mʌltɪ'reɪʃəl] *a* som omfattar (representerar) många raser

multistage ['mʌltɪsteɪdʒ] *a* flerstegs- [~ *rocket*]

multi-stor[e]y ['mʌltɪ'stɔːrɪ] *a* flervånings- [~ *hotel*]; ~ *block* (*building*) höghus; ~ *car park* parkeringshus

multitude ['mʌltɪtjuːd] *s* **1** mängd, massa **2** folk|massa, -hop; *the* ~ [den stora] massan, mängden **3** talrikhet, mångfald

multitudinous [ˌmʌltɪ'tjuːdɪnəs] *a* **1** otalig, talrik **2** mångfaldig, varierande

1 mum [mʌm] *s* barnspr. mamma; fam. morsa [*my* ~]

2 mum [mʌm] *s* fam. se *ma'am*

3 mum [mʌm] fam. **I** *interj* tyst! **II** *s*, ~*'s the word!* håll tyst med det!, säg inte ett ord om det! **III** pred. *a* tyst [*keep* ~]

mumble ['mʌmbl] **I** *itr* **1** mumla **2** tugga, mumsa isht med tandlös mun **II** *tr* **1** ~ [*out*] mumla [fram] **2** tugga på **III** *s* mummel

mumbo jumbo ['mʌmbəʊ'dʒʌmbəʊ] *s* **1** tomma ceremonier, teater; hokuspokus **2** fikonspråk, jargong; rappakalja

mummify ['mʌmɪfaɪ] *tr* mumifiera

1 mummy ['mʌmɪ] *s* mumie äv. bildl.; ~ *cloth* mumiesvepning

2 mummy ['mʌmɪ] *s* barnspr. mamma; ~*'s darling* mamma-, mors|gris

mumps [mʌmps] (konstr. ss. sg.) *s* påssjuka

munch [mʌntʃ] **I** *itr* mumsa **II** *tr* mumsa på; mumsa (snaska) [i sig] [~ *chocolates*]

mundane ['mʌndeɪn] *a* jordisk, världslig

Munich ['mjuːnɪk] München

municipal [mjʊ'nɪsɪpəl] *a* kommunal [~ *buildings*]; kommun-, stads- [~ *libraries*]; ~ *council* kommunfullmäktige

municipality [mjʊˌnɪsɪ'pælətɪ] *s* **1** kommun **2** kommunstyrelse

munificence [mjʊ'nɪfɪsns] *s* [stor] frikostighet

munificent [mjʊ'nɪfɪsnt] *a* [mycket] frikostig; storslagen [~ *gift*]

munition [mjʊ'nɪʃən] *s*, ~*s* [*of war*] krigsmateriel, isht vapen och ammunition

mural ['mjʊərəl] *a*, ~ *painting* väggmålning

murder ['mɜːdə] **I** *s* mord [*of* på]; ~ *case* mordfall; *attempted* ~ mordförsök; ~ *will out* ett brott kommer förr eller senare i dagen; fam. sanningen kryper alltid fram så småningom; *it's* ~ fam. det är rena självmordet (livsfarligt); *cry* (*scream*) *blue* ~ fam. gallhojta; *he could get away with* ~ fam. han kan härja hur han vill **II** *tr* **1** mörda **2** bildl. misshandla [~ *a song*], rådbråka [~ *the language*] **III** *itr* mörda, begå mord

murderer ['mɜːdərə] *s* mördare

murderess ['mɜːdərəs] *s* mörderska

murderous ['mɜːdərəs] *a* mordisk, mordlysten; blodtörstig; mördande; mord-

Muriel ['mjʊərɪəl]

murky ['mɜːkɪ] *a* **1** mörk, skum, dunkel [*a* ~ *night*] **2** mulen; tät, svart [~ *darkness*] **3** bildl. skum [*a man with a* ~ *past*]

murmur ['mɜːmə] **I** *s* **1** sorl, sus, brus, porlande; surr [*the* ~ *of bees*] **2** mummel; knorr[ande]; *a* ~ *of disapproval* ett missnöjt mummel; *without a* ~ utan knot **3** läk., [*heart*] ~ blåsljud **II** *itr* **1** sorla, susa, brusa, porla; surra **2** mumla, muttra; knorra [*at*, *against* över] **III** *tr* mumla [~ *prayers*]

muscat ['mʌskət] *s* **1** ~ [*grape*] muskatdruva **2** muskatvin

muscatel [ˌmʌskə'tel] *s* **1** muskatell[vin] **2** muskatellrussin **3** muskatdruva

muscle ['mʌsl] **I** *s* **1** muskel; pl. ~*s* äv. muskulatur; *pull* (*stretch*) *a* ~ sträcka en muskel, få en muskelsträckning **2** muskler; muskelvävnad; muskelstyrka *a man of* ~ en karl med muskler **II** *itr* fam., ~ *in* tränga (nästla) sig in [*on* på, i]; hålla sig framme, försöka komma med på ett hörn; ~ *in on* äv. tränga sig på **III** *tr* fam., ~ *o.'s way* tränga sig [fram]

muscle-bound ['mʌslbaund] *a* stel i musklerna

Muscovite ['mʌskəʊvaɪt] *s* moskvabo

muscular ['mʌskjʊlə] *a* **1** muskel- [~ *strength*] **2** muskulös, [muskel]stark

muscularity [ˌmʌskjʊ'lærətɪ] *s* muskelstyrka

1 muse [mjuːz] *s* **1** mytol. musa; *the* [*nine*] *Muses* [de nio] muserna **2** poet. poesi

2 muse [mjuːz] *itr* **1** fundera, grubbla [*on*,

over på, över]; [sitta och] drömma [*over* om] **2** säga [halvt] för sig själv
museum [mjʊ'zɪəm] *s* museum; ~ *piece* museiföremål
mush [mʌʃ] *s* **1** mos, röra, gröt, sörja **2** fam. smörja, dravel
mushroom ['mʌʃrʊm] **I** *s* svamp [*edible (poisonous)* ~*s*]; champinjon; *spring up like* ~*s* växa upp som svampar [ur marken] **II** attr. *a* **1** svamp-, champinjon- [~ *omelette (soup)*] **2** hastigt uppväxande (uppvuxen) [*a* ~ *town*]; ~ *growth* snabb tillväxt (utveckling) **III** *itr* **1** plocka svamp (champinjoner) [*go* ~*ing*] **2** ~ [*up* (*out*)] växa upp som svampar (en svamp) [ur marken]
mushy ['mʌʃɪ] *a* **1** mosig, grötig, slafsig **2** fam. känslosam, joltig
music ['mju:zɪk] *s* **1** musik; ~ *while you work* radio. musik under arbetet; *play (perform, make)* ~ göra musik, spela, musicera; *have a good ear for* ~ vara musikalisk, ha bra musiköra; *piece of* ~ musikstycke **2** noter [*read* ~], nothäften [*printed* ~]; *sheet of* ~ not|blad, -häfte **3** *face the* ~ fam. ta konsekvenserna, stå sitt kast; stå på sig inför kritiken
musical ['mju:zɪkəl] **I** *a* **1** musikalisk; melodisk [*a* ~ *voice*]; musikintresserad [*a* ~ *person*]; musikaliskt utvecklad [~ *taste*]; *have a* ~ *ear* ha bra musiköra **2** musik- [~ *instruments*]; ~ *comedy* musikal **3** ~ *box* speldosa; ~ *chairs* sällskapslek hela havet stormar **II** *s* **1** musikal **2** musikfilm; filmmusikal
musicassette ['mju:zɪkə,set] *s* inspelad [musik]kassett för kassettbandspelare
music-hall ['mju:zɪkhɔ:l] *s* **1** varieté[teater]; ~ *song* kuplett **2** Am. konsertsal
musician [mjʊ'zɪʃən] *s* **1** musiker; musikant **2** tonsättare
musicianly [mjʊ'zɪʃənlɪ] *a* musikaliskt mästerlig [*a* ~ *performance*]; musikalisk
musicology [,mju:zɪ'kɒlədʒɪ] *s* musikologi, musikvetenskap
music-rack ['mju:zɪkræk] *s* nothylla; notställ
music-rest ['mju:zɪkrest] *s* nothållare
music-stand ['mju:zɪkstænd] *s* notställ
music-stool ['mju:zɪkstu:l] *s* pianostol
musk [mʌsk] *s* mysk
musk-deer ['mʌskdɪə] *s* zool. mysk|djur, -hjort
musket ['mʌskɪt] *s* hist. musköt
musketeer [,mʌskɪ'tɪə] *s* hist. musketerare; musketör
musketry ['mʌskɪtrɪ] *s* mil. skjutning [med gevär]; gevärseld; *school of* ~ skjutskola
musk-rose ['mʌskrəʊz] *s* bot. myskros
musky ['mʌskɪ] *a* myskartad; myskdoftande
Muslim ['mʊslɪm, 'mʊz-, 'mʌz-] **I** *s* muslim, muselman **II** *a* muslimsk
muslin ['mʌzlɪn] *s* muslin
musquash ['mʌskwɒʃ] *s* **1** zool. bisamråtta **2** ~ [*fur*] bisam pälsverk; ~ [*coat*] bisampäls plagg
mussel ['mʌsl] *s* zool. mussla; ~ *bed* musselbank; *freshwater* ~ målarmussla; *sea* ~ blåmussla
must [mʌst, ss. vb obeton. məst, ms] **I** *hjälpvb* (pres. o. i vissa fall imp.) **1 a)** måste, får (fick) [lov att] **b)** i påståendesats med negation får, fick [*you* ~ *never ask*]; ~ *not,* ~*n't* får (fick) inte [*you* ~ *not go*], skall (skulle) inte [*you* ~*n't be surprised*; *he said I* ~*n't be surprised*]; *we* ~*n't be late,* ~ *we?* vi får inte komma för sent, eller hur? **2** måste [utan tvivel], måtte **3** något iron., *he* ~ [*come and bother me just now!*] han ska naturligtvis (förstås).. **II** *s* fam., *a* ~ ett måste [*that book is a* ~]
mustachio [mə'stɑ:ʃɪəʊ] *s,* ~ (~*s* pl.) [stor] mustasch
mustang ['mʌstæŋ] *s* mustang häst
mustard ['mʌstəd] *s* **1** senap äv. bot.; [*as*] *keen as* ~ fam. entusiastisk, ivrig; nitisk **2** senaps|gult, -färg
muster ['mʌstə] **I** *s* **1** mönstring, inspektion, besiktning; *pass* ~ undergå mönstring (inspektion) utan anmärkning; bildl. gillas, hålla måttet; duga [*as, for* till] **2** uppbåd [*a large* ~ *of football supporters*]; samling **3** se *muster-roll* **II** *tr* **1** samla [ihop], uppbåda, få ihop; mil. ställa upp **2** ~ [*up*] uppbjuda [~ [*up*] *all o.'s strength*] **III** *itr* **1** ställa upp [sig] [~ *for inspection*] **2** samlas, träffas
muster-roll ['mʌstərəʊl] *s* **1** mil., sjö. [mönster]rulla **2** sjö. upprop
mustn't ['mʌsnt] = *must not*
musty ['mʌstɪ] *a* unken [~ *smell*], instängd [~ *air*], ovädrad [~ *room*], möglig
mutation [mjʊ'teɪʃən] *s* **1** förändring; växling **2** biol. mutation **3** språkv. omljud
mute [mju:t] **I** *a* stum; mållös; tyst **II** *s* **1** stum person **2** teat. statist **3** mus. sordin; dämmare **III** *tr* dämpa, mus. sätta sordin på; *in* ~*d tones* med dämpad (sordinerad) röst
mutilate ['mju:tɪleɪt] *tr* stympa äv. bildl., lemlästa; vanställa, förvanska text o. d.
mutilation [,mju:tɪ'leɪʃən] *s* stympande, stympning; förvanskning
mutilator ['mju:tɪleɪtə] *s* person som stympar; förvanskare
mutineer [,mju:tɪ'nɪə] **I** *s* myterist **II** *itr* göra myteri
mutinous ['mju:tɪnəs] *a* upprorisk; som gör myteri
mutiny ['mju:tɪnɪ] **I** *s* myteri äv. bildl.; uppror, resning; *raise a* ~ anstifta myteri **II** *itr* göra myteri (uppror)

mutt [mʌt] *s* sl. **1** fårskalle **2** hundracka
mutter ['mʌtə] **I** *itr* **1** mumla, muttra [*to o.s.* för sig själv] **2** knota, knorra [*at, about* över] **II** *tr* mumla [fram], muttra [*~ an answer*] **III** *s* **1** mumlande, mummel, muttrande **2** knorrande, knot
mutton ['mʌtn] *s* får[kött]; *roast ~* fårstek
mutton-chop ['mʌtn'tʃɒp] *s* **1** fårkotlett **2** *~ whiskers* långa yviga polisonger
mutual ['mju:tʃuəl] *a* **1** ömsesidig; inbördes; *~ admiration society* sällskap för inbördes beundran; *they are ~ enemies* de är fiender till varandra **2** gemensam [*a ~ friend*]; *~ efforts* förenade ansträngningar
mutually ['mju:tʃuəlɪ] *adv* ömsesidigt; *they are ~ exclusive* det ena utesluter det andra
Muzak ['mju:zæk] *s* ® bakgrundsmusik, skval i fabriker, på varuhus etc. muzak-musik
muzzle ['mʌzl] **I** *s* **1** nos, mule, tryne **2** munkorg, bildl. äv. munkavle **3** mynning på skjutvapen **II** *tr* **1** sätta munkorg på, bildl. äv. sätta munkavle på **2** trycka nosen mot
muzzy ['mʌzɪ] *a* fam. **1** virrig; lummig **2** slö, dåsig **3** otydlig, suddig [*a ~ outline*]
MW förk. för *megawatt*[*s*]
mW förk. för *milliwatt*[*s*]
my [maɪ, obeton. mɪ] **I** fören. *poss pron* min; *I broke ~ arm* jag bröt armen [av mig]; *I cut ~ finger* jag skar mig i fingret; *without ~ knowing it* utan att jag vet (visste) om det; *yes, ~ dear!* ja, kära du! **II** *interj, ~!* oh!, tänk! [*~, how lovely!*]; *oh, ~!* nä men!, oj då!
myocarditis [ˌmaɪəʊkɑ:'daɪtɪs] *s* läk. myokardit, hjärtmuskelinflammation
myopia [maɪ'əʊpjə] *s* läk. myopi, närsynthet
myopic [maɪ'ɒpɪk] *a* läk. myopisk, närsynt
myriad ['mɪrɪəd] **I** *s* myriad, otalig mängd **II** *a* litt. **1** oräknelig **2** rikt skiftande
myrrh [mɜ:] *s* **1** myrra **2** bot. spansk körvel
myrtle ['mɜ:tl] *s* bot. myrten
myself [maɪ'self] *refl* o. *pers pron* mig [*I have hurt ~*], mig själv [*I can help ~*]; jag själv [*nobody but ~*], själv [*I saw it ~*]; *my wife and ~* min fru och jag [själv]; [*all*] *by ~* a) [alldeles] ensam (för mig själv) [*I live all by ~*] b) [alldeles] själv, [helt] på egen hand [*I did it all by ~*]
mysterious [mɪs'tɪərɪəs] *a* **1** mystisk [*a ~ death* (*house*)]; gåtfull, hemlighetsfull **2** hemlighetsfull [av sig], förtegen
mysteriousness [mɪs'tɪərɪəsnəs] *s* **1** mystik, gåtfullhet **2** hemlighets|fullhet, -makeri
mystery ['mɪstərɪ] *s* **1** a) mysterium, gåta [*it is a ~ to* (för) *me*] b) mystik c) hemlighets|fullhet, -makeri; *there is a ~* (*an air of ~*) *about it* det är något mystiskt med det; *make a ~ of* göra en hemlighet av; *wrapped in ~* höljd i dunkel (mystik) **2** detektivroman; detektivpjäs **3** relig. mysterium **4** mysterium medeltida skådespel **5** attr. **a**) mysterie- [*~ play*] **b**) deckar- [*~ story*] **c**) *~ excursion* (*tour*) utflykt med hemligt mål
mystic ['mɪstɪk] **I** *a* **1** mystisk **2** gåtfull **II** *s* mystiker
mysticism ['mɪstɪsɪzəm] *s* mystik; mysticism
mystification [ˌmɪstɪfɪ'keɪʃən] *s* **1** mystifikation; bedrägeri **2** gåta, mysterium
mystify ['mɪstɪfaɪ] *tr* **1** mystifiera; förbryl-la **2** göra mystisk, hölja i dunkel
mystique [mɪs'ti:k] *s* kult, mytbildning
myth [mɪθ] *s* myt; saga, sägen, legend
mythical ['mɪθɪkəl] *a* **1** mytisk **2** bildl. [upp]diktad [*~ wealth*]
mythological [ˌmɪθə'lɒdʒɪkəl] *a* mytologisk
mythology [mɪ'θɒlədʒɪ] *s* mytologi

N

N, n [en] (pl. *N's, n's* [enz]) *s* N, n
N förk. för *newton*
N. förk. för *New, Northern* (postdistrikt i London), *north*[*ern*]
n. förk. för *noun*
N.A.A.F.I. ['næfɪ] *s* o. **Naafi** ['næfɪ] *s* (förk. för *Navy, Army, and Air Force Institute*[*s*]) ung. marketenteri
nab [næb] *tr* fam. hugga [åt sig], nypa [åt sig]; knycka; haffa [*the police ~bed him*]
nadir ['neɪˌdɪə, 'næˌd-] *s* **1** astr. nadir **2** bildl. botten[läge]
1 nag [næg] *s* [liten] ridhäst; fam. hästkrake
2 nag [næg] **I** *tr* tjata på **II** *itr* tjata [*at* på]
nagging ['nægɪŋ] **I** *a* **1** gnatig, tjatig **2** molande, malande [*~ pain*] **II** *s* gnat, tjat
nail [neɪl] **I** *s* **1** a) nagel b) klo **2** a) spik b) söm, dubb; *hit the* [*right*] *~ on the head* bildl. slå (träffa) huvudet på spiken; *as hard as ~s* fam. a) stenhård, obeveklig b) i toppform; *on the ~* fam. på stående fot [*pay on the ~*], på stubben **II** *tr* **1** spika [fast]; *~ down* spika igen (till) **2** avslöja; *~ a lie* avslöja en lögn **3** *~ a p. down* ställa ngn mot väggen, pressa ngn [på klart besked]; *~ a p. down to* [*a promise*] binda ngn vid . . **4** fam. **a**) sätta fast, haffa [*they ~ed the thief*]; *get ~ed* åka dit **b**) lägga beslag på
nail-biting ['neɪlˌbaɪtɪŋ] *s* nagelbitning; attr. nervpirrande [*~ moments*]
nail-file ['neɪlfaɪl] *s* nagelfil

nail-polish [ˈneɪlˌpɒlɪʃ] *s* nagellack
nail-scissors [ˈneɪlˌsɪzəz] *s pl* nagelsax
nail-varnish [ˈneɪlˌvɑːnɪʃ] *s* nagellack
naïve [nɑːˈiːv] *a* naiv
naïveté [nɑːˈiːvteɪ] *s* naivitet
naked [ˈneɪkɪd] *a* **1** naken; bar, blottad [*a ~ sword*]; kal [*~ trees*]; öppen [*~ threats*; *a ~ flame*]; *the ~ eye* blotta ögat **2** försvarslös
namby-pamby [ˈnæmbɪˈpæmbɪ] **I** *a* **1** känslosam, sentimental **2** mjäkig; klemig **II** *s* **1** sentimental smörja **2** mjäkig person
name [neɪm] **I** *s* **1** namn; benämning [*of, for* på, för]; *put o.'s ~ down* anmäla sig [*for* till, för]; *put o.'s ~ to* sätta (skriva) sitt namn under; *go by* (*under*) *the ~ of . .* vara känd (gå) under namnet . .; *in ~* [*only*], *not in fact* [endast] till namnet, inte till gagnet; *in the ~ of the law* (*of decency*) i lagens (anständighetens) namn; *what's in a ~?* vad betyder väl ett namn?; *he hasn't a penny* (*cent*) *to his ~* han äger inte ett öre **2** skällsord; *call a p. ~s* skälla på ngn **3** rykte, namn; *bad ~* dåligt rykte; *he has a good ~* han har gott namn om sig; *have a ~ for* [*good workmanship*] vara känd för . .; *make* (*gain*) *a ~ for o.s.* (*o.s. a ~*), *make o.'s ~* skapa sig ett namn **4** *the ~ of the game* vad det handlar om (går ut på) **II** *tr* **1** ge namn [åt] [*~ a baby*]; döpa [till]; kalla [för] [*they ~d the child Tom*]; *be ~d* äv. heta, kallas; *~ after* uppkalla efter **2** namnge, nämna vid namn [*three persons were ~d*]; säga namnet på [*can you ~ this flower?*]; benämna; nämna [*the ~d person*]; *you ~ it* fam. allt man kan tänka sig, allt mellan himmel och jord **3** a) säga, bestämma, ange [*you can ~ your price*] b) utse, utnämna [*as* till [att vara]; *for, to* till] **4** sätta namn på, märka
name-dropping [ˈneɪmˌdrɒpɪŋ] *s* 'kändissnobberi' skryt över att vara bekant med kända personer
nameless [ˈneɪmləs] *a* namnlös; anonym
namely [ˈneɪmlɪ] *adv* nämligen [*only one boy was there, ~ John*]; det vill säga
name-plate [ˈneɪmpleɪt] *s* namnplåt, namnskylt
namesake [ˈneɪmseɪk] *s* namne
Namibia [nəˈmɪbɪə]
Nancy [ˈnænsɪ]
nancy [ˈnænsɪ] *s* o. **nancy-boy** [ˈnænsɪbɔɪ] *s* sl. **1** feminin karl **2** stjärtgosse homofil
nanny [ˈnænɪ] *s* barnspr. **1** dadda barnsköterska **2** mormor, farmor
nanny-goat [ˈnænɪgəʊt] *s* get hona
1 nap [næp] **I** *s* tupplur [*have* el. *take* (ta sig) *a ~*], middagssömn **II** *itr* ta sig en tupplur; *catch a p. ~ping* ta ngn på sängen bildl.
2 nap [næp] **I** *s* lugg, ludd på kläde o. d. **II** *tr* tekn. noppa, rugga, ludda
napalm [ˈneɪpɑːm, ˈnæp-] *s* napalm
nape [neɪp] *s, ~* [*of the neck*] nacke
naphtha [ˈnæfθə, ˈnæpθə] *s* kem. nafta
naphthalene [ˈnæfθəliːn, ˈnæpθ-] *s* kem. naftalen, naftalin
napkin [ˈnæpkɪn] *s* **1** [*table*] *~* servett **2** blöja; *disposable ~* [cellstoff]blöja **3** liten handduk **4** Am., [*sanitary*] *~* dambinda
Naples [ˈneɪplz] Neapel
Napoleon [nəˈpəʊljən]
Napoleonic [nəˌpəʊlɪˈɒnɪk] *a* napoleonsk
nappy [ˈnæpɪ] *s* (förk. för *napkin*) fam. blöja
narcissism [ˈnɑːsɪsɪzəm] *s* psykol. narcissism
narciss|us [nɑːˈsɪs|əs] (pl. *-i* [-aɪ] el. *-uses*) *s* bot. narciss, isht pingstlilja
narcomania [ˌnɑːkəʊˈmeɪnɪə] *s* narkomani
narcomaniac [ˌnɑːkəʊˈmeɪnɪæk] *s* narkoman
narcos|is [nɑːˈkəʊs|ɪs] (pl. *-es* [-iːz]) *s* läk. narkos
narcotic [nɑːˈkɒtɪk] läk. **I** *s* **1** narkotiskt medel; pl. *~s* äv. narkotika; *~s addict* narkotikamissbrukare **2** narkoman **II** *a* narkotisk; bedövande; *~ drugs* narkotiska preparat, narkotika
nark [nɑːk] **I** *s* sl. tjallare **II** *tr* **1** sl. tjalla på **2** sl. reta, förarga **III** *itr* sl. tjalla
narrate [næˈreɪt] **I** *tr* berätta [*~ a story*], skildra [*~ o.'s adventures*] **II** *itr* berätta
narration [næˈreɪʃən] *s* **1** berättande **2** berättelse, skildring
narrative [ˈnærətɪv] **I** *s* se *narration* **II** *a* berättande [*~ poems*]; berättar- [*~ art*]
narrator [næˈreɪtə] *s* berättare äv. i t. ex. pjäs
narrow [ˈnærəʊ] **I** *a* **1** smal, trång **2** knapp [*~ majority*], snäv [*within ~ bounds*], inskränkt [*in a ~ sense*]; *have a ~ escape* slippa (komma) undan med knapp nöd; *that was a ~ escape* (*shave, squeak*)*!* fam. det var nära ögat! **3** ensidig, trångsynt, inskränkt, trång [*~ views*] **II** *s, ~s* (konstr. ss. sg. el. pl.) trångt farvatten **III** *itr* bli trång; smalna [av] [*into* till]; minskas **IV** *tr* göra trängre (smalare); *~* [*down*] begränsa, inskränka
narrow-chested [ˈnærəʊˈtʃestɪd] *a* smalbröstad
narrowly [ˈnærəʊlɪ] *adv* **1** a) smalt etc., jfr *narrow I* b) noga, ordentligt [*watch him ~*] **2** med knapp nöd [*he ~ escaped*]
narrow-minded [ˈnærəʊˈmaɪndɪd] *a* trångbröstad, -synt, inskränkt
NASA [ˈnæsə] *s* (förk. för *National Aeronautics and Space Administration*) NASA, amerikanska rymdflygstyrelsen
nasal [ˈneɪzəl] **I** *a* **1** näs- [*~ bone*]; *~ catarrh* läk. snuva **2** fonet. nasal; *have a ~ twang* tala i näsan **II** *s* nasal[ljud], näsljud
nasalization [ˌneɪzəlaɪˈzeɪʃən] *s* nasalering

nasalize ['neɪzəlaɪz] **I** *tr* nasalera, uttala nasalt **II** *itr* tala nasalt

nasturtium [nəs'tɜːʃəm] *s* bot. [indian]-krasse

nasty ['nɑːstɪ] *a* **1** otäck; äcklig; obehaglig, otrevlig; elak, stygg, nedrig, dum [*to* mot], ilsken [*she gave me a ~ look*]; ruskig [*~ weather*]; *you ~ thing!* din fuling (otäcking)!; *a ~ trick* ett elakt (fult) spratt **2** snuskig, bildl. äv. oanständig [*~ stories*]

Nathaniel [nə'θænjəl]

nation ['neɪʃən] *s* nation; folk; folkslag

national ['næʃənl] **I** *a* nationell; national- [*~ income*], stats- [*~ debt*]; riks- [*the ~ press*], lands-, landsomfattande [*a ~ campaign*]; folk- [*a ~ hero*]; inhemsk; *~ anthem* nationalsång; *~ assembly* nationalförsamling; *the N~ Health Service* allmänna hälso- och sjukvården; *the N~ Insurance Act* socialförsäkringslagen; *~ mourning* landssorg; *~ service* allmän värnplikt **II** *s* medborgare, undersåte [*British ~s*]; landsman

nationalism ['næʃənəlɪzəm] *s* nationalism

nationalist ['næʃənəlɪst] **I** *s* nationalist **II** *a* nationalistisk [*a ~ movement*]

nationalistic [ˌnæʃənə'lɪstɪk] *a* nationalistisk

nationality [ˌnæʃə'nælətɪ] *s* nationalitet; *~ mark* nationalitetsmärke på flygplan

nationalization [ˌnæʃənəlaɪ'zeɪʃən] *s* **1** förstatligande, nationalisering, socialisering **2** naturalisering

nationalize ['næʃənəlaɪz] *tr* **1** förstatliga, nationalisera, socialisera **2** naturalisera

nationwide ['neɪʃənwaɪd] *a* landsomfattande

native ['neɪtɪv] **I** *a* **1** födelse- [*my ~ town*]; *~ country* (*land* poet.) foster-, fädernes-, hem|land; *~ district* hembygd, hemtrakt; *~ language* (*tongue*) modersmål **2** medfödd [*~ ability*] **3** infödd [*a ~ Welshman*]; inhemsk **4** infödings- [*~ customs*]; *go ~* [börja] leva infödingsliv **II** *s* **1** infödING; infödd **2** zool. o. bot. inhemskt djur, inhemsk växt

native-born ['neɪtɪvbɔːn] *a* infödd

nativity [nə'tɪvətɪ] *s* födelse; börd; *the N~* Kristi födelse

NATO ['neɪtəʊ] *s* (förk. för *North Atlantic Treaty Organization*) NATO atlantpaktsorganisationen

natter ['nætə] fam. **I** *itr* snacka **II** *s* pratstund

natty ['nætɪ] *a* fam. nätt, prydlig; behändig

natural ['nætʃrəl] **I** *a* **1** naturlig; natur- [*~ gas (product)*]; natur|enlig, -trogen; *~ history* naturhistoria, isht biologi; *~ science* naturvetenskap; *~ selection* naturligt urval; *~ state* naturtillstånd **2** naturlig, medfödd; *~ gift* (*talent*) naturlig begåvning (fallenhet); *it comes ~ to him* det faller sig naturligt för honom **3** naturlig; självklar **4** illegitim, utomäktenskaplig [*a ~ son*]; köttslig, riktig [*~ brother*] **5** vildväxande **6** mus. utan förtecken; *A ~* [stamtonen] A **II** *s* **1** mus. a) stamton b) återställningstecken **2** fam. naturbegåvning [*as an actor he's a ~*]

naturalism ['nætʃrəlɪzəm] *s* naturalism

naturalist ['nætʃrəlɪst] *s* **1** naturalist **2** naturforskare; isht biolog

naturalistic [ˌnætʃrə'lɪstɪk] *a* **1** naturalistisk **2** naturhistorisk

naturalization [ˌnætʃrəlaɪ'zeɪʃən] *s* naturalisering, naturalisation

naturalize ['nætʃrəlaɪz] *tr* **1** naturalisera, ge medborgarskap [åt] **2** uppta, låna in [*~ a foreign word*]

naturally ['nætʃrəlɪ] *adv* **1** naturligt, otvunget [*behave ~*] **2** naturligtvis, givetvis **3** av naturen [*she is ~ musical*] **4** av sig själv [*it grows ~*]; *her hair curls ~* hon är självlockig; *it comes ~ to me* det faller sig naturligt för mig

nature ['neɪtʃə] *s* **1** natur; naturen [*~ will have* (tar ut) *its right*]; väsen, karaktär, beskaffenhet; art, slag, sort [*things of this ~*]; kynne, naturell; *Dame* (*Mother*) *N~* moder natur[en]; *human ~* människonaturen, den mänskliga naturen; *by ~* till sin natur [*she is kind by ~*]; av naturen; *a child of ~* ett naturbarn; *in a state of ~* i naturligt tillstånd; *be in the ~ of* ha karaktären av; *something in the ~ of* något i stil med, något slags **2** attr. natur-; *~ conservation* (*conservancy*) naturvård; *~ reserve* naturreservat; *~ study* natur|lära, -kunnighet ss. skolämne

naturist ['neɪtʃərɪst] *s* naturist, nudist

naught [nɔːt] *s* **1** högt. ingenting, intet; *bring to ~* omintetgöra; förstöra; *come to ~* gå om intet **2** isht Am. se *nought 1*

naughty ['nɔːtɪ] *a* **1** isht om barn stygg, elak **2** oanständig; *the ~ nineties* det glada nittitalet

nausea ['nɔːsjə] *s* kväljningar, illamående, läk. sjösjuka; äckel, vämjelse

nauseate ['nɔːsɪeɪt] *tr* kvälja, göra illamående; äckla

nauseating ['nɔːsɪeɪtɪŋ] *a* kväljande; äcklig, vämjelig

nautical ['nɔːtɪkəl] *a* nautisk, sjö- [*~ term*], navigations-; *~ chart* sjökort; *~ mile* nautisk mil, distansminut

naval ['neɪvəl] *a* sjömilitär; sjö- [*~ battle*], marin-, flott-, örlogs- [*~ base (station)*]; skepps-, fartygs- [*~ gun*]; *~ academy* Am. sjökrigsskola; *~ college* sjökrigsskola; *~ dockyard* örlogsvarv; *~ forces* sjöstridskrafter; *~ officer* sjöofficer

nave [neɪv] *s* ark. mittskepp i kyrka

navel ['neɪvəl] *s* navel
navicert ['nævɪsɜ:t] *s* sjö. lejdebrev
navigable ['nævɪgəbl] *a* **1** segel-, far|bar **2** manöverduglig
navigate ['nævɪgeɪt] **I** *tr* **1** navigera, föra [~ *a ship* (*an aircraft*)], flyga **2** segla på (över) **3** bildl. lotsa [~ *a bill through Parliament*] **II** *itr* **1** navigera; styra **2** segla
navigation [ˌnævɪ'geɪʃən] *s* **1** navigation, navigering **2** sjöfart, sjötrafik, seglation
navigator ['nævɪgeɪtə] *s* **1** navigatör **2** sjöfarare
navvy ['nævɪ] *s* vägarbetare; järnvägsarbetare, rallare
navy ['neɪvɪ] *s* [örlogs]flotta, marin; *the British N~, the Royal N~* brittiska flottan; ~ *cut* pressad piptobak skuren i skivor
navy-blue ['neɪvɪ'blu:] *a* marinblå
nay [neɪ] **I** *adv* litt., *I suspect, ~, I am certain* [*, that he is wrong*] jag misstänker, ja jag är [till och med] säker på . . **II** *s* **1** nejröst **2** litt. nej, avslag
Nazareth ['næzərəθ] Nasaret
Nazi ['nɑ:tsɪ] **I** *s* nazist **II** *a* nazistisk
nazism ['nɑ:tsɪzəm] *s* nazism
N.B. ['en'bi:] förk. för *nota bene, North Britain* (som adress = *Scotland*)
NBC ['enbi:'si:] förk. för *National Broadcasting Company*
N.B.G., n.b.g. ['enbi:'dʒi:] sl. förk. för *no bloody good*
N.C.O. ['ensi:'əʊ] förk. för *non-commissioned officer*
N.E. förk. för *North-Eastern* (postdistrikt i London), *north-east*[*ern*]
Neanderthal [nɪ'ændətɑ:l] **I** egennamn **II** *a*, ~ *man* neandertalmänniska
Neapolitan [nɪə'pɒlɪtən] **I** *s* neapolitan **II** *a* neapolitansk; ~ *ice-cream* cassataglass
neap-tide ['ni:ptaɪd] *s* nipflod, niptid
near [nɪə] **I** attr. *a* **1** nära; närstående; nära förestående; *the N~ East* Främre Orienten; *in the ~ future* i en nära framtid **2** konst-, imiterad [~ *leather* (*silk*)]; ~ *beer* isht Am. ung. svagdricka; *it was a ~ escape* (*thing*) det var nära ögat; *it was a ~ miss* det träffade alldeles bredvid målet **II** *adv* o. pred. *a* nära [*be* (*go*) ~]; *I was* (*came, went*) ~ *doing it* jag var nära (höll på) att göra det; *come* (*get*) ~ närma sig [[*to*] *a th.* ngt]; nästan gå (komma) upp till; *draw* ~ närma sig, nalkas; ~ *at hand* [nära] till hands, i närheten [*have a th. ~ at hand*]; nära förestående; ~ *by* i närheten, strax bredvid [*he lives ~ by*]; [*5 pounds*] *as ~ as makes no difference* . ., så gott som **III** *prep* nära [~ *the door*; ~ *death* (*midnight*)]; bredvid **IV** *tr* o. *itr* närma sig [*as the ship ~ed land*; *the baseball season is ~ing*]
near-accident ['nɪər'æksɪdənt] *s* olyckstillbud
nearby [ss. adj. 'nɪəbaɪ, ss. adv. nɪə'baɪ] **I** *a* närbelägen, som ligger i närheten [*a ~ pub*] **II** *adv* i närheten, strax bredvid (intill)
nearer ['nɪərə] *a* o. *adv* o. *prep* (komp. av *near*) närmare etc., jfr *near*
nearest ['nɪərɪst] *a* o. *adv* o. *prep* (superl. av *near*) närmast etc., jfr *near*; ~ *to* närmast; *those ~* [*and dearest*] *to me* mina närmaste
nearly ['nɪəlɪ] *adv* **1** nästan, närapå; närmare, inemot [~ *2 o'clock*]; *finished, or ~ so* i det närmaste färdig; *not ~* inte på långt när, långt ifrån [*not ~ so bad*] **2** nära; ~ *related* nära släkt
nearside ['nɪəsaɪd] *s* o. *a* trafik. [sida] närmast vägkanten (trottoaren)
near-sighted ['nɪə'saɪtɪd] *a* närsynt
neat [ni:t] *a* **1** ordentlig [*a ~ worker*], noga; snygg [~ *work*]; vårdad [*a ~ appearance*], prydlig [~ *writing*] **2** smakfull, sober [*a ~ dress*] **3** snygg, nätt, välformad [*a ~ figure*] **4** fyndig [*a ~ answer*], elegant, smidig [*a ~ solution*] **5** ren, outspädd [*drink o.'s whisky ~*] **6** *very ~!* sl. finfint!, jättebra!
Neb förk. för *Nebraska*
Nebraska [nə'bræskə]
Nebuchadnezzar [ˌnebjʊkəd'nezə] Nebukadnesar
nebul|a ['nebjʊl|ə] (pl. *-ae* [-i:]) *s* astr. nebulosa
nebular ['nebjʊlə] *a* nebulosa-; nebulosa--aktig; nebular- [~ *hypothesis*]
nebulous ['nebjʊləs] *a* oklar, dunkel
necessarily [ˌnesə'serəlɪ] *adv* nödvändigtvis; ovillkorligen
necessary ['nesəsərɪ] **I** *a* nödvändig; erforderlig, behövlig; *when ~* vid behov, när så behövs **II** *s, the ~* fam. pengarna [som behövs]
necessitate [nə'sesɪteɪt] *tr* nödvändiggöra
necessitous [nə'sesɪtəs] *a* behövande, nödlidande, fattig
necessit|y [nə'sesɪtɪ] *s* **1** nödvändighet [*of* av]; ~ *is the mother of invention* nöden är uppfinningarnas moder; *there is no ~ for you to go* det är inte nödvändigt att du går; *from* (*out of*) ~ av [nöd]tvång; *of ~* med nödvändighet; *in case of ~* i nödfall, vid [tvingande] behov; *make a virtue of ~* göra en dygd av nödvändigheten **2** nödvändigt ting [*food and warmth are -ies*]; *the -ies of life* livets nödtorft
neck [nek] **I** *s* **1** hals; *back of the ~* nacke; *have a stiff ~* vara stel i nacken; *break o.'s ~* bryta nacken (halsen) av sig; fam. göra sitt yttersta [*to* för att]; *risk o.'s ~* våga halsen (livet); *stick o.'s ~ out* fam. utsätta sig för obehag (kritik); ~ *and ~* vid kapplöpning jämsides, i bredd; *keep ~ and ~ with* hålla jämna steg med; *it's ~ or nothing* det

må bära eller brista; *hang around a p.'s ~* hänga sig på ngn; *take a p. by the ~* ta ngn i kragen; *win by a ~* vinna med en halslängd (noslängd); *a pain in the ~* se *pain I 1*; *get it in the ~* fam. få på huden (pälsen); *she fell on his ~* hon föll honom om halsen; *be thrown out on o.'s ~* bli utkastad med huvudet före; *be up to o.'s ~ in debt* vara skuldsatt upp över öronen **2** urringning, [hals]ringning [*a round ~*] **3** bildl. hals [*the ~ of a bottle*] **4** [*he lives*] *in your ~ of the woods* . . i dina trakter **5** sl. fräckhet [*he had the ~ to* . .] **II** *itr* sl. hångla, grovflörta

neckband ['nekbænd] *s* halslinning

neckcloth ['nekklɒθ] *s* **1** kravatt **2** [sjömans]halsduk

neckerchief ['nekətʃɪf] *s* [sjömans]halsduk

necklace ['nekləs] *s* halsband, collier

neckline ['neklaɪn] *s* urringning, [hals]ringning [*V-shaped ~*]

necktie ['nektaɪ] *s* slips, halsduk

necromancer ['nekrəʊmænsə] *s* **1** nekromant, andebesvärjare **2** svartkonstnär

necromancy ['nekrəʊmænsɪ] *s* **1** nekromanti **2** svartkonst

nectar ['nektə] *s* nektar

nectarine ['nektərɪn] *s* bot. nektarin

Ned [ned] o. **Neddy** ['nedɪ] kortformer för *Edmund, Edward*

née [neɪ] *a* om gift kvinna född [*Mrs. Crawley, ~ Sharp*]

need [ni:d] **I** *s* **1** behov [*of, for* av]; *if ~ be* om så behövs; *there is a ~ for caution* det krävs försiktighet; *there is a ~ for teachers* det behövs lärare; *have ~ of* ha behov av, behöva; *you have no ~ to go* du behöver (måste) inte gå; *meet a ~* täcka ett behov; *meet a long-felt ~* fylla ett länge känt behov; *in case of ~* vid behov **2** pl. *~s* behov [*our daily ~s*] **3** nöd, trångmål; *be in ~* vara i (lida) nöd; *in time of ~* i nödens stund; *a friend in ~ is a friend indeed* i nöden prövas vännen **II** *tr* **1** behöva, ha behov av [*that is what he ~s most*], kräva, fordra [*work that ~s much care*]; behövas, fordras, krävas; *be ~ed* behövas, krävas; *what he ~s is* . . vad han behöver är . . **2** behöva, vara tvungen att [*~ he do it?*]

needful ['ni:dfʊl] **I** *a* behövlig, nödvändig [*to, for* för] **II** *s, the ~* fam. a) pengarna som behövs, resurser[na] b) det som behövs

needle ['ni:dl] *s* **1** nål; visare på instrument; [*crochet*] *~* virknål; *darning ~* stoppnål; [*knitting*] *~* [strump]sticka; [*sewing*] *~* synål; *a ~'s eye* ett nålsöga; *look for a ~ in a haystack* bildl. leta efter en nål i en höstack **2** läk., *hypodermic ~* kanyl **3** barr på gran el. fura **4** sl. **a**) *get the ~* a) bli sur b) bli skärrig (nervös) **b**) attr., sport. nervpirrande, ödes- [*a ~ fight* (*match*)]

needlecraft ['ni:dlkrɑ:ft] *s* handarbete, sömnad

needless ['ni:dləs] *a* onödig [*~ work*]; *~ to say, he did it* självfallet gjorde han det

needlework ['ni:dlwɜ:k] *s* handarbete; sömnad, syarbete; *do ~* sy; handarbeta

needn't ['ni:dnt] = *need not*

needs [ni:dz] *adv* (före el. efter *must*) nödvändigtvis, ovillkorligen

needy ['ni:dɪ] *a* behövande, nödlidande

ne'er [neə] *adv* mest poet. = *never*

ne'er-do-well ['neəduˌwel] **I** *s* odåga; slarver **II** *a* oförbätterlig, oduglig

nefarious [nɪ'feərɪəs] *a* skändlig, nedrig

negate [nɪ'geɪt] *tr* **1** förneka **2** upphäva

negation [nɪ'geɪʃən] *s* **1** förnekande [*of* av], nekande **2** gram. negation

negative ['negətɪv] **I** *a* negativ; nekande, avvisande [*a ~ answer*] **II** *s* **1** nekande [svar]; *answer in the ~* svara nekande **2** nekande ord (uttryck), gram. äv. negation **3** fotogr. negativ

neglect [nɪ'glekt] **I** *tr* **1** försumma, underlåta, låta bli **2** försumma, missköta [*~ o.'s duty* (*family*)], slarva med; nonchalera, negligera **II** *s* **1** försummelse, underlåtenhet; nonchalerande; *~ of duty* tjänsteförsummelse **2** vanskötsel; *be in a state of ~* vara vanskött; *fall into ~* råka i vanvård

neglectful [nɪ'glektfʊl] *a* **1** försumlig; vårdslös [*of* med] **2** likgiltig [*of* för]

négligé el. **negligee** ['neglɪʒeɪ] *s* negligé

negligence ['neglɪdʒəns] *s* försumlighet, slarv, nonchalans; vårdslöshet; *by* (*from, through*) *~* av (genom) försumlighet etc.

negligent ['neglɪdʒənt] *a* **1** försumlig, vårdslös, slarvig [*in, of* i, med] **2** nonchalant, likgiltig [*of* mot]

negligible ['neglɪdʒəbl] *a* **1** oväsentlig **2** obetydlig, minimal

negotiable [nɪ'gəʊʃjəbl] *a* **1** hand. negotiabel, överlåtbar, säljbar [*~ securities*] **2** förhandlingsbar **3** om väg farbar, framkomlig

negotiate [nɪ'gəʊʃɪeɪt] **I** *itr* förhandla, underhandla; medla vid arbetskonflikt **II** *tr* **1** förhandla om, underhandla om [*~ peace*] **2** förhandla sig till, få till stånd; ombesörja, förmedla [*~ a loan*] **3** hand. negociera, överlåta, sälja [*~ a bill*] **4** klara [*a difficult corner for a car to ~*], komma över (förbi)

negotiation [nɪˌgəʊʃɪ'eɪʃən] *s* **1** förhandling, underhandling; *enter into* (*upon*) *~s with* börja (inleda) förhandlingar (underhandlingar) med **2** förmedlande [*~ of a loan*] **3** hand. negociering

negotiator [nɪ'gəʊʃɪeɪtə] *s* **1** förhandlare, underhandlare **2** förmedlare [*~ of a loan*]

negress ['ni:grəs] *s* negress, negerkvinna

negro ['ni:grəʊ] **I** (pl. *~es*) *s* neger **II** *a*

neger- [*the ~ race*]
negroid ['ni:grɔɪd] *a* o. *s* negroid
neigh [neɪ] **I** *itr* gnägga **II** *s* gnäggning
neighbor ['neɪbə] *s* Am. se följ.
neighbour ['neɪbə] **I** *s* **1** granne; *next-door ~, nearest ~* närmaste granne **2** medmänniska, bibl. nästa **II** *itr, ~ upon* gränsa till
neighbourhood ['neɪbəhud] *s* grannskap; närhet; omgivning, trakt [*a lovely ~*], omnejd; stadsdel [*a fashionable ~*], kvarter; *in the ~ of* a) i närheten (trakten) av b) bildl. omkring, ungefär [*in the ~ of £500*]
neighbouring ['neɪbərɪŋ] *a* grann- [*~ country (village)*]; närbelägen; angränsande
neighbourliness ['neɪbəlɪnəs] *s* grannsämja, gott grannförhållande
neighbourly ['neɪbəlɪ] *a* som det anstår en god granne (goda grannar); umgängsam
neither ['naɪðə, isht Am. 'ni:ðə] **I** *pron* ingen isht av två, ingendera; *in ~ case* i ingetdera fallet **II** *konj* o. *adv* **1** *~ .. nor* varken .. eller; se äv. *here I* **2** med föreg. negation inte heller; [*she can't sing,*] *~ can I* .. och inte jag heller
Nellie o. **Nelly** ['nelɪ] kortformer för *Ellen, Helen, Eleanor*
Nelson ['nelsn] **I** egennamn **II** *s, n~* brottn. nelson; *half n~* halvnelson
Nemesis ['neməsɪs] **I** hämndens gudinna **II** *s, n~* nemesis
neo-colonialism [ˌni:əukə'ləunɪəlɪzəm] *s* polit. nykolonialism
Neolithic [ˌni:əu'lɪθɪk] *a, the ~* [*Age*] den neolitiska tiden, yngre stenåldern
neologism [nɪ'ɒlədʒɪzəm] *s* neologism, [språklig] nybildning
neon ['ni:ən, -ɒn] *s* kem. neon
Nepal [nɪ'pɔ:l]
nephew ['nevjʊ, 'nefj-] *s* brorson, systerson
nephritis [ne'fraɪtɪs] *s* läk. njurinflammation, nefrit
nepotism ['nepətɪzəm] *s* nepotism, svågerpolitik
Neptune ['neptju:n] Neptunus
Nero ['nɪərəu]
nerve [nɜ:v] **I** *s* **1** anat. nerv **2** pl. *~s* nerver [*he has ~s of iron* (stål)]; *he's a bundle of ~s* han är ett nervknippe; *war of ~s* nervkrig; *it gets on my ~s* det går mig på nerverna **3** mod, oräddhet; fam. fräckhet; *he has* [*got*] *a ~!* han är inte lite fräck! **II** *tr* ge mod (styrka) [åt]; *~ o.s.* samla mod (styrka)
nerve-gas ['nɜ:vgæs] *s* nervgas
nerve-racking ['nɜ:vˌrækɪŋ] *a* nervpåfrestande; enerverande
nerve-shattering ['nɜ:vˌʃætərɪŋ] *a* nervskakande
nervous ['nɜ:vəs] *a* **1** nerv- [*~ system; ~ shock*], nervös; *a ~ breakdown* ett nervsammanbrott **2** ängslig, orolig, nervös
nervousness ['nɜ:vəsnəs] *s* ängslan, oro, rädsla; nervositet; retlighet; nervsvaghet
nervy ['nɜ:vɪ] *a* nervös, skärrig
nest [nest] **I** *s* **1** rede; bo [*a wasp's ~*], näste **2** näste, tillhåll; *a ~ of vice* ett syndens (lastens) näste **3** sats av likartade föremål som passar i varandra **II** *itr* **1** bygga bo **2** *go ~ing* leta (plundra) fågelbon
nest-egg ['nesteg] *s* **1** redägg **2** bildl. reserv-[summa]; sparslant
nesting-box ['nestɪŋbɒks] *s* fågelholk
nestle ['nesl] **I** *itr* **1** sätta (lägga) sig bekvämt till rätta, krypa ihop **2** *~ up* trycka sig, smyga sig [*to, against* intill] **II** *tr* **1** hålla ömt **2** ordna bo åt
1 net [net] **I** *s* **1** nät; håv [*butterfly ~*], garn **2** bildl. nät, garn **II** *tr* fånga med (i) nät
2 net [net] **I** *a* **1** netto; netto- [*~ weight*]; *~* [*register*] *ton* nettoregisterton **2** *what was the ~ result?* vad blev resultatet av det hela? **II** *tr* **1** förtjäna [i] netto, göra en nettovinst på [*~ £5 from the deal*] **2** inbringa [i] netto
netball ['netbɔ:l] *s* slags korgboll
nether ['neðə] *a* undre, nedre; neder-; *the ~ regions* underjorden; helvetet
Netherlander ['neðələndə] *s* nederländare
Netherlands ['neðələndz] **I** (konstr. ss. sg. el. pl.) *s, the ~* Nederländerna **II** *a* nederländsk
netting ['netɪŋ] *s* **1** nätknytning, nätbindning **2** nätverk, nät; *wire ~* metalltrådsnät
nettle ['netl] **I** *s* nässla; *stinging ~* brännässla **II** *tr* reta; såra; pp. *~d* äv. förnärmad
nettlerash ['netlræʃ] *s* läk. nässelfeber
network ['netwɜ:k] *s* **1** nät äv. bildl. [*a ~ of railways*], nätverk, system **2** radio. o. TV. sändarnät; radiobolag; TV-bolag
neuralgia [ˌnjuə'rældʒə] *s* läk. neuralgi, nervvärk
neurasthenia [ˌnjuərəs'θi:njə] *s* läk. neurasteni, nervklenhet
neurasthenic [ˌnjuərəs'θenɪk] läk. **I** *a* neurastenisk, nervklen **II** *s* neurasteniker
neuritis [ˌnjuə'raɪtɪs] *s* läk. neurit, nervinflammation
neurologist [ˌnjuə'rɒlədʒɪst] *s* neurolog, nerv|läkare, -specialist
neurology [ˌnjuə'rɒlədʒɪ] *s* neurologi
neurosis [ˌnjuə'rəusɪs] *s* neuros
neurotic [ˌnjuə'rɒtɪk] **I** *a* **1** neurotisk, nervsjuk **2** nervös [*~ disease*] **II** *s* neurotiker
neuter ['nju:tə] **I** *a* **1** gram. neutral [*a ~ noun, the ~ gender*], neutrum- [*a ~ ending*] **2** bot. o. zool. könlös **II** *s* gram. neutrum
neutral ['nju:trəl] **I** *a* **1** neutral [*~ country (reaction)*]; opartisk; obestämd **2** färglös äv. bildl. [*a ~ personality*] **3** tekn., *~ gear* motor. fri-, neutral|läge **II** *s* **1** neutral person

(stat o. d.) **2** motor., *put the gear into ~* lägga växeln i friläge (neutralläge)
neutrality [njʊ'trælətɪ] *s* **1** neutralitet [*armed* (väpnad) ~], opartiskhet **2** färglöshet
neutralization [ˌnju:trəlaɪ'zeɪʃən] *s* neutralisering, kem. neutralisation
neutralize ['nju:trəlaɪz] *tr* **1** neutralisera; motverka **2** mil. oskadliggöra [*~ a bomb*]
neutron ['nju:trɒn] *s* fys. neutron
Nevada [ne'vɑ:də, nə'v-]
never ['nevə] *adv* aldrig; isht fam. inte [alls]; *~!* fam. nej, vad säger du!, det menar du inte!; *~ [in all my (your) life]!* aldrig [i livet]!, aldrig någonsin!; *well, I ~ [did]!* jag har då aldrig sett (hört) på maken!
never-ceasing ['nevəˌsi:sɪŋ] *a* o. **never-ending** ['nevərˌendɪŋ] *a* evig, ständig, oupphörlig; oändlig
never-failing ['nevəˌfeɪlɪŋ] *a* ofelbar, osviklig; aldrig svikande
nevermore ['nevə'mɔ:] *adv* aldrig mer
never-never ['nevə'nevə] *a* o. *s* fam., *on the ~ [scheme]* på avbetalning
never-say-die ['nevəseɪ'daɪ] *a* uthållig, outtröttlig
nevertheless [ˌnevəðə'les] *adv* icke (inte) desto mindre; likväl, ändå, i alla fall
Nevis [i Skottland 'nevɪs]
new [nju:] *a* **1** ny; ny- [*~ election*]; *the ~est fashions* de senaste [mode]nyheterna; *~ moon* nymåne; *the N~ Testament* Nya testamentet; *the N~ World* Nya världen Amerika; *~ year* nytt år, nyår (se äv. *New Year*) **2** nygjord; färsk [*~ milk*]; *~ bread* färskt (nybakat) bröd; *~ potatoes* färsk potatis, nypotatis **3** modern; nymodig
newborn ['nju:bɔ:n] *a* **1** nyfödd **2** pånyttfödd
Newcastle ['nju:ˌkɑ:sl]
newcomer ['nju:ˌkʌmə] *s* nykomling
New England [ˌnju:'ɪŋglənd] Nya England
New Englander [ˌnju:'ɪŋgləndə] *s* invånare i Nya England
new-fangled ['nju:'fæŋgld] *a* neds. nymodig [*~ ideas*]
new-fledged ['nju:fledʒd] *a* nyfjädrad fågelunge
Newfoundland [njʊ'faʊndlənd] **I** Newfoundland **II** *s, ~ [dog]* newfoundlandshund
Newfoundlander ['nju:fəndlændə, njʊ'faʊndləndə] *s* newfoundländare
New Guinea [ˌnju:'gɪnɪ] Nya Guinea
New Jersey [ˌnju:'dʒɜ:zɪ]
new-laid ['nju:'leɪd, attr. '- -] *a* nyvärpt, färsk [*~ eggs*]
newly ['nju:lɪ] *adv* **1** nyligen [*~ arrived*], ny- [*a newly-married couple*] **2** på ett nytt sätt [*an idea ~ expressed*]
newly-weds ['nju:lɪwedz] *s pl* fam., *the ~* de nygifta
Newmarket ['nju:ˌmɑ:kɪt] stad i sydöstra England, känd för stora kapplöpningar
new-mown ['nju:məʊn] *a* nyslagen [*~ hay*], nyklippt [*a ~ lawn*]
New Orleans [ˌnju:'ɔ:lɪənz]
news [nju:z] (konstr. ss. sg.) *s* **1** nyheter, nyhet, underrättelse[r] [*about* om, angående]; *an interesting piece (item, bit) of ~* en intressant nyhet; *that's ~ to me* det är nytt (en nyhet) för mig; *it's very much in the ~* det är mycket aktuellt; *it was on the ~* det sas (visades) i nyheterna; *~ broadcast* nyhetssändning; *~ bulletin* nyheter i radio m. m.; *~ cinema (theatre)* kortfilmsbiograf; *~ headlines* nyhetsrubriker; *a ~ summary, a summary of the ~* nyheterna i sammandrag **2** nyhetsstoff
newsagency ['nju:zˌeɪdʒənsɪ] *s* nyhets-, telegram|byrå
newsagent ['nju:zˌeɪdʒənt] *s* innehavare av tidningskiosk (tobaksaffär); tidningskiosk, tobaksaffär
newsboy ['nju:zbɔɪ] *s* tidnings|pojke, -bud
newscast ['nju:zkɑ:st] *s* radio. o. TV. nyhetssändning
newscaster ['nju:zˌkɑ:stə] *s* radio. o. TV. nyhetsuppläsare
newsflash ['nju:zflæʃ] *s* brådskande nyhetstelegram; kort extrameddelande i radio el. TV
news-item ['nju:zˌaɪtəm] *s* [tidnings]notis
newsletter ['nju:zˌletə] *s* informationsblad, cirkulär
newsmonger ['nju:zˌmʌŋgə] *s* nyhetsspridare, skvallerbytta
New South Wales ['nju:saʊθ'weɪlz] Nya Sydwales
newspaper ['nju:sˌpeɪpə] *s* tidning
newsreader ['nju:zˌri:də] *s* radio. o. TV. nyhetsuppläsare
newsreel ['nju:zri:l] *s* journal[film]
newsroom ['nju:zrʊm] *s* **1** tidskrifts-, tidnings|rum **2** nyhetsredaktion
newssheet ['nju:zʃi:t] *s* liten tidning
newsstand ['nju:zstænd] *s* tidningskiosk
newsvendor ['nju:zˌvendə] *s* tidningsförsäljare på gatan
newt [nju:t] *s* zool. vattenödla
Newton ['nju:tn] **I** egennamn **II** *s* fys., *n~* newton
New Year ['nju:'jɪə] *s* nyår; *~'s Day* nyårsdag[en]; *~'s Eve* nyårsafton; *~ honours* ordensutnämningar på nyårsdagen
New York ['nju:'jɔ:k]
New Yorker ['nju:'jɔ:kə] *s* newyorkbo
New Zealand [ˌnju:'zi:lənd] **I** Nya Zeeland **II** *a* nyzeeländsk
New Zealander [ˌnju:'zi:ləndə] *s* ny-

zeeländare
next [nekst] **I** *a* o. *s* **1** a) nästa [*see ~ page*], [närmast] följande b) närmast [*during the ~ two days*]; *you are ~* du är [närmast] i tur; *to be continued in our ~* fortsättning följer i nästa nummer; *the ~ but one* se *but I 2 d*); *he lives ~ door* [*to me*] han bor alldeles bredvid [mig]; [*I can do that as well as*] *the ~ man* .. vem som helst **2** näst [*the ~ greatest*] **II** *adv* **1** därefter, därpå [*~ came a tall man*], [nu] närmast, sedan [*what are you going to do ~?*] **2** alldeles, omedelbart [*the room ~ above*] **3** näst; *the ~ best thing is* .. det näst bästa är .. **4** *~ to:* **a**) [tätt] intill, [alldeles] bredvid [*she stood ~ to me*], närmast (näst) efter [*he came ~ to me*] **b**) näst [efter] [*the largest city ~ to London*] **c**) nära nog, så gott som [*~ to impossible*]; *~ to nothing* nästan ingenting [alls]; *I got it for ~ to nothing* jag fick det nästan gratis
next-door ['neks'dɔ:] *a* närmast [*my ~ neighbours*]
next-of-kin ['nekstəv'kɪn] *s* närmaste anhörig[a]
nexus ['neksəs] *s* samband [*of* mellan]; *cash ~* penning|förbindelse[r], -relation[er]
Niagara [naɪ'ægərə]
nib [nɪb] *s* [stål]penna; stift på reservoarpenna
nibble ['nɪbl] **I** *tr* knapra på; nafsa efter **II** *itr* **1** knapra; nafsa [*at* efter]; nappa [*at* efter] **2** bildl., *~ at* lukta (nosa) på [*~ at an offer*]; *~ at o.'s capital* nagga sitt kapital i kanten **III** *s* **1** napp **2** knaprande, nafsande
niblick ['nɪblɪk] *s* golf. järnåtta
nibs [nɪbz] (konstr. ss. sg.) *s* sl., *his ~* Hans nåd, Hans högvördighet
Nicaragua [ˌnɪkə'rægjuə]
Nice [ni:s] Nice, Nizza
nice [naɪs] *a* **1** **a**) trevlig; sympatisk; hygglig; snäll [*to* mot], rar; vacker [*a ~ day*]; fin, söt, snygg [*a ~ dress*]; behaglig, skön **b**) iron. snygg, fin, skön [*a ~ mess* (röra)], vacker; *you're a ~ one!* du är just en fin (snygg) en! **c**) *~ and soft* (*warm*) mjuk (varm) och skön; *~ and clean* ren och fin **2** läcker, välsmakande, god **3** kräsen, nogräknad **4** ömtålig, kinkig, knepig [*a ~ question*] **5** [hår]fin, subtil [*a ~ shade of meaning*]
nice-looking ['naɪs'lʊkɪŋ] *a* se *good-looking*
nicet|y ['naɪsətɪ] *s* **1** precision, noggrannhet; skärpa i t. ex. omdöme o. uppfattning; *to a ~* precis, lagom **2** finess; ofta pl. *-ies* spetsfundigheter, petitesser [*grammatical -ies*]
niche [nɪtʃ, ni:ʃ] *s* nisch; bildl. [rätt] plats
Nicholas ['nɪkələs] ss. namn på påvar och tsarer Nikolaus
Nick [nɪk] **1** kortform för *Nicholas* **2** *Old ~* hin håle, fan
nick [nɪk] **I** *s* **1** hack, jack, inskärning, skåra **2** *in the ~* [*of time*] i grevens tid **3** sl. finka, kåk [*in the ~*] **4** sl., *in good ~* i [fin] form; i gott skick **II** *tr* **1** göra ett hack etc. i; *~ o.'s chin* skära sig lite på hakan **2** sl. knycka
nickel ['nɪkl] **I** *s* **1** nickel **2** Am. femcentare **II** *tr* förnickla
nickel-plate ['nɪklpleɪt] *tr* förnickla
nickel-silver ['nɪkl'sɪlvə] *s*, [*electroplated*] *~* alpacka
nickname ['nɪkneɪm] **I** *s* öknamn; smeknamn **II** *tr* sätta öknamn på; ge ngn öknamnet [*they ~d him Skinny*]
nicotine ['nɪkəti:n] *s* nikotin
niece [ni:s] *s* brorsdotter, systerdotter
nifty ['nɪftɪ] *a* sl. flott, tjusig
Nigel ['naɪdʒəl]
Niger [staten ni:'ʒeə, floden 'naɪdʒə]
Nigeria [naɪ'dʒɪərɪə]
Nigerian [naɪ'dʒɪərɪən] **I** *s* nigerian **II** *a* nigeriansk
niggard ['nɪgəd] *s* snåljåp, girigbuk
niggardly ['nɪgədlɪ] *a* **1** knusslig, [små]snål, njugg, gnidig **2** knapp[händig]
nigger ['nɪgə] *s* **1** neds. nigger; svarting; *work like a ~* arbeta som en slav **2** mörkbrunt
niggle ['nɪgl] **I** *itr* **1** knåpa, pilla **2** vara petig **II** *tr* driva med, håna
niggling ['nɪglɪŋ] **I** *s* **1** knåpgöra, pilleri **2** petighet **II** *a* petig, småaktig
nigh [naɪ] poet., åld. **I** *adv* **1** nära; *draw ~* nalkas **2** nästan **II** *prep* nära
night [naɪt] *s* natt äv. bildl.; kväll, afton; mörker; attr. natt-, kvälls- [*~ work*]; *first ~* premiär[kväll]; *last ~* a) i går kväll b) i natt, natten till i dag; *this ~* a) i kväll b) i natt innevarande el. kommande natt; *have a good ~* sova gott; *we had a ~ out yesterday* vi var ute och roade oss i går kväll; *have a ~ off* (*out*) ha ledig kväll; *make a ~ of it* fam. göra sig en glad kväll (en helkväll); *stop the ~* övernatta, stanna över natten; *~s* ss. adv. isht Am. om nätterna, nattetid; *at ~* a) på kvällen, på (om) kvällarna, under kvällstid b) på (om) natten (nätterna), nattetid; *by ~* på (om) natten (nätterna), nattetid; [*on*] *the ~ before yesterday* a) i förrgår kväll b) [under] natten till gårdagen: *on the ~ of December 17* på natten (kvällen) den 17 december
night-bird ['naɪtbɜ:d] *s* **1** nattfågel **2** bildl. nattuggla
night-blindness ['naɪtˌblaɪndnəs] *s* nattblindhet
nightcap ['naɪtkæp] *s* **1** nattmössa **2** fam. sängfösare
night-club ['naɪtklʌb] *s* nattklubb
nightdress ['naɪtdres] *s* nattlinne

nightfall ['naɪtfɔ:l] *s* nattens inbrott
nightgown ['naɪtgaʊn] *s* se *nightdress*
nightie ['naɪtɪ] *s* fam. = *nightdress*
nightingale ['naɪtɪŋgeɪl] *s* zool. näktergal
nightjar ['naɪtdʒɑ:] *s* zool. nattskärra
night-light ['naɪtlaɪt] *s* nattljus; nattlampa t. ex. i sovrum
nightly ['naɪtlɪ] **I** *a* nattlig, natt-; kvälls- **II** *adv* på (om) natten, varje natt (kväll)
nightmare ['naɪtmeə] *s* mardröm
night-porter ['naɪtˌpɔ:tə] *s* nattportier
night-safe ['naɪtseɪf] *s* nattfack på bank
night-school ['naɪtsku:l] *s* aftonskola
night-service ['naɪtˌsɜ:vɪs] *s*, pl. *~s* nattrafik
nightshade ['naɪt-ʃeɪd] *s* bot. Solanum; *deadly ~* belladonna
nightshift ['naɪt-ʃɪft] *s* nattskift
nightshirt ['naɪt-ʃɜ:t] *s* nattskjorta
nightspot ['naɪtspɒt] *s* nöjeslokal, nöjesställe; nattklubb
night-time ['naɪttaɪm] *s*, *in the ~* nattetid, på (om) natten (nätterna)
night-vision ['naɪtˌvɪʒən] *s* mörkerseende
night-watchman ['naɪt'wɒtʃmən] *s* nattvakt
nightwear ['naɪtweə] *s* nattdräkt
nihilism ['naɪɪlɪzəm] *s* fil. o. pol. nihilism
nihilist ['naɪɪlɪst] *s* fil. o. pol. nihilist
nil [nɪl] *s* (lat.) ingenting; noll; *they won two ~* de vann med två [mot] noll
Nile [naɪl] *s*, *the ~* Nilen
nimble ['nɪmbl] *a* **1** kvick, flink, snabb [*~ feet*], vig **2** bildl. rörlig [*a ~ mind*]
nimble-fingered ['nɪmblˌfɪŋgəd] *a* kvick i fingrarna; bildl. långfingrad
nimble-witted ['nɪmblˌwɪtɪd] *a* kvicktänkt, snarfyndig
nimbus ['nɪmbəs] *s* (lat.) **1** nimbus äv. bildl., gloria **2** meteor. nimbus, regnmoln
niminy-piminy ['nɪmɪnɪ'pɪmɪnɪ] *a* fam. tillgjord, sjåpig; pryd
Nina ['ni:nə]
nincompoop ['nɪnkəmpu:p] *s* fam. dumhuvud
nine [naɪn] (jfr *five* med ex. o. sms.) **I** *räkn* nio; *a ~ days' wonder* ung. en kortvarig sensation **II** *s* nia; *be dressed up to the ~s* fam. vara mycket snofsigt klädd
ninefold ['naɪnfəʊld] **I** *a* niodubbel, niofaldig **II** *adv* niodubbelt, niofaldigt, niofalt
ninepin ['naɪnpɪn] *s* kägla; *they went down like ~s* fam. de ramlade som käglor
ninepins ['naɪnpɪnz] (konstr. ss. sg.) *s* kägelspel, käglor; *play ~* slå (spela) käglor
nineteen ['naɪn'ti:n] *räkn* o. *s* nitton; jfr *fifteen* o. sms.
nineteenth ['naɪn'ti:nθ] *räkn* o. *s* nittonde; nitton[de]del; jfr *fifth*
ninetieth ['naɪntɪɪθ] *räkn* o. *s* **1** nittionde **2** nittion[de]del
ninety ['naɪntɪ] (jfr *fifty* med sms.) **I** *räkn* nitti[o] **II** *s* nitti[o]; nitti[o]tal; *the gay nineties* det glada nittitalet
ninny ['nɪnɪ] *s* våp, mähä; dummerjöns
ninth [naɪnθ] *räkn* o. *s* nionde; nion[de]del; jfr *fifth*
1 nip [nɪp] **I** *tr* **1** nypa, klämma, knipa; bita **2 a**) bita i [*a cold wind that ~s the fingers*]; sveda, skada växtskott o. d. **b**) *~ in the bud* se *bud I* **II** *itr* fam. kila, slinka; *~ along* (*off, round*) kila (slinka) i väg (bort, över) **III** *s* **1** nyp[ning] **2** frostskada **3** *there is a ~ in the air today* det är kallt i luften i dag
2 nip [nɪp] *s* droppe, tår [*a ~ of whisky*]
nipper ['nɪpə] *s* **1** pl. *~s* kniptång; *cutting ~s* avbitartång **2** klo på kräftdjur **3** sl. grabb
nipple ['nɪpl] *s* **1** bröstvårta; spene **2** isht Am. napp på flaska **3** tekn. nippel
nippy ['nɪpɪ] *a* fam. **1** om väder bitande kall **2** kvick, rask; fräsig; *look ~!* sno på!
1 nit [nɪt] *s* gnet ägg av lus o. d.
2 nit [nɪt] *s* se *nitwit*
nitrate ['naɪtreɪt] *s* kem. nitrat; *~ of silver* silvernitrat
nitre ['naɪtə] *s* kem. salpeter
nitric ['naɪtrɪk] *a* kem. salpeter-; *~ acid* salpetersyra
nitrogen ['naɪtrədʒən] *s* kem. kväve
nitroglycerin[e] [ˌnaɪtrəʊglɪsə'ri:n] *s* kem. nitroglycerin
nitrous ['naɪtrəs] *a* kem. salpeterhaltig, salpeter-; *~ oxide* lustgas
nitty-gritty ['nɪtɪ'grɪtɪ] *s* sl. **1** praktiska detaljer **2** *get down to the ~* komma till kärnan (sakens kärna)
nitwit ['nɪtwɪt] *s* sl. dumbom, fårskalle
nitwitted ['nɪtˌwɪtɪd, pred. '-'--] *a* sl. dum
nix [nɪks] *s* sl. inte ett skvatt (dugg)
N.J. förk. för *New Jersey*
N.N.E. förk. för *north-north-east* nordnordost
N.N.W. förk. för *north-north-west* nordnordväst
No. ['nʌmbə] (förk. för *numero* lat.) nr, n:r
1 no [nəʊ] *a* **1 a**) ingen, inte någon; *~ one* ingen, inte någon; *~ doubt* (*end, go* m. fl.) se resp. subst.; *~ man's land* ingenmansland; *of ~ value* utan värde; *~ words can describe it* det kan inte beskrivas med ord **b**) *~ parking* (*smoking*) parkering (rökning) förbjuden **2** inte precis någon; *she's ~ angel* hon är inte någon ängel precis **3** *there is ~ knowing when . .* man kan inte (aldrig) veta när . .; *there was ~ mistaking* [*what he meant*] det var (gick) inte att ta fel på . .
2 no [nəʊ] **I** *adv* **1** nej; *~?* jaså, inte det? **2** inte: **a**) *or ~* eller inte **b**) *I can stay ~ longer* jag kan inte stanna längre; *~ less* (*more, sooner*) se *less I 2, more 5, sooner 1*; *it is ~*

different from .. det skiljer sig inte på något sätt från .. c) *to ~ inconsiderable extent* i inte ringa omfattning **II** (pl. *~es*) *s* **1** nej; *he won't take ~ for an answer* han accepterar inte ett nej som svar **2** nejröst; *the ~es have it* nejrösterna är i majoritet
no. ['nʌmbə] (förk. för *numero* lat.) nr, n:r
Noah ['nəuə] ss. bibl. namn Noa, Noak
1 nob [nɒb] *s* sl. knopp, nöt huvud
2 nob [nɒb] *s* sl. överklassare; snobb
nobble ['nɒbl] *tr* kapplöpn. sl. fixa, dopa en häst för att hindra den att vinna
nobby ['nɒbɪ] *a* sl. flott; behändig
Nobel [nəu'bel]
nobility [nə*u*'bɪlətɪ] *s* **1** adel, adligt stånd, adelsstånd; *the ~* i Storbritannien högadeln **2** adelskap; adlig börd **3** bildl. ädelhet
noble ['nəubl] **I** *a* **1** adlig, högadlig **2** ädel, förnäm, fin [*a ~ face*], nobel; förnämlig **3** bildl. ädel [*a ~ mind, a ~ action*], nobel, upphöjd; högsint **4** *~ gas* ädelgas; *~ metals* ädla metaller **II** *s* ädling, adelsman
noble|man ['nəubl|mən] (pl. *-men* [-mən]) *s* adelsman
noble-minded ['nəubl'maɪndɪd] *a* ädel, högsint
noblesse [nə*u*'bles] *s, ~ oblige* [.. ə'bliːʒ] (fr.) noblesse oblige
noble|woman ['nəubl|ˌwumən] (pl. *-women* [-ˌwɪmɪn]) *s* adelsdam
nobody ['nəub*ə*dɪ] **I** självst. *indef pron* ingen, inte någon **II** *s* nolla obetydlig person
nocturnal [nɒk'tɜːnl] *a* nattlig, sen [*~ habits*]; natt- [*~ birds* (*animals*)]
nocturne ['nɒktɜːn] *s* mus. nocturne
nod [nɒd] **I** *itr* **1** nicka [*to, at* åt, till] **2** [sitta och] [halv]sova **II** *tr* **1** nicka med [*~ o.'s head*] **2** nicka [till] [*~ approval* (bifall)] **III** *s* **1** nick [*a ~ of* (med, på) *the head*], nickning; [tupp]lur; *the land of N~* Jon Blunds rike; *a ~ is as good as a wink to a blind horse* ingen är så blind som den som inte vill se **2** fam., *on the ~* på krita kredit
nodding ['nɒdɪŋ] *s* nickande; *~ acquaintance* se *acquaintance*
noddle ['nɒdl] *s* fam. skalle
node [nəud] *s* **1** knut, bot. äv. led[knut]; knöl **2** astr., fys. nod
nodule ['nɒdjuːl] *s* liten knut, liten knöl
Noel [ss. egennamn 'nəuəl, ss. subst. nəu'el] **I** egennamn **II** *s* jul[en] i julsånger o. d.
noggin ['nɒgɪn] *s* **1** [liten] mugg (bägare) **2** ss. mått ung. 1 1/2 dl
nohow ['nəuhau] *adv* fam. inte på något sätt, inte alls
noise [nɔɪz] **I** *s* **1** a) buller, [starkt] ljud, dån; i t. ex. radio brus, störning[ar] b) bråk, oväsen, stoj; *~ filter* brusfilter; *~s off* radio. o. d. bakgrundsljud, ljudkuliss; *make a ~* bullra, föra oväsen; *make a ~ in the world* väcka allmänt uppseende **2** *big ~* sl. se *big I 1* **II** *tr, ~* [*abroad*] basunera ut, sprida [ut]
noiseless ['nɔɪzləs] *a* ljudlös; tystgående
noisy ['nɔɪzɪ] *a* bullersam, bullrande
nomad ['nəumæd] **I** *s* nomad **II** *a* nomad-, nomadisk; *~ people* äv. vandringsfolk
nomadic [nə*u*'mædɪk] *a* = *nomad II*
no-man's-land ['nəumænzlænd] *s* ingenmansland
nom de plume ['nɒmdə'pluːm] *s* (fr.) nom de plume, pseudonym
nomenclature [nə*u*'menklətʃə, 'nəumenkleɪtʃə] *s* nomenklatur; terminologi
nominal ['nɒmɪnl] *a* **1** nominell, [blott] till namnet [*a ~ ruler*] **2** nominell [*~ value*]
nominate ['nɒmɪneɪt] *tr* **1** nominera, föreslå [*~ Mr. A. for* (till) *Mayor*], föreslå som kandidat **2** utnämna, utse
nomination [ˌnɒmɪ'neɪʃ*ə*n] *s* **1** nominering **2** utnämning
nominative ['nɒmɪnətɪv] *s* nominativ; *the ~* [*case*] nominativ[en]
nominee [ˌnɒmɪ'niː] *s* kandidat
non [nɒn] *adv* (lat.) inte; ss. prefix (jfr sms. nedan): a) icke- [*non-smoker*] b) o- [*non-essential*] c) non- [*non-intervention*] d) -fri [*non-iron, non-skid*]
non-aggression ['nɒnə'greʃ*ə*n] *s, ~ pact* icke-angreppspakt
non-alcoholic ['nɒnˌælkə'hɒlɪk] *a* alkoholfri
non-aligned ['nɒnə'laɪnd] *a* alliansfri
non-alignment ['nɒnə'laɪnmənt] *s* alliansfrihet; *policy of ~* alliansfri politik
non-attendance ['nɒnə'tendəns] *s* uteblivelse, frånvaro
nonce [nɒns] *s, for the ~* för tillfället; *~ use* tillfällig användning av t. ex. ett ord
nonce-word ['nɒnswɜːd] *s* språkv. tillfällig bildning
nonchalance ['nɒnʃ*ə*ləns] *s* nonchalans; likgiltighet; oberördhet
nonchalant ['nɒnʃ*ə*lənt] *a* nonchalant, ogenerad, obesvärad; oberörd
non-combatant ['nɒn'kɒmbətənt] *s* mil. icke stridande, nonkombattant
non-commissioned ['nɒnkə'mɪʃ*ə*nd] *a* utan [kunglig] fullmakt; *~ officer* mil. underofficer; underbefäl
non-committal ['nɒnkə'mɪtl] *a* till intet förpliktande [*a ~ answer*]; reserverad, avvaktande [*a ~ attitude*]
non compos mentis ['nɒn'kɒmpɒs'mentɪs] *a* (lat.) jur. o. allm. otillräknelig
nonconformist ['nɒnkən'fɔːmɪst] *s* nonkonformist, kyrkl. äv. frikyrklig, dissenter
nondescript ['nɒndɪskrɪpt] *a* isht neds. obestämbar, svårbestämbar
non-drip ['nɒn'drɪp] *a* droppfri

none [nʌn] **I** *indef pron* ingen, inte någon [~ *of them has* (*have*) *come*]; inga, inte några; inget, inte något, ingenting [~ *of this concerns me*]; ~ *other than* se *other I*; ~ *of your nonsense!* inga dumheter!; *I'll have* ~ *of it* det vill jag inte veta av; ~ *of that!* sluta upp med det där! **II** *adv* (framför *the* + komp. o. framför *too*) inte, ingalunda; ~ *the less* = *nevertheless*; *I was* ~ *the wiser for it* det blev jag inte [alls] klokare av; [*the pay*] *is* ~ *too high* .. är inte särskilt hög; *they arrived* ~ *too soon* de kom sannerligen inte för tidigt

nonentity [nɒ'nentətɪ] *s* nolla, obetydlig person; obetydlighet

non-essential ['nɒnɪ'senʃəl] **I** *a* oväsentlig; inte nödvändig [~ *relative clause*] **II** *s* oväsentlighet

nonetheless [ˌnʌnðə'les] *adv* = *nevertheless*

non-event ['nɒnɪ'vent] *s* pseudohändelse

non-existent ['nɒnɪg'zɪstənt] *a* obefintlig; icke existerande; *it is* ~ det existerar inte

non-fiction ['nɒn'fɪkʃən] *s* icke skönlitteratur; facklitteratur; sakprosa

non-interference ['nɒnˌɪntə'fɪərəns] *s* icke-inblandning

non-intervention ['nɒnˌɪntə'venʃən] *s* nonintervention

non-iron ['nɒn'aɪən] *a* strykfri [*a* ~ *shirt*]

non-payment ['nɒn'peɪmənt] *s* utebliven (bristande) betalning

non-perishable ['nɒn'perɪʃəbl] *a* oförstörbar; hållbar [~ *food*]

nonplus ['nɒn'plʌs] *tr* göra svarslös; *be* ~*sed* bli svarslös (paff)

non-poisonous ['nɒn'pɔɪzənəs] *a* giftfri

non-profit ['nɒn'prɒfɪt] *a* som inte arbetar för ekonomisk vinning, ideell [~ *organization*]

non-proliferation ['nɒnprəʊˌlɪfə'reɪʃən] *s* icke-spridning [av kärnvapen]

non-resident ['nɒn'rezɪdənt] **I** *a* som inte är fast bosatt på orten **II** *s* person som inte är fast bosatt på orten; tillfällig gäst [*the hotel restaurant is open to* ~*s*]

non-returnable ['nɒnrɪ'tɜ:nəbl] *a*, ~ *bottle* engångsflaska

non-run ['nɒn'rʌn] *a* om strumpa masksäker

nonsense ['nɒnsəns] *s* nonsens, prat, strunt, dumheter; *no more of your* ~*!* inga mer dumheter!; *there is no* ~ *about him* det är något rejält med honom

nonsensical [nɒn'sensɪkəl] *a* meningslös, dum

non-skid ['nɒn'skɪd] *a* slirfri [~ *tyres*]

non-slip ['nɒn'slɪp] *a* halkfri, glidfri

non-smoker ['nɒn'sməʊkə] *s* **1** icke-rökare **2** kupé för icke-rökare

non-smoking ['nɒn'sməʊkɪŋ] *s*, ~ *compartment* kupé för icke-rökare

non-starter ['nɒn'stɑ:tə] *s* **1** sport., *be a* ~ inte ställa upp (starta) **2** *he is a* ~ han har inga chanser

non-stop ['nɒn'stɒp] *a* o. *adv* nonstop, utan mellanlandning; utan att stanna, utan uppehåll; ~ *train* direkttåg

non-U ['nɒn'ju:] *a* (förk. för *non-Upper Class*) inte i överensstämmelse med [den engelska] överklassens språkbruk

non-violence ['nɒn'vaɪələns] *s* icke-våld

1 noodle ['nu:dl] *s* nudel slags makaron

2 noodle ['nu:dl] *s* **1** dumhuvud **2** fam. skalle

nook [nʊk] *s* vrå, skrymsle

noon [nu:n] *s* **1** middag, klockan tolv [på dagen] [*before* ~]; *about* ~ vid tolvtiden, vid middagstid[en] **2** bildl. höjdpunkt

noose [nu:s] *s* **1** [*running*] ~ [ränn]snara, löpknut **2** bildl. snara; band

nope [nəʊp] *adv* isht Am. fam. nej

nor [nɔ:] *konj* **1** med föreg. negation och inte [heller]; *neither* .. ~ varken .. eller; [*he had not seen it,*] ~ *had I* .. och [det hade] inte jag heller **2** utan föreg. negation och (men) inte; ~ *was this all* och (men) det var inte allt

Nora ['nɔ:rə]

Nordic ['nɔ:dɪk] *a* nordisk [*the* ~ *Council*]

Norfolk ['nɔ:fək]

norm [nɔ:m] *s* norm; rättesnöre; *the* ~ det normala [*departures from the* ~]

normal ['nɔ:məl] **I** *a* **1** normal; regelrätt, typisk **2** ~ *school* Am. [lärar]seminarium **II** *s* det normala [*below* (*above*) ~]

normalcy ['nɔ:məlsɪ] *s* o. **normality** [nɔ:'mælətɪ] *s* normaltillstånd; normala förhållanden [*return to* ~]

normalization [ˌnɔ:məlaɪ'zeɪʃən] *s* normalisering

normalize ['nɔ:məlaɪz] *tr* normalisera

Norman ['nɔ:mən] **I** *s* normand **II** *a* **1** normandisk **2** ark. romansk [~ *style*]

Normandy ['nɔ:məndɪ] Normandie

normative ['nɔ:mətɪv] *a* normgivande

Norse [nɔ:s] **I** *a* nordisk [~ *mythology*] **II** *s*, *Old* ~ fornnordiska[n] språket

north [nɔ:θ] **I** *s* **1** norr, nord; för ex. jfr *east I 1* **2** *the* ~ (*N*~) nordliga länder; norra delen; norra halvklotet; *the N*~ äv. a) Norden b) i USA nordstaterna **II** *a* nordlig, norra, nord-, nordan-; *N*~ *America* Nordamerika; *the N*~ *Atlantic Treaty Organization* Atlantpaktsorganisationen; *the N*~ *Pole* nordpolen; *the N*~ *Sea* Nordsjön; *the N*~ *Star* Polstjärnan **III** *adv* mot (åt) norr, norrut; för ex. jfr *east III*

Northampton [nɔ:'θæmptən]

Northamptonshire [nɔ:'θæmptənʃɪə, -ʃə]

Northants. [nɔ:'θænts] förk. för *North-*

amptonshire
northbound ['nɔ:θbaund] *a* nordgående
north-east ['nɔ:θ'i:st] **I** *s* nordost, nordöst **II** *a* nordöstlig, nordostlig, nordöstra **III** *adv* mot (i) nordost (nordöst); ~ *of* nordost om
north-easter ['nɔ:θ'i:stə] *s* nordost vind
north-easterly ['nɔ:θ'i:stəlɪ] *a* nordostlig, nordöstlig, nordöstra
north-eastern ['nɔ:θ'i:stən] *a* nordostlig, nordöstlig, nordöstra
northerly ['nɔ:ðəlɪ] *a* o. *adv* o. *s* nordlig; mot norr, från norr; nordlig vind; jfr vid. *easterly*
northern ['nɔ:ðən] *a* **1** nordlig; norra, nord-, norr-; ~ *lights* norrsken **2** nordisk
northerner ['nɔ:ðənə] *s* person från norra delen av landet (ett land); nordbo
northernmost ['nɔ:ðənməust] *a* nordligast
Northumberland [nɔ:'θʌmbələnd, nə'θ-]
Northumbria [nɔ:'θʌmbrɪə]
northward ['nɔ:θwəd] **I** *a* nordlig etc., jfr *eastward I* **II** *adv* mot (åt) norr, norrut, sjö. nordvart
northwards ['nɔ:θwədz] *adv* = *northward II*
north-west ['nɔ:θ'west] **I** *s* nordväst **II** *a* nordvästlig, nordvästra **III** *adv* mot (i) nordväst; ~ *of* nordväst om
north-wester ['nɔ:θ'westə] *s* nordväst vind
north-westerly ['nɔ:θ'westəlɪ] *a* nordvästlig, nordvästra
north-western ['nɔ:θ'westən] *a* nordvästlig, nordvästra
Norway ['nɔ:weɪ] Norge
Norwegian [nɔ:'wi:dʒən] **I** *a* norsk **II** *s* **1** norrman **2** norska [språket]
Norwich [i England 'nɒrɪdʒ]
nos. ['nʌmbəz] (jfr *no.*) nr, n:r
nose [nəuz] **I** *s* **1** näsa; nos; jfr ex. under *2 lead, spite* m. fl.; *it is as plain as the ~ on your face* fam. det är klart som korvspad; *blow o.'s ~* snyta sig; *keep your ~ out of my affairs* lägg dig inte i mina affärer; *make a long ~ at* räcka lång näsa åt; *stick* (*poke*) *o.'s ~ into other people's business* blanda sig i andras angelägenheter; *turn o.'s ~ up at* rynka på näsan åt; *I had to pay through the ~* fam. jag blev uppskörtad; *under a p.'s* [*very*] *~* mittför näsan på ngn **2** bildl. näsa; luktsinne; *have a* [*keen*] *~ for* ha [fin] näsa för **II** *itr* **1** nosa **2** ~ [*about* (*around*)] snoka [*for, after* efter; *into* i]
nosebag ['nəuzbæg] *s* **1** fodertornister, foderpåse **2** fam. matsäck, matpaket
nosedive ['nəuzdaɪv] flygv. **I** *s* [stört]dykning **II** *itr* störtdyka
nosegay ['nəuzgeɪ] *s* [liten] bukett
nose-rag ['nəuzræg] *s* sl. snorfana näsduk
nosey ['nəuzɪ] *a* fam. nyfiken; *N~ Parker* sl. nyfiken människa
nosh [nɒʃ] sl. **I** *s* käk; kalas **II** *itr* käka
nosh-up ['nɒʃʌp] *s* sl. skrovmål; kalas
nostalgia [nɒ'stældʒɪə] *s* nostalgi; hemlängtan
nostalgic [nɒ'stældʒɪk] *a* nostalgisk, hemsjuk
nostril ['nɒstrəl] *s* näsborr[e]
nostrum ['nɒstrəm] *s* patentmedicin; bildl. patentlösning
nosy ['nəuzɪ] *a* se *nosey*
not [nɒt] *adv* (efter hjälpvb ofta *n't* [*haven't, couldn't*]) inte, icke, ej; ~ *a few* (*a little, at all, half*) se *few, little II 2 b*), *all I 1, half III 2*; ~ *that* + sats inte för (så) att . . [~ *that I fear him*]; ~ *until then* inte förrän då, först då; *as likely* (*often, soon*) *as ~* se under *likely, often, soon*; . ., *doesn't* (*hasn't, can't*) *he* (*she, it, one*)? vanl. . . eller hur?, . . inte sant?
nota bene ['nəutə'bi:nɪ] lat. märk väl, observera, nota bene
notability [ˌnəutə'bɪlətɪ] *s* notabilitet, bemärkthet
notable ['nəutəbl] **I** *a* **1** märklig [*a ~ event*] **2** framstående, betydande [*a ~ painter*] **II** *s* notabilitet, bemärkt person
notably ['nəutəblɪ] *adv* **1** märkligt; märkbart **2** särskilt, i synnerhet
notary ['nəutərɪ] *s*, ~ [*public*] notarius publicus
notation [nəu'teɪʃən] *s* beteckningssystem, beteckningssätt, notation; skriftsystem; mus. notskrift [äv. *musical ~*]
notch [nɒtʃ] **I** *s* hack, jack, skåra **II** *tr* **1** göra hack etc. i (på) **2** a) göra en skåra (ett märke) för b) notera [~ *another victory*]
note [nəut] **I** *s* **1** anteckning, notering; pl. ~*s* äv. a) referat b) koncept, manuskript [*he spoke without ~s*]; *compare ~s* se *compare* **2** kort brev (meddelande) **3** dipl. not; *exchange of ~s* notväxling **4** not, anmärkning i marginalen eller under texten; pl. ~*s* äv. kommentar[er] **5** ~ [*of hand*], *promissory ~* skuldsedel, revers [*for* på] **6** sedel **7** mus.: a) ton b) not[tecken] c) tangent d) poet. melodi, sång; *a false ~* en falsk ton; *strike* (*sound*) *a false ~* bildl. klinga falskt; *strike the right ~* bildl. anslå den rätta tonen; *sound* (*strike*) *a ~ of warning* höja en varnande röst **8** [fågel]sång [*the blackbird's merry ~*] **9** ton, stämning; [*the book ends*] *on a ~ of pessimism* . . i en pessimistisk ton (anda) **10** [skilje]tecken; ~ *of exclamation* utropstecken; ~ *of interrogation* frågetecken **11** *a family of ~* en ansedd familj; *a man of ~* en framstående man **12** *take ~ of* lägga märke till, ta notis om; *nothing of ~* ingenting av betydelse;

worthy of ~ beaktansvärd **II** *tr* **1** lägga märke till, märka, notera, observera; ta del av **2** framhålla, påpeka **3** anteckna, skriva upp (ned), notera
notebook ['nəutbuk] *s* anteckningsbok
noted ['nəutɪd] *a* bekant, känd [*for* för]
notepaper ['nəutˌpeɪpə] *s* brevpapper
noteworthy ['nəutˌwɜːðɪ] *a* anmärkningsvärd, beaktansvärd
nothing ['nʌθɪŋ] **I** självst. *indef pron* ingenting, inget; ~ *but,* ~ *else than* (*but*) ingenting annat än, blott, endast; ~ *doing* se *2 do A II 2*; ~ *less* se *less I 2*; ~ *like* se *1 like II 3*; ~ *much* inte särskilt mycket; *it resembles* ~ *so much as*.. det liknar mest av allt..; *five foot* ~ jämnt fem fot; *he is* ~ *if not* [*persistent*] om det är något han är, så är det..; *there is* ~ **for** *it but to* + inf. det är inget annat att göra än att..; *for* ~ a) gratis [*he did it for* ~] b) utan orsak [*they quarrelled for* ~] c) förgäves [*they had suffered for* ~], till ingen nytta; *not for* ~ inte för inte; *there is* ~ **in** *it* a) det ligger ingenting ingen sanning i det b) det är (var) ingen konst; *make* ~ **of** a) ta lätt på, bagatellisera b) inte få ut något av, inte utnyttja [*make* ~ *of o.'s opportunities*]; *I can make* ~ *of it* jag får inte ut något av det, jag förstår mig inte på det; *to say* ~ *of* för att [nu] inte tala om; [*his collection*] *has* ~ **on** *mine*.. är ingenting mot min; *it's* ~ **to** *me* a) det gör mig ingenting, det rör mig inte b) det är en bagatell för mig [*to* att]; *it's* ~ *to* [*what I have seen*] det är ingenting mot..; *there's* ~ *to it* a) det är (var) ingen konst b) det ligger ingenting ingen sanning i det; *have* ~ *to do with* inte ha något att göra med; *it has* ~ *to do with you* det har ingenting med dig att göra; *come to* ~ se *come I 10*; **with** ~ *on* utan någonting på sig **II** *adv* inte alls, ingalunda; ~ *near* (*like*) inte på långt när
nothingness ['nʌθɪŋnəs] *s* **1** intighet; *pass into* ~ bli till intet **2** betydelselöshet
notice ['nəutɪs] **I** *s* **1** **a**) notis, meddelande; ~ *is hereby given* (*this is to give* ~) *that*.. härmed tillkännages att..; ~*s of births* födelseannonser; *put up a* ~ sätta upp ett anslag (meddelande) **b**) [kort] recension, anmälan **2** a) varsel, meddelande på förhand b) uppsägning; ~ *of a strike* strejkvarsel; *give* ~ underrätta, varsko [*of* om]; *give* ~ [*to quit*] säga upp sig; säga upp [*give a p.* ~]; *give* ~ *of a strike* varsla [om] strejk; *receive* (*get*) [*a month's*] ~ bli uppsagd (sägas upp) [med en månads varsel]; *at short* (*an hour's*) ~ med kort (en timmes) varsel; *be under* ~ [*to leave* (*quit*)] vara uppsagd; *until* (*till*) *further* ~ tills vidare **3** uppmärksamhet, beaktande; kännedom [*bring a th. to a p.'s* ~]; *attract* ~ tilldra sig (väcka) uppmärksamhet; *pay no* ~ *to* inte bry sig om; *people began to sit up and take* ~, *when*.. man började spetsa öronen [på allvar], när..; *take* ~ *of* lägga märke till, ta notis om, bry sig om **II** *tr* märka, lägga märke till, iaktta
noticeable ['nəutɪsəbl] *a* **1** märkbar; synlig, synbar **2** påfallande **3** märklig
notice-board ['nəutɪsbɔːd] *s* anslagstavla
notifiable ['nəutɪfaɪəbl] *a* som skall anmälas [till myndigheterna] [~ *diseases*]
notification [ˌnəutɪfɪ'keɪʃən] *s* **1** tillkännagivande **2** underrättelse, anmälan, meddelande **3** anmält fall [*27* ~*s of smallpox*]
notify ['nəutɪfaɪ] *tr* **1** tillkännage **2** underrätta, varsko, anmäla, meddela
notion ['nəuʃən] *s* **1** föreställning, begrepp **2** åsikt **3** **a**) *not the slightest* ~ *of* inte den ringaste aning om **b**) idé, infall [*a stupid* ~] **4** Am., pl. ~*s* småartiklar, sybehör
notoriety [ˌnəutə'raɪətɪ] *s* **1** a) ökändhet b) allmän kännedom **2** a) ökänd (beryktad) person b) allmänt känd person
notorious [nəʊ'tɔːrɪəs] *a* **1** ökänd, beryktad **2** allmänt känd, välbekant
notoriously [nəʊ'tɔːrɪəslɪ] *adv* som alla vet, som bekant
Nottingham ['nɒtɪŋəm]
Nottinghamshire ['nɒtɪŋəmʃɪə, -ʃə]
Notts. [nɒts] förk. för *Nottinghamshire*
notwithstanding [ˌnɒtwɪθ'stændɪŋ, -wɪð-'s-] **I** *prep* oaktat, trots **II** *adv* det oaktat, inte desto mindre **III** *konj* trots att
nougat ['nuːgɑː, 'nʌgət] *s* fransk n[o]ugat
nought [nɔːt] *s* **1** noll, nolla; ~*s and crosses* (konstr. ss. sg.) ung. luffarschack **2** se *naught 1*
noun [naʊn] *s* gram. substantiv; ~ *phrase* nominalfras
nourish ['nʌrɪʃ] *tr* **1** ge näring åt, nära; uppföda **2** bildl. nära, hysa [~ *hope*]
nourishing ['nʌrɪʃɪŋ] *a* närande [~ *food*]
nourishment ['nʌrɪʃmənt] *s* näring, föda
nouveau riche ['nuːvəʊ'riːʃ] *s* (fr.) nyrik, rik uppkomling
Nov. förk. för *November*
Nova Scotia ['nəuvə'skəuʃə]
novel ['nɒvəl] **I** *a* ny, nymodig, hittills okänd [*a* ~ *experience*]; ovanlig **II** *s* roman
novelette [ˌnɒvə'let] *s* kortroman, lång novell; missroman
novelettish [ˌnɒvə'letɪʃ] *a* sentimental
novelist ['nɒvəlɪst] *s* romanförfattare
novelty ['nɒvəltɪ] *s* **1** nyhet, nymodighet; ovanlighet; *by way of* ~ till omväxling **2** konkr. nyhet; [*party*] ~ skämtartikel
November [nəʊ'vembə] *s* november
novice ['nɒvɪs] *s* **1** kyrkl. novis **2** novis, nybörjare [*at, in* i]
noviciate o. **novitiate** [nəʊ'vɪʃɪət] *s* **1** kyrkl. novitiat **2** bildl. lärotid; nybörjarskap

now [naʊ] **I** *adv* **1** nu; [*every*] ~ *and then* (*again*) då och då; ~ *that* (*when*) nu då; *before* ~ förut; före detta; *by* ~ vid det här laget; *for* ~ för tillfället, tillsvidare; *from* ~ *on* från och med nu **2** ~, ~ a) aj, aj [~, ~, *don't touch it!*], åja b) så där ja; seså uppfordrande; ~ *then* a) nå [~ *then, what are we going to do now?*] b) aj, aj [~ *then, don't touch it!*], åja; *did he* ~*!* nej [men] (jaså) gjorde han det?; *what was your name,* ~*?* vad var det du hette nu igen? **II** *konj* nu då [~ *you mention it*] **III** *s* nu[et]
nowadays ['naʊədeɪz] *adv* nuförtiden
nowhere ['nəʊweə] *adv* ingenstans; ingen (inte någon) vart; ~ *else* [*but*] ingen (inte någon) annanstans [än]; ~ *near* inte på långt när; *be* (*come in*) ~ fam. vara klart distanserad, inte bli placerad i t. ex. tävling; bildl. inte komma med i räkningen; *we are getting* ~ vi kommer ingen vart; *that will get you* ~ det kommer du ingenstans med
noxious ['nɒkʃəs] *a* skadlig, menlig [*to* för]
nozzle ['nɒzl] *s* munstycke, pip, tekn. dysa
N.S.P.C.C. förk. för *National Society for the Prevention of Cruelty to Children*, ung. motsv. sv. BRIS
N.T. förk. för *New Testament*
n't [nt] = *not* [*hasn't, needn't*]
nth [enθ] *räkn* **1** mat. n-te **2** fam., *to the* ~ *degree* i allra högsta grad
nuance [nju'ɑ̃:ns, -'ɑ:ns] *s* nyans
nub [nʌb] *s* **1** bit, stycke [~ *of coal*] **2** bildl. knut, kärna, kärnpunkt
nubile ['nju:baɪl, Am. -bl] *a* giftasvuxen; [köns]mogen
nuclear ['nju:klɪə] *a* kärn-, fys. äv. atom-; nukleär; kärnvapen- [~ *strike* (anfall)]; kärnenergidriven [~ *submarine*]; ~ *energy* atomenergi; ~ *family* kärnfamilj; ~ *fission* fys. fission, kärnklyvning; ~ *heating plant* kärn-, atom|värmeverk; ~ *power* kärnkraft; ~ *power plant* (*station*) kärnkraftverk; ~ *propulsion* atomdrift
nuclear-powered ['nju:klɪə'paʊəd] *a* o.
nuclear-propelled ['nju:klɪəprə'peld] *a* kärnenergidriven, atom- [~ *submarine*]
nuclei ['nju:klɪaɪ] *s* pl. av *nucleus*
nucle|us ['nju:klɪ|əs] (pl. *-i* [-aɪ]) *s* **1** astr., biol., fys. kärna **2** bildl. kärna [*the* ~ *of a town*]; grundstomme
nude [nju:d] **I** *a* naken; bar **II** *s* naken figur; konst. naketstudie, akt; *in the* ~ naken
nudge [nʌdʒ] **I** *tr*, ~ *a p.* knuffa (puffa) [till] ngn [med armbågen] för att påkalla uppmärksamhet **II** *s* [lätt] knuff, puff
nudism ['nju:dɪzəm] *s* nudism
nudist ['nju:dɪst] *s* nudist
nudity ['nju:dətɪ] *s* nakenhet
nugatory ['nju:gətərɪ] *a* litt. obetydlig
nugget ['nʌgɪt] *s* klump, klimp av ädel metall
nuisance ['nju:sns] *s* otyg [*the mosquitoes are a* ~], oskick; olägenhet; besvär; plåga [*he is a real* ~]; *what a* ~*!* så tråkigt (förargligt)!; *make a* ~ *of o.s.* bråka, störa
null [nʌl] *a* jur., ~ *and void* ogiltig, av noll och intet värde
nullify ['nʌlɪfaɪ] *tr* annullera, upphäva; ogiltigförklara
numb [nʌm] **I** *a* stel[frusen], känslolös, domnad; ~ *with cold* stel av köld **II** *tr* göra stel[frusen]; förlama [~*ed with grief*]; döva [*medicine to* ~ *the pain*]
number ['nʌmbə] **I** *s* **1** antal [*a considerable* ~], mängd; *double the* ~ dubbla antalet, dubbelt så många; *few* (*many, small*) *in* ~[*s*] få (många, ringa) till antalet; *superior in* ~[*s*] numerärt överlägsen; *times without* (*beyond*) ~ otaliga gånger **2** nummer [*telephone* ~]; tal [*odd* ~*s*]; *cardinal* ~ grundtal; ~ *plate* nummerplåt, registreringsskylt; [*thirteen is*] *an unlucky* ~ ..ett olyckstal **3** nummer av tidskrift; häfte del av bok **4** teat. o. d. nummer [*do a solo* ~] **5** gram. numerus **6** *Numbers* (konstr. ss. sg.) Fjärde mosebok **7** *there is safety* (*strength*) *in* ~*s* ung. ju fler man är desto bättre **8** i div. uttr.: **a**) fam., ~ *one* en själv; *take care of* (*look after*) ~ *one* vara om sig [och kring sig] **b**) barnspr.: *do a* ~ *one* kissa; *do a* ~ *two* bajsa **c**) fam., *his* ~ *is up* det är ute med honom **d**) sl., *I've got your* ~ jag vet vad du går för **II** *tr* **1** numrera; paginera **2** räkna [*the army* ~*ed 40,000*], omfatta, uppgå till **3** räkna [*I* ~ *myself among his friends*] **4** räkna antalet av; *his days are* ~*ed* hans dagar är räknade
numberless ['nʌmbələs] *a* oräknelig, otalig, tallös
numeral ['nju:mərəl] *s* **1** gram. räkneord; *cardinal* ~ grundtal **2** siffra [*Roman* ~*s*]
numerator ['nju:məreɪtə] *s* mat. täljare
numerical [nju'merɪkəl] *a* **1** numerisk, numerär, siffermässig; ~ *strength* numerär; ~ *superiority* numerär överlägsenhet **2** siffer- [~ *system*] **3** *in* ~ *order* i nummerordning
numerous ['nju:mərəs] *a* talrik
numismatics [ˌnju:mɪz'mætɪks] (konstr. ss. sg.) *s* numismatik
numskull ['nʌmskʌl] *s* fam. träskalle
nun [nʌn] *s* nunna
nuncio ['nʌnʃɪəʊ] *s* nuntie, påvligt sändebud
nunnery ['nʌnərɪ] *s* [nunne]kloster
nuptial ['nʌpʃəl] **I** *a* bröllops-, vigsel-; äktenskaplig [~ *happiness*] **II** *s*, vanl. pl. ~*s* bröllop, vigsel
Nuremberg ['njʊərəmbɜ:g] Nürnberg
nurse [nɜ:s] **I** *s* **1** [sjuk]sköterska, syster; [*male*] ~ sjukskötare, manlig sjuksköterska **2** [barn]sköterska **3** amma **II** *tr* **1** sköta

barn el. sjuka, vårda **2** amma, ge di åt **3** kela med [~ *a kitten*], smeka **4** sköta om [~ *a cold*] **5** hysa [~ *a grudge* (agg) *against a p.*], nära **III** *itr* **1** amma **2** sköta sjuka

nursemaid ['nɜ:smeɪd] *s* barnflicka

nursery ['nɜ:sərɪ] *s* **1** barnkammare; ~ *rhyme* barnkammarrim, barnvisa; ~ *school* lekskola; förskola; ~ *slope* fam. nybörjarbacke i skidskola; ~ *tale* [barn]saga; amsaga **2** plantskola, trädskola [äv. ~ *garden*]

nursing ['nɜ:sɪŋ] *s* **1** sjukvård; vård **2** amning, digivning

nursing-home ['nɜ:sɪŋhəʊm] *s* sjukhem, vårdhem, vårdanstalt, privatklinik

nursling ['nɜ:slɪŋ] *s* **1** dibarn **2** skyddsling

nurture ['nɜ:tʃə] *tr* **1** fostra, uppfostra **2** föda [upp], nära **3** hysa, nära, umgås med

nut [nʌt] *s* **1** a) nöt; kärna i en nöt b) bildl., *it is a hard ~ to crack* det är en hård nöt att knäcka **2** [skruv]mutter **3** pl. *~s* småkol, nötkol **4** fam. a) tokstolle, knasboll b) kurre, jycke **5** sl. **a**) rot, boll huvud **b**) i div. uttr.: *he's a tough ~* han är en tuffing; *do o.'s ~* vara (bli) tokig; *he can't* [*play chess*] *for ~s* han kan inte . . för fem öre; *be* (*go*) *off o.'s ~* vara (bli) knasig

nutcracker ['nʌtˌkrækə] *s*, vanl. pl. *~s* nötknäppare; *a pair of ~s* en nötknäppare

nuthatch ['nʌthætʃ] *s* zool. nötväcka

nut-house ['nʌthaʊs] *s* sl. dårhus

nutmeg ['nʌtmeg] *s* bot. o. krydda muskot-[nöt]; muskotträd [äv. ~ *tree*]

nutriment ['nju:trɪmənt] *s* näring, föda

nutrition [njʊ'trɪʃən] *s* **1** näringsprocess; näring, näringstillförsel **2** näringslära

nutritious [njʊ'trɪʃəs] *a* näringsrik

nutritive ['nju:trətɪv] *a* **1** närings-; ~ *power* (*property*) näringskraft **2** närande

nuts [nʌts] **I** *s* pl. av *nut* **II** *interj* sl., ~*!* [skit]snack! **III** *a* sl. knasig [*he's ~*]; *be ~ on* (*about*) vara alldeles galen i (vild på)

nutshell ['nʌt-ʃel] *s* nötskal; *in a ~* bildl. i ett nötskal; i korthet; *to put it in a ~* kort sagt

nutty ['nʌtɪ] *a* **1** nötrik **2** nötliknande; med nötsmak; ~ *flavour* nötsmak **3** sl. **a**) knasig **b**) *be ~ on* (*about*) *a p.* vara galen i ngn

nuzzle ['nʌzl] **I** *tr* **1** trycka (gnida) nosen (mulen) mot [*the horse ~d my shoulder*]; smeksamt trycka sig mot **2** isht om svin rota i jorden **II** *itr* **1** ~ [*up*] *against* trycka (gnida) nosen mot; trycka sig intill **2** isht om svin samt bildl. rota, böka [*in* i]

N.W. förk. för *North-Western* (postdistrikt i London), *north-west*[*ern*]

N.Y. förk. för *New York*

nylon ['naɪlən, -lɒn] *s* nylon; pl. *~s* nylonstrumpor

nymph [nɪmf] *s* **1** myt. nymf **2** poet. [fager] mö

nymphet [nɪm'fet] *s* nymfett sexuellt brådmogen flicka

nympho ['nɪmfəʊ] *s* fam. nymfoman

nymphomania [ˌnɪmfə*ʊ*'meɪnɪə] *s* nymfomani

nymphomaniac [ˌnɪmfə*ʊ*'meɪnɪæk] *a* o. *s* nymfoman

N.Z. förk. för *New Zealand*

O, o [əʊ] (pl. *O's, o's* [əʊz]) *s* **1** O, o **2** nolla; i sifferkombinationer noll; [*please dial*] *5060* ['faɪvəʊ'sɪksəʊ] . . 5060

1 O [əʊ] *interj* poet. o. högt. o [~ *God!*], ack; ~ *for . .!* o, om jag bara hade . .!

2 O förk. för *oxygen*

O' [ə*ʊ*] obetonad förstavelse i irländska familjenamn (eg. = 'ättling till') [*O'Casey*]

o' [ə] förk. i obetonad ställning av *of* [*man-o'-war*; *one o'clock*]

oaf [əʊf] *s* dummerjöns, idiot; drummel

oafish ['əʊfɪʃ] *a* fånig; drummelaktig

oak [əʊk] *s* **1** ek träd **2** ek, ekträ, ekvirke; *heart of ~* kärnkarl **3** univ. sl., *sport o.'s ~* stänga in sig, inte vilja ha besök

oak-apple ['əʊkˌæpl] *s* galläpple

oaken ['əʊkən] *a* av ek, ek-

oakum ['əʊkəm] *s* drev för tätning av båtar; *pick ~* repa drev

oar [ɔ:] *s* åra; *put o.'s ~ in* blanda sig i samtalet; *rest* (*lie*) *on o.'s ~s* a) vila på årorna b) bildl. vila på sina lagrar

oars|man ['ɔ:z|mən] (pl. *-men* [-mən]) *s* roddare

oas|is [əʊ'eɪs|ɪs] (pl. *-es* [-i:z]) *s* oas

oast-house ['əʊsthaʊs] *s* torkhus med kölnor

oat [əʊt] *s* **1** havre växten **2** *~s* (konstr. vanl. ss. pl.) havre [*these ~s are bad*]; *rolled ~s* [valsade] havregryn; *wild ~s* se *wild*

oatcake ['əʊtkeɪk] *s* slags havrekaka

oaten ['əʊtn] *a* av havre, havre-

oath [əʊθ] *s* **1** ed; ~ *of office* tjänsteed; *take the ~* jur. avlägga eden; *put a p. on* [*his*] *~* låta ngn gå ed **2** svordom

oatmeal ['əʊtmi:l] *s* havremjöl; ~ *porridge* havre[gryns]gröt

obduracy ['ɒbdjʊrəsɪ] *s* förhärdelse, förstockelse; hårdhet

obdurate ['ɒbdjʊrət] *a* förhärdad, förstockad; hård[hjärtad]

O.B.E. ['əʊ'bi:'i:] förk. för *Officer of* [*the Order of*] *the British Empire*

obedience [ə'bi:djəns] *s* lydnad, hörsam-

het [*to* mot], åtlydnad
obedient [ə'bi:djənt] *a* lydig, hörsam [*to* mot]; *your ~ servant* i brevslut Med utmärkt högaktning
obediently [ə'bi:djəntlɪ] *adv* lydigt; *Yours ~* i brevslut Vördsammast
obeisance [əʊ'beɪsəns] *s* [vördnadsfull] hälsning; *do* (*pay*) *~* göra reverens, buga sig djupt, niga djupt [*to* för]; *do* (*make, pay*) *~ to a p.* bringa ngn sin hyllning
obelisk ['ɒbəlɪsk] *s* obelisk
obese [əʊ'bi:s] *a* mycket (sjukligt) fet
obesity [əʊ'bi:sətɪ] *s* stark (sjuklig) fetma
obey [əʊ'beɪ] *tr* o. *itr* lyda, hörsamma
obiter dict|um ['ɒbɪtə'dɪkt|əm] (pl. *-a* [-ə]) *s* (lat.) **1** jur. obiter dictum **2** anmärkning i förbigående
obituary [ə'bɪtjʊərɪ, ɒ'b-] *s*, *~* [*notice*] dödsruna; dödsannons; ss. rubrik dödsfall
object [ss. subst. 'ɒbdʒɪkt, ss. vb əb'dʒekt] **I** *s* **1** föremål, sak, ting **2** syfte[mål], [ända]-mål, avsikt, mening; *money is no ~* det får kosta vad det vill; *I don't see the ~ of that* jag kan inte se vad det skall vara bra för **3** gram. objekt **II** *tr* invända [*that* att] **III** *itr* göra invändningar, protestera [*to* mot]; *~ to* äv. ogilla, inte [kunna] tåla [*I ~ to people who come late*]; *if you don't ~* om du inte har något emot det
objection [əb'dʒekʃən] *s* invändning, protest [*to, against* mot]; motvilja; *there is no ~ to that* det finns inget att invända mot det, det möter inget hinder; *I have no ~* [*to it*] det har jag ingenting emot; *make* (*raise*) *~s* göra invändningar; *he raised the ~ that..* han invände att..; *he took ~ to what I said* han vände sig mot vad jag sade
objectionable [əb'dʒekʃənəbl] *a* förkastlig; anstötlig [*the ~ parts of the book*], stötande; misshaglig; obehaglig, otäck
objective [əb'dʒektɪv] **I** *a* objektiv; saklig **II** *s* mål; mil. [anfalls]mål
objectivity [ˌɒbdʒek'tɪvətɪ] *s* objektivitet; saklighet
object-lesson ['ɒbdʒɪktˌlesn] *s* **1** åskådningslektion; pl. *~s* äv. åskådningsundervisning **2** skolexempel [*in* på]
objector [əb'dʒektə] *s* person som gör invändningar etc., jfr *object III*; motståndare
objet d'art ['ɒbʒeɪ'dɑ:] (pl. *objets d'art* [utt. = sg.]) *s* (fr.) konstföremål
obligate ['ɒblɪgeɪt] *tr* **1** förplikta **2** *be ~d* [*to a p.*] stå i tacksamhetsskuld [till ngn]
obligation [ˌɒblɪ'geɪʃən] *s* **1** förpliktelse, åtagande, plikt; åliggande, skyldighet; *be* (*feel*) *under an ~* vara (känna sig) förpliktad; *put a p. under an ~ to* förplikta ngn att; *without ~ to buy* utan köptvång **2** tacksamhetsskuld; *be under* [*an*] *~ to a p.* stå i tacksamhetsskuld till ngn
obligatory [ə'blɪgətərɪ] *a* obligatorisk
oblige [ə'blaɪdʒ] *tr* (ibl. *itr*) **1** förplikta; tvinga; *be ~d to* vara förpliktad (tvungen) att; *he is* (*was, will be*) *~d to* äv. han måste **2** tillmötesgå [*I do my best to ~ him*]; stå ngn till tjänst; *could you ~ me with ..?* kan jag få [låna]..?; *to ~ you* för att göra dig en tjänst; *I'm much ~d* jag är mycket tacksam; *much ~d!* tack så mycket! **3** *would you ~ at the piano?* skulle du vilja vara vänlig och spela lite piano för oss?
obliging [ə'blaɪdʒɪŋ] *a* förekommande, tillmötesgående
oblique [əʊ'bli:k] *a* **1** sned, skev **2** gram. **a)** indirekt [*~ speech*] **b)** *~ case* oblikt kasus **3** indirekt; smyg-; förtäckt [*~ threats*]
obliterate [ə'blɪtəreɪt] *tr* **1** utplåna, stryka ut, avlägsna **2** makulera frimärken
oblivion [ə'blɪvɪən] *s* glömska; *fall* (*sink*) *into ~* falla (råka) i glömska
oblivious [ə'blɪvɪəs] *a* glömsk [*of* av]; *be ~ of* [helt] glömma [bort]
oblong ['ɒblɒŋ] *a* avlång, rektangulär
obloquy ['ɒbləkwɪ] *s* smädelse[r], förtal
obnoxious [əb'nɒkʃəs] *a* avskyvärd, motbjudande, vidrig [*an ~ smell*]; förhatlig; outhärdlig
oboe ['əʊbəʊ] *s* mus. oboe
oboist ['əʊbəʊɪst] *s* mus. oboist
obs. förk. för *observation, obsolete*
obscene [əb'si:n] *a* **1** oanständig, slipprig, obscen **2** motbjudande, vidrig
obscenity [əb'senətɪ] *s* **1** oanständighet, slipprighet, obscenitet **2** vidrighet
obscure [əb'skjʊə] **I** *a* **1** dunkel, mörk, skum [*an ~ corner*] **2** otydlig, oklar [*an ~ sound*] **3** svårfattlig, dunkel, oklar **4** obemärkt, okänd [*an ~ French artist*], obskyr **II** *tr* **1** förmörka, fördunkla; skymma [*mist ~d the view*] **2** bildl. fördunkla, förvirra
obscurity [əb'skjʊərətɪ] *s* **1** dunkel, mörker **2** otydlighet, oklarhet **3** svårfattlighet **4** obemärkthet; *live in ~* leva obemärkt
obsequies ['ɒbsɪkwɪz] *s pl* begravningshögtidligheter; likbegängelse
obsequious [əb'si:kwɪəs] *a* inställsam
observance [əb'zɜ:vəns] *s* **1** iakttagande, efterlevnad; fullgörande; firande **2** sedvänja, bruk, regel; ceremoni
observant [əb'zɜ:vənt] *a* **1** uppmärksam, vaken **2** *~ of* noga med att följa (efterleva)
observation [ˌɒbzə'veɪʃən] *s* **1** observation; iakttagelse, rön, erfarenhet; *~ post* mil. observations|post, -plats; *escape ~* undgå att bli sedd; *keep a p. under ~* ha ngn under observation **2** iakttagelseförmåga **3** anmärkning, yttrande
observatory [əb'zɜ:vətrɪ] *s* observatorium
observe [əb'zɜ:v] **I** *tr* **1** observera, iaktta; lägga märke till, uppmärksamma; märka **2**

a) iaktta [~ *silence*], följa, efterleva [~ *a principle*] b) fira [~ *a festival*] **3** anmärka, yttra **II** *itr* **1** iaktta, observera **2** yttra sig
observer [əb'zɜːvə] *s* **1** iakttagare **2** observatör [*send an ~ to the conference*]
obsess [əb'ses] *tr* anfäkta; *be ~ed by* vara [som] besatt av
obsession [əb'seʃən] *s* tvångsföreställning, fix idé, anfäktelse, besatthet
obsessional [əb'seʃənl] *a* tvångsmässig, tvångs-; *~ neurosis* tvångsneuros
obsessive [əb'sesɪv] *a* **1** som har karaktären av en tvångsföreställning [~ *fears*] **2** överdriven, abnorm
obsolescence [ˌɒbsəʊ'lesns] *s* något föråldrad karaktär (beskaffenhet)
obsolescent [ˌɒbsəʊ'lesnt] *a* nästan föråldrad, något ålderdomlig [*this word is ~*]
obsolete ['ɒbsəliːt] *a* föråldrad [~ *words*]; omodern [*an ~ battleship*]; förlegad
obstacle ['ɒbstəkl] *s* hinder [*to* för]
obstacle-race ['ɒbstəklreɪs] *s* hindertävling slags sällskapslek
obstetric[al] [ɒb'stetrɪk, -əl] *a* obstetrisk; *~ ward* förlossningsavdelning
obstetrician [ˌɒbste'trɪʃən] *s* obstetriker
obstetrics [ɒb'stetrɪks] (konstr. ss. sg.) *s* obstetrik
obstinacy ['ɒbstɪnəsɪ] *s* envishet
obstinate ['ɒbstɪnət] *a* envis
obstreperous [əb'strepərəs] *a* bullrande; oregerlig
obstruct [əb'strʌkt] *tr* **1** täppa till (igen), blockera [~ *a passage*] **2** hindra [~ *the traffic*], hämma **3** skymma; *~ the view* skymma sikten
obstruction [əb'strʌkʃən] *s* **1** tilltäppning, hindrande **2** polit. o. sport. obstruktion
obstructive [əb'strʌktɪv] *a* **1** tilltäppande, blockerande **2** hindrande, hämmande
obtain [əb'teɪn] **I** *tr* [lyckas] få, skaffa sig [~ *information*], erhålla [*metal is ~ed from* (ur) *ore*]; få tag i [*where can I ~ the book?*]; [upp]nå, ernå, vinna **II** *itr* gälla, råda, vara i bruk; vara utbredd [*this custom still ~s*]
obtainable [əb'teɪnəbl] *a* som kan fås (erhållas); anskaffbar; tillgänglig
obtrude [əb'truːd] **I** *tr, ~ a th.* [*up*]*on a p.* tvinga på ngn ngt; *~ o.s.* [*up*]*on a p.* tvinga (tränga) sig på ngn **II** *itr* tränga sig på
obtrusion [əb'truːʒən] *s* **1** påtvingande **2** försök att tränga sig på, påflugenhet
obtrusive [əb'truːsɪv] *a* påträngande, påflugen
obtuse [əb'tjuːs] *a* **1** bildl. slö, trög, trögtänkt, dum **2** trubbig äv. geom. [*an ~ angle* (vinkel)], slö
obverse ['ɒbvɜːs] **I** *s* **1** a[d]vers på mynt **2** framsida, rätsida; motsatt sida **3** motstycke; motsats **II** *a* [med framsidan] vänd mot åskådaren
obviate ['ɒbvɪeɪt] *tr* förebygga [~ *misunderstanding*], undanröja [~ *a risk*]
obvious ['ɒbvɪəs] *a* tydlig, uppenbar, påtaglig; upplagd [*an ~ chance*]; *for ~ reasons* av lätt förklarliga skäl
ocarina [ˌɒkə'riːnə] *s* mus. okarina
O'Casey [əʊ'keɪsɪ]
occasion [ə'keɪʒən] **I** *s* **1** a) tillfälle [*on festive ~s*] b) [stor] tilldragelse (händelse); *it serves the ~* det kommer väl till pass; *take ~ to* begagna tillfället att; *from ~ to ~* från den ena gången till den andra; *on ~* då och då; *on several ~s* vid flera tillfällen; *rise* (*be equal*) *to the ~* vara situationen vuxen **2** [yttre] anledning, [bidragande] orsak **II** *tr* orsaka, vålla, ge anledning till; föranleda [~ *a p. to do a th.*]
occasional [ə'keɪʒənl] *a* tillfällig; enstaka [~ *showers*]; tillfällighets- [~ *poem* (dikt)]; *an ~ job* ett och annat [tillfälligt] jobb, ett jobb då och då; *~ table* udda bord, småbord; *a chair for ~ use* en extrastol
occasionally [ə'keɪʒnəlɪ] *adv* då och då, emellanåt; *very ~* någon enstaka gång
Occident ['ɒksɪdənt] *s, the ~* Västern, Västerlandet
occidental [ˌɒksɪ'dentl] *a* västlig, västerländsk, occidental
occult [ɒ'kʌlt] **I** *a* **1** ockult; magisk **2** hemlig; dold **II** *s, the ~* det ockulta, ockulta ting
occupant ['ɒkjupənt] *s* innehavare [*the first ~ of the post*]; invånare [*the ~s of the house*]; *the ~s of the car were . .* de som befann sig i bilen var . .
occupation [ˌɒkju'peɪʃən] *s* **1** mil. ockupation; *~ forces* ockupationsstyrkor **2** inflyttning [*the flat is ready for ~*] **3** sysselsättning [*my favourite ~*], sysslande [*all this ~ with . .*], syssla [*my daily ~s*]; yrke [*state name and ~*]; *gainful ~* förvärvsarbete
occupational [ˌɒkju'peɪʃənl] *a* sysselsättnings-, arbets- [~ *therapy*], yrkes- [~ *disease*]; *~ hazard* yrkesfara
occupier ['ɒkjupaɪə] *s* innehavare [*the ~ of the flat*]; *the ~s of the flat* [*had left*] äv. de som bodde i lägenheten . .
occupy ['ɒkjupaɪ] *tr* **1** mil. ockupera, inta; ta i besittning **2** inneha, inta [~ *an important position*], vara innehavare av **3** bebo [~ *a house*], bo i; bo på [*they ~ the ground floor*] **4** uppta [~ *a p.'s time*]; ta, vara [*the voyage occupied 30 days*]; *the seat is occupied* platsen är upptagen **5** sysselsätta, uppta [*it occupied his thoughts*]
occur [ə'kɜː] *itr* **1** inträffa, hända, ske, förekomma **2** *~ to a p.* falla ngn in [*to* att]; *it ~red to me that* det föll mig in att
occurrence [ə'kʌrəns] *s* händelse, tilldragelse; förekomst; *that is an everyday ~* det

förekommer dagligen
ocean ['əʊʃən] *s* **1** ocean, världshav, hav; ~ *liner* oceanångare **2** fam., *~s of time (money)* massor av tid (pengar)
ocean-going ['əʊʃənˌgəʊɪŋ] *a* oceangående, ocean- [~ *ship (vessel)*]
Oceania [ˌəʊʃɪ'eɪnjə] Oceanien Söderhavsöarna
Oceanian [ˌəʊʃɪ'eɪnjən] *a* oceanisk som hör till Oceanien
oceanic [ˌəʊʃɪ'ænɪk] *a* oceanisk, ocean-, havs-
oceanography [ˌəʊʃjə'nɒgrəfɪ] *s* oceanografi, [djup]havsforskning
ocelot ['əʊsɪlɒt, 'ɒs-] *s* zool. o. pälsverk ozelot
ochre ['əʊkə] *s* min., tekn. ockra
o'clock [ə'klɒk] *adv, it is ten* ~ klockan är tio; *at one* ~ klockan ett
Oct. förk. för *October*
octagon ['ɒktəgən] *s* geom. oktogon, ått[a]-hörning
octagonal [ɒk'tægənl] *a* ått[a]hörnig, åttkantig
octahedron [ˌɒktə'hedrən] *s* geom. oktaeder
octane ['ɒkteɪn] *s* kem. oktan
octave ['ɒktɪv] *s* **1** mus. oktav **2** metr. a) sonettens åtta första verser b) ottave rime
octavo [ɒk'teɪvəʊ] *s* **1** oktav[format] **2** bok i oktavformat, oktav
octet[te] [ɒk'tet] *s* mus. oktett
October [ɒk'təʊbə] *s* oktober
octogenarian [ˌɒktəʊdʒɪ'neərɪən] *s* åttioåring; person mellan åttio och nittio år [gammal]
octopus ['ɒktəpəs] *s* zool. [åttaarmad] bläckfisk
ocular ['ɒkjʊlə] *a* okulär; ögon-; synlig; ~ *inspection* okulärbesiktning
oculist ['ɒkjʊlɪst] *s* ögonläkare, ögonspecialist
odd [ɒd] *a* **1** udda, ojämn [*an ~ number*] **2** omaka, udda [*an ~ glove*] **3** enstaka; ~ *pair* restpar **4** extra [*an ~ player*], överskjutande; *keep the ~ change!* det är jämna pengar (jämnt)!; *at fifty* ~ vid några och femtio [års ålder]; *a hundred ~ kilometres* drygt hundra kilometer **5** tillfällig, sporadisk, strö-, extra; ~ *jobs* ströjobb, tillfällighetsarbeten; *at ~ moments* på lediga [små]-stunder, lite då och då **6** avsides liggande; *in an ~ corner* i ett hörn någonstans **7** underlig, besynnerlig, konstig **8** ~ *man out* a) 'udda går ut' [vid] olika sällskapslekar b) 'udde' den som blir över vid vissa sällskapslekar c) bildl. udda person, särling d) bildl. femte hjulet under vagnen
oddity ['ɒdətɪ] *s* **1** underlighet; *an* ~ äv. något underligt **2** original [*he's something of an* ~]
odd-job man ['ɒd'dʒɒbmæn] *s* diversearbetare
odd-looking ['ɒdˌlʊkɪŋ] *a* med underligt utseende; *be* ~ se underlig ut
oddment ['ɒdmənt] *s* **1** udda (enstaka) artikel (exemplar) **2** pl. *~s* småsaker
odds [ɒdz] (konstr. vanl. ss. pl.) *s* **1** utsikter, odds, chanser; *the ~ are against him* han har alla odds emot sig; *the ~ are in his favour* han har goda utsikter; *the ~ are that he will do it* allting talar för att han gör det; *fight against [heavy]* ~ kämpa mot övermakten **2** spel. o. d. odds; *long* ~ höga odds; små chanser; *short* ~ låga odds; *the ~ are 3 to 1* oddsen står 3 mot 1; *lay (give) ~ of 3 to 1* hålla (sätta) 3 mot 1; *shout the* ~ fam. domdera **3** olikhet[er], skillnad[er]; *split the* ~ mötas på halva vägen; *what's the ~?* fam. vad spelar det för roll?; *it makes no* ~ fam. det spelar ingen roll **4** *at* ~ oense, osams, på kant med varandra **5** ~ *and ends* småsaker
odds-on ['ɒdzɒn] *a, stand an ~ chance of [winning]* ha goda utsikter att ..; *be an ~ favourite* vara klar favorit
ode [əʊd] *s* ode [*on* över]
odious ['əʊdjəs] *a* förhatlig, avskyvärd
odium ['əʊdjəm] *s* hat, ovilja
odometer [əʊ'dɒmɪtə, ɒ'd-] *s* vägmätare
odontology [ˌɒdɒn'tɒlədʒɪ] *s* odontologi
odorous ['əʊdərəs] *a* mest poet. välluktande
odour ['əʊdə] *s* **1** lukt; odör; [väl]doft **2** anstrykning, antydan; *an ~ of sanctity* en prägel av fromhet (helighet) **3** *in good (bad* el. *ill)* ~ väl (illa) anskriven [*with* hos]
odourless ['əʊdələs] *a* luktfri, doftlös
Odyssey ['ɒdɪsɪ] *s* **1** *the* ~ Odysséen **2** bildl. odyssé
Oedipus ['i:dɪpəs] Oidipus; *the ~ complex* oidipuskomplex[et]
o'er ['əʊə, ɔ:] *prep* o. *adv* poet. el. dial. sammandragning av *over*
oestrogen ['i:strəʊdʒən] *s* östrogen kvinnligt könshormon
œuvre ['ɜ:vrə] *s* (fr.) konstnärs samlade verk
of [ɒv, obeton. əv, v] *prep* **1** i uttr. som beteckn. läge, avskiljande: om [*north ~ York*]; från [*within a mile ~ Hull*]; *cure a p. ~ a cold* bota ngn från en förkylning; *be robbed ~ a th.* bli bestulen på ngt; *five minutes ~ twelve* Am. fem minuter i (före) tolv **2** i uttr. som beteckn. härkomst, ursprung: av [*born ~ poor parents*]; från [*Professor Smith ~ Cambridge*] **3** i uttr. som beteckn. orsak, anledning o. d.: för [*be afraid ~; for* (av) *fear ~*]; över [*be proud ~*]; på [*be weary ~*]; av [*die ~ hunger*]; av el. i [*die ~ cancer*] **4** efter vissa adj.: av [*it was kind ~ you*] **5** i uttr. som beteckn. material, innehåll: av [*flour is made ~ wheat*]; på [*an army ~ 20,000 men*] **6** i

prep.-attr. efter vissa subst. utan direkt motsvarighet i sv.: **a)** *a cup ~ tea* en kopp te; *a number ~ people* ett antal människor; *a piece ~ paper* ett papper **b)** *the town ~ Brighton* staden Brighton **c)** *on the fifth ~ May* den femte maj; *by (of) the name ~ John* vid namn John; *the winter ~ 1980* vintern 1980 **7** i uttr. som beteckn. innehåll, ämne, förhållande o. d.: om [*read ~ a th.*; *stories ~ his travels*]; *hear ~ a th.* höra talas om ngt; *swift ~ foot* snabbfotad; *blind ~ one eye* blind på ena ögat **8** i uttr. med objektiv genitiv: av [*the betrayal ~ the secret*]; för [*the fear ~ God*]; om [*knowledge ~ the past*]; på [*the murder ~ Mr. Smith*] **9** i uttr. med egenskapsgenitiv: med [*a man ~ foreign appearance*]; av [*goods ~ our own manufacture*]; *a man ~ note* en framstående man; *a boy ~ ten* en pojke på tio [år] **10 a)** i uttr. med partitiv genitiv: av [*most ~ them*]; *there were only six ~ us* vi var bara sex; *the best time ~ the year* bästa tiden på året **b)** framför en pleonastisk genitiv: *a novel ~ Stevenson's* en roman av Stevenson; *a friend ~ John Smith's* en [god] vän till John Smith **11** i uttr. som beteckn. tillhörighet, ägande, förbindelse o. d.: i [*professor ~ history*]; på [*the governor ~ St. Helena*]; med [*the advantage ~ this system*]; från [*a novelist ~ the 18th century*]; till [*the daughter ~ a clergyman*]; *the works ~ Milton* Miltons verk; *the University ~ London* Londons universitet, universitetet i London **12** i vissa tidsuttryck: på, om; [*I sometimes see him*] *~ an evening* . . på kvällarna **13** *an angel ~ a woman* en ängel till kvinna

off [ɒf] **I** *adv* o. pred. *a* **1** bort, i väg [*steal* (smyga) *~*; *~ with you!*]; av [*get* (stiga) *~*]; på instrumenttavla o. d. från[kopplad]; *~ we go!* nu går vi!; *far ~* långt bort; *Christmas is only a week ~* det är bara en vecka till jul; *3% ~ for cash* 3% rabatt vid kontant betalning **2** *time ~* ledighet; *take time ~* ta [sig] ledigt **3 be ~** i spec. bet.: **a)** vara av[tagen] [*the lid is ~*]; vara ur, ha lossnat [*the button is ~*] **b)** ge sig av, kila; *the horses (they) are ~!* hästarna (de) har startat!; *it's time we were ~* det är på tiden vi kommer i väg; *where are you ~ to?* vart ska du ta vägen? **c)** vara ledig **d)** vara slut [*this dish is ~ today*]; vara avstängd [*the water (gas) is ~*]; vara frånkopplad; vara inställd [*the party is ~*], vara avblåst [*the strike is ~*]; *the deal is ~* köpet har gått om intet; *the wedding is ~* det blir inget bröllop [av] **e)** fam. inte vara färsk, vara ankommen [*the meat was a bit ~*] **f)** *be badly (well) ~* se resp. adv.; *how are you ~ for money?* hur har du det [ställt] med pengar? **II** attr. *a* ledig; *we have our ~ moments* a) vi har våra lugna (lediga) stunder b) alla har vi våra svaga perioder; *~ season* lågsäsong, dödsäsong **III** *prep* **1** bort från [*take your elbows ~ the table!*]; ner från [*he fell ~ the ladder*], av [*he fell ~ the bicycle*]; borta från [*keep o.'s hands* (fingrarna) *~ a th.*]; ur [*~ course*] **2** vid, nära [*the island lies ~ the coast*; *~ Baker Street*]; isht sjö. utanför [*~ the Welsh coast*] **3** fam., *be ~ a th.* ha tappat intresset för ngt; *I'm ~ smoking* jag har lagt av med att röka **4** på [*3% discount ~ the price*]

offal ['ɒfəl] *s* **1** [slakt]avfall; ränta, inälvor **2** as **3** avskräde; bildl. drägg

off-chance ['ɒftʃɑːns] *s* liten chans [*there is an ~ that . .*]; *we called on the ~ of finding you at home* vi chansade på att du skulle vara hemma

off-colour ['ɒf'kʌlə] *a* [lite] krasslig, hängsjuk, ur form, ur humör, ur gängorna

off-day ['ɒfdeɪ] *s* **1** ledig dag, fridag **2** dålig dag [*it was one of my ~s*]

offence [ə'fens] *s* **1** [lag]överträdelse, förseelse [*a slight ~*]; bildl. försyndelse, brott; *punishable ~* straffbar handling; *it is an ~ to* det är straffbart att; *commit an ~* överträda (bryta mot) lagen **2** anstöt, förargelse; förtrytelse, harm; förolämpning; *give (cause) ~ to* väcka anstöt hos, stöta; *take ~* ta illa upp; *quick to take ~* lättstött; *take ~ at* ta anstöt av, bli stött över; *no ~* [*was meant*]! ta inte illa upp! **3** anfall

offend [ə'fend] **I** *tr* stöta, väcka anstöt hos; såra [*~ a p.'s feelings*]; förnärma; *be ~ed* bli stött [*by a p.* på ngn, *by a th.* över ngt]; *don't be ~ed* ta inte illa upp **II** *itr* **1** väcka anstöt **2** synda, fela [*~ against a rule*]; *~ against* äv. bryta mot [*~ against a law*]

offender [ə'fendə] *s* lagöverträdare, lagbrytare; syndare; *first ~* förstagångsförbrytare; *old ~* vaneförbrytare; *~s will be prosecuted* överträdelse beivras

offense [ə'fens] *s* Am. = *offence*

offensive [ə'fensɪv] **I** *a* **1** offensiv, anfalls- [*~ weapons*] **2** anstötlig, stötande, kränkande [*~ language*] **3** obehaglig [*an ~ person*], vidrig, motbjudande [*an ~ smell*] **II** *s* offensiv; *peace ~* fredsoffensiv; *take the ~* ta till offensiven, övergå till anfall; *mount an ~* sätta i gång en offensiv

offer ['ɒfə] **I** *tr* **1** erbjuda; bjuda [*I ~ed him £15,000 for the house*], hand. offerera; bjuda ut [*~ the shares at* (till) *98*]; *~ for sale* bjuda ut till försäljning, saluföra; *~ o.'s services* erbjuda sina tjänster, ställa sig till förfogande; *I ~ed him a cigarette* jag bjöd honom på en cigarrett **2** utfästa, utlova; *~ a reward* utfästa en belöning **3** rel., *~* [*up*] offra [*to* åt]; uppsända [*~* [*up*] *prayers to God*] **4** framföra [*~ an apology*], ge, komma med [*~ an explanation*] **5** förete,

erbjuda [~ *many advantages*] **II** *itr* **1** erbjuda sig; *as occasion ~s* när tillfälle erbjuder sig **2** ~ *to* + inf. erbjuda sig att [*he ~ed to help me*] **III** *s* erbjudande [*of* om], anbud, bud, hand. offert; ~ [*of marriage*] [giftermåls]anbud, frieri; *give* (*make*) *an* ~ lämna [ett] anbud, lämna [en] offert
offering ['ɒfərɪŋ] *s* **1** offrande **2** offer, offergåva **3** erbjudande
offertory ['ɒfətərɪ] *s* kollekt
off-hand ['ɒf'hænd] **I** *adv* **1** på rak arm, utan vidare [*I can't tell you ~*] **2** nonchalant, kort [*reply ~*] **II** *a* **1** oförberedd, oövertänkt, [gjord] på rak arm; löst utslungad [*an ~ remark*] **2** nonchalant
office ['ɒfɪs] *s* **1** kontor [ofta pl. *~s*]; byrå; expedition; tjänsterum; kansli; Am. [läkar]mottagning, mottagningsrum; ~ *block* kontorsbyggnad; ~ *equipment* kontorsinredning; ~ *hours* kontorstid **2** *O~* a) departement [*the Home O~*] b) [ämbets]verk [*the Patent O~*] **3** [offentligt] ämbete, tjänst, befattning; *resign* ~ avgå [ur tjänst]; *take* (*come into*) ~ tillträda sitt ämbete (sin tjänst); om parti, regering komma till makten; *the Government in ~* den sittande regeringen; *by* (*in*) *virtue of o.'s ~* i kraft av sitt ämbete, på tjänstens (ämbetets) vägnar **4** [tjänste]förrättning, uppgift, plikt
office-boy ['ɒfɪsbɔɪ] *s* kontorspojke
officer ['ɒfɪsə] *s* **1** officer; pl. *~s* äv. befäl; ~ *of the day* (*on duty*) dagofficer **2** ämbetsman, tjänsteman i statlig tjänst o. d. **3** funktionär i förening e. d. **4** [*police*] ~ polis[man]
official [ə'fɪʃəl] **I** *s* **1** ämbetsman, tjänsteman; *government ~* regeringstjänsteman **2** sport. funktionär **II** *a* officiell [*in ~ circles*]; ämbets- [~ *dress* (dräkt)], ämbetsmanna- [~ *career* (bana)], tjänste- [~ *letter*]; [*he is here*] *on ~ business* . . på tjänstens vägnar
officialdom [ə'fɪʃəldəm] *s* byråkrati, ämbetsmannavälde; ämbetsmannakåren
officialese [əˌfɪʃə'li:z] *s* kanslispråk
officially [ə'fɪʃəlɪ] *adv* officiellt; på ämbetets (tjänstens) vägnar
officiate [ə'fɪʃɪeɪt] *itr* **1** kyrkl. förrätta gudstjänsten; officiera [*at* vid] **2** fungera [~ *as chairman*], tjänstgöra
officious [ə'fɪʃəs] *a* beskäftig, beställsam
offing ['ɒfɪŋ] *s* sjö. [läge ute i] öppen sjö; *in the ~* a) ute på [öppna] sjön b) bildl. under uppsegling [*there's a quarrel in the ~*], i faggorna; i kikarn [*I have a job in the ~*]
off-licence ['ɒfˌlaɪsəns] *s* **1** *have an ~* ha rättighet att sälja vin och sprit, ha utminuteringsrätt **2** spritbutik
off-peak ['ɒfpi:k] *a* inte maximal; *at ~ hours* vid lågtrafik[tid]; ~ *season* lågsäsong
offprint ['ɒfprɪnt] *s* särtryck
off-putting ['ɒfˌputɪŋ] *a* fam. avvisande; osympatisk; *it's so ~* det är så att man tappar lusten; man blir alldeles konfys
off-season ['ɒfˌsi:zn] *a* lågsäsong-, dödsäsong-
offset ['ɒfset] (*offset offset*) *tr* uppväga [*the gains ~ the losses*], neutralisera, utjämna, kompensera
offshoot ['ɒfʃu:t] *s* **1** bot. sidoskott **2** avkomling i sidoled
offshore ['ɒf'ʃɔ:] *a* o. *adv* **1** frånlands- [~ *wind*]; [*the wind*] *is* [*blowing*] ~ . . blåser från land **2** utanför kusten [~ *fisheries*]
offside ['ɒf'saɪd] **I** *adv* fotb. o. d. offside **II** *a* **1** fotb. o. d. offside- **2** trafik.: vid vänstertrafik höger, vid högertrafik vänster **III** *s* **1** trafik. höger sida, vänster sida, jfr *II 2* **2** fotb. o. d. offside
offspring ['ɒfsprɪŋ] (pl. vanl. lika) *s* **1** avkomma [*a numerous ~*], avföda **2** ättling; barn [*she is the mother of numerous ~*]
offstage ['ɒf'steɪdʒ] *a* o. *adv* utanför scenen; i kulisserna
off-target ['ɒf'tɑ:gɪt] *a* irrelevant, vid sidan av [målet]
off-the-cuff ['ɒfðə'kʌf] *a* improviserad, spontan
off-the-record ['ɒfðə'rekɔ:d] *a* inofficiell [~ *talks*], utom protokollet
off-white ['ɒfwaɪt, '-'-] *a* off-white, benvit
oft [ɒft] *adv* poet. ofta; *many a time and ~* mången gång
often ['ɒfn, 'ɒftən] *adv* ofta; *as ~ as not* inte så sällan, ganska ofta; *more ~ than not* [som] oftast; *every so ~* då och då, allt som oftast
oft-mentioned ['ɒftˌmenʃənd] *a* ofta omnämnd
ogle ['əugl] **I** *itr* snegla [*at* på]; ögonflirta [*at* med] **II** *tr* snegla på; ögonflirta med
ogre ['əugə] *s* **1** i folksagor [människoätande] jätte, troll, odjur **2** bildl. odjur
ogress ['əugrəs] *s* jättinna, trollpacka
oh [əu] *interj* **1** ~*!* å[h]!, äsch!; oj!, aj!; fy!; ~*, is that so?* jaså [du]!; ~ *no!* ånej!; ~ *yes!* jo [då]!, jo (ja) visst!; ~ *well!* nåja! **2** hör du [~*, John, will you take these books?*]
Ohio [əu'haɪəu]
ohm [əum] *s* fys. ohm
O.H.M.S. förk. för *On His* (*Her*) *Majesty's Service*
oho [əu'həu] *interj* åhå!, jo, jo!
oil [ɔɪl] **I** *s* **1** olja; *burn the midnight ~* se under *midnight*; *pour ~ on the flame*[*s*] bildl. gjuta olja på elden; *pour ~ on* [*the*] *troubled waters* bildl. gjuta olja på vågorna; *strike ~* a) påträffa olja vid oljeborrning b) fam. hitta en guldgruva; ha framgång **2** mest pl. *~s* a) oljemålningar, oljor b) *paint in ~s* måla i olja **II** *tr* olja [in], smörja [med olja];

~ *a p.'s palm* bildl. smörja (muta) ngn

oil-burner ['ɔɪlˌbɜːnə] *s* **1** oljebrännare, oljeaggregat **2** oljedrivet fartyg

oil-can ['ɔɪlkæn] *s* oljekanna

oilcloth ['ɔɪlklɒθ] *s* vaxduk; oljeduk

oil-colour ['ɔɪlˌkʌlə] *s* oljefärg

oil-field ['ɔɪlfiːld] *s* oljefält

oil-gauge ['ɔɪlgeɪdʒ] *s* olje[nivå]mätare

oil-paint ['ɔɪl'peɪnt, '- -] *s* oljefärg

oil-painting ['ɔɪlˌpeɪntɪŋ] *s* **1** oljemålning **2** fam., *she's not exactly an* ~ hon är inte någon skönhet precis

oil-rig ['ɔɪlrɪg] *s* oljerigg, oljeborrplattform

oil-skin ['ɔɪlskɪn] *s* **1** vaxduk; oljeduk **2** plagg av oljetyg, oljerock; pl. ~*s* oljekläder

oil-slick ['ɔɪlslɪk] *s* oljefläck t. ex. på vattnet

oilstove ['ɔɪlstəʊv] *s* **1** fotogenkök **2** fotogenkamin

oil-tanker ['ɔɪlˌtæŋkə] *s* **1** oljetanker, oljetankfartyg **2** oljetankbil

oil-well ['ɔɪlwel] *s* oljekälla

oily ['ɔɪlɪ] *a* **1** oljig, oljeaktig; fet, flottig **2** bildl. oljig, hal, lismande

ointment ['ɔɪntmənt] *s* salva; smörjelse

OK el. **O.K.** ['əʊ'keɪ] fam. **I** *a* o. *adv* OK; *everything is* ~ allt är OK (helt i sin ordning); *it's* ~ *by* (*with*) *me* det är OK för min del, gärna för mig **II** *s*, [*the*] ~ okay, klarsignal **III** *tr* godkänna [*the report was* ~*'d*]

okapi [əʊ'kɑːpɪ] *s* zool. okapi

okay ['əʊ'keɪ, əʊ'keɪ] isht Am. = *OK*

Oklahoma [ˌəʊklə'həʊmə]

old [əʊld] **I** (komp. o. superl. *older, oldest*; ibl. *elder, eldest* jfr d. o.) *a* **1** gammal; tidigare, f. d. [*an* ~ *Etonian*]; gammal och van, erfaren; ~ *hat* (*maid* m. fl.) se under resp. huvudord; ~ *age* ålderdom[en], jfr *old-age*; ~ *boy* a) gammal (tidigare, f. d.) elev [*the school's* ~ *boys*] b) fam. gammal farbror, gamling c) sport. oldboy; ~ *boy* (*chap, fellow, man*)! fam. gamle vän!, gamle gosse!; ~ *girl* a) gammal (tidigare, f. d.) elev b) fam. gammal tant; ~ *girl!* fam. flicka lilla!, lilla gumman!, min [lilla] vän!; *an* ~ *hand* en gammal rutinerad arbetare; *he's an* ~ *hand* fam. han är gammal i gamet; *any* ~ *how* fam. a) [lite] hur som helst b) på en höft, på måfå; ~ *people's home* ålderdomshem; *the O*~ *Testament* Gamla testamentet; *any* ~ *thing* fam. vad katten som helst; *the O*~ *World* Gamla världen; *good* ~ *John!* fam. gamle [käre] John!; *the* ~ de gamla, gamlingarna **2** forn- [*O*~ *English, O*~ *French*] **II** *s*, [*in days* (*times*)] *of* ~ fordom, i gamla tider, förr i världen; [*I know him*] *of* ~ .. sedan gammalt

old-age ['əʊld'eɪdʒ] *a*, ~ *pension* förr ålders-, folk|pension

olden ['əʊldən] *a* litt. forn, gammal; *in* [*the*] ~ *times* (*days*) i gamla tider

old-established ['əʊldɪs'tæblɪʃt] *a* **1** gammal [känd] [*an* ~ *firm*] **2** hävdvunnen

old-fashioned ['əʊld'fæʃənd] *a* **1** gammalmodig, gammaldags **2** lillgammal

oldish ['əʊldɪʃ] *a* äldre, rätt gammal

old-time ['əʊldtaɪm] *a* gammaldags

old-timer ['əʊld'taɪmə] *s* fam. **1** *an* ~ en som är gammal i gamet **2** gamling

old-world ['əʊldwɜːld] *a* **1** gammaldags **2** Gamla världens

O-level ['əʊˌlevl] se *certificate I 2*

olfactory [ɒl'fæktərɪ] *a* lukt- [~ *organ* (*nerves*)]

oligarchy ['ɒlɪgɑːkɪ] *s* oligarki, fåmannavälde

Olive ['ɒlɪv]

olive ['ɒlɪv] **I** *s* **1** oliv träd; *the Mount of Olives* bibl. Oljeberget **2** oliv frukt **3** ~ [*colour*] oliv[färg], olivgrönt **II** *a* olivfärgad [*an* ~ *complexion*], olivgrön

olive-branch ['ɒlɪvbrɑːntʃ] *s* olivgren; olivkvist äv. ss. symbol för fred; *hold out the* ~ sträcka ut handen till försoning

Oliver ['ɒlɪvə]

Olympia [əʊ'lɪmpɪə]

Olympiad [əʊ'lɪmpɪæd] *s* **1** grek. ant. olympiad tidrymd av fyra år **2** olympiad, olympiska spel [*the 3rd* ~]

Olympian [əʊ'lɪmpɪən] **I** *a* olympisk [~ *calm*], majestätisk **II** *s* olympier

Olympic [əʊ'lɪmpɪk] **I** *a* olympisk; *the* ~ *Games* [de] olympiska spelen, olympiaden **II** *s*, vanl. pl.: ~*s* olympiska spel

O.M. förk. för *Order of Merit*

Omaha ['əʊməhɑː]

ombudsman ['ɒmbʊdzmən, -mæn] *s* **1** justitieombudsman **2** ombudsman

omega ['əʊmɪgə, klockfabrikat əʊ'miːgə] *s* **1** grekiska bokstaven omega **2** bildl. ände, slut; jfr *alpha* **3** *O*~ klockfabrikat

omelet[**te**] ['ɒmlət, -let] *s* omelett; *savoury* ~ grönsaksomelett; *sweet* ~ syltomelett

omen ['əʊmen] *s* omen, järtecken, förebud [*of* till, för, om]; *it is a good* ~ det är ett gott tecken, det lovar gott för framtiden

ominous ['ɒmɪnəs] *a* illavarslande, olycksbådande

omissible [əʊ'mɪsɪbl] *a* som kan utelämnas

omission [əʊ'mɪʃən] *s* **1** utelämnande, utelämning **2** underlåtenhet, försummelse; *sins of* ~ underlåtenhetssynder

omit [əʊ'mɪt] *tr* **1** utelämna, utesluta, förbigå **2** underlåta, försumma

omnibus ['ɒmnɪbəs] *s* **1** omnibus **2** ~ [*book* (*volume*)] samlings|band, -verk

omnipotence [ɒm'nɪpətəns] *s* allmakt

omnipotent [ɒm'nɪpətənt] *a* allsmäktig

omnipresent ['ɒmnɪ'prezənt] *a* allestädes närvarande

omniscience [ɒm'nɪsɪəns] *s* allvetenhet

omniscient [ɒm'nɪsɪənt] *a* allvetande
omnivorous [ɒm'nɪvərəs] *a* **1** zool. allätande **2** bildl., *he is an ~ reader* han är allätare när det gäller litteratur
on [ɒn] **A** *prep* (se äv. under resp. huvudord) **I** i rumsuttryck o. friare **1 a**) på [*~ a chair*; *~ the gramophone*; *interest* (ränta) *~ o.s capital*] **b**) på el. vid [*~ the Riviera*; *a house ~ 19th Street* Am.]; *~* [*the staff of*] *a newspaper* [anställd] på (vid) en tidning **c**) på el. i [*~ the radio*; *~ TV*] **2** i [*~ the ceiling*; *he is* (sitter) *~ a committee* (*jury*); *the expression ~ his face*; *talk ~ the telephone*]; *be ~ fire* stå i brand **3** vid [*the towns ~ the Channel*; *Newcastle is ~ the Tyne*] **4** mot [*they made an attack ~ the town*; *it's not fair ~ her*] **5** till; *~ land and sea* till lands och till sjöss; *~ foot* till fots
II i tidsuttryck **1** på, om, under el. utan motsv. i sv.: *~ Friday* på (om) fredag; [*he died*] *~ May 1* . . den 1 maj; *~ the morning of* [*Friday,*] *May 1* på morgonen [fredagen] den 1 maj **2** a) [omedelbart (genast)] efter, vid [*~ my father's death*; *~ my return*] b) efter, vid och till följd av; *~ my arrival at* (*~ arriving at*) *Hull, I went* . . vid (efter) ankomsten till Hull, gick jag . .; *~ hearing this he changed his plans* då han fick veta detta, ändrade han sina planer; *~ second thoughts* vid närmare eftertanke
III andra fall **1** om, över, kring ett ämne o. d. [*a book* (*lecture*) *~ a subject*] **2** för [*the fire went out ~ me*; *the horse died ~ me*]; *that's a new one ~ me* fam. det var nytt för mig **3** i förhållande till, jämfört med [*prices are up by 5 per cent ~ last year*] **4** enligt, efter [*~ this principle*] **5** mot; *~ payment of* . . mot [betalning av] . . **6** vid upprepningar på, efter [*loss ~ loss*] **7** *this is ~ me* fam. det är jag som bjuder; *it's ~ the house* fam. det är huset (värden på stället) som bjuder; *have one ~ me!* ta en drink, jag bjuder!
B *adv* o. pred. *a* (se äv. under resp. huvudord) **1** på [*a pot with the lid ~*], på sig [*he drew his boots ~*]; *keep your hat ~!* behåll hatten på! **2 a**) vidare [*pass it ~!*]; *send ~* skicka i förväg **b**) fram, framåt; *walk right ~* gå rakt fram; *a little further ~* litet längre fram; *from that day ~* från och med den dagen; *it was well ~ in the day* det var rätt långt fram på dagen **c**) på; *work ~* jobba på **d**) kvar; *sit ~* sitta kvar [*he sat ~ at the table*] **3** på påkopplad o. d.; på instrumenttavla o. d. till; *the light is ~* ljuset (det) är tänt; *the radio was ~* radion gick (var på) **4 be ~** i spec. bet.: **a**) vara i gång [*the game is ~ again*] **b**) spelas, uppföras, ges [*the play was ~ last year*]; *what's ~ tonight?* vad är det för program i kväll?; vad är planerna för i kväll? **c**) *I'm ~!* fam. jag är med [på det]!, kör till! **d**) fam. vara möjlig; *it's just not ~* det går bara inte **e**) *what is he ~ about?* fam. vad håller han på och bråkar om? **5 a**) *~ and ~* utan uppehåll, i ett; *we walked ~ and ~* vi bara gick och gick **b**) *~ and off* a) av och på, från och till b) av och till [*it rained ~ and off all evening*], [lite] då och då **c**) *~ to* [upp] på [*jump ~ to the bus*], över till, ut på; ner på
once [wʌns] **I** *adv* **1** (ibl. *s*) en gång [*~ nought is nought*; *~ is enough for me*]; *~ a thief always a thief* en gång tjuv, alltid tjuv; *if I've told you ~ I've told you a dozen times* det har jag sagt dig dussintals gånger; *~ or twice* [en eller] ett par gånger; *~ bitten* (*bit*) *twice shy* bränt barn skyr elden; *~ again* (*more*) en gång till, ännu en gång; *~* [*and*] *for all* en gång för alla; *~ in a way*, *~ in a while* då och då, en och annan gång; *just* [*for*] *this ~* bara för den här gången; *for ~* [*in a while*] för en gångs skull; *never ~* aldrig någonsin, inte en enda gång; *at ~* a) med detsamma, [nu] genast [*come here at ~!*] b) på en (samma) gång, samtidigt; *all at ~* a) [helt] plötsligt, med ens b) [alla] på en gång; *don't all speak at ~* tala inte alla på samma gång **2** en gång [i tiden], förr [i tiden (världen)], tidigare [*he ~ lived in Persia*]; *~* [*upon a time*] *there was a king* det var en gång en kung **II** *konj* när . . väl [äv. *when ~*]; *~ he had fallen asleep* när han väl (en gång) hade somnat
once-for-all ['wʌnsfər'ɔ:l] *a* engångs- [*~ cost* (*expense*)]
oncoming ['ɒnˌkʌmɪŋ] **I** *a* förestående, annalkande [*an ~ storm*]; mötande [*~ traffic, an ~ car*] **II** *s* ankomst [*the ~ of winter*], annalkande, inbrott
one [wʌn] (jfr *five* med ex. o. sms.) **I** *räkn* o. *a* **1** a) en, ett [*~ third*; *~ Sunday*] b) [den (det)] ena [*blind in* (på) *~ eye*]; *~ half of* hälften av, ena halvan av; *for ~ thing* för det första; till exempel; *not ~* inte en enda en; *it's all ~ to me* det gör mig detsamma; [*the*] *~ . . the other* [den] ena . . [den] andra; *~ and all* varenda en, allesammans; *~ or other* den ena eller den andra; *~ or two* ett par [stycken]; *~ after another* (*the other*) [*went out*] den ena efter den andra . .; *~ at a* (*the*) *time* en och en, en i sänder (taget); [*it is difficult to*] *tell* [*the*] *~ from the other* . . skilja dem åt; [*he lost*] *~ of his arms* . . ena armen; *~ by ~* a) en och en, en åt gången, en i sänder (taget) b) den ena efter den andra; *I for ~* jag för min del; [*all*] *in ~* [allt] i ett; samfällt **2** enda; *the ~* [*and only*] *thing that matters* det [absolut] enda som betyder något; *the ~ and only . .!* ung. den oförliknelige . .!
II *pron* **1** man, isht ss. obj. en [*it hurts ~ to*

be told the truth], refl. sig [*pull after* ~]; ~*'s* ens [~*'s own children*]; sin [~ *must always be on* ~*'s guard*], sitt [~ *has to do* ~*'s best*], sina **2** en [viss] [~ [*Mr.*] *John Smith*] **3** ~ *another* varandra [*they like* ~ *another*] **4** ss. stödjeord med syftning på ett utsatt el. underförstått subst.: **a)** ensamt: en [*I lose a friend and you gain* ~]; någon, något [*where is my umbrella? - you didn't bring* ~]; [*he is not a great man, but he hopes*] *to become* ~ .. bli det; *he is not* ~ *to desert a friend* han är inte den som överger en vän; [*he behaved*] *like* ~ *possessed* .. som en besatt; *he got* ~ *on the jaw* fam. han fick [ett slag] på käften; *have* ~ *on me!* ta en drink, jag bjuder! **b)** efter adj., ofta utan motsv. i sv. [*take the red box, not the black* ~]; *my life has been a long* ~ mitt liv har varit långt; *that was a nasty* ~ det var ett otäckt slag (elakt sagt); *my dear* ~*s* mina kära; *the Eternal O*~ den Evige; *the Evil O*~ den (hin) onde; *the little* ~*s* småttingarna; *young* ~*s* ungar **c)** efter best. art. el. pron.: *the* ~ determ. pron. den [*that man is the* ~ *who stole my watch*]; *this* (*that*) ~ *will do* den här (den där) duger; *which* ~ *do you like?* vilken tycker du om?

III *s* **1** etta [*three* ~*s*]; *they came by* ~*s and twos* de kom en och en och två och två **2** enhet **3** fam., *you are a* ~*!* du är en rolig en!, du är verkligen festlig! **4** fam., *be a* ~ *for* .. vara tokig i (efter) ..

one-act ['wʌnækt] *a*, ~ *play* enaktare

one-armed ['wʌn'ɑːmd] *a* enarmad; ~ *bandit* fam. enarmad bandit spelautomat

one-eyed ['wʌn'aɪd] *a* enögd

one-handed ['wʌn'hændɪd] **I** *a* enhänt **II** *adv* med ena handen [*I can beat you* ~]

one-horse ['wʌnhɔːs] *a* fam., *a* ~ *town* en landsortshåla

O'Neill [əʊ'niːl]

one-man ['wʌn'mæn] *a* enmans-; ~ *show* enmansteater, enmansshow

one-night ['wʌnnaɪt] *a* fam., ~ *stand* a) [artists] engagemang för en kväll b) ung. samlagspartner för en natt

onerous ['ɒnərəs] *a* betungande, tyngande

oneself [wʌn'self] *refl* o. *pers pron* sig [*wash* ~]; sig själv [*proud of* ~]; själv [*one had better do it* ~]; en själv; jfr *myself*

one-sided ['wʌn'saɪdɪd] *a* ensidig äv. bildl.

one-step ['wʌnstep] *s* onestep dans

one-storey ['wʌnˌstɔːrɪ] o. **one-storied** ['wʌnˌstɔːrɪd] attr. *a* envånings-, enplans- [*a* ~ *house*]

one-time ['wʌntaɪm] *a* o. *adv* tidigare; förutvarande, f. d.

one-track ['wʌntræk] *a* fam., *have a* ~ *mind* vara enkelspårig

one-up ['wʌn'ʌp] se *up I 4*

one-upmanship [wʌn'ʌpmənʃɪp] *s* konsten att flyta ovanpå (platta till andra)

one-way ['wʌnweɪ] *a* **1** enkelriktad [*a* ~ *street*] **2** Am., ~ *ticket* enkel biljett

onion ['ʌnjən] *s* bot. lök, rödlök; *know o.'s* ~*s* fam. kunna sina saker

oniony ['ʌnjənɪ] *a* löksmakande

on-licence ['ɒnˌlaɪsəns] *s*, *have an* ~ ha utskänkningsrättigheter

onlooker ['ɒnˌlʊkə] *s* åskådare

only ['əʊnlɪ] **I** *a* **1** enda; *he was an* ~ *child* han var enda barnet; *my one and* ~ *chance* min [absolut] enda chans **2** enda verkliga; *he's the* ~ *man* [*for the position*] han är den ende rätte .. **II** *adv* **1** bara, blott, endast; ~ *once* bara en gång; ~ *too* a) bara alltför [*I know that* ~ *too well*] b) väldigt [*we are* ~ *too pleased to come*]; ~ *think!* tänk [dig] bara!; *if* ~ *to* om inte för annat så (om så bara) för att [*if* ~ *to spite him*]; *if* ~ *it would* [*stop raining*]*!* om det bara (bara det) ville ..!; *not* ~ .. *but* [*also*] inte bara .. utan även; *when he was* ~ *five he could* [*play the piano*] redan vid fem års ålder kunde han .. **2** a) först, inte förrän [*I met him* ~ *yesterday*] b) senast, så sent som [*he can't be dead, I saw him* ~ *yesterday*]; ~ *now* (*then*) först (inte förrän) nu (då); ~ *when* först när, först sedan **3** ~ *just* just nu, alldeles nyss [*I have* ~ *just received it*]; *you've* ~ *just come* du har ju nyss kommit **III** *konj* men, det är bara det att; [*I would lend you the book,*] ~ *I don't know where it is* .. [men] jag vet bara inte var den är; ~ *that* utom [det] att

onomatopoeia [ˌɒnəʊmætəʊ'piːə] *s* onomatopoesi, ljudhärmning

onomatopoeic [ˌɒnəʊmætəʊ'piːɪk] *a* onomatopoetisk, ljudhärmande

onrush ['ɒnrʌʃ] *s* anstormning, framstormande

onset ['ɒnset] *s* **1** anfall, angrepp **2** ansats; inträde [*the* ~ *of winter*]

onshore ['ɒn'ʃɔː] *a* o. *adv* **1** pålands- [~ *wind*]; [*a wind blowing*] ~ .. mot land **2** nära (längs) kusten; på kusten **3** i land

onslaught ['ɒnslɔːt] *s* våldsamt angrepp

onstage ['ɒn'steɪdʒ] *a* o. *adv* scen-; på scenen; in på scenen

Ontario [ɒn'teərɪəʊ] *s*, *Lake* ~ Ontariosjön

on-the-spot ['ɒnðə'spɒt] *a* på ort och ställe [~ *inquiries*]; ~ *fine* ung. ordningsbot

onto ['ɒntʊ] *prep* = *on to*

onus ['əʊnəs] *s* börda; skyldighet

onward ['ɒnwəd] *a* framåtriktad; ~ *march* frammarsch; ~ *movement* rörelse framåt

onwards ['ɒnwədz] *adv* framåt, vidare; *from page 10* ~ från och med sid. 10

onyx ['ɒnɪks] *s* onyx

oodles ['uːdlz] *s pl* fam. massor [~ *of money*]

ooh [u:] *interj* oj!, åh!; usch!
ooze [u:z] **I** *itr* **1** ~ [*out*] sippra [ut], sippra fram (igenom), sakta flyta fram **2** bildl. **a**) ~ [*out*] sippra (läcka) ut [*rumours* (*the secret*) *began to* ~ *out*] **b**) ~ [*away*] rinna bort, [börja] sina **3** drypa [~ *with* (av) *sweat*] **II** *s* **1** sakta flöde, sipprande **2** dy, gyttja, slam
oozy ['u:zɪ] *a* **1** drypande; sipprande **2** dyig, gyttjig, slammig
opacity [əʊ'pæsətɪ] *s* ogenomskinlighet
opal ['əupəl] *s* min. opal
opalescence [ˌəupə'lesns] *s* opalskimmer; opalescens
opalescent [ˌəupə'lesnt] *a* opalskimrande
opaque [əʊ'peɪk] *a* ogenomskinlig; dunkel; oklar
OPEC ['əupek] *s* (förk. för *Organization of Petroleum Exporting Countries*) OPEC
open ['əupən] **I** *a* **1** öppen; ~ *fire* öppen eld ej i eldstad; ~ *warfare* öppet krig; *wide* ~ vidöppen, på vid gavel; *the door flew* ~ dörren flög upp; *fling* ~ kasta (slänga) upp; *keep o.'s bowels* ~ hålla magen i gång; *in the* ~ *air* i fria luften, i det fria; *under the* ~ *sky* under bar himmel; *receive with* ~ *arms* ta emot med öppna armar; *with an* ~ *hand* frikostigt **2** öppen; offentlig; fri; obegränsad; ~ *championship* sport. öppet mästerskap; *keep* ~ *house* hålla öppet hus; ~ *scholarship* stipendium som står öppet för alla; *the* ~ *season* (*time*) lovlig tid för jakt o. fiske; ~ *shop* företag med både organiserad och oorganiserad arbetskraft; *the O~ University* det öppna universitetet utan formella inträdeskrav, i vilket undervisning sker genom korrespondenskurser o. föreläsningar i radio o. TV **3** öppen[hjärtig], uppriktig [*with* mot] **4** ledig [*the job is still* ~] **5** öppen ej dold; ~ *secret* offentlig hemlighet **6** ~ *to* **a**) tillgänglig för, öppen för [*the race is* ~ *to all*]; *there are two courses* ~ *to you* två vägar står öppna för dig **b**) öppen för, mottaglig för [~ *to argument*] **c**) ~ *to doubt* tvivel underkastad; *this is* ~ *to question* detta kan ifrågasättas
II *s* **1** *in the* ~ a) i det fria, utomhus b) bildl. öppet, offentligt; *come* [*out*] *into the* ~ komma ut, bli offentlig; tala öppet **2** sport. open tävling öppen för proffs o. amatörer
III *tr* **1** öppna; ~ [*the book*] *at page 21* slå upp sidan 21 [i boken]; ~ *a p.'s eyes* bildl. öppna ngns ögon [*to* för]; ~ *the mind* vidga horisonten **2** ~ [*up*] **a**) öppna, skära upp [~ *a wound*] **b**) bryta, röja [~ *ground*], exploatera, öppna [~ *undeveloped land*] **3** öppna; upplåta, göra tillgänglig; börja, sätta i gång; inleda; inviga [~ *a new railway*]; ~ *an account with* öppna konto hos; ~ *fire* mil. öppna eld [*on* mot] **4** yppa, uppenbara, öppna; ~ *o.s. to a p.* öppna sig för ngn
IV *itr* **1** öppna[s]; öppna sig; ~ *sesame* se *sesame 2* **2** om blomma öppna sig, slå ut **3** öppna, börja [*the story* ~*s well*]; ha premiär [*the play* ~*ed yesterday*] **4** vetta, ha utsikt [*the window* ~*ed on to* (mot, åt) *the garden*]; leda, föra, mynna [*into, to, on to* in (ut) till, ut i]; *the room* ~*s on* [*to*] *the garden* rummet har förbindelse med (utgång mot) trädgården **5** ~ [*out*] öppna sig, breda ut sig; bli meddelsam **6** ~ *up* **a**) öppna eld [*on* mot] **b**) öppna sig, bli meddelsam, tala öppet **c**) ~ *up!* öppna dörren!
open-air ['əupən'eə] *a* frilufts- [*an* ~ *concert*, ~ *life*], utomhus- [*an* ~ *dance-floor*]
open-and-shut ['əupənənd'ʃʌt] *a* självklar, solklar [*an* ~ *case*]; enkel
open-cast ['əupənkɑ:st] gruv. **I** *s* dagbrott **II** *a* [som bryts] i dagbrott; ~ *mine* dagbrott; ~ *mining* dagbrytning
opener ['əupənə] *s* **1** [*tin* (*can*)] ~ [konserv]öppnare, [burk]öppnare **2** inledare [~ *of a discussion*]
open-eyed ['əupən'aɪd] *a* **1** med öppna ögon **2** vaken, vaksam **3** storögd
open-handed ['əupən'hændɪd] *a* frikostig, givmild
open-hearted ['əupən'hɑ:tɪd] *a* **1** öppenhjärtig, uppriktig **2** varmhjärtad
open-house ['əupən'haus] *a, he is giving an* ~ *party tomorrow* det är öppet hus hos honom i morgon
opening ['əupənɪŋ] **I** *pres p* o. *a* inlednings-, begynnelse-; ~ *chapter* inledningskapitel; *his* ~ *remarks* hans inledande anmärkningar **II** *s* **1** öppnande; början, inledning [*the* ~ *of the session*], upptakt; invigning; premiär; *the* ~ *of Parliament* parlamentets öppnande; ~ *night* premiär; ~ *time* isht öppningsdags [för pubar] **2** öppning [äv. bildl.: *find an* ~]; springa; mynning **3** [gynnsamt] tillfälle, chans [*for* till]
openly ['əupənlɪ] *adv* öppet äv. bildl.; oförbehållsamt; offentligt
open-minded ['əupən'maɪndɪd] *a* öppen (mottaglig) för nya idéer, fördomsfri
open-mouthed ['əupən'mauðd] *a* med öppen mun; gapande
open-plan ['əupən'plæn] *a,* ~ *office* kontorslandskap; ~ *school* öppen skola
open-reel ['əupən'ri:l] *a,* ~ *tape-recorder* rullbandspelare
opera ['ɒpərə] *s* opera; jfr äv. *comic I, grand I 1* o. *2 light I 1*
opera-glasses ['ɒpərəˌglɑ:sɪz] *s pl* teaterkikare
opera-hat ['ɒpərəhæt] *s* chapeau-claque
opera-house ['ɒpərəhaus] *s* operahus
operate ['ɒpəreɪt] **I** *itr* **1** verka, göra verkan [*on, upon* på]; om t. ex. maskin arbeta, fungera; ~ [*up*]*on a p.* påverka (inverka på) ngn

2 läk. operera [*on a p.* ngn, *for a th.* för ngt] **3** mil. operera **4** börs. göra finansoperationer; spekulera **II** *tr* **1** sätta (hålla) i gång, manövrera, sköta [*~ a machine*]; leda, driva [*~ a company*]; *hand ~d* manuellt skött; *mechanically ~d* maskindriven **2** genomföra, verkställa [*~ the ban*]

operatic [ˌɒpəˈrætɪk] *a* **1** opera- [*~ music*], operaartad **2** teatralisk

operatics [ˌɒpəˈrætɪks] (konstr. vanl. ss. sg.) *s* **1** operakonst **2** teatraliskt uppträdande

operating [ˈɒpəreɪtɪŋ] *pres p* o. *a* **1** arbets-, drift[s]- [*~ costs*]; *~ instructions* bruksanvisning[ar]; *~ mechanism* elektr. manöverdon **2** läk. operations- [*~ table*]; *~ theatre* operationssal

operation [ˌɒpəˈreɪʃən] *s* **1** verkan; inverkan; användning, bruk; *be in ~* vara i gång (verksamhet, funktion); *begin* (*commence*) *~s* sätta i gång, börja verksamheten; *come into ~* a) träda i verksamhet (funktion) b) om t. ex. lag träda i kraft; *put into ~* sätta i gång, sätta i verket [*put a plan into ~*] **2** [naturlig] process, funktion **3** operation; förfaringssätt; *in three ~s* i tre moment **4** mil. operation, företag **5** läk. operation, ingrepp [äv. *surgical ~*]; *have an ~ for . .* bli opererad för . .; *perform an ~ on a p.* utföra en operation på ngn, operera ngn **6** mat. operation; *~ of division* division **7** börs. spekulation; börs-, finans|operation **8** drivande, drift [*the ~ of an enterprise*], skötsel, hantering [*the ~ of a machine*]

operational [ˌɒpəˈreɪʃənl] *a* **1** drift[s]-; operations- **2** funktionsduglig; stridsklar

operative [ˈɒpərətɪv] **I** *s* [fabriks]arbetare **II** *a* verksam; om t. ex. lag i kraft, gällande; *become ~* träda i kraft, börja gälla; *the ~ word* det avgörande ordet

operator [ˈɒpəreɪtə] *s* **1** operatör äv. data., maskinskötare; *~!* på t. ex. hotell a) hallå!; fröken! b) växeln!; *telephone ~* telefonist; *telegraph ~* telegrafist; *wireless ~* radiotelegrafist **2** läk. kirurg, operatör **3** spekulant **4** fam. smart individ, skojare

operetta [ˌɒpəˈretə] *s* operett

ophthalmic [ɒfˈθælmɪk, ɒpˈθ-] *a* **1** ögon- **2** drabbad av ögoninflammation

opiate [ˈəʊpɪət] *s* opiat; narkotiskt medel

opine [əʊˈpaɪn] *tr* **1** mena, anse, tycka; antyda **2** förmoda, anta

opinion [əˈpɪnjən] *s* **1** mening, åsikt, uppfattning, omdöme [*of, about,* om sak äv. *on* om, beträffande]; *~ poll* opinionsundersökning; *public ~* den allmänna opinionen; *have a high ~ of* ha en hög tanke om; *give* (*state, express*) *o.'s ~* säga (uttala) sin mening, yttra sig [*about, on* om]; *hold an ~* hysa en åsikt; *in my ~* enligt min mening (åsikt); *a matter of ~* en fråga om tycke och smak **2** betänkande, utlåtande [*on* om, över, i; *legal* (*medical*) *~s*]

opinionated [əˈpɪnjəneɪtɪd] *a* egensinnig

opium [ˈəʊpjəm] *s* opium; *~ addict* opiummissbrukare; *~ den* opiumhåla

opossum [əˈpɒsəm] *s* zool. opossum, pungråtta

opponent [əˈpəʊnənt] *s* motståndare [*of* till]; i spel äv. motspelare

opportune [ˈɒpətju:n] *a* opportun, läglig; lämplig, passande [*an ~ remark* (*speech*)]

opportunism [ˌɒpəˈtju:nɪzəm] *s* opportunism

opportunist [ˌɒpəˈtju:nɪst] *s* opportunist

opportunistic [ˌɒpətju:ˈnɪstɪk] *a* opportunistisk

opportunity [ˌɒpəˈtju:nətɪ] *s* [gynnsamt] tillfälle, möjlighet, chans [*to do a th., of* (*for*) *doing a th.* [till] att göra ngt]; *when* [*an*] *~ arises* (*offers*) när (så snart) [ett] tillfälle erbjuder sig, vid tillfälle; *take* (*seize*) *the ~* ta tillfället i akt, gripa tillfället; *at the first* (*an early*) *~* vid första [bästa] tillfälle; hand. med första lägenhet

oppose [əˈpəʊz] *tr* **1** opponera sig mot, motsätta sig [*~ a plan*]; motarbeta **2** sätta som motsats[er]

opposed [əˈpəʊzd] *a* **1** motstående, motsatt **2** motsatt [*~ views*]; *be ~* stå i motsats [*to* till, mot]; *be diametrically ~* vara diametralt motsatt; *he was ~ to the plan* han motsatte sig planen; *country life as ~ to town life* lantliv i motsats till stadsliv

opposite [ˈɒpəzɪt, -əsɪt] **I** *a* **1** mitt emot [*the ~ house*], motsatt [*on ~ sides of the square*]; *in the ~ direction to* (*from*) i motsatt riktning mot; *~ to* mitt emot **2** bildl. motsatt [*from, to* mot]; *~ number* kollega, motsvarighet; *~ sex* motsatt kön **II** *prep* **1** mitt emot [*a house ~ the post-office*] **2** mot [*she has played ~ many stars*] **III** *adv* mitt emot [*there was an explosion ~*] **IV** *s* motsats [*black and white are ~s*]; *I mean the ~* jag menar tvärtom (det motsatta); *~s attract* motsatserna dras till varandra

opposition [ˌɒpəˈzɪʃən] *s* **1** motsättning, motsats, opposition, motstånd **2** pol. opposition [*be in ~*]; *the O~ benches* oppositionens bänkar i engelska parlamentet; *leader of the O~* oppositionsledare

oppress [əˈpres] *tr* **1** tynga [*~ the mind*], trycka, tynga (trycka) ned, betunga; *~ed* äv. beklämd, betryckt; *~ed with* (*by*) *the heat* pressad (besvärad) av hettan **2** förtrycka, underkuva [*~ the people*]

oppression [əˈpreʃən] *s* **1** nedtryckande; förtryck [*the ~ of the people*] **2** betrycklhet, beklämdhet **3** tryck, tyngd,

press; börda
oppressive [ə'presɪv] *a* **1** tyngande, betungande [~ *taxes*]; besvärande, tryckande, pressande [~ *heat*] **2** förtryckande, tyrannisk [~ *laws* (*rules*)]
oppressor [ə'presə] *s* förtryckare
opprobrious [ə'prəubrɪəs] *a* smädlig
opprobrium [ə'prəubrɪəm] *s* **1** smälek, skymf, vanära **2** koll. ovett, smädelser
opt [ɒpt] *itr* välja; ~ *for a th.* välja ngt, uttala sig för ngt; ~ *out* fam. inte vilja vara med, hoppa av
optic ['ɒptɪk] *a* optisk; ~ *nerve* synnerv
optical ['ɒptɪkəl] *a* optisk, syn-; ~ *illusion* synvilla, optisk villa; ~ *image* synbild
optician [ɒp'tɪʃən] *s* optiker
optics ['ɒptɪks] (konstr. ss. sg.) *s* optik
optimal ['ɒptɪməl] *a* optimal
optimism ['ɒptɪmɪzəm] *s* optimism
optimist ['ɒptɪmɪst] *s* optimist
optimistic [ˌɒptɪ'mɪstɪk] *a* optimistisk
optimum ['ɒptɪməm] *s* optimum; attr. optimal
option ['ɒpʃən] *s* **1** val [*I had no* ~], fritt val; valfrihet **2** alternativ [*none of the ~s is satisfactory*]; valmöjlighet **3** hand., jur. option; [*right of*] ~ optionsrätt, förhandsrätt; *have an ~ on a house* ha förköpsrätt till ett hus
optional ['ɒpʃənl] *a* valfri, fakultativ; ~ *subject* valfritt ämne; tillvalsämne
opulence ['ɒpjʊləns] *s* välstånd; överflöd
opulent ['ɒpjʊlənt] *a* välmående; frodig
opus ['əupəs] *s* (lat.) musikaliskt opus [förk. *Op.*; *Beethoven Op. 37*], [musik]verk
or [ɔ:] *konj* eller; ~ [*else*] annars [så], eller också; *don't do that, ~ else!* låt bli det där, annars så!
oracle ['ɒrəkl] *s* orakel
oracular [ɒ'rækjʊlə] *a* orakelmässig
oral ['ɔ:rəl] *a* **1** muntlig [*an ~ examination*] **2** oral, mun- [~ *cavity* (håla)]
orally ['ɔ:rəlɪ] *adv* **1** muntligen, muntligt **2** oralt
Orange ['ɒrɪndʒ] hist. o. kungahus Oranien
orange ['ɒrɪndʒ] **I** *s* **1** apelsin **2** apelsinträd **3** orange[färg] **II** *a* orange[färgad]
orangeade [ˌɒrɪndʒ'eɪd] *s* apelsindryck; läskedryck med apelsinsmak
orange-stick ['ɒrɪndʒstɪk] *s* orangepinne för manikyr
orang-outang [ə'ræŋʊ'tæŋ] *s* o. **orang-[o]utan** [ə'ræŋʊ'tæn] *s* zool. orangutang
orate [ɔ:'reɪt] *itr* hålla tal; orera
oration [ɔ:'reɪʃən] *s* oration, högtidligt tal
orator ['ɒrətə] *s* [väl]talare, orator
oratorical [ˌɒrə'tɒrɪkəl] *a* oratorisk
oratorio [ˌɒrə'tɔ:rɪəʊ] *s* mus. oratorium
oratory ['ɒrətərɪ] *s* talarkonst, vältalighet, retorik
orb [ɔ:b] *s* **1** poet. himlakropp **2** klot, sfär, glob **3** riksäpple
orbit ['ɔ:bɪt] **I** *s* **1** t. ex. planets, satellits [omlopps]bana; himlakropps kretslopp; satellits varv; *in* ~ i [sin] bana; *send into* ~ sända upp i bana **2** bildl. intressesfär **II** *tr* **1** röra sig i en bana kring, kretsa kring **2** sända upp i bana **III** *itr* röra sig i en bana, kretsa
orbital ['ɔ:bɪtl] *a* omlopps-
orc [ɔ:k] *s* zool. späckhuggare
orchard ['ɔ:tʃəd] *s* fruktträdgård
orchestra ['ɔ:kɪstrə] *s* orkester; ~ [*pit*] orkesterdike; ~ *stalls* främre parkett
orchestral [ɔ:'kestrəl] *a* orkester-; orkestral
orchestrate ['ɔ:kɪstreɪt] *tr* mus. orkestrera
orchestration [ˌɔ:kes'treɪʃən] *s* mus. orkestrering, instrumentation
orchid ['ɔ:kɪd] *s* bot. orkidé
ordain [ɔ:'deɪn] *tr* **1** prästviga, ordinera; ~ *a p. priest* viga ngn till präst **2** föreskriva
ordeal [ɔ:'di:l] *s* svårt prov, eldprov; *a terrible* ~ en svår pärs
order ['ɔ:də] **I** *s* **1** a) ordning; ordningsföljd; system; reda b) arbetsordning, ordningsstadga, reglemente, regel, föreskrift[er], stadga[r]; *O~! O~!* parl. till ordningen!, till saken!; *point of* ~ procedurfråga; ~ *of the day* dagordning; *keep* ~ hålla ordning, upprätthålla ordningen; *in* ~ i ordning; i gott skick; reglementsenlig; *in alphabetical* (*chronological*) ~ i alfabetisk (kronologisk) ordning; *in* (*after*) *the natural ~ of things* enligt naturens ordning; *in* [*good*] *working* ~ i gott skick, funktionsduglig; *out of* ~ i oordning; i dåligt skick, i olag, ur funktion; mot reglementet (stadgarna); opassande; *my stomach is out of* ~ min mage är i olag; *the Speaker called him to* ~ parl. talmannen kallade honom till ordningen **2 a**) order, befallning, tillsägelse, bud; *~s are ~s* [en] order är [en] order; *O~ in Council* kunglig förordning; ~ *of the day* mil. dagorder; *it's doctor's ~s* det har doktorn sagt (ordinerat); *he is under doctor's ~s not to smoke* doktorn har förbjudit honom att röka; *by* ~ på befallning, enligt order; *be under ~s to* + inf. ha order att **b**) jur.: domstols, domares åläggande; beslut, utslag; ~ *of the Court* domstolsutslag **3 a**) hand. order, beställning, rekvisition [*for* på, å]; uppdrag; *it's a tall* (*large*) ~ det är för mycket begärt; *place an ~ for a th. with a firm* placera en order på ngt hos en firma; *be on* ~ vara i order, vara beställd; [*made*] *to* ~ [tillverkad] på beställning; skräddarsydd **b**) på restaurang beställning **4** hand., bank. anvisning; [utbetalnings]order, [betalnings]uppdrag [*an ~ for payment on a bank*] **5** [samhälls]klass, stånd, rangklass;

the lower (*higher*) *~s* de lägre (högre) klasserna (stånden) **6** orden äv. ordenstecken [*the O~ of the Garter*; *a monastic ~*]; ordenssällskap **7** [*holy*] *~s* det andliga ståndet; prästvigning; *take* (*enter*) [*holy*] *~s* låta prästviga sig; *read for* [*holy*] *~s* läsa till präst **8** *in ~ to* + inf. för att, i avsikt (syfte) att; *in ~ for you to* [*see clearly*] för (så) att du skall . .; *in ~ that* för att, så att [*I did it in ~ that he shouldn't worry*] **9** slag, sort; storleksordning [*sums of quite a different ~*]; *talents of a high ~* talanger av förnämligt slag; *of* (*in*) *the ~ of* av (i) storleksordningen **10** mat. grad; ordning; *equation of the first ~* förstagradsekvation
II *tr* **1** beordra, befalla, ge order om, säga till [*a p. to do a th.*; *a th. to be done* att ngt skall göras]; *the regiment was ~ed to the front* regementet kommenderades ut till fronten; *~ a p. about* bildl. kommendera ngn, köra med ngn **2** beställa [*~ a taxi*], rekvirera **3** läk. ordinera, föreskriva; *that's just what the doctor ~ed* fam. [det var] precis vad jag (du etc.) behövde **4** jur. ålägga [*he was ~ed to pay costs* (*damages*)] **5** ordna [upp] [*~ o.'s affairs*]

order-form ['ɔ:dəfɔ:m] *s* order-, beställnings|sedel, order-, beställnings|blankett

orderly ['ɔ:dəlɪ] **I** *a* **1** [väl]ordnad; metodisk **2** om pers. ordentlig **3** stillsam, [som håller sig] lugn [*an ~ crowd*] **4** mil., *~ man* ordonnans; *~ officer* dagofficer **II** *s* **1** mil. ordonnans, rapportkarl; *officer's ~* kalfaktor **2** a) [*hospital*] *~* sjukvårdsbiträde b) [*medical*] *~* mil. sjukvårdare

order-paper ['ɔ:də,peɪpə] *s* parl. föredragningslista, dagordning

ordinal ['ɔ:dɪnl] **I** *a*, *~ number* gram. ordningstal **II** *s* gram. ordningstal

ordinance ['ɔ:dɪnəns] *s* förordning, stadga

ordinarily ['ɔ:dɪnərəlɪ] *adv* **1** vanligen, i vanliga fall **2** vanligt; ordinärt, alldagligt

ordinary ['ɔ:dnrɪ] **I** *a* **1** vanlig; bruklig; vardaglig, ordinär, alldaglig; *in ~ life* i vardagslivet; *~ seaman* a) i marinen menig b) i handelsflottan jungman; lättmatros; *~ share* stamaktie; *in the* (*an*) *~ way I should refuse* under vanliga förhållanden skulle jag säga nej **2** ordinarie [*the ~ train*] **II** *s* **1** *ability far above the ~* förmåga långt utöver det vanliga; *something out of the ~* någonting utöver det vanliga, någonting alldeles speciellt **2** *physician in ~* livmedikus

ordinary-looking ['ɔ:dɪnərɪ,lʊkɪŋ] *a*, *be ~* se alldaglig ut, ha ett alldagligt utseende

ordination [,ɔ:dɪ'neɪʃən] *s* **1** kyrkl. prästvigning, ordination **2** anordning, inrättning

ordnance ['ɔ:dnəns] *s* artilleri; artilleri-, krigs|materiel; *~ map* (*sheet*) generalstabskarta, officiellt kartblad; *the O~ Survey* ung. Rikets allmänna kartverk; *~ survey* officiell kartläggning

ordure ['ɔ:djʊə] *s* dynga, träck

ore [ɔ:] *s* **1** malm **2** metall, ädelmetall

oregano [ə'regənəʊ] *s* bot. oregano

Oregon ['ɒrɪgən]

organ ['ɔ:gən] *s* **1** biol. organ [*the ~s of speech*]; *male ~* manslem **2** organ röst, stämma **3** bildl. organ tidning, organisation o. d.; språkrör **4** orgel **5** = *barrel-organ*

organdie ['ɔ:gəndɪ] *s* organdi tyg

organ-grinder ['ɔ:gən,graɪndə] *s* positiv|halare, -spelare

organic [ɔ:'gænɪk] *a* organisk [*~ chemistry*; *~ diseases*]; fundamental, strukturell

organism ['ɔ:gənɪzəm] *s* organism

organist ['ɔ:gənɪst] *s* organist

organization [,ɔ:gənaɪ'zeɪʃən] *s* organisation, organisering; struktur

organize ['ɔ:gənaɪz] **I** *tr* organisera, lägga upp, anordna, arrangera, ställa till [med]; *organizing ability* organisationsförmåga; *~d labour* organiserad arbetskraft **II** *itr* **1** organisera sig **2** bli organisk

organizer ['ɔ:gənaɪzə] *s* organisatör; arrangör, ledare

organ-loft ['ɔ:gənlɒft] *s* orgelläktare

organ-stop ['ɔ:gənstɒp] *s* orgel|register, -stämma

organza [ɔ:'gænzə] *s* organza slags tyg

orgasm ['ɔ:gæzəm] *s* orgasm, utlösning

orgiastic [,ɔ:dʒɪ'æstɪk] *a* orgiastisk

orgy ['ɔ:dʒɪ] *s* orgie; *indulge in an ~ of* fira orgier i, frossa i

orient ['ɔ:rɪənt, ss. vb 'ɔ:rɪent] **I** *s*, *the O~* a) Orienten, Östern, Österlandet b) Am. östra halvklotet inklusive Europa **II** isht Am. = *orientate*

Oriental [,ɔ:rɪ'entl] **I** *a* orientalisk, österländsk **II** *s* oriental, österlänning

orientate ['ɔ:rɪenteɪt] *tr* orientera; bestämma ngts, ngns position; bildl. an-, av|passa, rätta, justera [*to* efter]

orientation [,ɔ:rɪen'teɪʃən] *s* orientering; inriktning

orienteering [,ɔ:rɪən'tɪərɪŋ] *s* sport. orientering

orifice ['ɒrɪfɪs] *s* mynning [*the ~ of a tube*], öppning

origin ['ɒrɪdʒɪn] *s* ursprung, [första] början, uppkomst, upprinnelse, tillkomst; upphov, källa; härkomst; *country of ~* ursprungsland; *place of ~* stamort

original [ə'rɪdʒənl] **I** *a* **1** ursprunglig, ur-, original-; *~ sin* teol. arvsynd **2** originell, nyskapande, självständig [*an ~ thinker*]; ny, frisk [*~ ideas*] **II** *s* **1** original [*this is not the ~, it is only a copy*]; grund-, original|text; förlaga; originalspråk **2** nyskapare **3**

original säregen pers.
originality [əˌrɪdʒə'nælətɪ] *s* originalitet
originally [ə'rɪdʒənəlɪ] *adv* **1** ursprungligen **2** originellt [*write* ~]
originate [ə'rɪdʒəneɪt] **I** *tr* ge (vara) upphov till **II** *itr* härröra, härstamma, utgå [*from* (*in*) *a th.* från ngt]; uppstå, uppkomma
originator [ə'rɪdʒəneɪtə] *s* upphovsman
oriole ['ɔːrɪəʊl] *s* zool. gylling
Orkney ['ɔːknɪ] geogr., ~ el. *the* ~*s* el. *the* ~ *Islands* Orkneyöarna
Orleans [ɔː'lɪənz]
Orlon ['ɔːlɒn] *s* ® textil. orlon
ornament [ss. subst. 'ɔːnəmənt, ss. vb 'ɔːnəment] **I** *s* **1** ornament; prydnad, prydnadssak; utsmyckning, dekoration; [yttre] prål **2** koll. ornament, utsmyckning [*a tower rich in* (på) ~] **3** mus. ornament, prydnadsnot **II** *tr* ornamentera, dekorera; smycka, pryda
ornamental [ˌɔːnə'mentl] *a* ornamental, dekorativ, prydlig; prydnads- [*an* ~ *plant*]
ornamentation [ˌɔːnəmen'teɪʃən] *s* **1** ornamentering, utsmyckning, utsirning, dekorering **2** ornament, utsmyckning
ornate [ɔː'neɪt] *a* [skönt] utsirad, utsmyckad; snirklad, överlastad [*an* ~ *style*]
ornithologist [ˌɔːnɪ'θɒlədʒɪst] *s* ornitolog, fågelkännare
ornithology [ˌɔːnɪ'θɒlədʒɪ] *s* ornitologi, läran om fåglarna
orphan ['ɔːfən] **I** *s* föräldralöst barn, föräldralös **II** *a* föräldralös **III** *tr* lämna (göra) föräldralös
orphanage ['ɔːfənɪdʒ] *s* barnhem, hem för föräldralösa barn
Orpheus ['ɔːfjuːs] Orfeus
orris ['ɒrɪs] *s* bot. art iris Iris florentina
orris-root ['ɒrɪsruːt] *s* violrot
orthodox ['ɔːθədɒks] *a* **1** ortodox [~ *views*]; renlärig **2** *O*~ ortodox som rör ortodoxa kyrkan
orthodoxy ['ɔːθədɒksɪ] *s* ortodoxi; renlärighet
orthographic [ˌɔːθəʊ'græfɪk] *a* ortografisk
orthography [ɔː'θɒgrəfɪ] *s* ortografi, rättstavning; rättskrivningsregler
orthop[a]edic [ˌɔːθəʊ'piːdɪk] *a* läk. ortopedisk
orthop[a]edics [ˌɔːθəʊ'piːdɪks] (konstr. vanl. ss. sg.) *s* läk. ortopedi
ortolan ['ɔːtələn] *s* zool. ortolan[sparv]
Oscar ['ɒskə] **I** egennamn **II** *s* Oscar filmutmärkelse
oscillate ['ɒsɪleɪt] **I** *itr* **1** svänga; pendla; oscillera; vibrera **2** bildl. pendla, svänga; växla; vackla **II** *tr* sätta i svängning
oscillation [ˌɒsɪ'leɪʃən] *s* **1** svängning; pendling; oscillation; vibrering; svängnings-, pendel|rörelse **2** bildl. svängning, pendling; växling; vacklande
oscillator ['ɒsɪleɪtə] *s* fackl. oscillator
osier ['əʊʒə] *s* bot. vide, isht korgvide
Oslo ['ɒzləʊ]
osmiridium [ˌɒzmə'rɪdɪəm] *s* min. osmiridium
osmium ['ɒzmɪəm] *s* kem. osmium
ossification [ˌɒsɪfɪ'keɪʃən] *s* benbildning, förbening
ossify ['ɒsɪfaɪ] **I** *itr* ossifieras, förvandlas till ben; förbenas, bli benhård äv. bildl.; stelna **II** *tr* förvandla till ben; göra benhård
ostensible [ɒs'tensəbl] *a* skenbar, uppgiven
ostensibly [ɒs'tensəblɪ] *adv* skenbart
ostentation [ˌɒsten'teɪʃən] *s* ståt, prål, skryt, vräkighet
ostentatious [ˌɒsten'teɪʃəs] *a* grann, prålig [~ *jewellery*]; vräkig, skrytsam; prålsjuk
osteopath ['ɒstɪəpæθ] *s* med. osteopat, kiropraktor
osteopathy [ˌɒstɪ'ɒpəθɪ] *s* med. osteopati
ostracism ['ɒstrəsɪzəm] *s* utfrysning från sällskapsliv, sociala förmåner, bojkott
ostracize ['ɒstrəsaɪz] *tr* frysa ut, bojkotta
ostrich ['ɒstrɪtʃ, -ɪdʒ] *s* struts
Ostrogoth ['ɒstrəʊgɒθ] *s* hist. östgot
Oswald ['ɒzwəld]
O.T. förk. för *Old Testament*
O.T.C. förk. för *Officers' Training Corps*
Othello [əʊ'θeləʊ]
other ['ʌðə] **I** (ss. självst.: pl. ~*s*) *indef pron* annan, annat, andra; ytterligare; för ex. se äv. *one I*; *I have* ~ *things to do* jag har annat att göra; ~ *things being equal* under i övrigt lika förhållanden; *the* ~ *day* häromdagen; *one* ~ *word* ett ord till; *the two* ~*s* el. *the* ~ *two* de båda andra; *every* ~ *week* varannan vecka; *it was no* (*none*) ~ *than the King* det var ingen annan än (ingen mindre än) kungen; *some day* (*time*) *or* ~ någon dag (gång) [förr eller senare]; *someone or* ~ *has broken it* någon har haft sönder den; *somehow or* ~ på ett eller annat sätt; *a flower of some kind or* ~ något (ett) slags blomma; *among* ~*s* bland andra, bl. a.; *among* ~ *things* bland annat, bl. a. **II** *adv*, ~ *than* annat (annorlunda) än
otherwise ['ʌðəwaɪz] *adv* (ibl. *a* o. *konj*) **1** annorlunda, annat, på annat sätt [*I could not have done* ~]; ~ *engaged* upptagen på annat håll **2** annars [så], i annat fall, eljest [*I went at once,* ~ *I should have missed him*] **3** för (i) övrigt, i andra avseenden **4** även kallad
otherworldly ['ʌðə'wɜːldlɪ] *a* verklighets-, världs|främmande
otiose ['əʊʃɪəʊs] *a* överflödig, onödig
otitis [əʊ'taɪtɪs] *s* läk. öroninflammation, otit
Ottawa ['ɒtəwə]

otter ['ɒtə] *s* utter

Ottoman ['ɒtəʊmən] **I** *a* turkisk, ottomansk, osmansk **II** *s* **1** turk, ottoman **2** *o~* ottoman vilsoffa

ouch [aʊtʃ] *interj* aj!, oj!

ought [ɔ:t] *hjälpvb* (pres. o. imp., med *to* + inf.) **1** bör, borde, skall, skulle; *as it ~ to* [*be*] som sig bör; *I ~ to know* det måtte jag väl veta **2** *he ~ to be there now* han bör (torde) vara där nu

ouija ['wi:dʒə] *s* spirit. psykograf

ouija-board ['wi:dʒəbɔ:d] *s* = föreg.

1 ounce [aʊns] *s* **1** uns (vanl. = 1/16 *pound* 28,35 gram); jfr *troy* **2** bildl. uns, gnutta [*he hasn't an ~ of common sense*]

2 ounce [aʊns] *s* zool. snöleopard

O.U.P. förk. för *Oxford University Press*

our ['aʊə] fören. *poss pron* vår; jfr *my*; *say O~ Father* läsa Fader vår

ours ['aʊəz] självst. *poss pron* vår [*the house is ~*]; jfr *1 mine*; *~ is a large family* vi är en stor familj

ourselves [ˌaʊə'selvz] *refl* o. *pers pron* oss [*we amused ~*], oss själva [*we can take care of ~*]; vi själva [*everybody but ~*], själva [*we made that mistake ~*]; jfr *myself*

oust [aʊst] *tr* driva bort, avlägsna; tränga undan, tränga ut

out [aʊt] **I** *adv* o. pred. *a* (jfr resp. huvudord) **1** uttr. läge el. befintlighet ute, utanför; borta, inte hemma; *~ here* härute; *~ there* därute; *the sun is ~* solen är framme; *be ~ for a walk* vara ute och gå (promenera); *his brother was ~ in Canada* hans bror var [borta] i Kanada; *shall we dine ~ tonight?* skall vi äta ute på restaurang i kväll? **2** uttr. rörelse el. riktning ut, bort; *I could not get a word ~* jag kunde inte få fram ett ord; *~ you go!* ut med dig!; *take ~* ta fram ur t. ex. fickan **3** i bildl. uttr.: **a**) i förb. med *be*: *the book is ~* a) boken är utlånad b) boken är utkommen; *the fire is ~* brasan har slocknat; *the light is ~* ljuset är släckt; *the miners are ~* gruvarbetarna är i strejk; *the tide is ~* det är ebb; *my watch is two minutes ~* min klocka går två minuter fel; *before the year is ~* innan året är slut; *he is £100 ~* han har räknat fel på 100 pund; *I was ~ in my calculations* jag hade räknat fel; *you are not far ~* fam. det är inte så galet (illa gissat); *be ~ and about* vara uppe, vara på benen, vara i gång [igen] efter sjukdom m. m. **b**) övr. förb.: *let them fight it ~!* låt dem slåss om det (saken)!; *hear me ~!* låt mig tala till punkt (färdigt)!; *the nicest man ~* den hyggligaste karl som går i ett par skor; *~ and away* utan jämförelse [*~ and away the best*]; *it was her Sunday ~* det var hennes lediga söndag

4 i fastare förb. med prep.: *be ~* **after** vara ute efter, lägga an på [*she is ~ after him*]; *~* **of**: **a**) ut från, ut ur [*come ~ of the house*], upp ur; ut genom; ur [*drink ~ of a cup*; *~ of use*], från; ute ur, borta från, utanför; utom [*~ of sight*]; *~ of doors* utom (utanför) dörren, utomhus; *times ~ of number* otaliga (oräkneliga) gånger; *in two cases ~ of ten* i två fall av tio; *drink ~ of a* (*the*) *saucer* dricka på fat; *get ~ of here!* ut härifrån!; *he isn't ~ of bed yet* han har inte stigit upp [ur sängen] ännu; *be ~ of training* ha dålig kondition, vara otränad; *be ~ of it* a) [äv. *feel ~ of it*] vara (känna sig) utanför b) stå utanför saken c) inte ha en chans **b**) utan [*~ of tea*] **c**) av, utav [*~ of curiosity*; *it is made ~ of wood*]; *~* **with** *it!* fram med det!, ut med språket!

II attr. *a* **1** yttre; avsides [belägen] [*an ~ island*] **2** ytter-, som leder ut[åt] [*the ~ door*]; utgående [*the ~ train*]

III *s, the ins and ~s* se *in III 1*

IV *itr* **1** komma fram, uppdagas [*truth will ~*] **2** *~ with* fam. komma fram (ut) med

out-and-out ['aʊtnd'aʊt] fam. **I** *adv* helt igenom, helt och hållet, fullständigt **II** *a* tvättäkta [*an ~ Londoner*], inbiten [*an ~ sportsman*], renodlad [*an ~ swindler*]

outback ['aʊtbæk] *s* Austr. vildmark, obygd

outbalance [aʊt'bæləns] *tr* uppväga; väga mer än

outbid [aʊt'bɪd] (*outbid outbid*) *tr* bjuda över; bildl. överbjuda, överträffa

outboard ['aʊtbɔ:d] **I** *adv* utombords **II** *a* utombords- [*an ~ motor*], utombords belägen

outbound ['aʊtbaʊnd] *a* utgående [*~ traffic*], på väg ut

outbrave [aʊt'breɪv] *tr* **1** trotsa, trotsigt möta **2** överträffa i mod (tapperhet)

outbreak ['aʊtbreɪk] *s* **1** utbrott [*an ~ of anger, an ~ of hostilities*]; *~ of fire* eldsvåda; *there has been an ~ of smallpox* en smittkoppsepidemi har brutit ut **2** resning, uppror

outbuilding ['aʊtˌbɪldɪŋ] *s* uthus[byggnad]

outburst ['aʊtbɜ:st] *s* utbrott [*an ~ of rage*], anfall, attack [*an ~ of laughter*]

outcast ['aʊtkɑ:st] *s* utstött (övergiven) varelse, utslagen [människa], paria

outcaste ['aʊtkɑ:st] *s* o. *a* kastlös

outclass [aʊt'klɑ:s] *tr* sport. utklassa, vida överträffa; distansera

outcome ['aʊtkʌm] *s* resultat, utgång

outcry ['aʊtkraɪ] *s* rop, skri; larm; *raise* (*start*) *an ~ against* höja ett ramaskri mot

outdate [aʊt'deɪt] *tr* göra omodern (föråldrad)

outdated [aʊt'deɪtɪd] *a* omodern, gammalmodig, föråldrad, förlegad

outdistance [aʊt'dɪstəns] *tr* distansera äv.

bildl., löpa från, lämna bakom sig; vida överträffa; *be ~d* äv. bli efter

outdo [aut'du:] (*outdid outdone*) *tr* överträffa, överglänsa, övertrumfa; övervinna

outdoor ['autdɔ:] *a* utomhus- [*an ~ aerial*]; *~ clothes* ytterkläder; *an ~ life* friluftsliv

outdoors ['aut'dɔ:z] *adv* utomhus, ute, i fria luften, i det fria

outer ['autə] *a* yttre, ytter-; utvändig; *O~ Mongolia* Yttre Mongoliet; *~ space* yttre rymden; *the ~ world* yttervärlden

outermost ['autəməust] *a* ytterst

outfit ['autfɪt] **I** *s* **1** utrustning [*an explorer's ~*]; utstyrsel, ekipering [*a new spring ~*], kläder, persedlar, mundering; tillbehör; uppsättning; *repair ~* reparationslåda **2** isht Am. fam. företag **3** fam. gäng; grupp; [arbets]lag **II** *tr* utrusta, ekipera

outfitter ['autfɪtə] *s*, [*gentlemen's*] *~'s* herrekipering[saffär]

outflank [aut'flæŋk] *tr* mil. kringgå, överflygla

outflow ['autfləu] *s* utflöde; utströmning

outfox [aut'fɒks] *tr* överlista

outgoing ['aut,gəuɪŋ] **I** *a* **1** utgående [*an ~ telephone call*]; *~ mail* utgående post **2** avgående [*the ~ Ministry*]; avträdande, frånträdande [*the ~ tenant*] **3** sällskaplig, utåtriktad [*an ~ personality*] **II** *s*, pl. *~s* utgifter, kostnader

outgrow [aut'grəu] (*outgrew outgrown*) *tr* växa om; växa ifrån; växa ur kläder

outgrowth ['autgrəuθ] *s* utväxt, utgrening

outhouse ['authaus] *s* **1** uthus **2** Am. utedass

outing ['autɪŋ] *s* **1** utflykt, tur **2** träningstur

outlandish [aut'lændɪʃ] *a* **1** sällsam, besynnerlig **2** avlägsen mest neds.

outlast [aut'lɑ:st] *tr* räcka (vara) längre än; överleva

outlaw ['autlɔ:] **I** *s* fredlös; bandit **II** *tr* **1** ställa utom (utanför) lagen, förklara fredlös **2** kriminalisera [*~ war*], [i lag] förbjuda

outlay ['autleɪ] *s* utlägg, utgift[er]

outlet ['autlet, -lət] *s* **1** utlopp äv. bildl. [*the ~ of a lake*; *an ~ for o.'s energy*], avlopp; utgång **2** marknad, avsättning[sområde] [*an ~ for o.'s products*] **3** Am. elektr. uttag

outline ['autlaɪn] **I** *s* **1** kontur; *~ map* konturkarta **2** konturteckning; *draw in ~* konturera **3** skiss, utkast [*for* till]; översikt, sammandrag [*of* över, av]; *An O~ of European History* titel Grunddragen av Europas historia; *rough ~* skiss, utkast; *in broad* (*general*) *~* i stora (grova) drag **4** pl. *~s* grunddrag, huvuddrag **II** *tr* **1** teckna konturerna av, skissera; *be ~d* äv. avteckna sig **2** bildl. ange huvuddragen av, skissera

outlive [aut'lɪv] *tr* överleva [*~ o.'s husband*]; *it has ~d its usefulness* den har överlevt sig själv

outlook ['autluk] *s* **1** utsikt; bildl. inställning, syn; *~ on life* livs|inställning, -åskådning **2** [framtids]utsikter; *the ~ is gloomy* (*black*) det ser dystert (mörkt) ut; *further ~* meteor. utsikterna för de närmaste dagarna **3** utkik; *on the ~* på utkik

outlying ['aut,laɪɪŋ] *a* **1** avsides [belägen], avlägsen; ytter- **2** som ligger utanför vissa gränser, gräns-; *~ farm* utgård

outmanœuvre [,autmə'nu:və] *tr* utmanövrera; överlista

outmatch [aut'mætʃ] *tr* överträffa, slå

outmoded [aut'məudɪd] *a* urmodig, omodern

outnumber [aut'nʌmbə] *tr* överträffa i antal, vara fler än

out-of-date ['autəv'deɪt] *a* omodern, gammalmodig, föråldrad

out-of-pocket ['autəv'pɒkɪt] *a* **1** kontant, direkt [*~ expenses*] **2** *I'm £5 ~* jag har 5 pund för lite

out-of-print ['autəv'prɪnt] *a* utgången på förlaget, utsåld från förlaget

out-of-the-way ['autəvðə'weɪ] *a* **1** avsides [belägen], avlägsen **2** ovanlig

out-of-work ['autəv'wɜ:k] *a* o. *s* arbetslös

out-patient ['aut,peɪʃənt] *s* poliklinikpatient; *~s' department* (*clinic*) poliklinik

outplay [aut'pleɪ] *tr* spela bättre än; spela ut [*they were ~ed by their opponents*]

outpoint ['aut'pɔɪnt] *tr* poängbesegra

outpost ['autpəust] *s* mil., bildl. utpost

outpouring ['aut,pɔ:rɪŋ] *s* **1** utgjutande, utströmmande **2** bildl., pl. *~s* utgjutelser

output ['autput] *s* **1** produktion, tillverkning [*the ~ of a factory*]; utbyte, avkastning; *energy ~* energiutveckling **2** elektr., radio. uteffekt, utgående effekt; data. utdata

outrage ['autreɪdʒ] **I** *s* **1** våld, övervåld **2** våldshandling, attentat; skymf; *this is an ~* äv. detta är en skandal **II** *tr* **1** våldföra sig på; skymfa **2** uppröra, chockera

outrageous [aut'reɪdʒəs] *a* **1** skandalös, upprörande, skändlig [*~ treatment*]; kränkande [*~ epithets*] **2** överdriven, omåttlig

outrider ['aut,raɪdə] *s* **1** förridare **2** föråkare, [motorcykel]eskort

outright [ss. adv. aut'raɪt, ss. adj. '- -] **I** *adv* **1** helt och hållet; på en gång; på fläcken [*he was killed ~*] **2** rent ut [*ask him ~*]; utan vidare **II** *a* fullständig, total; ren [*~ wickedness*]; direkt, obetingad, oreserverad [*an ~ denial*]; avgjord, obestridlig [*he was the ~ winner*]; *~ purchase* köp i fast räkning

outrival [aut'raɪvəl] *tr* besegra, konkurrera ut medtävlare

outrun [aut'rʌn] (*outran outrun*) *tr* **1** springa om (förbi, ifrån); löpa fortare än **2** undfly, undkomma **3** överskrida

outset ['autset] *s* början, inledning; inträde; *at the ~* [redan] i (vid) början
outshine [aut'ʃaɪn] (*outshone outshone*) *tr* överglänsa
outside ['aut'saɪd] **I** *s* **1** utsida, yttersida; yta; ngts (ngns) yttre; *from the ~* utifrån, från utsidan **2** *at the* [*very*] *~* på sin höjd, högst **II** *a* **1** utvändig, yttre; utvärtes; ytter-; ute-, utomhus-; *~ assistance* hjälp utifrån; *~ broadcast*[*ing*] radio., TV. 'outside broadcast[ing]', OB-sändning sändning utanför studion; *get an ~ opinion* rådfråga (tillfråga) en utomstående; *the ~ world* yttervärlden **2** ytterst, maximum-; *at an ~ estimate* högt räknat **3** obetydlig, ytterst liten [*an ~ chance*] **III** *adv* ute; ut [*come ~!*]; utanför; utanpå; utvändigt; *~ of* a) utanför b) med undantag av, utom **IV** *prep* utanför, utom; utanpå
outsider ['aut'saɪdə] *s* **1** outsider, utomstående; oinvigd; utböling **2** sport. m. m. outsider, icke-favorit
outsize ['autsaɪz] **I** *s* om kläder o. d. extra stor storlek **II** *a* extra stor
outskirts ['autskɜ:ts] *s pl* utkant[er]; ytterområden; gränser; *on the ~ of the town* i utkanten av staden
outsmart [aut'smɑ:t] *tr* fam. överlista, vara smartare än
outspoken [aut'spəukən] *a* rättfram; frispråkig
outstanding [i bet. *1* 'aut,stændɪŋ, i bet. *2, 3* -'--] *a* **1** utstående, utskjutande **2** framstående; påfallande; enastående **3** om fordringar m. m. utestående, obetald; om växel m. m. utelöpande; om arbete ogjord
outstay [aut'steɪ] *tr* stanna längre än [*~ the other guests*]; *~ o.'s welcome* se *welcome II*
outstretch [aut'stretʃ] *tr* sträcka ut
outstretched ['autstretʃt] *a, with ~ arms* med utbredda armar
outstrip [aut'strɪp] *tr* distansera, springa (gå) om; överträffa; överstiga
out-tray ['auttreɪ] *s* korg (låda) för utgående post
outvote [aut'vəut] *tr* rösta omkull; få fler röster än
outward ['autwəd] **I** *a* **1** utgående; ut-; utåtriktad; *the ~ journey* (*voyage*) utresan **2** yttre; utvändig, utvärtes; *his ~ appearance* hans yttre **II** *adv* utåt, ut
outward-bound ['autwəd'baund] *a* isht om fartyg utgående, på utgående, på väg ut, destinerad till utrikes ort
outwardly ['autwədlɪ] *adv* **1** utåt; utvändigt, utanpå **2** till det yttre
outwards ['autwədz] *adv* utåt, ut
outwear [aut'weə] (*outwore outworn*) *tr* **1** räcka (hålla) längre än **2** nöta ut; slita ut; *outworn quotations* [ut]slitna citat
outweigh [aut'weɪ] *tr* uppväga; väga mer än
outwit [aut'wɪt] *tr* överlista
outworn [aut'wɔ:n, attr. '--] pp. av *outwear*
ouzel ['u:zl] *s* zool. koltrast; ringtrast
ova ['əuvə] *s* pl. av *ovum*
oval ['əuvəl] **I** *a* oval; äggformig **II** *s* oval
ovary ['əuvərɪ] *s* anat. äggstock
ovation [əʊ'veɪʃən] *s* ovation, bifallsstorm; *they gave him a standing ~* de stod upp och hyllade honom; *receive an ~* bli föremål för ovationer (hyllningar)
oven ['ʌvn] *s* ugn; *~ glassware* ugnsfast (eldfast) glas
ovenware ['ʌvnweə] *s* ugnseldfast gods, eldfasta formar
over ['əuvə] **I** *prep* **1** över; ovanför; utanpå, ovanpå; *how long was he ~ it?* hur länge höll han på med det?; *strike a p. ~ the head* slå ngn i huvudet; *go ~ o.'s notes* gå igenom sina anteckningar **2** tvärs över, över [till andra sidan av]; på andra sidan av; *the house ~ the way* (*street*) huset mitt över vägen (gatan), huset mitt emot **3** över, mer än [*it cost ~ £100*]; *~ and above* förutom, utöver **4** i tidsuttr. **a**) under, i [*~ several days*]; genom; *~ the years* under årens lopp, genom åren; *~ the years* [*he grew bald*] med åren .. **b**) över [*can you stay ~ Monday?*] **5** i, på; *say a th. ~ the telephone* säga ngt i telefon[en]; *hear a th. ~ the radio* (*air*) höra ngt i (på) radio[n] **6 a**) angående, beträffande, över [*unease ~ the political situation*]; på grund av **b**) om [*fight ~ a th.*] **II** *adv* **1** över [till (på) andra sidan] [*he has gone ~ to* (*he is ~ in*) *America*]; över [*the milk boiled ~*]; *be ~ there* vara där borta (framme); *go ~ there* gå dit bort (fram), gå över dit **2** över, till övers, kvar [*there are four apples ~*]; [*7 into 15 goes twice*] *and one ~* .. och ett i rest **3** igenom [*talk a th. ~*], från början till slut; *ten times ~* tio gånger om; *~ and ~* [*again*] om och om igen, gång på gång; *it rolled ~ and ~* den rullade runt flera gånger; *~ again* omigen, en gång till; *begin all ~ again* börja om från början **4** över [*paint the old name ~*]; *all ~* helt och hållet, överallt [*black all ~*]; *that's him all ~* det är så likt honom; sådan är han **5** över, till ända, slut, förbi [*the struggle is ~*]; *get it ~* [*and done with*] få det gjort, få det ur världen; *it's all ~ with him* det är [helt] ute (slut) med honom **6** framför adj. o. pp. alltför, över sig, särskilt, så värst [*he is not ~ well*], överdrivet [*be ~ polite*]; över- **III** *s* i kricket over serie om vanl. 6 kast **IV** *interj* telegr., *~* [*to you*]! kom!; *~ and out!* klart slut!
overabundance ['əuvərə'bʌndəns] *s* över-

flöd, -mått
overabundant ['əʊvərə'bʌndənt] *a* [alltför] ymnig (riklig), överflödande
overact ['əʊvər'ækt] *itr* o. *tr* teat. spela över, spela överdrivet; överdriva
over-age ['əʊvər'eɪdʒ] *a* överårig
overall ['əʊvərɔ:l] **I** *s* **1** [skydds]rock, städrock **2** pl. *~s* blåställ, överdragskläder, overall; *a pair of ~s* ett blåställ, en overall **II** attr. *a* total [*~ efficiency*]; helhets- [*an ~ impression*]; samlad [*the ~ production*]; allmän, generell [*an ~ wage increase*]
over-anxious ['əʊvər'æŋkʃəs] *a* **1** alltför ängslig **2** alltför ivrig
overarm [ss. adj. 'əʊvərɑ:m, ss. adv. əʊvər'ɑ:m] sport. **I** *a* överarms-, överhands- [*an ~ ball*] **II** *adv, bowl ~* göra ett överarmskast
overawe [ˌəʊvər'ɔ:] *tr* injaga fruktan hos; imponera på
overbalance [ˌəʊvə'bæləns] **I** *tr* **1** få att mista balansen; välta [omkull] [*he ~d the boat*] **2** uppväga [*the gains ~ the losses*] **II** *itr* tappa balansen [*he ~d and fell*]
overbearing [ˌəʊvə'beərɪŋ] **I** *a* övermodig, högdragen [*an ~ manner*] **II** *s* myndigt (övermodigt) uppträdande, högdragenhet
overbid [ss. vb ˌəʊvə'bɪd, ss. subst. '- - -] **I** (*overbid overbid*) *tr* o. *itr* bjuda över **II** *s* överbud
overblown ['əʊvə'bləʊn] *a* **1** överdriven [*~ ambition*] **2** svulstig, bombastisk
overboard ['əʊvəbɔ:d, ˌ- -'-] *adv* sjö. överbord [*fall* (*throw*) *~*]; utombords; *throw a th. ~* bildl. förkasta ngt
overburden [ˌəʊvə'bɜ:dn] *tr* över[be]lasta, belasta för tungt; bildl. betunga, tynga [ned] [*be ~ed with* (av) *grief*]
overcast [ˌəʊvə'kɑ:st, ss. attr. adj. '- - -] **I** (*overcast overcast*) *tr* [be]täcka, förmörka [*grey clouds ~ the sky*] **II** (*overcast overcast*) *itr* mulna [på], mörkna **III** *a* mulen, moln[be]täckt [*an ~ sky*]
over-cautious ['əʊvə'kɔ:ʃəs] *a* överdrivet försiktig (varsam)
overcharge ['əʊvə'tʃɑ:dʒ] **I** *tr* o. *itr* **1** ta för höga priser (överpriser) [av], överdebitera; *be ~d* få betala för mycket (överpris) **2** överbelasta **II** *s* **1** överpris, för högt pris; överdebitering **2** överbelastning
overcloud [ˌəʊvə'klaʊd] **I** *tr* [be]täcka med moln **II** *itr* bli moln[be]täckt
overcoat ['əʊvəkəʊt] *s* över-, ytter|rock
overcome [ˌəʊvə'kʌm] **I** (*overcame overcome*) *tr* besegra [*~ an enemy*], övervinna [*~ an obstacle*], betvinga, få bukt med [*~ a bad habit*] **II** (*overcame overcome*) *itr* segra [*we shall ~*] **III** *pp* o. *a* överväldigad; utmattad [*by* (av) *lack of sleep*]; *~ by exhaustion* utmattad
over-confident ['əʊvə'kɒnfɪdənt] *a* alltför (överdrivet) tillitsfull; självsäker
overcook ['əʊvə'kʊk] *tr* o. *itr* koka för länge
overcrowd [ˌəʊvə'kraʊd] *tr* o. *itr* överbefolka[s], fylla[s] med [för] mycket folk
overcrowded [ˌəʊvə'kraʊdɪd] *a* överbefolkad; överfull [*an ~ bus*], överbelagd [*an ~ hospital*]; trångbodd [*~ families*]
overcrowding [ˌəʊvə'kraʊdɪŋ] *s* överbefolkning; överbeläggning; trångboddhet
overdevelop ['əʊvədɪ'veləp] *tr* o. *itr* överutveckla[s]; överframkalla [*~ a photo*]
overdo [ˌəʊvə'du:] (*overdid overdone*) *tr* **1** överdriva, göra för mycket av; *~ it* (*things*) gå till överdrift **2** steka (koka) mat för länge **3** överanstränga; *~ it* förta (överanstränga) sig [*work hard, but don't ~ it!*]; *I've been ~ing it lately* jag har tagit i för hårt på sistone
overdone [ˌəʊvə'dʌn] **I** *pp* av *overdo* **II** *a* **1** för länge stekt (kokt) **2** överdriven [*his politeness is ~*]
overdose [ss. subst. 'əʊvədəʊs, ss. vb 'əʊvə'dəʊs] **I** *s* överdos, för stor dos **II** *tr* **1** ge en överdos [*~ a p.*] **2** överdosera [*~ a medicine*]
overdraft ['əʊvədrɑ:ft] *s* bank. **1** överdrag **2** över|dragning, -trassering
overdraw ['əʊvə'drɔ:] (*overdrew overdrawn*) *tr* **1** bank. dra över [på], övertrassera **2** överdriva
overdrawn ['əʊvə'drɔ:n] *a* o. *pp* (av *overdraw*) **1** bank. över|dragen, -trasserad [*an ~ account*] **2** överdriven [*the characters in this novel are rather ~*]
overdressed ['əʊvə'drest] *a* överdrivet välklädd, för fint klädd, utstyrd
overdrive ['əʊvədraɪv] *s* bil. överväxel
overdue ['əʊvə'dju:] *a* **1** hand. förfallen; *the rent is* [*long*] *~* hyran är [för länge sedan] förfallen till betalning **2** a) försenad [*the post is ~*] b) *she is* [*ten days*] *~* hon har gått . . över tiden **3** [länge] emotsedd; *an improvement has long been ~* en förbättring har länge varit behövlig
overeat ['əʊvər'i:t] (*overate overeaten*) *itr* äta för mycket
overemphasize ['əʊvər'emfəsaɪz] *tr* överbetona
overestimate [ss. vb 'əʊvər'estɪmeɪt, ss. subst. 'əʊvər'estɪmət] **I** *tr* över|skatta, -värdera; beräkna för högt **II** *s* över|skattning, -värdering; alltför hög beräkning
overexert ['əʊvərɪg'zɜ:t] *itr* o. *refl, ~* [*o.s.*] överanstränga sig
overexertion ['əʊvərɪg'zɜ:ʃən] *s* överansträngning
overexpose ['əʊvərɪks'pəʊz] *tr* **1** utsätta (exponera) för mycket (för länge) [*~ o.s. to* (för) *the sun*] **2** fotogr. överexponera

overexposure ['əuvərɪks'pəuʒə] *s* fotogr. överexponering
overfeed ['əuvə'fi:d] (*overfed overfed*) *tr* över|göda, -mätta
overflow [ss. vb ˌəuvə'fləu, ss. subst. '- - -] **I** *tr* svämma över [*the river ~ed its banks*]; översvämma, överfylla **II** *itr* flöda (svämma) över [bräddarna] [*the lake is ~ing*]; bildl. flöda (svalla) över [*~ with gratitude*] **III** *s* **1** översvämning **2** överflöd; tekn. överlopp, överflöde; data. spill; *~* [*pipe*] tekn. skvallerrör; *~ of population* befolkningsöverskott
over-fond ['əuvə'fɒnd] *a* överförtjust
overgrown ['əuvə'grəun] *a* **1** övervuxen [*walls ~ with ivy*], igenvuxen [*a garden ~ with weeds*] **2** förvuxen, för (ovanligt) stor [*an ~ boy*]
overgrowth ['əuvəgrəuθ] *s* alltför frodig (kraftig) vegetation (växtlighet)
overhang ['əuvə'hæŋ] **I** (*overhung overhung*) *tr* hänga [ut] över, skjuta fram (ut) över; bildl. sväva (hänga) över ngns huvud, hota **II** (*overhung overhung*) *itr* skjuta fram (ut) [*the ledge ~s several feet*]; bildl. hota
overhanging ['əuvə'hæŋɪŋ] *a* **1** fram-, ut|skjutande [*an ~ cliff*] **2** överhängande, hotande [*~ dangers*]
over-hasty ['əuvə'heɪstɪ] *a* förhastad
overhaul [ss. vb ˌəuvə'hɔ:l, ss. subst. '- - -] **I** *tr* **1** undersöka; se över; sjö. överhala reparera; *have o.'s car ~ed* få sin bil genomgången **2** köra (segla) om [*~ another ship*]; hinna upp **II** *s* undersökning; översyn
overhead [ss. adv. 'əuvə'hed, ss. attr. adj. 'əuvəhed] **I** *adv* över huvudet; uppe i luften (skyn) [*the clouds ~*], i höjden, i rymden, högt [där] uppe [*the stars ~*]; ovanpå **II** attr. *a* [anbragt] över huvudet etc., jfr *I*; över marken [befintlig]; *~ camshaft* överliggande kamaxel; *~ costs* (*expenses, charges*) se *overheads*; *~ projector* arbets-, overhead|projektor; *~ valve* toppventil
overheads ['əuvəhedz] *s pl* allmänna (generella) omkostnader, fasta utgifter
overhear [ˌəuvə'hɪə] (*overheard overheard*) *tr* [råka] få höra, [råka] avlyssna [*~ a conversation*]
overheat ['əuvə'hi:t] *tr* överhetta, hetta (värma) upp för mycket
overheating ['əuvə'hi:tɪŋ] *s* överhettning äv. bildl.; alltför kraftig uppvärmning
overindulgent ['əuvərɪn'dʌldʒənt] *a* alltför överseende, alltför eftergiven (släpphänt)
overjoyed [ˌəuvə'dʒɔɪd] *a* utom sig av glädje, överlycklig [*at, with* över]
overkill ['əuvəkɪl] *s* mil. överdödande-kapacitet totalförstöringskapacitet med kärnvapen
overladen ['əuvə'leɪdn] *a* över[be]lastad
overland [ss. adv. ˌəuvə'lænd, ss. adj. '- - -] **I** *adv* på land; landvägen, till lands [*travel ~*] **II** *a* på land, landvägen, till lands; *an ~ journey* en resa till lands (på land)
overlap [ss. vb ˌəuvə'læp, ss. subst. '- - -] **I** *tr* o. *itr* skjuta [ut] över [varandra] [*tiles that ~ one another*; *~ping boards*], [delvis] sammanfalla [med]; isht fackl. överlappa [varandra] **II** *s* isht fackl. överlapp[ning]
overlay [ˌəuvə'leɪ] (*overlaid overlaid*) *tr* täcka över, betäcka; belägga, överdra [*wood overlaid with gold*]
overleaf ['əuvə'li:f] *adv* på nästa sida
overload ['əuvə'ləud] *tr* **1** över[be]lasta [*~ o.'s stomach* (*memory*)] **2** ladda för hårt
overlook [ˌəuvə'luk] *tr* **1** a) titta (se) över [*~ a wall*]; se (skåda) ut över [*~ a valley from a hill*] b) erbjuda utsikt över; *a house ~ing the sea* ett hus med utsikt över havet; *my window ~s the park* mitt fönster vetter [ut] mot parken **2** förbise, inte märka [*~ a printer's error*] **3** överse med [*~ a fault*]
overlord ['əuvəlɔ:d] *s* **1** [stor]pamp [*the ~s of industry*] **2** hist. överherre
overly ['əuvəlɪ] *adv* alltför [mycket]
overmanned ['əuvə'mænd] *a* överbemannad
overmuch ['əuvə'mʌtʃ] *a* o. *adv* alltför mycket
overnight [ss. adv. 'əuvə'naɪt, ss. attr. adj. '- - -] **I** *adv* **1** över natt[en]; *stay ~* stanna över natt[en], övernatta **2** natten (kvällen) före (innan) [*preparations were made ~*] **3** över en natt, på en enda natt [*it changed ~*] **II** attr. *a* [som varar (stannar)] över en natt
overpass ['əuvəpɑ:s] *s* Am., se *fly-over*
overpayment ['əuvə'peɪmənt] *s* överbetalning
overpeople ['əuvə'pi:pl] *tr* överbefolka
overplay ['əuvə'pleɪ] *tr* **1** *~ o.'s hand* spela för högt [spel] **2** överbetona
overpopulate ['əuvə'pɒpjuleɪt] *tr* överbefolka
overpopulation ['əuvəˌpɒpju'leɪʃən] *s* överbefolkning
overpower [ˌəuvə'pauə] *tr* överväldiga; göra matt; övermanna
overpowering [ˌəuvə'pauərɪŋ] *a* överväldigande; oemotståndlig; kraftig [*an ~ scent*]; *an ~ personality* en stark och dominerande personlighet
overrate [ˌəuvə'reɪt] *tr* övervärdera, överskatta; *an ~d film* en överreklamerad film
overreach [ˌəuvə'ri:tʃ] *tr* **1** sträcka sig [ut]över; *~ the mark* skjuta över målet **2** *~ o.s.* bildl. ta sig vatten över huvudet, förta sig
overreact ['əuvərɪ'ækt] *itr* reagera för kraftigt (hårt), överreagera
override [ˌəuvə'raɪd] (*overrode overridden*)

tr **1** sätta sig över, åsidosätta [*~ a p.'s claims* (*decisions*)] **2** överskugga, dominera [*fear overrode all other emotions*]; *overriding* allt överskuggande, dominerande
overripe ['əʊvə'raɪp] *a* övermogen
overrule [ˌəʊvə'ru:l] *tr* **1** avvisa, åsidosätta [*~ a claim*]; isht jur. ogilla [*~ a plea; objection ~d!*], upphäva [*~ a decision*] **2** rösta ned (omkull) [*be ~d by the majority*]; *overruling* äv. allt behärskande
overrun [ˌəʊvə'rʌn] (*overran overrun*) *tr* **1** bre ut sig över; invadera; översvämma [*overrun with rats*]; härja [i] [*an epidemic ~ning the country*] **2** [be]täcka [*a wall overrun with ivy*]; *overrun with weeds* övervuxen med ogräs
overseas [ss. adj. 'əʊvəsi:z, ss. adv. ˌ-'-] **I** *a* utländsk, utrikes-, från (till) utlandet; *~ broadcast* [radio]utsändning från (till) utlandet; *~ trade* utrikeshandel **II** *adv* på (från, till) andra sidan havet; utomlands
oversee ['əʊvə'si:] (*oversaw overseen*) *tr* övervaka, ha uppsikt över [*~ workmen*]
overseer ['əʊvəˌsɪə] *s* [arbets]förman, verkmästare; uppsyningsman
over-sensitive ['əʊvə'sensɪtɪv] *a* överkänslig
oversexed [ˌəʊvə'sekst] *a* övererotisk
overshadow [ˌəʊvə'ʃædəʊ] *tr* **1** överskugga, kasta [sin] skugga över **2** bildl., *be ~ed by a p.* få stå i skuggan för ngn
overshoe ['əʊvəʃu:] *s* galosch; pampusch
overshoot ['əʊvə'ʃu:t] (*overshot overshot*) *tr* **1** skjuta över, missa [*~ the target*]; *~ the mark* skjuta över målet, bildl. äv. gå för långt, ta till i överkant **2** flyg. flyga in för högt för att kunna landa på [*~ the runway*]
oversight ['əʊvəsaɪt] *s* **1** förbiseende, ouppmärksamhet; *by* (*through*) *an ~* av (genom ett) förbiseende **2** uppsikt, tillsyn
oversimplify ['əʊvə'sɪmplɪfaɪ] *tr* förenkla alltför mycket [*~ a problem*]
oversize ['əʊvəsaɪz] *a* o. **oversized** ['əʊvəsaɪzd] *a* [som är] över medelstorlek; överdimensionerad
oversleep ['əʊvə'sli:p] (*overslept overslept*) *itr* försova sig
overspill ['əʊvəspɪl] *s* [befolknings]överskott [*London's ~*]
overstaffed ['əʊvə'stɑ:ft] *a* överbemannad; *be ~* äv. ha för stor personal
overstate ['əʊvə'steɪt] *tr* överdriva påstående, uppgift o. d.; ange för högt; *~ o.'s case* ta till [i överkant]
overstatement ['əʊvə'steɪtmənt] *s* överdrift
overstay ['əʊvə'steɪ] *tr* stanna [ut]över (längre än); *~ o.'s welcome* se *welcome II*
overstep ['əʊvə'step] *tr* överskrida; *~ the mark* bildl. gå för långt
overstrain [ˌəʊvə'streɪn] **I** *tr* överanstränga **II** *s* överansträngning
overstrung ['əʊvə'strʌŋ, attr. '- - -] *a* **1** överspänd [*~ nerves*] **2** korssträngad [*an ~ piano*]
oversubscribe ['əʊvəsəb'skraɪb] *tr* överteckna [*~ a loan*]
overt ['əʊvɜ:t, əʊ'vɜ:t] *a* öppen, uppenbar [*~ hostility*]; offentlig
overtake [ˌəʊvə'teɪk] (*overtook overtaken*) **I** *tr* **1** hinna upp (ifatt) **2** köra om (förbi) [*~ other cars on the road*]; gå om (förbi) **3** överraska [*be ~n by a storm*] **4** drabba [*be ~n by a disaster*], överväldiga **II** *itr* köra om, göra en omkörning
overtaking [ˌəʊvə'teɪkɪŋ] *s* omkörning; *no ~* omkörning förbjuden
overtax ['əʊvə'tæks] *tr* **1** beskatta (taxera) för högt **2** kräva för mycket av; *~ a p.'s patience* ställa för stora fordringar på ngns tålamod; *~ o.'s strength* överanstränga sig
overthrow [ss. vb ˌəʊvə'θrəʊ, ss. subst. '- - -] **I** (*overthrew overthrown*) *tr* **1** störta, fälla [*~ the government*]; omstörta **2** kasta omkull; bildl. kullkasta [*~ a plan*] **II** *s* **1** störtande, fällande [*the ~ of a government*]; omstörtning; besegrande **2** nederlag, undergång, fall
overtime ['əʊvətaɪm] **I** *s* övertid; övertidsarbete; övertidsersättning; *be on ~* arbeta över (på övertid) **II** *a* övertids- [*~ work* (*pay*)] **III** *adv* på övertid; *work ~* äv. arbeta över
overtone ['əʊvətəʊn] *s* mus. o. bildl. överton
overture ['əʊvətjʊə] *s* **1** mus. uvertyr **2** ofta pl. *~s* närmanden, trevare; förslag
overturn [ˌəʊvə'tɜ:n] **I** *tr* välta [omkull] [*~ a chair*], stjälpa [omkull] [*~ a glass*] **II** *itr* välta, stjälpa, kantra
overweening [ˌəʊvə'wi:nɪŋ] *a* **1** övermodig, inbilsk **2** omåttlig; *~ pride* övermod
overweight ['əʊvəweɪt] **I** *s* övervikt **II** *a* övervikts- [*~ luggage*]; överviktig
overwhelm [ˌəʊvə'welm] *tr* **1** tynga ned [*~ed with grief*], övermanna, överväldiga [*~ed with gratitude*]; **2** översvämma [*~ed by a flood*]
overwhelming [ˌəʊvə'welmɪŋ] *a* överväldigande [*an ~ victory*]
overwork ['əʊvə'wɜ:k] **I** *s* för mycket arbete, överansträngning [*ill through ~*] **II** *tr* överanstränga [*~ a horse, ~ o.s.*] **III** *itr* överanstränga sig, arbeta för mycket (hårt)
overwrought ['əʊvə'rɔ:t] *a* **1** utarbetad, överansträngd **2** överretad; överspänd
Ovid ['ɒvɪd] Ovidius
oviduct ['əʊvɪdʌkt] *s* zool. äggledare
oviform ['əʊvɪfɔ:m] *a* äggformig
oviparous [əʊ'vɪpərəs] *a* zool. äggläggande
ovulation [ˌɒvjʊ'leɪʃən, ˌəʊv-] *s* biol. ägg-

lossning, ovulation

ov|um ['əʊv|əm] (pl. *-a* [-ə]) *s* biol. ägg, ovum

ow [aʊ] *interj* aj!

owe [əʊ] *tr* o. *itr* vara skyldig [*he still ~s for the goods*; *~ a p. money* (*an explanation*)]; *I ~ him a debt of gratitude* jag står i tacksamhetsskuld till honom; *I ~ him a great deal* a) jag har honom att tacka för mycket b) jag är skyldig honom mycket; *~ it to o.s. to . .* vara skyldig sig själv att . .

owing ['əʊɪŋ] *a* **1** som skall betalas; *the amount ~* skuldbeloppet **2** *~ to* på grund av, genom [*~ to a mistake*], med anledning av; tack vare [*~ to his help*]; *be ~ to* bero på, ha sin orsak i

owl [aʊl] *s* uggla

owlish ['aʊlɪʃ] *a* uggle|lik, -aktig [*his thick glasses give him an ~ appearance*]

own [əʊn] **I** *tr* **1** äga [*I ~ this house*] **2** erkänna, tillstå **II** *itr*, *~ to* erkänna; *~ up* fam. erkänna, bekänna [*you had better ~ up*] **III** *a* **1** efter poss. pron. el. gen. egen [*this is my ~ house, this house is my ~*]; *she cooks her ~ meals* hon lagar sin mat själv; *my time is my ~* jag disponerar över min tid; *get o.'s ~ back, hold o.'s ~* se under resp. vb; *make a th. o.'s ~* göra ngt till sitt; *in your ~ [good] time* vid lägligt tillfälle, när det passar dig bäst; *he has a house of his ~* han har [ett] eget hus; *on o.'s ~* a) ensam, för sig själv [*he lives on his ~*] b) själv, på egen hand [*he can be left to work on his ~*] c) i särklass [*for craftsmanship, he is on his ~*] **2** *an ~ goal* sport. ett självmål

owner ['əʊnə] *s* ägare

owner-driver ['əʊnəˌdraɪvə] *s* privatbilist

owner-occupied ['əʊnər'ɒkjʊpaɪd] *a* som bebos av ägaren [själv]; *~ flat* äv. bostadsrättslägenhet; *~ houses* äv. egnahem

owner-occupier ['əʊnər'ɒkjʊpaɪə] *s* person som bor i eget hus (som äger sin bostad); självägare

ownership ['əʊnəʃɪp] *s* ägande-, egendoms|rätt; *pass into private ~* övergå i privat ägo

ox [ɒks] (pl. *oxen* ['ɒksən]) *s* oxe; stut

oxalic [ɒk'sælɪk] *a*, *~ acid* oxalsyra

Oxbridge ['ɒksbrɪdʒ] **I** egennamn: gemensam benämning på *Oxford* o. *Cambridge* **II** *s* överklassintellektualism med påverkan från *Oxford* o. *Cambridge*

oxen ['ɒksən] *s* pl. av *ox*

oxeye ['ɒksaɪ] *s*, *~ daisy* bot. prästkrage

Oxford ['ɒksfəd] **I** egennamn; *~ University* det ena av Englands två äldsta universitet **II** attr. oxford-; *~ accent* Oxford|accent, -engelska uttal som uppfattas som affekterat och antas härröra från Oxford University

Oxfordshire ['ɒksfədʃɪə, -ʃə]

oxhide ['ɒkshaɪd] *s* oxhud

oxide ['ɒksaɪd] *s* kem. oxid

oxidization [ˌɒksɪdaɪ'zeɪʃən] *s* oxidering

oxidize ['ɒksɪdaɪz] *tr* o. *itr* oxidera[s]

oxidizer ['ɒksɪdaɪzə] *s* oxidationsmedel

Oxon ['ɒksən] **1** förk. för *Oxoniensis* (lat.) från universitetet i Oxford [*M.A. ~*] **2** förk. för *Oxonia* (lat.) Oxford; Oxfordshire

Oxonian [ɒk'səʊnjən] **I** *a* från (tillhörande universitetet i) Oxford **II** *s* oxfordstudent, person som har legat i Oxford

oxtail ['ɒksteɪl] *s*, *~ soup* oxsvanssoppa

oxyacetylene ['ɒksɪə'setɪli:n] *a*, *~ torch* (*blowpipe*) acetylensyrgasbrännare

oxygen ['ɒksɪdʒən] *s* kem. syre, oxygen; syrgas; *~ tent* med. syretält

oxygenate [ɒk'sɪdʒəneɪt, 'ɒksɪ-] *tr* syrsätta [*~ the blood*]; tillföra syre till

oxymoron [ˌɒksɪ'mɔ:rɒn] *s* oxymoron stilistisk figur

oyster ['ɔɪstə] *s* ostron

oz. [aʊns, ss. pl. 'aʊnsɪz] förk. för *ounce*[*s*]

ozone ['əʊzəʊn] *s* kem. ozon

ozs. ['aʊnsɪz] förk. för *ounces*

P

P, p [pi:] (pl. *P's, p's* [pi:z]) *s* P, p; *mind o.'s P's and Q's* tänka på vad man säger; vara noga med vad man gör

P förk. för *parking*

p [i bet. *1* i sg. o. pl. pi:] **1** förk. för *penny, pence* [*these cigarettes are 40~*] **2** förk. för *piano*

p. förk. för *1 page, participle, past, per*

P. A. ['pi:'eɪ] förk. för *Press Association, public address* [*system*] (högtalar|e, -anläggning) [*over* (i) *the ~*]

Pa förk. för *pascal, Pennsylvania*

pa [pɑ:] *s* fam. pappa

p. a. förk. för *per annum* (lat.) årligen

P. A. A. förk. för *Pan-American* [*World*] *Airways* [*Incorporated*]

1 pace ['peɪsɪ] *prep* (lat.) med all aktning för

2 pace [peɪs] **I** *s* **1** steg iszt ss. mått [*ten ~s away*] **2** hastighet, fart, tempo, takt; *go the ~* a) sätta fart; hålla hög fart b) bildl. leva loppan; slå runt; *keep ~ with* hålla jämna steg med; *quicken* (*slacken*) *o.'s ~* öka (sakta) farten; *set* (*make*) *the ~* a) bestämma farten, dra vid löpning b) ange tonen; *he could not stand the ~* han orkade inte hålla tempot; *at a slow ~* långsamt **3** gång, sätt att gå; hästs gångart; *at a walking ~* gående **4** *put a p. through his ~s* låta ngn visa vad han går för **II** *itr* gå med avmätta steg, skrida **III** *tr* **1** gå av och an på (i) [*~*

[*up and down*] *a room*]; ~ *out* (*off*) stega upp [~ *out* (*off*) *a distance of 30 metres*] **2** sport. dra (vara pacemaker) åt

pacemaker ['peɪsˌmeɪkə] *s* **1** sport. pacemaker, farthållare, hare **2** med. pacemaker

pacesetter ['peɪsˌsetə] *s* se *pacemaker 1*

pacific [pə'sɪfɪk] **I** *a* **1** fredlig, fridsam **2** *P~* Stillahavs- [*Canadian P~ Railway*]; *the P~ Ocean* Stilla havet **II** *s, the P~* Stilla havet

pacification [ˌpæsɪfɪ'keɪʃən] *s* pacificering; återställande av fred (ordning)

pacifier ['pæsɪfaɪə] *s* Am. [sug]napp

pacifism ['pæsɪfɪzəm] *s* pacifism

pacifist ['pæsɪfɪst] *s* pacifist, fredsivrare

pacify ['pæsɪfaɪ] *tr* **1** pacificera, återställa freden (lugnet) i (på) [~ *a country*] **2** lugna [ned], stilla [~ *the children*]

pack [pæk] **I** *s* **1** packe, knyte, bylte; bal **2** a) förpackning b) Am. paket, ask [*a ~ of cigarettes*] **3** band [*a ~ of thieves*], samling [*a ~ of liars*], massa [*a ~ of lies*]; pack **4** [kort]lek; *a ~ of cards* en kortlek **5** släpp, koppel [*a ~ of dogs*], flock, skock [*a ~ of wolves*] **6** [forwards]kedja i rugby **7** packis[-massa] **8** med. inpackning [*dry* (*wet*) ~], inpackningsbad **9** kosmetisk mask [*a beauty* ~] **II** *itr* **1** packa [*you must begin ~ing*]; ~ *up* fam. a) lägga av [~ *up for the day*] b) paja, säcka ihop [*the engine ~ed up*] **2** kunna packas; *books ~ easily* böcker är lätta att packa **3** a) tränga (packa) ihop sig [*into* i] b) samla sig [i flock], skocka sig **4** packa sig i väg [äv. ~ *off*]; *send a p. ~ing* köra i väg ngn **III** *tr* **1 a**) packa [~ *o.'s things*]; bunta; packa (tränga) ihop [~ *people into a bus*], pressa (klämma) in [~ *a lot of work into one day*]; ~ *up* packa ner (in); ~ *it up* (*in*)*!* sl. lägg av! **b**) packa [~ *a box*], fylla, packa full; *~ed with people* fullpackad med folk **2 a**) förpacka, emballera, packa in; *~ed lunch* (*meal*) lunchpaket (måltidspaket), matsäck **b**) konservera [~ *meat*] **3** täta, fylla igen **4** ~ *off* skicka i väg [*to* till]; ~ *a p. off* köra i väg ngn **5** fam., ~ *a gun* bära (ha) revolver; *he ~s a terrific punch* sl. han slår jättehårt

package ['pækɪdʒ] **I** *s* **1** packe, bunt; större paket, kolli; förpackning; ~ *deal* paketavtal; ~ *tour* paketresa **2** förpackning, emballage **II** *tr* förpacka, emballera; packa [in]

packaging ['pækɪdʒɪŋ] *s* förpackning, emballage; emballering

pack-drill ['pækdrɪl] *s* mil. straffexercis med full packning

packer ['pækə] *s* packare

packet ['pækɪt] *s* **1** mindre paket; *a ~ of* [*cigarettes*] ett paket . . **2** sl., *it costs a ~* det kostar mycket stålar; *make a ~* göra storkovan **3** sl., *catch a ~* åka på en smäll

packet-boat ['pækɪtbəut] *s* paketbåt

packhorse ['pækhɔ:s] *s* pack-, klövje|häst

packing ['pækɪŋ] *s* **1** packning, förpackning etc., jfr *pack III* **2** emballage

packing-case ['pækɪŋkeɪs] *s* pack|låda, -lår

packthread ['pækθred] *s* segelgarn

pact [pækt] *s* pakt, fördrag

1 pad [pæd] **I** *s* **1** dyna, puta; flat kudde **2** sport. benskydd **3** stoppning, vaddering; valk [*a hair* ~]; *shoulder ~* axelvadd **4** [skriv-, antecknings]block **5** underlag; [*writing*] ~ [skriv]underlägg **6** avskjutningsramp, startplatta för raket o. d. **7** zool. trampdyna; tass **8** färg-, stämpel|dyna **9** sl. kvart bostad, säng **II** *tr* **1** stoppa; madrassera [*a ~ded cell* (*wall*)]; vaddera **2** ~ [*out*] fylla ut med fyllnadsgods [~ *out an essay*]

2 pad [pæd] **I** *tr* traska [längs]; ~ *it* traska **II** *itr* **1** traska **2** tassa

padding ['pædɪŋ] *s* **1** stoppning, madrassering, vaddering **2** bildl. fyllnadsgods

1 paddle ['pædl] **I** *s* **1** paddel[åra] **2** paddling, paddeltur **3** skovel på hjul **II** *tr* paddla [~ *a canoe*] **III** *itr* **1** paddla **2** simma hundsim

2 paddle ['pædl] *itr* **1** plaska [omkring], vada omkring **2** fingra [*with* på, med], leka

paddle-steamer ['pædlˌsti:mə] *s* hjulångare

paddle-wheel ['pædlwi:l] *s* skovelhjul

paddock ['pædək] *s* **1** paddock **2** sadelplats

Paddy ['pædɪ] **I** fam. för *Patrick* **II** *s* skämts. irländare

padlock ['pædlɒk] **I** *s* hänglås **II** *tr* sätta hänglås för

padre ['pɑ:drɪ] *s* fältpräst; fam. präst

pagan ['peɪgən] **I** *s* hedning **II** *a* hednisk

paganism ['peɪgənɪzəm] *s* hedendom[en]

paganize ['peɪgənaɪz] *tr* göra hednisk

1 page [peɪdʒ] **I** *s* sida **II** *tr* paginera, numrera sidorna

2 page [peɪdʒ] **I** *s* **1** hist. page, hovsven **2** se *page-boy* **II** *tr* kalla på, söka hotellgäst

pageant ['pædʒənt] *s* **1** lysande [historiskt] festspel, festtåg, parad **2** [tom] ståt

pageantry ['pædʒəntrɪ] *s* **1** pomp och ståt; parad **2** prål, [tom] ståt

page-boy ['peɪdʒbɔɪ] *s* pickolo, springpojke

page-proof ['peɪdʒpru:f] *s* ombrutet korrektur

paginate ['pædʒɪneɪt] *tr* paginera

pagination [ˌpædʒɪ'neɪʃən] *s* paginering

pagoda [pə'gəudə] *s* pagod

pah [pɑ:] *interj* asch!, pytt!, bah!; usch!

paid [peɪd] imp. o. pp. av *pay*

pail [peɪl] *s* spann, hink, ämbar

pain [peɪn] **I** *s* **1** smärta, värk; pina, plåga; *he's a ~ in the neck* (*ass* Am.) sl. han är en riktig plåga; *feel* (*have*) *a ~ in o.'s* (*the*) *knee* ha ont i knäet; *he gives me a* ~ [*in the neck*] sl. jag tål honom inte; *be in* ~ känna smärta; *put a p. out of his* ~ befria ngn från hans plågor **2** pl. ~*s* besvär, möda; *take* (*go to*) [*great*] ~*s about* (*over, with*) *a th.* göra sig stort (mycket) besvär med ngt; [*he got nothing*] *for his* ~*s* .. för besväret **3** *on* (*under*) ~ *of death* vid dödsstraff **II** *tr* smärta, pina; *look* ~*ed* se plågad ut

painful ['peɪnfʊl] *a* smärt-, plåg|sam; pinsam

pain-killer ['peɪnˌkɪlə] *s* smärtstillande medel

painless ['peɪnləs] *a* smärtfri, utan plågor

painstaking ['peɪnzˌteɪkɪŋ] *a* noggrann

paint [peɪnt] **I** *s* **1** [målar]färg; *wet* ~! nymålat!; *a box of* ~*s* en färglåda **2** smink **II** *tr* **1** måla, stryka med målarfärg; ~ *the lily* se *lily*; ~ *the town red* fam. slå runt svira **2** sminka **III** *itr* **1** måla **2** sminka (måla) sig

paint-box ['peɪntbɒks] *s* färglåda

paint-brush ['peɪntbrʌʃ] *s* målarpensel

1 painter ['peɪntə] *s* sjö. fånglina; *cut* (*slip*) *the* ~ lösgöra sig, kasta loss

2 painter ['peɪntə] *s* målare

painting ['peɪntɪŋ] *s* **1** målning, tavla **2** målning; måleri; målarkonst **3** sminkning

paintwork ['peɪntwɜ:k] *s, the* ~ målningen, färgen, det målade; bil. lackeringen

pair [peə] **I** *s* **1** par; *a* ~ *of scissors* (*tongs*) en sax (tång); *these two pictures make a* ~ dessa två tavlor bildar pendanger; *in* ~*s* parvis, par om par; [*it belongs to*] *the* ~ *of us* .. oss båda **2** spann [*a* ~ *of horses*]; *carriage and* ~ tvåspännare **II** *tr* **1** para [ihop], para samman **2** ordna parvis [äv. ~ *off*] **III** *itr* **1** ~ *off* ordna sig parvis; gå två och två **2** para sig **3** parl. kvitta vid votering

pairing ['peərɪŋ] *s* parning

pajamas [pə'dʒɑ:məz] *s* isht Am. för *pyjamas*

Pakistan [ˌpɑ:kɪs'tɑ:n]

Pakistani [ˌpɑ:kɪs'tɑ:nɪ] **I** *a* pakistansk **II** *s* pakistanare

pal [pæl] fam. **I** *s* kamrat, kompis **II** *itr,* ~ *up with* bli god vän (kompis) med

palace ['pælɪs, -ləs] *s* palats, slott

palaeography [ˌpælɪ'ɒgrəfɪ, ˌpeɪl-] *s* paleografi

palais de danse ['pæleɪdə'dɑ:ns] *s* (fr.) danspalats

palatable ['pælətəbl] *a* välsmakande, smaklig [~ *food*]; bildl. behaglig, tilltalande

palatal ['pælətl] **I** *a* fon. o. anat. palatal, gom- [~ *sounds*] **II** *s* fon. palatal[t ljud]

palatalization [ˌpælətəlaɪ'zeɪʃən] *s* palatalisering

palatalize ['pælətəlaɪz] *tr* palatalisera

palate ['pælət] *s* **1** gom; *cleft* ~ kluven gom **2** bildl. gom, smak

palatial [pə'leɪʃəl] *a* palatslik[nande]

palaver [pə'lɑ:və] **I** *s* **1** överläggning, palaver **2** prat, snack **II** *itr* **1** snacka **2** hålla långa överläggningar (palavrer)

1 pale [peɪl] *s* **1** påle, [spetsad] stake; staketspjäla **2** inhägnad **3** gräns; område, sfär; *beyond the* ~ a) utanför anständighetens gränser b) utanför socialgruppen

2 pale [peɪl] **I** *a* blek; ~ *ale* ljust öl; ~ *blue* svagt blå, blekblå **II** *itr* blekna, bli blek, bildl. förblekna; *it* ~*s into insignificance* det [för]bleknar fullständigt

pale-face ['peɪlfeɪs] *s* blekansikte

pale-faced ['peɪlfeɪst] *a* blek[lagd], med [ett] blekt ansikte

Palestine ['pæləstaɪn] Palestina

Palestinian [ˌpæləs'tɪnɪən] **I** *a* palestinsk **II** *s* palestinier

palette ['pælət] *s* palett

paling ['peɪlɪŋ] *s* staket, plank, inhägnad

palisade [ˌpælɪ'seɪd] **I** *s* **1** palissad, pålverk **2** pl. ~*s* Am. [rad av] branta klippor **II** *tr* förse med palissad (pålverk)

1 pall [pɔ:l] *itr* **1** förlora sin dragningskraft; *it* ~*s on you* (*one*) man tappar intresset för det, det tråkar ut en **2** tröttna

2 pall [pɔ:l] *s* **1** [bår]täcke **2** *a* ~ *of smoke* en mörk rökridå **3** rom. kat. pallium

palladium [pə'leɪdjəm] *s* kem. palladium

pall-bearer ['pɔ:lˌbeərə] *s* kistbärare

palliasse ['pælɪæs] *s* halmmadrass

palliate ['pælɪeɪt] *tr* **1** lindra [~ *a pain*] **2** skyla över, förmildra [~ *a bad impression*]

palliative ['pælɪətɪv] **I** *a* **1** lindrande **2** överskylande; förmildrande [~ *circumstances*] **II** *s* palliativ, lindringsmedel

pallid ['pælɪd] *a* blek

pallor ['pælə] *s* blekhet

pally ['pælɪ] *a* fam. bussig, vänlig, kamratlig

1 palm [pɑ:m] **I** *s* handflata; *grease* (*oil*) *a p.'s* ~ fam. smörja (muta) ngn **II** *tr* **1** dölja i handen **2** ~ [*off*] *a th. on a p.* pracka (lura) på ngn ngt; ~ *a th. off as genuine* utge ngt för att vara äkta [vara]

2 palm [pɑ:m] *s* palm; palm|kvist, -blad; *bear* (*carry*) *off the* ~ hemföra segern; *P*~ *Sunday* palmsöndag[en]

palmist ['pɑ:mɪst] *s* spåkvinna, person som spår i händerna, kiromant

palmistry ['pɑ:mɪstrɪ] *s* konsten att spå i händerna, kiromanti

palmy ['pɑ:mɪ] *a* **1** palmliknande **2** palmbevuxen **3** bildl., ~ *days* storhetstid

palpable ['pælpəbl] *a* **1** påtaglig; uppenbar [*a* ~ *error*] **2** känn-, förnim|bar

palpitate ['pælpɪteɪt] *itr* **1** klappa, slå [*his heart* ~*d wildly*] **2** skälva, darra

palpitation [ˌpælpɪ'teɪʃən] *s* **1** hjärtklappning [äv. ~ *of the heart*] **2** skälvning

palsy ['pɔ:lzɪ] *s* förlamning; skakningar

paltry ['pɔ:ltrɪ] *a* usel, futtig [*a ~ sum*], ynklig [*a ~ excuse*]; lumpen, tarvlig
Pam [pæm] kortform för *Pamela*
Pamela ['pæmələ]
pampas ['pæmpəs] *s pl* pampas[slätter]
pamper ['pæmpə] *tr* klema bort, klema med; pjoska med [*~ o.'s health*]
pamphlet ['pæmflət] *s* broschyr; [strö]-skrift; stridsskrift
pamphleteer [ˌpæmflə'tɪə] **I** *s* ströskrifts-, stridsskrifts|författare **II** *itr* skriva (sända ut) ströskrifter (stridsskrifter)
Pan [pæn]
1 pan [pæn] **I** *s* **1** kok. panna [*frying-pan*]; [bak]form **2** bäcken **3** vaskpanna för guldvaskning **4** vågskål **5** wc-skål [äv. *lavatory-pan*]; *it has gone down the ~* fam. det har gått åt pipan **6** sl., *dead ~* pokerfejs **II** *tr* **1** vaska [äv. *~ out*; *~ gold*] **2** fam. sabla ner **III** *itr* **1** vaska [efter guld] **2** *~ out* fam. lyckas
2 pan [pæn] *itr* o. *tr* film. panorera; panorera i (över) sceneri
panacea [ˌpænə'sɪə] *s* universalmedel; patent|medel, -lösning; panacé
panache [pə'næʃ] *s* bravur, glans; stil
Panama [ˌpænə'mɑ:, '- - -] **I** egennamn; *p~ hat* panamahatt **II** *s, p~* panamahatt
Panamanian [ˌpænə'meɪnjən] **I** *s* panaman **II** *a* panamansk
Pan-American ['pænə'merɪkən] *a* panamerikansk
pancake ['pænkeɪk] *s* pannkaka; *P~ Day* fettisdag[en]
panchromatic ['pænkrəʊ'mætɪk] *a* fotogr. pankromatisk [*~ film*]
pancreas ['pæŋkrɪəs] *s* anat. bukspottkörtel, pankreas
pancreatic [ˌpæŋkrɪ'ætɪk] *a, ~ juice* bukspott, pankreassaft
panda ['pændə] *s* **1** zool. panda **2** *~ car* svartvit [radio]polisbil; *~ crossing* övergångsställe med manuellt påverkade signaler
pandemonium [ˌpændɪ'məʊnjəm] *s* tumult, kaos, pandemonium; *~ broke loose* ett helveteslarm bröt ut
pander ['pændə] **I** *itr* **1** *~ to* uppmuntra, underblåsa, vädja till [*~ to low tastes*] **2** koppla, vara kopplare [*to* åt] **II** *s* kopplare
P. and O. ['pi:ənd'əʊ] förk. för *Peninsular and Oriental* [*Steam Navigation Company*], *P & O-Orient Line*
pane [peɪn] *s* [glas]ruta
panegyric [ˌpænə'dʒɪrɪk] *s* panegyrik, lovtal
panel ['pænl] *s* **1** panel; fält, spegel i vägg, dörr m. m. **2** instrumentbräda, [instrument]-tavla; panel **3** a) jurylista, förteckning över jurymän till förfogande b) jury **4** *~ doctor* sjukförsäkringsläkare; *be on the ~* ung. vara med i sjukförsäkringskassa **5** isht radio. o. TV. panel, [expert]grupp
panelling ['pænəlɪŋ] *s* [trä]panel
pang [pæŋ] *s* [häftig] smärta (plåga); kval; *~s of conscience* samvetskval; *feel a ~* känna ett sting [i hjärtat]
Pan-Germanic ['pændʒə'mænɪk] *a* pangermansk
panic ['pænɪk] **I** *s* panik **II** *a* panisk **III** *itr* gripas av panik; *don't ~!* ingen panik!
panicky ['pænɪkɪ] *a* fam. gripen av panik
panic-monger ['pænɪkˌmʌŋgə] *s* panik-, bråk|makare
panic-stricken ['pænɪkˌstrɪkən] *a* o. **panic-struck** ['pænɪkstrʌk] *a* panikslagen
pannier ['pænɪə] *s* **1** klövjekorg; ryggkorg **2** cykel-, pack|väska
panoply ['pænəplɪ] *s* **1** hist. o. bildl. rustning [*in full ~*] **2** stort uppbåd (pådrag); pompa
panorama [ˌpænə'rɑ:mə] *s* panorama; kavalkad
pan-pipe ['pænpaɪp] *s, ~[s* pl.] panflöjt; herdepipa
pansy ['pænzɪ] *s* **1** bot. pensé; *wild ~* styvmorsviol **2** sl. fikus, homofil [äv. *~ boy*] **3** sl. mes vekling
pant [pænt] **I** *itr* flämta, flåsa; *~ for breath* kippa efter andan **II** *tr* flämta fram
pantalet[te]s [ˌpæntə'lets] *s pl* mamelucker, 'yllebyxor'
pantechnicon [pæn'teknɪkən] *s* **1** *~ [van]* flyttvagn; möbelvagn **2** möbelmagasin
pantheism ['pænθɪɪzəm] *s* panteism
pantheistic [ˌpænθɪ'ɪstɪk] *a* panteistisk
pantheon ['pænθɪən] *s* panteon
panther ['pænθə] *s* zool. panter
pantie ['pæntɪ] *s* fam. **1** pl. *~s* a) trosor b) barnbyxor **2** *~ girdle* trosgördel
pantihose se *pantyhose*
pantomime ['pæntəmaɪm] *s* **1** pantomim **2** julshow med musik o. dans
pantry ['pæntrɪ] *s* **1** skafferi **2** serveringsrum
pants [pænts] *s pl* **1** kalsonger; trosor **2** a) isht Am. fam. [lång]byxor b) fam., *scare the ~ off a p.* ge ngn byxångest, göra ngn byxis; *wear the ~* [*in the family*] vara herre i huset; *give a p. a kick in the ~* ge ngn en spark i ändan; *catch a p. with his ~ down* ta ngn på sängen, överrumpla ngn
pantskirt ['pæntskɜ:t] *s* byxkjol
pantyhose ['pæntɪhəʊz] (konstr. ss. pl.) *s* strumpbyxor
pap [pæp] *s* [skorp]välling
papa [pə'pɑ:, Am. 'pɑ:pə] *s* pappa
papacy ['peɪpəsɪ] *s* påvevärdighet; påvedöme
papal ['peɪpəl] *a* påvlig
paper ['peɪpə] **I** *s* **1** papper; *I want it down on ~* jag vill ha skriftligt på det; *commit to*

~ sätta (fästa) på papperet; *put (set) pen to* ~ fatta pennan för att börja skriva **2** tidning **3** hand. [värde]papper; pappersvaluta, sedlar **4** dokument, akt, handling, viktigt papper **5** skriftligt prov, [examens]skrivning **6** skrift, uppsats, föredrag **7** = *wallpaper* **II** *tr* tapetsera, sätta upp tapeter i (på) [~ *a room* (*wall*)]; ~ *over the cracks* tapetsera över sprickorna; bildl. släta över bristerna

paperback ['peɪpəbæk] *s* häftad bok, 'paperback'; pocketbok

paperbag ['peɪpəbæg] *a*, ~ *cookery* stekning i [smörat] papper

paper-boy ['peɪpəbɔɪ] *s* tidnings|pojke, -bud

paper-chain ['peɪpətʃeɪn] *s* [pappers]-girland

paper-chase ['peɪpətʃeɪs] *s* snitseljakt

paper-clip ['peɪpəklɪp] *s* pappersklämma; gem

paper-cover ['peɪpəˌkʌvə] *s* pappersomslag

paper-cutter ['peɪpəˌkʌtə] *s* papperskniv

paper-fastener ['peɪpəˌfɑːsnə] *s* [prov]-påsklämma

paperhanger ['peɪpəˌhæŋə] *s* tapetuppsättare, ung. motsv. målare

paper-hanging ['peɪpəˌhæŋɪŋ] *s* o. **papering** ['peɪpərɪŋ] *s* tapetsering

papermill ['peɪpəmɪl] *s* pappersbruk

paper-round ['peɪpəraʊnd] *s*, *do a* ~ bära ut tidningar

paperweight ['peɪpəweɪt] *s* brevpress

paper-work ['peɪpəwɜːk] *s* skrivbordsarbete

papier-mâché ['pæpjeɪ'mɑːʃeɪ] *s* papier-maché

papist ['peɪpɪst] *s* neds. papist katolik

papoose [pə'puːs] *s* Nordam. indianspråk **1** barnunge **2** [rygg]bärställning för spädbarn

paprika ['pæprɪkə] *s* paprika[pulver]

papyrus [pə'paɪərəs] *s* **1** bot. papyrus **2** papyrus|manuskript, -rulle

par [pɑː] *s* **1** det normala, medeltal; hand. pari; ~ *value* parivärde; *above* (*below*) ~ a) över (under) det vanliga måttet (det normala) b) över (under) pari; *on a* ~ i genomsnitt; *I am not feeling* [*quite*] *up to* ~ fam. jag känner mig lite vissen **2** *be on a* ~ vara likställd; gå jämnt upp; *put on a* ~ likställa **3** golf. par

parable ['pærəbl] *s* parabel, liknelse

parabola [pə'ræbələ] *s* mat. parabel

parachute ['pærəʃuːt] **I** *s* fallskärm **II** *tr* kasta ner (marksätta) med fallskärm **III** *itr* hoppa [ut] (gå ner) med fallskärm

parachutist ['pærəʃuːtɪst] *s* fallskärmshoppare; fallskärmsjägare

parade [pə'reɪd] **I** *s* **1** isht mil. parad, uppställning; mönstring **2** upp-, före|visning, parad; *fashion* ~ modevisning **3** promenad[plats] **4** konfrontation för identifiering **II** *itr* **1** isht mil. paradera **2** tåga **3** promenera (flanera) fram och tillbaka **III** *tr* **1** isht mil. låta paradera, ställa upp [till parad (uppvisning)] [~ *the troops*]; mönstra **2** tåga igenom [i procession] **3** promenera fram och tillbaka på [~ *the streets*] **4** lysa (skylta) med [~ *o.'s knowledge*]

parade-ground [pə'reɪdgraʊnd] *s* mil. exercis-, uppställnings-, parad|plats

paradigm ['pærədaɪm] *s* paradigm, gram. äv. böjningsmönster

paradise ['pærədaɪs] *s* paradis; *live in a fool's* ~ leva i lycklig okunnighet, leva på illusioner; *bird of* ~ paradisfågel

paradox ['pærədɒks] *s* paradox

paradoxical [ˌpærə'dɒksɪkəl] *a* paradoxal

paraffin ['pærəfɪn, -fiːn] *s* paraffin; fotogen; ~ *oil* a) fotogen b) Am. paraffinolja

paraffin-wax ['pærəfɪnwæks] *s* [fast] paraffin

paragon ['pærəgən] *s* mönster, förebild; *a* ~ *of beauty* en fulländad skönhet; *a* ~ *of virtue* ett dygdemönster

paragraph ['pærəgrɑːf] *s* [nytt] stycke, [text]avsnitt, moment

Paraguay ['pærəgwaɪ, -gweɪ]

parakeet ['pærəkiːt] *s* parakit, liten [långstjärtad] papegoja

parallax ['pærəlæks] *s* astr. parallax

parallel ['pærəlel] **I** *a* **1** parallell, jämlöpande [*with, to* med]; ~ *bars* gymn. barr **2** bildl. parallell, motsvarande [~ *cases*] **II** *s* **1** parallell [linje] **2** geogr. breddgrad, latitud **3** parallell, motsvarighet [*for* till]; *without* [*a*] ~ utan motstycke **4** jämförelse, parallell [*to* med] **III** *tr* **1** jämställa **2** finna en motsvarighet till **3** vara ett motstycke till **4** vara parallell med

parallelogram [ˌpærə'leləʊgræm] *s* geom. parallellogram

paralyse ['pærəlaɪz] *tr* paralysera, förlama; lamslå

paralysis [pə'rælɪsɪs] *s* förlamning äv. bildl.

paralytic [ˌpærə'lɪtɪk] **I** *a* paralytisk, förlamad; *a* ~ *stroke* ett slaganfall med förlamning **II** *s* paralytiker

parameter [pə'ræmɪtə] *s* parameter

paramilitary ['pærə'mɪlɪtərɪ] *a* halvmilitär

paramount ['pærəmaʊnt] *a* högst [*the* ~ *chiefs*], störst [*of* ~ *interest*], dominerande; av största vikt [*a* ~ *consideration*]

paramour ['pærəmʊə] *s* åld. el. litt. älskare; älskarinna, käresta

paranoia [ˌpærə'nɔɪə] *s* med. paranoia

paranoiac [ˌpærə'nɔɪæk] **I** *s* paranoiker **II** *a* paranoid

paranoid ['pærənɔɪd] *a* paranoid

parapet ['pærəpɪt, -pet] *s* **1** ark. bröstvärn, balustrad, räcke, parapet; bröstning **2** mil. skytte-, bröst|värn

paraphernalia [ˌpærəfə'neɪljə] (konstr. ofta ss. sg.) *s* tillbehör, utrustning, attiralj[er]

paraphrase ['pærəfreɪz] *s* parafras, [förklarande] omskrivning

parapsychology ['pærəsaɪ'kɒlədʒɪ] *s* parapsykologi

parasite ['pærəsaɪt] *s* parasit; snyltgäst

parasitic[al] [ˌpærə'sɪtɪk, -əl] *a* parasitisk, snyltande, parasit-, snylt- [~ *plants*]

parasol ['pærəsɒl] *s* parasoll

paratrooper ['pærəˌtru:pə] *s* fallskärmsjägare

paratroops ['pærətru:ps] *s pl* fallskärmstrupper

paratyphoid ['pærə'taɪfɔɪd] *s* med. paratyfus

parboil ['pɑ:bɔɪl] *tr* **1** förvälla **2** överhetta

parcel ['pɑ:sl] **I** *s* **1** paket, packe, kolli; bunt; ~ *post* paketpost **2** hand. [varu]parti **3** jur., ~ [*of land*] jord|stycke, -lott **4** *be part and ~ of* vara en väsentlig del av **II** *tr* **1** ~ [*out*] dela [ut] **2** paketera

parch [pɑ:tʃ] *tr* **1** [lätt] rosta **2** sveda, bränna [~ *the skin*], förtorka [~*ed deserts*]; *be ~ed* vara alldeles torr i halsen

parchment ['pɑ:tʃmənt] *s* **1** pergament **2** pergament|manuskript, -dokument

pardon ['pɑ:dn] **I** *s* **1** förlåtelse; [*beg your*] *~!* förlåt!, ursäkta!, hur sa? **2** jur. benådning, amnesti [*general ~*] **3** kyrk. avlat **II** *tr* **1** förlåta, ursäkta **2** jur. benåda [~ *a criminal*]

pardonable ['pɑ:dnəbl] *a* förlåtlig, ursäktlig; förståelig

pare [peə] *tr* skala [~ *an apple*]; klippa [~ *o.'s nails*], beskära [~ *a hedge*]

parent ['peərənt] *s* förälder; målsman; ~ *company* moderbolag; ~ *ship* moderfartyg

parentage ['peərəntɪdʒ] *s* **1** här|komst, -stamning, börd **2** föräldraskap

parental [pə'rentl] *a* föräldra- [~ *authority*]; faderlig, moderlig [~ *care* (omsorg)]

parenthes|is [pə'renθɪs|ɪs] (pl. *-es* [-i:z]) *s* parentes; parentestecken

parenthetic[al] [ˌpærən'θetɪk, -əl] *a* parentetisk, inom parentes

parenthood ['peərənthʊd] *s* föräldraskap

parents-in-law ['peərəntsɪnlɔ:] *s pl* svärföräldrar

parfait [pɑ:'feɪ] *s* (fr.) parfait slags glass

pariah ['pærɪə, pə'raɪə] *s* **1** paria äv. bildl.; utstött **2** ~ [*dog*] pariahund; herrelös hund

pari-mutuel ['pærɪ'mju:tʃʊəl] *s* (fr.) **1** slags totalisatorspel **2** slags totalisator[apparat]

Paris ['pærɪs]

parish ['pærɪʃ] *s* socken, församling

parishioner [pə'rɪʃənə] *s* socken-, församlings|bo

Parisian [pə'rɪzjən] **I** *a* parisisk, paris[er]- **II** *s* parisare, parisiska

parity ['pærətɪ] *s* paritet, [jäm]likhet

park [pɑ:k] **I** *s* park **II** *tr* parkera [*where can we ~ the car?*]; fam. parkera, sätta, placera [*he ~ed himself on my chair*] **III** *itr* parkera

park-and-ride ['pɑ:kənd'raɪd] *a, the ~ system* [systemet med] infartsparkering

parking ['pɑ:kɪŋ] *s* parkering; *No P~* Parkering förbjuden; ~ *light* a) parkeringsljus b) positionsljus; ~ *meter* parkerings|automat, -mätare; ~ *lot* parkerings|plats, -område; ~ *ticket* parkeringslapp om parkeringsöverträdelse

Parkinson ['pɑ:kɪnsn] egennamn; *~'s disease* Parkinsons sjukdom

parky ['pɑ:kɪ] *a* fam. kylig [~ *air* (*weather*)]

parlance ['pɑ:ləns] *s* [tal]språk; språkbruk [*in military ~*]; *in common* (*ordinary*) ~ i dagligt tal

parley ['pɑ:lɪ] **I** *s* **1** förhandling, överläggning **2** mil. underhandling **II** *itr* **1** förhandla, konferera **2** mil. underhandla

parliament ['pɑ:ləmənt] *s* parlament; riksdag; *the Houses of P~* parlamentshuset i London

parliamentarian [ˌpɑ:ləmen'teərɪən] *s* [god] parlamentariker

parliamentarism [ˌpɑ:lə'mentərɪzəm] *s* parlamentarism

parliamentary [ˌpɑ:lə'mentərɪ] *a* parlamentarisk; parlaments- [~ *debates*]; *P~ Private Secretary* el. *P~ Secretary* parlamentsmedlem som biträder minister

parlour ['pɑ:lə] *s* **1** a) sällskapsrum på värdshus o. d.; mottagningsrum b) ngt åld. el. Am. vardagsrum; ~ *socialist* salongssocialist **2** salong [*beauty ~*]; bar [*ice-cream ~*]

parlour-game ['pɑ:ləgeɪm] *s* sällskapsspel

parlour-maid ['pɑ:ləmeɪd] *s* ngt åld. husa

parlous ['pɑ:ləs] *a* **1** farlig **2** kinkig, svår

Parmesan [ˌpɑ:mɪ'zæn, attr. '- - -] **I** *a* parmesan- [~ *cheese*] **II** *s* parmesan[ost]

parochial [pə'rəʊkjəl] *a* **1** församlings-, socken- **2** trångsynt, inskränkt, provinsiell

parochialism [pə'rəʊkjəlɪzəm] *s* trångsynthet; lokalpatriotism

parody ['pærədɪ] **I** *s* parodi **II** *tr* parodiera

parole [pə'rəʊl] **I** *s* **1** isht mil. hedersord **2** Am. jur. villkorlig frigivning (benådning) [äv. *release on ~*] **II** *tr* **1** mil. frige på hedersord **2** Am. jur. frige villkorligt

paroxysm ['pærəksɪzəm] *s* paroxysm, häftigt anfall [*a ~ of laughter* (*rage*)]

parquet ['pɑ:keɪ, -kɪ] **I** *s* **1** parkett[golv] [äv. *~ flooring*] **2** Am. parkett på teater o. d. **II** *tr* parkettera, lägga parkett[golv] i

parricide ['pærɪsaɪd] *s* **1** fadermord; modermord **2** fadermördare; modermördare

parrot ['pærət] **I** *s* papegoja **II** *tr* [mekaniskt] säga efter (upprepa), imitera

parry ['pærɪ] **I** *tr* parera, avvärja [~ *a blow*] **II** *s* parad, parering, avvärjning

parse [pɑ:z] *tr* gram. analysera [~ *a word*], ta ut satsdelarna (ordklasserna) i [~ *a sentence*]

parsimonious [ˌpɑ:sɪ'məʊnjəs] *a* **1** gnidig; knusslig **2** knapp, mager [~ *fare*]

parsimony ['pɑ:sɪmənɪ] *s* gnidighet; njugghet, knussel

parsley ['pɑ:slɪ] *s* bot. persilja

parsnip ['pɑ:snɪp] *s* bot. palsternacka

parson ['pɑ:sn] *s* kyrkoherde; fam. präst; *the ~'s nose* fam. kok. prästnäsan fågelgumpen

parsonage ['pɑ:sənɪdʒ] *s* prästgård

part [pɑ:t] **I** *s* **1** del, avdelning, stycke; avsnitt; beståndsdel, bråkdel; [reserv]del; ~ *of speech* ordklass; *give the principal ~s of a verb* säga (ta) temat på ett verb; *for the most ~* till största delen, för det mesta; *form ~ of* utgöra en del av; *go ~ of the way by bus* åka buss en bit av vägen; *in ~* delvis, till en del; *take in bad (ill) ~* ta illa upp; *take in good ~* ta väl upp **2** [an]del, lott; uppgift; *I have no ~ in it* jag har ingen del i det; *take ~* deltaga, medverka **3** sida, part; håll, kant; *take a p.'s ~* ta ngns parti; *for my ~* [jag] för min del; *on his ~* från hans sida **4** ofta pl. *~s* [kropps]delar, parti[er], organ; *the [privy (private)] ~s* könsdelarna **5** pl. *~s* trakt[er], ort, del; kvarter; *I'm a stranger in these ~s* jag är främling här på orten (i trakten) **6** häfte; *in ~s* häftesvis [*be published in ~s*] **7** teat. o. d., äv. bildl. roll; *play (act) a ~* spela (göra) en roll; bildl. spela teater; *play a vital ~ in* bildl. spela en viktig roll i **8** mus. stämma [*orchestra ~s*] **II** *adv* delvis, till en del, dels [~ *ignorance*, ~ *laziness*] **III** *tr* **1** skilja [åt] [*we tried to ~ them*; *till death do us (us do) ~*]; ~ *company* skiljas **2** dela; bena; *she wears her hair ~ed down the middle* hon har mittbena **IV** *itr* **1** skiljas [*from a p.* från ngn], skiljas åt; gå åt olika håll; ~ *with* skiljas från (vid), avstå från [~ *with o.'s possessions*], göra sig av med **2** öppna (dela) sig; *his hair ~s in the middle* han har mittbena

partake [pɑ:'teɪk] (*partook partaken*) *itr* delta; ~ *of* inta, förtära

parterre [pɑ:'teə] *s* **1** trädg. blomsterterrass, parterr **2** isht Am. teat. främre parkett

part-exchange ['pɑ:tɪks'tʃeɪndʒ] *s* dellikvid [*take a th. in* (som) ~]

partial ['pɑ:ʃəl] *a* **1** partiell, ofullständig, del- [~ *payment*] **2** partisk **3** *be ~ to* vara förtjust i, ha en viss förkärlek för

partiality [ˌpɑ:ʃɪ'ælətɪ] *s* **1** partiskhet **2** smak, förkärlek

partially ['pɑ:ʃəlɪ] *adv* delvis, partiellt

participant [pɑ:'tɪsɪpənt] *s* deltagare

participate [pɑ:'tɪsɪpeɪt] *itr* delta

participation [pɑ:ˌtɪsɪ'peɪʃən] *s* **1** deltagande [*the ~ of a p. in a meeting*]; delaktighet; medverkan **2** medbestämmanderätt; [när]demokrati **3** engagemang

participator [pɑ:'tɪsɪpeɪtə] *s* deltagare, medverkande

participle ['pɑ:tɪsɪpl] *s* gram. particip; *the past ~* a) perfekt particip b) supinum; *the present ~* presens particip

particle ['pɑ:tɪkl] *s* partikel äv. gram.; ~ *of dust* damm|korn, -partikel

particoloured ['pɑ:tɪˌkʌləd] *a* brokig

particular [pə'tɪkjʊlə] **I** *a* **1** särskild, speciell [*in this ~ case*], bestämd [*for a ~ purpose*]; [*why did he want*] *that ~ book?* . . just den boken?; *nothing ~* [just] ingenting särskilt **2** om pers. noggrann, kinkig [*about, as to, in* i [fråga om], med]; kräsen; [*do you want tea or coffee?*] *I'm not ~* . . det är inte så kinkigt **3** utförlig, detaljerad, noggrann **II** *s* **1** detalj [*go into* (in på) *~s*]; pl. *~s* isht närmare omständigheter (detaljer); detaljerade (närmare) upplysningar; *for ~s apply to* närmare upplysningar [fås] av (hos, i) **2** *in ~* i synnerhet, särskilt; *nowhere in ~* just ingenstans

particularity [pəˌtɪkjʊ'lærətɪ] *s* **1** noggrannhet **2** kräsenhet **3** egenart

particularize [pə'tɪkjʊləraɪz] *tr* **1** nämna särskilt; specificera **2** beskriva i detalj

particularly [pə'tɪkjʊləlɪ] *adv* särskilt, speciellt; synnerligen [*be ~ glad*]

parting ['pɑ:tɪŋ] *s* **1** avsked, skilsmässa; ~ *shot* bildl. [dräpande] slutreplik **2** bena; *make a ~* kamma [en] bena **3** delning; *be at the ~ of the ways* bildl. stå vid skiljevägen

partisan [i bet. *1* ˌpɑ:tɪ'zæn, i bet. *2* 'pɑ:tɪzən] *s* **1** mil. partisan, frihetskämpe **2** partianhängare; ~ *politics* partipolitik

partition [pɑ:'tɪʃən] **I** *s* **1** delning [*the ~ of India*] **2** del, avdelning; fack **3** skiljevägg, mellanvägg; skiljemur **II** *tr* **1** dela **2** ~ *off* av|dela, -balka, -skilja [*a room was ~ed off*]

partition-wall [pɑ:'tɪʃənwɔ:l] *s* skiljevägg, mellanvägg; skiljemur

partitive ['pɑ:tɪtɪv] **I** *a* partitiv [~ *genitive*] **II** *s* partitivattribut

partly ['pɑ:tlɪ] *adv* delvis, till en del [*made ~ of iron*], dels [~ *ignorance*, ~ *laziness*]

partner ['pɑ:tnə] **I** *s* **1** deltagare **2** kompanjon, delägare, partner [*~s in a firm*]; *sleeping ~* passiv delägare **3** make, maka **4** partner, kavaljer, dam **5** i spel partner [*tennis ~*], medspelare **II** *tr* vara (bli) kompanjon (partner, medspelare) till

partnership ['pɑ:tnəʃɪp] *s* **1** kompanjonskap; enkelt bolag; *enter (go) into ~ with* ingå kompanjonskap (bolag) med **2** medverkan

part-owner [ˈpɑːtˌəʊnə] *s* delägare

partridge [ˈpɑːtrɪdʒ] *s* zool. rapphöna

part-song [ˈpɑːtsɒŋ] *s* flerstämmig sång

part-time [ss. attr. adj. ˈpɑːttaɪm, ss. pred. adj. o. adv. ˈ-ˈ-] **I** *a* deltids-, halvtids- [~ *work*]; *a ~ worker* en deltidsanställd (deltidsarbetande) **II** *adv* på deltid (halvtid); *work ~* ha (arbeta) deltid

part-timer [ˈpɑːtˌtaɪmə] *s* deltids|arbetande, -anställd

party [ˈpɑːtɪ] *s* **1** isht pol. parti; *~ boss* partipamp; *~ card* medlemskort i partiet; *~ conference* partikongress **2** sällskap [*a ~ of tourists*], lag, grupp [*a working ~*]; *search ~* spaningspatrull **3** mil. patrull **4** bjudning [*tea ~*], kalas, fest, party; samkväm; *birthday ~* födelsedags|kalas, -bjudning; *give* (*throw, have*) *a ~* ha [en] bjudning (fest osv.) *be* (*make*) *one of a* (*the*) *~* vara med på bjudning o. d., delta **5** isht jur. part [*be a ~ in* (*to*) *the case*]; kontrahent; delägare; *the guilty ~* den skyldige **6** deltagare; medbrottsling [*make a p. ~ to* (till medbrottsling i) *a crime*]; *be a ~ to* [*a conspiracy*] äv. delta i . .; *I won't be a ~ to that* det vill jag inte vara med om **7** sl. el. skämts. typ, individ

party-game [ˈpɑːtɪgeɪm] *s* sällskapslek

party-line [ˈpɑːtɪlaɪn] *s* **1** pol. partilinje **2** telef. gemensam ledning, partledning

party-political [ˈpɑːtɪpəˈlɪtɪkəl] *a* partipolitisk

party-wall [ˈpɑːtɪˈwɔːl] *s* mest jur. brandmur mellan fastigheter

parvenu [ˈpɑːvənjuː] *s* (fr.) parveny, uppkomling

pascal [ˈpæskəl] *s* fys. pascal

pasha [ˈpɑːʃə] *s* [turkisk] pascha

pass [pɑːs] **I** *itr* (se äv. *III* o. *passing*) **1** passera [förbi], gå (fara, komma, köra osv.) förbi (igenom, vidare); köra (gå) om; *ships that ~ in the night* bildl. skepp som mötas i natten; [*the road was too narrow*] *for cars to ~* . . för att bilar skulle kunna mötas **2** om tid o. d. gå [*time ~ed quickly*], förflyta, lida, skrida **3** övergå, förvandlas **4** [ut]växlas, utbytas [*a few words ~ed between them*] **5** gå över, upphöra, försvinna [*the pain soon ~ed*] **6** [få] passera; [kunna] godtas, gå an; *~ unnoticed* (*unheeded*) gå obemärkt (obeaktad) förbi; *we'll let that ~, but* . . det får duga (passera), men . . **7** gälla, gå, passera; *he would easily ~ for a Swede* han kunde mycket väl tas (gälla) för svensk **8** a) parl. o. d. gå igenom, antas [*the bill ~ed and became law*] b) klara examen; klara sig, bli godkänd **9** sport. o. kortsp. passa

II *tr* (se äv. *III* o. *passing*) **1** passera [förbi (igenom)], gå (fara, komma, köra osv.) förbi (igenom) [*we ~ed the town*], gå (fara) över [*~ the frontier*]; hoppa över **2** låta passera, släppa igenom, låta gå **3** tillbringa [*~ a pleasant evening*], fördriva [*~ the time*] **4** räcka, skicka [*~* [*me*] *the salt, please!*], skicka vidare, langa **5** *~ a remark* fälla ett yttrande; *~ the time of day* hälsa på varandra, byta några ord **6** släppa ut, prångla ut; *~ a dud cheque* lämna en falsk check **7** anta [*Parliament ~ed the bill*], godkänna [*~ed by the censor*]; bli antagen av, godkännas av; *~ the Customs* gå igenom (passera) tullen **8** a) avlägga, bli godkänd i, klara, ta [*~ an* (*o.'s*) *examination*] b) godkänna **9** överskrida, gå utöver, övergå [*it ~es my comprehension* (förstånd)]; *it ~es all description* det trotsar all beskrivning **10** föra, dra, låta fara [*over* över]; *~ a rope round a th.* slå ett rep om ngt **11** låta passera (defilera) förbi; *~ troops in review* mil. låta trupper passera revy **12** a) jur. avkunna, fälla [*~ sentence* [*up*]*on* (över) *a p.*] b) [av]ge; rikta [*~ criticism* [*up*]*on* (mot)]; *~ judgement on a th.* bedöma (uttala sig om) ngt **13** sport. passa

III *itr* o. *tr*, förb. med adv. o. prep. isht med spec. övers.: *~* **along: a)** gå (tåga osv.) fram; *~ along!* passera!, fortsätt [framåt]! **b)** skicka vidare; *~* **away: a)** gå bort, försvinna **b)** dö, gå bort **c)** om smärta, vrede o. d. gå över **d)** *~ away the time* fördriva tiden; *~* **by: a)** gå (fara, komma osv.) förbi, passera [förbi] **b)** bildl. förflyta, gå [förbi] **c)** bildl. förbigå, gå förbi; *~* **off: a)** gå över, försvinna [*her anger will soon ~ off*] **b)** avlöpa [*everything ~ed off very well*], förlöpa **c)** slå bort [*he ~ed it off as a joke* (*with a laugh*)] **d)** [falskeligen] utge [*as a p.* (*a th.*) för (såsom) ngn (ngt)]; *he tried to ~ himself off as a count* han försökte ge sig ut för att vara greve **e)** *~ a th. off on a p.* pracka på ngn ngt; *~* **on: a)** gå vidare, fortsätta, övergå [*~ on to* (till) *another subject*] **b)** byta ägare; övergå [*to* till] **c)** se *~ away b)* **d)** låta gå vidare, vidarebefordra [*read this and ~ it on*]; *~* **out: a)** fam. tuppa av, svimma **b)** *~ out of sight* försvinna ur sikte **c)** isht mil. gå igenom (sluta) en kurs; *~* **over: a)** gå över [till andra sidan], fara över; passera **b)** övergå [*to* till; *into the hands of a p.* i ngns händer (ägo); *~ over into other hands*] **c)** gå över [*the storm soon ~ed over*] **d)** bildl. förbigå [*~ it over in* (med) *silence*]; förbise **e)** bildl. förbigå vid befordran [*he was ~ed over*] **f)** räcka, överlämna [*to a p.* till (åt) ngn]; *~ me over the salt, please* var snäll och räck mig saltet; *~* **round** skicka omkring (runt) [*the cakes were ~ed round*], låta gå [laget] runt; *~* **through: a)** gå (passera osv.) igenom **b)** bildl.

gå igenom, passera [~ *through several stages*]
IV *s* **1** passerande etc., jfr *I* o. *II*; genomfärd **2** godkännande i examen; ~ [*degree*] lägre (mindre specialiserad) akademisk examen, ung. lägre examen; *a* ~ godkänt **3** [kritiskt] läge (tillstånd); *things have come to a pretty* (*fine*) ~ *when* . . iron. det är illa ställt om . .; *things came to such a* ~ *that* det gick så långt att; *come to* ~ ngt åld. ske **4** a) passerkort, passersedel b) mil. permissionssedel; permission c) [*free*] ~ fribiljett **5** a) fäkt. o. d. utfall, stöt b) bildl. fam. närmande; *make a* ~ *at a p.* fam. vara närgången mot ngn **6** magisk o. d. handrörelse, handgrepp **7** sport. passning **8** [bergs]pass; trång passage **9** passage, väg, led **10** kortsp. pass, passande

passable ['pɑ:səbl] *a* **1** farbar, framkomlig **2** hjälplig, skaplig

passage ['pæsɪdʒ] *s* **1** a) färd, resa med båt o. flyg, över|fart, -resa b) passage, genomresa; *bird of* ~ flyttfågel; *work o.'s* ~ [*to America*] arbeta sig över . . **2** fri passage **3** konkr. a) passage, genomgång, väg; gång b) kanal, öppning **4** bildl. gång [*the* ~ *of time*], förlopp [*the* ~ *of events*] **5** ställe, passus i text o. d.; avsnitt; episod **6** mus. passage **7** parl. o. d. antagande [~ *of a bill*]

passage-way ['pæsɪdʒweɪ] *s* passage, korridor, gång

passbook ['pɑ:sbʊk] *s* **1** bankbok, motbok **2** hand. motbok, kontrabok

passé ['pɑ:seɪ, 'pæs-] *a* (fr.) passé, föråldrad

passenger ['pæsɪndʒə] *s* **1** passagerare, resande; trafikant; ~ *train* persontåg **2** fam. blindpipa, oduglig medlem av lag o. d.

passe-partout ['pæspɑ:tu:] *s* (fr.) konst. o. d. passepartout

passer-by ['pɑ:sə'baɪ] (pl. *passers-by* ['pɑ:səz'baɪ]) *s* förbipasserande

passing ['pɑ:sɪŋ] **I** *a* **1** a) som går [förbi] [*each* ~ *day*]; förbipasserande b) i förbigående [*a* ~ *remark*] **2** övergående; ~ *showers* övergående regn (skurar); *a* ~ *whim* en tillfällig nyck **II** *s* **1** förbipasserande etc., jfr *pass I* o. *II*; ~ *place* mötesplats på järnväg el. väg; *the* ~ *of time* tidens gång; *in* ~ i förbigående (förbifarten) **2** sport. passning **3** bortgång, död

passing-out ['pɑ:sɪŋ'aʊt] *a*, ~ *parade* mil. avslutningsparad

passion ['pæʃən] *s* **1** passion, lidelse, kärlek; förkärlek **2** våldsam sinnesrörelse, häftigt utbrott; *fly* (*get*) *into a* ~ bli ursinnig (rasande) [*with a p.* på ngn] **3** *the P*~ Passionen, Kristi lidande; *P*~ *Sunday* femte söndagen i Fastan

passionate ['pæʃənət] *a* **1** passionerad, lidelsefull [*a* ~ *lover*], eldig [*a* ~ *nature*] **2** hetlevrad, hetsig, häftig [*a* ~ *man*]

passion-flower ['pæʃən,flaʊə] *s* bot. passionsblomma, kristikorsblomma

passion-fruit ['pæʃənfru:t] *s* passionsfrukt

passive ['pæsɪv] **I** *a* passiv äv. gram. [~ *resistance*]; overksam, undergiven [~ *obedience*]; *the* ~ *voice* gram. passiv form, passiv[um] **II** *s* gram., *the* ~ passiv[um]

passivity [pæ'sɪvətɪ] *s* passivitet, overksamhet

passkey ['pɑ:ski:] *s* **1** huvudnyckel **2** portnyckel **3** dyrk

Passover ['pɑ:s,əʊvə] *s* judarnas påskhögtid

passport ['pɑ:spɔ:t] *s* **1** pass **2** lejdebrev, bildl. äv. inkörsport [*a* ~ *to fame*]

password ['pɑ:swɜ:d] *s* isht mil. lösen[ord]

past [pɑ:st] **I** *a* [för]gången, förfluten, svunnen; förbi; *English* ~ *and present* engelskan förr och nu; *the* ~ *tense* gram. se *II 2*; *the* ~ *few days* de sista dagarna; *for some years* (*time*) ~ sedan några år (någon tid) tillbaka **II** *s* **1** a) *the* ~ det förflutna (förgångna) b) förflutet; *in the distant* ~ i en avlägsen forntid; i ett avlägset förflutet; *it is a thing of the* ~ det tillhör det förflutna; *he has a shady* ~ han har ett tvivelaktigt förflutet **2** gram., *the* ~ imperfekt[um], preteritum **III** *prep* **1** förbi, [bort]om **2** bortom, utom, utanför, förbi; *she is* ~ *caring what happens* hon bryr sig inte längre om vad som händer; ~ *danger* utom [all] fara; *he is* ~ *praying for* det är ute med honom; *he's* (*he's getting*) ~ *it* fam. han orkar inte längre; *I would not put it* ~ *him* fam. det skulle jag gott kunna tro om honom **3** över, efter; *it's* ~ *two o'clock* hon (klockan) är över två; *at half* ~ *one* [klockan] halv två; *a quarter* ~ *two* en kvart över två **IV** *adv* förbi [*go* (*run, hurry*) ~]

paste [peɪst] **I** *s* **1** deg; massa [*almond* ~] **2** pasta [*tomato* ~]; [bredbar] pastej [*anchovy* ~]; kräm [*tooth-paste*] **3** klister, fotopasta **4** oäkta ädelsten[ar], strass **II** *tr* **1** ~ [*up*] klistra upp **2** fam. klå upp

pasteboard ['peɪstbɔ:d] *s* [limmad] papp, kartong

pastel ['pæstəl] *s* **1** pastell|krita, -färg **2** pastell[färg] kulör **3** pastell[målning]

pastern ['pæstɜ:n] *s* karled på häst

pasteurization [,pæstəraɪ'zeɪʃən] *s* pastörisering

pasteurize ['pæstəraɪz] *tr* pastörisera

pastiche [pæs'ti:ʃ] *s* **1** konst., litt. o. mus. pastisch **2** potpurri

pastille ['pæstəl] *s* pastill, tablett

pastime ['pɑ:staɪm] *s* tidsfördriv, nöje

pasting ['peɪstɪŋ] *s* fam. stryk; *give a p. a* ~ ge ngn stryk (en omgång), klå upp ngn

past-master ['pɑ:st'mɑ:stə] *s* bildl. mästare [*of* (*in, at*) i; *a* ~ *at chess*]

pastor ['pɑːstə] *s* präst, pastor
pastoral ['pɑːstərəl] **I** *a* herde- [~ *poem*], pastoral[-] **II** *s* litt. pastoral
pastry ['peɪstrɪ] *s* **1** [finare] bakverk, bakelse[r], kakor **2** smördeg; kakdeg
pastry-board ['peɪstrɪbɔːd] *s* bakbord
pastrycook ['peɪstrɪkʊk] *s* konditor
pasturage ['pɑːstʃərɪdʒ] *s* **1** betande, bete **2** se *pasture I*
pasture ['pɑːstʃə] **I** *s* **1** bete gräs o. d. **2** betesmark **II** *tr* **1** låta beta, släppa på bete **2** beta på betesmark **III** *itr* beta
pasture-ground ['pɑːstʃəgraʊnd] *s* o. **pasture-land** ['pɑːstʃəlænd] *s* betesmark
pasty [ss. subst. 'pæstɪ, ss. adj. 'peɪstɪ] **I** *s* pirog vanl. med köttfyllning; *Cornish* ~ slags pirog med kött, potatis o. lök **II** *a* degig, degliknande; glåmig, blekfet [*a* ~ *complexion*]
pasty-faced ['peɪstɪfeɪst] *a* blekfet
Pat [pæt] kortform för *Patricia, Patrick*
pat [pæt] **I** *s* **1** klapp, lätt slag; *a* ~ *on the back* bildl. en klapp på axeln **2** [platt] klick [~ *of butter*] **3** ljud: trippande, tassande [*the* ~ *of bare feet*] **II** *tr* klappa; ~ *a p. on the back* bildl. ge ngn en klapp på axeln; ~ *o.s. on the back* bildl. vara belåten med sig själv **III** *itr* slå (trumma) lätt [*rain* ~*ting on the roof*] **IV** *adv* o. *a* **1** fix och färdig [*a* ~ *solution*], [genast] till hands, parat [*have the story* ~] **2** [alltför] ledig (smord)
Patagonia [ˌpætə'gəʊnjə] Patagonien
patch [pætʃ] **I** *s* **1** a) lapp [*a coat with* ~*es on the elbows*] b) [skydds]lapp för öga c) plåster d) musch av tyg o. d.; *he is not a* ~ *on you* fam. han går inte upp mot dig **2** fläck, ställe; stycke; ~*es of fog* stråk av dimma; ~*es of blue sky* fläckar av blå himmel **3** jordbit, jordlapp; täppa [*a cabbage* ~] **4** *strike a bad* ~ fam. ha en nedgångsperiod **II** *tr* lappa, laga; sätta en lapp (lappar) på; ~ *up* a) lappa ihop äv. bildl., laga; ordna upp, bilägga [~ *up a quarrel*] b) hafsa (fuska, sätta) ihop; ~ *a quilt* sy ett lapptäcke
patch-pocket ['pætʃˌpɒkɪt] *s* påsydd ficka
patchwork ['pætʃwɜːk] *s* **1** ~ *quilt* lapptäcke **2** bildl. lappverk, fuskverk; röra
patchy ['pætʃɪ] *a* **1** lappad, hoplappad **2** fam. ojämn, växlande, spridd
pate [peɪt] *s* fam. skämts. skult, skalle
pâté ['pæteɪ, 'pɑː-] *s* (fr.) pastej
patent ['peɪtənt] **I** *a* **1** klar, tydlig, uppenbar **2** patenterad, patent- [~ *medicine*]; privilegierad; *letters* ~ [. . 'pætənt] se *2 letter I 3* **II** *s* **1** patent; patentbrev; patenträtt; ~ *on* bildl. äv. ensamrätt till; ~ *office* ['pætənt . .] patentverk; ~[*s*] *pending* patentsökt **2** privilegiebrev **III** *tr* patentera; få patent på
patentee [ˌpeɪtən'tiː, ˌpæt-] *s* patentinnehavare
patent-leather ['peɪtənt'leðə] *s* blankskinn, lackskinn, i sms. lack- [~ *shoes*]
pater ['peɪtə] *s* (lat.) skol., sl. pappa, far
paterfamilias ['peɪtəfə'mɪlɪæs] *s* (lat.) skämts. familjefader
paternal [pə'tɜːnl] *a* **1** faderlig, faders- **2** på fädernet (fädernesidan); ~ *grandfather* farfar; ~ *grandmother* farmor
paternalism [pə'tɜːnəlɪzəm] *s* förmyndarmentalitet; patriarkalisk ledning
paternity [pə'tɜːnətɪ] *s* **1** faderskap; ~ *test* faderskapsprov **2** bildl. ursprung; faderskap
paternoster ['pætə'nɒstə] *s* **1** *P*~ paternoster, fadervår **2** a) paternosterkula b) paternoster, radband **3** ~ [*lift* (*elevator*)] paternosterhiss
path [pɑːθ; i pl. pɑːðz] *s* **1** stig, gångstig; gång [*garden* ~] **2** bana [*the moon's* ~ *round the earth*], väg [*the* ~ *of glory*]
pathetic [pə'θetɪk] *a* patetisk, gripande, rörande, sorglig äv. iron.; ynklig
pathfinder ['pɑːθˌfaɪndə] *s* **1** stigfinnare **2** mil. a) vägledare flygplan el. person som markerar el. belyser mål vid anflygning b) radarsikte
pathologic[al] [ˌpæθə'lɒdʒɪk, -əl] *a* patologisk, sjuklig
pathologist [pə'θɒlədʒɪst] *s* **1** patolog **2** obducent
pathology [pə'θɒlədʒɪ] *s* patologi
pathos ['peɪθɒs] *s* **1** hjärtknipande känslofullhet; patos **2** medlidande
pathway ['pɑːθweɪ] *s* stig, gångstig; väg
patience ['peɪʃəns] *s* **1** tålamod, tålmodighet **2** kortsp. patiens
patient ['peɪʃənt] **I** *a* tålig, tålmodig; fördragsam; *be* ~ *with a p.* ha tålamod med ngn **II** *s* patient; sjukling
patina ['pætɪnə] *s* patina; ärg
patio ['pætɪəʊ] *s* **1** patio, kringbyggd gård **2** uteplats vid villa
patisserie [pə'tɪsərɪ] *s* (fr.) **1** konditori **2** bakelser
patriarch ['peɪtrɪɑːk] *s* patriark
patriarchal [ˌpeɪtrɪ'ɑːkəl] *a* patriarkalisk
patriarchy ['peɪtrɪɑːkɪ] *s* patriarkat
Patricia [pə'trɪʃə]
patricide ['pætrɪsaɪd] *s* **1** fadermord **2** fadermördare
Patrick ['pætrɪk] egennamn; *St.* ~*'s Day* 17 mars, Irlands nationaldag
patrimony ['pætrɪmənɪ] *s* **1** fädernearv, arvegods **2** kyrkogods
patriot ['pætrɪət, 'peɪt-] *s* patriot
patriotic [ˌpætrɪ'ɒtɪk, ˌpeɪt-] *a* patriotisk
patriotism ['pætrɪətɪzəm, 'peɪt-] *s* patriotism
patrol [pə'trəʊl] **I** *s* patrullering; patrull; ~ *car* polisbil, radiobil; ~ *wagon* Am. transitbuss, piket[buss]; *be on* ~ patrullera **II** *itr* patrullera **III** *tr* patrullera, avpatrullera

patrol|man [pəˈtrəʊl|mæn] (pl. *-men* [-mən]) *s* Am. **1** [patrullerande] polis **2** patrullman, [brand]vakt
patron [ˈpeɪtrən] *s* **1** a) beskyddare, gynnare, mecenat b) ~ [*saint*] skyddshelgon **2** [stam]kund, stamgäst
patronage [ˈpætrənɪdʒ, ˈpeɪt-] *s* **1** beskydd, beskyddarskap; stöd **2** hand. a) kunders välvilja (förtroende) b) kundkrets, kunder; publik **3** nedlåtande sätt, nedlåtenhet
patronize [ˈpætrənaɪz] *tr* **1** beskydda, gynna **2** behandla nedlåtande **3** hand. vara kund (stamgäst) hos, gynna
patronizing [ˈpætrənaɪzɪŋ] *a* nedlåtande
patronymic [ˌpætrəˈnɪmɪk] *s* språkv. patronymikon; familjenamn
1 patter [ˈpætə] **I** *itr* **1** om regn o. d. smattra, trumma, piska [*on* mot] **2** om fotsteg tassa **II** *s* **1** smattrande [ljud] **2** trippande [ljud]
2 patter [ˈpætə] **I** *itr* pladdra [på] **II** *s* snack; rabblande av komiker, trollkarl; pladder
pattern [ˈpætən] **I** *s* **1** föredöme, exempel **2** modell, [tillklippnings]mönster [*a ~ for a dress*]; schablon **3 a**) varuprov, prov av tyg, mynt m. m., provbit **b**) typ, modell [*a gun of another ~*] **c**) typexempel [*of* på], typiskt fall [*of* av] **4** dekorativt mönster **5** bildl. form, mönster; förlopp, gång; *tailored to the same ~* bildl. skuren efter samma mall **II** *tr* **1** forma, efterbilda [*on* (*after*) *a th.* efter ngt] **2** mönstra; teckna; *~ed wallpaper* mönstrade tapeter
patty [ˈpætɪ] *s* [liten] pastej; Am. ung. färsbiff av kött el. fisk
paucity [ˈpɔːsətɪ] *s* fåtalighet; knapphet
Paul [pɔːl] Paulus, Paul; *St.* (*Saint*) ~ [*the Apostle*] [aposteln] Paulus
paunch [pɔːntʃ] *s* buk; fam. kula, isterbuk
pauper [ˈpɔːpə] *s* fattighjon; *a ~'s burial* [en] fattigbegravning
pauperism [ˈpɔːpərɪzəm] *s* fattigdom
pause [pɔːz] **I** *s* **1** paus, avbrott, uppehåll; tvekan; *give ~* ge anledning till eftertanke **2** mus. fermat **II** *itr* göra en paus
pave [peɪv] *tr* stenlägga, belägga [med sten]; *~ the way for* bildl. bana väg för
pavement [ˈpeɪvmənt] *s* **1** trottoar, gångbana; *~ artist* trottoarmålare **2** Am. a) [gatu-, väg-, golv]beläggning b) belagd väg (körbana)
pavilion [pəˈvɪljən] *s* **1** [stort] tält; spetsigt prakttält **2** paviljong **3** sport.: ung. klubbhus
paving-stone [ˈpeɪvɪŋstəʊn] *s* gatsten
paw [pɔː] **I** *s* djurs tass; fam.: persons labb, tass **II** *tr* **1** röra vid med tassen **2** skrapa med hoven (hovarna) på (i) **3** fam. fingra (tafsa) på **III** *itr* **1** röra med tassen (tassarna) [*at* vid, på, mot] **2** skrapa med hoven (hovarna) **3** fam. fingra, tafsa
pawl [pɔːl] *s* mek. spärrhake
1 pawn [pɔːn] *s* **1** schack. bonde **2** bildl. bricka; verktyg, redskap
2 pawn [pɔːn] **I** *s* pant; *be in ~* vara pantsatt **II** *tr* pantsätta, bildl. sätta i pant [*~ o.'s life* (*honour*)]
pawnbroker [ˈpɔːnˌbrəʊkə] *s* pantlånare; *~'s* [*shop*] se *pawnshop*
pawnshop [ˈpɔːnʃɒp] *s* pantlånekontor, pantbank
pawn-ticket [ˈpɔːnˌtɪkɪt] *s* pantkvitto
pay [peɪ] **I** (*paid paid*) *tr* **1** a) betala; erlägga; betala ut [*~ wages*] b) löna (betala) sig för c) ersätta, [be]löna, återgälda [*~ a p.'s kindness with ingratitude*]; straffa; *~ o.'s* [*own*] *way* a) betala (göra rätt) för sig b) vara lönande, bära sig; *put paid to a th.* fam. sätta stopp (p) för ngt **2** med adv. o. prep. isht i spec. bet.: *~* **back: a**) betala igen (tillbaka) **b**) bildl. ge betalt (igen); *~* **down** betala (erlägga) kontant; *~* **for: a**) betala (ge) för **b**) ge betalt (igen) för [*I'll ~ you for this*]; *~* **off** betala [till fullo] [*~ off a fine*]; betala av, betala färdigt [*~ off a house*]; *~* **out: a**) betala ut; ge ut **b**) *I'll ~ you out for this!* det här ska du få igen (få betalt för)!; *~* **up** betala [till fullo] **3** *~ attention* (*a visit*) m. fl. se resp. subst. **II** (*paid paid*) *itr* **1** betala; [*it's always the woman*] *who ~s* . . som det går ut över **2** löna sig, betala sig [ofta *~ off; honesty ~s*], vara lönande; *the business doesn't ~* affären bär sig inte; *this policy has paid off* den här politiken har gett resultat **3** *~ for:* **a**) betala [för] [*~ for the furniture*] **b**) bekosta [*my parents paid for my education*] **c**) [få] sota (plikta) för [*~ for a th. with o.'s life*]; *you'll ~ for this!* det ska du få betala för (få igen)! **4** *~ up* betala **III** *s* betalning, avlöning; lön; *be in a p.'s ~* vara i ngns tjänst (sold)
payable [ˈpeɪəbl] *a* om växel o. d. betalbar [*~ to bearer* (innehavaren)]; *cheques should be made ~ to* checkar skall utställas på
pay-as-you-earn [ˈpeɪəzjʊˈɜːn] *s*, *~* [*tax*] källskatt; *~* [*tax*] *system* källbeskattning
pay-claim [ˈpeɪkleɪm] *s* krav på lönehöjning, lönekrav
pay-day [ˈpeɪdeɪ] *s* avlöningsdag
pay-desk [ˈpeɪdesk] *s* kassa i butik, biograf o. d.
payee [peɪˈiː] *s* hand. betalningsmottagare
paying [ˈpeɪɪŋ] *a* lönande; betalande; *a ~ concern* (*proposition*) en lönande affär; *~ guest* paying guest betalande gäst i familj
pay-load [ˈpeɪləʊd] *s* nyttolast
paymaster [ˈpeɪˌmɑːstə] *s* kassör, mil. kassachef
payment [ˈpeɪmənt] *s* betalning; inbetalning, utbetalning, inlösen; likvid; *down ~* kontant betalning, handpenning
payoff [ˈpeɪɒf] *s* fam. **1** [ut]betalning; av-

räkning **2** avlöningsdag **3** förtjänst, utbyte **4** vedergällning
pay-packet ['peɪ,pækɪt] *s* lönekuvert
pay-phone ['peɪfəʊn] *s* se *pay-telephone*
pay-roll ['peɪrəʊl] *s* **1** a) avlöningslista, lönelista b) personal, personer på avlöningslistan **2** löner, lönesumma
pay station ['peɪ,steɪʃən] *s* Am. telefonkiosk, -hytt
pay-telephone ['peɪ,telɪfəʊn] *s* telefonautomat; telefonkiosk
pay-television ['peɪ,telɪvɪʒən] *s* o. **pay-TV** ['peɪ,ti:vi:] *s* betal-TV; mynt-TV
P.C. förk. för *Police Constable*
pea [pi:] *s* ärt[a]; *as like as two ~s [in a pod]* så lika som två bär
peace [pi:s] *s* fred; fredsslut; frid, lugn, ro; *~ and quiet* lugn och ro; *~ establishment* fredsstyrka, krigsmakt på fredsfot; *~ feeler* fredstrevare; *on a ~ footing* på fredsfot; *~ negotiations* fredsförhandlingar; *~ offering* försoningsoffer, -gärd; *break (disturb) the ~* störa den allmänna ordningen; *find ~* finna sinnesro; *keep the ~* inte störa (upprätthålla) den allmänna ordningen; *make o.'s ~ with a p.* sluta fred (försona sig) med ngn; *I want to have my meal in ~* jag vill äta i lugn och ro; *leave in ~* lämna (låta vara) i fred; *may he rest in ~!* må han vila i frid!; *breach of the ~* brott mot den allmänna ordningen; *Justice of the P~* fredsdomare
peaceable ['pi:səbl] *a* fredlig; fridsam
peaceful ['pi:sfʊl] *a* fridfull, stilla; fredlig
peace-loving ['pi:s,lʌvɪŋ] *a* fredsälskande
peacemaker ['pi:s,meɪkə] *s* fredsstiftare
1 peach [pi:tʃ] *s* **1** persika; *P~ Melba* se *Melba* **2** persikoträd **3** fam., *a ~ [of a girl]* en goding (söt flicka)
2 peach [pi:tʃ] *itr* skol. sl. skvallra, tjalla [*on (against) a p.* på ngn]
peacock ['pi:kɒk] *s* påfågel
pea-green ['pi:'gri:n, 'pi:gri:n] *a* ärtgrön
peahen ['pi:'hen, 'pi:hen] *s* påfågel, påfågelshöna
peak [pi:k] **I** *s* **1** spets; bergstopp, bergsspets **2** skärm, mösskärm **3** topp, höjdpunkt; *at ~ hours [of traffic]* vid högtrafik[tid], vid rusningstid; *during ~ viewing hours* på bästa sändningstid i TV; *~ season* högsäsong; *in the ~ of condition* i toppform **II** *itr* nå en topp [*sales ~ in June*]
1 peaked [pi:kt] *a*, *~ cap* skärmmössa
2 peaked [pi:kt] *a* fam. avtärd, snipig
peal [pi:l] **I** *s* **1** [stark] klockringning; klockklang **2** klockspel **3** skräll; *~ of applause* rungande applåd[er]; *~ of laughter* skallande (rungande) skratt; *~ of thunder* åskdunder **II** *itr* ringa; brusa; skalla
peanut ['pi:nʌt] *s* **1** jordnöt [*~ butter*] **2** Am. sl., pl. *~s* 'småpotatis'; en struntsumma
pear [peə] *s* **1** päron **2** päronträd
pearl [pɜ:l] **I** *s* **1** pärla, bildl. äv. juvel; *cast ~s before swine* kasta pärlor för svin **2** pärlemor **3** attr. pärl- [*~ necklace*]; pärlemor- [*~ button*] **II** *itr* fiska pärlor
pearl-barley ['pɜ:l'bɑ:lɪ] *s* pärlgryn
pearl-diver ['pɜ:l,daɪvə] *s* pärlfiskare
pearl-handled ['pɜ:l,hændld] *a* med pärlemorskaft
pearl-rope ['pɜ:lrəʊp] *s* pärlband
pearly ['pɜ:lɪ] *a* **1** pärlliknande; pärl[emor]-skimrande **2** *the ~ gates* pärleportarna, himmelens [tolv] portar
pear-shaped ['peəʃeɪpt] *a* päronformig
peasant ['pezənt] *s* **1** bonde isht på den europeiska kontinenten, småbrukare, jordbruksarbetare; attr. bond- [*~ girl*]; *~s' revolt* bondeuppror **2** fam. lantis; bondtölp
peasantry ['pezəntrɪ] *s* allmoge, [små]bönder
pease-pudding ['pi:z,pʊdɪŋ] *s* slags kokt rätt av mosade gula ärter, ägg o. smör
pea-shooter ['pi:,ʃu:tə] *s* ärtbössa, ärtrör
pea-soup ['pi:'su:p] *s* gul ärtsoppa
peat [pi:t] *s* **1** torv[strö] **2** [bränn]torv
peat-bog ['pi:tbɒg] *s* torvmosse
pebble ['pebl] *s* kiselsten, småsten; *you are not the only ~ on the beach* du är inte den enda människan på jorden
pebbly ['peblɪ] *a* full (täckt, bestående) av kiselstenar, stenig [*a ~ beach*]
pecan [pɪ'kæn, Am. pɪ'kɑ:n] *s* **1** pekannöt, hickorynöt **2** pekan[träd], hickory[träd]
peccadillo [,pekə'dɪləʊ] *s* småsynd
1 peck [pek] *s* mått för torra varor: 1/4 bushel: a) Engl. = 9,087 l b) i USA = 8,810 l
2 peck [pek] **I** *tr* **1** picka (hacka) på (i) **2** om fåglar picka, plocka **3** fam. kyssa lätt (flyktigt) **II** *itr* picka, hacka; *~ at* a) hacka (picka) på (i) b) fam. peta i [*~ at o.'s food*] **III** *s* **1** pickande, hackande; **2** fam. lätt kyss
pecker ['pekə] *s* sl. kran näsa; *keep o.'s ~ up* inte tappa modet (sugen)
peckish ['pekɪʃ] *a* fam. sugen, hungrig
pectin ['pektɪn] *s* kem. pektin[ämne]
pectoral ['pektərəl] *a* bröst- [*~ muscle*]
peculate ['pekjʊleɪt] **I** *itr* förskingra **II** *tr* förskingra, försnilla
peculiar [pɪ'kju:ljə] *a* **1** egendomlig, karakteristisk [*to* för] **2** besynnerlig, egendomlig, underlig, egenartad [*a ~ sense of humour*] **3** särskild, speciell
peculiarity [pɪ,kju:lɪ'ærətɪ] *s* egenhet, egendomlighet; säregenhet; egenart
peculiarly [pɪ'kju:ljəlɪ] *adv* **1** särskilt, speciellt **2** särdeles, synnerligen; i synnerhet **3** besynnerligt [*dress ~*]
pecuniary [pɪ'kju:njərɪ] *a* pekuniär, penning- [*~ difficulties*]

pedagogic[al] [ˌpedəˈgɒdʒɪk, -əl] *a* pedagogisk

pedagogics [ˌpedəˈgɒdʒɪks] (konstr. ss. sing.) *s* pedagogik

pedagogue [ˈpedəgɒg] *s* pedagog

pedagogy [ˈpedəgɒdʒɪ] *s* pedagogik

pedal [ˈpedl] **I** *s* pedal; *loud* ~ fam. högerpedal på piano o. d.; *soft* ~ fam. vänsterpedal, sordinpedal **II** *a* pedal-; tramp- [~ *cycle*] **III** *itr* använda pedal[en] (pedalerna); trampa **IV** *tr* trampa [~ *a cycle*]

pedant [ˈpedənt] *s* pedant; formalist

pedantic [pɪˈdæntɪk] *a* pedantisk

pedantry [ˈpedəntrɪ] *s* pedanteri

peddle [ˈpedl] **I** *itr* sälja på gatan (vid dörrarna), idka gårdfarihandel **II** *tr* gå omkring och sälja; ~ *narcotics* langa

pedestal [ˈpedɪstl] *s* piedestal, sockel

pedestrian [pɪˈdestrɪən] **I** *a* **1** [som går] till fots **2** avsedd för fotgängare; ~ *crossing* övergångsställe (övergång) för fotgängare; ~ *street* gågata, gånggata **3** prosaisk, alldaglig, trivial; tråkig **II** *s* fotgängare

pediatric [ˌpiːdɪˈætrɪk] *a* pediatrisk

pediatrician [ˌpiːdɪəˈtrɪʃən] *s* pediatriker, barnläkare

pediatrics [ˌpiːdɪˈætrɪks] (konstr. ss. sg.) *s* pediatrik

pedicure [ˈpedɪkjʊə] *s* pedikyr; fotvård

pedigree [ˈpedɪgriː] *s* stamträd, stamtavla; härkomst; ~ *dog* rashund

pedlar [ˈpedlə] *s* gatuförsäljare, dörrknackare, gårdfarihandlare; langare

pee [piː] sl. **I** *s* kiss; *have a* ~ kissa **II** *itr* kissa

peek [piːk] **I** *itr* kika, titta [*at* på] **II** *s, have* (*take*) *a* ~ *at* ta en titt på

peek-a-boo [ˈpiːkəˈbuː] **I** *s* tittut lek **II** *interj* tittut!

peel [piːl] **I** *s* skal på frukt o. d. **II** *tr* **1** skala frukt o. d., barka [av] träd; ~ [*off*] skala av (bort) **2** fam., ~ [*off*] ta (slänga) av sig kläderna **III** *itr* **1** släppa skalet, fälla barken; ~ *easily* gå lätt att skala **2** flagna, fjälla

peelings [ˈpiːlɪŋz] *s pl* avskalade skal [*potato* ~]

1 peep [piːp] **I** *itr* **1** om fågelunge, råtta o. d. pipa **2** säga pip **II** *s* **1** pip **2** *don't let me hear another* ~ *out of you!* jag vill inte höra ett enda knyst mera från dig!

2 peep [piːp] **I** *itr* **1** kika, titta [*at* på]; ~*ing Tom* [fönster]tittare **2** titta (skymta) fram, skina igenom [ofta ~ *out*] **II** *s* **1** titt, [förstulen] blick **2** första skymt (glimt)

peep-bo [ˈpiːpˈbəʊ] *s* tittut lek

peeper [ˈpiːpə] *s* **1** [fönster]tittare **2** sl., mest pl. ~*s* [korp]gluggar

peep-show [ˈpiːpʃəʊ] *s* tittskåp

1 peer [pɪə] *itr* kisa, plira, kika

2 peer [pɪə] *s* **1** like, jämlike; ~ *group* kamratgrupp **2** pär medlem av högadeln i Storbritannien, ung. adelsman

peerage [ˈpɪərɪdʒ] *s* **1** *the* ~ pärerna, högadeln **2** pärsvärdighet, adelskap; *raise to the* ~ upphöja till pär **3** ung. adelskalender

peeress [ˈpɪərəs, -res] *s* **1** högadlig dam, adelsdam **2** maka till en pär

peerless [ˈpɪələs] *a* makalös, oförliknelig

peeve [piːv] *tr* fam., ~*d at* irriterad (förargad) över (på), arg på

peevish [ˈpiːvɪʃ] *a* retlig, vresig

Peg [peg] kortform för *Margaret*

peg [peg] **I** *s* **1** pinne; sprint, stift, bult; tapp, plugg; *he is a square* ~ *in a round hole* han är fel man på den platsen **2** [stäm]skruv på stränginstrument; *come down a* ~ *or two* bildl. stämma ner tonen; *take* (*bring*) *a p. down a* ~ *or two* tvinga ngn att stämma ner tonen **3** [kläd]nypa **4** hängare [*hat-peg*]; *off the* ~ fam. konfektionssydd, färdigsydd; *buy o.'s suits off the* ~ äv. köpa konfektion **5** fam. träben; skämts. ben **6** fam. tand **II** *tr* **1** ~ [*down*] bildl. binda **2** fixera, låsa, stabilisera [~ *prices*] **3** ~ [*out*] märka ut (markera) [med pinnar], staka ut; ~ [*out*] *o.'s claim* märka (staka) ut sin mark (inmutning) **III** *itr* fam. **1** ~ [*away* (*on, along*)] jobba (knoga) 'på [*at a th.* med ngt] **2** ~ *out* trilla av pinn, kola av dö

Pegasus [ˈpegəsəs] **I** Pegasos **II** *s* pegas

Peggy [ˈpegɪ] kortform för *Margaret*

peg-hole [ˈpeghəʊl] *s* pinnhål

pegtop [ˈpegtɒp] *s* snurra med metallspets

pejorative [pɪˈdʒɒrətɪv] språkv. **I** *a* pejorativ nedsättande **II** *s* pejorativt ord

peke [piːk] *s* fam. pekin[g]es hund

Pekinese [ˌpiːkɪˈniːz] **I** *a* Peking- **II** *s* pekin[g]es [äv. ~ *dog* (*spaniel*)]

Peking [piːˈkɪŋ]

pelican [ˈpelɪkən] *s* **1** zool. pelikan **2** ~ *crossing* trafik. övergångsställe med blinkande gult sken

pellet [ˈpelɪt] *s* **1** liten kula av trä, papper osv.; piller **2** kula för luftbössa **3** spyboll

pell-mell [ˈpelˈmel] *adv* **1** huller om buller **2** huvudstupa, med rasande fart

pellucid [peˈljuːsɪd, -ˈluː-] *a* genomskinlig

pelmet [ˈpelmɪt] *s* [gardin]kappa; kornisch

1 pelt [pelt] **I** *tr* kasta [~ *stones*]; bombardera [~ *a p. with questions* (*stones*)] **II** *itr* **1** om regn, snö vräka; ~*ing rain* slagregn, störtregn **2** rusa (kuta) [i väg] **III** *s* **1** piskande av regn **2** [*at*] *full* ~ i full fart

2 pelt [pelt] *s* djurs fäll, päls; oberett skinn; hud

pelvic [ˈpelvɪk] *a* anat. bäcken-

pelvis [ˈpelvɪs] *s* anat. bäcken

Pembrokeshire [ˈpembrʊkʃɪə, -ʃə]

pemmican [ˈpemɪkən] *s* pemmikan torkat o. pressat oxkött

1 pen [pen] **I** *s* **1** fålla, kätte; hönsbur; box i svinhus **2** [barn]hage **II** *tr* stänga in

2 pen [pen] **I** *s* penna; ~ *picture* (*portrait*) pennteckning, bildl. teckning **II** *tr* skriva, avfatta

3 pen [pen] *s* Am. sl. (kortform för *penitentiary*) fängelse; *the* ~ kåken

penal ['pi:nl] *a* **1** straff-; fångvårds-; ~ *colony* straffkoloni; ~ *law* (*code*) strafflag; brottsbalk; ~ *settlement* fångkoloni **2** straffbar [~ *act*]

penalize ['pi:nəlaɪz] *tr* **1** belägga med straff; straffa **2** sport. a) straffa b) belasta med (ge) minushandicap

penalty ['penltɪ] *s* **1** [laga] straff, [brotts]påföljd; vite, bötesstraff, böter; *No spitting:* ~ *£5* spottning förbjuden vid vite av 5 pund; *on* ~ *of death* vid dödsstraff; [*up*]*on* (*under*) ~ *of a fine* vid vite **2** sport. a) handicap b) ~ [*kick*] fotb. straff[spark]; ~ *area* fotb. straffområde

penance ['penəns] *s* penitens, bot, botgöring, botövning; *do* ~ göra bot [*for* för]

pence [pens] *s* pl. av *penny*

penchant ['pɑ:ŋʃɑ:ŋ] *s* (fr.) förkärlek [*for* för]

pencil ['pensl] **I** *s* **1** [blyerts]penna **2** stift isht läk. [*styptic* ~]; penna, pensel [*eyebrow* ~] **3** strålknippe **II** *tr* rita (skriva) [med blyerts]; ~*led eyebrows* målade ögonbryn

pencil-case ['penslkeɪs] *s* pennfodral

pencil-sharpener ['pensl,ʃɑ:pənə] *s* pennvässare, [penn]formerare

pendant ['pendənt] *s* **1** a) prisma i kristallkrona b) hängsmycke, örhänge [äv. *ear* ~] **2** pendang, make

pendent ['pendənt] *a* **1** hängande **2** *the lawsuit remains* ~ målet är ännu inte avgjort

pending ['pendɪŋ] **I** *a* **1** oavgjord; *the lawsuit was* ~ målet var inte avgjort; *patent*[*s*] ~ patentsökt **2** förestående; *there was a by-election* ~ äv. det förestod ett fyllnadsval **II** *prep* **1** i avvaktan på [~ *his return*] **2** under [loppet av]; ~ *the trial* medan rättegången pågår

pendulous ['pendjʊləs] *a* **1** [ned]hängande, häng- [~ *breasts*] **2** pendlande

pendulum ['pendjʊləm] *s* pendel; *the swing of the* ~ bildl. opinionens svängning[-ar]

pendulum-clock ['pendjʊləmklɒk] *s* pendelur, pendyl

Penelope [pɪ'neləpɪ]

penetrability [,penɪtrə'bɪlətɪ] *s* genomtränglighet

penetrable ['penɪtrəbl] *a* genomtränglig, tillgänglig

penetrate ['penɪtreɪt] **I** *tr* **1** tränga igenom (in i), bryta igenom [~ *the enemy's lines*]; sprida sig (slå igenom) i, bryta in på (i) [~ *the European market*] **2** a) genomskåda [~ *a disguise*] b) tränga in i, penetrera [~ *a p.'s mind*] **II** *itr* tränga in, tränga fram, bana sig väg [*into* [in] i; *to* till ([in] i); *through* genom ([in] i)], slå igenom [*new ideas* ~ *slowly*]

penetrating ['penɪtreɪtɪŋ] *a* **1** genomträngande, skarp [~ *cry,* ~ *cold*] **2** inträngande, skarpsinnig [~ *analysis*]

penetration [,penɪ'treɪʃən] *s* **1** genomträngande, inträngande, infiltration [*peaceful* ~] **2** mil. a) genombrott b) projektils genomslag[sförmåga] **3** skarpsinne

pen-friend ['penfrend] *s* brevvän

penguin ['peŋgwɪn] *s* **1** zool. pingvin **2** *P~* ® penguin[bok] slags pocketbok

penholder ['pen,həʊldə] *s* pennskaft

penicillin [,penɪ'sɪlɪn] *s* penicillin

peninsula [pə'nɪnsjʊlə] *s* halvö

peninsular [pə'nɪnsjʊlə] *a* halvöliknande

penis ['pi:nɪs] *s* penis

penitence ['penɪtəns] *s* botfärdighet, ånger

penitent ['penɪtənt] **I** *a* botfärdig, ångerfull **II** *s* botgörare, botfärdig syndare

penitential [,penɪ'tenʃəl] *a* bot- [~ *psalm*]

penitentiary [,penɪ'tenʃərɪ] **I** *a* Am. straff-, kriminalvårds- [~ *system*] **II** *s* straffanstalt; Am. fängelse

penknife ['pennaɪf] (pl. *penknives*) *s* pennkniv

penmanship ['penmənʃɪp] *s* skrivkonst; skrivning; skrivsätt; pennföring; handstil, stil

pen-name ['penneɪm] *s* pseudonym

pennant ['penənt] *s* **1** sjö. standert **2** vimpel, flagga ss. mästerskapstecken o. d.

penniless ['penɪləs] *a* utan ett öre, utfattig

Pennine ['penaɪn] geogr., *the* ~ *Chain, the* ~*s* Penninska bergen

Pennsylvania [,pensɪl'veɪnjə]

penny ['penɪ] (pl. *pennies* när mynten avses, *pence* när värdet avses) *s* penny eng. mynt = 1/100 pund (före 1971 = 1/12 shilling); Am. fam. encentslant; *I gave him every* ~ *I had* jag gav honom vartenda öre jag ägde; *look at every* ~ se på slantarna; *new* ~ a) [ny] penny efter 1971 b) ny[präglad] pennyslant; *a pretty* ~ en nätt summa (vacker slant); ~ *dreadful* fam. billig rysare; *a* ~ *for your thoughts* vad tänker du på?; [*at last*] *the* ~ *dropped* bildl. äntligen fattade han (jag osv.) galoppen; *they are ten* (*two*) *a* ~ det går tretton på dussinet [av dem]; *spend a* ~ fam. försvinna ett ögonblick, gå på toa; *turn* (*make, earn*) *an honest* ~ försörja sig på hederligt sätt; *in for a* ~*, in for a pound* har man sagt A får man säga B; den som sig i leken ger, han får leken tåla; *take care of the pence and the pounds will take care of themselves* ung. den som inte tar vara på öret får aldrig kronan

penny-farthing ['penɪ'fɑ:ðɪŋ] *s* fam. höghjuling cykel med stort framhjul

penny-wise ['penɪwaɪz] *a* småsnål; *be ~ and pound-foolish* låta snålheten bedra visheten

pen-pal ['penpæl] *s* brevvän

pen-pusher ['pen,pʊʃə] *s* fam. kontorsslav

pension ['penʃən; i bet. *I 2* 'pɑ:ŋsɪɔ:ŋ] **I** *s* **1** pension **2** a) pensionat b) pension skola **II** *tr* pensionera; *~ off* ge [avsked med] pension; *he was ~ed off* han blev pensionerad

pensionable ['penʃənəbl] *a* pensionsberättigad; pensions- [*~ age*]

pensioner ['penʃənə] *s* pensionär

pensive ['pensɪv] *a* tankfull, fundersam

pentagon ['pentəgən] *s* geom. femhörning, pentagon; *the P~* Pentagon Am. försvarshögkvarterets femkantiga byggnad nära Washington

pentagonal [pen'tægənl] *a* geom. femhörnig, femsidig

pentameter [pen'tæmɪtə] *s* metr. pentameter

Pentateuch ['pentətju:k] *s, the ~* pentateuken, de fem moseböckerna

pentathlon [pen'tæθlɒn, -ən] *s* sport. femkamp

Pentecost ['pentɪkɒst] *s* **1** isht Am. pingst[-dagen] **2** veckofesten judarnas pingsthögtid

penthouse ['penthaʊs] *s* **1** [lyxig] takvåning **2** tillbyggt skjul med snedtak

pent-up ['pentʌp] *a* undertryckt, återhållen [*~ emotions*], förträngd

penultimate [pə'nʌltɪmət, pe'n-] **I** *a* näst sista **II** *s* penultima näst sista stavelsen

penurious [pɪ'njʊərɪəs] *a* torftig, fattig

penury ['penjʊrɪ] *s* armod, fattigdom

penwiper ['pen,waɪpə] *s* penntorkare

peony ['pɪənɪ] *s* bot. pion

people ['pi:pl] **I** (konstr. i bet. *2-5* ss. pl.) *s* **1** folk [*the English ~*], nation, folkslag [*primitive ~s*] **2** folk; menighet; *the* [*broad mass of the*] *~* de breda lagren, den stora massan; *~'s democracy* folkdemokrati; *the People's Republic of China* folkrepubliken Kina; *a man of the ~* en man av folket **3** fam. anhöriga, närmaste, familj; släkt[ingar] **4** människor[na], personer; *fifty ~* 50 människor (personer) **5** *~ say* folk (man) säger, det sägs **6** Am. jur., *the P~ versus Brown* staten mot Brown **II** *tr* befolka, bebo

pep [pep] fam. **I** *s* fart, fräs, kläm **II** *tr, ~ up* pigga upp, sätta fart på

pepper ['pepə] **I** *s* **1** peppar **2** paprika [*green* (*red*) *~*] **II** *tr* peppra [på]

peppercorn ['pepəkɔ:n] *s* **1** pepparkorn **2** *~ rent* nominell (symbolisk) hyra

pepper-mill ['pepəmɪl] *s* pepparkvarn

peppermint ['pepəmənt] *s* pepparmynta; pepparmint, -mynt

peppery ['pepərɪ] *a* **1** pepparliknande, peppar-; pepprig **2** hetsig, ettrig

pep-pill ['peppɪl] *s* fam. uppiggande piller (tablett)

peppy ['pepɪ] *a* fam. ärtig, pigg, klämmig

pepsin ['pepsɪn] *s* kem. pepsin

pep-talk ['peptɔ:k] *s* fam. kort uppmuntrande tal; peptalk före tävling

peptic ['peptɪk] *a* fysiol. peptisk; som befordrar matsmältningen; mag- [*~ ulcer*]

Pepys [dagboksförfattaren: pi:ps]

per [pɜ:, obeton. pə] *prep* (lat.) per, genom, med; *~ annum* [pər'ænəm] om året, per år, årligen *~ capita* [pə'kæpɪtə] per capita (man); *~ cent* [pə'sent] procent; *~ diem* [pɜ:'di:em] per dag; *~ man* per man; *~ mille* (*mill, mil*) [pɜ:'mɪl] promille; *~ pro.* [pɜ:'prɔ:] förk., se följ.; *~ procuration* per prokura; *~ se* [pɜ:'seɪ] per se, i och för sig

peradventure [pərəd'ventʃə] *adv* högt. **1** måhända, kanske **2** möjligen, till äventyrs

perambulate [pə'ræmbjʊleɪt] **I** *tr* vandra (ströva) omkring i **II** *itr* vandra omkring

perambulation [pə,ræmbjʊ'leɪʃən] *s* vandring, strövtåg, promenad

perambulator [pə'ræmbjʊleɪtə] *s* barnvagn

per annum se under *per*

per capita se under *per*

perceivable [pə'si:vəbl] *a* märkbar, förnimbar; begriplig

perceive [pə'si:v] *tr* **1** märka, varsebli **2** uppfatta, förnimma

per cent se under *per*

percentage [pə'sentɪdʒ] *s* procent; procenttal; procentsats; procenthalt; [an]del

perceptible [pə'septəbl] *a* märkbar, uppfattbar, förnimbar [*~ to* (för) *the eye*]

perception [pə'sepʃən] *s* **1** iakttagelseförmåga, uppfattning **2** psykol. perception, varseblivning

perceptive [pə'septɪv] *a* insiktsfull, klarsynt; skarp [*a ~ eye*]

1 perch [pɜ:tʃ] (pl. lika el. ibl. *~es*) *s* abborre

2 perch [pɜ:tʃ] **I** *s* **1** sittpinne, pinne för höns o. d.; bildl. högt ställe; *come off your ~!* fam. kliv ner från dina höga hästar! **2** a) mätstång b) längdmått 5,5 *yards* = 5,029 m c) ytmått 1/160 *acre* = 25,290 m^2 **II** *itr* [flyga upp och] sätta sig, slå sig ned; klättra upp och sätta sig; [sitta och] balansera **III** *tr* sätta [upp], placera på pinne el. hög plats; *~ed on a tree* uppflugen i ett träd

perchance [pə'tʃɑ:ns] *adv* litt. måhända, kanske

percipient [pə'sɪpɪənt] *a* insiktsfull

percolate ['pɜ:kəleɪt] **I** *tr* **1** tränga igenom **2** filtrera; sila; brygga [*~ coffee*] **3** låta rinna **II** *itr* **1** sila (sippra) [igenom] **2** bryg-

gas
percolation [ˌpɜ:kəˈleɪʃən] *s* **1** filtrering; bryggning **2** silande, [genom]sipprande
percolator [ˈpɜ:kəleɪtə] *s* **1** kaffebryggare **2** filtreringsapparat, perkolator
percussion [pəˈkʌʃən] *s* slag, stöt; ~ *cap* tändhatt, knallhatt; ~ *instruments* slag|verk, -instrument; *the* ~ slaginstrumenten, slagverket i orkester, batteriet i jazzorkester
percussionist [pəˈkʌʃənɪst] *s* batterist
percussive [pəˈkʌsɪv] *a* slående
Percy [ˈpɜ:sɪ]
per diem se under *per*
perdition [pɜ:ˈdɪʃən] *s* **1** fördärv, undergång **2** evig fördömelse; helvetet
peregrinate [ˈperɪgrɪneɪt] *itr* vandra (färdas) [omkring]
peregrination [ˌperɪgrɪˈneɪʃən] *s* vandring, färd, resa
peremptory [pəˈrem*p*tərɪ] *a* diktatorisk [~ *command*]; myndig [~ *manner*]
perennial [pəˈrenjəl] **I** *a* **1** ständig [~ *source of astonishment*]; varaktig; evig **2** om växt perenn, flerårig **II** *s* **1** perenn **2** bildl. ständigt återkommande fråga
perfect [ss. adj. o. subst. ˈpɜ:fɪkt, ss. vb pəˈfekt] **I** *a* **1** perfekt, fulländad, fullkomlig; *practice makes* ~ övning ger färdighet **2** fullständig, full; ren; ~ *circle* exakt cirkel **3** fullkomlig, fullständig [~ *stranger*], riktig, verklig [*he is a* ~ *nuisance* (plåga)]; ~ *nonsense* rent nonsens **4** fam. perfekt, härlig [*a* ~ *day*] **5** gram., ~ *participle* perfekt particip; supinum; *the* ~ *tense* perfekt[um] **II** *s* gram., *the* [*present*] ~ perfekt[um] **III** *tr* göra perfekt, fullkomna, fulländа
perfectibility [pəˌfektəˈbɪlətɪ] *s* utvecklings|duglighet, -möjlighet
perfectible [pəˈfektəbl] *a* utvecklings|bar, -duglig
perfection [pəˈfekʃən] *s* **1** fullkomnande etc., jfr *perfect III* **2** fulländning, fullkomlighet, perfektion; *to* ~ perfekt, på ett fulländat sätt; *bring to* ~ bringa till fulländning
perfectionist [pəˈfekʃənɪst] *s* perfektionist
perfidious [pəˈfɪdɪəs] *a* trolös, svekfull
perfidy [ˈpɜ:fɪdɪ] *s* trolöshet, svek
perforate [ˈpɜ:fəreɪt] *tr* perforera; borra (sticka) igenom
perforation [ˌpɜ:fəˈreɪʃən] *s* perforering; genomborrande; tandning, tand på frimärke; hål, läk. perforation
perforce [pəˈfɔ:s] *adv* nödvändigtvis, ovillkorligen, nödtvunget
perform [pəˈfɔ:m] **I** *tr* **1** utföra [~ *a task*], uträtta; förrätta [~ *a marriage ceremony* (en vigsel)]; fullgöra [~ *a duty*]; prestera; ~ *an operation* företa (utföra) en operation **2** framföra, spela, utföra [~ *a piece of music*; ~ *a part* (en roll)], uppföra, ge [~ *a play*] **II** *itr* **1** uppträda [~ *in the role of Hamlet*] **2** fungera, arbeta [effektivt]; tjänstgöra
performable [pəˈfɔ:məbl] *a* utförbar, görlig; spelbar
performance [pəˈfɔ:məns] *s* **1** utförande, verkställande etc., jfr *perform* **2** prestation; prestanda **3** föreställning [*a theatrical* ~], uppförande av pjäs o. d.; uppträdande
performer [pəˈfɔ:mə] *s* uppträdande om person el. djur; spelande; spelare; aktör
performing [pəˈfɔ:mɪŋ] *pres p* o. *s* utförande etc., jfr *perform*; dresserad [*a* ~ *elephant*, ~ *fleas*]; ~ *rights* uppföranderätt
perfume [ss. subst. ˈpɜ:fju:m, ss. vb pəˈfju:m] **I** *s* **1** doft **2** parfym **II** *tr* parfymera
perfumer [pəˈfju:mə] *s* parfym|handlare, -tillverkare
perfunctory [pəˈfʌŋ*k*tərɪ] *a* slentrianmässig, mekanisk; nonchalant, ytlig
pergola [ˈpɜ:gələ] *s* pergola
perhaps [pəˈhæps, præps] *adv* kanske; ~ *so* kanske det
peril [ˈperəl] *s* högt. fara; *at o.'s* [*own*] ~ på egen risk, på eget ansvar; *keep off at your* ~ håll dig undan annars kan du råka illa ut; *be in* ~ *of o.'s life* sväva i livsfara
perilous [ˈperɪləs] *a* farlig, vådlig, riskabel
perimeter [pəˈrɪmɪtə] *s* omkrets, mat. äv. perimeter
period [ˈpɪərɪəd] *s* **1** period; tidsperiod, skede, tid[rymd], tidevarv; *the Elizabethan* ~ den elisabetanska tiden (perioden); ~ *furniture* stilmöbler; *for a* ~ *of two years* under två års tid **2** lektion, lektionstimme; *free* ~ håltimme **3** a) punkt isht tecknet; slut b) paus **4** menstruation, mens
periodic [ˌpɪərɪˈɒdɪk] *a* periodisk
periodical [ˌpɪərɪˈɒdɪkəl] **I** *a* periodisk **II** *s* periodisk skrift, tidskrift
periodicity [ˌpɪərɪəˈdɪsətɪ] *s* vetensk. periodicitet, periodisk växling
peripatetic [ˌperɪpəˈtetɪk] *a* **1** filos. peripatetisk **2** skämts. ambulerande
peripheral [pəˈrɪfərəl] *a* perifer[isk], yttre
periphery [pəˈrɪfərɪ] *s* periferi, omkrets
periphras|is [pəˈrɪfrəs|ɪs] (pl. *-es* [-i:z]) *s* perifras; omskrivning
periphrastic [ˌperɪˈfræstɪk] *a* perifrastisk, omskrivande; omskriven [~ *form*]
periscope [ˈperɪskəʊp] *s* periskop
perish [ˈperɪʃ] **I** *itr* **1** omkomma, förgås [~ *with* (av) *hunger*]; ~ *the thought!* det skulle aldrig falla mig in!; ~ *by the sword* dödas med svärd; *be* ~*ing with cold* hålla på att frysa ihjäl **2** förstöras, fördärvas **II** *tr*, *be* ~*ed with cold* frysa ihjäl
perishable [ˈperɪʃəbl] **I** *a* **1** förgänglig **2** ömtålig **II** *s*, pl. ~*s* hand. ömtåliga varor

perisher ['perɪʃə] *s* sl. jäkel, jycke
perishing ['perɪʃɪŋ] **I** *a* förfärlig, förödande; förbaskad **II** *adv* förbaskat
peritonitis [ˌperɪtəʊ'naɪtɪs] *s* läk. bukhinneinflammation, peritonit
periwig ['perɪwɪg] *s* peruk
perjure ['pɜ:dʒə] *tr,* ~ *o.s.* begå mened
perjurer ['pɜ:dʒərə] *s* menedare
perjury ['pɜ:dʒərɪ] *s* mened; *commit* ~ begå mened
1 perk [pɜ:k] **I** *itr,* ~ *up* piggna till, repa sig **II** *tr* **1** ~ [*up*] piffa upp **2** höja; *the horse* ~*ed up its head* hästen lyfte huvudet
2 perk [pɜ:k] *itr* o. *tr* fam. = *percolate*
3 perk [pɜ:k] *s* fam., vanl. pl.: ~*s* extra-, naturaförmåner
perky ['pɜ:kɪ] *a* käck; pigg
Perlon ['pɜ:lɒn] *s* ® perlon
1 perm [pɜ:m] **I** *s* (kortform för *permanent wave*) **1** permanent[ning]; *have a* ~ [låta] permanenta sig **2** permanentat hår **II** *tr* permanenta; ~ *o.'s hair* permanenta sig
2 perm [pɜ:m] fam. **I** *s* (kortform för *permutation*) system vid tippning, systemtips **II** *itr* (kortform för *permute*) tippa system
permafrost ['pɜ:məfrɒst] *s* permafrost
permanence ['pɜ:mənəns] *s* beständighet; varaktighet; permanens
permanency ['pɜ:mənənsɪ] *s* **1** se *permanence* **2** permanent tillstånd; om anställning fast plats
permanent ['pɜ:mənənt] *a* permanent, bestående [*of* ~ *value*], ständig; varaktig, stadigvarande, ordinarie [~ *position*], stående [~ *address*]; ~ *wave* permanentning
permanently ['pɜ:mənəntlɪ] *adv* permanent, varaktigt, beständigt
permanganate [pɜ:'mæŋgənɪt] *s* kem. permanganat
permeate ['pɜ:mɪeɪt] **I** *tr* tränga igenom (in i, ner i); sprida (breda ut) sig i, genomsyra **II** *itr* tränga igenom (in); sprida
permeation [ˌpɜ:mɪ'eɪʃən] *s* genomträngande
per mille el. **per mill** el. **per mil** se under *per*
permissible [pə'mɪsəbl] *a* tillåtlig
permission [pə'mɪʃən] *s* tillåtelse, tillstånd, lov; *by* ~ *of*. . med tillstånd av . .
permissive [pə'mɪsɪv] *a* **1** fakultativ [~ *legislation*] **2** tolerant; eftergiven; frigjord; *the* ~ *society* det kravlösa samhället
permissiveness [pə'mɪsɪvnəs] *s* tolerans; eftergivenhet
permit [ss. vb pə'mɪt, ss. subst. 'pɜ:mɪt] **I** *tr* tillåta, medge; *weather* ~*ting* om vädret tillåter [det]; *be* ~*ted to* ha [fått] tillåtelse (tillstånd) att **II** *itr,* ~ *of* tillåta, medge **III** *s* tillstånd; licens; passersedel; *fishing* ~ fiskekort; *work* ~ arbetstillstånd
permutation [ˌpɜ:mjʊ'teɪʃən] *s* **1** mat. permutation **2** systemtips
permute [pə'mju:t] **I** *tr* kasta (flytta) om **II** *itr* tippa system
pernicious [pə'nɪʃəs] *a* skadlig [*to* för]; elakartad [~ *disease*], perniciös [~ *anaemia*]
pernickety [pə'nɪkətɪ] *a* fam. [pet]noga, pedantisk; fjäskig
peroration [ˌperə'reɪʃən] *s* **1** avslutning av ett tal **2** längre anförande
peroxide [pə'rɒksaɪd] **I** *s* kem. peroxid; ~ [*of hydrogen*] väte[su]peroxid **II** *a* **1** peroxid- **2** blekt; *a* ~ *blonde* en platinablond kvinna
perpendicular [ˌpɜ:pən'dɪkjʊlə] **I** *a* lodrät, vertikal; vinkelrät; ~ *to* i rät vinkel mot **II** *s* **1** geom. normal, perpendikel **2** lodrätt plan (läge); *out of the* ~ inte lodrät
perpetrate ['pɜ:pətreɪt] *tr* föröva, begå
perpetration [ˌpɜ:pə'treɪʃən] *s* förövande, begående
perpetrator ['pɜ:pətreɪtə] *s* förövare, gärningsman
perpetual [pə'petʃʊəl] *a* ständig, oavbruten [~ *chatter*], oupphörlig; evig [~ *damnation*]; ~ *calendar* evighetskalender
perpetuate [pə'petʃʊeɪt] *tr* föreviga; bevara för all framtid
perpetuation [pəˌpetʃʊ'eɪʃən] *s* förevigande; bevarande för all framtid
perpetuity [ˌpɜ:pə'tju:ətɪ] *s* beständighet; evighet; *in* ~ för evärdlig tid, för all framtid
perplex [pə'pleks] *tr* förvirra, förbrylla
perplexed [pə'plekst] *a* förbryllad, perplex
perplexity [pə'pleksətɪ] *s* **1** förvirring, rådlöshet **2** trasslighet
per pro. se under *per*
perquisite ['pɜ:kwɪzɪt] *s* extra förmån
per se se under *per*
persecute ['pɜ:sɪkju:t] *tr* **1** förfölja [*the Christians were* ~*d*] **2** ansätta, plåga
persecution [ˌpɜ:sɪ'kju:ʃən] *s* förföljelse; ~ *mania* förföljelsemani
persecutor ['pɜ:sɪkju:tə] *s* förföljare
perseverance [ˌpɜ:sɪ'vɪərəns] *s* ihärdighet, uthållighet
persevere [ˌpɜ:sɪ'vɪə] *itr* framhärda, hålla ut [*with* (*at, in*) i (med)], hålla fast [*in* vid]
persevering [ˌpɜ:sɪ'vɪərɪŋ] *a* ihärdig, uthållig, trägen
Persia ['pɜ:ʃə] Persien
Persian ['pɜ:ʃən] **I** *a* persisk; ~ *blinds* utvändiga persienner, spjälluckor; ~ *cat* perserkatt; ~ *lamb* persian skinn **II** *s* **1** perser **2** persiska [språket] **3** perserkatt
persiflage [ˌpɜ:sɪ'flɑ:ʒ] *s* godmodigt gyckel, drift, persiflage
persist [pə'sɪst] *itr* **1** ~ *in* framhärda i, hålla fast vid [~ *in o.'s opinion*] **2** envisas **3**

fortsätta, hålla 'på, bestå, leva kvar
persistence [pə'sɪstəns] *s* **1** framhärdande; envishet **2** fortlevande, fortbestånd
persistent [pə'sɪstənt] *a* ihärdig, ståndaktig; ihållande, ständig
person ['pɜ:sn] *s* person; människa ofta neds.; *in* ~ personligen, själv; *without respect of* ~*s* utan anseende till person; *he had no money on his* ~ han hade inga pengar på sig
personable ['pɜ:sənəbl] *a* välskapad
personage ['pɜ:sənɪdʒ] *s* [betydande] personlighet; person äv. skämts. el. neds.
personal ['pɜ:sənl] *a* **1** personlig, privat; individuell; *make a* ~ *call* göra ett personligt besök; ringa ett personligt samtal; ~ *column* [spalt med] blandade småannonser; *from* ~ *experience* av egen erfarenhet; *a* ~ *matter* en privatsak; ~ *secretary* privatsekreterare **2** person- [~ *name*], personlig [~ *pronoun*] **3** närgången; *be* (*become*) ~ gå (komma) in på personligheter
personality [ˌpɜ:sə'nælətɪ] *s* **1** personlighet; *have a dual* (*split*) ~ ha en kluven personlighet **2** känd person[lighet], kändis; ~ *cult* el. *cult of* ~ personkult **3** mest pl. *personalities* personligheter [*indulge in* (gå in på) *personalities*]
personally ['pɜ:snəlɪ] *adv* **1** personligen, personligt; i egen person **2** som människa (person) [*I dislike him* ~, *but admire his ability*] **3** för egen del, personligen
persona non grata [pɜ:'səunə nɒn 'grɑ:tə] *s* (lat.) persona non grata
personification [pɜ:ˌsɒnɪfɪ'keɪʃən] *s* personifikation; förkroppsligande
personify [pɜ:'sɒnɪfaɪ] *tr* personifiera; förkroppsliga; *she was kindness personified* hon var vänligheten själv
personnel [ˌpɜ:sə'nel] *s* personal; ~ *manager* personalchef
perspective [pə'spektɪv] *s* **1** a) perspektivritning b) perspektivlära **2** perspektiv, syn; utsikt; *in* ~ i [rätt] perspektiv; perspektiviskt; *out of* ~ i felaktigt perspektiv
Perspex ['pɜ:speks] *s* ® plexiglas
perspicacious [ˌpɜ:spɪ'keɪʃəs] *a* klarsynt; skarpsinnig
perspicacity [ˌpɜ:spɪ'kæsətɪ] *s* klarsynthet; skarpsinne
perspicuity [ˌpɜ:spɪ'kju:ətɪ] *s* klarhet, åskådlighet
perspicuous [pə'spɪkjuəs] *a* klar, åskådlig
perspiration [ˌpɜ:spə'reɪʃən] *s* **1** svettning, transpiration **2** svett
perspire [pəs'paɪə] *itr* svettas, transpirera
persuade [pə'sweɪd] *tr* **1** övertyga [*that* om att]; **2** övertala, förmå [*into a th.* till ngt]
persuasion [pə'sweɪʒən] *s* **1** övertalning **2** övertalningsförmåga [äv. *power of* ~] **3** övertygelse äv. religiös; trossamfund
persuasive [pə'sweɪsɪv] *a* övertalande; övertygande; bevekande
persuasiveness [pə'sweɪsɪvnəs] *s* övertalnings|förmåga, -konst
pert [pɜ:t] *a* **1** näsvis **2** isht Am. pigg
pertain [pɜ:'teɪn, pə't-] *itr*, ~ *to* tillhöra; hänföra sig till, gälla
Perthshire ['pɜ:θʃɪə, -ʃə]
pertinacious [ˌpɜ:tɪ'neɪʃəs] *a* ihållande, envis, ståndaktig
pertinacity [ˌpɜ:tɪ'næsətɪ] *s* envishet, ståndaktighet
pertinence ['pɜ:tɪnəns] *s* relevans
pertinent ['pɜ:tɪnənt] *a* relevant [*to* för]; tillämplig
perturb [pə'tɜ:b] *tr* oroa, störa
perturbation [ˌpɜ:tə'beɪʃən] *s* oro, störning, rubbning
Peru [pə'ru:]
peruke [pə'ru:k] *s* peruk
perusal [pə'ru:zəl] *s* [genom]läsning
peruse [pə'ru:z] *tr* läsa igenom [noggrant]
Peruvian [pə'ru:vjən] **I** *a* peruansk; ~ *bark* farm. kinabark **II** *s* peruan
pervade [pə'veɪd] **I** *tr* gå (tränga) igenom; genomsyra; prägla **II** *itr* vara förhärskande
pervasion [pə'veɪʒən] *s* genomträngande
pervasive [pə'veɪsɪv] *a* genomträngande [~ *smell*]; genomgripande
perverse [pə'vɜ:s] *a* **1** motsträvig, tvär; egensinnig **2** fördärvad; bakvänd
perversion [pə'vɜ:ʃən] *s* **1** förvrängning [*a* ~ *of facts*], förvanskning **2** onaturlighet, abnorm förändring **3** perversitet, sexuell perversion
perversity [pə'vɜ:sətɪ] *s* **1** fördärv; förvändhet, onaturlighet **2** förstockelse
pervert [ss. vb pə'vɜ:t, ss. subst. 'pɜ:vɜ:t] **I** *tr* **1** för|vränga, -vanska [~ *the truth*] **2** för|därva, -leda **II** *s* **1** pervers [individ] **2** avfälling
perverted [pə'vɜ:tɪd] *pp* o. *a* **1** förvrängd etc., jfr *pervert I* o. *II* **2** pervers; abnorm
peseta [pə'seɪtə] *s* peseta spanskt mynt
peso ['peɪsəu] *s* peso Sydam. mynt
pessary ['pesərɪ] *s* med. **1** pessar **2** vagitorium
pessimism ['pesɪmɪzəm] *s* pessimism
pessimist ['pesɪmɪst] *s* pessimist
pessimistic [ˌpesɪ'mɪstɪk] *a* pessimistisk
pest [pest] *s* **1** plågoris, otyg, plågoande **2** skadedjur, skadeinsekt; skadeväxt
pester ['pestə] *tr* plåga, besvära, trakassera
pesticide ['pestɪsaɪd] *s* pesticid bekämpningsmedel
pestilence ['pestɪləns] *s* pest, farsot
pestilent ['pestɪlənt] *a* **1** dödsbringande; förpestad **2** fördärvlig **3** pestartad
pestilential [ˌpestɪ'lenʃəl] *a* **1** pestförande;

pestartad **2** fördärvlig **3** fam. odräglig
pestle ['pesl] *s* mortelstöt
pest-ridden ['pest,rɪdn] *a* pesthärjad
1 pet [pet] **I** *s* **1** sällskapsdjur **2** kelgris; älskling, favorit; raring [*you're a perfect* ~] **3** attr. älsklings-, favorit- [~ *phrase*]; sällskaps- [~ *dog*]; ~ *name* smeknamn; ~ *shop* zoologisk affär, smådjursaffär **II** *tr* **1** kela med; hångla med **2** skämma bort
2 pet [pet] *s*, *be in a* ~ vara ur humör, tjura
petal ['petl] *s* bot. kronblad
petard [pe'tɑ:d] *s* se *2 hoist*
Pete [pi:t] kortform för *Peter*; *for the love of* ~! för Guds skull!
Peter ['pi:tə] Peter, bibl. Petrus; *St.* ~ Sankte Per; *St.* (*Saint*) ~ [*the Apostle*] aposteln Petrus; *rob* ~ *to pay Paul* ordspr. ta från en för att ge åt en annan
peter ['pi:tə] *itr* fam., ~ *out* ebba ut, sina
Peter Pan ['pi:tə'pæn] *s* **1** Peter Pan sagofigur **2** bildl. pojke som aldrig blir vuxen
petit bourgeois ['petɪ'bʊəʒwɑ:] (pl. *petits bourgeois* ['petɪ'bʊəʒwɑ:z]) *s* (fr.) småborgare
petite [pə'ti:t] *a* liten och nätt om kvinna
petition [pə'tɪʃən] **I** *s* **1** begäran, anhållan, bön **2** petition, böneskrift; ansökan; jur. [skriftlig] framställning till domstol, inlaga, hemställan; *file a* ~ inkomma med (inlämna) en ansökan; ~ *for mercy* nådeansökan **II** *tr* **1** begära, anhålla om **2** göra framställning hos, inlämna en petition till [*a p. for a th.* ngn om ngt]
petitioner [pə'tɪʃənə] *s* **1** kärande i skilsmässoprocess **2** supplikant; petitionär
Petrarch ['petrɑ:k] Petrarca
petrel ['petrəl] *s* zool. stormfågel; *storm* (*stormy*) ~ stormsvala
petrifaction [,petrɪ'fækʃən] *s* förstening
petrify ['petrɪfaɪ] *tr* förstena; *petrified with terror* förstenad av skräck
petrochemical [,petrəʊ'kemɪkl] *a* petrokemisk
petrodollar ['petrəʊ,dɒlə] *s* ekon. petrodollar
petrol ['petrəl, -ɒl] *s* bensin; ~ *can* bensindunk; ~ *station* bensin|station, -mack
petroleum [pə'trəuljəm] *s* petroleum, bergolja; ~ *jelly* vaselin
petticoat ['petɪkəut] *s* **1** kjol, isht underkjol; ~ *government* kjolregemente **2** *P*~ *Lane* gata i London med loppmarknad
pettifoggery ['petɪ,fɒgərɪ] *s* lagvrängning, advokatknep
pettifogging ['petɪfɒgɪŋ] **I** *s* **1** lagvrängning, advokatyr **2** krångel **II** *a* **1** lagvrängande **2** småaktig [~ *critic*]; trivial
petting ['petɪŋ] *s* fam. petting, hångel
petty ['petɪ] *a* **1** liten, obetydlig; trivial; ~ *cash* a) småposter b) handkassa **2** lägre, i liten skala; små- [~ *states*]; ~ *bourgeois* småborgare; ~ *larceny* jur. snatteri; ~ *official* underordnad tjänsteman; ~ *sessions* se *session 1* **3** i marina grader: ~ *officer* sergeant, yngre: överfurir **4** småsint, småskuren
petty-minded ['petɪ,maɪndɪd] *a* småsint
petulance ['petjʊləns] *s* retlighet; grinighet
petulant ['petjʊlənt] *a* retlig; grinig
petunia [pɪ'tju:njə] *s* bot. petunia
pew [pju:] *s* kyrkbänk; *take a* ~! fam. slå dig ner!
pewit ['pi:wɪt] *s* zool. **1** tofsvipa **2** skrattmås
pewter ['pju:tə] *s* **1** tenn[legering]; attr. tenn- [~ *ware*] **2** tennkärl, tennsaker
pH ['pi:'eɪtʃ] kem. pH; ~ *value* pH-värde
phagocyte ['fægəʊsaɪt] *s* fagocyt, ätcell
phalanx ['fælæŋks] *s* falang, fylking; [kompakt] massa
phallic ['fælɪk] *a* fallos-
phallus ['fæləs] *s* fallos
phantasmagoria [,fæntæzmə'gɔ:rɪə] *s* fantasmagori, bländverk, gyckelspel
phantom ['fæntəm] *s* **1** skenbild, fantasi-, inbillnings|foster **2** spöke; vålnad, skepnad
Pharaoh ['feərəu] *s* farao
pharisaic[al] [,færɪ'seɪɪk, -əl] *a* fariseisk, självgod
pharisee ['færɪsi:] *s* farisé [bibl. *P*~]
pharmaceutic[al] [,fɑ:mə'sju:tɪk, -'su:-, -əl] *a* farmaceutisk; *the* ~ *industry* läkemedelsindustrin
pharmaceutics [,fɑ:mə'sju:tɪks, -'su:-] (konstr. ss. sg.) *s* farmaci
pharmacist ['fɑ:məsɪst] *s* apotekare, farmaceut
pharmacologist [,fɑ:mə'kɒlədʒɪst] *s* farmakolog
pharmacology [,fɑ:mə'kɒlədʒɪ] *s* farmakologi
pharmacopoeia [,fɑ:məkə'pi:ə] *s* farmakopé
pharmacy ['fɑ:məsɪ] *s* **1** apotek **2** farmaci
pharyngitis [,færɪn'dʒaɪtɪs] *s* läk. faryngit, svalg|inflammation, -katarr
pharyngoscope [fə'rɪŋgəskəup] *s* läk. faryngoskop
pharynx ['færɪŋks] (pl. *pharynges* [fæ'rɪndʒi:z] el. ~*es*) *s* anat. svalg
phase [feɪz] **I** *s* fas äv. fys., tekn. o. astr. [*the* ~*s of the moon*]; skede [*the early* ~*s of the revolution*]; stadium, etapp **II** *tr* **1** planera **2** synkronisera, elektr. äv. fasa; anpassa [*with* till]; ~ *out* gradvis (etappvis) avveckla
Ph. D. ['pi:eɪtʃ'di:] förk. för *Doctor of Philosophy*
pheasant ['feznt] *s* fasan; *hen* ~ fasanhöna
phenacetin [fɪ'næsətɪn] *s* farm. fenacetin

phenobarbital ['fi:nəʊ'bɑ:bɪtəl] *s* isht Am. = följ.
phenobarbitone ['fi:nəʊ'bɑ:bɪtəʊn] *s* farm. fenemal
phenol ['fi:nɒl] *s* kem. fenol
phenomenal [fɪ'nɒmɪnl] *a* fam. fenomenal
phenomen|on [fɪ'nɒmɪn|ən] (pl. *-a* [-ə]) *s* fenomen; företeelse; *infant* ~ underbarn
phew [fju:] *interj* uttr. otålighet, utmattning, besvikelse el. lättnad ss!; puh!; usch!, äsch!
phi [faɪ] *s* grekiska bokstaven fi
phial ['faɪəl] *s* liten [medicin]flaska
Phil [fɪl] kortform för *Philip*
phil. förk. för *philosophy*
Philadelphia [ˌfɪlə'delfjə]
philander [fɪ'lændə] *itr* flörta, driva kurtis
philanderer [fɪ'lændərə] *s* flört person
philandering [fɪ'lændərɪŋ] *s* flört, kurtis
philanthropic[al] [ˌfɪlən'θrɒpɪk, -əl] *a* filantropisk, människovänlig
philanthropist [fɪ'lænθrəpɪst] *s* filantrop, människovän
philanthropy [fɪ'lænθrəpɪ] *s* filantropi
philatelic [ˌfɪlə'telɪk] *a* filatelistisk
philatelist [fɪ'lætəlɪst] *s* filatelist, frimärkssamlare; attr. filatelist-
philately [fɪ'lætəlɪ] *s* filateli
philharmonic [ˌfɪlɑ:'mɒnɪk] **I** *a* filharmonisk; ~ *concert* symfonikonsert **II** *s* filharmoniker pl., orkesterförening
Philip ['fɪlɪp] ss. kunganamn Filip
Philippines ['fɪlɪpi:nz] *s pl, the* ~ Filippinerna
philistine ['fɪlɪstaɪn] **I** *s* **1** bracka, kälkborgare **2** *P~* bibl. filisté **II** attr. *a* **1** brackig, kälkborgerlig **2** *P~* filisteisk
philologic[al] [ˌfɪlə'lɒdʒɪk, -əl] *a* filologisk, språkvetenskaplig
philologist [fɪ'lɒlədʒɪst] *s* filolog
philology [fɪ'lɒlədʒɪ] *s* filologi, språkvetenskap
philosopher [fɪ'lɒsəfə] *s* filosof
philosophic[al] [ˌfɪlə'sɒfɪk, -əl] *a* filosofisk
philosophize [fɪ'lɒsəfaɪz] *itr* filosofera
philosophy [fɪ'lɒsəfɪ] *s* filosofi
philtre ['fɪltə] *s* kärleksdryck; trolldryck
phlebitis [flɪ'baɪtɪs] *s* läk. flebit, åderinflammation
phlegm [flem] *s* **1** slem **2** flegma, tröghet
phlegmatic [fleg'mætɪk] *a* flegmatisk, trög
phlox [flɒks] *s* bot. flox
phobia ['fəʊbɪə] *s* fobi, skräck
Phoenix ['fi:nɪks] *s* mytol. fågel Fenix
phon [fɒn] *s* phon, fon akustisk enhet
1 phone [fəʊn] fam. (för ex. se *telephone*) **I** *s* telefon **II** *tr* o. *itr* ringa [till], telefonera [till]; ringa upp
2 phone [fəʊn] *s* fonet. fon
phone-booth ['fəʊnbu:ð] *s* telefon|kiosk, -hytt
phone-in ['fəʊnɪn] *s* radio. o. TV. telefonprogram, program som lyssnare (tittare) kan ringa till
phoneme ['fəʊni:m] *s* fonet. fonem
phonemic [fəʊ'ni:mɪk] *a* fonematisk
phonetic [fəʊ'netɪk] *a* fonetisk; ~ *transcription* fonetisk skrift, ljudskrift
phonetician [ˌfəʊnɪ'tɪʃən] *s* fonetiker
phonetics [fəʊ'netɪks] (konstr. ss. sg.) *s* fonetik, ljudlära
phoney ['fəʊnɪ] sl. **I** *a* falsk, bluff-, humbug- **II** *s* bluff, humbug; bluffmakare
phonograph ['fəʊnəgræf] *s* Am. grammofon
phonology [fəʊ'nɒlədʒɪ] *s* språkv. fonologi
phony ['fəʊnɪ] *a* o. *s* = *phoney*
phosgene ['fɒzdʒi:n] *s* fosgen giftgas
phosphate ['fɒsfeɪt] *s* fosfat
phosphorescence [ˌfɒsfə'resns] *s* fosforescens
phosphorescent [ˌfɒsfə'resnt] *a* fosforescerande, självlysande
phosphorous ['fɒsfərəs] *a* fosforhaltig
phosphorus ['fɒsfərəs] *s* fosfor
photo ['fəʊtəʊ] *s* fam. foto, kort, bild
photocell ['fəʊtəʊˌsel] *s* fotocell
photocopy ['fəʊtəʊˌkɒpɪ] **I** *s* fotokopia **II** *tr* fotokopiera
photoelectric ['fəʊtəʊɪ'lektrɪk] *a* fotoelektrisk; ~ *cell* fotocell
photofinish ['fəʊtəʊ'fɪnɪʃ] *s* sport. fotofinish
photogenic [ˌfəʊtəʊ'dʒenɪk] *a* fotogenisk
photograph ['fəʊtəgrɑ:f, -græf] **I** *s* fotografi, foto, kort; *have o.'s* ~ *taken* [låta] fotografera sig **II** *tr* o. *itr* fotografera
photographer [fə'tɒgrəfə] *s* fotograf
photographic [ˌfəʊtə'græfɪk] *a* fotografisk
photography [fə'tɒgrəfɪ] *s* fotografering, fotografi ss. konst.
photometer [fəʊ'tɒmɪtə] *s* fotometer; ljus-, exponerings|mätare
photostat ['fəʊtəʊstæt] **I** *s* **1** ® fotostat fotokopieringsapparat **2** ~ [*copy*] fotostatkopia **II** *tr* o. *itr* fotostatkopiera
phrasal ['freɪzəl] *a* fras-; ~ *verb* frasverb, verbförbindelse med adverb [t. ex. *sit down*]
phrase [freɪz] **I** *s* fras, uttryck, [ord]vändning; *prepositional* ~ prepositionsuttryck; *set* ~ stående uttryck, talesätt **II** *tr* **1** uttrycka, formulera **2** mus. frasera
phrase-book ['freɪzbʊk] *s* parlör
phrasemonger ['freɪzˌmʌŋgə] *s* frasmakare
phraseology [ˌfreɪzɪ'ɒlədʒɪ] *s* fraseologi
phrenologist [frɪ'nɒlədʒɪst, fre'n-] *s* frenolog
phrenology [frɪ'nɒlədʒɪ, fre'n-] *s* frenologi
physical ['fɪzɪkəl] **I** *a* **1** fysisk, materiell; ~

violence yttre våld **2** fysikalisk **3** fysisk, kroppslig [~ *beauty*], kropps- [~ *exercise*]; ~ *culture* kroppskultur; ~ *education* gymnastik [med lek och idrott] ss. skolämne; ~ *jerks* fam. bensprattel, gymnastik; ~ *training* gymnastik; ~ *training instructor* gymnastik|direktör, -lärare **II** *s* Am. fam. läkarundersökning

physician [fɪ'zɪʃən] *s* läkare

physicist ['fɪzɪsɪst] *s* fysiker

physics ['fɪzɪks] (konstr. ss. sg.) *s* fysik ss. vetenskap

physiognomy [ˌfɪzɪ'ɒnəmɪ] *s* fysionomi

physiological [ˌfɪzɪə'lɒdʒɪkəl] *a* fysiologisk

physiologist [ˌfɪzɪ'ɒlədʒɪst] *s* fysiolog

physiology [ˌfɪzɪ'ɒlədʒɪ] *s* fysiologi

physiotherapist [ˌfɪzɪəʊ'θerəpɪst] *s* sjukgymnast

physiotherapy [ˌfɪzɪəʊ'θerəpɪ] *s* fysioterapi; sjukgymnastik

physique [fɪ'zi:k] *s* fysik [*a man of strong* ~], kroppsbyggnad

pi [paɪ] *s* grekisk bokstav o. mat. pi

pianissimo [pjæ'nɪsɪməʊ] *adv* o. *s* mus. pianissimo

pianist ['pjænɪst, 'pɪənɪst] *s* pianist

piano [ss. subst. pɪ'ænəʊ, ss. adv. 'pjɑ:nəʊ] **I** *s* piano; *grand* ~ flygel; *upright* ~ större piano; ~ *accordion* pianodragspel; *play a* ~ *duet* spela fyrhändigt **II** *adv* mus. piano

pianoforte [ˌpjænəʊ'fɔ:tɪ] *s* piano[forte]

pianola [pɪə'nəʊlə] *s* ® pianola

piano-player [pɪ'ænəʊˌpleɪə] *s* **1** pianist **2** pianola

piano-tuner [pɪ'ænəʊˌtju:nə] *s* pianostämmare

piazza [pɪ'ætsə] *s* (ital.) **1** piazza, torg i Italien **2** Am. veranda

picador ['pɪkədɔ:] *s* picador i tjurfäktning

Picardy ['pɪkədɪ] Picardie

picaresque [ˌpɪkə'resk] *a* pikaresk-; ~ *novel* pikaresk-, skälm|roman

Picasso [pɪ'kæsəʊ]

Piccadilly [ˌpɪkə'dɪlɪ]

piccalilli ['pɪkəlɪlɪ] *s* slags stark pickels

piccaninny ['pɪkənɪnɪ] *s* [färgad] barnunge, negerunge

piccolo ['pɪkələʊ] *s* pickolaflöjt

1 pick [pɪk] **I** *tr* o. *itr* **1** plocka [~ *flowers*] **2** peta [~ *o.'s teeth*], pilla (peta) [på (i)]; ~ *a bone* gnaga [av] ett ben; *have a bone to* ~ *with a p.* bildl. ha en gås oplockad med ngn; ~ *a lock* dyrka upp ett lås; ~ *o.'s nose* peta sig i näsan **3** plocka sönder, riva [sönder] [äv. ~ *apart*, ~ *to pieces*]; ~ *to pieces* bildl. göra ner, kritisera sönder **4** hacka (hugga) [upp] [~ *a hole in the ice*]; ~ *holes* (*a hole*) *in* hacka hål i (på); bildl. slå hål på, hitta fel hos; *they always* ~ *on* (*at*) *him* fam. de hackar alltid på honom, han är deras hackkyckling **5** picka; ~ [*at*] *o.'s food* [sitta och] peta i maten **6** rensa, plocka [~ *a fowl*] **7** välja [ut], plocka ut [~ *the best*]; ~ *and choose* välja och vraka; ~ *a quarrel* söka (mucka) gräl; ~ *sides* välja lag; ~ *the winner* (*winning horse*) satsa (hålla) på rätt häst **8** stjäla ur, plundra; ~ *a p.'s brains* se *brain I 2*; ~ *a p.'s pocket* stjäla ur (gå i) ngns ficka

9 förb. med adv. med spec. övers.: ~ **off** skjuta ner [en efter en]; ~ **out: a**) välja [ut], plocka ut **b**) peka ut **c**) [kunna] urskilja [~ *out o.'s friends in a crowd*] **d**) ta ut [~ *out a tune on the piano*]; ~ **up: a**) plocka upp, ta upp; lyfta [på] [~ *up the phone*]; hämta [*I'll* ~ *you up by car*] **b**) *this will* ~ *you up* detta kommer att pigga upp dig **c**) komma över [~ *up a th. cheap*], hitta, få tag i; lägga sig till med [~ *up a bad habit*]; ~ *up a girl* fam. få tag på (ragga upp) en flicka; ~ *up speed* öka farten **d**) återfå, återvinna [~ *up strength*]; krya på sig, repa sig, komma på fötter [*his business is beginning to* ~ *up again*]; ~ *up courage* repa mod **e**) tillägna sig, lära sig [~ *up the correct intonation*] **f**) fånga upp, uppfatta; ta (få) in [~ *up a radio station*]

II *s* val något utvalt; *the* ~ det bästa, eliten; *the* ~ *of the bunch* den bästa i hela samlingen; *have one's* ~ få välja [efter behag]

2 pick [pɪk] *s* [spets]hacka, korp

pickaback ['pɪkəbæk] *s, give a child a* ~ låta ett barn rida på ryggen

pickaxe ['pɪkæks] **I** *s* [spets]hacka, korp **II** *tr* hacka med spetshacka

picked [pɪkt] *a* [omsorgsfullt] utvald, handplockad; elit- [~ *troops*]

picker ['pɪkə] *s* plockare, plockerska

picket ['pɪkɪt] **I** *s* **1** [spetsad] påle, stake **2** mil. postering, förpost; vakt; piket **3** strejkvakt[er] **4** demonstrant[er] vid ambassad o. d. **II** *tr* **1** inhägna med pålar (staket) **2** tjudra **3** mil. a) sätta ut postering vid b) skicka ut på post **4** sätta ut strejkvakter (gå strejkvakt) vid **III** *itr* vara (gå) strejkvakt

picking ['pɪkɪŋ] *s* **1** plockning, plockande etc., jfr *1 pick I* **2** pl. ~*s* rester, smulor äv. bildl. **3** pl.: ~*s* biförtjänster genom fifflande; utbyte

pickle ['pɪkl] **I** *s* **1** lag för inläggning, saltlake, ättikslag **2** vanl. pl. ~*s* koll. pickles **3** fam. brydsam belägenhet; *be in a pretty* ~ sitta i en riktig knipa **II** *tr* lägga in [i lag]; marinera; salta ned (in)

pickled ['pɪkld] *a* **1** marinerad; ~ *herring* inlagd sill; ~ *onions* syltlök **2** sl. på sniskan

pick-me-up ['pɪkmɪʌp] *s* styrketår, uppiggande dryck

pickpocket ['pɪkˌpɒkɪt] *s* ficktjuv

pick-up ['pɪkʌp] *s* **1** på skivspelare pickup, förr nålmikrofon; ~ *arm* tonarm **2** liten, öppen varubil, pickup [Am. äv. ~ *truck*] **3** fam. person som man raggat upp **4** fam. acceleration **5** fam. uppgång, upphämtning **6** spel där lagledarna växelvis väljer deltagare till sina resp. lag

picnic ['pɪknɪk] **I** *s* **1** picknick, utflykt [i det gröna]; ~ *hamper* picknick-, matsäcks|korg **2** fam. enkel sak; *it's no* ~ äv. det är inget nöje **II** *itr* göra en picknick (utflykt)

picnicker ['pɪknɪkə] *s* picknickdeltagare

pictorial [pɪk'tɔːrɪəl] **I** *a* illustrerad, i bildform **II** *s* bildtidning

picture ['pɪktʃə] **I** *s* **1** bild, illustration; tavla, målning; porträtt; kort, foto [*take a* ~ *of a p.*]; ~ *postcard* vykort **2** skildring, beskrivning, framställning **3** bild, situation, läge; *put a p. in the* ~ fam. sätta in ngn i saken; *he is out of the* ~ fam. han är borta ur bilden **4** avbild; *he is the* [*very*] ~ *of his father* äv. han är sin far upp i dagen; *be* (*look*) *the* ~ *of health* se ut som hälsan själv **5** film [äv. *motion* ~]; *the* ~*s* fam. bio; *go to the* ~*s* gå på bio; ~ *palace* (*house, theatre*) ngt åld. biograf **II** *tr* **1** avbilda, måla, framställa i bild **2** ge en bild av, skildra, beskriva **3** föreställa sig [ofta ~ *to o.s.*]

picture-book ['pɪktʃəbʊk] *s* bilderbok

picture-card ['pɪktʃəkɑːd] *s* kortsp. klätt kort, målare

picture-gallery ['pɪktʃəˌgælərɪ] *s* konstgalleri

picture-goer ['pɪktʃəˌgəʊə] *s* biobesökare

picture-hat ['pɪktʃəhæt] *s* bredbrättad [strå]hatt

picturesque [ˌpɪktʃə'resk] *a* **1** pittoresk, målerisk **2** målande, livfull [~ *description*]

picture-window ['pɪktʃəˌwɪndəʊ] *s* perspektivfönster

piddle ['pɪdl] ngt vulg. **I** *itr* pinka **II** *s* pink

piddling ['pɪdlɪŋ] *a* fam. obetydlig, futtig

pidgin ['pɪdʒɪn] *s* **1** ~ *English* pidginengelska starkt förenklat halvengelskt blandspråk, urspr. i Kina **2** fam., *that's your* ~ se *pigeon 2*

pie [paɪ] *s* **1** paj; pastej **2** bildl., *have a finger in the* ~ ha ett finger med i spelet; ~ *in the sky* fam. tomma löften; *it's as easy as* ~ fam. det är en enkel match (ingen konst)

piebald ['paɪbɔːld] *a* fläckig, skäckig häst

piece [piːs] **I** *s* **1** stycke, bit [*a* ~ *of bread*]; del [*a dinner service of 60* ~*s*]; *a* ~ *of advice* ett råd; *he did a good* ~ *of business* han gjorde en god affär; *a* ~ *of furniture* en enstaka möbel; *a* ~ *of information* en upplysning; *a* ~ *of news* en nyhet; *give a p. a* ~ *of o.'s mind* säga ngn sin mening rent ut; *a* (*the, per*) ~ per styck, stycket; *in* ~*s* i bitar, i stycken; *it's all of a* ~ det är likadant helt igenom; *break to* ~*s* slå sönder, slå i bitar; *fall* (*tear*) *to* ~*s* falla (slita) i stycken (i bitar); *go to* ~*s* a) gå sönder, falla i bitar b) fam. bli alldeles förstörd [*after his wife's death he went all to* ~*s*]; *take a machine to* ~*s* montera ned (plocka isär) en maskin **2** stycke, verk; ~ *of music* musikstycke; *a* ~ *of poetry* en dikt **3** mynt [*a fifty-cent* ~, *a five-penny* ~] **4** ackord; *work by the* ~ arbeta på ackord; ~ *rate* ackord[ssats] **5** hand. [helt] stycke, [hel] längd av tyg, tapet **6** [artilleri]pjäs **7** pjäs i schackspel, bricka i brädspel o. d. **II** *tr* **1** laga, lappa **2** sy ihop [~ *a quilt*]; ~ *together* sy ihop; sätta ihop

piecemeal ['piːsmiːl] **I** *adv* **1** stycke för stycke, styckevis, bit för bit **2** i stycken (bitar) **II** *a* gradvis; [gjord] bit för bit

piece-work ['piːswɜːk] *s* ackordsarbete; *do* ~ arbeta på ackord

piecrust ['paɪkrʌst] *s* pajdegshölje

pied [paɪd] *a* fläckig, skäckig [~ *horse*]

Piedmontese [ˌpiːdmən'tiːz] **I** *a* piemontesisk **II** (pl. lika) *s* piemontesare

pier [pɪə] *s* **1** pir, vågbrytare; [landnings]-brygga **2** bropelare

pierce [pɪəs] *tr* **1** genomborra, sticka hål på; tränga igenom [*a shriek* ~*d the air*] **2** borra hål i; *have o.'s ears* ~*d* låta ta hål i öronen för örhängen o. d.

piercing ['pɪəsɪŋ] *a* genomträngande

pierrot ['pɪərəʊ] *s* pierrot

piety ['paɪətɪ] *s* **1** fromhet; from handling **2** pietet; *filial* ~ sonlig vördnad

piezoelectric [pɪ'etsəʊɪˌlektrɪk] *a* piezoelektrisk

piffle ['pɪfl] fam. **I** *s* trams, strunt[prat], skräp **II** *itr* tramsa, svamla; fjanta

piffling ['pɪflɪŋ] *a* fjantig; värdelös, struntpig

pig [pɪg] *s* **1** gris, svin; *buy a* ~ *in a poke* köpa grisen i säcken **2** fam. om person [lort]-gris; matvrak; *make a* ~ *of o.s.* äta så man storknar **3** [metall]tacka; järntacka

pigeon ['pɪdʒɪn] *s* **1** zool. duva; pl. ~*s* äv. duvfåglar; ~ *post* duvpost **2** fam., *that's your* ~ det är din sak (ditt bekymmer)

pigeon-breasted ['pɪdʒɪnˌbrestɪd] *a* o. **pigeon-chested** ['pɪdʒɪnˌtʃestɪd] *a*, *be* ~ ha hönsbröst

pigeon-hole ['pɪdʒɪnhəʊl] **I** *s* fack i hylla, skrivbord o. d. **II** *tr* **1** stoppa in i [ett] fack, sortera [i fack] **2** bildl. a) lägga undan (åt sidan) b) ordna in, placera i rätt fack

piggy ['pɪgɪ] *s* fam. griskulting; liten gris äv. bildl., barnspr. nasse; ~ *bank* spargris

piggyback ['pɪgɪbæk] *adv* se *pickaback*

pigheaded ['pɪg'hedɪd] *a* tjurskallig, envis

pig-iron ['pɪgˌaɪən] *s* tackjärn

piglet ['pɪglət] *s* spädgris

pigment ['pɪgmənt] *s* pigment, färgämne

pigmentation [ˌpɪgmən'teɪʃən] *s* pig-

mentering; färg
pigskin ['pɪgskɪn] *s* svinläder
pigsty ['pɪgstaɪ] *s* svinstia äv. bildl.
pigtail ['pɪgteɪl] *s* **1** grissvans **2** råttsvans fläta
1 pike [paɪk] *s* **1** tull|bom, -grind **2** väg|tull, -avgift **3** landsväg med tullbommar
2 pike [paɪk] *s* **1** Nordeng. bergspets **2** mil. hist. pik, spjut
3 pike [paɪk] (pl. lika el. ibl. *~s*) *s* zool. gädda
pike-perch ['paɪkpɜ:tʃ] *s* zool. gös
pikestaff ['paɪkstɑ:f] *s* pik-, spjut|skaft; *as plain as a ~* solklart, klart som korvspad
pilaf[f] ['pɪlæf] *s* kok. pilaff
Pilate ['paɪlət] Pilatus
pilau [pɪ'laʊ] *s* o. **pilaw** [pɪ'lɔ:] *s* kok. pilaff
pilchard ['pɪltʃəd] *s* större sardin, pilchard
1 pile [paɪl] **I** *s* **1** hög, stapel, trave [*a ~ of books*]; massa [*a ~ of work*] **2** fam., *a ~* en massa pengar **3** [stort] byggnadskomplex **4** bål; *funeral ~* likbål **5** elektr. element [*galvanic ~*], batteri **6** fys. reaktor; *atomic ~* atom-, kärn|reaktor **II** *tr* **1** [ofta *~ up*] stapla [upp], trava [upp], lägga upp [i en hög], hopa, samla; *~ it on* fam. bre på, överdriva; *~ up (on) the agony* fam. bre på; frossa i skakande detaljer **2** överlasta, stapla full; belamra **III** *itr* **1** hopas, samla (hopa) sig, torna upp sig **2** välla [*people ~d in*]
2 pile [paɪl] *s* lugg på tyg o. d., flor på sammet
pile-driver ['paɪl,draɪvə] *s* **1** pålkran, hejare **2** fam. våldsamt slag **3** fotb. rökare
piles [paɪlz] *s pl* läk. hemorrojder
pilfer ['pɪlfə] *tr* o. *itr* snatta
pilferage ['pɪlfərɪdʒ] *s* o. **pilfering** ['pɪlfərɪŋ] *s* snatteri
pilgrim ['pɪlgrɪm] *s* pilgrim
pilgrimage ['pɪlgrɪmɪdʒ] *s* pilgrimsfärd, vallfart, vallfärd
pill [pɪl] *s* **1** piller; *a bitter ~* bildl. ett beskt piller; *sugar (sweeten) the ~* sockra det beska pillret; *take (be on, go on) the ~* ta (gå på) P-piller (preventivpiller) **2** sl. boll
pillar ['pɪlə] *s* **1** pelare **2** stolpe; *be driven from ~ to post* jagas hit och dit **3** bildl. stöttepelare [*the ~s of society*]
pillar-box ['pɪləbɒks] *s* [pelarformig] brevlåda
pillbox ['pɪlbɒks] *s* **1** piller|ask, -dosa, -burk äv. om huvudbonad **2** mil. sl. betongvärn
pillion ['pɪljən] *s* på motorcykel o. d. baksits, passagerarsadel, bönpall; *ride ~* åka (rida) bakpå
pillory ['pɪlərɪ] **I** *s* skampåle **II** *tr* ställa vid skampålen
pillow ['pɪləʊ] **I** *s* **1** [huvud]kudde; *~ fight* kuddkrig **2** dyna **II** *tr* **1** lägga (låta vila) på en kudde **2** tjänstgöra som kudde åt
pillow-case ['pɪləʊkeɪs] *s* o. **pillow-slip** ['pɪləʊslɪp] *s* örngott, örngottsvar
pilot ['paɪlət] **I** *s* **1** sjö. lots **2** pilot, flygförare, flygare; *automatic ~* autopilot; *~'s licence* flygcertifikat; *~ officer* fänrik inom flyget; *sergeant ~* fältflygare **3** ledare, anförare; lots **II** attr. *a* försöks-, experiment-; *~ scheme* pilotförsök **III** *tr* **1** lotsa, bildl. äv. leda [*~ the country through a crisis*] **2** föra, vara pilot på flygplan
pilot-boat ['paɪlətbəʊt] *s* lotsbåt
pilot-lamp ['paɪlətlæmp] *s* kontrollampa
pilot-light ['paɪlətlaɪt] *s* **1** tändlåga på gasspis o. d. **2** kontrollampa, röd lampa
pimp [pɪmp] **I** *s* hallick, sutenör **II** *itr* [leva på att] vara hallick [*for* åt]
pimpernel ['pɪmpənel] *s*, *scarlet ~* bot. rödmire; *the Scarlet P~* Röda nejlikan
pimple ['pɪmpl] *s* finne, blemma
pimply ['pɪmplɪ] *a* finnig
pin [pɪn] **I** *s* **1** knappnål; nål; *~'s head* knappnålshuvud; *not worth a ~* inte värd ett dugg; *neat as a [new] ~* mycket prydlig; *be on ~s and needles* sitta som på nålar; *~s and needles* myrkrypning, stickande känsla efter domning o. d. **2** bult, sprint; tapp; stift; pinne **3** skruv på stränginstrument **4** fam., pl. *~s* ben, påkar **5** sport. kägla; *~ alley* kägelbana; bowlinghall **II** *tr* **1** nåla fast, sätta fast, fästa [med knappnål (stift, sprint)] [*to* vid]; *~ up a notice* sätta upp ett anslag **2** klämma fast [ofta *~ down*], stänga inne **3** bildl., *~ o.'s faith on* sätta sin lit till; *~ a th. on a p.* binda ngn vid ngt brott o. d., ge ngn skulden för ngt; *~ a p. down* tvinga (få) ngn att ge klart besked
pinafore ['pɪnəfɔ:] *s* [skydds]förkläde
pin-ball ['pɪnbɔ:l] *s* flipper slags fortunaspel; *~ machine* flipperautomat
pince-nez ['pænsneɪ] *s* pincené
pincer ['pɪnsə] *s*, *~ movement* mil. kniptångsmanöver, dubbel omfattning
pincers ['pɪnsəz] *s pl* **1** kniptång, tång; *a pair of ~* en kniptång **2** klo på kräftdjur
pinch [pɪntʃ] **I** *tr* **1** nypa, knipa [ihop]; klämma **2** pina, plåga, hårt ansätta [*be ~ed with cold*]; *~ed face* tärt ansikte **3** fam. knycka, stjäla **4** sl. a) haffa arrestera b) göra en razzia i **II** *itr* **1** klämma äv. bildl. [*know where the shoe ~es*]; värka **2** *~ and scrape* snåla och spara, vända på slantarna **III** *s* **1** nyp, nypning, klämning, knipning **2** nypa [*a ~ of salt* äv. bildl.]; *a ~ of snuff* en pris snus **3** *at a ~* i nödfall, om det kniper; *if it comes to the ~* om det [verkligen] gäller **4** tryck [*feel the ~ of foreign competition*] **5** sl. a) haffande, arrestering b) razzia
pincushion ['pɪn,kʊʃən] *s* nåldyna
1 pine [paɪn] *itr* **1** tyna av, tyna bort [ofta *~ away*]; försmäkta **2** tråna, trängta [*for a th.* efter ngt, *to do a th.* efter att göra ngt]
2 pine [paɪn] *s* **1** tall, fura; pinje **2** furu[trä]

pineapple ['paɪnˌæpl] *s* ananas
pine-clad ['paɪnklæd] *a* tall-, furu-, pinje|klädd
pine-cone ['paɪnkəʊn] *s* tallkotte
pine-tree ['paɪntri:] *s* = *2 pine 1*
ping [pɪŋ] **I** *s* vinande, visslande av gevärskula o. d. **II** *itr* smälla; vina, vissla
ping-pong ['pɪŋpɒŋ] *s* pingpong, bordtennis
pinhead ['pɪnhed] *s* knappnålshuvud
1 pinion ['pɪnjən] **I** *s* vingspets **II** *tr* **1** vingklippa **2** bakbinda, binda fast armarna på, hålla fast [i armarna] [*~ a p., ~ a p.'s arms*] **3** binda fast [*to* vid], binda, fjättra
2 pinion ['pɪnjən] *s* mek. drev, litet kugghjul
1 pink [pɪŋk] **I** *s* **1** mindre nejlika **2** skärt, rosa **3** *be in the ~* [*of health*] vara vid bästa hälsa **II** *a* **1** skär, rosa **2** *strike me ~!* sl. det var som sjutton!
2 pink [pɪŋk] *itr* om motor knacka
pinky ['pɪŋkɪ] *s* Am. o. Skottl. fam. lillfinger
pin-money ['pɪnˌmʌnɪ] *s* nålpengar
pinnace ['pɪnəs] *s* sjö. pinass; slup
pinny ['pɪnɪ] *s* barnspr. för *pinafore* förkläde
pin-point ['pɪnpɔɪnt] **I** *s* **1** nålspets, knappnålsspets **2** mil. punktmål [äv. *~ target*] **II** *tr* precisera [*~ the problem*]
pin-prick ['pɪnprɪk] *s* nålstick, nålsting äv. bildl.; pl. *~s* bildl. äv. trakasserier
pin-stripe ['pɪnstraɪp] textil. **I** *s* kritstreck[srand] **II** attr. *a* kritstrecksrandig
pint [paɪnt] *s* ung. halvliter, mått för våta varor = 1/8 *gallon* = 0,568 l, i USA = 0,473 l
pin-table ['pɪnˌteɪbl] *s*, *~ machine* flipperautomat
Pinter ['pɪntə]
pint-size ['paɪntsaɪz] *a* o. **pint-sized** ['paɪntsaɪzd] *a* fam. i 'miniatyrformat'
pin-up ['pɪnʌp] *s* fam. pinuppa [äv. *~ girl*]
pioneer [ˌpaɪə'nɪə] **I** *s* pionjär, banbrytare, före|gångsman, -löpare **II** *itr* vara pionjär, bana väg **III** *tr* bana väg för; gå före, leda
pious ['paɪəs] *a* from, gudfruktig
1 pip [pɪp] *s* sl., *he has* [*got*] *the ~* han deppar, han är ur humör; *he gives me the ~* han gör mig galen
2 pip [pɪp] *s* **1** kärna i apelsin, äpple o. d. **2** sl., *a ~* något alldeles extra
3 pip [pɪp] **I** *s* **1** prick på tärning, spelkort m. m. **2** mil. stjärna ss. gradbeteckning **II** *tr* fam. **1** slå, besegra [*he was ~ped on the post* (mållinjen)] **2** träffa med kula
4 pip [pɪp] *s* i tidssignal o. d. pip
pipe [paɪp] **I** *s* **1** [lednings]rör, ledning, rörledning **2** [tobaks]pipa; *put that in your ~ and smoke it!* det får du finna dig i [, så det så]! **3** mus. pipa [*dance to a p.'s ~*]; orgelpipa; pl. *~s* äv. säckpipa **II** *itr* **1** blåsa (spela) på pipa (flöjt, säckpipa) **2** pipa, tala (skrika) gällt; *~ down* sl. hålla käften; stämma ned tonen; *~ up* fam. spela (stämma) upp **III** *tr* **1** lägga in rör i; leda i rör **2** *~d music* bakgrundsmusik, skvalmusik **3** spela (blåsa) [på pipa (flöjt)] [*~ a tune*]
pipe-cleaner ['paɪpˌkli:nə] *s* piprensare
pipedream ['paɪpdri:m] *s* önskedröm
pipeline ['paɪplaɪn] **I** *s* rörledning; oljeledning; pipeline; bildl. kanal; *in the ~* under beredning (planering, utarbetande) **II** *tr* leda genom rör[ledning] (pipeline)
piper ['paɪpə] *s* pipblåsare; i Skottl. isht säckpip[s]blåsare; *pay the ~* betala kalaset
pipe-rack ['paɪpræk] *s* pipställ
pipette [pɪ'pet] *s* pipett
piping ['paɪpɪŋ] **I** *a* pipig [*a ~ voice*] **II** *adv*, *~ hot* rykande varm, kokhet
pippin ['pɪpɪn] *s* pippin[g] äppelsort
piquancy ['pi:kənsɪ] *s* **1** pikant (skarp) smak **2** bildl. pikanteri; skärpa
piquant ['pi:kənt] *a* pikant; skarp
pique [pi:k] **I** *s* förtrytelse, stuckenhet **II** *tr* **1** såra [*~ a p.'s pride*] **2** *~ o.s. on* yvas över
piracy ['paɪərəsɪ] *s* **1** sjöröveri **2** bildl. pirattryck; olagligt eftertryck
piranha [pɪ'rɑ:njə, -'ræn-] *s* piraya Sydam. fisk
pirate ['paɪərɪt] **I** *s* **1** pirat, sjörövare **2** rövare **3** piratförläggare; radio. piratsändare **II** *tr* **1** om sjörövare röva, plundra **2** olovligt reproducera, tjuvtrycka; olovligt efterapa patent o. d.; *~d edition* piratutgåva
piratical [paɪ'rætɪkəl] *a* pirat-, sjörövar-
piraya [pɪ'reɪjə] *s* = *piranha*
pirouette [ˌpɪrʊ'et] **I** *s* piruett **II** *itr* piruettera
Pisces ['pɪsi:z, 'pɪski:z, 'paɪsi:z] astr. Fiskarna
piss [pɪs] vulg. **I** *s* piss **II** *itr* **1** pissa **2** *~ off!* stick [åt helvete]!
pissed [pɪst] *a* vulg. **1** asfull **2** förbannad
pissed-off ['pɪst'ɒf] *a* vulg. **1** dödförbannad **2** deppig, utled
pistachio [pɪs'tɑ:ʃɪəʊ] *s* **1** pistaschmandelträd **2** pistasch[mandel] [äv. *~ nut*]
piste [pi:st] *s* [skid]spår, pist
pistil ['pɪstɪl] *s* bot. pistill
pistol ['pɪstl] *s* pistol
piston ['pɪstən] *s* mek. pistong äv. i blåsinstrument, kolv; *~ rod* kolvstång
1 pit [pɪt] **I** *s* **1** a) grop, hål i marken b) fallgrop; *the ~ of the stomach* maggropen **2** gruv|hål, -schakt; [kol]gruva; *~ pony* gruvponny **3** avgrund **4** [kopp]ärr **5** teat. a) bortre parkett b) *orchestra ~* orkesterdike **6** bil. a) depå vid racerbana b) smörjgrop vid bilverkstad **II** *tr* **1** *~ted with smallpox* kopparrig **2** *~ o.s.* (*o.'s strength*) *against* mäta sina krafter med
2 pit [pɪt] Am. **I** *s* [frukt]kärna **II** *tr* kärna ur
pit-a-pat ['pɪtə'pæt] **I** *adv*, *it makes my*

heart go ~ det får mitt hjärta att dunka **II** *s* hjärtas dunkande; regns, hagels smatter

1 pitch [pɪtʃ] *s* **1** beck; *black (dark) as* ~ kol-, beck|svart, beckmörk **2** kåda

2 pitch [pɪtʃ] **I** *tr* **1** sätta (ställa) upp i fast läge; slå upp, resa [~ *a tent*]; ~ *a camp* slå läger; ~ *o.'s tent* bildl. slå upp sina bopålar, slå sig ned **2** kasta, slänga **3** mus. stämma [~*ed too high*]; sätta i viss tonart **4** ~*ed battle* ordnad (regelrätt) batalj, fältslag **5** sl., ~ *a yarn* dra en historia; ~ *it strong* bre på överdriva **II** *itr* **1** slå läger **2** om fartyg stampa; om flygplan tippa, kränga i längdriktningen **3** ~ *in* fam. hugga in (i); ~ *into* fam. kasta sig över [*he* ~*ed into his supper*] **III** *s* **1** grad [*a high* ~ *of efficiency*], höjd, höjdpunkt [*come to a* ~], topp; *at its highest* ~ på höjdpunkten; *he was roused to a* ~ *of frenzy* han blev utom sig av raseri **2** mus., fonet. tonhöjd, tonläge; tonfall [*falling* ~, *rising* ~]; *absolute (perfect)* ~ absolut gehör; *standard* ~ normalton; *at concert* ~ konsertstämd något över normalton **3** kast **4** fotbollsplan, plan **5** torgplats, fast plats för gatuförsäljare, gatumusikant o. d.; *queer a p.'s* ~ se *queer III*

pitch-black ['pɪtʃ'blæk] *a* kol-, beck|svart

pitchblende ['pɪtʃblend] *s* kem. pechblände

pitch-dark ['pɪtʃ'dɑːk] *a* kol-, beck|mörk

1 pitcher ['pɪtʃə] *s* [hand]kanna, Am. äv. tillbringare; kruka, krus för vatten o. d.; *little* ~*s have long ears* små grytor har också öron

2 pitcher ['pɪtʃə] *s* i baseball kastare

pitchfork ['pɪtʃfɔːk] **I** *s* högaffel **II** *tr* **1** lyfta (lassa) med högaffel **2** bildl. kasta [in]

pitch-pine ['pɪtʃpaɪn] *s* nordamerikansk tall, pitchpine

piteous ['pɪtɪəs] *a* ömklig, ömkansvärd

pitfall ['pɪtfɔːl] *s* fallgrop, bildl. äv. fälla

pith [pɪθ] *s* **1** bot. o. zool. märg **2** ryggmärg **3** *the* ~ *of an orange* det vita i en apelsin **4** bildl. kärna [*the* ~ *of the matter*]; märg, kraft [*the speech lacked* ~], kraftfullhet

pithead ['pɪthed] *s* gruvöppning

pith-helmet ['pɪθˌhelmɪt] *s* tropikhjälm

pithy ['pɪθɪ] *a* **1** märgfylld **2** bildl. märg-, kärn|full [~ *sayings*]

pitiable ['pɪtɪəbl] *a* **1** ömklig, sorglig, beklagansvärd **2** ynklig, usel, erbarmlig

pitiful ['pɪtɪfʊl] *a* **1** ömklig, sorglig, patetisk [*a* ~ *spectacle*] **2** ynklig, usel

pitiless ['pɪtɪləs] *a* skoningslös, obarmhärtig

pitprop ['pɪtprɒp] *s* gruvstötta

pittance ['pɪtəns] *s* knapp (torftig) lön, ringa ersättning; ringa penning

pitter-patter ['pɪtə'pætə] **I** *s* smatter [*the* ~ *of the rain*]; trippande, tassande **II** *itr* trippa; tassa **III** *adv, go (run)* ~ trippa, tassa

pituitary [pɪ'tjuːɪtərɪ] **I** *a*, ~ *gland (body)* anat. hypofys **II** *s* anat. hypofys

pity ['pɪtɪ] **I** *s* **1** med|lidande, -ömkan [*for* med]; *feel* ~ *for* tycka synd om, känna medlidande med; *have (take)* ~ *on* ha (hysa) medlidande (förbarmande) med; *for* ~*'s sake* för Guds skull **2** synd, skada; *what a* ~! vad synd!; *the* ~ *is that*.. synd bara att..; [*the*] *more's the* ~ så mycket värre **II** *tr* tycka synd om, ha (hysa) medlidande med, ömka, beklaga; *he is to be pitied* det är synd om honom

pivot ['pɪvət] **I** *s* **1** pivå, sväng-, axel|tapp **2** bildl. medelpunkt [*the* ~ *of her life*]; centralpunkt **II** *tr* hänga (anbringa) på pivå etc.; ~*ed* äv. pivåhängd, svängbar **III** *itr* svänga kring en pivå etc.; bildl. hänga, bero [*on* på]

pixie ['pɪksɪ] *s* **1** tomtenisse **2** toppig mössa, toppluva [äv. ~ *cap*]

pixil[l]ated ['pɪksɪleɪtɪd] *a* tokig, vimsig

pizza ['piːtsə] *s* (ital.) kok. pizza

pizzeria [ˌpiːtsə'riːə] *s* pizzeria

pizzicato [ˌpɪtsɪ'kɑːtəʊ] *adv* o. *a* o. *s* (ital.) mus. pizzicato

placard ['plækɑːd] **I** *s* plakat, affisch; löpsedel **II** *tr* sätta upp plakat osv. på (i)

placate [plə'keɪt] *tr* blidka, försona

placatory [plə'keɪtərɪ] *a* blidkande

place [pleɪs] **I** *s* **1** a) ställe, plats b) utrymme, [sitt]plats; *there's a* ~ *for everything* allting har sin plats; *six* ~*s were laid* det var dukat för sex; *any (some)* ~ Am. någonstans; *about the* ~ på stället, i huset; *be in* ~ a) ligga på sin plats b) bildl. vara på sin plats, vara lämplig; *hold in* ~ hålla kvar (fast); *in the first (second, last)* ~ se *first* osv.; *put yourself in my* ~ sätt dig i min situation; *in* ~ *of* i stället för; *out of* ~ inte på sin plats; malplacerad, olämplig; *feel out of* ~ känna sig bortkommen; *the chair looks out of* ~ *there* stolen passar inte där; *all over the* ~ överallt, lite varstans, huller om buller; *change* ~*s* byta plats; *I have lost the (my)* ~ jag har tappat bort var jag var [i boken o. d.]; *take* ~ äga rum, hända; *take the* ~ *of a p.* avlösa ngn, inta ngns plats, träda i ngns ställe **2** a) ort, plats b) lokal, plats c) öppen plats, i namn -platsen [*St. James's P*~], -gatan; ~ *of business* affärslokal; *go* ~*s* fam. gå långt [i livet] **3** fam. hus, bostad, ställe; *he was at my* ~ han var hemma hos mig; *come round to my* ~ kom över till mig **4** ställning, rang; position, plats; *fall into* ~ ordna sig i rätt ordning; *keep (put) a p. in his* ~ el. *teach a p. his* ~ visa ngn hans rätta plats, sätta ngn på plats **5** anställning, plats; *it's not my* ~ *to* det är inte min sak att **6** mat., *calculate to the third* ~ *of decimals (to three decimal* ~*s)* räkna

med tre decimaler **II** *tr* **1** placera, sätta, ställa [upp], lägga; ~ *confidence* (*faith*) *in* skänka sitt förtroende åt, sätta sin tillit till **2** skaffa plats (anställning) åt **3** hand. placera [~ *an order with* (hos)] **4** placera, erinra sig [~ *a face*], inrangera, identifiera **5** sport. placera isht bedöma ordningen i mål; *be ~d* bli placerad (placera sig) [bland de tre bästa]
placebo [plə'si:bəu] *s* läk. placebo, blindtablett
place-name ['pleɪsneɪm] *s* ortnamn
placenta [plə'sentə] *s* anat. moderkaka
place-seeker ['pleɪsˌsi:kə] *s* karriärist
placid ['plæsɪd] *a* lugn, mild, blid; fridfull
placidity [plæ'sɪdətɪ] *s* lugn, mildhet, blidhet; fridfullhet
plagiarism ['pleɪdʒjərɪzəm] *s* plagiering; plagiat
plagiarist ['pleɪdʒjərɪst] *s* plagiator
plagiarize ['pleɪdʒjəraɪz] *tr* o. *itr* plagiera
plague [pleɪg] **I** *s* **1** a) [lands]plåga, hemsökelse b) fam. plåga [*what a ~ that child is!*], otyg; ~ *on it!* skämts. tusan också! **2** pest; farsot; *bubonic ~* böldpest **II** *tr* **1** fam. plåga, pina **2** hemsöka, plåga
plague-ridden ['pleɪgˌrɪdn] *a* pesthärjad
plague-spot ['pleɪgspɒt] *s* bildl. pesthärd
plague-stricken ['pleɪgˌstrɪkən] *a* pest|-smittad, -drabbad
plaguey o. **plaguy** ['pleɪgɪ] *a* fam. besvärlig, förarglig; förbaskad
plaice [pleɪs] *s* zool. [röd]spätta, rödspotta
plaid [plæd] *s* **1** pläd, schal buren till skotsk dräkt **2** skotskrutigt tyg (mönster), tartan
plain [pleɪn] **I** *a* **1** klar, tydlig, lättfattlig, enkel [~ *talk*]; *that is ~ sailing* bildl. det är ingen match, det går lekande lätt; *in ~ language* i klartext ej kod **2** ärlig, uppriktig [*with* mot]; ~ *dealing* uppriktighet, rent spel; ~ *speaking* rent språk, ord och inga visor; *in ~ terms* klart och tydligt, rent ut; *to be ~ with you* för att vara uppriktig **3** riktig [*a ~ fool*]; *the ~ truth* den enkla sanningen **4** enkel, osmyckad; enfärgad, omönstrad [~ *blue dress*]; ~ *bread and butter* smörgås utan pålägg, smör och bröd; ~ *chocolate* mörk ren choklad; ~ *clothes* civila kläder, civil dräkt, jfr *plain-clothes*; ~ *cooking* enklare matlagning; husmanskost; ~ *omelette* slät (ofylld) omelett; ~ *ring* slät ring **5** vanlig, enkel [och anspråkslös] **6** om utseende alldaglig, slätstruken, ibl. ful **7** slät, jämn, plan, flat, flack **8** kortsp., ~ *card* hacka inte trumfkort eller klätt kort **II** *adv* **1** tydligt, klart [*speak ~*] **2** rent ut sagt [*he is ~ stupid*] **III** *s* slätt; jämn mark
plain-clothes ['pleɪn'kləuðz, attr. '- -] *s pl* civila kläder; ~ *man* (*officer*) civilklädd polis, detektiv
plain-looking ['pleɪnˌlukɪŋ] *a*, *she is ~* hon har ett alldagligt utseende
plainness ['pleɪnnəs] *s* **1** jämnhet **2** tydlighet **3** enkelhet; alldaglighet **4** uppriktighet
plaintiff ['pleɪntɪf] *s* jur. kärande i civilmål
plaintive ['pleɪntɪv] *a* klagande
plait [plæt] **I** *s* fläta av hår m. m. **II** *tr* fläta
plan [plæn] **I** *s* **1** plan [*of* (*for*) för (till)]; [plan]ritning, utkast [*for* till]; ~ *of campaign* bildl. krigsplan; *according to ~* enligt planerna, planenlig[t] **2** sätt, metod **II** *tr* **1** planera, göra upp en plan till, planlägga; rita en plan till; *~ned economy* planhushållning; *~ned parenthood* familjeplanering **2** ha för avsikt, planera **III** *itr* planera; ~ *ahead* planera för framtiden
1 plane [pleɪn] *s* bot. platan
2 plane [pleɪn] **I** *s* **1** plan yta, plan **2** bildl. nivå, plan **3** (kortform av *aeroplane, airplane*) [flyg]plan **4** vinge, bärplan **II** *a* plan, jämn, slät; ~ *geometry* plangeometri; ~ *sailing* a) sjö. segling efter platt kort b) se *plain I 1*
3 plane [pleɪn] **I** *s* hyvel **II** *tr* o. *itr* hyvla [av]
planet ['plænɪt] *s* planet
planetari|um [ˌplænɪ'teərɪ|əm] (pl. *-ums* el. *-a* [-ə]) *s* planetarium
planetary ['plænɪtərɪ] *a* planetarisk, planet- [~ *system*]
plane-tree ['pleɪntri:] *s* bot. platan
plank [plæŋk] **I** *s* **1** planka, [grövre] bräda; *walk the ~* 'gå över plankan' av pirater tvingas överbord med förbundna ögon **2** [politisk] programpunkt [*a ~ supporting civil rights*] **II** *tr* **1** belägga (klä) med plankor **2** fam., ~ *down* a) slänga fram [~ *down the food*] b) punga ut med [~ *down the money*]
plankton ['plæŋktən] *s* biol. plankton
planner ['plænə] *s* planerare [*town ~*]
plant [plɑ:nt] **I** *s* **1** planta, växt; ört **2** verk [*lighting ~*], anläggning; fabrik; utrustning **3** sl. a) svindel, kupp b) gömt tjuvgods c) spion; tjallare d) falska indicier e) [polis]-fälla **II** *tr* **1** sätta, plantera [~ *a tree*], så [~ *wheat*]; plantera ut; bildl. inplanta **2** införa, inplantera **3** placera [stadigt], sätta, ställa [~ *o.'s feet on the carpet*]; fästa, anbringa **4** sl. a) gömma, dölja [~ *stolen goods*]; placera (lägga) [ut] för att vilseleda b) plantera, sätta in [*he ~ed a blow on his opponent's chin*]
Plantagenet [plæn'tædʒənət] egennamn; *the House of ~* huset Plantagenet kungaätt
plantation [plæn'teɪʃən, plɑ:n-] *s* **1** plantering [*fir ~*]; odling **2** plantage
planter ['plɑ:ntə] *s* **1** odlare, planterare **2** plantageägare **3** planteringsmaskin
plaque [plɑ:k, plæk] *s* platta, [minnes]tavla
plaquette [plæ'ket] *s* plakett
plash [plæʃ] **I** *s* **1** vattenpuss **2** plask, plas-

kande **II** *tr* plaska mot **III** *itr* plaska

plasm ['plæzəm] *s* o. **plasma** ['plæzmə] *s* fysiol. o. fys. plasma

plaster ['plɑ:stə] **I** *s* **1** murbruk, puts[bruk] **2** ~ [*of Paris*] gips; ~ *cast* a) gipsavgjutning b) läk. gipsförband **3** plåster **II** *tr* **1** putsa, rappa **2** gipsa **3** plåstra om, sätta plåster på **4** smeta på (över), täcka, klistra full [*~ed with labels*]; sätta (klistra) upp [i massor]; *his hair was ~ed down* han hade slickat hår

plasterer ['plɑ:stərə] *s* murare för putsarbete; gipsarbetare

plastic ['plæstɪk] **I** *a* **1** plast-, av plast **2** plastisk, formbar **3** formbildande **4** läk. plastisk [*~ operation*]; ~ *surgery* plastikkirurgi **5** bildl. plast- [*we live in the ~ age*]; surrogat- [*~ food*], syntetisk **II** *s* plast

plasticine ['plæstɪsi:n] *s* ® plastellina, modellermassa

plasticity [plæs'tɪsətɪ] *s* plasticitet, formbarhet; bildbarhet

plastics ['plæstɪks] *s* **1** (konstr. ss. pl.) plast, plaster **2** (konstr. ss. sg. el. pl.) plastteknik

plate [pleɪt] **I** *s* **1** tallrik, fat [*a ~ of* (med) *cakes*]; [*small*] ~ assiett; *hand a p. a th. on a ~* fam. ge ngn ngt gratis, servera ngn ngt på en bricka; *have enough on o.'s ~* fam. ha fullt upp; *have too much on o.'s ~* fam. ha alldeles för mycket att göra **2** kollekttallrik **3** koll. [bords]silver; [silver]servis **4** platta av t. ex. metall, plåt [*steel ~s*]; lamell [*clutch ~*]; namnplåt [äv. *name ~*], skylt **5** a) tryckplåt; kliché b) avtryck; [helsides]illustration, plansch [*colour ~*] **6** pläter; plätering **7** [*dental*] ~ lösgom, [tand]protes **8** kapplöpn. a) pris av silver el. guld, pokal b) priskapplöpning **9** i baseboll, *the home ~* innemålet **II** *tr* **1** klä över med plåt **2** plätera; försilvra, förgylla

plateau ['plætəʊ, plæ'təʊ] (pl. *~s* el. *~x* [-z]) *s* platå, högslätt; bildl. konstant nivå, platå

plateful ['pleɪtfʊl] *s* tallrik ss. mått

plate-glass ['pleɪt'glɑ:s] *s* spegelglas, slipat planglas

plate-rack ['pleɪtræk] *s* **1** tallrikshylla **2** diskställ, torkställ

platform ['plætfɔ:m] *s* **1** plattform, perrong **2** estrad, podium **3** platå **4** ~ [*shoe*] platåsko **5** polit. [parti]program

platinum ['plætɪnəm] *s* platina; ~ *blonde* platinablondin

platitude ['plætɪtju:d] *s* plattityd; banalitet

platitudinous [ˌplætɪ'tju:dɪnəs] *a* platt, banal

Plato ['pleɪtəʊ] Platon

Platonic [plə'tɒnɪk] *a* platonisk [*~ love*]

platoon [plə'tu:n] *s* [infanteri]pluton

platter ['plætə] *s* **1** Am. [stort] uppläggningsfat **2** åld. [trä]fat, flat [trä]tallrik

platypus ['plætɪpəs] *s*, [*duck-billed*] ~ näbbdjur

plaudits ['plɔ:dɪts] *s pl* **1** bifall, bifallsyttringar **2** gillande; beröm

plausibility [ˌplɔ:zə'bɪlətɪ] *s* **1** rimlighet, antaglighet **2** plausibelt (bestickande) påstående (argument) **3** förledande sätt

plausible ['plɔ:zəbl] *a* **1** plausibel, antaglig, rimlig [*~ excuse*]; bestickande [*~ argument*] **2** *a ~ rogue* en riktig filur

play [pleɪ] **I** *itr* (se äv. *III*) **1** leka [*with* med], roa sig; ~ *fast and loose with* se *2 fast II 1*; ~ *on words* leka med ord **2** spela i spel, äv. sport. o. bildl.; ~ *false* spela falskt [spel]; ~ *safe* ta det säkra för det osäkra; gardera sig; ~ *for safety* gardera sig; inte ta några risker; ~ *for time* försöka vinna tid; maska; ~ *in goal* stå i mål; ~ *into a p.'s hands* spela ngn i händerna **3** spela äv. bildl., musicera [*to* för]; ~ *on a p.'s fears* begagna sig av ngns rädsla **4** spela äv. bildl., uppträda [*they ~ed to a full house*] **5** a) fladdra; sväva, leka, spela, skimra [*the lights ~ed over their faces*] b) vara i gång (på), spela [*the fountains ~ every Sunday*]

II *tr* (se äv. *III*) **1** leka [*~ hide-and-seek*] **2** spela spel, äv. sport. o. bildl. [*~ a game*]; ~ *a p.* a) spela mot ngn [*England ~ed Brazil*] b) låta ngn spela i match o. d.; sätta in (ställa upp) ngn [*England ~ed Brown as goalkeeper*]; ~ *a joke* (*prank*) [*up*]*on a p.* spela ngn ett spratt **3** spela äv. bildl. [*~ the piano*], framföra **4** spela äv. bildl. [*~ a part* (en roll)]; ~ *hell* (*old Harry*) *with* se resp. ord; ~ *truant* (*hook*[*e*]*y* Am.) skolka [från skolan] **5** låta spela [*on* mot (över); *~ a hose on a fire*]

III *itr* o. *tr*, med adv. isht i specialbet.: ~ **about (around)** springa omkring och leka; *stop ~ing about* (*around*)! sluta upp och larva dig (bråka)!, lägg av!; ~ *about* (*around*) *with* leka med, fingra (pillra) på; ~ **back** *a recorded tape* spela av (spela upp, köra) ett inspelat band; ~ **down** tona ner, avdramatisera; *he ~ed down* [*his own part in the affair*] han bagatelliserade ..; ~ **off**: a) spela 'om; *the match will be ~ed off next week* matchen kommer att spelas om (det blir omspel) nästa vecka b) ~ *one person off against another* spela ut en person mot en annan; ~ **out** spela till slut; spela ut; *the matter is ~ed out* saken är utagerad; ~ **over** spela igenom [*~ over a tape*]; ~ **up** a) göra sitt bästa b) fam. bråka, ställa till besvär c) förstora upp, göra stora rubriker av; ~ *up, the Arsenal!* heja Arsenal!; ~ *up to a p.* fjäska för ngn [*~ up to o.'s teachers*]

IV *s* **1** lek; spel; *no child's ~* ingen barnlek; ~ *on words* lek med ord; *in ~* om boll i spel; *out of ~* om boll död, ur spel, ute

2 a) spel, framförande b) skådespel, teaterstycke, pjäs; *let's go to a ~!* vi går på teatern!; *make much ~ of* göra stor affär (mycket väsen) av; *make great ~ with* skryta med **3** a) spel, spelande [*the ~ of the muscles*] b) gång, verksamhet, rörelse; *~ of colours* färgspel; *the ~ of sunlight upon the water* solglittret på vattnet; *be at ~* vara i gång; *be in full ~* vara i full gång; *bring* (*call*) *into ~* sätta i gång (i rörelse), sätta in; *come* (*be brought, be called*) *into ~* komma i gång, träda i funktion; göra sig gällande **4** a) [fritt] spelrum; bildl. äv. rörelsefrihet; fritt lopp (spel) b) glapprum; glappning; *give the rope more ~* släcka på repet; *have free* (*full*) *~* ha fritt spelrum

playable ['pleɪəbl] *a* spelbar; som man kan (det går att) spela [på (med)]

play-act ['pleɪækt] *itr* spela [teater] vanl. neds., låtsas

play-acting ['pleɪˌæktɪŋ] *s* [teater]spel, teater vanl. neds.

play-actor ['pleɪˌæktə] *s* vanl. neds. skådespelare, komediant

playback ['pleɪbæk] *s* **1** playback; avspelning, uppspelning **2** TV. repris [i slow-motion]

playbill ['pleɪbɪl] *s* teateraffisch

playboy ['pleɪbɔɪ] *s* playboy

player ['pleɪə] *s* **1** sport. o. d. spelare, spelande, deltagare [i spel (lek)] **2** skådespelare **3** a) musikant b) i sms. -spelare [*record-player*] c) pianola

player-piano ['pleɪəpɪ'ænəʊ] *s* självspelande piano, pianola

playfellow ['pleɪˌfeləʊ] *s* lekkamrat

playful ['pleɪfʊl] *a* lekfull, skämtsam

playgirl ['pleɪgɜːl] *s* 'playgirl', nöjeslysten kvinna

playgoer ['pleɪˌgəʊə] *s* teaterbesökare

playgoing ['pleɪˌgəʊɪŋ] **I** *a* teaterbesökande; *the ~ public* teater|besökarna, -publiken **II** *s* teaterbesök

playground ['pleɪgraʊnd] *s* **1** skolgård; lekplats **2** bildl. rekreationsområde

playhouse ['pleɪhaʊs] *s* teater[byggnad]

playing-card ['pleɪɪŋkɑːd] *s* spelkort

playing-field ['pleɪɪŋfiːld] *s* idrottsplan, bollplan; lekplats

playmate ['pleɪmeɪt] *s* lekkamrat

play-off ['pleɪɒf] *s* sport. **1** omspel **2** slutspel

play-pen ['pleɪpen] *s* lekhage

play-suit ['pleɪsjuːt] *s* lekdräkt

plaything ['pleɪθɪŋ] *s* leksak

playtime ['pleɪtaɪm] *s* lektid, lekstund, rast

playwright ['pleɪraɪt] *s* dramatiker, skådespelsförfattare

plaza ['plɑːzə] *s* torg, öppen plats

plea [pliː] *s* **1** försvar, ursäkt; *put in a ~ for a p.* lägga ett gott ord för ngn; *on* (*under*) *the ~ of ill health* med åberopande av dålig hälsa; *on* (*under*) *the ~ that* med den motiveringen att **2** enträgen bön, vädjan [*~ for* (om) *mercy*] **3** jur. a) parts påstående, åberopande; svar; inlaga b) svaromål [*defendant's ~*]; *~ of guilty* erkännande; *~ of not guilty* nekande; *put in a ~ of not guilty* neka till brottet

plead [pliːd] jur. o. allm. **I** *itr* **1** plädera, tala [inför rätta]; be, vädja; *~ for* plädera (tala) för; be för [*~ for o.'s life*]; *~ with a p.* vädja till (bönfalla) ngn; söka övertala ngn **2** *~ guilty* erkänna [sig skyldig]; *~ not guilty* neka **II** *tr* **1** försvara, tala för (i) [*~ a p.'s cause*] **2** åberopa [sig på], hänvisa till, ursäkta sig med, skylla på [*~ illness*];

pleading ['pliːdɪŋ] **I** *s* **1** plädering; försvar **2** yrkande, enträgen begäran; inlaga; *special ~* sofistisk bevisföring, advokatyr **II** *a* bönfallande, bedjande [*a ~ glance* (*look*)]

pleasant ['pleznt] *a* behaglig, angenäm, trevlig, glad [*a ~ surprise*], vänlig [*a ~ smile*]; *~ journey!* trevlig (lycklig) resa!

pleasantry ['plezntrɪ] *s* **1** skämtsamhet **2** skämt, lustighet

please [pliːz] **I** *itr* **1** behaga, finna lämpligt; *~ God* om Gud vill; *as you ~* som du vill (behagar); *take as many as you ~* ta så många du vill; *cool as you ~* fam. hur lugn som helst; *if you ~* a) om du vill, var så god b) om du tillåter c) om jag får be d) iron. kan du tänka dig! [*he wanted me to work more for lower pay, if you ~!*] **2** behaga [*a desire to ~*] **3** imper. i hövligt tilltal: *coffee, ~* a) kan jag få kaffe, tack b) tack kaffe, kaffe tack; *~ daddy!* åh, snälla pappa!; [*yes*] *~* a) ja tack b) ja, varsågod; *come in, ~!* var så god och stig in!; *may I come in, ~?* får jag stiga in?; *~ don't forget the key* glöm inte nyckeln [är du snäll]; *~ give it to me* var snäll och ge mig den **II** *tr* (se äv. *pleased*) behaga, tilltala; glädja, göra glad [*I did it to ~ her*]; *do it just to ~ me!* gör det för min skull!; *hard to ~* svår att göra till lags; *to ~ o.s.* som det passar en; för sin egen skull; *~ yourself!* [gör] som du vill!

pleased [pliːzd] *a* **1** nöjd, belåten, tillfreds, tillfredsställd [*with* med; *he looked so ~ with himself*], glad [*at* (*about*) över (åt)]; *I shall be ~ to come* jag kommer med nöje; *~ to meet you!* roligt att träffas!; goddag! **2** tilltalad, road [*with* av]

pleasing ['pliːzɪŋ] *a* behaglig, angenäm, tilltalande [*to* för; *a ~ face*]

pleasurable ['pleʒərəbl] *a* angenäm, behaglig, välgörande, lustbetonad

pleasure ['pleʒə] *s* **1** välbehag, glädje [*to* för]; njutning, behag; lust; *afford* (*give*) *~ to a p.* bereda ngn nöje (glädje); *it would* *give me such* ~ det skulle verkligen glädja mig; [*do it*] *if it gives you* ~ ..om du finner nöje i det (om det roar dig); *I have much* ~ *in awarding* [*the prize to*] jag har det stora nöjet att överlämna ..; *may I have the* ~ *of the next dance with you?* får jag lov till nästa dans?; *take* ~ *in* finna nöje i, ha (få) nöje av; *with* ~ med nöje, gärna **2** *at* ~ efter behag; *during His* (*Her*) *Majesty's* ~ på obestämd tid, eg. så länge konungen (drottningen) finner för gott

pleasure-boat ['pleʒəbəʊt] *s* fritidsbåt

pleasure-ground ['pleʒəgraʊnd] *s* nöjesfält

pleasure-loving ['pleʒəˌlʌvɪŋ] *a* nöjeslysten; njutningslysten

pleasure-seeker ['pleʒəˌsi:kə] *s* nöjeslysten (njutningslysten) person; semesterfirare

pleasure-seeking ['pleʒəˌsi:kɪŋ] *a* nöjeslysten; njutningslysten

pleasure-trip ['pleʒətrɪp] *s* nöjestripp, nöjesresa, lustresa

pleat [pli:t] **I** *s* veck; plissé **II** *tr* vecka; plissera

pleb [pleb] *s* fam. kortform för *plebeian*

plebeian [plɪ'bi:ən] hist. o. bildl. **I** *a* plebejisk **II** *s* plebej; underklassare

plebiscite ['plebɪsɪt, -saɪt] *s* [allmän] folkomröstning, referendum, plebiscit

plebs [plebz] (konstr. ss. pl.) *s* (lat.) plebs; underklass, massa

plectr|um ['plektr|əm] (pl. *-ums* el. *-a* [-ə]) *s* mus. plektrum

pledge [pledʒ] **I** *s* **1** pant, underpant äv. bildl.; *in* ~ *of* som pant (säkerhet) för; *take a th. out of* ~ lösa ut (in) ngt **2** [högtidligt] löfte, utfästelse [~ *of* (om) *aid*]; *take* (*sign*) *the* ~ avlägga nykterhetslöfte; *under* ~ *of secrecy* under tysthetslöfte **3** skål [*a* ~ *for the happy couple*] **II** *tr* **1** sätta i pant, lämna som säkerhet, pantsätta; ~ *o.s. for* gå i borgen för; ~ *o.'s word* [*of honour*] förbinda sig på hedersord **2** förbinda, förplikta; *be* ~*d to secrecy* vara bunden av (vara under) tysthetslöfte **3** [högtidligt] lova, utlova, göra utfästelser om [*the country* ~*ed its support*] **4** dricka en skål för, dricka till [~ *the happy couple*]

plenary ['pli:nərɪ] *a* **1** fulltalig, fullständig; ~ *meeting* plenar|möte, -församling, plenum **2** ~ *powers* oinskränkt fullmakt

plenipotentiary [ˌplenɪpəʊ'tenʃərɪ] **I** *a* med oinskränkt fullmakt, befullmäktigad **II** *s* befullmäktigad ambassadör (envoyé, minister) [*to* hos]

plenitude ['plenɪtju:d] *s* **1** fullhet; höjd[-punkt] **2** överflöd

plenteous ['plentjəs] *a* mest poet. riklig, ymnig

plentiful ['plentɪfʊl] *a* riklig, ymnig; överflödande; talrik

plenty ['plentɪ] **I** *s* **1** överflöd, [stor] mängd; ~ *of* massor av; *there's* ~ *of time* det är gott om tid; *horn of* ~ ymnighetshorn; *in* ~ i överflöd; *we are in* ~ *of time* vi är i mycket god tid **2** välstånd, rikedom **II** *a* fam., *six will be* ~ sex är mer än nog

pleonasm ['pli:ənæzəm] *s* språkv. pleonasm

pleonastic [plɪə'næstɪk] *a* språkv. pleonastisk

plethora ['pleθərə] *s* **1** bildl. övermått, överflöd; övermättnad **2** läk. blodfullhet

pleurisy ['plʊərɪsɪ] *s* läk. lungsäcksinflammation, pleurit

plexiglass ['pleksɪglɑ:s] *s* ® plexiglas

plexus ['pleksəs] *s, solar* ~ anat. solarplexus

pliability [ˌplaɪə'bɪlətɪ] *s* böjlighet etc., jfr *pliable*

pliable ['plaɪəbl] *a* böjlig, smidig, mjuk, bildl. äv. eftergiven, lättpåverkad

pliant ['plaɪənt] *a* se *pliable*

pliers ['plaɪəz] (konstr. ss. sg. el. pl.) *s* plattång, flacktång; kniptång, avbitare; *a pair of* ~ en plattång osv.

plight [plaɪt] *s* tillstånd, belägenhet [*be in a hopeless* (*sorry*) ~]

Plimsoll ['plɪmsəl] **I** egennamn; ~ *mark* (*line*) sjö. lastmärke **II** *s, plimsolls* pl. gymnastikskor

plinth [plɪnθ] *s* plint under pelare; fot, sockel

plod [plɒd] **I** *itr* **1** lunka, knoga, traska **2** streta, knoga; ~ *away* knoga 'på [*at a th.* med ngt] **II** *tr,* ~ *o.'s way* lunka [sin väg] fram

plodder ['plɒdə] *s* plikttrogen arbetsmyra

plodding ['plɒdɪŋ] *a* trög; knogande, trägen, strävsam

1 plonk [plɒŋk] **I** *s* duns, plums **II** *tr* släppa (kasta) med en duns [*he* ~*ed the books* [*down*] *on the table*]; ~ *down* bildl. punga ut med **III** *itr* falla med en duns, dunsa ner **IV** *adv* [med en] duns, [med ett] plums

2 plonk [plɒŋk] *s* fam. bludder, enklare vin

plop [plɒp] **I** *interj* o. *s* plums, plopp **II** *itr* **1** plumsa **2** ploppa **III** *adv* [med ett] plums

plosive ['pləʊsɪv] *s* fonet. klusil, explosiva

1 plot [plɒt] **I** *s* [liten] jordbit; land [*a* ~ *of vegetables*]; täppa; tomt **II** *tr* **1** kartlägga; markera, pricka in, lägga ut [~ *a ship's course*]; plotta; rita [~ *a temperature curve*] **2** ~ [*out*] indela i tomter

2 plot [plɒt] **I** *s* **1** komplott, sammansvärjning; *form* (*lay*) *a* ~ anstifta en komplott, sammansvärja sig **2** intrig, handling i roman o. d. **II** *itr* konspirera, sammansvärja sig [*against* mot] **III** *tr* planera [~ *a p.'s ruin*], anstifta [~ *mutiny*]

plotter ['plɒtə] *s* konspiratör, ränksmidare

plough [plaʊ] **I** *s* **1** plog; *put* (*lay, set*) *o.'s* *hand to the ~* bildl. sätta handen till plogen, ta itu med saken **2** plöjd mark **3** astr., *the P~* Karlavagnen, Stora björnen **II** *tr* **1** plöja; snick. nota, sponta; bildl. fåra; *~ a lonely furrow* arbeta ensam, gå sin egen väg; *~ back profits into industry* plöja ner vinsten i industrin **2** univ. sl. kugga [*the examiners ~ed him*] **III** *itr* **1** plöja; *~ through* bildl. knoga (plöja) igenom [*~ through a book*] **2** gå att plöja [*land that ~s easily*]

ploughboy ['plaubɔɪ] *s* plogpojke som leder hästarna

ploughman ['plaumən] *s* **1** plöjare **2** bonde; dräng **3** *~'s* [*lunch*] ung. lunchtallrik [med bröd, ost och pickles e. d.]

ploughshare ['plauʃeə] *s* plogbill

plover ['plʌvə] *s* brockfågel; *golden ~* ljungpipare; *ringed ~* större strandpipare

plow [plau] *s* o. *tr* o. *itr* samt sms. Am. se *plough* samt sms.

ploy [plɔɪ] *s* fam. ploj; påhitt, knep

pluck [plʌk] **I** *tr* **1** plocka [*~ a flower*; *~ a chicken*]; *~ up* [*o.'s*] *courage* (*spirits*) ta mod till sig, repa mod **2** rycka, dra, nappa **3** knäppa på gitarr o. d. **II** *itr* rycka, dra **III** *s* fam. mod, käckhet; styrka

pluckiness ['plʌkɪnəs] *s* se *pluck III*

plucky ['plʌkɪ] *a* fam. modig, djärv

plug [plʌg] **I** *s* **1** propp, tapp, [trä]plugg **2** tekn. stickpropp; jackpropp **3** handtag till spolningsanordning på wc **4 a**) tobaksstång pressad tobak; *cut ~* pressad och skuren tobak, cut plug **b**) tobaksbuss **5** sl., i radio m. m. reklam[inslag], plugg **II** *tr* **1** plugga igen, stoppa till [med en plugg (propp)] **2** *~ in* elektr. ansluta, koppla in [*~ in the radio*] **3** sl. göra en intensiv reklam för, plugga **III** *itr* fam., *~ away at* knoga (jobba) 'på med

plum [plʌm] *s* **1** plommon **2** plommonträd [äv. *plum-tree*] **3** plommonfärg, mörklila **4** fam. läckerbit, godbit; *the best ~s* [*went to his friends*] de bästa bitarna .., russinen i kakan ..

plumage ['plu:mɪdʒ] *s* fjäderdräkt, fjädrar

plumb [plʌm] **I** *s* blylod, sänklod; blykula, sänke **II** *a* **1** lodrät **2** fam. ren, fullkomlig [*~ nonsense*] **III** *adv* **1** lodrätt **2** fam. precis; rakt; alldeles [*~ crazy*] **IV** *tr* loda, sondera, pejla [djupet av]; *~ the depth of a mystery* gå till botten med ett mysterium

plumbago [plʌm'beɪgəu] *s* **1** miner. blyerts, grafit **2** bot. plumbago, blyblomma

plumber ['plʌmə] *a* rörmontör, rörmokare, rörläggare; rörledningsentreprenör

plumbing ['plʌmɪŋ] *s* **1** rörsystem, sanitära anläggningar i byggnad o. d. **2** rörarbete

plumb-line ['plʌmlaɪn] *s* lodlina, lodsnöre

plum-cake ['plʌmkeɪk] *s* russinkaka

plum-duff ['plʌmdʌf] *s* slags [ång]kokt russinpudding

plume [plu:m] **I** *s* stor fjäder, plym; *borrowed ~s* lånta fjädrar; *a ~ of smoke* ett rökmoln **II** *tr* **1** förse (pryda) med fjädrar (plymer) **2** om fågel putsa [*~ itself*] **3** *~ o.s.* bildl. brösta sig [*on* över], stoltsera [*on* med]

plummet ['plʌmɪt] **I** *s* **1** tekn. sänklod, riktlod, [bly]lod **2** sjö. lod för lodning **II** *itr* bildl. rasa, sjunka kraftigt [*prices have ~ed*]

plummy ['plʌmɪ] *a* **1** plommonlik **2** fam. finfin, toppen- [*a ~ job*]; fyllig, [affekterat] sonor [*a ~ voice*]

1 plump [plʌmp] **I** *a* fyllig, knubbig, trind, rund [*~ cheeks*]; välgödd [*~ chicken*] **II** *itr*, *~* [*out* (*up*)] bli fyllig (rundare), lägga ut

2 plump [plʌmp] **I** *itr* **1** *~* [*down*] dimpa [ner] [*~ into* (*~ down in*) *a chair*], plumsa [*~ down into the water*] **2** *~ for* rösta (hålla) på, stödja, fastna för [*~ for one alternative*] **II** *tr* låta dimpa ner, slänga; *~ down a heavy bag* släppa en tung väska i golvet; *~ o.s. down in a chair* dimpa ner i en stol

plum-pudding ['plʌm'pudɪŋ] *s* något åld. plumpudding

plunder ['plʌndə] **I** *tr* o. *itr* plundra, skövla; röva **II** *s* **1** plundring, skövling **2** byte, rov

plunderer ['plʌndərə] *s* plundrare, rövare

plunge [plʌndʒ] **I** *itr* **1** störta sig, rusa, dyka ner; *~ into* bildl. kasta (ge) sig in i (in på) [*~ into an argument*] **2** om häst kasta (störta) sig [framåt] **II** *tr* störta, kasta, stöta [*into* [in (ner)] i], doppa (köra, sticka) ner [*into* i]; bildl. försätta, störta [*~ a country into war*]; *a room ~d in darkness* ett rum sänkt (höljt) i mörker **III** *s* **1** störtande, sänkande; språng, dykning; *take the ~* bildl. våga språnget, ta steget fullt ut **2** om häst kast (störtning) [framåt]

plunge-bath ['plʌndʒbɑ:θ] *s* djup badbassäng, hoppbassäng

plunger ['plʌndʒə] *s* tekn. **1** pistong, kolv, plunsch **2** vaskrensare sugklocka med skaft

pluperfect ['plu:'pɜ:fɪkt] *s* gram., *the ~* pluskvamperfekt[um]

plural ['pluərəl] **I** *a* **1** gram. plural; *be ~* äv. stå i plural[is]; *the ~ number* plural[is] **2** sammansatt, blandad; *~ society* samhälle med flera raser **II** *s* gram. plural[form]; *the ~* äv. plural

plurality [pluə'rælətɪ] *s* **1** mångfald, stor mängd **2** flertal, pluralitet

plus [plʌs] **I** *s* **1** mat. plus, plustecken **2** plus; tillskott **II** *a* mat. o. elektr. plus-; *~ quantity* positivt tal; *~ sign* plustecken **III** *prep* plus [*one ~ one*]

plus-fours ['plʌs'fɔ:z] *s* pl. plusfours, golfbyxor

plush [plʌʃ] **I** *s* plysch **II** *a* **1** plysch-, plysch-

aktig **2** sl. flott, vräkig, lyx- [*a ~ night club*]
Pluto ['plu:təʊ] Pluto, guden äv. Pluton
plutocracy [plu:'tɒkrəsɪ] *s* plutokrati, penningvälde
plutocrat ['plu:təʊkræt] *s* plutokrat
plutocratic [ˌplu:təʊ'krætɪk] *a* plutokratisk
plutonium [plu:'təʊnjəm] *s* kem. plutonium
1 ply [plaɪ] *s* **1** veck **2** lager, skikt; tråd, enkelgarn; ss. efterled i sms. -dubbel, -skiktad [*three-ply wood*], -trådig [*three-ply wool*]
2 ply [plaɪ] **I** *tr* **1** använda (bruka) [flitigt]; *~ o.'s. needle* sy flitigt; *~ the oars* ro med kraftiga tag **2** bedriva, utöva [*~ a trade*] **3** *~ a p. with food and drink* rikligt traktera ngn; *~ a p. with drink* hälla (truga) i ngn sprit **4** bearbeta, ansätta, överhopa [*~ a p. with questions*] **5** trafikera, gå [i trafik] på (över) **II** *itr* **1** göra regelbundna turer, gå [i trafik] mellan två platser **2** om taxi vänta på kunder
plywood ['plaɪwʊd] *s* plywood, kryssfaner
P.M. förk. för *Prime Minister*
p.m. ['pi:'em] förk. för *post meridiem* (lat. efter middagen) [på] eftermiddagen, e.m.
pneumatic [njʊ'mætɪk] *a* pneumatisk, trycklufts- [*~ drill*], luft-, luftfylld; *~ tyre* [inner]slang på cykel o. d.
pneumonia [njʊ'məʊnjə] *s* läk. lunginflammation
P.O. ['pi:'əʊ] förk. för *Post Office*
po [pəʊ] *s* fam. potta, [natt]kärl
1 poach [pəʊtʃ] *tr* pochera, förlora [*~ed eggs*]
2 poach [pəʊtʃ] **I** *itr* bedriva tjuvskytte (tjuvfiske), tjuvjaga, tjuvfiska; *~ for salmon* tjuvfiska lax; *~ [up]on a p.'s preserves* komma (tränga) in på ngns jaktmarker äv. bildl. **II** *tr* tjuvjaga, tjuvfiska [*~ salmon*]
1 poacher ['pəʊtʃə] *s* äggförlorare kokkärl
2 poacher ['pəʊtʃə] *s* tjuvskytt; tjuvfiskare
poaching ['pəʊtʃɪŋ] *s* tjuvskytte; tjuvfiske
pock [pɒk] *s* läk. **1** koppa **2** koppärr
pocked [pɒkt] *a* koppärrig; *~ with* bildl. gropig av, [liksom] ärrig av
pocket ['pɒkɪt] **I** *s* **1** ficka; fack, fodral; hål, fördjupning; attr. fick-, i fickformat; *~ battleship* fickslagskepp, pansarskepp; *~ edition* fick-, pocket|upplaga, bildl. miniatyrupplaga; *have a th. in o.'s ~* bildl. ha ngt som i en liten ask; *I have got him* (*he is*) *in my ~* jag har honom helt i min hand; *put in o.'s ~* stoppa i fickan (bildl. i egen ficka); *I'm £1 out of ~* jag har förlorat ett pund [*by, over* på] **2** bilj. hål **3** bildl. [isolerad] ö, område; *~s of depression* isolerade öar av arbetslöshet **4** mil. grupp, ficka; *~s of resistance* isolerade motståndsgrupper (motståndsfickor) **5** flyg. luftgrop [äv. *air-pocket*]
II *tr* **1** stoppa (sticka) i fickan, stoppa på sig; tjäna [*he ~ed a large sum*]; lägga sig till med, stoppa i egen ficka [*he ~ed the profits*] **2** bildl. svälja [*~ o.'s pride*], finna sig i [*~ an insult*]
pocket-book ['pɒkɪtbʊk] *s* **1** anteckningsbok, fickalmanack **2** plånbok **3** Am., dams portmonnä; handväska **4** isht Am. pocketbok
pocket-flask ['pɒkɪtflɑ:sk] *s* fick|flaska, -plunta
pocketful ['pɒkɪtfʊl] *s*, *a ~ of* en ficka (fickan) full med
pocket-handkerchief [ˌpɒkɪt'hæŋkətʃɪf] *s* näsduk
pocket-knife ['pɒkɪtnaɪf] *s* pennkniv, fickkniv
pocket-money ['pɒkɪtˌmʌnɪ] *s* fickpengar, veckopeng[ar]
pocket-size ['pɒkɪtsaɪz] *a* o. **pocket-sized** ['pɒkɪtsaɪzd] *a* i fickformat
pock-mark ['pɒkmɑ:k] *s* koppärr
pock-marked ['pɒkmɑ:kt] *a* koppärrig
pod [pɒd] *s* [frö]skida, balja, kapsel
podge [pɒdʒ] *s* fam. tjockis
podgy ['pɒdʒɪ] *a* fam. knubbig, rultig
podi|um ['pəʊdɪ|əm] (pl. *-a* [-ə]) *s* podium
Poe [pəʊ]
poem ['pəʊɪm] *s* dikt, poem, vers
poesy ['pəʊɪzɪ] *s* åld. se *poetry*
poet ['pəʊɪt, -et] *s* diktare, skald; poet
poetaster [ˌpəʊɪ'tæstə] *s* versmakare, [dussin]poet
poetess ['pəʊɪtɪs] *s* skaldinna, [kvinnlig] diktare
poetic[al] [pəʊ'etɪk, -əl] *a* poetisk; diktar-, skalde- [*~ talent*]; versifierad [*a ~ version*]; *in poetic form* i versform; *poetic justice* poetisk rättvisa där det goda får sin belöning och det onda sitt straff; *poetic licence* poetisk frihet; *poetical works* dikter, diktalster
poetics [pəʊ'etɪks] (konstr. vanl. ss. sg.) *s* poetik; diktning
poetry ['pəʊətrɪ] *s* poesi, diktning
pogo-stick ['pəʊgəʊstɪk] *s* kängurustylta
pogrom ['pɒgrəm, pə'grɒm] *s* pogrom
poignancy ['pɔɪnənsɪ] *s* bitterhet; *the ~ of the situation* det gripande i situationen
poignant ['pɔɪnənt] *a* **1** intensiv [*~ experience*], gripande **2** bitter [*~ sorrow*]
poinsettia [pɔɪn'setjə] *s* bot. julstjärna, poinsettia
point [pɔɪnt] **I** *s* **1** a) punkt, prick b) bildl. punkt, moment, sak; *the fine[r] ~s of the game* spelets finesser; *~ of contact* beröringspunkt; *~ of view* se *view I 5 b*); *stretch a ~* se *stretch I 2*; *at all ~s* på alla punkter, överallt; *up to a ~* till en viss grad
2 punkt; *decimal ~* [decimal]komma; *one ~ five* (*1.5, 1·5*) ett komma fem (1,5)

3 [tid]punkt, ögonblick; *I was on the ~ of leaving* jag skulle just gå, jag stod i begrepp att gå; *when it came to the ~* när det kom till kritan

4 spets, udd; på horn tagg; *the ~ of the jaw* hakspetsen, hakan; *at the ~ of the bayonet* med bajonettanfall; *at the ~ of the sword* a) med kniven på strupen, under vapenhot b) med svärd i hand; *not to put too fine a ~ on it* för att tala rent ut

5 udde, [land]tunga; [berg]spets

6 a) grad; punkt [*boiling ~*] b) streck, enhet [*the cost of living went up several ~s*]

7 poäng i sport m. m. [*win by* (med) *ten ~s*; *win on* (på) *~s*]; *set ~* i tennis o. d. setboll

8 streck på kompass; *from all four ~s of the compass* från alla fyra väderstrecken

9 a) kärnpunkt, huvudsak; slutkläm, poäng [*the ~ of the story*] b) syfte, mål; åsikt; *the ~ is that . .* saken är den att . .; *the ~ was to* huvudsaken var att; *that's just the ~* det är det fina i saken, just därför; *that's not the ~* det är inte det saken gäller; *my ~ is that . .* vad jag menar är att . .; *get the ~* förstå vad saken gäller, fatta galoppen; *you have* [*got*] *a ~ there!* det ligger något i vad du säger; *make a ~ of* lägga an på, hålla [styvt] på, vara noga med; *make a ~ of getting up early* göra det till en regel att stiga upp tidigt; *make o.'s ~* [lyckas] klargöra vad man menar; *I take your ~* jag förstår vad du menar (vill ha sagt); *it's quite beside the ~* det har inte alls med saken att göra; *a case in ~* ett bra (belysande) exempel; *in ~ of fact* i själva verket, faktiskt; *come* (*keep*) *to the ~* komma (hålla sig) till saken

10 mening, nytta; *there's no ~ in doing that* det är ingen mening med att göra det; *is there any ~ in it?* är det någon idé?; *what's the ~?* vad är det för mening med det?

11 sida, egenskap; *he has his* [*good*] *~s* han har sina goda sidor; *that is not his strong ~* det är inte hans starka sida

12 sydd[a] spets[ar], knypplad spets; *Brussels ~* brysselspets[ar]

13 a) järnv. växel|tunga, -spets; pl. *~s* växel b) elektr. vägguttag

II *tr* **1** peka med [*at* (*towards*) på (mot)]; rikta, sikta (lägga an) med [*at* (*towards*) mot (på); *~ a gun at a p.*]; rikta (ställa) in [*~ a telescope*] **2** *~ out* peka ut, peka på, bildl. äv. påpeka, poängtera [*~ out the defects*] **3** vässa, formera [*~ a pencil*]

III *itr* peka [*at* mot; *towards* [i riktning] mot]; vara vänd (riktad) [*to, towards* mot]; *~ to* äv. peka (tyda) på

point-blank ['pɔɪnt'blæŋk] **I** *a* **1** [riktad] rakt mot målet; *~ fire* mil. eld på nära håll **2** om yttrande rakt på sak, direkt, rättfram; blank [*~ refusal*] **II** *adv* **1** rakt [på målet], snörrätt **2** bildl. direkt, rent ut, rakt på sak [*tell a p. ~*]; *he refused ~* han vägrade blankt

point-duty ['pɔɪnt,dju:tɪ] *s* tjänstgöring som trafikpolis; *be on ~* ha trafiktjänst

pointed ['pɔɪntɪd] *a* **1** spetsig **2** bildl. skarp [*a ~ reply* (*remark*)], stickande, bitande **3** tydlig, avsiktlig [*~ allusion*] **4** precis, exakt, klar, koncis [*the writing is ~*]

pointer ['pɔɪntə] *s* **1** pekpinne **2** visare på klocka, våg o. d. **3** pointer, slags fågelhund **4** fam. vink, fingervisning; tips, förslag

pointless ['pɔɪntləs] *a* **1** utan spets (udd) **2** meningslös **3** poänglös, utan poäng

poise [pɔɪz] **I** *s* **1** jämvikt, balans **2** sätt att föra sig, hållning; värdighet **II** *tr* bringa i jämvikt, balansera **III** *itr* (se äv. *poised*) balansera, befinna sig i jämvikt; sväva

poised [pɔɪzd] *pp* o. *a* **1** samlad, värdig, säker, balanserad, i jämvikt **2** balanserande [*a ball ~ on the nose of a seal*], svävande

poison ['pɔɪzn] **I** *s* gift äv. bildl.; *~ fang* gifttand; *~ gas* giftgas; *~ pen* anonym brevskrivare av smädebrev; *hate like ~* avsky som pesten **II** *tr* förgifta; infektera, inflammera [*a ~ed hand*]; *~ a p.* (*a p.'s mind*) *against* göra ngn avogt inställd mot

poisoner ['pɔɪzənə] *s* giftblandare, giftmördare

poisonous ['pɔɪzənəs] *a* **1** giftig, gift- **2** skadlig, fördärvlig

poison-pen ['pɔɪznpen] *a* [anonym] smäde- [*a ~ campaign, a ~ letter*]

1 poke [pəʊk] *s*, *buy a pig in a ~* köpa grisen i säcken

2 poke [pəʊk] **I** *tr* **1** stöta (knuffa) [till] med spetsigt föremål, hand o. d., peta [på]; *~ through* sticka igenom, genomborra **2** röra om [i] eld o. d.; *~ the fire* [*up*] röra om i brasan **3** sticka [fram (ut, in)]; *~ fun at* göra narr av, driva med; *~ o.'s nose into a th.* sticka näsan i ngt; *~ o.'s nose into other people's affairs* (*business*) äv. lägga näsan i blöt **II** *itr* **1** peta **2** *~ about* (*around*) a) [gå och] rota (snoka) b) gå och stöka (påta) [*~ about in the attic* (*the garden*)] **3** *~* [*out*] sticka fram (ut) [*his head ~d through the door*] **III** *s* stöt, knuff [*give a p. a ~ in the ribs* (i sidan)]; *give the fire a ~* röra om ett slag i brasan

poke-bonnet ['pəʊk'bɒnɪt] *s* bahytt, frälsningssoldats bonnett

1 poker ['pəʊkə] *s* kortsp. poker

2 poker ['pəʊkə] *s* **1** eldgaffel; *as stiff as a ~* styv som en eldgaffel **2** glödritningsstift

poker-faced ['pəʊkəfeɪst] *a* med pokeransikte

poky ['pəʊkɪ] *a* **1** trång [*a ~ room*], torftig

2 futtig 3 Am. fam. tråkig [*a ~ place*]

Poland ['pəʊlənd] Polen

polar ['pəʊlə] *a* polar, pol-; fackl. o. bildl. polär; *~ bear* isbjörn; *~ circle* polcirkel

polarity [pəʊ'lærətɪ] *s* fackl. o. bildl. polaritet

polarization [ˌpəʊləraɪ'zeɪʃən] *s* fys. polarisation, polarisering äv. bildl.

polarize ['pəʊləraɪz] *tr* o. *itr* fackl. o. bildl. polarisera

Polaroid ['pəʊlərɔɪd] *s* ® polaroid[filter]; *~ camera* polaroidkamera

Pole [pəʊl] *s* polack

1 pole [pəʊl] *s* **1** påle, stolpe, stång, stake; sport. stav; *up the ~* sl. galen, tokig, knasig **2** mått m. m., se *2 perch I 2*

2 pole [pəʊl] *s* pol [*negative ~; the North P~*]; *they are ~s apart* de är himmelsvitt skilda (diametralt motsatta)

pole-axe ['pəʊlæks] **I** *s* **1** slaktyxa, slaktklubba **2** hist. stridsyxa **II** *tr* slå (hugga) ner [med yxa], klubba ner; *as if he had been ~d* som om han hade fått ett klubbslag

polecat ['pəʊlkæt] *s* zool. iller; Am. äv. skunk

pole-jump ['pəʊldʒʌmp] *s* o. *itr* se *pole-vault*

polemic [pə'lemɪk] **I** *a* polemisk **II** *s* polemik, meningsstrid; *~s* (konstr. vanl. ss. sg.) isht teol. polemik

polemical [pə'lemɪkəl] *a* polemisk

polenta [pə'lentə] *s* polenta, majsgröt

pole-vault ['pəʊlvɔ:lt] sport. **I** *s* stavhopp **II** *itr* hoppa stavhopp

police [pə'li:s] **I** (konstr. ss. pl.) *s* polis myndighet [*the ~ have caught him*], poliser [*several hundred ~ were on duty*]; *~ cell* arrest[lokal], cell; *~ college* polisskola; *~ commissioner* (*inspector* m. fl.) se d. o.; *~ constable* polis[man]; *~ cordon* polis|kedja, -spärr; *~ court* polisdomstol; *~ department* Am. a) högsta statliga polismyndighet b) = *police force*; *~ dog* a) schäfer[hund] b) polishund; *~ force* polis|kår, -styrka; *~ message* i radio efterlysning, polismeddelande; *~ officer* polis[man]; *chief of ~* polischef, ss. titel polismästare **II** *tr* **1** behärska, bevaka, kontrollera, övervaka; hålla (införa) ordning i; *U.N. forces ~d the area* FN-trupper övervakade området **2** förse med polis [*~ the city*]

police|man [pə'li:s|mən] (pl. *-men* [-mən]) *s* polis[man]; *~'s badge* polisbricka

police|woman [pə'li:s|wʊmən] (pl. *-women* [-wɪmɪn]) *s* kvinnlig polis

1 policy ['pɒlɪsɪ] *s* **1** klok politik, förnuftigt handlingssätt **2** politik [*foreign ~*]; policy [*a new company ~*]; linje, hållning; *honesty is the best ~* ärlighet varar längst; *pursue a ~* föra en politik

2 policy ['pɒlɪsɪ] *s* försäkringsbrev [äv. *insurance ~*]

polio ['pəʊlɪəʊ] *s* läk. fam. polio

poliomyelitis ['pəʊlɪəʊmaɪə'laɪtɪs] *s* läk. poliomyelit[is], polio

Polish ['pəʊlɪʃ] **I** *a* polsk **II** *s* polska [språket]

polish ['pɒlɪʃ] **I** *s* **1** polering, putsning **2** glans, polityr äv. bildl.; bildl. förfining, stil; *with a good ~* blank, putsad **3** polermedel, putsmedel; polityr [*furniture ~*], polish; *floor ~* bonvax, golvpolish; *metal ~* metallputs[medel]; *nail ~* nagellack; *shoe ~* skokräm **II** *tr* **1** polera [*~ brass*], bona [*~ floors*]; putsa, borsta [*~ shoes*]; slipa; *~ o.'s nails* lackera naglarna **2** bildl. slipa av, polera, hyfsa, förfina, putsa; fila på [*~ o.'s verses*]; *~ up* fam. bättra på [*~ up o.'s French*] **3** *~ off* fam. klara av [*~ off a job*], expediera [snabbt] [*~ off an opponent*]; svepa, sätta i sig [*~ off a bottle of wine*]

polished ['pɒlɪʃt] *a* **1** polerad etc., jfr *polish II*, blank **2** bildl. förfinad, kultiverad

polishing ['pɒlɪʃɪŋ] *a* poler-, puts- [*~ cloth*]

politburo ['pɒlɪtˌbjʊərəʊ] *s* politbyrå

polite [pə'laɪt] *a* artig, hövlig [*to, towards* mot]; *~ phrases* artighetsfraser; *a ~ word for* ett finare (vackrare) ord för (namn på)

politeness [pə'laɪtnəs] *s* artighet, hövlighet

politic ['pɒlɪtɪk] *a* **1** klok, försiktig, diplomatisk [*a ~ retreat*] **2** *the body ~* staten

political [pə'lɪtɪkəl] *a* politisk; stats-; *~ economist* nationalekonom; *~ economy* nationalekonomi; *~ science* statsvetenskap

politician [ˌpɒlɪ'tɪʃən] *s* **1** [parti]politiker **2** statsman

politicize [pə'lɪtɪsaɪz] *itr* o. *tr* politisera

politico [pə'lɪtɪkəʊ] *s* politiker ofta neds.

politics ['pɒlɪtɪks] (konstr. ss. sg. el. pl.) *s* politik; statskonst; politisk åsikt; *talk ~* politisera, prata politik

polity ['pɒlətɪ] *s* **1** stats|form, -skick, styrelseform **2** statsbildning, statlig organisation

polka ['pɒlkə] *s* polka dans el. melodi; *~ dot* [stor]prickigt mönster

poll [pəʊl] **I** *s* **1** a) röstning, valförrättning, val b) röstlängd c) röstetal, röstsiffror; *heavy* (*light*) *~* livligt (svagt) valdeltagande; *70% of the total ~* 70% av [de avgivna] rösterna; *go to the ~s* gå till val (valurnorna); *head the ~* få flest röster, leda valet **2** undersökning [*Gallup ~*], intervjuundersökning; *public opinion ~* opinionsundersökning **II** *tr* **1** a) få (samla) antal röster vid val [*he ~ed 3,000 votes*] b) räkna väljare, röster **2** intervjua, göra en opinionsundersökning bland **3** toppa, skära av grenarna på, hamla träd; avhorna boskap **III** *itr* rösta, avge sin[a] röst[er]

pollen ['pɒlɪn] *s* bot. pollen, frömjöl; *~ count* pollenrapport för allergiker

pollinate ['pɒlɪneɪt] *tr* pollinera
pollination [ˌpɒlɪ'neiʃən] *s* pollinering
polling-booth ['pəulɪŋbu:ð, -bu:θ] *s* valbås
polling-day ['pəulɪŋdeɪ] *s* valdag
polling-station ['pəulɪŋˌsteɪʃən] *s* vallokal
pollster ['pəulstə] *s* opinionsundersökare
pollutant [pə'lu:tənt, -'lju:-] *s* förorenande ämne; miljöförstörare
pollute [pə'lu:t, -'lju:t] *tr* förorena, smutsa ned; bildl. äv. besudla, befläcka
pollution [pə'lu:ʃən, -'lju:-] *s* förorenande, förorening, miljöförstöring; bildl. besudlande; *air* ~ luftförorening
Polly ['pɒlɪ] **I** smeknamn för *Mary* **II** *s* [pape]goja
polo ['pəuləu] *s* sport. polo[spel] [*water* ~]
polonaise [ˌpɒlə'neɪz] *s* polonäs
polo-neck ['pəuləunek] *s* polokrage; ~ [*sweater*] polotröja, tröja med polokrage
polony [pə'ləunɪ] *s* slags korv
poltergeist ['pɒltəgaɪst] *s* spirit. poltergeist
poltroon [pɒl'tru:n] *s* pultron, kruka
poly ['pɒlɪ] *s* fam. kortform för *polytechnic*
poly- ['pɒlɪ, se f. ö. sms. nedan] *pref* poly-, mång-, fler-
polyandry ['pɒlɪændrɪ] *s* polyandri äv. bot., månggifte med flera män
polychromatic ['pɒlɪkrəu'mætɪk] *a* o. **polychrome** ['pɒlɪkrəum] *a* polykrom, mångfärgad
polyclinic [ˌpɒlɪ'klɪnɪk] *s* läk. allmänt sjukhus
polyester [ˌpɒlɪ'estə] *s* kem. polyester
polygamist [pə'lɪgəmɪst] *s* polygamist
polygamous [pə'lɪgəməs] *a* polygam
polygamy [pə'lɪgəmɪ] *s* polygami, månggifte
polyglot ['pɒlɪglɒt] **I** *a* **1** mångspråkig **2** skriven på flera språk **II** *s* polyglott, flerspråkig person
polygon ['pɒlɪgən] *s* geom. polygon, månghörning
polygonal [pɒ'lɪgənl] *a* månghörnig
polyhedron ['pɒlɪ'hedrən, -'hi:d-] *s* geom. polyeder
polymer ['pɒlɪmə] *s* kem. **1** polymer, makromolekyl **2** polymerisat
Polynesia [ˌpɒlɪ'ni:zjə] Polynesien
Polynesian [ˌpɒlɪ'ni:zjən] **I** *a* polynesisk **II** *s* polynesier
polyphonic [ˌpɒlɪ'fɒnɪk] *a* mus. o. språkv. polyfon; mus. äv. flerstämmig
polyphony [pə'lɪfənɪ] *s* mus. o. språkv. polyfoni; mus. äv. flerstämmighet; kontrapunkt
polystyrene [ˌpɒlɪ'staɪri:n, -'stɪ-] *s* kem. polystyren, styrenplast
polysyllabic ['pɒlɪsɪ'læbɪk] *a* flerstavig, mångstavig, polysyllabisk
polysyllable ['pɒlɪˌsɪləbl] *s* flerstavigt ord
polytechnic [ˌpɒlɪ'teknɪk] **I** *a* polyteknisk, som rör teknikens alla grenar **II** *s* ung. högskola för teknisk yrkesutbildning
polytheism ['pɒlɪθi:ɪzəm] *s* polyteism, mångguderi
polythene ['pɒlɪθi:n] *s* kem. polyeten, etenplast
polyunsaturated ['pɒlɪʌn'sætjureɪtɪd] *a* fleromättad
polyvinyl [ˌpɒlɪ'vaɪnəl, -'vɪn-] *a*, ~ *chloride* polyvinylklorid, vinylkloridplast, galon ®
pomade [pə'mɑ:d, pɒ'm-] **I** *s* pomada **II** *tr* pomadera
pomegranate ['pɒmɪˌgrænɪt] *s* **1** granatäpple **2** granatäppelträd
Pomerania [ˌpɒmə'reɪnjə] Pommern
Pomeranian [ˌpɒmə'reɪnjən] **I** *a* pommersk; ~ *dog* dvärgspets **II** *s* **1** pomrare **2** dvärgspets
pommel ['pʌml] *s* **1** svärdknapp **2** sadelknapp
pomp [pɒmp] *s* pomp, ståt, prakt; ~ *and circumstance* pomp och ståt
pompon ['pɔ:mpɔ:ŋ, 'pɒmpɒn] *s* pompong, boll, rund tofs
pomposity [pɒm'pɒsətɪ] *s* uppblåsthet, pösighet; svultstighet
pompous ['pɒmpəs] *a* uppblåst, pösig, pompös; om språk svulstig
ponce [pɒns] *s* sl. hallick, sutenör
poncho ['pɒntʃəu] *s* poncho slags cape
pond [pɒnd] *s* damm; tjärn, liten sjö; *the* [*big*] *P*~ fam. pölen Atlanten
ponder ['pɒndə] **I** *tr* överväga; begrunda, fundera över (på) [~ *a problem*] **II** *itr* grubbla, fundera [*on, over* på, över]
ponderous ['pɒndərəs] *a* **1** tung, klumpig [~ *movements*], otymplig **2** bildl. tung, trög
pone [pəun] *s*, [*corn*] ~ slags Am. majsbröd
pong [pɒŋ] sl. **I** *itr* stinka **II** *s* stank
poniard ['pɒnjəd, -jɑ:d] *s* kort dolk
pontiff ['pɒntɪf] *s* påve
pontifical [pɒn'tɪfɪkəl] **I** *a* **1** påvlig, påve- **2** ofta neds. pompös; docerande **II** *s* **1** biskops ritual[bok] **2** pl. ~*s* biskopsskrud
pontificate [ss. subst. pɒn'tɪfɪkət; ss. vb pɒn'tɪfɪkeɪt] **I** *s* pontifikat, påve|döme, -värdighet; påves regeringstid **II** *itr* **1** fungera som påve **2** a) docera b) spela värdig
1 pontoon [pɒn'tu:n] *s* ponton; ~ *bridge* pontonbro
2 pontoon [pɒn'tu:n] *s* kortsp. (ung.) tjugoett
pony ['pəunɪ] *s* **1** ponny; [liten] häst; *play* (*bet on*) *the ponies* sl. spela på kusar (hästar) **2** sl. 25 pund **3** Am. sl. fusklapp
pony-tail ['pəunɪteɪl] *s* hästsvans[frisyr]
pooch [pu:tʃ] *s* sl. jycke hund
poodle ['pu:dl] **I** *s* pudel **II** *tr* klippa (trimma) som en pudel
poof [pu:f] *s* sl. bög, fikus manlig homosexuell

pooh [phu:, pu:] *interj* uttr. otålighet el. förakt äh!, asch!, pytt[san]!
pooh-pooh ['pu:'pu:] *tr* rynka på näsan åt, bagatellisera, avfärda [*he ~ed the idea*]
1 pool [pu:l] *s* pöl, göl, damm; bassäng
2 pool [pu:l] **I** *s* **1** kortsp. pulla; pott **2** insats-, pris|skjutning **3** slags biljard **4** *the football ~s* ung. tipstjänst, tipsbolaget; [*football*] *~s coupon* tipskupong; *do* (*play*) *the ~s* tippa; *win money on the* [*football*] *~s* vinna [pengar] på tips[et] **5** hand. pool, [monopol]sammanslutning för begränsning av inbördes konkurrens; trust **6** a) central b) reserv, förråd; *typing* (*typists'*) *~* skrivcentral **II** *tr* slå samman, förena [*~ o.'s resources*]; dela [*~ the profits*]
poolroom ['pu:lrum] *s* **1** isht Am. biljardhall **2** Am. tips-, vadhållnings|lokal
1 poop [pu:p] *s* sjö. **1** akter **2** se *poop-deck*
2 poop [pu:p] Am. sl. **I** *tr* ta andan ur, matta ut **II** *itr, ~ out* ta slut; ge upp
poop-deck ['pu:pdek] *s* sjö. poopdäck, poop vanl. övre halvdäck i aktern
poor [puə] *a* **1** fattig [*in* på]; *the ~* de fattiga; *the ~ man's lawyer* ung. rättshjälpen **2** klen, ringa [*a ~ consolation*]; skral, mager, torftig, knapp, dålig; *he made a very ~ show* han gjorde en slät figur; *take a ~ view* se *view I 5* **3** stackars, arm; ynklig, usel; *~ me!* stackars mig (jag)! **4** fam.; *my ~ father* min salig (gamle) far
poorhouse ['puəhaus] *s* hist. fattighus
poorly ['puəlɪ] **I** pred. *a* fam. klen till hälsan, dålig, krasslig **II** *adv* fattigt, klent etc., jfr *poor,* illa; *be ~ off* ha det dåligt ställt
poorness ['puənəs] *s* klen (dålig) beskaffenhet; magerhet; torftighet
1 pop [pɒp] **I** *interj* o. *adv* pang, paff, vips; *it went* [*off*] *~* den sa pang **II** *s* **1** knall, smäll, puff **2** skott; *have a ~ at* skjuta efter **3** fam. läsk, [kolsyrad] läskedryck; *ginger ~* se *ginger-ale* **4** sl., *in ~* i pant; på stampen pantsatt **III** *itr* **1** smälla, knalla; knäppa **2** fam. skjuta [*~* [*away*] *at* (på, efter) *birds*] **3** kila, rusa; *I'll ~ along* (*round*) *to see you* jag skall kila över till dig; *~ home* kila hem; *~ in* titta in; *~ off* a) sl. kola av dö b) kila (sticka) i väg; *~ out* titta (dyka) fram (ut); *his eyes were ~ping out of his head* ögonen stod på skaft [på honom]; *~ up* dyka upp **IV** *tr* **1** smälla [*~ a paper bag*]; skjuta **2** stoppa, sticka, 'köra'; *~ o.'s head out of the window* sticka ut huvudet genom fönstret **3** *~ down* skriva upp (ner), kasta ner **4** *~ a question* kasta fram en fråga; *~ the question* fam. fria [*to a p.* till ngn] **5** sl. stampa på pantsätta **6** *~ corn* rosta majs, 'poppa' [majs]
2 pop [pɒp] fam. **I** *a* (kortform för *popular*) populär- [*a ~ concert*], pop- [*~ art*] **II** *s* pop
3 pop [pɒp] *s* isht Am. fam. pappa
popcorn ['pɒpkɔ:n] *s* **1** popcorn, rostad majs **2** puff-, smäll|majs art som kan rostas
pope [pəup] *s* påve
popery ['pəupərɪ] *s* neds. papism
pop-eye ['pɒpaɪ] **I** *s, have ~s* fam. ha utstående ögon, vara glosögd **II** egennamn, *P~* [*the Sailor*] Karl Alfred seriefigur
pop-eyed ['pɒpaɪd] *a* fam. glosögd, med utstående ögon; isht bildl. storögd
popgun ['pɒpgʌn] *s* barns luft-, kork|bössa
poplar ['pɒplə] *s* bot. poppel; *white ~* silverpoppel
poplin ['pɒplɪn] *s* poplin
poppa ['pɒpə] *s* Am. fam. pappa
poppet ['pɒpɪt] *s* om barn el. flicka sötnos
poppy ['pɒpɪ] *s* bot. vallmo
poppycock ['pɒpɪkɒk] *s* fam. strunt[prat]
popsy ['pɒpsɪ] *s* fam. tjej; sötnos
pop-top ['pɒptɒp] **I** *a* [försedd] med rivöppnare [*a ~ beer can*] **II** *s* rivöppnare
populace ['pɒpjuləs] *s, the ~* a) [den breda] massan; pöbeln b) befolkningen
popular ['pɒpjulə] *a* **1** folk-, folkets [*a ~ revolution*], allmän; *~ front* folkfront; *~ opinion* folkmening[en], folkopinion[en] **2** populär [*a ~ song*], omtyckt, folklig; lättfattlig, enkel [*in a ~ style*]
popularity [ˌpɒpju'lærətɪ] *s* popularitet
popularization [ˌpɒpjuləraɪ'zeɪʃən] *s* popularisering
popularize ['pɒpjuləraɪz] *tr* popularisera
popularly ['pɒpjuləlɪ] *adv* **1** allmänt, i allmänhet, bland folket **2** populärt
populate ['pɒpjuleɪt] *tr* befolka
population [ˌpɒpju'leɪʃən] *s* **1** befolkning; folkmängd **2** befolkande [*the ~ of colonies*]
populous ['pɒpjuləs] *a* folkrik, tätbefolkad
porcelain ['pɔ:səlɪn] *s* finare porslin
porch [pɔ:tʃ] *s* överbyggd entré, förstukvist; Am. veranda
porcupine ['pɔ:kjupaɪn] *s* zool. piggsvin
1 pore [pɔ:] *s* por
2 pore [pɔ:] *itr* stirra, se oavvänt [*at* på]; *~ over* studera noga
pork [pɔ:k] *s* griskött, fläsk isht osaltat
pork-butcher ['pɔ:kˌbutʃə] *s* **1** svinslaktare **2** fläskhandlare
pork-chop ['pɔ:k'tʃɒp] *s* gris-, fläsk|kotlett
porker ['pɔ:kə] *s* gödsvin
pork-pie ['pɔ:k'paɪ] *s* **1** fläskpastej **2** *~* [*hat*] flatkullig [herr]hatt
porky ['pɔ:kɪ] *a* **1** gris-, fläsk-, av griskött (fläsk) **2** fam. fläskig, fet
porn [pɔ:n] *s* el. **porno** ['pɔ:nəu] *s* sl. porr
pornographic [ˌpɔ:nəu'græfɪk] *a* pornografisk
pornography [pɔ:'nɒgrəfɪ] *s* pornografi
porosity [pɔ:'rɒsətɪ] *s* porositet

porous ['pɔ:rəs] *a* porös, full av porer
porphyry ['pɔ:fɪrɪ] *s* miner. porfyr
porpoise ['pɔ:pəs] *s* zool. tumlare
porridge ['pɒrɪdʒ] *s* [havre]gröt
porringer ['pɒrɪndʒə] *s* [barns gröt-, välling]skål, spilkum
1 port [pɔ:t] *s* portvin
2 port [pɔ:t] *s* hamn äv. bildl., hamnstad; ~ *authority* hamnmyndighet; *any ~ in a storm* ordspr. i en nödsituation duger vad som helst; *free* ~ frihamn
3 port [pɔ:t] sjö. **I** *s* babord **II** *tr*, ~ *the helm!* [lägg] rodret babord!, styrbord hän!
portability [ˌpɔ:tə'bɪlətɪ] *s* bärbarhet
portable ['pɔ:təbl] *a* bärbar, portabel; ~ *typewriter* reseskrivmaskin
portal ['pɔ:tl] *s* portal, valvport
portcullis [pɔ:t'kʌlɪs] *s* fort. fällgaller
portend [pɔ:'tend] *tr* förebåda, varsla [om]
portent ['pɔ:tent, -tənt] *s* förebud isht olyckligt, järtecken; omen
portentous [pɔ:'tentəs] *a* **1** illavarslande, olycksbådande **2** vidunderlig; imponerande **3** pompös
1 porter ['pɔ:tə] *s* **1** portvakt, dörr-, grind-vakt **2** vaktmästare; [hotell]portier
2 porter ['pɔ:tə] *s* **1** bärare, stadsbud vid järnvägsstation o. d. **2** Am. sovvagnskonduktör **3** Am. städare **4** [kortform för *~'s beer*] porter
porterhouse ['pɔ:təhaus] *s*, ~ [*steak*] tjock skiva av rostbiffen närmast dubbelbiffen
portfolio [ˌpɔ:t'fəuljəu] *s* portfölj äv. ministers [*Minister without ~*]; ministerpost
porthole ['pɔ:thəul] *s* sjö. **1** hyttventil; sidventil **2** [last]port; kanonport
portion ['pɔ:ʃən] **I** *s* **1** del, stycke **2** andel, lott; arvedel; bildl. lott, öde **3** portion **4** hemgift **II** *tr* **1** ~ [*out*] dela, fördela, dela ut [*among* bland] **2** ~ *off* skärma av
portly ['pɔ:tlɪ] *a* korpulent, fet[lagd]
portmanteau [pɔ:t'mæntəu] *s* [stor] kappsäck; ~ *word* teleskopord sammandraget ord [t. ex. *motel* av *motorists' hotel*]
portrait ['pɔ:trət] *s* **1** porträtt **2** bildl. skildring, porträtt; bild, avbild
portraitist ['pɔ:trətɪst] *s* porträttmålare
portraiture ['pɔ:trətʃə] *s* **1** porträttmålning **2** se *portrait*
portray [pɔ:'treɪ] *tr* **1** porträttera, avbilda, måla av **2** bildl. skildra, göra ett porträtt av
portrayal [pɔ:'treɪəl] *s* **1** porträttmålning, porträttering **2** se *portrait*
portrayer [pɔ:'treɪə] *s* **1** porträttmålare **2** bildl. skildrare
Portsmouth ['pɔ:tsməθ]
Portugal ['pɔ:tjugəl]
Portuguese ['pɔ:tju'gi:z] **I** *a* portugisisk **II** *s* **1** (pl. lika) portugis **2** portugisiska [språket]
port-wine ['pɔ:t'waɪn] *s* portvin
pose [pəuz] **I** *s* **1** pose, attityd äv. bildl.; [konstlad] ställning **2** posering **II** *tr* **1** framställa, lägga fram [~ *a question*]; ~ *a problem* (*threat*) utgöra ett problem (hot) **2** placera [i önskad pose] **III** *itr* posera; inta en pose, göra sig till; ~ *as* ge sig ut för
poseur [pəu'zɜ:] *s* (fr.) posör
posh [pɒʃ] sl. **I** *a* flott [*a ~ hotel*], fin [*her ~ friends*] **II** *tr*, ~ *up* fiffa upp, göra fin
position [pə'zɪʃən] **I** *s* **1** position, ställning; läge, plats; ~ *finder* a) sjö. [radio]pejlapparat b) mil. avståndsinstrument; *they were manœuvring for ~* de försökte få ett bra läge (komma i överläge); *in ~* på [sin] plats; *be in a ~ to* vara i tillfälle (stånd) att **2** [social] position (ställning) [*a ~ in society*] **3** plats, anställning **4** ståndpunkt **II** *tr* **1** placera, anbringa **2** lokalisera
positive ['pɒzətɪv] **I** *a* **1** positiv **2** uttrycklig, bestämd [*a ~ denial*]; absolut; verklig **3** praktisk, positiv **4** riktig, verklig [*he is a ~ nuisance*], ren [*a ~ lie, a ~ pleasure*] **5** gram., *the ~ degree* positiv[en] **6** säker [*of* på], övertygad [*of* om]; *that is ~* det är säkert **7** jakande [*a ~ answer*] **II** *s* **1** gram. positiv **2** fotogr. positiv bild
positively ['pɒzətɪvlɪ] *adv* **1** positivt; uttryckligen, bestämt **2** säkert **3** absolut, i sig själv **4** verkligen, faktiskt, formligen
positron ['pɒzɪtrɒn] *s* fys. positron
posse ['pɒsɪ] *s* polisstyrka, -uppbåd i USA
possess [pə'zes] *tr* **1** äga, ha, besitta [~ *a quality*]; inneha; *all I ~* allt [vad] jag äger [och har] **2** bildl., om idé, känsla o. d. behärska, fylla [*the joy that ~ed him*]; *what ~ed you to do that?* hur i all världen kunde du göra så?
possessed [pə'zest] *pp* o. *a* **1** besatt, behärskad; intagen; ~ *by fear* fylld av skräck; ~ *by an idea* besatt (behärskad) av en idé; *like one ~* som en besatt **2** *be ~ of* (*with*) vara i besittning av, äga, ha
possession [pə'zeʃən] *s* **1** besittande, besittning, innehav[ande]; ägo; *keep* (*retain*) *~ of* a) mil. hålla besatt b) behålla, förbli i besittning av; *take ~ of* a) ta i besittning b) sätta sig i besittning av, bemäktiga sig, mil. besätta; *in ~ of o.'s senses* vid sina sinnens fulla bruk; *be in ~* sport. ha spelet; [*to be let with*] *immediate ~* tillträde omedelbart **2** konkr. egendom, besittning; pl. *~s* äv. ägodelar **3** [politisk] besittning
possessive [pə'zesɪv] **I** *a* **1** hagalen; härsklysten; dominerande; *the ~ instinct* habegäret; *my husband is very ~* min man behandlar mig som om han ägde mig **2** gram. possessiv; *the ~ case* genitiv[en]; ~ *pronoun* possessivpronomen **II** *s* gram. **1** possessivpronomen **2** *the ~* genitiv[en]

possessiveness [pəˈzesɪvnəs] *s* habegär, ägandebegär; härsklystnad

possessor [pəˈzesə] *s* ägare

possibility [ˌpɒsəˈbɪlətɪ] *s* möjlighet [*of* av, till]; eventualitet; *within the range* (*bounds*) *of* ~ inom möjlighetens gränser

possible [ˈpɒsəbl] **I** *a* **1** möjlig; eventuell [*for* ~ *emergencies*]; *if* ~ om möjligt; *as far as* ~ a) så vitt möjligt b) så långt som möjligt; *by all means* ~ med alla möjliga medel; *the only thing* ~ det enda möjliga (tänkbara) **2** vettig, rimlig **II** *s* möjlighet; tänkbar kandidat (vinnare)

possibly [ˈpɒsəblɪ] *adv* **1** möjligt, möjligen; eventuellt; *things that might* ~ *be considered* saker som eventuellt skulle kunna komma i fråga; *not* ~ omöjligt, omöjligen **2** kanske; mycket möjligt

possum [ˈpɒsəm] *s* fam. kortform för *opossum* pungråtta; *play* (*act*) ~ spela sjuk, simulera

1 post [pəʊst] **I** *s* **1** post vid dörr o. d., stolpe **2** kapplöpn. [mål]stolpe; *the finishing* (*winning*) ~ mållinjen, målet; *the starting* ~ startlinjen **II** *tr* **1** sätta upp, anslå [~ *a notice*]; ~ *no bills!* affischering förbjuden! **2** offentliggöra, tillkännage [genom anslag]

2 post [pəʊst] **I** *s* **1** befattning, post, plats, tjänst **2** mil. post[ställe]; *at o.'s* ~ på sin post äv. bildl. **3** mil. ställe (ställning) besatt av trupp **4** mil. ung. tapto[t] [äv. *first* ~]; *the last* ~ sista taptot vid militärbegravning **5** *P~ Exchange* Am. mil. affär för militär personal, ung. marketenteri **6** handelsstation **II** *tr* postera, placera; kommendera [*to* till]

3 post [pəʊst] **I** *s* **1** a) post brev o. d. b) [post]tur **2** a) post[kontor, -expedition, -anstalt] b) post[befordran]; postverk; *reply by return of* ~ svar[a] [med (per)] omgående **II** *tr* **1** posta, skicka [med (på) posten] **2** hand. föra in (över) en post, bokföra **3** bildl. informera; *keep a p.* ~*ed* [*up*] äv. hålla ngn à jour

post- [pəʊst] *pref* efter-, post- [*post-Victorian*]

postage [ˈpəʊstɪdʒ] *s* [post]porto; ~ *due* felande porto; ~ *rate* posttaxa; ~ *stamp* frimärke

postal [ˈpəʊstəl] *a* post-, postal; ~ *code* se *postcode*; ~ *giro account* postgirokonto; ~ *giro service* postgiro; ~ *order* postanvisning i kuvert översänd anvisning på lägre belopp; ~ *service* postförbindelse; *the P~ Union* världspostunionen; ~ *vote* poströst

post-bag [ˈpəʊstbæg] *s* **1** postsäck; postväska **2** bildl. (i tidskrift o. d.) brevlåda

postcard [ˈpəʊs*t*kɑːd] *s* frankerat postkort; *picture* ~ vykort

postcode [ˈpəʊstkəʊd] *s* postnummer

postdate [ˈpəʊstˈdeɪt] *tr* post-, efterdatera

poster [ˈpəʊstə] *s* anslag; [stor] affisch, poster, plakat; löpsedel

poste restante [ˈpəʊstˈrestɑ̃ːnt] *s* o. *adv* (fr.) poste restante

posterior [pɒsˈtɪərɪə] **I** *a* **1** senare [*to* än]; efterföljande **2** bakre, bak- **II** *s* skämts. bakdel, rumpa

posterity [pɒsˈterətɪ] *s* **1** efterkommande **2** eftervärld[en], kommande generationer

post-graduate [ˈpəʊs*t*ˈgrædjʊət] **I** *a* efter avlagd [första] examen vid universitet; doktorand-; ~ *studies* forskarutbildning, doktorandstudier **II** *s* forskarstuderande

post-haste [ˈpəʊstˈheɪst] *adv* i ilfart

posthumous [ˈpɒstjʊməs] *a* postum

postiche [pɒsˈtiːʃ] *s* postisch, peruk

postilion el. **postillion** [pəsˈtɪljən] *s* spannryttare, ryttare på [vänster] parhäst

postlude [ˈpəʊstluːd] *s* mus. postludium

postman [ˈpəʊs*t*mən] (pl. *-men* [-mən]) *s* brevbärare, postiljon; ~*'s knock* lek (ung.) ryska posten

postmark [ˈpəʊs*t*mɑːk] *s* poststämpel

postmarked [ˈpəʊs*t*mɑːkt] *a* [av]stämplad, poststämplad

postmaster [ˈpəʊs*t*ˌmɑːstə] *s* postmästare; postföreståndare

post meridiem [ˈpəʊs*t*məˈrɪdɪəm] *adv* (lat. efter middagen) [på] eftermiddagen

postmistress [ˈpəʊs*t*ˌmɪstrəs] *s* [kvinnlig] postmästare (postföreståndare); fam. postfröken

post-mortem [ˈpəʊs*t*ˈmɔːtəm] **I** *a*, ~ *examination* obduktion; *perform a* ~ *examination on* vanl. obducera **II** *s* obduktion

post-natal [ˈpəʊstˈneɪtl] *a*, ~ *exercises* mödragymnastik efter förlossningen

post-office [ˈpəʊstˌɒfɪs] *s* **1** post[kontor, -expedition, -station, -anstalt] **2** *the* ~ postverket, poststyrelsen; *the General P~* a) huvudpostkontoret b) postverket

post-paid [ˈpəʊstpeɪd] **I** *a* frankerad, med betalt porto **II** *adv* franko

postpone [pəʊs*t*ˈpəʊn, pəsˈp-] *tr* **1** skjuta upp, bordlägga, senarelägga **2** sätta i andra rummet [*to* efter], låta stå tillbaka [*to* för]

postponement [pəʊs*t*ˈpəʊnmənt, pəsˈp-] *s* uppskjutande, bordläggning, uppskov

postprandial [ˈpəʊstˈprændɪəl] *a* mest skämts. efter middagen

postscript [ˈpəʊsskrɪpt] *s* postskriptum

postulate [ss. subst. ˈpɒstjʊlət, ss. vb -leɪt] **I** *s* postulat, [självklar] sats **II** *tr* **1** begära, göra anspråk på **2** postulera, anta

posture [ˈpɒstʃə] **I** *s* **1** [kropps]ställning, hållning **2** attityd, inställning **II** *itr* posera, inta en konstlad ställning; fam. göra sig till

post-war [ˈpəʊstˈwɔː, attr. ˈ- -] *a* efterkrigs-, efter kriget

posy ['pəʊzɪ] *s* [liten] bukett
pot [pɒt] **I** *s* **1** a) kruka [*flower-pot*], burk [*a ~ of jam*], pyts [*paint-pot*] b) gryta c) kanna [*a tea-pot; a ~ of tea*]; mugg, stop [*a ~ of ale*] d) potta, nattkärl; *the ~ is calling the kettle black* ung. du är inte bättre själv, de (ni) är lika goda kålsupare; *keep the ~ boiling* bildl. hålla grytan kokande, hålla det hela i gång; *go to ~* fam. gå åt pipan **2** bildl. **a**) fam. massa [*make a ~ of money*] **b**) fam. stor insats **c**) fam., [*big*] ~ [stor]pamp **d**) kortsp. pott **3** sl. hasch, knark **II** *tr* **1** lägga in, konservera [*~ted shrimps (ham)*] **2** plantera (sätta) i en kruka (krukor); *~ted plant* krukväxt **3** fam. sätta på pottan, potta [*~ the baby*] **4** fam. knäppa skjuta [*~ a rabbit*]
potash ['pɒtæʃ] *s* **1** pottaska **2** kali
potassium [pə'tæsjəm] *s* kem. kalium; *~ bromide* bromkalium; *~ cyanide* cyankalium; *~ nitrate* [kali]salpeter, kaliumnitrat
potato [pə'teɪtəʊ] (pl. *~es*) *s* **1** potatis; *sweet ~* batat, sötpotatis; *~ cakes* ung. potatisbullar **2** fam. hål på strumpan
pot-bellied ['pɒtˌbelɪd] *a, be ~* ha kalaskula
pot-belly ['pɒtˌbelɪ] *s* kalaskula; isterbuk
pot-boiler ['pɒtˌbɔɪlə] *s* fam. dussinroman
pot-boy ['pɒtbɔɪ] *s* ölkypare
potency ['pəʊtənsɪ] *s* **1** makt, kraft; styrka **2** fysiol. potens
potent ['pəʊtənt] *a* **1** mäktig; kraftig[t verkande] [*a ~ remedy*] **2** fysiol. potent
potentate ['pəʊtənteɪt] *s* potentat
potential [pəʊ'tenʃəl] **I** *a* **1** potentiell, eventuell [*a ~ enemy*] **2** elektr., *~ energy* potentiell energi **II** *s* **1** potential [*war ~*]; möjlighet[er] **2** elektr. potential, spänning
potentiality [pəʊˌtenʃɪ'ælətɪ] *s* utvecklingsmöjlighet [*a country with great -ies*]; potentialitet
pother ['pɒðə] *s* bråk, ståhej, [o]väsen
pot-herb ['pɒthɜːb] *s* köksväxt
pot-holder ['pɒtˌhəʊldə] *s* grytlapp
pot-hole ['pɒthəʊl] *s* **1** geol. jättegryta **2** i väg potthål, grop
pot-holing ['pɒtˌhəʊlɪŋ] *s* grottforskning
potion ['pəʊʃən] *s* dryck isht med helande, giftiga el. magiska egenskaper [*love-potion*]
pot-luck ['pɒt'lʌk] *s, take ~* hålla tillgodo med vad huset förmår
potpourri [pəʊ'pʊrɪ] *s* mus. potpurri
pot-roast ['pɒtrəʊst] *s* grytstek
pot-shot ['pɒt'ʃɒt] *s* fam. slängskott; *take a ~ at* slänga i väg ett skott efter
potted ['pɒtɪd] *pp* o. *a* **1** se *pot II* **2** sammandragen, förkortad [*a ~ version of the film*]
1 potter ['pɒtə] **I** *itr, ~ [about]* knåpa, pyssla, pilla [*at* med], fuska [*in* i] **II** *tr, ~ away o.'s time* plottra bort sin tid
2 potter ['pɒtə] *s* krukmakare; keramiker; *~'s wheel* drejskiva
pottery ['pɒtərɪ] *s* **1** porslinsfabrik; keramikfabrik; krukmakeri **2** porslinstillverkning; keramiktillverkning; krukmakeri **3** porslin; keramik; lergods
potting-shed ['pɒtɪŋʃed] *s* trädgårdsskjul
potty ['pɒtɪ] *a* fam. **1** pluttig, futtig **2** knasig, stollig; tokig [*about* i]
pouch [paʊtʃ] *s* **1** pung [*tobacco-pouch*], liten påse **2** biol.: t. ex. pungdjurs pung; t. ex. pelikaners påse **3** *have ~es under the eyes* ha påsar under ögonen
pouf[fe] [puːf] *s* puff möbel
poulterer ['pəʊltərə] *s* fågelhandlare, vilthandlare
poultice ['pəʊltɪs] **I** *s* gröt[omslag] **II** *tr* lägga grötomslag på
poultry ['pəʊltrɪ] *s* fjäderfä[n], [tam]fågel, höns [*the ~ are being fed; ~ is expensive*]
poultry-farm ['pəʊltrɪfɑːm] *s* hönsfarm, hönseri
poultry-yard ['pəʊltrɪjɑːd] *s* hönsgård
pounce [paʊns] **I** *s* isht rovfågels nedslag på sitt byte, [plötsligt] anfall; *make a ~ on* slå ner på, kasta sig över **II** *itr* **1** *~ on (at)* slå ner på äv. bildl. [*~ on a mistake*], kasta sig över **2** rusa, störta [*he ~d into the room*]
1 pound [paʊnd] *s* **1** [skål]pund (vanl. = 16 *ounces* 454 gram); jfr *troy* **2** pund (= 100 pence, före 1971 = 20 shilling); *five ~s (£5)* 5 pund; *in the ~* per pund, på pundet
2 pound [paʊnd] *s* **1** fålla, inhägnad **2** uppställningsplats för felparkerade motorfordon
3 pound [paʊnd] **I** *tr* **1** dunka (banka, hamra) på [*~ the piano*]; hamra mot; puckla 'på, gå lös på; bulta (slå) 'i **2** stöta [*~ spices in a mortar*], pulvrisera; krossa **II** *itr* **1** dunka, banka, hamra, bulta [*at, on* på, i; *my heart is ~ing*]; *~ away at* hamra mot, puckla 'på [*~ a p.*]; *~ on the wall* bulta (dunka) i väggen **2** klampa [*feet ~ing on* (i) *the stairs*], klampa 'på (i väg) [*he ~ed along the road*] **III** *s* dunk[ande], bankande, hamrande
pour [pɔː] **I** *tr* **1** hälla, ösa; gjuta [*~ oil on troubled waters* (vågorna)]; *~ out* a) slå (hälla) ut b) slå (hälla) i (upp), servera [*~ [out] a cup of tea (some wine)*] **2** låta strömma ut, sända ut; *the factories ~ out [millions of cars every year]* fabrikerna spottar (vräker) ut .. **II** *itr* strömma, forsa; välla; ösa, ösregna; *the sweat was ~ing down his face* hans ansikte rann av svett; [*people (letters)*] *came ~ing in* .. strömmade in; *it is ~ing [with rain] (~ing down)* det (regnet) öser [ner]; *in ~ing rain* i hällande regn, i ösregn

pout [paʊt] **I** *itr* truta (puta) med munnen **II** *tr,* ~ *o.'s lips* truta (puta) med munnen

poverty ['pɒvətɪ] *s* **1** fattigdom, armod **2** brist, knapp tillgång [*of, in* på]

poverty-stricken ['pɒvətɪˌstrɪkn] *a* utfattig, utarmad; torftig

P.O.W. ['pi:əʊ'dʌbljʊ] förk. för *prisoner of war*

powder ['paʊdə] **I** *s* **1** pulver; stoft, mjöl, damm **2** puder äv. kosmetiskt **3** krut; *keep o.'s ~ dry* hålla sitt krut (krutet) torrt **II** *tr* **1** pudra; bepudra, beströ **2** strö ut **3** pulvrisera; *~ed egg* äggpulver; *~ed milk* torrmjölk

powder-compact ['paʊdəˌkɒmpækt] *s* puderdosa

powder-keg ['paʊdəkeg] *s* **1** kruttunna **2** bildl. krutdurk

powder-puff ['paʊdəpʌf] *s* pudervippa

powder-room ['paʊdərʊm] *s* damrum

powdery ['paʊdərɪ] *a* **1** puderfin, pulverfin **2** pudrad, pudrig

power ['paʊə] **I** *s* **1** förmåga [*of doing* el. *to do* att göra]; pl.: *~s* a) förmåga b) begåvning, talang[er]; *~[s] of endurance* uthållighet; *~s of persuasion* övertalningsförmåga; *~ of speech* talförmåga; *I will do everything in my ~* jag skall göra allt som står i min makt **2** makt [*of, over* över] äv. konkr.; *the Great Powers* stormakterna; *naval ~* sjömakt; *~ politics* maktpolitik; *the ~s of darkness* (*light*) mörkrets (ljusets) makter; *the ~ of life and death* makt[en] över liv och död; *he is a ~* [*in politics*] han är en maktfaktor . .; *the ~s that be, those in ~* de som har makten, makthavarna; *be in ~* vara (sitta) vid makten, ha makten; *be in a p.'s ~* vara i ngns våld; *come* (*get*) *into ~* komma till makten **3** [makt]befogenhet; *~* [*of attorney*] bemyndigande, fullmakt **4** kraft [*the ~ of a blow*], styrka [*the ~ of a lens*], fys., tekn. äv. effekt [*100-watt ~*]; kapacitet; *~ failure* strömavbrott; *~* [*lawn-*]*mower* motorgräsklippare; *~ of attraction* dragningskraft; *more ~ to your elbow!* lycka till!, friska tag! **5** [guda]makt; *merciful ~s!* milda makter! **6** mat. dignitet, potens; *3 raised to the second ~* 3 upphöjt till 2; 3 i kvadrat **II** *tr* driva; *~ed* motordriven, motor- [*a ~ed lawn-mower*]; *a new aircraft ~ed by* [*Rolls-Royce engines*] ett nytt flygplan [utrustat] med . .

power-assisted ['paʊərə'sɪstɪd] *a* servo- [*~ brakes*]

power-brake ['paʊəbreɪk] *s* servobroms

power-cut ['paʊəkʌt] *s* elektr. strömavstängning; strömavbrott

power-drill ['paʊədrɪl] *s* elektrisk borr[maskin]; motorborr

power-driven ['paʊəˌdrɪvn] *a* maskin-, motor|driven; eldriven

powerful ['paʊəfʊl] *a* mäktig [*a ~ nation*]; kraftig [*a ~ blow*], stark [*a ~ engine*]

power-house ['paʊəhaʊs] *s* **1** kraft|station, -verk **2** maskinhus vid bro

powerless ['paʊələs] *a* maktlös, kraftlös

power-mains ['paʊəmeɪnz] *s pl* elnät

power-operated ['paʊər'ɒpəreɪtɪd] *a* maskin-, motor|driven; eldriven

power-pack ['paʊəpæk] *s* nätdel, nätanslutningsaggregat

power-plant ['paʊəplɑ:nt] *s* elverk, kraft|anläggning, -station, -verk

power-seeking ['paʊəˌsi:kɪŋ] *a* maktlysten

power-shovel ['paʊəˌʃʌvl] *s* grävmaskin

power-station ['paʊəˌsteɪʃən] *s* elverk; kraft|anläggning, -station, -verk

power-steered ['paʊəstɪəd] *a* servostyrd

pow-wow ['paʊwaʊ] **I** *s* **1** rådslag mellan eller med indianer **2** fam. möte; samtal **II** *itr* rådslå; fam. pratas vid

Powys [grevskap i Wales vanl. 'paʊɪs]

pox [pɒks] *s,* [*the*] ~ fam. syffe syfilis

p & p förk. för *post and package* frakt och emballage

pp. förk. för *pages*

p.p. förk. för *past participle, per procuration*

P.P.S. förk. för *post postscriptum* P.P.S., post postskriptum

P.R. förk. för *public relations*

practicability [ˌpræktɪkə'bɪlətɪ] *s* **1** görlighet, möjlighet, utförbarhet; användbarhet **2** farbarhet, framkomlighet

practicable ['præktɪkəbl] *a* **1** görlig, [praktiskt] genomförbar; användbar [*~ methods*] **2** farbar, framkomlig

practical ['præktɪkəl] *a* **1** praktisk, ändamålsenlig; *~ joke* se *joke* **2** [praktiskt] användbar (genomförbar) [*a ~ scheme*]

practicality [ˌpræktɪ'kælətɪ] *s* praktiskhet; praktisk möjlighet; pl.: *-ies* praktiska saker (frågor)

practically ['præktɪkəlɪ] *adv* **1** praktiskt, på ett praktiskt sätt, i praktiken **2** praktiskt taget, så gott som

practice ['præktɪs] **I** *s* **1** praktik [*theory and ~*]; *in ~* i praktiken; *put a th. in*[*to*] *~* tillämpa ngt i praktiken, sätta ngt i verket **2** praxis; bruk; sed[vänja], [sed]vana, kutym; *religious ~s* religiösa bruk; *it is the ~ to . .* det är praxis att . .; *as is my usual ~* som jag har för vana; *make a ~ of coming early* ta för vana (göra det till en vana) att komma tidigt; *contrary to the usual ~* mot vanligheten **3** övning[ar], träning; *~ makes perfect* övning ger färdighet; *I am out of ~* jag saknar övning, jag är otränad **4** läkares o. advokats praktik **5** utövande [*the ~ of a profession*] **6** ofta pl. *~s* [tvivelaktiga] metoder; knep, tricks; *sharp ~[s]* se *sharp* **II** *tr* o. *itr* Am. = *practise*

practise ['præktɪs] **I** *tr* **1** öva sig i, öva [*~ music; ~ scales on the piano*] **2** praktisera, tillämpa [i praktiken], använda [*~ a method*]; *~ what one preaches* leva som man lär **3** utöva [*~ a profession*]; idka; *~ strict economy* iaktta den största sparsamhet; *~ medicine* ([*the*] *law*) praktisera som läkare (jurist) **II** *itr* **1** öva sig [*in* i]; öva, träna [*~ two hours every day*] **2** om läkare o. advokat praktisera, utöva praktik

practised ['præktɪst] *a* **1** om pers. [durk]driven, skicklig; erfaren, rutinerad **2** inövad

practising ['præktɪsɪŋ] *a* praktiserande; ortodox [*a ~ Jew*]

practitioner [præk'tɪʃənə] *s* praktiker; praktiserande läkare; jfr *general I 1, medical*

pragmatic [præg'mætɪk] *a* pragmatisk

pragmatist ['prægmətɪst] *s* pragmatiker

prairie ['preərɪ] *s* prärie

praise [preɪz] **I** *tr* berömma, prisa, lovorda; *~ to the skies* höja till skyarna **II** *s* beröm, pris, lovord; *sing the ~[s] of a p., sing a p.'s ~s* sjunga ngns lov, lovsjunga ngn; *in ~ of a p.* till ngns beröm (lov)

praiseworthy ['preɪzˌwɜːðɪ] *a* lovvärd, berömvärd

praline ['prɑːliːn] *s* bränd mandel konfekt

pram [præm] *s* (förk. för *perambulator*) barnvagn

prance [prɑːns] **I** *itr* **1** om häst dansa på bakbenen **2** om pers. kråma sig **II** *s* **1** hästs dansande på bakbenen **2** kråmande rörelse

prank [præŋk] *s* spratt, upptåg, tilltag, skoj; *childish* (*boyish*) *~s* pojkstreck; *play a ~* (*~s*) *on a p.* spela ngn ett spratt, skoja med ngn

prankster ['præŋkstə] *s* upptågsmakare

prate [preɪt] **I** *itr* prata, snacka, pladdra, svamla [*about* om] **II** *s* pladder, svammel

prattle ['prætl] **I** *itr* pladdra **II** *s* pladder

prattler ['prætlə] *s* pratmakare, pladdrare

prawn [prɔːn] **I** *s* räka **II** *itr* fiska räkor

pray [preɪ] **I** *tr* be, bönfalla **II** *itr* **1** be[dja]; *he is past ~ing for* se *past III* **2** *~* [*don't speak so loud!*] var vänlig [och] . .; *~ don't mention it!* å, för all del!

prayer [preə] *s* bön; *morning* (*evening*) *~[s]* morgon|bön, -andakt (aftonbön, kvällsandakt); *read* (*say*) *o.'s ~s, be at ~s* läsa sina böner, be[dja]; *the Book of Common P~* namn på engelska kyrkans bön- och ritualbok

prayer-book ['preəbʊk] *s* bönbok

prayer-mat ['preəmæt] *s* se *prayer-rug*

prayer-rug ['preərʌg] *s* muslimsk bönematta

pre- [priː ofta med huvudtryck, se f. ö. sms. nedan] *pref* för- [*pre-Victorian*], pre- [*pre-existence*], förut-, före-; före, i förväg

preach [priːtʃ] **I** *itr* predika, hålla predikan [*to* för; *on* över, om] **II** *tr* predika, förkunna [*~ the Gospel*]; *~ a sermon* hålla en predikan, predika

preacher ['priːtʃə] *s* predikant, predikare

preamble [priː'æmbl] *s* inledning, företal

preamplifier ['priː'æmplɪfaɪə] *s* elektr. förförstärkare

prearrange ['priːə'reɪndʒ] *tr* ordna (avtala) på förhand; *at a ~d signal* på en [på förhand] given signal

precarious [prɪ'keərɪəs] *a* **1** osäker [*a ~ foothold*], oviss; prekär **2** riskabel

precaution [prɪ'kɔːʃən] *s* **1** försiktighet, varsamhet; *by way of ~* för säkerhets skull **2** försiktighetsåtgärd; *take ~s* vidta försiktighetsåtgärder; [*take an umbrella*] *as a ~* . . för säkerhets skull

precautionary [prɪ'kɔːʃnərɪ] *a* försiktighets-, säkerhets- [*~ measures* (åtgärder)]

precede [prɪ'siːd] *tr* **1** föregå; gå före (framför) [*such duties ~ all others*], komma före, stå över [*dukes ~ earls*] **2** låta föregås; inleda [*with, by* med]

precedence [prɪ'siːdəns, 'presɪd-] *s* företräde; företrädesrätt; *have* (*take*) *~ of* (*over*) gå (komma) före, ha företräde framför; [*order of*] *~* rangordning

precedent ['presɪdənt, 'priːs-] *s* precedensfall, tidigare [likartat] fall; isht jur. prejudikat [*for* på]; *it is without ~* det saknar motstycke; *establish* (*create*) *a ~* skapa ett prejudikat; bli prejudicerande

preceding [prɪ'siːdɪŋ] *a* föregående; *in the ~ chapter* i förra kapitlet

precept ['priːsept] *s* föreskrift, regel; rättesnöre; bud

precinct ['priːsɪŋkt] *s* **1** [inhägnat] område [*the ~ of the cathedral*]; *pedestrian ~* område med gågator, gågata; *shopping ~* butiksområde, affärskvarter **2** Am. a) valdistrikt b) [*police*] *~* polisdistrikt **3** vanl. pl.: *~s* a) omgivningar [*the ~s of the town*] b) gräns[er]

precious ['preʃəs] **I** *a* **1** a) dyrbar, kostbar, värdefull; *~ metals* ädelmetaller; *~ stone* ädelsten b) kär [*~ memories*]; **2** pretiös, affekterad **3** fam., iron. snygg [*they are a ~ pair!*], skön [*a ~ mess*] **II** *s, my ~* min älskling **III** *adv* fam. väldigt [*take ~ good care of it*], förbaskat [*~ little you care!*]

precipice ['presɪpɪs] *s* brant, stup, bråddjup; *be on the brink* (*edge*) *of the ~* stå vid avgrundens rand

precipitate [ss. adj. prɪ'sɪpɪtət, ss. vb -eɪt] **I** *a* **1** brådstörtad [*a ~ flight*], plötslig; brådskande **2** överilad, förhastad [*a ~ marriage*]; besinningslös **II** *tr* **1** a) störta ner [*~*

a th. into an abyss] b) bildl. störta [~ *the country into war*] **2** påskynda [*events that ~d his ruin*], plötsligt framkalla [~ *a crisis*]

precipitation [prɪˌsɪpɪ'teɪʃən] *s* **1** nedstörtande, fall **2** rusande, brådska **3** överilning **4** påskyndande

precipitous [prɪ'sɪpɪtəs] *a* tvärbrant, stupande, bråddjup

précis ['preɪsi:] (fr.) **I** (pl. *précis* [-z]) *s* sammandrag, resumé, sammanfattning; ~ [*writing*] skol. (ung.) referat[övning] **II** *tr* sammanfatta, resumera

precise [prɪ'saɪs] *a* **1** exakt [*the ~ meaning of a word*], precis; noggrann, fin [~ *measurements*] **2** överdrivet noggrann

precisely [prɪ'saɪslɪ] *adv* exakt, precis [*at 2 o'clock* ~]; noggrant; just, alldeles; egentligen [*what ~ does that mean?*]; ~! just det!, precis så!, alldeles riktigt!

precision [prɪ'sɪʒən] *s* precision, noggrannhet; attr. precisions- [~ *bombing*]

preclude [prɪ'klu:d] *tr* förebygga [~ *misunderstanding*], utesluta [~ *a possibility*]

preclusion [prɪ'klu:ʒən] *s* förebyggande, uteslutande, undanröjande

precocious [prɪ'kəʊʃəs] *a* brådmogen [*a ~ child*], lillgammal, försigkommen

precocity [prɪ'kɒsətɪ] *s* brådmogenhet

preconceive ['pri:kən'si:v] *tr* bilda sig en uppfattning om (föreställa sig) på förhand; *~d opinions* (*ideas*) förutfattade meningar

preconception ['pri:kən'sepʃən] *s* på förhand intagen uppfattning, förutfattad mening

precondition ['pri:kən'dɪʃən] *s* förhandsvillkor

pre-cook ['pri:'kʊk] *tr* 'förkoka; laga [till] i förväg; *~ed* äv. färdiglagad

precursor [prɪ'kɜ:sə] *s* förelöpare, föregångare [*of* till]; förebud

precursory [prɪ'kɜ:sərɪ] *a* förebådande; inledande [~ *remarks*]

predate ['pri:'deɪt] *tr* fördatera, antedatera

predatory ['predətərɪ] *a* **1** plundrings-, plundrande; rövar- [~ *bands*] **2** rov- [~ *animals*] **3** rovgirig

pre-decease ['pri:dɪ'si:s] jur. **I** *tr* dö före [~ *o.'s wife*] **II** *s* död före en annans, tidigare bortgång

predecessor ['pri:dɪsesə, ˌpri:dɪ's-] *s* företrädare, föregångare

predestinate [ss. vb prɪ'destɪneɪt, ss. adj. -ət] **I** *tr* predestinera, förutbestämma **II** *a* förutbestämd, predestinerad

predestination [prɪˌdestɪ'neɪʃən] *s* predestination, förutbestämmelse; öde

predestine [prɪ'destɪn] *tr* predestinera, förutbestämma

predetermination ['pri:dɪˌtɜ:mɪ'neɪʃən] *s* bestämmande i förväg; förutbestämmande

predetermine ['pri:dɪ'tɜ:mɪn] *tr* bestämma i förväg; förutbestämma; ~ *a p. to* [*do*] *a th.* i förväg förmå ngn till [att göra] ngt

predicament [prɪ'dɪkəmənt] *s* obehaglig (besvärlig) situation; läge, tillstånd

predicate [ss. subst. 'predɪkət, ss. vb -eɪt] **I** *s* predikat, satsens predikatsdel **II** *tr* påstå, [ut]säga; förkunna, proklamera

predicative [prɪ'dɪkətɪv] *a* predikativ, predikats-

predict [prɪ'dɪkt] **I** *tr* förutsäga, [förut]spå; profetera [*a th.* om ngt] **II** *itr* spå

predictable [prɪ'dɪktəbl] *a* förutsägbar

prediction [prɪ'dɪkʃən] *s* förutsägelse, spådom, profetia [*of* om]

predilection [ˌpri:dɪ'lekʃən] *s* förkärlek

predispose ['pri:dɪs'pəʊz] *tr* göra mottaglig (benägen), predisponera [*to* för]; *be ~d to* vara mottaglig (benägen) för

predisposition ['pri:ˌdɪspə'zɪʃən] *s* mottaglighet, benägenhet, anlag [*to* för]

predominance [prɪ'dɒmɪnəns] *s* [över]makt, övervikt

predominant [prɪ'dɒmɪnənt] *a* dominerande, övervägande, [för]härskande

predominate [prɪ'dɒmɪneɪt] *itr* dominera, ha överhanden; vara förhärskande

pre-eminence [prɪ'emɪnəns] *s* överlägsenhet; företräde [*to* framför]

pre-eminent [prɪ'emɪnənt] *a* utomordentligt framstående; överlägsen

pre-eminently [prɪ'emɪnəntlɪ] *adv* i allra högsta grad

pre-empt [prɪ'em*p*t] *tr* **1** a) förvärva genom förköpsrätt b) hävda sin förköpsrätt till **2** i förväg lägga beslag på

pre-emptive [prɪ'em*p*tɪv] *a* **1** förköps-; ~ *right* a) förköpsrätt b) hand. teckningsrätt **2** kortsp., ~ *bid* spärrbud, stoppbud **3** förebyggande; föregripande [*a ~ air strike* (flygräd)]

preen [pri:n] *tr* **1** om fågel putsa [~ *its feathers*] **2** om pers., ~ *o.s.* a) snygga till sig b) kråma sig; berömma sig [*on* av]

prefab ['pri:fæb] *s* o. *a* fam., ~ [*house*] se *prefabricated house* under följ.

prefabricate ['pri:'fæbrɪkeɪt] *tr* fabrikstillverka delarna till; *~d house* monteringshus, elementhus

preface ['prefəs] **I** *s* förord, inledning **II** *tr* **1** inleda **2** föregå, leda till

prefatory ['prefətərɪ] *a* inledande; ~ *note* kort förord

prefect ['pri:fekt] *s* i vissa brittiska skolor (ung.) ordningsman

prefer [prɪ'fɜ:] *tr* **1** föredra [*to* framför]; helst vilja göra (ha); *. . is to be ~red* . . är att föredra; *~red share* (*stock* isht Am.) preferens|aktie (-aktier) **2** a) lägga fram [~ *a bill*], framställa [~ *a claim*] b) jur., ~ *a*

charge against a p. se *charge III 1*
preferable ['prefərəbl] *a* som är att föredra [*to* framför]; . . *is* ~ . . är att föredra
preferably ['prefərəblɪ] *adv* företrädesvis, helst [~ *today*]
preference ['prefərəns] *s* **1** a) förkärlek [*have a* ~ *for French novels*] b) företräde [*over* framför]; *give the* ~ [*to*] ge företräde [åt]; *for* (*by*) ~ helst; *in* ~ *to* framför [*in* ~ *to all others*] **2** preferens; *what are your* ~*s?* vad föredrar du? **3** isht ekon. **a**) preferens, förmånsrätt **b**) ~ [*share*] preferensaktie; ~ *stock* preferensaktier
preferential [ˌprefə'renʃəl] *a* företrädes-, förmåns- [~ *right*], förmånsberättigad; ~ *claim* prioriterad fordran; ~ *treatment* preferensbehandling
preferment [prɪ'fɜːmənt] *s* **1** befordran **2** högre (inbringande) tjänst isht kyrkl.
prefix ['priːfɪks] **I** *s* **1** gram. förstavelse, prefix **2** [framförställd] titel [ss. *Mr.*, *Dr.* m. fl.] **II** *tr* **1** ~ *a th. to a th.* lägga till ngt i början av ngt **2** gram. sätta som prefix
pregnancy ['pregnənsɪ] *s* **1** a) havandeskap b) om djur dräktighet **2** a) om stil, ord pregnans b) om händelse betydelse
pregnant ['pregnənt] *a* **1** a) havande b) om djur dräktig **2** ~ *with* rik på, fylld av; ~ *with meaning* innehålls|diger, -rik **3** a) om stil, ord pregnant, innehållsdiger b) om handling, händelse betydelsefull; ödesdiger; *a* ~ *silence* en laddad (talande) tystnad
preheater ['priː'hiːtə] *s* motor. förvärmare
prehensile [prɪ'hensaɪl, Am. -sl] *a* grip- [~ *claws*, ~ *tail*], med gripförmåga
prehistoric[**al**] ['priːhɪs'tɒrɪk, -əl] *a* förhistorisk, urtids- [~ *animals*]; fam. urgammal; ~ *times* förhistorisk tid, forn-, ur|tid[en]
prejudice ['predʒʊdɪs] **I** *s* **1** a) fördom[ar]; avoghet, motvilja [*his* ~ *against foreigners*]; fördomsfullhet b) förutfattad mening **2** förfång; *to the* ~ *of*, *in* ~ *of* till men för **II** *tr* **1** inge ngn fördomar, göra ngn partisk; påverka [~ *a jury member*]; ~ *a p. against* göra ngn avogt inställd mot **2** inverka menligt på; ~ *a p.'s case* skada ngns sak
prejudiced ['predʒʊdɪst] *a* fördomsfull, partisk; *be* ~ äv. ha en förutfattad mening
prejudicial [ˌpredʒʊ'dɪʃəl] *a* skadlig, menlig, till skada [*to* för]
prelate ['prelət] *s* prelat
preliminar|y [prɪ'lɪmɪnərɪ] **I** *a* preliminär, förhands-; förberedande [~ *negotiations*]; inledande [~ *remarks*]; ~ *exercise* förövning; ~ *heat* försöksheat; ~ *investigation* förundersökning **II** *s* **1** förberedande åtgärd; pl.: *-ies* äv. förberedelser; *peace -ies* inledande fredsförhandlingar **2** se *preliminary heat* ovan
prelude ['preljuːd] **I** *s* förspel, upptakt, inledning, preludium äv. mus. [*to*, *of* till] **II** *tr* utgöra förspelet till
premarital [prɪ'mærɪtl] *a* föräktenskaplig
premature [ˌpremə'tjʊə, ˌpriːm-] *a* **1** förtidig, för tidig [~ *death*], som inträffar för tidigt **2** förhastad [*a* ~ *conclusion*]
prematurely [ˌpremə'tjʊəlɪ, ˌpriːm-] *adv* **1** för tidigt, i förtid; i otid **2** förhastat
premeditate [prɪ'medɪteɪt] *tr* på förhand tänka ut (beräkna)
premeditated [prɪ'medɪteɪtɪd] *a* överlagd [~ *murder*], avsiktlig, uppsåtlig
premeditation [prɪˌmedɪ'teɪʃən] *s* uppsåt, berått mod [*with* ~]
premier ['premjə] **I** *a* första [~ *place*]; främsta, förnämst **II** *s* premiärminister
première ['premɪeə] *s* (fr.) premiär
premiership ['premjəʃɪp] *s* premiärministerpost
premise ['premɪs] *s* **1** antagande; premiss, log. äv. försats **2** pl.: ~*s* fastighet[er]; lokal[er]; *business* ~*s* affärslokal[er]; *on the* ~*s* inom fastigheten (lokalen)
premiss ['premɪs] *s* log. premiss, försats
premium ['priːmjəm] *s* **1** [försäkrings]premie **2** premie, belöning; premium; ~ [*savings*] *bonds* premieobligationer; *put* (*set*) *a* ~ *on* [*dishonesty*] premiera . . **3** extra belopp utöver ordinarie pris; extra [löne]påslag **4** hand. överkurs; *at a* ~ till överkurs, över pari; *be at a* ~ eg. o. bildl. stå högt i kurs
premonition [ˌpriːmə'nɪʃən] *s* **1** förvarning; varsel **2** föraning
premonitory [prɪ'mɒnɪtərɪ] *a* som utgör en förvarning, varnande
pre-natal ['priː'neɪtl] *a* före födelsen; ~ *clinic* mödravårdscentral
preoccupation [prɪˌɒkjʊ'peɪʃən] *s* **1** tankfullhet, självupptagenhet **2** främsta intresse, huvudsaklig sysselsättning
preoccupied [prɪ'ɒkjʊpaɪd] *a* **1** helt upptagen av sina tankar; förströdd **2** helt upptagen [*with* av], djupt försjunken [*with* i]
preoccupy [prɪ'ɒkjʊpaɪ] *tr* helt sysselsätta (uppta) [~ *a p.'s mind* (ngns tankar)]
preordain ['priːɔː'deɪn] *tr* förut (på förhand) bestämma
prep [prep] *s* skol. fam. **1** (förk. för *preparation*) läxläsning, [läx]plugg **2** förk. för *prep*[*aratory*] *school*, se *preparatory I*
prep. förk. för *preposition*
prepacked ['priː'pækt] *a* färdigförpackad, förpaketerad [~ *goods*]
prepaid ['priː'peɪd] *a* se *prepay*
preparation [ˌprepə'reɪʃən] *s* **1** a) förberedelse [*make* ~*s*]; iordningställande, färdigställande b) tillagning, tillredning [~ *of food*] c) framställning [*the* ~ *of a vaccine*] d) utarbetande [*the* ~ *of a map*]; *in* ~

under förberedelse (utarbetande) **2** läxläsning[sstund] **3** preparat

preparatory [prɪ'pærətərɪ] **I** *a* **1** förberedande; för- [*~ work*]; *~ school* a) [privat] förberedande skola för inträde i 'public schools' b) i USA högre internatskola för inträde i college **2** *~ to* som en förberedelse för, inför **II** *s* se *preparatory school* under *I 1*

prepare [prɪ'peə] **I** *tr* (jfr *prepared*) **1 a**) förbereda; preparera, göra i ordning, färdigställa; *~ o.s. for* göra sig beredd på; *~ the ground* (*way*) *for* bildl. bereda marken (vägen) för **b**) tillreda, laga [till] [*~ food*] **2** läsa [över (på)], preparera [*~ o.'s homework*] **3** tekn. preparera **II** *itr* förbereda sig, göra sig i ordning [*~ for a journey*]; göra sig beredd, bereda sig [*~ for* (på) *the worst*]; *~ for an exam* läsa på en examen

prepared [prɪ'peəd] *a* **1** förberedd m. m., jfr *prepare* **2** beredd, inställd [*for* på; *to do a th.* på att göra ngt]; i ordning, färdig; redo [*be ~!*]; villig [*I'm not ~ to . .*]

preparedness [prɪ'peədnəs, -'peərɪdnəs] *s* mil., [*military*] *~* beredskap

prepay ['pri:'peɪ] *tr* betala i förväg (förskott); *reply prepaid* telegr. svar betalt

preponderance [prɪ'pɒndərəns] *s* övervikt, överlägsenhet, övermakt; överskott [*of* på]; [övervägande] flertal

preponderant [prɪ'pɒndərənt] *a* övervägande, förhärskande

preponderate [prɪ'pɒndəreɪt] *itr* väga mer [*over* än]; ha övervikt[en]; vara (bli) förhärskande; dominera

preposition [ˌprepə'zɪʃən] *s* preposition

prepositional [ˌprepə'zɪʃənl] *a* prepositions-

prepossess [ˌpri:pə'zes] *tr, ~ a p. for* (*in favour of, towards*) göra ngn välvilligt inställd mot; *be ~ed by* få ett gott intryck av

prepossessing [ˌpri:pə'zesɪŋ] *a* intagande, vinnande, sympatisk

preposterous [prɪ'pɒstərəs] *a* orimlig [*a ~ claim*], befängd [*a ~ idea*]

prepuce ['pri:pju:s] *s* anat. förhud

pre-record ['pri:rɪ'kɔ:d] *tr* spela in (banda) i förväg

prerequisite ['pri:'rekwɪzɪt] **I** *s* [nödvändig] förutsättning [*of* för] **II** *a* nödvändig

prerogative [prɪ'rɒgətɪv] *s* prerogativ [*royal ~*], privilegium, företrädesrätt

presage ['presɪdʒ] **I** *s* **1** förebud, varsel, järtecken **2** förkänsla, föraning [*of* om] **II** *tr* **1** förebåda, varsla om **2** spå, förutsäga

Presbyterian [ˌprezbɪ'tɪərɪən] **I** *a* presbyteriansk; episkopal **II** *s* presbyterian

presbytery ['prezbɪtərɪ] *s* **1** presbyterium, högkor i större kyrka **2** rom. kat. prästgård

prescience ['presɪəns] *s* förutseende

prescient ['presɪənt] *a* förutseende

prescribe [prɪs'kraɪb] **I** *tr* **1** föreskriva, fastställa **2** läk. ordinera **II** *itr* **1** ge föreskrifter **2** läk. ordinera medicin

prescription [prɪs'krɪpʃən] *s* **1** åläggande **2** läk. recept [*make up* (expediera) *a ~*]; ordination; medicin [*take this ~ three times a day*]

prescriptive [prɪs'krɪptɪv] *a* med föreskrifter; normativ [*a ~ grammar*]

presence ['prezns] *s* **1** närvaro; närhet; *~ of mind* sinnesnärvaro; *your ~ is requested* ni anmodas närvara; *in the ~ of a p.* i ngns närvaro, inför ngn **2** imponerande gestalt (person) **3** hållning, yttre; *he has a good ~* han har verklig pondus

1 present ['preznt] **I** *a* **1** närvarande [*at* vid; *in* i, på]; *those* (*the people*) *~* de närvarande **2** nuvarande, innevarande [*the ~ month*], [nu] pågående, aktuell [*the ~ boom*], nu levande [*the ~ generation*], nu gällande [*the ~ system*]; *the ~ day* (*age*) nutiden, vår tid **3** föreliggande; *in the ~ case* i föreliggande fall, i det aktuella fallet **4** gram. presens-; *the ~ tense* presens **II** *s* **1** *the ~* närvarande tid; nuet; *at ~* för närvarande; *for the ~* för närvarande, tills vidare, så länge [*that will do for the ~*]; *there is no time like the ~* det är lika bra att göra det med en gång **2** gram., *the ~* presens; *~ continuous* progressiv presensform

2 present [ss. subst. 'preznt, ss. vb prɪ'zent] (mil. se *3 present*) **I** *s* present, gåva, skänk; *make a p. a ~ of a th., make a ~ of a th. to a p.* ge ngn ngt i present; *he gave it to me as a ~* jag har fått den i present av honom **II** *tr* **1** föreställa, introducera, presentera isht formellt [*to* för; *be ~ed at Court*] **2** förete, uppvisa [*the case ~s interesting features*] **3 a**) lägga fram [*~ a bill* (lagförslag)]; presentera, lämna in, överlämna, lämna fram [*~ a petition*]; framföra [*~ reasons*]; framställa [*as* som] **b**) jur. (inför rätta) inge, anföra [*~ a complaint* (klagomål) *against a p.*] **c**) hand. o. d. presentera [*~ a cheque*]; komma med [*the grocer ~ed his bill*] **4 a**) överlämna [*to* åt, till], räcka fram [*to* till] **b**) skänka, donera; *the money ~ed* de donerade medlen; *~ a p. with a th., ~ a th. to a p.* ge ngn ngt i present, överlämna ngt till (åt) ngn **5** teat. o. d. uppföra, framföra [*~ a new play*] **III** *refl* **1** om pers. a) presentera sig b) infinna (inställa) sig **2** om sak erbjuda sig [*a good opportunity ~ed itself*]

3 present [prɪ'zent] mil. **I** *s* skyldring [med gevär] **II** *tr, ~ arms* skyldra gevär

presentable [prɪ'zentəbl] *a* **1** som kan läggas fram etc., möjlig att lägga fram etc., jfr *2 present II 3* **2** presentabel

presentation [ˌprezən'teɪʃən] *s* **1** presentation av ngn [*to* för] **2** framläggande etc., jfr *2 present II 3*; framställning; utformning; presentation, företeende, uppvisande [~ *of a bill of exchange*] **3** a) överlämnande etc., jfr *2 present II 4* b) gåva; ~ *copy* gratis-, fri|exemplar **4** inställelse [~ *for an examination*] **5** teat. uppförande, framförande [*the ~ of a new play*]

present-day ['prezntdeɪ] *a* nutidens, nutids-

presentiment [prɪ'zentɪmənt] *s* förkänsla, föraning

presently ['prezntlɪ] *adv* **1** snart, inom kort; kort därefter **2** för närvarande, nu

preservation [ˌprezə'veɪʃən] *s* **1** bevarande, skydd[ande] **2** bevarande, bibehållande; *in a good state of* (*in good*) ~ i gott stånd, i välbevarat skick **3** konservering **4** vård, fridlysning; ~ *of game* viltvård

preservative [prɪ'zɜːvətɪv] **I** *a* bevarande, skyddande; konserverande **II** *s* **1** konserveringsmedel **2** preservativ, skyddsmedel

preserve [prɪ'zɜːv] **I** *tr* **1** bevara [*from* för], skydda [*from* för, från] **2** konservera [~ *fruit*], lägga in, sylta [in] **II** *s* **1** ofta pl. ~*s* sylt; marmelad; konserverad frukt **2** a) [*nature*] ~ [natur]reservat, nationalpark b) [*game*] ~ viltreservat, jaktmarker **3** bildl. privilegium; reservat

preset ['priː'set] **I** (*preset preset*) *tr* ställa in på förhand **II** *a* förinställd

pre-shrunk ['priː'ʃrʌŋk] *a* krympfri

preside [prɪ'zaɪd] *itr* presidera, sitta (fungera) som ordförande [*at, over* vid]

presidency ['prezɪdənsɪ] *s* **1** a) president|skap, -ämbete, -period b) ordförande|skap, -post, tid som ordförande **2** Am. befattning som verkställande direktör

president ['prezɪdənt] *s* **1** a) president b) ordförande **2** Am. verkställande direktör

presidential [ˌprezɪ'denʃəl] *a* president- [~ *election*]; ordförande-

presidium [prɪ'sɪdɪəm] *s* presidium

1 press [pres] **I** *s* **1** a) tryckning [*the ~ of* (på) *a button*] b) press, tryck c) trängsel **2** a) press [*a hydraulic ~; a racket ~*] b) pressande, pressning äv. av kläder; *a fabric that keeps its ~* ett tyg som håller pressen bra **3** [tryck]press; *correct the ~* läsa korrektur; *freedom* (*liberty*) *of the ~* tryckfrihet; *go to ~* gå i press **4** a) tryckeri[företag] b) förlag **5** [tidnings]press; *The P~ Association* namn på de brittiska tidningarnas telegrambyrå **II** *tr* **1** pressa [~ *grapes*; ~ *o.'s trousers*]; trycka [~ *a p.'s hand*]; tränga [*the policemen ~ed the crowd back*]; krama, klämma; ~ [*down*] *the accelerator* trycka ner gaspedalen; ~ *the button* trycka på knappen **2** truga; pressa, försöka tvinga [~ *a p. to do a th.*]; söka övertala **3** a) ansätta [*be hard ~ed*], pressa [~ *o.'s opponent*]; *he ~ed me for the money* [*I owed him*] han krävde mig på de pengar.. b) *be ~ed for* ha ont om [*be ~ed for money* (*time*)] **4** driva på, forcera; *I did not ~ the point* jag framhärdade inte **III** *itr* **1** pressa, trycka [[*up*]*on* på]; ~ [*down*] *heavily on* vila tungt på **2** ~ *for* energiskt kräva, yrka på [~ *for higher wages*] **3** trängas [*crowds ~ing round the visitors*] **4** ~ *on* (*forward*) pressa på, pressa (tränga) sig fram, skynda framåt (på); ~ *on with* [*a new scheme*] energiskt fortsätta med..

2 press [pres] *tr* **1** hist. pressa, tvångsvärva **2** ~ *into service* beslagta, ta i bruk

press-agency ['presˌeɪdʒənsɪ] *s* pressbyrå

press-baron ['presˌbærən] *s* tidningskung, tidningsmagnat

press-box ['presbɒks] *s* pressbås

press-button ['presˌbʌtn] *a*, ~ *war* tryck-på-knappen-krig

press-clipping ['presˌklɪpɪŋ] *s* o. **press-cutting** ['presˌkʌtɪŋ] *s* [tidnings]urklipp, pressklipp

press-gallery ['presˌgælərɪ] *s* pressläktare

pressing ['presɪŋ] **I** *s* pressning från grammofonskivematris, skiva **II** *a* **1** tryckande **2** brådskande [~ *business*]; trängande [~ *need*], tvingande [*a ~ necessity*]

press-lord ['preslɔːd] *s* tidningskung, tidningsmagnat

press-photographer ['presfəˌtɒgrəfə] *s* pressfotograf

press-stud ['presstʌd] *s* tryckknapp

press-up ['presʌp] *s* gymn. liggande armhävning

pressure ['preʃə] **I** *s* **1** tryck äv. bildl., tryckning [~ *of the hand*], tryckande; press [*he works under ~*], pressning; ~ *of work* arbetspress; *high ~* högtryck **2** påtryckning[ar]; ~ *group* påtryckningsgrupp; *put ~* (*bring ~ to bear*) [*up*]*on a p.* utöva påtryckningar (tryck, press) på ngn **3** betryck, trångmål; *be under financial ~* vara i ekonomiska svårigheter **4** jäkt[ande], press **II** *tr* utöva påtryckningar på, pressa

pressure-cooker ['preʃəˌkʊkə] *s* tryckkokare

pressure-gauge ['preʃəgeɪdʒ] *s* manometer, tryckmätare

pressurize ['preʃəraɪz] *tr* vidmakthålla normalt lufttryck i; ~*d cabin* tryckkabin

prestige [pres'tiːʒ] *s* prestige; anseende

prestigious [pres'tɪdʒəs] *a* ansedd, prestigebetonad, som har prestige

presto ['prestəʊ] **I** *adv* **1** mus. presto **2** snabbt; *hey ~!* hokuspokus! **II** *s* mus. presto

presumably [prɪ'zjuːməblɪ] *adv* förmodligen, troligen, antagligen

presume [prɪ'zjuːm] *tr* o. *itr* **1** anta, förmoda; förutsätta **2** a) tillåta sig, drista sig b) ta

sig friheter **3** ~ [*up*]*on* dra för stora växlar på, missbruka
presumption [prɪ'zʌmpʃən] *s* **1** a) antagande, förmodan; förutsättning b) sannolikhet **2** övermod, arrogans
presumptive [prɪ'zʌmptɪv] *a* presumtiv; sannolik, antaglig; ~ *heir* el. *heir* ~ presumtiv arvinge
presumptuous [prɪ'zʌmptjʊəs] *a* förmäten; självsäker, övermodig, arrogant
presuppose [ˌpri:sə'pəuz] *tr* förutsätta
presupposition [ˌpri:sʌpə'zɪʃən] *s* förutsättning
pretence [prɪ'tens] *s* **1** förevändning, svepskäl; [falskt] sken [*a* ~ *of friendship*]; *he made a* ~ *of being* [*dissatisfied*] han låtsades vara..; *by* (*on, under*) *false* ~*s* genom (under) falska förespeglingar; *on the slightest* ~ vid minsta förevändning **2** anspråk [*to* (*at*) på]; *I make no* ~ *to being* [*infallible*] jag gör inga anspråk på att vara.. **3** pretentioner; tomt prål
pretend [prɪ'tend] **I** *tr* **1** låtsas; simulera **2** göra anspråk på [*he did not* ~ *to know much about it*], göra gällande **II** *itr*, ~ *to* göra anspråk på [~ *to the throne*], pretendera på
pretender [prɪ'tendə] *s* **1** pretendent; tronpretendent **2** hycklare, simulant **3** person som gör anspråk [*to* på [att äga]]
pretense [prɪ'tens] *s* Am. = *pretence*
pretension [prɪ'tenʃən] *s* anspråk [*to* på]; krav, yrkande; pretention
pretentious [prɪ'tenʃəs] *a* pretentiös
preterite ['pretərət] *a* o. *s*, *the* ~ [*tense*] preteritum, imperfekt[um]
preternatural [ˌpri:tə'nætʃrəl] *a* onaturlig; övernaturlig
pretext ['pri:tekst] *s* förevändning, svepskäl, ursäkt [*for* för]
Pretoria [prɪ'tɔ:rɪə]
prettify ['prɪtɪfaɪ] *tr* piffa (snygga) upp
pretty ['prɪtɪ] **I** *a* **1** söt [*a* ~ *face* (*girl*)], näpen, nätt; snygg, vacker; ~ *as a picture* mycket söt **2** iron. skön, fin, snygg; *a* ~ *mess* en skön röra **3** betydande; *a* ~ *sum* (*penny*) en nätt summa, en vacker slant **II** *adv* fam. rätt, ganska, tämligen; ~ *much* nästan, så gott som [~ *much the same*]; *be sitting* ~ a) ha det bra b) ligga bra till
pretty-pretty ['prɪtɪˌprɪtɪ] *a* fam. snutfager; kysstäck; om färg söt[sliskig]
pretzel ['pretsl] *s* (ty.) kok. [salt]kringla
prevail [prɪ'veɪl] *itr* **1** segra [*truth will* ~], få övertaget [*over* över] **2** råda, vara rådande (förhärskande), vara allmänt utbredd [*the custom still* ~*s*], florera **3** ~ [*up*]*on* förmå, övertala [~ [*up*]*on a p. to do a th.*]; *be* ~*ed* [*up*]*on* låta förmå sig
prevailing [prɪ'veɪlɪŋ] *a* rådande [~ *winds*], förhärskande [*the* ~ *opinion*]
prevalence ['prevələns] *s* allmän förekomst, allmänt bruk, utbredning
prevalent ['prevələnt] *a* rådande, förhärskande, allmän [*the* ~ *opinion*], utbredd
prevaricate [prɪ'værɪkeɪt] *itr* komma med (göra) undanflykter, slingra sig
prevarication [prɪˌværɪ'keɪʃən] *s* undanflykt[er]
prevaricator [prɪ'værɪkeɪtə] *s* person som kommer med undanflykter
prevent [prɪ'vent] *tr* hindra, förebygga
preventable [prɪ'ventəbl] *a* som kan hindras (förebyggas)
preventative [prɪ'ventətɪv] *a* o. *s* se *preventive*
prevention [prɪ'venʃən] *s* förhindrande, förebyggande, förekommande; ~ *is better than cure* bättre förekomma än förekommas; *the* ~ *of cruelty to animals* ung. djurskydd; *the* ~ *of cruelty to children* förhindrande av barnmisshandel
preventive [prɪ'ventɪv] **I** *a* preventiv, hindrande, förebyggande [~ *measures*]; ~ *custody* (*detention*) förvaring [på interneringsanstalt]; ~ *medicine* profylax **II** *s* förebyggande medel, hinder [*of* mot]
preview ['pri:vju:] **I** *s* förhandsvisning **II** *tr* förhandsvisa
previous ['pri:vjəs] **I** *a* **1** föregående, tidigare **2** fam. förhastad, förtidig **II** *adv*, ~ *to* före; innan, förrän
previously ['pri:vjəslɪ] *adv* förut, tidigare; i förväg, på förhand
pre-war ['pri:'wɔ:] *a* förkrigs-, före kriget
prey [preɪ] **I** *s* rov, byte; *be* (*fall*) [*a*] ~ *to* vara (bli) ett rov för, vara ett (falla) offer för; *beast of* ~ rovdjur; *bird of* ~ rovfågel **II** *itr*, ~ [*up*]*on* a) jaga, leva på [*hawks* ~*ing on small birds*] b) plundra c) tära (tynga) på, trycka [~ *on a p.'s mind* (ngn)]
price [praɪs] **I** *s* **1** pris; hand. äv. kurs; ~ *bracket* (*range*) prisklass; ~ *curb* priskontroll; [*you can get them*] *at a* ~ .. om man bara vill betala [priset]; *cheap at the* ~ billig till det priset; *at any* ~ a) till varje pris b) för något pris [i världen] [*I wouldn't have missed it at any* ~]; *at reduced* ~*s* till nedsatta priser **2** odds; *starting* ~*s* odds omedelbart före loppet **3** fam., *what* ~ *fine weather* [*on our holiday*]? vad har vi för chanser till fint väder..?; *what* ~ *democracy now?* iron. vad ger du för demokratin nu då? **II** *tr* prissätta, fastställa priset på; ~ *o.s. out of the market* förlora kunderna genom för hög prissättning
price-current ['praɪsˌkʌrənt] (pl. *prices-current*) *s* priskurant, prislista
price-freeze ['praɪsfri:z] *s* prisstopp
price-index ['praɪsˌɪndeks] *s* prisindex

priceless ['praɪsləs] *a* **1** ovärderlig, oskattbar **2** fam. obetalbar
pricey ['praɪsɪ] *a* fam. dyrbar, dyr
prick [prɪk] **I** *s* **1** stick, styng; sting; *~s of conscience* samvetskval **2** *kick* (*spurn*) *against the ~s* spjärna mot udden **3** vulg. kuk penis **II** *tr* **1** sticka; sticka hål i (på) [*~ a balloon*]; *~ o.'s finger* sticka sig i fingret **2** stinga; *his conscience ~ed him* han kände ett styng i samvetet **3** pricka av (för) på en lista; bildl. utse **4** *~* [*up*] *o.'s ears* spetsa öronen
prickle ['prɪkl] **I** *s* **1** tagg; törntagg, törne **2** stickande [känsla] **II** *tr* o. *itr* sticka; stickas
prickly ['prɪklɪ] *a* **1** taggig **2** stickande känsla; *~ heat* läk. hetblemmor
pricy ['praɪsɪ] *a* fam. dyrbar, dyr
pride [praɪd] **I** *s* **1** stolthet [*in* över]; högmod, övermod; *false ~* ogrundad stolthet; *~ goes before* (*will have*) *a fall* högmod går före fall; *take* [*a*] *~ in* a) känna stolthet över b) sätta sin ära i **2** glans, prakt **3** *in the ~ of manhood* i sin krafts dagar **4** *give ~ of place to* sätta främst (i första rummet); *take ~ of place* inta första platsen **5** flock [*a ~ of lions* (*peacocks*)] **II** *refl, ~ o.s.* [*up*]*on* vara stolt över, berömma sig av
priest [pri:st] *s* **1** präst isht katolsk el. icke-kristen **2** isht officiell beteckning för präst inom anglikanska kyrkan
priestess ['pri:stəs] *s* prästinna
priesthood ['pri:sthʊd] *s* **1** prästerlig värdighet, prästerligt ämbete **2** prästerskap
prig [prɪg] *s* självgod pedant, petimäter
priggish ['prɪgɪʃ] *a* självgod, petig
prim [prɪm] *a* prydlig [*a ~ garden*]; sipp, pryd; *~ and proper* prydlig och korrekt
prima ballerina ['pri:məbælə'ri:nə] *s* prima ballerina
primacy ['praɪməsɪ] *s* **1** företräde, överlägsenhet **2** kyrkl. primat
prima donna ['pri:mə'dɒnə] *s* primadonna
primal ['praɪməl] *a* **1** ursprunglig, primär **2** grundläggande, förnämst
primarily ['praɪmərəlɪ] *adv* **1** primärt, ursprungligen **2** huvudsakligen, först och främst, i första hand
primary ['praɪmərɪ] **I** *a* **1** primär, ursprunglig, grundläggande; *~ colours* fys. grundfärger; *~ education* grundläggande undervisning; *~ school* primärskola, lågstadieskola: a) i Engl. motsv. 6-årig grundskola för åldrarna 5-11 b) i USA motsv. 3- (4-)årig grundskola **2** huvudsaklig, huvud-, förnämst, störst [*of ~ importance*] **II** *s* i USA **1** primärval **2** förberedande valmöte isht mellan valledarna, nomineringsmöte
primate [i bet. *1* 'praɪmət, i bet. *2* 'praɪmeɪt] *s* **1** kyrkl. primas; *P~ of England* benämning på ärkebiskopen av York; *P~ of all England* benämning på ärkebiskopen av Canterbury **2** zool. primat
prime [praɪm] **I** *a* **1** främsta, viktigast; *~ minister* premiärminister; statsminister **2** prima, förstklassig **3** primär, ursprunglig **4** mat., *~ number* primtal **II** *s, in o.'s ~, in the ~ of life* i sin krafts dagar, i sina bästa år; *in the ~ of youth* i ungdomens vår; *he is past his ~* han har sina bästa år bakom sig; *it is past its ~* den har sett sina bästa dagar **III** *tr* **1** tekn. o. d. lägga fängkrut på [*~ a gun*]; bildl. satsa stimulanspengar [i företaget o. d.] **2** instruera, preparera [*the witness had been ~d beforehand*] **3** fam. proppa full med mat o. d.; *~ with liquor* fylla [med sprit]; *well ~d* överförfriskad, påstruken **4** grunda, grundmåla
1 primer ['praɪmə] *s* nybörjarbok
2 primer ['praɪmə] *s* **1** tändrör, tändhatt, knallhatt **2** grundfärg, 'primer'
primeval [praɪ'mi:vəl] *a* urtids-, ursprunglig; *~ forest* urskog
primitive ['prɪmɪtɪv] *a* primitiv, ursprunglig; *P~ Germanic* urgermansk[a]; *~ man* urmänniska; *~ people* naturfolk
primogeniture [ˌpraɪməʊ'dʒenɪtʃə] *s,* [*right of*] *~* förstfödslorätt
primordial [praɪ'mɔ:djəl] *a* primitiv, ursprunglig; *~ force* urkraft
primp [prɪmp] **I** *tr* göra sig fin i [*she ~ed her hair*], fiffa upp **II** *itr* snygga upp sig
primrose ['prɪmrəʊs] *s* bot. primula, viva; *the ~ path* (*way*) bildl. ung. den breda vägen
prince [prɪns] *s* prins, jfr *Wales*; furste; *P~ Charming* sagoprins[en], drömprins[en]; *~ consort* prinsgemål; *the P~ of Darkness* mörkrets furste
princely ['prɪnslɪ] *a* furstlig äv. bildl., furste-
princess [prɪn'ses] *s* prinsessa; furstinna
principal ['prɪnsəpəl] **I** *a* huvudsaklig, främsta, förnämst, väsentligast; i titlar första [*~ librarian*]; *~ actor* innehavare av huvudrollen; *~ clause* (*sentence*) gram. huvudsats; *~ parts* [*of a verb*] [ett verbs] tema[former] **II** *s* **1** chef; skol. o. d. rektor, föreståndare, föreståndarinna **2** solist i orkesterstämma; teat. huvudperson **3** jur. o. hand. huvudman, uppdragsgivare **4** jur. gärningsman; upphovsman **5** duellant [*the ~s and their seconds*] **6** huvudgäldenär **7** kapital på vilket ränta betalas
principality [ˌprɪnsɪ'pælətɪ] *s* **1** a) furstendöme b) *the P~* benämning på Wales **2** furstlig makt; suveränitet
principally ['prɪnsəpəlɪ] *adv* huvudsakligen, i främsta rummet
principle ['prɪnsəpl] *s* **1** princip; grund; grundsats; *make it a ~* göra det till princip; *a man of ~* en man med principer; *on ~* av princip **2** [huvud]beståndsdel [*the active ~*

of a drug] **3** princip [*Archimedes' ~*], lag
principled ['prɪnsəpld] *a* vanl. ss. efterled i sms. med . . principer [*high-principled*]
prink [prɪŋk] **I** *tr* pryda, fiffa upp **II** *itr*, ~ [*up*] göra sig fin, snygga upp sig
print [prɪnt] **I** *s* **1** boktr. tryck; stil; *large* (*small*) ~ stor (liten, fin) stil; *get into* ~ gå i tryck; *out of* ~ utgången på förlaget, utsåld [från förlaget] **2** avtryck [~ *of a finger* (*foot*)], märke, spår **3** [*cotton*] ~ tryckt bomullstyg, kattun; *a* ~ *dress* en klänning i tryckt bomullstyg **4** a) konst. o. d. avtryck, tryck, gravyr [*old Japanese* ~*s*] b) fotogr. kopia **II** *tr* **1** trycka bok o. d.; ge ut i tryck, låta trycka; publicera; ~*ed circuits* elektr. tryckta kretsar; ~*ed matter* trycksak[er] **2** skriva med tryckstil, texta **3** a) märka genom påtryck; trycka 'på (in, av); bildl. inprägla [*the scene is* ~*ed in* (*on*) *my memory*] b) trycka [~ *a fabric*] **4** a) konst. o. d. trycka b) fotogr. kopiera
printable ['prɪntəbl] *a* tryckbar
printer ['prɪntə] *s* **1** [bok]tryckare, tryckeriarbetare; ~*'s error* tryckfel; ~*'s ink* trycksvärta **2** data. [rad]skrivare, printer
printing ['prɪntɪŋ] *s* **1** a) tryckning [*second* ~], tryck b) kopiering **2** [*art of*] ~ boktryckarkonst
printing-house ['prɪntɪŋhaʊs] *s* större [bok]tryckeri
printing-ink ['prɪntɪŋɪŋk] *s* trycksvärta
printing-office ['prɪntɪŋˌɒfɪs] *s* [bok]tryckeri
printing-press ['prɪntɪŋpres] *s* tryckpress
print-out ['prɪntaʊt] *s* data. [radskrivar]utskrift
prior ['praɪə] **I** *a* föregående; tidigare [*to* än]; *have a* ~ *claim to* ha förhandsrätt till; *be* ~ *to* gå före **II** *adv*, ~ *to* före [~ *to his marriage*]; ~ *to leaving* [, *he* . .] innan han gav sig i väg . . **III** *s* prior
prioress ['praɪərəs] *s* priorinna
priority [praɪ'ɒrətɪ] *s* prioritet, företräde[srätt], förtur[srätt] [*over* framför]; förkörsrätt; *get o.'s priorities right* bestämma vad som är väsentligast; *give* ~ *to* prioritera; *take* ~ *over* gå före
priory ['praɪərɪ] *s* priors-, priorinne|kloster
prise [praɪz] *tr* se *3 prize*
prism ['prɪzəm] *s* prisma
prismatic [prɪz'mætɪk] *a* prismatisk
prison ['prɪzn] *s* fängelse, fångvårdsanstalt; ~ *governor* fängelsedirektör; ~ *guard* Am. fångvaktare; *be in* ~ sitta i fängelse
prison-breaker ['prɪznˌbreɪkə] *s* förrymd fånge, rymling
prison-camp ['prɪznkæmp] *s* krigsfångeläger
prisoner ['prɪznə] *s* fånge; ~ *of war* krigsfånge; *take a p.* ~ ta ngn till fånga
prissy ['prɪsɪ] *a* fam. pimpinett; sipp, pryd
pristine ['prɪstaɪn, -tiːn] *a* forntida; ofördärvad, ursprunglig [~ *freshness*]
privacy ['prɪvəsɪ, 'praɪv-] *s* avskildhet, privatliv; *in* ~ i enrum
private ['praɪvət] **I** *a* **1** privat, personlig [*my* ~ *opinion*]; enskild; privat- [~ *detective* (*school, secretary*)]; ~ *bar* finare avdelning på en pub; *with* ~ *entrance* med egen ingång; ~ *eye* fam. privatdeckare; ~ *goods* (*property*) enskild egendom; ~ *hotel* pensionat, privathotell; ~ *member* vanlig parlamentsmedlem som inte är minister; ~ *soldier* menig (vanlig) soldat; ~ *theatricals* amatörteater; ~ *ward* enskilt rum på sjukhus; [*the funeral*] *will be strictly* ~ . . sker i stillhet **2** avskild; hemlig, privat, sluten [*a* ~ *meeting*]; dold; ~ *and confidential* privat, i förtroende; *a* ~ *conversation* (*interview*) ett samtal mellan fyra ögon; ~ *number* telef. hemligt nummer; ~ *parts* könsdelar; *keep* ~ hemlighålla **II** *s* **1** mil. menig **2** *in* ~ privat, enskilt, på tu man hand, i hemlighet; i stillhet
privateer [ˌpraɪvə'tɪə] *s* **1** kapare, kaparfartyg **2** kaparkapten; kapare
privateering [ˌpraɪvə'tɪərɪŋ] *s* kaperi
privately ['praɪvətlɪ] *adv* privat, personligt; enskilt; ~ *owned* privatägd; *sell* ~ sälja under hand
privation [praɪ'veɪʃən] *s* umbärande[n], försakelse
privet ['prɪvɪt] *s* bot. liguster
privilege ['prɪvəlɪdʒ] **I** *s* **1** privilegium; [ensam]rätt; rättighet; förmån [*I had the* ~ *of hearing her sing*]; *it is my* ~ *to* [*introduce* . .] det är en glädje och ära för mig att . . **2** parl. immunitet **II** *tr* **1** privilegiera **2** frita, undanta [*from* från]
privileged ['prɪvəlɪdʒd] *a* privilegierad, gynnad
privy ['prɪvɪ] **I** *a* **1** ~ *to* [hemligt] medveten om, invigd (delaktig) i **2** *the P~ Council* ung. riksrådet med numera huvudsakligen formella funktioner; [*Lord*] *P~ Seal* lordsigillbevarare en medlem av kabinettet **3** ~ *parts* könsdelar **II** *s* toalett, [ute]dass
1 prize [praɪz] **I** *s* **1** pris; premie; premium; belöning **2** [lotteri]vinst; *the first* ~ högsta vinsten **3** litt. förmån, skatt **4** attr. pris- [~ *competition*]; prisbelönt, premierad [~ *cattle*]; fam. värd ett pris, prima; ~ *idiot* jubelidiot **II** *tr* värdera (skatta) [högt]
2 prize [praɪz] *s* sjö. pris, uppbringat fartyg
3 prize [praɪz] *tr*, ~ *up* (*open*) bända upp
prize-day ['praɪzdeɪ] *s* skol. avslutningsdag
prize-fight ['praɪzfaɪt] *s* proboxningsmatch
prize-fighter ['praɪzˌfaɪtə] *s* pro[ffs]boxare
prize-giving ['praɪzˌgɪvɪŋ] *s* premieutdel-

ning; prisutdelning
prize-money ['praɪzˌmʌnɪ] *s* prissumma, prisbelopp
prize-winner ['praɪzˌwɪnə] *s* pristagare
prize-winning ['praɪzˌwɪnɪŋ] *a*, *~ ticket* vinstlott
1 pro [prəu] (lat.) **I** *pref* **1** pro-, -vän[lig] [*pro-British*] **2** pro- [*proconsul*], vice- **II** *s*, *the ~s and cons* skälen för och emot
2 pro [prəu] *s* (förk. för *professional*) **1** fam. proffs [*a golf ~*] **2** sl. proffs prostituerad
probabilit|y [ˌprɒbə'bɪlətɪ] *s* sannolikhet äv. mat. [*of* för, av]; rimlighet; möjlighet; *in all ~* med all sannolikhet
probable ['prɒbəbl] **I** *a* sannolik, trolig **II** *s* sannolik deltagare (kandidat, vinnare)
probably ['prɒbəblɪ] *adv* sannolikt, troligen, troligtvis, förmodligen
probate ['prəubeɪt] jur. **I** *s* testamentsbevakning; *court of ~* arvsdomstol **II** *tr* Am. styrka [*~ a will*]
probation [prə*ʊ*'beɪʃən] *s* **1** prov [*two years on ~*], prövning **2** jur. skyddstillsyn; övervakning; *be put on ~* dömas till skyddstillsyn, få villkorlig dom; *be released on ~* bli villkorligt frigiven
probationer [prə*ʊ*'beɪʃnə] *s* kandidat, elev; novis; *~* [*nurse*] sjuksköterskeelev
probe [prəub] **I** *s* **1** sond äv. för utforskning av rymden [*a lunar ~*] **2** [offentlig] undersökning [*into* beträffande, av] **II** *tr* **1** sondera **2** undersöka grundligt, utforska; söka igenom **III** *itr* **1** sondera **2** tränga in [*into* i]
probity ['prəubətɪ] *s* redlighet, redbarhet
problem ['prɒbləm] *s* problem, fråga; uppgift; *~ child* problembarn, bildl. sorgebarn
problematic [ˌprɒblə'mætɪk] *a* problematisk, tvivelaktig
proboscis [prə*ʊ*'bɒsɪs] *s* snabel
procaine ['prəukeɪn] *s* kem. prokain
procedural [prə*ʊ*'si:dʒərəl] *a* procedur-, procedurmässig
procedure [prə*ʊ*'si:dʒə] *s* procedur äv. jur., förfarande, förfaringssätt
proceed [prə*ʊ*'si:d] *itr* **1** fortsätta [sin väg], gå (köra o. d.) vidare **2 a**) fortsätta [*~ with o.'s work*] **b**) fortskrida [*the retreat is ~ing according to plan*], fortgå, försiggå, pågå **3 a**) övergå [*from* från; *to* till]; skrida [*to* till]; *let's ~ to business* låt oss sätta i gång **b**) *~ to* + inf. börja [*he ~ed to get angry*], övergå till att **4** gå till väga, förfara [*in* vid] **5** jur., *~ against a p.* vidta lagliga (laga) åtgärder mot ngn **6** utgå, härröra [*from* från]
proceeding [prə*ʊ*'si:dɪŋ] *s* **1** förfarande, förfaringssätt, handlingssätt [äv. *way of ~*], procedur, åtgärd **2** pl. *~s* **a**) förehavanden, handlingar **b**) i domstol, sällskap o. d. förhandlingar **c**) [*legal*] *~s* rättegång[sförfarande]; *institute* (*take, start*) *legal ~s against* vidta lagliga åtgärder mot
proceeds ['prəusi:dz] *s pl* intäkter
process ['prəuses, isht Am. 'prɒs-] **I** *s* **1** fortgång, förlopp; *in ~ of construction* under byggnad (uppförande) **2** process [*chemical ~es*], isht tekn. äv. metod [*the Bessemer ~*]; skeende, utveckling [*the historical ~*]; *it is a slow ~* det tar lång tid **II** *tr* tekn. o. d. behandla äv. data., preparera, bereda [*~ leather*], bearbeta, förädla; *~ed cheese* smältost
procession [prə'seʃən] *s* procession, kortege, [fest]tåg
processional [prə'seʃənl] *a* processions-
processor ['prəusesə] *s* data. processor, dator; centralenhet
proclaim [prə*ʊ*'kleɪm] *tr* **1** proklamera, tillkännage, kungöra; utropa till [*he was ~ed king*] **2** avslöja .. såsom
proclamation [ˌprɒklə'meɪʃən] *s* proklamation, tillkännagivande; *issue a ~* utfärda en proklamation (en kungörelse)
proclivity [prə*ʊ*'klɪvətɪ] *s* benägenhet, böjelse [*to, towards, for* för]
procrastinate [prə*ʊ*'kræstɪneɪt] *itr* dra ut på (förhala) tiden
procrastination [prə*ʊ*ˌkræstɪ'neɪʃən] *s* förhalande
procrastinator [prə*ʊ*'kræstɪneɪtə] *s* förhalare
procreate ['prəukrɪeɪt] *tr* avla, alstra
procreation [ˌprəukrɪ'eɪʃən] *s* avlande, alstrande; fortplantning
procuration [ˌprɒkjuə'reɪʃən] *s* **1** anskaffande **2** fullmakt; *per* (*by*) *~* per prokura
procure [prə'kjuə] **I** *tr* **1** skaffa, skaffa fram (in); utverka, lyckas uppnå **2** bedriva koppleri med **II** *itr* bedriva koppleri
procurement [prə'kjuəmənt] *s* an-, fram|-skaffande
procurer [prə'kjuərə] *s* **1** anskaffare **2** kopplare
procuress [prə'kjuərəs] *s* kopplerska
prod [prɒd] **I** *tr* o. *itr*, *~* [*at*] sticka [till], stöta till **II** *s* stöt; *give a p. a ~* stöta till ngn
prodigal ['prɒdɪgəl] **I** *a* slösaktig [*of* med]; frikostig; *be ~ of* äv. slösa med; *the P~ Son* bibl. den förlorade sonen **II** *s* slösare
prodigality [ˌprɒdɪ'gælətɪ] *s* slösaktighet; frikostighet
prodigious [prə'dɪdʒəs] *a* häpnadsväckande, fantastisk; ofantlig, fenomenal
prodig|y ['prɒdɪdʒɪ] *s* under [*the -ies of nature*], vidunder; [*infant*] *~* underbarn
produce [ss. vb prə'dju:s, ss. subst. 'prɒdju:s] **I** *tr* **1** a) producera, framställa, tillverka; skapa b) frambringa [*~ a sound*]; ge, bära [*the tree ~s fruit*], avkasta c) åstadkomma, framkalla [*~ a reaction*]; leda till [*~ results*] **2** ta fram [*~ a paper from o.'s pock-*

et], skaffa [fram] [~ *a witness*]; lägga fram, visa upp (fram) [~ *o.'s passport*] **3** a) teat. regissera, iscensätta, sätta upp; framföra, uppföra b) film. producera **4** geom. förlänga, dra [ut] **II** *s* **1** produkter av jordbruk o. d. [*dairy* (*garden*) ~], varor **2** produktion

producer [prə'dju:sə] *s* **1** producent, fabrikant, tillverkare; frambringare; ~ *goods* produktionsvaror, kapitalvaror **2** a) teat. regissör; Am. äv. teaterchef, teaterdirektör b) film., radio., TV. producent

product ['prɒdʌkt] *s* produkt; vara

production [prə'dʌkʃən] *s* **1** a) produktion, framställning, tillverkning b) frambringande **2** produkt, alster, isht litterärt o. konstnärligt verk **3** framskaffande; framläggande, uppvisande **4** a) teat. regi, iscensättning, uppsättning; framförande, uppförande b) film. produktion, inspelning

productive [prə'dʌktɪv] *a* **1** produktiv; fruktbar; bördig **2** produktions- [~ *capacity*]

productivity [ˌprɒdʌk'tɪvətɪ] *s* produktivitet [*increase* ~]; produktionsförmåga

Prof. förk. för *Professor*

prof [prɒf] *s* fam. profet professor

profanation [ˌprɒfə'neɪʃən] *s* profanering, vanhelgande, vanhelgd

profane [prə'feɪn] **I** *a* **1** profan, världslig **2** hädisk, gudlös; vanvördig; ~ *language* svordomar **II** *tr* profanera, vanhelga

profanity [prə'fænətɪ] *s* **1** hädelse[r], svordom[ar] **2** världslighet

profess [prə'fes] *tr* **1** förklara [*they* ~*ed themselves content*]; tillkännage, förklara (påstå) sig ha (hysa) [*he* ~*ed interest in my welfare*] **2** göra anspråk på, ge sig ut för [~ *to be an authority on* . .]; låtsas **3** bekänna sig till [~ *Christianity*]

professed [prə'fest] *a* **1** förklarad, svuren [*a* ~ *enemy of reform*] **2** föregiven [*a* ~ *friend*]

professedly [prə'fesɪdlɪ] *adv* **1** enligt eget erkännande **2** enligt uppgift

profession [prə'feʃən] *s* **1** yrke isht med högre utbildning; *by* ~ till yrket (professionen), av facket **2** förklaring [~*s of loyalty*], bedyrande **3** ~ *of faith* trosbekännelse

professional [prə'feʃənl] **I** *a* **1** yrkes- [*a* ~ *politician*], förvärvs- [~ *life*], yrkesmässig; fackmässig; fack[ut]bildad; professionell, proffs- **2** akademiskt utbildad; ~ *etiquette* [yrkes]kårens hederskodex; ~ *secrecy* tystnadsplikt **3** professionell [*a* ~ *tape-recorder*], [avsedd] för yrkesmässigt bruk **II** *s* **1** yrkesman, fackman; professionell, proffs **2** akademiskt utbildad [person]

professionalism [prə'feʃənəlɪzəm] *s* **1** yrkesmässighet **2** professionalism

professionally [prə'feʃnəlɪ] *adv* yrkesmässigt, professionellt; till (i) yrket

professor [prə'fesə] *s* **1** professor [*of* i] **2** bekännare

professorial [ˌprɒfe'sɔ:rɪəl] *a* professors-; lärd, docerande; ~ *chair* lärostol

professorship [prə'fesəʃɪp] *s* professur

proffer ['prɒfə] *tr* litt. räcka fram [~ *a gift*], erbjuda [~ *o.'s services*]

proficiency [prə'fɪʃənsɪ] *s* färdighet, skicklighet, kunnighet [*in* (*at*) [*doing*] *a th.* i [att göra] ngt], [behöriga] kunskaper; *certificate of* ~ kompetensbevis

proficient [prə'fɪʃənt] *a* skicklig, kunnig, duktig [*in* (*at*) [*doing*] *a th.* i [att göra] ngt]; *make o.s.* ~ förkovra sig

profile ['prəufaɪl] **I** *s* **1** profil äv. fackl. i div. bet.; [porträtt i] profil; friare kontur, silhuett; *keep a low* ~ ligga lågt, hålla en låg profil **2** porträtt levnadsbeskrivning [*a* ~ *of the new prime minister*], profil, översikt **II** *tr* **1** profilera äv. tekn., framställa (avbilda) i profil **2** teckna ett porträtt av (jfr *I 2*)

profit ['prɒfɪt] **I** *s* **1** vinst, förtjänst, profit; vinning; behållning, avkastning, utbyte [äv. pl. ~*s*]; ~ *and loss account* vinst- och förlustkonto; *make a* [*clear*] ~ *of* [*£ 100*] göra en [ren] förtjänst (vinst) på . .; *make a* ~ *on* (*by*) förtjäna på **2** *derive* (*gain*) ~ *from* dra nytta (fördel) av **II** *itr,* ~ *by* (*from*) dra (ha) nytta (fördel) av, utnyttja; vinna på, tjäna på [~ *by a transaction*], profitera på

profitable ['prɒfɪtəbl] *a* **1** nyttig, givande, fruktbar [~ *discussions*] **2** vinstgivande, förmånlig, lönsam, lönande

profiteer [ˌprɒfɪ'tɪə] **I** *s* profitör **II** *itr* skaffa sig oskälig profit, ockra

profiteering [ˌprɒfɪ'tɪərɪŋ] *s* svartabörsaffärer, jobberi, ocker

profit-monger ['prɒfɪtˌmʌŋgə] *s* profitör

profit-sharing ['prɒfɪtˌʃeərɪŋ] *s* vinstdelning; vinstandelssystem

profligacy ['prɒflɪgəsɪ] *s* **1** utsvävande (vilt) liv, sedeslöshet **2** slöseri, överdåd

profligate ['prɒflɪgət] **I** *a* **1** utsvävande, sedeslös **2** slösaktig [*of* med], överdådig **II** *s* utsvävande människa

profound [prə'faund] *a* **1** djup [~ *anxiety* (*silence, sleep*)] **2** djupsinnig [~ *books*] **3** grundlig, djupgående, ingående [~ *studies*] **4** outgrundlig [~ *mysteries*]

profundity [prə'fʌndətɪ] *s* **1** djup **2** djupsinnighet, djupsinne; grundlighet

profuse [prə'fju:s] *a* **1** översvallande [~ *hospitality*]; *offer* ~ *apologies* be tusen gånger om ursäkt **2** ymnig, riklig

profusely [prə'fju:slɪ] *adv* ymnigt, rikligt; ~ *illustrated* rikt illustrerad

profusion [prə'fju:ʒən] *s* **1** slöseri **2** ymnighet; överflöd [*roses grew there in* ~]; rikedom, [riklig] mängd

progenitor [prəʊ'dʒenɪtə] *s* stamfader
progeny ['prɒdʒənɪ] *s* avkomma
prognos|is [prəg'nəʊs|ɪs] (pl. *-es* [-i:z]) *s* isht läk. prognos
prognosticate [prəg'nɒstɪkeɪt] **I** *tr* förutsäga, prognosticera; spå [att det blir] **II** *itr* prognosticera
prognostication [prəgˌnɒstɪ'keɪʃən] *s* **1** prognos, förutsägelse **2** förebud, varsel
program ['prəʊgræm] **I** *s* **1** data. program **2** isht Am. a) se *programme I* b) dagordning **II** *tr* **1** isht Am., se *programme II* **2** isht data. programmera [*~ a computer*]; programstyra **3** *~med course* programmerad kurs
programme ['prəʊgræm] **I** *s* program; skol. o. d. äv. kurs, [läro]plan **II** *tr* göra upp program för, planlägga
progress [ss. subst. 'prəʊgres, isht Am. 'prɒg-; ss. vb prəʊ'gres] **I** (utan pl.) *s* framsteg, framåtskridande, utveckling; förlopp, [fort]gång; *the ~ of events* händelse|utvecklingen, -förloppet; *make ~* göra framsteg; *in ~* på (i) gång, under utförande; under arbete **II** *itr* göra framsteg, utvecklas; skrida (gå) framåt; fortskrida
progression [prəʊ'greʃən] *s* **1** förflyttning framåt; fortgång; *in ~* i följd, efter varandra **2** progression; mat. talföljd [*arithmetic[al]* (*geometric[al]*) *~*]
progressive [prəʊ'gresɪv] **I** *a* **1** progressiv, framstegsvänlig [*~ policy*]; avancerad, modern **2** [gradvis] tilltagande [*~ deterioration*], fortlöpande, fortskridande; *on a ~ scale* i stigande skala; *~ taxation* progressiv beskattning **3** framåtgående, framåtskridande **4** språkv., *~ tense* progressiv (pågående) form **II** *s* framstegs|vän, -man
prohibit [prəʊ'hɪbɪt] *tr* **1** förbjuda [*~ a p. from doing a th.*] **2** förhindra; hindra [*~ a p. from doing* ([från] att göra) *a th.*]
prohibition [ˌprəʊhɪ'bɪʃən] *s* förbud [*against, on* mot]; rusdrycks-, sprit|förbud
prohibitionist [ˌprəʊhɪ'bɪʃənɪst] *s* förbuds|anhängare, -ivrare
prohibitive [prəʊ'hɪbɪtɪv] *a* prohibitiv; *a ~ price* ett oöverkomligt (prohibitivt) pris
project [ss. vb prəʊ'dʒekt, ss. subst. 'prɒdʒekt] **I** *tr* **1** planera, planlägga **2** projicera **3** framhäva, låta framträda **4** slunga (skjuta) [ut] [*~ missiles*] **5** kasta [*~ a shadow*]; rikta [*~ a beam of light on to a th.*] **II** *itr* skjuta fram (ut); *~ing* framskjutande; utbyggd [*~ing window*] **III** *s* projekt, förslag, plan; skol. specialarbete
projectile [prəʊ'dʒektaɪl, Am. prə'dʒektl] **I** *a* **1** framdrivande, driv- [*~ force*] **2** som kan avskjutas [*a ~ missile*] **II** *s* projektil
projection [prəʊ'dʒekʃən] *s* **1** projektering [*the ~ of a new dam*], planering, planläggning **2** a) projektion b) projektionsbild, filmbild **3** psyk. o. d. projektion **4** utslungande, utskjutande
projector [prəʊ'dʒektə] *s, film ~* filmprojektor
proletarian [ˌprəʊlɪ'teərɪən] **I** *s* proletär **II** *a* proletär-, proletär
proletariat [ˌprəʊlɪ'teərɪət, -ɪæt] *s* proletariat
proliferate [prəʊ'lɪfəreɪt] *itr* snabbt föröka sig; sprida sig
proliferation [prəʊˌlɪfə'reɪʃən] *s* förökning; spridning
prolific [prəʊ'lɪfɪk] *a* fruktsam, som förökar sig snabbt; produktiv [*a ~ writer*]
prolix ['prəʊlɪks] *a* långrandig, omständlig
prolixity [prəʊ'lɪksətɪ] *s* långrandighet, omständlighet
prologue ['prəʊlɒg] **I** *s* prolog, bildl. äv. förspel **II** *tr* inleda (förse) med en prolog
prolong [prəʊ'lɒŋ] *tr* förlänga, dra ut, prolongera; dra ut på; *~ed* äv. lång[dragen] [*after ~ed negotiations*]
prolongation [ˌprəʊlɒŋ'geɪʃən] *s* förlängning, prolongation
prom [prɒm] *s* fam. **1** promenadkonsert **2** [strand]promenad **3** Am. student-, skol|bal
promenade [ˌprɒmə'nɑ:d, attr. '- - -] **I** *s* **1** promenad **2** Am. se *prom 3* **II** *itr* promenera **III** *tr* **1** promenera på [*~ the streets*] **2** promenera med
promenader [ˌprɒmə'nɑ:də] *s* flanör, promenerande
prominence ['prɒmɪnəns] *s* **1** framskjuten ställning, framträdande plats; bemärkthet; *come into ~* träda i förgrunden **2** utsprång
prominent ['prɒmɪnənt] *a* **1** utstående [*~ eyes*], utskjutande **2** iögon[en]fallande, framträdande [*in a ~ place*] **3** framstående, prominent, bemärkt; framträdande [*play a ~ part*], framskjuten, ledande [*~ position*]; *~ figure* förgrundsfigur
promiscuity [ˌprɒmɪs'kju:ətɪ] *s* promiskuitet
promiscuous [prə'mɪskjʊəs] *a* **1** som lever i (karakteriseras av) promiskuitet; *~ sexual relations* tillfälliga sexuella förbindelser **2** a) urskillningslös [*~ destruction by bombing*] b) blandad; oordnad [*a ~ mass*]
promise ['prɒmɪs] **I** *s* löfte [*of* om; *a ~ of assistance*]; *hold out the ~ of a th. to a p.* förespegla ngn ngt; *make* (*give*) *a ~* ge ett löfte; *show ~* vara lovande, se lovande ut; *of great ~, full of ~* löftesrik, mycket lovande; *be under a ~* vara bunden av ett löfte **II** *tr* o. *itr* **1** lova; utlova; *be ~d a th.* äv. ha fått (få) löfte om ngt; *the Promised Land* bibl. o. bildl. det förlovade landet **2** förebåda [*the clouds ~ rain*], lova
promising ['prɒmɪsɪŋ] *a* lovande [*a ~ beginning* (*boy*)], löftesrik

promissory ['prɒmɪsərɪ, prə'mɪs-] *a* löftes-; ~ *note* betalningsförbindelse
promontory ['prɒməntrɪ] *s* hög udde
promote [prə'məʊt] *tr* **1** a) befordra, upphöja b) sport. flytta upp **2** främja, gynna, verka för; ~ *sales* aktivera försäljningen **3** grunda, starta [~ *a new business company*] **4** vara promotor för [~ *a boxing match*]
promoter [prə'məʊtə] *s* **1** främjare **2** initiativtagare, upphovsman [*of* till]; *company* ~ stiftare av [ett] aktiebolag **3** promotor
promotion [prə'məʊʃən] *s* **1** a) befordran, avancemang b) sport. uppflyttning **2** främjande [*the* ~ *of a scheme*], gynnande, befordran; marknadsföring; ~ *campaign* säljkampanj **3** stiftande [~ *of a company*]
prompt [prɒmpt] **I** *a* **1** snabb, omgående, skyndsam [*a* ~ *reply*], prompt; beredvillig; *take* ~ *action* vidta snabba åtgärder **2** hand., *orders will receive* ~ *attention* order utförs [per] omgående; ~ *payment* (*cash*) per extra kontant **II** *adv* precis, på slaget **III** *s* teat. sufflering **IV** *tr* **1** driva [*he was* ~*ed by patriotism*], förmå **2** a) teat. sufflera b) lägga orden i munnen på, påverka [~ *a witness*] **3** föranleda [*what* ~*ed his resignation?*], framkalla, diktera, förestava
prompter ['prɒmptə] *s* **1** sufflör, sufflös **2** tillskyndare, anstiftare
promptitude ['prɒmptɪtju:d] *s* snabbhet, beredvillighet, skyndsamhet
promulgate ['prɒməlgeɪt] *tr* **1** utfärda, kungöra, promulgera **2** förkunna [~ *a creed*]; sprida; föra fram [~ *a theory*]
promulgation [ˌprɒməl'geɪʃən] *s* **1** utfärdande, kungörande **2** förkunnande, spridande
pron. förk. för *pronoun*
prone [prəʊn] *a* **1** framstupa [*fall* (*lie*) ~]; framåtlutad; utsträckt; *in a* ~ *position* [liggande] på magen **2** fallen, benägen [*to* för; *to* + inf. för att + inf.]; utsatt [*to* för], hemfallen [*to* åt]; *he is* ~ *to take offence* han har [så] lätt för att bli stött
prong [prɒŋ] *s* på gaffel o. d. klo, spets, udd, på räfsa pinne
pronoun ['prəʊnaʊn] *s* gram. pronomen
pronounce [prə'naʊns] **I** *tr* **1** uttala **2** avkunna, uttala, fälla [~ *judgement*] **3** förklara [*the judge* ~*d the man guilty*; *I now* ~ *you man and wife* (för äkta makar)], deklarera **II** *itr* **1** uttala sig [[*up*]*on* om; *against* mot] **2** ~ *badly* ha ett dåligt uttal
pronounceable [prə'naʊnsəbl] *a* möjlig att uttala
pronounced [prə'naʊnst] *a* **1** uttalad **2** tydlig, avgjord [*a* ~ *difference*]; [starkt] markerad; uttalad [~ *symptoms*]
pronouncement [prə'naʊnsmənt] *s* proklamation, uttalande, förklaring
pronouncing [prə'naʊnsɪŋ] *s*, ~ *dictionary* uttalsordbok
pronto ['prɒntəʊ] *adv* sl. på momangen
pronunciation [prəˌnʌnsɪ'eɪʃən] *s* uttal
proof [pru:f] **I** *s* **1** bevis [*of* på, för]; bevisföring; *give* ~ *of* a) bevisa b) vittna om, ge ett prov på **2** prov; *the* ~ *of the pudding is in the eating* först när man prövat en sak vet man vad den går för **3** boktr. korrektur[avdrag] **4** hos spritdrycker normalstyrka ung. 50 volymprocent alkohol; *86*[*%*] ~ 43% alkohol **II** *a* **1** motståndskraftig [*against* mot], oemottaglig [~ *against* (för) *flattery*] **2** ss. efterled i sms. -tät [*waterproof*], -säker [*bombproof*], -tålig, -beständig [*heatproof*]; jfr *bulletproof* m. fl. **3** om spritdrycker av normalstyrka [~ *spirit*] **III** *tr* impregnera
proof-read ['pru:fri:d] (*proof-read proof-read*) *tr* o. *itr* korrekturläsa
proof-reader ['pru:fˌri:də] *s* korrekturläsare
1 **prop** [prɒp] **I** *s* stötta, stöd äv. bildl. **II** *tr*, ~ [*up*] stötta (palla) [upp (under)], sätta stöttor under; luta, ställa
2 **prop** [prɒp] *s* sl. propeller
propaganda [ˌprɒpə'gændə] *s* propaganda; ~ *machine* propagandaapparat
propagandist [ˌprɒpə'gændɪst] *s* propagandist
propagandize [ˌprɒpə'gændaɪz] *itr* bedriva propaganda, propagera
propagate ['prɒpəgeɪt] **I** *tr* **1** föröka, fortplanta **2** sprida [~ *rumours*]; propagera [för] **II** *itr* **1** föröka (fortplanta) sig **2** sprida sig
propagation [ˌprɒpə'geɪʃən] *s* **1** fortplantning, förökning **2** spridning
propagator ['prɒpəgeɪtə] *s* spridare [~ *of slander*]; propagandist
propane ['prəʊpeɪn] *s* kem. propan
propel [prəʊ'pel] *tr* [fram]driva; ~*ling pencil* stiftpenna, skruvpenna
propellant [prəʊ'pelənt] **I** *s* **1** drivmedel, drivladdning, bränsle t.ex. för raketer **2** drivkraft **II** *a* se *propellent I*
propellent [prəʊ'pelənt] **I** *a* framdrivande, drivande, driv- **II** *s* se *propellant I*
propeller [prəʊ'pelə] *s* propeller
propensity [prəʊ'pensətɪ] *s* benägenhet
proper ['prɒpə] *a* **1** rätt [*in the* ~ *way*], riktig; lämplig, passande; tillbörlig, vederbörlig, behörig; *in a* ~ *condition* i gott skick **2** anständig [~ *behaviour*], passande, korrekt **3** särskild; därtill hörande; ~ *to* typisk för **4** egentlig; ~ *fraction* egentligt bråk; *London* ~ det egentliga London **5** gram., ~ *noun* (*name*) egennamn **6** fam. riktig [*a* ~ *idiot*], ordentlig [*a* ~ *beating*]
properly ['prɒpəlɪ] *adv* **1** rätt, på rätt sätt,

riktigt [*as you very ~ remark*]; ordentligt [*do a thing ~*], passande, lämpligt [*~ dressed*], anständigt; *he very ~ refused* han vägrade med rätta **2** ~ [*speaking*] egentligen; i egentlig mening **3** fam. riktigt, ordentligt
propertied ['prɒpətɪd] *a* besutten [*the ~ classes*]
propert|y ['prɒpətɪ] *s* **1** egendom [*these books are my ~*], ägodelar, förmögenhet; *personal ~* [personlig] lösegendom, lösöre; *a man of ~* en förmögen man **2** egendom, fastighet[er], ägor **3** egenskap [*the -ies of iron*] **4** teat. o. d., mest pl. *-ies* rekvisita
property-owner ['prɒpətɪ,əʊnə] *s* fastighetsägare
prophecy ['prɒfɪsɪ] *s* profetia; spådom
prophesy ['prɒfɪsaɪ] *tr* o. *itr* profetera, spå
prophet ['prɒfɪt] *s* profet; spåman
prophetic [prəʊ'fetɪk] *a* profetisk
prophylactic [,prɒfɪ'læktɪk] **I** *a* profylaktisk, förebyggande **II** *s* profylaktiskt medel
prophylaxis [,prɒfɪ'læksɪs] *s* profylax
propinquity [prəʊ'pɪŋkwətɪ] *s* **1** närhet i rum o. tid, grannskap **2** [nära] släktskap
propitiate [prə'pɪʃɪeɪt] *tr* blidka
propitiation [prə,pɪʃɪ'eɪʃən] *s* blidkande
propitiatory [prə'pɪʃɪətərɪ] *a* försonande, blidkande
propitious [prə'pɪʃəs] *a* **1** gynnsam [*to, for* för]; fördelaktig **2** nådig, välvillig
prop-jet ['prɒpdʒet] *a* turboprop- [*~ engine*]
proportion [prə'pɔːʃən] **I** *s* **1** proportion; *be in due ~ to* stå i rätt proportion till; *be out of* [*all*] *~ to* inte stå i [rimlig] proportion till **2** del [*a large ~ of the population*], andel **3** mat. a) analogi b) reguladetri **II** *tr* avpassa, anpassa, jämka, proportionera [*to* efter]
proportional [prə'pɔːʃənl] *a* proportionell [*to* mot]; *~ to* äv. i proportion till; *~ representation* proportionellt valsystem
proportionally [prə'pɔːʃnəlɪ] *adv* proportionellt; proportionsvis, förhållandevis
proportionate [prə'pɔːʃənət] *a* proportionerlig, proportionell [*to* mot, till]; *be ~ to* stå i [rimlig] proportion till
proposal [prə'pəuzəl] *s* **1** förslag [*for* om, till] **2** frieri, giftermålsanbud [äv. *~ of marriage*]
propose [prə'pəuz] **I** *tr* **1** föreslå; *~ a toast to a p., ~ a p.'s health* föreslå (utbringa) en skål för ngn **2** lägga fram [*~ a plan*], framställa **3** ämna, tänka [*I ~ to start early*] **II** *itr* **1** fria [*to* till] **2** *Man ~s, God disposes* människan spår, [men] Gud rår
proposition [,prɒpə'zɪʃən] *s* **1** påstående **2** förslag **3** log., mat. sats **4** fam. **a**) affär [*a paying ~*], historia, sak [*that's quite another ~*]; *it's a tempting ~* det är verkligen frestande **b**) *he is a tough ~* han är svår att tas med
propound [prə'paund] *tr* lägga fram, föreslå [*~ a scheme*], uppställa [*~ a theory*]
proprietary [prə'praɪətərɪ] *a* ägande, ägar-; i enskild ägo, privatägd; *~ medicine* patentskyddad medicin, patentmedicin; *~ name* varumärke
proprietor [prə'praɪətə] *s* ägare, innehavare
proprietorship [prə'praɪətəʃɪp] *s* äganderätt
proprietress [prə'praɪətrəs] *s* ägarinna, innehavarinna
propriet|y [prə'praɪətɪ] *s* **1** anständighet, dekorum; konvenans; *observe* [*the*] *-ies* iaktta dekorum; *overstep the bounds of ~* överskrida gränserna för det tillåtna; *sense of ~* anständighetskänsla **2** lämplighet
props [prɒps] *s pl* (förk. för *properties*) teat. sl. rekvisita
propulsion [prə'pʌlʃən] *s* framdrivning; *jet ~* jetdrift
propulsive [prə'pʌlsɪv] *a* framdrivande
prosaic [prəʊ'zeɪɪk] *a* prosaisk; enformig
proscribe [prəʊs'kraɪb] *tr* **1** proskribera; förklara i akt (fredlös) **2** förbjuda
proscription [prəʊs'krɪpʃən] *s* **1** proskription; landsförvisning **2** förbud [*of* mot]
prose [prəuz] *s* prosa
prosecute ['prɒsɪkjuːt] **I** *tr* **1** fullfölja, slutföra [*~ an investigation*] **2** bedriva, fortsätta [med] [*~ o.'s studies*], utöva [*~ a trade*], utföra **3** jur. åtala; *offenders will be ~d* överträdelse beivras **II** *itr* väcka åtal
prosecution [,prɒsɪ'kjuːʃən] *s* **1** fullföljande, slutförande **2** bedrivande, utövande [*in the ~ of his duties*]; *the ~ of the war* krigföringen **3** jur. **a**) åtal; *director of public ~s* allmän åklagare **b**) *the ~* åklagarsidan; kärandesidan; *witness for the ~* åklagarvittne
prosecutor ['prɒsɪkjuːtə] *s* kärande isht i brottmål; åklagare; *public ~* allmän åklagare
prosody ['prɒsədɪ] *s* prosodi, metrik
prospect [ss. subst. 'prɒspekt, ss. vb prəs'pekt, 'prɒspekt] **I** *s* **1** utsikt **2** sceneri, landskap **3** utsikt [*there is no ~ of* (till) *success*]; förespegling [*of* om]; pl. *~s* äv. framtidsutsikter, möjligheter [*a job offering good ~s*]; *~s in life* framtidsutsikter; *hold out the ~s of a th. to a p.* förespegla ngn ngt; *be in ~* vara i sikte **4** fam. **a**) eventuell köpare (kund) **b**) [eventuell] kandidat [*for* till]; *he is a good ~* han är ett framtidslöfte **II** *itr* prospektera [*for* efter], leta [*for gold* [efter] guld]
prospective [prəs'pektɪv] *a* [eventuell]

framtida [~ *profits*], motsedd; blivande [*your ~ son-in-law*]; ~ *buyer* eventuell köpare, spekulant

prospector [prəs'pektə] *s* prospektor, malmletare, isht guldgrävare

prospectus [prəs'pektəs] *s* prospekt, broschyr; [tryckt] program för kurs o. d.

prosper ['prɒspə] *itr* ha framgång, lyckas; blomstra, gå bra, ha goda tider

prosperity [prɒs'perətɪ] *s* välstånd [*live in ~*], välmåga; blomstring [*time of ~*]; lycka, välgång, medgång, framgång

prosperous ['prɒspərəs] *a* blomstrande; välmående, välbärgad; framgångsrik

prostate ['prɒsteɪt] *s* anat., ~ [*gland*] prostata

prostitute ['prɒstɪtju:t] **I** *s* prostituerad, fnask **II** *tr* prostituera [~ *o.s.*]

prostitution [ˌprɒstɪ'tju:ʃən] *s* prostitution

prostrate [ss. adj. 'prɒstreɪt, ss. vb prɒs'treɪt] **I** *a* **1** framstupa [*fall ~*], utsträckt [på magen] [*lie ~*], liggande **2** bildl. slagen, besegrad; nedbruten **II** *tr* **1** slå till marken; vräka omkull; *lie ~d* ligga utsträckt (framstupa) **2** ~ *o.s.* kasta sig i stoftet, falla ned [*before* [in]för] **3** utmatta [*~d by the heat*]; bryta ner [*~d with* (av) *grief*]

prostration [prɒs'treɪʃən] *s* **1** a) nedfallande [i stoftet] b) bildl. ödmjukhet, undergivenhet; förnedring **2** fullständig utmattning; nedbrutenhet

prosy ['prəuzɪ] *a* prosaisk; långtråkig

protagonist [prəʊ'tægənɪst] *s* **1** huvudperson i ett drama o. d., protagonist **2** förkämpe; förgrundsgestalt

protean [prəʊ'ti:ən, 'prəutɪən] *a* proteusartad; skiftande; mångsidig

protect [prə'tekt] *tr* skydda [*from, against* för, mot], beskydda, värna

protection [prə'tekʃən] *s* **1** skydd [*from, against* för, mot], beskydd, protektion, värn; *be under a p.'s ~* stå under ngns beskydd **2** fam., ~ [*money*] beskyddarpengar, mutor till gangsterorganisation

protective [prə'tektɪv] *a* **1** skyddande; ~ *colouring* biol. skyddsfärg; ~ *custody* skyddshäkte **2** beskyddande [*towards* [gent]emot]; beskyddar- [~ *instincts*]

protector [prə'tektə] *s* beskyddare

protectorate [prə'tektərət] *s* protektorat

protectress [prə'tektrəs] *s* beskyddarinna

protégé ['prəuteʒeɪ, 'prɒt-] (kvinna *protégée* [samma utt.]) *s* (fr.) skyddsling, protegé

protein ['prəuti:n] *s* kem. protein

protest [ss. subst. 'prəutest, ss. vb prəʊ'test] **I** *s* **1** protest; ~ *meeting* protestmöte; *enter* (*lodge*) *a ~* inge (lägga in, avge) [en] protest **2** hand. protest **II** *itr* protestera, inlägga protest; ~ *about* (*at*) beklaga sig över **III** *tr* **1** bedyra [~ *o.'s innocence*] **2** hand., ~ *a bill* protestera en växel

Protestant ['prɒtɪstənt] *s* protestant

Protestantism ['prɒtɪstəntɪzəm] *s* protestantism[en]

protestation [ˌprəutes'teɪʃən] *s* bedyrande, försäkran

protocol ['prəutəkɒl] *s* **1** protokoll, utkast till fördrag **2** protokoll, etikettsregler

proton ['prəutɒn] *s* fys. proton

protoplasm ['prəutəʊplæzəm] *s* biol. protoplasma

prototype ['prəutəʊtaɪp] *s* prototyp, urtyp, urbild [*of* för], förebild [*of* för, till]

protract [prə'trækt] *tr* dra ut på [~ *a visit*], förhala; fördröja; förlänga, utsträcka

protracted [prə'træktɪd] *a* utdragen, långdragen [~ *negotiations*]

protraction [prə'trækʃən] *s* förhalning; förlängning, utsträckning

protractor [prə'træktə] *s* gradskiva, [kart]-vinkelmätare

protrude [prə'tru:d] **I** *tr* sticka (skjuta) fram (ut) **II** *itr* skjuta fram (ut), stå ut

protruding [prə'tru:dɪŋ] *a* framskjutande, utskjutande, utstående [~ *ears* (*eyes*)]; ~ *jaw* äv. underbett; ~ *teeth* äv. överbett

protrusion [prə'tru:ʒən] *s* **1** framstickande, framskjutande **2** framskjutande del

protuberance [prə'tju:bərəns] *s* utbuktning; protuberans, bula, utväxt

protuberant [prə'tju:bərənt] *a* framskjutande, utskjutande, utstående

proud [praud] **I** *a* **1** stolt [*of* över]; högmodig **2** ståtlig [*a ~ sight* (anblick)] **3** ~ *flesh* svallkött, dödkött **II** *adv* fam., *do a p. ~* a) hedra ngn [*his conduct did him ~*] b) göra sig en massa besvär för ngns skull; *do o.s. ~* slå på stort

prove [pru:v] **I** *tr* **1** bevisa, styrka, bevisa riktigheten av; visa [*experience ~s that . .*]; påvisa; *the exception ~s the rule* undantaget bekräftar regeln; ~ *a will* bevaka ett testamente; ~ *a p.* (*a th.*) *to be* bevisa att ngn (ngt) är; *he ~d himself* [*to be*] *a brave man* han visade sig vara en tapper karl **2** isht tekn. prova; pröva **II** *itr,* ~ [*to be*] visa sig (befinnas) vara

provenance ['prɒvənəns] *s* ursprung, härkomst, proveniens [*the ~ of a manuscript*]

Provençal [ˌprɒvɑ̃:n'sɑ:l] **I** *a* provensalsk **II** *s* **1** provensal **2** provensalska [språket]

Provence [prɒ'vɑ̃:ns]

provender ['prɒvəndə] *s* **1** [torr]foder för husdjur **2** skämts. mat, foder

proverb ['prɒvɜ:b] *s* ordspråk; [*the Book of*] *Proverbs* bibl. Ordspråksboken

proverbial [prə'vɜ:bjəl] *a* ordspråks|mässig, -artad; ordspråks-, i ordspråket [*like the ~ fox*]; legendarisk, ökänd; ~ *saying* ordstäv; *become ~* bli [till] ett ordspråk

provide [prə'vaɪd] **I** *tr* **1** [an]skaffa, sörja för, ordna med, stå för; ~ *o.'s own food* ta med sig (hålla sig med) mat själv; *towels not ~d* handdukar tillhandahålls inte; ~ *o.s. with* förse sig med, skaffa sig **2** ge [*the tree ~s shade*], lämna; utgöra **3** om lag o. d. föreskriva, stadga [*the law ~s that* (att) . .] **II** *itr*, ~ *against* a) vidta åtgärder [för att skydda sig] mot b) jur. förbjuda [*this clause ~s against the use of* . .]; ~ *for* a) vidta åtgärder för b) försörja [~ *for a large family*], sörja (ordna, svara) för [*he ~s for his son's education*]; ~ *for o.s.* försörja sig; *she is well ~d for* det är väl sörjt för henne

provided [prə'vaɪdɪd] *konj*, ~ [*that*] förutsatt att, med förbehåll [av] att, om [bara], såvida

Providence ['prɒvɪdəns] *s* försynen; *divine ~, the ~ of God* Guds försyn

provident ['prɒvɪdənt] *a* **1** förutseende **2** sparsam **3** understöds- [~ *fund*]

providential [ˌprɒvɪ'denʃəl] *a* försynens, bestämd av försynen

providing [prə'vaɪdɪŋ] *konj*, ~ [*that*] förutsatt att etc., se *provided*

province ['prɒvɪns] *s* **1** provins; landskap **2** pl., *the ~s* landsorten, provinsen **3** [verksamhets]fält, område; *it is not* [*within*] *my ~* det är inte mitt fack (min sak)

provincial [prə'vɪnʃəl] **I** *a* **1** regional; provins-; landskaps- **2** provinsiell, landsorts-, landsortsmässig, lantlig **II** *s* landsortsbo

provincialism [prə'vɪnʃəlɪzəm] *s* **1** provinsialism **2** lantlighet, småstadsaktighet

provision [prə'vɪʒən] **I** *s* **1** a) anskaffande, ombesörjande, tillhandahållande b) försörjning c) åtgärd **2** pl. *~s* livsmedel, matvaror, proviant **3** bestämmelse, stadga[nde]; villkor **II** *tr* proviantera

provisional [prə'vɪʒənl] *a* provisorisk, interimistisk; ~ *government* provisorisk regering, interimsregering

proviso [prə'vaɪzəʊ] *s* förbehåll, reservation; [förbehålls]klausul, bestämmelse

provisory [prə'vaɪzərɪ] *a* villkorlig

provocation [ˌprɒvə'keɪʃən] *s* **1** provokation, utmaning; *at* (*on*) *the slightest ~* vid minsta anledning **2** framkallande

provocative [prə'vɒkətɪv] *a* utmanande, eggande, retsam [~ *remarks*]

provoke [prə'vəʊk] *tr* **1** reta [upp], förarga **2** framkalla [~ *a storm*], utlösa; väcka [~ *indignation*], uppväcka, vålla **3** provocera, driva; *be easily ~d to anger* lätt bli arg

provoking [prə'vəʊkɪŋ] *a* retsam; *how ~!* så förargligt!

provost-marshal [prə'vəʊ'mɑ:ʃəl] *s* militärpolischef

prow [praʊ] *s* förstäv, framstam

prowess ['praʊɪs] *s* litt. **1** tapperhet, mannamod **2** skicklighet

prowl [praʊl] **I** *itr* stryka omkring isht efter byte **II** *tr* stryka omkring i (på) [*wolves ~ the forest*] **III** *s* **1** *be* (*go*) *on the ~* vara ute (gå ut) på jakt, stryka omkring [*for* efter] **2** ~ *car* Am. polisbil, radiobil

prowler ['praʊlə] *s* person (djur) som stryker omkring

prox. [prɒks] förk. för *proximo*

proximity [prɒk'sɪmətɪ] *s* närhet *in close ~ to* i omedelbar närhet av

proximo ['prɒksɪməʊ] *a* (lat.) hand. nästkommande, [i] nästa månad

proxy ['prɒksɪ] *s* fullmakt, prokura; befullmäktigat ombud, ställföreträdare; *by ~* genom fullmakt (ombud)

prude [pru:d] *s* pryd (sipp) människa

prudence ['pru:dəns] *s* klokhet, försiktighet, förtänksamhet; sparsamhet

prudent ['pru:dənt] *a* klok, försiktig, förståndig, förtänksam

prudery ['pru:dərɪ] *s* pryderi; prydhet

prudish ['pru:dɪʃ] *a* pryd, sipp

1 prune [pru:n] *s* sviskon; torkat katrinplommon

2 prune [pru:n] *tr* **1** beskära, kvista, tukta träd o. d. [ofta ~ *down*]; klippa [~ *a hedge*]; ~ [*away* (*off*)] skära av (bort) grenar o. d. **2** bildl. skära ner [~ *an essay*]; rensa [*of* från]

pruners ['pru:nəz] *s pl* trädgårdssax, sekatör; *a pair of ~* en trädgårdssax (sekatör)

pruning ['pru:nɪŋ] *s* beskärning, kvistning, tuktande, klippning

pruning-shears ['pru:nɪŋʃɪəz] *s* se *pruners*

prurience ['prʊərɪəns] *s* o. **pruriency** ['prʊərɪənsɪ] *s* lystnad, liderlighet

prurient ['prʊərɪənt] *a* lysten, liderlig

Prussia ['prʌʃə] Preussen

Prussian ['prʌʃən] **I** *a* preussisk; ~ *blue* berlinerblått **II** *s* preussare

prussic ['prʌsɪk] *a* kem., ~ *acid* blåsyra

1 pry [praɪ] *tr* **1** ~ *open* [*a box*] bända upp . . **2** bildl., ~ *a secret out of a p.* lirka ur ngn en hemlighet

2 pry [praɪ] *itr* snoka [*about* omkring (runt); *for* efter; ~ *into* (i) *a p.'s affairs*]

prying ['praɪɪŋ] *a* snokande, nyfiken

P.S. ['pi:'es] förk. för *postscript*

psalm [sɑ:m] *s* psalm i Psaltaren; [*the Book of*] *Psalms* Psaltaren, Davids psalmer

psalter ['sɔ:ltə] *s* psaltare

pseudo ['sju:dəʊ, 'su:dəʊ] **I** *pref* pseudo- [*pseudo-classic*], kvasi- [*pseudo-scientific*], falsk, oäkta **II** *a* fam., *he is very ~* han är en stor bluff **III** *s* fam. bluff, humbug, posör

pseudo-event ['sju:dəʊɪ'vent, 'su:dəʊ-] *s* pseudohändelse

pseudonym ['sju:dənɪm, 'su:-] *s* pseudonym, taget författarnamn, signatur

pseudonymous [sju:'dɒnɪməs, su:-] *a*

pseudonym; ~ *name* pseudonym

pshaw [pʃɔː] *interj* äh!, äsch!

psoriasis [*p*sɒ'raɪəsɪs] *s* läk. psoriasis

psyche ['saɪkɪ, ss. vb saɪk] **I** *s* **1** psyke; själsliv **2** *P~* mytol. Psyche **II** *tr* sl. **1** psykoanalysera **2** psyka **III** *itr* sl., ~ *out* kollapsa

psychedelic [ˌsaɪkə'delɪk] *a* psykedelisk

psychiatric [ˌsaɪkɪ'ætrɪk] *a* psykiatrisk

psychiatrist [saɪ'kaɪətrɪst] *s* psykiater

psychiatry [saɪ'kaɪətrɪ] *s* psykiatri

psychic ['saɪkɪk] **I** *a* **1** psykisk; själslig **2** parapsykisk [~ *research*]; övernaturlig [~ *forces*] **3** mediumistisk; spiritistisk [*a* ~ *medium*]; *be* ~ ha ockult förmåga **II** *s* person med ockult förmåga

psycho ['saɪkəʊ] sl. **I** *s* **1** psykoanalys **2** psykopat **II** *tr* psykoanalysera

psychoanalyse [ˌsaɪkəʊ'ænəlaɪz] *tr* psykoanalysera

psychoanalysis [ˌsaɪkəʊə'næləsɪs] *s* psykoanalys

psychoanalyst [ˌsaɪkəʊ'ænəlɪst] *s* psykoanalytiker

psychoanalytic[al] ['saɪkəʊˌænə'lɪtɪk, -əl] *a* psykoanalytisk

psychological [ˌsaɪkə'lɒdʒɪkəl] *a* psykologisk

psychologist [saɪ'kɒlədʒɪst] *s* psykolog

psychology [saɪ'kɒlədʒɪ] *s* psykologi; *occupational* ~ yrkespsykologi

psychopath ['saɪkəʊpæθ] *s* psykopat

psychopathic [ˌsaɪkəʊ'pæθɪk] *a* psykopatisk

psychopathology [ˌsaɪkəʊpə'θɒlədʒɪ] *s* psykopatologi

psychos|is [saɪ'kəʊs|ɪs] (pl. *-es* [-iːz]) *s* psykos

psychosomatic [ˌsaɪkəʊsəʊ'mætɪk] *a* psykosomatisk

psychotherapy ['saɪkəʊ'θerəpɪ] *s* psykoterapi

psychotic [saɪ'kɒtɪk] *a* psykotisk, mentalt störd

P.T. förk. för *physical training*

pt. förk. för *pint*

p.t. förk. för *past tense*

ptarmigan ['tɑːmɪgən] *s* zool. [snö]ripa; fjällripa

P.T.O. ['piːtiː'əʊ] (förk. för *please turn over*) [var god] vänd!

ptomaine ['təʊmeɪn, təʊ'meɪn] *s* ptomain förruttnelsegift; ~ *poisoning* matförgiftning

pub [pʌb] *s* fam. (kortform för *public-house*) [öl]pub

pub-crawl ['pʌbkrɔːl] **I** *s* pubrond [*go on* (göra) *a* ~] **II** *itr, go ~ing* gå pubrond

puberty ['pjuːbətɪ] *s* pubertet

pubic ['pjuːbɪk] *a* anat. **1** blygd- [~ *bone* (*hairs*)] **2** blygdbens-

public ['pʌblɪk] **I** *a* **1** offentlig [~ *building*], allmän [~ *holiday*]; folk- [~ *health*]; statlig, stats- [~ *finances*]; publik; *make* ~ offentliggöra, göra allmänt bekant; ~ *address system* högtalaranläggning, högtalare t. ex. på flygplats; ~ *bar* enklare avdelning på en pub; ~ *enemy* samhällsfiende; ~ *gallery* parl. åhörarläktare; *it is a matter of* ~ *knowledge* det är offentligt (allmänt) bekant; ~ *library* offentligt bibliotek, folkbibliotek; ~ *life* det offentliga livet; ~ *opinion* [den] allmänna opinionen, folkopinionen; ~ *opinion poll* opinionsundersökning; ~ *relations* PR, public relations; ~ *relations officer* (*man*) PR-man; ~ *school* a) Engl. 'public school' högre privatinternat b) i USA allmän (kommunal) skola; ~ *servant* [stats]tjänsteman, ämbetsman **2** börsnoterad [*a* ~ *company*] **II** *s* allmänhet [*the general* (stora) ~], publik [*it reaches a large* ~]; *in* ~ offentligt, inför publik; *open to the* ~ öppen för allmänheten

publican ['pʌblɪkən] *s* **1** pubinnehavare; krogvärd **2** hist. o. bibl. publikan

publication [ˌpʌblɪ'keɪʃən] *s* **1** publicering, utgivning; *date* (*year*) *of* ~ tryckår, utgivningsår **2** publikation, tryckalster, skrift; *periodical* ~ periodisk skrift **3** offentliggörande; kungörande; ~ *of the banns* lysning

public-house ['pʌblɪk'haʊs] *s* [öl]pub

publicity [pʌb'lɪsətɪ] *s* publicitet, offentlighet [*avoid* ~]; reklam; ~ *agent* manager för artist; ~ *campaign* reklamkampanj

publicize ['pʌblɪsaɪz] *tr* offentliggöra, ge publicitet åt; göra reklam för

publicly ['pʌblɪklɪ] *adv* offentligt

public-spirited ['pʌblɪk'spɪrɪtɪd] *a* socialt ansvarskännande

publish ['pʌblɪʃ] *tr* **1** publicera; ge ut, förlägga **2** offentliggöra; kungöra; utfärda; ~ *the banns* [*of marriage*] avkunna lysning

publisher ['pʌblɪʃə] *s* [bok]förläggare; utgivare [*newspaper* ~]

publishing ['pʌblɪʃɪŋ] *s* förlagsverksamhet; ~ *house* (*firm*) [bok]förlag

puce [pjuːs] **I** *s* rödbrunt **II** *a* rödbrun

1 puck [pʌk] *s* ung. tomte[nisse]

2 puck [pʌk] *s* puck i ishockey

pucker ['pʌkə] **I** *tr* rynka, vecka; ~ [*up*] rynka, vecka, lägga i veck [~ [*up*] *o.'s brows*], snörpa ihop, spetsa [~ [*up*] *o.'s lips*] **II** *itr*, ~ [*up*] rynka (vecka) sig **III** *s* rynka, veck; rynkning

puckish ['pʌkɪʃ] *a* skälmsk; nyckfull

pudding ['pʊdɪŋ] *s* pudding; efterrätt; gröt; *black* ~ blodkorv; *rice* ~ a) risgrynsgröt b) risgrynskaka

puddle ['pʌdl] *s* pöl, [vatten]puss

pudenda [pjuː'dendə] *s pl* yttre könsorgan isht kvinnans

pudgy ['pʌdʒɪ] *a* se *podgy*
puerile ['pjʊəraɪl, Am. -rl] *a* barnslig
puerility [pjʊə'rɪlətɪ] *s* barnslighet
Puerto Rico ['pwɜ:təʊ'ri:kəʊ]
puff [pʌf] **I** *s* **1** pust; puff; bloss [*have a ~ at a pipe*] **2** puff, [svag] knall; *the ~s* [*from an engine*] tuffandet .. **3** [puder]vippa **4** sömn. puff; pl. *~s* pösiga veck; *~ sleeve* puffärm **5** kok. **a**) smördegskaka; *jam ~* smörbakelse med sylt i; *~ pastry* smördeg **b**) [*cream*] *~* petit-chou **6** [grov] reklam, puff **II** *itr* **1** pusta, flåsa, flämta **2** bolma [*smoke ~ed up from the crater*]; *~* [*away*] *at a cigar* bolma på en cigarr **3** blåsa [i stötar] **4** tuffa, ånga [*the engine ~ed out of the station*] **5** *~* [*up*] svälla [upp], svullna **III** *tr* **1** blåsa [*~ out a candle*] **2** stöta (pusta) ut [*~ smoke*] **3** bolma på [*~ a cigar*] **4** **a**) *~ out* blåsa upp [*~ out o.'s cheeks*] **b**) *~ up* blåsa upp; *~ed up* uppblåst, pösig; *be ~ed up with pride* pösa av stolthet **5** puffa (göra reklam) för
puff-ball ['pʌfbɔ:l] *s* bot. röksvamp
puffed [pʌft] *a* **1** *~* [*out*] andfådd **2** *~ sleeve* puffärm
puffin ['pʌfɪn] *s* zool. lunnefågel
puff-puff ['pʌf'pʌf] *s* barnspr. tuff-tuff[tåg]
puffy ['pʌfɪ] *a* **1** and|fådd, -truten **2** uppsvälld, svullen; påsig [*~ under the eyes*]; korpulent **3** pösande, pösig
pug-dog ['pʌgdɒg] *s* mops
pugilism ['pju:dʒɪlɪzəm] *s* pugilism, boxning
pugilist ['pju:dʒɪlɪst] *s* pugilist, [proffs]boxare
pugnacious [pʌg'neɪʃəs] *a* stridslysten
pugnacity [pʌg'næsətɪ] *s* stridslystnad
pug-nose ['pʌgnəuz] *s* trubbnäsa
pug-nosed ['pʌgnəuzd] *a* trubbnäst
puke [pju:k] *tr* o. *itr* fam. spy, kräkas
pukka ['pʌkə] *a* (angloind.) fam. riktig, verklig; prima; *~ sahib* fin herre
pulchritude ['pʌlkrɪtju:d] *s* [fysisk] skönhet
pule [pju:l] *itr* gnälla, kinka
pull [pul] **I** *tr* (se äv. *III* o. *pulled* samt fraser m. *pull* under bl. a. *face, leg, 2 punch, weight, wire*) **1** dra, rycka; hala; dra (rycka) i; dra ut [*~ a tooth*]; *~ a p.'s hair, ~ a p. by the hair* dra ngn i håret; *~ to pieces* (*bits*) rycka (plocka) sönder, slita i stycken, bildl. göra ned, kritisera sönder **2** läk. sträcka [*~ a muscle*] **3** göra, sätta i gång med [*~ a raid*]; *he ~ed a fast one* [*on* (*over*) *me*] sl. han drog mig vid näsan; *don't try to ~ that one on* (*that* [*stuff*] *with*) *me* fam. det där ska du inte försöka slå i mig
II *itr* (se äv. *III*) **1** dra, rycka, slita [*at, on* i], hala **2** ro
III *tr* o. *itr* med adv. isht med spec. övers.:
~ **apart:** a) rycka (plocka) isär (sönder) b) bildl. göra ned, kritisera ihjäl
~ **down:** **a**) riva [ned] [*~ down a house*]; dra ned; bildl. störta [*~ down a government*] **b**) driva ned [*~ down prices*]
~ **in:** **a**) dra in, dra åt; hålla in [*~ in a horse*] **b**) bromsa in; *~ in at* stanna till i (hos) **c**) köra in [*the train ~ed in at the station*]; svänga in [*~ in to the left*]
~ **off:** **a**) dra (ta) av [sig] **b**) fam. lyckas (gå i land) med, klara [av] [*he'll ~ it off*]; lägga beslag på, lyckas få [*~ off a job*]
~ **out:** **a**) dra ut (upp) [*~ out a tooth*]; ta ur (loss); dra (hala) fram (upp) **b**) dra sig tillbaka [*the troops ~ed out of the country*]; bildl. backa ut **c**) köra ut [*the train ~ed out of the station*]; svänga ut [*the car ~ed out from the kerb*]
~ **through** klara sig, gå igenom [krisen] [*the patient ~ed through*]
~ **together:** **a**) hjälpas åt, samarbeta **b**) *~ o.s. together* ta sig samman; ta sig i kragen
~ **up:** **a**) dra (rycka) upp **b**) stanna [*he ~ed up the car; the train ~ed up*]
IV *s* **1** drag[ning], ryck[ning]; tag; *give a strong ~* ta ett kraftigt tag; *give a ~ at* dra ett tag i **2** [år]tag; [sim]tag **3** **a**) klunk **b**) drag, bloss; *take a ~ at o.'s pipe* dra ett bloss på pipan **4** dragningskraft äv. bildl. **5** fördel; *have a* (*the*) *~ on a p.* ha övertag över ngn **6** fam. försänkningar, [goda] förbindelser [*he got the job through ~*]
pullback ['pulbæk] *s* tillbakadragande [*~ of troops*]
pulled [puld] *a*, *~ figs* torkade opressade fikon
pullet ['pulɪt] *s* unghöna, unghöns
pulley ['pulɪ] *s* block[skiva], trissa; talja; *~ block* hissblock, talja
pull-in ['pulɪn] *s* = *pull-up 1*
Pullman ['pulmən] *s* järnv., *~* [*car*] pullmanvagn
pull-out ['pulaut] **I** *s* **1** utvikningssida, utviksblad **2** flyg. upptagning **3** tillbakadragande [*~ of troops*] **II** *a* utdrags- [*~ bed*]
pullover ['pul,əuvə] *s* pullover
pull-up ['pulʌp] *s* **1** rastställe, [väg]kafé vid bilväg **2** gymn. armhävning i t. ex. trapets
pulmonary ['pʌlmənərɪ] *a* lung- [*~ diseases*]
pulp [pʌlp] **I** *s* **1** mos, [grötlik] massa, gröt; *reduce to* [*a*] *~* göra mos av, mosa [sönder] **2** [frukt]kött; innanmäte i frukt o. d. **3** [pappers]massa, [trä]massa **4** anat. o. bot. pulpa **5** fam., *~ magazine* billig veckotidning **II** *tr* **1** mosa **2** ta ur [frukt]köttet ur
pulpit ['pulpɪt] *s* predikstol
pulpy ['pʌlpɪ] *a* lös, mjuk; köttig; mosig
pulsar ['pʌlsɑ:] *s* astron. pulsar
pulsate [pʌl'seɪt] *itr* pulsera, slå; vibrera

pulsation [pʌl'seɪʃən] *s* **1** pulserande, pulsering, hjärtats klappande **2** pulsslag
pulse [pʌls] **I** *s* **1** puls äv. bildl.; *feel* (*take*) *a p.'s* ~ ta pulsen på ngn äv. bildl. **2** pulsslag **3** vibration[er], dunk [*the* ~ *of an engine*] **II** *itr* pulsera äv. bildl., slå; vibrera
pulse-jet ['pʌlsdʒet] *a* flyg., ~ *engine* pulsmotor
pulverize ['pʌlvəraɪz] *tr* pulvrisera, bildl. äv. smula sönder, krossa, göra mos av
puma ['pju:mə] *s* zool. puma
pumice ['pʌmɪs] *s* pimpsten
pumice-stone ['pʌmɪsstəʊn] *s* pimpsten
pummel ['pʌml] *tr* puckla på, mörbulta
1 pump [pʌmp] *s*, pl. ~*s* a) [herr]pumps b) Am. [dam]pumps
2 pump [pʌmp] **I** *s* pump **II** *tr* **1** pumpa; ~ *up* pumpa upp; *have o.'s stomach* ~*ed out* bli magpumpad **2** pumpa, fråga ut [~ *a witness*] **3** fam., *be completely* ~*ed* [*out*] vara fullkomligt utpumpad (tröttkörd)
pumpernickel ['pʊmpənɪkl] *s* pumpernickel
pumpkin ['pʌmpkɪn] *s* bot. pumpa
pump-room ['pʌmprʊm] *s* brunnssalong vid brunnsort
pun [pʌn] **I** *s* ordlek, vits **II** *itr* göra en ordlek (ordlekar), vitsa [*on* på]
Punch [pʌntʃ] **1** Punch namn på engelsk skämttidning **2** teat. motsv. Kasper; ~ *and Judy* [*show*] motsv. kasperteater; *as pleased as* ~ fam. storbelåten, stormförtjust; *as proud as* ~ fam. jättestolt
1 punch [pʌntʃ] **I** *s* **1** puns, stans; hålslag, håljärn; biljettång **2** stämpel **II** *tr* stansa [~ *holes*], slå hål i [~ *paper*], klippa [~ *tickets*]
2 punch [pʌntʃ] **I** *s* **1** knytnävsslag; boxn. punch; *I gave him a* ~ *on the nose* jag klippte till honom; *pull o.'s* ~*es* hålla igen på slagen; *he did not pull his* ~*es* bildl. han lade inte fingrarna emellan **2** fam. snärt, sting **II** *tr* puckla på, slå till; *I* ~*ed him on the nose* jag klippte till honom; [*the goalkeeper*] ~*ed the ball away* .. boxade ut bollen
3 punch [pʌntʃ] *s* bål; toddy; *hot rum* ~ romtoddy; *Swedish* ~ punsch
punch-bag ['pʌntʃbæg] *s* boxn. sandsäck; bild. slagpåse
punch-ball ['pʌntʃbɔ:l] *s* boxn. boxboll
punch-bowl ['pʌntʃbəʊl] *s* bål skål
punch-card ['pʌntʃkɑ:d] *s* hålkort
punch-drunk ['pʌntʃ'drʌnk] *a* **1** boxn. punch-drunk; omtöcknad **2** fam. vimmelkantig, halvt bedövad
punch-line ['pʌntʃlaɪn] *s* slutkläm
punch-up ['pʌntʃʌp] *s* sl. råkurr, slagsmål
punctilio [pʌŋk'tɪlɪəʊ] *s* **1** etikettssak, formsak **2** formalism, pedanteri
punctilious [pʌŋk'tɪlɪəs] *a* etikettsbunden, formalistisk; pedantisk
punctual ['pʌŋktjʊəl] *a* punktlig
punctuality [ˌpʌŋktjʊ'ælətɪ] *s* punktlighet
punctuate ['pʌŋktjʊeɪt] *tr* **1** interpunktera, kommatera **2** ideligen avbryta
punctuation [ˌpʌŋktjʊ'eɪʃən] *s* interpunktion, kommatering; ~ *mark* skiljetecken, interpunktionstecken
puncture ['pʌŋktʃə] **I** *s* punktering; stick **II** *tr* **1** punktera, sticka hål på (i) **2** få punktering på **3** bildl. slå hål på, gå illa åt [~ *a p.'s self-esteem*], punktera **III** *itr* få punktering
pundit ['pʌndɪt] *s* skämts. förståsigpåare
pungency ['pʌndʒənsɪ] *s* **1** skarphet etc., jfr *pungent* **2** skarp smak (lukt)
pungent ['pʌndʒənt] *a* skarp, besk, frän [~ *smell*]; stickande [~ *smoke*]
punish ['pʌnɪʃ] *tr* **1** straffa, bestraffa **2** fam. a) gå hårt åt [~ *o.'s opponent*], boxn. äv. illa tilltyga, mörbulta b) ~*ing* påfrestande [*a* ~*ing race*]
punishable ['pʌnɪʃəbl] *a* straffbar
punishment ['pʌnɪʃmənt] *s* **1** straff, bestraffning **2** fam. stryk; *take a lot of* ~ a) få mycket stryk b) tåla mycket stryk
punitive ['pju:nətɪv] *a* straff-; ~ *expedition* straffexpedition
punk [pʌŋk] sl. **I** *s* **1** strunt, skit äv. pers. **2** punk livsstil bland ungdom (med uppseendeväckande klädsel, musik etc.); om pers. punkare **II** *a* **1** urusel **2** punk- [~ *rock*]
punnet ['pʌnɪt] *s* spånkorg, kartong för bär
1 punt [pʌnt] **I** *s* punt, stakbåt **II** *tr* staka [fram], 'punta' **III** *itr* staka sig fram; [vara ute och] 'punta'
2 punt [pʌnt] **I** *s* insats i hasardspel **II** *itr* **1** satsa i hasardspel; spela mot banken **2** spela på kapplöpning; tippa
1 punter ['pʌntə] *s* 'puntare', [båt]stakare
2 punter ['pʌntə] *s* **1** satsare, spelare i hasardspel **2** vadhållare på kapplöpning; tippare
puny ['pju:nɪ] *a* ynklig, liten, klen
pup [pʌp] *s* **1** [hund]valp **2** [pojk]valp **3** fam., *sell a p. a* ~ lura ngn [att göra ett dåligt köp]
1 pupil ['pju:pl] *s* elev, lärjunge [*of a p.* till ngn]; ~ *teacher* lärarkandidat
2 pupil ['pju:pl] *s* anat. pupill
puppet ['pʌpɪt] *s* **1** teat. docka, marionett **2** bildl. marionett
puppet-show ['pʌpɪt-ʃəʊ] *s* dockteaterföreställning
puppet-theatre ['pʌpɪtˌθɪətə] *s* dockteater, marionetteater
puppy ['pʌpɪ] *s* **1** [hund]valp **2** bildl. [snor]valp; ~ *fat* fam. tonårsfetma; ~ *love* fam. tonårsförälskelse
purblind ['pɜ:blaɪnd] *a* skumögd, halvblind

purchasable ['pɜ:tʃəsəbl] *a, be* ~ kunna köpas, vara till salu
purchase ['pɜ:tʃəs] **I** *s* **1** köp; inköp, uppköp; ~ *price* inköpspris **2** *not be worth a day's* (*an hour's*) ~ inte vara värd ett ruttet lingon **3** tag, grepp [*get a* ~ *on a th.*], fäste, stöd **II** *tr* köpa; jur. förvärva; bildl. köpa (tillkämpa) sig; *purchasing power* köpkraft
purchaser ['pɜ:tʃəsə] *s* köpare
pure [pjʊə] *a* **1** ren, oblandad; hel- [~ *silk*]; ~ *mathematics* ren (teoretisk) matematik **2** ren, idel, bara [*it's* ~ *envy*]; *the truth* ~ *and simple* rena [rama] sanningen
purée ['pjʊəreɪ] *s* (fr.) kok. puré
purely ['pjʊəlɪ] *adv* rent; bara; ~ *by accident* av en ren händelse
purgative ['pɜ:gətɪv] **I** *s* läk. laxermedel **II** *a* läk. laxerande
purgatorial [ˌpɜ:gə'tɔ:rɪəl] *a* skärselds-
purgatory ['pɜ:gətərɪ] *s* skärseld, prövning
purge [pɜ:dʒ] **I** *tr* **1** rena [*of, from* från], luttra **2** pol. rensa [upp i] [~ *a party*] **3** läk. laxera; ~ *the bowels* rensa magen **II** *s* rening, renande; pol. utrensning
purification [ˌpjʊərɪfɪ'keɪʃən] *s* **1** rening, renande **2** relig. reningsceremoni
purify ['pjʊərɪfaɪ] **I** *tr* rena **II** *itr* renas
purist ['pjʊərɪst] *s* purist
puritan ['pjʊərɪtən] (hist. *P*~) **I** *s* puritan **II** *a* puritansk
puritanic[al] [ˌpjʊərɪ'tænɪk, -əl] *a* puritansk
puritanism ['pjʊərɪtənɪzəm] *s* puritanism
purity ['pjʊərətɪ] *s* renhet
1 purl [pɜ:l] **I** *s* avig [maska] **II** *tr,* ~ *one* sticka en avig [maska] **III** *itr* sticka avigt
2 purl [pɜ:l] **I** *itr* porla, sorla **II** *s* porlande, sorl
purloin [pɜ:'lɔɪn] *tr* stjäla, snatta
purple ['pɜ:pl] **I** *s* **1** purpur[färg] **2** purpur[dräkt]; *raised to the* ~ upphöjd till kardinal **II** *a* purpurfärgad, purpur-; mörklila; purpurröd, illröd [*become* ~ *with rage*], blodröd [*a* ~ *sunset*]; ~ *passage* (*patch*) högtravande (svulstigt) avsnitt i bok o. d.
purport ['pɜ:pət, 'pɜ:pɔ:t, ss. vb pə'pɔ:t] **I** *tr* ge sig ut för, avse [*the book* ~*s to be* . .], påstå sig [*to be* vara] **II** *s* innebörd, innehåll, andemening [*the* ~ *of what he said*]
purpose ['pɜ:pəs] **I** *s* **1** syfte, avsikt [*of* med; *in doing* med att göra], mening, föresats; ändamål; *answer* (*serve, suit*) *a p.'s* ~ tjäna (passa) ngns syfte, täcka ngns behov; *it answers* (*serves, suits*) *its* ~ den fyller sin funktion, den tjänar sitt syfte; *for* (*with*) *the* ~ *of buying* . . i avsikt (syfte) att köpa . .; *for the* ~*s of study* a) [i och] för studier b) för studieändamål; *for cooking* ~*s* till (för) matlagning; *for all practical* ~*s* i praktiken; *on* ~ med avsikt (flit); *be to the* ~ a) ha med saken (ämnet) att göra b) vara just det rätta; *to little* ~ till föga nytta **2** mål [*have a definite* ~ *in life*], uppgift; mening [*there is a* ~ *in the world* (tillvaron)]; *strength of* ~ viljestyrka, beslutsamhet; *be wanting in* ~ sakna målmedvetenhet; *a novel with a* ~ en tendensroman **II** *tr* ha för avsikt, ämna
purposeful ['pɜ:pəsfʊl] *a* **1** målmedveten **2** meningsfull, betydelsefull
purposely ['pɜ:pəslɪ] *adv* avsiktligt, med avsikt (flit)
purposive ['pɜ:pəsɪv] *a* **1** ändamålsenlig, meningsfull **2** målmedveten
purr [pɜ:] **I** *itr* spinna [*the cat* (*engine*) ~*ed*] **II** *s* spinnande
purse [pɜ:s] **I** *s* **1** a) portmonnä, börs, [penning]pung b) kassa, pengar [*out of my own* ~] **2** [insamlad] penninggåva; [penning]pris, prissumma **3** Am. handväska **II** *tr* rynka, dra ihop [~ *o.'s brows*]
purse-proud ['pɜ:spraʊd] *a* penningdryg
purser ['pɜ:sə] *s* sjö. o. flyg. purser
purse-strings ['pɜ:sstrɪŋz] *s pl* bildl., *hold the* ~ ha hand om kassan; *tighten the* ~ hålla igen på utgifterna
pursuance [pə'sju:əns] *s* fullföljande [*the* ~ *of a plan*], utövande [*the* ~ *of o.'s duties*]; *in* ~ *of* a) vid fullföljande etc. av b) i enlighet med
pursuant [pɜ:'sju:ənt] *a,* ~ *to* enligt, i enlighet med
pursue [pə'sju:] *tr* **1** förfölja, jaga; bildl. [för]följa [*bad luck* ~*d him*] **2** sträva efter, söka nå [~ *o.'s object*] **3** följa, gå efter [~ *a method*], driva, föra [~ *a policy*] **4** a) fullfölja [~ *a plan*]; fortsätta [med] [~ *an inquiry*] b) ägna sig åt, utöva [~ *a profession*]
pursuer [pə'sju:ə] *s* förföljare
pursuit [pɜ:'sju:t] *s* **1** förföljande, förföljelse [*of* av], jakt [*of* på]; bildl. jakt, strävan [*of* efter]; *be in* ~ *of* vara på jakt efter **2** sysselsättning [*a pleasant* ~]; syssla; *literary* ~*s* litterär verksamhet
purulent ['pjʊərʊlənt] *a* läk. varig
purvey [pɜ:'veɪ] *tr* leverera isht livsmedel
purveyor [pɜ:'veɪə] *s* [livsmedels]leverantör; *P*~ *to His* (*Her*) *Majesty* [kunglig] hovleverantör
purview ['pɜ:vju:] *s* **1** [verknings]område, räckvidd, sfär **2** synvidd, synkrets
pus [pʌs] *s* läk. var; ~ *basin* rondskål
push [pʊʃ] **I** *tr* **1** a) skjuta, fösa; skjuta 'på [~ *a car*], leda [~ *a bike*], dra [~ *a pram*] b) knuffa, stöta; knuffa (stöta) till c) driva [~ *the enemy troops into the sea*] d) trycka på [~ *a button*]; ~ *o.'s way* tränga (knuffa) sig fram; ~ *a p. around* fam. hunsa (köra) med ngn; ~ *over* knuffa (stöta) omkull **2** a)

driva, pressa [~ *a p. into doing a th.*] b) tvinga, driva (köra) 'på [*he'll do it if you ~ him*]; *be ~ed* vara i trångmål (knipa); *be ~ed for money* vara i penningknipa; *be ~ed for time* ha ont om tid **3** framhärda i, driva (få) igenom [~ *o.'s claims*]; ~ [*on*] påskynda, driva på, forcera [~ [*on*] *the work*]; *don't ~ it* (~ *your luck* [*too far*])! utmana inte ödet! **4** göra reklam (puffa) för [~ *goods*] **5** sl. langa [~ *drugs*] **6** fam. närma sig [*he is ~ing eighty*] **II** *itr* **1** a) tränga sig [fram] [*he ~ed past me*] b) knuffas [*don't ~!*] c) skjuta 'på; ~ *along* fam. kila [i väg], ge sig i väg; ~ *forward* tränga sig fram; ~ *off* a) lägga (skjuta) ut b) fam. kila [sin väg], sticka; ~ *off!* stick [härifrån]!; ~ *on* a) tränga vidare (på); fortsätta, köra (gå) vidare [*to* till] b) skynda på [~ *on with o.'s work*] **2** ~ *for* yrka på, kräva [~ *for higher wages*], kämpa (verka) för **III** *s* **1** knuff, puff, stöt; *give the car a ~* skjuta på bilen **2** [kraft]ansträngning **3** mil. framstöt **4** fam. framåtanda **5** försänkningar [*use* (utnyttja) ~ *to get a job*] **6** *at a ~* om det gäller (kniper); *when it comes to the ~* fam. när det verkligen gäller **7** sl., *get* (*give a p.*) *the ~* få (ge ngn) sparken

push-bike ['puʃbaɪk] *s* trampcykel, vanlig cykel

push-button ['puʃˌbʌtn] *s* elektr. tryckknapp; attr. tryckknapps- [~ *tuning* (inställning)]; ~ *telephone* knapp[sats]telefon; ~ *war* tryck-på-knappen-krig

push-cart ['puʃkɑːt] *s* [hand]kärra; [varu]vagn på varuhus; barnstol på hjul

push-chair ['puʃ-tʃeə] *s* sittvagn

pusher ['puʃə] *s* **1** streber, gåpåare **2** påpetare för barn **3** sl., [*drug* (*dope*)] ~ [knark]langare

pushover ['puʃˌəuvə] *s* fam. **1** smal (enkel) sak **2** lätt[fångat] byte; lätt motståndare

pusillanimity [ˌpjuːsɪlə'nɪmətɪ] *s* försagdhet; räddhåga

pusillanimous [ˌpjuːsɪ'lænɪməs] *a* försagd; räddhågad

1 puss [pus] *s* kisse; ~, ~! kiss! kiss!

2 puss [pus] *s* sl. nylle, tryne

1 pussy ['pusɪ] *s* se *pussy-cat*

2 pussy ['pusɪ] *s* vulg. **1** fitta **2** ligg

pussy-cat ['pusɪkæt] *s* **1** kisse|katt, -misse **2** bot. [vide]kisse

pussy-willow ['pusɪˌwɪləu] *s* bot. **1** sälg **2** [vide]kisse

pustule ['pʌstjuːl] *s* läk. koppa, varblåsa, pustel; finne

put [put] (*put put*) **I** *tr* (se äv. *III*; för *put* i spec. förbindelser ss. ~ *right* (*wise*), ~ *in mind*, ~ *to shame* se under resp. huvudord) **1** lägga, sätta, ställa [*in*[*to*] i; *on* på]; stoppa, sticka [~ *a th. into o.'s pocket*]; hälla, slå [~ *milk in the tea*]; kasta, sätta [~ *a p. in prison*]; *stay ~* fam. bli där man (den) är; ~ *yourself in my place!* sätt dig in i min situation!; ~ *a p. into a rage* försätta ngn i raseri; ~ *a p. through a th.* låta ngn gå igenom ngt, underkasta ngn ngt [~ *a p. through a test*]; ~ *a p. through it* fam. klämma efter ngn; ~ *a p. to* förorsaka (vålla) ngn [~ *a p. to expense*]; ~ *o.s. to* a) ägna sig åt, ta itu med b) göra (skaffa) sig, dra på sig [~ *o.s. to a lot of trouble* (*expense*)]; *be ~ to a lot of expense* få en massa utgifter; *be hard ~ to it* ha det svårt **2** uppskatta, beräkna [*I ~ the value at* (till) . .], värdera [*at* till] **3** uttrycka, säga [*it can all be ~ in a few words*], framställa [~ *the matter clearly*], formulera: *to ~ it bluntly* för att tala rent ut; *to ~ it briefly* för att fatta mig kort **4** [fram]ställa, rikta [~ *a question to a p.*]; ~ *a th. before* (*to*) *a p.* förelägga ngn ngt, lägga fram ngt för ngn; *I ~ it to you that* [*you were there*] jur. är det inte [faktiskt] så att . .?, jag vill göra gällande att . . **5** översätta [~ *into* (till) *English*]; ~ *into verse* sätta på vers **6** hålla, satsa, sätta [~ *money on a horse*]; placera, lägga ner [~ *money into a business*] **7** sport., ~ *the shot* (*weight*) stöta kula

II *itr* (se äv. *III*) **1** sjö. löpa, gå, styra [~ *into the harbour*]; ~ *into port* söka hamn; ~ *to sea* löpa ut, sticka till sjöss **2** fam., *don't be ~ upon by him!* låt inte honom sätta sig på (topprida) dig!

III *tr* o. *itr* med adv. (betr. *across* o. *off* äv. prep.) med spec. övers.: ~ **about** sprida [ut] [~ *about a rumour*]

~ **across:** **a**) sätta (forsla) över **b**) sjö. gå (styra) över [*to* till] **c**) fam. föra (få) fram [*he has plenty to say but he cannot ~ it across*]

~ **aside:** **a**) lägga etc. bort (ifrån sig) **b**) lägga undan [~ *aside a bit of money*]

~ **away:** **a**) lägga etc. undan (bort, ifrån sig); ~ *the car away in the garage* ställa in bilen [i garaget] **b**) lägga undan, spara [~ *some money away*] **c**) fam. avliva [*my dog had to be ~ away*]

~ **back:** **a**) lägga etc. tillbaka (på sin plats) **b**) vrida (ställa) tillbaka [~ *back* [*the hands of*] *the clock*] **c**) hålla tillbaka

~ **by:** **a**) lägga etc. undan (ifrån sig) **b**) lägga undan (av), spara [ihop] [~ *money by*]

~ **down:** **a**) lägga etc. ned (ifrån sig), släppa [~ *down a burden*]; sätta (släppa) av [~ *me down at the corner*] **b**) slå ned, kuva, undertrycka [~ *down a rebellion*], sätta stopp för **c**) anteckna, skriva upp [~ *down the address*], sätta (föra) upp [~ *it down to* (på) *my account*] **d**) slå (fälla) ned (ihop) [~ *down o.'s umbrella*] **e**) uppskatta [*at, as* till]; anse, betrakta [*as, for* som, för; *they*

~ *him down as a fool*] **f**) ~ *down to* tillskriva, skylla på [*he ~s it down to nerves*]
~ **forth: a**) uppbjuda [~ *forth all o.'s strength*] **b**) framställa, komma med [~ *forth a theory*] **c**) skjuta [~ *forth shoots*]; ~ *forth* [*leaves*] slå ut
~ **forward: a**) lägga fram, framställa, komma [fram] med [~ *forward a theory*] **b**) förorda, föreslå [~ *a p. forward as a candidate*]; ~ *o.s. forward as a candidate* ställa upp som kandidat **c**) vrida (ställa) fram [~ *forward* [*the hands of*] *the clock*]
~ **in: a**) lägga etc. in, installera [~ *in central heating*], sticka in [*he ~ his head in at the window*]; lägga ner [~ *in a lot of work*]; ~ *in a good word for* lägga ett gott ord för **b**) skjuta in, sticka emellan med [~ *in a word*] **c**) lämna (ge) in, komma in med; lämna, komma med [~ *in an offer*]; ~ *in for* lägga in (ansöka) om, söka, anmäla sig [som sökande] till [*he ~ in for the job*] **d**) hinna med, avverka [~ *in an hour's work before breakfast*] **e**) sjö. löpa (gå) in [~ *in to* (i) *harbour*]; ~ *in at* [*a harbour*] anlöpa . .
~ **inside** sl. bura (spärra, sy) in
~ **off: a**) lägga bort (av); ta av [sig]; sätta (släppa) av [*he ~ me off at the station*] **b**) skjuta upp, vänta (dröja) med [*doing a th.* att göra ngt] **c**) avfärda [~ *a p. off with a lot of talk*], avspisa **d**) hindra, avråda [*from* från]; ~ *a p. off his game* störa ngn i hans spel **e**) fam. förvirra, göra konfys, distrahera [*the noise ~ me off*]; stöta [*his manners ~ me off*]; få att tappa lusten; *be ~ off o.'s dinner* tappa aptiten [vid middagen]
~ **on: a**) lägga (sätta) på [~ *the lid on*]; sätta (ta) på [sig] [~ *on o.'s hat*], ta på sig [~ *on an air of innocence*], anta, anlägga; [*her modesty is only*] ~ *on* . . påklistrad (låtsad); ~ *it on* fam. göra sig till (viktig); överdriva, bre på [~ *it on thick* (för mycket)]; lägga på [priserna] **b**) öka, sätta upp [~ *on speed*]; ~ *on flesh* (*fat*) lägga på hullet; ~ *on weight* öka (gå upp) [i vikt]; ~ *on the clock* ställa (vrida) fram klockan **c**) sätta på [~ *on the radio*], sätta i gång, släppa på; ~ *on the brakes* använda bromsen; ~ *on the light* tända [ljuset] **d**) ta upp, ge, spela [~ *a play on*] **e**) ~ *a p. on* driva med ngn **f**) ~ *on to* telef. koppla till; *please ~ me on to . .* kan jag få . .
~ **out: a**) lägga etc. ut (fram); räcka (sträcka) fram [~ *out o.'s hand*], räcka ut [~ *out o.'s tongue*]; hänga ut [~ *out flags*], sätta upp; ~ *out leaves* slå (spricka) ut **b**) köra (kasta) ut; ~ *out of business* konkurrera ut; ~ *a p. out of his misery* göra slut på ngns lidanden; ~ *a p. out of the way* röja ngn ur vägen **c**) släcka [~ *out the fire*]; ~ *out the light* släcka [ljuset] **d**) vrida (sträcka) ur led [~ *o.'s shoulder out*]; ~ *out of joint* dra (få) ur led **e**) göra stött; störa [*these interruptions ~ me out*]; *be ~ out about a th.* ta illa vid sig över ngt **f**) vålla besvär, vara besvärlig för [*would it ~ you out to do it?*]; ~ *o.s. out* göra sig besvär **g**) ta till, uppbjuda [~ *out all o.'s strength*] **h**) producera, framställa **i**) offentliggöra **j**) släppa ut [*on* (i, på) *the market*; *to grass* på bete]; sätta (plantera) ut **k**) låna ut pengar [*at interest* mot ränta] **l**) sjö. sticka ut [*to sea* till sjöss]
~ **over** fam.: ~ *it* (*one*) *over on a p.* lura ngn
~ **through: a**) genomföra, slutföra **b**) telef. koppla [in] [*to* till]
~ **together** lägga ihop (samman); sätta ihop, montera [~ *together a machine*]; samla ihop, ordna [~ *together o.'s thoughts*]
~ **up: a**) sätta upp i olika bet. [~ *up a notice* (*o.'s hair*)]; uppföra, slå upp, resa [~ *up a tent*]; ställa upp [~ *up a team*] **b**) räcka (sträcka) upp [~ *up o.'s hand*]; slå (fälla) upp [~ *up o.'s umbrella*], hissa [~ *up a flag*] **c**) höja, driva upp [~ *up the price*] **d**) utbjuda [~ *up for* (till) *sale*] **e**) fam. prestera, göra [~ *up a good game*], komma med [~ *up excuses*]; ~ *up a defence* försvara sig; ~ *up a good show* göra bra ifrån sig, klara sig fint **f**) lägga (packa) in [~ *up a th. in a parcel*] **g**) teat. iscensätta, sätta upp [~ *up a play*] **h**) föreslå [~ *up a candidate for* (vid) *an election*] **i**) hysa, ta emot [~ *a p. up for the night*]; ~ *up at a hotel* (*with a p.*) ta in (bo) på ett hotell (hos ngn) **j**) betala, stå för; ~ *up the money* skaffa [fram] pengarna **k**) ~ *a p. up to* sätta ngn in i; lära ngn [~ *a p. up to a trick*]; förleda (lura) ngn till [*he ~ me up to doing* (att göra) *it*] **l**) ~ *up with* stå ut med, finna sig i, tåla, tolerera

putative ['pju:tətɪv] *a* förment, förmodad

putrefaction [ˌpju:trɪ'fækʃən] *s* förruttnelse, röta

putrefy ['pju:trɪfaɪ] **I** *itr* bli rutten, ruttna **II** *tr* göra rutten

putrescence [pju:'tresns] *s* förruttnelse

putrescent [pju:'tresnt] *a* ruttnande; rutten

putrid ['pju:trɪd] *a* **1** rutten **2** fam. urusel

putsch [pʊtʃ] *s* (ty.) [stats]kupp, uppror

putt [pʌt] golf. **I** *tr* o. *itr* putta **II** *s* putt

puttee ['pʌtɪ] *s* benlinda; *~s* äv. puttees

putter ['pʌtə] *s* golf. putter

putting-green ['pʌtɪŋgri:n] *s* golf. **1** inslagsplats **2** minigolfbana

putty ['pʌtɪ] **I** *s* kitt; spackel; *he's like ~ in her hands* han är som vax i hennes händer **II** *tr* kitta; spackla [*up* igen]

put-up ['pʊtʌp] *a* fam., *it's a ~ job* det är en [förberedd] kupp, det var fixat i förväg

put-you-up ['pʊtjʊʌp] *s* bäddsoffa

puzzle ['pʌzl] **I** *tr* **1** förbrylla; *look ~d* se förbryllad (frågande) ut; *~ o.'s brain[s]* (*head*) *about* bry sin hjärna **2** *~ out* fundera (lura) ut **II** *itr* bry sin hjärna [*over, about* med], grubbla [*over, about* över], göra sig huvudbry **III** *s* **1** *be in a ~* vara i bryderi **2** gåta; problem, svår nöt [att knäcka] **3** pussel, läggspel
puzzlement ['pʌzlmənt] *s* bryderi, förvirring
puzzling ['pʌzlɪŋ] *a* förbryllande, gåtfull
PVC förk. för *polyvinyl chloride* PVC
Pygmalion [pɪg'meɪljən]
pygmy ['pɪgmɪ] *s* **1** *P~* pygmé folkslag **2** pygmé, dvärg, lilleputt; nolla
pyjama [pə'dʒɑːmə] attr. *a* pyjamas- [*~ jacket*]
pyjamas [pə'dʒɑːməz] *s pl* pyjamas; *a pair of ~* en pyjamas
pylon ['paɪlən] *s* **1** [kraft]ledningsstolpe; *radio ~* radiomast **2** arkit., flyg. pylon
pyorrhoea [ˌpaɪə'rɪə] *s* läk. pyorré, varflytning
pyramid ['pɪrəmɪd] *s* pyramid
pyre ['paɪə] *s* bål isht för likbränning
Pyrenees [ˌpɪrə'niːz] *s pl, the ~* Pyrenéerna
pyrites [paɪ'raɪtiːz, pɪ'r-] (pl. lika) *s* miner. kis; *copper ~* kopparkis; *iron ~* svavelkis
pyromaniac [ˌpaɪrəʊ'meɪnɪæk] *s* pyroman
pyrotechnic[al] [ˌpaɪrəʊ'teknɪk, -əl] *a* pyroteknisk; *~ display* fyrverkeri
pyrotechnics [ˌpaɪrəʊ'teknɪks] (konstr. ss. sg. el. pl.) *s* **1** pyroteknik, fyrverkerikonst **2** bildl. fyrverkeri
Pyrrhic ['pɪrɪk] *a* pyrrhisk; *~ victory* pyrr[h]usseger
Pythagoras [paɪ'θægəræs]
python ['paɪθən] *s* zool. pytonorm

Q

Q, q [kjuː] (pl. *Q's, q's* [kjuːz]) *s* Q, q
Q. förk. för *Queen, Question*
Q.C. ['kjuː'siː] förk. för *Queen's Counsel*
Q.E.D. ['kjuːiː'diː] förk. för *quod erat demonstrandum* (lat.) = *which was to be proved* (*demonstrated*) v.s.b., vilket skulle bevisas
qt. förk. för *quart[s]*
q.t. ['kjuː'tiː] *s* (sl. för *quiet*), *on the* [*strict*] *~* i hemlighet (smyg)
1 quack [kwæk] **I** *itr* om ankor snattra, bildl. äv. tjattra **II** *s* snatter, tjatter
2 quack [kwæk] *s* kvacksalvare; charlatan; *~ doctor* kvacksalvare
quackery ['kwækərɪ] *s* kvacksalveri
quad [kwɒd] *s* fam. **1** (kortform för *quadrangle*) [fyrkantig kringbyggd] gård i college **2** (kortform för *quadruplet*) fyrling
Quadragesima [ˌkwɒdrə'dʒesɪmə] *s*, *~* [*Sunday*] första söndagen i fastan
quadrangle ['kwɒdræŋgl] *s* **1** geom. fyrhörning; fyrkant **2** [fyrkantig kringbyggd] gård i college
quadrangular [kwɒ'dræŋgjʊlə] *a* fyrkantig
quadrant ['kwɒdrənt] *s* kvadrant i olika bet.
quadratic [kwɒ'drætɪk, kwə'd-] *a*, *~ equation* kvadratisk ekvation
quadrilateral [ˌkwɒdrɪ'lætərəl] **I** *a* fyrsidig **II** *s* fyrsiding
quadrille [kwɒ'drɪl] *s* kadrilj
quadrillion [kwɒ'drɪljən, kwə'd-] *s* mat. kvadriljon 1 efterföljt av 24 nollor; i USA 1000 biljoner 1 efterföljt av 15 nollor
quadruped ['kwɒdrʊped] **I** *s* fyrfotadjur, fyrfoting **II** *a* fyrfotad, fyrbent
quadruple ['kwɒdrʊpl] **I** *a* **1** fyrdubbel, fyrfaldig; kvadrupel- **2** fyrparts-; *~ alliance* fyrmakts-, kvadrupel|allians **3** *~ time* mus. fyrtakt **II** *tr* o. *itr* fyrdubbla[s]
quadruplet ['kwɒdrʊplət, -plet] *s* fyrling
quaff [kwɒf, kwɑːf] litt. **I** *tr* o. *itr* dricka i stora klunkar, klunka i sig **II** *s* [stor] klunk
quagmire ['kwægmaɪə, 'kwɒg-] **1** a) gungfly, moras b) *~* [*of mud*] lervälling, leråker **2** bildl. gungfly
1 quail [kweɪl] *s* zool. vaktel
2 quail [kweɪl] *itr* bäva, tappa modet
quaint [kweɪnt] *a* pittoresk [*a ~ old house*]; pikant; befängd [*a ~ idea*]
quake [kweɪk] **I** *itr* skaka, skälva, darra, bäva **II** *s* **1** skakning, skälvning **2** [jord]skalv
Quaker ['kweɪkə] *s* kväkare
qualification [ˌkwɒlɪfɪ'keɪʃən] *s* **1** inskränkning, förbehåll, modifikation [*accept a th. with certain ~s*] **2** a) kvalifikation, merit; egenskap b) utbildning, examen [*a university ~*]; *a doctor's ~s* a) läkar|kompetens, -behörighet b) läkar|utbildning, -examen; *list of ~s* meritförteckning **3** villkor, krav [*~s for membership*]
qualified ['kwɒlɪfaɪd] *a* **1** kvalificerad, kompetent, meriterad [*for* för]; utbildad [*a ~ nurse*], behörig; berättigad; *be ~ to* äv. ha behörighet att **2** förbehållsam, reserverad [*~ praise*]; *give a th. o.'s ~ approval* godkänna ngt med vissa förbehåll
qualifier ['kwɒlɪfaɪə] *s* gram. bestämning, bestämningsord
qualify ['kwɒlɪfaɪ] **I** *tr* **1** kvalificera, meritera, berättiga [*for* till; *to* inf. att]; *~ing match* sport. kvalificerings-, kval|match **2**

modifiera, begränsa, inskränka [~ *a statement*] **3** gram. bestämma, stå som bestämning till **II** *itr* o. *refl* kvalificera sig äv. sport., meritera sig [*for* för]; ~ *for* (*to* inf.) uppfylla kraven för att få, vara berättigad till (att); *he qualified as a teacher last year* han tog sin lärarexamen förra året
qualitative ['kwɒlɪtətɪv] *a* kvalitativ
qualit|y ['kwɒlətɪ] *s* **1** kvalitet; beskaffenhet; sort, slag; ~ *of life* livskvalitet **2** egenskap [*he has many good -ies*], drag
qualm [kwɑ:m, kwɔ:m] *s* **1** betänklighet, skrupel; ~*s* [*of conscience*] samvetskval **2** farhåga, ond aning **3** pl. ~*s* kväljningar
quandary ['kwɒndərɪ] *s* bryderi; dilemma
quanta ['kwɒntə] *s* pl. av *quantum*
quantify ['kwɒntɪfaɪ] *tr* kvantifiera
quantitative ['kwɒntɪtətɪv] *a* kvantitativ
quantity ['kwɒntətɪ] *s* **1** kvantitet, mängd; kvantum, mått; hand. parti **2 a**) mat. storhet; *unknown* ~ obekant [storhet] **b**) bildl., *an unknown* ~ ett oskrivet blad **3** språkv., metr. kvantitet **4** ~ *surveyor* byggnads|kalkylator, -ingenjör
quant|um ['kwɒnt|əm] (pl. *-a* [-ə]) *s* **1** kvantum, mängd **2** fys. kvant; attr. kvant- [~ *physics*]
quarantine ['kwɒrənti:n] **I** *s* karantän **II** *tr* lägga (sätta) i karantän
quarrel ['kwɒrəl] **I** *s* **1** gräl, träta, tvist; *pick a* ~ söka (mucka) gräl **2** invändning [*with* mot]; *I have no* ~ *with* (*against*) *him* jag har inget otalt med honom **II** *itr* **1** gräla, strida, träta, tvista, råka i gräl **2** klaga, anmärka [*with* på]
quarrelsome ['kwɒrəlsəm] *a* grälsjuk
1 quarry ['kwɒrɪ] *s* [jagat] villebråd
2 quarry ['kwɒrɪ] **I** *s* **1** stenbrott; *slate* ~ skifferbrott **2** bildl. kunskapskälla, guldgruva **II** *tr* bryta [~ *stone*]; bryta (hämta) sten i **III** *itr* bryta sten
quarryman ['kwɒrɪmən] *s* stenbrytare
quart [kwɔ:t] *s* quart rymdmått för våta varor = 2 *pints* = 1,136 l (i USA = 0,946 l)
quarter ['kwɔ:tə] **I** *s* **1** fjärdedel; *a* ~ *of a* [*mile*] en fjärdedels (kvarts)..; *a* ~ *of a century* ett kvartssekel; ~ *note* Am. mus. fjärdedelsnot **2** ~ [*of an hour*] kvart, kvarts timme; *a* ~ *past* (*after* Am.) *ten* [en] kvart över tio; *a* ~ *to* (*of* Am.) *ten* [en] kvart i tio; *the clock strikes the* ~*s* klockan slår kvartsslag (kvarter) **3** kvartal; *by the* ~ kvartalsvis; ~ *sessions* se *session 1* **4** ss. mått **a**) rymdmått för torra varor = 8 *bushels* = 290,9 l **b**) viktmått: a) = 1/4 *hundredweight* = 28 *pounds* (i USA = 25 *pounds*) = 12,7 kg (i USA = 11,3 kg) b) = 1/4 *pound* = 112 gr = ung. 1 hekto [*a* ~ *of sweets*] **5** Am. 25 cent **6** [mån]kvarter **7** kvarter [*a slum* ~]; *this* ~ *of the town* denna stadsdel **8** håll äv. bildl., sida [*the wind blows from all* ~*s*]; *at* (*to*) *close* ~*s* se *2 close I 1*; *from all* ~*s* (*every* ~) från alla håll [och kanter]; [*hear a th.*] *from a reliable* ~ .. från säkert håll; *in high* (*the highest*) ~*s* på högre (högsta) ort **9** ~*s* pl. logi, bostad, isht mil. kvarter, förläggning; *take up o.'s* ~*s* inkvartera sig, ta in **10** sjö. post, station; *take up o.'s* ~*s* ställa sig på post **11** sjö. låring **12** isht mil. pardon, nåd, förskoning [*give* (*ask for*) ~] **II** *tr* **1** dela i fyra delar, fyrdela **2** mil. inkvartera, förlägga [*on* (*with*) *a p.* hos ngn] **3** hist. stycka [*hanged, drawn* (uppsprättad) *and* ~*ed*]
quarter-deck ['kwɔ:tədek] *s* sjö. a) halv-, akter|däck b) officerare
quarter-final ['kwɔ:tə'faɪnl] *s* sport. kvartsfinal
quarterly ['kwɔ:təlɪ] **I** *a* kvartals-; [som återkommer] en gång i kvartalet **II** *adv* kvartalsvis; en gång i kvartalet
quartermaster ['kwɔ:təˌmɑ:stə] *s* **1** mil. [regements]kvartermästare, intendent **2** sjö. [roder]styrman
quartermaster-general ['kwɔ:təˌmɑ:stə'dʒenərəl] *s* mil. generalintendent
quartermaster-sergeant ['kwɔ:təˌmɑ:stə'sɑ:dʒənt] *s* mil. furir
quartet[te] [kwɔ:'tet] *s* kvartett mus. o. bildl.
quarto ['kwɔ:təʊ] *s* kvart[s]format
quartz [kwɔ:ts] *s* miner. kvarts; ~ *clock* (*watch*) kvartsur; ~ *crystal* kvartskristall
quasar ['kweɪzɑ:] *s* astron. kvasar
quash [kwɒʃ] *tr* **1** jur. ogilla, ogiltigförklara **2** krossa, kuva [~ *a rebellion*]
quasi ['kweɪzaɪ, 'kwɑ:zɪ] *pref* halv- [*quasi-official*], halvt; kvasi-
quatrain ['kwɒtreɪn] *s* metr. fyrradig strof
quaver ['kweɪvə] **I** *itr* **1** darra **2** mus. drilla **II** *s* **1** skälvning **2** mus. åtton[de]delsnot
quay [ki:] *s* kaj
quayside ['ki:saɪd] *s* kaj[område]
queasy ['kwi:zɪ] *a* **1** kväljande **2** ömtålig, känslig [*a* ~ *stomach*] **3** illamående
Quebec [kwɪ'bek, kwə'b-]
queen [kwi:n] **I** *s* **1** drottning; ~ *bee* bidrottning **2 a**) schack. drottning, dam; ~*'s pawn* drottning-, dam|bonde **b**) kortsp. dam; ~ *of hearts* hjärterdam **3** sl. bög homofil **II** *tr* **1** ~ *it* [*over*] spela översittare [mot] **2** schack., ~ *a pawn* göra en bonde till drottning
queenlike ['kwi:nlaɪk] *a* drottninglik
queenly ['kwi:nlɪ] *a* **1** drottninglik; majestätisk **2** drottning- [*her* ~ *duties*]
Queensberry ['kwi:nzbərɪ] egennamn; *the* ~ *rules* Queensberry-reglerna boxningsregler
Queensland ['kwi:nzlənd]
queer [kwɪə] **I** *a* **1** konstig, underlig, egendomlig, besynnerlig [*a* ~ *story*]; *a* ~ *fellow* (*fish*) en underlig typ; *he's a bit* ~ [*in the*

head] han är lite konstig (knäpp) **2** skum, mystisk [*a ~ character*(figur)] **3** sl. homofil **4** fam., *in Q~ Street* i [penning]knipa **II** *s* sl. fikus homofil **III** *tr* sl. fördärva [*~ a p.'s chances*]; *~ a p.'s pitch* förstöra det hela för ngn

quell [kwel] *tr* poet. kuva [*~ a rebellion*], kväva [*~ opposition*]; dämpa, stilla

quench [kwentʃ] *tr* **1** släcka [*~ a fire*]; *~ o.'s thirst* släcka törsten **2** dämpa [*~ a p.'s enthusiasm*], undertrycka, kväva

quencher ['kwentʃə] *s* fam. törstsläckare

querulous ['kwerʊləs, -rjʊl-] *a* knarrig, gnällig, kverulantisk [*a ~ old man*]

query ['kwɪərɪ] **I** *s* **1** fråga [*raise* (väcka) *a ~*], förfrågan **2** frågetecken som sätts i marginal o. d. **II** *tr* **1** fråga om, kolla; *~ whether* (*if*) undra om **2** ifrågasätta

quest [kwest] **I** *s* sökande [*of, for* efter], strävan [*the ~ for* (efter) *power*]; *in ~ of* för att söka (leta) [efter] [*in ~ of gold*], på jakt efter **II** *itr, ~ for* söka (leta) efter

question ['kwestʃən] **I** *s* fråga i olika bet.; spörsmål, problem; tvistefråga; angelägenhet; parl. interpellation; *~ paper* examensuppgift, [examens]skrivning; *when it is a ~ of..* när det gäller (är fråga om)..; *there is no ~ about it* det råder inget tvivel om det; *beyond* [*all*] *~* utom (höjd över) allt tvivel; *be in ~* a) vara aktuell (i fråga) b) ha ifrågasatts; *call in*[*to*] *~* ifrågasätta; *it is out of the ~* det kommer aldrig i fråga, det kan inte bli tal om det; *without ~* utan tvekan **II** *tr* **1** fråga, ställa frågor till [*~ a p. on* (om) *his views*]; förhöra [*he was ~ed by the police*] **2** ifrågasätta **III** *itr* fråga, ställa frågor

questionable ['kwestʃənəbl] *a* **1** tvivelaktig, diskutabel, oviss **2** skum, tvivelaktig

questioner ['kwestʃənə] *s* frågare, frågeställare; parl. interpellant

questioning ['kwestʃənɪŋ] *s* förhör [*detain a p. for ~*]

question-mark ['kwestʃənmɑːk] *s* frågetecken

question-master ['kwestʃənˌmɑːstə] *s* frågesportsledare

questionnaire [ˌkwestʃə'neə] *s* frågeformulär

quetzal ['kwetsəl] *s* zool. quetzal

queue [kjuː] **I** *s* kö; *jump the ~* fam. tränga sig (smita) före [i kön] **II** *itr, ~* [*up*] köa

quibble ['kwɪbl] **I** *s* spetsfundighet **II** *itr* **1** rida på ord; slingra sig; käbbla om småsaker; *~ about* (*over*) käbbla om, munhuggas om **2** anmärka

quibbler ['kwɪblə] *s* ordryttare; person som käbblar om småsaker, petimäter

quibbling ['kwɪblɪŋ] **I** *a* spetsfundig; småaktig **II** *s* spetsfundigheter, ordrytteri

quick [kwɪk] **I** *a* **1** snabb, hastig, rask; rapp [*a ~ answer*]; kvick; *be ~* [*about it*]*!* skynda (snabba, raska) dig [på]!; *be ~ to* vara snar till (att) [*be ~ to anger* (*to do a th.*)], ha lätt för att [*be ~ to understand*]; *a ~ one* fam. en snabbis, isht ett glas som hastigast; *~ march* hastig marsch 128 steg i minuten; *~ time* rask marsch[takt] 120 steg i minuten **2** häftig, hetsig [*a ~ temper*] **3** skarp, fin [*~ ear* (*eye*)] **II** *adv* fam. fort, kvickt [*come ~!*], snabbt **III** *s* ömt ställe isht i sår o. d., bildl. öm punkt; *it cuts me to the ~* det skär mig i hjärtat

quick-change ['kwɪktʃeɪndʒ] attr. *a, ~ artist* förvandlingskonstnär

quicken ['kwɪkən] **I** *tr* **1** påskynda [*~ o.'s steps*], öka [*~ o.'s pace*] **2** egga, sätta i rörelse [*~ the imagination*] **II** *itr* **1** bli hastigare, öka **2** vakna till liv; eggas

quick-firing ['kwɪkˌfaɪərɪŋ] *a* mil. snabbskjutande [*~ gun*]

quick-freeze ['kwɪk'friːz] (*quick-froze quick-frozen*) *tr* snabbfrysa, djupfrysa

quick-grass ['kwɪkgrɑːs] *s* bot. kvickrot

quickie ['kwɪkɪ] *s* fam. **1** snabbis **2** hastverk

quicklime ['kwɪklaɪm] *s* osläckt kalk

quickly ['kwɪklɪ] *adv* **1** snabbt, hastigt, fort, kvickt **2** inom kort

quicksand ['kwɪksænd] *s* kvicksand

quicksilver ['kwɪkˌsɪlvə] *s* kvicksilver

quickstep ['kwɪkstep] *s* snabb dans, isht snabb foxtrot

quick-tempered ['kwɪk'tempəd] *a* häftig, lättretad, hetlevrad

quick-witted ['kwɪk'wɪtɪd] *a* kvicktänkt

1 quid [kwɪd] (pl. lika) *s* sl. pund [*ten ~*]

2 quid [kwɪd] *s* tuggbuss

quiescent [kwaɪ'esnt] *a* orörlig, overksam, vilande, stilla; passiv

quiet ['kwaɪət] **I** *a* **1** lugn, stilla [*a ~ evening*], tyst [*~ footsteps*]; *be ~!* var lugn!; var tyst!; *the room was ~* det var tyst i rummet; *anything for a ~ life!* vad gör man inte för husfridens skull! **2** stillsam, tystlåten; lågmäld [*a ~ voice*] **3** lugn, diskret [*~ colours*] **4** *keep a th. ~* hålla tyst med ngt; *on the ~* fam. i hemlighet (smyg) **II** *s* stillhet, lugn; tystnad; *in peace and ~* i lugn och ro **III** *tr* o. *itr* se *quieten I* o. *II*

quieten ['kwaɪətn] **I** *tr* lugna [*~ a baby* (*a p.'s fears*)], stilla, få tyst på [äv. *~ down*] **II** *itr, ~ down* lugna sig; tystna

quietness ['kwaɪətnəs] *s* o. **quietude** ['kwaɪɪtjuːd] *s* lugn, ro, vila, stillhet, frid

quietus [kwaɪ'iːtəs] *s* litt. död [*meet o.'s ~*]; nådastöt [*give a p. his ~*]

quiff [kwɪf] *s* pannlock

quill [kwɪl] *s* **1** vingpenna **2** a) gåspenna b) mus. plektrum **3** piggsvins pigg, igelkotts tagg

quill-pen ['kwɪlpen] *s* gås-, fjäderpenna

quilt [kwɪlt] **I** *s* [säng]täcke; ~ *cover* (*case*) påslakan; [*down*] *continental* ~ [dun]täcke **II** *tr* vaddera; matelassera; sticka täcke; vaddsticka, quilta; ~*ed jacket* äv. täckjacka
quince [kwɪns] *s* bot. kvitten[frukt]
quinine [kwɪ'ni:n] *s* kem. kinin, kina
Quinquagesima [ˌkwɪŋkwə'dʒesɪmə] *s*, ~ [*Sunday*] fastlagssöndag[en]
quinsy ['kwɪnzɪ] *s* läk. halsböld
quintessence [kwɪn'tesns] *s* **1** kvintessens; *the* ~ äv. kärnan, det väsentliga (bästa) **2** *the* ~ *of politeness* hövligheten själv
quintet[te] [kwɪn'tet] *s* kvintett mus. o. bildl.
quintuple ['kwɪntjʊpl] *a* **1** femdubbel, femfaldig **2** ~ *time* mus. femtakt
quintuplet ['kwɪntjʊplət, -plet] *s* femling
quip [kwɪp] **I** *s* **1** gliring; kvickhet, vits **2** spetsfundighet **II** *itr* o. *tr* vara spydig [mot]
quire ['kwaɪə] *s* bok 24 ark skrivpapper
quirk [kwɜ:k] *s* **1** besynnerlighet; påhitt; nyck [*a* ~ *of fate*] **2** fint, listig undanflykt
quisling ['kwɪzlɪŋ] *s* quisling, landsförrädare
quit [kwɪt] **I** pred. *a* fri, befriad [*of* från]; *be* (*get*) ~ *of* äv. vara (bli) kvitt **II** (~*ted* ~*ted* el. *quit quit*) *tr* **1** lämna [~ *the country*], sluta [på] [~ *o.'s job*] **2** sluta upp med, lägga av [*doing a th.* att göra ngt]; ~ *that!* sluta [upp] med det där!, lägg av! **3** avbörda sig, betala [~ *a debt*] **III** (~*ted* ~*ted* el. *quit quit*) *itr* flytta om hyresgäst; sluta [~ *because of poor pay*]; fam. sticka; *give a p. notice to* ~ säga upp ngn; *get notice to* ~ bli uppsagd
quite [kwaɪt] *adv* **1** a) alldeles, helt, absolut [~ *impossible*], precis, helt [*she is* ~ *young*], mycket [~ *possible*] b) ganska, rätt, nog så [*the situation is* ~ *critical*] c) faktiskt [*I'd* ~ *like it*]; *that I can* ~ *believe* det tror jag gärna; *I don't* ~ *know* jag vet inte riktigt; *not* ~ [*six weeks*] knappt (inte fullt) ..; ~ *another* (~ *a different*) *thing* en helt annan sak; ~ *a beauty* en riktig skönhet; *she is* ~ *a child* hon är bara barnet; *when* ~ *a child* redan som barn; ~ *a little* inte så litet, en hel del; *it's* ~ *a problem* det är ett verkligt problem; ~ *the best* det allra bästa; ~ *the contrary* (*reverse*) raka motsatsen, [nej] tvärtom; *he is* ~ *the gentleman* han är den verklige gentlemannen; *that's* ~ *something!* det var inte [så] illa!; ~ *the thing* se *thing 5* **2** ~ [*so*]*!* alldeles riktigt!
quits [kwɪts] pred. *a* kvitt [*we are* ~ *now*]; *we'll call it* ~ *now* a) vi säger att vi är kvitt nu b) nu slutar vi [för idag]
quittance ['kwɪtəns] *s* kvittens; kvittering
1 quiver ['kwɪvə] *s* [pil]koger
2 quiver ['kwɪvə] **I** *itr* darra, skälva [*with* av] **II** *tr* sätta i darrning etc. **III** *s* darrning etc.; *there was a* ~ *in her voice* hon darrade (skälvde) på rösten
qui vive [ki:'vi:v] *s*, *on the* ~ på sin vakt
quixotic [kwɪk'sɒtɪk] *a* donquijotisk, överspänt idealistisk; ridderlig
quiz [kwɪz] **I** *s* **1** frågesport, frågelek **2** isht Am. skol. [muntligt] förhör **II** *tr* **1** fråga ut, förhöra **2** isht Am. skol. hålla förhör med
quizmaster ['kwɪzˌmɑ:stə] *s* frågesportsledare
quizzical ['kwɪzɪkəl] *a* **1** frågande [*a* ~ *look*] **2** spefull, retsam [~ *remarks*]
quod [kwɒd] *s* sl., *be in* ~ sitta i finkan
quoit [kɔɪt] *s* sport. **1** [kast]ring, [kast]skiva **2** ~*s* (konstr. ss. sg.) ringkastning, quoits
quorum ['kwɔ:rəm] *s* beslutsmässigt antal [närvarande ledamöter], kvorum
quota ['kwəʊtə] *s* kvot; fördelningskvot; andel; tilldelning [*bacon* ~]
quotable ['kwəʊtəbl] *a* värd att citera[s]
quotation [kwə*ʊ*'teɪʃən] *s* **1** a) citat b) citerande; ~ *mark* citations-, anförings|tecken **2** hand. a) kurs [*for* på]; notering b) kostnadsförslag, offert, anbud [*for* på]
quote [kwəʊt] **I** *tr* **1** citera, anföra **2** åberopa **3** nämna, ge exempel på **4** hand. a) notera [*at* till] b) offerera, lämna [~ *a price*]; ~*d on the Stock Exchange* börsnoterad **II** *itr* citera; ~ jag citerar, citat [*the leader of the rebels said*, ~, *We shall never give in, unquote*] **III** *s* fam. **1** citat **2** ~*s* pl. citations-, anförings|tecken
quoth [kwəʊθ] (end. i 1 o. 3 pers. imp., före subjektet) *tr* åld. el. dial. sade [~ *I* (*he*)]
quotient ['kwəʊʃənt] *s* mat. kvot
q.v. ['kju:'vi:, 'kwɒd'vɪdeɪ] förk. för *quod vide* (lat.) = *which see* s.d.o., se detta [ord]

R

R, r [ɑ:] (pl. *R's, r's* [ɑ:z]) *s* R, r; *the three R's* = *reading,* [*w*]*riting and* [*a*]*rithmetic* läsning, skrivning och räkning grundläggande skolämnen
R. förk. för *Regina, Rex, River, Royal*
R.A. ['ɑ:r'eɪ] förk. för *Royal Academician* (*Academy*), *Royal Artillery*
rabbi ['ræbaɪ] *s* **1** ss. hederstitel: *R*~ rabbi **2** rabbin
rabbit ['ræbɪt] *s* zool. kanin, Am. äv. hare; ~*'s foot* ss. lyckobringare hartass
rabbit-hutch ['ræbɪthʌtʃ] *s* kaninbur
rabbit-punch ['ræbɪtpʌntʃ] *s* boxn. nackslag
rabbit-warren ['ræbɪtˌwɒrən] *s* **1** kanin|gård, -hus **2** område fullt av kaninhål

rabble ['ræbl] *s* larmande folkhop, pack; *the ~* äv. pöbeln, patrasket
rabid ['ræbɪd] *a* rabiat, fanatisk
rabies ['reɪbi:z] *s* veter. o. med. rabies, vattuskräck
R.A.C. ['ɑ:reɪ'si:] förk. för *Royal Automobile Club, Royal Armoured Corps*
raccoon [rə'ku:n] *s* zool. sjubb, tvättbjörn
1 race [reɪs] *s* **1** ras [*the white ~*], släkt, stam **2** släkte; *the human ~* människosläktet
2 race [reɪs] **I** *s* [kapp]löpning, lopp; kapp|körning, -rodd o. d.; *the ~s* kapplöpningarna; *flat ~* slätlopp; *a ~ against time* en kapplöpning med tiden; *run a ~* springa (löpa) i kapp **II** *itr* **1** springa (löpa, rida o. d.) i kapp; tävla i löpning; kappköra; kappsegla; *~ against time* ha en kapplöpning med tiden **2** delta i kapplöpningar **3** rusa [i väg] [*~ home*], jaga; om motor, propeller o. d. rusa **III** *tr* springa (löpa, köra o. d.) i kapp med [*I'll ~ you home*]
race-card ['reɪskɑ:d] *s* kapplöpningsprogram
race-course ['reɪskɔ:s] *s* kapplöpningsbana
racegoer ['reɪs,gəʊə] *s, he is a ~* han går ofta på kapplöpningar
race-horse ['reɪshɔ:s] *s* kapplöpningshäst
race-meeting ['reɪs,mi:tɪŋ] *s* kapplöpning
racer ['reɪsə] *s* kapplöpningshäst; racer[bil, -cykel, -båt]
race-track ['reɪstræk] *s* **1** kapplöpningsbana **2** löparbana **3** racerbana
Rachel ['reɪtʃəl]
racial ['reɪʃəl] *a* ras- [*~ discrimination*]
racialism ['reɪʃəlɪzəm] *s* rasism
racialist ['reɪʃəlɪst] *s* rasist
raciness ['reɪsɪnəs] *s* **1** kärnfullhet, livfullhet [*the ~ of the style*] **2** mustighet [*the ~ of the story*]
racing ['reɪsɪŋ] *s* [häst]kapplöpning, [hastighets]tävling; attr. tävlings-, racer- [*a ~ motorist* (förare)]
racism ['reɪsɪzəm] *s* rasism
racist ['reɪsɪst] *s* rasist
1 rack [ræk] **I** *s* **1** ställ [*pipe-rack*], ställning, räcke, lång klädhängare; hållare; hylla [*hat-rack*]; bagagehylla; tidningshylla; *clothes ~* torkställ för kläder **2** [foder]häck **3** *be (put) on the ~* ligga (lägga) på sträckbänken äv. bildl. **II** *tr* bildl. pina, plåga; *~ o.'s brains* bry sin hjärna; *~ed with pain* plågad av värk
2 rack [ræk] *s, go to ~ and ruin* gå åt pipan
1 racket ['rækɪt] *s* sport. racket
2 racket ['rækɪt] *s* **1** oväsen, larm, ståhej; *kick up (make) a ~* fam. föra ett förfärligt oväsen (liv) **2** jäkt, hektiskt liv; festande **3** fam. a) knep; skoj, bluff, båg b) skumraskaffär; *it's a proper ~* det är rena [rama] bluffen; *narcotics ~* olaglig narkotikahandel **4** *stand the ~* a) hålla ut (stånd) b) bära hundhuvudet [*of* för] c) betala kalaset
racketeer [,rækɪ'tɪə] *s* fam. svindlare, skojare, bluffmakare; utpressare, gangster
racketeering [,rækɪ'tɪərɪŋ] *s* fam. skoj, fiffel, bluff; organiserad utpressning
raconteur [,rækɒn'tɜ:] *s* (fr.), *a [good] ~* en skicklig historieberättare
racoon [rə'ku:n] *s* se *raccoon*
racy ['reɪsɪ] *a* **1** kärnfull [*a ~ style*], livfull **2** mustig, pikant [*a ~ story*]
radar ['reɪdɑ:] *s* radar; radarsystem
raddle ['rædl] **I** *s* röd ockra[färg] **II** *tr* **1** rödmåla **2** sminka [hårt]
radial ['reɪdjəl] **I** *a* radial; tekn. äv. radiell; *~ tyre* bil. radialdäck **II** *s* bil. radialdäck
radiance ['reɪdjəns] *s* strålglans; *the ~ of her smile* hennes strålande leende
radiant ['reɪdjənt] *a* **1** utstrålande; strålande [*a ~ smile*] **2** strål[nings]- [*~ heat*]
radiat|e ['reɪdɪeɪt] **I** *tr* **1** utstråla äv. bildl. [*~ warmth*], radiera **2** bestråla **3** bildl. sprida [*~ joy*] **4** radio. sända [ut], radiera **II** *itr* stråla ut, stråla äv. bildl. [*roads -ing from Oxford; she ~d with* (av) *happiness*]
radiation [,reɪdɪ'eɪʃən] *s* **1** [ut]strålning, utstrålande **2** radioaktivitet
radiator ['reɪdɪeɪtə] *s* **1** värmeelement, radiator **2** kylare på bil
radical ['rædɪkəl] **I** *a* **1** radikal; grundlig [*a ~ error*], genomgripande [*~ changes*] **2** fundamental **3** mat. o. språkv. rot- [*a ~ sign*] **II** *s* **1** pol. radikal **2** mat. radikal; rot
radicalism ['rædɪkəlɪzəm] *s* radikalism
radically ['rædɪkəlɪ] *adv* radikalt; från grunden [*revise a th. ~*]
radicle ['rædɪkl] *s* bot. rotämne; liten rot
radii ['reɪdɪaɪ] *s* pl. av *radius*
radio ['reɪdɪəʊ] **I** *s* radio; radio|apparat, -mottagare; *~ engineer* radiotekniker; *~ link* radioförbindelse; radiolänk; *~ patrol car* radiobil hos polisen; *~ relay link* radiolänk; *~ set* radio[apparat]; [*hear (speak)*] *on the ~* . . i radio **II** *tr* o. *itr* radiotelegrafera [till] [*~ a message*]; radiera, radiosända
radioactive ['reɪdɪəʊ'æktɪv] *a* radioaktiv; *~ dust* radioaktivt stoft
radioactivity ['reɪdɪəʊæk'tɪvətɪ] *s* radioaktivitet
radiocardiogram ['reɪdɪəʊ'kɑ:dɪəʊgræm] *s* läk. radiokardiogram
radiogram ['reɪdɪəʊgræm] *s* **1** radiotelegram **2** röntgenbild
radiogramophone ['reɪdɪəʊ'græməfəʊn] *s* radiogrammofon
radiologist [,reɪdɪ'ɒlədʒɪst] *s* radiolog, röntgenolog
radiology [reɪdɪ'ɒlədʒɪ] *s* radiologi, rönt-

genologi
radio-operator [ˈreɪdɪəʊˈɒpəreɪtə] *s* radiotelegrafist
radiosonde [ˈreɪdɪəʊsɒnd] *s* fys. radiosond
radiotelegram [ˈreɪdɪəʊˈtelɪgræm] *s* radiotelegram
radiotelegraphy [ˈreɪdɪəʊtɪˈlegrəfɪ] *s* radiotelegrafi
radiotelephony [ˌreɪdɪəʊtɪˈlefənɪ] *s* radiotelefoni
radiotherapy [ˈreɪdɪəʊˈθerəpɪ] *s* radioterapi
radish [ˈrædɪʃ] *s* rädisa; *black* ~ rättika
radium [ˈreɪdjəm] *s* fys. radium
ra|dius [ˈreɪ|djəs] (pl. *-dii* [-dɪaɪ]) *s* radie
radon [ˈreɪdɒn] *s* kem. radon
R.A.F. [ˈɑːreɪˈef] förk. för *Royal Air Force*
raffia [ˈræfɪə] *s* bot. rafia[bast]
raffish [ˈræfɪʃ] *a* **1** utsvävande **2** prålig, skrikig [~ *clothes*], vräkig [*a* ~ *car*]
raffle [ˈræfl] **I** *s* tombola[lotteri] **II** *tr* lotta ut genom tombola, lotta bort
raft [rɑːft] **I** *s* **1** flotte [*a rubber* ~] **2** timmerflotte, timmerbunt **II** *tr* flotta
1 rafter [ˈrɑːftə] *s* flottare, flottkarl
2 rafter [ˈrɑːftə] **I** *s* taksparre **II** *tr* förse med [synliga] taksparrar [*a* ~*ed roof*]
raftsman [ˈrɑːftsmən] *s* se *1 rafter*
1 rag [ræg] *s* **1** trasa äv. skämts. om flagga, näsduk o. d.; klut; pl. ~*s* äv. lump; *torn to* ~*s* utsliten, i trasor **2** fam. [kläd]trasa; *from* ~*s to riches* från yttersta fattigdom till rikedom och välstånd **3** fam. [tidnings]blaska
2 rag [ræg] fam. **I** *tr* reta; isht univ. o. skol. skoja med, skända **II** *itr* skoja, ställa till upptåg **III** *s* skoj; upptåg; skändning
ragamuffin [ˈrægəˌmʌfɪn] *s* rännstensunge, trashank
rag-and-bone [ˈrægənˈbəʊn] *a*, ~ *dealer* (*man*) lump|handlare, -samlare
rag-bag [ˈrægbæg] *s* **1** lumpsäck **2** virrvarr
rag-doll [ˈrægdɒl] *s* trasdocka
rage [reɪdʒ] **I** *s* **1** raseri; ursinne; *be in* (*fly into*) *a* ~ vara (bli) rasande **2** *have a* ~ *for* ha en passion för **3** *be* [*all*] *the* ~ fam. vara sista skriket **II** *itr* **1** rasa [*at* (*against*) *fate* mot ödet], vara rasande; *have a raging toothache* ha häftig tandvärk **2** grassera, rasa
ragged [ˈrægɪd] *a* **1** trasig, söndrig [*a* ~ *coat*], sönder|riven, -sliten [~ *clouds*] **2** ruggig, raggig; fransig [*a sleeve with* ~ *edges*]; ovårdad [*a* ~ *appearance*] **3** skrovlig [~ *rocks*] **4** ojämn äv. bildl. [*a* ~ *performance*]
raglan [ˈræglən] *s* raglan
ragout [ˈræguː] *s* ragu
ragtag [ˈrægtæg] *s*, *the* ~ *and bobtail* [hela] patrasket (byket)
ragtime [ˈrægtaɪm] *s* ragtime[musik], ragtimemelodi; synkoperad takt (rytm)

raid [reɪd] **I** *s* **1** räd, plundringståg [*into* [in] i, till], plötsligt angrepp [*on* mot] **2** kupp [*on* mot] **3** [polis]razzia [*on* mot, i] **II** *itr* göra (deltaga i) en räd (räder); plundra **III** *tr* göra en räd ([en] razzia) mot (i); plundra
raider [ˈreɪdə] *s* **1** deltagare i räd (razzia); angripare; kuppmakare **2** kommandosoldat **3** attackflygplan
1 rail [reɪl] **I** *s* **1** [vågrät] stång i räcke o. d.; ledstång; ~[*s* pl.] räcke[n], [järn]staket; *altar* ~[*s*] altarring; *towel* ~ handduksstång **2** sjö. reling **3** skena, räl[s]; *by* ~ med järnväg; *go off the* ~*s* bildl. spåra ur **II** *tr* sätta upp räcke omkring [äv. ~ *in*]
2 rail [reɪl] *itr* vara ovettig, rasa [*at* mot]; ~ *at* äv. skälla på
rail-bus [ˈreɪlbʌs] *s* rälsbuss
rail-car [ˈreɪlkɑː] *s* järnv. motorvagn
railing [ˈreɪlɪŋ] *s*, ~[*s* pl.] [järn]staket, räcke
raillery [ˈreɪlərɪ] *s* raljeri, [godmodigt] skämt
railman [ˈreɪlmən] *s* järnvägstjänsteman
railroad [ˈreɪlrəʊd] Am. **I** *s* se *railway* **II** *itr* resa med tåg
railway [ˈreɪlweɪ] *s* järnväg; järnvägsbolag; attr. vanl. järnvägs- [~ *station*]; ~ *yard* bangård; *by* ~ med (på) järnväg
raiment [ˈreɪmənt] *s* poet. dräkt, skrud
rain [reɪn] **I** *s* regn; regnväder; ~ *or shine* i regn och sol[sken], i ur och skur; *a* ~ *of bullets* ett kulregn; [*as*] *right as* ~ fam. prima; helt i sin ordning **II** *itr* regna; hagla [*the blows* ~*ed* [*down*] *on him*]; strömma [*tears* ~*ed down her cheeks*]; *it never* ~*s but it pours* ordspr. en olycka kommer sällan ensam **III** *tr* låta regna, ösa, låta hagla [~ *blows on* (över) *a p.*]; *it's* ~*ing cats and dogs* regnet står som spön i backen; ~ *gifts* [*up*]*on a p.* överösa ngn med gåvor
rainbow [ˈreɪnbəʊ] *s* regnbåge
raincoat [ˈreɪnkəʊt] *s* regnrock
raindrop [ˈreɪndrɒp] *s* regndroppe
rainfall [ˈreɪnfɔːl] *s* **1** regn[skur] **2** regnmängd, nederbörd
rain-gauge [ˈreɪngeɪdʒ] *s* regnmätare
rainproof [ˈreɪnpruːf] *a* regn-, vatten|tät
rainy [ˈreɪnɪ] *a* regnig, regn- [~ *weather* (*season*)], regnväders- [*a* ~ *day*]; *save* (*put away* el. *by*) *money for a* ~ *day* rusta sig (spara) för sämre tider
raise [reɪz] **I** *tr* **1** resa [upp], lyfta [upp], ta upp; hissa (dra) upp [~ *the curtain* (ridån)]; röra upp [~ *a cloud of dust*]; ~ *o.'s arm* (*hand*) räcka (sträcka) upp armen (handen); ~ *o.'s hand against a p.* lyfta sin hand mot ngn hota ngn; ~ *o.'s eyebrows* höja på ögonbrynen; ~ *o.'s glass to a p.* höja sitt glas för ngn, dricka ngn till; ~ *o.'s hat to a p.* lyfta på hatten för ngn, bildl. ta av sig hatten för ngn; ~ *the roof* fam. a) få

taket att lyfta sig av bifall b) bli ursinnig **2** höja [~ *prices*] **3** uppföra, resa [~ *a monument*] **4** föda upp [~ *cattle*], dra upp, odla [~ *vegetables*]; Am. äv. [upp]fostra [~ *children*]; ~ *a family* Am. bilda familj, skaffa barn **5** befordra [~ *a captain to* [*the rank of*] (till) *major*]; ~ *a p. to the peerage* upphöja ngn till pär, adla ngn **6** uppväcka [~ *from the dead*]; frammana [~ *spirits*]; ~ *a p.'s spirits* pigga (liva) upp ngn; ~ *Cain* (*hell, the devil*) fam. leva rövare, röra upp himmel och jord, föra ett helvetes liv; ~ *the wind* fam. skaffa pengar **7** [för]orsaka, väcka [~ *a p.'s hopes*]; ~ *the alarm* slå larm; ~ *a laugh* framkalla skratt **8** lägga (dra) fram, framställa [~ *a claim*], väcka, ta upp [~ *a question*], föra på tal; ~ *an objection* göra en invändning **9** samla [ihop], [lyckas] skaffa, skrapa ihop [~ *money*]; ta [upp] [~ *a loan*] **10** häva [~ *an embargo*] **11** mat. upphöja **II** *s* isht Am. [löne]förhöjning, lönelyft

raisin ['reɪzn] *s* russin

raising ['reɪzɪŋ] *s* **1** [upp]resning etc., jfr *raise I* **2** kok. jäsning; ~ *powder* bakpulver

raj [rɑːdʒ] *s* angloind. [över]välde, styre

raja[**h**] ['rɑːdʒə] *s* raja furste

1 rake [reɪk] **I** *s* räfsa, kratta; raka, skrapa; *thin as a* ~ smal som en sticka **II** *tr* **1** räfsa, kratta; ~ *in* [*a lot of money*] håva in ..; ~ *out a fire* raka ut askan [under en brasa]; ~ *together* (*up*) räfsa ihop; skrapa ihop; ~ *up* [*the past* (*an old story*)] riva upp .. **2** mil. bestryka, flankera; beskjuta långskepps [~ *a ship*] **III** *itr* riva, rota [*in* i, *for* efter]; ~ [*about*] *among* [*some old papers*] rota i ..

2 rake [reɪk] *s* rumlare, rucklare

3 rake [reɪk] **I** *s* lutning [*the* ~ *of a mast*] **II** *itr* o. *tr* luta [bakåt]

rake-off ['reɪkɒf] *s* fam. [olaglig] vinstandel; *get a* ~ få [sin] del av bytet

1 rakish ['reɪkɪʃ] *a* rumlande; depraverad

2 rakish ['reɪkɪʃ] *a* stilig; snitsig; *set o.'s hat at a* ~ *angle* sätta hatten käckt på svaj

Raleigh ['rɔːlɪ, 'rɑːlɪ, cykelmärket 'rælɪ]

1 rally ['rælɪ] **I** *tr* samla, samla ihop **II** *itr* **1** samlas, samla sig; ~ *to a p.'s defence* komma till ngns försvar; ~*ing point* samlingspunkt **2** hämta sig [~ *from an illness*], samla nya krafter; *the market rallied* hand. marknaden blev åter fast **3** sport. ha en [lång] slagväxling **III** *s* **1** samling **2** möte [*a peace* ~]; massmöte **3** rally [*a motor* ~] **4** bildl. återhämtning [~ *from an illness*]; uppgång [*a* ~ *in prices*] **5** sport. [lång] slagväxling

2 rally ['rælɪ] *tr* raljera (driva) med

Ralph [reɪf, rælf]

ram [ræm] **I** *s* **1** bagge, gumse, vädur; bildl. bock [*he is an old* ~] **2** murbräcka [äv. *battering-ram*] **3** sjö. ramm **4** tekn. hejare, fallvikt; [arbets]kolv, pistong **II** *tr* **1** slå (stöta, pressa, stampa, bulta) ned (in, mot); ~ *a th. into a p.'s head* bildl. slå (hamra) in ngt i huvudet på ngn; ~ *a p.'s hat over his head* trycka ned hatten [över huvudet] på ngn; ~ *a th. home* klargöra ngt med eftertryck **2** fam. stoppa, proppa [~ *clothes into a bag*] **3** ramma [~ *a submarine*]

ramble ['ræmbl] **I** *itr* **1** ströva (vandra) omkring [*about* (i) *the country*]; irra hit och dit; ~ [*on*] pladdra på **2** växa åt alla håll **II** *s* strövtur, strövtåg, vandring utan mål

rambler ['ræmblə] *s* **1** vandrare **2** kläng-, klätter|ros [äv. ~ *rose*]

rambling ['ræmblɪŋ] **I** *s* kring|irrande, -strövande **II** *a* **1** kringströvande **2** osammanhängande, virrig [*a* ~ *conversation*] **3** kläng-, klätter- [~ *rose*] **4** utspridd [*a* ~ *town*]

ramification [ˌræmɪfɪ'keɪʃən] *s* förgrening, utlöpare

ramify ['ræmɪfaɪ] *tr* o. *itr* förgrena [sig]

ramjet ['ræmdʒet] *s*, ~ [*engine*] rammotor slags jetmotor

ramp [ræmp] *s* **1** [sluttande] ramp; uppfart[sväg], nerfart[sväg]; avfart[sväg] vid motorväg **2** böjt räcke i trappavsats o. d.

rampage [ræm'peɪdʒ] **I** *s*, *be* (*go*) *on the* ~ vara ute och härja (leva rövare) **II** *itr* rasa, härja omkring

rampant ['ræmpənt] *a* **1** vild; hejdlös, otyglad; grasserande; *be* ~ sprida sig, frodas; *the epidemic is becoming* ~ epidemin håller på att få (ta) överhanden **2** om växt alltför frodig **3** herald. stående på bakbenen [*a lion* ~], som stegrar sig äv. bildl.

rampart ['ræmpɑːt] *s* [fästnings]vall; bildl. skydd[svärn], bålverk, försvar

ramrod ['ræmrɒd] *s* mil. laddstake; *stiff as a* ~ styv som en pinne

ramshackle ['ræmˌʃækl] *a* fallfärdig [*a* ~ *house*], skranglig, skraltig [*a* ~ *car*]

ran [ræn] imp. av *run*

ranch [rɑːnʃ, ræntʃ] *s* Nordam. ranch, [boskaps]farm

rancher ['rɑːntʃə, 'ræn-] *s* ranchägare; rancharbetare

rancid ['rænsɪd] *a* härsken

rancorous ['ræŋkərəs] *a* hätsk, hatisk

rancour ['ræŋkə] *s* hätskhet; agg

random ['rændəm] **I** *s*, *at* ~ på måfå, på en höft **II** *a* [gjord (som sker)] på måfå, slumpvis; lösryckt [*a* ~ *remark*]; slump|artad, -mässig [*a* ~ *choice*]; *a* ~ *guess* en lös gissning; ~ *sample* stickprov, statist. sampel

randy ['rændɪ] *a* fam. kåt

rang [ræŋ] imp. av *1 ring*

range [reɪndʒ] **I** *s* **1** rad [*a wide* (lång) ~ *of buildings*], räcka; ~ *of mountains* bergskedja **2** riktning; *in* [*a*] ~ *with* i linje med **3** skjutbana [äv. *rifle-range*]; provningsbana för robot **4** räckvidd, utsträckning, omfång, aktionsradie; fotogr., radar. avstånd; distans; mil. skjutavstånd; *frequency* ~ frekvensområde; *at long* (*short*) ~ på långt (nära) håll; *medium* ~ medeldistans; *price* ~ pris|klass, -skala; *a wide* ~ *of colours* en vidsträckt färgskala; ett stort urval av färger; *a wide* ~ *of topics* ett brett ämnesurval; *within* ~ *of hearing* inom hörhåll; *the* ~ *of her voice* hennes röstomfång (register) **5** *out of* (*beyond*) ~ *of* utom skotthåll för; *within* ~ *of* inom skotthåll för **6** djurs, växters utbredningsområde **7** Am. [vidsträckt] betesmark; öppet landområde, strövområde **8** [köks]spis **II** *tr* **1** ställa [upp] i (på) rad **2** klassificera; inrangera, [in]ordna **3** ströva (vandra) i (igenom) [~ *the woods*], fara omkring på [~ *the seas*] **III** *itr* **1** sträcka sig, löpa, ligga, gå [*with* i samma riktning (plan) som, utmed]; ~ *over* bildl. sträcka sig över **2** ha sin plats, ligga [*with* bland, jämte], inrangeras **3** variera inom vissa gränser; *children ranging in age from two to twelve* barn i åldrar mellan två och tolv **4** ströva (vandra) [omkring] [~ *over the hills*] **5** nå, ha en räckvidd av [*this gun* ~*s over ten kilometres*]

range-finder ['reɪndʒˌfaɪndə] *s* **1** mil. avståndsmätare, avstånds-, distansmätnings|instrument **2** fotogr. avståndsmätare

ranger ['reɪndʒə] *s* **1** kronojägare; Am. skogvaktare **2** Am. ridande polis i lantdistrikt

1 rank [ræŋk] **I** *s* **1** rad, räcka **2** mil. o. bildl. led; *the* ~*s, the* ~ *and file* de meniga, manskapet; bildl. gemene man, de djupa leden [*the* ~ *and file of* (inom) *the party*]; *other* ~*s* gruppbefäl och meniga (manskap); *break* ~ falla ur ledet; *close the* ~*s* sluta leden; *rise from the* ~*s* tjäna sig upp ur ledet; bildl. arbeta sig upp; *reduce a p. to the* ~*s* degradera ngn till menig **3** rang; [samhälls]klass, stånd; mil. grad [*military* ~*s*]; *people of all* ~*s* [*and classes*] folk ur alla [samhälls]klasser; *persons of* ~ ståndspersoner **II** *tr* **1** ställa upp i (på) led; ordna **2** placera, sätta, inrangera, inordna [*among, with* bland, jämte]; räkna; klassificera; sport. ranka **3** Am. ha högre grad (rang) än [*a colonel* ~*s a major*] **III** *itr* ha en plats [*among, with* bland], ha rang [*as, with* som, av; *above* över; *next to* närmast efter]; räknas [*among, with* bland]; vara likställd (jämställd) [*among, with* med]; sport. rankas; *he* ~*s above the others* han står över de andra [i rang (grad)]

2 rank [ræŋk] *a* **1** yppig, tät[växande] [~ *grass*] **2** överfet [~ *soil*]; övervuxen **3** illaluktande **4** grov [~ *injustice*] **5** fullkomlig [*a* ~ *outsider*], ren [~ *nonsense*]

ranking ['ræŋkɪŋ] *a* Am. ledande [*a* ~ *columnist*]; framträdande [*a* ~ *diplomat*]; högsta [*the* ~ *officer*]

ranking-list ['ræŋkɪŋlɪst] *s* ranglista; sport. rankinglista

rankle ['ræŋkl] *itr* ligga och gnaga (värka) [i hjärtat (sinnet)]

ransack ['rænsæk] *tr* **1** söka (leta) igenom; rannsaka [~ *o.'s conscience* (*heart*)] **2** gå igenom, undersöka **3** plundra

ransom ['rænsəm] **I** *s* lösen; *hold a p.* [*up*] *to* ~ begära lösen för ngn **II** *tr* **1** köpa fri, lösa ut; isht relig. återlösa **2** frige mot lösen

rant [rænt] **I** *itr* orera, tala högtravande; gorma **II** *tr* deklamera högtravande

ranter ['ræntə] *s* högtravande (teatralisk) talare (predikant); pratmakare; skränfock

ranting ['ræntɪŋ] *a* högtravande; gormande

ranunculus [rə'nʌŋkjʊləs] *s* bot. ranunkel

1 rap [ræp] **I** *s* **1** rapp, smäll, slag; *take the* ~ fam. få skulden (bära hundhuvudet) **2** isht Am. sl., *a murder* ~ en mordanklagelse; *a thirty-year* ~ ett trettioårigt fängelsestraff **3** knackning; *there was a* ~ *at the door* det knackade på dörren **II** *tr* o. *itr* **1** slå (smälla) [till] **2** knacka [på] [~ [*at* (*on*)] *the door*] **3** ~ *out* utslunga [~ *out an oath*], utstöta

2 rap [ræp] *s* fam., *I don't care* (*give*) *a* ~ jag bryr mig inte ett dugg om det

rapacious [rə'peɪʃəs] *a* rovgirig; girig

rapacity [rə'pæsətɪ] *s* rovgirighet; girighet

1 rape [reɪp] **I** *tr* våldta **II** *s* **1** våldtäkt **2** poet. bortrövande, kvinnorov

2 rape [reɪp] *s* bot. raps

Raphael [i bet. *1* 'reɪfl, i bet. *2* 'ræfeɪəl] **1** egennamn **2** den ital. konstnären Rafael

rapid ['ræpɪd] **I** *a* **1** hastig, snabb, rask; ~ *reading* kursiv-, extensiv|läsning **2** brant [*a* ~ *slope*] **II** *s*, vanl. pl. ~*s* fors

rapid-fire ['ræpɪdˌfaɪə] *a* mil. snabbelds- [~ *weapons*]; bildl. oerhört snabb

rapidity [rə'pɪdətɪ] *s* hastighet, snabbhet

rapier ['reɪpjə] *s* [stick]värja; ~ *thrust* värjstöt; bildl. kvick replik

rapist ['reɪpɪst] *s* våldtäktsman

rapscallion [ræp'skæljən] *s* buse; rackare

rapt [ræpt] *a* **1** för|sjunken, -djupad; ~ *in admiration* i stum beundran **2** hänryckt; *listen with* ~ *attention* lyssna hänryckt

rapture ['ræptʃə] *s* hänryckning, extas, förtjusning, begeistring; *be in* (*go into*) ~*s* vara (bli) begeistrad [*over* (*about*) *a th.*]

rapturous ['ræptʃərəs] *a* **1** hänryckt; begeistrad [~ *applause*] **2** hänryckande

1 rare [reə] *a* **1** sällsynt; sällan förekommande; ~ *gas* kem. ädelgas; *on* ~ *occasions* någon enstaka gång **2** enastående; *we had a* ~ [*old*] *time* vi hade väldigt roligt **3** gles; *the* ~ *air of the mountains* den tunna

bergsluften
2 rare [reə] *a* lätt stekt, blodig
rarebit ['reəbɪt] *s*, *Welsh rarebit* se under *Welsh I*
rareflу ['reərɪfaɪ] **I** *tr* **1** förtunna; *-ied air* tunn luft **2** rena, förfina **II** *itr* förtunnas
rarely ['reəlɪ] *adv* **1** sällan **2** sällsynt, ovanligt **3** utmärkt, synnerligen
rarity ['reərətɪ] *s* **1** tunnhet **2** sällsynthet, raritet; *occur with great ~* förekomma mycket sällan
rascal ['rɑ:skəl] *s* lymmel; skämts. rackare
rascality [rɑ:s'kælətɪ] *s* lymmelaktighet
rascally ['rɑ:skəlɪ] *a* lymmel-, slyngel|aktig
1 rash [ræʃ] *s* läk. [hud]utslag; bildl. epidemi
2 rash [ræʃ] *a* obetänksam, förhastad, oklok
rasher ['ræʃə] *s* [tunn] baconskiva
rasp [rɑ:sp] **I** *s* **1** rasp, [grov] fil **2** raspande [ljud] **II** *tr* o. *itr* **1** raspa, grov|fila, -putsa; slipa **2** skära (skorra, gnissla) [i]; *a ~ing voice* en skrovlig (sträv, hes) röst
raspberry ['rɑ:zbərɪ] *s* **1** hallon; hallonbuske [äv. *~ bush*] **2** sl. **a**) föraktfull fnysning (gest); buande; *blow a p. a ~, give a p. a* (*the*) *~* bua ut ngn **b**) fis, fjärt
rat [ræt] **I** *s* **1** råtta; *~s!* fam. snack!; *he's a* [*little*] *~* fam. han är en [riktig] skit[stövel]; *he has* [*got*] *the ~s* fam. han surar; *smell a ~* fam. ana oråd (ugglor i mossen) **2** sl. a) isht pol. överlöpare; förrädare b) tjallare angivare **II** *itr* **1** jaga (döda) råttor **2** sl. a) bli överlöpare; smita b) *~ on a p.* svika ngn
ratable ['reɪtəbl] *a* kommunalt beskattningsbar, taxerbar; *~ value* taxeringsvärde
ratchet ['rætʃɪt] *s* **1** spärrhake **2** spärrhjul [med spärrhake]
ratchet-wheel ['rætʃɪtwi:l] *s* spärrhjul
1 rate [reɪt] *tr* skälla ut, läxa upp
2 rate [reɪt] **I** *s* **1 a**) hastighet[sgrad], fart; *at a great* (*high*) *~* i full fart; i snabb takt; *at the* (*a*) *~ of* [*70 kilometres an hour*] med en hastighet av ..; *at the ~ he goes on* bildl. som han håller på **b**) grad; *at a certain ~* i [en] viss grad, i viss mån; *at a great ~* bildl. i hög grad; i stor skala **c**) *at any ~* bildl. i alla (varje) fall; *at that ~* fam. i så fall **2** tal, frekvens; *birth ~* se *birth-rate*; *death ~* se *death-rate* **3** a) taxa, tariff b) sats; kurs [*at* (till) *a ~ of ..*; *~ of exchange*]; *~* [*of interest*] ränte|fot, -sats, ränta; *letter postage ~* brev[post]taxa, brevporto **4** kostnad; värde; *at a cheap ~* till lågt pris, billigt **5** pl. *~s* ung. kommunalskatt[er] [*taxes and ~s*] **6** klass, rang **II** *tr* **1** uppskatta, värdera, taxera [*at* till]; åsätta ett värde (pris) [*~ a th. high*], beräkna [*~ a loss at* (till) *£100*] **2** räkna [*I ~ him among my friends*], [upp]skatta, gilla **3** beskatta kommunalt **4** klassificera; gradera **5** Am. vara berättigad till; vara kvalificerad för **III** *itr* räknas [*as* för, som], betraktas [*as* som]; Am. äv. betyda något
rateable ['reɪtəbl] *a* se *ratable*
rate-payer ['reɪtˌpeɪə] *s* [kommunal]skattebetalare
rather ['rɑ:ðə] *adv* **1** hellre, helst; snarare; *I'd ~ not* helst inte **2** rätt, ganska [*~ pretty*]; något av [*it was ~ a disappointment*]; *I ~ like it* jag tycker faktiskt rätt bra om det **3** fam. ss. svar ja (jo) visst, utan tvekan; om!
ratification [ˌrætɪfɪ'keɪʃən] *s* ratificering
ratify ['rætɪfaɪ] *tr* ratificera
rating ['reɪtɪŋ] *s* **1** uppskattning; värdering **2** [kommunal] taxering **3** [tjänste]grad, rang; pl. *~s* manskap, meniga [*officers and ~s*]
ratio ['reɪʃɪəʊ] *s* förhållande, proportion
ratiocinate [ˌrætɪ'ɒsɪneɪt] *itr* resonera, tänka logiskt
ratiocination [ˌrætɪɒsɪ'neɪʃən] *s* logiskt resonerande (resonemang); logiskt tänkande
ration ['ræʃən] **I** *s* ranson, tilldelning; pl. *~s* äv. mat, livsmedel; *~ book* bok med ransoneringskuponger, kuponghäfte; *iron ~* isht mil. nödranson **II** *tr* **1** ransonera [ut] **2** sätta på ranson **3** förse med ransoner
rational ['ræʃənl] *a* rationell; förnufts-; förståndig [*a ~ man*]
rationalist ['ræʃnəlɪst] *s* rationalist; förnuftsmänniska
rationalistic [ˌræʃnə'lɪstɪk] *a* rationalistisk
rationalization [ˌræʃnəlaɪ'zeɪʃən] *s* rationalisering; bortförklaring
rationalize ['ræʃnəlaɪz] *tr* o. *itr* rationalisera
rat-race ['rætreɪs] *s* fam. karriärjakt; vild tävlan; allas kamp mot alla
rat-tat ['ræt'tæt] *s* knackning, knack knack
rattle ['rætl] **I** *s* **1** skallra [*a baby's ~*], [har]skramla **2** skrammel **3** rossling **II** *itr* **1** skramla; rassla, smattra [*the gunfire ~d*] **2** *~ on* (*away*) pladdra 'på; rabbla 'på **III** *tr* **1** skramla (rassla) med; skaka [*the wind ~d the windows*] **2** rabbla; *~ off* (*out*) rabbla [upp] **3** pp. *~d* irriterad, nervös
rattlesnake ['rætlsneɪk] *s* zool. skallerorm
rattling ['rætlɪŋ] **I** *a* **1** skramlande etc., jfr *rattle II* **2** fam. frisk [*~ wind*]; *at a ~ pace* i rasande fart **3** fam. hejdundrande [*a ~ party*]; *have a ~ time* ha jätteroligt **II** *adv* fam. fantastiskt [*a ~ good dinner*]
ratty ['rætɪ] *a* fam. sur, irriterad, ilsken
raucous ['rɔ:kəs] *a* hes, skrovlig [*a ~ voice*]
ravage ['rævɪdʒ] **I** *tr* härja [*his ~d face*], ödelägga, förhärja, hemsöka [*a country ~d by war*]; plundra **II** *s* **1** ödeläggelse, förödelse **2** pl. *~s* härjning[ar], hemsökelse[r]; *the ~s of time* bildl. tidens tand

rave [reɪv] **I** *itr* **1** yra **2** rasa; ~ *against* (*at*) [*the new policy*] rasa mot.. **3** tala med hänförelse [*about, over* om] **II** *s* fam. entusiastiskt beröm; *a* ~ *notice* (*review*) en översvallande recension
ravel ['rævəl] **I** *tr* **1** ~ [*out*] riva (repa, trassla) upp **2** trassla ihop (till, in); bildl. litt. förvirra **II** *itr,* ~ [*out*] rivas (repas) upp
raven ['reɪvn] *s* korp; attr. korpsvart [~ *looks*]
ravenous ['rævənəs] *a* **1** glupsk [*for* efter, på], utsvulten; fam. hungrig som en varg **2** rov|girig, -lysten [*for* efter, på]
ravine [rə'vi:n] *s* ravin, bergsklyfta
raving ['reɪvɪŋ] **I** *a* **1** yrande; [sjukligt] fantiserande, förvirrad [*a* ~ *lunatic*] **2** fam. hänförande, strålande [*a* ~ *beauty*] **II** *adv* fam. spritt [språngande], komplett [~ *mad*] **III** *s,* pl. ~*s* yrande; [sjukliga] fantasier
ravioli [ˌrævɪ'əʊlɪ] *s* (ital.) kok. ravioli
ravish ['rævɪʃ] *tr* **1** ~*ed by* (*with*) hänförd av (över) **2** litt. skända, våldta **3** poet. röva (rycka) bort, föra bort
ravishing ['rævɪʃɪŋ] *a* hänförande, förtjusande
raw [rɔ:] **I** *a* **1** rå; obearbetad; ~ *hide* ogarvad (oberedd) hud **2** grön, otränad, oövad [~ *recruits*] **3** hudlös; öm; oläkt, blodig [*a* ~ *wound*] **4** rå, råkall, ruggig [~ *weather*] **5** fam. tarvlig, rå [~ *humour*]; *get a* ~ *deal* bli ojust behandlad **II** *s* **1** *present life in the* ~ framställa livet naket och osminkat; *touch a p. on the* ~ röra vid ngns ömma punkt **2** sl., *in the* ~ näck naken
Ray [reɪ] kortform för *Rachel, Raymond*
1 ray [reɪ] *s* zool. rocka
2 ray [reɪ] *s* stråle; *a* ~ *of hope* en strimma av hopp; *a* ~ *of sunshine* en solstråle
Raymond ['reɪmənd]
rayon ['reɪɒn] *s* textil. rayon[silke] [~ *shirts*]
raze [reɪz] *tr,* ~ [*to the ground*] rasera, jämna med marken
razor ['reɪzə] *s* **1** rakkniv; rakhyvel; rakapparat **2** *be on the* ~*'s edge* befinna sig (vara) i en prekär situation
razor-blade ['reɪzəbleɪd] *s* rakblad
razor-edge ['reɪzər'edʒ] *s* **1** skarp egg (kant) **2** skarp gränslinje; *be on a* ~ befinna sig i en prekär situation
razor-strop ['reɪzəstrɒp] *s* rakstrigel
razzle ['ræzl] *s* fam., *be* (*go*) *on the* ~ vara ute och (gå ut och) rumla (festa) [om]
R.C. förk. för *Red Cross, Roman Catholic*
R.C.M. förk. för *Royal College of Music*
Rd o. **Rd.** förk. för *Road*
R.E. förk. för *Royal Engineers*
1 re [reɪ, ri:] *s* mus. re
2 re [ri:] *prep* jur., hand. o. fam. rörande, beträffande
're [ə] = *are* [*they're, we're*]
re- [ri:] *pref* (lat.) åter- [*readjust*]; ny- [*re-creation*]; ..om [*regild*]; ..igen [*re-enter*]; re- [*re-export*]; se f. ö. sms. nedan
reach [ri:tʃ] **I** *tr* **1** sträcka; ~ *out o.'s hand for a th.* sträcka (räcka) ut (fram) handen efter ngt **2** räcka, ge [~ *me that book!*] **3** nå; nå upp till; komma (anlända) till, komma (nå) fram till; ~ *a decision* nå (träffa) ett avgörande; ~ *the end* [*of the chapter*] komma till slutet ..; ~ *a p. by phone* få tag i ngn (nå ngn) på telefon **II** *itr* **1** ~ [*out*] sträcka sig [*for, at* efter] **2** sträcka (breda ut) sig **3** räcka, nå; *as far as the eye can* ~ så långt ögat når **III** *s* **1** gripande [*for* efter] **2** räckhåll, mil. skotthåll; räckvidd t. ex. boxares; omfång, vidd; *out of* ~ utom räckhåll, oåtkomlig [*of a p.* för ngn]; *to be kept out of children's* ~ förvaras oåtkomlig för barn; *within* ~ inom räckhåll, åtkomlig [*of a p.* för ngn]; *be within* ~ *of* äv. kunna nå; kunna nås av (från); *within easy* ~ *of the station* på bekvämt avstånd från (till) stationen **3** sträcka [*the beautiful* ~*es of a river*]
reachable ['ri:tʃəbl] *a* åtkomlig, tillgänglig, uppnåelig
reach-me-down ['ri:tʃmɪdaʊn] **I** *a* **1** konfektionssydd, konfektions- [~ *clothes*] **2** begagnad **II** *s* fam., pl. ~*s* a) konfektionskläder b) begagnade kläder
react [rɪ'ækt] *itr* **1** reagera [*to* för, på] **2** ~ [*up*]*on* [åter]verka på **3** reagera, opponera sig [*against* mot] **4** kem. reagera
reaction [rɪ'ækʃən] *s* **1** reaktion; bakslag; ~ *on* verkan på **2** opposition, reaktion [*against* mot] **3** reaktion [*to* för, på]
reactionary [rɪ'ækʃənərɪ] **I** *a* reaktionär, bakåtsträvande **II** *s* reaktionär, bakåtsträvare
reactor [rɪ'æktə] *s* **1** fackl. reaktor; *nuclear* ~ kärn-, atom|reaktor **2** kem. reagens
read [inf. o. subst. ri:d; imp., pp. o. adj. red] **I** (*read read*) *tr* **1** läsa, läsa upp, läsa högt [*to a p.* för ngn]; ~ *the gas-meter* läsa av gasmätaren; ~ *a p.'s hand* läsa i ngns hand, spå ngn i handen; ~ *music* läsa noter; ~ *a paper* a) läsa [i] en tidning b) hålla ett föredrag; *take the minutes as* ~ godkänna protokollet utan uppläsning; ~ *off* läsa av instrument, resultat o. d.; ~ *out* läsa upp; läsa högt; ~ *out aloud* läsa [upp] högt; ~ *out names* läsa (ropa) upp namn **2** läsa, studera; ~ *law* läsa juridik; ~ *up a subject* sätta sig in i ett ämne; läsa upp sig i ett ämne **II** (*read read*) *itr* **1** läsa [*in* i; *of, about* om], läsa högt; studera; ~ *aloud* läsa högt; ~ *for the church* (*law*) läsa till präst (jurist); ~ *for o.'s degree* läsa på sin examen **2** kunna läsas (tydas); stå [att läsa] **3** lyda, låta [*it* ~*s better now*] **4** visa [på] [*the thermometer* ~*s*

10°] **III** *a* o. *pp*, *be well* ~ vara [mycket] beläst **IV** *s* lässtund [*a quiet* ~]

readability [ˌri:də'bɪlətɪ] *s* läsbarhet

readable ['ri:dəbl] *a* **1** läslig, läsbar **2** läsvärd

reader ['ri:də] *s* **1** läsare, läsande **2** uppläsare, recitatör **3** ung. [universitets]lektor, docent **4** korrekturläsare **5** [*publisher's*] ~ lektör **6** läsebok, textbok

readership ['ri:dəʃɪp] *s* **1** ung. [universitets]-lektorat, docentur **2** läsekrets

readily ['redəlɪ] *adv* **1** [bered]villigt, gärna **2** raskt; med lätthet [~ *recognize a th.*]

readiness ['redɪnəs] *s* **1** [bered]villighet **2** raskhet, snabbhet; lätthet; ~ *of wit* slagfärdighet **3** beredskap; *in* ~ i beredskap, redo

reading ['ri:dɪŋ] **I** *a* läsande, läse- **II** *s* **1** läsning, läsande **2** beläsenhet; *a man of wide* ~ en mycket beläst man **3** lektyr [*dull* ~]; läsmaterial **4** avläsning på instrument; [avläst] gradtal; *barometer* ~ barometerstånd; [*the thermometer*] *has a* ~ *of 10°* . . visar [på] 10° **5** uppfattning, tolkning [*the actor's* ~ *of the part*] **6** uppläsning [~*s from* (ur) *Shakespeare*], recitation

reading-desk ['ri:dɪŋdesk] *s* läspulpet

reading-lamp ['ri:dɪŋlæmp] *s* läslampa

reading-room ['ri:dɪŋrum] *s* läsesal, läs-, tidnings|rum

readjust ['ri:ə'dʒʌst] **I** *tr* **1** ~ *o.s. to* återanpassa sig till **2** [åter] ordna, rätta (ordna) till, åter lägga till rätta; ställa om [~ *o.'s watch*] **II** *itr*, ~ *to* återanpassa sig till

read-out ['ri:daut] *s* avläsning

ready ['redɪ] **I** *a* **1** färdig, klar, redo, beredd [*for* på, för, till], till hands; villig [~ *to forgive*]; *he has always got a* ~ *excuse* han har alltid en ursäkt till hands; ~ *money* reda pengar, kontanter; ~ *for action* (*battle*) stridsberedd, stridsklar äv. bildl.; *get* ~ el. *get* (*make*) *o.s.* ~ göra sig i ordning (klar); bereda sig [*for* på, för]; *get* ~, *get set, go!* el. ~, *steady, go!* på era platser (klara), färdiga, gå! **2** snar, benägen, ivrig [*don't be so* ~ *to find fault*]; kvicktänkt; ~ *wit* slagfärdighet **3** lätt, bekväm; ~ *reckoner* snabbräknare, lathund, räknetabell **II** *adv* färdig- [~ *cooked* (lagad)] **III** *s*, *the* ~ **a**) fam. kontanter[na] **b**) mil., *at the* ~ i färdigställning, skjutklar

ready-cooked ['redɪ'kukt] *a* färdiglagad

ready-made ['redɪ'meɪd] **I** *a* färdigsydd, färdiggjord äv. bildl. [~ *ideas*], konfektionssydd, konfektions- [~ *clothes*] **II** *s* konfektionskostym; konfektionssytt plagg

ready-to-wear ['redɪtu'weə] *a* isht Am. konfektions- [~ *clothes*]

reaffirm ['ri:ə'fɜ:m] *tr* på nytt bekräfta

reafforest ['ri:ə'fɒrɪst] *tr* göra till skog igen, nyplantera med skog

Reagan ['reɪgən]

real [rɪəl] **I** *a* verklig, faktisk, reell; äkta [~ *pearls*]; ~ *estate* (*property*) jur. fast egendom; ~ *size* naturlig storlek; *the* ~ *thing* fam. äkta vara, den rätta grejen; ~ *wages* reallön; *in* ~ *earnest* på fullt allvar **II** *adv* fam. riktigt, verkligt [*have a* ~ *good time*]; verkligen [*I'm* ~ *sorry*] **III** *s* fam., *for* ~ på riktigt [*they were fighting for* ~]

realign [ˌri:ə'laɪn] *tr* **1** räta ut [~ *a road*] **2** omgruppera [~ *political parties*]

realignment [ˌri:ə'laɪnmənt] *s* **1** uträtning **2** omgruppering

realism ['rɪəlɪzəm] *s* realism

realist ['rɪəlɪst] *s* realist

realistic [rɪə'lɪstɪk] *a* realistisk

reality [rɪ'ælətɪ] *s* verklighet; *in* ~ i verkligheten (realiteten)

realizable ['rɪəlaɪzəbl] *a* möjlig att förverkliga etc., jfr *realize 2-4*; realiserbar

realization [ˌrɪəlaɪ'zeɪʃən] *s* **1** förverkligande etc., jfr *realize 2-4* **2** insikt

realize ['rɪəlaɪz] *tr* **1** inse, fatta **2** förverkliga, realisera [~ *o.'s hopes*], sätta i verket, genomföra, utföra **3** realisera, avyttra, omsätta i pengar **4** [för]tjäna, vinna [~ *a profit*] **5** inbringa [*the picture* ~*d £ 1000*]

really ['rɪəlɪ] *adv* **1** verkligen, faktiskt; *that's not bad*, ~ det är faktiskt inte dåligt **2** riktigt, verkligt [~ *bad* (*good*)]

realm [relm] *s* litt. [konunga]rike; *the* ~ *of imagination* fantasins värld

realtor ['rɪəltə] *s* Am. fastighetsmäklare

ream [ri:m] *s* **1** ris; *a* ~ *of paper* ett ris papper **2** pl.: ~*s* fam. massor

reamer ['ri:mə] *s* pipborr för rökpipor

reanimate [rɪ'ænɪmeɪt] *tr* åter få liv i; bildl. väcka till nytt liv

reap [ri:p] *tr* **1** meja [av], skära [~ *the crop*] **2** bärga [~ *the harvest*], skörda, bildl. äv. inhösta, vinna [~ *lasting benefits*]

reaper ['ri:pə] *s* **1** skörde|arbetare, -man **2** skördemaskin

reaping-hook ['ri:pɪŋhuk] *s* skära

reaping-machine ['ri:pɪŋməˌʃi:n] *s* skördemaskin

reappear ['ri:ə'pɪə] *itr* visa sig igen, på nytt uppträda (framträda)

reappearance ['ri:ə'pɪərəns] *s* förnyat framträdande, återuppträdande

reappoint ['ri:ə'pɔɪnt] *tr* åter utnämna (förordna, tillsätta), återinsätta

reappraisal ['ri:ə'preɪzəl] *s* omvärdering, omprövning

1 rear [rɪə] **I** *tr* **1** a) föda upp [~ *cattle*] b) uppfostra [~ *a child*] c) odla [~ *crops*]; ~ *a family* bilda familj **2** mest litt. lyfta [på] [*the snake* ~*ed its head*] **II** *itr* o. *refl* stegra sig [äv. ~ *up*; *the horse* ~*ed* [*itself*] *up*]

2 rear [rɪə] *s* **1** bakre del, bakdel; baksida

[*the ~ of a house*]; mil. o. bildl. eftertrupp, arriärgarde; *bring up* (*close*) *the ~* bilda eftertrupp[en], komma sist; *in* (*at*) *the ~ of* på baksidan av, bakom **2** attr. bak- [*~ axle*]
rear-admiral ['rɪər'ædmərəl] *s* sjö. konteramiral
rearguard ['rɪəgɑ:d] *s* mil. eftertrupp, arriärgarde; *~ action* reträttstrid
rear-light ['rɪəlaɪt] *s* baklykta
rearm ['ri:'ɑ:m] *tr* o. *itr* [åter]upprusta
rearmament [rɪ'ɑ:məmənt] *s* [åter]upprustning
rearmost ['rɪəməʊst] *a* bakerst, längst bak, sist; sjö. akterst
rearrange ['ri:ə'reɪndʒ] *tr* arrangera (ordna, ställa) om; *~ the furniture* flytta om möblerna
rear-reflector ['rɪərɪ'flektə] *s* reflex[-anordning]
rear-view ['rɪəvju:] *a*, *~ mirror* backspegel
reason ['ri:zn] **I** *s* **1** skäl, anledning, grund, orsak [*for* för, till]; *all the more ~ why* så mycket större anledning [till] att; *by ~ of* på grund av **2** förstånd, förnuft [*lose o.'s ~*] **3** förnuft, skälighet, fog; *there is* [*some*] *~ in that* det är reson (förnuft) i det; *it stands to ~* det är [själv]klart (uppenbart); [*he complains,*] *and with ~* . . och det med rätta (all rätt); *prices are within ~* priserna är rimliga **II** *itr* **1** göra slutledningar, dra slutsatser **2** resonera **III** *tr* **1** resonera [som så] [*he ~ed that* . .]; *~ things out* resonera igenom saker [och ting] **2** *~ a p. into a th.* (*into doing a th.*) förmå (övertala) ngn till ngt ([till] att göra ngt)
reasonable ['ri:zənəbl] *a* **1** förnuftig, förståndig [*a ~ decision*], resonlig, resonabel; *beyond ~ doubt* utom rimligt tvivel **2** rimlig, skälig [*a ~ price*], hygglig [*a ~ salary*]
reasonably ['ri:zənəblɪ] *adv* skäligt, skäligen; rimligt; tämligen [*~ happy*]
reasoning ['ri:zənɪŋ] *s* resonerande, resonemang; tankegång, bevisföring
reassemble ['ri:ə'sembl] **I** *tr* **1** åter samla **2** sätta ihop igen **II** *itr* åter samlas
reassurance [ˌri:ə'ʃʊərəns] *s* uppmuntran [*in constant need of ~*]; ny tillförsikt
reassure [ˌri:ə'ʃʊə] *tr* uppmuntra; lugna
reassuring [ˌri:ə'ʃʊərɪŋ] *a* lugnande
rebate ['ri:beɪt] *s* rabatt, avdrag; återbäring
Rebecca [rɪ'bekə]
rebel [ss. subst. 'rebl, ss. vb rɪ'bel] **I** *s* rebell, upprorsman; attr. upprorisk, upprors-, rebell- [*the ~ forces*] **II** *itr* göra uppror, rebellera, protestera [*against* mot], resa sig
rebellion [rɪ'beljən] *s* uppror [*against* mot]; *rise in ~* göra uppror
rebellious [rɪ'beljəs] *a* upprorisk, rebellisk; motspänstig
rebind ['ri:'baɪnd] (*rebound rebound*) *tr* binda om
rebirth ['ri:'bɜ:θ] *s* pånyttfödelse
reborn ['ri:'bɔ:n] *a* pånyttfödd
1 rebound [ss. vb rɪ'baʊnd, ss. subst. 'ri:-baʊnd] **I** *itr* återstudsa, studsa tillbaka; mil. rikoschettera **II** *s* återstuds[ning] [*hit a ball on the ~*], studs; *take* (*catch*) *a p. on the ~* dra fördel av ngns motgångar
2 rebound ['ri:'baʊnd] imp. o. pp. av *rebind*
rebuff [rɪ'bʌf] **I** *s* **1** avvisande; avsnäsning; *meet with* (*suffer*) *a ~* få avslag; bli avsnäst **2** bakslag; bakläxa **II** *tr* avvisa; snäsa av
rebuild ['ri:'bɪld] (*rebuilt rebuilt*) *tr* åter bygga [upp]; bygga om
rebuke [rɪ'bju:k] **I** *tr* tillrättavisa, ge en skrapa **II** *s* tillrättavisning, skrapa
rebut [rɪ'bʌt] *tr* **1** vederlägga, motbevisa **2** avvisa [*~ an offer*]
rebuttal [rɪ'bʌtl] *s* vederläggning, motbevis
recalcitrance [rɪ'kælsɪtrəns] *s* motspänstighet, gensträvighet
recalcitrant [rɪ'kælsɪtrənt] **I** *a* motspänstig, motsträvig **II** *s* motsträvig person
recall [rɪ'kɔ:l] **I** *tr* **1** kalla tillbaka, kalla hem [*~ an ambassador*], återkalla; teat. ropa in **2** erinra sig, minnas **3** återkalla, upphäva [*~ a decision*] **II** *s* **1** tillbaka-, åter-, hemkallande **2** återkallande, upphävande; *past* (*beyond*) *~* oåterkallelig[t] **3** minne; *have total ~* ha perfekt minne
recant [rɪ'kænt] *tr* o. *itr* återkalla, ta tillbaka [*~ a statement*]; avsvärja [sig] [*~ o.'s faith*]; ta tillbaka [sina ord]
recantation [ˌri:kæn'teɪʃən] *s* återkallelse, -tagande; avsvärjelse
1 recap [ss. vb 'ri:'kæp, ss. subst. '--] Am. **I** *tr* regummera [*~ a tire*] **II** *s* regummerat däck
2 recap ['ri:kæp] fam. förk. för *recapitulate, recapitulation*
recapitulate [ˌri:kə'pɪtjuleɪt] *tr* o. *itr* rekapitulera, sammanfatta
recapitulation ['ri:kəˌpɪtjʊ'leɪʃən] *s* **1** rekapitulering, sammanfattning **2** mus. repris
recapture ['ri:'kæptʃə] **I** *tr* **1** återta, återerövra **2** dra sig till minnes, erinra sig **II** *s* återtagande, återerövring
recast ['ri:'kɑ:st] *tr* **1** gjuta om, stöpa om äv. bildl.; arbeta om, ombilda **2** omfördela [rollerna i] [*~ a play*]
reced|e [rɪ'si:d] *itr* **1** gå (träda, dra sig) tillbaka; *his hair is -ing* han börjar bli tunnhårig framtill; *a -ing forehead* en sluttande panna **2** falla, vika [*-ing prices*]
receipt [rɪ'si:t] **I** *s* **1** kvitto [*for* på] **2** vanl. pl. *~s* intäkter, kassa [*daily ~s*] **3** mottagande, uppbärande; *I am in ~ of your letter* hand. jag har mottagit (erhållit) ert brev; *on ~ of* vid mottagandet av **II** *tr* kvittera [*~ a bill*]
receive [rɪ'si:v] **I** *tr* **1** ta emot, motta[ga], erhålla, få, uppbära [*~ money*]; *~ stolen*

goods ta emot stöldgods, begå häleri; *orders will ~ prompt attention* order [kommer att] utföras (effektueras) omgående; [*payment*] *~d* [betalt] kvitteras **2** ofta pass., *be ~d* bli upptagen [som medlem] [*into* (i) *the Church*] **3** anta, erkänna **II** *itr* **1** ta emot, hålla (ha) mottagning [*~ on Sundays*] **2** begå häleri

received [rɪ'si:vd] *a* o. *pp* mottagen etc., jfr *receive*; vedertagen, erkänd, allmän [*the ~ opinion*]; *~ pronunciation* ung. vedertaget uttal av brittisk engelska

receiver [rɪ'si:və] *s* **1** mottagare **2** jur., [*Official*] *R~* konkursförvaltare **3** *~* [*of stolen goods*] hälare **4** mottagare, mottagningsapparat; [telefon]lur, telef. mikrotelefon

recent ['ri:snt] *a* ny; färsk [*~ news*]; nyligen inträffad [*a ~ event*]; nyare, senare; *in* (*during*) *~ years* under senare år

recently ['ri:sntlɪ] *adv* nyligen, på sista tiden; *as ~ as* så sent som

receptacle [rɪ'septəkl] *s* **1** [förvarings]kärl, behållare **2** bot. blomfäste

reception [rɪ'sepʃən] *s* **1** mottagande, mottagning i olika bet.; *~ clerk* portier; *~ desk* reception, receptionsdisk på hotell; *get* (*meet with*) *a warm ~* få ett varmt mottagande, se äv. *warm I 3* **2** upptagande [som medlem] [*into* (i) *the Academy*] **3** radio. mottagning[sförhållanden]

receptionist [rɪ'sepʃənɪst] *s* **1** receptionist; [över]portier; kundmottagare **2** mottagningssköterska

receptive [rɪ'septɪv] *a* receptiv, mottaglig [*of, to* för]

receptivity [rɪsep'tɪvətɪ] *s* receptivitet, mottaglighet

recess [rɪ'ses] **I** *s* **1** a) isht om parlamentet, kongressen o. domstolar uppehåll, ferier b) Am. [skol]ferier **2** vrå, skrymsle; *in the innermost ~es of the heart* i hjärtats djupaste vrår **3** nisch, alkov; fördjupning; insänkning **II** *tr* göra en fördjupning (nisch) i

recession [rɪ'seʃən] *s* **1** tillbakavikande, återgång **2** konjunkturnedgång

recessive [rɪ'sesɪv] *a* biol. recessiv

recharge ['ri:'tʃɑ:dʒ] *tr* elektr. ladda om

recipe ['resɪpɪ] *s* kok. recept äv. bildl.

recipient [rɪ'sɪpɪənt] *s* mottagare

reciprocal [rɪ'sɪprəkəl] *a* **1** ömsesidig [*~ affection*]; till (i) gengäld, gen- [*~ services*] **2** gram. reciprok [*~ pronouns*]

reciprocate [rɪ'sɪprəkeɪt] **I** *itr* **1** göra en gentjänst, göra något i gengäld **2** mek. gå fram och tillbaka **II** *tr* utbyta; gengälda, återgälda, besvara [*~ a p.'s affection*]

reciprocation [rɪˌsɪprə'keɪʃən] *s* **1** utbyte, utväxling; gengäldande, återgäldande, besvarande **2** växelverkan

reciprocity [ˌresɪ'prɒsətɪ] *s* ömsesidighet

recital [rɪ'saɪtl] *s* **1** redogörelse [*of* för]; uppräkning **2** recitation, uppläsning **3** mus. [solist]uppförande, [solo]konsert

recitation [ˌresɪ'teɪʃən] *s* **1** recitation, uppläsning; reciterat stycke **2** uppräkning

recite [rɪ'saɪt] **I** *tr* **1** recitera, läsa upp, deklamera [*~ poems*] **2** redogöra för; räkna upp **II** *itr* recitera, deklamera

reciter [rɪ'saɪtə] *s* recitatör, uppläsare

reckless ['rekləs] *a* **1** obekymrad [*of* för, om], likgiltig [*of* för] **2** hänsynslös; obetänksam [*~ conduct*], vårdslös [*~ driving*], lättsinnig [*~ extravagance*], vild [*~ gambling*]

reckon ['rekən] **I** *tr* **1** räkna; *~ in* räkna 'med (in), inberäkna, inkludera; *~ up* a) räkna ihop (samman), summera b) räkna upp **2** beräkna, uppskatta, bedöma **3** räkna [*among, with* bland, till; *we ~ him among our supporters*] **4** räkna, anse [*as* som; *for* för] **5** fam. tycka; [*he's pretty good,*] *I ~* . . tycker jag **6** räkna med [*I ~ that he will come*], anta, förmoda [*this was not meant for me, I ~*] **II** *itr* **1** räkna [*the child can't ~ yet*]; *~ with* räkna med, ta med i beräkningen; *a man to be ~ed with* en man att räkna med **2** *~* [*up*]*on* räkna (lita) på; räkna med **3** räkna, uppgå till **4** räknas [*he ~s among* (bland, till) *the best*], gälla

reckoner ['rekənə] *s* se *ready ~* under *ready I 3*

reckoning ['rekənɪŋ] *s* **1** [upp]räkning, beräkning etc., jfr *reckon*; *be out in o.'s ~* ha räknat fel **2** räkenskap [*give* (avlägga) *~*], vidräkning; *the day of ~* räkenskapens dag

reclaim [rɪ'kleɪm] **I** *tr* **1** reformera, omvända [*a ~ed sinner*] **2** återvinna, odla upp [*~ land*]; *~ed land* uppodlad (nyodlad) mark, nyodling **3** återvinna avfall m. m. **II** *s* reformering; *beyond* (*past*) *~* oförbätterlig[t]

reclaimable [rɪ'kleɪməbl] *a* förbättringsbar; odlingsbar [*~ land*]

reclamation [ˌreklə'meɪʃən] *s* **1** förbättring, reformering **2** återvinning av mark, uppodling **3** återvinning av avfall m. m.

reclassify [rɪ'klæsɪfaɪ] *tr* klassificera om

reclin|e [rɪ'klaɪn] **I** *tr* vila, lägga [ned], luta [tillbaka] **II** *itr* luta (lägga) sig [tillbaka], vila, ligga (sitta) tillbakalutad [*~ on a couch*]; *-ing chair* (*seat*) vilstol

recluse [rɪ'klu:s] *s* ensling, enstöring

recognition [ˌrekəg'nɪʃən] *s* **1** erkännande; *in ~ of* som ett erkännande av; *receive* (*meet with*) *due ~* röna vederbörligt erkännande **2** igenkännande; *aircraft ~* flygplansigenkänning; *beyond* (*out of* [*all*], *past*) *~* oigenkännlig, till oigenkännlighet

recognizable ['rekəgnaɪzəbl, ˌ-ˈ---] *a* igenkännlig [*by a th.* på ngt]

recognizance [rɪ'kɒgnɪzəns] *s* jur. förbindelse, borgen; borgenssumma
recognize ['rekəgnaɪz] *tr* **1** känna igen [*by a th.* på ngt] **2** erkänna [*~ a new government*]; kännas vid [*he no longer ~s me*]; *it's the ~d method* det är den vedertagna metoden **3** erkänna [för sig själv]; inse [*he ~d the danger*] **4** erkänna, värdesätta [*his services to the State were ~d*]
recoil [rɪ'kɔɪl] **I** *itr* **1** rygga, rygga (vika) tillbaka [*from* för; *at* vid] **2** studsa tillbaka, mil. rekylera **3** återfalla; *it ~ed on his own head* det föll tillbaka på honom själv **II** *s* **1** återstuds, mil. rekyl **2** tillbakaryggande
recoilless [rɪ'kɔɪlləs] *a* rekylfri [*~ rifles*]
recollect [ˌrekə'lekt] *tr* o. *itr* erinra (påminna) sig, komma ihåg, minnas
recollection [ˌrekə'lekʃən] *s* hågkomst, minne, erinring; pl. *~s* minnen [*~s from a long life*]; *to the best of my ~* såvitt jag kan erinra (påminna) mig; *not to my ~* inte såvitt jag kan minnas
recommence ['ri:kə'mens] **I** *itr* börja på nytt (om igen) **II** *tr* börja på nytt
recommend [ˌrekə'mend] *tr* **1** rekommendera, förorda; *~ed price* äv. cirkapris **2** [till]råda, tillstyrka **3** göra attraktiv; *this plan has much to ~ itself* det är mycket som talar för denna plan[en] **4** anbefalla, anförtro [*to a p.* [åt] ngn; *to a p.'s care* åt ngns omsorg]; *~ o.s.* (*o.'s soul*) *to God* anbefalla sig (sin själ) åt Gud
recommendable [ˌrekə'mendəbl] *a* rekommendabel; tillrådlig
recommendation [ˌrekəmen'deɪʃən] *s* rekommendation; förordande, anbefallande; *letter of ~* rekommendationsbrev; *at* (*on*) *his ~* på hans rekommendation (tillrådan)
recompense ['rekəmpens] **I** *tr* gottgöra, ersätta **II** *s* gottgörelse, ersättning
reconcilable [ˌrekən'saɪləbl] *a* **1** försonlig **2** förenlig
reconcile ['rekənsaɪl] *tr* **1** försona, förlika [*with* med]; *become ~d* försonas, förlikas **2** bilägga [*~ a quarrel*] **3** förena, få att stämma (gå ihop) **4** *~ o.s. to* el. *be* (*become*) *~d to* förlika (försona) sig med, finna sig i
reconciliation [ˌrekənsɪlɪ'eɪʃən] *s* **1** försoning, förlikning **2** biläggning, uppgörelse **3** förening, sammanjämkning; samklang
recondite [rɪ'kɒndaɪt] *a* svårfattlig
recondition ['ri:kən'dɪʃən] *tr* reparera [upp], renovera [upp] [*a ~ed engine*]
reconnaissance [rɪ'kɒnɪsəns] *s* isht mil. spaning, rekognoscering; *~ aircraft* spanings-, rekognoscerings|flygplan; *~ party* spaningsavdelning, rekognosceringstrupp
reconnoitre [ˌrekə'nɔɪtə] *tr* o. *itr* isht mil. spana, rekognoscera, utforska; sondera
reconquer ['ri:'kɒŋkə] *tr* återerövra
reconsider ['ri:kən'sɪdə] *tr* på nytt överväga, ta under förnyad prövning
reconstitute ['ri:'kɒnstɪtju:t] *tr* rekonstruera; ombilda; återuppbygga
reconstruct ['ri:kəns'trʌkt] *tr* rekonstruera [*~ a crime*]; återuppbygga; bygga om [*~ a ship*]; ombilda [*~ a cabinet*]; omdana
reconstruction ['ri:kəns'trʌkʃən] *s* rekonstruktion; återuppbyggande, återuppbyggnad; omläggning; ombildning; omdaning
record [ss. subst. 'rekɔ:d, ss. vb rɪ'kɔ:d] **I** *s* **1** uppteckning; förteckning, register; protokoll, redogörelse [*of* för]; urkund, dokument; pl. *~s* äv. arkiv; *the* [*Public*] *R~ Office* riksarkivet i London; *for the ~* för att undvika missförstånd; *off the ~* a) utom protokollet b) på stående fot, improviserat; *this is strictly off the ~* detta är strängt konfidentiellt; *it is the worst on ~* det är det värsta (sämsta) som någonsin funnits **2** ngns förflutna; vitsord, meritlista, meriter; rykte; *a clean ~* ett fläckfritt förflutet; *have a ~* fam. ha ett kriminellt förflutet **3** isht sport. rekord; *world ~* världsrekord; *beat* (*break*) *the ~* slå rekord[et]; *establish* (*make*) *a ~* sätta [ett] rekord **4** [grammofon]skiva [*gramophone ~*]; *~ library* skivsamling **II** *tr* **1** a) protokollföra; registrera; uppteckna, bevara i skrift b) förtälja, återge; pp. *~ed* språkv. belagd; *~ed times* historisk tid **2** spela (sjunga, tala) in på grammofonskiva (band) **3** om termometer m. m. registrera, visa
recorder [rɪ'kɔ:də] *s* **1** jur. domare vid bl. a. *Crown Court* **2** inspelnings-, upptagnings-, registrerings|apparat **3** blockflöjt
recording [rɪ'kɔ:dɪŋ] *s* registrering etc., jfr *record II*; radio., film. o. d. inspelning; upptagning; *~ angel* ängel som upptecknar i livets bok; *~ apparatus* inspelnings-, upptagnings-, registrerings|apparat
record-player ['rekɔ:dˌpleɪə] *s* enklare skivspelare vanl. med högtalare
recount [i bet. *I 1* rɪ'kaunt, i bet. *I 2* 'ri:'kaunt, i bet. *II* 'ri:kaunt] **I** *tr* **1** [omständligt] berätta, förtälja; räkna upp [*to a p.* för ngn] **2** räkna om [*~ the votes*] **II** *s* omräkning
recoup [rɪ'ku:p] *tr* gottgöra, ersätta [*~ a loss*]; *~ o.s.* hålla sig [själv] skadeslös; *~ o.'s losses* ta skadan igen, ta igen det man har förlorat
recourse [rɪ'kɔ:s] *s* tillflykt; utväg; *have ~ to* ta sin tillflykt till, tillgripa
recover [rɪ'kʌvə] **I** *tr* återvinna, återfå [*~ o.'s health*]; *~ o.'s breath* [åter] hämta andan; *~ lost ground* återvinna förlorad terräng äv. bildl. **II** *itr* [åter]hämta (repa) sig; tillfriskna [*from* från, efter]; *he has completely ~ed* han är helt återställd

re-cover ['ri:'kʌvə] *tr* **1** åter täcka **2** klä om, förse med nytt överdrag
recovery [rɪ'kʌvərɪ] *s* **1** åter|vinnande, -fående [*the ~ of a lost article*] **2** återställande, tillfrisknande, återhämtning; *make a quick ~* [åter]hämta sig snabbt; *he is beyond* (*past*) *~* han står inte att rädda (bota)
recreant ['rekrɪənt] poet. **I** *a* **1** räddhågad **2** avfällig **II** *s* **1** pultron **2** avfälling
re-create ['ri:krɪ'eɪt] *tr* skapa på nytt
recreation [ˌrekrɪ'eɪʃən] *s* rekreation, förströelse; nöje, tidsfördriv; *~ area* (*ground*) rekreations-, fritids|område; lek-, idrotts|plats; *~ centre* rekreationscentrum, fritidscenter; *~ room* gille[s]stuga; hobbyrum
re-creation ['ri:krɪ'eɪʃən] *s* ny-, om|skapande
recrimination [rɪˌkrɪmɪ'neɪʃən] *s* motbeskyllning, motanklagelse
recriminatory [rɪ'krɪmɪnətərɪ] *a* motbeskyllnings-, motanklagelse-
recrudescence [ˌri:kru:'desns] *s* förnyat utbrott, återuppblossande
recruit [rɪ'kru:t] **I** *s* rekryt äv. bildl.; nykomling, ny medlem **II** *tr* **1** rekrytera, värva; värva (anställa) som rekryt[er] **2** förnya, friska upp **III** *itr* värva rekryter; *~ing office* värvningsbyrå; inskrivnings-, mönstrings|lokal; *~ing officer* rekryteringsofficer
recruitment [rɪ'kru:tmənt] *s* rekrytering, värvning
rectangle ['rekˌtæŋgl] *s* rektangel
rectangular [rek'tæŋgjʊlə] *a* rektangulär
rectify ['rektɪfaɪ] *tr* rätta [till], korrigera
rectilineal [ˌrektɪ'lɪnɪəl] *a* o. **rectilinear** [ˌrektɪ'lɪnɪə] *a* rätlin[j]ig
rectitude ['rektɪtju:d] *s* rättskaffenhet
rector ['rektə] *s* **1** kyrkoherde **2** rektor vid vissa universitet, skolor o. d.
rectorship ['rektəʃɪp] *s* **1** kyrkoherdebefattning **2** rektorat, rektorsbefattning
rectory ['rektərɪ] *s* kyrkoherdeställe, prästgård
rectum ['rektəm] *s* anat. ändtarm, rektum
recumbent [rɪ'kʌmbənt] *a* tillbakalutad, lutande, [halv]liggande, vilande
recuperate [rɪ'kju:pəreɪt] **I** *itr* hämta sig, repa sig **II** *tr* återfå [*~ o.'s health*], återvinna
recuperation [rɪˌkju:pə'reɪʃən] *s* återhämtning, tillfrisknande, konvalescens
recur [rɪ'kɜ:] *itr* återkomma; upprepas; *~ring decimal* periodiskt decimalbråk
recurrence [rɪ'kʌrəns] *s* återkommande, återkomst; återgång; upprepning
recurrent [rɪ'kʌrənt] *a* återkommande, periodisk; *~ series* mat. rekurrent serie
recycle ['ri:'saɪkl] *tr* återanvända [*~ scrap-metal*], återvinna
red [red] **I** *a* röd äv. pol.; *R~ Brick* nyare universitet, de nyare universiteten i mots. till Oxford o. Cambridge; *give a p. a ~ carpet reception, give a p. ~ carpet treatment* fam. rulla ut röda mattan för ngn; *a ~ cent* Am. fam. ett rött öre [*not worth a ~ cent*]; *the R~ Cross* Röda korset; *~ herring* a) rökt sill b) bildl., fam. falskt spår, villospår; *be a ~ herring* äv. vara ovidkommande; *R~ Indian* indian; *~ lead* mönja; *see the ~ light* bildl. inse faran; *~ pepper* kajennpeppar; rödpeppar; paprika[pulver]; *it's like a ~ rag* [*to a bull*] *to him* det verkar som ett rött skynke på honom; *the R~ Sea* Röda havet; *~ tape* bildl. byråkrati, formaliteter **II** *s* **1** rött [*dressed in ~*]; röd färg **2** pol. röd; *he is a R~* han är röd **3** fam., *be in* (*get into*) *the ~* vara (bli) skuldsatt, stå (komma) på minus; *be* (*get*) *out of the ~* vara (bli) skuldfri
redbreast ['redbrest] *s* zool., [*robin*] *~* rödhake[sångare]
redbrick ['redbrɪk] *a, ~ university* nyare universitet i mots. till Oxford o. Cambridge
redcap ['redkæp] *s* **1** MP militärpolis **2** Am. bärare, stadsbud
redden ['redn] **I** *tr* färga röd **II** *itr* bli röd; rodna
reddish ['redɪʃ] *a* rödaktig
redecorate ['ri:'dekəreɪt] *tr* o. *itr* måla och tapetsera om, reparera; nyinreda
redeem [rɪ'di:m] *tr* **1** lösa ut [*~ a pawned watch*], lösa in [*~ a mortgage*] **2** infria [*~ o.'s promise*] **3** friköpa [*~ a slave*]; isht teol. återlösa, förlossa, frälsa **4** gottgöra, sona [*~ an error*]; kompensera; *a ~ing feature* ett försonande drag
redeemer [rɪ'di:mə] *s* inlösare etc., jfr *redeem*; *the R~* Förlossaren, Återlösaren, Frälsaren Kristus
redeliver ['ri:dɪ'lɪvə] *tr* **1** åter överlämna [*~ a message*]; hand. åter leverera **2** återlämna
redemption [rɪ'dempʃən] *s* **1** teol. återlösning, förlossning, frälsning **2** inlösen, återköp **3** infriande [*the ~ of a promise*] **4** friköp, utlösande, befrielse; *beyond* (*past*) *~* ohjälplig[t] **5** sonande [*the ~ of a crime*]
redeploy ['ri:dɪ'plɔɪ] *tr* placera om [*~ workers*]; mil. gruppera om
red-handed ['red'hændɪd] *a, take* (*catch*) *a p. ~* ta (gripa) ngn på bar gärning
redhead ['redhed] *s* fam. rödhårig [person], rödtopp
red-heat ['red'hi:t] *s* glödande hetta
red-hot ['red'hɒt] *a* glödhet, glödande äv. bildl. [*~ enthusiasm*]; *~ news* rykande aktuella nyheter; *~ poker* bot. Kniphofia
rediffusion ['ri:dɪ'fju:ʒən] *s* radio. o. TV. återutsändning
redintegration [reˌdɪntɪ'greɪʃən] *s* åter-

ställande; förnyande

redirect ['ri:dɪ'rekt, -daɪ'r-] *tr* **1** åter leda (rikta) **2** eftersända, adressera om [~ *letters*]; dirigera om [~ *a cargo*]

rediscover ['ri:dɪs'kʌvə] *tr* återupptäcka

redistribute ['ri:dɪs'trɪbjʊt] *tr* dela ut (distribuera) på nytt; omfördela

redistribution ['ri:ˌdɪstrɪ'bju:ʃən] *s* ny fördelning; omfördelning

red-letter ['red'letə] *a*, ~ *day* helgdag; bemärkelse-, högtids|dag

redo ['ri:'du:] (*redid redone*) *tr* göra om; tapetsera (måla) om

redolence ['redəʊləns] *s* vällukt, doft

redolent ['redəʊlənt] *a* välluktande, doftande; ~ *of* (*with*) a) som luktar b) som påminner om

redouble [rɪ'dʌbl] **I** *tr* fördubbla [~ *o.'s efforts*], öka [*he ~d his pace*] **II** *itr* fördubblas, öka[s]

redoubt [rɪ'daʊt] *s* fort. redutt; bildl. fäste

redoubtable [rɪ'daʊtəbl] *a* fruktansvärd, skräckinjagande

redound [rɪ'daʊnd] *itr* **1** ~ *to a p.'s credit* lända ngn till heder **2** ~ *on* återfalla på

redress [rɪ'dres] **I** *tr* **1** återställa [~ *the balance*]; avhjälpa [~ *a grievance*], rätta till **2** gottgöra [~ *a wrong*] **II** *s* **1** avhjälpande [*the ~ of a grievance*] **2** gottgörelse

redskin ['redskɪn] *s* åld. rödskinn indian

redstart ['redstɑ:t] *s* o. **redtail** ['redteɪl] *s* zool. rödstjärt

red-tape ['red'teɪp] *s* se *red tape* under *red I*

reduce [rɪ'dju:s] **I** *tr* **1** reducera, minska, sätta ned, sänka [~ *the price*]; försvaga; förminska; ~ *speed* minska (sänka) farten; ~ *o.'s weight* gå ned i vikt, banta; *~d circumstances* knappa omständigheter; *on a ~d scale* i förminskad skala **2** försätta [*to* i ett tillstånd]; bringa [*to* till]; tvinga [*to do a th.* [till] att göra ngt]; ~ *to ashes* lägga i (förvandla till) aska; *be ~d to beggary* (*begging*) vara hänvisad till tiggeri; ~ *to slavery* (*servitude*) driva i slaveri; ~ *a p. to tears* få ngn att gråta **3** föra in [*to* (under) *a rule*]; ~ *a th. to a system* inordna ngt i ett system **4** flytta ned; ~ *to the ranks* degradera till menig **5** mat. reducera; ~ *an equation* hyfsa (förenkla) en ekvation; ~ *a fraction* förkorta ett bråk **6** betvinga, besegra [~ *an enemy*], kuva, lägga under sig, erövra [~ *a country*] **II** *itr* **1** reduceras, minskas **2** banta, gå ned [i vikt]

reducible [rɪ'dju:səbl] *a* som kan reduceras (etc., jfr *reduce I*), reducerbar

reduction [rɪ'dʌkʃən] *s* (jfr *reduce I*) **1** reduktion, reducering, minskning, inskränkning; förminskning; nedsättning, rabatt, avdrag; *sell at a ~* sälja till nedsatt pris **2** försättande [*to* i ett tillstånd] **3** införande etc. **4** degradering **5** mat. reduktion etc.

redundancy [rɪ'dʌndənsɪ] *s* överflöd; överskott; ekon. arbetslöshet [till följd av strukturrationalisering]

redundant [rɪ'dʌndənt] *a* **1** överflödig, övertalig [~ *workers*]; friställd **2** vidlyftig [*a ~ style*]

reduplicate [rɪ'dju:plɪkeɪt] *tr* fördubbla

reduplication [rɪˌdju:plɪ'keɪʃən] *s* fördubbling

redwood ['redwʊd] *s* **1** Am. rödved **2** furu[trä]

re-echo [rɪ'ekəʊ] **I** *itr* genljuda [*with* av], återskalla **II** *tr* genljuda (eka) av, upprepa [som ett eko] **III** (pl. *~es*) *s* återskall

reed [ri:d] *s* **1** bot. vasstrå, [vass]rör; vass; bibl. o. poet. rö; pl. *~s* äv. [tak]halm **2** poet. pil av vassrör **3** poet. rörflöjt, vasspipa **4** i blåsinstrument rörblad, tunga

re-edit ['ri:'edɪt] *tr* redigera (arbeta) om

re-educate ['ri:'edjʊkeɪt] *tr* uppfostra på nytt; omskola

reed-warbler ['ri:dˌwɔ:blə] *s* zool. rörsångare

reedy ['ri:dɪ] *a* **1** vass|bevuxen, -rik; vassliknande **2** gäll, pipig [*a ~ voice*]

1 reef [ri:f] **I** *s* sjö. rev; *take in a ~* ta in ett rev **II** *tr* reva [~ *the sails*]

2 reef [ri:f] *s* rev; *coral ~* korallrev

reefer ['ri:fə] *s* åtsittande sjömansjacka

reef-knot ['ri:fnɒt] *s* sjö. råbandsknop

reek [ri:k] **I** *s* dålig lukt, stank [*the ~ of bad tobacco*] **II** *itr* **1** lukta [illa], stinka [*he ~s of whisky*] **2** ånga [~ *with* (av) *sweat*], ryka

reel [ri:l] **I** *s* **1** rulle, spole [~ *of film*]; ~ *of cotton* trådrulle; [*straight*] *off the ~* fam. i ett svep **2** [nyst]vinda; härvel, haspel **3** ragling, raglande gång **4** Skottl. reel dans **II** *tr* rulla (veva, spola) upp på rulle [äv. ~ *up* (*in*)]; ~ *off* bildl. rabbla upp [~ *off a lesson*] **III** *itr* **1** virvla, snurra runt; *my brain* (*head*) *~s* det går runt i huvudet på mig **2** ragla [~ *like a drunken man*]; *he ~ed under the blow* slaget fick honom att vackla

re-elect ['ri:ɪ'lekt] *tr* välja om, återvälja

re-election ['ri:ɪ'lekʃən] *s* omval, återval

reel-to-reel ['ri:ltə'ri:l] *a*, ~ *tape-recorder* rullbandspelare

re-enter ['ri:'entə] **I** *itr* gå (komma, stiga) in igen **II** *tr* åter gå (komma, stiga) in i

re-entry [ri:'entrɪ] *s* **1** återinträde **2** ny anteckning; återinförande

re-establish ['ri:ɪs'tæblɪʃ] *tr* återupprätta; etablera på nytt

re-establishment ['ri:ɪs'tæblɪʃmənt] *s* återupprättande; nyetablering; ~ *centre* omskolningscentrum för arbetslösa

re-examine ['ri:ɪg'zæmɪn] *tr* på nytt undersöka (pröva, granska, förhöra, examinera)

ref [ref] fam., sport. (kortform av *referee*) **I** *s* domare; överdomare **II** *itr* o. *tr* döma
ref. förk. för *reference, referred*
refashion ['ri:'fæʃən] *tr* ombilda, omgestalta
refectory [rɪ'fektərɪ] *s* matsal i skola o. d.
refer [rɪ'fɜ:] **I** *tr* **1** hänskjuta, remittera [*~ a bill to a committee* (utskott)]; överlämna [*to* till, åt] **2** *~ a p. to* hänvisa (remittera) ngn till; *~ to drawer* bank.: ung. bristande täckning **II** *itr, ~ to:* **a**) hänvisa till, referera till, åberopa; vända sig till **b**) syfta på, avse, hänföra sig till **c**) åsyfta, syfta på
referee [ˌrefə'ri:] **I** *s* **1** skiljedomare **2** sport. domare, överdomare i tennis **3** referens pers. **II** *itr* o. *tr* fungera som skiljedomare (domare) [i]; döma [*~ a football match*]
reference ['refərəns] *s* **1** hänvisning, hänskjutande [*to* till]; åberopande; *terms of ~* a) direktiv b) bildl. givna ramar; *have ~ to* ha avseende på; *with ~ to* a) i början av brev refererande till, med anledning av b) med hänsyn till, angående **2** anspelning, syftning; *make ~ to* omnämna, åsyfta **3** hänvändelse [*to* till]; *~ book* uppslags|bok, -verk; *~ library* referensbibliotek **4** referens äv. pers.; [tjänstgörings]betyg
referendum [ˌrefə'rendəm] *s* referendum, folkomröstning
refill [ss. vb 'ri:'fɪl, ss. subst. 'ri:fɪl] **I** *tr* åter fylla, fylla på; tanka **II** *s* påfyllning; refill; patron till kulpenna m. m.; [*lead*] *~* reserv-, blyerts|stift till stiftpenna
refine [rɪ'faɪn] **I** *tr* **1** raffinera [*~ sugar* (*oil*)], förädla, rena **2** förfina, förädla; raffinera **II** *itr, ~* [*up*]*on* förfina, förbättra
refined [rɪ'faɪnd] *pp* o. *a* **1** raffinerad etc., jfr *refine I 1* **2** raffinerad, förfinad; elegant
refinement [rɪ'faɪnmənt] *s* **1** raffinering, rening **2** förfining, elegans; *a man of ~* en förfinad man **3** raffinemang, finess
refinery [rɪ'faɪnərɪ] *s* raffinaderi [*an oil ~*]
refit ['ri:'fɪt] **I** *tr* [åter] utrusta; rusta upp, reparera [*~ a ship*] **II** *itr* [åter] sättas i stånd, repareras
refl. förk. för *reflexive*
reflate [rɪ'fleɪt] *tr* ekon. åstadkomma en reflation av (i) [*~ the economy*]
reflation [rɪ'fleɪʃən] *s* ekon. reflation
reflationary [rɪ'fleɪʃnərɪ] *a* ekon. reflations-
reflect [rɪ'flekt] **I** *tr* **1** reflektera, återkasta [*~ light*] **2** reflektera, återspegla äv. bildl.; *~ed image* spegelbild **3** *~ credit on a p.* lända ngn till heder **4** tänka på, betänka **II** *itr* **1** reflektera, fundera [*on, upon* på], tänka efter **2** *~* [*up*]*on* kasta en skugga på (över), ställa i en ofördelaktig dager **3** reflekteras; återspeglas
reflection [rɪ'flekʃən] *s* **1** reflexion, reflektering, återkastning **2** spegelbild, bild [*see o.'s ~ in a mirror*]; återsken; *he is a pale ~ of his former self* han är en skugga av sitt forna jag **3** reflexion; eftertanke, begrundan; *make ~s* [*up*]*on* anställa betraktelser över; göra reflexioner över; *~s on* äv. funderingar kring; *on* [*further*] *~* vid närmare eftertanke **4** kritik, klander; *cast ~s on a p.* kasta en skugga på ngn
reflector [rɪ'flektə] *s* reflektor; reflex[-anordning]
reflex ['ri:fleks] **I** *s* reflex, reflexrörelse **II** *a* **1** reflekterad; reflex- [*~ action*]; *~ camera* spegelreflexkamera **2** *~ angle* övertrubbig vinkel mer än 180° men mindre än 360°
reflexion [rɪ'flekʃən] *s* = *reflection*
reflexive [rɪ'fleksɪv] gram. **I** *a* reflexiv **II** *s* **1** reflexiv[pronomen] **2** reflexivt verb
reforest ['ri:'fɒrɪst] *tr* isht. Am. = *reafforest*
reform [rɪ'fɔ:m] **I** *tr* (jfr *reformed*) **1** reformera, [för]bättra **2** omvända [*~ a sinner*] **II** *itr* bättra sig **III** *s* reform, förbättring
re-form ['ri:'fɔ:m] *tr* o. *itr* nybilda[s], nydana[s]; mil. åter formera [sig]
reformation [ˌrefə'meɪʃən] *s* **1** reformation, reformerande; förbättring, reform **2** *the R~* hist. reformationen
reformed [rɪ'fɔ:md] *a* reformerad; *a ~ sinner* en omvänd syndare
reformer [rɪ'fɔ:mə] *s* reformator; reform|vän, -ivrare
refract [rɪ'frækt] *tr* fys. bryta ljus; *~ing angle* brytande vinkel
refraction [rɪ'frækʃən] *s* refraktion, [ljus]-brytning; *angle of ~* brytningsvinkel
refractor [rɪ'fræktə] *s* refraktor
refractory [rɪ'fræktərɪ] *a* **1** motspänstig, oregerlig, trotsig [*a ~ child*] **2** svårarbetad [*~ material*]
1 refrain [rɪ'freɪn] *s* refräng; omkväde
2 refrain [rɪ'freɪn] *itr* avhålla sig, avstå [*~ from hostile action*]; *~ from a th.* (*doing a th.*) äv. låta bli ngt (att göra ngt); *please ~ from smoking* rökning undanbedes
refresh [rɪ'freʃ] *tr* **1** friska upp; liva (pigga) upp; *~ o.s.* a) styrka sig, pigga upp sig b) förfriska sig, läska sig [*~ o.s. with a cool drink*]; *~ o.'s memory* friska upp minnet **2** bättra på, snygga upp [*~ the paintwork*]
refresher [rɪ'freʃə] *s* **1** *~* [*course*] repetitions-, fortbildnings|kurs **2** fam. förfriskning **3** extraarvode åt advokat
refreshing [rɪ'freʃɪŋ] *a* **1** uppfriskande, styrkande, uppiggande [*a ~ sleep*]; läskande [*a ~ drink*] **2** välgörande [*~ simplicity*]
refreshment [rɪ'freʃmənt] *s* **1** uppfriskning, vederkvickelse **2** vanl. pl. *~s* förfriskningar; *~ car* byffévagn
refrigerate [rɪ'frɪdʒəreɪt] *tr* **1** svalka; kyla [av] **2** frysa [in] [*~ provisions*]

refrigeration [rɪˌfrɪdʒə'reɪʃən] *s* **1** [av]kylning **2** [in]frysning
refrigerator [rɪ'frɪdʒəreɪtə] *s* **1** kylskåp; kylrum **2** kylare kondensor; kylapparat
refuel ['ri:'fjuəl] *tr* o. *itr* tanka; fylla på [nytt bränsle]
refuge ['refju:dʒ] *s* **1** tillflykt; *seek* ~ söka sin tillflykt, söka skydd [*from* undan, från; *in, at* i, på; *with* hos]; *take* ~ ta sin tillflykt [*in, at* till; *with* hos] **2** refug
refugee [ˌrefjʊ'dʒi:] *s* isht polit. flykting
refulgent [rɪ'fʌldʒənt] *a* glänsande, skinande
refund [ss. vb ri:'fʌnd, ss. subst. 'ri:fʌnd] **I** *tr* återbetala, återställa [~ *money*]; ersätta, gottgöra ngn för förlust m. m. **II** *s* återbetalning, restitution; ersättning, gottgörelse
refurbish ['ri:'fɜ:bɪʃ] *tr* putsa upp; fiffa upp; renovera
refusal [rɪ'fju:zəl] *s* vägran; avslag
refuse [ss. vb rɪ'fju:z, ss. subst. 'refju:s] **I** *tr* **1** vägra, neka **2** avslå [~ *a request*], tillbakavisa, avvisa [~ *a candidate*], refusera [~ *an offer*] **II** *itr* vägra, neka, säga nej **III** *s* skräp, bråte, avfall, sopor, avskräde [äv. ~ *matter*]; drägg, avskum [*the* ~ *of society*]; ~ *chute* sopnedkast; ~ *collector* sophämtare, renhållningsarbetare; ~ *dump* soptipp, avskrädeshög
refutable ['refjutəbl, rɪ'fju:t-] *a* som kan vederläggas, vederlägglig
refutation [ˌrefjʊ'teɪʃən] *s* vederläggning; motargument
refute [rɪ'fju:t] *tr* vederlägga, motbevisa
Reg [redʒ] kortform för *Reginald*
regain [rɪ'geɪn] *tr* återfå [~ *consciousness*], återvinna; åter uppnå
regal ['ri:gəl] *a* kunglig, konungslig
regale [rɪ'geɪl] **I** *tr* traktera, undfägna **II** *itr* o. *refl*, ~ [*o.s.*] *with* (*on*) kalasa på, njuta av
regalia [rɪ'geɪljə] *s pl* **1** regalier, [kungliga] insignier **2** full stass
regard [rɪ'gɑ:d] **I** *tr* **1** anse, betrakta [*I* ~ *him as the best*] **2** litt. betrakta, iaktta **3** ta notis om **4** angå; *as* ~*s* vad .. beträffar, beträffande, med hänsyn till **II** *s* **1** avseende; *in this* ~ i detta hänseende (avseende); *with* ~ *to* med avseende på, med hänsyn till, angående **2** hänsyn; *I have* [*a*] *great* ~ *for him* jag hyser (har) stor aktning för honom; *he has little* ~ *for* han tar föga hänsyn till; *pay* ~ *to* ta hänsyn till; *out of* ~ *for* av hänsyn till; *without* ~ *to* utan hänsyn till **3** pl. ~*s* hälsningar; *kind* ~*s to you all* hjärtliga hälsningar till er alla; *give him my* [*best*] ~*s* hälsa honom [så mycket] från mig **4** litt. [stadig] blick
regardful [rɪ'gɑ:dfʊl] *a* uppmärksam [*of* på], aktsam [*of* om]
regarding [rɪ'gɑ:dɪŋ] *prep* beträffande, rörande, angående, med avseende på
regardless [rɪ'gɑ:dləs] *a* utan hänsyn [~ *of* (till) *expense*], obekymrad [*of* om]
regatta [rɪ'gætə] *s* regatta, kappsegling
regency ['ri:dʒənsɪ] *s* regentskap; förmyndarregering; *the R*~ 'regentskapstiden' perioden 1811–1820 i Storbritanniens historia, då sedermera Georg IV var regent
regenerate [ss. adj. rɪ'dʒenərət, ss. vb rɪ'dʒenəreɪt] **I** *a* pånyttfödd **II** *tr* o. *itr* pånyttföda[s]; biol. regenerera[s]
regeneration [rɪˌdʒenə'reɪʃən] *s* pånyttfödelse; nyskapelse, nydaning; biol. regeneration, regenerering
regent ['ri:dʒənt] **I** *s* **1** regent, riksföreståndare **2** Am. medlem av styrelsen för delstatsuniversitet **II** *a* efter subst. regerande; *the Prince R*~ prinsen-regenten
reggae ['regeɪ] *s* reggae västindisk popmusik
Reggie ['redʒɪ] kortform för *Reginald*
regicide ['redʒɪsaɪd] *s* **1** kungamördare **2** kungamord
regime [reɪ'ʒi:m] *s* **1** regim, styrelse, regering **2** system, skick, ordning
regimen ['redʒɪmen] *s* kur; diet; levnadsregler, regim; träningsprogram
regiment [ss. subst. 'redʒɪmənt, ss. vb 'redʒɪment] **I** *s* mil. regemente **II** *tr* **1** mil. formera i ett regemente (regementen) **2** organisera, gruppera; disciplinera; likrikta
regimental [ˌredʒɪ'mentl] *a* regements-; ~ *band* regementsorkester
regimentation [ˌredʒɪmen'teɪʃən] *s* organisering, gruppering; likriktning
Regina [rɪ'dʒaɪnə] *s* (lat.) [regerande] drottning; ~ *versus Smith* jur. kronan (staten) mot Smith
Reginald ['redʒɪnəld]
region ['ri:dʒən] *s* region, område, trakt, nejd; *something in the* ~ *of £1,000* någonting i närheten av 1000 pund
regional ['ri:dʒənl] *a* regional; lokal
register ['redʒɪstə] **I** *s* **1** register, förteckning, längd, rulla; liggare; *class* ~ skol. klassbok; *hotel* ~ resandebok; *parish* ~ kyrkobok **2** mus. register; tonläge **3** spjäll; tekn. regulator; *hot-air* ~ värmeregulator **4** registreringsapparat; mätare; *cash* ~ kassaapparat **5** språkv. register det språk man använder i en bestämd situation **II** *tr* **1** [in]registrera, anteckna; skriva in; anmäla [~ *the birth of a child*]; protokollföra; ~ *o.'s vote* avge sin röst; ~*ed nurse* legitimerad sjuksköterska; ~*ed trade mark* inregistrerat varumärke **2** registrera, lägga märke till **3** järnv. pollettera **4** post. rekommendera; ~*ed letter* rekommenderat brev, rek **5** om instrument registrera, [ut]visa, visa på **6** uttrycka [*her face* ~*ed surprise*] **III** *itr* skriva in sig [~ *at a hotel*], anmäla sig [~ *for* (till)

a course]; registrera sig
registrar [ˌredʒɪs'trɑː, '- - -] *s* **1** registrator; univ. ung. förvaltningschef; *~'s office* a) univ. ung. kansli b) ung. pastorsexpedition **2** borgerlig vigselförrättare; *get married before the ~* gifta sig borgerligt
registration [ˌredʒɪs'treɪʃən] *s* **1** [in]registrering; inskrivning; mantalsskrivning; *~ number* bils registreringsnummer **2** järnv. pollettering **3** post. rekommendation
registry ['redʒɪstrɪ] *s* **1** [äv. *~ office*] registrerings-, inskrivningskontor; byrå för borgerlig vigsel; *married at a ~* [*office*] borgerligt gift **2** sjö. registrering; *port of ~* registreringsort, hemort
regress [rɪ'gres] *itr* återgå, gå tillbaka
regression [rɪ'greʃən] *s* **1** regression, återgång, tillbakagång **2** biol. bakslag
regressive [rɪ'gresɪv] *a* regressiv
regret [rɪ'gret] **I** *tr* **1** beklaga; ångra [*I ~ doing* (att jag gjorde) *it*]; *we ~ to inform you* vi måste tyvärr meddela [Er]; *it is to be ~ted* det är att beklaga **2** sakna, känna saknad efter **II** *s* **1** ledsnad, sorg [*for, at* över], beklagande; ånger [*at* över]; *I have no ~s* jag ångrar ingenting; *it is a matter of* (*for*) [*deep*] *~* det är [mycket] att beklaga (beklagligt); *to my ~ I must confess* jag måste tyvärr erkänna; *much to my ~* [*he never came back*] till min stora sorg .. **2** saknad [*for* efter]
regretful [rɪ'gretfʊl] *a* bedrövad; ångerfull; beklagande
regrettable [rɪ'gretəbl] *a* beklaglig
regroup ['riː'gruːp] *tr* omgruppera
regular ['regjʊlə] **I** *a* **1** regelbunden, regelmässig, reguljär; fast, stadig [*~ work*]; jämn [*~ breathing*]; vanlig [*the ~ route*]; ordentlig; *~ army* stående (reguljär) armé; *~ churchgoer* flitig kyrkobesökare; *~ customer* stamkund, stadig (fast) kund; *at ~ intervals* med jämna mellanrum **2** regelrätt, stadgeenlig [*a ~ procedure*], korrekt **3** gram., mat. regelbunden **4** fam. riktig [*a ~ hero*], äkta, veritabel **5** normal[-]; medelstor **II** *s* **1** vanl. pl. *~s* reguljära trupper **2** fam. stamkund **3** fam. fast anställd [person]
regularity [ˌregjʊ'lærətɪ] *s* regelbundenhet, regelmässighet; ordentlighet
regularization [ˌregjʊləraɪ'zeɪʃən] *s* reglering, normering
regularize ['regjʊləraɪz] *tr* göra regelbunden; reglera, normera [*~ the proceedings*]
regulate ['regjʊleɪt] *tr* reglera; normera; styra; rucka [*~ a watch*], justera, ställa in
regulation [ˌregjʊ'leɪʃən] *s* **1** reglering, reglerande etc., jfr *regulate* **2** a) regel, föreskrift, bestämmelse; pl. *~s* äv. [ordnings]stadga, reglemente, förordning [*traffic ~s*]; *King's* (*Queen's*) *~s* mil. reglemente b) attr. reglementerad, reglementsenlig [*~ size, ~ uniform*], föreskriven
regurgitate [rɪ'gɜːdʒɪteɪt] *tr* **1** stöta upp [igen] isht ur magen **2** bildl. rapa upp
rehabilitate [ˌriːə'bɪlɪteɪt] *tr* **1** rehabilitera, [åter]upprätta, ge upprättelse; återanpassa [till samhället] **2** återställa; restaurera
rehabilitation ['riːəˌbɪlɪ'teɪʃən] *s* **1** rehabilitering äv. med.; [åter]upprättelse; återanpassning [till samhället] **2** återställande
rehash ['riː'hæʃ] **I** *tr* göra ett uppkok på, stuva om **II** *s* omstuvning; uppkok [*this essay is a ~ of a newspaper article*]
rehearsal [rɪ'hɜːsəl] *s* **1** repetition, instudering; *dress ~* generalrepetition, genrep **2** uppräkning, återgivande
rehearse [rɪ'hɜːs] **I** *tr* **1** repetera, studera in [*~ a part* (*play*)], öva in [*~ o.'s lines*] **2** räkna upp, gå igenom **II** *itr* repetera, öva
reign [reɪn] **I** *s* regering, välde; regeringstid; *~ of terror* skräckvälde **II** *itr* regera, härska [*over* över], råda äv. bildl. [*silence ~ed everywhere*]; *the ~ing beauty* den mest firade skönheten; *~ing champion* regerande mästare
reimburse [ˌriːɪm'bɜːs] *tr* återbetala, ersätta, gottgöra
reimbursement [ˌriːɪm'bɜːsmənt] *s* återbetalning, ersättning, gottgörelse
rein [reɪn] **I** *s* **1** tygel, töm; *give a horse the ~*[*s*] (*a free ~*) ge en häst lösa tyglar; *give* [*free*] *~* (*give the ~*[*s*]) *to o.'s imagination* ge fria tyglar åt (släppa lös) sin fantasi; *hold the ~s* bildl. hålla i tyglarna; *hold* (*keep*) *a tight ~ on* (*over*) hålla i strama tyglar **2** pl. *~s* sele för barn **II** *tr* tygla
reincarnate [ss. vb riː'ɪnkɑːneɪt, ss. adj. 'riːɪn'kɑːnət] **I** *tr* reinkarnera **II** *a* reinkarnerad
reincarnation ['riːɪnkɑː'neɪʃən] *s* reinkarnation
reindeer ['reɪnˌdɪə] (pl. lika) *s* zool. ren
reinforce [ˌriːɪn'fɔːs] *tr* förstärka; bildl. underbygga; *~d concrete* armerad betong
reinforcement [ˌriːɪn'fɔːsmənt] *s* **1** förstärkning **2** tekn. armering
reinstate ['riːɪn'steɪt] *tr* återinsätta [*in* i ämbete m. m.]; återställa
reinstatement ['riːɪn'steɪtmənt] *s* återinsättande; återställande
reintroduce ['riːˌɪntrə'djuːs] *tr* återinföra
reissue ['riː'ɪʃuː] **I** *tr* åter ge (släppa) ut **II** *s* nyutgivning, nyutsläppande, nyemission; nytryck
reiterate [riː'ɪtəreɪt] *tr* upprepa [på nytt (gång på gång)]
reiteration [ˌriːɪtə'reɪʃən] *s* [ideligt] upprepande; upprepning
reject [ss. vb rɪ'dʒekt, ss. subst. 'riːdʒekt] **I** *tr* förkasta [*~ a scheme*], avslå [*~ a proposal,*

~ *a request*], avvisa [~ *an offer*]; kassera, rata, vraka; ogilla **II** *s* **1** utskottsvara, defekt vara **2** utslagen [person]

rejection [rɪ'dʒekʃən] *s* förkastande, förkastelse, avvisande; kassering; avslag

rejoice [rɪ'dʒɔɪs] **I** *tr* glädja, fröjda; ~ *a p.'s heart* värma ngns hjärta **II** *itr* glädja sig, glädjas, fröjdas, jubla [*at, over* åt, över]

rejoicing [rɪ'dʒɔɪsɪŋ] *s* glädje, fröjd, jubel; pl. ~*s* festligheter, [glädje]fest, jubel

rejoin ['ri:'dʒɔɪn, i bet. *3* rɪ'dʒɔɪn] *tr* **1** åter sammanfoga **2** återförena sig med, åter sluta sig till **3** genmäla, replikera

rejoinder [rɪ'dʒɔɪndə] *s* genmäle, replik

rejuvenate [rɪ'dʒu:vəneɪt] **I** *tr* föryngra, göra yngre **II** *itr* **1** föryngra **2** föryngras

rejuvenation [rɪˌdʒu:və'neɪʃən] *s* föryngring; ~ *treatment* föryngringskur

rekindle ['ri:'kɪndl] *tr* o. *itr* tända[s] på nytt

rel. förk. för *relative, religious*

relapse [rɪ'læps] **I** *itr* **1** återfalla [~ *into* (i, till) *crime* (brottslighet)]; åter försjunka [~ *into* (i) *silence*] **2** med. få återfall **II** *s* återfall

relate [rɪ'leɪt] **I** *tr* **1** berätta, skildra **2** sätta i relation [*to* till, *with* med], relatera [*to* till]; *be ~d to* äv. stå i samband med **II** *itr, ~ to* stå i relation till, hänföra sig till; *relating to* angående, om, som avser

related [rɪ'leɪtɪd] *a* besläktad, släkt [*to* med]; *closely ~* nära släkt, närbesläktad

relation [rɪ'leɪʃən] *s* **1** berättelse, skildring **2** relation, förhållande; *it has* (*bears*) *no ~ to* äv. det står inte i någon rimlig proportion till; *in ~ to* a) i förhållande (relation) till b) [äv. *with ~ to*] med hänsyn till; angående **3** vanl. pl. ~*s*: **a**) [inbördes] förhållande, relationer **b**) förbindelse[r]; *break off diplomatic ~s* avbryta de diplomatiska förbindelserna; *establish ~s with* knyta förbindelser med **4** släkting

relationship [rɪ'leɪʃənʃɪp] *s* **1** förhållande [*the ~ between buyer and seller*], relation[er], samband [*to* med] **2** släktskap

relative ['relətɪv] **I** *a* **1** relativ [*everything is ~*]; *their ~ position* deras relativa (inbördes) läge **2** gram. relativ **3** besläktad, dit-, hit|hörande **4** ~ *to:* **a**) som hänför sig till, som står i samband med **b**) i förhållande till; *be ~ to* stå i relation till, motsvara **II** *s* **1** släkting **2** gram. relativ[pronomen]; relativt adverb

relatively ['relətɪvlɪ] *adv* relativt, jämförelsevis, förhållandevis; ~ *to* i förhållande till

relativity [ˌrelə'tɪvətɪ] *s, the theory of ~* relativitetsteorin

relax [rɪ'læks] **I** *tr* **1** slappa [~ *o.'s muscles*]; lossa [på] [~ *o.'s hold* (*grip*)]; verka avslappnande på; ~ *o.'s guard* ge en blotta på sig **2** släppa efter på [~ *discipline*]; mildra [~ *o.'s severity*], lätta på [~ *restrictions*] **3** minska [~ *o.'s efforts*] **II** *itr* **1** koppla av; slappna av [*learn to ~*]; [*feel*] *~ed* .. avspänd; *~!* lugna ner dig! **2** slappas, förslappas, slappna, ge efter; släppa efter

relaxation [ˌri:læk'seɪʃən] *s* **1** avkoppling **2** slappnande; avslappning; lindring; mildrande; ~ *of tension* pol. avspänning

relaxing [rɪ'læksɪŋ] *a* avslappnande, avkopplande; ~ *climate* förslappande klimat

1 relay ['ri:'leɪ, i bet. *I 1* rɪ'leɪ; attr. 'ri:leɪ] **I** *s* **1** skift [*work in ~s*], arbetslag, omgång; ombyte **2** sport., ~ [*race*] stafettlopp **3** fys., tekn. relä; radio. återutsändning **II** *tr* **1** radio. reläa, återutsända **2** vidarebefordra

2 relay ['ri:'leɪ] (*relaid relaid*) *tr* lägga om

release [rɪ'li:s] **I** *s* **1** frigivning, fri-, lös|släppande, befrielse; ~ *on probation* jur. villkorlig frigivning **2** släppande, lossande; fällning, fällande [~ *of bombs*]; frigörande, utlösning äv. bildl.; utlösningsmekanism; *carriage ~* vagnfrigörare på skrivmaskin **3** befrielse, lösande, frigörelse [*from* från] **4** utsläppande [~ *of a film*]; publicering, offentliggörande; *press ~* pressrelease, pressmeddelande för publicering vid viss tidpunkt **II** *tr* **1** frige, släppa [lös], släppa fri, befria **2** släppa [~ *o.'s hold*], lossa [på] [~ *the handbrake*]; frigöra, utlösa [~ *a parachute*]; släppa ut; ~ *a bomb* fälla en bomb **3** befria, lösa [~ *a p. from an obligation*], frikalla, frigöra **4** släppa ut [~ *a film*]; offentliggöra [~ *news*]

relegate ['reləgeɪt] *tr* **1** hänskjuta, överlämna **2** förvisa [*this can be ~d to a footnote*]; degradera; sport. flytta ned **3** hänföra [*to* till kategori]

relegation [ˌrelə'geɪʃən] *s* **1** hänskjutande, överlämnande; delegerande **2** förvisning; degradering; sport. nedflyttning

relent [rɪ'lent] *itr* vekna, mjukna, ge efter

relentless [rɪ'lentləs] *a* obeveklig

relevance ['reləvəns] *s* relevans

relevant ['reləvənt] *a* relevant [*to* för, i], som hör till saken, hit-, dit|hörande; [*study the facts*] ~ *to the case* .. som rör fallet

reliability [rɪˌlaɪə'bɪlətɪ] *s* **1** pålitlighet, tillförlitlighet, vederhäftighet; driftsäkerhet **2** psyk. reliabilitet

reliable [rɪ'laɪəbl] *a* pålitlig, tillförlitlig

reliance [rɪ'laɪəns] *s* tillit, förtröstan; *have* (*place*) ~ *on* (*in*) hysa tillit till

reliant [rɪ'laɪənt] *a* **1** tillits-, förtröstans|full **2** beroende [*on* av]

relic ['relɪk] *s* **1** relik **2** kvarleva, rest, minne [*of* från]; ~ *of the past* fornminne; kvarleva från det förgångna **3** pl. ~*s* kvarlevor, stoft

relief [rɪ'li:f] *s* **1** lättnad, lindring **2** understöd; bistånd, hjälp; Am. socialhjälp [äv. *public ~*]; ~ *measures* hjälpaktion, hjälpåtgärder; ~ *work* beredskapsarbete[n], nödhjälpsarbete[n]; *poor* (*parish*) ~ fattig|hjälp, -vård; *be on* ~ Am. få socialhjälp **3** avdrag; lättnad [*tax* ~] **4** undsättning [~ *of a besieged town*]; befrielse **5** avhjälpande [~ *of unemployment*]; avlastning, hjälp; avlösning, vaktombyte; *run a* ~ *train* sätta in ett extratåg **6** omväxling; *by way of* ~ som omväxling **7** relief äv. bildl.; ~ *map* reliefkarta; *stand out in bold* (*sharp*) ~ *against* avteckna sig skarpt mot; *bring* (*throw*) *into strong* ~ starkt framhäva

relieve [rɪ'li:v] *tr* **1** lätta, lugna; lindra, avhjälpa [~ *suffering*], mildra; ~ *o.'s conscience* lätta sitt samvete; ~ *o.'s feelings* ge luft åt sina känslor, avreagera sig; ~ *the pressure* minska (lätta på) trycket **2** understödja, bispringa, bistå, hjälpa **3** undsätta; befria **4** avlösa [~ *the guard*] **5** ge omväxling åt, variera; lätta upp **6** ~ *o.s.* förrätta sina [natur]behov **7** ~ *a p. of a th.*: **a**) befria ngn från ngt, hjälpa ngn med ngt [*let me* ~ *you of your suitcase*]; avbörda ngn ngt, lasta av ngn ngt **b**) skämts. ta (knycka) ngt från ngn [~ *a p. of his wallet*] **c**) befria (frita) ngn från ngt [~ *a p. of his duties*], entlediga ngn från ngt; frånta ngn ngt [~ *a p. of his command*]

religion [rɪ'lɪdʒən] *s* religion, skol. religionskunskap; *minister of* ~ präst

religiosity [rɪˌlɪdʒɪ'ɒsətɪ] *s* religiositet

religious [rɪ'lɪdʒəs] **I** *a* **1** religiös; ~ *instruction* religions|kunskap, -undervisning **2** kloster- [~ *life*]; ~ *house* kloster **3** samvetsgrann **II** (pl. lika) *s* kloster|broder, -syster

relinquish [rɪ'lɪŋkwɪʃ] *tr* **1** lämna, avstå från [~ *a right*], avträda, överlåta, lämna ifrån sig; efterskänka; överge [~ *a plan*] **2** släppa [~ *o.'s hold*]

reliquary ['relɪkwərɪ] *s* relikskrin

relish ['relɪʃ] **I** *s* **1** [angenäm] smak; bildl. äv. krydda, piff **2** smak, tycke; aptit; välbehag, njutning; *with* ~ med förtjusning (nöje) **3** kok.: a) smaktillsats; kryddad sås b) slags sallad på t. ex. gurka **II** *tr* njuta av, uppskatta

reload ['ri:'ləʊd] *tr* **1** lasta om **2** ladda om

reluctance [rɪ'lʌktəns] *s* motsträvighet, motvillighet, ovillighet, motvilja [*to* mot]

reluctant [rɪ'lʌktənt] *a* motvillig; ovillig

rely [rɪ'laɪ] *itr*, ~ [*up*]*on* a) lita på b) vara beroende av

REM [rem] *s* (förk. för *rapid eye-movement*) REM; ~ *sleep* REM-sömn

remain [rɪ'meɪn] *itr* **1** återstå; finnas (vara, bli, leva) kvar; *it* ~*s to be seen* det återstår att se **2** förbli, fortfara att vara **3** stanna [kvar] [~ *till next morning*]; stå kvar

remainder [rɪ'meɪndə] **I** *s* **1** återstod, rest äv. mat. **2** pl. ~*s* restexemplar, restupplaga **II** *tr* sälja ut, slumpa bort restupplaga

remains [rɪ'meɪnz] *s pl* **1** återstod, lämningar, kvarlevor, rester, minnen [*of* av, efter] **2** kvarlevor, stoft [*his mortal* ~]

remake ['ri:'meɪk] **I** (*remade remade*) *tr* **1** a) göra om b) sy om **2** göra en nyinspelning av [~ *a film*] **II** *s* nyinspelning

remand [rɪ'mɑ:nd] **I** *tr* återsända; isht jur. skicka tillbaka [i häkte]; ~ *on bail* frige mot borgen **II** *s* jur. återsändande [i häkte]; ~ *home* (*centre*) ung. ungdomsvårdsskola; *be kept under* ~ sitta i rannsakningshäkte

remark [rɪ'mɑ:k] **I** *s* **1** anmärkning, yttrande; *make a* ~ (*some* ~*s*) fälla ett yttrande; *pass* ~*s* [*up*]*on* (*about*) kommentera **2** uppmärksammande **II** *tr* **1** anmärka, yttra, säga **2** iaktta, märka **III** *itr*, ~ [*up*]*on* göra anmärkningar rörande, kommentera

remarkable [rɪ'mɑ:kəbl] *a* anmärkningsvärd, märklig, remarkabel; utomordentlig

remarkably [rɪ'mɑ:kəblɪ] *adv* anmärkningsvärt etc., jfr *remarkable*; synnerligen

remarriage ['ri:'mærɪdʒ] *s* nytt giftermål, omgifte

remarry ['ri:'mærɪ] *tr* o. *itr* gifta om sig [med]

Rembrandt ['rembrænt]

remediable [rɪ'mi:djəbl] *a* botbar, som kan botas; avhjälpbar

remedial [rɪ'mi:djəl] *a* läkande, bote-; hjälp-, stöd- [~ *measures*]; ~ *class* specialklass; ~ *exercises* sjukgymnastik; ~ *teaching* (*instruction*) special-, stöd|undervisning

remedy ['remɪdɪ] **I** *s* bote-, läke|medel [*for* för, mot]; [hjälp]medel, bot, hjälp [*for, against* för, mot]; utväg; *household* ~ huskur; *beyond* (*past*) ~ obotlig[t], ohjälplig[t] **II** *tr* bota sjukdomar m. m.; råda bot på (för), avhjälpa [~ *a deficiency*], rätta till

remember [rɪ'membə] **I** *tr* minnas, komma ihåg; erinra sig, påminna sig; ~ *me to them* hälsa dem [så mycket] från mig; *he asks to be* ~*ed to you* han hälsar så mycket [till dig] **II** *itr* minnas, komma ihåg; *not that I* ~ inte vad jag minns

remembrance [rɪ'membrəns] *s* **1** minne, hågkomst; *R*~ *Day* firas i november till minne av de stupade under världskrigen; *in* ~ *of* till minne[t] av; *to the best of my* ~ såvitt jag kan erinra mig **2** minne, minnessak

remind [rɪ'maɪnd] *tr* påminna, erinra [*of* om]; *which* ~*s me* apropå det, förresten

reminder [rɪ'maɪndə] *s* påminnelse, erinran, påstötning; kravbrev

Remington ['remɪŋtən]

reminisce [ˌremɪ'nɪs] *itr* minnas [gamla (gångna) tider]; gå upp i sina minnen

reminiscence [ˌremɪ'nɪsns] *s* **1** minne, hågkomst; pl. ~*s* minnen [*of* från]; memoarer **2** reminiscens

reminiscent [ˌremɪˈnɪsnt] *a*, ~ *of* som påminner (erinrar) om
remiss [rɪˈmɪs] *a* försumlig, slarvig
remission [rɪˈmɪʃən] *s* **1** förlåtelse [*of* för]; **2** efterskänkning, eftergift [~ *of a debt*]; ~ *of a sentence* straffeftergift; ~ *for good conduct* strafflindring för gott uppförande
remit [rɪˈmɪt] *tr* **1** isht om Gud förlåta [~ *sins*] **2** efterskänka [~ *a debt*] **3** remittera, hänskjuta **4** hand. remittera, översända
remittance [rɪˈmɪtəns] *s* remittering, översändande av pengar; remissa, penningförsändelse
remittent [rɪˈmɪtənt] *a* läk. remittent, tidvis avtagande [~ *fever*]
remnant [ˈremnənt] *s* lämning, rest, kvarleva; hand. stuv[bit]
remodel [ˈriːˈmɒdl] *tr* omforma, ombilda
remonstrance [rɪˈmɒnstrəns] *s* gensaga, invändning, protest [*against* mot]
remonstrate [ˈremənstreɪt] *itr* protestera, göra invändningar [*against* mot]; ~ *with a p. about* (*on*) *a th.* förehålla ngn ngt
remorse [rɪˈmɔːs] *s* samvetskval, ånger
remote [rɪˈməʊt] *a* **1** avlägsen i tid, i rum o. bildl., fjärran; avsides [liggande (belägen)]; ~ *control* fjärr|styrning, -kontroll; *a* ~ *possibility* en ytterst liten möjlighet; *I haven't got the remotest* fam. jag har inte den blekaste aning **2** otillgänglig [*his* ~ *manner*]
remote-controlled [rɪˈməʊtkənˈtrəʊld] *a* fjärrstyrd, fjärrmanövrerad [~ *aircraft*]
remotely [rɪˈməʊtlɪ] *adv* avlägset, fjärran
remould [ˈriːˈməʊld] *tr* stöpa om, omforma, omgestalta
remount [riːˈmaʊnt] **I** *tr* **1** stiga upp på (i) igen; gå uppför igen **2** montera om **II** *itr* stiga upp igen; gå uppför igen
removable [rɪˈmuːvəbl] *a* **1** avsättlig, avsättbar **2** flyttbar **3** urtagbar
removal [rɪˈmuːvəl] *s* **1** flyttande; [av]flyttning; ~ *van* flyttbil; *furniture* ~ möbelflyttning **2** avlägsnande; bortförande; urtagning; bortskaffande **3** avsättning
remove [rɪˈmuːv] **I** *tr* (se äv. *removed*) **1** flytta [bort (undan)]; förflytta; föra (forsla) bort; avlägsna, ta bort (ur) [~ *stains*]; ta av [~ *o.'s coat*]; skaffa undan (bort); ~ *furniture* flytta möbler; ~ *mountains* bildl. flytta (försätta) berg **2** avsätta, avskeda **II** *itr* flytta; avflytta **III** *s* **1** skol. [upp]flyttning [*into* till] **2** grad, steg; *only one* (*a*) ~ *from* blott ett steg från **3** i vissa *grammar-schools:* klass mellan 4:e och 5:e klasserna
removed [rɪˈmuːvd] *a* avlägsen, fjärran, skild [*from* från]; *first cousin once* ~ kusinbarn kusins barn
remover [rɪˈmuːvə] *s* **1** [*furniture*] ~ flyttkarl **2** remover, i sms. -urtagningsmedel [*stain* ~], -borttagningsmedel
remunerate [rɪˈmjuːnəreɪt] *tr* ersätta; belöna
remuneration [rɪˌmjuːnəˈreɪʃən] *s* ersättning; belöning
remunerative [rɪˈmjuːnərətɪv] *a* lönande, lönsam; välbetald [*a* ~ *post*]
renaissance [rəˈneɪsəns] *s* **1** renässans; *the R*~ hist. renässansen **2** pånyttfödelse
renal [ˈriːnl] *a* njur-; ~ *calculus* njursten
rename [ˈriːˈneɪm] *tr* ge nytt namn, döpa om
renascence [rɪˈnæsns, rəˈneɪsns] *s* **1** pånyttfödelse **2** renässans; *the R*~ = *the Renaissance*
renascent [rɪˈnæsnt] *a* pånyttfödd, nyvaknad
rend [rend] (*rent rent*) *tr* litt. slita [*a child rent from its mother*]; riva [sönder], slita sönder; splittra [*a country rent by civil war*], klyva; *loud cries rent the air* höga rop skar genom luften
render [ˈrendə] *tr* **1** återgälda; ~ *thanks* framföra tack **2** återge t. ex. roll, tolka, framställa; framföra [~ *a piece of music*] **3** återge [*by a th.* med ngt; ~ *in* (på) *another language*] **4** ~ [*up*] överlämna, ge upp [~ *up a fortress*], utlämna **5** överlämna; ~ *an account of* a) lämna redovisning för, avlägga räkenskap för b) lämna (avge) redogörelse för **6** erlägga [~ *tribute*], visa [~ *obedience*]; ~ *assistance* (*help*) lämna (ge) hjälp **7** isht med pred. adj. göra [~ *superfluous*]
rendering [ˈrendərɪŋ] *s* återgäldande etc., jfr *render*; tolkning; framförande
rendezvous [ˈrɒndɪvuː] (pl. *rendezvous* [-z]) *s* rendezvous, [avtalat] möte, träff; samlings-, mötes|plats; *space* ~ rymdmöte
renegade [ˈrenɪgeɪd] **I** *s* renegat, överlöpare, avfälling; attr. avfällig **II** *itr* avfalla
renege [rɪˈniːg] *itr* **1** kort. inte bekänna färg **2** bryta ett löfte; ~ *on a th.* ta tillbaka ngt
renegue [rɪˈniːg] *itr* se *renege*
renew [rɪˈnjuː] *tr* **1** återupp|liva, -väcka; förnya; ~*ed strength* friska (nya, förnyade) krafter **2** ersätta **3** förnya [~ *an attack*; ~ *a passport*]; förlänga, prolongera; ~ *a loan* förnya ett lån
renewal [rɪˈnjuːəl] *s* **1** förnyande; förnyelse; återupplivande **2** förlängning
rennet [ˈrenɪt] *s* [kalv]löpe
renounce [rɪˈnaʊns] *tr* **1** avsäga sig, avstå från, ge upp **2** förneka, inte kännas vid [~ *a friend* (*o.'s son*)] **3** kort. vara renons i
renovate [ˈrenəʊveɪt] *tr* renovera; förnya
renovation [ˌrenəʊˈveɪʃən] *s* renovering; förnyelse
renovator [ˈrenəʊveɪtə] *s* person som renoverar etc., målare; förnyare
renown [rɪˈnaʊn] *s* rykte, ryktbarhet

renowned [rɪ'naʊnd] *a* ryktbar
1 rent [rent] imp. o. pp. av *rend*
2 rent [rent] *s* spricka; reva; rämna; klyfta
3 rent [rent] **I** *s* hyra; arrende; jur. avgäld; *collect the ~* inkassera hyran **II** *tr* **1** hyra, arrendera **2** hyra ut, arrendera ut
rental ['rentl] *s* **1** hyra; arrende[avgift]; *telephone ~* telefon-, abonnemangs|avgift **2** hyres-, arrende|intäkt
rent-collector ['rentkəˌlektə] *s* hyresinkasserare
renunciation [rɪˌnʌnsɪ'eɪʃən] *s* **1** avsägelse, avstående **2** förnekande **3** försakelse **4** självförnekelse
reopen ['ri:'əʊpən] *tr* o. *itr* åter öppna[s]; åter börja; återuppta[s]
reorganize ['ri:'ɔ:gənaɪz] *tr* omorganisera
reorient ['ri:'ɔ:rɪent] *tr* o. **reorientate** ['ri:'ɔ:rɪenteɪt] *tr* ny-, om|orientera
reorientation ['ri:ɔ:rɪen'teɪʃən] *s* ny-, om|orientering
Rep. förk. för *Republican*
1 rep [rep] *s* rips tygsort
2 rep [rep] *s* fam. = *repertory company (theatre)*
3 rep [rep] *s* (kortform för *representative*) isht hand. fam. representant; säljare, handelsresande
1 repair [rɪ'peə] **I** *tr* **1** reparera, laga, sätta i stånd **2** bildl. reparera, rätta till, avhjälpa [*~ an error*]; gottgöra, ersätta [*~ a loss*] **II** *s* **1** reparation, lagning; *~ kit (outfit)* reparationslåda; *~ shop* reparationsverkstad; *~ yard* reparationsvarv; *beyond ~* a) omöjlig att reparera, ohjälpligt förfallen b) bildl. oersättlig, irreparabel, obotlig **2** [gott] skick; *in a good state of ~* i gott stånd (skick)
2 repair [rɪ'peə] *itr* litt. bege sig, vända sig [*to* till]
repairable [rɪ'peərəbl] *a* möjlig att reparera (laga), reparerbar
repair|man [rɪ'peə|mæn] (pl. *-men* [-mən]) *s* reparatör
reparable ['rəpərəbl] *a* möjlig att reparera (avhjälpa, ersätta)
reparation [ˌrepə'reɪʃən] *s* gottgörelse, ersättning; isht pl. *~s* [krigs]skadestånd
repartee [ˌrepɑ:'ti:] *s* kvickt (bitande) svar, [snabb] replik; slagfärdighet
repast [rɪ'pɑ:st] *s* litt. måltid
repatriate [ss. vb ri:'pætrɪeɪt, ss. subst. -ɪət] **I** *tr* repatriera, sända hem **II** *s* repatrierad [person]
repatriation ['ri:pætrɪ'eɪʃən] *s* repatriering, hemsändning
repay [ri:'peɪ] (*repaid repaid*) *tr* **1** återbetala [*~ a loan*] **2** återgälda, gengälda [*~ a visit*]; löna, ersätta, gottgöra [*for* för]
repayment [ri:'peɪmənt] *s* **1** återbetalning **2** återgäldande; lön, ersättning
repeal [rɪ'pi:l] **I** *tr* återkalla, upphäva, avskaffa [*~ a law*] **II** *s* återkallelse, upphävande, avskaffande
repeat [rɪ'pi:t] **I** *tr* **1** repetera, upprepa; göra (säga m. m.) om, ta om äv. mus.; förnya **2** läsa upp [ur minnet], recitera **3** föra vidare; *the story won't bear ~ing* historien lämpar sig inte att återges **4** radio., TV. ge i repris **II** *refl* upprepa sig **III** *itr* upprepas, återkomma, komma igen; *do you find that onions ~?* får du uppstötningar av lök? **IV** *s* **1** upprepning **2** *~* [*order*] efterbeställning, förnyad beställning **3** radio., TV. repris **4** mus. repris[tecken]
repeatedly [rɪ'pi:tɪdlɪ] *adv* upprepade gånger, gång på gång
repeating [rɪ'pi:tɪŋ] *a*, *~ decimal* mat. periodiskt decimalbråk; *~ rifle* repetergevär
repel [rɪ'pel] *tr* **1** driva tillbaka [*~ an invader*], slå tillbaka, avvärja [*~ an attack*] **2** stå emot, avvisa [*~ moisture*] **3** tillbakavisa **4** verka frånstötande på [*his beard ~led her*]
repellent [rɪ'pelənt] **I** *a* **1** tillbakadrivande; avvisande **2** frånstötande, motbjudande [*his manner is rather ~*] **II** *s* insektsmedel
repent [rɪ'pent] **I** *tr* ångra **II** *itr* ångra sig
repentance [rɪ'pentəns] *s* ånger
repentant [rɪ'pentənt] *a* ångerfull, botfärdig
repercussion [ˌri:pə'kʌʃən] *s* **1** åter|studsning, -kastning **2** bildl. återverkan; isht pl. *~s* återverkningar; efterverkningar
repertoire ['repətwɑ:] *s* repertoar
repertory ['repətərɪ] *s* repertoar; *~ company* ensemble vid [en] repertoarteater
repetition [ˌrepə'tɪʃən] *s* upprepning, repetition
repetitive [rɪ'petətɪv] *a* **1** upprepande, repeterande **2** enformig, tjatig
rephrase ['ri:'freɪz] *tr* formulera om
replace [rɪ'pleɪs] *tr* **1** sätta (ställa, lägga) tillbaka; återinsätta; återställa, ersätta [*~ a broken cup*] **2** avlösa; ersätta; byta ut
replacement [rɪ'pleɪsmənt] *s* **1** återinsättande; återställande; ersättande; ersättning; avlösning; utbyte [*the ~ of worn-out parts*] **2** ersättare; pl. *~s* mil. reserver
replay [ss. vb 'ri:'pleɪ, ss. subst. 'ri:pleɪ] **I** *tr* spela om **II** *s* omspelning; sport. omspel; TV. repris [i slow-motion] [äv. *instant ~*]
replenish [rɪ'plenɪʃ] *tr* åter fylla, fylla på
replenishment [rɪ'plenɪʃmənt] *s* [ny]påfyllning; komplettering
replete [rɪ'pli:t] *a* **1** fylld [*with* med, av] **2** [över]mätt **3** överfylld, proppfull [*with* av]
repletion [rɪ'pli:ʃən] *s* **1** överfyllnad **2** övermättnad
replica ['replɪkə] *s* konst. replik; [exakt] kopia

reply [rɪ'plaɪ] **I** *tr* o. *itr* svara, genmäla, replikera; ~ *to* svara på, besvara **II** *s* svar, genmäle, replik; ~ *paid* på brev mottagaren betalar portot; svar betalt; ~ *coupon* svarskupong; *in* ~ *to* som (till) svar på
report [rɪ'pɔ:t] **I** *tr* **1** rapportera, avge rapport om, redogöra för; meddela, inrapportera; ~ *o.s.* anmäla sig (sin närvaro), inställa sig **2** berätta; *it is* ~*ed that* det berättas (heter) att; ~*ed speech* indirekt tal (anföring) **3** referera, göra [ett] referat (reportage) från **4** rapportera; anmäla; ~ *a p. sick* sjukanmäla ngn; ~*ed to the police* polisanmäld **II** *itr* **1** avge (avlägga) rapport, rapportera [*to* för, till; *on, upon* om, över], redogöra [*on* (*upon*) *a th.* för ngt] **2** vara reporter **3** anmäla sig [*to* för, hos]; ~ *sick* sjukanmäla sig; ~ *for duty* inställa sig till tjänst[göring] **III** *s* **1** rapport, redogörelse [*on, about* om, för, över]; *progress* ~ lägesrapport; *make a* ~ avge [en] rapport; ~ *of the proceedings* protokoll från domstolsförhandlingar m. m. **2** referat, reportage [*on, of* av, över, om]; meddelande **3** rykte; *according to* ~ efter vad ryktet förmäler **4** skol. [termins]betyg **5** knall, smäll [*the* ~ *of a gun*]
reportage [ˌrepɔ:'tɑ:ʒ] *s* **1** reportage **2** reportagestil
reporter [rɪ'pɔ:tə] *s* reporter, referent
1 repose [rɪ'pəuz] *tr*, ~ *trust* (*confidence*) *in* sätta [sin] tillit till
2 repose [rɪ'pəuz] **I** *tr* vila, lägga till vila **II** *itr* **1** vila [sig] [*from* efter] **2** bildl. vila, vara grundad [*on* på] **III** *s* vila, ro, lugn
repository [rɪ'pɒzɪtərɪ] *s* **1** förvarings|rum, -plats **2** bildl. förråd, fond; skattkammare
reprehend [ˌreprɪ'hend] *tr* klandra, tadla; tillrättavisa
reprehensible [ˌreprɪ'hensəbl] *a* klandervärd, förkastlig
represent [ˌreprɪ'zent] *tr* **1** representera, beteckna; om bild o. d. föreställa; motsvara; utgöra **2** framställa i ord, bild [*he* ~*ed himself as an expert*] **3** framhålla, påpeka [*to a p.* för ngn] **4** representera, företräda
representation [ˌreprɪzen'teɪʃən] *s* **1** framställande; framställning, bild **2** [teater]föreställning **3** pol. representation [*no taxation without* ~]; representantskap; *proportional* ~ proportionellt valsystem **4** föreställning; *make* ~*s to a p. about a th.* göra ngn föreställningar för ngt
representative [ˌreprɪ'zentətɪv] **I** *a* **1** representativ äv. pol., typisk [*of* för] **2** ~ *of* representerande, föreställande **II** *s* **1** representant [*of* för], [typ]exempel [*of* på] **2** representant, ställföreträdare, ombud **3** pol. (i USA) representant; *the House of Representatives* representanthuset
repress [rɪ'pres] *tr* **1** undertrycka [~ *a revolt*], kväva [~ *a cough*]; kuva, dämpa; hejda [~ *an impulse*] **2** psyk. förtränga
repression [rɪ'preʃən] *s* **1** undertryckande; repression; förtryck; dämpande **2** psyk. förträngning
repressive [rɪ'presɪv] *a* **1** repressiv, förtryckar- [*a* ~ *regime*]; undertryckande; dämpande **2** hämmande
reprieve [rɪ'pri:v] **I** *tr* ge anstånd (en frist); ge uppskov **II** *s* **1** anstånd, frist; uppskov isht med dödsdoms verkställighet **2** benådning
reprimand ['reprɪmɑ:nd, ss. vb äv. ˌreprɪ'm-] **I** *s* tillrättavisning, reprimand **II** *tr* tillrättavisa, ge en reprimand
reprint [ss. vb 'ri:'prɪnt, ss. subst. 'ri:prɪnt] **I** *tr* trycka om; *the book is* ~*ing* boken är under omtryckning **II** *s* om-, ny|tryck
reprisal [rɪ'praɪzəl] *s* vedergällning; repressalieåtgärd; pl. ~*s* repressalier
reproach [rɪ'prəutʃ] **I** *s* **1** förebråelse; klander; *a look of* ~ en förebrående blick **2** *above* (*beyond*) ~ klanderfri, oklanderlig **II** *tr* förebrå [*for, with* för]
reproachful [rɪ'prəutʃful] *a* förebrående, klandrande
reprobate ['reprəubeɪt] *s* fördärvad (förfallen) individ
reprocess ['ri:'prəuses] *tr* upparbeta kärnbränsleavfall
reproduce [ˌri:prə'dju:s] **I** *tr* **1** reproducera [~ *a picture*], återge [~ *a sound*]; avbilda **2** biol. förnya; fortplanta; reproducera **II** *itr* fortplanta sig
reproduction [ˌri:prə'dʌkʃən] *s* **1** reproducering, återgivande; återgivning [*sound* ~]; avbildning; [konst]reproduktion **2** biol. fortplantning; reproduktion
reproductive [ˌri:prə'dʌktɪv] *a* reproducerande; fortplantnings- [~ *organs*]
reproof [rɪ'pru:f] *s* tillrättavisning
reproval [rɪ'pru:vəl] *s* ogillande, klander
reprove [rɪ'pru:v] *tr* tillrättavisa, förebrå
reproving [rɪ'pru:vɪŋ] *a* förebrående
reptile ['reptaɪl] *s* **1** reptil, kräldjur **2** bildl. reptil, 'orm'
republic [rɪ'pʌblɪk] *s* republik
republican [rɪ'pʌblɪkən] **I** *a* republikansk **II** *s* republikan
republicanism [rɪ'pʌblɪkənɪzəm] *s* republikanism
republish ['ri:'pʌblɪʃ] *tr* på nytt publicera
repudiate [rɪ'pju:dɪeɪt] *tr* **1** förkasta, tillbakavisa **2** förneka; desavouera
repudiation [rɪˌpju:dɪ'eɪʃən] *s* **1** förkastande **2** förnekande; desavouering
repugnance [rɪ'pʌgnəns] *s* motvilja, ovilja [*to, against* mot], avsky [*to, against* för]
repugnant [rɪ'pʌgnənt] *a* motbjudande, stötande [*to a p.* för ngn]; frånstötande

repulse [rɪ'pʌls] *tr* **1** slå tillbaka, avvärja [~ *an attack*], driva tillbaka [~ *an enemy*] **2** avslå [~ *a request*], tillbakavisa
repulsion [rɪ'pʌlʃən] *s* **1** tillbaka|slående, -drivande, avvärjande **2** motvilja
repulsive [rɪ'pʌlsɪv] *a* motbjudande
reputable ['repjutəbl] *a* aktningsvärd, hedervärd, hederlig; ansedd [*a* ~ *firm*]
reputation [ˌrepjʊ'teɪʃən] *s* [gott] rykte, [gott] anseende, [gott] namn, renommé; *have the* ~ *of being. .* ha rykte om sig att vara . ., vara känd för att vara . .; *make a* ~ *for o.s., make o.'s* ~ göra sig ett namn
repute [rɪ'pju:t] **I** *tr,* mest *be* ~*d* anses; *he is* ~*d as* (*to be*) *the best doctor* han har rykte (namn) om sig att vara den bäste läkaren; *be well* (*ill*) ~*d* ha gott (dåligt) anseende (rykte) **II** *s* [gott] anseende, [gott] rykte, renommé; *be* [*held*] *in good* (*bad*) ~ ha gott (dåligt) rykte [om sig]; *be* [*held*] *in* [*high*] ~ åtnjuta högt (stort) anseende [*among* bland]; ansedd; *house of ill* ~ åld. bordell; spelhåla
reputedly [rɪ'pju:tɪdlɪ] *adv, he is* ~ *the best doctor* han har rykte (namn) om sig att vara den bäste läkaren
request [rɪ'kwest] **I** *s* **1** anhållan, begäran; önskemål; anmodan; ~ *programme* önskeprogram; ~ *stop* hållplats [där bussen stannar på anmodan]; *make a* ~ *to a p. for a th.* anhålla om ngt hos ngn; *by* (*on*) ~ på begäran; *no flowers by* ~ blommor undanbedes **2** efterfrågan; *be in great* ~ vara mycket eftersökt (eftertraktad) **II** *tr* **1** anhålla om [*from, of* hos]; begära [*from, of* av]; *Mr. Brown* ~*s the honour* (*pleasure*) *of Mr. Smith's company to dinner* herr Brown har äran inbjuda herr Smith till middag **2** anmoda, be, uppmana
requiem ['rekwɪem] *s* (lat.) rekviem, själamässa
require [rɪ'kwaɪə] **I** *tr* **1** behöva, [er]fordra; pp. ~*d* äv. erforderlig, nödvändig; ~ *care* kräva omsorg; *as* ~*d* efter behov [*pepper as* ~*d*]; *if* ~*d* vid behov, om det (så) behövs **2** begära, fordra, kräva [*of, from* av, från; *a p. to do a th.* att ngn skall göra ngt]; *you are* ~*d to . .* [det krävs av dig att] du skall . .; *these books are* ~*d reading* dessa böcker är obligatoriska t. ex. för en examen **II** *itr* begära [*do as he* ~*s*]
requirement [rɪ'kwaɪəmənt] *s* **1** behov **2** krav, anspråk; pl. ~*s* äv. fordringar [*for* för]
requisite ['rekwɪzɪt] **I** *a* erforderlig, nödvändig [*for, to* för] **II** *s* behov, krav; nödvändig (erforderlig) sak; *toilet* ~*s* toalettartiklar
requisition [ˌrekwɪ'zɪʃən] **I** *s* **1** [skriftlig] anhållan [*for* om], rekvisition [*for* på] **2** isht mil. rekvisition, [tvångs]utskrivning; *be under* (*in*) ~ vara i användning; *put in* (*call into*) ~ rekvirera; lägga beslag på **II** *tr* mil. rekvirera, [tvångs]utskriva; lägga beslag på
requital [rɪ'kwaɪtl] *s* lön, gengäld, vedergällning [*for, of* för]
requite [rɪ'kwaɪt] *tr* löna [*with* med; *for* för]; återgälda [~ *a service*]; vedergälla [~ *a wrong*]; gottgöra; besvara [~ *a p.'s love*]
reread ['ri:'ri:d] (*reread reread*) *tr* läsa 'om
reredos ['rɪədɒs] *s* altar|skärm, -skåp, -rygg
resale ['ri:'seɪl] *s* återförsäljning
rescind [rɪ'sɪnd] *tr* upphäva, återkalla [~ *a law* (*decision*)]
rescue ['reskju:] **I** *tr* rädda [*from* från, ur, undan], undsätta, bärga **II** *s* räddning, undsättning, bärgning; ~ *operation* räddningsaktion; ~ *party* räddningspatrull
research [rɪ'sɜ:tʃ] **I** *s* **1** forskning, [vetenskaplig] undersökning; *do* (*carry on*) ~ forska, bedriva forskning **2** [noggrant] sökande (letande), efterspaning [*after, for* efter] **II** *itr* forska
researcher [rɪ'sɜ:tʃə] *s* o. **research-worker** [rɪ'sɜ:tʃˌwɜ:kə] *s* forskare
reseda ['resɪdə] *s* bot. reseda
resell ['ri:'sel] (*resold resold*) *tr* återförsälja
resemblance [rɪ'zembləns] *s* likhet [*to* med]; överensstämmelse [*verbal* ~]; *bear a close* (*strong*) ~ *to* påminna starkt om
resemble [rɪ'zembl] *tr* likna, påminna om
resent [rɪ'zent] *tr* bli förbittrad (förnärmad) över
resentful [rɪ'zentfʊl] *a* harmsen, förtrytsam, förbittrad, stött [*at* över]
resentment [rɪ'zentmənt] *s* förtrytelse, harm, förbittring [*at* över]
reservation [ˌrezə'veɪʃən] *s* **1** reservation, förbehåll; *mental* ~ tyst förbehåll **2** reserverande; undantagande **3** i USA [indian]reservat **4** a) beställning, bokning b) reserverat rum; reserverad plats
reserve [rɪ'zɜ:v] **I** *tr* **1** reservera, spara [på]; förbehålla [~ *a th. for* (*to*) *o.s.* sig ngt]; ~ *o.s. for* spara sig för; ~ *a seat for a p.* hålla en plats åt ngn **2** isht Am. reservera, förhandsbeställa, boka [~ *seats on a train*]; *all seats* ~*d* endast numrerade platser **II** *s* **1** reserv; reserv|förråd, -lager; reservfond; *have* (*hold*) *in* ~ ha i reserv **2** mil. reserv; reservare; pl. ~*s* äv. reservtrupper **3** sport. reserv[spelare]; ~ *team* B-lag **4** [vilt]-reservat **5** reservation, förbehåll **6** reservation, förbehållsamhet; tillbakadragenhet **7** *central* ~ mittremsa på väg
reserved [rɪ'zɜ:vd] *pp* o. *a* **1** reserverad, förbehållsam, tillbakadragen **2** reserverad [*a* ~ *seat*] **3** mil. reserv-
reservist [rɪ'zɜ:vɪst] *s* mil. reservare
reservoir ['rezəvwɑ:] *s* reservoar; behållare
reset ['ri:'set] (*reset reset*) *tr* **1** lägga rätt [~

a broken bone], infatta på nytt [~ *a diamond in a ring*] **2** ~ *a saw* skränka om en såg **3** ställa om klocka o. d.

resettlement ['ri:'setlmənt] *s* **1** omflyttning, omlokalisering [~ *of people*] **2** nybebyggelse, nykolonisation

reshape ['ri:'ʃeɪp] *tr* omgestalta, forma om

reshuffle ['ri:'ʃʌfl] **I** *tr* **1** blanda om kort **2** pol. m. m. möblera om [i], ombilda **II** *s* **1** omblandning av kort **2** pol. m. m. ommöblering, ombildning [*a Cabinet* ~]

reside [rɪ'zaɪd] *itr* **1** vistas, bo, residera, uppehålla sig **2** ~ *in* bildl. ligga hos, tillkomma [*authority* ~*s in the President*]

residence ['rezɪdəns] *s* **1** vistelse, uppehåll; ~ *permit* uppehållstillstånd; *take up o.'s* ~ *in a place* bosätta sig på en plats; [*when the Queen*] *is in* ~ .. är hemma (på slottet) **2** [*place of*] ~ hemvist, vistelseort, uppehållsort **3** bostad, boning; residens; *official* ~ ämbets-, tjänste|bostad

resident ['rezɪdənt] **I** *a* bofast, bosatt [på platsen] **II** *s* **1** [*permanent*] ~ bofast [person], invånare [på orten]; *be a* ~ *of* vara bosatt i (på) **2** gäst på hotell

residential [ˌrezɪ'denʃəl] *a* villa- [*a* ~ *suburb*]; bostads- [*a* ~ *district*]

residual [rɪ'zɪdjuəl] *a* vetensk. överbliven, övrig, resterande; residual-

residuary [rɪ'zɪdjuərɪ] *a* **1** jur. som hör till behållningen i dödsbo[et]; ~ *legatee* universalarvinge **2** återstående

residue ['rezɪdju:] *s* återstod, rest

1 resign ['ri:'saɪn] *tr* underteckna igen

2 resign [rɪ'zaɪn] **I** *tr* **1** avsäga sig, avstå från [~ *a claim* (*right*)]; avgå från; ~ *office* avgå, frånträda ämbetet **2** avstå; överlämna [*to* åt, till; *into* (i) *a p.'s hands*]; ~ *o.s. to* finna sig i **II** *itr* **1** avgå, ta avsked [*from* från]; träda tillbaka [*from* från]; ~ *from* äv. avsäga sig; utträda ur **2** resignera [*to* inför], finna sig i sitt öde; ge upp

resignation [ˌrezɪg'neɪʃən] *s* **1** avsägelse; avgång; avsked[stagande]; utträde; *send in* (*give in, tender*) *o.'s* ~ lämna in sin avskedsansökan **2** resignation [*to* inför], undergivenhet, underkastelse [*to* under]

resigned [rɪ'zaɪnd] *a* **1** resignerad, undergiven; *be* ~ *to* finna sig i **2** avgången [ur tjänst]

resilience [rɪ'zɪlɪəns] *s* o. **resiliency** [rɪ'zɪlɪənsɪ] *s* **1** elasticitet, spänst[ighet] **2** bildl. [snabb] återhämtningsförmåga

resilient [rɪ'zɪlɪənt] *a* **1** elastisk, spänstig **2** bildl. som har lätt för att återhämta sig

resin ['rezɪn] **I** *s* kåda, harts **II** *tr* gnida med kåda, hartsa

resinous ['rezɪnəs] *a* kådig, hartsartad

resist [rɪ'zɪst] **I** *tr* stå emot; göra motstånd mot; motsätta sig [~ *arrest*]; vara motståndskraftig (beständig) mot, tåla [~ *heat*] **II** *itr* göra motstånd [*to* mot]; stå emot

resistance [rɪ'zɪstəns] *s* motstånd [*to* mot]; motvärn [*to* mot]; motståndskraft, resistens; elektr. resistans; ~ *coil* elektr. motståndsspole; *take* (*follow*) *the line of least* ~ följa minsta motståndets lag

resistant [rɪ'zɪstənt] *a* motståndskraftig [*to* mot]

resister [rɪ'zɪstə] *s* motståndare

resistor [rɪ'zɪstə] *s* konkr.: elektr. motstånd

resolute ['rezəlu:t, -zəlju:t] *a* resolut, beslutsam

resolution [ˌrezə'lu:ʃən, -zə'lju:-] *s* **1** beslutsamhet, fasthet **2** beslut; resolution; föresats; *New Year's* (*Year*) ~ nyårslöfte; *pass* (*adopt*) *a* ~ anta en resolution **3** upplösning äv. fys., mus. m. m.; sönderdelning [*into* i] **4** lösning [*the* ~ *of a problem*]

resolvable [rɪ'zɒlvəbl] *a* upplöslig

resolve [rɪ'zɒlv] **I** *tr* **1** besluta [sig för], föresätta sig [*to do a th.*; *that* att]; resolvera; ~*d, that* .. i protokoll beslöts att .. **2** lösa [~ *a problem*]; skingra [~ *a p.'s doubts*] **3** lösa upp, upplösa, sönderdela [~ *a th. into* (i) *its components*]; analysera **II** *itr* **1** besluta sig [*on, upon* för]; ~ [*up*]*on* äv. föresätta sig **2** lösas upp, upplösas, sönderdelas [*it* ~*d into* (i) *its elements*] **III** *s* beslut, föresats

resolved [rɪ'zɒlvd] *a* bestämd, [fast] besluten [*on* för, till; *to do a th.*]

resonance ['rezənəns] *s* resonans; genklang

resonant ['rezənənt] *a* genljudande; resonansrik, klangfull; ljudlig; ekande

resonate ['rezəneɪt] *itr* genljuda, eka; ge resonans

resort [rɪ'zɔ:t] **I** *itr*, ~ *to* a) ta sin tillflykt till; tillgripa [~ *to force*] b) frekventera **II** *s* **1** tillflykt; tillgripande [*to* av]; utväg; *have* ~ *to* ta sin tillflykt till; tillgripa; *in the last* ~, *as a last* ~ som en sista utväg, i nödfall **2** tillhåll [*a* ~ *of* (för) *thieves*]; tillflyktsort; rekreationsort; *health* ~ kur-, rekreations|ort; *seaside* ~ badort

resound [rɪ'zaund] **I** *itr* genljuda, återskalla, eka [*with* av]; ge genljud, bildl. äv. ge eko [*through* i]; ~*ing* äv. rungande; dundrande, dunder- [*a* ~*ing success*] **II** *tr* **1** återkasta ljud **2** [be]sjunga

resource [rɪ'sɔ:s] *s* **1** pl. ~*s*: resurser, tillgångar; *natural* ~*s* naturtillgångar; *be at the end of o.'s* ~*s* ha uttömt alla resurser; inte veta någon råd **2** utväg [*as a last* ~], resurs **3** rådighet, fyndighet; *be full of* ~ alltid finna en utväg **4** *leave a p. to his own* ~*s* låta ngn sköta sig själv

resourceful [rɪ'sɔ:sfʊl] *a* rådig, fyndig

resp. förk. för *respectively*

respect [rɪs'pekt] **I** *s* **1** respekt, aktning, vördnad [*for* för]; *be held in* ~ åtnjuta aktning (respekt) **2** hänsyn; *pay* ~ *to* ta hänsyn till; *without* ~ *of persons* utan anseende till (avseende på) person; *without* ~ *to* utan hänsyn till **3** avseende; *in many* ~*s* i många avseenden (hänseenden); *with* ~ *to* med avseende på, beträffande **4** pl. ~*s* vördnadsbetygelser; *pay o.'s* ~*s to a p.* betyga ngn sin aktning, uppvakta ngn **II** *tr* respektera; [hög]akta; ta hänsyn till
respectability [rɪsˌpektə'bɪlətɪ] *s* anständighet, aktningsvärdhet
respectable [rɪs'pektəbl] *a* **1** respektabel, aktningsvärd, väl ansedd [*a* ~ *firm*]; anständig [*a* ~ *girl*], hederlig; proper **2** ansenlig, aktningsvärd [*a* ~ *sum of money*]; hygglig, hyfsad [*a* ~ *performance*]
respecter [rɪs'pektə] *s*, *be no* ~ *of persons* inte ta hänsyn till person
respectful [rɪs'pektfʊl] *a* aktningsfull, vördnadsfull, respektfull, vördsam
respectfully [rɪs'pektfʊlɪ] *adv* aktningsfullt etc., jfr föreg.; *Yours* ~ i brevslut Vördsamt
respecting [rɪs'pektɪŋ] *prep* med hänsyn till, beträffande, avseende
respective [rɪs'pektɪv] *a* respektive; *the* ~ *merits of the candidates* respektive kandidaters förtjänster
respectively [rɪs'pektɪvlɪ] *adv* respektive; var för sig; *they were given £5 and £10* ~ de fick 5 respektive 10 pund
respiration [ˌrespə'reɪʃən] *s* **1** andning, respiration **2** andedrag, andetag
respirator ['respəreɪtə] *s* respirator; andningsapparat
respiratory [rɪs'paɪərətərɪ] *a* andnings-, respirations- [~ *organs*]
respire [rɪs'paɪə] *itr* **1** andas, respirera **2** hämta andan, andas ut
respite ['respaɪt, -pɪt] **I** *s* respit, uppskov, anstånd; frist; andrum [~ *from toil*] **II** *tr* **1** bevilja uppskov **2** bevilja uppskov med
resplendence [rɪs'plendəns] *s* o. **resplendency** [rɪs'plendənsɪ] *s* glans; prakt
resplendent [rɪs'plendənt] *a* glänsande; praktfull
respond [rɪs'pɒnd] *itr* **1** svara [*to* på]; ~ *to* äv. besvara **2** ~ *to* reagera för
respondent [rɪs'pɒndənt] *s* jur. svarande isht i skilsmässoprocess
response [rɪs'pɒns] *s* **1** svar; genmäle; *he made no* ~ han svarade inte; *in* ~ *to* som (till) svar på **2** gensvar, genklang, respons; reaktion; *meet with* [*a*] ~ väcka genklang
responsibility [rɪsˌpɒnsə'bɪlətɪ] *s* **1** ansvar [*to* inför; *for* för], ansvarighet *assume* (*undertake*) *the* ~ *for* påtaga sig ansvaret för; *on o.'s own* ~ på eget ansvar **2** plikt, förpliktelse
responsible [rɪs'pɒnsəbl] *a* **1** ansvarig [*for* för; *to* inför]; ansvarsfull; ansvarskännande; ~ *government* pol. parlamentariskt styrelsesätt; *make o.s.* ~ *for* ta på sig ansvaret för **2** vederhäftig, solid **3** tillräknelig
responsive [rɪs'pɒnsɪv] *a* **1** svars-, som svar [*a* ~ *gesture*] **2** mottaglig [*to* för]; engagerad, intresserad [*a* ~ *audience*]
1 rest [rest] **I** *itr* förbli [*it* ~*s a mystery*]; *you may* ~ *assured that* du kan vara säker (lita) på att; ~ *with* se *2 rest II 2* **II** *s*, *the* ~ resten, återstoden; *as to* (*for*) *the* ~ a) vad det övriga beträffar b) för (i) övrigt
2 rest [rest] **I** *s* **1** vila; lugn, ro, frid; vilopaus, rast; *day of* ~ vilodag; *have* (*take*) *a* ~ vila sig; *have* (*take*) *a good* ~ vila ut (upp sig); *at* ~ i vila; lugn, stilla; *set a p.'s mind* (*fears*) *at* ~ lugna ngns farhågor; *you can set your mind at* ~ [*on that score*] du kan vara lugn [på den punkten]; [*the ball*] *came to* ~ . . stannade; *go* (*be laid*) *to* ~ begravas, föras till den sista vilan; *without* ~ utan rast eller ro **2** viloplats; hem [*a sailors'* ~] **3 a**) mus. paus[tecken]; *crotchet* ~ fjärdedelspaus **b**) metr. cesur **4** stöd [*a* ~ *for the feet*] **II** *itr* **1** vila [sig] [*from* efter]; få lugn (ro); *he will not* ~ [*until he knows the truth*] han får ingen ro . .; *let the matter* ~ låta saken bero (vila); *you may* ~ *assured that* se *1 rest I* **2** ~ *with* ligga hos ngn (i ngns händer), vila hos [*the decision* ~*s with you*], bero på **3** vila, stödja sig, ligga, vara stödd [*on, upon* på]; ~ [*up*]*on* äv. grunda sig på **III** *tr* **1** vila; ~ *o.'s eyes* vila ögonen; ~ *o.s.* vila sig, vila ut; *God* ~ *his soul!* må han vila i frid!; pp.: ~*ed* utvilad **2** vila, stödja, lägga [*on, upon* på; ~ *o.'s elbows on the table*]
restaurant ['restrənt, 'restərɔ̃:ŋ] *s* restaurang
restaurant-car ['restrəntkɑ:] *s* restaurangvagn
restaurateur [ˌrestɒrə'tɜ:] *s* restauratör, restauranginnehavare
rest-cure ['resṭˌkjʊə] *s* läk. vilokur, liggkur
rest-day ['restdeɪ] *s* vilodag
restful ['restfʊl] *a* lugn, vilsam, fridfull
rest-home ['resthəʊm] *s* vilohem
rest-house ['resthaʊs] *s* raststuga
resting-place ['restɪŋpleɪs] *s* **1** rastplats; viloplats **2** [*last*] ~ [sista] vilorum grav
restitution [ˌrestɪ'tju:ʃən] *s* återställande, återlämnande [~ *of property* (*rights*)], restitution; [skade]ersättning, vederlag
restive ['restɪv] *a* **1** om häst istadig, bångstyrig **2** om pers. motspänstig; rastlös, otålig
restless ['restləs] *a* rastlös, nervös, otålig
restoration [ˌrestə'reɪʃən] *s* **1** återställande; återupprättande; återlämnande; åter-

upplivande; återinsättande [*to* i]; *the R~* hist. (Engl.) restaurationen monarkins återupprättande 1660 med Karl II; *R~* [*drama*] restaurationstidens .. **2** tillfrisknande **3** restaurering, restauration, renovering

restorative [rɪs'tɒrətɪv] **I** *a* återställande, stärkande **II** *s* stärkande medel

restore [rɪs'tɔ:] *tr* **1** återställa [*~ order*]; återlämna [*~ stolen property*]; återupprätta; återinföra [*~ old customs*]; *~ a book to its place* ställa tillbaka en bok på dess plats; *~ to life* återkalla till livet; *he is ~d* [*to health*] han är återställd **2** restaurera, renovera, sätta i stånd [*~ a church* (*picture*)] **3** rekonstruera [*~ a text*] **4** återinsätta [*to* i]; *~ a p. to power* återföra ngn till makten

restrain [rɪs'treɪn] *tr* **1** hindra, avhålla [*from* från] **2** hålla tillbaka [*~ o.'s tears*], tygla [*~ o.'s anger*], återhålla, hämma; *~ o.s.* behärska sig

restraint [rɪs'treɪnt] *s* **1** återhållande, tyglande **2** tvång; band [*upon, on* på]; hinder; inskränkning; *break loose from all ~*[*s*] bryta sig loss från alla band; *lay* (*put*) *a ~ on* lägga band på; *throw off all ~* kasta alla hämningar; *without ~* ohämmat, fritt **3** *exercise* (*show*) *~* visa återhållsamhet (behärskning) **4** bundenhet, ofrihet

restrict [rɪs'trɪkt] *tr* inskränka, begränsa [*to* till]; *~ed area* mil. skyddsområde

restriction [rɪs'trɪkʃən] *s* **1** inskränkning, begränsning; restriktion; *place ~s on* göra inskränkningar i **2** förbehåll

restrictive [rɪs'trɪktɪv] *a* inskränkande, restriktiv; *~ practices* konkurrensbegränsning

rest-room ['restrum] *s* Am. toalett[rum]

restructure ['ri:'strʌktʃə] *tr* omstrukturera, strukturera om

result [rɪ'zʌlt] **I** *itr* **1** vara (bli) resultatet (följden) [*from* av], härröra, härleda sig [*from* från]; *the ~ing war* det krig som blev följden **2** *~ in* resultera i **II** *s* resultat; utgång; *as a* (*the*) *~ of* till följd av

resultant [rɪ'zʌltənt] *a* resulterande, därav följande; *~ from* härrörande från

resume [rɪ'zju:m] **I** *tr* **1** återta **2** åter[upp]ta, åter börja [*~ work*] **II** *itr* återupptas; börja igen [*the dancing is about to ~*]

résumé ['rezjumeɪ] *s* (fr.) resumé, sammanfattning

resumption [rɪ'zʌmpʃən] *s* **1** återtagande **2** återupptagande

resurgence [rɪ'sɜ:dʒəns] *s* återuppvaknande, återuppstående, förnyelse

resurgent [rɪ'sɜ:dʒənt] *a* återuppvaknande, återuppstående, förnyad

resurrect [ˌrezə'rekt] *tr* **1** uppväcka från de döda, återkalla till livet; *be ~ed* äv. återuppstå **2** återuppliva, återuppväcka

resurrection [ˌrezə'rekʃən] *s* **1** [åter]uppståndelse från de döda **2** återupplivande, återuppväckande

resuscitate [rɪ'sʌsɪteɪt] **I** *tr* återuppväcka; åter få liv i, återuppliva äv. bildl. **II** *itr* åter vakna till liv

resuscitation [rɪˌsʌsɪ'teɪʃən] *s* återuppväckande [till liv]; återupplivande

retail [ss. subst., adj. o. adv. 'ri:teɪl, ss. vb ri:'teɪl] **I** *s* försäljning i minut, detalj-, minut|handel **II** *a* detalj-, minut- [*~ trade*] **III** *adv, buy* (*sell*) *~* köpa (sälja) i minut **IV** *tr* **1** sälja i minut **2** berätta i detalj [*~ a story*], återge; föra vidare, sprida [*~ gossip*] **V** *itr* säljas i minut [*at, for* till ett pris]

retailer [ri:'teɪlə] *s* **1** detaljist, detalj-, minut|handlare, återförsäljare **2** berättare, spridare [*~ of gossip*]

retain [rɪ'teɪn] *tr* **1** hålla kvar, behålla; *~ing wall* stöd[je]mur **2** [bi]behålla, ha i behåll (kvar); bevara **3** *~ing fee* se *retainer 2*

retainer [rɪ'teɪnə] *s* **1** trotjänare [*an old ~*] **2** engagemangsarvode åt isht advokat

retake [ss. vb 'ri:'teɪk, ss. subst. 'ri:teɪk] **I** (*retook retaken*) *tr* **1** återta, återerövra **2** ta om film **II** *s* omtagning av film

retaliate [rɪ'tælɪeɪt] *itr* öva vedergällning, vidta motåtgärder [*upon* mot], ge igen

retaliation [rɪˌtælɪ'eɪʃən] *s* vedergällning

retaliative [rɪ'tælɪətɪv] *a* o. **retaliatory** [rɪ'tælɪətərɪ] *a* vedergällnings-; *~ measures* äv. repressalieåtgärder

retard [rɪ'tɑ:d] *tr* **1** för|sena, -dröja; hämma; *mentally ~ed* psykiskt utvecklingsstörd **2** *~ the ignition* tekn. sänka tändningen

retardation [ˌri:tɑ:'deɪʃən] *s* försening, fördröjning; retardering; retardation

retch [retʃ, ri:tʃ] *itr* försöka kräkas

retell ['ri:'tel] (*retold retold*) *tr* berätta på nytt (om), återberätta

retention [rɪ'tenʃən] *s* **1** kvarhållande **2** [bi]behållande, bevarande **3** psykol. retention; [*power of*] *~* minnesförmåga

retentive [rɪ'tentɪv] *a* säker, fast [*a ~ grasp*]; *a ~ memory* gott minne

rethink ['ri:'θɪŋk] **I** (*rethought rethought*) *tr* ompröva, överväga på nytt **II** (*rethought rethought*) *itr* tänka om

reticence ['retɪsəns] *s* tystlåtenhet, förtegenhet

reticent ['retɪsənt] *a* tystlåten, förtegen

reticule ['retɪkju:l] *s* påsväska; sypåse

retina ['retɪnə] *s* anat. ögats näthinna, retina

retinue ['retɪnju:] *s* följe, svit

retire [rɪ'taɪə] **I** *itr* **1** dra sig tillbaka (undan) [*to, into* till]; vika tillbaka; *~ into o.s.* sluta sig inom sig själv **2** gå till sängs [äv. *~ to bed*] **3** mil. retirera [*~ before* (för) *the* *enemy*] **4** avgå, ta avsked, dra sig tillbaka **II** *tr* **1** mil. dra (föra) tillbaka trupper o. d. **2** pensionera

retired [rɪ'taɪəd] *a* **1** tillbakadragen [*lead a ~ life*] **2** som dragit sig tillbaka, avgången, pensionerad; *~ list* förteckning över pensionerade officerare; *put* (*place*) *on the ~ list* pensionera **3** tillbakadragen, reserverad

retirement [rɪ'taɪəmənt] *s* **1** avskildhet; *live in ~* leva tillbakadraget **2** mil. återtåg, reträtt **3** tillbakaträdande, avgång [*~ from an office*], avsked[stagande]; *~ age* pensionsålder; *~ pension* ålderspension

retiring [rɪ'taɪərɪŋ] *a* tillbakadragen, försynt, reserverad

retool ['ri:'tu:l] *tr* förse t. ex. fabrik med ny verktygsutrustning

retort [rɪ'tɔ:t] **I** *tr* genmäla, svara [skarpt], replikera **II** *s* **1** [skarpt] svar, genmäle, replik **2** kem. retort

retouch ['ri:'tʌtʃ] *tr* retuschera äv. fotogr.

retrace [rɪ'treɪs] *tr* följa tillbaka spår m. m.; *~ o.'s steps* (*way*) gå samma väg tillbaka

retract [rɪ'trækt] **I** *tr* **1** dra tillbaka, dra in [*the cat ~ed its claws*], fälla in **2** ta tillbaka, återkalla [*~ a statement*]; dementera **II** *itr* **1** dra sig tillbaka **2** ta tillbaka sina ord

retractable [rɪ'træktəbl] *a* infällbar, indragbar

retractile [rɪ'træktaɪl, Am. -tl] *a* indragbar

retraction [rɪ'trækʃən] *s* **1** återtagande, återkallande **2** tillbaka-, in|dragande

retread [ss. vb 'ri:'tred, ss. subst. 'ri:tred] **I** *tr* regummera [*~ a tyre*] **II** *s* regummerat däck

retreat [rɪ'tri:t] **I** *s* **1** reträtt, återtåg; *beat a* [*hasty*] *~* [hastigt] slå till reträtt (ta till reträtten); *sound* (*blow*) *the ~* blåsa till reträtt; *leave a line of ~ open for o.s.* bildl. se till att man har reträtten (ryggen) fri; *be in full ~* vara stadd på reträtt över hela linjen **2** tillflykt[sort], fristad, reträtt **II** *itr* retirera, slå till reträtt; vika [tillbaka]

retrench [rɪ'trentʃ] **I** *tr* **1** skära ned, nedbringa [*~ expenses*] **2** *~ o.s.* förskansa sig **II** *itr* inskränka sig, dra in på staten

retrenchment [rɪ'trentʃmənt] *s* **1** nedskärning, besparing **2** fort. förskansning

retrial ['ri:'traɪəl] *s* jur. förnyad prövning

retribution [ˌretrɪ'bju:ʃən] *s* vedergällning; straff

retrievable [rɪ'tri:vəbl] *a* som kan återvinnas; ersättlig

retrieval [rɪ'tri:vəl] *s* **1** återvinnande, återfående **2** *beyond* (*past*) *~* ohjälplig

retrieve [rɪ'tri:v] *tr* **1** återvinna, återfå, få tillbaka [*~ o.'s umbrella*]; återfinna **2** jakt., om hundar apportera **3** gottgöra, reparera [*~ an error*], få ersatt [*~ o.'s loss*]

retriever [rɪ'tri:və] *s* **1** om hund apportör **2** retriever hundras

retroactive [ˌretrəʊ'æktɪv] *a* retroaktiv

retro-engine ['retrəʊˌendʒɪn] *s* bromsmotor

retroflex ['retrəʊfleks] *a* **1** tillbakaböjd **2** fon. retroflex

retrograde ['retrəʊgreɪd] **I** *a* **1** tillbakagående, i motsatt riktning; bakvänd; *~ step* steg tillbaka **2** bildl. a) bakåtsträvande b) tillbakagående **II** *itr* gå tillbaka (bakåt)

retrogress [ˌretrəʊ'gres] *itr* gå tillbaka; urarta

retrogression [ˌretrəʊ'greʃən] *s* gående tillbaka, tillbakagång; urartning

retrogressive [ˌretrəʊ'gresɪv] *a* tillbakagående; bakåtsträvande; regressiv

retro-rocket ['retrəʊˌrɒkɪt] *s* bromsraket

retrospect ['retrəʊspekt] *s* tillbakablick, återblick [*of* på]; *in ~* [*, the whole business seems ridiculous*] [så här] i efterhand . .

retrospection [ˌretrəʊ'spekʃən] *s* tillbakablickande; återblick

retrospective [ˌretrəʊ'spektɪv] *a* **1** retrospektiv, tillbakablickande **2** retroaktiv

retroussé [rə'tru:seɪ] *a* (fr.), *~ nose* uppnäsa

return [rɪ'tɜ:n] **I** *itr* **1** återvända, återkomma, komma (vända) tillbaka (hem); återgå [*~ to work*] **2** återgå [*~ to the original owner*] **II** *tr* **1** ställa (lägga, sätta m. m.) tillbaka [på sin plats] **2** a) returnera b) återlämna, lämna igen (tillbaka) c) återbetala [*~ a loan*]; *~ to* [*the*] *sender* på brev returneras till avsändaren **3** besvara, återgälda, gengälda; *~ a blow* slå tillbaka; *~ good for evil* löna ont med gott; *~ a service* göra en gentjänst (motprestation) **4** genmäla, svara **5** om valkrets välja [till parlamentsledamot] **6** [in]rapportera, anmäla, officiellt förklara; *~ a verdict* avkunna en dom; *~ing officer* ung. valförrättare **7** avge svar, redogörelse, inge, lämna in till myndighet [*~ a report*] **8** avkasta, inbringa [*~ a profit*]; *~ interest* ge ränta **III** *s* **1** åter-, hem|komst, återvändande; åter|resa, -gång, -väg; attr. ofta retur-, åter-; *~* [*ticket*] [tur- och]returbiljett; *~ fare* pengar till återresan; *day ~* endagsbiljett; *many happy ~s* [*of the day*] har den äran [att gratulera]; *we are at the point of no ~* det finns ingen återvändo; *by ~* [*of post*] [per] omgående **2** åter|sändande, -lämnande, -ställande [*~ of a book*]; återbetalning [*~ of a loan*]; returnering; returboll; *~ postage* svarsporto, returporto **3** läk. återfall [*~ of an illness*]; *have a ~* få ett återfall **4** besvarande, gengäldande; lön; *~ match* (*game*) returmatch, revansch|match, -parti; *~ service* gentjänst; *~ visit* svarsvisit; *in ~* i (till) gengäld, till tack, som lön (motprestation) [*for* för], till svar **5** avkastning, utbyte, vinst [äv. pl. *~s*]; pl. *~s* äv. intäkter, omsättning; *the law of diminishing ~s* ekon. avtagande avkastningens lag **6** officiell anmälan, rapport, berättelse; pl. *~s* äv. statistiska uppgifter; resultat [*election ~s*]; [*income-tax*] *~* [själv]deklaration; *make o.'s ~ of income* deklarera, göra sin självdeklaration **7** val till parlamentet

returnable [rɪ'tɜ:nəbl] *a* som kan (ska) lämnas (skickas) tillbaka; retur- [*~ bottles*]

reunification ['ri:ju:nɪfɪ'keɪʃən] *s, the ~ of Germany* Tysklands återförening

reunion ['ri:'ju:njən] *s* **1** återförening **2** sammankomst, samkväm; *family ~* äv. familjehögtid

reunite ['ri:ju:'naɪt] *tr* o. *itr* återförena[s], åter ena[s]

re-use ['ri:'ju:z] *tr* använda på nytt (igen)

Reuter ['rɔɪtə]

Rev. förk. för *Reverend*

rev [rev] fam. **I** *tr, ~* [*up*] *an engine* rusa en motor **II** *itr, ~* [*up*] om motor rusa **III** *s* varv; *~ counter* varvräknare

revaluation ['ri:væljʊ'eɪʃən] *s* **1** revalvering av valuta **2** omvärdering

revalue ['ri:'vælju:] *tr* **1** revalvera valuta **2** omvärdera

revamp ['ri:'væmp] *tr* **1** sätta nytt ovanläder på **2** fam. lappa ihop; göra om

reveal [rɪ'vi:l] *tr* avslöja, röja, yppa, uppdaga [*to* för]; uppenbara; visa

reveille [rɪ'vælɪ, Am. 'revəli:] *s* revelj

revel ['revl] **I** *itr* festa [om], rumla [om], svira; *~ in* frossa i [*~ in luxury*], gotta sig åt (i) **II** *s,* ofta pl. *~s* fest; rummel

revelation [ˌrevə'leɪʃən] *s* **1** avslöjande; yppande, uppdagande; *it was a ~ to me* det kom som en överraskning för mig **2** gudomlig uppenbarelse; [*the*] *R~* [*of St. John the Divine*] el. *Revelations* Uppenbarelseboken

reveller ['revələ] *s* rumlare, festare

revelry ['revlrɪ] *s* festande, rummel

revenge [rɪ'vendʒ] **I** *tr* hämnas; *~ o.s.* (*be ~d*) *on a p.* hämnas på ngn **II** *s* hämnd [*on, upon* på; *for* för], vedergällning; hämndlystnad; revansch; *take* (*have*) *o.'s ~* ta hämnd; *take ~ on a p.* hämnas på ngn, ta hämnd (revansch) på ngn

revengeful [rɪ'vendʒfʊl] *a* hämndlysten

revenue ['revənju:] *s* statsinkomster [äv. *Public Revenue*[*s*]]; inkomst, avkastning

reverberate [rɪ'vɜ:bəreɪt] **I** *tr* återkasta ljud, reflektera ljus, värme **II** *itr* återkastas, om ljud äv. eka, genljuda

reverberation [rɪˌvɜ:bə'reɪʃən] *s* genljudande; återkastande; genljud, eko

revere [rɪ'vɪə] *tr* vörda, hålla i ära

reverence ['revərəns] **I** *s* **1** vördnad, aktning; *pay ~ to a p.* betyga ngn sin vördnad **2** skämts. vördnadsbetygelse **II** *tr* vörda

reverend ['revərənd] **I** *a* **1** vördnadsvärd **2** i kyrkliga titlar (ofta förkortat *Rev.*): [*the*] *R~ J. Smith* pastor (kyrkoherde) J. Smith; *the Most R~ Archbishop of York* Hans högvördighet ärkebiskopen av York; *the Right R~ the Bishop of Barchester* Hans högvördighet biskopen av Barchester; *the Very R~ J. Smith* domprosten J. Smith; *the R~ Father O'Higgins* fader (pater) O'Higgins **II** *s,* mest pl. *~s* präster; *right ~s* biskopar

reverent ['revərənt] *a* vördnadsfull

reverential [ˌrevə'renʃəl] *a* vördnadsfull

reverie ['revərɪ] *s* drömmeri; [dag]dröm; *be lost in* [*a*] *~* vara försjunken i drömmerier

revers [rɪ'vɪə] (pl. *revers* [rɪ'vɪəz]) *s* slag på klädesplagg

reversal [rɪ'vɜ:səl] *s* omkastning, omsvängning [*a ~ of public opinion*]; omslag

reverse [rɪ'vɜ:s] **I** *a* motsatt [*~ direction*], omvänd, bakvänd [*in ~ order*], omkastad; spegelvänd; *~ gear* backväxel; *the ~ side of the cloth* tygets avigsida; *the ~ side of a coin* reversen (baksidan) av ett mynt; *the ~ side of the picture* bildl. medaljens baksida **II** *s* **1** motsats; *just* (*quite*) *the ~* alldeles tvärtom; *the exact* (*very*) *~* raka motsatsen [*of* till, mot] **2** baksida, frånsida, avigsida; på mynt o. d. revers; mil. rygg; *the ~ of the medal* bildl. medaljens baksida **3** omkastning; motgång, bakslag; *suffer a ~* röna motgång; lida ett nederlag **4** motor. back[-växel]; *put the car in ~* lägga i backen **III** *tr* **1** vända på, vända om; vända äv. bildl. [*~ the trend*]; kasta om, slå om; vrida tillbaka; backa [*~ o.'s car*]; *~ the charges* telef. låta mottagaren betala samtalet **2** ändra [om], kasta om [*~ the order*]; *~ an order* ge kontraorder; *~ o.'s policy* ändra sin politik, göra en helomvändning **3** jur. upphäva, återkalla [*~ a decree*] **IV** *itr* **1** vända, slå om [*the trend has ~d*] **2** backa

reversible [rɪ'vɜ:səbl] *a* omkastbar; vändbar [*a ~ coat*]

revert [rɪ'vɜ:t] *itr* **1** återgå, gå tillbaka [*~ to an earlier stage*]; återkomma, återvända [*to* till]; *~ to a p.* återgå i ngns ägo **2** jur. hemfalla [*~ to the State*]

review [rɪ'vju:] **I** *s* **1** granskning, [förnyad] undersökning; genomgång; *pass in ~* [låta] passera revy; se tillbaka på; *in the period under ~* under den aktuella perioden; *come under ~* tas upp till granskning (omprövning) **2** översikt [*of* över, av]; återblick [*of* på] **3** mil. revy, mönstring **4** recension, anmälan av bok m. m. **5** tidskrift, revy **II** *tr* **1** granska på nytt **2** överblicka; se tillbaka på, låta passera revy **3** mil. mönstra, inspektera [~ *the troops*] **4** recensera, anmäla bok m. m. **5** jur. ompröva

reviewer [rɪ'vju:ə] *s* recensent, anmälare

revile [rɪ'vaɪl] *tr* smäda, skymfa

revise [rɪ'vaɪz] *tr* **1** revidera, ändra; granska; omarbeta, bearbeta **2** skol. repetera

revision [rɪ'vɪʒən] *s* **1** revidering, revision; granskning; omarbetning, bearbetning **2** skol. repetition; *do some* ~ repetera

revisionist [rɪ'vɪʒənɪst] *s* pol. revisionist

revisit ['ri:'vɪzɪt] *tr* besöka igen (på nytt)

revitalize ['ri:'vaɪtəlaɪz] *tr* återuppliva; ge ny livskraft, vitalisera, liva upp

revival [rɪ'vaɪvəl] *s* **1** återupplivande äv. bildl. [~ *of old customs*]; återuppvaknande till sans, liv; återhämtning; återinförande **2** repris, återupptagande [~ *of a play*], nypremiär **3** ~ [*meeting*] väckelsemöte

revive [rɪ'vaɪv] **I** *tr* **1** återuppliva, åter få liv i, återkalla till sans **2** bildl. återuppliva, blåsa nytt liv i, återinföra [~ *a law*]; ~ *a p.'s hopes* ge ngn nytt hopp **3** ge i repris [~ *a play*], ha nypremiär på **II** *itr* **1** vakna till liv igen, kvickna till **2** bildl. få nytt liv

revoke [rɪ'vəuk] **I** *tr* återkalla, upphäva [~ *a decree*]; dra in [~ *a driving licence*]; ta tillbaka [~ *an order*] **II** *itr* kort. underlåta att bekänna färg, göra 'revoke' **III** *s* kort. underlåtenhet att bekänna färg, 'revoke'

revolt [rɪ'vəult] **I** *itr* **1** revoltera, göra uppror (revolt) **2** uppröras, känna avsky **II** *tr* uppröra; *be ~ed* bli (vara) upprörd, känna avsky [*by* vid, inför, över] **III** *s* **1** revolt, uppror, resning [*against* mot]; *rise in* ~ göra uppror **2** avfall [*from* från]

revolting [rɪ'vəultɪŋ] *a* **1** upprorisk **2** upprörande, motbjudande; äcklig

revolution [ˌrevə'lu:ʃən, -'lju:-] *s* **1** rotation, [kring]svängning kring en axel; varv; ~ *counter* varvräknare **2** astr. omlopp, kretslopp **3** revolution [*the French R~*]

revolutionary [ˌrevə'lu:ʃənərɪ, -'lju:-] **I** *a* revolutionär **II** *s* revolutionär

revolutionize [ˌrevə'lu:ʃənaɪz, -'lju:-] *tr* revolutionera

revolve [rɪ'vɒlv] **I** *itr* vrida sig, rotera, svänga; kretsa **II** *tr* **1** sätta i rotation **2** ~ [*in o.'s mind*] grubbla över; ~ *a problem in o.'s mind* vrida och vända på ett problem

revolver [rɪ'vɒlvə] *s* revolver

revolving [rɪ'vɒlvɪŋ] *a* roterande; kretsande; ~ *chair* kontors-, sväng|stol; ~ *door* [roterande] svängdörr; ~ *stage* vridscen

revue [rɪ'vju:] *s* teat. revy

revulsion [rɪ'vʌlʃən] *s* **1** omsvängning, omslag; *there was a ~ of public feeling* opinionen svängde **2** motvilja [*against* mot]

reward [rɪ'wɔ:d] **I** *s* belöning; hittelön; *the financial ~s* den ekonomiska behållningen; *offer a ~ of £100* utfästa en belöning på hundra pund **II** *tr* belöna

rewarding [rɪ'wɔ:dɪŋ] *a* givande, tacksam, lönande

rewind ['ri:waɪnd] (*rewound rewound*) **I** *tr* spola om (tillbaka) film, band m. m. **II** *s* återspolning av ljudband o. d.

rewire ['ri:'waɪə] *tr* elektr. lägga in nya ledningar i [~ *a house*]

reword ['ri:'wɜ:d] *tr* formulera om

rewrite [ss. vb 'ri:'raɪt, ss. subst. 'ri:raɪt] **I** (*rewrote rewritten*) *tr* skriva om; arbeta om, redigera om **II** *s* omredigering

Rex [reks] *s* (lat.) [regerande] konung; ~ *versus Smith* jur. kronan (staten) mot Smith

Reynard ['renəd, 'rena:d] egennamn; ~ [*the Fox*] Mickel räv

Reynolds ['renəldz]

r.h. förk. för *right hand*

rhapsodic[al] [ræp'sɒdɪk, -əl] *a* **1** rapsodisk **2** extatisk, hänförd

rhapsodize ['ræpsədaɪz] *itr*, ~ *over* (*about, on*) uttala sig entusiastiskt om

rhapsod|y ['ræpsədɪ] *s* **1** rapsodi **2** *go into -ies over* råka i extas över

rheostat ['rɪəustæt] *s* elektr. reostat

rhetoric ['retərɪk] *s* retorik, vältalighet

rhetorical [rɪ'tɒrɪkəl] *a* retorisk; ~ *pause* konstpaus; ~ *question* retorisk fråga

rhetorician [ˌretə'rɪʃən] *s* vältalare

rheumatic [ru'mætɪk] **I** *a* reumatisk **II** *s* **1** reumatiker **2** pl. *~s* fam. reumatism

rheumatism ['ru:mətɪzəm] *s* reumatism

rheumatoid ['ru:mətɔɪd] *a* reumatoid; ~ *arthritis* [kronisk] ledgångsreumatism

Rhine [raɪn] *s, the* ~ Rhen; ~ *wine* rhenvin

Rhineland ['raɪnlænd] *s, the* ~ Rhenlandet

rhino ['raɪnəu] *s* fam. kortform för *rhinoceros*

rhinoceros [raɪ'nɒsərəs] *s* zool. noshörning

Rhode Island ['rəud'aɪlənd]

Rhodes [rəudz] Rhodos

Rhodesia [rəu'di:zjə, -i:ʒɪə]

rhododendron [ˌrəudə'dendrən] *s* bot. rhododendron

rhomb [rɒm] *s* romb

rhomboid ['rɒmbɔɪd] **I** *s* romboid **II** *a* romboidisk; rombisk

rhombus ['rɒmbəs] *s* romb

Rhone [rəun] *s, the* ~ floden Rhône

rhubarb ['ru:ba:b] *s* rabarber

rhyme [raɪm] **I** *s* rim; rimord; [rimmad] vers; *nursery* ~ barnramsa, barnkammarrim; *without ~ or reason* utan rim och reson **II** *itr* rimma; *rhyming dictionary* rimlexikon; *rhyming slang* 'rimslang' [t. ex. *Kate and Sidney* för *steak and kidney*] **III** *tr* rimma, låta rimma

rhythm ['rɪðəm] *s* rytm, takt

rhythmic[al] ['rɪðmɪk, -əl] *a* rytmisk; taktfast

R.I. förk. för *Rhode Island*

rib [rɪb] **I** *s* **1** anat. revben; slakt. högrev av nötkött, rygg av kalv, lamm; *~s of pork* kok. revbensspjäll; *poke (dig) a p. in the ~s* puffa (stöta) till ngn i sidan **2** räffla, [upphöjd] rand; i ribbstickning ribba **II** *tr* **1** räffla, ribba **2** isht Am. fam. skoja (retas) med

ribald ['rɪbəld] *a* oanständig; vanvördig

ribaldry ['rɪbəldrɪ] *s* oanständigheter

ribbed [rɪbd] *a* ribbad [*~ cloth*], ribbstickad

ribbon ['rɪbən] *s* **1** band; ordensband; *~ microphone* bandmikrofon; *the blue ~* se *blue I 1* **2** remsa, strimla; *torn to ~s* [riven] i trasor **3** [*typewriter*] *~* färgband

riboflavin [ˌraɪbəʊ'fleɪvɪn] *s* riboflavin

rice [raɪs] *s* bot. ris; risgryn

rice-paper ['raɪsˌpeɪpə] *s* rispapper

rich [rɪtʃ] *a* **1** rik [*in* på]; förmögen **2** riklig, stor [*~ vocabulary*], rikhaltig [*~ supply* (förråd)], ymnig **3** bördig, fet [*~ soil*] **4** fet, kraftig [*~ food*], mäktig [*~ cake*] **5** fyllig [*~ voice*], varm, djup [*~ colour*] **6** fam. dråplig, obetalbar

Richard ['rɪtʃəd] ss. kunganamn Rikard; *~ Roe* jur. N. N. fingerad person (svarande); jfr *John Doe* under *John I*

riches ['rɪtʃɪz] *s pl* rikedom[ar]

richly ['rɪtʃlɪ] *adv* rikt; rikligt, rikligen etc., jfr *rich*; i rikt mått, till fullo

1 rick [rɪk] *s* stack av hö, halm o. d.

2 rick [rɪk] *tr* vricka, stuka; [för]sträcka

rickets ['rɪkɪts] (konstr. ss. sing. el. pl.) *s* engelska sjukan, rakitis

rickety ['rɪkətɪ] *a* rankig [*~ chair*], ranglig, skranglig; fallfärdig [*a ~ old house*]

rickshaw ['rɪkʃɔ:] *s* riksha, rickshaw

ricochet ['rɪkəʃeɪ, -ʃet] *itr* rikoschettera

rid [rɪd] (*rid rid,* ibl. *~ded ~ded*) *tr* befria, göra fri, rensa [*of* från]; *~ o.s. of* bli fri från, göra sig kvitt; *be ~ of* vara av med, vara fri från, slippa; *get ~ of* a) bli av med, bli kvitt b) göra sig av med

riddance ['rɪdəns] *s* befrielse, befriande; *good ~* [*of bad rubbish*]*!* skönt att bli av med honom (dem etc.)!

ridden ['rɪdn] pp. av *ride*; ss. efterled i sms. -härjad [*crisis-ridden*], ansatt (plågad, hemsökt) av [*fear-ridden*]; jfr *bedridden, hagridden* m. fl.

1 riddle ['rɪdl] *s* gåta

2 riddle ['rɪdl] **I** *s* [grovt] såll **II** *tr* **1** sålla, harpa t. ex. sand **2** genomborra [med kulor], peppra [*~ a p. with bullets*]

ride [raɪd] **I** (*rode ridden*) *itr* **1** rida; sitta grensle, sitta, gunga [*~ on a seesaw* (gungbräda)] **2** åka [*~ in a bus, ~ on a bicycle*], fara [*~ up in the elevator*], köra [*~ on a motorcycle*]; *~ up* om kläder åka (glida) upp **3** fam., *let it ~* låta det vara (bero) **II** (*rode ridden*; jfr *ridden*) *tr* **1** rida [på]; *~ o.'s* (*the*) *high horse* fam. sätta sig på sina höga hästar **2** åka; köra [*~ a motorcycle*]; *~ a bicycle* åka cykel **3** låta rida [*~ a child on o.'s back*]; bära **III** *s* ritt, [rid]tur; åktur, tur [*bus-ride*], resa, färd; *bicycle ~* cykeltur; *go for* (*have*) *a ~* rida (åka) ut, göra en ridtur (åktur); *take a p. for a ~* sl. a) föra bort (kidnappa) och mörda ngn b) föra ngn bakom ljuset

rider ['raɪdə] *s* **1** ryttare, ryttarinna; *be a good ~* äv. rida bra **2** [*bicycle*] *~* cykelåkare, cyklist **3** tillägg till dokument o. d.

ridge [rɪdʒ] *s* **1** rygg, kam; upphöjd rand (kant); *~ of high pressure* meteor. högtrycksrygg; *teeth ~* tandvall **2** [*mountain*] *~* [bergs]rygg, [berg]ås, [bergs]kam

ridicule ['rɪdɪkju:l] **I** *s* åtlöje, löje; *hold up* (*expose*) *to ~* förlöjliga, göra till ett åtlöje **II** *tr* förlöjliga, göra till ett åtlöje

ridiculous [rɪ'dɪkjʊləs] *a* löjlig, skrattretande; absurd

riding ['raɪdɪŋ] *s* ridning; ridsport; *Little Red R~ Hood* Rödluvan

riding-breeches ['raɪdɪŋˌbrɪtʃɪz] *s pl* ridbyxor

riding-coat ['raɪdɪŋkəʊt] *s* ridrock

riding-habit ['raɪdɪŋˌhæbɪt] *s* dams riddräkt

rife [raɪf] pred. *a* **1** mycket vanlig, utbredd, förhärskande; talrik; *be* (*grow*) *~* isht om rykte vara (komma) i svang (omlopp); *be ~* äv. grassera **2** *~ with* uppfylld (full) av

riff-raff ['rɪfræf] *s* slödder, pack, patrask

1 rifle ['raɪfl] *tr* rota igenom för att stjäla; plundra [*of* på ngt]

2 rifle ['raɪfl] *s* gevär, bössa

rifleman ['raɪflmən] *s* mil. [gevärs]skytt

rifle-range ['raɪflreɪndʒ] *s* **1** gevärs-, skott|håll **2** skjutbana

rift [rɪft] *s* spricka äv. bildl., rämna, reva [*a ~ in the clouds*]; bildl. äv. klyfta, brytning; *a ~ in the lute* en fnurra på tråden

rift-valley ['rɪftˌvælɪ] *s* geol. sprickdal

1 rig [rɪg] *tr* lura; fixa; *they ~ged the election* de bedrev valfusk

2 rig [rɪg] **I** *tr* **1** sjö. rigga, tackla **2** *~* [*out*] förse med kläder, utrusta, ekipera **3** *~* [*up*] a) montera flygplan o. d. b) fam. rigga [till] **II** *s* **1** sjö. rigg **2** fam. rigg, stass

rigger ['rɪgə] *s* **1** sjö. riggare **2** flyg. flyg|montör, -mekaniker

rigging ['rɪgɪŋ] *s* **1** sjö. rigg[ning] **2** fam. rigg, stass

right [raɪt] **A I** *a* **1** rätt, riktig; rättmätig [*the ~ owner*]; *all ~* se under *all III*; [*as*] *~ as rain* (*as a trivet*) se *rain I* o. *trivet*; *~?* va?, eller hur?, inte sant?; *the ~ change* jämna pengar; *be on the ~ side of fifty* vara under femtio [år]; *get on the ~ side of a p.* komma på god fot med ngn; *do the ~ thing by a p.* handla rätt mot ngn; *is this ~ for*

[*Highbury*]? är det här rätt väg till ..?; *that's ~!* just det!, det var rätt!, det stämmer!; *~ you are!, ~ oh!* O.K.!, kör för det!; *you're ~* [*there*]*!* det har du rätt i!; *put* (*set*) *~* a) ställa till rätta b) ställa (göra) i ordning, ordna; sätta i stånd, reparera c) rätta till, avhjälpa fel; *put a watch ~* ställa en klocka **2** om vinkel rät; *at ~ angles with* i rät vinkel mot

II *adv* **1** rätt, rakt; *~ ahead* rakt fram, sjö. rätt förut **2** just, precis [*~ here*]; isht Am. genast, strax, med detsamma [*I'll be ~ back*]; *~ away* (*~ off* isht Am.) a) genast, strax, med detsamma b) utan vidare, direkt; *~ now* just nu; omedelbart, ögonblickligen **3** alldeles, helt; ända [*~ to the bottom*] **4** rätt, riktigt; *act* (*judge*) *~* handla (döma) rätt **5** i titlar, *the R~ Honourable* (*Reverend*) se under *honourable, reverend*

III *s* **1** rätt [*~ and wrong* (orätt)]; *by ~s* rätteligen, om rätt ska vara rätt **2** rättighet, rätt [*to* till]; *fishing ~*[*s*] fiskerätt; *all ~s reserved* med ensamrätt; eftertryck förbjudes; *human ~s* de mänskliga rättigheterna; *women's ~s* kvinnans rättigheter; *~ of assembly* församlingsrätt; *~ of way* a) förkörsrätt b) [hävd]vunnen rätt att passera över annans mark, allemansrätt till väg; [*this path is*] *a* [*public*] *~ of way* .. allmän väg; *by ~ of* i kraft av, på grund av; *in o.'s own ~* genom börd (arv); egen [*she has a fortune in her own ~*]; genom egna meriter; *stand on o.'s ~s* hålla på sin rätt; *he is quite within his ~s* han är i sin fulla rätt **3** *the ~s of the case* rätta förhållandet; *the ~s and wrongs of the case* de olika sidorna av saken

IV *tr* **1** räta upp [*~ a car*], få på rätt köl [*~ a boat*] **2** gottgöra [*~ an injury*] **3** *things will ~ themselves* det kommer att rätta till sig

B I *a* höger, höger- äv. polit.; *~ back* högerback; *~ hand* höger hand; bildl. högra hand [*he is my ~ hand*]; *~ turn* högersväng; *the ~ wing* högra flygeln **II** *adv* till höger [*of* om], åt höger; *~ and left* till höger och vänster, bildl. äv. från alla håll; *~ turn!* mil. höger om!; *turn ~* svänga (gå, köra) till höger, ta av åt höger **III** *s* höger sida (hand), höger flygel; *the R~* polit. högern; *a straight ~* boxn. en rak höger; *on your ~* till höger om dig; *keep to your ~* håll (kör) till höger; *in Sweden you keep to the ~* det är högertrafik i Sverige

right-about ['raɪtəbaʊt] *adv, ~ turn* (*face*)*!* helt höger om!

right-angled ['raɪtˌæŋgld] *a* rätvinklig

righteous ['raɪtʃəs] *a* **1** rättfärdig, rättskaffens **2** rättmätig [*~ indignation*]

righteousness ['raɪtʃəsnəs] *s* **1** rättfärdighet **2** rättmätighet [*the ~ of his claim*] **3** teol. rättfärdiggörelse

rightful ['raɪtfʊl] *a* **1** rättmätig [*~ heir*], rätt [*~ owner*] **2** rättfärdig

right-hand ['raɪthænd] attr. *a* höger, höger- [*~ side; ~ traffic*]; *his ~ man* bildl. hans högra hand

right-handed ['raɪt'hændɪd] *a* högerhänt

right-hander ['raɪt'hændə] *s* **1** högerhänt person; sport. högerhandsspelare **2** högerslag

rightly ['raɪtlɪ] *adv* **1** rätt; riktigt [*I don't ~ know whether ..*]; *~ or wrongly* med rätt eller orätt **2** med rätta [*~ proud of its buildings*]

right-minded ['raɪt'maɪndɪd] *a* rättsinnad

rightmost ['raɪtməʊst] *a* längst till höger

righto ['raɪt'əʊ] *interj* O.K.!, kör för det!

right-thinking ['raɪt'θɪŋkɪŋ] *a* rättänkande

rightward ['raɪtwəd] **I** *a* höger, höger- **II** *adv* se *rightwards*

rightwards ['raɪtwədz] *adv* till (åt) höger

right-wing ['raɪtwɪŋ] *a* på högerkanten; höger-, höger|orienterad, -vriden

right-winger ['raɪt'wɪŋə] *s* **1** högeranhängare **2** sport. högerytter

rigid ['rɪdʒɪd] *a* **1** styv, stel **2** sträng [*a ~ Catholic*], rigorös [*~ principles*], strikt

rigidity [rɪ'dʒɪdətɪ] *s* **1** styv-, stel-, oböjlig|het **2** stränghet

rigmarole ['rɪgmərəʊl] *s* **1** svammel; harang; långrandig skrivelse **2** [omständlig] procedur [*the ~ of a formal dinner*]

rigor ['rɪgə] *s* **1** läk. frossbrytning **2** *~ mortis* [..'mɔːtɪs] (lat.) likstelhet **3** Am. = *rigour*

rigorous ['rɪgərəs] *a* **1** rigorös, sträng **2** [ytterst] noggrann **3** bister, hård [*~ climate*]

rigour ['rɪgə] *s* **1** stränghet, hårdhet; pl. *~s* strapatser, vedermödor; *the utmost ~ of the law* lagens strängaste straff **2** *the ~s of winter* den stränga vinterkylan

rile [raɪl] *tr* fam. reta [upp], irritera

rim [rɪm] **I** *s* **1** kant, fals, rand; infattning **2** fälg, fälj, hjulring **II** *tr* kanta

rime [raɪm] poet. **I** *s* rimfrost **II** *tr* [be]täcka med rimfrost

rimless ['rɪmləs] *a, ~ spectacles* glasögon utan bågar

rind [raɪnd] *s* skal [*~ of a melon*]; svål [*bacon ~*]; kant, skalk [*cheese ~*]

rinderpest ['rɪndəpest] *s* boskapspest

1 ring [rɪŋ] **I** (*rang rung*) *itr* **1** ringa, klinga, skalla; *my ears are ~ing* det ringer i öronen på mig; *~ false* (*true*) klinga falskt (äkta); [*his story*] *~s true* .. låter sann; *~ for a taxi* ringa efter en taxi; *~ off* telef. ringa av, lägga på luren; *~ out* ringa [ut], klinga, ljuda, skalla **2** genljuda [*~ in a p.'s ears*] **II** (*rang rung*) *tr* **1** ringa med (i, på) klocka o.d.;

ringa (telefonera) [till], ringa upp [ofta ~ *up*]; ~ *a* (*the*) *bell* fam. resp. bildl. se under *bell 1*; ~ *up* (*down*) *the curtain* teat. ge signal till att ridån skall gå upp (falla); ~ *up the curtain* bildl. börja föreställningen **2** slå [*the bell* ~*s the hours*] **III** *s* **1** ringning, signal; klingande, klang; ton[fall] [*a* ~ *of sincerity*]; *there's a* ~ [*at the bell* (*door, phone*)] det ringer [på klockan (på dörren, i telefonen)]; *give me a* ~ *sometime* slå en signal någon gång **2** ~ *of bells* klockspel

2 ring [rɪŋ] **I** *s* **1** ring i div. bet.; krans äv. bakverk; cirkel, krets[lopp]; *make* (*run*) ~*s round a p.* fam. slå (besegra) ngn hur lätt som helst **2** [rund] bana, arena; boxn. o. brottn. ring; *the* ~ äv. a) kapplöpn. bookmakers plats; koll. bookmakers b) boxningskonsten; koll. de boxningsintresserade **3** liga [*spy* ~] **II** *tr* **1** ringa, ringmärka **2** ~ [*in* (*round, about*)] ringa in, omge

ringed [rɪŋd] *a* **1** ring[be]prydd; ~ *plover* zool. större strandpipare **2** ringformig

ringing ['rɪŋɪŋ] **I** *s* ringning, ringande, klingande, klang **II** *a* ljudlig, klingande [~ *laugh*], rungande [~ *cheers*]

ringleader ['rɪŋˌliːdə] *s* ledare, anstiftare av myteri o. d., upprorsledare

ringlet ['rɪŋlət] *s* **1** [liten] ring **2** hårlock

ringmaster ['rɪŋˌmɑːstə] *s* cirkusdirektör

ring-road ['rɪŋrəud] *s* ringväg

ringside ['rɪŋsaɪd] *s* boxn. ringside; *have a* ~ *seat* sitta vid ringside

ringworm ['rɪŋwɜːm] *s* läk. revorm

rink [rɪŋk] *s* bana för ishockey, [rull]skridskoåkning, curling, rink

rinse [rɪns] **I** *tr* skölja [~ *the clothes*], skölja (spola) av; ~ [*out*] skölja ur (ren) **II** *s* **1** [av]sköljning; *give a th. a* ~ skölja av ngt **2** sköljmedel; *hair* ~ toningsvätska

Rio de Janeiro ['riːəudədʒə'nɪərəu]

riot ['raɪət] **I** *s* **1** upplopp, tumult; pl. ~*s* äv. kravaller, [gatu]oroligheter; *the R~ Act* upploppslagen; *read the R~ Act to* bildl. läsa lagen för; *run* ~ a) fara våldsamt fram, härja [vilt]; bildl. skena iväg [*his imagination runs* ~] b) växa ohejdat **2** *a* ~ *of* en orgie i, ett myller av **3** [våldsamt] utbrott **4** fam. knallsuccé **II** *itr* **1** ställa till (deltaga i) upplopp (kravaller etc.) **2** fira orgier äv. bildl. [*in* i]

rioter ['raɪətə] *s* upprorsmakare, orosstiftare; deltagare i upplopp (kravaller)

riotous ['raɪətəs] *a* **1** stormig; upploppsartad; upprorisk [~ *mob*] **2** utsvävande

R.I.P. förk. för *requiesca*[*n*]*t in pace* (lat.) [må han (hon, de)] vila i frid

1 rip [rɪp] **I** *tr* **1** riva, slita, fläka, skära [*open, up* upp; *off* av, lös, loss] **2** klyvsåga **II** *itr* **1** rivas sönder (isär) **2** klyvas **3** fam., *let it* (*her*) ~! sätt full fart! **III** *s* [lång] reva (rispa)

2 rip [rɪp] *s* fam. vivör, rucklare

rip-cord ['rɪpkɔːd] *s* utlösningslina på fallskärm

ripe [raɪp] *a* mogen äv. bildl., färdig; *die at a* ~ *age* dö vid framskriden ålder

ripen ['raɪpən] **I** *itr* mogna; ~ *into* äv. utvecklas till **II** *tr* få att mogna

ripeness ['raɪpnəs] *s* mognad

rip-off ['rɪpɒf] *s* sl. uppskörtning oskäligt höga priser

ripost[**e**] [rɪ'pɒst] **I** *s* ripost **II** *itr* ripostera

ripper ['rɪpə] *s* **1** sprättkniv **2** *Jack the R~* Jack Uppskäraren

ripple ['rɪpl] **I** *itr* **1** om vattenyta o. d. krusa sig **2** porla; skvalpa **II** *tr* krusa **III** *s* **1** krusning på vattnet **2** porlande; [våg]skvalp; *a* ~ *of laughter* a) ett porlande skratt b) en skrattsalva

rippling ['rɪplɪŋ] *a* porlande, pärlande om skratt o. d.

rip-roaring ['rɪpˌrɔːrɪŋ] *a* fam. **1** uppsluppen; *we had a* ~ [*good*] *time* vi hade hejdlöst roligt **2** jätte-, väldig; *a* ~ *success* en dundrande succé

rip-saw ['rɪpsɔː] *s* klyvsåg

rise [raɪz] **I** (*rose risen,* jfr äv. *rising*) *itr* **1** resa sig, resa (ställa) sig upp; stiga upp, gå upp äv. om himlakroppar [*the sun* ~*s in the East*]; ~ *and shine!* upp och hoppa!, upp med dig (er)! **2** stiga; höja sig, höjas [*his voice rose in anger*]; *the glass is rising* barometern stiger; ~ *to the occasion* (*emergency*) [visa sig] vara situationen vuxen **3** tillta, öka, ökas, stiga; *the wind is rising* vinden tilltar (ökar); *his colour rose* han rodnade **4** resa sig, göra uppror **5** ~ *to the bait* nappa på kroken äv. bildl. **6** stiga [i graderna], avancera [~ *to be* (till) *a general*]; ~ *in the world* komma sig upp här i världen **7** upp|komma, -stå [*from* av; *the quarrel rose from a mere trifle*]; om flod rinna upp [*the river* ~*s in the mountains*] **8** uppstå [~ *from the dead*]; *Christ is* ~*n* Kristus är uppstånden **9** *it made his gorge* (*stomach*) ~ det äcklade (kväljde) honom **10** kok. jäsa [upp] om bröd **II** *s* **1** stigning [*a* ~ *in the ground*], [upp]höjning, höjd, backe **2** stigande, tillväxt, tilltagande, höjning, stegring, ökning; [löne]förhöjning; börs. [kurs]uppgång, hausse **3** uppgång [*the* ~ *of the Roman Empire*]; uppkomst, upphov, upprinnelse; *give* ~ *to* ge upphov till; *have* (*take*) *its* ~ *in* a) om flod rinna upp i, ha sin källa i b) bildl. ha sin upprinnelse (uppkomst) i; *the* ~ *of industrialism* industrialismens genombrott **4** *get a* ~ få napp; *take a* ~ *out of a p.* retas (driva) med ngn

risen ['rɪzn] pp. av *rise*

riser ['raɪzə] *s, be an early* ~ vara morgontidig [av sig]; *be a late* ~ ligga länge på morgnarna
risible ['rɪzəbl] *a* **1** skrattlysten **2** skratt-; ~ *muscles* skrattmuskler **3** löjlig, lustig
rising ['raɪzɪŋ] **I** *a* stigande; *the* ~ *generation* det uppväxande släktet; *a* ~ *young politician* en kommande ung politiker, en påläggskalv inom politiken; *the Land of the R~ Sun* den uppgående solens land Japan **II** *s* **1** resning, uppror **2** uppståndelse från de döda **3** uppstigning **4** upphöjning, stigning **5** stigande, tilltagande **6** solens o. d. uppgång
risk [rɪsk] **I** *s* risk, fara; *run a* ~ löpa en risk; *be at* ~ stå på spel **II** *tr* riskera; våga [~ *o.'s life*], sätta på spel
risky ['rɪskɪ] *a* riskabel
risotto [rɪ'zɒtəʊ] *s* kok. risotto
risqué ['ri:skeɪ] *a* (fr.) vågad, ekivok
rissole ['rɪsəʊl] *s* kok. krokett; flottyrkokt risoll
rite [raɪt] *s* rit; kyrkobruk, ceremoni
ritual ['rɪtʃʊəl] **I** *a* rituell **II** *s* ritual
ritzy ['rɪtsɪ] *a* sl. flott, elegant
rival ['raɪvəl] **I** *s* rival, konkurrent, medtävlare **II** attr. *a* rivaliserande, konkurrerande [~ *companies*] **III** *tr* o. *itr* tävla (rivalisera, konkurrera) [med] [*in a th.* i ngt]
rivalry ['raɪvəlrɪ] *s* rivalitet, konkurrens
rive [raɪv] (*rived riven*) *tr* högt. slita [sönder], klyva; *a heart riven by grief* ett hjärta sönderslitet av sorg
riven ['rɪvən] pp. av *rive*
river ['rɪvə] *s* flod; ~*s of blood* strömmar av blod; *sell a p. down the* ~ sl. förråda ngn
river-basin ['rɪvə,beɪsn] *s* flodområde
river-bed ['rɪvə'bed, '- - -] *s* flodbädd
riverside ['rɪvəsaɪd] *s* flodstrand
rivet ['rɪvɪt] **I** *s* nit **II** *tr* **1** nita; nita fast; *he was* ~*ed on the spot* han stod som fastnitad **2** fästa; ~ *o.'s eyes on* fästa blicken på; *keep o.'s eyes* ~*ed on* stirra oavvänt på **3** fånga [*the scene* ~*ed our attention*]
Riviera [,rɪvɪ'eərə] *s, the* ~ Rivieran
rivulet ['rɪvjʊlət] *s* [liten] å, bäck
R.M. förk. för *Royal Marines*
R.N. förk. för *Royal Navy*
R.N.[V.]R. förk. för *Royal Naval* [*Volunteer*] *Reserve*
roach [rəʊtʃ] *s* zool. mört
road [rəʊd] *s* väg äv. bildl.; landsväg; körbana; *R~ Up* på skylt vägarbete [pågår]; *the royal* ~ *to success* kungsvägen till framgång; *give a p. the* ~ låta ngn passera; *one for the* ~ fam. en färdknäpp; *on the* [*right*] ~ *to being* på [god] väg att bli; *take to the* ~ ge sig ut på luffen
roadability [,rəʊdə'bɪlətɪ] *s* väghållning[sförmåga]
road-block ['rəʊdblɒk] *s* vägspärr
road-hog ['rəʊdhɒg] *s* fam. trafik-, bil|drulle
road-holding ['rəʊd,həʊldɪŋ] *a,* ~ *ability* väghållning[sförmåga]
roadhouse ['rəʊdhaʊs] *s* finare värdshus (hotell) vid landsvägen
road-junction ['rəʊd,dʒʌnkʃən] *s* vägkorsning
road-map ['rəʊdmæp] *s* vägkarta
road-mender ['rəʊd,mendə] *s* vägarbetare
road-minded ['rəʊd,maɪndɪd] *a, be* ~ ha trafikkultur (trafikvett)
road-sense ['rəʊdsens] *s* vägvett
roadside ['rəʊdsaɪd] *s* **1** vägkant, vägens sida **2** attr. vid vägen [*a* ~ *inn*]
road-sign ['rəʊdsaɪn] *s* **1** vägmärke; trafikskylt **2** vägvisare
roadster ['rəʊdstə] *s* **1** öppen tvåsitsig sportbil, roadster **2** standardcykel
road-user ['rəʊd,ju:zə] *s* vägtrafikant
roadway ['rəʊdweɪ] *s* körbana; väg[bana]
roadworthy ['rəʊd,wɜ:ðɪ] *a* trafikduglig, i körklart (körbart) skick
roam [rəʊm] **I** *itr* ströva [omkring], flacka omkring; ~ *over* fara (glida) över **II** *tr* ströva igenom [~ *the country*]
roan [rəʊn] **I** *a* om häst o. d. rödgrå, gråmelerad **II** *s* skimmel
roar [rɔ:] **I** *s* **1** rytande, vrål, tjut, gallskrik; ~ *of applause* bifallsstorm; ~ *of laughter* [rungande] skrattsalva **2** dån, larm, brus [*the* ~ *of the traffic*] **II** *itr* **1** ryta; vråla [~ *with pain*]; tjuta, skrika, gallskrika; ~ *with laughter* gapskratta **2** dåna, larma, brusa; genljuda **III** *tr,* ~ *o.s. hoarse* skrika sig hes; ~ *a p. down* överrösta ngn [med skrik]
roaring ['rɔ:rɪŋ] *a* rytande etc., jfr *roar II*; stormig; fam. strålande, hejdundrande; ~ *applause* stormande bifall; *do a* ~ *business* (*trade*) göra glänsande (lysande) affärer; *a* ~ *success* en stormande succé
roast [rəʊst] **I** *tr* steka i ugn el. på spett [~ *meat*], ugnsteka; rosta **II** *itr* stekas **III** *s* **1** stek **2** stekning **IV** *a* stekt; rostad; ~ *beef* rostbiff; oxstek; ~ *pork* gris-, fläsk|stek; ~ *potatoes* ugnstekt potatis
rob [rɒb] *tr* plundra, råna, bestjäla [*of* på]; beröva [*a p. of a th.* ngn ngt]
robber ['rɒbə] *s* rånare, rövare
robbery ['rɒbərɪ] *s* rån [jur. äv. ~ *with violence*]; röveri; *it's daylight* ~ se *daylight 1*
robe [rəʊb] **I** *s* **1** ~[*s* pl.] ämbetsdräkt; *Coronation* ~*s* krönings|dräkt, -skrud **2** galaklänning, rob[e] **3** badrock; Am. morgon-, natt|rock **II** *tr* kläda, skruda [*in* i]
Robert ['rɒbət]
Robin ['rɒbɪn] **I** egennamn **II** *s* **1** zool., *r~* rödhake[sångare] [äv. *r~ redbreast*] **2** *round r~* se under *round I 1*
Robin Goodfellow ['rɒbɪn'gʊd,feləʊ] *s*

ung. tomte[nisse]
Robin Hood ['rɒbɪn'hʊd]
Robinson ['rɒbɪnsən] egennamn; *Jack ~* se *Jack*
robot ['rəʊbɒt] *s* robot; *~ bomb* robotbomb; *~ pilot* autopilot
robust [rə(ʊ)'bʌst] *a* **1** robust; kraftig; stadig; härdig [*~ plant*]; *a ~ appetite* frisk aptit **2** fysiskt krävande, hård [*~ exercise*]
1 rock [rɒk] *s* **1** klippa äv. bildl., skär; *the R~* Gibraltar[klippan]; *the R~ of Ages* Kristus; *as firm as [a] ~* klipp-, berg|fast; pålitlig [som en klippa]; *be on the ~s* fam. vara pank, stå på bar backe; [*their marriage*] *went on the ~s*.. havererade; [*whisky*] *on the ~s* .. med is[bitar] **2** a) sten-, klipp|block, stor sten b) Am. sten i allm. [*throw ~s*] **3** berg, berggrund [*a house built upon ~*], hälleberg **4** bergart **5** ung. polkagrisstång; *almond ~* ung. mandelstång
2 rock [rɒk] **I** *tr* vagga, gunga, vyssja [*~ a child to sleep*]; skaka [*the town was ~ed by an earthquake*]; *~ the boat* a) vicka [på] båten b) bildl. trassla till det hela **II** *itr* vagga, gunga; *~ with laughter* skaka av skratt **III** *s* gungning, vaggande; skakning
3 rock [rɒk] mus. **I** *s* rock **II** *itr* rocka
rock-and-roll ['rɒkn'rəʊl] *s* o. *itr* se *rock-'n'-roll*
rock-bottom ['rɒk'bɒtəm] *s* bildl., fam. absoluta botten; *~ prices* absoluta bottenpriser
rock-cake ['rɒkkeɪk] *s* kok. ung. hastbulle med russin
rock-climbing ['rɒk,klaɪmɪŋ] *s* bergbestigning, alpinism
rock-crystal ['rɒk'krɪstl] *s* bergkristall
Rockefeller ['rɒkɪfelə]
rocker ['rɒkə] *s* **1** med[e] på vagga, gungstol o. d. **2** gungstol **3** sl., *off o.'s ~* vrickad, knäpp **4** tekn. balans, vippa; ventillyftare
rockery ['rɒkərɪ] *s* stenparti
rocket ['rɒkɪt] **I** *s* **1** raket; *~ [engine]* raketmotor; *~ missile* raketvapen; *~ propulsion* raketdrift; *~ stage* raketsteg **2** fam. skrapa, avhyvling **II** *itr* **1** flyga som en raket; fara med raketfart; bildl. skjuta i höjden [*prices ~ed*]; *~ into fame* bli berömd rekordsnabbt **2** flyga med en raket [*~ into outer space*]
rocket-assisted ['rɒkɪtə,sɪstɪd] *a*, *~ take-off* raketstart
rocket-powered ['rɒkɪt,paʊəd] *a* o. **rocket-propelled** ['rɒkɪtprə,peld] *a* raketdriven; *~ aircraft* raketflygplan
rocketry ['rɒkɪtrɪ] *s* raket|teknik, -vetenskap
rock-garden ['rɒk,gɑːdn] *s* stenparti
Rockies ['rɒkɪz] *s pl, the ~* Klippiga bergen
rocking-chair ['rɒkɪŋtʃeə] *s* gungstol
rocking-horse ['rɒkɪŋhɔːs] *s* gunghäst
rock-'n'-roll ['rɒkn'rəʊl] **I** *s* rock'n'roll, rock **II** *itr* rocka, dansa (spela) rock['n'roll]
rock-salmon ['rɒk'sæmən] *s* nordsjöål, havsål handelsnamn för pigghaj
rock-salt ['rɒk'sɔːlt] *s* bergsalt
1 rocky ['rɒkɪ] *a* **1** klippig; *the R~ Mountains* Klippiga bergen **2** stenhård [*~ soil*]
2 rocky ['rɒkɪ] *a* fam. ostadig, vinglig
rococo [rə(ʊ)'kəʊkəʊ] **I** *s* rokoko **II** *a* rokoko-
rod [rɒd] *s* **1** käpp; stång äv. av metall **2** [met]spö **3** spö, ris; *kiss the ~* bildl. kyssa riset; *make a ~ for o.'s own back* binda ris åt egen rygg; *spare the ~ [and spoil the child]* ung. spar på riset och du fördärvar barnet, den man älskar agar man **4** [ämbets]stav; bildl. äv. spira **5** anat., pl. *~s* stavar i ögat **6** mått, se *2 perch I 2* **7** tekn. vevstake **8** Am. sl., *hot ~* hotrod upptrimmad äldre bil **9** Am. sl. puffra revolver
rode [rəʊd] imp. av *ride*
rodent ['rəʊdənt] **I** *s* zool. gnagare **II** *a* gnagande, gnagar-
rodeo [rə(ʊ)'deɪəʊ, 'rəʊdɪəʊ] *s* Am. **1** rodeo riduppvisning av cowboys **2** samling (hopdrivning) av boskap
Roderick ['rɒdərɪk]
rodomontade [,rɒdəmɒn'teɪd] **I** *s* skrävel **II** *a* skrävlande **III** *itr* skrävla
1 roe [rəʊ] *s* rom, fiskrom [äv. *hard ~*]; *soft ~* mjölke
2 roe [rəʊ] *s* rådjur
roebuck ['rəʊbʌk] *s* råbock
Roentgen se *Rontgen*
Roger ['rɒdʒə] **I** egennamn; *Jolly ~* se *jolly I* **II** *interj* sl. (radio. o. d.), *r~!* uppfattat!
rogue [rəʊg] *s* **1** skurk; lymmel; skojare; *~s' gallery* förbrytaralbum **2** skämts. skälm, spjuver **3** vildsint djur som lever utanför flocken; *~ elephant* vildsint ensam elefant
roguery ['rəʊgərɪ] *s* **1** bovaktighet, skurkaktighet **2** skälmskhet, spjuveraktighet
roguish ['rəʊgɪʃ] *a* **1** skurkaktig **2** skälmsk [*~ eyes*], skälm-, spjuver|aktig
roistering ['rɔɪstərɪŋ] *a* rumlande; skränande; bullrande
Roland ['rəʊlənd]
role [rəʊl] *s* roll; uppgift, funktion; *~ playing* ped. rollspel
roll [rəʊl] **I** *s* **1** rulle **2** valk [*~s of fat*] **3** kok. a) småfranska, kuvertbröd b) [*Swiss*] *~* se *Swiss I* c) rulad [*~ of pork*] d) ung. pirog [*meat ~*] **4** rulla, lista, förteckning, register; *~ of honour* lista över stupade [hjältar]; *call the ~* förrätta (hålla) [namn]upprop **5** rullande, rullning [*the ~ of the ship*], rullande gång **6** muller, dunder, rullande [*~ of thunder*]; *~ of drums* äv. trumvirvlar **II** *tr* **1** rulla [*~ a cigarette*]; *~ o.'s*

eyes rulla med ögonen; ~ *o.'s r's* rulla på r-en; [*all*] ~*ed into one* a) i en och samma person b) allt på en gång; ~ *up* rulla ihop **2** kavla [ut], valsa [ut] [äv. ~ *out*]; välta åker, gräsplan; ~*ed gold* gulddoublé; ~*ed oats* [valsade] havregryn **III** *itr* **1** rulla; rulla sig, vältra sig; ~ *in luxury* fam. vältra sig i lyx; *he's ~ing in money* (*in it*) fam. han har pengar som gräs; *he had them ~ing in the aisles* han fick dem att vrida sig av skratt i bänkarna; ~ *along* a) rulla [vägen] fram b) fam. rulla på gå stadigt framåt; ~ *in* rulla in; strömma in [*offers of help were ~ing in*], strömma till; *the years ~ on* (*by*) åren rullar vidare (förbi); ~ *on* [*my holiday*]*!* fam. å, vad jag längtar efter ..!; ~ *up* a) rulla ihop sig b) fam. dyka upp [*he ~s up at all times of the day*], komma antågande; *R~ up! R~ up!* på tivoli o. d. välkomna hit [, mina damer och herrar]! **2** om åska o. d. mullra **3** sjö. rulla **4** gå med rullande gång; vingla

roll-call ['rəulkɔ:l] *s* [namn]upprop; mil. appell

roll-collar ['rəulˌkɒlə] *s* rullkrage

roller ['rəulə] *s* **1** rulle; trissa **2** vals, rullvals; kavel, kavle; jordbr. o. d. vält

roller-coaster ['rəuləˌkəustə] *s* isht Am. berg- och dalbana

roller-skate ['rəuləˌskeɪt] **I** *s* rullskridsko **II** *itr* åka rullskridsko

roller-towel ['rəulə'tauəl] *s* rullhandduk

rollick ['rɒlɪk] *itr* leka, slå sig lös

rollicking ['rɒlɪkɪŋ] *a* uppsluppen, livad; *have a ~ time* ha jättekul

rolling ['rəulɪŋ] *a* rullande etc., jfr *roll II* o. *III*; som går i vågor, vågformig, vågig; ~ *country* ett böljande landskap; *a ~ stone gathers no moss* på en rullande sten växer ingen mossa; ~ *stone* bildl. orolig ande

rolling-mill ['rəulɪŋmɪl] *s* valsverk

rolling-pin ['rəulɪŋpɪn] *s* bröd|kavel, -kavle

rolling-stock ['rəulɪŋstɒk] *s* rullande materiel; vagnpark

rollmop ['rəulmɒp] *s* kok. rollmops

roll-neck ['rəulnek] *s*, ~ *sweater* polotröja

roll-on ['rəulɒn] *s* **1** resårgördel **2** roll-on[-flaska]

roll-on-roll-off ['rəulɒn'rəulɒf] **I** *s* roll-on-roll-off slags rationell transportmetod **II** *a* roll-on-roll-off-, ro-ro-

Rolls-Royce ['rəulz'rɔɪs]

roll-top ['rəultɒp] *s*, ~ *desk* jalusiskrivbord

Roman ['rəumən] **I** *a* romersk; romar- [*the ~ Empire*]; romersk-katolsk; ~ *candle* romerskt ljus fyrverkeripjäs; ~ *Catholic* a) [romersk-]katolsk b) [romersk] katolik; ~ *holiday* sadistiskt nöje; ~ (*r~*) *numerals* romerska siffror **II** *s* **1** romare **2** bibl., [*the Epistle to the*] ~*s* Romarbrevet **3** romersk katolik

romance [rəʊ'mæns] **I** *s* **1** romantik **2** romans kärlekshistoria; romantisk upplevelse **3** äventyrsroman; romantisk berättelse; *R~* [medeltida] riddar|roman, -dikt **II** *a*, *R~* romansk [*R~ languages*] **III** *itr* **1** fabulera **2** svärma, vara svärmisk

Romania [ru:'meɪnjə, rʊ-] Rumänien

Romanian [ru:'meɪnjən, rʊ-] **I** *a* rumänsk **II** *s* **1** rumän; rumänska **2** rumänska [språket]

romantic [rəʊ'mæntɪk] **I** *a* romantisk **II** *s* **1** romantiker **2** pl. ~*s* romantiska känslor

romanticism [rəʊ'mæntɪsɪzəm] *s* romantik

romanticist [rəʊ'mæntɪsɪst] *s* romantiker

romanticize [rəʊ'mæntɪsaɪz] **I** *tr* romantisera **II** *itr* vara romantisk; svärma

Rome [rəum] Rom; *the Church of ~* romersk-katolska kyrkan; *when in* (*at*) ~ [*you must*] *do as the Romans do* ung. man får ta seden dit man kommer

Romeo ['rəumɪəu]

romp [rɒmp] **I** *itr* **1** isht om barn stoja, leka vilt, tumla om **2** fam., ~ *in* (*home*) isht kapplöpn. 'flyga' fram till målet, vinna lätt **II** *s* **1** yrhätta, vildbasare **2** vild lek, stoj **3** isht kapplöpn., *win in a ~* vinna lätt (stort)

romper ['rɒmpə] *s*, pl. ~*s* spark-, lek|byxor

rompish ['rɒmpɪʃ] *a* lekfull, sprallig, yr

Ronald ['rɒnld]

rondo ['rɒndəu] *s* mus. rondo

Ronnie ['rɒnɪ] kortform för *Ronald*

Rontgen ['rɒntjən, -tgən] o. **Röntgen** ['rɜ:ntjən, 'rɒnt-, -tgən] **I** Röntgen **II** *s*, *r~* fys. röntgen **III** *a*, *r~* röntgen-; *r~ photograph* röntgenbild; *r~ rays* röntgenstrålar

rood [ru:d] *s* **1** krucifix i kyrka **2** rood = 1/4 *acre* = 1012 m^2

rood-screen ['ru:dskri:n] *s* korskrank

roof [ru:f] **I** *s* tak äv. bildl., ytter-, hus|tak; *the ~ of the mouth* anat. [hårda] gommen; *have a ~ over o.'s head* ha tak över huvudet; *raise the ~* se under *raise I 1* **II** *tr* **1** lägga tak på, taklägga [~ [*in*] *a house*] **2** bilda tak över, täcka [äv. ~ *in*] **3** ge husrum åt, hysa

roof-garden ['ru:fˌgɑ:dn] *s* takträdgård, takterrass

roofing ['ru:fɪŋ] *s* **1** takläggning, taktäckning **2** tak **3** taktäckningsmaterial

roofless ['ru:fləs] *a* **1** utan tak **2** om pers. utan tak över huvudet

roof-rack ['ru:fræk] *s* takräcke på bil

roof-tile ['ru:ftaɪl] *s* taktegel

1 rook [rʊk] **I** *s* **1** zool. råka **2** fam. falskspelare **II** *tr* fam. **1** plocka på pengar [genom falskspel] **2** skinna, ta ockerpriser av

2 rook [rʊk] *s* schack. torn

rookie ['rʊkɪ] *s* sl. gröngöling, novis

room [ru:m, rʊm] **I** *s* **1** rum i hus; pl. ~*s* äv. hyresrum, [hyres]lägenhet, bostad; ~ *and* *board* kost och logi, mat och husrum; *ladies' ~* damrum, damtoalett; *men's ~* herrtoalett; *set of ~s* våning **2** utan pl. plats, rum, utrymme; *standing ~* ståplats[er]; *there's no ~ for* [*the table*] .. får inte plats; *there's no* (*not enough*) *~ to swing a cat* [*in*] det är så trångt att man knappt kan vända sig; *there's plenty of ~* det är gott om plats; *make ~ for* lämna (bereda) plats för äv. bildl. **II** *itr* Am. hyra [rum], vara inneboende, bo; *they ~ together* de delar bostad (rum)

room-mate ['ru:mmeɪt] *s* rumskamrat

roomy ['ru:mɪ] *a* rymlig

Roosevelt ['rəuzəvelt, 'ru:svelt]

roost [ru:st] **I** *s* sittpinne; höns|stång, -pinne; *rule the ~* fam. vara herre på täppan; *go to ~* fam. krypa till kojs; [*evil deeds*] *come home to ~* .. faller tillbaka på en själv **II** *itr* om fågel slå sig ner [för att sova]

rooster ['ru:stə] *s* tupp

1 root [ru:t] **I** *s* **1** rot; *~ beer* läskedryck smaksatt med växtextrakt; *the ~ cause* grundorsaken; *~ filling* rotfyllning; [*destroy a th.*] *~ and branch* .. i grunden, .. radikalt; *the ~ of the evil* roten till det onda; *the ~ of the trouble* orsaken till besvärligheterna; *take* (*strike*) *~* slå rot, rota sig, få rotfäste; *be at the ~ of* vara roten och upphovet till; *get at* (*to*) *the ~ of the matter* komma till sakens kärna, gå till botten med saken; *pull* (*pluck, tear*) *up by the ~s* rycka upp med roten (rötterna); [*it has shaken the nation*] *to its ~s* .. i dess grundvalar **2** vanl. pl.: *~s* rotfrukter **3** planta **4** mat. rot; *cube ~* kubikrot; *square ~* kvadratrot **II** *itr* slå rot, få rotfäste **III** *tr* **1** låta slå rot, rotfästa; [*deeply*] *~ed* djupt rotad; inrotad; *be ~ed in* ha sin grund (rot) i **2** nagla fast [*fear ~ed him to the ground*] **3** *~ out* utrota

2 root [ru:t] **I** *itr* rota, böka [*for* efter] **II** *tr* **1** *~* [*up*] a) rota (böka) i b) rota (böka) upp **2** *~* [*out*] rota (leta) fram

3 root [ru:t] *itr* isht Am. fam., *~ for* a) heja på ett lag o. d. b) stödja

rope [rəup] **I** *s* **1** rep, lina, tåg, isht sjö. tross; *~ of sand* bildl. löst band; *know the ~s* fam. känna till knepen, kunna tekniken; *walk the ~* gå på lina; *give a p. plenty of ~* ge ngn fria (lösa) tyglar; ge ngn fritt spelrum; *give him enough ~* [*to hang himself* (*and he will hang himself*)]*!* låt honom hållas [, så kommer han att gräva sin egen grav]!; *be at the end of o.'s ~* Am. inte förmå (orka) mer **2** [hals]band, rad; fläta [*~ of onions*]; *~ of pearls* [långt] pärl[hals]band **II** *tr* **1** binda med rep **2** *~* [*in*] inhägna med rep; *~ off* (*out*) spärra av [med rep] **3** fam., *~ a p. in* förmå ngn att hjälpa till (vara med); *~ in* *new customers* skaffa nya kunder

rope-dancer ['rəupˌdɑ:nsə] *s* lin|dansare, -danserska

rope-ladder ['rəupˌlædə] *s* repstege

rope-trick ['rəuptrɪk] *s* reptrick

rope-walker ['rəupˌwɔ:kə] *s* lin|dansare, -danserska

ropey ['rəupɪ] *a* sl. urusel

ropy ['rəupɪ] *a* **1** om vätska seg; om kött trådig **2** sl. urusel

Roquefort ['rɒkfɔ:] *s* roquefort[ost]

rorqual ['rɔ:kwəl] *s* zool. fenval

Rosalind ['rɒzəlɪnd]

rosary ['rəuzərɪ] *s* relig. radband, rosenkrans; bönbok

1 rose [rəuz] imp. av *rise*

2 rose [rəuz] **I** *s* **1** bot. ros; *~ hip* nypon frukt; [*life is*] *not a bed of ~s* (*not all ~s*) .. ingen dans på rosor **2** rosett på sko m. m. **3** ark., *~* [*window*] rosettfönster **4** stril på vattenkanna; strilmunstycke **5** rosa[färg], rosenrött **6** sjö. kompassros **II** *a* **1** i sms. ros-, rosen- [*rose-bush*] **2** rosa, rosenröd

rosebud ['rəuzbʌd] *s* rosenknopp; *~ mouth* rosenmun

rose-coloured ['rəuzˌkʌləd] *a* rosenfärgad, rosenröd; *look at everything through ~ glasses* (*spectacles*) se allt i rosenrött

rosemary ['rəuzmərɪ] *s* bot. o. krydda rosmarin

rosette [rəʊ'zet] *s* rosett äv. bot. o. ark.

rose-water ['rəuzˌwɔ:tə] *s* rosenvatten

rose-window ['rəuzˌwɪndəu] *s* ark. rosettfönster

rosewood ['rəuzwud] *s* rosenträ

Rosicrucian [ˌrəuzɪ'kru:ʃjən, ˌrɒz-] *s* rosenkreu[t]zare

rosin ['rɒzɪn] **I** *s* harts, isht kolofonium **II** *tr* hartsa stråke o. d.

Ross-shire ['rɒsʃɪə, 'rɒʃʃɪə, -ʃə]

roster ['rɒstə] *s* **1** mil. tjänstgöringslista **2** lista, förteckning, register

rostra ['rɒstrə] *s* pl. av *rostrum*

rostr|um ['rɒstr|əm] (pl. *-a* [-ə] el. *-ums*) *s* **1** talarstol, kateder; tribun, estrad, podium **2** prispall

rosy ['rəuzɪ] *a* **1** rosig, rödblommig **2** rosenfärgad, rosenröd äv. bildl.; ljus [*a ~ future*]; *take a ~ view of* se ljust på; *paint everything in ~ colours* måla allt i rosenrött **3** i sms. rosen- [*rosy-cheeked*]

rot [rɒt] **I** *itr* ruttna, murkna **II** *tr* få att ruttna (murkna) **III** *s* **1** röta, ruttenhet; förruttnelse **2** veter., *the ~* leverflundresjuka isht hos får [äv. *liver ~*] **3** fam. strunt, smörja **4** *stop the ~* hejda tillbakagången

rota ['rəutə] *s* tjänstgörings|ordning, -lista

rotate [rəʊ'teɪt] **I** *itr* **1** rotera, svänga [*~ round* (kring) *an axis*] **2** växla [regelbundet]; gå runt **II** *tr* **1** bringa i rotation, låta

rotera **2** låta växla [regelbundet]; låta cirkulera; ~ *crops* bedriva växelbruk
rotation [rəʊ'teɪʃən] *s* **1** rotation; varv **2** växelföljd, [regelbunden] växling [*the ~ of the seasons*]; turordning; *in* (*by*) ~ i tur och ordning, växelvis **3** jordbr., ~ [*of crops*], *crop* ~ växelbruk, skiftesbruk
rotational [rəʊ'teɪʃənl] *a* rotations-, växlings-
rotatory ['rəʊtətərɪ] *a* roterande, rotations-
rote [rəʊt] *s, by* ~ utantill [*know* (*learn*) *a th. by* ~]; mekaniskt [*do a th. by* ~]
rot-gut ['rɒtgʌt] *s* sl. rävgift dålig sprit
rotisserie [rəʊ'tɪsərɪ] *s* **1** [grill med] roterande stekspett **2** stekrestaurang; grill
rotor ['rəʊtə] *s* rotor
rotten ['rɒtn] *a* **1** rutten äv. bildl.; skämd; murken; ~ *to the core* upp-, genom|rutten **2** fam. urusel [~ *weather*], urdålig, vissen [*feel* ~]; ~ *luck!* en sån förbaskad otur!
rotter ['rɒtə] *s* sl. odåga, rötägg, kräk
rotund [rəʊ'tʌnd] *a* rund [*a ~ face* (*melon*); *a ~ little man*], trind, knubbig, rultig
rouble ['ru:bl] *s* rubel
roué ['ru:eɪ, ru:'eɪ] *s* roué, rumlare
rouge [ru:ʒ] **I** *s* **1** rouge, rött puder **2** putspulver för metall, glas o. d. **II** *tr* o. *itr* sminka [sig] med rouge, lägga på rouge
rough [rʌf] **I** *a* **1** grov, ojämn, skrovlig, sträv **2** svår[forcerad] [~ *country*] **3** svår, hård [~ *weather*]; gropig [*a ~ sea*] **4** hårdhänt, omild [~ *handling*], rå, våldsam; ruffig; *it was ~ going* det var en svår pärs; ~ *luck* fam. otur; ~ *play* sport. ojust spel, ruff; *have a ~ time* [*of it*] fam. ha det svårt, slita ont; *it is ~ on her* fam. det är synd om henne **5** ohyfsad, råbarkad; *a ~ customer* en rå typ **6** *lead a ~ life* leva primitivt **7** obehandlad, obearbetad, rå, oslipad [~ *diamond*]; ~ *diamond* bildl. se *diamond 1* **8** grov; ~ *copy* kladd, koncept; ~ *outline* skiss, utkast; *in ~ outlines* i grova drag; *a ~ sketch* en grov skiss **9** ungefärlig; *a ~ estimate* en ungefärlig beräkning; *at a ~ estimate* äv. uppskattningsvis; *a ~ guess* en lös gissning; *it is ~ justice* ung. allting jämnar ut sig, betalt kvitteras **10** ~ *and ready* se *rough-and-ready*; ~ *and tumble* se *rough--and-tumble* **II** *adv* grovt; rått; hårt; ojust; *cut up* ~ börja bråka, ilskna till; *play* ~ spela ojust, ruffa; *treat a p.* ~ behandla ngn kärvt (barskt) **III** *s* **1** *take the ~ with the smooth* bildl. ta det onda med det goda **2** *in the* ~ i o[be]arbetat tillstånd (skick) **3** buse, ligist **IV** *tr* **1** ~ *it* slita ont; leva primitivt **2** ~ *in* (*out*) teckna konturerna av **3** ~ *up* riva upp; rufsa till
roughage ['rʌfɪdʒ] *s* **1** grov-, kli|foder **2** fiberrik kost; växt-, kost|fibrer
rough-and-ready ['rʌfnd'redɪ] *a* **1** grov, ungefärlig [*a ~ estimate*] **2** om pers. rättfram
rough-and-tumble ['rʌfn'tʌmbl] **I** *s* fam. hårda tag **II** *a* oordnad [*lead a ~ life*]
rough-cast ['rʌfkɑ:st] *s* byggn. grov|puts, -rappning; revetering
roughen ['rʌfən] *tr* o. *itr* göra (bli) grov (grövre) etc., jfr *rough I*
rough-house ['rʌfhaʊs] *s* fam. råkurr
roughly ['rʌflɪ] *adv* **1** grovt etc., jfr *rough I*; *treat* ~ behandla omilt (hårt) **2** cirka, ungefär; på en höft; ~ *speaking* i stort sett
roughneck ['rʌfnek] *s* sl. ligist, hårding
roughshod ['rʌfʃɒd] *a* **1** om häst broddad, skarpskodd **2** *ride ~ over* bildl. topprida
roulette [rʊ'let] *s* rulett[spel]
Roumania [rʊ'meɪnjə] se *Romania*
Roumanian [rʊ'meɪnjən] *a* o. *s* se *Romanian*
round [raʊnd] **I** *a* **1** rund, cirkel-, klot|rund, [av]rundad; ~ *robin* inlaga (protestskrivelse) med undertecknarnas namnteckningar i cirkel för att dölja ordningsföljden; ~ *ticket* Am. turochreturbiljett; ~ *tour* rund|tur, -resa; ~ *trip* a) rund|tur, -resa b) Am. turochreturresa **2** a) jämn, rund, avrundad [*a ~ sum*]; hel [*a ~ dozen*] b) ungefärlig [*a ~ estimate*]; *a good* ~ [*sum*] en rundlig ..; *in ~ figures* i runda (runt) tal; *at a ~ guess* gissningsvis **3** *scold a p. in good ~ terms* ge ngn en ordentlig (rejäl) utskällning

II *s* **1** ring, krets; rund; klot; *theatre in the* ~ arenateater **2** skiva av bröd el. korv; *a ~ of beef* a) ett lårstycke av oxkött b) en [dubbel]smörgås med oxkött; *a ~ of toast* en skiva rostat bröd **3** kretslopp; rond, runda, tur; serie, rad; *the daily* ~ de dagliga bestyren; *do a newspaper* ~ bära ut tidningar; *the doctor's ~ of visits* läkarens besöksrond; *the milkman's* ~ mjölkbudets runda; *the postman's* ~ brevbärarens utbärningstur; *a ~ of pleasures* en enda lång rad av nöjen; *go the ~s* a) göra sin inspektionsrunda, gå sin rond b) bildl. gå runt, cirkulera [*the news went the ~s*]; grassera, härja [*an infection is going the ~s*]; *go the ~ of* a) gå runt i b) gå laget runt bland; *make o.'s ~s* gå ronden **4** omgång, varv; ~ *of ammunition* mil. a) [skott]salva b) skott [*he had three ~s of ammunition left*]; *a ~ of applause* en applåd; *a ~ of cheers* leve-, hurra|rop; *stand a ~ of drinks* bjuda på en omgång drinkar; ~ *of negotiations* (*talks*) förhandlingsomgång **5** sport. o. d. rond, omgång; *a ~ of golf* en golfrunda **6** mus. kanon

III *adv* **1** runt [*show a p.* ~], [runt]omkring, runtom, i omkrets [*6 metres* ~]; om tillbaka [*don't turn* ~!]; ~ *about* [runt]omkring, runtom; *all* ~ a) runtom[kring]

b) överallt c) överlag, laget runt; *taking it all* ~ om man ser på saken ur alla synvinklar; *all the year* ~ hela året [om], året runt (om); *go a long way* ~ ta en lång omväg; *bring* (*come, go* m. fl.) ~ se under resp. verb **2** här [*when he was* ~]; hit, över [till mig (oss)] [*he came* ~ *one evening*]; *ask a p.* ~ be ngn hem till sig **3** ~ [*about*] [så där] omkring [~ [*about*] *lunch time*]

IV *prep* om[kring] [*he had a scarf* ~ *his neck*], runt, [runt]omkring, kring [*sit* ~ *the table*]; runtom; omkring (runt) i (på) [*walk* ~ *the town*]; ~ *the clock* dygnet runt (jfr *round-the-clock*); ~ *the world* jorden runt

V *tr* **1** göra rund; runda [~ *the lips*]; ~*ed bosom* rund (fyllig) barm; ~ *off* a) runda [av] t. ex. hörn b) runda av summa c) avrunda, avsluta [~ *off an evening*], fullborda [~ *off o.'s career*] **2** runda, svänga om (runt) [~ *a street corner*], gå (fara, segla) runt, sjö. äv. dubblera [~ *a cape*] **3** fonet. labialisera; ~*ed* äv. rundad **4** ~ *up* samla (driva) ihop [~ *up the cattle*], mobilisera, samla [~ *up volunteers*]

VI *itr* **1** ~ *out* bli fyllig[are] (rundare) [*her figure is beginning to* ~ *out*] **2** vända sig om; ~ *on a p.* fara ut mot ngn

roundabout ['raundəbaut] **I** *a* tillkrånglad, omständlig, svävande [~ *policy*]; *use* ~ *methods* bildl. gå omvägar; ~ *way* (*route*) omväg; *in a* ~ *way* indirekt, på omvägar **II** *s* **1** karusell **2** trafik. cirkulationsplats, rondell

rounders ['raundəz] *s* rounders slags brännboll

round-eyed ['raundaɪd] *a* storögd, rundögd

roundish ['raundɪʃ] *a* [något] rundad

roundly ['raundlɪ] *adv* öppet [*his methods were* ~ *condemned*], rentut; fullständigt

round-shouldered ['raund'ʃəuldəd] *a* kutryggig

round-table ['raund'teɪbl] *a* rundabords- [~ *conference* (*discussion*)]

round-the-clock ['raundðəklɒk] attr. *a* dygnslång [*a* ~ *attack*], som pågår hela dygnet; ~ *service* dygnetruntservice

round-trip ['raundtrɪp] attr. *a* Am. turochretur- [*a* ~ *ticket*]

round-up ['raundʌp] *s* **1** hopsamlande, mobiliserande **2** [*police*] ~ [polis]razzia [*of* bland] **3** sammandrag [*a news* ~]; *Sports* ~ radio. o. TV. sportronden, sportextra

rouse [rauz] *tr* **1** väcka [upp] [äv. ~ *up*; ~ *a p. from* (ur) *his sleep*] **2** bildl. a) väcka, rycka upp [*from* ur]; egga, elda [upp] [~ *the masses*] b) reta [upp] [~ *a p. to anger*]; ~ *o.s.* rycka upp sig, vakna upp; [*he is terrible*] *when* ~*d* .. när han är uppretad

rousing ['rauzɪŋ] *a* **1** väckande, eldande [*a* ~ *speech*]; *a* ~ *tune* en medryckande melodi **2** översvallande [*a* ~ *welcome*]

1 rout [raut] **I** *s* vild (oordnad) flykt; sammanbrott, [fullständigt] nederlag, sport. äv. skräll; *put to* ~ driva på flykten **II** *tr* driva på flykten; fullständigt besegra

2 rout [raut] **I** *itr*, ~ [*about*] rota, gräva **II** *tr*, ~ *out* gräva (leta) fram

route [ru:t] **I** *s* rutt, [färd]väg, led; sträcka; marschrutt; se äv. *en route*; [*the buses*] *on* ~ *number 50* .. på linje 50 **II** *tr* sända viss väg [*mail was* ~*d via the Cape*], dirigera

route-march ['ru:tmɑ:tʃ] *s* mil. [tränings]marsch

routine [ru:'ti:n] **I** *s* **1** rutin; *office* ~ kontorsrutiner **2** slentrian **3** teat. nummer på repertoaren [*a dance* ~] **II** *a* **1** rutinmässig; vanlig [*the* ~ *procedure*] **2** slentrianmässig

rove [rəuv] **I** *itr* ströva [omkring], vandra; flacka [omkring], irra **II** *tr* ströva omkring i

rover ['rəuvə] *s* **1** vandrare; rastlös person **2** ~ [*scout*] 'roverscout' över 18 år

roving ['rəuvɪŋ] *a* kringströvande, [kring]irrande, [kring]flackande; ~ *ambassador* resande ambassadör; ~ *commission* rörligt uppdrag; ~ *reporter* flygande reporter

1 row [rəu] *s* **1** rad, räcka, länga [*a* ~ *of houses*]; led; *in a* ~ i rad, i följd; i sträck **2** bänk[rad] **3** i stickning varv **4** gata isht i gatunamn

2 row [rəu] **I** *tr* **1** ro [~ *a boat*] **2** ro mot, tävla med **II** *itr* **1** ro **2** [kunna] ros; *the boat* ~*s easily* båten är lättrodd **III** *s* rodd[tur]; *go for a* ~ ta en roddtur

3 row [rau] **I** *s* **1** oväsen, bråk, liv; *stop* [*making* (*kicking up*)] *that* ~*!* för inte ett sånt liv! **2** gräl, bråk; *have a* ~ bråka, gräla; *make* (*kick up*) *a* ~ ställa till bråk **3** *get into a* ~ fam. få en utskällning **II** *tr* skälla ut, läxa upp, gräla på **III** *itr* **1** väsnas, bråka **2** gräla; ~ *with a p.* gräla (bråka) med ngn

rowanberry ['rauən,berɪ, 'rəuən-] *s* rönnbär

rowdy ['raudɪ] **I** *s* bråk|makare, -stake, råskinn **II** *a* bråkig, våldsam [~ *scenes*]

rowdyism ['raudɪɪzəm] *s* busliv, busfasoner

rower ['rəuə] *s* roddare

rowing ['rəuɪŋ] *s* rodd; ~ *match* kapprodd

rowing-boat ['rəuɪŋbəut] *s* roddbåt

rowlock ['rɒlək, 'rəulɒk] *s* årtull, årklyka

royal ['rɔɪəl] *a* kunglig, kunga- [~ *power*]; ~ *blue* kungsblått; *R*~ *Commission* statlig utredning; ~ *road* bildl. kungsväg; *the* ~ *speech* trontalet; *have a* ~ *time* roa sig kungligt

royalism ['rɔɪəlɪzəm] *s* rojalism

royalist ['rɔɪəlɪst] *s* rojalist

royalistic [,rɔɪə'lɪstɪk] *a* rojalistisk

royalt|y ['rɔɪəltɪ] *s* **1** kunglighet **2** a) kung-

lig person; pl. *-ies* äv. kungligheter **b**) kungligheter [*in the presence of* ~] **3** royalty
RP ['ɑ:'pi:] förk. för *received pronunciation*
r.p.m. förk. för *revolutions per minute*
R.S.P.C.A. förk. för *Royal Society for the Prevention of Cruelty to Animals*
R.S.V.P. förk. för *répondez s'il vous plaît* (fr.) på bjudningskort o.s.a.
Rt. Hon. förk. för *Right Honourable*
Rt. Rev. förk. för *Right Reverend*
rub [rʌb] **I** *tr* (se äv. *II*) gnida, gno, gnugga, skava; frottera; polera, putsa; ~ *shoulders* (*elbows*) *with* umgås med, neds. frottera (beblanda) sig med; ~ *a tombstone* (*brass*) göra frottage (en gnuggbild) av en gravsten (minnestavla); ~ *a p.* [*up*] *the wrong* (*right*) *way* bildl. stryka ngn mothårs (medhårs) **II** *tr* o. *itr* med adv.: ~ **along** fam.: **a**) klara sig, dra (hanka) sig fram **b**) *we manage to* ~ *along together* vi kommer [ganska] bra överens; ~ **down** gnida (gnugga) ren; gnida slät, slipa av, putsa av; frottera; rykta; ~ **in:** **a**) gnida in **b**) bildl., *don't* ~ *it in!* du behöver inte tjata om (påminna mig om) det!; ~ **off:** **a**) gnida (putsa, nöta) av (bort), sudda ut (bort); sudda ren **b**) gå att gnida av (bort) osv. **c**) nötas av (bort) **d**) vulg. knulla; runka; ~ **out:** **a**) sudda (stryka) ut (bort); gnida (putsa, nöta) av (bort) **b**) gå att sudda ut (bort) [~ *out easily*]; gå att gnida bort; ~ **up:** **a**) putsa (polera) [upp]; gnida (putsa) av; ~ *a p. up the wrong* (*right*) way se *I* **b**) bildl. friska upp [~ *up o.'s French*] **III** *s* **1** gnidning, frottering; *give the silver a* ~! gnid av (över) silvret ett tag! **2** *there's the* ~ det är där problemet ligger
1 rubber ['rʌbə] *s* kortsp. robbert; spel
2 rubber ['rʌbə] *s* **1** kautschuk, gummi [äv. *India* ~]; radergummi; ~ *goods* gummivaror, sanitetsvaror **2** Am. sl. gummi kondom
rubber-band ['rʌbə'bænd] *s* gummi|snodd, -band
rubberneck ['rʌbənek] *s* isht Am. fam. nyfiken person; [nyfiken] turist
rubber-stamp ['rʌbə'stæmp] **I** *s* **1** gummistämpel **2** bildl. a) kliché b) nickedocka **II** *tr* stämpla; fam. godkänna utan vidare
rubbery ['rʌbərɪ] *a* seg [som gummi], gummi-
rubbish ['rʌbɪʃ] *s* **1** avfall; sopor; skräp **2** bildl. a) skräp, smörja b) struntprat
rubbish-heap ['rʌbɪʃhi:p] *s* skräphög, sophög
rubbishy ['rʌbɪʃɪ] *a* **1** skräp- **2** skräpig
rubble ['rʌbl] *s* **1** stenskärv; packsten, stenfyllnad **2** spillror; *a heap of* ~ en grushög
rub-down ['rʌbdaʊn] *s* **1** [kraftig] gnidning (putsning); *a cold* ~ en kall avrivning **2** fam. massage
Rubens ['ru:bənz]
rubicund ['ru:bɪkənd] *a* rödbrusig
ruble ['ru:bl] *s* rubel
ruby ['ru:bɪ] **I** *s* **1** rubin, i ur äv. sten **2** rubinrött **II** *a* rubin|röd, -färgad, rubin-; ~ *lips* purpurröda läppar
1 ruck [rʌk] *s* hop, mängd; *the* ~ sport. klungan; *the* [*common*] ~ den stora massan
2 ruck [rʌk] **I** *s* veck, rynka **II** *tr,* ~ [*up*] vecka [ihop], rynka, skrynkla [ned (till)]
rucksack ['rʊksæk, 'rʌk-] *s* ryggsäck
ruction ['rʌkʃən] *s* fam. bråk, gruff; *there will be* ~*s* det kommer att bli bråk
rudder ['rʌdə] *s* roder; flygv. sidoroder
ruddy ['rʌdɪ] *a* **1** rödblommig [*a* ~ *complexion*] **2** röd, rödaktig **3** sl. jäkla
rude [ru:d] *a* **1** ohövlig, ohyfsad, rå, ful [~ *words*] **2** litt. okultiverad, opolerad **3** våldsam, häftig [*a* ~ *shock*]; litt. sträng, bister [*a* ~ *winter*]; *he had a* ~ *awakening* bildl. det blev ett smärtsamt uppvaknande för honom **4** litt. primitiv, ociviliserad [*our* ~ *forefathers*] **5** obearbetad, oförädlad [~ *ore*]
rudiment ['ru:dɪmənt] *s* **1** rudiment, ansats [*of* till] **2** pl. ~*s* första grunder
rudimentary [ˌru:dɪ'mentərɪ] *a* **1** rudimentär, outvecklad **2** elementär
Rudolph ['ru:dɒlf]
1 rue [ru:] *s* bot. ruta, vinruta
2 rue [ru:] *tr* ångra
rueful ['ru:fʊl] *a* **1** sorglig **2** bedrövad; *a* ~ *smile* ett beklagande leende
ruff [rʌf] *s* pipkrage; krås, krus
ruffian ['rʌfjən] *s* råskinn, buse, bandit
ruffianly ['rʌfjənlɪ] *a* skurkaktig, rå
ruffle ['rʌfl] **I** *tr* **1** ~ [*up*] rufsa till [~ *a p.'s hair*], skrynkla; burra upp [*the bird* ~*d up its feathers*] **2** röra upp, krusa [*a breeze* ~*d the surface of the lake*] **3** bildl. bringa ur fattningen; ~ *a p.'s temper* förarga ngn; *be* ~*d* bli stött **4** rynka, vecka, krusa **II** *itr* bli upprörd **III** *s* **1** krås, krus; volang; spetsmanschett **2** zool. halskrage, fjäderprydnad **3** krusning [*a* ~ *on the water*]
rug [rʌg] *s* **1** [liten] matta **2** filt; pläd
Rugby ['rʌgbɪ] **I** stad och berömd *public school* **II** *s,* ~ [*football*] rugby[fotboll]; ~ *League* professionell rugby med trettonmannalag; ~ *Union* amatörrugby med femtonmannalag
rugged ['rʌgɪd] *a* **1** ojämn, skrovlig; oländig, kuperad [~ *country*]; klippig [*a* ~ *coast*] **2** fårad [*a* ~ *face*], grov[skuren] [~ *features*] **3** sträv, kärv, barsk [*a* ~ *old peasant*] **4** otymplig, knagglig [~ *verse*] **5** härdad [~ *people*], kraftig, robust [~ *physique*]; ~ *health* järnhälsa **6** hård [~ *weather*]
rugger ['rʌgə] *s* fam. rugby[fotboll]

ruin ['rʊɪn] **I** *s* **1** ruin[er]; spillror **2** ruin, undergång, förfall, ödeläggelse; *this will be the ~ of us* detta blir vårt fördärv **3** ruinerande; ödeläggande **II** *tr* **1** ödelägga, förstöra **2** ruinera, störta [i fördärvet] **3** fördärva, förstöra [*~ o.'s health*]

ruination [rʊɪ'neɪʃən] *s* **1** ruinering; ödeläggelse **2** ruin, fördärv

ruined ['rʊɪnd] *a* **1** förfallen; i ruiner **2** ruinerad **3** fördärvad, förstörd, ödelagd

ruinous ['rʊɪnəs] *a* **1** förfallen; i ruiner **2** förödande, fördärvbringande **3** ruinerande

rule [ru:l] **I** *s* **1** regel äv. gram.; norm, rättesnöre; vana, sedvänja; *~ of thumb* tumregel; *by ~ of thumb* efter ögonmått; på en höft; *the exception proves the ~* undantaget bekräftar regeln **2** regel, bestämmelse, föreskrift; pl. *~s* äv. stadgar [*club ~s*]; *hard and fast ~* sträng[a] föreskrift[er]; *the ~[s] of the road* trafikreglerna, körreglerna; *work to ~* följa reglementet till punkt och pricka med sänkt arbetstakt som följd **3** styre, [herra]välde [*under British ~*], makt, myndighet [*over* (*of*) över]; regering **4** tumstock, måttstock **II** *tr* **1** regera [över], styra, leda, härska över; *be ~d by o.'s passions* låta sig behärskas av sina lidelser **2** fastställa, förordna, stadga; bestämma; *be ~d off the turf* bli avstängd från deltagande i kapplöpningarna; *~ out* [*the possibility*] utesluta.. **3** linjera; *~d paper* linjerat papper **III** *itr* **1** regera, härska [*over* över]; råda äv. bildl. [*silence ~d*] **2** hand. (om pris o. d.) gälla, råda **3** isht jur. meddela utslag [*the court ~d on* (i) *the case*]

ruler ['ru:lə] *s* **1** härskare [*of* över] **2** linjal

ruling ['ru:lɪŋ] **I** *a* **1** regerande, härskande etc., jfr *rule II* o. *III*; *~ prices* gällande priser **2** dominerande, förhärskande; *~ passion* stor passion **II** *s* isht jur. utslag

1 rum [rʌm] *s* rom dryck

2 rum [rʌm] *a* fam. konstig, underlig; *a ~ customer* (*fellow*) en konstig prick

Rumania [rʊ'meɪnjə] se *Romania*

Rumanian [rʊ'meɪnjən] *a* o. *s* se *Romanian*

rumba ['rʌmbə] **I** *s* rumba **II** *itr* dansa rumba

rumble ['rʌmbl] **I** *itr* **1** mullra **2** om mage kurra **II** *tr* sl. genomskåda [*we have ~d their game*] **III** *s* **1** mullrande; radio. o. d. 'rumble', brummande lågfrekventa störningar **2** på bil [reservsäte i] baklucka [äv. *~ seat*]

rumbling ['rʌmblɪŋ] *s* **1** mullrande **2** *~*[*s* pl.] rykten [*a lot of ~*] **3** *~s of discontent* yttringar av missnöje

rumbustious [rʌm'bʌstjəs] *a* fam. larmande, bullrande

ruminant ['ru:mɪnənt] *s* idisslare

ruminate ['ru:mɪneɪt] *itr* **1** idissla **2** grubbla, fundera, ruva [*about* på, över]

rumination [ˌru:mɪ'neɪʃən] *s* **1** idisslande **2** grubbel; pl. *~s* grubblerier, funderingar

rummage ['rʌmɪdʒ] **I** *tr* leta (snoka, rota) igenom **II** *itr* leta, rota [*among* bland]

1 rummy ['rʌmɪ] *a* se *2 rum*

2 rummy ['rʌmɪ] *s* rummy slags kortspel

rumour ['ru:mə] **I** *s* rykte [*a false ~*] **II** *tr, it is ~ed that* det ryktas att

rumour-monger ['ru:məˌmʌŋgə] *s* ryktesspridare

rump [rʌmp] *s* **1** bakdel, rumpa; gump på fågel **2** slakt. (ung.) tjock fransyska

rumple ['rʌmpl] *tr* skrynkla ned, rufsa till

rumpled ['rʌmpld] *a* skrynklig, rufsig

rumpsteak ['rʌmp'steɪk, '- -] *s* rumpstek

rumpus ['rʌmpəs] *s* fam. bråk; *kick up* (*make*) *a ~* ställa till bråk

run [rʌn] **A** (*ran run*) *vb* **I** *itr* (se äv. *III*) **1** springa, ränna, löpa; gå; skynda, rusa [*at a p.* mot (på) ngn] **2** fly [*from* från (för)]; om tid äv. gå; *cut and ~* se *cut A II 3* **3** sport. o. d. löpa, springa; *Blue Peter also ran* dessutom deltog Blue Peter i loppet utan att placera sig; se äv. *also-ran* **4** polit. o. d. (isht Am.) ställa upp, kandidera [*for* till] **5** glida, löpa, rulla, köra; bildl. [för]löpa [*his life has ~ smoothly* (lugnt)]; *the verses ~ smoothly* versen flyter bra **6 a**) om maskin o. d. gå, vara i gång, vara på; *leave the engine ~ning* låta motorn gå [på tomgång] **b**) gå [i trafik], köra [*the buses ~ every five minutes*] **c**) segla **7** bildl. sprida sig [*the news ran like wildfire* (en löpeld)] **8** om färg o. d. fälla [*these colours won't ~*]; flyta [ut (ihop, omkring)] **9** rinna, droppa [*your nose is ~ning*], flyta, flöda; om sår vätska (vara) sig **10** i vissa förb. med adj. el. adv.: bli, tendera att bli (vara), vara; *~ foul* (*wild* m. fl.) se d. o.; *~ dry* torka [ut], sina [ut]; *~ high* a) om tidvatten, pris m. m. stiga högt, om sjö gå hög[t] b) om känslor o. d. svalla [högt (upp, över)]; *~ low* bildl. ta slut, tryta [*supplies are ~ning low*]; *~ short* se under *short* **11** om växt slingra sig, klättra **12 a**) löpa, gälla [*the contract ~s [for] three years*] **b**) pågå, gå; *the play ran for six months* pjäsen gick i sex månader **13** lyda, låta; *it ~s as follows* det lyder på följande sätt **14** *my stocking has ~* det har gått en maska på min strumpa

II *tr* (se äv. *III*) **1** springa [*~ a race*], löpa äv. bildl. [*~ a risk*]; *~ errands* (*messages*) springa ärenden [*for* åt (för)]; *you're ~ning it fine* (*close*) du tar till tiden i knappaste laget; *~ the rapids* fara utför forsarna **2** springa efter, springa i kapp med [*I ran him to the corner*]; *~ a p. close* (*hard*) a) följa ngn hack i häl b) kunna konkurrera med ngn **3** fly ur (från) [*~ the country*] **4** låta löpa, ställa upp med [*~ a horse in the*

Derby] **5** driva [~ *a business*]; leda, styra [*Communist-run countries*]; sköta, förestå; ~ *a course* ha (leda, hålla) en kurs **6** a) köra, skjutsa [*I'll* ~ *you home in my car*] b) låta glida (löpa) [~ *o.'s fingers over the keys of a piano*], dra, fara med, köra [~ *o.'s fingers through o.'s hair*] c) köra [~ *a splinter into o.'s finger*], ränna, sticka **7** **a**) köra [~ *a taxi*]; hålla (sätta) i gång; ~ *a film* köra (visa) en film; ~ *a tape* spela [av] ett band **b**) segla, föra, köra [med]; sätta in (i trafik) [~ *extra buses*] **8** driva på bete, låta beta **9** bryta [~ *a blockade*] **10** **a**) låta rinna, tappa [~ *water into a bath-tub*] **b**) strömma (rinna, flöda) av; spruta [fram]; ~ *blood* blöda, drypa av blod **11** smuggla [in] [~ *arms*] **12** dra [~ *a telephone cable*] **13** ytterligare förb.: *I cannot afford to* ~ *a car* jag har inte råd att ha bil; *a car that is expensive to* ~ en bil som är dyr i drift; ~ *a temperature* fam. ha feber

III *itr* o. *tr* med adv. o. prep. isht med spec. övers.: ~ **about** springa (löpa, fara) omkring

~ **across: a**) löpa (gå) tvärs över **b**) stöta (råka, träffa) 'på

~ **against: a**) stöta (råka, träffa) 'på, stöta ihop med; rusa emot **b**) sport. o. d. tävla (springa) mot; polit. o. d. (isht Am.) ställa upp (kandidera) mot **c**) ~ *o.'s head against the wall* köra huvudet i väggen äv. bildl.

~ **aground** gå (segla, ränna) på grund

~ **along**! fam. i väg med dig!

~ **away** springa i väg (bort); rymma

~ **away with: a**) rymma (sticka) med; stjäla **b**) vinna lätt, ta lätt [hem]; *she ran away with the show* hon stal hela föreställningen **c**) *don't* ~ *away with the idea that* gå nu inte omkring och tro att **d**) rusa i väg med [*his feelings* ~ *away with him*]

~ **down: a**) springa (löpa, fara, rinna) ner (nedför, nedåt); *a cold shiver ran down my back* det gick kalla kårar efter ryggen på mig **b**) om ur [hålla på att] stanna (gå ner), sluta att gå **c**) *be* (*feel*) ~ *down* vara (känna sig) trött och nere **d**) ta slut; köra slut på; *the battery has* (*is*) ~ *down* batteriet är slut (har laddat ur sig) **e**) förfalla, försämras **f**) minska, gå tillbaka **g**) fara (resa) ut från storstad [~ *down to the country*] **h**) köra över (ner), springa (köra) omkull **i**) tala illa om, racka ner på

~ **for: a**) springa till; springa efter **b**) ~ *for it* fam. skynda sig, springa fort (för livet); ~ *for o.'s life* springa för livet **c**) polit. o. d. ställa upp som (till, för, i); ~ *for the Presidency* kandidera till presidentposten **d**) löpa [i], gälla [för] [*the contract* ~*s for three years*]; pågå; *the play ran for 200 performances* pjäsen gick (uppfördes) 200 gånger

~ **in: a**) rusa in **b**) *it* ~*s in the family* det ligger (går) i släkten; *it keeps* ~*ning in my head* om melodi, tanke o. d. jag har den ständigt i huvudet **c**) fam. haffa [*the police ran him in*] **d**) köra in [~ *in a new car* (*an engine*)]; ~*ning in* om bil under inkörning

~ **into: a**) köra (rusa) 'på ([in] i, emot), ränna in i (emot), kollidera med [~ *into a wall*] **b**) stöta (råka, träffa) 'på **c**) råka [in] i, stöta på; försätta i [~ *into difficulties*; ~ *into debt*] **d**) [upp]nå; [*a book that has*] ~ *into six editions* .. uppnått sex upplagor

~ **off: a**) springa [bort (sin väg)]; rymma **b**) kasta ned [~ *off an article*], skriva ihop **c**) trycka [*the machine* ~*s off 500 copies a minute*]; köra, dra [~ *off fifty copies of a stencil*] **d**) spela av (upp), köra [~ *off a tape*] **e**) sport. avgöra [genom omtävling]; ~ *off the preliminary heats* avverka försöksheaten

~ **on: a**) gå 'på, springa (köra) vidare **b**) fortsätta, löpa vidare **c**) om bokstäver hänga ihop, skrivas sammanhängande **d**) prata 'på, hålla 'på **e**) röra sig (kretsa) kring; röra sig om [*our conversation ran on that subject*] **f**) gå på, drivas med [~ *on petrol*]

~ **out: a**) springa (löpa, gå) ut; ~ *out on* fam. a) springa (löpa) ifrån [*time is* ~*ning out on me*] b) sticka från, överge [~ *out on a p.*], lämna i sticket **b**) löpa (gå) ut [*my subscription has* ~ *out*]; hålla på att ta slut, börja sina (tryta) [*our stores are* ~*ning out*]; rinna ut (ur); *we are* ~*ning out of sugar* sockret håller på att ta slut **c**) jaga (köra) bort (ut) [~ *a p. out of* (från, ur) *town*] **d**) sport., ~ *out a winner* utgå som segrare, vinna; *be* ~ *out* i kricket (om slagman som inte nått grinden under en 'run') bli utslagen

~ **over: a**) kila (titta) över [på besök] **b**) rinna (flöda) över **c**) ~ [*o.'s eyes* (*eye*)] *over* titta (ögna) igenom, granska [*they ran over the report*] **d**) gå igenom på nytt **e**) köra (rida) över; *he was* ~ *over* han blev överkörd **f**) [*I'll ask John*] *to* ~ *you over to my place* .. köra (skjutsa) dig över till mig **g**) ~ *over the time* dra över [tiden]

~ **round: a**) löpa (gå) runt **b**) kila (titta, köra) över, titta in

~ **through: a**) gå (löpa) igenom **b**) genomborra [~ *a p. through with a sword*] **c**) göra slut på [~ *through o.'s fortune*] **d**) ögna igenom; repetera

~ **to: a**) skynda (ila) till [~ *to his help*] **b**) uppgå (gå) till [*that will* ~ *to a pretty sum*] **c**) omfatta [*the story* ~*s to 5,000 words*], komma upp till (i) **d**) fam. ha råd med (till); *my income doesn't* ~ *to it* min inkomst räcker inte till det

~ **up: a**) springa (löpa) uppför **b**) sport. ta

sats **c)** växa [upp], skjuta (ränna, rusa) i höjden; gå upp, öka [snabbt]; *~ up an account with* skaffa sig konto hos; *~ up a debt* göra (skaffa sig) skulder **d)** om vikt, pris m. m., *~ up to* ligga på, uppgå till, nå **e)** fara (resa) in [*~ up to town* (*London*)] **f)** *~ up against* stöta på [*~ up against difficulties*], råka 'på (in i) **g)** smälla (smäcka) upp [*~ up a house*] **h)** summera, addera [*~ up a column of figures*]

B *s* **1** a) löpning, lopp; språng b) språngmarsch; *have a ~ for o.'s money* a) få valuta för pengarna b) få en hård match; *at a* (*the*) *~* i språngmarsch, springande, mil. med språng; *on the ~* fam. på flykt, på rymmen **2** ansats för hopp; *take a ~* ta sats **3** sport. (i kricket o. d.) 'run', poäng **4** kort färd; resa, körning; *trial ~* se *trial I*; *a ~ in the car* en [liten] biltur (åktur) **5** rutt, väg, runda **6** a) tendens [*the ~ of the market*] b) riktning; sträckning c) förlopp; gång, rytm; *the daily ~ of affairs* den dagliga rutinen; *in the normal ~ of events* under normala förhållanden; se äv. *event I* **7** serie, följd, räcka [*a ~ of misfortunes*], period [*a ~ of good weather*]; *have a good ~* ha framgång, gå bra; *have a long ~* a) vara på modet länge b) om pjäs o. film gå länge; *a ~ of good* (*bad*) *luck* ständig tur (otur); *in the long ~* i längden, i det långa loppet, på lång sikt **8** plötslig (stegrad) efterfrågan [*there was a ~ on* (på) *copper*]; *there was a ~ on the bank* det blev rusning till banken för att få ut innestående pengar **9** *the common* (*ordinary, general*) *~ of mankind* (*men*) vanligt folk, vanliga människor **10** inhägnad, rastgård för djur, jfr *chicken-run* **11** fam. fritt tillträde, tillgång [*of* till] **12** mus. löpning; rulad **13** [löp]maska på strumpa o. d.

runabout ['rʌnəbaut] *s* liten lätt bil (vagn)

runaround ['rʌnəraund] *s* fam., *get the ~* bli nonchalant behandlad, bli skjutsad hit och dit

runaway ['rʌnəweɪ] **I** *s* **1** flykting, rymmare **2** skenande häst **II** *a* förrymd; *~ inflation* galopperande inflation; *~ victory* överlägsen seger

run-down ['rʌndaʊn] *a* **1** slutkörd; nedgången; medtagen **2** förfallen

rune [ru:n] *s* runa

rune-stone ['ru:nstəʊn] *s* runsten

1 rung [rʌŋ] pp. av *1 ring*

2 rung [rʌŋ] *s* **1** pinne på stege, steg **2** tvärpinne mellan stolsben **3** eker

runic ['ru:nɪk] *a* run- [*~ inscription*]

run-in ['rʌnɪn] *s* isht Am. inflygning mot mål

runner ['rʌnə] *s* **1** sport. o. d. löpare **2** budbärare; mil. ordonnans **3** agent; inkasserare **4** a) sjö. snällseglare b) blockadbrytare [äv. *blockade-runner*] c) smugglare ofta i sms. [*gunrunner*] **5** a) gångmatta b) [*central*] *~* [bord]löpare **6** med på släde o. d.; [skridsko]skena **7** bot., *scarlet ~* el. *~ bean* rosenböna **8** tekn. löpring, löprulle; [glid]stång

runner-up ['rʌnər'ʌp] (pl. *runners-up* ['rʌnəz'ʌp]) *s, be ~* komma på andra plats

running ['rʌnɪŋ] **I** *pres p* o. *a* **1** löpande, springande; rinnande [*~ water*], flytande etc., jfr *run A*; *~ fight* strid under reträtt (flykt); *take a ~ jump* hoppa med [an]sats; *tell him to take a ~ jump at himself!* sl. säg åt honom att dra åt skogen!; *~ mate* a) kapplöpn. draghjälp b) Am. 'parhäst', vicepresidentkandidat; *in good ~ order* körklar och i gott skick; *~ time* körtid; films speltid **2** [fort]löpande; i följd (rad, sträck) [*three times* (*days*) *~*]; *~ account* löpande räkning; *~ commentary* fortlöpande kommentar, direktreferat i radio el. TV; *keep up a ~ commentary on* hela tiden kommentera; *~ expenses* löpande utgifter, driftskostnader; *~ fire* mil. snabbeld, trumeld äv. bildl. [*a ~ fire of questions*] **II** *s* **1** a) springande, löpande; lopp b) gång [*the smooth ~ of an engine*]; *make the ~* a) vid löpning bestämma farten, leda b) bildl. ha initiativet; *take up the ~* ta ledningen äv. bildl.; *be in the ~* vara med i leken (tävlingen); *be out of the ~* vara ur leken (spelet) **2** kör-, löpnings|förhållanden o. d., bana [*the ~ is good*]; före **3** rinnande, flytning **4** smuggling **5** drivande, drift; skötsel

running-board ['rʌnɪŋbɔ:d] *s* fotsteg på bil

running-in ['rʌnɪŋ'ɪn] *s* inkörning av bil m. m.; *~ period* inkörningstid; provtid

runny ['rʌnɪ] *a* fam. rinnande, droppande [*a ~ nose*]; lös, tunn, för litet kokt

run-of-the-mill ['rʌnəvðə'mɪl] *a* ordinär, medelmåttig, genomsnitts-

runt [rʌnt] *s* fam., neds. puttefnask, liten skit

run-through ['rʌnθru:] *s* [snabb] repetition; snabbgenomgång

run-up ['rʌnʌp] *s* **1** sport. sats, ansats **2** bildl. inledning, upptakt

runway ['rʌnweɪ] *s* flyg. start-, landnings|bana

rupee [ru:'pi:] *s* rupie mynt[enhet]

rupture ['rʌptʃə] **I** *s* **1** a) bristning i muskel m. m.; klyfta b) brytande **2** bildl. brytning **3** läk. bråck **II** *itr* brista **III** *tr* spräcka, spränga

rural ['rʊərəl] *a* lantlig; lantbruks-; *~ dean* kontraktsprost; *~ district* landskommun; *~ life* lantliv[et]; *the ~ population* folket på landsbygden; *in ~ districts* på landsbygden

ruralize ['rʊərəlaɪz] *tr* göra lantlig

Ruritanian [ˌrʊərɪ'teɪnjən] *a* bildl. (ung.) full av romantiska äventyr och intriger; operett- [*~ court*]

ruse [ru:z] *s* list, knep, fint

1 rush [rʌʃ] *s* bot. säv; tåg[växt]
2 rush [rʌʃ] **I** *itr* **1** rusa, störta [*into* in i, i]; bildl. äv. kasta sig [*into* in i]; ~ [*and tear*] jäkta; ~ *at* rusa 'på (mot), störta sig över; storma fram mot **2** forsa, rusa, brusa [fram], välla, strömma [*a river ~es past*] **II** *tr* **1** störta, driva; rusa (jaga, störta) i väg med, föra i all hast [*he was ~ed to hospital*]; forcera, driva (skynda, jäkta) 'på [äv. ~ *on* (*up*)]; ~ *a bill through* trumfa igenom ett lagförslag; ~ *an order through* snabbexpediera en beställning; ~ *a p. off his feet* bringa ngn ur fattningen; *don't ~ me!* jäkta mig inte!; *don't try to ~ things* försök inte att skynda på (forcera) saken **2** mil. o. bildl. storma; kasta sig över, angripa **3** kasta (störta) sig över, forcera [~ *a stream*] **4** sl. skörta upp; skinna; *how much did they ~ you for this?* hur mycket måste du punga ut med för det här? **III** *s* **1** rusning, rush, tillströmning [*on* (*to, into*) till]; anstormning, framstormande, anfall; *the Christmas ~* julrushen, julbrådskan; *gold ~* guldrush, guldfeber; *the ~ hour* rusningstid[en] **2** jäkt, jäktande [äv. ~ *and tear*]; brådska **3** forsande; ström; *there was a ~ of blood to his head* blodet rusade åt huvudet på honom
rush-hour ['rʌʃˌaʊə] *s* se *rush hour* under *2 rush III 1*; ~ *traffic* rusningstrafik
rusk [rʌsk] *s* skorpa bakverk
russet ['rʌsɪt] **I** *a* rödbrun; gulbrun **II** *s* rödbrunt, gulbrunt
Russia ['rʌʃə] Ryssland
Russian ['rʌʃən] **I** *a* rysk; ~ *salad* legymsallad **II** *s* **1** ryss; ryska **2** ryska [språket]
Russianize ['rʌʃənaɪz] *tr* förryska
Russo- ['rʌsəʊ] i sms. rysk- [*Russo-Japanese*]
Russophile ['rʌsəʊfaɪl] **I** *s* ryssvän, russofil **II** *a* ryssvänlig
Russophobe ['rʌsəʊfəʊb] **I** *s* rysshatare, russofob **II** *a* ryssfientlig
rust [rʌst] **I** *s* rost **II** *itr* rosta **III** *tr* göra rostig
rustic ['rʌstɪk] **I** *a* **1** a) lantlig, bonde- b) rustik; ~ *style* allmogestil, rustik stil **2** neds. bondsk, tölpig **II** *s* lantbo; neds. bondtölp
rusticate ['rʌstɪkeɪt] *itr* bo på landet
rusticity [rʌs'tɪsətɪ] *s* **1** lantlighet; lantliv **2** bondskhet, tölpighet
rustle ['rʌsl] **I** *itr* **1** prassla, rassla **2** röra sig med ett prasslande (rasslande) ljud [ofta ~ *along*] **3** Am. fam. hugga (ligga) 'i [äv. ~ *around*] **4** Am. fam. stjäla boskap **II** *tr* **1** prassla (rassla) med **2** Am. fam. stjäla [~ *cattle*] **3** fam. hugga (ligga) 'i med; ~ [*up*] fixa [~ [*up*] *some food*] **III** *s* prassel, rassel; sus
rustler ['rʌslə] *s* Am. boskapstjuv
rustling ['rʌslɪŋ] *s* **1** prassel, rassel **2** Am. fam. boskapsstöld
rustproof ['rʌstpruːf] **I** *a* rost|beständig, -fri **II** *tr* göra rostbeständig (rostfri)
rusty ['rʌstɪ] *a* **1** rostig; rostfläckig **2** rostfärgad **3** a) om pers. stel, ur form, otränad [*a bit ~ at tennis*] b) försummad, 'rostig'; *get* (*grow*) ~ komma ur form
1 rut [rʌt] *s* brunst[tid]
2 rut [rʌt] *s* hjulspår äv. bildl.; slentrian; *get* (*fall*) *into a ~* fastna i slentrian
Ruth [ruːθ]
ruthless ['ruːθləs] *a* obarmhärtig, skoningslös, hänsynslös [*to* mot]
Rutlandshire ['rʌtləndʃɪə, -ʃə]
rutted ['rʌtɪd] *a* med [djupa] hjulspår [i]
rutting ['rʌtɪŋ] *a*, ~ *season* (*time*) brunsttid
rye [raɪ] *s* **1** råg **2** i USA o. Canada, ~ [*whiskey*] whisky gjord på råg **3** rågbröd
rye-bread ['raɪbred] *s* rågbröd; grovt bröd
rye-grass ['raɪgrɑːs] *s* bot. rajgräs
Ryvita [raɪ'viːtə] *s* ® slags knäckebröd

S

S, s [es] (pl. *S's, s's* ['esɪz]) *s* S, s
S. förk. för *Southern* (postdistrikt i London) o. *south*[*ern*], *Sunday*
$, $ = *dollar*[*s*]
's = *has* [*what's he done?*]; *is* [*it's*]; *does* [*what's he want?*]; *us* [*let's see*]
s. förk. för *second*[*s*], *shilling*[*s*], *singular*
S.A. förk. för *Salvation Army*
Saar [sɑː] *s*, *the ~* a) Saar[området] b) Saar floden
Sabbath ['sæbəθ] *s* sabbat; [*witches'*] ~ häxsabbat; ~ *day* sabbatsdag; *keep* (*break*) *the ~* helga (vanhelga) sabbaten
sabbatical [sə'bætɪkəl] **I** *a* sabbats-; ~ *year* (*leave*) sabbatsår ledighet **II** *s* sabbatsår
sable ['seɪbl] **I** *s* **1** zool. sobel **2** sobelskinn; sobelpäls **3** herald. svart **II** *a* sobel-
sabotage ['sæbətɑːʒ] **I** *s* sabotage, sabotering **II** *tr* sabotera [~ *a meeting*]
saboteur [ˌsæbə'tɜː] *s* sabotör
sabre ['seɪbə] *s* sabel
sabre-rattling ['seɪbəˌrætlɪŋ] bildl. **I** *s* vapenskrammel **II** *a* vapenskramlande
sac [sæk] *s* zool. o. bot. säck
saccharin ['sækərɪn, -riːn] *s* sackarin
saccharine ['sækəriːn] *a* sackarin-; bildl. sirapssöt
sachet ['sæʃeɪ] *s* **1** luktpåse **2** [plast]kudde med schampo, badolja o. d. **3** [liten] påse, portionspåse för te, kaffe m. m.

1 sack [sæk] **I** *s* **1** säck äv. ss. mått; Am. äv. påse; kasse **2** fam., *get the ~* få sparken **3** *~ [dress]* säckklänning **4** sl., *hit the ~* koja, gå och slagga **II** *tr* fam. ge sparken
2 sack [sæk] **I** *s* plundring **II** *tr* [ut]plundra
sackcloth ['sækklɒθ] *s* säck|väv, -duk; *in ~ and ashes* i säck och aska
sacking ['sækɪŋ] *s* säckväv
sack-race ['sækreɪs] *s* säcklöpning
sacrament ['sækrəmənt] *s* kyrkl. sakrament; *the Blessed (Holy) S~* [den heliga] nattvarden; *administer the last ~s to [a dying man]* ge nattvarden åt . .
sacramental [ˌsækrə'mentl] **I** *a* sakramental, sakraments-; nattvards- [*~ wine*] **II** *s* kat., pl. *~s* sakramentalier
sacred ['seɪkrɪd] *a* **1** helgad, invigd [*to* åt, till] **2** helig [*to a p.* för ngn]; okränkbar [*~ rights*]; *~ cow* fam. helig ko **3** religiös [*~ poetry*], andlig [*~ songs*], kyrklig, kyrko-, sakral [*~ music*]
sacredness ['seɪkrɪdnəs] *s* helighet, helgd
sacrifice ['sækrɪfaɪs] **I** *s* **1** offer; offrande **2** uppoffring [*make ~s*]; *at the ~ of* med uppoffrande av **II** *itr* offra [*to* åt] **III** *tr* [upp]offra
sacrificial [ˌsækrɪ'fɪʃəl] *a* offer-
sacrilege ['sækrɪlɪdʒ] *s* helgerån, vanhelgande
sacrilegious [ˌsækrɪ'lɪdʒəs] *a* vanhelgande; skändlig
sacristan ['sækrɪstən] *s* kyrkl. sakristan
sacristy ['sækrɪstɪ] *s* sakristia
sacrosanct ['sækrəʊsæŋkt] *a* sakrosankt, okränkbar, helig
sad [sæd] *a* **1** ledsen, sorgsen **2** sorglig
sadden ['sædn] *tr* göra ledsen (sorgsen)
saddle ['sædl] **I** *s* **1** sadel; *~ of mutton* kok. hammelsadel, fårsadel; *be firmly [seated] in the ~* bildl. sitta säkert i sadeln; *get into the ~* stiga upp i sadeln **2** *~ stitch* kaststygn **II** *tr* **1** sadla **2** bildl. **a)** betunga, belasta; *be ~d with* äv. ha fått (få) på halsen (på sig) **b)** *~ a th. on a p.* lägga (lasta) på ngn ngt
saddlebag ['sædlbæg] *s* **1** sadel|ficka, -påse **2** verktygsväska på cykel; cykel-, pack|väska
saddle-cloth ['sædlklɒθ] *s* sadeltäcke
saddle-horse ['sædlhɔːs] *s* ridhäst
saddler ['sædlə] *s* sadelmakare
saddlery ['sædlərɪ] *s* sadelmakeri
Sadie ['seɪdɪ] fam. för *Sarah*
sadism ['seɪdɪzəm] *s* sadism
sadist ['seɪdɪst] *s* sadist
sadistic [sə'dɪstɪk] *a* sadistisk
sadly ['sædlɪ] *adv* **1** sorgset, sorgligt **2** illa, svårt **3** mycket; *be ~ in need of* vara i stort (trängande) behov av
sadness ['sædnəs] *s* tungsinthet, vemod, svårmod; sorgsenhet
safari [sə'fɑːrɪ] *s* safari
safe [seɪf] **I** *a* **1** a) säker, trygg [*from* för], utom fara b) riskfri, ofarlig; *at a ~ distance* på behörigt (vederbörligt, säkert) avstånd; *to be on the ~ side* för att vara på den säkra sidan, för säkerhets skull; [*they preferred*] *to be on the ~ side* . . att ta det säkra för det osäkra; *it is ~ to say that* . . man kan lugnt (tryggt) säga att . . **2** *~ [and sound]* välbehållen, oskadd; i gott behåll **3** säker, pålitlig [*a ~ method*] **II** *s* kassaskåp
safe-conduct ['seɪf'kɒndʌkt] *s* **1** [fri] lejd **2** lejdebrev, pass
safe-cracker ['seɪfˌkrækə] *s* kassaskåpstjuv
safe-deposit ['seɪfdɪˌpɒzɪt] *s* kassavalv; *~ box* förvaringsfack i bank, bankfack
safeguard ['seɪfgɑːd] **I** *s* garanti, säkerhet, skydd **II** *tr* garantera, säkra, trygga
safely ['seɪflɪ] *adv* säkert, tryggt, utan fara (risk); lyckligt och väl; i gott skick; *it may ~ be said that* . . det kan lugnt sägas att . .
safety ['seɪftɪ] *s* säkerhet, trygghet; *S~ First* säkerheten framför allt; *there is ~ in numbers* ung. ju fler man är desto större trygghet; *play for ~* se *play I 2*
safety-belt ['seɪftɪbelt] *s* säkerhetsbälte
safety-catch ['seɪftɪkætʃ] *s* säkring på vapen; *release the ~* osäkra [vapnet (geväret o. d.)]
safety-curtain ['seɪftɪˌkɜːtn] *s* teat. järnridå
safety-lamp ['seɪftɪlæmp] *s* gruvlampa, säkerhetslampa
safety-match ['seɪftɪmætʃ] *s* [säkerhets]tändsticka
safety-pin ['seɪftɪpɪn] *s* säkerhetsnål
safety-razor ['seɪftɪˌreɪzə] *s* rakhyvel
safety-valve ['seɪftɪvælv] *s* säkerhetsventil
saffron ['sæfrən] **I** *s* **1** saffran **2** saffransgult **II** *a* saffransgul
sag [sæg] **I** *itr* **1** svikta, ge efter [*the plank ~ged under his weight*]; sjunka, sätta sig, bågna [*the roof has ~ged*] **2** a) hänga slappt b) slutta [*~ging shoulders*]; stå snett c) vara (bli) påsig [*her cheeks are beginning to ~*] **3** sjunka, dala [*prices (our spirits) began to ~*]; *~ging* äv. vikande [*~ging prices, ~ging tendency*] **II** *s* **1** sjunkande, sättning; insjunkning **2** nedgång, [pris]fall
saga ['sɑːgə] *s* **1** fornnordisk saga **2** släktkrönika **3** fam. fantastisk historia [*of* om]
sagacious [sə'geɪʃəs] *a* skarpsinnig, klok
sagacity [sə'gæsətɪ] *s* skarpsinne, klokhet
1 sage [seɪdʒ] *s* bot. salvia
2 sage [seɪdʒ] **I** *a* vis, klok **II** *s* vis man
sage-green ['seɪdʒ'griːn] *a* o. *s* matt grågrön [färg]
Sagittarius [ˌsædʒɪ'teərɪəs] astr. Skytten
sago ['seɪgəʊ] *s* sago; [äkta] sagogryn
Sahara [sə'hɑːrə] *s, the ~* Sahara[öknen]

Sahib ['sɑ:hɪb, sɑ:b] *s* (angloind.) herre; herr
said [sed] **I** imp. o. pp. av *say* **II** *a* isht jur. sagd, [förut] nämnd [*the ~ Mr. Smith*]
sail [seɪl] **I** *s* **1** segel; *make* (*set*) *~ for* avsegla (avgå) till; *strike ~* stryka segel; *take in ~* bärga segel, reva **2** (pl. lika) skepp, [segel]fartyg [*a fleet of 20 ~*]; segelbåt [*there wasn't a ~ in sight*]; *S~ ho!* skepp ohoj! **3** seglats, segling [*two days' ~*], [segel]färd; segeltur **4** [kvarn]vinge **II** *itr* **1** segla; *~ through a th.* bildl. klara av ngt lekande lätt; *~ home the winner* fam. segra lätt **2** [av]segla; avgå [*for* till] **3** sväva, segla [*~ in the air*] **4** fam., *~ in* hugga i; *~ into* a) hugga in på [*~ into a meal*] b) angripa hårt **III** *tr* **1** segla [*~ a boat*] **2** segla på, befara
sailboard ['seɪlbɔ:d] *s* vindsurfbräda, surfingbräda
sailboat ['seɪlbəʊt] *s* isht Am. segelbåt
sail-cloth ['seɪlklɒθ] *s* segelduk
sailing ['seɪlɪŋ] **I** *s* **1** segling; *plain ~* se under *plain I 1* **2** avgång, avsegling; *list of ~s* [båt]turlista **II** *a* segel- [*a ~ canoe*]
sailing-boat ['seɪlɪŋbəʊt] *s* segelbåt
sailing-ship ['seɪlɪŋʃɪp] *s* o. **sailing-vessel** ['seɪlɪŋˌvesl] *s* segelfartyg
sailor ['seɪlə] *s* sjöman; matros; *~ hat* matroshatt för dam el. barn; *~ suit* sjömanskostym för barn; *~s' home* sjömanshem; *~'s knot* sjömansknut; *be a bad ~* ha svårt för att tåla sjön; *be a good ~* tåla sjön bra
sailor|man ['seɪlə|mæn] (pl. *-men* [-men]) *s* fam. sjöman
sailplane ['seɪlpleɪn] *s* segelflygplan
saint [seɪnt, obeton. snt] **I** *a, S~* framför namn (förk. *St, St.*) Sankt[a], Helige, Heliga; se f. ö. under resp. namn el. under uppslagsord med *St.* **II** *s* helgon äv. bildl.; *~'s day* kyrkl. helgondag; helgons namnsdag
sainthood ['seɪnthʊd] *s* **1** helgonskap **2** *the ~* helgonen
saintlike ['seɪntlaɪk] *a* o. **saintly** ['seɪntlɪ] *a* helgonlik, helig, from
saith [seθ] åld. 3 pers. sing. pres. av *say*
sake [seɪk] *s, for a p.'s* (*a th.'s*) *~* för ngns (ngts) skull; *for conscience' ~* av samvetsskäl; för att lugna samvetet; *for old friendship's* (*times'*) *~* el. *for old ~'s ~* för gammal vänskaps skull; *for goodness' ~* o. d. ex. se resp. ord; *art for art's ~* konst för konstens egen skull; *die for the ~ of o.'s country* dö för sitt fosterland; *talking for mere talking's ~* prata för pratandets egen skull; *~s* [*alive*]! isht Am. jösses!
salability [ˌseɪlə'bɪlətɪ] *s* säljbarhet
salable ['seɪləbl] *a* säljbar, kurant
salacious [sə'leɪʃəs] *a* slipprig; liderlig
salad ['sæləd] *s* **1** [blandad] sallad ss. rätt; *fruit ~* fruktsallad **2** [grön]sallad äv. växt
salad-days ['sæləddeɪz] *s pl, my ~* min gröna ungdom
salad-dressing ['sælədˌdresɪŋ] *s* saladdressing
salamander ['sæləˌmændə] *s* zool. salamander
salami [sə'lɑ:mɪ] *s* salami[korv]
sal-ammoniac [ˌsælə'məʊnɪæk] *s* kem. ammoniumklorid, salmiak
salaried ['sælərɪd] *a* [fast] avlönad; *~ employee* tjänsteman
salary ['sælərɪ] *s* [månads]lön
sale [seɪl] *s* **1** försäljning; *~s department* försäljningsavdelning; *~s manager* försäljningschef; *~s promotion* sales promotion, säljfrämjande åtgärder; *~s resistance* köpmotstånd; *~s talk* försäljningsargument; *~s tax* allmän varuskatt, ung. omsättningsskatt; *conditions of ~* försäljningsvillkor; *for ~* till salu; *put up* (*offer*) *for ~* salubjuda; *on ~* till salu, att köpa [*on ~ in most shops*] **2** realisation, rea; *bargain ~* utförsäljning till vrakpriser; *clearance ~* utförsäljning, lagerrensning **3** auktion [äv. *public ~*]
saleability [ˌseɪlə'bɪlətɪ] *s* se *salability*
saleable ['seɪləbl] *a* se *salable*
salesclerk ['seɪlzklɜ:k] *s* Am. se *salesman 2*
sales|man ['seɪlz|mən] (pl. *-men* [-mən]) *s* **1** representant, försäljare för firma **2** isht Am. försäljare, expedit, affärsbiträde
salesmanship ['seɪlzmənʃɪp] *s* försäljningsteknik; *the art of ~* konsten att sälja
salesroom ['seɪlzrʊm] *s* **1** auktionslokal **2** försäljningslokal
sales|woman ['seɪlz|ˌwʊmən] (pl. *-women* [-ˌwɪmɪn]) *s* **1** [kvinnlig] representant, försäljare för firma **2** isht Am. [kvinnlig] försäljare, expedit, affärsbiträde
salicylic [ˌsælɪ'sɪlɪk] *a* kem., *~ acid* salicylsyra
salient ['seɪljənt] **I** *a* **1** [starkt] framträdande [*a ~ feature*] **2** utskjutande [*a ~ angle*] **II** *s* utbuktning isht på frontlinje
saline ['seɪlaɪn] *a* salt-; salt|aktig, -haltig
salinity [sə'lɪnətɪ] *s* salthalt, sälta
Salisbury ['sɔ:lzbərɪ]
saliva [sə'laɪvə] *s* saliv
salivary [sə'laɪvərɪ] *a* saliv-; *~ glands* spottkörtlar
salivate ['sælɪveɪt] *itr* avsöndra saliv
1 sallow ['sæləʊ] *s* bot. sälg
2 sallow ['sæləʊ] *a* isht om hy gulblek
Sally ['sælɪ] fam. för *Sarah*
sally ['sælɪ] **I** *s* **1** mil. utfall [*make a ~*] **2** utflykt **3** utbrott **4** kvickhet **II** *itr* **1** mil. göra utfall [ofta *~ out*] **2** *~ forth* fara i väg
salmon ['sæmən] (pl. lika) *s* zool. lax
salmon-trout ['sæməntraʊt] (pl. lika) *s* zool. laxöring
Salome [sə'ləʊmɪ]

salon ['sælɔn] *s* (fr.) salong [*beauty* ~]
saloon [sə'lu:n] *s* **1** salong [*billiard* (*shaving*) ~], sal i hotell o. d.; *the* ~ *bar* i pub den 'finaste' avdelningen; ~ *car*(*carriage*) järnv. salongsvagn **2** Am. krog, bar
saloon-car [sə'lu:nkɑ:] *s* bil. sedan
Salop ['sæləp] = *Shropshire*
SALT [sɔ:lt] förk. för *Strategic Arms Limitation Talks* SALT
salt [sɔ:lt] **I** *s* **1** salt äv. kem. o. bildl.; *common* ~ koksalt; *earn o.'s* ~ tjäna till födan; [*not*] *be worth o.'s* ~ [inte] göra skäl för sin lön (för sig); *take a th. with a grain* (*pinch*) *of* ~ ta ngt med en nypa salt **2** saltkar **3** pl. ~*s* a) fam. för *smelling-salts* b) läk. [bitter]salt [*Epsom* ~[*s*]] **4** fam., [*old*] ~ sjöbuss, sjöbjörn **II** *a* salt, salt-; saltad **III** *tr* **1 a**) salta, strö salt på (i) **b**) salta in (ned) [äv. ~ *down*] **2** fam. salta [~ *a bill*]
salt-cellar ['sɔ:lt͵selə] *s* saltkar
salt-lick ['sɔ:ltlɪk] *s* djurs saltställe; saltsleke
salt-mine ['sɔ:ltmaɪn] *s* saltgruva
saltpetre [͵sɔ:lt'pi:tə] *s* salpeter
salty ['sɔ:ltɪ] *a* salt, saltaktig, salthaltig
salubrious [sə'lu:brɪəs] *a* hälsosam
salutary ['sæljʊtərɪ] *a* nyttig, hälsosam [*a* ~ *lesson* (läxa)], välgörande [~ *influence*]
salutation [͵sælju'teɪʃən] *s* **1** hälsning [*he raised his hat in* ~] **2** hälsningsfras i brev
salute [sə'lu:t] **I** *s* **1** hälsning med gest, mössa e. d. **2** mil. honnör; *take the* ~ ta emot truppens hälsning **3** mil. salut; *exchange* ~*s* salutera varandra **II** *tr* **1** hälsa **2** mil. göra honnör för, hälsa **3** mil. salutera **III** *itr* **1** hälsa **2** mil. göra honnör, hälsa; salutera
salvage ['sælvɪdʒ] **I** *s* **1** bärgning, räddning från skeppsbrott o. d. **2** bärgat gods [äv. ~ *goods*] **3** a) återanvändning, återbruk [*collect old newspapers for* ~] b) [insamling (tillvaratagande) av] avfall (skrot, lump o. d.) **II** *tr* **1** bärga, rädda från skeppsbrott o. d. **2** samla in (ta tillvara) [för återbruk]
salvation [sæl'veɪʃən] *s* räddning [*tourism was their economic* ~], frälsning; *the S~ Army* Frälsningsarmén; *find* ~ bli frälst
Salvationist [sæl'veɪʃənɪst] *s* frälsningssoldat
salve [sælv] **I** *s* **1** [sår]salva **2** bildl. balsam [*to* för]; botemedel [*for* mot] **II** *tr* bildl. stilla, lindra; lugna [ner] [~ *o.'s conscience*]
salver ['sælvə] *s* [serverings]bricka
salvia ['sælvɪə] *s* bot. salvia
salvo ['sælvəʊ] *s* **1** mil. a) [salut]salva; skottsalva b) bombserie **2** bildl. salva, skur [*a* ~ *of questions*]; ~ *of laughter* skrattsalva
sal volatile [͵sælvə'lætəlɪ] *s* (lat.) luktsalt
SAM [sæm] förk. för *surface-to-air missile*
Sam [sæm] kortform för *Samuel*; ~ *Browne* [*belt*] mil. sl. [officers]koppel
Samaritan [sə'mærɪtn] **I** *a* samaritisk **II** *s* samarit; *good* ~ barmhärtig samarit
samba ['sæmbə] **I** *s* samba **II** *itr* dansa samba
same [seɪm] *a* o. *adv* o. *pron* **1** *the* ~ samma; densamma, detsamma, desamma; samma sak [*it is the* ~ *with me*]; likadan [*they all look the* ~]; lika, likadant, på samma sätt; [*the*] ~ *here!* a) jag med (också)!, samma här! b) tack detsamma!; [*the*] ~ *to you!* [tack] detsamma!, iron. äv. det kan du vara själv!; *he is the* ~ *as ever* han är sig lik; *all the* ~ a) i alla fall [*thank you all the* ~], ändå b) på samma sätt; *it's all the* ~ [*to me*] det gör [mig] detsamma **2** hand. o. jur., [*the*] ~ densamme, denne; dito
sameness ['seɪmnəs] *s* enformighet
Sammy ['sæmɪ] fam. för *Samuel*
Samoa [sə'məʊə]
samovar [͵sæməʊ'vɑ:, '- - -] *s* samovar
samphire ['sæmfaɪə] *s* bot. havsfänkål
sample ['sɑ:mpl] **I** *s* prov; varuprov, provbit; provexemplar; smakprov äv. bildl.; exempel [*of* på]; statist. sampel; pl. ~*s* äv. provkollektion, provkarta; *random* ~ stickprov; *take a* ~ *of* se *II 1* **II** *tr* **1** ta prov (stickprov) av, statist. sampla **2** provsmaka
sampler ['sɑ:mplə] *s* **1** sömn. märkduk **2** provtagare; provsmakare
Samson ['sæmsn] bibl. Simson
Samuel ['sæmjʊəl, -mjʊl]
samurai ['sæmuraɪ] (pl. lika) *s* (jap.) samuraj
sanatori|um [͵sænə'tɔ:rɪ|əm] (pl. *-ums* el. *-a* [-ə]) *s* sanatorium; kuranstalt, konvalescenthem; vårdhem
sanctify ['sæŋktɪfaɪ] *tr* helga, förklara helig; rättfärdiga
sanctimonious [͵sæŋktɪ'məʊnjəs] *a* gudsnåd[e]lig, skenhelig
sanctimony ['sæŋktɪmənɪ] *s* gudsnåd[e]lighet, skenhelighet
sanction ['sæŋkʃən] **I** *s* **1** bifall, godkännande, tillstånd av myndighet o. d., sanktion **2** [straff]påföljd; sanktion [*economic* ~*s*] **3** sanktion, stadfästelse **II** *tr* **1** bifalla, godkänna, sanktionera, ge tillstånd till **2** sanktionera, stadfästa, gilla; ~*ed by usage* hävdvunnen
sanctity ['sæŋktətɪ] *s* **1** fromhet, renhet, helighet; *odour of* ~ se under *odour 2* **2** okränkbarhet, helighet; *the* ~ *of private life* privatlivets helgd
sanctuary ['sæŋktjʊərɪ] *s* **1** helgedom, helig plats **2** kyrkl. det allra heligaste **3** asyl, fristad, tillflyktsort förr i kyrka o. d.; fredad plats; *seek* ~ söka asylrätt; *take* ~ söka sin tillflykt **4** [djur]reservat [*bird* ~]; *nature* ~ naturskyddsområde
sanctum ['sæŋktəm] *s* (lat.) helgedom, hel-

igt rum; *a p.'s ~* fam. ngns allra heligaste
sand [sænd] **I** *s* **1** sand; läk. grus; *bury o.'s head in the ~* sticka huvudet i busken; *the ~s are running out* bildl. tiden är snart ute **2** vanl. pl. *~s* a) sandstrand, dyner b) sandbank, sandrev **II** *tr* **1** sanda [*~ a road*] **2** blanda sand i **3** *~* [*down*] sandpappra
1 sandal ['sændl] *s* sandal
2 sandal ['sændl] *s* sandel[trä]
sandalled ['sændld] *a* klädd i sandaler
sandalwood ['sændlwud] *s* sandelträ
sandbag ['sæn*d*bæg] **I** *s* sand|säck, -påse **II** *tr* **1** barrikadera (stoppa till) med sandsäckar **2** slå till marken med en sandpåse
sandbank ['sæn*d*bæŋk] *s* sandbank
sandbar ['sæn*d*bɑː] *s* sandrev
sand-blast ['sæn*d*blɑːst] *tr* sandblästra
sandboy ['sæn*d*bɔɪ] *s,* [*as*] *happy* (*jolly*) *as a ~* ung. glad som en lärka
sandcastle ['sæn*d*ˌkɑːsl] *s* barns sandslott
sand-dune ['sæn*d*djuːn] *s* sanddyn
sandglass ['sæn*d*glɑːs] *s* timglas
Sandhurst ['sændhɜːst] namn på Storbritanniens förnämsta krigsskola
sandman ['sæn*d*mæn] *s, the ~* ung. John Blund
sandpaper ['sæn*d*ˌpeɪpə] **I** *s* sandpapper **II** *tr* sandpappra, slipa
sandpiper ['sæn*d*ˌpaɪpə] *s* zool. [små]-snäppa
sandpit ['sæn*d*pɪt] *s* **1** sandlåda för barn **2** sandtag, sandgrop
sandstone ['sæn*d*stəun] *s* sandsten
sandstorm ['sæn*d*stɔːm] *s* sandstorm
sandwich ['sænwɪdʒ, -wɪtʃ] **I** *s* **1** dubbelsmörgås, dubbel sandwich med pålägg mellan; *open ~* enkel smörgås med pålägg **2** univ. o. d., *~ course* varvad kurs **II** *tr* skjuta (klämma) in, sticka emellan [med] [*~ an appointment between two meetings*]
sandwich-board ['sænwɪdʒbɔːd, -wɪtʃ-] *s* dubbelplakat buret av sandwichman
sandwich-|man ['sænwɪdʒ|mæn, -wɪtʃ-] (pl. *-men* [-men]) *s* sandwichman, reklambärare med plakat på bröst och rygg
Sandy ['sændɪ] **I** fam. för *Alexander, Alexandra* **II** *s* skämts. om el. till skotte Sandy
sandy ['sændɪ] *a* **1** sandig, sand-; lik (lös som) sand **2** sandfärgad, om hår rödblond
sane [seɪn] *a* **1** själsligt sund, vid sina sinnens fulla bruk **2** sund, förnuftig
San Francisco [ˌsænfrən'sɪskəu]
sang [sæŋ] imp. av *sing*
sang-froid ['sɑ̃ːŋ'frwɑː] *s* (fr.) kallblodighet
sanguinary ['sæŋgwɪnərɪ] *a* **1** blodig [*a ~ battle*]; bloddrypande; blodfläckad; blod- **2** blodtörstig [*a ~ tyrant*]
sanguine ['sæŋgwɪn] *a* **1** blodröd, blod- **2** rödblommig, blomstrande [*~ complexion*] **3** sangvinisk, optimistisk
sanitarium [ˌsænɪ'teərɪəm] *s* Am. se *sanatorium*
sanitary ['sænɪtərɪ] *a* sanitär, hälsovårds-, sundhets-; hygienisk; *~ cordon* cordon sanitaire bevakningskedja kring smittat område; *~ inspector* hälsovårdsinspektör; *~ towel* (*napkin*) sanitets-, dam|binda
sanitation [ˌsænɪ'teɪʃən] *s* sanitär utrustning, sanitära anläggningar; sanitetsväsen
sanity ['sænətɪ] *s* **1** [själslig] sundhet, mental hälsa **2** sunt förstånd (omdöme)
sank [sæŋk] imp. av *sink*
Sanskrit ['sænskrɪt] *s* sanskrit
Santa Claus ['sæntəklɔːz, ˌ- -'-] *s* jultomten
1 sap [sæp] **I** *s* **1** sav, växtsaft **2** sl. dumbom **II** *tr* bildl. försvaga [*~ a p.'s energy* (*health*)]
2 sap [sæp] **I** *s* mil. tunnel, [täckt] löpgrav **II** *tr* bildl. underminera [*~ a p.'s confidence*]
sapient ['seɪpjənt] *a* vis, förnumstig
sapling ['sæplɪŋ] *s* ungt träd, telning
sapper ['sæpə] *s* ingenjörssoldat, pionjär
sapphire ['sæfaɪə] **I** *s* safir **II** *a* safirblå
sappy ['sæpɪ] *a* savfull, saftig
Sarah ['seərə] bibl. Sara
sarcasm ['sɑːkæzəm] *s* sarkasm, spydighet
sarcastic [sɑː'kæstɪk] *a* sarkastisk, spydig
sarcopha|gus [sɑː'kɒfə|gəs] (pl. *-gi* [-gaɪ] el. *-guses*) *s* sarkofag
sardine [sɑː'diːn, '- -] *s* zool. sardin; *be packed like ~s* stå (sitta) som packade sillar
Sardinia [sɑː'dɪnjə] Sardinien
sardonic [sɑː'dɒnɪk] *a* sardonisk
sari ['sɑːrɪ] *s* sari
sarong [sə'rɒŋ] *s* sarong
sarsaparilla [ˌsɑːsəpə'rɪlə] *s* bot. sarsaparill
sartorial [sɑː'tɔːrɪəl] *a* skräddar-; kläd-
1 sash [sæʃ] *s* skärp; gehäng
2 sash [sæʃ] *s* fönster|ram, -båge
sash-cord ['sæʃkɔːd] *s* fönstersnöre, fönsterlina för skjutfönster
sash-window ['sæʃˌwɪndəu] *s* skjutfönster rörligt uppåt och nedåt
Saskatchewan [səs'kætʃɪwən]
sassafras ['sæsəfræs] *s* bot. sassafras
Sat. förk. för *Saturday*
sat [sæt] imp. o. pp. av *sit*
Satan ['seɪtən]
satanic [sə'tænɪk] *a* satanisk, djävulsk
satchel ['sætʃəl] *s* skolväska med axelrem
sate [seɪt] *tr* mätta; göra övermätt
satellite ['sætəlaɪt] *s* satellit
satiate ['seɪʃɪeɪt] *tr* mätta, tillfredsställa
satiation [ˌseɪʃɪ'eɪʃən] *s* mättnad; mättande
satiety [sə'taɪətɪ] *s* övermättnad
satin ['sætɪn] *s* satäng, satin
satiny ['sætɪnɪ] *a* satäng-, satin|liknande
satire ['sætaɪə] *s* satir [[*up*]*on* (*over*) över]
satiric[al] [sə'tɪrɪk, -əl] *a* satirisk
satirist ['sætərɪst] *s* satiriker

satirize ['sætəraɪz] *tr* satirisera [över]
satisfaction [ˌsætɪs'fækʃən] *s* **1** tillfredsställelse, belåtenhet [*at* (*with*) över (med)]; *give* ~ a) vara till belåtenhet b) vara tillräcklig **2** tillfredsställande [*the* ~ *of o.'s hunger*] **3** hand. o. jur. uppgörelse av skuld, ersättning, vederlag; *make* ~ ge gottgörelse **4** upprättelse [*give a p.* ~]
satisfactory [ˌsætɪs'fæktərɪ] *a* tillfredsställande [*to* för], nöjaktig
satisfied ['sætɪsfaɪd] *pp* o. *a* **1** tillfredsställd, tillfreds, nöjd, belåten [*with* med; *to hear* [med] att [få] höra]; mätt **2** övertygad [*about* (*as to, of*) om; *that* om att]
satisfy ['sætɪsfaɪ] **I** *tr* **1** tillfredsställa, tillgodose; gottgöra [~ *o.'s creditors*]; uppfylla [~ *a condition*]; mätta [~ *a p.*], stilla [~ *o.'s hunger*]; ~ *o.'s thirst* släcka sin törst **2** övertyga [*of* om; *that* om att]; ~ *o.s.* äv. förvissa sig [*about* (*as to, of*) om (angående)] **II** *itr* vara tillfredsställande
satisfying ['sætɪsfaɪɪŋ] *a* tillfredsställande; tillräcklig; mättande
saturate ['sætʃəreɪt] *tr* **1** [genom]dränka, göra genomblöt; ~*d with* bildl. fylld (genomsyrad) av **2** mätta [*a* ~*d solution*; *the market is* ~*d*]; ladda [~ *with electricity*]
saturation [ˌsætʃə'reɪʃən] *s* mättande, mättning; mättnad; ~ *bombing* [intensiv] ytbombning; ~ *point* mättningspunkt
Saturday ['sætədɪ, -deɪ] *s* lördag; jfr *Sunday*
Saturn ['sætən] Saturnus
saturnine ['sætənaɪn] *a* tungsint, tystlåten
satyr ['sætə] *s* mytol. o. bildl. satyr
sauce [sɔːs] **I** *s* **1** sås; *hunger is the best* ~ hungern är den bästa kryddan; [*what's*] ~ *for the goose is* ~ *for the gander* det som gäller för den ene gäller för den andre **2** fam. uppkäftighet; *none of your* ~*!* var inte uppkäftig! **II** *tr* fam. vara uppkäftig mot
sauce-boat ['sɔːsbəut] *s* såsskål, såssnipa
saucepan ['sɔːspən] *s* kastrull
saucer ['sɔːsə] *s* tefat; *flying* ~ flygande tefat
saucy ['sɔːsɪ] *a* fam. **1** näsvis **2** käck [*a* ~ *hat*]
Saudi Arabia ['saudɪə'reɪbɪə] Saudi-Arabien
sauerkraut ['sauəkraut] *s* (ty.) surkål
sauna ['sɔːnə, 'saunə] *s* [finsk] bastu
saunter ['sɔːntə] **I** *itr* flanera, spankulera; släntra **II** *s* **1** promenad **2** flanerande
sausage ['sɒsɪdʒ] *s* **1** korv **2** fam., *not a* ~ inte ett enda dugg
sausage-meat ['sɒsɪdʒmiːt] *s* korvmassa; [malet] kött för korvstoppning
sausage-roll ['sɒsɪdʒ'rəul] *s* ung. korvpirog
sauté ['səuteɪ] (fr.) kok. **I** *s* sauté **II** *tr* sautera, bryna **III** *a* sauterad, brynt
savage ['sævɪdʒ] **I** *a* **1** vild [~ *beasts*], barbarisk [~ *customs*] **2** grym [*a* ~ *blow*], hänsynslös, omänsklig, våldsam; *a* ~ *dog* en bitsk hund **II** *s* **1** vilde **2** barbar **III** *tr* misshandla; om hund o. d. anfalla, bita
savagery ['sævɪdʒərɪ] *s* **1** vildhet; barbari **2** råhet, grymhet
savanna[h] [sə'vænə] *s* savann, grässlätt
save [seɪv] **I** *tr* **1** rädda; bärga; bevara, skydda; jfr ex. under *bacon, face I 1*; *God* ~ *the King!* Gud bevare konungen!; ~ *o.'s skin* rädda sitt eget skinn **2** relig. frälsa **3** spara [~ *a sum of money*]; ~ *up for* spara [ihop] till **4** spara [på]; ~ *o.s.* spara sig ([på] sina krafter); ~ *o.'s breath* se under *breath* **5** spara [in]; *you may* ~ *your pains* (*trouble*) du kan bespara dig besväret **II** *itr* **1** spara [pengar] [äv. ~ *up*] **2** sport. rädda **III** *s* sport. räddning; *a great* ~ en paradräddning **IV** *prep* o. *konj* litt. el. poet. utom, så när som på [*all* ~ *him* (*he*)]; ~ *for* utom, så när som på; ~ *that* konj. utom att [*I'm well* ~ *that I have a cold*]
saveloy ['sævə'lɔɪ] *s* kok. cervelatkorv
saver ['seɪvə] *s* sparare; *small* ~ småsparare
saving ['seɪvɪŋ] **I** *a* **1** räddande; ~ *grace* (*feature*) försonande drag **2** sparsam, ekonomisk; ss. efterled -besparande [*labour-saving*] **3** ~ *clause* undantagsklausul, reservation **II** *s* sparande; besparing; pl.: ~*s* besparingar, sparmedel; ~*s bond* sparobligation
savings-account ['seɪvɪŋzəˌkaunt] *s* sparkasseräkning; sparkonto
savings-bank ['seɪvɪŋzbæŋk] *s* sparbank; *post-office* ~ postbank; ~ *book* sparbanksbok
savings-box ['seɪvɪŋzbɒks] *s* sparbössa
saviour ['seɪvjə] *s* **1** frälsare; *the S*~ Frälsaren **2** räddare
savoir faire ['sævwɑː'feə] *s* (fr.) världsvana, takt; skicklighet
savour ['seɪvə] **I** *s* [karakteristisk] smak; bildl. bismak, doft, krydda **II** *itr*, ~ *of* lukta, smaka, vittna om [*it* ~*s of impudence*] **III** *tr* litt. **1** smaka (lukta) på äv. bildl. **2** njuta av, njuta doften av
savoury ['seɪvərɪ] **I** *a* **1** välsmakande, aptitlig; välluktande **2** behaglig **3** om maträtt o. d. kryddad, pikant **II** *s* 'aptitretare'; smårätt
Savoy [sə'vɔɪ] **I** Savojen **II** *s, s*~ savojkål [äv. *s*~ *cabbage*]
1 saw [sɔː] imp. av *2 see*
2 saw [sɔː] **I** *s* såg **II** (~*ed* ~*n,* isht Am. äv. ~*ed* ~*ed*) *tr* o. *itr* såga; ~ *the air* [*with the arms*] vifta med armarna
3 saw [sɔː] *s* ordstäv, talesätt; *a wise* ~ ett visdomsord
sawbuck ['sɔːbʌk] *s* **1** sågbock **2** Am. sl. tiodollarsedel

sawder ['sɔ:də] *s* smicker [äv. *soft* ~]

sawdust ['sɔ:dʌst] *s* sågspån

saw-mill ['sɔ:mɪl] *s* sågverk

sawn [sɔ:n] pp. av *2 saw*

sawn-off ['sɔ:nɒf] *a* avsågad [*a* ~ *shotgun*]

sax [sæks] *s* fam. sax saxofon

saxifrage ['sæksɪfrɪdʒ] *s* bot. [sten]bräcka, Saxifraga

Saxon ['sæksn] **I** *s* **1** saxare i England el. Tyskland **2** anglosaxare, engelsman **II** *a* **1** saxisk **2** anglosaxisk

Saxony ['sæksənɪ] Sachsen

saxophone ['sæksəfəʊn] *s* mus. saxofon

saxophonist ['sæksəfəʊnɪst] *s* saxofonist

say [seɪ] **I** (*said said*; jfr *said, saying*) *tr* o. *itr* **1** säga, yttra; *he is,* ~, *fifty* han är, ska vi säga, femtio; *I* ~ a) hör du, säg [mig] [*I* ~, *do you want this?*] b) uttr. överraskning jag måste säga att, vet du [vad] [*I* ~, *that's a pretty dress!*]; *I'll* ~ *he didn't like it* fam. han tyckte inte om det, det kan du skriva upp; *to* ~ *nothing of*.. för att [nu] inte tala om..; *strange to* ~ egendomligt nog; *that is to* ~ det vill säga, alltså; *just as you* ~ fam. som du vill; *and so* ~ *all of us* [och] det tycker vi allesamman; *I should* ~ *so!* det tror 'jag det!; *you don't* ~ [*so*]*!* vad 'säger du!; *it* ~*s in the paper* det står i tidningen; ~ *no more about it!* nu får det vara nog [talat] om den saken!; *you can* ~ *that again!* det kan du skriva upp!; *who shall I* ~*?* hur var namnet?, vem får jag hälsa ifrån?; *just* ~ *the word!* säg bara till!; *he is said to be* (*they* ~ *he is*) *the only one who*.. han skall (lär) vara den ende som..; *it is said* el. *they* ~ de (man) säger, det sägs; *I'll* ~ *this for him that*.. det måste jag säga till hans fördel att..; *have you nothing to* ~ *for yourself?* har du inget att säga till ditt försvar?; *he has nothing to* ~ *for himself* han säger aldrig någonting; *there is much to be said for both sides* det är mycket som talar för bådadera; *what do you* ~ *to*..? vad säger du om..?; *easier said than done* lättare sagt än gjort; *no sooner said than done* sagt och gjort; *when* (*after*) *all is said and done* el. *all said and done* när allt kommer omkring **2** läsa, be [~ *a prayer*] **II** *s, have* (*say*) *o.'s* ~ säga sin mening, sjunga ut; *he has no* (*a great deal of*) ~ han har ingenting (en hel del) att säga till om; *I want a* ~ *in the matter* jag vill ha ett ord med i laget

saying ['seɪɪŋ] *pres p* o. *s* **1** ~ *that, so* ~ med dessa ord; *that is* ~ *too much* det är för mycket sagt; *that is not* ~ *much* det säger inte så mycket; *there is no* ~ *who* (*when*) det är inte gott att säga vem (när); *that goes without* ~ det säger sig självt **2** uttalande, yttrande **3** ordstäv, ordspråk; *as the* ~ *is* (*goes*) som ordspråket säger

says [sez, obet. səz] 3 pers. sg. pres. av *say*

sb. förk. för *substantive*

Sc. förk. för *science, Scotch, Scots*

scab [skæb] *s* **1** [sår]skorpa **2** skabb isht hos får **3** fam. strejkbrytare

scabbard ['skæbəd] *s* skida, slida för svärd o. d., [sabel]balja

scabby ['skæbɪ] *a* **1** [full] med sårskorpor **2** skabbig isht om får **3** sl. gemen [*a* ~ *trick*]

scabies ['skeɪbɪi:z] *s* läk. skabb

scabrous ['skeɪbrəs] *a* skabrös, oanständig

scaffold ['skæfəld] *s* **1** [byggnads]ställning **2** schavott **3** [åskådar]läktare

scaffolding ['skæfəldɪŋ] *s* [material för] byggnadsställning

scald [skɔ:ld] **I** *tr* **1** skålla [~ *o.'s hand with* (på) *hot fat*]; bränna **2** koka, skölja i kokande vatten **3** hetta upp, skålla [~ *milk*] **II** *s* skållsår

scalding ['skɔ:ldɪŋ] **I** *a* **1** skållhet **2** ~ *tears* heta (bittra) tårar **II** *adv,* ~ *hot* skållhet **III** *s* skållning

1 scale [skeɪl] **I** *s* vågskål; ~[*s* pl.] våg; *a pair of* ~*s* en våg; *turn* (*tip*) *the* ~[*s*] bildl. vara tungan på vågen; *tip* (*turn*) *the* ~*s at* [*90 kg.*] väga.. **II** *itr* väga [~ *90 kg.*]

2 scale [skeɪl] **I** *s* skala; måttstock; gradindelning; *practise* ~*s* mus. öva skalor; *be high in the social* ~ stå högt på den sociala rangskalan; *on a large* ~ i stor skala (bildl. äv. stil); *on the* ~ *of 1 to 50,000* i skala 1:50 000; *out of* ~ oproportionerlig; *drawn to* ~ ritad efter skala **II** *tr* **1** bestiga [~ *a hill*], klättra upp i; mil. storma; ~ *new heights* bildl. nå nya höjdpunkter **2** ~ *up* (*down*) öka (minska) proportionellt

3 scale [skeɪl] **I** *s* **1** fjäll zool., bot. o. d. **2** flaga, [tunn] skiva; blad av metall o. d.; beläggning **3** pannsten **II** *tr* **1** fjälla [~ *fish*] **2** rensa från pannsten [~ *a boiler*] **3** skala [av]

scale-armour ['skeɪl,ɑ:mə] *s* fjällpansar

scaled [skeɪld] *a* fjällig, betäckt med fjäll

scalene ['skeɪli:n] geom. **I** *a* oliksidig [~ *triangle*] **II** *s* oliksidig triangel

scaling-ladder ['skeɪlɪŋ,lædə] *s* brandv. hakstege; mil. stormstege

scallop ['skɒləp] *s* **1** zool. kammussla **2** mussel-, snäck|skal

scallop-shell ['skɒləpʃel] *s* mussel-, snäck|-skal

scallywag ['skælɪwæg] *s* skojare, rackare, rackarunge

scalp [skælp] **I** *s* **1** hårbotten, huvudsvål **2** skalp **II** *tr* skalpera; bildl. hudflänga, gå hårt åt

scalpel ['skælpəl] *s* kir. skalpell

scamp [skæmp] **I** *s* rackarunge **II** *tr* fuska (slarva) med; ~*ed work* hafsarbete

scamper ['skæmpə] *itr* kila (kuta) i väg; skutta [omkring]
scampi ['skæmpɪ] *s* (ital.) kok. scampi
scan [skæn] **I** *tr* **1** [noga] granska, studera [~ *proposals*]; spana ut över **2** skumma [~ *a newspaper*] **3** skandera **4** radar. o. TV. avsöka, svepa över **II** *itr* om vers gå att skandera [*this line does not* ~]
scandal ['skændl] *s* **1** skandal [*grave* ~*s*]; *cause* (*create*) *a* ~ göra (ställa till) skandal **2** förargelse, anstöt **3** skamfläck; *bring* ~ *upon* dra skam (vanära) över **4** skvaller
scandalize ['skændəlaɪz] *tr* väcka anstöt hos; *be* ~*d at* bli chockerad (upprörd) över
scandalmonger ['skændl,mʌŋgə] *s* skandalspridare; skvallerkärring
scandalmongering ['skændl,mʌŋgərɪŋ] *s* skandalspridning; skvaller
scandalous ['skændələs] *a* **1** skandalös; skamlig **2** skandal-; ~ *gossip* elakt skvaller
Scandinavia [,skændɪ'neɪvjə] Skandinavien, Norden
Scandinavian [,skændɪ'neɪvjən] **I** *a* skandinavisk, nordisk; *the* ~ *languages* de nordiska språken **II** *s* skandinav; nordbo
scanner ['skænə] *s* **1** radar. avsökare, sökare **2** graf. scanner
scanning ['skænɪŋ] *s* **1** radar. o. TV. avsökning **2** graf. scanning
scansion ['skænʃən] *s* metr. metrisk analys; skandering
scant [skænt] **I** *a* knapp [~ *measure* (mått)]; ringa [*a* ~ *amount*]; knapphändig; *pay* ~ *attention to* ta föga notis om; ~ *of breath* andtäppt **II** *tr* knappa in på, snåla på (med) [*don't* ~ *the butter*]
scanties ['skæntɪz] *s pl* [dam]trosor
scantily ['skæntəlɪ] *adv* knappt etc., jfr *scanty*; ~ *clad* (*dressed*) lätt klädd
scanty ['skæntɪ] *a* knapp [~ *supply*], knappt tillmätt [~ *leisure*]; ringa; klen, torftig [~ *fare*], sparsam; otillräcklig; gles [~ *hair*]; knapphändig; lätt [~ *negligee*]
scapegoat ['skeɪpgəʊt] *s* syndabock
scapegrace ['skeɪpgreɪs] *s* vildhjärna, spelevink; om barn vildbasare
scar [skɑ:] **I** *s* ärr **II** *tr* (se äv. *scarred*) tillfoga ärr **III** *itr* bilda ärr; ärra sig
scarab ['skærəb] *s* skarabé i olika bet.
scarce [skeəs] *a* **1** otillräcklig, knapp; *money is* ~ det är ont om pengar; *make o.s.* ~ fam. dunsta **2** sällsynt [*such stamps are* ~]
scarcely ['skeəslɪ] *adv* knappt [*she is* ~ *twenty*]; knappast; ~ *anybody* nästan ingen, knappt (knappast) någon; ~ *ever* nästan aldrig; ~ *had he come when* (*before*, ibl. *than*) .. han hade knappt kommit förrän ..
scarcity ['skeəsətɪ] *s* **1** brist, knapphet **2** sällsynthet
scare [skeə] **I** *tr* skrämma; ~ *a p. out of his wits* göra ngn vettskrämd; ~ *a p. to death* skrämma livet ur ngn; *be* ~*d stiff* fam. vara livrädd [*of* för], vara vettskrämd **II** *itr*, ~ *easily* vara lättskrämd **III** *s* skräck; *get a* ~ bli skrämd (rädd); *give a p. a* ~ skrämma ngn; *war* ~ alarmerande krigsrykte
scarecrow ['skeəkrəʊ] *s* fågelskrämma
scaremonger ['skeə,mʌŋgə] *s* paniksspridare
scarf [skɑ:f] (pl. *-fs* el. *-ves*) *s* scarf, halsduk; sjal, sjalett
scarlatina [,skɑ:lə'ti:nə] *s* läk. scharlakansfeber
scarlet ['skɑ:lət] **I** *s* scharlakan[srött] **II** *a* scharlakansröd; ~ *fever* läk. scharlakansfeber; ~ *runner* [*bean*] bot. rosenböna
scarp [skɑ:p] *s* brant, stup
scarred [skɑ:d] *a* ärrig; märkt
scarves [skɑ:vz] *s* pl. av *scarf*
scary ['skeərɪ] *a* fam. kuslig [~ *atmosphere*]
scathing ['skeɪðɪŋ] *a* svidande [*criticism*]
scatter ['skætə] **I** *tr* (se äv. *scattered*) **1** sprida; strö ut [~ *seeds*], strö omkring; [*the books*] *were* ~*ed about the floor* .. låg utspridda (kringströdda) på golvet **2** skingra [~ *a crowd* (*the clouds*)] **3** beströ [~ *a road with gravel*] **II** *itr* skingras, skingra sig [*the crowd* ~*ed*]
scatterbrain ['skætəbreɪn] *s* virrig (tanklös) person
scatterbrained ['skætəbreɪnd] *a* virrig, tanklös
scattered ['skætəd] *a* spridd, strödd; ~ *clouds* meteor. halvklart; [*thinly*] ~ *population* gles befolkning; ~ *showers* spridda skurar
scatty ['skætɪ] *a* fam. knasig, tokig
scavenge ['skævɪndʒ] **I** *tr* **1** rengöra, sopa [~ *the streets*], rensa **2** rota (söka) i [*for* efter] **II** *itr* **1** hålla rent **2** ~ *for* rota efter
scavenger ['skævɪndʒə] *s* **1** renhållningsarbetare, gatsopare **2** zool. asätare
scavenging ['skævɪndʒɪŋ] *s* gatsopning; ~ *department* renhållningsverk
scenario [sɪ'nɑ:rɪəʊ] *s* teat., film. o. bildl. scenario, mil. äv. tänkt krigsfall
scene [si:n] *s* **1** scen **2** skådeplats [äv. ~ *of action*]; *the* ~ *of the crime* brottsplatsen; *the* ~ *of the novel is laid in London* romanen utspelar sig i London; *appear* (*come*) *on the* ~ bildl. uppenbara sig **3** scen, skådespel **4** uppträde; *make* (*create*) *a* ~ ställa till en scen (ett uppträde) **5** scen[-bild] [*the* ~ *is* (föreställer) *a street*]; pl. ~*s* kulisser; *behind the* ~*s* bakom kulisserna (scenen) **6** fam. värld, kretsar [*the entertainment* ~ *in London*]
scenery ['si:nərɪ] *s* **1** teat. sceneri, scenbild[er], dekorationer **2** [vacker] natur [*admire*

the ~]; landskap; [*natural*] ~ [natur]sceneri[er]; *mountain* ~ bergslandskap
scene-shifter ['si:nˌʃɪftə] *s* teat. scenarbetare
scenic ['si:nɪk] *a* **1** teat. scenisk, teater- [~ *effects*] **2** naturskön; ~ *beauty* naturskönhet; ~ *railway* a) lilleputtståg som går genom ett konstgjort landskap b) berg- och dalbana
scent [sent] **I** *tr* **1** vädra äv. bildl. [~ *a hare*, ~ *trouble*] **2** a) parfymera b) uppfylla med doft **II** *s* **1** doft, lukt **2** parfym **3** väderkorn; *get* ~ *of* få väderkorn på, bildl. äv. få nys om **4** *false* ~ villospår; *throw* (*put*) *a p. off the* ~, *put a p. on the wrong* ~ leda ngn på villospår; *be on the* ~ *of a th.* bildl. vara ngt på spåren **5** snitsel vid snitseljakt
scent-bottle ['sentˌbɒtl] *s* parfymflaska; luktflaska
scented ['sentɪd] *a* parfymerad; doftande
scepsis ['skepsɪs] *s* skepsis
sceptic ['skeptɪk] **I** *s* skeptiker **II** *a* se följ.
sceptical ['skeptɪkəl] *a* skeptisk; klentrogen; *be* ~ *of* tvivla på
scepticism ['skeptɪsɪzəm] *s* skepsis
sceptre ['septə] *s* spira härskarstav
schedule ['ʃedju:l, Am. 'skedʒʊl] **I** *s* **1** a) [tids]schema, tidtabell b) isht Am. tågtidtabell; [*time*] ~ Am. [skol]schema; *according to* ~ enligt programmet (planen); *ahead of* ~ tidigare än beräknat; *be behind* ~ vara försenad; ligga efter **2** lista, förteckning, register, tabell **3** tariff **II** *tr* **1** a) fastställa tidpunkten för b) planera, göra upp program för c) sätta in [~ *a new train*]; *it is* ~*d for tomorrow* det skall enligt planerna ske i morgon; ~*d flights* reguljära flygturer **2** föra upp på en lista (förteckning)
schematic [skɪ'mætɪk] *a* schematisk
scheme [ski:m] **I** *s* **1** system, schema **2** plan, förslag, projekt **3** intrig **II** *itr* **1** göra upp planer, planera **2** intrigera
schemer ['ski:mə] *s* intrigmakare
scheming ['ski:mɪŋ] **I** *a* beräknande, intrigant **II** *s* planerande; intrigerande
schemozzle [ʃə'mɒzl] *s* fam. ståhej
scherzo ['skeətsəʊ] *s* (ital.) mus. scherzo
schism ['sɪzəm, isht Am. 'skɪ-] *s* schism, splittring
schizoid ['skɪtsɔɪd] *a* o. *s* läk. schizoid [person]
schizophrenia [ˌskɪtsəʊ'fri:njə] *s* läk. schizofreni
schizophrenic [ˌskɪtsəʊ'frenɪk] *a* o. *s* läk. schizofren [person]
schnorkel ['ʃnɔ:kl] *s* snorkel
scholar ['skɒlə] *s* **1** skol. o. univ. stipendiat **2** isht humanistisk vetenskapare, vetenskapsman; forskare **3** skämts. lärjunge, elev
scholarly ['skɒləlɪ] *a* lärd; vetenskaplig; utförd med vetenskaplig noggrannhet
scholarship ['skɒləʃɪp] *s* **1** lärdom isht humanistisk **2** vetenskaplig noggrannhet **3** skol. o. univ. stipendium; *travelling* ~ resestipendium
scholastic [skə'læstɪk] *a* **1** skol-, skolmässig; lärar- **2** skolastisk
1 school [sku:l] **I** *s* **1 a**) skola i olika bet.; institut [*correspondence* ~]; [konst]riktning; *high* etc. ~ se under *high* etc.; ~ *of dentistry* tandläkarhögskola; ~ *of thought* meningsriktning; *leave* ~ sluta skolan; *teach* ~ Am. vara lärare [till yrket]; *at* ~ i skolan; *be at* ~ *together* vara skolkamrater; *broadcasting for* ~*s* skolradio **b**) attr. skol- [~ *meals*; ~ *yard* (gård)]; *compulsory* ~ *attendance* skolplikt; ~ *year* skol-, läs|år **2** univ. fakultet [*the Medical S*~]; institution [*the S*~ *of* (för) *Oriental Studies*] **II** *tr* skola, öva upp [~ *o.'s voice*]
2 school [sku:l] *s* stim, flock
schoolboy ['sku:lbɔɪ] *s* skolpojke
schoolday ['sku:ldeɪ] *s* skol-, läs|dag; pl. ~*s* äv. skoltid
schoolfellow ['sku:lˌfeləʊ] *s* skolkamrat
schoolgirl ['sku:lgɜ:l] *s* skolflicka
schooling ['sku:lɪŋ] *s* **1** skolbildning; skolundervisning; skolgång **2** skolning
school-inspector ['sku:lɪnˌspektə] *s* skolinspektör; skolkonsulent
school-leaving ['sku:lˌli:vɪŋ] attr. *a* avgångs- [~ *certificate*]; ~ *age* ålder då skolplikten upphör
schoolmarm ['sku:lmɑ:m] *s* fam. skolfröken
schoolmaster ['sku:lˌmɑ:stə] *s* [skol]lärare
schoolmate ['sku:lmeɪt] *s* skolkamrat
schoolmistress ['sku:lˌmɪstrɪs] *s* [skol]lärarinna, kvinnlig lärare
schoolroom ['sku:lrʊm] *s* skol|rum, -sal
schoolteacher ['sku:lˌti:tʃə] *s* skol|lärare, -lärarinna
school-teaching ['sku:lˌti:tʃɪŋ] *s* [skol]undervisning; lärarverksamhet
school-tie ['sku:ltaɪ] *s* skolslips slips i skolans färger som bärs isht av f. d. elever vid *public schools*; *the old* ~ bildl. överklassig klickmentalitet
schooner ['sku:nə] *s* sjö. skonert, skonare
Schubert ['ʃu:bət]
Schumann ['ʃu:mən, -mæn]
sciatica [saɪ'ætɪkə] *s* läk. ischias
science ['saɪəns] *s* **1** a) vetenskap; lära, kunskap b) vetenskaplighet c) [*natural*] ~ naturvetenskap; *branch of* ~ vetenskapsgren; *Doctor of S*~ filosofie doktor vid naturvetenskaplig fakultet; *the natural* ~*s* naturveten|skapen, -skaperna t. ex. botanik, zoologi; *the physical* ~*s* naturveten|skapen,

-skaperna t. ex. fysik, kemi; ~ *fiction* science fiction **2** teknik, skicklighet, kunnande; ~ *of fencing* fäktkonst
scientific [ˌsaɪən'tɪfɪk] *a* **1** a) vetenskaplig [~ *books* (*methods*)] b) naturvetenskaplig **2** rationell [~ *advertising*]; tekniskt skicklig, teknisk [*a* ~ *boxer*]
scientist ['saɪəntɪst] *s* [natur]vetenskapsman; forskare
sci-fi ['saɪ'faɪ] *a* sf-, science-fiction- [*a* ~ *thriller*]
scilla ['sɪlə] *s* bot. scilla
Scilly ['sɪlɪ] geogr., *the* ~ *Isles* (*Islands*) Scillyöarna
scimitar ['sɪmɪtə] *s* kroksabel
scintillate ['sɪntɪleɪt] *itr* gnistra, tindra; blixtra [~ *with* (av) *wit*]
scintillation [ˌsɪntɪ'leɪʃən] *s* gnistrande, tindrande
scion ['saɪən] *s* **1** avkomling, ättling **2** ympkvist
scissor ['sɪzə] *tr* klippa [*out* ut, ur]
scissors ['sɪzəz] *s* **1** (konstr. vanl. ss. pl.) sax; *a pair of* ~ (*a* ~ ibl.) en sax **2** (konstr. ss. sg.) brottn. sax[grepp]
sclerosis [sklɪə'rəusɪs] (pl. *-es* [-iːz]) *s* läk. skleros
1 scoff [skɒf] *tr* sl. sätta (glufsa) i sig
2 scoff [skɒf] *itr* hånskratta; ~ *at* [hån]skratta åt, [för]håna, driva med
scoffer ['skɒfə] *s* hånare, bespottare
scoffing ['skɒfɪŋ] *a* hånfull, försmädlig
scold [skəuld] **I** *tr* skälla på (ut); *be* (*get*) ~*ed* få ovett, bli utskälld **II** *itr* gräla, träta, skälla [*at a p.* på ngn]
scolding ['skəuldɪŋ] *s* ovett, utskällning
sconce [skɒns] *s* lampett; ljushållare
scone [skɒn, skəun] *s* kok. scone
scoop [skuːp] **I** *s* **1** skopa; skovel, skyffel [*coal* (*sand*) ~]; [*measuring*] ~ mått; ~ *of ice-cream* glasskula **2** skoptag, skoveltag, östag **3** fam. tidn. scoop; *pull off a* ~ lyckas vara först med en toppnyhet **4** fam. kap, vinst **II** *tr* **1** ösa, skopa [~ *up*], skyffla; ~ [*out*] *a hole in* gräva ett hål i **2** ~ *out* holka (gröpa) ur [~ *out a melon*]; gräva [~ *out a tunnel*] **3** fam. kapa åt sig; ~ *in* håva in [~ *in the profits*]
scoot [skuːt] *itr* fam. kila, kuta [*off* i väg]
scooter ['skuːtə] *s* **1** sparkcykel **2** skoter
scope [skəup] *s* **1** [räck]vidd, omfattning, omfång; ~ *of activities* verksamhetsområde, -fält; *within the* ~ *of possibility* inom möjligheternas gräns[er] **2** spelrum, utrymme; utlopp [*seek* ~ *for o.'s energies*]; *have free* (*full*) ~ ha fritt spelrum (fält); *provide* ~ *for a p.'s abilities* ge ngn möjlighet[er] att utveckla sina talanger
scorch [skɔːtʃ] **I** *tr* sveda, bränna, förbränna; kok. bränna vid; *the* ~*ed earth policy* den brända jordens taktik (politik) **II** *itr* **1** svedas, brännas; kok. brännas vid **2** fam. vrålköra, köra i vild fart **III** *s* [ytlig] brännskada; svedd fläck
scorcher ['skɔːtʃə] *s* fam. **1** stekhet dag [*yesterday was a* ~] **2** fartdåre **3** a) panggrej b) baddare
scorching ['skɔːtʃɪŋ] **I** *a* **1** stekhet, brännhet [*a* ~ *day*]; *the sun is* ~ solen steker **2** svidande [~ *sarcasm*] **II** *adv*, ~ *hot* stekande het, stekhet
score [skɔː] **I** *s* **1** repa, skåra, märke; streck **2** räkning, skuld; konto; *pay off* (*settle*) *old* ~*s* ge betalt för gammal ost **3** sport. o. d. **a**) ställning [*the* ~ *was 2-1*]; fam. bildl. läge; *what's the* ~*?* hur är ställningen?, hur står det?; fam. hur är läget?; *the final* ~ slutställningen, [slut]resultatet **b**) [poäng]räkning; protokoll; *keep the* ~ räkna, sköta räkningen **c**) poängtal, målsiffra **4** skol. poäng; poängvärde **5** anledning, orsak [*on* (av) *what* ~*?*]; *you may be easy on that* ~ du kan vara lugn på den punkten; *on the* ~ *of* [*ill health*] på grund av . . **6** tjog; *a* ~ *of people* ett tjugotal människor; *three* ~ *and ten* sjuttio [år]; ~*s of* tjogtals (massvis) med **7** mus. partitur **II** *tr* **1** a) göra repor (skåror, märken) i (på), repa b) strecka (stryka) för; ~ *out* stryka över [*two words were* ~*d out*]; ~ *under* stryka under **2** föra räkning över, sport. o. d. äv. föra upp i protokollet, räkna poäng [ofta ~ *up*]; ~ *a th. up against* (*to*) *a p.* föra upp ngt på ngns [skuld]konto **3** vinna, [kunna] notera [~ *a success* (framgång)]; få, göra [~ *five points*]; ~ *a goal* göra [ett] mål **4** räknas som **5** mus. orkestrera, instrumentera **6** fam., ~ *off a p.* stuka till ngn, sätta ngn på plats **III** *itr* **1** sport. o. d. räkna, sköta räkningen, föra protokoll[et] **2** a) sport. o. d. få (ta) poäng, göra mål b) vinna c) fam. göra lycka (succé); *that's where he* ~*s* det är det han vinner (tar hem poäng) på; ~ *over* vinna över; överträffa
score-board ['skɔːbɔːd] *s* sport. poäng-, resultat-, matchtavla
score-card ['skɔːkɑːd] *s* **1** golf. m. m. scorekort, protokoll **2** sport. program
scorer ['skɔːrə] *s* sport. **1** protokollförare **2** poängtagare; målgörare
scorn [skɔːn] **I** *s* **1** förakt; hån; *laugh a p. to* ~ litt. hånskratta åt ngn; *be put to* ~ bli hånad **2** föremål för förakt (hån) **II** *tr* förakta; försmå [*he* ~*ed my advice*]; håna
scornful ['skɔːnfʊl] *a* föraktfull; hånfull, spotsk; *be* ~ *of* vara full av förakt för
Scorpio ['skɔːpɪəu] astr. Skorpionen
scorpion ['skɔːpjən] *s* zool. skorpion
Scot [skɒt] *s* skotte; *the* ~*s* skottarna
Scot. förk. för *Scotch, Scotland, Scottish*

Scotch [skɒtʃ] **I** *a* skotsk; ~ *broth* ung. tisdagssoppa med kött; ~ *fir* tall; ~ *mist* regn|dimma, -dis; fam. duggregn; ~ *terrier* skotsk terrier **II** *s* **1** *the* ~ skottarna **2** skotska [språket] **3** skotsk whisky
scotch [skɒtʃ] *tr* **1** kväva, kuva [~ *a plot*], göra slut på [~ *rumours*] **2** såra [utan att döda], oskadliggöra [~ *a snake*]
Scotch|man ['skɒtʃ|mən] (pl. *-men* [-mən]) *s* skotte
Scotch|woman ['skɒtʃ|ˌwʊmən] (pl. *-women* [-ˌwɪmɪn]) *s* skotska
scot-free ['skɒt'fri:] *a*, *go* (*get off*, *escape*) ~ komma undan oskadd, gå skottfri
Scotland ['skɒtlənd] Skottland; [*New*] ~ *Yard* Scotland Yard Londonpolisens högkvarter
Scots [skɒts] mera vårdat o. isht Skottl. **I** *a* skotsk **II** *s* **1** skotska [språket] **2** pl. av *Scot*
Scots|man ['skɒts|mən] (pl. *-men* [-mən]) *s* mera vårdat o. isht Skottl. skotte
Scots|woman ['skɒts|ˌwʊmən] (pl. *-women* [-ˌwɪmɪn]) *s* mera vårdat o. isht Skottl. skotska
Scott [skɒt] egennamn; *Great* ~! fam. du store tid!
Scottish ['skɒtɪʃ] mera vårdat o. isht Skottl. **I** *a* skotsk; ~ *terrier* skotsk terrier **II** *s* skotska [språket]
scoundrel ['skaʊndrəl] *s* skurk, bov
scoundrelism ['skaʊndrəlɪzəm] *s* skurkaktighet
scoundrelly ['skaʊndrəlɪ] *a* skurkaktig
1 scour ['skaʊə] **I** *tr* **1** skura [~ *a saucepan*] **2** spola ren, rensa [~ *a channel*] **3** ~ [*out*] plöja [upp] **II** *s* skurning; *give a th. a good* ~ skura av ngt ordentligt
2 scour ['skaʊə] *tr* **1** leta igenom, leta överallt på (i) [*for* efter] **2** genomströva [~ *the woods*]; dra fram genom [~ *the streets*]
scourer ['skaʊərə] *s* skurnylon, stålboll för skurning
scourge [skɜ:dʒ] **I** *s* gissel, hemsökelse, plågoris **II** *tr* gissla, hemsöka
scout [skaʊt] **I** *s* **1** mil. a) spanare, spejare b) spaningsfartyg c) spanings[flyg]plan **2** a) [*boy*] ~ [pojk]scout b) Am., [*girl*] ~ [flick]-scout **3** [*talent*] ~ talangscout **4** vägpatrullman [*A.A.* (*R.A.C.*) ~] **5** spaning; *be on the* ~ *for* vara [ute] på spaning (jakt) efter **II** *itr* spana, speja, rekognoscera; ~ *about* (*around*) *for* spana (söka) efter
scoutmaster ['skaʊtˌmɑ:stə] *s* scoutledare
scowl [skaʊl] **I** *itr* se bister ut; ~ *at* blänga på **II** *s* bister uppsyn (blick)
Scrabble ['skræbl] *s* ® alfapet slags bokstavsspel
scrabble ['skræbl] *itr* krafsa, skrapa [~ *with o.'s nails*]; ~ *about for* rota (leta) efter
scrag [skræg] **I** *s* slakt. halsstycke av får o. kalv **II** *tr* **1** vrida nacken av [~ *a chicken*] **2** hugga i nackskinnet, misshandla
scraggly ['skræglɪ] *a* isht Am. **1** knagglig, ojämn [*a* ~ *path*] **2** spretig [*a* ~ *beard*]
scraggy ['skrægɪ] *a* **1** mager, tanig [*a* ~ *neck*], skinntorr **2** skrovlig [~ *rocks*]
scram [skræm] *itr* sl. sticka, smita
scramble ['skræmbl] **I** *itr* **1** klättra, kravla [~ *up a cliff* (*over rocks*)] **2** rusa [*they* ~*d for* (till) *the door*]; slåss, kivas [*for* om] **3** hafsa; ~ *into o.'s clothes* kasta på sig kläderna; ~ *to o.'s feet* resa sig hastigt **II** *tr* **1** blanda [ihop]; kok. göra äggröra på [~ *eggs*]; ~*d eggs* äggröra **2** telef. o. d. förvanska genom talvändning [~ *a message*] **3** ~ *together* rafsa ihop **III** *s* **1** [mödosam] klättring; klättrande, stretande **2** rusning [*a* ~ *for* (till) *the door*] **3** kiv, slit [*for* om], rusning [*for* efter] **4** virrvarr **5** slags motocross
scrambler ['skræmblə] *s* telef. o. d. talomvandlare; invertertelefon
1 scrap [skræp] **I** *s* **1** bit, stycke, smula; fragment, brottstycke [~*s of a letter*], snutt; *not a* ~ inte ett dugg; *a* ~ *of paper* en papperslapp **2** pl.: ~*s* [mat]rester, smulor **3** skrot [*sell o.'s car for* (till, som) ~] **II** *tr* **1** skrota [ned] [~ *a ship*], utrangera **2** fam. kassera, slopa, spola
2 scrap [skræp] fam. **I** *s* slagsmål **II** *itr* slåss
scrapbook ['skræpbʊk] *s* **1** [urklipps]album, bok för tidningsurklipp **2** återblickar [~ *for* (på) *1979*], minnesbilder; ~ *for* äv. kavalkad (krönika) över
scrape [skreɪp] **I** *tr* **1** skrapa; skrapa bort; skrapa på (i) [~ *the floor with o.'s shoes*]; skrapa mot [*the ship* ~*d the bottom*]; ~ *a living* hanka sig fram; ~ *o.'s feet* skrapa (torka) av sig om fötterna; ~ *up* (*together*) skrapa ihop [~ *together a few pounds*, ~ *up a team*], rafsa ihop **2** skrapa med [~ *o.'s feet*] **3** ~ [*out*] skrapa [upp] [~ [*out*] *a hole*] **4** fam. gnida [på], fila på [~ *a fiddle*] **II** *itr* **1** skrapa **2** trassla (krångla) sig [~ *home* (*through*)]; ~ *through* [*an exam*] fam. klara sig med nöd och näppe [i en examen] **3** fam. gnida, fila [~ *at a violin*] **4** *bow and* ~ bildl. krusa och buga [*to a p.* för ngn] **5** gnida [*save and* ~], snåla **III** *s* **1** skrapning, skrapande [ljud] **2** skrapsår, skrubbsår **3** fam. tunt smörlager (margarinlager); *bread and* ~ bröd med ett tunt lager smör (margarin) **4** knipa, klämma [*get into a* ~]
scraper ['skreɪpə] *s* **1** skrapa, skrapverktyg **2** fotskrapa, skrapjärn **3** vägskrapa
scrap-heap ['skræphi:p] *s* skrothög; *throw on the* ~ äv. kasta på sophögen
scrap-iron ['skræpˌaɪən] *s* järnskrot
scrap-merchant ['skræpˌmɜ:tʃənt] *s* skrothandlare
scrap-metal ['skræpˌmetl] *s* metallskrot

scrappy ['skræpɪ] *a* hoprafsad; osammanhängande, planlös; fragmentarisk
scrapyard ['skræpjɑ:d] *s* skrotupplag
scratch [skrætʃ] **I** *tr* **1** a) klösa, riva b) rispa, repa; göra repor i c) skrapa, krafsa; *~ the surface* skrapa på ytan; bildl. äv. hålla sig på ytan; *~ out* klösa ut [*~ a p.'s eyes out*]; skrapa (krafsa) bort **2** klia [på], riva [på]; *~ a p.'s back* klia ngn på ryggen, bildl. stryka ngn medhårs; *~ my back and I'll ~ yours* ung. hjälper du mig så ska jag hjälpa dig **3** rista in [*~ o.'s name on glass*] **4** stryka, utesluta; sport. stryka från anmälningslistan [*~ a horse*]; *~ o.'s name* stryka sig, lämna återbud **II** *itr* **1** klösas, rivas **2** klia sig, riva sig [*stop ~ing*] **3** krafsa, skrapa [*~ at the door*]; raspa [*the pen ~es*]; *~ about* om höns gå omkring och krafsa **4** vid tävling stryka sig, lämna återbud [*from* till], scratcha **III** *s* **1** skråma, rispa; repa **2** skrap, skrapande **3** klösning etc., jfr *I*; *give o.s. a good ~* klia sig ordentligt **4** startlinje; scratch; *start from ~* starta (börja) från scratch: a) starta utan försprång, starta på lika villkor b) börja [om] från början c) starta från ingenting; *be (come) up to ~* a) hålla måttet, fylla kraven b) vara mogen sin uppgift **IV** attr. *a* tillfälligt hopplockad [*a ~ team*]; improviserad
scrawl [skrɔ:l] **I** *itr* klottra **II** *tr* klottra, krafsa ned [*~ a few words*] **III** *s* klotter
scrawny ['skrɔ:nɪ] *a* tanig; skinntorr
scream [skri:m] **I** *itr* **1** skrika [*~ with* (av) *pain*] **2** *~* [*with laughter*] tjuta av skratt **3** tjuta [*the sirens ~ed*], vina **II** *tr* skrika [ut] **III** *s* **1** skrik [*a ~ of pain*], skri; tjut [*the ~ of* (från) *a siren*]; *~s of laughter* tjut av skratt **2** fam., *be a ~* vara festlig (dråplig)
screamingly ['skri:mɪŋlɪ] *adv* fenomenalt; *~ funny* helfestlig, urkomisk
scree [skri:] *s* [bergsluttning täckt med] stenras
screech [skri:tʃ] **I** *itr* [gall]skrika; skrika, tjuta, gnissla [*the brakes ~ed*] **II** *tr, ~* [*out*] skrika [ut] **III** *s* [gall]skrik; tjut, gnissel
screech-owl ['skri:tʃaʊl] *s* zool. tornuggla; hornuggla
screed [skri:d] *s* lång uppsats (avhandling)
screen [skri:n] **I** *s* **1** a) skärm b) skilje-, mellan|vägg; kyrkl. korskrank c) bildl. ridå [*a ~ of fog*], fasad **2** skärm [*radar (X-ray) ~*], duk [*cinema ~*]; [*television*] *~* [TV-]ruta; [*viewing*] *~* bildskärm **3** film. a) *the ~* filmen [*go on* (in vid) *the ~*]; *adapt for the ~* filmatisera, bearbeta för film[en]; *on the ~* på film[duken], på [den] vita duken b) attr. film- [*~ actor*]; *the ~ version* den filmade versionen **4** a) [grovt] såll, sikt b) filter **5** fotogr., *focusing ~* mattskiva, visirskiva **6** bil. vindruta **II** *tr* **1** skydda, skyla, dölja [*from* för, mot] **2** a) skärma [av] [*~ a light*] b) förse med en skärm (skärmar); *~ off* skärma (skilja) av **3** a) sikta, sålla b) bildl. sålla, gallra, sovra **4** undersöka, skaffa upplysningar om; censurera **5** film. a) filma, spela in b) filmatisera
screening ['skri:nɪŋ] *s* **1** avskärmning **2** sållning, bildl. äv. gallring **3** visning, körning **4** undersökning, kontroll [*health ~*]
screenplay ['skri:npleɪ] *s* filmmanuskript, scenario
screen-struck ['skri:nstrʌk] *a* filmbiten
screen-test ['skri:ntest] *s* prov|filmning, -tagning; *give a p. a ~* låta ngn provfilma
screenwriter ['skri:nˌraɪtə] *s* filmförfattare
screw [skru:] **I** *s* **1** skruv; *put (turn) the ~[s] on a p.* sätta tumskruvar på ngn, utöva press på ngn, se äv. *turn B 1* **2** (kortform för *screw-propeller*) propeller **3** sport. skruv **4** fam. lön; *he's paid a good ~* han får bra pröjs **5** fam. girigbuk **6** vulg. knull **II** *tr* **1** a) skruva äv. sport. b) skruva fast (i) [*on* på (i); *to* vid] c) skruva till (åt); *~ down* skruva igen [*~ down a lid*]; *~ off* skruva av (loss); *his head is ~ed on the right way, his head is well ~ed on* fam. han har huvudet på skaft; *~ up* sl. soppa till; *~ up* [*o.'s*] *courage* ta mod till sig **2** vrida [om] **3** förvrida [*~ o.'s face into* (till) *a grimace*]; *~ up o.'s eyes* kisa med ögonen; *~ up o.'s face* grina **4** pressa, klämma åt; *~ money out of a p.* pressa av ngn (ngn på) pengar **5** vulg. knulla **6** *~ you!* sl. dra åt helvete!
screwdriver ['skru:ˌdraɪvə] *s* skruvmejsel
screw-propeller ['skru:prəˌpelə] *s* propeller
screw-top ['skru:tɒp] *s* skruvlock
screwy ['skru:ɪ] *a* sl. [hel]knäpp
scribal ['skraɪbəl] *a* skriv- [*~ error*]
scribble ['skrɪbl] **I** *tr* klottra; klottra ihop (ned) [*~ a letter*] **II** *itr* klottra **III** *s* klotter
scribbler ['skrɪblə] *s* **1** klottrare **2** pennfäktare, struntförfattare
scribbling ['skrɪblɪŋ] *s* klottrande, klotter
scribbling-block ['skrɪblɪŋblɒk] *s* o. **scribbling-pad** ['skrɪblɪŋpæd] *s* kladd-, antecknings|block
scribbly ['skrɪblɪ] *a* kladdig, kladdigt skriven
scriber ['skraɪbə] *s* ritsspets, ritsnål
scrimmage ['skrɪmɪdʒ] *s* **1** tumult, handgemäng, slagsmål **2** Am. fotb. närkamp om bollen då bollen sätts i spel **3** se *scrummage*
scrimp [skrɪmp] **I** *tr* **1** snåla på (med), knussla med [*~ food*] **2** vara snål mot [*~ o.'s family*] **II** *itr* snåla, spara
scrimpy ['skrɪmpɪ] *a* **1** knapp, snålt tilltagen **2** knusslig
script [skrɪpt] **I** *s* **1** [hand]skrift [*in* (med)

~]; skrivtecken **2** boktr. skrivstil **3** jur. handskrift, originalhandling **4** film., radio. o. d. manus, manuskript; [*film*] ~ filmmanus **5** skol. skrivning **II** *tr* skriva [manuskript till]; pp. *~ed* skriven, med manuskript[underlag] [*~ed programme*]

script-girl ['skrɪptgɜ:l] *s* skripta, scriptgirl

scriptural ['skrɪptʃərəl] *a* biblisk, bibel-

scripture ['skrɪptʃə] *s* **1** *the* [*Holy*] *Scriptures* den heliga skrift, Bibeln **2** bibel|ställe, -språk **3** helig skrift (bok) [*Buddhist* ~] **4** skol. religionskunskap

scriptwriter ['skrɪpt,raɪtə] *s* film., radio. o. d. manus-, manuskript|författare

scrofula ['skrɒfjulə] *s* läk. skrofler

scrofulous ['skrɒfjuləs] *a* läk. skrofulös

scroll [skrəul] **I** *s* **1** [skrift]rulle **2** a) slinga, snirkel b) isht herald. bandslinga [med devis] c) konst. snäcklinje, rullform, ornament; scrollornament **II** *tr* pryda med slingor etc.

Scrooge [skru:dʒ] **I** person i Dickens' bok 'A Christmas Carol' **II** *s* girigbuk, snålvarg

scrot|um ['skrəut|əm] (pl. *-a* [-ə] el. *-ums*) *s* anat. [testikel]pung, skrotum

scrounge [skraundʒ] fam. **I** *tr* snylta sig till **II** *itr*, ~ *around for* sno omkring efter

scrounger ['skraundʒə] *s* fam. snyltare, snyltgäst

1 scrub [skrʌb] **I** *tr* skura, skrubba [~ *the floor*]; ~ [*out*] bildl. fam. slopa, spola, skippa **II** *itr* skura, skrubba **III** *s* skurning, skrubbning; *it needs a good* ~ den behöver skuras (skrubbas) ordentligt

2 scrub [skrʌb] *s* **1** buskskog, busksnår **2** förkrympt buske (träd)

scrubbing-board ['skrʌbɪŋbɔ:d] *s* tvättbräde

scrubbing-brush ['skrʌbɪŋbrʌʃ] *s* skurborste

scrubby ['skrʌbɪ] *a* **1** förkrympt; klen, ynklig **2** risig, snårig **3** ovårdad, sjabbig

scruff [skrʌf] *s, take* (*seize*) *by the* ~ *of the neck* ta i nackskinnet (kragen)

scruffy ['skrʌfɪ] *a* fam. sjaskig, sjabbig, usel

scrum [skrʌm] *s* (kortform för *scrummage*) se *scrummage I*; ~ *half* klunghalva

scrummage ['skrʌmɪdʒ] rugby. **I** *s* klunga, scrimmage **II** *itr* bilda klunga

scrump [skrʌmp] *tr* o. *itr* sl. palla, stjäla [~ *apples*]

scrumptious ['skrʌmpʃəs] *a* fam. jättegod, smaskens, toppen- [~ *food*]

scrunch [skrʌntʃ] **I** *tr* **1** krossa, krasa sönder **2** skrynkla (knyckla) ihop **II** *itr* **1** knastra **2** isht Am. kura ihop **III** *s* knaster

scruple ['skru:pl] **I** *s* **1** ~ el. pl. *~s* skrupler, samvetsbetänkligheter; *have ~s about* ha samvetsbetänkligheter mot; *make no* ~ *to* inte dra sig för att **2** skrupel medicinalvikt (= 1,296 g) **II** *itr* hysa samvetsbetänkligheter; *not* ~ *to* inte dra sig för att

scrupulous ['skru:pjuləs] *a* **1** nogräknad, noga [*about, as to* i fråga om], samvetsöm **2** [mycket] samvetsgrann (noggrann); skrupulös [~ *cleanliness*]

scrutineer [,skru:tə'nɪə] *s* **1** röstkontrollant **2** granskare

scrutinize ['skru:tənaɪz] *tr* noga undersöka, syna [i sömmarna], [fin]granska

scrutiny ['skru:tənɪ] *s* **1** noggrann undersökning, [fin]granskning, prövning **2** forskande blick

scuba ['skju:bə, 'sku:-] *s* (förk. för *self-contained underwater breathing apparatus*) dykapparat, tryckluftsapparat

scud [skʌd] *itr* jaga [*the clouds ~ded across the sky*], ila, rusa [*along* fram]

scuff [skʌf] **I** *itr* **1** hasa, gå med släpande steg **2** skavas, nötas **II** *tr*, ~ *o.'s feet* släpa med fötterna **III** *s* **1** hasande [ljud] **2** nött ställe; ~ *marks* märken efter skor

scuffle ['skʌfl] **I** *itr* **1** slåss; knuffas och bråka **2** hasa, sjava [omkring] **II** *s* **1** slagsmål, handgemäng **2** hasande [ljud]

scull [skʌl] **I** *s* **1** [mindre] åra **2** vrickåra **II** *tr* ro [~ *a boat* (*a p.*)]

scullery ['skʌlərɪ] *s* diskrum

sculpt [skʌlpt] *tr* o. *itr* fam. se *sculpture II*

sculptor ['skʌlptə] *s* skulptör, bildhuggare

sculptress ['skʌlptrəs] *s* skulptris

sculptural ['skʌlptʃərəl] *a* skulptural, statyliknande; skulptur-

sculpture ['skʌlptʃə] **I** *s* **1** skulptur, bildhuggeri[arbete] **2** skulptur **II** *tr* o. *itr* skulptera

scum [skʌm] **I** *s* **1** skum vid kokning **2** [smuts]hinna på stillastående vatten **3** bildl. avskum **II** *tr* **1** skumma [av] **2** täcka med skum

scupper ['skʌpə] **I** *s* sjö. spygatt **II** *tr* **1** sänka [~ *a ship*] **2** fam. torpedera, kullkasta [~ *plans*]; *we're ~ed!* nu är det klippt!

scurf [skɜ:f] *s* skorv, mjäll[kaka]

scurrilit|y [skə'rɪlətɪ] *s* plumphet, oanständighet, råhet [*indulge in -ies*]; rått språk

scurrilous ['skʌrɪləs] *a* plump, grov[kornig], rå; ovettig [*a* ~ *attack*]

scurry ['skʌrɪ] **I** *itr* kila, rusa; jäkta [~ *through o.'s work*] **II** *s* rusning; jäkt

scurvy ['skɜ:vɪ] **I** *a* tarvlig, lumpen, gemen, nedrig [*a* ~ *trick*] **II** *s* läk. skörbjugg

1 scuttle ['skʌtl] *s* se *coal-scuttle*

2 scuttle ['skʌtl] **I** *itr* rusa, kila, skutta [~ *off* (*away*)] **II** *s* bortrusande

3 scuttle ['skʌtl] **I** *s* lucka; sjö. ventil; [ventil]lucka **II** *tr* **1** sjö. borra i sank [~ *a ship*] **2** torpedera, kullkasta [~ *plans*]

scythe [saɪð] **I** *s* lie **II** *tr* slå med lie, meja

S.E. förk. för *South-Eastern* (postdistrikt i London), *south-east*[*ern*]

sea [siː] *s* **1** a) hav [*the Caspian S~*], sjö [*the North S~*]; se äv. ex. under *devil*; *the high ~s* öppna havet utanför territorialgränsen; *at ~* till sjöss (havs), på havet (sjön); *I'm* [*all*] *at ~* fam. bildl. jag förstår inte ett dugg [av det hela]; *beyond the ~*[*s*] bortom haven; *by ~* sjöledes, sjövägen [*go by ~*]; *by ~ and land* till lands och till sjöss; *on the ~* a) på havet b) vid havet (kusten) [*Brighton is* (ligger) *on the ~*]; *over the ~* bortom havet; *go to ~* a) gå till sjöss, bli sjöman b) ge sig ut på en sjöresa; *put to ~* a) om fartyg löpa ut, avsegla b) sjösätta **b**) attr. sjö- [*~ scout*] **2** sjö [*a choppy* (krabb) *~*]; *there is a heavy* (*high*) *~* det är hög sjö **3** bildl. hav [*a ~ of people*], ström

sea-anemone [ˈsiːəˌneməni] *s* zool. havsanemon

sea-bathing [ˈsiːˌbeɪðɪŋ] *s* havsbad

seaboard [ˈsiːbɔːd] *s* strandlinje; kust

sea-borne [ˈsiːbɔːn] *a* sjöburen [*~ goods*]

sea-captain [ˈsiːˌkæptɪn] *s* sjökapten

sea-change [ˈsiːtʃeɪndʒ] *s, suffer a ~* undergå en metamorfos

sea-cow [ˈsiːkaʊ] *s* zool. sirendjur, sjöko

sea-dog [ˈsiːdɒg] *s* fam. sjö|björn, -buss

seafarer [ˈsiːˌfeərə] *s* sjöfarare

seafaring [ˈsiːˌfeərɪŋ] **I** *a* sjöfarande; *~ life* sjöliv[et]; *~ man* sjöfarare **II** *s* seglats[er]

seafood [ˈsiːfuːd] *s* [fisk och] skaldjur

sea-front [ˈsiːfrʌnt] *s* sjösida av ort, strand[-promenad]

sea-gull [ˈsiːgʌl] *s* zool. fiskmås

seakale [ˈsiːkeɪl] *s* bot. strandkål

1 seal [siːl] **I** *s* **1** zool. säl **2** se *sealskin* **II** *itr* jaga säl

2 seal [siːl] **I** *s* **1** sigill; lack[sigill]; försegling, plombering, plomb; sigillstamp; *put the ~ of o.'s approval on a th.* bildl. sanktionera ngt **2** insegel [*~ of love*], beseglande [*a ~ of friendship*] **3** prägel, stämpel [*set o.'s ~ to* (på)] **4** tekn. a) vattenlås; spärrventil b) packning, tätning c) förslutning **II** *tr* **1** sätta sigill på (under) [*~ a document*]; *~* [*down*] försegla, klistra (lacka) igen [*~ a letter*]; *my lips are ~ed* mina läppar är förseglade **2** besegla [*his fate is ~ed*], bekräfta; avgöra [*this ~ed his fate*] **3** prägla, stämpla **4** tillsluta [hermetiskt], försluta; täta, stoppa (täppa) till (igen) [*~ a leak*]; pp. *~ed* äv. sluten [*~ed cooling system*], lufttät; *~ up* täta, klistra igen [*~ up a window*] **5** *~ off* spärra av

sealed-beam [ˈsiːldbiːm] *a, ~ headlight* bil. sealedbeam-strålkastare

sea-legs [ˈsiːlegz] *s pl* bildl. sjöben; *find* (*get*) *o.'s ~* få sjöben, bli sjövan

sealer [ˈsiːlə] *s* **1** säljägare **2** sälfångstfartyg

sea-level [ˈsiːˌlevl] *s* vattenstånd i havet; *above ~* över havet (havsytan)

sealing-wax [ˈsiːlɪŋwæks] *s* sigillack, lack; *stick of ~* lackstång

sea-lion [ˈsiːˌlaɪən] *s* zool. sjölejon

sealskin [ˈsiːlskɪn] *s* **1** sälskinn **2** sälskinnsplagg

seam [siːm] **I** *s* **1** söm; *burst at the ~s* spricka (gå upp) i sömmarna; *split at the ~* spricka (gå upp) i sömmen **2** fog, skarv **3** geol. flöts; skikt, lager av kol o. d. **4** läk. o. anat. sutur **II** *tr* **1** foga (sy) ihop; förse med en söm (sömmar) **2** *~ed* fårad [*a face ~ed with* (av) *care*]

sea|man [ˈsiː|mən] (pl. *-men* [-mən]) *s* sjöman; se äv. *ordinary*

seamanlike [ˈsiːmənlaɪk] *a* sjömansmässig; sjömans-

seamanship [ˈsiːmənʃɪp] *s* sjömanskap

sea-mark [ˈsiːmɑːk] *s* **1** [fast] sjömärke **2** högvattenlinje

sea-mile [ˈsiːmaɪl] *s* sjömil, nautisk mil

seamstress [ˈsemstrəs] *s* sömmerska

seamy [ˈsiːmɪ] *a, ~ side* avigsida av plagg o. d., bildl. äv. skuggsida [*the ~ side of life*]

seance [ˈseɪɑ̃ːns] *s* sammankomst; seans

sea-nymph [ˈsiːnɪmf] *s* myt. havsnymf

seaplane [ˈsiːpleɪn] *s* sjöflygplan, hydroplan

seaport [ˈsiːpɔːt] *s* hamn-, sjö|stad

sea-power [ˈsiːˌpaʊə] *s* sjömakt

sear [sɪə] *tr* **1** bränna; sveda **2** kok. bryna

search [sɜːtʃ] **I** *tr* söka (leta) igenom, undersöka [*for* för att hitta], leta (söka) i [*for* efter]; visitera [*~ a ship*], kroppsvisitera; *~ o.'s heart* rannsaka sitt hjärta; *~ a p.'s house* göra husrannsakan hos ngn; *~ me!* fam. inte vet jag!; *~ out* a) leta fram b) söka (leta) upp **II** *itr* söka, leta, spana [*for* efter]; *~ for a p.* efterspana ngn **III** *s* sökande, letande, spaning [*for, after* efter], efterspaning[ar]; undersökning, genomsökning; husrannsakan; [*personal* (*bodily*)] *~* kroppsvisitation; *right of ~* jur. visiteringsrätt; *go in ~ of* ge sig ut [för] att söka efter; *people in ~ of adventure* folk som söker äventyr

searching [ˈsɜːtʃɪŋ] **I** *a* **1** forskande, spanande [*a ~ look*] **2** ingående [*a ~ test*] **II** *s* **1** sökande, letande; undersökning etc., jfr *search I* **2** *~s of heart* självrannsakan

searchlight [ˈsɜːtʃlaɪt] *s* strålkastare, strålkastar-, sökar|ljus

search-party [ˈsɜːtʃˌpɑːtɪ] *s* spaningspatrull, skallgångskedja

search-warrant [ˈsɜːtʃˌwɒrənt] *s* husrannsakningsorder

seascape [ˈsiːskeɪp] *s* konst. sjöstycke, marinmålning, havs|bild, -målning

seashell [ˈsiːʃel] *s* snäck-, mussel|skal

seashore [ˈsiːʃɔː, ˈ-ˈ-] *s* [havs]strand

seasick [ˈsiːsɪk] *a* sjösjuk

seasickness ['si:ˌsɪknəs] *s* sjösjuka
seaside ['si:saɪd] *s* **1** kust; *go to the ~ for o.'s holidays* fara till kusten (en badort) på semestern **2** sjösida av ort **3** attr. kust- [*~ town*]; strand-; *~ place* (*resort*) badort
season ['si:zn] **I** *s* **1** årstid [*the four ~s*]; *the rainy ~* regntiden i tropikerna **2** säsong [*the football* (*London*) *~*], tid [*the mating ~*]; *the close ~* förbjuden (olaga) tid för jakt o. fiske, fridlysningstid; *the open ~* lovlig (tillåten) tid för jakt o. fiske; **in ~: a)** i rätt[an] tid [*a word in ~*] **b)** *oysters are in ~* det är säsong för ostron, det är ostrontid **c)** jakt. o. fisk. lovlig, tillåten [*hares are in ~*]; **out of ~: a)** i otid, opassande **b)** *oysters are out of ~* det är inte ostrontid (ostronsäsong) **3** helg, tid; *Christmas ~* jul|helgen, -tiden; *~'s greetings* jul- och nyårshälsningar **II** *tr* **1** acklimatisera; pp.: *~ed* van, härdad, garvad [*~ed veterans*]; väderbiten **2** lagra [*~ed cheese*], låta mogna; torka [*~ed timber* (*wood*)]; *a ~ed pipe* en inrökt pipa **3** krydda [*~food*]; smaksätta, salta och peppra; *highly ~ed* starkt kryddad, kryddstark
seasonable ['si:zənəbl] *a* **1** typisk för årstiden [*~ weather*]; som passar för årstiden **2** läglig, lämplig [*at a ~ time*]
seasonal ['si:zənl] *a* **1** säsong- [*~ work*], säsongbetonad [*~ trade*], säsong|mässig, -betingad **2** årstids|mässig, -betingad
seasoning ['si:zənɪŋ] *s* **1** krydda; smaktillsats **2** kryddning, smaksättning
season-ticket ['si:znˌtɪkɪt] *s* [period]kort, abonnemang[skort]; säsongbiljett; *monthly ~* månads|kort, -biljett
seat [si:t] **I** *s* **1** sittplats; stol, bänk, [sitt]pall; säte; plats [*lose* (bli av med) *o.'s ~*]; biljett [*book four ~s for* (till) *'Hamlet'*]; *~ reservation* a) [sitt]platsbeställning b) [sitt]platsbiljett; *keep o.'s ~* sitta kvar; *take a ~* sätta sig, sitta ned; *take o.'s ~* inta sin plats; *this ~ is taken* den här platsen är upptagen **2** sits på möbel o. d. **3** bak[del], stuss, anat. äv. säte; *the ~ of the trousers* (*pants*) byxbaken **4** plats, mandat [*a ~ in the House of Commons, the party gained 100 ~s*]; *have a ~ on the board* sitta med (ha säte) i styrelsen; *resign o.'s ~* lägga ned sitt mandat **5** säte, centrum [*of* för]; *~ of learning* lärdomssäte **6** orsak [*the ~ of* (till) *the trouble*]; härd, centrum, säte [*of* för]; *the ~ of the disease* sjukdomshärden **II** *tr* (se äv. *seated*) **1** sätta, placera, låta sitta; ta plats, sätta sig [*please be ~ed!*]; *~ o.s.* sätta sig, ta plats **2** installera; få in[vald] [*~ a candidate*] **3** a) ha [sitt]plats för, rymma [*the car ~s five*] b) skaffa sittplats åt [*we can't ~ them all*] c) *the hall ~s five hundred* salen rymmer fem hundra
seat-belt ['si:tbelt] *s* bilbälte; säkerhetsbälte
seated ['si:tɪd] *pp* o. *a* **1** sittande [*~ on a chair*]; se vid. *seat II* **2** belägen **3** ss. efterled i sms. -sitsig [*a two-seated plane*]
seater ['si:tə] *s* ss. efterled i sms. -sitsigt fordon [*two-seater*]
seatholder ['si:tˌhəʊldə] *s* teat. o. d. abonnent
seating ['si:tɪŋ] **I** *s* **1 a)** placerande etc., jfr *seat II* **b)** [bords]placering [äv. *~ arrangement*] **2** sittplatser **3** tekn. underlag; säte [*valve ~*] **II** *a*, *~ accommodation* sittplatser; *~ room* sittplatser
Seattle [sɪ'ætl]
sea-urchin ['si:ˌɜ:tʃɪn] *s* zool. sjöborre
seaward ['si:wəd] **I** *a* mot havet (sjösidan) **II** *adv* mot (åt) havet **III** *s* sjösida
seawards ['si:wədz] *adv* mot havet
seaweed ['si:wi:d] *s* bot. havsväxt[er]; alg[er], tång
seaworthy ['si:ˌwɜ:ðɪ] *a* sjö|duglig, -värdig
Sebastian [sə'bæstjən]
seborrh[o]ea [ˌsebə'ri:ə] *s* läk. seborré
sec [sek] *s* fam. (kortform av *second*) sekund, ögonblick [*wait a ~!*]
secant ['si:kənt] *s* mat. sekant
secateurs [ˌsekə'tɜ:z] *s pl* sekatör
seccotine ['sekəti:n] *s* ® slags klister
secede [sɪ'si:d] *itr* utträda [*~ from* (ur)]
secession [sɪ'seʃən] *s* utträde [*~ from* (ur) *the church*], utbrytning, secession
seclude [sɪ'klu:d] *tr* avstänga, isolera
secluded [sɪ'klu:dɪd] *a* avskild, avsides belägen [*a ~ spot*]; tillbakadragen, isolerad
seclusion [sɪ'klu:ʒən] *s* **1** avstängdhet, avskildhet, tillbakadragenhet; *live in ~* äv. leva tillbakadraget **2** avskilt läge
1 second ['sekənd] (jfr *fifth*) **I** *a* **1** (äv. *räkn*) andra, andre; andra-; näst [*the ~ largest*]; i förb. m. vissa subst. ss. *childhood, thought, 1 wind* se under dessa; *a ~* a) en ny (annan) [*a ~ Hitler*] b) ännu en, en till [*you need a ~ bag*]; *every ~ . .* varannan . .; *he got a ~ class* (univ.) se *he got a ~* under *III 2* nedan; *the ~ floor* [våningen] två trappor (Am. en trappa) upp; *~ name* Am. efternamn; *in the ~ place* i andra rummet (hand); *~ sight* klärvoajans, synskhet; *be ~ in command* ha näst högsta befälet **2** underlägsen [*to a p.* ngn]; *be ~ to none* inte vara sämre än någon annan, inte stå någon efter **3** isht hand. sekunda [*~ quality*] **II** *adv* **1** näst [*~ best*, jfr *second-best*] **2** [i] andra klass [*travel ~*] **3** *come* [*in*] (*finish*) *~* komma [in som] (bli) tvåa **III** *s* **1** sport. **a)** tvåa **b)** andraplacering **2** univ., *he got* (*is*) *a ~* ung. han fick (har) näst högsta betyget i examen för *honours degree* (jfr *honour I 5*) **3** motor. tvåans växel; *put the car in ~* lägga in tvåan **4** a) sekundant [*~ in a duel*] b) boxn. sekond

5 medhjälpare **6** hand. **a**) pl. *~s* utskottsvaror, andrasortering [*these cups are ~s*] **b**) *~ of exchange* sekunda [växel] **IV** *tr* **1** understödja, biträda, ansluta sig till [*~ a proposal* (*a p.*)], instämma i; instämma med, sekundera [*~ a p.*] **2** sekundera, vara sekundant (boxn. sekond) åt

2 second ['sekənd] *s* **1** sekund; ögonblick; för ex. jfr *2 minute* **2** sekund del av grad

secondary ['sekəndərɪ] *a* sekundär; sekundär- [*~ current*]; underordnad [*of ~ importance*]; andrahands- [*~ source*]; bi- [*~ meaning*]; *be ~ to* vara mindre viktig än; *~ school* sekundärskola mellan- och högstadieskola [och gymnasieskola] för åldrarna 11-16 (18); *~ grammar* [*school*] sekundärskola med teoretisk inriktning; *~ modern* [*school*] sekundärskola med praktisk inriktning; *~ technical* [*school*] sekundärskola med yrkesinriktning

second-best ['sekənd'best] **I** *a* näst bäst [*my ~ suit*] **II** *adv* näst bäst; *come off ~* bildl. dra det kortaste strået, förlora

second-class ['sekənd'klɑ:s] **I** *a* andraklass- [*a ~ ticket*]; andraklassig, andra klassens [*a ~ hotel*], sekunda; *~ mail* a) Engl. andraklasspost mindre snabbt befordrad post b) Am. trycksaker ss. tidningar o. tidskrifter **II** *adv* [i] andra klass [*travel ~*]

1 second-hand ['sekənd'hænd] **I** *a* begagnad [*~ clothes* (*furniture*)], antikvarisk [*~ books*]; andrahands- [*~ information*]; *~ bookshop* antikvariat **II** *adv* i andra hand [*get news ~*] **III** *s, at ~* i andra hand

2 second-hand ['sekəndhænd] *s* sekundvisare

secondly ['sekəndlɪ] *adv* för det andra

second-rate ['sekənd'reɪt] *a* andra klassens [*a ~ hotel*], andrarangs-, medelmåttig

second-rater ['sekənd'reɪtə] *s* medelmåtta

secrecy ['si:krəsɪ] *s* **1** tystlåtenhet, förtegenhet [*on* beträffande]; sekretess **2** hemlighetsfullhet; *in ~* i hemlighet (tysthet)

secret ['si:krət] **I** *a* **1** hemlig; lönn- [*~ door*]; dold [*a ~ place*]; *~ service* polit. underrättelsetjänst, hemligt underrättelseväsen **2** tystlåten, förtegen **II** *s* hemlighet; *keep a th. a ~ from a p.* hålla ngt hemligt för ngn; *let* (*take*) *a p. into a ~* inviga ngn i en hemlighet

secretarial [ˌsekrə'teərɪəl] *a* sekreterar- [*~ work*]

secretariat[e] [ˌsekrə'teərɪət] *s* sekretariat

secretary ['sekrətrɪ] *s* **1** sekreterare **2** pol. minister; *S~ of State* a) Engl. departementschef, minister, se äv. under *foreign, home, interior* m. fl. b) i USA utrikesminister; *S~ of State for Defence* Engl. försvarsminister; *S~ of Defense* i USA försvarsminister; *Under S~* se *undersecretary*

secretary-general ['sekrətrɪ'dʒenərəl] (pl. *secretaries-general*) *s* generalsekreterare

secretaryship ['sekrətrɪʃɪp] *s* arbete (tid) som sekreterare; sekreterarbefattning

secrete [sɪ'kri:t] *tr* fysiol. av-, ut|söndra

secretion [sɪ'kri:ʃən] *s* fysiol. av-, ut|söndring, sekretion; sekret

secretive ['si:krətɪv] *a* hemlighetsfull

secretly ['si:krɪtlɪ] *adv* hemligt, i hemlighet, i [all] tysthet; innerst inne

secretory [sɪ'kri:tərɪ] *a* fysiol. sekretorisk, avsöndrings-, utsöndrings- [*~ organ*]; sekret-

sect [sekt] *s* relig. m. m. sekt

sectarian [sek'teərɪən] **I** *a* sekteristisk, sekterisk **II** *s* sekterist

section ['sekʃən] **I** *s* **1** a) del, avdelning; avsnitt; paragraf b) [bestånds]del, sektion c) stycke, bit [*a ~ of a cake*], klyfta [*the ~s of an orange*] d) [del]sträcka [*a ~ of a road*]; *the sports ~* [*of a newspaper*] sportsidorna . . **2** grupp [*this ~ of the population*] **3** område, sektor [*the industrial ~ of a country*] **4** mus. sektion; *the string ~* stråkinstrumenten **5** geom. snitt [*the golden ~*] **6** [tvär]snitt, genomskärning **II** *tr* dela upp, indela i avdelningar (avsnitt)

sector ['sektə] *s* sektor

secular ['sekjulə] *a* världslig [*~ power*], profan [*~ music*]; utomkyrklig, icke--kyrklig [*~ marriage*]

secularism ['sekjulərɪzəm] *s* sekularism

secularity [ˌsekju'lærətɪ] *s* världslighet

secularize ['sekjuləraɪz] *tr* sekularisera

secure [sɪ'kjuə] **I** *a* **1** säker, trygg, skyddad [*from, against* för, emot]; tryggad, säkrad [*a ~ future*]; *feel ~ about* (*as to*) känna sig lugn för **2** stadig, säker [*a ~ grasp* (*lock*)], stabil **3** i säkert förvar, i säkerhet **4** *be ~ of* [*victory*] vara säker på (viss om) . . **II** *tr* **1** befästa äv. bildl. [*~ o.'s position*]; säkra, säkerställa, trygga, skydda [*against, from* mot, för] **2** säkra, göra (haka) fast [*~ the doors* (*windows*)]; binda [fast] [*~ a prisoner*]; fästa **3** försäkra sig om, [lyckas] skaffa [sig]; lyckas få, vinna [*~ a prize*] **4** skaffa **5** sätta i säkert förvar [*~ a prisoner*] **6** hand. ställa säkerhet för [*~ a loan*]

Securicor [sɪ'kjuərɪkɔ:] *s* ® säkerhetstransportbolag; *~ van* säkerhetsbil

security [sɪ'kjuərətɪ] *s* **1 a**) trygghet [*the child lacks ~*]; säkerhet **b**) attr. säkerhets- [*~ risk*]; *~ precautions* säkerhets|anordningar, -åtgärder **2** hand. a) säkerhet, borgen [*lend money on* (mot) *~*] b) borgensman; *become* (*stand, go*) *~ for a p.* gå i borgen för ngn **3** värdepapper; *government ~* statsobligation **4** självsäkerhet

sedan [sɪ'dæn] *s* **1** isht Am. sedan bil **2** hist. bärstol

sedan-chair [sɪ'dæntʃeə] *s* hist. bärstol
sedate [sɪ'deɪt] *a* stillsam, sansad; stadig
sedation [sɪ'deɪʃən] *s, be under* ~ ha fått lugnande medel
sedative ['sedətɪv] **I** *a* lugnande **II** *s* läk. [nerv]lugnande medel
sedentary ['sedntərɪ] *a* stillasittande [*a* ~ *life* (*occupation*)]
sedge-warbler ['sedʒˌwɔ:blə] *s* zool. sävsångare
sediment ['sedɪmənt] *s* sediment, avlagring, fällning, bottensats
sedimentary [ˌsedɪ'mentərɪ] *a* sedimentär [~ *rocks*]
sedimentation [ˌsedɪmən'teɪʃən] *s* **1** sedimentation **2** läk., ~ *rate* sänka
sedition [sɪ'dɪʃən] *s* **1** upproriskhet **2** uppvigling
seditious [sɪ'dɪʃəs] *a* upprorisk, uppviglings- [~ *speeches*]
seduce [sɪ'dju:s] *tr* **1** förleda **2** förföra
seducer [sɪ'dju:sə] *s* förförare
seduction [sɪ'dʌkʃən] *s* förledande, förförande, förförelse
seductive [sɪ'dʌktɪv] *a* förförisk
sedulous ['sedjʊləs] *a* trägen, oförtruten
1 see [si:] *s* kyrkl. [biskops]stift; biskopssäte; *the Holy S*~ påvestolen
2 see [si:] (*saw seen*) *tr* o. *itr* **1 a**) se; se (titta) på, bese [~ *the sights of London*]; se (titta) efter [*I'll* ~ *who it is*], kolla; tänka sig [*I can't* ~ *him as a president*]; se till, ordna [*I'll* ~ *that it is done at once*]; *we'll* ~ vi får [väl] se; ~ *you don't fall!* se till (akta dig så) att du inte faller!; *nobody was to* (*could*) *be* ~*n* ingen syntes till; ~ *the world* se sig om[kring] i världen; *I'll* ~ *you damned* (*hanged*) *first!* fam. sällan!, tusan heller! **b**) med prep. o. adv. isht med spec. övers.: ~ **about** sköta om, ta hand om [*he promised to* ~ *about the matter*], sörja för, ordna [med]; *we'll* ~ *about that* a) det sköter vi om b) det ska vi fundera på c) det får vi allt se, det ska vi nog bli två om; ~ **by** se vid (i) [*can you* ~ *by this light?*]; *I can* ~ *by your face* (*looks*) *that* . . jag ser på dig att . .; ~ **from** se i (av, på) [*I* ~ *from the letter that* . .]; ~ *the New Year* **in** vaka in det nya året; ~ **into** titta närmare på, undersöka [*I'll* ~ *into the matter*]; ~ **over** se på, inspektera; ~ **through** a) genomskåda [*we all saw through him*] b) slutföra, föra i hamn [~ *a task through*], klara sig igenom c) hjälpa igenom [~ *a p. through*]; *I'll* ~ *you through* jag ska ordna saken åt dig; *this will* ~ *you through* [*another week*] på det här klarar (reder) du dig . .; ~ **to** a) ta hand om, se till (efter) b) sköta [om], ordna; ~ *to it that* . . se till att . ., laga (ordna) [så] att . .; *have o.'s car* ~*n to* få sin bil omsedd **2** förstå [*I* ~ *what you mean*], inse, se [*I can't* ~ *the use of it*]; *oh, I* ~ å, jag förstår; jaså; *I was there, you* ~ jag var där förstår (ser) du **3** hälsa 'på, besöka; gå till, söka [*you must* ~ *a doctor about* (för) *it*]; *can I* ~ [*the manager*]*?* kan jag få träffa (tala med) . .?, träffas . .?; *there is a lady to* ~ *you* det är en dam som söker er; *I'm* ~*ing him tonight* jag ska träffa honom i kväll; [*I'll*] *be* ~*ing you!,* ~ *you later!* fam. vi ses [senare]!, hej så länge! **4** ta emot [*the manager can* ~ *you now*] **5** följa [*he saw me home*]; ~ *a p. off* vinka (följa) av ngn; *I saw him off* [*at the airport*] jag följde honom till planet; ~ *a p. out* följa ngn ut
seed [si:d] **I** *s* **1** frö; ~[*s* pl.] koll. frö, utsäde, säd [*a packet of* ~[*s*]]; *go* (*run*) *to* ~ a) gå i frö, fröa sig b) bildl. råka i förfall **2** kärna [*raisin* ~*s*] **3** zool. säd, sädesvätska; mjölke **4** bibl. säd, avkomma [*the* ~ *of Abraham*] **5** bildl., *sow the* ~*s of* [*discontent*] utså [frön till] . . **6** sport. seedad spelare; *he is No. 1* ~ han är seedad som etta **II** *tr* **1** [be]så **2** kärna ur [~ *raisins*] **3** sport. seeda
seedcake ['si:dkeɪk] *s* kok. sockerkaka med kummin
seedless ['si:dləs] *a* kärnfri [~ *raisins*]
seedling ['si:dlɪŋ] *s* [frö]planta, groddplanta
seed-potatoes ['si:dpə'teɪtəuz] *s pl* sättpotatis
seedsman ['si:dzmən] *s* fröhandlare
seedy ['si:dɪ] *a* **1** kärnig [~ *raisins*] **2** fam. sjaskig, sjabbig **3** fam. krasslig [*feel* ~]
seeing ['si:ɪŋ] **I** *s* **1** seende; ~ *is believing* att se är att tro **2** syn[förmåga] **II** *a* o. *pres p* seende; *worth* ~ värd att se[s], sevärd **III** *konj,* ~ [*that*] eftersom, med tanke på att
seek [si:k] (*sought sought*) **I** *tr* **1** söka [~ *o.'s fortune*]; sträva efter, eftersträva [~ *fame*]; ~ [*a p.'s*] *advice* söka råd [hos ngn]; ~ *out a p.* söka upp ngn; [*the reason*] *is not far to* ~ . . är inte svår att finna **2** söka sig till, uppsöka [~ *the shade*] **3** ~ *to do a th.* [för]söka göra ngt **II** *itr* söka; ~ *for* söka [efter]; *be* [*much*] *sought after* vara [mycket] eftersökt
seem [si:m] *itr* verka, tyckas, förefalla, se ut [*it isn't as easy as it* ~*s*]; verka (tyckas) vara [*he* ~*ed an old man*]; ~ *to* tyckas [*he* ~*s to know everybody*], verka, förefalla; *I* ~ *to remember that* . . jag vill minnas att . .; *it* ~*s that no one knew* ingen tycktes veta; *it would* ~ *that* det kunde tyckas att; *it* ~*s to me that* [*we ought to* . .] jag tycker [nog] att . .; *that is how it* ~*s to me* så ser jag det; [*he can't,*] *it* ~*s* . . tydligen; *so it* ~*s* det verkar så, det ser så ut
seeming ['si:mɪŋ] *a* skenbar, låtsad
seemingly ['si:mɪŋlɪ] *adv* skenbart, till sy-

nes; tydligen
seemly ['si:mlɪ] *a* passande, tillbörlig; lämplig, korrekt
seen [si:n] pp. av *2 see*
seep [si:p] *itr* sippra, läcka in [*water had ~ed through the roof*]
seer ['si:ə] *s* siare, profet
seersucker ['sɪəˌsʌkə] *s* seersucker bomullstyg med kräppade ränder
seesaw ['si:sɔ:] **I** *s* **1** [gungbrädes]gungning **2** gungbräde **II** *a* vacklande, ombytlig, växlande [*~ policy*] **III** *itr* **1** gunga gungbräde; gunga upp och ned **2** bildl. svänga fram och tillbaka, pendla
seethe [si:ð] *itr* sjuda, koka äv. bildl. [*~ with rage*]; myllra [*the streets ~ with people*]
see-through ['si:θru:] *a* genomskinlig [*a ~ blouse*]
segment [ss. subst. 'segmənt, ss. vb seg'ment] **I** *s* segment äv. geom. [*~ of a circle*]; klyfta [*orange ~*]; del **II** *tr* o. *itr* segmentera[s]; dela[s] upp
segmentary ['segməntərɪ] *a* segmentär
segregate ['segrɪgeɪt] *tr* avskilja, isolera [*~ people with infectious diseases*]; segregera, genomföra [ras]segregation mellan [*~ races*]; *~ the sexes* hålla könen åtskilda
segregation [ˌsegrɪ'geɪʃən] *s* avskiljande, isolering; segregation; *racial ~* [ras]segregation, rasåtskillnad
segregationist [ˌsegrɪ'geɪʃənɪst] *s* segregationist, anhängare av [ras]segregation
seine [seɪn] **I** *s* not, vad **II** *tr* fiska med not (vad)
seismic ['saɪzmɪk] *a* seismisk, jordbävnings-, jordskalvs-
seismograph ['saɪzməgrɑ:f, -græf] *s* seismograf
seismological [ˌsaɪzmə'lɒdʒɪkəl] *a* seismologisk
seismology [saɪz'mɒlədʒɪ] *s* seismologi
seize [si:z] **I** *tr* **1** gripa [*~ a p. by* (i) *the arm*], fatta [*~ a p.'s hand*], ta tag i; ta fast, fånga; *be ~d with apoplexy* drabbas av ett slaganfall **2** tillägna sig, bemäktiga sig [*~ the throne*], [in]ta, erövra [*~ a fortress*] **3** ta i beslag, beslagta [*~ smuggled goods*] **II** *itr* **1** *~ on* gripa tag i; nappa på [*~ on an offer*] **2** *~* [*up*] om motor skära ihop
seizure ['si:ʒə] *s* **1** gripande etc., jfr *seize I 1* **2** anfall [*epileptic ~*] **3** besittningstagande **4** jur. beslagtagande; utmätning **5** om motor hopskärning
seldom ['seldəm] *adv* sällan
select [sɪ'lekt] **I** *a* vald [*~ passages from Milton*]; utvald; utsökt, exklusiv [*a ~ club*]; *~ bibliography* bibliografi i urval; *~ committee* särskilt utskott **II** *tr* **1** välja [ut]; *a ~ed few* några få utvalda; *~ed poems* valda dikter **2** välja, utse [*as* till]
selection [sɪ'lekʃən] *s* **1** [ut]väljande, val; isht sport. uttagning; *~ board* antagningskommission; *~ committee* a) bedömningsnämnd; valkommitté b) isht sport. uttagningskommitté **2** urval äv. biol. [*natural ~*], sortiment **3** *~s from Shakespeare* Shakespeare i urval
selective [sɪ'lektɪv] *a* selektiv; *~ service* Am. värnplikt; *~ strike* punktstrejk
selectivity [sɪlek'tɪvətɪ] *s* selektivitet
selector [sɪ'lektə] *s* sport. medlem av en uttagningskommitté
selenium [sɪ'li:njəm] *s* kem. selen
self [self] (pl. *selves* [selvz]) *s* o. *pron* **1** jag [*he showed his true ~*]; *he has no thought of ~* han har ingen tanke på sig själv **2** hand., [*pay*] *~* [betala till] mig själv; *cheque drawn to ~* check ställd till egen order
self-abasement ['selfə'beɪsmənt] *s* självförnedring
self-absorbed ['selfəb'sɔ:bd, -əb'zɔ:-] *a* självupptagen
self-abuse ['selfə'bju:s] *s* onani
self-acting ['self'æktɪŋ] *a* självverkande
self-addressed ['selfə'drest] *a*, *~ envelope* [adresserat] svarskuvert
self-adhesive ['selfəd'hi:sɪv] *a* självhäftande
self-adjusting ['selfə'dʒʌstɪŋ] *a* självreglerande, självjusterande
self-appointed ['selfə'pɔɪntɪd] *a* självutnämnd
self-assertive ['selfə'sɜ:tɪv] *a*, *be ~* vilja (ha behov att) hävda sig
self-assured ['selfə'ʃʊəd] *a* självsäker
self-centred ['self'sentəd] *a* självupptagen, egocentrisk
self-confidence ['self'kɒnfɪdəns] *s* självförtroende, självtillit
self-confident ['self'kɒnfɪdənt] *a* full av självförtroende; självsäker, självmedveten
self-conscious ['self'kɒnʃəs] *a* generad, förlägen, osäker
self-contained ['selfkən'teɪnd] *a* **1** som bildar en enhet, komplett; självständig; *~ flat* våning, lägenhet komplett med eget kök, egen ingång m. m. **2** sansad, behärskad
self-control ['selfkən'trəʊl] *s* [själv]behärskning, självkontroll
self-defeating ['selfdɪ'fi:tɪŋ] *a* självförgörande; som motverkar sitt eget syfte
self-defence ['selfdɪ'fens] *s* självförsvar, nödvärn; *the* [*noble*] *art of ~* självförsvarets ädla konst boxningen
self-denial ['selfdɪ'naɪəl] *s* självförnekelse, självförsakelse
self-denying ['selfdɪ'naɪɪŋ] *a* självförnekande, självförsakande
self-determination ['selfdɪˌtɜ:mɪ'neɪʃən] *s* självbestämmanderätt, självbestämman-

de

self-drive ['self'draɪv] *a*, ~ *car hire* biluthyrning

self-educated ['self'edjʊkeɪtɪd] *a* självbildad, självlärd

self-effacing ['selfɪ'feɪsɪŋ] *a* självutplånande

self-employed ['selfɪm'plɔɪd] *a*, *be* ~ vara sin egen; vara egen företagare

self-esteem ['selfɪs'ti:m] *s* självaktning

self-evident ['self'evɪdənt] *a* självklar

self-explanatory ['selfɪks'plænətərɪ] *a* självförklarande, självklar

self-governing ['self'gʌvənɪŋ] *a* självstyrande

self-government ['self'gʌvnmənt, -vəmənt] *s* självstyre[lse]

self-important ['selfɪm'pɔ:tənt] *a* viktig, dryg

self-imposed ['selfɪm'pəʊzd] *a* självpåtagen [*a* ~ *task*]

self-indulgent ['selfɪn'dʌldʒənt] *a* självsvåldig; njutningslysten

self-inflicted ['selfɪn'flɪktɪd] *a* självförvållad

self-interest ['self'ɪntrəst] *s* egennytta

selfish ['selfɪʃ] *a* självisk, egoistisk

selfless ['selfləs] *a* osjälvisk

self-locking ['self'lɒkɪŋ] *a* självlåsande

self-made ['self'meɪd, attr. '- -] *a* selfmade, som själv har arbetat sig upp [*a* ~ *man*]

self-opinionated ['selfə'pɪnjəneɪtɪd] *a* **1** inbilsk, egenkär **2** som alltid vill ha rätt

self-pity ['self'pɪtɪ] *s* självömkan

self-portrait ['self'pɔ:trət] *s* självporträtt

self-possessed ['selfpə'zest] *a* behärskad, lugn

self-preservation ['self,prezə'veɪʃən] *s*, *instinct of* ~ självbevarelsedrift

self-raising ['self'reɪzɪŋ] *a* självjäsande; ~ *flour* mjöl blandat med bakpulver

self-reliance ['selfrɪ'laɪəns] *s* självförtroende, självtillit; självständighet

self-reliant ['selfrɪ'laɪənt] *a* full av självförtroende (självtillit); självständig

self-respect ['selfrɪs'pekt] *s* självaktning

self-respecting ['selfrɪs,pektɪŋ] *a* med självaktning [*no* ~ *man*]

self-restraint ['selfrɪs'treɪnt] *s* [själv]behärskning

self-righteous ['self'raɪtʃəs] *a* egenrättfärdig, självgod

self-rule ['self'ru:l] *s* självstyre[lse]

self-sacrifice ['self'sækrɪfaɪs] *s* självuppoffring

selfsame ['selfseɪm] *a*, *the* ~ precis samma

self-satisfaction ['self,sætɪs'fækʃən] *s* självbelåtenhet

self-satisfied ['self'sætɪsfaɪd] *a* självbelåten

self-seeking ['self'si:kɪŋ] **I** *a* självisk, egennyttig **II** *s* själviskhet, egennytta

self-service ['self'sɜ:vɪs] *s* självbetjäning, självservering; ~ [*restaurant*] [restaurang med] självservering; ~ [*store*] snabbköp[saffär], självbetjäningsaffär

self-starter ['self'stɑ:tə] *s* självstart

self-styled ['self'staɪld] *a* föregiven; *the* ~ *Professor N.* professor N. som han kallar sig [själv]

self-sufficient ['selfsə'fɪʃənt] *a* **1** självförsörjande **2** självtillräcklig, självgod

self-supporting ['selfsə'pɔ:tɪŋ] *a* självförsörjande

self-taught ['self'tɔ:t] *a* självlärd

self-timer ['self'taɪmə] *s* foto. självutlösare

self-willed ['self'wɪld] *a* självrådig

self-winding ['self'waɪndɪŋ, attr. '-,- -] *a* om klocka självuppdragande

sell [sel] **A** (*sold sold*) *vb* **I** *tr* (se äv. *III*) **1 a)** sälja, avyttra; *to be sold* äv. till salu **b)** föra, ha [*this shop* ~*s my favourite brand*] **c)** fam. sälja, popularisera [~ *an idea*]; *he was sold on* [*the idea*] han var helsåld på . . **2** sl. bedra; *sold again!* lurad igen!; ~ *a p. down the river* förråda ngn **II** *itr* (se äv. *III*) sälja[s], gå [*at* (*for*) för]; ~ *well* sälja[s] (gå) bra; ~ *like hot cakes* gå åt som smör [i solsken] **III** *tr* o. *itr* med adv.: ~ **off** realisera [bort], slumpa bort; ~ **out: a)** sälja ut (slut på); [*the book*] *is sold out* . . är utsåld (slutsåld) **b)** sälja [alltsammans] **B** *s* fam. fiasko [*what a* ~*!*]

seller ['selə] *s* [för]säljare; ss. efterled i sms. -handlare [*bookseller*]; ~*'s* (~*s'*) *market* säljarens marknad

selling ['selɪŋ] **I** *a* säljande **II** *s* försäljning; ~ *price* försäljningspris; ~ *rate* säljkurs

sell-out ['selaʊt] *s* fam. **1** svek **2** *the game was a* ~ det var utsålt till matchen

selvage ['selvɪdʒ] *s* på tyg stad, kant

selves [selvz] *s* pl. av *self*

semantic [sɪ'mæntɪk] *a* semantisk

semantics [sɪ'mæntɪks] (konstr. ss. sg.) *s* semantik, betydelselära

semaphore ['seməfɔ:] **I** *s* **1** semafor **2** semaforering **II** *tr* o. *itr* semaforera

semblance ['sembləns] *s* skepnad; sken; *put on a* (*the*) ~ *of gaiety* ta på sig en glad min; [*he was convicted*] *without the* ~ *of a trial* . . utan en tillstymmelse till förhör

semen ['si:men] *s* sädesvätska, semen, säd

semester [sə'mestə] *s* univ., skol. (isht i USA) termin

semi- ['semɪ-] *pref* (lat.) halv- [*semi-automatic, semicircle*], semi- [*semifinal*]

semibreve ['semɪbri:v] *s* mus. helnot

semicircle ['semɪ,sɜ:kl] *s* halvcirkel

semicircular ['semɪ'sɜ:kjʊlə] *a* halvcirkelformig

semicolon ['semɪ'kəʊlən] *s* semikolon
semiconductor ['semɪkən'dʌktə] *s* fys. halvledare
semidetached ['semɪdɪ'tætʃt] *a* om hus sammanbyggd på en sida; *a ~ house* [ena hälften av] ett parhus, en parvilla
semifinal ['semɪ'faɪnl] *s* semifinal
semifinalist ['semɪ'faɪnəlɪst] *s* semifinalist
semimanufactures ['semɪˌmænjʊ'fæktʃəz] *s pl* halvfabrikat
seminal ['semɪnl] *a* sädes-; bildl. fruktbärande; [ny]skapande; *~ fluid* sädesvätska
seminar ['semɪnɑː] *s* seminarium; seminarieövning[ar]; examinatorium
seminarist ['semɪnərɪst] *s* [präst]seminarist
seminary ['semɪnərɪ] *s* rom.-kat. [präst]seminarium
semiquaver ['semɪˌkweɪvə] *s* mus. sextondelsnot
semiskilled ['seɪnɪ'skɪld] *a, ~ worker* kvalificerad tempoarbetare
Semite ['siːmaɪt, 'sem-] **I** *s* semit **II** *a* semitisk
Semitic [sɪ'mɪtɪk] *a* semitisk
semitone ['semɪtəʊn] *s* mus. halvton
semitropical ['semɪ'trɒpɪkəl] *a* subtropisk
semivowel ['semɪˌvaʊəl] *s* halvvokal
semolina [ˌsemə'liːnə] *s* semolina[gryn]; mannagryn
sempstress ['sempstrəs] *s* se *seamstress*
Sen. förk. för *senior*
senate ['senət] *s* **1** senat **2** univ., *the S~* ung. [större] konsistoriet
senator ['senətə] *s* senator
send [send] (*sent sent*) **I** *tr* **1** sända, skicka; skicka i väg; *~ word* låta meddela; *~ a p. to hospital* lägga in ngn på sjukhus; *be sent to prison* komma i fängelse **2** om Gud, försynen o. d. sända [*~ rain*] **3** göra [*~ a p. mad*] **4** *~ flying* (*packing*) se *fly, pack*; *the blow sent him staggering* (*reeling*) slaget kom (fick) honom att vackla; *the rain sent them hurrying home* regnet fick (tvingade) dem att skynda sig hem **5** sl. få att tända; *it ~s me* det tänder jag på **6** med adv. isht med spec. övers.: *~* **away** skicka (driva) bort; *~* **down** a) pressa ner [*~ prices* (*the temperature*) *down*] b) univ. relegera; *~* **in** sända (skicka, lämna) in [*~ in o.'s resignation*]; *~ in o.'s name* anmäla sig; *~* **off** a) avsända [*~ off a letter*], expediera b) sport. utvisa [*~ off a player*] c) avskjuta; slunga i väg d) *~ a p. off* ta farväl av (vinka av) ngn; *~* **on** sända vidare, eftersända; *~* **round** *to a p.* skicka [över] till ngn; *~* **up** a) sända (skicka) upp (ut) [*~ up a rocket*] b) driva (pressa) upp [*~ prices* (*the temperature*) *up*] c) parodiera, härma, karikera **II** *itr* **1** skicka bud [*he sent to* (för att) *warn me*]; *he sent* [*round*] *to ask if . .* han hälsade och frågade om . . **2** *~ for* skicka [bud] efter [*~ for a doctor*], [låta] hämta; rekvirera
sender ['sendə] *s* **1** avsändare **2** radio. o. d. sändare
send-off ['sendɒf] *s* **1** avsked[shälsning] **2** [god] start, igångsättande
send-up ['sendʌp] *s* parodi, härmning
Senegal [ˌsenɪ'gɔːl]
senescent [sɪ'nesnt] *a* åldrande, till åren kommen
senile ['siːnaɪl] *a* senil, ålderdomssvag
senility [sɪ'nɪlətɪ] *s* senilitet, ålderdomssvaghet
senior ['siːnjə] **I** *a* äldre äv. i tjänsten o. d. [*to* än]; den äldre, senior [*John Smith, S~*]; senior- [*~ team*]; högre i rang, överordnad; *~ citizen* [folk]pensionär; *~ college* Am. a) college b) högre college omfattande de två sista åren; *~ high school* se *high I 11*; *~ partner* äldre kompanjon; *the ~ service* flottan i mots. till armén **II** *s* [person som är] äldre i tjänsten o. d.; äldre medlem; *my ~s* de som är äldre än jag [i tjänsten]
seniority [ˌsiːnɪ'ɒrətɪ] *s* anciennitet, tjänsteålder [*by* (efter) *~*]
senna ['senə] *s* farm. senna[blad]; *~ pod* sennabalja
sensation [sen'seɪʃən] *s* **1** förnimmelse, känsla [*a ~ of cold*] **2** sensation; *make* (*cause, create*) *a great ~* göra (väcka, skapa) stor sensation, väcka stort uppseende
sensational [sen'seɪʃənl] *a* sensationell, uppseendeväckande
sensationalism [sen'seɪʃənəlɪzəm] *s* sensationsmakeri, sensationalism
sense [sens] **I** *s* **1** sinne [*the five ~s*]; *the ~ of hearing* hörselsinnet, hörseln; *a sixth ~* ett sjätte sinne; *recover o.'s ~s* komma till sans [igen]; *no man in his* (*nobody in their*) *~s* ingen vettig människa; *be in o.'s right ~s* vara vid sina sinnens fulla bruk; *are you out of your ~s?* är du från vettet?, har du blivit galen?; *bring a p. to his ~s* bringa ngn till besinning, få ngn att ta reson; *come to o.'s ~s* komma till besinning; återfå medvetandet **2** känsla [*of* av, för]; *~ of duty* pliktkänsla; [*he has*] *no ~ of humour . .* inget sinne för humor **3** vett, förstånd; *common ~* sunt förnuft; *there's a lot of ~ in what he says* det han säger är ganska vettigt; *he had ~ enough* (*the ~*) *not to say anything* han hade vett att tiga; [*he ought to have had*] *more ~ . .* bättre förstånd (vett); *there is no ~ in waiting* det är ingen mening att vänta **4** betydelse, bemärkelse [*in what ~ are you using the word?*]; mening; *it makes ~* det är begripligt, det låter vettigt; *it does not make ~* jag fattar det

inte; det stämmer inte; *in a [certain]* ~ i viss mening, på ett sätt [*that's true in a* ~]; *in a literal* ~ i bokstavlig mening; *in a limited (restricted)* ~ i inskränkt betydelse; *in a (the) strict (proper)* ~ i egentlig mening (betydelse); *in more ~s than one* i mer än en betydelse, på mer än ett sätt **5** förhärskande mening; *take the* ~ *of the meeting* pejla stämningen bland mötesdeltagarna **II** *tr* känna, ha på känn

senseless ['sensləs] *a* **1** vettlös, meningslös, orimlig **2** sanslös, medvetslös

sensibilit|y [ˌsensə'bɪlətɪ] *s* mottaglighet, känslighet [*to* för], sensibilitet [*the* ~ *of a poet*]; pl. *-ies* känslor [*wound a p.'s -ies*]

sensible ['sensəbl] *a* **1** förståndig, förnuftig, klok [~ *advice*; *a* ~ *man*], vettig [~ *shoes*] **2** litt. medveten [*of* om; *that* om att]

sensitive ['sensətɪv] *a* **1** känslig [*to* för]; ömtålig [*a* ~ *skin*]; sensibel; *have a* ~ *ear* ha fint öra; ~ *paper* fotogr. ljuskänsligt papper; *a* ~ *spot* en känslig (öm) punkt **2** om instrument o. d. känslig [*a* ~ *thermometer*]

sensitivity [ˌsensə'tɪvətɪ] *s* känslighet, sensibilitet; ~ *training* sensitivitetsträning

sensitize ['sensətaɪz] *tr* fotogr. sensibilisera; *~d paper* ljuskänsligt papper

sensor ['sensə] *s* sensor; detektor

sensory ['sensərɪ] *a* fysiol. sensorisk, sinnes- [~ *nerve*]

sensual ['sensjʊəl] *a* sensuell [~ *lips*]

sensualism ['sensjʊəlɪzəm] *s* sensualism

sensualist ['sensjʊəlɪst] *s* sensualist

sensuality [ˌsensjʊ'ælətɪ] *s* sensualitet

sensuous ['sensjʊəs] *a* sinnes- [~ *impressions*], känslig

sent [sent] imp. o. pp. av *send*

sentence ['sentəns] **I** *s* **1** jur. dom [*on* över], utslag isht i brottmål; *pass* ~ *on* avkunna dom över; *serve o.'s* ~ avtjäna sitt straff; *under* ~ *of death* dödsdömd **2** gram. mening; sats **II** *tr* döma [*to* till]

sententious [sen'tenʃəs] *a* **1** docerande, moraliserande; snusförnuftig **2** sententiös

sentient ['senʃənt] *a* kännande, förnimmande; sinnes- [~ *nerve*]; känslo- [~ *life*]

sentiment ['sentɪmənt] *s* **1** känsla **2** ofta pl. *~s* stämning, uppfattning, mening; åsikter **3** känsligt sinne; känslosamhet **4** [inre] mening, grundtanke

sentimental [ˌsentɪ'mentl] *a* **1** sentimental, känslosam **2** ~ *value* affektionsvärde

sentimentalist [ˌsentɪ'mentəlɪst] *s* känslomänniska; sentimentalist

sentimentality [ˌsentɪmen'tælətɪ] *s* sentimentalitet; känslosamhet

sentimentalize [ˌsentɪ'mentəlaɪz] **I** *itr* bli (vara) sentimental **II** *tr* sentimentalisera, göra sentimental

sentinel ['sentɪnl] *s* [vakt]post, [skilt]vakt; *stand* ~ stå på vakt (post)

sentry ['sentrɪ] *s* [vakt]post, [skilt]vakt; *keep (stand, be on)* ~ stå på (hålla) vakt

sentry-box ['sentrɪbɒks] *s* [vakt]kur

sentry-go ['sentrɪgəʊ] *s* vaktposts patrullering; *be on* ~ patrullera, hålla vakt

separable ['sepərəbl] *a* **1** skiljbar **2** avtagbar

separate [ss. adj. o. subst. 'seprət, ss. vb 'sepəreɪt] **I** *a* skild [*from* från], avskild, enskild, särskild [*each* ~ *case*], separat; åtskild; *under* ~ *cover* hand. separat; *on three* ~ *occasions* vid tre skilda (olika) tillfällen **II** *s*, pl. *~s* kombinationsplagg **III** *tr* **1** skilja; avskilja, frånskilja [~ *the cream*], särskilja; separera [~ *milk*]; skilja [åt] [~ *two fighting boys*]; söra [på] **2** dela [upp] [*into* i] **IV** *itr* **1** skiljas [åt], skiljas från varandra **2** separera **3** dela [upp] sig [*into* i]

separately ['seprətlɪ, -pər-] *adv* separat; var för sig

separation [ˌsepə'reɪʃən] *s* **1** [av]skiljande [*from* från], avsöndring, frånskiljande, särskiljande, separering **2** [*judicial (legal)*] ~ av domstol ådömd hemskillnad **3** mellanrum

separatist ['sepərətɪst] *s* separatist

sepia ['si:pjə] *s* sepia[brunt]

sepsis ['sepsɪs] *s* läk. sepsis, blodförgiftning

Sept. förk. för *September*

September [sep'tembə] *s* september

septet[te] [sep'tet] *s* mus. septett

septic ['septɪk] *a* septisk, infekterad

septic[a]emia [ˌseptɪ'si:mjə] *s* septikemi, [allmän] blodförgiftning

Septuagesima [ˌseptjʊə'dʒesɪmə] *s*, ~ [*Sunday*] nionde söndagen före påsk

sepulchral [sɪ'pʌlkrəl] *a* grav-; begravnings- [~ *rites*]; gravlik [*in a* ~ *voice*]

sepulchre ['sepəlkə] *s* litt. grift, grav isht uppbyggd el. uthuggen; gravkammare; *the Holy S~* den heliga graven; *whited* ~ bibl. vitmenad grav

sequel ['si:kwəl] *s* **1** följd, resultat, utgång [*to, of* av] **2** fortsättning [*to, of* på]

sequence ['si:kwəns] *s* ordningsföljd, ordning, följd [*in rapid* ~], räcka, serie; isht film., mus., data. sekvens; kortsp. svit [*a* ~ *of (i) hearts*]; ~ *of events* händelseförlopp; ~ *of tenses* gram. tempusföljd

sequential [sɪ'kwenʃəl] *a* följande [*to* på]; i sekvens (följd)

sequestrate [sɪ'kwestreɪt] *tr* jur. belägga med kvarstad, beslagta

sequestration [ˌsi:kwes'treɪʃən] *s* jur. kvarstadsbeläggande, kvarstad, beslagtagande

sequin ['si:kwɪn] *s* paljett

sera ['sɪərə] *s* pl. av *serum*

seraph ['serəf] (pl. *~s* el. *~im* [-ɪm]) *s* seraf

seraphic [se'ræfɪk] *a* serafisk äv. bildl.

seraphim ['serəfɪm] *s* pl. av *seraph*
Serb [sɜːb] **I** *s* **1** serb[ier] **2** serbiska [språket] **II** *a* serbisk
Serbia ['sɜːbjə] Serbien
Serbian ['sɜːbjən] *s* o. *a* se *Serb*
Serbo-Croatian ['sɜːbəʊkrəʊ'eɪʃən] **I** *s* serbokroatiska [språket] **II** *a* serbokroatisk
serenade [ˌserə'neɪd] **I** *s* serenad **II** *tr* o. *itr* ge [en] serenad [för]
serenader [ˌserə'neɪdə] *s* serenadsångare
serene [sɪ'riːn] *a* **1** klar [*~ sky*], lugn [*~ look*], fridfull, rofylld **2** *His* (*Her*) *S~ Highness* ung. Hans (Hennes) Höghet
serenity [sɪ'renətɪ] *s* klarhet etc., jfr *serene 1*
serf [sɜːf] *s* livegen, träl
serfdom ['sɜːfdəm] *s* livegenskap, träldom
serge [sɜːdʒ] *s* cheviot [*blue ~*]
sergeant ['sɑːdʒənt] *s* **1** mil. sergeant inom armén o. flyget; Am. furir inom armén, korpral inom flyget; *~ major* fanjunkare; *flight ~* fanjunkare inom flyget; *staff ~* fanjunkare inom armén, Am. överfurir inom armén, furir inom flyget **2** [*police*] *~* polisassistent
serial ['sɪərɪəl] **I** *a* **1** i serie; *~ number* serienummer **2** a) serie- b) som publiceras häftesvis; *~ story* följetong **II** *s* följetong; periodisk publikation; serie i t. ex. radio
serialize ['sɪərɪəlaɪz] *tr* publicera som följetong (häftesvis); sända (ge) som en serie
series ['sɪəriːz] (pl. lika) *s* serie äv. matem., rad, räcka, följd
serious ['sɪərɪəs] *a* allvarlig [*a ~ attempt*], allvarsam; seriös [*a ~ interest*]; verklig; farlig [*a ~ illness*]; *~ consideration* noggrant övervägande; *are you ~?* är det ditt (menar du) allvar?; *to be ~* allvarligt talat
seriously ['sɪərɪəslɪ] *adv* allvarligt etc., jfr *serious*; *~?* menar du (är det ditt) allvar?; *quite ~* på fullt allvar; *take ~* ta på allvar; *~ think* (*think ~*) *of doing a th.* vara starkt betänkt på att göra ngt
serious-minded ['sɪərɪəsˌmaɪndɪd] *a* allvarligt sinnad
seriousness ['sɪərɪəsnəs] *s* allvar, allvarlighet, allvarsamhet; *in all ~* på fullt allvar
sermon ['sɜːmən] *s* **1** predikan [*on* över, om]; *the S~ on the Mount* bergspredikan; *deliver* (*preach*) *a ~* hålla en predikan **2** straffpredikan, uppläxning
serpent ['sɜːpənt] *s* [stor] orm
serpentine ['sɜːpəntaɪn] *a* ormlik[nande]; slingrande
serrated [se'reɪtɪd] *a* sågtandad [*~ edge*]
serried ['serɪd] *a*, *in ~ ranks* i slutna led
ser|um ['sɪər|əm] (pl. *-ums* el. *-a* [-ə]) *s* serum
serval ['sɜːvəl] *s* zool. serval kattdjur
servant ['sɜːvənt] *s* **1** tjänare, tjänarinna; pl. *~s* äv. tjänstefolk; [*domestic*] *~* hembiträde, hemhjälp, tjänsteflicka; betjänt **2** *civil ~* statstjänsteman, eg. tjänsteman inom civilförvaltningen **3** *your humble* (*obedient*) *~* se *humble, obedient*
servant-girl ['sɜːvəntgɜːl] *s* tjänsteflicka, hembiträde
serve [sɜːv] **I** *tr* **1** tjäna, vara tjänare hos **2** stå till tjänst **3** servera; sätta fram; *dinner is ~d* middagen är serverad; [*refreshments*] *were ~d* det bjöds på . .; *are you being ~d?* på restaurang är det beställt [här]? **4** expediera i butik; *are you being ~d?* är det tillsagt? **5** betjäna, sköta **6** förse, försörja **7** duga åt (för) [*it isn't very good but it will ~ me*], duga till, passa [för]; *~* ([*it*] *~s*) *you right!* [det var] rätt åt dig!, där fick du!; *~ a p.'s purpose* (*turn*) m. fl. fraser se under *purpose I, turn B 7* **8** fullgöra [*~ o.'s apprenticeship* (lärotid)]; *~ o.'s sentence, ~* [*o.'s*] *time* avtjäna sitt straff, sitta i fängelse **9** sport. serva [*~ a ball*] **10** jur., *~ a p. with a writ* (*summons*), *~ a writ* (*summons*) *on a p.* delge ngn en stämning **II** *itr* **1** tjänstgöra, tjäna, göra tjänst; *~ on* [*a committee* (*jury*)] vara medlem i (av) . ., sitta i . . **2 a**) fungera, [få] duga, passa, tjäna [*as, for* som, till]; *it will ~* det duger (får duga); *~ as a warning* tjäna som varning **b**) vara ägnad [*to* att], tjäna [*to* till att]; *an example will ~ to* [*illustrate the point*] ett exempel räcker för att . . **3** *~* [*at table*] servera; *serving hatch* serveringslucka **4** expediera; vara expedit [*she ~s in a florist's shop*] **5** sport. serva **III** *s* sport. serve
server ['sɜːvə] *s* **1** a) [serverings]bricka b) uppläggningssked **2** sport. servare
service ['sɜːvɪs] **I** *s* **1** tjänst, tjänstgöring; *do* (*render*) *~* göra tjänst, tjänstgöra [*as* (*for*) som]; *be in* [*a p.'s*] *~* ha tjänst [hos ngn]; *On His* (*Her*) *Majesty's S~* ss. påskrift tjänste[försändelse] **2** mil. **a**) tjänst[göring]; *on active ~* i aktiv tjänst; *see active ~* vara med i kriget; [*this coat*] *has seen* [*good*] *~* . . har hängt med länge; *military ~* militärtjänst[göring]; *national ~* allmän värnplikt; *senior ~* se *senior*; *fit for ~* tjänstduglig **b**) [*fighting*] *~* försvarsgren **3** *~*[*s* pl.] [samhälls]service, tjänst [*information ~*[*s*]], [samhällets] hjälpverksamhet, vård [*dental ~*]; *health ~* hälsovård; [*public*] *medical ~* [allmän] sjukvård; *the postal ~s* postväsendet; *social ~s* socialvård[en] **4** regelbunden översyn, service [*take the car in for ~*] **a**) servering, betjäning, service [*the ~ was poor*]; [*charge for*] *~* serveringsavgift, betjäningsavgift **b**) servis [*dinner-service*] **6** tjänst [*you have done me a ~*]; hjälp; nytta [*it may be of* (till) *great ~ to you*]; bruk [*still in ~*]; *can I be of* [*any*] *~ to you?* kan jag hjälpa dig med något?; **7** trafik. förbindelse [*direct ~*], turer [*regular ~*], linje; trafik [*maintain*

(upprätthålla) *the* ~ *between*]; *air* ~*s* trafikflyg; *postal* ~ postgång, postförbindelse; *put into* ~ sätta i trafik; *out of* ~ ur trafik **8** kyrkl. a) gudstjänst, mässa [äv. *divine* ~] b) förrättning, akt **9** sport. serve **10** jur. delgivning [~ *of a writ* (stämning)] **11** ekon. tjänst [*goods and* ~*s*] **12** attr.: ~ *area* täckningsområde för radiostation, elverk o. d.; ~ *charge* serveringsavgift, betjäningsavgift; ~ *flat* våning (lägenhet) i ett servicehus (kollektivhus); ~ *hatch* serveringslucka; ~ *occupation* serviceyrke; servicenäring; ~ *rifle* mil. armégevär; ~ *station* servicestation; bensinstation **II** *tr* ta in för service [~ *a car*]

serviceability [ˌsɜːvɪsəˈbɪlətɪ] *s* **1** användbarhet, brukbarhet **2** slitstyrka, hållbarhet

serviceable [ˈsɜːvɪsəbl] *a* **1** användbar, brukbar **2** slitstark [~ *clothes*], hållbar

service|man [ˈsɜːvɪs|mæn] (pl. *-men* [-men]) *s* militär; *national* ~ värnpliktig

serviette [ˌsɜːvɪˈet] *s* servett

servile [ˈsɜːvaɪl] *a* **1** servil, krypande **2** slavisk [~ obedience]

servility [sɜːˈvɪlətɪ] *s* **1** servilitet, kryperi **2** slaviskhet

servitude [ˈsɜːvɪtjuːd] *s* **1** träldom, slaveri **2** *penal* ~ straffarbete; fängelse

servo [ˈsɜːvəʊ] *s* servo[motor, -mekanism]

servo-assisted [ˈsɜːvəʊəˈsɪstɪd] *a*, ~ *brake* servobroms

servo-mechanism [ˈsɜːvəʊˈmekənɪzəm] *s* servomekanism

sesame [ˈsesəmɪ] *s* **1** bot. sesam **2** *open* ~! sesam, öppna dig! magiskt lösenord

session [ˈseʃən] *s* **1** parl. o. jur. session, sammanträde; *extraordinary* ~ extra sammanträde; *full* ~ plenum; *petty* ~*s* (konstr. ss. sg. el. pl.) distriktsdomstol för småförseelser; *quarter* ~*s* (konstr. ss. sg. el. pl.) förr grevskapsdomstol, kvartalsting; *be in* ~ sammanträda, vara samlad **2** sammankomst; *jam* ~ se *2 jam I 5*; *recording* ~ inspelning[stillfälle]; *training* ~ träningspass

set [set] **A** (*set set*) *vb* **I** *tr* (se äv. under *III*; för *set* i spec. förb. ss. ~ *free* (*right*), ~ *a good example* se under resp. huvudord) **1** sätta, ställa, lägga; *he has* ~ *his mind on having* [*a bicycle*] han har satt sig i sinnet att han ska ha . .; ~ *o.'s hand to a document* skriva under ett dokument **2** ~ *the table* duka [bordet] **3** lägga håret **4** trädg. sätta [~ *potatoes*], så **5** besätta [~ *with jewels*], infatta [~ *in gold*] **6** ställa [~ *a watch by* (efter) *the time-signal*]; ~ *the alarm-clock for* [*six o'clock*] ställa väckarklockan på [ringning] . . **7** bestämma, fastställa [~ *a time for the meeting*]; förelägga, ge [~ *a p. a task*], ålägga; ~ *an exam paper* ställa samman en examensuppgift; ~ *the fashion* diktera modet; vara tongivande **8** teat. o. d., ~ *the scene* [*in France*] förlägga scenen . .; *the scene* (*stage*) *is* ~ allt är klart på scenen, bildl. allt är klart (upplagt) [*for* för] **9** mus., ~ *a th. to music* sätta musik till ngt, tonsätta ngt **10** boktr. sätta [upp] [~ *a page*] **11** läk. återföra i rätt läge [~ *a broken bone*]

II *itr* (se äv. under *III*) **1** om himlakropp gå ner [*the sun* ~*s at 8*] **2** stelna [*the jelly has not* ~ *yet*]; hårdna; stadga sig [*his character has* ~]; *his face* ~ hans ansikte stelnade till

III *tr* o. *itr* med prep. o. adv., isht med spec. övers.: ~ **about: a**) ta itu med [~ *about a task*] **b**) fam. gå lös på

~ **against: a**) väga mot [*the advantages must be* ~ *against the disadvantages*] **b**) *everyone was* ~ *against him* alla var klart emot honom; ~ *o.s. against* sätta sig emot

~ **apart** se *apart 1*

~ **aside: a**) lägga undan, sätta av [~ *aside part of o.'s income*], anslå [*for* till, för] **b**) bortse från; ~*ting aside* . . bortsett från . . **c**) avvisa, förkasta [~ *aside an offer*] **d**) jur. ogiltigförklara [~ *aside a will* (testamente)]

~ **at: a**) anfalla **b**) ~ *at ease* (*liberty*) se resp. subst.; ~ *at large* försätta på fri fot, frige

~ **back: a**) vrida (ställa) tillbaka [~ *back the clock*] **b**) fam. kosta [*it* ~ *me back £ 10*]

~ **down: a**) sätta ner; sätta (släppa) av [*I'll* ~ *you down at the corner*] **b**) skriva upp (ner); sätta upp [~ *it down to* (på) *my account*]; *ställa upp* [~ *down rules*]; ~ *down in writing* skriva ner **c**) anse [*as* som]

~ **forth: a**) lägga fram [~ *forth a theory*] **b**) ge sig i väg [~ *forth on a journey*]

~ **in** börja [på allvar] [*the rainy season has* ~ *in*]; inträda, falla på [*darkness* ~ *in*]

~ **off: a**) ge sig i väg (ut) [~ *off on a journey*], starta, [av]resa [*for* till]; sätta i väg [~ *off after a p.*] **b**) framkalla [*the explosion was* ~ *off by* . .] **c**) sätta i gång, starta, utlösa [~ *off a chain reaction*] **d**) framhäva [*the white dress* ~ *off her suntan*] **e**) uppväga; balansera [*against* mot, med]

~ **on: a**) överfalla, anfalla [*I was* ~ *on by a dog*] **b**) egga, driva [~ *on a p. to a th.*]

~ **out: a**) ge sig av (ut, i väg) [~ *out on a journey*], starta, [av]resa [*for* till] **b**) börja [sin verksamhet]; ~ *out in life* (*in the world*) börja sin bana, gå ut i livet **c**) lägga fram, framföra [~ *out o.'s reasons*]; framställa, lägga ut, skildra **d**) lägga (visa) fram, ställa ut [~ *out merchandise*]

~ **to: a**) sätta i gång för fullt, hugga i; kasta sig över maten [*they were hungry and at once* ~ *to*]; ~ *to work* sätta i gång **b**) sätta i gång med att slåss (gräla)

~ **up: a**) sätta upp [~ *up a fence*]; ställa upp, resa [upp] [~ *up a ladder*]; slå upp [~

up a tent]; rigga upp, montera [upp]; ~ *up a record* sätta rekord **b**) upprätta [~ *up an institution*], anlägga [~ *up a factory*], grunda, inrätta; införa [~ *up a new system*]; tillsätta [~ *up a committee*]; ~ *up house* (*shop*) se resp. subst. **c**) framkalla, vålla [~ *up an irritation*] **d**) ~ *up a protest* protestera högljutt **e**) göra stark och kry **f**) boktr. sätta [upp]; ~ *up* [*in*] *type* sätta **g**) etablera sig [~ [*o.s.*] *up as a doctor* (*in business* som affärsman)]; hjälpa att etablera sig **h**) ~ *up to be*, ~ *o.s. up as* göra anspråk på att vara, ge sig ut för

B *pp* o. *a* **1** fast, fastställd [~ *price*]; bestämd [~ *rules*]; *a* ~ *battle* en regelrätt strid; ~ *books* skol. o. univ. kursböcker, obligatoriska böcker; *a* ~ *phrase* en stående fras, ett talesätt; *at a* ~ *time* vid en fastställd tidpunkt; *in* [*good*] ~ *terms* i klara termer (ord); otvetydigt **2** stel, orörlig [*a* ~ *look* (ansiktsuttryck)]; *he is very* ~ *in his ways* han har mycket bestämda vanor **3** belägen [*a town* ~ *on a hill*]; *with eyes deep* ~ med djupt liggande ögon **4** *be* ~ [*up*]*on* **a**) vara fast besluten [*be* ~ *on doing it* (att göra det)]; *he is dead* ~ *on having* [*the job*] fam. han har gett sig katten på att han ska ha . . **b**) ha slagit in på [*he is* ~ *on a dangerous course*] **5** fam. klar, färdig; *all* ~ allt klart; *are we all* ~? är vi färdiga?; *get* ~! sport. färdiga! [*on your marks! get* ~! *go!*]

C *s* **1** uppsättning [*a* ~ *of golf-clubs*], sats; uppsats, saker [*toilet-set*]; omgång, sätt [*a* ~ *of underwear*]; servis [*tea-set*]; serie [~ *of lectures*]; *a chess* ~ ett schackspel; [*the encyclopedia costs £50*] *the* ~ . . komplett **2** umgängeskrets, grupp; krets, kotteri, klick; *the jet* (*smart*) ~ se *jet*, *smart*; *the literary* ~ de litterärt intresserade [kretsarna] **3** apparat [*radio* (*TV*) ~] **4** a) [rörelse]riktning [*the* ~ *of the tide*] b) bildl. inriktning, tendens **5** passform, fall **6** i tennis o. d. set; ~ *point* setboll **7** *make a dead* ~ *at* a) gå lös på b) lägga an på, lägga ut sina krokar för [*the girl made a dead* ~ *at the young man*] **8** teat., film. a) scenbild; [förgrunds]kuliss[er], dekor[ation] b) scen, inspelningsplats; ~ *designer* scenograf; filmarkitekt **9** läggning av håret **10** matem. mängd; *theory of* ~*s*, ~ *theory* mängdlära

setback ['setbæk] *s* bakslag, motgång

set-piece ['set'pi:s] *s* **1** fyrv. stort fyrverkeri **2** teat. sättstycke, kuliss, dekoration **3** standardverk; *a* ~ *attack* ett anfall enligt klassiskt mönster

set-square ['setskweə] *s* vinkelhake för ritare

settee [se'ti:] *s* [mindre] soffa

setter ['setə] *s* **1** person som sätter (ställer etc., jfr *set A I*) [*of a th.* ngt]; *the* ~ *of the exam paper* skol. o. d. skrivningsgivaren **2** setter fågelhund

setting ['setɪŋ] *s* **1** allm. (abstr.) sättande, sättning etc., jfr *set A* **2** infattning för ädelstenar o. d. **3** a) teat. o. d. iscensättning, uppsättning b) bildl. ram, inramning [*a beautiful* ~ *for the procession*]; miljö, omgivning **4** mus. tonsättning **5** himlakropps nedgång [*the* ~ *of the sun*]

setting-lotion ['setɪŋˌləʊʃən] *s* läggningsvätska

1 settle ['setl] *s* högryggad träsoffa ofta med sofflock o. låda

2 settle ['setl] **I** *tr* **1** sätta (lägga) till rätta; *be* ~*d in a new house* vara installerad i ett nytt hus **2** kolonisera; slå sig ner i [*they* ~*d parts of the South*] **3** avgöra [*that* ~*s the matter* (*question*)]; göra slut på [~ *a quarrel*]; ~ *a conflict* lösa en konflikt; ~ *a dispute* avgöra (bilägga) en tvist; *that's* ~*d!* det är avgjort!, då säger vi det! **4** ordna, klara upp, klara [av]; *you must get it* ~*d* [*up*] du måste få saken ordnad; *I'll* ~ *him!* jag ska fixa honom! **5** lugna [*these pills will* ~ *your nerves*] **6** ~ *o.s.* slå sig ner, slå sig till ro [*he* ~*d himself in a sofa*] **7** betala, göra upp [~ *a bill*]; ~ [*up*] *a debt* äv. klara av (avveckla) en skuld; ~ [*up*] *accounts* göra upp **8** fastställa, avtala, bestämma [~ *a date* (*day*)] **9** hjälpa att etablera sig (att sätta bo) **II** *itr* **1** bosätta sig, slå sig ner [äv. ~ *down*; *the Dutch* ~*d in South Africa*]; sätta bo **2** sätta sig till rätta, slå sig ner [ofta ~ *down*] **3** ~ *down* bosätta sig etc., se *1-2* ovan; etablera sig [~ *down in business* (som affärsman)]; sätta sig till rätta [~ *down for a chat*]; lugna sig [*the financial situation has* ~*d down*]; lägga sig [*the excitement* ~*d down*]; [*marry and*] ~ *down* [gifta sig och] slå sig till ro; *he is settling down to his new job* han börjar komma in i sitt nya arbete **4** om bevingade djur slå sig ner, sätta sig **5** utbreda (lägra) sig [*the fog* ~*d on* (över) *the town*]; lägga sig [*the dust* ~*d on the furniture*] **6** om väder stabilisera sig **7** om hus, grundval o. d. sätta sig [*the roadbed* ~*d*] **8** om vätskor klarna, sätta sig, stå och sjunka [*let the wine* ~]; om grums o. d. i vätska sjunka till botten, avsätta sig [äv. ~ *out*] **9** bestämma sig [*on* för]; ~ *on a day for* . . bestämma en dag för . . **10** ~ [*up*] göra upp, betala; ~ *with o.'s creditors* göra upp med sina fordringsägare **11** ~ *for* nöja sig med

settled ['setld] *a* **1** avgjord, bestämd, uppgjord; på räkning betalt **2** fast, stadgad, stadig, ihållande; om väder lugn och vacker; [*a man*] *of* ~ *convictions* . . med fasta grundsatser **3** a) fast bosatt b) bebodd, bebyggd [*a thinly* (glest) ~ *area*]

settlement ['setlmənt] *s* **1** avgörande,

uppgörelse; lösning av en konflikt; biläggande av en tvist, förlikning **2** fastställande; överenskommelse, avtal **3** hand. o. d. betalning, likvid, utjämnande [*in ~ of our account*]; avräkning [äv. *~ of accounts*] **4** *marriage ~* äktenskapsförord **5 a**) bosättning, bebyggelse, kolonisering [*lands awaiting ~*] **b**) nybygge, koloni; *penal* (*convict*) *~* straffkoloni

settler ['setlə] *s* nybyggare, kolonist

set-to ['set'tu:] *s* fam. slagsmål; gräl

set-up ['setʌp] *s* **1** uppbyggnad, struktur [*the ~ of an organization*], organisation [*the ~ of a company*]; arrangemang **2** situation; *in the present ~* som läget nu är

seven ['sevn] (jfr *five* med ex. o. sms.) **I** *räkn* sju; *the S~ Seas* de sju världshaven; *the S~ Sleepers* sjusovarna i legenden **II** *s* sjua

sevenfold ['sevnfəʊld] **I** *a* sjudubbel, sjufaldig **II** *adv* sjudubbelt, sjufaldigt, sjufalt

seventeen ['sevn'ti:n] *räkn* o. *s* sjutton; jfr *fifteen* o. sms.; *she is sweet ~* hon är i den ljuva sjuttonårsåldern

seventeenth ['sevn'ti:nθ] *räkn* o. *s* sjuttonde; sjutton[de]del; jfr *fifth*

seventh ['sevnθ] *räkn* o. *s* sjunde; sjundedel; jfr *fifth*; *in* [*the*] *~ heaven* i sjunde himlen

seventieth ['sevntɪɪθ] *räkn* o. *s* **1** sjuttionde **2** sjuttion[de]del

seventy ['sevntɪ] (jfr *fifty* med sms.) **I** *räkn* sjutti[o] **II** *s* sjutti[o]; sjutti[o]tal

sever ['sevə] **I** *tr* skilja, avskilja; hugga av, klippa av, slita av, skära av [*~ the enemy's communications*]; rycka av (loss); [av]bryta [*~ all connections with a p.*]; *~ o.s. from* [*o.'s party*] bryta med .., lösgöra sig från .. **II** *itr* **1** brista [*the rope ~ed*] **2** skiljas [åt], gå isär

several ['sevrəl] *a* o. *pron* **1** flera, åtskilliga **2** skild, respektive [*they told each other their ~ experiences*]; *they went their ~ ways* de gick åt var sitt håll

severally ['sevrəlɪ] *adv* var för sig

severance ['sevərəns] *s* avskiljande, avhuggande etc., jfr *sever I*; söndring

severe [sɪ'vɪə] *a* **1** sträng [*a ~ teacher*]; *be ~ on* (*with*) *a p.* vara sträng mot ngn **2** hård, skarp, svår [*~ competition*]; *a ~ reprimand* en skarp tillrättavisning **3** om klimat o. d. sträng, bister [*a ~ climate* (*winter*)], hård, svår **4** om sjukdom o. d. svår [*a ~ cold*], häftig [*~ pain*] **5** om stil o. d. sträng, stram

severely [sɪ'vɪəlɪ] *adv* strängt etc., jfr *severe*; *leave ~ alone* nogsamt undvika; *~ wounded* svårt sårad

severity [sə'verətɪ] *s* stränghet, hårdhet, skärpa etc., jfr *severe*; *the ~ of the winter* [*in Canada*] den stränga vintern ..

Severn ['sevən]

Seville [sə'vɪl, 'sevɪl] Sevilla; *~* [*orange*] pomerans

sew [səʊ] (imp. *sewed*; pp. *sewn* el. *sewed*) *tr* o. *itr* sy, sömma; sy i (fast) [*~ a button on* (i) *the coat*]; *~ on* sy fast (i) [*~ on a button*]; *~ up* a) sy till; sy ihop (igen) [*~ up a hole*] b) fam. greja, göra upp [*~ up a deal*]

sewage ['sju:ɪdʒ, 'su:-] *s* avloppsvatten, kloakvatten; *~ disposal* bortledande (rening) av avloppsvatten; *~ system* avloppsnät, kloaksystem

sewage-works ['sju:ɪdʒwɜ:ks, 'su:-] (konstr. ss. sg. el. pl.; pl. *sewage-works*) *s* reningsverk

sewer ['sjʊə] *s* kloak, avlopps|ledning, -rör, avlopp; *~ rat* kloakråtta

sewerage ['sjʊərɪdʒ] *s*, *~* [*system*] avloppsnät, kloaksystem

sewing ['səʊɪŋ] *s* sömnad, sömnadsarbete

sewing-machine ['səʊɪŋmə,ʃi:n] *s* symaskin

sewn [səʊn] pp. av *sew*

sex [seks] *s* **1** kön; *the fair ~* det täcka könet; *the weaker ~* det svaga könet **2 a**) sex, erotik **b**) fam. samlag; *have ~* älska, ligga med varandra **3** attr. köns- [*~ hormone*], sexuell, sex-; *~ appeal* se *appeal II 3*; *~ equality* jämställdhet mellan könen; *~ instinct* könsdrift; *~ instruction* sexualundervisning; *~ maniac* sexgalning

sexed [sekst] *a*, *highly ~* starkt erotisk

sexism ['seksɪzəm] *s* könsdiskriminering; manlig chauvinism

sexist ['seksɪst] **I** *s* manlig chauvinist **II** *a* manschauvinistisk

sex-kitten ['seks,kɪtn] *s* fam. sexbrud

sexless ['sekslәs] *a* könlös

sexploitation [,seksplɔɪ'teɪʃən] *s* könsexploatering i kommersiellt syfte

sex-starved ['sekssta:vd] *a* sexuellt utsvulten, sexhungrig

sextant ['sekstənt] *s* sextant

sextet[**te**] [seks'tet] *s* mus. sextett

sexton ['sekstən] *s* kyrkvaktmästare

sexual ['seksjʊəl] *a* sexuell; *the ~ act* könsakten; *~ attraction* erotisk dragningskraft; *~ desire* könsdrift; *~ intercourse* samlag, sexuellt umgänge; *~ organs* könsorgan, könsdelar; *~ reproduction* könlig fortplantning

sexuality [,seksjʊ'ælətɪ] *s* sexualitet

sexy ['seksɪ] *a* fam. sexig

sez [sez] fam. = *says*

Sgt. förk. för *sergeant*

sh [ʃ:] *interj* sch!, hysch!

shabby ['ʃæbɪ] *a* **1** sjabbig [*a ~ hotel*], sjaskig; luggsliten **2** tarvlig [*~ behaviour*]; *a ~ trick* ett fult spratt **3** snål

shabby-genteel ['ʃæbɪdʒen'ti:l] *a* 'fattigförnäm'

shack [ʃæk] *s* timmerkoja, hydda; kåk

shackle ['ʃækl] **I** *s* boja; pl. *~s* bojor, fjättrar **II** *tr* belägga med bojor, fjättra; binda; *be ~d with* bildl. vara bunden av

shade [ʃeɪd] **I** *s* **1** skugga [*keep in the ~, it's cooler; 30° in the ~*]; *be in the ~* bildl. leva ett liv i skymundan; *throw* (*put*) *into the ~* bildl. ställa i skuggan **2** konst., *light*[*s*] *and ~*[*s*] skuggor och dagrar **3** nyans, schattering; anstrykning, färgton; *delicate ~s of meaning* fina betydelseskiftningar (nyanser) **4** aning, smula [*I am a ~ better today*] **5** a) skärm [*lamp-shade*] b) [skydds]kupa c) [*window*] *~* Am. rullgardin d) fam., pl. *~s* solbrillor **6** litt., *the ~s of night* nattens skuggor (mörker) **II** *tr* **1** skugga [för] [*he ~d his eyes with his hand*] **2** skärma av, dämpa **3** skugga vid teckning, schattera

shadow ['ʃædəʊ] **I** *s* **1** skugga [*the ~ of a man against* (på) *the wall*], bildl. äv. slagskugga; *coming events cast their ~s before* [*them*] kommande händelser kastar sin [slag]skugga framför sig **2** skuggbild, skenbild; *he is only the ~ of his former self* han är bara en skugga av sitt forna jag **3** skugga, ständig följeslagare **4** skymt, hårsmån; *without* (*beyond*) *a ~ of doubt* (*the ~ of a doubt*) utan skuggan av ett tvivel **5** attr. skugg-; *~ boxing* skuggboxning; *~ cabinet* oppositionens skugg|kabinett, -regering **II** *tr* skugga [*the detective ~ed him*]

shadowy ['ʃædəʊɪ] *a* **1** skuggig **2** skugglik; *lead a ~ existence* föra ett skuggliv

shady ['ʃeɪdɪ] *a* **1** skuggig; skuggande [*a ~ tree*] **2** fam. skum [*a ~ customer* (figur)]; *the ~ side of politics* politikens avigsida

shaft [ʃɑ:ft] *s* **1** skaft på spjut, vissa verktyg m. m. **2** pil äv. bildl. [*~s of satire*] **3** skakel, skalm **4** schakt i gruva m. m. **5** trumma [*lift ~*]; [*ventilating*] *~* lufttrumma **6** mek. axel **7** [ljus]stråle; *a ~ of sunlight* en solstråle

shag [ʃæg] *s* shag[tobak]

shaggy ['ʃægɪ] *a* **1** raggig, lurvig [*a ~ dog*]; luden; buskig [*~ eyebrows*] **2** snårbevuxen **3** *a ~ dog story* en dår[finks]historia

shah [ʃɑ:] *s* shah, schah

shake [ʃeɪk] **A** (*shook shaken*) *vb* **I** *tr* (se äv. *III* o. fraser med *shake* under *fist, side* m. fl.) **1** skaka [ur], ruska, rista; skaka ner [*~ fruit from a tree*]; *~ o.s.* skaka på sig; *~ the dust from* (*off*) *o.'s feet* bildl. skudda stoftet av sina fötter; *~ hands* skaka hand; *~ hands on a th.* ta varandra i hand på ngt; *~ o.'s head* skaka på huvudet [*over* (*at*) åt] **2** [upp]skaka, göra upprörd; *he was much ~n by* (*at*) *the news* han blev mycket skakad av nyheten **3** skaka, komma att skaka [*the blast shook the building*], komma att skälva (darra); rubba, försvaga [*~ a p.'s alibi*]; *~ a p.'s faith* rubba ngn i hans tro **II** *itr* (se äv. *III*) **1** skaka, skälva, darra, bäva [*with* av] **2** fam. skaka hand **III** *tr* o. *itr* i förb. med adv.: *~* **down:** a) skaka ner [*~ down fruit from a tree*] b) prova, testa; *~* **off** skaka av [sig], bildl. äv. göra sig (bli) av med; *~* **up** skaka upp (om); *~ up a p.* rycka upp ngn [*from* ur]; ruska upp ngn; *~ up things* åstadkomma en uppryckning **B** *s* **1** skakning, ruskning; skälvning, darrning; *give it a good ~!* skaka [av (om, på)] det ordentligt! **2** se *milkshake* **3** mus. drill **4** fam. ögonblick; *in* [*half*] *a ~, in two ~s* [*of a lamb's tail*], *in a brace of ~s* på nolltid, på ett litet kick **5** sl., *no great ~s* inte mycket att hurra för

shakedown ['ʃeɪkdaʊn] *s* provisorisk bädd

shaken ['ʃeɪkən] pp. av *shake A*

shaker ['ʃeɪkə] *s* shaker [*cocktail ~*], [drink]blandare

Shakespeare ['ʃeɪkˌspɪə]

Shakespearian [ʃeɪk'spɪərɪən] *a* Shakespeare-; Shakespeares

shakeup ['ʃeɪkʌp] *s* fam. **1** uppryckning **2** ommöblering i t. ex. en regering

shaking ['ʃeɪkɪŋ] *s* skakning, ruskning; *get a ~* bli skakad; *give a th. a good ~* skaka om ngt ordentligt

shaky ['ʃeɪkɪ] *a* **1** skakig, skälvande, darrande [*speak in a ~ voice*] **2** ostadig, ranglig [*a ~ old table*] **3** vacklande [*a ~ government*]; osäker [*a ~ position*] **4** skral, skraltig [*feel ~*]; svag [*a ~ argument*]

shale [ʃeɪl] *s* skifferlera; skiffer [*~ oil*]

shall [ʃæl, obeton. ʃəl, ʃl] (imp. *should,* jfr d. o.) *hjälpvb* pres. skall; *I ~ meet him tomorrow* jag träffar (skall träffa) honom i morgon; *what ~ it be?* vad får det lov att vara?, vad får jag bjuda på?

shallot [ʃə'lɒt] *s* bot. schalottenlök

shallow ['ʃæləʊ] **I** *a* **1** grund [*~ water*]; flat [*a ~ dish*] **2** ytlig [*a ~ argument*] **II** *s,* vanl. *~s* (konstr. ss. sg. el. pl.) grund, grunt ställe

shalt [ʃælt] åld. 2 pers. sg. pres. av *shall*; *thou ~ not steal* bibl. du skall icke stjäla

sham [ʃæm] **I** *tr* simulera, hyckla; *~ illness* spela sjuk, simulera [sjukdom] **II** *itr* simulera, låtsas [*she's only ~ming*]; låtsas vara, spela [*~ dead*] **III** *s* **1** förställning, hyckleri [*his religion is all a* (bara) *~*], spel, humbug, bluff **2** imitation [*these pearls are ~s*] **3** bluffmakare, humbug, skojare; hycklare **IV** attr. *a* hycklad [*~ piety*], låtsad, fingerad, sken- [*a ~ attack*], låtsas-; oäkta [*~ pearls*]

shamateur ['ʃæmətə] *s* skenamatör

shamble ['ʃæmbl] **I** *itr* lufsa, hasa; *shambling gait* se följ. **II** *s* lufsande [gång]

shambles ['ʃæmblz] *s* fam. röra; *her room is a ~* hennes rum ser ut som ett slagfält

shame [ʃeɪm] **I** *s* skam, skamsenhet, blygsel; vanära; ~ *on you!* fy skam [på dig]!, fy skäms!; *what a ~!* så tråkigt (synd)!; *it's a great (crying) ~* det är stor (en evig) skam; *bring ~ [up]on* dra vanära (skam) över; *put a p. to ~* a) skämma ut ngn b) ställa ngn i skuggan; *be put to ~* få stå där med skammen; få känna sig underlägsen; *he is without (has no) ~* han har ingen skam i kroppen **II** *tr* göra skamsen, få att skämmas (blygas); skämma ut, dra vanära (skam) över

shamefaced ['ʃeɪmfeɪst] (adv. *shamefacedly* ['ʃeɪm'feɪstlɪ, -'feɪsɪdlɪ]) *a* **1** blyg, försagd **2** skamsen [*a ~ air* (min)]

shameful ['ʃeɪmfʊl] *a* skamlig, neslig

shameless ['ʃeɪmləs] *a* skamlös, fräck

shammy ['ʃæmɪ] *s*, *~ [leather]* sämskskinn

shampoo [ʃæm'pu:] **I** *tr* schamponera **II** *s* **1** schamponering; *give a p. a ~* schamponera ngn; *a ~ and set* tvättning och läggning **2** schampo, schamponeringsmedel

shamrock ['ʃæmrɒk] *s* bot. treklöver, [tre]-väppling äv. Irlands nationalemblem

shandy ['ʃændɪ] *s* öl och lemonad

Shanghai [ʃæŋ'haɪ] **I** egennamn **II** *tr* sl., *s~* sjanghaja

shank [ʃæŋk] *s* **1** a) skenben, skank b) kok. lägg; *rest o.'s weary ~s* fam. vila sina trötta ben; *ride (go on) Shanks's mare (pony)* använda apostlahästarna **2** skaft på verktyg, pipa m. m.; [hög] fot på glas

shan't [ʃɑ:nt] = *shall not*

shantung ['ʃæn'tʌŋ] *s* shantung

1 shanty ['ʃæntɪ] *s* skjul, kåk

2 shanty ['ʃæntɪ] *s* shanty arbetssång för sjömän

shanty-town ['ʃæntɪtaʊn] *s* kåkstad; slumkvarter

SHAPE [ʃeɪp] förk. för *Supreme Headquarters Allied Powers in Europe*

shape [ʃeɪp] **I** *s* **1** a) form, fason, gestalt[ning], utformning b) ordning, fason, hyfs; *assume a [more] definite ~* ta fast[are] form; *[spherical] in ~* .. till formen; *in any ~ or form* i någon [som helst] form, av något [som helst] slag; *in the ~ of* i form av; *get (put) a th. into ~* få ordning (fason) på ngt; *knock (lick) into ~* se resp. vb; *get out of ~* förlora formen (fasonen) **2** tillstånd, skick [*in bad ~*]; *in ~* i bra kondition; *his finances are in good ~* hans ekonomi är bra; *he is in good ~* han är i god form; *out of ~* i dålig kondition **3** skepnad, gestalt [*strange ~s in the fog*]; *in human ~* i människogestalt **II** *tr* **1** forma; staka ut [*~ o.'s future*]; skapa, gestalta; tekn. profilera; *~d like a pear* päronformig **2** avpassa, lämpa **III** *itr* **1** forma (gestalta) sig; formas, bildas; utveckla sig; *be shaping [up] well* arta sig [bra], se lovande ut **2** *~ up to* göra sig beredd att slåss mot, utmana

shapeless ['ʃeɪpləs] *a* formlös, oformlig

shapeliness ['ʃeɪplɪnəs] *s* vacker form

shapely ['ʃeɪplɪ] *a* välformad, välskapad, välsvarvad [*~ legs*]

shard [ʃɑ:d] *s* **1** zool. täckvinge **2** [kruk]-skärva

1 share [ʃeə] **I** *s* **1** del, andel [*~ of (in) the profit*]; lott; *do o.'s ~* göra sitt, dra sitt strå till stacken; *do o.'s ~ towards solving [the problem]* göra sin insats för att lösa ..; *go ~s* dela lika; *have a ~ in* a) vara medansvarig i b) få del av; *everybody had his ~* var och en fick sitt (sin del); *I've had my ~ of luck* jag har haft en god portion tur **2** aktie; andel; *~ index* aktie-, kurs|index; *hold ~s* ha aktier **II** *tr* **1** dela [*with a p.* med ngn]; ha del i, vara delaktig av (i) **2** *~ [out]* dela ut, fördela [*among* bland] **III** *itr* **1** dela; *~ and ~ alike* dela lika **2** *~ in* dela [*I will ~ in the cost with you*]; delta i [*he ~d in the planning of it*], ha del i, vara delaktig i

2 share [ʃeə] *s* plogbill

share-certificate ['ʃeəsəˌtɪfɪkət] *s* aktiebrev; andelsbevis

shareholder ['ʃeəˌhəʊldə] *s* aktieägare; *~s' meeting* bolagsstämma

1 shark [ʃɑ:k] *s* zool. haj

2 shark [ʃɑ:k] *s* fam. [börs]haj, bondfångare

sharp [ʃɑ:p] **I** *a* **1** skarp, vass [*a ~ knife*]; *a ~ nose* en spetsig (vass) näsa **2** skarp [*~ outlines*], markant, klar [*a ~ difference*]; skarpskuren [*~ features*] **3** skarp, tvär [*a ~ curve*]; stark, brant [*a ~ rise*] **4** stark [*a ~ taste*], stickande [*a ~ pang*], syrlig [*a ~ flavour*] **5** skarp [*~ eyes (ears)*]; lyhörd; vaken, intelligent, pigg **6** skarp [*a ~ rebuke; a ~ tongue*]; bitande **7** *~ is the word!, be ~!* sno (raska) på! **8** smart [*a ~ lawyer*], slipad, listig, knipslug; *~ practice[s]* fam. fula knep **9** mus.: **a**) höjd en halv ton; med #-förtecken; *A ~* m. fl. se under resp. bokstav **b**) en halv ton för hög **II** *s* mus. kors, #-förtecken, #; *~s and flats* svarta tangenter på t. ex. piano **III** *adv* **1** på slaget, prick [*at six [o'clock] ~*] **2** skarpt; tvärt [*turn* (ta av) *~ left*]; fort [*~!*], bums; *look ~!* sno (raska) på!

sharp-cut ['ʃɑ:pkʌt] *a* skarp[t markerad], skarpskuren [*~ features*]

sharpen ['ʃɑ:pən] **I** *tr* göra skarp[are] etc., jfr *sharp I*; skärpa äv. bildl. [*~ the tone*], vässa [*~ a pencil*]; bryna; [skarp]slipa **II** *itr* bli skarp[are] etc., jfr *sharp I*; skärpas etc.

sharpener ['ʃɑ:pnə] *s* pennvässare

sharper ['ʃɑ:pə] *s* fam. falskspelare, skojare

sharpness ['ʃɑ:pnəs] *s* skärpa

sharp-shooter ['ʃɑ:pˌʃu:tə] *s* prickskytt

sharp-sighted ['ʃɑ:p'saɪtɪd] *a* skarpsynt, bildl. äv. klarsynt

sharp-witted ['ʃɑ:p'wɪtɪd] *a* skarpsinnig
shatter ['ʃætə] **I** *tr* **1** splittra, bryta (slå) sönder, krossa **2** krossa [*~ a p.'s illusions*], omintetgöra [*~ a p.'s hopes*]; *~ed nerves* upprivna nerver **II** *itr* splittras, brytas sönder etc.; gå i kras
shattering ['ʃætərɪŋ] *a* förödande [*a ~ defeat*]; öronbedövande [*a ~ noise*]
shatterproof ['ʃætəpru:f] *a* splitterfri
shave [ʃeɪv] **A** (imp. *~d*; pp. *~d* el. isht ss. adj. *~n*) *vb* **I** *tr* **1** raka [*~ o.'s beard*; *~ a p.*]; *be (get) ~d* [låta] raka sig, bli rakad **2** skrapa, hyvla; *~ [off]* skrapa (skava, hyvla, raka) av **3** snudda vid **II** *itr* **1** raka sig **2** *~ past* stryka förbi [*the bullet ~d past me*] **B** *s* **1** rakning; *have (get) a ~* [låta] raka sig **2** fam. snudd; *it was a close (narrow, near) ~* det var nära ögat; *he had a close (narrow, near) ~* han hann undan med knapp nöd
shaven ['ʃeɪvn] **I** pp. av *shave* **II** *a* rakad [*clean-shaven*]
shaver ['ʃeɪvə] *s* **1** rakapparat [*electric ~*] **2** fam., [*young*] *~* pojkvasker
shaving ['ʃeɪvɪŋ] *s* **1** rakning; attr. rak- [*~ brush (cream)*]; *~ stick* raktvål **2** pl. *~s* [hyvel]spån
Shaw [ʃɔ:]
shawl [ʃɔ:l] *s* sjal, schal
she [ʃi:, obeton. ʃɪ] **I** (objektsform *her*) *pers pron* hon; om fartyg, bil, land m. m. den, det **II** (pl. *~s*) *s* kvinna, flicka; hona; hon [*is the child a he or a ~?*] **III** *a* ss. förled i sms. vid djurnamn hon-, -hona [*she-fox*]; jfr *she-cat* m. fl.
sheaf [ʃi:f] **I** (pl. *sheaves*) *s* **1** [sädes]kärve **2** bunt [*a ~ of papers*]; knippe [*a ~ of arrows*] **II** *tr* **1** binda i kärvar **2** bunta
shear [ʃɪə] (imp. *~ed*; pp. *shorn* el. *~ed*) *tr* **1** klippa [*~ sheep*]; klippa av; skära **2** bildl., *shorn of* berövad [*shorn of his power*]
shearer ['ʃɪərə] *s* **1** fårklippare **2** klippmaskin
shears [ʃɪəz] *s pl* [större] sax ullsax, trädgårdssax o. d.; *a pair of ~* en sax
sheath [ʃi:θ; i pl. ʃi:ðz] *s* **1** slida äv. bot., skida, balja; fodral; [*contraceptive*] *~* kondom **2** zool. täckvinge
sheathe [ʃi:ð] *tr* **1** sticka i slidan etc., jfr *sheath 1* **2** beklä, betäcka
sheath-knife ['ʃi:θnaɪf] *s* slidkniv
Sheba ['ʃi:bə] bibl. Saba
she-bear ['ʃi:beə] *s* björnhona
she-cat ['ʃi:kæt] *s* honkatt, katta
1 shed [ʃed] *s* skjul; bod [*tool ~*]; stall [*engine ~*]
2 shed [ʃed] (*shed shed*) *tr* **1** utgjuta [*~ blood*], gjuta; *blood will be ~* blod kommer att flyta; *~ tears* fälla tårar **2 a)** fälla [*~ feathers (leaves)*], tappa **b)** ta av sig [*~ o.'s clothes*] **c)** lägga bort [*~ a habit*] **3** sprida [*~ warmth*]; *~ light on* sprida ljus över, belysa
she'd [ʃi:d] = *she had*; *she would*
she-devil ['ʃi:ˌdevl] *s* djävulsk kvinna
sheen [ʃi:n] *s* glans [*the ~ of silk*], lyster
sheep [ʃi:p] (pl. lika) *s* får; jfr *black, wolf*; *separate the ~ from the goats* bildl. skilja fåren från getterna; [*he thought he might*] *as well be hanged for a ~ as for a lamb* ung. ..lika gärna stjäla en ko som en kalv [eftersom straffet blir lika högt], ..lika gärna löpa linan ut
sheep-dip ['ʃi:pdɪp] *s* **1** fårtvättning **2** tvättvätska för får
sheepdog ['ʃi:pdɒg] *s* fårhund
sheepfaced ['ʃi:pfeɪst] *a* förlägen, generad
sheep-farmer ['ʃi:pˌfɑ:mə] *s* fåruppfödare
sheepfold ['ʃi:pfəʊld] *s* fårfålla
sheep-hook ['ʃi:phʊk] *s* herde-, krum|stav
sheepish ['ʃi:pɪʃ] *a* förlägen, generad; fåraktig
1 sheer [ʃɪə] **I** *a* **1** ren [*~ nonsense (waste)*], idel [*~ envy*]; *~ folly (madness)* rena [rama] galenskapen **2** mycket tunn, skir [*~ material* (tyg)] **3** tvärbrant [*a ~ rock*], lodrät [*a ~ drop* (fall) *of 100 metres*], tvär **II** *adv* tvärbrant, rakt upp [*it rises ~*]
2 sheer [ʃɪə] *itr* isht sjö. gira; *~ off (away)* **a)** isht sjö. gira (vika) av **b)** bege sig i väg; *~ off (away) from a p.* fam. undvika ngn
sheet [ʃi:t] *s* **1** lakan **2** [tunn] plåt [*~ of metal*], platta, [tunn] skiva [*~ of glass*]; *~ iron* bleck[plåt], valsat järn; *~ metal* plåt **3** ark [*~ of notepaper*], blad [*map-sheet*]; *some ~s of paper* några papper (pappersark); *~ music* notblad; *a clean ~* bildl. ett fläckfritt förflutet **4** vidsträckt yta; *~ lightning* ytblixt[ar]; *~ of fire (flame)* eldhav; *~ of water* vidsträckt vattenyta
sheet-anchor ['ʃi:tˌæŋkə] *s* **1** sjö. pliktankare **2** bildl. räddningsplanka, sista utväg
Sheffield ['ʃefi:ld]
sheik[h] [ʃeɪk, ʃi:k] *s* shejk, schejk
Sheila ['ʃi:lə]
shekel ['ʃekl] *s* **1** bibl. sikel **2** sl., pl. *~s* schaber pengar
sheldrake ['ʃeldreɪk] *s* zool. gravand
shelduck ['ʃeldʌk] *s* zool. gravand; gravandshona
shelf [ʃelf] (pl. *shelves*) *s* **1** hylla; [*laid*] *on the ~* lagd på hyllan, skrinlagd **2** avsats; *the continental ~* kontinental|hyllan, -sockeln
shell [ʃel] **I** *s* **1 a)** hårt skal; snäckskal, snäcka **b)** [ärt]skida, [ärt]balja **c)** bildl., *come out of o.'s ~* krypa ur sitt skal **2** mil. **a)** granat **b)** patron, patronhylsa **II** *tr* **1** skala, rensa [*~ shrimps*], sprita [*~ peas*] **2** mil. bombardera, beskjuta [med granater] **3** fam., *~ out* punga ut med [*~ out money*]
she'll [ʃi:l] = *she will (shall)*

shellac [ʃə'læk, 'ʃelæk] **I** *s* schellack **II** *tr* **1** behandla med schellack **2** sl. ge stryk
shellacking [ʃə'lækɪŋ] *s* sl. stryk, omgång
Shelley ['ʃelɪ]
shellfish ['ʃelfɪʃ] *s* skaldjur
shellshock ['ʃelʃɒk] *s* granatchock slags psykisk chock
shelter ['ʃeltə] **I** *s* skydd [*from, against* för, mot]; lä; tillflykt; tak över huvudet, logi, husrum [*food, clothing, and* ~]; [*air-raid*] ~ skyddsrum; *bus* ~ regnskydd (väntkur) vid busshållplats **II** *tr* skydda, ge skydd [*from* för (mot)]; ge logi (husrum, tak över huvudet), inkvartera; *~ed from the wind* i skydd för vinden; ~ *o.s.* söka (finna) skydd **III** *itr* ta (finna, söka) skydd [*from* för (mot)]
sheltered ['ʃeltəd] *a* skyddad, lugn; *a ~ life* en skyddad tillvaro
shelve [ʃelv] *tr* **1** ställa upp på hyllan (hyllorna) **2** bordlägga, skrinlägga
shelves [ʃelvz] *s* pl. av *shelf*
shemozzle [ʃɪ'mɒzl] *s* se *schemozzle*
shepherd ['ʃepəd] **I** *s* herde äv. bildl., fåraherde; *~'s pie* slags köttpudding [med potatismos] **II** *tr* **1** vakta, valla **2** driva som en fårskock, fösa; ledsaga, leda
shepherd-boy ['ʃepədbɔɪ] *s* vallpojke
shepherd-dog ['ʃepəddɒg] *s* vallhund
shepherdess ['ʃepədɪs] *s* herdinna
Sheraton ['ʃerətən]
sherbet ['ʃɜ:bət] *s* **1** slags lemonad; ~ [*powder*] tomtebrus **2** sorbet, vattenglass
sheriff ['ʃerɪf] *s* **1** Engl., *High S~* el. ~ sheriff ämbetsman i ett grevskap **2** i USA sheriff polischef i ett grevskap
Sherlock ['ʃɜ:lɒk]
sherry ['ʃerɪ] *s* sherry
she's [ʃi:z, ʃɪz] = *she is, she has*
Shetland ['ʃetlənd] **I** geogr., ~ el. *the ~s* el. *the ~ Islands* Shetlandsöarna **II** *s* shetlandsponny **III** *a* shetlands- [~ *pony*]
Shetlander ['ʃetləndə] *s* shetländare
shew [ʃəʊ] (*shewed shewn*) *tr* o. *itr* åld. el. jur. = *show I-II*
shewbread ['ʃəʊbred] *s* bibl. skådebröd
shewn [ʃəʊn] pp. av *shew*
she-wolf ['ʃi:wʊlf] *s* varghona, varginna
shibboleth ['ʃɪbəleθ] *s* **1** schibbolet igenkänningstecken; lösen[ord]; slagord **2** [*outworn*] ~ förlegad doktrin
shield [ʃi:ld] **I** *s* **1** sköld, bildl. äv. [be]skydd, värn **2** herald. [vapen]sköld **3** på maskin skyddsplåt, skärm **4** Am. [polis]bricka **II** *tr* skydda [*from* mot, för], värna [*from* mot]
shift [ʃɪft] **I** *tr* skifta [~ *wheels*]; flytta [om]; ~ *the blame on to a p.* skjuta (vältra) över skulden på ngn; ~ *gears* motor. växla; ~ *o.'s ground* ändra ståndpunkt **II** *itr* **1** skifta, växla, ändra sig; ändra ställning [*he ~ed in his seat*]; *he ~ed into second gear* han lade in tvåans växel; *~ing sand* driv-, flyg|sand; *the ~ing seasons* de växlande årstiderna; ~ *about* svänga hit och dit; flytta omkring (runt) **2** förskjuta sig [*the cargo has ~ed*], förskjutas **3** klara (reda) sig; *he must ~ for himself* han måste klara sig själv **III** *s* **1** förändring, [om]byte, skifte; växling; ~ *of crops* växelbruk; *by ~s* växel-, skiftes|vis **2** [arbets]skift [*work in three ~s*] **3** nödfallsutväg; *make ~ with* (*without*) *a th.* försöka klara sig så gott man kan med (utan) ngt **4** växel[spak]; [ut]växling; *automatic* ~ automatväxel; *floor* ~ golvväxel **5** fon. [ljud]skridning **6** skift, omskiftare på skrivmaskin **7** rak tunn klänning
shift-key ['ʃɪftki:] *s* omskiftare på skrivmaskin
shifty ['ʃɪftɪ] *a* opålitlig, lömsk [*a ~ customer* (figur)]; ~ *eyes* en ostadig blick
shilling ['ʃɪlɪŋ] *s* shilling förr eng. mynt = 1/20 pund; *cut off with a* ~ göra arvlös
shilly-shally ['ʃɪlɪˌʃælɪ] **I** *itr* vela [hit och dit], vackla **II** *s* velande, vacklan[de] **III** *a* velande, vacklande [*a ~ attitude*]
shimmer ['ʃɪmə] **I** *itr* skimra, glimma **II** *s* skimmer
shin [ʃɪn] **I** *s* sken-, smal|ben **II** *itr*, ~ *up* [*a drain-pipe*] klättra uppför . .
shin-bone ['ʃɪnbəʊn] *s* skenben
shindy ['ʃɪndɪ] *s* bråk, gräl; oväsen
shin|e [ʃaɪn] **A** (*shone shone*, i bet. *II 1* o. ibl. äv. annars *~d ~d*) *vb* **I** *itr* skina; lysa; glänsa äv. bildl., vara lysande [~ *at* (i) *tennis*]; stråla [*his face shone with* (av) *happiness*]; blänka; *a -ing example* ett lysande exempel (föredöme) **II** *tr* **1** fam. putsa, blanka [~ *boots*] **2** lysa med; ~ *a torch in a p.'s face* lysa ngn i ansiktet med en ficklampa **B** *s* **1** glans, sken, blankhet **2** fam. solsken; *rain or ~* se *rain I*
1 shingle ['ʃɪŋgl] *s* klappersten på sjöstrand o. d.
2 shingle ['ʃɪŋgl] *s* **1** [tak]spån; [tak]platta **2** shingel pojkklippning
shingles ['ʃɪŋglz] (konstr. ss. sg.) *s* med. bältros
shinguard ['ʃɪŋgɑ:d] *s* o. **shinpad** ['ʃɪnpæd] *s* sport. benskydd
shiny ['ʃaɪnɪ] *a* **1** skinande, glänsande; skinande blank, blankputsad [~ *shoes*]; klar, strålande, blank [*a ~ nose*] **2** blanksliten
ship [ʃɪp] **I** *s* skepp, fartyg; ~ *steward* se *steward 2*; ~['*s*] *biscuit* skeppsskorpa **II** *tr* **1** skeppa in, ta (föra) ombord [~ *goods* (*passengers*)], ta in; ~ [*the*] *oars* ta in årorna; ~ *a sea* få en sjö över sig; ~ *water* ta in vatten **2** sända, transportera [~ *goods by boat* (*rail*)], avlasta, skeppa
shipbuilder ['ʃɪpˌbɪldə] *s* skeppsbyggare

shipbuilding ['ʃɪpˌbɪldɪŋ] *s* skeppsbyggeri; ~ *yard* skeppsvarv
shipload ['ʃɪpləʊd] *s* skepps-, fartygs|last
shipmate ['ʃɪpmeɪt] *s* skeppskamrat; medpassagerare
shipment ['ʃɪpmənt] *s* **1** inskeppning **2** sändning, transport, avlastning, skeppning; [skepps]last, [skeppat] parti
shipowner ['ʃɪpˌəʊnə] *s* [skepps]redare
shipper ['ʃɪpə] *s* avlastare, befraktare; speditör
shipping ['ʃɪpɪŋ] *s* **1** tonnage **2** sjöfart; skeppning, [av]sändande; ~ *agent* skeppsklarerare; ~ *company* rederi; ~ *office* a) skeppsklarerarkontor; rederikontor b) sjömanshus; ~ *route* trad[e]
shipshape ['ʃɪpʃeɪp] *a* o. *adv* bildl. i mönstergill ordning [*the room was snug and* ~]; snygg[t] och prydlig[t]; ~ *and Bristol fashion* klappat och klart; fix och färdig
shipwreck ['ʃɪprek] **I** *s* skeppsbrott, förlisning, haveri **II** *tr* komma att förlisa; pp.: ~*ed* skeppsbruten, förlist; *be* ~*ed* lida skeppsbrott, förlisa
shipwright ['ʃɪpraɪt] *s* skeppsbyggare
shipyard ['ʃɪpjɑːd] *s* skeppsvarv
shire ['ʃaɪə, i bet. *2* -ʃɪə, -ʃə] *s* **1** grevskap **2** efterled i grevskapsnamn [*Yorkshire*]
shirk [ʃɜːk] **I** *tr* [försöka] dra sig undan, smita från [~ *work*, ~ *a duty*] **II** *itr* [försöka] dra sig undan, [försöka] smita
shirker ['ʃɜːkə] *s* skolkare
shirt [ʃɜːt] *s* **1** skjorta; sport. tröja; *keep your* ~ *on!* sl. ta't lugnt!; *put o.'s* ~ *on* [*a horse*] sl. sätta sitt sista öre på . . **2** [skjort]blus
shirt-blouse ['ʃɜːtblaʊz] *s* skjortblus
shirt-front ['ʃɜːtfrʌnt] *s* skjortbröst
shirting ['ʃɜːtɪŋ] *s* skjorttyg
shirt-sleeve ['ʃɜːtsliːv] *s* skjortärm
shirt-waist ['ʃɜːtweɪst] *s* [skjort]blus
shirty ['ʃɜːtɪ] *a* sl. förbannad arg; stött förnärmad
shish kebab ['ʃɪʃkɪ'bæb] *s* kok. grillspett
shit [ʃɪt] vulg. **I** *s* skit **II** (*shit shit* el. ~*ted* ~*ted*) *itr* skita **III** *interj* fan [också]!, jävlar!
1 shiver ['ʃɪvə] **I** *s* skärva, flisa; *break* [*in*]*to* ~*s* slå i bitar **II** *itr* splittras, flyga i bitar
2 shiver ['ʃɪvə] **I** *itr* darra, skälva, huttra, rysa [~ *with* (av) *cold*] **II** *s* darrning, skälvning, rysning; *a cold* ~ *ran down my back* det gick kalla kårar efter ryggen på mig; *it gives me the* ~*s* fam. det kommer mig att rysa
shivery ['ʃɪvərɪ] *a* darrig; rysande
1 shoal [ʃəʊl] *s* **1** stim [*a* ~ *of herring*] **2** massa, mängd; *in* ~*s* i massor
2 shoal [ʃəʊl] *s* grund, [sand]rev
1 shock [ʃɒk] *s, a* ~ *of hair* en massa hår, en [tjock] kalufs
2 shock [ʃɒk] **I** *s* **1** [våldsam] stöt, [kraftig] törn; ~ *wave* stötvåg, chockvåg, tryckvåg **2** [*electric*] ~ [elektrisk] stöt **3** chock **II** *tr* uppröra, chockera, chocka
shock-absorber ['ʃɒkəbˌsɔːbə, -əbˌz-] *s* stötdämpare
shocker ['ʃɒkə] *s* fam. **1** sensations-, skräck|roman, rysare **2** *it's a* ~ det är uruselt
shockheaded ['ʃɒkˌhedɪd] *a* med tjock kalufs; rufsig [i håret]
shocking ['ʃɒkɪŋ] *a* upprörande, chockerande; fam. förskräcklig [*a* ~ *blunder*]
shockproof ['ʃɒkpruːf] *a* stötsäker
shod [ʃɒd] imp. o. pp. av *shoe*
shoddy ['ʃɒdɪ] **I** *s* **1** lump-, konst|ull, schoddy **2** smörja, skräp **II** *a* **1** lumpulls-, konstulls-, schoddy- [~ *cloth*] **2** tarvlig, lumpen [*a* ~ *trick*]; sjabbig, sjaskig; usel
shoe [ʃuː] **I** *s* **1** sko, isht lågsko, Am. äv. känga; *he's too big for his* ~*s* fam. han är [för] stöddig (mallig); *I wouldn't be in your* ~*s* [*for a million pounds*] fam. jag skulle inte vilja vara i dina skor (kläder) . .; *put yourself in my* ~*s!* sätt dig in i min situation!; *step into a p.'s* ~*s* fam. axla ngns kappa, efterträda ngn **2** = *brake-shoe* **II** (*shod shod*) *tr* sko [~ *a horse*]
shoeblack ['ʃuːblæk] *s* sko|putsare, -borstare
shoehorn ['ʃuːhɔːn] *s* skohorn
shoelace ['ʃuːleɪs] *s* sko|snöre, -rem
shoemaker ['ʃuːˌmeɪkə] *s* skomakare
shoeshine ['ʃuːʃaɪn] *s* skoputsning
shoestring ['ʃuːstrɪŋ] *s* **1** Am. sko|snöre, -rem **2** [*start business*] *on a* ~ . . med små medel, . . på lösa boliner
shone [ʃɒn, Am. ʃəʊn] imp. o. pp. av *shine A*
shook [ʃʊk] imp. av *shake A*
shoot [ʃuːt] **I** (*shot shot*) *itr* **1** skjuta [*at* på, mot, efter] **2** jaga; *be* (*go*) *out* ~*ing* vara [ute] (gå [ut]) på jakt **3** [blixtsnabbt] fara [*he shot out of the door*], rusa, susa [*he shot past me on his bike*], flyga, vina [*the arrow shot past him*]; ~ *ahead* kasta sig (rusa) fram; ~ *up* skjuta (slå) upp [*flames were* ~*ing up*]; rusa i höjden [*prices shot up*] **4** fotografera, filma, skjuta **5** ~*!* fam. ut med språket!; kör på!, sätt igång! **II** (*shot shot*) *tr* **1** skjuta; arkebusera; skjuta av [~ *a pistol at* (mot) *a p.*]; ~ *a line* sl. skryta, vilja imponera; ~ *it out* fam. göra upp med skjutvapen **2** kasta [~ *a glance at a p.*]; [*the snake*] *shot its tongue out* . . sköt ut tungan **3** jaga [~ *hares*] **4** filma, skjuta; spela in [~ *a film*], ta [~ *a scene*] **5** sport. skjuta **6** stjälpa av [~ *rubbish*], vräka [ned] **7** ~ *the rapids* fara (driva) utför forsarna; ~ *the traffic-lights* fam. köra mot rött ljus **8** ~ *a bolt* a) skjuta för en regel b) dra ifrån en regel **9** Am. fam. spela [~ *craps* (*dice*)] **III** *s*

1 bot. skott **2** ränna, rutschbana **3** [sop]-nedkast **4** jaktsällskap; jakt[tur] **5** fam., *the whole ~* hela klabbet

shooter ['ʃu:tə] *s* [skjut]vapen; ss. efterled i sms. se t. ex. *six-shooter*

shooting ['ʃu:tɪŋ] *s* **1** skjutning, skjutande; attr. skjut- [*~ practice*]; *~ incident* skottintermezzo **2** jakt; *~ season* jakt|tid, -säsong **3** filmning, skjutning

shooting-brake ['ʃu:tɪŋbreɪk] *s* kombi-, stations|vagn

shooting-gallery ['ʃu:tɪŋ,gæləri] *s* täckt skjutbana

shooting-iron ['ʃu:tɪŋ,aɪən] *s* sl. skjutjärn vapen

shooting-range ['ʃu:tɪŋreɪndʒ] *s* skjutbana

shooting-star ['ʃu:tɪŋstɑ:] *s* stjärn|skott, -fall

shooting-stick ['ʃu:tɪŋstɪk] *s* sittkäpp

shop [ʃɒp] **I** *s* **1** affär, butik, bod, shop; *set up ~* öppna affär (eget); *set up ~ in* [*London*] fam. slå sig ner i . . ; *shut up ~* fam. slå igen butiken sluta; *all over the ~* fam. i en enda röra; åt alla håll; *come* (*go*) *to the wrong ~* fam. komma till fel person (ställe) **2** verkstad, [mindre] fabrik; *closed ~* se *1 close I 1* **3** fam., *talk ~* prata fack (jobb) **II** *itr* **1** göra [sina] inköp, handla, shoppa; *~ around* se sig omkring före köpet; *~* [*around*] *for* leta efter; *go ~ping* gå [ut] och handla (shoppa) **2** *~ on a p.* sl. tjalla på ngn

shop-assistant ['ʃɒpə,sɪstənt] *s* affärsbiträde, expedit

shop-breaking ['ʃɒp,breɪkɪŋ] *s* butiksinbrott

shop-floor ['ʃɒpflɔ:] *s* verkstadsgolv [*on the ~*]; *the ~* äv. arbetarna på verkstadsgolvet

shop-front ['ʃɒpfrʌnt] *s* **1** skyltfönster **2** bildl. fasad

shopkeeper ['ʃɒp,ki:pə] *s* butiks-, affärs|innehavare, handlande

shop-lifter ['ʃɒp,lɪftə] *s* [butiks]snattare

shop-lifting ['ʃɒp,lɪftɪŋ] *s* [butiks]snatteri

shopper ['ʃɒpə] *s* person som är ute och handlar (shoppar)

shopping ['ʃɒpɪŋ] *s* inköp, shopping; *do some ~* göra några inköp, handla (shoppa) lite; *~ bag* shopping|väska, -bag; *~ cart* (*trolley*) shoppingvagn; *~ centre* köp-, affärs|centrum

shop-soiled ['ʃɒpsɔɪld] *a* butiksskadad

shop-steward ['ʃɒp,stjuəd] *s* arbetares förtroendeman; fackligt ombud

shop-walker ['ʃɒp,wɔ:kə] *s* butikskontrollant; varuhus|värd, -värdinna

shop-window ['ʃɒp'wɪndəʊ] *s* skylt-, butiks|fönster; *put all o.'s goods in the ~* bildl. försöka visa sig från sin bästa sida

1 shore [ʃɔ:] *s* strand; kust [*a rocky ~*]; *~ leave* sjö. landpermission

2 shore [ʃɔ:] **I** *s* stötta **II** *tr* stötta [*up* upp]

shorn [ʃɔ:n] pp. av *shear*

short [ʃɔ:t] **I** *a* **1** kort, kort[varig], kort[-fattad] [*a ~ speech*], kort[vuxen] [*a ~ man*]; *~ for*[en] förkortning för; *~ circuit* elektr. kortslutning; *~ cut* genväg; *a ~ memory* [ett] dåligt minne; *~ sight* närsynthet; *~ story* novell; *cut a p.* (*a th.*) *~* avbryta ngn (ngt) [tvärt]; *to cut it* (*a long story*) *~* kort sagt, för att fatta mig kort; *~ and sweet* kort [och bra] **2** knapp [*a ~ allowance*], för kort [*the coat was 10 centimetres ~*]; *we are £5 ~* det fattas 5 pund för oss; *~ commons* se *commons 2*; *win by a ~ head* vinna med en knapp huvudlängd; *fuel is in ~ supply* det är knapp tillgång på bränsle; *give ~ weight* väga knappt (snålt); *~* **of** a) otillräckligt försedd med b) så när som på, utom [*he will do everything ~ of that*]; *~ of breath* andfådd, andtäppt; [*no improvement is possible*] *~ of the abolition of the whole system* . . med mindre [än att] hela systemet avskaffas; *little ~ of* närapå, snudd på [*it was little ~ of a scandal*]; *little ~ of a miracle can* [*save him*] det behövs nära nog ett under för att . . ; **be ~ of** ha ont om [*I am ~ of money*], ha brist på; *it's a few minutes ~ of ten* klockan fattas några minuter i tio; *come* (*fall, go, run*) *~* [*of*] se under *II 2*; **be ~ on** sakna, vara utan [*be ~ on ideas*] **3** kort, tvär, brysk [*with* mot]
II *adv* **1** tvärt, plötsligt; *bring up ~* stoppa (hejda) tvärt; *pull up* (*stop*) *~* tvärstanna **2** otillräckligt; *come* (*fall*) *~ of* inte gå upp mot; understiga [*fall ~ of demand by* (med) *17 per cent*]; inte motsvara, svika [*fall ~ of a p.'s expectations*]; *go ~* bli utan [*of a th.* ngt]; *run ~* [börja] lida brist [*of* på]; [börja] ta slut **3** *~ of* se under *I 2*
III *s* **1** a) kort stavelse b) kort [signal] i morsealfabetet **2** pl.: *~s* shorts, kortbyxor **3** *for ~* för korthetens skull; *in ~* kort sagt, kort och gott; *the long and ~ of it* (*of the matter*) summan av kardemumman **4** fam. kortfilm **5** fam. kortslutning

shortage ['ʃɔ:tɪdʒ] *s* brist, knapphet; underskott [*of* på]; *teacher ~* lärarbrist; *there is a ~ of butter* det är brist på smör

shortbread ['ʃɔ:tbred] *s* o. **shortcake** ['ʃɔ:tkeɪk] *s* mördegskaka

short-circuit ['ʃɔ:t'sɜ:kɪt] **I** *s* kortslutning **II** *tr* **1** orsaka kortslutning i, kortsluta **2** förkorta, förenkla

shortcoming ['ʃɔ:t,kʌmɪŋ] *s* brist, fel

shorten ['ʃɔ:tn] **I** *tr* förkorta, göra kortare, minska, korta [av], ta av; sömn. lägga upp **II** *itr* bli kortare, förkortas, minska

shortening ['ʃɔ:tnɪŋ] *s* **1** förkortning **2**

matfett (smör, margarin o. d.) till bakning
shortfall ['ʃɔ:tfɔ:l] *s* brist, underskott, minus [*a ~ of £50*]; underproduktion
shorthand ['ʃɔ:thænd] *s* stenografi; attr. äv. stenografisk [*~ report*]; *~ typist* stenograf och maskinskriverska; *take a th. down in ~* stenografera [ner] ngt
short-lived ['ʃɔ:t'lɪvd] *a* kort|livad, -varig
shortly ['ʃɔ:tlɪ] *adv* **1** kort [*~ after*], strax [*~ before noon*]; inom kort **2** kortfattat
short-range ['ʃɔ:t'reɪndʒ] *a* kortdistans-; kortsiktig [*~ plans*]
short-sighted ['ʃɔ:t'saɪtɪd] *a* **1** närsynt **2** kortsynt
short-tempered ['ʃɔ:t'tempəd] *a* obehärskad, häftig, lättretad
short-term ['ʃɔ:ttɜ:m] *a* **1** hand. kortfristig [*~ loan*] **2** kortsiktig [*~ policy*]
shortwave ['ʃɔ:tweɪv] *s* radio. kortvåg; attr. kortvågs- [*~ receiver* (*sender*)]
short-winded ['ʃɔ:t'wɪndɪd] *a* [som lätt blir] andfådd
1 shot [ʃɒt] **I** imp. o. pp. av *shoot* **II** *a* **1** vattrad [*~ silk*]; *~ with blue* blåskiftande **2** *get ~ of a th.* fam. bli kvitt ngt
2 shot [ʃɒt] *s* **1** skott [*at* mot, på, efter]; *blank ~* löst skott; *he was off like a ~* fam. han for i väg som ett skott; *he did it like a ~* fam. han gjorde det på fläcken **2** (pl. lika) kula **3** skytt; *he is a good ~* äv. han skjuter bra **4** foto, kort; tagning; scen [*exterior ~s*] **5** fam. försök, gissning; *a ~ in the dark* en lös gissning; *have a ~ at it!* gör ett försök!; *it's a long ~* det är en lös gissning; *not by a long ~* inte på långt när **6** sport. o. d. a) fotb. o. d. skott, boll b) kula; *put the ~* stöta kula; *putting the ~* kulstötning, kula **7** fam. dos[is]; spruta [*get a ~ of morphine*]; *a ~ in the arm* en spruta i armen **8** *big ~* se under *big*
shotgun ['ʃɒtgʌn] *s* hagelgevär, hagelbössa
should [ʃʊd, obeton. äv. ʃəd] *hjälpvb* (imp. av *shall*) skulle; borde, bör [*you ~ see a doctor*]; skall [*it is surprising that he ~ be so foolish*]; skulle kunna [*I lent him the book so that he ~ study the subject*]; *how ~ I know?* hur skall (skulle) jag kunna veta det?
shoulder ['ʃəʊldə] **I** *s* **1** skuldra, axel; på kreatur o. kok. bog[parti]; *~ of mutton* fårbog; *~ to ~* skuldra vid skuldra, sida vid sida äv. bildl.; *give the cold ~* se *cold-shoulder*; *put* (*set*) *o.'s ~ to the wheel* bildl. lägga manken till; *rub ~s with* se *rub I*; *speak straight from the ~* tala rent ut; *take a th. on o.'s ~s* bildl. ta ngt på sitt ansvar **2** vägkant **II** *tr* **1** lägga på (över) axeln [*~ a burden*], axla; *~ arms!* mil. på axel gevär! **2** knuffa [*~ o.'s way* (sig fram)] **3** ta på sig [*~ the blame*]
shoulder-bag ['ʃəʊldəbæg] *s* axel[rems]väska
shoulder-belt ['ʃəʊldəbelt] *s* axelgehäng
shoulder-blade ['ʃəʊldəbleɪd] *s* skulderblad
shouldered ['ʃəʊldəd] *pp* o. *a* ss. efterled i sms. -axlad [*broad-shouldered*]
shoulder-strap ['ʃəʊldəstræp] *s* **1** mil. axelklaff **2** axelrem **3** axelband på damplagg
shouldn't ['ʃʊdnt] = *should not*
shouldst [ʃʊdst] åld. 2 pers. sg. av *should* [*thou ~*]
shout [ʃaʊt] **I** *itr* o. *tr* skrika; ropa, gapa [och skrika]; *~ a p. down* överrösta ngn; *~ out* ropa (skrika) högt; skrika (ropa) ut [*~ out o.'s orders*] **II** *s* skrik, rop, hojtande
shouting ['ʃaʊtɪŋ] *s* skrik[ande]; *it's all over bar* (*but*) *the ~* fam. saken är klar
shove [ʃʌv] **I** *tr* **1** skjuta, knuffa **2** fam. stoppa [*~ it in the drawer*] **II** *itr* knuffas, skuffas; *~ off* a) stöta ut [från land] b) fam. sticka [i väg] **III** *s* knuff, stöt, skjuts
shove-ha'penny ['ʃʌv'heɪpnɪ] *s* 'myntknuff' spel med mynt som petas till på ett bräde
shovel ['ʃʌvl] **I** *s* skovel; skyffel **II** *itr* o. *tr* skovla, skyffla, skotta
shovelful ['ʃʌvlfʊl] *s*, *two ~s of earth* två skovlar jord (mull)
show [ʃəʊ] **I** (*showed shown*, sällan *showed*) *tr* **1** visa, visa fram, förete, visa upp [*~ o.'s passport*], ställa ut [*~ pictures*], se äv. fraser under *face, fight, leg*; *time will ~* det får framtiden utvisa; *~ o.'s hand* (*cards*) bildl. bekänna färg (kort); *that just ~s you!* fam. där ser du!; *that'll ~ them!* fam. då ska dom få se!; *we had nothing to ~ for our pains* (*efforts*) våra ansträngningar ledde inte till något resultat; *I had something to ~ for my money* jag fick verkligen ut någonting för pengarna; *~ off* visa upp, [vilja] briljera (skryta) med; visa, framhäva [*the dress ~ed off her figure*]; *~ up* a) visa upp b) avslöja [*~ up a fraud*] **2** ange, visa [*a barometer ~s the air pressure*] **3** visa [vägen]; följa, ledsaga [*~ a p. to the door*]; *~ a p. the door* visa ngn på dörren **4** påvisa, bevisa [*we have ~n that the story is false*] **II** (*showed shown*, sällan *showed*) *itr* **1** visa sig, synas, vara (bli) synlig; *it doesn't ~* det syns inte; *your slip is ~ing* din underkjol syns; *~ to advantage* visa sig från sin bästa sida; *~ up* a) synas tydligt, framträda b) fam. visa sig, dyka upp **2** *~ off* [vilja] briljera (glänsa), göra sig till **3** visas, spelas, gå [*the film is ~ing at the Grand*] **III** *s* **1** utställning [*flower-show*]; uppvisning [*air ~*]; [teater]föreställning, revy, show; *good ~!* bravo!, fint!; *put up a good ~* göra mycket bra ifrån sig; *be on ~* vara utställd, kunna beses **2** a) anblick, syn [*it was a beautiful ~*] b) yttre glans, ståt,

prål [*empty* ~] c) sken [*a* ~ *of truth*] d) skymt [*there is a* ~ *of reason in it*]; [*the orchard*] *made a magnificent* ~ .. erbjöd en praktfull anblick; *he made a poor* ~ han gjorde en slät figur; *make a* ~ *of* [vilja] lysa (briljera) med; *make a* ~ *of being* [*rich*] ge sig sken av att vara .. ; *make a* ~ *of o.s.* göra bort sig; *he didn't offer even a* ~ *of resistance* han gjorde inte ens min av att vilja göra motstånd **3** ~ *of force* (*strength*) styrkedemonstration; [*a*] ~ *of hands* handuppräckning vid votering **4** fam. affär, historia; *give the* [*whole*] ~ *away* avslöja alltihop; *run the* ~ basa för det hela, sköta [hela] ruljangsen

showbill ['ʃəʊbɪl] *s* teater-, revy|affisch

show-biz ['ʃəʊbɪz] *s* fam. kortform för *show-business*

show-business ['ʃəʊˌbɪznəs] *s* showbusiness, showbiz, nöjesbranschen, nöjesvärlden

show-case ['ʃəʊkeɪs] *s* monter; utställningsskåp

showdown ['ʃəʊdaʊn] *s* uppgörelse; kraftmätning

shower ['ʃaʊə] **I** *s* **1** skur [*a* ~ *of stones*]; bildl. äv. ström, regn [*a* ~ *of gifts* (*honours*)] **2** dusch **II** *itr* **1** falla i skurar, strömma ned [ofta ~ *down*], bildl. äv. hagla [*upon* över] **2** duscha **III** *tr* **1** låta regna ned; bildl. över|hopa, -ösa; ~ *abuse upon a p.* överösa ngn med ovett; ~ [*down*] *gifts upon a p.* överhopa ngn med gåvor **2** duscha [över]

shower-bath ['ʃaʊəbɑːθ] *s* dusch

showerproof ['ʃaʊəpruːf] *a* regn-, vatten|tät

showery ['ʃaʊərɪ] *a* regnig, regn-

show-girl ['ʃəʊgɜːl] *s* balettflicka

showing ['ʃəʊɪŋ] *s* **1** [före]visning [*the* ~ *of a film*] **2** *she made a bad* ~ hon gjorde ett dåligt intryck **3** *on your own* ~ som du [själv] har påvisat (erkänt)

show-jumping ['ʃəʊˌdʒʌmpɪŋ] *s* ridk. hoppning

showman ['ʃəʊmən] *s* **1** cirkusdirektör **2** teater-, revy|direktör; showman

showmanship ['ʃəʊmənʃɪp] *s* **1** artisteri **2** sinne för PR

shown [ʃəʊn] pp. av *show*

showpiece ['ʃəʊpiːs] *s* **1** utställningsföremål; turistattraktion **2** paradnummer

showroom ['ʃəʊrʊm] *s* utställningslokal

show-window ['ʃəʊˌwɪndəʊ] *s* skyltfönster

showy ['ʃəʊɪ] *a* grann, prålig; flärdfull

shrank [ʃræŋk] imp. av *shrink*

shrapnel ['ʃræpnəl] *s* mil. **1** granatsplitter **2** granatkartesch [äv. ~ *shell*]

shred [ʃred] **I** *s* remsa, strimla, lapp, stycke; *without a* ~ *of clothing on him* (*her*) utan en tråd på kroppen; *not a* ~ *of evidence* inte en tillstymmelse till bevis; *in* ~*s* i trasor, söndertrasad **II** *tr* skära (klippa, riva) i remsor (strimlor etc., jfr *I*), strimla; riva (slita, trasa) sönder; ~*ded tobacco* finskuren tobak; ~*ded wheat* slags vetekudde som äts med mjölk till frukost

shrew [ʃruː] *s* **1** argbigga, ragata **2** zool. näbbmus

shrewd [ʃruːd] *a* skarp[sinnig], vaken [*a* ~ *observer*], klipsk, klok, klyftig [*a* ~ *remark*]; slug, smart [*a* ~ *businessman*]

shrew-|mouse ['ʃruː|maʊs] (pl. *-mice* [-maɪs]) *s* zool. näbbmus

shriek [ʃriːk] **I** *itr* [gall]skrika; tjuta [~ *with* (av) *laughter*] **II** *s* [gällt] skrik, gallskrik

shrift [ʃrɪft] *s, short* ~ jur. kort frist; *give a p. short* ~ göra processen kort med ngn

shrill [ʃrɪl] *a* gäll, genomträngande [*a* ~ *cry*]

shrimp [ʃrɪmp] **I** *s* **1** [liten] räka, tångräka **2** bildl. puttefnask, plutt **II** *itr* fånga räkor

shrine [ʃraɪn] *s* **1** relik-, helgon|skrin; helgonaltare **2** helgedom

shrink [ʃrɪŋk] **I** (*shrank shrunk*) *itr* **1** krympa [*the shirt will not* ~], krympa ihop; *warranted not to* ~ hand. garanterat krympfri **2** ~ [*back*] rygga [tillbaka] [*at* vid, för; *from* för]; ~ *from doing a th.* dra sig för att göra ngt **II** (för tema se *I*) *tr* [komma att] krympa [*hot water* ~*s woollen clothes*] **III** *s* **1** krympning **2** sl. hjärnskrynklare psykiater

shrinkable ['ʃrɪŋkəbl] *a* krympbar

shrinkage ['ʃrɪŋkɪdʒ] *s* krympning; *allow for* ~ beräkna krympmån

shrinkproof ['ʃrɪŋkpruːf] *a* o. **shrink-resistant** ['ʃrɪŋkrɪˌzɪstənt] *a* krympfri

shrink-wrap ['ʃrɪŋkræp] *tr* svepa in i plastfolie

shrivel ['ʃrɪvl] **I** *itr,* ~ [*up*] skrumpna; skrynkla ihop sig **II** *tr,* ~ [*up*] komma att skrumpna (skrynkla ihop sig)

shrivelled ['ʃrɪvld] *a* skrumpen, rynkig

Shropshire ['ʃrɒpʃɪə, -ʃə]

shroud [ʃraʊd] **I** *s* **1** [lik]svepning **2** bildl. hölje, slöja [*a* ~ *of mystery*] **II** *tr* **1** svepa lik **2** hölja, dölja [~*ed in fog*]; ~*ed in mystery* höljd i dunkel

Shrove [ʃrəʊv] *s,* ~ *Sunday* fastlagssöndag[en]; ~ *Tuesday* fettisdag[en]

Shrovetide ['ʃrəʊvtaɪd] *s* fastlag[en]

shrub [ʃrʌb] *s* buske

shrubbery ['ʃrʌbərɪ] *s* buskage

shrug [ʃrʌg] **I** *tr,* ~ *o.'s shoulders* rycka på axlarna [*at* åt]; ~ *away* se ~ *off a*); ~ *off* a) avfärda med en axelryckning b) göra sig kvitt **II** *s,* ~ [*of the shoulders*] axelryckning

shrunk [ʃrʌŋk] pp. av *shrink*

shrunken ['ʃrʌŋkən] *a* hopfallen, insjunken [~ *cheeks*], skrumpen [*a* ~ *apple*]

shuck [ʃʌk] Am. **I** *s* **1** hårt skal **2** fam., ~*s!*

äsch!; usch! **II** *tr* skala; sprita [~ *peas*]
shudder ['ʃʌdə] **I** *itr* rysa, bäva [~ *with* (av) *horror*]; skälva, huttra [~ *with* (av) *cold*] **II** *s* rysning; skälvning; *give a* ~ rysa till; *it gives me the* ~*s* fam. det får mig att rysa
shuffle ['ʃʌfl] **I** *itr* **1** gå släpande, hasa, lunka, lufsa **2** kort. blanda **3** bildl., ~ *out of* krångla sig ifrån **II** *tr* **1** hasa med; ~ *o.'s feet* släpa med fötterna **2** a) blanda [~ *cards*] b) bildl. möblera om bland (i) [~ *the Cabinet*] **3** skyffla, skuffa [*together* ihop]; ~ *off* kasta av sig [~ *off a burden*]; slänga ifrån sig **III** *s* **1** släpande rörelse; hasande **2** **a**) kort. blandande; *it's your* ~ det är din tur att blanda **b**) bildl. omflyttning; ommöblering [*a Cabinet* ~]
shuffleboard ['ʃʌflbɔ:d] *s* shuffleboard slags däcksspel
shuffling ['ʃʌflɪŋ] *a* släpande, hasande
shun [ʃʌn] *tr* [försöka] undvika [~ *publicity* (*society*)], sky [~ *a p. like the plague*]
shunt [ʃʌnt] *tr* **1** järnv. växla [~ *a train on to* (över på) *a side-track*] **2** elektr. shunta
shunting ['ʃʌntɪŋ] *s* **1** järnv. växling; ~ *engine* växellok; ~ *yard* växlings-, rangerbangård **2** elektr. shuntning
shush [ʃəʃ, ʃʊʃ] **I** *tr* hyssja ner, tysta [ner] **II** *itr* **1** hyssja [*to a p.* åt ngn] **2** tystna **III** *interj* [var] tyst!, sch!, hyssj!
shut [ʃʌt] **I** (*shut shut*) *tr* stänga [~ *a door*]; stänga av; stänga in [~ *the dog in the kitchen*]; fälla ned (igen) [~ *a lid*]; slå ihop (igen) [~ *a book*]; ~ *o.'s ears to* bildl. sluta till sina öron för; ~ *o.'s eyes* blunda; ~ *o.'s eyes to* bildl. blunda för; ~ *your mouth* (*face*)! sl. håll käft!; ~ **away** isolera, stänga in [~ *o.s. away*]; ~ **down** slå igen, stänga [~ *down a lid*], bildl. äv. lägga ned [~ *down a factory*]; ~ **in** stänga inne; innesluta, kringgärda, omge [*a plain* ~ *in by hills*]; ~ **off** stänga av; bildl. utestänga, stänga ute [*from* från], utesluta [*from* ur]; ~ **out** stänga ute, hålla utestängd äv. bildl. [*from* från]; utesluta [*from* ur]; [*the trees*] ~ *out the view* . . skymmer utsikten; ~ **to** stänga till [~ *a door to*]; ~ **up: a**) stänga (bomma) till (igen) [~ *up a house*]; ~ *up shop* fam. slå igen butiken sluta **b**) låsa in [~ *up o.'s valuables*] **c**) ~ *a p. up* fam. tysta ned ngn; få ngn att hålla mun **II** (*shut shut*) *itr* stänga[s], slutas till; gå att stänga [*the door* ~*s easily*]; ~ **down** slå igen, stänga[s] [*the factory has* ~ *down*]; ~ **up:** a) stänga[s], stängas till b) fam. hålla käft[en] **III** *pp* o. *a* stängd etc., jfr *I: keep o.'s eyes* ~ blunda
shutdown ['ʃʌtdaʊn] *s* stängning [*temporary* ~ *of a factory*]
shut-eye ['ʃʌtaɪ] *s, get some* ~ ta sig en tupplur
shutter ['ʃʌtə] **I** *s* **1** [fönster]lucka; rulljalusi; *put up the* ~*s* stänga fönsterluckorna **2** fotogr. slutare; ~ *release* utlösare **II** *tr* förse (stänga) med fönsterluckor
shuttle ['ʃʌtl] **I** *s* **1** skyttel, skottspole **2 a**) ~ *service* skyttel-, pendeltrafik **b**) pendelbuss, -tåg; matarbuss **II** *itr* o. *tr* **1** skicka (fara) fram och tillbaka **2** transportera (fara) i skytteltrafik; pendla
shuttlecock ['ʃʌtlkɒk] **I** *s* **1** a) badmintonboll; fjäderboll b) fjäderboll[spel] **2** bildl. lekboll **II** *itr* sno som en skottspole **III** *a* bildl. skyttel- [~ *diplomacy*]
1 shy [ʃaɪ] **I** *a* skygg, blyg [*of* för]; *fight* ~ *of* dra sig för, gå ur vägen för [*fight* ~ *of a p.*] **II** *itr* skygga [*at* för]; ~ *away* dra sig undan
2 shy [ʃaɪ] fam. **I** *tr* slänga, kasta [~ *stones at* (på) *a th.*] **II** *s* kast; *have a* ~ *at a th.* försöka träffa ngt, bildl. försöka sig på ngt
Shylock ['ʃaɪlɒk] **I** egennamn **II** *s* bildl. utsugare, ockrare
shyster ['ʃaɪstə] *s* mest Am. fam. **1** skojare, skurk **2** brännvinsadvokat, lagvrängare
si [si:] *s* mus. si
Siam [ˌsaɪ'æm] hist. Siam
Siamese [ˌsaɪə'mi:z] **I** *a* **1** hist. siamesisk **2** ~ *cat* siameskatt; ~ *twins* siamesiska tvillingar **II** *s* **1** hist. (pl. lika) siames **2** siamesiska [språket] **3** (pl. lika) siames[katt]
Sibelius [sɪ'beɪlɪəs]
Siberia [saɪ'bɪərɪə] Sibirien
Siberian [saɪ'bɪərɪən] **I** *a* sibirisk **II** *s* sibirier
sibilant ['sɪbɪlənt] *s* väsljud
sibling ['sɪblɪŋ] *s* vetensk. syskon; halvsyskon
sic [sɪk] *adv* (lat.) sic så står det verkligen
Sicilian [sɪ'sɪljən] **I** *a* siciliansk **II** *s* sicilianare
Sicily ['sɪsəlɪ] Sicilien
sick [sɪk] **I** *a* **1 a**) isht attr., Am. äv. pred. sjuk [*her* ~ *husband*; *he has been* ~ *for a week* Am.]; *go* (*report*) ~ isht mil. sjukanmäla sig; ~ *at heart* beklämd, betryckt **b**) illamående [*become* ~]; *have a* ~ *headache* ha huvudvärk med illamående; *be* ~ vara (bli) illamående, må illa; kräkas, spy [*he was* ~ *three times*]; *be* ~ *at* (*to, in*) *o.'s stomach* Am. må illa; *feel* ~ känna sig illamående, må illa; [*the food*] *makes me* ~ . . kväljer (äcklar) mig, jag mår illa av . .; *it's enough to make one* ~ det är så man kan må illa **2** sjuklig [~ *thoughts*]; makaber [*a* ~ *joke*]; ~ *humour* sjuk humor **3** ~ [*and tired*] *of* [grundligt] led på (åt) **II** *s, the* ~ de sjuka **III** *tr* o. *itr,* ~ *up* fam. spy [upp]
sick-bay ['sɪkbeɪ] *s* sjö. sjukvårdsavdelning, lasarett[savdelning]
sick-benefit ['sɪkˌbenɪfɪt] *s* sjukpenning
sicken ['sɪkən] **I** *itr* **1** [in]sjukna, [börja] bli

sjuk [*the child is ~ing for* (i) *something*] **2** äcklas [*at* vid] **II** *tr* göra illamående; äckla
sickening ['sɪkənɪŋ] *a* **1** vämjelig, vidrig, vedervärdig, beklämmande [*a ~ sight*], äcklig **2** fam. irriterande [*a ~ mistake*]
sickle ['sɪkl] *s* skära skörderedskap
sick-leave ['sɪkli:v] *s* sjukledighet, sjukpermission; *be on ~* vara sjukledig (sjukpermitterad)
sick-list ['sɪklɪst] *s* sjuklista; *be on the ~* vara sjukskriven
sickly ['sɪklɪ] **I** *adv* sjukligt **II** *a* **1** sjuklig [*a ~ child*] **2** matt, blek **3** äcklig [*a ~ taste*], kväljande; sötsliskig [*~ sentimentality*]
sickness ['sɪknəs] *s* **1** sjukdom; ss. efterled i sms. -sjuka [*mountain ~*]; *~ benefit* sjukpenning; *there is a great deal of ~* [*in the town*] det går många sjukdomar . . **2** kväljningar, illamående; kräkningar
sick-pay ['sɪkpeɪ] *s* sjuklön
side [saɪd] **I** *s* **1** a) sida, bildl. äv. part [*hear both ~s*] b) håll, kant c) sport. lag d) attr. sido- [*a ~ door*], sid-; *this ~ up* denna sida upp!; *there are two ~s to the matter* saken har två sidor; *let the ~ down* fam. svika laget (gänget); *pick ~s* välja lag; *shake* (*split, burst*) *o.'s ~s laughing* skaka (kikna) av skratt; *his ~s were shaking with laughter* han skakade av skratt; *take ~s* ta parti (ställning) [*with a p.* för ngn]; **at** *the ~ of* bredvid, vid sidan av; *at a p.'s ~* vid ngns sida äv. bildl.; *~* **by** *~* sida vid sida äv. bildl., bredvid varandra; **from** *all ~s, from every ~* från alla sidor, från alla håll [och kanter]; ur alla synpunkter [*consider a th. from all ~s*]; **on** *all ~s* på (från) alla sidor, på alla håll [och kanter]; *it was agreed on all ~s that* . . samtliga enades om att . .; *on the father's* (*mother's*) *~* på faderns (moderns) sida, på fädernet (mödernet); *on one ~* a) på en sida, på ena sidan b) avsides [*take a p. on one ~*] c) på sned [*put o.'s head on one ~*], snett; *put on one ~* lägga åt sidan; *on the ~* vid sidan 'om [*earn money on the ~*]; *look on the bright ~ of life* se livet från den ljusa sidan; *on the large* (*small*) *~* i största (minsta) laget; stort (smått) tilltagen; *he's a bit on the old ~* han är rätt gammal; *business is on the quiet ~* affärerna står i stort sett stilla; [*put a th.*] **to** *one ~* . . åt sidan (undan) **2** ss. efterled i sms. a) sluttning [*mountainside*] b) strand [*riverside*] **3** fam., *he has no ~* han är inte mallig [av sig]; *put on ~* malla sig **II** *itr*, *~ against* (*with*) *a p.* ta parti mot (för) ngn
sideboard ['saɪdbɔ:d] *s* **1** byffé, skänk, sideboard **2** pl. *~s* fam. polisonger
sideburns ['saɪdbɜ:nz] *s pl* isht Am. fam. polisonger
side-car ['saɪdkɑ:] *s* sidvagn till motorcykel
sided ['saɪdɪd] *a* ss. efterled i sms. -sidig [*many-sided*], med . . sidor [*marble-sided*]
side-drum ['saɪddrʌm] *s* liten trumma, militärtrumma
side-effect ['saɪdɪˌfekt] *s* med. o. bildl. biverkan; pl. *~s* biverkningar
side-glance ['saɪdglɑ:ns] *s* sidoblick
side-issue ['saɪdˌɪʃu:, -ˌɪsju:] *s* bisak, underordnat problem
sidelight ['saɪdlaɪt] *s* **1** sido|ljus, -belysning **2** a) sjö. sidolanterna b) bil. sidomarkeringsljus **3** *throw interesting ~s upon a th.* ge intressanta glimtar av ngt
side-line ['saɪdlaɪn] *s* **1** sport. sidlinje; *from the ~s* från åskådarplats; bildl. utifrån [sett]; *on the ~s* sport. på reservbänken; bildl. som åskådare **2** bisyssla
sidelong ['saɪdlɒŋ] **I** *a* från sidan, sned; sido- [*a ~ glance*] **II** *adv* från (på) sidan
side-plate ['saɪdpleɪt] *s* assiett
side-saddle ['saɪdˌsædl] **I** *s* damsadel **II** *adv* i damsadel [*ride ~*]
side-show ['saɪdʃəʊ] *s* **1** mindre attraktion (utställning) **2** stånd, bod på nöjesfält o. d.
side-splitting ['saɪdˌsplɪtɪŋ] *a* hejdlöst rolig [*a ~ farce*]; hejdlös [*~ laughter*]
sidestep ['saɪdstep] *tr* undvika (väja för) genom [att ta] ett steg åt sidan, boxn. sidsteppa för [*~ a blow*]; bildl. förbigå, sidsteppa [*~ a p.*]; undvika, komma ifrån, kringgå
side-track ['saɪdtræk] **I** *s* sidospår äv. bildl. **II** *tr* växla in på ett sidospår; bildl. a) leda in på ett sidospår b) skjuta åt sidan, bordlägga
sidewalk ['saɪdwɔ:k] *s* Am. trottoar
sideward ['saɪdwəd] *a* åt sidan [*a ~ movement*]
sidewards ['saɪdwədz] *adv* åt sidan
sideways ['saɪdweɪz] **I** *adv* från sidan [*viewed ~*]; åt sidan, i sidled [*jump ~*]; på snedden (tvären); på sidan [*lie ~*] **II** *a* åt sidan [*a ~ movement*], sido- [*a ~ glance*]
sidewhiskers ['saɪdˌwɪskəz] *s pl* polisonger
siding ['saɪdɪŋ] *s* järnv. sidospår, växelspår
sidle ['saɪdl] *itr* **1** gå (tränga sig) i sidled (på tvären) [*~ through a narrow opening*] **2** smyga sig [*~ away from a p.*]; *~ up to a p.* smyga fram till ngn
Sidney ['sɪdnɪ]
siege [si:dʒ] *s* belägring; *lay ~ to* [börja] belägra; *state of ~* belägringstillstånd
siemens ['si:mənz] *s* elektr. siemens måttenhet för konduktans
sienna [sɪ'enə] *s* sienajord; siena[färg]
Sierra Leone [sɪ'erəlɪ'əʊn]
siesta [sɪ'estə] *s* siesta; *take a ~* ta [en] siesta, sova middag
sieve [sɪv] **I** *s* såll, sikt; *he has a memory like a ~* han har ett hönsminne **II** *tr* sålla, sikta

sift [sɪft] **I** *tr* **1** sålla; sikta [*~ flour*]; skilja [ifrån]; *~ sugar* [*on to a cake*] strö socker . .; *~ out* sålla bort; *~* [*out*] *the wheat from the chaff* skilja agnarna från vetet **2** bildl. sålla, sovra; noga undersöka **II** *itr* sila [*the sunlight ~ed through the curtains*]
sifter ['sɪftə] *s* sikt [*flour-sifter*]; ströare
sigh [saɪ] **I** *itr* **1** sucka [*with* (av) *disappointment*]; susa **2** tråna, sucka, sukta [*for* efter] **II** *s* suck
sight [saɪt] **I** *s* **1** syn[förmåga]; *short* (*second*) *~* se under resp. adj. **2** åsyn, anblick; *I'm sick of the ~ of him* jag är utled på att se honom; *catch* (*get*) *~ of* få syn på, få se; *lose ~ of* förlora ur sikte; *lose ~ of the fact that . .* glömma [bort] att . .; *at* (*on*) *~* på fläcken [*shoot a p. at* (*on*) *~*]; *play* [*music*] *at ~* spela [musik] från bladet; *payable at* (*on*) *~* hand. betalbar vid sikt (a vista); *at first ~* vid första anblicken (påseendet); *love at first ~* kärlek vid första ögonkastet; *I only know him by ~* jag känner honom bara till utseendet **3** synhåll; sikte; *be* [*with*]*in ~ of a th.* ha ngt i sikte (inom synhåll), sikta ngt [*we were* [*with*]*in ~ of land*]; [*freedom*] *is* [*with*]*in ~ . .* är inom räckhåll; [*the end of the war*] *was in ~* man började skönja . .; *come in*[*to*] *~* komma inom synhåll, bli synlig [*of a p.* för ngn], komma i sikte; *be out of ~* vara utom synhåll [*of a p.* för ngn], vara ur sikte; *out of ~, out of mind* ur syn ur sinn; [*get*] *out of my ~!* försvinn!; *go out of ~* försvinna ur sikte; *keep out of ~* hålla sig gömd, inte visa sig; *don't let him out of your ~* släpp honom inte ur sikte **4 a**) syn [*a sad ~*], skådespel; sevärdhet [*see the ~s of the town*]; *a ~ for sore eyes* en fröjd för ögat **b**) fam., *you look a* [*perfect* (*proper*)] *~* du ser [alldeles] förfärlig ut **5** sikte, siktinrättning; pl. *~s* riktmedel [*the ~s of a rifle*] **6 a**) sikte, siktning; observation; *take ~ at* sikta (ta sikte) på **b**) bildl., *raise o.'s ~s* sikta högre (mot högre mål) **7** fam. massa, mängd; *a damned ~ better* bra mycket bättre **II** *tr* **1** isht sjö. sikta [*~ land*] **2** rikta in [*~ a gun at* (mot)]
sighted ['saɪtɪd] **I** *s, the ~* de seende **II** *a* ss. efterled i sms. -synt [*near-sighted*]
sightly ['saɪtlɪ] *a* snygg; vacker
sight-read ['saɪtri:d] (*sight-read sight-read*) *tr* o. *itr* spela (sjunga) från bladet
sight-reader ['saɪtˌri:də] *s, be a good ~* vara skicklig i att spela (sjunga) från bladet
sightseeing ['saɪtˌsi:ɪŋ] **I** *pres p, go ~* gå (åka) på sightseeing **II** *s* sightseeing; *~ tour* sightseeingtur, rundtur
sightseer ['saɪtˌsi:ə] *s* person [som går] på sightseeing, turist
sign [saɪn] **A** *s* **1** tecken [*of* för, till, på]; märke, spår; symbol; *there is every ~ that, all the ~s are that* allt tyder på att; *bear ~s of* bära spår av (märken efter); *make the ~ of the cross* göra korstecknet; *make no ~* inte ge något tecken ifrån sig; *make a ~* (*~s*) *to a p. to . .* göra [ett] tecken till ngn att . ., ge ngn tecken att . . **2** skylt [*street ~s*], trafik. äv. märke [*warning ~s*]; *electric ~* ljusskylt; *traffic ~s* väg-, trafik|märken
B *vb* **I** *tr* (se äv. *III*) **1** underteckna [*~ a letter*], skriva under (på) [*~ a petition*], signera [*~ a picture*]; skriva in sig i [*~ the hotel register*]; skriva, signera med [*~ your initials here*]; *~ed, sealed and delivered* bildl. klappad och klar, fix och färdig **2** engagera, värva [*~ a new football player*] **3** a) visa med med [ett] tecken b) ge tecken åt [*~ a p. to stop*] **II** *itr* (se äv. *III*) **1** skriva sitt namn, skriva under [*~ here!*]; *~ for* kvittera ut [*~ for a parcel*] **2** ge tecken, teckna, vinka [*he ~ed to* (åt) *me to come*] **III** *tr* o. *itr* med a d v. isht med spec. övers.: *~* **in** skriva upp sin ankomsttid; stämpla in på stämpelur; *~* **off: a**) radio. sluta sändningen **b**) fam. sluta, lägga av; gå och lägga sig; *~* **on: a**) tr. anställa [*~ on workers*], engagera [*~ on actors*], värva äv. mil., sjö. mönstra på; itr. ta anställning; ta engagemang [*~ on with a theatre company*], mil. ta värvning; sjö. mönstra på **b**) anmäla sig, skriva in sig **c**) stämpla in på stämpelur; *~* **up** anmäla sig [*~ up for a course*], skriva in (upp) sig
signal ['sɪgnəl] **I** *s* signal; tecken [*policeman's ~s*]; *~ of distress* nödsignal **II** *a* märklig [*a ~ achievement*], framstående [*~ service for the country*]; kapital, fullständig [*a ~ failure*] **III** *tr* o. *itr* signalera; *~* [*to*] *a p.* signalera till ngn, ge tecken (teckna) åt ngn
signal-box ['sɪgnəlbɒks] *s* järnv. ställverk
signaller ['sɪgnələ] *s* mil. signalist
signalman ['sɪgnəlmən] *s* **1** järnv. ställverksskötare **2** signalist
signatory ['sɪgnətərɪ] **I** *a, ~ power* signatärmakt **II** *s* undertecknare; signatärmakt
signature ['sɪgnətʃə] *s* **1** signatur, namnteckning; underskrift **2** *~* [*tune*] signaturmelodi **3** mus., [*key*] *~* förtecken
signboard ['saɪnbɔ:d] *s* skylt; anslagstavla
signet-ring ['sɪgnɪtrɪŋ] *s* signetring
significance [sɪg'nɪfɪkəns] *s* **1** betydelse, mening, innebörd **2** vikt, betydelse
significant [sɪg'nɪfɪkənt] *a* **1** menande [*a ~ look*]; betecknande [*of* (för)] **2** viktig, betydelsefull, betydande
signification [ˌsɪgnɪfɪ'keɪʃən] *s* betydelse, mening, innebörd [*the ~ of a word*]
significative [sɪg'nɪfɪkətɪv] *a* betecknande, signifikativ [*of* för], betydelsefull
signify ['sɪgnɪfaɪ] **I** *tr* **1** antyda, beteckna **2**

tillkännage, uttrycka [~ *o.'s approval*] **3** betyda **II** *itr* vara av betydelse (vikt)
signing ['saɪnɪŋ] *s* undertecknande etc., jfr *sign B*; *a new ~* fotb. ett nyförvärv
signpost ['saɪnpəʊst] **I** *s* vägvisare, [väg]-skylt **II** *tr*, *the roads are well ~ed* vägarna är väl skyltade
Sikh [si:k] *s* Ind. relig. sikh
silage ['saɪlɪdʒ] *s* jordbr. ensilage, pressfoder
silence ['saɪləns] **I** *s* tystnad, tysthet; *~!* tystnad!, [var] tyst[a]!; *there was a dead ~* det blev dödstyst; *a minute's ~* en tyst minut; *~ gives consent* den som tiger han samtycker **II** *tr* tysta [ned] [~ *an objection*], få tyst [på], få (komma) att tystna
silencer ['saɪlənsə] *s* tekn. ljuddämpare
silent ['saɪlənt] **I** *a* tyst [~ *footsteps*], tystlåten; [stilla]tigande; *be ~* äv. tiga; *become ~* äv. tystna; *~ film* stumfilm; *~ partner* hand. passiv delägare; *keep (be) ~ about a th.* tiga (hålla tyst) med ngt **II** *s* stumfilm
silently ['saɪləntlɪ] *adv* tyst; under tystnad, [stilla]tigande; stilla; i [all] tysthet
Silesia [saɪ'li:zjə] Schlesien
silhouette [ˌsɪlʊ'et] **I** *s* sil[h]uett, skuggbild **II** *tr* avbilda i silhuett; *be ~d against the sky* avteckna sig [i silhuett] mot himlen
silica ['sɪlɪkə] *s* kem. kiseldioxid, kiselsyra
silicate ['sɪlɪkət, -eɪt] *s* kem. silikat
silicon ['sɪlɪkən] *s* kem. kisel, silicium
silicone ['sɪlɪkəʊn] *s* kem. silikon
silicosis [ˌsɪlɪ'kəʊsɪs] *s* med. silikos
silk [sɪlk] *s* silke; siden, sidentyg; *~ hat* hög hatt, cylinder; *artificial ~* konstsilke; konstsiden; *pure ~* helsilke; helsiden
silken ['sɪlkən] *a* **1** silkeslen äv. bildl. [*a ~ voice*], silkesmjuk [~ *hair*] **2** poet. silke[s]-
silkworm ['sɪlkwɜ:m] *s* silkesmask
silky ['sɪlkɪ] *a* **1** silkes|len, -mjuk [~ *hair (skin)*], silkesaktig [*a ~ surface*], silkes- [~ *hair*] **2** bildl. [silkes]len [*a ~ voice*]
sill [sɪl] *s* **1** fönsterbräde [äv. *window-sill*] **2** tröskel t. ex. i bil
silly ['sɪlɪ] **I** *a* **1** dum, enfaldig **2** *the ~ season* dödsäsongen för tidningar under semestertider **II** *s* fam. dumbom; [*you*] *~!* [din] dumbom!
silo ['saɪləʊ] *s* jordbr. silo; ensilagebehållare
silt [sɪlt] **I** *s* [botten]slam, mudder **II** *tr*, *~ up* slamma igen
silver ['sɪlvə] *s* silver; bord[s]silver; *~ anniversary* 25-års|dag, -jubileum; *~ birch* björk; *~ fir* silvergran; *~ jubilee* 25--årsjubileum; *~ lining* se *lining*; *~ paper* stanniolpapper; *~ plate* a) bord[s]silver b) nysilver, [silver]pläter; *the ~ screen* vita duken; *speech is ~* se *speech 1*
silver-plated ['sɪlvə'pleɪtɪd] *a* försilvrad, pläterad
silversmith ['sɪlvəsmɪθ] *s* silversmed
silvery ['sɪlvərɪ] *a* **1** silver|lik[nande], -glänsande, silver- **2** silverklar [*a ~ voice*]
Silvia ['sɪlvɪə]
Simeon ['sɪmɪən]
simian ['sɪmɪən] *a* apliknande
similar ['sɪmɪlə] *a* lik [*to a p.* ngn, *to a th.* ngt], liknande, likartad; likadan; dylik
similarity [ˌsɪmɪ'lærətɪ] *s* likhet [*between* mellan; *of* i]; *points of ~* likheter
similarly ['sɪmɪləlɪ] *adv* på liknande sätt
simile ['sɪmɪlɪ] *s* liknelse
similitude [sɪ'mɪlɪtju:d] *s* likhet
simmer ['sɪmə] **I** *itr* småkoka, puttra; sjuda äv. bildl. [~ *with* (av) *anger*]; *~ down* koka ihop; bildl. lugna ner sig; lägga sig **II** *tr* [låta] småkoka (sjuda), låta puttra
Simon ['saɪmən]
simonize ['saɪmənaɪz] *tr* polera [med vax], vaxa
simper ['sɪmpə] **I** *itr* le tillgjort (fånigt) **II** *s* tillgjort (fånigt) leende
simple ['sɪmpl] *a* **1** enkel, osammansatt [*a ~ substance*]; *~ equation* förstagradsekvation; *~ fraction* enkelt bråk; *~ sentence* enkel mening med en enda sats; *~ tense* enkelt tempus; *~ time* mus. enkel taktart **2** enkel, anspråkslös [*a ~ life*], simpel [*a ~ soldier*], okonstlad **3** enfaldig, godtrogen **4** a) enkel, lätt [*a ~ problem*] b) tydlig, klar [*a ~ statement*]; självklar, uppenbar [*a ~ fact*]; *it is as ~ as pie* fam. det går lekande lätt **5** ren [~ *madness*]
simple-minded ['sɪmpl'maɪndɪd] *a* godtrogen, enfaldig, naiv
simpleton ['sɪmpltən] *s* dummerjöns, dumbom
simplicity [sɪm'plɪsətɪ] *s* **1** enkelhet; enkel form (byggnad) **2** enkelhet, anspråkslöshet **3** lätthet, enkelhet [*the ~ of a problem*]; *it's ~ itself* fam. det är jättelätt
simplification [ˌsɪmplɪfɪ'keɪʃən] *s* förenkling
simplify ['sɪmplɪfaɪ] *tr* förenkla
simply ['sɪmplɪ] *adv* **1** enkelt etc., jfr *simple* **2** helt enkelt, rent av [~ *impossible*]; bara [*he is ~ a workman*]
simulate ['sɪmjʊleɪt] *tr* **1** simulera, hyckla, låtsas ha (känna); *~ illness* låtsas vara sjuk **2** [efter]likna, imitera
simulation [ˌsɪmjʊ'leɪʃən] *s* **1** simulation, simulering, hycklande **2** förfalskning
simulator ['sɪmjʊleɪtə] *s* **1** simulant, hycklare **2** vetensk. simulator [*flight ~*]
simultaneity [ˌsɪməltə'nɪətɪ] *s* samtidighet
simultaneous [ˌsɪməl'teɪnjəs] *a* samtidig, simultan
sin [sɪn] **I** *s* synd, försyndelse; *~ of omission* underlåtenhetssynd; *the seven deadly ~s* de sju dödssynderna; *ugly as ~* ful som synden (stryk); *live in ~* fam. [samman]leva i

synd **II** *itr* synda, försynda sig
Sinai ['saɪnɪaɪ, -naɪ] *s, Mount ~* berget Sinai; *the ~ Peninsula* Sinaihalvön
sin-bin ['sɪnbɪn] *s* sport. fam. syndabås
since [sɪns] **I** *adv* **1** sedan dess [*I have not been there ~*]; *ever ~* alltsedan dess **2** sedan [*how long ~ is it?*] **II** *prep* [allt]sedan, [allt]ifrån; *~ a child* alltsedan (ända från) barndomen; *~ when have you had ..?* hur länge har du haft ..? **III** *konj* **1** sedan; *ever ~* alltsedan, ända sedan [*ever ~ I left*] **2** eftersom, då [ju] [*~ you are here*], emedan
sincere [sɪn'sɪə] *a* uppriktig, ärlig; sann
sincerely [sɪn'sɪəlɪ] *adv* uppriktigt; *Yours ~* i brevslut Din (Er) tillgivne
sincerity [sɪn'serətɪ] *s* uppriktighet
sine [saɪn] *s* mat. sinus
sinecure ['saɪnɪˌkjʊə, 'sɪn-] *s* sinekur
sine qua non [ˌsaɪnɪkweɪ'nɒn] *s* (lat.) oeftergivligt villkor
sinew ['sɪnju:] *s* sena; pl. *~s* äv. muskler
sinewy ['sɪnjʊɪ] *a* **1** senig **2** bildl. kraftig
sinful ['sɪnfʊl] *a* syndfull, syndig
sing [sɪŋ] **I** (*sang sung*) *itr* **1** sjunga; *~ up* sjunga högre (ut) **2** susa, sjunga; *my ears are ~ing* det susar i öronen på mig **3** poet. sjunga, dikta [*of* om] **II** (*sang sung*) *tr* sjunga; *~ a p.'s praises* sjunga ngns lov
singe [sɪndʒ] **I** *tr* sveda, bränna [*~ cloth with an iron* (strykjärn)] **II** *itr* svedas **III** *s* lätt brännskada
singer ['sɪŋə] *s* sångare; sångerska
singing ['sɪŋɪŋ] **I** *a* sjungande **II** *s* sjungande; attr. sång- [*~ lessons*]; *teach ~* undervisa i sång
singing-voice ['sɪŋɪŋvɔɪs] *s* sångröst
single ['sɪŋgl] **I** *a* **1** enda [*not a ~ man*], enstaka [*in ~ places*] **2** enkel, odelad; *~ bed* enkel-, enmans|säng; *~ combat* envig, tvekamp; *~ entry* se *entry*; *in ~ file* i gåsmarsch, på ett led; *~ room* enkelrum; *~ ticket* enkelbiljett **3** ogift [*a ~ man* (*woman*); *live ~*] **II** *s* **1** tennis. o. d.: *~s* (konstr. ss. sg.) singel, singelmatch; *men's ~s* herrsingel **2** enkel [biljett] **3** mus. singel[platta] **III** *tr, ~ out* välja (ta, peka) ut; skilja ut
single-breasted ['sɪŋgl'brestɪd] *a* enkelknäppt, enradig [*a ~ suit*]
single-decker ['sɪŋgl'dekə] *s* endäckare; attr. endäckad, envånings- [*~ bus*]
single-handed ['sɪŋgl'hændɪd] *adv* på egen hand, ensam
single-minded ['sɪŋgl'maɪndɪd] *a* **1** målmedveten **2** trogen, hängiven
single-seater ['sɪŋgl'si:tə] *s* ensitsigt [flyg]plan, ensitsig vagn o. d.
singlet ['sɪŋglət] *s* [sport]tröja; undertröja
singly ['sɪŋglɪ] *adv* **1** en åt gången, en och en, var för sig [*arrive ~*] **2** på egen hand, ensam **3** ensam; [som] ogift [*live ~*]
Sing Sing ['sɪŋ'sɪŋ] Sing-Sing fängelse i USA
singsong ['sɪŋsɒŋ] **I** *s* **1** sångstund; *a ~* äv. allsång **2** *in a ~* i en enformig ton **II** *a* halvsjungande [*in a* (med) *~ voice*]
singular ['sɪŋgjʊlə] **I** *a* **1** gram. singular **2** enastående [*~ courage*]; märklig, utmärkt **3** egendomlig, säregen; besynnerlig **4** ensam [i sitt slag] **II** *s* gram. singular[form]; *the ~* äv. singular[is]
singularity [ˌsɪŋgjʊ'lærətɪ] *s* **1** sällsynthet, egendomlighet, säregenhet **2** egenhet
sinister ['sɪnɪstə] *a* **1** olycksbådande **2** illvillig, elak **3** ond, fördärvlig [*~ influence*]
sink [sɪŋk] **I** (*sank sunk*; se äv. *sunk*) *itr* **1** sjunka; sänka sig [ned], gå ned [*the sun was ~ing in the west*]; *~ or swim* det må bära eller brista; *my heart* (*spirits*) *sank* mitt mod sjönk; *he is ~ing fast* det lider hastigt mot slutet för (med) honom; *the lesson hasn't sunk in* läxan har inte gått in (fastnat) [hos honom osv.] **2** avta, minska[s]; sjunka, falla, dala [*the prices have sunk*] **II** (*sank sunk*; se äv. *sunk*) *tr* **1** sänka [*~ a ship*], få att sjunka; låta sjunka [*~ o.'s head on* (ned mot) *o.'s chest*] **2** gräva ned, lägga ned [*~ a drain-pipe*] **3** sänka, minska [*~ prices*]; amortera [på] [*~ a debt*] **III** *s* **1** diskbänk **2** a) avloppsrör b) avloppsbrunn
sinking ['sɪŋkɪŋ] *a* o. *pres p* sjunkande, sänkande etc., jfr *sink I-II*; *~ feeling* sugande känsla i magen
Sino- ['saɪnəʊ] ss. förled i sms. kinesisk- [*Sino-Japanese*]
sinuous ['sɪnjʊəs] *a* buktig; slingrande, krokig, kurvig [*a ~ road*]
sinusitis [ˌsaɪnə'saɪtɪs] *s* med. sinuit, sinusit, bihåleinflammation
Sion ['saɪən, 'zaɪən]
Sioux [su:] **I** (pl. lika [su:z]) *s* sioux[indian] **II** *a* siouxindiansk, sioux- [*a ~ Indian*]
sip [sɪp] **I** *tr* läppja (smutta) på **II** *itr* läppja, smutta [*at* på] **III** *s* smutt; *take a ~* äv. smutta
siphon ['saɪfən] **I** *s* **1** hävert **2** *~* [*bottle*] sifon **II** *tr, ~ off* (*out*) suga upp, tappa upp
sir [sɜ:, obeton. sə] *s* **1** i tilltal: *~* el. *S~* a) min herre, herrn, sir, skol. magistern; ofta utan motsv. i sv. [*yes, ~!*] b) iron. gunstig herrn, min bäste herre; [*Sergeant Jones!* –] *S~?* mil. ..ja, kapten (överste o.d.)!; *can I help you, ~?* kan jag hjälpa er (till)?; [*Dear*] *Sir*[*s*] i formella brev utan motsv. i sv. **2** *S~* före förnamnet ss. titel åt *baronet* el. *knight* sir [*S~ John* [*Moore*]]
sire ['saɪə] *s* **1** om djur, isht hästar fader **2** *S~* åld. Ers Majestät
siren ['saɪərən] *s* **1** myt. o. bildl. siren **2** siren signalapparat; *air-raid ~* luftvärns-, flyglarms|siren
sirloin ['sɜ:lɔɪn] *s* kok. ländstycke; *~ of beef*

dubbelbiff; rostbiff; ~ *steak* utskuren biff
sirocco [sɪ'rɒkəʊ] *s* scirocko, sirocko sydostvind i Italien
sis [sɪs] *s* fam. (kortform för *sister*) syrra[n]
sissy ['sɪsɪ] fam. **I** *s* feminin typ; vekling, morsgris, mes **II** *a* pjoskig, klemig
sister ['sɪstə] *s* **1** syster; *they are brother[s] and ~[s]* de är syskon **2** syster sjuksköterska el. nunna; avdelningssköterska **3** isht Am. fam. (i tilltal) sötnos, du el. utan motsv. i sv.
sisterhood ['sɪstəhʊd] *s* systerskap; systerförbund, -orden
sister-in-law ['sɪstərɪnlɔ:] (pl. *sisters-in-law* ['sɪstəzɪnlɔ:]) *s* svägerska
sisterly ['sɪstəlɪ] *a* systerlig
sit [sɪt] **I** (*sat sat*) *itr* **1 a**) sitta; sätta sig; *~ talking* sitta och prata; *be ~ting pretty* fam. a) ha det bra b) ligga bra till; *~ tight* fam. stanna kvar, hålla sig avvaktande; *~ at table* sitta till bords; *~ for a constituency* representera en valkrets; *~ for an examination* gå upp i en [skriftlig] examen; *~ on a p.* fam. sätta sig på ngn, trycka ner ngn [*I was completely sat on*]; *~ on a th.* a) sitta i (tillhöra) ngt [*~ on the board* (*on a jury*)] b) fam. ligga på ngt, förhala ngt; *~ on the bench* bildl. sitta som (vara) domare **b**) med adv. isht med spec. övers.: ~ **back** a) sätta sig till rätta b) vila sig, koppla av c) sitta med armarna i kors; ~ **down** sätta sig [ned], slå sig ned; *~ down to dinner* sätta sig till bords [för att äta middag]; *~ down under an insult* finna sig i en förolämpning; ~ **in** a) närvara [*on* vid], deltaga [*~ in on* (i, vid) *a meeting*] b) sittstrejka; ~ **through** sitta (stanna) kvar [till slutet]; ~ **up** a) sitta upprätt (rak), om hund sitta [vackert] b) sitta uppe [*~ up late*] c) sätta sig upp [*~ up in bed*] d) *make a p. ~ up* [*and take notice*] fam. få ngn att baxna **2** *~ on eggs* om fåglar ligga på ägg, ruva **3** parl., om domstol o. d. hålla sammanträde, sammanträda [*the House is ~ting*] **II** (*sat sat*) *tr* **1** *~ a p. up* hjälpa ngn att sitta upp **2** *~ out* a) sitta över [*~ out a dance*] b) sitta kvar till slutet av [*~ out a play*] **3** *~ an examination* gå upp i en examen
sitcom ['sɪtkɒm] *s* fam. situationskomedi
sit-down ['sɪtdaʊn] *a* **1** *~ strike* sittstrejk **2** sittande [*a ~ supper*]
site [saɪt] **I** *s* **1** tomt; byggplats [äv. *building ~*] **2** plats; *the ~ of the murder* mordplatsen **3** läge [*the ~ of a city*] **4** mil. ställning [*anti-aircraft ~*] **II** *tr* placera, förlägga
sit-in ['sɪtɪn] *s* sittstrejk; ockupation
sitter ['sɪtə] *s* **1** modell, person som poserar isht för porträtt **2** bildl. lätt byte; jättechans [*he missed a ~*] **3** fam. barnvakt
sitting ['sɪtɪŋ] **I** *a* **1** sittande **2** ruvande [*a ~ bird*]; *~ hen* ligghöna **3** *~ duck* bildl. lätt offer (byte); *~ target* lätträffad måltavla; bildl. äv. lätt offer **II** *s* **1** sittande; sittning, posering [*~ for a painter*] **2** sammanträde [*a ~ of Parliament*], session, sittning [*a long ~*] **3** *at one* (*a single*) *~* i ett sträck (tag, svep); på en gång, vid en sittning [*100 people can be served at one ~*]
sitting-room ['sɪtɪŋrʊm] *s* **1** vardagsrum **2** sittplats[er], sittutrymme
situate ['sɪtjʊeɪt] *tr* anbringa, placera, lägga, sätta, ställa
situated ['sɪtjʊeɪtɪd] *a* **1** belägen **2** bildl. ställd [*be badly ~*]; *comfortably ~* välsituerad
situation [ˌsɪtjʊ'eɪʃən] *s* **1** läge, belägenhet **2** bildl. situation, läge [*the political ~*], belägenhet [*an awkward ~*] **3** plats, anställning; *~s vacant* ss. rubrik lediga platser
six [sɪks] (jfr *five* med ex. o. sms.) **I** *räkn* sex; *~ months* äv. ett halvår; *it is ~ of one and half a dozen of the other* det är hugget som stucket **II** *s* **1** sexa; *at ~es and sevens* a) i en enda röra, uppochnervänd b) villrådig **2** kricket. 'sexa' sex lopp på ett slag; *knock for ~* bildl. a) göra paff b) ställa på huvudet
six-cylinder ['sɪksˌsɪlɪndə] attr. *a* sexcylindrig
six-eight ['sɪks'eɪt] *a* o. *s*, *~* [*time*] sexåtton-[de]delstakt
sixfold ['sɪksfəʊld] **I** *a* sexdubbel, sexfaldig **II** *adv* sexdubbelt, sexfaldigt, sexfalt
six-footer ['sɪks'fʊtə] *s* fam. sex fot lång person
sixpence ['sɪkspəns] *s* förr sex pence; sexpence[mynt]
sixpenny ['sɪkspənɪ] *a* förr sexpence-; *~ piece* (*bit*) sexpence[mynt]
six-shooter ['sɪks'ʃu:tə] *s* sexpiping, sexpipig revolver
sixteen ['sɪks'ti:n] *räkn* o. *s* sexton; jfr *fifteen* med sms.
sixteenth ['sɪks'ti:nθ] *räkn* o. *s* sextonde; sexton[de]del; jfr *fifth*; *~ note* Am. (mus.) sextondelsnot
sixth [sɪksθ] *räkn* o. *s* sjätte; sjättedel; jfr *fifth*
sixthly ['sɪksθlɪ] *adv* för det sjätte
sixtieth ['sɪkstɪɪθ] *räkn* o. *s* **1** sextionde **2** sextion[de]del
sixty ['sɪkstɪ] **I** *räkn* sexti[o] **II** *s* sexti[o]; sexti[o]tal; jfr *fifty* med sms.
sizable ['saɪzəbl] *a* rätt stor, ansenlig
1 size [saɪz] **I** *s* storlek, mått, format; nummer; *that's about the ~ of it* fam. ungefär så ligger det till; *take ~ 7 in gloves* ha nummer (storlek) 7 i handskar **II** *tr*, *~ up* fam. mäta värdera [*~ a p. up with a look*], bedöma [*~ up o.'s chances*]; *~ up a p.* äv. se vad ngn går för
2 size [saɪz] **I** *s* lim för papper, väv o. d.,

limvatten **II** *tr* limma [*~d paper*]
sized [saɪzd] *a* ss. efterled i sms. av (i) .. storlek (format), -stor [*medium-sized*]
sizzl|e ['sɪzl] **I** *itr* fräsa [*sausages -ing in the pan*] **II** *s* fräsande
sizzling ['sɪzlɪŋ] *a* fräsande [*a ~ beefsteak* (*pan*)]; [stek]het; *~ heat* stekande hetta
1 skate [skeɪt] **I** *s* skridsko; rullskridsko **II** *itr* åka skridsko[r]; åka rullskridsko[r]; *~ on thin ice* bildl. vara ute på hal is
2 skate [skeɪt] *s* zool. [slät]rocka
skateboard ['skeɪtbɔ:d] *s* skateboard
skater ['skeɪtə] *s* skridskoåkare, skrinnare; rullskridskoåkare
skating ['skeɪtɪŋ] *s* skridskoåkning; rullskridskoåkning
skating-rink ['skeɪtɪŋrɪŋk] *s* skridskobana; rullskridskobana
skedaddle [skɪ'dædl] fam. **I** *itr* kuta i väg; sjappa **II** *s* flykt hals över huvud
skein [skeɪn] *s* härva [*a ~ of wool*], docka
skeleton ['skelɪtn] *s* **1** skelett; benstomme; benrangel; *~ at the feast* glädjedödare; *the ~ in the cupboard* (*closet*), *the family ~* den obehagliga [familje]hemligheten, 'skelettet i garderoben' **2** bildl. skelett: a) stomme b) utkast, plan; *~ key* huvudnyckel; dyrk; *~ staff* (*crew*) minimistyrka
skeptic ['skeptɪk] *s* o. *a* isht Am., se *sceptic*
sketch [sketʃ] **I** *s* **1** skiss [*of* över]; utkast [*of* till] **2** teat. sketch **II** *tr* skissera, göra [ett] utkast till [äv. *~ out*]; antyda i korta drag **III** *itr* göra en skiss (skisser)
sketch-book ['sketʃbuk] *s* skiss|bok, -block
sketch-map ['sketʃmæp] *s* situationsplan, översiktskarta
sketchy ['sketʃɪ] *a* **1** skissartad; [löst] skisserad **2** lös[lig], knapp[händig]
skew [skju:] *s*, *on the ~* på sned, snett
skewer [skjuə] **I** *s* steknål; stek-, grill|spett **II** *tr* fästa med steknål etc.; trä upp på spett
skew-whiff ['skju:'wɪf] *a* o. *adv* på sned
ski [ski:] **I** *s* skida; *~ boots* skidpjäxor; *~ stick* (*pole* Am.) skidstav **II** *itr* åka skidor
skid [skɪd] **I** *s* **1** broms[kloss], hämsko **2** slirning, sladd[ning] **II** *itr* slira, sladda
skier ['ski:ə] *s* skidåkare, skidlöpare
skiff [skɪf] *s* eka; jolle
skiffle ['skɪfl] *s* mus. skiffle [*a ~ group*]
skiing ['ski:ɪŋ] *s* skid|åkning, -sport
ski-jumping ['ski:ˌdʒʌmpɪŋ] *s* backhoppning
skilful ['skɪlful] *a* skicklig, duktig [*at, in* i]
skill [skɪl] *s* skicklighet [*at, in* i], händighet; färdighet [*~s in English*]
skilled [skɪld] *a* **1** skicklig, duktig [*at, in* i] **2** yrkesskicklig; *~ labour* a) [kvalificerat] yrkesarbete b) yrkesskickliga arbetare; *~ worker* yrkesarbetare
skillet ['skɪlɪt] *s* **1** [liten] kastrull med långt skaft **2** Am. stekpanna
skim [skɪm] **I** *tr* **1** skumma [*~ milk*] **2** stryka (glida) fram över **3** [flyktigt] ögna igenom, skumma [*~ a book*] **4** singla, kasta i glidflykt; *~ a flat stone* [*across the pond*] kasta smörgås [med en flat sten] .. **II** *itr* **1** stryka (glida, fara) fram [*~ along* (*over*) *the ice*] **2** *~ through the newspaper* ögna igenom (skumma) tidningen
skimp [skɪmp] *tr* o. *itr* snåla [med]
skimpy ['skɪmpɪ] *a* **1** knapp, torftig **2** för liten (trång)
skin [skɪn] **I** *s* **1** hud; skinn; *change o.'s ~* ömsa skinn; *escape by* (*with*) *the ~ of o.'s teeth* med knapp nöd komma undan; *fear for o.'s ~* vara rädd om sitt [eget] skinn; *next to the ~* närmast kroppen; *get under a p.'s ~* fam. irritera ngn **2** skal [*banana ~*] **3** hinna på vätska; skinn **II** *tr* **1** a) flå, dra av huden (skinnet) på [*~ a rabbit*] b) skala [*~ a banana*]; *keep o.'s eyes ~ned* fam. hålla ögonen öppna; *~ alive* flå levande äv. bildl. **2** fam. skinna, klå [*~ a p. of* (på) *all his money*]
skin-deep ['skɪn'di:p] *a* ytlig äv. bildl.
skindiver ['skɪnˌdaɪvə] *s* sportdykare
skindiving ['skɪnˌdaɪvɪŋ] *s* sportdykning
skinflint ['skɪnflɪnt] *s* gnidare, snåljåp
skin-grafting ['skɪnˌgrɑ:ftɪŋ] *s* med. hudtransplantation
skinhead ['skɪnhed] *s* sl. skinhead ligist
skinny ['skɪnɪ] *a* skinntorr, mager
skinny-dipper ['skɪnɪˌdɪpə] *s* sl. nakenbadare
skint [skɪnt] *a* sl. pank
skin-tight ['skɪn'taɪt] *a* [tätt] åtsittande
skip [skɪp] **I** *itr* **1** hoppa äv. bildl. [*~ from one subject to another*], skutta; *~ through a book* ögna (bläddra) igenom en bok **2** hoppa rep **II** *tr* **1** *~* [*over*] hoppa (skutta) över; *~ it!* fam. strunt i det!, det gör detsamma! **2** *~ stones across* (*on*) *the water* kasta smörgås **III** *s* hopp, skutt
ski-plane ['ski:pleɪn] *s* flygplan med skidställ
skipper ['skɪpə] **I** *s* **1** skeppare; befälhavare **2** sport. [lag]kapten; lagledare **II** *tr* **1** vara skeppare etc. på [*~ a boat*] **2** vara [lag]kapten för [*~ a team*]
skipping-rope ['skɪpɪŋrəup] *s* hopprep
skirl [skɜ:l] **I** *s* gällt ljud [*the ~ of the bagpipes*] **II** *itr* ljuda (skrika) gällt
skirmish ['skɜ:mɪʃ] **I** *s* skärmytsling äv. bildl. **II** *itr* drabba samman, skärmytsla
skirt [skɜ:t] **I** *s* **1** kjol **2** fam. kjoltyg, fruntimmer **3** skört [*the ~s of a coat*] **4** pl. *~s* utkant [*on* (i) *the ~s of the town*] **II** *tr* **1** kanta; gå (löpa) längs ([ut]efter, utmed); passera (gå) i utkanten av [*the traffic ~s the town*] **2** bildl. kringgå [*~ a problem*]

skirting-board ['skɜ:tɪŋbɔ:d] *s* byggn. fot-, golv|list, [golv]panel
ski-run ['ski:rʌn] *s* skidbacke; skidspår
ski-runner ['ski:ˌrʌnə] *s* skid|löpare, -åkare
skit [skɪt] *s* sketch; satir, parodi
skittish ['skɪtɪʃ] *a* **1** skygg, lättskrämd **2** lekfull, uppsluppen **3** ombytlig, nyckfull
skittle ['skɪtl] *s* **1** kägla **2** *~s* (konstr. ss. sg.) kägelspel; *life (it) isn't all beer and ~s* bildl. livet är inte bara en dans på rosor
skivvy ['skɪvɪ] *s* neds. piga
skulduggery [skʌl'dʌgərɪ] *s* skurkstreck
skulk [skʌlk] *itr* hålla sig undan, gömma sig; smyga sig
skull [skʌl] *s* skalle, kranium; huvudskål; *~ and [cross] bones* dödskalle med [två] korslagda benknotor dödssymbol; *have a thick ~* fam. vara tjockskallig (dum i huvudet)
skull-cap ['skʌlkæp] *s* kalott
skunk [skʌŋk] *s* **1** zool. skunk **2** fam. kräk
sky [skaɪ] *s* **1** *~* el. *skies* pl. himmel; poet. sky; *the ~'s the limit* fam. det finns ingen gräns; *praise (laud, extol) to the skies* höja till skyarna **2** vanl. pl. *skies* klimat [*the sunny skies of southern Italy*]
sky-blue ['skaɪ'blu:] **I** *a* himmelsblå **II** *s* himmelsblått
sky-borne ['skaɪ'bɔ:n] *a* luftburen, flygburen
sky-high ['skaɪ'haɪ] *a* o. *adv* fam. skyhög[t]
sky-jack ['skaɪdʒæk] fam. **I** *tr* kapa flygplan **II** *s* flygplanskapning
sky-jacker ['skaɪˌdʒækə] *s* fam. flygplanskapare
Sky-lab ['skaɪlæb] *s* Sky-lab USA:s rymdlaboratorium
skylark ['skaɪlɑ:k] **I** *s* zool. [sång]lärka **II** *itr* fam. stoja [och leka], skoja
skylight ['skaɪlaɪt] *s* takfönster
skyline ['skaɪlaɪn] *s* **1** horisont; himlarand **2** kontur, silhuett [*the ~ of New York*]
sky-rocket ['skaɪˌrɒkɪt] *itr* stiga våldsamt, skjuta i höjden [*prices are ~ing*]
skyscraper ['skaɪˌskreɪpə] *s* skyskrapa
sky-sign ['skaɪsaɪn] *s* ljusreklam[skylt]
skywards ['skaɪwədz] *adv* mot himlen
sky-writing ['skaɪˌraɪtɪŋ] *s* rökskrift från flygplan
slab [slæb] *s* platta [*~ of stone*], häll; tjock skiva [*~ of cheese*]
1 slack [slæk] **I** *a* **1** slö, loj **2** slapp [*~ discipline*], slak, sjö. slack, slabb [*~ rope*] **3** stilla, död [*~ season*]; trög, flau [*trade is ~*]; *~ demand* svag efterfrågan **4** *~ lime* släckt kalk **II** *s* **1** slak del (ända o. d.); slakhet **2** pl. *~s* slacks, fritidsbyxor **III** *itr, ~ [off]* slappna [av], slöa [till]
2 slack [slæk] *s* kolstybb; små stenkol
slacken ['slækən] **I** *tr* **1** minska [*~ o.'s efforts*], sakta [*~ the speed*] **2** släppa (lossa) på **II** *itr* **1** slakna, bli slak[are] **2** *~ [off]* slappna, slöa till [*~ at (in) o.'s work*] **3** minska [*the speed ~ed*], avta
slacker ['slækə] *s* fam. slöfock, latmask
slag [slæg] *s* slagg
slag-heap ['slæghi:p] *s* slagghög
slain [sleɪn] pp. av *slay*
slake [sleɪk] *tr* släcka [*~ lime; ~ o.'s thirst*]
slalom ['slɑ:ləm] *s* sport. slalom[åkning]; *giant ~* storslalom
slam [slæm] **I** *tr* **1** slå (smälla) igen [äv. *~ to, ~ down; ~ the door [to]*]; slå, smälla; *~ the brakes on* tvärbromsa; *~ the door on a p.* smälla igen dörren efter ngn; smälla igen dörren i ansiktet på ngn; *~ the door on [a proposal]* förkasta . . **2** sl. göra ner **II** *itr* slå[s] igen, smälla[s] igen [äv. *~ to*] **III** *s* **1** smäll, skräll **2** kortsp. slam **IV** *adv* med en smäll
slander ['slɑ:ndə] **I** *s* förtal, skvaller **II** *tr* förtala, baktala
slanderer ['slɑ:ndərə] *s* förtalare, baktalare, bakdantare
slanderous ['slɑ:ndərəs] *a* bakdantar-, belackar-; skvalleraktig [*~ tongue*]
slang [slæŋ] **I** *s* språkv. slang[språk] **II** *tr* skälla ut, skälla på, okväda
slanging ['slæŋɪŋ] *s* utskällning; *~ match* gräl, ömsesidig utskällning
slangy ['slæŋɪ] *a* slangartad, full av slang
slant [slɑ:nt] **I** *itr* slutta, luta **II** *tr* **1** göra lutande (sned) **2** vinkla [*~ the news*] **III** *s* **1** lutning, sluttning; *on the ~* på sned **2** *get a new ~ on a th.* se ngt ur en ny synvinkel
slant-eyed ['slɑ:ntaɪd] *a* snedögd
slanting ['slɑ:ntɪŋ] *a* lutande, sluttande
slap [slæp] **I** *tr* **1** smälla (daska) ['till]; *~ a p. on the back* dunka ngn i ryggen; *~ a p.'s face, ~ a p. on the face* slå ngn i ansiktet; *~ o.'s thighs* slå sig på låren **2** fam. kleta 'på **II** *s* smäll, slag; *a ~ on the back* en dunk i ryggen; *that was a ~ in the eye (face) for him!* det var ett slag i ansiktet på honom!, där fick han! **III** *adv* fam. bums, pladask; *run ~ into* rusa rakt på ([in] i)
slap-bang ['slæp'bæŋ] *adv* fam. huvudstupa, rakt, pang
slapdash ['slæpdæʃ] fam. **I** *adv* hafsigt **II** *a* hafsig, vårdslös
slap-happy ['slæp'hæpɪ] *a* fam. uppåt, sprallig
slapstick ['slæpstɪk] *s* **1** buskteater, buskis, slapstick **2** film. [synkron]klappa
slap-up ['slæpʌp] *a* fam. flott [*~ dinner*]
slash [slæʃ] **I** *tr* **1** rista (fläka) upp, skära sönder **2** slitsa upp [*~ed sleeves*] **3** piska, slå ['till] **4** fam. sänka kraftigt [*~ prices*] **II** *itr, ~ at* a) slå (piska) på (mot); hugga in på b) fam. göra ner **III** *s* **1** [snabbt] hugg, slag; rapp **2** djup skåra, djupt hack

slashing ['slæʃɪŋ] *pres p* o. *a* **1** uppfläkande etc., jfr *slash* **2** svidande, skarp [*~ criticism*] **3** drastisk [*~ price reduction*]

slat [slæt] *s* **1** spjäla, lamell i persienn o. d. **2** tvärpinne på stol, [tvär]slå, latta

slate [sleɪt] **I** *s* **1** geol. skiffer **2** skifferplatta, takskiffer **3** griffeltavla; *clean the ~, wipe the ~ clean* bildl. dra ett streck över det förflutna; *put it on the ~* fam. skriv upp det [på mitt konto] **II** *tr* **1** täcka med skiffer **2** fam. göra (sabla) ner **3** Am. a) föreslå [som kandidat] b) planera [in], avtala

slating ['sleɪtɪŋ] *s* fam. nedgörande kritik

slattern ['slætɜ:n] *s* **1** slarva **2** slampa

slaughter ['slɔ:tə] **I** *s* slakt[ande]; massaker; *lead to the ~* föra till slakt (bildl. slaktbänken) **II** *tr* slakta; massakrera

slaughter-house ['slɔ:təhaʊs] *s* slakteri, slakthus

Slav [slɑ:v] **I** *s* slav medlem av ett folkslag **II** *a* slavisk

slave [sleɪv] **I** *s* slav, slavinna, träl **II** *itr* slava, träla [*at* med (på)]

slave-driver ['sleɪvˌdraɪvə] *s* slavdrivare

slave-labour ['sleɪvˌleɪbə] *s* slavarbete

1 slaver ['sleɪvə] *s* slavhandlare

2 slaver ['slævə] **I** *itr* dregla **II** *s* dregel

slavery ['sleɪvərɪ] *s* slaveri äv. bildl.

slave-trade ['sleɪvtreɪd] *s* slavhandel

slave-traffic ['sleɪvˌtræfɪk] *s* slavhandel

Slavic ['slɑ:vɪk] **I** *a* slavisk **II** *s* slaviska språk

slavish ['sleɪvɪʃ] *a* slavisk äv. bildl.

Slavonic [slə'vɒnɪk] **I** *a* slavisk **II** *s* slaviska språk

slay [sleɪ] (*slew slain*) *tr* litt. dräpa, slå ihjäl

slayer ['sleɪə] *s* fam. mördare, baneman

Slazenger ['slæzəndʒə]

sleazy ['sli:zɪ] *a* fam. sjabbig, sjaskig

sled [sled] *s* se *sledge*

sledge [sledʒ] **I** *s* släde; kälke **II** *itr* åka släde (kälke) **III** *tr* dra (forsla) på släde (kälke)

sledge-hammer ['sledʒˌhæmə] *s* [smed]-slägga

sleek [sli:k] **I** *a* **1** om hår o. skinn slät, glatt; slätkammad **2** bildl. a) slät i hullet, skinande [av välmåga] b) fin, elegant **II** *tr* glätta

sleep [sli:p] **I** (*slept slept*) *itr* sova; *my leg is ~ing* mitt ben har somnat (domnat); *~ on (over) the matter (problem), ~ on it* sova på saken; *~ with* fam. hoppa i säng (ligga) med; *~ in* a) om tjänstefolk o. d. bo på arbetsplatsen (i familjen) b) försova sig; sova länge **II** (*slept slept*) *tr* **1** sova; *~ off a headache* sova bort huvudvärk **2** ge nattlogi åt **III** *s* sömn; *I have had a good ~* jag har sovit gott; *I won't lose any ~ over that* jag kommer inte att ligga sömnlös för det; *talk (walk) in o.'s ~* tala (gå) i sömnen; *drop off to ~* somna (lura) 'till; *go to ~* somna

sleeper ['sli:pə] *s* **1** *be a light ~* sova lätt; *the Seven Sleepers* se *seven I* **2** järnv. sovvagn **3** järnv. sliper

sleeping ['sli:pɪŋ] *a* o. *s* (attr.) sovande, sov-, sömn-, säng-; *~ accommodation* sovplats[er], sängplats[er]; nattlogi; *the S~ Beauty* Törnrosa; *let ~ dogs lie* se *dog I 1*; *~ partner* hand. passiv delägare; *~ policeman* 'sovande polisman', 'asfaltlimpa' hastighetssänkande anordning i vägbana; *~ sickness* a) [afrikansk (tropisk)] sömnsjuka b) [epidemisk] sömnsjuka

sleeping-bag ['sli:pɪŋbæg] *s* **1** sovsäck; *sheet ~* reselakan, lakanspåse **2** sovpåse

sleeping-car ['sli:pɪŋkɑ:] *s* o. **sleeping--carriage** ['sli:pɪŋˌkærɪdʒ] *s* järnv. sovvagn

sleeping-compartment ['sli:pɪŋkəmˌpɑ:tmənt] *s* järnv. sovkupé

sleeping-draught ['sli:pɪŋdrɑ:ft] *s* sömndryck, sömnmedel

sleeping-pill ['sli:pɪŋpɪl] *s* sömntablett, sömnpiller

sleepless ['sli:pləs] *a* sömnlös, vaken

sleep-walker ['sli:pˌwɔ:kə] *s* sömngångare

sleep-walking ['sli:pˌwɔ:kɪŋ] *s* att gå i sömnen

sleepy ['sli:pɪ] *a* **1** sömnig; sömnaktig; sövande **2** bildl. död; sömnig

sleepyhead ['sli:pɪhed] *s* fam. slöfock, sjusovare

sleet [sli:t] *s* snöblandat regn, snöslask

sleeve [sli:v] *s* **1** ärm; *laugh up o.'s ~* skratta i mjugg; *have a th. up o.'s ~* ha ngt i bakfickan; *wear o.'s heart on o.'s ~* se *heart 2* **2** tekn. muff **3** [skiv]fodral, [skiv]omslag

sleeve-board ['sli:vbɔ:d] *s* ärmbräda

sleeved [sli:vd] *a* [försedd] med ärmar, ss. efterled i sms. -ärmad [*short-sleeved*]

sleigh [sleɪ] **I** *s* släde; kälke **II** *itr* åka släde (kälke)

sleigh-bell ['sleɪbel] *s* bjällra

sleight [slaɪt] *s, ~ of hand* a) fingerfärdighet, taskspeleri b) taskspelarkonst

slender ['slendə] *a* **1** smärt, smal, slank [*~ girl, ~ waist*], smäcker [*~ stem*], spenslig, späd **2** bildl. klen, skral, ringa [*~ hopes*]

slept [slept] imp. o. pp. av *sleep*

sleuth [slu:θ] *s* fam. deckare, blodhund

sleuth-hound ['slu:θhaʊnd] *s* **1** blodhund; spårhund **2** fam. se *sleuth*

1 slew [slu:] imp. av *slay*

2 slew [slu:] *tr* o. *itr, ~ [round]* svänga [runt]

slice [slaɪs] **I** *s* **1** skiva [*a ~ of bread*]; *~ of bread and butter* smörgås **2** del, andel [*a ~ of the profits*], stycke; *a ~ of life* ett stycke verklighet; *that was a ~ of luck!* vilken tur! **3** stekspade; fiskspade; tårtspade **II** *tr* **1** skära upp [i skivor], skiva [äv. *~ up*] **2** sport., *~ a ball* 'slica' (skruva) en boll

slicer ['slaɪsə] *s* kniv; förskärare; skärmaskin; *bread* ~ bröd|kniv, -såg

slick [slɪk] **I** *a* **1** glättad, driven [~ *style*] **2** smart [~ *salesman*] **3** slät, glansig **4** hal [*roads* ~ *with mud*] **II** *s* slät (hal) fläck; oljefläck **III** *tr* släta till, jämna

slid [slɪd] imp. o. pp. av *slide*

slide [slaɪd] **I** (*slid slid*) *itr* glida; halka; rutscha, kana; åka (slå) kana; *let things* ~ bildl. strunta i allting **II** (*slid slid*) *tr* **1** låta glida, skjuta [fram (in osv.)] **2** sticka [*he slid a coin into my hand*] **III** *s* **1** glidning; glidande **2** isbana, kana **3** [glid]bana, rutsch|bana, -kana **4** diapositiv, dia[bild]; ~ *projector* [småbilds]projektor; *colour* ~ färgdia **5** objektglas **6** hårspänne

slide-calliper ['slaɪdˌkælɪpə] *s* skjutmått

slide-rule ['slaɪdru:l] *s* räknesticka

sliding ['slaɪdɪŋ] *a* glidande; skjut- [~ *door*]; ~ *roof* soltak, skjutbart tak; ~ *scale* glidande (rörlig) skala

slight [slaɪt] **I** *a* **1** spenslig, smärt, späd [~ *figure*] **2** klen, bräcklig [~ *foundation*] **3** lätt [~ *cold*], lindrig; obetydlig, ringa; *not the* ~*est doubt* inte det minsta tvivel; *not in the* ~*est* inte på minsta sätt **II** *tr* ringakta, nonchalera; skymfa; *she felt* ~*ed* hon kände sig förbisedd **III** *s* ringaktning

slightingly ['slaɪtɪŋlɪ] *adv* med ringaktning

slightly ['slaɪtlɪ] *adv* lätt [~ *wounded*; *touch a th.* ~], lindrigt, svagt, obetydligt, något [~ *better*]

slim [slɪm] **I** *a* **1** smal, slank, smärt, spenslig **2** fam. klen; svag, liten [~ *possibility*] **II** *itr* banta **III** *tr* göra smal (slank)

slime [slaɪm] *s* **1** slam, dy, gyttja **2** slem

slimming ['slɪmɪŋ] *s* bantning

slim-waisted ['slɪmˌweɪstɪd] *a* smal om midjan

slimy ['slaɪmɪ] *a* **1** gyttjig, dyig **2** slemmig **3** fam. äcklig, slemmig

sling [slɪŋ] **I** (*slung slung*) *tr* **1** slunga, slänga, kasta [~ *stones at* (på) *a p.*; ~ *a man out of the room*] **2** hänga upp [med rep o. d.]; *with his rifle slung* [*over his shoulder*] med geväret [hängande] över axeln **II** *s* **1** a) slunga b) slangbåge **2** [axel]rem; gevärsrem **3** läk. bindel; *carry* (*have*) *o.'s arm in a* ~ bära (ha) armen i band **4** [rep]slinga

slink [slɪŋk] (*slunk slunk*) *itr* smyga [sig], slinka [~ *away* (*off, in* etc.)]

slinky ['slɪŋkɪ] *a* åtsmitande [~ *dress*]

slip [slɪp] **I** *itr* **1** glida; halka [omkull]; *the ladder* ~*ped* stegen gled; *let* ~ se *1 let III 2*; ~ *up* halka; *the name has* ~*ped from my mind* jag har tappat bort namnet; ~ *into a dress* slänga (dra) på sig en klänning; *the opportunity* ~*ped through my fingers* (*hands*) tillfället gled (gick) mig ur händerna **2** smyga [sig], slinka [~ *away* (*out, past*)]; ~ *along* (*across, round, over*) *to* fam. kila i väg (över) till **3** göra fel; ~ *up* fam. dabba sig, göra en tabbe **4** tappa stilen (greppet) [*he has been* ~*ping lately*] **II** *tr* **1** låta glida, smyga, sätta [~ *a ring on to a finger*], sticka [~ *a coin into a p.'s hand*]; ~ *o.'s clothes off* (*on*) slänga (dra) av (på) sig kläderna **2** släppa [i väg (lös)]; sjö. fira loss [~ *anchor*] **3** undkomma, undslippa [~ *o.'s captors*]; *the name has* ~*ped my memory* (*mind*) namnet har fallit mig ur minnet **4** läk., ~ *a disc* få diskbråck **III** *s* **1** glidning; halkning, slintning; *there's many a* ~ *'twixt the cup and the lip* ung. man ska inte ropa hej förrän man är över bäcken; *give a p. the* ~ fam. lyckas smita ifrån ngn **2** [litet] fel, lapsus [*make a* ~]; misstag, felsteg; ~ *of the pen* skrivfel; ~ *of the tongue* felsägning **3** örngott, örngottsvar **4** underklänning; midjekjol, underkjol; gymnastikdräkt [för flickor] **5** remsa, bit, stycke; ~ *of paper* pappersremsa, papperslapp **6** typ., ~ [*proof*] spaltkorrektur **7** a) trädg. stickling b) *a* [*mere*] ~ *of a girl* ett litet flickebarn, en liten stumpa; *a* [*mere*] ~ *of a boy* en pojkvasker **8** teat., pl. ~*s* kulisser

slip-knot ['slɪpnɒt] *s* löpknut

slip-on ['slɪpɒn] *s* fam. resårgördel

slipover ['slɪpˌəʊvə] *s* slipover

slipper ['slɪpə] *s* **1** toffel, slipper **2** lätt aftonsko, ballerinasko

slippered ['slɪpəd] *a* klädd i tofflor

slippery ['slɪpərɪ] *a* hal, glatt

slippy ['slɪpɪ] *a* fam., *look* ~*!* raska på!

slip-road ['slɪprəʊd] *s* **1** påfartsväg, avfartsväg till motorväg **2** mindre förbifartsled

slipshod ['slɪpʃɒd] *a* slarvig, hafsig

slip-up ['slɪpʌp] *s* fam. tabbe, fel

slipway ['slɪpweɪ] *s* **1** sjö. slip, stapelbädd **2** ränna, bana

slit [slɪt] **I** (*slit slit* el. *slitted slitted*) *tr* skära (sprätta) upp (sönder, av), fläka upp, klyva, göra en reva (ett snitt) i **II** *s* **1** reva, skåra, snitt **2** sprund **3** springa, öppning

slither ['slɪðə] *itr* hasa, halka; glida

slithery ['slɪðərɪ] *a* hal

sliver ['slɪvə] **I** *tr* klyva, spjälka [sönder], skära i remsor (strimlor) **II** *s* spjäla, spån, flisa, sticka; tunn skiva; strimla

slob [slɒb] *s* sl. tölp, drummel; fårskalle

slobber ['slɒbə] **I** *itr* dregla; ~ *over a p.* pjollra med ngn **II** *tr* dregla ner; slabba ner **III** *s* **1** dregel **2** pjoller

slobbery ['slɒbərɪ] *a* **1** dreglande **2** pjollrig

sloe [sləʊ] *s* bot. slån[buske]; slånbär

sloe-eyed ['sləʊaɪd] *a* **1** mörkögd **2** snedögd

slog [slɒg] **I** *itr* **1** sport. slugga; dänga 'till **2** traska [mödosamt]; knoga; ~ *away* [*at o.'s work*] knoga 'på (knega vidare) [med sitt

arbete] **II** *tr* dänga 'till, damma 'på **III** *s* **1** hårt slag **2** hård marsch; slit, knog
slogan ['sləugən] *s* slogan, slagord; paroll
sloop [slu:p] *s* sjö. slup enmastat segelfartyg
slop [slɒp] **I** *s* **1** pl. *~s* slask-, disk|vatten; *empty the ~s* tömma toaletthinken; tömma ut slaskvattnet **2** vanl. pl. *~s* a) flytande föda isht för sjuk b) om mat o. dryck tunt blask, 'diskvatten' c) svinmat, skulor **3** sentimental smörja **II** *itr* **1** spillas ut, skvalpa över [äv. *~ over*] **2** plaska; *~ about* (*around*) a) plaska [omkring] b) slafsa omkring **III** *tr* spilla [ut], skvalpa (över)
slop-bucket ['slɒp,bʌkɪt] *s* slaskhink
slope [sləup] **I** *s* **1** lutning **2** sluttning; backe **3** mil., *with the rifle at the ~* med geväret på axeln **II** *itr* slutta, luta
sloping ['sləupɪŋ] *a* sluttande [*~ roof*], lutande; *~ forehead* flyende panna
sloppy ['slɒpɪ] *a* **1** slaskig **2** om mat o. dryck blaskig **3** fam. hafsig [*a ~ piece of work*]; slapp, rafsig [*~ style*] **4** sladdrig, säckig [*~ trousers*]; slarvig, slafsig **5** fam. sentimental, pjollrig
slosh [slɒʃ] **I** *s* **1** se *slush 1* o. *2* **2** sl. snyting **3** skvalp, plask **II** *tr* **1** sl. klippa till, slå **2** kladda 'på [*~ paint*]; skvätta **3** skvalpa omkring med **III** *itr* plaska, skvalpa
sloshed [slɒʃt] *a* sl. mosig berusad
slot [slɒt] **I** *s* **1** springa, [smal] öppning, slits; myntinkast; brevinkast **2** spår, fals, ränna **II** *tr* göra en springa (springor etc.) i
sloth [sləuθ] *s* **1** slöhet, lättja **2** zool. sengångare
slothful ['sləuθfʊl] *a* lat, lättjefull
slot-machine ['slɒtmə,ʃi:n] *s* [varu]-automat; spelautomat
slouch [slautʃ] **I** *s* **1** hopsjunken (slapp) hållning (gång); lutande; slokande **2** sl. slöfock, slarver **II** *itr* gå (stå, sitta) hopsjunken; *~ about* stå (sitta) och hänga
slouch-hat ['slautʃ'hæt] *s* slokhatt
1 slough [slau] *s* träsk, bildl. äv. dy, avgrund
2 slough [slʌf] **I** *s* ormskinn, ömsat (fällt) skal o. d. **II** *itr* **1** ömsa skinn **2** *~ off* falla (ramla) av (bort) **III** *tr* kasta av, fälla; byta; *~* bildl. lägga bort [*~ [off] old habits*]
Slovak ['sləuvæk] *s* **1** slovak **2** slovakiska [språket]
Slovakia [sləʊ'vækɪə] Slovakien
sloven ['slʌvn] *s* **1** slusk, ovårdad person **2** slarver
Slovene ['sləuvi:n, sləʊ'vi:n] *s* sloven
Slovenia [sləʊ'vi:njə] Slovenien
slovenly ['slʌvnlɪ] *a* **1** sjabbig, sjaskig **2** slarvig, hafsig
slow [sləu] **I** *a* **1** långsam, sakta; trög, senfärdig; *~ but* (*and*) *sure* långsam men säker; *in ~ motion* i slow-motion (ultrarapid) **2** som går för sakta [*a ~ clock*]; *be ~* gå efter (för sakta) [*be ten minutes ~*] **3** trög, långsam **II** *adv* långsamt, sakta; *go ~* a) gå (springa, köra) sakta (långsamt), sakta farten b) maska vid arbetskonflikt c) om klocka gå efter **III** *itr, ~ down* (*off, up*) sakta farten, sakta in **IV** *tr* **1** *~ down* (*up*) sakta [in] [*~ down a car*]; hejda **2** försena, fördröja
slowcoach ['sləukəutʃ] *s* fam. slöfock
slowdown ['sləudaun] *s* **1** hand. nedgång, nedgångsperiod **2** maskning[saktion]
slowly ['sləulɪ] *adv* långsamt, sakta
slow-motion ['sləu'məuʃən] *a*, *a ~ film* en film i slow-motion (ultrarapid)
slow-worm ['sləuwɜ:m] *s* zool. ormslå, kopparorm
sludge [slʌdʒ] *s* **1** dy, gyttja **2** slam; rötslam; bottensats **3** snö|sörja, -slask
sludgy ['slʌdʒɪ] *a* **1** dyig, gyttjig **2** slammig
1 slug [slʌg] *s* zool. [skallös] snigel
2 slug [slʌg] *s* **1** kula isht för luftbössa **2** metallklump **3** [spel]pollett; [falskt] mynt
3 slug [slʌg] **I** *tr* fam. dänga 'till; damma (puckla) 'på **II** *itr* sport. slugga
sluggard ['slʌgəd] *s* latmask, slöfock
sluggish ['slʌgɪʃ] *a* **1** lat, långsam, trög **2** trögflytande; trög [*~ market*]
sluice [slu:s] **I** *s* **1** a) sluss; sluss|port, -lucka b) ränna, kvarn-, vasknings-, flottnings|ränna **2** slussningsvatten **3** fam. ordentlig vaskning (tvättning) **II** *tr* **1** spola vatten över (genom); skölja, spola [*~ the decks*] **2** öppna slussen ovanför, översvämma **3** släppa 'på (ut) vatten o. d. **4** slussa
sluice-gate ['slu:sgeɪt] *s* sluss|port, -lucka; dammlucka
slum [slʌm] **I** *s* **1** slumkvarter; *~ landlord* slumhusägare; *turn into* (*become*) *a ~* förslummas **2** *the ~s* (konstr. ss. pl.) slummen **II** *itr, go ~ming* ta en titt på slummen
slumber ['slʌmbə] litt. o. poet. **I** *itr* slumra, vila **II** *s, ~[s* pl.] slummer
slum-clearance ['slʌm,klɪərəns, '-'--] *s* slumsanering
slummy ['slʌmɪ] *a* förslummad, slum-
slump [slʌmp] **I** *s* **1** hand. [plötsligt] prisfall, depression, lågkonjunktur **2** bildl. [kraftig] nedgång; nedgångsperiod **II** *itr* **1** rasa, falla plötsligt [*prices ~ed*] **2** sjunka ner (ihop) [äv. *~ down*; *~ into o.'s chair*]
slung [slʌŋ] imp. o. pp. av *sling*
slunk [slʌŋk] imp. o. pp. av *slink*
slur [slɜ:] **I** *tr* **1** uttala otydligt (suddigt); *~ o.'s words* sluddra **2** *~ over* a) halka över, beröra flyktigt b) slarva igenom **3** tala nedsättande om, svärta ner **II** *itr* tala (skriva, sjunga) fort och slarvigt **III** *s* **1** a) nedsättande anmärkning b) [skam]fläck [*a ~ on a p.'s good name*]; *cast* (*put*) *a ~ on a p.* kasta en skugga på ngn, svärta ner ngn

2 suddigt uttal **3** mus. legatobåge
slurbs [slɜ:bz] *s pl* ung. trist[a] förortskvarter
slurp [slɜ:p] **I** *tr* sörpla i sig **II** *itr* sörpla, smaska **III** *s* **1** sörplande **2** klunk
slush [slʌʃ] *s* **1** snö|sörja, -slask **2** gyttja, dy **3** fam. sentimentalt dravel; smörja
slushy ['slʌʃɪ] *a* **1** slaskig **2** fam. sentimental
slut [slʌt] *s* **1** slarva **2** slampa
sluttish ['slʌtɪʃ] *a* **1** slarvig **2** slampig
sly [slaɪ] *a* **1** slug, listig; *a ~ dog* fam. en lurifax, en filur; *a ~ glance* en förstulen blick; *on the ~* i smyg **2** skälmsk, spjuveraktig
1 smack [smæk] **I** *s* **1** smack, smackning [*~ of* (med) *the lips*] **2** smäll, slag, klatsch [*~ of the whip*]; *a ~ in the eye* (*face*) fam. bildl. ett slag i ansiktet; se äv. under *eye I 1 c*; *have a ~ at* fam. försöka sig på **3** smällkyss **II** *tr* **1** smälla [till], daska [till] [*~ a naughty child*], slå **2** smacka med [*~ o.'s lips*]; *~ o.'s lips over a th.* bildl. gotta sig åt ngt **III** *adv* fam. rakt, tvärt; bums, pladask
2 smack [smæk] *s* sjö. [fiske]smack
3 smack [smæk] **I** *s* **1** bismak, anstrykning [*a ~ of garlic*] **2** smakbit; aning **II** *itr*, *~ of* smaka, bildl. äv. ha en anstrykning av
smacking ['smækɪŋ] *s* **1** smällande; *a good ~* fam. ordentligt med smäll **2** smackande
small [smɔ:l] **I** *a* **1** liten, pl. små; *~ change* småpengar, växel[pengar]; *a ~ matter* en småsak (bagatell); *~ size* liten (mindre) storlek, litet nummer (format); *~ talk* småprat, kallprat; *live in a ~ way* leva enkelt; *and ~ wonder* se *wonder I 1*; *feel ~* känna sig liten; *he made me look ~* [*in front of everyone*] han fick mig att känna mig liten . . **2** tunn, svag [*~ voice*]; *~ beer* a) ngt åld. svagt öl; svagdricka b) fam. struntsaker **3** småsint, småaktig **II** *s* **1** *the ~ of the back* korsryggen; *the ~ of the leg* smalbenet **2** *in ~* i liten skala **3** pl. *~s* underkläder; småtvätt **III** *adv* **1** smått, i små bitar [*cut it ~*] **2** *sing ~* bildl. stämma ner tonen
small-arms ['smɔ:lˈɑ:mz] *s pl* mil. handeldvapen; *~ factory* gevärsfaktori, gevärsfabrik
smallholder ['smɔ:lˌhəʊldə] *s* småbrukare
smallholding ['smɔ:lˌhəʊldɪŋ] *s* småbruk
smallish ['smɔ:lɪʃ] *a* ganska (rätt så) liten
small-minded ['smɔ:lˌmaɪndɪd] *a* småaktig, småsint
smallpox ['smɔ:lpɒks] *s* [smitt]koppor
small-scale ['smɔ:lskeɪl] *a* i liten skala
small-time ['smɔ:ltaɪm] *a* fam. obetydlig, andra klassens, små-, dussin-
smarmy ['smɑ:mɪ] *a* fam. inställsam, småäcklig, sliskig
smart [smɑ:t] **I** *a* **1** skarp, svidande [*~ blow*] **2** rask, snabb [*at a ~ pace*]; *look ~* [*about it*]! raska på! **3** skärpt, duktig [*~ student*]; pigg, vaken [*~ lad*] **4** fyndig, kvick; påhittig **5** smart, skicklig [*~ politics*]; slipad **6** stilig, flott, snofsig [*~ hat, ~ car*], piffig; välklädd, snygg; prydlig **7** fashionabel, fin, chic; *the ~ set* fint folk, den fina världen **II** *itr* **1** göra ont, svida **2** ha ont, plågas; *~ under* lida (plågas) av **3** *~ for* [få] sota (plikta) för
smart-alec[k] ['smɑ:tˌælɪk] *s* viktigpetter, besserwisser
smarten ['smɑ:tn] **I** *tr* snygga upp [äv. *~ up*; *~ o.s.* [*up*]] **II** *itr*, *~ up* göra sig fin (snygg)
smash [smæʃ] **I** *tr* (se äv. *smashing*) **1** slå sönder (i kras), krossa [äv. *~ up*], krascha; spränga [*~ an atom*] **2** fam. slå 'till [*~ a p. on the jaw*] **3** fam. drämma [till med] **4** i tennis o. d. smasha **5** bildl. a) krossa, slå ner [*~ all resistance*] b) ruinera **II** *itr* **1** gå sönder (i kras), krossas [äv. *~ to pieces*], krascha **2** *~ into* krocka (smälla ihop) med **3** i tennis o. d. smasha **III** *s* **1** slag, smäll [*a ~ on the jaw*] **2** brak, skräll [*fall with a ~*] **3** krock, kollision, krasch; krossande **4** i tennis o. d. smash **5** fam. jätte-, dunder|succé [äv. *~ success*] **IV** *adv* fam. med ett brak; *go* (*run*) *~ into* rusa rakt på (in i)
smash-and-grab ['smæʃən'græb] *a*, *~ raid* (*robbery*) stöld från skyltfönster efter fönsterkrossning
smasher ['smæʃə] *s* fam. **1** panggrej, toppgrunka **2** toppenkille; toppentjej
smash-hit ['smæʃhɪt] *s* fam. jätte-, dunder|succé; succémelodi
smashing ['smæʃɪŋ] *a* **1** krossande; förkrossande; *~ blow* dråpslag **2** fam. jättefin, fantastisk [*~ dinner*], toppen, pang- [*~ girl*]; *~ success* hejdundrande succé
smattering ['smætərɪŋ] *s* ytlig kännedom [*of* om], ytliga kunskaper [*of* i]
smear [smɪə] **I** *s* **1** fläck, fettfläck **2** smutskastning, förtal **3** med. [utstryks]prov **II** *tr* **1** smeta [ner]; fläcka, bildl. äv. smutskasta [*~ a p.'s reputation*] **2** smörja [in] [*~ grease on o.'s hands*]; breda [på] **3** sudda till
smear-campaign ['smɪəkæmˌpeɪn] *s* nedsvärtnings-, förtals|kampanj
smell [smel] **I** (*smelt smelt* el. *~ed ~ed*) *tr* **1** känna lukten av, vädra; bildl. misstänka, lukta [*~ treason*]; *~ a rat* se *rat I 1* **2** lukta på [*~ a rose*] **II** (för tema se *I*) *itr* **1** lukta [*at* på; *~ at a flower*] **2** lukta, dofta; *~ of* lukta, bildl. äv. tyda på, fam. vara snudd på **III** *s* lukt; luktsinne; *there's a ~ of cooking* det luktar mat; *I noticed a ~ of gas* jag kände lukten av gas
smelling-bottle ['smelɪŋˌbɒtl] *s* luktflaska

smelling-salts ['smelɪŋsɔ:lts] *s pl* luktsalt
smelly ['smelɪ] *a* fam. illaluktande, stinkande
1 smelt [smelt] *tr* smälta malm
2 smelt [smelt] *s* zool. nors
3 smelt [smelt] imp. o. pp. av *smell*
smelting-furnace ['smeltɪŋ,fɜ:nɪs] *s* smältugn
smile [smaɪl] **I** *itr* le, småle [*at* åt; [*up*]*on* mot] **II** *s* leende; *he was all ~s, his face was wreathed in ~s* han var idel leende (solsken); *raise a ~* framkalla ett leende
smiling ['smaɪlɪŋ] *a* leende äv. bildl. [*~ landscape*]; *come up ~* bildl. ta det med ett leende; *keep ~!* var glad!, lev livet leende!
smirch [smɜ:tʃ] **I** *tr* smutsa [ner], fläcka äv. bildl. [*~ a p.'s reputation*], besudla **II** *s* fläck äv. bildl. [*a ~ on his reputation*]
smirk [smɜ:k] **I** *itr* flina, le självbelåtet (fånigt) [*at* åt] **II** *s* flin, fånigt leende, smil
smite [smaɪt] (*smote smitten*; se äv. *smitten*) *tr* litt. o. skämts. **1** slå [*~ a p. on the head*] **2** slå ned, förgöra, dräpa
smith [smɪθ] *s* smed
smithereens ['smɪðə'ri:nz] *s pl* fam. småbitar; *break* (*smash*) [*in*]*to ~* slå i bitar
smithy ['smɪðɪ, 'smɪθɪ] *s* smedja
smitten ['smɪtn] *pp* o. *a* slagen; *~ with* (*by*) *a p.* (*a p.'s charms*) betagen i ngn; *~ with the plague* angripen (drabbad) av pesten
smock [smɒk] *s* **1** förr lång arbetsblus isht för lantarbetare **2** skyddsrock
smog [smɒg] *s* smog, rökblandad dimma
smoke [sməʊk] **I** *s* **1** rök; *the* [*Big*] *S~* fam., beteckning för London; *no ~ without fire* ingen rök utan eld; *end* [*up*] (*go up*) *in ~* fam. gå upp i rök **2** fam. rök, bloss [*long for a ~*] **3** fam. röka, rökverk [äv. pl. *~s*] **II** *itr* **1** ryka [*the chimney ~s*], osa [*the lamp ~s*], ånga; ryka in **2** röka [*may I ~?*] **III** *tr* röka [*~ bacon*; *~ tobacco*]; *~d ham* rökt skinka; *~ out* röka ut [*~ out rats*]
smoke-helmet ['sməʊk,helmɪt] *s* rökmask
smokeless ['sməʊkləs] *a* rökfri
smoker ['sməʊkə] *s* **1** rökare; *a heavy ~* en storrökare **2** fam. rökkupé; vagn för rökare
smoke-screen ['sməʊkskri:n] *s* mil. rökslöja; rökridå äv. bildl.
smoke-stack ['sməʊkstæk] *s* fartygsskorsten, Am. äv. lokomotivskorsten; fabriksskorsten
smoking ['sməʊkɪŋ] **I** *a* rökande; rykande **II** *s* rökning, rökande; *no ~* [*allowed*] rökning förbjuden
smoking-compartment ['sməʊkɪŋkəm,pɑ:tmənt] *s* rökkupé
smoking-jacket ['sməʊkɪŋ,dʒækɪt] *s* rökrock
smoking-room ['sməʊkɪŋrum] *s* rökrum
smoky ['sməʊkɪ] *a* **1** rykande [*~ chimney*] **2** rökig [*~ room*], rökfylld **3** röklik, rök- [*~ taste*]; rökfärgad **4** nedrökt, röksvärtad
smolder ['sməʊldə] *itr* o. *s* Am. = *smoulder*
smooch [smu:tʃ] fam. **I** *itr* **1** pussas **2** småhångla **II** *s* puss
smooth [smu:ð] **I** *a* **1** slät, jämn [*~ surface*]; blank [*~ paper*]; blanksliten [*~ tyre*]; *make things ~ for a p.* bildl. jämna vägen för ngn **2** len, fin, slät [*~ skin*]; skägglös **3** lugn, stilla [*~ sea, ~ crossing*] **4** välblandad, slät, jämn [*~ paste, ~ consistency*] **5** bildl. [jämn]flytande, jämn, ledig [*~ style*], lugn, friktionsfri; *~ running* jämn gång **6** mild, mjuk [*~ wine*; *~ voice*] **7** a) lugn, jämn, smidig [*~ manners*] b) hal [*~ manner*], silkeslen [*~ tongue*] **II** *adv* jämnt [*run ~*]; smidigt **III** *s* **1** jämn (lugn) yta, jämn bit; bildl. se *rough III 1* **2** fam. [tillslätande] strykning **IV** *tr* **1** göra jämn (slät), jämna äv. bildl. [*~ a p.'s path*] **2** släta 'till [äv. *~ down*; *~* [*down*] *o.'s hair*]; *~ out* släta ut [*~ out creases*]; jämna ut; *~ over* bildl. släta över [*~ over faults*]
smoothie ['smu:ðɪ] *s* fam. hal individ
smoothing-iron ['smu:ðɪŋ,aɪən] *s* stryk-, press|järn
smorgasbord ['smɔ:gəs,bɔ:d, 'smɜ:-] *s* smörgåsbord
smote [sməʊt] imp. av *smite*
smother ['smʌðə] **I** *tr* **1** kväva äv. bildl. [*~ a yawn*] **2** täcka; *~ed with sauce* dränkt i sås **3** [över]hölja [*~ with caresses* (*gifts*)] **4** undertrycka [*~ o.'s grief*], dämpa **II** *itr* [hålla på att] kvävas
smoulder ['sməʊldə] *itr* [ligga och] ryka; pyra, glöda under askan; *~ing hatred* pyrande hat
smudge [smʌdʒ] **I** *s* [smuts]fläck, suddigt märke **II** *tr* sudda (kladda) ner (till), bildl. fläcka **III** *itr* bli suddig, sudda; smeta
smudgy ['smʌdʒɪ] *a* fläckig; suddig
smug [smʌg] *a* självbelåten; trångsynt
smuggle ['smʌgl] *tr* o. *itr* smuggla
smuggler ['smʌglə] *s* smugglare
smuggling ['smʌglɪŋ] *s* smuggling
smut [smʌt] *s* **1** sotkorn; sotfläck, smuts **2** bildl. oanständighet[er]; smutslitteratur
smutty ['smʌtɪ] *a* **1** sotig, ner|sotad, -smutsad **2** oanständig, snuskig [*~ stories*]
snack [snæk] *s* matbit, lätt [mellan]mål
snack-bar ['snækbɑ:] *s* o. **snack-counter** ['snæk,kaʊntə] *s* snackbar, [lunch]bar, barservering
snafu [snæ'fu:] sl., mil. förk. för *situation normal: all fouled* (*fucked*) *up* **I** *a* kaotisk, åt helvete **II** *s* kaos, virrvarr
snag [snæg] *s* **1** avbruten grenstump; knagg **2** uppriven tråd **3** fam., *that's the ~!* det är det som är stötestenen!; *there's a ~ in it somewhere* det finns en hake någonstans

snail [sneɪl] *s* snigel med skal, om pers. äv. sölkorv; *at a ~'s pace* med snigelfart

snake [sneɪk] *s* orm äv. bildl.; *~ in the grass* orm i paradiset, falsk vän; *~s and ladders* slags sällskapsspel med tärningar och brickor

snake-bite ['sneɪkbaɪt] *s* ormbett

snake-charmer ['sneɪkˌtʃɑːmə] *s* ormtjusare

snaky ['sneɪkɪ] *a* **1** full av ormar **2** ormlik[nande], orm-; listig

snap [snæp] **I** *itr* **1** nafsa, snappa, hugga [*at* efter] **2** fräsa, fara ut [äv. *~ out*; *she ~ped at* (åt, mot) *him*] **3** gå av (itu), brytas av (itu), knäckas [*the branch ~ped*; äv. *~ off* (*in two*)]; *his nerves ~ped* hans nerver sviktade **4** knäppa [till]; *the lid ~ped down* (*shut*) locket smällde igen **5** fam., *~* [*in*]*to it* raskt ta itu med saken, sätta i gång omedelbart; *try to ~ out of it!* försök att komma över det!, ryck upp dig! **II** *tr* **1** *~ up* nafsa (nappa) åt sig, snappa (upp) **2** *~ a p.'s head off* bita (snäsa) av ngn **3** bryta av (itu) [äv. *~ off*]; slita av [*~ a thread*] **4** knäppa med [*~ o.'s fingers*], smälla med [*~ a whip*]; *~ o.'s fingers at a p.* (*in a p.'s face*) bildl. strunta i ngn; visa förakt för ngn **5** knäppa igen [*~ a clasp*]; *~ the lid down* (*shut*) smälla (slå) igen locket **6** knäppa, fotografera **III** *s* **1** nafsande **2** a) knäpp, knäppande [*a ~ with o.'s fingers*] b) knäck; smäll [*the oar broke with a ~*] **3** [tryck]knäppe, lås [*the ~ of a bracelet*]; tryckknapp **4** fam. fart, kläm; *put some ~ into it* sätta lite fart på det hela **5** kort period (ryck); *cold ~* köldknäpp **6** slags småkaka; *ginger ~s* ung. [hårda] pepparkakor **7** slags kortspel för barn **8** se *snapshot* **IV** *a* **1** snabb, snabb-, på stående fot [*a ~ decision*] **2** parl. plötslig, överrumplings- [*~ division* (*vote*) (votering)] **V** *adv*, *go ~* gå av med en smäll (knäpp)

snapdragon ['snæpˌdrægən] *s* bot. lejongap

snap-fastener ['snæpˌfɑːsnə] *s* tryckknapp; tryckknäppe

snappy ['snæpɪ] *a* **1** knäppande, smällande, knastrande [*~ sound*] **2** kvick; *make it* (*look*) *~!* fam. raska på! **3** fam. pigg, fräsch

snapshot ['snæpʃɒt] *s* fotogr. kort, snapshot

snare [sneə] **I** *s* snara, bildl. äv. försåt; *lay ~s for* lägga ut snaror för **II** *tr* snara, snärja

snare-drum ['sneədrʌm] *s* liten trumma, militärtrumma

1 snarl [snɑːl] **I** *itr* morra [*at* åt]; om pers. brumma ilsket **II** *s* morrande; brummande

2 snarl [snɑːl] **I** *s* trassel, fnurra; härva [*traffic ~*] **II** *tr* trassla till (in, ihop) **III** *itr* trassla (tova) sig [äv. *~ up*]

snarl-up ['snɑːlʌp] *s* trassel, kaos; trafiksammanbrott [äv. *traffic ~*]

snatch [snætʃ] **I** *tr* **1** rycka till sig, rafsa åt sig, gripa, hugga **2** stjäla [sig till] [*~ a kiss*] **3** sl. a) kidnappa b) haffa c) sno, stjäla **II** *itr* **1** hugga 'för sig **2** *~ at* gripa efter **III** *s* **1** hugg, grepp **2** a) kort period (stund) b) [brott]stycke; bit; *~es of verse* versstumpar; *work in* (*by*) *~es* arbeta ryckvis (periodvis) **3** i tyngdlyftning ryck **4** sl. a) stöld; kidnappning b) [polis]anhållande **5** vulg. fitta

snazzy ['snæzɪ] *a* sl. flott, snofsig

sneak [sniːk] **I** *itr* **1** smyga [sig] **2** skol. sl. skvallra **II** *s* **1** lurifax **2** skol. sl. skvallerbytta **III** *a* överrasknings- [*~ raid*], smyg-; *~ preview* film. förhandsvisning

sneakers ['sniːkəz] *s pl* Am. gymnastik-, tennis|skor

sneaking ['sniːkɪŋ] *a* **1** hemlig, dold [*~ sympathy*] **2** smygande; dunkel [*~ suspicion*]

sneer [snɪə] **I** *itr* **1** hånle [*at* åt] **2** *~ at* håna, pika **II** *s* **1** hånleende **2** hån; pik

sneering ['snɪərɪŋ] *a* hånfull

sneeze [sniːz] **I** *itr* nysa; *not to be ~d at* fam. inte att förakta **II** *s* nysning

snick [snɪk] **I** *tr* göra en [lätt] skåra i **II** *s* [lätt] skåra

snicker ['snɪkə] **I** *itr* **1** gnägga [svagt] **2** isht Am. = *snigger I* **II** *s* isht Am. = *snigger II*

snide [snaɪd] *a* fam. spydig [*~ remarks*]

sniff [snɪf] **I** *itr* **1** a) vädra, dra in luften genom näsan, lukta (nosa) [*at* på], sniffa b) snörvla **2** fnysa, rynka på näsan [*at* åt] **II** *tr* **1** andas in; sniffa [på]; lukta (nosa) på; *~ up* dra upp (in) [genom näsan] **2** känna lukten av **3** bildl. vädra, misstänka [*~ a scandal*] **III** *s* **1** inandning; snörvling; fnysning **2** andetag; sniff; doft [*~ of perfume*]

sniffing ['snɪfɪŋ] *s* sniffande, inandning

snifter ['snɪftə] *s* isht Am. **1** aromglas, konjakskupa **2** sl. sup, hutt

snigger ['snɪgə] **I** *itr* fnissa, flina [*at* (*over*) åt] **II** *s* fnissande, flinande; flin

snip [snɪp] **I** *itr* klippa **II** *tr* klippa (nypa) ['av], knipsa 'av [äv. *~ off*] **III** *s* **1** klipp; klippande **2** a) avklippt bit, remsa b) liten bit **3** fam. kap, fynd [till vrakpris]

snipe [snaɪp] **I** *s* **1** zool. beckasin; snäppa **2** skott från bakhåll **II** *itr* mil. skjuta från bakhåll [*at* på] **III** *tr* mil. döda (träffa) [från bakhåll], knäppa

sniper ['snaɪpə] *s* mil. prickskytt; krypskytt

snippet ['snɪpɪt] *s* **1** avklippt bit, remsa, [tidnings]urklipp **2** pl. *~s* bildl. lösryckta stycken, stumpar, små|bitar, -plock

snitch [snɪtʃ] sl. **I** *itr* skvallra, tjalla [*on* på] **II** *tr* knycka, sno

snitcher ['snɪtʃə] *s* sl. angivare, tjallare

snivel ['snɪvl] **I** *itr* **1** gnälla, lipa, snyfta **2** snörvla **II** *s* **1** gnäll, lip[ande] **2** snor

sniveller ['snɪvələ] *s* lipsill, grinolle

snivelling ['snɪvəlɪŋ] **I** *a* **1** gnällig **2** snorig **II** *s* **1** gnäll **2** snörvlande, snorande
snob [snɒb] *s* snobb
snobbery ['snɒbərɪ] *s* snobberi
snobbish ['snɒbɪʃ] *a* snobbig
snog [snɒg] *itr* sl. hångla
snood [snu:d, snʊd] *s* hårnät; hårband
snook [snu:k, snʊk] *s* fam., *cock a ~ at a p.* räcka lång näsa åt ngn
snooker ['snu:kə] **I** *s* slags biljard **II** *tr, be ~ed* fam. bli fast (ställd)
snoop [snu:p] fam. **I** *itr* [gå och] snoka, spionera [äv. *~ around*] **II** *s* snok, spion
snooper ['snu:pə] *s* fam. snok[are], spion
snoot [snu:t] *s* sl. nos, snyte, näsa
snooty ['snu:tɪ] *a* fam. snorkig, mallig
snooze [snu:z] fam. **I** *itr* ta sig en lur **II** *s* [tupp]lur
snore [snɔ:] **I** *itr* snarka **II** *s* snarkning
snorkel ['snɔ:kəl] *s* snorkel
snort [snɔ:t] **I** *itr* fnysa; frusta **II** *tr* fnysa, frusta **III** *s* **1** fnysning **2** sl. hutt
snorter ['snɔ:tə] *s* **1** fam. a) baddare, hejare b) toppengrej **2** sl. hutt
snot [snɒt] *s* sl. snor
snot-rag ['snɒtræg] *s* sl. snorfana näsduk
snotty ['snɒtɪ] *a* **1** sl. snorig **2** fam. arg, retlig; förbaskad **3** fam. snorkig, viktig
snotty-nosed ['snɒtɪnəuzd] *a* sl. **1** snorig **2** *~ kid* snorunge
snout [snaut] *s* **1** nos, tryne fam. äv. om näsa, ansikte **2** sl. cigarrett; tobak
snow [snəu] **I** *s* **1** snö; snöfall **2** sl. kokain, heroin, 'snö' **II** *itr* snöa äv. bildl. **III** *tr, be ~ed in* (*up*) bli (vara) insnöad; *be ~ed under by* (*with*) *letters* hålla på att drunkna i brev
snowball ['snəubɔ:l] **I** *s* snöboll äv. bildl. **II** *itr* kasta snöboll **III** *tr* kasta snöboll på
snow-bound ['snəubaund] *a* insnöad
snow-capped ['snəukæpt] *a* se *snow-clad*
snow-cat ['snəukæt] *s* Am. ® snöfordon, [snö]vessla
snow-clad ['snəuklæd] *a* o. **snow--covered** ['snəuˌkʌvəd] *a* snö|täckt, -klädd
Snowdon ['snəudn]
snow-drift ['snəudrɪft] *s* snödriva
snowdrop ['snəudrɒp] *s* bot. snödroppe
snowfall ['snəufɔ:l] *s* **1** snöfall **2** snömängd
snowflake ['snəufleɪk] *s* snöflinga
snowman ['snəumæn] *s* snögubbe
snow-mobile ['snəuˌməubaɪl] *s* snöfordon, bandvagn; [snö]vessla; snöskoter
snow-scape ['snəuskeɪp] *s* snölandskap
snowstorm ['snəustɔ:m] *s* snöstorm
snow-tyre ['snəuˌtaɪə] *s* vinterdäck
snowy ['snəuɪ] *a* snöig, snötäckt; snö- [*~ weather*]
Snr. o. **snr.** ['si:njə] förk. för *senior*
snub [snʌb] **I** *tr* snäsa [av], snoppa av **II** *s* avsnäsning, avsnoppning **III** *a, ~ nose* trubbnäsa
snub-nosed ['snʌbnəuzd] *a* trubb|nosig, -näst
1 snuff [snʌf] **I** *tr* andas in, vädra **II** *s* snus; *a pinch of ~* en pris snus
2 snuff [snʌf] *tr* snoppa, putsa [*~ a candle*]; *~ out* a) släcka med ljussläckare o. d. b) bildl. kväva [*~* out a rebellion]; *~ it* sl. kola dö
snuff-box ['snʌfbɒks] *s* snusdosa
snuffle ['snʌfl] **I** *itr* snörvla, tala i näsan **II** *s* snörvling; näston, nasalton
snuff-taker ['snʌfˌteɪkə] *s* snusare
snug [snʌg] *a* **1** varm och skön, ombonad; *be ~ in bed* ha det varmt och skönt i sängen; *be as ~ as a bug* [*in a rug*] ha det varmt och skönt **2** trivsam, mysig
snuggle ['snʌgl] *itr* se *nestle I 1* o. *2*
1 so [səu] **I** *adv* **1** så; [så] till den grad; *it's ~ kind of you* det är mycket vänligt av dig; *be ~ fortunate as to get away* vara lycklig nog att komma undan **2** så, sålunda, på detta sätt, på så sätt; *~ and ~* se *so-and-so*; [*rather*] *~ ~* fam. si och så, så där; *is that ~?* jaså?, säger du det? **3** spec. förbindelser: *~ as to* för att [*he hit the snake on the head ~ as to stun it*]; *~ far* se *far II 1*; *~ help me God* så sant mig Gud hjälpe; *~ long* se *2 long IV 2*; *~ many* se *many*; *~ much* se *much I* o. *II 4*; *and ~ on* (*forth*) och så vidare; *and ~ on and ~ forth* och så vidare i all oändlighet; *~ to say* (*speak*) så att säga; *~ that* a) för att [*he died ~ that we might live*] b) så att [*he tied me up ~ that I couldn't move*]; *if ~* i så fall, om så är (vore); *just ~* precis så; just det! **4** *I'm afraid ~* jag är rädd för det; *I believe ~* jag tror det; *~ saying* med dessa ord; *I told you ~!* det var [ju] det jag sa! **5** därför, följaktligen [*she is ill, and ~ cannot come to the party*] **6** ss. svar: [*It was cold yesterday.* –] *S~ it was* .. Ja, det var det **7** *he is old and ~ am 'I* han är gammal och det är 'jag också **II** *konj* **1** a) så [att] [*check carefully ~ any mistake will be found*] b) så, och därför, varför [*she asked me to go, ~ I went*] **2** i utrop så, jaså, alltså [*~ you're back again!*]; *~ there!* så det så!; *~ what?* än sen då?
2 so [səu] *s* mus. sol
soak [səuk] **I** *tr* **1** blöta, lägga i blöt, låta ligga i blöt **2** göra genomvåt, [genom]-dränka äv. bildl.; *~ed through* genom|våt, -blöt **3** *~ in* fam. suga i sig [*~ in the atmosphere*] **4** pp.: *~ed* fam. plakat, full **5** sl. skinna, köra upp [*~ the tourists*]; *~ the rich* låta de rika betala **II** *itr* **1** ligga i blöt, blötas **2** *~ in* sugas (tränga) in **III** *s* **1** [genom]-blötning; blötläggning; *give a ~, put in ~*

lägga i blöt **2** blötläggnings|vatten, -vätska
soaking ['səʊkɪŋ] **I** *s* [upp]blötning, urblötning; blötläggning **II** *a* genom|våt, -blöt **III** *adv*, ~ *wet* genom|våt, -blöt
so-and-so ['səʊənsəʊ] *s* **1** den och den, det eller det **2** neds. typ, fårskalle [*that old* ~]
soap [səʊp] **I** *s* tvål; såpa; *a* ~ en tvål[sort]; *a cake* (*piece, tablet*) *of* ~ en tvål; *soft* ~ a) såpa b) fam. smicker; ~ *opera* isht Am. fam. 'tvålopera' kommersiell ofta sentimental radioel. TV-serie **II** *tr* tvåla [in]; såpa [in]
soap-box ['səʊpbɒks] *s* tvållåda; improviserad talarstol; ~ *orator* folktalare
soap-dish ['səʊpdɪʃ] *s* tvål|kopp, -fat
soap-flakes ['səʊpfleɪks] *s pl* tvålflingor
soapsuds ['səʊpsʌdz] *s pl* tvål-, såp|lödder; tvål-, såp|vatten
soapy ['səʊpɪ] *a* **1** tvålig, tvål-, tvålaktig; såpig; såpaktig **2** bildl. inställsam, oljig
soar [sɔː] *itr* flyga (sväva) högt, stiga; bildl. äv. skjuta i höjden [*prices are* ~*ing*]
soaring ['sɔːrɪŋ] *a* ständigt stigande, skyhög
S.O.B. sl., förk. för *son of a bitch*
sob [sɒb] **I** *itr* **1** snyfta **2** flämta **II** *tr*, ~ *out* snyfta fram; ~ *o.'s heart out* snyfta så att hjärtat kan brista **III** *s* snyftning, snyftande
sober ['səʊbə] **I** *a* **1** nykter; måttlig; *as* ~ *as a judge* fam. spik nykter; *become* ~ [*again*] nyktra till **2** a) måttfull, sansad [~ *judgement*] b) allvarsam, saklig **3** sober, dämpad, diskret [~ *colours*] **II** *tr* få (göra) nykter [äv. ~ *up* (*down*)], få att nyktra till **III** *itr* nyktra till, bli nykter [vanl. ~ *up* (*down*)]
sober-minded ['səʊbə'maɪndɪd] *a* sansad
sobriety [səʊ'braɪətɪ] *s* **1** nykterhet; måttlighet **2** måttfullhet, lugn; allvar[samhet]
sobriquet ['səʊbrɪkeɪ] *s* **1** öknamn **2** antaget namn
sob-sister ['sɒbˌsɪstə] *s* fam. snyftjournalist; redaktör för hjärtespalt
sob-story ['sɒbˌstɔːrɪ] *s* fam. snyfthistoria
sob-stuff ['sɒbstʌf] *s* fam. sentimentalt larv
Soc. förk. för *Socialist*
so-called ['səʊ'kɔːld] *a* s.k., så kallad
soccer ['sɒkə] *s* fam. (kortform för *Association football*) fotboll
sociability [ˌsəʊʃə'bɪlətɪ] *s* sällskaplighet
sociable ['səʊʃəbl] *a* sällskaplig; gemytlig; ~ *person* sällskapsmänniska
social ['səʊʃəl] **I** *a* **1** a) social, social-; samhällelig, samhälls- b) om djur som lever i samhällen (kolonier); *man is a* ~ *animal* människan är en samhällsvarelse; ~ *care* samhällsvård; ~ *climber* streber; *S*~ *Democrat* socialdemokrat; *the* ~ *ladder* samhällsstegen; ~ *science* samhällsvetenskap; ~ *security* a) social trygghet b) Am. (ung.) socialförsäkring, socialbidrag; *be on* ~ *security* ha (få) socialbidrag; ~ *services* sociala organ; socialvård[en]; ~ *studies* samhällsorienterande ämnen, samhällsvetenskap; ~ *welfare* socialvård; ~ *welfare officer* socialkurator; ~ [*welfare*] *worker* socialarbetare **2** sällskaplig; sällskaps- [~ *talents*], umgänges-; ~ *intercourse* umgänge[sliv] **II** *s* samkväm, tillställning
socialism ['səʊʃəlɪzəm] *s* socialism
socialist ['səʊʃəlɪst] **I** *s* socialist; ofta *S*~ socialdemokrat **II** *a* socialistisk, socialist-; ofta *S*~ socialdemokratisk
socialistic [ˌsəʊʃə'lɪstɪk] *a* socialistisk
socialization [ˌsəʊʃəlaɪ'zeɪʃən] *s* förstatligande, socialisering
socialize ['səʊʃəlaɪz] *tr* förstatliga, socialisera; ~*d medicine* Am. fri sjukvård genom samhällets försorg
social-minded ['səʊʃəl'maɪndɪd] *a* socialt intresserad; samhällstillvänd
society [sə'saɪətɪ] *s* **1** samhälle[t] **2** samfund, sällskap, förening; *charitable* ~ välgörenhetsförening; *learned* ~ lärt (vetenskapligt) samfund; *the Royal S*~ [brittiska] vetenskapsakademien; *the S*~ *of Friends* (*Jesus*) se *friend 2* resp. *Jesus* **3** a) sällskap [*feminine* ~] b) krets[ar] [*literary* ~]; vän-, umgänges|krets **4** [*high*] ~ societet[en], sällskapslivet; *fashionable* ~ de högre kretsarna; *in polite* ~ i bildat sällskap; *go into* (*mix in*) ~ delta i sällskapslivet
socio-linguistics ['səʊʃɪəʊlɪŋ'gwɪstɪks] (konstr. ss. sg.) *s* sociolingvistik
sociological [ˌsəʊʃjəʊ'lɒdʒɪkəl] *a* sociologisk
sociologist [ˌsəʊʃɪ'ɒlədʒɪst] *s* sociolog
sociology [ˌsəʊʃɪ'ɒlədʒɪ] *s* sociologi, samhällsvetenskap
1 sock [sɒk] *s* **1** [kort]strumpa, socka; *pull o.'s* ~*s up* fam. ung. skärpa sig; *put a* ~ *in it!* sl. håll käften!, lägg av! **2** [inläggs]sula
2 sock [sɒk] sl. **I** *s* smäll; *a* ~ *on the jaw* en snyting **II** *tr* slå, dänga till; ~ *a p. on the jaw* ge ngn en snyting; ~ *it to a p.* ge ngn på käften, ge ngn så han (hon) tiger
socket ['sɒkɪt] *s* **1** *eye* ~ ögonhåla **2** hållare, sockel, fattning [*lamp* ~]; uttag, radio. äv. anslutning; *wall* ~ vägguttag **3** mek. hylsa, hållare, kabelsko [äv. *cable* ~]
Socrates ['sɒkrətiːz] Sokrates
Socratic [sɒ'krætɪk, səʊ'k-] *a* sokratisk
1 sod [sɒd] *s* **1** gräs|matta, -mark, -torv **2** grästorva
2 sod [sɒd] vulg. **I** *s* (kortform för *sodomite*) **1** bög **2** jävel, knöl, kräk [*you cheeky* ~*!*] **II** *tr*, ~ *it!* fan!; ~ *that!* det ger jag fan i! **III** *itr*, ~ *about* larva omkring
soda ['səʊdə] *s* **1** soda; *bicarbonate of* ~ bikarbonat **2** sodavatten; *a whisky and* ~

en whiskygrogg **3** Am. ice-cream soda, sodadrink; ~ *jerk* fam. sodamixare, biträde i glassbar
soda-fountain ['səʊdəˌfaʊntən] *s* ung. glassbar; soda-, läskedrycks|bar
sodden ['sɒdn] *a* **1** genom|blöt, -dränkt **2** om bröd o. d. degig, kladdig
sodium ['səʊdjəm] *s* kem. natrium; ~ *bicarbonate* natriumvätekarbonat, bikarbonat; ~ *carbonate* natriumkarbonat; ~ *chloride* natriumklorid, koksalt
Sodom ['sɒdəm]
sodomite ['sɒdəmaɪt] *s* sodomit
sodomy ['sɒdəmɪ] *s* sodomi
soever [səʊ'evə] *adv* litt. **1** ss. efterled i sms. än [*whosoever*] **2** *in any way* ~ på vad sätt det vara må
sofa ['səʊfə] *s* soffa
Sofia ['səʊfjə, səʊ'fi:ə]
soft [sɒft] *a* **1** mjuk; lös; ~ *drugs* lätt ej vanebildande narkotika; ~ *furnishings* inrednings-, hem|textilier; ~ *landing* mjuklandning; ~ *soap* se *soap I*; ~ *spot* svag punkt; *have a* ~ *spot for* vara svag för **2** dämpad [~ light; ~ music], mjuk [~ *outline* (kontur)]; ~ *footsteps* tysta (lätta) steg; ~ *pedal* mus. fam. vänsterpedal, sordin[pedal]; bildl. fam. sordin, hämsko **3** mild [~ *breeze*]; ~ *sell* 'mjuk försäljning' försäljningsteknik som använder övertalning **4** ~ *drink* läskedryck **5** lätt, lindrig [~ *job*]; ~ *job* (*deal, thing*) fam. a) lätt [och välbetalt] jobb b) lätt [och lönande] affär; ~ *touch* fam. a) lätt[lurat] offer b) lätt (snabb) affär **6** svag, slapp [~ *muscles*]; vek **7** fam. tokig, fånig; *be* ~ *on* (*about*) *a p.* vara småkär i ngn; *you have gone a bit* ~ [*in the head*]! du måste ha blivit [alldeles] snurrig!
softball ['sɒftbɔ:l] *s* Am., slags baseboll
soft-boiled ['sɒft'bɔɪld] *a* löskokt [~ *eggs*]
soft-core ['sɒftkɔ:] *a*, ~ *porno*[*graphy*] mjukporr mindre avancerad pornografi
soften ['sɒfn] **I** *tr* **1** mjuka upp, göra mjuk [ofta ~ *up*]; ~ *up* bildl. göra mör, knäcka **2** dämpa, mildra, lindra; bildl. förslappa [~*ed by luxury*] **II** *tr* mjukna, mildras
softener ['sɒfnə] *s* mjuk[nings]medel
softening ['sɒfnɪŋ] *s* mjukgöring; uppmjukning
soft-hearted ['sɒft'hɑ:tɪd] *a* godhjärtad, ömsint
soft-land [sɒft'lænd] **I** *tr* o. *itr* mjuklanda **II** *s* mjuklandning
soft-liner ['sɒftˌlaɪnə] *s* fam. person som går på den mjuka linjen
soft-pedal ['sɒft'pedl] **I** *tr* **1** spela . . med vänsterpedal (sordin[pedal]) **2** bildl. dämpa (tona) ner **II** *itr* **1** spela med sordin[pedal] (vänsterpedal) **2** bildl. stämma ner tonen
soft-sawder ['sɒft'sɔ:də] *tr* smickra
soft-soap ['sɒft'səʊp] *tr* fam. smickra
soft-spoken ['sɒftˌspəʊkən] *a*, *be* ~ a) tala med mild röst b) vara vänlig
software ['sɒftweə] *s* data. mjukvara
softwood ['sɒftwʊd] *s* mjukt träslag, trä av barrträd, furu; ~ *tree* barrträd
softy ['sɒftɪ] *s* **1** ynkrygg, mes **2** fåne
soggy ['sɒgɪ] *a* **1** blöt, om mark äv. uppblött, sumpig **2** om bröd degig, tung **3** trög, tung
soh [səʊ] *s* mus. sol
Soho ['səʊhəʊ] distrikt i London med utländska restauranger samt nattklubbar o. affärer
1 soil [sɔɪl] *s* **1** jord, jordmån, mull, mylla; grogrund äv. bildl. **2** mark [*on foreign* ~]
2 soil [sɔɪl] *tr* smutsa [ner], solka [ner] [~ *o.'s hands*]; ~*ed linen* smuts|kläder, -tvätt
soirée ['swɑ:reɪ] *s* (fr.) soaré
sojourn ['sɒdʒɜ:n] litt. **I** *itr* vistas, uppehålla sig [*at* vid] **II** *s* vistelse, uppehåll
sojourner ['sɒdʒɜ:nə] *s* litt. besökare
solace ['sɒləs] **I** *s* tröst [*find* ~ *in*], lindring **II** *tr* trösta; ~ *o.s.* trösta sig
solar ['səʊlə] *a* **1** sol- [~ *system*], solar- [~ *constant*]; ~ *day* soldygn **2** ~ *plexus* ['səʊlə'pleksəs] anat. o. boxn. solarplexus
solarium [səʊ'leərɪəm] *s* solarium
sold [səʊld] imp. o. pp. av *sell*
solder ['sɒldə] **I** *s* lod, lödmetall **II** *tr* löda
soldering ['sɒldərɪŋ, 'səʊld-] *s* lödning
soldering-iron ['sɒldərɪŋˌaɪən] *s* lödkolv
soldering-lamp ['sɒldərɪŋlæmp, 'səʊld-] *s* blåslampa
soldier ['səʊldʒə] **I** *s* **1** soldat; ~ *of fortune* legosoldat, lycksökare; *tin* (*toy*) ~ tennsoldat **2** militär, krigare [*a great* ~] **II** *itr* tjäna som (vara) soldat; ~ *on* kämpa 'på, hålla stånd (ut)
soldiering ['səʊldʒərɪŋ] *s* krigar-, soldat|liv
soldier-like ['səʊldʒəlaɪk] *a* o. **soldierly** ['səʊldʒəlɪ] *a* krigar-, soldatmässig
1 sole [səʊl] **I** *s* **1** [sko]sula; fotsula **2** zool. [sjö]tunga; *Dover* ~ äkta sjötunga **II** *tr* [halv]sula
2 sole [səʊl] *a* enda; ensam i sitt slag; ~ *agent* (*distributor*) ensamförsäljare, ensamagent; ~ *heir* universalarvinge; *in* ~ *possession of* i okvald besittning av; *for the* ~ *purpose of obtaining* . . uteslutande för att få . .; ~ *right* ensamrätt
solecism ['sɒlɪsɪzəm] *s* språkfel
solely ['səʊllɪ] *adv* **1** ensam [~ *responsible*] **2** endast, uteslutande, blott
solemn ['sɒləm] *a* högtidlig, allvarlig
solemnity [sə'lemnətɪ] *s* högtidlighet
solemnization [ˌsɒləmnaɪ'zeɪʃən] *s* firande, högtidlighållande; ~ *of marriage* vigselakt
solemnize ['sɒləmnaɪz] *tr* **1** fira [~ *Christmas*], högtidlighålla; ~ *a marriage* förrätta en vigsel **2** ge en högtidlig prägel åt

solenoid ['səulənɔɪd] *s* elektr. solenoid

sol-fa [sɒl'fɑ:, '-'-] *s* mus. **1** solmisation **2** [*tonic*] ~ Tonika-Do[metod]

soli ['səuli:] *s* pl. av *solo*

solicit [sə'lɪsɪt] **I** *tr* **1** [enträget] be, hemställa hos, anropa [~ *a p. for* (om) *a th.*] **2** hemställa om [~ *a favour from* (*of*) *a p.* (av ngn)]; ~ *a p.'s custom* [försöka] värva ngn som kund **3** om prostituerad bjuda ut sig åt, antasta **II** *itr* **1** tigga, be **2** om prostituerad bjuda ut sig, antasta män

solicitation [səˌlɪsɪ'teɪʃən] *s* enträgen bön (begäran, anhållan); värvning

solicitor [sə'lɪsɪtə] *s* **1** i England: advokat som förbereder mål för *barrister* **2** i USA: stadsjurist **3** Am. [röst]värvare; ackvisitör

Solicitor-General [sə'lɪsɪtə'dʒenərəl] *s* **1** i England: kronjurist, motsv. ung. biträdande (vice) justitiekansler **2** i USA: ung. biträdande justitieminister; i vissa delstater statsjurist

solicitous [sə'lɪsɪtəs] *a* **1** ivrig, angelägen [*for, of* om] **2** bekymrad; ~ *about* mån om

solicitude [sə'lɪsɪtju:d] *s* **1** [överdriven] omsorg **2** oro, ängslan [*for* för]

solid ['sɒlɪd] **I** *a* **1** fast äv. bildl. [~ *fuel*], i fast form; ~ *food* fast föda; *it was frozen* ~ den var hårdfrusen **2** solid; ~ *gold* massivt (gediget) guld **3** bastant, stadig [*a* ~ *meal*]; stark, kraftig [~ *boots*]; ~ *flesh* fast hull; ~ *ground* stadig (fast) grund **4** säker, solid [*a* ~ *firm*] **5** enhällig, enig; ~ *majority* kompakt (säker) majoritet **6** obruten, sammanhängande [*a* ~ *row of buildings*]; heldragen [*a* ~ *line*]; *for two* ~ *hours* två timmar i sträck; *a* ~ *day's work* en hel dags arbete **7** kubik-; rymd-; ~ *content*[*s*] kubikinnehåll; ~ *geometry* rymdgeometri **II** *adv* enhälligt [*vote* ~] **III** *s* **1** fys. fast kropp **2** geom. solid (tredimensionell) figur, kropp **3** pl. ~*s* a) fasta ämnen b) fast föda

solidarity [ˌsɒlɪ'dærətɪ] *s* solidaritet, samhörighetskänsla

solidification [səˌlɪdɪfɪ'keɪʃən] *s* [övergång till] fast form; stelnande

solidify [sə'lɪdɪfaɪ] **I** *tr* överföra till fast form; göra fast (solid); konsolidera **II** *itr* övergå till fast form; bli fast (solid), stelna

solidity [sə'lɪdətɪ] *s* **1** fasthet; soliditet etc., jfr *solid I* **2** kubikinnehåll

soliloquize [sə'lɪləkwaɪz] *itr* hålla en monolog

soliloquy [sə'lɪləkwɪ] *s* monolog

solitaire [ˌsɒlɪ'teə] *s* **1** solitär diamant o. d.; smycke med en solitär **2** isht Am., kortsp. patiens

solitary ['sɒlɪtərɪ] **I** *a* **1** ensam [*a* ~ *traveller*]; enslig; ~ *confinement* [placering i] ensamcell (isoleringscell) **2** enda [*not a* ~ *instance* (*one*)], enstaka [*a* ~ *exception*] **II** *s* **1** ensling; eremit **2** fam. ensamcell

solitude ['sɒlɪtju:d] *s* **1** ensamhet, avskildhet **2** enslighet, ödslighet

Solly ['sɒlɪ] kortform för *Solomon*

sol|o ['səul|əu] **I** (pl. *-os*, mus. äv. *-i* [-i:]) *s* **1** a) mus. solo b) solo|uppträdande, -nummer, -parti m. m. **2** kortsp. solo **II** *a* solo-, ensam- [~ *flight*] **III** *adv* solo, ensam [*fly* ~]

soloist ['səuləuɪst] *s* solist

Solomon ['sɒləmən] bibl. Salomo; *the* ~ *Islands* Salomonöarna

solstice ['sɒlstɪs] *s* solstånd [*summer* ~]

solubility [ˌsɒlju'bɪlətɪ] *s* [upp]lösbarhet, löslighet

soluble ['sɒljubl] *a* **1** [upp]lösbar, löslig [~ *in water*] **2** lösbar [*a* ~ *problem*]

solution [sə'lu:ʃən, sə'lju:-] *s* **1** lösande, lösning [*the* ~ *of* el. *to* (på) *a problem*] **2** kem. lösning **3** upplösning äv. bildl.

solvable ['sɒlvəbl] *a* lösbar

solve [sɒlv] *tr* lösa [~ *a problem*], tyda; ~ *a difficulty* finna en utväg ur en svårighet

solvency ['sɒlvənsɪ] *s* hand. solvens, betalningsförmåga

solvent ['sɒlvənt] **I** *a* **1** kem. [upp]lösande [~ *liquid*], lösnings- **2** hand. solvent **II** *s* kem. lösningsmedel

Somali [səʊ'mɑ:lɪ] **I** *a* somalisk; *the* ~ *Republic* Somalia **II** *s* **1** (pl. ~[*s*]) somalier **2** somali[språket]

Somalia [səʊ'mɑ:ljə]

somatic [səʊ'mætɪk] *a* somatisk, kroppslig

sombre ['sɒmbə] *a* mörk, dyster

sombrero [sɒm'breərəu] *s* sombrero

some [sʌm, obeton. səm] **I** fören. o. självst. *indef pron* **1** a) någon, något, några b) viss [*it is open on* ~ *days*] c) en del [~ [*of it*] *was spoilt*], somlig d) litet [*would you like* ~ *more?*]; ~ *day* [*or other*] någon dag [förr eller senare]; ~ [*people*] somliga, en del; *for* ~ *reason or other* av något (ett eller annat) skäl; ~ *other day* (*time*) en (någon) annan dag (gång) **2** åtskillig, en hel del, inte så lite [*that will take* ~ *courage*]; *for* ~ *time yet* än på ett [bra] tag **3** fam., *that was* ~ *party!* det kan man verkligen kalla en fest! **II** *adv* **1** framför räkneord o. d. ungefär, omkring, en [~ *twenty minutes*]; ~ *dozen people* ett dussintal människor **2** fam. rätt, ganska [så]; *that's going* ~*!* vilken fart!

somebody ['sʌmbədɪ] **I** självst. *indef pron* någon; ~ *or other* någon [vem det nu är (var)]; en eller annan **II** *s*, *he thinks he is* [*a*] ~ han tror att han 'är något

somehow ['sʌmhau] *adv* på något (ett eller annat) sätt [äv. ~ *or other*]; hur det nu kommer (kom) sig, i alla fall [*I managed it* ~]; av någon anledning [*she never liked me*, ~]

someone ['sʌmwʌn] självst. *indef pron* någon; jfr *somebody I*

someplace ['sʌmpleɪs] *adv* Am. någonstans
somersault ['sʌməsɔ:lt] **I** *s* kullerbytta äv. bildl.; volt, saltomortal; bildl. äv. helomvändning; *turn (do) a* ~ se *II* **II** *itr* slå en kullerbytta (volt, saltomortal)
Somersetshire ['sʌməsetʃɪə, -ʃə]
something ['sʌmθɪŋ] **I** självst. *indef pron* o. *s* något, någonting; *a certain* ~ något visst; ~ *like* se *1 like II 3*; ~ *or other* någonting [vad det nu är (var)]; *with* ~ *of an air of superiority* med en viss överlägsenhet; ~ *of the kind (sort)*, ~ *to that effect* någonting ditåt (åt det hållet); *that's* ~*!* det är saker, det!; *there is* ~ *in that* det ligger något i det; *you've got* ~ *there!* där sa du någonting!; *tell me* ~ a) berätta [något] för mig b) säg mig en sak; *he thinks himself* ~, *he thinks he is* ~ han tror att han 'är något; *a drop of* ~ ett glas, någonting att dricka **II** *adv* **1** ~ *like* se *1 like II 3* **2** a) något, litet [~ *over forty*] b) fam. något [så], rent [*he swears* ~ *awful* (förfärligt)]
sometime ['sʌmtaɪm] **I** *adv* **1** någon gång; ~ *or other* någon gång [i framtiden] **2** åld. stundom **II** *a* förra [[*the*] ~ *sheriff*]
sometimes ['sʌmtaɪmz] *adv* ibland, emellanåt, då och då
somewhat ['sʌmwɒt] **I** *adv* något, rätt, ganska, tämligen [*it is* ~ *complicated*]; *more than* ~ fam. inte så lite **II** självst. *indef pron* o. *s* litt. något, en del, litet; *he found it* ~ *of a difficulty* han fann det tämligen svårt
somewhere ['sʌmweə] *adv* någonstans; ~ *else* någon annanstans; ~ *or other* någonstans [varsomhelst]; ~ *about (round) Christmas* vid jultiden; ~ *about (round) ten pounds* ungefär (så där omkring) 10 pund; *get* ~ bildl. komma någonvart [i livet]
somnambulist [sɒm'næmbjulɪst] *s* sömngångare
somnolence ['sɒmnələns] *s* sömnighet, dåsighet
somnolent ['sɒmnələnt] *a* sömnig, dåsig
son [sʌn] *s* **1** son; ~ *and heir* son och arvinge, 'arvprins'; ~ *of a bitch* isht Am. sl. jävel, [jävla] knöl; *the S~ of Man* bibl. Människosonen **2** i tilltal [min] gosse
sonar ['səunɑ:] *s* (förk. för *sound navigation and ranging*) ekolod; hydrofon
sonata [sə'nɑ:tə] *s* mus. sonat
sonatina [ˌsɒnə'ti:nə] *s* mus. sonatin
sonde [sɒnd] *s* [rymd]sond
son et lumière ['sɒneɪ'lu:mɪeə] *s* (fr.) ljud- och ljusspel
song [sɒŋ] *s* sång; visa; *the S~ of Songs, the S~ of Solomon* bibl. Höga Visan; *nothing to make a* ~ *[and dance] about* fam. ingenting att göra affär av; *buy (sell) a th. for a [mere]* ~ köpa (sälja) ngt för en spottstyver
song-hit ['sɒŋhɪt] *s* schlager
songster ['sɒŋstə] *s* sångare
Sonia ['sɒnɪə]
sonic ['sɒnɪk] *a* ljud-, sonisk; ~ *bang (boom)* [ljud]bang överljudsknall
son-in-law ['sʌnɪnlɔ:] (pl. *sons-in-law* ['sʌnzɪnlɔ:]) *s* svärson, måg
sonnet ['sɒnɪt] *s* sonett
sonneteer [ˌsɒnɪ'tɪə] *s* sonettdiktare
sonny ['sʌnɪ] *s* fam., ss. tilltal [min] lille gosse (vän); gosse lilla [äv. ~ *boy*]
sonority [sə'nɒrətɪ] *s* mus. o. d. sonoritet
sonorous ['sɒnərəs] *a* **1** ljudande, ljudlig **2** sonor, klangfull, välljudande
soon [su:n] *adv* **1** snart, strax; *as (so)* ~ *as* så snart (fort) [som]; *too* ~ för tidigt; *none too* ~ inte [en minut] för tidigt, på tiden; ~ *after* a) kort därefter b) kort efter att; *he arrived* ~ *after three* han kom strax efter tre **2** [*just*] *as* ~ lika gärna; *I can go there* [*just*] *as* ~ *as not* jag kan lika gärna gå dit; *I would just as* ~ *not go there* jag skulle helst vilja slippa gå dit
sooner ['su:nə] *adv* **1** förr, tidigare; ~ *or later* förr eller senare; *the* ~ *the better* ju förr dess bättre; *no* ~ *did we sit down than* vi hade knappt satt oss förrän; *no* ~ *said than done* sagt och gjort **2** hellre, snarare
soot [sut] **I** *s* sot **II** *tr* sota [ner]
soothe [su:ð] *tr* **1** lugna [~ *a crying baby*; ~ *a p.'s nerves*] **2** lindra, stilla [~ *pains*]
soothing ['su:ðɪŋ] *a* lugnande, lindrande
soothsayer ['su:θˌseɪə] *s* åld. siare, sierska
sooty ['sutɪ] *a* sotig
sop [sɒp] **I** *s* **1** doppad (uppmjukad) brödbit **2** mutor för att tysta el. lugna ngn, tröst **II** *tr* **1** doppa, blöta [upp] **2** ~ *up* suga upp, torka upp [~ *up the water with a towel*]
Sophia [səʊ'faɪə]
Sophie ['səufɪ]
sophist ['sɒfɪst] *s* sofist
sophisticate [sə'fɪstɪkeɪt] **I** *tr* **1** göra sofistikerad (raffinerad) **2** förvränga [genom spetsfundigheter] **II** *itr* bruka sofisteri (spetsfundigheter)
sophisticated [sə'fɪstɪkeɪtɪd] *a* **1** sofistikerad, raffinerad [~ *people (techniques)*]; kräsen [*a* ~ *taste*]; sinnrik, avancerad [*a* ~ *system*] **2** spetsfundig
sophistication [səˌfɪstɪ'keɪʃən] *s* **1** raffinemang; förfining, finesser; subtiliteter **2** sofistik, spetsfundigheter
sophistry ['sɒfɪstrɪ] *s* sofisteri[er], spetsfundighet[er], ordklyveri
Sophocles ['sɒfəkli:z] Sofokles
sophomore ['sɒfəmɔ:] *s* Am. univ. o. d. andraårsstuderande
soporific [ˌsɒpə'rɪfɪk] **I** *a* sömngivande, sövande **II** *s* sömnmedel
sopping ['sɒpɪŋ] *adv*, ~ *wet* genomblöt

soppy ['sɒpɪ] *a* **1** blöt, plaskvåt **2** bildl. fam. fånig; blödig, sentimental

sopran|o [sə'prɑːn|əʊ] mus. **I** (pl. *-os* el. *-i* [-iː]) *s* sopran **II** *a* sopran-

sorbet ['sɔːbət] *s* sorbet

sorbo ['sɔːbəʊ] *s*, ~ [*rubber*] skumgummi

sorcerer ['sɔːsərə] *s* trollkarl, svartkonstnär, häxmästare

sorceress ['sɔːsərəs] *s* trollkvinna, häxa

sorcery ['sɔːsərɪ] *s* trolldom, svartkonst

sordid ['sɔːdɪd] *a* **1** smutsig, eländig **2** lumpen, simpel, tarvlig

sore [sɔː] **I** *a* **1** öm [~ *feet*]; inflammerad; *a sight for ~ eyes* en fröjd för ögat; *be like a bear with a ~ head* bildl. vara vresig; *have a ~ throat* ha ont i halsen **2** bildl. känslig, ömtålig, öm; *a ~ point* (*spot*) en öm (känslig) punkt **3** isht Am. fam. irriterad, förargad [*at, about, over* över] **4** litt. svår [~ *distress*]; *in ~ need of help* i trängande behov av hjälp **II** *s* ont (ömt) ställe; [var]sår, varböld äv. bildl.; *reopen old ~s* bildl. a) riva upp gamla sår b) riva upp gamla missförhållig-heter

sorely ['sɔːlɪ] *adv* litt. svårt [~ *afflicted*]

sorority [sə'rɒrətɪ] *s* Am. kvinnoförening vid college el. universitet

sorrow ['sɒrəʊ] **I** *s* sorg, bedrövelse [*at, for, over* över]; *more in ~ than in anger* mera ledsen än ond **II** *itr* sörja

sorrowful ['sɒrəfʊl] *a* **1** sorgsen, bedrövad **2** sorglig, bedrövlig

sorrow-stricken ['sɒrəʊ'strɪkən] *a* drabbad av sorg, sorgtyngd

sorry ['sɒrɪ] *a* **1** ledsen, bedrövad; [*so*] *~!* förlåt!, ursäkta [mig]!; *~, but I can't come* jag är ledsen men jag kan inte komma; *I'm very ~ to hear it* det var tråkigt att höra; *I'm* (*I feel*) *~ for you* jag tycker synd om dig; *you'll be ~ for this!* det här kommer du att få ångra! **2** sorglig [*a ~ end*] **3** ynklig [*a ~ sight*], eländig [*a ~ performance*], dålig; *in a ~ plight* (*state*) i ett bedrövligt tillstånd

sort [sɔːt] **I** *s* sort, slag; typ; *it takes all ~s* [*to make a world*] alla [människor] kan inte vara lika; *he is a good* (*decent*) *~* fam. han är bussig; *he is not the ~ to complain* han är inte den [typ] som klagar; *~ of* fam. liksom, på något vis, på sätt och vis [*I feel ~ of funny*; *he is very nice, ~ of*]; *it is a nice ~ of place* det är en [ganska] trevlig plats; *all ~s of things* alla möjliga saker; *that ~ of thing* sådant där; *these* (*this*) *~ of men* (*people*) sådana (den sortens, detta slags) människor; *what ~ of* vad [för] slags (sorts); hurdan; *after a ~* på sätt och vis; *nothing of the ~* inte alls så; ss. svar visst inte!, inte alls!; *something of the ~* något sådant; *of a ~, of ~s* fam. någon sorts, ett slags; *an excellent cook of ~s* fam. en utmärkt kock i sitt slag; *out of ~s* a) krasslig, vissen b) ur gängorna, nere **II** *tr* sortera, ordna; *~ out* a) sortera [upp] b) sortera (gallra) ut (bort) c) fam. ordna (reda) upp [*~ out o.'s problems*] d) fam. ge på huden; [*things will*] *~ themselves out* fam. . . ordna [upp] sig; *get o.s. ~ed out* fam. komma i ordning; *~ing office* post. sorteringskontor **III** *itr* litt., *~ well* (*ill*) *with* stämma väl (dåligt) överens med

sorter ['sɔːtə] *s* isht post. sorterare

sortie ['sɔːtiː] *s* mil. **1** utfall **2** flyg. flygning, uppstigning

SOS ['esəʊ'es] *s* **1** SOS; ~ [*signal*] nödsignal **2** radio. personligt meddelande

so-so ['səʊsəʊ] *a* o. *adv* fam. skaplig[t], sådär

sot [sɒt] *s* fyllbult

Sotheby ['sʌðəbɪ]

sotto voce ['sɒtəʊ'vəʊtʃɪ] *adv* (ital.) dämpat, med dämpad röst

soubrette [suː'bret] *s* teat. subrett

soubriquet ['səʊbrɪkeɪ] *s* se *sobriquet*

soufflé ['suːfleɪ] *s* kok. sufflé

sough [saʊ] **I** *s* vindens sus **II** *itr* susa

sought [sɔːt] imp. o. pp. av *seek*

soul [səʊl] *s* **1** själ; *poor ~* stackars människa; *body and ~* se ex. under *body I 1*; *heart and ~* se ex. under *heart 2*; *the life and ~ of* se ex. under *life 2*; *he is the* [*very*] *~ of honour* han är hederligheten själv; *upon my ~* min själ, minsann; *with my whole ~* av hela mitt hjärta **2** attr., Am. fam. [svart] ras-, neger- [*his ~ brother* (*sister*)]; *~ music* soulmusik

soul-destroying ['səʊldɪsˌtrɔɪɪŋ] *a* själsdödande [~ *work*]

soulful ['səʊlfʊl] *a* själfull

soulless ['səʊlləs] *a* andefattig, själlös

soul-searching ['səʊlˌsɜːtʃɪŋ] *s* självrannsakan

soul-stirring ['səʊlˌstɜːrɪŋ] *a* gripande

1 sound [saʊnd] **I** *a* **1** a) frisk [~ *teeth*], sund b) felfri [~ *fruit*], oskadad; *a ~ mind in a ~ body* en sund själ i en sund kropp; *as ~ as a nut* (*bell*) frisk som en nötkärna **2** hållbar, klok [~ *advice*]; sund, riktig [*a ~ principle*] **3** säker, solid [*a ~ investment*] **4** grundlig; *~ sleep* djup (god) sömn; *a ~ thrashing* ett ordentligt kok stryk **II** *adv* sunt; *sleep ~, be ~ asleep* sova djupt (gott)

2 sound [saʊnd] **I** *s* **1** ljud, fys. äv. ljudet; *~ mine* mil. akustisk mina; *~ reproduction* ljudåtergivning; *to the ~ of music* under (till) musik; *he likes the ~ of his own voice* han tycker om att höra sin egen röst; *within* (*out of*) *~* inom (utom) hörhåll [*of* för] **2** ton, klang; skall; *I don't like the ~ of it* det låter inte bra, det låter oroande **II** *itr* **1** ljuda, tona, klinga, skalla **2** låta [*the music*

~*s beautiful*] **III** *tr* **1** a) låta ljuda, blåsa [i] [~ *a trumpet*], ringa med (på, i) [~ *a bell*] b) slå an [~ *a note* (ton)], spela c) uttala, ljuda; ~ *the alarm* slå larm; ~ *the all-clear* ge 'faran över'; ~ *a note of alarm* uttrycka oro; ~ *a note of warning* höja en varnande röst **2** isht mil. blåsa till, beordra; ~ *an* (*the*) *alarm* slå (blåsa) alarm; ~ *the attack* (*retreat*) blåsa till attack (reträtt) **3** förkunna; ~ *a p.'s praise*[*s*] lovorda ngn **4** pröva genom knackning o. d.; läk. lyssna på [~ *a p.'s chest*]

3 sound [saʊnd] **I** *tr* **1** sjö. pejla, loda [~ *the depth*] **2** läk. sondera, undersöka med sond **3** bildl. sondera [~ *a p.* (*a p.'s views*)], känna sig för hos [~ *a p.*]; ~ *a p. out* sondera ngn **II** *itr* sjö. loda

4 sound [saʊnd] *s* sund

sound-barrier ['saʊndˌbærɪə] *s* ljudvall; *break the* ~ spränga ljudvallen

sound-broadcasting ['saʊndˌbrɔːdkɑːstɪŋ] *s* ljudradio

sound-change ['saʊn*d*tʃeɪndʒ] *s* språkv. ljudförändring

sound-effects ['saʊndɪ'fekts] *s pl* ljudeffekter, radio. äv. ljudkulisser

sounding ['saʊndɪŋ] *s* **1** sondering **2** sjö. pejling, lodning; *take* ~*s* loda; bildl. känna sig för **3** sjö., pl. ~*s* a) djupförhållanden, vattendjup b) lodbart vatten

sounding-board ['saʊndɪŋbɔːd] *s* mus. resonans|botten, -låda, -kropp

soundproof ['saʊndpruːf] **I** *a* ljudtät, ljudisolerande **II** *tr* ljudisolera

sound-ranging ['saʊndˌreɪndʒɪŋ] *s* mil. ljudmätning

sound-recording ['saʊndrɪˌkɔːdɪŋ] *s* film. ljudupptagning, ljudinspelning

sound-track ['saʊndtræk] *s* film. ljudspår

sound-wave ['saʊndweɪv] *s* ljudvåg

soup [suːp] **I** *s* **1** kok. soppa; *clear* ~ [klar] buljong, klar soppa; *thick* ~ redd soppa; *be in the* ~ fam. ha råkat (sitta) i klistret **2** sl. a) kraft[reserv], ös b) framkallningsvätska **II** *tr* sl., ~ [*up*] a) trimma [upp] motor o. d. b) Am. sätta fart på; jfr *souped-up*

souped-up ['suːptʌp] *a* sl. **1** trimmad [*a* ~ *mini* (minibil)] **2** mera slagkraftig

soup-plate ['suːppleɪt] *s* sopptallrik, djup tallrik

sour ['saʊə] **I** *a* **1** sur, syrlig; surnad; *go* ~ surna **2** bildl. sur, vresig; *go* (*turn*) ~ a) bli sur [*on* på] b) tappa tron, bli besviken **II** *tr* **1** göra sur, komma att surna **2** bildl. förbittra **III** *itr* **1** surna, bli sur **2** bildl. bli sur **IV** *s*, *whisky* ~ whisky sour

source [sɔːs] *s* källa; bildl. äv. upphov, upprinnelse, ursprung; ~ *of energy* energikälla; *the river has* (*takes*) *its* ~ *in* . . floden rinner upp i . .; *from a reliable* ~ ur säker källa

sourpuss ['saʊəpʊs] *s* fam. surpuppa

souse [saʊs] **I** *s* **1** ung. sylta; inkokt fisk m. m. **2** a) saltlake; marinad b) saltläggning; marinering **3** blötning, blöta; *get a thorough* ~ bli genomblöt **II** *tr* **1** lägga i saltlake (marinad); ~*d herring* ung. inkokt sill kokt i ättika o. vatten **2** doppa [~ *a p. in a pond*]; blöta **3** fam., ~*d* berusad, mosig

soutane [suː'tɑːn] *s* (fr.) sutan, kat. prästs långrock

south [saʊθ] **I** *s* **1** söder, syd; för ex. jfr *east I 1* **2** *the* ~ (*S*~) södern, sydliga länder; södra delen; *the S*~ i USA Södern, sydstaterna **II** *a* sydlig, södra, syd-, söder-; *S*~ *America* Sydamerika; *the S*~ *Downs* South Downs kritkullarna i Sussex o. Hampshire; *the S*~ *Pole* sydpolen; *the S*~ *Seas* Söderhavet; *the S*~ *Sea Islands* Söderhavsöarna **III** *adv* mot (åt) söder, söderut; sydligt; för ex. jfr *east III*

Southampton [saʊθ'*h*æm*p*tən]

southbound ['saʊθbaʊnd] *a* sydgående

south-east ['saʊθ'iːst] **I** *s* sydost, sydöst **II** *a* sydostlig, sydöstlig, sydöstra **III** *adv* mot (i) sydost (sydöst); ~ *of* sydost om

south-easter ['saʊθ'iːstə] *s* sydost vind

south-easterly ['saʊθ'iːstəlɪ] *a* sydostlig, sydöstlig, sydöstra

south-eastern ['saʊθ'iːstən] *a* sydostlig, sydöstlig, sydöstra

southerly ['sʌðəlɪ] *a* o. *adv* o. *s* sydlig; mot (från) söder; sydlig vind; jfr vid. *easterly*

southern ['sʌðən] *a* **1** sydlig; södra, söder-, syd-; ~ *lights* sydsken; *the S*~ *States* i USA sydstaterna **2** sydländsk

southerner ['sʌðənə] *s* person från södra delen av landet (ett land); sydlänning

southernmost ['sʌðənməʊst] *a* sydligast

southpaw ['saʊθpɔː] *s* fam. vänsterhänt person; boxn. southpaw, vänsterhandsboxare

southward ['saʊθwəd] **I** *a* sydlig etc., jfr *eastward I* **II** *adv* mot (åt) söder, söderut, sjö. sydvart **III** *s*, *the* ~ söder [*from the* ~]

southwards ['saʊθwədz] *adv* se *southward II*

south-west ['saʊθ'west] **I** *s* sydväst väderstreck **II** *a* sydvästlig, sydvästra **III** *adv* mot (i) sydväst; ~ *of* sydväst om

south-wester ['saʊθ'westə] *s* se *sou'-wester*

south-westerly ['saʊθ'westəlɪ] *a* sydvästlig, sydvästra

south-western ['saʊθ'westən] *a* sydvästlig, sydvästra

souvenir [ˌsuːvə'nɪə, '- - -] *s* souvenir, minne, minnesgåva

sou'-wester [saʊ'westə] *s* sjö. **1** sydväst vind **2** sydväst huvudbonad

sovereign ['sɒvrən] **I** *a* **1** högst, högsta [~

power] **2** suverän [*a ~ state*], enväldig, regerande [*~ prince*] **3** effektiv [*a ~ remedy*], suverän **II** *s* **1** monark, regent, härskare **2** sovereign tidigare eng. guldmynt = £*1*
sovereignty ['sɒvrəntɪ] *s* **1** suveränitet, högsta makt **2** överhöghet
Soviet ['səʊvɪət, 'sɒv-] **I** *s, s~* sovjet, arbetarråd i Ryssland; *the Supreme ~* Högsta Sovjet **II** *a* sovjet-; Sovjet-; sovjetisk; *the ~ Union* el. *the Union of ~ Socialist Republics* Sovjetunionen, Sovjet
1 sow [səʊ] (imp. *sowed*; pp. *sown* el. *sowed*) **I** *tr* **1** så [*~ seeds, ~ oats*]; bildl. utså [*~ the seeds of hatred*]; *~ o.'s wild oats* se *wild*; *~ the wind and reap the whirlwind* bildl. så vind och skörda storm **2** beså [*~ a field with wheat*] **II** *itr* så; *as a man ~s, so shall he reap* som man sår får man skörda
2 sow [saʊ] *s* sugga; *you can't make a silk purse out of a ~'s ear* ung. man kan inte slipa en diamant av en gråsten
soy [sɔɪ] *s* **1** *~* [*sauce*] soja[sås] **2** sojaböna
soya ['sɔɪə] *s* **1** sojaböna **2** *~ sauce* soja[-sås]
soya-bean ['sɔɪəbi:n] *s* o. **soybean** ['sɔɪbi:n] *s* sojaböna
sozzled ['sɒzld] *a* sl. stupfull, knall
spa [spɑ:] *s* **1** brunnsort **2** hälsobrunn
space [speɪs] **I** *s* **1** fys., filos. o. d. rymd[en], se äv. sms. med *space*; *time and ~* tid och rum; *outer ~* yttre rymden; *~ capsule* rymdkapsel; *~ research* rymdforskning; *~ trip* rymdfärd **2** utrymme, plats; avstånd, mellanrum; *blank ~* tomrum, lucka; *living ~* livsrum; *the wide open ~s* de stora vidderna; *it takes up too much ~* det tar för mycket (stor) plats **3** tidrymd [äv. *~ of time*], period; *for a ~* [under] en tid; *for* (*in*) *the ~ of a month* [under] en månad (en månads tid) **4** boktr. mellanslag **II** *tr* **1** göra mellanrum mellan; *~ out* placera ut; sprida [ut], fördela **2** boktr. o. d. göra mellanslag mellan
space-bar ['speɪsbɑ:] *s* mellanslagstangent på skrivmaskin
spaceborne ['speɪsbɔ:n] *a* rymdburen
spacecraft ['speɪskrɑ:ft] (pl. lika) *s* rymdfarkost, rymdskepp
spaceflight ['speɪsflaɪt] *s* rymdflygning; rymdfärd
space|man ['speɪs|mæn] (pl. *-men*) *s* rymdfarare, astronaut, kosmonaut
spaceprobe ['speɪsprəʊb] *s* rymdsond
spacer ['speɪsə] *s* mellanslagstangent på skrivmaskin; *back ~* backtangent
space-saving ['speɪsˌseɪvɪŋ] *a* utrymmes|sparande, -snål
spaceship ['speɪsʃɪp, 'speɪʃʃɪp] *s* rymdskepp
space-station ['speɪsˌsteɪʃən] *s* rymdstation
spacesuit ['speɪssu:t, -sju:t] *s* rymddräkt
spacetravel ['speɪsˌtrævl] *s* rymdfärder
spacewalk ['speɪswɔ:k] *s* rymdpromenad
spacing ['speɪsɪŋ] *s* **1** spridning; fördelning **2** mellanrum; radavstånd; mellanslag
spacious ['speɪʃəs] *a* rymlig; spatiös
1 spade [speɪd] *s* kortsp. spaderkort; pl. *~s* spader; *the ten of ~s* spadertian
2 spade [speɪd] **I** *s* spade; *call a ~ a ~* nämna en sak vid dess rätta namn **II** *tr* [spad]gräva, gräva upp
spadeful ['speɪdfʊl] *s* spade ss. mått
spade-work ['speɪdwɜ:k] *s* förarbete, grovarbete [*he did the ~ for our new society*]
spaghetti [spə'getɪ] *s* (ital.) spaghetti
Spain [speɪn] Spanien
spake [speɪk] åld. el. poet. imp. av *speak*
spam [spæm] *s* ® spam slags köttkonserv
span [spæn] **I** *s* **1** avstånd mellan tumme och lillfinger utspärrade; spann (ca 9 tum el. 23 cm) **2** [bro]spann, valv **3** spännvidd, räckvidd, omfång; flyg. äv. vingbredd **4** tid[rymd]; levnadslopp, utmätt [livs]tid [*man's ~ is short*] **II** *tr* **1** om bro o. d. spänna (leda) över [*~ a river*]; bildl. omspänna, spänna (sträcka sig) över; *the Thames is ~ned by many bridges* Temsen korsas av många broar **2** slå [en] bro över **3** ta sig ver, korsa [*~ a bay*] **4** nå (räcka) över (om) [*~ an octave*]
spangle ['spæŋgl] **I** *s* paljett; pl. *~s* äv. glitter **II** *tr, ~d with stars* stjärnbeströdd
Spaniard ['spænjəd] *s* spanjor; spanjorska
spaniel ['spænjəl] *s* spaniel hundras
Spanish ['spænɪʃ] **I** *a* spansk; *~ chestnut* äkta (ätlig) kastanj; *~ cloak* slängkappa; *~ heel* spansk klack; *~ onion* stor gul [stek]lök, spansk lök **II** *s* **1** spanska [språket] **2** *the ~* spanjorerna **3** fam. lakrits
spank [spæŋk] **I** *tr* ge smäll (smisk); daska till; *be ~ed* få smäll (smisk) **II** *s* smäll, dask
1 spanking ['spæŋkɪŋ] *s* smäll, dask
2 spanking ['spæŋkɪŋ] **I** *a* **1** rask, snabb; *at a ~ pace* i rasande fart **2** fam. väldig; *have a ~ time* ha jätteroligt **II** *adv* fam. väldigt; *~ new* splitterny
spanner ['spænə] *s* skruvnyckel; *adjustable ~* skiftnyckel; *throw a ~ into the works* bildl. sabotera det hela, sätta en käpp i hjulet
1 spar [spɑ:] *s* min. spat
2 spar [spɑ:] *s* sjö. mast, bom, spira
3 spar [spɑ:] **I** *itr* **1** sparra [*with a p.* mot ngn]; [tränings]boxas **2** munhuggas **II** *s* sparring; [tränings]boxning
spare [speə] **I** *a* **1** ledig; extra, reserv- [*a ~ key* (*wheel*), *~ parts*]; *~ bed* extrasäng; *~ cash* pengar [som blir] över; *~ room* (*bed-*

room) gästrum; ~ *time* fritid, lediga stunder **2** mager [*a* ~ *man* (*diet*)]; knapp; klen **II** *tr* **1** avvara, undvara [*can you* ~ *a pound?*]; *can you* ~ *me a few minutes?* har du några minuter över [för mig]?; *if I could* ~ *the time* om jag fick tid; [*he caught the train*] *with a few minutes to* ~ . . med några minuters marginal **2** a) skona [~ *a p.'s life* (*feelings*)] b) bespara [*a p. a th.* ngn ngt], förskona [*a p. a th.* ngn från (för) ngt] **3** spara på, hushålla med; ~ *no pains* (*expense*) inte sky (spara) någon möda (utgift) **III** *s* reservdel, lös del; *I've got a* ~ äv. jag har ett [däck (batteri o. d.)] i reserv

sparely ['speəlɪ] *adv* knappt; magert

spare-rib ['speərɪb] *s* revbensspjäll [ss. rätt vanl. pl. ~*s*]

sparing ['speərɪŋ] *a* måttlig, sparsam

1 spark [spɑ:k] *s* sprätt, snobb; spelevink; *a bright* ~ iron. ett ljushuvud

2 spark [spɑ:k] **I** *s* **1** gnista äv. bildl. [*a* ~ *of hope*] **2** ~*s* (konstr. ss. sing.) sjö., flyg. sl. gnistapa radiotelegrafist **II** *itr* gnistra **III** *tr*, ~ [*off*] utlösa, vara den tändande gnistan till

sparking-plug ['spɑ:kɪŋplʌg] *s* tändstift

sparkl|e ['spɑ:kl] **I** *itr* **1** gnistra, spraka, tindra, glittra; bildl. sprudla; briljera; [*the window-pane*] *is -ing* . . är skinande ren; *-ing eyes* strålande ögon **2** om vin moussera, pärla **II** *s* **1** gnistrande, tindrande; bildl. briljans **2** skummande, pärlande

sparkler ['spɑ:klə] *s* **1** tomtebloss **2** sl. pl.: ~*s* glitter diamanter

spark-plug ['spɑ:kplʌg] *s* tändstift

sparring-match ['spɑ:rɪŋmætʃ] *s* sparringmatch

sparring-partner ['spɑ:rɪŋˌpɑ:tnə] *s* sparring[partner], bildl. äv. trätobroder

sparrow ['spærəʊ] *s* zool. sparv

sparrow-hawk ['spærəʊhɔ:k] *s* zool. sparvhök

sparse [spɑ:s] *a* gles [~ *hair*; *a* ~ *population*]; [kring]spridd, tunnsådd

sparsely ['spɑ:slɪ] *adv* glest [~ *populated*]; sparsamt [~ *furnished*]

sparseness ['spɑ:snəs] *s* o. **sparsity** ['spɑ:sətɪ] *s* gleshet, tunnsåddhet, knapphet

Sparta ['spɑ:tə]

Spartan ['spɑ:tən] **I** *a* spartansk **II** *s* spartan

spasm ['spæzəm] *s* **1** spasm, kramp, [kramp]ryckning **2** anfall [*a* ~ *of coughing*]; *he works in* ~*s* han arbetar ryckvis

spasmodic [spæz'mɒdɪk] *a* **1** spasmodisk **2** bildl. stötvis, ryckvis, sporadisk

spastic ['spæstɪk] **I** *a* spastisk **II** *s* spastiker

1 spat [spæt] imp. o. pp. av *2 spit*

2 spat [spæt] *s*, vanl. pl. ~*s* korta damasker

spate [speɪt] *s* **1** översvämning av flod, högvatten; *the river is in* ~ vattenståndet i floden är högt **2** bildl. ström [*a* ~ *of letters*], svall, flöde [*a* ~ *of words*]

spatial ['speɪʃəl] *a* **1** rumslig, rums-; rymd-, i rymden [~ *pioneers*] **2** rumsbestämd

spatter ['spætə] **I** *tr* stänka ned; stänka **II** *s* stänkande; stänk; skur [*a* ~ *of rain*]

spatula ['spætjʊlə] *s* spatel; spackel, palettkniv; stekspade

spavined ['spævɪnd] *a* veter. spattig, spatthalt

spawn [spɔ:n] **I** *tr* **1** lägga rom, ägg (om t. ex. fiskar) **2** producera i massor, spotta ut **II** *itr* **1** yngla, leka, lägga rom **2** yngla av sig **III** *s* **1** rom; ägg av vissa skaldjur **2** bildl. avföda, yngel **3** bot. svamptrådar, mycel[ium]

S.P.C.A. förk. för *Society for the Prevention of Cruelty to Animals*

S.P.C.C. förk. för *Society for the Prevention of Cruelty to Children*

S.P.C.K. förk. för *Society for the Promotion of Christian Knowledge*

speak [spi:k] (imp. *spoke*, åld. el. poet. *spake*; pp. *spoken*) **I** *itr* **1** tala; *actions* ~ *louder than words* gärningar säger mer än ord; *so to* ~ så att säga; ~*ing!* i telefon [ja] det är jag som talar!; *Smith* ~*ing!* i telefon [det här är] Smith!; *seriously* ~*ing* allvarligt talat; *strictly* ~*ing* strängt taget, egentligen; ~ *for yourself!* tala för dig själv!; ~*ing of* på tal om, apropå; *not to* ~ *of* för att nu inte tala om (nämna); ~ *to* a) tilltala, tala till; tala med b) säga 'åt, säga 'till, tala allvar med [*you had better* ~ *to the boy*] **2** tala: a) hålla tal [~ *in public*; *on* om, över] b) uttala sig, yttra sig **II** *tr* **1** tala [~ *English*] **2** säga, yttra, uttala; ~ *the truth* säga sanningen; tala sanning

speaker ['spi:kə] *s* **1** talare [*a fine* ~]; *the* ~ äv. den talande **2** parl., *S*~ talman **3** högtalare

speaking ['spi:kɪŋ] *a* o. attr. *s* talande; tal- [*a* ~ *part* (roll)]; ss. efterled i sms. -talande [*English-speaking*]; *they are not on* ~ *terms* de talar inte med varandra, de är osams

speaking-tube ['spi:kɪŋtju:b] *s* talrör

spear [spɪə] **I** *s* spjut; ljuster **II** *tr* spetsa, genomborra [med spjut]; ljustra

spearhead ['spɪəhed] **I** *s* **1** spjutspets **2** förtrupp; ledare **II** *tr* bilda förtrupp för

spearmint ['spɪəmɪnt] *s* **1** bot. grönmynta **2** tuggummi med mintsmak

spec [spek] *s* fam. (kortform av *speculation*) spekulation; *on* ~ på spekulation

special ['speʃəl] **I** *a* speciell, särskild [~ *reasons*]; alldeles extra; special-, extra-; ~ *delivery* express[befordran]; ~ *edition* extra|upplaga, -nummer; ~ *licence* speciellt utfärdad äktenskapslicens, dispens från lysning o. d.; ~ *pleading* se *pleading I 2*; ~ *school* a) specialskola för t. ex. synskadade b) särskola; *he's something* ~ fam. det är något

visst med honom **II** *s* **1** extrapolis som kallas in vid speciella tillfällen **2** extraupplaga **3** *today's* ~ dagens rätt på matsedel
specialist ['speʃəlɪst] *s* specialist
speciality [ˌspeʃɪ'ælətɪ] *s* **1** utmärkande drag, egendomlighet **2** specialitet
specialization [ˌspeʃəlaɪ'zeɪʃən] *s* specialisering
specialize ['speʃəlaɪz] **I** *tr* specialisera **II** *itr* specialisera sig [*in, on* på, inom]
specially ['speʃəlɪ] *adv* särskilt, speciellt
species ['spi:ʃi:z] (pl. lika) *s* **1** art, species; *the* [*human*] ~ människosläktet; *the male* ~ det manliga släktet; *the origin of* ~ arternas uppkomst **2** slag, sort, typ
specific [spə'sɪfɪk] *a* **1** uttrycklig [*a* ~ *aim*], bestämd, noggrann, specificerad, speciell [*a* ~ *purpose*] **2** specifik, speciell **3** fys. specifik; ~ *gravity* (*weight*) densitet
specification [ˌspesɪfɪ'keɪʃən] *s* **1** specificering **2** ~[*s* pl.] specifikation
specif|y ['spesɪfaɪ] *tr* specificera [*the sum -ied*], [i detalj] ange, noga uppge
specimen ['spesɪmən] *s* **1** prov, provexemplar, provbit [*of* på, av]; exemplar; preparat för mikroskopering; ~ *copy* provnummer; provexemplar av bok **2** fam. om pers. original; *an odd* ~ en underlig kurre
specious ['spi:ʃəs] *a* **1** skenbar, bestickande [~ *arguments*] **2** skenfager
speck [spek] *s* **1** [liten] fläck, prick äv. bildl., stänk **2** korn [*a* ~ *of dust*], gnutta
speckled ['spekld] *a* fläckig, spräcklig
1 specs [speks] *s pl* fam. kortform av *specifications*
2 specs [speks] *s pl* fam. (kortform av *spectacles*) brillor
spectacle ['spektəkl] *s* **1** bildl. skådespel **2** syn, anblick [*a charming* ~]; *make a* ~ *of o.s.* göra sig löjlig (till ett spektakel) **3** pl. ~*s* glasögon [*a pair of* ~*s*]
spectacular [spek'tækjulə] *a* effektfull, imponerande; praktfull; spektakulär
spectator [spek'teɪtə] *s* åskådare
spectra ['spektrə] *s* pl. av *spectrum*
spectral ['spektrəl] *a* **1** spöklik **2** fys. spektral-
spectre ['spektə] *s* spöke äv. bildl.
spectroscope ['spektrəskəup] *s* fys. spektroskop
spectr|um ['spektr|əm] (pl. *-a* [-ə] el. *-ums*) *s* **1** fys. spektrum; *in all the colours of the* ~ i alla regnbågens färger **2** bildl. [färg]skala, spektrum
speculate ['spekjuleɪt] *itr* **1** spekulera [*on, about* över] **2** hand. spekulera
speculation [ˌspekju'leɪʃən] *s* **1** spekulation; spekulerande **2** hand. spekulation
speculative ['spekjulətɪv] *a* **1** spekulativ, begrundande **2** hand. på spekulation
speculator ['spekjuleɪtə] *s* hand. spekulant
sped [sped] imp. o. pp. av *speed*
speech [spi:tʃ] *s* **1** tal, talande; talförmåga; ~ *impediment* talfel; *freedom* (*liberty*) *of* ~ yttrandefrihet; [*right of*] *free* ~ yttranderätt; ~ *is silver*[*n*], [*but*] *silence is golden* tala är silver men tiga är guld **2** språk; mål; sätt att tala **3** tal; anförande; yttrande; *after-dinner* ~ middagstal; *make* (*deliver, give*) *a* ~ hålla [ett] tal (ett anförande) [*on, about* om, över] **4** teat. replik
speech-day ['spi:tʃdeɪ] *s* skol. avslutning[sdag]
speechify ['spi:tʃɪfaɪ] *itr* skämts. orera
speechless ['spi:tʃləs] *a* mållös, stum
speech-training ['spi:tʃˌtreɪnɪŋ] *s* talträning, talteknik
speed [spi:d] **I** *s* **1** fart, hastighet, tempo; snabbhet, skyndsamhet; ~ *restrictions* hastighetsbegränsningar; *at* ~ i hög fart; *at full* (*top*) ~ i (med) full fart; med full fräs **2** tekn. växel **II** (*sped sped*, i bet. *2* ~*ed* ~*ed*) *itr* **1** rusa [i väg], ila **2 a**) köra för fort; överskrida fartgränsen **b**) ~ *up* öka farten (takten) **III** (~*ed* ~*ed*, i bet. *3 sped sped*) *tr* **1** skynda på, driva på, sätta fart på [äv. ~ *up*; ~ *up production*] **2** få upp (köra) motor i viss hastighet; ~ *up* öka farten på (hos), accelerera **3** åld. giva framgång (lycka) åt [*God* ~ *you*]
speedboat ['spi:dbəut] *s* snabb motorbåt, racer[båt]
speed-cop ['spi:dkɒp] *s* sl. trafiksnut ofta motorcykelburen fartövervakare
speed-indicator ['spi:dˌɪndɪkeɪtə] *s* hastighetsmätare
speeding ['spi:dɪŋ] *s* fortkörning
speed-limit ['spi:dˌlɪmɪt] *s* fartgräns, maximihastighet; hastighetsbegränsning
speedometer [spɪ'dɒmɪtə, spi:'d-] *s* hastighetsmätare
speedway ['spi:dweɪ] *s* **1** speedway-, motor|bana; ~ *racing* speedway **2** Am. motorväg
speedy ['spi:dɪ] *a* hastig; snabb, rask; skyndsam; snar [*a* ~ *recovery*]
1 spell [spel] (*spelt spelt*, isht Am. ~*ed* ~*ed*) **I** *tr* **1** stava, stava till; bokstavera; ~ *out* a) stava sig igenom, tyda, stava sig till b) förstå [~ *out a p.'s meaning*] **2** bli, 'säga' [*c-a-t* ~*s cat*] **3** innebära, betyda [*it* ~*s ruin*], vålla **II** *itr* stava, stava rätt
2 spell [spel] *s* **1** trollformel **2** förtrollning; *be under the* ~ *of a p.* (*a th.*) vara förtrollad av ngn (ngt); vara i ngns (ngts) våld
3 spell [spel] *s* **1** skift [~ *of work*], omgång; *take* ~*s at the wheel* turas om att köra **2** [kort] period, tid [*a cold* ~]; *breathing* ~ andrum; *for a* ~ ett tag [*sleep for a* ~]
spellbinder ['spelˌbaɪndə] *s* fam. fängslande

talare
spellbound ['spelbaund] *a* trollbunden
spelling ['spelɪŋ] *s* **1** stavning; bokstavering; ~ *pronunciation* uttal efter stavningen **2** rätt|skrivning, -stavning
spelling-bee ['spelɪŋbi:] *s* stavnings|lek, -tävling
spelt [spelt] imp. o. pp. av *1 spell*
spend [spend] (*spent spent*; se äv. *spent*) **I** *tr* **1 a**) ge (lägga) ut pengar, göra av med, lägga ned, spendera; göra slut på **b**) använda tid, krafter m. m., lägga ned, offra [*on, in* på]; slösa [bort]; ~ *o.s.* a) ta ut sig b) mattas, rasa ut [*the storm has spent itself*] **2** tillbringa [~ *a whole evening over a job*], fördriva **II** *itr* göra av med pengar; ~ *freely* strö pengar omkring sig
spender ['spendə] *s* slösare
spending ['spendɪŋ] *s* utgift[er]; ~ *money* fickpengar; ~ *power* köpkraft
spendthrift ['spen*d*θrɪft] **I** *s* slösare **II** *a* slösaktig
spent [spent] **I** imp. av *spend* **II** *pp* o. *a* utmattad [*a* ~ *horse*]; förbrukad; förbi, slut; ~ *cartridge* använd patron; *the storm is* ~ stormen har rasat ut; *time well* ~ väl använd tid
sperm [spɜ:m] *s* **1** sperma, sädesvätska **2** spermie, sädescell
spermaceti [ˌspɜ:mə'setɪ] *s* farm., ~ [*wax*] spermaceti, valrav
spermaduct ['spɜ:mədʌkt] *s* sädesledare
sperm-whale ['spɜ:mweɪl] *s* zool. spermacetival, kaskelot
spew [spju:] **I** *itr* spy **II** *tr* spy [upp], spy ut
sphere [sfɪə] *s* **1** sfär, klot; glob, kula **2** bildl. sfär; gebit; ~ *of activity* verksamhets|område, -fält; ~ *of influence* intressesfär
spherical ['sferɪkəl] *a* sfärisk; klotrund
spheroid ['sfɪərɔɪd] *s* geom. sfäroid
sphincter ['sfɪŋ*k*tə] *s* anat. ring-, slut|muskel, sfinkter
sphinx [sfɪŋks] *s* sfinx äv. bildl.
spice [spaɪs] **I** *s* **1** krydda, koll. kryddor **2** bildl., *variety is the* ~ *of life* ombyte förnöjer **II** *tr* krydda äv. bildl.; ge krydda åt
spick-and-span ['spɪkən'spæn] *a* **1** fin, prydlig, skinande ren **2** splitter ny
spicy ['spaɪsɪ] *a* **1** kryddad, aromatisk **2** bildl. kryddad, pikant, mustig [*a* ~ *story*]
spider ['spaɪdə] *s* zool. spindel; ~*'s web* spindelväv, spindelnät
spidery ['spaɪdərɪ] *a* **1** spretig om handstil **2** spindelliknande
spiel [spi:l, ʃpi:l] *s* isht Am. fam. [övertalnings]snack, svada
spifflicate ['spɪflɪkeɪt] *tr* sl. göra mos av
spigot ['spɪgət] *s* **1** svicka, sprundtapp **2** kran
spike [spaɪk] **I** *s* **1** pigg, spets, tagg t. ex. på staket; spik, brodd under sko; dubb; ~ *heel* stilettklack **2** grov spik, nagel; rälsspik **3** pl. ~*s* spikskor **4** bot. ax **II** *tr* **1** förse med en pigg (piggar) etc.; brodda **2** spika [fast]; genomborra [med en spik (spikar)] **3** ~ *a p.'s guns* bildl. sätta stopp för ngns planer
1 spill [spɪl] **I** (*spilt spilt* el. ~*ed* ~*ed*) *tr* spilla [ut]; stjälpa ut; utgjuta [~ *blood*]; ~ *the beans* fam. prata bredvid mun, skvallra **II** (för tema se *I*) *itr* **1** spilla **2** rinna över, spillas ut **III** *s* **1** fall till marken från häst m. m.; *have a nasty* ~ falla illa **2** spill; utsläpp
2 spill [spɪl] *s* tunn trästicka, hoprullad pappersremsa att tända med
spilt [spɪlt] imp. o. pp. av *1 spill*
spin [spɪn] **I** (*spun spun*) *tr* **1** spinna **2** bildl., ~ *a yarn* fam. dra en historia; ~ *out* dra ut på [~ *out a discussion*], dra ut **3** snurra [runt], snurra med [~ *a top*]; skruva boll; ~ *a coin* singla slant **II** (för tema se *I*) *itr* **1** spinna **2** snurra [runt], svänga runt; råka i spinn; *my head is* ~*ning* det (allting) snurrar [runt] för mig **3** ~ [*along*] glida (flyta, susa) [fram] **III** *s* **1** snurrande; skruv på boll; flyg. spinn; *flat* ~ flyg. flatspinn; *give* [*a*] ~ *to a ball* skruva en boll; *be in* (*get into*) *a flat* ~ fam. vara (bli) alldeles konfys, varken veta ut eller in **2** fam. liten [åk]tur [*go for a* ~ *in a car*]
spinach ['spɪnɪdʒ] *s* spenat
spinal ['spaɪnl] *a* ryggrads-; ~ *column* ryggrad; ~ *cord* ryggmärg
spindle ['spɪndl] *s* **1** textil. spindel; rulle, spole **2** tekn. axel; axeltapp
spindly ['spɪndlɪ] *a* spinkig; skranglig
spin-drier ['spɪnˌdraɪə] *s* centrifug för tvätt
spindrift ['spɪndrɪft] *s* yrande [våg]skum
spin-dry ['spɪn'draɪ] *tr* centrifugera tvätt
spine [spaɪn] *s* **1** ryggrad **2** tagg; pigg; torn **3** bokrygg
spineless ['spaɪnləs] *a* **1** ryggradslös **2** bildl. ryggradslös, karaktärslös, mesig
spinney ['spɪnɪ] *s* skogssnår, småskog
spinning-wheel ['spɪnɪŋwi:l] *s* spinnrock
spin-off ['spɪnɒf] *s* följdverkan, sidoeffekt
spinster ['spɪnstə] *s* **1** jur. ogift kvinna **2** [gammal] fröken; *old* ~ äv. nucka
spiral ['spaɪərəl] **I** *a* spiralformig, spiral- [~ *spring*]; ~ *staircase* spiral-, vindel|trappa **II** *s* **1** spiral **2** ekon. spiral [*inflationary* ~] **III** *itr* röra sig i en spiral; gå upp [i en spiral]
spire ['spaɪə] *s* tornspira; spira
spirit ['spɪrɪt] **I** *s* **1** ande äv. om pers. [*one of the greatest* ~*s of his day*], själ, kraft [*the leading* ~*s*]; *evil* ~ ond ande; *the Holy S*~ den Helige Ande; *the* ~ *is willing but the flesh is weak* anden är villig, men köttet är svagt **2** ande; spöke **3** anda, stämning;

sinnelag; ~ *of contradiction* oppositionslusta; *that's the ~!* så ska det låta!; *when the ~ moves him* när andan faller på [honom] **4** ~[*s* pl.] humör, [sinnes]stämning; *good ~s* gott humör; *high ~s* gott humör, hög stämning, uppsluppenhet; *keep up o.'s ~s* hålla modet (humöret) uppe; *in [high] ~s* på (vid) gott humör; *in low ~s* el. *out of ~s* på dåligt humör, nere **5** mod; kraft, liv **6** andemening, anda; *the ~ of the law* lagens anda; *enter into the ~ of* leva (sätta) sig in i **7** kem. alkohol; ~[*s* pl.] sprit **8** pl. *~s* sprit[drycker], spritvaror **II** *tr*, ~ *away* (*off*) smussla (trolla) bort

spirited ['spɪrɪtɪd] *a* livlig, livfull, kraftfull; modig [*a ~ attack*], käck; kvick [*a ~ reply*]

spirit-level ['spɪrɪt,levl] *s* tekn. [rör]vattenpass

spirit-rapping ['spɪrɪt,ræpɪŋ] *s* andeknackning

spirit-stove ['spɪrɪtstəʊv] *s* spritkök

spiritual ['spɪrɪtjʊəl] **I** *a* andlig: **a)** själslig, själs-, ande- [*~ life*] **b)** religiös [*~ songs*] **c)** kyrklig, ecklesiastik; *Lords S~* andliga lorder ärkebiskopar o. biskopar i överhuset **II** *s* spiritual, andlig negersång [äv. *Negro ~*]

spiritualism ['spɪrɪtjʊəlɪzəm] *s* spiritualism, spiritism

spiritualist ['spɪrɪtjʊəlɪst] *s* spiritualist, spiritist

spirituality [,spɪrɪtjʊ'ælətɪ] *s* andlighet

spirituous ['spɪrɪtjʊəs] *a* spirituös, sprithaltig; *~ liquors* spritdrycker

1 spit [spɪt] **I** *s* [stek]spett **II** *tr* sätta på spett

2 spit [spɪt] **I** (*spat spat*) *itr* **1** spotta [*~ on the floor*]; *~ at* ([*up*]*on*) spotta på (åt) **2** spotta och fräsa [*the engine was ~ting*] **3** [stänka och] fräsa i stekpanna **4** fam. stänka, småregna **II** (*spat spat*) *tr* **1** spotta ut [vanl. *~ out*]; *~ it out!* [kläm] fram med det! **2** bildl. vräka ur sig, spotta ut [äv. *~ out*] **3** sprätta; *~ fire* spruta eld **4** *he's the ~ting image of his dad* han är sin pappa upp i dagen **III** *s* **1** spott; *~ curl* slickad lock, tjusarlock; *~ and polish* puts, putsning; prydlighet **2** *he's the ~ and image* (*the dead ~*) *of his dad* han är sin pappa upp i dagen

spite [spaɪt] **I** *s* ondska, illvilja; agg; *in ~ of* trots; *in ~ of myself* mot min [egen] vilja; *in* (*from, out of*) *~* av illvilja, av elakhet **II** *tr* bemöta med illvilja; reta; *he is cutting off his nose to ~ his face* ung. det blir värst för honom själv

spiteful ['spaɪtfʊl] *a* ondskefull, elak

spittle ['spɪtl] *s* spott, saliv

spittoon [spɪ'tu:n] *s* spottkopp, spottlåda

spiv [spɪv] *s* sl. dagdrivare; parasit

splash [splæʃ] **I** *tr* **1** stänka ned [*~ a p. with mud*], slaska ned; stänka, skvätta [*~ paint all over o.'s clothes*], slaska; skvätta ut **2** *~ o.'s money about* fam. strö pengar omkring sig **3** fam. slå upp, göra feta rubriker av nyheter i tidning **II** *itr* plaska, plumsa; skvalpa; stänka, skvätta **III** *s* **1** plaskande, skvalpande; plask; skvalp; *make a ~* bildl. fam. väcka uppseende **2** skvätt, stänk **3** [färg]stänk; *~ of colour* bildl. färgklick **4** fam. skvätt soda från sifon [*a whisky and ~*] **IV** *interj* o. *adv* plask!; pladask, plums

splashdown ['splæʃdaʊn] *s* rymd. landning i havet; landningsplats i havet

splatter ['splætə] **I** *itr* plaska; stänka **II** *tr* **1** stänka ned, plaska ned **2** stänka, plaska

splay [spleɪ] **I** *tr* **1** snedda [av], fasa [av], vidga inåt (utåt) [*~ a window*] **2** breda ut; spreta [ut] med **II** *s* [av]sneddning, avfasning

splay-footed ['spleɪ'fʊtɪd] *a* med breda utåtvända fötter; plattfotad

spleen [spli:n] *s* **1** anat. mjälte **2** bildl. dåligt humör; *vent o.'s ~ on* utgjuta sin galla över

splendid ['splendɪd] *a* **1** ståtlig, storartad, praktfull, härlig, präktig **2** *in ~ isolation* i 'splendid isolation', i förnäm avskildhet, i ensamt majestät **3** fam. finfin, utmärkt

splendiferous [splen'dɪfərəs] *a* fam. finfin

splendour ['splendə] *s* glans, prakt, ståt

splice [splaɪs] **I** *tr* **1** splitsa rep; skarva [ihop] film, band m. m.; foga ihop; *~ the main brace* sjö. sl. **a)** dela ut en extra ranson av rom (sprit) **b)** ta sig en sup (en tår på tand) **2** *get ~d* sl. gänga sig gifta sig **II** *s* splits; skarv

splicer ['splaɪsə] *s* skarvapparat för tape o. film

splint [splɪnt] **I** *s* kir. spjäla, skena; *put a bone in ~s* spjäla ett ben **II** *tr* spjäla

splinter ['splɪntə] **I** *tr*, ~ [*off*] splittra **II** *itr*, ~ [*off*] splittras; skärva sig **III** *s* splittra [*fly into ~s*], flisa, skärva [*~ of glass* (*bone*)], sticka; splitter; *~ group* utbrytargrupp

splinter-bomb ['splɪntəbɒm] *s* mil. sprängbomb

splinterproof ['splɪntəpru:f] *a* splitterfri

split [splɪt] **I** (*split split*) *tr* **1** splittra äv. bildl.; klyva, spränga [sönder]; *~ hairs* ägna sig åt hårklyverier; *~ an infinitive* sätta någonting mellan infinitivmärket och [den följande] infinitiven; *~ the vote* orsaka splittring i väljarkåren; *~ up* klyva sönder; sönderdela; *the country is ~ on* (*over*) *the matter* landet är splittrat i frågan **2** dela upp, dela [på] [*~ a bottle of wine*; *~ the expenses*; ofta *~ up*], halvera; *~ the difference* dela på resten **II** (*split split*) *itr* **1** splittras, klyvas [*into* i], rämna, springa sönder, spricka [upp], gå sönder, brista; bildl. äv. sprängas, dela [upp] sig [*into* i]; *my head is ~ting* det sprängvärker i huvudet på mig; ~ *off* avskiljas; ~ *open* gå upp, brista [*the seam has ~ open*], spricka; ~ *up* a) klyva sig, dela [upp] sig b) fam. skiljas, separera; bryta upp **2** dela [*with* med; ~ *equal*]; fam. dela på bytet (vinsten) **3** ~ *on* sl. tjalla på kamrat o. d. **III** *s* **1** splittring, klyvning etc., jfr *I* **2** bildl. splittring, spricka [*a ~ in the party*] **3** spricka, rämna, reva **4** *do the ~s* gå ned i spagat **5** *banana ~* banana split efterrätt på bananer o. glass **IV** *pp* o. *a* splittrad etc., jfr *I*; ~ *infinitive* gram. 'kluven infinitiv' med ett ord inskjutet mellan infinitivmärket och [den följande] infinitiven; ~ *peas* [spritade och tu]delade torkade ärter; ~ *personality* se *personality 1*

split-second ['splɪt'sekənd] **I** *a* på sekunden [~ *timing*] **II** *s* [bråk]del av en sekund

splitting ['splɪtɪŋ] *a*, *a ~ headache* en brinnande huvudvärk

splosh [splɒʃ] *s* o. *tr* o. *interj* o. *adv* se *splash*

splotch [splɒtʃ] *s* fläck, stänk

splotchy ['splɒtʃɪ] *a* fläckig, [ned]fläckad

splutter ['splʌtə] **I** *itr* **1** sluddra [på målet]; snubbla på orden **2** [spotta och] fräsa **II** *s* fräsande; tjatter

spoil [spɔɪl] **I** *s*, ~[*s* pl.] rov, byte äv. bildl.; *~s of war* krigsbyte **II** (*spoilt spoilt* el. *~ed ~ed* [spɔɪlt, spɔɪld]) *tr* **1** förstöra, fördärva, skämma **2** skämma (klema) bort [~ *a child*] **III** (för tema se *II*) *itr* **1** om frukt, fisk m. m. bli förstörd (skämd) **2** *be ~ing for a fight* vara stridslysten, mucka gräl

spoiler ['spɔɪlə] *s* bil. o. flyg. spoiler

spoilsport ['spɔɪlspɔːt] *s* glädjedödare

spoilt [spɔɪlt] imp. o. pp. av *spoil*

1 spoke [spəʊk] imp. av *speak*

2 spoke [spəʊk] *s* **1** eker i hjul **2** stegpinne **3** *put a ~ in a p.'s wheel* bildl. sätta en käpp i hjulet för ngn

spoken ['spəʊkən] **I** *pp* av *speak* **II** *a* talad; muntlig [*a ~ message*]; ~ *English* engelskt talspråk; *he was pleasantly ~* han hade en trevlig röst

spokes|man ['spəʊksmən] (pl. *-men*) *s* talesman [*of, for* för]; förespråkare [*for* för]

spondaic [spɒn'deɪɪk] *a* metr. spondeisk

spondee ['spɒndiː] *s* metr. spondé

sponge [spʌndʒ] **I** *s* **1** [tvätt]svamp; svampig massa; *throw* (*chuck*) *up* (*in*) *the ~* fam. kasta yxan i sjön, kasta in handduken **2** tvättning (avtorkning) med svamp [*have a ~*] **3** se *sponge-cake* **4** fam. svamp, fyllgubbe **II** *itr* fam. snylta, parasitera [*on a p.* på ngn] **III** *tr* **1** tvätta (torka) [av] med svamp [äv. ~ *down* (*over*)]; ~ *up* suga upp med svamp **2** fam. snylta sig till [~ *a dinner*]

sponge-bag ['spʌndʒbæg] *s* necessär

sponge-cake ['spʌndʒ'keɪk] *s* fin (lätt) sockerkaka

sponge-down ['spʌndʒ'daʊn] *s* se *sponge I 2*

sponger ['spʌndʒə] *s* fam. snyltgäst

spongy ['spʌndʒɪ] *a* svampig; svampaktig; porös

sponsor ['spɒnsə] **I** *s* **1** sponsor; främjare, gynnare; garant **2** fadder vid dop **3** radio., TV. sponsor, annonsör **4** parl. m. m. förslagsställare; initiativtagare **II** *tr* **1** vara sponsor (garant) för; stå bakom; stå för; gynna **2** stå fadder åt **3** radio., TV. sponsra

spontaneity [ˌspɒntə'niːətɪ] *s* spontan[e]itet; egen drift

spontaneous [spɒn'teɪnjəs] *a* spontan; av egen drift; ~ *combustion* självantändning, självförbränning

spoof [spuːf] fam. **I** *tr* skoja med; lura **II** *s* skoj; spratt; humbug

spook [spuːk] **I** *s* fam. spöke **II** *tr* **1** fam. spöka i (på, hos) **2** sl. skrämma

spooky ['spuːkɪ] *a* fam. spöklik, kuslig; hemsökt av spöken

spool [spuːl] **I** *s* spole; [film]rulle; ~ *of thread* Am. trådrulle **II** *tr* spola

spoon [spuːn] **I** *s* sked; skopa **II** *itr* fam. svärma, kela

spoonfeed ['spuːnfiːd] (*spoonfed spoonfed*) *tr* mata med sked; bildl. servera allt på fat, mata som småbarn [~ *the students*]

spoonful ['spuːnfʊl] (pl. *~s* el. *spoonsful*) *s* sked[blad] ss. mått; *a ~ of* en sked [med]

sporadic [spə'rædɪk] *a* sporadisk, spridd

spore [spɔː] *s* bot. spor

sporran ['spɒrən] *s* [skinn]pung buren till skotsk kilt

sport [spɔːt] **I** *s* **1** sport; idrott, idrottsgren; pl. *~s* äv. a) koll. sport; idrott b) idrottstävling[ar] [*school ~s*]; *athletic ~s* friidrott, [allmän] idrott; friidrottstävling[ar]; *~s car* sportbil; *~s ground* idrottsplats; *~s jacket* blazer, [sport]kavaj; sportjacka **2** tidsfördriv; *it is a ~ to him* bildl. det är en lek för honom **3** skämt; *in ~* på skoj (skämt); *make ~ of* skämta (skoja) med **4** leksak, offer; åtlöje; *the ~ of Fortune* en lekboll för ödet **5** fam., *a good ~* en trevlig (bussig) kamrat; *hallo, old ~!* tjänare, gamle vän (gosse)!; *she's a real ~* hon är en verkligt bussig tjej **II** *tr* fam. ståta med, skylta med [~ *a rose in o.'s buttonhole*]; ~ *o.'s oak* se *oak 3*

sporting ['spɔːtɪŋ] *a* **1** sportig; sportslig; sport-, idrotts- [*a ~ event*] **2** sports[manna]mässig

sportive ['spɔːtɪv] *a* lekfull; uppsluppen

sportscast ['spɔːtskɑːst] *s* radio. o. TV. sport[nyheter]

sports|man ['spɔːtsmən] (pl. *-men*) *s* sportsman; idrottsman; jägare, fiskare

sportsmanlike ['spɔːtsmənlaɪk] *a* sports-

[manna]mässig

sportsmanship ['spɔːtsmənʃɪp] *s* sports[manna]anda; renhårighet

sportswear ['spɔːtsweə] *s* sportkläder

sports|woman ['spɔːts|ˌwʊmən] (pl. *-women* [-ˌwɪmɪn]) *s* sportkvinna; idrottskvinna

sporty ['spɔːtɪ] *a* fam. sportig; hurtig

spot [spɒt] **I** *s* **1** fläck; prick på tärning, kort m. m.; finne, blemma; *~ remover* fläckurtagningsmedel; *come out in ~s* få finnar **2** plats, ställe [*a lovely ~*]; punkt; *bright ~* bildl. ljuspunkt; *high ~* bildl. höjdpunkt; *hit the high ~s* fam. slå runt; *tender ~* öm punkt; *~ fine* ung. ordningsbot; *it knocks ~s off this* fam. den går inte att jämföra med den här; *be in a ~* fam. vara i klämma (knipa); *on the ~* a) på platsen (ort och ställe) b) på stället (fläcken) [*act on the ~*] c) fam. i klämma (knipa) **3** droppe, stänk [*~s of rain*]; fam. skvätt [*~ of whisky*], tår; smula; *a ~ of bother* lite trassel; *a ~ of lunch* lite lunch **4** *~ cash* kontant betalning [omedelbart] vid leverans[en]; *~ price* lokopris **II** *tr* **1** fläcka ned [*~ o.'s fingers with ink*]; sätta prickar på **2** få syn på, känna igen; hitta; *~ the winner* tippa vem som vinner

spot-check ['spɒttʃek, '-'-] **I** *s* stickprov; flygande kontroll **II** *itr* o. *tr* ta stickprov [bland]; göra en flygande kontroll [av]

spotless ['spɒtləs] *a* fläckfri, skinande ren

spotlight ['spɒtlaɪt] **I** *s* spotlight; strålkastarljus äv. bildl.; strålkastare; sökarljus på bil; *be in the ~* bildl. stå i rampljuset **II** *tr* **1** belysa med strålkastare **2** bildl. ställa i strålkastarljuset (rampljuset)

spot-on ['spɒt'ɒn] *a* fam. perfekt, på pricken

spotted ['spɒtɪd] *a* fläckig, prickig; fläckad

spotter ['spɒtə] *s* **1** civil luftbevakare **2** tågräknare, bilräknare barn som räknar o. registrerar lok- o. biltyper

spotty ['spɒtɪ] *a* fläckig, prickig; finnig

spouse [spaʊz] *s* **1** jur. el. litt. [äkta] make (maka) **2** relig. brud, brudgum

spout [spaʊt] **I** *itr* **1** spruta [ut] **2** fam. orera **II** *tr* **1** spruta [ut]; spy ut **2** fam. haspla ur sig, deklamera [*~ verses*] **III** *s* **1** pip [*~ of a teapot*] **2** byggn. stupränna **3** häftig stråle av vatten, ånga m. m.; vattenpelare **4** *up the ~* sl. i ett hopplöst tillstånd; ruinerad

sprain [spreɪn] **I** *tr* vricka, stuka [*~ o.'s ankle*] **II** *s* vrickning, stukning; sträckning

sprang [spræŋ] imp. av *spring*

sprat [spræt] *s* **1** zool. skarpsill; *tinned ~s* ansjovis i burk **2** liten stackare

sprawl [sprɔːl] **I** *itr* **1** sträcka (breda) ut sig, [ligga (sitta) och] vräka sig; kravla; *send a p. ~ing* vräka omkull ngn **2** breda ut sig, sprida ut sig; om handstil m. m. spreta åt alla håll **II** *tr* spreta [utåt] (skreva) med [*~ o.'s legs*], sträcka ut **III** *s* **1** spretande; vräkig (nonchalant) ställning **2** utbredning

sprawling ['sprɔːlɪŋ] *a* **1** spretig, ojämn [*a ~ hand* (handstil)] **2** utspridd [*~ suburbs*]

1 spray [spreɪ] *s* [dekorativ] kvist, blomklase; liten bukett

2 spray [spreɪ] **I** *s* **1** stänk [*the ~ of a waterfall*], yrande skum [*sea ~*]; stråle, dusch **2** sprej **3** sprej[flaska]; rafräschissör; spruta, spridare **II** *tr* spreja; bespruta; spruta [*a p. with a th.* ngt på ngn] **III** *itr* **1** stänka [omkring]; skumma **2** spruta [ut]

spray-gun ['spreɪgʌn] *s* sprutpistol

spread [spred] **I** (*spread spread*) *tr* **1** breda (sprida) [ut], lägga ut; spänna ut [*the bird ~ its wings*]; sträcka ut; *~ o.s.* bre ut sig äv. bildl. **2** stryka, breda [*on* på]; täcka [*with* med]; *~ the table* duka [bordet] **3** bildl. sprida [*~ disease; ~ knowledge*], sprida ut, föra vidare **4** platta ut **II** (*spread spread*) *itr* **1** breda ut sig [äv. *~ out*]; sprida sig; sträcka sig [*a desert ~ing for hundreds of miles*] **2** vara lätt att breda [på] [*butter ~s easily*] **III** *s* **1** utbredning, spridning **2** utsträckning, sträcka; vidd, omfång [*the ~ of an arch*]; *the ~ of a bird's wings* en fågels vingbredd **3** fam. kalas[måltid] **4** *middle-age[d] ~* fam. gubbfläsk; gumfläsk **5** pasta, bredbart pålägg; *cheese ~* bredbar ost, smältost **6** flyg. vingbredd

spreadeagle ['spred'iːgl] **I** *tr* sträcka ut **II** *itr* sträcka ut sig, spreta med armar och ben

spree [spriː] fam. **I** *s* **1** fest, rummel; *go [out] on the ~* gå ut och festa **2** *go on a buying ~* gripas av köpraseri **II** *itr* festa 'om

sprig [sprɪg] *s* [liten] kvist [*a ~ of parsley*], skott

sprightly ['spraɪtlɪ] *a* livlig, pigg, glad

spring [sprɪŋ] **A I** (*sprang sprung*) *itr* **1** hoppa [*~ out of bed, ~ over a gate*], rusa [*at (on, upon) a p.* på ngn], fara, flyga [*~ up from o.'s chair*]; *the doors sprang open* dörrarna flög upp; *~ into life* få liv, uppstå; *~ to o.'s feet* rusa (fara) upp **2** rinna, spruta; *tears sprang to her eyes* hennes ögon fylldes av tårar **3** *~ [up]* **a)** om växter spira, skjuta upp **b)** bildl. dyka upp; *industries sprang up [in the suburbs]* industrier växte upp .. **4** uppstå, uppkomma [*from, out of* av, ur] **II** (*sprang sprung*) *tr* **1** få att plötsligt öppna sig; spränga [*~ a mine*], utlösa; *~ a trap* få en fälla att smälla (slå) igen [*upon* om] **2** [plötsligt] komma med [*~ a surprise on* (åt) *a p.*]; *~ a th. on a p.* överraska ngn med ngt **3** spräcka; *~ a leak* sjö. springa läck **III** *s* **1** språng, hopp **2** källa [*hot (mineral) ~*]; *medicinal ~* hälsobrunn **3** fjäder [*the ~ of a watch*]; resår; pl. *~s* äv. fjädring; *~ mattress (bed)* resårmadrass **4**

bildl. drivfjäder
B *s* (för ex. jfr äv. *summer*) vår; ~ *chicken* gödkyckling; unghöns; *she's no* ~ *chicken* bildl. hon är ingen duvunge
spring-balance ['sprɪŋ'bæləns] *s* fjädervåg
spring-board ['sprɪŋbɔ:d] *s* **1** språngbräda äv. bildl. **2** trampolin, svikt
springbok ['sprɪŋbɒk] *s* zool. springbock
spring-clean ['sprɪŋkli:n] *tr* vårstäda, storstäda
spring-cleaning ['sprɪŋˌkli:nɪŋ] *s* vårstädning, storstädning
springtime ['sprɪŋtaɪm] *s* vår
springy ['sprɪŋɪ] *a* fjädrande, elastisk; spänstig
sprinkle ['sprɪŋkl] **I** *tr* **1** strö [ut], stänka **2** beströ, bestänka, bespruta [*with* med], strila; stänka kläder **II** *itr* stänka, dugga, falla glest, strila; *it began to* ~ det började stänka (skvätta) **III** *s* stänk [~ *of rain*]
sprinkler ['sprɪŋklə] *s* **1** [vatten]spridare; sprinkler; stril; stänkflaska **2** vattenvagn **3** [*holy-water*] ~ vigvattenskvast
sprinkling ['sprɪŋklɪŋ] *s* **1** bestänkande, utströende, besprutande **2** bildl. a) [mindre] inslag [*a* ~ *of Irishmen among them*], fåtal b) smula, gnutta [*a* ~ *of pepper*]; *a* ~ *of grey hairs* stänk av gråa hår
sprint [sprɪnt] sport. **I** *itr* sprinta, spurta **II** *s* **1** sprinterlopp **2** spurt, slutspurt
sprinter ['sprɪntə] *s* sport. sprinter[löpare]
sprint-race ['sprɪntreɪs] *s* sport. sprinterlopp; kortdistanslopp
sprite [spraɪt] *s* fe; älva; tomte
sprocket ['sprɒkɪt] *s* **1** tand, kugge på kedjekrans o. d. **2** kedjekrans; tandhjul
sprout [spraʊt] **I** *itr* gro, spira [upp (fram)], skjuta skott, skjuta upp [äv. ~ *up*] **II** *tr* få [~ *leaves*], anlägga, lägga sig till med [~ *a moustache*] **III** *s* skott; grodd
1 spruce [spru:s] **I** *a* prydlig, fin, nätt; piffig **II** *tr* o. *itr*, ~ [*up*] fiffa upp [sig]
2 spruce [spru:s] *s* bot. gran
sprung [sprʌŋ] **I** pp. av *spring* **II** *a*, ~ *bed* resårsäng
spry [spraɪ] *a* rask; hurtig; pigg
spud [spʌd] *s* fam. plugg potatis
spume [spju:m] *s* skum, fradga
spun [spʌn] **I** imp. o. pp. av *spin* **II** *a* spunnen; ~ *glass* glasfibrer; ~ *gold* guldtråd; ~ *silk* schappesilke; ~ *sugar* spunnet socker
spunk [spʌŋk] *s* **1** fam. mod; fart, liv **2** fnöske **3** vulg. sats sädesvätska
spur [spɜ:] **I** *s* **1** sporre; *win o.'s* ~*s* bildl. vinna sina sporrar **2** bildl. sporre, eggelse; *on the* ~ *of the moment* utan närmare eftertanke, spontant **II** *tr*, ~ [*on*] sporra äv. bildl., egga [*into, to* till], driva på
spurious ['spjʊərɪəs] *a* falsk, förfalskad
spurn [spɜ:n] *tr* försmå, förakta
Spurs [spɜ:z] kortform för *Tottenham Hotspurs* fotbollslag
1 spurt [spɜ:t] **I** *itr* spurta **II** *s* spurt
2 spurt [spɜ:t] **I** *itr* spruta [ut (fram)], rusa **II** *tr* spruta [ut] **III** *s* [utsprutande] stråle
sputter ['spʌtə] **I** *itr* **1** spotta när man talar; sprätta; ~ *out* fräsa till [och slockna] [*the candle* ~*ed out*] **2** sluddra [på målet] **II** *s* **1** sludder **2** spottande; sprättande; fräsande
spy [spaɪ] **I** *itr* spionera [*on* på; *for* åt]; ~ *into* snoka i **II** *tr* **1** få syn på; iaktta **2** ~ *out* utspionera, utspana **III** *s* spion; spejare
spy-glass ['spaɪglɑ:s] *s* [liten] kikare
spy-hole ['spaɪhəʊl] *s* titthål, kikhål
spy-ring ['spaɪrɪŋ] *s* spionliga
sq. ft. förk. för *square foot* (*feet*)
sq. in. förk. för *square inch*[*es*]
sq. m. förk. för *square metre*[*s*], *square mile*[*s*]
squabble ['skwɒbl] **I** *s* käbbel **II** *itr* käbbla
squad [skwɒd] *s* **1** mil. grupp, mindre exercistrupp **2** trupp äv. fotb., skara; patrull; *fraud* ~ bedrägerirotel; ~ *car* polisbil
squadron ['skwɒdrən] *s* **1** mil. skvadron inom kavalleriet; eskader inom flottan; division inom flyget; ~ *leader* major vid flyget **2** grupp, skara
squalid ['skwɒlɪd] *a* snuskig, eländig
squalidity [skwɒ'lɪdətɪ] *s* o. **squalidness** ['skwɒlɪdnəs] *s* snusk, snuskighet
squall [skwɔ:l] **I** *itr* skrika, gasta **II** *s* **1** skrik, vrål **2** kastby, stormby **3** fam. käbbel, gräl
squalor ['skwɒlə] *s* snusk[ighet], elände
squander ['skwɒndə] *tr* slösa [bort], förslösa, ödsla bort [~ *money*]
squanderer ['skwɒndərə] *s* slösare
square [skweə] **I** *s* **1** a) geom. kvadrat b) fyrkant, ruta; *we are back to* ~ *one* vi är tillbaka där vi började **2** torg, fyrkantig [öppen] plats; kvarter; *barrack* ~ mil. kaserngård **3** mat. kvadrat[tal] **4** vinkelhake, vinkellinjal, vinkel **5** sl. insnöad person **II** *a* **1** kvadratisk, fyrkantig; *a room four metres* ~ ett rum [som mäter] fyra meter i kvadrat; ~ *dance* kontradans av 4 par; ~ *foot* kvadratfot; ~ *measure* ytmått; ~ *root* kvadratrot **2** rätvinklig, vinkelrät [*to, with* mot] **3** satt, undersätsig, fyrkantig; ~ *jaw* kraftigt markerad käke **4** reglerad, balanserad [*get o.'s accounts* ~]; uppgjord; jämn, kvitt; *get* ~ *with* fam. göra upp med [*get* ~ *with o.'s creditors*]; *get things* ~ fam. ordna upp det hela **5** renhårig, ärlig; *get a* ~ *deal* bli rättvist (just) behandlad **6** otvetydig, klar **7** fam. bastant, stadig, rejäl [*a* ~ *meal*] **8** sl. insnöad, mossig **III** *tr* **1** göra kvadratisk (fyrkantig); ruta, dela upp i kvadrater (fyrkanter) [äv. ~ *off*]; ~*d paper* rutpapper **2** mat. upphöja i kvadrat, kvadrera [~ *a number*] **3** reglera, utjämna, göra upp, be-

tala [äv. ~ *up*]; ~ *o.'s conscience* freda (stilla) sitt samvete **4** avpassa, rätta, lämpa [*with, to, by* efter] **IV** *itr* **1** passa ihop, stämma [överens] [*with* med] **2** ~ *up* a) göra sig beredd att slåss, inta gard[ställning] [*to* mot] b) göra upp [*it's time I ~d up with you*], betala **3** bilda en rät vinkel **V** *adv* **1** i rät vinkel, vinkelrätt [*to* mot] **2** rakt, rätt **3** fam. renhårigt, just

squarely ['skweəlɪ] *adv* **1** i rät vinkel, vinkelrätt **2** rakt, rätt [~ *between the eyes*] **3** renhårigt, just; *fairly and* ~ öppet och ärligt **4** rakt på sak, rättframt

square-shouldered ['skweə'ʃəuldəd] *a* bredaxlad

1 squash [skwɒʃ] **I** *tr* **1** krama (klämma) sönder; platta till [*sit on a hat and* ~ *it* [*flat*]]; ~ *o.'s finger* [*in a door*] klämma fingret . . **2** klämma in, pressa in [*into, in* i] **3** fam. slå ner [~ *a riot*] **4** fam. platta till, stuka [till] **II** *itr* **1** kramas (klämmas) sönder, mosas, mosa sig [*tomatoes* ~ *easily*] **2** trängas; ~ *into* (*through*) tränga sig in i (in genom) **III** *s* **1** [folk]trängsel **2** mosande; mos **3** squash dryck [*lemon* ~] **4** sport. squash

2 squash [skwɒʃ] *s* squash slags pumpa

squash-court ['skwɒʃkɔ:t] *s* sport. squashplan

squash-rackets ['skwɒʃ'rækɪts] (konstr. ss. sg.) *s* sport. squash

squat [skwɒt] **I** *itr* **1** sitta på huk; huka sig [ned] [äv. ~ *down*]; fam. sitta **2** trycka om djur **3** ockupera ett hus som står tomt **II** *a* kort och tjock, satt

squatter ['skwɒtə] *s* husockupant

squatting ['skwɒtɪŋ] *s* husockupation

squaw [skwɔ:] *s* squaw indiankvinna

squawk [skwɔ:k] **I** *itr* **1** isht om fåglar skria, skrika [gällt] **2** fam. klaga [högljutt] **II** *s* **1** skri, [gällt] skrik **2** fam. högljudd protest

squeak [skwi:k] **I** *itr* **1** pipa om t. ex. råttor; skrika [gällt]; gnissla, gnälla om t. ex. gångjärn, knarra om t. ex. skor **2** sl. tjalla **II** *tr* pipa fram [äv. ~ *out*] **III** *s* **1** pip; [gällt] skrik; gnissel, gnisslande, gnäll, knarr; jfr *I 1* **2** fam., *it was a narrow* ~ det var nära ögat

squeaker ['skwi:kə] *s* sl. tjallare

squeaky ['skwi:kɪ] *a* pipig, gäll; gnisslig, gnällig; knarrig; jfr *squeak I 1*

squeal [skwi:l] **I** *itr* **1** skrika gällt o. utdraget, skria; *~ing brakes* gnisslande (skrikande) bromsar **2** sl. tjalla **3** fam. klaga, gnälla **II** *tr* skrika ut (fram) **III** *s* skrik, skri; gnissel

squealer ['skwi:lə] *s* sl. tjallare

squeamish ['skwi:mɪʃ] *a* **1** lättstött, överkänslig; pryd, sipp **2** kräsen, kinkig

squeegee ['skwi:'dʒi:] *s* **1** skrapa, raka med gummikant **2** fotogr. gummivals

squeeze [skwi:z] **I** *tr* **1** krama, klämma [på], pressa, trycka [hårt] [~ *a p.'s hand*]; ~ [*out*] a) krama ur [~ [*out*] *a sponge*] b) pressa (klämma) fram [~ [*out*] *a tear*]; ~ *o.'s finger* klämma sig i fingret **2** klämma in (ned), pressa in (ned) [~ *things into a box*] **3** bildl. pressa, ansätta; ~ *a th. from* (*out of*) *a p.* pressa av (ur) ngn ngt, pressa (klämma) ngn på ngt [~ *money from* (*out of*) *a p.*] **4** krama, omfamna **II** *itr* tränga (pressa) sig [fram] **III** *s* **1** kramning, [hård] tryckning [*a* ~ *of the hand*], tryck, press; hopklämning; urkramning **2** *it was a tight* ~ det var väldigt trångt **3** droppe, skvätt [*a* ~ *of lemon*] **4** a) press, påtryckning; utpressning b) provision; *put the* ~ *on a p.* utöva press på ngn **5** fam., *it was a narrow* (*tight*) ~ det var nära ögat **6** ekon. åtstramning [*credit* ~] **7** kram, omfamning

squeezer ['skwi:zə] *s* [frukt]press

squelch [skweltʃ] **I** *itr* klafsa, slafsa; skvätta ut **II** *tr* klämma sönder **III** *s* klafs, smask

squib [skwɪb] *s* **1** fyrv. svärmare **2** a) smädeskrift, nidskrift b) *damp* ~ fiasko

squid [skwɪd] *s* zool. tioarmad bläckfisk

squidgy ['skwɪdʒɪ] *a* kladdig; klafsande

squiffy ['skwɪfɪ] *a* sl. dragen, på örat berusad

squiggle ['skwɪgl] **I** *itr* **1** snirkla sig, slingra sig **2** klottra **II** *s* krumelur, släng, snirkel

squiggly ['skwɪglɪ] *a* snirklig

squint [skwɪnt] **I** *s* **1** vindögdhet; *have a* ~ vara vindögd **2** fam., *have a* ~ *at* ta en titt på **II** *itr* **1** vara vindögd **2** bildl. skela, snegla [*at* på]

squint-eyed ['skwɪntaɪd] *a* vindögd

squire ['skwaɪə] *s* godsägare

squirm [skwɜ:m] **I** *itr* vrida sig, skruva [på] sig; bildl. våndas, pinas **II** *s* skruvande

squirrel ['skwɪrəl] *s* ekorre

squirt [skwɜ:t] **I** *tr* o. *itr* spruta [ut] med tunn stråle **II** *s* **1** [tunn] stråle [~ *of water*] **2** [liten] spruta **3** fam. puttefnask

squish [skwɪʃ] *s* klafsande, smaskande

sq. yd. förk. för *square yard*

Sr. o. **sr.** förk. för *senior*

SRBM förk. för *Short Range Ballistic Missile* [ballistisk] kortdistansrobot

Sri Lanka [ˌsrɪ'læŋkə]

S.S. o. **S/S** förk. för *steamship*

S.S.E. förk. för *south-south-east* sydsydost

S.S.W. förk. för *south-south-west* sydsydväst

1 St. el. **St** [snt] förk. för *saint*, jfr d. o.

2 St. förk. för *Strait, Street*

st. förk. för *stone I 3*

stab [stæb] **I** *tr* sticka [ned], genomborra; sticka, köra [~ *a weapon into*]; ~ *a p. in the back* bildl. falla ngn i ryggen **II** *itr* **1** stöta, rikta en stöt [*at* mot] **2** värka 'till; *~bing pain* stickande smärta **III** *s* **1** stick, sting; *a* ~ *in the back* bildl. en dolkstöt i ryggen **2** [plötslig] smärta; sting [*a* ~ *of pain*] **3** fam.

försök; *a ~ in the dark* en lös gissning
stability [stə'bɪlətɪ] *s* stabilitet, stadga
stabilization [ˌsteɪbɪlaɪ'zeɪʃən] *s* stabilisering
stabilize ['steɪbɪlaɪz] *tr* stabilisera
stabilizer ['steɪbɪlaɪzə] *s* **1** flyg., sjö. stabilisator **2** *~s* stödhjul isht på barncykel
1 stable ['steɪbl] *a* stabil [*~ currency*]; stadig, fast; värdebeständig
2 stable ['steɪbl] **I** *s* **1** [häst]stall äv. om uppsättning hästar, stallbyggnad; pl. *~s* stall, stallbyggnad **2** fam. stall grupp racerförare med gemensam manager **II** *tr* sätta in i stall[et]
stable-boy ['steɪblbɔɪ] *s* stalldräng, -pojke
staccato [stə'kɑːtəʊ] (ital.) mus. **I** *adv* stackato; stötvis **II** *s* stackato
stack [stæk] **I** *s* **1** stack av hö o. d. **2** trave [*a ~ of books*], stapel [*a ~ of boards*], hög [*a ~ of papers*]; fam. massa [*~s of work*] **3** skorstensgrupp av sammanbyggda pipor; skorsten på ångbåt, ånglok m. m. **II** *tr* stacka; trava [upp], stapla [upp] [äv. *~ up*]; *~ing chairs* stapelbara stolar
stadium ['steɪdjəm] *s* stadion, idrottsarena
staff [stɑːf] **I** (pl. *~s*, i bet. *5 staves*) *s* **1** stav; bildl. stöd; *the ~ of life* brödet **2** [flagg]stång; långt skaft **3** personal [*office ~*], stab; *~ nurse* assistentsköterska; *~ room* lärarrum, kollegierum; *editorial ~* redaktion, redaktionspersonal; *teaching ~* lärarkår, [lärar]kollegium; *temporary ~* extrapersonal; *be on the ~* höra till personalen (staben, kollegiet); *be on the ~ of a newspaper* vara medarbetare i en tidning **4** mil. stab; *~ college* krigshögskola; *~ officer* [general]stabsofficer **5** mus. notplan, notsystem **II** *tr* skaffa (anställa) personal till, förse med personal, bemanna
Staffordshire ['stæfədʃɪə, -ʃə]
Staffs. [stæfs] förk. för *Staffordshire*
stag [stæg] *s* zool. kronhjort hanne, isht i och efter femte året
stage [steɪdʒ] **I** *s* **1** teat. scen äv. bildl. [*quit the political ~*]; estrad; teater [*the French ~*]; bildl. äv. skådeplats; *~ direction* scenanvisning; *~ management* regi; *hold the ~* a) hålla sig kvar på repertoaren b) dominera (vara centrum i) sällskapet; *on the ~* a) på scenen, på teatern b) på repertoaren; *go on the ~* gå in vid teatern, bli skådespelare (skådespelerska); *put on the ~* se *II 1* **2** stadium, skede [*at an early ~*]; *rocket ~* raketsteg **3** etapp; *by easy ~s* i [korta] etapper; bildl. i små portioner, lite i taget **II** *tr* **1** sätta upp, iscensätta [*~ a play*]; uppföra **2** bildl. iscensätta, arrangera, organisera; *~ a comeback* göra comeback
stage-coach ['steɪdʒkəʊtʃ] *s* diligens, postvagn
stage-door ['steɪdʒ'dɔː] *s* sceningång
stage-effect ['steɪdʒɪˌfekt] *s* teatereffekt
stage-fright ['steɪdʒfraɪt] *s* rampfeber
stage-hand ['steɪdʒhænd] *s* scenarbetare
stage-manager ['steɪdʒˌmænɪdʒə] *s* inspicient, regiassistent; TV. studioman
stage-name ['steɪdʒneɪm] *s* artistnamn
stage-struck ['steɪdʒstrʌk] *a* teaterbiten
stage-whisper ['steɪdʒ'wɪspə] *s* teaterviskning
stagflation [stæg'fleɪʃən] *s* [av *stagnation* o. *inflation*] ekon. stagflation
stagger ['stægə] **I** *itr* vackla, ragla, stappla; *~ to o.'s feet* resa sig på vacklande ben **II** *tr* **1** få att vackla äv. bildl.; förbluffa, skaka **2** sprida [*~ lunch hours*] **III** *s* vacklande, ragling, stapplande; vacklande gång
staggering ['stægərɪŋ] *a* **1** vacklande, raglande [*a ~ gait*] **2** *~ blow* dråpslag äv. bildl. **3** häpnadsväckande, förbluffande
staging ['steɪdʒɪŋ] *s* **1** byggnadsställning; plattform på byggnadsställning **2** teat. iscensättning, uppsättning; uppförande
stagnant ['stægnənt] *a* **1** stillastående [*~ water*]; skämd **2** bildl. stagnerande, stillastående; *become ~* stagnera
stagnate [stæg'neɪt] *itr* **1** stå stilla, stagnera; vara (bli) skämd **2** bildl. stagnera
stagnation [stæg'neɪʃən] *s* stagnation; stillastående; stockning
stag-party ['stægˌpɑːtɪ] *s* fam. **1** herrbjudning **2** isht Am. svensexa
staid [steɪd] *a* stadig, stadgad
stain [steɪn] **I** *tr* **1** fläcka [ned], bildl. äv. befläcka [*~ o.'s reputation*]; missfärga **2** färga [*~ cloth*]; betsa [*~ wood*]; *~ed glass* målat glas med inbrända färger **II** *itr* **1** få fläckar; missfärgas **2** sätta en fläck (fläckar) **III** *s* **1** fläck äv. bildl; *~ remover* fläckurtagningsmedel **2** färgämne; bets
stained-glass ['steɪndglɑːs] *a*, *~ window* fönster med målat glas
stainless ['steɪnləs] *a* **1** fläckfri, obefläckad [*a ~ reputation*] **2** rostfri [*~ steel*]
stair [steə] *s* **1** trappsteg **2** vanl. *~s* (konstr. ss. sg. el. pl.) trappa isht inomhus [*winding ~s*], trappuppgång; *a flight of ~s* en trappa; *the head of the ~s* översta delen av trappan; *on the ~s* i trappan
staircase ['steəkeɪs] *s* trappa; trappuppgång; *corkscrew* (*spiral*) *~* spiraltrappa
stair-head ['steəhed] *s* översta trappavsats
stair-rod ['steərɒd] *s* mattkäpp, mattstång
stairway ['steəweɪ] *s* se *staircase*
stake [steɪk] **I** *s* **1** stake, stör, [liten] påle **2** hist., *be burnt at the ~, go to the ~* brännas på bål[et] **3** isht pl. *~s* insats vid vad o. d.; *my honour is at ~* min heder står på spel; *put a th. at ~* sätta ngt på spel; *play for high ~s* spela högt **4** del, andel [*have a ~ in an undertaking*] **5** pl. *~s* a) pris[pengar] vid

hästkapplöpningar m. m. b) [pris]lopp **II** *tr* **1** fästa vid (stödja med) en stake etc. **2** ~ [*off* (*out*)] a) staka ut [~ *off* (*out*) *an area*] b) sätta av; reservera; ~ *out a claim* resa anspråk **3** inhägna med störar etc. **4** sätta på spel, riskera [~ *o.'s future*; *on* på], satsa
stalactite ['stæləktaɪt] *s* stalaktit, hängande droppsten
stalagmite ['stæləgmaɪt] *s* stalagmit, stående droppsten
1 stale [steɪl] **I** *a* **1** gammal [~ *bread*], unken [~ *air*], duven, avslagen [~ *beer*], fadd **2** förlegad, gammal [~ *news*], fadd, nött, sliten [~ *jokes*] **3** övertränad, speltrött **II** *tr* göra gammal (unken etc.) **III** *itr* bli gammal (unken etc.)
2 stale [steɪl] *s* hästars o. d. urin
stalemate ['steɪlmeɪt] **I** *s* **1** schack. pattställning **2** dödläge, stockning, död punkt **II** *tr* **1** schack. göra patt **2** stoppa; få att gå i baklås (köra fast)
Stalin ['stɑːlɪn]
1 stalk [stɔːk] *s* **1** bot. stjälk; stängel, skaft **2** [hög] skorsten **3** hög fot på vinglas; skaft
2 stalk [stɔːk] **I** *itr* **1** gå med stolta steg, skrida [fram] **2** gå sakta och försiktigt, smyga sig; sprida sig långsamt [*famine* ~*ed through the country*] **II** *tr* **1** smyga sig på (efter) [~ *game* (*an enemy*)]; sprida sig långsamt genom **2** skrida fram genom (på)
stalker ['stɔːkə] *s* [gång]skytt, smygjägare
stalking-horse ['stɔːkɪŋhɔːs] *s* **1** jakt. (förr) skjuthäst **2** förevändning, täckmantel
1 stall [stɔːl] *itr* fam. slingra sig, komma med undanflykter; ~ [*for time*] försöka vinna tid, maska
2 stall [stɔːl] **I** *s* **1** spilta, bås **2** [salu]stånd; kiosk, bod; bord, disk för varor **3** teat. parkettplats; *orchestra* ~*s* främre parkett; *in the* ~*s* på parkett **4** kyrkl. korstol **5** [finger]tuta **6** motor. tjuvstopp **II** *tr* **1** sätta in (hålla) i en spilta etc., stalla; stallgöda [~*ed oxen*] **2** motor. få tjuvstopp i [~ *the engine*] **III** *itr* om motor o. d. tjuvstanna
stallion ['stæljən] *s* hingst, beskällare
stalwart ['stɔːlwət] **I** *a* **1** stor och stark, handfast **2** ståndaktig, trogen **II** *s* isht pol. ståndaktig (trogen) anhängare (kämpe)
stamen ['steɪmen] *s* bot. ståndare
stamina ['stæmɪnə] *s* uthållighet
stammer ['stæmə] **I** *itr* stamma **II** *tr*, ~ [*out*] stamma fram **III** *s* stamning
stamp [stæmp] **I** *itr* stampa [~ *on the floor*]; trampa, klampa **II** *tr* **1** stampa med [~ *o.'s foot*]; stampa på (i) [~ *the floor*] **2** trampa på, trampa ned [ofta ~ *down*]; ~ *out* a) trampa ut [~ *out a fire*] b) utrota [~ *out a disease*] c) krossa, slå ned [~ *out a rebellion*] d) göra (få) slut på **3** stämpla äv. bildl. [~ *a p. as a liar*; *with* med], trycka [~ *patterns on cloth*]; *he* ~*ed his personality on* .. han satte sin personliga prägel på .. **4** frankera, sätta frimärke på [~ *a letter*] **5** bildl. prägla, inprägla [~ *on* (i) *o.'s memory*] **III** *s* **1** stampning, stampande, stamp **2** stämpel verktyg; stans; stämpeljärn **3** stämpel; stämpling; prägel på mynt **4** frimärke; *book of* ~*s* frimärkshäfte **5** bildl. stämpel, kännemärke, kännetecken; *bear the* ~ *of genius* bära snillets prägel **6** slag, sort, kaliber [*men of his* (*that*) ~]
stamp-album ['stæmpˌælbəm] *s* frimärksalbum
stamp-collector ['stæmpkəˌlektə] *s* frimärkssamlare
stamp-duty ['stæmpˌdjuːtɪ] *s* stämpelavgift
stampede [stæm'piːd] **I** *s* vild (panikartad) flykt, rusning; panik **II** *itr* **1** råka i vild flykt, fly i panik **2** störta, rusa **III** *tr* **1** skrämma på flykten, försätta i panik **2** hetsa [~ *a p. into* [*doing*] *a th.*]
stamp-hinge ['stæmphɪndʒ] *s* frimärksfastsättare
stamping-ground ['stæmpɪŋgraʊnd] *s* fam. tillhåll, ställe [*my favourite* ~]; högborg
stamp-machine ['stæmpməˌʃiːn] *s* frimärksautomat
stamp-mount ['stæmpmaʊnt] *s* se *stamp-hinge*
stamp-pad ['stæmppæd] *s* stämpeldyna
stance [stæns, stɑːns] *s* **1** stance, slagställning i golf m. m. **2** ställning; *he took his* ~ *by the exit* han fattade posto vid utgången **3** inställning, attityd
1 stanch [stɑːntʃ] *tr* stilla, hämma, stoppa [~ *the bleeding*]
2 stanch [stɑːntʃ] *a* se *2 staunch*
stanchion ['stɑːnʃən] *s* stötta, stolpe
stand [stænd] **I** (*stood stood*) *itr* **1** stå; ~ *condemned* vara dömd, ha dömts [*for* för]; ~ *to lose* riskera att förlora; ~ *to win* (*gain*) ha utsikt att (kunna) vinna; *as it now* ~*s, the text is* [*ambiguous*] som texten nu lyder är den ..; *I want to know where I* ~ jag vill ha klart besked **2** stiga (stå) upp, ställa sig upp [*we stood, to see better*] **3** ligga, vara belägen [*the house* ~*s by* (vid) *a river, London* ~*s on* (vid) *the Thames*] **4** a) stå kvar, stå fast, stå [*let the word* ~] b) hålla, stå sig [*the theory* ~*s*], [fortfarande] gälla **5** stå, förhålla sig; *as affairs* (*matters*) *now* ~ som saken (det) nu förhåller sig **6** mäta, vara [*he* ~*s six feet in his socks*]
7 med adv. el. prep. isht med spec. övers.: ~ **apart: a**) stå en bit bort; hålla sig på avstånd **b**) stå utanför **c**) stå i en klass för sig
~ **aside: a**) [bara] stå och se på, förhålla sig passiv **b**) stiga (träda) åt sidan
~ **at** uppgå till [*the number* ~*s at 170*]

~ **back:** **a**) dra sig bakåt, stiga tillbaka **b**) *the house ~s back from the road* huset ligger en bit från vägen **c**) förhålla sig passiv

~ **by:** **a**) stå bredvid, bara stå och se på [*how can you ~ by and let him ruin himself?*] **b**) hålla sig i närheten, stå redo; ligga i beredskap; ~ *by for further news* avvakta ytterligare nyheter **c**) bistå [~ *by o.'s friends*], stödja; ~ *by a p.* äv. stå vid ngns sida **d**) stå [fast] vid [~ *by o.'s promise*], stå för [*I ~ by what I said*]

~ **down:** **a**) träda tillbaka till förmån för någon annan **b**) träda ned från vittnesbåset

~ **for:** **a**) stå för [*what do these initials ~ for?*], betyda **b**) kämpa för [~ *for liberty*] **c**) stå som (vara) sökande till [~ *for an office*]; kandidera för, ställa upp som kandidat till **d**) fam. finna sig i [*I won't ~ for that*]

~ **on** hålla på [~ *on o.'s dignity* (*rights*)]

~ **out:** **a**) stiga (träda) fram **b**) stå ut, skjuta fram **c**) framträda, avteckna sig, sticka av [*against, from* mot]; *it ~s out a mile* det syns (märks) lång väg; ~ *out in a crowd* skilja sig från mängden; *make a melody ~ out* framhäva en melodi **d**) utmärka sig [*his work ~s out from* (framför) *that of others*], vara framstående **e**) hålla ut (stånd), stå på sig **f**) ~ *out for* a) hålla fast vid [~ *out for a demand*], hålla på [~ *out for o.'s rights*] b) kräva, yrka på [~ *out for more pay*]

~ **to:** **a**) stå [fast] vid, hålla [~ *to o.'s promise*], hålla fast vid, hålla på [~ *to o.'s principles*] **b**) sjö. ligga i larmberedskap

~ **up:** **a**) stiga (stå, ställa sig) upp; ~ *up against* sätta sig emot; ~ *up for* försvara [~ *up for o.'s rights*]; hålla på; ta parti för; *he can ~ up for himself* han är karl för sin hatt; ~ *up for yourself!* stå 'på dig!; ~ *up to* trotsa, sätta sig upp mot **b**) stå [upprätt], stå (hålla sig) på benen **c**) hålla, stå sig; ~ *up to* stå emot, tåla, stå pall för

~ **with** vara anskriven hos [*how do you ~ with your boss?*]; ~ *well* (*high*) *with a p.* stå väl (ligga väl till) hos ngn

II (*stood stood*) *tr* **1** ställa [upp], resa [upp] [~ *a ladder against a wall*] **2** tåla [*I cannot ~ that fellow*], stå ut med, stå emot, uthärda; ~ *o.'s ground* se *2 ground I 2*; ~ *the test* bestå provet; [*the material*] *will ~ washing* . . tål att tvättas **3** ~ *trial for murder* stå inför rätta anklagad för mord **4** bjuda på [~ [*a p.*] *a dinner*]; ~ *treat* betala (bjuda på) kalaset, bjuda **5** ~ *off* suspendera, friställa [~ *off an employee*]

III *s* **1** stannande, halt; *bring to a ~* stanna, stoppa, hejda; *come to a ~* stanna [av] **2** [försök till] motstånd [*his last ~*]; försvar; *make a ~* hålla stånd; *make a ~ for o.'s principles* kämpa för sina principer **3** ställning äv. bildl., plats där man står; bildl. äv. ståndpunkt; *take* [*up*] *a ~* ta ställning, ta ståndpunkt [*on* i]; *take o.'s ~* a) ställa sig [*take o.'s ~ on the platform*], fatta posto b) ta ställning **4** ställ, ställning; fot; stativ; jfr *hat-stand* **5** stånd; kiosk; bord, disk **6** station, hållplats [~ *for cabs*] **7** [åskådar]läktare; estrad, tribun **8** fam. uppehåll som turnégrupp gör för föreställning; *one-night ~* se *one-night* **9** Am. vittnesbås; *take the ~* avlägga vittnesmål

standard ['stændəd] **I** *s* **1** standar [*the royal ~*], fana **2** likare, standardmått; standard[-typ] **3** a) norm [*the ~s of society*], mått[stock], mönster b) standard, nivå; kvalitet; ~ *of living* levnadsstandard; ~ *of reference* måttstock; *below ~* under det normala, undermålig; [*measured*] *by our ~s* efter våra mått [mätt]; *come* (*be*) *up to ~* hålla måttet **4** myntfot [*gold ~*]; *monetary ~* el. ~ *of currency* myntfot **5** ståndare, stolpe, stötta; ~ *lamp* golvlampa **II** *a* **1** standard-, normal- [~ *measures* (*weights*)], normal, fastställd som norm; fullgod, fullvärdig; ~ *deviation* statist. standardavvikelse; *S~ English* engelskt riksspråk; ~ *gauge* järnv. normal spårvidd; ~ *pitch* mus. normalton; ~ *price* normalpris; enhetspris; ~ *procedure* normalt förfarande; ~ *rate* grundtaxa; enhetstaxa; normaltaxa; ~ *time* normaltid; ~ *work* standardverk **2** bot. högstammig; ~ *rose* stamros

standard-bearer ['stændəd,beərə] *s* fanbärare, banerförare äv. bildl.

standardization [,stændədaɪ'zeɪʃən] *s* standardisering; normalisering; likriktning

standardize ['stændədaɪz] *tr* standardisera; normalisera; likrikta

standby ['stæn*d*baɪ] *s* **1** [larm]beredskap **2** stöd, pålitlig vän; [gammal] favorit, säkert kort **3** reserv, ersättare; ersättning

stand-in ['stændɪn] *s* stand-in; ersättare, vikarie

standing ['stændɪŋ] **I** *a* **1** stående; upprättstående; stillastående **2** bildl. stående [*a ~ army*]; ständig, fast; *a ~ joke* ett stående skämt; ~ *orders* a) parl. ordningsstadga b) gällande föreskrifter, reglemente **II** *s* **1** stående; ~ *room* ståplats[er] **2** ställning, status, position, anseende; *a man of* [*high*] ~ en ansedd man **3** *of long ~* gammal, av gammalt datum; långvarig

stand-offish ['stænd'ɒfɪʃ] *a* reserverad

standpoint ['stæn*d*pɔɪnt] *s* ståndpunkt, ställningstagande, synpunkt

standstill ['stæn*d*stɪl] *s* stillastående, stopp; *be at a ~* stå stilla; *bring to a ~* [få att] stanna; *come to a ~* stanna [av]

stand-to ['stæn*d*tu:] *s* mil. [signal till] larmberedskap

stand-up ['stændʌp] *a* **1** uppstående [*a ~ collar*] **2** [som ätes] på stående fot [*a ~ meal*] **3** ordentlig, regelrätt [*a ~ fight*]
stank [stæŋk] imp. av *stink*
stanza ['stænzə] *s* metr. strof
staphylococc|us [ˌstæfɪləʊ'kɒk|əs] (pl. *-i* [-aɪ]) *s* läk. stafylokock
1 staple ['steɪpl] **I** *s* **1** krampa, märla **2** häftklammer **II** *tr* **1** fästa med krampa (märla) **2** häfta [samman]
2 staple ['steɪpl] **I** *s* **1** stapelvara **2** huvudbeståndsdel; stomme, kärna **3** råvara, råämne **II** *a* **1** stapel-, huvud-; *~ commodity* stapelvara **2** huvudsaklig [*~ food*]
stapler ['steɪplə] *s* häftapparat
stapling-machine ['steɪplɪŋməˌʃi:n] *s* se *stapler*
star [stɑ:] **I** *s* **1** stjärna; *the Stars and Stripes* stjärnbaneret USA:s flagga; *see ~s* bildl. se [solar och] stjärnor; *thank o.'s lucky ~s that* tacka sin lyckliga stjärna [för] att **2** film., sport. m. m. stjärna; *~ reporter* stjärnreporter; *~ turn* huvud-, glans-, parad|nummer **3** [ordens]stjärna, stjärnorden **4** asterisk, stjärna **II** *tr* **1** pryda (märka) med stjärna (stjärnor) **2** teat. o. d. presentera i huvudrollen; *a film ~ring . .* en film med . . i huvudrollen **III** *itr* teat. o.d. spela huvudrollen, uppträda som stjärna
starboard ['stɑ:bəd, -bɔ:d] *s* sjö. styrbord; *put the helm to ~* lägga rodret styrbord
starch [stɑ:tʃ] **I** *s* **1** stärkelse **2** bildl. stelhet, formellt sätt **II** *tr* stärka med stärkelse
starched [stɑ:tʃt] *a* stärkt med stärkelse
starchy ['stɑ:tʃɪ] *a* **1** stärkelsehaltig **2** stärkt med stärkelse **3** bildl. stel, formell
stardom ['stɑ:dəm] *s* film. o. d. **1** stjärnvärlden **2** stjärnstatus, berömmelse; *her rise to ~* hennes upphöjelse till stjärna
stare [steə] **I** *itr* stirra [*at* på; *out at* emot]; glo **II** *tr* stirra på; glo på; *~ a p. in the face* stirra ngn rakt i ansiktet; *it ~d us in the face* a) det stirrade emot oss b) vi hade det mitt framför ögonen [på oss]; det var alldeles solklart **III** *s* [stirrande] blick; stirrande
starfish ['stɑ:fɪʃ] *s* zool. sjöstjärna
star-gazing ['stɑ:ˌgeɪzɪŋ] *s* skämts. **1** stjärnkikande **2** dagdrömmeri
stark [stɑ:k] **I** *a* **1** ren, fullständig [*~ nonsense*] **2** naken, bar [*~ rocks*] **3** skarp [*~ outlines*], markerad **II** *adv* fullständigt; *~ naked* spritt naken
starlet ['stɑ:lət] *s* **1** liten stjärna **2** film. o. d. ung (blivande) stjärna
starlight ['stɑ:laɪt] *s* stjärnljus [*by* (i) *~*]
starling ['stɑ:lɪŋ] *s* zool. stare
starlit ['stɑ:lɪt] *a* stjärnbelyst, stjärnljus
starry ['stɑ:rɪ] *a* **1** stjärnbeströdd; *the ~ sky* poet. stjärnevalvet, stjärnhimlen **2** glänsande som stjärnor, tindrande [*~ eyes*]
starry-eyed ['stɑ:rɪaɪd] *a* fam. verklighetsfrämmande, blåögd [*a ~ idealist*]
star-spangled ['stɑ:ˌspæŋgld] *a, the Star-Spangled Banner* stjärnbaneret USA:s flagga o. nationalsång
start [stɑ:t] **I** *itr* **1** börja, starta; *don't ~!* börja inte [nu]!, sätt inte i gång!; *~ afresh* (*again*) börja på nytt, börja om; *~ out* fam. börja, börja 'på; *~ in business* börja som affärsman; *~ on o.'s own* börja på egen hand; *~ with nothing* börja med två tomma händer; *to ~ with* a) för det första b) till att börja med, till en början; *~ing May 1 . .* med början den 1 maj . . **2** starta, ge sig i väg; sätta [sig] i gång, [av]gå, [av]resa, bege sig [*for* till; *from* från]; *~ on a journey* ge sig ut på en resa **3** rycka till [*~ at* (vid) *the shot*; *~ with* (av) *horror*], haja till; *~ back* rygga tillbaka [*at* för (vid)] **4** plötsligt tränga (rusa); *the tears ~ed to* (*in*) *her eyes* hon fick tårar i ögonen; *his eyes were ~ing out of his head* (*~ing* [*out*] *from their sockets*) ögonen höll på att tränga ut ur sina hålor [på honom] **II** *tr* **1** börja, påbörja [*~ a meal*]; *~ a book* börja på en bok **2** starta [*~* [*up*] *a car*], sätta i gång [med]; *~ a business* starta en affär; *let's get ~ed!* nu sätter vi i gång!; *I cannot get the engine ~ed* jag kan inte få i gång (starta) motorn; *~ a fire* tända [en] eld; *~ a fund* starta en insamling till en fond **3** hjälpa på traven; *~ a p. in life* hjälpa fram ngn; *his uncle ~ed him in business* hans farbror hjälpte honom att etablera sig **4** *~ a p. doing a th.* komma (få) ngn att [börja] göra ngt [*that ~ed us laughing*] **III** *s* **1** början, start; avfärd; *make a fresh ~* börja om från början; *at the ~* i början; *for a ~* fam. för det första; *line up for the ~* ställa upp till start[en] (på startlinjen); *from ~ to finish* från början till slut; från start till mål **2** försprång [*a few metres' ~*]; *get* (*have*) *the ~ of* komma i väg före; få försprång framför **3** startplats, start **4** ryck, sprittning; *give a ~* rycka (haja) till; *by fits and ~s* ryckvis, stötvis
starter ['stɑ:tə] *s* **1** starter startledare; *be under ~'s orders* stå i startposition **2** startande, tävlingsdeltagare **3** startkontakt; startknapp, [själv]start **4** *as a ~* el. *for ~s* fam. som en början, till att börja med; *have oysters as a ~* (*for ~s*) ha ostron som förrätt
starting ['stɑ:tɪŋ] **I** *a* startande; begynnelse- [*~ pay* (lön)]; utgångs- [*~ position*] **II** *s* start, startande; igångsättning
starting-gate ['stɑ:tɪŋgeɪt] *s* kapplöpn. startmaskin
starting-point ['stɑ:tɪŋpɔɪnt] *s* utgångspunkt

starting-post ['stɑ:tɪŋpəust] *s* kapplöpn. startstolpe; startlinje
starting-price ['stɑ:tɪŋpraɪs] *s*, pl. *~s* odds omedelbart före loppet
startle ['stɑ:tl] *tr* **1** komma (få) att hoppa till, skrämma, överraska; *be ~d* bli förskräckt (häpen) [*by* över] **2** skrämma upp [*~ a deer*]
startling ['stɑ:tlɪŋ] *a* häpnadsväckande, uppseendeväckande, alarmerande [*~ news*]
starvation [stɑ:'veɪʃən] *s* svält; utsvältning; *~ diet* svältkost; svältkur
starve [stɑ:v] **I** *itr* svälta, hungra, [vara nära att] dö av svält; *~ to death* svälta ihjäl; *I'm simply starving* fam. jag håller på att svälta ihjäl; *~ for* hungra efter [*~ for sympathy*] **II** *tr* låta svälta [*~ a p. to death* (ihjäl)]
starved [stɑ:vd] *a* utsvulten; *~ to death* ihjälsvulten; *be ~ of* vara svältfödd på
starveling ['stɑ:vlɪŋ] *s* utsvulten (undernärd) varelse
starving ['stɑ:vɪŋ] *a* svältande, utsvulten
stash [stæʃ] *tr* fam., *~ away* gömma (stoppa) undan
state [steɪt] **I** *s* **1** tillstånd; skick [*in a bad ~*]; situation; *~ of alarm* a) larmberedskap b) oro, ängslan; *~ of the art* [aktuellt] utvecklingsstadium, [aktuell] teknologisk nivå; *~ of health* hälsotillstånd; *~ of mind* sinnestillstånd; *~ of readiness* (*preparedness*) stridsberedskap; *the ~ of things* (*affairs*) förhållandena, sakernas tillstånd; *what a ~ you are in!* fam. vad (så) du ser ut!; *get into a ~* fam. hetsa upp sig **2** stat, i USA m. fl. äv. delstat; attr. stats-, delstats-, statlig; statsägd [*~ forests*]; *the S~* staten; *the States* Staterna Förenta staterna; *federal ~* förbundsstat; *the welfare ~* välfärds|samhället, -staten; *the S~ Department* i USA utrikesdepartementet; *~ trial* ung. riksrätt; *~ visit* statsbesök; *Secretary of S~* se *secretary 2* **3** stånd, ställning; *married ~* gift stånd **4** ståt, gala, stass; *~ apartment* representationsvåning, paradvåning; *~ coach* galavagn; *live in ~* leva som en furste; *in* [*great*] *~* i full gala, i all sin prakt; med pomp och ståt; *lie in ~* ligga på lit de parade **II** *tr* (jfr äv. *stated*) **1** uppge, påstå, förklara, anföra, berätta [*to* för]; upplysa om; ange **2** framlägga [*~ o.'s case* (*opinion*)], framföra, framställa, redogöra för, klarlägga [*~ o.'s position*] **3** konstatera
state-aided ['steɪtˌeɪdɪd] *a* statsunderstödd
statecraft ['steɪtkrɑ:ft] *s* stats[manna]konst, statsklokhet
stated ['steɪtɪd] *pp* o. *a* **1** uppgiven, påstådd, angiven **2** bestämd, fixerad [*~ hours*], fastställd [*at ~ times*] **3** konstaterad
stately ['steɪtlɪ] *a* ståtlig, storslagen; värdig; *~ home* herresäte, herrgård
statement ['steɪtmənt] *s* **1** uttalande; framställning; uppgift, påstående; utlåtande, yttrande; *a ~ to the Press* ett pressmeddelande; *make a ~* göra ett uttalande **2** rapport, redovisning; *~ of account*[*s*] redovisning [av räkenskaper]; kontoutdrag; bokslut **3** framställning, formulering
stateroom ['steɪtrum] *s* sjö. lyxhytt
statesman ['steɪtsmən] *s* statsman
statesmanlike ['steɪtsmənlaɪk] *a* o.
statesmanly ['steɪtsmənlɪ] *a* statsmanna- [*~ qualities*]
statesmanship ['steɪtsmənʃɪp] *s* statskonst; statsmannaskicklighet; statsmannaegenskaper
static ['stætɪk] **I** *a* **1** fys. a) statisk [*~ electricity*] b) = *electrostatic* **2** stillastående, statisk **II** *s* **1** pl. *~s* (konstr. vanl. ss. sg.) fys. statik **2** atmosfäriska störningar **3** statisk elektricitet
station ['steɪʃən] **I** *s* **1** station **2** [samhälls]ställning, stånd, rang; *a low* (*humble*) *~ in life* en ringa ställning i livet; *all ~s of life* alla samhällsklasser **3** [anvisad] plats, post; *take up o.'s ~* inta sin plats äv. bildl., fatta posto **4** mil. bas; [*naval*] *~* flottbas, örlogsstation **II** *tr* **1** isht mil. stationera, förlägga [*~ a regiment*]; postera **2** *~ o.s.* placera sig
stationary ['steɪʃənərɪ] *a* **1** stillastående [*~ train*], orörlig **2** stationär
stationer ['steɪʃənə] *s* pappershandlare; *~'s* [*shop*] pappershandel
stationery ['steɪʃənərɪ] *s* skriv-, kontors|materiel; skrivpapper, brevpapper [och kuvert]; *the S~ Office* ung. statstryckeriet, statsförlaget i England
station-hall ['steɪʃənhɔ:l] *s* banhall
station-master ['steɪʃənˌmɑ:stə] *s* stations|inspektor, -chef, stins
station-wagon ['steɪʃənˌwægən] *s* isht Am. herrgårdsvagn, kombivagn
statistic[**al**] [stə'tɪstɪk, -əl] *a* statistisk
statistician [ˌstætɪs'tɪʃən] *s* statistiker
statistics [stə'tɪstɪks] (konstr. ss. pl., i bet. 'statistisk vetenskap' ss. sg.) *s* statistik[en]
statuary ['stætjuərɪ] *s* **1** skulptur, bildhuggeri **2** skulpturer, statyer
statue ['stætʃu:] *s* staty; *the S~ of Liberty* frihetsstatyn i New Yorks hamn
statuesque [ˌstætju'esk] *a* statylik
statuette [ˌstætju'et] *s* statyett
stature ['stætʃə] *s* **1** växt, längd; *short in* (*of*) *~* liten till växten **2** bildl. växt [*add something to o.'s ~*]; mått, format [*a man of ~*]
status ['steɪtəs] *s* ställning, status, rang;

civil ~ civilstånd; ~ *symbol* statussymbol
status quo ['steɪtəs'kwəʊ] *s* (lat.) status quo; *revert to the* ~ återgå till status quo
statute ['stætju:t] *s* **1** [skriven] lag stiftad av parlament; författning **2** reglemente, stadga
statutory ['stætjʊtərɪ] *a* **1** lagstadgad, lagfäst; författningsenlig **2** stadgeenlig
1 staunch [stɑ:ntʃ] *tr* se *1 stanch*
2 staunch [stɔ:ntʃ, stɑ:ntʃ] *a* trofast, pålitlig [~ *ally*], ståndaktig; hårdnackad
stave [steɪv] **I** *s* **1** stav i laggkärl, tunnstav **2** stegpinne **3** mus. notplan, notsystem **II** *tr* **1** ~ *in* slå in (sönder) **2** ~ *off* avvärja [~ *off defeat* (*ruin*)]; hålla borta [~ *off creditors*]
1 stay [steɪ] **I** *itr* **1** stanna, stanna kvar; ~ *put* se *put I 1*; ~ *in bed late in the morning* ligga länge [på morgonen]; ~ *on* stanna kvar, bli kvar; ~ *out* a) stanna ute (utomhus); stanna utanför b) utebli, hålla sig borta (undan); fortsätta att strejka [äv. ~ *out on strike*]; ~ *up* stanna (vara, sitta) uppe inte lägga sig **2** tillfälligt vistas, bo [~ *at a hotel*; ~ *with* (hos) *a friend*], stanna **3** förbli, hålla sig [~ *calm* (*young*)]; *if the weather* ~*s fine* om det vackra vädret håller i sig **4** hålla ut [~ *to the end of the race*]; ~*ing power* uthållighet **II** *tr* **1** hejda [~ *the progress of a disease*], hindra; ~ *o.'s* (*a p.'s*) *hand* se *hand I 1*; ~ *o.'s hunger* stilla den värsta hungern **2** jur. uppskjuta [~ *a decision*] **III** *s* **1** uppehåll; vistelse **2** jur. uppskov [*of* med], inställande [*of* av]; ~ *of execution* uppskov med verkställigheten [av domen]
2 stay [steɪ] *s* **1** stöd, stötta; *the* ~ *of his old age* bildl. hans stöd på ålderdomen **2** pl. ~*s* korsett, snörliv
3 stay [steɪ] sjö. **I** *s* stag **II** *tr* **1** staga [~ *a mast*] **2** stagvända med
stay-at-home ['steɪəthəʊm] *s* hemmamänniska; stugsittare
stay-in ['steɪɪn] *a*, ~ *strike* sittstrejk
S.T.D. förk. för *Subscriber Trunk Dialling*
stead [sted] *s* **1** *in my* ~ i mitt ställe **2** *stand a p. in good* ~ komma [ngn] väl till pass
steadfast ['stedfəst, -fɑ:st] *a* stadig [~ *gaze*]; fast, orubblig [~ *faith*], ståndaktig
steady ['stedɪ] **I** *a* **1** stadig [*a* ~ *table*], fast, solid, stabil [~ *foundation*] **2** jämn [*a* ~ *speed*], stadig [*a* ~ *improvement*], oavbruten; *a* ~ *girl-friend* stadigt [flick]sällskap; *he is a* ~ *worker* han arbetar träget **3** stadgad [*a* ~ *young man*], stabil [*a* ~ *man*]; ~ *nerves* starka nerver **II** *adv* stadigt [*stand* ~]; *go* ~ fam. ha sällskap, kila stadigt **III** *interj*. ~*!* sakta i backarna!, ta det lugnt! [äv. ~ *on!*, ~ *does it!*] **IV** *tr* **1** göra stadig; ge stadga åt **2** lugna [~ *o.'s nerves*]; stabilisera [~ *prices*] **V** *itr* **1** bli stadig (stadgad) **2** lugna sig; stabiliseras
steady-going ['stedɪ,gəʊɪŋ] *a* stabil, stadgad [*a* ~ *family man*]
steak [steɪk] *s* biff; skiva [kött (fisk) för stekning]; stekt köttskiva (fiskskiva)
steakhouse ['steɪkhaʊs] *s* stekhus restaurang
steal [sti:l] (*stole stolen*) **I** *tr* **1** stjäla [~ *a watch*]; lura sig till [~ *an interview*]; ~ *a glance at* kasta en förstulen blick på; ~ *a march on* se *1 march III 2*; ~ *the show* stjäla föreställningen, dra till sig hela uppmärksamheten; ~ *a p.'s thunder* se *thunder I 2* smussla [~ *a th. into a room*] **II** *itr* **1** stjäla **2** smyga [sig] [*away* undan (bort)]
stealer ['sti:lə] *s* tjuv [*horse* ~]
stealing ['sti:lɪŋ] *s* stöld, tjuveri
stealth [stelθ] *s*, *by* ~ i smyg; på smygvägar; förstulet
stealthy ['stelθɪ] *a* förstulen [~ *glance*], oförmärkt; smygande [~ *footsteps*]
steam [sti:m] **I** *s* **1** ånga; *full* ~ *ahead!* full fart framåt!; [*at*] *full* ~ för full maskin; *under* (*on*) *o.'s own* ~ för egen maskin; *let off* ~ a) släppa ut ånga b) avreagera sig; *he ran out of* ~ han tappade orken (farten), luften gick ur honom; *work off* ~ få utlopp för sin energi, avreagera sig **2** imma [~ *on the windows*] **II** *itr* **1** ånga; ~ *along* (*ahead, away*) ånga i väg; ~*ing hot* [*bread*] ångande varmt .. **2** ~ *up* bli immig **III** *tr* **1** behandla med ånga, ånga; ångkoka; ~ *open a letter* ånga upp ett brev **2** *he gets* ~*ed up about nothing* han hetsar upp sig över ingenting
steamboat ['sti:mbəʊt] *s* ångbåt, ångfartyg
steam-boiler ['sti:m,bɔɪlə] *s* ångpanna
steam-engine ['sti:m,endʒɪn] *s* **1** ångmaskin **2** ånglok
steamer ['sti:mə] *s* ångare, ångfartyg
steam-hammer ['sti:m,hæmə] *s* ånghammare
steam-powered ['sti:m,paʊəd] *a* ångdriven
steam-roller ['sti:m,rəʊlə] **I** *s* ångvält **II** *tr* mosa sönder, krossa [~ *all opposition*]
steamship ['sti:mʃɪp] *s* ångfartyg
steam-shovel ['sti:m,ʃʌvl] *s* grävmaskin
steed [sti:d] *s* poet. springare, gångare
steel [sti:l] **I** *s* **1** stål äv. bildl. **2** vapen, klinga, stål; *cold* ~ blanka vapen; kallt stål **3** a) knivblad b) brynstål c) eldstål **II** *tr* bildl. härda, stålsätta [~ *o.s. against fear*]
steel-plated ['sti:l'pleɪtɪd] *a* bepansrad, pansrad [~ *ship*]
steelworks ['sti:lwɜ:ks] (konstr. vanl. ss. sg.; pl. *steelworks*) *s* stålverk
steely ['sti:lɪ] *a* stål-, av stål; stålartad; bildl. obeveklig, hård som flinta
1 steep [sti:p] *tr* **1** a) lägga i blöt; dränka in,

genomdränka b) doppa, blöta, fukta; ~ *in vinegar* lägga i ättika **2** bildl. dränka; ~ *o.s. in a subject* fördjupa sig i ett ämne

2 steep [sti:p] *a* **1** brant [~ *hill*], bildl. äv. våldsam, snabb [~ *increase*] **2** fam. otrolig, orimlig [~ *price*]; *a bit* ~ äv. väl magstark

steeple ['sti:pl] *s* [spetsigt] kyrktorn; tornspira

steeplechase ['sti:pltʃeɪs] *s* sport. **1** steeplechase **2** hinderlöpning

steeplechaser ['sti:pl,tʃeɪsə] *s* sport. **1** deltagare i en steeplechase **2** hinderlöpare

steeplejack ['sti:pldʒæk] *s* man som reparerar kyrktorn (höga skorstenar)

1 steer [stɪə] *s* stut, ungtjur

2 steer [stɪə] **I** *tr* styra [~ *a car*], manövrera [~ *a ship*]; bildl. lotsa [~ *a bill through Parliament*]; ~ *o.'s way* styra kosan **II** *itr* **1** styra [*for* till (mot)]; ~ *clear of* bildl. undvika **2** [*a ship that*] ~*s well* (*easily*) .. är lättmanövrerat (lättstyrt)

steerage ['stɪərɪdʒ] *s* sjö. **1** styrning **2** mellandäck, tredje klass [~ *passenger*]

steering-column ['stɪərɪŋ,kɒləm] *s* rattstång; styrkolonn; ~ *gear-change* (*gear-shift*) rattväxel

steering-wheel ['stɪərɪŋwi:l] *s* ratt

steersman ['stɪəzmən] *s* rorsman

Steinbeck ['staɪnbek]

Steinway ['staɪnweɪ]

Stella ['stelə]

stellar ['stelə] *a* stjärn- [~ *light*], stellar-

1 stem [stem] **I** *s* **1** stam; stängel, stjälk **2** skaft äv. på pipa; [hög] fot på glas **3** språkv. [ord]stam **4** sjö. a) stäv, för, förstäv b) framstam; *from* ~ *to stern* från för till akter **II** *itr*, ~ *from* stamma (härröra) från

2 stem [stem] *tr* stämma, stoppa, hejda [~ *the flow of blood*], dämma upp [~ *a river*]

stench [stentʃ] *s* stank

stencil ['stensl] **I** *s* **1** stencil; *cut a* ~ skriva en stencil **2** [genombruten] schablon **II** *tr* **1** stencilera **2** schablonera

Sten gun ['stengʌn] *s* (mil.) slags eng. kulsprutepistol

stenograph ['stenəgrɑ:f, -græf] *tr* stenografera [ner]

stenographer [ste'nɒgrəfə] *s* **1** stenograf **2** Am. [stenograf och] maskinskriverska

stenography [ste'nɒgrəfɪ] *s* stenografi, stenografering

stentorian [sten'tɔ:rɪən] *a*, ~ *voice* stentorsstämma, dånande röst

step [step] **I** *s* **1** steg [*walk with slow* ~*s*]; [ljudet av] steg, fotsteg; [dans]steg; *a* ~ *in the right direction* bildl. ett steg i rätt riktning; *keep* ~ hålla takten, gå i takt; *keep* [*in*] ~ *with* hålla jämna steg (gå i takt) med; *watch* (*mind*) *o.'s* ~ a) gå försiktigt, se sig för b) bildl. se sig noga för, se upp; ~ *by* ~ el. *by* ~*s* steg för steg, gradvis; *in* ~ i takt; *out of* ~ i otakt, ur takt[en] **2** gång, sätt att gå; *go with a heavy* ~ gå med tunga steg; *quick* ~ snabb takt (marsch) **3** = *footstep 2* **4** åtgärd; *take* ~*s* vidta åtgärder (mått och steg), göra något [åt saken] [*to* för att]; *what's the next* ~*?* vad ska ske (vi göra) nu? **5** a) trappsteg; trappa b) stegpinne c) fotsteg; pl. ~*s* a) [ytter]trappa b) [trapp]stege; *a flight of* ~*s* en trappa **6** steg, grad, pinnhål [*he rose several* ~*s in my opinion*] **II** *itr* stiga, kliva [~ *across a stream*], gå; träda; trampa [~ *on the brake*]; ~ *this way!* var så god, den här vägen!; ~ *into a car* kliva (stiga) in i en bil; ~ *on it* fam. a) ge mera gas, gasa på b) skynda på; ~ *aside* stiga (kliva) åt sidan äv. bildl., gå ur vägen; ~ *down* a) stiga (kliva) ner b) bildl. träda tillbaka; ~ *forward* stiga (träda) fram; ~ *in* a) stiga in (på) b) ingripa, träda emellan; ~ *inside* stiga (kliva, gå; träda) in; ~ *out* a) stiga (träda) ut b) gå fortare, ta ut stegen c) isht Am. gå ut och roa sig **III** *tr* **1** ~ *off* (*out*) stega upp (ut) [~ *off a distance of fifty metres*] **2** ~ *down* gradvis minska, sänka [~ *down production*]; ~ *up* driva upp, öka [~ *up production*]; intensifiera [~ *up the campaign*]

stepbrother ['step,brʌðə] *s* styvbror

step|child ['step|tʃaɪld] (pl. *-children* [-,tʃɪldrən]) *s* styvbarn

step-dance ['stepdɑ:ns] *s* stepp, steppdans

stepdaughter ['step,dɔ:tə] *s* styvdotter

stepfather ['step,fɑ:ðə] *s* styvfar

Stephen ['sti:vn] ss. helgonnamn o. d. Stefan

stepladder ['step,lædə] *s* trappstege

stepmother ['step,mʌðə] *s* styvmor

stepparent ['step,peərənt] *s* styvfar; styvmor

steppe [step] *s* stäpp, grässlätt

stepping-stone ['stepɪŋstəʊn] *s* **1** klivsten över vatten o. d., sten att kliva på **2** bildl. trappsteg, språngbräde [~ *to promotion*]

stepping-up ['stepɪŋ'ʌp] *s* ökning; intensifiering [*the* ~ *of the campaign*]

stepsister ['step,sɪstə] *s* styvsyster

stepson ['stepsʌn] *s* styvson

stereo ['stɪərɪəʊ, 'ster-] **I** *a* stereo-; stereofonisk **II** *s* stereo; stereoanläggning

stereophonic [,stɪərɪə'fɒnɪk, ,ster-] *a* stereofonisk, stereo-

stereoscope ['stɪərɪəskəʊp, 'ster-] *s* stereoskop

stereoscopic [,stɪərɪə'skɒpɪk, ,ster-] *a* stereoskopisk

stereotype ['stɪərɪətaɪp, 'ster-] **I** *s* **1** boktr. stereotyp[platta] **2** sociol. o. d. stereotyp **II** *tr* stereotypera; ~*d* bildl. stereotyp

sterile ['steraɪl, Am. 'sterəl] *a* steril; ofruktbar, ofruktsam

sterility [ste'rɪlətɪ] *s* sterilitet; ofruktbarhet, ofruktsamhet
sterilization [ˌsterəlaɪ'zeɪʃən] *s* sterilisering
sterilize ['sterəlaɪz] *tr* sterilisera
sterling ['stɜːlɪŋ] **I** *s* sterling eng. myntvärde, myntenhet [*five pounds* ~]; *payable in* ~ betalbar i brittisk valuta (pund sterling) **II** *a* **1** sterling- [~ *silver*] **2** bildl. äkta, gedigen
1 stern [stɜːn] *a* **1** sträng [~ *father*, ~ *look*], barsk, bister **2** hård [~ *discipline*]
2 stern [stɜːn] *s* sjö. akter, akterspegel, akterskepp
sternmost ['stɜːnməʊst] *a* sjö. akterst
steroid ['stɪərɔɪd] *s* fysiol. steroid
stethoscope ['steθəskəʊp] *s* läk. stetoskop
Stetson ['stetsn] **I** egennamn **II** *s*, *s*~ [*hat*] Stetson, ung. cowboyhatt
Steve [stiːv] fam. för *Stephen*
stevedore ['stiːvədɔː] *s* sjö. stuvare, stuveriarbetare, hamnarbetare
Stevenson ['stiːvnsn]
stew [stjuː] **I** *tr* (se äv. *stewed*) låta småkoka (sjuda, långkoka) i kort spad **II** *itr* **1** småkoka; *let him* (*her* etc.) ~ *in his* (*her* etc.) *own juice* fam. ung. som man bäddar får man ligga **2** försmäkta av hetta **III** *s* **1** ragu, gryta [äv. *mixed* ~]; stuvning; *Irish* ~ irländsk fårgryta (stuvning) **2** bildl., *be in* (*get into*) *a* ~ hetsa upp sig [*about* över (för)]
steward [stjʊəd] *s* **1** hovmästare i finare hus; klubbmästare **2** sjö., flyg. m. m. steward, uppassare **3** funktionär vid tävling o. d. **4** [gods]förvaltare **5** förtroendeman
stewardess [ˌstjʊə'des, 'stjʊədəs] *s* sjö., flyg. m. m. kvinnlig steward, stewardess; flygvärdinna, bussvärdinna osv.
Stewart [stjʊət]
stewed [stjuːd] *a* **1** kokt; ~ *beef* ung. köttgryta; kalops; ~ *fruit* kompott kokta katrinplommon o. d. **2** sl. packad berusad
stewpan ['stjuːpæn] *s* kastrull; [stek]gryta
St. George [sənt'dʒɔːdʒ] se *George*
1 stick [stɪk] *s* **1** pinne, kvist [*gather dry* ~*s*], sticka; stör; *in a cleft* ~ bildl. i valet och kvalet; *a few* ~*s of furniture* några få enkla möbler **2** käpp [*walk with a* (med) ~], stav [*ski* ~]; klubba [*hockey* ~]; skaft [*broomstick*]; *get the rough end of the* ~ bildl. få bära hundhuvudet; *get hold of the wrong end of the* ~ fam. få alltsammans om bakfoten; *get a lot of* ~ få en massa stryk; *give a p.* ~ fam. ge ngn på nöten; *carry the big* ~ bildl. visa sin makt, sätta makt bakom orden; *policy of the big* ~ bildl. maktspråkspolitik **3** stång, bit; stift [*lipstick*]; ~ *of celery* selleristjälk; *a* ~ *of chalk* en krita; *a* ~ *of chewing-gum* ett tuggummi; *a* ~ *of sealing-wax* en lackstång; *a* ~ *of shaving soap* en raktvål **4** mus. a) taktpinne b) trumpinne **5** flyg. fam. [styr]spak **6** fam., *a dry old* ~ en riktig torrboll **7** mil. bombsalva, bombserie [äv. ~ *of bombs*]
2 stick [stɪk] (*stuck stuck*) **I** *tr* **1** sticka, köra [~ *a fork into a potato*] **2** fam. sticka [~ *o.'s head out of the window*], stoppa [~ *o.'s hands into o.'s pockets*]; sätta, ställa, lägga [*you can* ~ *it anywhere you like*]; sätta (skriva) [upp] [~ *it on the bill*]; sl. dra åt helvete med [*you can* ~ *it*]; *get stuck into* [*a job*] sl. sätta i gång med ..; ~ *in* sätta (skjuta) in [~ *in a few commas*]; ~ *out* räcka ut [~ *o.'s tongue out*], sticka ut (fram); skjuta ut (fram); ~ *o.'s neck out* se *neck I 1*; ~ *up* a) sätta upp [~ *up a post* (stolpe)] b) sl. råna [~ *up a p.* (*a bank*)]; ~ *'em up!* upp med händerna! **3** klistra; fästa, sätta (limma) fast; klistra upp [~ *bills on a wall*]; ~ *no bills!* affischering förbjuden!; ~ *a stamp on a letter* sätta ett frimärke på ett brev; ~ *down an envelope* klistra igen ett kuvert; ~ *together* klistra (limma) ihop **4** fam. stå ut med, tåla [*I can't* ~ *that fellow!*]; ~ *it out* [*to the end*] hålla ut till slutet **5** fam. förbrylla; *I got stuck* jag blev ställd, jag körde fast; *be stuck for* sakna, plötsligt stå där utan; *be stuck for an answer* vara svarslös **6** *be stuck with* fam. få på halsen; få dras med
II *itr* **1** a) klibba (hänga, sitta) fast, häfta [*to* vid] b) fastna [*the key stuck in the lock*], sätta sig fast [*the door has stuck*], kärva; bli sittande (hängande) c) fam. komma av sig, fastna; ~ *at nothing* bildl. inte sky några medel; *the nickname stuck* [*to him*] öknamnet fick han behålla **2** ~ *at* fam. hålla på med, ligga i med [~ *at o.'s work*]; ~ *by a p.* fam. vara lojal mot ngn; ~ *to* hålla sig till [~ *to the point* (*the truth*)]; ~ *to o.'s guns* bildl. stå fast, stå på sig; ~ *to o.'s ideals* hålla fast vid sina ideal; ~ *to it!* fortsätt med det!, stå på dig!; ~ *to o.'s promise* (*word*) hålla sitt löfte (ord); ~ *to o.'s work* fortsätta med sitt arbete; ~ *together* fam. hålla ihop [som ler och långhalm] **3** fam. stanna [kvar] [~ *where you are*]; ~ *around* hålla sig i närheten **4** ~ **out** a) sticka ut (fram), puta ut b) vara påfallande; vara tydlig c) hålla ut, härda ut; *it* ~*s out a mile* fam. det syns (märks) lång väg; ~ *out for higher wages* [envist] hålla fast vid sina krav på högre lön; ~ **up** sticka upp, skjuta upp; ~ *up for* fam. försvara [~ *up for o.'s rights*]; ta i försvar, stödja [~ *up for a friend*]
sticker ['stɪkə] *s* **1** gummerad (självhäftande) etikett, märke att klistra på; dekal; Am. äv. affisch **2** fam. ihärdig (uthållig) person
sticking-plaster ['stɪkɪŋˌplɑːstə] *s* häftplåster
stick-in-the-mud ['stɪkɪnðəmʌd] fam. **I** *a*

trög, fantasilös **II** *s* stofil [*old ~*]
stickleback ['stɪklbæk] *s* zool. spigg
stickler ['stɪklə] *s* pedant; *be a ~ for* [*details*] vara kinkig med..; *be a ~ for etiquette* hålla strängt på etiketten
stick-on ['stɪkɒn] *a* gummerad, självhäftande [*~ labels*]
stickpin ['stɪkpɪn] *s* Am. kravattnål
stick-up ['stɪkʌp] *s* sl. rånöverfall, rånkupp
sticky ['stɪkɪ] *a* **1** klibbig, kladdig; lerig, moddig [*a ~ road*]; *~ tape* tejp; *~ wicket* i kricket klibbig plan som ger dålig studs **2** om väder tryckande, varm och fuktig, klibbig **3** a) besvärlig, kinkig [*a ~ problem*] b) som sitter fast (kärvar) **4** fam. a) omedgörlig b) nogräknad, kinkig **5** fam., *he'll come to a ~ end* han kommer att sluta illa
stiff [stɪf] **I** *a* **1** styv [*~ collar*], stel [*~ legs*], oböjlig, stram [*straight and ~*]; fast, hård [*a ~ mixture*]; trög [*a ~ lock*]; *~ brush* hård borste; *keep a ~ upper lip* bita ihop tänderna, inte förändra en min **2** stram, stel, formell [*a ~ manner*] **3** stark [*a ~ drink*]; *a ~ whisky* en stor (stadig) whisky **4** hård [*~ competition*], skarp [*a ~ protest*]; saftig, hutlös [*a ~ price*]; *put up a ~ fight* kämpa hårdnackat **5** fam. styv, dryg, jobbig [*a ~ walk*], svår, besvärlig [*a ~ climb* (*examination, task*)], seg **II** *adv, bore a p. ~* tråka ut (ihjäl) ngn **III** *s* sl. **1** lik, kadaver **2** *you big ~!* din fårskalle!
stiffen ['stɪfn] **I** *tr* **1** göra styv (stel); styva **2** skärpa [*~ o.'s demands* (krav)] **II** *itr* **1** a) styvna, stelna, hårdna b) om pers. stelna [till], bli spänd **2** bli hårdare, om vind friska i **3** skärpas; stramas åt [*prices ~ed*]
stiffener ['stɪfnə] *s* **1** styvningsmedel; styvnad **2** fam. styrketår
stiff-necked ['stɪf'nekt] *a* bildl. nackstyv, styvsint; hårdnackad, halsstarrig
stifle ['staɪfl] **I** *tr* **1** kväva [*~ a fire*] **2** bildl. kväva, undertrycka [*~ o.'s fears* (*sobs*), *~ a yawn*] **II** *itr* kvävas
stifling ['staɪflɪŋ] *a* kvävande [*~ heat*]
stigma ['stɪgmə] *s* **1** brännmärke isht bildl., skamfläck **2** bot. märke på pistill
stigmatize ['stɪgmətaɪz] *tr* bildl. brännmärka, stämpla [*~ a p. as a traitor*]
stile [staɪl] *s* **1** [kliv]stätta **2** = *turnstile*
stiletto [stɪ'letəʊ] *s* stilett
1 still [stɪl] **I** *a* **1** stilla [*a ~ lake* (*night*)]; tyst; dämpad; sakta; *~ waters run deep* i det lugnaste vattnet går de största fiskarna; *a ~ small voice* samvetets röst; *keep ~* hålla sig stilla **2** icke kolsyrad [*~ lemonade*]; *~ wines* icke mousserande viner **II** *s* **1** poet. stillhet **2** stillbild, filmbild, reklambild ur film **III** *tr* **1** stilla [*~ a p.'s appetite*] **2** lugna, tysta [*~ o.'s conscience*] **IV** *adv* **1** tyst och stilla [*sit ~*] **2** ännu, fortfarande, alltjämt [*he is ~ busy*]; *when* (*while*) *~ a child* redan som barn **3** a) vid komp. ännu [*~ better* el. *better ~*] b) *~ another* ännu (ytterligare) en **V** *konj* likväl, ändå, dock; men ändå [*it was futile, ~ they fought*]; *~, he is your brother* han är dock (i alla fall) din bror
2 still [stɪl] *s* **1** destillationsapparat **2** bränneri
still-birth ['stɪlbɜːθ] *s* **1** dödfödsel **2** dödfött barn
still-born ['stɪlbɔːn] *a* dödfödd äv. bildl.
still-life ['stɪl'laɪf] (pl. *~s*) *s* stilleben
stilt [stɪlt] *s* stylta
stilted ['stɪltɪd] *a* om stil o. d. uppstyltad, bombastisk, svulstig
Stilton ['stɪltn] **I** egennamn **II** *s*, *~* [*cheese*] stilton[ost]
stimulant ['stɪmjʊlənt] *s* stimulerande medel; njutningsmedel; stimulans
stimulate ['stɪmjʊleɪt] *tr* stimulera, egga, sporra [*to* till], pigga upp
stimulation [ˌstɪmjʊ'leɪʃən] *s* stimulering, stimulation
stimul|us ['stɪmjʊl|əs] (pl. *-i* [-aɪ, -iː]) *s* stimulans; bildl. äv. eggelse, drivfjäder
sting [stɪŋ] **I** *s* **1** gadd; brännhår hos nässla **2** a) stick, sting, styng, bett av insekt o. d. b) stickande, sveda **3** bildl. skärpa, sting; *take the ~ out of* bryta udden av **II** (*stung stung*) *tr* **1** sticka, stinga [*stung by a bee*]; om nässla bränna; *a ~ing blow* ett svidande slag **2** bildl. a) såra, reta; plåga; *be stung by remorse* plågas av dåligt samvete b) *~* [*in*]*to* driva till [*his anger stung him to action*], reta upp till **3** sl. skinna, klå [*I was stung for* (på) *£5*] **III** (*stung stung*) *itr* **1** om växter, insekter m. m. stickas; brännas **2** svida [*his face stung in the wind*]
stinging-nettle ['stɪŋɪŋˌnetl] *s* brännässla
sting-ray ['stɪŋreɪ] *s* zool. stingrocka
stingy ['stɪndʒɪ] *a* snål, knusslig
stink [stɪŋk] **I** (*stank stunk*) *itr* **1** stinka, lukta illa; *~ of* stinka av, lukta äv. bildl. [*~ of garlic* (*corruption*)]; *~ to high heaven* fam. stinka lång väg **2** *~ with* sl. vara nerlusad med [*~ with money*] **3** sl. a) vara ökänd b) vara botten [*the film stank*] **II** (*stank stunk*) *tr*, *~ out* förpesta [luften i] [*~ the place out with cheap cigars*] **III** *s* **1** stank, dålig lukt **2** fam. ramaskri; *raise* (*kick up*) *a ~* [*about a th.*] höja ett ramaskri [över ngt] **3** skol. sl., pl. *~s* (konstr. ss. sg.) kemi
stink-bomb ['stɪŋkbɒm] *s* stinkbomb
stinker ['stɪŋkə] *s* fam. **1** äckel, kräk, potta [äv. *dirty ~*] **2** hård nöt att knäcka
stinking ['stɪŋkɪŋ] **I** *a* **1** stinkande; *cry ~ fish* fam. tala illa om sitt eget, kacka i eget bo **2** fam. avskyvärd; rutten, nedrig; *it is a ~ shame* ung. det är rena skandalen **3** sl. a) dödfull b) *~* [*with money*] nerlusad med

pengar **II** *adv* sl., ~ *drunk* dödfull, asfull; ~ *rich* stormrik
stinkpot ['stɪŋkpɒt] *s* fam. se *stinker 1*
stint [stɪnt] **I** *tr* **1** knussla (snåla) med **2** vara snål mot; ~ *o.s.* snåla **II** *s* **1** inskränkning, begränsning; *without* ~ obegränsat, utan knussel **2** [bestämd] uppgift, pensum [*do o.'s daily* ~]; beskärd del
stipend ['staɪpend] *s* fast lön, fast arvode
stipendiary [staɪ'pendjərɪ] **I** *a* avlönad; ~ *magistrate* polisdomare i större stad, utnämnd och avlönad av staten **II** *s* = ~ *magistrate*
stipple ['stɪpl] *tr* o. *itr* **1** konst. punktera, pricka **2** mål. stöppla; marmorera
stipulate ['stɪpjʊleɪt] *tr* stipulera, bestämma, fastställa [~ *a price*]; avtala
stipulation [ˌstɪpjʊ'leɪʃən] *s* stipulation, stipulering, bestämmelse i kontrakt o. d.
1 stir [stɜ:] **I** *tr* **1** röra, sätta i rörelse, bildl. äv. väcka [~ *a controversy*]; *he didn't* ~ *a finger* [*to help me*] han rörde inte ett finger (en fena)..; ~ *the imagination* sätta fantasin i rörelse; [*a breeze*] ~*red the lake* .. krusade sjön; ~ *o.s.* sätta i gång, rycka upp sig; ~ *up* a) hetsa upp, få att resa sig [~ *up the people*], väcka [~ *up interest*] b) anstifta, sätta i gång, få att blossa upp [~ *up a revolt*], ställa till [~ *up trouble* (bråk)]; [*be quiet!*] *you're* ~*ring up the whole house* .. du väcker hela huset **2** röra, vispa [~ *an omelette*], röra i, röra om i [~ *the fire* (*porridge*)]; röra ned (i) [~ *milk into a cake mixture*]; ~ *up* röra upp, virvla upp [~ *up dust*]; röra om väl **II** *itr* röra sig [*not a leaf* ~*red*], [börja] röra på sig; vakna; *be* ~*ring* vara i rörelse (farten); vara på benen; *he never* ~*red out of the house* han gick aldrig ut **III** *s* **1** omrör[n]ing; omskakning; *give the fire a* ~*!* rör om i elden ett tag! **2** rörelse; liv och rörelse **3** uppståndelse; *make* (*create*) *a great* ~ åstadkomma stor uppståndelse
2 stir [stɜ:] *s* sl. finka[n] fängelse [*in* ~]
stirring ['stɜ:rɪŋ] **I** *pres p* av *1 stir* **II** *a* **1** rörande, gripande, upphetsande [*a* ~ *speech*], spännande [~ *events*] **2** livlig [*a* ~ *scene*]
stirrup ['stɪrəp] *s* **1** stigbygel **2** tekn. bygel
stitch [stɪtʃ] **I** *s* **1** a) sömn. o. läk. stygn b) söm sömnad [*satin-stitch*]; *a* ~ *in time saves nine* ung. en enkel åtgärd i tid kan spara mycket arbete senare; bättre stämma i bäcken än i ån **2** maska i stickning o. d. [*drop* (tappa) *a* ~] **3** *have not a* ~ *on* inte ha en tråd på sig (kroppen); *with every* ~ *of canvas* sjö. med alla klutar satta (till) **4** håll [i sidan]; *I was in* ~*es* jag skrattade så jag höll på att dö **II** *tr* sy, sticka söm; brodera; ~ [*together*] sy ihop; ~ *on* sy fast (på); ~ *up* sy ihop, laga **III** *itr* sy; brodera

St. Louis [i USA sənt'lʊɪs]
St. Marylebone [sənt'mærɪlə'bəʊn]
stoat [stəʊt] *s* zool. **1** hermelin (lekatt) i sommardräkt **2** vessla
stock [stɒk] **I** *s* **1** stock, stubbe; [*worship*] ~*s and stones* .. livlösa ting **2** stam av träd o. d. **3** underlag för ympning, grundstam **4** block, stock, kloss; gevärsstock; skaft [*whipstock*] **5** a) härstamning, släkt [*of Dutch* ~] b) ras [*Mongoloid* ~] c) språkfamilj, språkgrupp; *he comes of Irish* ~ han härstammar från en irländsk familj; *horses of good* ~ hästar av god ras (avel) **6** bot. lövkoja **7** a) råmaterial, stoff b) kok. buljong, spad **8** lager [~ *of butter*], förråd äv. bildl.; *take* ~ a) inventera [lagret], göra en inventering b) bildl. granska läget; göra bokslut; *take* ~ *of* bildl. granska noga, överblicka, värdera; *have* (*keep*) *in* ~ lagerföra, ha (föra) på (i) lager; *be out of* ~ vara slut [på lagret], vara slutsåld **9** a) [kreaturs]besättning, kreatursbestånd b) inventarier på gård [*dead* ~], redskap c) materiel [*rolling-stock*] **10** ekon. a) statslån; statsobligatio-n[er] b) aktiekapital [äv. *capital* ~]; grundfond; aktier [äv. bildl.: *her* ~ *was* (stod) *not high*], värdepapper; ~*s* [*and shares*] äv. börspapper, fondpapper **11** skeppsbygg., pl. ~*s* stapel; *on the* ~*s* på stapelbädden, under byggnad; bildl. under arbete **12** hist., pl. ~*s* stock ss. straffredskap [*sit* (*put*) *in the* ~*s*] **II** attr. *a* **1** a) som alltid finns på lager [~ *articles*], lager- b) bildl. stereotyp, klichéartad [~ *situations*]; ~ *example* standard-, typ|exempel; ~ *jokes* utnötta kvickheter; ~ *phrase* stående uttryck, talesätt; ~ *sizes* standard|storlekar, -nummer **2** jordbr. avels- [~ *bull*] **3** ekon., ~ *certificate* Am. aktiebrev; ~ *company* Am. aktiebolag; ~ *exchange* [fond]börs **III** *tr* **1** fylla [med lager] [~ *the shelves*], förse [~ *a shop with goods*]; skaffa [kreaturs]besättning till [~ *a farm*]; ~ *a pond* [*with fish*] plantera in fisk i en damm; *well* ~*ed with* välförsedd med, välsorterad i (med) **2** [lager]föra, ha på (i) lager; lagra; ~ *up* fylla på lagret av **IV** *itr*, ~ *up* fylla på lagret; lägga upp ett förråd (lager) [*with* av]
stockade [stɒ'keɪd] **I** *s* palissad, pålverk **II** *tr* omge (befästa) med palissader
stock-breeder ['stɒkˌbri:də] *s* kreaturs-, avelsdjurs|uppfödare
stock-breeding ['stɒkˌbri:dɪŋ] *s* kreaturs|uppfödning, -avel, -skötsel
stockbroker ['stɒkˌbrəʊkə] *s* hand. fondmäklare, börsmäklare
stockbroking ['stɒkˌbrəʊkɪŋ] *s* fondmäkleri
stockfish ['stɒkfɪʃ] *s* stockfisk, lutfisk
stockholder ['stɒkˌhəʊldə] *s* isht Am. aktie-

ägare; *~s' meeting* bolagsstämma
Stockholm ['stɒkhəum]
stockily ['stɒkəlɪ] *adv*, *~ built* kraftigt byggd, undersätsig
stockinet el. **stockinette** [ˌstɒkɪ'net] *s* slät trikå
stocking ['stɒkɪŋ] *s* [lång] strumpa; *a pair of ~s* ett par strumpor; *stand 180 cm. in o.'s ~s* (*~ feet*) vara 180 cm i strumplästen
stockinged ['stɒkɪŋd] *a* strumpklädd; *in o.'s ~ feet* i strumplästen
stock-in-trade ['stɒkɪn'treɪd] *s* **1** [varu]-lager **2** uppsättning av redskap o. d., utrustning **3** bildl. tillgång, utrustning
stockist ['stɒkɪst] *s* återförsäljare
stock-jobber ['stɒkˌdʒɒbə] *s* hand. börsspekulant
stock-jobbery ['stɒkˌdʒɒbərɪ] *s* o. **stock-jobbing** ['stɒkˌdʒɒbɪŋ] *s* hand. börsspekulationer
stock-market ['stɒkˌmɑ:kɪt] *s* hand. fondmarknad; börs; börskurser
stockpile ['stɒkpaɪl] **I** *s* förråd, upplag; reserv[lager]; beredskapslager **II** *tr* lagra, lägga upp lager av **III** *itr* lägga upp lager
stock-pot ['stɒkpɒt] *s* [sopp]gryta
stock-room ['stɒkrum] *s* förrådsrum, lager[lokal]
stock-still ['stɒk'stɪl] *a* alldeles stilla
stock-taking ['stɒkˌteɪkɪŋ] *s* **1** hand. m. m. [lager]inventering **2** bildl. [general]-mönstring, inventering, överblick
stock-whip ['stɒkwɪp] *s* boskapspiska, kortskaftad piska
stocky ['stɒkɪ] *a* undersätsig, satt
stodge [stɒdʒ] *s* fam. **1** 'gröt', tung mat **2** bildl. svårsmält (tung) kost, tung läsning
stodgy ['stɒdʒɪ] *a* **1** om mat tjock, tung, bastant, mäktig, mastig [*a ~ pudding*] **2** bildl. tråkig, trögläst; om pers. långtråkig
stogey el. **stogie** el. **stogy** ['stəugɪ] *s* Am. långsmal cigarr ojämnt rullad, billig
stoic ['stəuɪk] **I** *s* stoiker **II** *a* stoisk
stoical ['stəuɪkəl] *a* stoisk
stoicism ['stəuɪsɪzəm] *s* stoicism
stoke [stəuk] **I** *tr* elda, sköta elden i [*~ a furnace*]; *~ the fire* sköta elden; *~ up* förse med bränsle, fylla på bränsle på (i) **II** *itr* **1** *~* [*up*] elda, sköta elden, fylla på bränsle **2** fam., *~ up* sätta i sig ett skrovmål, krubba
stokehold ['stəukhəuld] *s* pannrum, eldrum
stoker ['stəukə] *s* eldare
STOL [stəul] *s* (förk. för *short take-off and landing*) flyg. STOL-plan
1 stole [stəul] *s* **1** rom. hist. o. kyrkl. stola **2** [päls]stola; [lång] sjal
2 stole [stəul] imp. av *steal*
stolen ['stəulən] pp. av *steal*
stolid ['stɒlɪd] *a* trög, slö
stolidity [stɒ'lɪdətɪ] *s* tröghet, slöhet
stomach ['stʌmək] **I** *s* **1** magsäck; mage; buk; *on an empty ~* på fastande mage; *~ trouble* magbesvär; *pains* (*a pain*) *in the ~* ont i magen; *the pit of the ~* maggropen; *be sick at* (*to, in*) *o.'s ~* Am. vara (bli) illamående, må illa **2** matlust; bildl. lust; *have no ~ for* bildl. inte ha lust för (med) **II** *tr* **1** kunna äta (få ner), tåla **2** bildl. tåla, smälta [*~ an insult*]
stomach-ache ['stʌməkeɪk] *s* magvärk; *I have got* [*a*] *~* jag har ont i magen
stomach-pump ['stʌməkpʌmp] *s* magpump
stomp [stɒmp] **I** *s* **1** fam. stampande **2** stomp jazz med markerad rytm **II** *itr* **1** fam. stampa **2** dansa [en] stomp
stone [stəun] **I** *s* **1** sten; [*precious*] *~* ädelsten; *the S~ Age* stenåldern; *a ~'s throw from, within a ~'s throw of* ett stenkast från; *leave no ~ unturned* pröva alla medel (vägar) **2** kärna i stenfrukt **3** (pl. vanl. *stone*) viktenhet = 14 *pounds* (6,36 kg) [*he weighs 11 ~*[*s*]] **II** *tr* **1** stena; kasta sten på; *~ the crows!* sl. för tusan! **2** kärna ur stenfrukt
stone-cold ['stəun'kəuld] *a* iskall
stoned [stəund] *a* **1** kärnfri **2** sl. packad berusad **3** sl. påtänd, 'hög' narkotikapåverkad
stone-dead ['stəun'ded] *a* stendöd
stone-deaf ['stəun'def] *a* stendöv
Stonehenge ['stəun'hendʒ]
stonemason ['stəunˌmeɪsn] *s* stenmurare; stenhuggare
stonewall ['stəun'wɔ:l] *itr* **1** om slagman i kricket spela defensivt; bildl. hålla sig på defensiven **2** parl. obstruera, maratontala
stonewalling ['stəun'wɔ:lɪŋ] *s* **1** i kricket defensiv slagteknik **2** parl. förhalningspolitik
stoneware ['stəunweə] *s* stengods
stony ['stəunɪ] *a* **1** stenig [*~ road*] **2** stenhård, stel [*~ stare*], isande [*~ silence*]
stony-broke ['stəunɪ'brəuk] *a* sl. luspank
stony-hearted ['stəunɪˌhɑ:tɪd] *a* hårdhjärtad
stood [stud] imp. o. pp. av *stand*
stooge [stu:dʒ] **I** *s* **1** ung. 'skottavla' hjälpaktör till komiker **2** fam. underhuggare, springpojke, strykpojke **3** sl. hejduk **II** *itr* **1** vara springpojke etc., jfr *I* [*for* åt] **2** *~ around* driva omkring
stook [stuk, stu:k] *s* skyl av säd
stool [stu:l] *s* **1** stol utan ryggstöd, taburett, pall; *fall between two ~s* bildl. sätta sig mellan två stolar **2** läk. avföring konkr.
stool-pigeon ['stu:lˌpɪdʒən] *s* **1** lockfågel fam. äv. bildl. **2** fam. tjallare, angivare
1 stoop [stu:p] **I** *itr* **1** luta (böja) sig [ner] [ofta *~ down*] **2** gå (sitta) framåtböjd **3** bildl. nedlåta sig; *~ to conquer* förnedra sig

för att bli upphöjd **II** *tr* luta, sänka, böja [ner] [~ *o.'s head*] **III** *s* lutning, böjning; kutryggighet; *with a* ~ kutryggig

2 stoop [stu:p] *s* Am. [öppen] veranda; förstukvist; yttertrappa

stop [stɒp] **I** *tr* **1** stoppa, stanna, hejda; hindra; uppehålla; ~ *thief!* ta fast tjuven! **2** sluta [med] [~ *that nonsense!*; ~ *talking* ([att] prata)], låta bli [~ *that!*]; inställa [~ *payment* (betalningarna)]; dra in, hålla inne [~ *a p.'s wages*]; ~ *it!* sluta!, låt bli!; ~ *work* sluta arbeta; lägga ner arbetet **3** stoppa (proppa, fylla) igen, täppa till (igen) [ofta ~ *up*; ~ *a leak*]; hämma (stoppa) blödningen från [~ *a wound*]; ~ *o.'s ears* hålla för öronen, bildl. slå dövörat till; ~ *o.'s nose* hålla för näsan; *my nose is ~ped up* jag är täppt i näsan; *the pipe is ~ped up* röret är igentäppt **4** mus. a) trycka ner sträng; trycka till hål på flöjt o. d. b) registrera orgel **II** *itr* **1** stanna, stoppa; ~*!* stopp!, halt!; ~ *at nothing* inte sky några medel; ~ *by for a chat* titta in för en pratstund; ~ *dead* (*short*) tvärstanna; ~ *in* Am. titta in [*at* på (i); *on a p.* hos ngn]; ~ *over* stanna över [*at* i (vid)] **2** om ljud, naturföreteelse m. m. sluta, upphöra, avstanna **3** fam. **a**) stanna [~ *at home*], bo [~ *at a hotel*]; ~ *for* stanna och vänta på, stanna kvar till [*won't you ~ for dinner?*]; *he is ~ping here for a week* han bor här en vecka; ~ *up late* stanna uppe länge **b**) ~ *the night* stanna över, ligga över **III** *s* **1** stopp; uppehåll, avbrott; *be at a* ~ ha stannat; *bring to a* ~ hejda; *come to a* [*full*] ~ avstanna helt; göra halt; *put a ~ to* sätta stopp (p) för; *without a* ~ om tåg o. d. utan [något] uppehåll **2** hållplats [*bus-stop*] **3** mus. a) grepp b) tvärband på greppbräda c) hål, klaff på flöjt o. d. d) register; register|andrag, -tangent; [orgel]stämma; *pull out all the ~s* bildl. spela ut hela sitt register **4** skiljetecken; telegr. stop punkt; *full* ~ punkt

stopcock ['stɒpkɒk] *s* [avstängnings]kran

stopgap ['stɒpgæp] **I** *s* **1** a) tillfällig ersättning (utfyllnad, åtgärd), surrogat b) mellanspel; [*emergency*] ~ nödfallsutväg **2** ersättare **II** *a* tillfällig, övergångs-

stop-light ['stɒplaɪt] *s* trafik. **1** stoppljus, rött ljus **2** bromsljus

stoppage ['stɒpɪdʒ] *s* **1** tilltäppning **2** a) avbrytande; stopp; stockning b) avbrott c) drift|störning, -stopp d) arbetsnedläggelse; ~ *of payment* betalningsinställelse

stopper ['stɒpə] *s* propp i flaska o. d., plugg; *put a* (*the*) ~ *on* fam. sätta stopp (p) för

stop-press ['stɒppres] *s*, ~ [*news*] press-stopp-nyheter, pressläggningsnytt

stop-watch ['stɒpwɒtʃ] *s* stoppur, tidtagarur

storage ['stɔ:rɪdʒ] *s* **1** lagring, magasinering; *cold* ~ se *cold-storage*; ~ *battery* (*cell*) elektr. ackumulator; batteri **2** magasins-, lager|utrymme; [lagrings]kapacitet **3** data. lagring; minne

store [stɔ:] **I** *s* **1** förråd, lager äv. bildl.; pl. ~*s* förråd [*military ~s*], förnödenheter, proviant [*ship's ~s*]; *cold* ~ kyl[lager]hus; *in* ~ i förråd (reserv), på lager, i beredskap; *be in ~ for a p.* förestå (vänta) ngn; *what has the future in ~ for us?* vad har framtiden i beredskap åt oss? **2** magasin, förrådshus **3** data. minne **4 a**) vanl. ~*s* (konstr. ss. sg. el. pl.) varuhus [äv. *department ~s* (~)], [stor]-butik [*co-operative ~s*]; *general ~s* lant-, diverse|handel **b**) isht Am. butik, affär **5** *set* (*lay*) *great* (*little*) ~ *by* a) sätta stort (föga) värde på b) lägga stor (ringa) vikt vid **II** *tr* **1** lägga upp [lager av], samla [på lager (hög)], lagra [ofta ~ *away* (*up*)]; förvara, magasinera [~ *furniture*]; elektr. o. d. ackumulera [äv. ~ *up*] **2** ha utrymme (kapacitet) för **3** data. lagra **4** utrusta [med proviant] [~ *a ship*]; förse äv. bildl.

store-front ['stɔ:frʌnt] *s* Am. skyltfönster

storehouse ['stɔ:haʊs] *s* **1** magasin, lager-[byggnad], förrådshus **2** bildl., *he is a ~ of information* han är en rik informationskälla (ett levande lexikon)

storekeeper ['stɔ:ˌki:pə] *s* **1** isht mil. förrådsförvaltare **2** Am. butiksinnehavare

store-room ['stɔ:rum] *s* **1** förrådsrum; skräpkammare; vindskontor **2** lagerlokal

storey ['stɔ:rɪ] *s* våning, våningsplan, etage; *on the first* ~ en trappa upp, Am. på nedre botten; *be a little weak in the upper* ~ fam. ha tomtar på loftet (en skruv lös)

storeyed ['stɔ:rɪd] *a* ss. efterled i sms. med . . våningar, -vånings- [*a three-storeyed house*]

1 storied ['stɔ:rɪd] *a* se *storeyed*

2 storied ['stɔ:rɪd] *a* **1** sägenomspunnen, minnesrik [*a ~ past*] **2** prydd med bilder [ur historien (sägnerna)] [*a ~ urn*]

stork [stɔ:k] *s* zool. stork

storm [stɔ:m] **I** *s* **1** oväder, [svår] storm äv. bildl.; ~ *petrel* se *petrel*; *a ~ of applause* en bifallsstorm; *a ~ in a teacup* en storm i ett vattenglas; *a ~ is gathering* (*brewing*) det drar ihop sig till oväder; *bring a ~ about o.'s ears* framkalla en storm av ovilja (indignation o. d.) **2** störtskur, skur äv. bildl. [*a ~ of arrows*]; *a ~ of abuse* en skur av ovett **3** isht mil. stormning; *take by* ~ ta med storm äv. bildl. **II** *itr* **1** bildl. rasa [*at* över (mot)], vara ursinnig [*at* över (på)] **2** a) isht mil. storma [~ *into a fort*] b) bildl. rusa häftigt (i raseri) [~ *out of a room*] **III** *tr* storma [~ *a fort*]; gå till storms mot

storm-bound ['stɔ:mbaʊnd] *a* hindrad (uppehållen) av storm

storm-centre ['stɔ:mˌsentə] *s* stormcentrum, bildl. äv. oroshärd
storm-cloud ['stɔ:mklaud] *s* stormmoln
stormproof ['stɔ:mpru:f] *a* stormsäker
stormy ['stɔ:mɪ] *a* **1** oväders-, stormig **2** ~ *petrel* se *petrel* **3** bildl. stormig [*a ~ debate*]
1 story ['stɔ:rɪ] *s* **1** a) historia, berättelse, saga b) anekdot, historia [*a funny ~*] c) bakgrund, historia [*get the whole ~ before commenting*]; *another* (*a very different*) ~ en helt annan historia; *it is* [*quite*] *another ~ now* det är helt andra tider nu; *to cut a long ~ short* se *short I 1* **2** rykte; *the ~ goes that* . . det berättas (ryktas) att . . **3** [*short*] ~ novell **4** handling i bok, film o. d. **5** nyhetsstoff; nyhetsartikel **6** fam. osanning isht barns; *tell stories* tala osanning
2 story ['stɔ:rɪ] *s* isht Am., se *storey*
story-book ['stɔ:rɪbuk] *s* sagobok
story-teller ['stɔ:rɪˌtelə] *s* **1** historieberättare; sagoberättare **2** fam. lögnare
story-writer ['stɔ:rɪˌraɪtə] *s* novellförfattare; sagoförfattare
stoup [stu:p] *s* **1** stop, dryckeskanna **2** kyrkl. vigvattens|kärl, -skål
stout [staut] **I** *a* **1** stark, kraftig, bastant [*a ~ rope* (*stick*)]; robust, hållbar **2** modig; ståndaktig, hårdnackad [*~ resistance*] **3** om pers. bastant, tjock **II** *s* ung. porter
stout-hearted ['staut'hɑ:tɪd] *a* modig; ståndaktig
stove [stəuv] *s* ugn; kamin [*iron ~*]; spis; [*tiled* (*porcelain, Dutch*)] ~ kakelugn
stow [stəu] **I** *tr* **1** a) stuva [in], packa [*~ clothes into a trunk*] b) rymma [*the packing-case ~s a cubic metre*]; *~ cargo in* [*a ship's holds*] lasta . .; *~ away* stuva undan; gömma **2** sl., *~ it!* håll käften! **II** *itr*, *~ away* gömma sig ombord o. d., fara som fripassagerare
stowage ['stəuɪdʒ] *s* **1** stuvning **2** stuvningsutrymme; lagringskapacitet
stowaway ['stəuəweɪ] *s* fripassagerare
straddle ['strædl] **I** *itr* **1** skreva [med benen]; sitta grensle **2** spreta **II** *tr* **1** stå (ställa sig) grensle över [*~ a ditch*]; sitta (sätta sig) grensle på (över), grensla [*~ a horse*] **2** skreva med, spärra ut [*~ o.'s legs*]
strafe [strɑ:f, streɪf] *tr* **1** mil. beskjuta; bomba; bestryka [med eld] **2** fam. straffa
straggl|e ['strægl] *itr* (se äv. *straggling*) **1** sacka efter, mil. äv. lämna ledet **2** vara (ligga) spridd [*houses that ~ round the lake*] **3** grena (bre) ut sig [*vines -ing over the fences*]; hänga i stripor [*hair -ing over o.'s collar*]; spreta
straggler ['stræglə] *s* **1** eftersläntrare, mil. äv. efterliggare **2** vildvuxen växt
straggling ['stræglɪŋ] *a* **1** eftersläntrande **2** som sprider (grenar ut) sig åt olika håll; oregelbundet byggd [*a ~ house*]; spridd [*~ houses*]; spretig; stripig [*a ~ beard*]
straight [streɪt] **I** *a* (se äv. ex. under *1 die, face* o. *flush*) **1** rak [*~ hair*; *a ~ line*], rät; stram; *as ~ as an arrow* spikrak; *keep to the ~ and narrow path* bildl. vandra den smala (rätta) vägen; *is my hat on ~?* sitter min hatt rätt?; *put ~* rätta till, lägga rakt **2** i följd, rak [*ten ~ wins*] **3** i ordning; *get* (*put*) ~ a) få ordning (rätsida) på, ordna upp [*get o.'s affairs ~*], reda upp b) städa, göra i ordning på (i) [*put a room ~*], ordna; *I'll put you ~!* jag ska lära dig, jag!; *now get this ~!* det här måste du ha klart för dig! **4** uppriktig, ärlig, öppenhjärtig [*a ~ answer*]; *~ fight* ärlig strid; tvekamp **5** ärlig, hederlig, rättskaffens [*a ~ businessman*]; *keep ~* föra ett hederligt liv, sköta sig **6** fam. pålitlig, tillförlitlig; *a ~ tip* ett förstahandstips (stalltips) **7** a) ren, oblandad [*~ whisky*] b) Am. genomgående [*~ A's*] **8** teat. naturalistisk [*a ~ performance*]; *a ~ comedy* ett rent lustspel **II** *adv* **1** a) rakt, rätt [*~ up* (*through*)], mitt, tvärs [*~ across the street*]; rak[t], upprätt [*sit* (*stand, walk*) *~*]; *~ on* rakt fram; *sit up ~* sitta rak b) rätt, riktigt; logiskt [*think ~*] **2** direkt, raka vägen [*go ~ to London*], rakt [*he went ~ into* . .]; genast [*I went ~ home after* . .]; *come ~ to the point* bildl. komma till saken utan omsvep **3** bildl. hederligt [*live ~*]; *go* (*run*) ~ fam. föra ett hederligt liv, sköta sig **4** *~ away* (*off*) genast, på ögonblicket; tvärt; [*I can't tell you*] *~ off* . . på rak arm (stående fot) **5** ~ [*out*] direkt, rent ut [*I told him ~* [*out*] *that* . .] **III** *s* **1** rak (rät) linje; raksträcka, sport. äv. upplopp[ssida] **2** fam., *be on the ~* [*and narrow*] föra ett hederligt liv, sköta sig; *keep to the ~ and narrow* vandra den smala (rätta) vägen
straightaway ['streɪtə'weɪ] *adv* genast
straight-cut ['streɪtkʌt] *a*, *~ tobacco* längsskuren tobak
straighten ['streɪtn] **I** *tr* räta [ut], tekn. äv. rikta; räta på [*~ o.'s back*]; rätta till [*~ o.'s tie*]; *~ out* a) räta ut, räta upp [*~ out a car*] b) ordna, reda upp; *it will ~ itself out* det ordnar sig; *~ up* a) städa upp i [*~ up a room*] b) bildl. få ordning på (i) [*~ up the finances*] **II** *itr* räta ut sig, rakna; *~ out* ordna upp sig [*things will ~ out*]
straight-faced ['streɪtfeɪst] *a* med orörligt ansikte, utan att röra en min
straightforward ['streɪt'fɔ:wəd] *a* **1** uppriktig, ärlig [*a ~ answer* (*person*)], rättfram; direkt [*a ~ question*] **2** enkel, okomplicerad [*a ~ problem*] **3** vanlig, normal
1 strain [streɪn] **I** *tr* (se äv. *strained*) **1** spänna, sträcka **2** a) anstränga, slita (fresta) på b) överanstränga, överbelasta; *~ o.'s*

ears lyssna spänt; ~ *every nerve* anstränga sig till det yttersta; ~ *o.s.* a) anstränga sig så mycket man kan b) överanstränga sig **3** läk. sträcka [~ *a muscle*] **4** fresta, pröva [~ *a p.'s patience*] **5** hårdra, pressa [~ *the meaning of a word*] **6** sila, filtrera; passera **II** *itr* **1** anstränga (spänna) sig; streta, slita; sträva [*plants* ~*ing upwards*]; krysta vid avföring; ~ *at* a) streta (slita) med [~ *at the oars*] b) slita [och dra] i [~ *at a chain*] **2 a)** silas, filtreras **b)** sila, sippra **c)** ~ *at a gnat and swallow a camel* bildl. sila mygg och svälja kameler **III** *s* **1** spänning, töjning; tekn. äv. påkänning, påfrestning, tryck **2 a)** ansträngning, påfrestning [*on* för]; press, stress [*the* ~ *of modern life*]; *mental* ~ psykisk påfrestning; *nervous* ~ nervpress, stress; *be a* ~ *on a th.* fresta på ngt; *it's a* ~ *on the eyes* det är ansträngande för ögonen; *it's a* ~ *on my nerves* det sliter på nerverna; *put a great* ~ *on* ta hårt på, hårt anstränga; *stand the* ~ stå rycken, stå pall; *be under severe* ~ vara utsatt för hårda påfrestningar **b)** utmattning, överansträngning **3** läk. [för]sträckning **4** ton [*in a cheerful* ~]; stil [*and much more in the same* ~]; *in lofty* ~*s* i högstämda ordalag **5** vanl. pl. ~*s* toner, musik

2 strain [streɪn] *s* **1** ätt, familj [*she comes of a good* ~] **2** biol. stam [*a* ~ *of bacteria*], ras; sort [*a new* ~ *of wheat*] **3** [släkt]drag, inslag [*a* ~ *of insanity in the family*]

strained [streɪnd] *a* **1** spänd, sträckt **2** bildl. **a)** spänd [~ *attention*]; ~ *relations* spänt förhållande **b)** ansträngd, forcerad [~ *laughter*] **c)** sökt [~ *interpretation*]

strainer ['streɪnə] *s* sil; filter

strait [streɪt] *s* **1** ~ el. ~*s* (konstr. ss. sg.) sund **2** ~[*s* pl.] trångmål, klämma [*be in a* ~ (*in great* ~*s*)]; *in financial* ~*s* i penningknipa

straiten ['streɪtn] *tr*, *in* ~*ed circumstances* i knappa omständigheter

strait-jacket ['streɪtˌdʒækɪt] **I** *s* tvångströja äv. bildl. **II** *tr* sätta tvångströja på

strait-laced ['streɪt'leɪst] *a* trångbröstad, bigott; pryd

1 strand [strænd] *s* **1** a) [rep]sträng b) tråd, fiber **2** rep, tåg **3** [hår]slinga **4** bildl. tråd, linje [*the* ~*s of a plot*]

2 strand [strænd] **I** *s* a) poet. strand b) *the Strand* gata i London **II** *tr* driva upp på stranden; sätta på grund [~ *a ship*]; *be* ~*ed* stranda, sitta fast; *be* [*left*] ~*ed* bildl. vara (bli) strandsatt; vara övergiven

strange [streɪndʒ] *a* **1** främmande, obekant [*to a p.* för ngn] **2** egendomlig, underlig, konstig; ovanlig, sällsam; ~ *to say* egendomligt etc. nog; *fact* (*truth*) *is* ~*r than fiction* verkligheten är underbarare än dikten **3** *be* ~ *to* vara obekant med, inte känna till [*he is* ~ *to the district*]

strange-looking ['streɪndʒˌlʊkɪŋ] *a* med ett egendomligt utseende

stranger ['streɪndʒə] *s* **1** främling; pl. ~*s* äv. främmande människor, obekanta; *hallo* ~*!* fam. det var längesen! **2** *be a* ~ *to* bildl. vara främmande för; *he is a* ~ *to fear* han vet inte vad fruktan vill säga **3** parl. icke ledamot; *I spy* ~*s* ung. jag begär att allmänheten avlägsnas; ~*s' gallery* åhörarläktare

strangle ['stræŋgl] *tr* **1** strypa **2** kväva, undertrycka [~ *a sob*] **3** strypa åt [~ *trade*]; förkväva

stranglehold ['stræŋglhəʊld] *s* **1** sport. strup|grepp, -tag **2** bildl. järngrepp [*be held in a* ~]; *put a* ~ *on* strypa åt

strangulate ['stræŋgjʊleɪt] *tr* **1** strypa **2** läk. snöra av, strypa till [~ *a vein*]

strangulation [ˌstræŋgjʊ'leɪʃən] *s* **1** strypning **2** läk. av-, åt|snörning

strap [stræp] **I** *s* **1** rem; [spänn]tamp; [sko]slejf; band; packrem; pl. ~*s* remtyg; [*watch*] ~ [klock]armband **2** stropp **3** [byx]hälla **4** strigel **II** *tr* **1** fästa (spänna fast) med rem[mar]; ~ *down* (*in*) spänna fast; ~ *on* spänna (sätta) på sig; ~ *up* a) spänna igen (ihop) b) bunta ihop [med en rem (remmar)] **2** prygla [med rem] **3** läk., ~ [*up*] fästa med häftplåster[remsor]

strapless ['stræpləs] *a* utan axelband

strapping ['stræpɪŋ] *a* fam. stor och kraftig, stadig [*a* ~ *girl*]

strata ['strɑːtə, 'streɪ-] *s* pl. av *stratum*

stratagem ['strætədʒəm] *s* list, fint, knep

strategic[al] [strə'tiːdʒɪk, -əl] *a* strategisk

strategics [strə'tiːdʒɪks] (konstr. ss. sg.) *s* mil. strategi

strategist ['strætədʒɪst] *s* strateg

strategy ['strætədʒɪ] *s* **1** strategi, bildl. äv. taktik **2** taktiskt grepp, manöver

Stratford-on-Avon ['strætfədɒn'eɪvən]

stratification [ˌstrætɪfɪ'keɪʃən] *s* **1** geol. skiktning, [av]lagring **2** sociol. skiktindelning, stratifiering

stratify ['strætɪfaɪ] *tr* **1** geol. skikta, lagra **2** sociol. dela upp i skikt (strata)

stratosphere ['strætəʊˌsfɪə] *s* stratosfär

stratospheric [ˌstrætəʊ'sferɪk] *a* stratosfärisk; stratosfär-

strat|um ['strɑːt|əm, 'streɪt-] (pl. *-a* [-ə]) *s* geol. o. bildl. skikt, lager, sociol. äv. stratum

Strauss [straʊs]

straw [strɔː] **I** *s* **1** strå, halmstrå; *that was the last* ~ [*that broke the camel's back*] bildl. det [var droppen som] kom bägaren att rinna över; *not a* ~ bildl. inte ett dugg [*it doesn't matter a* ~]; *catch* (*clutch, grasp*) *at a* ~ bildl. gripa efter ett halmstrå **2** halm; strå; *man of* ~ a) halmdocka b) galjonsfigur, skyltdocka **3** sugrör **4** fam. halmhatt **II**

attr. *a* **1** halm- [*~ mattress* (*hat*)] **2** *~ vote* (*ballot* Am.) provomröstning; opinionspejling

strawberry ['strɔ:bərɪ] *s* jordgubbe; *wild ~* [skogs]smultron

strawberry-mark ['strɔ:bərɪmɑ:k] *s* rödaktigt födelsemärke

straw-coloured ['strɔ:ˌkʌləd] *a* halmfärgad

stray [streɪ] **I** *itr* **1** ströva (bildl. irra) [hit och dit]; gå vilse; *~ from the point* bildl. avvika från ämnet **2** glida, vandra [*his hand ~ed towards his pocket*] **II** *s* vilsekommet djur **III** attr. *a* **1** kringdrivande, vilsekommen [*~ cattle*], herrelös [*a ~ cat* (*dog*)] **2** tillfällig, strö- [*a ~ customer*], strödd, spridd [*~ remarks*], enstaka [*~ shots*]; förlupen [*a ~ bullet*]; *a few ~ hairs* några hårstrån

streak [stri:k] **I** *s* **1** strimma, rand; streck; ådring; *~s of lean and fat* [*in bacon*] magra och feta ränder . .; *~ of lightning* blixt; *like a ~* [*of lightning*] bildl. som en oljad blixt **2** drag, inslag [*a ~ of cruelty*] **3** period, serie; *hit a winning ~* komma in i en period av idel framgångar **II** *tr* göra strimmig; *~ed with brown* brunstrimmig **III** *itr* **1** bli strimmig **2** fam. susa, svepa [*the car ~ed along*]; rusa **3** fam. 'strika', 'näcklöpa' springa naken på offentliga platser

streaking ['stri:kɪŋ] *s* fam. 'striking', 'näcklopp' (jfr *streak III 3*)

streaky ['stri:kɪ] *a* strimmig, randig [*~ bacon*]; ådrig

stream [stri:m] **I** *s* **1** ström äv. bildl.; vattendrag, å, flod, bäck; *a constant* (*continuous*) *~* bildl. en jämn ström; *~ of consciousness* medvetandeström; *go with* (*against*) *the ~* bildl. följa med (gå emot) strömmen **2** stråle [*a ~ of water*], flöde **3** bildl. riktning, strömning[ar] [*~ of opinion*] **4** ped. nivågrupp [*the A-stream*] **II** *itr* **1** strömma äv. bildl.; rinna, flöda [*sweat was ~ing down his face*] **2** *~ with* rinna (drypa) av; *her eyes ~ed with tears* tårarna strömmade ur ögonen [på henne] **3** fladdra [*the flag ~ed in* (för) *the wind*] **III** *tr* **1** spruta [ut] [*~ blood*] **2** ped. nivågruppera, indela efter färdighetsnivå

streamer ['stri:mə] *s* **1** vimpel **2** serpentin; remsa **3** Am. jätterubrik [äv. *~ headline*]

streamline ['stri:mlaɪn] **I** *s* **1** strömlinje; strömlinjeform **2** fys. ström[ning] **II** *tr* strömlinjeforma, bildl. äv. rationalisera; *~d* strömlinjeformad [*~d cars*], rationell

street [stri:t] *s* gata; *~ cleaner* renhållningsarbetare, gatsopare; *~ musician* gatumusikant; *be in* (*on* Am.) *the ~* stå på gatan, vara husvill; *they are not in the same ~* fam. de står inte i samma klass; *walk* (*be, go*) *on the ~*[*s*], *walk the ~s* om prostituerad gå på gatan; *it's just* (*right*) *up* (*down* Am.) *my ~* fam. det passar mig precis, det är jag fin på; *it's not up* (*down* Am.) *my ~* fam. det förstår jag mig inte på, det är inte min avdelning; *be ~s ahead* [*of a p.*] fam. ligga långt före [ngn]

streetcar ['stri:tkɑ:] *s* Am. spårvagn

street-door ['stri:tdɔ:] *s* port, ytterdörr

street-lamp ['stri:tlæmp] *s* gatlykta

street-lighting ['stri:tˌlaɪtɪŋ] *s* gatubelysning

street-refuge ['stri:tˌrefju:dʒ] *s* refug

street-sweeper ['stri:tˌswi:pə] *s* **1** renhållningsarbetare, gatsopare **2** sopmaskin

street-walker ['stri:tˌwɔ:kə] *s* gatflicka

strength [streŋθ] *s* **1** styrka; kraft, krafter; bildl. stark sida [*one of his ~s is* . .]; *armed ~* väpnad styrka; ett lands krigsmakt; *~ of mind* andlig styrka; *feat of ~* kraftprov; *go from ~ to ~* gå från klarhet till klarhet; [*negotiate*] *from ~* . . i en stark position; *on the ~ of* på [grund av] [*on the ~ of his recommendation*] **2** styrka, styrkegrad [*the ~ of alcohol*] **3** styrka, hållfasthet **4** styrka, numerär [*the ~ of the enemy*]; *be below ~* vara underbemannad; *in* [*great*] *~* i stort antal; *be in full ~, be up to ~* vara fulltalig; *bring up to ~* göra fulltalig

strengthen ['streŋθən] **I** *tr* stärka, styrka; förstärka; *~ a p.'s hand*[*s*] **II** *itr* bli starkare; förstärkas

strenuous ['strenjʊəs] *a* **1** ansträngande, påfrestande [*~ work*] **2** energisk, nitisk [*a ~ worker*], ihärdig [*make ~ efforts*]

streptococc|us [ˌstreptəʊ'kɒk|əs] (pl. *-i* [-aɪ]) *s* läk. streptokock

streptomycin [ˌstreptəʊ'maɪsɪn] *s* läk. streptomycin

stress [stres] **I** *s* **1** tryck [*under the ~ of circumstances*]; psykol. stress; *the ~es and strains of everyday life* vardagslivets stress (påfrestningar); *be suffering from ~* vara stressad **2** vikt; *lay ~ on* framhålla, betona, ge eftertryck åt; lägga vikt vid **3** fonet. betoning, tonvikt, tryck, accent; [huvud]ton [*the ~ is on the first syllable*]; betonad stavelse; *secondary ~* biton, biaccent **4** mek. spänning; tryck, belastning **II** *tr* **1** betona, framhålla, understryka **2** fonet. betona **3** psykol. stressa

stress-mark ['stresmɑ:k] *s* fonet. accenttecken

stretch [stretʃ] **I** *tr* **1** spänna [*~ a rope*], sträcka; tänja (töja) ut; sträcka ut; sträcka på [*~ o.'s neck*]; *~ a th. tight* spänna (sträcka) ngt hårt; *~ o.s.* sträcka (räta) på sig; *~ o.'s legs* sträcka på benen; *~ out* sträcka ut [*~ out o.'s arm for* (efter)], räcka fram; *~ o.s. out* sträcka ut sig [raklång] **2** bildl. **a)** tänja på, tumma på [*~ the law*]; utvidga [*~*

the meaning of a word]; ~ *a point* a) göra ett undantag b) ta till i överkant **b**) anstränga; ~ *o.s., be fully ~ed* anstränga sig till det yttersta **3** läk. sträcka [~ *a muscle*] **II** *itr* **1** sträcka [på] sig [~ *and yawn*], sträcka på benen **2** sträcka sig [*the wood ~es for miles*], bre ut sig **3** a) tänja sig, töja [ut] sig [*the cardigan has ~ed*] b) gå att töja ut [*rubber ~es easily*] **III** *s* **1** a) sträckning, spänning; töjning, tänjning b) elasticitet, töjbarhet; *be at full ~* arbeta för fullt **2** *by a ~ of the imagination* med fantasins hjälp; *not by any ~ of the imagination* [*could he . .*] inte [ens] i sin vildaste fantasi . . **3** sträcka; trakt, område [*a ~ of meadow*] **4** avsnitt, stycke [*for long ~es the story is dull*] **5** *at a ~* i ett sträck **6** sport. raksträcka **7** sl., *do a* [*five-year*] ~ sitta [fem år] på kåken **IV** *a*, ~ *nylon* crêpenylon; ~ *tights* strumpbyxor

stretchable ['stretʃəbl] *a* tänjbar, töjbar

stretcher ['stretʃə] *s* [sjuk]bår

stretcher-bearer ['stretʃəˌbeərə] *s* sjuk-, bår|bärare

stretcher-party ['stretʃəˌpɑːtɪ] *s* bårbärarlag

strew [struː] (*~ed ~ed* el. *~ed ~n*) *tr* **1** strö [ut] **2** beströ; översålla [*~n with leaves*]

stricken ['strɪkən] *a* **1** [olycks]drabbad [*a ~ area*]; bedrövad; ~ *in years* ålderstigen, till åren kommen; ~ *with panic* gripen av panik **2** ss. efterled i sms. -slagen [*panic-stricken*], -drabbad, -härjad [*plague-stricken*]

strict [strɪkt] *a* sträng [*with* mot; ~ *rules*]; noggrann [*about* med]; strikt; exakt [*the ~ truth*]; *in a ~ sense* i egentlig mening (bemärkelse); *in* [*the*] *~est confidence* i största förtroende

strictly ['strɪktlɪ] *adv* strängt [~ *forbidden*]; noggrant, strikt; i egentlig mening; ~ *speaking* strängt taget, egentligen

stricture ['strɪktʃə] *s* **1** isht pl. *~s* anmärkningar [*on* mot, över] **2** restriktion, inskränkning **3** läk. förträngning, striktur

stridden ['strɪdn] pp. av *stride*

stride [straɪd] **I** (*strode stridden*) *itr* gå med långa steg [~ *off* (*away*)], stega, kliva; ~ *over* (*across*) kliva över [~ *over a ditch*] **II** (*strode stridden*) *tr* **1** kliva över (ta) med ett steg [~ *a ditch*] **2** mäta med långa steg [~ *the deck*] **III** *s* **1** [långt] steg, kliv; gång [*a vigorous ~*]; *make* [*great* (*rapid*)] *~s* bildl. göra [stora (snabba)] framsteg; *get into* (*hit* Am.) *o.'s ~* börja komma i gång; *take a th. in o.'s ~* klara ngt [utan svårighet]; *they take life in their ~* de tar livet som det kommer; *throw a p. off* (*out of*) *his ~* få ngn att förlora fattningen **2** skrev **3** ~ *vault* gymn. bock-, gren|hopp

strident ['straɪdənt] *a* **1** skärande, genomträngande [*a ~ sound*], gäll [*a ~ voice*]; gräll, skrikig [*~ colours*] **2** högröstad

strife [straɪf] *s* **1** stridighet, missämja; strid; *industrial ~* ung. konflikter på arbetsmarknaden; *political ~* politiska strider **2** tävlan

strike [straɪk] **A** (*struck struck*) *vb* (se äv. *struck*; för *strike* i spec. förbindelser se under resp. huvudord, t. ex. *balance, home III, oil*) **I** *tr* (se äv. *III*) **1** slå; slå till; slå på; ~ *a p. a blow* ge ngn ett slag; *who struck the first blow?* vem slog [till] först?; ~ *dead* slå ihjäl; ~ *dumb* göra stum; ~ *me dead* (*dumb, pink, up a gum-tree*)! fam. förbaske mig!; det var som sjutton! **2** a) träffa [*the blow struck him on the chin*] b) drabba [*be struck with* (av) *cholera*], hemsöka **3 a**) slå (stöta, köra) emot [*the car struck a tree*], sjö. gå (ränna, stöta) på [*the ship struck a mine*]; ~ *bottom* få bottenkänning **b**) bildl. stöta på [*they struck various difficulties*] **4 a**) träffa på, finna, upptäcka [~ *gold*]; ~ *it lucky* ha tur; ~ *the golden mean,* ~ *the happy medium* finna den gyllene medelvägen **b**) stöta (träffa) på; komma fram till [~ *the main road*] **5** a) stöta [*he struck his stick on* (i) *the floor*], sticka [~ *o.'s dagger into* (i) *a p.*] b) om orm hugga **6** a) slå, frappera [*what struck me was . .*] b) förefalla, tyckas [*it ~s me as* [*being*] *the best*] c) slå, komma för [*the thought struck me that . .*]; *it* (*the idea*) *struck me* jag kom att tänka på det, det föll mig in; *he ~s me as* [*being*] . . jag tycker han verkar [vara] . .; *be struck all of a heap* fam. bli alldeles paff **7** a) nå [*the sound struck my ear*] b) fånga, fängsla [*it ~s the imagination*] **8** a) slå, fylla [*the sight struck them with terror*] b) injaga [~ *fear into* (i, hos)] **9** prägla, slå [~ *a coin* (*medal*)] **10** mus. slå an [~ *a chord* (*note*)]; ~ *a discordant* (*false* etc.) *note* bildl., se *note I 7* **11** ~ *a light* (*match*) tända (stryka eld på) en tändsticka **12** stryka [~ *a name from the list*; ~ *a p. off* (från, ur) *the register*] **13** sjö. stryka [~ *sail*]; ~ *the* (*o.'s*) *flag,* ~ *o.'s colours* stryka flagg, bildl. äv. kapitulera [*to* för] **14** ta ned [~ *a tent*]; ~ *tents* (*camp*) bryta förläggningen **15** avsluta, göra upp, träffa [~ *a bargain with a p.*]

II *itr* (se äv. *III*) **1** slå, stöta [*against a th.* emot ngt]; ~ *at* a) slå (hugga) efter b) bildl. angripa; ~ *at the foundation* (*the root*[*s*]) *of a th.* hota att undergräva ngt **2** om klocka slå [*the clock struck*]; *his hour has struck* hans timme har slagit, hans stund har kommit **3** a) mil. gå till anfall [*at* mot], anfalla b) slå till, sätta in [*when the epidemic struck*] **4** strejka **5** gå, ta vägen [*they struck across the field*], bege sig, styra kosan [*for* till; ~

north] **6** sjö. gå på grund, gå på **7** ~ *lucky* ha tur **8** slå ned [*the lightning struck*]
III *tr* o. *itr* med adv., isht med spec. övers.: ~ **back** slå igen (tillbaka); ~ **down** slå ned, fälla; knäcka, bryta ned [*apoplexy struck him down*]; *be struck down by* [*disease*] drabbas av . . ; ~ **off:** a) hugga (slå) av b) stryka [~ *off a name from the list*]; ~ **out: a**) slå [fram] [~ *out sparks*] **b**) stryka [ut (över)] [~ *out a name* (*word*)] **c**) bryta [~ *out new paths*]; ~ *out* [*a path*] *for o.s.*, ~ *out on o.'s own* gå sin egen väg, slå sig fram på egen hand **d**) slå omkring sig [*he began to* ~ *out wildly*] **e**) sätta i väg [*the boys struck out across the field*]; ~ **up: a**) inleda, knyta [~ *up a friendship*]; ~ *up an acquaintance with* råka bli bekant med; ~ *up a conversation with* inleda samtal med **b**) stämma (spela) upp [*the band struck up* [*a waltz*]]; ~ *up the band!* spela upp!, musik! **c**) slå upp [~ *up a tent*]
B *s* **1** strejk; ~ *benefit* (*pay*) strejkunderstöd; ~ *fund* strejkkassa; *general* ~ stor-, general|strejk; *sympathetic* ~ sympatistrejk; *call a* ~ utlysa strejk; *be* [*out*] *on* ~ strejka; *go* [*out*] *on* ~, *come out on* ~ gå i strejk, lägga ner arbetet; *the men* (*those*) *on* ~ de strejkande **2** mil., isht flyg. räd; *air* ~ flyg-, luft|angrepp; *nuclear* ~ kärnvapenanfall **3** fynd [av olja (malm)]

strike-bound ['straɪkbaʊnd] *a* strejkdrabbad, lamslagen av strejk

strike-breaker ['straɪkˌbreɪkə] *s* strejkbrytare

striker ['straɪkə] *s* **1** fotb. anfallsspelare **2** strejkare, strejkande

striking ['straɪkɪŋ] *a* **1** slående, påfallande, frapperande, markant [*a* ~ *likeness*]; särpräglad [*a* ~ *personality*]; imponerande **2** *within* ~ *distance* inom skotthåll, bildl. inom räckhåll; ~ *force* mil. slagstyrka; ~ *power* (*capacity*) mil. slagkraft **3** strejkande

strikingly ['straɪkɪŋlɪ] *adv* slående, påfallande [~ *beautiful*], frappant; markant

string [strɪŋ] **I** *s* **1** snöre; band, snodd; *piece of* ~ snöre, snörstump; ~ *vest* nätundertröja **2 a**) sträng [*the* ~*s of a violin*], sena [*the* ~*s of a tennis racket*] **b**) pl. ~*s* stråkinstrument, stråkar **c**) attr. stråk- [~ *orchestra* (*quartet*)], sträng- [~ *instruments*] **d**) bildl. uttr.: *have two* (*many*) ~*s to o.'s bow* ha två (flera) möjligheter att ta till; *second* ~ reserv[utväg], alternativ möjlighet **3 a**) tråd för marionetter **b**) bildl. uttr.: *pull the* ~*s* hålla (dra) i trådarna; *pull* ~*s* använda sitt inflytande, mygla; *have* (*keep*) *a p. on a* ~ hålla ngn i ledband; [*he lent me £100*] *without* ~*s* ([*with*] *no* ~*s attached*) fam. . . utan några förbehåll **4** ~ *of pearls* pärl[hals]band; *a* ~ *of onions* en lökfläta **5** [lång] rad, fil [*a* ~ *of cars*]; serie, följd [*a* ~ *of events*]; kedja [*a* ~ *of hotels*] **II** (*strung strung*) *tr* **1** a) sätta sträng[ar] på, stränga [~ *a racket* (*violin*)] b) spänna [~ *a bow*]; stämma [~ *a violin*] **2** ~ [*up*] hänga upp [på snöre o. d.] **3** behänga [*a room strung with festoons* (girlander)] **4** trä upp [på band (snöre)] [~ *pearls*] **5** ~ *up a parcel* slå ett snöre om ett paket **6 a**) placera (ordna) i en lång rad, rada upp; ~ *out* sprida ut **b**) ~ *together* sätta (foga, länka) ihop [~ *words together*] **7** snoppa, rensa [~ *beans*] **8** bildl., *be all strung up* vara på helspänn **III** (*strung strung*) *itr* **1** ~ *out* sprida ut sig (vara utspridd) i en lång rad **2** ~ *along with* fam. hålla ihop med **3** ~ *together* hänga ihop

string-bag ['strɪŋbæg] *s* nätkasse

string-bean ['strɪŋbiːn] *s* isht Am. skärböna

stringed [strɪŋd] *a* strängad; ~ *instrument* stränginstrument, stråkinstrument

stringency ['strɪndʒənsɪ] *s* **1** stränghet, skärpa **2** logisk skärpa, stringens

stringent ['strɪndʒənt] *a* **1** sträng [~ *rules*]; drastisk [*take* ~ *measures against*] **2** a) strängt logisk, stringent [~ *thinking*] b) slagkraftig [~ *arguments*] **3** tvingande [~ *necessity*] **4** ekon. stram; kärv [~ *money policy*]

stringy ['strɪŋɪ] *a* trådig, senig [~ *meat*]

1 strip [strɪp] **I** *tr* **1 a**) skrapa (riva, dra, skala) av (bort) [*from, off* från]; ~ *off* ta (dra) av [sig] [~ *off o.'s shirt*] **b**) klä av; skrapa (plocka) ren [*of* från, på]; ~ *of* äv. plundra (tömma) på; ~ *a p. of a th.* beröva ngn ngt; ~ *a tree of its bark* (*leaves*) barka av (löva av) ett träd; ~ *a p. naked* (*to the skin*) klä av ngn inpå bara kroppen; ~*ped to the waist* naken till midjan, med bar överkropp **2** sjö. rigga av [~ *a mast*] **3** ~ [*down*] ta (plocka) isär [~ *a car*], slakta **II** *itr* klä av sig; strippa **III** *s* striptease; ~ *artist* striptease-artist

2 strip [strɪp] *s* **1** remsa [*a* ~ *of cloth* (*land*)], list, skena [*a* ~ *of metal*], stycke; *a mere* ~ *of a boy* en pojkvasker; ~ *farming* a) bandodling b) mångskifte; *tear a* ~ *off a p.*, *tear a p. off a* ~ sl. skälla ut ngn **2** serie; *comic* ~ skämtserie, tecknad serie; *film* ~ bildband; ~ [*cartoon*] tecknad serie **3** sport. fam. [lag]dräkt

stripe [straɪp] **I** *s* **1** rand; strimma **2** randning, randmönster [äv. ~ *design*]; randigt tyg; ~ *pattern* randigt mönster **3** mil. galon; streck i gradbeteckning; *lose o.'s* ~*s* bli degraderad **II** *tr* randa, göra randig

striped [straɪpt] *a* randig; strimmig

strip-lighting ['strɪpˌlaɪtɪŋ] *s* lysrörsbelysning

stripling ['strɪplɪŋ] *s* pojkvasker; spoling

stripper ['strɪpə] *s* fam. striptease-artist,

strippa

strip-poker [ˌstrɪpˈpəʊkə] *s* klädpoker

strip-tease [ˈstrɪpti:z] **I** *s* striptease **II** *itr* göra striptease, strippa

stripy [ˈstraɪpɪ] *a* randig, strimmig

strive [straɪv] (*strove striven*) *itr* sträva [*to do* efter att göra; *for, after* efter], bemöda (vinnlägga) sig [*to do* om att göra; *for, after* om]

striven [ˈstrɪvn] pp. av *strive*

strobe [strəʊb] *s* fam. **1** elektronblixt **2** stroboskop

stroboscope [ˈstrəʊbəskəʊp, ˈstrɒb-] *s* fys. stroboskop

strode [strəʊd] imp. av *stride*

1 stroke [strəʊk] **I** *s* **1** slag [*the ~ of a hammer*], hugg [*the ~ of an axe*], stöt **2** [klock]slag; *on the ~* [*of two*] på slaget [två] **3** läk., [*apoplectic*] ~ slag[anfall]; *paralytic ~* slaganfall med förlamning **4** tekn. a) [kolv]slag b) slaglängd c) takt [*four-stroke engine*] **5** i bollspel slag, i tennis äv. boll **6** simn. [sim]tag; *do the butterfly ~* simma fjärilsim **7** rodd. **a**) [år]tag **b**) takt [*set* (bestämma) *the ~*]; *be off o.'s ~* ha kommit i otakt, bildl. ha kommit av sig; *put a p. off his ~* bildl. störa (distrahera) ngn **c**) akterroddare, stroke **8** nedslag på skrivmaskin **9** streck [*thin ~s*]; snedstreck; *with a ~ of the pen* med ett penndrag **10** bildl. drag, grepp [*a masterly ~*], schackdrag [*a diplomatic ~*]; *do a* [*good*] *~ of business* göra en god (bra) affär; *that was a ~ of genius* det var ett snilledrag; *what a ~ of luck!* en sådan tur!; *he doesn't do a ~* [*of work*] han gör inte ett handtag **II** *tr* **1** rodd. ro akteråran i **2** slå an [*~ a typewriter key*]; sport. slå [till]

2 stroke [strəʊk] **I** *tr* **1** stryka, smeka [*~ a cat*]; *~ o.'s beard* stryka sig om skägget; *~ a p. the wrong way* bildl. stryka ngn mothårs **2** släta [till (ut)] **II** *s* strykning

stroll [strəʊl] **I** *itr* promenera, flanera; ströva omkring **II** *tr* promenera (flanera) på [*~ the streets*], ströva [omkring] i (på) **III** *s* promenad [*go for* (*take*) *a ~*]; *be out for a ~* vara ute och promenera

stroller [ˈstrəʊlə] *s* **1** promenerande, flanör **2** Am. sittvagn, sulky[vagn]

strong [strɒŋ] **I** *a* (se äv. *drink, language* m. fl. subst.) **1** stark; kraftig, energisk [*~ efforts*]; stor [*there is a ~ likelihood that . .*]; orubblig [*~ conviction*]; *~ man* a) [cirkus]atlet b) kraft|karl, -natur **2** frisk och stark [*feel ~ again*] **3** stabil, solid [*a ~ economy*] **4** [numerärt] stark; ss. efterled i sms. äv. -manna- [*a 10-strong orchestra*]; *~ in numbers* manstark **5** bestämd **6** ivrig, varm [*~ supporters*] **7** skarp, stark, frän [*a ~ odour*] **8** gram. stark [*a ~ verb*] **II** *adv* starkt, kraftigt [*blow* (*smell*) *~*]; *come* (*go*) *it rather ~* fam. gå lite väl långt; *be still going ~* fam. ännu vara i sin fulla kraft; vara i full gång

strong-arm [ˈstrɒŋɑ:m] fam. **I** *tr* **1** misshandla, gå illa åt **2** råna **3** tvinga med våld **II** *a* hårdhänt, vålds- [*~ methods*]

strong-box [ˈstrɒŋbɒks] *s* kassa|skrin, -skåp; bankfack

stronger [ˈstrɒŋgə] *a* komp. av *strong*

strongest [ˈstrɒŋgɪst] *a* superl. av *strong*

stronghold [ˈstrɒŋhəʊld] *s* **1** fäste, borg **2** bildl. högborg, fäste

strongly [ˈstrɒŋlɪ] *adv* starkt, kraftigt etc., jfr *strong*; på det bestämdaste, absolut [*I ~ advise you to go*]

strong-minded [ˈstrɒŋˈmaɪndɪd] *a* karaktärsfast; viljestark

strong-room [ˈstrɒŋrʊm] *s* kassavalv

strong-willed [ˈstrɒŋˈwɪld] *a* viljestark

strontium [ˈstrɒntɪəm] *s* kem. strontium

strop [strɒp] **I** *s* [rak]strigel **II** *tr* strigla

strophe [ˈstrəʊfɪ] *s* strof

strove [strəʊv] imp. av *strive*

struck [strʌk] **I** imp. o. pp. av *strike A* **II** *a* **1** **a**) *~ on* (*with*) fam. förtjust (kär) i **b**) ss. efterled i sms. -biten [*film-struck*] **2** Am. jur., *~ jury* specialjury

structural [ˈstrʌktʃərəl] *a* strukturell, struktural [*~ grammar*]; struktur- [*~ analysis*]; *~ alterations* ändring[ar] av byggnad; ombyggnad; *~ linguistics* strukturalistisk lingvistik, strukturalism

structuralism [ˈstrʌktʃərəlɪzəm] *s* **1** strukturalism **2** strukturlingvistik

structure [ˈstrʌktʃə] *s* **1** struktur, [upp]byggnad [*the ~ of society*]; konstruktion [*bridge ~*] **2** byggnadsverk

struggle [ˈstrʌgl] **I** *itr* **1** kämpa, strida, brottas **2** streta, knoga [*~ up a hill*]; kämpa (arbeta) sig [*~ through a book*]; *~ along* knaggla sig fram; *~ to o.'s feet* kravla sig upp **II** *s* **1** kamp, strid äv. bildl.; *the ~ for existence* (*life*) kampen för tillvaron; *~ for power* maktkamp; *they put up a ~* de bjöd motstånd **2** ansträngning, kämpande

strum [strʌm] **I** *itr* klinka [*~ on the piano*], knäppa [*~ on the banjo*]; trumma **II** *tr* **1** knäppa på [*~ the banjo*]; trumma med [*~ o.'s fingers on the table*] **2** klinka, knäppa

strumpet [ˈstrʌmpɪt] *s* åld. sköka

strung [strʌŋ] **I** imp. o. pp. av *string* **II** *a, highly ~* se *highly-strung*

1 strut [strʌt] **I** *itr* svassa [*~ about*], [gå och] stoltsera; kråma sig **II** *s* svassande

2 strut [strʌt] byggn. **I** *s* stötta, stag, tvärbjälke, tvärslå; [bro]balk **II** *tr* stötta, staga

strychnine [ˈstrɪkni:n] *s* kem. stryknin

Stuart [stjʊət]

stub [stʌb] **I** *s* **1** stump; *cigar ~* cigarrstump, cigarrfimp **2** stubbe **3** grov nubb **4** a) talong, stam på biljetthäfte o. d. b) kontramärke del av biljett **II** *tr* **1** ~ *o.'s toe* stöta tån **2** ~ [*out*] släcka, fimpa [~ *a cigarette*]

stubble ['stʌbl] *s* stubb; skäggstubb

stubbly ['stʌblɪ] *a* stubbig [*a* ~ *field*]; sträv, borstig [*a* ~ *beard*]

stubborn ['stʌbən] *a* envis äv. bildl. [*a* ~ *illness*], hårdnackad [~ *resistance*]

stubby ['stʌbɪ] *a* **1** stubbig **2** kort och bred; knubbig [~ *fingers*], satt

stucco ['stʌkəʊ] **I** *s* **1** stuck; gipsbruk **2** stuckarbete **II** *tr* klä (pryda) med stuck

stuck [stʌk] imp. o. pp. av *2 stick*

stuck-up ['stʌk'ʌp] *a* fam. mallig, uppblåst

1 stud [stʌd] *s* **1** stall uppsättning hästar [*racing* ~] **2** stuteri **3** avelshingst

2 stud [stʌd] **I** *s* **1** lös [krag]knapp; [*shirt* (*dress*)] ~ skjort-, bröst|knapp **2** a) stift, spik b) dobb, dubb **II** *tr* **1** a) besätta (beslå) med stift b) dubba [~*ded tyres*] **2** bildl. översålla, späcka [~*ded with quotations*]; ~*ded with jewels* juvelbesatt

student ['stju:dənt] *s* **1** studerande [*medical* ~]; student [*university* ~*s*], Am. äv. [skol]elev; *be a* ~ *of nature* studera naturen; ~*s' union* studentkår **2** attr. student-, elev- [~ *council*]; *the* ~ *body* studentkåren, elevkåren; ~ *nurse* sjuksköterskeelev; ~ *teacher* lärarkandidat

stud-farm ['stʌdfɑ:m] *s* stuteri

studied ['stʌdɪd] *a* medveten, överlagd, avsiktlig [~ *insult*], utstuderad, raffinerad

studio ['stju:dɪəʊ] *s* **1** ateljé; studio; pl. ~*s* filmstad; *film* ~ film|ateljé, -studio **2** attr. ateljé-, studio- [~ *camera*]

studious ['stju:djəs] *a* **1** flitig [i sina studier] **2** lärd, boklig **3** omsorgsfull, noggrann **4** medveten, avsiktlig [~ *efforts*]

studiously ['stju:djəslɪ] *adv* **1** omsorgsfullt, noggrant **2** avsiktligt, med flit

study ['stʌdɪ] **I** *s* **1** studier [*fond of* ~], studerande; studium, undersökning, granskning; *private* ~ självstudium, studier på egen hand; ~ *circle* studiecirkel; *give a th. a close* ~ ägna ngt ett ingående studium; *make a* ~ *of a th.* studera ngt **2** a) studieobjekt b) [studie]ämne **3** studie [*Iago is a* ~ *of* (i) *evil*] **4** mus. etyd **5** teat. memorering **6** arbets-, läs|rum; *headmaster's* ~ rektorsexpedition **7** *in a brown* ~ försjunken i grubbel (drömmerier) **8** *make a* ~ *of a th.* bemöda sig om ngt **II** *tr* (se äv. *studied*) **1** studera, läsa [~ *medicine*], lära sig; studera (lära) in [~ *a part*], läsa på (över); ~ *up* fam. läsa (lära, plugga) in **2** studera [~ *the map*], undersöka, granska, utforska **3** tänka igenom (över), beräkna [~ *the effect*] **4** tänka på, vara mån om [~ *o.'s* [*own*] *interests*]; ~ *o.'s own comfort* tänka på sin egen bekvämlighet **III** *itr* studera, idka studier

stuff [stʌf] **I** *s* **1** material, ämne; materia **2** bildl. stoff [*the* ~ *that dreams are made of*]; innehåll, väsen [*the* ~ *of freedom*]; [*we must find out*] *what* ~ *he is made of* .. vad han går för; *he is not the* ~ *heroes are made of* han är inte skapt till hjälte precis **3** material [*the cushion was filled with some soft* ~], gods; *drink some of this* ~ drick lite av det här; *light* ~ bildl. lätt gods; *it's old* ~ det är gammalt; *the same old* ~ det gamla vanliga; *it's poor* ~ det är ingenting att ha; *some sticky* ~ något klibbigt **4** [ylle]tyg; ~ *gown* yngre jurists ylletalar **5** fam. a) saker, grejor [*I've packed my* ~] b) sätt, fasoner; grej; *kid* ~ se *1 kid 3*; *no rough* ~*!* inga hårda tag!; *do your* ~*!* visa vad du kan!; *that's the* ~*!* så ska det vara!, det är grejor det!; *he knows his* ~ han kan sin sak **6** smörja, strunt; ~ *and nonsense* struntprat **7** fam., *a* [*nice*] *bit of* ~ en snygg tjej (brud) **8** sl. stöld-, smuggel|gods **II** *tr* (se äv. *stuffed*) **1** stoppa [~ *a cushion with feathers*], stoppa (proppa) full [*with* med]; ~ *o.s. with food* proppa i sig mat **2** packa, proppa in [*into* i]; ~ *away* stoppa undan **3** ~ [*up*] täppa till; *my nose is* ~*ed up* jag är täppt i näsan **4** stoppa upp [~ *a bird*] **5** kok. fylla, färsera **6** sl., *tell him to* [*go and*] ~ *himself!* säg åt honom att han kan dra åt helvete!; *you can* ~ [*that present*]*!* du kan dra åt helvete med ..! **7** vulg. knulla **III** *itr* proppa i sig mat

stuffed [stʌft] *a* **1** stoppad; full|stoppad, -proppad [~ *with facts*] **2** kok. fylld [~ *turkey*], färserad; ~ *cabbage rolls* kåldolmar **3** uppstoppad [~ *birds*] **4** sl., ~ *shirt* uppblåst stofil **5** sl., *get* ~*!* dra åt helvete!

stuffing ['stʌfɪŋ] *s* **1** stoppning; uppstoppning **2** kok. fyllning [*turkey* ~], färs; inkråm **3** *knock* (*beat*) *the* ~ *out of a p.* fam. a) göra mos av ngn b) ta knäcken på ngn

stuffy ['stʌfɪ] *a* **1** instängd, kvav, kvalmig [~ *room*] **2** täppt [~ *nose*] **3** fam. förstockad, inskränkt [~ *ideas* (*people*)]

stultify ['stʌltɪfaɪ] *tr* **1** omintetgöra, motverka, gäcka [~ *a p.'s plans*] **2** förslöa

stumble ['stʌmbl] **I** *itr* **1** snava, snubbla; ~ *across* ([*up*]*on*) stöta (råka) på; ~ *against a problem* stöta på ett problem **2** stappla; stamma; ~ *through a speech* stappla sig igenom ett tal **II** *s* **1** snavande, snubblande **2** fel[steg]

stumbling-block ['stʌmblɪŋblɒk] *s* stötesten [*to a p.* för ngn]

stump [stʌmp] **I** *s* **1** stubbe, stabbe; rot **2** [avskalad] stam (stjälk) **3** a) stump [*pencil* ~] b) pl. ~*s* fam. skämts. ben, påkar **4** i kricket grindpinne **II** *tr* **1** fam. förbrylla; *I'm* ~*ed* [*for an answer*] jag vet faktiskt inte [vad jag ska svara]; *the question ~ed him* han gick bet på frågan **2** hålla valtal i, agitera i [*~ a district*] **3** i kricket slå ut slagman genom att slå ned en grindpinne [äv. *~ out*] **III** *itr* **1** stulta, linka [*~ about*] **2** hålla valtal **3** fam., *~ up* punga ut med pengar[na]

stumpy ['stʌmpɪ] *a* kort och tjock, satt

stun [stʌn] *tr* **1** bedöva [*~ a p. with a blow*] **2** överväldiga, förbluffa; chocka

stung [stʌŋ] imp. o. pp. av *sting*

stunk [stʌŋk] imp. o. pp. av *stink*

stunner ['stʌnə] *s* fam. raffig (jättetjusig) sak; verklig snygging

stunning ['stʌnɪŋ] *a* **1** bedövande [*a ~ blow*] **2** chockande **3** fam. fantastisk [*a ~ performance*]; jättesnygg [*a ~ girl* (*dress*)]

1 stunt [stʌnt] *s* fam. **1** konst[nummer], trick; *acrobatic ~s* akrobatkonster; *~ flying* konstflygning **2** jippo; *advertising* (*publicity*) *~* reklam|trick, -jippo

2 stunt [stʌnt] *tr* (se äv. *stunted*) hämma [*~ a p.'s personality*]; hämma i växten

stunted ['stʌntɪd] *a* förkrympt, dvärgliknande; *be ~* äv. vara hämmad i växten

stunt-man ['stʌntmæn] *s* film. stuntman ersättare i farliga scener

stupefaction [ˌstju:pɪ'fækʃən] *s* **1** bedövat tillstånd **2** häpnad, bestörtning

stupef|y ['stju:pɪfaɪ] *tr* **1** [be]döva; förslöa; göra omtöcknad [*-ied with* (av) *drink*] **2** göra häpen (bestört); pp. *-ied* äv. [som] bedövad [*-ied by what happened*]

stupendous [stjʊ'pendəs] *a* häpnadsväckande, förbluffande; kolossal, enorm

stupid ['stju:pɪd] **I** *a* **1** dum, enfaldig **2** tråkig [*a ~ book*] **II** *s* fam. dumbom [*~!*]

stupidity [stjʊ'pɪdətɪ] *s* dumhet, enfald

stupor ['stju:pə] *s* dvala, omtöcknat tillstånd; *in a drunken ~* redlöst berusad

sturdy ['stɜ:dɪ] *a* **1** robust, kraftig, kraftigt byggd [*a ~ child*]; stark, stabil, bastant [*~ walls*] **2** fast, orubblig [*~ resistance*], ståndaktig [*~ defenders*] **3** bot. härdig

sturgeon ['stɜ:dʒən] *s* zool. stör

stutter ['stʌtə] **I** *itr* stamma **II** *tr, ~* [*out*] stamma [fram] **III** *s* stamning

stutterer ['stʌtərə] *s* stammare

St. Vitus's dance [sən*t*'vaɪtəsɪz'dɑ:ns] *s* läk. danssjuka

1 sty [staɪ] *s* [svin]stia

2 sty o. **stye** [staɪ] *s* läk. vagel

style [staɪl] **I** *s* **1** a) stil; stilart; språk [*written in* (på) *a delightful ~*]; maner; teknik b) sätt [*a patronizing ~*] c) typ, utförande [*made in all sizes and ~s*] d) mode [*dressed in* (efter) *the latest ~*]; *hair ~* frisyr; *in ~* elegant, modernt [*dressed in ~*], i stor stil; *do things* (*it*) *in ~* slå på stort; *live in* [*great* (*grand*)] *~* leva på stor fot, leva flott **2** stil, tideräkning [*the Old* (*New*) *~*] **3** titel; *assume the ~ of* [*Colonel*] anta titeln . . **II** *tr* **1** titulera [*he is ~d 'Colonel'*] **2** formge, rita, designa [*~ cars* (*dresses*)]; *~ a p.'s hair* lägga frisyr på ngn

stylish ['staɪlɪʃ] *a* **1** stilfull, stilig, elegant **2** modern; moderiktig

stylist ['staɪlɪst] *s* **1** a) [fin] stilist b) tekniskt driven konstnär c) sport. driven tekniker **2** formgivare; modeskapare

stylistics [staɪ'lɪstɪks] (konstr. ss. pl. el. sg.) *s* stilistik

stylize ['staɪlaɪz] *tr* stilisera

styl|us ['staɪl|əs] (pl. *-i* [-aɪ] el. *-uses*) *s* **1** [pickup]nål **2** hist. stylus, griffel

stymie ['staɪmɪ] **I** *s* **1** golf. stymie där motspelarens boll blockerar vägen fram till hålet **2** bildl. hinder **II** *tr* **1** med golfboll blockera vägen fram till hålet för **2** bildl. stäcka [*~ plans*]

styptic ['stɪptɪk] **I** *a* blodstillande; *~ pencil* alunstift **II** *s* blodstillande medel

suave [swɑ:v] *a* förbindlig, älskvärd, [mjuk och] behaglig; *~ manners* förbindligt sätt

suavity ['swɑ:vətɪ, 'swæv-] *s* förbindlighet

sub [sʌb] fam. **I** *s* kortform av *sub-editor, sub-lieutenant, subscription, substitute* m. fl. subst. på *sub-* **II** *itr* (kortform av *substitute*) vicka, vikariera [*for* för]

sub- [sʌb-, se f. ö. sms. nedan] *pref* under- [*subagent*], sub- [*subtropical*]; halvt, delvis, nära [*subtransparent*]

subaltern ['sʌbltən, Am. sʌb'ɔ:ltən] **I** *a* underordnad **II** *s* underordnad [tjänsteman]; mil. subaltern[officer]

subcommittee ['sʌbkəˌmɪtɪ] *s* under|utskott, -kommitté, subkommitté

subconscious ['sʌb'kɒnʃəs] **I** *a* undermedveten [*the ~ self*] **II** *s* undermedvetande; *the ~* äv. det undermedvetna

subcontinent [ˌsʌb'kɒntɪnənt] *s* subkontinent [*the Indian ~*]

subculture ['sʌbˌkʌltʃə] *s* subkultur

subcutaneous [ˌsʌbkjʊ'teɪnjəs] *a* läk. subkutan [*~ injection*]; underhuds- [*~ fat*]

subdivide ['sʌbdɪ'vaɪd] *tr* dela in i underavdelningar; dela in [i ännu mindre enheter]

subdivision ['sʌbdɪˌvɪʒən] *s* **1** indelning i underavdelningar **2** underavdelning

subdominant [ˌsʌb'dɒmɪnənt] *s* mus. subdominant, underdominant

subdue [səb'dju:] *tr* (se äv. *subdued*) **1** underkuva [*~ a country*], undertrycka, kuva **2** dämpa [*~ the light*]

subdued [səb'dju:d] *a* **1** underkuvad **2** dämpad [*~ light*], lågmäld [*~ whisper*], diskret [*~ colours*]; återhållsam

sub-edit ['sʌb'edɪt] *tr* tidn. **1** redigera [texten till] **2** vara redaktör vid

sub-editor ['sʌb'edɪtə] *s* tidn. redaktör, textredigerare

subfusc ['sʌbfʌsk] *a* **1** murrig **2** fam. trist, tråkig
subheading ['sʌb,hedɪŋ] *s* underrubrik
subhuman [,sʌb'hju:mən] *a* **1** underutvecklad; undermänsklig **2** omänsklig, icke människovärdig [*~ conditions*]
subject [ss. subst., adj. o. adv. 'sʌbdʒɪkt, ss. vb səb'dʒekt] **I** *s* **1** undersåte; *a British ~* engelsk medborgare **2 a**) ämne i skola, för samtal o. d.; *change the ~* byta [samtals]ämne; *wander from the ~* gå (komma bort) ifrån ämnet; *the ~ of the conversation* samtalsämnet; [*have you anything to say*] *on the ~?* . . i ämnet (saken)?; *on the ~ of* angående, om **b**) attr. ämnes- [*~ catalogue*]; *~ index* sakregister **3** konst. o. litt. motiv, ämne [*of* i, till] **4** mus. tema; motiv **5** *~ of* (*for*) föremål för **6** *~* [*for experiment*] försöks|objekt, -person **7** gram. o. filos. subjekt **II** *a* **1** underlydande [*~ nations*], underkuvad; lyd- [*a ~ state*] **2** *~ to* **a**) lydande (som lyder) under [*~ to the Crown*] **b**) underkastad [*~ to changes*]; *be ~ to* äv. utsättas för **c**) med anlag för; *be ~ to* ha anlag för, lida av [*be ~ to headaches*] **d**) beroende (avhängig) av; *be ~ to* äv. bero av (på); *be ~ to duty* vara tullpliktig; *it is ~ to certain restrictions* det gäller med vissa inskränkningar **III** *adv*. *~ to* under förutsättning av [*~ to your approval* (godkännande)]; med förbehåll (reservation) för [*~ to alterations*]; *~ to certain restrictions* med vissa inskränkningar **IV** *tr* **1** underkuva; tvinga till underkastelse [*to* under]; *~ o.s.* [*to a p.*] underkasta sig [ngn] **2** utsätta [*to* för]; göra till föremål för; belägga med [*~ to a fine*]; *be ~ed to* äv. vara föremål för, drabbas av
subjection [səb'dʒekʃən] *s* **1** underkuvande **2** underkastelse [*to* under]; beroende [*to* av]; *keep* (*hold*) *in ~* behärska, bestämma över
subjective [səb'dʒektɪv, sʌb-] *a* subjektiv
subjectivity [,sʌbdʒek'tɪvətɪ] *s* subjektivitet
subject-matter ['sʌbdʒɪkt,mætə] *s* innehåll, stoff [*the ~ of the book*]; ämne
subjugate ['sʌbdʒʊgeɪt] *tr* **1** underkuva, lägga under sig [*~ a country*] **2** bildl. tygla
subjugation [,sʌbdʒʊ'geɪʃən] *s* **1** underkuvande **2** bildl. tyglande, tämjande
subjunctive [səb'dʒʌŋktɪv] gram. **I** *a* konjunktivisk; *the ~ mood* konjunktiv[en] **II** *s* **1** *the ~* konjunktiv[en] **2** konjunktivform
sublease ['sʌb'li:s] *tr* **1** hyra ut i andra hand **2** hyra i andra hand
sublet ['sʌb'let] (*sublet sublet*) *tr* hyra ut i andra hand
sub-lieutenant [,sʌblef'tenənt] *s* löjtnant inom flottan; *acting ~* fänrik inom flottan
sublimate ['sʌblɪmeɪt] **I** *tr* kem. o. psykol. sublimera; bildl. äv. förädla [*into* till] **II** *itr* sublimeras
sublimation [,sʌblɪ'meɪʃən] *s* kem. o. psykol. sublimering; bildl. äv. förädling
sublime [sə'blaɪm] **I** *a* storslagen [*~ scenery*], sublim, ädel **II** *s* storslagenhet, storhet [*the literary ~*]; *from the ~ to the ridiculous there is only one step* mellan det sublima och det löjliga är det endast ett tuppfjät
subliminal [,sʌb'lɪmɪnl] *a* psykol. subliminal, undermedveten; *~ advertising* reklam som påverkar det undermedvetna
submachine-gun ['sʌbmə'ʃi:ngʌn, ,sʌb-] *s* kulsprutepistol, kpist
submarine [,sʌbmə'ri:n, attr. 'sʌbməri:n] **I** *a* undervattens- [*~ cables*], submarin **II** *s* ubåt, undervattensbåt; attr. ubåts-
submerge [səb'mɜ:dʒ] **I** *tr* (se äv. *submerged*) **1** doppa (sänka) ner [i vatten] **2** översvämma, sätta under vatten; dränka **II** *itr* dyka, om ubåt äv. gå ner [under vatten]
submerged [səb'mɜ:dʒd] *a* undervattens- [*~ rocks*]; *be ~* vara (stå) under vatten
submersion [səb'mɜ:ʃən] *s* nedsänkning [i vatten]; översvämning
submission [səb'mɪʃən] *s* **1** underkastelse [*to* under]; resignation [*to* inför] **2** undergivenhet **3** framläggande, föredragning etc., jfr *submit I 2*; presentation; föreläggande
submissive [səb'mɪsɪv] *a* undergiven, ödmjuk [*a ~ reply*], foglig; eftergiven
submit [səb'mɪt] **I** *tr* **1** *~ to* utsätta för [*~ metal to heat*]; *~ o.s. to* underkasta sig [*~ o.s. to discipline*] **2 a**) framlägga, föredra, presentera [*~ o.'s plans to* (för) *a council*]; framställa, väcka [*~ a proposal*]; inkomma med, avge [*~ a report to a p.*] **b**) isht jur. hänvisa, överlämna [*~ a case to the court*] **3** isht jur. hävda, [vilja] göra gällande **II** *itr* ge efter, ge vika, falla till föga [*to* för]
subnormal [,sʌb'nɔ:məl] *a* [som är] under det normala [*~ temperatures*]
subordinate [ss. adj. o. subst. sə'bɔ:dənət, ss. vb sə'bɔ:dɪneɪt] **I** *a* **1** underordnad [*a ~ position*]; lägre [*a ~ officer*], underlydande; bi- [*a ~ role*]; *be ~ to a p.* vara underordnad ngn **2** gram. underordnad; *~ clause* äv. bisats **II** *s* underordnad, underlydande [*his ~s*] **III** *tr* underordna [*to* under]; sätta i andra hand [*~ o.'s private interests*]; *be ~d to a th.* vara underordnad ngt
subordination [sə,bɔ:dɪ'neɪʃən] *s* **1** underordnande, underkastelse [*to* under] **2** underordnad (lägre) ställning
suborn [sʌ'bɔ:n, sə'b-] *tr* **1** besticka, muta, köpa [med mutor] **2** jur. tubba till mened
subplot ['sʌbplɒt] *s* sidohandling i roman

subpoena [səb'pi:nə] jur. **I** *s* stämning [vid vite]; *serve a p. with a ~* delge ngn en stämning **II** *tr* delge en stämning; instämma, kalla inför rätta [*~ as a witness*]

sub-post-office ['sʌb,pəʊstɒfɪs] *s* poststation, mindre postkontor

subscribe [səb'skraɪb] **I** *tr* **1 a)** teckna [sig för] [*~ to a fund*], bidra med **b)** teckna [*~ shares*] **2** betala i medlemsavgift [*~ £5 to a club*] **3** underteckna [*~ a document*] **4** *~d dinner* subskriberad middag **II** *itr* **1** prenumerera, abonnera [*~ to* (på) *a newspaper*], subskribera [*~ for* (på) *a book*] **2** ge bidrag **3** *~ to* skriva under [*~ to an agreement*], bildl. ansluta sig till, dela [*~ to a p.'s views*]

subscriber [səb'skraɪbə] *s* **1** prenumerant [*~ to* (på) *a newspaper*], subskribent [*for* på]; [telefon]abonnent; *~ trunk dialling* telef. automatkoppling **2** a) bidragsgivare b) anhängare [*to* av] c) [aktie]tecknare

subscription [səb'skrɪpʃən] *s* **1 a)** teckning [*~ for* (av) *shares*]; insamling [*to* till]; *start* (*raise*) *a ~* sätta i gång en insamling **b)** bidrag; insamlat belopp **2 a)** prenumeration [*to* på]; subskription [*~ for* (på) *a book*]; abonnemang; *~ dinner* subskriberad middag; *take out a ~ for* [*a year*] prenumerera (teckna prenumeration) för.. **b)** prenumerations|avgift, -pris; medlemsavgift **3 a)** undertecknande **b)** underskrift

subsection ['sʌb,sekʃən] *s* underavdelning, i lagparagraf äv. moment, stycke

subsequent ['sʌbsɪkwənt] *a* följande, efterföljande

subsequently ['sʌbsɪkwəntlɪ] *adv* därefter, sedan, efteråt, senare

subservience [səb'sɜ:vjəns] *s* undergivenhet [*to* mot]; underkastelse [*to* under]

subservient [səb'sɜ:vjənt] *a* **1** underordnad [*to a p.* ngn]; *be ~ to a p.'s needs* svara mot ngns behov **2** undergiven, servil

subside [səb'saɪd] *itr* **1** sjunka [undan] [*the flood has ~d*] **2** sjunka, sätta sig [*the house will ~*]; geol. sänka sig **3** avta, lägga sig [*the wind began to ~*]; om feber gå ned **4** sjunka till botten **5** försjunka

subsidiary [səb'sɪdjərɪ] **I** *a* **1** biträdande, understödjande, hjälp- [*~ troops*]; bi- [*~ stream*], sido- [*~ theme*]; *~ character* bifigur; *~ company* dotter|bolag, -företag; *~ subject* skol. fyllnadsämne **2** underordnad [*to a th.* ngt] **II** *s* dotter|bolag, -företag

subsidize ['sʌbsɪdaɪz] *tr* subventionera, understödja; pp. *~d* subventionerad

subsidy ['sʌbsɪdɪ] *s* subvention, [stats]understöd, bidrag, anslag; subsidier

subsist [səb'sɪst] *itr* **1** livnära sig, existera; uppehålla livet, förtjäna sitt uppehälle [*~ by* (genom, på) *work*] **2** leva kvar, bestå

subsistence [səb'sɪstəns] *s* **1** existens, tillvaro **2** underhåll, försörjning **3** uppehälle, utkomst; *means of ~* existensmedel, utkomstmöjlighet[er]; *~ allowance* traktamente; *on a ~ level* på existensminimum

substance ['sʌbstəns] *s* **1** ämne, materia, stoff; substans [*a chalky ~*] **2 a)** verklighetsunderlag **b)** innehåll [*~ and form*]; huvudinnehåll, innebörd, andemening [*the ~ of a speech*]; *in ~* i huvudsak **3** fasthet, stadga [*the material has some ~*] **4** litt., *a man of ~* en välbärgad man

substandard ['sʌb'stændəd] *a* **1** undermålig **2** språkv. ovårdad, obildad

substantial [səb'stænʃəl] *a* **1** verklig, reell, påtaglig **2** avsevärd, betydande [*~ improvement*], ansenlig [*a ~ sum of money*], omfattande **3** a) stabil, solid, gedigen b) stadig, bastant, rejäl [*a ~ meal*] **4** solid, väletablerad [*a ~ business firm*] **5** vederhäftig, saklig [*a ~ argument*], vägande [*~ reasons*], grundad [*a ~ claim*] **6** *be in ~ agreement* vara överens i huvudsak

substantially [səb'stænʃəlɪ] *adv* **1** väsentligen, huvudsakligen; på alla väsentliga punkter [*we ~ agree*]; väsentligt, avsevärt [*~ contribute to*] **2** stabilt, kraftigt [*~ built*]

substantiate [səb'stænʃɪeɪt] *tr* bestyrka, bevisa; bekräfta

substantiation [səb,stænʃɪ'eɪʃən] *s* bestyrkande, bevis; bekräftelse

substantive ['sʌbstəntɪv] *s* gram. substantiv; substantiverat ord

substitute ['sʌbstɪtju:t] **I** *s* **1** ställföreträdare, ersättare, vikarie; suppleant; sport. reserv; *the ~'s bench* sport. avbytarbänken **2** ersättning, surrogat, substitut [*for* för] **II** *tr* **1** sätta i stället [*for* för]; *~ beer for wine* ersätta vin med öl, byta ut vin mot öl **2** ersätta [*by, with* med] **III** *itr* vikariera, vara suppleant (ersättare, avbytare) [*for* för]

substitution [,sʌbstɪ'tju:ʃən] *s* ersättande, utbyte; ersättning

substrat|um [,sʌb'strɑ:t|əm] (pl. *-a* [-ə]) *s* **1** underliggande (undre) lager (skikt) [*a ~ of rock*] **2** bildl. underlag

substructure ['sʌb,strʌktʃə] *s* underbyggnad; grund[val] äv. bildl.

subtenant ['sʌb'tenənt] *s* hyresgäst i andra hand; *be a ~* hyra i andra hand

subterfuge ['sʌbtəfju:dʒ] *s* undanflykt[er], förevändning[ar]

subterranean [,sʌbtə'reɪnjən] *a* underjordisk

subtitle ['sʌb,taɪtl] **I** *s* **1** undertitel **2** film., pl. *~s* text [*an English film with Swedish ~s*] **II** *tr* **1** förse med en undertitel **2** film. texta

subtle ['sʌtl] *a* **1** subtil, hårfin [*a ~ differ-*

ence]; obestämbar [*a ~ charm*], svag [*a ~ flavour*], diskret [*a ~ perfume*] **2** utstuderad, raffinerad [*~ methods*]; spetsfundig [*a ~ argument*] **3** vaken [*a ~ observer*] **4** smygande, långsamt verkande [*~ poison*]
subtlety ['sʌtltɪ] *s* **1** subtilitet, hårfinhet etc., jfr *subtle*; skärpa, skarpsinne **2** hårklyveri; spetsfundighet, finess, subtilitet
subtly ['sʌtlɪ] *adv* subtilt, hårfint etc., jfr *subtle*
subtopia [sʌb'təʊpɪə] *s* iron. trist förortsområde, subtopia
subtract [səb'trækt] *tr* o. *itr* subtrahera, dra ifrån [*~ 6 from 9*], dra av
subtraction [səb'trækʃən] *s* subtraktion [*a simple ~*]; fråndragning; *~ sign* minustecken
subtropical [ˌsʌb'trɒpɪkəl] *a* subtropisk
subtropics [ˌsʌb'trɒpɪks] *s pl, the ~* de subtropiska trakterna
suburb ['sʌbɜːb] *s* förort, förstad; *garden ~* villa|förort, -stad, trädgårdsstad
suburban [sə'bɜːbən] *a* **1** förorts-, förstads-, i ytterområdena [*~ shops*]; *~ area* ytterområde **2** neds. småstadsaktig
suburbanite [sə'bɜːbənaɪt] *s* förortsbo, förstadsbo
suburbia [sə'bɜːbjə] *s* **1** förorterna **2** förortsmentalitet; förortsliv
subversion [səb'vɜːʃən] *s* omstörtning
subversive [səb'vɜːsɪv] *a* omstörtande, subversiv [*~ activity* (verksamhet)], samhällsomstörtande
subway ['sʌbweɪ] *s* **1** a) [gång]tunnel b) underjordisk ledning **2** Am. tunnelbana
succeed [sək'siːd] **I** *itr* **1** lyckas [*the attack ~ed*], ha framgång; gå bra; *not ~* äv. misslyckas; *nothing ~s like success* den ena framgången drar den andra med sig **2** följa [*to* på, efter; *a long peace ~ed*]; *~ to* äv. överta, ärva [*~ to an estate*]; *~* [*to the throne*] överta tronen **II** *tr* efterträda, komma efter; följa på [*day ~s day*]
success [sək'ses] *s* framgång, lycka [*with varying ~*], medgång; succé; *~ story* framgångssaga; *be* (*prove, turn out*) *a ~* göra lycka (succé), vara (bli) lyckad; *make a ~ of* lyckas med; *meet with ~* ha framgång, göra succé; *with no great ~* utan större framgång
successful [sək'sesfʊl] *a* framgångsrik [*in* i], lyckosam; lyckad [*~ experiments*]; succé- [*~ play*]; som klarat sig (provet), godkänd [*~ candidates*]; *be ~* äv. ha framgång, lyckas [*in doing* [i (med) att] göra], gå bra
succession [sək'seʃən] *s* **1** följd [*a ~ of years*], serie, rad; ordning, ordningsföljd; *in rapid* (*quick*) *~* i snabb följd **2** succession; arvföljd; tronföljd [äv. *order of ~* [*to the throne*]]; *be first* (*next*) *in ~ to the throne* vara närmaste tronarvinge; *on his ~ to the throne* vid hans tronbestigning
successive [sək'sesɪv] *a* på varandra följande; successiv [*~ changes*]; som följer (följde) på varandra [*the ~ governments*]; *three ~ days* tre dagar i rad
successively [sək'sesɪvlɪ] *adv* **1** i följd, efter varandra **2** undan för undan, efter hand [*he became ~ better*], successivt
successor [sək'sesə] *s* **1** efterträdare, efterföljare [*to a p.* till ngn]; *~* [*to the throne*] tronföljare **2** arvinge
succinct [sək'sɪŋkt] *a* koncis, kort[fattad]
succotash ['sʌkətæʃ] *s* Am. maträtt av majs o. bönor
succour ['sʌkə] litt. **I** *tr* bispringa, undsätta, bistå **II** *s* undsättning, bistånd
succulent ['sʌkjʊlənt] *a* saftig [*~ meat*]
succumb [sə'kʌm] *itr* duka under [*to* för], ge efter, falla [*~ to* (för) *flattery*]
such [sʌtʃ] *a* o. *pron* **1** a) sådan [*~ books*], dylik; liknande [*tea, coffee, and ~ drinks*] b) så [*~ big books*; *~ long hair*] c) så stor [*~ was his joy that . .*] d) det [*~ was not my intention*]; [*it was not*] *the first ~ case . .* det första fallet av det slaget; *we had ~ fun* vi hade [verkligen] så trevligt; *~ a* [*book*] en sådan . .; *~ a* [*big book*] en så . .; *there is ~ a draught* det drar så [förfärligt]; *I've never heard of ~ a thing!* jag har väl aldrig hört på maken!; *no ~ thing!* visst inte!, ingalunda!; *I shall do no ~ thing* det gör jag då rakt inte; *some ~ thing* något sådant (liknande); *~ and ~* den och den [*~ and ~ a day*]; *as ~* a) som sådan, i sig [*I like the work as ~*] b) i den egenskapen [*he is my trainer and as ~ can tell me what to do*] **2** *~ as:* **a**) sådan som; de som [*~ as are poor*]; som [t. ex.], såsom [*vehicles ~ as cars*]; *~ books as these* sådana här böcker; *have you ~ a thing as a stamp?* har du möjligen ett frimärke?; *there is ~ a thing as loyalty* det finns något som heter lojalitet; *there are no ~ things as ghosts* det finns inga spöken; *be ~ as to cause alarm* vara ägnad att väcka oro; *how can you be ~ a fool as to do it?* hur kan du vara så dum att du gör det? **b**) [allt] vad, det lilla [som] [*I'll give you ~ as I have*]; *~ as it is* sådan den nu är; *the crowd, ~ as it was* [*, soon dispersed*] den lilla folksamling som var . .
suchlike ['sʌtʃlaɪk] *a* o. *pron* sådan, liknande, dylik; *and ~* [*things*] och dylikt, o. d.
suck [sʌk] **I** *tr* (se äv. ex. under *2 egg*) suga, suga i sig, suga upp; dia; suga ur [*~ an orange*]; suga på [*~ a sweet*]; *~ dry* suga ur [till sista droppen] äv. bildl. **II** *itr* **1** a) suga [*~ at* (på) *o.'s pipe*] b) dia **2** sl., *~ up to* fjäska för **III** *s* **1** sugning, sug [*at* på]; *give a th. a ~, have* (*take*) *a ~ at a th.* suga på

ngt **2** sugljud **3** *give ~ to* amma

sucker ['sʌkə] *s* **1** sug|apparat, -anordning, -fot, zool. äv. sug|organ, -skål **2** fam. lättlurad person, enfaldig stackare; gröngöling; *be a ~ for* vara svag för **3** fam. karamell

sucking-pig ['sʌkɪŋpɪg] *s* späd-, di|gris

suckle ['sʌkl] *tr* dia, ge di, amma

suckling ['sʌklɪŋ] *s* dibarn; diande unge; *babes and ~s* barn och spenabarn

suction ['sʌkʃən] *s* [in]sugning; sug

Sudan [sʊ'dɑ:n, -'dæn] geogr., *the ~* Sudan

sudden ['sʌdn] **I** *a* plötslig, oväntad; bråd [*~ death*]; häftig [*a ~ movement*]; tvär [*a ~ turn in the road*]; *~ death* sport. sudden death i oavgjord match beslut om att nästa mål o. d. avgör matchen **II** *s, all of a ~* helt plötsligt

suddenly ['sʌdnlɪ] *adv* plötsligt, med ens

suds [sʌdz] (konstr. ss. sg. el. pl.) *s* såp-, tvål|lödder; såp-, tvål|vatten

Sue [su:] kortform för *Susan, Susanna*[*h*]

sue [su:, sju:] **I** *tr* **1** jur. stämma, åtala; lagsöka [*~ a p. for debt* (gäld)]; *~ a p. for damages* begära skadestånd av ngn **2** bedja [*~ the enemy for* (om) *peace*] **II** *itr* **1** jur. processa [*for* om, för att få]; väcka åtal [*threaten to ~*]; *~ for a divorce* begära skilsmässa **2** *~ for* bedja om [*~ for peace*]

suede [sweɪd] *s* mocka[skinn]

suet ['sʊɪt, 'sjʊɪt] *s* [njur]talg

Suez ['su:ɪz, 'sju:ɪz] geogr., *the ~ Canal* Suezkanalen

suffer ['sʌfə] **I** *tr* **1** a) lida [*~ wrong* (orätt)], [få] utstå [*~ punishment*], genomlida; drabbas av, få vidkännas [*~ loss*] b) undergå, genomgå [*~ change*]; *~ damage* lida (ta) skada; *~ great pain* lida mycket **2** tåla; *~ fools gladly* ha en ängels tålamod med dumbommar, bibl. ha fördrag med dårar; *~ [the] little children to come unto me* bibl. låten barnen komma till mig; [*oh, God,*] *~ little children!* milda makter! **II** *itr* lida [*from* av], plågas; ta (lida) skada, fara illa [*from* av], bli lidande [*by* på], lida avbräck; *~ for* [få] umgälla, få plikta (sota) för; lida för; *~ for o.'s sins* lida för sina synders skull; *~ from headaches* lida av huvudvärk

sufferance ['sʌfərəns] *s* tyst medgivande; [*up*]*on ~* på nåder [*be admitted on ~*]

sufferer ['sʌfərə] *s* lidande [person]; *hay-fever ~s* de som lider av hösnuva; *be the ~ by* bli lidande på; *he will be the ~* det blir han som blir lidande

suffering ['sʌfərɪŋ] **I** *s* lidande [*the ~s of Christ*], nöd, kval **II** *a* lidande

suffice [sə'faɪs] **I** *itr* vara nog, räcka [till], förslå [*for* för, till] **II** *tr* vara tillräcklig för; tillfredsställa

sufficiency [sə'fɪʃənsɪ] *s* tillräcklig mängd [*of* av]; tillräcklighet

sufficient [sə'fɪʃənt] **I** *a* tillräcklig; *be ~* äv. räcka [*for* till, för], vara nog, räcka till; *~ food* tillräckligt med mat; *be ~ to o.s.* vara sig själv nog **II** *s, he ate till he had ~* han åt tills han var mätt; *be ~ of an expert to . .* vara tillräckligt mycket expert för att . .

suffix ['sʌfɪks] **I** *s* gram. suffix, ändelse **II** *tr* lägga till [*~ a syllable*]; bifoga

suffocate ['sʌfəkeɪt] **I** *tr* kväva **II** *itr* kvävas; storkna [*~ with* (av) *rage*]

suffocating ['sʌfəkeɪtɪŋ] *a* kvävande, kvalmig, kvav

suffocation [ˌsʌfə'keɪʃən] *s* kvävning; *I have a feeling of ~* det känns som om jag skulle kvävas

Suffolk ['sʌfək]

suffragan ['sʌfrəgən] *a* o. *s, ~* [*bishop*], *bishop ~* biträdande biskop; rom. kat. suffragan

suffrage ['sʌfrɪdʒ] *s* rösträtt [*universal* (allmän) *~*]; *women's ~* kvinnlig rösträtt

suffragette [ˌsʌfrə'dʒet] *s* hist. rösträttskvinna, suffragett

suffuse [sə'fju:z] *tr* övergjuta [*the sky was ~d with* (av) *crimson*], sprida sig över; fylla [*with* med]; *sunlight ~d the room* solen flödade över rummet

sugar ['ʃʊgə] **I** *s* **1** a) socker b) sockerbit; *brown* (*moist*) *~* farinsocker **2** fam. sötnos, älskling **II** *tr* sockra, sockra i (på), söta [med socker]; *~ the pill* sockra det beska pillret; *~ed almonds* dragerade mandlar

sugar-basin ['ʃʊgəˌbeɪsn] *s* sockerskål

sugar-beet ['ʃʊgəbi:t] *s* sockerbeta

sugar-candy ['ʃʊgəˌkændɪ] *s* kandisocker

sugar-cane ['ʃʊgəkeɪn] *s* sockerrör; *~ plantation* sockerplantage

sugar-daddy ['ʃʊgəˌdædɪ] *s* fam. äldre rik beundrare (älskare) till ung flicka

sugar-|loaf ['ʃʊgə|ləʊf] (pl. *-loaves* [-ləʊvz]) *s* sockertopp

sugary ['ʃʊgərɪ] *a* **1** sockrad, söt, sockrig; sockerhaltig **2** bildl. sötsliskig [*~ music*]

suggest [sə'dʒest, Am. səg'dʒ-] *tr* **1** föreslå [*~ a p. for* (till) *a post*]; *~ a th. to a p.* föreslå ngn ngt, framkasta [ett förslag om] ngt för ngn **2** antyda [*he was trying to ~ that I should go*] **3** tyda på, vittna om [*the look on her face ~ed fear*]; antyda [*as the name ~s*] **4** påminna om, väcka tanken på **5** a) inspirera [*a drama ~ed by an actual incident*] b) väcka [*that ~ed the idea*] **6** påstå [*do you ~* (vill du påstå) *that I'm lying?*]

suggestible [sə'dʒestəbl, Am. səg'dʒ-] *a* lättpåverkad; lättsuggererad, suggestibel

suggestion [sə'dʒestʃən, Am. səg'dʒ-] *s* **1** förslag [*~s for* (till) *improvement*], råd; *at* (*on*) *the ~ of* på förslag (inrådan) av **2** antydan, vink **3** uppslag, impuls; idé; påminnelse [*of* om] **4** anstrykning, nyans [*a ~ of mockery in his tone*], antydan, tillstymmelse [*of* till] **5** suggestion

suggestive [sə'dʒestɪv, Am. səg'dʒ-] *a* **1** tankeväckande, uppslagsrik; suggestiv; talande; *be ~ of* a) väcka tanken på b) tyda på, vittna om **2** tvetydig, ekivok

suicidal [sʊɪ'saɪdl, sjʊɪ's-] *a* självmords- [*~ tendencies*]; bildl. vansinnig [*~ speed*]; *his death was ~* dödsorsaken var självmord

suicide ['sʊɪsaɪd, 'sjʊɪ-] *s* **1** självmord [*commit* (begå) *~*; *political ~*] **2** självmördare

suing ['su:ɪŋ, 'sju:ɪŋ] pres. p. av *sue*

suit [su:t, sju:t] **I** *s* **1** dräkt [*spacesuit*]; [*man's*] *~* [herr]kostym; [*woman's*] *~* [dam]dräkt; *a ~ of armour* en rustning; *a ~ of clothes* en [hel] kostym; *dress ~* högtidsdräkt, frack; *two-piece ~* a) herrkostym [utan väst] b) tvådelad dräkt (klänning) **2** jur. rättegång, process **3** högt. bön, begäran, anhållan [*for* om] **4** kortsp. färg; *follow ~* bekänna (följa) färg, bildl. följa exemplet, göra likadant; *his long* (*strong*) *~* bildl. hans starka sida **II** *tr* (se äv. *suited*) **1** a) passa [*which day ~s you best?*] b) klä [*white ~s her*] c) tillfredsställa [*we try to ~ our customers*], vara (göra) till lags [*you can't ~ everybody*] d) passa (lämpa sig) för, vara lämplig för e) passa in i, passa ihop med [*that will ~ my plans*]; *will tomorrow ~ you?* passar det [dig] i morgon?; *~ yourself!* gör som du vill! **2** anpassa, avpassa, lämpa [*to* efter; *~ the punishment to the crime*]; *~ the action to the word* omsätta ord i handling **III** *itr* passa, stämma överens, gå i stil [*with* med]; *will tomorrow ~?* passar det i morgon?

suitability [ˌsu:tə'bɪlətɪ, ˌsju:-] *s* lämplighet [*to, for* för], ändamålsenlighet

suitable ['su:təbl, 'sju:-] *a* passande, lämplig [*to, for* för, till]; *be ~* äv. passa, duga

suitably ['su:təblɪ, 'sju:-] *adv* lämpligt, passande; riktigt, rätt

suitcase ['su:tkeɪs, 'sju:t-] *s* resväska

suite [swi:t] *s* **1** svit, följe, uppvaktning **2 a**) *a ~* [*of furniture*] ett möblemang, en möbel **b**) [soff]grupp; *a three-piece ~* en soffgrupp [i tre delar] **3** svit [*a ~ at a hotel*]; lägenhet, våning [*a ~ of offices*]; *a ~ of rooms* a) en fil av rum b) en rumssvit **4** uppsättning; serie, räcka **5** mus. svit

suited ['su:tɪd, 'sju:-] *a* **1** lämplig, passande, lämpad [*for, to* för]; anpassad, avpassad [*to* efter]; *be ~ for* (*to*) äv. passa (lämpa sig) för; *they are well ~ to each other* de passar bra ihop; *he is not ~ for teaching* (*to be a teacher*) han är inte lämpad för läraryrket, han passar inte till lärare **2** vanl. ss. efterled i sms. -klädd [*grey-suited*]

suitor ['su:tə, 'sju:-] *s* **1** jur. kärande[part] **2** friare **3** supplikant, petitionär, ansökande

sulfa m. fl. isht Am., se *sulpha* m. fl.

sulk [sʌlk] **I** *itr* tjura **II** *s, be in the ~s* (*in a ~*) tjura, vara sur; *have the ~s* vara sur

sulky ['sʌlkɪ] **I** *a* sur [och trumpen], tjurig **II** *s* sport. sulky

sullen ['sʌlən] *a* surmulen, butter

sully ['sʌlɪ] *tr* fläcka [*~ a p.'s reputation*]

sulpha ['sʌlfə] *a* läk. sulfa-; *~ drug* sulfa[-preparat]

sulphate ['sʌlfeɪt] *s* kem. sulfat

sulphide ['sʌlfaɪd] *s* kem. sulfid

sulphite ['sʌlfaɪt] *s* kem. sulfit

sulphur ['sʌlfə] *s* kem. svavel

sulphurate ['sʌlfjʊreɪt] *tr* kem. impregnera (behandla) med svavel

sulphuretted ['sʌlfjʊretɪd] *a* kem., *~ hydrogen* svavelväte

sulphuric [sʌl'fjʊərɪk] *a* kem. svavel-; *~ acid* svavelsyra

sulphurous ['sʌlfərəs, -fjʊr-] *a* kem. svavelhaltig; svavel- [*~ smell*]

sultan ['sʌltən] *s* sultan

sultana [sʌl'tɑ:nə] *s* **1** sultaninna **2** sultanrussin

sultanate ['sʌltənət, -neɪt] *s* sultanat

sultry ['sʌltrɪ] *a* kvav, kvalmig, tryckande; gassig, brännande [*~ sun*]

sum [sʌm] **I** *s* **1** summa **2** [penning]summa, belopp **3** matematikexempel, -uppgift; pl. *~s* äv. matematik; *do ~s* lösa uppgifter; *be good at ~s* vara bra i matematik **II** *tr* summera, addera [*up* ihop]; *~ up* äv. a) sammanfatta, göra en sammanfattning av, jur. äv. rekapitulera b) bedöma, bilda sig en uppfattning om [*he ~med up the situation*]; *to ~ it all up* kort sagt, sammanfattningsvis **III** *itr, ~ up* göra en sammanfattning; *to ~ up* sammanfattningsvis

summarily ['sʌmərəlɪ] *adv* **1** i korthet, i sammandrag **2** utan vidare, summariskt; *deal ~ with* göra processen kort med

summarize ['sʌməraɪz] *tr* **1** sammanfatta, göra en sammanfattning (resumé) av **2** vara en sammanfattning av

summary ['sʌmərɪ] **I** *a* **1** kortfattad, summarisk [*a ~ report*]; *~ view* kort översikt **2** isht jur. summarisk [*~ justice* (rättsförfarande)]; snabb, snabbt verkställd [*a ~ sentence* (dom)]; *~ conviction* fällande dom utan jury; *~ court-martial* Am. mil. krigsrätt för disciplinmål **II** *s* sammanfattning, sammandrag, resumé, referat; summering

summer ['sʌmə] *s* sommar; *last ~* förra sommaren, i somras; *this ~* den här sommaren, [nu] i sommar; *in* [*the*] *~* på (om) sommaren (somrarna); *in the ~ of 1984* [på] sommaren 1984; *in* [*the*] *early* (*late*) *~* på försommaren (sensommaren), tidigt (sent) på sommaren; [*children's*] *~ camp*

barnkoloni; ~ *lightning* kornblixt[ar]; ~ *school* a) sommarkurs[er] b) ferieskola; sommaruniversitet; ~ *solstice* sommarsolstånd; [*double*] ~ *time* [dubbel] sommartid
summer-house ['sʌməhaus] *s* **1** lusthus, paviljong **2** sommar|hus, -villa, -ställe
summertime ['sʌmətaɪm] *s* sommar, sommartid; *in* [*the*] ~ på (under) sommaren
summery ['sʌmərɪ] *a* sommarlik
summing-up ['sʌmɪŋ'ʌp] (pl. *summings-up* ['sʌmɪŋz'ʌp]) *s* isht jur. sammanfattning
summit ['sʌmɪt] *s* **1** topp, spets [*the* ~ *of a mountain*], bildl. höjd, höjdpunkt [*be at the* ~ *of o.'s power*] **2** a) topp|konferens, -möte b) attr. topp- [~ *conference* (*meeting*)]
summon ['sʌmən] *tr* **1** kalla [på], tillkalla; kalla in [~ *Parliament*]; ~ *a meeting* sammankalla (kalla till) ett möte **2** jur. [in]stämma, kalla [in] [~ *a p. as a witness*]; ~ *a p.* [*before the court*] [in]stämma ngn inför rätta **3** uppfordra; ~ *the enemy* [*to surrender*] uppmana fienden att kapitulera **4** ~ [*up*] a) samla, uppbjuda, uppbringa [~ [*up*] *o.'s courage*] b) frammana
summons ['sʌmənz] *s* **1** kallelse, inkallelse; kallelsemeddelande; jur. stämning; ~ *home* hemkallelse; *serve a* ~ *on a p.* delge ngn stämning, stämma ngn **2** uppfordran, maning, signal
sump [sʌmp] *s* **1** motor. olje|tråg, -sump **2** [pump]grop, sump **3** avloppsbrunn
sumptuous ['sʌmptjuəs] *a* överdådig, luxuös, storslagen [*a* ~ *feast*]
sum-total ['sʌm'təutl] *s* slut-, total|summa
Sun. förk. för *Sunday*
sun [sʌn] **I** *s* sol; solsken; *everything under the* ~ allt mellan himmel och jord **II** *tr* sola; ~ *o.s.* sola sig **III** *itr* sola sig
sunbaked ['sʌnbeɪkt] *a* **1** solhet, solstekt **2** förbränd, förtorkad [~ *fields*]
sunbath ['sʌnbɑ:θ] *s* solbad
sunbathe ['sʌnbeɪð] *itr* solbada
sunbeam ['sʌnbi:m] *s* solstråle
sun-blind ['sʌnblaɪnd] *s* markis; jalusi
sunburn ['sʌnbɜ:n] *s* solbränna
sunburned ['sʌnbɜ:nd] *a* o. **sunburnt** ['sʌnbɜ:nt] *a* solbränd
sundae ['sʌndeɪ, -dɪ] *s* kok. glasscoupe med garnering
Sunday ['sʌndɪ, -deɪ] *s* **1** söndag; *last* ~, *on* ~ *last* i söndags, förra söndagen; *next* ~, *on* ~ *next* nästa söndag, [nu] på söndag; *on* ~ på (om) söndag; *on* ~*s* på (om) söndagarna; *on a* ~ [på] en söndag; *a month of* ~*s* se ex. under *month*; *last* ~ *week* m. fl. ex. se under *week* **2** attr. söndags- [~ *supplement* (bilaga)]; fin- [*her* ~ *shoes*]
sundeck ['sʌndek] *s* **1** soldäck **2** Am. solaltan, soltak
sunder ['sʌndə] *tr* litt. avskilja; klyva
sundial ['sʌndaɪəl] *s* solur, solvisare
sundown ['sʌndaun] *s* solnedgång; *at* ~ i (vid) solnedgången
sundries ['sʌndrɪz] *s pl* **1** diverse [utgifter]; allahanda **2** hand. styckegods
sundry ['sʌndrɪ] *a* flerfaldiga, åtskilliga, flera [*on* ~ *occasions*], diverse [~ *items*], varjehanda; *all and* ~ alla och envar
sunflower ['sʌnˌflauə] *s* bot. solros
sung [sʌŋ] pp. av *sing*
sunglasses ['sʌnˌglɑ:sɪz] *s pl* solglasögon
sun-helmet ['sʌnˌhelmɪt] *s* tropikhjälm
sunk [sʌŋk] *a* o. *pp* (av *sink*) [ned]sänkt; sjunken; ~ *in* försjunken i [~ *in thought*], nedsjunken i [~ *in despair*]; *we are* ~ [*if that happens*] fam. vi är sålda . .
sunken ['sʌŋkən] *a* **1** sjunken; nedsänkt **2** insjunken [~ *eyes*], infallen [~ *cheeks*]
sunlamp ['sʌnlæmp] *s* sollampa, kvartslampa
sunlight ['sʌnlaɪt] *s* solljus
sunlit ['sʌnlɪt] *a* solbelyst; solig
sun-lounge ['sʌnlaundʒ] *s* glasveranda; glastäckt uterum
sunny ['sʌnɪ] *a* solig; sol- [~ *beam* (*day*)]; solljus, solbelyst; *look on the* ~ *side* [*of things*] se allt från den ljusa sidan; *the* ~ *side of life* livets solsida; *be on the* ~ *side of forty* inte ha passerat de fyrtio ännu
sunpower ['sʌnˌpauə] *s* solenergi
sunray ['sʌnreɪ] *s* **1** solstråle **2** läk., ~ *treatment* ultraviolett strålning
sunrise ['sʌnraɪz] *s* soluppgång; *at* ~ i (vid) soluppgången
sun-roof ['sʌnru:f] *s* soltak på bil
sunset ['sʌnset] *s* solnedgång; *at* ~ i (vid) solnedgången; ~ *glow* aftonrodnad
sunshade ['sʌnʃeɪd] *s* **1** parasoll **2** [fönster]markis **3** solskärm
sunshield ['sʌnʃi:ld] *s* solskydd i bil
sunshine ['sʌnʃaɪn] *s* solsken äv. bildl.
sunshiny ['sʌnˌʃaɪnɪ] *a* solskens-, solig
sunspot ['sʌnspɒt] *s* **1** astr. solfläck **2** fam. soligt ställe
sunstroke ['sʌnstrəuk] *s* solsting
sun-suit ['sʌnsu:t, -sju:t] *s* soldräkt
suntan ['sʌntæn] **I** *s* solbränna; ~ *lotion* solmjölk, sololja **II** *itr* bli solbränd
sunup ['sʌnʌp] *s* isht Am. fam. soluppgång
sun-visor ['sʌnˌvaɪzə] *s* solskydd i bil
sun-worshipper ['sʌnˌwɜ:ʃɪpə] *s* soldyrkare
1 sup [sʌp] *s* [liten] klunk; *a bite and a* ~ se *bite III*
2 sup [sʌp] *itr* **1** ngt åld. äta kvällsmat, supera **2** *he that* ~*s with the devil must have a long spoon* ung. man skall vara försiktig tillsammans med fula fiskar
super ['su:pə, 'sju:-] *a* fam. toppen, jättefin; jättekul

super- ['su:pə, 'sju:-, se f. ö. sms. nedan] *pref* super-, över- [*super-ego*]; jätte- [*superbus*]
superabundance [ˌsu:pərə'bʌndəns, ˌsju:-] *s* överflöd, riklighet [*of* på, av]
superabundant [ˌsu:pərə'bʌndənt, ˌsju:-] *a* överflödande, ymnig, riklig; överflödig
superannuate [ˌsu:pər'ænjueɪt, ˌsju:-] *tr* pensionera; avpollettera; utrangera
superannuation [ˌsu:pərˌænjʊ'eɪʃən, ˌsju:-] *s* pension[ering], avgång [med pension]; ~ *fund* pensionskassa
superb [sʊ'pɜ:b, sjʊ-] *a* storartad, enastående [*a ~ view*], ypperlig, utmärkt [*a ~ actress*]; strålande [*~ beauty*]; superb
supercharge ['su:pətʃɑ:dʒ, 'sju:-] *tr* **1** tekn. tryckladda; förkomprimera **2** bildl., pp. *~d* starkt laddad [*a ~d atmosphere*]
supercharger ['su:pəˌtʃɑ:dʒə, 'sju:-] *s* tekn. [laddnings]kompressor
supercilious [ˌsu:pə'sɪlɪəs, ˌsju:-] *a* högdragen, överlägsen, övermodig
super-duper ['su:pə'du:pə] *a* sl. toppen, jätte[ball], super; jättestor
super-ego [ˌsu:pər'egəʊ, ˌsju:-, -'i:gəʊ] *s* psyk. överjag, superego
supererogation [ˌsu:pərˌerə'geɪʃən, ˌsju:-] *s*, [*work of*] ~ överloppsgärning
superficial [ˌsu:pə'fɪʃəl, ˌsju:-] *a* ytlig äv. bildl. [*a ~ person*]; på ytan [liggande]; yt-
superficiality [ˌsu:pəˌfɪʃɪ'ælətɪ, ˌsju:-] *s* ytlighet äv. bildl.; ytlig beskaffenhet
superfluity [ˌsu:pə'flu:ətɪ, ˌsju:-] *s* överflöd, övermått
superfluous [sʊ'pɜ:fluəs, sjʊ-] *a* överflödig, onödig; ~ *hair*[*s*] generande hårväxt
superhighway [ˌsu:pə'haɪweɪ] *s* Am. motorväg
superhuman [ˌsu:pə'hju:mən, ˌsju:-] *a* övermänsklig
superimpose ['su:pərɪm'pəʊz, 'sju:-] *tr* **1** lägga ovanpå (över) **2** fotogr. kopiera in
superintend [ˌsu:pərɪn'tend, ˌsju:-] **I** *tr* övervaka, tillse, ha (hålla) uppsikt över, kontrollera; leda [*~ a firm*] **II** *itr* hålla uppsikt, utöva kontroll
superintendence [ˌsu:pərɪn'tendəns, ˌsju:-] *s* överinseende, tillsyn, uppsikt, ledning [*under the ~ of the manager*]
superintendent [ˌsu:pərɪn'tendənt, ˌsju:-] *s* [över]uppsyningsman; [över]intendent; ledare, direktör för ämbetsverk; [skol]inspektör; inspektor; [*police*] ~ [polis]kommissarie; Am. ung. chef för en rotel
superior [su:'pɪərɪə, sjʊ-] **I** *a* **1** högre i rang o. d. [*to* än]; överlägsen [*to a p.* ngn]; *be ~ to* äv. a) överträffa b) stå över, vara höjd över [*he is ~ to flattery*]; ~ *court* överdomstol, högre domstol; ~ *numbers* större antal; övermakten [*overcome by ~ numbers*] **2** utmärkt, förstklassig, förträfflig, utsökt, extra prima [*~ quality*] **3** överlägsen, högdragen [*a ~ air* (*attitude*)] **4** isht naturv. övre; högre **II** *s* **1** *Lake S~* Övre sjön **2** överordnad [*my ~s* [*in rank*]], förman; *he is my ~* äv. han står över mig; han är mig överlägsen **3** abbot [äv. *Father S~*]; *Lady* (*Mother*) *S~* abbedissa
superiority [sʊˌpɪərɪ'ɒrətɪ, sjʊ-] *s* överlägsenhet [*in, of* i; *to, over* över]; förträfflighet; *his ~ in rank* hans överordnade (högre) ställning
superjet ['su:pədʒet, 'sju:-] *s* överljudsjetplan
superlative [sʊ'pɜ:lətɪv, sjʊ-] **I** *a* **1** ypperlig, överlägsen, förträfflig; enastående, superlativ **2** gram. superlativ; *the ~ degree* superlativ[en] **II** *s* superlativ äv. gram.
superlatively [sʊ'pɜ:lətɪvlɪ, sjʊ-] *adv* i högsta grad, utomordentligt, högst
super|man ['su:pə|mæn, 'sju:-] (pl. *-men* [-men]) *s* **1** övermänniska **2** fam. stålman; *S~* Stålmannen seriefigur
supermarket ['su:pəˌmɑ:kɪt, 'sju:-] *s* [stort] snabbköp
supernatural [ˌsu:pə'nætʃrəl, ˌsju:-] *a* övernaturlig
supernumerary [ˌsu:pə'nju:mərərɪ, ˌsju:-] **I** *a* övertalig, extra[-], reserv-; överflödig **II** *s* **1** övertalig person (sak); extra[ordinarie], extraarbetare; reserv **2** teat. statist
superpower ['su:pəˌpaʊə, 'sju:-] *s* supermakt
superscription [ˌsu:pə'skrɪpʃən, ˌsju:-] *s* överskrift; påskrift, utanskrift
supersede [ˌsu:pə'si:d, ˌsju:-] *tr* **1** ersätta [*buses have ~d trams*], avlösa, slå ut, tränga undan **2** efterträda [*~ a p. as chairman*]
supersensitive [ˌsu:pə'sensətɪv, ˌsju:-] *a* överkänslig
supersonic ['su:pə'sɒnɪk, 'sju:-] *a* överljuds- [*~ aircraft* (*bang*)], supersonisk
superstition [ˌsu:pə'stɪʃən, ˌsju:-] *s* vidskepelse, vidskeplighet, skrock
superstitious [ˌsu:pə'stɪʃəs, ˌsju:-] *a* vidskeplig, skrockfull
superstructure ['su:pəˌstrʌktʃə, 'sju:-] *s* överbyggnad
supertanker ['su:pəˌtæŋkə, 'sju:-] *s* sjö. supertanker
supervene [ˌsu:pə'vi:n, ˌsju:-] *itr* inträffa, uppkomma, uppstå [*a new difficulty ~d*]; inträda [*death ~d immediately*]
supervention [ˌsu:pə'venʃən, ˌsju:-] *s* inträdande, uppkomst; framträdande
supervise ['su:pəvaɪz, 'sju:-] *tr* övervaka, tillse, ha tillsyn (uppsikt) över
supervision [ˌsu:pə'vɪʒən, ˌsju:-] *s* överinseende, övervakning, tillsyn, uppsikt; bevakning
supervisor ['su:pəvaɪzə, 'sju:-] *s* **1** överva-

kare; tillsyningsman; [arbets]ledare, förman; föreståndare i varuhus o. d.; kontrollör, kontrollant, inspektör **2** skol. hand-, studie|ledare; Am. äv. tillsynslärare

supervisory [ˌsuːpəˈvaɪzərɪ, ˌsjuː-] *a* övervakande, övervaknings- [*~ duties*], kontrollerande, tillsyns-

supine [ss. adj. suːˈpaɪn, sjuː-, ss. subst. ˈ- -] **I** *a* **1** som ligger [utsträckt] på rygg, liggande **2** loj, slö **II** *s* gram. supinum i latinsk grammatik

supper [ˈsʌpə] *s* kvällsmat [*have cold meat for* (till) *~*], kvällsmål[tid], supé [*a good ~*]; *the Last S~* Jesu sista måltid

supper-time [ˈsʌpətaɪm] *s* dags (tid) för kvällsmat, supédags

supplant [səˈplɑːnt] *tr* ersätta [*trams have been ~ed by buses*], avlösa, komma i stället för; tränga undan (ut), utmanövrera

supple [ˈsʌpl] *a* böjlig, mjuk, smidig, spänstig äv. bildl. [*a ~ mind*]

supplement [ss. subst. ˈsʌplɪmənt, ss. vb ˈsʌplɪment, ˌ- -ˈ-] **I** *s* supplement, tillägg; bilaga [*The Times Literary S~*], bihang **II** *tr* öka [ut] [*~ o.'s income*]; supplera; komplettera [*~ o.'s stock* (lager)]

supplementary [ˌsʌplɪˈmentərɪ] *a* tillagd; supplement- [*~ volume*], tilläggs- [*~ grant*], supplementär, extra; kompletterande

supplementation [ˌsʌplɪmenˈteɪʃən] *s* [ut]ökning, supplering; komplettering

suppliant [ˈsʌplɪənt] **I** *a* bedjande, bönfallande **II** *s* supplikant

supplicate [ˈsʌplɪkeɪt] *tr* o. *itr* bönfalla [*for a th.* om ngt]

supplication [ˌsʌplɪˈkeɪʃən] *s* **1** [ödmjuk] bön [*for a th.* om ngt] **2** rel. förbön; åkallan

supplicatory [ˈsʌplɪkətərɪ, -keɪtərɪ] *a* böne-; bönfallande; ödmjuk

supplier [səˈplaɪə] *s* leverantör

1 supply [ˈsʌplɪ] *adv* böjligt, mjukt, smidigt, spänstigt

2 supply [səˈplaɪ] **I** *tr* **1** skaffa [*~ proof*], anskaffa; erbjuda, lämna; isht hand. leverera; *~ a th. to a p.* förse (hålla, utrusta) ngn med ngt, leverera ngt till ngn **2** fylla [ut], täcka [*~ a want* (*need*)], ersätta [*~ a deficiency*]; fylla i, sätta in vad som fattas; *~ a demand* tillfredsställa (tillgodose) ett behov **II** *s* **1** tillförsel, anskaffning, leverans [*~ of goods*]; tillgång [*~ of* (på) *food*], förråd, lager [*a large ~ of shoes*]; pl. *supplies* mil. proviant; *~ and demand* ekon. tillgång och efterfrågan; *food ~* livsmedel[stillgång]; *medical supplies* medicinska förnödenheter; *fish are in good ~* det är god tillgång på fisk **2** parl., pl. *supplies* anslag **3** vikariat, förordnande t. ex. som lärare; *~ teacher* [lärar]vikarie

support [səˈpɔːt] **I** *tr* **1** stötta, stödja; uppehålla [*too little food to ~ life*]; [*the bridge is not strong enough to*] *~ heavy vehicles* . . bära tung trafik **2** stödja äv. bildl. [*a theory ~ed by facts*], understödja, backa upp [*~ a party*], främja, gynna; hålla (heja) på [*~ Arsenal*]; underbygga, bestyrka [*~ a statement*]; biträda [*~ a proposal*] **3** försörja [*can he ~ himself?*] **II** *s* **1** stöd; stötta, underlag, ställning; *arch ~* hålfotsinlägg **2** [under]stöd, hjälp äv. ekonomisk; medverkan; *in ~ of* till (som) stöd för **3** underhåll, försörjning; *means of ~* utkomstmöjlighet[er]

supporter [səˈpɔːtə] *s* **1** a) anhängare, supporter; *he's an Arsenal ~* äv. han håller på Arsenal b) [under]stödjare **2** försörjare

supporting [səˈpɔːtɪŋ] *a* stödjande etc., jfr *support I*, stöd-; *~ cast* birolls|besättning, -lista; [*full*] *~ programme* på bioaffisch o. d. [långfilm] med kortfilm[er] (förspel)

suppose [səˈpəuz] *tr* anta[ga], ponera; förmoda, inbilla (föreställa) sig; förutsätta [*creation ~s a creator*]; *~ he comes* (*should come*)? tänk om han kommer (skulle komma)?; *~ we went for a walk?* hur skulle det vara om vi tog en promenad?; *I ~ so* jag förmodar (antar) det; *I ~ not, I don't ~ so* jag tror inte det; *I ~ I'd better do it* det är nog (väl) bäst att jag gör det; *I ~ you couldn't* [*come on Saturday instead?*] du skulle väl inte kunna . .; *he is ill, I ~* han är sjuk, antar (förmodar) jag; han är nog (väl) sjuk; *he is ~d to be rich* han lär (skall) vara rik; *I am ~d to be there at five* [det är meningen att] jag skall vara där klockan fem; *it is to be ~d that* . . det är att förmoda att . .

supposed [səˈpəuzd] *a* förment, förmodad; inbillad

supposedly [səˈpəuzɪdlɪ] *adv* förmodligen, antagligen; förment

supposing [səˈpəuzɪŋ] *konj* antag att; *~ he should be out?* antag att han skulle vara ute?; *~ it rains* [tänk] om det skulle regna

supposition [ˌsʌpəˈzɪʃən] *s* antagande; förmodan, tro; *on the ~ that* under förutsättning att; utgående från att, i tron att

suppositious [ˌsʌpəˈzɪʃəs] *a* förment, hypotetisk

supposititious [səˌpɒzɪˈtɪʃəs] *a* oäkta, falsk [*a ~ document*]; imaginär, hypotetisk

suppository [səˈpɒzɪtərɪ] *s* med. stolpiller

suppress [səˈpres] *tr* **1** undertrycka, kuva, kväva [*~ a rebellion*]; tysta [ned] [*~ criticism*]; dämpa [*~ o.'s anger*] **2** dra in [*~ a publication*]; förbjuda, bannlysa [*~ a party*] **3** förtiga [*~ the truth*]; psyk. [medvetet] förtränga

suppression [səˈpreʃən] *s* **1** undertryckande etc., jfr *suppress 1* **2** indragning av tidning

o. d.; förbjudande, bannlysning av parti o. d. **3** hemlighållande, förtigande; psyk. bortträngning
suppressor [sə'presə] *s* **1** undertryckare; förtryckare **2** elektr. stör[nings]skydd
suppurate ['sʌpjuəreɪt] *itr* med. vara [sig]
suppuration [ˌsʌpjuə'reɪʃən] *s* med. varbildning
supradental ['su:prə'dentl, 'sju:-] *a* o. *s* fon. supradental
supranational ['su:prə'næʃənl, 'sju:-] *a* överstatlig, övernationell
supremacy [su'preməsɪ, sju-] *s* **1** överhöghet **2** ledarställning; överlägsenhet
supreme [su'pri:m, sju-] *a* **1** högst; över-; suverän, allenarådande; *~ command* högsta kommando (befäl); *~ commander* överbefälhavare; *the S~ Court* [*of Judicature*] Engl., ung. högsta domstolen; *the S~ Court* i USA högsta domstolen på federal o. delstatlig nivå; *S~ Headquarters* högkvarter[et]; *make the ~ sacrifice* offra livet; *the S~ Soviet* högsta sovjet; *reign* (*rule, be*) *~* vara allenarådande, vara suverän **2** enastående, oförliknelig [*a ~ artist*]; oerhörd, enorm [*~ courage*]
supremely [su'pri:mlɪ, sju-] *adv* i högsta grad, högst, ytterst [*~ happy*]
supremo [su:'pri:məu, sju:-] *s* högste chef, högste ledare
Supt. förk. för *Superintendent*
surcharge [ss. subst. 'sɜ:tʃɑ:dʒ, ss. vb -'-] **I** *s* **1** tilläggs-, extra|avgift; post. lösen **2** post. överstämpling **II** *tr* debitera extra
surd [sɜ:d] *s* mat. irrationellt tal
sure [ʃuə, ʃɔ:] **I** *a* **1** pred. säker [*of, about* på, om]; viss, förvissad, övertygad [*of, about* om]; *be ~ of o.s.* vara självsäker; *he is ~ to succeed* han kommer säkert att lyckas; *be ~ to* (*be ~ you*) [*call me in good time*] se till att du . .; *to be ~* naturligtvis [*so it is, to be ~*]; visserligen, nog [*to be ~ he is clever, but* . .]; *I don't know, I'm ~* det vet jag faktiskt inte; [*he will succeed,*] *you may be ~* . . det kan du vara säker på, . . var så säker; *make ~* förvissa (försäkra) sig [själv] [*of* om; *that* oı att], se till, kontrollera; *to make ~* för säkerhets skull; *know for ~* fam. veta säkert **2** attr. **a**) säker [*a ~ method*], pålitlig, tillförlitlig **b**) Am. fam., *~ thing!* [ja] visst!, absolut!; *it's a ~ thing that* . . det är bergsäkert att . . **II** *adv* **1** *~ enough* alldeles säkert, bergsäkert; mycket riktigt [*~ enough, there he was*] **2** *as ~ as* så säkert som; *as ~ as eggs* [*is eggs*], *as ~ as fate* se *2 egg* resp. *fate*; *as ~ as my name is Bob* så sant jag heter Bob **3** isht Am. fam. verkligen, minsann [*he ~ can play football*]; *~!* [ja] visst!, absolut!; säkert!
sure-fire ['ʃuəˌfaɪə] *a* fam. bergsäker, bombsäker [*a ~ winner*]
sure-footed ['ʃuə'futɪd] *a* **1** säker på foten, stadig **2** bildl. säker, pålitlig
surely ['ʃuəlɪ] *adv* **1** säkert [*slowly but ~*], säkerligen [*he will ~ fail*] **2** sannerligen, verkligen, minsann [*you are ~ right*] **3** väl, nog; *~ that's impossible* det är väl [ändå] inte möjligt **4** isht Am., *~!* [ja (jo)] visst!
surety ['ʃuərətɪ] *s* **1** säkerhet, borgen; *stand ~* gå (stå) i borgen [*for* för] **2** borgensman, borgen
surf [sɜ:f] **I** *s* bränning[ar], [våg]svall **II** *itr* sport. surfa
surface ['sɜ:fɪs] **I** *s* yta äv. geom. o. bildl. [*a smooth ~*]; utsida, ytskikt; sida [*a cube has six ~s*]; *striking ~* [tändsticks]plån; *on the ~* på ytan, bildl. äv. ytligt sett **II** *a* yt- [*~ soil* (*water*)], mark-; dag- [*~ mining*]; *~ mail* ytpost; *by ~ mail* (*route*) post. ytledes; *~ noise* [nål]brus från grammofonskiva; *~ tension* fys. ytspänning **III** *tr* **1** ytbehandla **2** belägga, täcka **IV** *itr* **1** stiga (dyka) upp till ytan **2** bildl. dyka upp; uppdagas
surface-to-air ['sɜ:fɪstu'eə] *a* mil. 'yt-luft-'; *~ missile* ung. luftvärnsrobot
surfboard ['sɜ:fbɔ:d] *s* sport. surfingbräda
surfeit ['sɜ:fɪt] **I** *s* övermått, överflöd [*of* på] **II** *tr* överlasta [*~ o.'s stomach*], övermätta; *~ o.s.* föräta sig; pp.: *~ed* övermätt, blasé
surfing ['sɜ:fɪŋ] *s* sport. surfing
surf-riding ['sɜ:fˌraɪdɪŋ] *s* sport. surfing
surge [sɜ:dʒ] **I** *itr* **1** svalla, bölja, rulla [*the waves ~d against the shore*]; forsa [*water ~d into the boat*], strömma [till], välla [fram] [*the crowds ~d out of the stadium*]; *blood ~d to his face* blodet steg upp i ansiktet på honom; *a surging crowd* en böljande [människo]massa **2** elektr. plötsligt öka **II** *s* **1** brottsjö, svallvåg; [våg]svall, bränningar [*the ~ of the sea*]; bildl. våg [*a ~ of pity*], svall; framvällande, tillströmning **2** elektr. strömsprång, strömökning
surgeon ['sɜ:dʒən] *s* **1** kirurg; *dental ~* tandläkare, tandkirurg **2** [militär]läkare; *army ~* regements-, fält|läkare
surgery ['sɜ:dʒərɪ] *s* **1** kirurgi **2** a) [patient]-mottagning, mottagningsrum b) mottagning; *~ hours* mottagningstid **3** operation
surgical ['sɜ:dʒɪkəl] *a* kirurgisk; *~ appliances* a) kirurgiska instrument b) stödbandage; *~ boot* (*shoe*) ortopedisk sko; *~ spirit* desinfektionssprit
surly ['sɜ:lɪ] *a* butter, vresig, sur, surmulen
surmise [ss. vb sɜ:'maɪz, ss. subst. 'sɜ:maɪz, -'-] **I** *tr* o. *itr* gissa, förmoda, anta **II** *s* gissning, förmodan, antagande
surmount [sə'maunt] *tr* **1** övervinna [*~ a difficulty*] **2** bestiga [*~ a hill*] **3** kröna, höja sig över; *~ed by* (*with*) krönt med,

täckt av (med), med .. ovanpå (på toppen)
surmountable [sə'mauntəbl] *a* överstiglig [~ *obstacles*], övervinnlig, överkomlig
surname ['sɜ:neɪm] *s* efter-, familje|namn
surpass [sə'pɑ:s] *tr* överträffa [*it ~ed my expectations*]; ~ *all description* trotsa all beskrivning; *her ~ing beauty* hennes enastående skönhet
surplice ['sɜ:plɪs] *s* kyrk., slags mässkjorta
surpliced ['sɜ:plɪst] *a* kyrk. klädd i mässskjorta
surplus ['sɜ:pləs] **I** *s* överskott **II** *a*, ~ *population* befolkningsöverskott; ~ *stock* överskotts-, rest|lager; *theory of ~ value* marxistisk mervärdesteori
surprise [sə'praɪz] **I** *s* överraskning; förvåning [*at* över]; ~ *attack* överraskande anfall; *take by ~* överrumpla, överraska; [*he looked up*] *in ~* .. förvånad (förvånat); *much to my ~* till min stora förvåning **II** *tr* **1** överraska; förvåna; överrumpla [~ *the enemy*], komma på, ertappa [~ *a p. in the act of stealing* (med att stjäla)]; *be ~d at* vara förvånad över **2** genom överrumpling förmå, förleda [~ *a p. into doing* ([till] att göra) *a th.*]
surprising [sə'praɪzɪŋ] *a* överraskande, förvånansvärd; *there is nothing ~ about that* det är ingenting att förvåna sig över
surprisingly [sə'praɪzɪŋlɪ] *adv* överraskande, förvånansvärt [~ *good*]
surrealism [sə'rɪəlɪzəm] *s* surrealism
surrealist [sə'rɪəlɪst] *s* surrealist
surrealistic [səˌrɪə'lɪstɪk] *a* surrealistisk
surrender [sə'rendə] **I** *tr* överlämna [~ *a town to* (åt) *the enemy*], ge upp [~ *a fortress*], avträda [~ *a territory*], utlämna [~ *a prisoner*], lämna ifrån sig; ~ *o.s.* a) ge sig, överlämna sig [*they ~ed themselves to* (åt) *the police*] b) bildl. överlämna sig [*to* åt; ~ *o.s. to despair*] c) ge sig, kapitulera **II** *itr* **1** ge sig, överlämna sig [~ *to* (åt) *the enemy* (*police*)], kapitulera [*to* [in]för] **2** bildl. hänge sig, överlämna sig [*to* åt; ~ *to despair*] **III** *s* överlämnande etc., jfr *I*; kapitulation
surreptitious [ˌsʌrəp'tɪʃəs] *a* hemlig, förstulen, i smyg [*a ~ glance*]
surreptitiously [ˌsʌrəp'tɪʃəslɪ] *adv* i smyg, i hemlighet, förstulet
Surrey ['sʌrɪ]
surrogate ['sʌrəgət, -geɪt] *s* surrogat, ersättning
surround [sə'raund] **I** *tr* omge, innesluta, omsluta; omringa, mil. äv. kringränna [*the troops were ~ed*]; omgärda; *~ed by* (*with*) omgiven av **II** *s* [golv]kant kring mjuk matta
surrounding [sə'raundɪŋ] *a* omgivande, kringliggande
surroundings [sə'raundɪŋz] *s pl* omgivning[ar]; miljö
surtax ['sɜ:tæks] *s* tilläggsskatt, extraskatt på höga inkomster
surveillance [sɜ:'veɪləns] *s* bevakning [*of* över, av], uppsikt [*of* över], övervakning
survey [ss. vb sə'veɪ, ss. subst. 'sɜ:veɪ] **I** *tr* **1** överblicka [~ *the countryside*]; ge (lämna) en översikt över [*he ~ed the political situation*] **2** granska, inspektera, syna **3** mäta [upp (ut)] [~ *a railway*] **II** *s* **1** överblick [*of* över], översikt [*of* över, av] **2** granskning, inspektion, besiktning, avsyning **3** [upp]mätning, kartläggning; lantmätning **4** undersökning [*a statistical ~*]
surveyor [sə'veɪə] *s* **1** besiktningsman, inspektör; kontrollör; [*quantity*] ~ byggnads|kalkylator, -ingenjör **2** lantmätare
survival [sə'vaɪvəl] *s* **1 a**) överlevande; [*the doctrine of*] *the ~ of the fittest* .. de mest livsdugligas överlevnad **b**) attr. överlevnads- [~ *possibilities*]; ~ *equipment* (*kit*) räddnings-, nöd|utrustning **2** kvarleva
survive [sə'vaɪv] **I** *tr* överleva; *it has ~d its usefulness* den har överlevt sig själv **II** *itr* överleva, leva vidare; leva kvar [ännu]
surviving [sə'vaɪvɪŋ] *a* överlevande; fortlevande; *the ~ relatives* de efterlevande; *the only ~ building* [*from that period*] den enda byggnad som finns kvar ..
survivor [sə'vaɪvə] *s* överlevande [person]; *the ~s* äv. de kvarlevande; de kvarvarande
Susan ['su:zn]
Susanna[h] [sʊ'zænə]
susceptibilit|y [səˌseptə'bɪlətɪ] *s* **1** känslighet, mottaglighet [~ *to* (för) *hay fever*], ömtålighet **2** pl. *-ies* känsliga (ömtåliga) punkter, känslor [*wound a p.'s -ies*]
susceptible [sə'septəbl] *a* känslig, mottaglig [~ *to* (för) *flattery* (*colds*)], ömtålig; lättantändlig [*a ~ young man*]; *be ~ of* (*to*) *various interpretations* [kunna] medge olika tolkningar
Susie ['su:zɪ] smeknamn för *Susan, Susanna*[*h*]
suspect [ss. vb səs'pekt, ss. subst. o. adj. 'sʌspekt] **I** *tr* misstänka [*of* för]; misstro, betvivla; *I ~ed as much* jag anade (misstänkte) det **II** *itr* hysa misstankar **III** *s* misstänkt [person] **IV** *a* misstänkt; suspekt
suspend [səs'pend] *tr* (se äv. *suspended*) **1 a**) hänga [upp] [~ *a th. by* (i, på) *a thread*; ~ *a th. from* (i, från) *the ceiling*]; *be ~ed* hänga [ned], vara upphängd; sväva **b**) spänna [~ *a rope between two posts*] **2 a**) suspendera [~ *an official*], [tills vidare] avstänga [~ *a football player*], utesluta [~ *a member from* (ur) *a club*] **b**) [tills vidare] upphäva (avskaffa) [~ *a law* (*rule*)]; inställa; ~ *a p.'s driving licence* dra in ngns körkort [tills vidare]; ~ *hostilities* inställa

fientligheterna; ~ *payment* inställa betalningarna
suspended [səs'pendɪd] *a* **1** upphängd, hängande; svävande **2** suspenderad etc., jfr *suspend 2*; uppskjuten; oavgjord; ~ *sentence* villkorlig dom
suspender [səs'pendə] *s* **1** strumpeband; ~ *belt* strumpebandshållare **2** pl. *~s* Am. hängslen [*a pair of ~s*]
suspense [səs'pens] *s* ovisshet, spänning, [spänd] väntan [*keep* (*hold*) *a p. in ~*]
suspension [səs'penʃən] *s* **1** upphängning; ~ *bridge* hängbro **2** a) suspendering, [tillfällig] avstängning från tjänstgöring o. d., äv. sport.; uteslutning b) [tillfälligt] upphävande (avskaffande); indragning; inställande; uppskov; ~ *of hostilities* inställande av fientligheterna; ~ *of payment* betalningsinställelse; ~ *of sentence* uppskov med straff
suspicion [səs'pɪʃən] *s* **1** misstanke [*of* (*about*) *a th.* om ngt; *of* (*about*) *a p.* mot ngn]; misstro [*of* till, mot], misstänksamhet [*he was looked upon with ~*]; aning [*of* (*about*) *a th.* om ngt]; *arouse* (*create, excite, raise*) ~ [*in a p.'s mind*] väcka misstankar [hos ngn]; *be above* ~ vara höjd över alla misstankar; *be* (*come*) *under* ~ *of* vara (bli) misstänkt för; *look at a p. with* ~ titta misstänksamt på ngn **2** aning, antydan, skymt [*there was a ~ of irony* (*truth*) *in it*], tillstymmelse [*not a* (*the*) ~ *of* (till) *a smile*]
suspicious [səs'pɪʃəs] *a* **1** misstänksam, misstrogen [*about* (*of*) mot; *a ~ look* (blick)] **2** misstänkt, tvivelaktig, suspekt, skum [*a ~ affair*]
Sussex ['sʌsɪks]
sustain [səs'teɪn] *tr* **1** bära [upp], hålla upp [*these posts ~ the whole roof*] **2** jur. godta, godkänna [*~ a claim; objection ~ed!*] **3** hålla uppe, hålla vid mod [*hope ~ed him*] **4** hålla i gång [*~ a conversation*], hålla vid liv [*~ a p.'s interest*] **5** underhålla, försörja [*~ an army*]; ~ *life* (*o.s.*) uppehålla livet **6** uthärda, fördra; tåla; ~ [*a*] *comparison with* tåla jämförelse med **7** utstå, lida [*~ damage*]; ådra[ga] sig [*~ severe injuries*] **8** mus. hålla ut [*~ a note*]
sustained [səs'teɪnd] *a* **1** ihållande, oavbruten [*~ applause*]; oförminskad [*~ energy*]; sammanhängande [*a ~ argument*] **2** mus. uthållen [*a ~ note*]
sustenance ['sʌstənəns] *s* **1** näring, föda **2** uppehälle, levebröd, utkomst
suture ['su:tʃə] *s* anat. o. kir. sutur, söm
suzerainty ['su:zəreɪntɪ] *s* suzeränitet utrikespolitisk bestämmanderätt över en annan stat
svelte [svelt] *a* slank, smärt
S.W. förk. för *South-Western* (postdistrikt i London), *south-west*[*ern*]
swab [swɒb] **I** *s* **1** svabb; skurtrasa **2** med. a) bomullstopp; tampongpinne [med bomullstopp] b) [sekret]prov taget med vaddpensel **3** sl. drummel **II** *tr* **1** svabba; torka med våt trasa; ~ *down* svabba (tvätta) [av]; ~ *up* torka upp **2** med. pensla, rengöra
Swabia ['sweɪbjə] Schwaben
swaddle ['swɒdl] *tr* linda in (om)
swaddling-bands ['swɒdlɪŋbændz] *s pl* o.
swaddling-clothes ['swɒdlɪŋkləʊðz] *s pl* **1** [barn]linda **2** bildl., *be in* ~ vara (befinna sig) i sin linda; *be in o.'s* ~ gå i ledband
swag [swæg] *s* **1** sl. tjuvgods; byte **2** Austr. knyte, bylte
swagger ['swægə] **I** *itr* **1** [gå och] stoltsera, kråma sig **2** skryta, skrävla **II** *s* **1** stoltserande [gång]; mallighet **2** skryt, skrävel
swagger-cane ['swægəkeɪn] *s* kort [officers]käpp
swaggering ['swægərɪŋ] *a* **1** stoltserande; mallig **2** skrytsam
Swahili [swɑ:'hi:lɪ] *s* swahili
swain [sweɪn] *s* poet. o. åld. **1** bondpojke **2** herde **3** ungersven
1 swallow ['swɒləʊ] *s* svala, isht ladusvala; ~ *dive* sport. svanhopp; *one ~ does not make a summer* en svala gör ingen sommar
2 swallow ['swɒləʊ] **I** *tr* svälja; bildl. äv. tro på, gå 'på [*he will ~ anything you tell him*], godta [*he couldn't ~ the idea*]; ~ *o.'s words* ta tillbaka vad man man har sagt; ~ [*up*] a) svälja, äta upp b) sluka, äta upp [*the expenses ~ up the earnings*] c) uppsluka [*as if ~ed up by the earth*] **II** *itr* svälja [*he ~ed hard*] **III** *s* sväljning; klunk; [*empty a glass*] *at one* ~ . . i en enda klunk
swallow-tail ['swɒləʊteɪl] *s* **1** svalstjärt **2** ~[*s* pl.], ~ *coat* fam. frack
swam [swæm] imp. av *swim*
swamp [swɒmp] **I** *s* träsk, kärr, myr, sumpmark **II** *tr* **1 a**) översvämma, sätta under vatten; [genom]dränka **b**) fylla med vatten, sänka [*a wave ~ed the boat*] **2** bildl. **a**) översvämma [*foreign goods ~ the market*] **b**) överhopa [*with* med] **c**) ställa i skuggan, undantränga
swampy ['swɒmpɪ] *a* sumpig, träskartad
swan [swɒn] **I** *s* svan; *the S~ of Avon* Shakespeare **II** *itr* fam., ~ *about* segla omkring; flaxa omkring; ~ *off* sticka [i väg]
Swanee ['swɒnɪ]
swank [swæŋk] fam. **I** *s* **1** mallighet; snobberi **2** skrytmåns, skrävlare; viktigpetter **II** *itr* snobba; göra sig viktig, malla sig
swanky ['swæŋkɪ] *a* fam. **1** mallig, pösig **2** flott, vräkig, snofsig [*a ~ car*]
swan-song ['swɒnsɒŋ] *s* svanesång
swap [swɒp] fam. **I** *tr* byta [*for* mot; *~ stamps*]; utbyta [*~ ideas*]; *don't ~ horses in midstream* ordspr. man ska inte byta häst

mitt i strömmen; ~ *places* byta plats; ~ *yarns* berätta historier för varandra **II** *itr* byta **III** *s* byte [*for* mot]; bytesaffär

1 swarm [swɔ:m] **I** *s* svärm; friare äv. myller, vimmel, skock, hord; ~ *of bees* bisvärm **II** *itr* svärma; friare äv. skocka sig, trängas [*they ~ed round him*]; strömma [i skaror], välla [*people ~ed into the cinema*]; myllra, vimla [~ *with* (av) *people*]

2 swarm [swɔ:m] *tr* o. *itr*, ~ [*up*] klättra uppför (upp i)

swarthy ['swɔ:ðɪ] *a* svartaktig, mörk [*a ~ complexion*]; svartmuskig

swashbuckler ['swɒʃˌbʌklə] *s* skrävlare, skrodör

swashbuckling ['swɒʃˌbʌklɪŋ] *a* skrytsam; skrävlande, skroderande

swastika ['swɒstɪkə] *s* hakkors, svastika

swat [swɒt] **I** *tr* smälla [till] [~ *flies*] **II** *s* **1** smäll, dask **2** flugsmälla

swath [swɔ:θ] *s* **1** [slåtter-, hö-, lie]sträng **2** lie|slag, -svep **3** [avmejat] stråk

1 swathe [sweɪð] *tr* **1** binda om, linda om **2** svepa [in], hölja [in] [*~d in furs* (*fog*)]

2 swathe [sweɪð] *s* se *swath*

swatter ['swɒtə] *s* flugsmälla [äv. *fly-swatter*]

sway [sweɪ] **I** *itr* **1** svänga [~ *to and fro*], svaja, vagga, gunga, vaja [*branches ~ing in the wind*]; vackla till **2** bildl. vackla, svänga [~ *in o.'s opinion*] **3** styra, härska **II** *tr* **1** svänga, gunga; få att svänga (gunga), komma att svaja (vaja) [*the wind ~ed the tops of the trees*]; ~ *o.'s hips* svänga (vicka) på höfterna **2** bildl. påverka, inverka på [*a speech that ~ed the voters*] **3** ha makt över, behärska, styra; bestämma [utgången av] [~ *the battle*]; *be ~ed* [*by o.'s feelings*] låta sig ledas . . **III** *s* **1** svängning, gungning **2** inflytande, makt

Swaziland ['swɑ:zɪlænd]

swear [sweə] **I** (*swore sworn*; jfr *sworn II*) *tr* **1** svära [~ *to* ([på] att) *do a th.*]; svära (gå ed) på; bedyra [*he swore that he was innocent*], försäkra; ~ *the oath* avlägga ed[en] **2** ~ *in* låta avlägga ed [~ *in a witness*]; låta avlägga ämbetseden [~ *in the president*]; låta svära trohetsed; ~ *a p. to secrecy* låta ngn avlägga tysthetslöfte **II** (*swore sworn*; jfr *sworn II*) *itr* **1** svära [*to* på; ~ *by* (vid) *all that is sacred*]; ~ *by* äv. tro blint på [*he ~s by that medicine*], sätta mycket högt; *I can't ~ to it* jag kan inte svära på det (på att det är så) **2** svära begagna svordomar [*at* över, åt]; ~ *like a trooper* svära som en borstbindare; *curse and ~* svära och domdera (förbanna)

swear-word ['sweəwɜ:d] *s* svärord, svordom

sweat [swet] **I** *s* **1** svett; bildl. [svett och] möda, slitgöra; *by the ~ of o.'s brow* (*face*) i sitt anletes svett; *it was a bit of a ~* det var svettigt **2** svettning, svett|bad, -kur; *a cold ~* kallsvett[en]; *in* (*all of*) *a ~* badande i svett; bildl. mycket nervös; *be in a cold ~* kallsvettas **3** tekn. o. d. fukt; svettning **4** *an old ~* sl. en gammal kämpe, en veteran **II** *itr* **1** svettas äv. bildl. [~ *at* (vid) *the thought of* . .]; bildl. äv. arbeta [hårt], slita [hund] **2** tekn. o. d. svettas, fukta **III** *tr* **1** svettas [ut]; ut|dunsta, -söndra [äv. ~ *out*]; ~ *blood* bildl. a) slita hund (ont) b) svettas av nervositet **2** låta (få att) svettas; bildl. låta arbeta för svältlön, suga ut [~ *workers*]; *~ed labour* [hårt] arbete till svältlöner

sweat-band ['swetbænd] *s* **1** svettrem i hatt **2** svettband, pannband för t. ex. tennisspelare

sweater ['swetə] *s* **1** sweater, ylletröja; ~ *girl* fam. jumperflicka **2** utsugare, slavdrivare

sweat-gland ['swetglænd] *s* svettkörtel

sweat-shop ['swetʃɒp] *s* arbetsplats med svältlöner [och dålig miljö]

sweat-suit ['swetsu:t, -sju:t] *s* träningsoverall

sweaty ['swetɪ] *a* **1** svettig **2** jobbig

Swede [swi:d] *s* **1** svensk **2** *s~* [*turnip*] kålrot

Sweden ['swi:dn] Sverige

Swedish ['swi:dɪʃ] **I** *a* svensk; ~ *drill* (*exercises, gymnastics*) svensk (Lings) gymnastik; ~ *punch* punsch; ~ *turnip* kålrot **II** *s* svenska [språket]

sweep [swi:p] **I** (*swept swept*) *itr* **1** sopa; feja **2** svepa, fara, dra[ga], susa, komma susande (farande), rusa, flyga [*along* fram [över]; *by, past* förbi; *on* bort, i väg; *over* [fram] över] **3** om kust o. d. sträcka (utbreda) sig; isht böja av, svänga [av] **4** dragga [*for* efter]; ~ *for mines* mil. svepa [efter] minor **II** (*swept swept*) *tr* **1** sopa; feja; ~ *clean* sopa [ren]; ~ *out* sopa [rent i (på)]; sopa ut; ~ *the chimney* sota [skorstenen] **2** sopa [undan (med sig)]; ~ *along* rycka med sig; ~ *aside* fösa (dra) åt sidan; ~ *away* (*off*) sopa (rycka) bort (undan); driva [undan (bort)]; bildl. äv. röja undan; *be swept off o.'s feet* a) bildl. ryckas med, bli hänförd; tas med storm b) kastas omkull **3** bildl. sopa ren, rensa [~ *a country of* (från) *enemies*] **4** svepa fram över [*the wind swept the coast*; *a wave of indignation swept the country*], dra (stryka, glida, gå) fram över (genom); glida över **5** härja [*an epidemic swept the country*] **6** vinna [alla grenar (klasser) vid]; ta hem, håva in; ~ *the board* (*stakes*) ta (svepa in) hela vinsten (potten) **7** a) dragga b) dragga (fiska) upp, dra upp; ~ *the river* dragga [i] floden, dragga; ~ *the waters for mines* mil. [min]svepa farvattnen

8 mus. fara över [*his fingers swept the keys*] **III** *s* **1** [ren]sopning; sotning; *give the room a good ~* sopa ordentligt i rummet; *make a clean ~* bildl. göra rent hus [*of* med] **2** svepande rörelse; svep, drag, tag [*a ~ of* (med) *a brush*]; om vind o. vågor [fram]-svepande, framfart; bildl. äv. [lång] våg; *~ of the oar* årtag; *at one ~, in one* [*clean*] *~* i ett [enda] svep (drag) **3** krök, kurva, båge, sväng **4** [lång] sträcka, brett område; lång sluttning i terrängen **5** räck|håll, -vidd; omfång, vidd, krets, bildl. äv. spännvidd **6** fam. = *sweepstake* **7** sotare **8** sl. usling, lymmel **9** *~ second-hand* centrumsekundvisare på ur

sweep-back ['swi:pbæk] *s* flyg.: vinges pilform

sweeper ['swi:pə] *s* **1** sopare person [*street ~s*] **2** sotare **3** sopmaskin; mattsopare **4** fotb. sopkvast

sweep-hand ['swi:phænd] *s* centrumvisare på ur

sweeping ['swi:pɪŋ] **I** *s* **1** sopning, sopande **2** sotning **3** draggning **4** pl. *~s* sopor, skräp **II** *a* **1** bildl. vittgående [*~ reforms*], kraftig [*~ reductions in prices*]; svepande, förhastad [*~ generalizations*]; överväldigande, förkrossande [*a ~ victory*]; *~ statements* generaliseringar **2** svepande [*a ~ gesture*]; elegant svepande [*the ~ lines of a car*]

sweepstake ['swi:psteɪk] *s* o. **sweepstakes** ['swi:psteɪks] *s pl* isht kapplöpn. **1** sweepstake[s], priskapplöpning **2** sweepstake[lotteri]

sweet [swi:t] **I** *a* **1** söt; *~ stuff* söt-, god|saker, snask; *~ tooth* se *tooth 3* **2** färsk, frisk; *~ milk* färsk (söt) mjölk; *keep ~* hålla sig [färsk] **3** ren, frisk [*~ air*] **4** snygg, fin, fräsch **5** behaglig, ljuvlig, härlig; [väl]doftande; *don't the roses smell ~!* vad rosorna doftar (luktar gott)! **6** melodisk, ljuv [*a ~ tune*], vacker [*a ~ voice*] **7 a**) söt [*a ~ dress*], näpen [*a ~ baby*] **b**) rar, älskvärd; *it was ~ of you to come* det var väldigt snällt av dig att komma **8** ljuv [*home, ~ home*]; *revenge is ~* hämnden är ljuv **9** *be ~ on* fam. vara kär (förtjust) i **II** *s* **1** karamell, sötsak, godsak; pl. *~s* äv. snask, godis **2** [söt] efterrätt, dessert

sweetbread ['swi:tbred] *s* kok. kalvbräss; lammbräss

sweetbriar o. **sweetbrier** ['swi:t'braɪə] *s* bot. äppelros, lukttörne; äv. nypon[buske]

sweet-chestnut ['swi:t'tʃesnʌt] *s* bot. äkta kastanj

sweet-corn ['swi:t'kɔ:n] *s* bot. sockermajs

sweeten ['swi:tn] *tr* **1** göra söt, söta; sockra **2** förljuva [*~ a p.'s life*], mildra

sweetener ['swi:tnə] *s* sötningsmedel

sweetening ['swi:tnɪŋ] **I** *s* **1** sötande, sötning **2** sötningsmedel **II** *a, ~ agent* sötningsmedel

sweetheart ['swi:thɑ:t] *s* pojk-, flick|vän; älskling, käresta; *~!* älskling!, sötnos!

sweetie ['swi:tɪ] *s* **1** vanl. pl. *~s* godis, snask **2** fam., *~* [*pie*] sötnos, älskling

sweetmeat ['swi:tmi:t] *s* sötsak; karamell; pl. *~s* äv. konfekt, godis

sweet-pea ['swi:t'pi:] *s* bot. luktärt

sweet-potato ['swi:tpə'teɪtəʊ] *s* sötpotatis, batat

sweetshop ['swi:tʃɒp] *s* gottaffär

sweetstuff ['swi:tstʌf] *s* sötsaker, godis

sweet-tempered ['swi:t'tempəd] *a* älskvärd, godmodig

sweet-toothed ['swi:t'tu:θt] *a* svag för sötsaker

sweet-william ['swi:t'wɪljəm] *s* bot. borstnejlika

swell [swel] **I** (*~ed swollen,* ibl. *~ed*) *itr* **1** svälla; svullna [upp], bulna; pösa upp (fram) **2** bildl. svälla [*his heart ~ed with* (av) *pride*] **3** bildl. stegras, öka **II** (*~ed swollen,* ibl. *~ed*) *tr* (se äv. *swollen*) **1** komma (få) att svälla etc., jfr *I 1*; utvidga, blåsa upp; fylla [*the wind ~ed the sails*] **2** bildl. få att svälla; göra mallig; *he has a ~ed head* han är inbilsk **3** bildl. öka [*~ the ranks* (skaran) *of applicants*], stegra **III** *s* **1** a) svällande; uppsvällning; uppsvälldhet b) utbuktning, rundning **2** [våg]svall, svallvågor, dyning **3** ökning, stegring **4** mus. crescendo, [tilltagande] brus [*the ~ of an organ*]; crescendo och följande diminuendo **5** fam. snobb, sprätt **IV** *a* fam. flott, stilig; förnäm[lig]; isht Am. alla tiders, toppen

swelling ['swelɪŋ] **I** *s* svällande, svullnande, uppsvällning; konkr. äv. svullnad, bula **II** *a* **1** svällande [*~ sails*] **2** stigande [*~ tide*]

swelter ['sweltə] **I** *itr* försmäkta (förgås) [av värme] **II** *s* tryckande hetta

sweltering ['sweltərɪŋ] *a* tryckande, kvävande [*~ heat*]; stekhet [*a ~ day*]

Swenglish ['swɪŋglɪʃ] *s* 'swenglish', 'svengelska' blandning av svenska o. engelska

swept [swept] imp. o. pp. av *sweep*

swerve [swɜ:v] **I** *itr* vika (böja) av [från sin kurs], gira, svänga [åt sidan]; bildl. avvika [*~ from o.'s duty*] **II** *tr* komma att vika av, svänga åt sidan **III** *s* vridning, sväng (kast) åt sidan

swift [swɪft] **I** *a* **1** snabb, hastig [*a ~ glance*], rask; strid [*a ~ river*] **2** snar [*~ to anger*] **II** *s* tornsvala

swig [swɪg] fam. **I** *tr* o. *itr* stjälpa i sig, halsa [*~ beer*] **II** *s* klunk, slurk

swill [swɪl] **I** *tr* **1** skölja (spola) [ur (av, över)]; *~ down* skölja ned **2** fam. stjälpa i sig [*~ tea*] **II** *itr* supa [sig full] **III** *s* **1**

spolning, sköljning **2** svinmat, skulor

swim [swɪm] **I** (*swam swum*) *itr* **1** simma; ~ *with the stream* (*tide*) bildl. följa (driva) med strömmen; *go ~ming* ta [sig] en simtur (ett bad), gå och bada **2** flyta [*oil ~s on water*]; glida, sväva; *sink or ~* det må bära eller brista **3** översvämmas, svämma över, fyllas, bildl. äv. bada [*~ming in blood*] **4** gå runt, snurra; *everything swam before his eyes* allt gick runt för honom **II** (*swam swum*) *tr* **1** simma; simma över [*~ the English Channel*] **2** låta simma **III** *s* **1** simning; simtur, bad; *I had* (*took*) *a long ~* jag tog en lång simtur; *go for a ~* gå (åka) och bada **2** bildl., *be in the ~* vara med i svängen

swimmer ['swɪmə] *s* simmare, simmerska

swimming ['swɪmɪŋ] *s* simning

swimming-bath ['swɪmɪŋbɑ:θ] *s* simbassäng; pl. *~s* äv. sim|hall, -bad

swimming-bladder ['swɪmɪŋˌblædə] *s* zool. simblåsa

swimming-costume ['swɪmɪŋˌkɒstju:m] *s* bad-, sim|dräkt

swimmingly ['swɪmɪŋlɪ] *adv* bildl. lekande lätt, som smort [*everything went ~*]

swimming-pool ['swɪmɪŋpu:l] *s* simbassäng, swimmingpool

swimsuit ['swɪmsu:t, -sju:t] *s* bad-, sim|dräkt

swindle ['swɪndl] **I** *tr* **1** bedra[ga], lura [*~ a p. out of* (på) *his money*] **2** lura [till sig] [*~ money out of* (av) *a p.*] **II** *itr* svindla **III** *s* svindel, bedrägeri, skoj, bluff

swindler ['swɪndlə] *s* svindlare, bedragare, skojare, bluff[are]

swine [swaɪn] (pl. lika) *s* svin äv. bildl.; *you ~!* ditt svin!

swineherd ['swaɪnhɜ:d] *s* svinaherde

swine-pox ['swaɪnpɒks] *s* veter. svinkoppor

swing [swɪŋ] **I** (*swung swung*) *itr* **1** svänga [*~ to and fro*; *the car swung round* (om, runt) *the corner*]; pendla; vagga, vicka, vippa; gunga [fram]; svaja; *~ open* om dörr slå[s] (gå) upp; *~ to* (*shut*) om dörr slå[s] (gå) igen **2** hänga [*the lamp ~s from* (i) *the ceiling*]; dingla **3** fam. bli hängd, dingla i galgen [*he will ~ for it*] **4** mus. fam. swinga, spela (dansa) swing **II** (*swung swung*) *tr* **1** svänga [om (runt)]; få att svänga, sätta i svängning; svänga med [*he was ~ing his arms*]; gunga [*~ a p. in a hammock*]; svinga [*~ a golf-club*]; *~ o.'s hips* vagga med (vicka på) höfterna; *there's no* (*not enough*) *room to ~ a cat* [*in*] se *room I 2*; *~ a p. round to* bildl. få ngn att svänga [om] till **2** *~ the lead* se *1 lead I 4* **3** *swung dash* typ. krok, släng, tilde **4** mus. fam. spela med swing; *~ it* spela [med] swing **5** sl., *~ it on a p.* blåsa ngn, lura ngn **III** *s* **1** svängning, sväng; gungning; omsvängning, omställning; *the ~ of the pendulum* se *pendulum* **2** fart, kläm, schvung; rytm; *be in full ~* vara i full gång (fart); *get into the ~ of things* komma in i det hela (i gång); *get into full ~* komma riktigt i gång (farten); *go with a ~* om musik o. vers ha [en fin] rytm; *it's going with a ~* a) det går med full fart b) det går som en dans **3** gunga; *make up on the ~s what is lost* (*one loses*) *on the roundabouts* bildl. ta igen på gungorna vad man förlorar på karusellen **4** mus. swing **5** boxn. sving [*a left ~*]

swing-door ['swɪŋdɔ:] *s* svängdörr

swingeing ['swɪndʒɪŋ] *a* väldig, skyhög [*~ taxation*]

swinging ['swɪŋɪŋ] **I** *s* **1** svängande, svängning etc., jfr *swing I* o. *II* **2** sl. hålligång **II** *a* **1** svängande etc., jfr *swing I*; gung- **2** bildl. schvungfull, klämmig **3** sl. hålligång-; *~ London* det glada London på 1960-talet

swinish ['swaɪnɪʃ] *a* svinaktig, snuskig

swipe [swaɪp] **I** *itr*, *~ at* slå (klippa, drämma) till hårt [*~ at a ball*] **II** *tr* **1** slå (klippa, drämma) till; drämma [*he ~d the ball*] **2** sl. sno stjäla **III** *s* fam. hårt slag, rökare

swirl [swɜ:l] **I** *itr* virvla runt (omkring) **II** *tr* virvla runt, snurra på **III** *s* virvel [*a ~ of dust*]; virvlande

1 swish [swɪʃ] **I** *tr* **1** svepa (klippa) till **2** vifta [till] med [*the horse ~ed its tail*] **II** *itr* svepa (susa) fram; svischa, susa, vina [*the bullet* (*car*) *~ed past him*]; prassla, rassla; skvalpa **III** *s* svep; sus, vinande; fras[ande] [*the ~ of silk*]

2 swish [swɪʃ] *a* fam. snofsig, flott

Swiss [swɪs] **I** *a* schweizisk; schweizer- [*~ cheese*]; [*chocolate*] *~ roll* drömtårta; [*jam*] *~ roll* rulltårta **II** (pl. lika) *s* schweizare; schweiziska

switch [swɪtʃ] **I** *s* **1** strömbrytare, kontakt, knapp; omkopplare **2** järnv. växel **3** spö [*riding ~*], [smal] käpp; vidja, [böjlig] kvist **4** a) lösfläta b) svanstofs **5** omställning, övergång; omsvängning; byte **II** *tr* **1** koppla; *~ off* koppla av (ur), bryta [*~ off the current*]; knäppa av, släcka [*~ off the light*], stänga (slå) av [*~ off the radio*]; slå ifrån [*~ off an engine*]; *~ on* a) koppla (släppa) på, koppla in [*~ on the current*]; knäppa på, tända [*~ on the light*]; sätta (slå) på [*~ on the radio, ~ on an engine*] b) fam. pigga upp; *it ~es me on* äv. det tänder jag på **2** ändra [*~ methods*]; byta [*they ~ed husbands*]; leda (föra) över [*~ the talk to another subject*]; *~ [a]round* flytta omkring [*~ the furniture round*]; *~ over* ställa om [*~ over production to the manufacture of cars*] **3** järnv. växla [över] [*~ a train into a siding*] **4** piska [upp], slå (piska) till **5**

svänga (vifta) med [*he ~ed his cane*; *the cow ~ed her tail*]; vrida, rycka [till sig] **III** *itr* **1** ~ *off* koppla (stänga) av, bryta strömmen; släcka [ljuset]; ~ *on* slå på strömmen, tända [ljuset] **2** ~ [*over*] gå över, byta; *he ~ed* [*over*] *to teaching* han sadlade om (gick över) till lärarbanan; ~ [*over*] *to another station* radio. ta in en annan station; ~ *round* bildl. slå (kasta) om **3** kortsp. byta färg **4** piska, slå

switchback ['swɪtʃbæk] *s* **1** serpentinväg; järnv. sicksackbana bergbana **2** berg- och dalbana

switch-blade ['swɪtʃbleɪd] *s*, ~ [*knife*] stilett[kniv], springstilett

switchboard ['swɪtʃbɔ:d] *s* telef. växel[bord]; elektr. instrumenttavla

Swithin ['swɪðɪn] egennamn; *St. ~'s day* Svithuns (Svithins) dag 15 juli

Switzerland ['swɪtsələnd] Schweiz

swivel ['swɪvl] **I** *s* tekn. o. sjö. svivel; pivå, [sväng]tapp **II** *tr* o. *itr* svänga [som] på en tapp, snurra [på]

swivel-bridge ['swɪvlbrɪdʒ] *s* svängbro

swivel-chair ['swɪvltʃeə] *s* snurrstol, svängbar skrivbordsstol (kontorsstol)

swiz[**z**] [swɪz] *s* sl. båg, bluff; fusk

1 swizzle ['swɪzl] *s* sl., se *swiz*[*z*]

2 swizzle ['swɪzl] *s* swizzle slags cocktail

swizzle-stick ['swɪzlstɪk] *s* cocktailpinne

swollen ['swəulən] **I** pp. av *swell* **II** *a* **1** uppsvälld, svullen [*a ~ ankle*] **2** fam., *he has a ~ head* han är uppblåst, han är mallig

swollen-headed ['swəulən'hedɪd] *a* fam. uppblåst (mallig) [av sig]

swoon [swu:n] **I** *itr* svimma [~ *for* (av) *joy*; ~ *with* (av) *pain*]; ~ *away* svimma av **II** *s* svimning[sanfall]; *fall into a ~* svimma av

swoop [swu:p] **I** *itr* slå ned [äv. ~ *down*; *the eagle ~ed down on its prey*] **II** *s* [plötsligt] angrepp (anfall), överfall; *at one* [*fell*] ~ el. *at a ~* i ett slag, på en gång

swoosh [swu:ʃ] **I** *itr* susa, svischa; brusa **II** *s* sus, svischande; brus

swop [swɒp] *tr* o. *itr* o. *s* se *swap*

sword [sɔ:d] *s* svärd äv. bildl.; [*cavalry*] ~ sabel; [*straight*] ~ värja; *cross ~s with* kämpa [med vapen i hand] med (mot), växla hugg med; *draw o.'s ~* dra blankt [*on a p.* mot ngn]; *perish by the ~* falla för svärdet; *at the point of the ~* se *point I 4*; *put a p. to the ~* sticka ned ngn

swordbelt ['sɔ:dbelt] *s* sabelkoppel, värjgehäng

swordfish ['sɔ:dfɪʃ] *s* zool. svärdfisk

swordplay ['sɔ:dpleɪ] *s* svärdslek; fäktning

swordsmanship ['sɔ:dzmənʃɪp] *s* fäktkonst, -skicklighet

swordstick ['sɔ:dstɪk] *s* värjkäpp

sword-swallower ['sɔ:dˌswɒləuə] *s* svärdslukare

swore [swɔ:] imp. av *swear*

sworn [swɔ:n] **I** pp. av *swear* **II** *a* svuren äv. bildl. [*a ~ enemy* (*foe*)]; edsvuren [*a ~ jury*]; edlig, beedigad [~ *evidence*]

swot [swɒt] skol., fam. **I** *itr* o. *tr* plugga; ~ *up* plugga in **II** *s* **1** plugghäst **2** plugg

swum [swʌm] pp. av *swim*

swung [swʌŋ] imp. o. pp. av *swing*

sycamore ['sɪkəmɔ:] *s* bot. **1** ~ [*fig*] sykomor, mullbärsfikonträd **2** ~ [*maple*] tysk lönn, sykomorlönn **3** Am. platan

sycophant ['sɪkəfənt] *s* smickrare, lismare

sycophantic [ˌsɪkə'fæntɪk] *a* krypande, smickrande, lismande

syllabic [sɪ'læbɪk] *a* stavelsebildande [~ *sounds*]; syllabisk; stavelse- [~ *accent*]

syllabify [sɪ'læbɪfaɪ] *tr* uppdela i stavelser

syllable ['sɪləbl] *s* stavelse; *not a ~* äv. inte ett ljud (knyst)

syllabled ['sɪləbld] *a* ss. efterled i sms. -stavig [*a three-syllabled word*]

syllabus ['sɪləbəs] *s* kursplan för visst ämne, studieplan; examensfordringar

syllogism ['sɪlədʒɪzəm] *s* log. syllogism, slutledning

sylph [sɪlf] *s* sylf; sylfid

sylphlike ['sɪlflaɪk] *a* sylfidisk, gracil

sylvan ['sɪlvən] *a* skogig, skogklädd [~ *hills*], skogs-, i skogen [*a ~ cottage*]

Sylvia ['sɪlvɪə]

symbios|is [ˌsɪmbɪ'əus|ɪs] (pl. *-es* [-i:z]) *s* biol. symbios

symbol ['sɪmbəl] *s* symbol [*of* för], tecken [*of* för, på; *chemical* (*phonetic*) *~s*]

symbolic[**al**] [sɪm'bɒlɪk, -əl] *a* symbolisk [*of* för]; symbol- [~ *language*]

symbolism ['sɪmbəlɪzəm] *s* **1** symbolism **2** symbolik

symbolist ['sɪmbəlɪst] *s* symbolist

symbolize ['sɪmbəlaɪz] *tr* symbolisera

symmetric[**al**] [sɪ'metrɪk, -əl] *a* symmetrisk

symmetry ['sɪmətrɪ] *s* symmetri; harmoni

sympathetic [ˌsɪmpə'θetɪk] *a* **1** full av medkänsla (förståelse) [*to, towards* för], förstående, deltagande [~ *words*]; ~ *attitude* välvillig (positiv) inställning; ~ *strike* sympatistrejk **2** sympatisk [*a ~ face*], tilltalande [*to* för] **3** anat. sympatisk

sympathize ['sɪmpəθaɪz] *itr* sympatisera, hysa (ha) medkänsla [*with* med, för], ömma [*with* för], hysa (ha) [full] förståelse [*with* för], känna [*with* med, för]; vara välvilligt inställd [~ *with* (till) *a proposal*]

sympathizer ['sɪmpəθaɪzə] *s* sympatisör, själsfrände [*with* till]

sympathy ['sɪmpəθɪ] *s* **1** sympati [*for, with* för], medkänsla, medlidande [*for, with* med], förståelse [*for, with* för], deltagande [*for, with* med, för]; attr. sympati- [~ *strike*]; *be in ~ with* sympatisera med, vara välvilligt inställd till; *letter of ~* kondoleansbrev; [*the proposal*] *met with ~* .. vann gehör **2** överensstämmelse, harmoni; samhörighet [*feel ~ with*]

symphonic [sɪm'fɒnɪk] *a* symfonisk

symphony ['sɪmfənɪ] *s* **1** symfoni **2** Am. symfoniorkester

symposi|um [sɪm'pəuzj|əm] (pl. *-ums* el. *-a* [-ə]) *s* **1** symposium **2** samling artiklar [och diskussionsinlägg]

symptom ['sɪmptəm] *s* sym[p]tom [*of* på]; tecken [*of* på, till]

symptomatic [ˌsɪmptə'mætɪk] *a* sym[p]tomatisk [*of* för]; kännetecknande [*of* för]

synagogue ['sɪnəgɒg] *s* synagoga

sync[h] [sɪŋk] *s* fam. synkning synkronisering

synchroflash ['sɪŋkrəʊflæʃ] *s* fotogr. synkronblixt

synchronization [ˌsɪŋkrənaɪ'zeɪʃən] *s* synkronisering

synchronize ['sɪŋkrənaɪz] **I** *tr* synkronisera [~ *clocks*], samordna [~ *movements*] **II** *itr* inträffa samtidigt, sammanfalla

synchronous ['sɪŋkrənəs] *a* isht vetensk. synkron, samtidig [*with* med]

syncopate ['sɪŋkəʊpeɪt] *tr* mus. synkopera [*~d rhythm*]

syncopation [ˌsɪŋkəʊ'peɪʃən] *s* mus. synkopering

syndicalism ['sɪndɪkəlɪzəm] *s* syndikalism

syndicate [ss. subst. 'sɪndɪkət, ss. vb 'sɪndɪkeɪt] **I** *s* **1** syndikat; konsortium **2** [tidnings]syndikat som levererar pressmaterial till olika tidningar, presstjänst **II** *tr* kontrollera genom ett syndikat (konsortium); ombilda till ett syndikat (konsortium)

syndrome ['sɪndrəum] *s* syndrom

syne [saɪn] *adv* Skottl. = *since*; jfr *auld*

synod ['sɪnəd] *s* synod, kyrkomöte

synonym ['sɪnənɪm] *s* synonym

synonymous [sɪ'nɒnɪməs] *a* synonym

synops|is [sɪ'nɒps|ɪs] (pl. *-es* [-i:z]) *s* synops[is], sammanfattning, resumé

synovial [sɪ'nəuvjəl] *a* anat. synovial; ~ *fluid* ledvätska

synovitis [ˌsɪnəʊ'vaɪtɪs] *s* med. synovit ledhinneinflammation

syntactic[al] [sɪn'tæktɪk, -əl] *a* språkv. syntaktisk

syntax ['sɪntæks] *s* språkv. syntax, satslära

synthes|is ['sɪnθəs|ɪs] (pl. *-es* [-i:z]) *s* syntes äv. kem. o. filos., sammanställning

synthesize ['sɪnθəsaɪz] *tr* syntetisera, kem. äv. framställa på syntetisk väg

synthesizer ['sɪnθəsaɪzə] *s* synthesizer

synthetic [sɪn'θetɪk] *a* syntetisk; ~ *fibre* syntet-, konst|fiber

syphilis ['sɪfɪlɪs] *s* med. syfilis

syphilitic [ˌsɪfɪ'lɪtɪk] **I** *a* syfilitisk **II** *s* syfilitiker

syphon ['saɪfən] *s* o. *tr* se *siphon*

syren ['saɪərən] *s* se *siren*

Syria ['sɪrɪə] Syrien

Syrian ['sɪrɪən] **I** *a* syrisk **II** *s* syr[i]er

syringe ['sɪrɪndʒ, -'-] **I** *s* spruta; injektionsspruta **II** *tr* spruta in [*into* i]

syrup ['sɪrəp] *s* **1** sockerlag; saft kokt med socker; farm. sirap; *cough ~* hostmedicin **2** sirap

syrupy ['sɪrəpɪ] *a* siraps|lik, -aktig, siraps- [~ *colour*]; bildl. sockersöt, sötsliskig

system ['sɪstəm] *s* **1** system; *railway ~* järnvägsnät; *the digestive ~* matsmältningsapparaten; *the nervous ~* nervsystemet; *postal ~* postväsen; *prison ~* fängelseväsen; *solar ~* solsystem; *make a ~ of* sätta i system; *get a th. out of o.'s ~* bildl. komma över [verkningarna av] ngt; *reduce to a ~* systematisera **2** metod, plan[mässighet], system; ordning [*the present ~ can't go on*]

systematic [ˌsɪstə'mætɪk] *a* systematisk, planmässig

systematize ['sɪstəmətaɪz] *tr* systematisera

system-built ['sɪstəmbɪlt] *a*, ~ *house* monteringsfärdigt hus, prefabhus

systole ['sɪstəlɪ] *s* fysiol. systole; ~ *and diastole* ofta bildl. ebb och flod, svängningar

systolic [sɪs'tɒlɪk] *a* fysiol. systolisk

T

T, t [ti:] (pl. *T's, t's* [ti:z]) *s* T, t; *to a T* alldeles precis, utmärkt [*that would suit me to a T*], på pricken

ta [tɑ:] *interj* fam. tack!

tab [tæb] *s* **1** a) lapp, flik b) slejf; hank **2** etikett, [liten] skylt **3** mil. gradbeteckning **4** fam., *keep ~s* (*a ~*) *on* hålla ögonen (koll) på **5** räkning; *pick up the ~* betala notan

tabasco [tə'bæskəu] *s* tabasco

tabby ['tæbɪ] **I** *s* spräcklig (strimmig) katt **II** *a* spräcklig, strimmig [*a ~ cat*]

tabernacle ['tæbənækl] *s* tabernakel

table ['teɪbl] **I** *s* **1 a)** bord; taffel; *clear the ~* duka av [bordet]; *lay* (*set*) *the ~* duka [bordet]; *wait at* (*wait* [*on*] Am.) *~* passa upp [vid bordet]; *sit down to ~* sätta sig till bords; *he was under the ~* fam. han var plakat **b)** attr. bords-, bord- [~ *lamp*]; ~ *napkin* servett **2** bord[ssällskap] [*he amused the whole ~*] **3** tavla [*a stone ~*] **4** tabell [*multiplication ~*]; register; ~ *of*

contents innehållsförteckning **5** [hög]platå **6** *turn the ~s* [*on a p.*] få övertaget igen [över ngn]; *the ~s are turned* rollerna är ombytta **II** *tr* **1** parl. a) lägga fram [*~ a motion*] b) bordlägga **2** ställa upp i tabellform
tableau ['tæbləʊ] (pl. *~x* [-z] el. *~s*) *s* tablå
tablecloth ['teɪblklɒθ] *s* [bord]duk
table d'hôte ['tɑ:bl'dəʊt] *s* table d'hôte, dagens meny
tableknife ['teɪblnaɪf] *s* bords-, mat|kniv
tableland ['teɪbllænd] *s* [hög]platå
table-lifting ['teɪbl,lɪftɪŋ] *s* spirit. borddans
table-linen ['teɪbl,lɪnɪn] *s* bordslinne
table-manners ['teɪbl,mænəz] *s pl* bordsskick
tablemat ['teɪblmæt] *s* tablett; liten duk; [karott]underlägg
table-rapping ['teɪbl,ræpɪŋ] *s* spirit. bordknackning
tablespoon ['teɪblspu:n] *s* **1** uppläggningssked **2** matsked äv. ss. mått
tablespoonful ['teɪblspu:n,fʊl] (pl. *~s* el. *tablespoonsful*) *s* matsked ss. mått
tablet ['tæblət] *s* **1** [minnes]tavla **2** liten platta, skiva **3** [skriv]block **4** a) tablett [*throat ~s*] b) kaka [*a ~ of chocolate*]; *a ~ of soap* en tvål[bit]
table-talk ['teɪbltɔ:k] *s* bordssamtal
table-tennis ['teɪbl,tenɪs] *s* bordtennis
table-top ['teɪbltɒp] *s* bordsskiva
table-turning ['teɪbl,tɜ:nɪŋ] *s* spirit. borddans
tableware ['teɪblweə] *s* bordsservis
tabloid ['tæblɔɪd] *s* sensationstidning [i litet format], tabloid
taboo [tə'bu:] **I** *s* tabu; *be under* [*a*] *~* vara tabu **II** *a* tabu, tabuförklarad **III** *tr* tabuförklara, bannlysa [*the subject was ~ed*]
tabor ['teɪbə] *s* mus. provensalsk trumma
tabular ['tæbjʊlə] *a* [uppställd] i tabellform [*~ statistics*]; *in ~ form* i tabellform
tabulate ['tæbjʊleɪt] *tr* ställa upp i tabellform, tabulera
tabulation [,tæbjʊ'leɪʃən] *s* tabelluppställning, tabulering
tabulator ['tæbjʊleɪtə] *s* tabulator
tacit ['tæsɪt] *a* tyst, stillatigande, underförstådd [*~ consent*]
taciturn ['tæsɪtɜ:n] *a* tystlåten, fåordig
1 tack [tæk] **I** *s* **1** nubb, stift, spik; jfr *brass I*; *carpet ~* mattspik **2** a) tråckelstygn b) tråckling **3** sjö. hals; *be on the port* (*starboard*) *~* ligga för babords (styrbords) halsar **4** kurs, riktning; metoder, taktik, tillvägagångssätt [*we must change our ~*]; *be on the right* (*wrong*) *~* vara inne på rätt (fel) spår **II** *tr* **1** spika, nubba, fästa med stift; *~ a th.* [*on*] *to* sätta (spika, nubba) fast ngt på (i, vid) **2** tråckla; *~ on* tråckla (nästa) fast; bildl. lägga till, haka på; *~ a th.* [*on*] *to* tråckla (nästa) fast ngt vid; bildl. lägga till (tillfoga, bifoga) ngt till
2 tack [tæk] *s* sjö., *hard ~* skeppsskorpor
tackle ['tækl] **I** *s* **1** sjö. tackel, talja; tackling **2** redskap, grejor; *shaving ~* rak|grejor, -don **3** fotb. tackling **II** *tr* **1** a) angripa, ge sig på, ta itu med, tackla [*~ a problem*], ge sig i kast med [*~ an opponent*] b) klara av, gå i land med [*I can't ~ it*] **2** sport. tackla
tacky ['tækɪ] *a* klibbig [*the paint is still ~*]
tact [tækt] *s* takt[fullhet], finkänslighet
tactful ['tæktfʊl] *a* taktfull, finkänslig
tactical ['tæktɪkəl] *a* mil. o. bildl. taktisk
tactician [tæk'tɪʃən] *s* mil. o. bildl. taktiker
tactics ['tæktɪks] *s* **1** (konstr. ss. sg.) taktik del av krigskonsten **2** (konstr. ss. pl.) taktik metoder, manövrer
tactile ['tæktaɪl, Am. 'tæktl] *a* känsel- [*~ organ*]; taktil, förnimbar med känseln
tactless ['tæktləs] *a* taktlös
tadpole ['tædpəʊl] *s* grod|larv, -yngel
taffeta ['tæfɪtə] *s* taft
taffrail ['tæfreɪl] *s* sjö. akterreling
Taffy ['tæfɪ] **I** walesisk form för *David* **II** *s* skämts. walesare
1 tag [tæg] **I** *s* **1** lapp, märke, etikett; adresslapp; [*price*] *~* prislapp **2** skålla, pigg, [metall]spets på skosnöre o. d. **3** remsa, flik, stump, tamp **4** stropp; hank, hängare **5** bihang; *question ~* påhängsfråga **6** beteckning, [ök]namn **II** *tr* **1** sätta lapp (märke etc.) på, märka, etikettera **2** *~ a th.* [*on*] *to* fästa ngt vid (i), lägga till ngt till [*~ a few notes on to a new edition*] **III** *itr* fam. följa (hänga) med
2 tag [tæg] *s* tafatt, kull [*play ~*]
tag-end ['tægend] *s* slut, sista del [*the ~ of the day*], sluttamp
Tahiti [tɑ:'hi:tɪ]
1 tail [teɪl] **I** *s* **1** a) svans, stjärt b) slut, sista del [*the ~ of a procession*]; ända, bakre del [*the ~ of a cart*]; *turn ~* a) vända sig bort, vända ryggen till b) ta till flykten; *twist a p.'s ~* förarga ngn; *twist the lion's ~* pröva [det brittiska] lejonets tålamod; *he was on my ~* han var tätt i hälarna på mig; *run away with o.'s ~ between o.'s legs* fly med svansen mellan benen **2** skört [*the ~ of a coat*]; pl. *~s* fam. frack; *in ~s* fam. [klädd] i frack **3** [klännings]släp **4** baksida av mynt; se ex. under *head I 4 c* **5** tunga på flagga **6** fläta; stångpiska **7** a) släng, understapel på bokstav b) mus. [not]fana **8** fam. deckare, spårhund; *put a ~ on a p.* låta skugga ngn **II** *tr* **1** skära av nederdelen (roten) på [*~ turnips*]; [*top and*] *~* snoppa bär **2** a) hänga i hälarna på b) skugga [*~ a suspect*] **3** avsluta, komma sist i [*~ a procession*] **III** *itr* **1** följa efter [i en lång rad];

~ *after a p.* följa ngn i hälarna, följa tätt efter ngn **2** ~ *away* (*off*) a) avta, dö bort [*her voice ~ed away*]; smalna av b) sacka efter, förirra sig

2 tail [teɪl] *s* jur., *estate in* ~ fideikommiss

tailback ['teɪlbæk] *s* bilkö [efter trafikolycka]

tail-board ['teɪlbɔ:d] *s* bakbräde på lastvagn

tail-coat ['teɪl'kəʊt] *s* frack

tailed [teɪld] *a* vanl. ss. efterled i sms. med . . svans, -svansad [*long-tailed*]

tail-end ['teɪl'end] *s* slut, sista del [*the ~ of a speech*], sluttamp

tail-gate ['teɪlgeɪt] *s* **1** nedre slussport **2** bil. bakdörr på halvkombi; baklucka

tail-light ['teɪllaɪt] *s* baklykta; flyg. stjärtlanterna

tailor ['teɪlə] **I** *s* skräddare; *~'s dummy* a) provdocka b) [kläd]snobb **II** *tr* **1** [skräddar]sy; *~ed costume* promenaddräkt **2** bildl. anpassa [*to* efter], skräddarsy **3** sy [kläder] åt; *he is ~ed by* han låter sy [sina kläder] hos

tailoring ['teɪlərɪŋ] *s* **1** skrädderi; skräddaryrke **2** skräddararbete

tailor-made ['teɪləmeɪd] *a* skräddarsydd; ~ *costume* skräddarsydd promenaddräkt

tailpiece ['teɪlpi:s] *s* **1** slutstycke; avslutning, slut; slutkläm **2** boktr. slutvinjett

tailspin ['teɪlspɪn] *s* **1** flyg. spinn **2** fam. panik; *send into a* ~ göra omtumlad

tail-wind ['teɪlwɪnd] *s* medvind

taint [teɪnt] **I** *s* **1** skamfläck, moralisk brist [*a ~ in his character*] **2** smitta, smittämne [*the meat is free from ~*], förorening; besmittelse, fördärv [*moral ~*] **II** *tr* **1** fläcka, besudla [*~ a p.'s name*] **2** göra skämd, skämma, angripa; *~ed meat* skämt kött **3** smitta; förorena; bildl. fördärva, besmitta

Taiwan [taɪ'wɑ:n, -'wæn]

take [teɪk] **A** (*took taken*) *vb* **I** *tr* (se äv. fraser med *take* under *aback, 1 air, oath* m. fl.) **1** ta[ga]; fatta, gripa; ta tag i; *~ a p.'s arm* ta ngn under armen; *~ a p.'s hand* ta ngn i handen **2** ta [med sig], bära, flytta **3** föra [*he was ~n to the Tower*], leda; *these stairs will ~ you to . .* den här trappan leder till . . **4 a**) ta sig [*~ a liberty*]; *~ a bath* ta [sig] ett bad **b**) göra sig [*~ a lot of trouble* (besvär)] **5 a**) göra [*~ a trip*]; vidta [*~ measures*]; *~ notes* föra (göra) anteckningar **b**) avlägga [*~ a vow*] **6 a**) ta, lägga beslag på; *this seat is ~n* den här platsen är upptagen **b**) gripa [*he was ~n by the police*] **c**) inta [*~ a fortress*] **7** a) inta [*~ o.'s place*] b) söka, ta [*~ cover* (*shelter*)] **8** dra, ta [*~ two from six*] **9** anteckna, skriva upp [*~ a p.'s name*] **10 a**) inta [*~ o.'s meals*], dricka [*~ wine*]; *~ snuff* snusa **b**) *~ the sun* sola [sig] **11** använda, ta [*~ sugar with* (i) *o.'s tea*]; ha, dra [*I ~ sevens* (nummer sju) *in gloves*] **12** ta, åka med [*~ the bus*]; *~ a taxi* ta (åka) taxi **13** ta, resa, åka, slå in på [*~ another road*]; *~ the road to the right* gå (köra) åt höger **14 a**) ta emot [*~ a gift*]; *~ it or leave it!* om du inte vill [ha det] så får det vara!; *~ that!* där fick du [så du teg]!; *I'm not taking any* [*of that*] fam. sånt går inte med mig **b**) anta [*~ a bet*] **15 a**) hyra [*~ a house*] **b**) prenumerera på [*~ two newspapers*] **16** behövas, fordras, krävas [*it took six men to* (för att) *do it*]; dra [*the car ~s a lot of petrol*]; *he had already ~n six years over it* han hade redan lagt ner (använt) sex år på det; *it ~s so little to make her happy* det behövs så lite för att hon ska bli glad; *it ~s a lot to make her cry* det ska mycket till för att hon ska gråta; *it will ~ some doing* det inte gjort utan vidare; *it took some finding* den var svår att hitta; *she has* [*got*] *what it ~s* fam. hon har allt som behövs **17** ta på sig [*~ the blame*], överta, åta[ga] sig [*~ the responsibility*]; *~ it upon o.s. to* a) åta[ga] sig att b) tillåta sig att, ta sig för att **18** *be ~n ill* bli sjuk; *be ~n with* få, drabbas av [*he was ~n with a fit of coughing*] **19** uppta, ta [*~ a th. well*]; *he knows how to ~ people* han kan verkligen ta folk **20** tåla; *he can't ~ a joke* han tål inte skämt; *I will ~ no nonsense* jag vill inte veta av några dumheter **21 a**) uppfatta, förstå [*he took the hint*]; *this must be ~n to mean that* det måste uppfattas så att **b**) följa, ta [*~ my advice*] **22 a**) tro, anse; *I ~ it that* jag antar att; *what* (*who*) *do you ~ me for?* vem tar du mig för?; *do you ~ me for a fool?* tror du jag är en idiot? **b**) *you may ~ my word for it* (*may ~ it from me*) *that* du kan tro mig på mitt ord när jag säger att; *you may ~ his word for it* du kan tro honom på hans ord **23** fånga äv. bildl. [*it took my eye*]; fängsla; *be ~n with* bli intagen av (förtjust i) **24** hämta, ta [*the quotation is ~n from Shakespeare*] **25 a**) vinna, ta [*he took the first set 6-3*] **b**) kortsp. få, ta [hem] [*~ a trick*] **26** anta, [börja] få [*the word has ~n a new meaning*] **27** fatta, få [*~ a liking to*], finna, ha [*~ a pleasure in*] **28** ertappa, komma på; *~ a p. unawares* överrumpla ngn **29** rymma, [kunna] ta, ha plats för [*the car ~s six people*] **30** a) läsa, lära sig [*~ English at the university*]; gå igenom [*~ a course*] b) undervisa i [*~ a class*] c) gå upp i [*~ o.'s exam*] **31** gram. styra, konstrueras med [*the verb ~s the accusative*]

32 med adv. (betr. *off* äv. prep.) isht med spec. övers.: ~ **along** ta med [sig]

~ **away: a**) ta bort (undan) **b**) dra ifrån [*~ away six from nine*] **c**) *~ meals away* köpa hem färdiglagade måltider

~ **back:** **a**) ta tillbaka, återta **b**) föra tillbaka [i tiden] [*the stories took him back to his childhood*]

~ **down:** **a**) ta ned **b**) riva [ned] [*~ down a house*]; *~ down o.'s hair* lösa [upp] (slå ut) håret **c**) skriva ned (upp), anteckna; göra ett referat av [*~ down a speech*]; ta [diktamen på] [*~ down a letter*] **d**) *~ a p. down* [*a peg or two*] sätta ngn på plats

~ **in:** **a**) ta in; lasta [*~ in wood*]; ta (skaffa) in (hem) varor **b**) föra in; *~ a lady in to dinner* föra en dam till bordet **c**) ta emot, ha [*~ in boarders*] **d**) prenumerera på [*he ~s in two newspapers*] **e**) omfatta [*the map ~s in the whole of London*], inkludera **f**) fam. besöka, gå på; *~ in a cinema* gå på bio **g**) förstå, fatta [*I didn't ~ in a word*]; överblicka [*~ in the situation*]; uppfånga [*she took in every detail*] **h**) *he ~s it all in* fam. han går på allting; *be ~n in* låta lura sig **i**) fam. ta till polisstationen

~ **off:** **a**) ta bort (loss); ta av [sig] [*~ off o.'s shoes*] **b**) föra bort [*be ~n off to prison*], köra i väg med; ta (hämta) upp från, rädda från [*they were ~n off the wreck*]; *~ o.s. off* ge sig i väg **c**) avföra från [*~ an item off the agenda*]; *~ sugar off the ration* slopa ransoneringen av socker **d**) dra in [*~ off two trains*]; lägga ned [*~ off a play*] **e**) *~ a day off* ta [sig] ledigt en dag **f**) dra (slå) av, pruta [*~ £1 off*] **g**) imitera; parodiera

~ **on:** **a**) åta sig, ta på sig [*~ on extra work*] **b**) ta in, anställa [*~ on new workers*] **c**) anta, [börja] få [*~ on a new meaning*] **d**) ställa upp mot, ta sig an [*~ a p. on at* (i) *golf*]

~ **out:** **a**) ta fram (upp, ut) [*from, of* ur]; ta ur (bort) [*~ out a stain*]; dra ut tand **b**) ta ut, skaffa sig [*~ out a licence*], ta, teckna [*~ out an insurance policy*] **c**) ta [med] ut, bjuda ut [*~ a p. out to* (på) *dinner*] **d**) *this ~s it out of me* det här suger musten ur mig **e**) [*when he is annoyed,*] *he ~s it out on* (*of*) *her* .. låter han det gå ut över henne

~ **over:** **a**) överta [*~ over a business*], tillträda [*~ over a new job*] **b**) föra (köra) över [*~ a p. over to a place*]; *we are now taking you over to* .. radio. vi kopplar nu över till .. **c**) lägga sig till med

~ **up:** **a**) ta upp (fram); ta med [*~ up passengers*]; lyfta [på] [*~ up the telephone receiver*]; riva upp gata; *~ up arms* gripa till vapen **b**) suga (ta) åt sig **c**) sömn. ta (lägga) upp **d**) ta upp [*~ up for* (till) *discussion*], föra på tal **e**) ta [upp] [*it ~s up too much room*]; fylla [upp] [*it ~s up the whole page*]; uppta, ta i anspråk, lägga beslag på [*~ up a p.'s time*]; *he is ~n up with it* han är helt sysselsatt med det, han är engagerad i det **f**) inta [*~ up an attitude*] **g**) anta [*~ up a challenge*], gå med på; ta sig an, åta sig [*~ up a p.'s cause*] **h**) [börja] ägna sig åt [*~ up gardening*], börja läsa (lära sig); välja [*~ up a career*]; *~ up golf* börja spela golf **i**) avbryta, rätta [*~ up a speaker*]; tillrättavisa **j**) *I'll ~ you up on that* a) jag tar dig på orden b) det [du säger] vill jag bestrida **k**) arrestera **l**) tillträda [*~ up o.'s post*]; *~ up o.'s lodgings* (*quarters*) slå sig ned, inkvartera sig

II *itr* **1** ta [*the vaccination didn't ~*] **2** bot. slå rot, ta sig **3** ta [av] [*~ to the right*]; fly [*~ to the woods*]; *~ to the lifeboats* gå i livbåtarna **4** med adv. o. prep. isht med spec. övers.: *~* **after** brås på, likna [*he ~s after his father*]; *~* **off** [be]ge sig i väg; flyg. starta, lyfta, lätta; *~* **on:** **a**) slå igenom [*that fashion hasn't ~n on*] **b**) fam. bli upprörd; *she took on something dreadful* hon härjade och hade sig; *~* **over** ta över, överta ledningen (makten, ansvaret); *~ over from* avlösa; *~* **to:** **a**) [börja] ägna sig åt, slå sig på [*~ to gardening*]; sätta sig in i, lära sig; hemfalla åt; *~ to doing a th.* lägga sig till med att göra ngt; *~ to drink* (*drinking*) börja dricka **b**) bli förtjust i, [börja] tycka om [*the children took to her at once*]; [börja] trivas med; dras till; *~* **up:** **a**) fortsätta, ta vid [*we took up where we left off*] **b**) *~ up with a p.* börja umgås med ngn

B *s* **1** tagande; jfr *give B* **2** fångst [*the daily ~ of fish*], [jakt]byte **3** [biljett]intäkter **4** a) film. tagning b) inspelning

take-away ['teɪkəweɪ] *s* o. *a* restaurang (butik) med mat för avhämtning [äv. *~ restaurant* (*shop*)]; måltid för avhämtning [äv. *~ meal*]

take-home ['teɪkhəʊm] *a*, *~ pay* (*wages*) lön efter skatt, nettolön

take-in ['teɪkɪn] *s* fam. bedrägeri, humbug

taken ['teɪkən] pp. av *take*

take-off ['teɪkɒf] *s* **1** flyg. start [*a smooth ~*]; startplats **2** härmning; karikatyr, parodi

take-over ['teɪkˌəʊvə] *s* **1** övertagande; *the presidential ~* presidentens makttillträde **2** hand. [företags]uppköp; *State ~* statligt övertagande; *~ bid* anbud att överta aktiemajoriteten i ett företag

taker ['teɪkə] *s* **1** tagare etc., jfr *take A* **2** vadhållare vid hästtävling; *there were no ~s* det gjordes inga insatser

taking ['teɪkɪŋ] **I** *s* **1** tagande etc., jfr *take A I*; *it's yours for the ~* den är din bara du ber om den **2** pl. *~s* intäkter, inkomst[er]; förtjänst **II** *a* intagande, tilldragande

talc [tælk] **I** *s* miner. talk **II** *tr* talka

talcum ['tælkəm] *s* talk

tale [teɪl] *s* **1** berättelse, historia, saga; *nursery ~* [barn]saga; amsaga; *old wives' ~s* käring|prat, -snack, amsagor; *thereby hangs a ~* det är en [särskild] historia förknippad med det **2** lögn[historia]; *tell the ~* fam. duka upp en fantastisk historia, dra gråtvalsen **3** *tell ~s* skvallra, springa med skvaller

talebearer ['teɪlˌbeərə] *s* skvallerbytta

talent ['tælənt] *s* **1** talang, begåvning [*a man of* (med) *great ~*], förmåga [*for doing a th.* att göra ngt]; bibl. pund; *of great ~* äv. talangfull; *have a ~ for music* vara musikbegåvad **2** pers. talang, begåvning, förmåga [*young ~s*]; *~ scout* (*spotter*) talangscout

talented ['tæləntɪd] *a* talangfull, begåvad

talisman ['tælɪzmən] *s* talisman; amulett

talk [tɔ:k] **I** *itr* (se äv. *III*) tala, prata, fam. snacka; kåsera, hålla föredrag; skvallra [*he won't ~*]; *you're the one to ~!*, *you can ~!* och det ska du säga!; *that's no way to ~* så säger man inte; *now you're ~ing!* fam. så ska det låta!; *~ big* fam. vara stor i orden (mun) **II** *tr* (se äv. *III*) tala, prata; fam. snacka; *~ shop* prata fack (jobb) **III** *tr* o. *itr* med prep. o. adv. isht med spec. övers.: *~* **about** tala (prata) om; *~* **down: a**) prata omkull **b**) *~ down* [*to*] använda en nedlåtande ton [till]; *~ a p.* **into** *doing a th.* övertala ngn [till] *att göra ngt*; *~* **of** tala (prata) om [*he ~s of going to London*]; *~ing of* på tal om, apropå; *~* **on** tala (hålla föredrag) om (över); *~ a p.* **out** *of doing a th.* övertala ngn att inte göra ngt; *~* **over: a**) tala om (över), behandla [*~ over a subject*] **b**) diskutera, resonera om [*let's ~ the matter over*]; *~* **round** övertala, få att ändra sig; *~* **to: a**) tala (prata) med; tala till **b**) tala [allvar] med, säga till [på skarpen]; *~* **with** tala (prata, samtala) med **IV** *s* **1** samtal; pratstund; pl. *~s* äv. förhandlingar [*peace ~s*], överläggningar; *small ~* småprat, kallprat **2** a) prat [*we want action, not ~*]; fam. snack b) tal [*there can be no ~ of* (om) *that*] c) rykten [*hear ~ of war*]; *there has been ~ of that* det har varit tal om det; *the ~ of the town* det allmänna samtalsämnet **3** föredrag [*a ~ on* (i) *the radio*]; *give a ~ to a p. on a th.* hålla ett föredrag för ngn om ngt **4** språk [*baby-talk*]

talkative ['tɔ:kətɪv] *a* talför, pratsam

talker ['tɔ:kə] *s* pratmakare [*what a ~ he is!*]; *he's a good ~* han talar bra

talkie ['tɔ:kɪ] *s* åld. fam. talfilm

talking ['tɔ:kɪŋ] **I** *s* prat [*no ~!*]; *do the ~* föra ordet; *he did all the ~* det var han som pratade (höll låda) **II** *a* talande

talking-point ['tɔ:kɪŋpɔɪnt] *s* diskussionsämne

talking-to ['tɔ:kɪŋtu:] *s* fam. åthutning, utskällning [*get a ~*]

tall [tɔ:l] *a* **1** lång [*a ~ man*], stor[växt], reslig; hög [*a ~ building* (*mast*)]; *~ drink* långdrink [i högt glas] **2** fam. fantastisk, otrolig [*a ~ story*]; *~ order* se *order I 3*

tallboy ['tɔ:lbɔɪ] *s* byrå med höga ben

tallow ['tæləʊ] *s* talg

tally ['tælɪ] **I** *s* **1** [kontroll]räkning, sjö. lasträkning **2** [kontroll]märke, etikett **II** *tr* **1** registrera, förteckna **2** [kontroll]räkna; *~ up* räkna ihop **3** få att stämma överens **III** *itr* stämma överens [*the lists ~*]

tally-ho ['tælɪ'həʊ] *interj* buss på! jaktrop till hundar vid upptäckt av räv

tallyman ['tælɪmən] *s* **1** kontrollräknare, sjö. lasträknare **2** sport. poängräknare

Talmud ['tælmʊd, -məd] *s*, *the ~* talmud judisk skriftsamling

talon ['tælən] *s* [rovfågels]klo

tamable ['teɪməbl] *a* tämjbar

tamarind ['tæmərɪnd] *s* bot. tamarind[-frukt]

tambourine [ˌtæmbə'ri:n] *s* mus. tamburin

tame [teɪm] **I** *a* tam **II** *tr* tämja; kuva

tamer ['teɪmə] *s* [djur]tämjare

taming ['teɪmɪŋ] *s* tämjande, kuvande; *The T~ of the Shrew* Så tuktas en argbigga komedi av Shakespeare

tammy ['tæmɪ] *s* fam., se *tam-o'-shanter*

tam-o'-shanter [ˌtæmə'ʃæntə] *s* [skotsk] basker med tofs

tamp [tæmp] *tr* packa (trycka) till [*~ the earth round a plant*]

tamper ['tæmpə] *itr*, *~ with* a) fingra på, mixtra med; tumma (rucka) på; fiffla med b) tubba, bearbeta [*~ with a witness*]

tampon ['tæmpən, -ɒn] *s* tampong

tan [tæn] **I** *tr* **1** garva, barka **2** göra brunbränd; *~ned* [*by the sun*] solbränd **3** fam., *~ a p.* (*a p.'s hide*) ge ngn på huden **II** *itr* bli solbränd, bli brun[bränd] **III** *s* **1** [mellan]-brunt **2** solbränna

tandem ['tændəm] **I** *adv* i tandem **II** *s* **1** tandem[spann]; *in ~* i rad [efter varandra], i tandem **2** *~* [*bicycle*] tandem[cykel]

tang [tæŋ] *s* skarp smak (lukt); bismak; eftersmak; anstrykning, prägel

tangent ['tændʒənt] *s* geom. tangent; *fly* (*go*) *off at a ~* bildl. plötsligt avvika från ämnet

tangential [tæn'dʒenʃəl] *a* tangentiell, tangential-

tangerine [ˌtændʒə'ri:n] *s* tangerin, slags mandarin

tangibility [ˌtændʒə'bɪlətɪ] *s* påtaglighet, gripbarhet etc., jfr *tangible*

tangible ['tændʒəbl] *a* **1** påtaglig [*~ proofs*], gripbar; verklig, faktisk; konkret [*~ proposals*] **2** *~ assets* realtillgångar

tangle ['tæŋgl] **I** *tr* trassla till, göra trasslig; *get ~d* [*up*] trassla (tova) ihop sig **II** *itr* **1** trassla sig; bli insnärjd **2** fam. gräla, tampas [*with* med] **III** *s* **1** trassel, oreda; röra,

virrvarr; snårskog [*a ~ of undergrowth*]; *be in a ~* vara tilltrasslad **2** fam. gräl, bråk
tangled ['tæŋgld] *a* tilltrasslad, trasslig; tovig [*~ hair*]; *a ~ skein* en trasslig härva
tango ['tæŋgəʊ] **I** *s* tango **II** *itr* dansa tango
tank [tæŋk] **I** *s* **1** a) tank; cistern, behållare b) reservoar [*rain-water ~*], damm; Am. bassäng **2** mil. stridsvagn, tank; *~ regiment* pansarregemente **II** *itr, ~ up* tanka fullt
tankard ['tæŋkəd] *s* [dryckes]kanna, stop; sejdel, krus
tanker ['tæŋkə] *s* tanker, tankfartyg; tankbil
tank-top ['tæŋktɒp] *s* ärmlös tröja, brottarlinne
1 tanner ['tænə] *s* garvare
2 tanner ['tænə] *s* sl. förr sixpence[slant]
tannery ['tænərɪ] *s* **1** garveri **2** garvning
tannic ['tænɪk] *a* garv-; *~ acid* garvsyra
tannin ['tænɪn] *s* tannin garvämne; garvsyra
tanning ['tænɪŋ] *s* **1** garvning **2** fam. stryk
Tannoy ['tænɔɪ] *s* ® högtalaranläggning t. ex. på flygplats; högtalare [*on* (i) *the ~*]
tansy ['tænzɪ] *s* bot. renfana
tantalize ['tæntəlaɪz] *tr* fresta; reta; gäcka
tantalizing ['tæntəlaɪzɪŋ] *a* lockande, frestande; retsam, gäckande [*a ~ smile*]
tantamount ['tæntəmaʊnt] *a, be ~ to* vara liktydig med, vara detsamma som
tantrum ['tæntrəm] *s* raserianfall; *fly into a ~* få ett raserianfall
Tanzania [ˌtænzə'nɪə, tæn'zeɪnɪə]
1 tap [tæp] **I** *s* **1** kran på ledningsrör; *on ~* a) om öl o. d. på fat [*beer on ~*]; klar för tappning b) bildl. till hands, redo [*he always expects me to be on ~*] **2** plugg, tapp i tunna **II** *tr* **1** a) tappa [*~ a rubber tree*], tappa ur [*~ a cask*] b) tappa av [*~ a liquor*] **2** a) utnyttja, exploatera [*~ sources of energy*] b) hämta [*material ~ped from new sources*] c) *~ a p. for money* vigga (tigga) pengar av ngn **3** a) elektr. o. d. ta (leda) ström (vatten) från b) telef. avlyssna [*~ a telephone conversation*]; *~ the wires* göra telefonavlyssning
2 tap [tæp] **I** *tr* knacka i (på); knacka (slå) med; slå (klappa) lätt [*~ a p. on the shoulder*]; *~ out* a) knacka ned [på maskin] b) knacka [*~ out a message on* (i) *the wall*], markera **II** *itr* **1** knacka [*~ at* (*on*) *the door*], slå lätt **2** klappra, gå med klapprande steg **III** *s* knackning, lätt slag; *there was a ~ at the door* det knackade på dörren
tap-dance ['tæpdɑːns] **I** *s* stepp, steppdans **II** *itr* steppa
tap-dancing ['tæpˌdɑːnsɪŋ] *s* stepp[dans]
tape [teɪp] **I** *s* **1** band [*cotton ~*] **2** [*adhesive* (*sticky*)] *~* tejp, klisterremsa; [*insulating*] *~* isoleringsband **3** a) [ljud]band; *magnetic* [*recording*] *~* inspelningsband; *~ library* bandarkiv; *record on ~* spela in på band, banda b) fam. [band]inspelning **4** sport. målsnöre; *breast the ~* spränga målsnöret **5** måttband **6** a) [telegraf]remsa b) data., [*punched*] *~* [hål]remsa **7** fam., se *red tape* under *red I* **8** pl. *~s* mil. sl. ränder, streck; *get o.'s ~s* bli korpral **II** *tr* **1** binda (knyta) om (fast) med band **2** linda med tejp (isoleringsband); *~* [*up*] tejpa ihop **3** ta upp på band, banda **4** mäta [med måttband] **5** fam., *I've got him ~d* jag vet vad han går för
tape-deck ['teɪpdek] *s* bandspelardäck
tape-measure ['teɪpˌmeʒə] *s* måttband
taper ['teɪpə] **I** *s* **1** smalt [vax]ljus **2** spets, avsmalnande form; avsmalning **II** *itr, ~* [*off*] smalna [av] [*~* [*off*] *to a point*], bildl. gradvis minska, avta **III** *tr, ~* [*off*] göra spetsigare (smalare)
tape-record ['teɪprɪˌkɔːd] **I** *tr* spela in (ta upp) på band, banda **II** *itr* göra bandinspelning[ar]
tape-recorder ['teɪprɪˌkɔːdə] *s* bandspelare
tape-recording ['teɪprɪˌkɔːdɪŋ] *s* bandinspelning, bandupptagning
tapered ['teɪpəd] *a* avsmalnande
tapering ['teɪpərɪŋ] *a* spetsig, som löper ut i en spets; avsmalnande; [lång]smal
tapestry ['tæpəstrɪ] *s* gobeläng[er]; bildvävnad, [vävd] tapet
tapeworm ['teɪpwɜːm] *s* zool. binnikemask, bandmask
tapioca [ˌtæpɪ'əʊkə] *s* tapioka
tapir ['teɪpə, -ˌpɪə] *s* zool. tapir
tappet ['tæpɪt] *s* tekn. lyft|arm, -kam; ventillyftare
taproom ['tæprʊm] *s* skänkrum; bar
tap-water ['tæpˌwɔːtə] *s* vattenledningsvatten
1 tar [tɑː] **I** *s* tjära **II** *tr* tjära; asfaltera; *~ and feather* tjära och fjädra ss. bestraffningsform; *they are ~red with the same brush* de är lika goda kålsupare
2 tar [tɑː] *s* fam., se *jack-tar*
tarantella [ˌtærən'telə] *s* tarantella ital. dans
tardiness ['tɑːdɪnəs] *s* långsamhet, senfärdighet, tröghet; dröjsmål
tardy ['tɑːdɪ] *a* **1** långsam, senfärdig, trög; senkommen [*a ~ apology*] **2** Am. försenad
target ['tɑːgɪt] *s* **1** måltavla, skottavla; mål **2** bildl. mål[sättning]; *be on ~* träffa prick; *be off ~* missa målet **3** bildl. skottavla; *be the ~ for* (*of*) *criticism* vara föremål för kritik **4** attr. mål- [*~ area* (*language*)]; *our ~ date is next July* vi siktar på juli; *~ practice* målskjutning; skjutövning
tariff ['tærɪf] *s* **1** tull[taxa]; attr. tull- [*~ policy* (*union*)]; *~ barrier* (*wall*) tullmur; *~ rate* tullsats **2** taxa, tariff; prislista
Tarmac ['tɑːmæk] *s* **1** ® grov asfaltbeläggning **2** *t~* asfalterad väg, asfalterat områ-

de; flyg. m. m. platta
tarn [tɑ:n] *s* tjärn, bergs-, fjäll|sjö
tarnish ['tɑ:nɪʃ] **I** *tr* **1** göra matt (glanslös), missfärga **2** bildl. skamfila [*his reputation is ~ed*] **II** *itr* bli matt (glanslös), mista sin glans; bli anlupen [*silver ~es quickly*] **III** *s* glanslöshet, matthet; anlöpning
tarpaulin [tɑ:'pɔ:lɪn] *s* presenning
tarragon ['tærəgən] *s* bot. dragon[ört]
1 tarry ['tɑ:rɪ] *a* tjärig, nedtjärad; tjärartad
2 tarry ['tærɪ] *itr* litt. **1** stanna [kvar], dröja [kvar] **2** vänta [*for* på]
1 tart [tɑ:t] **I** *s* **1** mördegstårta [med frukt]; mördegs|form, -bakelse; [frukt]paj; *jam ~* mördegsform med sylt **2** sl. fnask prostituerad **II** *tr* fam., *~ up* fiffa (piffa, sminka) upp
2 tart [tɑ:t] *a* **1** syrlig [*~ apples*], sträv, besk **2** bildl. skarp, besk [*a ~ answer*]
tartan ['tɑ:tən] **I** *s* **1** tartan, skotskrutigt tyg (mönster) **2** pläd **II** *a* skotskrutig
Tartar ['tɑ:tə] **I** *s* **1** tatar **2** *t~* hetsporre; tyrann; ragata **II** *a*, *t~ sauce* tartarsås
tartar ['tɑ:tə] *s* **1** tandsten **2** kem. vinsten; *cream of ~* renad vinsten
tartare ['tɑ:tɑ:] *a* (fr.), *~ sauce* tartarsås
Tarzan ['tɑ:zæn, -zən]
task [tɑ:sk] *s* [arbets]uppgift, uppdrag; pensum; läxa; *set a p. a ~* förelägga (ge) ngn en uppgift; *take* (*call*) *a p. to ~* läxa upp ngn, ställa ngn till svars
task-force ['tɑ:skfɔ:s] *s* mil. specialtrupp, operationsstyrka, stridsgrupp
taskmaster ['tɑ:sk,mɑ:stə] *s* [krävande] uppdragsgivare, hård lärare, krävande person, bildl. tuktomästare [ofta *hard ~*]
Tasmania [tæz'meɪnjə] Tasmanien
Tasmanian [tæz'meɪnjən] **I** *a* tasmansk **II** *s* tasmanier
tassel ['tæsəl] *s* tofs
tasselled ['tæsəld] *a* tofsprydd
taste [teɪst] **I** *s* **1** a) smak[sinne] b) smak; bismak; försmak [*of* av] **2** bildl. a) smak [*for* för] b) smakriktning; pl. *~s* äv. smak, intressen; tycke och smak; *it is a matter of ~* det är en smaksak; *it would be bad ~ to refuse* det skulle vara ofint att tacka nej; *there is no accounting for ~s* om tycke och smak skall man inte disputera; *in bad ~* smaklös[t]; omdömeslös[t]; *in good ~* smakfull[t]; taktfull[t]; *it is not to my ~* det är inte i min smak; *add sugar to ~* socker tillsättes efter smak (behag) **3** smakprov; klunk, droppe; *have a ~ of this!* smaka på den här! **II** *tr* **1** smaka; smaka 'av, smaka (smutta) på; känna smak[en] av [*can you ~ anything special?*] **2** få smaka ['på], få pröva 'på, erfara; få smak på **III** *itr* smaka [*~ bitter*]; *~ good* smaka bra; *it ~s mild* den är mild i smaken
taste-bud ['teɪstbʌd] *s* anat. smaklök
tasteful ['teɪstfʊl] *a* smakfull
tasteless ['teɪstləs] *a* smaklös; osmaklig
taster ['teɪstə] *s* avsmakare, provsmakare, i sms. -provare [*wine-taster*]
tasty ['teɪstɪ] *a* **1** välsmakande, smaklig **2** smakfull, stilig
tata o. **ta-ta** ['tæ'tɑ:] *interj* fam. o. barnspråk ajö, ajö!; hej, hej!
tatter ['tætə] *s*, mest pl. *~s* trasor; paltor [*rags and ~s*]; *tear to ~s, leave in ~s* bildl. [fullständigt] förstöra; kritisera sönder
tatterdemalion [,tætədə'meɪljən] *s* trashank
tattered ['tætəd] *a* trasig [*a ~ flag*], söndersliten; i trasor [*a ~ old man*]
tattle ['tætl] **I** *itr* skvallra, tissla och tassla; tjattra **II** *s* skvaller; tjatter
tattler ['tætlə] *s* pratmakare; skvallerbytta
tattletale ['tætlteɪl] *s* skvallerbytta
1 tattoo [tə'tu:, tæ't-] **I** *s* **1** mil. tapto; *beat* (*sound*) *the ~* blåsa tapto **2** trummande, hamrande; *beat a ~* trumma **3** militär|parad, -uppvisning **II** *itr* trumma, hamra, slå [*on, at* på]; trumma med fingrarna
2 tattoo [tə'tu:, tæ't-] **I** *tr* tatuera **II** *s* tatuering
tatty ['tætɪ] *a* fam. **1** sjabbig **2** tarvlig
taught [tɔ:t] imp. o. pp. av *teach*
taunt [tɔ:nt] **I** *tr* håna, pika, smäda [*with* för] **II** *s* glåpord, gliring, pik
Taurus ['tɔ:rəs] astr. Oxen
taut [tɔ:t] *a* **1** spänd [*~ muscles*], styv; stram **2** fast, vältrimmad [*a ~ figure*]
tauten ['tɔ:tn] **I** *tr* spänna, sträcka; styvhala **II** *itr* spännas, sträckas
tautologic[al] [,tɔ:tə'lɒdʒɪk, -əl] *a* tautologisk, onödigt upprepande
tautology [tɔ:'tɒlədʒɪ] *s* tautologi, onödig upprepning
tavern ['tævən] *s* värdshus; [öl]krog
tawdriness ['tɔ:drɪnəs] *s* prål, glitter
tawdry ['tɔ:drɪ] *a* grann, prålig
tawny ['tɔ:nɪ] *a* gulbrun, läderfärgad; *~ port* 'tawny', läderfärgat portvin
tax [tæks] **I** *s* **1** [statlig] skatt, i USA äv. kommunalskatt; pålaga; *~ arrears* kvarstående skatt; *~ evader* (*dodger*) skatte|smitare, -fuskare; *~ evasion* (*dodging*) skatte|smitning, -fusk; skatteflykt; *~ haven* skatteparadis lågskatteland; *~ relief* skattelättnad **2** bildl. börda, påfrestning [*~ on a p.'s health*] **II** *tr* **1** beskatta; taxera [*at* till; *by* efter] **2** bildl. betunga, sätta på [hårt] prov **3** beskylla [*~ a p. with* (för) *falsehood*]
taxable ['tæksəbl] *a* beskattningsbar
taxation [tæk'seɪʃən] *s* **1** beskattning; taxering; *pressure of ~* skattetryck **2** skatter [*reduce ~*]
tax-collector ['tækskə,lektə] *s* [skatte]uppbördsman, skattmas

tax-free ['tæks'fri:] *a* skattefri; ~ *shop* tax--free-shop
taxi ['tæksɪ] **I** *s* taxi, bil; *air* ~ taxiflyg **II** *itr* **1** åka (ta en) taxi **2** flyg. taxa, köra på marken t. ex. före start
taxicab ['tæksɪkæb] *s* taxi, bil
taxidermist ['tæksɪdɜ:mɪst, ˌtæksɪ'dɜ:m-] *s* [djur]konservator, uppstoppare
taxidermy ['tæksɪdɜ:mɪ] *s* uppstoppning av djur
taxi-driver ['tæksɪˌdraɪvə] *s* taxichaufför
taximeter ['tæksɪˌmi:tə] *s* taxameter
taxiplane ['tæksɪpleɪn] *s* taxiflyg, taxiplan
taxi-rank ['tæksɪræŋk] *s* taxihållplats; rad väntande taxi[bilar]
taxi stand ['tæksɪstænd] *s* Am. = *taxi-rank*
taxpayer ['tæksˌpeɪə] *s* skattebetalare
T.B. ['ti:'bi:] *s* (fam. för *tuberculosis*) tbc
T-bone ['ti:bəʊn] *s*, ~ [*steak*] T-benstek
TCBM förk. för *Transcontinental Ballistic Missile* transkontinental [ballistisk] robot
Tchaikovsky o. **Tchaikowsky** [tʃaɪ'kɒfskɪ, -'kɒvskɪ]
tea [ti:] *s* **1** te dryck, måltid; teblad; tebjudning; *two* ~*s!* två te!; [*afternoon* (*five o'clock*)] ~ eftermiddagste; *early morning* ~ morgonte; *high* (*meat*) ~ lätt kvällsmåltid med te, tidig tesupé vanl. vid 6-tiden; *have* ~ dricka te; *not for all the* ~ *in China* ung. inte för allt smör i Småland; *that's just my cup of* ~ det är min likör; *she is not my cup of* ~ hon är inte min typ **2** infusion av olika slag, te, spad; jfr *beef-tea*
tea-bag ['ti:bæg] *s* tepåse
tea-break ['ti:breɪk] *s* tepaus
tea-caddy ['ti:ˌkædɪ] *s* o. **tea-canister** ['ti:ˌkænɪstə] *s* teburk
teach [ti:tʃ] (*taught taught*) **I** *tr* undervisa [~ *children*], undervisa i, lära [*he* ~*es us French*], ge (meddela) undervisning i, ge (hålla) lektioner i; ~ *a p.* [*how*] *to drive* lära ngn köra; *I'll* ~ *you to lie!* jag ska [minsann] lära dig att ljuga, jag!; *I was never taught this* detta har jag aldrig fått lära mig; ~ *school* Am. undervisa, vara lärare **II** *itr* undervisa, vara lärare
teachable ['ti:tʃəbl] *a* läraktig
teacher ['ti:tʃə] *s* lärare; ~[*s'*] *training college* se *college of education* under *college 2*
tea-chest ['ti:tʃest] *s* telåda för transport av te
teach-in ['ti:tʃɪn] *s* **1** teach-in, debattdag[ar] **2** univ. seminarium
teaching ['ti:tʃɪŋ] **I** *s* **1** undervisning; *go in for* ~ ägna sig åt (slå sig på) lärarbanan **2** vanl. pl. ~*s* lära, läror [*the* ~*s of the Church*] **II** *a* undervisnings- [*a* ~ *hospital*]; lärar- [*the* ~ *profession*]
teaching-aid ['ti:tʃɪŋeɪd] *s* hjälpmedel i undervisningen
tea-cloth ['ti:klɒθ] *s* **1** teduk **2** torkhandduk
tea-cosy ['ti:ˌkəʊzɪ] *s* tehuv, tevärmare
teacup ['ti:kʌp] *s* tekopp; *a storm in a* ~ en storm i ett vattenglas
teak [ti:k] *s* teak[trä]
tea-kettle ['ti:ˌketl] *s* tepanna, tekittel med pip
teal [ti:l] *s* zool. kricka, krickand
tea-leaf ['ti:li:f] (pl. *tea-leaves*) *s* teblad
team [ti:m] **I** *s* **1** a) spann, par av dragare b) Am. förspänt fordon; [häst och] vagn **2** team, gäng, lag [*football* ~]; trupp **II** *tr* spänna ihop dragare **III** *itr*, ~ *up* fam. slå sig ihop, arbeta i team (lag)
team-mate ['ti:mmeɪt] *s* lagkamrat
team-spirit ['ti:mˌspɪrɪt] *s* laganda
teamster ['ti:mstə] *s* **1** kusk som kör spann **2** Am. lastbils-, långtradarchaufför
teamwork ['ti:mwɜ:k] *s* teamwork, lagarbete, grupparbete
tea-party ['ti:ˌpɑ:tɪ] *s* tebjudning
tea-plant ['ti:plɑ:nt] *s* tebuske
tea-planter ['ti:ˌplɑ:ntə] *s* teplantageägare
teapot ['ti:pɒt] *s* tekanna; *a tempest in a* ~ Am. en storm i ett vattenglas
1 tear [tɪə] *s* tår [*flood of* ~*s*]; *shed* ~*s* fälla tårar; *all in* ~*s* upplöst i tårar; *burst into* ~*s* brista i gråt; *French without* ~*s* ss. boktitel o. d. ung. Franska på lätt sätt
2 tear [teə] **A** (*tore torn*) *vb* **I** *tr* (med adv. se äv. *III*) **1** slita, riva, rycka; slita (riva, rycka) sönder; sarga, riva upp; ~ *open* slita (riva) upp [~ *open a letter*]; ~ *to pieces* slita sönder (i bitar, i stycken); *that's torn it* fam. nu är det klippt (färdigt) **2** bildl. a) splittra, slita sönder [*a country torn by civil war*] b) plåga [*a heart torn by anguish*] **II** *itr* (med adv. se äv. *III*) **1** slita, riva [och slita] [*at* i] **2** slitas sönder [~ *easily*] **3** rusa, flänga [~ *down the road* (*into a room*)] **4** fam., ~ *into* kasta sig över **III** *tr* o. *itr* med adv. isht med spec. övers.: ~ **about** rusa (flänga) omkring; ~ **along** rusa fram; ~ **away** slita (riva) bort; rusa i väg (bort); ~ *o.s. away* slita sig [lös] [*I can't* ~ *myself away from this book*]; ~ **down** riva (plocka) ned; ~ **off: a**) slita bort, riva av (lös, loss) **b**) rusa i väg (bort) **c**) fam. kasta ned, rafsa ihop [~ *off a letter*] **d**) ~ *a p. off a strip* se *2 strip 1*; ~ **out: a**) riva ut [~ *out a page*] **b**) rusa ut; ~ **up** slita (riva) sönder; riva upp [~ *up a contract*]
B *s* reva, rispa, rivet hål
tear-duct ['tɪədʌkt] *s* anat. tårkanal
tearful ['tɪəfʊl] *a* **1** tårfylld **2** gråtmild
tear-gas ['tɪəgæs] *s* tårgas
tearing ['teərɪŋ] *a* våldsam, rasande [*a* ~ *pace*]
tear-jerker ['tɪəˌdʒɜ:kə] *s* fam. tårdrypande bok (film, pjäs m. m.)

tea-room ['ti:rum] *s* teservering, konditori
tease [ti:z] **I** *tr* **1** reta, retas med, förarga **2** karda ull o. d. **II** *itr* retas **III** *s* retsticka
teaser ['ti:zə] *s* **1** retsticka **2** fam. hård nöt [att knäcka], kuggfråga
tea-shop ['ti:ʃɒp] *s* se *tea-room*
teaspoon ['ti:spu:n] *s* tesked äv. ss. mått
teaspoonful ['ti:spu:nˌful] (pl. *~s* el. *teaspoonsful*) *s* tesked ss. mått
tea-strainer ['ti:ˌstreɪnə] *s* tesil
teat [ti:t] *s* **1** spene **2** napp på flaska
tea-time ['ti:taɪm] *s* tedags
tea-towel ['ti:ˌtaʊəl] *s* torkhandduk
tea-tray ['ti:treɪ] *s* tebricka
tea-trolley ['ti:ˌtrɒlɪ] *s* tevagn, rullbord
tea-wagon ['ti:ˌwægən] *s* tevagn, rullbord
tec [tek] *s* (kortform för *detective*) sl. deckare
tech [tek] *s* fam. för *technical college*
technical ['teknɪkəl] *a* **1** teknisk; fack-, yrkesinriktad [*a ~ school*]; yrkes- [*~ skill*], facklig; *~ college* ung. yrkesinriktat gymnasium **2** formell, saklig [*for* (av, på) *~ reasons*] **3** *~ knock-out* boxn. teknisk knockout
technicality [ˌteknɪ'kælətɪ] *s* **1** teknisk sida; teknik **2** teknisk term, fackuttryck **3** formalitet, teknisk detalj [*it's just a ~*]
technician [tek'nɪʃən] *s* tekniker; [teknisk] expert
Technicolor ['teknɪˌkʌlə] *s* ® technicolor slags färgfilm[steknik]
technique [tek'ni:k] *s* teknik
technocracy [tek'nɒkrəsɪ] *s* teknokrati, teknokratvälde
technocrat ['teknəʊkræt] *s* teknokrat
technological [ˌteknə'lɒdʒɪkəl] *a* teknologisk
technologist [tek'nɒlədʒɪst] *s* teknolog
technology [tek'nɒlədʒɪ] *s* teknologi, teknik[en]; *school of ~* teknisk skola
Ted [ted] kortform för *Edward, Theodore*
Teddy ['tedɪ] **I** kortform för *Edward, Theodore* **II** *s, t~ bear* teddy-, leksaks|björn; *~ (t~) boy* 'teddy boy' medlem av 1950-talsgäng som klädde sig efter sekelskiftets mod
tedious ['ti:djəs] *a* [lång]tråkig, ledsam
tedium ['ti:djəm] *s* [lång]tråkighet; leda
tee [ti:] golf. **I** *s* **1** utslagsplats, tee **2** 'peg' pinne på vilken bollen placeras vid slag **II** *tr* lägga [upp] boll på utslagsplatsen [äv. *~ up*]
1 teem [ti:m] *itr* vimla, myllra, krylla
2 teem [ti:m] *itr, it was ~ing [with rain]* regnet vräkte (det öste) ned
teenage ['ti:neɪdʒ] *s* attr. tonårs-
teenager ['ti:nˌeɪdʒə] *s* tonåring
teens [ti:nz] *s pl* tonår
teeny ['ti:nɪ] *a* fam. pytteliten
teeny-bopper ['ti:nɪˌbɒpə] *s* fam. poptjej, innetjej ung tonårstjej som hänger med i klädoch musikmodet
teeny-weeny ['ti:nɪ'wi:nɪ] *a* se *teeny*
teeter ['ti:tə] *itr* **1** vackla, vingla **2** bildl. vackla, tveka; *~ on the brink (edge) of* stå (vara) på gränsen till
teeth [ti:θ] *s* pl. av *tooth*
teethe [ti:ð] *itr* få tänder
teething ['ti:ðɪŋ] *s* tandsprickning; *~ ring* bitring; *~ troubles* a) tandsprickningsbesvär b) bildl. barnsjukdomar, initialsvårigheter [äv. *~ problems*]
teeth-ridge ['ti:θrɪdʒ] *s* tandvall
teetotal [ti:'təʊtl] *a* nykterhets-
teetotaller [ti:'təʊtələ] *s* [hel]nykterist, absolutist
telecamera ['telɪˌkæmərə] *s* **1** TV-kamera **2** kamera med teleobjektiv
telecast ['telɪkɑ:st] **I** (*telecast telecast* el. *~ed ~ed*) *tr* sända (visa) i TV, televisera **II** *s* TV-[ut]sändning
telecommunication ['telɪkəˌmju:nɪ'keɪʃən] *s, ~s* (konstr. ss. sg.) teleteknik; telekommunikationer
telegram ['telɪgræm] *s* telegram
telegraph ['telɪgrɑ:f, -græf] **I** *s* telegraf; telegram **II** *tr* o. *itr* telegrafera [till] [*for* efter]
telegraphese ['telɪgrɑ:'fi:z, -græ'f-, -grə'f-] *s* fam. telegram|språk, -stil
telegraphic [ˌtelɪ'græfɪk] *a* telegrafisk, telegraf-; *~ address* telegramadress
telegraphist [tə'legrəfɪst] *s* o. **telegraph-operator** ['telɪgrɑ:fˌɒpəreɪtə, -græf-] *s* telegrafist
telegraph-pole ['telɪgrɑ:fpəʊl, -græf-] *s* o. **telegraph-post** ['telɪgrɑ:fpəʊst, -græf-] *s* telegraf-, telefon|stolpe
telegraphy [tə'legrəfɪ] *s* telegrafi; telegrafering
telepathic [ˌtelɪ'pæθɪk] *a* telepatisk
telepathy [tə'lepəθɪ] *s* telepati
telephone ['telɪfəʊn] **I** *s* telefon; *~ box (booth)* telefon|kiosk, -hytt; *~ directory (book)* telefonkatalog; *~ exchange* a) telefonväxel b) telefonstation; *~ operator* telefonist; *by (over the) ~* per telefon, telefonledes; *be on the ~* a) vara (sitta) i telefon b) ha inneha telefon; *speak to a p. over (on) the ~* tala med ngn i telefon **II** *tr* telefonera till, ringa [till], ringa upp
telephonic [ˌtelɪ'fɒnɪk] *a* telefon- [*~ communication*]
telephonist [tə'lefənɪst] *s* telefonist
telephoto ['telɪ'fəʊtəʊ] **I** *a* **1** telefoto- **2** fotogr., *~ lens* teleobjektiv **II** *s* fam. **1** se *telephotograph* **2** fotogr. teleobjektiv
telephotograph ['telɪ'fəʊtəgrɑ:f, -græf] *s* **1** fotogr. bild tagen med teleobjektiv **2** telefoto, fototelegram
telephotography ['telɪfə'tɒgrəfɪ] *s* **1** fotogr. telefoto[grafering] **2** telefoto, bildtelegrafi

teleprinter ['telɪˌprɪntə] *s* teleprinter
telescope ['telɪskəʊp] **I** *s* teleskop, kikare **II** *tr* **1** skjuta ihop, skjuta in [i varandra]; *the carriages were ~d* vagnarna klämdes in i varandra vid tågkollision **2** bildl. korta av, förkorta; pressa in (samman)
telescopic [ˌtelɪs'kɒpɪk] *a* **1** teleskopisk; teleskop-; *~ lens* teleobjektiv **2** teleskopisk, hopskjutbar, utdragbar; *~ aerial (antenna)* teleskopantenn
televiewer ['telɪvjuːə] *s* TV-tittare
televise ['telɪvaɪz] *tr* sända (visa) i TV, televisera
television ['telɪˌvɪʒən] *s* television, TV; *~ broadcast* TV-[ut]sändning; *~ receiver (set)* TV-apparat; *~ screen* TV-ruta, bildruta; *~ transmitter* TV-sändare; *~ viewers* TV-tittare; *on ~* på TV, i TV
telex ['teleks] **I** *s* ® telex; *~ system* telexnät **II** *tr* telex[er]a
tell [tel] (*told told*) **I** *tr* (se äv. *telling* o. ex. under *1 lie, tale, time* m. fl.) **1** tala 'om, berätta [*a p. a th., a th. to a p.* ngt för ngn], säga [*a p. a th., a th. to a p.* ngt till (åt) ngn, ngn ngt]; *~ a p. about a th.* berätta om ngt för ngn; *something ~s me* [*he is not coming*] jag känner på mig .., något säger mig ..; *you're ~ing me!* fam. som om jag inte skulle veta det!; det kan du skriva upp!; *I told you so!* el. *what did I ~ you?* vad var det jag sa?, var inte det jag sa?; [*I (I'll)*] *~ you what ..* fam. vet du vad .. **2** säga 'till ('åt), be [*~ him to sit down*]; *do as you are told* gör som man säger (som du blivit tillsagd) **3** skilja [*from* från]; känna igen [*by* på], urskilja; veta [*how do you ~ which button to press?*]; avgöra, säga [*it's hard to ~ if he means it*]; *I can't ~ them apart* jag kan inte skilja dem åt; *~ the difference between* skilja mellan (på); *who can ~?* vem vet?; *you never can ~* man kan aldrig så noga veta **4** räkna [ihop] isht röster i underhuset [äv. *~ over*]; *all told* inalles, allt som allt; på det hela taget; *~ o.'s beads* läsa sina böner; *~ off* avdela [*for* för], välja (ta, se) ut [*a p. to do a th.*]; se äv. *5* nedan **5** fam., *~ off* läxa upp, skälla ut; *be (get) told off* få på pälsen (huden); se äv. *4* ovan **II** *itr* (se äv. *telling*) **1** tala, berätta [*of* om]; vittna [*of* om]; *~ in a p.'s favour* bildl. tala till ngns fördel **2** skvallra [*on* på] **3** göra verkan, ta skruv; *every word told* varje ord träffade [rätt] **4** fam., *~ on* ta (fresta, slita) på [*it ~s on my nerves*]; bli kännbar för
teller ['telə] *s* **1** berättare **2** rösträknare **3** kassör i bank
telling ['telɪŋ] **I** *a* **1** träffande, dräpande [*a ~ remark*] **2** talande **II** *pres p* o. *s* berättande etc., jfr *tell*; *that's ~!* fam. det säger jag inte!; *there's no ~* man vet aldrig, det är omöjligt att säga
telling-off ['telɪŋ'ɒf] *s* utskällning
telltale ['telteɪl] **I** *s* skvallerbytta **II** *a* **1** skvalleraktig, skvaller-; *~ tit!* skvallerbytta bingbong! **2** bildl. avslöjande, skvallrande [*a ~ blush*] **3** kontroll-, varnings- [*~ lamp*]
telly ['telɪ] *s* fam. TV[-apparat]
telpher ['telfə] *s* telfer elektrisk blockvagn som löper på luftbana
Telstar ['telstɑː] *s* ® telstar telesatellit
temerity [tə'merətɪ] *s* dumdristighet; *he had the ~ to ..* han var dumdristig nog att ..
temper ['tempə] **I** *s* **1** humör, lynne [*be in* (på, vid) *a good (bad) ~*]; [sinnes]stämning; sinnelag, temperament **2** fattning; *control (keep) o.'s ~* bibehålla sitt lugn; *lose o.'s ~* tappa humöret (besinningen) **3** dåligt lynne; *in a ~* a) på dåligt humör b) i ett anfall av vrede; *get (fly) into a ~* fatta humör, bli arg; *have a ~* ha humör (temperament) **4** härdning[sgrad], hårdhetsgrad [*~ of steel*] **II** *tr* **1** blanda [till lämplig konsistens], älta, arbeta [*~ clay*] **2** härda stål, glas **3** mildra, dämpa; temperera
temperament ['tempərəmənt] *s* temperament, humör [*a cheerful ~*], läggning
temperamental [ˌtempərə'mentl] *a* temperamentsfull; lynnig; *he is ~* han har temperament
temperamentally [ˌtempərə'mentəlɪ] *adv* till temperamentet
temperance ['tempərəns] *s* **1** måttlighet, återhållsamhet **2** helnykterhet
temperate ['tempərət] *a* **1** måttlig, återhållsam **2** helnykter **3** tempererad [*a ~ climate*]
temperature ['tempərətʃə] *s* temperatur; feber; *have (run) a ~* ha feber
tempest ['tempɪst] *s* storm, oväder; *a ~ in a teapot* Am. en storm i ett vattenglas
tempestuous [tem'pestjʊəs] *a* stormig, våldsam
tempi ['tempiː] *s* pl. av *tempo*
template ['templət, -eɪt] *s* tekn. schablon, mall, mönster; formbräde
1 temple ['templ] *s* tempel; helgedom
2 temple ['templ] *s* anat. tinning
tempo ['tempəʊ] (pl. *~s*, i bet. *1* vanl. *tempi* ['tempiː]) *s* **1** mus. tempo **2** tempo, fart
temporal ['tempərəl] *a* **1** gram. temporal, tids- **2** världslig; jordisk **3** tidsbestämd
temporary ['tempərərɪ] *a* **1** temporär, tillfällig; provisorisk [*a ~ bridge*]; kortvarig **2** tillförordnad, extra[ordinarie]
temporiz|e ['tempəraɪz] *itr* dra ut på tiden; *-ing policy* förhalningspolitik
tempt [tem*p*t] *tr* fresta, förleda, [försöka] locka; *~ fate* utmana ödet
temptation [tem*p*'teɪʃən] *s* frestelse; loc-

kelse; *lead us not into* ~ bibl. inled oss icke i frestelse; *yield (give way) to* ~ falla för frestelser

tempter ['tem*p*tə] *s* frestare

temptress ['tem*p*trəs] *s* fresterska

ten [ten] (jfr *five* m. ex. o. sms.) **I** *räkn* tio; *the upper* ~ [*thousand*] överklassen, gräddan av societeten **II** *s* tia; tiotal

tenability [ˌtenə'bɪlətɪ] *s* **1** hållbarhet, försvarbarhet **2** period [av innehav]

tenable ['tenəbl] *a* **1** hållbar [*a* ~ *theory*] **2** om ämbete o. d. som kan innehas

tenacious [tə'neɪʃəs] *a* **1** fasthållande; fast [*a* ~ *grip*]; *a* ~ *memory* ett gott (säkert) minne **2** fast, ihärdig; hårdnackad

tenacity [tə'næsətɪ] *s* [segt] fasthållande [*of* vid]; seghet; orubblighet; fasthet; ~ *of purpose* målmedvetenhet; ihärdighet

tenancy ['tenənsɪ] *s* **1** förhyrning, hyrande; arrende **2** hyrestid; arrendetid

tenant ['tenənt] **I** *s* **1** hyresgäst; arrendator [äv. ~ *farmer*] **2** [besittningsrätts]innehavare **II** *tr* hyra; arrendera; bebo

tench [ten*t*ʃ] *s* sutare fisk

1 tend [tend] *tr* vårda, sköta [~ *the wounded*], se till, passa [~ *a machine*]; vakta, valla [~ *sheep*]

2 tend [tend] *itr* tendera; *prices* ~ *upwards* priserna visar en stigande tendens

tendency ['tendənsɪ] *s* tendens; riktning; *he has a* ~ *to exaggerate* han har en benägenhet att överdriva

tendentious [ten'denʃəs] *a* tendentiös

1 tender ['tendə] *a* **1** mjuk [*a* ~ *pear*], mör [*a* ~ *steak*]; späd [~ *grass*]; öm [*a* ~ *spot*] **2** ömsint **3** ~ *age* späd ålder

2 tender ['tendə] **I** *tr* erbjuda [~ *o.'s services*]; lämna in [~ *o.'s resignation*]; lägga fram [~ *evidence*]; hand. offerera **II** *itr* lämna offert [*for* på] **III** *s* **1** anbud, entreprenadanbud; offert; *invite* ~*s for* infordra anbud på **2** *legal* ~ lagligt betalningsmedel

3 tender ['tendə] *s* **1** skötare; ofta ss. efterled i sms. -skötare [*a machine-tender*] **2** sjö. tender; proviantbåt **3** järnv. tender

tender|foot ['tendəfʊt] (pl. *-foots* el. *-feet*) *s* gröngöling; novis

tender-hearted ['tendə'hɑːtɪd] *a* vek, vekhjärtad, ömsint

tenderize ['tendəraɪz] *tr* möra kött

tenderizer ['tendəraɪzə] *s* **1** mörningsmedel för kött **2** köttklubba

tenderloin ['tendəlɔɪn] *s* kok. fläskkarré; Am. filé

tendon ['tendən] *s* anat. sena; *the Achilles* ~ akillessenan

tendril ['tendrəl] *s* bot. klänge, ranka

tenement ['tenəmənt] *s* bostadshus, hyreshus [äv. *tenement-house*]

tenet ['tenet, 'tiːn-] *s* grundsats; lära, lärosats; *religious* ~ trossats

tenfold ['tenfəʊld] **I** *a* tiodubbel, tiofaldig **II** *adv* tiodubbelt, tiofaldigt, tiofalt

ten-gallon ['tenˌgælən] *a*, ~ *hat* fam. [stor] cowboyhatt

tenner ['tenə] *s* fam. tiopundssedel; Am. tiodollarssedel; *a* ~ äv. tio pund (dollar)

Tennessee [ˌtenə'siː]

tennis ['tenɪs] *s* tennis; ~ *court* tennisbana

Tennyson ['tenɪsn]

tenon ['tenən] *s* snick. tapp

tenor ['tenə] *s* **1** innehåll, [orda]lydelse, innebörd **2** mus. tenor; tenorstämma

tenpence ['tenpəns] *s* tio pence

tenpenny ['tenpənɪ] *a* tiopence-; *a* ~ *piece* en tiopenny

tenpin ['tenpɪn] *s* isht Am. kägla; ~ *alley* kägelbana

tenpins ['tenpɪnz] (konstr. ss. sg.) *s* isht Am. kägelspel med tio käglor

1 tense [tens] *s* gram. tempus, tidsform

2 tense [tens] **I** *a* **1** spänd äv. bildl. [~ *atmosphere*], stram, sträckt **2** spännande [*a* ~ *game*] **II** *tr* o. *itr* spänna[s], strama[s] åt

tensile ['tensaɪl, Am. 'tensl] *a* **1** tänjbar, sträckbar **2** fys., ~ *strength* [drag]brottgräns

tension ['tenʃən] *s* spänning i olika bet., äv. elektr. [*high* (*low*) ~]; sträckning; spändhet; *relaxation of* ~ pol. avspänning; *nervous* ~ nervspänning

tent [tent] **I** *s* tält; *pitch o.'s* ~ slå upp sitt tält **II** *itr* tälta

tentacle ['tentəkl] *s* zool. tentakel, känselspröt; *the* ~*s of the law* bildl. lagens långa arm

tentative ['tentətɪv] *a* försöks-, experimentell; preliminär, provisorisk; trevande

tenterhook ['tentəhʊk] *s*, *be on* ~*s* bildl. sitta som på nålar; *keep on* ~*s* bildl. hålla på helspänn (sträckbänken)

tenth [tenθ] *räkn* o. *s* tionde; tion[de]del; jfr äv. *fifth*

tenth-rate ['tenθ'reɪt, attr. '- -] *a* fam. urusel

tenuity [te'njuːətɪ] *s* tunnhet, finhet etc., jfr *tenuous*

tenuous ['tenjʊəs] *a* **1** tunn, fin [*the* ~ *web of a spider*]; smal **2** bildl. a) fin [*a* ~ *distinction*] b) svag[t underbyggd] [*a* ~ *claim*]

tenure ['tenjʊə] *s* **1** besittning[srätt]; innehav **2** arrende[innehav] **3** a) ~ [*of office*] ämbetstid b) *permanent* ~ fast anställning; *security of* ~ anställningstrygghet

tepid ['tepɪd] *a* ljum [~ *water*; ~ *praise*]

tepidity [te'pɪdətɪ] *s* ljumhet

tequila [tɪ'kiːlə] *s* tequila mexikansk spritdryck

tercentenary [ˌtɜːsen'tiːnərɪ] *s* trehundraårs|dag, -fest, -jubileum

Terence ['terəns] ss. namn på rom. författare Terentius

Teresa [tə'ri:zə]
term [tɜ:m] **I** *s* **1** a) tid, period [*a ~ of five years*] b) skol. o. univ. termin c) betalnings|tid, -termin d) jur. session; *~ of office* ämbetstid, mandat[tid] **2** pl. *~s* a) villkor [*~s of surrender*]; bestämmelse[r]; pris, priser [*the ~s are reasonable*]; betalningsvillkor b) överenskommelse; *~s of reference* se *reference 1*; *come to ~s* [*with a p.*] träffa en uppgörelse [med ngn]; *come to ~s with a th.* finna sig i ngt **3** pl. *~s* förhållande; *be on good ~s with* stå på god fot med; *be on bad ~s with* vara ovän med; *be on ~s of intimacy with* stå på förtrolig fot med; ha ett förhållande med; *meet on equal (level) ~s* mötas som jämlikar; *we parted on the best of ~s* vi skildes som de bästa vänner **4** a) term [*a scientific ~*], uttryck b) pl. *~s* ord, ordalag [*in general ~s*], vändningar, uttryckssätt; *he only thinks in ~s of. .* han tänker bara på . .; *in set ~s* se *set B 1* **5** mat. o. log. term; led **II** *tr* benämna, kalla
termagant ['tɜ:məgənt] *s* argbigga
terminal ['tɜ:mɪnl] **I** *a* **1** slut-, änd- [*~ station*], avslutande, sist; gräns-; terminal; *~ ward* terminalvårdsavdelning för döende patienter **2** termins- [*~ payments*] **3** läk. dödlig, med dödlig utgång [*~ cancer*] **II** *s* **1** slut-, änd|station; terminal **2** elektr. a) klämma, kabelfäste b) pol [*battery ~s*] **3** data. terminal
terminate ['tɜ:mɪneɪt] **I** *tr* **1** avsluta, göra (få) slut på, avbryta [*~ a pregnancy*]; säga upp [*~ an agreement*] **2** avsluta, bilda avslutning på **3** begränsa **II** *itr* sluta [*the word ~s in* (på) *a vowel*], ändas; löpa ut
termination [,tɜ:mɪ'neɪʃən] *s* **1** slut, avslutning; utgång; avbrytande **2** uppsägning [*~ of an agreement*] **3** gram. ändelse
termini ['tɜ:mɪnaɪ] *s* pl. av *terminus*
terminology [,tɜ:mɪ'nɒlədʒɪ] *s* terminologi
termin|us ['tɜ:mɪn|əs] (pl. *-i* [-aɪ] el. *-uses*) *s* slut-, änd|station; terminal
termite ['tɜ:maɪt] *s* termit, vit myra
tern [tɜ:n] *s* zool. tärna
terrace ['terəs, -rɪs] **I** *s* **1** terrass; avsats; platt tak; takterrass; uteplats **2** husrad på höjd el. sluttning; ofta i gatunamn [*Olympic T~*] **3** *~ house* radhus **II** *tr* terrassera
terraced ['terəst, -rɪst] *a* **1** terrasserad, i terrasser **2** *~ house* radhus
terracotta ['terə'kɒtə] *s* terrakotta
terra firma ['terə'fɜ:mə] *s* (lat.) terra firma, fast land (mark)
terrain [te'reɪn] *s* terräng
terrapin ['terəpɪn] *s* zool. sumpsköldpadda; isht diamantsköldpadda, terrapin
terrestrial [tə'restrɪəl] *a* **1** jordisk, jord- [*~ globe, ~ magnetism*] **2** land- [*~ animals*]
terrible ['terəbl] *a* förfärlig, förskräcklig
terrier ['terɪə] *s* terrier hundras
terrific [tə'rɪfɪk] *a* **1** fruktansvärd, förfärlig, förskräcklig; fam. äv. enorm, oerhörd [*~ speed*] **2** fam. jättebra [*the film was ~*]
terrif|y ['terɪfaɪ] *tr* förskräcka, förfära, skrämma [*into* (till) *a th.* (*doing a th.*)]; *-ied of* livrädd (förskräckt) för
terrine [tə'ri:n, 'teri:n] *s* **1** lergryta, lerkruka; gryta äv. ss. maträtt **2** terrin
territorial [,terɪ'tɔ:rɪəl] *a* territorial-, territoriell; land-, jord- [*~ claims*]; lokal, regional; *~ waters* territorialvatten
territor|y ['terɪtərɪ] *s* **1** territorium; [land]område, land; mark **2** besittning [*overseas -ies*] **3** bildl. gebit **4** distrikt för t. ex. försäljare **5** sport. planhalva **6** zool. revir
terror ['terə] *s* **1** skräck, fasa; *strike ~ into* sätta skräck i; *be in ~ of o.'s life* frukta för sitt liv **2** fam. om pers. skräck, plåga, satunge [*the boy is a real ~*] **3** terror, skräckvälde [äv. *reign of ~*]; *~ balance* pol. terrorbalans
terrorism ['terərɪzəm] *s* terrorism; skräck|välde, -regemente
terrorist ['terərɪst] *s* terrorist
terrorize ['terəraɪz] **I** *tr* terrorisera **II** *itr*, *~ over* terrorisera
terror-stricken ['terə,strɪkən] *a* o. **terror-struck** ['terəstrʌk] *a* skräckslagen
Terry ['terɪ] kortform för *Terence*
terry ['terɪ] *s* frotté [äv. *~ cloth*]; *~ towel* frottéhandduk
terse [tɜ:s] *a* om t. ex. språk o. stil [kort och] koncis, kärnfull
Terylene ['terəli:n, -rɪ-] *s* ® textil. terylen[e]
terza rima [,tɜ:tsə'ri:mə] *s* (ital.) metr. terzin
Tesla ['teslə] **I** egennamn **II** *s* fys., *t~* tesla enhet för magnetisk flödestäthet
tessellate ['tesəleɪt] *tr*, *~d pavement* mosaikgolv
test [test] **I** *s* prov, provning, prövning, undersökning, försök; test äv. psyk.; förhör [*an oral ~*]; bedömningsgrund; *driving ~* kör[korts]prov; *nuclear* (*atomic*) *~* kärnvapenprov; *written ~* [prov]skrivning, skriftligt prov; *~ ban* pol. provstopp; *~ case* jur. prejudicerande rättsfall; *~ match* (*~* fam.) testmatch, landskamp i kricket; *~ pattern* TV. testbild; *~ pilot* test-, prov|flygare; *~ run* prov-, test|körning; *~ sample* stickprov; *it was a ~ of my ability* det satte min förmåga på prov; *put to the ~* sätta på prov; *stand the ~* bestå provet; *stand the ~ of time* stå sig genom tiderna **II** *tr* prova, pröva, undersöka; sätta på prov; testa äv. psyk.; förhöra; prova ut, utpröva [äv. *~ out*]; *have o.'s eyesight ~ed* [låta] kontrollera synen
testament ['testəmənt] *s* **1** jur., [*last will*

and] ~ testamente **2** bibl., *the Old* (*New*) *T~* Gamla (Nya) testamentet
testamentary [ˌtestə'mentərɪ] *a* jur. **1** testamentarisk; testaments- **2** testamenterad
testator [tes'teɪtə] *s* jur. testator
testicle ['testɪkl] *s* anat. testikel
testify ['testɪfaɪ] **I** *itr* vittna [*to* om; *against* mot; *in favour of* [till förmån] för], avlägga vittnesmål; ~ *to* äv. intyga, betyga, vitsorda **II** *tr* intyga, betyga; vittna om
testimonial [ˌtestɪ'məunjəl] *s* **1** [skriftligt] bevis, betyg, intyg, vitsord **2** rekommendation[sbrev] **3** a) [kollektiv] minnesgåva b) sport. recettmatch
testimony ['testɪmənɪ] *s* vittnesmål, vittnesbörd [*to, of* om]; utsago; bevis [*of, to* på]; bevismaterial; *in ~ whereof* till bevis varpå; *bear ~ to* vittna om, intyga, betyga
test-paper ['testˌpeɪpə] *s* **1** kem. reagens-, indikator|papper **2** [prov]skrivning
test-tube ['tes*t*tju:b] *s* provrör
testy ['testɪ] *a* [lätt]retlig; vresig
tetanus ['tetənəs] *s* läk. stelkramp, tetanus
tête-à-tête ['teɪtɑ:'teɪt] **I** *adv* o. *a* mellan fyra ögon, på tu man hand **II** *s* tätatät, samtal mellan fyra ögon
tether ['teðə] **I** *s* tjuder; *be at the end of o.'s ~* bildl. inte orka mer **II** *tr* tjudra
Teutonic [tjʊ'tɒnɪk] *a* **1** germansk; tysk **2** hist. teutonsk
Texan ['teks*ə*n] **I** *a* Texas-, från (i) Texas **II** *s* Texasbo
Texas ['teksəs, -sæs]
text [tekst] *s* **1** text; ord[alydelse]; version **2** ämne, tema **3** [bibel]text
textbook ['teks*t*bʊk] *s* lärobok, skolbok; handbok; textbok; ~ *case* typiskt fall; ~ *example* skolexempel
textile ['tekstaɪl, Am. äv. 'tekstl] **I** *a* textil, textil- [~ *art*, ~ *industry*], vävnads-; vävd **II** *s* vävnad; textilmaterial; pl. *~s* äv. textilier
textual ['tekstjuəl] *a* text- [~ *criticism*]; ~ *errors* fel i texten
texture ['tekstʃə] *s* **1** textur, struktur; väv, vävnad [*coarse* (*fine*) ~]; konsistens **2** bildl. struktur, sammansättning, [upp]byggnad
textured ['tekstʃəd] *a* ss. efterled i sms. -texturerad, -strukturerad [*coarse-textured*]
Thackeray ['θækərɪ]
Thai [taɪ] **I** *a* thailändsk, thai- **II** *s* **1** thailändare **2** thailändska [språket]
Thailand ['taɪlænd]
thalidomide [θə'lɪdə*ʊ*maɪd, θæ'l-] *s* **1** kem. talidomid **2** farm. neurosedyn®
Thames [temz] *s*, *the ~* Themsen; *he will never set the ~ on fire* ung. han kommer aldrig att uträtta några stordåd
than [ðæn, obeton. ðən, ðn] *konj* **1** a) (äv. prep.) än; *I know you better ~ he* (*him*) jag känner dig bättre än han [gör] (än [jag känner] honom); *it was no other ~* [*Mr. Smith*] det var ingen annan än . . b) än [vad] som [*more ~ is good for him*] **2** *no sooner had we sat down ~* . . knappt hade vi satt oss förrän . .
thank [θæŋk] **I** *tr* tacka [*a p. for a th.* [ngn] för ngt]; ~ *goodness* (*God*)! gudskelov!; ~ *Heaven!* Gud vare tack [och lov]!; ~ *you!* tack!, jo tack!; ~ *'you!* tack själv!; *no, ~ you!* a) nej tack! b) jag betackar mig!; *I'll ~ you to leave my affairs alone* jag är tacksam om du låter mig sköta mina egna angelägenheter **II** *s*, pl. *~s* tack, tacksägelse[r] [*for* för]; *~s awfully* (*a lot*)! fam. tack så väldigt mycket!; *a thousand ~s!*, *~s a million!* fam. tusen tack!; *give ~s* tacka [*to God* Gud]; *speech of ~s* tacktal; [*received*] *with ~s* på kvitto vilket tacksamt erkännes; *~s to* prep. tack vare
thankful ['θæŋkf*ʊ*l] *a* [mycket] tacksam [*for* för, över; *to* mot]
thankless ['θæŋkləs] *a* otacksam [*a ~ child*; *a ~ task*]
thanksgiving ['θæŋksˌgɪvɪŋ] *s* kyrkl. tacksägelse; *T~* [*Day*] i USA tacksägelsedag[en] allmän fridag 4:e torsdagen i november
that [ðæt, obeton. ðət] **A** *pron* **I** (pl. *those*) demonstr. **1** a) sg. den där, det där; denne [~ *so-called general*], denna, detta; den, det [~ *happened long ago*]; de där [*where's ~ five pounds?*]; så [~ *is not the case*] b) *those* (pl.) de där, dessa; de; detta, det, det där [*those are my colleagues*] **2** spec. övers.: ~ *is* [*to say*] det vill säga, dvs., alltså; *and ~'s ~!* och därmed basta!; och hör sen!; så var det med den saken!; [*carry this for me*] *~'s a good boy* (*girl*) fam. . . så är du snäll; *he is not so stupid as* [*all*] ~ så dum är han inte; *what of ~?* än sen då?; *at ~ time, in those days* då för tiden **II** (pl. *those*) determ. **1** a) sg. den, det [*this bread is better than ~* [*which*] *we get in town*] b) *those* (pl.) de [*those who agree are in the majority*], dem [*throw away those* [*which are*] *unfit for use*] **2** [*the rapidity of light is greater*] *than ~ of sound* . . än ljudets; *my car and ~ of my friend*['*s*] min [bil] och min väns bil; [*he has one merit,*] ~ *of being honest* . . [den] att vara ärlig **3** något visst (speciellt) [*there was ~ about him which pleased me*] **4** så mycket, så stor [*he has ~ confidence in her that* . .] **III** (pl. lika) rel. **1** a) som [*the only thing* (*person*) [~] *I can see*], vilken, vilket, vilka; *all* [~] *I heard* allt [vad] (allt det, allt som) jag hörde b) fam. som . . i, som . . med etc., ibl. som [*he will not see things in the light* [~] *I see them*] **2** såvitt, vad [*he has never been here ~ I know of*]
B *konj* **1** a) att [*she said* [~] *she would come*] b) litt. för att [*she did it ~ he might be*

saved]; så att [*bring it nearer* ~ *I may see it better*] **c)** *but* (*not* m. fl.) ~ se *but, not* m. fl. **2** a) som [*it was there* [~] *I first saw him*] b) när, då [*now* [~] *I think of it, he was there*] **3** eftersom [*what have I done* ~ *he should insult me?*] **4** om; *I don't know* ~ *I do* jag vet inte om jag gör det **5** i utrop att [~ *it should come to this* (gå så långt)*!*]; om [bara] [*oh,* ~ *she were here!*]

C *adv* fam. så [pass] [~ *far* (*much*)]; *he's not* [*all*] ~ *good* a) så bra är han inte b) han är inte så värst bra

thatch [θætʃ] **I** *s* **1** halmtak, vasstak **2** fam. [tjock] kalufs **II** *tr* täcka med halm; *a ~ed cottage* en stuga med halmtak

thaw [θɔː] **I** *itr* töa [*it is ~ing*]; ~ [*out*] tina [upp] äv. bildl. [*after a good dinner he ~ed*] **II** *tr,* ~ [*out*] tina [upp] äv. bildl.; ~ *out the refrigerator* frosta av kylskåpet **III** *s* tö[väder], upptinande äv. bildl.; polit. töväder

the [obeton.: ðə framför konsonantljud, ðɪ framför vokalljud; beton.: ðiː (så alltid i bet. *I 5*)] **I** *best art* **1 a)** motsvaras av best. slutartikel, t. ex.: ~ *book* boken; ~ *eggs* äggen **b)** motsvaras av fristående artikel o. slutartikel, t. ex.: ~ *old man* den gamle mannen **c)** motsvaras av fristående artikel, t. ex.: ~ *deceased* den avlidna (avlidne); ~ *beautiful* det vackra; ~ *blind* de blinda **2** utan motsvarighet, t. ex.: **a)** ibl. framför huvudord följt av 'of'-konstr.: *he is* ~ *captain of a ship* han är kapten på en båt; ~ *London of our days* våra dagars London **b)** ibl. framför adj. följt av subst.: ~ *following story* följande historia; *on* ~ *left hand* på vänster hand; ~ *same room* samma rum **c)** i vissa fall vid superl.: *which river is* [~] *deepest?* vilken flod är djupast?; *I don't know which of them I like* [~] *most* jag vet inte vem av dem jag tycker mest om **d)** i vissa uttryck: *go to* ~ *cinema* gå på bio; *have* ~ *courage to* ha mod[et] att; *play* [~] *piano* (*flute*) spela piano (flöjt); *listen to* ~ *radio* höra på radio; *speak* ~ *truth* tala sanning **e)** vid vissa egennamn: ~ *Balkans* Balkan; ~ *Hague* Haag; [*on board*] ~ *Queen Elizabeth* . . Queen Elizabeth; ~ *Rhine* Rhen; *T~ Times* tidningen Times; ~ *Waldorf Astoria* hotellet Waldorf Astoria; ~ *Beatles* popgruppen Beatles; [*I'm going to*] ~ *Dixons* . . Dixons (familjen Dixon) **3** en, ett; *to* ~ *amount of* till ett belopp av; *at* ~ *price of* till ett pris av **4** per; [*£10*] ~ *piece* . . per styck, . . stycket **5** emfatiskt: *is he* ~ *Dr. Smith?* är han den kände (berömde) dr Smith?; *to him she was* ~ *woman* hon var kvinnan i hans liv **II** *pron* **1** determ. den [~ *sum he paid*], det, de; *it's dreadful,* ~ *bills I've had to pay* fam. det är förskräckligt såna räkningar jag har måst betala **2** demonstr. den, det, de; ~ *wretch!* den uslingen!; ~ *idiots!* vilka (såna) idioter! **III** *adv,* ~ . . ~ ju . . desto (dess, ju); ~ *sooner* ~ *better* ju förr dess hellre (bättre)

theater [ˈθɪətə] *s* Am. = *theatre*

theatre [ˈθɪətə] *s* **1** teater [*go to* (på) *the* ~]; teaterkonst; dramer, dramatik [*the* ~ *of O'Neill*]; *the* ~ äv. scenen **2** [amfiteatralisk] hörsal (sal); [*operating*] ~ operationssal **3** bildl. skådeplats; ~ *of operations* mil. operationsområde

theatregoer [ˈθɪətəˌgəʊə] *s* teaterbesökare; pl. *~s* äv. teaterpubliken

theatregoing [ˈθɪətəˌgəʊɪŋ] **I** *s* teaterbesök; [*I love*] ~ . . att gå på teatern **II** *a, the* ~ *public* teaterpubliken

theatre-in-the-round [ˈθɪətərɪnðəˈraʊnd] *s* arenateater

theatrical [θɪˈætrɪkəl] **I** *a* **1** teater-; ~ *company* teatersällskap **2** teatralisk **II** *s,* pl. *~s, amateur* (*private*) *~s* amatörteater

thee [ðiː] *pers pron* (objektsform av *thou*) åld. el. bibl. dig

theft [θeft] *s* stöld, tillgrepp

their [ðeə] fören. *poss pron* (jfr *my*) deras, dess [*the Government and* ~ *remedy for unemployment*]; sin [*they sold* ~ *car*]; *they came in* ~ *thousands* de kom i tusental

theirs [ðeəz] självst. *poss pron* (jfr *1 mine*) deras [*is that house* ~*?*]; sin [*they must take* ~]; *a friend of* ~ en vän till dem

theism [ˈθiːɪzəm] *s* teism

theist [ˈθiːɪst] *s* teist

them [ðem, obeton. ðəm] **I** *pers pron* (objektsform av *they*) **1** a) dem b) den [*I approached the Government and asked* ~ *if* . .] **2** fam. de, dom [*it wasn't* ~] **3** sig [*they took it with* ~] **II** fören. *demonstr pron* vulg. dom [där] [*take* ~ *dirty boots off!*]

thematic [θɪˈmætɪk] *a* mus. tematisk

theme [θiːm] *s* **1** tema, ämne, grundtanke **2** mus. tema, [led]motiv; ~ *song* a) signaturmelodi b) [huvud]refräng

themselves [ðəmˈselvz] *refl* o. *pers pron* (jfr *myself*) sig [*they amused* ~], sig själva [*they can take care of* ~]; själva [*they made that mistake* ~]

then [ðen] **I** *adv* **1** a) då, på den tiden b) sedan, så [~ *came the war*], därpå; *there and* ~ på fläcken, genast **2** så, sedan; *but* ~ men så . . också [*but* ~ *he is rich*], men . . ju, men å andra sidan (i gengäld) **3** alltså [*the journey,* ~, *could begin*]; då, i så fall [~ *it is no use*] **II** *s, before* ~ innan dess, dessförinnan, förut; *by* ~ vid det laget, [senast] då, till dess [*by* ~ *I shall be back*]; *since* ~ sedan dess; *until* (*till*) ~ till dess **III** *a* dåvarande [*the* ~ *prime minister*]

thence [ðens] *adv* litt. o. jur. **1** [*from*] ~ därifrån **2** därav [~ *it follows that* . .] **3** därför, följaktligen

thenceforth ['ðens'fɔ:θ] *adv* litt., se *thenceforward*
thenceforward ['ðens'fɔ:wəd] *adv* litt. [allti]från den tiden
theocracy [θɪ'ɒkrəsɪ] *s* teokrati
theodolite [θɪ'ɒdəlaɪt] *s* lantm. teodolit
Theodore ['θɪədɔ:]
theologian [θɪə'ləʊdʒjən] *s* teolog
theological [θɪə'lɒdʒɪkəl] *a* teologisk
theology [θɪ'ɒlədʒɪ] *s* teologi
theorem ['θɪərəm] *s* teorem; sats
theoretic[al] [θɪə'retɪk, -əl] *a* teoretisk
theoretician [ˌθɪərə'tɪʃən] *s* teoretiker
theorist ['θɪərɪst] *s* teoretiker
theorize ['θɪəraɪz] *itr* teoretisera
theory ['θɪərɪ] *s* teori; lära; *in* ~ i teorin; teoretiskt [sett]
theosophy [θɪ'ɒsəfɪ] *s* teosofi
therapeutic[al] [ˌθerə'pju:tɪk, -əl] *a* terapeutisk; ~ *baths* medicinska bad
therapeutics [ˌθerə'pju:tɪks] (konstr. ss. sg.) *s* terapi vetenskapsgren
therapist ['θerəpɪst] *s* terapeut
therapy ['θerəpɪ] *s* terapi behandling
there [ðeə] **I** *adv* **1** (se äv. ex. under *here*) a) där; framme [*we'll soon be* ~] b) dit [*I hope to go* ~]; fram [*we'll soon get* ~]; ~ *and back* fram (dit) och tillbaka (åter); ~ *and then* se *then*; *all* ~ fam., se *all III*; *down* (*in*, *out* m. fl.) ~ a) därnere, därinne, därute m. fl. b) dit ner (in, ut m. fl.), ner (in, ut m. fl.) dit; *from* ~ därifrån; [*it came*] *from down* ~ . . där nerifrån; [*still*] ~ kvar [*he was still* ~ *when I left*]; ~ *you are!* a) där (här) har du!, var så god! b) jaså, där är du [äntligen]! c) där ser du!; [*you fit this into that*] *and* ~ *you are!* . . och saken är klar!; ~*'s a fine pear for you!* se ett sånt fint päron!, jfr liknande uttr. under *you 2*; [*carry this for me*] ~*'s a dear* (*a good girl*) fam. . . så är du snäll **2** det ss. formellt subjekt [~ *were* (var, fanns) *only two left*]; ~ *is no* + pres. p., se *1 no 3* **II** *interj* så där! [~, *that will do*], så där ja! [~! *you've smashed it*]; ~, ~! lugnande el. tröstande såja!, seså! [~, ~! *don't cry*]; ~ *now!* a) så [där] ja! nu är det klart (uttryckande lättnad) b) vad var det jag sa?; *so* ~! se *1 so II 2*
thereabout[s] ['ðeərəbaut, -s] *adv* **1** där i trakten, däromkring **2** däromkring, så [ungefär]
thereafter [ˌðeər'ɑ:ftə] *adv* litt. därefter
thereby [ˌðeə'baɪ] *adv* litt. därvid, därigenom
therefore ['ðeəfɔ:] *adv* därför, således, följaktligen; *and* ~ äv. varför
therein [ˌðeər'ɪn] *adv* litt. däri
thereinafter [ˌðeərɪn'ɑ:ftə] *adv* jur. därefter, i det följande
thereof [ðeər'ɒv] *adv* litt. därav, därom m. m., jfr *of*
there's [ðeəz] = *there is, there has*
Theresa [tɪ'ri:zə]
thereto [ðeə'tu:] *adv* litt. därtill, till det[ta] (den[na], dessa)
thereunder [ˌðeər'ʌndə] *adv* litt. därunder
thereupon [ˌðeərə'pɒn] *adv* **1** därpå isht om tid **2** litt. härom, därom
therewith [ˌðeə'wɪð, -'wɪθ] *adv* litt. el. åld. därmed, därtill, därjämte
therm [θɜ:m] *s* värmeenhet vanl. motsv.: a) 1 000 kilokalorier = 4,2 miljoner joule b) för gas 100 000 engelska värmeenheter, jfr *British thermal unit* under *thermal*
thermal ['θɜ:məl] *a* värme-, termisk [~ *reactor*]; *British* ~ *unit* engelsk värmeenhet 252 kalorier = 1 054 joule
thermodynamics ['θɜ:məʊdaɪ'næmɪks] (konstr. ss. sg.) *s* fys. termodynamik
thermometer [θə'mɒmɪtə] *s* termometer
thermonuclear ['θɜ:məʊ'nju:klɪə] *a* fys. termonukleär; ~ *bomb* vätebomb
thermos ['θɜ:mɒs, -məs] *s* ®, ~ [*flask*] termos[flaska]
thermostat ['θɜ:məʊstæt] *s* fys. termostat
thesaur|us [θɪ'sɔ:r|əs] (pl. *-i* [-aɪ] el. *-uses*) *s* synonymordbok; tesaurus
these [ði:z] *demonstr pron* se *this*
thes|is ['θi:s|ɪs] (pl. *-es* [-i:z]) *s* **1** tes, sats; teori **2** [doktors]avhandling
theta ['θi:tə] *s* grekiska bokstaven theta
they [ðeɪ] (objektsform *them*) *pron* **1** pers. a) de [~ *are here*] b) den, det [*the Government* (*Cabinet*) *declared that* ~ (ofta man) *had* . .] c) man; ~ *say* [*that he is rich*] man säger . ., det sägs . . **2** determ. (litt.) de [*blessed are* ~ *that mourn*]
they'd [ðeɪd] = *they had; they would*
they'll [ðeɪl] = *they will* (*shall*)
they're ['ðeɪə, ðeə] = *they are*
they've [ðeɪv] = *they have*
thick [θɪk] **I** *a* **1** tjock [*a* ~ *book*]; *he gave me a* ~ *ear* han slog till mig så örat svullnade **2** tät [*a* ~ *forest*]; tjock, yvig [~ *hair*] **3** **a**) om vätskor tjock[flytande]; grumsig, grumlig; kok. [av]redd **b**) om luft o. d. tät [*a* ~ *fog*] **4** fam. bundis [*be* ~ *with a p.*]; *they're* [*as*] ~ *as thieves* de är såta vänner **5** fam., *a bit* [*too*] ~ lite väl mycket (magstarkt); *this* (*that*) *is a bit* [*too*] ~! äv. nu går det för långt! **II** *adv* tjockt [*you spread the butter too* ~]; tätt [*sow* ~], rikligt, ymnigt [*the snow fell* ~]; ~ [*and fast*] tätt [efter (på) varandra] [*the questions came* ~ *and fast*], slag i slag; *lay it on* ~ se under *4 lay A III* **III** *s* **1** *in the* ~ *of the crowd* mitt i trängseln; *in the* ~ *of the fight* (*battle*) mitt [uppe] i striden **2** *stick to a p. through* ~ *and thin* följa ngn i alla väder
thicken ['θɪkən] **I** *tr* göra tjock[are], göra tät[are]; kok. reda [av] [~ *a sauce*] **II** *itr* **1**

tjockna, tätna [*the fog* ~*ed*] **2** bli sluddrig

thickening ['θɪkənɪŋ] *s* **1** förtjockning **2** kok. redning

thicket ['θɪkɪt] *s* busksnår, buskage

thick-headed ['θɪk'hedɪd] *a* tjockskallig

thickness ['θɪknəs] *s* tjocklek, grovlek etc., jfr *thick I*

thickset ['θɪk'set] *a* undersätsig, satt

thick-skinned ['θɪk'skɪnd, attr. '- -] *a* tjockhudad äv. bildl.

thief [θi:f] (pl. *thieves*) *s* tjuv; åld. o. bibl. rövare; *set* (*it takes*) *a* ~ *to catch a* ~ ung. gammal tjuv blir bra polis; *stop* ~*!* ta fast tjuven!; *fall among thieves* falla i rövarhänder

thiefproof ['θi:fpru:f] *a* stöldsäker

thieve [θi:v] *itr* o. *tr* stjäla

thievery ['θi:vərɪ] *s* stöld, tjuveri

thieves [θi:vz] *s* pl. av *thief*

thievish ['θi:vɪʃ] *a* tjuvaktig

thigh [θaɪ] *s* anat. lår

thimble ['θɪmbl] *s* fingerborg

thimbleful ['θɪmblful] *s* fingerborg ss. mått

thin [θɪn] **I** *a* **1** tunn; mager; *he has become* (*grown*) ~ äv. han har magrat; *vanish into* ~ *air, appear out of* ~ *air* se *1 air I* **2** gles, tunn [~ *hair*]; fåtalig [*a* ~ *audience*] **3** bildl. klen [*a* ~ *excuse*] **4** genomskinlig [*a* ~ *disguise*] **II** *adv* tunt [*spread the butter* [*on*] ~] **III** *tr,* ~ [*down*] göra tunn[are], förtunna; ~ [*out*] gallra, glesa [ur], tunna ut (ur) [~ *the hair*] **IV** *itr,* ~ [*out*] bli tunn[are], förtunnas, tunna[s] av (ut) [*the audience was* ~*ning out*]; bli gles[are], glesna; magra **V** *s, through thick and* ~ se *thick III 2*

thine [ðaɪn] *poss pron* åld. el. bibl. din, ditt, dina

thing [θɪŋ] *s* **1** sak, ting, grej, grunka, pryl; pl.: ~*s* äv. saker och ting [*you take* ~*s too seriously*]; *these* ~*s* [*will*] *happen* sånt händer; *it's just one of those* ~*s* sånt händer [tyvärr] **2** isht fam. varelse [*a sweet little* ~]; *hello, old* ~*!* hej gamle vän!; *poor little* ~*!* stackars liten!; *you poor* ~*!* stackars du (dig)! **3** ss. fyllnadsord vid adj. o. d. (jfr resp. adj. ss. *2 close I 1, first I, good I 11*): *the chief* ~ det viktigaste; *this is a fine* ~*!* jo, det var just snyggt!; *the great* ~ *about it* det fina med (i) det; [*the*] *last* ~ fam. (adv.) allra sist [*last* ~ *at night*]; *the latest* (*last*) ~ [*in shoes*] det [allra] senaste [i skoväg]; *the only* ~ *you can do* det enda du kan göra; *it is a strange* ~ *that . .* det är egendomligt att . .; *what a stupid* ~ *to do!* så dumt [gjort]!; *what is the usual* ~ *to do?* hur brukar man göra? **4** pl. ~*s* i spec. bet.: **a**) tillhörigheter, saker [*pack up your* ~*s*]; bagage; [ytter]kläder [*take off your* ~*s!*] **b**) redskap, grejor, saker, servis [*tea* ~*s*] **c**) saker att äta o. d.; *be fond of good* ~*s* tycka om att äta gott; *the good* ~*s of* (*in*) *life* livets goda **d**) det, saken, läget, ställningen, förhållandena; ~*s are in a bad way* det går dåligt; ~*s aren't what they used to be* det är inte som förr i tiden; *as* (*the way*) ~*s are* som det nu är, som saken ligger till; *how are* (*how's* fam.) ~*s?* hur går det?, hur är läget?; *that is how* ~*s are* så ligger det till; *you know how* ~*s are* du vet hur läget (det) är; ~*s look bad for him* det ser illa ut för honom **e**) [*this climate*] *does* ~*s to me* . . gör underverk med mig **f**) följt av adj.: ~*s English* engelska förhållanden (realia) **5** särskilda uttryck: **a**) fam., *do o.'s own* ~ a) göra det man gillar mest b) köra sin specialgrej **b**) *have a* ~ *about* a) vara tokig i [*he has a* ~ *about that girl*] b) fasa för [*he has a* ~ *about going to parties*] **c**) *know a* ~ *or two* se *know* **d**) *make a* ~ *of* göra affär av **e**) *taking one* ~ *with another* när allt kommer omkring **f**) *the* ~ *is* saken är den; *the* ~ *to do is to . .* vad man ska göra är att . .; [*quite*] *the* ~ a) [det] passande, det korrekta, god ton b) på modet, inne [*jeans are* [*quite*] *the* ~ *this season*] c) [just] det rätta; *that's just the* ~ *for you* det är precis vad du behöver **g**) *for one* ~ för det första

thingamy ['θɪŋəmɪ] *s* o. **thingumabob** ['θɪŋəmɪbɒb] *s* o. **thingumajig** ['θɪŋəmɪdʒɪg] *s* o. **thingummy** ['θɪŋəmɪ] *s* samtliga fam. grej (grunka resp. människa) [vad den (resp. han, hon) nu heter igen]

think [θɪŋk] **I** (*thought thought*) *tr* o. *itr* **1** tänka; tänka sig för; tänka efter [*let me* ~ *a moment*]; betänka; fundera på **2** tro [*do you* ~ *it will rain?*]; tycka [*do you* ~ *we should go on?*]; anse [*do you* ~ *it likely?*]; ~ *fit* (*proper*) anse lämpligt; *I should* ~ *not* [det tror (tycker) jag] visst inte; *I should* ~ *so!* jo, det vill jag lova!, jo, jag menar det!; *I should jolly* (*bloody* el. *damn*[*ed*]) *well* ~ *so!* tacka sjutton (fan) för det!; *you are very tactful, I don't* ~ fam. (iron.) du är inte så taktfull så det stör; [*he's a bit lazy,*] *don't you* ~*?* . . eller vad tycker du?, . . eller hur? **3** tänka (föreställa) sig [*I can't* ~ *how the story will end*]; ana, tro [*you can't* ~ *how glad I am*]; fatta, förstå [*I can't* ~ *where she's gone*]; *to* ~ *that she* [*is so rich*] tänk att hon . .; *I thought as much* se *much II 2*; *who the hell do you* ~ *you are?* vem [fan] tror du att du är egentligen? **4** ~ *to* + inf. a) tänka [*I thought to go and see her*] b) vänta [sig] att [*I did not* ~ *to find you here*] **5** m. prep. o. adv. isht m. spec. övers.: ~ **about:** **a**) fundera på, tänka på **b**) *what do you* ~ *about . .?* vad tycker du om . .?; ~ **ahead** tänka framåt; ~ **of:** **a**) tänka på [*you must* ~ *of the future*]; fundera på [*he is* ~*ing of emigrating*] **b**) drömma om; [*surrender is* *not to*] *be thought of* . . tänka på; *I couldn't* ~ *of such a thing* det skulle aldrig falla mig in **c**) komma på [*can you* ~ *of his name?*] **d**) tänka sig, föreställa sig; [*just*] ~ *of that* (*of it*)*!* tänk bara!, kan du tänka dig! **e**) *what do you* ~ *of* . . ? vad tycker (säger, anser) du om . . ? **f**) ~ *better* (*highly, much, the world*) *of* se *better I, highly* etc.; ~ *little* (*nothing*) *of* ha en låg tanke om, sätta föga värde på; *I* ~ *little* (*nothing*) *of walking* [*10 kilometres*] det är ingen konst för mig att gå . .; ~ *a lot of* sätta stort värde på; *he* ~*s a lot of himself* han har höga tankar om sig själv; ~ *well of everybody* tro alla människor om gott; ~ **out** tänka (fundera) ut [~ *out a new method*]; ~ **over** tänka igenom, tänka över; ~ *the matter over* äv. fundera på saken; ~ **up** fam. tänka ut, hitta på [~ *up presents for a p.*] **II** *s* fam. funderare; *have a* ~ *about it* ta sig en funderare på saken; [*if that's what you want*] *you've got another* ~ *coming* . . så får du allt tänka om

thinkable ['θɪŋkəbl] *a* tänkbar

thinker ['θɪŋkə] *s* tänkare; *he is a slow* ~ han tänker långsamt

thinking ['θɪŋkɪŋ] **I** *s* tänkande; tänkesätt; *somebody has got to do the* ~ någon måste göra tankearbetet; *I am of his way of* ~ jag tänker som han; *to my* [*way of*] ~ enligt min åsikt; [*I'll try to*] *bring him round to my way of* ~ . . få honom att ansluta sig till min åsikt (uppfattning) **II** *a* tänkande [*a* ~ *being*]

thinking-cap ['θɪŋkɪŋkæp] *s* fam., *put on o.'s* ~ ta sig en ordentlig funderare på saken

think-tank ['θɪŋktæŋk] *s* fam. hjärntrust, idébank, idéfabrik

thinner ['θɪnə] *s* thinner

thin-skinned ['θɪn'skɪnd] *a* **1** tunnhudad, tunnskalig **2** bildl. [över]känslig

third [θɜ:d] (jfr *fifth*) **I** *räkn* tredje; ~ *class* tredje klass, jfr *third-class*; *he got a* ~ *class* (univ.) se *he got a* ~ under *III 4* nedan; *the* ~ *degree* tredje graden hänsynslös förhörsmetod; *the* ~ *floor* [våningen] tre (Am. två) trappor upp; ~ *party* (*person*) tredje man, jfr *third-party* **II** *adv* **1** *the* ~ *largest town* den tredje staden i storlek **2** [i] tredje klass [*travel* ~] **3** som trea; *come* [*in*] (*finish*) ~ komma [in som] (sluta som) trea, komma på tredje plats **III** *s* **1** tredjedel **2** sport. a) trea, tredje man b) tredjeplacering **3** mus. ters **4** univ., *he got* (*is*) *a* ~ ung. han fick (har) lägsta betyget i examen för *honours degree* (jfr *honour I 5*) **5** motor. treans växel, trean; *put the car in* ~ lägga in trean

third-class ['θɜ:d'klɑ:s, ss. attr. adj. '- -] **I** *a* **1** tredjeklass-; tredje klassens [*a* ~ *hotel*] **2** Am., ~ *mail* trycksaker som inte väger över 8 ounces **II** *adv* [i] tredje klass [*travel* ~]

thirdly ['θɜ:dlɪ] *adv* för det tredje

third-party ['θɜ:d'pɑ:tɪ] *a*, ~ [*liability*] *insurance* ansvar[ighet]sförsäkring, drulleförsäkring; ~ [*motor*] *insurance* ung. trafikförsäkring; *be insured against* ~ *risks* vara försäkrad mot skada å tredje man

third-rate ['θɜ:d'reɪt, attr. '- -] *a* tredje klassens, undermålig

thirst [θɜ:st] **I** *s* törst, bildl. äv. längtan [*for* efter]; ~ *for knowledge* kunskapstörst; [*that kind of work*] *gives me a* ~ . . gör mig törstig **II** *itr* törsta [*for* efter]

thirsty ['θɜ:stɪ] *a* törstig

thirteen ['θɜ:'ti:n] *räkn* o. *s* tretton; jfr *fifteen* o. sms.

thirteenth ['θɜ:'ti:nθ] *räkn* o. *s* trettonde; tretton[de]del; jfr *fifth*

thirtieth ['θɜ:tɪɪθ] *räkn* o. *s* **1** trettionde **2** trettion[de]del

thirty ['θɜ:tɪ] (jfr *fifty* med sms.) **I** *räkn* tretti[o] **II** *s* tretti[o]; tretti[o]tal

thirty-second ['θɜ:tɪ'sekənd] *räkn* tretti[o]andra; ~ *note* Am. (mus.) trettiotvåendelsnot

this [ðɪs] **I** (pl. *these*) *demonstr pron* **1** den här, det här; denne, denna, detta [*at* ~ *moment*]; det [*they had* ~ *in common, that they* . .]; *these* de här, dessa; detta, det här [*these are my colleagues*]; ~ *afternoon* adv. i eftermiddag[s], i dag på eftermiddagen; *these days* nuförtiden; *to* ~ *day* hittills; till den dag som i dag är; se äv. fraser under *day*; ~ [*coming*] *May* adv. nu i maj [månad]; [*I have been waiting*] *these three weeks* . . nu i tre veckor; ~ *is to inform you that* . . i brev härmed får vi meddela att . .; *what's all* ~*?* fam. vad ska det här betyda (föreställa)?; *do it like* ~ gör så här; ~ *one* . . *that one* den här . . den där; ~ *way and that* åt alla håll; *before* ~ före detta, [redan] förut; [*it ought to be ready*] *by* ~ . . vid det här laget **2** fam. (i berättande framställning) en; [*I was standing there.*] *Then* ~ *little man came up to me* . . och då kom en liten man fram till mig [du vet] **II** *adv* fam. så [här] [*not* ~ *late*]

thistle ['θɪsl] *s* bot. tistel äv. Skottlands nationalemblem

thistle-down ['θɪsldaʊn] *s* tistelfjun

thither ['ðɪðə] *adv* litt. dit

thitherto ['ðɪðə'tu:] *adv* litt. dit[in]tills

tho' el. **tho** [ðəʊ] *konj* o. *adv* se *though*

Thomas ['tɒməs] egennamn; *doubting* ~ tvivlande Tomas, skeptiker

thong [θɒŋ] *s* läderrem; pisksnärt

Thor [θɔ:] myt. Tor

thorax ['θɔ:ræks] (pl. ~*es* el. *thoraces* [θɒ'reɪsi:z]) *s* **1** anat. bröstkorg, thorax **2** hos insekter mellankropp, thorax

thorn [θɔ:n] *s* **1** [törn]tagg, törne, torn; *a* ~

in the (*o.'s*) *flesh* (*side*) en påle i köttet, en nagel i ögat **2** törnbuske; hagtorn; slån

thorny ['θɔ:nɪ] *a* **1** törnig, taggig **2** bildl. kvistig, ömtålig, tvistig [*a* ~ *problem*]

thorough ['θʌrə] *a* grundlig, ingående, genomgripande, fullständig; ordentlig; riktig [*a* ~ *nuisance* (plåga)], fullkomlig, fulländad [*a* ~ *gentleman*]; fullfjädrad

thoroughbred ['θʌrəbred] **I** *a* fullblods-, rasren [*a* ~ *horse*]; *have* ~ *legs* ha rasben **II** *s* **1** fullblod, rasdjur; fullblodshäst, rashäst **2** 'fullblod' förstklassig bil o. d.

thoroughfare ['θʌrəfeə] *s* **1** genomfart; *No T~* trafik. Genomfart förbjuden **2** genomfarts|gata, -väg, huvudväg **3** farled

thoroughgoing ['θʌrə,gəʊɪŋ] *a* **1** grundlig [*he is* ~]; genomgripande, omfattande **2** tvättäkta, övertygad [*a* ~ *democrat*]

thoroughly ['θʌrəlɪ] *adv* grundligt etc., jfr *thorough*; i grund och botten; helt, alldeles; väldigt, mycket [*I* ~ *enjoyed it*]

Thos. förk. för *Thomas*

those [ðəʊz] *demonstr* o. *determ pron* se *that A*

thou [ðaʊ] *pers pron* åld. el. bibl. el. dial. du

though [ðəʊ] **I** *konj* **1** fast, fastän, trots att; [*even*] ~ även om, om också **2** *as* ~ som [om] [*he looks as* ~ *he were ill*] **II** *adv* ändå; verkligen [*did he* ~*!*]; [*I don't mind playing* –] *I'm not much good,* ~ . . fast jag är inget vidare

thought [θɔ:t] **I** *s* **1** tanke [*of* på]; tankar [*of* om]; idé, ingivelse [*a happy* ~]; *train* (*line*) *of* ~ tankegång; *he did not give it any further* ~ han tänkte inte mer på det; *I didn't give it a second* ~ jag tänkte inte närmare på det; *nothing can be farther from my* ~*s* ingenting är mig mera främmande; *lost* (*deep, wrapped up*) *in* ~[*s*] [försjunken] i sina tankar **2** tänkande [*modern* ~], tankar, tankegång, tänkesätt **3** eftertanke; *after much* (*mature*) ~ efter moget övervägande; *on second* ~*s* [*I will* . .] vid närmare eftertanke . . **4** omtanke [*the nurse was full of* ~ *for* (om) *her patient*]; *take no* ~ *for the morrow* (*for tomorrow*) litt. sörj inte för morgondagen **5** *a* ~ en aning, aningen [*a* ~ *better*] **II** imp. o. pp. av *think*

thoughtful ['θɔ:tfʊl] *a* **1** tankfull, fundersam, eftertänksam **2** omtänksam [*of* om]

thoughtless ['θɔ:tləs] *a* tanklös, obetänksam; oförsiktig, lättsinnig

thought-provoking ['θɔ:tprə,vəʊkɪŋ] *a* tankeväckande

thought-reader ['θɔ:t,ri:də] *s* tankeläsare

thousand ['θaʊzənd] *räkn* o. *s* tusen; tusental, tusende [*in* ~*s*]; *a* ~ *to one* [*chance*] en chans på tusen; *one in a* ~ en på tusen; ~*s of people* tusentals människor; *by the* ~ el. *by* ~*s* el. *in their* ~*s* i tusental

thousandfold ['θaʊzəndfəʊld] *adv* o. *s, a* ~ tusenfalt

thousandth ['θaʊzəntθ] **I** *räkn* tusende; ~ *part* tusen[de]del **II** *s* tusen[de]del

thraldom ['θrɔ:ldəm] *s* träldom, slaveri

thrall [θrɔ:l] *s* **1** träl, slav äv. bildl. [*of, to under*] **2** träldom, slaveri äv. bildl.

thrash [θræʃ] **I** *tr* **1** a) slå, ge stryk b) fam. klå, besegra; *be* ~*ed* få stryk **2** ~ *out* diskutera (tröska) igenom [~ *out a problem*] **3** piska [*the whale* ~*ed the water with its tail*] **II** *itr,* ~ *about* a) slå [vilt] omkring sig b) kasta sig av och an

thrashing ['θræʃɪŋ] *s* smörj, [kok] stryk

thread [θred] **I** *s* **1** tråd; garn; fiber; [*his life*] *hangs by* (*on*) *a* [*single*] ~ . . hänger på en [skör] tråd **2** smal (tunn) strimma [*a* ~ *of light*] **3** bildl. tråd [*lose the* ~ *of* (i)]; *the main* ~ den röda tråden; *pick* (*take*) *up the* ~[*s*] ta upp tråden igen **4** [skruv]gänga **II** *tr* **1** trä[da]; ~ *a needle* trä på en nål; ~ *beads* (*pearls*) trä [upp] pärlor; ~ *a film* mata in en film **2** ~ [*o.'s way through*] slingra sig fram genom **3** gänga

threadbare ['θredbeə] *a* **1** luggsliten, trådsliten **2** bildl. utnött, utsliten [~ *jokes*]; torftig [~ *arguments*]

threadlike ['θredlaɪk] *a* trådlik

threat [θret] *s* hot [*to* mot]; [överhängande] fara [*to* för]; *make* ~*s against a p.* hota ngn; *be under the* ~ *of* hotas av

threaten ['θretn] *tr* o. *itr* hota; hota med [~ *revenge*]; förebåda; *a* ~*ing letter* ett hotelsebrev; *the* ~*ed strike* [*did not take place*] den hotande strejken . .; ~ *a p.'s life* hota ngn till livet

three [θri:] (jfr *five* med ex. o. sms.) **I** *räkn* tre **II** *s* trea

three-D ['θri:'di:] *a* (kortform av *three-dimensional*) 3-D

three-dimensional ['θri:dɪ'menʃənl, -daɪ'm-] *a* tredimensionell [~ *film*]

threefold ['θri:fəʊld] **I** *a* tredubbel, trefaldig **II** *adv* tredubbelt, trefaldigt, trefalt

three-four ['θri:'fɔ:] *a* o. *s,* ~ [*time*] trefjärdedelstakt

threepence ['θrepəns, 'θrʊp-] *s* förr tre pence; trepence[mynt]; ~ *halfpenny* tre och en halv penny

three-piece ['θri:pi:s] *a* tredelad, i tre delar; ~ *suit* a) kostym bestående av byxor, väst och kavaj b) tredelad dräkt

three-point ['θri:pɔɪnt] *a,* ~ *landing* trepunktslandning

threesome ['θri:səm] *s* tremannagrupp, trio; golf. trespel, tremansgolf

three-speed ['θri:spi:d] *a* treväxlad; med tre hastigheter

three-wheeler ['θri:'wi:lə] *s* trehjuling

thresh [θreʃ] *tr* o. *itr* tröska
thresher ['θreʃə] *s* **1** tröskare **2** tröskverk
threshing-machine ['θreʃɪŋmə,ʃi:n] *s* tröskverk
threshold ['θreʃhəʊld] *s* **1** [dörr]tröskel **2** bildl. tröskel [*on the* ~ *of a revolution*]
threw [θru:] imp. av *throw*
thrice [θraɪs] *adv* åld. el. litt. tre gånger, trefalt [*thrice-blessed*]
thrift [θrɪft] *s* sparsamhet
thriftiness ['θrɪftɪnəs] *s* sparsamhet
thrifty ['θrɪftɪ] *a* **1** sparsam, ekonomisk [*of* med] **2** Am. blomstrande, framgångsrik
thrill [θrɪl] **I** *tr* komma (få) att rysa av spänning [*the film ~ed the audience*] **II** *itr* rysa [~ *with* (av) *delight*] **III** *s* **1** ilning, rysning [~ *of pleasure* (välbehag)], skälvning **2** spänning; *what a ~!* vad (så) spännande!; *it gave me a* ~ jag tyckte det var spännande
thriller ['θrɪlə] *s* rysare, thriller
thrilling ['θrɪlɪŋ] *a* spännande, rafflande
thrive [θraɪv] (*~d ~d,* sälls. *throve thriven*) *itr* **1** om växter o. djur [växa och] frodas, trivas; om barn [växa och] bli frisk och stark **2** blomstra, ha framgång
thriven ['θrɪvn] pp. av *thrive*
thriving ['θraɪvɪŋ] *a* **1** om växter o. djur som frodas, frodig **2** blomstrande [*a* ~ *business*], framgångsrik
throat [θrəʊt] *s* strupe, hals; svalg; *clear o.'s* ~ klara strupen, harkla sig; *cut a p.'s* ~ a) skära halsen av ngn b) bildl. knäcka ngn, ta kål på ngn; *have a sore* ~ ha ont i halsen; *take* (*seize*) *a p. by the* ~ ta struptag på ngn; *jump down a p.'s* ~ fam. fara ut mot ngn; *thrust* (*ram, force*) *a th. down a p.'s* ~ pracka (tvinga) på ngn ngt; *lie in o.'s* ~ ljuga grovt
throated ['θrəʊtɪd] *a* mest i sms. med . . strupe (hals), -halsad [*red-throated*]
throb [θrɒb] **I** *itr* **1** banka, bulta, klappa [hårt] [*my heart is ~bing*]; dunka **2** skälva, darra [~ *with* (av) *excitement*]; pulsera, sjuda [*a town ~bing with* (av) *activity*] **II** *s* bankande, [bultande] slag, dunk[ande]
throe [θrəʊ] *s* **1** mest pl. *~s* a) plågor, kval, ångest, vånda b) *~s* [*of death*] dödskamp **2** fam., *be in the ~s of* stå (vara) mitt uppe i
thrombosis [θrɒm'bəʊsɪs] (pl. *thromboses* [θrɒm'bəʊsi:z]) *s* läk. blodpropp, trombos
throne [θrəʊn] *s* tron; *come to the* ~ komma på tronen
throng [θrɒŋ] **I** *s* **1** trängsel, vimmel, myller **2** massa, [väldig] mängd **II** *itr* trängas, skockas; strömma [till] i stora skaror **III** *tr* **1** fylla till trängsel, trängas på (i) [*people ~ed the streets*] **2** trängas (skocka sig) kring
thronged [θrɒŋd] *a* fullpackad, vimlande, myllrande [*with* av]
throstle ['θrɒsl] *s* litt. taltrast
throttle ['θrɒtl] **I** *s* [gas]spjäll; strypventil; *at full ~, with the ~ full open* med öppet spjäll **II** *tr* **1** strypa, kväva **2** strypa, minska [på] gastillförseln o. d.; minska ngts fart
through [θru:] **I** *prep* (se äv. resp. huvudord) **1** genom, igenom; in (ut) genom [*climb* ~ *a window*]; över [*a path* ~ *the fields*]; *he drove* ~ *a red light* han körde mot rött [ljus]; *talk* ~ *o.'s nose* tala i näsan; *he has been* ~ *a good deal* han har varit med om en hel del **2** genom, på grund av [*absent* ~ *illness*]; tack vare; *it is* [*all*] ~ *him that* . . det är [helt och hållet] hans fel (hans förtjänst) att . . **3** om tid, [*he worked*] [*all*] ~ *the night* . . hela natten [igenom]; [*he won't live*] ~ *the night* . . natten ut; *all* ~ *his life* [under] hela sitt liv **4** Am. till och med [*Monday* ~ *Friday*] **II** *adv* (se äv. resp. huvudord) **1** igenom; genom- [*wet* ~]; till slut[et] [*he heard the speech* ~]; ~ *and* ~ a) igenom gång på gång [*I read the book* ~ *and* ~] b) alltigenom; *wet* ~ *and* ~ våt helt igenom; *all* ~ hela tiden [*I knew that all* ~] **2** om tåg o. d. direkt [*the train goes* ~ *to Boston*] **3** telef., *be* ~ ha kommit fram; *get* ~ komma fram; *put* ~ koppla [*I will put you* ~ *to* . .]; *you're* ~ *to Rome* klart Rom **4** *be* ~ fam. i spec. bet.: **a**) vara klar (färdig) [*he is* ~ *with his studies*]; *are you ~?* äv. har du slutat? **b**) vara slut [*he is* ~ *as a tennis player*] **c**) ha fått nog [*with* av; *I'm* ~ *with this job*]; *we are* ~ det är slut mellan oss **III** *a* genomgående, direkt [*a* ~ *train*]; ~ *traffic* genomfartstrafik; *No T~ Traffic* Genomfart förbjuden
through-carriage ['θru:,kærɪdʒ] *s* direktvagn
throughout [θrʊ'aʊt] **I** *adv* **1** alltigenom, genom- [*rotten* ~]; fullständigt; överallt **2** hela tiden, från början till slut **II** *prep* **1** överallt i, genom hela, över hela [~ *the U.S.*] **2** om tid, ~ *the year* [under] hela året
throve [θrəʊv] imp. av *thrive*
throw [θrəʊ] **A** (*threw thrown*) *vb* **I** *tr* (se äv. *III*) **1** kasta, slunga, slänga; störta [~ *o.s. into*]; kasta av [*the horse threw its rider*]; kasta omkull [*he threw his opponent*]; kasta till [~ *me that rope*]; slunga (skjuta) ut [*a satellite was ~n into space*]; fisk. kasta med; ~ *open* kasta (slå) upp [*the doors were ~n open*]; ~ *o.s. at a man* kasta sig i armarna på en man; ~ *a th. into a p.'s face* kasta (slunga) ngt i ansiktet på ngn; ~ *o.s. into a th.* kasta sig in i ngt, ge sig i kast med ngt; ~ *o.s. on a p.* kasta sig över ngn; ~ *o.'s arms round a p.* slå armarna om ngn; ~ *a kiss to a p.* ge ngn en slängkyss **2** försätta [*into* i]; försänka [*it threw him into a deep sleep*] **3** ställa [~ *into the shade*]; lägga [~

obstacles into the way of (för)] **4** bygga, slå [~ *a bridge across a river*] **5** fälla fjädrar, hår o. d.; ömsa [*the snake has ~n its skin*] **6** mek. koppla in (till), slå till [~ *a lever* (spak)] **7** fam. **a**) ställa till [med], ha [~ *a party for a p.*] **b**) ~ *a fit* bli rasande **8** ge upp, skänka bort, avsiktligt förlora [~ *a game*]

II *itr* (se äv. *III*) kasta [*he ~s well*]

III *tr* o. *itr* med adv.: ~ **about: a**) kasta (slänga) omkring **b**) ~ *o.'s money about* strö pengar omkring sig

~ **away** kasta (hälla) bort; *it is labour ~n away* det är bortkastad möda

~ **in: a**) kasta in **b**) *you get that ~n in* man får det på köpet **c**) ~ *in o.'s lot with* se *lot* **d**) fotb. göra [ett] inkast

~ **off: a**) kasta av (bort); kasta av sig [*he threw off his coat*] **b**) bli av med, bli kvitt [*I can't ~ off this cold*]; skaka av sig [~ *off o.'s pursuers*] **c**) skaka fram, svänga ihop [~ *off a poem*]

~ **out: a**) kasta ut; köra ut (bort); ~ *out of gear* se *gear*; ~ *a p. out of work* göra ngn arbetslös **b**) sända ut [~ *out light*], utstråla [~ *out heat*] **c**) kasta fram, komma med [~ *out a remark*]; ~ *out a feeler* göra en trevare **d**) ~ *o.'s chest out* skjuta fram bröstet **e**) förkasta [~ *out a bill in Parliament*]; **f**) distrahera, förvirra, bringa ur fattningen; rubba, förrycka, störa [~ *the schedule out*]

~ **over: a**) avvisa, överge, ge upp [~ *over a plan*] **b**) göra slut med [*she threw over her boy-friend*], överge, ge på båten

~ **together: a**) smälla ihop, sätta ihop [~ *together a textbook*]; rafsa ihop **b**) föra samman [*chance had ~n us together*]

~ **up: a**) kasta (slänga) upp **b**) lyfta, höja [*she threw up her head*] **c**) kasta upp [~ *up barricades*]; smälla upp (ihop) [~ *up houses*] **d**) kräkas (kasta) upp; kräkas **e**) ge upp, sluta [~ *up o.'s job*]

B *s* **1** kast äv. brottn.; *stake everything on one ~* sätta allt på ett kort (bräde); *stone's ~* se *stone* **2** ~ [*of the dice*] tärningskast

throwaway ['θrəʊəweɪ] **I** *s* engångsartikel **II** *a* **1** engångs- [~ *container*], slit-och--släng-; *at ~ prices* till vrakpriser **2** helt apropå [~ *remarks*]; ~ *line* teat. replik som man glider över

throwback ['θrəʊbæk] *s* biol. atavism; bildl. återgång [*a ~ to the earlier drama*]

throw-in ['θrəʊɪn] *s* fotb. inkast

thrown [θrəʊn] pp. av *throw*

thru [θru:] *prep* o. *adv* o. *a* Am. = *through*

thrum [θrʌm] *tr* o. *itr* **1** knäppa [på] [~ [*on*] *a guitar*] **2** trumma [på] [~ [*on*] *the table*]

1 thrush [θrʌʃ] *s* zool. trast

2 thrush [θrʌʃ] *s* läk. torsk

thrust [θrʌst] **I** (*thrust thrust*) *tr* **1** sticka, stoppa [*he ~ his hands into his pockets*], köra, stöta [*she ~ a dagger into his back*]; *he ~ his fist into my face* han hötte åt mig med näven **2** tvinga [*they were ~ into a civil war*]; ~ *o.'s way through the crowd* tränga sig fram genom folkmassan; ~ *a th. upon a p.* pracka på ngn ngt; ~ *o.s. upon a p.* tvinga sig på ngn **3** knuffa, skjuta [~ *aside*], stöta [~ *away*]; ~ *aside* äv. åsidosätta **II** (*thrust thrust*) *itr* **1** tränga sig [*she ~ past me*] **2** göra ett utfall, gå till anfall äv. bildl. [*at* mot] **3** fäkt. stöta **III** *s* **1** stöt, knuff **2** framstöt; utfall, anfall, angrepp äv. bildl. [*at* mot] **3** fäkt. stöt **4** tekn. a) tryck; stöt b) drivkraft

thud [θʌd] **I** *s* duns [*it fell with a ~*], dovt ljud (slag) **II** *itr* dunsa [ner]; dunka

thug [θʌg] *s* bandit, mördare, gangster

thuggery ['θʌgərɪ] *s* ligistfasoner; busliv

thumb [θʌm] **I** *s* tumme; jfr vid. ex. under *finger, rule, Tom, twiddle*; *she is all ~s* hon är fumlig (valhänt); *have a p. under o.'s ~* hålla ngn i ledband; *~s down* (*up*) tummen ner (upp) **II** *tr* **1** tumma [på], använda flitigt [*this dictionary will be much ~ed*]; ~ [*through*] bläddra igenom **2** ~ *a lift* (*ride*) fam. [söka] få lift, lifta **3** ~ *o.'s nose at* räcka lång näsa åt

thumb-index ['θʌmˌɪndeks] *s* tumindex, tumtagsregister

thumb-mark ['θʌmmɑ:k] *s* märke efter tummen i t. ex. en bok

thumb-nail ['θʌmneɪl] *s* **1** tumnagel **2** attr., ~ *sketch* a) miniatyrskiss b) snabbskiss

thumbtack ['θʌmtæk] *s* Am. häftstift

thump [θʌmp] **I** *tr* dunka [~ *a p. on* (i) *the back*], dunka på [~ *the piano*], bulta (banka) på [*he ~ed the door*] **II** *itr* dunka, bulta, banka, slå [*at, on* på] **III** *s* dunk [*a ~ on the back*], smäll, duns

thumping ['θʌmpɪŋ] fam. **I** *a* hejdundrande, kolossal; grov [*a ~ lie*] **II** *adv* väldigt, kolossalt, jätte- [*a ~ good dinner*]

thunder ['θʌndə] **I** *s* åska; dunder, dån; *a crash* (*peal*) *of ~* en åskskräll; *steal a p.'s ~* stjäla ngns idéer; förekomma ngn **II** *itr* **1** åska [*it was ~ing and lightening*]; dåna **2** bildl. dundra [*he ~ed against the new law*]

thunderbolt ['θʌndəbəʊlt] *s* åskvigg, blixt; *like a ~* som ett åskslag

thunderclap ['θʌndəklæp] *s* åskskräll, åskknall

thundering ['θʌndərɪŋ] **I** *a* **1** dundrande **2** fam. väldig [*a ~ amount of work*]; grov [*a ~ lie*] **II** *adv* fam. väldigt, förfärligt

thunderous ['θʌndərəs] *a* **1** åsk-, åskig **2** dånande, rungande [~ *applause*]

thunderstorm ['θʌndəstɔ:m] *s* åskväder, åska

thunderstruck ['θʌndəstrʌk] *a* som träffad av blixten, förstummad av häpnad
thundery ['θʌndərɪ] *a* åsk- [*~ rain*], åskig
Thurs. förk. för *Thursday*
Thursday ['θɜːzdɪ, -deɪ] *s* torsdag; jfr *Sunday*
thus [ðʌs] *adv* **1** sålunda, så, så här [*do it ~*] **2** alltså, således, följaktligen, därför **3** *~ far* så långt; *~ much* så mycket
thwack [θwæk] **I** *tr* slå, banka; klappa till **II** *s* [kraftigt] slag, smäll
thwart [θwɔːt] *tr* korsa, gäcka [*~ a p.'s plans*]; *~ a p.* motarbeta ngn
thy [ðaɪ] fören. *poss pron* åld. el. bibl. din
thyme [taɪm] *s* bot. timjan
thyroid ['θaɪrɔɪd] anat. **I** *a*, *~ gland* sköldkörtel **II** *s* sköldkörtel
thyself [ðaɪ'self] *refl* o. *pers pron* åld. el. bibl. dig, dig själv; du själv, själv; jfr *myself*
ti [tiː] *s* mus. si
tiara [tɪ'ɑːrə] *s* tiara; diadem
Tiber ['taɪbə] *s*, *the ~* Tiber[n]
Tibet [tɪ'bet]
Tibetan [tɪ'betən] **I** *a* tibetansk **II** *s* **1** tibetanska [språket] **2** tibetan
tic [tɪk] *s* med. tic; *he has a* [*nervous*] *~* han har nervösa ryckningar
tich [tɪtʃ] *s* fam. puttefnask
1 tick [tɪk] **I** *itr* **1** ticka **2** *what makes him ~?* hur är han funtad? **3** *~ over* gå på tomgång **II** *tr* **1** *~ away* ticka fram [*the clock ~ed away the minutes*] **2** *~* [*off*] pricka (bocka) av [*~ off names*] **3** fam., *~ off* läxa upp; *be* (*get*) *~ed off* äv. få påskrivet **III** *s* **1** tickande; *in two ~s* fam. ögonaböj, på momangen; *half a ~!* fam. ett ögonblick! **2** bock, kråka vid kollationering; *put a ~ against* pricka (bocka) för
2 tick [tɪk] *s* zool. fästing
3 tick [tɪk] *s* **1** bolster-, kudd|var **2** se *ticking*
4 tick [tɪk] *s* fam. kredit [*get ~*]; *on ~* på kredit (krita)
ticker ['tɪkə] *s* **1** [börs]telegraf **2** fam. dinka klocka **3** fam. hjärta
ticker-tape ['tɪkəteɪp] *s* telegraf-, teleprinter|remsa, -remsor; *get a ~ reception* (*welcome*) ung. få ett storslaget mottagande (välkomnande) markerat med utkastning av telegrafremsor o. konfetti från husfönstren
ticket ['tɪkɪt] *s* **1** biljett, fam. plåt **2** lapp [*price ~*]; [parkerings]lapp [*parking ~*]; kvitto, sedel [*pawn-ticket*]; etikett; *library ~* lånekort på bibliotek; *lottery ~* lott[sedel]; *meal ~* a) matkupong b) fam. födkrok; försörjare **3** fam., *the ~* det [enda] riktiga (rätta) [*a holiday in Spain is the ~*]; *that's the ~* äv. det är så det skall vara, det är modellen; *he's not quite the ~* han passar då inget vidare **4** Am. pol. a) kandidatlista, röstsedel b) [parti]program **5** mil. fam. frisedel [*get o.'s ~*]; *work o.'s ~* krångla sig ifrån lumpen
ticket-barrier ['tɪkɪt,bærɪə] *s* järnv. o. d. [biljett]spärr
ticket-collector ['tɪkɪtkə,lektə] *s* biljettmottagare; järnv. o. d. spärrvakt; konduktör
ticket-office ['tɪkɪt,ɒfɪs] *s* biljett|kontor, -lucka
ticket-of-leave ['tɪkɪtəv'liːv] (pl. *tickets-of-leave*) *s* jur. (förr) frisedel; *a ~ man* ung. en villkorligt frigiven [fånge]
ticking ['tɪkɪŋ] *s* bolster-, kudd|varstyg
ticking-off ['tɪkɪŋ'ɒf] *s* fam. läxa, uppsträckning, skrapa [*give a p. a good ~*]
tickle ['tɪkl] **I** *tr* **1** kittla; *~ the ivories* sl. klia elfenben spela piano; *~ a p.'s ribs* bildl. få ngn att skratta **2** roa [*the story ~d me*], glädja [*the news will ~ you*]; smickra, kittla [*~ a p.'s vanity*]; *be ~d to death, be ~d pink, be ~d no end* fam. skratta ihjäl sig [*at, by* åt]; bli stormförtjust [*at, by* över] **II** *itr* **1** klia, kittla; *my nose ~s* det kittlar i näsan [på mig] **2** kittlas **III** *s* kittling; *he gave my foot a ~* han kittlade mig under foten
ticklish ['tɪklɪʃ] *a* **1** kittlig **2** kinkig, knepig
tickly ['tɪklɪ] *a* fam., se *ticklish*
tick-tick ['tɪktɪk] *s* barnspr. klocka
tick-tock ['tɪk'tɒk] **I** *s* **1** ticktack, tickande **2** se *tick-tick* **II** *adv* o. *interj* ticktack
tidal ['taɪdl] *a* tidvattens- [*~ dock*]; *~ wave* a) tidvattensvåg b) jättevåg c) bildl. [stark] våg [*a ~ wave of enthusiasm*]
tidbit ['tɪdbɪt] *s* isht Am., se *titbit*
tiddler ['tɪdlə] *s* fam. **1** liten fisk, isht spigg **2** småtting, [liten] plutt
tiddl[e]y ['tɪdlɪ] *a* fam. **1** plakat, packad berusad **2** liten, futtig
tiddlywinks ['tɪdlɪwɪŋks] (konstr. ss. sg.) *s* loppspel
tide [taɪd] **I** *s* **1** tidvatten, ebb och flod; flod[tid]; *high ~* högvatten, flod [*at* (vid) *high ~*]; *low ~* lågvatten, ebb [*at* (vid) *low ~*]; *the ~ is in* (*up*) det är flod (högvatten); *the ~ is out* det är ebb (lågvatten); *the ~ is falling* (*going out, ebbing*) floden faller (avtar), ebben börjar **2** bildl. strömning, tendens; *the ~ of events* händelsernas förlopp; *the rising ~ of public opinion against . .* den växande allmänna opinionen mot . .; *the ~ has turned* en strömkantring har skett, bladet har vänt sig; *stem the ~* gå mot strömmen; *go* (*swim*) *with the ~* följa med strömmen **3** a) högt. tid [*Christmas-tide*] b) *time and ~ wait for no man* tiden går obevekligt sin gång **II** *tr*, *~ over* hjälpa ngn över (igenom) [*~ a p. over a crisis*]
tide-mark ['taɪdmɑːk] *s* tidvattens-, vattenstånds|märke
tidings ['taɪdɪŋz] (konstr. vanl. ss. pl.) *s* litt., *glad* (*sad*) *~* glada (sorgliga) nyheter

tidy ['taɪdɪ] **I** *a* **1** snygg, [väl]vårdad; städad [*a ~ room*], ordentlig, proper; [*keep Britain*] ~ .. rent **2** fam. nätt, vacker, rundlig [*a ~ sum*] **II** *s* förvaringslåda [med fack] för verktyg o. d., etui; [*sink*] ~ avfallskorg för vask **III** *tr*, ~ [*up*] städa, städa (snygga) upp **IV** *itr*, ~ [*up*] städa [upp], snygga upp

tie [taɪ] **I** *tr* **1 a**) binda [fast] [~ *a horse to* (vid) *a tree*], knyta fast; ~ *a p. hand and foot* binda ngn till händer och fötter äv. bildl. **b**) knyta [~ *o.'s shoe-laces*] **2** med. underbinda [~ *a vein*] **3** bildl. binda, hålla bunden [*my work ~s me to* (vid) *the office*]; klavbinda, hämma; *~d cottage* [lant]arbetarbostad som upplåts av markägaren **4** mus. förena med en bindebåge **5** med a d v.: ~ **down** binda äv. bildl. [*to* vid, till; ~ *a p. down to a contract*], binda fast; *be ~d down by children* (*a job*) vara bunden av barn (ett arbete); ~ **in** bildl. förbinda [*with, to* med], samordna [~ *in your holiday plans with theirs*]; ~ **on** binda på, knyta (binda) fast [~ *on a label*]; ~ **up**: **a**) binda upp; binda [fast]; binda ihop (samman); binda om [~ *up a parcel*]; med. underbinda **b**) bildl. binda [*I am too ~d up with* (av) *other things*]; låsa [fast] [~ *up o.'s capital*] **II** *itr* **1** knytas [*the sash ~s in front*], knytas fast (ihop) **2** sport. stå (komma) på samma poäng, få (nå) samma placering [*with* som]; spela oavgjort; ~ *for first place* dela förstaplatsen **3** bildl., ~ *up* (*in*) ha samband, hänga ihop; ~ *in with* äv. stämma med **III** *s* **1** band, snöre **2** bildl. band, länk; hämsko; *~s of blood* blodsband; *business ~* affärsförbindelse **3** slips; fluga, kravatt, rosett; *black ~* se *black I*; *white ~* se *white I* **4** sport. **a**) lika poängtal; oavgjort resultat; *it ended in a ~* det slutade oavgjort, det blev dött lopp **b**) match i cuptävling; *play off a ~* spela 'om för att avgöra en tävling **5** pol. lika röstetal **6** mus. [binde]båge

tie-break ['taɪbreɪk] *s* o. **tie-breaker** ['taɪˌbreɪkə] *s* i tennis tie-break

tie-clip ['taɪklɪp] *s* slipshållare

tie-in ['taɪɪn] *s* samband [*there is a ~ between smoking and cancer*]

tie-on ['taɪɒn] *a* som går att binda på (knyta fast) [*a ~ label*]

tie-pin ['taɪpɪn] *s* kråsnål

tier [tɪə] *s* rad; *arranged in ~s* ordnade i rader ovanför varandra, trappstegsvis ordnade [*seats arranged in ~s*]

Tierra del Fuego [tɪ'erədel'fweɪgəʊ] Eldslandet

tie-up ['taɪʌp] *s* **1** sammanslagning, fusion **2** förbindelse; sammanhang, samband

tiff [tɪf] **I** *s* [litet] gräl, gnabb **II** *itr* gräla

tiger ['taɪgə] *s* tiger; ~ *cub* tigerunge; *paper ~* bildl. papperstiger

tigerish ['taɪgərɪʃ] *a* tigerlik, tigeraktig

tiger-lily ['taɪgəˌlɪlɪ] *s* tigerlilja

tight [taɪt] **I** *a* **1** åtsittande, åtsmitande, tajt, snäv [~ *trousers*], trång [~ *shoes*]; spänd [*a ~ rope*]; *be ~* äv. strama, sitta åt [*my collar is ~*]; *be* (*find o.s.*) *in a ~ corner* (*spot*) vara i knipa **2** fast, hård [*a ~ knot*]; *a ~ hold* ett fast (hårt) grepp äv. bildl.; *keep a ~ hand* (*hold*) *over a p.* hålla ngn kort (i schack) **3** tät [*airtight, watertight; a ~ boat*] **4** snål, njugg **5** knapp; stram [*a ~ money-market*] **6** fam. packad berusad **II** *adv* tätt, fast, hårt [*hug* (krama) *a p. ~*]; *sit ~* se *sit I 1*; *sleep ~!* fam. sov gott!

tighten ['taɪtn] **I** *tr* spänna; ~ *o.'s belt* bildl. dra åt svångremmen; ~ [*up*] dra åt [~ [*up*] *the screws*]; skärpa [~ *up the regulations*] **II** *itr* spännas; ~ [*up*] dras åt; skärpas [*the regulations have ~ed up*]; ~ *up on crime* intensifiera kampen mot brottsligheten

tight-fisted ['taɪt'fɪstɪd] *a* fam. snål, knusslig

tight-fitting ['taɪt'fɪtɪŋ] *a* åtsittande

tight-lipped ['taɪt'lɪpt] *a* **1** med hopknipna läppar; bister **2** fåordig, tystlåten

tightrope ['taɪtrəʊp] *s* [spänd] lina; *~ walker* lindansare; *walk on the* (*a*) *~* gå (dansa) på lina; *walk a ~* gå balansgång bildl.

tights [taɪts] *s pl* **1** [*stretch*] ~ strumpbyxor **2** trikåer artistplagg, trikåbyxor

tigress ['taɪgrəs] *s* tigrinna, tigerhona

tilde ['tɪldə] *s* språkv. tilde

tile [taɪl] **I** *s* tegel|panna, -platta; tegel; kakel[platta]; *be* [*out*] *on the ~s* fam. vara ute och svira **II** *tr* täcka (belägga) med tegel; klä med kakel[plattor]

tileworks ['taɪlwɜːks] (konstr. vanl. ss. sg.; pl. *tileworks*) *s* tegelbruk

1 till [tɪl] **I** *prep* [ända] till, [ända] tills; ~ *then* till dess, dittills; *goodbye ~ Sunday!* vi ses på söndag då!; *not ~* inte förrän, först; *not ~ then did he understand* först (inte förrän) då förstod han **II** *konj* [ända] till, [ända] tills, till dess att [*wait ~ the rain stops*]; *not ~* [*he got home did he understand*] först när (då) . ., inte förrän . .

2 till [tɪl] *s* **1** kassa[låda]; kassaapparat **2** kassa pengar

3 till [tɪl] *tr* odla [upp], bruka [~ *the soil*]; *~ed land* odlad jord (mark)

tillage ['tɪlɪdʒ] *s* **1** odling [*the ~ of soil*] **2** odlad mark, brukad jord

tilt [tɪlt] **I** *tr* luta, vippa på [*he ~ed his chair back*]; fälla [~ *back* (upp) *a seat*] **II** *itr* **1** luta, vippa; välta, tippa; sjö. ha slagsida; ~ *over* välta (vicka) omkull **2** gå till angrepp [~ *at* (mot) *gambling*] **III** *s* **1** lutning; vippande **2** bildl. dust, ordväxling; *have a ~ at* fam. ge sig på, gå illa åt **3** [*at*] *full ~* i (med) full fart

TIM [tɪm] telef. Fröken Ur

Tim [tɪm] kortform för *Timothy*

timber ['tɪmbə] *s* **1** timmer, trä, virke **2** isht Am. [timmer]skog; ~ *line* trädgräns **3** sjö. spant; *shiver my ~s!* sl. jävlar anamma!

timberline ['tɪmbəlaɪn] *s* isht Am. trädgräns

timber-merchant ['tɪmbə,mɜ:tʃənt] *s* virkes-, trävaru|handlare

timber-yard ['tɪmbəjɑ:d] *s* brädgård

timbre ['tæmbə, 'tɪmbə] *s* (fr.) timbre, klang[färg]

time [taɪm] **I** *s* **1 a)** tid; tiden [~ *will show who is right*]; ~*s* tider [*hard* ~*s*], tid [*the good old* (gamla goda) ~*s*]; ~*!* tiden är ute!; [det är] stängningsdags! [t. ex. på en pub: ~ *gentlemen, please!*]

b) attr.: tid- [~ *wages*], tids-; ~ [*and motion*] *study* [arbets]tidsstudier

c) i förb. med *day*: *pass the* ~ *of day* utbyta hälsningar; *at this* ~ *of day* a) vid denna tid på dagen b) nu för tiden c) så här sent [*we can't do anything at this* ~ *of day*]

d) i förb. med *long*: *a long* ~ *ago* för länge sedan; *what a long* ~ *you have been!* så (vad) länge du har varit!; *it will be a long* ~ *before . .* det dröjer länge innan . .; [*I have not been there*] *for a long* ~ . . på länge; *for a long* ~ [*past*] sedan länge

e) i förb. med vissa pron.: [*they were laughing*] **all** *the* ~ . . hela tiden; *at all* ~*s* alltid; *for all* ~ för all framtid; **any** ~ när som helst; fam. utan tvekan, alla gånger; *any* ~*!* fam. äv. gärna [det]!; **every** ~*!* fam. så klart!; alla gånger!; *it was* **no** ~ *before she was back* hon var tillbaka på nolltid; *I've got no* ~ *for* fam. jag har ingenting till övers för; *at no* ~ inte någon gång; *in* [*less than*] *no* ~ på nolltid; *at the* **same** ~ a) vid samma tid[punkt], samtidigt b) å andra sidan, samtidigt [*at the same* ~ *one must admit that she is competent*]; [*I shall be away*] *for* **some** ~ . . en längre tid; *for some* ~ *yet* än på ett [bra] tag; *by* **that** ~ vid det laget, då; till dess; **this** ~ *last year* i fjol vid den här tiden; *by this* ~ vid det här laget; **what** ~ *is it?* vad (hur mycket) är klockan?

f) i förb. med vb: ~*'s up!* tiden är ute!; *it's* ~ *for lunch* (*lunch* ~) det är lunchdags; *there is a* ~ [*and place*] *for everything* allting har sin tid; *there are* ~*s when I wonder* ibland undrar jag; *what is the* ~*?* vad (hur mycket) är klockan?; **do** ~ fam. sitta inne; *do o.'s* ~ fam. sitta av sin [straff]tid; **find** (**get**) ~ *to do a th.* hinna med [att göra] ngt; **have** [*the*] ~ ha tid, hinna; *have a good* (*nice*) ~ ha roligt, ha det trevligt; *have* ~ *on o.'s hands* ha gott om tid; **keep** ~ a) hålla tider[na] (tiden), vara punktlig b) ta tid med stoppur c) se *3* nedan; *keep* [*good*] ~ om ur gå rätt; *keep bad* ~ om ur gå fel; **take** ~ ta tid; *take o.'s* ~ ta [god] tid på sig [*about* (*over*) *a th.* till (för) ngt]; *take your* ~*!* ta [god] tid på dig!, ingen brådska!, iron. förta dig [för all del] inte!; **tell** *the* ~ kunna klockan; *can you tell me the* [*right*] ~*?* kan du säga mig vad klockan är?; *you don't* **waste** *much* ~, *do you* du är snabb, du

g) i förb. med prep. o. adv.: **about** ~ *too!* det var [minsann] på tiden!; **against** ~ i kapp med tiden; *a race against* ~ en kapplöpning med tiden; **ahead of** ~ i god tid, före den avtalade tiden; *be ahead of o.'s* ~ vara före sin tid; **at** *one* ~ a) en gång [i tiden] b) på en (samma) gång; *at the* ~ vid det tillfället, på den tiden [*he was only a boy at the* ~]; *at* ~*s* tidvis, emellanåt; *at my* (*your*) ~ *of life* vid min (din) ålder; *at different* ~*s* vid olika tidpunkter; **before** [*o.'s*] ~ för tidigt; *be born before o.'s* ~ bildl. vara före sin tid; *old before o.'s* ~ gammal i förtid; *be* **behind** ~, *be behind the* ~*s* se under *behind I*; **between** ~*s* dessemellan; emellanåt; **by** *the* ~ konj. när, då, vid den tid [då]; **for** *the* ~ *being* för närvarande, tills vidare; **from** ~ *to* ~ då och då, emellanåt; **in** [*the course of*] ~ med tiden, tids nog [*in* ~ *he'll understand*]; [*just*] *in* ~ [precis] lagom (i tid) [*come in* ~ *for dinner*]; *he came in* ~ han kom i [rätt] tid; *in ancient* ~*s* i gamla tider; *in due* ~ i [rätt] tid; *in a week's* ~ om en vecka; *all* **of** *the* ~ hela tiden; *for the sake of old* ~*s* för gammal vänskaps skull; *the literature of the* ~ dåtidens litteratur; ~ **off** fritid; ledigt; **on** ~ i [rätt] tid, precis, punktlig[t]; *once* **upon** *a* ~ *there was . .* det var en gång . .

2 gång [*the first* ~ *I saw her*; *five* ~*s four is twenty*]; ~ *after* ~, ~ *and again* gång på gång; *five* ~*s the size of* fem gånger så stor som; *many a* ~ mången gång, många gånger; *one more* ~ fam. en gång till; *two or three* ~*s* ett par [tre] (några) gånger; *one at a* ~ en åt gången, en i sänder

3 mus. takt, tempo; taktart; ~ *signature* mus. taktbeteckning; *beat* ~ slå takt[en]; *beat* ~ *with o.'s foot* (*feet*) stampa takten; *keep* ~ hålla takt[en]

II *tr* **1** välja (beräkna) tiden (tidpunkten) för, tajma, avpassa [*he* ~*d his journey so that he arrived before dark*]; *ill* (*well*) ~*d* se *ill-timed* o. *well-timed* **2** ta tid på [~ *a runner*], ta tid vid [~ *a race*], tajma

time-bomb ['taɪmbɒm] *s* tidsinställd bomb, tidsbomb

time-consuming ['taɪmkən,sju:mɪŋ] *a* tids|ödande, -krävande

time-honoured ['taɪm,ɒnəd] *a* [gammal och] ärevördig, hävdvunnen [~ *customs*]

timekeeper ['taɪm,ki:pə] *s* **1** tidmätare;

this is a good ~ den här klockan går bra **2** tid|kontrollör, -kontrollant; tidtagare
timekeeping ['taɪm,ki:pɪŋ] *s* tidtagning; tidkontroll på arbetsplats
time-killer ['taɪm,kɪlə] *s* fam. tidsfördriv
time-lag ['taɪmlæg] *s* mellantid, [tids]-intervall; tidsfördröjning
time-limit ['taɪm,lɪmɪt] *s* tidsgräns; tidsbegränsning; [tids]frist [*exceed the* ~]; *impose a* ~ *on* tidsbegränsa
timely ['taɪmlɪ] *a* läglig, lämplig; i rätt[an] tid
timepiece ['taɪmpi:s] *s* ur, tidmätare
timer ['taɪmə] *s* **1** tidtagare **2** tidur; timer
time-saver ['taɪm,seɪvə] *s* tidsbesparande apparat; *it is a* ~ äv. den spar tid
time-saving ['taɪm,seɪvɪŋ] *a* tidsbesparande [*a* ~ *device*]
timeserver ['taɪm,sɜ:və] *s* **1** opportunist **2** ögontjänare
time-serving ['taɪm,sɜ:vɪŋ] **I** *a* opportunistisk, anpasslig **II** *s* ögontjäneri
time-sheet ['taɪmʃi:t] *s* arbetssedel
time-signal ['taɪm,sɪgnəl] *s* tidssignal
time-switch ['taɪmswɪtʃ] *s* elektr. tidströmställare
timetable ['taɪm,teɪbl] *s* **1** [tåg]tidtabell; tidsschema **2** schema, skol. äv. timplan
timewasting ['taɪm,weɪstɪŋ] *a* tidsödande
timeworn ['taɪmwɔ:n] *a* **1** nedsliten, förfallen **2** a) urgammal b) förlegad
timid ['tɪmɪd] *a* skygg; blyg, timid
timidity [tɪ'mɪdətɪ] *s* skygghet; blyghet
timing ['taɪmɪŋ] *s* **1** val av tidpunkt [*the President's* ~ *was excellent*], tajming; sport. timing [*his* ~ *is perfect*]; *the* ~ *was perfect* a) tidpunkten var utmärkt vald b) allting klaffade perfekt **2** tidtagning; tidmätning
timorous ['tɪmərəs] *a* rädd[hågad], lättskrämd; försagd, skygg
Timothy ['tɪməθɪ] bibl. Timoteus
timothy ['tɪməθɪ] *s*, ~ [*grass*] timotej
timpani ['tɪmpənɪ] *s* mus. pukor
timpanist ['tɪmpənɪst] *s* mus. pukslagare
tin [tɪn] **I** *s* **1** tenn [~ *soldier*] **2** bleck; plåt; ~ *lizzie* sl. se *lizzie II*; ~ *roof* plåttak **3** konservburk, burk [*a* ~ *of peaches*], bleckburk, plåtburk, [bleck]dosa, bleckkärl **4** form, plåt för bakning **II** *tr* (se äv. *tinned*) **1** förtenna **2** lägga in, konservera
tin-can ['tɪn'kæn] *s* bleckburk, plåtburk; plåtdunk
tincture ['tɪŋktʃə] *s* kem. o. med. tinktur; ~ *of iodine* jodsprit
tinder ['tɪndə] *s* fnöske
tinder-box ['tɪndəbɒks] *s* elddon
tine [taɪn] *s* spets, udd [*the* ~*s of* (på) *a fork*], tand [*the* ~*s of a comb*]; tagg, gren [*the* ~*s of an antler*]
tinfoil ['tɪn'fɔɪl, '- -] *s* stanniol; foliepapper
ting-a-ling ['tɪŋə'lɪŋ] *s* plingeling
tinge [tɪndʒ] **I** *tr* ge en viss färg[ton] åt, färga [lätt]; prägla; *be* ~*d with red* skifta i rött **II** *s* [lätt] skiftning, nyans, [färg]ton; bildl. äv. anstrykning, spår
tingl|e ['tɪŋgl] **I** *itr* **1** sticka, svida; krypa, klia **2** pingla, plinga **3** *my ears are -ing* det susar i öronen [på mig] **II** *s* **1** stickande [känsla], stickning, sveda **2** pinglande
tin-hat ['tɪn'hæt] *s* mil. sl. plåthatt, plåthuv hjälm
tinker ['tɪŋkə] **I** *s* **1** a) isht förr kittelflickare b) *I don't care* (*give*) *a* ~*'s damn* (*cuss*) fam. det ger jag sjutton i **2** *have a* ~ *at* pilla (joxa) med **II** *itr* knåpa, pilla, joxa
tinkle ['tɪŋkl] **I** *itr* klinga, pingla, plinga; klirra; klinka [~ *on the piano*] **II** *tr* ringa (pingla) med [~ *a bell*]; klinka på [~ *the keys of a piano*] **III** *s* **1** pinglande, pling[ande] [*the* ~ *of tiny bells*]; klirr[ande]; klink[ande] på piano; *I'll give you a* ~ fam. jag slår en signal [till dig] på telefon **2** fam., *have a* ~ kissa
tinkly ['tɪŋklɪ] *a* klingande, pinglande
tin-|loaf ['tɪn|'ləʊf] (pl. *-loaves* [-'ləʊvz]) *s* formbröd
tin-mine ['tɪnmaɪn] *s* tenngruva
tinned [tɪnd] *a* **1** förtent, förtennad **2** konserverad [~ *fruit*], på burk [~ *peas*]; ~ *food* burkmat; ~ *goods* konserver; ~ *music* fam. burkad inspelad musik
tinny ['tɪnɪ] *a* **1** tennhaltig; tenn- **2** tennartad **3** bleckartad; plåt-; *it tastes* ~ den smakar bleck **4** metallisk; *a* ~ *piano* ett piano med spröd klang
tin-opener ['tɪn,əʊpənə] *s* konserv-, burk|-öppnare
tin-pan ['tɪnpæn] *a*, ~ *alley*, *Tin-Pan Alley* a) schlagermusikkvarter[et] i en stad b) schlagervärlden
tinplate ['tɪnpleɪt, '-'-] **I** *s* **1** bleck[plåt]; plåt **2** tennplåt **II** *tr* förtenna
tin-pot ['tɪnpɒt] *a* fam. pluttig [liten] [*a* ~ *firm*]; tredjeklassens [*a* ~ *actor*]
tinsel ['tɪnsəl] *s* **1** glitter [*a Christmas tree with* ~] **2** bildl. glitter, grannlåt
tint [tɪnt] **I** *s* **1** [färg]ton, skiftning, nyans; *autumn* ~*s* höstfärger **2** toningsvätska **II** *tr* färga [lätt], tona [~ *o.'s hair*]; schattera
tin-tack ['tɪntæk] *s* [förtent] nubb, stift
tintinnabulation ['tɪntɪ,næbjʊ'leɪʃən] *s* [klock]ringning; klang av klockor
tiny ['taɪnɪ] *a* [mycket] liten; ~ *little* pytteliten; ~ *tot* [liten] pys; ~ *tots* äv. småttingar
1 tip [tɪp] **I** *s* **1** spets, tipp, topp, snibb; ända; *I have it at the* ~*s of my fingers* jag har det på mina fem fingrar; *the* ~ *of o.'s nose* nästippen; *walk on the* ~*s of o.'s toes* gå på tå; *the* ~ *of o.'s tongue* tungspetsen; *have a th. on the* ~ *of o.'s tongue* bildl. ha

ngt på tungan **2** tå[hätta]; klackjärn; doppsko [*the ~ of a stick* (*an umbrella*)] **3** munstycke på cigarrett [*filter-tip*] **4** bladknopp på tebuske **II** *tr* förse (pryda) med en spets (etc., jfr *I 1-3*), sätta en spets etc. på; *~ped cigarette* cigarrett med munstycke
2 tip [tɪp] **I** *tr* **1** tippa [på]; tippa (stjälpa) [omkull] [äv. *~ over, ~ up*]; *~ up* äv. fälla upp [*~ up the seat*]; *~ the balance* (*scale*[*s*]) se *turn* (*tip*) *the scale*[*s*] under *1 scale I 1* **2** *~ o.'s hat* lyfta på hatten [*to* för] **3** stjälpa av (ur), tippa [ut] [äv. *~ out*] **II** *itr* vippa, stjälpa (välta, tippa) [över ända], vicka omkull [äv. *~ over*]; *~ up* vara uppfällbar [*the seat ~s up*] **III** *s* tipp, avstjälpningsplats
3 tip [tɪp] **I** *tr* fam. **1** ge dricks[pengar] till; *I ~ped him a pound* jag gav honom ett pund i dricks **2** tippa [*~* [*a p. as*] *the winner*] **3** ge en vink, tipsa; *~ a p. off* tipsa ngn **II** *itr* fam. ge dricks[pengar] **III** *s* **1** dricks[pengar], dusör; *no ~s!* ingen dricks! **2** fam. vink; tips; *a ~ from the horse's mouth* ett stalltips; *take my ~!* lyd mitt råd!
tip-and-run ['tɪpənd'rʌn] *a*, *~ raid* mil. blixtanfall; överraskningsräd
tip-cart ['tɪpkɑ:t] *s* tipp|kärra, -vagn
tip-off ['tɪpɒf] *s* fam. [för]varning, vink, tips
Tipperary [ˌtɪpə'reərɪ]
tipping ['tɪpɪŋ] *s* fam., *~* [*has been abolished*] [systemet att ge] dricks . .
tipple ['tɪpl] *itr* [små]pimpla, småsupa
tippler ['tɪplə] *s* småsupare, fyllbult
tipster ['tɪpstə] *s* fam. sport. yrkestippare, [professionell] tipsare
tipsy ['tɪpsɪ] *a* [lätt] berusad
tiptoe ['tɪptəʊ] **I** *s*, *walk on ~*[*s*] gå på tå[spetsarna]; *on ~ with excitement* i ett tillstånd av stark spänning **II** *adv* på tå[spetsarna] **III** *itr* gå på tå[spetsarna]
tiptop ['tɪp'tɒp] *a* o. *adv* perfekt, prima [*a ~ hotel*], tiptop
tip-up ['tɪpʌp] *a* uppfällbar [*~ seat*]
tirade [taɪ'reɪd] *s* tirad, [lång] harang
1 tire ['taɪə] **I** *tr* trötta **II** *itr* tröttna; ledsna, bli trött (led) [*of* på]
2 tire ['taɪə] *s* Am., se *tyre*
tired ['taɪəd] *a* trött [*of* på; *with* av]; led, utledsen [*of* på]; *~ out* uttröttad, utmattad; *~ to death* dödstrött
tireless ['taɪələs] *a* outtröttlig
tiresome ['taɪəsəm] *a* **1** tröttsam; [lång]tråkig **2** förarglig, besvärlig
tiring ['taɪərɪŋ] *a* tröttande, tröttsam
tiro ['taɪərəʊ] *s* nybörjare, novis
'tis [tɪz] poet. = *it is*
tissue ['tɪʃu:] *s* **1** vävnad äv. biol. o. anat. [*muscular ~*], väv; fint tyg, flor **2** bildl. väv, nät, härva [*a ~ of lies*] **3** mjukt papper; cellstoff; *face ~* ansiktsservett; *toilet ~* [mjukt] toalettpapper
tissue-paper ['tɪʃu:ˌpeɪpə] *s* silkespapper
1 tit [tɪt] *s* zool. mes; *blue ~* blåmes; *coal ~* svartmes; *great ~* talgoxe
2 tit [tɪt] *s*, *~ for tat* lika för lika; *give ~ for tat* ge svar på tal
3 tit [tɪt] *s* **1** fam. bröstvårta **2** vulg. tutte bröst
Titan ['taɪtən] *s* **1** myt. Titan solguden **2** *t~* jätte, titan
titanic [taɪ'tænɪk] *a* titanisk; jättelik
titbit ['tɪtbɪt] *s* godbit, läckerbit
titillate ['tɪtɪleɪt] *tr* kittla, reta [*~ the fancy*]
titivate ['tɪtɪveɪt] fam. **I** *tr* piffa upp, snygga till; *~ o.s.* = *II* **II** *itr* snofsa upp sig
title ['taɪtl] **I** *s* **1** titel **2** jur. rätt, befogenhet [*to a th.* till ngt]; [rätts]anspråk [*to a th.* på ngt]; äganderätt [*to* till] **II** *tr* betitla
titled ['taɪtld] *a* betitlad; adlig [*a ~ lady*]
title-deed ['taɪtldi:d] *s* [åtkomst]handling, äganderättshandling; dokument
title-holder ['taɪtlˌhəʊldə] *s* isht sport. titel|hållare, -innehavare
title-page ['taɪtlpeɪdʒ] *s* titelsida, titelblad
title-role ['taɪtlrəʊl] *s* titelroll
tit|mouse ['tɪt|maʊs] (pl. *-mice* [-maɪs]) *s* zool. mes; *blue ~* m. fl. se *blue tit* m. fl. under *1 tit*
titter ['tɪtə] **I** *itr* fnittra **II** *s* fnitter
tittle ['tɪtl] *s*, *not one jot or ~* inte ett dugg
tittle-tattle ['tɪtlˌtætl] **I** *s* skvaller **II** *itr* skvallra
titty ['tɪtɪ] *s* **1** fam. bröstvårta; *~ bottle* diflaska **2** vulg. tutte bröst
titular ['tɪtjʊlə] *a* titulär- [*~ bishop*], blott till titeln (namnet) [*~ sovereign*]; titel-
Tivoli ['tɪvəlɪ]
T-junction ['ti:ˌdʒʌŋkʃən] *s* T-korsning av vägar, T-knut[punkt]
T.N.T. ['ti:en'ti:] förk. för *trinitrotoluene*
to [beton. tu:; obeton. tʊ, före konsonant tə, t] **I** *prep* (se vidare under huvudorden) **1** till uttr. riktning [*walk ~ school*] **2** till, åt uttr. dativ [*~ whom did you give it?*] **3** för [*read ~ a p.*; *known* (*useful*) *~ a p.*]; *open ~ the public* öppen för allmänheten; [*a toast*] *~ the President!* [en] skål för presidenten!; *~ me it was . .* för mig var det . .; *what is that ~ you?* vad betyder det för dig?; vad angår det dig?; [*we had the compartment*] *all ~ ourselves* . . helt för oss själva **4** i: **a)** uttr. riktning [*a visit ~ England*; *go ~ church*] **b)** andra fall: *a quarter ~ six* kvart i sex; *tear ~ pieces* slita i stycken (sönder) **5** på: **a)** uttr. riktning [*go ~ a concert*]; *the plane goes ~ London* planet flyger på London **b)** andra fall: [*there were no windows*] *~ the hut* . . på stugan; *a year ~ the day* ett år på dagen **6** mot, emot: **a)** uttr. riktning el. placering mot [*with his back ~ the fire*]; *hold a th.* [*up*] *~ the light* hålla [upp] ngt mot ljuset **b)** efter

ord uttr. bemötande o. d. [*good* (*grateful, polite*) ~ *a p.*] **c**) i jämförelse med, vid sidan av [*you are but a child ~ him*]; *she made three jumps ~ his two* hon hoppade tre gånger mot hans två; *ten ~ one he will do it* [jag håller] tio mot ett på att han gör det; [*he's quite rich now*] ~ *what he used to be* .. mot vad han varit förut **7** mot, åt uttr. riktning [*the balcony looks ~ the south*] **8** med [*likeness ~*]; *engaged* (*married*) ~ förlovad (gift) med **9** vid: **a**) *accustom ~* vänja vid; *not used ~* ovan vid **b**) efter ord uttr. fästande, fasthållande o. d. [*tie a th. ~*] **c**) knuten till: *secretary ~* [*the British legation*] sekreterare vid .. **10** hos: **a**) anställd hos: *secretary ~ the minister* sekreterare hos (till) ministern **b**) hemma hos: *I have been ~ his house* jag har varit hemma hos honom; *be on a visit ~ a p.* vara på besök hos ngn **11** enligt, efter [~ *my thinking*] **12** om; *testify ~* vittna om; bära vittnesbörd om; *what do you say ~ a nice beefsteak?* vad säger du om en god biff? **13** betecknande viss proportionalitet: *thirteen ~ a dozen* tretton på dussinet; [*his pulse was 140*] ~ *the minute* .. i minuten **14** ex. på andra motsvarigheter: *freeze ~ death* frysa ihjäl; *tell a p. a th. ~ his face* säga ngn ngt mitt upp (rakt) i ansiktet; *would ~ God that* .. Gud give att ..; [*here's*] ~ *you!* skål!

II infinitivmärke **1** att **2** fristående med syftning på en föreg. inf.: [*we didn't want to go*] *but we had ~* .. men vi måste [göra det] **3** för att [*he struggled ~ get free*]; ~ *say nothing* (*not ~ speak*) *of all the other things* för att inte tala om allt annat; *in order ~* för att **4** [för (om m. fl.)] att [*inclined* (böjd) ~ *think*; *anxious* (angelägen) ~ *try*] **5** i satsförkortningar: **a**) *he wants us ~ try* han vill att vi ska försöka; *I'm waiting for Bob ~ come* jag väntar på att Bob ska komma **b**) *he was the last ~ arrive* han var den siste som kom; [*generations*] ~ *come* kommande .. **c**) *you would be a fool ~ believe him* du vore dum om du trodde honom **d**) *we don't know what ~ do* vi vet inte vad vi ska göra **e**) ~ *hear him speak you would believe that* .. när man hör honom [tala] skulle man tro att .. **f**) *he lived ~ be ninety* han levde tills han blev nittio **6** *be ~* skola; för ex. se *be II 3*

III *adv* **1** igen, till [*push the door ~*]; *the door is ~* dörren är stängd **2** ~ *and fro* av och an, fram och tillbaka

toad [təʊd] *s* padda

toad-in-the-hole [ˈtəʊdɪnðəˈhəʊl] *s* ung. ugnspannkaka med korv

toadstool [ˈtəʊdstuːl] *s* svamp, isht giftsvamp

toady [ˈtəʊdɪ] **I** *s* inställsam parasit, tallrikslickare **II** *tr* krypa för **III** *itr* krypa [*to* för]

toast [təʊst] **I** *s* **1** rostat bröd **2** skål; *drink a ~ to the bride and bridegroom* skåla för brudparet; *propose a ~* föreslå (utbringa) en skål [*to* för] **3** person som det skålas för; *she was the ~ of the town* hon var stadens mest firade person (skönhet) **II** *tr* **1** rosta [~ *bread* (*chestnuts*)] **2** värma [~ *o.'s feet at the fire*] **3** utbringa (dricka) en skål för; skåla med; *they were ~ed* det utbringades en skål (skålades) för dem

toaster [ˈtəʊstə] *s* [bröd]rost; grillgaffel

toasting-fork [ˈtəʊstɪŋfɔːk] *s* grillgaffel, rostningsgaffel

toastmaster [ˈtəʊstˌmɑːstə] *s* toastmaster, ceremonimästare vid större middag

toast-rack [ˈtəʊstræk] *s* ställ för rostat bröd

tobacco [təˈbækəʊ] (pl. *~s*, ibl. *~es*) *s* tobak; tobakssort

tobacconist [təˈbækənɪst] *s* tobakshandlare, tobakist; *~'s shop* tobaksaffär

tobacco-pouch [təˈbækəʊpaʊtʃ] *s* tobakspung

to-be [təˈbiː] *a* blivande [*the bride ~*], framtida, kommande

Tobias [təʊˈbaɪəs]

toboggan [təˈbɒgən] **I** *s* **1** toboggan, [medlös] kälke **2** kälkbacke **II** *itr* åka kälke

Toby [ˈtəʊbɪ] **I** egennamn **1** kortform för *Tobias* **2** namn på hund i kasperteater **II** *s*, ~ [*jug*] [öl]krus format som en tjock gubbe med trekantig hatt

toccata [təˈkɑːtə] *s* mus. toccata

tocsin [ˈtɒksɪn] *s* **1** isht bildl. stormklocka **2** varningssignal **3** klämtande i stormklockan

tod [tɒd] *s* sl., *on o.'s ~* ensam, på egen hand

today [təˈdeɪ] **I** *adv* **1** i dag; ~ *week, a week ~* i dag om en vecka **2** nu för tiden **II** *s, a year from ~* i dag om ett år; *the England of ~* dagens England

toddle [ˈtɒdl] *itr* **1** tulta [omkring]; ~ *along* tulta omkring **2** fam., ~ *along* (*off*) knalla [i väg]; ~ *off* [*to see a friend*] knalla över ..

toddler [ˈtɒdlə] *s* liten knatte (tulta)

toddy [ˈtɒdɪ] *s* **1** [whisky]toddy **2** palmvin

to-do [təˈduː, tʊ-] *s* fam. ståhej, uppståndelse [*about* om (för, kring)]

toe [təʊ] **I** *s* tå; *on o.'s ~s* på sin vakt (alerten); *step* (*tread*) *on a p.'s ~s* trampa ngn på tårna äv. bildl. **II** *tr* **1** ställa sig (stå) vid (med tårna intill) [~ *the starting line*]; ~ *the line* (*mark*) äv. a) ställa upp sig b) bildl. följa partilinjerna; lyda order; hålla sig på mattan **2** sport. sparka med tån

toecap [ˈtəʊkæp] *s* tåhätta

toed [təʊd] *a* med tår; ss. efterled i sms. -tåig [*five-toed*]

toehold [ˈtəʊhəʊld] *s* fotfäste

toe-in [ˈtəʊɪn] *s* bil. toe-in, [hjul]skränkning

toenail ['təuneɪl] *s* tånagel
toff [tɒf] *s* sl. fin person; sprätt, snobb
toffee ['tɒfɪ] *s* knäck, hård kola, kolakaramell; *he can't act for* ~ [*nuts*] sl. han kan inte spela för fem öre
toffee-apple ['tɒfɪˌæpl] *s* äppelklubba äpple överdraget med knäck
tog [tɒg] *tr* fam., ~ [*out* (*up*)] klä (rigga) upp; *all* ~*ged up* uppriggad, uppsnofsad
toga ['təugə] *s* rom. ant. toga
together [tə'geðə] *adv* **1** tillsammans; ihop; samman; gemensamt; *be at school* ~ vara skolkamrater **2** efter varandra, i sträck (rad); *for days* ~ flera dagar i sträck; *for hours* ~ i timmar (timtal)
togetherness [tə'geðənəs] *s* samhörighet; [*feeling of*] ~ samhörighetskänsla
toggle ['tɒgl] *s* avlång knapp, pinne för agraffknäppning på duffel o. d.
toggle-switch ['tɒglswɪtʃ] *s* vippströmbrytare, vippkontakt
togs [tɒgz] *s pl* fam. kläder, rigg, stass
1 toil [tɔɪl] **I** *itr* **1** arbeta [hårt], slita [ont] **2** släpa sig [fram] **II** *s* [hårt] arbete, slit
2 toil [tɔɪl] *s*, pl. ~*s* nät, snara; *caught in the* ~*s of the law* fångad i lagens fälla; *he got caught in her* ~*s* han fastnade i hennes garn
toilet ['tɔɪlət] *s* **1** toalett klädsel, påklädning o. d. **2** toalett[rum], WC; ~ *training* barns potträning
toilet-paper ['tɔɪlətˌpeɪpə] *s* toalettpapper
toiletries ['tɔɪlətrɪz] *s pl* toalettsaker
toilet-roll ['tɔɪlətrəul] *s* toalett[pappers]-rulle
toilet-soap ['tɔɪlətsəup] *s* toalettvål
toilet-train ['tɔɪləttreɪn] *tr* potträna, toaletträna småbarn
toilet-water ['tɔɪlətˌwɔ:tə] *s* eau-de--toilette, toalettvatten
token ['təukən] **I** *s* **1** tecken, bevis [*of* på]; kännetecken, kännemärke; symbol [*of* för] **2** presentkort; *book* ~ presentkort på böcker (en bok) **3** a) pollett [*bus* ~], märke; jetong b) mynttecken; nödmynt **4** minne, minnesgåva **5** *by the same* ~ a) av samma anledning b) på samma sätt c) likaså **II** *a* **1** symbolisk [~ *payment*, ~ *strike*]; halvhjärtad **2** ~ *money* mynttecken; nödmynt
Tokyo ['təukjəu]
told [təuld] imp. o. pp. av *tell*
tolerable ['tɒlərəbl] *a* **1** dräglig, uthärdlig, tolerabel **2** skaplig, passabel; tolerabel
tolerably ['tɒlərəblɪ] *adv* någorlunda, tämligen
tolerance ['tɒlərəns] *s* tolerans äv. fackl.
tolerant ['tɒlərənt] *a* tolerant [*to a p.* mot ngn]
tolerate ['tɒləreɪt] *tr* **1** tolerera, tåla, finna sig i **2** vara tolerant mot, stå ut med
toleration [ˌtɒlə'reɪʃən] *s* tolerans; fördragsamhet
1 toll [təul] *s* **1** avgift, tull **2** bildl., *the death* ~ antalet dödsoffer; *take* ~ *of* bildl. utkräva sin tribut av; *the war took a heavy* ~ *of the enemy* kriget krävde många offer bland fienden
2 toll [təul] **I** *tr* **1** ringa [långsamt] i, klämta i **2** slå klockslag [*Big Ben* ~*ed five*] **II** *itr* **1** ringa [med långsamma slag], klämta **2** slå
toll-call ['təulkɔ:l] *s* telef., Am. rikssamtal
Tom [tɒm] **1** kortform för *Thomas* **2** [*every*] ~, *Dick, and Harry* kreti och pleti; ~ *Thumb* Tummeliten
tomahawk ['tɒməhɔ:k] *s* tomahawk
tomato [tə'mɑ:təu, Am. vanl. -'meɪ-] (pl. ~*es*) *s* tomat
tomb [tu:m] *s* grav; gravvalv; gravvård
tombola [tɒm'bəulə, 'tɒmbələ] *s* **1** slags bingo **2** tombola
tomboy ['tɒmbɔɪ] *s* pojkflicka, yrhätta
tombstone ['tu:mstəun] *s* gravsten, gravvård
tomcat ['tɒm'kæt, '- -] *s* hankatt
tome [təum] *s* [stor] bok, lunta, volym
tomfoolery [tɒm'fu:lərɪ] *s* dårskap; tokighet[er]; skoj
Tommy ['tɒmɪ] **I** fam. för *Thomas* **II** *s* fam. Tommy menig engelsk soldat
tommy-gun ['tɒmɪgʌn] *s* kulsprutepistol, kpist
tommy-rot ['tɒmɪ'rɒt] *s* sl. dumheter
tomorrow [tə'mɒrəu] **I** *adv* i morgon; i morgon dag; ~ *week* i morgon [om] åtta dagar, en vecka i morgon **II** *s* morgondagen [~*'s paper*; *think of* (på) ~]; ~ *is another day* i morgon är också en dag; *the day after* ~ i övermorgon
tomtit ['tɒm'tɪt] *s* zool. [blå]mes; gärdsmyg
tomtom ['tɒmtɒm] *s* tamtam[trumma]
ton [tʌn] *s* **1** ton: a) Engl., [*long*] ~ = 2 240 *lbs.* = 1 016 kg b) i USA, [*short*] ~ = 2 000 *lbs.* = 907,2 kg c) *metric* ~ ton 1 000 kg **2** [*register*] ~ registerton = 100 *cubic feet* = 2,83 m^3; *gross* ~ brutto[register]ton **3** fam., ~*s of* massor av (med), tonvis med [~*s of money*] **4** sl., *a* (*the*) ~ 100 'miles' i timmen, 100 knutar
tonality [təu'nælətɪ] *s* mus. tonalitet
tone [təun] **I** *s* **1** ton, tonfall [*speak in* (med) *an angry* ~]; röst [*in a low* ~ [*of voice*]]; klang [*the* ~ *of a piano*]; ~ *control* ton-, klangfärgskontroll; *set the* ~ bildl. ange tonen **2** mus. helton **3** fonet. intonation; tonfall; ton **4** mål. o. d. [färg]ton, nyans **5** anda, stil, atmosfär, ton **6** [god] kondition, spänst **II** *tr* **1** ge den rätta tonen åt; tona **2** ~ *down* a) tona ner, dämpa b) stämma ner [~ *down the pitch*]; ~ *up* a) tona upp [~ *up the colours*] b) stämma upp (högre) c) stärka [*exercise* ~*s up the muscles*]

tone-arm ['təʊnɑ:m] *s* tonarm, pickuparm
tongs [tɒŋz] *s pl* tång; *a pair of* ~ en tång
tongue [tʌŋ] *s* **1** tunga; mål; *be on every (everybody's)* ~ vara på allas läppar; *has the cat got your* ~*?* fam. har du tappat talförmågan?; *have a ready* ~ vara rapp i munnen; *hold o.'s* ~ hålla mun, tiga [*about a th.* med ngt]; *keep o.'s* ~ hålla mun; *keep a civil* ~ *in o.'s head* föra ett hyfsat språk; *have lost o.'s* ~ ha tappat talförmågan; *stick (put) o.'s* ~ *out* räcka ut tungan; [*he said*] *with his* ~ *in his cheek* ([*with*] ~ *in cheek*) . . smått ironiskt, . . med glimten i ögat **2** språk; dialekt; tungomål; *confusion of* ~*s* språkförbistring **3** [sko]plös
tongue-tied ['tʌŋtaɪd] *a* som lider av tunghäfta läk. o. bildl.; stum, mållös; tystlåten
tongue-twister ['tʌŋˌtwɪstə] *s* tungvrickare
tonic ['tɒnɪk] **I** *a* **1** stärkande, uppfriskande [~ *air*]; ~ *water* tonic **2** mus. tonisk, ton-, klang-; ~ *sol-fa* Tonika-Do[metod] **II** *s* **1** läk. tonikum, stärkande medel (medicin) **2** a) tonic [*a gin and* ~] b) *skin* ~ ansiktsvatten **3** mus. tonika, grundton
tonight [tə'naɪt] **I** *adv* i kväll; i natt **II** *s* denna kväll, kvällen, natten [~*'s show*]
tonnage ['tʌnɪdʒ] *s* **1** tonnage **2** tonnageavgift **3** transport i ton räknat, tontal
tonne [tʌn] *s* [metriskt] ton
tonsil ['tɒnsl, -sɪl] *s* anat. [hals]mandel, tonsill
tonsillitis [ˌtɒnsɪ'laɪtɪs] *s* läk. inflammation i tonsillerna, tonsillit, halsfluss
tonsure ['tɒnʃə] **I** *s* tonsur, munkklippning **II** *tr* raka huvudet på; pp. ~*d* med tonsur
ton-up ['tʌnʌp] *a* sl. som gör mer än 100 'miles' i timmen, 100-knutars-
Tony ['təʊnɪ] kortform för *Anthony*
too [tu:] *adv* **1** alltför, för; *that's* ~ *bad!* vad tråkigt (synd)!; *a little* ~ [*clever*] litet för . .; *I'm none (not [any])* ~ *good at it* jag är inte så värst bra på det **2** också, med [*me* ~] även; dessutom; *what wine* ~*!* och vilket vin [sen]! **3** fam. (skämts. el. affekterat), ~ ~ i allra högsta grad; *it's* ~ ~ *divine!* det är alldeles bedårande!
took [tʊk] imp. av *take*
tool [tu:l] **I** *s* **1** [arbets]redskap, verktyg **2** bildl. instrument, [hjälp]medel **3** vulg. apparat penis **II** *tr* **1** bearbeta, [ut]forma **2** ~ [*up*] förse (utrusta) med verktyg
tool-bag ['tu:lbæg] *s* verktygsväska på cykel
tool-box ['tu:lbɒks] *s* o. **tool-chest** ['tu:ltʃest] *s* verktygslåda
tool-shed ['tu:lʃed] *s* redskaps|skjul, -bod
toot [tu:t] **I** *itr* tuta **II** *s* tutning
tooth [tu:θ] (pl. *teeth* [ti:θ]) *s* **1** tand; *false (artificial)* ~ löstand; *cut o.'s teeth* få tänder; *dig o.'s teeth into* sätta tänderna i; *escape by (with) the skin of o.'s teeth* slippa (klara sig) undan med knapp nöd; *fight* ~ *and nail* kämpa med näbbar och klor; *get o.'s teeth into* bildl. sätta tänderna i, bita i; *have a* ~ *out (pulled* Am.) [låta] dra ut en tand; *set o.'s teeth* bita ihop tänderna; *it sets my teeth on edge* se *edge I 1*; *kick a p. in the teeth* fam. ge ngn en känga; *put teeth into the law* göra lagen effektiv **2** udd; kugge **3** *have a sweet* ~ vara en gottgris
toothache ['tu:θeɪk] *s* tandvärk
toothbrush ['tu:θbrʌʃ] *s* tandborste
toothcomb ['tu:θkəʊm] *s* finkam; *go over (through) with a* ~ bildl. finkamma; fingranska
toothless ['tu:θləs] *a* tandlös
tooth-mug ['tu:θmʌg] *s* tandborstmugg
toothpaste ['tu:θpeɪst] *s* tandkräm
toothpick ['tu:θpɪk] *s* tandpetare
tooth-powder ['tu:θˌpaʊdə] *s* tandpulver
toothsome ['tu:θsəm] *a* läcker, aptitlig
tooth-wheel ['tu:θwi:l] *s* kugghjul
toothy ['tu:θɪ] *a* med stora (en massa) tänder; *a* ~ *smile* ett stomatolleende
tootle ['tu:tl] **I** *itr* tuta; drilla [på flöjt] **II** *s* tutande; flöjtande
toots [tu:ts] *s* se *1 tootsy*
1 tootsy ['tu:tsɪ] *s* isht Am. fam. sötnos
2 tootsy ['tu:tsɪ] *s* se *tootsy-wootsy*
tootsy-wootsy ['tu:tsɪ'wu:tsɪ] *s* fam. o. barnspr. fossing fot
1 top [tɒp] *s* snurra; *sleep like a* ~ sova som en stock
2 top [tɒp] **I** *s* **1** topp, spets; övre del; krön; *blow o.'s* ~ sl. explodera [av ilska]; *at the* ~ överst, högst upp, ovanpå; *at the* ~ *of o.'s voice* så högt man kan; av (för) full hals; *from* ~ *to bottom* uppifrån och ner; bildl. alltigenom; *on* ~ ovanpå, på toppen; *be on* ~ ha övertaget; *come out on* ~ bli etta, vara bäst; *on* ~ *of* äv. a) utöver [*he gets a commission on* ~ *of his salary*] b) ovanpå, omedelbart på (efter); *on* ~ *of that (this)* ovanpå det, dessutom; till råga på allt; *I feel on* ~ *of the world* jag känner mig absolut i toppform; *get on* ~ *of* ta överhanden över [*don't let the work get on* ~ *of you*]; *come (get) to the* ~ bildl. komma på toppen **2** top[p] klädesplagg, överdel **3** [bord]skiva; yta **4** bil. högsta växel; *in* ~ på högsta växeln **5** bot., vanl. pl. ~*s* blast [*turnip-tops*] **II** attr. *a* **1** översta, högsta, över- [*the* ~ *floor*]; topp- [~ *prices*]; ~ *C* mus. höga C; ~ *copy* [maskinskrivet] original; *the* ~ *drawer* a) översta lådan b) fam. de fina kretsarna, överklassen; *in* ~ *gear* på högsta växeln; ~ *hat* hög hatt; ~ *secret* topphemlighet, se äv. *top-secret* **2** främsta, bästa, topp-; ~ *dog* sl. se *dog I 1* **III** *tr* **1** sätta topp på; täcka **2** vara (stå, ligga) överst på,

toppa [~ *the list*]; ~ *the bill* vara den främsta attraktionen **3** ~ *up* fylla till brädden, fylla på [~ *up a car battery; let me ~ up your glass*]; ~ *off* avsluta, avrunda **4** vara högre än, höja sig över; bildl. överträffa, slå [*he ~s them all at the game*]; nå över, överskrida; *to ~ it all* till råga på allt **5** hugga av, kapa, toppa, beskära

topaz ['təupæz] *s* miner. topas

top-boot ['tɒp'bu:t] *s* kragstövel

topcoat ['tɒp'kəut] *s* överrock

top-drawer ['tɒpdrɔ:ə, '-'-] *a* fam. i (ur) de fina kretsarna; *be ~* tillhöra överklassen

topee ['təupɪ] *s* solhjälm, tropikhjälm

topgallant [tɒp'gælənt, sjö. tə'gælənt] sjö. **I** *a* bram- [~ *sail*]; ~ *mast* bramstång **II** *s* **1** bramsegel **2** bramstång

top-heavy ['tɒp'hevɪ] *a* för tung upptill

topic ['tɒpɪk] *s* [samtals]ämne

topical ['tɒpɪkəl] *a* aktuell; ~ *allusion* anspelning på samtida händelser; *make ~* aktualisera

topicality [ˌtɒpɪ'kælətɪ] *s* aktualitet

topknot ['tɒpnɒt] *s* hårknut på hjässan

topless ['tɒpləs] *a* utan överdel, topless

top-level ['tɒp'levl] *a*, ~ *conference* konferens på toppnivå, toppkonferens

topmast ['tɒpmɑ:st] *s* sjö. märsstång

topmost ['tɒpməust] *a* överst, högst

topnotch ['tɒp'nɒtʃ] *a* fam. jättebra

topographic[al] [ˌtɒpə'græfɪk, -əl] *a* topografisk

topography [tə'pɒgrəfɪ] *s* topografi

topper ['tɒpə] *s* fam. hög hatt

topping ['tɒpɪŋ] *s* **1** toppning **2** kok. o. d. garnering, toppskikt; fyllning; *a ~ of ice-cream on the pie* [ett lager av] glass ovanpå pajen

topple ['tɒpl] **I** *itr* falla [över ända], ramla [äv. ~ *over* (*down*)]; störtas **II** *tr* stjälpa; störta [*the revolution ~d the president*]

top-ranking ['tɒpˌræŋkɪŋ] *a* topprankad

tops [tɒps] sl. **I** *a* toppen [*the car is ~*] **II** *s*, *the ~* toppen [*it's the ~*]

topsail ['tɒpsl, -seɪl] *s* sjö. toppsegel, märssegel

top-secret ['tɒpsi:krɪt, attr. '-ˌ- -] *a* hemligstämplad; topphemlig

top-soil ['tɒpsɔɪl] *s* matjord, matjordsskikt

topspin ['tɒpspɪn] *s* i tennis o. d. överskruv

topsy-turvy ['tɒpsɪ'tɜ:vɪ] **I** *adv* upp och ner **II** *a* uppochnervänd; bakvänd

toque [təuk] *s* toque damhatt utan brätten

torch [tɔ:tʃ] *s* **1** bloss; fackla **2** [*electric*] ~ ficklampa **3** Am. blåslampa

torchlight ['tɔ:tʃlaɪt] *s* fackelsken; ~ *procession* fackeltåg

tore [tɔ:] imp. av *2 tear*

toreador ['tɒrɪədɔ:] *s* toreador, tjurfäktare

torment [ss. subst. 'tɔ:ment, ss. vb tɔ:'ment] **I** *s* plåga, pina, kval, tortyr; *be in ~* lida kval **II** *tr* plåga, pina

tormentor [tɔ:'mentə] *s* plågoande

torn [tɔ:n] pp. av *2 tear*

tornado [tɔ:'neɪdəu] (pl. *~es*) *s* tromb, virvelstorm, tornado

Toronto [tə'rɒntəu]

torpedo [tɔ:'pi:dəu] **I** (pl. *~es*) *s* torped **II** *tr* torpedera, bildl. äv. omintetgöra, stjälpa

torpedo-boat [tɔ:'pi:dəubəut] *s* torpedbåt; ~ *destroyer* torped[båts]jagare

torpid ['tɔ:pɪd] *a* slö, overksam

torpidity [tɔ:'pɪdətɪ] *s* o. **torpidness** ['tɔ:pɪdnəs] *s* slöhet; lojhet

torpor ['tɔ:pə] *s* **1** dvala, dvalliknande tillstånd **2** slöhetstillstånd, apati

torque [tɔ:k] *s* tekn. vridmoment

torrent ['tɒrənt] *s* **1** [strid] ström, störtflod äv. bildl.; fors; *a ~ of abuse* en störtflod av okvädinsord **2** störtregn

torrential [tə'renʃəl] *a* forsande; ~ *rain* skyfallsliknande regn

torrid ['tɒrɪd] *a* förtorkad, torr; [för]bränd; solstekt; het [*the ~ zone*]

torso ['tɔ:səu] *s* torso; bål

tortoise ['tɔ:təs] *s* [land]sköldpadda; *slow as a ~* [långsam] som en snigel

tortuous ['tɔ:tjuəs] *a* **1** krokig, slingrig, slingrande [~ *path*] **2** bildl. tillkrånglad, invecklad [~ *negotiations*]; slingrande

torture ['tɔ:tʃə] **I** *s* tortyr; kval, pina; smärtor; *suffer ~ from* [*toothache*] pinas av ..; *suffer the ~s of the damned* lida helvetets kval **II** *tr* tortera; pina, plåga

torturer ['tɔ:tʃərə] *s* bödel; plågoande

Tory ['tɔ:rɪ] **I** *s* tory, konservativ **II** *a* tory- [*the ~ Party*], konservativ, höger-

tosh [tɒʃ] *s* sl. smörja, struntprat

toss [tɒs] **I** *tr* **1** kasta, slänga; kasta upp (av); kasta hit och dit [*the waves ~ed the boat*]; ~ *hay* vända hö; ~ *a pancake* vända en pannkaka i luften; ~ *the salad* vända salladen [i dressing]; *~ed salad* [grön]sallad med dressing **2** singla [slant med]; ~ *a coin* singla slant; ~ *a p. for a th.* singla slant med ngn om ngt **3** med adv.: ~ *down* (*back*) kasta (stjälpa) i sig; ~ *off* a) kasta (slänga) bort; kasta av sig b) kasta (stjälpa) i sig [~ *off a few drinks*] c) klara av [som ingenting], svänga (sno) ihop [~ *off a letter*]; ~ *o.s. off* vulg. runka onanera; ~ *up* kasta (slänga) upp; ~ *up a coin* singla slant **II** *itr* **1** om fartyg o. d. rulla, gunga, kastas (slungas) [hit och dit] **2** ~ [*about*] kasta sig av och an; ~ *and turn* vända och vrida sig **3** singla slant; ~ *up*, ~ *for it* singla slant [om det (saken)] **4** ~ *off* vulg. runka onanera **III** *s* **1** kastande; kast; stöt; *a ~ of the head* ett kast med huvudet **2** slantsingling [*lose* (*win*) *the ~*]; *argue the ~* fam. diskutera i

det oändliga
toss-up ['tɒsʌp] *s* **1** slantsingling; lottning **2** *it is a* ~ det är rena lotteriet
1 tot [tɒt] *s* **1** [liten] pys (tös), unge [*a tiny* ~] **2** fam. [litet] glas konjak o. d.
2 tot [tɒt] fam. (kortform för *total*) *tr*, ~ *up* addera, summera, lägga ihop, räkna ihop
total ['təʊtl] **I** *a* fullständig, total, hel, sammanlagd, slut- [*the* ~ *amount*]; fullkomlig [*he is a* ~ *stranger to me*]; ~ *abstainer* absolutist, helnykterist **II** *s* slutsumma, totalsumma; *a* ~ *of* [*£100*] äv. sammanlagt ..; *grand* ~ se *grand I 3* **III** *tr* **1** räkna samman, lägga ihop [äv. ~ *up*] **2** uppgå [sammanlagt] till
totalitarian [ˌtəʊtælɪ'teərɪən] *a* polit. totalitär, diktatur-
totalitarianism [ˌtəʊtælɪ'teərɪənɪzəm] *s* polit. totalitarism; diktatur
totalizator ['təʊtəlaɪzeɪtə] *s* totalisator
1 tote [təʊt] *s* (fam. kortform för *totalizator*) toto
2 tote [təʊt] *tr* fam. bära [på] [~ *a gun*]
totem ['təʊtəm] *s* totem indianstams skyddsande o. d.; symbol; ~ *pole* totempåle
Tottenham ['tɒtnəm]
totter ['tɒtə] *itr* vackla äv. bildl.; stappla; svikta äv. bildl.
tottering ['tɒtərɪŋ] *a* o. **tottery** ['tɒtərɪ] *a* vacklande etc., jfr *totter*; osäker, ostadig
toucan ['tu:kən] *s* tukan, pepparätare
touch [tʌtʃ] **I** *tr* (se äv. *touched*) **1** röra [vid], beröra, snudda vid, toucha; nudda; ta i (på); ~ *o.'s hat* [hälsa genom att] föra handen till hatten, hälsa [*at a p.* på ngn] **2** gränsa till, stöta intill [*the two estates* ~ *each other*]; mat. tangera **3** nå, nå fram till; stiga (sjunka) till [*the temperature* ~*ed 35°*]; ~ *bottom* a) nå bott[n]en; bildl. komma till botten b) sjö. få bottenkänning c) bildl. nå botten, sätta bottenrekord; ~ *land* nå land, landa **4** mest i nek. sats, fam. mäta sig med; *there's no one to* ~ *him* det finns ingen som kan mäta sig med (som går upp mot) honom **5** mest i nek. sats smaka [*he never* ~*es wine*], röra [*he didn't even* ~ *the food*] **6** [djupt] röra, göra ett djupt intryck på; *it* ~*ed me to the heart* det rörde (grep) mig ända in i själen **7** a) ha att göra med [*I refuse to* ~ *that business*] b) beröra [*it* ~*ed his interests*] **8** angripa (skada) lätt [~*ed with frost*] **9** sjö. angöra, anlöpa; ~ *shore* angöra (lägga i) land **10** ge en lätt touche (aning) [*with* av]; blanda (färga) lätt; lätta upp [*with* med] **11** sl. vigga; *he* ~*ed me for £5* han klämde mig på 5 pund **12** med adv.: ~ *down* rugby. marksätta en boll bakom mållinjen; ~ *off* avlossa, avfyra [~ *off a cannon*]; bildl. utlösa [~ *off an international crisis*]; ~ *up* a) retuschera, bättra på [~ *up a painting*]; snygga (fiffa) upp; finputsa, hyfsa till [~ *up an article before publication*] b) vulg. kåta upp **II** *itr* **1** röra; *don't* ~*!* [föremålen] får ej vidröras! **2** röra (snudda) vid varandra; stöta ihop **3** gränsa till varandra; mat. tangera varandra **4** med prep. o. adv.: ~ *at* sjö. angöra, anlöpa [*our steamer* ~*ed at Naples*]; ~ *down* a) flyg. ta mark, gå ner, [mellan]landa b) rugby. marksätta bollen bakom mållinjen; ~ [*up*]*on* a) [flyktigt] beröra, komma in på [~ *on a subject*] b) närma sig, gränsa till [*his actions* ~ *on treason*] **III** *s* **1** beröring, vidröring, snudd; lätt stöt **2** kontakt; isht mil. känning; *keep* ~ *with* hålla kontakten med; *lose* ~ *with* tappa (förlora) kontakten med; *be* (*keep*) *in* ~ *with* hålla (vara i, stå i) kontakt med; *keep in* ~*, will you!* hör av dig!; *get in* (*into*) ~ *with* få (komma i) kontakt med; sätta sig i förbindelse med; *put in* ~ *with* sätta i förbindelse med **3** känsel[sinne], beröringssinne [äv. *sense of* ~]; *sensation of* ~ känselförnimmelse; *it is cold to the* ~ det känns kallt; *you can tell it's silk by the* ~ det känns att det är silke när man tar på det **4** penseldrag, penndrag **5** drag, detalj; touche; färgtouche; *give the finishing* ~ se *finishing I* **6** aning, antydan, spår; stänk [*a* ~ *of irony* (*bitterness*)]; släng [*a* ~ *of flu*]; *a* ~ *of salt* en aning (en nypa) salt; *a* ~ *of the sun* ett lätt solsting **7** [karakteristiskt] drag, prägel, anstrykning **8** mus., i maskinskrivning o. d. a) anslag; touche b) [finger]grepp; *have a light* ~ a) ha ett lätt anslag b) om piano o. d. vara lättspelad; om skrivmaskin vara lättskriven; *the* ~ *method* (*system*) touchmetoden, kännmetoden **9** grepp; hand, handlag; manér, stil; *with a light* ~ med lätt hand; *the* ~ *of a master* en mästares hand; *he has a very sure* ~ han har ett mycket säkert handlag; *lose o.'s* ~ tappa (förlora) greppet **10** [fin] uppfattning, handlag **11** sport. **a**) fotb. område utanför sidlinjen; *be in* ~ vara utanför sidlinjen, vara död; *kick the ball into* ~ sparka bollen över sidlinjen **b**) rugby. touchelinje; område utanför touchelinjen
touch-and-go ['tʌtʃənd'gəʊ] *a* osäker, riskabel; *it was* ~ äv. det hängde på ett hår
touchdown ['tʌtʃdaʊn] *s* **1** flyg. landning **2** rugby. marksatt boll, marksättning på el. innanför den egna mållinjen
touché ['tu:ʃeɪ, tu:'ʃeɪ] *interj* (fr.) **1** fäkt. touché! **2** bildl. (ung.) ett noll till dig!
touched [tʌtʃt] *a* **1** rörd **2** fam. vrickad
touching ['tʌtʃɪŋ] **I** *a* rörande, gripande; bevekande **II** *prep* rörande, angående
touch-line ['tʌtʃlaɪn] *s* fotb. sidlinje; rugby. touchelinje

touchstone ['tʌtʃstəun] *s* probersten; bildl. äv. prövosten; kriterium

touch-typing ['tʌtʃ,taɪpɪŋ] *s* maskinskrivning enligt touchmetoden

touch-up ['tʌtʃʌp] *s* retusch, retuschering etc., jfr *touch up* under *touch I 12*

touchwood ['tʌtʃwud] *s* fnöske

touchy ['tʌtʃɪ] *a* [lätt]retlig, snarstucken

tough [tʌf] **I** *a* **1** seg [~ *meat*] **2** svår, jobbig, kämpig, slitig [*a* ~ *job*]; segsliten, seg [~ *negotiations*]; ~ *luck* fam. otur; *that's* ~ fam. det var osis (otur) **3** hård, hårdhudad, hårdför, rå, tuff; kallhamrad; *a* ~ *guy* (*customer*) fam. en hårding, en tuffing **4** härdad, härdig [*a* ~ *people*] **5** hård, seg [*a* ~ *defence*]; *get* ~ *with* ta i med hårdhandskarna mot **II** *s* buse; råskinn

toughen ['tʌfn] *tr* o. *itr* göra (bli) seg[are] etc., jfr *tough I*

toupee ['tu:peɪ, Am. -'-] *s* tupé

tour [tuə] **I** *s* [rund]resa; [rund]tur; färd; rundvandring; teat. o. d. turné [*on* ~]; ~ [*of inspection*] inspektionsresa; inspektionsrunda [*a* ~ *of* (genom, i) *the building*]; ~ *leader* reseledare, färdledare; *conducted* (*guided*) ~ sällskapsresa; guidad tur; *grand* ~ se *grand I 2*; *make a* ~ *of* resa runt i, göra en rundtur i **II** *itr* göra en rundresa etc., jfr *I*; turista, resa [*through* (*about*) genom (i)]; turnera **III** *tr* **1** resa [runt (omkring)] i, besöka [~ *a country*]; göra en rundtur genom, bese [~ *the factory*] **2** teat. o. d. turnera i [~ *the provinces*]

tour de force ['tuədə'fɔ:s] (pl. *tours de force* [utt. lika]) *s* (fr.) kraftprov, [verklig] prestation, konststycke

tourism ['tuərɪzəm] *s* turism, turistväsen

tourist ['tuərɪst] *s* turist; ~ *agency* resebyrå, turistbyrå; ~ *ticket* rundresebiljett

tourmalin ['tuəməlɪn, 'tɜ:m-] *s* o. **tourmaline** ['tuəməli:n, 'tɜ:m-] *s* miner. turmalin

tournament ['tuənəmənt, 'tɔ:n-] *s* **1** sport. turnering, tävlingar **2** hist. tornering

tourniquet ['tuənɪkeɪ, 'tɔ:n-, 'tɜ:n-] *s* läk. kompressor, åtsnörningspinne

tousle ['tauzl] *tr* rufsa (tufsa) till

tousle-headed ['tauzl,hedɪd] *a* rufsig, med rufsigt hår

tout [taut] fam. **I** *itr* **1** försöka pracka på folk sina tjänster; försöka skaffa (värva) kunder [*for* åt] **2** a) skaffa stalltips b) sälja stalltips **II** *tr* bjuda ut, försöka pracka på folk; tipsa om, sälja stalltips om **III** *s* **1** svartabörshaj, biljettjobbare [äv. *ticket* ~] **2** [kund]värvare **3** tipsare, person som säljer stalltips

1 tow [təu] *s* blånor, drev

2 tow [təu] **I** *tr* bogsera; släpa; bärga bil; *ask for the car to be* ~*ed* begära bärgning av bilen **II** *s* bogsering; *take in* ~ a) bogsera b) ta under sitt beskydd; *in* ~ fam. i släptåg

towards [tə'wɔ:dz, tɔ:dz] *prep* **1** mot, i riktning mot; till [*he felt drawn* ~ *her*]; [vänd] mot (åt) [*with his back* ~ *the window*] **2** gentemot, mot [*his feelings* ~ *us*] **3** med tanke på, för [*they are working* ~ *peace*], till [*save money* ~ *a new house*] **4** om tid inemot, mot [~ *evening*]

towel ['tauəl] *s* handduk; *sanitary* ~ sanitets-, dam|binda; *Turkish* ~ frottéhandduk; *throw in the* ~ boxn. o. fam. kasta in handduken, kasta yxan i sjön

towel-horse ['tauəlhɔ:s] *s* torkställning [för handdukar]

towel-rack ['tauəlræk] *s* se *towel-horse*

towel-rail ['tauəlreɪl] *s* handduksstång

tower ['tauə] **I** *s* **1** torn; ~ *block* punkthus, höghus **2** borg; fästning; fängelsetorn; *the T*~ [*of London*] Towern [i London] **3** bildl., ~ *of strength* stöttepelare, kraft[källa] **II** *itr* torna upp sig, höja (resa) sig äv. bildl.; ~ *above* (*over*) höja sig över, stå högt över

towering ['tauərɪŋ] *a* **1** jättehög, reslig **2** bildl. högtflygande, omåttlig [~ *ambitions*] **3** våldsam [*a* ~ *rage*]

towing ['təuɪŋ] *s* bogsering; bärgning av bil

tow-line ['təulaɪn] *s* bogserlina, draglina

town [taun] *s* **1 a**) stad; *the talk of the* ~ det allmänna samtalsämnet; *paint the* ~ *red* se *paint II* **b**) utan artikel i vissa talesätt staden, stan [*be in* ~; *go into* (ut på, ut i) ~], i England ofta London [*I travel up to* ~ *from Oxford once a week*]; *go to* (*up to*) ~ åka (fara, köra) [in] till stan; *go to* ~ sl. [gå ut och] slå runt, festa om; *a man about* ~ se *man I 1* **c**) attr. stads-; *the* ~ *centre* stadens centrum, city; ~ *clerk* (*council, councillor, crier, hall*) se d. o.; ~ *planning* stadsplanering; ~ *and country planning* riksplanering **2** Am. kommun, samhälle mindre stad

town-dweller ['taun,dwelə] *s* stadsbo

townscape ['taunskeɪp] *s* stadsbild; stadsbygd, stadslandskap

townsfolk ['taunzfəuk] (konstr. ss. pl.) *s* stadsbor

township ['taunʃɪp] *s* **1** liten stad **2** Sydafr. lokation, negerstadsdel **3** i USA o. Canada (ung.) kommun

townspeople ['taunz,pi:pl] (konstr. ss. pl.) *s* stadsbor

tow-path ['təupɑ:θ] *s* [pråm]dragväg på t. ex. kanalbank

tow-rope ['təurəup] *s* bogserlina

toxaemia el. **toxemia** [tɒk'si:mɪə] *s* läk. toxemi, toxikemi, blodförgiftning

toxic ['tɒksɪk] *a* läk. toxisk, giftig, förgiftnings- [~ *symptoms*]

toxin ['tɒksɪn] *s* toxin giftämne

toy [tɔɪ] **I** *s* leksak; attr. leksaks- [~ *train*]; ~ *poodle* dvärgpudel **II** *itr* **1** [sitta och] leka [*he was* ~*ing with a pencil*]; ~ *with the idea* *of buying a car* leka med tanken på att köpa en bil **2** skoja

toyshop ['tɔɪʃɒp] *s* leksaksaffär

tr. förk. för *transitive*

1 trace [treɪs] *s* draglina, dragrem för vagn; *in the ~s* i selen; *kick over the ~s* se *kick III*

2 trace [treɪs] **I** *tr* **1** spåra [*the criminal was ~d to London*]; följa [spåren av]; följa utvecklingen av; spåra upp; upptäcka, finna [spår av] [*I can't ~ the letter you sent me*]; påvisa [förekomsten av] [*no poison could be ~d*] **2** ~ [*out*] göra ett utkast till [~ [*out*] *the plan of a new city*], skissera; rita [upp] **3** kalkera **II** *s* spår; märke; *a ~ of arsenic* [ett] spår av arsenik; *a ~ of garlic in the food* en aning vitlök i maten; ~ *elements* biol. spårelement

tracer ['treɪsə] *s* **1** mil., ~ [*bullet*] spårljusprojektil **2** ~ *element* fys. spårämne

tracery ['treɪsərɪ] *s* **1** byggn. masverk, spröjsverk **2** flätverk, nätverk ss. ornament

tracing-paper ['treɪsɪŋˌpeɪpə] *s* kalkerpapper

track [træk] **I** *s* **1** spår på marken, på magnetband m. m., äv. bildl.; fotspår; [järnvägs]spår, bana; *double* (*twin*) ~ dubbelspår; [*width of*] ~ spårvidd; *cover* [*up*] *o.'s ~s* sopa igen spåren efter sig; *keep ~ of* bildl. hålla reda på; *lose ~ of* bildl. tappa kontakten med; tappa bort, tappa räkningen på [*I have lost ~ of how many there are*]; *in o.'s ~s* fam. på fläcken (stället) [*he fell dead in his ~s*]; *throw a p. off the ~* leda ngn på villospår; *on o.'s ~* efter sig, i hälarna [på sig]; *be* (*get*) *on a p.'s ~* (*on the ~ of a p.*) vara (komma) ngn på spåren **2** stig, väg; kurs äv. bildl.; bana [*the ~ of a comet*] **3** sport. [löpar]bana [äv. *running ~*]; ~ *events* tävlingar i löpning på bana **II** *tr* spåra, följa spåren av; ~ *down* [försöka] spåra [upp]

track-and-field ['trækənd'fi:ld] *a* Am., ~ *sports* friidrott

track-shoe ['trækʃu:] *s* spiksko

track-suit ['træksu:t, -sju:t] *s* träningsoverall

1 tract [trækt] *s* **1** område, sträcka; pl. *~s* äv. vidder **2** anat., *the respiratory ~* respirationsapparaten, andningsorganen

2 tract [trækt] *s* religiös, politisk skrift, broschyr, traktat

tractable ['træktəbl] *a* medgörlig, foglig

traction ['trækʃən] *s* dragning; dragkraft

traction-engine ['trækʃənˌendʒɪn] *s* lokomobil; landsvägslokomotiv; traktor

tractor ['træktə] *s* **1** traktor **2** lokomobil

trade [treɪd] **I** *s* **1** a) handel, affärer [*in a th.* med ngt]; kommers; [handels]utbyte b) affärsgren, bransch [*in the book ~*]; ~ *cycle* konjunktur-, affärs|cykel; ~ *discount* handels-, varu|rabatt; ~ *name* a) handels|namn, -beteckning b) firma|namn, -beteckning; *domestic* (*home*) ~ inrikeshandel[n]; *foreign ~* utrikeshandel[n]; *do a vast ~* driva en omfattande handel **2** yrke, hantverk, fack; hantering; ~ *dispute* arbets|tvist, -konflikt; ~ *secret* yrkes-, fabrikations|hemlighet; ~ *term* fack|term, -uttryck; ~[*s*] *union* fackförening; *The Trades Union Congress* Brittiska Landsorganisationen; *belong to a ~ union* tillhöra en fackförening (facket), vara [fackligt] organiserad; *be a tailor by ~* vara skräddare till yrket (av facket) **3** *the ~* facket, skrået, branschfolket; återförsäljarna [*we sell only to the ~*] **4** pl. *~s* = *trade-winds* **II** *itr* **1** handla, driva (idka) handel [*in a th.* med ngt; *with a p.* med ngn] **2** schackra, driva geschäft [*in a th.* med ngt]; spekulera, jobba [*in a th.* med (i) ngt]; ~ *on* utnyttja, ockra på [~ *on a p.'s sympathy*] **3** om fartyg gå, segla, gå i fraktfart **4** isht Am. fam. handla [*at* hos] **III** *tr* handla med ngt, byta, byta ut (bort) [*for* mot]; ~ *in a th. for* a) ta ngt i inbyte mot b) lämna ngt i utbyte mot (som dellikvid för) [*he ~d in his old car for a new model*]

trade-in ['treɪdɪn] *s* fam. inbyte, inbytesvara; ~ *car* inbytesbil

trademark ['treɪdmɑ:k] *s* **1** varumärke, firmamärke, fabriksmärke **2** fam. visitkort [*the dog left its ~ on the mat*]

trader ['treɪdə] *s* **1** affärsman, köpman **2** handels-, frakt|fartyg

tradesfolk ['treɪdzfəʊk] (konstr. ss. pl.) *s* se *tradespeople*

trades|man ['treɪdz|mən] (pl. *-men* [-mən]) *s* **1** [detalj]handlare, handelsman **2** *-men's entrance* köksingång

tradespeople ['treɪdzˌpi:pl] (konstr. ss. pl.) *s* handelsmän [med familjer]

trade-union ['treɪd'ju:njən] *s* **1** fackförening **2** attr. fackförenings-, facklig; ~ *official* fackföreningsfunktionär

trade-unionism ['treɪd'ju:njənɪzəm] *s* fackföreningsrörelsen

trade-unionist ['treɪd'ju:njənɪst] *s* fackföreningsmedlem; fackföreningsman

trade-wind ['treɪdwɪnd] *s* passadvind

trading ['treɪdɪŋ] *s* **1** handel; byteshandel **2** Am. pol. kohandel **3** attr. handels- [~ *company*]; ~ *stamp* rabattkupong

tradition [trə'dɪʃən] *s* tradition; hävd

traditional [trə'dɪʃənl] *a* traditionell

traditionalist [trə'dɪʃənəlɪst] *s* traditionalist

tradition-bound [trə'dɪʃən'baʊnd] *a* traditionsbunden

traduce [trə'dju:s] *tr* förtala, smäda

traducer [trə'dju:sə] *s* baktalare, belackare

Trafalgar [trə'fælgə]

traffic ['træfɪk] **I** *itr* **1** handla, driva handel [*in a th.* med ngt; *with a p.* med ngn] **2** neds. schackra, driva olaga handel [*in a th.* med ngt] **II** *s* **1** trafik; ~ *island* refug; trafikdelare; ~ *jam* trafikstockning; ~ *lane* körfält, fil; ~ *offender* trafiksyndare; ~ *regulations* trafikförordning; ~ *sign* väg-, trafik|märke; ~ *warden* trafikvakt, lapplisa; *one-way* ~ enkelriktad trafik **2** handel, neds. trafik [~ *in* (med) *narcotics*]

trafficator ['træfɪkeɪtə] *s* körriktningsvisare, blinker

trafficker ['træfɪkə] *s* handlande; *drug* ~ narkotika|haj, -langare

traffic-light ['træfɪklaɪt] *s* trafikljus

tragedian [trə'dʒi:djən] *s* **1** tragediförfattare **2** tragisk skådespelare

tragedienne [trə,dʒi:dɪ'en] *s* tragisk skådespelerska, tragedienn

tragedy ['trædʒədɪ] *s* **1** tragedi **2** *the* ~ *of* tragiken (det tragiska) i

tragic ['trædʒɪk] *a* tragisk

tragi-comedy ['trædʒɪ'kɒmɪdɪ] *s* tragikomedi

tragi-comic[al] ['trædʒɪ'kɒmɪk, -əl] *a* tragikomisk, sorglustig

trail [treɪl] **I** *s* **1** strimma, slinga [*a* ~ *of smoke*]; *vapour* ~*s* kondensationsstrimmor efter flygplan **2** spår äv. bildl.; *leave in o.'s* ~ ha i släptåg, medföra [*war left misery in its* ~]; *get on the* ~ få upp spåret; *be hot on the* ~ *of a p.* vara tätt i hälarna på ngn **II** *tr* **1** släpa [i marken], dra efter sig; ~ *o.'s coat* (*coat-tails*) mucka gräl [med alla] **2** spåra [upp]; följa [efter], skugga **III** *itr* **1** släpa [i marken] [*her dress* ~*ed across the floor*]; släpa sig [fram]; driva [långsamt] [*smoke was* ~*ing from the chimneys*]; ~ [*along*] *after* hänga 'efter; ~ *away* (*off*) bildl. dö bort **2** krypa, slingra sig om t. ex. växt, orm **3** fam. komma (sacka) efter, komma på efterkälken [äv. ~ *behind*]; ~ *by one goal* sport. ligga under med ett mål

trailer ['treɪlə] *s* **1** släpvagn, släp, trailer; Am. husvagn; *caravan* ~ bil med husvagn **2** krypväxt, slingerväxt **3** film. trailer

train [treɪn] **I** *tr* **1** öva, öva in (upp), träna upp; utbilda, skola; dressera [~ *animals*]; sport. träna; mil. exercera [med], drilla; ~ *o.'s memory* öva upp minnet **2** trädg. forma, tukta, spaljera **3** rikta [in] kanon, kikare m. m. [*on, upon* på, mot] **II** *itr* utbilda sig; sport. träna [sig]; mil. exercera; ~ *as* (*to be, to become*) *a nurse* utbilda sig till sjuksköterska **III** *s* **1** järnv. tåg [*for, to* till]; *fast* ~ snälltåg; *special* ~ extratåg; *change* ~*s* byta tåg; *go by* ~ åka tåg, ta tåg[et] **2** följe, svit; tåg, procession, karavan [*a long* ~ *of camels*]; rad, räcka, följd [*a whole* ~ *of events*], serie; svans [*a whole* ~ *of admirers*]; ~ *of thought* tankegång; *bring in o.'s* ~ ha i släptåg, medföra [*war brings famine in its* ~] **3** [klännings]släp **4** tekn. hjulverk, löpverk [äv. ~ *of gears* (*wheels*)]

train-bearer ['treɪn,beərə] *s* släpbärare

trained [treɪnd] *a* tränad; utbildad, utexaminerad [*a* ~ *nurse*], skolad; dresserad

trainee [treɪ'ni:] *s* praktikant, lärling, elev, aspirant

trainer ['treɪnə] *s* **1** tränare; instruktör; lagledare; handledare **2** dressör

train-ferry ['treɪn,ferɪ] *s* tågfärja

training ['treɪnɪŋ] *s* [ut]bildning; träning, övning; fostran, skolning; dressyr; mil. exercis, drill; *in* ~ i god kondition, [väl]tränad; *be out of* ~ ha dålig kondition, vara otränad; *go into* ~ lägga sig i träning

training-camp ['treɪnɪŋkæmp] *s* träningsläger

training-centre ['treɪnɪŋ,sentə] *s* ung. yrkesskola, utbildningscentrum

training-college ['treɪnɪŋ,kɒlɪdʒ] *s* se *college of education* under *college 2*

training-cycle ['treɪnɪŋ,saɪkl] *s* motionscykel

training-school ['treɪnɪŋsku:l] *s* fack-, yrkes|skola, seminarium

training-ship ['treɪnɪŋʃɪp] *s* skolskepp, övningsfartyg

traipse [treɪps] *itr* traska [~ *up the stairs*]; traska omkring

trait [treɪ, treɪt] *s* [karakteristiskt (kännetecknande)] drag; karaktärsdrag, egenskap

traitor ['treɪtə] *s* förrädare [*to* mot]

traitorous ['treɪtərəs] *a* förrädisk; trolös

traitress ['treɪtrəs] *s* förräderska

trajectory ['trædʒəktərɪ, trə'dʒektərɪ] *s* projektils, rakets m. m. bana, rymdfartygs kurs

tram [træm] *s* spårvagn

tram-car ['træmkɑ:] *s* spårvagn

tram-line ['træmlaɪn] *s* **1** spårvagnslinje **2** spårvägsskena; pl. ~*s* äv. spårvagnsspår

trammel ['træməl] **I** *s*, pl. ~*s* bildl. hinder, bojor, band, tvångströja [*the* ~*s of etiquette*] **II** *tr* bildl. hindra, hämma, fjättra

tramp [træmp] **I** *itr* **1** trampa; klampa; stampa **2** traska; luffa omkring; stryka omkring **II** *tr* **1** trampa [på] **2** ströva igenom (omkring i), vandra omkring i **III** *s* **1** tramp, trampande **2** [fot]vandring, strövtåg **3** luffare; landstrykare **4** trampbåt **5** isht Am. fam. slampa, luder, fnask

trample ['træmpl] **I** *tr* trampa [ned], trampa på; ~ *to death* trampa ihjäl **II** *itr* trampa [*on* på, i]; ~ *on* (*over*) bildl. förtrampa, trampa under fötterna, undertrycka

trampolin ['træmpəlɪn] *s* o. **trampoline** ['træmpəli:n] *s* studsmatta

tramp-steamer ['træmp,sti:mə] *s* trampbåt

tramway ['træmweɪ] *s* spårväg
trance [trɑːns] *s* trans; *send a p.* (*fall, go*) *into a* ~ försätta ngn (falla) i trans
tranny ['trænɪ] *s* fam. transistor[radio]
tranquil ['træŋkwɪl] *a* lugn, stilla, stillsam
tranquillity [træŋ'kwɪlətɪ] *s* lugn, ro
tranquillizle ['træŋkwəlaɪz] *tr* lugna, stilla; *-ing drug* lugnande medel
tranquillizer ['træŋkwəlaɪzə] *s* lugnande medel
transact [træn'zækt, trɑːn-] *tr* bedriva [~ *business*], föra [~ *negotiations*]; slutföra, avsluta; verkställa, förrätta
transaction [træn'zækʃən, trɑːn-] *s* **1** transaktion, affär [*the ~s of a firm*]; [affärs]uppgörelse; pl. *~s* börs. omsättning **2** pl. *~s* förhandlingar, handlingar, skrifter utgivna av isht vetenskapligt samfund **3** bedrivande etc., jfr *transact*
transalpine ['trænz'ælpaɪn, 'trɑːn-] *a* transalpin[sk], norr om Alperna
transatlantic ['trænzət'læntɪk, 'trɑːn-] *a* transatlantisk; atlant- [*a ~ steamer*]
transceiver [træn'siːvə, trɑːn-] *s* transceiver, kombinerad sändare och mottagare
transcend [træn'send, trɑːn-] *tr* **1** överstiga, överskrida [~ *a limit*], övergå, gå utöver [~ *the ordinary experience of Man*] **2** överträffa, överglänsa
transcendence [træn'sendəns, trɑːn-] *s* o. **transcendency** [træn'sendənsɪ, trɑːn-] *s* överlägsenhet; förträfflighet
transcendent [træn'sendənt, trɑːn-] *a* enastående [*a man of ~ genius*]
transcendental [ˌtrænsen'dentl, ˌtrɑːn-] *a* **1** upphöjd, sublim **2** fil. transcendental
transcontinental ['trænzˌkɒntɪ'nentl, 'trɑːn-] *a* transkontinental; ~ *ballistic missile* transkontinental [ballistisk] robot
transcribe [træns'kraɪb, trɑːn-] *tr* **1** skriva av, kopiera **2** transkribera äv. mus.
transcriber [træns'kraɪbə, trɑːn-] *s* avskrivare
transcript ['trænskrɪpt, 'trɑːn-] *s* avskrift, kopia; utskrift
transcription [træns'krɪpʃən, trɑːn-] *s* **1** avskrivning; utskrivning **2** avskrift, kopia; utskrift **3** transkription äv. mus.; ~ *turntable* skivspelare av avancerad typ
transept ['trænsept, 'trɑːn-] *s* tvärskepp, transept i kyrka
transfer [ss. vb træns'fɜː, trɑːn-, ss. subst. 'trænsfə, 'trɑːn-] **I** *tr* **1** flytta, förflytta; flytta över, föra över; *in a ~red sense* i överförd bemärkelse **2** överlåta [*to a p.* på ngn] **3** överföra bilder m. m.; kalkera **4** girera; ekon. transferera, överföra **5** sport. sälja, transferera spelare **II** *itr* flytta; flyttas, förflyttas **III** *s* **1** flyttning, förflyttning; överflyttning; omplacering; transfer; ~ *fee* sport. transfer-, övergångs|summa för spelare; ~ *list* sport. transferlista **2** a) överlåtelse, transport b) överlåtelsehandling **3** [av]-tryck av mönster m. m.; kopia; dekal, överförings-, gnugg|bild [äv. ~ *picture*] **4** girering; ekon. transferering, överföring
transferable [træns'fɜːrəbl, trɑːn-] *a* överflyttbar, överförbar; överlåtbar, överlåtlig [*to* på]; transferabel; *not ~* får ej överlåtas
transference ['trænsfərəns, 'trɑːn-] *s* förflyttning; överföring; omplacering; överlåtelse [*to* på]
transfiguration [ˌtrænsfɪgjʊ'reɪʃən, ˌtrɑːn-] *s* **1** omgestaltning, metamorfos **2** *the T~* [*of Christ*] Kristi förklaring
transfigure [træns'fɪgə, trɑːn-] *tr* **1** omgestalta, förvandla **2** relig., bildl. förklara [*her face was as if ~d*]; förhärliga
transfix [træns'fɪks, trɑːn-] *tr* **1** genomborra **2** pp.: *~ed* förstenad, lamslagen, stel [*~ed with* (av) *terror*]
transform [træns'fɔːm, trɑːn-] *tr* förvandla; omvandla; omskapa, omforma, omgestalta; [helt] förändra; transformera
transformation [ˌtrænsfə'meɪʃən, ˌtrɑːn-] *s* förvandling; omvandling; omgestaltning; [total] förändring; transformation
transformer [træns'fɔːmə, trɑːn-] *s* **1** omskapare **2** elektr. transformator
transfuse [træns'fjuːz, trɑːn-] *tr* överföra [~ *blood*]
transfusion [træns'fjuːʒən, trɑːn-] *s* **1** transfusion, blodöverföring **2** bildl. överföring
transgress [træns'gres, trɑːn-] **I** *tr* överträda lag m. m. **II** *itr* överträda en förordning (lag m. m.), synda, fela
transgression [træns'greʃən, trɑːn-] *s* överträdelse av lag; synd
transgressor [træns'gresə, trɑːn-] *s* överträdare, lagbrytare; syndare
transience ['trænzɪəns, 'trɑːn-] *s* o. **transiency** ['trænzɪənsɪ, 'trɑːn-] *s* kortvarighet, förgänglighet; flyktighet, obeständighet
transient ['trænzɪənt, 'trɑːn-] *a* övergående, förgänglig; flyktig, obeständig
transistor [træn'zɪstə, trɑːn-] *s* **1** transistor **2** fam. transistor[radio] **3** attr. transistor-
transistorize [træn'zɪstəraɪz, trɑːn-] *tr* transistorisera
transit ['trænzɪt, 'trɑːn-] *s* **1** genomresa, överresa, färd; ~ *visa* genomrese-, transit|visum; *in* ~ på genomresa **2** isht hand. transport, befordran av varor, passagerare; transitering; [*goods lost*] *in* ~ ..under transporten
transition [træn'sɪʒən, trɑːn-] *s* övergång [~ *from one condition* (*style*) *to another*]; ~ *stage* övergångsstadium, övergång
transitional [træn'sɪʒənl, trɑːn-] *a* över-

gångs-, mellan- [*a ~ period*]
transitive ['trænsɪtɪv] *a* gram. transitiv
transitory ['trænsɪtərɪ, 'trɑːn-] *a* övergående, kortvarig; obeständig; förgänglig
translate [træns'leɪt, trɑːn-] **I** *tr* **1** a) översätta [*into* till; *by* med], tolka b) överföra, flytta över **2** förvandla, omvandla [*into* till]; omsätta [*~ into* (i) *action*] **II** *itr* **1** kunna översättas **2** vara översättare; översätta
translation [træns'leɪʃən, trɑːn-] *s* **1** a) översättning [*into* till] b) överföring, överflyttning **2** förvandling, omvandling; omsättande [*~ of thought into action*]
translator [træns'leɪtə, trɑːn-] *s* översättare, translator
transliterate [trænz'lɪtəreɪt, trɑːn-] *tr* translitterera, transkribera
transliteration [ˌtrænzlɪtə'reɪʃən, ˌtrɑːn-] *s* translitteration, transkription
translucence [trænz'luːsns, trɑːn-, -'ljuː-] *s* o. **translucency** [trænz'luːsnsɪ, trɑːn-, -'ljuː-] *s* [halv]genomskinlighet
translucent [trænz'luːsnt, trɑːn-, -'ljuː-] *a* [halv]genomskinlig; bildl. kristallklar
transmigration [ˌtrænzmaɪ'greɪʃən, ˌtrɑːn-] *s* **1** utvandring, [över]flyttning **2** *~* [*of souls*] själavandring
transmission [trænz'mɪʃən, trɑːn-] *s* **1** vidarebefordran; översändande; överlåtelse [*to* till, på]; överföring [*~ of disease*] **2** fortplantning, överföring av egenskaper m. m., nedärvning **3** mek. transmission; kraftöverföring **4** radio. sändning
transmit [trænz'mɪt, trɑːn-] *tr* **1** vidarebefordra [*~ news*]; överlämna, överlåta [*to* till, på]; *~ a disease* överföra en sjukdom **2** fortplanta, överföra, lämna i arv [*~ characteristics*] **3** mek. överföra, transmittera **4** radio. sända [ut]; *~ting station* sändarstation
transmitter [trænz'mɪtə, trɑːn-] *s* **1** vidarebefordrare etc., jfr *transmit* **2** [radio]sändare; transmitter
transmogrify [trænz'mɒgrɪfaɪ, trɑːn-] *tr* skämts. [helt] förvandla, [för]ändra
transmutation [ˌtrænzmjuː'teɪʃən, ˌtrɑːn-] *s* **1** förvandling inom alkemin av lägre metall till guld el. silver **2** biol. transmutation
transmute [trænz'mjuːt, trɑːn-] *tr* förvandla jfr *transmutation 1*
transoceanic ['trænzˌəʊʃɪ'ænɪk, 'trɑːn-] *a* transocean[sk] [*a ~ flight*]
transparency [træns'pærənsɪ, trɑːn-] *s* **1** genomsynlighet etc., jfr *transparent* **2** transparang; dia|positiv, -bild, ljusbild
transparent [træns'pærənt, trɑːn-] *a* **1** genomsynlig; genomskinlig äv. bildl. [*a ~ excuse*]; transparent **2** klar, tydlig
transpiration [ˌtrænspɪ'reɪʃən, ˌtrɑːn-] *s* utdunstning, transpiration
transpire [træns'paɪə, trɑːn-] **I** *tr* avdunsta; avsöndra **II** *itr* **1** avdunsta, utdunsta, transpirera; avgå, avsöndras **2** bildl. läcka ut; komma fram **3** fam. hända, inträffa
transplant [ss. vb træns'plɑːnt, trɑːn-; ss. subst. '- -] **I** *tr* **1** plantera om **2** förflytta, flytta över **3** kir. transplantera **II** *s* kir. **1** transplantation [*a heart ~*] **2** transplantat
transplantation [ˌtrænsplɑːn'teɪʃən, ˌtrɑːn-] *s* **1** omplantering **2** förflyttning, överflyttning **3** kir. transplantation [*heart ~*]
transport [ss. vb træns'pɔːt, trɑːn-, ss. subst. '- -] **I** *tr* **1** transportera, förflytta, befordra, forsla **2** *be ~ed* hänryckas, bli (vara) hänryckt; *~ed with joy* utom sig av glädje **II** *s* **1** transport, förflyttning; *~ café* långtradarkafé; *T~ House* brittiska arbetarpartiets och transportarbetarförbundets högkvarter i London **2** a) transportmedel [äv. *means of ~*] b) *~* [*service* (*services*)] transportväsen[det]; *public ~* allmänna kommunikationer, kollektivtrafik; *go by public ~* äv. resa kollektivt **3** transport|fartyg, -flygplan, -fordon **4** hänförelse, extas; utbrott [*in a ~ of rage*]; *be in ~s of joy* vara utom sig av glädje
transportation [ˌtrænspɔː'teɪʃən, ˌtrɑːn-] *s* transport, transportering, förflyttning
transpose [træns'pəʊz, trɑːn-] *tr* **1** flytta om, kasta om ordning, ord m. m. **2** mus. transponera [*into* i, till]
transposition [ˌtrænspə'zɪʃən, ˌtrɑːn-] *s* **1** omkastning, omflyttning **2** mus. transponering
transubstantiation ['trænsəbˌstænʃɪ'eɪʃən, 'trɑːn-] *s* förvandling; teol. transsubstantiation
Transvaal ['trænzvɑːl, 'trɑːn-]
transverse ['trænzvɜːs, 'trɑːn-, '-'-] *a* tvärgående, tvärställd [*~ engine*]
transversely [trænz'vɜːslɪ, trɑːn-, '-'- -] *adv* på tvären, korsvis
transvestism [trænz'vestɪzəm, trɑːn-] *s* transves[ti]tism
transvestite [trænz'vestaɪt, trɑːn-] *s* transvestit
trap [træp] **I** *s* **1** fälla, snara äv. bildl.; [räv]sax; ryssja; *fall into the ~* gå i fällan; *set* (*lay*) *a ~ for* gillra en fälla för **2** tekn. vattenlås **3** fallucka, falldörr, lucka i golvet el. taket **4** tvåhjulig vagn, kärra **5** sl. käft, mun **II** *tr* **1** snara, fånga [i en fälla], snärja; *~ped* [*in a burning building*] instängd . .; *~ a p. into doing a th.* lura ngn att göra ngt **2** sätta ut fällor (snaror) på (i) **3** *~ a ball* fotb. dämpa en boll
trap-door ['træp'dɔː] *s* se *trap I 3*
trapeze [trə'piːz] *s* gymn. trapets
trapezium [trə'piːzjəm] *s* geom. **1** trapets,

parallelltrapets **2** isht Am. trapetsoid
trapezoid ['træpɪzɔɪd] *s* geom. **1** trapetsoid **2** isht Am. trapets, parallelltrapets
trapper ['træpə] *s* pälsjägare, trapper
trappings ['træpɪŋz] *s pl* **1** grannlåt, [yttre] ståt; utsmyckning[ar], yttre tecken **2** [häst]-mundering; schabrak
traps [træps] *s pl* fam. pinaler, grejor
trapse [treɪps] *itr* se *traipse*
trash [træʃ] *s* **1** skräp, smörja, krafs **2** Am. avfall, skräp, sopor; ~ *can* soptunna; ~ *heap* soptipp, avskrädeshög **3** fam. slödder, pack; *white* ~ i USA den vita underklassen, de fattiga vita i Södern
trashy ['træʃɪ] *a* usel, skräp- [~ *novels*]
trauma ['trɔ:mə, 'traʊmə] (pl. ~*ta* [-tə] el. ~*s*) *s* med., psyk. trauma; chock
traumatic [trɔ:'mætɪk, traʊ'm-] *a* med., psyk. traumatisk; chockartad
travel ['trævl] **I** *itr* **1** resa, färdas, åka, fara **2** resa, vara handelsresande [~ *in cosmetics*] **3** om t. ex. ljus, ljud gå, röra sig; om t. ex. maskindel löpa **4** om blick, tankar o. d. vandra, glida, fara **5** fam. susa fram, röra sig snabbt **II** *tr* **1** resa omkring i, fara (resa) i (över) **2** tillryggalägga [~ *great distances*] **III** *s* **1** resande, att resa, resor [*enrich o.'s mind by* ~]; attr. rese-, res-; pl. ~*s* resor [*in* (*during*) *my* ~*s*]; *book of* ~[*s*] reseskildring; ~ *agency* (*bureau*) resebyrå, turistbyrå; ~ *agent* resebyråman; ~ *sickness* åksjuka **2** tekn. o. d. rörelse, gång, bana
traveller ['trævələ] *s* resande, resenär; passagerare; vandrare; [*commercial*] ~ handelsresande; ~*'s cheque* resecheck
travelling ['trævəlɪŋ] **I** *s* resande, att resa, resor; ~ *companion* reskamrat; ~ *expenses* resekostnader; ~ *scholarship* resestipendium **II** *a* resande, kringresande [~ *circus*]; ~ *library* a) vandringsbibliotek b) bokbuss; ~ *salesman* handelsresande, representant
travelogue ['trævəlɒg] *s* reseskildring, reseföredrag [med diabilder e. d.]; dokumentärfilm från en resa el. ett land
traverse ['trævəs, trə'vɜ:s] **I** *s* **1** tvärstycke, tvärslå **2** mil. travers **II** *tr* **1** korsa [*ships* ~ *the ocean*]; fara över (genom), färdas över (genom); genomkorsa **2** korsa, skära [*the railway line* ~*d the road*]
travesty ['trævəstɪ] **I** *tr* travestera, parodiera **II** *s* travesti, karikatyr [*of* av, på]; *a* ~ *of justice* en ren parodi på rättvisa
trawl [trɔ:l] **I** *itr* tråla, fiska med trål **II** *s* **1** trål, släpnät **2** isht Am. långrev, backa
trawler ['trɔ:lə] *s* **1** trålare **2** trålfiskare
trawl-net ['trɔ:lnet] *s* trål, släpnät
tray [treɪ] *s* **1** [serverings]bricka; [laboratorie]skål, [penn]fat; [brev]korg, låda **2** löst [låd]fack i koffert, skrivbord m. m.
treacherous ['tretʃərəs] *a* förrädisk, bedräglig; opålitlig [~ *weather*]; svekfull, trolös [*a* ~ *man*]; lömsk [*a* ~ *attack*]
treachery ['tretʃərɪ] *s* förräderi; svek
treacle ['tri:kl] *s* sirap; melass
treacly ['tri:klɪ] *a* **1** sirapslik[nande], sirapsaktig; klibbig **2** bildl. [söt]sliskig; sirapssöt, sirapslen
tread [tred] **I** (*trod trodden*) *itr* trampa, träda, stiga; ~ *on a p.'s corns* a) trampa på ngns liktornar b) bildl. trampa ngn på tårna; ~ *on a p.'s toes* isht bildl. trampa ngn på tårna **II** (*trod trodden*; i bet. *3* ~*ed* ~*ed*) *tr* **1** trampa, trampa sönder [~ *grapes*], trampa på; trampa (stampa) till; trampa upp; ~ *down* trampa ner; ~ *down shoes at the heels* trampa ner hälarna på skor; *shoes trodden down at the heels* äv. nedkippade skor; ~ *under foot* bildl. trampa under fötterna **2** gå [~ *a path*], vandra på (i, genom, över); ~ *the boards* (*the stage*) bildl. beträda tiljan (scenen) **3** förse med slitbana [~ *tyres*] **III** *s* **1** steg; gång; tramp **2** trapp-, fot|steg [äv. *tread-board*]; pinne på stege **3** trampyta på fot el. sko **4** slitbana; slitbanemönster, däckmönster [äv. ~ *pattern*]
treadle ['tredl] **I** *s* trampa, pedal **II** *itr* o. *tr* trampa [på pedalen]
treadmill ['tredmɪl] *s* trampkvarn
treason ['tri:zn] *s* [hög]förräderi; landsförräderi; *high* ~ högförräderi; *an act of* ~ ett förräderi
treasonable ['tri:zənəbl] *a* o. **treasonous** ['tri:zənəs] *a* förrädisk; lands-, hög|förrädisk
treasure ['treʒə] **I** *s* skatt, klenod, bildl. äv. pärla [*she's a* ~]; koll. skatter, klenoder; *T~ Island* Skattkammarön roman av R.L. Stevenson **II** *tr* **1** ~ [*up*] a) samla [på], lägga på hög b) bildl. bevara [~ *a th. up in o.'s memory*] **2** [upp]skatta, värdera [högt]
treasure-house ['treʒəhaʊs] *s* skattkammare äv. bildl.
treasure-hunt ['treʒəhʌnt] *s* skattsökning
treasurer ['treʒərə] *s* skattmästare; kommunal-, stads|kamrer; kassör i förening o. d.
treasure-trove ['treʒətrəʊv] *s* **1** skattfynd **2** bildl. guldgruva, fynd
treasury ['treʒərɪ] *s* **1** *the T~* a) finansdepartementet b) statsförvaltningen c) statskassan; *the T~ Bench* regeringsbänken i underhuset; *Secretary of the T~* i USA finansminister **2** [huvud]kassa **3** skattkammare; bildl. äv. guldgruva; antologi
treat [tri:t] **I** *tr* **1** behandla [*he was* ~*ed for his illness*]; *how is the world* ~*ing you?* hur har du det [nuförtiden]? **2** betrakta, ta [*he* ~*s it as a joke*] **3** bjuda [*to* på], traktera; ~ *o.s. to a th.* kosta på sig ngt, unna sig ngt **II** *itr* **1** underhandla, förhandla [*with a p. for* (om) *a th.*] **2** ~ *of* avhandla, behandla,

handla om **3** bjuda [*whose turn is it to ~ next?*] **III** *s* **1** traktering, förplägnad; [barn]-kalas, bjudning; fest, utflykt; *stand ~* se *stand II 4* **2** nöje, njutning, upplevelse [*a real ~*]; [glad] överraskning [*you'll get pineapple as a ~*]; *you look a ~* [*in that dress*] fam. du är ursnygg . .

treatise ['tri:tɪz, -tɪs] *s* avhandling [*on* om]

treatment ['tri:tmənt] *s* behandling; med. äv. kur

treaty ['tri:tɪ] *s* fördrag, avtal, traktat [*commercial* (*peace*) *~*]; *conclude* (*enter into, make*) *a ~* sluta (ingå) [ett] fördrag

treble ['trebl] **I** *a* **1** tre|dubbel, -faldig; *~ chance* [*pool*] poängtips; *he earns ~ my salary* han tjänar tre gånger så mycket som jag **2** mus. diskant-, sopran-; *~ boost* radio. diskanthöjning **II** *s* mus. diskant, sopran **III** *tr* tredubbla **IV** *itr* tredubblas

treble-glazed ['trebl'gleɪzd] *a* med tredubbelt glas (tre[dubbla] rutor)

trebly ['treblɪ] *adv* tre|dubbelt, -faldigt

tree [tri:] *s* **1** träd; *Christmas ~* julgran; *bark up the wrong ~* se *2 bark I 1* **2** [sko]block, läst

tree-line ['tri:laɪn] *s* trädgräns

trefoil ['tri:fɔɪl, 'tref-] *s* **1** bot. klöver **2** klöverblad ss. ornament

trek [trek] **I** *itr* resa, vandra; dra ut (i väg) **II** *tr* tillryggalägga, åka [*~ a long distance*] **III** *s* lång och mödosam resa

trellis ['trelɪs] **I** *s* galler[verk]; spaljé **II** *tr* förse med galler[verk] (spaljé)

tremble ['trembl] **I** *itr* **1** darra, skaka, skälva **2** bäva, ängslas; *I ~ to think what might have happened* jag bävar vid tanken på vad som kunde ha hänt **II** *s* skakning, skälvning, darrning; *be all of* (*in*) *a ~* fam. skaka (darra) i hela kroppen

tremendous [trə'mendəs, trɪ'm-] *a* **1** fruktansvärd [*the ~ events of the war*] **2** fam. kolossal, väldig, enorm, oerhörd [*a ~ speed*]; våldsam [*a ~ explosion*]

tremolo ['tremələʊ] *s* mus. tremolo

tremor ['tremə] *s* **1** skälvning, skakning, darrning; *a ~ of fear* en skräckrysning **2** jordskalv [äv. *earth ~*]

tremulous ['tremjʊləs] *a* **1** darrande, darrig, skälvande [*in a* (med) *~ voice*; *with a ~ hand*] **2** blyg, ängslig

trench [tren*t*ʃ] **I** *s* **1** dike; grävd ränna; fåra **2** mil. skytte-, löp|grav; *~ warfare* skyttegravs-, ställnings|krig **II** *tr* dika [ut]

trenchant ['tren*t*ʃənt] *a* bitande, skarp [*~ irony* (*criticism*)]

trench-coat ['tren*t*ʃkəʊt] *s* **1** trenchcoat **2** mil. [fält]kappa

trencher ['tren*t*ʃə] *s* **1** skärbräde **2** åld. [trä]tallrik; träbricka

trend [trend] **I** *s* [in]riktning, tendens; strömning; trend; *set the ~* skapa ett mode (en trend) **II** *itr* tendera, gå, röra sig [*prices have ~ed upward*]

trend-setter ['trend,setə] *s* modeskapare; idégivare; person som anger tonen

trendy ['trendɪ] *a* fam. toppmodern; inne-

trepan [trɪ'pæn] kir. **I** *s* trepan **II** *tr* trepanera

trephine [trɪ'fi:n, -'faɪn] kir. **I** *s* trefin **II** *tr* trepanera [med trefin]

trepidation [,trepɪ'deɪʃən] *s* bestörtning; [nervös] oro, ångest, bävan

trespass ['trespəs] **I** *itr* **1** inkräkta, göra intrång [*~ [up]on a p.'s private property*] **2** bildl., *~ [up]on* inkräkta på, göra intrång i [*~ upon a p.'s rights*]; ta ngt alltför mycket i anspråk, ta för mycket av [*~ upon a p.'s time*] **3** bibl. o. åld. synda, försynda sig; . . *as we forgive them that ~ against us* bibl. . . såsom ock vi förlåta dem oss skyldiga äro **II** *tr* bildl. överskrida [*~ the bounds of good taste*] **III** *s* **1** [lag]överträdelse; intrång **2** bibl. o. åld. synd, fel; skuld [*forgive us our ~es*]

trespasser ['trespəsə] *s* **1** inkräktare **2** lag|brytare, -överträdare; *~s will be prosecuted* tillträde vid vite förbjudet, överträdelse beivras **3** bibl. o. åld. syndare

trespassing ['trespəsɪŋ] *s* intrång, inkräktande; *no ~!* förbjudet område!, tillträde förbjudet!

tress [tres] *s* poet. lock; pl. *~es* äv. hår

trestle ['tresl] *s* [trä]bock ss. stöd

trestle-table ['tresl,teɪbl] *s* bord med lösa bockar, bockbord

Trevor ['trevə]

trial ['traɪəl] *s* **1** prov, försök, experiment; *~ flight* provflygning; *~ offer* hand. introduktionserbjudande; *~ period* prövotid, försöksperiod; *~ run* provkörning av bil m. m., provtur; *give a car a ~ run* provköra en bil; *~ of strength* kraftprov; *give a p. a ~* sätta ngn på prov; anställa ngn på prov; *give a th. a ~* pröva ngt [och se vad det duger till]; *give him a fair ~!* ge honom en chans [att visa vad han kan]!; *stand the ~* bestå provet; *by* [*the method of*] *~ and error* genom trial-and-error-metoden, genom att pröva sig fram; *on ~* a) på prov [*buy a th. on ~*] b) efter prov (en prövotid); *the boy was on ~* pojken var anställd på prov; *put* (*subject*) *to* [*the*] *~* sätta på prov, underkasta prövning **2** jur. rättslig behandling (prövning) [*undergo a ~*]; rättegång; process; mål; *stand ~* stå inför rätta; *~ by jury* rättegång inför [en] jury; *be on ~* vara åtalad, stå inför rätta; *put a p. on ~, bring a p. to* (*up for*) *~* ställa (dra) ngn inför rätta **3** prövning; hemsökelse; *he is a great ~ to us* han är en verklig prövning för oss **4** sport. försök, i motorsport o. kapplöpn. vanl. trial; ~ *heat* försöksheat

triangle ['traɪæŋgl] *s* triangel

triangular [traɪ'æŋgjʊlə] *a* triangulär, triangelformig, triangel-

tribal ['traɪbəl] *a* stam- [~ *feuds*], släkt-

tribalism ['traɪbəlɪzəm] *s* stamorganisation, stamsystem

tribe [traɪb] *s* **1** [folk]stam [*the Indian ~s of America*] **2** ofta föraktl. skara, samling [*a ~ of parasites*]; skämts. klan, släkt

tribes|man ['traɪbz|mən] (pl. *-men* [-mən]) *s* stammedlem; stamfrände

tribulation [ˌtrɪbjʊ'leɪʃən] *s* bedrövelse, vedermöda, prövning[ar]

tribunal [traɪ'bju:nl] *s* domstol, rätt, tribunal; *rent ~* hyresnämnd

1 tribune ['trɪbju:n] *s* rom. hist. tribun

2 tribune ['trɪbju:n] *s* tribun, talarstol

tributary ['trɪbjʊtərɪ] **I** *a* **1** tributskyldig [*to* till, under]; underlydande, lyd- [*a ~ king*] **2** bi- [*a ~ river*], sido- [*a ~ valley*] **II** *s* **1** tributskyldig [stat (person)]; lydrike [*to* under] **2** tillflöde, biflod [*to* till]

tribute ['trɪbju:t] *s* **1** tribut, skatt; *lay a country under ~* avkräva ett land skatt[er] **2** bildl. gärd [*a ~ of respect*], hyllning, tribut [*a ~ to his bravery*]; *floral ~s* blomsterhyllning[ar]; *pay [a] ~ to a p.* ge (bringa) ngn sin hyllning; *a ~ to* äv. ett bevis på

trice [traɪs] *s*, *in a ~* i en handvändning

tricentenary [ˌtraɪsen'ti:nərɪ] *s* o. *a* se *tercentenary*

trick [trɪk] **I** *s* **1** a) knep, list b) påhitt, spratt, streck c) konst[er], konstgrepp; trick[s]; *the ~s of the trade* yrkesknepen; *a dirty (mean, shabby) ~* ett fult (nedrigt) spratt; *how's ~s?* fam. hur står det till?; *that will do the ~* fam. det kommer att göra susen; *I know a ~ worth two of that* jag vet ett mycket bättre knep (sätt); *play a p. a ~, play a ~ (play ~s) on a p.* spela ngn ett spratt; *he has been at his old ~s again* nu har han varit i farten igen; *the whole bag of ~s* fam. hela klabbet; *box of ~s* trollerilåda; *be up to every ~* kunna alla knep; *he's up to some ~[s]* han har något fuffens för sig **2** egenhet, ovana [*he has a ~ of repeating himself*] **3** kortsp. trick, stick, spel [*win (take) the ~*] **II** *tr* **1** lura [*~ a p. into doing* ([till] att göra) *a th.*]; *~ a p. out of a th.* lura av ngn ngt **2** ~ [*out (up)*] styra (pynta) ut

trickery ['trɪkərɪ] *s* knep; skoj[eri], bluff

trickiness ['trɪkɪnəs] *s* **1** bedräglighet **2** krånglighet; *the ~ of the situation* det kritiska (kinkiga) i situationen

trickle ['trɪkl] **I** *itr* droppa, drypa [*with* av], sippra [*blood ~d from the wound*], trilla, rinna sakta [*the tears ~d down her cheeks*]; *~ out* bildl. a) sippra ut [*the news ~d out*] b) droppa ut (av) [*people began to ~ out of the theatre*] **II** *s* droppande; droppe; *there was a ~ of blood from the wound* det droppade (sipprade) [ut] lite blod från såret

trickster ['trɪkstə] *s* skojare, bluffmakare

tricky ['trɪkɪ] *a* **1** listig, slug **2** kinkig, knepig, krånglig [*a ~ problem*]

tricolour ['trɪkələ, 'traɪˌkʌlə] *s* trikolor

tricycle ['traɪsɪkl] *s* trehjulig cykel

trident ['traɪdənt] *s* treudd, trident

tried [traɪd] *a* beprövad

triennial [traɪ'enjəl] *a* **1** treårig, treårs- **2** inträffande [en gång] vart tredje år

trier ['traɪə] *s* person som alltid bjuder till

trifle ['traɪfl] **I** *s* **1** bagatell, småsak [*stick at ~s*]; strunt[sak] **2** *a ~* ss. adv. en smula (aning) [*a ~ too short*] **3** 'trifle' slags sockerkaksdessert indränkt med t. ex. sherry o. täckt med vaniljkräm el. vispgrädde **II** *itr* **1** *~ with* leka med; *he is not to be ~d with* han är inte att leka med **2** [sitta och] leka [*with* med] **III** *tr*, *~ away* förslösa, [för]spilla [*~ away o.'s time*]

trifler ['traɪflə] *s* dagdrivare, lätting

trifling ['traɪflɪŋ] **I** *a* **1** obetydlig [*a ~ error*], ringa; futtig, ynklig [*a ~ gift*]; *it's no ~ matter* det är ingen bagatell, det är inget att leka med **2** lättsinnig, ytlig [*~ talk*] **II** *s* **1** [lättsinnig] lek, skämt[ande] **2** lättja

trigger ['trɪgə] **I** *s* avtryckare på skjutvapen; *cock the ~* spänna hanen, osäkra vapnet (geväret m. m.); *pull (draw) the ~* trycka av; *quick on the ~* skjutsnabb **II** *tr*, *~ [off]* starta, utlösa [*~ off a rebellion*]

trigger-happy ['trɪgəˌhæpɪ] *a* sl. skjutglad

trigger-|man ['trɪgə|mæn] (pl. *-men* [-men]) *s* sl. [lönn]mördare, lejd mördare

trigonometry [ˌtrɪgə'nɒmətrɪ] *s* geom. trigonometri

trilateral ['traɪ'lætərəl] *a* tresidig, trilateral

trilby ['trɪlbɪ] *s* fam., ~ [*hat*] trilbyhatt mjuk filthatt

trill [trɪl] mus. **I** *s* drill **II** *tr* o. *itr* drilla

trillion ['trɪljən] *s* **1** triljon **2** Am. biljon

trilogy ['trɪlədʒɪ] *s* trilogi

trim [trɪm] **I** *a* **1** väl|ordnad, -skött **2** snygg, nätt, prydlig, vårdad [*~ clothes*; *a ~ figure*] **II** *tr* **1** klippa, jämna [av], putsa, trimma, tukta [*~ a hedge*; *~ o.'s beard*]; *~ o.'s nails* klippa (putsa) naglarna; *~ a wick* putsa (sköta om) en veke **2** dekorera, smycka (pynta) [ut]; *~ a dress with ribbons* garnera (kanta) en klänning med band **3** fam. klå [upp]; klå besegra **4** sjö. trimma, kantsätta [*~ the sails*] **5** bildl. anpassa [*~ o.'s opinions [according] to* (efter) . .]; *~ o.'s sails to the (every) wind* vända kappan efter vinden **III** *itr* vända kappan efter vinden [*a politician* *who is always ~ming*] **IV** *s* **1** skick, ordning, tillstånd, form, trim [*be in good ~*]; *be in ~* a) vara i ordning b) isht sport. vara i form; *get into ~* a) sätta i [gott] skick, trimma b) sport. få (komma) i form **2** sjö. trimning, om segel äv. kantsättning **3** klippning, putsning [*the ~ of o.'s beard* (*hair*)], trimning **4** a) utstyrsel, klädsel, dräkt, stass; utsmyckning b) lister; inredning [*the ~ inside a car*]

trimmer ['trɪmə] *s* **1** klippnings-, skär|maskin; trimningsmaskin; trimningssax, trimkam; *nail ~* nagelklippare **2** bildl. vindböjtel, opportunist

trimming ['trɪmɪŋ] *s* **1** [av]klippning, putsning, trimning **2** dekoration; garnering **3** isht pl. *~s* a) dekoration[er], pynt; utsmyckning[ar] äv. bildl.; garnering[ar]; bildl. tillägg b) isht kok. [extra] tillbehör, garnityr c) galoner, beslag **4** sjö. trimning **5** fam. a) [ordentligt] kok stryk b) stryk nederlag

Trinidad ['trɪnɪdæd]

trinitrotoluene [traɪ'naɪtrəʊ'tɒljʊi:n] *s* kem. trinitrotoluen, trotyl

trinity ['trɪnətɪ] *s* trefald; trefaldighet; *the T~* teol. treenigheten

trinket ['trɪŋkɪt] *s* [billigt] smycke; [billig] prydnadssak; pl. *~s* äv. grannlåt, nipper

trio ['tri:əʊ] *s* trio

trip [trɪp] **I** *itr* **1** trippa [lätt] **2** a) snubbla äv. bildl. [äv. *~ up*; *over* på, över], snava b) begå ett fel[steg] (en blunder) **II** *tr*, *~* [*up*] a) få att snubbla, sätta krokben för, fälla b) ertappa, avslöja **III** *s* **1** tripp, resa [*a ~ to Paris*], tur, utflykt [*a ~ to the seaside*]; *round ~* se *round I 1*; *~ meter*, *~ mileage counter* bil. trippmätare **2** lätt[a] steg; trippande **3** snubblande, snavande **4** fel, blunder **5** krokben **6** sl. resa, tripp narkotikarus

tripartite ['traɪ'pɑ:taɪt] *a* **1** tredelad; trefaldig **2** tresidig, treparts- [*a ~ agreement*]

tripe [traɪp] *s* **1** kok. komage **2** sl., pl. *~s* tarmar; buk **3** sl. skit, smörja [*talk ~*]

tripe-hound ['traɪphaʊnd] *s* sl. knöl, fähund

trip-hammer ['trɪp,hæmə] *s* tekn. [automatisk] smideshammare

triple ['trɪpl] **I** *a* tre|faldig, -dubbel, -delad; trippel- [*~ alliance*]; *~ jump* sport. trestegshopp; *~ time* (*measure*) mus. tretakt **II** *tr* tredubbla **III** *itr* tredubblas

triplet ['trɪplət] *s* **1** trilling **2** mus. triol

triplex ['trɪpleks] *a* tredubbel; tekn. triplex- [*~ glass*]; *~ apartment* treplanslägenhet

triplicate [ss. adj. o. subst. 'trɪplɪkət, ss. vb 'trɪplɪkeɪt] **I** *a* tre|dubbel, -faldig; om avskrift i tre exemplar **II** *s* triplett, tredje exemplar (avskrift); *in ~* i tre exemplar **III** *tr* tre|dubbla, -faldiga; utfärda i tre exemplar

tripod ['traɪpɒd] *s* **1** trefot; tripod **2** [trebens]stativ; mil. trefotslavett

tripos ['traɪpɒs] *s* i Cambridge 'tripos' slutexamen i *honours degree*

tripper ['trɪpə] *s* **1** nöjesresenär; söndagsfirare [på utflykt] **2** tekn. utlösare

tripping ['trɪpɪŋ] **I** *s* sport. tripping, fällning **II** *a* **1** trippande, lätt [*a ~ gait*] **2** snubblande [*walk with ~ steps*]

trip-recorder ['trɪprɪ,kɔ:də] *s* bil. trippmätare

triptych ['trɪptɪk] *s* triptyk tredelad tavla

trip-wire ['trɪp,waɪə] *s* mil. snubbeltråd

trisyllabic [,traɪsɪ'læbɪk, ,trɪ-] *a* trestavig

trisyllable [traɪ'sɪləbl, trɪ-] *s* trestavigt ord

trite [traɪt] *a* [ut]nött, banal, trivial

triumph ['traɪəmf] **I** *s* triumf [*return home in ~*], seger|glädje, -jubel; seger [*win a ~*] **II** *itr* triumfera; segra; jubla

triumphal [traɪ'ʌmfəl] *a* triumf- [*~ arch*]; *~ car* triumfvagn; *~ procession* triumftåg

triumphant [traɪ'ʌmfənt] *a* triumferande; segerrik [*~ armies*]; *be ~* triumfera

triumvirate [traɪ'ʌmvɪrət] *s* triumvirat

trivet ['trɪvɪt] *s* trefot; [kokkärls]ställ att hakas på spisgallret; karottunderlägg; [*as*] *right as a ~* fam. prima; i gott skick; pigg som en mört

trivia ['trɪvɪə] *s pl* trivialiteter

trivial ['trɪvɪəl] *a* obetydlig [*a ~ detail*], ringa [*of ~ importance*], trivial, banal; *~ matters* bagateller, struntsaker

triviality [,trɪvɪ'ælətɪ] *s* **1** obetydlighet; bagatell, struntsak [*a mere ~*] **2** banalitet, trivialitet

trivialize ['trɪvɪəlaɪz] *tr* banalisera

trochaic [trəʊ'keɪɪk] metr. **I** *a* trokaisk, trokeisk [*~ verse*] **II** *s* **1** vanl. pl. *~s* trokaisk vers **2** troké

trochee ['trəʊki:, -kɪ] *s* metr. troké

trod [trɒd] imp. o. ibl. pp. av *tread*

trodden ['trɒdn] pp. av *tread*

troglodyte ['trɒgləʊdaɪt] *s* troglodyt, grottmänniska

troika ['trɔɪkə] *s* trojka trespann o. triumvirat

Trojan ['trəʊdʒən] **I** *a* trojansk [*the ~ war*; *~ Horse*] **II** *s* **1** trojan **2** *work like a ~* arbeta (slita) som en slav (häst)

trolley ['trɒlɪ] *s* **1** [drag]kärra **2** lastvagn, truck; tralla, järnv. äv. dressin **3** rullbord, tevagn; serveringsvagn, matvagn **4** Am. spårvagn

trolleybus ['trɒlɪbʌs] *s* tråd-, trolley|buss

trolley-car ['trɒlɪkɑ:] *s* Am. spårvagn

trollop ['trɒləp] *s* slyna, slampa

trombone [trɒm'bəʊn] *s* trombon, [drag]basun; *slide ~* dragbasun

trombonist [trɒm'bəʊnɪst] *s* trombonist

troop [tru:p] **I** *s* **1** skara, skock, hop [*a ~ of school children*]; mängd [*he has ~s of* *friends*] **2** mil. trupp **3** mil. [kavalleri]skvadron **4** mil. marsch-, trum|signal, tropp **5** [scout]avdelning **II** *itr* **1** gå (komma) i skaror; ~ *in* (*out*) myllra (strömma) in (ut) **2** marschera, tåga **III** *tr* mil., ~ *the colour*[*s*] göra parad för (troppa) fanan

troop-carrier ['tru:pˌkærɪə] *s* mil. trupptransport|plan, -fartyg, -fordon

trooper ['tru:pə] *s* **1** [menig] kavallerist; *swear like a* ~ svära som en borstbindare **2** Am. a) ridande polis[man] b) radiopolis[-man]

troopship ['tru:pʃɪp] *s* trupptransportfartyg

trophy ['trəʊfɪ] *s* **1** trofé, [seger]byte **2** sport. pris, trofé

tropic ['trɒpɪk] **I** *s* **1** tropik, vändkrets [*the T~ of Cancer* (*Capricorn*)] **2** *the* ~*s* (*Tropics*) tropikerna **II** *a* tropisk [*the* ~ *zone*]

tropical ['trɒpɪkəl] *a* tropisk [~ *climate*]

trot [trɒt] **I** *itr* **1** trava, gå i trav; rida i trav; ~ *along* trava på (i väg) **2** lunka, trava, kila **II** *tr* **1** sätta i trav, låta trava [~ *a horse*] **2** ~ *out* a) rida fram [med], låta paradera [~ *out a horse*] b) fam. komma körande med, briljera med [~ *out o.'s knowledge*] **3** fam. låta trava; dra **III** *s* trav; lunk[ande], travande; sport. joggning; *at a steady* ~ i jämnt trav; *be on the* ~ fam. vara i farten

trotter ['trɒtə] *s* **1** travare, travhäst **2** kok., [*pig's* (*pigs'*)] ~*s* grisfötter

trotting ['trɒtɪŋ] *s* trav[ande]; travsport; ~ [*race*] travtävling

trotyl ['trəʊtɪl] *s* kem. trotyl

troubadour ['tru:bəˌdʊə, -dɔ:] *s* trubadur

trouble ['trʌbl] **I** *tr* **1** oroa [*be* ~*d by bad news*], bekymra [*what* ~*s me is that* . .]; plåga, besvära; ~ *o.s.* a) oroa sig b) göra sig besvär; ~ *o.'s head about a th.* bry sin hjärna med ngt **2** besvära; *sorry to* ~ *you!* förlåt att jag besvärar!; *may I* ~ *you for* (*you to pass*) [*the mustard*]*?* får jag besvära (be) om . .?; *I'll* ~ *you to mind your own business!* iron. var snäll och sköt ditt! **II** *itr* **1** besvära sig [*about a th.* med ngt] **2** oroa sig [*about* (*over*) *a th.* för ngt] **III** *s* **1** a) oro, bekymmer b) besvär, möda [*take* (göra sig) *the* ~ *to write*] c) svårighet[er], knipa [*financial* ~]; trassel, bråk [*family* ~[*s*]] d) motgång, besvärlighet[er], sorg [*life is full of* ~*s*]; ~*s never come singly* en olycka kommer aldrig ensam; *the* ~ *is that* . . svårigheten (det tråkiga) är att . .; *what's the* ~*?* hur är det fatt?; vad gäller saken?; *no* ~ *at all!* ingen orsak [alls]!; *it's no* ~ det är (var) inget besvär [alls]; *give a p.* ~ a) ge ngn bekymmer b) besvära ngn; *my car has been giving me* ~ *lately* min bil har krånglat på sista tiden; *make* ~ ställa till bråk; *ask for* ~ fam. skaffa sig obehag, ställa till trassel för sig; tigga stryk, mucka gräl; *look for* ~ a) fam. se *ask for* ~ b) oroa sig i onödan; *be in* ~ a) vara i knipa (svårigheter) b) fam. vara i klammeri med polisen (rättvisan); *get into* ~ a) råka i knipa, råka illa ut b) fam. råka i klammeri med polisen (rättvisan); *I've gone to a lot of* ~ *to* [*please him*] jag har gjort mig stort besvär för att . .; *I don't want to put you to any* ~ jag vill inte ställa till besvär för dig **2** åkomma, ont, besvär [*stomach* ~[*s*]]; *my stomach has been giving me* ~ *lately* äv. min mage har krånglat på sista tiden **3** oro [*political* ~]; isht pl. ~*s* oroligheter [~*s in Southern Africa*]; förvecklingar, konflikter [*labour* ~*s*] **4** tekn. fel, krångel [*engine* ~]

troubled ['trʌbld] *a* **1** orolig [~ *times*]; *fish in* ~ *waters* fiska i grumligt vatten **2** orolig, bekymrad [*about* över, för]

troublemaker ['trʌblˌmeɪkə] *s* oro[s]stiftare, bråkmakare, bråkstake

troubleshooter ['trʌblˌʃu:tə] *s* **1** medlare, konfliktlösare **2** tekn. felsökare

troublesome ['trʌblsəm] *a* besvärlig, plågsam; bråkig [*a* ~ *child*]; svår, krånglig

trouble-spot ['trʌblspɒt] *s* oroscentrum plats där bråk ofta förekommer

trough [trɒf] *s* **1** tråg, ho; kar; matskål för hund **2** fördjupning; vågdal **3** meteor., ~ [*of low pressure*] lågtryck[sområde]

trounce [traʊns] *tr* slå, klå; *be* ~*d* få smörj

trouncing ['traʊnsɪŋ] *s* smörj, stryk

troupe [tru:p] *s* [skådespelar]trupp, teatersällskap; cirkustrupp

trousers ['traʊzəz] *s pl* [lång]byxor [*a pair of* ~]; ~ *pocket* byxficka; *wear the* ~ [*in the family*] fam. vara herre i huset

trouser-suit ['traʊzəsu:t, -sju:t] *s* byxdress

trousseau ['tru:səʊ] (pl. ~*s* el. ~*x* [-z]) *s* [brud]utstyrsel

trout [traʊt] (pl. lika) *s* zool. forell; [*salmon*] ~ laxöring

trowel ['traʊəl] *s* **1** murslev; *lay it on with a* ~ bildl. bre på [tjockt], smickra grovt **2** trädgårdsspade

Troy [trɔɪ] hist. ant. Troja

troy [trɔɪ] *s*, ~ [*weight*] 'troy' brittiskt viktsystem för ädelmetall o. ädelstenar [*one* ~ *pound* = 12 ~ *ounces* = 373,242 g]

truancy ['tru:ənsɪ] *s* skolk [från skolan]

truant ['tru:ənt] *s* skolkare; *play* ~ skolka [från skolan]

truce [tru:s] *s* [vapen]stillestånd, vapenvila; [*party*] ~ pol. borgfred; *flag of* ~ mil. parlamentärflagg[a]

1 truck [trʌk] *s* **1** [öppen] godsvagn **2** isht Am. lastbil; *long distance* ~ långtradare **3** a) truck b) transportvagn; skottkärra; drag-, hand|kärra [äv. *hand* ~]; bagagevagn

2 truck [trʌk] *s* **1** byteshandel, [ut]byte;

köp; affär **2** fam., *I'll have no ~ with him* jag vill inte ha [något] med honom att göra **3** Am., [*garden*] ~ [färska] grönsaker

truck-driver ['trʌk,draɪvə] *s* **1** isht Am. lastbilschaufför **2** truckförare

truckle ['trʌkl] **I** *itr* **1** underkasta sig, falla undan **2** krypa, krusa, fjäska [*to a p.* för ngn; *for a th.* för att få ngt] **II** *s*, ~ [*bed*] utdragssäng, undersäng på hjul

truculence ['trʌkjuləns] *s* stridslystnad

truculent ['trʌkjulənt] *a* stridslysten

trudge [trʌdʒ] **I** *itr* traska, lunka, gå tungt, släpa sig fram **II** *s* [mödosamt] traskande

true [tru:] **I** *a* **1** a) sann, sannfärdig, sanningsenlig b) riktig, rätt, precis, exakt c) egentlig [*the frog is not a ~ reptile*]; äkta [*a ~ Londoner*], verklig, uppriktig, sann [*a ~ friend*] d) rättmätig [*the ~ heir (owner)*]; ~ *copy* [*certified*] på dokumentkopia rätt avskrivet intygas, vidimeras; *how ~!, quite ~!* alldeles riktigt!, det är så sant så!; [*it is*] ~ koncessivt det är sant, visserligen; *come (prove)* ~ slå in, besannas [*his words came ~*]; *his dream came ~* äv. hans dröm gick i uppfyllelse; *hold (be)* ~ hålla streck, gälla, äga giltighet [*of* beträffande, för] **2** trogen, trofast [*to* mot]; *be (run) ~ to form (type)* vara typisk (karakteristisk, normal); ~ *to life* verklighetstrogen; ~ *to o.s.* trogen sin övertygelse **3** isht tekn. rät, grad; rätt avpassad **4** sjö. rättvisande [~ *north*] **II** *adv* **1** sant **2** fullkomligt; precis, exakt; rätt [*aim ~*] **III** *s* tekn., *out of ~* felaktig; vind, sned, skev

true-blue ['tru:'blu:, attr. '- -] **I** *a* bildl. [tvätt]äkta; trofast; *he is a ~ Conservative* han är mörkblå **II** *s*, *he is a ~* han är mörkblå

true-born ['tru:'bɔ:n, attr. '- -] *a* bildl. äkta, verklig [*a ~ Englishman*]

truffle ['trʌfl] *s* tryffel

truism ['tru:ɪzəm] *s* truism, självklarhet

truly ['tru:lɪ] *adv* **1** a) sant, sanningsenligt [*speak ~*] b) sant [~ *human*], verkligt [*a ~ beautiful picture*]; verkligen [~, *she is beautiful*] **2** riktigt, precis [~ *correct*] **3** vederbörligen, med rätta [~ *honoured*] **4** troget, trofast **5 a**) i brev: *Yours ~* Högaktningsfullt **b**) *that won't do for yours ~* skämts. det gillar inte undertecknad

1 trump [trʌmp] **I** *s* **1** kortsp. trumf äv. bildl.; trumfkort; ~ *card* trumf[kort] äv. bildl. [*play* (spela ut) *o.'s* [*last*] ~ *card*]; *no ~s* sang; *hold ~s* ha (sitta med) trumf på hand äv. bildl.; *turn up ~s* fam. a) slå väl ut b) ställa upp [*turn up ~s in a crisis*]; *ace of ~s* trumfäss **2** fam. hedersknyffel **II** *tr* **1** kortsp. ta (sticka) med trumf **2** bildl., ~ *up* duka upp, koka ihop [~ *up a story*]

2 trump [trʌmp] *s* åld. el. litt. trumpet; trumpetstöt; *the last ~, the ~ of doom* domsbasunen

trumped-up ['trʌmpt'ʌp] *a* fam. konstruerad, falsk [*a ~ charge* (anklagelse)]

trumpery ['trʌmpərɪ] **I** *s* grannlåt, krimskrams **II** *a* **1** värdelös [~ *ornaments*], strunt- [*a ~ sum*] **2** falsk, sken- [~ *arguments*]

trumpet ['trʌmpɪt] **I** *s* **1** trumpet; *blow o.'s own ~* se *1 blow I 1* **2** hörlur för lomhörd **3** trumpet[are] i orkester **II** *tr* trumpeta [ut]; bildl. basunera ut, förkunna [äv. ~ *forth*]

trumpeter ['trʌmpɪtə] *s* trumpetare

truncate [trʌŋ'keɪt] *tr* stympa äv. geom.; skära (hugga) av (bort), korta av

truncheon ['trʌntʃən] *s* batong

trundle ['trʌndl] **I** *s* [låg] rullvagn **II** *tr* o. *itr* rulla [~ *a hoop*], trilla

trunk [trʌŋk] *s* **1** [träd]stam **2** bål kroppsdel **3** koffert, trunk; Am. äv. bagage|utrymme, -lucka i bil **4** zool. snabel **5** pl.: ~*s* a) idrotts-, gymnastik-, sim|byxor b) kortkalsonger

trunk-call ['trʌŋkkɔ:l] *s* telef. rikssamtal

trunk-line ['trʌŋklaɪn] *s* **1** järnv. stambana **2** telef. huvudlinje; trunkledning

trunk-road ['trʌŋkrəud] *s* riks-, huvud|väg

truss [trʌs] **I** *tr* **1** byggn., ~ [*up*] förstärka, staga, stötta [~ *a bridge (roof)*] **2** ~ [*up*] a) binda [~ *hay*] b) kok. binda upp före tillredning [~ *up a chicken*] **II** *s* **1** byggn. spänn-, häng|verk; fackverk; taklag **2** bunt, packe; [hö]knippa av viss vikt **3** läk. bråckband

trust [trʌst] **I** *s* **1** förtroende [*in* för], förtröstan [*in* på], tilltro, tillit [*in* till], tro [*in* till, på]; *put (place) o.'s ~ in* sätta sin lit till; *position of ~* betrodd (ansvarsfull) ställning; *on ~* i god tro; *take a th. on ~* godta ngt utan vidare, ta ngt för gott **2** hand. kredit [*obtain goods on* (på) ~] **3** ansvar; omvårdnad, vård; jur. o. hand. förvaltning; förvaltarskap; ~ *company* förvaltnings-, investerings|bolag; *hold a th. in ~* [*for a p.*] förvalta ngt [åt ngn]; *be held in ~, be under ~* stå under förvaltning, förvaltas **4** a) förtroendeuppdrag b) plikt **5** jur. anförtrott gods, deposition; fideikomiss **6** a) hand. trust [*steel ~*] b) sammanslutning; stiftelse; *the National T~* (Engl.) ung. riksantikvarieämbetet **II** *tr* **1** a) lita på, hysa (ha) förtroende för b) sätta tro till, tro på [*can you ~ his account?*] **2** a) tro [fullt och fast] [*a p. to do a th.* att ngn gör ngt] b) hoppas [uppriktigt (innerligt)] [*I ~ you're well*]; ~ *me to do that!* lita på att jag gör det!; ~ *him to* [*try to get it cheaper*]*!* iron. [det är] typiskt för honom att . .! **3** ~ *a p. with a th.* anförtro ngn ngt (ngt åt ngn); ~ *a p. to do a th.* överlämna åt ngn att göra ngt; *I couldn't ~ myself to do it* jag skulle inte våga göra det **4** hand., ~ *a p.* [*for a th.*]

ge (lämna) ngn kredit [på ngt] **III** *itr* lita, förlita sig, tro [*in* (*to*) på], sätta sin lit [*in* (*to*) till]; ~ *in God* förtrösta på Gud; ~ *to luck* lita på turen

trustee ['trʌs'ti:] *s* **1** jur. förtroendeman; förvaltare; förmyndare; *Public T~* (Engl.) ung. övèrförmyndare **2** styrelsemedlem; pl. *~s* äv. styrelse

trusteeship [ˌtrʌs'ti:ʃɪp] *s* förvaltarskap äv. pol.; förmynderskap

trusthouse ['trʌsthaʊs] *s* trusthotell trustägt hotell

trustworthy ['trʌstˌwɜ:ðɪ] *a* pålitlig, trovärdig [*a ~ person*], tillförlitlig

trusty ['trʌstɪ] *a* åld. el. skämts. trogen, pålitlig, trofast; *my ~ sword* äv. mitt goda svärd

truth [tru:θ; i pl. tru:ðz, tru:θs] *s* **1** sanning; sannfärdighet, sanningsenlighet; faktum; *~ is stranger than fiction* verkligheten är underbarare än dikten; *the ~ of the matter* det verkliga förhållandet, sanningen; *~ will out* förr eller senare kommer sanningen fram; *speak* (*tell*) *the ~* säga sanningen, tala sanning; *to tell the ~* sanningen att säga; *tell a p. some home ~s* säga ngn några beska sanningar; *I know for a ~ that* jag vet säkert att **2** verklighetstrohet hos konstverk o. d.

truthful ['tru:θfʊl] *a* **1** sannfärdig, uppriktig [*a ~ person*] **2** sann, sanningsenlig

try [traɪ] **I** *tr* **1** försöka **2** a) försöka med [*~ knocking* (att knacka) *at the door*], prova, pröva [*have you tried this new recipe?*], pröva 'på b) göra försök med, prova; *he tried his best* [*to beat me*] han gjorde sitt bästa (yttersta) . .; *~ o.'s hand at a th.* försöka (ge) sig på ngt **3** sätta på prov [*~ a p.'s patience*], pröva; anstränga, fresta [på] [*bad light tries the eyes*] **4** jur. a) behandla, handlägga; döma i [*which judge will ~ the case?*] b) anklaga, åtala [*be tried for murder*], ställa inför rätta **5** med adv.: *~* **on: a**) prova [*~ on a new suit*] **b**) fam., *don't ~ it* (*your tricks*) *on with me!* försök inte [några knep] med mig!; *~* **out** [grundligt] pröva ([ut]prova); *~* **over** dra (gå, sjunga, spela) igenom **II** *itr* försöka [*at* med], försöka sig [*at* på]; *~ as I would* (*might*), *~ all I knew* hur mycket jag än försökte; *~ for* försöka [upp]nå; söka [*~ for a position*], ansöka om **III** *s* **1** försök; *have a ~* [*at a th.*] göra ett försök [med ngt], pröva [ngt] **2** rugby. försök, try tre poäng

trying ['traɪɪŋ] *a* ansträngande, påfrestande [*to* för; *a ~ day*], besvärlig [*a ~ boy*]

try-on ['traɪɒn] *s* **1** provning av kläder o. d. **2** fam. bluffförsök

try-out ['traɪaʊt] *s* **1** [ut]provning, prov; försök; *give a th. a ~* pröva ngt [grundligt] **2** isht sport. uttagningsprov

tryst [trɪst] *s* åld. avtal om att mötas; [avtalat] möte; mötesplats

tsar [zɑ:, tsɑ:] m. fl., se *czar* m. fl.

tsetse ['tetsɪ, 'tsetsɪ] *s* o. **tsetse-fly** ['tetsɪflaɪ, 'tset-] *s* zool. tsetsefluga

T-shirt ['ti:ʃɜ:t] *s* T-shirt, T-tröja

T-square ['ti:skweə] *s* vinkellinjal

tub [tʌb] *s* **1** balja, bytta [*a ~ of butter*], tunna [*a rain-water ~*]; tråg; ss. mått äv. fat, kagge **2** fam. [bad]kar **3** [glass]bägare

tuba ['tju:bə] *s* mus. tuba

tubby ['tʌbɪ] *a* rund[lagd], knubbig

tube [tju:b] *s* **1** rör [*steel ~*], slang [*rubber ~*]; *inner ~* innerslang **2** tub [*a ~ of toothpaste*] **3** fam. T-bana, tunnelbana [*go by ~*] **4** radio. o. d. a) Am. rör b) [*picture*] *~* bildrör c) Am. fam., *the ~* teve, TV

tubeless ['tju:bləs] *a* slanglös [*a ~ tyre*]

tuber ['tju:bə] *s* bot. knöl; rot-, stam|knöl

tubercular [tjʊ'bɜ:kjʊlə] *a* läk. tuberkulös

tuberculin [tjʊ'bɜ:kjʊlɪn] *s* läk. tuberkulin; *~ tested* tuberkulinundersökt

tuberculosis [tjʊˌbɜ:kjʊ'ləʊsɪs] *s* läk. tuberkulos

tuberculous [tjʊ'bɜ:kjʊləs] *a* läk. **1** tuberkulös **2** tuberkulossjuk [*~ people*]

tubing ['tju:bɪŋ] *s* rör [*a piece of copper ~*], slang [*a piece of rubber ~*]

tub-thumping ['tʌbˌθʌmpɪŋ] fam. **I** *s* skrän[ande] **II** *a* skränande, domderande

tubular ['tju:bjʊlə] *a* rör-, tub|formig; *~ bridge* rörbro; *~* [*steel*] *furniture* stålrörsmöbler

T.U.C. ['ti:ju:'si:] *s* (förk. för *Trades Union Congress*), *the ~* Brittiska LO

tuck [tʌk] **I** *tr* **1** stoppa [in (ner)] [*~ the money into your wallet*], sticka, gömma [*the bird ~ed its head under its wing*]; *~ away* stoppa (gömma) undan; *~ in* stoppa in (ner) [*~ in your shirt*], vika in; *~ the children into* (*up in*) *bed* stoppa om barnen; *he ~ed himself up in bed* han drog täcket om sig **2** *~* [*up*] kavla upp [*he ~ed up his sleeves*], fästa (dra) upp [*she ~ed up her skirt*] **3** sömn. rynka, vecka; *~ up* lägga upp **4** fam., *~* [*away* (*in*)] glufsa (stoppa) i sig **II** *itr* fam., *~ in* hugga för sig [av maten], lägga in; *~ into* hugga in på, gå lös på [*he ~ed into the ham*] **III** *s* **1** sömn. o. d. veck, invikning, uppslag **2** skol., fam. snask, godis

tuck-in ['tʌk'ɪn] *s* fam. kalas, skrovmål, fest

tuck-shop ['tʌkʃɒp] *s* fam. kondis, gottaffär i el. nära en skola

Tudor ['tju:də]

Tues. förk. för *Tuesday*

Tuesday ['tju:zdɪ, -deɪ] *s* tisdag; jfr *Sunday*

tuft [tʌft] **I** *s* **1** tofs; tott, test; *~ of wool* ulltapp **2** tuva [*a ~ of grass*] **II** *tr* pryda med en tofs (tofsar)

tug [tʌg] **I** *tr* **1** dra, streta med; släpa [på],

hala; rycka i **2** bogsera **II** *itr* dra, rycka, slita **III** *s* **1** ryck, ryckning, tag, drag; ~ *of war* dragkamp **2** bogserare, bogserbåt

tugboat ['tʌgbəut] *s* bogserbåt

tuition [tjʊ'ɪʃən] *s* undervisning [*private* ~], handledning

tulip ['tju:lɪp] *s* tulpan

tulle [tju:l] *s* tyll

tumble ['tʌmbl] **I** *itr* **1** **a)** ramla, falla, trilla, störta **b)** om byggnad o. d., ~ [*down*] störta samman, rasa **c)** om priser o. d. rasa **d)** om makthavare o. d. falla, störtas **2** tumla [*the boys ~d out of the classroom*]; ~ [*about*] tumla omkring [*they ~d in the grass*]; ~ *into bed* stupa (ramla) i säng **3** göra akrobatkonster (volter) **4** ~ *to a th.* fam. komma underfund med ngt **II** *s* **1** fall äv. bildl., störtning, [ned]störtande, om priser äv. ras **2** villervalla

tumbledown ['tʌmbldaʊn] attr. *a* fallfärdig, förfallen

tumble-drier ['tʌmblˌdraɪə] *s* torktumlare

tumbler ['tʌmblə] *s* **1** [dricks]glas utan fot, tumlare **2** tillhållare i lås **3** [tork]tumlare

tumbler-drier ['tʌmbləˌdraɪə] *s* torktumlare

tumescence [tju:'mesns] *s* ansvällning, svullnande; svullnad

tumescent [tju:'mesnt] *a* svullnande; svullen

tumid ['tju:mɪd] *a* **1** svullen, uppsvälld **2** svulstig, bombastisk

tummy ['tʌmɪ] *s* fam. o. barnspr. mage

tumour ['tju:mə] *s* tumör, svulst, växt

tumuli ['tju:mjʊlaɪ] *s* pl. av *tumulus*

tumult ['tju:mʌlt] *s* **1** tumult, upplopp **2** bildl. förvirring; *be in a* ~ vara i uppror

tumultuous [tjʊ'mʌltjʊəs] *a* tumultartad [*a ~ reception*]; stormande [*~ applause*]

tumul|us ['tju:mjʊl|əs] (pl. *-i* [-aɪ] el. *-uses*) *s* grav|hög, -kulle, -kummel

tun [tʌn] *s* tunna, fat; ss. rymdmått för vin m. m. = 252 *gallons* = omkring 1 146 liter

tuna ['tu:nə, 'tju:-] *s* zool. [stor] tonfisk, tuna [äv. ~ *fish*]

tundra ['tʌndrə] *s* tundra

tune [tju:n] **I** *s* **1** melodi; låt; *call the* ~ bildl. ange tonen, bestämma; *change o.'s ~, sing another* (*a different*) ~ bildl. ändra ton, stämma ner tonen **2** [*the piano*] *is in* ~ (*out of* ~) . . är stämt (ostämt); [*the piano and the violin*] *are not in* ~ . . är inte samstämda; *keep in* ~ hålla stämningen; hålla tonen; *sing in* ~ (*out of* ~) sjunga rent (orent, falskt) **3** fonet. [tal]melodi **4** bildl., *be in* ~ (*out of* ~) *with* stå i (inte stå i) samklang med **5** *to the ~ of* till ett belopp av **II** *tr* **1** stämma [*~ a piano*] **2** radio. avstämma; ställa in [äv. ~ *in*]; ~ *in another station* ta in en annan station **3** ~ *up* finjustera, trimma motor o. d. **4** bildl., *be ~d* [*in*] *to* vara (stå) i samklang med, harmoniera med **III** *itr* **1** ~ *up* stämma [instrumenten] [*the orchestra is tuning up*] **2** radio., ~ *in* ställa in [radion] [*~ in to* (på) *the BBC*]; ~ *in to another station* ta in en annan station **3** bildl. vara (stå) i samklang, harmoniera [*with* med]

tuneful ['tju:nfʊl] *a* melodisk

tuner ['tju:nə] *s* **1** stämmare [*piano-tuner*] **2** radio. tuner mottagare utan effektförstärkare

tungsten ['tʌŋstən, -sten] *s* kem. volfram

tunic ['tju:nɪk] *s* **1** vapenrock, för t. ex. polis uniformskavaj **2** tunika äv. ant.

tuning ['tju:nɪŋ] *s* **1** stämmande, stämning av instrument **2** radio. avstämning; inställning

tuning-fork ['tju:nɪŋfɔ:k] *s* mus. stämgaffel

tuning-knob ['tju:nɪŋnɒb] *s* radio. inställningsknapp

Tunis ['tju:nɪs]

Tunisia [tjʊ'nɪzɪə, -ɪsɪə] Tunisien

Tunisian [tjʊ'nɪzɪən, -ɪsɪən] **I** *a* tunisisk **II** *s* tunisier

tunnel ['tʌnl] *s* tunnel; underjordisk gång

tunny ['tʌnɪ] *s* o. **tunny-fish** ['tʌnɪfɪʃ] *s* zool. tonfisk

tuppence ['tʌpəns] *s* fam. = *twopence; not worth* ~ inte värd ett rött öre

tuppenny ['tʌpənɪ] *a* o. *s* fam. = *twopenny*

turban ['tɜ:bən] *s* turban

turbine ['tɜ:baɪn, -bɪn] *s* turbin

turbo-electric ['tɜ:bəuɪ'lektrɪk] *a* turboelektrisk [*~ engine* (*propulsion*)]

turbo-jet ['tɜ:bəu'dʒet] **I** *s* **1** turbojetmotor **2** turbojetplan **II** *a* turbojet- [*~ engine*]

turbo-prop ['tɜ:bəu'prɒp] **I** *s* **1** turbopropmotor **2** turbopropplan **II** *a* turboprop-

turbot ['tɜ:bət] *s* zool. piggvar

turbulence ['tɜ:bjʊləns] *s* oro, upprördhet

turbulent ['tɜ:bjʊlənt] *a* orolig, stormig, upprörd [*~ waves* (*feelings*)], våldsam

Turco- ['tɜ:kəʊ] ss. förled i sms. turkisk-

turd [tɜ:d] *s* vulg. skit äv. om pers., lort

tureen [tə'ri:n, tʊ'r-] *s* soppskål, terrin

turf [tɜ:f] **I** *s* **1** a) torv b) [gräs]torva **2** kapplöpn., *the* ~ a) kapplöpningsbanan b) hästsporten; ~ *accountant* bookmaker **II** *tr* **1** täcka med torv **2** ~ *out* sl. slänga ut; sparka [*he was ~ed out of the club*]

turgid ['tɜ:dʒɪd] *a* **1** svullen, uppsvälld **2** svulstig, bombastisk

turgidity [tɜ:'dʒɪdətɪ] *s* **1** svullnad, uppsvälldhet **2** svulstighet

Turin [tjʊ'rɪn]

Turk [tɜ:k] *s* turk

Turkestan [ˌtɜ:kɪs'tɑ:n] Turkistan

Turkey ['tɜ:kɪ] Turkiet

turkey ['tɜ:kɪ] *s* **1** kalkon **2** *cold* ~ Am. fam. rent språk; *talk* ~ fam. komma till saken

turkey-cock ['tɜ:kɪkɒk] *s* kalkontupp
turkey-hen ['tɜ:kɪhen] *s* kalkonhöna
Turkish ['tɜ:kɪʃ] **I** *a* turkisk; ~ *bath* turkiskt bad, turk; ~ *delight* slags marmeladkonfekt med pudersocker; ~ *towel* frottéhandduk **II** *s* turkiska [språket]
turmoil ['tɜ:mɔɪl] *s* vild oordning [*the town was in a* ~], kaos, tumult, villervalla
turn [tɜ:n] **A** *vb* (se äv. fraser med *turn* under t. ex. *corner, deaf, nose, somersault, table*) **I** *tr* (se äv. *III*) **1** vända, vända (vrida) på [~ *o.'s head*]; ~ *o.'s back* [*up*]*on a p.* bildl. vända ngn ryggen; ~ *the other cheek* vända andra kinden till; ~ *a* (*o.'s*) *hand to* ta itu med, ägna sig åt [*he* ~*ed his hand to gardening*]; [*the very thought of food*] ~*s my stomach* . . kommer det att vända sig i magen på mig **2 a**) vrida [på], vrida om [~ *the key in the lock*]; skruva [på], snurra [på], sno, veva, svänga [på (runt)]; ~ *a p.'s head* stiga ngn åt huvudet [*success had not* ~*ed his head*] **b**) svarva [till]; dreja **c**) formulera, turnera [*neatly* (elegant) ~*ed compliments*] **3 a**) vika (vända) om, svänga runt [~ *a corner*], runda [~ *Cape Horn*] **b**) mil. kringgå **4** rikta, vända [~ *the hose on* (mot) *the fire*] **5 a**) göra [~ *grey*]; *it is enough to* ~ *my hair grey* det ger mig gråa hår **b**) komma att surna [*hot weather may* ~ *milk*] **c**) ~ *into* göra till, förvandla (göra om) till [~ *a bedroom into a study*] **6 a**) fylla år; *he has* (*is*) ~*ed fifty* han har fyllt femtio **b**) *it has* (*is*) *just* ~*ed three* [*o'clock*] klockan är lite över tre **7** skicka [bort]; visa (köra) bort [~ *a p. from o.'s door*]; ~ *loose* släppa; släppa ut [~ *the cattle loose*]

II *itr* (se äv. *III*) **1** vända [om], vända sig om, vända sig [~ *to* (mot) *the wall*; ~ *on o.'s side*]; *it makes my stomach* ~ [det är så att] det vänder sig i magen på mig; *left* (*right*) ~! vänster (höger) om!; ~ *to the left* (*right*) göra vänster (höger) om (jfr *3* nedan); *not know where* (*which way*) *to* ~ inte veta vart (hur) man ska vända sig **2 a**) svänga [runt], snurra [runt], vrida sig [runt], rotera; ~ *on o.'s heel*[*s*] svänga om (snurra runt) på klacken **b**) svarva; dreja **3** vika av, ta av, böja av, svänga; ~ [*to the*] *right* ta (vika) av till höger, svänga [av] åt höger **4 a**) bli [~ *pale* (*sour*); ~ *Catholic* (*traitor*)]; ~ *pale* (*sour*) äv. blekna (surna) **b**) bli sur, surna [*the milk has* ~*ed*] **c**) ~ *into* (*to*) bli till [*the water had* ~*ed* [*in*]*to ice*], förvandlas till [*the prince* ~*ed into a frog*], övergå till (i)

III *tr* o. *itr* med adv. o. prep: ~ **about** vända [med] [~ *a car about*]; [vrida och] vända på; vända sig om; *about* ~! helt om!; *right* (*left*) *about* ~! [helt] höger (vänster) om!

~ **against** vända sig mot

~ **around** (isht Am.) se ~ *round*

~ **aside: a**) gå (stiga, dra sig) åt sidan, vika undan; vända sig bort **b**) avvika [~ *aside from o.'s subject*] **c**) avvända, avvärja

~ **away: a**) vända sig bort; vända (vrida) bort [~ *o.'s head away*] **b**) köra bort [~ *away a beggar*]; avvisa [*many spectators were* ~*ed away*]

~ **back: a**) driva (slå) tillbaka [~ *back the enemy*]; avvisa [~ *back refugees*] **b**) vända [och gå] tillbaka, vända [om], återvända, komma tillbaka; *there is no* ~*ing back* det finns ingen återvändo **c**) vika undan (tillbaka) [~ *back the coverlet* (täcket)]

~ **down: a**) vika (slå, fälla) ner **b**) skruva ner [~ *down the gas* (*radio*)] **c**) avvisa, förkasta [~ *down an offer*], avslå [*his request was* ~*ed down*]; *he was* ~*ed down* han fick avslag (korgen); *have a th.* ~*ed down* få avslag på ngt **d**) ~ *down* [*into*] svänga (vika) in på **e**) vända upp och ner på

~ **in: a**) vika (vända, böja, kröka) [sig] inåt, vara vänd (etc.) inåt **b**) lämna (skicka) in (tillbaka) [*he* ~*ed in his membership card*]; ~ *in o.'s car for a new one* byta till en ny bil **c**) åstadkomma, komma med [~ *in a bad piece of work*] **d**) ange [*somebody had* ~*ed him in*]; ~ *o.s. in* anmäla sig; ~ *a p. in to the police* överlämna ngn till polisen **e**) fam. sluta (höra) upp med; ~ *it in!* lägg av [med det där]!

~ **into: a**) svänga (vika, slå) in på [*he* ~*ed into a side-road*] **b**) göra till etc., se *I 5 c*); bli till etc., se *II 4 c*)

~ **off: a**) vrida (skruva, stänga) av [~ *off the water* (*light, radio*)]; ~ *off the light* äv. släcka [ljuset] **b**) vika (svänga, ta) av [~ *off to the left*] **c**) fam. stöta, beröra illa [*his manner* ~*s me off*], avskräcka; ~ *a p. off a th.* få ngn att tappa lusten för ngt

~ **on: a**) vrida (skruva, sätta) på [~ *on the radio*]; ~ *on the electricity* släppa på strömmen; ~ *on the light* tända [ljuset] **b**) röra sig om (kring) [*the conversation* ~*ed on politics*] **c**) bero (hänga) på [*everything* ~*s on your answer*] **d**) vända sig mot, gå lös på [*the dog* ~*ed on his master*]; ge sig på **e**) fam., *it* (*he*) ~*s me on* jag tänder på det (honom)

~ **out: a**) vika (vända, böja, kröka) [sig] utåt, vara vänd (etc.) utåt **b**) släcka [~ *out the light*] **c**) producera, framställa, tillverka [*the factory* ~*s out 5,000 cars a week*] **d**) om skola o. d. utbilda [~ *out pupils* (*trained nurses*)], släppa ut **e**) köra (kasta) ut; köra bort [~ *a p. out of* (från) *his job*]; utesluta [~ *a p. out of* (ur) *a club*]; ~ *a p. out* [*of doors*] köra ngn på porten; ~ *out a tenant* vräka en hyresgäst **f**) ~ *out* [*to grass*] släppa ut [på bete] **g**) röja ur, tömma [~ *out the* *drawers in o.'s desk*]; ~ *out o.'s pockets* tömma fickorna **h**) kok. stjälpa upp [~ *out a pudding on to* (på) *a flat dish*] **i**) möta (ställa) upp, gå (rycka) ut [*everybody ~ed out to greet him*]; ~ *out to a man* gå man ur huse **j**) utfalla, avlöpa, sluta [*I don't know how it will ~ out*]; ~ *out well* (*badly*) äv. slå väl (illa) ut; *everything ~s out for the best in the end* bäst som sker **k**) arta sig till, bli [*she has ~ed out a pretty girl*]; *he ~ed out to be, it ~ed out that he was* han visade sig vara, det visade sig att han var **l**) ekipera, styra ut; *she was beautifully ~ed out* hon var snyggt klädd

~ **over: a**) vända [på] [~ *a stone over*], vända upp och ner på; vända [på] sig **b**) ~ *over the page* vända [på] bladet; *please ~ over!* [var god] vänd! **c**) välta (stjälpa) [omkull], kasta (få) omkull **d**) överlåta [*the job was ~ed over to* (till, på) *another man*], överlämna [~ *a p. over to the police*] **e**) hand. omsätta [*they ~ over £1,000 a week*] **f**) ~ *a problem over* [*in o.'s mind*] vända och vrida på ett problem

~ **round: a**) vända [med]; vända (vrida) på [~ *o.'s head round*]; vända sig om, vända på sig **b**) svänga (snurra, vrida [sig]) runt; *his head ~ed round* det snurrade i huvudet på honom

~ **to: a**) vända sig [om] mot; vända sig till [~ *to a p. for* (för att få) *help*], hänvända sig till, anlita; gå till, slå upp i [*please ~ to the end of the book*]; ~ *to page 10* slå upp sidan 10 **b**) övergå till [*the speaker now ~ed to the 19th century*]; *the conversation ~ed to politics* samtalet kom in på politik

~ **up: a**) vika (slå, fälla) upp [~ *up o.'s collar*], kavla upp; vika (vända, böja) sig uppåt, vara uppåtvänd (etc.) **b**) skruva upp [~ *up the radio*]; tända [~ *up the lights*] **c**) slå upp [~ *up a th. in a book*] **d**) lägga ett spelkort med framsidan uppåt, vända upp **e**) dyka upp [*he has not ~ed up yet; I expect something to ~ up*], komma till rätta, infinna sig; yppa sig [*an opportunity will ~ up*], uppstå [*if any difficulties should ~ up*]

B *s* **1** vändning, vridning; svängning, sväng [*left ~*]; varv, omgång, slag; ~ *of the scale*[*s*] på våg utslag; ~ *of the screw* skärpning, intensifiering; se äv. ex. under *screw I 1*; *to a ~* på pricken; perfekt; *done to a ~* lagom stekt (kokt) **2** [väg]krök, sväng [*the road takes* (gör) *a sudden ~ to the left*], krok; *at every ~* vid varje steg, vart man vänder sig **3 a**) [om]svängning, förändring; *a ~ for the worse* (*better*) en vändning till det sämre (bättre); [*his health*] *took a ~ for the worse* . . försämrades; *the ~s of fortune* ödets växlingar; ~ *of the tide* tidvattensskifte, bildl. strömkantring, omsvängning **b**) *the ~ of the century* sekelskiftet **4 a**) tur; *it's my ~* det är min tur; *take ~s in* (*at*) *doing a th.* el. *take it in ~*[*s*] (*by ~s*) *to do a th.* turas om att göra ngt; *by ~s* i tur och ordning; i omgångar; växelvis; *he spoke* [*English and Swedish*] *by ~s* han talade omväxlande . .; *she laughed and cried by ~s* hon skrattade och grät om vartannat; *in ~* a) i tur och ordning [*we were examined in ~*]; växelvis b) i sin tur, åter[igen] [*and this, in ~, means* . .]; *speak out of* [*o.'s*] *~* a) tala när man inte står i tur b) uttala sig taktlöst **b**) *take a ~ at* hjälpa till ett tag vid (med) **5** tjänst; *one good ~ deserves another* den ena tjänsten är den andra värd; *do a p. a good ~* göra ngn en stor tjänst; *a bad ~* en otjänst, en björntjänst **6 a**) läggning; ~ *of mind* sinnelag; tänkesätt **b**) ~ *of speed* snabbhet **7** *serve a p.'s ~* tjäna (passa) ngns syfte, komma ngn väl till pass; *it serves its ~* det tjänar sitt syfte **8** liten tur; *take a ~* [*round the garden*] göra en vända . ., ta en sväng . . **9** nummer på varieté o. d.; *star ~* se *star I 2* **10** fam. chock; *it gave me a terrible ~* äv. jag blev alldeles förskräckt **11** formulering [*the ~ of a phrase*] **12** form [*the ~ of an ankle*]

turnabout ['tɜːnəbaʊt] *s* vändning, helomvändning

turnaround ['tɜːnəraʊnd] *s* Am. **1** vändplats **2** bildl. helomvändning

turncoat ['tɜːnkəʊt] *s* överlöpare, avhoppare; *be a ~* vända kappan efter vinden

turn-down ['tɜːndaʊn] *a* nedvikbar, dubbelvikt [*a ~ collar*]

turned-up ['tɜːndʌp] *a, ~ nose* uppnäsa

turner ['tɜːnə] *s* svarvare; drejare

turning ['tɜːnɪŋ] *s* **1** vändning etc., jfr *turn A*; ~ *circle* vändradie; ~ *space* vändplats **2** a) kurva, sväng b) avtagsväg, tvärgata [*the first ~ to* (*on*) *the right*] **3** bildl. vändpunkt

turning-lathe ['tɜːnɪŋleɪð] *s* svarv[stol]

turning-point ['tɜːnɪŋpɔɪnt] *s* vändpunkt, kritisk punkt

turnip ['tɜːnɪp] *s* **1** bot. rova; *Swedish ~* kålrot **2** fam. rova fickur

turnip-tops ['tɜːnɪptɒps] *s pl* rovblast

turnkey ['tɜːnkiː] *s* fångvaktare

turn-out ['tɜːnaʊt] *s* **1** mil. utryckning, uppställning **2** a) anslutning [*a large ~ at the meeting*]; samling, uppbåd b) parl. valdeltagande **3** Am. mötesplats på väg **4** urröjning, tömning **5** utstyrsel, utrustning **6** ekipage **7** produktion[smängd], tillverkning[smängd]

turnover ['tɜːnˌəʊvə] *s* **1** hand. o. d. omsättning **2** omorganisering, omgruppering [*a ~ of the staff*] **3** omsvängning [*a considerable ~ of votes*] **4** kok. risoll [*apple ~s*]

turnpike ['tɜːnpaɪk] *s* **1** ~ [*road*] Am. [av-

giftsbelagd] motorväg, expressväg **2** förr vägbom, tullbom
turnspit ['tɜ:nspɪt] *s* [mekanisk] stekvändare; stekspett
turnstile ['tɜ:nstaɪl] *s* vändkors; spärr i t. ex. T-banestation
turntable ['tɜ:n,teɪbl] *s* **1** järnv. vändskiva **2** a) skivtallrik på skivspelare b) [*transcription*] ~ skivspelare av avancerad typ
turn-up ['tɜ:nʌp] *s* **1** uppslag på t. ex. byxa **2** fam., *what a ~ [for the book]!* det var verkligen en överraskning!
turpentine ['tɜ:pəntaɪn] *s* terpentin
turpitude ['tɜ:pɪtju:d] *s* skändlighet; *moral ~* moraliskt fördärv
turps [tɜ:ps] (konstr. vanl. ss. sg.) *s* fam. terpentin[olja]
turquoise ['tɜ:kwɔɪz, -kwɑ:z] *s* **1** miner. turkos **2** turkos[färg]
turret ['tʌrət] *s* **1** [litet] torn; [*ridge*] ~ takryttare **2** stridstorn, manövertorn på krigsfartyg, torn på stridsvagn
turreted ['tʌrətɪd] *a* **1** försedd med [små] torn, tornprydd **2** tornliknande
turret-gun ['tʌrətgʌn] *s* mil. sjö. tornpjäs
turret-lathe ['tʌrətleɪð] *s* tekn. revolversvarv
1 turtle ['tɜ:tl] *s* **1** [havs]sköldpadda, Am. äv. land-, sötvattenssköldpadda **2** *turn ~* a) sjö. kapsejsa, kantra b) köra omkull, välta
2 turtle ['tɜ:tl] *s* bibl., åld. turturduva
turtle-dove ['tɜ:tldʌv] *s* turturduva
turtle-neck ['tɜ:tlnek] *s* turtleneck, halvpolokrage; Am. polokrage
turtle-soup ['tɜ:tlsu:p] *s* sköldpaddsoppa
Tuscany ['tʌskənɪ] Toscana
tusk [tʌsk] *s* bete, huggtand; *elephant's ~* elefantbete
tussle ['tʌsl] **I** *s* strid, kamp, slagsmål, dust äv. bildl. [*with* med, *for* om] **II** *itr* strida, kämpa, slåss äv. bildl. [*with* med, *for* om]
tut [tʌt] *interj*, [~] *~!* äsch!, äh!
tutelage ['tju:təlɪdʒ] *s* **1** förmynderskap äv. bildl.; *be in* (*put under*) *~* stå (ställa) under förmyndare **2** [hand]ledning, undervisning
tutor ['tju:tə] **I** *s* **1** [*private*] ~ privatlärare, informator [*to* åt, för] **2** univ. a) [personlig] handledare b) Am. biträdande lärare **II** *tr* ge privatlektioner; handleda [i studierna]
tutorial [tjʊ'tɔ:rɪəl] **I** *a* [privat]lärar-; univ. handledar- [*the ~ system*] **II** *s* möte (samtal) med en (sin) handledare
tutti-frutti ['tʊtɪ'frʊtɪ] *s* **1** tuttifrutti **2** glass med [kanderad] frukt
tu-whit [tʊ'wɪt] *interj* o. **tu-whoo** [tʊ'wu:] *interj* uhu!, klävitt! ugglans läte
tuxedo [tʌk'si:dəʊ] *s* isht Am. smoking
TV o. **T.V.** ['ti:'vi:] *s* TV, tv, teve; för ex. se *television*
twaddle ['twɒdl] **I** *itr* svamla **II** *s* svammel
twaddling ['twɒdlɪŋ] *a* svamlig
twain [tweɪn] åld. el. poet. **I** *räkn* två, tvenne; *in ~* itu, isär **II** *s* par
1 twang [twæŋ] **I** *itr* **1** om sträng o. d. sjunga, dallra **2** knäppa [*~ at a banjo*] **3** tala i näsan **II** *s* **1** sjungande (dallrande) ton; klang **2** [*nasal*] ~ näston; *have a nasal ~* tala i näsan **3** brytning [*an Irish ~*]
2 twang [twæŋ] *s* bismak, lukt
'twas [twɒz, obet. twəz] poet. = *it was*
twat [twɒt] *s* vulg. fitta äv. som skällsord
tweak [twi:k] **I** *tr* nypa; rycka i; *~ a p.'s nose* nypa ngn i näsan **II** *s* nyp; ryck
tweed [twi:d] *s* tweed; pl. *~s* tweed[kläder]
tweedledum and tweedledee ['twi:dl'dʌmənd'twi:dl'di:] *s* hugget som stucket, hipp som happ
tweedy ['twi:dɪ] *a* **1** klädd i tweed; tweedaktig **2** fam. sportig[t klädd], sportbetonad
tweet [twi:t] **I** *s* kvitter; pip **II** *itr* kvittra; pipa
tweeter ['twi:tə] *s* diskanthögtalare; *dome ~* dometweeter diskantelement i hi-fi-högtalare
tweezers ['twi:zəz] *s pl* pincett; *a pair of ~* en pincett
twelfth [twelfθ] *räkn* o. *s* tolfte; tolftedel; jfr *fifth*; *T~ Night* trettondagsafton
twelve [twelv] (jfr *fifteen* med ex. o. sms.) **I** *räkn* tolv **II** *s* tolv, tolva
twelvemonth ['twelvmʌnθ] **I** *s, a ~* ett år[s tid] **II** *adv, this day ~* i dag för ett år sedan; i dag om ett år
twentieth ['twentɪɪθ, -tɪəθ] *räkn* o. *s* (jfr *fifth*) **1** tjugonde **2** tjugon[de]del
twenty ['twentɪ] **I** *räkn* tjugo **II** *s* tjugo; tjugotal; jfr *fifty* med sms.
'twere [twɜ:, tweə, obet. twə] poet. = *it were*
twerp [twɜ:p] *s* sl. **1** puttefnask **2** dumskalle
twice [twaɪs] *adv* två gånger [*I've been there ~; ~ 3 is 6*]; *~ a day* (*week*) två gånger om dagen (i veckan); *~ as many, ~ the number* dubbelt så många; *think ~ about* (*before*) *doing a th.* tänka sig för innan man gör ngt
twice-told ['twaɪstəʊld] *a, a ~ tale* en gammal [välkänd] historia
twiddle ['twɪdl] **I** *tr* **1** sno [mellan fingrarna], fingra (snurra) på **2** *~ o.'s thumbs* (*fingers*) [sitta och] rulla tummarna, sitta med armarna i kors **II** *s* **1** snurrande, vridning **2** släng, snirkel, krumelur i skrift o. d.
twiddly ['twɪdlɪ] *a, a ~ bit* en trudelutt
1 twig [twɪg] *s* kvist, liten gren; spö
2 twig [twɪg] fam. **I** *tr* fatta, förstå **II** *itr* fatta galoppen
twilight ['twaɪlaɪt] **I** *s* skymning, ibl. gryning; halvdager, halvmörker; *the ~ of the gods* mytol. ragnarök **II** attr. *a* skymnings-
twilit ['twaɪlɪt] *a* skymnings-

twill [twɪl] vävn. **I** *s* **1** ~ [*weave*] kypert[bindning] **2** twills, tvills **II** *tr* kypra
twin [twɪn] **I** *s* **1** tvilling; tvilling|syskon, -bror, -syster **2** pendang, motstycke, make [*of* till] **II** *a* tvilling- [~ *brother* (*sister*)]; dubbel-; exakt likadan; ~ *beds* två [likadana] enmanssängar; ~ *set* jumperset; ~ *towns* vänorter **III** *tr* para ihop
twin-circuit ['twɪnˌsɜ:kɪt] *a*, ~ *brakes* tvåkretsbromsar
twin-cylinder ['twɪnˌsɪlɪndə] *a* tvåcylindrig
twine [twaɪn] **I** *s* segelgarn; [tvinnad] tråd; snöre; garn **II** *tr* **1** tvinna [ihop]; spinna ihop; fläta (väva) samman **2** a) vira, linda, sno, fläta, knyta [*about*, [*a*]*round* om, kring, runt] b) vira (linda) 'om [*with* med]
twin-engine ['twɪnˌendʒɪn] *a* o. **twin-engined** ['twɪnˌendʒɪnd] *a* tvåmotorig
twinge [twɪndʒ] **I** *itr* sticka, göra ont, svida **II** *s* stickande smärta, hugg, stick, sting, styng; *a* ~ *of conscience* samvetsagg
twinkle ['twɪŋkl] **I** *itr* **1** tindra, blinka [*stars that* ~ *in the sky*], blänka; gnistra; *her eyes* ~*d with mischief* hennes ögon glittrade av odygd **2** röra sig [blixt]snabbt; fladdra **II** *s* tindrande [*the* ~ *of the stars*], blink[ande]; glimt [i ögat] [*with a humorous* ~ [*in his eye*]]; *in a* ~, *in the* ~ *of an eye* på ett litet kick
twinkling ['twɪŋklɪŋ] *s* tindrande, blink[ande]; *in a* ~, *in the* ~ *of an eye* på ett litet kick
twin-lens ['twɪnlens] *a*, ~ *reflex camera* tvåögd spegelreflexkamera
twin-track ['twɪntræk] *a* tvåspårs- [*a* ~ *tape-recorder*]
twirl [twɜ:l] **I** *itr* snurra [runt], svänga omkring **II** *tr* snurra, sno [~ *o.'s moustaches*]; svänga [med] **III** *s* **1** snurr[ande]; piruett **2** släng, snirkel, krumelur i skrift
twist [twɪst] **I** *s* **1** vridning; tvinning; [samman]flätning; *he gave my arm a* ~ han vred om armen på mig **2 a**) [tvinnad] tråd **b**) [*bread*] ~ snodd [vete]längd, fläta **c**) *a* ~ *of chewing tobacco* en rulle (fläta) tuggtobak **d**) strut [*a* ~ *of paper*] **3** [tvär] krök [*a* ~ *in the road*], sväng; ~*s and turns* krökar och svängar, krokvägar **4** [led]vrickning **5** förvrängning, förvanskning **6** snedvridning, rubbning [*mental* ~] **7** twist dans **8** sport. skruv **II** *tr* **1 a**) sno, vrida; vrida ur [~ *a wet cloth*]; vrida till; ~ *a p.'s arm* vrida om armen på ngn; bildl. utöva tryck på ngn; ~ *and turn* vrida och vränga (vända) på **b**) tvinna [ihop], fläta [ihop (samman)] [*into* till]; sno ihop [*she* ~*ed her hair into a knot*]; ~ *tobacco* spinna tobak **c**) vira, linda [*round* kring] **2** vrida ur led, vricka; *I have* ~*ed my ankle* jag har vrickat foten **3** förvrida [*his features were* ~*ed with* (av) *pain*]; ~ *o.'s mouth* vrida munnen på sned **4** förvränga [betydelsen av], förvanska, vantolka [~ *a p.'s words*], snedvrida **III** *itr* **1** sno (slingra) sig, ringla sig, vrida sig [*he* ~*ed* [*round*] *in his chair*]; ~ [*and turn*] slingra sig [fram] **2** twista, dansa twist
twist-drill ['twɪstdrɪl] *s* spiralborr
twisted ['twɪstɪd] *a* snodd; vriden; tvinnad; snedvriden; tillkrånglad; *get* ~ äv. sno sig, trassla ihop sig; *he has a* ~ *mind* det är något snedvridet hos honom
twister ['twɪstə] *s* **1** sport. skruvad boll, skruvboll **2** fam. fixare, svindlare
twit [twɪt] **I** *tr* retas med, pika [*with* (*about*, *on*, *for*) *a th.* för ngt] **II** *s* sl. dumskalle
twitch [twɪtʃ] **I** *tr* **1** ha (få) [kramp]ryckningar i; knipa ihop; ~ *o.'s ears* klippa med öronen; ~ *o.'s eyelids* (*mouth*) ha ryckningar i ögonlocken (kring munnen) **2** rycka (dra) i [*the rider* ~*ed the reins*] **II** *itr* **1** rycka till; *his face* ~*es* han har ryckningar i ansiktet; *my tooth is* ~*ing* det hugger i tanden [på mig] **2** rycka, dra **III** *s* **1** [kramp]ryckning, [muskel]sammandragning; *there was a* ~ *round the corners of his mouth* det ryckte i mungiporna på honom **2** ryck [*I felt a* ~ *at my sleeve*]; nyp
twitter ['twɪtə] **I** *itr* **1** kvittra **2** snattra **3** fnittra nervöst **II** *s* **1** kvitter **2** snatter **3** fam., *be all of a* ~ ha stora skälvan
'twixt [twɪkst] *prep* poet. = *betwixt*
two [tu:] (jfr *five* med ex. o. sms.) **I** *räkn* två; båda, bägge; ~ *bits* Am. sl. 25 cent; *the first* ~ *days* de båda (bägge, två) första dagarna; *a day or* ~ ett par dagar; ~ *or three days* ett par tre dagar; [*they came out*] ~ *and* (*by*) ~ .. två och två (två i taget); *put* ~ *and* ~ *together* bildl. lägga ihop två och två; [*break*] *in* ~ .. [mitt] itu, .. i två delar; *that makes* ~ *of us* fam. då är vi lika, det är likadant med mig, jag med; *the* ~ *of you* ni båda (bägge, två), båda två; ~ *can play at that game* se *1 game I 1* **II** *s* tvåa; *by* (*in*) ~*s* två och två, två i taget, parvis
two-bit ['tu:bɪt] attr. *a* Am. sl. **1** tjugofemcents- **2** billig; dålig [*a* ~ *actor*], skruttig
two-cylinder ['tu:ˌsɪlɪndə] attr. *a* tvåcylindrig
two-dimensional ['tu:dɪ'menʃənl, -daɪ'm-] *a* tvådimensionell
two-edged ['tu:'edʒd] *a* tveeggad äv. bildl.
two-faced ['tu:'feɪst] *a* **1** med två ansikten **2** bildl. falsk, hycklande
twofold ['tu:fəʊld] **I** *a* dubbel, tvåfaldig **II** *adv* dubbelt, tvåfaldigt
two-four ['tu:'fɔ:] *a* o. *s*, ~ [*time*] tvåfjärdedelstakt
two-headed ['tu:'hedɪd] *a* tvehövdad
two-legged ['tu:'legd, 'tu:'legɪd] *a* tvåbent

twopence ['tʌpəns] *s* **1** två pence; ~ *halfpenny* förr två och en halv penny **2** *not care ~ for* inte bry sig ett dugg (dyft) om
twopenny ['tʌpənɪ] *a* **1** tvåpence- [*a ~ stamp*] **2** bildl. billig, futtig, skruttig; *I don't care a ~ damn if . .* fam. jag bryr mig inte ett jäkla dugg om ifall . .
twopenny-halfpenny ['tʌpənɪ'heɪpənɪ] *a* **1** förr två och en halvpennys- [*a ~ stamp*] **2** bildl. billig, futtig, skruttig
two-phase ['tu:'feɪz] *a* tvåfas- [*a ~ engine*]
two-piece ['tu:pi:s] **I** *a* tudelad, tvådelad [*a ~ bathing-suit*], i två delar; *~ suit* a) [herr]-kostym [utan väst] b) tvådelad dräkt (klänning) **II** *s* se *~ suit* under *I*; tvådelad baddräkt
two-ply ['tu:plaɪ] *a* dubbel, tvåtrådig etc., jfr *five-ply*
two-seater ['tu:'si:tə] *s* tvåsitsig bil; tvåsitsigt flygplan; attr. tvåsitsig [*a ~ car*]
two-sided ['tu:'saɪdɪd] *a* tvåsidig
twosome ['tu:səm] **I** *a* utförd av två, för två, tvåmans-; par- [*~ dance*] **II** *s* spel där två spelar mot varandra; golf. tvåspel
two-step ['tu:step] *s* twostep dans
two-stroke ['tu:strəʊk] attr. *a* tvåtakts- [*a ~ engine*]
two-time ['tu:taɪm] sl. **I** *tr* bedra, vara otrogen mot; spela dubbelspel med **II** *itr* vänsterprassla
two-timer ['tu:ˌtaɪmə] *s* sl. vänsterprasslare; person som spelar dubbelspel, bedragare
two-timing ['tu:ˌtaɪmɪŋ] *a* sl. otrogen, som vänsterprasslar; falsk, opålitlig
two-way ['tu:weɪ] attr. *a* **1** tvåvägs- [*~ switch* (strömbrytare)] **2** dubbelriktad [*~ traffic*]; *~ street* gata med dubbelriktad trafik
tycoon [taɪ'ku:n] *s* fam. magnat [*oil ~s*], [stor]pamp
tyke [taɪk] *s* **1** by-, hund|racka **2** knöl, tölp
tympani ['tɪmpənɪ] *s* se *timpani*
tympanist ['tɪmpənɪst] *s* se *timpanist*
Tyne and Wear ['taɪnənd'wɪə]
Tynemouth ['taɪnmaʊθ]
Tyneside ['taɪnsaɪd]
type [taɪp] **I** *s* **1** a) typ, art, slag, sort b) ss. efterled i sms. av . . -typ, -liknande [*Cheddar-type cheese*] **2** [typisk] representant, [ur]-typ **3** fam. individ, typ [*that awful ~*] **4** symbol, sinnebild [*of* för] **5** boktr. typ; stil[sort]; *bold* (*bold-face*[*d*]) ~ halvfet [stil]; *set* [*up*] ~ sätta; *in ~* [upp]satt [*the MS is in ~*]; *printed in large* (*small*) ~ tryckt med stor (liten, fin) stil **II** *tr* **1** skriva på maskin; *a ~d letter* ett maskinskrivet brev; *~ out* skriva ut [på maskin] **2** symbolisera **III** *itr* skriva [på] maskin
typecast ['taɪpkɑ:st] (*typecast typecast*) *tr* teat., *he is ~ for the role* han är som klippt och skuren för rollen
typescript ['taɪpskrɪpt] *s* maskinskrivet manuskript
typesetter ['taɪpˌsetə] *s* boktr. **1** sättare **2** sättmaskin
typesetting ['taɪpˌsetɪŋ] *s* boktr. sättning; *~ machine* sättmaskin
typewrite ['taɪpraɪt] (*typewrote typewritten*) *tr* o. *itr* skriva [på] maskin; *a typewritten letter* ett maskinskrivet brev
typewriter ['taɪpˌraɪtə] *s* skrivmaskin; *~ ribbon* färgband
typewriting ['taɪpˌraɪtɪŋ] *s* maskinskrivning
typhoid ['taɪfɔɪd] läk. **I** *a* tyfus-, tyfoid-; *~ fever* = följ. **II** *s* tyfus, tyfoidfeber
typhoon [taɪ'fu:n] *s* tyfon
typhus ['taɪfəs] *s* läk., ~ [*fever*] fläckfeber, fläcktyfus
typical ['tɪpɪkəl] *a* typisk, karakteristisk, representativ, betecknande [*of* för]
typify ['tɪpɪfaɪ] *tr* vara ett typiskt exempel på, exemplifiera
typing ['taɪpɪŋ] *s* maskinskrivning; *~ bureau* skrivbyrå, maskinskrivningsbyrå; *~ paper* skrivmaskinspapper
typist ['taɪpɪst] *s* maskin|skrivare, -skriverska
typographer [taɪ'pɒgrəfə] *s* typograf
typographic[**al**] [ˌtaɪpə'græfɪk, -əl] *a* typografisk; tryck- [*a ~ error*]
typography [taɪ'pɒgrəfɪ] *s* typografi; typografisk utformning
tyrannical [tɪ'rænɪkəl] *a* tyrannisk
tyrannicide [tɪ'rænɪsaɪd] *s* **1** tyrannmord **2** tyrannmördare
tyrannize ['tɪrənaɪz] **I** *itr* regera tyranniskt; *~ over* tyrannisera, förtrycka **II** *tr* tyrannisera, förtrycka
tyrannizer ['tɪrənaɪzə] *s* förtryckare, tyrann
tyrannous ['tɪrənəs] *a* tyrannisk
tyranny ['tɪrənɪ] *s* tyranni
tyrant ['taɪərənt] *s* tyrann
tyre ['taɪə] *s* däck, ring till bil, cykel o. d.; sl. bilring kring magen; *~ pressure* ringtryck
tyro ['taɪərəʊ] *s* se *tiro*
Tyrol [tɪ'rəʊl, 'tɪrəl] *s*, [*the*] ~ Tyrolen
Tyrolean [tɪ'rəʊlɪən, ˌtɪrə'li:ən] *a* o. *s* se *Tyrolese*
Tyrolese [ˌtɪrə'li:z, '- -'-] **I** *a* tyrolsk, tyroler- [*~ hat*] **II** (pl. lika) *s* tyrolare
tzar [zɑ:, tsɑ:] m. fl., se *czar* m. fl.
tzetze ['tetsɪ, 'tsetsɪ] *s* se *tsetse*
Tzigane o. **tzigane** [tsɪ'gɑ:n] *s* [ungersk] zigenare

U

U, u [ju:] (pl. *U's, u's* [ju:z]) *s* U, u
1 U [ju:] *a* (förk. för *Upper Class*) i överensstämmelse med [den engelska] överklassens [språk]bruk (seder)
2 U [ju:] *a* o. *s* (förk. för *universal*) barntillåten [film]
ubiquitous [jʊ'bɪkwɪtəs] *a* allestädes närvarande; överallt förekommande
ubiquity [jʊ'bɪkwətɪ] *s* allestädesnärvaro
U-boat ['ju:bəʊt] *s* [tysk] ubåt
U.C.L. förk. för *University College, London*
U.C.L.A. förk. för *University of California, Los Angeles*
U.D. förk. för *Urban District*
udder ['ʌdə] *s* juver
UFO o. **ufo** ['ju:fəʊ] *s* (förk. för *unidentified flying object*) oidentifierat flygande föremål, ufo
Uganda [jʊ'gændə]
ugh [ʊh, u:x] *interj* hu!, usch!, fy!
ugly ['ʌglɪ] *a* **1** ful äv. bildl. [*an ~ person* (*trick*)], otäck, gräslig, ruskig [*~ weather*]; elak [*an ~ rumour*]; *an ~ customer* fam. en otrevlig typ; *the ~ duckling* den fula ankungen **2** otrevlig, pinsam [*an ~ situation*], hotande **3** fam. sur, härsken [*an ~ mood*]
UHF förk. för *ultra-high frequency*
uh-huh [ə'hʌ, 'ʌhə] *interj* hm!, hum!; jaha!, jaha?
UK o. **U.K.** ['ju:'keɪ] (förk. för *United Kingdom*) *s, the ~* Förenade kungariket Storbritannien och Nordirland
ukelele [,ju:kə'leɪlɪ] *s* se *ukulele*
Ukraine [jʊ'kreɪn, -'kraɪn] Ukraina
Ukrainian [jʊ'kreɪnjən] **I** *s* ukrainare **II** *a* ukrainsk
ukulele [,ju:kə'leɪlɪ] *s* ukulele
ulcer ['ʌlsə] *s* **1** läk. sår, rötsår, ulcus; *gastric ~* magsår **2** bildl. kräftsvulst
ulcerate ['ʌlsəreɪt] *itr* bli sårig, få sår
ulceration [,ʌlsə'reɪʃən] *s* sårbildning
ulcered ['ʌlsəd] *a* sårig, full av sår; varig
ulcerous ['ʌlsərəs] *a* läk. sårig, full av sår; varig; sårartad, sår-
Ulster ['ʌlstə] **I** egennamn **1** Ulster **2** fam. Nordirland **II** *s, u~* ulster
ult. förk. för *ultimo*
ulterior [ʌl'tɪərɪə] *a* **1** avlägsnare, bortre **2** senare, framtida **3** hemlig, dold, förstucken [*~ motives*]; *without an ~ motive* utan någon baktanke
ultimata [,ʌltɪ'meɪtə] *s* pl. av *ultimatum*
ultimate ['ʌltɪmət] **I** *a* **1** slutlig, slut- [*the ~ aim*], sista; yttersta [*the ~ consequences*] **2** slutgiltig, avgörande [*the ~ weapon*] **3** grundläggande; yttersta [*the ~ cause*] **II** *s, the ~ in luxury* höjden av lyx
ultimately ['ʌltɪmətlɪ] *adv* till sist (slut), slutligen; i sista hand
ultimat|um [,ʌltɪ'meɪt|əm] (pl. *-ums* el. *-a* [-ə]) *s* ultimatum
ultimo ['ʌltɪməʊ] *a* (lat.) hand. sistlidna, [i] sistlidna månad
ultra- ['ʌltrə] *pref* ultra-, hyper-, hög-, topp- [*ultramodern*], ur-; överdrivet, över- [*ultra-ambitious*]; ytterligt, ytterst, i högsta grad [*ultraconfident*], extremt
ultra-high ['ʌltrə'haɪ] *a* radio. ultrahög [*~ frequency*]
ultramarine [,ʌltrəmə'ri:n] **I** *s* ultramarin **II** *a* ultramarin[färgad]
ultra-short ['ʌltrə'ʃɔ:t] *a* radio., *~ wave* ultrakortvåg
ultrasonic ['ʌltrə'sɒnɪk] *a* ultraljud[s]- [*~ waves*]; *~ sound* ultraljud
ultrasound ['ʌltrə'saʊnd] *s* ultraljud
ultraviolet ['ʌltrə'vaɪələt] *a* ultraviolett [*~ rays*]; *~ lamp* kvartslampa
Ulysses ['ju:lɪsi:z, jʊ'lɪsi:z] ss. namn på grekisk hjälte o. Joyces roman Odysseus
umbilical [ʌm'bɪlɪkəl] *a, ~ cord* navelsträng
umbrage ['ʌmbrɪdʒ] *s, give ~* väcka anstöt [*to* hos, bland]; *take ~ at* bli kränkt (sårad) över (av), ta anstöt av
umbrella [ʌm'brelə] **I** *s* paraply **II** *a* sammanfattande [*~ term*]; övergripande, paraply- [*~ organization*]
umbrella-stand [ʌm'breləstænd] *s* paraplyställ
umlaut ['ʊmlaʊt] *s* språkv. **1** omljud **2** tecken för omljud dvs. punkterna i 'ä', 'ö' o. 'ü'
umph [ʌmf, əmf] *interj* uh!, usch!; hm!
umpire ['ʌmpaɪə] **I** *s* **1** [skilje]domare; förlikningsman **2** sport. domare i t. ex. baseboll, kricket o. tennis **II** *tr* sport. döma [*~ a match*] **III** *itr* **1** döma [*~ in a dispute*]; fungera som skiljedomare, medla **2** sport. vara domare, döma [*~ in a match*]
umpteen ['ʌmpti:n] *a* fam. femtielva, hur många som helst; *~ times* äv. otaliga gånger
umpteenth ['ʌmpti:nθ] *a* o. **umptieth** ['ʌmptɪɪθ, -tɪəθ] *a* bägge fam. femtielfte [*for the ~ time*]
UN o. **U.N.** ['ju:'en] (förk. för *United Nations*) *s, the ~* FN Förenta nationerna
'un [ən] *pron* fam. = *one* [*a little ~*]
unabashed [,ʌnə'bæʃt] *a* ogenerad; oförskräckt; oblyg
unabated [,ʌnə'beɪtɪd] *a* oförminskad, oförsvagad [*~ energy* (*interest*)]
unable [,ʌn'eɪbl] *a, be ~ to do a th.* inte kunna göra ngt, vara ur stånd att göra ngt
unabridged [,ʌnə'brɪdʒd] *a* oförkortad
unacceptable [,ʌnək'septəbl] *a* oaccepta-

bel, oantagbar
unaccommodating [ˌʌnəˈkɒmədeɪtɪŋ] *a* omedgörlig
unaccompanied [ˌʌnəˈkʌmpənɪd] *a* **1** utan sällskap; ~ *by* utan **2** mus. oackompanjerad **3** ~ *luggage* obeledsagat bagage
unaccomplished [ˌʌnəˈkʌmplɪʃt, -ˈkɒm-] *a* **1** ofullbordad, oavslutad **2** obegåvad; okultiverad, obildad
unaccountable [ˌʌnəˈkauntəbl] *a* oförklarlig [*to* för; *for* (av) *some* ~ *reason*]
unaccustomed [ˌʌnəˈkʌstəmd] *a* **1** ovan [*to* vid] **2** ovanlig [*his* ~ *silence*]; främmande
unacknowledged [ˌʌnəkˈnɒlɪdʒd] *a* inte erkänd
unacquainted [ˌʌnəˈkweɪntɪd] *a* obekant [*with* med]; ovan [*with* vid]; *be* ~ *with* äv. inte känna till, inte vara insatt i; *they are* ~ de känner inte varandra
unadaptable [ˌʌnəˈdæptəbl] *a* oanpassbar
unaddressed [ˌʌnəˈdrest] *a* oadresserad
unadorned [ˌʌnəˈdɔːnd] *a* osmyckad, enkel
unadulterated [ˌʌnəˈdʌltəreɪtɪd] *a* oförfalskad, oblandad, äkta, ren
unadvised [ˌʌnədˈvaɪzd] *a* **1** obetänksam, oförsiktig; *with* ~ *haste* förhastat, överilat **2** inte underrättad [*of* om]
unaesthetic [ˌʌniːsˈθetɪk] *a* oestetisk
1 unaffected [ˌʌnəˈfektɪd] *a* **1** opåverkad, oberörd [*by* av] **2** läk. inte angripen
2 unaffected [ˌʌnəˈfektɪd] *a* okonstlad, otvungen, naturlig [~ *manners* (*style*)]
unaided [ˌʌnˈeɪdɪd] *a* utan hjälp [*by* av]; på egen hand [*he did it* ~]
unalloyed [ˌʌnəˈlɔɪd] *a* **1** olegerad, oblandad, ren [~ *metals*]; utan tillsats [*by* av] **2** bildl. oblandad, ren [~ *delight*]
unaltered [ˌʌnˈɔːltəd] *a* oförändrad
unambiguous [ˌʌnæmˈbɪgjuəs] *a* entydig, otvetydig
un-American [ˌʌnəˈmerɪkən] *a* oamerikansk [~ *activities*]
unanimity [ˌjuːnəˈnɪmətɪ] *s* enhällighet, enstämmighet, enighet
unanimous [juˈnænɪməs] *a* enhällig, enstämmig, enig [*a* ~ *opinion*]; enhälligt antagen [*a* ~ *report*]; *be elected by a* ~ *vote* bli enhälligt vald
unannounced [ˌʌnəˈnaunst] *a* oanmäld [*he walked in* ~]
unanswerable [ˌʌnˈɑːnsərəbl] *a* **1** a) omöjlig att besvara b) oemotsäglig, ovedersäglig [*an* ~ *argument*], obestridlig [~ *proofs*] **2** oansvarig [~ *for o.'s acts*]
unapproachable [ˌʌnəˈprəutʃəbl] *a* **1** otillgänglig, oåtkomlig **2** oförliknelig
unapproached [ˌʌnəˈprəutʃt] *a* oöverträffad
unarmed [ˌʌnˈɑːmd] *a* **1** avväpnad **2** obeväpnad; ~ *combat* mil. handgemäng
unashamed [ˌʌnəˈʃeɪmd] *a* **1** oblyg; utan skamkänsla **2** ohöljd, ogenerad
unasked [ˌʌnˈɑːskt] *a* **1** a) oombedd, utan att ha blivit ombedd b) utan att vara tillfrågad **2** objuden
unassailable [ˌʌnəˈseɪləbl] *a* oangripbar, bildl. äv. oantastlig [*an* ~ *reputation*]
unassuming [ˌʌnəˈsjuːmɪŋ, -ˈsuːm-] *a* anspråkslös, blygsam; försynt [*a quiet,* ~ *person*]
unattached [ˌʌnəˈtætʃt] *a* **1** lös, inte fastsittande; *be* ~ *to* inte vara fäst vid **2** fri, oberoende, obunden
unattended [ˌʌnəˈtendɪd] *a* **1** utan uppvaktning (sällskap), ensam **2** a) utan tillsyn [*leave children* ~], obevakad, utan uppsikt [*leave a vehicle* ~]; obemannad b) ~ [*to*] inte [ordentligt] skött **3** obesökt
unattractive [ˌʌnəˈtræktɪv] *a* charmlös, föga tilldragande; osympatisk
unauthorized [ˌʌnˈɔːθəraɪzd] *a* inte auktoriserad, obemyndigad; obehörig
unavailable [ˌʌnəˈveɪləbl] *a* **1** inte tillgänglig (disponibel); *be* ~ äv. inte finnas att få [tag i] **2** oanträffbar, inte anträffbar
unavailing [ˌʌnəˈveɪlɪŋ] *a* fåfäng, fruktlös, resultatlös [~ *efforts*]
unavoidable [ˌʌnəˈvɔɪdəbl] *a* oundviklig
unaware [ˌʌnəˈweə] pred. *a* omedveten, ovetande, okunnig [*of* om; *that* om att]
unawares [ˌʌnəˈweəz] *adv* **1** a) omedvetet b) oavsiktligt **2** oväntat; *take* (*catch*) *a p.* ~ överrumpla (överraska) ngn
unawed [ˌʌnˈɔːd] *a* oberörd, föga imponerad [*by* av]
unbalance [ˌʌnˈbæləns] *tr* bringa ur balans
unbalanced [ˌʌnˈbælənst] *a* **1** a) obalanserad, överspänd b) sinnesförvirrad, otillräknelig; *have an* ~ *mind, be* ~ *in mind* vara sinnesförvirrad (psykiskt rubbad) **2** som inte befinner sig i balans **3** hand. inte balanserad [*an* ~ *budget*]
unbearable [ˌʌnˈbeərəbl] *a* outhärdlig
unbeatable [ˌʌnˈbiːtəbl] *a* oöverträffbar, överlägsen; oslagbar
unbeaten [ˌʌnˈbiːtn] *a* obesegrad; oslagen [*an* ~ *record*], oöverträffad
unbecoming [ˌʌnbɪˈkʌmɪŋ] *a* missklädsam [*an* ~ *hat*]; *be* ~ *for a p.* inte anstå ngn
unbeknown [ˌʌnbɪˈnəun] fam. **I** *a* okänd [*to* för] **II** *adv*, [*he did it*] ~ *to me* . . utan min vetskap, . . mig ovetande
unbelievable [ˌʌnbəˈliːvəbl] *a* otrolig
unbend [ˌʌnˈbend] (*unbent unbent*) **I** *tr* böja (räta) ut [~ *a wire*] **II** *itr* **1** rätas ut **2** bildl. bli mera tillgänglig, tina upp; slappna av
unbending [ˌʌnˈbendɪŋ] *a* oböjlig, bildl. äv. omedgörlig [*an* ~ *attitude*]

unbias[s]ed [ˌʌn'baɪəst] *a* fördomsfri; förutsättningslös; opartisk, ojävig
unbidden [ˌʌn'bɪdn] *a* **1** objuden [~ *guests*] **2** oombedd
unbleached [ˌʌn'bli:tʃt] *a* oblekt
unblemished [ˌʌn'blemɪʃt] *a* oförvitlig, fläckfri [*an ~ character*]
unbolt [ˌʌn'bəʊlt] *tr* regla upp, öppna
unborn [ˌʌn'bɔ:n] *a* ofödd; kommande, framtida [~ *generations*]; *as innocent as a babe* ~ oskyldig som barnet i moderlivet
unbosom [ˌʌn'bʊzəm] *itr* o. *refl*, ~ [*o.s.*] anförtro sig [*to* åt]
unbound [ˌʌn'baʊnd] *a* **1** obunden, fri äv. bildl. **2** o[in]bunden, häftad [~ *books*]
unbowed [ˌʌn'baʊd] *a* oböjd; bildl. okuvad
unbreakable [ˌʌn'breɪkəbl] *a* obrytbar; okrossbar, oförstörbar
unbridled [ˌʌn'braɪdld] *a* bildl. otyglad, lössläppt [~ *passion* (*imagination*)]
unbroken [ˌʌn'brəʊkən] *a* **1** obruten äv. bildl.; hel [~ *dishes*] **2** oavbruten [~ *silence*] **3** oöverträffad **4** otämjd
unbuckle [ˌʌn'bʌkl] *tr* **1** spänna (knäppa) upp **2** spänna av sig [~ *o.'s skis*]
unburden [ˌʌn'bɜ:dn] *tr* **1** avbörda, avlasta, lätta [~ *o.'s conscience*]; befria [*of* från]; ~ *o.s.* (*o.'s mind*) lätta sitt hjärta **2** avbörda sig, lasta av sig [~ *o.'s worries*]
unbusinesslike [ˌʌn'bɪznɪslaɪk] *a* föga affärsmässig
unbutton [ˌʌn'bʌtn] *tr* knäppa upp; *come ~ed* gå upp
unbuttoned [ˌʌn'bʌtnd] *a* **1** a) uppknäppt b) oknäppt **2** utan knappar, knapplös
uncalled-for [ˌʌn'kɔ:ldfɔ:] *a* **1** opåkallad, omotiverad [~ *measures*], obefogad; oförtjänt [~ *criticism*] **2** taktlös [*an ~ remark*]
uncanny [ˌʌn'kænɪ] *a* **1** kuslig, hemsk, spöklik [~ *sounds*] **2** förunderlig [*an ~ power*], otrolig, häpnadsväckande [~ *skill*]
unceasing [ˌʌn'si:sɪŋ] *a* oavbruten, oupphörlig
unceremonious ['ʌnˌserɪ'məʊnjəs] *a* **1** oceremoniell, otvungen **2** brysk, ohövlig
uncertain [ˌʌn'sɜ:tn] *a* **1** osäker, inte säker [*of, about* på], oviss [*of, about* om]; otrygg **2** ostadig, nyckfull [~ *weather*] **3** obestämd [*an ~ answer*]; *in no ~ terms* i otvetydiga ordalag, med all önskvärd tydlighet
uncertainty [ˌʌn'sɜ:tntɪ] *s* **1** osäkerhet etc., jfr *uncertain* **2** *the ~ of* det osäkra (ovissa) i
unchallenged [ˌʌn'tʃæləndʒd] *a* obestridd, oemotsagd; opåtald
unchanging [ˌʌn'tʃeɪndʒɪŋ] *a* oföränderlig, konstant
uncharitable [ˌʌn'tʃærɪtəbl] *a* kärlekslös, obarmhärtig [*to* mot]
uncharted [ˌʌn'tʃɑ:tɪd] *a* **1** som inte är utsatt på kartan (sjökortet) [*an ~ island*] **2** som inte är kartlagd [*an ~ sea*]
unchaste [ˌʌn'tʃeɪst] *a* okysk; otuktig
unchecked [ˌʌn'tʃekt] *a* **1** inte kontrollerad [~ *figures*] **2** ohämmad
unchristian [ˌʌn'krɪstjən] *a* inte kristen; okristlig äv. bildl. [*at this ~ hour*]
uncivilized [ˌʌn'sɪvɪlaɪzd] *a* ociviliserad, barbarisk; okultiverad
unclaimed [ˌʌn'kleɪmd] *a* outkrävd; herrelös; inte avhämtad, outtagen
unclasp [ˌʌn'klɑ:sp] *tr* **1** spänna upp, lossa; knäppa upp; fälla upp kniv **2** släppa [greppet (taget) om] [~ *a sword handle*]
unclassified [ˌʌn'klæsɪfaɪd] *a* **1** oklassificerad **2** inte [längre] hemligstämplad
uncle ['ʌŋkl] *s* **1** farbror fam. äv. ss. tilltalsord till icke släkting; morbror; onkel; *U~ Sam* Onkel Sam personifikation av USA; *U~ Tom* neds. underdånig neger; *talk to a p. like a Dutch ~* se *Dutch I* **2** fam. pantlånare; [*my watch is*] *at my ~'s* .. på stampen
unclean [ˌʌn'kli:n] *a* oren äv. bildl.
uncleanly [ˌʌn'klenlɪ] *a* osnygg, orenlig [av sig]; smutsig äv. bildl.
unclench [ˌʌn'klentʃ] **I** *tr* öppna [*he ~ed his hand*] **II** *itr* öppnas, öppna sig [*his hand ~ed*]
uncloak [ˌʌn'kləʊk] *tr* **1** ta av ngn kappan **2** bildl. avslöja, röja
unclouded [ˌʌn'klaʊdɪd] *a* **1** molnfri **2** bildl. ogrumlad [~ *happiness*]
uncock [ˌʌn'kɒk] *tr* säkra [~ *a gun*]
uncoil [ˌʌn'kɔɪl] **I** *tr* rulla upp (ut) [~ *a rope*]; rulla (vira) av **II** *itr* rulla upp (ut) sig; räta ut sig
uncoloured [ˌʌn'kʌləd] *a* **1** ofärgad **2** bildl. ofärgad, osminkad [*an ~ account*]
uncomfortable [ˌʌn'kʌmfətəbl] *a* **1** obekväm [~ *seats* (*shoes*)]; otrivsam **2** obehaglig (illa) till mods, olustig [*feel ~*]
uncommitted [ˌʌnkə'mɪtɪd] *a* **1** obegången [~ *crimes*] **2** a) oengagerad [~ *writers*] b) alliansfri, neutral [*the ~ countries*] c) opartisk
uncommon [ˌʌn'kɒmən] *a* ovanlig
uncommonly [ˌʌn'kɒmənlɪ] *adv* ovanligt
uncommunicative [ˌʌnkə'mju:nɪkətɪv] *a* **1** tystlåten, föga meddelsam **2** inbunden
uncomplimentary ['ʌnˌkɒmplɪ'mentərɪ] *a* mindre (föga) smickrande [*to* för]
uncompromising [ˌʌn'kɒmprəmaɪzɪŋ] *a* principfast, obeveklig, ståndaktig, oböjlig; kompromisslös [*an ~ attitude*]
unconcern [ˌʌnkən'sɜ:n] *s* likgiltighet, ointresse [*for* för]; oberördhet
unconcerned [ˌʌnkən'sɜ:nd] *a* **1** obekymrad [~ *about* (om) *the future*], oberörd **2** inte inblandad (delaktig) [~ *in the plot*]
unconditional [ˌʌnkən'dɪʃənl] *a* **1** villkorslös, ovillkorlig; förbehållslös; ~ *surrender*

kapitulation utan villkor **2** obetingad; absolut, kategorisk [*an ~ refusal*]
unconditioned [ˌʌnkən'dɪʃənd] *a* psykol. obetingad [*~ reflex*]
unconfirmed [ˌʌnkən'fɜ:md] *a* **1** obekräftad, obestyrkt **2** kyrkl. okonfirmerad
uncongenial [ˌʌnkən'dʒi:njəl] *a* **1** osympatisk, motbjudande [*to* för] **2** olämplig [*to* för]
unconnected [ˌʌnkə'nektɪd] *a* osammanhörande; utan samband (förbindelse)
unconquerable [ˌʌn'kɒŋkərəbl] *a* oövervinnlig, obetvinglig; okuvlig
unconscionable [ˌʌn'kɒnʃnəbl] *a* orimlig, omåttlig; orimligt lång [*take an ~ time*]
unconscious [ˌʌn'kɒnʃəs] **I** *a* **1** omedveten **2** medvetslös **3** psykol. undermedveten **II** *s, the ~* det undermedvetna
unconsecrated [ˌʌn'kɒnsɪkreɪtɪd] *a* ovigd [*~ soil*]; oinvigd; inte helgad
unconstitutional ['ʌnˌkɒnstɪ'tju:ʃənl] *a* grundlags-, författnings|stridig
unconstrain|ed [ˌʌnkən'streɪn|d] (adv. *-edly* [-ɪdlɪ]) *a* **1** otvungen, ogenerad **2** obunden [*by* av]; oinskränkt
uncontested [ˌʌnkən'testɪd] *a* **1** obestridd **2** pol., *~ election* val utan motkandidater
uncontrollable [ˌʌnkən'trəʊləbl] *a* **1** okontrollerbar **2** som man inte kan behärska, våldsam [*~ rage*]
unconventional [ˌʌnkən'venʃənl] *a* okonventionell, [fördoms]fri; originell; icke-konventionell [*~ weapons*]
unconversant [ˌʌnkən'vɜ:sənt] *a, ~ with* obevandrad i, inte förtrogen med
unconvincing [ˌʌnkən'vɪnsɪŋ] *a* föga övertygande; osannolik [*an ~ explanation*]
uncooked [ˌʌn'kʊkt] *a* inte färdigkokt
uncooperative [ˌʌnkəʊ'ɒpərətɪv] *a* samarbetsovillig; föga tillmötesgående
uncork [ˌʌn'kɔ:k] *tr* dra korken ur, korka (dra) upp [*~ a bottle*]
uncountable [ˌʌn'kaʊntəbl] **I** *a* **1** oräknelig, otalig **2** som inte kan räknas, oräknebar, gram. äv. inte pluralbildande **II** *s* gram. oräknebart (inte pluralbildande) substantiv
uncounted [ˌʌn'kaʊntɪd] *a* **1** oräknad **2** oräknelig, otalig
uncouple [ˌʌn'kʌpl] *tr* koppla av (från) [*~ the locomotive*]; koppla lös
uncouth [ˌʌn'ku:θ] *a* **1** okultiverad, ohyfsad [*~ behaviour, an ~ young man*]; rå [*~ laughter*], grov, ofin **2** klumpig, otymplig [*~ appearance*]
uncover [ˌʌn'kʌvə] *tr* **1** täcka av, avtäcka; blotta [*~ o.'s head*]; blottlägga, frilägga; ta av täcket (höljet, locket) på (från) **2** bildl. avslöja [*~ a plot*]
uncovered [ˌʌn'kʌvəd] *a* **1** avtäckt etc., jfr *uncover* **2** otäckt, inte övertäckt [*an ~ shed*]; obetäckt [*an ~ head*] **3** hand. inte täckt [*~ by insurance*]
uncredited [ˌʌn'kredɪtɪd] *a* som inte vunnit tilltro [*~ rumours*]
uncrowned [ˌʌn'kraʊnd] *a* inte krönt; okrönt äv. bildl. [*their ~ ruler*]
UNCTAD el. **Unctad** ['ʌŋktæd] förk. för *United Nations Conference on Trade and Development*
unction ['ʌŋkʃən] *s* **1** relig. smörjelse; *extreme ~* sista smörjelsen **2** salvelse[fullhet]; *speak with ~* tala salvelsefullt
unctuous ['ʌŋktjʊəs] *a* **1** salvelsefull; inställsam **2** oljig, smetig
uncultivated [ˌʌn'kʌltɪveɪtɪd] *a* **1** ouppodlad [*~ land*] **2** okultiverad, obildad
uncut [ˌʌn'kʌt] *a* oskuren, oklippt, ohuggen etc., jfr *cut A I*; om bok a) oskuren, utan skärning b) ouppskuren; om ädelsten oslipad [*an ~ diamond*]; om text m. m. oavkortad [*an ~ version*]
undaunted [ˌʌn'dɔ:ntɪd] *a* oförfärad, oförskräckt; *~ by* utan att låta sig skrämmas av
undeceive [ˌʌndɪ'si:v] *tr, ~ a p.* öppna ögonen på ngn, säga ngn sanningen
undecided [ˌʌndɪ'saɪdɪd] *a* **1** oavgjord, obestämd, inte bestämd **2** obeslutsam
undecipherable [ˌʌndɪ'saɪfərəbl] *a* odechiffrerbar, otydbar
undefeated [ˌʌndɪ'fi:tɪd] *a* obesegrad
undefended [ˌʌndɪ'fendɪd] *a* **1** oförsvarad **2** jur., *~ lawsuit* a) mål där den tilltalade uppträder utan [försvars]advokat b) mål där den tilltalade inte bestrider käromålet
undefiled [ˌʌndɪ'faɪld] *a* isht bildl. obefläckad, fläckfri
undefinable [ˌʌndɪ'faɪnəbl] *a* odefinierbar, obestämbar
undeliverable [ˌʌndɪ'lɪvərəbl] *a* post. obeställbar
undelivered [ˌʌndɪ'lɪvəd] *a* **1** inte avlämnad, olevererad; kvarliggande **2** inte befriad
undemanding [ˌʌndɪ'mɑ:ndɪŋ] *a* anspråkslös, förnöjsam
undemocratic ['ʌnˌdemə'krætɪk] *a* odemokratisk
undemonstrative [ˌʌndɪ'mɒnstrətɪv] *a* reserverad, behärskad
undeniable [ˌʌndɪ'naɪəbl] *a* obestridlig, oförneklig, oneklig
undeniably [ˌʌndɪ'naɪəblɪ] *adv* obestridligen, onekligen
undenominational ['ʌndɪˌnɒmɪ'neɪʃənl] *a* konfessionslös [*~ religious instruction*]
undependable [ˌʌndɪ'pendəbl] *a* opålitlig
under ['ʌndə] **I** *prep* **1** a) under b) mindre än [*I can do it in ~ a week*] **2** nedanför, vid foten av [*the village lies ~ the hill*] **3** enligt,

i enlighet med [~ *the terms of the treaty*] **4** jordbr. besådd med [*a field ~ wheat*] **5** (motsvaras i sv. av annan prep. el. annan konstr.; se äv. under resp. huvudord, t. ex. *age, breath*): *be ~ the delusion that* .. sväva i den villfarelsen att ..; *given ~ his hand* egenhändigt undertecknad av honom; *be ~ an illusion* bedra (missta) sig; *~ a p.'s very nose* mitt framför näsan på ngn; *study ~ a p.* studera för ngn; *~ sentence of death* dödsdömd **II** *adv* **1** a) [in]under [*one on top and one ~*], nedanför; därunder [*children of seven and ~*]; [här]nedan [*as ~*] b) under vatten [*he stayed ~ for two minutes*] **2** under; nere **III** *a* **1** under- [*the ~ jaw*] **2** för liten [*an ~ dose*]

underact ['ʌndər'ækt] *tr* o. *itr* teat. spela livlöst; spela återhållsamt

under-age ['ʌndər'eɪdʒ] *a* omyndig, minderårig; underårig

underarm [ss. adj. o. subst. 'ʌndərɑːm, ss. adv. --'-] **I** *a* sport. underhands- [*an ~ ball*] **II** *adv* sport. underifrån [*serve ~*] **III** *s* armhåla

underbelly ['ʌndəˌbelɪ] *s* **1** buksida **2** bildl. sårbar punkt (del) [*the ~ of Europe*]

underbid [ˌʌndə'bɪd] (*underbid underbid*) *tr* o. *itr* bjuda under; *~* [*o.'s hand*] kortsp. bjuda för lågt [på sina kort]

undercarriage ['ʌndəˌkærɪdʒ] *s* **1** flyg. land[nings]ställ **2** underrede på fordon

undercharge ['ʌndə'tʃɑːdʒ] *tr* ta för lite betalt av

underclothes ['ʌndəkləʊðz] *s pl* o.

underclothing ['ʌndəˌkləʊðɪŋ] *s* underkläder

undercoat ['ʌndəkəʊt] *s* mål. mellanstrykning; mellanstrykningsfärg

undercoating ['ʌndəˌkəʊtɪŋ] *s* mål. mellanstrykning

undercover ['ʌndəˌkʌvə] *a* hemlig; *~ agent* hemlig agent, spion

undercurrent ['ʌndəˌkʌrənt] *s* underström

undercut [ss. vb 'ʌndə'kʌt, ss. subst. 'ʌndəkʌt] **I** (*undercut undercut*) *tr* **1** skära ut underifrån **2** hand. a) underbjuda, sälja till lägre pris än [*~ o.'s competitors*] b) sälja billigare än konkurrenterna [*~ goods*] **II** *s* kok., *~* [*of sirloin*] oxfilé

underdeveloped ['ʌndədɪ'veləpt] *a* underutvecklad [*~ countries* (*muscles*)]

underdog ['ʌndədɒg] *s, the ~* den svagare [parten], den som är i underläge

underdone [ˌʌndə'dʌn, attr. '- - -] *a* kok. för litet stekt (kokt); lättstekt, blodig

underdose ['ʌndədəʊs] *s* för liten (svag) dos

underestimate [ss. vb 'ʌndər'estɪmeɪt, ss. subst. -mət] **I** *tr* under|skatta, -värdera; beräkna för lågt **II** *s* under|skattning, -värdering; alltför låg beräkning

underexpose ['ʌndərɪks'pəʊz] *tr* fotogr. underexponera

underexposure ['ʌndərɪks'pəʊʒə] *s* fotogr. underexponering

underfed ['ʌndə'fed] **I** imp. o. pp. av *underfeed* **II** *a* undernärd, svältfödd

underfeed ['ʌndə'fiːd] (*underfed underfed*) *tr* ge för litet att äta, ge för litet mat

underfoot [ˌʌndə'fʊt] *adv* under fötterna (foten); *it is dry ~* det är torrt på marken

undergarment ['ʌndəˌgɑːmənt] *s* underplagg

undergo [ˌʌndə'gəʊ] (*underwent undergone*) *tr* **1** undergå, genomgå [*~ a change*]; gå igenom, underkasta sig [*~ an operation*] **2** [få] utstå [*~ hardships*]

undergrad [ˌʌndə'græd, '- - -] *s* fam. kortform för *undergraduate*

undergraduate [ˌʌndə'grædjʊət] *s* univ. student, studerande

underground [ss. adv. ˌʌndə'graʊnd, ss. adj. o. subst. 'ʌndəgraʊnd] **I** *adv* under jorden äv. bildl. [*go ~*] **II** *a* **1** a) underjordisk, underjords- b) tunnelbane-, T-bane- [*~ station*]; *~ railway* tunnelbana, T-bana **2** bildl. a) underjordisk, hemlig b) 'underground'- kulturradikal [*~ literature*]; *~ movement* pol. underjordisk [motstånds]rörelse **III** *s* **1** tunnelbana, T-bana **2** bildl. a) underjordisk grupp; pol. underjordisk [motstånds]rörelse b) 'underground' kulturradikal rörelse

undergrowth ['ʌndəgrəʊθ] *s* undervegetation; små-, under|skog

underhand [ss. adj. 'ʌndəhænd, ss. adv. ʌndə'hænd] **I** *a* **1** a) lömsk, bakslug; bedräglig [*~ methods*] b) hemlig, under bordet [*an ~ deal*]; *play an ~ game* ha smussel för sig; *use ~ means* (*methods*) gå smygvägar **2** i kricket o. baseball underhands- [*an ~ ball*] **II** *adv* **1** a) lömskt, bakslugt; bedrägligt b) i hemlighet, i smyg **2** i kricket o. baseball, *bowl* (*pitch*) *~* göra ett underhandskast

underhanded [ˌʌndə'hændɪd] *a* se *underhand I 1*

1 underlay [ˌʌndə'leɪ] (*underlaid underlaid*) *tr* förse med underlag; stötta [underifrån]

2 underlay [ˌʌndə'leɪ] imp. av *underlie*

underlie [ˌʌndə'laɪ] (*underlay underlain*) *tr* **1** ligga under, bilda underlaget till **2** bildl. ligga i botten på; ligga bakom (under) [*the motives which ~ his conduct*]

underline [ˌʌndə'laɪn] *tr* **1** stryka under **2** bildl. understryka, betona; framhäva

underlinen ['ʌndəˌlɪnɪn] *s* underkläder

underling ['ʌndəlɪŋ] *s* hantlangare, lakej, underhuggare

underlip ['ʌndəlɪp] *s* underläpp

underlying [ˌʌndə'laɪɪŋ] *a* **1** underliggande **2** bildl. a) bakomliggande, som ligger bakom [*the ~ causes* (*ideas*)], djupare [liggande] [*its ~ meaning*] b) grundläggande

undermanned ['ʌndə'mænd] *a* se *understaffed*

undermentioned ['ʌndə'menʃənd] *a* nedan nämnd

undermine [ˌʌndə'maɪn] *tr* underminera, bildl. äv. undergräva [*~ a p.'s authority*]

underneath [ˌʌndə'ni:θ] **I** *prep* under, inunder; nedanför; på undersidan av **II** *adv* under, inunder [*wear wool ~*]; undertill, nertill; på undersidan; bildl. under ytan **III** *a* undre; lägre **IV** *s* undersida; underdel

undernourished [ˌʌndə'nʌrɪʃt] *a* undernärd, svältfödd

undernourishment [ˌʌndə'nʌrɪʃmənt] *s* undernäring

underpants ['ʌndəpænts] *s pl* isht Am. underbyxor; kalsonger

underpass ['ʌndəpɑ:s] *s* **1** a) planskild korsning b) vägtunnel **2** Am. [gång]tunnel

underpay ['ʌndə'peɪ] (*underpaid underpaid*) *tr* underbetala [*~ a p.*]

underprivileged ['ʌndə'prɪvɪlɪdʒd] *a* missgynnad, tillbakasatt [*~ minorities*], sämre lottad, underprivilegierad [*~ classes*]

underrate [ˌʌndə'reɪt] *tr* undervärdera, underskatta; värdera för lågt

underripe ['ʌndə'raɪp] *a* inte fullt mogen

undersea [ss. adj. 'ʌndəsi:, ss. adv. '- -'-] **I** *a* undervattens- [*~ cable*], under vattnet [*~ life*] **II** *adv* under vattnet

underseal ['ʌndəsi:l] bil. m. m. **I** *tr* underredsbehandla **II** *s* underredsbehandling

undersecretary ['ʌndə'sekrətərɪ] *s* pol., *U~* [*of State*] 'understatssekreterare', ung. statssekreterare; *Parliamentary U~* [*of State*] ung. statssekreterare biträdande departementschef

undersell ['ʌndə'sel] (*undersold undersold*) *tr* **1** sälja billigare än, underbjuda [*~ a p.*] **2** sälja till underpris

undersexed [ˌʌndə'sekst] *a* med (som har) låg sexualdrift

undershirt ['ʌndəʃɜ:t] *s* isht Am. undertröja

undersigned ['ʌndəsaɪnd] (pl. lika) *s* undertecknad; *we, the ~, hereby certify* undertecknade intygar härmed

undersize ['ʌndəsaɪz] *a* o. **undersized** ['ʌndəsaɪzd] *a* [som är] under medelstorlek (medellängd); underdimensionerad

underspin ['ʌndəspɪn] *s* i tennis o. d. underskruv

understaffed ['ʌndə'stɑ:ft] *a* underbemannad; *be ~* äv. ha för liten personal

understand [ˌʌndə'stænd] (*understood understood*) **I** *tr* (se äv. *understood*) **1** förstå, begripa; fatta, inse **2** a) förstå sig på [*~ children*]; känna [till] [*~ the market*] b) veta [*~ o.'s duties*] **3** *he is, I ~, not alone* såvitt jag har förstått är han inte ensam **4** fatta; *am I to ~ that you refuse?* ska jag fatta det så att du vägrar?; *give a p. to ~ that..* låta ngn förstå att.. **5 a**) *~ by* förstå (mena) med **b**) *~ from* förstå (fatta, läsa ut) av [*I ~ from his letter that..*] **II** *itr* förstå, begripa, fatta; *I quite ~* jag förstår precis

understandable [ˌʌndə'stændəbl] *a* förståelig, begriplig

understanding [ˌʌndə'stændɪŋ] **I** *s* **1** förstånd; fattningsförmåga; klokhet, [gott] omdöme **2** a) insikt [*of* i], kännedom [*of* om], förståelse [*of* av] b) uppfattning [*of* av] **3** förståelse [*the ~ between the nations*] **4** överenskommelse [*a tacit ~*]; *come to* (*reach*) *an ~* nå samförstånd, komma överens **5** *on the ~ that* på det villkoret att **II** *a* **1** förstående [*an ~ smile*] **2** förståndig

understatement ['ʌndə'steɪtmənt] *s* **1** alltför låg beräkning; underskattning **2** underdrift, understatement

understeered ['ʌndə'stɪəd] *a* bil. understyrd

understood [ˌʌndə'stud] **I** imp. av *understand* **II** *a* o. *pp* (av *understand*) **1** förstådd; [*is that*] *~?* [är det] uppfattat?; *what is to be ~ by..?* vad förstås med..? **2** a) överenskommen b) självklar, given [*that's an ~ thing*]; *that is ~* det säger (förstås av) sig självt; *it must be ~* [*that we will have to do it*] vi måste ha klart för oss..

understudy [ss. subst. 'ʌndəˌstʌdɪ, ss. vb ˌ- -'- -] **I** *s* **1** teat. [roll]ersättare, inhoppare **2** a) assistent, medhjälpare b) ställföreträdare, vikarie **II** *tr* **1** teat. **a**) *~ a part* lära in en roll för att kunna hoppa in som ersättare **b**) *~ an actor* fungera som ersättare för en skådespelare **2** a) assistera b) vikariera för

undertake [ˌʌndə'teɪk] (*undertook undertaken*) *tr* **1** företa [*~ a journey*]; sätta igång med **2** a) åta[ga] sig [*~ a task*; *~ to do a th.*], förbinda sig [*~ to do a th.*]; ta på sig [*~ a responsibility*] b) garantera [*I ~ that you will receive the money*]

undertaker ['ʌndəˌteɪkə] *s* begravningsentreprenör

undertaking [i bet. *1* o. *2* ˌʌndə'teɪkɪŋ, i bet. *3* '- -ˌ- -] *s* **1** företag; arbete **2** a) åtagande, förbindelse, förpliktelse b) garanti, löfte **3** begravnings[entreprenörs]branschen

under-the-counter ['ʌndəðə'kauntə] fam. som säljs under disken (svart)

under-the-table ['ʌndəðə'teɪbl] *a* fam. under bordet; svart [*~ dealings*]

underthings ['ʌndəθɪŋz] *s pl* fam. underkläder

undertone ['ʌndətəun] *s* **1** *in an ~, in ~* med dämpad (halvhög) röst, lågmält dämpad (svag) [färg]ton **3** bildl. underton

undervalue ['ʌndə'vælju:] *tr* undervärdera, bildl. äv. underskatta; värdera för lågt
undervest ['ʌndəvest] *s* undertröja
underwater [ss. adj. 'ʌndəwɔ:tə, ss. adv. ,--'--] **I** *a* undervattens- [~ *explosion*] **II** *adv* under vattnet
underwear ['ʌndəweə] *s* underkläder
underweight ['ʌndəweɪt] **I** *s* undervikt **II** *a* underviktig, under normalvikt
underworld ['ʌndəwɜ:ld] *s* **1** undre värld **2** dödsrike; *the* ~ äv. underjorden
underwrite [,ʌndə'raɪt] (*underwrote underwritten*) *tr* **1** a) skriva under äv. bildl.; garantera b) skriva på [~ *a loan*] **2** hand. a) [förbinda sig att] överta obligationslån o. d. b) åta sig att betala [~ *the cost*] **3** försäkr. a) försäkra, teckna [sjö]försäkring av [~ *a ship*] b) teckna [~ *an insurance policy*]
underwriter ['ʌndə,raɪtə] *s* försäkr. [sjö]-försäkringsgivare, assuradör
undeserved [,ʌndɪ'zɜ:vd] *a* oförtjänt
undeserving [,ʌndɪ'zɜ:vɪŋ] *a* ovärdig; *be* ~ *of* inte förtjäna (vara värd)
undesirable [,ʌndɪ'zaɪərəbl] *a* icke önskvärd [~ *effects*]; ovälkommen [~ *visitors*]
undesired [,ʌndɪ'zaɪəd] *a* icke önskad (önskvärd)
undetected [,ʌndɪ'tektɪd] *a* oupptäckt
undetermined [,ʌndɪ'tɜ:mɪnd] *a* obestämd, inte fastställd, osäker [~ *origin*]; oavgjord, inte beslutad [*an* ~ *question*]
undeterred [,ʌndɪ'tɜ:d] *a* inte avskräckt; ~ *by* utan att låta sig avskräckas av
undeveloped [,ʌndɪ'veləpt] *a* **1** outvecklad; outnyttjad [~ *natural resources*], oexploaterad **2** fotogr. oframkallad
undies ['ʌndɪz] *s pl* fam. [dam]underkläder
undignified [,ʌn'dɪgnɪfaɪd] *a* föga värdig [*in an* ~ *manner*], ovärdig
undiluted [,ʌndaɪ'lju:tɪd, -dɪ'l-] *a* outspädd; oblandad äv. bildl. [~ *pleasure*]
undiminished [,ʌndɪ'mɪnɪʃt] *a* oförminskad, oförsvagad [~ *energy*]
undiscernible [,ʌndɪ'sɜ:nəbl] *a* omärklig
undiscerning [,ʌndɪ'sɜ:nɪŋ] *a* omdömeslös
undischarged [,ʌndɪs'tʃɑ:dʒd] *a* **1** obetald [~ *debts*] **2** jur., ~ *bankrupt* konkursgäldenär vars konkurs inte avslutats
undiscovered [,ʌndɪs'kʌvəd] *a* oupptäckt
undiscriminating [,ʌndɪs'krɪmɪneɪtɪŋ] *a* urskillningslös, okritisk
undisposed [,ʌndɪs'pəʊzd] *a* obenägen [~ *to do a th.*]
undisputed [,ʌndɪs'pju:tɪd] *a* obestridd
undistinguished [,ʌndɪs'tɪŋgwɪʃt] *a* slätstruken [*an* ~ *performance*]; som saknar karaktär [~ *style*]
undisturb|ed [,ʌndɪs'tɜ:b|d] (adv. *-edly* [-ɪdlɪ]) *a* **1** ostörd, lugn **2** orörd
undivided [,ʌndɪ'vaɪdɪd] *a* odelad [~ *attention*], full och hel; enad, obruten [~ *front*]
undo [,ʌn'du:] (*undid undone*) *tr* (se äv. *undone*) **1** knäppa upp [~ *the buttons* (*o.'s coat*)], lösa (knyta) upp [~ *a knot*], få upp; lossa [på], lösa [~ *the bands*]; spänna loss [~ *straps*]; ta (veckla) av [~ *the wrapping*]; ta (packa, veckla) upp, öppna [~ *a parcel*]; *come undone* gå upp [*my shoelace has come undone*]; lossna **2** a) göra ogjord [*what is done can't be undone*] b) göra om intet, förstöra, rasera [*he undid the good work done by his father*] **3** störta i olycka, bringa på fall [*his wrongdoings undid him*]
undoing [,ʌn'du:ɪŋ] *s* fördärv, olycka, undergång [*it will be his* ~]
undomesticated [,ʌndə'mestɪkeɪtɪd] *a* **1** föga huslig [av sig] **2** otämjd
undone [,ʌn'dʌn] **I** pp. av *undo* **II** *a* **1** a) uppknäppt, upplöst etc., jfr *undo 1* b) oknäppt, oknuten **2** ogjord; *leave a th.* ~ äv. underlåta att göra ngt **3** förlorad [I am ~!]
undoubted [,ʌn'daʊtɪd] *a* otvivelaktig, obestridlig; avgjord, klar [*an* ~ *victory*]
undoubtedly [,ʌn'daʊtɪdlɪ] *adv* otvivelaktigt, utan tvivel
undraw [,ʌn'drɔ:] (*undrew undrawn*) *tr* dra ifrån (åt sidan) [~ *the curtains*]
undreamed-of [,ʌn'dremtɒv] *a* o. **undreamt-of** [,ʌn'dremtɒv] *a* oanad [~ *happiness*], som man inte kunnat drömma om
undress [ss. vb o. subst. ,ʌn'dres, ss. adj. '- -] **I** *tr* klä av **II** *itr* klä av sig **III** *s* **1** *in a state of* ~ oklädd **2** mil. arbetsmundering, daglig dräkt **IV** attr. *a* mil., ~ *uniform* arbetsmundering, daglig dräkt
undressed [,ʌn'drest] *a* **1** a) avklädd b) oklädd **2** lätt klädd, halvklädd **3** obehandlad, obearbetad [~ *leather*]
undrinkable [,ʌn'drɪŋkəbl] *a* odrickbar
undue [,ʌn'dju:] *a* **1** otillbörlig; orättmätig; obehörig [~ *use of authority*] **2** onödig [~ *haste* (*risks*)], opåkallad
undulate ['ʌndjʊleɪt] *itr* gå i vågor, bölja; *undulating landscape* böljande landskap
undulation [,ʌndjʊ'leɪʃən] *s* **1** vågrörelse; böljegång **2** vågformighet, vågighet
unduly [,ʌn'dju:lɪ] *adv* **1** oskäligt; onödigt; överdrivet, orimligt **2** otillbörligt
undying [,ʌn'daɪɪŋ] *a* odödlig; evig; som aldrig dör [~ *hatred*]
unearned [,ʌn'ɜ:nd] *a* **1** ~ *income* inkomst av kapital **2** oförtjänt [~ *praise*]
unearth [,ʌn'ɜ:θ] *tr* **1** gräva upp (fram), bildl. äv. upptäcka, avslöja, bringa i dagen **2** jakt. driva ut ur grytet [~ *a fox*]
unearthly [,ʌn'ɜ:θlɪ] *a* **1** övernaturlig; kuslig **2** fam., *at an* ~ *hour* okristligt tidigt
unease [,ʌn'i:z] *s* se *uneasiness*
uneasiness [,ʌn'i:zɪnəs] *s* oro, ängslan [*a-*

bout för]; [känsla av] obehag, olust
uneasy [ˌʌn'iːzɪ] *a* orolig, ängslig [*about* för]; olustig, illa till mods; *he had an ~ conscience* han hade en smula dåligt samvete; *~ feeling* obehaglig känsla
uneatable [ˌʌn'iːtəbl] *a* oätbar, oätlig
uneaten [ˌʌn'iːtn] *a* inte uppäten; orörd
uneconomic ['ʌnˌiːkə'nɒmɪk] *a* dyr, oekonomisk
uneconomical ['ʌnˌiːkə'nɒmɪkəl] *a* slösaktig, oekonomisk; odryg
unedifying [ˌʌn'edɪfaɪɪŋ] *a* föga uppbygglig; föga upplysande
uneducated [ˌʌn'edjʊkeɪtɪd] *a* obildad
unemotional [ˌʌnɪ'məʊʃənl] *a* känslolös, kall, oberörd
unemployed [ˌʌnɪm'plɔɪd] *a* **1** arbetslös, sysslolös; *the ~* de arbetslösa **2** outnyttjad
unemployment [ˌʌnɪm'plɔɪmənt] *s* arbetslöshet; *~ benefit* (*compensation* Am.) arbetslöshetsunderstöd
unencumbered [ˌʌnɪn'kʌmbəd] *a* **1** obesvärad; inte belastad [*with* (*by*) med] **2** jur. ograverad, ointecknad; skuldfri [*~ estate*]
unending [ˌʌn'endɪŋ] *a* **1** ändlös **2** fam. evig
un-English [ˌʌn'ɪŋglɪʃ] *a* oengelsk
unenterprising [ˌʌn'entəpraɪzɪŋ] *a* oföretagsam
unentertaining ['ʌnˌentə'teɪnɪŋ] *a* föga (allt annat än) underhållande
unenviable [ˌʌn'envɪəbl] *a* föga (inte) avundsvärd [*an ~ task*]
unequal [ˌʌn'iːkwəl] *a* **1** olika, olika stor (lång o. d.); inte likvärdig (jämlik, jämställd o. d.); omaka **2** ojämn äv. bildl. [*an ~ contest*] **3** udda [*~ number*] **4** *be ~ to* inte motsvara [*the supply is ~ to the demand*]; *be ~ to the task* inte vara vuxen uppgiften
unequalled [ˌʌn'iːkwəld] *a* ouppnådd, oöverträffad, makalös, enastående
unequivocal [ˌʌnɪ'kwɪvəkəl] *a* otvetydig
unerring [ˌʌn'ɜːrɪŋ] *a* ofelbar, säker; träffsäker; *an ~ eye for* en säker blick för
UNESCO el. **Unesco** [jʊ'neskəʊ] förk. för *United Nations Educational, Scientific, & Cultural Organization* UNESCO
unescorted [ˌʌnes'kɔːtɪd] *a* utan eskort (sällskap)
unessential [ˌʌnɪ'senʃəl] **I** *a* oväsentlig, oviktig **II** *s* oväsentlighet, bisak
unethical [ˌʌn'eθɪkəl] *a* omoralisk, oetisk
uneven [ˌʌn'iːvən] *a* **1** ojämn äv. bildl. **2** udda [*~ number*] **3** olika, olika lång
uneventful [ˌʌnɪ'ventfʊl] *a* händelsefattig
unexampled [ˌʌnɪg'zɑːmpld] *a* enastående, exempellös, makalös
unexpected [ˌʌnɪks'pektɪd] *a* oväntad
unexpectedly [ˌʌnɪks'pektɪdlɪ] *adv* oväntat; *~ good* bättre än väntat
unexplained [ˌʌnɪks'pleɪnd] *a* oförklarad, ouppklarad
unexplored [ˌʌnɪks'plɔːd] *a* outforskad
unexposed [ˌʌnɪks'pəʊzd] *a* **1** oavslöjad **2** inte utsatt [*to* för] **3** fotogr. oexponerad
unexpressed [ˌʌnɪks'prest] *a* outtalad
unexpurgated [ˌʌn'ekspəgeɪtɪd] *a* om text inte rensad [från anstötligheter], ocensurerad
unfailing [ˌʌn'feɪlɪŋ] *a* **1** osviklig [*~ accuracy*], ofelbar [*an ~ remedy*], säker **2** outtömlig, outsinlig **3** ständig; trofast
unfair [ˌʌn'feə] *a* orättvis, ojust, ofin, ohederlig; otillåten; *take an ~ advantage of a p.* skaffa sig fördelar på ngns bekostnad; *~ competition* illojal konkurrens
unfaithful [ˌʌn'feɪθfʊl] *a* **1** otrogen [*to* mot], trolös [*an ~ lover*] **2** otillförlitlig, inte exakt, inte trogen [*an ~ translation*]
unfaltering [ˌʌn'fɔːltərɪŋ] *a* stadig, fast [*with ~ steps*], orubblig; osviklig
unfamiliar [ˌʌnfə'mɪljə] *a* **1** obekant, inte förtrogen [*with* med], ovan [*with* vid], främmande [*with* för] **2** okänd, obekant, främmande [*to a p.* för ngn]; ovanlig
unfamiliarity ['ʌnfəˌmɪlɪ'ærətɪ] *s* obekantskap, bristande förtrogenhet [*with* med], ovana [*with* vid]
unfashionable [ˌʌn'fæʃənəbl] *a* omodern
unfasten [ˌʌn'fɑːsn] *tr* lossa, lösgöra; lösa (knyta) upp; låsa upp, öppna; knäppa upp
unfathomable [ˌʌn'fæðəməbl] *a* outgrundlig, ofattbar [*~ mystery*], oändlig
unfavourable [ˌʌn'feɪvərəbl] *a* ogynnsam, ofördelaktig [*to* (*for*) för]
unfeeling [ˌʌn'fiːlɪŋ] *a* okänslig [*to* för]; känslolös; hjärtlös
unfettered [ˌʌn'fetəd] *a* fri [från bojor]; obunden [*by* av]; ohämmad
unfinished [ˌʌn'fɪnɪʃt] *a* oavslutad, ofullbordad, inte färdig
unfit [ˌʌn'fɪt] **I** *a* olämplig, oduglig [*for* till (som); *to* [till] att], oförmögen [*for* till; *to* att]; ovärdig [*for a th.* ngt]; i dålig kondition; [*medically*] *~* mil. inte vapenför; *~ for human consumption* otjänlig som människoföda **II** *tr* göra olämplig etc., jfr *I*
unfitted [ˌʌn'fɪtɪd] *a* olämplig, oduglig
unflagging [ˌʌn'flægɪŋ] *a* outtröttlig, aldrig sviktande (svikande)
unflappable [ˌʌn'flæpəbl] *a* fam. orubbligt lugn, lugn som en filbunke
unfledged [ˌʌn'fledʒd] *a* **1** ofjädrad, [ännu] inte flygfärdig **2** outvecklad, omogen, oerfaren
unflinching [ˌʌn'flɪntʃɪŋ] *a* ståndaktig, orubblig
unfold [ˌʌn'fəʊld] **I** *tr* **1 a**) veckla ut (upp) [*~ a newspaper*], vika ut (upp) **b**) m. refl. konstr. breda ut sig, ligga utbredd [*the landscape ~ed itself before me*] **2 a**) ut-

veckla, framställa, lägga fram [*she ~ed her plans*] **b)** m. refl. konstr. utveckla sig, rullas upp [*the story ~s itself*] **II** *itr* **1** veckla ut sig, breda ut sig; öppna sig **2** utveckla sig, utvecklas, rullas upp [*the story ~s*]

unforeseeable [ˌʌnfɔːˈsiːəbl] *a* oförutsebar, omöjlig att förutse, oviss

unforgettable [ˌʌnfəˈgetəbl] *a* oförglömlig

unforgivable [ˌʌnfəˈgɪvəbl] *a* oförlåtlig

unforgiving [ˌʌnfəˈgɪvɪŋ] *a* oförsonlig

unforthcoming [ˌʌnfɔːθˈkʌmɪŋ] *a* fam. inte särskilt tillmötesgående (meddelsam)

unfortunate [ˌʌnˈfɔːtʃənət] *a* **1** olycklig; olycks|förföljd, -drabbad; *be ~* äv. ha otur **2** olycksalig, olycklig [*an ~ development*]

unfortunately [ˌʌnˈfɔːtʃənətlɪ] *adv* **1** tyvärr, olyckligtvis **2** olyckligt

unfounded [ˌʌnˈfaʊndɪd] *a* isht bildl. ogrundad [*~ suspicion*], grundlös, lös [*~ rumour*], obefogad, ohållbar

unfrequented [ˌʌnfrɪˈkwentɪd] *a* litet (sällan) besökt (frekventerad)

unfriendly [ˌʌnˈfrendlɪ] *a* ovänlig [*to* mot]

unfrock [ˌʌnˈfrɒk] *tr* avsätta [från ämbetet] [*~ a priest*]

unfurl [ˌʌnˈfɜːl] **I** *tr* veckla ut [*~ a flag*]; sjö. göra loss [*~ a sail*]; *~ed flags* flygande fanor **II** *itr* om flagga o. d. veckla ut sig

ungainly [ˌʌnˈgeɪnlɪ] *a* klumpig, otymplig

ungenerous [ˌʌnˈdʒenərəs] *a* **1** snål, knusslig **2** föga generös, småskuren

ungodly [ˌʌnˈgɒdlɪ] *a* gudlös, ogudaktig; *at an ~ hour* fam. okristligt tidigt

ungovernable [ˌʌnˈgʌvənəbl] *a* omöjlig att styra; obändig [*~ temper*]; oregerlig

ungrateful [ˌʌnˈgreɪtfʊl] *a* otacksam [*to* mot; *an ~ task*]

ungratified [ˌʌnˈgrætɪfaɪd] *a* otillfredsställd, ouppfylld [*~ desire*]

ungrudging [ˌʌnˈgrʌdʒɪŋ] *a* villig; oförbehållsam [*~ praise*], helhjärtad; generös

unguarded [ˌʌnˈgɑːdɪd] *a* **1** obevakad; utan skydd **2** ovarsam, tanklös [*an ~ remark*]

unguided [ˌʌnˈgaɪdɪd] *a* **1** ostyrd [*~ missile*] **2** utan ledning, utan ledare, utan guide [*~ tour*]

unhallowed [ˌʌnˈhæləʊd] *a* ohelgad, ovigd [*~ ground*]; ohelig

unhampered [ˌʌnˈhæmpəd] *a* obunden, obehindrad, inte hämmad [*by* av]

unhappily [ˌʌnˈhæpəlɪ] *adv* **1** olyckligt **2** olyckligtvis

unhappiness [ˌʌnˈhæpɪnəs] *s* olycka, brist på lycka

unhappy [ˌʌnˈhæpɪ] *a* olycklig: a) olycksalig; olycksbringande b) misslyckad, mindre lycklig, olämplig [*~ choice of words* (ordval)]; *be ~ about* äv. inte vara nöjd med

unharmed [ˌʌnˈhɑːmd] *a* oskadd

unhealthy [ˌʌnˈhelθɪ] *a* **1** sjuklig, klen **2** ohälsosam, osund, skadlig [*~ ideas*]

unheard [ˌʌnˈhɜːd] *a* **1** ohörd; *go ~* bildl. förklinga ohörd [*her request for help went ~*] **2** *~ of* exempellös, utan motstycke, otänkbar

unheard-of [ˌʌnˈhɜːdɒv] *a* **1** [förut] okänd **2** exempellös, förut aldrig skådad; utan motstycke

unheeded [ˌʌnˈhiːdɪd] *a* obeaktad, ouppmärksammad

unhesitating [ˌʌnˈhezɪteɪtɪŋ] *a* beslutsam; oförbehållsam; tveklös

unhesitatingly [ˌʌnˈhezɪteɪtɪŋlɪ] *adv* utan att tveka, oförbehållsamt

unhinge [ˌʌnˈhɪndʒ] *tr* **1** haka av [*~ a door*] **2** förrycka, rubba; bringa ur fattningen; *his mind is ~d* han är sinnesrubbad

unholy [ˌʌnˈhəʊlɪ] *a* **1** ohelig **2** fam. förfärlig [*an ~ noise*]; *at an ~ hour* okristligt tidigt

unhook [ˌʌnˈhʊk] *tr* häkta (haka, kroka) av; knäppa upp; koppla loss

unhorse [ˌʌnˈhɔːs] *tr* kasta av (ur sadeln)

unhospitable [ˌʌnˈhɒspɪtəbl] *a* se *inhospitable*

unhurt [ˌʌnˈhɜːt] *a* oskadad, oskadd

uni- [ˈjuːnɪ] *pref* vanl. en-

UNICEF [ˈjuːnɪsef] förk. för *United Nations [International] Children's [Emergency] Fund* UNICEF

unicorn [ˈjuːnɪkɔːn] *s* enhörning

unidentified [ˌʌnaɪˈdentɪfaɪd] *a* oidentifierad [*~ flying object*], icke identifierad

unidiomatic [ˈʌnˌɪdɪəˈmætɪk] *a* oidiomatisk

unification [ˌjuːnɪfɪˈkeɪʃən] *s* enande, sammanslagning, förening

uniform [ˈjuːnɪfɔːm] **I** *a* **1** likformig, enhetlig; likalydande; *~ price* enhetspris **2** jämn, konstant [*~ speed*] **II** *s* uniform

uniformity [ˌjuːnɪˈfɔːmətɪ] *s* **1** likformighet, uniformitet, enhetlighet **2** enformighet

unify [ˈjuːnɪfaɪ] *tr* ena, förena, föra samman

unilateral [ˈjuːnɪˈlætərəl] *a* ensidig, unilateral [*~ agreement*]

unimaginable [ˌʌnɪˈmædʒɪnəbl] *a* otänkbar; ofattbar

unimaginative [ˌʌnɪˈmædʒɪnətɪv] *a* fantasilös

unimpaired [ˌʌnɪmˈpeəd] *a* oförminskad, oförsvagad, obruten [*~ health*]

unimpeachable [ˌʌnɪmˈpiːtʃəbl] *a* oantastlig, oförvitlig [*~ reputation*]; vederhäftig [*~ source*]; obestridlig; jur. ojävig

unimportant [ˌʌnɪmˈpɔːtənt] *a* obetydlig, oviktig, av mindre vikt, betydelselös, oväsentlig

unimposing [ˌʌnɪm'pəuzɪŋ] *a* föga imponerande

uninformed [ˌʌnɪn'fɔ:md] *a* inte underrättad (informerad), oupplyst, okunnig [*of* (*on, as to*) om]; ovederhäftig [~ *criticism*]

uninhabitable [ˌʌnɪn'hæbɪtəbl] *a* obeboelig

uninhabited [ˌʌnɪn'hæbɪtɪd] *a* obebodd

uninhibited [ˌʌnɪn'hɪbɪtɪd] *a* hämningslös, ohämmad

uninjured [ˌʌn'ɪn*d*ʒəd] *a* oskadad, oskadd

unintelligible [ˌʌnɪn'telɪdʒəbl] *a* obegriplig, oförståelig

unintentional [ˌʌnɪn'tenʃənl] *a* oavsiktlig, ofrivillig

uninterrupted ['ʌnˌɪntə'rʌptɪd] *a* oavbruten, ostörd

uninviting [ˌʌnɪn'vaɪtɪŋ] *a* föga inbjudande

union ['ju:njən] *s* **1** förening, enande, sammanslutning, sammanförande **2** union [*postal* ~], förbund, förening; *students'* ~ studentkår; *the U~ of Soviet Socialist Republics* Sovjetunionen **3** [*trade*] ~ fackförening; *national* [*trade*] ~ fackförbund; ~ *dues* fackföreningsavgifter; *belong to a* ~ tillhöra en fackförening, vara organiserad **4** äktenskap [*a happy* ~] **5** enighet, endräkt **6** *the U~ Jack* Union Jack Storbritanniens flagga

unique [ju:'ni:k] *a* unik, enastående

unisex ['ju:nɪseks] *a* ung. gemensam för båda könen, unisex- [~ *fashions*]

unison ['ju:nɪsn] *s* **1** mus. samklang, harmoni; *in* ~ a) unisont b) bildl. i fullkomlig harmoni (samklang) **2** endräkt, samförstånd [*we acted in perfect* ~]

unit ['ju:nɪt] *s* **1** enhet [*form a* ~; *monetary* ~]; ~ *furniture* kombinationsmöbler **2** mat. ental **3** avdelning, enhet [*production* ~], mil. äv. förband **4** apparat; enhet, [bygg]element; aggregat [*heating* ~]

unite [ju:'naɪt] **I** *tr* förena, föra (slå) samman [*with* (*to*) med], samla, ena **II** *itr* förena sig, förenas, slå sig samman, samverka

united [ju:'naɪtɪd] *a* förenad; gemensam, samlad [~ *action*]; bildl. äv. enig, enad [*present a* ~ *front*]; *the U~ Kingdom* Förenade kungariket Storbritannien och Nordirland; *the U~ Nations* [*Organization*] Förenta nationerna; *U~ Press International* namn på amerikansk nyhetsbyrå; *British U~ Press* namn på brittisk nyhetsbyrå; *the U~ States* [*of America*] Förenta staterna; *the U~ States* [*army*] Förenta staternas .., den amerikanska ..; ~ *we stand, divided we fall* enade vi stå, söndrade vi falla

unity ['ju:nətɪ] *s* **1** enhet **2** endräkt, harmoni, enighet, sammanhållning

Univ. förk. för *University*

universal [ˌju:nɪ'vɜ:səl] *a* allmän, allmänt utbredd [~ *belief*]; allomfattande; allmängiltig [*the rule is not* ~], universell; världs-; om film barntillåten; ~ *certificate* om film tillstånd att visas för alla åldrar; ung. barntillåten; ~ *language* världsspråk; *the U~ Postal Union* Världspostunionen

universally [ˌju:nɪ'vɜ:səlɪ] *adv* allmänt, universellt, överallt

universe ['ju:nɪvɜ:s] *s* universum; *the* ~ äv. världsalltet

university [ˌju:nɪ'vɜ:sətɪ] *s* universitet, högskola; ~ *education* akademisk [ut]bildning; *U~ Extension* se *extension 5*

unjust [ˌʌn'dʒʌst] *a* orättfärdig, orättvis

unjustifiable ['ʌnˌdʒʌstɪ'faɪəbl] *a* oförsvarlig; otillbörlig; orättvis

unjustified [ˌʌn'dʒʌstɪfaɪd] *a* oberättigad, obefogad

unjustly [ˌʌn'dʒʌstlɪ] *adv* orättfärdigt, orättvist

unkempt [ˌʌn'kem*p*t] *a* **1** okammad **2** ovårdad, vanskött

unkind [ˌʌn'kaɪnd] *a* ovänlig; omild, inte skonsam [~ *to* (mot) *the skin*]

unkindly [ˌʌn'kaɪndlɪ] *adv* ovänligt; *don't take it* ~ *if* .. ta inte illa upp om ..

unknowing [ˌʌn'nəuɪŋ] *a* ovetande, okunnig [*of* om]

unknown [ˌʌn'nəun] **I** *a* okänd, obekant [*to* för (i, bland)] **II** *adv,* ~ *to us* oss ovetande, utan vår vetskap **III** *s* **1** *the* ~ den okände; det okända **2** mat. obekant

unlawful [ˌʌn'lɔ:f*u*l] *a* olaglig; orättmätig; olovlig

unleash [ˌʌn'li:ʃ] *tr* koppla lös (loss), släppa lös (loss) [~ *a dog*; *he* ~*ed his fury*]

unleavened [ˌʌn'levnd] *a* osyrad [~ *bread*]

unless [ən'les] *konj* om inte, såvida inte; med mindre [än att]; annat än, utom

unlike [ˌʌn'laɪk] **I** *a* olik [*he is* ~ *his brothers*] **II** *prep* olikt; olika mot; i olikhet med, till skillnad från, i motsats till [~ *most other people, he is* ..]

unlikely [ˌʌn'laɪklɪ] *a* osannolik, otrolig, orimlig; *he is* ~ *to come* han kommer troligen inte

unlimited [ˌʌn'lɪmɪtɪd] *a* **1** obegränsad, obetingad [~ *confidence*], oinskränkt [~ *power*] **2** gränslös, oändlig

unlisted [ˌʌn'lɪstɪd] *a* inte listad, inte uppförd på listan (förteckningen); ~ *telephone number* hemligt telefonnummer

unload [ˌʌn'ləud] **I** *tr* **1** lasta av, lossa [~ *a cargo*] **2** befria [*of* från]; ~ *o.'s heart* lätta sitt hjärta **3** ta ut patronen ur [~ *the gun*] **II** *itr* lossa[s] [*the ship is* ~*ing*]

unlock [ˌʌn'lɒk] **I** *tr* låsa upp **II** *itr* låsas upp

unlocked [ˌʌn'lɒkt] *a* **1** upplåst **2** olåst

unlooked-for [ˌʌn'lʊktfɔ:] *a* oväntad

unloose [ˌʌn'lu:s] *tr* o. **unloosen** [ˌʌn'lu:sn] *tr* lossa, lösa; släppa [lös]; knyta upp
unluckily [ˌʌn'lʌkəlɪ] *adv* **1** olyckligtvis **2** olyckligt
unlucky [ˌʌn'lʌkɪ] *a* olycklig; olycksdiger; *be ~* ha otur [*at* i]; *~ at cards, lucky in love* otur i spel, tur i kärlek
unmanageable [ˌʌn'mænɪdʒəbl] *a* ohanterlig, svårhanterlig; oregerlig
unmanly [ˌʌn'mænlɪ] *a* omanlig
unmanned [ˌʌn'mænd] *a* obemannad [*~ spaceship*]
unmannerly [ˌʌn'mænəlɪ] *a* obelevad, okultiverad, ohyfsad
unmarried [ˌʌn'mærɪd] *a* ogift
unmask [ˌʌn'mɑ:sk] *tr* demaskera, avslöja
unmatched [ˌʌn'mætʃt] *a* **1** oöverträffad, ouppnådd, makalös **2** omaka, udda
unmentionable [ˌʌn'menʃnəbl] **I** *a* som inte går att återge (tala om) **II** *s* skämts. o. åld., pl.: *~s* onämnbara byxor
unmerited [ˌʌn'merɪtɪd] *a* oförtjänt
unmindful [ˌʌn'maɪndfʊl] *a* obekymrad [*of* om]; ouppmärksam [*of* på]
unmistakable [ˌʌnmɪs'teɪkəbl] *a* omisskänn[e]lig; otvetydig, ofelbar [*an ~ sign*]
unmitigated [ˌʌn'mɪtɪgeɪtɪd] *a* **1** onyanserad, oförminskad; *~ by* utan några förmildrande drag (inslag) av **2** oblandad; renodlad; *an ~ scoundrel* en ärkeskurk
unmodified [ˌʌn'mɒdɪfaɪd] *a* oförändrad, inte modifierad; opåverkad
unmoved [ˌʌn'mu:vd] *a* **1** oberörd, lugn, kall **2** orörd
unnecessarily [ˌʌn'nesəsərəlɪ] *adv* **1** onödigt **2** onödigtvis, i onödan
unnecessary [ˌʌn'nesəsərɪ] *a* onödig, obehövlig
unnerve [ˌʌn'nɜ:v] *tr* få att tappa koncepterna, göra nervös
unnoticeable [ˌʌn'nəʊtɪsəbl] *a* omärklig
unnoticed [ˌʌn'nəʊtɪst] *a* obemärkt
UNO ['ju:nəʊ] (förk. för *United Nations Organization*) FN
unobserved [ˌʌnəb'zɜ:vd] *a* obemärkt, obeaktad, osedd, oupptäckt
unobstructed [ˌʌnəb'strʌktɪd] *a* obehindrad, fri [*~ view*]
unobtainable [ˌʌnəb'teɪnəbl] *a* oåtkomlig, oanskaffbar, oöverkomlig
unobtrusive [ˌʌnəb'tru:sɪv] *a* tillbakadragen, inte påträngande (påflugen), diskret
unoccupied [ˌʌn'ɒkjʊpaɪd] *a* **1** inte ockuperad **2** obebodd [*~ territory*] **3** ledig [*~ seat*], inte upptagen **4** sysslolös
unofficial [ˌʌnə'fɪʃəl] *a* inofficiell [*~ statement*], inte officiell; *~ strike* vild strejk
unorthodox [ˌʌn'ɔ:θədɒks] *a* oortodox, kättersk, inte renlärig; okonventionell
unpack [ˌʌn'pæk] *tr* o. *itr* packa upp (ur)
unpacked [ˌʌn'pækt] *a* **1** uppackad, urpackad **2** opackad; oförpackad, opaketerad
unpaid [ˌʌn'peɪd] *a* obetald; ofrankerad [*~ letter*]; oavlönad, utan lön [*~ position*]
unpalatable [ˌʌn'pælətəbl] *a* oaptitlig, onjutbar; bildl. obehaglig [*~ truth*]
unparalleled [ˌʌn'pærəleld] *a* makalös, exempellös, utan motstycke
unpardonable [ˌʌn'pɑ:dnəbl] *a* oförlåtlig
unparliamentary ['ʌnˌpɑ:lə'mentərɪ] *a* oparlamentarisk
unpick [ˌʌn'pɪk] *tr* sprätta upp [*~ stitches*]
unpiloted [ˌʌn'paɪlətɪd] *a* obemannad [*~ spaceship*]
unplanned [ˌʌn'plænd] *a* **1** inte planerad (planlagd) **2** illa planerad [*~ economy*]
unplayable [ˌʌn'pleɪəbl] *a* **1** ospelbar **2** om boll o. d. omöjlig, otagbar
unpleasant [ˌʌn'pleznt] *a* otrevlig [*~ situation*]; obehaglig [*~ taste; ~ truth*], oangenäm; osympatisk [*an ~ fellow*]
unpleasantness [ˌʌn'plezntnəs] *s* obehag; otrevlighet[er], besvärlighet[er]; tråkighet[er], bråk [*try to avoid ~*]
unplug [ˌʌn'plʌg] *tr* **1** dra ur proppen (tappen) ur [*~ the sink*] **2** dra ur [sladden till] [*~ the refrigerator*]
unplumbed [ˌʌn'plʌmd] *a* inte lodad, opejlad; bildl. äv. outforskad
unpolished [ˌʌn'pɒlɪʃt] *a* opolerad; oputsad, oborstad [*~ shoes*]; oslipad [*~ diamond; ~ style*]; bildl. äv. okultiverad
unpopular [ˌʌn'pɒpjʊlə] *a* impopulär, illa omtyckt
unpopularity ['ʌnˌpɒpjʊ'lærətɪ] *s* impopularitet
unpractised [ˌʌn'præktɪst] *a* **1** oövad, oerfaren, orutinerad [*in* i] **2** inte praktiserad
unprecedented [ˌʌn'presɪdəntɪd] *a* exempellös, utan motstycke, makalös
unprejudiced [ˌʌn'predʒʊdɪst] *a* fördomsfri, opartisk
unprepossessing ['ʌnˌpri:pə'zesɪŋ] *a* föga intagande, osympatisk
unpretentious [ˌʌnprɪ'tenʃəs] *a* anspråkslös, blygsam, opretentiös
unprincipled [ˌʌn'prɪnsəpld] *a* principlös, karaktärslös; samvetslös [*~ scoundrel*]
unprintable [ˌʌn'prɪntəbl] *a* otryckbar
unprivileged [ˌʌn'prɪvɪlɪdʒd] *a* oprivilegierad, missgynnad; sämst lottad
unproductive [ˌʌnprə'dʌktɪv] *a* improduktiv; ofruktbar; föga lönande
unprofessional [ˌʌnprə'feʃənl] *a* **1** inte professionell (yrkesmässig) **2** icke-fackmannamässig; oprofessionell **3** ovärdig yrkeskåren (en yrkesman) [*~ conduct*]
unprofitable [ˌʌn'prɒfɪtəbl] *a* **1** onyttig, föga givande, ofruktbar [*~ discussions*] **2** föga vinstgivande (lönande), olönsam

unpromising [ˌʌn'prɒmɪsɪŋ] *a* föga lovande, ogynnsam
unprompted [ˌʌn'prɒmptɪd] *a* opåverkad, frivillig, spontan; på eget initiativ
unpronounceable [ˌʌnprə'naunsəbl] *a* omöjlig att uttala, outtalbar
unprotected [ˌʌnprə'tektɪd] *a* oskyddad
unprovided [ˌʌnprə'vaɪdɪd] *a* **1** inte försedd (utrustad) [*with* med] **2** oförsörjd; *leave o.'s family ~ for* ställa familjen på bar backe **3** oförberedd [*against* på]
unprovoked [ˌʌnprə'vəukt] *a* **1** oprovocerad [*~ attack*] **2** opåkallad
unpublished [ˌʌn'pʌblɪʃt] *a* opublicerad
unpunctual [ˌʌn'pʌŋktjuəl] *a* inte punktlig; *be ~* äv. inte passa tiden
unpunished [ˌʌn'pʌnɪʃt] *a* ostraffad
unqualified [ˌʌn'kwɒlɪfaɪd] *a* **1** okvalificerad, inkompetent, omeriterad, oduglig [*as* som; *for* till, för; *to do a th.* att göra ngt]; inte behörig, utan kompetens **2** oförbehållsam, odelad [*~ approval*], oblandad [*~ joy*]; full[ständig], öppen [*~ confession*]
unquestionable [ˌʌn'kwestʃənəbl] *a* **1** obestridlig, odiskutabel **2** vederhäftig
unquestioned [ˌʌn'kwestʃənd] *a* **1** obestridd; oemotsagd **2** obestridlig
unquestioning [ˌʌn'kwestʃənɪŋ] *a* obetingad, blind [*~ obedience*]
unquote [ˌʌn'kwəut] *itr*, *.. ~ ..* slut på citatet, .. slut citat, jfr *quote II*
unravel [ˌʌn'rævəl] *tr* **1** riva upp, repa upp [*she ~led her knitting*]; reda ut, trassla upp, dela på [*~ a rope*] **2** bildl. reda ut (upp), klara upp, lösa [*~ a mystery*]
unreachable [ˌʌn'ri:tʃəbl] *a* ouppnåelig
unreadable [ˌʌn'ri:dəbl] *a* **1** oläsbar [*an ~ book*] **2** oläslig, oläsbar [*~ handwriting*]
unreal [ˌʌn'rɪəl] *a* overklig; inbillad
unrealized [ˌʌn'rɪəlaɪzd] *a* **1** ouppfylld [*~ hopes*]; inte förverkligad [*~ plan*] **2** orealiserad, inte avyttrad [*~ shares*]
unreasonable [ˌʌn'ri:zənəbl] *a* **1** oförnuftig, oresonlig; omedgörlig **2** oskälig
unreasoning [ˌʌn'ri:zənɪŋ] *a* oförnuftig; okritisk; oreflekterad; *~ hate* blint hat
unreciprocated [ˌʌnrɪ'sɪprəkeɪtɪd] *a* obesvarad [*~ love*]
unrecognizable [ˌʌn'rekəgnaɪzəbl] *a* oigenkännlig
unrelated [ˌʌnrɪ'leɪtɪd] *a* obesläktad äv. bildl. [*to* med], inte relaterad [*to* till]; *be ~ to* äv. inte ha något samband med
unrelenting [ˌʌnrɪ'lentɪŋ] *a* **1** oböjlig; obeveklig **2** ständig, oavbruten [*~ pressure*]
unreliable [ˌʌnrɪ'laɪəbl] *a* opålitlig [*an ~ witness*]; ovederhäftig, otillförlitlig
unremitting [ˌʌnrɪ'mɪtɪŋ] *a* outtröttlig, oförtruten; odelad [*~ attention*]; oavlåtlig
unremunerative [ˌʌnrɪ'mju:nərətɪv] *a* föga lönande (givande); illa betald
unrepair [ˌʌnrɪ'peə] *s*, *in a state of ~* i dåligt skick, illa underhållen
unrepeatable [ˌʌnrɪ'pi:təbl] *a* **1** som inte kan återges [*~ remarks*] **2** unik; som inte återkommer [*an ~ offer* (erbjudande)]
unrepentant [ˌʌnrɪ'pentənt] *a* o. **unrepenting** [ˌʌnrɪ'pentɪŋ] *a* obotfärdig
unrequited [ˌʌnrɪ'kwaɪtɪd] *a* obesvarad [*~ love*]
unresolved [ˌʌnrɪ'zɒlvd] *a* **1** olöst [*~ problem* (*conflict*)] **2** obeslutsam, tveksam
unrest [ˌʌn'rest] *s* oro, jäsning; [*a period of*] *social ~* äv. .. sociala brytningar
unrestrained [ˌʌnrɪs'treɪnd] *a* **1** ohämmad, otyglad; obehärskad **2** otvungen, fri
unrestricted [ˌʌnrɪs'trɪktɪd] *a* **1** oinskränkt [*~ power*] **2** med fri fart, utan fartgräns [*an ~ road*]
unrewarding [ˌʌnrɪ'wɔ:dɪŋ] *a* föga givande; otacksam [*an ~ part* (roll)]
unripe [ˌʌn'raɪp] *a* omogen
unrivalled [ˌʌn'raɪvəld] *a* makalös, oöverträffad, utan like
unrobe [ˌʌn'rəub] **I** *tr* klä av **II** *itr* o. *refl*, *~* [*o.s.*] ta av sig ämbetsdräkten; klä av sig
unroll [ˌʌn'rəul] **I** *tr* rulla (veckla) upp; rulla ut **II** *itr* rulla (veckla) upp sig
unruffled [ˌʌn'rʌfld] *a* **1** oberörd, lugn [och fattad] **2** stilla [*an ~ lake*]; slät [*an ~ brow*] **3** okrusad, oveckad
unruly [ˌʌn'ru:lɪ] *a* ostyrig, besvärlig [*~ children*, *~ locks of hair*], oregerlig; vild
unsaddle [ˌʌn'sædl] *tr* **1** sadla av [*~ a horse*] **2** kasta av (ur sadeln) [*~ a rider*]
unsafe [ˌʌn'seɪf] *a* osäker
unsatisfactory ['ʌnˌsætɪs'fæktərɪ] *a* otillfredsställande; otillräcklig
unsatisfied [ˌʌn'sætɪsfaɪd] *a* otillfredsställd, inte tillfredsställd
unsavoury [ˌʌn'seɪvərɪ] *a* **1** smaklös [*an ~ meal*]; oaptitlig **2** motbjudande, obehaglig, osmaklig [*an ~ affair*]
unscathed [ˌʌn'skeɪðd] *a* oskadd; helskinnad
unscrew [ˌʌn'skru:] **I** *tr* skruva av (loss, upp) **II** *itr* skruvas av (loss); lossna
unscrupulous [ˌʌn'skru:pjuləs] *a* samvetslös, skrupelfri, hänsynslös
unseal [ˌʌn'si:l] *tr* bryta förseglingen (sigillet) på, öppna [*~ a letter*]
unseasonable [ˌʌn'si:zənəbl] *a* **1** oläglig [*~ visits*], olämplig [*at an ~ hour*] **2** *oysters are ~ now* det är inte säsong för ostron n[u] **3** ovanlig för årstiden [*~ weather*]
unseat [ˌʌn'si:t] *tr* **1** kasta av (ur sadeln) **2** avsätta; störta [*~ the Government*]; beröv[a] (frånta) mandatet
unseated [ˌʌn'si:tɪd] *a* **1** avkastad, kasta[d] ur sadeln **2** utan sittplats **3** avsatt, avsk[e]

dad, störtad; berövad (fråntagen) sitt mandat

unseeded [ˌʌn'siːdɪd] *a* sport. oseedad

unseemly [ˌʌn'siːmlɪ] *a* **1** opassande, otillständig, otillbörlig **2** ful, anskrämlig

unseen [ˌʌn'siːn] **I** *a* **1** osynlig, dold [~ *danger*]; osedd **2** a) okänd, förut oläst b) från bladet, a prima vista; ~ *translation* översättning av okänd text **II** *s* **1** *the* ~ den osynliga världen **2** okänd text

unselfish [ˌʌn'selfɪʃ] *a* osjälvisk

unsettle [ˌʌn'setl] *tr* **1** komma att lossna [*an earthquake had ~d the rocks*], lösgöra, lossa **2** komma att vackla, bringa ur balans, störa **3** göra osäker (nervös); förvirra

unsettled [ˌʌn'setld] *a* **1** a) orolig [~ *times*], osäker, ostadig [~ *weather*], instabil [*an* ~ *market*] b) ur balans, obalanserad; *feel* ~ äv. ha kommit ur gängorna **2** kringflackande [*an* ~ *life*]; som inte stadgat sig; *be* ~ [*in o.'s new home*] inte ha kommit i ordning . . **3** inte avgjord [*an* ~ *case*], ouppklarad, olöst, oavgjord [~ *questions*]; inte uppordnad (avklarad) [*an* ~ *matter*] **4** obetald, inte avvecklad [~ *debts*]

unshakable [ˌʌn'ʃeɪkəbl] *a* orubblig

unshaken [ˌʌn'ʃeɪkən] *a* orubbad; orubblig

unshaved [ˌʌn'ʃeɪvd] *a* o. **unshaven** [ˌʌn'ʃeɪvn] *a* orakad

unsheathe [ˌʌn'ʃiːð] *tr* dra [ur skidan (slidan)] [~ *o.'s sword* (*knife*)]

unship [ˌʌn'ʃɪp] *tr* **1** lasta av, lossa [~ *a cargo*]; sätta i land [~ *passengers*] **2** ta loss (bort, ur) [~ *the rudder*]; ta in [~ *the oars*]

unshod [ˌʌn'ʃɒd] *a* barfota; oskodd [~ *horse*]

unshrinkable [ˌʌn'ʃrɪŋkəbl] *a* krympfri

unsifted [ˌʌn'sɪftɪd] *a* **1** osållad, osiktad **2** osovrad [~ *material*]

unsighted [ˌʌn'saɪtɪd] *a* **1** osynlig; skymd; *be* ~ äv. skymmas **2** utan sikte [*an* ~ *gun*]

unsightly [ˌʌn'saɪtlɪ] *a* ful, anskrämlig

unsigned [ˌʌn'saɪnd] *a* inte undertecknad, utan underskrift; osignerad

unskilled [ˌʌn'skɪld] *a* oerfaren, okunnig, obevandrad [*in* i]; ~ *labour* a) outbildad arbetskraft b) grovarbete; ~ *labourer* grovarbetare; ~ *worker* inte fackutbildad (yrkeskunnig) arbetare, tempoarbetare

unsociable [ˌʌn'səʊʃəbl] *a* osällskaplig

unsolicited [ˌʌnsə'lɪsɪtɪd] *a* oombedd

unsolved [ˌʌn'sɒlvd] *a* olöst, ouppklarad

unsought-for [ˌʌn'sɔːtfɔː] *a* osökt; oväntad; [*he gave me a lot of*] ~ *advice* . . råd som jag inte bett om

unsound [ˌʌn'saʊnd] *a* **1** sjuk; dålig [~ *teeth*]; [*commit suicide*] *while of* ~ *mind* . . i sinnesförvirring **2** fördärvad; osund [~ *principles*] **3** ohållbar [*an* ~ *argument*], oklok [~ *advice*] **4** [ekonomiskt] osäker, riskfylld [*an* ~ *investment*]; dålig [~ *finances*]

unsparing [ˌʌn'speərɪŋ] *a* frikostig, rundhänt [*of* med]; outtröttlig [*with* ~ *energy*]; *be* ~ *in o.'s efforts* inte spara någon möda

unspeakable [ˌʌn'spiːkəbl] *a* **1** outsäglig [~ *joy*], obeskrivlig [~ *wickedness*] **2** usel, avskyvärd [*an* ~ *scoundrel*]

unspoiled [ˌʌn'spɔɪlt, -ld] *a* o. **unspoilt** [ˌʌn'spɔɪlt] *a* ofördärvad, oförstörd; inte bortskämd

unspoken [ˌʌn'spəʊkən] *a* outtalad; osagd

unsporting [ˌʌn'spɔːtɪŋ] *a* o. **unsportsmanlike** [ˌʌn'spɔːtsmənlaɪk] *a* osportslig, inte (föga) sports[manna]mässig, ojust

unstable [ˌʌn'steɪbl] *a* instabil, ostadig, vacklande [*an* ~ *foundation*], labil; obeständig; vankelmodig, oberäknelig

unsteady [ˌʌn'stedɪ] **I** *a* **1** ostadig, osäker, vacklande [*an* ~ *walk*]; bildl. vankelmodig, ombytlig; skiftande; oberäknelig **2** oregelbunden [~ *habits*; *an* ~ *pulse*], ojämn [*an* ~ *climate*] **II** *tr* göra ostadig etc., jfr *I*; rubba

unstick [ˌʌn'stɪk] (*unstuck unstuck*) *tr* lossa [på], ta isär ngt hopfäst (hoplimmat); *come unstuck* a) lossna, gå upp [i fogen (limningen)] b) fam. gå i stöpet, slå fel; råka illa ut [*he'll come unstuck one day*]

unstinted [ˌʌn'stɪntɪd] *a* frikostig; oförbehållsam, oreserverad [~ *praise*]

unstoppable [ˌʌn'stɒpəbl] *a* omöjlig att stanna (hejda, stoppa)

unstrap [ˌʌn'stræp] *tr* spänna upp; spänna av [sig]

unstressed [ˌʌn'strest] *a* obetonad

unstrung [ˌʌn'strʌŋ] *a* **1** osträngad, utan strängar **2** bildl. nervös, ur balans, ur gängorna

unstuck [ˌʌn'stʌk] imp. o. pp. av *unstick*

unsuccessful [ˌʌnsək'sesfʊl] *a* misslyckad, olycklig, fruktlös; *be* ~ äv. misslyckas

unsuited [ˌʌn'sjuːtɪd] *a* olämplig, inte passande (ägnad, lämpad) [*for, to* för, till]; opassande [*to* för]; inte avpassad [*to* efter]; *be* ~ *for* (*to*) äv. inte passa (lämpa sig) för

unsullied [ˌʌn'sʌlɪd] *a* fläckfri, ren

unsupported [ˌʌnsə'pɔːtɪd] *a* **1** utan stöd, inte understödd [*by* av] **2** ogrundad

unsure [ˌʌn'ʃʊə] *a* osäker [*of, about* på, om, beträffande]; oviss [*of* om]

unsurmountable [ˌʌnsə'maʊntəbl] *a* oöverstiglig [~ *obstacles*]; oövervinnlig

unsurpassed [ˌʌnsə'pɑːst] *a* oöverträffad

unsuspecting [ˌʌnsəs'pektɪŋ] *a* omisstänksam, godtrogen; intet ont anande

unswerving [ˌʌn'swɜːvɪŋ] *a* orubblig [~ *fidelity*], osviklig; utan avvikelser

unsympathetic ['ʌnˌsɪmpə'θetɪk] *a* **1** oförstående, likgiltig; avvisande; osympa-

tiskt (negativt) inställd [*he was ~ to the project*] **2** osympatisk, motbjudande
untamed [ˌʌn'teɪmd] *a* otämd, okuvad, vild
untangle [ˌʌn'tæŋgl] *tr* lösa [upp] [*~ a knot*], reda upp (ut); göra loss (fri)
untapped [ˌʌn'tæpt] *a* outnyttjad [*~ reserves*]; otappad [*~ beer*]
untarnished [ˌʌn'tɑ:nɪʃt] *a* **1** fläckfri, obesudlad [*an ~ reputation*] **2** glänsande, blank [*~ silver*]
untenable [ˌʌn'tenəbl] *a* ohållbar, oförsvarbar
unthinkable [ˌʌn'θɪŋkəbl] *a* otänkbar; inte att tänka på [*that suggestion is ~*]
unthinking [ˌʌn'θɪŋkɪŋ] *a* tanklös, obetänksam; sorglös; *in an ~ moment* i ett ögonblick av obetänksamhet
unthought-of [ˌʌn'θɔ:tɒv] *a* oanad, som man inte kunnat tänka sig; inte påtänkt
untidy [ˌʌn'taɪdɪ] *a* ovårdad; ostädad
untie [ˌʌn'taɪ] *tr* knyta upp, lösa upp, få upp; *come* (*get*) *~d* gå upp
until [ən'tɪl, ʌn'tɪl] *prep* o. *konj* [ända] till, [ända] tills etc., se *1 till I* o. *II*
untimely [ˌʌn'taɪmlɪ] *a* **1** förtidig [*an ~ death*] **2** olämplig, malplacerad [*~ remarks*]; oläglig [*at an ~ hour*]
untiring [ˌʌn'taɪərɪŋ] *a* outtröttlig [*~ energy*], oförtruten [*~ efforts*]
unto ['ʌntʊ, -tu:, -tə] *prep* litt., se *to I*
untold [ˌʌn'təʊld] *a* **1** omätlig [*~ wealth*], oändlig **2** oberättad [*~ tales*]; osagd
untouchable [ˌʌn'tʌtʃəbl] **I** *a* kastlös, oberörbar **II** *s* kastlös [person], oberörbar
untoward [ˌʌntə'wɔ:d] *a* olycklig, ogynnsam, motig [*~ conditions*]
untrammelled [ˌʌn'træməld] *a* obehindrad, ohämmad; oinskränkt [*~ power*]
untransferable [ˌʌntræns'fɜ:rəbl, -trɑ:n-] *a* oöverlåtlig; *the ticket is ~* biljetten får ej överlåtas
untried [ˌʌn'traɪd] *a* oprövad, obeprövad
untrue [ˌʌn'tru:] *a* **1** osann, falsk, oriktig **2** trolös, falsk [*to* mot] **3** felaktig; sned, vind
untrustworthy [ˌʌn'trʌstˌwɜ:ðɪ] *a* opålitlig [*an ~ man*], inte trovärdig, ovederhäftig
untruth [ˌʌn'tru:θ, i pl. ˌʌn'tru:ðz] *s* osanning, lögn; *tell an ~* tala osanning
untruthful [ˌʌn'tru:θfʊl] *a* osann, osannfärdig, falsk; lögnaktig
untuned [ˌʌn'tju:nd] *a* **1** mus. ostämd **2** oinställd, inte finjusterad [*an ~ engine*]
untutored [ˌʌn'tju:təd] *a* obildad, okunnig; otränad [*an ~ ear*]
untwine [ˌʌn'twaɪn] *tr* sno (tvinna) upp; fläta (lösa) upp; lösgöra; bildl. reda ut
unusable [ˌʌn'ju:zəbl] *a* oanvändbar, obrukbar, oduglig
unused [i bet. *1* ˌʌn'ju:zd, i bet. *2* ˌʌn'ju:st] *a* **1** obegagnad, oanvänd; *~ stamp* ostämplat frimärke **2** ovan [*he is ~ to* (vid) *city life*]
unusual [ˌʌn'ju:ʒʊəl] *a* ovanlig; sällsynt; osedvanlig
unvarnished [ˌʌn'vɑ:nɪʃt] *a* **1** osminkad [*the ~ truth*], oförblommerad **2** ofernissad, olackerad
unveil [ˌʌn'veɪl] *tr* **1** a) ta slöjan från [*~ o.'s face*]; avtäcka [*~ a statue*] b) bildl. avslöja, röja [*~ a secret*] **2** presentera, [premiär]visa
unverified [ˌʌn'verɪfaɪd] *a* obekräftad, obestyrkt; okontrollerad
unversed [ˌʌn'vɜ:st] *a* obevandrad, oerfaren [*in* i], inte förtrogen [*in* med]
unvoiced [ˌʌn'vɔɪst] *a* **1** fon. tonlös **2** outtalad
unwanted [ˌʌn'wɒntɪd] *a* inte önskad (önskvärd), oönskad, ovälkommen
unwarranted [ˌʌn'wɒrəntɪd] *a* obefogad, oberättigad; omotiverad; oförsvarlig
unwary [ˌʌn'weərɪ] *a* ovarsam, oförsiktig
unwavering [ˌʌn'weɪvərɪŋ] *a* orubblig, aldrig sviktande [*~ loyalty*]
unwell [ˌʌn'wel] *a* dålig, sjuk, krasslig
unwieldy [ˌʌn'wi:ldɪ] *a* klumpig, otymplig, åbäkig, ohanterlig; ovig; svårhanterlig
unwilling [ˌʌn'wɪlɪŋ] *a* **1** ovillig; motvillig **2** motspänstig
unwillingly [ˌʌn'wɪlɪŋlɪ] *adv* ogärna, motvilligt, mot sin vilja
unwind [ˌʌn'waɪnd] (*unwound unwound*) **I** *tr* nysta (linda, vira, rulla, veckla) av (upp); veckla (rulla) ut; lösgöra, frigöra **II** *itr* nystas upp, nysta upp sig etc., jfr *I*
unwise [ˌʌn'waɪz] *a* oklok, oförståndig
unwittingly [ˌʌn'wɪtɪŋlɪ] *adv* **1** oavsiktligt, ofrivilligt **2** ovetande[s]
unwonted [ˌʌn'wəʊntɪd] *a* litt. ovanlig, sällsynt
unworkable [ˌʌn'wɜ:kəbl] *a* **1** outförbar, ogenomförbar [*an ~ plan*] **2** svårarbetad [*~ material*]
unworldly [ˌʌn'wɜ:ldlɪ] *a* ovärldslig; världsfrämmande
unworthy [ˌʌn'wɜ:ðɪ] *a* ovärdig [*an ~ successor*]; [*behaviour*] *~ of a gentleman* . . ovärdigt en gentleman
unwound [ˌʌn'waʊnd] **I** imp. o. pp. av *unwind* **II** *a* ouppdragen [*an ~ clock*]
unwrap [ˌʌn'ræp] *tr* veckla upp (ut); öppna, ta upp, packa upp [*~ a parcel*]
unwritten [ˌʌn'rɪtn] *a* oskriven [*an ~ page*]; *an ~ law* en oskriven lag
unyielding [ˌʌn'ji:ldɪŋ] *a* oböjlig, fast, hård; bildl. äv. obeveklig, orubblig
unzip [ˌʌn'zɪp] **I** *tr* dra ner (öppna, dra upp) [blixtlåset på]; *can you ~ me?* kan du hjälpa mig med [att öppna] blixtlåset? **II** *itr* öppnas med blixtlås
up [ʌp] **I** *adv* o. pred. *a* **1** a) upp; uppåt b)

fram [*he came ~ to me*] c) upp, in, ned norrut el. i förhållande till storstad, isht London [*~ to London*]; uppåt (inåt) [landet] i förhållande till kusten [*travel ~ from the coast*]; *hands ~!* upp med händerna!; *~ the Arsenal!* heja Arsenal!; *~ the Republic!* leve republiken!; *~ and down* fram och tillbaka, av och an [*walk ~ and down*]; upp och ner [*jump ~ and down*]; på alla håll [och kanter], överallt [*look for a th. ~ and down*]; uppifrån och ned [*look a p. ~ and down*]; *~ north* norröver, norrut, uppåt norr; *~ there* dit upp; *~ to town* [in (upp, ned)] till stan (London); *from* [*o.'s*] *youth ~* ända från (alltifrån) ungdomen; *children from six years ~* barn från sex år och uppåt **2** a) uppe [*stay ~ all night*] b) uppe, inne, nere norrut el. i förhållande till storstad, isht London [*~ in London*]; uppåt (inåt) [landet] i förhållande till kusten [*two miles ~ from the coast*]; *be ~ and about* vara uppe [och i full gång], vara på benen; *be ~ and doing* vara uppe och i full gång, vara i farten; *~ north* norröver, norrut, uppe i norr; *~ there* däruppe; *relatives ~ from the country* släktingar på besök från landet **3** a) över, slut [*my leave was nearly ~*] b) bildl. ute, slut, förbi; *the game is ~* spelet är förlorat; *time's ~ !* tiden är ute!; *it's all ~ with me* det är ute med mig **4** sport. o. d. plus; *be one* [*goal*] *~* leda med ett mål; *he's always trying to be one ~* [*on you*] han skall alltid vara värst **5** specialbet. i förb. med verb (se äv. under resp. verb ss. *bring, catch, come, get, set* m. fl.): **a)** ihop [*add ~; fold ~*], igen, till [*shut ~ a house*] **b)** fast [*chain ~*]; in [*lock a th. ~*] **c)** sönder [*tear ~*] **d)** div. fall: a) *hurry ~!* skynda på! b) utan motsvarighet i sv. [*wake ~*] **e)** *be ~* a) vara uppe (uppstigen), ha gått upp [*he* (*the moon*) *is not ~ yet*] b) vara [upp]rest (uppförd) [*the house is ~*]; vara uppfälld [*his coat-collar was ~*]; vara uppdragen [*the blinds were ~*] c) ha stigit (gått upp) [*the price of meat is ~*] d) vara [uppe] i luften; flyga på viss höjd [*the plane is five thousand feet ~*] e) vara uppriven (uppgrävd) [*the street is ~*] f) *what's ~?* vad står på?; *there's something ~* det är något på gång **6** specialbet. i förb. med prep.: *be ~* **against** stå (ställas) inför, kämpa med (mot); *be ~ against it* vara illa ute, ligga illa till; *be ~* **before** vara uppe [till behandling] i [*be ~ before Congress*]; vara inkallad (instämd) till [*be ~ before the magistrate*]; *be ~* **for** vara uppe till [*be ~ for debate*]; ställa upp till [*be ~ for re-election*]; *be well ~* **in** [*Latin* (*business*)] fam. vara styv i .., vara insatt i ..; *be well ~* **on** [*a subject*] vara insatt i ..; *~* **to: a)** [ända] upp till [*count from one ~ to ten*], [ända] fram till, [ända] tills; *~ to now* [ända] tills nu, hittills **b)** i nivå med, jämförbar med [*this book isn't ~ to his last*]; *he* (*it*) *isn't ~ to much* det är inte mycket bevänt med honom (det) **c)** *he isn't ~ to* [*the job*] han duger inte till ..; *he is ~ to every trick* han kan alla knep; *I don't feel ~ to working* (*to work*) jag känner inte för att arbeta; *I don't feel* (*I'm not*) *~ to it* jag känner mig inte i form, jag har ingen lust **d)** efter, i enlighet med [*act ~ to o.'s principles*] **e)** *be ~ to a p.* vara ngns sak [*it's ~ to you to tell her*]; *it's ~ to you* det är din sak, det är upp till dig **f)** *be ~ to something* ha något [fuffens] för sig; *be ~ to mischief* ha något rackartyg för sig; *what is he ~ to?* vad har han för sig?, vad håller han på med?

II *prep* uppför [*~ the hill*]; uppe på (i) [*~ the tree*]; uppåt; [upp] längs [med] [*~ the street*]; *walk ~ the street* äv. gå gatan fram[åt]; *~ and down the street* fram och tillbaka på gatan; *travel ~ and down the country* resa kors och tvärs i landet; *~ your arse* (*ass* Am.)*!* el. *~ yours!* vulg. ta dig i häcken!

III *s, ~s and downs* höjningar och sänkningar; växlingar, svängningar [*the ~s and downs of the market*]; med- och motgång; *he has his ~s and downs* det går upp och ned för honom

up-and-coming ['ʌpən'kʌmɪŋ] *a* lovande [*an ~ author*], uppåtgående

up-and-up ['ʌpən'ʌp] *s* fam., *be on the ~* a) gå framåt, vara på frammarsch b) vara just (reko)

upbeat ['ʌpbi:t] *s* mus. upptakt; uppslag

upbraid [ʌp'breɪd] *tr* förebrå, tillrättavisa

upbringing ['ʌpˌbrɪŋɪŋ] *s* uppfostran

upcountry [ss. adv. ʌp'kʌntrɪ, ss. adj. '-'- -] **I** *adv* uppåt (inåt) landet **II** *a* uppe (inne) i landet, inlands-; i det inre av landet

update [ss. vb ʌp'deɪt ss. subst. '- -] **I** *tr* uppdatera, göra aktuell; modernisera **II** *s* uppdatering

up-end [ʌp'end] *tr* **1** välta [omkull] [*~ the table*]; vända upp och ned på **2** bildl. kullkasta **3** slå, besegra

upgrade [ss. subst. 'ʌpgreɪd, ss. vb -'-] **I** *s* stigning; *be on the ~* bildl. vara på uppåtgående **II** *tr* **1** befordra **2** höja värdet (kvaliteten) på; uppvärdera

upheaval [ʌp'hi:vəl] *s* **1** geol. höjd-, nivåförskjutning **2** bildl. omvälvning [*social* (*political*) *~s*], omstörtning

uphill ['ʌp'hɪl, ss. adj. '- -] **I** *adv* uppåt, uppför [backen] **II** *s* stigning, uppförsbacke, backe **III** *a* **1** stigande, brant; uppförs- [*an ~ slope*]; *be ~* äv. bära uppför **2** bildl. mödosam, knogig [*an ~ task*]

uphold [ʌp'həʊld] (*upheld upheld*) *tr* **1** upprätthålla, vidmakthålla [*~ discipline*] **2**

godkänna, gilla [~ *a verdict*]
upholder [ʌp'həuldə] *s* upprätthållare
upholster [ʌp'həulstə] *tr* **1** stoppa, klä [~ *a sofa*], madrassera **2** inreda rum med textilier ss. gardiner, mattor, möblera **3** *well ~ed* fam. rund, mullig
upholsterer [ʌp'həulst(ə)rə] *s* tapetserare
upholstery [ʌp'həulst(ə)rɪ] *s* **1** [möbel]-stoppning **2** a) möbel-, gardin-, draperi|ty-g[er] b) klädsel konkr. c) [stoppade] möbler **3** tapetserar|yrke, -arbete
UPI förk. för *United Press International*
upkeep ['ʌpki:p] *s* underhåll; underhållskostnad[er]
upland ['ʌplənd] **I** *s*, vanl. pl.: *~s* högland **II** *a* höglänt; höglands-
uplift [ss. vb ʌp'lɪft, ss. subst. o. adj. '- -] **I** *tr* lyfta [upp], höja; bildl. äv. upplyfta, verka upplyftande på **II** *s* **1** höjning, höjande **2** fam. uppryckning; uppmuntran; uppbyggelse **III** *a*, ~ *bra* bh som stöder och lyfter
upon [ə'pɒn] *prep* på (etc., jfr *on A*); *once ~ a time there was* det var en gång; [*the forest stretched*] *for mile ~ mile* . . mile efter mile; *thousands ~ thousands* tusen och åter tusen
upper ['ʌpə] **I** *a* övre, högre; över- [*the ~ jaw*]; överst; *the ~ class* (*classes*) de högre klasserna, överklassen; *the ~ crust* fam. gräddan, överklassen **II** *s* **1** pl. *~s* ovanläder **2** *be* [*down*] *on o.'s ~s* fam. vara barskrapad
upper-bracket ['ʌpə,brækɪt] *a* hög- [~ *income groups*]
upper-case ['ʌpəkeɪs] *a* typ., ~ *letter* versal, stor bokstav
upper-class ['ʌpə'klɑ:s] *a* överklass-; överklassig; *be ~* vara överklass
uppercut ['ʌpəkʌt] *s* boxn. uppercut
uppermost ['ʌpəməust] **I** *a* [allra] överst; [allra] högst; främst, förnämst; mest framträdande; närmast [liggande]; *the thoughts that were ~ in his mind* vad han mest tänkte på **II** *adv* [allra] överst; [allra] högst
uppish ['ʌpɪʃ] *a* fam. mallig, snorkig
uppity ['ʌpətɪ] *a* fam. mallig, snobbig
upright ['ʌpraɪt] **I** *a* **1** upprätt, [upprätt]-stående, upprest, lodrät, rak; *put* (*set*) ~ resa upp, ställa [rakt] upp; *stand ~* stå rak (upprätt) **2** hederlig, rättskaffens **II** *s* **1** stolpe, stötta, pelare, post **2** ~ [*piano*] piano, pianino **III** *adv* upprätt, rakt [upp], lodrätt
uprising ['ʌp,raɪzɪŋ, ,-'- -] *s* resning, uppror
uproar ['ʌprɔ:] *s* tumult, kalabalik [*the meeting ended in* [*an*] ~]; rabalder, larm
uproarious [ʌp'rɔ:rɪəs] *a* **1** tumultartad **2** larmande, vild, uppsluppen; skallande [~ *laughter*] **3** fam. helfestlig [*an ~ comedy*]
uproot [ʌp'ru:t] *tr* **1** rycka (dra) upp med rötterna, bildl. äv. göra rotlös **2** utrota

upsadaisy ['ʌpsə,deɪzɪ] *interj* åhej!
upset [ss. vb o. adj. ʌp'set, ss. subst. 'ʌpset] **I** (*upset upset*) *tr* **1** stjälpa [omkull], välta [omkull] [~ *a table*], slå omkull; stjälpa ut [~ *a glass of milk*]; komma att kantra [~ *the boat*] **2** a) bringa oordning i b) kullkasta, rubba [~ *a p.'s plans*] c) göra upprörd [*the incident ~ her*]; bringa ur fattningen, förvirra; reta, förarga, uppröra d) göra illamående; [*the food*] ~ *his stomach* han tålde inte . ., han blev illamående av . . ; *he ~ his stomach by eating too much* han åt så han fick ont i magen **II** *s* **1** [kull]stjälpning; utstjälpning; kantring **2** fysisk el. psykisk rubbning, störning; *have a stomach ~* ha krångel med magen **3** sport. skräll, oväntad seger, oväntat nederlag **III** *pp* o. *a* (jfr äv. *I*) **1** [kull]stjälpt etc. **2** a) i oordning etc. b) kullkastad etc. c) upprörd etc.; *be* (*feel*) ~ äv. ta illa vid sig [*about* av, över]; *be emotionally ~* vara upprörd; *my stomach is ~* min mage krånglar
upsetting [ʌp'setɪŋ] *a* upprörande, [upp]-skakande; förarglig
upshot ['ʌpʃɒt] *s* resultat, utgång; slut; *the ~ of the matter was* . . slutet på alltsammans blev . .
upside-down ['ʌpsaɪd'daun] **I** *adv* upp och ned; huller om buller; bildl. äv. bakvänt; *turn ~* vända upp och ned [på] **II** *a* uppochnedvänd; bildl. äv. bakvänd
upstage [ʌp'steɪdʒ] **I** *adv* i (mot) bakgrunden, i fonden, längst bort på scenen **II** *a* **1** bakgrunds-, fond-, i bakgrunden (fonden) **2** fam. mallig; snobbig **III** *tr* **1** teat. tvinga medspelare att hålla sig i bakgrunden **2** bildl. dra uppmärksamheten från, stjäla föreställningen från
upstairs ['ʌp'steəz] *adv* uppför trappan (trapporna), upp [*go ~*]; i övervåningen, i övre våningen, en trappa upp; *she's a little weak ~* fam. hon är lite knäpp
upstanding [ʌp'stændɪŋ] *a* uppstående [*an ~ collar*]; välväxt [*a fine ~ boy*]
upstart ['ʌpstɑ:t] *s* uppkomling, parveny
upstate ['ʌpsteɪt] Am. **I** *a* i (från) norra (övre) [delen av] staten, i (från) norr **II** *s* norra (övre) [delen av] staten
upstream ['ʌp'stri:m, attr. '- -] *adv* o. *a* [som går] uppför (mot) strömmen; uppåt floden
upsurge ['ʌpsɜ:dʒ] *s* framvällande; våg [*an ~ of indignation*]
upswing ['ʌpswɪŋ] *s* uppsving; uppåtgående trend
uptake ['ʌpteɪk] *s*, *be quick* (*slow*) *on the ~* ha lätt (svårt) för att fatta
uptight ['ʌptaɪt] *a* fam. spänd; nervös [*about* för], skärrad, på helspänn
up-to-date ['ʌptə'deɪt] *a* à jour; fullt modern etc., jfr *up to date* under *2 date I*

up-to-the-minute ['ʌptəðə'mɪnɪt] *a* fullt modern, topp[en]modern; helt aktuell; det senaste
uptown ['ʌp'taun, ss. adj. '- -] *adv* o. *a* Am. till (uppåt, i från) norra (övre) delen av stan; till (i, från) stans utkant[er]
upturn [ss. vb ʌp'tɜ:n, ss. subst. 'ʌptɜ:n] **I** *tr* vända [på]; vända upp och ned på äv. bildl. **II** *s* uppåtgående trend, ökning, uppsving
upturned ['ʌp'tɜ:nd, '- -] *a* **1** uppåtvänd; ~ *nose* uppnäsa **2** uppochnedvänd
U.P.U. förk. för *Universal Postal Union*
upward ['ʌpwəd] **I** *a* uppåtriktad, uppåtvänd [*an ~ glance*]; uppåtgående, stigande [*an ~ tendency*] **II** *adv* se *upwards*
upwards ['ʌpwədz] *adv* uppåt, upp; uppför; *from childhood ~* alltifrån (ända från) barndomen; *from the waist ~* från midjan och uppåt; *and ~* och mer, och därutöver [*£100 and ~*]
Ural ['jʊərəl] **I** *s*, *the ~* Ural[floden]; *the ~s* Uralbergen **II** *a*, *the ~ Mountains* Uralbergen
uranium [jʊ'reɪnjəm] *s* kem. uran
Uranus [jʊə'reɪnəs] myt. Uranos; astr. Uranus
urban ['ɜ:bən] *a* stads- [*~ population*], tätorts-; stadsmässig, urban; urbaniserad; *~ guerrilla* stadsgerilla
urbane [ɜ:'beɪn] *a* belevad, världsvan, urban
urbanity [ɜ:'bænətɪ] *s* belevenhet, världsvana, urbanitet
urbanization [ˌɜ:bənaɪ'zeɪʃən] *s* urbanisering
urbanize ['ɜ:bənaɪz] *tr* urbanisera; ge stadsprägel åt
urchin ['ɜ:tʃɪn] *s* rackarunge; [*street*] ~ gatpojke, gatunge
urge [ɜ:dʒ] **I** *tr* **1** a) *~ on* (*onward*) driva på, mana på [*he ~d his horse on*], skynda på, påskynda b) pressa, driva, sporra [*~ a p. to action*] **2** försöka övertala, [enträget] be, anmoda [*he ~d me to come*] **3** yrka på, kräva, ivra (tala) för, tillråda [*~ a measure*]; framhålla, understryka, betona **4** andraga, åberopa ss. ursäkt, bevis m. m. **II** *s* stark längtan [*feel an ~ to travel*]; begär, drift
urgency ['ɜ:dʒənsɪ] *s* **1** vikt, angelägenhet, [trängande] aktualitet, brådskande natur; *the ~ of the situation* det allvarliga i situationen; *a matter of great ~* ett mycket brådskande ärende **2** enträgenhet, ihärdighet, iver, envishet; enträgen bön
urgent ['ɜ:dʒənt] *a* **1** a) brådskande, angelägen, överhängande, trängande; allvarlig [*an ~ situation*] b) påskrift på brev m. m. angeläget, brådskande; *the matter is ~* äv. saken brådskar; *~ telegram* iltelegram; *be in ~ need of* vara i starkt (trängande) behov av **2** enträgen, ivrig
urgently ['ɜ:dʒəntlɪ] *adv* **1** [*supplies*] *are ~ needed* (*required*) det finns ett trängande behov av . . **2** enträget, ivrigt
uric ['jʊərɪk] *a* urin-; *~ acid* urinsyra
urinal [ˌjʊə'raɪnl, Am. 'jʊrənl] *s* **1** [*bed*] ~ uringlas; urinal **2** [*public*] ~ pissoar, urinoar
urinary ['jʊərɪnərɪ] *a* urin-; *~ infection* urinvägsinfektion
urinate ['jʊərɪneɪt] *itr* kasta vatten, urinera
urine ['jʊərɪn] *s* urin
urn [ɜ:n] *s* **1** urna; gravurna **2** a) tekök, tekokare b) kaffekokare, kaffebryggare
Ursa Major ['ɜ:sə'meɪdʒə] astr. Stora björn[en]
Ursa Minor ['ɜ:sə'maɪnə] astr. Lilla björn[en]
Ursula ['ɜ:sjʊlə]
Uruguay ['jʊərʊgwaɪ, 'ʊr-]
US o. **U.S.** ['ju:'es] **I** (förk. för *United States*) *s* **1** *the ~* USA **2** attr. Förenta Staternas, USA:s, amerikansk **II** förk. för *Uncle Sam*
us [ʌs, obeton. əs, s] *pers pron* (objektsform av *we*) **1** oss **2** vi, oss [*they are younger than ~*] **3** fam. för *our*; *she likes ~ singing* [*her to sleep*] hon tycker om att vi sjunger . . **4** fam. mig [*give ~ a piece*]
USA o. **U.S.A.** ['ju:es'eɪ] **I** (förk. för *United States of America*) *s*, *the ~* USA **II** förk. för *United States Army*
usable ['ju:zəbl] *a* användbar, brukbar
USAF förk. för *United States Air Force*
usage ['ju:zɪdʒ, 'ju:sɪdʒ] *s* **1** behandling, hantering [*rough ~*] **2** språkbruk [*Modern English U~*], bruk **3** [vedertaget] bruk, sed, skick[och bruk]; *long ~* tradition **4** användning
use [ss. subst. ju:s; ss. vb: i bet. *II* ju:z, i bet. *III* ju:s] **I** *s* **1** användning, begagnande, bruk; *make ~ of* använda, begagna sig av, utnyttja; ta till vara; *directions for ~* bruksanvisning; *be in ~* vara i bruk (användning); *be* (*go*) *out of ~* vara (komma) ur bruk **2** användning, nytta; funktion; *peaceful ~s of atomic power* fredligt utnyttjande av atomkraft[en]; *have no ~ for* a) inte ha någon nytta av (användning för) b) inte ge mycket för, inte gilla **3** nytta, gagn, fördel; användbarhet; *what's the ~?* vad tjänar det till?, vad skall det tjäna till?; *be of ~* vara (komma) till nytta (användning), vara användbar [*to a p.* för ngn; *for a th.* till ngt]; *be* [*of*] *no ~* inte gå att använda, vara till ingen nytta [*the information was* [*of*] *no ~*]; *he is no ~* han duger ingenting till, han är värdelös; *it is no ~ trying* el. *there is no ~* [*in*] *trying* el. *trying is no ~* det tjänar ingenting till (det är ingen

idé) att försöka **4 a**) *lose the ~ of one eye* bli blind på ena ögat; *lose the ~ of o.'s legs* förlora rörelseförmågan i benen **b**) *room with ~ of kitchen* rum med tillgång till (del i) kök **5** bruk, sed, praxis **II** *tr* **1** använda, begagna, bruka, nyttja, anlita [*as* som; *for* till, för; som, i stället för; *to* + inf. till (för) att + inf.]; utnyttja [*he ~s people*]; *~ force* bruka våld; *may I ~ your telephone?* får jag låna din telefon?; *I could ~ a drink* jag skulle inte ha något emot en drink **2** ~ [*up*] förbruka, göra slut på, uttömma **3** visa [*~ discretion* (*tact*)] **III** *itr* (end. i imp.): **a**) *~d to* ['ju:stə,-tu] brukade [*he ~d to say; what ~d he to say?*]; *there ~d to be . .* förr fanns det . .; [*he does not come as often*] *as he ~d to . .* som han brukade; *he ~d to smoke a pipe* han brukade röka pipa, förr rökte han pipa; *things are not what they ~d to be* det är inte längre som förr [i världen] **b**) i nekande satser: *he ~d not* (*~dn't, ~n't, didn't ~*) *to be like that* han brukade inte vara sådan

used [i bet. *I 1* ju:zd, i bet. *I 2* o. *II* ju:st] **I** *a* o. *pp* **1** använd, begagnad [*~ cars*]; *hardly ~* nästan [som] ny, nästan oanvänd **2** *~ to* van vid [*he is ~ to hard work*]; *you'll soon be* (*get*) *~ to it* du blir snart van vid det, du vänjer dig snart [vid det] **II** imp., se *use III*

usedn't ['ju:sn*t*] = *used not* se *use III*

useful ['ju:sf*u*l] *a* **1** nyttig [*to a p.* för ngn; *for a th.* till ngt]; användbar, lämplig, bra [*to a p.* för ngn; *for a th.* till ngt]; till nytta; *the ~ life of a battery* ett batteris livslängd; *make o.s. ~* hjälpa till, göra sig nyttig; *he's a ~ person to know* det kan ha sina fördelar att känna honom; *come in ~* komma väl (bra) till pass, komma till nytta (användning) **2** fam. rätt bra, skaplig [*he's a ~ goalkeeper*];

usefulness ['ju:sf*u*lnəs] *s* nytta, gagn; nyttighet; användbarhet, lämplighet

useless ['ju:sləs] *a* **1** onyttig, oduglig; oanvändbar, obrukbar; värdelös; *be ~* äv. vara till ingen nytta **2** lönlös, fåfäng, gagnlös, fruktlös [*~ attempts*]

usen't ['ju:sn*t*] = *used not* se *use III*

user ['ju:zə] *s* förbrukare, konsument; *road ~* vägtrafikant; *telephone ~* telefonabonnent

usher ['ʌʃə] **I** *s* vaktmästare, plats[an]visare på bio, teater o. d.; rättstjänare i rättslokal **II** *tr* **1** föra, ledsaga, visa [*in; into, to*]; *~ in* äv. anmäla; *I was ~ed into his presence* jag fick företräde hos (visades in till) honom **2** *~ in* bildl. inleda, inviga [*the play ~ed in the new season*]

usherette [,ʌʃə'ret] *s* [kvinnlig] vaktmästare, plats[an]viserska på bio, teater o. d.

USN förk. för *United States Navy*

USSR o. **U.S.S.R.** ['ju:eses'ɑ:] (förk. för *Union of Soviet Socialist Republics*) *s*, *the ~* Sovjet[unionen]

usual ['ju:ʒʊəl] *a* vanlig, bruklig, gängse; [*he came late,*] *as ~ . .* som vanligt; *as is ~* [*in our family*] som det brukas . ., som vanligt [är] . .; *it is ~ for young people to think . .* det är vanligt att ungdomen tror . .; *you look different from your ~ self* du är dig inte lik

usually ['ju:ʒʊəlɪ] *adv* vanligtvis, vanligen; vanligt; *more than ~ hot* varmare än vanligt

usurer ['ju:ʒ*ə*rə] *s* ockrare, procentare

usurp [ju:'zɜ:p] *tr* tillskansa sig, bemäktiga sig, tillvälla sig [*~ power*], usurpera

usurper [ju:'zɜ:pə] *s* usurpator; troninkräktare; inkräktare

usury ['ju:ʒ*ə*rɪ] *s* ocker

Utah ['ju:tɑ:, Am. äv. -tɔ:]

utensil [ju:'tensl] *s* redskap, verktyg; pl. *~s* äv. utensilier; *cooking ~s* kokkärl; *household* (*kitchen*) *~s* hushålls-, köks|redskap, husgeråd

uter|us ['ju:tər|əs] (pl. *-i* [-aɪ]) *s* anat. livmoder, uterus

utilitarian [,ju:tɪlɪ'teərɪən] **I** *a* **1** nytto- [*~ morality*], nyttighets- [*~ principle*]; fil. utilitaristisk **2** ändamålsenlig, praktisk **II** *s* anhängare av nyttomoralen, fil. utilitarist

utilitarianism [,ju:tɪlɪ'teərɪənɪzəm] *s* **1** nytto|moral, -filosofi, nyttighetsprincip; krasshet; fil. utilitarism[en] **2** ändamålsenlighet, nytta

utility [ju:'tɪlətɪ] *s* **1** [praktisk] nytta, användbarhet; nyttighet **2** [*public*] ~ a) affärsdrivande verk, statligt (kommunalt) affärsverk, allmännyttigt företag b) samhällsservice, allmän nyttighet; *public ~ company* allmännyttigt företag **3** attr. nytto-, bruks-; nyttig, praktisk, funktionell; universal-; nyttobetonad

utilization [,ju:tɪlaɪ'zeɪʃən] *s* utnyttjande; tillvaratagande

utilize ['ju:tɪlaɪz] *tr* utnyttja, dra nytta av; använda

utmost ['ʌtməʊst, -məst] **I** *a* **1** ytterst [*the ~ limits*] **2** ytterst, störst [*with the ~ care*] **II** *s, the ~* det yttersta, det allra mesta (bästa); *do o.'s ~* göra sitt yttersta

Utopia [ju:'təʊpjə, -pɪə] *s* **1** Utopien, Utopia efter Thomas Mores bok *Utopia*; idealstat **2** äv. *u~* utopi

Utopian o. **utopian** [ju:'təʊpjən, -pɪən] *a* utopisk, verklighetsfrämmande

1 utter ['ʌtə] *a* fullständig [*an ~ denial*], fullkomlig, absolut, total [*~ darkness*], yttersta [*~ misery*]; komplett [*an ~ fool*]

2 utter ['ʌtə] *tr* **1** ge ifrån sig, ge upp, utstöta [*~ a cry*]; få fram; uttala, artikulera

[~ *sounds*] **2** yttra, uttala [*the last words he ~ed*]; uttrycka, ge uttryck åt [~ *an opinion*] **3** släppa ut, prångla ut falska mynt o. d.

utterance ['ʌtərəns] *s* **1** artikulering; tal; språk, sätt att tala [*clear* ~] **2** uttalande, yttrande **3** *give* ~ *to* ge uttryck åt

utterly ['ʌtəlɪ] *adv* fullständigt etc., jfr *1 utter*; ytterst, i högsta grad

U-turn ['ju:tɜ:n] *s* **1** U-sväng **2** bildl. helomvändning

uvul|a ['ju:vjʊl|ə] (pl. *-ae* [-i:]) *s* anat. gom-, tung|spene, uvula

uvular ['ju:vjʊlə] *a* fon. uvular

uxorious [ʌk'sɔ:rɪəs] *a* svag för sin hustru; undergiven [sin hustru]

V

V, v [vi:] (pl. *V's, v's* [vi:z]) *s* V, v; *V sign* V-tecken

V förk. för *volt*[*s*], se *1 volt*

v. 1 förk. för *verb* **2** [vi:, 'vɜ:səs] förk. för *versus*

vac [væk] *s* fam. kortform för *vacation*

vacancy ['veɪkənsɪ] *s* **1** tomrum **2** a) vakans; ledig plats b) ledigt rum, ledig lokal

vacant ['veɪkənt] *a* **1** tom [~ *seat*], ledig [~ *room*; ~ *situation* (plats)], vakant [*apply for a* ~ *post* (tjänst)]; ~ *possession* i husannons ung. tillträde omedelbart; *fall* (*become*) ~ om befattning bli ledig (vakant) **2** tom [*a* ~ *expression on her face*], innehållslös; frånvarande, uttryckslös [~ *smile*]

vacantly ['veɪkəntlɪ] *adv, stare* ~ stirra frånvarande [framför sig]

vacate [və'keɪt, veɪ'k-, Am. 'veɪkeɪt] *tr* **1** flytta ifrån (ur), utrymma, lämna [~ *a house*], tömma **2** frånträda [~ *an office*]

vacation [və'keɪʃən] **I** *s* **1** a) ferier, lov [*the Christmas* (*Easter, Whitsun*) ~] b) isht Am. semester; *the long* (*summer*) ~ sommarlovet; *be on* ~ a) ha ferier (lov) b) isht Am. ha semester **2** utrymning av bostad o. d., utflyttning **II** *itr* Am. semestra [*in, at* i, på]

vaccinate ['væksɪneɪt] *tr* vaccinera, skyddsympa

vaccination [ˌvæksɪ'neɪʃən] *s* vaccinering, vaccination, skyddsympning

vaccine ['væksi:n, væk'si:n] *s* vaccin

vacillate ['væsɪleɪt] *itr* vackla, tveka, vara vankelmodig; svänga, oscillera

vacillation [ˌvæsɪ'leɪʃən] *s* vacklan, vacklande etc., jfr *vacillate*; vankelmod

vacuity [væ'kju:ətɪ, və'k-] *s* **1** tomhet; tomrum, vakuum **2** bildl. uttryckslöshet; innehållslöshet; tomhet

vacuous ['vækjʊəs] *a* **1** tom; uttryckslös **2** enfaldig, fånig

vacuum ['vækjʊəm] **I** *s* vakuum, tomrum; [luft]tomt rum; ~ *cleaner* dammsugare; ~ *flask* termosflaska **II** *tr* o. *itr* fam. dammsuga

vacuum-clean ['vækjʊəmkli:n] *tr* o. *itr* dammsuga

vacuum-packed ['vækjʊəmpækt] *a* vakuumförpackad

vagabond ['vægəbɒnd] **I** *a* kringflackande [~ *life*], vagabond- **II** *s* **1** vagabond; landstrykare, lösdrivare **2** odåga

vagar|y ['veɪgərɪ] *s* nyck, infall; *the -ies of fashion* modets nycker (nyckfullhet)

vagina [və'dʒaɪnə] *s* anat. slida, vagina

vagrancy ['veɪgrənsɪ] *s* kringflackande; vagabondliv, jur. lösdriveri

vagrant ['veɪgrənt] **I** *a* kringflackande, kringströvande, vandrande [*a* ~ *musician*] **II** *s* vagabond, landstrykare; jur. lösdrivare

vague [veɪg] *a* vag, oklar, obestämd [~ *outlines*]; *I haven't the* ~*st* [*idea*] jag har inte den ringaste aning; *a* ~ *recollection* ett dunkelt (svagt) minne; *a* ~ *rumour* ett löst rykte

vaguely ['veɪglɪ] *adv* vagt etc., jfr *vague*; *the name is* ~ *familiar* namnet förefaller [mig] bekant

vain [veɪn] *a* **1** tom [~ *promises*], fåfänglig **2** gagnlös, fåfäng **3** fåfäng, flärdfull **4** *in* ~ a) förgäves, fåfängt b) *take the name of God in* ~ missbruka Guds namn

vainglorious [ˌveɪn'glɔ:rɪəs] *a* inbilsk, högfärdig, skrytsam

vainglory [veɪn'glɔ:rɪ] *s* inbilskhet, högfärd, skrytsamhet

vainly ['veɪnlɪ] *adv* **1** förgäves, fåfängt **2** fåfängt, flärdfullt

vainness ['veɪnnəs] *s* **1** fåfänglighet; fruktlöshet; *the* ~ *of the attempt* det fruktlösa i försöket **2** fåfänga, egenkärlek, högfärd

vale [veɪl] *s* poet. dal; ~ *of tears* jämmerdal

valediction [ˌvælɪ'dɪkʃən] *s* avskedstagande; farväl, avskedsord

valedictory [ˌvælɪ'dɪktərɪ] *a* avskeds- [~ *speech*]

Valentine ['væləntaɪn] **I** egennamn; *St.* ~*'s Day* [Sankt] Valentins dag 14 febr., alla hjärtans dag **II** *s, v*~ a) valentin, valentin|fästmö, -fästman utkorad på Valentindagen b) valentinbrev; valentingåva

valerian [və'lɪərɪən] *s* bot. valeriana

valet ['vælɪt, -leɪ] **I** *s* **1** kammartjänare, betjänt **2** klädserviceman på hotell **3** ~ [*stand*] herrbetjänt möbel **II** *tr* **1** passa upp **2** sköta om [kläderna åt]

valetudinarian ['vælɪˌtju:dɪ'neərɪən] **I** *a* sjuklig, krasslig; klemig, hypokondrisk **II** *s*

sjukling; klemig person, hypokonder
Valhalla [væl'hælə] Valhall
valiant ['væljənt] *a* tapper, modig
valid ['vælɪd] *a* **1** jur. [rätts]giltig, lagenlig, gällande; ~ *period* giltighetstid; *be* ~ äv. äga laga kraft, gälla; *become* ~ vinna laga kraft **2** giltig [~ *evidence*, ~ *excuse*], [väl]grundad, [tungt] vägande [~ *reasons*]
validity [və'lɪdətɪ] *s* **1** giltighet, jur. äv. laga kraft; bildl. värde, kraft **2** validitet
valise [və'li:z, -i:s] *s* [liten] resväska
valium ['vælɪəm, 'veɪ-] *s* ® farm. Valium
Valkyrie [væl'kɪərɪ, 'vælkɪrɪ] *s* mytol. valkyria
valley ['vælɪ] *s* dal, dalgång; *the* ~ [*of the shadow*] *of death* bibl. dödsskuggans dal
valor ['vælə] *s* Am., se *valour*
valorous ['vælərəs] *a* litt. tapper, dristig
valour ['vælə] *s* litt. tapperhet, dristighet, mod
valuable ['væljuəbl] **I** *a* värdefull, dyrbar [*to* för]; värde- [~ *paper*]; bildl. högt skattad, värderad [*a* ~ *friend*] **II** *s*, vanl. pl.: ~*s* värdesaker, dyrbarheter
valuation [ˌvælju'eɪʃən] *s* **1** värdering [~ *of a property*], uppskattning **2** värde, värderingsbelopp
value ['vælju:] **I** *s* **1** värde; valör; *exchange* ~ bytesvärde; *face* ~ se *face I 3*; *ratable* ~ taxeringsvärde; *have a sentimental* ~ ha affektionsvärde; *at its full* ~ till sitt (dess) fulla värde; *of* (*to*) *the* ~ *of* till ett värde (belopp) av **2** valuta; utdelning **3** a) valör, [exakt] innebörd [*the* ~ *of a word*] b) ~ [*of a note*] mus. [not]värde, [nots] tidsvärde **4** pl.: ~*s* sociol. o. d. normer, värderingar [*moral* ~*s*] **5** mat. värde [*the* ~ *of x*] **II** *tr* värdera, uppskatta [värdet av], taxera [*at* till]; bildl. äv. sätta värde på, värdesätta; ~ *highly* (*dearly*) sätta stort värde på
value-added ['væljuˌædɪd] *a*, ~ *tax* mervärdesskatt, moms
valued ['vælju:d] *a* värderad, [högt] skattad, aktad, ärad
valueless ['væljuləs] *a* värdelös
valve [vælv] *s* **1** tekn. ventil, klaff; [*key*] ~ mus. klaff; *overhead* ~ toppventil; ~ [*tappet*] *clearance* ventilspel[rum] **2** anat. [hjärt]klaff **3** [*radio*] ~ [radio]rör
1 vamp [væmp] **I** *s* **1** ovan-, över|läder **2** mus. improviserat ackompanjemang, improvisation **II** *tr* **1** försko [~ *a shoe*] **2** lappa, laga [äv. ~ *up*] **3** mus. improvisera [~ *an accompaniment*] **III** *itr* mus. improvisera ett ackompanjemang
2 vamp [væmp] fam. **I** *s* vamp **II** *itr* spela vamp
vampire ['væmpaɪə] *s* **1** i folktro o. bildl. vampyr, blodsugare **2** vamp **3** zool., ~ [*bat*] [stor] blodsugare, vampyr slags fladdermus

1 van [væn] *s* [täckt] transportbil, skåpbil, varubil [äv. *delivery* ~]; flyttbil [äv. *furniture* ~]; järnv. resgodsvagn [äv. *luggage* ~]; godsvagn; *guard's* ~ konduktörskupé; *police* ~ transitbuss, piket; *recording* ~ film. o. TV. inspelningsbuss, radio. reportagebil
2 van [væn] *s* se *vanguard*
3 van [væn] *s* fam., i tennis fördel; ~ *in* fördel in (servaren); ~ *out* fördel ut (mottagaren)
Vandal ['vændəl] **I** *s* **1** hist., *the* ~*s* vandalerna **2** bildl., v~ vandal **II** *a* **1** hist. vandalisk, vandal- **2** bildl., v~ vandalisk
vandalism ['vændəlɪzəm] *s* vandalism
vandalize ['vændəlaɪz] *tr* vandalisera
vane [veɪn] *s* **1** vindflöjel **2** [kvarn]vinge; styrvinge på robot o. d.; styrfjäder på pil **3** blad på propeller o. d.; skovel på turbin o. d.
van Gogh [væn'gɒf, -'gɒk, -'gɒx]
vanguard ['vængɑ:d] *s* mil. förtrupp, tät; bildl. äv. främsta led, avantgarde; *be in the* ~ *of* gå i spetsen (täten) för
vanilla [və'nɪlə] *s* vanilj; ~ *custard* vaniljkräm; vaniljsås; ~ *ice*[*cream*] vaniljglass
vanish ['vænɪʃ] *itr* försvinna [*into* i]; ~ *from* (*out of*) *a p.'s sight* försvinna ur ngns åsyn (synhåll); ~ *into thin air* se *1 air I 1*; ~*ing cream* dagkräm, puderunderlag
vanishing ['vænɪʃɪŋ] *s* försvinnande; ~ *act* borttrollningsnummer; ~ *point* i perspektiv ögonpunkt; gränspunkt; ~ *trick* borttrollningstrick; *he's done a* ~ *trick* bildl. han har försvunnit [spårlöst]
vanit|y ['vænətɪ] *s* **1** fåfänga [*injure* (*wound*) *a p.'s* ~] **2** fåfänglighet, tomhet, flärd, fåfänga; meningslöshet; ~ *of -ies* fåfängligheters fåfänglighet **3** ~ [*bag* (*case*)] a) smink-, puder|väska b) afton-, visit|väska
vanquish ['væŋkwɪʃ] *tr* litt. övervinna, besegra, kuva
vantage ['vɑ:ntɪdʒ] *s* **1** i tennis fördel **2** *point* (*coign*) *of* ~, ~ *point* fördelaktig ställning; utkiksplats
vapid ['væpɪd] *a* fadd, smaklös; duven; bildl. andefattig, platt [*a* ~ *conversation*], innehållslös, intetsägande [~ *speeches*]
vapidity [və'pɪdətɪ] *s* **1** faddhet, duvenhet; bildl. innehållslöshet **2** platthet, tom fras
vapor ['veɪpə] *s* Am., se *vapour*
vaporization [ˌveɪpəraɪ'zeɪʃən] *s* avdunstning, ångbildning; förvandling till ånga
vaporize ['veɪpəraɪz] **I** *tr* förvandla till ånga, förånga; vaporisera **II** *itr* avdunsta
vaporizer ['veɪpəraɪzə] *s* avdunstningsapparat; sprej apparat; spridare
vaporous ['veɪpərəs] *a* ångande; ångliknande; ångfylld, dunstfylld
vapour ['veɪpə] *s* ånga; dimma; imma; dunst, utdunstning
vapour-bath ['veɪpəbɑ:θ] *s* ångbad
variability [ˌveərɪə'bɪlətɪ] *s* föränderlighet;

ombytlighet, ostadighet
variable ['veərɪəbl] *a* växlande [~ *winds*], varierande [~ *standards*], föränderlig; ombytlig [~ *mood*], ostadig [~ *weather*]
variance ['veərɪəns] *s*, *be at* ~ a) om pers. vara oense, bekämpa varandra b) om åsikter o. d. motsäga varandra, gå isär; vara oförenliga; *be at* ~ *with* äv. stå i strid med
variant ['veərɪənt] **I** *a* **1** skiljaktig; olika, variant-; ~ *pronunciation* uttalsvariant, variantuttal **2** föränderlig; varierande **II** *s* variant[form], sidoform
variation [,veərɪ'eɪʃən] *s* **1** variation, förändring, [om]växling; skiftning **2** variant, annan art (form) [*of* (*on*) av] **3** mus. variation [~ *on* (över) *a theme*]
varicose ['værɪkəus, -kəs] *a* läk. varikös; ~ *vein* åderbråck
varied ['veərɪd] *a* [om]växlande, varierande, [mång]skiftande; olikartad
variegate ['veərɪgeɪt, -rɪəg-] *tr* göra brokig (omväxlande); variera; nyansera
variegated ['veərɪgeɪtɪd, -rɪəg-] *a* **1** brokig, mångfärgad; spräcklig **2** omväxlande, skiftande, brokig
variegation [,veərɪ'geɪʃən, -rɪə'g-] *s* **1** brokighet; fläckighet, spräcklighet; färgskiftning **2** nyansering; omväxling
variety [və'raɪətɪ] *s* **1** omväxling, ombyte, variation; ~ *is the spice of life* ombyte förnöjer; *as a* ~, *by way of* ~ som (till) omväxling **2** mångfald, mängd, rikedom; *for a* ~ *of reasons* av en mängd olika skäl **3** sort, slag, form, typ **4** ~ [*entertainment* (*show*)] varieté, varieté|underhållning, -föreställning, revy; ~ *turn* varieténummer
various ['veərɪəs] *a* **1** olika [~ *types*], olikartad[e], olika slags **2** åtskilliga, diverse, flera [olika] [*for* ~ *reasons*]
variously ['veərɪəslɪ] *adv* olika, på olika (mångahanda) sätt, omväxlande
varmint ['vɑːmɪnt] *s* fam. (skämts.) el. Am. rackarunge, odåga
varnish ['vɑːnɪʃ] **I** *s* fernissa; lack [*nail-varnish*]; lackering; glans **II** *tr* fernissa [äv. ~ *over*]; lacka, lackera [~ *o.'s nails*]
varsity ['vɑːsətɪ] *s* **1** sport. (attr.) universitets- [~ *match*] **2** Am. sport. universitets-, college-, skol-, klubb|lag
vary ['veərɪ] **I** *tr* variera, ändra **II** *itr* **1** variera, växla, skifta [*his mood varies from day to day*], ändra sig, ändras **2** vara olik [*from a th.* ngt]; skilja sig, avvika [*from* från; *in* i, i fråga om]
varying ['veərɪɪŋ] *a* växlande, varierande, skiftande, olika
vase [vɑːz; Am. veɪs, -z] *s* vas
vaseline ['væsəliːn, ,--'-] *s* ® vaselin
vassal ['væsəl] *s* hist. vasall
vast [vɑːst] *a* vidsträckt, omfattande, väldig, ofantlig, oerhörd [*a* ~ *depth*]; *the* ~ *majority* det överväldigande flertalet
vastly ['vɑːstlɪ] *adv* oerhört, oändligt, fam. kolossalt, väldigt
vastness ['vɑːstnəs] *s* vidsträckthet, väldighet, vidd, [stor] omfattning
VAT ['viːeɪ'tiː, væt] *s* (förk. för *value-added tax*) moms
vat [væt] *s* [stort] fat [*a wine* ~]; kar
Vatican ['vætɪkən] *s*, *the* ~ Vatikanen; ~ *Council* Vatikankoncilium
vaudeville ['vəudəvɪl] *s* **1** isht Am., ~ [*show*] varieté, revy **2** vådevill
1 vault [vɔːlt] **I** *s* valv; källarvalv, källare; gravvalv, grav; kassavalv; *family* ~ familjegrav **II** *tr* bygga [ett] valv över; välva; pp. ~*ed* välvd [*a* ~*ed roof*]; med välvt tak [*a* ~*ed chamber*]
2 vault [vɔːlt] **I** *itr* hoppa [upp], svinga sig [upp] [~ *into* (upp i) *the saddle*]; hoppa stav **II** *tr* hoppa (svinga sig) över **III** *s* språng, [stav]hopp
vaulting ['vɔːltɪŋ] *s* språng, hopp; stavhopp
vaulting-horse ['vɔːltɪŋhɔːs] *s* gymn. [bygel]häst
vaulting-pole ['vɔːltɪŋpəul] *s* stav till stavhopp
vaunt [vɔːnt] **I** *tr* litt. skryta med, yvas över, prisa **II** *s* skryt, skrävel
vb. förk. för *verb*
V.C. ['viː'siː] förk. för *Victoria Cross*
V.D. ['viː'diː] förk. för *venereal disease* VS
VDU förk. för *video display unit* bildskärmsterminal
've [v] = *have* [*I've, they've, we've, you've*]
veal [viːl] *s* kalvkött; *roast* ~ kalvstek; ~ *cutlet* kalvschnitzel; kalvkotlett
vector ['vektə] *s* mat. o. flyg. vektor
veep [viːp] *s* o. **veepee** ['viː'piː] *s* Am. fam. för *Vice-President*
veer [vɪə] **I** *itr* **1** om vind ändra riktning, svänga om isht medsols [äv. ~ *round*] **2** om fartyg ändra kurs, gira **3** bildl. svänga, slå om; ändra mening [äv. ~ *round*] **II** *tr* vända [~ *a ship*]; ändra [~ *the direction*]
veg [vedʒ] fam. för *vegetable*[*s*]
vegetable ['vedʒətəbl] **I** *a* vegetabilisk [~ *food*]; grönsaks- [*a* ~ *diet*]; växtartad; som tillhör växtriket; växt- [~ *fibre*]; *the* ~ *kingdom* växtriket; ~ *marrow* pumpa, kurbits; ~ *oil* vegetabilisk olja **II** *s* **1** grönsak; köksväxt; växt; pl. ~*s* äv. vegetabilier; [*a course with*] *two* ~*s* . . två olika [slags] grönsaker; ~ *garden* köksträdgård; ~ *market* grönsakstorg **2** fam. a) slö person b) [hjälplöst] kolli [*he had become a* ~], paket
vegetarian [,vedʒɪ'teərɪən] **I** *s* vegetarian **II** *a* vegetarisk
vegetate ['vedʒɪteɪt] *itr* **1** om växt växa, utveckla sig, vegetera **2** vegetera, föra ett

enformigt liv, slöa
vegetation [ˌvedʒɪ'teɪʃən] *s* **1** vegetation äv. läk.; växtliv, växtlighet **2** bildl. vegeterande tillvaro
vegetative ['vedʒɪtətɪv] *a* **1** vegetativ; växande, tillväxt-; växt- [*~ force*] **2** vegeterande, overksam [*a ~ existence*]
vehemence ['vi:əməns] *s* häftighet
vehement ['vi:əmənt] *a* om pers., känslor m. m. häftig, våldsam [*~ passions*]
vehicle ['vi:ɪkl] *s* **1** fordon; åkdon, vagn; farkost [*space ~*]; *~ excise licence* skattekvitto [för motorfordon] **2** bildl. uttrycksmedel; medium, språkrör [*for, of* för]; *a ~ for propaganda* ett propagandamedel
vehicular [vɪ'hɪkjʊlə] *a* fordons-, kör-; trafik- [*~ tunnel*]; *~ traffic* fordonstrafik
veil [veɪl] **I** *s* **1** slöja, flor äv. bildl.; dok; *take the ~* ta doket, bli nunna **2** bibl. o. relig. täckelse, förlåt **3** bildl. täckmantel [*under the ~ of religion*] **II** *tr* beslöja, skyla, dölja; bildl. äv. överskyla; pp. *~ed* äv. dold, förstucken [*a ~ed threat*]
vein [veɪn] *s* **1** anat. ven, [blod]åder **2** åder, ådra äv. bildl. [*a ~ of coal* (*water*)]; geol. [malm]gång; malmåder; *~ of thought* tanke|bana, -gång **3** nerv i blad o. d. **4** ådra i trä, sten o. d.; strimma **5** stämning, humör; läggning; *be in the* [*right*] *~* vara upplagd, vara i den rätta stämningen; *in a jocular* (*humorous*) *~* a) på skämthumör b) på skämt **6** drag, inslag, anstrykning [*a ~ of melancholy*] **7** stil, genre [*remarks in the same ~*]
veined [veɪnd] *a* ådrad, ådrig
veld o. **veldt** [velt] *s* Sydafr. grässlätt, veld
vellum ['veləm] *s* **1** veläng[pergament] **2** *~* [*paper*] veläng[papper], slags glättat papper
velocity [və'lɒsətɪ] *s* hastighet [*the ~ of light*]
velour o. **velours** [və'lʊə] *s* velour[s], velur; plysch; bomullssammet
velvet ['velvət] **I** *s* **1** sammet **2** sl., *be on ~* vara uppe i smöret **II** *a* sammets-; sammetslen; *an iron hand in a ~ glove* bildl. en järnhand under silkesvanten
velveteen ['velvə'ti:n] *s* velvetin, bomullssammet
velvety ['velvətɪ] *a* sammetslen
venal ['vi:nl] *a* neds. **1** korrumperad, besticklig **2** *~ practices* bedrägligt förfarande; bestickning
venality [vi:'nælətɪ] *s* korruption, besticklighet
vend [vend] *tr* mest jur. [för]sälja; salubjuda, bjuda ut; *~ing machine* [varu]automat
vendetta [ven'detə] *s* vendetta, blodshämnd
vendor ['vendə] *s* **1** a) isht jur. säljare b) gatuförsäljare **2** [varu]automat

veneer [və'nɪə] **I** *tr* snick. fanera **II** *s* **1** snick. faner; fanerskiva **2** bildl. fasad, [yttre] fernissa yttre sken [*a ~ of respectability*]
veneering [və'nɪərɪŋ] *s* snick. fanering
venerable ['venərəbl] *a* **1** vördnadsvärd, ärevördig **2** *V~* om ärkediakon högvördig
venerate ['venəreɪt] *tr* ära, vörda
veneration [ˌvenə'reɪʃən] *s* vördande [*of* av]; vördnad, veneration [*of* för]; *hold* (*have*) *in ~* hålla i ära, vörda
venereal [vɪ'nɪərɪəl] *a* venerisk, köns- [*~ disease*]
Venetian [və'ni:ʃən] **I** *a* venetiansk [*~ glass*]; *~ blind* persienn **II** *s* venetianare
Venezuela [ˌvene'zweɪlə, ˌvenɪ'z-]
vengeance ['vendʒəns] *s* **1** hämnd [*on* (*upon*) *a p.* på ngn; *for a th.* för ngt]; *take ~ on a p.* ta hämnd på ngn **2** *with a ~* fam. så det förslår (förslog)
vengeful ['vendʒfʊl] *a* hämndlysten; hämnande
venial ['vi:njəl] *a* förlåtlig [*~ sin*], ursäktlig
Venice ['venɪs] Venedig
venison ['venɪsn, -ɪzn] *s* kok. rådjurs-, hjort-, älg|kött; rådjurs-, hjort-, älg|stek
venom ['venəm] *s* gift
venomous ['venəməs] *a* giftig
vent [vent] **I** *s* **1** a) [luft]hål, draghål, [ventilations]springa b) rökgång c) tonhål på flöjt **2** bildl. utlopp, fritt lopp, uttryck [*give* [*free*] *~ to o.'s feelings*] **II** *tr* ge fritt lopp åt [*~ o.'s bad temper*]; ösa ut [*~ o.'s anger on* (över) *a p.*]; låta höra, ge offentlighet åt, vädra, lufta [*she ~ed her grievance*]
vent-hole ['venthəʊl] *s* lufthål, ventilationsöppning; rökhål
ventilate ['ventɪleɪt] *tr* **1** ventilera, lufta [ut], vädra **2** bildl. ventilera, dryfta [*~ a matter*]; ge uttryck åt [*~ o.'s feelings*]
ventilating ['ventɪleɪtɪŋ] *a* ventilations-; *~ shaft* lufttrumma
ventilation [ˌventɪ'leɪʃən] *s* **1** ventilation, luftväxling **2** bildl. ventilering, dryftande
ventilator ['ventɪleɪtə] *s* [rums]ventil; ventilationsanordning, fläkt
ventriloquism [ven'trɪləkwɪzəm] *s* buktaleri, buktalarkonst
ventriloquist [ven'trɪləkwɪst] *s* buktalare; *~'s dummy* buktalardocka
ventriloquy [ven'trɪləkwɪ] *s* buktaleri, buktalarkonst
venture ['ventʃə] **I** *s* **1** vågstycke, vågspel, [riskabelt] företag; [djärv] satsning **2** hand. spekulation; spekulations|affär, -objekt, -sändning; insats; *~ capital* riskvilligt kapital **3** försök [*at* till] **II** *tr* **1** våga, satsa [*~ o.'s life*]; riskera, sätta på spel, offra; *nothing ~, nothing gain* (*have, win*) den intet vågar han intet vinner **2** våga [sig på], försöka [sig på] [*~ a guess*], våga sig [*I*

won't ~ a step further] **3** ~ *to* våga, drista sig (ta sig friheten) att [*I ~ to suggest*] **III** *itr* våga, försöka; ta risker; våga sig [*~ too far out*]; ~ *at* försöka [med (sig på)]; ~ *on* äv. våga sig ut på [*~ on a perilous journey*]

venturesome ['ventʃəsəm] *a* **1** djärv, våghalsig **2** riskabel, äventyrlig

venue ['venju:] *s* mötesplats; sport. tävlingsplats; fotb. o. d. matcharena, spelplats

Venus ['vi:nəs]

Vera ['vɪərə]

veracious [və'reɪʃəs] *a* sannfärdig, sanningsenlig, sann; trovärdig

veracity [və'ræsətɪ] *s* sannfärdighet, sanningsenlighet, sanning; trovärdighet

veranda[h] [və'rændə] *s* veranda

verb [vɜ:b] *s* verb

verbal ['vɜ:bəl] *a* **1** ord-; [uttryckt] i ord; verbal [*~ ability*]; språklig [*~ error*] **2** muntlig [*a ~ agreement*] **3** ordagrann

verbally ['vɜ:bəlɪ] *adv* **1** muntligt **2** ordagrant

verbatim [vɜ:'beɪtɪm] (lat.) **I** *a* ordagrann [*a ~ report*] **II** *adv* ord för ord, ordagrant

verbena [vɜ:'bi:nə] *s* bot. **1** järnört, läkeverbena **2** [trädgårds]verbena

verbiage ['vɜ:bɪɪdʒ] *s* ordflöde, svada

verbose [vɜ:'bəʊs] *a* mångordig, ordrik, svamlig

verbosity [vɜ:'bɒsətɪ] *s* mångordighet, ordrikedom, svammel

verdant ['vɜ:dənt] *a* litt. grönskande, grön

Verdi ['veədi:, -dɪ]

verdict ['vɜ:dɪkt] *s* **1** jurys utslag; ~ *of acquittal* frikännande, friande dom; *bring in* (*return*) *a ~* fälla utslag, avge dom; *the jury brought in a ~ of guilty* juryns utslag lydde på skyldig **2** bildl. dom [*the ~ of posterity*]; utlåtande; *give* (*pass*) *o.'s ~ upon* uttala sig (säga sin mening) om

verdigris ['vɜ:dɪgrɪs, -gri:s] *s* ärg

verdure ['vɜ:dʒə, -djə] *s* poet. grönska

1 verge [vɜ:dʒ] **I** *s* **1** kant, rand [*the ~ of a cliff*], brädd; [skogs]bryn; gräns; **2** bildl. brant [*on the ~ of ruin*], rand, gräns; *be on the ~ of doing a th.* vara på vippen att göra ngt; *on the ~ of tears* gråtfärdig **3** gräskant; vägkant, vägren **II** *itr*, ~ *on* (*upon*) gränsa till äv. bildl., vara (stå) på gränsen till

2 verge [vɜ:dʒ] *itr* luta; böja sig, vrida [*the road ~s southwards*]; ~ *on* luta åt

verger ['vɜ:dʒə] *s* kyrkvaktmästare

verifiable ['verɪfaɪəbl, --'---] *a* bevislig; möjlig att verifiera; kontrollerbar

verification [ˌverɪfɪ'keɪʃən] *s* **1** bekräftande, bestyrkande, verifikation; bekräftelse [*of* av] **2** verifiering, kontroll[ering]

verify ['verɪfaɪ] *tr* **1** bekräfta, bestyrka; verifiera **2** verifiera, kontrollera

verisimilitude [ˌverɪsɪ'mɪlɪtju:d] *s* sannolikhet; prägel av sanning

veritable ['verɪtəbl] *a* formlig, veritabel, ren, riktig [*a ~ rascal*]

verit|y ['verətɪ] *s* sanning [*the eternal -ies*]

vermicelli [ˌvɜ:mɪ'selɪ] *s* (ital.) vermiceller slags tunna spaghetti

vermiform ['vɜ:mɪfɔ:m] *a* maskformig

vermilion [və'mɪljən] **I** *s* **1** [syntetisk] cinnober **2** cinnober[färg], högröd färg **II** *a* cinnoberröd, högröd

vermin ['vɜ:mɪn] (pl. lika; konstr. vanl. ss. pl.) *s* **1** skadedjur, skadeinsekt[er], ohyra **2** bildl. ohyra, pack

vermouth ['vɜ:məθ] *s* vermut, vermouth

vernacular [və'nækjʊlə] **I** *a* inhemsk, lokal[-]; folklig [*a ~ expression*] **II** *s* **1** a) modersmål, språk b) lokal dialekt, landsmål c) lokalt ord (uttryck); *in the ~* på vanligt vardagsspråk **2** [yrkes]jargong

vernal ['vɜ:nl] *a* litt. vårlig, vår-; ~ *equinox* vårdagjämning

vernier ['vɜ:njə] *s* nonie[skala]; ~ *calliper* (*micrometer*) skjutmått [med nonie]

Vernon ['vɜ:nən]

veronal ['verənl] *s* ® farm. veronal

Veronica [və'rɒnɪkə] Veronika

versatile ['vɜ:sətaɪl, Am. -tl] *a* **1** mångsidig [*a ~ writer*], mångkunnig, allsidig **2** med många användningsområden [*a ~ tool*]

versatility [ˌvɜ:sə'tɪlətɪ] *s* **1** mångsidighet, allsidighet **2** stor användbarhet

verse [vɜ:s] *s* **1** vers, poesi [*prose and ~*]; *a volume of ~* en diktsamling; *in ~* på vers **2** strof, vers **3** vers[rad] **4** [bibel]vers

versed [vɜ:st] *a*, ~ *in* bevandrad i

versification [ˌvɜ:sɪfɪ'keɪʃən] *s* **1** versifikation, versbyggnad **2** versmått **3** metrik

versifier ['vɜ:sɪfaɪə] *s* verskonstnär, poet; föraktl. versmakare

versify ['vɜ:sɪfaɪ] **I** *tr* versifiera, sätta på vers, göra vers av **II** *itr* skriva vers, dikta

version ['vɜ:ʃən] *s* **1** version, framställning, tolkning **2** version, variant [*a modern ~ of the car*]; *a film ~ of a novel* en filmatisering av en roman; *stage ~* scenbearbetning **3** *the Authorized V~* [*of the Bible*] den auktoriserade bibelöversättningen av 1611

versus ['vɜ:səs] *prep* (lat.) **1** sport. mot [*Arsenal ~* (*v.*) *Spurs*] **2** jur. kontra, mot [*Jones ~* (*v.*) *Smith*]

vertebr|a ['vɜ:tɪbr|ə] (pl. *-ae* [-i:, -aɪ, -eɪ]) *s* (lat.) anat. ryggkota; pl. *-ae* äv. ryggrad

vertebral ['vɜ:tɪbrəl] *a* anat. vertebral; ~ *animal* ryggradsdjur; ~ *column* ryggrad

vertebrate ['vɜ:tɪbrət, -breɪt] anat. **I** *a* ryggrads- **II** *s* ryggradsdjur

vert|ex ['vɜ:t|eks] (pl. *-ices* [-ɪsi:z] el. *-exes*) *s* (lat.) **1** spets, topp, högsta punkt **2** mat. spets; hörn [*a cube has eight -ices*]

vertical ['vɜ:tɪkəl] **I** *a* vertikal äv. ekon., lodrät **II** *s* lodlinje, lodrät (vertikal) linje; *out of the ~* inte vertikal (lodrät)
vertices ['vɜ:tɪsi:z] *s* pl. av *vertex*
vertiginous [vɜ:'tɪdʒɪnəs] *a* **1** yr [i huvudet] **2** svindlande [*~ heights, ~ speed*]
vertigo ['vɜ:tɪgəʊ] *s* läk. svindel[anfall], yrsel, vertigo
verve [vɜ:v, veəv] *s* schvung, fart, kläm
Very ['vɪərɪ, 'verɪ] **I** egennamn **II** *a* mil., *~ light* signalljus; *~ pistol* signal-, lys|pistol
very ['verɪ] **I** *adv* **1** mycket; *not ~* inte så [värst], inte [så] vidare [*not ~ interesting*]; *V~ Important Person* betydande (högt uppsatt) person, VIP; *~ [much] disappointed* mycket besviken; *~ much more* betydligt mer se vid. ex. under *much III*; *the V~ Reverend* se *reverend I 2* **2** *the ~ next day* redan nästa dag; *the ~ same place* precis samma plats; *it is my ~ own* den är helt min egen; [*I want to have it*] *for my ~ own* .. helt (alldeles) för mig själv **3** framför superl. allra [*the ~ first day*]; *at the ~ least* allra minst **II** attr. *a* **1** efter *the* (*this, that, his* osv.): **a**) själva, själv; *in the ~ act* på bar gärning; *in the ~ centre* i själva centrum; *the ~ idea of it* blotta tanken på det; *he is the ~ picture* (*image*) *of his father* han är sin far upp i dagen **b**) just [den (det) rätta], precis [*he is the ~ man I want*], alldeles; *before our ~ eyes* mitt för ögonen på oss; *the ~ opposite* raka (precis) motsatsen **c**) till och med [*his ~ children bully him*] **d**) redan [*at the ~ beginning*]; just [*at that ~ moment*]; ända [*from the ~ beginning*]; *this ~ minute* på minuten **2** allra [*I did my ~ utmost*]
vesicle ['vesɪkl] *s* anat., biol. o. läk. [liten] blåsa, läk. äv. vesikel
Vespa ['vespə] *s* ® vespa, slags skoter
vespers ['vespəz] *s pl* vesper[n], aftonsång[en], aftongudstjänst[en]
vessel ['vesl] *s* **1** kärl äv. anat. [*blood-vessel*]; *empty ~s make the greatest noise* (*sound*) tomma tunnor skramlar mest **2** fartyg, skepp, [större] båt, farkost
vest [vest] **I** *s* **1** undertröja **2** hand. o. Am. väst **II** *tr* (se äv. *vested*) **1** bekläda, utrusta, förse [*with* med]; *~ with* äv. förläna [*~ a p. with authority*] **2** överlåta [*the rights in the estate are ~ed in* (på) *him*]; ligga hos, utövas av [*power is ~ed in the people*]
vestal ['vestl] *a, ~ virgin* ant. vestal
vested ['vestɪd] *a* **1** jur. fast, [lag]stadgad, [lagligen] vunnen **2 a**) hand., *~ interest* kapitalintresse; [*the*] *~ interests* äv. kapitalmakten, kapitalintressenterna **b**) bildl., *they have a ~ interest in the status quo* det ligger i deras intresse att upprätthålla status quo
vestibule ['vestɪbju:l] *s* **1** vestibul, farstu, hall, entré **2** Am. [inbyggd] plattform på järnvägsvagn; *~ train* genomgångståg
vestige ['vestɪdʒ] *s* spår [*no ~s of* (av, efter) *an earlier civilization*]
vestigial [ves'tɪdʒɪəl] *a* rudimentär
vestment ['vestmənt] *s* kyrk. skrud; mässhake
vestry ['vestrɪ] *s* **1** sakristia **2** kyrksal i t. ex. frikyrka
vesture ['vestʃə] *s* poet. dräkt, skrud
vet [vet] fam. **I** *s* (kortform för *veterinary* [*surgeon*]) veterinär, djurläkare **II** *tr* **1** undersöka [*~ a patient*]; behandla [*~ the cow*] **2** undersöka, kolla [*~ a report*], [kritiskt] granska, [grundligt] pröva
vetch [vetʃ] *s* bot. vicker
veteran ['vetərən] **I** *s* veteran, [gammal] beprövad krigare (soldat); Am. äv. f.d. krigsdeltagare **II** *a* [gammal och] erfaren, [gammal] beprövad [*a ~ teacher*]; *~ car* veteranbil; *~ soldier* veteran
veterinarian [ˌvetərɪ'neərɪən] *s* veterinär
veterinary ['vetərɪnərɪ] **I** *a* veterinär- [*~ science*]; *~ surgeon* veterinär **II** *s* veterinär
veto ['vi:təʊ] **I** (pl. *~es*) *s* veto [*exercise o.'s* (*the*) *~*]; förbud; [*right of*] *~* vetorätt; *put* (*place*) *a* (*o.'s*) *~ on* inlägga [sitt] veto mot **II** *tr* inlägga [sitt] veto mot; förbjuda
vex [veks] *tr* (se äv. *vexed*) förarga; besvära, irritera, pina, plåga
vexation [vek'seɪʃən] *s* förargelse, irritation; förtret[lighet] [*the little ~s of life*]
vexatious [vek'seɪʃəs] *a* förarglig, förtretlig; besvärlig, irriterande
vexed [vekst] (adv. *vexedly* ['veksɪdlɪ]) *a* **1** förargad, irriterad [*at* över, på; *with* på] **2** omtvistad, omstridd [*a ~ question*]
VHF [ˌvi:eɪtʃ'ef] förk. för *very high frequency*
v.i. förk. för *verb intransitive*
via ['vaɪə] *prep* (lat.) via, över [*travel ~ Dover*], genom [*~ the Panama Canal*]
viability [ˌvaɪə'bɪlətɪ] *s* **1** livs|duglighet, -kraft **2** genomförbarhet
viable ['vaɪəbl] *a* **1** livs|duglig, -kraftig **2** genomförbar [*a ~ plan*], praktisk
viaduct ['vaɪədʌkt] *s* viadukt
vial ['vaɪəl] *s* liten [medicin]flaska
viands ['vaɪəndz] *s pl* livsmedel, mat[varor]
1 vibes [vaɪbz] (konstr. vanl. ss. sg.; pl. *vibes*) *s* fam. (kortform för *vibraphone*) vibrafon
2 vibes [vaɪbz] *s pl* fam. (kortform för *vibration*[*s*]) stämning, anda; utstrålning
vibrant ['vaɪbrənt] *a* **1** vibrerande, dallrande [*~ tones*] **2** pulserande [*cities ~ with* (av) *life*]
vibraphone ['vaɪbrəfəʊn] *s* vibrafon
vibrate [vaɪ'breɪt] *itr* **1** vibrera, dallra; darra, skälva; skaka [*the house ~s whenever a lorry passes*]; isht fys. svänga **2** om pendel svänga, pendla

vibration [vaɪ'breɪʃən] *s* **1** vibration, vibrering, dallring etc., jfr *vibrate 1* **2** pendels svängning, pendling **3** ~[*s*] fam., se *2 vibes*
vibrator [vaɪ'breɪtə] *s* vibrator, massageapparat
Vic [vɪk] kortform för *Victor, Victoria*; *the Old* ~ berömd teater i London
vicar ['vɪkə] *s* **1** kyrkoherde **2** kat. kyrk. ställföreträdare
vicarage ['vɪkərɪdʒ] *s* prästgård, kyrkoherdeboställe
vicarious [vɪ'keərɪəs] *a* ställföreträdande [~ *suffering*]; delegerad [~ *authority*]
1 vice [vaɪs] *s* last [*virtues and* ~*s*]; synd, syndigt leverne; ~ *squad* sedlighetsrotel
2 vice [vaɪs] *s* skruvstäd
vice- [vaɪs] *pref* vice-, vice
vice-admiral [ˌvaɪs'ædmərəl] *s* viceamiral
vice-chairman [ˌvaɪs'tʃeəmən] *s* vice ordförande
vice-chancellor [ˌvaɪs'tʃɑːnsələ] *s* [universitets]rektor, rector magnificus
vice-consul [ˌvaɪs'kɒnsəl] *s* vicekonsul
vice-president [ˌvaɪs'prezɪdənt] *s* **1** a) vicepresident b) vice ordförande **2** Am. vice verkställande direktör
vice versa [ˌvaɪsɪ'vɜːsə] *adv* (lat.) vice versa; *and* (*or*) ~ äv. och (eller) omvänt (tvärtom)
vicinity [vɪ'sɪnətɪ, vaɪ's-] *s* grannskap, omgivning, trakt [*there isn't a school in the* ~]; *in the* ~ *of* i närheten (trakten) av
vicious ['vɪʃəs] *a* **1** lastbar, depraverad, [moraliskt] fördärvad **2** illvillig [~ *gossip, a* ~ *blow*]; elak, ond, arg **3** ilsken [*a* ~ *temper*]; argsint [*a* ~ *dog*]; bångstyrig [*a* ~ *horse*]; våldsam, brutal **4** ~ *habit* ful vana, olat, osed **5** ~ *circle* ond cirkel
vicissitude [vɪ'sɪsɪtjuːd, vaɪ's-] *s* växling, förändring; *the* ~*s of life* äv. livets skiften; *many* ~*s of fortune* många växlande öden
victim ['vɪktɪm] *s* **1** offer; *be a* ~ *of* (*to*), *be the* ~ *of* vara (falla) offer för, utsättas för **2** slaktoffer, offerdjur
victimization [ˌvɪktɪmaɪ'zeɪʃən] *s* **1** offrande **2** diskriminering; trakasserande; mobbning
victimize ['vɪktɪmaɪz] *tr* **1** göra till [sitt] offer, offra **2** klämma åt; diskriminera; trakassera; mobba
Victor ['vɪktə]
victor ['vɪktə] *s* segrare, segerherre
Victoria [vɪk'tɔːrɪə] egennamn; *the* ~ *Cross* viktoriakorset orden för tapperhet i fält
Victorian [vɪk'tɔːrɪən] **I** *a* viktoriansk från (karakteristisk för) drottning Viktorias tid 1837–1901 [*the* ~ *age* (*period*)] **II** *s* viktorian
victorious [vɪk'tɔːrɪəs] *a* segrande, segerrik; seger- [*a* ~ *day*]; *be* ~ segra; *come off* ~ avgå med seger[n]
victory ['vɪktərɪ] *s* seger; *gain* (*win*) *a* ~ [*over*] äv. segra [över]
victual ['vɪtl] *s*, vanl. pl. ~*s* livsmedel, mat[varor], föda, proviant
victualler ['vɪtlə] *s* **1** livsmedels|leverantör, -handlare **2** [*licensed*] ~ värdshusvärd
vide ['vɪdeɪ, 'vaɪdɪ] *vb* (lat., imper.) se
videlicet [vɪ'diːlɪset, vaɪ'd-, vɪ'deɪlɪket] *adv* (lat.) nämligen, det vill säga
video ['vɪdɪəʊ] teletekn. **I** *s* video **II** *a* video- [~ *cartridge* (*tape-recorder*)]
videocassette [ˌvɪdɪəʊkə'set] *s* videokassett
videodisc ['vɪdɪəʊdɪsk] *s* videoskiva
videoplayer ['vɪdɪəʊˌpleɪə] *s* videobandspelare
videotape ['vɪdɪəʊteɪp] **I** *s* video[ljud]band **II** *tr* videobanda
vie [vaɪ] *itr* litt. tävla, kämpa
Vienna [vɪ'enə] **I** Wien **II** attr. *a* wien[er]-
Viennese [ˌvɪə'niːz] **I** *a* wiensk, wien-; ~ *waltz* wienervals **II** (pl. lika) *s* wienare
Vietnam [ˌvjet'næm, -'nɑːm]
Vietnamese [ˌvjetnə'miːz] **I** *a* vietnamesisk **II** *s* **1** (pl. lika) vietnames **2** vietnamesiska [språket]
view [vjuː] **I** *s* (efter prep. se *6*) **1** syn, anblick; synhåll; sikte; sikt [*block* (skymma) *the* ~]; *get a closer* ~ *of a th.* betrakta ngt på närmare håll; *have a clear* ~ *of the road* [*when driving a car*] ha fri sikt [över vägen]..; *take a long* ~ *of the matter* betrakta saken på lång sikt; *take the long* ~ vara förutseende **2** [förhands]visning vid auktion o. d. [*private* ~] **3** a) utsikt [*a delightful* ~ *of* (över) *the village*], vy b) bild, foto[grafi], kort; *aerial* ~ flygfoto[grafi] **4** översikt [*a* ~ *of* (över, av) *the world crisis*], överblick **5 a**) synpunkt [*on* (*of*) på], uppfattning, åsikt [*on* (*of*) om]; syn, sätt att se [*on* (*of*) på]; *take a* [*very*] *dim* (*poor*) ~ *of a th.* fam. ogilla ngt [skarpt] **b**) *point of* ~ synpunkt, synvinkel; ståndpunkt **6** efter prep.: **in** ~ i sikte; *in my* ~ a) i min åsyn b) enligt min uppfattning (mening); *in* ~ *of* a) inom synhåll för b) i betraktande av, med anledning av, med hänsyn till [*in* ~ *of the financial situation*]; *in full* ~ *of* fullt synlig för, mitt framför; *come* **into** ~ komma inom synhåll (i sikte); *point* **of** ~ se *5 b*) ovan; *be* **on** ~ vara till beskådande, vara utställd, visas; *on a* (*the*) *long* ~ på lång (längre) sikt; *on a* (*the*) *short* ~ på kort[are] sikt; **out of** ~ utom synhåll, ur sikte; *a room* **with** *a* ~ ett rum med utsikt; *with a* ~ *to* med tanke (sikte) på, med . . i sikte; *with a* ~ *to doing a th., with the* (*a*) ~ *of doing a th.* i avsikt (syfte) att göra ngt
II *tr* bese; betrakta, se på, se [~ *the matter in the right light*], anse, uppfatta [~ *a th. as*

a menace]; ~ *TV* se (titta) på TV
viewer ['vju:ə] *s* betraktare, åskådare, tittare; TV-tittare
view-finder ['vju:ˌfaɪndə] *s* fotogr. sökare
viewing ['vju:ɪŋ] *s* betraktande, tittande; TV-tittande; ~ *hours* (*time*) TV. sändningstid; ~ *screen* TV. bildruta
viewpoint ['vju:pɔɪnt] *s* **1** synpunkt; synvinkel [*from* (ur) *this* ~]; ståndpunkt; jfr *view I 5 b*) **2** utsiktspunkt
vigil ['vɪdʒɪl, -dʒəl] *s* vaka; *keep* [*a*] ~ *over* [*a sick child*] vaka hos ..
vigilance ['vɪdʒɪləns] *s* **1** vaksamhet **2** ~ *committee* (isht i USA) ung. medborgargarde för att bekämpa brott o. d.
vigilant ['vɪdʒɪlənt] *a* vaksam
vigilante [ˌvɪdʒɪ'læntɪ] *s* isht i USA medlem av ett medborgargarde, jfr *vigilance 2*
vignette [vɪ'njet] *s* **1** vinjett **2** [karaktärs]teckning, kort [karaktärs]skildring
vigor ['vɪgə] *s* Am., se *vigour*
vigorous ['vɪgərəs] *a* kraftig, kraftfull; spänstig; energisk; *make a* ~ *effort* göra en kraftansträngning
vigour ['vɪgə] *s* kraft, styrka, kraftfullhet; spänst[ighet], vigör; energi
Viking ['vaɪkɪŋ] *s* viking; attr. vikinga-
vile [vaɪl] *a* usel, eländig; lumpen, simpel [~ *conduct*]; avskyvärd; vidrig [*a* ~ *crime*]; fam. hemsk[t dålig], urusel
vilification [ˌvɪlɪfɪ'keɪʃən] *s* bakdanteri, förtal; smädelse
vilify ['vɪlɪfaɪ] *tr* förtala, baktala; smäda
villa ['vɪlə] *s* villa isht i förort el. på kontinenten; sommarvilla
village ['vɪlɪdʒ] *s* by
villager ['vɪlɪdʒə] *s* bybo, byinvånare
villain ['vɪlən] *s* **1** bov, skurk **2** fam. rackare, busunge [*you* (din) *little* ~!]
villainous ['vɪlənəs] *a* **1** skurk-, bov|aktig; ondskefull [*a* ~ *look*] **2** fam. urusel
villainy ['vɪlənɪ] *s* **1** skurkaktighet; ondskefullhet, ondska **2** skurkstreck; illdåd
villein ['vɪlɪn, -leɪn] *s* hist. livegen, träl
vim [vɪm] *s* fam. kraft, energi; kläm
Vincent ['vɪnsənt]
vindicate ['vɪndɪkeɪt] *tr* **1** försvara [~ *a p.'s conduct*], rättfärdiga, bevisa riktigheten av [*subsequent events* ~*d his policy*] **2** frita[ga], fria **3** hävda, förfäkta [~ *a right*]
vindication [ˌvɪndɪ'keɪʃən] *s* försvar, rättfärdigande etc., jfr *vindicate*
vindicatory ['vɪndɪkeɪtərɪ, -kətərɪ] *a* **1** försvarande, rättfärdigande; försvars- [*a* ~ *speech*] **2** hämnande, vedergällande
vindictive [vɪn'dɪktɪv] *a* hämndlysten
vindictiveness [vɪn'dɪktɪvnəs] *s* hämndlystnad
vine [vaɪn] *s* **1** vin växt; vin|ranka, -stock **2** ranka [*hop-vine*], reva; [*clinging*] ~ slinger-, kläng-, klätter|växt
vinegar ['vɪnɪgə] *s* ättika; *aromatic* ~ kryddättika; *wine* ~ vinättika, vinäger
vinegary ['vɪnɪgərɪ] *a* mest bildl. sur som ättika, vresig
vine-grower ['vaɪnˌgrəʊə] *s* vinodlare
vineyard ['vɪnjəd, -jɑ:d] *s* vingård äv. bildl. o. bibl., vin|odling, -berg
viniculture ['vɪnɪkʌltʃə] *s* vinodling
vinosity [vaɪ'nɒsətɪ] *s* egenskaper, karaktär hos vin
vintage ['vɪntɪdʒ] **I** *s* **1** vinskörd, druvskörd **2** [god] årgång av vin o. bildl. [*rare old* ~*s*; *Londoners of my* ~] **II** *a* av [gammal] fin (god) årgång, gammal fin [~ *brandy*]; ~ *year* gott vinår
vintner ['vɪntnə] *s* vinhandlare
vinyl ['vaɪnɪl] *s* kem. vinyl; ~ *acetate* vinylacetat; ~ *chloride* vinylklorid
Viola ['vaɪələ, 'vɪəʊlə]
1 viola [vɪ'əʊlə] *s* mus. altfiol, viola
2 viola ['vaɪələ, vaɪ'əʊlə] *s* [odlad] viol
violable ['vaɪələbl] *a* sårbar; kränkbar
violate ['vaɪəleɪt] *tr* **1** kränka [~ *a treaty*], bryta mot [~ *a principle*], överträda [~ *the law*]; ~ *a promise* bryta ett löfte **2** inkräkta på [~ *a p.'s privacy*] **3** vanhelga, skända; våldta[ga]
violation [ˌvaɪə'leɪʃən] *s* **1** kränkning, överträdelse; *in* [*utter*] ~ *of* i direkt strid mot **2** störande intrång [~ *of* (i) *a p.'s privacy*] **3** vanhelgande, skändning; våldtäkt
violence ['vaɪələns] *s* **1** våldsamhet, häftighet [*the* ~ *of the storm*], våldsam kraft **2** våld [*I had to use* ~]; yttre våld [*no marks* (spår) *of* ~]; våldsamheter, oroligheter; *act of* ~ vålds|dåd, -handling; *robbery with* ~ våldsrån **3** *do* ~ *to* förvanska, förvränga
violent ['vaɪələnt] *a* våldsam, häftig, stark, svår [*a* ~ *headache*], kraftig [~ *noise*]
Violet ['vaɪələt]
violet ['vaɪələt] **I** *s* **1** viol **2** violett [*dressed in* ~] **II** *a* violett
violin [ˌvaɪə'lɪn] *s* fiol, violin
violin-bow [ˌvaɪə'lɪnbəʊ] *s* fiolstråke
violin-case [ˌvaɪə'lɪnkeɪs] *s* fiollåda
violinist ['vaɪəlɪnɪst] *s* violinist
violist [vɪ'əʊlɪst] *s* altviolinist
violoncellist [ˌvaɪələn'tʃelɪst] *s* violoncellist
violoncello [ˌvaɪələn'tʃeləʊ] *s* violoncell
V.I.P. [ˌvi:aɪ'pi:] *s* (förk. för *Very Important Person*) VIP, högdjur, höjdare
viper ['vaɪpə] *s* huggorm; bildl. orm, skurk; *nourish* (*cherish*) *a* ~ *in o.'s bosom* bildl. nära en orm vid sin barm
virago [vɪ'rɑ:gəʊ] *s* argbigga, ragata
Virgil ['vɜ:dʒɪl] ss. namn på rom. skald Vergilius
virgin ['vɜ:dʒɪn] **I** *s* jungfru, oskuld; *the*

[*Blessed*] *V~* [*Mary*] jungfru Maria; *the Blessed* (*Holy*) *V~* den heliga jungfrun **II** *a* jungfrulig; jungfru- [*a ~ speech* (*voyage*)]; ren, obefläckad, kysk; o[be]rörd, obeträdd; outforskad; ny; *the V~ Queen* jungfrudrottningen Elisabet I; *~ soil* (*earth*) jungfrulig (orörd) mark (jord); *~ wool* [ren] råull, obearbetad ull

virginal ['vɜːdʒɪnl] **I** *a* jungfrulig, jungfru- **II** *s*, vanl. pl. *~s* mus. virginal slags spinett

Virginia [və'dʒɪnjə] **I** egennamn **II** *s* virginia tobak; attr. virginia- [*~ cigarettes*]

virginity [və'dʒɪnətɪ] *s* jungfrulighet, jungfrudom, mödom, oskuld

Virgo ['vɜːgəʊ] astr. Virgo, Jungfrun

virile ['vɪraɪl, Am. 'vɪrəl] *a* manlig, viril

virility [vɪ'rɪlətɪ] *s* manlighet, virilitet

virtual ['vɜːtʃʊəl] *a* verklig, faktisk; *it was a ~ defeat* det var i själva verket ett nederlag

virtually ['vɜːtʃʊəlɪ] *adv* faktiskt, i realiteten; så gott som [*he is ~ unknown*]

virtue ['vɜːtjuː, -tʃuː] *s* **1** dygd; *a woman of easy ~* en lättfärdig kvinna; *the cardinal ~s* kardinaldygderna **2** fördel **3** [inneboende] kraft, förmåga; *by* (*in*) *~ of* i kraft av, på grund av; *by* (*in*) *~ of o.'s office* [p]å ämbetets (tjänstens) vägnar

virtuosi [ˌvɜːtjʊ'əʊziː] *s* pl. av *virtuoso*

virtuosity [ˌvɜːtjʊ'ɒsətɪ] *s* virtuositet

virtuos|o [ˌvɜːtjʊ'əʊz|əʊ] (pl. *-os* el. *-i* [-iː]) *s* (ital.) virtuos

virtuous ['vɜːtʃʊəs] *a* dygdig

virulence ['vɪrʊləns, -rjʊ-] *s* giftighet äv. bildl.; styrka, kraft [*the ~ of a poison*]

virulent ['vɪrʊlənt, -rjʊ-] *a* giftig äv. bildl.; stark, kraftig [*~ poison*]; elakartad

virus ['vaɪərəs] *s* med. virus; smittämne

visa ['viːzə] **I** *s* [pass]visum; *entrance* (*entry*) *~* inresevisum; *exit ~* utresevisum **II** *tr* visera [*get o.'s passport ~ed*]

visage ['vɪzɪdʒ] *s* litt. ansikte

vis-à-vis ['viːzɑːviː, 'vɪzə-, ˌ- -'-] *prep* **1** visavi, gentemot [*her feelings ~ her husband*] **2** i jämförelse med, i förhållande till

visceral ['vɪsərəl] *a* **1** anat. invärtes; visceral **2** irrationell, instinktiv

viscosity [vɪs'kɒsətɪ] *s* viskositet

viscount ['vaɪkaʊnt] *s* viscount näst lägsta rangen inom engelska högadeln

viscous ['vɪskəs] *a* viskös, trögflytande

vise [vaɪs] *s* Am., se *2 vice*

visibility [ˌvɪzɪ'bɪlətɪ] *s* **1** synlighet **2** meteor. sikt [*poor* (dålig) *~*]; *improved ~* siktförbättring; *reduced ~* siktförsämring

visible ['vɪzəbl] *a* **1** synlig, synbar, siktbar, märkbar [*to a p.* för ngn]; *~ exports* (*imports*) hand. synlig export (import) **2** tydlig

Visigoth ['vɪzɪgɒθ] *s* hist. västgot

vision ['vɪʒən] *s* **1** syn [*it has impaired his ~*]; synförmåga; *defect of ~* synfel; *range of ~* synkrets **2** syn, vision, drömbild; uppenbarelse; underbar syn; *have ~s* se syner, ha visioner **3** klarsyn, klarsynthet; vidsynthet; *a man of ~* en klarsynt man

visionary ['vɪʒənərɪ] **I** *a* **1** fantastisk, ogenomförbar, orealistisk [*~ plans*] **2** a) visionär b) klarsynt c) drömmande, svärmisk **3** sken- [*a ~ world*], fantasi-, dröm- [*~ images*] **II** *s* visionär; drömmare

visit ['vɪzɪt] **I** *tr* **1** besöka; göra besök (visit) hos, hälsa 'på; vara på besök i (på), komma [på besök] till, resa till [*I hope to ~ Stockholm*]; gå på, frekventera [*~ pubs and dance-halls*] **2** a) [besöka och] se 'till, göra [sjuk]besök hos [*the doctor ~s his patients*] b) visitera; inspektera; undersöka [*~ the premises*] **3** hemsöka [*the plague ~ed London in 1665*] **II** *itr* vara på (avlägga) besök [*she was ~ing in Paris*] **III** *s* **1** besök, visit [*to a p.* hos ngn; *to* (i) *a town*]; *pay* (*make*) *a ~ to a p.* göra (avlägga) [ett] besök hos ngn; *be on a ~* vara på besök [*to a p.* hos ngn; *to* (i) *Italy*] **2** visitation, inspektion, undersökning

visitation [ˌvɪzɪ'teɪʃən] *s* **1** visitation; undersökning **2** hemsökelse, straff

visiting ['vɪzɪtɪŋ] **I** *s* besök[ande]; visit[er]; *~ hours* besökstid **II** *a* **1** besökande; främmande, gästande [*a ~ team*]; *~ lecturer* gästföreläsare; *~ nurse* distriktssköterska **2** visiterande, inspekterande

visiting-card ['vɪzɪtɪŋkɑːd] *s* visitkort

visitor ['vɪzɪtə] *s* besökare, besökande; gäst [*summer ~s*]; resande; pl. *~s* äv. främmande [*have ~s*]; *~s' book* resandebok på hotell o. d., gästbok

visor ['vaɪzə] *s* **1** mösskärm, skärm **2** solskydd i bil **3** hist. [hjälm]visir, hjälmgaller

vista ['vɪstə] *s* **1** utsikt, fri sikt, vy genom trädallé, korridor o. d., perspektiv, panorama **2** [framtids]perspektiv [*a discovery that opens up new ~s*], utsikt

visual ['vɪzjʊəl] *a* **1** syn- [*the ~ nerve*]; visuell [*~ aids* (hjälpmedel) *in teaching*]; *the ~ arts* bildkonsten; *~ impression* synintryck *~ inspection* (*examination*) okulärbesiktning **2** synlig [*~ objects*]

visualization [ˌvɪzjʊəlaɪ'zeɪʃən] *s* åskådliggörande, visualisering

visualize ['vɪzjʊəlaɪz] *tr* åskådliggöra [*~ a scheme*], frammana [en klar bild av] [*~ a scene*], visualisera; [tydligt] föreställa sig

vital ['vaɪtl] **I** *a* **1** livs- [*the ~ process*]; livs|nödvändig, -viktig, vital [*~ organs*]; livsbefrämjande; livskraftig; *~ force* livskraft; *~ statistics* a) vitalstatistik, befolkningsstatistik b) skämts. byst-, midje- och höftmått på skönhetsdrottning o. d., former **2** väsentlig, absolut nödvändig; tvingande, trängande [*a ~ necessity*] **3** livs-

farlig, dödlig [*a ~ wound*] **II** *s, pl.* *~s* ädlare delar [i kroppen], vitala delar
vitality [vaɪ'tælətɪ] *s* vitalitet, livskraft, liv
vitalize ['vaɪtəlaɪz] *tr* vitalisera, ge liv åt
vitamin ['vɪtəmɪn, 'vaɪt-] *s* vitamin
vitamin-enriched ['vɪtəmɪnɪnˌrɪtʃt, 'vaɪt-] *a* vitaminberikad
vitaminize ['vɪtəmɪnaɪz, 'vaɪt-] *tr* vitamin[is]era
vitiate ['vɪʃɪeɪt] *tr* fördärva, förorena [*~d air*]; förvanska, förvränga [*~ a text*]
viticulture ['vɪtɪkʌltʃə, 'vaɪt-] *s* vinodling
vitreous ['vɪtrɪəs] *a* glas|aktig, -artad, vitrös
vitriol ['vɪtrɪəl] *s* **1** kem. vitriol **2** fränhet, giftighet
vitriolic [ˌvɪtrɪ'ɒlɪk] *a* **1** kem. vitriol- **2** frän, giftig [*~ remarks*]
vituperate [vɪ'tju:pəreɪt, vaɪ't-] *tr* smäda, skymfa; skälla ut
vituperation [vɪˌtju:pə'reɪʃən, vaɪˌt-] *s* smädande, smädelse; skymford
vituperative [vɪ'tju:pərətɪv, vaɪ't-] *a* smädande, skymfande
viva ['vaɪvə] *s* (lat.) univ. fam. munta
vivacious [vɪ'veɪʃəs] *a* livlig; pigg
vivacity [vɪ'væsətɪ] *s* livlighet, livfullhet
Vivian ['vɪvɪən, -vjən]
vivid ['vɪvɪd] *a* livlig [*a ~ imagination*], levande [*a ~ personality*]; om färg äv. ljus, glad, klar; intensiv
viviparous [vɪ'vɪpərəs, vaɪ'v-] *a* zool. som föder levande ungar, vivipar
vivisect [ˌvɪvɪ'sekt, '- - -] *tr* företa vivisektion på, vivisekera
vivisection [ˌvɪvɪ'sekʃən] *s* **1** vivisektion **2** bildl. dissekering, minutiös analys
vixen ['vɪksn] *s* **1** rävhona **2** ragata, argbigga
viz el. **viz.** [vɪ'di:lɪset, vaɪ'd-, vɪz, 'neɪmlɪ] (förk. för *videlicet* lat. = *namely*) *adv* nämligen, dvs.
vizier o. **vizir** [vɪ'zɪə, '-ˌ-] *s* visir, vesir österländsk ämbetsman
V-neck ['vi:nek] *s* V-ringning, V-skärning
vocabulary [vəʊ'kæbjʊlərɪ] *s* **1** ordlista; vokabelsamling; glosbok; vokabulär **2** vokabulär [*the scientific ~*]; ordförråd
vocal ['vəʊkl] *a* **1** röst- [*the ~ apparatus*], stäm- [*~ c[h]ords*]; sång- [*~ exercise*]; mus. vokal- [*~ music*]; *~ organ* röst-, tal|organ **2** högljudd [*~ protests*]; [*the feeling of discontent*] *became ~* ..gjorde sig hörd **3** muntlig [*~ communication*], uttalad
vocalist ['vəʊkəlɪst] *s* vokalist
vocalize ['vəʊkəlaɪz] *tr* o. *itr* artikulera, uttala; sjunga
vocally ['vəʊkəlɪ] *adv* **1** med rösten (sång[en]), mus. vokalt **2** högljutt
vocation [vəʊ'keɪʃən] *s* **1** kallelse [*follow o.'s ~*]; fallenhet **2** kall; *he mistook his ~* han valde fel bana
vocational [vəʊ'keɪʃənl] *a* yrkesmässig; yrkes- [*a ~ school*]; *~ guidance* yrkesvägledning; *~ training school* fack-, yrkes|skola
vocative ['vɒkətɪv] *a* o. *s* gram. vokativ[-]
vociferate [vəʊ'sɪfəreɪt] *tr* o. *itr* [högljutt] ropa, skrika, dundra [*against* mot]
vociferous [vəʊ'sɪfərəs] *a* högljudd
vodka ['vɒdkə] *s* vodka
vogue [vəʊg] *s* mod[e]; *it's all the ~* det är högsta mode; *come into ~* komma på modet
voice [vɔɪs] **I** *s* **1** röst, stämma; [sång]röst; klang, ljud; *give ~ to* ge uttryck åt; *raise o.'s ~* höja rösten (tonen); *raise o.'s ~ against* protestera mot; *with one ~* enstämmigt, enhälligt **2** talan, [med]bestämmanderätt; *have a ~ in the matter* ha (få) ett ord med i laget; *I have no ~ in this matter* jag har ingen talan i den här saken **3** gram., verbs huvudform; *in the active (passive) ~* i aktiv (passiv) form **II** *tr* **1** uttala; uttrycka, ge uttryck åt **2** fon. uttala (göra) tonande
voiced [vɔɪst] *a* **1** fon. tonande [*~ consonants*] **2** ss. efterled i sms. -röstad [*loud-voiced*]
voiceless ['vɔɪsləs] *a* fon. tonlös [*~ consonants*]
void [vɔɪd] **I** *a* **1** tom **2** *~ of* blottad på, utan [*~ of interest*] **3** isht jur. ogiltig; *make ~* upphäva, annullera; *null and ~* se *null* **II** *s* tomrum äv. bildl.; vakuum; *disappear into the ~* försvinna [ut] i [tomma] rymden
voile [vɔɪl] *s* voile, voall slags tunt tyg
vol. förk. för *volume*
volatile ['vɒlətaɪl, Am. -tl] *a* **1** fys. flyktig [*~ oil*] **2** bildl. flyktig, ombytlig, labil
volcanic [vɒl'kænɪk] *a* vulkanisk; bildl. äv. våldsam, häftig [*a ~ temper*]
volcano [vɒl'keɪnəʊ] (pl. *~es* el. *~s*) *s* vulkan
vole [vəʊl] *s* zool. sork; åkersork
volition [vəʊ'lɪʃən] *s* vilja, viljande; viljekraft; *of o.'s own ~* av [egen] fri vilja
volley ['vɒlɪ] **I** *s* **1** mil. o. bildl. salva, skur [*a ~ of arrows*]; *a ~ of applause* en applådåska **2** sport. volley; volleyretur **II** *tr* **1** avlossa en salva (skur) [av] **2** sport. spela volley på, slå [till] på volley [*~ a ball*] **III** *itr* **1** avlossas i en salva (salvor) **2** sport. spela volley
volleyball ['vɒlɪbɔ:l] *s* volleyboll
1 volt [vəʊlt] *s* elektr. volt
2 volt [vɒlt] *s* **1** fäkt. sidosprång **2** ridk. volt
voltage ['vəʊltɪdʒ] *s* elektr. spänning i volt
voltaic [vɒl'teɪɪk] *a* elektr. galvanisk; volta-, Voltas; *the ~ pile* Voltas stapel
voltameter [vɒl'tæmɪtə] *s* elektr. voltameter

voltammeter [vəult'æmɪtə] *s* elektr. voltamperemeter
volte-face ['vɒlt'fɑːs] *s* (fr.) helomvändning; bildl. äv. kovändning
voltmeter ['vəultˌmiːtə] *s* elektr. voltmeter
volubility [ˌvɒlju'bɪlətɪ] *s* svada, munvighet, talförhet
voluble ['vɒljubl] *a* talför, munvig
volume ['vɒljuːm] *s* **1** volym, band, del [*in five ~s*]; [*annual*] ~ äv. årgång [*old ~s of Punch*]; *speak* (*express*) *~s* bildl. tala sitt tydliga språk; *speak ~s for* bildl. vara ett talande bevis för **2 a**) volym; kubikinnehåll; omfång; mängd; ~ *of orders* orderstock **b**) pl. *~s* kolossalt [mycket], massor **3** radio., mus. volym, [ljud]styrka; [ton]omfång
voluminous [və'ljuːmɪnəs, -'luː-] *a* voluminös, diger, omfångsrik [mycket] vid [~ *skirts*]; omfattande, vidlyftig
voluntary ['vɒləntərɪ] *a* **1** frivillig **2** finansierad genom frivilliga bidrag; ~ *hospital* privatsjukhus
volunteer [ˌvɒlən'tɪə] **I** *s* frivillig [*an army of ~s*]; volontär; *any ~s?* några frivilliga? **II** *a* frivillig [~ *fire-brigades*]; volontär- **III** *itr* **1** frivilligt anmäla sig [*for* till] **2** ingå som frivillig **IV** *tr* frivilligt erbjuda [~ *o.'s services*], frivilligt lämna [~ *information*]
voluptuary [və'lʌptjuərɪ] **I** *a* vällustig **II** *s* vällusting
voluptuous [və'lʌptjuəs] *a* **1** vällustig, sinnlig [*a ~ life* (*person*)] **2** yppig [~ *curves* (former)], fyllig [*a ~ figure*] **3** härlig
vomit ['vɒmɪt] **I** *tr* kräkas upp, kasta upp, spy; om vulkan, skorsten o. d. spy [ut] **II** *itr* kräkas, kasta upp, spy; om rök o. d. spys ut **III** *s* **1** kräkning, kräkningsanfall **2** uppkastning[ar], spyor
voodoo ['vuːduː] *s* voodoo[ism]
voracious [və'reɪʃəs] *a* glupsk äv. bildl., rovgirig, omättlig, omåttlig
voracity [vɒ'ræsətɪ] *s* glupskhet etc., jfr *voracious*
vort|ex ['vɔːt|eks] (pl. *-ices* [-ɪsiːz] el. *-exes*) *s* virvel[rörelse]; strömvirvel, virvelström
votary ['vəutərɪ] *s* **1** relig. trogen tjänare (lärjunge), dyrkare **2** bildl. [hängiven] anhängare [*of* av]; entusiastisk utövare [*of* av]; ~ *of art* konstälskare
vote [vəut] **I** *s* **1** röst vid votering o. d.; *cast* (*give, record*) *o.'s* ~ avge (avlämna) sin röst; *casting* ~ utslagsröst; [*he won*] *by 20 ~s* . . med 20 rösters övervikt (marginal); *majority of ~s* röstövervikt **2** röster [*the Negro* (de färgades) ~] **3** röstetal, röstsiffra **4** omröstning, votering, röstning; *popular* ~ folkomröstning; *have the* ~ ha rösträtt; *put a th. to the* ~ låta ngt gå till votering; *take a* ~ rösta [*on* om] **5** ~ *of censure* (*of no confidence*) misstroendevotum [*on* mot]; *pass* (*move*) *a ~ of censure* ställa misstroendevotum; *he proposed a ~ of thanks to* . . han föreslog att man skulle uttala sitt tack till . . **II** *itr* rösta [*old enough to ~*], votera; *qualified to ~* röstberättigad **III** *tr* **1** rösta (votera) för, besluta **2** bevilja [~ *a grant* (anslag); ~ *a p. a sum of money*], anslå, anvisa [~ *an amount for* (för, till) *a th.*] **3** ~ *Liberal* rösta med (på) liberalerna **4** fam., *they ~d the trip a success* de var eniga om att resan hade varit lyckad **5** fam. föreslå, rösta för [*I ~ we go to bed*] **6** ~ *down* rösta ned
vote-catching ['vəutˌkætʃɪŋ] *s* röstfiske
voter ['vəutə] *s* röstande, röstberättigad; väljare
voting ['vəutɪŋ] *s* [om]röstning, votering, val; ~ *by ballot* sluten omröstning
voting-paper ['vəutɪŋˌpeɪpə] *s* val-, röst|sedel
voting-station ['vəutɪŋˌsteɪʃən] *s* vallokal
votive ['vəutɪv] *a*, ~ *offering* offergåva
vouch [vautʃ] *itr*, ~ *for* garantera, svara för [~ *for the truth of a th.*], ansvara för, gå i god (borgen) för, stå för
voucher ['vautʃə] *s* **1** kupong [*luncheon* ~], turistkupong, voucher; rabattkupong; [*gift*] ~ presentkort **2** kvitto; bong
vouchsafe [vautʃ'seɪf] *tr* **1** bevärdiga med; värdigas [*to do a th.* göra ngt] **2** förunna
vow [vau] **I** *s* [högtidligt] löfte; ~ *of chastity* kyskhetslöfte; *make a* ~ avlägga ett löfte; *take* [*the*] *~s* avlägga klosterlöfte[t] **II** *tr* lova [högtidligt], svära [på], utlova
vowel ['vauəl] *s* vokal
voyage ['vɔɪɪdʒ] **I** *s* [sjö]resa; färd genom luften el. i rymden **II** *itr* resa till sjöss, färdas genom luften o. d. **III** *tr* befara [~ *the Seven Seas*], resa (färdas) på (över)
voyager ['vɔɪədʒə] *s* resande till sjöss, sjöfarare; luftseglare
voyeur [vwɑː'jɜː] *s* voyeur, [fönster]tittare
V-sign ['viːsaɪn] *s* (förk. för *victory-sign*) v-tecken segertecken
VSOP förk. för *Very Superior Old Pale* beteckning för finare cognac
V/STOL ['viːstəul] *s* (förk. för *vertical or short take-off and landing*) flyg. V/STOL-plan
v.t. förk. för *verb transitive*
VTOL ['viːtəul, 'viːtiːəu'el] *s* (förk. för *vertical take-off and landing*) flyg. VTOL-plan, vertikalstartare
vulcanite ['vʌlkənaɪt] *s* ebonit
vulcanize ['vʌlkənaɪz] *tr* vulkanisera, vulka
vulgar ['vʌlgə] *a* **1** vulgär; tarvlig; obildad, ohyfsad; oanständig **2** vanlig, allmän[t utbredd]; *a ~ error* en vanlig villfarelse **3** mat., ~ *fraction* allmänt (vanligt) bråk

vulgarian [vʌl'geərɪən] *s* vulgär typ
vulgarity [vʌl'gærətɪ] *s* vulgaritet
vulgarize ['vʌlgəraɪz] *tr* vulgarisera
Vulgate ['vʌlgət, -geɪt] *s*, *the* ~ Vulgata lat. bibelöversättning
vulnerability [ˌvʌlnərə'bɪlətɪ] *s* sårbarhet
vulnerable ['vʌlnərəbl] *a* sårbar, ömtålig, känslig [*a* ~ *spot*]; utsatt [*a* ~ *position*]
vulture ['vʌltʃə] *s* zool. gam
vulva ['vʌlvə] *s* anat. vulva, blygd
vying ['vaɪɪŋ] pres. p. av *vie*

W

W, w ['dʌblju:] (pl. *W's, w's* ['dʌblju:z]) *s* W, w
W förk. för *watt*[*s*]
W. förk. för *Western* (postdistrikt i London), *west*[*ern*]
wad [wɒd] **I** *s* **1** tuss [*a* ~ *of paper*], sudd; ~ *of tobacco* tobaksbuss **2** fam. a) bunt, packe b) massa, mängd c) sedelbunt [äv. ~ *of banknotes*]; massa pengar **II** *tr* vaddera, stoppa; ~*ded quilt* vadderat täcke
wadding ['wɒdɪŋ] *s* **1** vaddering, vaddstoppning **2** vadd; cellstoff
waddle ['wɒdl] **I** *itr* [gå och] vagga [som en anka], rulta **II** *s* vaggande gång, vaggande
wade [weɪd] *itr* **1** vada; pulsa (traska) [fram] [~ *through the mud*] **2** fam., ~ *in* a) sätta i gång, hugga i b) ingripa; ~ *into* a) ta itu med, hugga i med b) gå lös på, kasta sig över; ~ *through* plöja igenom
wafer ['weɪfə] *s* **1** rån, wafer; *thin as a* ~ lövtunn **2** oblat, hostia **3** sigillmärke, pappersigill; munlack
1 waffle ['wɒfl] *s* våffla
2 waffle ['wɒfl] *itr* fam. svamla, dilla
waft [wɑ:ft, wɒft] **I** *tr* om vind el. vågor föra, bära [*the breeze* ~*ed the sound of music to our ears*] **II** *s* **1** vindfläkt, vindpust **2** doft [*a* ~ *of perfume*]
wag [wæg] **I** *tr* vifta på (med) [*the dog* ~*ged its tail*], vippa på (med), vicka på (med) [~ *o.'s foot*], vagga med, ruska på [~ *o.'s head*], höta med [~ *o.'s finger at* (åt) *a p.*]; *the tail is* ~*ging the dog* bildl. det är svansen som styr det är de underordnade som bestämmer; ~ *o.'s tongue* bildl. pladdra [på] **II** *itr* vifta [*the dog's tail* ~*ged*], vippa, vagga; *set tongues* ~*ging* bildl. sätta fart på skvallret **III** *s* **1** viftning [*a* ~ *of* (på) *the tail*], vippande, vaggande, svängning, ruskning **2** spefågel, skämtare
wage [weɪdʒ] **I** *s* **1** vanl. pl.: ~*s* lön, avlöning isht veckolön för arbetare; *weekly* ~*s* veckolön; ~ *bracket* ung. lönegrad; ~ *demand* lönekrav; ~ *dispute* lönekonflikt; ~ *drift* löneglidning; ~ *freeze* lönestopp; ~ *packet* lönekuvert; ~ *restraint* löneåterhållsamhet; ~ *talks* löneförhandlingar **2** bibl., *the* ~*s of sin is death* syndens lön är döden **II** *tr* utkämpa [~ *a battle*; *against* (*on*) mot]; ~ *war* föra krig
wage-earner ['weɪdʒˌɜ:nə] *s* löntagare
wage-pegging ['weɪdʒˌpegɪŋ] *s* lönestabilisering
wager ['weɪdʒə] **I** *s* vad; insats; *lay* (*make*) *a* ~ hålla (slå) vad [*on* om; *that* om att] **II** *tr* slå (hålla) vad om; satsa, sätta [~ *a pound*]
waggle ['wægl] **I** *tr* vifta (vippa, vicka) på (med), ruska på; jfr *wag I* **II** *s* viftning, vippande, vickande [*with a* ~ *of the hips*]
waggon ['wægən] *s* se *wagon*
Wagner [tysk kompositör 'vɑ:gnə]
Wagnerian [vɑ:g'nɪərɪən] **I** *a* wagnersk, Wagner- **II** *s* Wagnerbeundrare
wagon ['wægən] *s* **1** [last]vagn, transportvagn; [hö]skrinda; järnv. [öppen] godsvagn; *covered* ~ a) täckt godsvagn b) prärievagn; *hitch o.'s* ~ *to a star* se *hitch I 2* **2** Am. fam. polispiket; *the* ~ äv. Svarta Maja fångtransportvagn **3** fam., *go on the* [*water*] ~ spola kröken sluta med spriten
wagon-lit [ˌvægɔ̃:n'li:] (pl. *wagons-lit* [utt. = sing.] el. ~*s* [-z]) *s* (fr.) sovvagn; sovkupé
wagtail ['wægteɪl] *s* zool. [sädes]ärla
waif [weɪf] *s* föräldralöst (hemlöst) barn; ~*s and strays* föräldralösa (hemlösa) barn
wail [weɪl] **I** *itr* **1** klaga, jämra sig; tjuta [~ *with* (av) *pain*] **2** om vind o. d. tjuta, vina **II** *s* [högljudd] klagan, jämmer[skri]
wailing ['weɪlɪŋ] **I** *a* klagande, kvidande etc., jfr *wail I* **II** *s* klagan; kvidande; *the W~ Wall* klagomuren i Jerusalem
wainscot ['weɪnskət] **I** *s* panel[ning], boasering **II** *tr* panela, boasera
waist [weɪst] *s* **1** midja, liv **2** Am. a) [skjort]blus b) klänningsliv
waist-band ['weɪstbænd] *s* **1** linning; kjol-, byx|linning; midjeband **2** gördel, skärp
waistcoat ['weɪstkəʊt] *s* väst
waist-deep ['weɪst'di:p] *a* o. *adv* upp (ända) till midjan [*he stood* ~ *in the water*]
waisted ['weɪstɪd] *a* ss. efterled i sms. med .. midjelinje (midja) [*high-waisted*]
waist-high ['weɪst'haɪ] *a* o. *adv* [som når upp] till midjan
waistline ['weɪstlaɪn] *s* midja [*a neat* ~]
wait [weɪt] **I** *itr* **1** vänta; dröja; stanna [kvar]; *you* ~*!* vänta [du] bara! ss. hotelse; ~ *and see* vänta och se, avvakta, se tiden an (jfr *wait-and-see*); *keep a p.* ~*ing, make a p.* ~ låta ngn vänta; *everything comes to those who* ~ ung. den som väntar på något gott

väntar aldrig för länge; *that can* ~ det är inte så bråttom med det; ~ *to* + inf.: a) vänta för att [*we* ~*ed to see what would happen*] b) vänta på att [*they were* ~*ing to be served*]; *he couldn't* ~ *to get there* han kunde inte komma dit snabbt nog **2** passa upp, servera **3** med adv. o. prep.: ~ **at** *table* passa upp vid bordet, servera; ~ **for** vänta på, avvakta; lura på [~ *for an opportunity*]; ~ **on:** a) passa upp [på], servera; betjäna, expediera [~ *on a customer*] b) uppvakta, göra sin uppvaktning hos **II** *tr* **1** vänta på; ~ *o.'s opportunity* avvakta (vänta på) ett lämpligt tillfälle; *you must* ~ *your turn* du får vänta tills det blir din tur **2** vänta med; *don't* ~ *dinner for me* vänta inte på mig med middagen **3** Am., ~ *table* passa upp vid bordet, servera **III** *s* **1** väntan [*for* på], väntetid, paus; *we had a long* ~ *for the bus* vi fick vänta länge på bussen **2** *lie in* ~ *for* ligga i bakhåll för, ligga och passa på

wait-and-see ['weɪtən'siː] *a, pursue a* ~ *policy* inta en avvaktande hållning

waiter ['weɪtə] *s* kypare, uppassare, servitör; ~*!* vaktmästarn!

waiting ['weɪtɪŋ] *s* **1** väntan; *play a* ~ *game* inta en avvaktande hållning **2** trafik., *No W*~*!* Förbud att stanna fordon stoppförbud

waiting-list ['weɪtɪŋlɪst] *s* väntelista

waiting-room ['weɪtɪŋrʊm] *s* väntrum, väntsal

waitress ['weɪtrəs] *s* servitris, uppasserska; ~*!* fröken!

waive [weɪv] *tr* **1** avstå från [~ *o.'s right*], uppge [~ *o.'s claim*] **2** a) lägga åt sidan [*let's* ~ *this matter for the present*] b) sätta sig över [~ *formalities*] **3** ~ [*aside*] vifta bort

1 wake [weɪk] (imp. *woke, waked*; pp. *woken, waked, woke*) **I** *itr,* ~ [*up*] vakna, vakna upp äv. bildl. [~ *from o.'s daydreams*] **II** *tr,* ~ [*up*] väcka [*the noise woke me* [*up*]], väcka upp; bildl. väcka [upp], sätta liv i; ~ [*up*] *to* bildl. väcka till medvetande (insikt) om

2 wake [weɪk] *s* **1** sjö. kölvatten **2** bildl., *in the* ~ *of a p., in a p.'s* ~ i ngns kölvatten (släptåg); *bring in o.'s* ~ medföra, dra med sig

wakeful ['weɪkfʊl] *a* **1** vaken; sömnlös **2** vaksam, vaken

waken ['weɪkən] litt. **I** *tr,* ~ [*up*] väcka äv. bildl. **II** *itr,* ~ [*up*] vakna

waking ['weɪkɪŋ] *a* vakande; *in his* ~ *hours* under de timmar han är vaken

Wales [weɪlz] egennamn; *the Prince of* ~ prinsen av Wales titel för den brittiske tronföljaren

walk [wɔːk] **I** *itr* (se äv. *III*) **1** gå [till fots]; promenera, vandra, flanera; ~ *on all fours* gå på alla fyra **2** om spöken o. d. gå igen, spöka **II** *tr* (se äv. *III*) **1** gå (promenera, vandra, flanera) på (i); vandra (ströva) igenom; gå etc. av och an (fram och tillbaka) i (på) [~ *the deck*]; gå etc. igenom (över); ~ *it* a) fam. gå [till fots], knalla och gå [*he had to* ~ *it*] b) sl. vinna en promenadseger; ~ *the plank* se *plank I 1*; ~ *the streets* a) gå (promenera etc.) på gatorna b) om prostituerad gå på gatan **2** fam. följa, gå med [~ *a girl home*] **III** *itr* o. *tr* med prep. o. adv., isht med spec. övers.: ~ **about** gå (promenera etc.) omkring [i (på)]; ~ **away: a**) gå [sin väg], avlägsna sig **b**) ~ *away with* fam. knycka [~ *away with the silver*]; [med lätthet] vinna (ta hem) [*he* ~*ed away with the first prize*]; ~ **in: a**) gå (träda) in, stiga in (på) **b**) ~ *in on a p.* komma in oanmäld till ngn; ~ **into: a**) gå etc. in (ner, upp) i **b**) fam. gå lös på, klå upp; ~ **off: a**) se ~ *away* **b**) föra bort, dra i väg med [*the police* ~*ed him off to the station*]; ~ **on: a**) gå 'på, gå (vandra) vidare **b**) teat. spela en statistroll, uppträda som statist **c**) *I felt I was* ~*ing on air* det kändes som om jag vandrade på små moln; ~ **out: a**) gå ut; gå ut och gå **b**) gå i strejk **c**) ~ *out on* fam. gå ifrån, lämna [*they* ~*ed out on the meeting*], överge [*he has* ~*ed out on his girl-friend*], lämna i sticket **d**) ~ *out with* fam. hålla ihop (sällskapa) med [*she's* ~*ing out with her boss*]; ~ **over: a**) föra (visa) omkring på (i) **b**) bildl., ~ [*all*] *over* topprida, trampa på, hunsa [*don't let him* ~ [*all*] *over you*] **c**) sport. vinna på walk-over [över]; vinna en promenadseger [över]; ~ **up: a**) gå (stiga) upp (uppför) **b**) gå (stiga) fram [*to* till] **IV** *s* **1** promenad; [fot]vandring; *it is only ten minutes'* ~ det tar bara tio minuter att gå; *go* [*out*] *for* (*take*) *a* ~ gå ut och gå (promenera); *take* [*out*] *the dog for a* ~ gå ut med hunden, valla hunden **2** sport. gångtävling; *20 km.* ~ 20 km gång **3** [*I know him*] *by his* ~ . . på hans sätt att gå **4** promenadtakt; *at a* ~ i skritt; gående; [*after running for two miles*] *he dropped into a* ~ . . började han gå **5** promenadväg, [gång]väg, allé **6** bildl. område [*other* ~*s of science*], gebit, fack **7** ~ [*of life*] a) samhälls|ställning, -grupp, -klass [äv. ~ *of society*; *men of* (*in, from*) *all* ~*s of life*] b) yrke[sområde]

walk-about ['wɔːkəbaʊt] *s* [informell] promenad bland allmänheten (av offentlig person)

walker ['wɔːkə] *s* **1** [fot]vandrare; *he is a fast* ~ han går fort **2** sport. gångare

walker-on ['wɔːk|ər'ɒn] (pl. *walkers-on* [-əz'ɒn]) *s* teat. statist

walkie-talkie [ˌwɔːkɪ'tɔːkɪ] *s* walkie-talkie

walking ['wɔːkɪŋ] **I** *s* **1** gående; fot-

vandring[ar], promenad[er]; ~ *is good exercise* att gå är bra motion; ~ *distance* gångavstånd; *at a ~ pace* i skritt; gående **2** sport. gång[sport] **II** *a* gående, gång-; promenerande, vandrande; *a ~ dictionary* (*encyclopedia*) ett levande lexikon
walking-orders ['wɔ:kɪŋ,ɔ:dəz] *s pl* o. **walking-papers** ['wɔ:kɪŋ,peɪpəz] *s pl* fam. respass, avsked på grått papper
walking-shoe ['wɔ:kɪŋʃu:] *s* promenadsko
walking-stick ['wɔ:kɪŋstɪk] *s* promenadkäpp
walking-tour ['wɔ:kɪŋ,tʊə] *s* fotvandring
walk-on ['wɔ:kɒn] teat. **I** *s* **1** statistroll **2** statist **II** *a* statist- [*a ~ part*]
walkout ['wɔ:kaut] *s* **1** strejk **2** uttåg i protest från sammanträde o. d.
walkover ['wɔ:k,əuvə] *s* **1** sport. a) walk-over b) promenadseger **2** bildl. enkel match (sak)
Walkyrie [væl'kɪərɪ] *s* mytol. valkyria
wall [wɔ:l] **I** *s* mur äv. bildl.; vägg; befästningsmur; [skydds]vall; ~ *bars* gymn. ribbstol; *be up the ~* sl. vara utom (ifrån) sig, vara alldeles vild; *come* (*be*) *up against a* [*brick* (*stone, blank*)] ~ bildl. köra (ha kört) fast; *drive* (*send*) *up the ~* sl. driva till vansinne, göra galen; *have o.'s back to the ~* bildl. vara ställd mot väggen; *put* (*stand*) *a p. up against a ~* bildl. ställa ngn mot väggen; *run* (*bang*) *o.'s head against a* [*brick* (*stone*)] ~ bildl. köra huvudet i väggen **II** *tr* **1** ~ [*in* (*about, round*)] omge (förse) med en mur (murar etc., jfr *I*), [låta] bygga en mur etc. kring **2** ~ [*up*] a) mura igen [~ *a window*] b) mura in; spärra in
wallaby ['wɒləbɪ] *s* **1** zool. vallaby känguru-släkte **2** fam., pl.: *Wallabies* australier
Wallace ['wɒlɪs, -ləs]
wallet ['wɒlɪt] *s* plånbok
wall-eyed ['wɔ:laɪd] *a* **1** *be ~* skela **2** vilt stirrande, storögd
wallflower ['wɔ:l,flauə] *s* **1** bot. lackviol **2** fam. panelhöna, panelhöns
Walloon [wɒ'lu:n, wə'l-] **I** *s* **1** vallon **2** vallonska [dialekten] **II** *a* vallonsk
wallop ['wɒləp] **I** *tr* fam. **1** a) klå [upp], ge stryk b) sport. klå, sopa banan med **2** slå till [~ *a ball*] **II** *s* **1** fam. slag, smocka **2** fam., *he packs a ~* han slår hårt; *that ad packs a ~* den där annonsen är en verklig panggrej **3** sl. öl **III** *adv* med en duns
walloping ['wɒləpɪŋ] fam. **I** *s* stryk, smörj äv. sport.; *get a ~* få stryk (smörj) **II** *a* väldig, hejdundrande; *a ~ lie* en grov lögn
wallow ['wɒləu] *itr* **1** vältra (rulla) sig [*pigs ~ing in the mire*] **2** bildl., ~ *in* vältra (vräka) sig i [~ *in luxury*], vada i [~ *in money*], frossa i [*certain newspapers ~ in sex*]
wall-painting ['wɔ:l,peɪntɪŋ] *s* väggmålning, fresk
wallpaper ['wɔ:l,peɪpə] **I** *s* tapet[er]; ~ *music* skval-, bakgrundsmusik **II** *tr* tapetsera
wall-plug ['wɔ:lplʌg] *s* elektr. stickpropp
wall-socket ['wɔ:l,sɒkɪt] *s* elektr. vägguttag
Wall Street ['wɔ:lstri:t] **I** gata i New York, där börsen är belägen; *on ~* äv. på den amerikanska börsen **II** *s* bildl. den amerikanska storfinansen
wall-to-wall ['wɔ:ltʊ'wɔ:l] *a*; ~ *carpet* heltäckningsmatta
Wally ['wɒlɪ] kortform för *Walter*
walnut ['wɔ:lnʌt, -nət] *s* bot. valnöt; valnötsträ; valnötsträd
walrus ['wɔ:lrəs, -rʌs] *s* zool. valross
Walt [wɔ:lt, wɒlt] kortform för *Walter*
Walter ['wɔ:ltə]
waltz [wɔ:ls, Am. vanl. wɒlts] **I** *s* vals dans; vals[melodi] **II** *itr* **1** dansa vals, valsa **2** fam. dansa [*she ~ed into the room*]; *he ~ed off with the first prize* han tog lätt hem första priset; ~ *through* [*an exam*] klara av . . som en dans
wan [wɒn] *a* **1** glåmig **2** matt, lam [~ *attempts*]; *a ~ smile* ett blekt småleende
wand [wɒnd] *s* trollstav, trollspö
wander ['wɒndə] **I** *itr* **1** **a**) eg., ~ [*about*] vandra (irra, ströva) omkring **b**) friare slingra sig [fram]; om blick, hand, penna o. d. glida, fara, gå [*over* över]; *his attention ~ed* hans tankar började vandra **2** ~ [*away* (*off*)] gå vilse; ~ *from the subject* (*point*) gå (komma) ifrån ämnet **3** yra, fantisera; *his mind is ~ing* han yrar **II** *tr* vandra (ströva, vanka) omkring på (i) [~ *the streets* (*the town*)]
wanderer ['wɒndərə] *s* vandrare
wandering ['wɒndərɪŋ] **I** *s* vandring; pl.: ~*s* vandringar; kringflackande **II** *a* **1** a) [kring]-vandrande, [kring]irrande, kringresande; kringflackande [*lead a ~ life*]; nomadisk [~ *tribes*] b) okoncentrerad, splittrad [~ *attention*] **2** vilsekommen, vilsen
wanderlust ['wɒndəlʌst] *s* (ty.) reslust, vandringslust
wan|e [weɪn] **I** *itr* **1** avta [*his strength is -ing*], minska[s], försvagas **2** om månen o. d. avta, vara i avtagande **II** *s* avtagande; *on the ~* i avtagande, på tillbakagång; *the moon is on the ~* månen är i nedan (i avtagande)
wangle ['wæŋgl] fam. **I** *tr* fiffla med; mygla till sig [~ *an invitation to a party*] **II** *itr* fiffla, tricksa; mygla **III** *s* fiffel, mygel
wank [wæŋk] sl. **I** *itr*, ~ [*off*] runka onanera **II** *s* runk onanering
want [wɒnt] **I** *s* **1** brist, avsaknad; ~ *of* brist på, bristande [~ *of attention*] **2** isht pl.: ~*s* behov; önskningar; *supply* (*meet*) *a long-felt ~* fylla ett länge känt behov **3** nöd

[*freedom from* ~]; *be in* ~ lida nöd **II** *tr* **1** vilja; vilja ha [*do you ~ some bread?*], önska [sig] [*what do you ~ for Christmas?*]; begära; söka [*we ~ information*]; *~ed* i annons önskas hyra [*furnished room ~ed*], önskas köpa, köpes [*bungalow ~ed*], sökes [*cook ~ed*]; *I don't ~ it said that*.. jag vill inte att man ska säga att..; *how much do you ~ for..?* hur mycket begär du för..?; *what do you ~ of* (*from*) *me?* vad begär du av mig?, vad vill du mig? **2** behöva; *it ~s doing* det behöver göras; *it ~s some doing* det är (blir) ingen lätt sak; *it ~s to be done* (*~s doing*) [*with great care*] det måste (bör) göras.. **3** böra [*you ~ to be more careful*] **4** sakna, inte ha [*he ~s the will to do it*] **5** opers., *it ~s very little* det fattas mycket litet **6** vilja tala med [*tell Bob I ~ him*]; *you are ~ed on the phone* det är telefon till dig, det är någon som vill tala med dig i telefon; *~ed* [*by the police*] efterlyst [av polisen]; *he is ~ed by the police* han söks (efterspanas) av polisen; *much ~ed* mycket eftersökt (efterfrågad) **III** *itr* **1** vilja [*we can stay at home if you ~*] **2** Am. fam., *~ in* (*out*) vilja [gå (komma)] in (ut) [*the cat ~s out*] **3** lida nöd; *he ~ed for nothing* han saknade ingenting, han hade allt han behövde **4** saknas, fattas [*all that ~s is his signature*]

wanting ['wɒntɪŋ] **I** *a* o. *pres p*, *a motor with some parts* ~ en motor i vilken det saknas några delar; *be* ~ saknas, fattas; *be ~ in* sakna [*be ~ in intelligence*], brista i [*be ~ in respect*] **II** *prep* utan [*a book ~ a cover*]

wanton ['wɒntən] **I** *a* **1** lättfärdig [*a ~ woman*], liderlig [*~ thoughts*] **2** godtycklig; meningslös [*~ destruction*]; hänsynslös [*a ~ attack*] **II** *s* lättfärdig kvinna, slinka

war [wɔ:] **I** *s* krig; bildl. äv. kamp [*the ~ against disease*], strid [*~ to* (på) *the knife*]; *civil* ~ inbördeskrig; *~ crimes* krigsförbrytelser; *~ criminal* krigsförbrytare; *on a ~ establishment* (*footing*) på krigsfot; *~ memorial* krigsmonument; *~ of nerves* nervkrig; *~ of words* ordstrid, strid om ord; *declare* ~ förklara krig [*on, against* mot]; *make* (*wage*) ~ föra krig [*on* mot]; *be at* ~ vara i krig [*with* med]; *he has been in the ~s* fam. han har råkat ut för en hel del [olyckor]; *go to* ~ börja krig [*against, with* mot, med] **II** *itr* kriga, föra krig [*against* mot] äv. bildl.

warble ['wɔ:bl] **I** *tr* o. *itr* isht om fåglar sjunga, kvittra, drilla **II** *s* fågels sång, kvitter, drill, trastens slag

warbler ['wɔ:blə] *s* zool. sångare

war-cloud ['wɔ:klaʊd] *s* bildl. krigsmoln

war-cry ['wɔ:kraɪ] *s* **1** stridsrop **2** bildl. [politiskt] slagord, paroll

ward [wɔ:d] **I** *s* **1** administrativt [stads]distrikt; *electoral* ~ valdistrikt **2** avdelning, sal, rum på sjukhus o. d.; *casualty* ~ se *casualty 1*; *maternity* ~ BB-, förlossnings|avdelning; *private* ~ enskilt rum **3** isht jur. a) förmynderskap b) ~ [*of court*] myndling, omyndig [person] **II** *tr*, *~ off* avvärja, parera [*~ off a blow*]; avvända [*~ off a danger*], avstyra

war-dance ['wɔ:dɑ:ns] *s* krigsdans

warden ['wɔ:dn] *s* **1** a) föreståndare [*the ~ of a youth hostel*] b) rektor vid vissa eng. colleges **2** uppsyningsman; *air-raid* ~ ung. ordningsman vid civilförsvaret; *traffic* ~ trafikvakt; lapplisa **3** kyrkvärd

warder ['wɔ:də] *s* **1** fångvaktare **2** vakt

Wardour ['wɔ:də] egennamn; *~ Street* gata i London, centrum för filmindustrin

wardrobe ['wɔ:drəʊb] *s* **1** a) garderob [äv. *built-in* ~], klädkammare b) klädskåp **2** koll. garderob [*renew o.'s* ~], kläder

ware [weə] *s* **1** ~[*s* pl.] varor [*advertise o.'s ~s*], [små]artiklar **2** koll. (ss. efterled i sms.) -varor [*ironware*], -gods [*stoneware*], -artiklar, -saker [*silverware*]

warehouse [ss. subst. 'weəhaʊs, ss. vb 'weəhaʊz] **I** *s* lager[lokal], [varu]upplag, magasin, nederlag; [tull]packhus; *bonded* ~ tullnederlag **II** *tr* magasinera, lagra

warehousing ['weəhaʊzɪŋ] *s* magasinering

warfare ['wɔ:feə] *s* **1** krig, krigföring **2** krig, krigstillstånd; kamp, strid

warhead ['wɔ:hed] *s* mil. strids|del, -spets i robot [*nuclear* ~], stridskon [*the ~ of a torpedo*], stridsladdning

war-horse ['wɔ:hɔ:s] *s* fam. **1** [gammal] veteran **2** om teaterpjäs gammalt slagnummer

warily ['weərəlɪ] *adv* varsamt, försiktigt

wariness ['weərɪnəs] *s* varsamhet, försiktighet

warlike ['wɔ:laɪk] *a* **1** krigisk, stridslysten, stridbar **2** krigs- [*~ preparations*]

warlord ['wɔ:lɔ:d] *s* litt. fältherre

warm [wɔ:m] **I** *a* **1** varm, värmande [*a ~ fire*] **2** bildl. varm [*a ~ admirer*]; hjärtlig [*a ~ reception* (*welcome*), jfr *3* nedan]; innerlig, varmhjärtad; ivrig, entusiastisk [*a ~ supporter*] **3** bildl. obehaglig, otrevlig; besvärlig; *give a p. a ~ reception* (*welcome*) ta emot ngn med varma servetter; [*he left*] *when things started to get* ~ .. när det började osa katt **4** bildl. (i lek), *you're getting* ~ det bränns **II** *tr* värma äv. bildl., värma upp [*~ the milk*]; *~ up* värma upp äv. sport. **III** *itr* bli varm[are]; värmas [upp]; värma sig; *~ to* (*towards*) *a p.* bli vänligare stämd mot ngn; *~ to o.'s subject* gå upp i sitt ämne, tala sig varm [för sin sak]; *~ up* a) värmas upp, bli varm (uppvärmd) [*the*

engine is ~ing up] b) bildl. bli varm i kläderna; tala sig varm; tina upp c) sport. värma upp sig **IV** *s* uppvärmning; värme; *give o.'s hands a ~* värma händerna
warm-blooded [ˌwɔːm'blʌdɪd] *a* varmblodig äv. bildl.
warmed-up ['wɔːmd'ʌp] *a* uppvärmd
warmer ['wɔːmə] *s* värmeapparat; värmare isht ss. efterled i sms. [*footwarmer*]
warming-pan ['wɔːmɪŋpæn] *s* värmekrus, sängvärmare
warmonger ['wɔːˌmʌŋgə] *s* krigshetsare
warmth [wɔːmθ] *s* **1** värme **2** bildl. **a)** värme, hjärtlighet; iver, entusiasm **b)** hetsighet; [*he answered*] *with some ~* . . med en viss hetta (irritation)
warm-up ['wɔːmʌp] *s* sport. o. bildl. uppvärmning
warn [wɔːn] **I** *tr* **1** varna [*a p. of* (*about*) *a th.* ngn för ngt; *a p. against a p.* (*a th.*) ngn för ngn (ngt)]; *he ~ed me against going, he ~ed me not to go* han varnade mig för (avrådde mig från) att gå; *be ~ed by* låta varna sig (ta varning) av **2** varsla, varsko, förvarna, [i förväg] underrätta [*of* om; *that* om att] **3** påminna om, göra uppmärksam på [*of a th.* ngt; *that* att] **4** [upp]mana [*he ~ed us to be on time*] **5** *~ a p. off* [*a th.*] avvisa ngn [från ngt] [*they were ~ed off* [*the premises*]]; uppmana ngn att hålla sig undan [från ngt]; *~ a p. off the race-course* avstänga ngn från kapplöpningarna **II** *itr, ~ against* (*about, of*) varna för, slå larm om
warning ['wɔːnɪŋ] *s* **1** varning; varnande (avskräckande) exempel [*as a ~ to* (för) *others*] **2** förvarning, varsel [*of* om]; *give a p. a fair ~* varna (varsko) ngn i tid
warp [wɔːp] **I** *tr* (se äv. *warped*) **1** göra skev (vind) **2** bildl. a) snedvrida, förvanska [*~ a report*] b) förvända; påverka [*~ a p.'s judgement*] **II** *itr* bli skev (vind) **III** *s* **1** vävn. varp, ränning **2** skevhet hos trä
war-paint ['wɔːpeɪnt] *s* krigsmålning
war-path ['wɔːpɑːθ] *s, on the ~* på krigsstigen, på stridshumör
warped [wɔːpt] *a* **1** skev, vind **2** bildl. snedvriden, förvanskad [*a ~ report*]; förvänd, depraverad [*he has got a ~ mind*]
war-plane ['wɔːpleɪn] *s* krigsflygplan
warrant ['wɒrənt] **I** *s* **1** isht jur. a) fullmakt [ss. dokument äv. *~ of attorney*], befogenhet, bemyndigande b) skriven order; *~* [*of arrest*] häktnings|order, -beslut; *a ~ is out against him* han är efterlyst av polisen **2** moralisk rätt, grund [*he had no ~ for saying so*], stöd **3** garanti, säkerhet [*of* för]; bevis [*of* på] **4** mil., *~ officer* högsta kompanibefälsgraden, ung. kapten, förr förvaltare **II** *tr* **1** a) berättiga, rättfärdiga [*nothing can ~ such insolence*]; motivera, försvara b) sanktionera [*the law ~s this procedure*] **2** garantera [*~ed 22 carat gold*]; ansvara (stå) för, gå i god för; försäkra; *I* (*I'll*) *~!* det kan jag försäkra! **3** isht jur. befullmäktiga, bemyndiga [*~ a p. to do a th.*]
warranty ['wɒrəntɪ] *s* garanti, säkerhet, ansvarsförbindelse för fullgod vara
warren ['wɒrən] *s* kaningård
warrior ['wɒrɪə] *s* litt. krigare, krigs-, strids|man; attr. krigisk; *the Unknown W~* den okände soldaten
Warsaw ['wɔːsɔː] Warszawa
warship ['wɔːʃɪp] *s* krigs-, örlogs|fartyg
wart [wɔːt] *s* vårta; utväxt; *~s and all* bildl. med alla fel och brister, utan försköning
wart-hog ['wɔːthɒg] *s* zool. vårtsvin
wartime ['wɔːtaɪm] *s* krigstid
Warwickshire ['wɒrɪkʃɪə, -ʃə]
wary ['weərɪ] *a* varsam, försiktig; på sin vakt; vaksam; *be ~ of* äv. akta sig för
was [wɒz, obeton. wəz, wz] imp. ind. (1 o. 3 pers. samt dial. 2 pers. sg.) av *be*
wash [wɒʃ] **I** *tr* (jfr äv. *III*) **1** tvätta; skölja, spola; diska [vanl. *~ up*]; vaska; *~ the dishes* isht Am. diska; *~ o.s.* tvätta sig; *~ o.'s hands* tvätta [sig om] händerna; eufem. gå på toaletten; *~ o.'s hands of* bildl. ta sin hand ifrån, inte vilja ha något att göra med; *I ~ my hands of it* bildl. jag tvår mina händer; *~ o.'s dirty linen in public* bildl. tvätta sin smutsiga byk offentligt **2** om vågor o. d. a) skölja [mot], slå upp över, spola [in] över b) spola, kasta, skölja [*~ overboard*] **II** *itr* (jfr äv. *III*) **1** tvätta sig; tvätta av sig **2** tvätta; skölja, spola **3** om tyg o. d. gå att tvätta, tåla tvätt [*a material that will ~*; *~ well*]; *guaranteed to ~* garanterat tvättäkta **4** fam., *it won't ~* det håller inte; den gubben går inte **5** om vatten m. m. skölja, forsa, strömma **III** *tr* o. *itr* i spec. förb. m. adv. el. prep.: *~* **ashore** spola[s] i land; *~* **away: a)** tvätta (spola, skölja) bort **b)** urholka, urgröpa [*the cliffs had been ~ed away by the sea*]; *~* **down: a)** tvätta [av], spola av [*~ down a car*] **b)** skölja ned [*~ down the food with beer*]; *~* **off: a)** tvätta bort (av) [*~ off stains*] **b)** gå bort i tvätten **c)** sköljas (spolas) bort; *~* **out: a)** tvätta (skölja) ur; tvätta (skölja) upp [*~ out clothes*]; *~ed out* urtvättad; *feel ~ed out* fam. känna sig urlakad **b)** [*our match*] *was ~ed out* . . regnade bort **c)** fam. stryka [ett streck över] [*~ out a p.'s debts*], utesluta, bortse från; *~* **up: a)** diska [upp]; tr. äv. diska av **b)** Am. tvätta [av] sig **c)** om vågor skölja (spola, kasta) upp **d)** fam., *~ed up* slut, färdig [*he was ~ed up as a boxer*]; *we're ~ed up* det är slut mellan oss **IV** *s* **1** tvättning, tvagning; *give the car a* [*good*] *~* tvätta (spola) av bilen [ordent-

ligt]; *have a ~* tvätta [av] sig; *have a ~ and brush up* snygga till sig **2** a) tvätt[ning], byk[ning] av kläder b) tvätt[kläder], byk c) tvätt[inrättning]; *it will come out in the ~* a) det går bort i tvätten b) bildl. det kommer att ordna upp sig **3** svall[våg] isht efter båt, skvalp; kölvatten äv. bildl. **4** farm. o. d. lotion; isht ss. efterled i sms. -vatten [*mouth-wash*], -bad [*eyewash*] **5** skulor, svinmat

washable ['wɒʃəbl] *a* tvätt|bar, -äkta

wash-and-wear ['wɒʃən*d*'weə] *a* som går att tvätta (dropptorka) och ta på

wash-basin ['wɒʃˌbeɪsn] *s* handfat, tvättfat, tvättställ

wash-board ['wɒʃbɔːd] *s* **1** tvättbräde **2** bildl. knagglig väg

washbowl ['wɒʃbəʊl] *s* isht Am. = *wash-basin*

washcloth ['wɒʃklɒθ] *s* disktrasa; isht Am. tvättlapp

wash-down ['wɒʃdaʊn] *s* **1** översköljning, avtvättning, avspolning; *give the car a ~* tvätta (spola) av bilen **2** [kall] avrivning

washed-out ['wɒʃtaʊt] attr. *a* se *wash out* under *wash III*

washed-up ['wɒʃtʌp] attr. *a* se *wash up* under *wash III*

washer ['wɒʃə] *s* **1** tvättmaskin; diskmaskin [äv. *dishwasher*] **2** tekn. a) packning till kran o. d. b) [underläggs]bricka

washerwoman ['wɒʃəˌwʊmən] *s* tvätterska, tvätt|gumma, -fru

wash-house ['wɒʃhaʊs] *s* tvättstuga uthus

washing ['wɒʃɪŋ] *s* **1** tvätt[ning], tvagning etc., jfr *wash I* o. *II* **2** tvätt[kläder]

washing-day ['wɒʃɪŋdeɪ] *s* tvättdag

washing-machine ['wɒʃɪŋməˌʃiːn] *s* tvättmaskin

washing-powder ['wɒʃɪŋˌpaʊdə] *s* tvättpulver, tvättmedel

washing-soda ['wɒʃɪŋˌsəʊdə] *s* kristallsoda, tvättsoda

Washington ['wɒʃɪŋtən]

washing-up ['wɒʃɪŋ'ʌp] *s* disk, diskning; rengöring; *~ bowl* diskbalja; *~ liquid* [flytande] diskmedel; *do the ~* diska

wash-leather ['wɒʃˌleðə] *s* tvättskinn

wash-out ['wɒʃaʊt] *s* fam. fiasko; om pers. odugling, nolla

wash-proof ['wɒʃpruːf] *a* tvättäkta

washroom ['wɒʃrʊm] *s* isht Am. toalett[rum], tvättrum

wash-stand ['wɒʃstænd] *s* tvättställ; kommod, lavoar

wash-tub ['wɒʃtʌb] *s* tvättbalja

wasn't ['wɒznt] = *was not*

wasp [wɒsp] *s* geting

waspish ['wɒspɪʃ] *a* **1** retlig, argsint; giftig, stickig, frän **2** smal, smärt

wast [wɒst, obeton. wəst] å'd. 2 pers. sg. imp. av *be* [*thou ~*]

wastage ['weɪstɪdʒ] *s* slöseri [*of* med]

waste [weɪst] **I** *a* **1** öde, ödslig; *lay ~* ödelägga, skövla; *lie ~* ligga öde **2** avfalls- [*~ products*]; förlorad [*~ energy*], förspilld; *~ heat* spillvärme; *~ paper* pappersavfall **II** *tr* **1** a) slösa [bort], kasta (öda, ödsla) bort, förslösa, [för]spilla [*in* (*over*) *a th.* på (med) ngt] b) slösa med; *~ o.'s breath* (*words*) tala för döva öron; *~ time* isht sport. maska; *~ a p.'s time* uppta ngns tid **2** försumma, försitta [*~ an opportunity*] **3** ödelägga, föröda, förhärja, skövla äv. bildl. **4** tära [på], förtära [äv. *~ away*]; [*a body*] *~d by disease* . . tärd (härjad) av sjukdom **III** *itr* **1** förslösas, gå till spillo **2** slösa; *~ not, want not* ung. den som spar han har **3** *~ away* om pers. tyna av, avtäras; magra **IV** *s* **1** slöseri, slösande [*of* med]; *it's a ~ of breath* (*words*) det är att tala för döva öron; *a ~ of time* bortkastad tid, slöseri med tid; *go* (*run*) *to ~* gå till spillo **2** avfall; [*cotton*] *~* trassel **3** ödemark, [öde] vidd

wastebasket ['weɪs*t*ˌbɑːskɪt] *s* Am. papperskorg

waste-bin ['weɪs*t*bɪn] *s* soplår, soptunna

waste-disposal ['weɪs*t*dɪsˌpəʊz*ə*l] *s* avfallshantering

waste-disposer ['weɪs*t*dɪsˌpəʊzə] *s* avfallskvarn

wasteful ['weɪstf*ʊ*l] *a* slösaktig

wasteland ['weɪstlænd] *s* ödejord; ofruktbar (ouppodlad) mark, ödemark; öken

waste-paper [ˌweɪs*t*'peɪpə] attr. *a*, *~ basket* papperskorg

waste-pipe ['weɪs*t*paɪp] *s* avloppsrör

waster ['weɪstə] *s* **1** slösare [*of* med] **2** fam. odåga

wasting ['weɪstɪŋ] **I** *s* **1** slöseri [*of* med] **2** avtynande **II** *a* tärande [*a ~ disease*]

wastrel ['weɪstr*ə*l] *s* **1** odåga **2** slösare

watch [wɒtʃ] **I** *s* **1** vakt, vakthållning, bevakning; uppsikt; utkik; *keep* [*a*] *~ for* hålla utkik efter; *keep* [*a*] *~ on* (*over*) hålla uppsikt (vakt) över **2** om pers. vakt, utkik; koll. [natt]vakt **3** sjö. vakt: a) vaktmanskap b) vakthållning c) vaktpass, törn **4** klocka, ur, fick-, armbands|ur; *set o.'s ~* ställa klockan (sin klocka) [*by* efter]; *what time is it by your ~?* hur mycket (vad) är din klocka? **5** vaka, vakande; likvaka **II** *itr* **1** se 'på, titta 'på, titta; se upp [*~ when you cross the street*]; *~ for* a) hålla utkik (spana) efter; vänta (vakta) på [*~ for a signal*] b) avvakta, passa [på] [*~ for an opportunity*]; *~ out* se upp [*~ out when you cross the road*]; *~ out for* äv. hålla utkik efter; ge akt på; *~ over* vakta, ha uppsikt över; vaka över **2** vakta, hålla vakt, stå (gå) på vakt **3** vaka [*over* över; *by (with) a p.* hos ngn] **III** *tr* **1** se på, titta på [~ *television*]; ge akt på, hålla ögonen på, iaktta, betrakta; vara noga (se upp) med [~ *o.'s weight*]; ~ *it (yourself)!* se upp!, akta dig!; ~ *what you do!* ge akt på vad du gör!; *he had been ~ed by detectives* han hade skuggats av detektiver **2** bevaka [~ *o.'s interests*]; vaka över, hålla ett öga på, passa, vakta, valla [~ *o.'s sheep*]

watch-case ['wɒtʃkeɪs] *s* boett

watch-chain ['wɒtʃtʃeɪn] *s* klockkedja

watch-committee ['wɒtʃkəˌmɪtɪ] *s* ung. övervaknings-, ordnings|nämnd kommunalt organ för kontroll av polis m. m.

watchdog ['wɒtʃdɒg] *s* vakt-, band|hund

watcher ['wɒtʃə] *s* bevakare, observatör; iakttagare; *bird* ~ fågelskådare

watchful ['wɒtʃfʊl] *a* vaksam, på sin vakt [*against, of* mot], uppmärksam [*for* på]; *keep a ~ eye on* hålla ett vakande öga på

watchmaker ['wɒtʃˌmeɪkə] *s* urmakare

watch|man ['wɒtʃ|mən] (pl. *-men* [-mən]) *s* nattvakt, väktare

watchout ['wɒtʃaʊt] *s, keep a* ~ hålla utkik

watch-spring ['wɒtʃsprɪŋ] *s* urfjäder

watch-strap ['wɒtʃstræp] *s* klockarmband

watchtower ['wɒtʃˌtaʊə] *s* vakttorn, utkikstorn

watchword ['wɒtʃwɜ:d] *s* paroll, slagord, lösen, motto

water ['wɔ:tə] **I** *s* (för uttr. ss. *deep ~[s]* m. fl. se under resp. adj.) vatten; pl.: *~s* a) vatten, vattenmassor b) farvatten [*in British ~s*]; *body of* ~ vattenmassa; *table* ~ bordsvatten; ~ *on the knee* med. vatten i knät; *spend money like* ~ ösa ut pengar; *drink the ~s* dricka brunn; *hold* ~ se *1 hold I 3*; *pass* ~ kasta vatten, urinera; *take [in]* ~ ta in vatten, läcka; *take the ~s* dricka brunn; *keep o.'s head (o.s.) above* ~ bildl. hålla sig flytande; *on this side [of] the* ~ på denna sidan havet (sjön); *of the first (purest)* ~ av renaste vatten [*a diamond of the first* ~], bildl. första klassens [*a swindler of the first* ~], av högsta klass **II** *tr* **1** vattna; bevattna **2** ~ [*down*] spä, spä ut [med vatten]; ~ *down* bildl. göra urvattnad; *~ed down* äv. urvattnad **3** tanka (fylla på) med vatten **4** vattra [*~ed silk*] **III** *itr* **1** vattna sig, vattnas; *his mouth ~ed* el. *it made his mouth* ~ det vattnades i munnen på honom **2** rinna, tåras [*the smoke made my eyes* ~]

water-biscuit ['wɔ:təˌbɪskɪt] *s* [smörgås]-kex på vatten o. mjöl

water-bottle ['wɔ:təˌbɒtl] *s* **1** vattenkaraff **2** fält-, vatten|flaska

water-butt ['wɔ:təbʌt] *s* regnvattenstunna

water-can ['wɔ:təkæn] *s* vattenkanna

water-cart ['wɔ:təkɑ:t] *s* vatten-, bevattnings|vagn

water-chestnut ['wɔ:təˌtʃesnʌt] *s* bot. sjönöt

water-chute ['wɔ:təʃu:t] *s* vattenrutschbana

water-closet ['wɔ:təˌklɒzɪt] *s* vattenklosett, wc

water-colour ['wɔ:təˌkʌlə] *s* **1** vatten-, akvarell|färg; *in ~s* i akvarell **2** ~ [*painting*] akvarell[målning], målning i vattenfärg

water-cooled ['wɔ:təku:ld] *a* vattenkyld

watercourse ['wɔ:təkɔ:s] *s* **1** vattendrag **2** flodbädd; strömfåra **3** kanal

watercress ['wɔ:təkres] *s* bot. källkrasse, källfräne, vattenkrasse

water-diviner ['wɔ:tədɪˌvaɪnə] *s* slagruteman

waterfall ['wɔ:təfɔ:l] *s* vattenfall, fors

waterfowl ['wɔ:təfaʊl] *s* vanl. koll. vattenfågel, sjöfågel

waterfront ['wɔ:təfrʌnt] *s* strand; sjösida av stad; *along the* ~ längs (vid) vattnet

water-gauge ['wɔ:təgeɪdʒ] *s* tekn. vattenmätare; vattenståndsmätare

water-heater ['wɔ:təˌhi:tə] *s* varmvattenberedare

water-hose ['wɔ:təhəʊz] *s* vattenslang

water-ice ['wɔ:təraɪs] *s* isglass, vattenglass

watering ['wɔ:tərɪŋ] *s* vattning, vattnande etc., jfr *water II, III*

watering-can ['wɔ:tərɪŋkæn] *s* vattenkanna för vattning

watering-cart ['wɔ:tərɪŋkɑ:t] *s* vatten-, bevattnings|vagn

watering-place ['wɔ:tərɪŋpleɪs] *s* **1** vattningsställe **2** hälsobrunn, brunnsort

watering-trough ['wɔ:tərɪŋtrɒf] *s* vattenho, vattningsho

water-jug ['wɔ:tədʒʌg] *s* vatten|tillbringare, -kanna

water-jump ['wɔ:tədʒʌmp] *s* sport. vattengrav

water-level ['wɔ:təˌlevl] *s* **1** vatten|stånd, -nivå **2** sjö. vattenlinje **3** tekn. vattenpass

water-lily ['wɔ:təˌlɪlɪ] *s* bot. näckros

waterline ['wɔ:təlaɪn] *s* sjö. vattenlinje; vattengång

waterlogged ['wɔ:təlɒgd] *a* **1** sjö. vattenfylld, full av vatten **2** vattensjuk

Waterloo [ˌwɔ:tə'lu:]

water-main ['wɔ:təmeɪn] *s* huvud[vatten]-ledning

water|man ['wɔ:tə|mən] (pl. *-men* [-mən]) *s* **1** färjkarl; båtkarl; roddare; båtuthyrare **2** vatten|bärare, -pumpare

watermark ['wɔ:təmɑ:k] **I** *s* **1** vattenmärke; vattenstämpel **2** vattenstånds|märke, -linje **II** *tr* vattenstämpla

water-melon ['wɔ:təˌmelən] *s* vattenmelon

water-mill ['wɔ:təmɪl] *s* vattenkvarn

water-nymph ['wɔ:tənɪmf] *s* myt. vattennymf
water-pipe ['wɔ:təpaɪp] *s* **1** vattenledning[srör] **2** vattenpipa
water-polo ['wɔ:təˌpəʊləʊ] *s* vattenpolo
water-power ['wɔ:təˌpaʊə] *s* vattenkraft
waterproof ['wɔ:təpru:f] **I** *a* vattentät; impregnerad [~ *material*]; ~ *hat* regnhatt **II** *s* regnrock, regnkappa, regnplagg; vattentätt (impregnerat) tyg **III** *tr* göra vattentät; impregnera
waterproofing ['wɔ:təˌpru:fɪŋ] *s* impregnering
water-rate ['wɔ:təreɪt] *s* vattenavgift, vattentaxa
water-resistant ['wɔ:tərɪ'zɪstənt] *a* vattenbeständig, vattenfast; vattentät
watershed ['wɔ:təʃed] *s* **1** vattendelare **2** avrinningsområde, flodområde **3** bildl. vattendelare
waterside ['wɔ:təsaɪd] *s* strand, strandkant, strandbrädd
water-ski ['wɔ:təski:] **I** *itr* åka vattenskidor **II** *s* vattenskida
water-softener ['wɔ:təˌsɒfnə] *s* vattenavhärdare
waterspout ['wɔ:təspaʊt] *s* **1** stupränna, stuprör **2** meteor. a) skydrag b) störtregn
water-supply ['wɔ:təsəˌplaɪ] *s* **1** vattenförsörjning; vattentillförsel **2** vattentillgång, vattenförråd
water-tap ['wɔ:tətæp] *s* vattenkran
watertight ['wɔ:tətaɪt] *a* vattentät [~ *compartments*; *a* ~ *alibi*], tät; bildl. äv. hållbar
water-wag[g]on ['wɔ:təˌwægən] *s* vattenvagn: *on the* ~ se *wagon 3*
waterway ['wɔ:təweɪ] *s* **1** farled, segelled, farvatten; kanal **2** vattenväg, vattenled
water-wings ['wɔ:təwɪŋz] *s pl* slags simdyna
waterworks ['wɔ:təwɜ:ks] (konstr. ss. sg. el. pl.; pl. *waterworks*) *s* **1** vatten[lednings]verk **2** fam., *turn on the* ~ börja tjuta (lipa)
watery ['wɔ:tərɪ] *a* **1** vattnig, sur, blöt; vattenhaltig; vatten- [~ *vapour*]; vattenaktig **2** vattnig [~ *soup*]; tunn; utspädd; urvattnad [~ *style*]; fadd **3** poet., *find a* ~ *grave* finna sin grav i vågorna
Watson ['wɒtsn]
watt [wɒt] *s* elektr. watt
wattage ['wɒtɪdʒ] *s* elektr. wattal; wattförbrukning
wattle ['wɒtl] *s* [ris]flätverk; ~[*s* pl.] ribbor, störar, kvistar, ris till flätning
wave [weɪv] **I** *s* **1** våg i olika bet.; bölja, bränning; ~ *of strikes* strejkvåg; *heat* ~ värmebölja **2** vågighet, våglinje **3** vinkning; vink; viftning; svängning; **4** våg i hår; ondulering [*permanent* ~]; permanent[-ning] [*cold* ~]; *she has a natural* ~ *in her hair* hon har självfall **II** *itr* **1** bölja, gå i vågor (böljor); vaja, vagga; fladdra **2** våga sig, falla [i vågor] [*her hair* ~*s naturally*] **3** vinka [*to* till] **III** *tr* **1** vinka med [~ *o.'s hand*], vifta med [*he* ~*d his handkerchief*]; vifta, vinka [~ *goodbye*]; svänga [med]; ~ *aside* a) vinka bort [~ *a p. aside*]; vinka avsides b) bildl. vifta bort, avvisa, avfärda, slå bort **2** göra vågig; våga, ondulera [~ *o.'s hair*]
wavelength ['weɪvleŋθ] *s* radio. våglängd äv. bildl.
waver ['weɪvə] *itr* **1** fladdra, flämta [*the candle* ~*ed*]; skälva [*her voice* ~*ed*]; sväva, svänga [av och an] **2** vackla [*his courage* ~*ed*]; [börja] ge vika **3** växla, skifta, vackla [~ *between two opinions*]; tveka, vara (bli) vankelmodig (obeslutsam)
wavering ['weɪvərɪŋ] **I** *s* **1** vacklan, vankelmod, tvekan **2** fladdrande etc., jfr *waver* **II** *a* **1** vacklande, vankelmodig, tveksam, osäker **2** fladdrande etc., jfr *waver*
wavy ['weɪvɪ] *a* vågig, vågformig
1 wax [wæks] *itr* isht om månen tillta, växa; ~ *and wane* bildl. tillta och avta [i styrka]
2 wax [wæks] **I** *s* **1** vax; bivax; ör[on]vax; attr. vax-; ~ *model* vaxdocka, modelldocka **2** [*cobbler's*] ~ skomakarbeck **II** *tr* vaxa; bona [~ *floors*]; polera [~ *furniture*]
waxen ['wæksən] *a* **1** [gjord] av vax, vax- [~ *image*] **2** vaxlik, vaxartad; vaxblek
waxwork ['wækswɜ:k] *s* **1** a) vaxfigur b) vaxarbeten, vaxfigurer **2** ~*s* (konstr. vanl. ss. sg.; pl. ~*s*) vaxkabinett
waxy ['wæksɪ] *a* vaxartad, vaxlik
way [weɪ] **I** *s* (för div. fraser se 7) **1** väg i abstr. bet. [*they went the same* ~], håll, riktning; [väg]sträcka, stycke, bit [*I can only run a little* (kort) ~] **2** konkr. väg, stig [*a* ~ *across the field*]; gång **3** utväg, möjlighet **4** sätt [*the right* ~ *of doing* (*to do*) *a th.*], vis **5** sätt, avseende [*in several* ~*s*] **6** a) ~ el. pl.: ~*s* sätt [*it's only his* ~], beteende b) vana, egenhet [*he has his little* ~*s*]

7 i div. fraser: **a**) i förb. med annat subst.: ~*s and means* a) [tillgängliga] medel, resurser; möjligheter, utvägar b) parl. anskaffning av erforderliga medel åt statskassan; ~ *of life* livsföring, livsstil

b) i förb. med 'the' med spec. övers.: *that is always the* ~ så är det alltid; *that's the* ~ *it is* så är det, sånt är livet; *that's the* ~ *to do it* så skall det göras (gå till); [*he ought to be promoted*] *after the* ~ *he has worked* ..som han arbetat

c) i förb. med pron. (se äv. ex. under *d, e* o. *f* nedan): *all the* ~ *from* (*to*) hela vägen från (till), ända från (till); *go all the* ~ a) gå hela vägen, löpa linan ut b) samtycka helt och hållet; *any* ~ vilken väg som helst, [åt] vilket håll som helst; *do it any ~ you like* gör precis som du själv vill; *you can't have it both ~s* man kan inte både äta kakan och ha den kvar, man kan inte få bådadera; *each ~* varje väg; i vardera riktningen; [*the carpet is ten feet*] *each ~* .. på varje (var) led; *put one pound on a horse each ~* kapplöpn. satsa ett pund både på vinnare och på plats; [*it was wrong*] *either ~* .. hur man än vände och vred på saken, .. i alla fall; *it is not his ~ to be mean* snålhet ligger inte för honom; *no ~!* fam. aldrig i livet!, sällan!, det går inte!; [*there are*] *no two ~s about it* [det råder] intet tvivel om den saken; *it looks that ~* det ser så ut; *I'm just made that ~* jag bara är sådan; *this ~ and that* hit och dit, åt alla håll

d) i förb. med vb (se äv. under resp. vb): **ask** *the* (*o.'s*) *~* fråga efter vägen

clear *the ~* bana väg, gå ur vägen

feel *o.'s ~* känna sig fram; bildl. känna sig för

go *o.'s ~* litt. gå sin väg, ge sig i väg; *are you going my ~?* skall du åt mitt håll?; *everything was going my ~* allt gick vägen för mig; *go all the ~* se under *c*) ovan; *go a long ~* gå långt; räcka långt, vara dryg; *this will go a long ~ in overcoming* [*the difficulty*] detta blir till god hjälp för att övervinna ..; *go a long* (*great*) *~ to* (*towards*) bidra starkt till; *go the right ~ about it* angripa det från rätt sida, börja i rätt ända; *go the wrong ~* o. likn. ex. se under *wrong I 2*

have [*it all*] *o.'s own ~* få sin vilja fram; *have it your own ~!* [gör] som du vill!; *let a p. have his own ~* låta ngn få som han vill; *if I had my ~* .. om jag fick bestämma ..; *he has a ~ with him* han har sitt speciella sätt; *she has a ~ with children* hon har god hand med barn; *he has a ~ with women* han vet hur kvinnor skall tas, han har kvinnotycke

know *the* (*o.'s*) *~* hitta, känna [till] vägen; *know o.'s ~ about* a) vara hemmastadd på platsen b) ha reda på saker och ting

lead *the ~* gå före och visa vägen, gå före; bildl. gå i spetsen, visa vägen

lose *o.'s* (*the*) *~* råka (gå, köra o. d.) vilse

make *~* bereda (lämna, ge) plats [*for* åt, för], gå undan (ur vägen) [*for* för]; lämna vägen öppen [*for* för]; flytta [på] sig; *make o.'s ~* bana sig väg [fram], ta sig fram; *make o.'s ~* [*in the world* (*in life*)] bildl. arbeta sig upp, slå sig fram, komma sig upp

pay *o.'s* [*own*] *~* a) betala för sig [själv] b) vara lönande, bära sig

I don't (*can't*) **see** *my ~* [*clear*] *to doing it* a) jag ser ingen möjlighet att göra det b) jag kan inte tänka mig att göra det

e) i förb. med prep.: **across** *the ~* på andra sidan vägen (gatan)

by *the ~* a) nära (vid, intill) vägen [*he lives by the ~*] b) i förbifarten; för övrigt; *by the ~, do you know* ..? förresten (apropå det), vet du ..?; *not by a long ~* inte på långa vägar, inte på långt när; *by ~ of* a) via, över b) som [*by ~ of an explanation*], till [*he nodded by ~ of an answer*] c) genom, medelst; *by ~ of introduction* inledningsvis

down (**up**) *our ~* fam. nere (uppe) hos oss, hemma hos oss, i våra trakter

in *a ~* på sätt och vis, på ett sätt; *he is in a bad ~* det står illa till (det är illa ställt) med honom; *in a small ~* i liten skala, i smått; *in the ~* i vägen [*of* för]; *in the ~ of* bildl. i fråga om, vad beträffar; i form av; [*everything there was*] *in the ~ of food* .. i matväg; *stand in a p.'s ~* stå i vägen för ngn äv. bildl.; *in any ~* på något sätt; på vilket sätt som helst; *in no ~* på intet sätt, ingalunda [*in no ~ inferior*]

on *the* (*his*) *~ to* på väg[en] till; *be on the ~* vara på väg; *be well on o.'s ~* ha kommit en bra (god) bit på väg; bildl. vara på god väg; *see a p. on his ~* följa ngn [på vägen]

out of *the ~* a) ur vägen [*be out of the ~*], undan, borta b) avsides [belägen], avlägsen c) ovanlig, originell; *get a p. out of the ~* göra sig av med ngn, bli kvitt ngn; *get out of a p.'s ~* gå ur vägen för ngn; *go out of o.'s ~* a) ta (göra, köra o. d.) en omväg, göra en avstickare b) göra sig extra besvär [*he went out of his ~ to help me*], lägga an på [*he went out of his ~ to be rude*]; *put a p. out of the ~* röja ngn ur vägen

be **under** *~* a) sjö. ha [god] fart, vara under gång b) ha kommit i gång; vara under uppsegling; *get under ~* a) sjö. lätta, avsegla b) komma i gång

up *our ~* se *down* ovan

f) i förb. med adv.: *~* **about** (**round**) omväg [*go* (göra, ta) *a long ~ about* (*round*)]; *the other ~ round* (*about*) [precis] tvärtom, raka motsatsen; *~* **in** ingång, väg in, infart; *a long ~* **off** långt (lång väg) härifrån (därifrån), långt borta; *~* **out** a) utgång, väg ut, utfart; utväg b) bildl. utväg, råd

II *adv* fam. långt, högt; *your demands are ~ above* [*what I can accept*] dina krav ligger skyhögt över ..; *~ back in the sixties* redan på 60-talet; *it's ~ over my head* det går långt över min horisont

wayfarer ['weɪˌfeərə] *s* vägfarande

wayfaring ['weɪˌfeərɪŋ] *a* vägfarande

waylay [weɪ'leɪ] (*waylaid waylaid*) *tr* **1** ligga i bakhåll för, lurpassa på **2** hejda, stoppa [*he waylaid me and asked me for a loan*]

way-out ['weɪ'aʊt] *a* fam. extrem; excentrisk, exotisk

wayside ['weɪsaɪd] *s* vägkant; ~ *inn* värdshus vid vägen; *by the* ~ vid vägen
wayward ['weɪwəd] *a* **1** egensinnig **2** nyckfull, oberäknelig
W.C. ['dʌblju:'si:] **1** förk. för *West Central* postdistrikt i London **2** förk. för *water-closet* wc
we [wi:, obeton. wɪ] (objektsform *us*) *pers pron* **1** vi **2** man [~ *say 'please' in English*]
W.E.A. förk. för *Workers' Educational Association* motsv. ung. ABF, Arbetarnas bildningsförbund
weak [wi:k] *a* svag; klen, vek, skröplig, bräcklig, skör; dålig; bristfällig; matt, slapp; *the* ~[*er*] *sex* det svaga[re] könet; *have a* ~ *stomach* ha dålig mage
weaken ['wi:kən] *tr* o. *itr* försvaga[s], göra (bli) svagare, förslappa[s], matta[s]
weak-kneed ['wi:k'ni:d] *a* **1** knäsvag **2** vek, eftergiven, velig
weakling ['wi:klɪŋ] *s* vekling, stackare
weakly ['wi:klɪ] **I** *a* svag, klen [*a* ~ *child*]; veklig; spenslig **II** *adv* svagt etc., jfr *weak*
weakness ['wi:knəs] *s* svaghet [*of, in* i; *for* för]; klenhet etc., jfr *weak*; svag sida, brist; *have a* ~ *for* vara svag för, ha en svaghet för [*Vincent has a* ~ *for chocolate*]; ~ *of purpose* bristande målmedvetenhet; *in a moment of* ~ i ett svagt ögonblick
weak-willed ['wi:k'wɪld] *a* viljelös
1 weal [wi:l] *s* litt. väl, välfärd, välgång; *the public* (*common, general*) ~ det allmännas (samhällets) väl, det allmänna bästa
2 weal [wi:l] *s* strimma, rand märke på huden efter slag
wealth [welθ] *s* **1** rikedom[ar], förmögenhet; välstånd; tillgångar; *a man of* ~ en förmögen man **2** bildl., *a* ~ *of* en rikedom på, en stor mängd [av] [*a* ~ *of examples*]
wealthiness ['welθɪnəs] *s* rikedom
wealthy ['welθɪ] *a* rik, förmögen
wean [wi:n] *tr* **1** avvänja [~ *a baby*]; ~ *a baby on* .. föda upp ett spädbarn på .. **2** ~ *from* avvänja från
weanling ['wi:nlɪŋ] *s* avvant barn; avvant lamm, avvand kalv
weapon ['wepən] *s* vapen; tillhygge
weaponry ['wepənrɪ] *s* vapen koll. [*nuclear* ~]
wear [weə] **A** (*wore worn*) *vb* (se äv. *worn*) **I** *tr* (se äv. *III*) **1** ha på sig, vara klädd i, ha, bära [~ *a ring on o.'s finger*], klä sig i, gå [klädd] i [*she always* ~*s blue*], använda [~ *spectacles*], gå med; ~ *a beard* ha (bära) skägg; *she* (*her face*) *wore a sad expression* hon (hennes ansikte) hade ett sorgset uttryck; ~ *o.'s hair long* (*short*) ha långt (kort) hår; ~ *lipstick* använda läppstift; ~ *o.'s years* (*age*) *well* bära sina år med heder; [*this coat*] *has not been worn* .. är inte använd **2** a) nöta (slita) [på] [*hard use has worn the gloves*]; bildl. äv. tära på, trötta b) nöta (trampa, köra) upp [~ *a path across the field*], gräva [sig] [*the water had worn a channel in the rock*]; ~ *a hole* (*holes*) *in* nöta (slita) hål på (i); ~ *o.s. to death* slita ihjäl (ut) sig **3** fam. finna sig i, gå med på; *he told me a lie but I wouldn't* ~ *it* han ljög för mig men det gick jag inte på **II** *itr* (se äv. *III*) **1** a) nötas, slitas, bli nött (sliten) [*a cheap coat will* ~ *soon*]; ~ *thin* a) bli tunnsliten b) bildl. [börja] bli genomskinlig [*his excuses are* ~*ing thin*]; [börja] ta slut [*my patience wore thin*] b) ~ *on a p.* gå ngn på nerverna **2** a) hålla [att slita på] [*this material will* ~ *for years*]; stå sig; ~ *well* a) hålla bra, vara hållbar (slitstark) b) vara väl bibehållen [*she* ~*s well*] b) fam. hålla [streck]; [*the argument*] *won't* ~ .. håller inte **III** *tr* o. *itr* med adv. isht med spec. övers.: ~ **away:** a) nöta[s] bort (ut) b) försvinna, ge med sig [*the pain wore away*]; ~ **down:** a) nöta[s] (slita[s]) ned (ut); *worn down* [ned]sliten, [ut]nött b) trötta ut [*he* ~*s me down*] c) bryta ned, övervinna [~ *down the enemy's resistance*]; brytas ned; ~ **off:** a) nöta[s] av (bort) b) gå över (bort) [*his fatigue had worn off*]; minska, avta [*the effect wore off*]; ~ **on** om tid o. d. lida, framskrida [*as the winter wore on*]; ~ **out:** a) slita[s] (nöta[s]) ut; göra slut på; urholka [~ *out a stone*]; förslitas; ta slut b) trötta ut [*he* ~*s me out*], utmatta; *be worn out* äv. vara utarbetad (slut[körd])
B *s* **1** bruk [*clothes for everyday* ~], användning **2** kläder [*travel* ~]; isht i sms. -beklädnad [*footwear*]; *men's* ~ herr|kläder, -konfektion **3** nötning, slitning; ~ [*and tear*] slitage, förslitning, bildl. påfrestning[ar]; *fair* ~ *and tear* normalt slitage; *show* [*signs of*] ~ [börja] se sliten (medfaren) ut; *stand any amount of* ~ tåla omild behandling; *be the worse for* ~ vara sliten (illa medfaren)
wearable ['weərəbl] *a* om kläder o. d. användbar
wearied ['wɪərɪd] *a* o. *pp* uttröttad etc., jfr *weary II*; trött [*of* på; *with* av]
wearing ['weərɪŋ] *a* **1** slitande; tröttsam [*a* ~ *day*] **2** [som är] utsatt för nötning (förslitning) [*the* ~ *parts of a machine*]
wearisome ['wɪərɪsəm] *a* **1** tröttsam, [lång]tråkig **2** tröttande, besvärlig
weary ['wɪərɪ] **I** *a* trött, uttröttad [*with* av]; kraftlös; *W*~ *Willie* fam. latmask **II** *tr* trötta [ut], bildl. äv. besvära, plåga [*with* med], tråka ut **III** *itr* **1** tröttna [*of* på]; ~ *of* äv. ledsna på, bli trött (led) på **2** förtröttas
weasel ['wi:zl] **I** *s* **1** zool. vessla **2** vessla motorfordon **II** *itr* Am. fam. slingra sig

weather ['weðə] **I** *s* **1 a)** väder, väderlek; *wet* ~ regnväder; fuktig väderlek; *what awful* ~*!* ett sådant (vilket) gräsligt väder!; ~ *permitting* om vädret tillåter [det]; *make heavy* ~ *of* [*the simplest task*] bildl. göra mycket väsen (ett berg) av . .; *change of* (*in the*) ~ väderomslag; *under the* ~ fam. a) vissen, krasslig b) Am. bakfull; onykter **b)** attr. väder- [*a* ~ *satellite*]; ~ *bulletin* väderrapport; ~ *bureau* meteorologisk byrå, vädertjänst; ~ *chart* (*map*) väderkarta; ~ *forecast* väder|rapport, -prognos **2** sjö. lovart **II** *tr* **1 a)** [luft]torka [~ *wood*]; utsätta för väder och vind **b)** pp.: ~*ed* förvittrad, [sönder]vittrad [~*ed limestone*]; nött (medfaren) av väder och vind **2** sjö. o. bildl. rida ut [~ *a storm*], bildl. äv. klara [sig igenom], överleva [~ *a crisis*]; ~ [*out*] *the storm*, ~ *it out* (*through*) bildl. rida ut stormen

weather-beaten ['weðəˌbi:tn] *a* väderbiten, barkad [*a* ~ *face*]; härjad (medfaren) av väder och vind

weatherboard ['weðəbɔ:d] *s* byggn. fjällpanelbräda; pl. ~*s* äv. fjällpanel

weatherboarding ['weðəˌbɔ:dɪŋ] *s* byggn. fjällpanel

weatherbound ['weðəbaund] *a* hindrad (försenad) på grund av vädret (svårt väder)

weathercock ['weðəkɒk] *s* **1** vind-, väder|flöjel, kyrktupp **2** bildl. vindböjtel

weather-glass ['weðəglɑ:s] *s* barometer

weatherman ['weðəmæn] *s* fam. **1** meteorolog **2** väderspåman

weatherproof ['weðəpru:f] **I** *a* väderbeständig; ~ *jacket* vindtygsjacka **II** *tr* göra väderbeständig, impregnera

weathervane ['weðəveɪn] *s* vind-, väder|flöjel

1 weave [wi:v] **I** (imp. *wove*; pp. *woven*; jfr *woven*) *tr* **1** väva [~ *cloth*]; väva av [~ *wool*] **2** fläta [~ *a basket*], binda [~ *a garland of flowers*]; fläta in [*into* i] **3** bildl. väva ihop [~ *a plot*]; ~ *a spell* utöva trolldom **II** (*wove woven*) *itr* väva **III** *s* väv, vävning [*a loose* ~]; bindning

2 weave [wi:v] **I** *itr* **1** a) slingra sig, gå i sicksack [*the road* ~*s through the valley*], kryssa [*he* ~*d through the traffic*] b) flyg. flyga i sicksack **2** vagga [fram och tillbaka]; ragla **3** *get weaving* sl. sätta fart, sno sig **II** *tr*, ~ *o.'s way* kryssa (åla) sig fram

weaver ['wi:və] *s* vävare, väverska

weaving ['wi:vɪŋ] *s* vävning, vävnad

web [web] *s* **1** väv **2** [*spider's*] ~ spindel|väv, -nät

webbed [webd] *a* zool. [försedd] med simhud; ~ *feet* simfötter

webbing ['webɪŋ] *s* **1** sadelgjordsväv; sadelgjord **2** mil. sadelgjordskoppel

weber ['veɪbə] *s* weber enhet för magnetiskt flöde

web-footed ['webˌfutɪd] *a* zool. [försedd] med simfötter

Wed. förk. för *Wednesday*

wed [wed] (*wedded wedded* el. *wed wed*) **I** *tr* (se äv. *wedded*) **1** äkta, gifta sig med **2** gift [bort]; viga **II** *itr* gifta sig

we'd [wi:d] = *we had*; *we would, we should*

wedded ['wedɪd] *a* o. *pp* **1** gift [*to* med], vigd [*to* vid]; äkta [*the* ~ *couple*]; *his* [*lawful*] ~ *wife* hans äkta maka **2** äktenskaplig [~ *happiness*] **3** bildl., *be* ~ *by* [*common interests*] vara [intimt] förenade av . .; ~ *to* förenad med [*simplicity* ~ *to beauty*]

wedding ['wedɪŋ] *s* **1** bröllop; vigsel[akt] **2** attr. bröllops- [~ *day*]; ~ *anniversary* bröllopsdag årsdag; ~ *breakfast* bröllopslunch; ~ *dress* brudklänning

wedding-cake ['wedɪŋkeɪk] *s* bröllopstårta fruktkaka i våningar täckt med marsipan och glasyr

wedding-ring ['wedɪŋrɪŋ] *s* vigselring

wedge [wedʒ] **I** *s* **1** kil; ~ *heel* kilklack; *the thin end of the* ~ bildl. bara en [första] början **2** trekant [*seats arranged in a* ~], [trekantig] bit [*a* ~ *of a cake*] **II** *tr* **1** a) kila; kila fast [äv. ~ *up*] b) kila (driva, klämma) in [äv. ~ *in*; *into* i]; ~ *o.s.* (*o.'s way*) tränga sig [fram], kila sig [*through* genom]; *be* ~*d* [*in*] vara inkilad (inklämd); ~ *together* tränga (klämma) ihop **2** klyva [med en kil]; ~ *apart* klyva isär

wedge-shaped ['wedʒʃeɪpt] *a* kilformig, kilformad

wedlock ['wedlɒk] *s* litt. el. jur. äktenskap; *holy* ~ det heliga äkta ståndet

Wednesday ['wenzdɪ, -deɪ] *s* onsdag; jfr *Sunday*

1 wee [wi:] *a* mycket liten, liten liten [*just a* ~ *drop*]; ~ *little* pytteliten, jätteliten; *a* ~ *bit* en liten aning (smula) [*a* ~ *bit jealous*]

2 wee [wi:] *s* o. *itr* se *wee-wee*

weed [wi:d] **I** *s* **1** ogräs[planta]; *the garden is running to* ~*s* trädgården håller på att växa igen [av ogräs] **2** fam. spinkig person **II** *tr* **1** rensa [från ogräs], rensa i [~ *the garden*]; bildl. gallra [i]; ~ *out* gallra ut i [~ *out the herd*] **2** ~ *out* rensa bort [~ *out a plant*], gallra ut; bildl. rensa ut, gallra bort (ut) **III** *itr* rensa [ogräs]

weed-killer ['wi:dˌkɪlə] *s* ogräsmedel

weeds [wi:dz] *s pl*, [*widow's*] ~ änkedräkt, [änkas] sorgdräkt

week [wi:k] *s* vecka; *a* ~ äv. åtta dagar; *the working* ~ arbetsveckan; *40-hour* ~ 40 timmars arbetsvecka; *last* ~ [i] förra veckan; *last Sunday* ~ i söndags för en vecka sedan; *this* ~ [nu] i veckan, [i] den här veckan; *this day* [*next*] ~, *today* [*next*] ~, *a*

~ *today* (*from now*) i dag om en vecka; *this day last* ~, *a* ~ *ago today* i dag för en vecka sedan; [*this*] *Sunday* ~, *a* ~ *on Sunday* på söndag om en vecka; *yesterday* ~ i går för en vecka sedan; *by the* ~ per vecka, veckovis; ~ *by* ~ vecka för vecka; *be paid by the* ~ få betalt per vecka; [*it went on*] *for* ~*s* .. i veckor; *never* (*not once*) *in a* ~ *of Sundays* fam. aldrig någonsin, aldrig i livet

weekday ['wi:kdeɪ] *s* **1** vardag, veckodag **2** attr. [som äger rum] på vardagarna [~ *services in the church*]

weekend ['wi:k'end] **I** *s* **1** [vecko]helg, veckoslut, weekend; veckoskifte **2** attr. veckosluts-, helg- [~ *traffic*] **II** *itr* tillbringa (fira) [vecko]helgen [~ *at Brighton*]

weekender ['wi:k'endə] *s* **1** helg-, veckohelgs-, weekend|firare **2** weekendgäst

weekly ['wi:klɪ] **I** *a* vecko- [*a* ~ *publication*]; [återkommande] varje vecka [~ *visits*] **II** *adv* en gång i veckan; varje vecka; per vecka **III** *s* vecko|tidning, -tidskrift; *the weeklies* äv. veckopressen

weeny ['wi:nɪ] *a* fam. pytteliten

weeny-bopper ['wi:nɪ,bɒpə] *s* fam. poppig småtjej

weep [wi:p] **I** (*wept wept*) *itr* **1** gråta **2** a) droppa, drypa; läcka b) avsöndra vätska; 'svettas'; om sår vätska sig **II** (*wept wept*) *tr* gråta, fälla [~ *bitter tears*]; ~ *o.s. to sleep* gråta sig till sömns **III** *s* gråtanfall; *have a good* ~ gråta ut [ordentligt]

weeping ['wi:pɪŋ] **I** *s* **1** gråt[ande]; ~ *fit* gråtattack **2** dropp[ande], drypande; vätskning **II** *a* **1** gråtande **2** droppande, drypande; vätskande **3** bot., ~ *willow* tårpil

weepy ['wi:pɪ] fam. **I** *a* tårdrypande; gråtmild **II** *s* tårdrypande film (pjäs, bok o. d.), gråt-, snyft|film o. d.

weevil ['wi:vɪl] *s* zool. vivel

wee-wee ['wi:wi:] fam. **I** *s* kiss; *do a* ~ kissa **II** *itr* kissa

weft [weft] *s* **1** vävn. inslag, väft **2** väv

weigh [weɪ] **I** *tr* (se äv. *III*) **1** väga; ~ *the chances* väga möjligheterna för och emot; ~ *o.'s words* väga sina ord **2** sjö. lyfta (dra) upp [~ *the anchor*]; ~ *anchor* lätta ankar **II** *itr* (se äv. *III*) **1** a) väga [*it* ~*s a ton*] b) bildl. vara av vikt, vara utslagsgivande [*the point that* ~*s with* (för) *me*]; ~ *against* a) motväga, uppväga b) tala mot, vara till nackdel för [*those pieces of evidence will* ~ *against her*]; ~ *on* bildl. trycka, tynga [på]; *it* ~*s on me* (*my mind*) det trycker (plågar) mig **2** sjö. lätta ankar **III** *tr* o. *itr* med adv.: ~ **down** tynga (trycka) ned äv. bildl.; komma att digna; ~*ed down with* [*cares*] [ned]tyngd av ..; ~ **in: a)** sport. väga[s] in om boxare före match, om jockey efter lopp **b)** fam. hoppa in, ingripa; ställa upp; ~ **together** bildl. väga mot varandra; ~ **up** bedöma [~ *up o.'s chances*], beräkna, avväga; överväga [*whether* om, huruvida]; ~ *a p. up* bedöma vad ngn går för

weighbridge ['weɪbrɪdʒ] *s* bryggvåg; fordonsvåg; järnv. vagnvåg

weigh-in ['weɪɪn] *s* sport. invägning

weighing-machine ['weɪɪŋmə,ʃi:n] *s* större våg; personvåg

weight [weɪt] **I** *s* **1** vikt äv. konkr. [*net* ~; *a kilo* ~]; tyngd [*the pillars support the* ~ *of the roof*]; ~*s and measures* mått och vikt; *loss of* ~ viktförlust; *unit of* ~ viktenhet; *he is twice my* ~ han väger dubbelt så mycket som jag; *be worth o.'s* ~ *in gold* bildl. vara värd sin vikt i guld; *give short* ~ väga knappt (snålt); *lose* ~ gå ned [i vikt], magra; *pull o.'s* ~ a) ro av alla krafter b) göra sin del (insats); *put on* ~ gå upp (öka) [i vikt]; [*sell a th.*] *by* ~ .. efter vikt; .. i lös vikt; *be over* (*under*) ~ se *overweight II* o. *underweight II* **2** börda [*a heavy* ~ *to carry*]; [*she is not allowed to*] *lift* [*heavy*] ~*s* .. lyfta tunga saker **3** [klock]lod **4** brevpress [äv. *paperweight*] **5** bildl.: **a)** tyngd, börda [*the* ~ *of his responsibility*]; tryck [*a* ~ *on* (över) *the chest*]; *it is a* ~ *on* [*my conscience*] det tynger [hårt] på ..; *a* ~ *was lifted from my mind* (*heart*), *that was a* ~ *off my mind* (*heart*) en sten föll från mitt bröst; [*knowing that you are safe*] *is* (*takes*) *a great* ~ *off my mind* .. är en stor lättnad för mig **b)** vikt, betydelse [*a matter of* ~]; inflytande [*he has great* ~ *with* (hos) *the people*], auktoritet; *arguments of* [*great*] ~ [tungt] vägande argument; *attach* (*give*) ~ *to, lay* (*put*) ~ *on* fästa (lägga) vikt vid; [*considerations that will*] *carry* (*have*) *great* ~ .. väga tungt [i vågskålen], .. ha stor inverkan [*with* på]; [*his words*] *carry* (*have*) *no* ~ .. har ingen inverkan; *give* (*lend*) ~ *to* [*o.'s words*] ge eftertryck (kraft, tyngd) åt ..; *throw* (*chuck*) *o.'s* ~ *about* fam. göra sig märkvärdig, flyta ovanpå **c)** tyngdpunkt, huvudpart; *by sheer* ~ *of numbers* endast på grund av numerär överlägsenhet **6** sport.: **a)** kula; *put the* ~ stöta kula; *putting the* ~ kulstötning **b)** boxn. viktklass **c)** kapplöpn. handikappvikt **II** *tr* **1** göra tyngre, förse med en tyngd (tyngder) **2** [be]lasta [*a heavily* ~*ed lorry*]; tynga [ned] äv. bildl. [~*ed with* (av) *care*]; ~ *down* överlasta [*he was* ~*ed down with parcels*] **3** bildl. vinkla [~ *an argument*]

weight-lifter ['weɪt,lɪftə] *s* sport. tyngdlyftare

weight-lifting ['weɪt,lɪftɪŋ] *s* sport. tyngdlyftning

weight-reducing ['weɪtrɪ,dju:sɪŋ] *s* bantning

weight-watcher ['weɪtˌwɒtʃə] *s* viktväktare

weighty ['weɪtɪ] *a* **1** tung, bildl. äv. tyngande [*~ cares*] **2** viktig, betydelsefull [*~ negotiations*]; [tungt] vägande [*~ arguments*]

weir [wɪə] *s* **1** damm[byggnad], fördämning **2** fisk. katsa, katse, sprötgård

weird [wɪəd] *a* **1** spöklik, kuslig [*~ sounds*]; mystisk, övernaturlig **2** fam. underlig

welcome ['welkəm] **I** *a* **1** välkommen [*a ~ opportunity*]; glädjande [*a ~ sign*]; *bid a p. ~* hälsa ngn välkommen; *make a p. ~* få ngn att känna sig välkommen **2** *you're ~!* svar på tack, isht Am. ingen orsak!, för all del!; *you are ~* [*to it*]*!* håll till godo!, väl bekomme! äv. iron.; [*if you want to do so,*] *you are ~* [*to it*] ..så var så god, ..så gärna för mig äv. iron.; *you are ~ to use my car* du får gärna använda min bil **II** *s* **1** välkomnande, mottagande [*we received a hearty ~*]; välkomsthälsning; *give a p. a hearty ~* önska ngn hjärtligt välkommen; *give a p. a warm ~* a) önska ngn varmt välkommen b) iron. ta emot ngn med varma servetter; *outstay* (*overstay*) *o.'s ~* stanna kvar för länge; *wear out o.'s ~* utnyttja gästfriheten för mycket **2** attr. välkomst- [*a ~ party*] **III** (*~d ~d*) *tr* välkomna [*~ a p.* (*a change*)], hälsa välkommen; hälsa med glädje [*~ the return of a p.*]; gärna ta emot [*I ~ your help*]; *~ a suggestion warmly* uppta ett förslag mycket positivt

welcoming ['welkəmɪŋ] *a* välkomnande [*a ~ smile*]; välkomst- [*a ~ party*]

weld [weld] **I** *tr* svetsa, välla; svetsa fast; svetsa ihop (samman) äv. bildl. [*into* till] **II** *s* svets[ning]; svets|fog, -ställe

welder ['weldə] *s* **1** svetsare **2** svetsmaskin

welding ['weldɪŋ] *s* **1** svetsning, vällning; bildl. sammansvetsning **2** attr. svets-, svetsnings- [*~ unit* (aggregat)]; *~ blowpipe* (*torch*) svetsbrännare

welfare ['welfeə] *s* **1** välfärd, väl, välgång; *the W~ State* välfärds|staten, -samhället; *the public ~* den allmänna välfärden **2 a**) socialarbete; [*social*] *~* socialvård; *child ~* barnomsorg; *industrial ~* arbetarskydd **b**) attr. social-; [*social*] *~* socialvårds-; [*social*] *~ work* socialt arbete, socialvård; [*social*] *~ worker* social|arbetare, -vårdare **3** Am., *be on ~* leva på understöd

1 well [wel] **I** *s* **1** a) brunn b) [borrad] källa [*oil-well*] **2** mineralkälla **3** trapp|hus, -rum; hisschakt, hisstrumma **4** fördjupning, hål; utrymme **II** *itr*, *~* [*forth* (*out, up*)] välla (strömma) [fram] [*from* ur, från]; *~ out* äv. välla (strömma) ut [*from, of* ur, från]; *tears ~ed up in her eyes* hennes ögon fylldes av tårar

2 well [wel] **I** (*better best*) *adv* (se äv. ex. under *do*) **1** a) väl, bra, gott; lyckligt och väl [*it all went ~*] b) noga, noggrant c) mycket väl, gott, med rätta [*it may ~ be said that..*]; *~ and truly* ordentligt, med besked [*he was ~ and truly beaten*]; *not very ~* inte så bra; *you can very ~ do that* det kan du gott (mycket väl) göra; *he couldn't* [*very*] *~ refuse* han kunde inte gärna vägra; *it may ~ be that..* det kan mycket väl hända att..; *I can ~ believe it* det kan jag gott (mycket väl) tänka mig; *carry o.'s years ~* bära sina år med heder; *come off ~* lyckas [bra], gå bra; *think ~ of* ha höga tankar om, tro om gott; *be ~ off* ha det bra [ställt]; *he doesn't know when he's ~ off* han vet inte hur bra han har det; *I'm very ~ off for clothes* jag har gott om kläder; *you're ~ out of it* det är då för väl att du sluppit undan det **2** betydligt, ett bra (gott) stycke, en bra bit; *~ away* på god väg; *~ on* (*advanced*) *in years, ~ on in life* till åren [kommen]; *~ on into the small hours* långt fram (in) på småtimmarna; *~ past* (*over*) *sixty* en bra bit över sextio [år] **3** *as ~* a) också, dessutom [*he gave me clothes as ~*] b) [lika] gärna, lika[så]väl [*you may* (*might*) *as ~ stay*]; *just as ~* lika gärna, lika[så]väl, se äv. *II 2 a*; *as ~ as* a) såväl ..som, både .. och [*he gave me clothes as ~ as food*] b) lika bra som [*he plays as ~ as I* (*me*)]; *as ~ as I can* så gott jag kan

II (*better best*) *a* **1** a) frisk, kry, bra b) attr. (isht Am.) frisk [*a ~ man*]; *I don't feel quite ~ today* jag mår inte riktigt bra i dag **2 a**) bra, gott, väl [*all is ~ with us*]; lämpligt, klokt; [*if you can manage it,*] *~ and good* ..så är allt gott och väl; *all's ~* mil. o. sjö. allt väl; *all's ~ that ends well* slutet gott, allting gott; *that's all very ~* för all del; *it's all very ~ but..* det är gott och väl men ..; *it's all very ~ for you to say* det är lätt för dig att säga; *it's* [*just*] *as ~* [*I didn't lend him the money*] det var lika så bra (gott) att.. **b**) om pers., *he is all very ~ in his way but..* han kan nog vara bra på sitt sätt men ..; *be ~ in with* ligga bra till hos [*he's ~ in with the boss*]

III *s* väl [*I wish him ~*]; *leave* (*let*) *~ alone* se *1 leave I 1* resp. *1 let III 1*

IV *interj* nå!, nåväl!, nåja!; seså!; så!, så där [ja]! [*~, here we are at last!*]; nja!, tjaa! [*~, you may be right!*]; *~ I never!* el. *~, I declare!* jag har aldrig hört (sett) [på] maken!; *~, really!* det må jag säga!, jag säger då det!; *~ then!* nå!, alltså!; *very ~!* ja [då]!, jo!, gärna!; *very ~ then!* nåväl!, gott!, som du vill [då]!; *~, ~!* nå!, nåväl!; ja ja!, jo jo!; vad nu då!; ser man på!; *~, who would have thought it?* vem kunde väl ha trott det?

well- [wel] *pref* (som i förb. med particip bildar

adj.) vanl. väl, väl- [*well-known*]
we'll [wi:l] = *we will, we shall*
well-adjusted ['welə'dʒʌstɪd] *a* **1** välanpassad [*a ~ child*] **2** väl justerad (inställd)
well-advised ['weləd'vaɪzd] *a* välbetänkt, klok [*a ~ step*]; *he would be ~ to* . . det vore klokt av honom att . .
well-appointed ['welə'pɔɪntɪd] *a* välutrustad, välförsedd, välinredd [*a ~ home*]
well-attended ['welə'tendɪd] *a* talrikt (livligt) besökt, välbesökt [*a ~ meeting*]
well-balanced ['wel'bælənst] *a* välbalanserad, väl avvägd; allsidig [*a ~ diet* (kost)]
well-behaved ['welbɪ'heɪvd] *a* väluppfostrad, välartad
well-being ['wel'bi:ɪŋ] *s* välbefinnande; väl [*the ~ of the nation*], välfärd; trevnad
well-born ['wel'bɔ:n] *a* av god (hög) börd
well-bred ['wel'bred] *a* väluppfostrad, belevad
well-chosen ['wel'tʃəuzn] *a* väl vald, träffande [*a few ~ words*]
well-conducted ['welkən'dʌktɪd] *a* välskött, välorganiserad [*a ~ meeting*]
well-connected ['welkə'nektɪd] *a* med inflytelserika släktingar (kontakter)
well-cooked ['wel'kukt] *a* välkokt, välstekt, vällagad
well-defined ['weldɪ'faɪnd] *a* väldefinierad, skarpt avgränsad [*~ spheres*], markant; skarpt markerad [*~ features*]
well-deserved ['weldɪ'zɜ:vd] *a* välförtjänt
well-disposed ['weldɪs'pəuzd] *a* **1** välvilligt inställd, vänligt sinnad [*towards, to* mot], välsinnad **2** väldisponerad
well-done ['wel'dʌn, attr. '- -] *a* **1** välgjord **2** genomstekt [*a ~ steak*], genomkokt
well-earned ['wel'ɜ:nd] *a* välförtjänt [*a ~ holiday*]
well-established ['welɪs'tæblɪʃt] *a* **1** väletablerad, väl inarbetad [*a ~ business*], solid [*a ~ position*] **2** välgrundad
well-fed ['wel'fed] *a* välgödd
well-founded ['wel'faundɪd] *a* välgrundad, berättigad [*~ suspicions*]
well-groomed ['wel'gru:md, attr. '- -] *a* [väl]vårdad, välskött; välfriserad
well-grounded ['wel'graundɪd] *a* **1** se *well-founded* **2** med goda grunder (kunskaper)
well-heeled ['wel'hi:ld] *a* fam. tät, rik
well-hung ['wel'hʌŋ] *a* kok. välhängd
well-informed ['welɪn'fɔ:md] *a* **1** [allmän]bildad **2** välinformerad, välunderrättad
Wellington ['welɪŋtən] **I** egennamn **II** *s, w~* [*boot*] a) [gummi]stövel b) krag-, rid|stövel
well-intentioned ['welɪn'tenʃənd] *a* **1** välmenande **2** välment
well-kept ['wel'kept] *a* välskött, välvårdad
well-knit ['wel'nɪt] *a* **1** välbyggd, kraftigt byggd [*a ~ body*] **2** väl sammanhållen
well-known ['welnəun] *a* [väl] känd, välkänd, välbekant
well-lined ['wel'laɪnd] *a* fam. späckad [*a ~ wallet*]
well-made ['wel'meɪd] *a* **1** välgjord, välkonstruerad; väl uppbyggd **2** välskapad
well-mannered ['wel'mænəd] *a* väluppfostrad, belevad, hyfsad
well-meaning ['wel'mi:nɪŋ] *a* **1** välmenande **2** välment
well-meant ['wel'ment] *a* välment
well-nigh ['welnaɪ] *adv* nära nog, hart när
well-off ['wel'ɒf] *a* välbärgad, se äv. *well off* under *2 well I 1*
well-oiled ['wel'ɔɪld] *a* **1** väloljad, smidig **2** sl. dragen berusad
well-preserved ['welprɪ'zɜ:vd] *a* väl bevarad [*a ~ manuscript*]; väl bibehållen
well-read ['wel'red] *a* beläst [*in* i], allmänbildad
well-regulated ['wel'regjuleɪtɪd] *a* välordnad [*a ~ household*]; ordentlig [*a ~ life*]
well-seasoned ['wel'si:znd] *a* **1** väl torkad [*~ timber*]; *a ~ pipe* en väl inrökt pipa **2** välkryddad
well-spoken ['wel'spəukən] *a* vältalig; kultiverad, belevad
well-stocked ['wel'stɒkt] *a* välutrustad, välsorterad, välfylld [*a ~ cupboard*]
well-thought-out ['welθɔ:t'aut] *a* väl genomtänkt [*a ~ proposal*]
well-timed ['wel'taɪmd] *a* läglig, lämplig; väl beräknad, vältajmad; väl vald
well-to-do ['weltə'du:] *a* välbärgad
well-tried ['wel'traɪd] *a* [väl]beprövad
well-turned ['wel'tɜ:nd] *a* **1** välformulerad [*a ~ phrase*] **2** välformad, välsvarvad
well-upholstered ['welʌp'həulstəd] *a* **1** välstoppad **2** fam. mullig, rund
well-wisher ['wel,wɪʃə, ,-'- -] *s* vän [*to, of* av], sympatisör; välgångsönskande [person]
well-worn ['wel'wɔ:n] *a* [ut]sliten, [ut]nött, bildl. äv. banal
Welsh [welʃ] **I** *a* walesisk; *~ rarebit* (*rabbit*) rostat bröd med smält ost **II** *s* **1** *the ~* walesarna **2** walesiska [språket]
welsh [welʃ] fam. **I** *tr* isht om bookmaker lura, snuva [på pengar] **II** *itr* **1** isht om bookmaker smita, dunsta, sticka [med pengarna] **2** *~ on* a) se *I* b) smita från [*~ on a promise*]
Welsh|man ['welʃmən] (pl. *-men* [-mən]) *s* walesare
Welsh|woman ['welʃ,wumən] (pl. *-women*) *s* walesiska
welt [welt] **I** *s* **1** skom. rand **2** strimma, rand märke på huden efter slag **II** *tr* skom. randsy
welter ['weltə] **I** *itr* **1** om vågor, sjön o. d. rulla, svalla, vältra sig **2** vräkas (kastas) hit och dit [*a ship ~ing on the waves*] **II** *s*

virrvarr; förvirring, oro; [förvirrad] massa
welterweight ['weltəweɪt] *s* sport. weltervikt; welterviktare
Wembley ['wemblɪ]
wen [wen] *s* med. hud-, fett|svulst; utväxt
wench [wentʃ] *s* **1** fam. el. skämts. tjej, brud **2** fam. el. dial. bondtös, jänta
wend [wend] *tr* poet., ~ *o.'s way* styra sina steg, bege sig [*to* mot, till]
went [went] imp. av *go*
wept [wept] imp. o. pp. av *weep*
were [wɜː, weə, obet. wə] imp. ind. (2 pers. sg. samt pl.) o. imp. konj. av *be*; *if I ~ you I should* .. om jag vore du skulle jag ..
we're [wɪə] = *we are*
weren't [wɜːnt, weənt] = *were not*
werewol|f ['wɪəwʊlf, 'wɜː-] (pl. *-ves*) *s* myt. varulv
wert [wɜːt, obet. wət] åld. imp. ind. (2 pers. sg.) o. imp. konj. av *be* [*thou* ~]
Wesley ['wezlɪ, 'weslɪ]
Wesleyan ['wezlɪən, 'wesl-] **I** *a* wesleyansk, metodistisk **II** *s* wesleyan, metodist
west [west] **I** *s* **1** väster, väst; för ex. jfr *east I 1* **2** *the W~* a) Västerlandet b) i USA Västern, väststaterna c) västra delen av landet; *the Far W~* Fjärran Västern USA väster om Great Plains; *the Middle W~* Mellanvästern i USA **II** *a* västlig, västra, väst- [*on the ~ coast*]; *W~ Africa* Västafrika; *the W~ Country* sydvästra England; *the W~ End* ['west'end] West End den fashionabla västra delen av London; *W~ Germany* Västtyskland; *W~ Indian* a) subst. västindier b) adj. västindisk; *the W~ Indies* pl. Västindien; *W~ Point* armékrigsskolan i USA; *the W~ Side* västra delen av Manhattan i New York **III** *adv* mot (åt) väster, västerut; väst, väster; för ex. jfr *east III*; *go ~* sl. a) kola [av], kola vippen dö b) gå åt helsike; [*way*] *out W~* borta i Västern i USA
westbound ['westbaʊnd] *a* västgående
West Bromwich ['west'brɒmɪdʒ, -ɪtʃ]
west-country ['westˌkʌntrɪ] *a* från (typisk för) sydvästra England
West-End ['west'end] *a* westend-, från (i) West End i London
westerly ['westəlɪ] *a* o. *adv* o. *s* västlig; mot väster, från väster; västlig vind; jfr vid. *easterly*
western ['westən] **I** *a* **1** västlig, västra, väst- [*the ~ coast*]; *~ Europe* Västeuropa; *the W~ Powers* västmakterna **2** *W~* västerländsk **II** *s, W~* västern, vildavästernfilm
westernize ['westənaɪz] *tr* göra [mer] västerländsk
westernmost ['westənməʊst] *a* västligast
Westminster ['wesᵗmɪnstə, -'--] **I** egennamn; *~ Abbey* Englands nationalhelgedom i det centrala London **II** *s* benämning på [brittiska] parlamentet
Westmor[e]land ['wesᵗmələnd]
westward ['westwəd] **I** *a* västlig etc., jfr *eastward I* **II** *adv* mot (åt) väster, västerut, sjö. västvart **III** *s, the ~* väster [*from the ~*]
westwards ['westwədz] *adv* = *westward II*
wet [wet] **I** *a* **1** våt, blöt, fuktig [*with* av], sur; regnig [*a ~ day*]; *~ blanket* se *blanket I 3*; *~ dream* erotisk dröm med sädesuttömning, pollution; *~ nurse* se *wet-nurse I*; *W~ Paint!* Nymålat!; *~ behind the ears* fam. inte torr bakom öronen; *~ through* genomvåt; *~ to the skin* våt in på bara kroppen; *make ~* blöta ner **2** sl. knasig; fjompig **II** *s* **1** a) regn [*don't go out in the ~*], regnväder, nederbörd b) väta, fukt; blöta **2** sl. knasboll, dumbom **III** (*wet wet* el. *~ted ~ted*) *tr* **1** väta, fukta [*~ o.'s lips*]; blöta [ner]; *~ o.'s whistle* fukta strupen, ta sig ett glas; *~ through* göra genomblöt **2** väta (kissa) i (på) [*~ the bed*]; *~ o.'s pants* kissa i byxorna (på sig); *~ o.s.* kissa på sig
wet-blanket ['wet'blænkɪt] **I** *tr* dämpa, avkyla, ta ner på jorden **II** *s* se *wet blanket* under *blanket I 3*
wether ['weðə] *s* hammel, kastrerad bagge
wet-nurse ['wetnɜːs] **I** *s* amma **II** *tr* **1** amma **2** dalta med, klema med (bort)
we've [wiːv] = *we have*
whack [wæk] fam. **I** *tr* **1** a) dunka på (i), smälla (slå) på (i) b) klå upp, smälla till **2** *~* [*out*] slutköra [*I was ~ed from* (av) *all that work*] **II** *s* **1** slag, smäll **2** *have* (*take*) *a ~ at* ge sig i kast med **3** del, andel, portion
whacker ['wækə] *s* fam. **1** baddare, bjässe, bamsing **2** grov lögn
whacking ['wækɪŋ] **I** *s* kok stryk **II** *a* fam. väldig, kolossal; *a ~ lie* en grov lögn **III** *adv* fam. väldigt, jätte- [*~ big* (*great*)]
whale [weɪl] **I** *s* **1** zool. val, valfisk **2** fam., *have a ~ of a* [*good*] *time* ha jättekul **II** *itr* bedriva valfångst, fånga val
whalebone ['weɪlbəʊn] *s* [val]bard, [val]fiskben; planschett [av fiskben]
whale-fishery ['weɪlˌfɪʃərɪ] *s* **1** valfångst **2** valfångstområde
whale-fishing ['weɪlˌfɪʃɪŋ] *s* valfångst
whaler ['weɪlə] *s* **1** valfångare **2** valfångstfartyg; val[fångst]båt
whaling ['weɪlɪŋ] *s* valfångst, valjakt
wham [wæm] *s* dunk[ande], smäll, slag
whang [wæŋ] fam. **I** *s* slag; smäll, duns **II** *tr* slå, drämma [till]
whar|f [wɔːf] (pl. *-fs* el. *-ves*) *s* kaj, lastkaj, lastage-, hamn|plats
wharves [wɔːvz] *s* pl. av *wharf*
what [wɒt] **I** *fråg pron* **1** självst. vad [*~ do you mean?*], vilken, vilket, vilka [*~ is your*

reason (*are your reasons*)*?*]; vad som [*he asked me* ~ *happened*]; ~ *ever can it mean?* fam. vad i all världen kan det betyda?; ~ *for?* varför?; vad då till?; ~ *did you do that for?* varför gjorde du det?, vad gjorde du det för?; ~ *do you take me for?* vem tar du mig för?; *I gave him* ~ *for* fam. jag gav honom så han teg; ~ *ho!* hallå!, hej du!; ~ *if..?* tänk om..?, vad händer om..?; ~ *if we were to try?* äv. [hur vore det] om vi skulle försöka?; ~ *of it?* än sen då?, vad gör det?; ~ *then?* och sen då?; ~*'s his name?* vad heter han?; ~*'s that to you?* vad har det med dig att göra?; ~*'s yours?* vad vill du ha [att dricka]?, vad får jag bjuda dig på?; ~*'s up?* vad står på?; *and* [*I don't know*] ~ *not* (~ *all,* ~ *else*) el. *and* (*or*) ~ *have you* efter uppräkning och jag vet inte vad [allt]; *so* ~*?* än sen då?; [*do*] *you know* ~ vet du vad?; *know* ~*'s* ~ fam. ha [väl] reda på sig; *I'll show you* ~*'s* ~*!* fam. jag ska minsann visa dig!; ~ *do you think I am?* vem tar du mig för? **2** fören. **a**) vilken, vilket, vilka [~ *country do you come from?*]; vad för en (någon, något, några), vad för [slags] [~ *tobacco do you smoke?*]; hur stor [~ *salary do you get?*]; vilken etc. som [*I don't know* ~ *people live here*]; ~ *age is he?* hur gammal är han?; ~ *good* (*use*) *is it?* vad tjänar det till?; ~ *name* [*shall I say*], *please?* vem får jag hälsa från?; ~ *sort* (*kind*) *of* [*a*] *fellow is he?* vad är han för en?; [*at*] ~ *time?* hur dags? **b**) i utrop vilken, vilket, vilka, [en] sådan, sådana [~ *weather!,* ~ *fools!*]; så [~ *beautiful weather!*]; ~ *a*[*n*] vilken, en sådan [~ *a fool!*], det var då också en [~ *a question!*]; ~ *a pity!* så synd (tråkigt)!, vad tråkigt!
II *rel pron* **1** självst. a) vad, det [*I'll do* ~ *I can*]; vad (det) som [~ *followed was unpleasant*] b) i ovårdad stil som [*it's the poor* ~ *gets the blame*]; ~ *is interesting about this is..* det intressanta med det här är..; *and* ~ *is more* och dessutom, och vad mer är; *come* ~ *may* hända vad som hända vill; *the food,* ~ *there was of it* [*, was rotten*] den lilla mat som fanns [kvar].. **2** fören. [all] den.. [som] [*I will give you* ~ *help I can*]; [*wear*] ~ *clothes you like!* ..vilka kläder du vill!
III *adv* **1** vad, i vad mån **2** ~ *with.. and* [~ *with*] dels på grund av.. och dels på grund av [~ *with drink and* [~ *with*] *tiredness, he could not..*]; ~ *with one thing and another I was obliged to..* och det ena med det andra gjorde att jag måste..

what-do-you-call-it ['wɒtdju,kɔ:lɪt] *s* fam. vad är det den (det) heter nu igen

whatever [wɒt'evə] **I** allm. *rel pron* **1** självst. vad.. än [~ *you do, do not forget..*], vad som.. än; allt vad [~ *I have is yours*], allt som [*do* ~ *is necessary*]; ss. predf. äv. vilken.. än [~ *his lot may be*], hur stor (liten).. än; ~ *his faults* [*may be*] [*, he is honest*] vilka (hur stora) fel han än må ha..; ~ *you like* (*say*) som du vill; *do* ~ *you like* gör som (vad) du vill **2** fören. vilken.. än, vilka.. än [~ *steps he may take*]; *no doubt* ~ inte något som helst tvivel **II** *fråg pron* = *what ever,* se under *what I 1*

what-for [wɒt'fɔ:] *s* fam., *I gave him* ~ jag gav honom så han teg

whatnot ['wɒtnɒt] *s* fam., ~[*s*] allt möjligt, jag vet inte vad

what's-his-name ['wɒtsɪzneɪm] *s* fam. vad är det han heter nu igen

what's-its-name ['wɒtsɪtsneɪm] *s* fam. vad är det den (det) heter nu igen

whatsoe'er [,wɒtsəʊ'eə] *pron* poet., se *whatever I*

whatsoever [,wɒtsəʊ'evə] *pron* se *whatever I*

wheat [wi:t] *s* vete

wheatear ['wi:t,ɪə] *s* zool. stenskvätta

wheaten ['wi:tn] *a* av vete, vete-

wheedle ['wi:dl] **I** *tr,* ~ *a p. into doing a th.* lirka med ngn för att få honom att göra ngt **II** *itr* använda lämpor

wheedling ['wi:dlɪŋ] **I** *s* lämpor **II** *a* inställsam [~ *voice*]

wheel [wi:l] **I** *s* **1** hjul äv. bildl.; *the* ~ *has come full circle* bildl. cirkeln är sluten **2** ratt, styrratt; *take the* ~ ta över [ratten]; *the man at the* ~ mannen vid ratten, föraren, bildl. den som sitter vid rodret **3** skiva, trissa; [*potter's*] ~ drejskiva **II** *tr* **1** rulla, köra, skjuta, dra [~ *a bath-chair*]; ~ *a cycle* leda (dra) en cykel **2** svänga [runt], snurra [på] **3** mil., ~ [*round*] låta en trupp göra en riktningsändring **III** *itr* **1** ~ [*round*] svänga [runt], snurra [runt], rotera; [plötsligt] vända sig om **2** mil. göra en riktningsändring; *right* ~*!* täten till höger marsch! **3** fam., ~ *and deal* intrigera, mygla

wheelbarrow ['wi:l,bærəʊ] *s* skottkärra

wheelbase ['wi:lbeɪs] *s* hjulbas, axelavstånd

wheelchair ['wi:l'tʃeə, '--] *s* rullstol

wheeled [wi:ld] *a* på hjul; hjul-; ss. efterled i sms. -hjulig [*three-wheeled*]

wheeler ['wi:lə] *s* ss. efterled i sms. -hjuling [*three-wheeler*]

wheeler-dealer ['wi:lə'di:lə] *s* fam. hänsynslös politiker (affärsman), myglare

wheel-hub ['wi:lhʌb] *s* hjulnav

wheel-rim ['wi:lrɪm] *s* hjulfälg

wheel-trim ['wi:ltrɪm] *s* bil. prydnadsring

wheelwright ['wi:lraɪt] *s* hjulmakare

wheeze [wi:z] **I** *itr* andas med ett pipande (rosslande) ljud; pipa, rossla **II** *s* **1** pipande, rosslande **2** fam. trick, knep

wheezy ['wi:zɪ] *a* pipande, rosslig; andfådd

whelk [welk] *s* zool. valthornssnäcka

whelp [welp] **I** *s* **1** valp **2** pojkvalp, spoling **II** *itr* valpa; föda ungar **III** *tr* föda

when [wen] **I** *fråg adv* när, hur dags; *~ ever?* fam. när i all världen?; *say ~!* säg stopp! isht vid påfyllning av glas **II** *konj* o. *rel adv* då, när; som [*~ young*]; förrän [*scarcely* (*hardly*) . . *~*]; *it was only ~ I had seen it that* . . det var först sedan jag hade sett den som . .; [*they left on Monday,*] *since ~ we have heard nothing* . . och sedan dess har vi inte hört något

whence [wens] *adv* litt. varifrån; varav, hur; varför; [och] därav [*~ his surprise*]; *~ it follows that* . . varav följer att . .; *from ~* varifrån

whene'er [wen'eə] *konj* poet., se *whenever I*

whenever [wen'evə] **I** *konj* när . . än, närhelst, när, varje gång, så ofta [*~ I see him*]; *~ you like* när du vill, när som helst **II** *fråg adv* = *when ever,* se under *when I*

where [weə] **I** *fråg adv* **1** var [*~ is he?*]; i vilket avseende, på vilket sätt [*~ does this affect us?*]; *~ ever?* fam. var i all världen?; *~ would we be, if . . ?* hur skulle det gå (bli) med oss om . .?; *~ . . to?* vart? **2** vart [*~ are you going?*]; *~ ever?* fam. vart i all världen? **II** *rel adv* **1** där [*~ (in a country ~) it never snows, skiing is impossible*]; var [*sit ~ you like*]; *in cases ~* . . i [sådana] fall då . . **2** dit [*the place ~ I went next was Highbury*]; vart [*go ~ you like*]

whereabouts [ss. adv. ˌweərə'bauts, ss. subst. '- - -] **I** *adv* var ungefär, var någonstans [*~ did you find it?*] **II** (konstr. ss. sing. el. pl.) *s* tillhåll; [ungefärligt] läge; [*nobody knows*] *his ~* . . var han befinner sig

whereas [weər'æz] *konj* **1** då däremot, under det att, medan [däremot] **2** jur. alldenstund, enär

whereat [weər'æt] *rel adv* litt. där; varåt [*a remark ~ he laughed*]; varpå, varefter

whereby [weə'baɪ] *rel adv* varigenom, varmed

where'er [weər'eə] *adv* poet., se *wherever I*

wherefore ['weəfɔ:] **I** *adv* åld. el. litt. varför; och därför **II** *s* orsak, skäl; jfr *why II*

wherein [weər'ɪn] *rel adv* litt. vari, där

whereon [weər'ɒn] *rel adv* litt. varpå

wheresoever [ˌweəsəu'evə] *adv* litt. varhelst, var . . än; varthelst, vart . . än

whereupon [ˌweərə'pɒn] *rel adv* varpå

wherever [weər'evə] *adv* **1** varhelst; varthelst; överallt där; överallt dit; *~ he comes from* varifrån han än kommer **2** = *where ever,* se under *where I 1* o. *2*

wherewithal ['weəwɪðɔ:l] *s, the ~* medel, möjlighet[er], [de ekonomiska] resurserna [*he has not the ~* [*to do it*]]

wherry ['werɪ] *s* **1** [fiske]skuta; pråm **2** [liten] färjbåt **3** Am. roddbåt, jolle

wherryman ['werɪmən] *s* färjkarl

whet [wet] *tr* **1** bryna, slipa, vässa **2** bildl. skärpa, stimulera, reta [*~ o.'s appetite*]

whether ['weðə] *konj* **1** om [*I don't know ~ he is here or not*], huruvida; *the question* [*as to*] *~* . . frågan om . .; *I doubt ~ he will come* jag tvivlar på att han kommer **2** *~* . . *or* antingen (vare sig) . . eller [*~ we go or not, the result will be the same*]; *you must, ~ you want to or not* du måste, antingen du vill eller inte

whetstone ['wetstəun] *s* bryne, brynsten

whew [hju:] *interj* puh! [*~, it's hot in here!*]; usch!

whey [weɪ] *s* vassla

which [wɪtʃ] **I** *fråg pron* vilken, vilket, vilka, vem [*~ of you did it?*]; vilkendera; vilken (vilket, vilka, vem) som [*I don't know ~* [*of them*] *came first*]; *~ ever?* fam. vilken (vem) i all världen? **II** (gen. *whose,* se *whose II*) *rel pron* som [*was the book* [*~*] *you were reading a novel?*]; vilken, vilka; något (en sak) som, vilket [*he is very old, ~ ought to be remembered*], och det [*I lost my way, ~ delayed me considerably*], men det [*he said he was there, ~ was a lie*]; [*he told me to leave,*] *~ I did* . . vilket jag också gjorde, . . och det gjorde jag också; *Our Father ~ art in Heaven* bibl. Fader vår som är i himlen; *about* (*of*) *~* [*we spoke yesterday*] varom (om vilken) . .; *among ~* varibland, bland vilka; *the house, the roof of ~* [*could be seen above the trees*] huset vars tak . .; [*we saw ten cars,*] *three of ~ were vans* . . varav (av vilka) tre var skåpbilar

whichever [wɪtʃ'evə] **I** allm. *rel pron* vilken . . än [*~ road you take, you will go wrong*], vilkendera . . än; vilken . . som än [*does British policy remain the same, ~ party is in power?*]; den [som] [*take ~ you like best*] **II** *fråg pron* = *which ever,* se under *which I*

whiff [wɪf] **I** *s* **1** pust [*~ of wind*], fläkt, puff; *a ~ of fresh air* en nypa frisk luft **2** lukt, doft [*the ~ of a cigar*] **3 a**) bloss; *take a ~ at o.'s pipe* dra ett bloss på pipan **b**) inandning [*at the first ~ of ether*] **4** fam. [liten] cigarill **II** *itr* **1** pusta, fläkta **2** bolma, blossa [*~ at* (på) *o.'s pipe*] **3** lukta [illa] **III** *tr* **1** blossa på [*~ o.'s pipe*] **2** lukta på

whiffleball ['wɪflbɔ:l] *s* golf. m. m. träningsboll med hål i

whiffy ['wɪfɪ] *a* fam. illaluktande, unken

Whig [wɪg] *s* hist. whig; gammalliberal

while [waɪl] **I** *s* **1** stund [*a good* (*short*) *~*]; tid; *it will be a long ~ before* . . det kommer att dröja [rätt] länge innan . .; *the ~* adv. under tiden, så länge [*I shall stay here* *the* ~]; *all the* ~ [under] hela tiden; *for a* ~ en stund, ett slag; *in a* ~ om en stund, om ett slag; [*every*] *once in a* ~ någon [enstaka] gång; *for once in a* ~ för en gångs skull; *quite a* ~ ganska länge **2** *it is not worth* ~ det är inte mödan värt; *I will make it worth your* ~ jag ska se till att det blir värt besväret för dig **II** *konj* **1** medan, under det att; så länge [*I shall stay* ~ *my money lasts*]; ~ *there is life there is hope* så länge det finns liv, finns det hopp **2** medan (då) däremot [*Jane was dressed in brown,* ~ *Mary was dressed in blue*]; samtidigt som [~ *I admit his good points, I can see his bad*]; även om [~ *we cannot help you now, we may do so later*] **III** *tr,* ~ *away the time* fördriva tiden [*with* med], få tiden att gå

whilst [waɪlst] *konj* se *while II* isht *2*

whim [wɪm] *s* nyck, infall

whimper ['wɪmpə] **I** *itr* gnälla, gny **II** *s* gnäll[ande], gny[ende]

whimsical ['wɪmzɪkəl] *a* **1** nyckfull **2** besynnerlig, konstig, fantastisk; excentrisk

whimsicality [ˌwɪmzɪ'kælətɪ] *s* **1** nyckfullhet etc., jfr *whimsical* **2** nyck, infall

whimsy ['wɪmzɪ] *s* **1** bisarr humor; stollighet[er]; griller, fantasier **2** nyck, infall

whinchat ['wɪn-tʃæt] *s* zool. buskskvätta

whine [waɪn] **I** *itr* gnälla, jämra sig; yla; vina [*the bullets* ~*d through the air*] **II** *s* gnäll[ande], jämmer; ylande; vinande

whining ['waɪnɪŋ] *a* gnällande, gnällig etc., jfr *whine I*

whinny ['wɪnɪ] **I** *itr* gnägga **II** *s* gnäggning

whip [wɪp] **I** *tr* (se äv. *III* o. *whipped*) **1** piska [~ *a horse*]; spöa [upp], ge stryk **2** vispa [~ *cream*] **3** fam. slå ut, utklassa **II** *itr* (se äv. *III*) rusa, kila [*he* ~*ped upstairs*] **III** *tr* o. *itr* m. adv. o. prep. (isht i spec., mest fam., bet.): ~ **across** kila över [*he* ~*ped across the road*]; ~ **back** rusa (kila) tillbaka; ~ **down** rusa (flänga, kila) ner (nedför); ~ **in:** a) rusa (kila) in b) slänga (stoppa) in; ~ **into:** a) rusa (kila) in i [*he* ~*ped into the shop*] b) kasta på sig, hoppa i [*she* ~*ped into her clothes*] c) slänga (kasta, köra) in (ner) i [*he* ~*ped the packet into the drawer*] d) ~ *into shape* få fason (hyfs) på [~ *the team into shape*]; ~ **off:** a) rusa bort, sticka i väg [*they* ~*ped off on a holiday*] b) plötsligt dra i väg med [*he* ~*ped her off to France*] c) *he* ~*ed off his coat* han kastade (slet) av sig rocken; *the thief* ~*ped the ring off the table* tjuven slet (ryckte) till sig ringen från bordet; ~ **out:** a) rusa (störta, kila) ut (fram); ~ *out of o.'s bed* rusa upp ur sängen b) kvickt (blixtsnabbt) rycka (dra) upp [*the policeman* ~*ped out his notebook*]; ~ **round:** a) sticka (kila) runt [*he* ~*ped round the corner*]; [blixtsnabbt] göra helt om [*he* ~*ped round*] b) ~ *round to a p.'s place* kila över till ngn c) ~ *round* [*for a subscription*] sätta i gång en insamling; ~ **up:** a) rusa (flänga, kila) upp (uppför) b) kvickt rycka (dra) upp; rafsa till (åt) sig c) vispa upp d) kvickt samla [ihop] [~ *up o.'s friends*]; fixa ihop (till) [~ *up a meal*] e) piska upp [~ *up excitement* (stämningen)]; väcka [~ *up enthusiasm*] **IV** *s* **1** piska; piskrapp; gissel; *have the* ~ *hand* se *whip-hand* **2** [stål]visp **3** kok.: slags mousse **4** parl.: a) inpiskare b) meddelande om (kallelse till) votering (debatt)

whipcord ['wɪpkɔ:d] **I** *s* **1** pisksnärt **2** textil. whipcord **II** *a* senig, muskulös

whip-hand ['wɪp'hænd] *s, have the* ~ ha övertaget (makt) [*over a p.* över ngn]

whiplash ['wɪplæʃ] *s* pisksnärt

whipped [wɪpt] *a* **1** piskad, pryglad **2** vispad; ~ *cream* vispgrädde

whippersnapper ['wɪpəˌsnæpə] *s* [pojk]spoling, snorvalp

whippet ['wɪpɪt] *s* whippet hundras

whipping ['wɪpɪŋ] *s* **1** a) piskning, piskande b) *a* ~ stryk [*get a* ~] **2** vispning, vispande; ~ *cream* vispgrädde

whipping-boy ['wɪpɪŋbɔɪ] *s* strykpojke, syndabock

whip-round ['wɪp'raʊnd, '--] *s* fam. insamling

whip-top ['wɪptɒp] *s* pisksnurra

whirl [wɜ:l] **I** *itr* **1** virvla [*the leaves* ~*ed in the air*]; snurra **2** rusa, susa, virvla [*she came* ~*ing into the room*] **3** *his head* (*brain*) ~*ed* det gick runt för honom **II** *tr* **1** virvla upp [*the wind* ~*ed the dead leaves*]; *they were* ~*ed away in the car* bilen susade i väg med dem; ~ *round* svänga runt med **2** slunga, slänga, kasta **III** *s* **1** virvel; virvlande; snurr[ande] [*a* ~ *of the wheel*]; *a* ~ *of dust* ett virvlande dammoln; *his brain was in a* ~ det gick runt för honom; *my thoughts are in a* ~ tankarna går runt i huvudet på mig **2** bildl. virvel [*a* ~ *of meetings*]; *the social* ~ den sociala svängen; *a* ~ *of excitement* ett tillstånd av upphetsning och förvirring

whirligig ['wɜ:lɪgɪg] *s* **1** snurra **2** karusell, slänggunga **3** bildl. virvel, karusell

whirling ['wɜ:lɪŋ] *a* virvlande, virvel-, snurrande, svängande; dansande

whirlpool ['wɜ:lpu:l] *s* strömvirvel

whirlwind ['wɜ:lwɪnd] *s* **1** virvelvind; bildl. virvel [*a* ~ *of meetings*]; *sow the wind and reap the* ~ bildl. så vind och skörda storm **2** attr. blixtsnabb [*a* ~ *tour*]

whirr [wɜ:] **I** *itr* surra, vina **II** *s* se *whirring*

whirring ['wɜ:rɪŋ] *s* surr[ande], vin[ande]

whisk [wɪsk] **I** *s* **1** viska, borste, kvast, dammvippa **2** [*fly*] ~ flugviska, flugsmälla

3 visp **4** viftning [*a ~ of* (med) *the tail*]; svep [*a ~ of* (med) *the broom*] **II** *tr* **1** vifta [*~ the flies away*]; vispa [bort] [*she ~ed everything off the table*], borsta [bort] [*~ crumbs from the table*] **2** svänga (vifta) med [*the cow ~ed her tail*] **3** föra i flygande fläng [*they ~ed me off to London*], kvickt förpassa [*they ~ed him off to prison*]; *he was ~ed off to bed* han åkte i säng illa kvickt **4** vispa [*~ eggs*]

whisker ['wɪskə] *s* **1** vanl. pl. *~s* polisonger; [*that joke*] *has got ~s* fam. . . är urgammalt **2** morrhår; *cat*['*s*] *~* se *1 cat 1*

whiskered ['wɪskəd] *a* polisongprydd; med polisonger; med morrhår

whiskey ['wɪskɪ] *s* Am. o. Irl., se *whisky*

whisky ['wɪskɪ] *s* whisky

whisper ['wɪspə] **I** *itr* viska **II** *s* viskning; rykte; *talk in a ~* (*in ~s*) viska

whispering ['wɪsp*ə*rɪŋ] **I** *s* viskande; *~ campaign* viskningskampanj **II** *a* viskande

whispering-gallery ['wɪsp*ə*rɪŋ'gælərɪ] *s* viskgalleri

whist [wɪst] *s* kortsp. whist, vist; *a game of ~* ett parti whist; *~ drive* whistturnering

whistle ['wɪsl] **I** *itr* vissla [*for* på, efter; *to* på], vina, susa; drilla [*the birds were whistling*]; om ångbåt o. d. blåsa; *~ down the wind* tala ut i tomma luften (för döva öron); *~ in the dark* försöka spela modig; *you can ~ for it* fam. det får du titta i månen efter **II** *tr* vissla [*~ a tune*]; vissla på (till) **III** *s* **1** vissling, vin[ande], sus[ande], susning, drill, [vissel]signal; *give a ~* vissla, vissla till **2** [vissel]pipa; vissla [*factory* (*steam*) *~*]; *penny* (*tin*) *~* leksaksflöjt; *as clean as a ~* hur ren (fin) som helst; *blow the ~ for offside* sport. blåsa [av] för offside **3** *wet o.'s ~* fam. fukta strupen, ta sig ett glas

whistle-stop ['wɪslstɒp] Am. fam. **I** *s* **1** a) liten [järnvägs]station b) småstad, håla **2** kort uppehåll under en valturné, blixtvisit **II** *itr* o. *tr* vara ute på valturné [i]

whistling ['wɪslɪŋ] **I** *s* visslande etc., jfr *whistle I*; *~ in the dark* spelat (låtsat) mod **II** *a* visslande etc., jfr *whistle I*

whit [wɪt] *s* uns [*not a ~ of truth in that statement*], dugg, dyft [*I don't care a ~*]

white [waɪt] **I** *a* vit i div. bet.; vitblek, blek; *~ coffee* kaffe med mjölk (grädde); *~ elephant* (*feather*) se resp. subst.; *~ flag* vit flagga, parlamentärflagg[a]; *~ frost* rimfrost; *~ heat* vitvärme; *at a ~ heat* vitglödgad; *her anger was at ~ heat* hon var vit (kokade) av vrede; *work at* [*a*] *~ heat* arbeta för högtryck; *the W~ House* Vita huset den amerikanske presidentens residens i Washington; *~ lie* vit lögn, from lögn; *the ~ man's burden* den vite mannens börda den vita rasens självpåtagna ansvar gentemot de färgade folken; *~ noise* vitt brus i t. ex. radio; *~ paper* pol. vitbok; *W~ Russia* Vitryssland; *~ slavery* vit slavhandel; *~ tie* a) vit rosett (fluga) b) frack [*come in a ~ tie*], jfr *white-tie*; *~ wine* vitt vin, vitvin **II** *s* **1** vitt, vit färg; vithet **2** vit; *the ~s* de vita, den vita rasen **3** vita: a) *~ of egg* äggvita; *the ~ of an egg* en äggvita b) *the ~ of the eye* ögonvitan, vitögat; *show the ~s of o.'s eyes* vända ut och in på (rulla med) ögonen **4** läk. fam., *the ~s* flytningar

whitebait ['waɪtbeɪt] *s* zool. småsill, skarpsill

whitecaps ['waɪtkæps] *s pl* vita gäss på sjön

white-collar ['waɪt'kɒlə] *a*, *~ job* manschettyrke; *~ worker* manschettarbetare

whitefish ['waɪtfɪʃ] *s* zool. **1** sik **2** fisk med vitt kött t. ex. torsk, kolja, vitling

white-haired ['waɪtˌheəd] *a* **1** a) vithårig b) linhårig **2** fam., *~ boy* gullgosse, kelgris

Whitehall ['waɪt'hɔːl, attr. '- -] **1** gata i London med flera departement **2** bildl. brittiska regeringen [och dess politik]

white-hot ['waɪt'hɒt, attr. '- -] *a* **1** vitglödgad **2** bildl. glödande

white-livered ['waɪtˌlɪvəd] *a* feg, harhjärtad, rädd

whiten ['waɪtn] **I** *tr* göra vit, vitfärga, krita [*~ a pair of shoes*]; bleka **II** *itr* bli vit, blekna

whitener ['waɪtnə] *s* vitmedel; blekmedel

whiteness ['waɪtnəs] *s* vithet; blekhet

whitening ['waɪtnɪŋ] *s* **1** vitfärgning, kritning; blekning **2** se *whiting 1*

white-slave ['waɪt'sleɪv] attr. *a* vit slav-; *~ traffic* (*trade*) vit slavhandel

white-tie ['waɪt'taɪ] attr. *a* frack-; *~ affair* fracktillställning

whitewash ['waɪtwɒʃ] **I** *s* **1** limfärg, kalkfärg **2** rentvående; urskuldande, bortförklaring **II** *tr* **1** limstryka, vitlimma, vitmena, kalka **2** rentvå [*~ a p.*, *~ a p.'s reputation*]; urskulda, bortförklara

whitewood ['waɪtwʊd] **I** *s* **1** träd med vitt virke, isht tulpanträd **2** hand. gran[virke] **3** trävitt **II** *a* trävit

whitey el. **Whitey** ['waɪtɪ] *s* neds. **1** vit [man] **2** de vita, den vite mannen

whither ['wɪðə] litt. **I** *fråg adv* varthän, vart **II** *rel adv* dit; vart [än] [*they might go ~ they pleased*]

whiting ['waɪtɪŋ] *s* **1** [slammad] krita; kritpulver, putspulver **2** zool. vitling; i Am. fiskevatten: slags kummel

whitlow ['wɪtləʊ] *s* läk. nagelböld, fulslag

Whit Monday ['wɪt'mʌndɪ] *s* annandag pingst

Whitsun ['wɪtsn] **I** attr. *a* pingst- [*~ week*] **II** *s* pingst[en]

Whit Sunday o. **Whitsunday** ['wɪt'sʌndɪ] *s* pingstdag[en]

Whitsuntide ['wɪtsntaɪd] *s* pingst[en], pingsthelg[en]

whittle ['wɪtl] *tr* **1** tälja på [~ *a stick*]; vässa; tälja [till] **2** bildl., ~ *away* slösa bort [~ *away a large sum of money*]; reducera, minska; ~ *down* reducera, skära ner

whiz [wɪz] **I** *itr* vina, vissla, svischa [*the bullet ~zed past him*] **II** (pl. *~zes*) *s* **1** vinande, visslande, svischande, surr **2** Am. sl. fenomen; *it's a* ~ om t. ex. bil den är jättebra

whiz-kid ['wɪzkɪd] *s* fam. underbarn, fenomen; expert

whizz [wɪz] *itr* o. *s* se *whiz*

WHO förk. för *World Health Organization*

who [hu:, obeton. hʊ] (gen. *whose* se d. o.; objektsform *whom*, informellt *who*) **I** *fråg pron* **1** vem, vilka [~ *is he?*; objektsform: ~ (*whom*) *do you mean?*; *he asked* ~ *I live with*]; ~ *ever?* fam. vem i all världen; *Who's Who?* uppslagsbok Vem är det? **2** vem som, vilka som [*he wondered* ~ *came*; *he asked me* ~ *did it*] **II** *rel pron* **1** som; vilken, vilka [*there's somebody* [~] (någon som) *wants you on the telephone*; objektsform: *the man whom we met*, informellt *the man* [~] *we met*]; *he* ~ *lives will see* den som lever får se; *all of whom* vilka alla; *many of whom* av vilka många **2** [*he smiled,*] *as* ~ *should say* . . som om han ville säga; *it was* ~ *you thought* det var den [som] du trodde; *whom the gods love die young* den gudarna älskar dör ung **3** fam. vem [än] [*he would invite* ~ *he pleased*]

whoa [wəʊ] *interj* ptro!; ~ *back!* back!

who'd [hu:d] = *who had*; *who would*

whodun[n]it [ˌhu:'dʌnɪt] *s* (av *who* [*has*] *done it?*) fam. deckare detektivroman o. d.

whoe'er [hu:'eə] allm. *rel pron* poet. se *whoever I*

whoever [hu:'evə] **I** allm. *rel pron* vem som än [~ *did it, I didn't* (så inte var det jag)], vem (vilka) . . än [~ *he* (*they*) *may be*]; vem (vilka) som helst som, var och en som, den som [~ *says that is wrong*], alla (de) som [~ *does that will be punished*]; vem [*she can choose* ~ *she wants*]; [*give it to*] ~ *you like* . . vem du vill **II** *fråg pron* = *who ever*, se under *who*

whole [həʊl] **I** *a* (jfr *hog, length, show*) hel; *give o.'s* ~ *attention to* ägna hela (all) sin uppmärksamhet åt; [*it went on*] *for five* ~ *days* . . [i] fem hela dagar; *with o.'s* ~ *heart* av hela sitt hjärta; ~ *milk* helmjölk; ~ *note* Am. mus. helnot; *the* ~ *thing* hela saken, det hela, alltsammans **II** *s* helhet; *a* ~ ett helt, en helhet; en hel [*four quarters make a* ~]; *the* ~ *of* hela [*the* ~ *of Europe*]; alla, samtliga [*the* ~ *of the apples*]; [*taken*] *as a* ~ som helhet betraktad, i sin helhet; *on the* ~ på det hela taget, överhuvud[taget]

whole-hearted ['həʊl'hɑ:tɪd] *a* helhjärtad [~ *support*], oförbehållsam

wholemeal ['həʊlmi:l] **I** *s* osiktat (sammalet) mjöl; grahamsmjöl **II** *a* osiktad, sammalen; fullkorns- [~ *bread*]; grahams-

wholesale ['həʊlseɪl] **I** *s*, *by* (*at* Am.) ~ en gros, i parti **II** *a* grosshandels-, grossist-, engros-, parti- [~ *price*]; bildl. mass- [~ *arrests*]; ~ *dealer* (*merchant*) grosshandlare, grossist; ~ *destruction* massförstörelse **III** *adv* en gros, i parti [*sell* ~]; bildl. i klump, en masse, i massor; i stor skala

wholesaler ['həʊlˌseɪlə] *s* grosshandlare, grossist

wholesome ['həʊlsəm] *a* hälsosam [~ *food*]; sund; nyttig [~ *exercise*]

whole-time ['həʊl'taɪm] *a* heltids- [~ *job*]

wholly ['həʊllɪ, 'həʊlɪ] *adv* helt och hållet, helt [*I* ~ *agree with you*], fullt; fullständigt [~ *incomprehensible*]; helt igenom [~ *bad*]

whom [hu:m, obeton. hʊm] *pron* objektsform av *who*

whoop [hu:p] **I** *itr* ropa, tjuta, skrika [~ *with* (av) *joy*], heja **II** *tr* Am., ~ *up* a) haussa upp b) höja, trissa upp [~ *the price up*] **III** *s* rop, tjut, skrik [~*s of joy*], hejarop

whoopee ['wʊpi:] **I** *s*, *make* ~ fam. festa [om], slå runt **II** *interj* hurra!; tjohej!

whooping-cough ['hu:pɪŋkɒf] *s* kikhosta

whoops [hu:ps] *interj* hoppsan!

whoopsadaisy ['hu:psəˌdeɪzɪ] *interj* hoppsan!

whop [wɒp] *tr* fam. klå upp, ge stryk äv. besegra; dänga till

whopper ['wɒpə] *s* fam. **1** baddare, bjässe, hejare **2** jättelögn

whopping ['wɒpɪŋ] fam. **I** *a* jättestor; *a* ~ *lie* en jättelögn **II** *adv* jätte- [*a* ~ *big fish*]

whore [hɔ:] **I** *s* hora, sköka, luder **II** *itr* hora; bedriva hor (otukt)

whorehouse ['hɔ:haʊs] *s* bordell, horhus

whoremaster ['hɔ:ˌmɑ:stə] *s* o. **whoremonger** ['hɔ:ˌmʌŋgə] *s* horkarl, horbock

whorl [wɜ:l] *s* **1** bot. krans **2** vindling i t. ex. snäcka; virvel äv. i fingeravtryck; spiral

whortleberry ['wɜ:tlˌberɪ, -lbərɪ] *s* blåbär; *red* ~ lingon

who's [hu:z] = *who is*; *who has*

whose [hu:z] (gen. av *who* o. *which*) **I** *fråg pron* vems [~ *book is it?*], vilkens, vilkas **II** *rel pron* vars [*is that the boy* ~ *father died?*], vilkens, vilkets, vilkas

whosever [hu:z'evə] *pron* (gen. av *whoever I*) vems (vilkas) . . än

whosoever [ˌhu:səʊ'evə] allm. *rel pron* litt. se *whoever I*

why [waɪ] **I** *adv* **1** fråg. varför; ~ *don't I*

come and pick you up? ska jag inte komma och hämta dig?; *~ ever..?* varför i all världen..?; *~ is it that..?* hur kommer det sig att..? **2** rel. varför [*~ I mention this is because..*]; därför [som] [*that is ~ I like him*]; till att, varför [*the reason ~ he did it*]; *so that is ~* jaså, det är därför **II** (pl. *~s*) *s* skäl, orsak [*there are ~s and wherefores for all things*] **III** *interj* **1** förvånat, indignerat, protesterande o. d. men .. ju [*don't you know?~, it's in today's paper*], nej men [*~, I believe I've been asleep*], ja men [*~, it's quite easy* (lätt gjort)]; *~, a child knows that!* det vet ju ett barn!; *~, what's the harm?* vad gör det då? **2** tvekande jaa; [*is it true? –*] *~, yes, I think so* .. jaa, det tror jag **3** bedyrande, bekräftande o. d. ja, jo [*~, of course!*]; *~, no!* nej då!, nej visst inte!; *~, yes* (*sure*)*!* oh ja!, ja (jo) visst! **4** inledande eftersats ja då [.. naturligtvis] [*if that won't do, ~* [*then*], *we must try something else*]

wick [wɪk] *s* **1** veke **2** sl., *it* (*he*) *gets on my ~* det (han) går mig på nerverna

wicked ['wɪkɪd] *a* **1** ond [*~ thoughts*], elak [*a ~ tongue*], syndig; *no peace* (*rest*) *for the ~* skämts. aldrig får man någon ro **2** fam. a) elak, stygg [*it was ~ to torment the cat*] b) skälmaktig, retsam [*a ~ look*] **3** fam. hemsk [*the weather is ~*], usel; *it's a ~ shame* det är [både] synd och skam

wicker ['wɪkə] **I** *s* **1** vidja **2** flätverk, korgarbete **3** videkorg **II** *a* korg- [*~ chair*], vide- [*~ basket*]; *~ bottle* korgflätad flaska

wickerwork ['wɪkəwɜːk] *s* korgarbete, flätverk; attr. korg- [*~ furniture*]

wicket ['wɪkɪt] *s* **1** [sido]grind; liten [sido]-dörr **2** i kricket: a) grind b) plan mellan grindarna; *sticky ~* se *sticky 1*; *take a ~* slå ut en slagman

wicket-keeper ['wɪkɪtˌkiːpə] *s* i kricket grindvakt

wide [waɪd] **I** *a* **1** vid; vidsträckt, vittomfattande [*~ interests*]; stor [*~ experience*], rik, omfattande [*a ~ selection of new books*]; *give a ~ berth* se *berth*; *~ screen* vidfilmsduk; *in a ~ sense* i vidsträckt bemärkelse; *the ~ world* [den] stora vida världen **2** bred [*a ~ river*] **3** långt ifrån målet; felriktad; *~ of the mark* (jfr *II*) alldeles fel, alldeles uppåt väggarna **II** *adv* vida omkring; vitt; långt [*of* från]; långt bredvid (förbi) [målet]; *far and ~* se *far*; *fall* (*go*) *~* [*of the mark*] a) falla [ned] (gå) långt vid sidan [av målet], gå fel, missa [*the shot went ~*] b) vara (bli) ett slag i luften; *~ apart* vitt skilda, långt ifrån varandra; utbredda [*arms ~ apart*]; *~ awake* klarvaken, jfr *wide-awake*; *~ open* vidöppen, på vid gavel [*the door was* (stod) *~ open*]; uppspärrad [*with eyes ~ open*]; *he left himself ~ open* han gav en blotta på sig; *open o.'s mouth ~* spärra upp munnen, gapa [stort]; *shoot ~* skjuta bom, bomma **III** *s* fam., *dead to the ~* alldeles medvetslös

wide-angle ['waɪdˌæŋgl] *a*, *~ lens* vidvinkelobjektiv

wide-awake [ˌwaɪdə'weɪk] *a* vaken, skärpt; jfr *wide awake* under *wide II*

wide-brimmed ['waɪdbrɪmd] *a* bredbrättad

wide-eyed ['waɪdaɪd] *a* med uppspärrade (stora) ögon

widely ['waɪdlɪ] *adv* vitt [*~ different*], vida; vitt och brett; vitt omkring [*~ scattered*]; allmänt [*~ used*], i vida kretsar; *~ known* allmänt känd, vittbekant; *he is ~ read* a) han är mycket beläst b) han har en stor läsekrets; *he is ~ travelled* han är mycket berest; *differ ~ in opinion* ha vitt skilda åsikter

wide-mesh ['waɪdmeʃ] *a* o. **wide--meshed** ['waɪdmeʃt] *a* stormaskig [*a ~ net*]

widen ['waɪdn] **I** *tr* [ut]vidga, bredda [*~ the road*]; *~ the breach* (*gulf*) bildl. vidga klyftan **II** *itr* [ut]vidgas, bli vidare (bredare)

wide-ranging ['waɪdˌreɪndʒɪŋ] *a* [vitt]omfattande, vittomspännande

wide-screen ['waɪdskriːn] *a*, *~ film* vidfilm

widespread ['waɪdspred, ˌ-'-] *a* vidsträckt [*~ floods*]; omfattande [*~ search*]; [allmänt (vitt)] utbredd, allmänt spridd, allmän

widgeon ['wɪdʒən] *s* zool. bläsand

widow ['wɪdəʊ] **I** *s* änka [*of* efter]; *grass ~* se *grass-widow*; *~'s peak* 'änkesnibb' hårfäste som går ner i en spets i pannan; *~'s weeds* änkedräkt **II** *tr* göra till änka; *he has a ~ed sister* han har en syster som är änka

widower ['wɪdəʊə] *s* änkling, änkeman

widowhood ['wɪdəʊhʊd] *s* änkestånd

width [wɪdθ, wɪtθ] *s* **1** bredd; vidd [*~ round the waist*] **2** *~ of cloth* tygvåd

wield [wiːld] *tr* **1** hantera [*~ an axe*], sköta, använda, svinga [*~ a weapon*]; *~ the pen* föra pennan **2** [ut]öva [*~ control over*]

wiener ['wiːnə] *s* **1** Am. wienerkorv **2** *W~ schnitzel* ['viːnə'ʃnɪtsəl, 'wiː-] wienerschnitzel

wife [waɪf] (pl. *wives*) *s* **1** fru, hustru, maka; *the ~* fam. min fru, frugan **2** *old ~* [skvaller]-käring; *old wives' tale* se under *tale*

wife-swapping ['waɪfˌswɒpɪŋ] *s* fam. hustrubyte

wifie ['waɪfɪ] *s* fam. fru, gumma

wig [wɪg] *s* peruk

wigging ['wɪgɪŋ] *s* fam. utskällning

wiggle ['wɪgl] **I** *itr* vrida sig [*~ like a worm*], slingra (åla) sig [fram] [*~ through a crowd*];

vicka **II** *tr* vicka med [~ *o.'s toes*]; vifta med [~ *o.'s ears*] **III** *s* vridning; vickning

wiggly ['wɪglɪ] *a* slingrande; vågformig

Wight [waɪt]

wigwam ['wɪgwæm] *s* vigvam indianhydda

wild [waɪld] **I** *a* (se äv. *II*) **1** vild; förvildad; ~ *beast* vilddjur, bildl. äv. odjur; ~ *duck* vildand; gräsand; ~ *oats* flyghavre, vildhavre; *sow o.'s* ~ *oats* så sin vildhavre, rasa ut **2** ursinnig, rasande, ilsken, arg [*at a th.* på ngt; *with a p.* på ngn] **3** vild [av sig], lössläppt **4** uppsluppen, vild [*a* ~ *party*]; oregerlig **5** vettlös [~ *talk*], vanvettig [*a* ~ *idea*]; vild [~ *schemes*] **6** fam. [alldeles] galen (tokig) [*about* i]; vild, utom sig [*with* av; ~ *with joy*] **7** olaglig, vild [*a* ~ *strike*] **II** *adv* o. *a* i förb. med vissa vb vilt [*grow* ~]; *make (drive) a p.* ~ göra ngn ursinnig (rasande); *run* ~ a) växa vilt (ohejdat); förvildas; leva i vilt tillstånd b) springa omkring vind för våg [*the children are allowed to run* ~] c) skena; löpa amok **III** *s*, pl. ~*s* vildmark, obygd[er], ödemark

wildcat ['waɪldkæt] **I** *s* **1** zool. vildkatt **2** bildl. vildkatt[a]; markatta **II** attr. *a* fam. **1** svindel-, skojar- [*a* ~ *company*]; *a* ~ *strike* en vild strejk **2** vanvettig [~ *schemes*]

Wilde [waɪld]

wilderness ['wɪldənəs] *s* **1** vildmark, ödemark; ödslig trakt, ödsliga vidder; öken **2** virrvarr, gytter [*a* ~ *of roofs*]

wild-eyed ['waɪldaɪd] *a* **1** med vilt stirrande blick **2** fantastisk [*a* ~ *plan*]

wildfire ['waɪld,faɪə] *s*, *run (spread) like* ~ sprida sig som en löpeld

wildfowl ['waɪldfaʊl] *s* vanl. koll. [vild]fågel isht gäss o. änder

wild-goose ['waɪldgu:s] **I** (pl. *wild-geese* ['waɪldgi:s]) *s* vildgås **II** attr. *a*, *a* ~ *chase* ett lönlöst (hopplöst) företag; *go (be sent) on a* ~ *chase* gå (skickas) förgäves

wildlife ['waɪldlaɪf] *s* vilda djur [och växter]; naturliv, djurliv[et]

wildwood ['waɪldwʊd] *s* isht poet. vild skog, urskog

wile [waɪl] *s*, vanl. pl. ~*s* list, knep

wilful ['wɪlfʊl] *a* **1** egensinnig [*a* ~ *child*], envis **2** uppsåtlig, överlagd [~ *murder*]

Will [wɪl] kortform för *William*

will [wɪl, ss. hjälpvb obeton. l, wəl, əl] **I** (imp. *would*, se d. o.) *hjälpvb* pres. (ofta hopdraget till *'ll*; nek. äv. *won't*) **1** kommer att [*you* ~ *never manage it*]; skall [*how* ~ *it end?*]; *she* ~ *be eighteen* [*next week*] hon fyller (blir) 18 år ..; *if that* ~ *suit you* om det passar; *you* ~ *write, won't you?* du skriver väl? **2** skall ämnar o. d. [*I'll do it once*]; *I'll soon be back* jag är snart tillbaka **3** vill [*he* ~ *not (won't) do as he is told*]; *won't you sit down?* var så god och sitt!; *the door won't shut* dörren går inte att stänga; *shut that door,* ~ *you?* [ta och] stäng dörren är du snäll! **4** skall (vill) [absolut]; *she* ~ *have her own way* hon ska nödvändigt ha sin vilja fram; *boys* ~ *be boys* pojkar är [nu en gång] pojkar; *such things* ~ *happen* sånt händer **5** brukar, kan [*she* ~ *sit for hours doing nothing*]; *meat won't keep* [*in hot weather*] kött brukar inte hålla sig .. **6** torde [*you* ~ *understand that* ..]; *this'll be the book* [*you are looking for*] det är nog den här boken ..; *that* ~ *do* det får räcka (duga) **II** *tr* **1** vilja [*God has* ~*ed it so*]; *God* ~*ing* om Gud vill **2** förmå (få) [genom en viljeansträngning] [*I* ~*ed him to look at me*] **3** testamentera [~ *a th. to a p.*, ~ *a p. a th.*]; ~ *away* testamentera bort **III** *s* **1** vilja; *good* ~ god vilja, välvilja etc., jfr *goodwill 2*; [*peace on earth and*] *good* ~ *toward men* bibl. .. människorna en god vilja; *ill* ~ illvilja, agg etc., jfr *ill-will*; *popular* ~ folkvilja[n]; *thy* ~ *be done* bibl. ske din vilja; *where there's a* ~ *there's a way* man kan bara man vill; *have (get) o.'s* ~ få sin vilja fram; *at* ~ efter behag, fritt; [*you may come and go*] *at* ~ .. som du vill, .. som det passar dig; *of o.'s own* [*free*] ~ av [egen] fri vilja **2** testamente; *my last* ~ *and testament* min sista vilja, mitt testamente

willed [wɪld] *a* ss. efterled i sms. med .. vilja; jfr *strong-willed, weak-willed*

willful ['wɪlfʊl] *a* Am. se *wilful*

William ['wɪljəm] ss. kunganamn Vilhelm

Willie ['wɪlɪ] kortform för *William*

willies ['wɪlɪz] *s pl* sl., *it gives me the* ~ det ger mig stora skälvan

willing ['wɪlɪŋ] **I** *a* **1** villig; beredvillig, tjänstvillig; *I am quite* ~ det vill (gör) jag gärna **2** frivillig [~ *exile*] **II** *s* viljande, att vilja; *show* ~ visa god vilja

willingly ['wɪlɪŋlɪ] *adv* **1** gärna, villigt, beredvilligt, med nöje **2** frivilligt

will-o'-the-wisp [,wɪləðə'wɪsp] *s* **1** irrbloss, lyktgubbe **2** bländverk **3** spelevink

willow ['wɪləʊ] *s* bot. pil, vide; *weeping* ~ tårpil

willow-pattern ['wɪləʊ,pætən] *s* tårpilsmotiv på porslin

willow-warbler ['wɪləʊ,wɔ:blə] *s* o. **willow-wren** ['wɪləʊren] *s* zool. lövsångare

willowy ['wɪləʊɪ] *a* smärt, slank

will-power ['wɪl,paʊə] *s* viljekraft, viljestyrka

Willy ['wɪlɪ] kortform för *William*

willy-nilly [,wɪlɪ'nɪlɪ] *adv* med eller mot sin vilja; [*he must go*] ~ .. vare sig (antingen) han vill eller inte

Wilson ['wɪlsn]

1 wilt [wɪlt] åld. 2 pers. sg. pres. av *will* [*thou*

~]

2 wilt [wɪlt] **I** *itr* **1** vissna, torka [bort], sloka **2** börja mattas, slappna, svikta **II** *tr* **1** komma att vissna **2** komma att svikta

Wilton ['wɪltən] **I** egennamn **II** *s*, ~ [*carpet* (*rug*)] wiltonmatta

Wilts. [wɪlts] förk. för *Wiltshire*

Wiltshire ['wɪlt-ʃɪə, -ʃə]

wily ['waɪlɪ] *a* illistig, knipslug; förslagen

Wimbledon ['wɪmbldən]

wimple ['wɪmpl] *s* **1** nunnedok; slöja **2** krusning; skvalp

win [wɪn] **I** (*won won*) *tr* **1** vinna, vinna i (vid) [~ *the election*]; ta [hem] äv. kortsp. [~ *a trick*]; skaffa sig, förvärva; tillvinna sig, erövra; ~ *the day* vinna slaget, hemföra segern **2** utvinna [~ *metal from* (ur) *ore*] **3** ~ *a p. over* vinna ngn för sin sak, få ngn med sig [*he soon won the audience over*], lyckas övertala ngn; ~ *a p. over to* vinna ngn för [*he won them over to the idea*]; ~ *a p. over* [*to o.'s side*] få ngn över på sin sida; [*after a great deal of persuasion*] *he was finally won over* ..gick han slutligen med på det; ~ *a p. round* se ~ *a p. over* ovan **II** (*won won*) *itr* vinna, segra [~ *by* (med) *3-1*] **III** *s* fam. **1** sport. seger **2** vinst [*a* ~ *on the pools*]

wince [wɪns] **I** *itr* rycka till [~ *at* (vid) *an insult*; ~ *with* (av) *pain*]; rygga tillbaka [*at* inför], krypa ihop [*she* ~*d under the blow*]; *without wincing* utan att röra en min **II** *s* ryckning; *without a* ~ utan att röra en min

winch [wɪntʃ] **I** *s* **1** vinsch, vindspel **2** vev, vevsläng **II** *tr* vinscha [upp]

1 wind [wɪnd, i poesi äv. waɪnd] **I** *s* **1** vind [*warm* ~*s*], blåst; *gust of* ~ kastby, vindstöt; *there is a strong* ~ [*blowing*] det blåser hårt (hård vind); [*we will have to see*] *which way the* ~ *blows* (*how the* ~ *blows* el. *lies*) bildl. ..vad det blåser för vind, ..vart vinden blåser; *take the* ~ *out of a p.'s sails* bildl. ta loven av ngn; förekomma ngn; *go* (*keep, sail*) *close to the* ~ a) segla dikt bidevind b) bildl. leva indraget (knappt); tangera gränsen för det otillåtna (oanständiga); *there is something in the* ~ bildl. det är något under uppsegling; *near the* ~ se *close to the* ~ ovan; *be scattered to the* [*four*] ~*s* skingras för alla vindar; *throw to the* ~*s* bildl. kasta överbord [*throw caution* (all försiktighet) *to the* ~*s*] **2** andning [*smoking affected his* ~]; *break the* ~ *of a horse* spränga en häst; *get o.'s second* ~ [börja] andas igen, hämta andan; bildl. återvinna sina krafter, hämta sig; *sound in* ~ *and limb* frisk och färdig; *short of* ~, *out of* ~ andfådd **3** väderkorn; *get* ~ *of* få väderkorn på, vädra, bildl. äv. få nys om, få korn på **4** väderspänning[ar], gas[er] från magen; *break* ~ a) rapa b) släppa väder; *bring up* ~ rapa; *get* (*have*) *the* ~ *up* fam. bli (vara) byxis (skraj); *put the* ~ *up a p.* fam. göra ngn byxis (skraj) **5** munväder, [tomt] prat **6** mus., *the* ~ blåsinstrumenten, blåsarna i orkester; ~ *instrument* blåsinstrument **7** fam., *raise the* ~ skaffa pengar **II** *tr* **1** vädra, få väderkorn (vittring) på [*the hounds* ~*ed the fox*] **2** göra andfådd [*the run* ~*ed him*]; *be* (*get*) ~*ed* vara (bli) andfådd

2 wind [waɪnd] (~*ed* ~*ed* el. *wound wound*) *tr* blåsa [i] [~ *a trumpet*], stöta i [~ *a horn*]

3 wind [waɪnd] **A** (*wound wound*) *vb* **I** *tr* (~ *up* i bildl. bet. se *III*) **1** linda, vira [~ *a scarf round o.'s neck*], sno, slå [~ *a rope round a package*] **2** nysta [~ *yarn*]; spola [~ *thread*; ~ *a film on to* (på) *a spool*]; ~ [*up*] *wool into a ball* nysta [upp] garn till ett nystan **3** a) veva [~ *back* (tillbaka) *a film*; ~ *down* (*up*) *a window*]; veva (vrida) på [~ *a handle* (vev)] b) ~ [*up*] vinda (veva, hissa) upp **4** ~ [*up*] vrida (dra) upp [~ [*up*] *a watch*] **5** a) ~ *o.'s way* slingra sig [fram] b) ~ *o.'s way into a p.'s affections* nästla (ställa) sig in hos ngn **II** *itr* (~ *up* i bildl. bet. se *III*) **1** slingra [sig] [*the path* ~*s up the hill*]; ringla sig **2** vridas (dras) upp [*the toy* ~*s at the back*] **III** *tr* o. *itr*, ~ **up** bildl.: a) sluta [*he wound up* [*his speech*] *by saying*], avsluta [~ *up a meeting*]; hamna [till slut] [~ *up in hospital*]; *to* ~ *up* [*the dinner*] som avslutning på ..; *we wound up at a restaurant* vi gick på restaurang efteråt [som avslutning]; *he will* ~ *up being* [*the boss*] han kommer att sluta som .. b) hand. avveckla [~ *up a company*]; avsluta [~ *up the accounts*]; ~ *up an estate* jur. utreda ett dödsbo c) skruva (driva) upp [~ *up expectations*] **B** *s* vridning; varv; *give a clock one more* ~ vrida upp en klocka ett varv till

windbag ['wɪndbæg] *s* **1** fam. pratmakare, pratkvarn **2** luftsäck på säckpipa

windbreaker ['wɪnd,breɪkə] *s* Am. vind[tygs]jacka

windcheater ['wɪnd,tʃi:tə] *s* vind[tygs]jacka

windfall ['wɪndfɔ:l] *s* **1** fallfrukt **2** bildl. skänk [från ovan], [glad] överraskning

wind-flower ['wɪnd,flaʊə] *s* [vit]sippa

wind-force ['wɪndfɔ:s] *s* vindstyrka

wind-gauge ['wɪndgeɪdʒ] *s* meteor. vindmätare

winding ['waɪndɪŋ] *a* slingrande, krokig [*a* ~ *path*]; ~ *staircase* spiraltrappa

winding-sheet ['waɪndɪŋʃi:t] *s* [lik]svepning, sveplakan

windlass ['wɪndləs] *s* tekn. vindspel, vinsch; sjö. ankarspel

windmill ['wɪndmɪl] *s* **1** väderkvarn; *fight* (*tilt at*) ~*s* bildl. kämpa med väderkvarnar **2**

indsnurra leksak
ndow ['wɪndəʊ] *s* fönster äv. på kuvert; kyltfönster
ndow-box ['wɪndəʊbɒks] *s* fönster-, balong|låda för växter
ndow-cleaner ['wɪndəʊˌkliːnə] *s* fönsterputsare
ndow-display ['wɪndəʊdɪsˌpleɪ] *s* [fönster]skyltning
ndow-dressing ['wɪndəʊˌdresɪŋ] *s* **1** önster|skyltning, -dekorering **2** bildl. a) kyltande, briljerande, uppvisning; [tom] isad, staffage b) reklam, propaganda
ndow-envelope ['wɪndəʊˌenvələʊp] *s* önsterkuvert
ndow-frame ['wɪndəʊfreɪm] *s* fönsterarm
ndow-ledge ['wɪndəʊledʒ] *s* fönsterleck
ndow-pane ['wɪndəʊpeɪn] *s* fönsterruta
ndow-sash ['wɪndəʊsæʃ] *s* fönsterbåge
ndow-shop ['wɪndəʊʃɒp] *itr* titta i kyltfönster, fönstershoppa [*go ~ping*]
ndow-sill ['wɪndəʊsɪl] *s* fönsterbräde
ndpipe ['wɪndpaɪp] *s* anat. luftstrupe
ndscreen ['wɪndskriːn] *s* vindruta på bil; *washer* vindrutespolare; *~ wiper* indrutetorkare
ndshield ['wɪndʃiːld] *s* Am. se *windscreen*
ndsleeve ['wɪndsliːv] *s* o. **windsock** wɪndsɒk] *s* meteor. vindstrut
indsor ['wɪnzə]
ndswept ['wɪndswept] *a* vindpinad
nd-up ['wɪnd'ʌp] *s* fam., *get* (*have*) *the ~* li (vara) byxis (skraj)
ndward ['wɪndwəd] sjö. **I** *adv* [i] lovart, ıot vinden **II** *a* lovarts- [*the ~ side*]; [som år] mot vinden **III** *s* lovart[s]sida; *to ~* ıot vinden [*sail to ~*], i lovart
ndy ['wɪndɪ] *a* **1** blåsig, stormig, vindinad **2** fam. byxis, skraj
ne [waɪn] **I** *s* vin; *good ~ needs no bush* od sak talar för sig själv **II** *itr* fam. dricka impla) vin; *~ and dine* äta och dricka, sta **III** *tr* fam. bjuda på vin; *~ and dine p.* bjuda ngn på en god middag [med oda viner]; *be ~d and dined* äv. bli furstgt trakterad [med mat och dryck]
ne-bottle ['waɪnˌbɒtl] *s* vin|butelj, -flasa
ne-cellar ['waɪnˌselə] *s* vinkällare
neglass ['waɪnglɑːs] *s* vinglas
ne-grower ['waɪnˌgrəʊə] *s* vinodlare
ne-merchant ['waɪnˌmɜːtʃənt] *s* vinandlare
ne-taster ['waɪnˌteɪstə] *s* **1** vinprovare **2** ıstevin, vin[provnings]skopa
ne-vinegar ['waɪnˌvɪnɪgə] *s* vinättika, näger
ng [wɪŋ] **I** *s* **1** vinge; *clip a p.'s ~s* bildl. vingklippa ngn; stäcka ngn; *take ~* a) flyga [upp], lyfta b) bildl. ge sig av; flyga sin kos; *on the ~* i flykten [*shoot a bird on the ~*], flygande; *take a p. under o.'s ~* bildl. ta ngn under sina vingars skugga **2** flygel äv. mil. o. polit. [*the right ~ of . .*]; sidodel, sidoutsprång; [hus]länga; flygelbyggnad **3** flygel på bil; *~ mirror* backspegel [på flygel] **4** [krag]snibb **5** sport. ytterkant **6** teat.: isht pl. *~s* kulisser; *be waiting in the ~s* vänta i kulisserna, bildl. vara redo **7** mil. [flyg]flottilj; Am. [flyg]eskader; *~ commander* överstelöjtnant vid flygvapnet **II** *tr* vingskjuta [*~ a bird*]
winged [wɪŋd] *a* **1** bevingad äv. bildl., försedd med vingar **2** vingskjuten [*a ~ bird*]
winger ['wɪŋə] *s* sport. ytter
wing-nut ['wɪŋnʌt] *s* vingmutter
wing-sheath ['wɪŋʃiːθ] *s* zool. täckvinge
wing-span ['wɪŋspæn] *s* flyg. o. zool. vingbredd
wink [wɪŋk] **I** *itr* blinka; *~ at a p.* blinka åt ngn; ögonflörta med ngn; *~ at a th.* bildl. blunda för ngt, se genom fingrarna med ngt **II** *tr* blinka med; bildl. blunda för [*~ the fact that . .*]; *~ o.'s eye* blinka med ett öga **III** *s* **1** blink; blinkning **2** bildl. vink; *tip a p. the ~* fam. tipsa ngn **3** blund [*I didn't sleep a ~ last night*]; *I couldn't get a ~ of sleep* jag fick inte en blund i ögonen; *forty ~s* fam. en liten [tupp]lur
winking ['wɪŋkɪŋ] *s* blinkning; *as easy as ~* lekande lätt
winkle ['wɪŋkl] **I** *s* ätbar strandsnäcka **II** *tr, ~ out* tvinga ut; pilla (peta) fram (ut); *~ a th. out of a p.* bildl. lirka ur ngn ngt
winner ['wɪnə] *s* **1** vinnare, segrare **2** fam. [pang]succé, fullträff
Winnie ['wɪnɪ] egennamn; *~ the Pooh* ['wɪnɪðə'puː] Nalle Puh
winning ['wɪnɪŋ] **I** *a* **1** vinnande [*the ~ horse*], segrande; vinnar- [*he is a ~ type*]; vinst- [*a ~ number*] **2** bildl. vinnande [*a ~ smile*], intagande, förtjusande [*a ~ child*] **II** *s* **1** vinnande; förvärv[ande], erövring; utvinning etc., jfr *win I* **2** pl. *~s* vinst[er]
winning-post ['wɪnɪŋpəʊst] *s* kapplöpn. mål|stolpe, -linje, mål
Winnipeg ['wɪnɪpeg]
winnow ['wɪnəʊ] *tr* **1** jordbr. fläkta, vanna, rensa [*~ wheat*]; *~ the chaff* [*away*] *from the grain* skilja agnarna från vetet **2** skilja; sålla [fram]
winnower ['wɪnəʊə] *s* jordbr. sädesrensare äv. om person, sädesrensnings-, kast|maskin, vanna
wino ['waɪnəʊ] *s* isht Am. sl. alkis alkoholist
winsome ['wɪnsəm] *a* behaglig, vinnande, sympatisk, charmerande [*a ~ smile*]
winter ['wɪntə] **I** *s* (för ex. jfr äv. *summer*)

vinter; attr. vinter- [~ *sports*]; *in the dead* (*depth*) *of* ~ mitt i [smällkalla] vintern **II** *itr* övervintra; tillbringa vintern [~ *in the south*]

wintergreen ['wɪntəgriːn] *s* bot. pyrola, vintergröna

wintry ['wɪntrɪ] *a* vintrig, vinterlik, vinter-

wipe [waɪp] **I** *tr* **1** torka [av] [~ *the dishes* (*floor*)]; torka bort, stryka (sudda) ut [~ *a th. off* (från) *the blackboard,* jfr ~ *off* nedan]; ~ *o.'s eyes* torka tårarna; ~ *o.'s face* torka sig i ansiktet; ~ *o.'s feet* torka [sig om] fötterna; ~ *the floor with a p.* fam. sopa golvet med ngn; ~ *o.'s shoes* torka av skorna; ~ *the slate clean* se *slate I 3*; ~ **away** torka bort; ~ **down** torka ren (av); ~ **off: a**) torka bort [~ *off a tear*]; torka av; stryka (sudda) ut [~ *off a th. from the blackboard*] **b**) utplåna; ~ *off a debt* göra sig kvitt en skuld; ~ *that grin* (*smile*) *off your face!* fam. lägg av med det där flinet!; ~ *a th. off the face of the earth* (*off the map*) totalförstöra ngt, radera ut ngt; ~ **out: a**) torka ur; torka bort, gnida ur [~ *out a stain*], stryka (sudda) ut **b**) utplåna, rentvå sig från [~ *out an insult*]; ~ *out a debt* göra sig kvitt en skuld **c**) tillintetgöra, förinta [*the whole army was* ~*d out*], utplåna; utrota [~ *out crime*]; ~ **up** torka upp [~ *up spilt milk*]; torka [~ *up the dishes*] **2** torka med [~ *a cloth over the table*] **II** *itr* torka; gnida **III** *s* [av]torkning; *give a* ~ torka [av]

wiper ['waɪpə] *s* **1** torkare [*windscreen* ~] **2** torktrasa

wire ['waɪə] **I** *s* **1** tråd av metall; ledningstråd, ledning; [tunn] kabel; lina; [tunn] vajer (wire); [*barbed*] ~ taggtråd; ~ *entanglement* mil. taggtrådshinder; *live* ~ se *1 live I 3*; *pull the* ~*s* bildl. hålla (dra) i trådarna; *pull* ~*s* använda sitt inflytande, mygla; *be on the* ~ Am. fam. vara på tråden (i telefon[en]) **2** fam. telegram; telegraf; *by* ~ per telegram **3** mus. [metall]sträng **II** *tr* **1** linda om (fästa) med ståltråd **2** förse med ledningar, dra in ledningar i **3** fam. telegrafera [till] **III** *itr* fam. telegrafera [*for* efter], skicka [ett] telegram

wire-brush ['waɪəbrʌʃ] *s* stålborste

wire-cutter ['waɪəˌkʌtə] *s* slags avbitartång

wire-fence ['waɪəfens] *s* o. **wire-fencing** ['waɪəˌfensɪŋ] *s* ståltrådsstängsel

wire-haired ['waɪəheəd] *a* strävhårig [*a* ~ *terrier*]

wireless ['waɪələs] **I** *a* trådlös; ~ *telegraphy* trådlös telegrafi, radiotelegrafi **II** *s* ngt åld. radio[apparat]; ~ *operator* [radio]telegrafist; *by* ~ trådlöst, per (via) radio

wire-netting ['waɪə'netɪŋ] *s* metall-, stål|trådsnät; ståltrådsstängsel

wirepulling ['waɪəˌpʊlɪŋ] *s* spel bakom kulisserna; intrigerande; mygel

wire-tapping ['waɪəˌtæpɪŋ] *s* telefona lyssning

wire-wool ['waɪəwʊl] *s* stålull

wiring ['waɪərɪŋ] *s* **1** omlindning; elinstal tion; telegrafering **2** metall-, stål|trådsn trådnät, -galler **3** ledningsnät, ledninga

wiry ['waɪərɪ] *a* **1** lik ståltråd; stripig *hair*] **2** seg; senig **3** gänglig, mager

Wisconsin [wɪs'kɒnsɪn]

wisdom ['wɪzdəm] *s* visdom, vishet, klc het; förstånd

wisdom-|tooth ['wɪzdəm|tuːθ] (pl. *-tee* [-tiːθ]) *s* visdomstand

1 wise [waɪz] **I** *a* **1** vis, klok, förståndig; *guy* Am. fam. a) stöddig (mallig) kille förståsigpåare, besserwisser; *be* ~ *after t event* vara efterklok; [*if you take it*] *nobo will be* [*any*] *the* ~*r* ..kommer ingen märka något; *we were none* (*not a bit*) ~*r* [*for it*] vi blev inte ett dugg (dy klokare [för det]; *get* ~ *to a th.* fam. komr på det klara med ngt, få nys om ngt; *a p.* ~ *to* (*on, about*) *a th.* fam. göra n klart för ngn, öppna ngns ögon för ngt förnumstig **II** *itr,* ~ *up* sl. haja förstå

2 wise [waɪz] *s* litt. vis, sätt; [*in*] *no* ~ intet vis (sätt)

wiseacre ['waɪzˌeɪkə] *s* snusförnuftig mä niska; besserwisser; [politisk] kannstöpa

wisecrack ['waɪzkræk] fam. **I** *s* kvickh spydighet **II** *itr* vara kvick; vara spydig

wisely ['waɪzlɪ] *adv* **1** vist, klokt, förstå digt **2** klokt nog [*he* ~ *preferred to sta*

wish [wɪʃ] **I** *tr* **1** önska [*I* ~ *it were* (*wε true*]; vilja ha; *I* ~ *to* [*say a few words*] skulle vilja ..; ~ *a p. further* fam. önska n dit pepparn växer; *I* ~ *I could* om jag ba kunde [det]; *I* ~ *you would be quiet* om ändå ville vara tyst; *I* ~ *to goodness goodness 3*; *I* ~ *to God* (*Heaven*) *that* jag önskar vid Gud att .. **2** tillönska, öns [~ *a p. a Happy New Year*]; ~ *a p.* lyckönska ngn; *I* ~ *you well!* lycka till! **II** önska, önska [sig] något [*close your e and* ~*!*]; *as you* ~ som du vill; ~ *for* öns [sig] [*she has everything a woman can for*], längta efter; ~ [*up*]*on a star* öns [sig] något, då en stjärna faller **III** *s* önska önskemål [*for* om]; längtan [*for* efter, ti lust [*for* till], vilja [*for* till]; pl. ~*es* önskningar, önskemål [*for* om] hälsningar [*best* ~*es from Mary*]; *my b* (*good*) ~*es* mina varmaste lyckönskninga *if* ~*es were horses, beggars might ri* ordspr. (ung.) om man bara behövde öns skulle livet vara lätt; *I have no* ~ *to* [*h you*] jag har ingen önskan att .., jag inte ..; *make a* ~ önska, önska [sig] någ *against* (*contrary to*) *a p.'s* ~*es* [tvärt]em

(mot) ngns önskan (vilja)
wishbone ['wɪʃbəʊn] *s* gaffelben på fågel, önskeben ben i form av en klyka som dras itu av två personer varvid den som fått den längsta delen får önska sig något
wished-for ['wɪʃtfɔː] *a* efterlängtad, önskad
wishful ['wɪʃfʊl] *a* längtansfull [*a ~ glance* (*look, sigh*)], längtande; ivrig, angelägen [*to do a th.*]; *~ thinking* önsketänkande
wishing-well ['wɪʃɪŋwel] *s* önskebrunn
wishy-washy ['wɪʃɪˌwɒʃɪ] *a* **1** blaskig [*~ tea* (*colours*)], vattnig **2** svamlig [*~ talk*]; urvattnad, matt, blek; slafsig
wisp [wɪsp] *s* [hö]tapp [*a ~ of hay*], knippa, bunt; strimma, remsa, slinga; [litet] stycke, bit; *~ of hair* hår|test, -tott
wispy ['wɪspɪ] *a* tovig [*a ~ beard*], stripig [*~ hair*]
wistaria [wɪs'teərɪə] *s* o. **wisteria** [wɪs'tɪərɪə] *s* bot. blåregn
wistful ['wɪstfʊl] *a* längtansfull, trånande, trånsjuk; grubblande, tankfull
wit [wɪt] *s* **1** ~ el. pl. *~s* vett, förstånd, klokhet, intelligens; pl. *~s* äv. själsförmögenheter; *quick* (*nimble*) *~* rörligt intellekt; slagfärdighet; *have a ready ~* vara slagfärdig; *collect o.'s ~s* samla sig; *she has got her ~s about her* hon har huvudet på skaft; *he kept his ~s about him* han höll huvudet kallt; *I am at my ~'s* (*~s'*) *end* jag vet varken ut eller in; *live by o.'s ~s* leva på sin intelligens och fiffighet; *brevity is the soul of ~* se *brevity*; *be out of o.'s ~s* a) vara från vettet b) vara ifrån sig; *frighten a p. out of his ~s* skrämma ngn från vettet; *frightened out of o.'s ~s* vettskrämd **2** kvickhet; espri, spiritualitet **3** kvickhuvud; spirituell människa
witch [wɪtʃ] *s* **1** häxa; troll|kvinna, -käring; *~es' brew* (*broth*) häxbrygd **2** fam. häxa, käring [*an ugly old ~*] **3** förtrollande kvinna, troll [*a pretty little ~*]
witchcraft ['wɪtʃkrɑːft] *s* trolldom, häxeri, trolltyg, magi; trolleri, trollkonster
witch-doctor ['wɪtʃˌdɒktə] *s* medicinman, trollkarl
witch-hazel ['wɪtʃˌheɪzl] *s* **1** a) bot. trollhassel b) farm. hamamelis[extrakt] **2** bot. avenbok
witch-hunt ['wɪtʃhʌnt] *s* häxjakt, bildl. äv. klappjakt [*~ for* (på, efter) *political opponents*]
witching ['wɪtʃɪŋ] *a* förhäxande, troll-, häx-; *the ~ hour* [*of night*] den tid [på natten] då häxorna är ute, spöktimmen
with [wɪð, framför tonlös konsonant äv. wɪθ] *prep* (se äv. resp. vb o. substantiviska huvudord) **1** uttr. medel, innehav, sätt o. d. med [*cut ~ a knife*; *a girl ~ blue eyes*]; med hjälp av; för [*I bought it ~ my own money*]; [*sleep*] *~ the window open* . . för öppet fönster **2** uttr. samhörighet, samtidighet o. d.: **a**) [tillsammans (i sällskap)] med [*come ~ us!*]; [*the Prime Minister*] *~ his wife* . . med fru **b**) tillsammans med, till, i [*take sugar ~ o.'s coffee*]; *go ~* gå (passa) till [*the jumper goes well ~ the skirt*] **c**) [i takt] med [*his greed increased ~ his wealth*] **d**) [i och] med [*~ this defeat everything was lost*] **3** uttr. närvaro o. d. hos [*he is staying* (bor) *~ the Browns*], där hos; bland [*popular ~*]; *have a job ~* ha arbete hos (vid, på); *I'll be ~ you in a moment* jag kommer om ett ögonblick; *the fault lay ~ him* felet låg hos honom **4** uttr. samtycke, medhåll o. d.: *I'm quite ~ you there* det håller jag helt med dig om **5** uttr. orsak o. d. av [*stiff ~ cold, tremble ~ fear*] **6** uttr. strid, kontrast o. d. mot, ibl. äv. med [*fight ~, contrast ~*] **7** uttr. attityd, bemötande o. d.: a) mot [*be frank* (*honest*) *~ a p.*] b) på [*be angry ~ a p.*] **8** uttr. i vilket avseende något gäller: *one can't* (*you can never*) *tell ~ him* när det gäller honom (med honom) kan man aldrig [så noga] veta; *it's OK ~ me* fam. gärna för mig **9** uttr. motsats trots, med [*I like him, ~ all his faults*] **10** i uttr. m. spec. övers.: *be laid up* (*be down*) *~* [*influenza*] ligga till sängs i . .; *what does he want ~ me?* vad vill han mig?; *be ~ it* fam. vara inne modern; hänga med; vara med i svängen; se äv. *with-it*
withal [wɪ'ðɔːl] *adv* åld. el. litt. **1** därjämte, därtill, tillika, på samma gång [*kind but firm ~*] **2** icke desto mindre, det oaktat [*poor but a gentleman ~*]
withdraw [wɪð'drɔː] (*withdrew withdrawn*) **I** *tr* **1** a) dra tillbaka [*~ troops from a position*], dra bort (undan), dra till sig [*~ o.'s hand*] b) avlägsna, ta bort [*from* från, ur], ta ut [*~ money from* (från, på) *the bank*]; dra in [*~ banknotes*; *~ the guard*]; *~ o.'s name from a list* stryka sitt namn på (från) en lista **2** upphäva [*~ a decision*], återkalla [*~ an accusation* (*an order*)]; *~ o.'s allegiance from a p.* uppsäga ngn tro och lydnad **II** *itr* dra sig tillbaka, avlägsna sig, gå avsides, gå ut [*he withdrew for a moment*]; dra sig undan; utträda [*~ from* (ur) *the association* (*union*)], träda tillbaka [*~ in favour of a younger candidate*]; dra sig ur [*you cannot ~ now*]
withdrawal [wɪð'drɔːəl] *s* **1** tillbakadragande, avlägsnande etc., jfr *withdraw I 1* **2** upphävande, återkallande etc., jfr *withdraw I 2* **3** utträde, utträdande [*~ from* (ur) *an association*], tillbakaträdande, avgång; mil. återtåg
withdrawn [wɪð'drɔːn] **I** pp. av *withdraw* **II** *a* bildl. tillbakadragen, inåtvänd, reserverad; *a ~ life* ett tillbakadraget liv

wither ['wɪðə] **I** *tr* **1** förtorka, göra vissen, komma att vissna **2** bildl. förinta, tillintetgöra [*~ a p. with a scornful look*] **II** *itr*, *~* [*away*] vissna, förtorka, tyna bort

withering ['wɪðərɪŋ] *a* **1** vissnande etc., jfr *wither II* **2** bildl. förintande, tillintetgörande [*a ~ glance*], svidande [*~ contempt*]

withers ['wɪðəz] *s pl* manke på häst; *wring a p.'s ~* bildl. plåga (oroa) ngn

withhold [wɪð'həuld] (*withheld withheld*) *tr* hålla inne [*~ a p.'s wages*]; vägra att ge [*~ o.'s consent*]; *~ a th. from a p.* undanhålla ngn ngt

within [wɪ'ðɪn] **I** *prep* (se äv. under resp. huvudord) **1** i rumsuttr. o. bildl. inom [*~ the city*; *~ o.'s own sphere*], inuti, inne i, i; innanför; *~* [*the meaning of*] *the Act* enligt lagen[s anda och mening]; *fall ~ the Act* falla under lagen; *be ~ doors* vara inomhus (inne); *~ a kilometre* på [mindre än] en kilometers avstånd; *from ~* [*the house* (*room*)] inifrån .. **2** i tidsuttr.: *~* [*the space of*] inom [loppet av]; *~ the last half hour* för mindre än en halvtimme sedan **II** *adv* mest litt. **1** inuti, innanför, invändigt, på insidan; därinne; inne; *from ~* inifrån **2** bildl. inom sig, i sitt inre [*outwardly calm but furious ~*]

with-it ['wɪðɪt] *a* fam. inne[-] modern [*~ clothes*]

without [wɪ'ðaut] **I** *prep* (se äv. under resp. huvudord) **1** utan **2** mest litt. utanför [*~ the gates*]; *be ~ doors* vara utomhus; *from ~* [*the street*] utifrån ..; [*I heard a noise*] *from ~ the house* .. utanför huset **II** *adv* **1** mest litt. utanför, utvändigt, på utsidan, [där]ute; utomhus; bildl. till det yttre, på ytan [*calm ~ but furious within*]; *from ~* utifrån **2** [*there's no bread,*] *so you'll have to do ~* .. så du får klara dig utan **III** *konj* dial. el. fam. utan att; om inte [*I can't work ~ I gets my pint o' beer*]

withstand [wɪð'stænd] (*withstood withstood*) *tr* motstå, stå emot [*~ an attack*], tåla [*~ hard wear*], uthärda [*~ heat* (*pain*)]

witness ['wɪtnəs] **I** *s* **1** [ögon]vittne äv. jur.; *be* [*a*] *~ of* (*to*) vara vittne till, bevittna **2** bevittnare [*~ of a signature*] **3** a) vittnesbörd, vittnesmål b) tecken, bevis; *bear ~ to* (*of*) a) bära vittne[sbörd] om, vittna om b) styrka, intyga [*I can bear ~ to its authenticity*] **II** *tr* **1** vara [åsyna] vittne till, bevittna [*~ an accident*], uppleva [*the town has ~ed many important events*], vara med om, [be]skåda; närvara [som vittne] vid [*~ a transaction*] **2** bevittna [*~ a document* (*signature*)] **3** a) bära vittne[sbörd] om, vittna om b) vittna, betyga, intyga [*that* att] **III** *itr* **1** vittna, vara vittne **2** [*as*] *~* härom (därom) vittnar [*he is honest and unselfish, ~ his poverty*]

witness-box ['wɪtnəsbɒks] *s* vittnesbås; *b in the ~* befinna sig i vittnesbåset, höra som vittne

witness-stand ['wɪtnəsstænd] *s* Am. vittnesbås

witticism ['wɪtɪsɪzəm] *s* kvickhet; vits

wittingly ['wɪtɪŋlɪ] *adv* med avsikt, med berått mod

witty ['wɪtɪ] *a* kvick, spirituell; vitsig

wives [waɪvz] *s* pl. av *wife*

wizard ['wɪzəd] **I** *s* **1** trollkarl; häxmästar **2** fam. mästare, [riktig] trollkarl [*a financial ~*], geni **II** *a* fam. fantastisk, toppen

wizardry ['wɪzədrɪ] *s* **1** trolldom **2** otrolig skicklighet; genialitet

wizened ['wɪznd] *a* [hop]skrumpen [*~ apples*], skrynklig, rynkig [*a ~ face*]

Wm[.] förk. för *William*

W.N.W. förk. för *west-north-west* västnordväst

woad [wəud] *s* **1** bot. vejde **2** vejdeblått

wobble ['wɒbl] **I** *itr* vackla, kränga (vingla ['till]; gunga, vicka [*the table ~s*] **II** *tr* få att vackla etc., jfr *I*; gunga (vagga) [på], vicka på [*don't ~ the table!*] **III** *s* krängning, vinglande; gungning, vaggning

wobbly ['wɒblɪ] *a* vacklande, osäker [*a ~ gait*], vinglig [*a ~ table*]; ostadig

Wodehouse ['wudhaus]

Woden ['wəudn] Oden

woe [wəu] **I** *s* poet. el. skämts. ve, sorg, bedrövelse, elände; *~ is me!* ve mig!; *~ betide you!* a) ve dig! b) fam. akta dig [för att göra det]!, gud nåde dig [om du gör det]!; *tale of ~* a) tragisk historia b) klagolåt, -visa **II** *interj* åld. el. litt. ve!, ack!

woebegone ['wəubɪˌgɒn] *a* bedrövad

woeful ['wəuful] *a* **1** bedrövad, sorgsen, olycklig **2** dyster, trist, eländig **3** bedrövlig

wog [wɒg] *s* sl. (neds.) **1** indier **2** arab **3** asiat

woke [wəuk] imp. o. pp. av *1 wake*

woken ['wəukən] pp. av *1 wake*

wolf [wulf] **I** (pl. *wolves*) *s* **1** a) varg, ulv b) bildl. uttr.: *a ~ in sheep's clothing* en ulv i fårakläder; *a lone ~* en ensamvarg; *the ~ is at the door* nöden står för dörren; *cry ~ too often* ge falskt alarm; *have a ~ in o.'s stomach* vara hungrig som en varg; *keep the ~ from the door* hålla nöden (svälten) från dörren; *who is afraid of the big bad ~* ingen rädd[er] för vargen här!; *throw to the wolves* kasta åt vargarna **2** sl. kvinnojägare, förförare **II** *tr*, *~* [*down*] glufsa i sig

wolf-cub ['wulfkʌb] *s* **1** vargunge **2** scout (förr) vargunge, jfr *cub 4*

wolf-hound ['wulfhaund] *s* varghund

wolf-pack ['wulfpæk] *s* varg|flock, -skock

wolfram ['wulfrəm] *s* kem. o. miner. **1** wolfram **2** wolframit

wolfsbane o. **wolf's-bane** ['wulfsbeɪn] *s* bot. stormhatt

wolf-whistle ['wulfˌwɪsl] **I** *s* gillande vissling, jfr *II* **II** *tr* vissla gillande åt [~ *girls*]

Wolverhampton ['wulvəˌhæmptən, ˌ--'--]

wolverine ['wulvəri:n] *s* zool. järv

wolves [wulvz] *s* pl. av *wolf*; *W~* kortform för *Wolverhampton Wanderers* fotbollslag

woman ['wumən] (pl. *women* ['wɪmɪn]) *s* **1 a**) kvinna; dam; fruntimmer; *my good ~!* min bästa fru!, frun [lilla]!; *the little ~* skämts. frugan; *old ~* gammal kvinna, [gammal] gumma; [gammal] käring äv. om man; *my (the) old ~* fam. om hustru min gumma, gumman; *~ of the streets* prostituerad, gatflicka; *~ of the world* dam av värld, världsdam **b**) i allm. bet. kvinnan, kvinnor, kvinnosläktet **2 a**) attr. (isht framför yrkesbeteckning) kvinnlig; *~ author (writer)* författarinna, kvinnlig författare; *~ friend* kvinnlig vän, väninna vanl. till kvinna **b**) *~'s* el. *women's* ofta kvinno-, kvinnlig; *Woman's (Women's) Institute* slags kvinnoförening med ideell verksamhet; *women's lib* fam. kvinnosaken; *women's libber* fam. a) kvinnosakskvinna b) gynnare av kvinnosaken; *women's liberation movement* kvinnornas frihetsrörelse, kvinnans frigörelse; *women's suffrage* kvinnlig rösträtt

womanhood ['wumənhud] *s* **1** kvinnor[na], kvinnosläktet **2** kvinnlighet, att vara kvinna **3** vuxen (mogen) ålder [*reach ~*]

womanish ['wumənɪʃ] *a* neds. om man fruntimmersaktig

womanizer ['wumənaɪzə] *s* kvinnojägare

womankind ['wumən'kaɪnd, '- - -] *s* kvinnosläktet, kvinnor[na], kvinnfolk

womanlike ['wumənlaɪk] *a* kvinnlig äv. neds. [~ *qualities*]; fruntimmersaktig

womanly ['wumənlɪ] *a* kvinnlig

womb [wu:m] *s* anat. livmoder; moderliv; *from [the] ~ to [the] tomb* bildl. från vaggan till graven; *in the ~ of time* bildl. i framtidens sköte

wombat ['wɒmbət] *s* zool. vombat pungdjur

women ['wɪmɪn] *s* pl. av *woman*

womenfolk ['wɪmɪnfəuk] *s*, *~[s]* (konstr. ss. pl.) kvinnfolk, kvinnor

womenkind ['wɪmɪn'kaɪnd, '- - -] *s* se *womankind*

won [wʌn] imp. o. pp. av *win*

wonder ['wʌndə] **I** *s* **1** under, underverk [*the seven ~s of the world*]; *a nine days' ~* se *nine I*; *the ~ is that . .* det märkliga är att . .; *is it any ~ that . .?* är det att undra på att . .?; [*it is*] *no (little, small) ~* det är inte [så] underligt (konstigt), det är inte att undra på [*he refused, and no ~*]; *~s [will] never cease* (ofta iron.) ung. undrens tid är inte förbi; *do (perform, work) ~s* göra (utföra) under[verk]; *how (what, why) in the name of ~?* hur (vad, varför) i all världen? **2** [för]undran [*at* över; *that* över att]; *look at a p. in (with) ~* se undrande (med förundran) på ngn **II** *itr* o. *tr* **1** förundra (förvåna) sig, förvånas [*at (over)* över]; *he will be late, I shouldn't ~* det skulle inte förvåna mig om han kom för sent; *can you ~ at it?* det är väl inte så konstigt; *it is not to be ~ed at that . .* det är inte att undra på att . . **2** undra [*I was just ~ing*]; *I ~!* det undrar jag!; *I ~ if I could speak to . .* skulle jag kunna få (jag skulle vilja) tala med . .

wonderful ['wʌndəful] *a* **1** underbar [~ *weather*], fantastisk **2** förunderlig

wonderland ['wʌndəlænd] *s* underland, sagoland; *W~* underlandet [*Alice in W~*]

wonderment ['wʌndəmənt] *s* litt. [för]undran

wondrous ['wʌndrəs] *a* litt. underbar, beundransvärd, förunderlig

wonky ['wɒŋkɪ] *a* fam. ostadig [~ *on o.'s legs*], vinglig, ranglig, skranglig [*a ~ chair*]

wont [wəunt] pred. *a* van; *he was ~ to say* han hade för vana att säga

won't [wəunt] = *will not*

wonted ['wəuntɪd] *a* [sed]vanlig; *things went their ~ way* allt gick sin gilla gång

woo [wu:] litt. **I** *tr* **1** fria till; uppvakta **2** söka vinna, sträva efter [~ *fame (fortune)*] **II** *itr* fria; *go ~ing* gå på friarstråt

wood [wud] *s* **1** trä; ved äv. bot.; virke, timmer; träslag [*teak is a hard ~*]; attr. trä- [~ *industry*]; *touch (knock [on] Am.) ~!* ta i trä!; peppar, peppar! **2** ~ el. pl. *~s* [liten] skog [*go for a walk in the ~[s]*]; *one (you) cannot see the ~ for the trees* man ser inte skogen för bara träd; *be out of the ~ (~s* Am.) bildl. vara ur knipan, ha klarat krisen

wood-anemone ['wudə'nemənɪ] *s* vitsippa

woodbine ['wudbaɪn] *s* **1** vildkaprifol[ium] **2** Am. vildvin

wood-carver ['wudˌkɑ:və] *s* träsnidare

wood-carving ['wudˌkɑ:vɪŋ] *s* träsnideri; träskulptur, träsnideriarbete

woodcock ['wudkɒk] *s* zool. morkulla

woodcraft ['wudkrɑ:ft] *s* **1** skogskännedom; skogsvana **2** träsnidarkonst

woodcut ['wudkʌt] *s* träsnitt

wood-cutter ['wudˌkʌtə] *s* **1** skogs-, timmer|huggare; vedhuggare **2** träsnidare

wooded ['wudɪd] *a* skogig, skogrik [*a ~ landscape*], skogbevuxen

wooden ['wudn] *a* **1** av trä, trä- [*a ~ leg (spoon)*] **2** bildl. a) träaktig [~ *manners*], trög; stel [*a ~ smile*] b) torr [*a ~ style*], andefattig c) klumpig, tafatt [~ *gestures*]

wood-engraving ['wudɪnˌgreɪvɪŋ, -enˌg-] *s*

typ. trägravyr, träsnitt

wood-grouse ['wʊdgraʊs] *s* tjäder

woodland ['wʊdlənd] *s* skogs|bygd, -land, -mark; attr. skogs- [*a ~ path*]; *~ scenery* skogslandskap; *piece of ~* skogsparti

wood-|louse ['wʊd|laʊs] (pl. *-lice* [-laɪs]) *s* gråsugga

wood|man ['wʊd|mən] (pl. *-men* [-mən]) *s* **1** skogstjänsteman; skogvaktare **2** skogsarbetare, skogs-, timmer|huggare

wood-nymph ['wʊdnɪmf] *s* mytol. skogsnymf

woodpecker ['wʊd,pekə] *s* hackspett

wood-pigeon ['wʊd,pɪdʒɪn, -ən] *s* skogsduva; ringduva

woodpile ['wʊdpaɪl] *s* ved|stapel, -trave

wood-pulp ['wʊdpʌlp] *s* trä-, [trä]pappers|massa

wood-shavings ['wʊd,ʃeɪvɪŋz] *s pl* träspån, [hyvel]spån

woodshed ['wʊdʃed] *s* ved|bod, -skjul

woods|man ['wʊdz|mən] (pl. *-men* [-mən]) *s* isht Am. **1** skogs|bo, -människa **2** skogsarbetare, skogs-, timmer|huggare

wood-warbler ['wʊd,wɔ:blə] *s* zool. grönsångare

woodwind ['wʊdwɪnd] *s, the ~[s]* träblåsinstrumenten, träblåsarna i en orkester; *~ [instrument]* träblåsinstrument

woodwork ['wʊdwɜ:k] *s* **1** a) byggn. trä-, timmer|verk b) snickerier, träarbeten **2** snickeri, isht skol. träslöjd

wood-worm ['wʊdwɜ:m] *s* **1** zool. trämask **2** trämask|skada, -skadegörelse

woody ['wʊdɪ] *a* **1** skogrik, skogig; skogbevuxen; skogs- [*a ~ path*] **2** träaktig, träig

wood-yard ['wʊdjɑ:d] *s* **1** virkes-, timmer|upplag; brädgård **2** vedgård

1 woof [wu:f] *s* vävn. väft; inslag; väv

2 woof [wu:f] **I** *itr* brumma; om hund morra **II** *s* brum[ning]; om hund morrning

woofer ['wu:fə] *s* radio. bashögtalare

wooing ['wu:ɪŋ] *s* frieri

wool [wʊl] *s* **1** a) ull b) ullgarn; *draw (pull) the ~ over a p.'s eyes* bildl. slå blå dunster i ögonen på ngn; *dyed in the ~* bildl. tvättäkta, fullfjädrad, jfr *dyed-in-the-wool 2*; *ball of ~* ullgarnsnystan **2** ylle, ylle|tyg, -kläder; *all (pure) ~* helylle

woolen ['wʊlən] *a* Am., se *woollen*

wool-gatherer ['wʊl,gæðərə] *s* bildl. [dag]drömmare

wool-gathering ['wʊl,gæðərɪŋ] bildl. **I** *pres p* o. *a* [själs]frånvarande, drömmande; *be ~* äv. [gå omkring och] drömma **II** *s* själsfrånvaro, dagdrömmeri[er]

woollen ['wʊlən] **I** attr. *a* **1** ull- [*~ yarn*], av ull **2** ylle- [*a ~ blanket*], av ylle **II** *s* ylle; vanl. pl.: *~s* ylle|tyger, -varor; ylleplagg

wool-lined ['wʊllaɪnd] *a* yllefodrad

woolly ['wʊlɪ] **I** *a* **1** ullig; ullbeklädd; ullik; **2** ylle- [*~ clothes*] **3** bildl. vag, luddig [*~ ideas*] **II** *s* fam. ylleplagg; vanl. pl.: *woollies* ylle|kläder, -plagg; ylleunderkläder

woolly-headed ['wʊlɪ,hedɪd] *a* **1** ull-, krull|hårig **2** bildl. virrig, förvirrad [*~ ideas*]

Woolworth ['wʊlwəθ] egennamn **1** efternamn **2** *~'s* varuhuskedja med lågpriser (i bl. a. USA o. Storbritannien)

woozy ['wu:zɪ] *a* sl. **1** vimsig **2** vissen, krasslig **3** på snusen halvfull

wop [wɒp] *s* sl. (neds.) dego sydlänning, isht italienare

Worcester ['wʊstə] egennamn; *~ sauce* worcester[shire]sås

Worcestershire ['wʊstəʃɪə, -ʃə]

Worcs. [wɜ:ks] förk. för *Worcestershire*

word [wɜ:d] **I** *s* (efter prep., se *7*) **1** ord; pl.: *~s* äv. a) ordalag [*in well chosen ~s*]; ordalydelse, formulering b) yttrande, uttalande [*the Prime Minister's ~s on TV*]; *a ~ of advice* ett [litet] råd; *~ of honour* hedersord; *put in a good ~ for a p.* lägga ett gott ord för ngn; *it's the last ~* det är det allra senaste (sista skriket) [*in* i [fråga om]]; *have the last ~* a) ha (få) sista ordet b) ha avgörandet i sin hand; *~s fail me!* jag saknar ord [för det]!, det var det värsta [jag hört]!; *have a ~ in the matter* ha (få) ett ord med i laget; *have a ~ with a p.* tala (växla) ett par ord med ngn; *have [a few] ~s* fam. gräla; *I'd like a ~ with you* a) jag skulle vilja tala lite med dig b) jag har ett par [sanningens] ord att säga dig; *put in a ~* a) få ett ord med [i laget] b) lägga ett gott ord [*for* för]; *take the ~s [right] out of a p.'s mouth* ta ordet ur mun[nen] på ngn **2** pl.: *~s* [text]ord, text; sångtext **3** lösenord [*give the ~*]; paroll, motto; *money is the ~* pengar är tidens lösen; *sharp's the ~!* sno på!, jag sa 'snabbt'! **4** [heders]ord, löfte [*break (give, keep) o.'s ~*]; *my ~!* fam., se *upon my ~ b)* under *7*; *take my ~ for it!* tro mig [på mitt ord]!, sanna mina ord!; *be as good as o.'s ~* [kunna] stå vid sitt ord **5** bud, underrättelse, meddelande, besked; *~ came of (that) . .* det kom ett bud etc. om ([om] att) . .; *the ~ got (went) round that . .* det ryktades att . .; *have (get, receive) ~* få bud (meddelande) [*that* [om] att], få veta [*that* att]; *send ~ [that . .]* se *send I 1* **6** isht mil. befallning, order [*for* om]; signal [*for* till], kommando; *give the ~ to do a th.* ge order om att göra ngt; *pass the ~* ge order, säga 'till; *say the ~* säga 'till [*just say the ~ and I'll do it*]

7 efter prep.: **at** *a (one) ~* genast; *at the [given] ~* på [givet] kommando; *take a p. at his ~* a) ta ngn på orden b) ta ngns ord för gott; **beyond** *~s* mer än ord kan utrycka, obeskrivligt [*miserable beyond ~s*]; **y** ~ *and deed* se *deed 1*; *by* ~ *of mouth* muntligen; från mun till mun; *stand by o.'s* ~ stå vid sitt ord; ~ **for** ~ ord för ord, ordagrant; *it's too funny for ~s* det är så oligt så man kan dö; *he is too stupid for ~s* han är otroligt dum; **in** ~ *and deed* se *deed 1*; *in a* (*one*) ~ med ett ord, kort sagt; *in other ~s* med andra ord; *in so many ~s* klart och tydligt, rent ut [*he told me in so many ~s that . .*]; *put* **into** *~s* uttrycka [i ord]; *book* **of** *~s* a) mus. libretto b) fam. katalog c) fam. instruktion[er], bruksanvisning; *a man of few ~s* en fåordig man; **on** *the* ~ genast, direkt; *on o.'s* ~ se *upon o.'s* ~ nedan; *go back on o.'s* ~ ta tillbaka sitt ord, bryta sitt löfte; *play on ~s* a) leka med ord, göra ordlekar, vitsa b) lek med ord, ordlek; *come* **to** *~s* komma (råka) i dispyt (gräl); **upon** *o.'s* ~ på sitt [heders]ord, på hedersord; *upon my ~!* a) bedyrande på mitt ord!, på min ära! b) förvånat minsann!, ser man på!; *play upon ~s* se *play on ~s* ovan

II *tr* uttrycka [i ord], formulera [*a sharply ~ed protest*], avfatta [*a carefully ~ed letter*]

ord-blind [ˈwɜːdblaɪnd] *a* ordblind

ord-division [ˈwɜːddɪˌvɪʒən] *s* [ord]avstavning

ord-formation [ˈwɜːdfɔːˌmeɪʃən] *s* gram. ordbildning

ord-for-word [ˈwɜːdfəˈwɜːd] attr. *a* ordagrann [*a ~ translation*]

ording [ˈwɜːdɪŋ] *s* formulering; [orda]lydelse

ord-order [ˈwɜːdˌɔːdə] *s* gram. ordföljd

ord-perfect [ˈwɜːdˈpɜːfɪkt] *a*, *be ~ in a th.* kunna ngt perfekt (utantill)

ord-play [ˈwɜːdpleɪ] *s* ordlek

ordsworth [ˈwɜːdzwəθ]

ordy [ˈwɜːdɪ] *a* ordrik, mångordig; vidlyftig [*~ style*]; långrandig

ore [wɔː] imp. av *wear*

ork [wɜːk] **A** *s* **1** arbete, jobb, gärning, insats[er] [*his scientific ~*]; uppgift [*that is his life's ~*]; verk; pl. *~s* relig. o. d. gärningar [*faith without ~s*]; *all ~ and no play makes Jack a dull boy* bara arbete gör ingen glad; *good* (*nice, smart*) *~!* fint!, bra gjort!; *it was hard ~ getting there* det var jobbigt att komma dit; *that was quick* ~ det gick undan, det var snart gjort; *a job of* ~ ett arbete [*he always does a fine job of ~*]; *a piece of* ~ a) ett arbete, en prestation b) *he is a nasty piece of* ~ fam. han är en ful fisk; *cease* ~ lägga ner arbetet; *I had my ~ cut out to* [*keep the place in order*] jag hade fullt sjå med att . .; *he has done great ~ for his country*] han har gjort stora insatser för . .; *many hands make light* ~ ju fler som hjälper till, dess lättare går det; *make quick ~ of* klara av kvickt, fort bli färdig med; *make short ~ of* göra processen kort med; göra av med (äta upp) på nolltid; *stop* ~ sluta arbeta; lägga ner arbetet; *at* ~ a) på arbetet (jobbet) [*don't phone him at ~*] b) i arbete, i verksamhet, i drift, i gång [*we saw the machine at ~*]; *be at ~ at* ([*up*]*on*) arbeta på, hålla på med; *it's all in the day's* ~ se *day 1*; *off* ~ inte i arbete, ledig; *out of* ~ utan arbete, arbetslös; *be thrown out of* ~ bli arbetslös; *fall* (*go*) *to* ~ a) gå till verket b) börja arbeta; *set* (*get*) *to ~ at* (*on*) *a th.* (*to do a th.*) ta itu (sätta i gång) med ngt (med att göra ngt) **2** verk [*the ~s of Shakespeare*], arbete [*a new ~ on* (om) *modern art*], opus, alster; arbeten [*the villagers sell their ~ to tourists*]; [hand]arbete; *a ~ of art* ett konstverk **3** *~s* (konstr. vanl. ss. sg.; pl. *~s*) fabrik [*a new ~s*], bruk, verk **4** pl. *~s* verk [*the ~s of a clock*], mekanism **5** *public ~s* offentliga arbeten **6** mil., vanl. pl. *~s* [be]fästningsverk, befästningar; *defensive ~*[*s*] försvarsverk **7** sl., *the ~s* rubbet, hela klabbet; *give a p. the ~s* a) knäppa (skjuta ner) ngn b) misshandla ngn

B (*~ed ~ed*, i spec. fall – oftast i bet. *I 5, II 1, 5, 8 – wrought wrought*) *vb* **I** *itr* (se äv. *III*) **1** arbeta, jobba, ha arbete, verka, vara verksam [*he ~s as a teacher*]; *music while you ~* radio. musik under arbetet **2** fungera, funka [*the pump ~s*], arbeta, gå [*it ~s smoothly*], drivas [*this machine ~s by electricity*]; vara i funktion, vara i drift, vara i gång **3** göra verkan, verka [*the drug ~ed*]; lyckas, fungera [*will this new plan ~?*], klaffa, funka **4** om anletsdrag o. d. förvridas, spännas **5** arbeta i silver, trä o. d. **6** m. adj.: *~ free* slita sig loss, lossna; *~ loose* lossna, släppa [*the screw* (*tooth*) *has ~ed loose*]

II *tr* (se äv. *III*) **1** bearbeta [*~ silver*], förarbeta, förädla; bereda, behandla; forma **2** bearbeta [*~ a mine*]; bryta [*~ coal*]; *~ the soil* bruka jorden **3** sköta [*~ a machine*], manövrera, hantera; driva [*this machine is ~ed by electricity*] **4** låta arbeta, driva [*he ~ed his boys hard*]; *~ a p. to death* låta ngn arbeta ihjäl sig; *~ o.s. to death* slita ihjäl sig **5** åstadkomma [*time had wrought great changes*], vålla, orsaka; fam. ordna, fixa [*how did you ~ it?*]; *~ havoc* (*miracles, wonders*) se resp. subst.; [*the storm*] *had ~ed* (*wrought*) *great ruin* . . hade anställt stor förödelse **6** flytta [på], skjuta [in] [*~ a rock into* (på) *place*] **7** leda, böja [på] [*~ o.'s arm backwards and forwards*] **8** sy, brodera [*she ~ed* (*wrought*) *her initials on the blankets*] **9** arbeta (verka) i, bearbeta [*the insurance agent ~s the*

North Wales area] **10** betala med sitt arbete; ~ *o.'s passage* [*to America*] arbeta (jobba) sig över . . **11** ~ *o.'s way* arbeta sig fram; ~ *o.'s way* [*up*] bildl. arbeta sig upp **12** m. adj.: ~ *loose* lossa [på], få loss (lös) [*he tried to ~ the screw loose*], lösgöra

III *itr* o. *tr* m. prep. o. adv., isht m. spec. övers.: ~ **against** arbeta emot, motarbeta, motsätta sig; *we are ~ing against time* det är en kapplöpning med tiden

~ **at** arbeta på (med)

~ **away** arbeta vidare [*at, on* på], arbeta (jobba) undan (på)

~ **for** arbeta för (åt) [~ *for a p.*]; ~ *for o.'s exam* arbeta på sin examen

~ **into: a**) arbeta sig (tränga) in i **b**) arbeta (foga, stoppa) in i [*can you ~ a few jokes into your speech?*] **c**) lirka in i [~ *a key into a lock*] **d**) ~ *o.s. into a rage* hetsa upp sig till raseri

~ **off: a**) lossna, glida av **b**) arbeta bort, bli av med; arbeta av [*he ~ed off his debt by doing odd jobs*]; arbeta (få) undan

~ **on: a**) arbeta på (med) **b**) [söka] påverka; bearbeta, spela på [~ *on a p.'s feelings*]

~ **out: a**) utarbeta [~ *out a plan* (*a scheme*)], utforma; arbeta fram [~ *out a compromise*], utveckla [~ *out a theory*] **b**) räkna ut (fram), beräkna; få ut, lösa [~ *out a problem*], tyda **c**) utfalla [*if the plan ~s out satisfactorily*], avlöpa [*the business was ~ing out well*]; utvecklas, gå [*let us see how it ~s out*]; lyckas [*he hoped the plan would ~ out*]; *it may ~ out all right* det kommer nog att gå bra; det kanske stämmer till sist; *these things ~ themselves out* sådant brukar ordna sig **d**) ~ *out at* (*to*) uppgå till, gå på [*the total ~s out at* (*to*) *£10*]

~ **through** arbeta sig igenom, avverka

~ **to** hålla sig till, följa [~ *to schedule*]; ~ *to rule* se *rule I 2*

~ **together** arbeta tillsammans, samarbeta

~ **towards** arbeta för [att nå] [~ *towards a peaceful settlement*]

~ **up: a**) arbeta (driva) upp [~ *up a business*]; [*he went for a walk*] *to ~ up an appetite* . . för att få aptit **b**) bearbeta, förädla; arbeta upp **c**) driva (arbeta) upp, uppbringa [*I can't ~ up sufficient interest in* . .]; stegra, höja [~ *up excitement*]; agitera upp [~ *up an opinion*] **d**) egga (hetsa) upp [~ *up people*]; driva, sporra [~ *up a p. to do a th.*]; ~ *o.s. up* hetsa (jaga) upp sig; pp.: *~ed up* upphetsad, upprörd; *get* [*all*] *~ed up* [*over nothing*] hetsa upp sig [för ingenting] **e**) arbeta sig upp äv. bildl. [*the orchestra was ~ing up to a crescendo*]

workable ['wɜːkəbl] *a* **1** möjlig att bearbeta; formbar; brukbar [~ *soil*] **2** möjlig att genomföra, genomförbar [*a ~ plan*], praktisk, användbar [*a ~ method*]

workaday ['wɜːkədeɪ] *a* **1** arbets-, vardag[s-] [~ *clothes*] **2** alldaglig, prosaisk

work-addict ['wɜːkˌædɪkt] *s* o. **workaho-ic** [ˌwɜːkə'hɒlɪk] *s* fam. arbetsnarkoman

work-basket ['wɜːkˌbɑːskɪt] *s* sykorg

work-bench ['wɜːkbentʃ] *s* arbetsbänk

workday ['wɜːkdeɪ] *s* arbetsdag [*a seve[n]-hour ~*]; vardag, söckendag

worker ['wɜːkə] *s* **1** arbetare, jobbare; a[r]betstagare; *Workers' Educational Associa[]tion* motsv. ung. Arbetarnas bildningsfö[r]bund; *~s of the world, unite!* proletärer alla länder, förenen eder!; *he is a hard* [...] han arbetar hårt **2** zool. arbetare: a) arbe[ts]bi [äv. ~ *bee*] b) arbetsmyra [äv. ~ *ant*]

work-force ['wɜːkfɔːs] *s* arbetsstyrka

workhouse ['wɜːkhaʊs] *s* hist. fattighus

work-in ['wɜːkɪn] *s* ockupation av arbe[ts]platsen som protest mot stängning av fabrik

working ['wɜːkɪŋ] **I** *s* (ss. attr. se *II*) **1** arb[e]te; verksamhet; pl.: *~s* verk [*the ~s* [*of*] *Providence*]; *the ~s of a p.'s mind* vad so[m] rör sig inom ngn **2** funktion[ssätt] **3** bea[r]betande, bearbetning; exploatering, dri[ft] [*the ~ of a mine*]; skötsel **II** *a* o. attr. *s* arbetande [*the ~ masses*], arbetar-; arbe[ts-] [~ *conditions are not too good here*] drifts-; ~ *capital* rörelse-, drifts|kapital; [~] *clothes* arbetskläder; ~ *hours* arbetstid [...] funktionsduglig, användbar; praktisk; pr[o]visorisk, preliminär [*a ~ draft*]; *he has a* [...] *knowledge of French* han kan franska t[ill] husbehov; *a ~ majority* parl. en regering[s]duglig (arbetsduglig) majoritet; *in ~ ord[er]* i användbart skick, funktionsduglig

working-class ['wɜːkɪŋ'klɑːs, attr. '- - -] arbetarklass; *the ~es* arbetarklassen

working-day ['wɜːkɪŋdeɪ] *s* arbetsda[g]; vardag, söckendag

working-|man ['wɜːkɪŋ|mæn] (pl. *-m[en]* [-men]) *s* [kropps]arbetare

working-out ['wɜːkɪŋ'aʊt] *s* utarbetan[de] [*the ~ of the plan*]; förverkligande; uträ[k]ning; jfr f. ö. *work out* under *work B III*

workless ['wɜːkləs] *a* arbetslös

work-load ['wɜːkləʊd] *s* arbetsbörda; a[r]betsprestation

work|man ['wɜːk|mən] (pl. *-men* [-mən]) arbetare; hantverkare

workmanlike ['wɜːkmənlaɪk] *a* o. **work[]manly** ['wɜːkmənlɪ] *a* väl utförd, gedige[n]

workmanship ['wɜːkmənʃɪp] *s* **1** yrke[s]skicklighet, kunnande **2** utförande [*artic[le]* *of* (i) *excellent ~*]; *this knife is good ~* ([*of*] *English ~*) den här kniven är ett fi[nt] arbete (är ett engelskt arbete); *a piece* [*of*] *solid ~* ett gediget arbete

work-mate ['wɜːkmeɪt] *s* arbetskamrat

work-out ['wɜːkaʊt] *s* **1** träningspass;

went there for a ~ han gick dit för att träna **2** genomgång, [praktiskt] prov, test
worksheet ['wɜːkʃiːt] *s* arbetssedel
workshop ['wɜːkʃɒp] *s* verkstad
work-shy ['wɜːkʃaɪ] *a* arbetsskygg
work-top ['wɜːktɒp] *s* arbets|bänk, -yta
work-to-rule ['wɜːktə'ruːl] *s* organiserad maskning metod att minska arbetsprestationen genom att följa reglementet till punkt och pricka
world [wɜːld] *s* **1** värld; jord [*go on a journey round the* ~]; ~ *champion* världsmästare; *the W~ Health Organization* världshälsoorganisationen; *W~ War I* (*II*) isht Am. = följ. ex.; *the First* (*Second*) *W~ War* första (andra) världskriget; ~*'s fair* världsutställning; *the* ~ *of letters* den litterära världen; *citizen of the* ~ världsmedborgare; *experience of the* ~ världserfarenhet; *man of the* ~ världsman, man av värld; *that's the way of the* ~ så går det till [här i världen]; *woman of the* ~ världsdam, dam av värld; *you are all the* ~ *to me* du betyder allt för mig; *the animal* ~ djurens värld, djurriket; *the fashionable* ~ den fina världen; *the literary* ~ den litterära världen; *the New* (*Old*) *W~* Nya (Gamla) världen; *what's the* ~ *coming to?* såna tider vi lever i!; *the* ~ *to come* (*be*) livet efter detta; *how goes the* ~ [*with you*]*?, how is the* ~ *using you?* fam. hur lever världen (hur står det till) med dig ?; *it's a small* ~*!* [vad] världen är liten!; *I would give the* ~ (*give* ~*s*) *to know* jag skulle ge vad som helst för att få veta; *see the* ~ se sig om[kring] i världen; *not for the* ~ inte för allt (något) i världen; *for all the* ~ *as if* precis som om; *for all the* ~ *like* på pricken lik, precis som; *how* (*what, where*) *in the* ~*?* hur (vad, var) i all världen?; *all the difference in the* ~ en himmelsvid skillnad; *he has not* [*got*] *a penny in the* ~ han äger inte ett rött öre; *bring a child into the* ~ sätta ett barn till världen; *make the best of both* ~*s* a) förena världsliga och andliga intressen b) finna en kompromiss; [*the food*] *is out of this* ~ fam. ..är inte av denna världen; *all over the* ~ över (i) hela världen; *sail round the* ~ segla jorden runt; *dead to the* ~ död för världen; ~ *without end* bibl. ...i evigheternas evighet **2** massa, mängd; *a* ~ *of* en [oändlig] massa (mängd) [*a* ~ *of trouble*]; *there is a* ~ *of difference between* .. det är en himmelsvid skillnad mellan ..; *it will do you a* (*the*) ~ *of good* det kommer att göra dig oändligt gott; [*the two books*] *are* ~*s apart* det är en enorm skillnad mellan ..; *think the* ~ *of a p.* uppskatta ngn enormt; avguda ngn
world-beater ['wɜːldˌbiːtə] *s, be a* ~ vara i världsklass
world-famous ['wɜːld'feɪməs] *a* världsberömd
worldliness ['wɜːldlɪnəs] *s* världslighet
worldly ['wɜːldlɪ] *a* världslig, jordisk; världsligt sinnad; ~ *goods* världsliga ägodelar; ~ *wisdom* världserfarenhet
worldly-minded ['wɜːldlɪ'maɪndɪd] *a* världslig[t sinnad]
worldly-wise ['wɜːldlɪ'waɪz] *a* världserfaren, världsklok
world-shaking ['wɜːldˌʃeɪkɪŋ] *a* som skakar (skakade) hela världen [*a* ~ *crisis*]
world-weary ['wɜːldˌwɪərɪ] *a* trött på allt världsligt, världstrött; levnadstrött
worldwide ['wɜːld'waɪd] *a* världsomfattande, världsomspännande, global
worm [wɜːm] **I** *s* **1** mask; [små]kryp; bildl. stackare, [människo]kryp; *can of* ~*s* bildl. trasslig härva; *even a* ~ *will turn* ung. även den tålmodigaste reser sig till slut **2** [inälvs]mask **II** *tr,* ~ *o.s.* (~ *o.'s way*) *in* (*into*) orma (åla, slingra) sig in (in i); ~ *o.s. into a p.'s favour* nästla (ställa) sig in hos ngn; ~ *a th. out of a p.* locka (lirka) ur ngn ngt
worm-eaten ['wɜːmˌiːtn] *a* maskäten
wormwood ['wɜːmwʊd] *s* bot. o. bildl. malört
wormy ['wɜːmɪ] *a* **1** full av mask; masksäten **2** masklik
worn [wɔːn] *a* o. *pp* (av *wear*) nött, sliten, bildl. äv. tärd, medtagen, trött [*with* av], avfallen; avlagd, begagnad [~ *clothes*]
worn-out ['wɔːnaʊt] attr. *a* utsliten etc., jfr *wear out* under *wear A III*
worried ['wʌrɪd] *a* orolig, ängslig, bekymrad [*about, over* för, över; *at* över]
worrisome ['wʌrɪsəm] *a* besvärlig [*a* ~ *problem*], irriterande, plågsam [*a* ~ *cough*]
worry ['wʌrɪ] **I** *tr* **1** oroa, bekymra,plåga, pina; ~ *the life out of a p.,* ~ *a p. to death* plåga (pina) livet ur ngn; göra ngn mycket nervös; ~ *o.s.* oroa (bekymra) sig [*about* för, över]; *don't let it* ~ *you* oroa dig inte för det **2** ansätta [~ *a p. with foolish questions*], trakassera **3** oroa, störa [~ *the enemy*] **4** bita (hugga) i strupen [*the dog worried the sheep*], sätta tänderna i [och ruska om] [*the cat worried the mouse*] **II** *itr* oroa (bekymra) sig, ängslas [*about, over* över, för]; grubbla [*about, over* över, på]; ~ *about* äv. bry sig om [*don't* ~ *about it if you are busy*]; *I should* ~*!* fam. det struntar jag blankt i, det rör mig inte i ryggen; *I'll* (*we'll*) ~ *when the time comes* den tiden, den sorgen; *don't* [*you*] ~*!* oroa dig inte!; *not to* ~*!* fam. ingenting att bry sig om!, ta det lugnt! **III** *s* oro, bekymmer, sorg; besvär[lighet]
worry-guts ['wʌrɪɡʌts] *s* fam., *he is a* ~ han

kan inte låta bli att oroa sig
worrying ['wʌrɪɪŋ] *a* plågsam, enerverande
worse [wɜ:s] **I** *a* o. *adv* (komp. av *bad, badly, ill*) värre, sämre; ~ *luck* se *luck*; *be* ~ *off* ha det sämre [ställt], vara sämre; *get* (*grow, become*) ~ bli värre (sämre), förvärras, försämras; *to make matters* ~ till råga på eländet; *stop it or it will be the* ~ *for you* sluta, annars blir det värst för dig själv; *so much the* ~ *for him* desto (så mycket) värre för honom; [*I stayed up all night*] *without being the* ~ *for it* . . utan att må illa (ta någon skada) av det; *be the* ~ *for drink* (*liquor*) vara berusad; *be the* ~ *for wear* se *wear B 3*; *he is none the* ~ *for it* han har inte tagit [någon] skada av (blivit lidande på) det **II** *s* värre saker, något [ännu] värre [*I have* ~ *to tell*]; *for the* ~ till det sämre
worsen ['wɜ:sn] **I** *tr* förvärra, försämra **II** *itr* förvärras; försämras
worship ['wɜ:ʃɪp] **I** *s* **1** dyrkan, tillbedjan; gudstjänst; andakt[sövning]; *religious* ~ religionsutövning; *place of* ~ gudstjänstlokal [*churches and other places of* ~] **2** *Your W*~ Ers nåd, herr domare **II** *tr* dyrka, tillbe[dja], bildl. äv. avguda [*she* ~*ped him*]
worshipful ['wɜ:ʃɪpfʊl] *a* **1** vördnadsfull [*of* mot], andäktig **2** i titlar o. d. vördig; *Right* (*Very*) *W*~ högvördig
worshipper ['wɜ:ʃɪpə] *s* **1** dyrkare, tillbedjare **2** gudstjänstdeltagare, kyrkobesökare
worst [wɜ:st] **I** *a* o. *adv* (superl. av *bad, badly, ill*) värst, sämst; *be* ~ *off* ha det sämst [ställt] (svårast); *come off* ~ klara sig sämst, dra det kortaste strået **II** *s, the* ~ den värsta, de värsta, det värsta [*the* ~ *is yet to come* (återstår)], den (det, de) sämsta; *the* ~ [*of it*] *is that* . . det värsta (sämsta) [av allt] är att . .; *that's the* ~ *of being alone* det är det värsta med att vara ensam; *do o.'s* ~ göra det värsta (göra all den skada) man kan; *get the* ~ *of the bargain* förlora på affären; *have* (*get*) *the* ~ *of it* dra det kortaste strået; råka värst ut; *I want to know the* ~ jag vill veta sanningen [även om den är obehaglig]; *think the* ~ *of a p.* tro ngn om det värsta; *at* [*the*] ~ i värsta (sämsta) fall; *when things are at their* ~ när det är som värst (sämst); [*you have seen London*] *at its* ~ . . från dess sämsta sida; *if the* ~ *comes to the* ~ i värsta (sämsta) fall, om det värsta skulle hända **III** *tr* besegra, övervinna
worsted ['wʊstɪd] **I** *s* **1** kamgarn **2** kamgarnstyg **II** *a* kamgarns- [~ *suit*]
wort [wɜ:t] *s* vört
worth [wɜ:θ] **I** *a* värd [*it's* ~ *£5*]; ~ *little* föga värd; ~ *while* se *while I 2* o. *worthwhile*; *he died* ~ [*a million pounds*] han efterlämnade vid sin död [tillgångar på] . .; *it is as much as his life is* ~ det kan kosta honom livet; *show what one is* ~ visa vad man duger till (går för); *it is* ~ *noticing* det förtjänar anmärkas; ~ *reading* värd att läsa[s], läsvärd; *be* ~ *seeing* vara värd att se[s], vara sevärd; *for all one is* ~ av alla krafter, för glatta livet; [*I'll give you a tip*] *for what it is* ~ . . vad det nu kan vara värt **II** *s* **1** värde; *know o.'s* ~ känna sitt eget värde **2** *a hundred pounds'* ~ *of goods* varor för hundra pund; *get* (*have*) *o.'s money's* ~ få valuta för pengarna
worthily ['wɜ:ðəlɪ] *adv* värdigt
worthiness ['wɜ:ðɪnəs] *s* värdighet, [inre] värde, förtjänst
worthless ['wɜ:θləs] *a* värdelös [*a* ~ *contract*]; oanvändbar; undermålig
worthwhile ['wɜ:θwaɪl] attr. *a* som är värd att göra [*a* ~ *experiment*], värd besväret; givande, värdefull [~ *discussions*]; lönande
worthy ['wɜ:ðɪ] **I** *a* **1** värdig [*a* ~ *successor*] **2** aktningsvärd, hedervärd, hederlig **3** värd; ~ *of* värd [*an attempt* ~ *of a better fate*]; [som är] värdig [*an opponent* ~ *of him*]; förtjänt av; *be* ~ *of* vara värd, förtjäna [*be* ~ *of praise*]; ~ *of respect* aktningsvärd; *I am not* ~ *of her* jag är henne inte värdig **II** *s* **1** storman, storhet [*an Elizabethan* ~] **2** skämts. el. iron. hedersman
wot [wɒt] *pron* o. *adv* dial. = *what*
would [wʊd, obeton. wəd, əd, d] *hjälpvb* (imp. av *will*) **1** skulle [*I* (*you, he*) ~ *do it if I* (*you, he*) *could*; *he was afraid something* ~ *happen*]; *that* ~ *have been* [*marvellous*] äv. det hade varit . .; *that* ~ *be nice* äv. det vore trevligt; ~ *you believe it?* kan man tänka sig!; *I* ~*n't know* inte vet jag; *how* ~ *I know?* hur skulle jag kunna veta det?; *if that* ~ *suit you* om det passar **2** ville [*he* ~*n't do it*; *I could if I* ~]; *I wish you* ~ *stay* jag önskar du ville stanna, jag skulle vilja att du stannade; *if it* ~ *only stop raining* om det bara ville sluta regna **3** skulle [absolut]; [*he dropped the cup* –] *of course he* ~ . . typiskt för honom!; *of course it* ~ *rain* [*on the day we chose for a picnic*] naturligtvis måste (skulle) det regna . . **4** skulle vilja [~ *you do me a favour?*]; *we* ~ *further point out* äv. (högt.) vi vill vidare påpeka; *shut the door,* ~ *you?* [ta och] stäng dörren är du snäll!; [*would you like to go to the Zoo?*–] ~*n't I just!* . . om!; [*I*] ~ *I were dead* jag önskar att jag var död; [*I*] ~ *to Heaven* (*to God*) *it were* (*was*) *true* Gud give att det vore (var) sant; *turn where he* ~ vart han än vände sig **5** brukade, kunde [*he* ~ *sit for hours doing nothing*] **6** torde; *he* ~ *be your uncle, I suppose* han är väl din farbror?; *it* ~ *be about four o'clock* klockan var väl (torde ha varit) ungefär fyra; *it* ~

seem (*appear*) *that* .. det vill synas som om ..

would-be ['wudbi:] *a* **1** tilltänkt [*the* ~ *victim*]; blivande, in spe [*a* ~ *conductor*]; ~ *buyers* eventuella köpare **2** så kallad, s.k. [*a* ~ *philosopher*], påstådd, föregiven

wouldn't ['wudnt] = *would not*

wouldst [wudst] åld. 2 pers. sg. av *would* [*thou* ~]

1 wound [waund] imp. o. pp. av *2 wind* o. *3 wind*

2 wound [wu:nd] **I** *s* sår; *a bullet* ~ ett sår efter en kula; *inflict a* ~ *upon a p.* såra ngn; *lick o.'s* ~*s* slicka sina sår äv. bildl.; *reopen old* ~*s* bildl. riva upp gamla sår **II** *tr* såra, bildl. äv. kränka; *badly* ~*ed* svårt sårad

wove [wəuv] imp. av *1 weave*

woven ['wəuvən] pp. av *1 weave*; ~ *fabric* vävt tyg, väv, vävnad

1 wow [wau] **I** *interj* oj [oj] då!; oj, oj! [~! *what a dress!*], det var som tusan!, nej men! **II** *s* sl. braksuccé

2 wow [wau] *s* långsamt svaj i ljudåtergivningen på ett tonband

wrack [ræk] *s* sjögräs, tång som kastats upp på stranden

wraith [reɪθ] *s* vålnad, gengångare, ande

wrangle ['ræŋgl] **I** *itr* gräla, käbbla, käfta, kivas **II** *s* gräl, käbbel, kiv

wrap [ræp] **I** *tr* **1 a)** ~ [*up*] svepa, svepa in [*in* i]; svepa om [*in* med]; linda (veckla, vira) in, slå in, packa in [*in* i; ~ *a th.* [*up*] *in paper*]; hölja [in], täcka; ~ [*up*] *a parcel* slå in ett paket; ~ *o.s. up* [*well*] klä på sig ordentligt **b)** ~ *a th. round* (*around, about*) svepa (linda, vira) ngt kring (runt, om), slå ngt kring (runt, om) [~ *paper round it*] **2** bildl., ~ [*up*] dölja, hölja, linda in [*he* ~*s up his meaning in obscure language*], svepa in; ~*ped up in* a) fördjupad i, helt absorberad av [~*ped up in o.'s studies* (*work*)] b) nära (intimt) förknippad med c) fam. inblandad i, insyltad i; *be* ~*ped up in o.s.* vara självupptagen; ~*ped* [*up*] *in mystery* höljd i dunkel **3** fam., ~ *up* a) avsluta, greja, fixa b) göra slut på; *they had the match* ~*ped up* de hade matchen helt i sin hand **4** sl., ~ *it up!* lägg av!, sluta! **II** *itr*, ~ *up* [*well*] klä på sig ordentligt **III** *s* **1** a) sjal; [res]filt b) pl. ~*s* ytterplagg, ytterkläder c) badkappa; *evening* ~ aftonkappa; *morning* ~ morgonrock **2** *keep under* ~*s* hålla hemlig

wrapper ['ræpə] *s* omslag, hölje; skyddsomslag på bok; [tidnings]banderoll

wrapping ['ræpɪŋ] *s* **1** ofta pl.: ~*s* omslag, hölje; emballage, förpackning; kapsel **2** [omslags]papper

wrapping-paper ['ræpɪŋ,peɪpə] *s* omslagspapper

wrath [rɒθ, Am. ræθ] *s* isht poet. vrede [*the day of* ~]; *in* ~ i vredesmod

wrathful ['rɒθful, Am. 'ræθ-] *a* isht poet. vredgad, vred, rasande, förbittrad

wreak [ri:k] *tr* **1** utösa, utgjuta, ösa [~ *o.'s rage on* (över) *a p.*] **2** utkräva, ta [~ *vengeance* [*up*]*on a p.*] **3** tillfoga, vålla, anställa; ~ *havoc* [*up*]*on* anställa förödelse på

wreath [ri:θ, i pl. ri:ðz el. -θs] *s* **1** krans av blommor m. m., girland **2** vindling, virvel, slinga [*a* ~ *of smoke*], ring, snirkel, spiral

wreathe [ri:ð] *tr* **1** bekransa [~*d with flowers*], omge; *be* ~*d in* bekransas (omges) av; *his face was* ~*d in smiles* se *smile II* **2** vira, linda, fläta, binda [*round, about* kring, runt] **3** binda [ihop], fläta (vira) samman, sno ihop [*into* till]

wreck [rek] **I** *s* **1** skeppsbrott, förlisning, strandning; haveri **2** ödeläggelse, förstöring; spoliering, kullkastande; undergång, fördärv, fall **3** vrak, skepps-, bil|vrak; pl.: ~*s* vrakspillror **4** bildl. vrak, ruin; spillra, spillror, rest[er]; *he is but a* ~ *of his former self* han är blott en skugga av sitt forna jag **II** *tr* **1** komma att förlisa (stranda, haverera); kvadda; *be* ~*ed* lida skeppsbrott, stranda, haverera äv. bildl., förlisa [*the ship was* ~*ed*], totalförstöras; bli kvaddad **2** ödelägga, förstöra, undergräva [*his health was* ~*ed*], spoliera, kullkasta **3** Am. skrota [ned], riva [~ *houses*]

wreckage ['rekɪdʒ] *s* **1** vrakspillror, vrakdelar; strandvrak **2** skeppsbrott; haveri **3** ödeläggelse, förstörelse

wrecked [rekt] *a* förlist, skeppsbruten etc., jfr *wreck II*; ~ *lives* urspårade individer

wrecker ['rekə] *s* **1** vrakbärgare; bärgningsbåt **2** vrakplundrare **3** förstörare, skadegörare, sabotör **4** Am. husrivare, rivningsarbetare **5** Am. bärgningsbil

wrecking ['rekɪŋ] *a* Am. bärgnings-; ~ *car* (*truck*) bärgningsbil; ~ *train* hjälptåg

wren [ren] *s* zool. gärdsmyg

wrench [rentʃ] **I** *s* **1** [häftigt] ryck, vridning, bändning; *give a* ~ *at* vrida om (till) **2** vrickning, stukning, [för]sträckning; *give o.'s ankle a* ~ vricka (stuka) foten **3** bildl. [hårt] slag, [svår] förlust [*her death was a great* ~ *to him*] **4** skiftnyckel, Am. äv. skruvnyckel **II** *tr* **1** [häftigt] rycka [loss (av)] [~ *a gun from a p.*], slita [loss (av)] [~ *the door off* (från) *its hinges*], vrida; bända; ~ *o.s. from* .. slita (vrida) sig ur .. **2** vricka, stuka [~ *o.'s ankle* (foten)] **3** förvanska, förvränga [~ *the meaning of the text*]

wrest [rest] *tr* [häftigt] vrida, rycka, slita [*from* från; *out of a p.'s hands* ur händerna på ngn]; ~ *a th. from a p.* äv. pressa (tvinga) av ngn ngt, bildl. äv. pressa (tvinga) fram ngt ur ngn [~ *a secret from a p.*]

wrestle ['resl] **I** *itr* brottas, kämpa äv. bildl.

[*with* med] **II** *tr* **1** brottas med **2** ~ *to the ground* fälla till marken **III** *s* **1** brottning; brottningsmatch **2** bildl. kamp

wrestler ['reslə] *s* brottare

wrestling ['reslɪŋ] *s* brottning

wrestling-match ['reslɪŋmætʃ] *s* brottningsmatch; brottartävling

wretch [retʃ] *s* **1** stackare, eländig varelse **2** usling **3** skämts. skojare, spjuver

wretched ['retʃɪd] *a* **1** [djupt] olycklig, eländig [*feel* ~], hopplös [*a* ~ *existence*]; stackars [*the* ~ *woman*] **2** usel, futtig **3** bedrövlig, urusel [~ *weather*] **4** fam. förbaskad [*a* ~ *cold*]

wretchedness ['retʃɪdnəs] *s* **1** olycka, förtvivlan; elände, misär **2** lumpenhet, uselhet **3** uruselt skick; uselhet, undermålighet

wrick [rɪk] *tr* se *2 rick*

wriggl|e ['rɪgl] **I** *itr* slingra sig, vrida sig, åla sig; *the boy kept -ing in his chair* pojken satt inte stilla ett ögonblick i stolen; ~ *out of* åla sig ur; slingra sig ur (från) äv. bildl. [*he tried to* ~ *out of his promise*] **II** *tr* vrida på, vicka på [~ *o.'s hips*]; ~ *o.'s way* slingra sig [fram], åla sig; ~ *o.s. into a p.'s favour* nästla sig in hos ngn **III** *s* **1** slingrande (ålande) rörelse, slingring; vickning **2** snirkel

wright [raɪt] *s* ss. efterled i sms. -byggare [*shipwright*], -makare [*cartwright*], -författare [*playwright*]; jfr vid. resp. sms.

wring [rɪŋ] **I** (*wrung wrung*) *tr* **1** a) vrida [~ *o.'s hands in despair*] b) vrida (krama) ur [~ *the water from* el. *out of* (ur) *wet clothes*] c) krama, pressa, trycka [*he wrung my hand hard*]; ~ *a p.'s neck* vrida halsen (nacken) av ngn; ~ *a th. out of* (*from*) *a p.* pressa (tvinga) av ngn ngt [~ *money* (*a confession*) *out of* (*from*) *a p.*], pressa ur ngn ngt; ~ *out* vrida (krama) ur [~ *out the water from* (ur) *wet clothes*] **2** *it* ~*s my heart to hear*.. det är hjärtskärande att höra.. **3** förvrida, förvränga **II** *s* vridning, kramning; *give the washing a* ~ vrida (krama) ur tvätten

wringer ['rɪŋə] *s* **1** vridmaskin **2** Am. pärs, eldprov; *go through the* ~ sättas på prov

wringing ['rɪŋɪŋ] *adv*, ~ *wet* drypande våt, dyblöt

wrinkle ['rɪŋkl] **I** *s* **1** rynka, skrynkla, veck; rynkning [*a* ~ *of* (på) *the nose*] **2** fam. [bra] tips, vink, råd **II** *tr* rynka, rynka på [*she* ~*d her nose*]; skrynkla, skrynkla till (ned), vecka [äv. ~ *up*; *he* ~*d* [*up*] *his forehead*] **III** *itr* bli rynkig (skrynklig), rynka sig, skrynklas

wrinkled ['rɪŋkld] *a* o. **wrinkly** ['rɪŋklɪ] *a* rynkig, skrynklig

wrist [rɪst] *s* handled, handlov[e]

wristband ['rɪstbænd] *s* **1** handlinning, manschett **2** armband

wristlet ['rɪstlət] *s* **1** armband; ~ *watch* armbandsur **2** mudd

wrist-watch ['rɪstwɒtʃ] *s* armbands|ur, -klocka

writ [rɪt] *s* **1** jur. skrivelse, handling; [skriftlig] kallelse; *serve a* ~ *on a p.* delge ngn stämning **2** *Holy* (*Sacred*) *W*~ den heliga skrift

write [raɪt] (*wrote written*; se äv. *written*) **I** *tr* (se äv. *III*) skriva, skriva ner (ut), författa; hand. o. fam. skriva till [*I wrote him last week*] **II** *itr* (se äv. *III*) **1** skriva; ~ *for* a) skriva för (i) [~ *for a newspaper*] b) skriva efter, rekvirera; ~ *for a living* leva (försörja sig) på att skriva; ~ *in ink* (*pencil*) skriva med bläck (blyerts); ~ *on a subject* skriva om (över) ett ämne; ~ *home about* se *home III 1* **2** skriva, författa; vara författare **3** gå [att skriva med]; *the pen won't* ~ äv. pennan tar inte **III** *tr* o. *itr* med adv. isht med spec. övers.: ~ **back** svara [per brev]; ~ **down**: **a**) skriva upp (ner), anteckna [~ *it down*] **b**) hand. skriva ner [~ *down capital* (*an asset*)] **c**) ~ *down to the public* sänka sig till publikens nivå, skriva alltför publikfriande; ~ **in**: **a**) skriva in (till), tillfoga [~ *in an amendment to the law*] **b**) 'skriva om, skicka in [~ *in o.'s requests*]; ~ *in for* skriva efter, beställa, rekvirera [~ *in for our catalogue*]; ~ **off**: **a**) avskriva äv. bildl. [~ *off a debt*], avfärda [*it was written off as a failure*] **b**) ~ *off for* skriva efter, rekvirera, beställa; ~ *off to* skriva [brev] till; ~ **out** skriva ut [~ *out a cheque*]; ~ **up**: **a**) föra à jour, komplettera [~ *up a diary*] **b**) utarbeta, skriva ihop (ner) [~ *up a report*] **c**) slå upp [stort], uppförstora [*an affair written up by the press*] **d**) lovorda, ge en fin recension [*the critics wrote up the play*] **e**) hand. skriva upp [~ *up an asset*] **f**) ~ *up about a th.* skriva en insändare om ngt

writer ['raɪtə] *s* författare, skribent; ~*'s cramp* skrivkramp; *the* [*present*] ~ undertecknad; *the* ~ *of the letter* brevskrivaren

write-up ['raɪtʌp] *s* fam. [utförlig] redogörelse, rapport; [fin] recension, [press]kritik; *a bad* ~ en dålig recension, dålig kritik

writhe [raɪð] *itr* **1** vrida sig [~ *with* el. *under* (av, i) *pain*]; bildl. våndas, pinas **2** förvridas [*his mouth* ~*d*]

writing ['raɪtɪŋ] **I** *s* **1** skrift; *in* ~ äv. skriftlig; skriftligt, skriftligen; *put* [*down*] *in* ~, *take down in* ~ skriva ner, avfatta skriftligt **2** skrivande, skrivning; skrivkonst; ~ *is difficult* det är svårt att skriva **3** författarverksamhet, författarskap; skriveri [*on* om]; *he turned to* ~ [*at an early age*] han började skriva.. **4** [hand]stil **5** inskrift, inskription; skrift; *the* ~ *on the wall* skriften på väggen, ett dåligt omen **6** stil [*narra-*

tive ~]; språk **7** skrift, arbete, verk [*his collected* ~*s*]; *the* [*sacred* (*holy*)] ~*s* Skriften, den heliga skrift **II** attr. *a* skriv-; ~ *materials* skrivmaterial, skrivdon

writing-desk ['raɪtɪŋdesk] *s* skrivbord

writing-pad ['raɪtɪŋpæd] *s* **1** skrivunderlägg **2** skrivblock

writing-paper ['raɪtɪŋˌpeɪpə] *s* skrivpapper, brevpapper

writing-table ['raɪtɪŋˌteɪbl] *s* skrivbord

written ['rɪtn] *a* o. *pp* (av *write*) skriven; skriftlig [~ *test*]; ~ *language* skriftspråk

wrong [rɒŋ] **I** *a* **1** orätt [*it is* ~ *to steal*], orättfärdig; orättvis; vrång **2** fel [*he got into the* (kom på) ~ *train*], felaktig, galen, orätt, oriktig; *sorry,* ~ *number!* förlåt, jag (ni) har fått (slagit) fel nummer (kommit fel)!; *be on the* ~ *road* ha råkat på avvägar; *be on the* ~ *side of fifty* vara över femtio [år]; *get on the* ~ *side of a p.* ta ngn på fel sätt; komma på kant med ngn; *get out of bed* (*get up*) *on the* ~ *side* fam. vakna på fel sida; *the* ~ *way round* bakvänd; bakvänt, bakfram; *go the* ~ *way* gå vilse, komma fel (galet); *go the* ~ *way about it* börja i galen (fel) ända; *go the* ~ *way to work* gå felaktigt till väga; *the food went* [*down*] *the* ~ *way* maten fastnade i vrångstrupen (kom i fel strupe); *rub a p.* [*up*] *the* ~ *way* se *rub I*; *be* ~ ha fel, ta fel (miste); *you're* ~ *there!* där tar (har) du fel!; *be* ~ *in the* (*o.'s*) *head* fam. vara dum [i huvudet]; *it's all* ~ det är uppåt väggarna [galet]; *there is nothing* ~ *in asking* ung. det gör väl inget om man frågar; *my watch is* ~ min klocka går fel; *what's* ~ *with . .?* a) vad är det för fel med (på) . .? b) vad har du emot . .? c) hur skulle det vara med . .?, varför inte [ta] . .? [*what's* ~ *with plain bread and butter?*] **II** *adv* orätt, oriktigt [*act* ~]; fel, galet [*guess* ~]; vilse; *do* ~ handla (göra) orätt (fel); *you've got it all* ~ du har helt missuppfattat det, du har fått alltsammans om bakfoten; *don't get me* ~*!* missförstå mig inte!, förstå mig rätt!; *go* ~ a) gå (komma) fel (vilse); komma på villovägar; göra fel b) misslyckas [*our marriage went* ~], gå snett c) fam. gå sönder, paja **III** *s* orätt [*right and* ~]; orättfärdighet; oförrätt, orättvisa, ont; missförhållande; *two* ~*s do not make a right* man kan inte utplåna en orätt genom att begå en ny; *do* ~ *to* (*by*) *a p., do a p.* ~ a) göra orätt mot ngn, göra ngn ont; förorätta ngn b) bedöma ngn orätt, göra ngn orätt; *the King can do no* ~ kungen är ofelbar; *I had done no* ~ jag hade inget ont gjort; *be in the* ~ a) ha orätt (fel) b) vara skyldig; *put a p. in the* ~ lägga skulden på ngn **IV** *tr* **1** förorätta, förfördela, kränka [*she was deeply* ~*ed*] **2** vara orättvis mot

wrongdoer ['rɒŋ'duə, -ˌduə] *s* **1** syndare **2** ogärningsman, lagbrytare

wrongdoing ['rɒŋ'du:ɪŋ] *s* ond gärning, missgärning; oförrätt; synd, förseelse

wrongful ['rɒŋf*u*l] *a* **1** orätt|vis, -färdig **2** olaglig, orättmätig

wrong-headed ['rɒŋ'hedɪd] *a* **1** halsstarrig, vrångsint, tjurskallig **2** befängd, tokig

wrongly ['rɒŋlɪ] *adv* **1** fel, felaktigt, fel- [~ *spelt*], orätt **2** orättvist [~ *accused*]

wrote [rəut] imp. av *write*

wrought [rɔ:t] **I** imp. o. pp. av *work*, se *work B* **II** *a* **1** formad, arbetad, bearbetad; smidd, hamrad [~ *copper*]; ~ *iron* smidesjärn **2** prydd, dekorerad, utsirad

wrought-up ['rɔ:t'ʌp] *a* upphetsad

wrung [rʌŋ] imp. o. pp. av *wring*

wry [raɪ] (adv. *wryly*) *a* **1** sned, skev **2** spydig; *make* (*pull*) *a* ~ *face* göra en grimas (sur min); ~ *humour* torr (besk) humor; ~ *smile* tvunget leende

wry-mouthed ['raɪmauðd] *a* snedmynt

W.S.W. förk. för *west-south-west* västsydväst

W.T. o. **W/T** förk. för *wireless telegraphy*

wt förk. för *weight*

Wyoming [waɪ'əumɪŋ]

X

X, x [eks] (pl. *X's, x's* ['eksɪz]) *s* **1** X, x **2** X, x beteckning för okänd faktor, person m. m. [*x* = *y*; *Mr. X*] **3** kryss; äv. symbol för kyss i brev o. d.

X [eks] *a* o. *s* barnförbjuden [film], [film] förbjuden för personer under 18 år

X-chromosome ['eksˌkrəuməsəum] *s* X-kromosom

xenon ['zenɒn] *s* kem. xenon

xenophobe ['zenə*u*fəub] *s* person som lider av främlingsskräck, främlingshatare

xenophobia [ˌzenə*u*'fəubjə] *s* främlings|skräck, -hat, xenofobi

Xerox ['zɪərɒks] ® **I** *s* **1** Xerox[system]; Xeroxapparat **2** Xeroxkopia, fotokopia, xerografisk kopia **II** *tr* o. *itr, x*~ xeroxkopiera, fotokopiera

X-flash ['eksflæʃ] *s* fotogr. bländare synkroniserad med elektronblixt

Xmas ['krɪsməs] *s* kortform för *Christmas*

X-ray ['eksreɪ] **I** *s* **1** a) röntgenstråle, X-stråle b) ~ el. pl. ~*s* röntgen c) attr. röntgen-; ~ [*examination*] röntgenundersökning; ~ [*photograph*] röntgen|bild, -fotografi **2** röntgenapparat **II** *tr* **1** röntga,

röntgenfotografera **2** röntgenbehandla
Xt förk. för *Christ*
xylophone ['zaɪləfəʊn, 'zɪl-] *s* mus. xylofon

Y, y [waɪ] (pl. *Y's, y's* [waɪz]) *s* **1** Y, y **2** mat. Y, y beteckning för bl. a. okänd faktor
y. förk. för *1 yard[s], year[s]*
yacht [jɒt] *s* sjö. [lust]jakt, yacht, segelbåt; [motor]kryssare; kappseglingsbåt
yacht-club ['jɒtklʌb] *s* segelsällskap, yachtklubb
yachting ['jɒtɪŋ] **I** *s* segling, segelsport **II** *a* o. attr. *s* [lust]jakt-, segel-, båt- [*~ trip*], seglar- [*~ cap*]
yachts|man ['jɒts|mən] (pl. *-men* [-mən]) *s* seglare, kappseglare; yacht-, båt|ägare
yak [jæk] *s* zool. jak, grymtoxe
Yale [jeɪl] **1** ~ [*University*] i New Haven, Connecticut, USA:s näst äldsta universitet **2** ~ *lock* yalelås, patentlås
yam [jæm] *s* **1** jams[rot] **2** Am. dial. sötpotatis
yammer ['jæmə] isht Am. fam. **I** *itr* **1** jämra sig, gnälla **2** gorma, gasta **II** *s* **1** jämmer, gnäll **2** gormande, gastande
Yank [jæŋk] *s* o. *a* fam. för *Yankee*
yank [jæŋk] fam. **I** *tr* o. *itr* rycka [i], dra [i], hugga tag [i] **II** *s* ryck, knyck
Yankee ['jæŋkɪ] **I** *s* **1** fam. yankee, jänkare, amris **2** Am. nordstatsbo **II** *a* fam. yankee-, [äkta] amerikansk; Am. nordstats-
yap [jæp] **I** *itr* **1** gläfsa, bjäbba **2** sl. tjata, tjafsa; snacka **II** *s* **1** gläfs[ande], bjäbbande **2** sl. tjat, tjafs; snack
yappy ['jæpɪ] *a* gläfsande, bjäbbande
1 yard [jɑ:d] *s* **1** yard (= 3 *feet* = 0, 9144 m) [*a ~ and a half of cloth*] **2** sjö. rå
2 yard [jɑ:d] *s* **1** a) [inhägnad] gård, gårdsplan b) Am. trädgård **2** område, inhägnad; upplagsplats; ss. efterled i sms. ofta -gård [*timber-yard*] **3** varv [äv. *dockyard, shipyard*] **4** [*railway*] ~ bangård **5** *the Y~* fam. för [*New*] *Scotland Y~*
yardarm ['jɑ:dɑ:m] *s* sjö. rånock
yardstick ['jɑ:dstɪk] *s* yardmått[stock], tumstock; bildl. måttstock
yarn [jɑ:n] *s* **1** garn; tråd; sjö. kabelgarn **2** fam. [skeppar]historia; *spin a ~* dra en [skeppar]historia
yarrow ['jærəʊ] *s* bot. rölleka
yaw [jɔ:] sjö. o. flyg. **I** *itr* gira [ur kurs] **II** *s* gir
yawl [jɔ:l] *s* sjö. **1** yawl **2** [liten] fiskebåt **3** liten skeppsbåt, jolle, julle
yawn [jɔ:n] **I** *itr* **1** gäspa **2** gapa, öppna sig [*an abyss ~ed before his eyes*], stå öppen **II** *tr, ~ o.'s head off* gäspa käkarna ur led **III** *s* **1** gäspning **2** avgrund, svalg, gap
yawning ['jɔ:nɪŋ] *a* **1** gäspande **2** gapande [*a ~ abyss*]
yawp [jɔ:p] isht Am. fam. **I** *itr* skräna, skrika; gorma **II** *s* skrän, skrik; gormande
yaws [jɔ:z] *s pl* läk. framboesia, frambösi
Y-chromosome ['waɪˌkrəʊməsəʊm] *s* Y-kromosom
yd[s]. förk. för *yard[s]*, se *1 yard*
1 ye [ji:] åld. skrivning för *the* [*Ye Olde Tea Shoppe*]
2 ye [ji:, obeton. jɪ] *pers pron* **1** åld. (eg. pl. av *thou*) I; Eder **2** fam. el. dial. för *you* i vissa fraser [*how d'ye do?*; *thank ~*]
yea [jeɪ] åld. el. dial. **I** *adv* **1** ja, jo **2** ja [till och med] [*he was ready, ~ eager*] **II** *s* ja, jaröst; jaröstare; *~s and nays* ja- och nejröster; *the ~s have it* jarösterna överväger
yeah [jeə, je] *adv* fam. ja; *oh ~?* jaså?, säger du det?, verkligen?
year [jɪə] *s* år; årtal; årgång; *~ of birth* födelseår; *~s and ~s* många herrans år; [*he looks older* (*younger*)] *than his ~s* . . än han är; *last ~* i fjol, förra året; *this ~* i år; *this day ~* i dag om ett år; *it will be ~s before* . . det kommer att dröja år ([i] åratal) innan . .; *he has been dead these two ~s* han har varit död nu i två år; *a ~ or two ago* för ett par år sedan; *~s ago* för flera (många) år sedan; *~s and ~s ago* för många herrans år sedan; *donkey's ~s* se *donkey*; *~ by* (*after*) *~* år för (efter) år; *by next ~* till (senast) nästa år; *by the ~* per år; *for* (*in* isht Am.) *~s* i (på) åratal (många år); *for ~s to come* under (i) kommande år; *in the ~ 2000* år 2000; [*I haven't seen him*] *in ~s* se *for ~s* ovan; *in two ~s* på (om) två år; *he is getting on* (*advancing*) *in ~s* han börjar bli till åren (bli gammal); *Footballer of the Y~* årets fotbollsspelare; *of late* (*recent*) *~s* på (under) senare år; *over the ~s* se *over I 4*
yearbook ['jɪəbʊk] *s* årsbok; [års]kalender
yearly ['jɪəlɪ] **I** *a* årlig, års- **II** *adv* årligen, en gång om året
yearn [jɜ:n] *itr* längta, trängta [*for* (*after*) *a th.* efter ngt; *to do* [efter] att göra], tråna
yearning ['jɜ:nɪŋ] **I** *s* [stark] längtan, åtrå, trängtan **II** *a* längtansfull, längtande
yeast [ji:st] *s* jäst
Yeats [jeɪts]
yell [jel] **I** *itr* [gall]skrika, tjuta, vråla; skräna, gasta **II** *tr* skrika [ut] [äv. *~ out* (*forth*)] **III** *s* skrik, tjut, vrål; anskri
yellow ['jeləʊ] **I** *a* **1** gul; *~ fever* gula febern; *~ line* trafik. gul linje längs trottoarkant markerande parkeringsförbud; *the ~ pages*

Am. gula sidorna yrkesregister i telefonkatalog; *the Y~ Peril* [den] gula faran; *the ~ press* gula pressen, sensationspressen; *grow ~* bli gul, gulna **2** fam. feg, skraj; *he has a ~ streak in him* det finns ett drag av feghet hos honom **II** *s* **1** gult [*dressed in ~*]; gul färg **2** äggula **3** guling mongol

yellow-belly ['jeləʊ,belɪ] *s* sl. fegis

Yellowstone ['jeləʊstəʊn, -stən] egennamn; *~ National Park* nationalpark i Klippiga bergen i USA

yellowy ['jeləʊɪ] *a* gulaktig

yelp [jelp] **I** *itr* gläfsa, skälla, tjuta; skrika **II** *s* gläfs, [skarpt] skall, tjut; skrik

1 yen [jen] (pl. vanl. *yen*) *s* yen japanskt mynt

2 yen [jen] sl. **I** *s* het längtan, begär; lust **II** *itr* längta intensivt

yeo|man ['jəʊ|mən] (pl. *-men* [-mən]) *s* **1** hist. [självägande] bonde, odalbonde **2 a)** hist. kammartjänare, betjänt **b)** *do ~ service* bildl. göra trogen (god) tjänst **3** *Y~ of the Guard* liv|gardist, -drabant isht i Towern

yeomanry ['jəʊmənrɪ] *s* hist. [självägande] bondestånd, odalmän

yep [jep] *interj* fam. ja [då]!

yer [jɜ:, obeton. jə] *pron* dial. för *you, your*

yes [jes, fam. jeə, je] **I** *adv* ja; jo; *~?* verkligen?, och sedan?; *~, sir!* fam. jajamen!, jadå!, jodå!; *oh ~!* javisst!, jovisst!, jadå! **II** *s* ja; *say ~* äv. samtycka

yes-|man ['jes|mæn] (pl. *-men* [-men]) *s* jasägare, eftersägare, medlöpare

yesterday ['jestədɪ, -deɪ] **I** *adv* i går; *I was not born ~* jag är inte född i går **II** *s* gårdagen; *~ morning* (*evening*) i går morse (kväll); *~ night* i går kväll; i natt; *the day before ~* i förrgår

yesteryear ['jestəjɪə] *s* poet. fjolåret, förra året

yet [jet] **I** *adv* (se äv. *II*) **1** temporalt ännu, än [*I have not seen him ~* (*not ~ seen him*)]; nu [*you needn't do it just ~*], redan nu [*need you go ~?*]; [*as*] *~* än så länge, hittills [*we haven't had any difficulties* [*as*] *~*]; *the most serious incident ~* den hittills allvarligaste incidenten; *while there is ~ time* medan det ännu är tid; *you will win ~* du kommer att vinna till sist; *have you done ~?* har du slutat (är du färdig) nu?; *I have ~ to see* [*the man who can beat him*] ännu har jag inte sett . . **2** förstärkande, isht vid komp.: ännu [*a ~ easier task*; *more important ~*]; ytterligare [*~ others*]; *~ again, ~ once* [*more*] ännu en gång; *~ another* ännu (ytterligare) en **II** *adv* o. *konj* ändå, likväl, dock [*strange and ~ true*], i alla fall; men [*a kind ~ demanding teacher*]

yew [ju:] *s* **1** bot. idegran [äv. *yew-tree*] **2** idegran[strä]

Y.H.A. förk. för *Youth Hostels Association*

yid [jɪd] *s* sl. (neds.) jude

Yiddish ['jɪdɪʃ] **I** *s* jiddisch judetyska **II** *a* jiddisch-

yield [ji:ld] **I** *tr* **1** ge [*~ good crops*; *~ a good profit*], avkasta, ge (lämna) i avkastning (vinst) [*investments ~ing 10 per cent*], inbringa; producera, frambringa **2** lämna ifrån sig, överlämna, avstå [från] [*to* till; ibl. *~ up*], överge; *~ up* äv. uppenbara, avslöja [*the caves ~ed up their secrets*]; *~ ground* falla undan [*to* för]; *~ o.s. up* hänge sig, ägna sig, hemfalla [*to* åt] **3** mest litt. ge, skänka, bevilja; tillerkänna [*~ a p. a right*] **II** *itr* **1** ge avkastning **2** ge efter (vika) [*to* för; *~ to threats*; *the door ~ed to the pressure*], ge sig, böja sig; svikta; bildl. äv. falla undan, ge med sig, vika, falla till föga, ge upp, kapitulera [*~ to force*; *~ to superior numbers* (övermakten)]; *~ to* äv. vara underlägsen, ligga under, stå 'efter [*~ to nobody in* (i, i fråga om) *courage*]; *~ to despair* hemfalla åt förtvivlan; *~ to temptation* falla för frestelsen; *the disease ~ed to treatment* sjukdomen övervanns genom behandlingen **3** lämna företräde i trafiken [*to* åt] **III** *s* avkastning; utbyte; behållning, vinst; produktion; skörd

yielding ['ji:ldɪŋ] *a* **1** foglig, eftergiven **2** böjlig, elastisk, tänjbar

yippee [jɪ'pi:] *interj* hurra!, tjohej!, heja!

Y.M.C.A. [,waɪ'em,sɪ'eɪ] (förk. för *Young Men's Christian Association*, se *young I 1*) KFUM

yob [jɒb] *s* o. **yob[b]o** ['jɒbəʊ] *s* sl. **1** kille, snubbe **2** raggartyp

yodel ['jəʊdl, 'jɒdl] **I** *tr* o. *itr* joddla **II** *s* joddel, joddlande, joddling

Yoga el. **yoga** ['jəʊgə] *s* yoga indisk religionsfilosofisk lära

yoghourt el. **yoghurt** ['jɒgət, isht Am. 'jəʊg-] *s* se *yogurt*

Yogi el. **yogi** ['jəʊgɪ] *s* yogi; yogautövare; yogalärare; jfr *Yoga*

yogurt ['jɒgət, isht Am. 'jəʊg-] *s* yoghurt slags surmjölk

yo-heave-ho ['jəʊhi:v'həʊ] o. **yoho** [jəʊ'həʊ] *interj* isht sjö. åhi, åhej!; åhej, åhå!

yoicks [jɔɪks] **I** *interj* buss 'på! **II** *s* rop till hundar vid rävjakt **III** *tr* o. *itr* mana 'på (hetsa) [hundarna]

yoke [jəʊk] **I** *s* **1** ok äv. bildl.; *shake* (*throw*) *off the ~* kasta av oket; *submit to the ~* böja nacken under oket, [låta sig] underkuvas **2** (pl. lika) par, spann [*five ~ of oxen*] **II** *tr* **1** oka, lägga ok[et] på; spänna [*~ oxen to* (för) *a plough*]; spänna för [*~ a wagon*] **2** oka ihop

yokel ['jəʊkəl] *s* [enfaldig] lantis, tölp, bondlurk

yolk [jəʊk] *s* äggula, gula

yon [jɒn] *pron* o. *adv* åld. el. dial., se *yonder*
yonder [ˈjɒndə] litt. el. dial. **I** *pron* den där; ~ *group of trees* trädgruppen där borta **II** *adv* där borta; dit bort
yore [jɔː] *s* litt., *of* ~ fordom, förr [i världen]; *in days* (*times*) *of* ~ i forna tider
York [jɔːk] egennamn; *the House of* ~ huset York kungaätt
Yorks. [jɔːks] förk. för *Yorkshire*
Yorkshire [ˈjɔːkʃɪə, -ʃə] egennamn; ~ *pudding* yorkshirepudding slags ugnspannkaka gräddad med steksky
Yorkshireman [ˈjɔːkʃəmən] *s* Yorkshirebo, person från Yorkshire
you [juː; obeton. jʊ, ibl. jə] *pers pron* **1 a**) du; ni; ss. obj. o. d. dig; er, Eder; *fool that* ~ *are!*, ~ *fool!* din dumbom! **b**) man; isht ss. obj. en; refl. sig; [*it's no use going there!*] *They just give* ~ *another paper to fill in* .. De ger en (Man får) bara en ny blankett att fylla i **2** utan motsv. i sv.: *don't* ~ *do that again!* gör inte om det [där]!; *there's a fine apple for* ~*!* fam. se ett sånt fint äpple!; *there's friendship for* ~*!* fam. det kan man kalla vänskap!, iron. och det skall kallas vänskap!
you'd [juːd] = *you had*; *you would*
you'll [juːl] = *you will, you shall*
young [jʌŋ] **I** *a* **1** ung; liten [*a* ~ *child*]; späd [~ *shoots*]; ~ *bird* fågelunge; *my* ~ *brother* min lillebror; ~ *lady!* [min] unga dam!, min [unga] fröken!; *his* ~ *lady* (*woman*) fam. hans flickvän (flicka, fästmö); *her* ~ *man* hennes pojkvän (pojke, fästman); *Y*~ *Men's* (*Women's*) *Christian Association* Kristliga föreningen av unge män (unga kvinnor); ~ *ones* ungar; *you* ~ *rascal!* din lilla rackarunge!; ~ *'un* fam. a) unge b) grabb; *when* ~ som ung; *I am not so* ~ *as I used to be* jag är inte så ung (någon ungdom) längre; *the evening* (*night*) *is still* ~ det är ännu tidigt, kvällen har bara börjat; *the* ~ de unga, ungdom[en]; *books for the* ~ äv. ungdomsböcker **2** ungdomlig [*a* ~ *voice*; ~ *for o.'s age*] **II** *s pl* ungar; *bring forth* ~ få (föda) ungar; *with* ~ dräktig
younger [ˈjʌŋgə] *a* (komp. av *young*) yngre etc., jfr *young I*; *which is the* ~*?* vilken är yngst?; *Pliny the Y*~ Plinius den yngre
youngest [ˈjʌŋgɪst] *a* superl. av *young*
youngish [ˈjʌŋɪʃ, ˈjʌŋgɪʃ] *a* rätt så ung, yngre [*a* ~ *man*]
youngster [ˈjʌŋstə] *s* **1** [barn]unge, pojke, grabb **2** yngling, tonåring
your [jɔː, obeton. äv. jə] fören. *poss pron* **1** (jfr *my*) **a**) din; er, Eder; *Y*~ *Excellency* Ers Excellens; *Y*~ *Majesty* Ers Majestät **b**) motsv. *you* i bet. 'man' sin [*you* (man) *cannot alter* ~ *nature*]; ens [~ *arms get tired sometimes*] **2** neds. den här (där) [s.k.], din (er) s.k. [*he was one of* ~ *'experts'*], en sån där [s.k.]; *take* ~ *factory-worker for instance* ta t. ex. en sån där fabriksarbetare
you're [jʊə, jɔː] = *you are*; ~ *another!* det är du också!, det kan du vara själv!
yours [jɔːz] självst. *poss pron* **1** (jfr *I mine*) din; er, Eder; *you and* ~ du och de dina (din familj); ~ *is a difficult situation* det är en besvärlig situation du befinner dig i; *what's* ~*?* fam. vad ska (vill) du ha [att dricka]? **2** hand. Ert (Edert) brev (ärade), Er (Eder) skrivelse [~ *of the 11th inst.*] **3** i brevslut: *Y*~ *faithfully* (*truly* m. fl.) se d. o.
yourse|lf [jɔːˈsel|f, jəˈs-] (pl. *-ves* [-vz]) *refl* o. *pers pron* dig, er, sig [*you* (du, ni, man) *may hurt* ~] , dig (er, sig) själv [*you are not* ~ *today*]; du (ni, man) själv [*nobody but* ~], själv [*do it* ~]; jfr *myself*; *your father and* ~ din (er) far och du (ni) [själv]; *be* ~*!* a) var inte så barnslig! b) lugna ner dig [en smula]!; *how's* ~*?* fam. a) hur mås?, hur har du det? b) hur mår du själv?
youth [juːθ, i pl. juːðz] *s* **1** abstr. ungdom[en], ungdomstid[en]; *a friend of my* ~ en ungdomsvän [till mig]; *in my* ~ i min ungdom, då jag var ung **2** (med verbet vanl. i pl.) ungdom[en]; ~ *centre* ung. ungdomsgård; ~ *hostel* vandrarhem **3** ungdom, yngling, ung man; *as a* ~ som yngling, som ung **4** ungdomlighet **5** barndom, begynnelse [*even in its* ~ *the business was* . .]
youthful [ˈjuːθfʊl] *a* **1** ungdomlig, ung **2** ungdoms- [~ *days*]
you've [juːv, obeton. äv. jʊv, jəv] = *you have*
yo-yo [ˈjəʊjəʊ] **I** *s* jojo leksak **II** *a* jojo- [*a* ~ *effect*], hastigt svängande **III** *itr* åka jojo, svänga [fram och tillbaka], pendla
yr. förk. för *year*
ytterbium [ɪˈtɜːbjəm] *s* kem. ytterbium
Yugoslav [ˈjuːgəʊˈslɑːv] **I** *s* jugoslav **II** *a* jugoslavisk
Yugoslavia [ˈjuːgəʊˈslɑːvjə] Jugoslavien
Yugoslavian [ˈjuːgəʊˈslɑːvjən] *s* o. *a* = *Yugoslav*
Yukon [ˈjuːkɒn]
Yule [juːl] *s* dial., åld. el. litt. jul[en]; *at* ~ vid julen, i juletid
Yule-tide [ˈjuːltaɪd] *s* isht Skottl. jul, juletid
yummy [ˈjʌmɪ] *a* fam. läcker; mumsig
yum-yum [ˈjʌmˈjʌm] *interj* fam. namnam!, mums!, härligt!
Y.W.C.A. [ˌwaɪˈdʌbljuːˌsiːˈeɪ] (förk. för *Young Women's Christian Association*, se *young I 1*) K F U K

Z

Z, z [zed, Am. vanl. zi:] (pl. *Z's, z's* [zedz, Am. vanl. zi:z]) *s* Z, z
Zachariah [ˌzækə'raɪə] bibl. Sakarias
Zaire [zɑ:'ɪə]
Zairean o. **Zairian** [zɑ:'ɪərɪən] **I** *a* zairisk **II** *s* zairier
Zambezi [zæm'bi:zɪ]
Zambia ['zæmbɪə]
Zambian ['zæmbɪən] **I** *a* zambisk **II** *s* zambier
zany ['zeɪnɪ] **I** *s* pajas, narr, dåre **II** *a* **1** clownaktig, komisk **2** tokig, absurd
Zanzibar [ˌzænzɪ'bɑ:]
Zanzibari [ˌzænzɪ'bɑ:rɪ] *s* invånare i (person från) Zanzibar
zap [zæp] sl. **I** *tr* **1** knäppa, peppra **2** slå, rå på, knäcka; träffa; *get ~ped* bli utslagen **II** *s* kraft, kläm; fart **III** *interj* svisch!, pang!, puff!
zeal [zi:l] *s* iver, nit, entusiasm; *misguided ~* missriktat nit
zealot ['zelət] *s* **1** nitisk person **2** svärmare, fanatiker; trosivrare
zealotry ['zelətrɪ] *s* överdrivet (blint) nit, fanatism
zealous ['zeləs] *a* ivrig, nitisk; full av brinnande iver (nit)
zebra ['zi:brə, 'zeb-] **I** *s* zool. sebra **II** *a* [sebra]randig; *~ crossing* [med vita ränder markerat] övergångsställe för fotgängare, sebraövergång
zed [zed] *s* bokstaven z
zee [zi:] *s* Am.: bokstaven z
zenith ['zenɪθ] *s* zenit [*at the* (i) *~*]; bildl. äv. höjdpunkt [*at the ~ of o.'s career*], toppunkt
zephyr ['zefə] *s* poet. sefyr, mild [västan]vind ([västan]fläkt, bris)
Zeppelin el. **zeppelin** ['zepəlɪn] *s* flyg. zeppelinare
zero ['zɪərəʊ] **I** (pl. *~s* el. *~es*) *s* **1** noll; *~ growth* nolltillväxt; *~ plural* gram. nollplural, pluralis utan ändelse; *~ visibility* meteor. sikt [lika med] noll, ingen sikt **2** nollpunkt; fryspunkt; *absolute ~* absoluta nollpunkten; *be at ~* stå på noll[punkten]; *10 degrees below ~* äv. 10 minusgrader; *it is below ~* äv. det är minusgrader **3** nolla mest bildl. [*a complete ~*] **4** *~ hour* a) mil. timmen T, klockan K tidpunkt för igångsättande av militär operation b) fam. avgörande ögonblick **II** *tr* nollställa t. ex. instrument **III** *itr, ~ in on* a) ta sikte på, rikta elden mot b) inrikta sig på, skjuta in sig på
zest [zest] **I** *s* **1** iver, entusiasm [*with ~*]; aptit [*for* på], smak [*for* för]; *~ for life* livsglädje, livslust **2** [extra] krydda, pikant smak, piff; *add* (*give, lend*) [*a*] *~ to* ge en extra krydda åt, sätta piff på **II** *tr* krydda, förhöja [njutningen av (smaken på)]
zestful ['zestfʊl] *a* kryddad, pikant; lustfylld
Zeus [zju:s]
zigzag ['zɪgzæg] **I** *a* sicksackformig, sicksack- [*a ~ line*]; *~ zone* trafik. sicksackzon markerat område med speciella restriktioner före o. efter markerat övergångsställe **II** *s* sicksack, sicksacklinje, sicksackkurs **III** *adv* i sicksack **IV** *itr* gå (löpa) i sicksack
zilch [zɪltʃ] *s* isht Am. sl. **1** noll, ingenting **2** nolla; torrboll
Zimbabwe [zɪm'bɑ:bwɪ]
zinc [zɪŋk] *s* min. zink; *~ ointment* zinksalva; *~ oxide* zinkoxid; zinkvitt
zing [zɪŋ] **I** *s* **1** skarpt vinande ljud **2** fam. fart, kläm **II** *itr* vina, susa [*the cars ~ed down the road*]
Zion ['zaɪən] Sion
Zionism ['zaɪənɪzəm] *s* sionism
Zionist ['zaɪənɪst] *s* sionist
zip [zɪp] **I** *s* **1** vinande, visslande [*the ~ of a bullet*] **2** fam. kläm, fart, energi [*full of ~*] **3** blixtlås **II** *tr* **1** *~* [*up* (*shut*)] dra igen blixtlåset på, stänga [med blixtlås]; *~ the money into your purse* stoppa pengarna i portmonnän och stäng blixtlåset; *will you ~ me up* (*~ up my dress*)*?* vill du dra igen blixtlåset på min klänning? **2** *~* [*open*] öppna blixtlåset på [*she ~ped her bag open*] **III** *itr* **1** vara försedd med (ha) blixtlås, stängas (öppnas) med blixtlås **2** stänga (öppna) blixtlåset (ett blixtlås) **3** vina, susa, vissla **4** fam. kila [*~ upstairs*], susa; sno på
zip code ['zɪpkəʊd] *s* Am. postnummer
zip-fastener ['zɪpˌfɑ:snə] *s* blixtlås
zipper ['zɪpə] *s* blixtlås
zippered ['zɪpəd] *a* blixtlåsförsedd, med blixtlås
zippy ['zɪpɪ] *a* fam. klämmig
zither ['zɪðə] *s* mus. cittra
zodiac ['zəʊdɪæk] *s* astr., *the ~* zodiaken [*the signs of the ~*], djurkretsen
zombi el. **zombie** ['zɒmbɪ] *s* **1** ormgud i afrikansk o. västindisk folktro **2** gengångare, spöke **3** sl. robot, levande död; döddansare
zonal ['zəʊnl] *a* zon-; zonal; zonformad; *~ boundary* zongräns
zone [zəʊn] **I** *s* zon, Am. äv. taxezon; bälte, område isht biogeografiskt [*the forest ~*]; *the danger ~* risk-, faro|zonen; *the frigid ~s* [de] kalla zonerna (bältena); *parking*[*-meter*] *~* parkeringsområde [med parkeringsautomater]; [*postal delivery*] *~* Am. postdistrikt; *the temperate ~s* [de] tempererade zonerna; *the torrid ~* [den] tropiska

(heta) zonen, [det] heta bältet **II** *tr* **1** indela [i zoner] **2** zon-, stads|planera; lokalisera

zoning ['zəʊnɪŋ] *s* **1** [zon]indelning **2** zon-, stads|planering; lokalisering

Zoo [zu:] *s* fam. zoo

zoography [zəʊ'ɒgrəfɪ] *s* djurbeskrivning, zoografi

zoological [ˌzəʊə'lɒdʒɪkəl, i 'zoological garden[s]': zʊ'lɒdʒɪkəl, zʊə'l-] *a* zoologisk, djur-; ~ *garden*[*s*] zoologisk trädgård, djurpark

zoologist [zəʊ'ɒlədʒɪst, zʊ'ɒ-] *s* zoolog

zoology [zəʊ'ɒlədʒɪ, zʊ'ɒ-] *s* zoologi

zoom [zu:m] **I** *s* **1** a) flyg. brant stigning b) bildl. brant uppgång **2** brummande, surrande, vinande **3** ~ *lens* zoom|lins, -objektiv **II** *itr* **1** brumma, surra; *he ~ed along in his new car* han susade fram i sin nya bil **2** a) flyg. stiga brant b) bildl. stiga hastigt, skjuta i höjden [*prices ~ed*] **3** film. o. TV. zooma [~ *in* (*out*)]; om bildmotiv zoomas in (ut) **III** *tr* flyg. **1** låta stiga brant **2** stiga brant över [~ *the mountains*]

zounds [zaʊndz, zu:ndz] *interj* åld. guds död!, för tusan!

zucchini [tsʊ'ki:nɪ] (pl. lika el. ~*s*) *s* zucchino, courgette slags gurkliknande pumpa

Zulu ['zu:lu:] **I** *s* **1** zulu **2** zulluspråket **II** *a* zulu- [*the ~ language*]

zzz [z:] *interj* zzz, rrr beteckning för sömn el. snarkning i pratbubbla o. d.

The Standard

Swedish–English English–Swedish Dictionary

Svensk–engelska Engelska–svensk ordbok

Svensk–engelska
Engelsk–svenska
ordboken

Holt, Rinehart and Winston Eastbourne

Esselte Studium Stockholm

This Dictionary has been produced by Esselte Studium's Dictionary Department:

Bo Svensén (Chief Editor)
Britt-Marie Berglund
Lars G. Hansson
Margareta Hylén
Börje Lindvall
Inger Rider
Sonia Siljeström
Lillemor Swedenborg
Mona Wiman

English editor: **Vincent Petti**

Preface

This **Swedish–English Dictionary** is the shortened version of the more comprehensive dictionary of the same name published by Esselte Studium. All the important words and phrases of the larger dictionary have been retained, together with essential information concerning inflections and constructions relating to nouns, adjectives and verbs. American variants have been given, though the translations and spelling conform to British English.

Solna February 1983

ESSELTE STUDIUM
Dictionary Department

Guide to the Use of the Swedish–English Dictionary

Only the commonest Swedish compounds have been included and these are in many cases intended to serve as a pattern for those that have not been included. This also applies to compound adjectives (and participles). Thus if we wish to have pattern translations of compounds relating to colours, points of the compass, numbers etc., these will be found under *blå-*, *nord-*, *fem-*, etc. References to these groups and other groups of compounds are generally given at the appropriate place in the dictionary. For instance under *sju-* the translation 'seven' is given and there is a reference to *fem* {o. sms.} (={and compounds}), under *röd* there is a reference to *blå* (with its compounds).

Swedish headwords are given in alphabetical order. Thus compounds and abbreviations are found in their place alphabetically. Where two headwords come together alphabetically and have an identical translation they have been given together in the same article: *animal a* **o.** *animalisk a* animal.

Irregular plurals of English nouns have been given, but as a rule not in compounds. Where, under an abstract noun (e.g. *civilisation*), there is '{äv. + *en*}' this means that the Swedish definite form 'civilisationen' also corresponds to the translation given (i.e. the Swedish forms with and without the definite article both correspond to the English word without the definite article).

In the treatment of verbs of the compound type (e.g. *avblåsa*), which have a corresponding verb with a stressed particle placed after it (instead of being prefixed), in this case *blåsa ˈav*, a reference is often made from the compound verb to the verb + stressed particle (e.g. *avblåsa se blåsa av*). In general the more colloquial verb + stressed particle forms have been given precedence in the dictionary. As it is impossible to be entirely consistent in this respect, owing to fluctuations in usage, the reader should look for such verbs (where no reference is given) under the other relevant entry if he cannot find one form.

Symbols used in the Swedish– English and English–Swedish Dictionary

Swung dash
The swung dash represents the whole headword without changes:

absence: ~ *of mind* (= *absence of mind*)

appal: ~*ling* (= *appalling*)
bländ|a ~ *av* (= *blända av*)

A capital or small letter preceding the swung dash replaces an initial small or capital letter in the headword, thus:

act: *A~ of Parliament* (= *Act of Parliament*)
Bobby: *b~* (= *bobby*)
fjärran: *F~ Östern* (= *Fjärran Östern*)

The vertical stroke and the hyphen | -
are used thus:

bas|is [ˈbeɪs|ɪs](pl. *-es* [-i:z])

The plural is thus *bases* and is pronounced [ˈbeɪsi:z].

accident: olycks|fall, -händelse (= olycksfall, olyckshändelse)

bedtime: säng-, lägg|dags (= sängdags, läggdags)

The hyphen may also be used without a vertical stroke in translations into Swedish, where it denotes that the word is part of a compound: **didactic:** *a* didaktisk, läro- {~ *poem*}

Parentheses ( )
are used to indicate inflection or construction:

arise: (*arose arisen*)
billiards: (konstr. ss. sg.)

They are also used for synonyms or alternatives:

degree: *to a certain (to some) ~* = *to a certain degree, to some degree*
illa: *det luktar (smaker) ~* it smells (tastes) nasty (bad) indicates that 'tastes' corresponds to *smakar*, and that 'bad' is an alternative to 'nasty'.

Square brackets [ ]
are used to indicate pronunciation.
They are also used to indicate words or parts of words that may be omitted:

abridg[e]ment
= **abridgement or abridgment**
anta[ga]
= **anta or antaga**
baby: [litet] barn
(= 'barn' el. 'litet barn')

Square brackets are also used in references, thus:

utlöpa: *se löpa [ut]*
= the verbal phrase *löpa ut* is to be found under the main entry **löpa**

Spiked brackets { }
are used for untranslated examples or

parts of examples and for information about inflections and construction:

anfordran, {*att betalas*} *vid* ..on demand
appeal: vädja {*to a p. for* (om) *a th.*}

In the Swedish–English Dictionary th are also used in connection with labels other semantic information:

2 barr {bot.} needle
barriär barrier {av. bildl.}

Abbreviations used in the Dictionary

a	adjektiv *adjective*
absol.	absolut *absolute*
abstr.	abstrakt *abstract*
ack.	ackusativ *accusative*
adj.	adjektiv|isk|*adjective; adjectival*
adv	adverb *adverb*
adv.	adverb; adverbial; adverbiell *adverb; adverbial modifier; adverbial*
Afr.	afrikansk; |i| Afrika *African; |in| Africa*
akt.	aktiv *active*
allm.	allmän; |i| allmänhet *general; generally*
Am.	amerikansk |engelska|; |i| Amerika *American |English|; |in| U.S.*
Amer.	Amerika (USA) *America (USA)*
amer.	amerikansk engelska *American English*
anat.	anatomi *anatomy*
angloind.	angloindisk *Anglo-Indian*
anm.	anmärkning *note*
ant|ik|.	i antiken *antiquities*
anv.	användning, används *usage, is (are) used*
arab.	arabisk|a| *Arabic*
arkeol.	arkeologi *archaeology*
ark|it|.	arkitektur *architecture*
art. *art*	artikel *article*
artill.	artilleri *artillery*
astr.	astrologi *astrology*
astr|on|.	astronomi *astronomy*
attr.	attribut|iv| *attribute; attributive|ly|*
Austr.	australisk; |i| Australien *Australian; |in| Australia*
av	*of; by*
avs.	avseende; avser *relating to; refers to*
bagar.	bagarterm *bakery term*
bakteriol.	bakteriologi *bacteriology*
balett.	balett|konst| *ballet*
bank.	bankväsen *banking*
barnspr.	barnspråk *children's language*
befintl.	befintlighet *position*
bem.	bemärkelse *sense*
benämning	*name, designation*
bergbest.	bergbestigning *mountaineering*
bergv.	bergväsen *mining engineering*
best.	bestämd; bestämning *definite; adjunct, qualifier*
bet|yd|.	betydelse *sense*
beteckn.	betecknar; beteckning *denotes; designation*
beton.	betonad *stressed*
betr.	beträffande *regarding*
bibet.	bibetydelse *secondary meaning*
bibl.	biblisk|stil|; i Bibeln *biblical |style|; in the Bible*
bibliot	biblioteksväsen *librarianship*
bil.	bil|trafik, -teknik *motoring, automobile engineering*
bildl.	bildlig|t| *figurative|ly|*
bilj.	biljard *billiards*
bindn.	binding *liaison (linguistic sense)*
biogr.	biografterm *cinema*
biol.	biologi *biology*
bl.a.	bland annat (andra) *among other things, among others*
bokb.	bokbinderi *bookbinding*
bokf.	bokföring *bookkeeping*
bokhåll.	bokhålleri *bookkeeping*
boktr.	boktryckeri *printing*
bot.	botanik *botany*
boxn.	boxning *boxing*
brandv.	brandväsen *firefighting*
britt.	brittisk *British*
brottn.	brottning *wrestling*
brygg.	bryggeriverksamhet *brewing*
buddist.	buddistisk *Buddhist*
byggn.	byggnads|konst, -verksamhet *building*
bågskytte.	i bågskytte *archery*
böjl.	böjlig *declinable*
börs.	börsväsen *stock exchange*
ca	cirka *circa*
dans.	dansterm *dancing*
dat.	dativ *dative*
data.	data|behandling|*data processing, computers*
demonstr.	demonstrativ *demonstrative*
dep	deponens *deponent verb (passive form but active sense)*
determ.	determinativ *determinative*
dets.	detsamma *the same*
dial.	dialektal *dialectal*
dipl.	diplomati *diplomacy*
distr.	distributiv *distributive*
div.	diverse *various*
d.o.	detta ord, dessa ord *that word, these words*
dvs.	det vill säga *i.e.*
dyl.	dylik *suchlike*
dål.	dålig *pejorative*
e.d.	eller dylikt *or suchlike*
efterled	*last element*
eg.	egentlig|en|; i egentlig betydelse *actual|ly|; literal|ly|*
egenn.	egennamn *proper name*
ekon.	ekonomi *economics*
el.	eller *or*
elektr.	elektronik, elteknik *electronics, electricity*

ellipt. elliptisk *elliptical|ly|*
end. endast *only*
eng. engelsk|a| *English*
Engl. |i| England *|in|England*
entom. entomologisk term *entomology*
etc. etcetera *etc.*
etnogr. etnografi *ethnography*
eufem. eufemism; eufemistisk *euphemism; euphemistic|ally|*
ev. eventuell|t| *that may occur; possibly*
ex. exempel *example*
F familjär (vardaglig) stil *colloquial, informal*
f. för *for*
fackl. |allmänt| fackspråklig *technical|ly|*
fackspr. fackspråk *technical|ly|*
fam. familjär (vardaglig) |stil| *informal |style|*
farm. farmakologi *pharmacology*
f.d. före detta *formerly*
fem. feminin|um| *feminine*
film. film|konst| *film, cinematography*
filol. filologi *philology*
fil[os]. filosofi *philosophy*
fisk[e]. fiske|term| *fishing*
fl. flera *several |others|*
flyg|v|. flyg|väsen, -teknik *aviation, aeronautics*
f.o. föregående ord *preceding word|s|*
folkr. folkrättslig term *international law*
folkspr. folkspråk|lig| *|in the| vernacular*
fon|et|. fonetik *phonetics*
forn. i forntiden *in prehistoric times*
fort|if|. fortifikation *fortification*
fotb. fotboll *football*
foto|gr|. fotografering *photography*
fr. fransk|a| *French*
frenol. frenologi *phrenology*
frikyrkl. frikyrklig *Free Church*
fråg. frågande *interrogative*
fullst. fullständig *complete*
fyrv. fyrverkeri *pyrotechnics*
fys. fysik *physics*
fysiol. fysiologi *physiology*
fäkt. fäktning *fencing*
färg. färgeriteknik *dyeing*
f.ö. för övrigt *besides*
följ. följande |ord| *following |word|*
för *for*
föraktl. föraktlig *contemptuous*
förb. förbindelse *connection, combination*
föreg. föregående |ord| *preceding |word|*
fören. förenad *attributive*
förh. förhållanden *conditions*
förk. förkortning *abbreviation*
förled *first element*
förr *formerly*

förstärk. förstärkande *intensifying*
försäkr. försäkringsväsen *insurance*
föråldr. föråldrad |stil| *obsolete |sty*
garv. garvarterm *tannery term*
gen. genitiv *genitive*
geogr. geografi *geography*
geol. geologi *geology*
geom. geometri *geometry*
ggr gånger *times*
gjutn. gjuteriteknik *casting*
glasfabr. glasfabrikation *glassmaking*
g|n|m genom *through; by |means o owing to*
golf. i golf *golf*
got. goti|s|k *Gothic*
graf. grafisk teknik (konst) *graphi arts*
gram. grammatik *grammar*
grek. grekisk|a| *Greek*
gruv. gruvdrift *mining*
gymn. gymnastik *gymnastics*
H handel *commerce*
hand. handel *commerce*
hantverk. hantverksterm *handicraft*
hattmak. hattmakeri *hatmaking*
her|ald|. heraldik *heraldry*
hind. hinduisk *Hindu*
hist. historisk, ej längre existerand |företeelse|; historia *historical; history*
hjälpvb hjälpverb *auxiliary verb*
holl. holländsk|a| *Dutch*
huvudvb *huvudverb main verb*
hänv. hänvisning *reference*
högt. högtidlig |stil| *formal |style|*
i *in*
ibl. ibland *sometimes*
imp|erf|. imperfekt|um| *past tense*
imper. imperativ *imperative*
Ind. indisk; |i| Indien *Indian; |in| India*
ind. indikativ *indicative*
indef. indefinit *indefinite*
inf. infinitiv *infinitive*
interj interjektion *interjection*
interr. interrogativ *interrogative*
Irl. irländsk; |i| Irland *Irish; |in| Ireland*
iron. ironisk *ironical|ly|*
isht i synnerhet *especially*
i st. f. i stället för *instead of*
it|al|. italiensk|a| *Italian*
itj interjektion *interjection*
itr intransitiv|t verb| *intransitive |verb|*
jak. jakande *affirmative*
jakt. jaktväsen *hunting*
jap. japansk|a| *Japanese*
jfr jämför *compare*
jordbr. jordbruk *agriculture*
jud. judisk; judendom *Jewish; Judaism*
jur. juridik *law*
järnv. järnvägsväsen *railways*
kansl. kanslispråk *officialese*
kapplöpn kapplöpning *horse-racing*

kat|ol|.	katolsk *Catholic*
kelt.	keltisk|a| *Celtic*
kem.	kemi *chemistry*
keram.	keramik *ceramics*
kir.	kirurgi *surgery*
kok.	kokkonst *cookery*
koll.	kollektiv *collective|ly|*
kolon.	i kolonierna *colonial*
komp.	komparativ *comparative*
konj|v|	konjunktion; konjunktiv *conjunction; conjunctive*
konkr.	konkret *concrete*
konst.	konst|vetenskap| *art*
konstr.	konstruktion; konstrueras *construction; construed*
kortform	*short form*
kort|sp|.	kortspel *cards*
kricket.	i kricket *cricket*
kyrk|l|.	kyrklig *ecclesiastical*
kyrkohist.	kyrkohistoria *church history*
kärnfys.	kärnfysik *nuclear physics*
lantbr.	lantbruk *agriculture*
lantm|ät|.	lantmäteri *surveying*
lat.	latin|sk| *Latin*
lika	*identical*
likn.	liknande *suchlike*
litt.	litterär |stil|; litteratur *literary |style|; literature*
litt. hist.	litteraturhistoria *literary history*
log.	logik *logic*
läk.	läkekonst; läkarspråk *medicine; medical jargon*
m.	med *with*
mask.	maskulin|um| *masculine*
mat|em|.	matematik *mathematics*
med	*with*
med.	medicin *medicine*
mejerit.	mejeri *dairy*
mek.	mekanik *mechanics*
mest	*mostly*
metall.	metallurgi *metallurgy*
meteor.	meteorologi *meteorology*
metr.	metrik, verslära *metrics, prosody*
m. fl.	med flera *etc., and other|s|*
mil.	militärväsen *military*
milj.	miljon *million*
min|er|.	mineralogi *mineralogy*
mkt	mycket *very much*
m.m.	med mera *etc.*
mod.	modern *modern*
moham.	mohammedansk, muslimsk *Muslim*
motor.	motorteknik *automobile engineering*
mots.	motsats *opposite*
motsv.	motsvarande; motsvaras; motsvarighet *equivalent |to|*
mur.	mureriteknik *bricklaying*
mus.	musik *music*
myntv.	myntväsen *monetary*
myt|ol|.	mytologi *mythology*
mål.	måleri (konst el. hantverk) *painting*
namn	*name*
naturv.	naturvetenskap *science*
ned.	nedan *below*
neds.	nedsättande *derogatory*
nek.	nekande *negative*
neutr.	neutrum; neutral *neuter*
ngn|s|	någon|s| *someone|'s|*
ngra	några *some*
ngt|s|	något|s| *a thing |'s|*
nom.	nominativ *nominative*
Nordam.	nordamerikansk; |i| Nordamerika *North American; |in| North America*
Nordeng.	nordengelsk; |i| norra England *Northern English; |in| Northern England*
något	*somewhat*
näml.	nämligen *that is, i.e.*
o.	och; ord *and; word*
o.a.	och andra *and other|s|*
obest.	obestämd *indefinite*
obet|on|.	obetonad *unstressed*
obj.	objekt|iv| *object|ive|*
oböjl.	oböjlig *indeclinable*
o.d.	och dylikt *and suchlike*
oeg|entl|.	oegentlig *transferred |sense|*
ofta	*often*
ol.	olika *different*
om	*about, regarding*
omkr.	omkring *about, approximately*
omskrivn.	omskrivning *circumlocution*
opers.	opersonlig *impersonal*
opt.	optik *optics*
ord	*word*
ordn.tal	ordningstal *ordinal number*
ordspr.	ordspråk *proverb*
ordst.	ordstäv *common saying*
oreg.	oregelbunden *irregular*
ovanl.	ovanlig *uncommon*
oövers.	oöversatt *untranslated*
p	particip *participle*
p.a.	participialadjektiv *participial adjective*
paleont.	paleontologi *palaeontology*
parl.	parlamentarisk|t språk| *parliamentary |language|*
part.	partikel *particle*
pass.	passiv form, passiv|um| *passive |form|*
patol.	patologi *pathology*
ped.	pedagogik *pedagogy*
perf.	perfekt *perfect*
pers.	person; personlig *person; personal*
pl.	plural|is| (till form och/eller konstruktion) *plural (form and/or construction)*
poet.	poetisk |stil| *poetical |style|*
poker.	i poker *poker*
polist.	polisterm *police term*
pol|it|.	politik; politisk *politics; political*
port.	portugisisk|a| *Portuguese*
poss.	possessiv *possessive*
post|v|.	postväsen *postal services*
pp	perfekt particip, supinum *past particle*

pred. predikativ *predicative*
predf. predikatsfyllnad *complement*
pref *prefix prefix*
prep preposition *preposition*
prep. preposition|ell| *preposition|al|*
pres. presens *present*
pres p presens particip *present participle*
pron pronomen *pronoun*
pron. pronomen, pronominell *pronoun, pronominal*
prot. protestantisk *Protestant*
psyk|ol|. psykologi *psychology*
ptc. particip *participle*
® inregistrerat varumärke *proprietary registered name*
radar. radarteknik *radar*
radio. radio|teknik| *radio*
recipr. reciprok *reciprocal*
refl reflexiv|t verb| *reflexive |verb|*
reg. regelbunden *regular*
rel relativ *relative*
rel|ig|. religion; religiös *religion; religious*
resp. respektive *respective|ly|*
ret|or|. retorik; retorisk |stil| *rhetoric; rhetorical |style|*
rfl reflexiv|t verb| *reflexive |verb|*
ridk., ridn. ridkonst *horsemanship*
robot. robotteknik *missile technology*
rodd. roddsport *rowing*
rom. romersk *Roman*
rpr reciprok *reciprocal*
rugby. i rugby *Rugby*
ry. rysk|a| *Russian*
rymd. rymdteknik *space technology*
räkn räkneord *numeral*
s slang *slang*
s substantiv *noun, substantive*
sadelm. sadelmakeri *saddlery*
samma *same*
samtl. samtliga *all*
sats *clause*
sb. substantiv *noun, substantive*
schack. i schack *chess*
se *see*
sg. singular|is| (till form och/eller konstruktion) *singular (form and/or construction)*
sid. sida *page*
simn. simning *swimming*
sing. singular|is| (till form och/eller konstruktion) *singular (form and/or construction)*
självst. självständig *independent*
sjö. sjöfart, båtsport *nautical*
skeppsbygg. skeppsbyggnad *shipbuilding*
skjutn. skjutning *shooting*
skog|sv|. skogs|bruk, -vetenskap *forestry*
skol. skolväsen; skolspråk *education; school jargon*
skom. skomakeri *shoemaking*
Skottl. skotsk; |i| Skottland *Scottish; |in| Scotland*
skriftl. skriftlig|en| *in writing*
skrädd skräddarterm *tailoring*

skämts. skämtsam *jocular*
sl. slang *slang*
slags *a kind of*
slakt. slakteriverksamhet *butchery*
smeknamn *pet name, term of endearment*
smeks. smeksamt *term of endearment*
smndr. sammandragning *contraction*
sms. sammansättning *compound*
snick. snickeri *carpentry*
sociol. sociologi *sociology*
som *that, which; |such| as*
sp. spansk|a| *Spanish*
spec. speciell|t| *special|ly|*
spel|t|. i |sällskaps|spel *|party| games*
spirit. spirit|ual|istisk *spiritualism*
sport. sport, idrott *sport, athletics*
språkv. språkvetenskap *linguistics, philology*
ss. såsom *|when used| as; such as*
stark. starkare *more emphatic, stronger*
statist. statistik *statistics*
stavn. stavning *spelling*
stenogr. stenografi *shorthand*
subj. subjekt|iv| *subject|ive|*
subst. substantiv|erad| *noun, substantive; used as a noun*
subst. a substantiverat adjektiv *adjective used as noun*
sup. supinum *supine (=past participle)*
superl. superlativ *superlative*
sv. svensk|a| *Swedish*
svag. svagare *less emphatic, weaker*
Sydafr. sydafrikanks; |i| Sydafrika *South African; |in| South Africa*
Sydam. sydamerikansk; |i| Sydamerika *South American; |in| South America*
Sydeng. sydengelsk; |i| södra England *Southern English; |in| Southern England*
säll|s|. sällsynt; sällan *rare|ly|*
särsk. särskild *special|ly|*
sömn. sömnad *needlework*
t. till *to*
tandläk. tandläkekonst *dentistry*
teat. teater *theatre*
tekn. teknik *technology*
tel. teleterm *telecommunications*
telef. telefonväsen *telephony*
telegr. telegrafväsen *telegraphy*
teletekn. teleteknik *telecommunications*
tempor. temporal *temporal*
teol. teologi *theology*
textil. textil|teknik, -konst *textiles*
tidn. tidnings|väsen, -språk *journalism; journalese*
till *to*
tills. tillsammans *together*
tillv. tillverkning *manufacture*
topogr. topografi *topography*
tr transitiv|t verb| *transitive |verb|*
trafik. trafikväsen *traffic*

trädg.	trädgårdsskötsel *gardening*
tullv.	tullväsen *customs*
turk.	turkisk|a| *Turkish*
TV.	television, TV-teknik *television*
ty.	tysk|a| *German*
typ|ogr|.	typografi *typography*
Tyskl.	|i| Tyskland |*in*| *Germany*
und.	under *under*
ung.	ungefär *approximately*
univ.	universitet|sväsen|; studentspråk *university; student jargon*
urm.	urmakeri *watchmaking*
urspr.	ursprunglig|en| *original|ly|*
utan	*without*
utt.	uttal; uttalas *pronunciation; pronounced*
uttr.	uttryck; uttrycker; uttryckande *expression; expresses; expressing*
v.	vid *at*
vanl.	vanlig|en| *usual|ly|*
vard.	vardaglig *colloquial, informal*
vattenb|yggn|.	vattenbyggnad *hydraulic engineering*
vb	verb *verb*
vederb.	vederbörande *the person (thing) concerned*
vetensk.	|allmänt| vetenskaplig *scientific*
vet|er|.	veterinärmedicin *veterinary science*
vid.	vidare *furthermore, also*
vulg.	vulgär |stil| *vulgar |style|*
värmetekn.	värmeteknik *heating*
vävn.	vävnads|teknik, -konst *textiles, weaving*
zool.	zoologi *zoology*
åld.	ålderdomlig |stil| *archaic |style|*
äv.	även *also*
örlog.	sjömilitär term *naval term*
övers.	översättning; översättes *translation; translated*
övr.	övrig *other*

2

Swedish–English
Svensk–engelska

à *prep* **1** at; ~ *två kronor* at two kronor **2** or; *5 ~ 6 gånger* 5 or 6 times
AB [bolag ung.] Ltd., [amer.] Inc., Corp.
abbé abbé **abbedissa** abbess
abborre perch
abbot abbot
abc ABC **-bok** ABC-book
abdik|ation abdication **-era** *itr* abdicate
aber but; *ett* ~ F a snag
Abessinien Abyssinia
abnorm *a* abnormal **-itet** abnormity
abonnemang subscription, *på* to, for **abonnemangsavgift** subscription fee; [telef.] rental **abonnent** subscriber **abonnera** *itr tr* subscribe, *på* to, for; ~*d* [om buss o. d.] hired, [ibl.] private
abort abortion; [missfall] miscarriage
abrupt *a* abrupt
absolut **I** *a* absolute, definite; *en ~ omöjlighet* [äv.] an utter impossibility **II** *adv* absolutely; [helt och hållet] utterly; [säkert] certainly, definitely; [helt enkelt] simply; ~ *inte* [äv.] not on any account **-ion** absolution **-ism** **1** absolutism, absolute rule **2** [helnykterhet] teetotalism **-ist** [helnykterist] teetotaller
absorbera *tr* absorb
ab|strahera *tr itr* abstract; ~ *från* disregard **-strakt** *a* abstract **-straktion** abstraction
absurd *a* absurd **-itet** absurdity
acceleration acceleration **accelerera** *tr itr* accelerate
accent accent; [tonvikt] stress; *den musikaliska ~en* [the] intonation **-tecken** accent, stress-mark **-uera** *tr* accentuate, stress
accept acceptance **-abel** *a* acceptable; [nöjaktig] passable **-ant** acceptor **-era** *tr* accept; ~*s* [på växel] accepted
accessoarer *pl* accessories
accis excise [duty]; ~ *på bilar* purchase tax on cars
aceton acetone
ack *itj* oh [dear]!; [i högre stil] alas!
ackja 'ackja', Laplander's sledge
acklamation, *med* ~ by (with) acclamation
acklimatisera **I** *tr* acclimatize **II** *rfl* become (get) acclimatized **acklimatisering** acclimatization
ackommod|ation accommodation **-era** *tr* accommodate, *efter* to
ackompanjatör accompanist
ackompanj|emang accompaniment; *till ~ av..* [mus.] accompanied by.. **-era** *tr* accompany
ackord **1** [mus.] chord **2** [överenskommelse] agreement, contract, *på* for; *arbeta på* ~ do piece-work **3** [med kreditorer] composition **ackordera** *itr* **1** [allm.] negotiate, *om* about; bargain, *om* for, about **2** [med kreditorer] compound **ackordslön** piece wages [pl.]
ackreditera *tr* [dipl.] accredit; *vara ~d i S.* be accredited to S.
ackumul|ator accumulator **-era** *tr* accumulate
ackurat *adv* precisely
ackusativ, ~ [*en*] the accusative; *en* ~ an a. **-objekt** accusative object
ackvisi|tion [anskaffning] canvassing; [förvärv] acquisition, *för* for, to **-tör** canvasser
a conto on account
addera *tr* add, [lägga ihop] add up (..together) **addition** addition
adekvat *a* [träffande] apt, exact, adequate
adel [börd] noble birth; ~*n* [klass] the [[högadeln] high ([lågadeln] lesser)] nobility **adelsman** nobleman
aderton *räkn* eighteen; [jfr *femton, nitton* o. sms.] **adertonde** *räkn* eighteenth; *jfr femte*
adjektiv adjective
adjunkt **1** [skol. ung.] assistant master ([kvinnlig] mistress), secondary school-teacher **2** [pastors ~] curate
adjutant aide[-de-camp] [pl. aides[-de-camp]], A.D.C. [pl. A.D.C.'s], *hos* to
adjö *itj o. s* good-bye, [itj. F] bye-bye!; ~ *så länge!* good-bye for now!, so long!
adla *tr* raise..to the nobility; [bildl.] ennoble **adlig** *a* noble; ~*t namn* aristocratic name
administrat|ion administration, management **-iv** *a* administrative **-ör** administrator
administrera *tr* administer, manage
admonition admonition, caution
ad notam, *ta..* ~ take..to heart
adoptera *tr* adopt **adoption** adoption **adoptivbarn** adopted child
adress address [äv. hyllnings~ o.d.]; ~ *(adr.) hr ..* care of (c/o) Mr...
adress|at addressee **-era** *tr* address **-ering** [adress] address **-förändring** change of address **-kalender** street directory **-lapp** address-label, luggage-label, [som knyts fast] tag
Adriatiska havet the Adriatic [Sea]
advent Advent
adverb adverb **adverbial** adverbial modifier
advokat [allm.] lawyer, [amer. vanl.]

attorney; [juridiskt ombud vanl.] solicitor, [sakförare vid domstol vanl.] barrister, counsel [pl. counsel] **-byrå** [kontor] solicitor's (lawyer's [osv.]) office; [firma] firm of solicitors **-yr** quibbling, casuistry

aero|dynamisk *a* aerodynamic **-gram** air letter, aerogram **-plan** aeroplane, [amer.] airplane **-sol** aerosol

affekt [strong] emotion, passion; [psykol.] affect **affekterad** *a* affected **affektionsvärde** sentimental value

affisch bill, [större] placard, poster, [mindre] handbill; [teat.] playbill **-era** *tr* placard **-ering** placarding, bill-posting, bill-sticking; ~ *förbjuden!* post (stick) no bills!

affär 1 H **a)** [allm.] business; [butik vanl.] shop, [isht amer.] store; [transaktion] [business] transaction; *~erna ligger nere* business (trade) is very dull; *hur går ~erna [för dig]?* how is business [with you]?; *göra en god ~* do a good piece of business, make a good bargain (F deal); *[stora] ~er i [trävaror]* [a large (a big)] business in..; *det är ingen ~* [det lönar sig inte] there's no money in it; *göra upp en ~* settle a transaction; *ha ~er med* do business (have dealings) with; *ligga i stora ~er* be in business in a big way; *opålitlig i ~er* unreliable in business matters **b)** *~er* [ekonomisk ställning o. d.] affairs; *han har dåliga ~er* his affairs are in a bad state **2** [angelägenhet] affair; [sak, historia äv.] business; *sköt du dina [egna] ~er!* mind your own business! **3** [väsen], *göra stor ~ av ngt (ngn)* make a great fuss about a th. (of a p.)

affärs|anställd *subst. a* [expedit] [shop] assistant, [amer.] [sales]clerk **-bank** commercial bank **-brev** business (commercial) letter **-förbindelse** business connection; *stå i ~ med* have business relations with **-gata** shopping street **-innehavare** shopkeeper

affärs|man business man **-mässig** *a* businesslike **-rörelse**, *driva (idka) ~* run a business **-tid** business hours [pl.], hours [pl.] of business

aforism aphorism

Afrika Africa **afrikan[are]** *s o.* **afrikansk** *a* African

afton evening [äv. bildl.]; [senare] night; *god ~!* good evening ([vid avsked äv.] night)!; *se vid. kväll* **-bön** evening prayers [pl.] **-dräkt** evening dress **-klänning** evening gown (dress, [kort] frock) **-rodnad** sunset glow **-skola** night-school, evening-school **-sång** evensong, evening service, vespers [pl.] — [För sms. jfr vid. *kvälls-*]

aga I *s* flogging, caning **II** *tr* flog, cane

agent agent [äv. polit. o. gram.], H [äv.] representative **agentur** agency **agera** *tr itr* act; ~ *[som]* [fungera som] act as; *de ~nde* [teat.] the actors (performers)

agg grudge, rancour; *hysa ~ mot ngn* bear a p. ill-feeling (a grudge)

aggregat aggregate [äv. miner.]; [tekn. vanl.] unit

aggression aggression **aggressiv** *a* aggressive **aggressivitet** aggressiveness

agit|ation agitation, campaign; [vid val] canvassing **-ator** agitator; [vid val] canvasser **-era** *itr* agitate; [vid val] canvass

1 agn, *~ar* [tröskavfall] husks; chaff [sg.]

2 agn [vid fiske] bait

agronom agricultural-college graduate

ah *itj* oh!, ah! **aha** *itj* aha!; ha, ha!; oho!

aj *itj* oh!, ow!, ouch!; ~, ~! [varnande] now! now!; [nä, nä] no! no!

à jour, *hålla sig ~ med* keep up to date with

ajournera *tr rfl* adjourn

akademi academy **akademiker** [m. examen] university graduate; *vara ~* [akademiskt bildad] have a university education

akademisk *a* academic[al]

akilleshäl Achilles' heel

akrobat acrobat **-ik** acrobatics [pl.]

1 akt 1 [handling] act **2** [urkund] document **3** [högtidlig förrättning] ceremony **4** [teat.] act **5** [nakenstudie] nude

2 akt 1 [uppmärksamhet o.d.], *giv ~!* attention!; *ge ~ på* [observera] observe, watch, notice; [ägna uppmärksamhet åt] pay attention to, mind; *ta sig i ~ [för]* be on one's guard [against] [jfr vid. *akta II*]; *ta tillfället i ~* avail oneself of (seize) the opportunity **2** *i ~ och mening att gå* for the purpose of going

akta I *tr* [vara aktsam om] be careful with, [ta vård om] take care of; [skydda] guard, protect, *för* from; *~ huvudet!* mind your head!; *~s för stötar!* handle with care! **II** *rfl* take care, be careful, *för att göra det* not to do that; [vara på sin vakt] guard, be on one's guard, *för* against; [se upp] look out, *för* for; *~ dig [, du]!* watch your step!; *~ dej, vad han var bra!* F he was good, I can tell you! **aktad** *a* respected, esteemed

akter I *adv*, *~ ifrån* from the stern; *~ om* astern of, abaft; *~ ut (över)* astern **II** *s* stern **-däck** after-deck, [upphöjt] poop **-lanterna** stern ([flyg.] tail) light **-seglad** *a, han blev ~* [kvarlämnad] he was left astern (behind), [hann inte med] he missed his ship **-skepp** stern **-snurra** outboard motor; [båt] outboard motor-boat **-spegel** stern

akterst *adv* furthest astern **aktersta** *a* the aftermost, the sternmost

aktie share **-bolag** joint-stock ([med begränsad ansvarighet] limited [liability]) company; *~et* ([förk.] *AB*) *S. & Co.*

Messrs S. & Co., Limited (Ltd.), [amer.] S. & Co., Incorporated (Inc.) **-kapital** share-capital, [joint] stock, [amer.] capital [stock] **-kurs** share price, price of shares **-ägare** shareholder, [isht amer.] stockholder
aktion action [äv. ⚔]; [för insamling m.m.] drive **aktionsradie** cruising range (radius)
aktiv I *a* active **II** *s* [språkv. (huvudform)] the active [voice] **aktivera** *tr* activate **aktivitet** activity **aktivum** *se aktiv II*
aktning respect; [allmän] esteem; [hänsyn] regard, *för* for; deference, *för* to
aktnings|full *a* respectful **-värd** *a* ..worthy of respect, estimable; [betydlig] considerable
aktra *(aktre) a* after, aft
aktris actress
aktsam *a* careful, [försiktig] prudent **-het** care[fulness], prudence
aktstycke [[officiellt] official] document
aktualisera *tr* bring..to the fore; [*åter*] ~ bring up . . again, bring . . to life **aktualitet** current (immediate) interest, topicality; [aktuell fråga] topic of the day **aktuell** *a*..of current interest, topical; [dagsfärsk] current; [nu rådande] present; [ifrågavarande] ..in question; *bli* ~ [vanl.] arise, come up, come to the fore; *göra* ~*, se aktualisera*
aktör actor
akustik acoustics [pl.]; [läran om ljudet] acoustics [sg.] **akustisk** *a* acoustic
akut I *a* acute **II** *s* [accent] acute [accent]
akvarell water-colour
akvarium aquari|um [pl. äv. -a]
akvavit aquavit, snaps [pl. snaps]
akvedukt aqueduct
al alder; [för sms. *jfr björk-*]
alabaster alabaster
aladåb aspic
alarm [signal] alarm; *slå* ~ sound the (an) alarm **-beredskap** state of alert **-era** *tr* alarm; ~ *brandkåren* call the fire-brigade
alban[es] *s o.* **alban[esi]sk** *a* Albanian **Albanien** Albania
albatross albatross
albino albino [pl. -s]
album album; [urklipps~] scrap-book
aldrig *adv* never; ~ *mer* never again; ~ *en enda*..not a single.., never one..; ~ *i livet!* not on your life!; *inte om du gav mig* ~ *det* not if you gave me the whole world; ~ *så litet* the least little bit
alert I *a* alert, watchful **II** *s, vara på* ~*en* be alert
alf elf [pl. elves]
alfabet alphabet **-isk** *a* alphabetical
alfresko *adv* in fresco **-målning** painting in fresco
alg alga [pl. algae]
algebra algebra
Alger Algiers **algerier** Algerian **Algeriet** Algeria
alias *adv* alias
alibi alibi
alka auk, razorbill
alkali alkali **alkalisk** *a* alkaline
alkemi alchemy
alkohol alcohol **-fri** *a* non-alcoholic; ~ *dryck* soft drink **-halt** alcoholic content **-haltig** *a* alcoholic, [attr. äv.] ..containing alcohol **-iserad** *a, vara* ~ be a[n] habitual drunkard **-ism** alcoholism, alcoholization **-ist** habitual drunkard, inebriate, alcoholic **-missbruk** abuse of alcohol **-prov** test for alcohol **-påverkad** *a* ..under the influence of drink
alkotestapparat breathalyser
alkov alcove, recess
all I *pron* **1** [m. följ. subst. ord] all, [varje] every; *med* ~ *aktning* with all [due] respect; *ha* ~ *anledning att* (*till*) have every reason to (for); ~*t annat* everything else; ~*t annat än* anything but; *av* ~*t hjärta* with all one's heart; *till* ~ *lycka* by great good fortune; ~*a människor* everybody; ~*t möjligt* all sorts of things, every conceivable thing, F every mortal thing; *uppfylla* ~*[an] rättfärdighet* fulfil all righteousness; *på* ~*a sidor* on all sides, on every side; *hur i* ~ *världen* (~ *sin dar*)..? how in [all] the world (how on earth)..? **2** [fristående] *se alla 2, allt II 2; hans* ~*t i* ~*o[m]* his right hand (factotum); *det är icke* ~*om givet* it is not given to everybody **II** *pred. a* [slut] over
alla *pron* **1** [m. följ. subst. ord] *se all I 1* **2** [fristående] all; [varenda en] everybody, everyone [bägge sg.]; *en gång för* ~ once [and] for all; *det är till* ~*s vår nytta* it is to the benefit of all of us
alla|handa *oböjl. a* ..of all sorts (kinds) **-redan** *adv* already; *jfr redan* **-samman[s]** *se allesamman[s]*
alldaglig *a* everyday [end. attr.]; [vanlig] ordinary; [banal] commonplace
alldeles *adv* [allm.] quite, altogether; [stark.]: [absolut] absolutely, [fullkomligt] perfectly, [grundligt] thoroughly, [fullständigt] completely, all, [helt och hållet] entirely, [totalt] utterly, totally; [precis] exactly, just; ~ *för långt* altogether too far; ~ *för många* far too many; ~ *nyss* just now; [*det här är*] *något* ~ *särskilt*..something quite (very) special; *det gör* ~ *detsamma* it makes no difference at all; *han misstog sig* ~ he was entirely mistaken
allé avenue, [ibl.] walk
allegor|i allegory **-isk** *a* allegorical
alle|handa *se allahanda* **-mansrätt** [ung.] legal right to enter private land
allena *a o. adv* alone

allerg|i allergy **-isk** *a* allergic, *mot* to **allesamman[s]** *pron* all of us (you [etc.]), [one and] all; *adjö ~!* good-bye everybody! **allhelgonadag,** ~ [*en*] All Saints' Day **allians** alliance **alliansfrihet** [policy of] non-alignment **alliera** *rfl* ally oneself, *med* to, with **allierad I** *a* allied, *med* to, with **II** *subst. a* ally; *de ~e* the allies **alligator** alligator **allihop[a]** *se allesamman[s]* **allitteration** alliteration **allmakt** omnipotence **allmoge** country people (folk) [pl.] **-stil** [ung.] rustic (rural, peasant) style **allmosa** alms [pl. lika] **allmän** *a* [vanlig] common; [för alla] general, [universell] universal; [gängse] current; [offentlig] public; *på ~ bekostnad* at [the] public expense; *ett ~t bruk* a prevalent custom; *den ~na linjen* [skol.] the general line; *det ~na* the community [at large]; *i det ~nas tjänst* in the public service **-bildad** *a* well-informed ([pred.] well informed) **-bildning** all-round (general) education; general knowledge **-giltig** *a*..of universal application, universal **-het 1** *i ~* in general, generally [speaking], as a rule **2** [*den stora*] *~en* the public [at large]; [*avsedd för*] *en större ~* ..a large public **-mänsklig** *a* human **allmänning** common **allmännyttig** *a*.. for the benefit of everyone **allmänt** *adv* commonly, generally, universally, [*jfr allmän*]; *~ känd* widely (generally) known; *~ utbredd* widespread **allmäntillstånd** general condition **allra** *adv* [av allt (alla)] of all; [förstärkande äv.] very; *den ~ bästa* [*eleven*] the very best [pupil]; *de ~ flesta* [*bilar*] the great majority [of cars]; *~ mest (minst)* most (least) of all; *inte det ~ ringaste* not in the very least **alls** *adv, inte ~* not at all, by no means, F not a bit; *inget besvär ~* no trouble at all (whatever); *utan några svårigheter ~* without any difficulties at all **all|sidig** *a* all-round; [omfattande] comprehensive; [*en*] *~ kost* a balanced diet **-sidigt** *adv* comprehensively; *~ utvecklad* well--developed ..**-sköns** *a, i ~ ro* in peace and quiet **allsmäktig** *a* almighty; *den Allsmäktige* God Almighty **allsång** community singing **allt I** *s, ~et* the universe **II** *pron* **1** [m. följ. subst. ord] *se all I 1* **2** [fristående] all; everything; *~ eller intet* all or nothing; *när ~ kommer omkring* after all; *hon är mitt ~ på jorden* she is all the world to me; *han tror sig kunna ~* he thinks he knows everything; *bara tio ~ som ~* only ten all told ([all] in all); *~* [*vad*] [det enda som] *jag har att säga* all [that] I have got to say; *spring ~ vad du kan* run as fast as you can; *framför ~* above all [osv.], *jfr framför I 2; inte för ~ i världen* not for anything in the world **III** *adv* **1** [framför komp.], *~ bättre* better and better **2** [i andra förb.], *~ efter, ~ för* [m.fl.] *se alltefter* [osv.]; *~ under det* [*att*] while **3** [nog], *han är ~ bra dum* he must be rather stupid **allt|efter** *prep* [all] according to **-eftersom** *konj* [efter hand som] as **-emellanåt** *adv* from time to time **-för** *adv* [far] too **alltid** *adv* **1** always, [isht högt.] ever; *för ~* for ever **2** [i alla fall] anyway **allt|ifrån** *prep* [om tid] ever since **-ihop** *se -samman[s]* **allting** *pron* everything; *jfr allt II 2* **allt|jämt** *adv* [fortfarande] still; [ständigt] constantly **-mer[a]** *adv* more and more **-nog** *adv* in short, anyhow **-samman[s]** *pron* all [of it ([resp.] them)], the whole lot [of it ([resp.] them)]; *jag är trött på ~* I am fed up with the whole thing **-sedan** *prep, adv o. konj* ever since **-så** *adv* [följaktligen] accordingly, therefore, consequently; [det vill säga] in other words; *resan kunde ~ börja* the journey, then, could begin **allvar** [isht mots. skämt, sorglöshet] seriousness, [stark.] gravity; [isht mots. likgiltighet] earnestness; *när det blir ~ av* when it comes to the point; *mena ~* be serious; *tala ~ med ngn* have a serious talk with a p.; *på* [*fullt*] *~* in [real] earnest; *ta..på ~* take.. seriously **-lig** *a* serious, grave; earnest; [*jfr allvar*]; *en ~ tillrättavisning* a severe reprimand; *hålla sig ~* preserve one's gravity **-lighet** seriousness, gravity **-sam** *se allvarlig* **alm** elm; [för sms. *jfr björk-*] **almanacka** almanac; [vägg~ o.d.] calendar; [fick~ o.d.] diary **aln** [ung.] ell; [bibl.] cubit **alp** alp; *Alperna* the Alps **alpacka 1** [får o. tyg] alpaca **2** [nysilver] nickel silver **alpin** *a* alpine **-ism** mountaineering **-ist** alpinist, alpine climber **alster** product, [isht friare] production, work **alstra** *tr* produce, bring forth, generate; [t.ex. hat] engender, breed **alstring** production, generation **alt** [mus.] alto [pl. -s] **altan** balcony; terrace **altar|e** altar [äv. bildl.] **-skåp** [triptyk] triptych **-tavla** altar-piece **alter|nativ** *s o. a* alternative **-nera** *itr* alternate, *med* with **-nerande** *a* alternate **altru|ism** altruism **-istisk** *a* altruistic **aluminium** aluminium, [amer.] aluminum

-folie aluminium foil
alun alum
amalgam amalgam
amanuens [ung.] assistant [äv. univ.]
amason Amazon **Amasonfloden** the [River] Amazon
amatör amateur, *på* of
Amazonfloden the [River] Amazon
ambassad embassy **ambassadör** ambassador; [kvinnl. äv.] ambassadress
ambition [framåtanda] ambition; [pliktkänsla] conscientiousness **ambitiös** *a* ambitious; conscientious
ambul|ans ambulance [äv. ⚔] **-era** *itr* move from place to place **-erande** *a*, ~ *cirkus* travelling circus
amen *itj* [ofta anv. ss. subst.] amen
Amerika America; ~*s förenta stater* the United States of America **amerikan[are]** *o.* **amerikansk** *a* American; [för sms. *jfr svensk-*] **amerikanska 1** [kvinna] American woman **2** [språk] American. — *Jfr svenska*
amfibie amphibian **-[flyg]plan** amphibian [plane] **-fordon** amphibious craft
amfiteater amphitheatre
amiral admiral
amma I *s* wet-nurse **II** *tr* breast-feed, nurse
ammoniak ammonia
ammunition ammunition
amnesti amnesty
Amor Cupid
amoralisk *a* amoral, non-moral
amorbåge Cupid's bow
amorter|a *tr* [lån, kreditköp] pay off **-ing** [amorterande] repayment by instalments; [belopp] instalment **-ingsplan** instalment plan
ampel [för växter] hanging flower-pot; [hänglampa] hanging lamp
ampere ampere **-meter** ammeter
ampull ampoule, [liten flaska] phial
amput|ation amputation **-era** *tr* amputate
amulett amulet; talisman
an *adv*, *av och* ~ up and down; *komma (gå, slå* [etc.]*)* ~ [se under resp. verb]
ana *tr* have a feeling (an idea, a presentiment [osv.], *jfr aning), att* that; [misstänka] suspect; [förutse] anticipate, foretell; [gissa] divine; [tro, föreställa sig] think, imagine; ~ *oråd (argan list)* suspect mischief, F smell a rat
anakronism anachronism
analfabet illiterate [person]
analog *a* analogous, *med* to **analogi** analogy
analys analys|is [pl. -es] **analysera** *tr* analyse
anamma *tr*, *fan* ~ *!* damn it!, hell!
ananas pineapple
anark|i anarchy **-ist** anarchist
anatomi anatomy **anatomisk** *a* anatomical

anbefalla *tr* **1** [ålägga] enjoin, *ngn ngt* a th. upon a p.; charge, *ngn att* [+ inf.] a p. to [+ inf.] **2** [rekommendera] recommend **3** [isht relig., anförtro] commend
anbelanga *tr*, *vad* .. ~*r*, *se beträffa*
anblick sight; *vid första* ~*en* at first sight
anbringa *tr* [fästa] fix, affix; [applicera] apply
anbud offer; [leveransanbud äv.] tender; *få* ~ have an offer, *på* [att köpa] of ([att sälja] for)
and [wild] duck
anda 1 [andedräkt, andetag] breath; *dra* ~*n* draw breath; *ge upp* ~*n* expire, give up the ghost; *hålla (hämta, tappa)* ~*n* hold (recover, lose) one's breath; *med* ~*n i halsen* out of breath **2** [stämning, kynne, andemening] spirit; ~*n är god bland trupperna* the morale among the troops is excellent; *i vänskaplig* ~ in a friendly atmosphere; *när* ~*n faller på, se ande 2* **3** *i* ~*nom, en* ~*ns man, se ande 1*
andakt devotion; [andaktsövning] devotions [pl.]
andas *tr. itr. dep* breathe [äv. bildl.], respire; ~ *in* breathe in, inhale; ~ *ut* [eg.] breathe out, exhale, [hämta andan] take breath, respire; [känna sig lättad] breathe freely
and|e 1 [själ] spirit; [tanke[liv] äv.] mind, intellect; ~ *och materia* mind and matter; *i -anom* in the spirit, [friare] in one's mind's eye; *en -ans man* a clergyman, [katol.] a priest **2** [okroppsligt väsen] spirit, ghost; [skyddsande] genius [pl. äv. genii]; [sagoväsen] genie [pl. genii]; *den Helige Ande* the Holy Ghost (Spirit); *när -an (-en) faller på [mig]* when the spirit moves me **3** [personlighet] spirit, mind; *ledande (stor)* ~ leading (great) spirit, master (great) mind
ande|drag breath, [ibl.] respiration; *i ett* ~ [all] in one breath **-dräkt** breath **-fattig** *a* dull, jejune
andel share **andelsbevis** share certificate **andelsförening** co-operative society
andemening spirit, inward sense
Anderna *pl* the Andes
ande|skådare seer of visions **-tag** breath; [för ex. se *andedrag*]
and|fådd *a* breathless; [pred. äv.] out of breath, F puffed [out] **-hämtning** breathing, respiration
andjakt duck-shooting
andlig *a* **1** [mots.: kroppslig]: [själs-] spiritual; [förstånds-] mental, intellectual **2** [mots.: världslig] spiritual; [from, religiös] religious; ~*a sånger* religious songs, spirituals; *inträda i det* ~*a ståndet* take holy orders **andlig|en** *adv o.* **andlig|t** *adv* spiritually [osv.], *jfr andlig; -t sinnad* religious, religiously minded

and|lös *a* breathless; ~ *tystnad* dead silence **-löst** *adv,* ~ *spännande* breath-taking, thrilling **-ning** breathing; *konstgjord* ~ artificial respiration **-ningsorgan** respiratory organ **-nöd** shortness of breath

andra *(andre)* **I** *räkn* second ([förk.] 2nd); *den* ~ *från slutet* the last but one; *för det* ~ in the second place, [vid uppräkning] secondly; *ha informationer i* ~ *hand* have second-hand information; *hyra ut i* ~ *hand* sublet; *det får komma i* ~ *hand* it will have to come second; *köpa i* ~ *hand* buy [at] second-hand; ~ *klassens (rangens)* second-rate; *jfr femte* [o. sms.] **II** *pron, se annan o. 3 en III 1*

andra[ga] *tr* set forth, present, [t.ex. skäl] advance, put forward

andra|handsvärde second-hand value **-klassbiljett** second-class ticket **-klasshotell** [sämre] second-rate hotel

andre I *räkn, se andra* **II** *pron, se annan o. 3 en III 1*

andtäppa shortness of breath

andäktig *a* devout; [uppmärksam] attentive

anekdot anecdote

anem|i anaemia **-isk** *a* anaemic

anemon anemone

anfall [allm.] attack [äv. sport.], *mot* against, on; [isht ⚔ äv.] assault (*mot* on), charge; [bildl. äv.] fit; *gå till* ~ [*mot ngn*] attack [a p.]

anfalla *tr* [allm.] attack, [isht bildl. äv.] assail; assault, fall (set) [up]on

anfallskrig aggressive war

anfordran, [*att betalas*] *vid* ~..on demand

anfrätt *a* corroded; [om tand] decayed; [bildl.] corrupt

anför|a *tr* **1** [föra befäl över] be in command of, command; [leda] lead; [isht mus.] conduct **2** [yttra, andraga] state, say; [t.ex. som ursäkt] allege; [t.ex. bevis] adduce, bring forward; [t.ex. skäl] give; ~ *till sitt försvar* plead in [one's] defence **3** [citera] quote, cite **-ande 1** [befäl, ledning] commanding [osv.], *jfr anföra 1;* leadership; lead, command; [isht mus.] conductorship **2** [andragande] stating [osv.], *jfr anföra 2;* [yttrande] statement; [tal] speech, address **-are** commander, leader; [isht mus.] conductor **-ing,** *direkt (indirekt)* ~ direct (indirect *el.* reported) speech **-ingstecken** quotation mark, [pl. äv.] inverted commas

anförtro *tr* **1** [överlämna] entrust **2** [delge] confide; ~ *sig åt* [ge sitt förtroende åt] confide in

anförvant relation; ~*er* [äv.] kinsfolk

ange *tr* **1** [uppge] state, give, mention; [utvisa] indicate, show; [utsätta] note, [på karta] mark; *närmare* ~ specify **2** [anmäla] report; ~ *sig själv* [vanl.] give oneself up

angelsaxare [osv.] *se anglosaxare* [osv.]

angelägen *a* **1** [brådskande] urgent, pressing, [viktig] important **2** ~ *om ngt* ([*om*] *att* [+ inf.]) anxious (eager) for a th. (to [+ inf.]) **-het** [ärende] affair, concern; [sak] matter, question **-hetsgrad** degree of priority (urgency)

angenäm *a* pleasant, agreeable, pleasing; [*det var*] *mycket* ~*t att få träffa er* [I am] very pleased to meet you

angina [halsfluss] angina

angiv|a *se ange* **-ande** stating [osv.], *jfr ange;* statement; indication **-are** informer, *av* against **-else** denunciation

angli|cism anglicism **-kansk** *a* Anglican

anglo|fil *s o. a* Anglophil[e] **-saxare** *s o.* **-saxisk** *a o.* **-saxiska** [språk] Anglo-Saxon

angorakatt angora cat

angrepp attack, *mot* (*på*) on; *jfr anfall* **angripa** *tr* attack; *jfr angripen* **angripare** attacker; aggressor **angripen** *a* [skadad, sjuk] affected; [ankommen] tainted

angränsande *a* adjacent, *till* to

angå *tr* concern; *vad mig* ~*r* as far as I am concerned **-ende** *prep* concerning, respecting, regarding, as to

angöra *tr* [⚓] **1** a) ~ *land* make land b) [anlöpa: hamn] touch (call) at **2** [fastgöra] make..fast

anhang following; F crew, gang

anhop|a I *tr* heap up, accumulate **II** *rfl* accumulate **-ning** accumulation [äv. konkr.]

anhåll|a I *tr* [arrestera] take..into custody, [ibl.] apprehend, arrest **II** *itr* ask, [*hos ngn*] *om ngt* [a p.] for a th.; ~ *om* [t.ex. ynnest äv.] request, [t.ex. stipendium] apply for; *om svar -es (o.s.a.)* an answer will (would) oblige, please reply, R.S.V.P. [fr.] **-an** request; petition; application, *om* [i samtl. fall] for **-ande** [arrestering] arrest

anhängare follower; adherent, *av, till* of; [isht av idé] supporter, advocate

anhörig *subst. a* relative, relation; *närmaste* ~ (~*a*) next of kin [sg. resp. pl.]

anilin aniline

animal *a o.* **animalisk** *a* animal

animera *tr* animate; *en* ~*d stämning rådde* high spirits prevailed

animositet animosity

aning 1 [förkänsla] feeling, idea, [isht av ngt ont] presentiment; *om att* that; *onda* ~*ar* misgivings, apprehensions **2** [begrepp, föreställning] idea, notion, conception, *om* of, *om att* that; *det har jag ingen* ~ *om!* I have no idea! **3** [smula, stänk] suspicion, trace, touch

anis anise; [krydda] aniseed

anka 1 [tame] duck **2** [tidnings~] hoax, false report, canard [fr.]

ankar|e 1 [⚓, äv. *ankar*] anchor; *kasta (lyfta, lätta)* ~ cast (weigh) anchor; *ligga för ankar* ride (lie) at anchor, [bildl., skämts.] be [ill] in bed **2** [till magnet] armature **-plats** berth, anchorage **-spel** windlass, capstan

ankel ankle[-bone]

anklag|a *tr* accuse, *för* of; ~ *ngn för* [äv.] charge a p. with **-else** accusation, charge, *för* of; [~ akt] indictment

anklang [bifall] approval; *vinna* ~ win approval; *väcka* ~ *hos ngn* appeal to a p.

anknyt|a I *tr* attach, unite, *till* to; connect, *till* with, on to **II** *itr*, ~ *till* link up with, connect on to **-ning** connection, attachment, junction; [telef.] extension

ankomm|a *itr* **1** [anlända] arrive, [vara bestämd att komma] be due, *till* at, [i vissa fall] in **2** ~ *på* a) [bero] depend on; *jfr bero 1 b* b) [tillkomma], *det -er på honom* it is his business **-ande** *a* arriving; [om post, trafik] incoming **-en** *a* [skämd: om kött] tainted, high; [*fisken (frukten)*] *är* ~ .. is not fresh

ankomst arrival, *till* at, [i vissa fall] in

ankra *itr* anchor **ankringsplats** anchorage, berth

ankunge duckling

anlag 1 [medfött, ärftligt] natural ability, aptitude, [begåvning] gift, talent, *för* for; [disposition] tendency, predisposition, *för* towards **2** [biol.] rudiment, germ, *till* of; embryo [pl. -s]

anlagsprövning aptitude test

anledning [skäl] reason, *till* for; [orsak] cause; *ge* ~ *till* give occasion to, [förorsaka] cause, [medföra] lead to; *av vilken* ~*?* for what reason?; *med (i)* ~ *av* on account of, owing to, [med hänsyn till] in view of; *med* ~ *av Ert brev* with reference (referring) to your letter; *på förekommen* ~ *får vi meddela att*.. we have found it necessary to remind you that..

anlete, *i sitt* ~*s svett* by the sweat of one's brow **anletsdrag** *pl* features

anlita *tr* **1** [vända sig till] turn to; [engagera] engage, [tillkalla] call in; *mycket* ~*d* .. in great demand **2** [tillgripa] resort to, [använda] make use of

anlägg|a *tr* [uppföra] build, erect, [bygga] construct; [grunda] found; ~ *gator* lay out streets; ~ *mordbrand* commit arson; *det hela var anlagt* [inriktat] *på.. (på att* [inf.]*)* the idea of it all was.. (was to [inf.]) **-ning 1** [abstr.] erection, construction; foundation; laying out **2** [konkr.]: [allm.] establishment, [byggnad] structure, [fabrik o. d.] works [pl. lika]; [park] ~*[ar]* [park] grounds [pl.]

anlända *itr* arrive, *till* at, [i vissa fall] in

anlöpa *tr* [⚓] call (touch, put in) at

anman|a *tr* request, urge **-ing** request

anmod|a *tr* [allm.] request, call upon; [ombedja] invite; [ge i uppdrag åt] commission; [beordra] instruct **-an** request, invitation

anmäl|a I *tr* **1** [tillkännage] announce; [rapportera] report, [förlust, sjukdomsfall o. d.] notify; *vem får jag* ~*?* what name, please? **2** [recensera] review **II** *rfl* report, *för (hos)* to; ~ *sig som sökande till*.. apply for..; ~ *sig till* [en examen, tävling m. m.] enter [one's name] for **-an 1 a)** announcement, report, notification, notice [*jfr anmäla I*], *om* of **b)** application, entry [*jfr anmäla II*, ex.], *till* for **2** [recension] review **-are** [recensent] reviewer **-ning** *se anmälan*

anmälnings|avgift entry (application) fee **-tid,** ~*en utgår*.. the last day for entries (applications) is..

anmärk|a I *tr* [påpeka, yttra] remark, observe **II** *itr* [kritisera m. m.] criticize, *på (mot) ngn(ngt)* a p. (a th.); find fault, *på (mot)* with **-ning** [påpekande, yttrande] remark, observation; [förklaring] note, comment; [klander] adverse remark, criticism; [klagomål] complaint; [skol.] bad mark

anmärkningsvärd *a* [märklig] remarkable; [beaktansvärd] notable; noteworthy; [märkbar] noticeable

annaler *pl* annals, records

annalkande I *s* approach[ing]; *vara i* ~ be approaching **II** *a* approaching

annan *(annat, andre, andra) pron* **1** [allm.] other, *jfr 3 en III 1; en* ~ another, [självst.]: another [one], [någon annan äv.] somebody [osv. *jfr 2*] else; *en* ~*s* another's; *annat* [självst.]: other things, [något annat] something ([resp.] anything) else, *jfr 2; andra* [självst.]: others, [utan syftning vanl.] other people; *andras* others' [resp.] other people's; *jag kunde inte göra annat* [handla annorlunda] I could not have done otherwise; *de båda andra* the other two **2** [efter isht vissa obest. o. interr. självst. pron.] else, [gen.] else's; [jfr dock *3*]; *någon* ~ [om pers.] somebody (someone) else [resp.] anybody (anyone) else; *vilken* ~ who else; *alla andra* all the others, [om pers. vanl.] everybody (everyone) else **3** ~ *än* but, other but, other than; [jfr ex.]; *någon* ~ *än* a) [fören.] some other than (besides) [resp.] any other but b) [självst.] somebody (someone) other than [resp.] anybody (anyone) but; *hon gör inte (ingenting) annat än gråter* she does nothing but cry **4** ['helt annan', 'inte lik'] different; [*det var*] *något helt annat* [*än*].. something quite different [from (to)] **5** [F 'riktig'] regular, proper; ['vanlig'] common; *som en* ~ *tjuv* just like a common thief

ann[an]dag, ~ *jul* Boxing Day; ~ *pingst (påsk)* Whit (Easter) Monday; [*på*] ~ *jul* [osv.] on Boxing Day [osv.]

annanstans *adv*, *någon* ~ elsewhere, some-

where ([resp.] anywhere) else
annars *adv* otherwise; [ty annars, annars så] or [else], else; [efter frågeord] else; *jfr eljes[t]*
annat *pron, se annan*
annektera *tr* annex **annex** annex[e]
anno, ~ *1966* in [the year] 1966
annons advertisement ([förk.] advt.), F ad., *efter* for, *om* about; [döds- o.d.] announcement, notice, *om* of **-ackvisitör** advertising agent **-byrå** advertising agency **-era** *itr tr* [i tidning] advertise, *efter* for; [tillkännage] announce; ~ *om ngt* [till salu] advertise a th. **-ering** advertising, advertisement **-kostnad** advertising expenses [pl.]
annonsör advertiser
annorlunda I *adv* otherwise; [*helt*] ~ [*än*] [quite] differently [from]; ~ *beskaffad* [se följ.] **II** *a* different, *än* from
annuitet [fixed] yearly instalment
annullera *tr* annul, cancel **annullering** annulment, cancellation
anod anode
anomali anomaly
anonym *a* anonymous **-itet** anonymity
anor *pl* ancestry [sg.], ancestors; *ha gamla* ~ [bildl.] have a long history, [vara en ärevördig tradition (sedvänja)] be a time-honoured tradition (custom)
anorak anorak
anordn|a *tr* **1** [ställa till med] get up, set..on foot, [organisera] organize, arrange [for] **2** [placera, ordna] arrange **-are** arranger, organizer **-ing** arrangement, [mekanism äv.] contrivance, device, appliance; ~*ar* [hjälpmedel, bekvämligheter o.d.] facilities
anpass|a I *tr* suit, adjust, adapt, *efter (för, till)* to **II** *rfl* adjust (adapt) oneself, *efter* to **-ling** [opportunist] opportunist **-ning** adaptation, adjustment
anpassnings|förmåga adaptability **-svårighet** difficulty in adjusting (adapting) oneself
anrika *tr* enrich, concentrate
anrop call [äv. tel.]; [⚔] challenge; [⚓] hail **anropa** *tr* **1** ~ *Gud om hjälp* invoke the help of God **2** *se ropa* [*an*]
anryck|a *itr, se rycka* [*an*] **-ning** advance
anrätt|a *tr* prepare; [laga] cook **-ning 1** [tillredning] preparation; cooking **2** [maträtt] dish
ans care, tending **ansa** *tr* tend
ansats 1 [sport] run; *hopp med (utan)* ~ running (standing) jump **2** [försök, ansträngning] attempt, effort, *till* at; [början] start, beginning; [tecken] sign, trace, *till* of
anse *tr* **1** [mena, tycka] think, consider, be of the opinion, feel; *man* ~*r allmänt,* [*att..*] it is generally believed (held)..; *jag* ~*r mig ha rätt* I consider (believe) I am right; *han* ~*s* [*veta allt*] he is considered to..**2** [betrakta, hålla för] consider, think; regard, look upon, [*så*]*som, för* as; *jag* ~*r det* [*vara*] *bäst* I consider (think) it is best; ~ *ngn som (för) sin vän* consider a p. (regard [el.] look upon a p. as) one's friend; ~ *det som sin plikt* consider (think) it one's duty **ansedd** *a* [aktad] respected, esteemed; eminent; distinguished; *en* ~ *man (firma)* a man (firm) of high standing; *väl (illa)* ~ [attr.]..of good (bad) repute; *han är väl (illa)* ~ he has a good (bad) reputation **anseende 1** [rykte] reputation; standing, prestige, good name; [aktning] esteem **2** *i* ~ *till* a) [i betraktande av] considering b) [på grund av] owing to, on account of; *utan* ~ *till person* without respect of persons
ansenlig *a* considerable; [stor äv.] good-sized, large
ansikte face [äv. 'min']; [högtidl.] countenance; *kända* ~*n* [personer] well-known personalities; *visa sitt rätta* ~ show one's true colours; *bli lång i* ~*t* pull a long face; *skratta ngn mitt* [*upp*] *i* ~*t* laugh in a p.'s face; *säga ngn* [*ngt*] *mitt i* ~*t* tell a p. [a th.] [straight] to his face; *tvätta sig i* ~*t* wash one's face; *stå* ~ *mot* ~ *med* stand face to face with, face
ansikts|behandling facial treatment **-drag** *pl* features, lineaments **-form** face, shape of face **-färg** colouring [of the face], complexion **-kräm** face-cream **-lyftning** face lifting, [bildl.] face-lift **-uttryck** [facial] expression
ansjovis [konserverad skarpsill ung.] tinned sprat, [koll.] tinned sprats [pl.]
anskaff|a *tr* **1** [skaffa sig] obtain, get [hold of], acquire, procure **2** [tillhandahålla] provide, supply, furnish, *ngt åt ngn* a p. with a th. **-ning** [-ande] obtaining [osv.]; acquisition; provision, supply **-ningsvärde** purchase (initial) value
anskri, *ge till ett* ~ scream, shriek
anskriven *a, vara väl (illa)* ~ *hos ngn* be in (out of) favour with a p.
anskrämlig *a* forbidding, ugly, hideous
anslag 1 [kungörelse] notice, [affisch äv.] bill, placard **2** [stämpling] design, *mot* [up]-on; plot, *mot* against **3** [penningmedel] grant, subvention, allowance; *bevilja ngn ett* ~ make a p. a grant, [genom votering] vote a p. a sum of money **4** [på tangent] touch
anslags|tavla notice-board, [amer.] bulletin board **-äskande**[**n** *pl*] [parl. o.d.] supply estimates [pl.]
anslut|a I *tr* connect, *till* with, [on] to **II** *itr rfl* [stå i förbindelse] connect, *till* with, on to; ~ *sig till* a) [personer] join, attach oneself to b) [en åsikt (riktning)] adopt c) [t. ex. tullunion] enter, [t.ex. fördrag] enter into **-en**

a connected, associated, *till* with; affiliated, *till* to **-ning** [förbindelse] connection; [associering] association, *till* with; *färjorna har ~ till* [*tågen*] the ferry-boats run in connection with..; [*festen*] *fick en storartad ~*.. was very well supported [by the public]; *i ~ till detta* [i samband härmed] in this connection, [med hänsyn härtill] with reference to this

anslå *tr* **1** [anvisa] allow, allot, [medel, isht om riksdagen äv.] vote, *till* [i samtliga fall] for; *~* [*tid*] *till* devote..to, set aside..for **2** [uppskatta] estimate, rate, *till* at **-ende** *a* [tilltalande] pleasing, attractive; [gripande] impressive

anspel|a *itr* allude, *på* to; hint, *på* at **-ning** allusion, *på* to

anspråk [allm.] claim; [fordran] demand; [pl. äv.] pretensions, *på* to; *göra ~ på ngt* lay claim to a th.; *göra ~ på att* [inf.] claim to [inf.]; *ta i ~* a) [erfordra] require, [viss tid] take b) [lägga beslag på] requisition c) [begagna] make use of, use d) [uppta, t. ex. ngns tid] make demands on, take up, occupy

anspråks|full *a* pretentious, assuming; [fordrande] exacting **-lös** *a* unpretentious, unassuming; [om måltid o.d.] simple; [i priser, fordringar] moderate **-löshet** unpretentiousness; humility; moderation

anspänning [ansträngning] strain; exertion

anstalt **1** [åtgärd] arrangement, preparation; *göra (träffa) ~er för (till)* make arrangements for, take measures for **2** [inrättning] institution, establishment

anstift|a *tr* cause, provoke, [t.ex. myteri] stir up; *~ mordbrand* commit arson; *~ en sammansvärjning* hatch a plot **-an,** *på ~ av* at the instigation of **-are** instigator, originator, *av* of

anstormning assault, onset, *mot* [i bägge fallen] on

anstrykning [färgnyans] tinge, shade; [bildl. äv.] touch, trace

anstränga **I** *tr* [allm.] strain; [trötta, t. ex. ögonen] tire; [uppbjuda, t. ex. sina krafter] exert **II** *rfl* exert oneself, make an effort **ansträngande** *a* strenuous, taxing, trying, *för* to; [om marsch o.d.] stiff **ansträngd** *a* strained; [om leende, sätt] forced **ansträngning** effort, exertion; [påfrestning] strain **ansträngt** *adv* in a forced manner

anstå *itr* **1** [uppskjutas] wait, be deferred; *låta saken ~* let the matter wait; *låta ~ med* [t. ex. betalning] let..stand over **2** [passa] become, befit, be becoming for **anstånd** respite, grace

anställa *tr* **I** [företa] make, institute; [t.ex. undersökning äv.] hold **2** [åstadkomma] bring about; *~ förödelse* play (work) havoc; *~ skada på* cause (do) damage to **3** [i sin tjänst] engage, [amer.] hire; [utse] appoint

anställd **I** *a, bli ~ på en bank (i en butik)* obtain (get) a position at (in) a bank (a situation in a shop); *vara ~* be employed, *hos ngn* by a p., *vid* at, in **II** *subst. a, en ~* an employee **anställning** appointment; [befattning] post, position, [enklare] situation; *få (ha) ~, se* [*bli (vara)*] *anställd; utan ~* out of work (employment) **anställningsvillkor** *pl* terms of employment

anständig *a* [aktningsvärd] respectable; [friare] decent **anständighet** respectability; decency **anständighetskänsla** sense of propriety, decency **anständigtvis** *adv* for decency's sake

anstöt offence; *ta ~ av* take offence at; *väcka ~* [*hos*] give offence [to] **-lig** *a* offensive, *för* to; [svag.] objectionable; [oanständig] indecent; *det ~a* [anstötligheterna] *i boken* the objectionable parts of the book

ansvar **1** [allm.] responsibility; [ansvarsskyldighet] liability; *bära ~et (stå i ~) för* be responsible for; *stå till ~* be held responsible; *ställa ngn till ~* hold a p. responsible; *på eget ~* on one's own responsibility **2** [jur. straff[påföljd]] penalty; *yrka ~ på ngn* demand a p.'s conviction **ansvara** *itr* be responsible (answerable, [för skuld o.d.] liable), answer, *för* [i samtliga fall] for **ansvarig** *a* [allm.] responsible, *inför* to **ansvarighet** responsibility; *aktiebolag med begränsad ~* limited liability company **ansvarighetsförsäkring** third party liability insurance

ansvars|frihet, *bevilja styrelsen ~* adopt the report (the report and accounts) **-full** *a* responsible **-känsla** sense of responsibility **-lös** *a* irresponsible **-löshet** irresponsibility, [bristande ansvarskänsla] lack of responsibility **-yrkande,** *~ mot ngn* demand for a p.'s conviction

ansvällning swelling; enlargement

ansätta *tr* [sätta åt] beset, fall upon, attack; [besvära, plåga] harass, worry; *~s av fienden (hunger)* be beset by the enemy (by hunger); *hårt (illa) ansatt* [pred.]: hard pressed, [i knipa] in a tight corner

ansök|a *itr, ~ om* apply for **-an** application, *om* for; *~ om nåd* petition for mercy; *göra (lägga in) ~ om* apply for; *muntlig (skriftlig) ~* application in person (in writing) **-ning** *se ansökan*

ansöknings|blankett application form **-tid,** *~en utgår den 15 dennes* applications must be sent in before the 15th instant

anta[ga] *tr* **1** [ta emot, t.ex. plats] take; [säga ja till, t.ex. inbjudan] accept **2** [m. personobj.]: [anställa] engage; [utse] appoint; [välja åt sig] adopt, take; [intaga som elev o.d.] admit, [rekryt] enroll; [godkänna] approve, pass **3** [gå med på, godkänna] accept, [t. ex. förslag äv.] agree to, adopt, approve, [lagförslag] pass **4** [förutsätta]: assume, [formellare] presume, [förmoda] suppose **5** [göra till sin, tillägna sig, t. ex. idé] adopt; ~ *namnet (titeln)*.. take (assume) the name (title) of.. **6** [få] assume; ~ *fast konsistens* set, [hårdna] harden

antag|ande 1 [mottagande osv.; *jfr anta[ga]*] taking [osv.]; acceptance; engagement; appointment; adoption; admission; assumption **2** [förmodan o.d.] assumption, presumption, supposition, [förutsättning] premise **-bar** *a* acceptable **-lig** *a* **1** [se föreg.] **2** [sannolik] probable, likely **-ligen** *adv* [förmodligen] presumably; [sannolikt] probably, very (most) likely **-ning** admission

antagon|ism antagonism, *mot* to, against **-ist** antagonist, adversary

antal number; *tio till ~et* ten in number; *till ett ~ av tio* to the number of ten

Antarktis the Antarctic

antasta *tr* [ofreda] accost, [handgripligen] molest

antecedentia *pl* past [history] [sg.], antecedents

antecipera *tr* anticipate, forestall

anteck|na I *tr* note (take, write, put) down, make a note of; [införa, t.ex. beställning, i bok o.d.] enter, book; [uppteckna, konstatera] record **II** *rfl* put one's name down, *för* for, *som* as **-ning** note, memorand|um [pl. äv. -a], memo [pl. -s]

anteckningsbok notebook, memorandum-book

antedatera *tr* antedate, predate

antenn 1 [zool.] antenn|a [pl. -ae], feeler **2** [radio.] aerial; [radar] scanner

antibiotikum antibiotic

antik I *a* antique, ancient; [gammal[modig]] old[-fashioned] **II** *s* [classical] antiquity

anti|klimax anticlimax, bathos **-kropp** antibody

antikvariat second-hand ([finare] antiquarian) bookshop **antikvarisk** *a* antiquarian; [om böcker] second-hand **antikvariskt** *adv, köpa ~* buy second-hand **antikverad** *a* antiquated, outmoded **antikvitet** [antikt föremål] antique, curio [pl. -s] **antikvitetsaffär** antique shop, [antique and] second-hand furniture-shop(-dealer's)

antilop antelope

antimilitarism anti-militarism

antingen *konj* **1** either; ~ *du eller jag* either you or I **2** [vare sig] whether; ~ *du vill eller inte* whether you like it (want to) or not

anti|pati antipathy; *ha (hysa)* ~ feel an antipathy, *för* towards, *mot* to **-pod** [pers., eg.] person living on the opposite side of the earth **-semit** anti-Semite **-semitism** anti-Semitism **-septisk** *a* [äv. ~*t medel*] antiseptic **-tes** antithes|is [pl. -es]

antologi anthology

antracit anthracite

antropologi anthropology

anträda *tr* set out (off) [up]on, start off [up]on **anträffa** *tr* find, meet with **anträffbar** *a* available

antyd|a *tr* **1** [låta påskina (förstå)] hint, intimate, *för* to **2** [[i förbigående] beröra] touch [up]on; [förebåda] foreshadow **-an** [vink] hint, intimation, *om* of; [tecken äv.] indication, *om* of; [ansats] suggestion, *till* of **-ning** [förtäckt anspelning] insinuation, innuendo

antydningsvis *adv* [kortfattat] in rough outline, roughly

antåg|a *itr* [eg.] advance, [bildl.] approach **-ande,** *vara i* ~ be approaching (on the way), [om t. ex. oväder o. obehag] be brewing

antänd|a *tr* set fire to, set..on fire; [t.ex. laddning, bensin] ignite; ~*s* [äv.] catch fire **-ning** ignition

anvis|a *tr* **1** [tilldela o.d.] allot, assign; ~ *ngn* [ge ngn anvisning om] *arbete* find a p. work; ~ *ngn* [visa ngn till] *en sittplats* show a p. to a seat **2** [anslå, t.ex. penningmedel] allow, allot, [parl.] vote **-ning,** ~[*ar*] [upplysning, föreskrift] directions [pl.], instructions [pl.], [vink] tip [sg.]; *ge ngn ~ på* direct (refer) a p. to

använd|a *tr* **I** [allm.] use, [mera valt o. i bet. anlita] employ; [göra bruk av] make use of; [bära, t.ex. kläder, glasögon] wear, *till (för)* [i samtliga fall] for, *till (för) att* [+inf.] to [+inf.]; *en allmänt (flitigt) använd bok* a book in general (constant) use **2** [tillämpa, t.ex. regel] apply, [metod] adopt; [sin auktoritet, intelligens] exercise **3** [lägga ned, t.ex. tid, pengar] spend, *på* on, in; [ägna] devote **4** [förbruka] use up, *till* on **-bar** *a* [allm.] usable, ..of use; [motsats: oanvändbar] ..fit for use; [nyttig] useful, ..of use, *till* for; [om t.ex. kläder] serviceable; [om t.ex. metod] practicable; [tillämplig] applicable, *för* to; *i ~t skick* in working order **-barhet** usefulness; fitness for use; serviceableness; applicability **-ning** use, [mera valt] employment; [tillämpning] application; *komma till (finna)* ~ be of use, prove (be) useful, [användas] be used, *såsom* as, *till* for; [om t. ex. metod] be applicable

användningsområde field of application; *ett stort* ~ a wide field [etc.]

aorta aorta

apa I *s* [zool.] monkey, [isht svanslös] ape **II** *tr itr,* ~ *efter ngn* ape a p.

apanage ap[p]anage

apartheidpolitik apartheid policy

apati apathy **apatisk** *a* apathetic
apel apple-tree **-kastad** *a* dapple[-grey], dappled
apelsin orange **-klyfta** orange segment, [i dagligt tal] piece of orange **-marmelad** [orange] marmalade **-saft** orange juice ([sockrad, för spädning] squash)
Apenninerna *pl* the Apennines
aperitif aperitif
ap|han[n]e male (he-)monkey **-hona** female (she-)monkey
apostel apostle **Apostlagärningarna** *pl* the Acts [of the Apostles] **apostlahästar** *pl*, F *använda ~na* go on Shanks'[s] (Shank's) pony (mare) **apostolisk** *a* apostolic[al]
apostrof apostrophe
apotek pharmacy; [i Engl.] chemist's [shop]; [amer. äv.] drugstore **apotekare** pharmacist; [i Engl.] chemist and druggist **apoteksvara** chemist's licensed article, medical drug
apoteos apotheos|is [pl. -es]
apparat [instrument] apparatus, *för* for; [anordning] device, appliance **apparatur** equipment [end. sg.]; apparatus
apparition [yttre] appearance, presence
appell appeal **appellationsdomstol** court of appeal **appellativ** common noun, appellative **appellera** *itr* appeal
applicera *tr* apply, *på* to
applåd, *~[er]* applause [sg.], [handklappning[ar]] clapping [sg.]; *stormande ~er* tremendous applause **-era** *tr itr* applaud, clap **-erande** *s o. a* applauding **-åska** storm (volley) of applause (clapping)
apposition [gram.] apposition
appretur *o.* **appretyr 1** [abstr.] dressing, finishing **2** [konkr.] finish
approximativ *a* approximate
aprikos apricot
april April ([förk.] Apr.); *~, ~!* April fool!; *i ~ [månad]* in [the month of] April; *jfr femte;* [*den*] *sista ~* [[ss. adverbial] on] the last day of April; *i början (mitten, slutet) av ~* at the beginning of *el.* early in (in the middle of, at the end of) April **-skämt,** *ett ~* an April fools' joke **-väder** April weather
apropå I *prep* apropos [of]; *~ det* [äv.] talking of that, by the way **II** *adv* by the by (way); *helt ~* incidentally, casually
apter|a *tr* adapt; [anpassa] adjust to **-ing** adaptation; adjustment
aptit appetite, *på* for [äv. bildl.] **-lig** *a* appetizing, savoury; [lockande] inviting, enticing **-retande I** *a, ~[dryck]*.. that stimulates the appetite; *ett ~ medel* an appetizer **II** *adv, verka ~* whet (excite) the appetite
ar are [fr.]; *ett ~* [eng. motsv.] 119.6 square yards
arab Arab, Arabian **arabesk** arabesque
Arabien Arabia **arabisk** *a* Arab[ian], Arabic **arabiska 1** [kvinna] Arabian woman **2** [språk] Arabic **arabvärlden** the Arab world
arbeta I *itr tr* [allm.] work, [vara sysselsatt] be at work; [mödosamt el. tungt äv., isht i högre stil] labour, toil; *~ med (på) ett problem* work at (on) a problem; *~ på sin examen* work for one's exam; *~ för (på) att* [inf.] work to [inf.]; *~ sig trött* work till one is tired **II** [med beton. part.] *~ bort* get rid of; *~ sig fram* [eg. o. bildl.] work one's way [along], [vinna framgång] make one's way [in the world]; *~ ihjäl sig* work oneself to death; *~ ihop en förmögenhet* manage to amass a fortune; *~ in* [handelsvara] create (work up) a market for; *~ in förlorad arbetstid* make up for lost time; *en inarbetad firma* an established firm; *en inarbetad vara* an article which sells well; *~ om* [bok o. d.] revise; [för scenen, filmen] adapt; *~ upp* work up, [utveckla] develop, [förbättra] improve; *~ sig upp, ~ upp sig, se ~ sig fram; ~ ut* a) *se utarbeta* b) *~ ut sig* wear oneself out [with hard work]; *~ över* [på övertid] work overtime
arbetarbostad workman's dwelling **arbetar|e** worker, workman, [ibl.] working-man; [jordbruks~ o. grov~] labourer, [fabriks~] hand, operative; [verkstads~] mechanic; [ss. mots. till arbetsgivare] employee; *de organiserade -na* organized labour [sg.]
arbetar|familj working-class family **-klass** working-class; *~en* [vanl.] the working classes [pl.] **-kommun** local branch of the Social Democratic ([resp.] Communist) Party **-parti** Labour party **-skydd** ['välfärdsanordningar'] industrial welfare (safety) **-skyddslag** labour welfare act
arbete [allm.] work, [abstr. o. isht i högre stil äv.] labour, [möda] toil; [sysselsättning äv.] employment, [plats, isht F] job; [åliggande] task; *ett ~* a) [abstr.] a piece of work, a job b) [konkr.]: [isht konstnärligt el. litterärt] a work, [handarbete, slöjd o.d.] a piece of work; *det var ett ansträngande ~ att komma dit* it was hard work (a hard [el.] tough job) getting there; *skriftliga ~n* written work [sg.]; *ett svenskt ~* [en svensk vara] a Swedish product; *den här kniven är* [*ett*] *mycket fint ~* this knife is an excellent piece of workmanship; *tillfälliga (smärre) ~n* odd jobs (small pieces of work); *~n[a] i ett hem* domestic duties; *ha ~ hos..* be in the employ of..; *nedlägga (lägga ned) ~t* cease (stop) work; *söka ~* look out (be on the look-out) for a job (for work); *sätta ngn i ~* [få att arbeta] put a p. to work; *vara i ~* [sysselsatt] be at work; *ta itu med ~t* set about the job (task); *huset är under ~* the work on the house is proceeding (in hand); [*gå (va-*

ra)] *utan* ~ [be] out of work
arbetsam *a* [flitig] hard-working, industrious; [mödosam] laborious, toilsome **-het** industriousness, industry, diligence
arbets|avtal labour agreement (contract) **-besparande** *a* labour-saving **-bi** [zool.] worker-bee **-brist** scarcity of work (labour) **-bänk** workbench; [i kök] working board **-börda** burden of work; *hans* ~ the [amount of] work he has to do **-dag** working-day; [vardag] workday; *åtta timmars* ~ eight-hour [working-]day **-fred** industrial peace **-fri** *a,* ~ *inkomst* unearned income **-fält** sphere of activity **-för** *a*..fit for work, able-bodied **-förhållanden** *pl* working conditions **-förmedling**[**sbyrå**] employment (labour) exchange **-förmåga** working capacity **-givare** employer **-inkomst** income from work, wage ([resp.] salary) earnings [pl.] **-inställelse** stoppage (cessation) of work **-kamrat** fellow-worker, work-mate **-konflikt** labour dispute **-kraft 1** [folk] labour, manpower **2** *en god* ~ a good worker **-lag** [grupp] team [of workmen]; [skift] shift **-lagstiftning** labour legislation **-lust,** *ha* ~ feel like working **-lön,** ~[*er*] wages [pl.] **-lös** *a* unemployed,..out of work; *en* ~ a man ([resp.] woman) who is out of work; *de* ~*a* the unemployed **-löshet** unemployment
arbetslöshets|försäkring unemployment insurance **-understöd** unemployment benefit
arbets|marknad labour-market **-marknadsstyrelse,** ~*n* the Labour Market Board **-miljö** working surroundings [pl.] **-moment** [sub-]operation **-myra** worker-ant; [bildl.] busy bee **-nedläggelse** stoppage (cessation) of work **-oförmögen** *a* unable to work, incapacitated **-pass** shift, working period **plats** place of work **-prestation** work output; performance **-projektor** overhead projector **-rum** work-room; [studie-] study **-skygg** *a* work-shy **-studier** *pl* work (time and motion) studies **-styrka** staff of workmen, number of hands **-sökande** *a*..in search of work **-tag,** *vara i* ~*en* be hard at work **-tagare** employee, worker **-takt** working pace **-terapeut** occupational therapist **-terapi** occupational therapy **-tid** working-hours [pl.], hours [of work] [pl.]; *efter* ~*en*[*s slut*] after hours **-tidsförkortning** reduction in working-hours **-tillfälle** opening; *antalet* ~*n har ökats* the number of vacant jobs has risen **-tillstånd** permission to take up work, labour permit **-tvist** labour dispute (conflict) **-utskott** working (executive) committee **-vecka** working week
Ardennerna *pl* the Ardennes
area *o.* **areal** area
arena arena [äv. bildl.]
arg *a* **1** [ond] angry, F [isht amer.] mad, [förargad äv.] cross; [ilsken F o. om djur] savage, wild; [rasande] furious; *bli* ~ *på ngt (ngn)* get angry (wild) at a th. (with a p.) **2** *ana* ~*an list, se ana* [ex.] **-bigga** shrew, vixen
Argentina the Argentine [Republic], Argentina **argentinare** *s o.* **argentinsk** *a* Argentine
argsint I *a* ill-tempered, irascible **II** *adv* irascibly **-het** irascibility, ill-temper
argument argument **-ation** argumentation **-era** *itr* argue, *för* in favour of **-ering** argumentation; [argumenterande] arguing
aria aria
arier *s o.* **arisk** *a* Aryan
aristokrat aristocrat **aristokrati** aristocracy **aristokratisk** *a* aristocratic
aritmetik arithmetic
1 ark, *Noaks* ~ Noah's Ark
2 ark [pappers~ o. boktr.] sheet; ~ *papper* sheet of paper
arkad arcade
arkaism archaism
arkebuser|a *tr* shoot **-ing** execution by a firing squad
arkeolog archaeologist **arkeologi** archaeology
arkipelag archipelago [pl. -s]
arkitekt architect **-onisk** *a* architectural, architectonic **-ur** architecture
arkiv [allm.] archives [vanl. pl.]; [dokumentsamling äv.] records [pl.]; [bild~, film~] library **-arie** archivist, keeper of the archives **-era** *tr* file **-exemplar** *se biblioteksexemplar*
arktisk *a* arctic
1 arm *a* [stackars, fattig] poor; [usel] wretched
2 arm *s* arm; [av flod, ljusstake m. m.] branch; *jfr ärm*
armada armada
armatur [koll.: belysnings~] electric fittings [pl.]
arm|band bracelet **-bandsur** wrist-watch **-bindel** [ss. igenkänningstecken e.d.] armlet, armband
armborst cross-bow, arbalest
arm|brott fractured (broken) arm **-brytning** Indian wrestling **-båga** *rfl* elbow one's way (oneself), *fram* along **-båge** elbow **-bågsveck** bend (crook) of the (an) arm
armé army **-chef** army commander **-kår** army corps
Armenien Armenia **armenier** *s o.* **armenisk** *a* Armenian
armer|a *tr* **1** [⚔] arm **2** ~*d betong* rein-

forced concrete; *en ~d kabel* an armoured cable **-ing 1** [✕] armament **2** reinforcement[s [pl.]]; armour[ing]; *jfr armera*

arm|håla armpit **-hävning** pull-up **-muskel** muscle of the arm

armod poverty, destitution

armring [enklare] bangle, [finare] bracelet **armstjock** *a* ..as thick as one's arm

arm|stöd elbow-rest, arm [of a chair] **-svett** perspiration of the armpit

arom aroma **-atisk** *a* aromatic **-glas** balloon glass, [amer.] snifter

arrak arrack

arrang|emang arrangement [äv. mus.]; *~en* the organization [sg.]; *stå för ~en* be in charge **-era** *tr* arrange [äv. mus.], organize **-ör** organizer, arranger

arrendator leaseholder, tenant [farmer]; [isht jur.] lessee **arrende** tenancy, leasehold; [arrendering] leasing; [kontrakt] lease; [avgift] rent **arrendera** *tr* lease, rent; *~ bort (ut)* lease [out], let [out..on a lease]

arrest custody, confinement; [✕] arrest; [lokal] cell, lock-up, [✕] guard-room; *mörk ~* confinement in a dark cell; *sätta i ~* place..under (in) arrest, lock..up **-ant** person in custody (under arrest), prisoner **-era** *tr* arrest, take..into custody **-ering** arrest

arrogans arrogance, haughtiness **arrogant** *a* arrogant, haughty

arsenal arsenal [äv. bildl.], armoury

arsenik arsenic **-fri** *a* ..free from arsenic **-haltig** *a* ..containing arsenic, arsenical

arsle [vulg.] arse

art [slag] kind, sort; [vetensk.] species; [natur] nature, character **arta** *rfl* shape; [utvecklas] turn out, develop; *det ~r sig till* [*att bli*] [lovar] it promises ([hotar] it threatens) to be, [ser ut att bli] it looks like

arteriell *a* arterial

artificiell *a* artificial

artig *a* polite, [förekommande] courteous, [hövlig] civil; [uppmärksam] attentive, *mot* [i samtl. fall] to **-het** politeness, courtesy, civility; attention; *en ~* an act of politeness; *~er* compliments; *av ~* out of politeness [osv.] **-hetsvisit** courtesy call, formal visit

artikel article

artikulation articulation **artikulera** *tr* articulate **artikulering** articulation

artilleri artillery, [⚓ o. ss. vetenskap] gunnery **-eld** artillery fire, gun-fire

artillerist artilleryman; gunner [äv. ⚓] **artilleristrid** artillery engagement (battle)

artist artist; [teat. o. friare vanl.] artiste **artistisk** *a* artistic

artnamn [naturv.] specific name

arton *räkn, se aderton*

artrik *a* ..rich in species

artär artery

arv inheritance; [isht andligt] heritage; [legat] legacy, bequest; *tillfalla ngn genom ~* come (fall) to a p. [by inheritance]; *få i ~* inherit, *efter* from; *gå i ~* a) [om egendom] be handed down, descend b) [vara ärftlig] be hereditary; *lämna ngn ngt i ~* leave (bequeath) a th. to a p. (a p. a th.) **-fiende** hereditary foe (enemy) **-furste** hereditary prince **-följd** succession

arvinge heir, [kvinnl.] heiress, [laglig] heir-at-law [pl. heirs-at-law] **arvlös** *a* disinherited; *göra ngn ~* disinherit a p., cut a p. out of one's will

arvode remuneration, *åt (för)* for; [läkares o.d.] fee

arvsanlag [biol.] gene; [allm.] hereditary character (disposition) **arvsberättigad** *a* ..entitled to [a share of] the inheritance, [om tronföljd o.d.] ..in the line of succession **arvskifte** distribution of an [resp. the] estate **arvslott** part (share) of an [resp. the] inheritance **arvsmassa** hereditary factors [pl.] **arv[s]skatt** [ung.] estate duty ([amer.] tax) **arvstvist** dispute about an [resp. the] inheritance **arvtagare** heir, [jur.] heir male, *till* to; inheritor, *till* of **arvtagerska** heiress; [jur.] heir female

1 as [kadaver] [animal] carcass, carrion

2 as [myt.] As [pl. Æsir]

asbest asbestos

asch *itj* oh!, pooh!

aseptisk *a* [äv. *~t medel*] aseptic

asfalt asphalt **-era** *tr* asphalt

asgam Egyptian vulture

asiat *s o.* **asiatisk** *a* Asiatic, Asian **Asien** Asia; *Mindre ~* Asia Minor

asjett *se assiett*

1 ask [bot.] ash; [för sms. *jfr björk-*]

2 ask box; *~ tändstickor* box of matches; *~ cigarretter* packet of cigarettes

aska I *s* ashes [pl.]; [cigarr~ o. d.] ash **II** *tr itr, ~ av* [vid rökning] knock the ash off **askblond** *a* ash-blond ([resp.] -blonde, *jfr blond*)

asket *s o.* **asketisk** *a* ascetic

ask|fat *o.* **-kopp** ash-tray

askunge *o.* *Askungen* Cinderella

asocial *a* asocial, antisocial

asp [bot.] aspen; [för sms. *jfr björk-*]

aspekt aspect [äv. språkv. o. astr.]

aspir|ant [sökande] applicant (*till* for), candidate, *vid* for entrance (admission) to; [under utbildning] learner, trainee **-ation** [äv. språkv.] aspiration **-era I** *tr* [språkv.] aspirate **II** *itr, ~ på* aspire to, aim at, [göra anspråk på] pretend to

ass insured letter

assessor [vid domstol] assistant judge

assiett small plate; [maträtt] hors-d'oeuvre [fr.]

assimilation [äv. språkv.] assimilation **assimilera** *tr* [äv. språkv.] assimilate
assist|ans assistance **-ent** [allm.] assistant **-era** *tr itr* assist, *vid* in
associ|ation association **-era** *tr rfl* associate
assur|ans insurance **-era** *tr* insure; [⚓] underwrite
Assyrien Assyria **assyrisk** *a* Assyrian
aster aster **asterisk** asterisk
astigmatisk *a* astigmatical
astma asthma **-tisk** *a* asthmatic[al]
astrakan [äpple] astrakhan apple
astro|log astrologer **-logi** astrology **-logisk** *a* astrological **-naut** astronaut **-nom** astronomer **-nomi** astronomy **-nomisk** *a* astronomical
asur *se azur*
asyl asylum **-rätt** right of asylum
atavism atavism
ateism atheism **ateist** atheist
ateljé studio; [sy- o.d.] work-room
Aten Athens
Atlanten the Atlantic [Ocean] **atlantisk** *a* Atlantic **Atlantpaktsorganisationen** the North Atlantic Treaty Organization (NATO)
atlantångare transatlantic liner
atlas [kartbok] atlas, *över* of
atlet [stark karl] strong man **-isk** *a* [om kroppsbyggnad o.d.] athletic, [om pers.] athletic-looking
atmosfär atmosphere [äv. bildl.] **-isk** atmospheric[al]
atoll atoll
atom atom; [för sms. *jfr äv. kärn-*] **-bomb** atom[ic] bomb **-driven** *a* nuclear-(atomic-) -powered **-kraft** atomic (nuclear) power **-ubåt** nuclear-powered submarine **-vikt** atomic weight
atonal *a* atonal
ATP [allmänna tilläggspensioneringen] the general supplementary pensions scheme
atrofi atrophy
att I *inf.-märke* [se äv. *2 för III* [*att*], *till* [*att*] o. *2 komma* [*att*], *längta* [*efter att*], *nära* [*att*] m. fl.] **1** to [ibl. dock utan motsv. i eng.]; *han lovade ~ inte göra det* he promised not to do that; *det kom mig ~ tveka* it made me hesitate **2** ['att' + inf. motsvarar] **a)** [ing-form, spec. efter prep. o. vissa vb.]: *jag föredrar ~ cykla* [rent allmänt] I prefer cycling ([vid ett speciellt tillfälle] to cycle); *undvika ~ göra ngt* avoid doing a th.; *boken är värd ~ läsa*[*s*] the book is worth reading; *efter ~ ha ätit frukost gick han* after having (having had) breakfast he went **b)** ['of' (äv. andra prep.) + ing-form]: *konsten ~ sjunga* the art of singing **II** *konj* [se äv. *därför* [*att*], *i* [*det att*] o. andra förb. samt ex. under *vilja* m. fl.] **1** that; *jag känner mig säker på ~ han..* I feel sure [that] he..; *frånsett ~ han..* disregarding (apart from) the fact that he..; *du kan lita på ~ jag gör det* you may depend (rely) on it that I will do it (on me to do it, on my doing it) **2** ['att' + sats motsvarar] **a)** [inf.-konstr. el. ing-konstr., isht efter prep.]: *vad vill du ~ jag ska göra?* what do you want me to do?; *jag väntar på ~ han skall komma* I am waiting for (expecting) him to come; *ursäkta ~ jag stör Er!* excuse my (F me) disturbing you!; *jag gjorde det utan ~ jag visste om det* I did it without knowing it **b)** [annan konstruktion]: *~ du inte skäms!* [I think] you ought to be ashamed of yourself!
attaché attaché
attack attack, *mot* on; *jfr anfall* **-era** *tr* attack; [antasta] molest; [bildl.] pester **-flygplan** fighter-bomber **-robot** air-to-surface missile
attentat attempted assassination, *mot* of; [illdåd] [attempted] outrage, *mot* against; *ett ~ mot ngn* an attempt on a p.'s life **attentator** would-be assassin; perpetrator of an ([resp.] the) outrage [jfr. föreg.]
attest [bemyndigande] authorization; [intyg] certificate; *utfärda en ~* give a certificate **-era** *tr* [belopp] authorize..for payment; [handling] certify, attest
attiralj, ~[*er*] [don] kit, tackle, gear [samtl. sg.]; [grejor] paraphernalia [pl.]
attityd attitude [mest bildl.], [kroppsställning] posture, [pose] pose
attrahera *tr* attract **attraktion** attraction **attraktiv** *a* attractive
attrapp dummy
attribut attribute **-iv** *a* attributive
att-sats that-clause
audiens audience **auditorium** [åhörare] audience **audivisuell** *a* audio-visual; *~a (AV-)hjälpmedel* audio-visual (AV) aids
augiasstall Augean stable[s [pl.]]
augusti August ([förk.] Aug.); *jfr april o. femte*
auktion sale [by auction], auction, *på* of; *köpa ngt på ~* buy a th. at an auction; *sälja ngt på ~* sell a th. by auction **auktionera** *tr, ~ bort* auction [off], dispose of (sell).. by auction **auktionsförrättare** auctioneer
auktori|sera *tr* authorize; *~d revisor* chartered accountant **-tativ** *a* authoritative **-tet** authority **-tär** *a* authoritarian
aula assembly-hall; [univ.] lecture hall
auspicier *pl* auspices
Australien Australia **australier** *s o.* **australisk** *a* Australian
autentisk *a* authentic
autodafé auto-da-fé [pl. autos-da-fé; port.]
auto|didakt autodidact **-giro** autogir|o [pl. -os], gyroplane **-graf** autograph **-graf-**

jägare autograph hunter **-klav** autoclave **-mat** automatic machine, [med myntinkast] [slot-] machine **-mation** automation **-matisera** *tr* automat[iz]e **-matisering** automa[tiza]tion **-matisk** *a* automatic **-mattelefon** dial (automatic) telephone **-matvapen** automatic weapon **-matväxel** [på bil] automatic gear-change; [telef.] automatic exchange **-mobil** *se bil* [o. sms.] **-nom** *a* autonomous **-nomi** autonomy **-pilot** automatic pilot

autoritär *a* authoritarian

autostrada *se motorväg*

av I *prep* [se äv. under resp. subst., adj. o. vb] **1** [prep.-uttr. betecknar partitivförhållande, ämnet, tillhörighet, härkomst, innebörd m.m.]: [vanl.] of; *en del ~ tiden* part of the time; *hälften ~ arbetet* half the work; *i nio fall ~ tio* in nine cases out of ten; *ett bord ~ ek* a table of oak, an oak table; *göra ost ~ mjölk* make cheese out of milk; [*ett tal*] *~ Branting* ..of Branting's (made by Branting); *ett hotell ~ högsta klass* a first-rate hotel; *intresserad ~* interested in; *rädd ~ sig* [inclined to be] timid **2** [prep.-uttr. är agent]: [vanl.] by; [*huset*] *är byggt ~ A.* ..was built by A.; [*det vore galenskap*] *~ dig att gå dit* ..for you to go there; *det var snällt ~ dig* it is [etc.] kind of you; *det var inte vackert gjort ~ dig* it was not nice of you to do that **3** [prep.-uttr. betecknar orsaken; jfr äv. ex. under *5*] **a)** [till en ofrivillig handling el. ett tillstånd] with, [ibl.] for; *gråta ~ glädje* cry for joy **b)** [till en mer el. mindre frivillig handling] out of; *han gjorde det ~ nyfikenhet* he did it out of curiosity **c)** [i vissa stående uttryck] for, [ibl.] on; *~ brist på* for want (lack) of; *~ fruktan för* for fear of; *~ vissa orsaker* for certain reasons; *~ ett eller annat skäl* for some reason or other; *~ princip* on principle **4** *~ sig själv: han gjorde det ~ sig själv* he did it by himself ([självmant] of his own accord); *det går ~ sig själv[t]* it runs (works) by (of) itself; *det faller (följer) ~ sig själv[t]* it is (follows as) a matter of course **5** ['genom']: [vanl.] by; *~ erfarenhet* by (from) experience; *jag gjorde det ~ misstag* I did it by (in) mistake; *leva ~ sin penna (~ kött)* live by one's pen (on meat) **6** ['från'] **a)** [allm.] from; *en gåva ~ min fru* a present from my wife; *inkomst ~ kapital* income [derived] from capital; *få (mottaga, köpa, låna) ngt ~ ngn* get (receive, buy, borrow) a th. from a p.; *jag ser ~ Ert brev att..* I see from (by) your letter that.. **b)** ['bort (ned) från'] off; *ta duken ~ bordet* take the cloth off the table **7** [i vissa fall utan direkt motsv. i eng.], *med utelämnande ~* excluding; *bryta benet ~ sig* break one's leg; *njuta ~* enjoy; *vara ~ samma färg* be the same colour

II *adv* **1** [beton. part. vid vb]: ['bort[a]', 'i väg', 'ned' m. m. vanl.] off; ['itu'] in two, ['[av]bruten'] broken; *diska ~ tallriken* wash up the plate; *repet gick ~* the rope snapped in two; *klä ~* [*ngn*] undress..; *stiga ~* [*tåget*] get out of (get off)..; *locket är ~* the lid is off (not on); *hans ben är ~* his leg is broken; *en sena är ~* a sinew is (has been) severed; [se f.ö. beton. part. under resp. vb] **2** *~ och an* [*på golvet*] to and fro [on the floor], up and down [the floor]; *~ och till* [då och då] off and on; *~ med hatten!* off with (take off) your hat!

AV- *se audivisuell*

avance|mang promotion **-ra** *itr* advance; *~d flygning* aerobatics

avans profit

avantgardistisk *a* avant-garde [fr.]

av|art variety; variant ([försämrad] degenerate) species **-balkning** partition; [abstr.] partitioning off **-basning** [stryk] beating, drubbing **-beställa** *tr* cancel **-beställning** cancellation **-betala** *tr, ~* [*på*] *en skuld (en vara)* pay a debt (pay for an article) by (in) instalments **-betalning** [belopp] instalment; [system] the hire-purchase (instalment) system (plan), [skämts.] the never-never system; [*jag kan inte klara*] *~en (~arna)* ..the payment of the instalments; *göra en ~* pay an instalment, *på* [det köpta] on, [belopp] of; *köpa på ~* purchase by instalments **-betalningskontrakt** hire-purchase contract (agreement) **-betalningsköp** [koll.] hire-purchase, [amer.] instal[l]ment buying; [enstaka] purchase on the instalment system **-bild** representation; *en trogen ~* a true copy; *sin faders ~* the very image of his (her [osv.]) father **-bilda** *tr* reproduce; depict **-bildning** reproduction **-bitartång** cutting nippers (pliers) [pl.] **-blåsa** *tr itr, se blåsa* [*av*] **-brott 1** [uppehåll]: [störning] interruption, [tillfälligt] break, [paus] pause, [frivilligt] intermission; [stopp] cessation, stoppage; *ett ~ i trafiken* a traffic hold-up; *utan ~* without stopping (a break, any interruption, intermission), continuously **2** [kontrast] contrast, *mot* to **-bryta I** *tr* interrupt; [göra slut på] break off; [resa] break; [förbindelser o.d.] sever; [avsiktligt upphöra med] discontinue; [tillfälligt avbryta, t.ex. ett arbete] leave off; [t.v. inställa] suspend; *~ ngn* interrupt a p. **II** *rfl* break off, stop speaking **-bräck** [bakslag] setback; [skada] harm, [materiell] damage [båda end. sg.], [finansiell] [financial] loss; *vålla.. ~* be detrimental (harmful, damaging) to.. **-bränning** [omkostnad] deduction [from profits] **-bytare** substitute, replacer **-böja** *tr* [avvisa] decline, refuse

För med **av-** sammansatta verb jfr äv. vid beton. part. under resp. enkla verb

-böjande I *a,* ~ *svar* refusal, negative answer, *på* to **II** *adv, svara* ~ answer in the negative **-bön** [humble] apology **-börda I** *tr* [samvete] unburden **II** *rfl* free (relieve) oneself of; [skuld] discharge
av|dankad *a* [avskedad] discharged, [uttjänt] superannuated **-dela** *tr* **1** *se dela* [*av*] **2** [⚔] tell off, detail **-delning** [i ämbetsverk, affär[shus]] department; [del] part; [avsnitt] section; [i skåp] compartment; [⚔] detachment, unit
avdelnings|chef [i ämbetsverk] head of a department; [i affär[shus]] departmental head **-kontor** branch [office] **-sköterska** ward sister
av|dikning [av vatten] draining off; [av jord] drainage **-drag 1** [allm.] deduction; [beviljat] allowance **2** [boktr.] impression, proof **-drift** [⚓ o. flyg.] drift, leeway **-dunsta** *itr tr, se dunsta* [*av*] **-dunstning** evaporation, vaporization [båda end. sg.] **-döma** *tr* [ett mål] decide
avel [uppfödning] breeding, rearing; [ras] stock, breed
avels|djur breeder; [koll.] breeding-stock **-hingst** stud-horse, stallion **-sto** brood-mare **-tjur** bull [kept] for breeding
aveny avenue
aversion aversion [end. sg.], *mot* to
av|fall 1 [avskräde]: [allm.] refuse, rubbish, waste [products [pl.]]; [köks~ o. d.] garbage **2** [övergivande] falling away, backsliding; [från religion] apostasy **-falla** *itr* fall away; apostatize **-fallen** *a* [mager] thin, worn **-fallskvarn** [waste (garbage)] disposer **-fallsprodukt** waste product **-fatta** *tr* [brev o. d.] word, pen, [avtal] draw up, [regler] frame, [lagförslag] draft; *kort* ~*d* briefly worded, brief **-fattning** wording [äv. i bet. 'ordalag'], draft; framing [osv.]; version **-flyta** *itr* [om sjö] flow (drain) off (away) **-flytta** *itr* move away **-flyttning** removal **-flöde** outflow **-folka** *tr* depopulate **-folkning** depopulation **-fordra** *tr,* ~ *ngn ngt* demand a th. from a p.; ~ *ngn räkenskap* call a p. to account, *över* for **-frosta** *tr* defrost **-frostning** defrosting **-fyra** *tr, se fyra* [*av*] **-fyr[n]ing** firing [off], letting off, discharge **-fälling** apostate, renegade, [polit.] defector; F backslider **-färd** departure, going away **-färda** *tr* **1** [skicka] dispatch, send off **2** [avvisa] dismiss, brush aside; *jag låter inte* ~ *mig så* I am not going to be put off like this **-föda** offspring, progeny, brood **-föra** *tr* **1** [föra bort] remove, carry..off **2** [stryka, isht H] cancel, cross out; ~ *från dagordningen* remove from the agenda; ~ *ngn ur rullorna* [⚔] remove a p. from the lists **-förande** *a,* ~ *medel* laxative, purgative **-föring** [läk.]: [abstr.] evacuation [of the bowels], motion, defecation, [exkrementer] motion, excrement, faeces [pl.]; *ha* ~ pass a motion
av|gas, ~[*er*] exhaust[-gas], burnt gas **-gasrör** exhaust[-pipe] **-ge** *tr* **1** [avsöndra] emit, give off **2** [ge, avlägga, lämna]: [allm.] give; [bekännelse, [krigs]förklaring] make; [löfte] give, make; [förslag] bring in, [berättelse, anbud] hand in **-gift** [allm.] charge; [t.ex. inträdes~, parkerings~] fee; [färd~, taxa] fare; *av (på, om)* [i samtliga fall] of; [se vid. *hamnavgift, årsavgift* m. fl. sms.]; *för (mot) halv* ~ [at] half price (fare) **-giftsfri** *a o.* **-giftsfritt** *adv* free [of charge] **-giva** *tr, se avge* **-gjord** *a* decided [osv.] *jfr avgöra;* [tydlig[t märkbar]] distinct; *därmed var saken* ~ that settled the matter; *ta* [*ngt*] *för -gjort* take [a th.] for granted; *-gjort!* done!, it's a bargain! **-gjutning** casting; [konkr.] cast **-grund 1** [allm.] abyss, precipice, [klyfta] chasm, [svalg] gulf [samtliga äv. bildl.] **2** ~*en* [helvetet] the bottomless pit, hell **-grundsande** infernal spirit, fiend **-gränsa** *tr* demarcate, delimit; *skarpt* ~*d* clearly-(well-)defined **-gud** idol, god [båda äv. bildl.] **-guda** *tr* idolize, adore **-gudabild** idol **-gudadyrkan** idolatry
av|gå *itr* **1** [eg.] **a)** [om tåg etc.] leave, start, depart, *till* [i samtl. fall] for; ~ *från S.* leave (start [osv.] from) S. **b)** [avsändas, t. ex. om brev] be sent off (dispatched) **2** [bildl.]: [dra sig tillbaka] retire, withdraw, [ta avsked] resign; ~ *från en befattning* resign one's office; ~ *med seger* come off (be) victorious, be the winner **3** [förflyktigas] evaporate, escape **-gående** *a* leaving [osv.]; [om ämbetsman, medlem] retiring; [om post, gods m. m.] outgoing **-gång 1** [eg.] departure, *till* for, to **2** [persons] retirement, *från* from; resignation, *från* of **3** [bortfall] wastage
avgångs|betyg [school-]leaving certificate **-examen** final ([school-]leaving) examination **-tid** time (hour) of departure
av|göra [*se äv. avgjord*] *tr* [allm.] decide; [slutgiltigt ordna äv.] settle; [vara avgörande för, bestämma, äv.] determine **-görande I** *a* [om. t.ex. steg, seger] decisive; [om t.ex. skäl] conclusive; [om faktor] determining; [om betydelse, fråga, punkt, prov] crucial; *det* ~ *för mig var* what decided me was; *i det* ~ *ögonblicket* at the crucial (critical) moment **II** *s* deciding [osv.], *jfr avgöra;* [beslut] decision; [fastställelse, lösning av t.ex. fråga] settlement **-handla** *tr itr* **1** ~ [*om*] [förhandla om] discuss, go into **2** [utreda, behandla] deal with, treat [of] **-handling** [skrift] treatise; [akademisk] thes|is [pl. -es], dissertation, *över* [i samtl. fall] on **-hjälpa**

tr [t.ex. fel, brist] remedy, rectify; [skada] repair; [t.ex. nöd] relieve **-hopp** [polit.] defection **-hoppare** defector; [som söker polit. asyl] person seeking political asylum **-hysa** *tr* evict, eject **-hyvling,** [*ge ngn (få) en*] ~ .. talking-to **-hålla I** *tr* [möte, tävling, auktion] hold **II** *rfl,* ~ *sig från* refrain from, [isht sprit äv.] abstain from, [t.ex. dåligt sällskap] shun, avoid; *jfr* [*låta*] *bli* [*att*] **-hållen** *a* beloved; cherished [äv. om sak] **-hållsam** *a* abstinent, [sexuellt] continent **-hållsamhet** abstinence; [sexuell] continence **-hämta** *tr* fetch, call for, collect; *låta* ~ send for, have.. fetched (collected) **-hämtning** fetching [osv.]; collection; *till* ~ [att avhämtas] to be called for **-hända I** *tr,* ~ *ngn ngt* deprive a p. of a th. **II** *rfl* deprive oneself of, part with, dispose of **-hängig** *a* dependent, *av* on **-hängighet** dependence **-härdningsmedel** [water] softener

avi advice, notice, notification

avig *a* **1** [eg.] wrong; *2* ~*a* [i stickning] 2 purl **2** [tafatt] awkward **3** F [ovänlig] unfriendly **aviga,** *se följ.* **avigsida 1** [eg.] wrong side, reverse, [hands] back **2** [bildl.]: [allm.] unpleasant side, [nackdel] disadvantage **avigt** *adv* **1** [*ta på en strumpa*] ~ ..inside out **2** [tafatt] awkwardly **avigvänd** *a* [med avigan utåt] ..turned inside out

avisera *tr* notify, advise

av|kall, *ge (göra)* ~ *på* renounce, waive **-kasta** *tr* [ge i inkomst] yield, bring in **-kastning** yield, proceeds [pl.], [årlig] return[s [pl.]]; [vinst] profit **-klädning** undressing, stripping, *jfr klä* [*av*] **-klädningshytt** [vid strand] bathing-hut, [inomhus] cubicle **-klädningsrum** [sport. o. d.] changing-room **-klädningsscen** strip-tease act **-kok** decoction, *på* of **-komling** descendant; child [pl. children], *till* [i båda fallen] of **-komma** offspring, progeny **-koppling** [avspänning] relaxation, [i hårt arbete] let-up **-kortning 1** *se förkortning* **2** [minskning, avdrag] reduction, diminution **-kristna** *tr* dechristianize **-kristning** dechristianization **-krok** out-of-the-way (remote) spot (corner) **-kräva** *tr, se avfordra* **-kunna** *tr* **1** [jur.], ~ *dom* pronounce (pass) sentence; *jfr 3 dom;* ~ *utslag* record a verdict **2** [kyrkl.], ~ *lysning* publish the banns **-kylande I** *a* cooling [osv.], *jfr kyla* [*av*] **II** *adv* coolingly; *verka* ~ act as a damper **-kylning** cooling, [tekn.] refrigeration

avla *tr* beget; [bildl.] breed, engender

av|lagd *a, se lägga* [*av*] *o. avlägga* **-lagra I** *tr* deposit **II** *rfl, se lagra II* **-lagring** [abstr.] stratification, [konkr.] deposit, [geol.] strat|um [pl. -a] **-lasta** *tr, se lasta* [*av*] **-lastning 1** [urlastning] unloading, discharge **2** [bildl.] relief

avlat indulgence **avlatsbrev** letter of indulgence

av|leda *tr* **1** [leda bort o. avvända] divert **2** [gram.] derive **-ledning** [gram.] derivation, [konkr.] derivative **-lida** *itr* die, pass away **-liden** *a* deceased; *den -lidne* the deceased; [*den numera*] *-lidne general B.* the late General B. **-liva** *tr* put..to death; [sjuka djur] destroy, put away; [lögn o. d.] F scotch **-ljud** [vowel] gradation, ablaut [ty.] **-locka** *tr,* ~ *ngn* [bekännelse, hemlighet] draw ([upplysningar] elicit, [löfte, pengar] extract) ..from a p. **-lopp** [abstr.] drainage; [geogr.] outfall; [konkr.] drain, [i handfat o. d.] plug-hole

avlopps|ledning [kloak] sewer **-rör** sewage pipe **-vatten** foul water, sewage; [industriellt] waste water

av|lossa *tr* [avskjuta] fire [off], discharge **-lusa** *tr* delouse **-lysa** *tr* [ställa in, t.ex. fest] call off, cancel **-lyssna** *tr* [höra på] listen to, [ofrivilligt] overhear, [avsiktligt] listen in to; [i spioneringssyfte] intercept **-lång** *a* oblong; [oval] oval, elliptical **-lägga** *tr* [bekännelse] make; *jfr besök, rapport* [m. fl.]; [vittnesmål] give; [ed] take **-läggare** [bot.] layer, slip; [bildl.] offshoot

avlägs|en *a* distant [äv. bildl.]; [stark., äv. avsides] remote, out-of-the-way; [ytterst långt bort belägen] far-off, far-away; *inte den -naste aning om* not the remotest (faintest) idea about **-et** *adv* distantly; remotely; ~ *liggande* remotely situated, remote **-na I** *tr* remove, [avskeda äv.] dismiss, [avvärja äv.] avert **II** *rfl* go away, leave; [dra sig tillbaka] withdraw, retire; [isht synbart] recede **-nande** removing [osv.], *jfr avlägsna I;* removal, dismissal

av|lämna *tr* [t.ex. rapport] hand in, present; [se f. ö. *lämna* [*av*]] **-läsa** *tr* [mätare o. d.] read [off] **-löna** *tr* pay, [ämbetsman äv.] salary **-lönad** *a* salaried; *en väl* ~ *syssla* a well-paid (remunerative) position (job) **-löning** [allm., isht ⚔ o. ⚓] pay; [ämbetsmans] salary; [t. ex. kroppsarbetares veckolön] wages [pl.] **-löningsdag** pay-day **-löningskuvert** pay packet **-löpa** *itr* [försiggå] pass off; [sluta] end; [utfalla] turn out **-lösa** *tr* **1** [vakt, i arbete] relieve, take over from; [följa på] succeed; [ersätta] replace **2** [teol.] absolve, *från* from **-lösare** [⚔] relief; [efterträdare] successor **-lösning 1** relieving [osv.], *jfr -lösa 1;* [⚔] relief [äv. konkr.] **2** [teol.] absolution **-löva** *tr* strip..of [its ([resp.] their)] leaves, defoliate **-magnetisera** *tr* demagnetize; [fartyg] degauss **-magrad** *a, se magra* [ex.] **-magring** growing thin; loss of weight **-magringsmedel** reducing (slimming) preparation (medicine) **-marsch** marching (march) off **-marsche-**

ra *itr, se marschera* [*av*] **-matta** *tr o. itr, se 2 matta* [*av*] **-mätt** *a* measured, [om hållning, ton äv.] reserved, guarded **-mönstring** [⚓] paying-off [osv.], *jfr mönstra* [*av*] **-njuta** *tr* enjoy **-nämare** [köpare] buyer, purchaser; [konsument] consumer **-nött** *a, polityren är* ~ the polish has worn off; *trappstegen är* ~*a* the steps have got worn

avoghet averseness, *mot* to; aversion, *mot* to, from; antipathy, *mot* to, against **avogt** *adv, vara* ~ *sinnad (stämd) mot ngn* be unfavourably disposed towards a p.

av|passa *tr* fit, match, *efter* to; [isht bildl. äv.] adapt, adjust, suit, *efter* to; ~*de gardiner* ready made-up curtain-lengths **-patrullera** *tr* patrol **-politisera** *tr* make..non-political (unpolitical), strip..of political content **-pollettera** *tr* F=*avskeda* **-porträttera** *tr* portray **-pressa** *tr, se pressa* [*av*] **-reagera** [psykol.] **I** *tr* work off, [läk.] abreact **II** *rfl* relieve one's feelings, F let off steam **-reda** *tr* [kok.] thicken **-redning** thickening [äv. konkr.] **-registrera** *tr* [bil] deregister **-registrering** [av bil] deregistration **-resa I** *itr* depart, start, leave, set off, *till* for **II** *s* departure, leaving, going away **-ringning** [signal] ringing-off signal **-rivning,** *en kall* ~ a cold rub-down **-runda** *tr, se runda* [*av*] **-rusta I** *tr* [⚔] demobilize, [⚓] dismantle, lay..up **II** *itr* [⚔] demobilize **-råda** *tr,* ~ *ngn från* advise (warn) a p. against; dissuade a p. from **-rådan** dissuasion; *mot min* ~ against my advice [to the contrary] **-räkna** *tr, se räkna* [*av*] **-räkning 1** [avdrag] deduction, reduction **2** H [avslutning] settlement [of accounts] **-rätta** *tr* execute, put..to death, *genom* by **-rättning** execution, putting to death

av|saknad loss, want; [saknad] regret; *vara i* ~ *av* be without, lack **-salu,** *till* ~ for (on, up for) sale **-sats** [på mur, klippa] ledge, shel|f [pl. -ves]; [i trappa] landing; [terrass] platform, [geogr.] terrace **-se** *tr* **1** [ha avseende på, syfta på] bear upon, concern, refer to **2** [ha i sikte, åsyfta] have..in view, aim at, be directed towards; [ämna] mean, intend **3** [vara avsedd] be intended (designed) **-seende 1** [syftning] reference; *ha* ~ *på* have (bear) reference to, relate (refer) to **2** [hänsyn, hänseende] respect, [ibl.] regard; [beaktande o.d.] consideration; *fästa* ~ *vid* take notice of, pay heed (attention) to; *inte fästa* ~ *vid* pay no regard to; *i politiskt* ~ from a political point of view, politically; *med* ~ *på* with respect to; as regards; *utan* ~ *på person* without respect of persons; *lämna ngt utan* ~ leave a th. out of consideration, disregard a th. **-segla** *itr* set sail, sail, *till* for

avsevärd *a* considerable; appreciable

avsides I *adv* aside; *ligga* ~ lie apart; ~ *liggande* secluded, remote, out-of-the-way **II** *a* distant, remote

avsigkommen *a* down at heel, broken-down

avsikt [allm.] intention; [syfte, ändamål] purpose, aim, [mål äv.] object; end; [uppsåt] design, *mot* on; [motiv] motive; *ha för* ~ *att gå* have the intention of going, intend to go; *i* ~ *att gå* for the purpose (with the intention) of going; *i ond* ~ with [an] evil intent; *med* [*full*] ~ on purpose, deliberately; [*göra ngt*] *utan* ~ ..unintentionally,..unpremeditatedly **-lig** *a* intentional, [överlagd äv.] deliberate **-ligen** *o.* **-ligt** *adv* intentionally [osv.]; purposely, on purpose

av|skaffa *tr* abolish, do away with, [missbruk] put an end to; [upphäva, t.ex. lag] repeal **-skaffande** *s* abolishing, doing away with [osv.]; abolition; repeal

avsked 1 [ur tjänst] dismissal, discharge; [[anmälan om] tillbakaträdande] resignation, retirement; *anhålla om (begära)* ~ hand (give, send) in (tender) one's resignation; give in one's notice; *bevilja* ~ allow (grant permission) to resign; *få* ~ [bli avskedad] be dismissed (discharged), [beviljas ~] be granted leave to retire; *få* ~ *på grått papper* get the sack, be sacked (fired); *ta* ~ retire [from office], resign [one's appointment] **2** [farväl] leave-taking, [i högre stil] farewell; [uppbrott] parting; *ta* ~ say good-bye ([i högre stil] farewell), *av* to; take leave, *av* of; *vid* ~*et* on parting **avskeda** *tr* dismiss, discharge, F fire, give the sack, sack

avskedande *s* dismissal, discharge

avskeds|ansökan resignation; *lämna in sin* ~, *se* [*anhålla om*] *avsked* **-visit,** [*komma*] *på* ~ ..to pay a farewell visit

av|skild *a* retired, secluded; isolated **-skildhet** retirement, seclusion; isolation **-skilja** *tr* separate, [lösgöra] detach; [hugga av] sever; [t.ex. rum] partition [off]; [avgränsa] delimit; [isolera] segregate **-skjutning** firing [osv.], *jfr skjuta* [*av*] **-skjutningsramp** [för raketer] launching pad (platform) **-skrankning** partition; [för den anklagade] dock **-skrift** copy, [isht jur.] transcript **-skriva** *tr* **1** H [förlust] write off, cancel **2** [jur.], ~ *ett mål* remove a cause from the cause list **-skrivning 1** H writing off; [enskild post] sum (amount, item) written off **2** [-skrivande] copying **-skräcka** *tr* frighten, scare; [förhindra] deter; [svag.] dishearten, discourage **-skräckande I** *a* [om t. ex. verkan] deterrent; [om t.ex. straff] exemplary; [om t. ex. exempel] warning; [frånstötande] repellent **II** *adv, verka* ~ act as a deterrent **-skräde** refuse, [friare] rubbish **-skrädeshög** refuse-heap, rubbish-heap, [soptipp] dump

av|skum [bildl.], *samhällets ~* the dregs [pl.] (scum) of society **-sky I** *tr* detest, abhor, loathe **II** *s* [vedervilja] disgust, *för* at; loathing, *för* for; abhorrence, *för* of **-skyvärd** *a* abominable, detestable, loathsome; [om brott] heinous **-skära** *tr* [bildl.] cut off **-slag** [vägran] refusal, *på* of; [på förslag] rejection, *på* of; *få ~ på [ngt]* have one's .. turned down; *yrka ~ [på förslaget]* move the rejection of the proposal **-slagen** *a* [om dryck] flat, stale **-slappningsövning** relaxing (relaxation) exercise **-slut** H bargain [struck], sale [effected], deal **-sluta** *tr* **1** [slutföra, fullborda] finish [off], complete; [göra slut på] end, terminate, close; [bilda avslutning på] finish (end) off, terminate **2** [göra upp, t. ex. köp, fördrag] conclude, [avtal] enter into; [räkenskaper] close, balance **-slutad** *a* finished [osv.]; *förklara [sammanträdet] -slutat* declare .. closed **-slutning** [-slutande del] conclusion, finish; [slut] end, termination; [skol.]: breaking-up, [ceremoni ung.] prize-giving, [amer.] commencement; [skol]-*~en äger rum 6 juni* school breaks up on June 6th **-slutningsvis** *adv* by way of conclusion, in conclusion **-slå** *tr* [t. ex. begäran, förslag] refuse, decline, [lagförslag o. d.] reject, [ibl.] defeat; *han fick sin begäran avslagen* his request was rejected (turned down) **-slöja I** *tr* [bildl.] expose, unmask; [yppa] disclose, reveal **II** *rfl, ~ sig som* reveal oneself as **-slöjande** *s* disclosure, revelation

av|smak dislike; distaste, *för* for; [stark.] aversion, *för* to; disgust, *för* with; *få ~ för* take a dislike to; *känna ~* feel disgusted **-smakning** tasting, sampling **-snitt** sector; [av bok o.d.] part; [av t.ex. följetong] instalment **-snäsning** snubbing; snub, rebuff **-somna** *itr* [dö] depart this life, pass away

av|spark kick-off **-spegla I** *tr* reflect, mirror **II** *rfl* be reflected (mirrored) **-spegling** reflection **-spisa** *tr* put (F fob)..off **-spänd** *a* [bildl.] relaxed **-spänning** [bildl.] relaxation [[polit.] of tension] **-spärrning 1** [avspärrat område] roped-off area **2** [spärr] barrier **3** [blockad] blockade **-stava** *tr* divide [..into syllables ([vid radslut] ..at the end of the line)] **-stavning** division [into syllables], syllabi[fi]cation **-steg** departure; [från t. ex. regel] deviation; [från t. ex. det rätta] lapse **-stickare** [utflykt] detour; [från ämnet] digression **-stigning** alighting **-stjälpningsplats** tip, dump **-straffa** *tr* punish, [högt.] chastise **-straffning** punishing [osv.]; punishment, [högt.] chastisement **-styckning** partition, division, parcelling out **-styra** *tr* [förhindra, förebygga] prevent; [t.ex. olycka] avert, ward off; [t.ex. planer] put a stop to **-styrka** *tr, ~ ngt* [strongly] object to a th.; *-styrkes* authority withheld, sanction refused **-styrkande** *s* objection [to a proposal [o.d.]], rejection [of [osv.]]

avstå I *itr, ~ från* [allm.] give up, *att gå* going; [uppge] abandon, relinquish, [försaka] forgo, deny oneself; [avsäga sig] renounce; [låta bli] refrain from; [undvara] dispense with **II** *tr* [lämna, överlåta] give up, hand over; relinquish **-ende** *s* giving up [osv.]; abandonment; relinquishment, *från* [i samtl. fall] of

avstånd [allm.] distance; [vid målskjutning o. för radar] range; *ta ~ från* [allm.] dissociate oneself from, [avvisa] repudiate; *på ~* at a ([i fjärran] in the, [från långt håll] from a) distance; *på något ~* [at] some [little] distance off; [*redan*] *på långt ~* [*ser man*..] [even] [at] a long distance off..

avstånds|bedömning judgement of distance[s] **-mätare** [foto., ⚔] range-finder, [tekn.] telemeter **-tagande** *s* dissociation, *från* from; [avvisande] repudiation, *från* of

av|stämpla *tr* stamp, [brev o.d.] postmark **-stänga** *tr, se stänga [av]* **-stängdhet** isolation, seclusion **-stängning** shutting off [osv.], *jfr stänga [av]*; [inhägnad] enclosure **-svär[j]a** *tr rfl* [t.ex. tro] abjure, forswear **-syna** *tr* inspect [and certify] **-syning** official inspection **-säga** *rfl* [t.ex. befattning, uppdrag] resign, give up; [avböja] decline; [t.ex. ansvar] disclaim; [t.ex. anspråk] relinquish, renounce; *~ sig kronan (tronen)* abdicate **-sägelse** resignation; relinquishment, renunciation; [tron~] abdication **-sända** *se skicka [av]* **-sändare** sender, H [av gods] consignor, forwarder; [på brevs baksida] ([förk.] *avs.*) from **-sätta I** *tr* **1** [ämbetsman] remove [..from office], dismiss; [regent] depose **2** [avyttra] sell, dispose of **3** [kem. o. tekn.] precipitate; deposit **4** *~ märken (spår)* leave marks (traces) **5** *se sätta [av]* **II** *rfl* [kem. o. tekn.] be deposited **-sättlig** *a* [om ämbetsman] removable **-sättning 1** [ämbetsmans] removal [from office]; [regents] deposition **2** [av varor] sale, marketing; *finna (få) ~ för* dispose of; *ha god ~* sell well **-sättningsområde** market **-sökning** [i TV o. radar] scanning **-söndra I** *tr* [avskilja] separate, sever, detach, [fysiol., t.ex. vätska] secrete; [kem. o. geol.] segregate **II** *rfl* separate off; be secreted (segregated); *jfr I* **-söndras** *itr. dep=avsöndra II* **-söndring** [avsöndrande] separating [osv.], *jfr avsöndra;* separation, severance, detachment; secretion; segregation

av|ta, *se -ta[ga]* **-tacka** *tr, ~ ngn* thank a p. for his services **-tacklad** *a, se tackla [av]* **-ta[ga]** *itr* [minska] decrease, grow less ([om dagar] shorter), diminish; [om månen]

För med **av-** sammansatta verb jfr äv. vid beton. part. under resp. enkla verb

wane; [om storm o.d. äv.] abate, subside; [om hälsa, anseende] decline, fail **-tagande,** *vara i* ~ be on the decrease (decline, [isht om månen] wane) **-tagbar** *a* removable, detachable **-tagsväg** turning; [sidoväg] side-road **-tal** agreement, settlement, [kontrakt] contract; *träffa* ~ come to an agreement, *om* about (as to), [*om*] *att* [+inf.] to [+inf.] **-tala I** *itr* agree, *om* about, as to **II** *tr* agree upon, settle

avtals|brott breach of an ([resp.] the) agreement **-enlig** *a* ..as stipulated, ..according to agreement (contract) **-rörelse** [-förhandlingar] wage negotiations [pl.] **-stridig** *a* ..contrary to contract **-tid** term of the ([resp.] an) agreement

av|teckna *rfl,* ~ *sig* [*skarpt*] *mot* stand out [in bold relief] against **-tjäna** *tr,* ~ *ett straff* serve a sentence, serve (F do) time **-trubbning** blunting [äv. bildl.] **-tryck 1** [avformning] imprint, impression; [avgjutning] cast; *ta ett* ~ *av* take an impression of **2** [omtryck] reprint; [avdrag] proof, impression, print **-tryckare** [på gevär] trigger; [på kamera] shutter release **-träda I** *itr* withdraw, retire **II** *tr* give up; [t.ex. landområde] surrender, cede **-trädande** *s* **1** [tillbakaträdande] withdrawal, retirement **2** giving up [osv.], *jfr avträda II;* surrender, cession **-träde 1** *se avträdande* **2** [gottgörelse], *ge (få) i* ~ give (receive) in compensation **3** [torrklosett] earth-closet, [på landet äv.] privy **-trädelse** cession, surrender **-tvinga** *tr,* ~ *ngn ngt* [t.ex. pengar, bekännelse] extort a th. from a p. **-två** *tr* [synd] wash away, purge; [beskyllning] clear oneself of **-tvättning** washing [down]; [bort-] washing off **-tåg** departure, marching off **-tåga** *itr* march off; decamp **-täcka** *tr* uncover; [konstverk o.d.] unveil **-täckning** uncovering; [av konstverk o.d.] unveiling **-tärd** *a* worn, wasted, emaciated

avund envy; *grön av* ~ *över ngt* green with envy at a th.; *hysa* ~ *mot..* feel envious of.. **avundas** *tr. dep,* ~ *ngn ngt* envy a p. a th. **avundsam** *a* envious **avundsamhet** enviousness **avundsjuk** *a* envious, jealous, *på, över* of **avundsjuka** enviousness, envy, jealousy; *spricka av* ~ burst with envy **avundsvärd** *a* enviable

av|vakta *tr* [ankomst, svar] await; [händelsernas gång] wait and see; [vänta (lura) på] wait (watch) for **-vaktan,** *i* ~ *på* while awaiting, [t. ex. ngns (ngts) ankomst] pending **-vaktande** *a* expectant; *inta en* ~ *hållning* play a waiting game **-vand** *a* [om spädbarn] weaned **-vara** *tr* spare **-vattna** *tr* drain, drain off, dewater **-veckla** *tr* [isht affärsrörelse] wind up, [friare] settle **-veckling** winding up; settlement **-verka** *tr* **1** [träd] fell **2** [tillryggalägga] cover, do, *på* in **-vika** *itr* **1** [ej överensstämma] diverge; [skilja sig] differ; [från t.ex. ämne] digress, turn aside **2** [rymma] abscond, run away **-vikande** *a* divergent; differing; [om t. ex. åsikter] dissentient **-vikelse** divergence, deviation; [från ämnet] digression **-visa** *tr* **1** [ngn] turn away, send..away [empty-handed]; *han lät sig inte* ~ he was not to be rebuffed (put off) **2** [ngt]: [t. ex. förslag] reject, refuse; [t.ex. beskyllning] repudiate; [t.ex. anfall] repel, repulse **-visande** *a* negative; unsympathetic **-väg** [biväg] by-road; *han har råkat på* ~*ar* he has gone astray **-väga** *tr* **1** [avpassa] adjust, *efter* to; [överväga] weigh [in one's mind], balance; *väl -vägd* [attr.] well-balanced, well-poised **2** [lantmät.] level, take the level of **-vägning** adjusting [osv.]; adjustment, balance; [lantmät.] levelling **-vända** *tr* **1** [leda bort] divert **2** [avvärja] avert **-vänja** *tr* [spädbarn] wean; [t.ex. rökare, alkoholskadad] cure **-väpna** *tr itr* disarm [äv. bildl.] **-väpning** disarming; disarmament **-värja** *tr* [t.ex. slag] ward (fend) off, parry; [t.ex. fara] avert, ward (stave) off **-yttra** *tr* dispose of **-äta** *tr,* ~ *en bättre middag* partake of a splendid dinner

ax 1 [sädes~] ear **2** [på nyckel] [key-]bit, web

1 axel [geom., geogr., polit.] axis [pl. axes]; [hjul~] axle; [maskin~] shaft, arbor

2 axel [skuldra] shoulder; *rycka på axlarna* shrug [one's shoulders]; *se ngn över* ~*n* look down upon a p. **-band** [på kläder] [shoulder] strap **-bred** *a* broad-shouldered **-bredd** breadth (width) across the shoulders

axelbrott [tekn.] axle fracture, broken axle

axel|klaff [⚔] shoulder-strap **-remsväska** shoulder bag **-ryckning** shrug [of the shoulders]

axeltryck axle load (pressure)

axiom axiom

axla *tr* put on, [t. ex. ränsel] shoulder

axplock [bildl.], *ett* [*litet*] ~ [*från*] a [small] selection [from]

azalea azalea

Azorerna *pl* the Azores

aztek Aztec **-isk** *a* Aztec[an]

azur azure **-blå** *a* azure-blue

För med **av-** sammansatta verb jfr äv. vid beton. part. under resp. enkla verb

B

b [mus.: sänkningstecken] flat
babbel babbling **babbla** *itr* babble
babian baboon
babord I *s* port, [förr] larboard **II** *adv* aport
baby baby
babylonisk *a* Babylonian; ~ *förbistring* confusion of tongues, babel
baby|säng cot **-utstyrsel** layette
bacill bacillus [pl. bacilli]; [friare o. vanl.] germ, F bug **-bärare** germ-carrier
1 back [slags låda] tray; [tråg] hod; [öl~ o.d.] crate
2 back I *s* **1** [sport.] [full] back **2** [~ växel] reverse [gear] **II** *adv* back; [⚓] astern; ~*!* [⚓] back her!; *full fart* ~*!* [⚓] full speed astern!; *gå* ~ F [gå med förlust] run at a loss; *slå* ~ [*i maskin*] reverse the engines
backa *tr itr* back, reverse; [itr. ⚓] go astern
backanal Bacchanal
back|e 1 [höjd] hill; [sluttning] hillside, slope; [uppförs~] uphill slope, rise; [nedförs~] downhill slope, descent; *uppför (nedför)* ~*n* up (down) the hill, uphill (downhill); *sakta i -arna!* steady [does it]!, [take it (go)] easy! **2** [mark] ground; *det kan du slå dig i* ~*n på!* you bet!; *stå på bar* ~ be left penniless
backhand backhand [äv. slag]
back|hoppare ski-jumper **-hoppning** ski-jumping **-ig** *a* hilly; undulating **-krön** brow (top) of a ([resp.] the) hill
backspegel driving (rear view) mirror
bacon bacon
bad [badning]: a) [kar~] bath [äv. läk. o. kem.]; F tub b) [ute~] bathe; *ta* [*sig*] *ett* ~, *se bada II; härliga* [ute]~ splendid bathing [sg.] **bada I** *tr* bath, give..a bath **II** *itr* [simbad o. bildl.] bathe; [karbad] have a bath, take a bath; *gå* [*ut*] *och* ~ go for a bathe (a swim); ~*nde i* [sol, svett] bathed in; *en* ~*nde* [subst. a.] a bather
bad|anstalt 1 [badhus] [public] baths [pl. lika] **2** [kuranstalt] hydropathic [establishment], hydro [pl. -s] **-bassäng** swimming-pool **-boll** beach ball **-borste** bath-brush **-byxor** [bathing-]trunks
badda *tr* [fukta] bathe, dab **baddare 1** [stort exemplar], *det var en* [*riktig*] ~ *till gädda!* that pike is a [real] whopper!; *jfr bjässe* **2** [överdängare] champ[ion]
bad|dräkt bathing-suit(-costume) **-flicka** bathing beauty **-handduk** bath towel, [för strand] bathing (beach) towel **-hus** baths [pl. lika]; [strand~] bathing-hut **-hytt** [vid strand] bathing-hut, [inomhus] [bathing-]cubicle **-kappa** bath-robe, [för strand] bathing-wrap **-kar** bath, [bath]tub
badminton badminton **-boll** shuttlecock
bad|mössa bathing-cap **-ort** seaside resort (town), watering-place **-rock** *se -kappa* **-rum** bathroom **-salt** bath salts [pl.] **-strand** [bathing-]beach **-ställe** bathing-place **-tvål** bath-soap
bag bag
bagage luggage, [isht amer.] baggage; F things [pl.] **-hylla** [luggage] rack **-hållare** luggage carrier **-inlämning** *se effektförvaring* **-lucka** [utrymme] [luggage] boot, [amer.] trunk; [dörr] boot lid **-räck** luggage rail
bagare baker
bagatell trifle **-isera** *tr* make light of, belittle
bageri bakery; [butik äv.] baker's [shop]
bagge ram
Bahamaöarna *pl* the Bahamas
baisse H decline, fall in prices
bajonett bayonet
baj[**s**] [barnspr.] poo-poo **baj**[**s**]**a** *itr* [barnspr.] do a number two
1 bak baking; [sats bakat bröd] batch
2 bak I F [säte] behind, seat; [byx~] seat **II** *adv* behind, at the back; ~ *i* [boken] *se baki; längst* ~ *i salen* at the very back of the hall; *för långt* ~ too far back; ~ *och fram, se bakfram*
baka *tr itr* bake; ~ *bröd* bake (make) bread
bak|axel [tekn.] rear axle **-ben** hind leg **-binda** *tr* pinion **-del** [människas] buttocks [pl.], F behind, bottom; [djurs] hind quarters [pl.], rump; *jfr bakända* **-dörr** back ([på bil] rear) door **-efter** *adv prep* behind
bakelit bakelite
bakelse [piece of] pastry, [fancy] cake; [m. frukt, sylt] tart; ~*r* [äv.] pastry [sg.]
bak|erst *adv* furthest back, at the [very] back **-ersta** *a* rear[most], hindmost; *de* ~ those at the back **-ficka** [på byxor] hip-pocket; *ha ngt i* ~*n* have a th. up one's sleeve **-fot** hind foot; *få saken (det) om* ~*en* get hold of the wrong end of the stick **-fram** *adv* back to front; the wrong way round **-full** *a* F, *vara* ~ have a hangover **-gata** back street, lane **-grund** background [äv. bildl.] **-gård** back-yard **-hjul** rear wheel **-huvud** back of the (one's) head, [läk.] occiput **-håll** ambush
bak|i I *prep* behind in.., at (in) the back of **II** *adv* at (in) the back, behind **-ifrån** *prep adv* from behind **-kappa** heel, [fackl.] counter **-lykta** rear (tail) light (lamp) **-lås,** *dörren har gått i* ~ the lock has jammed; [*hela saken*] *har gått i* ~ ..has reached a deadlock **-länges** *adv* backward[s]; *åka* ~ [på tåg] ride (sit) with one's back to the engine

-läxa, *få* ~ [*på geografin*] have to do one's [geography] homework again **-om** *prep adv* behind; [*jag undrar vad som*] *ligger* ~ ..is at the bottom of it; [*titta fram*] ~ *dörren* ..from behind the door; ~ [*flötet*] F stupid, daft; ~ *knuten* round the corner

bak|plåt baking-tray **-pulver** baking-powder

bakpå I *adv* [up] behind, at ([resp.] on, *jfr II*) the back **II** *prep* [t.ex. vagnen] at ([t.ex. kuvertet] on) the back of **bakre** *a* [t. ex. bänk] back; [t. ex. ben] hind

bak|rus hangover; *gå i* ~ have a hangover **-ruta** [på bil] rear window **-sida** back; [på mynt o. d.] reverse; *jfr avigsida* **-slag** [tillbakagång, motgång] reverse, set-back, [personligt äv.] rebuff; [reaktion] reaction **-slug** *a* underhand[ed], sly, crafty **-strävare** reactionary **-säte** back (rear) seat **-tala** *tr* slander, calumniate, vilify **-tanke** ulterior (secret) motive **-tass** hindpaw

bakterie bacteri|um [pl. -a]; [friare] germ, microbe **-fri** *a* ..free from bacteria, sterile **-härd** colony (nucleus) of bacteria **-krig** germ (bacteriological) warfare

bakteriolog bacteriologist

bak|till *adv* behind, at the back **-tung** *a* ..heavy at the back

bakugn oven

bak|ut *adv* backward[s]; behind; *slå* ~ kick [out behind], lash out **-vagn** [bils] rear part of a ([resp.] the) car

bakverk [ofta] pastry; *jfr bakelse, kaka* [m. fl.]

bak|väg back way; *gå ~ar* [bildl.] use underhand means (methods) **-vänd** *a* [eg.]..the wrong (other) way round; [tafatt] awkward; [galen] preposterous **-vänt** *adv* the wrong way, awkwardly [osv.]

bakåt *adv* backward[s], to the rear; [tillbaka] back **-böjd** *a* ..bent back **-lutad** *a* [om pers.] ..leaning back, reclining **-lutande** *a* [om sak] ..sloping backward[s] **-strävare** reactionary

bakända 1 [av ett föremål] back [part], rear **2** *se bakdel*

1 bal ball, [mindre] dance

2 bal bale; package, bundle [alla m. 'of' framför följ. best.]

balans balance; [kassabrist] deficit **-era** *tr itr* balance [äv. H] **-gång** balancing; *gå* ~ balance [oneself] **-hjul** [⊕] fly-wheel **-räkning** balance sheet

baldakin canopy, baldachin

balett ballet **-dansör** *o.* **-dansös** ballet-dancer **-flicka** chorus-girl

1 balja [kärl] tub, [mindre] bowl

2 balj|a [fodral] sheath, scabbard; [bot.] pod **-växt** leguminous plant

balk [bjälke]: [trä~] beam, [isht järn~] girder

Balkan [halvön] the Balkan Peninsula; [staterna] the Balkans [pl.], the Balkan States [pl.]

balkong balcony

ballad [visa] ballad, lay; [poem o. mus.] ballade

ballast *se barlast*

ballong balloon [äv. ~segel]

balsal ballroom

balsam balsam; [isht bildl.] balm [end. sg.] **-era** *tr* embalm

balt Balt **Balticum** the Baltic States [pl.] **baltisk** *a* Baltic

balustrad balustrade, parapet

bambu bamboo

ban|a I *s* **1** [väg] path, [ibl.] way, track; [lopp] course; [planets] orbit; [levnads~] career, course **2** [sport] track [osv.], *jfr löparbana tennisbana* [m.fl.] **3** [järnv.] line, [spår. äv.] track **4** ..*i långa -or* [bildl.] quantities (lots, no end) of.. **II** *tr,* ~ *väg* clear ([bildl.] pave) the way, *för* for; ~ *sig väg* make ([med våld] force) one's way

banal *a* commonplace, banal; [isht om ord, fras] hackneyed, trite **-itet** triteness, banality; [banalt ord e.d.] commonplace, platitude

banan banana **-kontakt** [radio.] banana plug

banbrytande *a* [vägröjande] pioneering; [epokgörande] epoch-making

band 1 [knyt~ m. m.] **a)** [konkr.]: [allm.] band [äv. remsa, ring]; [snöre] string; tape; [prydnads~] ribbon; [garnerings~] braid, lace; [tunn~] hoop; [transport~] conveyor belt; *ha (gå) med armen i* ~ carry one's arm in a sling; *hålla hunden i* ~ keep the dog on the leash (lead); *löpande* ~ conveyor belt, assembly (production) line; [*han skriver*] *romaner på löpande* ~ ..one novel after the other (novels in a steady stream); *ta upp på* ~, *se banda 1* **b)** [abstr. o. bildl.] tie; bond [vanl. starkare]; *lägga* ~ *på sig* check (restrain) oneself **2** [bok~] binding; [volym] volume; *en roman i tre* ~ a three-volume novel **3** [trupp, följe] band, gang; [jazz~ o.d.] band **banda** *tr* **1** [ta upp på band] record [..on tape], tape **2** [tunnor o.d.] hoop

bandage bandage

banderol[l] banderol[e]; [kontrollmärke t. ex. på cigarrettpaket] revenue stamp

band|hund watch-dog **-inspelning** tape recording

bandit bandit, brigand

band|ning [radio] tape recording **-spelare** tape recorder **-upptagning** [på -spelare] tape recording

bandy bandy **-klubba** bandy stick

baneman slayer, assassin

baner banner, standard

bang [överljudsknall] sonic bang

ban|gård railway ([amer.] railroad) yard ([station] station) **-hall** station hall
banjo banjo [pl. banjo[e]s]
1 bank 1 [vall] embankment **2** [grund, sandbank] [sand-]bank, bar
2 bank [penning~] bank [äv. spel~]; [*ha pengar*] *på ~ en* .. in (at) the bank
banka *itr* [bulta] knock [loudly], bang, *på* at, on
bank|affär banking transaction **-besked** [bank] statement of accounts **-bok** bank-book, pass-book **-direktör** banker, bank director
bankett banquet
bank|fack safe-deposit box **-fridag** bank ([amer.] legal) holiday **-giro** bank giro service ([konto] account)
bankir [private] banker **-firma** banking-house
bank|kamrer [vid bankavdelning] bank accountant **-kassör** cashier [of bank], teller **-konto** bank account **-lån** bank loan **-man** [-tjänsteman] bank clerk
bankrutt I *s* bankruptcy, [bank] failure; *göra ~* become (go) bankrupt, fail **II** [vanl.] *oböjl. a* bankrupt; ruined **-mässig** *a* insolvent
bank|rån bank robbery **-ränta** [inlåningsränta] interest on deposits; [diskonto] bank rate **-rörelse** banking [business] **-tjänsteman** bank clerk **-valv** strong-room, vault **-väsen,** *~*[*det*] banking
bann|a *tr* [gräla på] scold **-bulla** bull of excommunication **-lysa 1** [kyrkl.] excommunicate, put..under a ban **2** [bildl.] ban, prohibit **-lysning** [kyrkl.] excommunication, anathema **-or** *pl* scolding [sg.]; *få ~* get a scolding, be scolded
banta *itr* reduce [äv. *~ ned* bildl.], slim
bantamvikt bantam weight
bantningskur reducing (slimming) cure
ban|vakt lineman; level-crossing keeper **-vall** [railway] embankment, roadbed
baptism, *~*[*en*] the Baptist faith **baptist** *s o.* **baptistisk** *a* Baptist
1 bar *a* bare; naked [äv. om t. ex. kvist]; [*ut*]*av ~ a fan* F like hell ([svag.] blazes); *bli tagen på ~ gärning* be caught red-handed (in the [very] act); *under ~ himmel* under the open sky, in the open; *på sina ~a knän* on one's bended knees; *inpå ~a kroppen* to the [very] skin
2 bar *s* [cocktail~ o. d.] bar; [matställe] snack-bar, cafeteria
bara I *adv* only; merely; just; [*han är*] *~ barnet*..a mere (just a) child; *~ förtal* nothing but slander; *kom ~!* come along!; *vänta ~!* just you wait! **II** *konj* [om blott] if only; [såvida] provided
barack barracks [pl. lika]
bar|armad *a* bare-armed **-backa** *adv* bareback
barbar barbarian **barbari** barbarism **barbarisk** *a* barbarous
barbent *a* bare-legged
barberare barber, hairdresser
bardisk bar [counter]
barett [dam~] toque, [av baskertyp] beret
bar|fota *oböjl. a adv* barefoot[ed] **-huvad** *a* bare-headed
barium barium
1 bark [~skepp] bark, barque
2 bark [bot.] bark [end. sg.]
1 barka *tr, ~* [*av*] [träd] bark, strip
2 barka *itr, det ~r åt skogen* it is going wrong (to the dogs)
barkarol[**l**] [mus.] barcarol[l]e
barkass [⚓] launch, longboat
barkbröd bark bread **barkig** *a* barky
barlast ballast [end. sg.]; [äv. bildl.]
barm bosom, breast
barmark, *det är ~* there is no snow on the ground
barmhärtig *a* [nådig] merciful, [medlidsam] compassionate, [välgörande] charitable, *mot* to **-het** mercy; compassion; charity
barn child [pl. children], F kid; [spädbarn] baby; *~en A.* the A. children; *lika ~ leka bäst* birds of a feather flock together; *vara (bli) ~ på nytt* be in (be getting into) one's second childhood; *vara som ~ i huset* be like one of the family; *få ~* have children ([resp.] a child, a baby), *med* by; *vara med (vänta) ~* be going to have a baby
barna|dödlighet infant mortality [rate] **-föderska** woman in confinement (childbed) **-mord** infanticide [end. sg.], child-murder **-rov** kidnapping **-sinne,** *han har ~t kvar* he is still a child at heart **-tro** childhood ([barnslig] childlike) faith **-vård** child (baby) care; [samhällets] child welfare **-vårdscentral** child welfare centre (clinic), [amer.] child-health station **-vårdsman** child welfare officer **-vårdsnämnd** child [and youth] welfare committee
barn|barn grandchild **-barnsbarn** great grandchild **-begränsning** birth control **-bidrag** family allowance **-bok** children's book **-bördshus** *se BB* **-daghem** day nursery, crèche **-dom,** *~*[*en*] childhood, [späd] infancy, babyhood **-domsvän** friend of one's childhood; *vi är ~ner* we knew each other as children **-dop** christening **-familj** family [with children] **-förbjuden** *a* [om film] adult.. **-hem** children's home, [för föräldralösa] orphanage **-kammare** nursery **-kär** *a* ..fond of children **-läkare** specialist in children's diseases, p[a]ediatrician **-lös** *a* childless, ..without a family **-mat** baby food **-morska** midwife **-program** children's program[me] **-rik** *a, ~ familj* large family

-sjukdom children's (infantile) disease; [bildl., t.ex. hos en ny bilmodell] teething troubles [pl.] **-sjukhus** children's hospital **-skrik** [koll.] the sound of a child ([resp.] children) crying **-sköterska** [dry-]nurse
barnslig *a* childlike; [isht neds.] childish, infantile **barnslighet** childishness [end. sg.]
barn|språk children's language; [barnsligt] baby talk **-säker** *a* child-proof **-säng 1** [läk.] childbed, childbirth; *ligga i* ~ be lying in **2** [säng för barn] [drop-side] cot, [isht amer.] crib **-tillsyn** child-minding **-tillåten** *a* [om film] universal.. **-unge** child, kid; [vanl. neds.] brat **-uppfostran** education of children **-vagn** perambulator, pram; [isht amer.] baby carriage **-vakt** baby-sitter; *sitta* ~ baby-sit **-visa** children's song **-våg** infant scales [pl.]
barock I *a* **1** [konst.] baroque **2** [befängd] absurd, odd, grotesque **II** *s* baroque
barometer barometer, F glass **-stånd** barometric pressure (height)
baron baron **-essa** baroness
1 barr 1 [gymn.] parallel bars [pl.] **2** [guld- el. silvertacka] bar
2 barr [bot.] needle **barra** *itr,* [*granen*] ~*r* [*av sig*] ..sheds its needles
barrikad *s o.* **-era** *tr* barricade
barriär barrier [äv. bildl.]
barr|skog pine-forest, fir-forest **-träd** coniferous tree, conifer
barservering cafeteria
barsk *a* harsh, stern; [om stämma] gruff; [om leende, lynne] grim
barskrapad *a* destitute
barskåp cocktail cabinet
barvinter snowless winter
baryton baritone
1 bas [grund[val]] base [äv. ⚔, kem. o. mat.]; [bildl. vanl.] basis [pl. bases]
2 bas [mus.] bass
3 bas [förman] foreman, F boss **basa** *itr* F [vara förman] be the boss
basar bazaar
basera *tr* base [äv. ⚔], found; [*förslaget*] ~*r sig (är* ~*t) på* ..is based (founded) [up]on
basfiol double-bass
basilika [kyrka] basilica
basis basis
bask[er] [mössa] beret
bas|klav bass clef **-röst** bass [voice]
bassäng basin [äv. geol.]; [sim~] swimming-bath, swimming-pool
bast bast, bass, [rafia~] raffia
basta *adv, och därmed* ~*!* and that's that (flat)!, and that's enough!
bastant *a* [stadig] substantial, solid; [tjock, stark] stout; [grundlig, rejäl] good, sound
bastard [biol.] hybrid; [neds.] mongrel
bast|kjol grass skirt **-matta** bast-mat
bastu [ung.] Turkish bath, [finsk] sauna
bastuba bass tuba (saxhorn)
basun trombone; [friare] trumpet **-[er]a** *itr,* ~ *ut ngt* noise a th. abroad
batalj battle **bataljon** [⚔]battalion
batik batik
batist batiste, cambric, lawn
batong truncheon, [police] baton
batteri 1 [⚔ o. fys.] battery **2** [i jazzorkester o. d.] drums [pl.] **batterist** drummer
baxa *tr,* ~ *undan ngt* prize a th. and move it away
baxna *itr* be dumbfounded
Bayern Bavaria **bayersk** *a* Bavarian
BB maternity hospital ([avdelning] ward)
be *tr itr* **1** [relig.] *se bedja 1* **2** [anhålla, uppmana]: **a)** [allm.] ask, [enträget] beg, [hövligt] request; [bönfalla] entreat, beseech, implore; ~ [*ngn*] *om (att få) ngt* ask (beg) [a p.] for a th.; ~ *ngn om en tjänst* ask a favour of a p.; ~ *för ngn* [*hos ngn*] plead (intercede) [with a p.] for a p. **b)** [i hövlighetsfraser], *jag* ~*r* [*att*] *få* [*underrätta*] I should (would) like to..; *får jag* ~ *om..?, jag ska* ~ *att få..* can (could) I have.., please!; may I trouble you for..?; *får jag* ~ *om notan?* [may I have] the bill, please! **3** [bjuda] ask, invite; ~ *ngn vara välkommen* bid a p. welcome
beakta *tr* [uppmärksamma] pay attention to, observe, notice; [fästa avseende vid] pay regard to **beaktande** consideration **beaktansvärd** *a* ..worth attention; [avsevärd] considerable
bearbet|a *tr* **1** [mera eg.]: [t. ex. gruva] work, [jord] cultivate, [råvaror] work [up], dress; [bulta [på] o. illa tilltyga] pound, [med knytnävarna] belabour **2** [friare]: [t.ex. vetenskapligt material] work up, treat, arrange; [söka inverka på] try to influence, work upon; ~ *för* [t. ex. radio] adapt for **-ning** working [osv.]; adaptation
be|blanda *rfl,* ~ *sig med* [umgås med] mix with **-bo** *tr* inhabit; [hus vanl.] occupy **-bo[e]lig** *a* [in]habitable
bebygg|a *tr* [med hus] build [up]on; [kolonisera] colonize; *-t område* built-up area; *glest -t område* thinly settled (populated) area **-else** [bosättning] colonization; [konkr.] houses [pl.], buildings [pl.]
bebåd|a *tr* [förkunna] announce; [vara förebud för] foreshadow; [varsla om] betoken **-else** announcement; [*Jungfru*] *Marie* ~ the Annunciation [of the Virgin Mary]
beck pitch
beckasin snipe
beckmörk *a* [attr.] pitch-dark
be|dagad *a, en* ~ *skönhet* a faded beauty **-darra** *itr* calm down, lull
bedja *tr itr* **1** [relig.] pray; ~ *en bön* say

(offer [up]) a prayer **2** *se be 2—3*

bedra|[ga] I *tr* [allm.] deceive, [lura äv.] dupe; [på pengar o.d.] defraud (*ngn på ngt* a p. of a th.); cheat, swindle, *ngn på ngt* a p. out of a th.; [vara otrogen mot] be unfaithful to **II** *rfl* be mistaken, *på ngn* in a p., *på ngt* about a th.; [*låta*] ~ *sig* [let oneself] be deceived **-gare** *o.* **-gerska** deceiver, impostor, cheat, swindler

be|drift [bragd] exploit, feat; ~*er* [iron. äv.] performances, doings **-driva** *tr* carry on, prosecute; [t.ex. studier] pursue; ~ *hotellrörelse* run a hotel; ~ *ofog* do mischief

bedräg|eri deceit, cheating; [brott] [wilful] deception, fraud; [skoj] swindle; [i affärslivet] sharp practices **-lig** *a* [allm.] fraudulent; [vilseledande]: [t. ex. sken] deceptive, [t. ex. hopp] illusory

bedröv|a *tr* distress, grieve **-ad** *a* distressed, grieved, *över* about, at; sorrowful **-else** distress, sorrow, grief **-lig** *a* deplorable; [usel] miserable

beduin bedouin [pl. ofta lika]

be|dyra *tr* protest **-dyrande** protestation, *om* of **-dåra** *tr* fascinate, enchant, charm **-dårande** *a* fascinating [osv.]

bedöm|a *tr* judge, *efter* by; form an opinion of; [uppskatta] assess, estimate; [en bok] criticize **-ande** *o.* **-ning** judg[e]ment; assessment; estimate; criticism; [vid tävling] classification

be|döva *tr* **1** [allm.] make (render)..unconscious (insensible); *en* ~*nde doft* an overpowering scent; *ett* ~*nde larm* a deafening noise **2** [läk.] give..an anaesthetic, [söva äv.] give..gas; [med bedövningsvätska] give an injection to; ~*nde* [äv. ~*nde medel*] anaesthetic **-dövning** [läk.] anaesthesia; *få* ~ [vanl.] have an injection **-dövningsmedel** anaesthetic

beediga *tr* confirm..by oath

befall|a I *tr* **1** [allm.] order, [stark.] command, *att ngt skall göras* a th. to be done; [högt.] bid **II** *itr* command **-ande** *a* commanding, overbearing, imperative **-ning** order, command, [muntlig äv.] bidding; *få* ~ *att* [+inf. el. sats] receive orders (an order) to [+inf.]; *ge* ~ *om att ngt skall göras* give orders for (order) a th. to be done; *på* ~ *av* by order (the orders) of

befara *tr* [frukta] fear, apprehend

befatt|a *rfl*, ~ *sig med* concern oneself with; *det* ~*r jag mig inte med* that is no business (concern) of mine **-ning 1** [syssla] post, position; [ämbete] office **2** *jag vill inte ha någon* ~ *med* I don't want to have anything to do with..; *ta* ~ *med, se befatta* [*sig med*]

befinn|a I *tr*, ~*s vara* turn out (prove) [to be], be found to be **II** *rfl* [vara] be, [känna sig äv.] feel; [*mor och barn*] *-er sig väl*.. are doing well **-ande** [state of] health, condition

befintlig *a* existing; [tillgänglig] available **-het** existence, presence

be|flita *rfl*, ~ *sig om* strive (endeavour) to acquire; ~ *sig* [*om*] *att* endeavour to **-fläcka** *tr* stain, [bildl. äv.] defile, sully

befog|ad *a* **1** [om sak] justified, legitimate; [grundad, attr.] well-founded; *det* ~*e i*.. the justness (legitimacy) of..**2** [om pers.]: [*vara*] ~ *att* [inf.]..authorized to [inf.] **-enhet** [persons] authority [end. sg.], right, powers [pl.]; [behörighet] competence

befolka *tr* populate, people; [bebo] inhabit; *glest* ~*d* sparsely populated **befolkning** population

befolknings|explosion population explosion **-täthet** population density, density of the population **-överskott** surplus population

beford|ra *tr* **1** [skicka] forward, send; [transportera] convey **2** [främja] promote, further, foster; ~ *matsmältningen* assist [the] digestion; ~*nde för* conducive to **3** [upphöja] promote, *ngn till kapten* a p. [to be a] captain **-ran 1** forwarding [osv.], *jfr befordra 1;* conveyance, transport; *för vidare* ~ (*f.v.b.*) to be forwarded **2** promotion [osv.], *jfr främjande* **3** [avancemang] promotion, advancement **-ring** *se befordran 1 o. 3*

befrakta *tr* H freight, charter

befri|a I *tr* [göra fri] [set..] free, liberate, [t.ex. fånge äv.] release; [rädda] deliver, rescue; ~ *från* [äv.]: [lösa från, t.ex. löfte] release from, [avbörda] relieve of, [rensa från] rid of, [låta slippa, t.ex. militärtjänst] exempt from **II** *rfl* free (liberate [osv., *jfr I*]) oneself; ~ *sig från* [göra sig kvitt] relieve (rid) oneself of, get rid of **-are** liberator **-else** [*jfr befria I*] liberation, release; deliverance; [lättnad] relief; [frikallelse] exemption; ~*ns timme* the hour of deliverance

befrukt|a *tr* fertilize, fecundate **-ning** fertilization, fecundation; *konstgjord* ~ artificial insemination

be|främja [m. avledningar] *se främja* [etc.] **-fullmäktiga** *tr* authorize

befäl 1 [kommando] command; *ha* (*föra*) ~[*et*] *över* be in command of, command **2** [befälspersoner] officers [pl.] **-havande** *a*, ~ *officern* the officer in command **-havare 1** [⚔] commander, *över* of; *högste* ~ commander-in-chief **2** [⚓] master, captain, *över* of

befängd *a* absurd, preposterous

befäst *a* [⚔] fortified **befästa** *tr* fortify; [bildl.] strengthen, confirm, secure **befästning** fortification

begagn|a I *tr* [allm.] use, *se vid. använda* **II** *rfl*, ~ *sig av* a) *se använda* b) [dra nytta av] profit (benefit) by, take advantage of **-ad** *a* used; [’inte ny’ vanl.] second-hand **-ande** use, employment, application, *jfr användning; efter ~t* after use

be|gapa *tr* gape at **-ge** *rfl* go, proceed, make one’s way; *~ sig av (i väg)* [*till*] leave [for], set off (out) [for]

begeistrad *a* enthusiastic, *för* about

be|giva *se bege* **-given** *a, ~ på* addicted (given) to; [svag.] fond of, keen on **-gjuta** *tr, ~ ngt med*..pour..upon (over) a th.

begonia begonia

begrav|a *tr* bury [äv. bildl.] **-ning** burial, interment; [sorgehögtid] funeral

begravnings|akt funeral ceremony **-byrå** [firm of] undertaker[s [pl.]] ([amer. äv.] morticians [pl.]) **-kassa** funeral expenses fund **-plats** burial-ground **-tåg** funeral procession (train)

begrepp 1 [föreställning m.m.] conception, idea, notion, *om* of; [isht filos.] concept; *~et skönhet* the concept[ion] of beauty; *jag har inte ett ~ om hur*..I have no idea how..; *jag har inte ett ~ om politik* I don’t know a thing about politics **2** *stå (vara) i ~ att gå* be [just] on the point of going, be about to go **begripa I** *tr* understand, comprehend, F get; [inse] see; *-er du?, -s?* [do you] see?; *jfr vid. förstå I* **II** *rfl, se förstå II* **begriplig** *a* intelligible, comprehensible, *för* to

be|grunda *tr* ponder over ([up]on), meditate [up]on **-grundan** meditation, reflection **-gråta** *tr* mourn, [högljutt] bewail

begräns|a I *tr* **1** [eg.] bound; [kanta] border **2** [bildl.]: [avgränsa] define, [inskränka] limit, restrict, [hejda spridningen av t. ex. eld] check; [sätta en gräns för] set bounds (limits) to; [hålla inom en viss gräns] confine, *till* to **II** *rfl* [inskränka sig] limit (restrict) oneself; *~* [koncentrera] *sig till* confine oneself to **-ning** limitation, restriction; [ofullkomlighet] limitations [pl.]

begyn|na *tr itr* begin; *-nande* [om t. ex. sjukdom] incipient

begynnelse beginning **-bokstav** initial [letter]; *stor ~* initial capital [letter] **-lön** commencing salary, starting pay [end. sg.]

begå *tr* [t.ex. ett brott] commit; [t.ex. ett misstag] make

begåv|a *tr, ~* [utrusta] *ngn med* endow a p. with **-ad** *a* gifted, talented, clever; *vara språkligt ~* have a gift for languages **-ning 1** talent[s [pl.]], gift[s [pl.]]; *ha ~ för* have a gift (talent) for **2** [pers.] gifted (talented) person

begär [allm.] desire, [stark.] craving, longing, [åtrå] lust, *efter* [i samtliga fall] for

begär|a *tr* [allm.] ask [for]; [anhålla om äv.] request; [ansöka om äv.] apply for; [fordra] require, [stark.] demand; [göra anspråk på] claim; [vänta sig] expect; [önska sig] wish for, desire; *~ hjälp av ngn* ask a p.’s (a p. for) help; *~ att få se*..want (ask) to see..; *jag begär inget annat än*..all I want is..; *det är väl mycket -t* that’s rather a tall order **begäran** [anhållan] request, [ansökan] application, *om* for; *på* [*allmän*] *~* by [general] request; *på egen ~* at his (her [etc.]) own request **begärlig** *a* **1** [eftersökt] ..much sought after (*för* by), ..in great demand (*för* with), desirable **2** [lysten] covetous, greedy

behag 1 [välbehag] pleasure, delight **2** *efter ~* [gottfinnande] at pleasure **3** [tjusning] charm **4** [konkr.], *kvinnliga ~* feminine charms **behaga** *tr* **1** [tilltala] please, appeal to; [verka tilldragande] attract **2** [önska] like, choose, wish; *gör som ni ~r* do just as you like; *~r ni något att dricka?* would you like [to have] (can I get you) something to drink?; *ni ~r* [*skämta*] you see fit to..

behag|full *a* graceful; [intagande] charming **-lig** *a* [angenäm] pleasant, agreeable; [tilltalande] pleasing, attractive; *~t sätt* engaging manners **-sjuk** *a* coquettish

behandla *tr* [allm.] treat; [förfara med, avhandla] deal with; [hantera] handle; [dryfta] discuss, [ansökan o. d.] consider **behandling** treatment; handling; discussion; consideration; *hans ~ av ämnet* his handling of (way of dealing with) the subject; *få tio ~ar* [läk.] have ten applications of the treatment

behandlingssätt [way (mode) of] treatment

be|hjälplig *a, vara ngn ~* assist a p. **-hjärtansvärd** *a* [värd hjälp] deserving

behov 1 need, [isht brist] want; [nödvändighet] necessity; [vad som behövs] requirements [pl.], *av* for; *av ~et påkallad* requisite, essential, necessary; *för eget ~* for one’s own use; *vid ~* when necessary **2** [naturbehov], *förrätta sina ~* relieve oneself **behovsprövning** means test

behå brassière, F bra

behåll, *ha ngt i ~* have [got] a th. left; *undkomma med livet i ~* get away with one’s life intact; *i gott ~* safe and sound **behålla** *tr* [allm.] keep, [bibehålla, kvarhålla äv.] retain; [olovandes] stick to; *~ för sig själv* [tiga med] keep to oneself; *om jag får ~ hälsan* if I keep in health; *han får inte ~ maten* he can’t keep anything (his food) down; *~ hatten på* keep one’s hat on **behållare** container, receptacle, holder; [vätske~] reservoir, [större] tank; [för t.ex. gas] receiver **behållning 1** [återstod] remainder, surplus, [saldo] balance [in hand] **2** [vinst, utbyte] profit; [intäkter av t.ex. konsert] proceeds [pl.], *av* of; [avkastning] yield; *ha ~* [utbyte] *av ngt* profit (benefit) by a th.

be|häftad *a, vara ~ med* [t.ex. fel] be marred (impaired) by, suffer from **-händig** *a* ⌈bekväm⌉ handy, convenient; *ett ~t sätt att* ⌈inf.⌉ a clever way of ⌈ing-form⌉ **-hängd,** *~ med* ⌈*grannlåt*⌉ covered (decked [out]) with..

behärsk|a I *tr* **1** ⌈råda över⌉ control, rule; ⌈vara herre över⌉ be master (⌈om kvinna o. land⌉ be mistress) of, be in command of, ⌈isht ⚔⌉ command; ⌈dominera⌉ dominate **2** ⌈kunna⌉ master; be master (⌈om kvinna⌉ mistress) of; *~ engelska bra (fullständigt)* have a good command (a complete mastery) of English; *~ ämnet* have a good grasp of the subject **II** *rfl* control oneself, keep one's temper **-ad** *a* [self-]controlled, restrained; ⌈måttfull⌉ moderate; ⌈sansad⌉ self-restrained, self-contained **-ning** control; ⌈själv~⌉ self--command, [self-]restraint

behörig *a* **1** ⌈vederbörlig⌉ due **2** ⌈kompetent⌉ qualified, competent; ⌈om t.ex. lärare⌉ certificated **-het** authority, authorization

behöv|a *tr* ⌈ha behov av⌉ need, want, require; ⌈vara tvungen⌉ need ⌈jfr ex.⌉, have [got] to; *~ ngt mycket väl* want (need) a th. badly, be in great need of a th.; *jag -er den inte längre* I have no more use for it; *han har fått vad han -er* ⌈förtjänar⌉ he has got his deserts; *han -er inte gå* he need not go, he does not need (have) to go; *motorn -er lagas* the engine wants (needs) repairing; *jag -er bara tänka på honom så blir jag glad* ⌈vanl.⌉ the mere thought of him makes me happy; *han sade att han inte -de komma* he said he need not come; *det hade inte -t göras* it need not have been done, it would not have needed (required) doing **-ande** *a* [poor and] needy,..in great need **-as** *itr. dep* be needed (wanted, required), *det -s* ⌈det är nödvändigt⌉ it is necessary, ⌈det fordras⌉ it takes (needs); *det -s* ⌈*lärare*⌉ ..are needed (wanted, required), there is a need for..; *när så -s* when necessary **-lig** *a* necessary, ..needed

beige *s o. a* beige

be|ivra *tr,* [*lagligen*] *~* take [legal] measures against; *överträdelse ~s* ⌈på anslag o.d.⌉ offenders will be prosecuted **-jaka** *tr* ⌈svara ja på⌉ answer..in the affirmative

bekant I *a* **1** known, *för ngn* to a p.; ⌈välkänd⌉ well-known ⌈osv.⌉; *jfr vid. känd; såvitt jag har mig ~* to [the best of] my knowledge; *som ~* as we (you) [all] know **2** *vara (bli) ~ med* be (become) acquainted (⌈förtrogen⌉ familiar) with; *bli ~ med* ⌈ngn äv.⌉ get to know; *vara nära (personligen) ~ med* be intimate with (know personally) **II** *subst. a* acquaintance, ⌈ofta⌉ friend; *en ~ till mig* a friend of mine; *vi är gamla ~a* ⌈vanl.⌉ we have known each other for a long time; ⌈*bo*⌉ *hos ~a*..with friends **III** *adv* familiarly

bekant|a *rfl, ~ sig med ngt* acquaint oneself with a th.; *~ sig med varandra* get to know each other **-göra** *tr* make..known (public), announce, proclaim **-skap** ⌈abstr. o. konkr.⌉ acquaintance, *med* with; ⌈kännedom⌉ knowledge, *med* of; *göra (stifta) ~ med* become (get) acquainted with, get to know, ⌈pers. äv.⌉ make the acquaintance of **-skapskrets** circle (set) of acquaintances

beklaga I *tr* **1** ⌈tycka synd om⌉ be (feel) sorry for, ⌈ömka⌉ pity **2** ⌈vara ledsen över⌉ regret, be sorry about; *jag ber att få ~ sorgen* may I express (please accept) my condolences (sympathy) **II** *rfl* complain, *över* about, *för, hos* to; *han ~de sig över att han var..* he complained at being.. **beklagande I** *s* [expression of] regret (sorrow) **II** *a* regretful, ⌈attr. äv.⌉..of regret **beklagansvärd** *a* ⌈om pers.⌉..to be pitied, pitiable, ⌈stackars⌉ poor; ⌈om sak se följ.⌉ **beklaglig** *a* regrettable, unfortunate, ⌈sorglig⌉ deplorable; *det är ~t* it is to be regretted **beklagligtvis** *adv* unfortunately; to my ⌈etc.⌉ regret

be|klä[da] *tr* **1** ⌈betäcka⌉ cover **2** ⌈inneha, t. ex. tjänst⌉ fill, hold **-klädnad** ⌈klädsel⌉ clothing, ⌈ibl.⌉ wear, attire; ⌈överdrag⌉ cover[-ing] **-klämd** *a* depressed, distressed, *över* at **-klämmande** *a* depressing, distressing **-klämning** depression, oppression; *djup ~* anguish

bekomm|a I *tr* receive **II** *itr* **1** *~ ngn väl (illa)* ⌈göra ngn gott (skada)⌉ do a p. good (harm), ⌈om t.ex. mat⌉ agree (disagree) with a p.; *väl -e!* ⌈varsågod⌉ you are welcome [to it]! **2** ⌈röra⌉, *det -er mig ingenting* it has no effect upon me, it doesn't worry me

be|kosta *tr* pay (find the money) for, defray [the expense (cost) of] **-kostnad,** *på ngns ~* at a p.'s expense ⌈äv. bildl.⌉; *på egen (statens) ~* at one's own (the public) expense **-kransa** *tr* wreathe, garland

bekräft|a *tr* ⌈allm.⌉ confirm; ⌈erkänna⌉ acknowledge; *undantag som ~r regeln* exception that proves the rule **-ande I** *a* confirmatory **II** *s. o.* **-else** confirming ⌈osv.⌉; confirmation, acknowledgement, *på* of

bekväm *a* **1** comfortable, F comfy; ⌈praktisk, bra⌉ convenient, handy; ⌈lätt⌉ easy; *gör det ~t åt dig!* make yourself comfortable! **2** ⌈om pers.⌉, *~ [av sig]* easy-going, indolent; *vara ~ [av sig]* ⌈äv.⌉ be fond of taking things easy **bekväma** *rfl, ~ sig till att* ⌈inf.⌉ put oneself out so far as to ⌈inf.⌉ **bekvämhet** ⌈maklighet⌉ indolence **bekvämlig** *a, se bekväm* **bekvämligen** *adv, se bekvämt* **bekvämlighet 1** convenience; ⌈trevnad⌉ comfort; *alla moderna ~er* every modern convenience, all modern conveniences **2** ⌈maklighet⌉ love of ease, easy-goingness **bekvämlighetsinrättning** public convenience **bekvämt** *adv* **1** comfortably; conve-

niently; *ha det ~* be comfortable; *huset ligger ~ till* the house has a convenient situation; *man sitter ~ i den här stolen* this is a comfortable chair to sit in **2** [utan svårighet] easily, [quite] comfortably
bekymmer worry, trouble, [stark.] anxiety; [omsorg] care; *~ för framtiden* anxiety for the future; *göra ngn [stora] ~* give a p. a [great] lot of worry (trouble); *göra sig ~ [för ngt]* worry [about a th.]; *ha ~ [vanl.]* be in trouble; *ha ~ för ngn* be worried (anxious) about a p. **bekymmersam** *a* [brydsam] distressing; *det ser -t ut för honom* things look bad for him **bekymmersamt** *adv, ha det ~* have a great deal of worry **bekymmerslös** *a* carefree, [sorglös om pers. äv.] light-hearted **bekymra I** *tr* trouble, worry; *vad ~de det honom?* what did he care [about that]? **II** *rfl* trouble (worry) [oneself], *för, över, om* about **bekymrad** *a* distressed, troubled, worried, anxious, *för, över* [i samtliga fall] about; *vara ~ för ngns skull* be concerned on a p.'s account; *göra ~* [ofta] *=bekymra I*
be|kämpa *tr* fight [against], combat, resist **-kämpande** *s o.* **-kämpning** combating [osv.], *av* of; fight, *av* against
bekänn|a I *tr* [öppet tillstå] avow; *~ [sig skyldig]* confess, [jur. äv.] plead guilty; *~ färg (kort)* [kortsp.] follow suit, [bildl.] show one's hand **II** *rfl, ~ sig till* [t.ex. en religion] profess, [t.ex. ett parti] profess oneself an adherent of **-else** [allm.] confession, [tros~ äv.] profession
be|lackare slanderer, backbiter **-lagd** *a, ~ röst* husky voice; *~ tunga* furred (coated) tongue **-lamra** *tr* clutter up
belast|a *tr* **1** load, charge [isht tekn.]; [bildl.] saddle; *med* [i samtl. fall] with; *~ sitt minne med* burden (load) one's memory with **2** H charge, debit **-ad** *a* loaded [osv.]; *vara ärftligt ~* have a[n] hereditary taint **-ning** load[ing], charge; *ärftlig ~* hereditary taint
be|ledsaga *tr* [allm.] accompany; [uppvakta] attend; [följa] follow **-levad** *a* well-bred, mannerly, well-mannered, [artig] courteous; [världsvan] urbane **-levenhet** good breeding, polished manners [pl.]; urbanity
belgare Belgian **Belgien** Belgium **belgisk** *a* Belgian **belgiska** [kvinna] Belgian woman
Belgrad Belgrade
belladonna [bot. o. läk.] belladonna
belopp amount, sum
belys|a *tr* [eg.] light [up]; [allm.] illuminate, [bildl. äv.] illustrate **-ande** *a* [åskådlig] illuminating; [betecknande] illustrative, characteristic, *för* of **-ning** [allm.] lighting, [eklärering] illumination; [dager] light [äv. bildl.]
be|låna *tr* **1** [pantsätta] pledge, pawn; [inteckna] mortgage; [uppta lån på] raise money (a loan) on **2** [ge lån på] lend [money] on, grant a loan on **-låten** *a* satisfied, pleased; content [end. pred.], *med* [i samtliga fall] with; happy, *med* about; [förnöjd] contented; *vara ~ med* [trivas med] like, be pleased with; *är ni ~?* [mätt] have you had enough [to eat]? **-låtenhet** satisfaction, *över* at; contentment; *vara till [allmän] ~* give satisfaction (be satisfactory) [to everybody] **-låtet** *adv* contentedly
belägen *a* [liggande] situated; [placerad] located **-het** [eg.] situation, position, [bildl.] situation, state, [svår] plight, predicament
belägg [exempel] instance, example, *för, på* of; [bevis] evidence, proof, *för* of **belägga** *tr* **1** [betäcka] cover, [överdra äv.] coat, *med* with; *jfr belagd* **2** *~* [reservera] *en plats* reserve a seat; *han belade andra platsen* [sport.] he secured the second place **3** [pålägga], *~ ngt med* [t.ex. straff, skatt] impose ..on a th. **4** [bevisa medelst exempel] support (bear out)..with examples; *ordet är inte belagt [före 1400]* there is no instance (record) of the word.. **beläggning 1** cover[ing], coat[ing]; [lager] layer; [gatu~] paving, pavement; [på tunga] fur, coating; [på tänder] film **2** *sjukhusets ~* the number of occupied beds in the hospital
belägra *tr* besiege, beleaguer [båda äv. bildl.], invest; *[börja] ~* lay siege to; *de ~de* the besieged **belägring** siege, investment **belägringstillstånd** state of siege; *proklamera ~* proclaim martial law
be|läsenhet [wide] reading **-läst** *a* well-read **-löna** *tr* reward; [vedergälla] recompense; [med pengar] remunerate **-löning** reward; recompense; [utmärkelse] award; *som (till) ~* as a reward [osv.] **-löpa** *rfl, ~ sig till* amount (come, run [up]) to **-manna I** *tr* man; *~d* manned **II** *rfl* man oneself, summon (muster) up [one's] courage, *till* for **-manning** [-mannande] manning; [besättning] crew **-medlad** *a, en ~ person* a person of means, a well-to-do (wealthy) person; *de mindre ~e* people of small means, persons less well off **-myndiga** *tr* authorize, empower; *~d översättning* authorized translation **-myndigande** authorization; [befogenhet] authority, sanction, power [of attorney]; *ge ngn ~ att* [inf.] authorize a p. to [inf.] **-mäktiga** *rfl* take possession of, seize; *fruktan ~de sig honom* [vanl.] he was overcome by (seized with) fear
bemärka *tr* note, observe **bemärkelse** sense; *i bildlig ~* in a figurative sense **bemärkelsedag** [märkesdag] red-letter day; [högtidsdag] great (important) day **bemärkt** *a* noted, [attr.] well-known, [pred.] well known; [framstående] prominent; *göra sig ~* [känd] make a name for oneself

be|mästra *tr* [få bukt med] master, [tygla] overcome, get the better of **-möda** *rfl* take pains, try hard, [*om*] *att* [inf.] to [inf.] **-mödande** [ansträngning] effort, exertion; [strävan] endeavour **-möta** *tr* **1** [behandla] treat; [motta] receive **2** [besvara] answer, meet; [vederlägga] refute **-mötande** [jfr *bemöta*] **1** treatment **2** reply, *av* to; refutation, *av* of

ben 1 [skelett~, fisk~ o. ss. ämne] bone **2** [lem, äv. på strumpa, stol o.d.] leg; *dra ~en efter sig* [gå långsamt] go loitering along, [söla] hang about, dawdle; *lägga ~en på ryggen* F step on it; [*skinna ngn*] *inpå* [*bara*] *~en* ..to the very skin; *hjälpa ngn på ~en* [att resa sig] help a p. to his (her [osv.]) feet; *stå på egna ~* stand on one's own feet; *vara på ~en* be up and about

bena *tr* [fisk] bone; *~ upp* [bildl.] analyze

bena I *tr, ~ håret* part one's hair **II** *s* parting; *kamma ~* make a parting

ben|bildning ossification [äv. konkr.] **-brott 1** [i nedre extremiteterna] fractured (broken) leg **2** [allm.] fracture **-byggnad** *se -stomme* **-fri** *a* boneless, [om fisk äv.] boned

bengalen Bengal **bengalisk** *a* Bengalese; *~ eld* Bengal light

ben|get bag of bones **-hård** *a* [bildl.] rigid, strict, [orubblig] adamant **-ig** *a* **1** bony **2** [kinkig] tricky, puzzling **-kläder** *pl* [under~]: [mans] [under]pants, [dams] knickers, panties **2** [yttre] trousers **-knota** bone **-mjöl** bone-meal **-rangel** skeleton **-röta** caries

bensin [motorbränsle] petrol, [amer.] gasoline, gas; [kem.] benzine **-dunk** petrol can (tin); [flat] jerrycan **-kök** petrol cooking-stove **-mätare** petrol (fuel) gauge **-station** petrol (filling) station

ben|skada leg ([resp.] bone) injury **-skydd** *pl* [sport.] shin-guards, [shin-]pads **-skärva** splinter of bone, bone-splinter

bensoe benzoin **-syra** benzoic acid

bensol benzol[e], [nyare] benzene

ben|stomme skeleton, skeletal structure; *ha kraftig ~* have a sturdy frame **-stump** stump **-vit** *a* ivory-coloured

benåda *tr o.* **benådning** *s* pardon; [[av] dödsdömd] reprieve **benådningsansökan** petition for mercy (for a reprieve)

benäg|en *a* **1** [böjd] inclined, apt, disposed; [villig] willing, ready **2** [välvillig], *vi avvaktar Ert -na svar* H we await your kind reply; *med -et bistånd av* kindly assisted by **benägenhet** [fallenhet] tendency, *för* to[wards]; [disposition] inclination, *för* to; disposition, *för* to[wards]; [begivenhet, ovana] propensity, *för* to **benäget** *adv* kindly

benämn|a *tr* call, name, denominate; [beteckna] designate; *-da tal* denominate numbers **benämning** name, *på* for; appellation, denomination; designation

be|ordra *tr* [allm.] order, [tillsäga äv.] instruct **-prövad** *a* [well-]tried.., tested.., reliable; [erfaren] experienced **-ramad** *a* planned, arranged

berberis barberry

bereda I *tr* **1** [förbereda, tillreda] prepare; [göra i ordning] get..ready; *~ ngn på ngt* prepare a p. for a th.; *~ väg för* make way for **2** [förorsaka] cause; [skänka] give, afford; *~ plats för* make room for; *~ ngn tillfälle att* [inf.] furnish a p. with an opportunity of [ing-form] **II** *rfl* [göra sig beredd] prepare [oneself], *på, till* for; [göra sig i ordning] get [oneself] (make) ready, *för* for; *~ sig på* [vänta sig] expect; *man får (måste) ~ sig på det värsta* [vanl.] one must be prepared for the worst **beredd** *a* prepared, [redo äv.] ready, *på* for; *göra sig ~ på* prepare oneself (be prepared) for **beredskap** preparedness, readiness; [⚔] military preparedness; *ha i ~* have in readiness ([färdig] ready); *ligga i ~* [⚔ o. d.] be alerted (standing by)

beredskaps|arbete relief work [end. sg.] **-tjänst** emergency service **-åtgärd** emergency measure

beredvillig *a* ready [and willing] **-het** readiness, willingness

berest *a, vara mycket ~* have travelled a great deal

berg mountain [äv. bildl.]; [mindre] hill; [klippa] rock [äv. geol. o. gruv.]; *~et Ida* Mount ([förk.] Mt.) Ida **-art** [kind of] rock **-bana** mountain railway **-bestigare** mountaineer, mountain climber **-bestigning** [alpinism] [mountain-]climbing, mountaineering; [tur] [mountain] climb, ascent **-fast** *a, en ~ tro* a steadfast belief **-grund** bed-rock **-ig** *a* mountainous; hilly; rocky; *jfr berg* **-kristall** rock-crystal **-land** mountainous ([resp.] hilly) country **-massiv** [mountain] massif **-- och dalbana** switchback; [amer.] roller coaster **-olja** rock-oil, petroleum **-salt** rock-salt

bergs|bestigare [m.fl. sms.] *se berg-* **-bo** mountaineer, highlander **-bruk** mining [industry] **-kam** mountain crest **-kedja** mountain chain **-klyfta** gorge, ravine

berg|skred landslide **-skreva** cleft, crevice **-skyddsrum** rock shelter

bergs|pass mountain pass, [trångt] defile **-predikan** the Sermon on the Mount **-rygg** mountain ridge **-topp** mountain peak **-trakt** mountain[ous] district

berg|säker *a* dead certain **-torsk** rock cod **-uv** eagle-owl, great horned owl **-vägg** rock-face, [klippvägg] cliff-face

be|riden *a* mounted **-rika** *tr* enrich **-riktiga** *tr* correct, rectify **-riktigande** correction,

rectification
berlinare inhabitant of Berlin; *han är ~* he is a Berliner
berlock charm
Bermudasöarna *pl* the Bermudas, Bermuda [sg.]
bero *itr* **1** ~ *på* **a)** [ha sin grund i] be due (owing) to **b)** [komma an på] depend on; [vara en fråga om] be a question of; *det ~r på dig, om..* it depends on (is up to) you whether..; *försåvitt det ~r på mig* as far as I am concerned; *det ~r [alldeles] på, det!* that [all] depends! **2** *låta ~* [anstå]: *låta saken ~* let the matter rest; *låta det ~ vid det (därvid)* leave the matter as it is **-ende I** *a* [avhängig] dependent, *av (på)* [up]on; *vara ~ av (på)* [äv.] depend [up]on **II** ~ *på* [prep.] a) [på grund av] owing (F due) to, *att* the fact that b) [avhängigt av] depending on, *om* whether **III** *s* [position of] dependence, *av* [up]on
berså arbour, bower
be|rusa I *tr* intoxicate [äv. bildl.], inebriate, make .. drunk **II** *rfl* intoxicate oneself, get intoxicated (drunk, F tipsy), *med* on **-rusad** *a* intoxicated, drunk [båda äv. bildl.], *av* with; inebriated, *av* by; tipsy; *en ~ [karl]* a drunken (tipsy) man **-rusning** intoxication **-rusningsmedel** intoxicant
be|ryktad *a* [ökänd] notorious, *för* for; *illa ~..* of bad (evil) repute, disreputable **-rått** *a, med ~ mod* deliberately, in cold blood; [jur.] with malice aforethought
beräkn|a *tr* **1** [allm.] calculate; [uppskatta] estimate, *till* at; *tiden var för knappt ~d* the time allotted (allowed) was too short **2** [taga med i beräkningen] take .. into account **-ad** *a* [avsedd] designed, intended **-ande** *a* calculating, scheming **-ing** calculation, computation; [uppskattning] estimate, *av* of; *ta .. med i ~en* [bildl.] allow (make allowance) for .., take .. into consideration (account)
berätta *tr* tell, *[ngn] ngt, ngt för ngn* a p. a th., a th. to a p.; ~ *ngt* [skildra, förtälja äv.] relate (narrate) a th.; ~ *[historier]* tell stories; ~ *skepparhistorier* spin yarns; *han ~de, att..* he told (informed) me (us [osv.]) that..; *man har ~t för mig, att..* I have been told (informed) that..; *det ~s, att..* it is said (people say) that..; *jag har hört ~s, att..* I have heard [it said] that.. **berättare** story-teller; narrator, relater **berättartag,** *vara (komma) i ~en* be in (get into) the mood for telling stories **berättelse** [saga, historia] tale, [short] story; [skildring] narrative; [redogörelse] report, statement, *över (om)* about, on; account, *över (om)* of
berättig|a *tr* entitle **-ad** *a* [om pers.] entitled, authorized, *att* [inf.] to [inf.]; justified, *att* [inf.] in [m. ing-form]; [rättmätig] just, legitimate; [välgrundad] well-founded; *det ~e i ..* the justness (justice, legitimacy) of.. **-ande** authorization; justification; *[det] har [ett visst] ~ ..* is [to a certain extent] justified
beröm praise, commendation; *få ~* be [highly] commended (praised); *ge ngn ~* praise (speak highly of [el.] laud) a p.; *till hans ~ måste sägas att..* to his credit it must be said that..
berömd *a* famous, celebrated, [friare] well-known ([pred.] well known); *vida ~* renowned **berömdhet** celebrity [äv. pers.] **berömlig** *a* praiseworthy, commendable, laudable **berömma I** *tr* praise, commend, [stark.] laud, extol; *man kan inte nog ~ ..* you cannot say enough in praise of .. **II** *rfl, ~ sig själv* praise oneself; ~ *sig av* [skryta över] boast of, [känna sig stolt över] pride oneself [up]on **berömmande** *a* commendatory, laudatory **berömmelse** [ryktbarhet] fame, renown **berömvärd** *a* praiseworthy, commendable, laudable
be|röra *tr* **1** [eg. o. friare] touch; [snudda vid] graze, skim; *ytterligheterna berör varandra* extremes meet **2** [omnämna] touch [up]on **3** [påverka] affect; *bli illa -rörd [av ngt]* be unpleasantly affected [by a th.] **-röring** contact, touch [äv. bildl.]; [förbindelse] connection **-röva** *tr, ~ ngn ngt* deprive ([avhända] dispossess) a p. of a th.; ~ *ngn heder och ära* rob a p. of his reputation; ~ *ngn modet* dishearten a p.; ~ *sig livet* take one's own life
be|sanna *tr, ~s, ~ sig* be verified (confirmed), [om dröm, spådom äv.] come true **-satt** *a* **1** occupied [osv.], *jfr besätta* **2** ~ *[av en ond ande]* possessed [by a devil]; *som en ~* like a madman (one possessed) **-se** *tr* see, look at, have a look at **-segla** *tr* [bekräfta] seal **-segra** *tr* defeat, vanquish, conquer; [övervinna] overcome **-segrare** vanquisher, conqueror
besiktiga *tr* inspect, examine, [granska, syna] survey, view **besiktning** inspection, examination, survey **besiktningsinstrument** [för motorfordon] certificate of registration, [i Engl.] registration book **besiktningsman** inspector, [avsynare] surveyor; [vid körkortsprov] driving examiner
besinna *tr rfl, se betänka* **besinning** [besinnande] consideration; [sinnesnärvaro] presence of mind; [behärskning] self-control; *förlora ~en* [tappa huvudet] lose one's head; *komma till ~* come to one's senses **besinningslös** *a* rash, unreflecting; [hejdlös] reckless
be|sitta *tr* possess **-sittning** possession [äv. landområde]; *ta .. i ~* take possession of.

⌈bemäktiga sig⌉ seize.., ⌈besätta⌉ occupy.. **-sjunga** *tr* sing ⌈of⌉, celebrate .. in song **-själa** *tr* inspire, animate
besk *a* bitter ⌈äv. bildl.⌉
be|skaffad *a* ⌈skapad⌉ constituted; ⌈konstruerad⌉ constructed; *så* ~ ⌈skapad äv.⌉ ..of such a nature **-skaffenhet** nature, character; ⌈om vara⌉ quality; ⌈tillstånd⌉ state, condition **-skatta** *tr* tax, impose taxes (⌈resp.⌉ a tax) ⌈up⌉on **-skattning** taxation, taxing **-skattningsbar** *a* taxable
besked 1 ⌈svar⌉ answer; ⌈upplysning⌉ information, *om* about; ⌈anvisning⌉ instructions ⌈pl.⌉; *jag skall ge (lämna)* ⌈*dig*⌉ ~ *i morgon* I will let you know tomorrow; *han vet* ~ he knows ⌈all about it⌉ **2** *med* ~ properly **-lig** *a* mild, good-tempered, ⌈medgörlig⌉ obliging; ⌈klandrande äv.⌉ meek; *snäll och* ~ good-natured
be|skickning mission, ⌈ambassad⌉ embassy, ⌈legation⌉ legation **-skjuta** *tr* fire at; ⌈bombardera⌉ shell, bombard **-skjutning** firing; shelling, bombardment; *under* ~ under fire
beskriv|a *tr* **1** describe, ⌈skildra äv.⌉ depict **2** ⌈röra sig i⌉ describe, *en båge (cirkel)* a curve (circle) **-ande** *a* descriptive **-ning 1** description, ⌈redogörelse⌉ account, *på* of; *trotsa (övergå) all* ~ defy (beggar) description **2** ⌈anvisning⌉ directions ⌈pl.⌉; ⌈kok.⌉ recipe
beskugga *tr* shade; ⌈trädg.⌉ screen
beskydd ⌈hägn, värn⌉ protection, *mot* from, against; ⌈protektion⌉ patronage **beskydda** *tr* protect, shield, *för (mot)* from (against); ⌈gynna⌉ patronize **beskyddande** *a* ⌈nedlåtande⌉ patronizing; *en* ~ *hand* a protective hand **beskyddare** protector; ⌈gynnare⌉ patron
be|skylla *tr* accuse, *för* of; tax, charge, *för* with **-skyllning** accusation, imputation, charge, *för* of, *för att* ⌈inf.⌉ of ⌈ing-form⌉ **-skåda** *tr* look at, regard **-skådan** *o.* **-skådande** inspection; *utställd till allmän beskådan (allmänt beskådande)* placed on [public] view, publicly exhibited **-skäftig** *a* meddlesome, fussy, officious
1 beskär|a *tr, få sin -da del* receive one's [allotted (due)] share
2 beskära *tr* ⌈trädg.⌉ prune; ⌈reducera⌉ cut down, pare
be|skärma *rfl,* ~ *sig över* lament over **-skär[n]ing** ⌈trädg.⌉ pruning
beslag 1 ⌈till skydd, prydnad⌉: ⌈allm.⌉ mount[ing], ⌈pl. äv.⌉ fittings; ⌈järn~, mässings~ osv. ofta⌉ piece of ironwork (brasswork ⌈osv.⌉), ⌈pl.⌉ ironwork ⌈osv.; sg.⌉; ⌈dörr~, kist~ osv. (koll.)⌉ furniture ⌈sg.⌉ **2** ⌈kvarstad⌉ confiscation; *lägga* ~ *på* requisition; ⌈friare o. bildl.⌉ appropriate, take, lay hands upon; *ta i* ~ ⌈konfiskera⌉ confiscate **-ta[ga]** *tr* commandeer; *jfr äv. beslag 2*
beslut ⌈avgörande⌉ decision, ⌈av rådplägande församling äv.⌉ resolution; ⌈jur. äv.⌉ verdict; ⌈föresats⌉ determination, resolve; *fatta ett (sitt)* ~ come to (arrive at) a decision, ⌈resp.⌉ pass a resolution; *ändra sitt* ~ ⌈äv.⌉ change one's mind **besluta I** *tr itr* decide, ⌈*om*⌉ *ngt* ⌈vanl.⌉ ⌈up⌉on a th.; ⌈stadga⌉ decree; *de ~de åtgärderna* the measures decided ⌈up⌉on **II** *rfl* ⌈bestämma sig⌉ make up one's mind; decide, *för ngt* ⌈up⌉on a th.; ⌈föresätta sig⌉ determine, resolve **beslutanderätt** right to make decisions **besluten** *a* resolved, determined **beslutmässig** *a* .. competent to make decisions **beslutsam** *a* resolute, determined **beslutsamhet** resolution, resolve, determination **beslutsamt** *adv* resolutely, with resolution (determination)
be|slå *tr,* ~ *ngn med lögn* ⌈ertappa⌉ catch a p. lying **-släktad** *a* related, *med* to **-slöja** *tr* veil
besman steelyard
be|smitta *tr* infect, taint ⌈äv. bildl.⌉ **-spara** *tr* ⌈in~⌉ save; ⌈skona⌉ spare **-sparing 1** saving ⌈äv. konkr.⌉; *göra ~ar* effect economies **2** ⌈sömn.⌉ yoke **-spetsa** *rfl,* ~ *sig på (på att* ⌈+inf.⌉*)* look forward to (to ⌈+ing-form⌉) **-spisa** *tr* feed, provide meals (⌈resp.⌉ a meal) for **-spotta** *tr* mock, scoff at, flout [at] **-spruta** *tr* syringe, spray **-sprutningsmedel** spray
best beast, brute **-ialisk** *a* bestial
bestick 1 ⌈rit~⌉ case (set) of instruments; ⌈mat~⌉ ⌈set of⌉ knife, fork and spoon **2** ⌈⚓⌉ dead reckoning **besticka** *tr* bribe, ⌈vittnen äv.⌉ suborn **bestickande** *a* insidious, seductive, plausible **besticklig** *a*.. open to bribery, bribeable, corruptible **bestickning** ⌈bestickande⌉ bribery, corruption, ⌈av vittnen äv.⌉ subornation ⌈samtl. end. sg.⌉; ⌈mutor⌉ bribes ⌈pl.⌉
be|stiga *tr* ⌈berg⌉ climb; ⌈tron⌉ ascend; ⌈talarstol, häst⌉ mount **-stigning** climbing, ascent **-stjäla** *tr* rob, *ngn på ngt* a p. of a th. **-storma** *tr* ⌈bildl.⌉ assail, overwhelm **-straffa** *tr* punish **-straffning** punishment, penalty **-strida** *tr* **1** ⌈förneka⌉ deny; ⌈opponera sig emot⌉ contest, dispute, oppose, controvert; ⌈tillbakavisa⌉ repudiate; *det kan inte ~s att..* ⌈äv.⌉ it is incontestable that.. **2** ⌈stå för⌉ defray, bear, pay, *kostnaderna* the cost[s]
be|stryka *tr* **1** ⌈översmeta⌉ smear, daub; ⌈m. färg o. d.⌉ give..a coat[ing], *med* of **2** ⌈överfara, stryka över⌉ skim; ⌈⚔⌉ sweep **-stråla** *tr* irradiate **-strålning** irradiation **-strö** *tr* ⌈t. ex. med rosor⌉ strew, ⌈t. ex. med socker⌉ sprinkle; *~dd* ⌈översållad⌉ *med* dotted with
bestseller best seller
bestycka *tr* arm [..with guns] **bestyckning**

armament
be|styr [göromål] work, business [båda end. sg.]; *jag hade ett fasligt ~* [själ] *med att* [+inf.] I had a tough job ([besvär] a lot of trouble) to [+inf.]; *många små ~* lots of little things to do **-styra** *tr* [göra] do; ~ [*med*] [ordna [med]] manage, arrange; *ha mycket att ~* have a great deal to do (attend to, see to) **-styrelse** [managing] committee, *för* of **-styrka** *tr* [allm.] confirm; [intyga] certify; [bevisa] prove
bestå I *tr* **1** [genomgå, uthärda: t.ex. prövningar] go (pass) through; ~ *provet* stand (pass) the test **2** [bekosta] pay for **II** *itr* **1** [äga bestånd]: exist, [trots svårigheter] subsist; [fortfara] last, endure, [friare äv.] go on, remain **2** ~ *av (i)* consist of, be composed (made up) of; *vari ~r skillnaden?* what constitutes the difference? **bestående** *a* [existerande] existing; [varaktig] lasting, permanent; *det ~, den ~ ordningen* [äv.] the established order of things **bestånd 1** [varaktighet] existence, [fort~] persistence, [fortvaro] continuance; *jfr bestå II 1* **2** [grupp av t.ex. träd] clump; [antal] number; [samling] collection, stock **beståndsdel** constituent (component) [part], element
beställ|a *tr itr* **1** [rekvirera, beordra]: a) [sak] order, [boka] book b) [pers.] engage, [friare] send for; *har du -t?* [på restaurang o.d.] have you ordered anything?; [*hovmästarn,*] *får jag ~!* [waiter,] I should like to give my order!; ~ *tid* [*hos*] make an appointment [with]; ~ *fram (in)* order [to be brought] out (in); *jfr beställd* **2** [bestyra] do [osv.], *jfr bestyra; det är illa (dåligt) -t med honom* he is in a bad way **beställd** *a, ~a kläder (skor)* clothes (shoes) made to order; *vara ~* be on order **beställning** [jfr *beställa 1a*] order; booking; *arbeta (gjord) på ~* work (made) to order **beställsam** *a* [fjäskig] officious, fussy
bestämbar *a* [definierbar] definable **bestämd** *a* [fastställd m.m.] fixed, settled [osv.], *jfr bestämma;* [exakt] precise; [tydlig, klar] clear, distinct; [säker, definitiv] positive, definite; [fast, orubblig] determined, firm; [resolut, beslutsam] resolute, decided; [språkv.] definite; *på det ~aste* most decidedly, emphatically
bestäm|ma I *tr* [allm.] determine, [fastställa äv.] fix, settle; [besluta, avgöra äv.] decide; [definiera] define; [gram.] modify, qualify; *bestäm själv* [*om du..*]*!* decide for yourself [whether you..]!; *det får du ~* [*själv*] that's for you to decide, that's up to you; ~ *en dag för..* decide on (fix) a day for.. **II** *rfl* decide; *jfr besluta II* **bestämmanderätt** right of determination ([beslutanderätt] of decision); ~ *över ngt* right to dispose of a th. **bestämmelse 1** [stadgande] stipulation, [villkor] condition, [föreskrift] direction **2** [uppgift] mission; [öde] destiny **bestämmelseort** [place of] destination **bestämning** [gram.] adjunct (*till* of), qualifier **bestämt** *adv* **1** [absolut, definitivt] definitely; [avgjort] decidedly; [eftertryckligt] firmly, resolutely; [uttryckligen] positively; *veta ~* know for certain **2** [[högst] sannolikt, säkerligen] certainly; *det har ~ hänt något* something must have happened
be|ständig *a* [stadigvarande] constant; *se f.ö. ständig* **-stört** *a* dismayed, perplexed, *över* at **-störtning** dismay, perplexity, consternation **-sudla** *tr* soil, stain; ~ *sig* defile (sully) oneself **-sutten** *a* propertied, landed
be|svara *tr* **1** [svara på] answer; reply to [äv. bemöta]; *anse (förklara) frågan med ja (nej) ~d* take the answer to be yes (no) **2** [återgälda] return; [kärlek o.d.] reciprocate **-svikelse** disappointment, *över* at **-sviken** *a* disappointed, *på* in, *över* at
besvär 1 [allm.] trouble, [omak äv.] inconvenience, bother; [möda] [hard] work, labour, pains [pl.]; [svårighet[er]] difficulties [pl.]; *gör dig inget ~!* a) [för min räkning] don't bother! b) [det lönar sig inte] you can save yourself the trouble!; *jag hade mycket ~ med att* [+ inf.] I had a very hard job to [+ inf.] *el.* in [+ ing-form]; *tack för ~et!* thanks very much for all the trouble you have taken (you had)!; *inte vara rädd för ~* not mind a little inconvenience; *bli (vara)* [*ngn*] *till ~* be a bother (nuisance) [to a p.]; *det är* [*inte*] *värt ~et* it is [not] worth while **2** [jur.] appeal, *över* about **besvära I** *tr* trouble, bother; *förlåt att jag ~r!* excuse my troubling you!; *får jag ~ Er* [*med*] *att komma hit?* would you mind coming here?; *får jag ~* [*Er*] *om saltet?* may I trouble you for the salt?; *hettan ~r mig* I find the heat oppressive **II** *rfl* **1** trouble (bother) oneself, put oneself out; ~ *Er inte med att* [+inf.] don't trouble to [+inf.] **2** [jur.] lodge an appeal, appeal **besvärad** *a* [generad] embarrassed, [förlägen] self-conscious **besvärande** *a* troublesome, annoying
besvärja *tr* [uppfordra] beseech, conjure **besvärjelse** conjuration, invocation
besvärlig *a* [allm.] troublesome, [svår] hard, difficult; [ansträngande] trying, toilsome; [mödosam] laborious; *det är ~t att behöva..* [inf.] it is a nuisance having to.. [inf.] **besvärlighet,** *~er* difficulties, troubles **besvärstid** period within which an appeal may be lodged
besynnerlig *a* strange; [egendomlig] peculiar, odd; [underlig] queer; [märkvärdig] curious **besynnerligt** *adv* strangely [osv.]

beså *tr* sow
besätta *tr* **1** [⚔] occupy **2** [tillsätta, tjänst o.d.] fill **3** *besatt* a) [betäckt, garnerad] set, [med spetsar] trimmed b) *salongen var glest (väl) besatt* the theatre was sparsely (well) filled **besättande** [⚔] occupation; [av tjänst o.d.] filling **besättning 1** [garnison] garrison; [⚓ o. flyg] crew; *hela ~en* [äv.] all hands **2** [boskap] stock **3** [garnering] trimming **besättningsman,** *en ~* one of the crew (hands), *på* of
besök 1 visit, *hos, i* to; [kortare] call, *hos* on, *på* at; *avlägga (göra) ~ hos ngn* pay a visit to (a call on) a p.; *få (ha) ~* have (have [got]) a caller *el.* visitor ([resp.] callers *el.* visitors); *få ~ av..* be called upon by..; *tack för ~et!* kind of you to call (look in)! **2** [pers.]: *se ex. und. 1* **besök|a** *tr* visit, pay a visit to, [hälsa på el. bese äv.] go to see, *jfr [komma och] hälsa [på];* [bevista] attend; *jag skall ~ dig i morgon* I am coming to see you tomorrow; *en mycket -t badort* a much frequented seaside resort **besökande** *subst. a* [se följ.] **besökare** visitor, *av, i, vid* to; attender, *av* of, *vid* at, of; caller; *jfr besöka* **besöksbok** visitors' book **besökstid** visiting-hours [pl.]
bet *oböjl. a, bli (gå) ~* [i spel ung.] lose the game; *han gick ~ på uppgiften* the task was too much for him
1 beta *tr itr* [om gräsätare] graze [äv. *~ av*]
2 beta *s* [munsbit], *efter den ~n* [bildl. ung.] after that [unpleasant] experience
3 beta *tr* [⊕] steep [äv. lantbr.]
4 beta *s* [bot.] beet
be|tacka *rfl, ~ sig [för ngt]* decline [a th.] with thanks; *jag ~r mig!* no, thanks!, not for me [, thanks]! **-ta[ga]** *tr, ~ ngn lusten att* [inf.] deprive (rob) a p. of the desire to [inf.]; *det betog honom modet* that took all the courage out of him **-tagande** *a* [bedårande] charming, [överväldigande] captivating **-tagen** *a* overcome, taken, *av* with; *~ i..* charmed (captivated) by..
betal|a I *tr itr* pay; [varor, arbete] pay for; *får jag (jag skall be att få) ~!* [på restaurang o.d.] will you let me have the bill [, please]!; *svenskt järn ~s högt* Swedish iron fetches a good price; *det kan inte ~s med pengar* money cannot buy it; *är skulden -d?* has the debt been paid off (settled)?; *få -t* be (get) paid; *det ska du få -t för!* [umgälla] I'll pay you out (back) for that!; *han springer som om han hade -t för det* he runs as if he was being paid for it; *han tar ordentligt (bra) -t* he charges a lot (the earth); *-t svar* answer (reply) prepaid; *~ av, se avbetala; ~ in (ut)* pay [in (out)]; *~ in ett belopp på* [ett konto o.d.] pay an amount into.. **II** *rfl* pay; *arbete som [inte] ~r sig* [äv.] [non-]paying work **-bar** *a* payable **-ning** payment, [av t.ex. räkning äv.] settlement; [avlöning] pay; [ersättning] remuneration, compensation; *inställa ~arna* suspend (stop) payment[s]; *[göra ngt] mot ~..* for a consideration; *till ~ av* in payment ([resp.] settlement) of; *utan ~* free of charge
betalnings|balans balance of payments **-inställelse** suspension of payment[s] **-skyldig** *a, vara ~* be liable for payment **-villkor** *pl* terms [of payment]
1 bete *s* [boskaps~] pasturage; *gå på ~* be grazing (feeding)
2 bete *s* [fiske.] bait
3 bete *s* [huggtand] tusk
4 bete *rfl* [uppföra sig] behave, [bära sig åt] act
beteckn|a *tr* [vara uttryck för] represent; [betyda] denote, signify; [ange, utmärka] indicate, designate; [markera] mark; [känneteckna] characterize **-ande** *a* characteristic, typical, *för* of **-ing** designation; [i skrift] notation
beteende behaviour, conduct, [båda end. sg.] **-mönster** pattern of behaviour
betesmark pasture[-land]
beting 1 [ackord] piece-work contract; *arbeta på ~* work by the piece (by contract) **2** [skol.] assignment **betinga I** *tr* **1** [förutsätta] condition; *~s (vara ~d) av* a) [vara beroende av] be dependent (conditional) on b) [ha sin grund i] be conditioned by c) [bestämmas av] be determined by **2** *~ ett [högt] pris* command (fetch) a [high] price **II** *rfl* stipulate (bargain) for **betingelse** [villkor, förutsättning] condition
betjän|a I *tr* serve; [uppassa] attend [on]; [vid bordet] wait [up]on; [sköta] work; *det är jag föga -t av* that is of little use to me **II** *rfl, ~ sig av* make use (avail oneself) of **betjäning 1** [uppassning] service, [på hotell] attendance **2** [personal] staff **betjäningsavgift** service charge **betjänt** man[-servant] [pl. men[-servants]], footman, valet
bet[nings]medel [för utsäde] seed disinfectant
betodlare beet-grower
betona [fonet.] stress; [bildl.] emphasize, accentuate, *att* the fact that
betong concrete **-blandare** concrete mixer **-gjutning** concreting
betoning stress, accent, accentuation
betplockning beet-picking
betrakta *tr* **1** [se på, iakttaga] look at, contemplate, regard [äv. friare]; [skärskåda äv.] watch, observe; [bese] view **2** *se anse 2* **betraktande,** *i ~ av* in consideration (view) of (*att* the fact that), [ofta] considering, *att* that; *komma (ta) i ~* come (take) into con-

sideration **betraktare** observer, [ibl.] onlooker **betraktelse** [meditation] reflection, meditation; [bibel~] [religious] discourse, *över* [i samtl. fall] upon **betraktelsesätt** way of looking at things ([i bestämt fall] at the matter)

be|tro *tr* entrust, *ngn med ngt* a p. with a th. *el.* a th. to a p. **-trodd** *a* [pålitlig] trusted **-tryck** [nöd] distress; [svårigheter] embarrassment **-tryckt** *a* [nedslagen] dejected, [deprimerad] low-spirited, depressed **-trygga** *tr* secure **-tryggande I** *s, till ~ av* to secure, for the safeguarding of **II** *a* [tillfredsställande] satisfactory; *på ett [fullt] ~ sätt* in a way that ensures [complete] safety **-träda** *tr* [eg.] set foot upon; [isht bildl.] tread; *Beträd ej gräsmattan!* Keep off the Grass! **-träffa** *tr, vad mig (det) ~r* as far as I am (that is) concerned; *vad det ~r* [äv.] for that matter **-träffande** *prep* concerning, regarding

bets *s* [snick.] *o.* **betsa** *tr* stain

bets|el bit; [remtyg] bridle **-la** *tr* bridle, bit

betsocker beet-sugar

bett 1 [hugg, tandställning] bite **2** [tandgård] set of teeth **3** [på betsel] bit **4** [egg] edge

bettleri begging, mendicancy

be|tunga *tr* burden; *vara ~d (~s) av* be oppressed (weighed down) by **-tungande** *a* heavy; *vara ~* be a great burden, *för* to **-tuttad** *a, vara ~ i ngn* be sweet on a p. **-tvinga** *tr* subdue, [underkuva äv.] subjugate **-tvivla** *tr* doubt, feel dubious about

betyd|a *tr* mean, signify; [innebära äv.] imply; [beteckna äv.] denote; *~ mycket* signify (mean) a great deal, [vara av stor betydelse] be of great importance, *för ngn* to a p.; *vad skall det här ~?* what is the meaning of [all] this?; *det -er ingenting* [gör ingenting] that (it) doesn't matter [at all] (is of no importance) **-ande** *a* important; [stor] considerable **-else** meaning, signification, [ords äv.] sense; [vikt] significance, importance; *det har ingen ~* [spelar ingen roll] it doesn't matter

betydelsefull *a* significant; [viktig] important **betydelselös** *a* meaningless; insignificant, unimportant; *jfr betydelse* **betydenhet** importance **betydlig** *a* considerable **betydligt** *adv* considerably; [mycket] a good (great) deal

betyg 1 [handling]: [officiellt intyg o. examens~] certificate; [arbetsgivares] testimonial, reference, [för tjänstefolk] character; [termins~] report **2** [betygsgrad] mark, [amer.] grade; *ett (två) ~* [univ. ung.] 'one point' ('two points') **betyga** *tr* **1** [intyga] certify **2** [tillkännage, uttrycka] express, *ngn sin aktning* one's respect for a p. **betygsavskrift,** *~er* [allm.] copies of [one's] certificates **betygsskala** marking scale **betygssumma** total marks [pl.] **betygsätta** *tr* mark, [amer.] grade; [friare] pass judgement on

betäck|a *tr* cover [äv. göra dräktig] **-ning** cover; [skydd äv.] shelter; [parning] covering

betänka I *tr* consider; *man måste ~ att..* one must bear in mind that.. **II** *rfl* think it (the matter) over; [tveka] hesitate; *utan att ~ sig* without [any] hesitation **betänkande 1** [utlåtande] report **2** *efter mycket ~* after a good deal of thought; *utan ~* without hesitation **betänketid** time for consideration; *en dags ~* a day to think the matter over **betänklig** *a* [allvarlig] serious, grave; [oroväckande] disquieting; [prekär] precarious; hazardous; [tvivelaktig] dubious **betänklighet** [tvekan] hesitation [end. sg.]; [tvivel] doubt; *~er* [farhågor] apprehensions, *mot* about **betänksam** *a* [besinningsfull] deliberate; [försiktig] cautious, wary; [tveksam] hesitant **betänksamhet** deliberation; caution; hesitation **betänkt** *a, vara ~ på ngt (på att* [+inf.]*)* be thinking of a th. (of [+ing-form])

beundra *tr* admire **beundran** admiration **beundransvärd** *a* admirable; [friare] wonderful **beundrare** admirer

bevak|a *tr* **1** [eg.] guard; [misstroget] watch **2** [tillvarata] look after **3** [nyhet m.m.] cover **-ad** *a, ~ järnvägsövergång* controlled [railway] level-crossing **-ning** guard, watch [äv. konkr.]; *stå under [sträng] ~* be in [close] custody

bevandrad *a* acquainted, familiar (*i* with), at home, versed, *i* in

bevar|a *tr* **1** [bibehålla] preserve; [upprätthålla] maintain; [förvara, gömma] keep **2** [skydda] protect; *-e mig väl!* dear me!, goodness gracious!; *Gud -e konungen!* God save the King! **bevarande** *s* preserving [osv.]; preservation; maintenance; protection **bevars** *se gubevars*

bevattn|a *tr* [m. kanaler, diken] irrigate; [vattna o. geogr.] water **-ing** irrigation; watering

beveka *tr* move; *låta sig ~s att* [allow oneself to] be persuaded to **bevekande I** *a* moving, affecting; persuasive **II** *adv* movingly [osv.]; appealingly **bevekelsegrund** motive, reason, inducement

bevilja *tr* grant, [formellare äv.] accord **beviljning** [ung.] appropriation, vote of supply

bevinga|d *a* winged; *-t ord* [citat] familiar quotation

bevis [allm.] proof, *på* of; [vittnesbörd] evidence [äv. indicium]; [ådagaläggande] demonstration; [intyg] certificate; *som ett ~ på..* as [a] proof (as evidence, testimony) of.. **bevisa** *tr* [styrka] prove; [leda i bevis] demonstrate; *~ sin oskuld* establish one's innocence

evis|föring demonstration; [argumentation] argumentation **-kraftig** *a* conclusive **-ligen** *adv* demonstrably; *han är ~ [sjuk]* he is unquestionably.. **-material** [body of] evidence **-ning** *se bevis o. bevisföring*

e|vista *tr* attend; [närvara vid] be present at **-vittna** *tr* **1** [bestyrka] attest, testify; *~s:* ..witnessed (witnesses):.. **2** [vara vittne till] witness **-vuxen** *a* overgrown **-våg,** *på eget ~* on one's own responsibility **-vågen** *a, vara ngn ~* be favourably disposed towards a p.; *om lyckan är mig ~* if fortune favours me **-vänt** *a, det är inte mycket ~ med det (honom)* it (he) is not up to much **-väpna** *tr* arm; *~ sig* arm ([bildl. äv.] fortify) oneself **-väpnad** armed; *~* [försedd] *med* equipped with **-väpning** [vapenutrustning] armament **-värdiga** *tr, ~ ngn med [ett svar]* vouchsafe (condescend to give) a p.. **-väring** [värnpliktig] conscript [soldier], recruit **-växt** *a=bevuxen*

h *se behå*

bi *adv, stå ~, se bistå; jfr ligga [bi]*

2 bi *s* bee; *arg som ett ~* fuming, in a rage

iavsikt subsidiary motive

ibehåll|a *tr* [ha i behåll] retain; [bevara] keep, preserve; [upprätthålla] keep up, maintain; *[gamle S.] har -it sig väl (är väl -en)* ..is well preserved (is wearing well) **-ande** *s* retention, keeping [up], preservation, maintenance

ibel Bible, bible; *Bibeln* the [Holy] Bible **-förklaring** exegesis; [andaktsstund] Bible class **-språk** [-citat] biblical quotation

ibetydelse secondary meaning

ibliofil bibliophil[e], [boksamlare] book collector **bibliografi** bibliography **bibliotek** library **bibliotekarie** librarian

ibilioteksexemplar library (file) copy; [lagstadgat] deposit copy

iblisk *a* biblical, scriptural; scripture..

ibringa *tr, ~ ngn [en uppfattning o.d.]* impress a p. with.., convey..to a p.; *~ ngn kunskaper* impart knowledge to a p.

ida *tr itr* bide, wait, [tr. äv.] await

idé bidet

idevind *adv, segla ~* sail close-hauled

idrag [tillskott, medverkan] contribution; [tecknat belopp] subscription; [understöd] allowance, [stats~] grant, subsidy **bidra[-ga]** *itr* contribute, [lämna bidrag äv.] make a contribution, *till* to; *~ till* [vara bidragande orsak till äv.] conduce to, [främja] make for; *hon bidrog [till underhållningen] med [en sång]* she entertained us ([resp.] them) with..; *~ med* [pengar, idéer] contribute; *en bidragande orsak* a contributory cause **bidragsgivare** contributor, [m. pengar äv.] subscriber

bidrottning queen bee

bifall 1 [samtycke] assent, consent; [godkännande] approval, [myndighets] sanction; *röna (vinna) ~* meet with (win) approval, find favour **2** [applåder] applause [sg.], acclamation [sg.]; [rop] cheers [pl.], shouts [pl.] of applause; *väcka stormande ~* call forth a volley (storm) of applause **bifalla** *tr* assent (consent) to, approve of, sanction, *jfr bifall 1; ~ en anhållan* grant a request

bifalls|rop *o.* **-storm** *o.* **-yttringar** *pl, se bifall 2*

biff [beef]steak; *vi klarade ~en!* F we made it! **-ko** beef cow **-stek** [beef]steak

bi|figur minor character **-flod** tributary [river] **-foga** *tr* [vidfästa] attach, annex; [närsluta] enclose; [vid slutet tillägga] append

bigam|i bigamy **-ist** bigamist

bigarrå whiteheart [cherry], cherry

bigata side-street

bigott *a* bigoted

bi|hang appendage; [i bok] append|ix [pl. -ixes *el.* -ices] **-hustru** concubine **-inkomst** extra (additional) income [end. sg.] **-intresse** subsidiary interest

bijouterier *pl* jewellery [sg.]; [nipper] trinkets

bikarbonat bicarbonate [of soda]

bikini [baddräkt] bikini

bikt confession; *avlägga ~* make confession

bikta *tr rfl* confess **biktfader** [father] confessor

bikupa [bee]hive

bil [motor-]car, [amer.] car, automobile; [taxibil] taxi[-cab], cab; *köra ~* drive [a car]; *åka ~* go by car

1 bila *itr* go (travel) by car

2 bila *s* [broad-]axe

bilaga [till t.ex. brev] enclosure; [tidnings~] supplement; [till bok, dokument] append|ix [pl. -ixes *el.* -ices]

bil|buren *a* motorized **-bälte** [säkerhetsbälte] safety belt, seat belt

bild picture, [illustration äv.] illustration, [porträtt äv.] portrait; [opt.] image; [bildligt uttryck] metaphor, image; *komma in i ~en* come into it **bilda I** *tr* **1** [åstadkomma o. d.] form, [grunda äv.] found **2** [bibringa bildning] educate; cultivate; *jfr bildning* **II** *rfl* **1** [uppstå] form, be formed **2** [skaffa sig bildning] educate oneself **3** *~ sig en uppfattning [om]* form an opinion [of] **bildad** *a* educated; cultivated; refined; *jfr bildning* **bildande I** *s* [åstadkommande] formation **II** *a* [fostrande] educational, educative; [lärorik] instructive

bildband film-strip **bildbar** *a* [om pers.]

educable **bilderbok** picture-book **bildhuggare** sculptor **bildkonst,** ~*en* the visual arts [pl.], [måleriet] pictorial art **bildlig** *a* figurative **bildligt** *adv,* ~ *talat* figuratively speaking **bildning 1** [skol~ o.d.] education; [[själs]kultur] culture; *fin* ~ refinement **2** [formation o. bildande] formation

bildnings|grad *o.* **-nivå** level (degree) of education ([resp.] culture) **-törst** thirst (desire) for learning

bild|ordbok illustrated dictionary **-redaktör** [förlags] illustration editor

bil|drulle road hog

bild|ruta [i TV] [viewing] screen **-rör** [i TV] picture tube **-skön** *a* strikingly beautiful **-språk** imagery, metaphorical language **-stod** statue **-text** caption **-tidning** pictorial

bil|däck 1 [på hjul] [car] tyre ([amer.] tire) **2** [⚓] car deck **-fabrik** car factory, motor works **-färja** car ferry **-förare** [car] driver **-försäkring** motor[-car] insurance **-handske** driving-glove **-industri** motor industry

bilism motoring **bilist** motorist, driver

biljard [spel] billiards **-kö** cue **-salong** billiard-room

biljett 1 ticket; *halv* ~ [taxa] half fare; *köpa* ~ take (buy) a ticket, *till* to, [teat. o.d. äv.] book (take) a seat, *till* for **2** [litet brev] note **-automat** ticket-machine **-försäljning** sale of tickets **-häfte** book of tickets **-kontor** booking-office, [amer.] ticket office **-lucka** *se -kontor* **-pris** [teat. o. d.] admission [end. sg.], price of admission; [för resa] fare

biljon billion, [amer.] trillion

bil|karta road map **-krock** [motor-]car crash (smash[-up]) **-kö** line (queue) of cars

billig *a* **1** cheap [äv. bildl.]; [ej alltför dyr] inexpensive; *för en* ~ *penning* cheap, [äv.] for a mere song; ~*a priser* [äv.] low (moderate) prices; *hon verkar så* ~ she seems so common **2** [rättvis, rimlig] fair, reasonable **billighetsresa** cheap trip **billigt** *adv* cheap[ly], inexpensively; *köpa (sälja)* ~ buy (sell) cheap

billion *se biljon*

bil|lots car pilot **-lykta** car headlight **-mekaniker** motor mechanic **-märke** make of car **-nummer** car (registration) number **-olycka** car accident **-resa** journey by car **-ring** [däck] tyre, [innerslang] tube; [skämts.] ~*ar* [*kring midjan*] rolls of fat [round the waist] **-sjuk** *a* car-sick **-skatt** motor[-car] tax **-skola** driving school **-sport** motoring **-station** [taxi-] cab(taxi-)stand, taxi-rank **-stöld** car theft **-trafik** [motor] traffic **-tur** drive, ride **-tävling** [allm.] motoring event; [hastighets~] motor race **-uthyrning** [self-drive] car hire service **-utställning** motor show **-verkstad** garage **-väg** motor road **-ägare** car owner

bi|lägga *tr* **1** [tvist o.d.] settle; [gräl] make up **2** [bifoga] enclose **-läggande** *s* [av tvist o. d.] settlement, making up

binda I *s* [kir.] roller [bandage], bandage **II** *tr itr* [jfr *bindande*] bind, [isht [linda o.] knyta] tie, [båda äv. i bildlig betydelse]; ~ *dammet* [gm att vattna] lay the dust; ~ *en hund* tie ([kedja] chain) up a dog; ~ *kransar* make wreaths; ~ *ngn* [*till händer och fötter*] bind a p. [hand and foot]; *bundet kapital* tied-up (locked-up) capital; *bundet värme* latent heat; *bunden av sitt arbete* tied to one's work; *bunden vid sjuksängen* confined to bed **III** *rfl* bind oneself, commit (pledge) oneself, *att* [+inf.] to [+ing-form] **IV** [med beton. part.] ~ *fast* tie..on ([ibl.] up), *vid* to; ~ *för ögonen på ngn* tie something in front of a p.'s eyes, blindfold a p.; *med förbundna ögon* blindfolded [äv. bildl.]; ~ *ihop* [hopfoga] tie..together; ~ *in en bok* bind a book; *inbunden* [äv.] hard-backed; ~ *om* [paket o. d.] tie up; [sår] bind up **bindande** *a* [förpliktande, om t. ex. avtal] binding, *för ngn* on a p.; [avgörande, om t. ex. bevis] conclusive **bindel** [ögon~] bandage; ~ *om armen* [t.ex. ss. igenkänningstecken] armlet, armband **bindemedel** binder; [lim o.d.] adhesive; [mål.] vehicle **bindeord** conjunction **bindestreck** hyphen **bindgalen** *a* raving mad **bindning 1** [av böcker, kärvar] binding, [av kransar] making **2** [fonet.] liaison [fr.] **3** [skid~] binding, fastening **bindsle** fastening **bindsula** insole **bindväv** connective tissue

bingbång *itj* ding dong

binge 1 [lår] bin **2** [hop] heap

bingo bingo

binnikemask tapeworm

binäring [ekon.] ancillary industry

bio cinema, F [isht amer.] movie; *gå på* ~ go to the cinema (the pictures, [isht amer.] the movies) **-besökare** filmgoer **-biljett** cinema ticket

biocid pesticide

biodlare bee-keeper

bioföreställning [cinema] performance

bio|graf 1 [bio] cinema, picture theatre (palace), [amer.] motion-picture theater; [för sms. *se bio-*] **2** [levnadstecknare] biographer **-grafi** biography, life **-grafisk** *a* biographical **-kemi** biochemistry **-log** biologist **-logi** biology **-logisk** *a* biological

biopublik filmgoers [pl.], cinema audience

biprodukt by-product; [avfalls~] waste product

bi|roll minor (subordinate) part (role) **-sak** side issue, unimportant matter

bisam [pälsverk] musquash [fur], [amer.]

muskrat [fur] **-råtta** muskrat, musquash
bisarr *a* bizarre, odd
bisats subordinate clause
Biscayabukten the Bay of Biscay
bisittare [i underrätt ung.] [legal] assessor, member of a ([resp.] the) lower court; [i jury] juryman
biskop bishop
biskops|mössa mitre **-skrud** pontificals [pl.] **-ämbete** episcopate, bishopric
biskvi [mandel~]: [ung.] macaroon
bismak [slight] flavour, [isht bildl.] tinge
bison[oxe] bison [pl. -[s]]
bispringa *tr* assist; ~ *ngn i nöden* succour a p. in distress
bissera *tr* give..over again, repeat
bist|er *a* [om min o.d.] grim, forbidding; [sträng] stern; [om klimat] severe, hard, inclement; *-ra tider* hard times; *det är ~t* [bitande kallt] *ikväll* it is bitterly cold tonight
bisting bee-sting
bistå *tr* aid, assist, help **bistånd** aid, assistance, help; *med benäget ~ av..* kindly assisted by..
biståndspakt pact of mutual assistance
bisvärm swarm of bees
bisyssla side-line
bisätt|a *tr* remove..to the mortuary **-ning** removal to the mortuary
bit [stycke]: [allm.] piece, bit, [del] part, [brottstycke] fragment, [av socker, kol] lump, knob [samtl. m. 'of' framför följ. best.]; [matbit] bite, morsel, [munsbit] mouthful; [vägsträcka] distance, way; F [musikstycke] piece [of music], [låt] tune; *äta en ~ [mat]* have a snack (a bite, something to eat); *inte en ~ mat [i huset]* not a scrap of food..; *gå en bra ~* walk quite a long way; *det är bara en liten ~ [att gå]* it is only a short distance (a short walk); *han är inte en ~ bättre* he is not a bit better; *gå i ~ar* break, go (fall) to pieces; *dricka [kaffe] på ~* drink one's coffee with a lump of sugar in one's mouth
bit|a I *tr* bite; ~ *huvudet av skammen* throw decency to the winds **II** *itr* bite; [om kniv, egg] cut; [om köld, blåst] bite, cut; *något att ~ i* [bildl.] something to get one's teeth into; ~ *i gräset* [stupa] bite the dust; *han bet i [äpplet]* he bit into..; *ingenting -er på honom* he is proof against anything, nothing works on him **III** [med beton. part.] ~ *av* [bort] bite off, [itu] bite..in two; ~ *sig fast vid* [bildl.] stick (cling) to; ~ *ifrån sig* [ge igen] give as good as one gets, give tit for tat; ~ *ihop tänderna* clench (grit) one's teeth, [bildl. äv.] keep a stiff upper lip; ~ *till* bite hard **-ande** *a* biting, cutting, [om köld, blåst äv.] nippy, keen; [sarkastisk äv.] caustic, pungent

bitanke ulterior (subsidiary) motive
bitas *itr. dep* bite
biton [fonet.] secondary stress
biträda *tr* [assistera] assist, *vid* in **biträdande** *a* assistant **biträde 1** [bistånd] assistance, aid, support **2** [medhjälpare] assistant; [sjukvårds~] assistant nurse
bitsk *a* fierce, snappish
bitsocker lump sugar, cube sugar
bitter *a* bitter [äv. bildl.], [om smak äv.] acrid, [om pers. äv.] embittered, [hård] hard, harsh; ~ *sorg* poignant grief **-het** bitterness; acridity; embitterment **-ligen** *adv* bitterly **-ljuv** *a* bitter-sweet **-mandel** bitter almond
bittersta *a, inte det ~* [minsta] not in the least, not at all
bittida *adv* early; *i morgon bitti[da]* [early] tomorrow morning
bitvis *adv* [på sina ställen] in [some] places
bivack bivouac; *gå i ~* bivouac
bi|verkningar *pl* secondary effects **-väg** by-way, by-path(-road) **-ämne** [skol. o.d.] subsidiary subject, minor [subject]
bjud|a I *tr itr* **1** [erbjuda, räcka fram] offer; [servera] serve; [undfägna] entertain; ~ *ngn på middag* entertain a p. to dinner, *jfr 2 o. 3;* ~ *på* [bereda] *överraskningar* afford surprises **2** [inbjuda] ask, invite, *ngn på middag* a p. to dinner; *är du -en?* have you been asked? **3** [betala] treat, *ngn på ngt* a p. to a th.; *det är jag som -er* it is on me **4** [påbjuda, befalla] bid, order **5** [göra anbud] offer; [på auktion] bid, *på ngt* for a th. **II** [med beton. part.] *det -er [mig] emot* I hate the idea [of doing it], it goes against the grain; ~ *hem ngn [till sig]* invite (ask) a p. to one's home (house); ~ *igen* ask (invite)..in return; ~ *omkring* serve, hand round; ~ *till* try; ~ *till sig, se ~ hem;* ~ *under* underbid; ~ *upp ngn [till dans]* ask a p. for a dance; ~ *ut [till salu]* offer [for sale]; ~ *ut ngn* [på restaurang o. d.] take a p. out; ~ *ut sig* prostitute oneself; ~ *över* a) [eg.] outbid [äv. kortsp.] b) *se överbjuda* **bjudande** *a* [tvingande] urgent, imperative **bjudning** [kalas] party; [middags~] dinner[-party]; *ha ~* give (F throw) a party **bjudningskort** invitation-card
bjäbba *itr* [kivas] squabble, bicker; ~ *emot* answer back, answer saucily
bjäfs finery; [glitter] gewgaws [pl.]
bjälk|e beam; [större] balk, baulk **-lag** [system of] joists (beams)
bjällerklang the sound of bells ([resp.] a bell) **bjällra** [little] bell
bjärt *a* gaudy, glaring
bjässe [stor karl] big strapping fellow, hefty chap; *en ~ till ek* a huge oak; *jfr baddare*
björk birch **-dunge** birch grove, clump of

birches **-hage** meadow covered with birches **-kvist** birch twig **-löv** birch leaf; [koll.] birch leaves [pl.] **-möbel** [möblemang] birch suite; [enstaka] piece of birch furniture; *-möbler* [bohag] birch furniture [sg.] **-ris 1** [koll.] birch twigs [pl.] **2** [till aga] birch[-rod] **-skog** birchwood, [större] birch forest **-ved** birchwood [fuel]

björn 1 [zool.] bear; [koll.] bears [pl.]; *väck inte den ~ som sover!* [ung.] let sleeping dogs lie!; *Stora (Lilla) ~[en]* [astr.] the Great (Little) Bear **2** [skämts. fordringsägare] dun **-bär** blackberry **-skinnsmössa** [till uniform] bearskin **-tjänst,** *göra ngn en ~* do a p. a disservice **-tråd** bear cotton thread

1 black *s* [bildl.], *en ~ om foten [för ngn]* a drag [on a p.]

2 black *a* [färglös] drab [äv. bildl.]; [urblekt] faded

blad 1 [bot.] leaf [pl. leaves]; *ta ~et från munnen* speak one's mind **2** [pappers~] sheet, [i bok] leaf [pl. leaves]; *ett oskrivet ~* a blank page, a clean sheet; *han är ett oskrivet ~* he is an unknown quantity; *~et har vänt sig* [bildl.] the tide has turned; *spela från ~et* play at sight **3** [på kniv, åra, propeller o.d.] blade **-lus** plant-louse, green fly **-lös** *a* leafless **-växt** foliage plant

blam|age faux pas [fr.] [pl. lika], gaffe **-era** *rfl* commit a faux pas, put one's foot in it **-erande** *a* [genant] embarrassing

bland *prep* among, amongst; [i partitiv bet.] of, out of; *~ andra* ([förk.] *bl. a.*) among others; *~ annat* ([förk.] *bl. a.*) among other things; [*han blev utvald*] *~ tio sökande* ..from among ten applicants; *omtyckt ~* [*ungdom*] popular with..; *~ det bästa* [*jag sett*] one of the best things..

blanda I *tr* mix; [isht bildl.] mingle; [isht olika kvaliteter av t.ex. te, tobak samt bildl.] blend; [kem. o. farm.] compound; [spelkort] shuffle **II** *rfl* mix, mingle; [sammansmälta] blend; *~ sig i* [*andras affärer*] interfere with.., meddle with (in).. **III** [med beton. part.] *~ bort korten* [*för ngn*] confuse the issue; *~ i ngt i..* mix a th. in.., add a th. to..; *~ ihop* [förväxla] mix up, confuse; *jfr ~ till; ~ in ngn i ngt* mix a p. up ([isht ngt brottsligt] involve a p.) in a th.; *bli inblandad* get mixed up (involved [etc.]), *i* in; *~ till* [tillreda] mix, [medicin äv.] compound; *~ upp ngt med* [*ngt*] mix a th. with .., add..to a th.

bland|ad *a* mixed, mingled, blended, *jfr blanda I;* [diverse] miscellaneous; *~e karameller* assorted sweets; *~e känslor* mingled (mixed) feelings; *-at sällskap* mixed company **-are** mixer **-ekonomi** mixed economy **-folk** mixed race **-ning 1** mixture; [av olika kvaliteter av t. ex. te, tobak samt bildl.] blend; [av konfekt o. d.] assortment; [kem.] compound **2** [blandande] mixing [osv.], *jfr blanda I* **-ras** mixed breed; [isht lantbr.] cross-breed; *vara [av] ~* [äv.] be a mongrel **-skog** mixed forest

blank *a* [eg.] bright, shining, glossy; [oskriven, tom] blank; *~ som en spegel* smooth as a mirror; *ett ~t avslag (nej)* a flat refusal; *mitt på ~a förmiddagen* in broad daylight; *~kopia* [foto.] glossy print **blanka** *tr* polish

blankett form, [amer. äv.] blank

blanko, *in ~* in blank **-check** blank cheque **-fullmakt** carte blanche [fr.]

blank|polera *tr* polish **-slipa** *tr* burnish **-sliten** *a* [om tyg] shiny, threadbare

blankt *adv* ([ibl.] *a*) brightly; *neka ~ till ngt* flatly deny a th.; *rösta ~* return a blank ballot-paper; *det struntar jag ~ i!* I don't care a damn!; [*han sprang på*] *10 sekunder ~* ..10 seconds flat

blankvers blank verse

blasé *a o.* **blaserad** *a* blasé [fr.], jaded

blask 1 [usel dryck etc.] slops [pl.], dish-water **2** [slaskväder, snö~] slush **-ig** *a* [om dryck, färg] wishy-washy; [om väderlek] slushy

blast tops [pl.], [potatis~ äv.] haulm

blazer [sports-]jacket; [klubbjacka av flanell] blazer

bleck tin-plate, tin **-blåsare** brass player **-plåt** *se bleck* **-slagare** tin-smith

blek *a* pale, [starkare] pallid, white; [sjukligt] wan; [svag] faint; *~a vanvettet* utter (sheer) madness

blek|a *tr* [kem.] bleach, [färger] fade; *~s* fade, become discoloured **-ansikte** pale-face **-blå** *a* pale-blue, [pred.] pale blue **-fet** *a* pasty[-faced], flabby **-het** paleness; [isht ansikts~] pallor, [sjuklig] wanness **-lagd** *a* palish, pale-faced; *ett -lagt nej* a flat refusal **-medel** [pulver] bleaching-powder, [vätska] bleaching solution **-na** *itr* [om pers.] turn pale, *av* [*fasa*] with..; [poet.] pale; [om färg o.d., samt bildl.] fade **-ning** [kem.] bleaching **-siktig** *a* anaemic, bloodless

blemma [finne] pimple, pustule

blessera *tr o.* **blessyr** *s* wound

bli I [passivbildande] *hjälpvb* be, [vard.] get; [uttr. gradvist skeende] become

II *itr* **1** [uttr. förändring] become, [m. adj. ss. predf. äv.]: [ledigare] get, [långsamt] grow; [uttr. plötslig el. oväntad övergång] turn; [i förb. m. vissa adj.] go; [i förb. m. adj. angivande sinnesstämning o.d. samt i bet. 'vara' oftast] be; [äga rum] take place, come off; [visa sig vara] turn out, prove, [m. subst. ss. predf. äv.] make, come to be; ['komma att vara' vanl.] be [i futurum];

tre och två ~r fem three and two make five; *hur mycket ~r det?* how much will that be (does it come to)?; *hur ~r det med* [*den saken*]*?* what about..?; *det blev* [*märken*] [*på mattan*] *efter skorna* the shoes left (made).. [on the carpet]; *det ~r att* [*börja om*] I (you [osv.]) will have to..; *det ~r dans här* there is going to be a dance here; *det ~r du som får betala* you are the one who will have to pay; *det ~r regn* it is going to rain, it will rain; *det blev regn* there was rain; *när det ~r sommar* when summer comes; *han blev kapten* [*förra året*] he was made (promoted) captain..; *han ~r fem år idag* he is five today; *han blev 95 år* [*gammal*] he lived to be ninety-five; *~r vi inte fler?* aren't there [going to be] any more of us? *~* [*till*] *en vana* become a habit; *~ kär* fall in love; *bilden blev lyckad* the picture came out well; *~ inte ond!* don't be (get) angry!; *~ sjuk* fall (be taken, get) ill; *~ sjukare* get worse; *jag ~r sjuk när jag ser..* it makes me sick to see..

2 [förbli] remain; stay; *låt detta ~ oss emellan* let this be (remain) strictly between us

3 *låta ~* [ngn (ngt)] leave (let).. alone, keep one's hands off..; *låta ~ att* [+inf.] a) [avstå från] refrain from (avoid) [+ing-form] b) [sluta med] leave off (give up, stop) [+ing-form]; *jag borde låta ~* [*att gå*] I ought not to [go]; *jag kan inte låta ~* [*att göra det*] I can't help [doing] it; [*gör det då*] *om du inte kan låta ~* ..if you must; *det är svårt att låta ~* it is difficult not to; *låt ~* [*att gå*]*!* don't go!; *låt ~ det där!* don't [do that]!; [sluta!] stop it (that)!

III [med beton. part. (här ej upptagna uttryck söks under partikeln, t.ex. [*bli*] *fast*)] *~ av* a) [komma till stånd] take place, come off; *~r det något av* [*dina planer*]*?* will.. come to anything?; *nå, ~r det något av?* [otåligt] well, what about it!; *det ~r aldrig av för mig att* [+inf.] I never get [a]round to [+ing-form] b) [ta vägen osv.], *var blev han av?* where has he got to?; *vad ska det ~ av honom?* what is going to become of him? c) *~ av med* [förlora] lose; [få sälja] dispose of; [bli kvitt] get rid of; *~ borta* [utebli] stay away; *jag ~r inte borta länge* I shan't be [away] long; *~ efter* get (lag, drop) behind [äv. bildl.]; *~ ifrån sig* be beside oneself, [stark.] go frantic, *av* with; *~ kvar* a) [stanna] remain, stay; *~ kvar* [längre än de andra] stay on (behind) b) *se ~ över;* *~ till* come into existence (being); *se hur ngt ~r till* see a th. being made; *~ till sig* get excited, be [quite] upset; *~ utan* [lottlös] [have to] go without, get nothing; *~ utom sig, se ~ ifrån sig;* *~ över* be over, be left [over]

blick [ögonkast] look, [hastig] glance, glimpse; [öga] eye; *hans ~ föll på* his eye fell on, he happened to notice; *fästa ~en på* fix one's eyes upon; *ha (sakna) ~ för* have an (have no) eye for; *kasta en ~ på* have (take) a look (glance) at; *kasta sina ~ar på* [bildl.] cast a covetous eye in the direction of; *kasta en hastig ~ på* dart (shoot) a hasty glance at; *sänka ~en* lower one's eyes (gaze), look down; *med en enda ~* at a glance **blicka** *itr* look, [hastigt] glance, [dröjande] gaze

blid *a* [om t.ex. röst] soft, [om t.ex. väsen] gentle, [om t.ex. väder] mild; *två grader blitt* two degrees above freezing-point **blidhet** softness; gentleness **blidka** *tr* appease, conciliate, placate; [vrede] mollify; *låta ~ sig* [ge efter] relent **blidvinter** mild (open) winter **blidväder,** *det är (har blivit) ~* a thaw has set in

bliga *itr* stare, [ilsket] glare, *på* at

blind *a* blind [äv. bildl.], *för* to; [obetingad äv.] implicit; *bli ~* go (become) blind; *~ på ena ögat* blind in one eye; *i ~o* blindly **-alfabet** braille alphabet **-bock,** *leka ~* play [at] blindman's-buff **-fönster** blind (blank) window **-gångare** [⚔] unexploded bomb **-het** blindness **-hund** guide dog **-institut** institute for the blind **-karta** skeleton (outline) map **-lykta** dark lantern, bull's eye

blindo *se blind*

blind|skola school for the blind **-skrift** braille **-skär** sunken (hidden) rock; [bildl.] pitfall **-styre,** *ditt ~!* [ung.] are you blind? **-tarm** blind gut, caec|um [pl. -a]; [~ens bihang] appendi|x [pl. äv. -ces]; *ta ~en* [opereras] have one's appendix removed **-tarmsinflammation** appendicitis **-tarmsoperation** appendicitis operation **-undervisning** instruction of the blind

blink 1 [blinkande av ljuskälla] twinkling **2** [ljusglimt] twinkle; [blinkning] wink; *i en ~ el. i ~en* in a twinkling (flash) **blinka** *itr* [om ljus] twinkle; [med ögonen]: blink (*mot ngt* at a th.), [som tecken] wink, *åt ngn* at a p. **blinker** [bil.] [flashing] indicator **blinkning** blinking; wink[ing]

bliva *se bli* **blivande** *a* [framtida] future, [tilltänkt] prospective; *~ mödrar* expectant mothers

blixt I *s* **1** [åskslag] lightning [end. sg.]; *en ~* a flash of lightning; *~ar* [äv.] lightning [sg.]; *~en slog ned i huset* the house was struck by lightning; *som en ~ från en klar himmel* like a bolt from the blue **2** [konstgjord o. bildl.] flash, [foto. äv.] flashlight **II** *adv, ~ kär* madly in love **-krig** blitzkrieg [ty.] **-ljus** [foto.] flashlight **-[ljus]lampa**

flash bulb **-lås** zip[-fastener], [amer.] zipper
blixt|ra *itr* **1** *det ~r [till]* there is [a flash of] lightning, it is lightening **2** [bildl.]: [om t.ex. ögon] flash **-snabb** *a* ..[as] quick as lightning **-snabbt** *adv* at lightning speed **-visit** flying visit
block 1 [massivt stycke, äv. hus~] block; [för skor] [shoe-]tree **2** [skriv~] pad, block **3** [lyft~] pulley, [isht ⚓] block **4** [polit.] bloc
blockad [⚓] blockade; [av t. ex. arbetsplats] boycott **blockadbrytare** blockade-runner **blockera** *tr* blockade, [spärra äv.] block [up], jam; [t. ex. arbetsplats] boycott
block|flöjt recorder **-hus** [byggnad] block-house [äv. ⚔], log-cabin
blod blood; *levrat ~* gore; *gråta ~* weep tears of blood; *väcka ont (ond) ~* stir up (breed) bad blood; *med kallt ~* in cold blood **bloda** *tr, få ~d tand* taste blood; *~ ned* [fläcka] stain with blood, [fullständigt] make.. all bloody; *~ ned sig* get oneself [all] bloody
blod|apelsin blood orange **-bad** blood-bath, carnage; *anställa ~ på* massacre (butcher) .. wholesale **-bank** blood bank **-brist** anaemia **-cirkulation** circulation [of the blood] **-drypande** ..dripping with blood; [bildl.] gory, blood-curdling **-fattig** *a* anaemic; [bildl.] bloodless **-fläck** blood-stain **-flöde** flow (gush) of blood, bleeding **-full** *a* [bildl.] full-blooded **-förgiftning** blood-poisoning **-förlust** loss of blood **-givare** blood donor **-givning** blood donation **-grupp** blood group **-hund** bloodhound **-ig** *a* [blodfläckad] blood-stained; [nedblodad] ..all bloody, ..covered with blood; [blodblandad] ..mingled with blood; [som kostar mångas liv] bloody, sanguinary, gory; [lätt stekt] underdone; [bildl.]: [om t. ex. förolämpning] deadly **-igel** leech [äv. bildl.] **-kropp** [blood-]corpuscle **-kräfta** leukaemia **-kärl** blood-vessel **-omlopp** circulation of the blood **-propp** [konkr.] clot of blood, [läk.]: thromb|us [pl. -i]; [lössliten] embol|us [pl. -i]; [sjukdom] thrombosis, embolism **-prov** blood test; [preparat] sample (specimen) of blood; *ta ~* take a blood test **-pudding** black pudding **-pöl** pool of blood **-renande** *a* blood-purifying **-riska** saffron milk cap **-röd** *a* blood-red, sanguine; *bli alldeles ~* turn crimson
blods|band blood-relationship; *~* [pl.] ties of kinship **-droppe,** *till sista ~n* to the last drop of blood, to the bitter end **-förvant** blood-relation
blod|sjukdom blood disease, disease of the blood **-skam** incest **-socker** blood sugar **-sprängd** *a* bloodshot **-spår** blood-mark; [blodigt spår] track (scent) of blood **-stillande** *a* ([äv.] *~ medel*) styptic, haemostatic **-stänkt** *a* blood-stained **-sugare** blood-sucker
blodsutgjutelse bloodshed
blod|sänka *se sänka I 2* **-transfusion** blood transfusion **-tryck** blood-pressure; *för högt ~* hypertension **-törst** bloodthirstiness, thirst for blood **-törstig** *a* bloodthirsty, sanguinary **-utgjutning** extravasation (effusion) of blood; [gm yttre skada] bruise **-vite** blood-wound **-värde** blood value **-åder** [blood-]vein **-överföring** *se -transfusion*
blom 1 [koll.] blossom[s [pl.]] **2** [blomning], *stå i ~* be in bloom **-blad** petal **-bord** flower-stand **-bukett** bouquet, bunch of flowers, [mindre] nosegay **-doft** scent of flowers **-kalk** flower-cup **-knopp** [flower-]bud **-kruka** flower-pot **-kål[shuvud]** [head of] cauliflower
blomm|a I *s* [allm.] flower [äv. bildl.]; [isht på fruktträd] blossom; *-or* [koll. äv.] bloom, blossom **II** *itr* flower, bloom, [isht om fruktträd] blossom; *~ upp* [bildl.] blossom out; *..har -at ut (är utblommad)* ..has ceased flowering; *utblommad* [vissen] faded [äv. bildl.] **blommig** *a* flowery, flowered **blomningstid** flowering-season
blomster flower **-affär** flower-shop, florist's shop]; [ss. skylt] florist **-bord** flower-stand **-förmedling,** *Blomsterförmedlingen* Interflora **-handel** *se -affär* **-handlare** florist **-lök** [flower-]bulb **-prakt** floral splendour **-prydd** *a* flower-decked,..adorned with flowers **-rabatt** flower-bed **-uppsats** flower arrangement **-utställning** flower-show **-vän** lover of flowers
blomstra *itr* blossom, bloom, [bildl. äv.] flourish, [frodas] prosper, thrive **blomstrande** *a* flourishing, prospering; [om t.ex. hy] fresh, rosy; [frisk] fine and healthy **blomstring** [bildl.] prosperity **blomstringstid** [bildl.] time of prosperity
blom|ställning [bot.] inflorescence **-stängel** [bot.] scape **-vas** [flower-]vase
blond *a* [om pers.] fair[-haired], blond ([om kvinna] blonde); [om hår] fair, light, blond[e] **blondera** *tr* bleach, dye.. blond[e] **blondin** blonde [woman]
bloss 1 [fackla] torch; [⚓] flare **2** [vid rökning] whiff, puff, pull; *dra ett ~ på pipan* take a whiff [osv.] at one's pipe **blossa** *itr* **1** [glöda], *~ upp* flare (blaze) up [äv. bildl.] **2** [röka] puff, *på* at **blossande I** *a* [rodnande] glowing, flushed **II** *adv, ~ röd* flaming red; *bli ~ röd* turn (flush) crimson (scarlet)
blott I *a* mere, very; bare; *tro ngn på hans ~a ord* believe a p.'s bare word; *~a tanken därpå* the mere (very) thought of it; *med ~a*

ögat with the naked eye **II** *adv* only, but; merely; ~ *och bart* simply and solely, merely; *icke* ~ *..utan även* not only..but also **III** *konj, se bara II*

blotta I *s* gap [in one's defence], [bildl. äv.] weak spot **II** *tr* expose [äv. bildl.], uncover, bare; [blottlägga, äv. bildl.] lay bare; ~ *huvudet* bare one's head, uncover [one's head] **III** *rfl* [förråda sig] betray oneself, give oneself away **blotta|d** *a* [avtäckt] bare, uncovered, [om svärd] drawn; *med -t huvud* bare-headed, uncovered **blottställa** *tr* expose, *för* to; [riskera] imperil, endanger

bluff [humbug] bluff, humbug **bluffa** *tr itr* bluff **bluffmakare** bluff[er]

blund, *inte få en ~ i ögonen* not get a wink of sleep; *Jon B*~the sandman **blunda** *itr* [sluta ögonen] shut one's eyes, *för* to; [hålla ögonen slutna] keep one's eyes shut; ~ *för ngt* [bildl. äv.] wink at a th. **blunddocka** sleeping doll

blunder blunder

blus blouse; [skjort~] shirt

bly lead; *..av* ~ [äv.] lead[en]..

blyerts *se -penna; skriva med* ~ write in pencil **-anteckning** pencilled note **-penna** [lead-]pencil **-stift** [reserv~] lead refill **-teckning** pencil-drawing

blyg *a* ([äv.] ~ *av sig*) shy, *för* of; [förlägen] bashful; [försagd] timid, diffident **blygas** *itr. dep* be (feel) ashamed, *för* of; blush [for shame], *över* at **blygdben** pubic bone **blygdläppar** *pl* labia [lat.] **blyghet** shyness, bashfulness [osv.], timidity, diffidence, *jfr blyg*

blygrå *a* leaden grey, lead-grey

blygsam *a* modest, [anspråkslös äv.] unassuming, diffident **blygsamhet** modesty, diffidence **blygsel** shame

bly|haltig *a* [attr.] ..containing lead; plumbiferous **-infattad** *a,* ~ [ruta] leaded.. **-vitt** white lead

blå *a (jfr blått)* blue, [om druvor] black; ~ *bok* [polit.] blue-book; *få ett ~tt öga* get a black eye; *vara i det* ~ be [up] in the clouds **-aktig** *a* bluish **-blommig** *a* [attr.].. with blue flowers; *vara* ~ have blue flowers **-bär** bilberry, whortleberry, blueberry **-dåre** madman **-fläckig** *a* [attr.] blue-spotted, [pred.] spotted [with] blue **-frusen** *a* ..blue with cold **-färga** *tr* dye ([friare] colour) ..blue; ~*d* [blå] blue-coloured, blue **-grå** *a* bluish-grey, blue-grey **-gul** *a* [blå och gul] blue and yellow **-het** blueness **-jacka** [flottist] blue-jacket **-klint** cornflower, bluebottle **-klocka,** [*liten*] ~ harebell, [i Skottl.] bluebell **-klädd** *a*.. [dressed (clad)] in blue **-kopia** blueprint **-krita** blue chalk; [penna] blue crayon

Blåkulla the Brocken [ty.]

blå|lackerad *a* [attr.] blue[-lacquered], [pred.] [lacquered] blue **-lera** blue clay **-mes** blue tit **-mussla** [common] sea mussel **-måla** *tr* paint..blue; ~*d* [attr.] blue[-painted], [pred.] [painted] blue **-märke** bruise; *ha ~n* [*överallt*] be black and blue (be bruised)..

blåna *itr* become (turn) blue; [förtona i blått] fade into blue **blånad** [blåmärke] bruise

blå[no]r [koll.] tow [sg.]

blå|papper carbon-paper **-penna** blue pencil **-prickig** *a* [attr.] blue-spotted, [pred.] spotted blue; *den är* ~ [vanl.] it has blue spots **-randig** *a* [attr.] blue-striped [jfr äv. föreg.] **-rutig** *a* [attr.] blue-chequered, *jfr äv. -prickig* **-räv** blue fox

1 blåsa *s* **1** [anat. o. luftbehållare] bladder **2** [i huden, i metall, glas, målning] blister **3** [bubbla] bubble

2 blås|a I *itr tr* [allm.] blow, [mus. äv.] play; *det -er* it is windy, there is a wind [blowing]; *der -er nordlig vind* the wind is in the north, there is a north[erly] wind; *vad -er det för vind?* which way is the wind ([bildl.] the wind blowing)?; *det börjar* ~ the wind is rising, it is beginning to be windy; ~ *glas* blow glass; ~ [*nytt*] *liv i* [bildl.] breathe (infuse) fresh life into; [*hatten*] *-te i sjön..* blew (was blown) into the water; ~ *på elden* blow up the fire; ~ *till avgång* give the signal to start **II** [med beton. part.] ~ *av* [eg.] blow off; [avsluta] bring..to an end; ~ *bort* blow away; [skingra] drive (chase) away, dispel; *..är som bortblåst* ..has completely vanished; ~ *igen* [stängas] blow (be blown) to; ~ *ned (omkull)* blow ([itr. äv.] be blown) down (over); ~ *upp* blow up ([t. ex. kinder] out); [öppna[s]] blow open; *uppblåst* [luftfylld] blown, inflated; *det -er upp* the wind is rising; ~ *ut* blow ([itr. äv.] be blown) out **-are** [mus.] wind player; [glas~] blower **-bälg** bellows [pl. lika] **-ig** *a* [betr. väder] windy, breezy, blowy **-instrument** wind-instrument

blåsippa hepatica

blåskatarr inflammation of the bladder

blåskiftande *a* ..shot with blue **Blåskägg,** *riddar* ~ Bluebeard

blås|lampa blow lamp, [amer.] blowtorch **-orkester** brass-band **-rör** blowpipe; [leksak] pea-shooter

blåst wind, [stark.] gale

blå|strimmig *a* [attr.] blue-streaked; *den är* ~ it has blue streaks **-ställ** dungarees, overalls [båda pl.]; *ett* ~ a pair of d. (o.)

blåsväder windy (stormy) weather; *vara ute i* ~ [bildl.] be under fire

blåsyra prussic (hydrocyanic) acid

blått *s* blue; *målad i* ~ painted blue; *det går (stöter) i* ~ it has a shade of blue in it (a

bluish tint)
blå|val blue whale **-vit** *a* bluish-white; [blå och vit] blue and white **-ögd** *a* blue-eyed [äv. bildl.]
bläck ink; [*skrivet*] *med* ~ ..in ink **bläcka** *tr,* ~ *ned sig* get oneself all inky; *nedbläckad* inky, ink-stained
bläck|fisk cuttle-fish, [vanl. (åttaarmad)] octopus **-fläck** ink-stain **-horn** ink-pot **-ig** *a* inky **-penna** pen **-plump** [ink-]blot **-svamp** ink cap
bläddra *itr* turn over the leaves (pages), *i* [*en bok*] of..; ~ *igenom* look through, [ytligt] skim [through]
bländ|a *tr* **1** [göra blind] blind, [tillfälligt äv.] dazzle, [bildl. äv.] fascinate **2** ([äv.] ~ *av)* [avskärma]: [t. ex. lanternor] darken; [billyktor] dim; ~ *av* [*vid möte*] [bil.] dip (dim) the headlights.. **-are** [foto.] diaphragm, [öppning] aperture, [inställning] stop; *minska* ~*n* stop down **-verk** delusion, illusion **-vit** *a* dazzlingly white
blänga *itr,* ~ [*ilsket*] glare, *på* at
blänka *itr* shine, glisten, gleam **blänkare** [i tidning] short notice
blästra *tr* blast
blöd|a *itr* bleed [äv. bildl.], *ur ett sår* from a wound; *du -er i ansiktet* your face is bleeding **blödare** bleeder **blödarsjuka** hæmophilia
blödig *a* sensitive, soft, weak
blödning bleeding
blöj|a napkin, F nappy, [isht amer.] diaper; [cellstoff~] disposable napkin **-byxor** [plastic] baby pants
blöt I *a* [våt] wet; [vattnig] watery; *jfr våt* [ex.] **II** *s, ligga i* ~ be in soak; *lägga* [ngt] *i* ~ put..in soak (to soak), soak..; *lägga sin näsa i* ~ poke (put) one's nose into other people's business **blöta I** *s* [rot~] downpour, soaker; [väta] wet **II** *tr* soak; [göra våt] wet; ~ *ned..* wet.., make..wet; ~ *ned sig* get [oneself] all wet; ~ *upp* soak, steep; *uppblött* soaked with water **III** *itr,* ~ *på ngt* moisten a th.
blöt|djur mollusc **-lägga** *se* [*lägga i*] *blöt* **-läggning** soak **-snö** watery (wet) snow
bo I *itr* live; [tillfälligt] stay; [ss. inneboende] lodge; [ha sin hemvist] reside; ~ *på hotell* stay *el.* stop ([resp.] live) at a hotel; ~ *gratis (billigt, dyrt)* pay no (a low, a high) rent; ~ *kvar* stay on, [ibl.] live there still **II** *s* **1** [fågels] nest; [däggdjurs] lair, den, hole; [bildl., isht i lekar] home **2** [egendom, kvarlåtenskap] [personal] estate (property); *sätta* ~ settle, set up house; *sitta i orubbat* ~ remain in undisturbed possession of the estate
boa [zool. o. pälskrage] boa **-orm** boa-constrictor
boasering panelling, wainscot[ing]
bobb bob-sleigh
bobba [finne] pimple
1 bock 1 [get] he-goat, [råbock m.fl.] buck; *sätta* ~*en till trädgårdsmästare* [ung.] put a square peg in a round hole **2** [stöd] trestle, stand; [tekn.] horse **3** [gymn.] buck; *hoppa* ~ play leap-frog **4** [fel] mistake, blunder; [tecknet] tick; *sätta* ~ *för* [ngt] mark.. as wrong
2 bock [bugning] bow
1 bocka I *tr* [⊕ böja] bend **II** *itr rfl* [buga] bow, make one's bow, *för* to; ~ *djupt för ngn* make a p. a low bow
2 bocka *tr,* ~ *av* [pricka för] tick off
bockskägg [eg.] goat's beard; [hakskägg] goatee
bod [butik] shop; [marknads~] booth, stall; [uthus] shed
Bodensjön Lake (the Lake of) Constance
boer Boer **-kriget** the Boer War
boett watch-case
bofast *a* resident, domiciled
bofink chaffinch
bog 1 shoulder **2** [⚓] bow[s [pl.]]
boggi bogie **-vagn** bogie carriage
bogsera *tr* tow, [ta på släp] take..in tow
bogser|båt tow-boat, tug **-[flyg]plan** towing plane (aircraft) **-ing** towage, towing **-lina** tow-line
bogspröt [⚓] bowsprit
bohag household goods [pl.] (furniture [end. sg.])
bohem *s o.* **-isk** *a* Bohemian
boj [⚓] buoy; *lägga ut en* ~ place a b.
boj|a fetter, shackle, [bildl. äv.] bond; *slå.. i -or* throw..into irons
bojkott boycott **bojkotta** *tr* boycott; ~ *ngn* F send a p. to Coventry
1 bok [bot.] beech; [för sms. *jfr björk-*]
2 bok 1 book; *böckernas* ~ the Book of Books; *avsluta (föra) böckerna* balance (keep) the books; *föra* ~ *över ngt* keep a record (list) of a th. **2** [antal ark papper] quire
boka *tr* [bokföra o. beställa] book, [beställa amer.] reserve
bok|anmälan book review **-band** binding, [pärm äv.] cover **-bindare** bookbinder **-binderi 1** [abstr.] bookbinding **2** [verkstad] bookbinder's [shop], bookbindery **-buss** mobile library **-cirkel** book club
boken *a* half rotten; [övermogen] overripe
bok|flod flood of books **-form,** *i* ~ in book form **-föra** *tr* enter [..in the books]; *det -förda värdet* the book value **-förare** book-keeper, accountant **-föring** [bokhålleri] book-keeping, accountancy **-förlag** publishing house, publishers [pl.] **-förläggare** publisher **-handel 1** [abstr.] book-trade, bookselling [business]; *utgången ur* ~*n* out of

print **2** [butik] book-shop, bookseller's [shop], [amer.] bookstore **-handlare** bookseller **-hylla** [-skåp] bookcase, bookshelves [pl.]; [enstaka hylla] bookshelf **-hållare** book-keeper **-lig** *a* literary, bookish; *äga ~ bildning* be well-read; *~a kunskaper* book-learning [sg.] **-mal** book-worm [äv. bildl.] **-märke** book-mark[er], marker

bokna *itr* get overripe

bok|omslag *o.* **-pärm** [book-]cover **-skåp** bookcase **-slut** closing (balancing) of the books (accounts); *göra ~* close (balance) the books

bokstav letter; *liten ~* small letter; *stor ~* capital [letter]; *efter ~en* literally; *med latinska bokstäver* in Latin characters **bokstavera** *tr* spell; [tel. o.d.] spell..using the letter analogy **bokstavlig** *a* literal **bokstavligen** *adv* literally

bokstavs|betyg alphabetical mark **-följd** *o.* **-ordning** alphabetical order

bok|stånd bookstall **-stöd** book end (support) **-titel** book-title **-tryck** [tryckmetod] letterpress printing **-tryckare** printer; [tryckeriägare] master printer **-tryckarkonst** [art of] printing **-tryckeri** [officin] printing office (house) **-utlåning** [-utlånande] lending of books; [expedition] lending-department **-verk** [large] volume, [i flera band] set of books

bolag company; *ingå ~ med ngn* enter into partnership with a p.

bolags|ordning articles [pl.] of association **-stämma** shareholders' (general) meeting

bolin, *låta det gå på (för) lösa ~er* [bildl.] let things go as they please

boll ball; [slag i tennis] stroke; [skott i fotboll] shot; *kasta ~* play catch; *sparka ~* play football **bolla** *itr* play ball; [träningsslå] knock up

boll|kastning ball-throwing **-sinne** ball sense **-spel** ball game **-trä** bat

bolma *itr* belch out smoke; [om pers.] puff; *~ på en cigarr* puff away at a cigar

bolmört henbane

bolsjevik Bolshevik

bolster feather bed

1 bom [stång] bar; [järnv.] [level crossing] gate; [gymn.] horizontal bar; [⚓] boom; [på vävstol] beam

2 bom I *s* [felskott] miss **II** *adv* [miste], *skjuta ~* miss [the mark] **III** *itj* boom!

bomb *s o.* **bomba** *tr* bomb **bombanfall** bombing attack **bombardemang** bombardment, bombing [jfr följ.] **bombardera** *tr* bombard [äv. med t.ex. frågor], [från luften] bomb **bombare** bomber

bombastisk *a* bombastic, high-falutin[g]

bomb|attentat bomb outrage **-flyg** bombers [pl.] **-fällning** bomb dropping, release of bombs **-matta,** *lägga ut en ~ över* carpet-bomb **-plan** bomber **-raid** *o.* **-räd** bomb[ing] raid **-splitter** bomb-splinter **-stopp** bomb pause **-säker** *a* [eg.] bomb-proof; [bildl.], *det är ~t* it is a dead cert

1 bomma *tr, ~ för (igen, till)* bar; *~ igen* [stänga, t.ex. sommarvilla] shut..up

2 bomma *itr* [missa] miss, *på ngt* a th.

bomull cotton; [rå-], [vadd] cotton wool

bomulls|buske cotton shrub **-garn** cotton **-klänning** cotton dress **-plantage** cotton plantation **-sammet** velveteen **-tråd** cotton-thread **-tyg** cotton cloth (fabric)

bomärke [owner's] mark, cross

bona *tr* [vaxa] wax, polish

bonad tapestry, hanging

bonbonjär sweetmeat box

bond|bröllop peasant wedding **-böna** broad bean **-dräng** farm-hand, [neds.] clodhopper

bonde [allm.] farmer; [lantbo, isht i europeiska länder utom Engl.] peasant; [i schack] pawn **-roman** novel of rustic life **-släkt** peasant family

bond|flicka peasant (country) girl **-folk** [koll.] country people [pl.] **-fångare** confidence man (trickster) **-förstånd** common sense, horse-sense **-försök** clumsy attempt **-gubbe** old peasant [man] **-gård** farm **-hund** mongrel **-hustru** farmer's ([resp.] peasant's) wife **-land,** *på rena [rama] ~et* out in the wilds **-neka** *itr, han ~de [till det]* he flatly denied it **-permission** French leave **-piga** country [servant-]girl **-stuga** [peasant's] cottage **-tur** the luck of the devil; *det var ren ~* it was sheer luck **-tölp** [country] bumpkin, yokel, boor **-vischan** *o.* **-vissjan,** *på ~* out in the wilds **-ånger,** *ha ~* feel pretty sick of oneself

boning habitation, [litt.] dwelling[-place], tenement [äv. bildl.] **boningshus** dwelling-house

bonus bonus

bonvax floor-polish

bo|plats settlement **-pålar** *pl, slå ner sina ~* settle down

bord 1 table; [skriv~] desk; *göra rent ~* [äta upp allt] polish everything off, [*se vid.* [*göra rent*] *hus*]; *föra ngn till ~et* take a p. in to dinner; *sitta till ~s* sit at table; *sätta sig till ~s* sit down to dinner (lunch [etc.]) **2** [⚓ planka] plank, board; *om ~* on board, [*se vid. ombord*]; *över ~, se överbord* **borda** *tr* board **borddans** table-turning **bordduk** table-cloth

bordeaux Bordeaux [wine], [röd] claret

bordell brothel

bord|lägga *tr* [uppskjuta] postpone, shelve, table **-läggning** [uppskov] postponement, shelving, tabling **-löpare** [table-]runner

bords|ben table leg **-bön** grace **-dam** [la-

dy] partner at table **-granne** neighbour at table, partner **-samtal** table-talk **-servis** dinner-service **-silver** [bestick] table silver **-skick** table manners [pl.] **-skiva** table-top, [lös] table-leaf **-telefon** desk telephone **-visa** drinking song **-ända,** *vid övre (nedre) ~n* at the head (foot) of the table
bordtennis table tennis, F ping-pong
Bore Boreas
boren *a, en ~ vältalare* a born orator
borg [slott] castle, [fäste] stronghold [äv. bildl.]
borga *itr, ~ för* [garantera] *ngt* vouch for (guarantee) a th.
borgar|e 1 [medelklassare] bourgeois [fr.; pl. lika]; [icke-socialist] non-Socialist **2** [hist.]: a) [stadsbo] citizen, townsman b) [av borgarståndet] burgher, [om eng. förhållanden] burgess **-klass** middle class, bourgeoisie [fr.]
borgen [säkerhet] security; guarantee [äv. bildl.]; surety [äv. borgensman]; *ställa ~* find security; *gå i ~ för ngn* stand surety for a p.; [bildl.] vouch (go bail) for a p.; *frige mot ~* release on bail **borgenslån** loan against a [personal] guarantee **borgensman** guarantor, surety **borgenär** creditor
borgerlig *a* **1** [av medelklass] middle class, [neds.] bourgeois [fr.] **2** [statlig, profan] civil **3** [icke-socialistisk] non-Socialist **borgerlighet** [små~] bourgeois respectability **borgerligt** *adv, de har gift sig ~* they were married before the registrar
borg|fred [polit.] [party] truce **-gård** courtyard **-mästare** [numera *lagman*] chief magistrate, chairman of the magistrates' court; [återspeglande eng. förhållanden] mayor, [i större städer] lord mayor
bornera *itr* effervesce, froth; [om vin] sparkle **bornerad** *a* [om pers.] narrow-minded
bornyr head, froth; [om vin] sparkle
borr drill; [liten hand~] gimlet, [större] auger; [tandläkar~] drill, burr; [i t.ex. borrsväng] bit **borra** *tr itr* bore (*efter* for), [brunn äv.] sink, [metall] drill, [tunnel] cut
borr|hål bore (drill) hole, bore **-maskin** boring-machine, drilling-machine **-sväng** brace [and bit] **-torn** derrick
borst bristle [äv. bot.]; [koll.] bristles [pl.]; *resa ~* bristle [up] **borsta** *tr* brush; *~ skorna (tänderna)* brush one's shoes (teeth); *~ av* [*rocken*] brush.., give..a brush **borstbindare** brushmaker; *ljuga (svära) som en ~* tell lies by the dozen (swear like a trooper) **borste** brush **borstig** *a* bristled, bristly **borstpojke** [på hotell] boots [pl. lika]
borsyrelösning boracic solution
bort *adv* away, [ibl.] off; *vi ska ~* [är bortbjudna] we are invited out; *hit (dit) ~* over here (there); *långt ~* a long way off, far away (off); *~ med er!* away with you!, away you go!, F out you get!; *~ med fingrarna (tassarna)!* hands off!, keep your hands to yourself!; [jfr äv. beton. part. under resp. verb samt sms. ned.]
borta *adv* away; [för alltid] gone; [inte till finnandes] missing, lost; [bortbjuden] out; [bortkommen] confused, at a loss; *där ~* over there; *här ~* over here; *~ bra men hemma bäst* East, West, home is best **-plan** away ground; *spela på ~* play away
bort|bjuden *a* invited out, *på middag* to dinner, *till Eks* at the Eks' **-blåst** *a, se blåsa* [*bort*] **-byting** changeling **-bytt** *a, se byta* [*bort*] **-emot** *prep, se -åt*
borterst *adv* farthest off (away) **bortersta** *a* farthest, farthermost
bort|förklaring excuse **-gång** [död] decease, departure **-gången** *a, se gå* [*bort c)*] **-ifrån I** *prep* from [the direction of] **II** *adv, där ~* from that direction, from over there; *långt ~* from far (a long way) off **-kastad** *a, se kasta* [*bort*] **-kommen** *a* **1** [förkommen] lost **2** [förvirrad] confused, lost, [försagd] timid **-lagd** *a, se lägga* [*bort*] **-om** *prep* beyond
bortovaro absence, *från* from **bortre** *a* further, farther; *B~ Indien* Further India; *i ~ delen av* at the far end of
bort|resa outward journey, journey out **-rest** *a, se resa* [*bort*] **-se** *itr, ~ från* disregard, leave..out of account (consideration); *-sett från (med ~ende från)* apart from, irrespective of, [*det faktum*] *att* the fact that **-skämd** *a* spoilt, *med* by; *jfr skämma* [*bort*] **-sprungen** *a, se springa* [*bort*] **-trängning** [psykol.] repression **-väg,** *på ~en* on the way there (out)
bortåt *prep* **1** [om rum], *~..*[*till*] towards, in the direction of **2** [nästan] nearly
bosatt *a* resident; *vara ~* live, [högt.] reside
boskap cattle [pl.], livestock **boskapsskötsel** stock-raising [industry], stock-farming
boskillnad [jur.] judicial division of the joint estate of husband and wife [upon their separation]
Bosporen the [Straits [pl.] of] Bosp[h]orus
1 boss boss
2 boss [avfall av halm o.d.] chaff
bostad dwelling; [hem] place [to live]; [jur., isht fast] domicile; [privat hus] house; [våning] flat, [isht amer.] apartment; [boning] residence, [högt.] habitation; *fri ~* rent-free accommodation; *han saknar ~* he has not got a place (anywhere) to live; *han träffas i ~en* [ss. svar i telefon] you can get him at home
bostads|adress permanent (home) address

För med **bort-** sammansatta verb jfr äv. vid beton. part. under resp. enkla verb

-bidrag accommodation allowance **-brist** housing shortage **-byggande** house building **-förmedling** [myndighet] local housing authority **-hus** dwelling-house, [större] residential block **-kvarter** residential quarter **-kö** housing queue **-rättsförening** tenant-owners' society **-sökande** *subst. a* person looking for somewhere to live

bo|ställe official residence **-sätta** *rfl* settle [down] **-sättning 1** [bebyggande] settling; settlement **2** [bildande av eget hushåll] setting up house

bosättnings|affär household stores [pl.] **-lån** loan for setting up a home

bot 1 [botemedel] remedy, cure; *råda ~ på (för)* remedy, set..right **2** *göra ~ och bättring* do penance **3** [jur. åld.]: [vite] penalty

bota *tr* **1** [läka] cure, *från (för)* of **2** [avhjälpa] remedy, set..right

botanik botany **botanisk** *a* botanical **botanist** botanist

botemedel remedy, cure

bot|färdig *a* penitent, repentant **-görare** penitent **-göring** penance

botten 1 [allm.] bottom; [isht sjö. äv.] ground; *nå ~* touch bottom [äv. bildl.]; *dricka [glaset] i ~* drain (empty) one's glass; *~ opp!* F bottoms up!; *i grund och ~, se 1 grund 2; gå till ~* go ([bildl. äv.] get) to the bottom, *med [en sak]* of..; [om fartyg äv.] sink, founder **2** [våning], *på nedre ~* on the ground ([amer.] first) floor **3** [på tyg, tapet, flagga] ground **-frysa** *itr* freeze solid **-färg** *se botten 3*

Bottenhavet [the southern part of] the Gulf of Bothnia

botten|inteckning first mortgage **-känning,** *ha ~* [⚓] touch (strike [the]) bottom **-lån** first mortgage loan **-lös** *a* bottomless; [bildl.]: [ofattbar] unfathomable, [avgrundsdjup] abysmal **-rekord,** *det här är ~[et]* this is a new low **-sats** sediment; [i vin etc.] lees [pl.], dregs [pl.] **-skrapa** *tr* [bildl.] drain **-skyla,** *ha ~* have enough to cover the bottom **-ventil** foot-valve, [⚓] sea-valve

Bottenviken the Gulf of Bothnia

bottenvåning ground ([amer.] first) floor

bottin [high] galosh, overshoe

bottna *itr* **1** [nå botten] touch bottom **2** *~ i* [ha sin grund i] originate in

bouppteckning [lista] [estate] inventory [deed]

bourgogne burgundy [wine]

bo|utredning administration (winding up) of the estate [of a deceased] **-utredningsman** [estate] administrator

bov villain, [skurk] scoundrel, [svag.] rascal, [samtliga äv. skämts.]; [förbrytare] criminal **-aktig** *a* villainous; rascally **-fysionomi** villainous face

bowlingbana bowling-alley

bovstreck wicked deed, [svag.] dirty trick

1 box [låda, avbalkning m. m.] box

2 box F [slag] blow with one's fist, punch

boxa I *tr* punch **II** *itr* **1** [boxas] box **2** *~* [slå] *till ngn* give a p. a punch

box|are boxer **-as** *itr. dep* box **-boll** punch[ing]-ball

boxer boxer

boxhandske boxing-glove

boxkalv box-calf

boxning 1 [idrottsgren] boxing **2** [tävling, se följ.] **boxningsmatch** boxing-match

bra (*jfr bättre, bäst*) **I** *a* **1** [allm.] good; [hygglig] decent; [utmärkt] excellent, F capital, grand; [som det ska vara (pred.)] [all] right; [tillfredsställande] satisfactory; *jfr god; ~!* good!, excellent!, F fine!, O.K.!; *det var ~, att du kom* it is (was) a good thing (F [tur] job) you came; *det är ~ så!* [tillräckligt] that's enough (plenty), thank you; *blir det* [beton.] *~?* will that do (be all right)?; *vara ~* [användbar] *att ha* be useful, be of use; *han är ~ i engelska* he is good at English **2** [frisk] well, all right **3** [ganska lång] good, long[ish], F goodish **II** *adv* **1** [allm.] well; *jfr väl, gott;* decently, excellently, satisfactorily, F first-rate, capitally, fine; *jfr I 1 o. 2; tack, [mycket] ~* fine (very well), thanks; *hon dansar ~* she is a good dancer; *ha det ~* [skönt o.d.] be comfortable, [ekonomiskt] be well off, be doing well; *ha det [så] ~!* have a good time!; *se ~ ut* a) [pers.] be good-looking b) [sak] look all right **2** [mycket, riktigt] quite, very; F jolly; [ordentligt] properly; [ganska, alltför] rather [too], *jfr ganska; jag skulle ~ gärna vilja veta..* I should dearly (very much) like to know..; *ljuga ~* be a downright liar; [för ex. *jfr äv. dåligt*]

bracka philistine, boor

bragd [bedrift] exploit, feat

brak crash; *jfr dunder* **braka** *itr* crash; [knaka] crack; *~ ihop* [kollidera] crash; *~ lös[t]* break out **brakmiddag** slap-up dinner

brand 1 [eld[svåda]] fire, [större] conflagration; *råka i ~* take (catch) fire; *stå i ~* be on fire; *sätta..i ~* [eg.] set fire to.., set..on fire, [känslor] inflame.. **2** [läk.] gangrene

brand|alarm, *automatiskt ~* automatic fire-alarm **-bil** [motorspruta] fire-engine **-bomb** incendiary [bomb] **-chef** head of a ([resp.] the) fire-brigade **-fara** danger of fire; *vid ~* in case of fire **-fri** *a* fireproof **-försäkra** *tr* insure..against fire **-försäkring** fire-insurance **-gata** fire-break **-gul** *a* flame-coloured, reddish yellow **-härjad** *a* [attr.] fire-ravaged, [pred.] ravaged by fire **-kår** fire-brigade **-lukt** smell of fire (burning)

-man fire-man **-mur** fireproof wall ([mellan hus] party-wall) **-post** fire-hydrant **-redskap** fire appliance, [koll.] fire-fighting equipment **-risk** risk of fire **-rök** smoke from a ([resp.] the) fire **-skada** *s* fire damage (loss) **-skadad** *a* [attr.] fire-damaged, [pred.] damaged by fire **-skydd** fire-protection **-skåp** fire-alarm box **-släckare** [apparat] fire-extinguisher **-soldat** *se -man* **-spruta** [pyts-] stirrup-pump; [motor-] fire-engine **-station** fire-station **-stege** fire-ladder, [mekanisk] extension ladder **-säker** *a, se -fri* **-tal** inflammatory speech **-vakt** fire-guard; *gå* ~ [bildl.] pace the streets [at night] **-väsen[de]** fire-fighting services [pl.]

bransch line [of business (trade)], trade **-kännedom** knowledge of [the] trade

brant I *a* steep; [tvär~] precipitous **II** *s* **1** [stup] precipice **2** [rand] verge [äv. bildl.]

brasa [log-]fire

brasilian[are] *s o.* **brasiliansk** *a* Brazilian

Brasilien Brazil

braskande *a* [uppseendeväckande] showy, ostentatious; [om t.ex. rubrik o.d.] flaming, blazing

brasklapp [ung.] [hidden] reservation

brass [⚓] brace

1 brassa *tr itr* [⚓] brace

2 brassa *itr,* ~ *på* a) [elda] stoke up the fire b) [skjuta] fire (blaze) away

brav|ad exploit, achievement **-era** *itr* boast, brag, *med* about

bravo *itj* bravo!, well done!; [till talare] hear! hear! **-rop** brav|o [pl. -o[e]s], cheer

bravur bravura [it.]; [käckhet] dash **-nummer** [mus.] bravura-piece; [bildl.] star turn, show-piece

braxen [common] bream

bred *a* broad; [vidöppen o. vanl. vid måttuppgifter] wide; [om mun] wide; *de ~a lagren* the broad mass [sg.] of the people, the masses; *den ~a vägen* [bildl.] the primrose path **bre[da]** *tr rfl* spread; ~ *en smörgås* butter a slice of bread; ~ *på* a) [lägga på] spread, put on b) [överdriva] F lay it on thick; ~ *ut* spread out ([hö o.d.] about); [något hopvikt] unfold, [något hoprullat] unroll; ~ *ut sig* spread, [sträcka ut sig] stretch [oneself] out; ~ *ut sig över* [tala omständligt] expatiate (enlarge) upon; *jfr utbredd*

bred|axlad *a* broad-shouldered **-bent** *a* straddle-legged; *stå* ~ stand with one's legs wide apart

bredd [allm.] breadth, [eg. bet. äv.] width; *i* ~ [*med..*] abreast [of..]; [*den är en meter*] *på ~en* ..broad (in breadth); *mäta ngt på ~en* measure the breadth of a th. **bredda** *tr* broaden, widen, make..broader

bredd[grad] [degree of] latitude; *49 ~en* the 49th parallel

bred|randig *a* broad-striped **-sida** [⚓ o. ⚔ samt bildl.] broadside **-skyggig** *a* broad-brimmed **-spårig** *a* [järnv.] broad-gauge..

bredvid I *prep* beside, at (by) the side of; [gränsande intill] adjacent (next) to; [om hus o.d.] next [door] to; [vid sidan om] alongside [of] **II** *adv* [intill] close by; [dessutom] besides, as well; *där* ~ close to it; *här* ~ close by here; *i huset* ~ in the next house, next door; *hälla* ~ miss the cup (glass [osv.]) **-läsning** extra (supplementary) reading

Bretagne Brittany **bretagnisk** *a* Breton

brev letter, [kortare] note; [bibl. o. friare] epistle; *genom* [el.] *per (i)* ~ by (in a) letter; *få (skriva)* [*ett*] ~ receive (write) a letter **-bärare** postman, [amer.] mailman **-bäring** postal delivery **-censur** censorship of letters **-duva** carrier pigeon **-form,** *i* ~ in the form of a letter ([resp.] of letters) **-hemlighet,** *~en* the privacy (secrecy) of correspondence **-inkast** [letter] slit **-korg** letter-tray **-kort** *se postkort* **-ledes** *adv* by letter **-låda** letter-box, [amer.] [mail]box, *jfr -inkast;* [i Engl., trottoar~] pillar-box **-papper** note-paper, letter-paper; [koll., ~ o. kuvert] stationery **-porto** letter-postage **-press** paper-weight **-pärm** [letter-]file **-skola** correspondence school **-skrivare** letter-writer, correspondent **-telegram** letter telegram **-våg** letter-balance(-scales [pl.]) **-vän** pen-friend **-växla** *itr* correspond **-växling** correspondence

bricka 1 [serverings~] tray **2** [tekn.] washer **3** [identitets~, polis~] badge, disc; [märke, plåt] plate **4** [spel~] counter, piece

bridge bridge **-parti** game of bridge

brigad brigade

brigg brig

brikett briquet[te]

briljant I *a* brilliant, splendid **II** *s* brilliant **briljantsmycke** set of brilliants; diamond ornament **briljera** *itr* show off, shine; ~ *med* [*sin engelska*] show off (air, parade)..

brillor *pl* specs, glasses, goggles

1 bringa *s* breast, [isht kok.] brisket

2 bringa *tr* [se äv. ex. under *jämvikt* m. fl.] bring; ~ *olycka över* bring down ruin on; ~ [komma] *minan att explodera* make the mine (cause the mine to) explode; ~ *ngn till förtvivlan* reduce (drive) a p. to despair; ~ *ned* [minska] reduce

brinn|a I *itr* burn [äv. bildl.], [flamma] blaze; ~ *av iver* be filled with fervour; *det -er hos A. (i gardinen)* Mr. A.'s house (the curtain) is on fire; *det -er* [*i spisen*] there is a fire..; *det -er* [lyser] *i hallen* the light is on in the hall; *det brunna* [*var försäkrat*] the property destroyed [by the fire]..**II** [m. beton. part.]

~ *av* [gå av] go off; [om sprängskott, bomb] explode; ~ *inne* be burnt to death; ~ *ned* [om hus o.d.] be burnt down; ~ *upp* be destroyed by fire, [om t.ex. hus äv.] be burnt out; ~ *ut* burn itself ([om brasa äv.] go) out **-ande** *a* [allm.] burning [äv. bildl.], [i lågor] ..in flames; [om t.ex. bön, iver] fervent; [om passion] ardent, consuming [äv. om törst]; [om huvudvärk] splitting; *ett ~ ljus* a lighted candle; *under ~ krig* while [the] war is [etc.] raging

brio, *med ~* with brio [it.]

bris breeze

brisera *itr* burst, explode

brist 1 [avsaknad] lack, [avsaknad av något väsentligt] want; [knapphet vanl.] scarcity, shortage, *på* [i samtliga fall] of; *lida ~ på* be short (in want) of; *i (av) ~ på* [angivande orsak] for want (lack) of; *i ~ på bättre* for want of anything (something) better; *i ~ på* [om man saknar] .. if one lacks (has not any) .. **2** [bristfällighet] deficiency, imperfection; [skavank] defect, flaw **3** H [underskott] deficit, deficiency

brist|a *itr* **1** [sprängas] burst; [slitas (brytas) av] break [äv. om hjärta], snap; [ge vika, äv. om t. ex. tålamod] give way; [om ögat] darken; [om illusion o.d.] be shattered; ~ *i gråt* burst into tears; ~ *itu* break (snap) [in two]; ~ *lös* break out; ~ *[ut] i skratt* burst out laughing (into laughter) **2** [fattas] fall short **-ande** *a* [otillräcklig] deficient, insufficient; [bristfällig] defective; ~ *betalningsförmåga* inability to pay, insolvency; ~ *uppmärksamhet* inattention **-fällig** *a* defective, faulty; [otillräcklig] insufficient **-ning** bursting [osv.]; burst, break; [läk.] rupture

bristningsgräns breaking-point(-limit); *fylld till ~en* filled to the limit of its capacity **bristsituation** [state of] shortage **bristsjukdom** deficiency disease

brits bunk; [⚔] [wooden] barrack-bed

britt Briton, [isht amer.] Britisher; *~erna* [som nation, lag o.d.] the British **-isk** *a* British; *Brittiska öarna* the British Isles

brittsommar Indian summer

bro bridge **-avgift** bridge-toll **-bygge** *o.* **-byggnad** bridge-building(-construction)

brock [läk.] rupture **-band** truss

brodd 1 [bot.] germ, sprout [äv. bildl.]; [sädes~ koll.] new (tender) crop **2** [pigg] spike; [på hästskor] rough

broder [*jfr bror*] brother [pl. äv. 'brethren', dock end. friare, isht om medlemmar av samfund o.d.]; *Bröderna Ek* [firmanamn] Ek Brothers (Bros *el.* Bros.)

brodera *tr itr* embroider; ~ *ut* [bildl.] embroider, embellish

broderfolk sister nation

brodergarn embroidery cotton ([resp.] wool) **broderi** embroidery; *ett ~* a piece of e.

broder|lig *a* brotherly, fraternal **-ligt** *adv* fraternally; *dela ~* share and share alike **-mord** *o.* **-mördare** fratricide **-skap** brotherhood, fraternity

broderskärlek brotherly love

bro|fäste bridge-abutment **-huvud** [⚔] bridge-head, [efter landstigning] beach-head

broiler broiler

brokad brocade

brokig *a* **1** [mångfärgad] many-(parti-)coloured, motley; variegated, *av* with; [grann] gay, [neds.] gaudy **2** [bildl.]: [om t.ex. blandning, samling] miscellaneous

brom bromine

1 broms [zool.] horse-fly, gad-fly

2 broms 1 [tekn.] brake **2** [bildl.] check, *på* on

broms|a *tr itr* **1** brake **2** [bildl.] check **-band** brake lining **-olja** brake fluid **-pedal** brake pedal **-raket** retro-rocket **-sträcka** braking distance

bronkit bronchitis [end. sg.]; *en ~* an attack of b.

brons bronze **-era** *tr* bronze **-färgad** *a* bronze-coloured **-medalj** bronze-medal **-åldern** the Bronze Age

bror [*jfr broder*] brother; *Bäste ~ (B.B.)!* [i brev] Dear (My dear) [+namn] **brorsbarn** brother's child; *mina ~* my brother's ([resp.] brothers') children **brorsdotter** niece **brorskål**, *dricka ~* drop the titles [and drink on it] **brorslott** [bildl.] lion's share **brorson** nephew

brosch brooch

broschyr pamphlet; [reklam~] leaflet

brosk cartilage; [ss. ämne] gristle [end. sg.] **-artad** *a* cartilaginous, gristly

brospann span of a bridge

brott 1 [brutet ställe]: [allm.] break, [ben~, ~yta på metall] fracture **2** [förbrytelse] crime, [lindrigare] offence, *mot* [i båda fallen] against; [grövre] felony **3** [kränkning]: [av t. ex. lag] violation, [av allmän ordning, kontrakt o. d.] breach, *mot* [i båda fallen] of

brott|are wrestler **-as** *itr. dep* wrestle [äv. bildl.]

brottmål criminal case

brottning [idrottsgren o. brottande] wrestling [äv. bildl.] **brottningsmatch** wrestling-match

brottsbalk criminal (penal) code

brottsjö breaker, comber

brottslig *a* criminal, [jur. stark.] felonious; *den ~e* [skyldige] the guilty party **-het** criminality; guilt[iness]; *~en* [ökar] crime..

brotts|ling [förbrytare] criminal, [stark.]

felon; [gärningsman] culprit **-plats** scene of the ([resp.] a) crime
brottstycke fragment
brud bride; *stå* ~ be married **-bukett** wedding-(bridal-)bouquet **-följe** bridal train **-gum** bridegroom **-klänning** wedding-(bridal-)dress **-krona** bridal crown ([krans] wreath) **-näbb** [ung.]: [pojke] page, [flicka] bridesmaid **-par** bridal couple **-slöja** bridal veil **-tärna** bridesmaid
bruk 1 [användning] use, *jfr användning;* [av ord] usage; *göra* ~ *av* make use of; *ha* ~ *för* have (find) a use for; *för eget* ~ for one's own (personal) use; *i* ~ [allm.] in use; *komma i (ur)* ~ come into (go out of) use [jfr ex. under *2*]; *ta ngt i* ~ begin using a th. [regularly]; *färdig att tas i* ~ ready to be used (for use) **2** [sed] practice, [hävdvunnet el. stadgat] usage, [kutym] custom; [mod] fashion, vogue; *komma i (ur)* ~ [modet (jfr ex. under 1)] come into (go out of) fashion (vogue) **3** [av jorden] cultivation, tillage; [av hel gård] management, running **4** [fabrik] factory; [järn~] works [pl. lika]; [pappers~] mill **5** [murbruk] mortar
bruk|a *tr* **1** [begagna [sig av]] use, *se vid. använda* **2** [odla] cultivate **3** ['pläga', 'ha för vana']: [återges gm omskrivn. m.] usually [osv.], *jfr ex.;* [om pers. äv.] be in the habit of [+ing-form]; *~de* [vanl.] used to; *han ~r komma* [*vid 3-tiden*] he usually (generally) comes.., [regelbundet] as a rule he comes..; *han ~r (~de) sitta* [*så i timmar*] he will (would) sit..; *det ~r vara svårt* it is often difficult **-as** *itr. dep, det* ~ *inte* it is not the fashion (custom) **-bar** *a, se användbar* **-lig** *a* customary, usual
bruks|anvisning directions [pl.] [for use] **-föremål** article for everyday use; [pl. äv.] utility goods **-hund** [ung.] working dog
brum [radio.] hum **-björn** [bildl.] [perpetual] grumbler **-ma** *itr* [om björn o. bildl.] growl; [om insekt samt mus. o. radio] hum
brun *a* [*jfr brunt*] brown, [läderfärgad äv.] tan, [solbränd äv.] tanned, bronzed; *~a bönor* [maträtt] brown beans; [för sms. *jfr äv. blå-*] **-bränd** [av eld] scorched, singed; [av sol] tanned, bronzed **-ett** brunette **-gul** *a* brownish yellow **-hyad** *a* brown-hued, tanned **-kol** lignite, brown coal
brunn well; [hälso~] [mineral] spring; [spring~ o. bildl.] fountain; *dricka* ~ drink (take) the waters
brunns|kur water-cure **-ort** health resort, spa **-vatten** well-water
brunst [honas] heat, [hanes] rut **-ig** *a* [om hona] ..on (in) heat; [om hane] rutting, ruttish **-tid** mating-season
brunt *s* brown; *jfr blått*
brus [havets, stormens] roar[ing], [av vatten] rush[ing], surge, [svag.] sough[ing], sigh[ing]; [från orgel] peal; [radio.] noise; [i öronen] buzz[ing]
brus|a *itr* roar [etc., *jfr brus*]; [om kolsyrad dryck] fizz, effervesce; ~ *upp* [bildl.] flare up, lose one's temper; ~ *ut mot* [ngn] fly out at **-huvud** hothead
brutal *a* brutal **-itet** brutality
brute|n *a* broken [äv. om pers. o. språk.]; *-t tak* mansard (curb) roof
brutto I *adv* gross **II** *s* [~ belopp] gross amount; [~ inkomst] gross income **-pris** gross price **-vikt** gross weight
bry I *tr,* ~ *sin hjärna (sitt huvud) med ngt* cudgel (rack) one's brains (puzzle one's head) over a th. **II** *rfl,* ~ *sig om* [ngn (ngt)] a) [ta notis, fästa sig vid] pay attention to, take notice of b) [tycka om] care for; *inte* ~ *sig om vad* [*ngn säger*] (*att* [inf.]) not care what ..(to [inf.]); ~ *dig inte om det!* don't bother (worry) about it!, never mind!; *vad ~r jag mig om det?* what do I care [about that]?; ~ *dig inte om* [besväret] *att* don't trouble to
brydd *a* puzzled, *för* about; [förlägen] embarrassed **bryderi** perplexity; embarrassment; *råka i* ~ [knipa] get into a mess
brydsam *a* [kinkig] awkward; [förvirrande] perplexing
brygd 1 [abstr.] brew[ing] **2** [konkr.] brew
1 brygga *s* bridge [äv. tandläk.]; [landnings-~] landing-stage, jetty
2 brygg|a *tr* brew; [kaffe]: [vanl.] make, [i bryggapparat äv.] percolate **-are** brewer **-eri** brewery
bryling third cousin
1 bryna *tr* [göra brun] brown; [kok. äv.] fry.. till browned
2 bryna *tr* [vässa] whet, sharpen
brynja [pansarskjorta] coat of mail
brynsten whetstone, hone
brysk *a* brusque, curt; [häftig] abrupt
Bryssel Brussels **brysselkål** Brussels sprouts [pl.]
bryt|a *jfr bruten* **I** *tr itr* break; [kol, malm] mine, [sten] quarry; [brev] open; [färg, smak äv.] modify; [förlovning] break off; [sport.: lopp] abandon; [ljus] refract; ~ *ett samtal* [telef.] disconnect (cut off) a call; ~ *mot* [lag o. d.] break, violate, [svag.] infringe, [regel äv.] offend against; ~ *på tyska* speak with a German accent **II** *rfl, vågorna -er sig mot* [*stranden*] the waves break against (on)..; [*åsikterna*] *-er sig* ..diverge (differ) **III** [med beton. part.] ~ *av* break [off]; ~ *av mot* be in contrast to; *jfr av~;* ~ *fram* break out, [om t.ex. solen] break through; ~ *sig igenom* break (force) [one's way] through; ~ *in* set in, come on, [om fienden, havet] break in; ~ *sig in i ett hus* break into (burgle) a house; ~ *lös* [loss] break off

(away); *ovädret bröt (-er) lös[t]* the storm broke (is coming on); ~ *ned* break down; [förstöra äv.] demolish; [bildl. krossa] shatter, [undergräva] subvert; ~ [*om*] [boktr.] make up..[into pages]; ~ *samman* break down, collapse; ~ *upp* a) [tr.], ~ *upp ett lås* break open a lock, force a lock [open] b) [itr.], ~ *upp* [från sällskap] break up, [bege sig av] leave, depart; start; ~ *ut* break out; ~ *sig ut* force one's way out; ~ *sig ut ur fängelset* break [out of] (escape from) prison **-ning** [gruv. o. d.] breaking [etc.]; [ljusets] refraction; [skiftning]: [i färg] tinge, [i smak] [extra] flavour; [oenighet] breach, rupture; [i uttal] accent

brytnings|tid time of unrest [and upheaval]; [övergångstid] transit period **-år** *pl* puberty [sg.]

bråck *se brock*

bråd *a* [brådskande] busy, bustling; [plötslig] sudden, hasty; *jfr brått* **-djup I** *a* precipitous; *det är -t* [i vattnet] it gets deep suddenly **II** *s* precipice **-mogen** *a* prematurely ripe; [bildl.] precocious **-mogenhet** [bildl.] precocity **-rappet** *o.* **-rasket,** *i* ~ all at once; *det gör han inte om i* ~ he won't do that again in a hurry

brådsk|a I *s* hurry, haste, [jäkt] bustle; *det är ingen* ~ *med det* there is no hurry, you can take your time about it; *han gör sig (har) ingen* ~ he is in no hurry; *i* ~*n* in the hurry of the moment **II** *itr* [behöva utföras fort] be urgent (pressing); [skynda sig] hurry; *det* ~*r inte* there is no hurry about it **-ande** *a* [som måste uträttas fort] urgent, pressing; [på brev o.d.] urgent; [hastig] hasty, hurried

bråd|stupa *adv* [tvärbrant] steeply, sheer; [huvudstupa] headlong **-störtad** *a* precipitate

1 bråk [mat.] fraction; *allmänt* ~ vulgar f.

2 bråk 1 [buller, oväsen] noise, row; [gräl] row, quarrel; *ställa till* ~ *om ngt* make (F kick up) a row (fuss) about a th. **2** [besvär, krångel] trouble, bother, difficulty **bråka I** *itr* **1** [väsnas] be noisy, make a disturbance; [gräla] have a row (quarrel); *låt bli att* ~*!* [leka, skoja] don't play about **2** [krångla] make (kick up) a fuss (row); make difficulties **II** *tr* **1** ~ *lin (hampa)* brake flax (hemp)

bråkdel fraction; ~*en av en sekund* a split second

bråk|ig *a* [bullersam] noisy; [besvärlig] troublesome, [krånglig] fussy; [oregerlig] disorderly, unruly, [motspänstig] restive **-makare** *o.* **-stake** [som stör] noisy person; [orostiftare] rioter; [om barn] pest, nuisance

brås *itr. dep,* ~ *på ngn* take after a p.

bråte [skräp] rubbish, lumber; *hela* ~*n* the whole lot

brått *a* [i neutr.] *o.* **-om** *adv, ha (få)* [*mycket*] ~ be in a [great] hurry, *med* about (with, over), [*med*] *att* [inf.] to [inf.]; *det är* ~ there is a great hurry

1 bräck|a I *s* [spricka] flaw, crack **II** *tr* **1** [bryta] break; [knäcka, krossa] crack; ~*s* break; crack **2** [övertrumfa], ~ *ngn* outdo a p. **III** *itr, när dagen -er* when day breaks

2 bräcka *tr* [steka] fry

bräcklig *a* **1** [eg.] fragile, brittle **2** [bildl.] frail, infirm **-het 1** fragility, brittleness **2** frailness, infirmity

bräckt *a,* ~ *vatten* brackish water

bräda I *s* board **II** *tr,* ~ *ngn* cut out a p.

brädd edge, brim; *på gravens* ~ on the brink of the grave; *stiga över* ~*arna* [om flod] overflow [its banks] **-ad** *a o.* **-full** *a* brimming, brimful

bräd|e 1 board **2** [spel] backgammon **3** [bildl.], *betala på ett* ~ pay in a lump sum; *sätta allt på ett* ~ stake everything on one throw; *slå ngn ur* ~*t* cut out a p. **-fodra** *tr* board, wainscot; [yttervägg] weather-board, [amer.] clapboard **-gård** timber-([amer.] lumber-)yard **-lapp** piece of board **-spel** [abstr.] backgammon **-stapel** pile (stack) of boards **-vägg** boarded partition

bräka *itr* bleat [äv. bildl.], baa

bräm border, edge; [av pälsverk o.d.] trimming

brän|na I *tr itr* [allm.] burn; incinerate; [kremera] cremate; [sveda] scorch, singe; ~ *tegel (lergods)* burn (bake) bricks (pottery ware); [*peppar*] *-ner på tungan* ..burns (bites) the tongue; *solen -de* the sun beat (blazed) down; *en -nande fråga* a burning question; *-nande hetta* scorching heat; *-nande törst* parching thirst; *-d kalk* burnt lime, quicklime; *bli -d* [bildl.] get one's fingers burnt **II** *rfl* burn oneself; ~ *sig på nässlor* get stung by nettles; *jag -de mig på soppan* the soup scalded my tongue, I burnt my mouth on the soup **III** [med beton. part.] ~ *av ett fyrverkeri* let off fireworks; *en avbränd tändsticka* a used match; ~ *upp* burn [up]; *uppbränd* [*av solen*] scorched; ~ *vid såsen* burn the sauce; *jfr vidbränd*

bränn|are burner **-as** *itr. dep* burn; [om nässlor] sting **-bar** *a* combustible, inflammable; ~*t ämne* [eg.] combustible; [bildl.] topic likely to arouse heated discussion **-blåsa** blister **-boll** [ung.] rounders **-eri** distillery **-glas** burning glass **-het** *a* burning hot, scorching **-ing 1** [eg.] burning [osv.] *jfr bränna I;* [av lik] cremation **2** [brottsjö] breaker **-märka** *tr* brand **-märke** brand **--nässla** *se brännässla* **-punkt** foc|us [pl. äv. -i], [ljusstrålars äv.] focal point; *stå i* ~*en för* [*intresset*] be the focal point of..

-skada *o.* **-sår** burn **-vidd** focal distance **-vin** snaps, [kryddat] aquavit **-vinsadvokat** pettifogger, shyster **-vinsglas** dram-glass
brännässla stinging nettle
bränsle fuel **-besparande** *a* fuel-saving **-cell** fuel cell **-tillägg** surcharge for heating
bräsch breach; *gå i ~en för* take up the cudgels for
bräss thymus; *jfr kalvbräss*
brätte brim
bröa *tr* breadcrumb
bröd bread [end. sg.]; [kaffebröd] cakes [pl.]; [enstaka, *se bulle*]; *hårt* [knäcke~] ~ crispbread; *den enes död, den andres* ~ one man's loss is another man's gain; *förtjäna sitt* ~ earn one's living **-bit** piece of bread **-burk** bread bin **-butik** baker's [shop], bakery **-frukt** bread-fruit **-föda** bread and butter **-kaka** round loaf; [hårt bröd] [round of] crispbread **-kant** crust [of bread] **-kavle** rolling-pin **-kniv** bread-knife **-korg** bread-basket **-lös** *a*, *bättre ~ än rådlös* [ung.] necessity is the mother of invention
brödra|folk *pl* sister nations **-skap** brotherhood, fraternity; [konkr. äv.] confraternity
bröd|rost toaster **-skiva** slice of bread **-skrin** bread bin **-smulor** *pl* crumbs **-säd** bread-stuffs [pl.], cereals [pl.]; [spannmål] corn, [amer.] grain
bröllop wedding, [vigsel äv.] marriage, [poet.] nuptials [pl.]; *fira* ~ be married, marry
bröllops|dag wedding day ([årsdag] anniversary) **-resa** honeymoon [trip]
bröst [allm.] breast [äv. bildl.]; [barm] bosom, [byst] bust; [bröstkorg] chest; *ha klent* ~ have a weak (delicate) chest; *ha ont i ~et* have a pain in one's chest
brösta *rfl*, ~ *sig över* [yvas] plume oneself on, brag about
bröst|arvinge direct heir **-bild** half-length portrait; [byst] bust **-droppar** *pl* cough tincture (mixture) **-ficka** breast-pocket **-gänges** *adv*, *gå* ~ *tillväga* behave aggressively, [bildl.] act high-handedly **-karamell** cough-lozenge(-drop) **-korg** chest, thorax [pl. thoraces] **-sim** breast stroke **-sjukdom** lung-disease **-socker** sugar-candy **-vårta** nipple **-värn** [⚔] breastwork
bua *itr* boo, hoot, *åt* at
bubbla *s o. itr* bubble
buckl|a I *s* **1** [inbuktning] dent **2** [upphöjning] boss **II** *tr*, ~ [*till*] dent **III** *rfl* buckle **-ig** *a* **1** [inbuktad] dented **2** [utbuktad] embossed
bud 1 [befallning] command, order; [bibl.] commandment; *det är hårda* ~ that's pretty tough (stiff) **2** [anbud] offer, [på auktion] bid, [i kortspel] bid, call; *ge (göra) ett* ~ *på* [*tio kronor*] make an offer (a bid) of.. **3** [budskap] message, announcement; *få (skicka)* ~, *att..* receive (send) word that..; *skicka* ~ *efter ngn* send for a p. **4** [budbärare] messenger; *sänt med* ~ sent by hand **5** *stå till ~s* be at hand, be available **-bärare** messenger; [poet.] harbinger
budd|ism Buddhism **-ist** Buddhist **-istisk** *a* Buddhist, Buddhistic[al]
budget budget; *~en* [riksstaten] the Estimates [pl.] **-år** budget (financial, fiscal) year
bud|kavle [hist. ung.] fiery cross **-ord** commandment **-skap** message **-skickning** messenger (runner) service
buffé *se byffé*
buffel buffalo; [bildl.: drulle] boor, lout **-ko** cow buffalo
buffert buffer, dumper
bufflig *a* boorish, loutish
bug|a *itr rfl* bow, [underdånigt] do (make) obeisance, *för* to **-ning** bow, obeisance
buk belly [äv. på segel, flaska o.d.], [stor mage] paunch
bukett bouquet, nosegay
buk|hinneinflammation peritonitis **-ig** *a* bulging, bulged, distended **-landa** *itr* belly-land, make a belly landing **-muskel** abdominal muscle **-spottkörtel** pancreas
bukt 1 [krökning] curve, bend, winding **2** [på kust] bay, [större] gulf; [liten ~] creek, cove **3** *få* ~ *med* manage, master
bukta *itr rfl* wind, curve, bend; [slingra sig, om flod] meander; [om segel] belly; ~ [*sig*] *in*[*åt*] curve in; ~ [*sig*] *ut*[*åt*] bulge
buktalare ventriloquist
buktig *a* [krokig] winding; [svängd] bulging
bula 1 [knöl] bump, swelling **2** [buckla] dent
bulevard boulevard [fr.]
bulgar Bulgarian **Bulgarien** Bulgaria **bulgarisk** *a* Bulgarian **bulgariska 1** [kvinna] Bulgarian woman **2** [språk] Bulgarian
buljong clear soup, broth; [för sjuka] beef tea **-tärning** bouillon cube
1 bulla *s* [påvlig] bull
2 bulla *itr*, ~ *upp* [*allt*] *vad huset förmår* make a great spread
bulldogg bulldog
bulle bun, [frukostbröd] roll; [i limpform] loaf [pl. loaves]
buller noise, din; [dovt] rumbling; [stoj] racket; *med ~ och bång* with a [great] hullabaloo **-sam** *a* noisy; [högröstad] boisterous
bulletin bulletin
bullra *itr* make a noise; [mullra] rumble
bulna *itr* fester, gather **bulnad** gathering
bult bolt, pin; [gängad] screw[-bolt]
bulta I *tr* [bearbeta] beat; [kött] pound **II** *itr* [knacka] knock; [dunka] pound; [om puls] throb; *det ~r på dörren* there is a

knock at the door
bulvan [bildl.] front, dummy
bumerang boomerang
bums *adv* right away, on the spot
bunden *a* bound [osv., *se binda*]
bundsförvant ally
bunke [av metall] pan; [av porslin o.d.] bowl
bunk|er [⚔ o. ⚓] bunker, [betongfort] pillbox **-ra** *itr* bunker
bunt 1 [t.ex. kort] packet, [brev, sedlar, garn] bundle, [papper] sheaf [pl. sheaves]; [rädisor o. d.] bunch; [samtl. m. 'of' framför följ. best.] **2** [bildl.], *hela ~en* the whole bunch (lot) **bunta** *tr, ~ [ihop]* make.. up into (tie up..in) bundles [etc.], *jfr bunt;* pack.. together
bur cage; [för höns] coop; *~en* [⚔] F jankers; *sitta i ~* be kept in a cage **bura** *tr, ~ in* F put..in quod (clink)
burdus *a* [plötslig] abrupt, precipitate; [ofinkänslig] blunt, bluff
burfågel cagebird, cageling
burgen *a* well-to-do, affluent
burk pot; [kruka, glas~ äv.] jar; [bleck~] tin; [apoteks~] gallipot; [samtl. m. 'of' framför följ. best.]; *en ~ piller* a bottle of pills; [*ärter*] *på ~* tinned (canned).. **-öppnare** *se konservöppnare*
burlesk *s o. a* burlesque
burr fuzzy (frizzy) hair **burra** *tr, ~ upp* ruffle up **burrig** *a* frizzy, fuzzy; ruffled
burskap, *vinna ~* [bli vedertagen] be naturalized, *i* in; be adopted, *i* into
burspråk bay; oriel
busa *itr* [leva bus] kick up a row; be up to mischief **buse** [rå sälle] rough, ruffian; [ligapojke] hooligan **busig** [bråkig] rowdy
buskage shrubbery; [snår] copse
busk|e bush; [större] shrub **-ig** *a* bushy **-snår** thicket, copse **-teater** farcical open-air show
busliv rowdyism, hooliganism
1 buss *s* [tugg~] plug, quid
2 buss *s* [trafik~] bus; [turist~] coach
3 buss *itj, ~ på honom!* worry (at) him!
bussa *tr, ~ hunden på ngn* set the dog on [to] a p.
buss|chaufför bus ([resp.] coach) driver **-förbindelse** bus connection **-hållplats** bus ([resp.] coach) stop
bussig *a* [hygglig] nice, decent
buss|linje bus ([resp.] coach) service (line) **-pengar** *pl* bus fare [sg.]; *har du ~?* have you got money for the bus [fare]? **-resa** bus ([resp.] coach) drive (ride) **-värdinna** stewardess [on a coach]
bus|vissling [shrill] whistle **-väder** awful weather
butelj *s o.* **-era** *tr* bottle; *jfr flaska*
butik shop, [isht amer.] store; [isht matvaru ~] market; *gå i ~er* go shopping
butiks|biträde *se affärsanställd* **-fönster** shop window **-kedja** multiple (chain) stores [pl.] **-kontrollant** shop-walker **-råtta** shop-lifter **-ägare** shopkeeper
butter *a* sullen, morose, *mot* to[wards]
buxbom box
1 by [vindil] squall, gust
2 by village, [liten] hamlet **byalag** village community; [bildl., t. ex. i stad] local association of householders **bybo** villager
byffé 1 [möbel] sideboard **2** [rum för förfriskningar] buffet, refreshment room
bygata village street
bygd [bebyggd trakt] settled country; [nejd] district, countryside **bygdegård** [rural] community centre
bygel [ögla] loop, [ring] hoop, ring; [på handväska] frame, mount[ing]
bygg|a *tr itr* **I** [allm.] build [äv. bildl.]; [anlägga äv.] construct; [resa äv.] erect; *det -er* [grundar sig] *på..* it is founded (based, built) on..; *det är ingenting att ~* [stödja sig] *på* that is nothing to go on; *kraftigt -d* [om pers.] well-knit **II** [med beton. part.] *~ för* [*en öppning*] build (wall, block) up..; *~ in* [med väggar] wall in; *inbyggd* [om högtalare, badkar o.d.] built-in..; *~ om* rebuild, reconstruct, alter; *~ på ngt* [*med ngt*] add [a th.] to a th.; *~ till* [utvidga] enlarge; *flygeln -des till 1850* the wing was added in 1850; *~ upp* [uppföra] erect, raise; [friare] build up; *~ ut* enlarge, extend, develop; *jfr utbyggd; ~ över* build (roof) over; *överbyggd gård* covered yard
bygg|e building [under construction] **-kloss** building (toy) brick **-låda** box of bricks **-mästare** [ledare] [master-]builder; [entreprenör] building contractor
byggnad 1 [hus] building, edifice **2** [*huset är*] *under ~* ..under (in course of) construction, ..being built **3** [struktur] build, structure; *kroppens ~* the build (frame) of the body; *språkets ~* the structure of the language
byggnads|arbetare building worker **-entreprenör** building contractor **-firma** building firm **-konst** architecture **-kostnader** *pl* building cost [sg.] **-lov** *se -tillstånd* **-snickare** carpenter, joiner **-ställning** scaffold[ing] **-tillstånd** building permit (licence)
bygg|ning building, edifice **-sats** construction kit; do-it-yourself kit
byig *a* squally, gusty; [flyg.] bumpy
byk *s* [tvätt] *o.* **byka** *tr itr* wash
byke rabble; *hela ~t* the whole pack
byling copper, cop
bylta *tr, ~ ihop* make..into a bundle; *~ på ngn* muffle a p. up **bylte** bundle, pack

byracka mongrel, cur
byrå 1 [möbel] chest of drawers; [hög ~] tallboy **2** [kontor, ämbetsverk] office, [avdelning] division, department **-chef** head of a division (department), principal assistant secretary **-krati** [ämbetsmannavälde o.d.] bureaucracy, officialdom **-kratisk** *a* bureaucratic **-låda** drawer
bysantinsk *a* Byzantine
byst bust **-hållare** brassière
byta *tr* **I** [ömsa, skifta] change; [ömsesidigt] exchange; [vid byteshandel] barter, trade, F swap, *mot* [i samtl. fall] for; *jag skulle inte vilja ~ med honom* I shouldn't like to change places with him; *~ bil* trade (turn) in one's old car for a new one; *~ [kläder]* change [one's clothes]; *~ ord med ngn* [gräla] bandy words with a p.; *~ plats* a) [flytta sig] move; [ömsesidigt] change places (seats) b) [arbete] get (take) a new job (situation) **II** [med beton. part.] *~ bort* exchange, barter, swap, *mot* [i samtl. fall] for; *få sin hatt bortbytt* get a wrong hat by mistake; *~om* change; *rollerna är ombytta* [bildl.] the tables are turned; *~ ut* exchange, *mot* for
byte 1 [utbyte] exchange; [vid byteshandel] barter; [båda end. sg.] **2** [rov] booty; [jakt.] quarry; [rovdjurs o. bildl.] prey; [samtl. end. sg.]; [tjuvs] F haul; *ett rikt ~* rich spoils, a rich booty; *dela ~t* share the plunder (loot); *bli ett (ett lätt) ~ för ngn* fall a (an easy) prey to a p.; *ta som ~* take as spoils
bytes|affär barter transaction **-balans** balance of payments on current account **-handel** barter, exchange; *idka ~* barter
byting kid; [rackarunge] urchin
bytta tub, cask
byväg country lane
byx|a *se byxor* **-ben** trouser-leg **-dress** trouser suit **-ficka** trouser[s] pocket **-gördel** pantie girdle **-kjol** divided skirt **-knapp** trouser-button
byx|or *pl* [ytter~, lång~] trousers, [amer. äv.] pants; [lättare fritidsbyxor] slacks; *jfr äv. dambyxor* [o. andra sms.] **-ångest** [blue] funk; *ha ~* be in a [blue] funk
1 båda *tr* [be~] announce, [före~] betoken, foreshadow, [något ont] bode
2 båda *pron* both; [obeton., utbytbart mot 'två'] two; *~ [två] är..* both [of them] are (they are both)..; *~ bröderna* both [the] brothers; *~ delarna* both; *de ~ andra* the two others, the other two; *oss ~* both of us; *vi ~ är..* we two are..; *vi är ~..* we are both.., we both are..; *en vän till oss ~* a mutual friend of ours **-dera** *pron* both
både *konj, ~..och* both..and [end. om två led]; *~ Frankrike och Tyskland* [äv.] France and (as well as) Germany
båg|e [kroklinje] curve; [mat. o. elektr.] arc; [pil~] bow; [byggn.] arch, bow; [sy~ o. glasögon~] frame; *spänna ~n* draw one's (bend the) bow; *spänna ~n för högt* [bildl.] aim too high **-formig** *a* curved, arched **-linje** curve, curvature **-na** *itr* [böja sig, svikta] bend, [ge vika] sag, [bukta ut] bulge **-skytt** archer, bowman **-skytte** archery
båk [sjömärke] beacon
1 bål [anat.] trunk, body
2 bål [skål] bowl; [dryck] punch
3 bål [ved~, ris~] bonfire; [lik~] [funeral] pyre; *brännas på ~* be burnt at the stake
bålgeting hornet
bålverk bulwark, [bildl. äv.] safeguard
bång *s, se buller*
bångstyrig *a* refractory, unruly
bår [sjuk~] stretcher, litter; [lik~] bier
bård border, [isht på tyg] edging
bårhus mortuary
bås stall, crib; [friare] compartment
båt boat; *ge ngn på ~en* throw a p. over, F chuck a p. [up]
båta *itr, vad ~r det att* [inf.]..? of what avail is it to [inf.]..?
båt|brygga landing-stage **-formig** *a* boat-shaped **-färd** boat[ing]-trip **-motor** boat (marine) engine **-mössa** [⚔] forage cap
båtnad advantage; *till ~ för dig* to your advantage
båtresa sea voyage; [kryssning] cruise **båtshake** boat-hook **båtsman** boatswain
bäck brook, rivulet; [poet.] rill
bäcken 1 [anat.] pelvis [pl. pelves] **2** [skål o. geogr.] basin; [säng~] bed-pan **3** [mus.] cymbals [pl.]
bädd bed
bädd|a *tr itr, ~ [sin säng]* make one's bed; *det är ~t för succé* [för mig, dig etc.] I am (you are [etc.]) heading for a success; *~ in ngn i filtar* wrap a p. up [in bed] in blankets; *inbäddad i* [grönska, mossa o. d.] embedded in..; *~ ned* put..to bed; *ligga nedbäddad* have been tucked up in bed; *~ upp [sängen]* make the ([resp.] one's) bed **-ning** [bäddande] bed-making **-soffa** sofa-bed
bägare cup, [pokal] goblet, [isht laboratorie~] beaker
bägge *pron, se 2 båda*
bälg bellows [pl. (pl. lika); äv. foto. o. mus.]
bälga *tr, ~ i sig* swill, gulp down
Bält, *Stora ~* The Great Belt
bälta armadillo [pl. -[e]s]
bält|e belt, [geogr. äv.] zone; [gördel] girdle **-ros** shingles
bända *tr itr* [bryta] prize; *~ loss (upp)* prize.. loose (open)
bängel, *en lång ~* a lanky fellow
bänk [allm.] bench, seat; [m. högt ryggstöd] settle; [kyrk~] pew; [skol.]: [pulpet] desk, [lång] form; [teater~ o.d.] row; *sista*

~*en* the back row **bänka** *rfl* seat oneself **bänkrad** row

bär berry [för ätbara bär anv. vanl. namnet på resp. bär]; *lika som* [*ett par*] ~ as like as two peas

bär|a I *tr* a) [allm.] carry; [mera valt samt bildl., isht i bet. 'hysa', 'uthärda'] bear b) [vara klädd i] wear c) [komma med (till den talande)] bring; [ta med sig (från den talande)] take; ~ *frukt* [äv. bildl.] bear fruit; ~ *vapen* carry ([vara soldat] bear) arms **II** *itr* **1** bear; ~ *på* [t. ex. börda] carry..; ~ *på* [lida under] *en hemlig sorg* bear a secret sorrow **2** [om väg] lead, go **III** *rfl* **1** [löna sig] pay; *företaget bär sig* the business pays its way **2** [falla sig] happen, come about; *det bar sig inte bättre än att han..* as ill luck would have it, he.. **IV** [med beton. part.] *i morgon bär det av* [för mig, honom etc.]! I am (he is [etc.]) off tomorrow!; *vart bär det av (hän)* [vart ska ni]? where are you going to?; *det bär mig emot* [är motbjudande] *att* [inf.] it goes against the grain for me to [inf.]; ~ *fram* [eg.] carry (bring, [resp.] take) [up]; [skvaller] pass.. on, report; ~ *hem* carry (bring, [resp.] take) home; *få* [ngt] *hemburet* have..conveyed to (have..delivered at) one's home; *vart bär det här hän?* [bildl.] what are things coming to?; ~ *i väg, se* ~ *av; det bär nedför (utför)* it is downhill; ~ *på sig* carry..about (have..on) one; ~ *undan* take..out of the way, remove; *det bär uppför* it is uphill; ~ *ut* carry (bring [resp.] take) out; ~ *ut post* deliver the post; ~ *utför, se* ~ *nedför;* ~ *sig åt* [bete sig] behave; [gå till väga] manage, set about it; ~ *sig illa (dumt) åt* behave badly (like a fool); *hur bär man sig åt för att* [*få tag i..*]? how does one set about [+ing-form]?, what do you have to do to..?; *hur jag än bär mig åt* whatever I do **-are** carrier; [av dräkt o.d.] wearer; [av namn, bår, standar m.m.] bearer; [stadsbud] porter **-bar** *a* portable

bärbuske [vinbärs- etc.] currant [etc.] bush [*jfr bär*]

bärga I *tr* [pers. o. bildl.] save, rescue, [⚓] salve, salvage; [bildl.] tow; [segel] take in, down; ~ [*in*] [skörd] gather in.. **II** *rfl* **1** [behärska sig] contain oneself; [ge sig t. tåls] wait; *han kunde inte* ~ *sig för skratt* he could not help laughing **2** [reda sig] get along; *han har så att han* ~*r sig* he has enough to get along on **bärgning 1** [⚓] salvage, [av segel] taking in; [skörd] harvest **2** [utkomst] livelihood, subsistence **bärgningsbil** break-down lorry (van), [amer.] wrecking car (truck)

bäring bearing **bärkasse** [isht av papper] carrier bag, [av nät] string (net) bag **bärkraftig** *a* strong; [om skäl. o. d.] convincing; [ekonomiskt] [economically] sound

bärnsten amber; *..av* ~ [äv.] amber..

bär|plan [flyg.] wing, airfoil, [⚓] hydrofoil **-plansbåt** hydrofoil [boat], jet hydrofoil

bärplockare [blåbärs- etc.] bilberry [etc.] picker [*jfr bär*]

bär|raket carrier rocket **-rem** strap **-stol** palanquin; [hist.] sedan[-chair]

bärsärk berserk[er] **bärsärkaraseri** berserk[er] fury; *råka i* ~ go berserk[er]

bäst I *a* [allm.] best; [utmärkt] excellent, first-rate; H [prima] prime; *första* ~*a, se und. första;* [*min*] ~*a fröken* dear Miss [+ efternamnet], dear Madam; *efter* ~*a förmåga* to the best of one's ability; ~*e vän!* my dear friend!; *vi är* [*de allra*] ~*a vänner* we are the [very] best of friends; [jfr äv. ex. under resp. subst. huvudord]; *det är* ~ *att du går* you had better go; *det kan hända den* ~*e* that (it) can (could, may) happen to anybody, accidents will happen; *hoppas* [*på*] *det* ~*a* hope for the best; *rekommendera ngn till det* ~*a* highly (warmly) recommend a p., give a p. the best of recommendations; *jfr bästa* **II** *adv* best; *ni gjorde* ~ *om ni gick (i att gå)* it would be best for you to go; *tycka* ~ *om* [äv.] prefer; *hålla på som* ~ *med ngt* be just in the thick (midst) of a th.; [*låt dem slåss*] ~ *de behagar* .. as much as [ever] they like **III** *konj,* ~ [*som*] [*han gick där*] just as..; ~ [*som*] *det var* all at once **bästa** *s* [*jfr bäst* I, ex.] good, benefit, advantage; welfare; *göra sitt* [*allra*] ~ do one's [very] best; *för (till) ngns* [*eget*] ~ for a p.'s own good; *få (ta) sig väl (för) mycket till* ~ take a drop too much

bättra I *tr* improve [upon]; ~ *på* [t.ex. målningen] touch up **II** *rfl* mend, improve, [i sitt leverne] amend **bättre I** *a* better; ~ [fint] *folk* better-class people; ~ [fina] *varor* better-quality articles; *en* ~ [fin, god] *middag* a nice dinner; *ett* ~ [bra] *hotell* a decent hotel; *komma på* ~ *tankar* think better of it; *jag får* ~ *tid i morgon* I shall have more time tomorrow; *så mycket* ~ so much (all) the better **II** *adv* better; *jag hoppas få det* ~ I hope to become (be) better off; ~ *upp* [*än så*] F one better [than that] **bättring** improvement, [om hälsa äv.] recovery **bättringsvägen,** *vara på* ~ be on the road to recovery, be recovering

bäv|a *itr* tremble [äv. bildl.], *för* at [the thought of]; [darra] shake, [frysa] shudder, *av* [i bägge fallen] with **-an** dread, fear

bäver beaver; [skinn] beaver[-pelt]

böckling smoked Baltic herring, buckling

bödel executioner, hangman

Böhmen Bohemia

böja I *tr* **1** ([ibl.] *itr*) [kröka] bend, [bågformigt äv.] curve; [sänka] bow, incline; ~ *[på] huvudet* incline (bow) one's head; ~ *knä inför* [äv. bildl.] bow (bend) the knee to **2** [gram.] inflect **II** *rfl* bend down, stoop [down], [luta sig äv.] lean; [om saker, krökas] bend; ~ *sig över ngn* bend over a p.; ~ *sig undan* bend aside; ~ *sig ut [genom* [fönstret]] lean out [of..]

böj|d *a* **1** [eg.] bent [osv.], *jfr böja I 1 o. 2;* [om hållning] stooping; ~ *av ålder* bent with age; ~ *näsa* hooked nose **2** [benägen, hågad] inclined, disposed, *för att göra* [vanl.] to do **-else** inclination, *för* for; [tycke, kärlek äv.] fancy, liking, affection **-lig** *a* [om sak] flexible, pliant; [isht bildl.] pliable; [gram., om subst. o. adj.] declinable, [om vb] conjugable **-lighet** flexibility, pliancy, pliability **-ning 1** [bukt, krok] bend, curve; [krökning, isht naturv.] flexure, curvature; [på huvudet] bend, bow **2** [gram.] inflection

böjnings|mönster [gram.] paradigm **-ändelse** [gram.] inflectional ending

böka *itr* root, grub

böla *itr* [råma] low, moo; [ilsket] bellow

böld boil; [svårare] abscess **-pest** bubonic plague

bölj|a I *s* billow, wave; *stridens -or* the surge [sg.] of battle **II** *itr* [om hav o. sädesfält] billow, wave; [om folkhop o.d.] surge; [om hår] flow; [om strid] sway **-ande** *a* billowing [osv.]; [om hav äv.] billowy, [om hår äv.] wavy

bömisk *a* Bohemian

bön 1 [anhållan] request, [enträgen] appeal, plea, [ödmjuk] supplication, [skriftlig] petition, *om* [i samtliga fall] for; *jag har en* ~ *till dig* I have a request to make of you **2** [relig.] prayer

1 böna *itr,* ~ *för ngn* plead for a p.

2 böna *s* **1** bean **2** [vard., flicka] bird

bönbok prayer-book, [katol.] breviary

bönemöte prayer-meeting

bön|falla *tr itr* plead, [högt.] supplicate, *om* for; ~ *[hos] ngn om ngt* beseech (entreat) a p. for a th., appeal to a p. for a th. **-höra** *tr,* ~ *ngn* grant (hear) a p.'s prayer; *han blev -hörd* he had his request granted, [av Gud] his prayer was granted **-pall** kneeling-desk, prie-dieu [pl. äv. -x; fr.] **-sal** [skol.] chapel, [aula] assembly hall

böra *hjälpvb* **1** [uttr. plikt, råd m.m.]: **a)** *bör, borde* [särsk. uttr. plikt, moralisk skyldighet] ought to, [uttr. råd, hövlig anmodan el. lämplighet] should; *man bör inte prata [med munnen full]* you should not ([stark.] ought not to) talk..; *man bör aldrig bli förvånad över något* you must never be surprised at anything; *som sig bör* [i sin ordning] as it ought to (should) be, as is [meet and] proper; *[jag tycker] du bör (borde) gå till en läkare* you should (had better) see a doctor; *[de åtgärder] som bör (borde) vidtas* ..[that ought] to be taken **b)** *böra, bort: han hade bort lyda (borde ha lytt)* he ought to have obeyed; *jag anser mig* ~ *göra det* I think I ought to do it **2** [uttr. förmodan]: *hon bör (borde)* [måste] *vara 17 år* she must be 17; *han bör* [torde] *vara framme nu* he should (will) be there by now; *det bör ha varit* [var väl] *vid fyratiden* it must (will *el.* would) have been about four o'clock; *det borde inte vara svårt [att få reda på hur..]* it ought not to be difficult..

börd birth; *till ~en* by birth

börda burden, load [båda äv. bildl.]

bördig *a* [fruktbar] fertile **-het** fertility

börj|a *tr itr* begin, start, [högt.] commence [~ *[att]* + inf. *se ned.*]; [ta itu med] set about, *[att] arbeta* working; [t.ex. förhandlingar, fälttåg äv.] open; ~ *[att el. på att]* [+ inf.] begin [etc.] to [+ inf.; isht om avsiktlig handling o. vid opers. vb äv. konstr. med ing-form]; *det ~r bli mörkt (kallt)* it is getting dark (cold); *till att ~ med* to begin (start) with, [först [..men]] at first; ~ *på ngt* start on ([t.ex. ett arbete] set about) a th.; *nu ~s det* [nu börjar eländet] now we are in for it; ~ *om* begin (start) [all over] again; ~ *på* [beton.] begin, set to; ~ *[på] med ngt* begin (start) with a th. **-an** [allm.] beginning, start, [högt.] commencement; [inledning äv.] opening; [ursprung, första ~] origin; *ta sin* ~ begin, commence; *från* ~ *till slut* from beginning to end, [om bok] from cover to cover; *i (till en)* ~ at (in) the beginning, [till att börja med] for a start, [först [..men]] at first; *i* ~ *av sextiotalet* in the early sixties; *med* ~ *[den 1 maj]* starting..

börs 1 [portmonnä] purse **2** H exchange; *på ~en* on the Exchange **-hus** exchange [builc ing] **-noterad** *a*..quoted (listed) on the stock exchange; *icke ~e papper* unlisted securities **-notering** stock exchange quotation **-spekulation** speculation on the stock exchange

böss|a 1 [gevär] gun; [hagel~] shot-gun; [räfflad] rifle **2** [spar~] money-box **-kolv** butt-end [of a gun] **-pipa** gun-barrel

böta I *itr* pay a fine, be fined; ~ *för ngt* [umgälla] pay (suffer) for a th. **II** *tr, få* ~ *25 kronor* be fined 25 kronor **böter** *pl* fine [sg.]; *döma ngn till 25 kronors* ~ fine a p. 25 kronor **bötesbelopp** *o.* **bötesstraff** fine **bötfälla** *tr,* ~ *ngn* fine a p.

C

cabriolet convertible
calmettevaccination B.C.G.-vaccination
camou|flage *s o.* **-flera** *tr* camouflage
camp|a *itr* camp out, go camping **-are** camper **-ing** camping
campingplats camping ground
cancer [läk.] cancer
cape cape
ceder cedar
cedilj cedilla
celeb|er *a* distinguished; *ett ~t bröllop* a fashionable wedding **-rera** *tr* celebrate **-ritet** celebrity
celest *a* celestial
celibat celibacy
cell cell **-delning** cell-division
cellist cellist
cellkärna nucle|us [pl. -i]
cello cello [pl.-s]
cellofan cellophane®
cell|skräck claustrophobia **-stoff** wadding, cellu-cotton
cellulo|id celluloid **-sa** cellulose; [pappersmassa] wood-pulp
Celsius, *30 grader ~ (30° C)* 30 degreees centigrade (30° C.) **celsiustermometer** centigrade (Celsius) thermometer
cement *s o.* **-era** *tr* cement
cendré *a o.* **-färgad** *a* ash-coloured
cens|or censor; [skol.] external examiner **-ur** censorship, *över* over, upon; *öppnat av ~en* opened by [the] censor **-urera** *tr* censor
centaur centaur
center 1 centre **2** *se -forward* **-bord** [⚓] centre-board **-forward** centre-forward **-partiet** [polit.] the Centre Party
centi|gram centigram[me] **-liter** centilitre **-meter** centimetre
central I *s* H central agency (office), headquarters [vanl. pl.]; [friare] centre; [huvudbangård] central station **II** *a* central; *det ~a* [väsentliga] *i ..* the essential thing about (part of).. **-antenn** communal aerial [system] **-bank** central (national, state) bank **-dirigering** centralized control **-förvaltning** central administration **-isera** *tr* centralize **-postkontor,** *~et* the General Post Office **-station** central station **-värme** central heating
centrifug centrifuge; [tvätt~] spin-drier **centrifugalkraft** centrifugal force
centrum centre, [vetensk.] centr|um [pl. äv. -a], foc|us [pl. äv. -i]
cerat lip-salve
ceremoni ceremony; *utan [alla (vidare)] ~er* without [any] ceremony **ceremoniell** *a* ceremonious
certifikat certificate
champagne champagne
champinjon mushroom
champion champion
chans chance, [utsikt äv.] prospect, [gynnsamt tillfälle äv.] opportunity, *till* [i samtliga fall] of; *inte den minsta ~* F not an earthly [chance] **chansa** *itr* F [försöka på vinst och förlust] take a chance, chance it **chansartad** *a* hazardous
charad, [*levande*] ~ charade
charkuteri|affär [ung.] pork-butcher's (provision dealer's) [shop] **-varor** *pl* cured (cooked) meats and provisions
charlatan charlatan, quack
charm charm, attractiveness **-ant** *a* delightful, charming; [utmärkt] excellent **-[er]a** *tr* charm **-euse** [trikå] warpknit **-full** *a o.* **-ig** *a* charming, captivating **-ör** charmer
charterflyg [trafik] charter[ed] air service
chartra *tr* charter
chassi chassis [pl. lika]
chaufför driver; [privat ~] chauffeur
chauvinist chauvinist, jingo
check cheque, [amer.] check, *på* [belopp] for; *betala med* [*en*] ~ pay by cheque **-häfte** cheque-book **-lön** wages [pl.] ([resp.] salary) paid into a (one's) cheque account
chef head, *för* of; [firmas äv.] principal, [direktör] manager; F boss **chefredaktör** [chief] editor, editor-in-chief **chefsbefattning** position as head [of a firm [e.d.]], managerial post (position) **chefskap** leadership, *över* of
chevaleresk *a* chivalrous
cheviot serge
chic[**k**] *a* chic, stylish
chiffer cipher, code; *i (med) ~* in cipher, in code
chiffonjé escritoire, secretaire
chilen *s o.* **chilensk** *a* Chilean
chimär chim[a]era
chock 1 [stöt, nerv~] shock **2** [⚔] *göra ~ mot* charge [down on] **chocka** *tr o.* **chockera** *tr* shock **chockskadad** *a, bli ~* get a shock
choka *itr* [motor.] use the choke **choke** choke
choklad chocolate, [dryck äv.] cocoa; *en ask ~* [praliner] a box of [assorted] chocolates **-bit** [pralin] chocolate **-brun** *a* chocolate[-coloured] **-kaka** [kaka choklad] bar of chocolate **-pralin** *se -bit*
chos|er *pl* affectation [sg.] **-ig** *a* affected

ciceron ciceron|e [pl. äv. -i], guide
cider cider
cigarill *se cigarrcigarrett*
cigarr cigar **-affär** tobacconist's [shop] **-aska** cigar-ash **-cigarrett** cheroot, cigarillo
cigarrett cigarette, F fag **-etui** *o.* **-fodral** cigarette-case **-munstycke** [löst] cigarette--holder **-stump** cigarette-end, stub of a cigarette, F fag-end
cigarrettändare lighter
cigarr|låda [tom] cigar-box; [låda cigarrer] box of cigars **--rök[are]** *se cigarrök[are]* **-snoppare** cigar-cutter
cigarrök cigar-smoke **-are** cigar-smoker
cikoria chicory
cinnober cinnabar **-röd** *a* vermilion
cirka *adv* about, roughly; [isht vid årtal] circa, circiter [båda lat.] ([förk.] c[a]. *el.* circ.) **-pris** H recommended retail price
cirkel [geom.] circle [äv. friare] **-båge** arc [of a circle] **-formig** *a o.* **-rund** *a* circular **-såg** circular saw
cirkla *itr* [kretsa] circle **cirklad** *a* ceremonious, formal **cirkulation** circulation **cirkulera** *itr* circulate, go round; *låta* ~ circulate, send round **cirkulär** circular
cirkumflex circumflex
cirkus circus **-artist** circus-performer **-direktör** circus-manager
cisel|era *tr* chase **-ör** chaser
cissus, [*vanlig*] ~ kangaroo vine
cistern tank; [för vatten] cistern
citadell citadel
citat quotation **citationstecken** quotation mark, [pl. äv.] inverted commas **citera** *tr* [anföra som exempel] cite; [textställe, exempel] quote; [skrift, författare äv.] quote from; [*bokstaven 'i'*] *är* ~*d* [utmärkt m. citationstecken] .. is placed between inverted commas
citron lemon **-gul** *a* lemon-yellow **-press** lemon-squeezer **-saft** lemon juice ([sockrad, för spädning] squash) **-syra** citric acid
cittra zither
city [[affärs]centrum] [business and shopping] centre, [amer.] downtown
civil *a* civil, [isht mots. militär] civilian; *en* ~ a civilian; *i det* ~*a* in civilian life **-befolkning** civilian population **-departement** ministry for civil service affairs **-ekonom** graduate from a [Scandinavian] School of Economics **-försvar** civil defence **-ingenjör** Master of Engineering
civilisation civilization [äv. ~*en*] **civilisera** *tr* civilize **civilist** civilian
civil|klädd *a* .. in plain (civilian) clothes, .. in mufti; *en* ~ *polis (detektiv)* a plain--clothes man **-minister** minister for civil service affairs **-mål** civil case (suit) **-stånd** civil status
cleara *tr* H clear
clip[s] [öron~] ear-clip, [dräktspänne e.d.] clip
clown clown
cognac brandy, [ibl.] cognac
collie collie
corps-de-logi manor-house
courtage H brokerage
crawl crawl **crawla** *itr* do the crawl
crêpe *se kräpp*
crescendo *s o. adv* crescendo [it.]
croquis [skiss] [rough] sketch
curling curling
curry curry [powder]
cyan|kalium potassium cyanide **-väte[-syra]** prussic (hydrocyanic) acid
cybernetik cybernetics [sg. el. pl.]
cykel 1 [serie] cycle **2** [velociped] [bi]cycle, F bike; [mots. motor~] pedal cycle; *åka* ~, *se cykla* **-bana** [väg] cycle track; [velodrom] cycle-racing track **-klämma** [byx-] [bi]cycle clip **-parkering** [parkerande] parking of [bi]cycles; [plats] [bi]cycle park **-ställ** [bi]cycle stand **-tur** [längre] cycling tour, [kortare] [bi]cycle ride **-tävling** [bi]-cycle race **-verkstad** [bi]cycle repair shop **-åkare** cyclist
cykl|a *itr* cycle, F bike; [göra en cykeltur] go cycling **-ist** cyclist
cyklamen cyclamen
cyklon cyclone, [lågtryck äv.] depression
cyklop Cyclo|ps [pl. lika el. -pes] **-öga** [för dykare] glass-fronted mask
cyklotron cyclotron
cylinder 1 [tekn.] cylinder **2** [hatt] top (silk) hat **cylindrisk** *a* cylindrical
cymbal [mus., bäcken] cymbal
cyn|isk *a* cynical, [rå] coarse **-ism** cynicism, coarseness; [bägge end. sg.]; *en* ~ a piece of cynicism [osv.]
Cypern Cyprus
cypress cypress
cysta cyst

D

dabba *rfl* ⌈begå ett misstag⌉ make a blunder, ⌈trampa i klaveret⌉ put one's foot in it

dadda nanny

dadel date **-palm** date-palm

dag 1 a) day; ~ *och natt* night and day; *en* ~ *nästa vecka* some (one) day next week; *en* [*vacker*] ~ a) ⌈avseende förfluten tid⌉ one [fine] day b) ⌈avseende framtid⌉ some (one) [fine] day, one of these [fine] days; *god* ~ [*god* ~]*!* good morning (⌈resp.⌉ afternoon, evening)!, ⌈vid presentation⌉ how do you do?; *god* ~ *på dig!* hallo!; *fjorton* ~*ar*[*s*] a fortnight['s]; *åtta* ~*ar*[*s*] a week['s]; *våra* ~*ars* ⌈*Stockholm*⌉ the .. of today, present-day ..; ~*en D* D-Day; *vara* ~*en efter* have a hangover, feel like the morning after [the night before]; *hela* [*långa*] ~*en* (~*arna*), ~*en lång (i ända)* all [the] day long, the whole day; ~*ens tidning* today's paper **b)** ⌈m. föreg. prep.⌉: ⌈*jag skriver*⌉ *en av de närmaste* ~*arna* .. one of (within) the next few days; ~ *för* ~ day by day, every day; *frågan för* ~*en* the question of the hour; ⌈*han är*⌉ *mannen för* ~*en* .. the man of the moment; *leva för* ~*en* live for the moment; *i* ~ today, ⌈starkt beton. äv.⌉ this day; *i* ~ *om ett år* this day next year, [in] a year from today; [*nu (just)*] *i* ~*arna* a) ⌈gångna⌉ during the last few days, just recently b) ⌈nuvarande⌉ at present, just now c) ⌈kommande⌉ during the next few days, one of these days; *i forna (gamla)* ~*ar* in days of old (yore), in olden days; *i våra* ~*ar* in our day, nowadays; *om (på)* ~*en* (~*arna*) in the daytime, by day; *på* ~*en* ⌈punktligt⌉ to the day; *mitt på ljusa* ~*en* in broad daylight; *på* [*sina*] *gamla* ~*ar var han* .. as an old man he was ..
2 ⌈dagsljus⌉ daylight; *vacker som en* ~ *(som* ~*en)* [as] beautiful as the day is long; *se* ~*en*[*s ljus*] ⌈bildl.⌉ [first] see the light [of day]; *bringa (komma) i* ~*en* ⌈bildl.⌉ bring (come *el.* be brought) to light; *det ligger i öppen* ~ it is obvious to everybody; *lägga i* ~*en* show, display, *jfr vid. ådagalägga; han är fadern upp i* ~*en* he is the very image of his father

dag|a, *ta*[*ga*] *ngn av* ~ put a p. to death **-as** *itr. dep, det* ~ ⌈nu⌉ it is growing light, the day is dawning **-bok** diary; H day-book; *föra* ~ keep a diary **-bräckning** *se dagning* **-drivare** idler, loafer **-drömmar** *pl* day-dreams **-er** ⌈[dags]ljus⌉ [day]light; ⌈bildl.: belysning⌉ light; *det är full* ~ it is [as] light as day

1 dagg 1 ⌈⚓⌉ rope's end **2** ⌈bly~⌉ colt

2 dagg dew **-droppe** dew-drop **-ig** *a* dewy **-mask** earthworm

dag|hem crèche, day nursery **-hjälp 1** ⌈städhjälp⌉ charwoman, daily [help] **2** ⌈arbetslöshets-⌉ daily unemployment benefit **-jämning** equinox

daglig *a* daily, ⌈ibl.⌉ everyday; *i* ~*t bruk* in everyday use; *i* ~*t tal* in everyday speech, colloquially **-dags** *adv o.* **-en** *adv* daily, every day

dag|lön wages ⌈pl.⌉ by the day **-mamma** ⌈dagbarnvårdare⌉ child-minder **-ning** dawn, daybreak; *i* ~*en* at d. **-officer** officer on duty **-order** ⌈⚔⌉ order of the day **-ordning** ⌈föredragningslista⌉ agenda; *övergå till* ~*en* proceed (pass) to the business (order) of the day **-rum** ⌈sällskapsrum⌉ day-room

dags *adv, hur* ~*?* [at] what time?, when?; *så* [*här*] ~ *på dagen* at this time of [the] day; *det är* ~ *att gå nu* it is [about] time to go now; *det är så* ~ ⌈för sent⌉ *nu!* it is a bit late now! **-aktuell** *a* topical; *jfr f.ö. aktuell* **-behov,** *sitt* ~ one's requirements for one (⌈resp.⌉ the) day **-bot** *o.* **-böter** *pl* fine ⌈sg.⌉ [proportional to one's daily income]; *han dömdes till 10 -böter à 30 kronor* ⌈ung.⌉ he was sentenced to pay a fine of 300 kronor **-händelser** *pl* events of the day **-inkomst** daily income **-kassa** ⌈butiks⌉ day's takings ⌈pl.⌉, daily receipts ⌈pl.⌉ **-kurs,** ~*en* the rate of the day, the day's rate; *till* ~ at the current (at today's) rate of exchange **-ljus** daylight; *vid* ~ by daylight **-ljuslampa** daylight-lamp **-lång** *a* day-long **-läget** the present situation

dagslända mayfly

dags|lön *se daglön* **-marsch** day's march **-meja** midday thaw **-nyheter** *pl* ⌈radio.⌉ news ⌈sg.⌉ **-press** daily press **-pris** current (today's) price **-ranson** daily ration **-resa** day's journey; *två -resor* two days' journey **-tidning** daily [paper] **-verke** ⌈mot daglön⌉ day-work

dag|tinga *itr* ⌈kompromissa⌉ compromise, come to terms **-traktamente** daily allowance [for expenses] **-tåg** day train

dahlia dahlia

dakapo *adv* once more, da capo ⌈it.⌉

dal valley, ⌈högt.⌉ vale, dale

dala *itr* sink, go down, descend, fall

Dalarna Dalarna, Dalecarlia

dalgång long[ish] valley

dalkarl Dalecarlian

dallr|a *itr* ⌈skälva, darra⌉ quiver, tremble, ⌈om gelé o.d.⌉ wobble, ⌈vibrera⌉ vibrate **-ing** quiver, tremble, vibration

Dalmatien Dalmatia
dalsänka depression, [ibl.] valley
dalta *itr,* ~ *med ngn* [kela] pet (fondle) a p., [klema] [molly]coddle (pamper) a p.
1 dam 1 [allm.] lady; *stora* ~*en* quite the grown-up [young] lady; *mina* ~*er* [*och herrar*]! ladies [and gentlemen]!; [*höjdhopp*] *för* ~*er* ..for women **2** [bords-, danspartner] [lady] partner **3** [kortsp. o. schack.] queen
2 dam, *spela* ~ play draughts
damask, ~*er* gaiters; [herr~er vanl.] spats **-byxor** *pl* leggings
damast damask [end. sg.]
dam|bekant *subst. a* lady friend **-besök,** *ha* ~ have a lady visitor **-binda** sanitary towel ([amer.] napkin) **-bjudning** ladies' party **-byxor** *pl* [under-] knickers, panties, [trosor] briefs **-cykel** lady's [bi]cycle
damejeanne carboy, demijohn
dam|frisering [lokal] ladies' hairdressing saloon **-frisör** *o.* **-frisörska** ladies' hairdresser **-hatt** lady's hat **-konfektion 1** ladies' [ready-made] clothing, women's wear **2** [affär] ladies' outfitter's [shop] **-kupé** ladies' compartment
1 damm 1 [fördämning] dam, weir, barrage; [skydds~ vid hav] dike, dyke, sea-wall **2** [vattensamling] pond, [vid kraftverk o.d.] pool, reservoir
2 damm dust
damma I *tr* dust; ~ *av i ett rum* dust a room; ~ *ned* make..[all] dusty; ~ *på* [prygla] *ngn* dust a p.'s jacket **II** *itr* [ryka] make a lot of dust; *vad det* ~*r!* what a lot of dust there is!
dammbyggnad [konkr.] dam [osv.], *jfr 1 damm 1*
damm|fri *a* dustless, ..free from dust **-handduk** dust-cloth, duster **-ig** *a* dusty **-korn** grain (speck) of dust
dammlucka sluice[-gate], flood-gate
dammoln dust-cloud, cloud of dust
damm|suga *tr* vacuum-clean **-sugare** vacuum cleaner **-trasa** duster **-vippa** feather-duster
dam|rum ladies' [cloak-]room ([amer.] rest room) **-sadel** side-saddle **-sko** lady's shoe **-skräddare** ladies' tailor
damspel [konkr.] draughts ([amer.] checkers) set
dam|sällskap, *i* ~ [bland damer] among ladies **-tidning** ladies' magazine **-toalett** [lokal] ladies' lavatory (cloak-room) **-underkläder** *pl* ladies' underwear [sg.], lingerie [fr., sg.] **-väska** [lady's] handbag
dana *tr* fashion, shape, form, *till* [i samtl. fall] into; [karaktär] mould
dank, *slå* ~ idle, loaf [about]
Danmark Denmark
dans dance; [~ande, ~konst] dancing; [bal] ball; [*efter supén*] *blev det* ~ ..they (we [etc.]) had some dancing; *det går som en* ~ it goes like clockwork, it is as easy as A B C (pie); *en* ~ *på rosor* a bed of roses; *middag med* ~ dinner and dancing
dans|a *itr tr* [allm.] dance, [skutta] trip; *gå och* ~ [ta lektioner] take dancing-lessons; *gå ut och* ~ go out dancing; ~ *bra (dåligt)* be a good (poor) dancer; ~ *folkdanser* do folk-dances; ~ *vals* waltz; ~ *efter grammofon* dance to a gramophone **-ande,** *de* ~ [subst. a.] the dancers **-bana** [open air] dance-floor, [under tak] dance-pavilion **-erska** [female] dancer **-golv** dance-floor
dansk I *a* Danish **II** *s* Dane **danska 1** [kvinna] Danish woman **2** [språk] Danish. — *Jfr svenska* **danskfödd** *a* Danish-born; [för andra sms. *jfr äv. svensk-*]
dans|klubb dancing-club **-klänning** ball-dress, [enklare] dance frock **-konst** art of dancing **-lektion** dancing-lesson **-lokal** [public] dance-hall, ball-room **-lärare** dancing-teacher, dancing-master **-musik** dance-music **-orkester** dance-orchestra(-band) **-restaurang** dance restaurant **-sjuka** St. Vitus's dance **-sko** dancing-shoe, pump **-skola** dancing-school **-steg** dance-step **-tillställning** dance
dans|ör dancer **-ös** [professional female] dancer
Dardanellerna *pl* the Dardanelles
darr|a *itr* [allm.] tremble, [huttra] shiver, [skälva, dallra] quiver; [vibrera] quaver, vibrate, [skaka] shake, *av* [i samtl. fall] with; *han* ~*r på handen* his hand shakes (trembles) **-ande** *a* trembling [osv.]; [om t. ex. ljusskenl] fluttering, [om röst o. handstil] tremulous, [om åldring[s ben]] doddering **-hänt** *a, han är så* ~ his hands are so shaky **-ig** *a, se darrande;* F [svag, dålig] shaky **-ning** trembling [osv.], *jfr darra;* tremor, shiver, quiver, shake **-ål** electric eel
dass F lav., [vulg.] bog[-house]
data *pl* **1** [årtal] dates **2** [fakta] data, facts **-behandla** *tr* computerize **-behandling** data processing, computerization **-maskin** [electronic] computer
dater|a *tr rfl* date **-ing** dating
dativ, ~[*en*] the dative; *en* ~ a d. **-objekt** dative object
dato date; [*trettio dagar*] *a* ~ ..after date; *från* [*dags*] ~ from date (today); *till*[*s*] ~ up to the present, to date
dator [maskin] [electronic] computer
datum date **-parkering** [ung.] night parking on alternate sides of the street **-stämpel** date stamp, dater
de *se den*
debarkera *itr* disembark, land **debarkering**

disembarkation, landing
debatt debate [isht parl.], [diskussion] discussion, [överläggning] deliberation, *om* [i samtl. fall] on; *ställa ngt under* ~ bring a th. up for discussion **-era** *tr itr* debate, [diskutera] discuss **-ör** debater
debet debit; [bokföringsrubrik] Debtor ([förk.] Dr.); ~ *och kredit* debits and credits **debetsedel** [ung.] [income-tax] demand-note, notice of assessment **debitera** *tr* debit; ~ *ngn ett belopp* (*[för] en vara)* debit a p.['s account] with (for) an amount (for an article) **debitering** debiting; [debetpost] debit item (entry) **debitor** debtor
debut début [fr.], first appearance **-ant** [sångare osv.] singer [osv.] making his ([resp.] her) début **-bok** first book **-era** *itr* make one's début
december December ([förk.] Dec.); *jfr april o. femte*
decennium decade
decentralisera *tr* decentralize
dechargedebatt debate on [the approval of] the Cabinet-meeting minutes
dechiffrera *tr* decipher, [kod] decode
deciderad *a* pronounced, decided
deci|gram decigram[me] **-liter** decilitre
decimal decimal **-bråk** decimal [fraction] **-system** decimal system
deci|mera *tr* decimate, reduce [..in number] **-meter** decimetre
deckare F **1** [roman] detective story, S whodun[n]it **2** [detektiv] tec, [amer.] dick
dedicera *tr* dedicate **dedikation** dedication
deducera *tr,* ~ *[fram]* deduce
defaitism defeatism **defaitist** defeatist
defekt I *s* [fel, skada] defect, [bristfällighet] imperfection, deficiency **II** *a* defective, [ofullständig] imperfect; [skadad] damaged
defensiv *s o. a* defensive
defilera *itr,* ~ *[förbi]* march (file) past
definiera *tr* define **definition** definition **definitiv** *a* [bestämd] definite, [oåterkallelig] definitive, final
deflation [ekon.] deflation
deformera *tr* deform
deg dough, [smör~] paste
degel crucible
degener|ation degeneration **-era** *itr o.* **-erad** *a* degenerate
degig *a* [degartad] doughy, pasty
degrad|era *tr* degrade **-ering** degradation
dekadans decadence **dekadent** *a* decadent
dekan[us] [univ.] head of a faculty, dean
dekis F, *komma på* ~ go to the dogs
deklamation [utantill] recitation, [från bladet] reading **deklamera** *tr* [utantill] recite, [från bladet] read [aloud]
deklaration 1 declaration, statement **2** [rubrik på varuförpackning] ingredients, constituents **3** *se självdeklaration* **deklarationsblankett** income-tax return form **deklarera** *tr itr* **1** declare, state, [proklamera] proclaim **2** [själv~] make one's return of income; [tull~] declare; ~ *för [20 000 kronor]* return one's income at..
deklination 1 [gram.] declension **2** [astr., fys.] declination **deklinera** *tr itr* decline
dekokt decoction, *på* of
dekolletage décolletage [fr.] **dekolleterad** *a* décolleté [fr.]
dekoration decoration [äv. orden], [föremål] ornament; ~*er* [teat.] scenery [sg.] **dekorationsmålare** [teat.] scene-painter
dekor|ativ *a* decorative **-atör** decorator **-era** *tr* decorate [äv. med orden]
dekret *s o.* **dekretera** *tr itr* decree
del 1 [allm.] part, [ibl.] portion; [avdelning] section; [band] volume; [*..blandas med*] *en* ~ *vatten* ..one part of water; *en* ~ [somligt] something, [some] part of it, [somliga] some; *en* ~ *av befolkningen* part of the population; *en* ~ *bläck* ([resp.] *av bläcket*) [*rann ut*] some ([resp.] some of the) ink..; *en* ~ *brev* ([resp.] *av breven) förstördes* some letters ([resp.] of the letters) were destroyed; *en* ~ *av brevet* some (part, [om bestämd del] a part) of the letter; *en hel* ~ [åtskilligt] a great (good) deal, F [quite] a lot; *en hel* ~ [*tror det*] a great (good) many [people]..; *en hel* ~ *brev* ([resp.] *av breven) förstördes* a great (good) many letters ([resp.] of the letters) were destroyed; *i (till) alla* ~*ar* [avseenden] in all respects, in every respect: *[å,] för all* ~*!* [ingen orsak!] don't mention it!, [oh,] that's [quite] all right!; *[ja,] för all* ~*, det kan jag väl göra* all right, I'll do it; *nej, för all* ~*!* [visst inte!] oh no, by no means!; *låt honom för all* ~ *inte få veta det!* don't tell him on any account (him, whatever you do)!; *till en* ~ [delvis] in part, partly, [några] some of them; *till en viss* ~ to some extent
2 [andel] share, [beskärd del] lot; [*rum*] *med* ~ *i kök* ..with use of kitchen; *ta [verksam]* ~ *i ngt* take [an active] part in a th., *jfr vid. delta[ga]; jag för min* ~ *tror..* as for me (as far as I am concerned), I think..; *på min* ~ *kom 100 kronor* 100 kronor fell to my share
3 [kännedom], *få* ~ *av* be informed (notified) of (about); *ta* ~ *av [innehållet i]* study (acquaint oneself with) [the contents of]
dela I *tr* **1** [särdela] divide; *i* into; *jfr dela upp;* ~ *med 5* divide by 5 **2** [dela i lika delar, dela sinsemellan] share; ~ *ngns åsikt* share a p.'s view; ~ *rum [med]* share the same room [with]; ~ *lika* share and share

alike **II** *rfl* divide; *jfr dela upp sig;* [om t.ex. väg] fork, *i* into **III** [m. beton. part.] ~ *av* [avskilja] partition off; ~ *av ett ord* divide a word; ~ *in, se indela;* ~ *med sig* [*åt andra*] share with other people; ~ *upp* [indela] divide up, break up, *i* into; [sinsemellan] share, *mellan (på)* among[st], [om två] between; ~ *upp sig* divide (split) up; ~ *ut* distribute, deal out, [i småportioner] dole out, [fördela äv.] portion (share) out; *bolaget ~r ut 5 %* the company pays a 5 % dividend

del|ad *a* divided [osv.]; *därom råder delade meningar* opinions differ (are divided) about that **-aktig** *a* **1** [av förmåner o.d.], *vara ~ av (i)* share, come in for one's share of **2** [i brott o.d.], *vara ~ i* be implicated (mixed up) in **-aktighet** [i brott o.d.] complicity, implication, *i* in **-bar** *a* divisible, *med* by

delegat delegate **delegation** delegation, mission **delegerad** *subst. a* delegate

delfin dolphin

del|ge *o.* **-giva** *tr,* ~ *ngn ngt* inform a p. of a th.; ~ *ngn sina intryck* give a p. one's impressions **-givning** [jur.] service

delikat *a* delicate [äv. kinkig]; [om mat o.d.] delicious **delikatess** delicacy

delning division, partition; [biol.] fission; [delande äv.] dividing [osv.], *jfr dela* **delo,** *komma (råka) i ~ med ngn* fall out with (fall foul of) a p. **dels** *konj,* ~..~..partly.. partly.., [å ena sidan.. å andra sidan..] on [the] one hand..on the other.. **delstat** federal state, member of a federation

delta [geogr. o. bokstav] delta

del|ta[ga] *itr* **1** [medverka m.m.] take part, [mera litterärt] participate; [som medarbetare] collaborate; ~ *i arbetet* [äv.] share (join) in the work; ~ *i debatten (samtalet)* [äv.] join [in] the debate (conversation); *han -tog i kriget* [äv.] he served (was) in the war **2** [närvara] be present, *i* at; ~ *i* [bevista] attend **3** ~ *i ngns sorg* sympathize with a p. in his sorrow **-tagande I** *subst. a* [medverkande], *de* ~ those taking part [osv.], *jfr delta[ga] o. deltagare* **II** *s* **1** *(jfr delta[ga] 1—2)* taking part [osv.]; participation; [medverkan] co-operation; [bevistande] attendance, *i* at; [anslutning] turn-out **2** [medkänsla] sympathy; *hysa ~ med* sympathize with **-tagare** participator, participant, *i* in; member [äv. i kurs], attender, *i* of; *-tagarna* [ofta äv.] those taking part, [i tävling] the competitors

del|tid, *arbeta på* ~ have a part-time job **-vis I** *adv* partially; partly, in part **II** *a* partial **-ägare** [i firma] partner

dema|gog demagogue **-gogisk** *a* demagogic

demarkationslinje line of demarcation

demaskera *tr rfl* unmask [äv. bildl.]

dement|era *tr* deny, contradict **-i** denial

demilitarisera *tr* demilitarize

demobilisera *tr itr* demobilize

demo|krat democrat **-krati** democracy **-kratisk** *a* democratic

demolera *tr* demolish

demon demon, fiend **-isk** *a* demoniacal

demonstrant demonstrator **demonstration** [i div. bet.] demonstration **demonstrationståg** demonstration procession **demonstrativ** *a* demonstrative [äv. gram.], ostentatious **demonstrera** *tr itr* demonstrate

demontera *tr* [fabrik, maskin] dismantle

demoralisera *tr* demoralize **demoralisering** demoralization

den *(det; de; dem,* F *dom; dens; deras)* **A** *best. art* the; ~ *allmänna opinionen* public opinion; *de närvarande* those present

B *pron* **I** [pers.] **1** *den, det (jfr 2)* it; [syftande på kollektiver då individerna avses] they ([ss. obj.] them); *de* they; *dem* them; *pengarna? de ligger på bordet* the money? it is on the table

2 *det* [spec. fall] **a)** [vanl.] it; *det regnar* it is raining; *det är långt till..* it is a long way to..; *det är åratal sedan jag..* it is years since I..; *det är synd att han..* it is a pity that he..; *vem är det som knackar?* who is [it (that)] knocking? **b)** [ss. formellt subjekt m. ett subst. ord som eg. subjekt i eng.] there; *det var mycket folk där* there were many people there; *det är ingenting kvar* there is nothing left; *det drar här* there is a draught here **c)** [ss. eg. subjekt utbytbart mot 'han', 'hon', 'de'] he, she, they **d)** [ss. objekt vid vissa vb och ofta ss. pred.-fyllnad] so; *det gör* [beton.] *han också (med)* so he does; [*kommer han?*] *jag antar (hoppas, tror) det* ..I suppose (hope, think) so; [.. *och jag hoppas att*] *han förblir det*..he will remain so **e)** [ibl., isht beton.] that; *det duger* that will do; *det var det, det!* that's that! **f)** [ibl. utan motsvarighet i eng.] *varför frågar du det?* why do you ask?; *jag tror inte jag kan (törs) det* I don't think I can (dare) **g)** [annan (ofta pers.) konstr. i eng.] *det gör ont i foten* my foot hurts me; *det är fullsatt i bussen* the bus is full **h)** *hon har det* [charm o.d.] she has it

II [demonstr.] *den, det* that; *den (det) där* ([resp.] *här*) that, [resp.] this, [självst. vanl.] that ([resp.] this) one; *de* [*där*], *dem* those; *de här* these; ~ *dåren!* that (the) fool!; ~ *eller* ~ [självst.] this or that person; ~ *och* ~ *dagen* on such and such a day; *det och (eller) det* this and (or) that; *är det här mina handskar (min sax)? — ja, det är det* are

these my gloves (scissors)? — yes, they are; *se på ~!* look at that fellow!
III [determ.] a) [fören.] *den, det, de* the b) [självst.] *den* [om pers.] the person, [m. syftning på förut nämnt subst. och vid urval] the one; [var och en äv.] anyone, anybody; [i ordspråk o.d.] he, she, [ss. objekt] him, her; *den, det* [om djur o. saker som kan räknas] the one, that, [om massord] that; *det [som], det där (här) [som]* [vad] what; *de, dem* those; *dens ..*of anyone; *deras..* of those; *saken är ~ att..* the fact [of the matter] is that..; [*han har en förtjänst*], *~ att vara ärlig ..* that of being honest; *~ som vore rik ändå!* if only I were rich!; *han är inte ~ som klagar* he is not [the] one to complain; *inte det* [*jag kan komma ihåg*] not as far as..; *det här med att läsa* [*hela nätterna*] this business of reading..; *allt det som..* everything that..
denaturera *tr* denature; *~d sprit* [äv.] methylated spirit[s [pl.]]
denne *(denna, detta, dessa) pron* **1** [fören. o. självst. (jfr dock *2*)] a) [den (osv.) här] this, [pl.] these b) [den (osv.) där] that, [pl.] those; *dennes* ([förk.] *ds)* [i datum] instant ([förk.] inst.); *detta är mina bröder* these (those) are my brothers; *detta om detta* so much for that **2** [självst., syftande på förut nämnd person (nämnda personer)] he, she, they, [ss. obj.] him, her, them; [den (de) senare] the latter; *dennes* his, the latter's; *dennas* her, [fristående] hers; the latter's; *jag (min bror) frågade värden, men ~ ..* I asked the landlord, but he (my brother asked the landlord, but the latter *el.* that gentleman)..
densamme *(den-, det-, de|samma) pron* the same; ['den', 'det', 'de'] it, [pl.] they, [ss. obj.] them; [*tack,*] *detsamma!* the same to you!; *det gör (kan göra) detsamma* it doesn't matter; *i detsamma hörde han..* at that very moment he heard..; *med detsamma* [genast] at once
departement [ministerium] ministry, department [of state] **departementschef** head of a ministry [etc.], minister
depesch dispatch, despatch **-byrå** [ung.] news-office [and ticket agency]
deplacement [⚓ o. fys.] displacement
deponens deponent [verb]
deponera *tr* deposit, *hos* with
deport|ation deportation **-era** *tr* deport
deposition [konkr.] deposit; [abstr.] depositing, deposition
depression depression, [ekon. äv.] slump
deprimera *tr* depress
deputation deputation **deputerad** *s* deputy; [medlem av en deputation] delegate
depå depot; [upplagt förråd] dump
deras *pron* **1** [poss.]: [fören.] their, [självst.] theirs **2** [determ.] *se den B III*
desamma *se densamme*
desarmera *tr* disarm
desav[o]uera *tr* [ngn] disavow, repudiate the actions of, [ngt] repudiate, go back on
desertera *itr* desert **desertering** desertion
desertör deserter
desillusionerad *a* disillusioned
desinfektion disinfection **desinfektionsmedel** disinfectant **desinficera** *tr* disinfect
desorganisation disorganization
desorienterad confused, bewildered
desperat *a* [förtvivlad] desperate, [ursinnig] furious **desperation** desperation
despot despot **-isk** *a* despotic
dess 1 [poss. pron.] its, [i vissa fall] their, *jfr den B I 1* **2** [i adv. uttr.], *innan ~* [dessförinnan] before then; *sedan ~* since then; *till ~* [adv.] till (until, up to) then; *till ~ [att]* [konj.] till, until **3** [desto], *~ bättre* all (so much) the better, [lyckligtvis] fortunately; *ju förr ~ bättre (hellre)* the earlier (sooner) the better; *inte ~ mindre* none the less, nevertheless
dessa *se denne*
dessemellan *adv* in between, [friare] at intervals (times)
dessert sweet, [av frukt vanl.] dessert; [amer.] dessert **-sked** dessert-spoon
dess|förinnan *adv* before then, [förut] beforehand, previously **-utom** *adv* besides, ..as well, [vidare] furthermore, [ytterligare] moreover, in addition
destill|ation distillation **-era** *tr* distil
destin|ations[ort] destination **-erad** *a* [⚓] bound, destined, *till* for
desto *adv=dess 3*
det *se den*
detalj 1 detail, [ibl.] particular; [⚔] section; *i ~ gående* minute **2** H. *sälja i ~* retail, sell [by] retail **-erad** *a* detailed, circumstantial **-erat** *adv* in detail **-handel** retail trade, [handlande] retailing **-handlare** retailer, retail dealer **-ist** *se föreg.* **-pris** retail price **-rik** *a ..* full of details, circumstantial
detektiv detective **-roman** detective story (novel)
determinativ *a* determinative
detonation detonation
detsamma *se densamme* **detta** *se denne*
devalvera *tr* devaluate, devalue **devalvering** devaluation
devis motto, [herald. äv.] device
di, *ge [ett barn] ~* give suck [to a child]; *få ~* be put to the breast **dia** *tr itr* [om barn] suck
diabetiker diabetic
dia[bild] [ramad] [film]slide
diabolisk *a* diabolic[al]
diadem tiara, diadem

diafragma diaphragm
diagnos diagnos|is [pl. -es]; *ställa ~* make a diagnosis, *på* of
diagonal *s o. a* diagonal [äv. tyg]
diagram [schematisk figur] diagram, [isht med kurvor] graph, [isht med siffror i kolumner] chart
diakon [ung.] lay worker **-issa** [ung.] deaconess
dialekt dialect **dialektal** *a* dialect[al]
dialog dialogue
diamant diamond **-ring** diamond ring
diamet|er diameter **-ral** *a* diametrical
diapositiv transparency, [ramat] [film] slide
diarium diary, journal
diarré diarrhoea [end. sg.]
dibarn suckling
dieselmotor Diesel engine
diet diet; *hålla ~* be on a diet **-mat** diet[etic] food
differens difference **differential** [mat. o. ⊕] differential **differentiera** *tr* differentiate; [skol.] stream
diffus *a* diffuse, [friare] blurred
difteri diphtheria **-serum** anti-diphther[it]ic serum
diftong diphthong
diger *a* thick, [voluminös] bulky, voluminous **-döden** the Black Death
digna *itr* [segna ned] sink down, collapse; [tyngas ned] be weighed down; *~ av* [läckerheter] be absolutely loaded with
dika *tr o.* **dike** *s* ditch, trench **dikeskörning** accident due to driving into a (the) ditch
dikesren ditch-bank
1 dikt *adv* [⚓] close
2 dikt *s* **1** [poem] poem **2** [diktning m. m.] fiction; [poesi] poetry; *jfr diktning* **3** [påhitt], *rena ~ en* pure fiction
1 dikta *tr* [⚓] caulk
2 dikta *tr itr* [författa] write, compose, [skriva vers äv.] write (compose) poetry; *~* [*ihop (upp)*] [hitta på] invent, fabricate, make up
diktafon ® dictaphone **diktamen** [diktering] dictation; *efter (efter ngns) ~* from (at a p.'s) dictation
diktare writer, [poet] poet
diktat dictate[s [pl.]]; [påtvungen överenskommelse] enforced treaty **-or** dictator **-ur** dictatorship
diktera *tr* dictate, *för* to **dikteringsmaskin** dictating machine
dikt|ning [diktande] writing, [literary] composition; [poesi] poetry; [produktion] literary ([poetisk] poetical) production; [skönlitteratur ung.] fiction **-samling** collection of poems
dilemma dilemma, quandary
dilettant amateur, [neds.] dilettant|e [pl. -i]
diligens stage-coach
dill dill
dilla *itr* drivel, babble, talk nonsense **dille** [mani], *ha ~ på* have a mania for
dimbank bank of mist (fog)
dimension dimension; *~er* [proportioner äv.] proportions **-era** *tr* dimension
diminutiv *s o. a* diminutive
dimljus fog-light **dimma** mist; [dis] haze [end. sg.]; [tjocka] fog **dimmig** *a* misty; hazy [äv. bildl.]; foggy
dimpa *itr* fall ([plötsligt] tumble) down, *i golvet* on to the floor; *~ ner* drop down
dimridå smoke screen
din *(ditt, dina) poss. pron* [fören.] your; [självst.] yours; *~ dumbom!* you fool!, idiot!; *D~ tillgivne E.* [i brev] Yours ever (sincerely), E.; [för ex. *jfr vid. 1 min*]
diné dinner **dinera** *itr* dine
dingla *itr* dangle, swing; *~ i galgen* swing; *~ med benen* dangle one's legs
diplom diploma **-at** diplomat, diplomatist **-ati** diplomacy **-atisk** *a* diplomatic **-erad** *a* ..holding a diploma, diplomaed
direkt I *a* direct; immediate [isht omedelbar]; [rak äv.] straight; [järnv.: genomgående] through, [om tåg äv.] non-stop **II** *adv* directly; immediately; [raka vägen] direct, straight; *~* [rent ut sagt] *oförskämd* downright insolent; *inte ~ rik, men..* not exactly rich, but.. **-flygning** non-stop flight **-insprutning** [tekn.] direct injection
direktion [styrelse] board [of directors]
direktiv instructions [pl.]; terms [pl.] of reference **direktreferat** [i radio] running commentary **direktris** manageress, directress **direktsändning** [radio.] live broadcast
direktör [i bolag o.d.] [general] manager, [amer.] vice-president, *i (vid)* of; [*verkställande*] *~* managing director, [amer.] president, *för* of **direktörsassistent** assistant manager
dirig|ent conductor **-era** *tr itr* direct; [mus.] conduct
dis haze
disciplin [lydnad o.d.] discipline
dis|harmoni discord, disharmony **-harmonisk** *a* disharmonious [äv. bildl.]
disig *a* hazy
1 disk [butiks~ o.d.] counter, [bar~] bar
2 disk [abstr.] washing-up; [konkr.]: [[odiskad] dirty] dishes [pl.] **diska** *tr itr, ~* [*av*] wash up, [ett enda föremål] wash
diskant treble **-klav** treble clef
disk|balja washing-up bowl, [amer.] dishpan **-borste** washing-up brush
diskbrock, *ha ~* have a slipped disc
disk|bänk [kitchen] sink **-maskin** dish-washing machine, dish-washer **-medel** [flytande] washing-up liquid ([i pulverform]

powder)
diskontera *tr* discount **diskonto** [bank~] bank rate (discount)
diskotek record library; [lokal] discotheque
diskret *a* discreet; [dämpad] quiet [äv. om färg] **diskretion** discretion
diskriminer|a *tr* discriminate, *ngn* against a p. **-ing** discrimination, *av* against
disk|ställ [i kök] plate rack **-trasa** dish-cloth
diskus 1 disc|us [pl. -uses el. -i]; *kasta ~* throw the discus **2** [~kastning] discus-throwing
diskussion discussion, *om* about; [isht parl.] debate, *om* on; [överläggning] deliberation, *om* on **diskussionsinlägg** contribution to the discussion (debate) **diskussionsämne** subject (topic) of (for) discussion **diskutabel** *a* [tvivelaktig] questionable **diskutera** *tr itr* discuss, [mera intensivt] argue, [debattera] debate
dis|kvalificera *tr* disqualify **-kvalificering** *o.* **-kvalifikation** disqualification
diskvatten dish-water
dispens exemption; *få ~* be granted an exemption **-är** tuberculosis clinic
disponent [bruks~] managing director; [souschef] [sub-]manager, *för (vid)* of
disponera *tr itr* **1** ~ [*över*] [ha till förfogande] have..at one's disposal (command); [ha tillgång till] have access to; [fördela] distribute; *pengarna kan ~s för..* the money is available for.. **2** [planera] arrange **disponerad** *a* [hågad, upplagd] disposed, inclined, [*för*] *att* [inf.] to [inf.] **disponibel** *a* available, disposable **disposition 1** [förfogande] disposal; *stå (ställa ngt) till ngns ~* be (place a th.) at a p.'s disposal **2** [planering] arrangement **3** *~er* [åtgärder] arrangements
disputation [univ.] [public] defence of a (one's) doctor's thesis **disputera** *itr* **1** [tvista] dispute, argue, *emot (med) ngn* with a p., *om* about **2** [univ.] [publicly] defend a (one's) doctor's thesis **dispyt** dispute, controversy; *råka i ~* get involved in a dispute
dissekera *tr* dissect [äv. bildl.]
dissonans dissonance, discord
distans distance **-era** *tr* [out]distance **-minut** nautical mile
distingerad *a* distinguished **distinkt** *a* distinct **distinktion** distinction
distrahera *tr, ~ ngn* distract a p. **distraktion** [tankspriddhet] absent-mindedness; [förströelse] distraction
distribu|era *tr* distribute **-tion** distribution
distrikt district
distriktsåklagare district public prosecutor
disträ *a* absent-minded
dit *adv* **1** [demonstr.] there; *~ bort (in, ned* [etc.]) away (in, down [etc.]) there; *~ hör (räknas) även..* to that category also belongs ([resp.] belong)..; *det är långt ~* [rumsbet.] it is a long way there, [tidsbet.] that's a long time ahead **2** [rel.] where; [varthelst] wherever; *den plats ~ han kom* the place he came to **-hörande** *a* ..belonging to it ([resp.] them), belonging there; [hörande till saken] related, relevant **-komst,** *vid ~en* on my (his [etc.]) arrival there
dito *a adv* ditto ([förk.] do.); ~, ~! the same to you!
ditresa journey there
1 ditt *pron, se din*
2 ditt *s,* [*prata om*] *~ och datt* ..this and that
dittills *adv* till (up to) then, so far **-varande** *a* ..till (up to) then, previous
ditvägen, *på ~* on the (my [etc.]) way there
ditåt *adv* in that direction, that way; *något ~* something like that
diva diva
divan couch, divan
divergera *itr* diverge
diverse *a* sundry, various; *~ saker* [äv.] sundries, odds and ends **-arbetare** labourer, [ibl.] odd-job man
divi|dend dividend [äv. på aktier] **-dera I** *tr* divide, *med* by **II** *itr* F [resonera] argue [the toss], *om* about **-sion 1** [mat.] division **2** [⚔]: [fördelning] division; [fartygsförband, flyg.] squadron **-sor** divisor
djungel jungle
djup I *a* [allm.] deep; [isht i högre stil o. bildl.] profound; [fullständig] complete, [stor] great; *~ förnedring* utter degradation; *i de ~a leden* among the rank and file; *en ~ sorg* a profound (great) grief, a deep sorrow; *i ~ sorg*[*dräkt*] in deep mourning; *ligga i ~ sömn* be fast asleep; [*försänkt*] *i ~a tankar* deep in thought; *~ tallrik* soup plate; *den ~aste orsaken* the fundamental cause; *i ~a*[*ste*] *skogen* in the depths of the forest **II** *s* [allm.] depth; [avgrund] abyss; *försvinna i ~et* go to the bottom, be lost in the depths; *komma ut på ~et* get out into deep water **-dykning** deep-sea diving **-frysa** *tr* freeze **-fryst** *a, ~a livsmedel* frozen foods **-gående** *a* deep[-going]; [bildl.] profound; [⚓] deep-draught **-havsforskning** deep-sea exploration (research), oceanography **-röd** *a* [attr.] deep-red, [pred.] deep red **-sinne** profundity, depth [of thought] **-sinnig** *a* profound, deep **-sinnighet 1** [yttrande] profound remark **2** = *djupsinne*
djupt *adv* [isht eg.] deep; [isht bildl.] deeply, profoundly, *jfr djup I; ~ allvarlig* very serious (grave); *~ känd tacksamhet* heartfelt gratitude; *~ liggande* deep-seated [äv. bildl.], [om ögon] deep-set; *~ rotad* deep-rooted; *vara ~ sjunken* have fallen very

low; ~ *urringad* [om kvinna] décolleté[e] [fr.]; *andas* ~ [dra ett djupt andetag] draw a deep breath; *buga sig* ~ bow low, make a low bow; *ligga* ~ lie deep [äv. bildl.]; *sjunka* ~ sink deep, [bildl.] fall low; *sova* ~ sleep deeply; *han sov* ~ he was fast asleep; *tränga* ~ *in i* penetrate far into

djup|tryck copper-plate printing **-tänkt** *a* profound, penetrating

djur [allm.] animal; [större fyrfota o. i bet. 'kreatur', bibl., föraktl., bildl. äv.] beast; *arbeta som ett* ~ work like a horse; *som ett jagat* ~ like some hunted creature **-art** species of animal, animal species **-hud** animal's skin **-isk** *a* [allm.] animal; [bestialisk] bestial; [sinnlig] carnal; [rå] brutal **-iskhet** bestiality [osv.] **-liv** animal life **-park** [zoologisk trädgård] zoological park **-plågeri** cruelty to animals **-riket** the animal kingdom **-skyddsförening** society for the prevention of cruelty to animals **-skötare** [i zoologisk trädgård] keeper [at a zoo]; [lantbr.] cattleman **-tämjare** animal-tamer **-vän** lover of animals **-värld** [fauna] fauna

djäkel [m.fl.] *se jäkel* [m.fl.]

djärv *a* [allm.] bold, [dristig äv.] daring; [oförvägen] intrepid, audacious; *lyckan står den* ~*e bi* Fortune favours the brave **-as** *itr. dep* dare, *jfr 2 våga;* **-het** boldness, daring, intrepidity, audacity, *jfr djärv*

[**d**]**jäv|el** devil; *-lar!* bugger [it]!; *det (han) är en* [*riktig*] ~ [*till*] *att slåss* he is a [proper] devil at fighting **-la** *a o. adv* bloody; damn[-ed], [amer. äv.] goddam; [*din*] ~ *drulle* you bloody (damn[ed]) fool **-las** *itr. dep,* ~ *med ngn* be bloody to a p. **-lig** *a* **1** *se djävulsk* **2** [i kraftuttr. om pers.]: [vanl.] bloody nasty, *mot* to; [om sak vanl.] bloody rotten (awful) **-ligt** *adv* **1** devilishly [osv.], *jfr djävulsk* **2** [i kraftuttr.] bloody, damn[ed] **-ul** devil, fiend **-ulsk** *a* devilish; [ondskefull] fiendish; [diabolisk] diabolic[al]; [infernalisk] infernal

dobb|el gaming **-la** *itr* gamble

docent [univ. ung.] reader, senior lecturer, [amer.] associate professor **docerande** *a* didactic, magisterial

dock *adv konj* [likväl] yet, still; [emellertid] however; [ändå] for all that

1 docka [⚓] *s o. tr itr* dock [äv. om rymdraket]

2 dock|a *s* **1** [leksak] doll [äv. bildl.]; [barnspr.] dolly; [led~, marionett (äv. bildl.)] puppet; [attrapp, skylt~] dummy **2** [garn~ o. d.] skein **-aktig** *a* doll-like, puppet-like **-pojke** boy doll **-skåp** doll's house **-vagn** doll's pram

doft scent, odour, perfume; fragrance [äv. bildl.] **dofta** *itr* smell; *det* ~*r* [*av*] *rosor* there is a scent of roses **doftande** *a* [sweet-]-scented; fragrant, *av* with

dogg *se bulldogg, boxer* [m. fl.]

Dogger[**s**] **bank** the Dogger Bank

dogm dogma **-atisk** *a* dogmatic

dok [slöja] veil; [friare] pall

doktor doctor ([förk.] Dr., Dr); *jfr vid. filosofie* [m.fl.]; *det kan ingen* ~ *hjälpa* it can't be helped **-inna** doctor's wife; ~*n N.* Mrs N.

doktors|avhandling thesis [for a doctorate] doctor's dissertation (thesis) **-grad** doctor's degree, doctorate; *ta* ~*en* take a doctor's degree

doktrin doctrine **-är** *a* doctrinaire

dokument document; [jur. äv.] deed **-era I** *tr* [eg.] document; [ådagalägga] give evidence of **II** *rfl,* ~ *sig som..* establish one's claim to recognition as.., establish oneself as.. **-skåp** filing-cabinet

dokumentärfilm documentary [film]

dold *a* hidden, concealed; *med illa* ~.. with ill-concealed..

dolk dagger **-stöt** dagger-thrust, stab

dollar dollar, [amer.] F buck; *5* ~ five dollars ($5) **-sedel** dollar note (bill)

dolsk *a, se lömsk*

1 dom *best. art o. pron, se den*

2 dom *s* [kyrka] cathedral

3 dom *s* judg[e]ment; [isht i brottmål] sentence; [i sjörätts- o. äktenskapsmål] decree; [jurys utslag] verdict; *eftervärldens* ~ the verdict of posterity; *fällande (friande)* ~ [ung.] verdict of guilty (not guilty); ~*en* [*över honom*] *löd på..* he was sentenced to..; *avkunna (fälla)* [*en*] ~ *över* pass (pronounce) judg[e]ment ([resp.] sentence) [up]on; *sätta sig till* ~*s över..* take upon oneself to judge.. **domare 1** [allm.] judge, [v. högre rätt] justice **2** [sport.]: [allm. idrott m. m.] judge, [tennis m. m.] umpire; [fotboll, boxn.] referee, F ref **Domar**[**e**]**boken** [bibl.] [the Book of] Judges [sg.]

domdera *itr* bluster, go on

domedag judg[e]ment day

domherre [zool.] bullfinch

domin|era *tr itr* dominate; [spela herre] domineer; [vara förhärskande] be predominant, predominate **-erande** *a* dominating [osv.], [pre]dominant

domino 1 [dräkt] domino **2** [spel] dominoes

domkapitel [cathedral] chapter

domkraft [tekn.] jack

domkyrka cathedral

domna *itr,* ~ [*av (bort)*] go numb, get benumbed; [*min fot*] *har* ~*t* ['somnat'] .. has gone to sleep

domprost [cathedral] dean

domptör tamer

dom|saga rural judicial circuit, judicial district **-slut** judicial decision -[**s**]**söndagen**

the Sunday before Advent **-stol** [law-]court; [isht hist. o. bildl.] tribunal; [bildl. äv.] bar **-värjo,** *falla under ngns ~* fall under a p.'s jurisdiction
domän domain, province **-styrelsen** the Board of Crown Forests and Lands
don [verktyg] tool; ~ [pl., grejor] gear, tackle [end. sg.]; ~ *efter person* to every man his due
dona|tion donation **-tor** donor
Donau the Danube
donera *tr* donate, give [a donation of]
doning thing; *~ ar, jfr äv. don*
donjuan Don Juan
Don Quijote Don Quixote
dop baptism; [barn~, fartygs o.d.] christening
dopa *tr* [sport.] dope
dop|attest certificate of baptism **-funt** baptismal (christening) font
doping [sport.] doping
dopp 1 *ta sig ett ~* have a dip (plunge) **2** *kaffe med ~* [ung.] coffee and cakes (buns) **doppa I** *tr* dip, [hastigt] plunge, [helt o. hållet] immerse **II** *rfl* have a dip (plunge) **dop-par[e]dagen** Christmas Eve **dopping** grebe
doppsko [på käpp o.d.] ferrule
doppvärmare immersion-heater
dopvittne sponsor
dos *(dosis)* dose [[före följ. best.] of]; *en för stor ~* [vanl.] an overdose
dosa box [äv. tekn. o. elektr.]; [bleck~] tin
dosera *(dossera) tr* [göra sluttande] slope, escarp; [kurva] bank
dossié *o.* **dossier** dossier, file
dotter daughter **-bolag** subsidiary [company], affiliated company **-dotter** granddaughter **-lig** *a* daughterly **-son** grandson
dov *a* dull; [undertryckt] stifled **-het** dullness
dovhjort fallow-deer; [hanne] buck
dra *(draga; jfr dras)* **I** *tr itr (jfr äv. II)* **1** [eg. o. friare] draw; [häftigare, kraftigare] pull; [hala] haul; [släpa] drag, lug; [streta med] tug; [bogsera] tow; *~!* pull!; *det är du som skall ~* [schack.] it is your turn to move; *~ i (på) klocksträngen* pull ([friare] ring) the bell; ~ [utstaka] *en järnväg genom..* run a railway through..; *~ ngn i rocken (skägget)* pull a p. by the coat (by the beard); *~ ngn inför rätta* bring a p. up before a court of law; *~.. ur (i) led* put.. out of (set..into) joint; *komma ~gande[s] med..* come along with..; *jfr 8* **2** [tänja [ut]], *~ på munnen* smile slightly; *~ på orden (svaret)* speak (answer) in a hesitating manner **3** [driva (maskin o.d.)] work; [vrida (vev o. d.)] turn **4** [locka] attract; *ett stycke som ~r [folk]* a play that draws [people]; *man ~s (känner sig ~gen) till ngn* one feels drawn to (attracted by) a p.; *~ uppmärksamheten från ngt* draw off (distract) attention from a th. **5** [ta bort] take [away], subtract **6** [erfordra] take; [förbruka] use [up] **7** [berätta, t.ex. en historia] reel off **8** [i vissa andra förb.]: *~ andan, ~ ngn vid näsan* [osv. se under resp. huvudord]

II *itr (jfr äv. I)* **1** [om te m.m.] draw; *låta teet stå och ~* let the tea draw **2** [tåga] march; [gå] go, pass; [röra sig] move; *~ i fält (krig)* take the field (go to the wars); *~ åt skogen* [o.d.] go to blazes (the deuce); *gå och ~* [sysslolöst] lounge (hang) about **3** [opers.], *det ~r [förskräckligt]* there is a [terrible] draught

III *rfl* **1** [flytta sig] move, [bege sig] repair, adjourn **2** *klockan ~r sig, se IV, ~ sig efter (före)* **3** [vara lättjefull], *ligga och ~ sig [på soffan]* be lounging (lie lolling).. **4** [*inte*] *~ sig för ngt (för att* [inf.]*)* [not] be afraid of a th. (of [ing-form]); [*inte*] *~ sig för att* [äv.] [not] hesitate to

IV [m. beton. part.] ~ **av** a) [klä av] pull (take) off ([äv.] *~ av sig*); [avlägsna] pull away b) [dra itu] pull..in two c) [dra ifrån] deduct; ~ [*sig*] **bort** go away; *~ sig* **efter** *(före)* [om klocka] be losing (gaining); *klockan har ~ git sig [10 minuter] efter (före)* the clock is..slow (fast); ~ **fram** [tr.]: draw [osv.] out; [bildl.] bring up; produce; *~ fram stolen [till fönstret]* draw up the chair..; *~ sig fram [i världen]* get on (along); ~ **för** [gardin] draw.., pull..across; ~ **förbi** go past, pass by; *~ sig* **före,** *se ~ sig efter;* ~ **ifrån** [gardin o. d.] draw (pull) aside (back); [ta bort] take away; [ta (räkna) ifrån] deduct; *~ sig ifrån* evade, keep away from; ~ **igen** [dörr o. d.] shut, close; ~ **igenom** [bildl.] go ([hastigt] run, [ytligt] skim) through..; ~ **i gång** *ngt* set a th. working; ~ **ihop** [trupper] concentrate; [förkorta, t.ex. artikel] cut down; *~ ihop sig* [eg.] contract, [sluta sig] close; *det ~r ihop [sig] till regn* it looks like rain; ~ **in** a) [tr.]: [dra tillbaka, återkalla] withdraw, [på viss tid] suspend; [avskaffa] abolish, do away with; [körkort] take away ([resp.] suspend); [tidning] confiscate ([förbjuda] suppress); *bli indragen* [inblandad] *i* be involved (get mixed up) in b) [itr.], *~ in på..* [inskränka] cut down..; ~ **med** *sig* [bildl.] bring..with it (them), [innebära] mean, involve; ~ **ned** [smutsa] make..dirty; [*gardinen är*] *neddragen..* down; ~ **på** [*sig*] put (pull) on; *jfr ådra[ga] II;* ~ **samman,** *se ~ ihop;* ~ **till** [t. ex. dörr] pull (draw)..to; [dra åt [hårdare]] pull (tie)..tighter, tighten; *~ till bromsen* apply the brake; *~ till med* [en svordom, lögn] come out with; *~ till sig* [eg.] draw..towards one; [absorbera] absorb, [attrahera] attract [äv. bildl.]; ~ **tillbaka** *trupperna* [vanl.] withdraw the troops; ~ *sig tillbaka* [retirera] retreat; [bildl.] retire; ~ [*sig*] **undan,** *se* ~ [*sig*] *ifrån o. jfr undandra[ga] II;* ~ **upp** [tr.] draw (pull, lift, [med spel] wind, haul) up, [odla] raise; [öppna] open, uncork; [klocka] wind up; ~ *upp..med roten* pull (drag)..up by the roots; ~ *upp ngt ur fickan* pull (F fish) a th. out of one's pocket; ~ *sig* **ur** *spelet (leken)* quit the game, [friare] back out, F chuck it up; ~ **ut** a) [tr.]: [förlänga] draw out, prolong; [tänja ut] stretch out; [tänder] extract; ~ *ut ngt ur..* draw [osv.] a th. out of..; ~ *ut saften ur..* extract the juice out of..; ~ *ut en sticka ur* ..remove a splinter from.. b) [itr.] go off, *på jakt (i krig)* shooting (to the wars); [om rök o.d.] find its way out; *han försökte* ~ *ut på tiden genom..* he tried to spin out the time by..; [*strejken*] ~*r ut på tiden* ..is dragging on; *det* ~*r ut på tiden* [blir sent] it is getting rather late, [tar lång tid] it takes rather a long time; *jfr utdragen;* ~ **åt** [*sig*], *se* ~ *till* [*sig*]; ~ **över** [*tiden*] run over the time, *med* [*15 min.*] by..; ~ *över sig* pull.. over one, [t. ex. olycka] draw..down upon one[self]; *jfr överdra[ga]*

drabant [bildl. o. astr.] satellite **-stad** satellite town

drabb|a I *tr* [träffa] hit, strike; [hända [ngn]] befall, happen to; [beröra o. om sjukdom] affect; ~*s av..* [råka ut för] meet with.. **II** *itr,* ~ *samman (ihop)* a) [⚔] meet, encounter each other b) [om enskilda] come to [slag] battle; [isht friare] encounter

drag 1 [dragning, ryck] pull, tug **2** [m. stråke, penna o.d.] stroke; *i korta (stora)* ~ briefly, in brief (broadly, in broad outline) **3** [spelt.] move [äv. bildl.] **4** [särdrag, ansiktsdrag] feature; [ansikts~ äv.] line; [karaktärs~] trait, streak **5** [nyans] touch, strain **6** [luft~, andetag m.m.] draught; *det är inget* ~ *i kaminen* the stove does not draw; [*han tömde glaset*] *i ett* ~ ..at a (one) draught (gulp) **7** [fiskredskap] trolling-spoon **-a** *se dra* **-are** *o.* **-djur** draught animal **-as** *se dras*

dragé dragée; [läk.] [sugar-coated] pill

drag|en [berusad] tipsy **-fri** *a* ..free from draught[s]

dragg grapnel, grappling-iron **dragga** *itr* drag, *efter ngt* for a th.

drag|ig *a* draughty **-kamp** tug-of-war **-kedja** *se blixtlås* **-kärra** hand-cart, barrow **-ning 1** [lotteri~] draw **2** [attraktion] attraction, drawing, *till* towards; [böjelse äv.] inclination, *till* for **3** [nyans], *en* ~ *åt blått* a tinge of blue **-ningskraft** [power of] attraction **-ningslista** lottery prize-list

dragon [kavallerist] dragoon

drag|plåster [bildl.] draw[ing-card] **-spel** accordion; [concertina] concertina **-spelare** accordionist; concertina-player

drak|e dragon [äv. ragata]; [leksaks~ o. meteor.] kite; *släppa upp en* ~ fly a kite **-skepp** [hist.] Viking [dragon] ship

drama drama; [bildl.] tragedy **-tik** drama [äv. bildl.] **-tisera** *tr* dramatize **-tisering** dramatization **-tisk** *a* dramatic

drap|era *tr* drape **-eri** [piece of] drapery

dras *(dragas) itr. dep,* [*få*] ~ *med* a) [sjukdom] be afflicted with, suffer from b) [skulder, bekymmer] be harassed by; ['stå ut med' äv.] put up with

drastisk *a* drastic

drasut, *en lång* ~ a lanky fellow

dreg|el *s o.* **-la** *itr* dribble, slaver

drej|a *tr* [lergods] turn **-skiva** potter's wheel

dressera *tr* train, *till (för)* for

dressin inspection trolley ([amer.] car)

dress|yr training **-ör** trainer

drev [⊕] pinion **2** [blånor] [packing] tow, stuffing **3** [jakt] drive, beat **-jakt** battue [fr.] **-karl** beater, driver

dribbla *itr* dribble

drick|a I *tr itr* [allm.] drink [äv. supa]; ~ [intaga] *en kopp kaffe (kaffe till frukost)* have a cup of coffee (coffee for breakfast); ~ *te med mjölk* have (take) milk in one's tea; *ska vi* ~ *något?* shall we have something to drink?; ~ *..i djupa drag* take deep (long) draughts of..; ~ *upp (ur)* [dryck] finish, drink up; ~ *ur* [beton.] *flaskan* empty the bottle **II** *s* [svagdricka ung.] near beer; *en (två)* ~ [öl] a beer (two beers) **-bar** *a* drinkable,..fit to drink

dricks tip [sg]; *ge kyparen* ~ give the waiter a tip, tip the waiter; *hur mycket skall jag ge i* ~*?* what tip should I give [him]? **-glas** [drinking-]glass, tumbler **-pengar** *pl, se dricks* **-vatten** drinking-water

drift 1 [begär, böjelse] urge, instinct; *av egen* ~ of one's own accord **2** [verksamhet] operation, working; [igånghållande] running, [skötsel] management; *elektrisk* ~ [the use of] electric power; *vara billig i* ~ be economical **3** *råka (komma) i* ~ get adrift **4** [gyckel] joking **-ig** *a* [företagsam] enterprising, [verksam] active, energetic **-ighet** enterprise; energy; drive **-kucku** butt, laughing-stock **-liv** [drifter] instincts [pl.] **-kapital** working capital **-stopp** [vid fabrik o.d.] stoppage [of work], shut-down **-värn** industrial civil defence service at state establishments

1 drill *s o.* **drilla** *itr* [mus.] trill; [om fågel] warble

2 drill *s o.* **drilla** *tr* [⚔] drill

drink drink **-are** [habitual] drunkard, inebriate

drist|a *rfl,* ~ *sig* [*till*] *att* [inf.] venture to [inf.], make so bold as to [inf.] **-ig** *a* bold, daring **-ighet** boldness, daring

driv|a I *s* [snow-]drift **II** *tr* **1** [eg. o. friare] drive; [tvinga äv.] force, compel, [förmå] impel; [maskin] operate; [pump äv.] work, actuate **2** [trädg.] force **3** [bedriva, idka] carry on; [affär, fabrik äv.] run **4** [ciselera] chase **III** *itr* **1** [eg.] drive; [⚓ o. om moln, sand o. snö] drift **2** [*gå och*] ~ [ströva] loaf (walk aimlessly) about, [flanera] roam about **3** ~ *med ngn* [skoja] pull a p.'s leg; [göra narr av] make fun of a p., take a rise out of a p. **IV** [m. beton. part.] ~ *igenom* [bildl.] force (carry) through; ~ *sin vilja igenom* have (get) one's own way; ~ [*redlöst*] *omkring* [⚓] be adrift; *kringdrivande* ..drifting about; ~ *på* [tr.] press (urge, push) on; ~ *upp* [tr.]: [pris o.d.] run (force) up; [affär] work up; *högt uppdrivna förväntningar* high expectations **-bänk** hotbed, forcing-bed **-en** *a* **1** [ciselerad] embossed, chased **2** [skicklig] clever; [erfaren] practised; *en* ~ [*hand*]*stil* [ung.] a flowing hand **-fjäder** mainspring, [bildl. äv.] incentive, motive **-hus** hothouse [äv. bildl.], forcing-house **-is** drift-ice **-kraft** motive force (power); [bildl.] driving force **-medel** fuel, propellant **-mina** drifting (floating) mine

drog drug **-ad** *a* [narkotikaberusad] drugged

dromedar dromedary

dropp 1 [droppande] drip[ping] **2** [läk.] drip

droppa I *itr* drip, fall in drops **II** *tr* distil, drop, *i* into **droppe** drop; *en* ~ *vatten* a drop of water

dropp|flaska dropping-bottle **-formig** *a* drop-shaped, tear-shaped **-stensgrotta** stalactite cave **-torka** *itr* drip-dry **-vis** *adv* by drops, drop by drop

drosk|a cab; [för sms. *jfr äv. taxi-*] **-kusk** cabman **-ägare** taxi[-cab] owner

drottning queen [äv. bildl. o. schack.] **-lik** *a* queen-like, queenly

drucken *a* [berusad] drunken, [pred.] drunk

drulla *itr, se drumla* **drulle** clumsy fool; [tölp] boor; [bil~] road-hog **drulleförsäkring** F=*ansvarighetsförsäkring* **drullig** *a, se drumlig*

drum|la *itr;* ~ *i (i sjön)* stumble into the water; ~ *omkull* go sprawling over **-lig** *a* clumsy, awkward; [fumlig] bungling **-lighet** clumsiness [end. sg.]

drummel lout, oaf [pl. äv. oaves], lubber; [lymmel] rascal **-aktig** *a* loutish, oafish, clumsy; rascally

drunkna *itr* be (get) drowned [äv. bildl.]; ~ *i* ..[bildl.] be snowed under (swamped) with..; *jag* ~*r!* I'm drowning!; *räddad från att* ~ rescued from drowning **drunkningsolycka** [fatal] drowning-accident

druv|a grape **-klase** cluster ([lös] bunch) of grapes **-socker** grape-sugar

dryck drink; [tillagad, t.ex. kaffe, te m.m.] beverage **-enskap** drunkenness

dryckes|broder boon companion **-varor** *pl* drinks **-visa** drinking-song

dryfta *tr* discuss, talk over

dryg *a* **1** [om pers.]: [högfärdig, inbilsk] haughty, overbearing, stuck-up **2** [om sak]: [som förslår] lasting; [väl tilltagen] liberal, ample, [stor] large, [rågad] heaped; [mödosam] hard, heavy; *det är en* ~ *kilometer dit* it is quite a kilometre there; *en* ~ *timme* a good (full) hour **dryga** *tr,* ~ *ut kaffe med cikoria* add chicory to coffee [to make it go further] **dryghet** (*jfr dryg 1)* haughtiness, overbearingness **drygt** *adv,* ~ *300* fully 300; ~ *hälften av..* quite (a good) half of..

drypa I *tr* put a few drops of.., *på (i)* on to (into) **II** *itr* drip; *av svett* with perspiration

dråp manslaughter, homicide [båda end. sg.] **-are** killer, homicide **-lig** *a* screamingly funny **-slag** death-blow

dråsa *itr, dråsa* [*ned*] come tumbling down; ~ *i* [falla i vattnet] tumble into the water

dräg|el *s o.* **-la** *itr se dregel, dregla*

drägg dregs [pl.]

dräglig *a* tolerable

dräkt 1 dress [end. sg.]; [friare, isht poet.] attire [end. sg.]; [national~] costume **2** [jacka o. kjol] suit, [tailored] costume

dräktig *a* [bärande foster] pregnant, teeming

dräktpåse *se malpåse*

drälla I *tr* spill **II** *itr,* [*gå och*] ~ [slå dank] loaf about

drämma *tr itr,* ~ *näven i* [*bordet*] bang one's fist on..; ~ *till ngn* wallop a p.

dräner|a *tr* [äv. läk.] drain **-ing** drainage

dräng farm-hand; *sådan herre, sådan* ~ like master like man

dränka *tr* [eg. o. bildl.] drown; [översvämma] flood; ~ [*in*] *med olja* steep .. in oil

dräp|a *tr* kill **-ande** *a* [bildl.]: [slående] telling; [förintande] crushing

drätselkammare [borough] finance department

dröj|a *itr* **1** [låta vänta på sig] be late, *med att komma* in coming; [söla] loiter, dawdle; *svaret har -t länge* the answer has been a long time [in] coming **2** [låta anstå o.d.], ~ *med ngt (med att* [+ inf.]) delay ([uppskjuta] put off, [tveka med] hesitate about) a th. (+[ing-form]) **3** [vänta] wait; [stanna] stop, stay; *var god och dröj!* [i telefon äv.] hold on (hold the line), please!; *dröj lite (ett tag)!* wait (just) a moment!; *dröj inte länge!* don't be long! **4** [opers.], *det -er länge, innan..* it will be a long [long] time before..;

det -de inte länge, förrän (innan) [*han bad mig..*] it was not long before.. **dröjsmål** delay
dröm dream, *om* of (about) **-bild** vision **-lik** *a* dream-like
dröm|ma *itr tr* dream, [bildl. äv.] muse, day-dream, *om* [i samtl. fall] about (of); *~ sig tillbaka till..* imagine oneself back in.. **-mande** *a* dreamy **-mare** dreamer, visionary **-meri** dreaming; *~ er* [äv.] musings **-syn** [dream-]vision **-tydare** *o.* **-tyderska** interpreter of dreams **-tydning** interpretation of dreams ([resp.] a dream)
drönare 1 [bi] drone [bee] **2** [pers.] sluggard
du *pers. pron* you; *dig* you, [rfl.] yourself ([i adverbial m. beton. rumsprep. vanl.] you); [för ex. jfr äv. *jag*]; *~ gode Gud!* good Lord!; good heavens (gracious)!; *kära ~!* my dear! **dua** *tr, ~ ngn* address a p. as 'du', [friare] be on familiar terms with a p.; *vi ~ r varandra* [äv.] we have dropped the titles
dubb stud [äv. bil-], knob; [plugg] [wooden] nail (pin)
1 dubba *tr* dub, *till riddare* a knight
2 dubba *tr* [film] dub
3 dubba *tr* [däck] provide.. with studs
dubbel I *a* double; [tvåfaldig äv.] twofold; [*det*] *dubbla antalet* double (twice) the number, double (twice) as many; *ligga ~ av skratt* lie doubled up with laughter; *priserna har stigit till det dubbla* prices have doubled **II** *s* doubles [pl.], [match] doubles match **-arbete 1** [som görs två gånger] duplication of work **2** [två arbeten] two jobs; [*husmor*] *med ~..* with an outside job **-beskattning** double taxation **-bottnad** *a* [dubbeltydig] ambiguous **-bössa** double-barrelled [shot]gun **-dörr** [två dörrhalvor] twin door; *~ ar* [innerdörr och ytterdörr] double doors **-exponera** *tr* expose.. twice **-filig** *a* two-laned, two-lane.. **-gångare** double **-haka** double chin **-knäppt** *a* double-breasted **-liv** double life **-mening** double sense (meaning) **-moral** double standard [of morality] **-namn** double-barrelled name **-rum** double room **-sidig** *a* two-sided; *~ lunginflammation* double pneumonia **-spel** [bedrägeri] double-dealing; *spela ~* play a double game **-spårig** *a* double-tracked
dubbelt *adv* [i dubbelt mått] doubly, [två gånger] twice; *~ så gammal* [*som*] twice as old [as]; *~ upp* as much again; *betala (se) ~* pay (see) double **dubbeltimme** [skol.] double-hour (two-hour) lesson **dubbeltydig** *a* ambiguous **dubbelvikt** *a* doubled; *~ krage* turn-down collar **dubblera** *tr* double; *~ ett tåg* run a relief train **dubblett 1** duplicate **2** [två rum] two-roomed flat ([amer.] apartment) [without a kitchen]
dubblettnyckel duplicate key
duell duel, *på pistol* with pistols **-ant** duel[l]ist **-era** *itr* [fight a] duel
duett duet
dug|a *itr* [allm.] do, [vara lämplig, passa äv.] be suitable (fit), [passa sig äv.] be fitting (becoming), [vara god nog] be good enough, *till, åt, för* [i samtl. fall] for; *det -er* that will do (be all right); *det -er inte!* that will never do!, that is no good!; *..-er inte till någonting (ingenting till)..* is [etc.] no good; *vad -er han till?* what is he good for?; *visa vad man -er till* show what one can do, show what one is capable of; *det heter ~ det!* that's pretty good (fine)! **-ande** *a* [om pers.] *se duglig*
dugg 1 [regn] drizzle **2** [dyft], *inte ett ~* not a thing (bit); *inte ett ~ blyg* not a bit (not the least) shy; *det är inte värt ett ~* it isn't worth a brass farthing; [*jag har glömt (läst, ätit upp)*] *vartenda ~* ..every scrap (single bit) of it **dugga** *itr* drizzle; *det ~r* [*med*] *ansökningar* applications are pouring in **duggregn** drizzling rain
duglig *a* capable, [skicklig äv.] able, [kompetent äv.] competent **-het** capability [osv.]
duk cloth, [bord~ äv.] table-cloth; [segel~, målar~, oljemålning] canvas; [*den*] *vita ~en* the screen
1 duka *tr itr, ~* [*bordet*] lay (spread) the table; *ett ~t bord* a table ready laid; *~ av* [*bordet*] clear the table; *~ fram (upp)* [eg.] put.. on the table; *~ upp en historia* cook up a story
2 duka *itr, ~ under* succumb, *för* to
duktig *a* **1** [bra o.d.]: [allm.] good, *i* at, [*i*] *att* [inf.] at [ing-form]; [duglig äv.] capable (*i* at, in, [*i*] *att* [inf.] at (in) [ing-form]), [skicklig äv.] clever, *i* at, [*i*] *att* [inf.] at [ing-form]; [kunnig] proficient, *i* in, at, [*i*] *att* [inf.] in [ing-form]; *det var ~t!* that's fine!, well done!; *vara ~ i skolan* be doing well at school **2** [[fysiskt] stark o.d.] strong; *ro med ~a tag* row vigorously **3** [orädd, käck] brave **4** F [stor o.d.]: [allm.] big, large; [ganska stor] good-sized; [ansenlig] considerable, [riklig] substantial **duktigt** *adv* **1** well, capably [osv.], *jfr duktig 1* **2** [med besked] with a vengeance; *arbeta ~* work hard (with a vengeance); *äta ~* eat heartily; *få ~ med stryk* get a jolly good thrashing
dum *a* stupid, [isht amer.] F dumb, [enfaldig] silly, foolish; [förarglig] annoying; [barnspr.: 'elak'] nasty, *mot* to; *inte* [*så*] *~* [oäven] not bad; *han är ingen ~ karl* he is no fool; *~t prat* [stuff and] nonsense; *så ~ jag var!* what a fool I was!; *han är inte så ~ som han ser ut* he is not such a fool as he looks

-bom fool, idiot, ass; *din ~!* you fool [etc.]! **-dristig** *a* foolhardy **-dristighet** foolhardiness [end. sg.]; *en ~* a piece of f. **-dryg** *a* pompous **-dryghet** pomposity **-het** [egenskap] stupidity, dumbness, foolishness [osv.]; [handling] act of folly, stupid thing, blunder; [yttrande] stupid remark; *~er!* nonsense! rubbish!; *prata ~er* talk nonsense (rubbish); *vad är det här för ~er?* what's all this nonsense? **-huvud** blockhead
dumma *rfl* [uppföra sig dumt] make a fool (an ass) of oneself, [begå en dumhet] make a blunder **dummerjöns** simpleton, oaf [pl. äv. oaves]
dumpa *tr itr* dump
dumsnut silly idiot (fool)
dun [koll.] down [end. sg.]
dund|er [ljud] rumble, thunder; *med ~ och brak* with a crash **-ra** *itr* thunder, [om åska] rumble, roar
dunge group of trees, [lund] grove
dunig *a* downy, fluffy
1 dunk [behållare] can
2 dunk I *s* **1** [dunkande] thumping, [regelbundet] throb[bing] **2** [slag, knuff] thump **II** *itj* thump! **dunka** *itr tr* thump, [om puls, maskin o.d.] throb; *~ på pianot* pound away at (pound on) the piano; *~ ngn i ryggen* slap (thump) a p. on the back
dunkel I *a* [skum] dusky, obscure, [[rätt] mörk] dark[ish], [mörk o. dyster] gloomy; [oklar] dim, [obestämd] vague; [[svårfattlig o.] oklar] obscure; [hemlighetsfull] mysterious **II** *s* dusk, [dystert] gloom; [oklarhet] dimness, obscurity; *höljd i ~* [bildl.] wrapped in mystery
dunkudde down pillow
duns *s o.* **dunsa** *itr* thud
dunst 1 [ånga] vapour, fume; [utdunstning] exhalation; *slå blå ~er i ögonen på ngn* pull the wool over (throw dust in) a p.'s eyes **dunsta** *itr, ~ [av (bort)]* evaporate; F [smita] make oneself scarce, hop it; *~ ut* [bildl.: sippra ut] transpire
dupera *tr* take in, dupe; *låta ~ sig (sig ~s)* allow oneself to be taken in (duped)
dupli|cera *tr* duplicate **-cering** duplication **-ceringsmaskin** duplicator **-kat** duplicate
dur major; *gå i ~* be in the major key
durk 1 [golv] floor **2** [ammunitions~] magazine
durk|driven *a* [skicklig] clever, [driven] practised, *i* at; [utstuderad] cunning; [inpiskad] thorough-paced.. **-slag** colander, cullender
dus *se sus 2*
dusch shower[-bath] [äv. ~apparat, ~rum]
duscha I *itr* have a shower[-bath] **II** *tr* give ..a shower[-bath]
duskål *se brorskål*

dussin dozen ([förk.] doz.); [*10 kr*] *~et (per ~)* ..a dozen **-människa** commonplace person **-tals** *a* [dozens and] dozens [subst. i pl.], *människor* of people **-vis** *adv* [per dussin] by the dozen
dust [kamp] fight, tussle, [bildl. äv.] passage [of arms]
dusör gratuity
duv|a pigeon; dove [äv. bildl.] **-blå** *a* pigeon-blue
duven *a* [om dryck] flat, stale; [om person: dåsig] drowsy, heavy
duvhök goshawk
duv|slag dovecot[e], pigeon-house **-unge** young pigeon; *jag är ingen ~* I was not born yesterday
dval|a [tung] lethargy, torpor [bägge äv. bildl.], [onaturlig] trance; *ligga i ~* lie dormant, [zool.] hibernate **-lik[nande]** *a* lethargic, torpid, trance-like
dvs. [förk.] i.e., that is [to say]
dväljas *itr. dep* sojourn, abide
dvärg dwarf, [i sagor äv.] gnome; [på cirkus o.d.] midget **-artad** *a* dwarfish **-björk** dwarf birch **-folk** pygmy people **-pinscher** miniature pinscher
dy mud, sludge; [isht bildl.] mire, slough **-blöt** *a* soaking wet
dyft *se dugg 2*
dygd virtue **dygdemönster** paragon of virtue **dygdig** *a* virtuous
dygn day [and night]; *ett (två) ~* [äv.] twenty-four (forty-eight) hours; *arbeta hela ~et (~et om)* work [the whole] day and night; *en gång per ~ (om ~et)* once a day, once every twenty-four hours
dyig *a* muddy, sludgy, miry
dyka *itr* dive; [snabbt o. kortvarigt] duck; *~ ned i* dive into; *~ på ngn* F pounce upon a p.; *~ upp* emerge, *ur* out of **dykand** sea duck **dykardräkt** diving-dress **dykare** diver **dykarklocka** diving-bell **dykarsjuka** caisson disease, F the bends
dykning [dykande] diving; [enstaka] dive, plunge
dylik *a* ..of that (the) sort (kind), ..like that, such, [liknande] similar; *eller (och) ~t* or (and) the like, or (and) suchlike [things]
dyn dune, sand-hill
dyna cushion
dynamisk *a* dynamic [äv. bildl.], dynamical **dynamit** dynamite **dynamitard** dynamiter, dynamitard
dynasti dynasty
dyng|a dung; muck [äv. bildl.] **-grep[e]** dung-fork **-hög** dunghill
dyning, *~[ar]* swell [sg.]
dypöl [mud-]puddle
dyr *a* expensive, [som kostar mer än det är värt, vanl.] dear [äv. 'älskad']; [helig] sa-

cred; *för ~ a pengar* at great expense; *~ a priser* high prices; *han är ~ på sina varor* he charges a high price (a lot) for his goods; *nu är goda råd ~a* [ung.] now we are ([resp.] I am) in a mess **-bar** *a* **1** [dyr] costly; dear, expensive **2** [värdefull] valuable, [som man är rädd om] precious **-barhet** [konkr.] article of [great] value; *~er* [äv.] valuables **-grip** *se -barhet*

dyrk skeleton key, picklock

1 dyrka *tr, ~ upp* [lås] pick

2 dyrka *tr* [tillbedja] worship; [beundra] adore, [avguda] idolize **dyrkan** worship, adoration

dyrkfri *a* [om lås] unpickable, [om kassaskåp] burglar-proof

dyrköpt *a* [attr.] dearly-bought **dyrort** [dyr ort] locality with a high cost of living

dyrortsgruppering regional division according to cost of living **dyrt** *adv* expensively, dear[ly], *jfr dyr 1;* [för ett högt pris] at a high price; *sälja (köpa) ~* sell (buy) dear; *lova ~ och heligt* promise solemnly **dyrtid** period of high prices **dyrtidstillägg** cost-of-living allowance

dyscha[tell] couch

dyster *a* gloomy, dismal, dreary; [svårmodig] sad, melancholy **-het** gloom; gloominess [osv.]; melancholy

dyvåt *a* soaking wet

då I *adv* [allm.] then, [den gången, dåförtiden äv.] at that time, in those days, [i så fall äv.] in that case, [om så är äv.] if so, that being so; *[just]* ~ [just] at the time; *~ och ~* now and then; *nå, ~ så!* [då är det ju bra] well, it's all right then!; *vad nu ~?* what's up now?; *förstår du ~ inte att..* but can't you see that..; *det var ~ det!* times have changed [since then]!; *när (vem) ~?* when (who)? **II** *konj* **1** [tempor.] when [äv. rel.]; [vid det laget (den tid) då äv.] by the time [that]; [just som] [just] as; [medan] while; *den dag ~* ..the ([ss. adv.] on the) day when (that)..; *nu ~* now that, F now, [nu medan] now while; *~ jag var barn* when ([medan] while) I was a child **2** [kausal] as, [i betraktande av att] seeing [that]; *~ ju* since

dåd [ill~] outrage; [bragd] deed, feat, exploit

dåförtiden *adv* at that time

dålig *(jfr sämre, värre, sämst, värst) a* **1** [allm.] bad, ['skral' äv.] poor; [sämre sorts] inferior; [svag, klen] weak; *ha ~ hörsel* be hard of hearing; *vara vid ~ kassa* be short of cash; *~ lön* low pay; *en ~ människa* a bad ([stark.] wicked) person; *~ sikt* poor visibility; *~ smak* bad taste [äv. bildl.]; [*tala*] *~ svenska* ..poor Swedish; *en ~ tanke om* a poor opinion of; *~a tider* hard (bad) times; *~a tänder* bad teeth; *~a utsikter* a bad outlook, poor prospects; *~a varor* inferior goods; *det här äpplet är ~t* this apple is a poor one ([ruttet] is bad); *det var inte ~t det!* that's not bad (not half good)!; *han är ~ i engelska* he is poor (bad) at English; *det är ~t med [disciplinen]* ..is bad; *det blir ~t med potatis i år* there will be a shortage of potatoes this year **2** [krasslig] poorly, unwell, [inte riktigt kry] out of sorts; [illamående] sick; *bli ~* be taken ill; *jag känner mig ~* [vanl.] I don't feel [very] well

dålighet badness [end. sg.]; *dra ut ngn på ~er* lead a p. into bad ways **dåligt** *(jfr sämre, värre, sämst, värst) adv* badly, [ofullkomligt, 'skralt' äv.] poorly; *jfr illa; affärerna går ~* business is bad; *hans firma går ~* his firm is doing badly; *det går ~* [allm.] things are in a bad way; [*hur går det för dig med det där arbetet?*] [*Det går*] *~t* ..Not at all well!; *det går ~t för honom* he is in a bad way, [i skolan] he is not doing very well; *ha ~ med, se ond II 3 c; se ~* see badly, [ha dålig syn] have a bad eyesight; *~ utrustad* ill-equipped, poorly equipped

dån roar[ing], [åsk~] roll[ing], [av kanoner o. kyrkklockor] boom[ing]

1 dåna *itr* [dundra] roar, roll, boom; *jfr dån*

2 dåna *itr* [svimma], ~ [*av*] faint, swoon

dåraktig *a* foolish, silly, [stark.] idiotic, insane **dåre** fool, idiot, nitwit, [tokstolle] loony **dårhus** madhouse **dårskap** folly

dås|a *itr* doze, drowse, [lata sig] laze **-ig** *a* drowsy, somnolent, heavy

då|tida *a, ~ seder* the customs of that time (day) **-varande** *a,* [*den*] *~ ägaren* [*till huset*] the then owner.. ; *under ~ förhållanden* [vanl.] as things were then

däck 1 [⚓] deck **2** [på hjul] tyre, [amer.] tire; [fackl.] cover **däckad** *a* [⚓] decked **däckslast** deck-cargo **däcksplats** deck accommodation [end. sg.]

däggdjur mammal

dämma *tr, ~* [*av (för, upp)*] dam [up]

dämpa *tr* [eg.] moderate, [stark.] subdue; [bildl.: iver, hänförelse m.m.] damp [down]; *detta ~de stöten* that cushioned (softened) the shock **dämpad** *a* subdued; [om musik o. vanl. om belysning, färg] soft

dän *adv* away, off; [*dit och*] ~ ..back

dänga *tr, ~ igen dörren* bang the door to; *~ näven i bordet* bang one's fist on the table; *~ till ngn* give a p. a blow

där *adv* **1** [demonstr.] there; *den (så, sådan) ~ , se under den B II, 3 så, sådan; här och ~, se under 2 här; ~ bak (bakom* [m.fl.]) [ss. adv.] *se under därbak, därbakom* [m.fl.]; *~ bakom mig* there behind me; *~ i huset* in that house; *han ~* that fellow;

~ *har du!* [var så god!] there you are!; ~ *har (fick) du!* [till den man slår] take that!; ~ *har vi det!*, ~ *ser du!* there you are!; [*han sade att han*] *bodde ~ och ~ ..* lived in such and such a street ([resp.] place); *det var ~ som.., se under 2* [ned.] **2** [rel.] where; [varhelst] wherever; [*hon är så söt*] ~ *hon sitter ..*sitting there

där|an *adv, vara illa ~* [sjuk] be in a bad way, [illa ute] be in a fix **-av** *adv* [av denna (den, dessa, dem m.fl.)] of [el. annan prep., *jfr av*] that ([resp.] it, those, them [m.fl.]); *på grund ~* for that reason; ~ *följer att..* [thence (from that)] it follows that ..; *men ~ blev ingenting* but nothing came of it **-bak** *adv* at the back [there] **-bakom** *adv* behind that [osv.], *jfr därav;* [bakom där] behind there **-borta** *adv* over there **-bredvid** *adv* beside that [osv.], *jfr därav* **-efter** *adv* **1** [om tid]: [efter detta] after that, [sedan] then, afterwards **2** [i enlighet därmed] accordingly, according to that; *det blev också ~* the result was as might be expected **-emot** *adv* **1** [emellertid] however, [å andra sidan] on the other hand, [tvärtom] on the contrary; *jag ~ tror..* [äv.] as for me, I think..; *då ~* whereas; while [, on the other hand,] **2** [mot denna etc.] towards that; *jfr vid. därav; ett ~ svarande belopp* a corresponding amount

därest *konj* if, in case, [förutsatt att] provided [that]

där|framme *adv* [därborta] over there **-för** *adv* **1** [fördenskull] so, hence [båda end. i satsens början], therefore, [av den orsaken] for that (this) reason, [följaktligen] consequently; *och ~* [and] so, and therefore; *det är alltså ~!* so that's why!; ~ *är jag.., det är ~* [*som*] *jag är..* that is [the reason] why I am.., it is for that reason that I am.. **2** ~ *att* because; *inte ~ att..* not because (that).. **3** [för denna etc.] for that; *jfr vid. därav* **-hemma** *adv* at home **-hän** *adv* **1** [så långt] so far **2** *lämna.. ~* leave.. open **-i** *adv* in that; *jfr vid. därav;* [i detta avseende] in that respect; [*ett skrin*] *med ~ liggande nipper ..*with trinkets in it; ~ *gjorda påståenden* [kansl.] statements made therein; ~ *inbegripet* including; *jfr äv. häri* [ex.] **-ibland** *adv* among them **-ifrån** *adv* [lokalt] from there; [från denna osv.] from that, *jfr vid. därav; långt ~* [bildl.] far from it; *ut ~* out of it, [ut ur rummet etc.] out of the room [etc.]; ~ *avgår rabatten* discount will be deducted; *han gick ~* he left [the place]; *det var ~ han kom* that's where he came from

däri|genom *adv* **1** [bildl.]: [på så sätt] by that, in that way, [på grund därav] owing to that, [tack vare detta] thanks to that; ~ [*genom att göra det*] *kunde han..* by doing so he could.. **2** [igenom denna osv.] through that; *jfr vid. därav;* [genom där] through there **-inne** *adv* in there; ~ *i* [*rummet*] there in.. **-jämte** *adv* besides [osv.], *jfr dessutom*

där|med *adv* with that; *jfr vid. därav;* ~ *var saken avgjord* that settled the matter; ~ *är inte sagt att..* that is not to say that..; ~ *är vi inne på..* that brings us to..; *i enlighet ~* accordingly; *i samband ~* in that connection **-nedanför** *adv* down below there **-nere** *adv* down (below) there **-nerifrån** *adv* from down there **-näst** *adv* next, in the next place, then **-om** *adv* about that; *jfr vid. därav; norr (höger) ~* [to the] north (to the right) of it; *ett förslag ~* a proposal to that effect **-omkring** *adv* **1** [all] round there; [*Stockholm*] *och trakten ~ ..*and environs **2** [så ungefär], *eller ~* or thereabout[s] **-ovan** *adv* up there **-ovanpå** *adv* on [the] top of that [osv.], *jfr därav* **-på** *adv* **1** [om tid] *se -efter 1* **2** [på denna osv.] on that; *jfr vid. därav; det beror ~ att han är..* it is due to the fact that he is (to his being)..; [*sockeln*] *med den ~ stående statyn ..*with the statue on it

där|städes *adv* there **-till** *adv* **1** to that, *jfr vid. därav; med hänsyn ~* in view of that; *orsaken ~* the reason for that ([till att man gör så] for doing so); ~ *kommer att han..* moreover, he.. **2** [dessutom] besides [osv.], *jfr dessutom*

där|under *adv* under that; *jfr vid. därav;* [under där] under there; *och ~* [mindre än detta] and less; *barn på tolv år och ~* children of twelve and under (below [that age]); *belopp på 100 kronor och ~* amounts not exceeding 100 kronor **-uppe** *adv* up there **-uppifrån** *adv* from up there **-ur** *adv* out of that [osv.], *jfr därav* **-utanför** *adv* outside **-ute** *adv* out there **-utifrån** *adv* from out there **-utöver** *adv* [ytterligare] in addition [to that], [mer] more; [*100 kronor*] *och ~ ..*and upwards

där|varande *a* ..there, local..; *jfr härvarande* **-varo** stay there, [närvaro] presence [there] **-vid** *adv* at that; *jfr vid. därav;* [om tid äv.]: [vid det tillfället] on that occasion, [då] then; [i det sammanhanget] in that connection; ~ *blev det* there the matter rested; ~ *föll han och..* in so doing he fell and..; [*han begärde tillstånd*] *och stödde sig ~ på ..*basing his petition on **-vidlag** *adv* [i detta avseende] in that respect

där|åt *adv* **1** [åt det hållet] in that direction, that way; *någonting ~* something like that **2** [åt denna osv.] at that; *jfr vid. därav* **-över** *adv* **1** over that; *jfr vid. därav* **2** *se därutöver*

däst *a* bloated; *känna sig* ~ feel absolutely full up
dö *itr* ([ibl.] *tr)* die, [avlida äv.] pass away, [omkomma äv.] perish, be killed; *jag är så hungrig så jag kan* ~ I'm dying of hunger; *här är så tråkigt så man kan* ~ I am bored to death here; ~ *av cancer (hunger, skräck)* die of cancer (hunger, fright); ~ *av längtan efter ngt (efter att* [inf.]*)* be dying for a th. (to [inf.]); *hålla på (vara nära) att* ~ *av nyfikenhet (skratt)* be dying of curiosity (with laughter); ~ *av överansträngning (ett sår)* die from overwork (from *el.* of a wound); *vad dog han av?* what did he die of?; *det* ~*r han inte av* [bildl.] that won't kill him; ~ *för egen hand* die by one's own hand; ~ *i cancer* die of cancer; *en* ~*ende* a dying person (man [resp.] woman), one about to die; ~ *bort* [bildl.] die away (down); ~ *ut* die out, [om ätt äv.] die off, become extinct
död I *a* dead [äv. bildl.]; [livlös] inanimate; *Döda havet* the Dead Sea; ~*a punkter* [bildl.] dull moments; ~ *den 5 maj* died on 5th May; *den* ~*e* the dead man, [den avlidne] the deceased; *de* ~*a* the dead; *uppstå från de* ~*a* rise from the dead; ~*a och sårade* dead (killed) and wounded, casualties **II** *s* death, [frånfälle (isht jur.)] decease, demise; ~*en* [vanl.] death, [personifierad] Death; ~*en inträdde kl. 6* he (she) died at 6 o'clock; *det blir hans* ~ it will be the death of him; *du är* ~*ens om..* you are a dead man (you are done for) if..; *få en bråd* ~ come to a sudden end; *ta (få)* ~ *på* kill [off], [slå ihjäl] put.. to death, kill, [utrota] exterminate; *ligga för* ~*en* be dying, be nearing one's end; *gå i* ~*en för* die for, go to one's death for; *vara nära* ~*en* be at death's door; [*misshandla ngn*] *till* ~*s* ..to death; *sörja sig till* ~*s* die of grief; *sårad till* ~*s* mortally wounded
död|a *tr* **1** kill [äv. bildl.] **2** H [bankbok etc.] cancel **-ande I** *s* killing; cancellation **II** *a, se dödlig* **-da**[**ga**]**r** *pl, till* ~ to the end of my [etc.] life **-full** *a* [pred.] dead drunk **-född** *a* stillborn; *ett -fött företag* an abortive enterprise **-förklara** *tr* officially declare..dead **-grävare** grave-digger **-kött** proud flesh **-lig** *a* mortal, [dödsbringande äv.] deadly, fatal, lethal; *en* ~ *dos* a lethal dose; *ett* ~*t gift* a deadly poison; *en* ~ *sjukdom* a mortal disease, a fatal illness; *en vanlig* ~ an ordinary mortal (human being) **-lighet** mortality **-läge** [bildl.] deadlock, stalemate
döds|annons [i tidning] announcement in the deaths column, obituary notice; *hans* ~ the announcement of his death **-attest** death certificate **-blek** *a* deathly pale **-bo** estate [of a deceased person] **-bud,** ~*et* the news of his [etc.] death **-bädd** death-bed; *ligga på* ~*en (sin* ~*)* be on one's death-bed **-dag,** *hans* [etc.] ~, ~*en* the day ([årsdagen] anniversary) of his [etc.] death **-dom** sentence of death **-dömd** *a*.. sentenced (condemned) to death; *han är* ~ [*av många läkare*] he has been given up..; *försöket är -dömt* the attempt is foredoomed to failure **-fall** death **-fara,** *han var i* ~ he was in danger of his life (in mortal danger) **-fiende** mortal enemy **-fruktan** fear of death **-fälla** death-trap **-förakt** contempt of (for) death; [*hoppa i det kalla vattnet*] *med* ~ ..without flinching **-föraktande** *a* intrepid **-förskräckt** *a, bli* ~ be scared to death **-hjälp** [läk.] euthanasia
döds|kamp death-struggle **-mask** death-mask **-offer** [vid olycka] victim; *antalet* ~ the death toll, the number of fatal casualties **-olycka** fatal accident **-orsak** cause of death **-rossling,** ~[*ar*] death-rattle [sg.] **-runa** obituary [notice] **-ryckningar** *pl* death-throes [äv. bildl.] **-sjuk** *a* dying; [oeg. F pred.] terribly ill **-straff** capital punishment **-stöt** death-blow [äv. bildl.] **-synd** [bildl.] crime; *de sju* ~*erna* the Seven Deadly Sins **-sätt** manner of death **-trött** *a* [pred.] dead tired, dog-tired **-tyst** *a*..[as] silent as the grave, deathly still **-tystnad** dead silence
död|säsong *o.* **-tid** slack (off) season, seasonal lull **-vatten** dead water; [bildl.] deadlock **-vikt** deadweight
dölja *tr* conceal, [isht gömma äv.] hide, [maskera äv.] disguise, veil, *för* [i samtliga fall] from; *jag har inget att* ~ I have nothing to hide; *hålla sig dold* be [in] hiding, keep under cover; *jfr dold*
döm|a *tr itr* **1** [allm.] judge, *av, efter* by, from; [isht i brottmål] sentence, condemn; ~ *ngn att betala skadestånd* order a p. to pay damages; *att* ~ *av..* judging (to judge) from (by)..; *av allt att* ~ to all appearances; *döm om min förvåning när..* judge of (imagine) my surprise when..; ~ *ngn till* [*50 kronors*] *böter* fine a p. [50 kronor]; ~ *ngn skyldig* [*till..*] convict a p. (find a p. guilty) [of..]; *planen är -d att misslyckas* the scheme is foredoomed to failure **2** [sport.]: [allm. idrott, kapplöpning m.m.] act as judge, [tennis m.m.] umpire, [fotboll, boxn.] referee
döp|a *tr* baptize, [ge namn äv.] christen, [fartyg] name, christen; *..är -t till N.* ..was christened N.; ~ *om* rename
dörr door, [~ öppning äv.] doorway; *stå för* ~*en* [bildl.] be at hand, be near; [*nyckeln*] *sitter i* ~*en* ..is in the lock; *köra ngn på* ~*en* turn a p. out; *visa ngn på* ~*en* show a p. the door; *jag har inte varit utom* ~*en i dag* I have not been out today **-handtag**

door-handle, [runt] door-knob **-klocka** door--bell **-knackare** hawker, pedlar, [tiggare] beggar **-matta** door-mat **-nyckel** door--key, latchkey **-skylt** door-plate **-springa** chink [of the door] **-stängare** door-check, door-closer **-tröskel** doorsill, threshold **-vakt[are]** door-keeper, porter **-vred**= *-handtag* **-öppning** doorway

döv *a* deaf, *för* [*alla varningar*] to .., *på* [*ena*] *örat*] in ..; *vara* ~ [lomhörd] be hard of hearing **döva** *tr* [lindra] deaden, assuage; ~ *hungern* still one's hunger; ~ *samvetet* silence one's conscience **dövhet** deafness, [lomhördhet] hardness of hearing **dövstum** *a* deaf and dumb; *en* ~ a deaf mute **döv-stum[s]institut** deaf-and-dumb institution **dövörat,** *han slog* ~ *till* he just wouldn't listen, *för* to

E

eau-de-vie ordinary [Swedish] brandy
ebb ebb[-tide], low tide; ~ *och flod* the tides [pl.], ebb and flow; *det är* ~ the tide is [going] out; *vid* ~ at low water
ebenholts ebony
ebonit ebonite
ecklesiastikdepartementet *se utbildningsdepartement*
ed oath, [svordom äv.] curse; *gå (avlägga)* ~ *på det* take an oath on it, swear to it
eder *pron, se er*
edlig *a* sworn, ..on oath; *under* ~ *förpliktelse* under oath **edsvuren** *a* sworn
effekt 1 [verkan, intryck] effect, [resultat] result; *göra (ha) god* ~ produce (have) a good effect **2** [tekn. o. fys.] power **effektfull** *a* striking, effective **effektförvaring** [konkr.] left-luggage office, cloak-room **effektiv** *a* **1** [om sak] effective, [verksam äv.] efficacious, [faktisk, t.ex. om arbetstid, ränta, äv.] actual; ['som gör susen'] effectual **2** [om pers.] efficient **effektiv[is]era** *tr* render .. [more] effective **effektivitet** [*jfr effektiv*] effectiveness, efficac[it]y; efficiency [äv. verkningsgrad] **effektuera** *tr* H execute, fill
efter I *prep* [se äv. under resp. huvudord] **1** [allm.] after, [bakom äv.] behind, [följande på äv.] following; [*närmast (näst)*] ~ next to; [*omedelbart (genast)*] ~ on, immediately after; ~ [*det*] *att* [konj.] after; ~ *slutat arbete* after (when) work is over; *dag* ~ *dag* day after day; ~ *en timme* [vanl.] an hour later; *dra*.. ~ *sig* draw.. behind one, drag .. along; *stå* ~ *ngn i kön* stand behind a p. in the queue; *städa* ~ *sig* tidy up after oneself; *vara* [*långt*] ~ *de andra* be [far] behind the others [äv. bildl.]; *det är* ~ *midnatt* it is after (past) midnight
2 [för att få [tag i] o.d. samt i uttr. för 'längtan' vanl.] for; *böja sig* ~ *ngt* stoop to pick up a th.; *springa* ~ *flickor* run after girls; *på språng* ~ in search of; *polisen var* ~ *honom* the police were after him; ~ *honom!* catch him!
3 [enligt]: [vanl.] according to, [i vissa uttr.] in, [med ledning av o.d. äv.] by, from, on, to, [efter förebild (mönster) av äv.] after; [*segla*] ~ *kompass (stjärnorna)*..by the compass (the stars); ~ *min mening* in my opinion, to my mind; [*klippa till*] ~ *ett mönster* ..from a pattern; ~ *denna princip* on (according to) this principle; ~ *gällande priser* on the basis of present prices; [*huset byggdes*] ~ *hans ritningar* ..to his design; ~ *Strindberg* after [the manner of] Strindberg; ~ *vad jag hoppas (tror)* as I hope (believe); ~ *vad han säger* according to him; ~ *vad jag vet* as far as I know
4 [längs efter] along; [nedför] down; [uppför] up
5 [[i riktning] mot] at
6 [[efterlämnad] av] of; *spåret* ~ *en räv* the track of (left by) a fox
7 [från] from; *ögonen har han* ~ *sin far* he has got his father's eyes
8 [räknat från] of; [alltsedan] since; [[in]om] in; ~ *en stund* in (after) a little while
9 ~ *hand* [småningom] gradually, by degrees, little by little; ~ *hand som* [according] as
II *adv* [se äv. beton. part. under resp. enkla vb samt *I 2* ovan] **1** [om tid] after; *kort* ~ shortly after[wards] **2** [bakom, kvar, på efterkälken] behind; [*jag gick före och*] *hon kom (sprang* [etc.]) ~ ..she came (ran [etc.]) after (behind) me; *vara* ~ *med* be behind (behindhand) with
III *konj,* ~ [*det att*] after
efter|anmälan *o.* **-anmälning** [sport.] late entry **-apa** *tr* ape, mimic, imitate, copy; [i bedrägligt syfte] counterfeit **-apning** [konkr.] imitation; counterfeit **-arbete** [kompletterande] supplementary work **-behandling** [läk.] after-treatment, follow-up **-beskattning** additional (supplementary) taxation **-beställning** additional (repeat) order, reorder **-bilda** *tr* imitate, copy **-bildning** imitation, copy **-bliven** *a* [i utvecklingen] backward **-datera** *tr* post-date **-debitera** *tr* debit.. afterwards **-dyning,** ~*ar* [bildl.] repercussions; [efterverkningar] aftermath [sg.], after-effects, *efter* of **-forska** *tr* [söka utröna] inquire into, investigate; [söka efter] look for **-forskning** [undersökning] investigation, inquiry; *anställa* ~*ar efter* institute a search for **-fråga** *tr* **1** *se fråga* [*efter*] **2** [*mycket*] ~*d* [-sökt] ..in [great] demand **-frågan 1** [förfrågan] inquiry [äv. *-frågning*] **2** H demand, *på* for **-följande** *a* following, [sedermera följande] subsequent **-följansvärd** *a* ..worth following, ..worthy of imitation **-följare** [efterhärmare] imitator **-följd,** *vinna* ~ be followed; *exemplet manar till* ~ the example is worthy of imitation (worth following) **-gift** concession; [av skatt, skuld o.d.] remission **-given** *a* indulgent, yielding, compliant, *mot* to[wards] **-givenhet** indulgence, yieldingness, compliance **-gjord** *a* imitated; ..*är dåligt* ~ ..is a bad imitation **-granska** *tr* [syna] scrutinize; [kontrollera

igen] re-check **-granskning** scrutiny; re--check
1 efterhand *adv, se efter I 9*
2 efter|hand, *i* ~ [efter de andra] last, after the others; [efteråt] afterwards **-hängsen** *a* persistent [äv. om t.ex. snuva], ..difficult to shake off **-hängsenhet** persistency **-klang** [bildl.] [faint] echo **-klok** *a* ..wise after the event **-komma** *tr* [önskan] comply with, [befallning] obey **-kommande** *s, våra* ~ our descendants **-krav** cash on delivery, [förk.] C.O.D.; *sända varor mot* ~ send goods C.O.D. **-krigstiden** the post--war period **-kälke,** *komma på* ~*n* get behindhand; fall (get left) behind **-känning** after-effect **-leva** *tr* [lag] obey, conform to, [föreskrift] observe **-levande I** *a* surviving **II** *s, de* ~ the surviving relatives, the survivors **-levnad,** *lagarnas* ~ the observance of the laws **-likna** *tr* imitate; *söka* ~ [vara lika bra som] try to equal, *i* in **-lysa** *tr* [misstänkt o.d.: sända ut signalement på] issue a description of; [något förkommet, genom annons] advertise the loss of; *han är -lyst [av polisen]* he is wanted [by the police] **-lysning** [som rubrik] Wanted [by the Police]; [i radio] police message; *-lysningen av A.* the issuing of a description of A.; ~ *av* [förkommet föremål] advertisement (notice) of the loss of.. **-låten** *a o.* **-låtenhet** *s, se -given, -givenhet* **-lämna** *tr* leave; *hans* ~*de förmögenhet* the fortune he left [at his death]; ~*de skrifter* posthumous works **-längtad** *a* [much] longed-for..
efter|middag afternoon; *kl. 3* ~*en* ([förk.] *e.m.)* at 3 o'clock in the afternoon ([förk.] at 3 p.m.); *i* ~*[s], i dag på* ~*en* this afternoon; *på* ~*en, på (om)* ~*arna* in the afternoon **-middagskaffe** afternoon coffee **-mäle** [minnesruna] obituary [notice]; [eftervärldens omdöme] posthumous reputation **-namn** surname, family name **-räkning,** ~*ar* [påföljder] [unpleasant] consequences **-rätt** sweet, [av frukt] dessert; F afters [pl.]; [amer.] dessert **-rättelse,** *lända (tjäna) till* ~ be a guide (*för ngn* to a p.), [åtlydas] be observed **-satt** *a* [försummad] neglected **-seende,** *vid närmare* ~ on a closer inspection **-skickad** *a, du kommer som* ~ you are the very one we want **-skott,** *i* ~ in arrears, [efter leverans] after delivery **-skrift** postscript **-skänka** *tr* remit; ~ *ngn skulden* remit a p.'s debt **-skörd** aftercrop; [bildl.] gleanings [pl.] **-släckning 1** [eg.] final extinction of a fire **2** [efter fest ung.] follow-up party **-släng,** *en* ~ *av [influensa]* another slight bout of.. **-släpning** lag, falling behind; [om arbete] backlog **-smak** after-taste; *en obehaglig* ~ a bad taste [in the mouth] [äv. bildl.] **-som** *konj* [då ju] since, [då] as, [i betraktande av att] seeing [that]; *allt* ~ [efter hand som] as **-sommar** late summer **-spana** *tr* search for; ~*d av polisen* wanted [by the police] **-spaning,** ~*[ar]* search [sg.] **-spel** [bildl.] sequel; *få rättsligt* ~ have legal consequences
eftersta *a, [den]* ~ the last (hindmost)
efter|sträva *tr* [söka åstadkomma] [try to] aim at; [söka skaffa sig] try to obtain; [söka nå] try to attain; ~ *makt* strive after power **-strävansvärd** *a* desirable,..worth aiming at **-syn** *se tillsyn* **-sända** *tr* [vidarebefordra] forward, send on [..to the addressee]; *-sändes* [på brev] to be forwarded, please forward **-sändning** [post.] forwarding **-sätta** *tr* [försumma] neglect **-sökt** *a, [mycket]* ~ [anlitad, efterfrågad] ..in [great] demand, [omtyckt] [much] sought-after..; [very] popular
efter|tanke [eftersinnande] reflection, [övervägande] consideration; *med* ~ with due consideration; *utan* ~ without due reflection; *vid närmare* ~ on second thoughts **-trakta** *tr, se trakta [efter]* **-traktad** *a* coveted **-trupp** [⚔] rearguard **-tryck 1** *ge* ~ *åt* lay stress on, emphasize, stress; *med* ~ with emphasis, emphatically, [med kraft] forcibly **2** [av tryckalster]: [konkr.] reprint, [olovligt] pirated edition; ~ *förbjudes* all rights reserved, copyright reserved **-trycklig** *a* emphatic, forcible **-tryckning** reprinting, [olovligt] piracy **-träda** *tr* succeed; ~ .. *på tronen* follow.. on the throne **-trädare** successor; *A. Eks Eftr.* Successor[s] to A. Ek **-tänksam** *a* [eftersinnande] thoughtful, pensive, meditative **-verkning** after-effect; *-verkningar* [efterdyningar äv.] aftermath [sg.] **-världen** posterity; *gå till* ~ be handed down to posterity **-åt** *adv* [om tid] afterwards, [senare] later
egal *a, det är mig* ~*t* it is all the same (all one) to me
eg|en *a* **1** [uttr. tillhörighet (jfr äv. under resp. huvudord)] **a)** [föregånget av gen. el. poss. pron.] own; *hans många -na [barn]* the many..he has himself; *mitt -et hus* my own house; *Din* ~ *Karl* [i brevslut] Yours, Karl; *det var hans -na ord* those were his very words; *bli sin* ~ [öppna egen affär] start a business (shop) of one's own; *vara sin* ~ be one's own master **b)** [föregånget av best. art. (som saknas i eng.) el. då poss. pron. kan utsättas i sv.] one's (my [etc.]) own; *för* ~ *del [kan jag]* for my [own] part ..; *med [mina] -na ögon* with my own eyes **c)** [övriga fall vanl.] ..of one's (my [etc.]) own; *har han -na barn?* has he any children of his own?; *med* ~ *ingång* with a private (separate) entrance; *ha -et rum* have a room to oneself **2** [säregen, karakteristisk] *jfr*

För med **efter-** sammansatta verb jfr äv. vid beton. part. under resp. enkla verb

egendomlig 1 o. 2
egen|art distinctive character, individuality **-artad** *a* peculiar, singular **-dom** [tillhörighet[er]] property; [jord~, lant~] estate; *fast (lös)* ~ real (personal) property (estate)
egendomlig *a* **1** [sällsam, underlig] strange, peculiar, odd, queer, singular, [märkvärdig] curious; *han är lite* ~ he is a trifle odd (queer); *högst ~t!* most (very) extraordinary! **2** [karakteristisk] peculiar, *för* to; characteristic, *för* of **-het** strangeness, peculiarity, oddity, queerness, singularity; curious (remarkable) thing; *jfr egendomlig 1;* [utmärkande drag] peculiarity, characteristic; *~er* peculiarities, strange (singular [etc.]) features
egen|het peculiarity, singularity, oddity, eccentricity; *han har den ~en att vara (, att han är)..* he has the curious habit of being.. **-händig** *a* [~t skriven] ..in one's own hand[writing]; ~ *namnteckning* signature **-händigt** *adv* with one's own hands; [alldeles själv] oneself, in person; ~ *underskriven* ..signed with one's own hand **-kär** *a* conceited; [självbelåten] self-complacent **-kärlek** conceit; self-complacency **-mäktig** *a* arbitrary **-namn** proper noun (name) **-nytta** self-interest **-nyttig** *a* self-interested **-sinne** self-will; [envishet] obstinacy **-sinnig** *a* self-willed; [envis] obstinate **-skap 1** [sida, drag]: [allm.] quality; [särskild, isht naturv.] property; [utmärkande] characteristic; [erforderlig el. önskvärd] qualification; *medfödda (förvärvade) ~er* hereditary (acquired) characters; *järnets ~er* the properties of iron **2** [ställning, roll] capacity; *i [min (din [etc.])]* ~ *av* ..in my (your [etc.]) capacity as..
egentlig *a* [faktisk, verklig] real, actual, true; [riktig, äkta] proper; *i ~ mening* in a proper sense **-en** *adv* [verkligen, i själva verket] really, in reality; [strängt taget] strictly (properly) speaking; [när allt kommer omkring] after all; [rätteligen] by rights; [närmare bestämt, precis] exactly; *när skall vi ~ ta den där drinken?* when are we going to have that drink? **egentligt** *adv,* [*innehålla*] *föga ~ nytt* ..but (very) little [that is] really new
egg [cutting] edge **egga** *tr,* ~ [*upp*] incite, [uppmuntra] stimulate, [driva på] egg..on, *till* [i samtl. fall] to; ~ *upp* [*en folkmassa*] stir up.. **eggande** *a* inciting; stimulating; [erotiskt ~] provocative; ~ *musik* exciting music **eggelse** incitement, incentive; stimul|us [pl. -i]
ego|centrisk *a* egocentric, egotistic **-ism** egoism, selfishness **-ist** egoist, self-seeker **-istisk** *a* egoistic[al], selfish, self-seeking
Egypten Egypt **egypt[i]er** *s o.* **egyptisk** *a* Egyptian **egyptiska 1** [kvinna] Egyptian woman **2** [språk] Egyptian
ehuru *konj* [al]though, [om också] even if
ej *adv* not [m.m.], *se inte*
ejder [common] eider [duck] **-dun** eider[-down] **-han[n]e** male eider [duck] **-hona** female eider [duck]
ek oak; [för sms. *jfr äv. björk-*]
1 eka *s* [flat-bottomed] rowing-boat
2 eka *itr* echo, [återskalla] re-echo, reverberate, *mot* [i samtl. fall] from; *det ~r här* there is an echo here
eker spoke
EKG *se elektrokardiogram*
ekipage [häst o. vagn] carriage [and horses], equipage, [med betjäning] turn-out **ekipera** *tr* equip, fit out **ekipering** equipment, outfit
ekivok *a* risqué [fr.], indecent
eklatera I *tr* [förlovning] announce **II** *itr* announce one's engagement **eklatering** announcement of an engagement
eklut, *gå igenom ~en* go through the mill
eklärer|a *tr* illuminate, light up **-ing** illumination[s[pl.]], lighting [up]
eko echo; *ge* ~ echo, make an echo, [bildl.] resound
ekollon acorn
eko|lod echo-sounder **-lodning** echo-sounding
ekologi ecology
ekonomi economy; [ss. läroämne] economics [sg.]; [ekonomisk ställning, finanser] finances [pl.]; *han har god (dålig)* ~ his financial position is good (bad) **-avdelning** finance department **ekonomie** *a* ..of economics ([förk.] Econ.); *jfr teologie* **ekonomisera** *itr* economize, *med* on **ekonomisk** *a* **1** economic, [finansiell, penning-] financial **2** [sparsam, besparande] economical
ekorr|e squirrel **-skinn** squirrel-skin
ekoxe stag-beetle
e. Kr. [förk. f. *efter Kristus*] A.D.
eksem eczema
ekumenisk *a* [o]ecumenical
ekvation equation
ekvator, *~n* the equator
ekvivalent *s o. a* equivalent
el- [ss. förled i sms.] electricity,.. of electricity, electric[al], electro-; [jfr sms. nedan o. *elektrisk*] **elaffär** electric outfitter's [shop]
elak *a* **1** [stygg, isht om barn] naughty; nasty, *mot* to; [ond, ondskefull] evil, wicked, [illvillig] spiteful, malicious, [ovänlig] unkind, mean, *mot* to **2** *se elakartad* **3** [obehaglig, om sak] nasty, bad **-artad** *a* [om sjukdom o.d.] malignant, virulent, [svag.] bad **-het** [egenskap] naughtiness, nastiness, wickedness [etc.], malice; *jfr elak;* [yttrande] spiteful remark; [handling] piece of spite
elast|icitet elasticity **-isk** *a* elastic

ld 1 ⸢allm.⸥ fire ⸢äv. ⚔⸥; ⸢bildl. äv.: hetta, glöd⸥ ardour; ~ *upphör!* ⸢⚔⸥ cease fire!; *vara ~ och lågor för* be fired with enthusiasm for; *fatta (ta) ~* ⸢eg.⸥ catch fire; *ge ~* ⸢⚔⸥ fire; *göra upp ~* make (light) a fire; *sätta (tända) ~ på* set fire to, set.. on fire; *leka med ~en* ⸢bildl.⸥ play with fire **2** ⸢medelst tändstickor⸥ light; *jag får inte ~ på veden* the wood won't light; *får jag be om lite ~?* [excuse me, but] may I have a light?; *dra (stryka, tända) ~ på en tändsticka* strike a match

lda I *itr* ⸢spec. m. centralvärme⸥ heat; ⸢tända en eld⸥ light *el.* make (⸢ha en eld⸥ have) a fire; ~ *med ved (kol, olja)* use wood (coal, oil) for heating; ~ *upp i* ⸢*stugan*⸥ make a fire in.., heat.. **II** *tr* **1** ~ [*upp*] a) ⸢värma upp: t.ex. rum, ugn⸥ heat, get.. hot b) ⸢bränna [upp]⸥ burn [up] c) ⸢egga⸥ rouse, stir, inspire; ~ *upp sig* get [more and more] excited **2** ~ *en brasa* ⸢tända⸥ light (⸢ha⸥ have) a fire **eldare** ⸢på båt o. tåg⸥ stoker, fireman

ld|begängelse cremation **-dop** ⸢⚔⸥ baptism of fire, ⸢friare⸥ first real test **-fara** danger (risk) of fire; *vid ~* in case of fire **-farlig** *a* inflammable **-fast** *a* fireproof; ~ *tegel* fire-brick **-fängd** *a* inflammable, ⸢bildl. äv.⸥ fiery **-gaffel** poker **-givning** ⸢⚔⸥ firing **-hav** sea of fire **-härd** seat of the fire **-härjad** *a* ravaged by fire, fire-ravaged

ldig *a* fiery, ardent, passionate **-het** fire, ardour

ld|kula fire-ball **-kvast** puff of flame and smoke

ldning heating; lighting of fires, *jfr elda*

eldningsolja fuel (heating) oil

ldorado El Dorado ⸢pl. -s⸥

ldprov ⸢bildl.⸥ ordeal

ldrift, ~ [*en*] the use of electric power

ld|röd *a* ..red as fire, fiery (flaming) red; *bli ~* turn crimson **-själ** fiery spirit **-sken** light (glow) of a fire

ldslandet Tierra del Fuego **eldsljus** artificial light, lamplight **eldslåga** flame of fire **eldsläckare** ⸢m.fl. sms.⸥ *se brandsläckare* ⸢osv.⸥ **eldstad** fire-place **eldstrid** ⸢⚔⸥ firing, exchange of fire ⸢båda end. sg.⸥

ldsvåda fire, ⸢stor⸥ conflagration; *vid ~* in case of fire

ld|säker *a, se brandfri* **-tång** fire-tongs ⸢pl.⸥ **-upphörorder** cease-fire **-vapen** fire-arm

lefant elephant **-bete** elephant's tusk **-han[n]e** bull elephant **-hona** cow elephant **-snabel** elephant's trunk **-unge** young (baby) elephant; calf elephant

legans elegance; smartness **elegant** *a* smart, elegant; ⸢~ och modern⸥ fashionable; ⸢väl utförd⸥ neat

elektor elector

elektricitet electricity **elektricitetsverk** *se elverk*

elektrifiera *tr* electrify **elektrifiering** electrifying, electrification **elektriker** electrician **elektrisera** *tr* electrify **elektrisk** *a* ⸢eldriven, elproducerande, elektriskt laddad o.d., vanl.⸥ electric; ⸢friare (som har med elektricitet att göra) vanl.⸥ electrical; ~ *affär* electric outfitter's [shop]; ⸢jfr äv. sms. m. *el-*⸥

elektrod electrode

elektro|kardiogram (⸢förk.⸥ *EKG)* electrocardiogram (⸢förk.⸥ E.C.G.) **-lys** electrolys|is ⸢pl. -es⸥ **-magnet** electromagnet

elektron electron **-ik** electronics **-isk** *a* electronic **-mikroskop** electron microscope **-rör** electronic valve, ⸢amer. vanl.⸥ electron tube

elektroteknik electrotechnics, electrotechnology

element 1 ⸢allm.⸥ element **2** ⸢värmelednings- ~⸥ radiator; *elektriskt* ⸢värme⸥~ electric heater **elementär** *a* elementary; *det ~a* ⸢grunddragen⸥ *av ngt* the elements ⸢pl.⸥ of a th.

elev ⸢allm.⸥ pupil; ⸢vid högre läroanstalter vanl.⸥ student; ⸢på kontor⸥ junior clerk; ⸢i butik, lärling⸥ apprentice; *vara ~ till (hos) J.* be a pupil of J.'s; *skolans f.d. ~er* the [school's] old boys (⸢resp.⸥ [boys and] girls) **-kår** body of pupils (⸢resp.⸥ students) **-råd** pupils' (⸢resp.⸥ students') council

elfenben ivory; ⸢*kula*⸥ *av ~* ⸢äv.⸥ ivory.. **elfenbensfärgad** *a* ivory-coloured

elfte *räkn* eleventh; *i ~ timmen* at the eleventh hour; *jfr femte* **-del** eleventh [part]; *jfr femtedel*

elförbrukning consumption of electricity

eliminera *tr,* ~ [*bort*] eliminate

Elisabet ⸢eng. drottningnamn⸥ Elizabeth

elit élite ⸢fr.⸥; *~en av..* the pick (flower) of..

eljes[t] *adv* otherwise; ⸢ty annars, annars så⸥ or [else], else; ⸢efter frågeord⸥ else; ⸢i motsatt fall⸥ if not, failing that; ⸢i vanliga fall⸥ generally, normally; ~ *ingen* nobody else; *vad gjorde du ~* ⸢för övrigt⸥? what did you do besides?

elkraft electric power

eller *konj* or; *varken.. ~* neither.. nor; ~ *hur?* a) ⸢efter nekande sats⸥: ⸢*hon röker (kan) inte*⸥, ~ *hur?* ..does (⸢resp.⸥ can) she? b) ⸢efter jakande sats⸥: ⸢*han röker (kan)*⸥, ~ *hur?* ..doesn't (⸢resp.⸥ can't) he? c) ⸢ss. mera fristående, F⸥ what?, eh?, ⸢inte sant äv.⸥ isn't that so?, don't you think?

ellips 1 ⸢geom.⸥ ellipse **2** ⸢språkv.⸥ ellips|is ⸢pl. -es⸥ **elliptisk** *a* **1** ⸢geom.⸥ elliptic[al] **2** ⸢språkv.⸥ elliptical

elmätare electricity meter

eloge, *ge ngn en ~* praise a p.
el|ransonering rationing of electricity **-reparatör** electrician **-räkning** electricity bill
Elsass Alsace
elspis electric cooker
elva I *räkn* eleven; *jfr fem*[*ton*] [o. sms.] **II** *s* eleven [äv. sport.]; *jfr femma*
el|verk [ung.] electricity board; [för produktion] power station **-värme** electric heating
eländ|e misery, wretchedness; [otur, besvär] nuisance; *till råga på ~t* to make matters worse **-ig** *a* wretched, miserable, [[ur]usel] F rotten, lousy
e.m. [förk.] p.m.
emalj *s o.* **-era** *tr* enamel **-öga** artificial (glass) eye
emancip|ation emancipation **-era** *rfl* emancipate oneself
emanera *itr* emanate
emball|age packing, [omslag] wrapping **-era** *tr* pack, [slå in] wrap [up]
embarkera *itr* embark
emblem emblem
embryo embryo [pl. -s]
emedan *konj* because; [eftersom] as, [då.. ju] since
emellan I *prep* [isht mellan två] between; [mellan flera, 'bland'] among[st]; *oss ~ sagt* between ourselves (you and me); *jfr mellan* **II** *adv* between; [*hus med trädgårdar*] *~* .. between [them]; [*ge*] *2 kronor ~* ..2 kronor into the bargain; [se f.ö. beton. part. under resp. vb] **-åt** *adv* occasionally, sometimes; *allt ~, se alltemellanåt*
emellertid *adv konj* however
emfatisk *a* emphatic
emigrant emigrant **emigration** emigration **emigrera** *itr* emigrate
eminent *a* eminent
emission H issue
emot I *prep, se mot, framemot, tvärtemot* [o. andra sms.]; *mitt ~* opposite [to], facing **II** *adv, mitt ~* opposite; *inte mig ~* I have no objection, I don't mind; *stöta (gå, springa* [etc.]) *~* [m. underförstått subst. i sv.] knock into *el.* against, collide with [m. subst:et utsatt i eng.]. — [Se f.ö. beton. part. under resp. vb] **-se** *se motse* **-ta**[**ga**] [m.fl.], *se ta* [*emot*] [m.fl.]
empir[**e**] Empire style
empirisk *a* empiric[al]
emulsion emulsion
1 en *s* [bot.] juniper
2 en *adv* [omkring] some, about
3 en *(ett)* **I** *räkn* **1** [allm.] one; [fören. ibl.] a, [framför vokalljud] an; *~ och ~* one by one; *~ och annan* [o. likn. ex.], *se III 1* [ex.]; *i ett för allt* all included; *det kommer på ett ut* it is all the same (all one); *~ gång* once, *se vid. gång III;* [*det tog*] *~ och ~ halv timme* ..an (one) hour and a half; *ett hundra femtio* a (one) hundred and fifty; *ett tusen ett hundra* one (a) thousand one hundred; *i ett* [*kör (sträck)*] without a break; *med ett ord* [*sagt*] in a (one) word; *jfr fem* [o. sms.], *två- o. tre-* **2** *~ till, ännu ~* another [one], [men ej fler] one more; *~ kopp kaffe till* another ([resp.] one more) cup of coffee
II *obest. art* **1** a, [framför vokalljud] an; *ett backkrön* the top of a hill; *~ herr Ek* a certain (one) Mr. Ek; *se* [*en*] *annan,* [*en*] *del 2* **2** [spec. fall:] *ett gott råd* a piece of (some) good advice; *~ smörgås* a piece (slice) of bread and butter; [*ett*] *fint väder* fine weather; *~ söndag (sommar)* [*blev jag..*] one Sunday (summer)..; *~ dag (gång, tid), se dag 1, gång III, tid* [ex.]; *till (för) ett pris av* at the price of; *~ sax* a pair of scissors
III *pron* **1** ['den ena [..den andra]', 'en och annan' o.d.], [*den*] *~a systern* one sister; *min ~a syster* one of my sisters; *den ~es ansikte* the face of one of them; [*den*] *~a* ..[*den*] *andra, ~ .. ~* [*annan*] one ..the other; *det ~a ..det andra* [självst.] one thing.. the other; *från det ~a till det andra* from one thing to another (the other), [apropå] by the way; *den ~a dagen efter den andra* one day after the other (another); *~ och (eller) annan* [subst.] somebody [or other], a few (one or two) [persons]; *ett och annat* [subst.] a thing or two, a few (one or two) things, something; [*vi talade om*] *ett och annat* ..one thing and another; *ett eller annat* [*kan yppa sig*] something or other..; *~ eller annan bok* some book [or other]; *på ett eller annat sätt* somehow [or other]; *~ eller annan av..* one or other of.. **2** *en sån ~!* what a man (fellow [resp.] girl)!; *såna ~a!* what fellows ([resp.] girls)!; *vad är ni för ~a (du för ~)?* [mera eg.] what sort of fellows [resp.] girls (a fellow [osv.]) are you?, [friare] who are you?; *jfr 5 vad* **3** [vanl. objektsform av 'man'] one, a fellow [osv.], *jfr 3 man* **4** [någon], [*det måste stå i*] *~ av de här böckerna* ..one [or other] of these books
ena I *tr* unite; [göra till enhet] unify **II** *rfl* agree, *om* on, as to, about
enahanda *a* the same; [enformig] monotonous **enaktare** one-act play
enande *s* unification
enarmad *a* one-armed; *~ bandit* [spelautomat] one-armed bandit
enas *itr. dep* **1** [förenas] become united **2** = *ena II*
enastående *a* unique, unparalleled, unprecedented, matchless, exceptional; [friare] extraordinary
en|bart *adv* [uteslutande] solely, [endast] merely; [helt enkelt] simply **-bent** *a* one-

-legged
en|buske juniper shrub **-bär** juniper berry
encellig *a* unicellular
encyklopedi encyclop[a]edia
enda *(ende) pron* only, sole, one, [jfr ex.]; [förstärkande, isht i nekande satser o.d.] single; ~ *arvinge till* sole heir to; *..är ~ barnet* ..is an only child; *den (det)* ~ [fören.] the only; *den* ([resp.] *det*) ~ [självst.] the only one ([resp.] thing); [*jag har bara*] *denna ~ vän* ..this one friend; *en (ett) ~* just one; *en ~ gång* just once; *en ~ lång rad av* .. a [long] succession of..; *med ett ~ slag* at a [single] blow; *inte en (ingen, inte ett, inget) ~* not a single [[självst.] one]; *hans ~ talang* his one talent **endast** *adv* only; *jfr vid. blott, enbart*
ende *se enda*
endera *(ettdera)* **I** *pron* **1** [av två], ~ [*av dem*] one [or other] of the two: ~ *av oss* one [or other] of us two; [*du måste göra*] *~ delen (ettdera)* ..one thing or the other **2** ~ *dagen* one of these days **II** *konj* F= *antingen*
endiv chicory, [amer.] endive
endossera *tr* endorse
en|dräkt harmony, concord, unity **-dräktig** *a, se enig*
energi energy [äv. fys.] **energisk** *a* [full av energi] energetic, [kraftig] vigorous; [ihärdig] strenuous
enervera *tr* [göra nervös], ~ *ngn* get on a p.'s nerves; *~nde* trying
en face *adv* full face
en|fald [dumhet] silliness, foolishness, stupidity; [godtrogenhet] simplicity **-faldig** *a* silly, foolish, stupid; simple[-minded] **-familjshus** self-contained house **-fasmotor** single-phase motor **-formig** *a* monotonous, humdrum, [grå och enformig] drab **-formighet** monotony **-färgad** *a* ..of one colour, [utan mönster] plain
engag|emang [anställning] engagement; *erbjuda ngn ~* offer a p. a contract **-era** *tr* [anställa] engage; ~ *sig i* [tvister, affärer] become involved in
engelsk *a* English, [brittisk ofta] British; *Engelska kanalen* the [English] Channel; *~ mil* mile; *~a pund* pounds sterling; *~a sjukan* rickets [sg. *el.* pl.], rachitis **engelska** **1** [kvinna] Englishwoman, [dam] English lady; *hon är ~* [vanl.] she is English **2** [språk] English; *jfr svenska 2*
engelsk|fientlig *a* anti-English **-född** *a* English-born; [för andra sms. *jfr äv. svensk-*] **--svensk** *a* English-Swedish, Anglo-Swedish **-vänlig** *a* pro-English
engels|man Englishman; *-männen* [som nation, lag o.d.] the English
engifte monogamy

England England, [Storbritannien ofta] [Great] Britain
en gros *adv* wholesale **engrospris** wholesale price
engångs|flaska non-returnable bottle **-företeelse** isolated case **-förpackning** [behållare] disposable container **-kostnad** once-for-all cost
enhet **1** [odelat helt, samhörighet o.d.] unity **2** [mat., ⚔, ⚓ m.m.] unit **-lig** *a* uniform, [homogen] homogeneous **-lighet** uniformity, homogeneity
enhets|pris standard price, flat rate **-skola** comprehensive school
enhällig *a* unanimous, solid **-het** unanimity
enig *a* [enhällig] unanimous; [enad] united; *bli (vara) ~*[*a*] agree, *om* about, on, *om att* [+inf. resp. sats] to [resp.] that **enighet** unity; [samförstånd] agreement
enkammarsystem single-chamber system
enkel *a* **1** [allm.] simple, [lätt äv.] easy, [elementär äv.] elementary, [vanlig äv.] common, ordinary, [anspråkslös äv.] plain; ~ *och okonstlad* unsophisticated; *som en ~ gärd av*.. as a mere act of..; ~ *kost* simple (plain, homely, frugal) fare; ~ *majoritet* a simple (an ordinary) majority; *en* ~ [oceremoniös] *liten middag* an informal little dinner; [*bara*] *en vanlig ~ människa* [just] an ordinary person; *känna sig* ~ [obetydlig] feel [very] small, ['ställd'] feel awkward **2** [inte dubbel el. flerfaldig] single; *en ~ biljett* a single ([amer.] one-way) ticket **-het** simplicity; *i all ~* quite informally; *för ~ens skull* for the sake of simplicity **-knäppt** *a* single-breasted **-rikta** *tr,* ~ *trafiken* introduce one-way traffic; *~d* a) [trafik.] one-way.. b) [bildl.] one-sided, narrow-minded **-rum** single room **-spårig** *a,* ~ [*järnväg*] single-track..
enkelt *adv* simply; *helt* ~ simply
enkom *adv* [endast och allenast] solely, [särskilt] purposely, especially, expressly
enkrona one-krona piece
enkät inquiry
enkönad *a* unisexual
enlevera *tr* run away with **enlevering** abduction
enlighet, *i ~ med* in accordance with; *i ~ därmed* accordingly **enligt** *prep* according to, *se vid. efter I 3;* ~ *lag* by law; [se äv. under resp. subst.]
enmotorig *a* single-engined
enorm *a* enormous, immense
enplansvilla one-storeyed house (villa), bungalow
enquete inquiry
enradig *a* [enkelknäppt] single-breasted; *jfr f.ö. femradig*
enris [koll.] juniper twigs [pl.]
en|rum, *i* ~ [utan vittnen] privately **-rums-**

lägenhet one-room[ed] flat
ens *adv* **1** even; *har du ~ försökt?* have you tried at all?; *inte ~* not even, [mindre än] less than; *utan att ~ säga..* without even saying.. **2** *med ~* all at once
ensak [*det är*] *min ~* ..my [own] business
ensam *a* [allena] alone; [enstaka] solitary; [ensamstående] single; [enda] sole; [enslig, isolerad] lonely, lonesome; *~ i sitt slag* unique; [*jag fick*] *en ~ kupé* ..a compartment all to myself; *i ~t majestät* in splendid isolation; *vara ~ sökande* be the only applicant; *flyga ~* fly solo; *han rår ~ om huset* he owns the house [himself]
ensam|försäljare sole agent, *av* for **-het** solitude; [övergivenhet] loneliness **-rätt** sole right **-stående** *a* [utan anhöriga] single
ensamt *adv, ~ belägen* isolated; *~ liggande* solitary
ense *a, bli (vara) ~* agree; *jfr enig*
ensemble [mus.] ensemble; [teat.] cast
en|sidig *a* one-sided; [trångsynt] narrow[-minded]; [motsats 'ömsesidig'] unilateral **-siffrig** *a, ~t tal* digit **-sitsig** *a, ~t flygplan* single-seater **-skenig** *a, ~ järnväg* monorail **-skild** *a* [privat] private, [personlig] personal; [särskild] individual; *den ~e* the individual; *inta (stå i) ~ ställning* come to (stand at) attention **-skildhet** [detalj] detail, particular
enslig *a* solitary, lonely **enslighet** solitariness, loneliness **ensligt** *adv, se ensamt* **ensling** recluse
en|språkig *a* one-language.., unilingual **-staka** *a* [enskild] separate, individual; [sporadisk] occasional; [sällsynt] exceptional; [ensam] solitary; *på ~ ställen* in certain places, here and there **-stavig** *a* monosyllabic [äv. bildl.] **-stämmig** *a* [enhällig] unanimous **-stämmighet** unanimity **-störing** recluse, hermit **-tal 1** [språkv.] singular; *i ~* in the singular **2** [mat.] unit
entledig|a *tr* dismiss **-ande** dismissal
entonig *a* monotonous **-het** monotony
entré 1 [ingång] entrance, [förrum] [entrance-]hall **2** [[rätt till] inträde] admission; *fri ~!* admission free! **3** *göra sin ~* make one's appearance **-avgift** entrance-fee
entrepren|ad contract; *utbjuda..på ~* invite tenders for..; [*utföra..*] *på ~* ..on contract **-ör** contractor
enträgen *a* urgent; [ihärdig] insistent; [påträngande] importunate **-het** urgency; insistence **enträget** *adv* urgently [osv.], *jfr enträgen*
entusiasm enthusiasm **entusiasmera** *tr* fill..with enthusiasm, arouse enthusiasm in **entusiast** enthusiast **entusiastisk** *a* enthusiastic; *~ för* keen on
en|tydig *a* [med blott en betydelse] unambiguous, [otvetydig] unequivocal, clear-cut **-var** *pron* [var man] everybody **-vig** duel, single combat
envis *a* obstinate, stubborn; [ihållande] persistent **-as** *itr. dep* be obstinate, persist, [*med*] *att* [inf.] in [ing-form] **-het** obstinacy, stubbornness
envoyé envoy
en|våldshärskare absolute ruler, dictator **-våningshus** one-storeyed (one-storied) house **-välde** autocracy, dictatorship **-väldig** *a* absolute, autocratic
enzym enzyme
enär *konj, se eftersom*
enögd *a* one-eyed
epidemi epidemic **epidemisjukhus** isolation hospital **epidemisk** *a* epidemic
epikuré epicurean [äv. bildl.]
epilepsi epilepsy **epileptiker** epileptic
epilog epilogue
episk *a* epic
episod episode, [intermezzo] incident
epistel epistle
epok epoch **-görande** *a* epoch-making
epos epic
EP-skiva EP [pl. EPs]
epålett epaulet[te]
er *pron* **1** [pers.] *se ni* **2** [poss.]: [fören.] your, [självst.] yours; *~a stackare!* you poor fellows!; *Ers Majestät* Your Majesty; [för ex. *jfr vid. 1 min*]
erbarmlig *a* [eländig, usel] wretched, miserable; [ömkansvärd] pitiable
erbjud|a I *tr* **1** [ge anbud [om] o.d.] offer; *~ ngn (~ s, bli -en) att* [*få*] [inf.] offer a p. (be offered) a chance to [inf.] **2** [förete, medföra] present; [skänka] afford, offer; **II** *rfl* **1** [m. inf.] offer; [erbjuda sina tjänster] offer one's services **2** [yppa sig] present itself, [om tillfälle o.d. äv.] occur, arise **-an[-de]** offer; *få ~ att* [inf.] be offered a chance to [inf.]
eremit hermit, recluse, anchorite
erfar|a *tr* **1** [få veta] learn; *~ att (*[resp.] *ngt)* be informed that ([resp.] of a th.); *vi erfar av* [*Ert brev*] we learn (gather) from..; *enligt vad vi -it har han..* we learn that he has.. **2** [röna], [*få*] *~* experience; *~ en stor besvikelse* meet with a great disappointment
erfaren *a* experienced, practised; *en gammal ~..* a veteran.. **erfarenhet** experience [vanl. sg.], *~en visar* experience shows; *jag har gjort den ~en att..* I have found that..; *göra obehagliga ~er* have unpleasant experiences; *jag har* [*haft*] *dåliga ~er av..* I have not been particularly satisfied with..; *ha stor ~* have a great deal of experience; *hans stora ~*[*er*] his great experience; *av* [*egen*] *~* from [personal] experience

erforderlig *a* requisite, necessary **erfordra** *tr* require, [nödvändiggöra] call for **erfordras** *itr. dep* be required; *jfr vid. behövas*
ergonomi ergonomics, biotechnology
erhåll|a *tr* [passivt mottaga] receive; [[för]-skaffa sig] obtain; *jfr vid. 1 få II 1; [fartyget] erhöll skador*..was damaged; *närmare upplysningar kan ~ s genom*.. further information may be had through.. **-ande** *s* [mottagande] receipt; *för ~ av licens* to obtain a licence
erinr|a 1 *tr rfl, se påminna I o. II* **II** *tr* [invända], *jag har (det finns) inget att ~ mot det* I have (there can be) no objections to that **-an 1** [påminnelse] reminder, *om* of **2** [anmärkning]: a) [förmaning] admonition, caution b) [invändning] objection, *mot* to **-ing 1** *se erinran* **2** [hågkomst] recollection
erkän|na I *tr* [allm.] acknowledge, [tillstå äv.] confess [to] [jfr ex.], [medge äv.] admit, [uppskatta, acceptera, godkänna äv.] recognize; accept; *~ [sig skyldig], se bekänna [sig skyldig]; ~ ett brott* confess to a crime; *~ ett misstag* acknowledge a mistake; *~ mottagandet av* acknowledge [the] receipt of; *~ sina synder* confess one's sins; *~ för sig själv att*.. acknowledge (confess, admit) to oneself that..; *härmed -nes att [jag mottagit]* this is to certify that.. **II** *rfl, ~ sig besegrad* acknowledge defeat, acknowledge (admit, own) that one has been defeated; *han har -t sig vara upphovsmannen* he has confessed (acknowledged) that he is the author
erkännande acknowledgement, confession, admission, recognition, *jfr erkänna; förtjäna ~* deserve credit **erkännansvärd** *a* commendable, creditable **erkännsam** *a* [uppskattande] appreciative; [tacksam] grateful, *mot* to **erkänsla** [tacksamhet] gratitude; *som en ~ för* in acknowledgement of; *mot kontant ~* for a consideration [in cash]
erlägga *tr* pay; *~ betalning* make payment **erläggande**, *mot ~ av* on payment of **ernå** *tr* attain, achieve
erosion erosion
erot|ik sex [äv. *~en*] **-isk** *a* sexual, erotic
ersätt|a *tr* **1** [gottgöra o.d.]: **a)** *~ ngn* compensate a p., *för* for; *~ ngn för hans arbete* remunerate a p. for his work **b)** *~ ngt* compensate (make up) for (make good) a th.; *~ en brist* supply a deficiency; *~ skadan* repair the damage; *få sina omkostnader ersatta* get compensation for one's expenses **2** [träda i stället för, byta ut] replace, *med* by **-ande** *s* [utbytande] replacement, *med* by **-are** substitute **-ning 1** [gottgörelse] compensation, [för arbete] remuneration; [skadestånd] damages [pl.]; *ge ngn ~ för ngt* compensate a p. for a th. **2** [utbyte] replacement **3** [surrogat] substitute
ersättnings|anspråk claim for compensation ([skadestånds-] damages) **-skyldig** *a* ..liable to pay compensation, [skadestånds-] ..liable for damages
ertappa *tr* catch; *~ ngn med att* [inf.] catch a p. [ing-form]
erövra *tr* [inta (t.ex. stad, fästning), ta som byte] capture, [lägga under sig (t.ex. ett land, en marknad)] conquer; [vinna] win
erövrare conqueror **erövring** conquest [äv. bildl.], [intagande] capture, taking
eskader [⚓] squadron; [flyg.] group, [amer.] air division
eskalera escalate
eskapad adventure, escapade
eskimå Eskimo
eskort *s o.* **eskortera** *tr* escort
esperanto Esperanto
espri [kvickhet] wit, esprit [fr.]
ess [kortsp.] ace
esse, *vara i sitt ~* be in one's element
essens essence
essä essay
est Est[h]onian
estet aesthete **-ik** aesthetics **-isk** *a* aesthetic[al]
Estland Est[h]onia **estländare** *s o.* **estländsk** *a o.* **estnisk** *a* Est[h]onian
estrad platform, [musik~] bandstand **-samtal** panel discussion
etablera I *tr* [inrätta, grunda] establish; [åstadkomma] bring about; *~ strejk* go on strike **II** *rfl* [slå sig ned] settle down; *~ sig som affärsman* set up in business; *~ sig som tandläkare* set up as a dentist **etablissemang** establishment
etapp stage; lap **-linje** line of communication
etc. [förk.] etc.
eter ether **eterisk** *a* ethereal
eternell immortelle
etik ethics [sg. *el.* pl.]
etikett 1 [umgängesformer] etiquette **2** [lapp] label [äv. bildl.] **etikettera** *tr* label
Etiopien Ethiopia **etiopier** *s o.* **etiopisk** *a* Ethiopian
etisk *a* ethical
etno|graf ethnographer **-grafi** ethnography **-grafiska** *a* ethnographic[al] **-logi** ethnology
etologi ethology
etrusk[er] *s o.* **etruskisk** *a* Etruscan
ets|a *tr* etch; *det har ~t sig fast i mitt minne* it has engraved itself on my memory **-ning** [abstr. o. konkr.] etching **-nål** etching-needle
ett *se 3 en;* [för sms. *jfr äv. fem-*] **etta** one; *~ n[s växel]* first [gear]; *komma in som god ~* [sport.] come in an easy first; *jfr femma*

ettdera *se endera*
etter I *s* venom [äv. bildl.] **II** *adv,* ~ *värre* [ännu värre] still worse, [värre och värre] worse and worse
etthundra [m. sms. o.d.] *jfr* [*fem*]*hundra* [osv.]
ettrig *a* [bildl.]: [hetsig] fiery, [argsint] irascible, [giftig] vitriolic; [ilsket envis] violent
ett|årig *a* [*jfr femårig*] **1** one-year-old.., [pred.] one [year old] **2** one-year.., one year's.., [gällande för ett år o. om växt äv.] annual; [*avtalet*] *är* ~*t* ..is for one year **-åring** [om barn] one-year-old child. — [För andra sms. *jfr äv. fem-*]
etui case
etyd étude [fr.], study
etymologi etymology **etymologisk** *a* etymological
eufemism euphemism
eunuck eunuch
Europa [geogr.] Europe, [myt.] Europa **Europamarknaden** the European Economic Community ([förk.] EEC) **europamästare** European champion **Europaväg** European highway **europé** *s o.* **europeisk** *a* European
Eva [bibl. o. friare] Eve
evakuera *tr* evacuate **evakuering** evacuation
evangelisk *a* evangelical **evangelium** gospel [äv. bildl.], *Matteus'* ~ the Gospel according to St. Matthew
evenemang [great] event (occasion)
eventualitet eventuality, contingency, [möjlighet] possibility; *för alla* ~*er*[*s skull*] in order to provide against emergencies **eventuell** *a* [möjlig] possible; [om det finns (blir m.m.) någon] ..if any; ~*a fel* any faults that may occur; *våra* ~*a förluster* our possible losses; our losses, if any; *vid ett* ~*t krigsutbrott* in the event of a war breaking out; ~*a kostnader* any costs that may arise; ~*a köpare* prospective buyers **eventuellt** *adv* [möjligen] possibly; *jag kan* ~ *hjälpa dig* I may be able to help you; *om han* ~ *skulle komma* if he should come; *han reser* ~ *i morgon* he may be going tomorrow
evig *a* eternal, everlasting, [ständig äv.] perpetual, [alla äv. F 'evinnerlig']; *var* ~ *a, se vareviga;* ~*a förebråelser* everlasting reproaches; *det är en* ~ *lögn* that's a confounded lie; *detta* ~ *a regnande* this everlasting rain; ~ *snö* everlasting snow; *den* ~ *a staden* the Eternal City; *det var en* ~ *tid sedan..* it was ages since..; *den* ~*a vilan* eternal rest **-het** eternity; *det är en* [*hel*] ~ *sedan..* it is ages since..; *för tid och* ~ for ever; *i all* ~ in all eternity
evigt *adv* eternally [osv.], *jfr evig; för* ~ for ever
evinnerlig *a* eternal; *jfr evig*
evärdlig *a* eternal; *för* ~*a tider* for ever
exakt *a* exact
exalterad *a* [uppjagad] over-excited, [överspänd] highly-strung
examen 1 [själva prövningen] examination, F exam; *ta (kuggas i)* ~ get through *el.* pass (fail at) an *el.* one's examination **2** [[utbildnings]betyg]: [akademisk] degree; [folkskollärar~, skeppar~ etc.] certificate
examens|feber, *få (ha)* ~ get (have) exam nerves **-skrivning** [skriftlig examen] written examination
examin|and candidate, examinee **-ator** examiner **-era** *tr* [förhöra] examine, [utan objekt] do the examining
excell|ens Excellency; ~*en T.* His Excellency, Mr. T. **-era** *itr* excel
excentrisk *a* eccentric, [bildl. äv.] odd
exceptionell *a* exceptional
excerpera *tr* excerpt, [bok äv.] make excerpts from **excerpt** extract, excerpt
exdrottning ex-queen
exekut|ion execution **-iv** *a* **1** [verkställande] executive **2** [utmätnings-], *på* ~ *väg* under a writ of execution
exempel example, [[inträffat] fall] instance, *på* of; [räkne~, skol.] sum; *ett dåligt* ~ [oklart] a bad illustration; *låt det bli ett varnande* ~ *för dig* let this be a warning (an example, a lesson) to you; *till* ~ [*jfr t.ex.*] for example (instance); *rovdjur, som t.ex.* [*lejon och tigrar*] predatory animals, such as (, like).. **-vis** *adv, se* [*till*] *exempel;* ~ [*kan jag nämna*] as an (by way of) example..
exempl|ar [av bok, skrift o.d.] copy; [av en art] specimen **-arisk** *a* exemplary **-ifiera** *tr* exemplify
exercera I *itr* [fullgöra sin värnplikt] do one's military service **exercis** [värnplikt] military service
exil exile **-regering** exile government
existens 1 [tillvaro] existence; [utkomst] livelihood **2** [individ] character; *en misslyckad* ~ a failure in life **-berättigande** raison d'être [fr.] **-minimum** subsistence level
existera *itr* exist, [fortleva, livnära sig äv.] subsist, *på* on
exklusiv *a* exclusive **exklusive** *prep* excluding, exclusive of
exk[**on**]**ung** ex-king
exkrementer *pl* excrement [sg.], faeces
exkursion excursion, [isht amer.] field trip
exlibris ex-libris [pl. lika], book-plate
exotisk *a* exotic
expansion expansion
expediera *tr* **1** [sända] send [off], dispatch **2** [betjäna] serve, attend to; ~ [*en kund*]

serve a customer **3** [beställning, order] execute, carry out; [telefonsamtal] put through **4** [klara av] get.. done; [ta livet av] dispatch; *det var snabbt ~t* [det gick undan] that was quick work **expediering** *jfr expediera* **1** sending [off], dispatch **2** ~ [*av kunder*] serving customers **3** execution, carrying out; putting through **expedit** [shop] assistant, [amer.] [sales]clerk **expedition 1** *se expediering* **2** [lokal] office **3** [resa, trupp o.d.] expedition

experiment experiment **-ell** *a* experimental **-era** *itr* experiment; ~ *ut* discover (find out) [..by means of experiments]; *..är ännu inte fullt utexperimenterad* ..is not yet fully developed (worked out)

expert expert, *på* on, in

exploatera *tr* exploit [äv. utsuga] **exploatering** exploitation

explodera *itr* explode, blow up; [om något uppumpat] burst; *bringa (få, komma) ngt att* ~ explode (blow up, [resp.] burst) a th.; ~ *av skratt* explode with laughter **explosion** explosion; bursting, *jfr explodera;* [spec. om tryckvågorna] blast

explosions|artad *a* explosive **-olycka** explosion

explosiv *a* explosive; ~*a ämnen* explosives

exponera *tr* [utställa, blotta samt foto.] expose; ~ *sig* expose oneself, *för* to **exponering** [foto.] exposure **exponeringsmätare** exposure meter **exponeringstid** time of exposure

export [~erande] export[ation]; [varor] exports [pl.]; *en betydande* ~ [*av*] a considerable export trade [in] **-era** *tr* export **-förbud,** ~ *på* [*en vara*] a ban on the export of.. **-licens** export licence **-vara** export commodity (product); *-varor* [äv.] export goods, exports **-ör** exporter

exposé survey; summary, exposition

express I *s, se -byrå, -tåg* **II** *adv* express, [på försändelser äv.] by express (special) delivery **-brev** express (special delivery) letter **-byrå** transport agency, [amer.] express [company]

expressionism expressionism

expresståg express [through train]

expropriation compulsory acquisition, expropriation **expropriera** *tr* compulsorily acquire, expropriate

extas ecstasy; *råka i* ~ fall into an ecstasy, [bildl.] go into ecstasies **extatisk** *a* ecstatic

extensiv *a* extensive

exteriör exterior

extra I *a* [tilläggs-] extra, additional, supplementary; [särskild, ovanlig] special; [biträdande] assistant, [icke fast anställd] temporary-staff..; [reserv-, till övers] spare **II** *adv* extra; [ovanligt] exceptionally; [separat] separately; *per* ~ *kontant* prompt cash; *läsa* ~ *med ngn* [ge privatlektioner] give a p. private lessons. — [Se äv. sms. m. *extra*] **-arbete** [utöver det vanliga] extra work **-förtjänst** *se biinkomst* **-knäck** [bisyssla] F job on the side

extrakt extract, *ur* from **extraktion** extraction

extra|lektion [privat-] private lesson **-nummer 1** [tidnings] special [edition] **2** [uppträdandes] encore **-ordinarie** *a* extraordinary; *han är* ~ [*tjänsteman*] he is on the temporary staff **-ordinär** *a* extraordinary, exceptional **-timme** [skol.] additional lesson **-tur** [trafik.] extra service **-tåg** special ([dubblerat] relief) train **-upplaga** special edition

extra|vagans extravagance **-vagant** *a* extravagant

extrem *a* extreme **extremist** extremist **extremitet** extremity

F

fabel fable **-aktig** *a* fabulous

fabricera *tr* manufacture, make **fabrik** factory, [bruk, verk] works [pl. lika], [cellulosa~, textil~] mill **fabrikant** [tillverkare] manufacturer, maker; [ägare, ledare] factory owner, manager **fabrikat 1** [vara] manufacture, product **2** [tillverkning] make, manufacture **fabrikation** manufacturing, making **fabrikationsfel** defect [in workmanship] **fabrikationshemlighet** trade secret

fabriks|anläggning industrial plant, *se vid. fabrik* **-arbetare** factory hand (worker) **-distrikt** industrial district, [i stad äv.] factory quarter **-märke** trade (manufacturer's) mark **-mässig** *a, ~ tillverkning* large-scale production **-mässigt** *adv* on an industrial basis **-ny** *a* ..fresh from the factory **-pris** factory price **-skorsten** factory chimney **-stad** industrial (factory) town **-tillverkad** *a* factory-made **-vara** factory-made article; *-varor* manufactured goods, manufactures

fabrikör *se fabrikant*

fabulös fabulous, fantastic

facil *a* [om pris] moderate, reasonable

facit [bok] answer book, answers [pl.], key

fack 1 [i hylla o.d.] compartment, pigeon-hole; [post~] post-office box **2** [gren inom industri o. hantverk] branch, trade; [yrke, isht lärt] profession; [område] line; [läro~] subject; [roll~] parts [pl.]; *han är arkitekt av ~et* he is an architect by profession

fackeltåg torch-light procession

fack|förbund [av fackföreningar vanl.] national [trade] union **-förening** [local] branch of a trade union **-föreningsrörelse** trade-union movement **-kunskap** expert (technical) knowledge [end. sg.]

fackla torch

fack|lig *a* professional, technical; [fackförenings-: attr.] trade[-union].. **-ligt** *adv, han är ~ organiserad* he belongs to a trade union **-litteratur** specialist literature, [mots. t. skönlitteratur] non-fiction **-lärare** [ung.] special-subject teacher **-man** [yrkesman] professional; [sakkunnig] expert **-mässig** *a* professional, technical, specialist **-press** specialist press **-skola 1** [yrkesskola ung.] vocational training school **2** [påbyggnad på grundskolan] two-year continuation school **-språk** professional (technical) language **-term** technical term **-tidskrift** [t.ex. för yrkeskategori] professional ([vetenskaplig] scientific) journal

fadd *a* flat, stale; vapid [äv. bildl.]

fadder godfather, godmother; [friare] sponsor; *stå ~ till* be (act as) godfather [osv.] to; [friare] stand sponsor to, [bildl. äv.] sponsor **-gåva** christening gift

fader father; [poet. o. om djur] sire **-lig** *a* fatherly [äv. ~t öm], paternal **-lös** *a* fatherless; *jfr moderlös* [ex.] **-mord** *o.* **-mördare** parricide **-skap** fatherhood, [isht jur.] paternity

fadersstolthet paternal pride **fadervår** [bönen] the Lord's Prayer

fading [radio.] fading

fager *a* fair

faggorna *pl, vara i ~* be coming

fagott [instrument] bassoon

fajans [glazed] earthenware [end. sg.], faience

fakir fakir

faksimil[e] facsimile

faktisk *a* actual, real; [egentlig] virtual **faktiskt** *adv* as a matter of fact, in fact, actually; [verkligen] really

fakt|or 1 [allm., äv. mat.] factor [beståndsdel äv.] element **2** [på tryckeri] foreman, overseer **-um** fact

faktur|a *s o.* **-era** *tr* [skriva faktura] invoice, bill

fakultet faculty

fal *a* [mutbar] venal

falk falcon, hawk **falka** *itr, ~* [trakta] *efter* covet, hunt after

fall 1 [mer eg.] fall, [lutning äv.] slope; [om klädesplagg vanl.] hang; [vatten~] fall[s [pl.]]; *bringa (komma) ngn på ~* overthrow a p., cause a p.'s downfall (ruin) **2** [friare o. bildl.]: [förhållande m. m.] case, [händelse äv.] event; *detsamma är ~et med..* the same applies to.., it is the same with..; *i alla ~* a) [i alla händelser] in any case, at all events, anyhow, anyway b) [det oaktat] nevertheless, all the same; *i annat ~* otherwise [etc.], *jfr annars; i bästa ~* at [the] best; *i nio av tio* nine times (in nine cases) out of ten; *i så ~* in that case, if so; *i varje ~ (i vilket ~ som helst), se i alla fall a)* [ovan]; *i vissa ~* in certain cases; *i värsta ~* if the worst comes to the worst

fall|a I *itr* fall **a)** [ex. i mera eg. betyd.] *låta.. ~* let..fall, drop.., [släppa] let .. go; *det föll mycket snö* there was a heavy fall of snow; *han föll och gjorde sig illa* he had a bad fall; *~ för en kula* fall from (be killed by) a bullet **b)** [ex. i bildl. betyd.] *låta förslaget ~* drop the proposal; *låta en plan ~* give up a plan; *avgörandet -er idag* the matter will be decided today; *dom (utslag) -er* [*idag*] judg[e]ment will be pronounced (decision will be given)..; [*jag vet inte*] *hur orden föll*..how the words came; *det -er av sig självt* that is a matter of course, it goes without saying; ~ *för en frestelse (i glömska), se frestelse* [etc.]; ~ *i ngns aktning* sink (go down) in a p.'s estimation; [*sam*]*talet föll på politik* the conversation turned to politics; *-ande tendens* downward tendency (trend)

II *rfl* [hända sig] happen, chance; [te sig] be; *när det -er sig lägligt* when an opportunity offers, when convenient; *det -er sig naturligt* [*för mig*] *att*.. it comes natural [to me] to..; *hur orden föll sig* how the words came

III [m. beton. part.] ~ *av* [allm.] fall off; [magra] grow thin; ~ *bort* drop (fall) [off]; ~ *ifrån* [dö] pass away; [avfalla] drop off, fall away; ~ *igenom* [i examen] fail; [om lagförslag o.d.] be defeated; ~ *ihop* fall in (down), [bryta samman] break down, [eg. o. bildl. äv.] collapse; ~ *in* [stämma in] join in [äv. i samtal]; [om ljus] come in; ~ *in i* [invadera] invade; *det föll mig in* it (the idea) occurred to (struck) me; *det skulle aldrig* ~ *mig in!* I wouldn't dream of it (such a thing)!; *jfr äv. infalla 2;* ~ *ned* fall (drop) down; ~ *ned död* drop dead; ~ *omkull* fall [over], fall (tumble, come) down, drop; *när andan (lusten) -er på, se ande 2, lust* [ex.]; *natten -er på* night is closing (setting) in; *ha något att* ~ *tillbaka på* [ekonomiskt] have something [put by] to fall back on; ~ *undan* [bildl.] yield, give way (in), *för* to

fallandesjuka epilepsy, falling sickness

fallenhet [begåvning, förmåga] aptitude [end. sg.], gift, talent

fall|frukt [koll.] windfalls [pl.] **-färdig** *a* ramshackle, tumbledown **-förgasare** downdraught carburettor **-grop** pitfall [äv. bildl.] **--lucka** *se fallucka* **-rep,** *vara på ~et* [ekonomiskt] be on the brink of ruin **-seger** [brottn.] victory by (on) a fall **-skärm** parachute; *hoppa med (ut i)* ~ make a parachute jump, parachute, [rädda sig] bale out

fallskärms|hopp parachute descent (jump) **-hoppare** parachute jumper **-jägare** parachutist, paratrooper **-trupper** *pl* parachute troops, paratroops

fallucka trapdoor

falna *itr* die down

fals *s o.* **falsa** *tr* [tekn. o. bokb.] fold; [snick.] rabbet

falsarium forgery, falsification

falsett [mus.] falsetto

falsifikat falsification, [vara] spurious article

falsk *a* false; [om check, mynt, sedel o.d.] forged; ~*a förhoppningar* vain (delusive) hopes; ~*t pass* forged (spurious) passport; ~*a pengar* bad (counterfeit) money; ~*t spår* wrong track **-deklaration** [-deklarerande] tax evasion, F tax dodging

falsk|eligen *adv* falsely **-het** falseness **-myntare** coiner, counterfeiter **-spelare** cheat, [yrkesmässig] card-sharper

falskt *adv* falsely; [mus.] out of tune; *spela* ~ [kortsp.] cheat [at cards]; *svära* ~ perjure oneself, commit perjury

familj family; ~*en Brown* the Brown family, the Browns [pl.]; *bilda* ~ marry and settle down; *vara av god* ~ come of a good family (stock)

familje|angelägenheter *pl* family affairs (business [end. sg.]) **-bidrag** [till värnpliktig] family allowance **-daghem** day nursery in a private home **-fader** father (head) of a family **-förhållanden** *pl* family affairs ([levnadsomständigheter] circumstances) **-försörjare** breadwinner **-hotell** [kollektivhus] block of service flats, [amer.] apartment hotel **-krets** family circle; *i den trängre ~en* in one's immediate family **-medlem** member of a family **-planering** family planning, planned parenthood

familjär *a* familiar, *mot* with; [om språk] colloquial

faml|a *itr* grope, *efter* for (after) **-ande** *a* [bildl.] tentative

famn 1 [armar] arms [pl.]; [fång] armful [[före följ. best.] of]; *stora ~en* a big hug; *ta ngn i ~, se famna* **2** [mått] fathom; [vedmått] cord; [båda m. 'of' före följ. best.] **famna** *tr* [omfamna] embrace, clasp [..in one's arms]

famntag embrace, F hug

famös *a* [beryktad] notorious

fan [den Onde] the Devil; *fy ~!* hell!, [svag.] God!; *springa som (av bara)* ~ run like hell; *det var* [*som*] ~*!* oh, hell!, [svag.] well, I'll be damned!; *vad (var, vem)* ~ what (where, who) the devil ([svag.] the deuce); *ta mig ~, om*.. I'll be buggered ([svag.] I'm damned) if..; *det ger jag* ~ [*i*] I don't care a damn [about that]; *du kan ge dig ~ på det* you bet your bloody life; *tacka ~ för det!* I should bloody ([svag.] damn[ed]) well think so!; *vara full i (av)* ~ be a bit of a devil; *han måste för ~ förstå* he must bloody ([svag.] damn[ed]) well understand

fan|a banner, standard, [båda äv. bildl.], flag; [mil.] colours [pl.]; *den röda -an* the red flag, *med flygande -or och klingande spel* with flags flying and drums beating

fanatiker fanatic **fanatisk** *a* fanatic[al]

fanatism fanaticism

fanbärare standard bearer

fanders, *åt ~ med..!* ..be hanged!, to hell with..!; *dra åt ~ !* go to hell (blazes)!

faner *s o.* **fanera** *tr* veener

fanerogam *s* phanerogam

fanfar flourish, fanfare

fanjunkare [plutonsbefäl] staff sergeant, [inom flottan] chief petty officer; [britt. motsv. inom flyget] flight sergeant
fanken *se fan, katt o. sjutton 2*
fantasi 1 [inbillningsförmåga, skapande ~] imagination **2** [inbillning, infall] fancy, fantasy; *~er* [äv.] dreams; *~ och verklighet* fact and fiction; *fria (rena) ~er* [påhitt] pure inventions; *vilda ~er* [äv.] wild imaginings **3** [mus.] fantasia, fantasy **-bild** imaginary picture, vision **-foster** figment [of the imagination] **-full** *a* imaginative **-lös** *a* unimaginative **-pris** fancy price
fantast [drömmare] visionary, dreamer **fantastisk** *a* fantastic **fantisera I** *itr* **1** [drömma] indulge in fancies, dream; [fabla] talk wildly **2** [mus.] improvise **II** *tr, ~ ihop* invent, concoct
fantom phantom
far father, [barnspr.] dad[dy]; *jfr äv. fader; bli ~* become a father; *ska ~ gå ut?* [i tilltal] are you going out [, Father (Dad)]?; *han är ~ till A.* he is the father of A.
1 fara *s* danger, [stor, hotande] peril, [risk] risk; *det är ~ för krig* there is a danger of war; *det är ~ värt (för) att han ..* there is a danger (risk) of his [ing-form.]; *det är ingen ~ [för det]!* there is no fear (danger) of that!; *det är ingen ~ med honom (den saken)* [there is] no cause for anxiety about him (that); *löpa ~ att* [inf.] run (incur) the risk of [ing-form]; *med ~ att* [inf.] at the risk of [ing-form]; *hoppa med ~ för livet* jump at the risk of one's life; *vara utom ~* be out of danger; *vid ~* in case of danger; [*signalen*] *'faran över'* the all-clear [signal]
2 far|a I *itr* **1** [resa (bege sig) isht till en plats] go, *till* to; [avresa] leave, start, depart, set out, *till* [i samtl. fall] for; go off (away), *till* to; [resa, färdas] travel; *jfr köra II 1 o. 1 resa II; ~ till staden* go in ([om storstad] up) to town; *~ till ngn* go to see a p.; *låta hoppet ~* give up hope
2 [friare o. bildl.], *han lät blicken ~ över..* he ran his eye over..; *~ illa* [bli illa behandlad] be badly treated; [*han (den)*] *far illa (väl) av att* [inf.] it is bad (good) for..to [inf.]; *~ illa med* [*ngt*] handle..roughly
II [m. beton. part.] [*jfr äv. köra III o. 1 resa III*] *~ efter* [för att hämta (ngn, ngt)] go and (to) fetch, go for; *~ fram* [bildl.]: [husera] carry (go) on, [härja] ravage; *~ hårt fram med ngn* treat a p. harshly; *~ varligt fram med* [*ngt*] treat..gently, be careful with..; *~ hit och dit, se ~ omkring* [nedan]; [*jag undrar*] *vad som -it i honom ..* what has taken possession of (got into) him; *~ ifrån ngn* go ([köra] drive) away from a p., leave a p.; *hon for ifrån* [*sin väska*] she left.. behind; *~ in i* enter, go into; *~ in till staden* go in ([om storstad] up) to town; *~ i väg* start, go off, set out; [rusa] go (rush) off, hurry away; *~ om* [passera] pass; *~ om varandra* [utan att råkas] cross each other's path without meeting; *~* [resa] *omkring (hit och dit)* go (travel, [köra] drive) about; *~ upp* a) [rusa upp] jump up (to one's feet) b) [öppna sig] fly open, open; *~ upp ur sängen* jump out of bed; *~ ut och åka* go for (take) a drive; *~ ut på (till) landet* go into the country; *~ ut mot ngn* let fly at ([okväda äv.] rail at) a p.
farao Pharaoh
farbar *a* [om väg] passable, practicable; [om farvatten] navigable
far|bro[de]r [allm.] uncle; [friare] [kindly old] gentleman; *~ Johansson* Mr. ('Uncle') Johansson; *~s tillgivne (tillgivna)..* Your loving [[eg. äv.] nephew ([resp.] niece)]..; [*min*] *fars (mors) ~* my great-uncle, my grand-uncle; *kan ~ säga* [*vad..?*] can you please tell me.. **-fa[de]r** [paternal] grandfather, grandpa[pa], F granddad; *~s far (mor)* great-grandfather (great-grandmother) **-föräldrar** *pl, mina ~* my grandparents [on my father's side]
farhåga [oro] fear, apprehension, *för* about *el.* as to
farinsocker brown sugar
farisé Pharisee
far|kost boat, craft [pl. craft] **-led** [navigable] channel, fairway
farlig *a* dangerous, *för* for, [ibl.] to; [farofylld] perilous; [äventyrlig] hazardous, risky; *den ~a åldern* the critical years; *det är inte så ~* it is not so bad [after all], [det gör ingenting] it doesn't matter; *vara ~ för den allmänna säkerheten* be a danger to the public **-het** dangerousness, perilousness [båda end. sg.], danger
farm farm
farma|ceut dispensing chemist's assistant **-ceutisk** *a* pharmaceutical **-cie** *a* ..of pharmacy ([förk.] Phar[m].); *jfr teologie*
farmakologi pharmacology
farmare farmer
farmo[de]r [paternal] grandmother, grandma[mma], F granny; *~s far (mor) se farfar*[*s far (mor)*]
farozon danger zone
fars farce **-artad** *a* farcical
farsarv patrimony
farsot epidemic
farstu [entrance] hall, vestibule, [trappavsats] landing
fart 1 [hastighet]: [allm.] speed, rapidity [end. sg.], [ibl.] rate, [takt, tempo] pace; *5 knops ~* 5 knots; *få ~* gather speed; *ge gungan ~* set the swing going; *göra (skjuta)* [*god*] *~* [⚓] make [good] headway; *mins-*

ka ~en slow down, reduce speed; *sätta ~* [skynda på] hurry up, F step on it; *elden tog ~* the fire blazed up; *försäljningen har tagit ~* [the] sales have received an impetus (have boomed); *öka ~en* speed up, increase (put on) speed, accelerate; *av bara ~en* automatically, [i hastigheten] unintentionally; *i full ~* at full speed; *med en ~ av* [*100 kilometer*] at the rate of.. **2** [gång, rörelse], *när han kommer i ~en* [t. ex. med att berätta] when he gets going (into his stride); [*hon är jämt*] *i ~en*..on the go; [*tjuvar har varit*] *i ~en*..at work **3** *det är ingen ~ i honom* he is without any go (dash, F pep); *sätta ~ i (på) ngn* put some pep into a p., [skynda på] make a p. hurry up; *sätta ~ på ngt* give an impetus (a push) to a th. **4** [sjöfart], *gå i inrikes (utrikes) ~* be engaged in coastal (foreign) trade **-begränsning** speed limit **-dåre** F speed merchant, scorcher

fartyg vessel, ship, craft [pl. craft]

fartygs|befäl [koll.] ship's officers [pl.] **-befälhavare** captain, master **-chef** [örlog.] commander

farvatten [område] waters [pl.]; [farled] channel, fairway; *i egna ~* in home waters

farväl *itj o. s* farewell

fas 1 phase [äv. bildl.] **2** [avsneddad kant] bevel, chamfer

fas|a I *s* [blandad med avsky] horror, [skräck] terror, [bävan] dread [end. sg]; *krigets -or* the horrors of war; *stel av ~* paralysed with terror **II** *itr* **1** [frukta] shudder, *för* at; *~ för att* [inf.] dread [ing-form] **2** [avsky] loathe, abhor, *för att gå* going

fasad front, façade, frontage **-belysa** *tr* flood-light **-belysning** [abstr.] flood-lighting, [konkr.] flood-lights [pl.]

fasan pheasant **-höna** hen pheasant **-kyckling** young pheasant

fasansfull *a* [förfärlig] horrible, terrible, awful; [ohygglig] ghastly, gruesome

fasantupp cock pheasant

fasaväckande *a* horrifying, terrifying, gruesome

fascinera *tr* fascinate

fasc|ism Fascism **-ist** *s o.* **-istisk** *a* Fascist

fasett facet

fashionabel *o.* **fasjonabel** *a* fashionable

faslig *a* dreadful, frightful, terrible; awful; *ett ~ t besvär* an awful bother

fason [form] shape, form, [snitt] cut; *förlora ~en* lose its (get out of) shape; *sätta (få) ~ på..* put ([pers.] lick)..into shape; *vad är det för ~er?* what do you mean by behaving like that?

1 fast I *a* [allm. (äv. bildl.)] firm; [fastsatt] fixed, [ej flyttbar] stationary; [mots. flytande] solid; [fastställd, stadigvarande] fixed, permanent; *~ anställning* permanent appointment (job); *~ bostad* fixed abode, permanent address; *~ egendom* real property (estate); *ta ~* [*are*] *form* assume a [more] definite shape; *~* [*stadig*] *hand* steady hand; *med ~ hand* [bildl.] with a firm hand; *~ konduktör* fixed conductor; [*skjorta*] *med ~ krage*..with collar attached; *~ kropp* solid; *~ kund* regular customer; *~ köp* firm purchase; *på ~a land* on dry land; *~ lön* fixed ([utom provision] basic) salary; *ha ~ mark under fötterna* [äv. bildl.] be on firm ground; *~ pris* fixed price; [*köpa (sälja)*] *i ~ räkning* ..firm (outright); *kurserna (marknadspriserna) är ~a* prices rule firm; *se äv. II* [ex.] **II** *adv* **1** firmly [etc., *jfr I*]; [ibl.] firm; *vara ~ anställd* have a permanent appointment; *en ~ avlönad befattning* an appointment at a fixed salary; *~ besluten* firmly resolved, determined **2** [fasttagen], *bli ~* be (get) caught. — [Se vid. beton. part. under resp. vb]

2 fast *konj* though, although

1 fasta *s, ta ~ på* [ngns ord el. löfte] make a mental note of, [komma ihåg] bear..in mind

2 fasta I *s* **1** [fastande] fast[ing]; *tre dagars ~* a fast of three days **2** [fastlag], *~n* Lent **II** *itr* fast; *på ~nde mage* on an empty stomach, fasting

faster [paternal] aunt; [*min*] *fars (mors) ~* [äv.] my great-aunt, my grand-aunt

fast|het [allm.] firmness; [varaktighet] permanence; [täthet] solidity **-hålla** *tr se hålla* [*fast*]

fastighet [house ([jordagods] landed)] property; [fast egendom] real estate (property)

fastighets|mäklare [[isht amer.] real-]-estate agent, house-agent **-skatt** tax on real estate **-skötare** caretaker **-ägare** house owner

fastlagen Lent; [veckan t. o. m. fettisdagen] Shrovetide

fastlags|bulle *se semla* **-ris** twigs [pl.] with coloured feathers [used as a decoration during Lent] **-söndag** [äv. *~en*] Quinquagesima [Sunday], Shrove Sunday

fastland mainland; [världsdel] continent

fastlandsklimat continental climate

fastna *itr* [allm.] get caught, catch; [sätta sig fast, klibba] stick [fast], get stuck [fast]; [komma i kläm] jam, get wedged; *jag ~de* [bestämde mig] *för*..I decided on..; *~ i minnet* stick [fast] (remain) in the (one's) memory; *han ~de med rocken på en spik* his coat caught on a nail; *min blick ~de på..* my eye was caught by..; *~ på kroken* be (get) hooked

fast|naglad *a, stå som ~* stand rooted to

För med **fast-** sammansatta verb jfr äv. vid beton. part. under resp. enkla verb the spot **-slå** *tr* [bildl.]: [fastställa] establish (*att* the fact that); [klart ådagalägga] show clearly; [bestämma] settle, fix **-ställa** *tr* **1** [bestämma] appoint, fix, stipulate **2** [stadfästa] confirm, ratify **3** [konstatera, ådagalägga] establish **-ställande** *s* appointment, fixing, establishment, confirmation, ratification **-vuxen** *a* firmly (fast) rooted, *vid* to

fastän *konj* though, although

fat 1 [för mat] dish; [tefat] saucer; [tunna] barrel, [mindre] cask, [kar] vat, [samtl. m. 'of' framför följ. best.]; *vin från* ~ wine from the wood (cask); *öl från* ~ draught beer

fatal *a* [olycklig] unlucky, unfortunate, [ödesdiger] fatal, disastrous, [förarglig] annoying **-ism** fatalism **-ist** fatalist

1 fatt *a, hur är det* ~*?* what's the matter?, F what's up?

2 fatt *adv* **1** *se ifatt* **2** *få* ~ *i* get hold of, find; *ta* ~ *i* catch hold of, grasp

fatta I *tr itr* **1** [gripa] catch, grasp, [hugga tag i] seize, take hold of; ~ *pennan* take up one's pen **2** [hysa o.d.] conceive, form, be seized with [jfr ex.]; ~ *agg mot (tillgivenhet för) ngn* form a grudge against (an attachment for) a p; ~ *ett beslut* come to (make, arrive at) a decision, [vid möte] pass a resolution; ~ *hat (misstankar, motvilja) mot ngn* conceive a hatred of (a suspicion of, a dislike for) a p.; ~ *kärlek till ngn* fall in love with a p.; ~ *medlidande med ngn* be seized with sympathy for a p.; ~ *mod* take courage; ~ *tycke för* take a fancy to **3** [begripa] understand, grasp, conceive, comprehend; *ha lätt (svårt) att* ~ be quick (slow) on the uptake; *jag* ~*r inte hur..* it beats me how.. **II** *rfl, för att* ~ *mig kort* to be brief

fatta|s *itr. dep* **1** [finnas i otillräcklig mängd] be wanting (lacking), [saknas] be missing; [behövas] be needed; [jfr vid. ex.]; *vad som* ~ *honom i* [*kunskaper*] what he lacks in..; *det* ~ *mig* [jag saknar] *pengar* [*till det*] I have not got (I lack) the money [for it]; *det* ~ *5 kronor* [i kassan] there is 5 kronor short (is a deficit of 5 kronor); *hon (klockan)* ~ *tio minuter i sex* it is ten minutes to six; *det* ~ *(-des) bara, att jag skulle..!* I wouldn't dream of [ing-form]!; *det* ~ *(-des) bara (skulle bara* ~*)!* I should jolly well think so! **2** [felas], *vad* ~ *dig?* what is the matter [with you]?

fattig *a* **1** [allm.] poor, [medellös] penniless, [behövande] needy; ~*a* (~*t folk)* poor people; *rika och* ~*a* rich and poor; *de* ~*a* the poor; *en* ~ a poor man; *en* ~ *stackare* a poor wretch **2** [ringa, ynklig] paltry; ~ *a fem öre* a paltry (wretched) five öre; *mina* ~*a slantar* my little bit of money **-dom 1** [allm.] poverty, [armod] penury; [ss. social företeelse] pauperism; *råka i* ~ be reduced to poverty, become impoverished **2** [brist] deficiency, *på* in, of; lack, want, *på* [i bägge fallen] of; [torftighet] poorness **-domsbevis** [bildl.] admission of failure **-hus** [hist.] workhouse, poor-house **-lapp** down-and-out; *en* ~ [*som jag*] F a poverty-stricken devil..

fattigt *adv,* ~ *klädd* dressed in poor clothes; *ha det* [*mycket*] ~ be [very] poorly off

fattigvård [o. sms.] *se socialhjälp,* [äv.] *socialvård* [m. sms.]

fattning 1 [grepp] grip, hold, *om* round, of **2** [för glödlampa] socket, lamp holder; [för t. ex. ädelsten] setting, mount[ing] **3** [behärskning] composure, self-command, self-possession; *behålla (förlora)* ~*en* keep (lose) one's head; *bringa ngn ur* ~*en* disconcert (discompose) a p.; *utan att förlora* ~*en* composedly, coolly **fattningsförmåga** apprehension, comprehension; *det går över min* ~ it is beyond me

fatöl draught beer

faun faun **fauna** fauna [pl. äv. faunae]

favorisera *tr* favour

favorit favourite; [*hon var*] *lärarens* ~ [äv.] ..the teacher's pet **-rätt** favourite dish **-uttryck** pet phrase

favör [allm.] favour; [fördel] advantage [end. sg.]; *till min* ~ [äv.] in my favour

fe fairy, [poet.] fay

feber fever, [bildl. äv.] excitement; *hög* ~ a high temperature (fever); *få* ~ develop a temperature

feber|aktig *a* feverish, febrile [båda äv. bildl.] **-fri** *a* ..free from fever **-het** *a* feverish **-kurva** temperature curve ([papper] chart) **-nedsättande** *a* antipyretic [äv. ~ *medel*] **-termometer** clinical thermometer

febrig *a* feverish **febril** *a* febrile, feverish

februari February ([förk.] Feb.); *jfr april o. femte*

federal *a* federal **federation** federation

feeri fairy drama; [trolskt sceneri] fairy world

feg *a* cowardly, F yellow; [räddhågad] timorous, timid; *din* ~*e usling!* you damned coward!; [*han är*] *en* ~ *stackare* ..a coward, F..yellow **feghet** cowardice; timidity **fegt** *adv* in a cowardly fashion; timorously

feja *tr itr* [göra rent] clean, [sopa] sweep

fejd feud; *leva (ligga) i ständig* ~ *med ngn* be at perpetual feud with a p., [bildl.] carry on a controversy against a p.

fel I *s* [allm.] fault; [defekt] defect; [misstag vanl.] mistake, error; ~ *och förtjänster* merits and demerits; *ett* ~ *i glaset* a flaw in the glass; *hela* ~*et är att..* the whole trouble is that..; *det är* [*något*] ~ *på..* there is something wrong with..; *vara utan* ~ be faultless *begå (göra) ett* ~ make a mistake ([mindre] slip), commit a fault (an error, ['tabbe'] a blunder); *vems är* ~*et?* whose

För med **fast-** sammansatta verb jfr äv. vid beton. part. under resp. enkla verb

fault is that?, who is to blame? **II** *a* [[attr. vanl.] the] wrong; *uppge ~ adress* give the (a) wrong address; *jfr vid. felaktig* **III** *adv* wrong, [isht före perf. ptc.] wrongly; [ibl.] mis-; *flyga ~* fly out of one's course; *ge ~ tillbaka* [växla ~] give wrong change; *gå ~* go the wrong way, lose one's (miss the) way; *min klocka går ~* my watch is wrong; *ha ~* be wrong; *höra ~* mishear; [*jag har*] *kommit ~* ..gone wrong, [telef.]..got on the wrong number; *räkna ~* miscount; *skriva ~* [göra ett skrivfel] make a slip of the pen; *slå ~* [ej träffa] miss, [bildl.] be (prove) a failure, fail; [*han kommer för sent,*] *det slår aldrig ~!* ..you can be sure!, ..you bet!; *ta ~* make a mistake, F get it wrong; *jag tog ~ på honom och A.* I mistook him for A.; *ta ~ på tiden* mistake (make a mistake about) the time; *jfr missta*[*ga*]

fela *itr* **1** [fattas] be wanting, *i* in; [för ex. *jfr fattas*] **2** [begå fel] err; [handla orätt] do wrong

fel|adresserad *a* wrongly addressed **-aktig** *a* [oriktig] erroneous, wrong, incorrect; [behäftad m. fel] faulty, defective; [osann] false; [ibl. äv.] mis-; *~ användning* misapplication **-aktighet** [fel] fault, mistake, error

felande *a* **1** [som fattas] missing, wanting; *det ~* what is missing (wanting) **2** [som begår fel] erring; *den ~* the culprit (offender)

fel|as *itr. dep, se fattas* **-debitering** mischarge **-expediering** [i butik e. d.] mistake [on the part of the staff] **-fri** *a* faultless, flawless [*jfr fel*]; correct, [oklanderlig] impeccable **-källa** source of error **-parkering** [förseelse] parking offence **-räkning** miscalculation **-skrivning** miswriting; *en ~* a slip of the pen, an error in writing, [med skrivmaskin] a typing error **-slagen** *a* [gäckad] disappointed **-stavad** *a* wrongly spelt, mis-spelt **-stavning** mis-spelling **-steg** [eg. o. bildl] slip, false step **-sägning** slip of the tongue **-tolkning** misconstruction, misinterpretation **-tryck** faulty print; [frimärke] error **-underrättad** *a* misinformed **-växling** [av pengar], *genom ~* through a mistake in the change **-översatt** *a* mistranslated; *..är ~* ..has been incorrectly translated

fem *räkn* five; *vi ~* the five of us; *vi var ~* there were five of us; *~ och ~* [fem åt gången] five at a time; *de går ~ och ~* they walk in fives; [kr] *~ och femtio* five kronor and fifty öre; *vinna med 5—3* win by (win) 5 to 3; *ha ngt (kunna ngt) på sina ~ fingrar* have a th. at one's finger-tips; *en ~ sex gånger* [some] five or six times; *~ hundra (tusen)* five hundred (thousand); *tåget går 5.20* the train leaves at five twenty; [*han kom*] *klockan halv ~* ..at half past four; *han bor* [*på*] *Storgatan 5* [vanl.] he lives at [No.] 5 Storgatan **-aktare** five-act play, five-acter **-armad** *a* [om ljusstake o.d.] five-branched **-båten** the five[-o'clock] boat **-cylindrig** *a* five-cylinder..; *denna* [*motor*] *är ~* this is a five-cylinder.. **-dagarsvecka** five-day week **-draget,** *vid ~* [at] about five [o'clock] **-dubbel** *a* fivefold, quintuple; *betala -dubbla priset (det -dubbla)* pay five times the price (amount) **-dubbelt** *adv* fivefold **-dubbla** *tr* multiply ..by five, increase..fivefold (five times) **-faldig** *a o.* **fal**[**dig**]**t** *adv* fivefold **-föreställning** five-o'clock performance **-gradig** *a* [om *vatten,* +5°C] [[attr.] ..that is (was [etc.])] five degrees [centigrade] above freezing-point

fem|hundra *räkn* five hundred; *jfr hundra* [o. sms.] **-hundrade** *räkn* five hundredth **-hundra**[**de**]**del** five hundredth [part]; *jfr femtedel* **-hundratal,** *~ et* [århundrade] the sixth century; *på ~ et* in the [etc.] **-hundraårig** *a* five-hundred-year-old ..[osv.], *jfr hundraårig* **-hundraårsdag** *o.* **-hundraårsminne** five-hundredth (500th) anniversary **-hörning** pentagon

feminin *a* feminine **-um** [genus] the feminine [gender]; [ord] feminine [noun]

fem|kamp pentathlon **-kampare** pentathlete **-kantig** *a* five-edged; [-hörnig] five-angled; [-sidig] five-sides **-kilosförpackning** five-kilo package (parcel) **-kronesedel** five-krona note **-kronorsmynt** five-krona coin **-ling** quintuplet, F quin

femma five [äv. om betyg]; [sedel] five-krona note; *en ~* [belopp] five kronor; *~ n* a) [om hus, buss o.d.] No. 5, number Five b) [skol.] the fifth class (form), Class No. 5, Class V; *~n* [*i hjärter*] the five (cinque) [of hearts]; *han kom in som (ligger* [*som*]*) ~* he came in (is) fifth; *det var en annan ~* F that's quite another cup of tea

fem|maktskonferens five-power conference **-mastare** five-master **-minutersrast** five-minute rest (break) **-minuterstrafik,** *spårvagnarna går i ~* there is a tram every five minutes (every fifth minute) **-männing** fourth cousin **-procentig** *a* five-per-cent..; *det här lånet är ~t* this is a five-per-cent loan **-radig** *a* five-rowed; [med fem tryckta el. skrivna rader] five-line[d].. **-rummare** *o.* **-rumslägenhet** five-roomed (five-room) flat **-sidig** *a* five-sided **-siffrig** *a* [attr.] five-figure, ..of five figures; *talet är ~t* this is a five-figure number **-sitsig** *a, ~ bil* five-seater; [*bilen*] *är ~* ..is a five-seater,..seats five people **-slaget,** *vid ~* on the stroke of five [o'clock]; [vid femtiden] [at] about five [o'clock] **-spaltig** *a* five-column[ed].. **-språkig** *a* [på fem språk] five-language.., ..in five languages; [som talar fem språk, attr.].. speaking five languages; *han är ~* he speaks five languages **-stavig** *a* five-syllabled **-struken** *a* [mus.] five-times-accented **-strängad** *a* [mus.] five-stringed **-stämmig** *a* ..for five voices **-stämmigt** *adv* in five parts **-tal** five; *~et* [talet fem] the number five; *ett ~* some (about) five

femte *räkn* fifth ([förk.] 5th); *Gustaf den ~ (V)* Gustav the Fifth, Gustav V (V.); *den (det) ~ från slutet* the last but four; *för det ~* in the fifth place, [vid uppräkning] fifthly; *den ~ [i månaden]* [adverbial] on the fifth [of the month]; *den ~ (5) april* [adverbial] on the fifth of April, on April 5th, [i brevdatering] April 5th (5th April); *~ klassens (rangens)*.. fifth-rate..; *[en gång] vart ~ år* once every five years, [once] every fifth year **-del** fifth [part]; *två ~ar* two fifths; *en ~s sekund* a (one, [ibl.] the) fifth [part] of a second **-klassare** *o.* **-klassist** fifth-former **-kolonn** fifth column **-kolonnare** fifth columnist **-placering,** *få en ~* come fifth

femtiden, *vid ~* [at] about five [o'clock], round about five [o'clock]

femti|elfte *räkn* umpteenth **-elva** *räkn* umpteen **-lapp** fifty-krona note

femtimmarsföreställning five-hour performance

femti[o] *räkn* fifty; *han är över de ~* he is over fifty; *jfr fem* [o. sms.] **-fem** *räkn* fifty--five **-femte** *räkn* fifty-fifth

femtionde *räkn* fiftieth **femtion[de]del** fiftieth [part]; *jfr femtedel*

femti[o]|tal fifty; *~et* [åren 50—59] the fifties; *på ~et* [1950-talet] in the [nineteen] fifties, in the [19]50's; *tidigt, i början (i slutet) på ~et* in the early (late) fifties **-talist** [litt.hist.] writer belonging to [the literary movement of] the fifties **-årig** *a* fifty--year-old.. **-åring** fifty-year-old man (woman) **-årsdag** fiftieth anniversary ([födelsedag] birthday) **-årsjubileum** *o.* **-årsminne** fiftieth anniversary, jubilee **-årsåldern,** *en man i ~* a man aged about fifty; *jfr vid. femårsåldern*

femton *räkn* fifteen; *klockan 15* at 3 o'clock in the afternoon, at 3 [o'clock] p.m.; *jfr fem* [o. sms.] **femtonde** *räkn* fifteenth; *jfr femte*

femton[de]del fifteenth, fifteenth part; *jfr femtedel*

femton|hundra *räkn* fifteen hundred **-hundrafemtio** *räkn* fifteen hundred and fifty; *född år ~* [äv.] born in fifteen fifty **-hundrameterslopp** fifteen-hundred-metre (1500--metre) race **-hundratalet** the sixteenth century; *på ~* in the [etc.]; *~s Sverige* sixteenth-century Sweden **-åring** fifteen-year--old youth

fem|tumsspik five-inch nail **-tusen** *räkn* five thousand **-tusende** *räkn* five thousandth **-tusentonnare** five-thousand-tonner **-tusenårig** *a* five-thousand-year-old.. [osv.], *jfr hundraårig* **-tåget** the five[-o'clock] train **-tåig** *a* five-toed **-uddig** *a* five-pointed, [om gaffel o. d.] five-pronged **-veckorskurs** five-week course **-våningshus** [fem plans-] five-storeyed (five-storied) house **-växlad** *a* [om växellåda] five-speed.. **-årig** *a* **1** [fem år gammal]: [attr.] five-year-old [pred.] five [years old] **2** [som varar (varat) fem år]: [attr.] five-year, five years', [pred.] [*avtalet*] *är ~t* ..is for five years **-åring** five-year-old child ([häst] horse) **-årsdag** fifth anniversary ([födelsedag] birthday) **-årsjubileum** *o.* **-årsminne** fifth anniversary **-årsperiod** five-year period **-årsplan** five-year plan **-årsåldern,** *i ~* at the age of about five; *en pojke i ~* a boy aged about five; *vara i ~* be about five **-öresfrimärke** five-öre stamp **-öring** five-öre piece

fena fin [äv. flyg. o. sjö.]; *utan att röra en ~* without moving (stirring) a limb

fender[t] fender

fenicier *s o.* **fenicisk** *a* Phoenician

Fenix, *fågel ~* the Phoenix

fenomen phenomen|on [pl. -a] **-al** *a* phenomenal, extraordinary

feodal *a* feudal **-väsen** feudal system

ferier *pl* holidays; [isht univ.] vacation, [vac [båda sg.]; *han har ~* he is having a holiday **ferieskola** summer school

fernissa *s o. tr* varnish

fest festival [äv. relig.], [firning] celebration [festlighet] festivity; [högtidlighet] ceremony [~ måltid] banquet, feast; [bjudning] party *gå på ~* go [out] to a party **festa** *itr* **1** [kalasa] feast, *på* on **2** *~ [om]* [roa sig] have a gay time; [dricka] booze; *~ av* have a send-off party for; *~ upp* squander.. on having a gay time

festföremål, *~et* the hero of the occasion

festföreställning gala performance **festival** festival

fest|klädd *a* [attr.] festively-dressed; [aftondräkt] ..in evening dress **-lig** *a* [fest-festival..; [storartad] grand, splendid; [komisk] comical **-lighet** festivity **-middag** *o.* **-måltid** banquet, feast **-prisse** bon vivant [fr.] **-spel** *pl* festival [sg.] **-tåg** procession **-våning** assembly (banqueting) rooms [pl.]

fet *a* fat [äv. bildl.]; *~ mat (mjölk)* rich food (milk); *~ stil, se fetstil; bli ~* grow (get) fat ([om pers. äv.] stout), [isht om djur] fatten *det ~a på [köttet]* the fat part[s [pl.]] of..

fetisch fetish, fetich

fetknopp [bot.] stonecrop **fetlagd** *a* [somewhat] stout (corpulent) **fetma I** *s* fatness [hos pers. vanl.] stoutness, corpulence **II** *itr* put on fat (flesh) **fetstil** extra bold type

fett fat; [smörj~] grease; [flott] lard **-bildande** *a* fattening **-halt** fat[ty] content; [fettprocent] percentage of fat **-haltig** *a* fatty
fettisdag 1 [eg.: tisdagen efter fastlagssöndagen], ~[*en*] Shrove Tuesday **2** [oeg.: tisdag i fastan] Tuesday in Lent **fettisdagsbulle** *se semla*
fett|pärla speck of grease **-spruta** grease gun **-valk** roll of fat
fetvadd unbleached cotton wool
fez *(fets)* fez
fiasko fiasco [pl. -s], failure, F washout; *göra* ~ be a fiasco [osv.], fail completely
fiber fibre
fick|a pocket; *stoppa ngt i* ~*n* put a th. in one's pocket; *stoppa ngt i* [*sin*] *egen* ~ [bildl.] pocket a th. **-flaska** [pocket] flask **-format,** [*kamera*] *i* ~ pocket-size.. **-lampa** [electric] torch, [isht amer.] flashlight **-lock** [pocket-]-flap **-pengar** pocket-money [sg.] **-stöld** pocket-picking; *en* ~ a case of p.-p. **-tjuv** pickpocket **-ur** [pocket] watch
fideikommiss estate in tail, entailed estate **-arie** tenant in tail, *till* to (of)
fiende enemy, *till* of; [poet., stark.] foe; ~*n* [koll.] the enemy; *bli* ~ *med ngn, göra ngn till sin* ~ make an enemy of a p. **fiendehand,** *falla för (i)* ~ die at (fall into) the hands of the enemy **fiendeland,** *i* ~ in hostile country **fiendskap** enmity, hostility; [*leva*] *i* ~ ..at enmity **fientlig** *a* hostile, *mot* to; [mil. äv.] enemy..; [ss. efterled i sms. ofta] anti-, *jfr t. ex. samhällsfientlig;* ~ *inställning* animosity **fientlighet** hostility
fiffa *tr,* ~ *upp* smarten up
fiffel crooked dealings [pl.], cheating
fiffig *a* [fyndig] clever, ingenious, smart
fiffla *itr* cheat; ~ [fuska] *med* wangle, fake
figur figure; [individ isht neds.] individual; *göra en slät (ömklig)* ~ cut a poor figure **-era** *itr* appear, figure **-lig** *a* figurative, metaphorical
fika *itr,* ~ *efter* hanker after
fikon fig **-löv** fig-leaf **-träd** fig[-tree]
fiktion fiction **fiktiv** *a* fictitious
fikus india-rubber tree
1 fil [rad] row; [ström av t. ex. bilar] line, string; [*se äv. körfält*]; [*rummen*] *ligger i* ~ ..are in a suite
2 fil [surmjölk] sour[ed] milk
3 fil [verktyg] file **fila** *tr itr* file; ~ [*på*] *ngt* file a th.; ~ *på fiol* scrape at a fiddle; ~ *av* [jämna] file..smooth
filantrop philanthropist **-isk** *a* philanthropic[al]
fila|teli philately **-telist** philatelist
filé [kok.] fillet
filial branch **-kontor** branch office
filipin, *spela* ~ play at philippines
Filippinerna *pl* the Philippine Islands
filkörning lane traffic, traffic-lane driving
film film; [på bio äv.] picture, movie; *en tecknad* ~ a (an animated) cartoon; *gå in vid* ~*en* go on the films (the screen) **filma I** *tr itr* [göra film [av]] film, *ngt* a th. **II** *itr* [medverka i film] act in films ([resp.] a film)
filmateljé film studio **filmatisera** *tr* adapt ..for the screen
film|biten *a* film-struck **-censur** [myndighet] board of film censors **-fotograf** camera-man **-föreställning** cinema performance (show) **-författare** scenario (script, screen) writer **-hjälte** hero of the screen **-inspelning** filming
filmjölk sour[ed] milk
film|kamera film camera **-manuskript** [film] script **-producent** film producer **-regissör** film director **-roll** film role **-rulle** [foto.] roll of film **-skådespelare** film (screen) actor **-stjärna** film (movie) star
filo|log philologist **-logi** philology
filo|sof philosopher **-sofera** *itr* philosophize, *över* [up]on, about **-sofi** philosophy **-sofie** *a,* ~ *doktor (fil. dr)* Doctor of Philosophy [i Engl. förk. Ph.D. efter namnet]; ~ *kandidat (magister;* [förk.] *fil. kand.* [resp.] *fil. mag.)* [ung.] graduate in the Faculty of Arts ([vid naturvetenskaplig fakultet] of Science), [eng. motsv. ung.] Bachelor (Master) of Arts ([resp.] of Science; [förk.] B.A. (M.A.), [resp.] B.Sc. (M.Sc.), [samtl. efter namnet]); ~ *studerande* Arts ([resp.] Science) student **-sofisk** *a* philosophic, [isht friare] philosophical; *de* ~*a fakulteterna* the faculties of arts and sciences
filt 1 [säng~] blanket **2** [tyg] felt, felting
filter filter [äv. foto.]; [på cigarrett] filter tip **filtercigarrett** filter-tipped cigarette
filthatt felt [hat]
filtrera *tr* filter, filtrate
filtrerpapper filter[ing] paper
filttoffel felt slipper
filur sly dog
fimp fag-end **fimpa** *tr* stub [out]
fin *a* [allm.] fine; [elegant] smart, elegant; [tunn äv.] thin; [bra äv.] [very] good, nice; [utmärkt] F grand; [iron. äv.] nice, pretty; [*göra*] *en* ~ *affär*.. a good stroke of business (a bargain); ~*a betyg* high marks; *en* ~*flicka* a girl of good family (breeding); ~*t folk* fashionable (distinguished) people; ~ *ironi* delicate (subtle) irony; *min* ~*a (*~*aste) klänning* my best dress; *ha* ~ *känsla för* have a sensitive feeling for; *en* ~ *middag* [god] a first-rate dinner; *på ett* ~*t sätt* delicately, tactfully, discreetly; [*det är (var)*] ~*t!* fine!, good!; *göra* ~*t* [*i rummet*] [städa] tidy up [the room], [pryda] make things look nice [in the room]; *klä sig* ~ dress up; *det var*

inte vidare ~t av honom that wasn't a very nice thing of him to do; *han är ~ på att* [inf.] he is very good at [ing-form]

final 1 [mus.] finale [äv. bildl.] **2** [sport.] final; *gå upp i (gå till) ~en* enter the finals **finalist** finalist

finans|departement ministry of finance **-er** *pl* finances; [*hjälpa upp*] *~na* .. the financial position **-iell** *a* financial **-iera** *tr* finance **-man** financier **-minister** minister of finance **-politik** financial policy

finess 1 [förfining] refinement **2** *~er* [anordningar] [exclusive] features, gadgets

fin|fin *a* tip-top, splendid; H first-rate **-fördela** *tr* atomize [äv. vätskor], pulverize

fing|er finger; *inte lägga -rarna emellan när det gäller* [*ngn, ngt*] not handle .. with kid gloves; *peka ~ åt* point the finger of scorn at; *se* [*i*]*genom -rarna med ngt* ([resp.] *ngn)* wink at a th. ([resp.] be lenient with a p.); *slå ngn på -rarna* [bildl.] catch a p. out

finger|ad fictitious, imaginary; *-at namn* assumed (false) name

finger|avtryck finger-print **-borg** thimble **-borgsblomma** foxglove **-färdig** *a* dexterous **-färdighet** sleight of hand, [manual] dexterity; [mus.] finger technique **-krok,** *dra ~* pull fingers **-skiva** [telef.] [telephone] dial **-spets** *o.* **-topp** finger-tip; *ut i ~arna* to the (his [osv.]) finger-tips **-tuta** finger-stall **-vante** [fabric (woollen)] glove **-visning** hint, pointer

fingra *itr, ~ på* finger; [tanklöst vanl.] fiddle about with

fin|hackad *a* [attr.] finely-chopped, [pred.] finely chopped **-het** [finhetsgrad] fineness; [tunnhet] thinness **-inställning** fine adjustment

finish [sport. o. tekn.] finish

fink finch

finka F [arrest] clink, quod

fin|kalibrig *a* [attr.] small-bore **-kamma** *tr* go over ..with a fine-tooth[ed] comb, [bildl. äv.] comb [out]

fin|klädd *a* [pred.] dressed up **-känslig** *a* [taktfull] tactful, delicate; [diskret] discreet **-känslighet** tactfulness, tact, delicacy [of feeling]; discretion

Finland Finland **finlandssvensk I** *a* Finno-Swedish **II** *s* Finland-Swede

fin|ländare Finlander, Finn **-ländsk** *a* Finnish **-ländska** [kvinna] Finnish woman

fin|malen [attr.] finely-ground, [om kött] finely-minced **-maskig** *a* fine-meshed, small-meshed **-mekanisk** *a, ~ verkstad* precision-tool workshop

finn|a I *tr* [allm.] find; [oförmodat] come across; [upptäcka äv.] detect, discover; [inse, märka äv.] see; [anse äv.] think, consider; [röna] meet with; *~ för gott* [*att*] think fit ..; *~ på, se hitta* [*på*] **II** *rfl* **1** *~ sig* [*vara*] find oneself **2** *~ sig själv* get to know oneself **3** [inte vara rådlös], *han -er sig alltid* he is never at a loss **4** *~ sig i* a) [tåla] stand, put up with, tolerate b) [foga sig i] submit to; *~sig i sitt öde* resign oneself (submit) to one's fate **finn|as** *itr. dep* [vara] be; [existera] exist; [stå att finna, påträffas] be [to be] found; *det -s* [opers.] there is ([resp.] are); *-s det* [har ni] ..*?* have you [got] ..?; *den -s* [*att få*] it is to be had; *~ kvar* a) [vara över] be left b) [inte vara borttagen (försvunnen)] be still there c) [fortfarande finnas] remain, [vara bevarad] be extant; *~ med* [ingå o.d.] be included; *~ till* exist, be in existence

1 finne Finn

2 finne [läk.] pimple **finnig** *a* pimply

fin|randig *a* pin-striped **-rum** best room

finsk *a* Finnish; *Finska viken* the Gulf of Finland **finska 1** [kvinna] Finnish woman **2** [språk] Finnish. — *Jfr svenska* **finskfödd** *a* Finnish-born; [för andra sms. *jfr äv. svensk-*]

fin|skuren *a* [attr.] fine[ly]-cut, [pred.] finely cut **-smakare** epicure, gourmet **-stilt** *a* ..in small type

1 fint *s* feint, [bildl. äv.] trick, dodge

2 fint *adv* finely [osv.], *jfr fin;* [smått äv.] small; [bra vanl.] [very] well, fine; *~ bildad* highly educated

fintvätt [[abstr.] washing of] delicate fabrics

finurlig *a* [slug] shrewd, knowing, cute; [sinnrik] clever, ingenious; [knepig] smart

fiol violin; *spela ~* play the violin; *spela första ~en* [bildl.] play first fiddle; *betala ~erna* [bildl.] pay the piper **-byggare** violin maker **-spelare** violin-player, violinist **-sträng** violin-string

1 fira *tr itr, ~* [*ned*] let down

2 fira *tr* [högtidlighålla] celebrate; [tillbringa] spend; [hylla] fête; *~ minnet av* commemorate

firma firm; *teckna ~n* sign for the company **-fest** [ordnad av företaget] party for the employees

firmament, *på ~et* in the firmament

firma|märke trade mark **-namn** style, firm name

fisk fish [pl. fish[es]]; [koll.] fish [sg.]; *stum som en ~* as dumb as a statue **fiska** *tr itr* fish; *~ forell (pärlor)* fish trout (for pearls) **fiskaffär** fishmonger's [shop] **fiskare** fisherman

fisk|ben fishbone **-bensmönster** herring-bone pattern **-bullar** fish-balls **-damm** [eg.] fishpond; [bildl.] lucky dip, [amer.] grab bag

fiske fishing, *av* of; [fiskeri, fiskerätt] fishery; [ss. näringsgren] fisheries [pl.] **-båt** fishing-boat **-kort** fishing licence (permit) **-läge** fishing village (hamlet) **-rätt** fishing right[s [pl.]] **-vatten** fishing-grounds [pl.]

fisk|filé fillet of fish **-fjäll** fish-scale **-färs** fish mousse **-leverolja** cod-liver oil **-mås** common gull **-nät** fishing-net **-odling** [abstr.] pisciculture, fish breeding **-pinnar** *pl* [kok.] fish sticks **-redskap** fishing implement; [koll.] fishing-tackle **-rik** *a* .. abounding in fish **-rätt** fish course (dish) **-stim** shoal of fish **-stjärt** fish-tail **-yngel** [koll.] fry [vanl. pl.]

fistel fistula

fitta [vulg.] cunt

fix *a* **1** fixed; ~ *idé* fixed idea **2** ~ *och färdig* all ready **fixera** *tr* fix; [skarpt betrakta äv.] look fixedly at **fixerbad** fixing bath **fixering** [psykol., läk. o. m. blick] fixation; [foto., konst.] fixing

fixeringsbild puzzle picture

fixstjärna fixed star

fjant [pers.] busybody **fjanta** *itr,* ~ *för* fawn on, make up to **fjantig** *a* [beskäftig] fussy, busybodyish

fjol, *i* ~ last year; *i* ~ *sommar* last summer

fjolla foolish (silly) woman ([resp.] girl), goose [pl. geese] **fjollig** *a* foolish, silly

fjompig *a* [larvig] silly; [sjåpig, tillgjord] namby-pamby

fjord [isht i Norge] fiord; [i Skottl.] firth

fjorton *räkn* fourteen; ~ *dagar* [vanl.] a fortnight; ~ *dagars* [*ledighet*] a fortnight's..; *jfr fem*[*ton*] [o. sms.] **fjortonde** *räkn* fourteenth; [*en gång*] *var* ~ *dag* [once] every (once a) fortnight; *jfr femte*

fjun [koll.] down, fluff [bägge end. sg.] **fjunig** *a* downy, fluffy

fjäder 1 [fågel~] feather, [isht prydnads~] plume; [koll.] feathers [pl.] **2** [tekn.] spring

fjäder|dräkt plumage **-fä** poultry [koll.]; *ett* ~ a fowl **-lätt** *a* ..[as] light as a feather, feathery **-moln** cirrus [pl. cirri], cirrus cloud **-vikt** [sport.] featherweight **-våg** spring balance

fjädra I *itr rfl* [vara elastisk] be elastic **II** *rfl* [göra sig till] show off, *för* to **fjädrande** *a* springy [äv. om t.ex. gång], elastic, resilient **fjädring** spring system, springing

1 fjäll mountain; [hög~] alp, high mountain; [för sms. *jfr berg*[*s*]-]

2 fjäll [zool. o. d.] scale **fjälla I** *tr* [fisk] scale **II** *itr* peel **fjällig** *a* scaly, scaled

fjäll|räv arctic fox **-sjö** mountain lake, [mindre] tarn

fjällskivling, *stolt* ~ parasol mushroom

fjäll|vandring mountain walk **-växt** alpine plant

fjärd [bukt ung.] bay

fjärde *räkn* fourth; *vara* ~ *man* [kortsp.] make a fourth; *jfr femte* [o. sms.] **-del** quarter, fourth [part] **-delsnot** [mus.] crotchet, [amer.] quarter-note

fjäril butterfly; [natt~] moth **fjärilshåv** butterfly-net **fjärilsim** butterfly stroke, butterfly

fjärran I *a* distant, remote, far-off, far-away; *F~ Östern* the Far East **II** *adv* far [away (off)]; *när och* ~ far and near **III** *s, i* [*ett avlägset*] ~ in the [remote] distance

fjärr|skådare clairvoyant **-spaning** [flyg.] long-range reconnaissance **-styrd** *a* remote-controlled; ~ *robot* guided missile **-värme** district heating

fjäsk [kryperi] fawning, *för* on; [beställsamhet] fuss, *för* of **fjäska** *itr,* ~ *för* [krypa för] fawn on, crawl to; [krusa för] make a fuss of **fjäskig** *a* [krypande] fawning; [överdrivet artig, beställsam] officious, fussy

f. Kr. [förk. f. *före Kristus*] B.C.

flabb *s* [skratt] *o.* **flabba** *itr* cackle, *åt* at

flack *a* [eg.] flat [äv. om kulbana], level

flacka *itr* rove; ~ *och fara* be on the move; ~ *omkring* [*i*] roam about

fladdermus bat **fladdra** *itr* flutter [äv. bildl.]; [om hår o. flagga] stream

flaga I *s* flake; [hud~] scale **II** *itr rfl,* ~ *sig* flake [off], scale (peel) off; ~ *av* [*sig*] come off in flakes

flagg flag, [ibl.] colours [pl.]; *föra svensk* ~ fly the Swedish flag; *segla under främmande (falsk)* ~ sail under a foreign flag (under false colours) **flagg|a I** *s* flag; [ss. nationalitetssymbol äv.] ensign **II** *itr* fly (display) a flag, [sjö.] fly the colours; ~ *på halv stång* have one's flag at half-mast **-skepp** flagship **-stång** flag|staff, -pole

flagig *a* flaky, scaly

flak 1 [is~] floe **2** [last~] platform [body] **-vagn** open-sided waggon

flamingo flamingo [pl.-[e]s]

flamländare Fleming **flamländsk** *a* Flemish

flamländska 1 [kvinna] Flemish woman **2** [språk] Flemish

flamm|a I *s* flame [äv. bildl.] **II** *itr* blaze; ~ *upp* [äv. bildl.] flame up **-ig** *a* [om färg] patchy

flams [ung.] silly behaviour; [fnitter] silly giggles [pl.] **flamsa** *itr* fool (monkey) about **flamsig** *a* silly; [fnittrig] giggly

Flandern Flanders

flanell flannel; [*byxor*] *av* ~ [äv.] flannel.. **flanellbyxor** *pl* flannel trousers, flannels **flanellograf** flannel board

flanera *itr, vara ute och* ~ be out for a stroll

flank flank [äv. ⚔] **-anfall** flank[ing] attack **-era** *tr* flank

flanör person [who likes] strolling about

flask|a bottle; [av metall] can; *en* ~ [*vin*] a bottle of..; *uppföda* [*barn*] *med* ~ bring.. up on the bottle; *slå (tappa) på -or* bottle **-barn** bottle[-fed] baby **-hals** bottle-neck [äv. bildl.] **-post** message in a bottle [thrown

into the sea]
flat *a* **1** [eg.] flat; ~ *tallrik* [flat (ordinary)] plate **2** [bildl.]: [häpen] taken aback; [förlägen] abashed; [efterlåten] weak; indulgent, *mot* towards **-bottnad** *a* flat-bottomed **-skratt** guffaw
flau *a* H dull, slack, depressed
flax luck; *ha* ~ be lucky, click
flaxa *itr* flutter; ~ *med vingarna* flap (flutter) its ([resp.] their) wings
flegma phlegm; [friare] impassiveness
flegmatisk *a* phlegmatic; impassive
flera I *a* ([äv.] *fler)* [talrikare] more; *de är ~ än vi* they are more numerous than we are; ~ [*människor*] [än vanligt] more people.. **II** *pron* ([äv.] *flere)* [åtskilliga] several; ~ [*olika*] various, different; ~ [*människor*] several people; *vi är* ~ [*stycken*] there are several of us
fler|dubbel *a* multiple, manifold **-faldig** *a*, *~a* [pl.] many, numerous; *han är* ~ [*mästare*] he is many times.. **-motorig** *a* multi--engined **-sidig** *a* [geom.] polygonal **-siffrig** *a*, *~t* [*tal*] .. running into several figures **-språkig** *a* polyglot.., multilingual.. **-stavig** *a* polysyllabic **-stegsraket** multi-stage rocket **-städes** *adv* in several places **-stämmigt** *adv*, [*sjunga*] ~ ..in parts **-tal 1** *~et* [majoriteten] the majority; *~et* [*människor*] most people; *i ~et fall* in most cases **2** *ett* ~ [flera] .. [quite] a number of.. **3** [gram.] plural; *i* ~ in the plural **-valsprov** multiple-choice test **-årig** *a* several years'.. [osv.], *jfr mångårig;* [bot.] perennial
flesta *a*, *de* ~ a) [fören.] most b) [fristående]: [flertalet] the majority, [av förut nämnda pers. el. saker] most of them; *de ~ pojkar* most boys; *de* ~ [*av*] *pojkarna* most of the boys
flexibel *a* flexible **flextid** [flexibel arbetstid] flextime
flick|a girl, [käresta äv.] girl friend; *-orna Ek* the Ek girls (sisters) **-aktig** *a* girlish **-ansikte** girl's ([flickaktigt] girlish) face **-namn** girl's name; [tillnamn] maiden name **-scout** girl guide ([amer.] scout) **-skola** girls' school **-snärta** young thing **-tycke,** *ha* ~ be popular with the girls
flik [t. ex. på kuvert] flap; [hörn av plagg] corner; [spets] tip; [bit] patch; [bot.] lobe
flikig *a* [bot.] lobate, laciniate[d]
flimmer *s o.* **flimra** *itr* flicker; *det ~r för ögonen på mig* everything is swimming before my eyes
flin *s o.* **flina** *itr* grin, *åt* at
flinga flake
flink *a*, *vara ~ i fingrarna* have deft fingers
flint *se flintskalle*
flinta flint
flint|skalle bald head **-skallig** *a* bald
flirt [osv.] *se flört* [osv.]
flisa [skärva] chip; [splittra, sticka] splinter; [bit] flake
flit 1 [allm.] diligence; [idoghet] industry **2** *med* ~ [avsiktligt] on purpose, purposely; [överlagt] deliberately **-ig** *a* diligent; [idog] industrious; [arbetsam] hard-working; [trägen] assiduous, [om t. ex. biobesökare] regular; [verksam] busy; [ofta upprepad] frequent
flock [allm.] flock; [av vargar o. d.] pack [bägge m. 'of' framför följ. best.]; *gå i ~* [bildl.] follow the herd **flocka** *rfl o.* **flockas** *itr. dep* flock [together], *kring* round
flod 1 river; [bildl.] flood, torrent **2** [högvatten] high tide, flood[tide]; *det är ~* the tide is in; *vid* ~ at high tide (water) **-bädd** river-bed **-häst** hippopotamus **-mynning** mouth of a river; [bred] estuary **-spruta** firefloat **-strand** river-bank, riverside **-våg** tidal wave
1 flor [tyg] gauze; [slöja] veil
2 flor, *stå i* [*sitt*] ~ [blomma] be in bloom, [blomstra] be flourishing **flora** flora [äv. bok]
florera *itr* [grassera] be prevalent, prevail; [blomstra] flourish
florett foil
florstunn *a* filmy
floskler *pl* [tomt prat] empty phrases
flossamatta pile rug (carpet)
1 flott *a* [sjö.], *få ~* get..afloat
2 flott I *a* [stilig] smart, F posh, swell; [påkostad] luxurious; [frikostig] generous; [överdådig] extravagant; *vara ~* [*av sig*] be free with one's money **II** *adv* smartly, luxuriously [osv.]; *leva ~* live in great style
3 flott *s* grease; [stek~] dripping; [ister~] lard; [fett] fat
1 flotta *s* **1** [sjövapen] navy **2** [samling fartyg, flygplan] fleet
2 flotta *tr*, ~ *ned* [m. flott] make .. greasy
3 flotta *tr* float, drive **flottare** floater
flottbas naval base
flottbro floating bridge **flotte** raft
flottfläck grease spot **flottig** *a* greasy
flott|ilj [sjö.] flotilla; [flyg] wing **-ist** seaman
flottyr deep[-frying] fat **-koka** *tr* fry (cook) ..in deep fat; *-kokt* [deep-]fried
flottör float [äv. flyg.]
flug|a 1 fly **2** [mani] *se dille* **3** [kravatt] bow-tie **-fiske** fly-fishing **-smuts** fly-specks [pl.] **-smälla** [fly-]swatter **-snappare** fly-catcher **-svamp,** *vanlig* ~ fly agaric **-vikt** flyweight
fluktuera *itr* fluctuate, vary
flundra flat-fish
fluor [grundämne] fluorine; *tandkräm med ~* toothpaste containing fluoride **fluorescens** fluorescence **fluorescerande** *a* fluorescent
fly *itr* **1** [ge sig på flykt] fly, flee, *för* before;

[ta till flykten] run away; *jfr rymma I; ~ ur landet* flee (fly) the country; *~ bort från (undan [för]) ngt* flee a th. **2** *-dda tider* bygone days **flyende** *a* [på flykt] fleeing, fugitive ..; *de ~* the fugitives
flyg 1 [~väsen] aviation, flying **2** [~plan] plane, [koll.] planes [pl.]; *med (per) ~* by air; *ta ~et till..* take the plane to.. **3** [~vapen] air force
flyga I *itr tr* fly; *jag har aldrig flugit* [vanl.] I have never been up in the air; *~ i luften* [explodera] blow up, explode; [*tiden*] *flög* [*i väg*] ..flew **II** [m. beton. part.] *~ av* [blåsa av] fly off; [lossna] come off [suddenly]; *~ i, se 2 fara* [*i*]; *~ ihjäl sig* be killed in an air crash; *~ på* [rusa på] fly at, attack; *~ upp* [rusa upp] start (spring) up; [öppnas] fly open; *uppflugen* perched, *i, på* on; *~ ur* [lossna] fly off; [*ordet*] *flög ur mig*..escaped me; [*barnen*] *är utflugna* ..have left home
flyg|ambulans ambulance plane **-anfall** air raid **-are** flyer, flier, [flyg. vanl.] airman **-bas** air base **-bild** *se flygfoto* **-biljett** air ticket **-blad** leaflet **-bolag** airline (airway) [company] **-bomb** aerial (aircraft) bomb **-buren** *a* airborne **-certifikat** pilot's certificate (licence)
flygel 1 wing [äv. mil., polit. o. sport.]; [stänkskärm] wing, mudguard, [amer.] fender **2** [mus.] grand [piano]
flyg|fisk flying fish **-foto** [bild] air (aerial) photo[graph] **-frakt** air-freight **-fyr** airway beacon **-fä** winged insect **-fält** airfield **-färdig** *a* [om fågel] fledged; *inte ~* unfledged **-förbindelse** plane connection; [-trafik] air service **-kapten** pilot **-larm** [air-raid] warning (alarm) **-linje** airline, airway **-maskin** *se -plan* **-mekaniker** air[-craft] mechanic **-myra** winged ant **-ning 1** [flygande] flying; *under ~* while flying **2** [-färd] flight **-olycka** [air] crash; [mindre] flying accident **-passagerare** air passenger **-plan** aircraft [pl. lika], aeroplane, [amer.] airplane; F plane; [stort trafik~] airliner **-plansfåtölj** reclining chair **-planskapare** hijacker **-plats** airport, aerodrome, [amer.] airdrome **-post** airmail **-räddning[stjänst]** air rescue service **-sand** shifting sand[s [pl.]] **-sjuka** air-sickness **-skola** flying (aviation) school **-spaning** air reconnaissance **-tid** flying time **-trafik** air traffic (service) **-tur** flight **-uppvisning** air show **-vapen** [mil.] air force **-väder** flying weather **-värdinna** air-hostess
1 flykt [flygande] flight [äv. bildl.]; [schvung] verve
2 flykt [flyende] flight; [rymning] escape; *vild ~* headlong flight, [isht ⚔] rout; *driva (jaga, slå) på ~en* put to flight, [isht ⚔] rout; *gripa (ta) till ~en* take [to] flight **-försök** attempted escape; *göra ett ~* [vanl.] make an attempt to escape
flyktig *a* **1** [kortvarig] fleeting; [övergående] passing; [föga ingående] cursory **2** [ombytlig] inconstant, fickle **3** [kem.] volatile **-het 1** [ombytlighet] fickleness, flightiness **2** [kem.] volatility
flykting refugee; [flyende] fugitive
flyt|a I *itr* **1** float, [ej sjunka äv.] swim **2** [rinna] flow [äv. bildl.]; *det kommer att ~ blod* blood will be shed **II** [m. beton. part.] *~ ihop* a) [om floder] meet b) [bli suddig] become blurred; *~ in* [om t.ex. pengar] come in; *vilja ~ ovanpå* try to be superior; *~ upp* come (rise) to the surface; *~ ut* a) [mynna] flow out; *~ ut i..* fall (flow) into.. b) [sprida sig] spread **-ande I** *a* **1** [på ytan] floating; *hålla det hela ~* keep things going; *hålla sig ~* keep oneself afloat **2** [rinnande] flowing; [bildl. äv., isht om tal] fluent **3** [i vätskeform] liquid, [ej fast] fluid **II** *adv* [obehindrat] fluently **-docka** floating dock **-ning** [läk.] discharge; *~ar* [från underlivet] the whites
flytta I *tr* **1** *~* [på] move **2** [förlägga till annan plats] transfer, [~ bort, transportera] remove **3** *bli ~d* [uppflyttad, skol.] be moved up **4** [i spel] move **II** *itr* **1** [byta bostad] move; [lämna en ort (anställning)] leave; [om fåglar] migrate; *~ från (ur)* [lämna] leave **2** *~ på* move **III** *rfl, ~* [*på*] *sig* move; [maka åt sig] make way (room) **IV** [m. beton. part.] *~ bort* [bära bort] carry (take) away; *~ fram* a) [tr.] move..forward; *~ fram ngt* [uppskjuta] put off (postpone) a th., [till tidigare datum] bring a th. forward; *~ fram klockan en timme* put the clock on an hour b) [itr.] move up; *~ ihop* a) [tr.] put (move) ..together; *~ ihop sig, se maka* [*ihop sig*] b) [itr.] go to live together; *~ in* move in; [invandra] immigrate; *~ om* [omplacera] move (shift).. about, rearrange; [ändra ordningen på] transpose; *~ ut* move..out; [utvandra] emigrate; *~ över* a) [tr.] move, shift, [föra över äv.] transfer [äv. bildl.] b) [itr.] move
flytt|bar *a* movable; [bärbar] portable **-block** erratic block (boulder) **-fågel** bird of passage, migratory bird **-karl** [furniture] remover **-lass** vanload of furniture **-ning 1** [transport av t. ex. möbler] removal; [förflyttning] transfer **2** [byte av bostad] removal; [fåglars] migration
flyttningsbetyg [för folkbokföringen] certificate of change of address
flyttsaker *pl* [under transport] furniture [sg.] [that is] (things [that are]) being removed
flytväst life-jacket, buoyancy jacket
flå *tr* skin
flåsa *itr* puff [and blow]; [flämta] pant

fläck [allm.] spot, [större äv.] blotch, [av blod, bläck o. d. vanl.] stain [äv. bildl.]; *en bar ~* a bare patch (spot); *på ~en* [genast] on the spot; *jag får honom inte ur ~en* I can't move (budge) him **fläcka** *tr,* ~ *ned* stain.. [all over]; ~ *ned sig* get oneself ([på kläderna] one's clothes) [all] stained (soiled)
fläck|fri *a* spotless, stainless [äv. bildl.] **-ig** *a* [smutsig] spotted, [friare] soiled; [spräcklig] speckled **-tyfus** typhus (jail) fever **-uttagning** spot (stain) removal **-uttagningsmedel** spot (stain) remover **-vis** *adv* in patches (places), here and there
fläder elder
flädermus bat
fläka *tr* split; ~ *upp* split ([m. t. ex. kniv] slit).. open
fläkt 1 [vindpust] breath [of air], breeze; *en ~ av* [*romantik*] an air of ..; *en frisk ~* a breath of fresh air, [bildl.] a breeze **2** [ventilator] fan **fläkta I** *tr* fan **II** *itr, det ~r* [*litet*] there is a light breeze **fläktrem** fan belt
flämt|a *itr* **1** [andas häftigt] pant, puff **2** [fladdra] flicker [äv. ~ *till*] **-ning** [*jfr flämta*] pant
fläng [jäkt] bustle, bustling; [spring] running to and fro; *i flygande ~* in a terrific hurry **flänga I** *tr* strip, *av* off **II** *itr,* [*fara (flyga) och*] ~ be dashing (rushing) about
fläns flange
flärd [fåfänglighet] vanity; [ytlighet] frivolity **-fri** *a* unaffected, artless, simple **-frihet** artlessness; simplicity **-full** *a* [fåfäng] vain
fläsk [griskött] pork; [bacon] bacon **-flott** dripping of pork ([resp.] bacon) **-ig** *a* porky, fleshy **-karré** loin of pork **-kotlett** pork chop **-pannkaka** pancake with pork cut in dice
fläta I *s* plait, braid, [hårt flätad äv.] pigtail; [bakverk] twist; *hon har -or* she wears [her hair in] plaits (braids) **II** *tr* plait, braid; [krans o. d.] twine; ~ *upp* unplait **-verk** wicker-work [end. sg.]; [mönster] interlacing pattern
flöda *itr* flow [äv. bildl.]; [ymnigt] stream, pour; ~ *av*..abound with..; ~ *över* flow over; ~ *över av* [*tacksamhet*] overflow (brim over) with..; *jfr överflöda* **flöde** flow
flöjel vane
flöjt flute; *blåsa (spela)* ~ play the flute **-blåsare** flute-player
flört 1 flirtation [äv. bildl.] **2** [pers.] flirt **flörta** *itr* flirt [äv. bildl.] **flörtig** *a* flirtatious
flöte float; *bakom ~t* F stupid, daft
f.m. [förk.] a.m.
FN [Förenta Nationerna]U.N.[O.]
fnask [gatflicka] prostitute, tart
fniss[ning] *o.* **fnissa** *se fnitter* [osv.]
fnitter giggle[s [pl.]] **fnittra** *itr* giggle, titter, *åt* at **fnittrig** *a* giggling, giggly
fnoskig *a* dotty
fnurr|a, *det har kommit en ~ på tråden mellan dem* they have fallen out [with each other] **-ig** *a* grumpy, morose
fnysa *itr* snort, *av* [*ilska*] with ..; ~ *åt* [föraktfullt] sniff at **fnysning** snort
fnöske tinder, touchwood
foajé foyer [fr.], lobby; [artist~] green-room
fob *adv* H f.o.b.
fock [⚓] foresail
focka *tr* [avskeda] sack; [avpollettera] kick .. out
1 foder [i kläder o. friare] lining; *sätta ~ i* line
2 foder [~medel] feed[ing]stuff, forage; [isht torrt] fodder
foderblad sepal
foder|kaka [äv. *-kakor*] cattle-food cake **-växt** fodder-plant, forage-plant
1 fodra *tr* [sätta foder i] line
2 fodra *tr* [mata] feed, fodder
fodral case; [av tyg o.d.] cover
1 fog, *ha* [*fullt*] ~ *för ngt* have [every (ample)] reason for a th.; [*antagandet*] *har ~ för sig* ..is reasonable
2 fog joint, seam; *knaka (lossna) i ~arna* [bildl.] be shaken to its ([resp.] their) foundations **foga I** *tr* [förena m. fog] join, *i (vid)* to; [friare o. bildl.] add, [bilaga o. d.] attach, *till* to; ~ *in* [m. fl.] *se infoga* [osv.] **II** *rfl* [underkasta sig] give in, yield, *efter ngn* to a p.; ~ *sig efter bestämmelserna* comply with the rules; ~ *sig i sitt öde* resign oneself (yield, submit) to one's fate
fogde [hist. ung.] sheriff, bailiff
foglig *a* [medgörlig] accommodating; [undfallande] compliant
fokus foc|us [pl. -i el. -uses]
folder folder, *över* on (about)
folie foil **folioformat** folio [size]; *i ~* in folio
folk 1 [nation, medborgare] people; *hela ~et* the entire population, the whole nation **2** *~et* [de breda lagren] the [common] people [pl.]; *Folkets hus (park)* [ung.] the People's Palace (Park) **3** [människor] people [pl.], [F o. isht amer. äv.] folk[s] [pl.]; *mycket ~* many people; *vanligt ~* ordinary people; *som ~[et] är mest* like the ordinary (general) run of people; ~ *säger att..* they say (it is said) that ..; *det blir nog ~ av honom till sist* he will turn out all right in the end **4** [tjänste~] servants [pl.]; [arbetare] men, hands [båda pl.]; [manskap: mil.] men [pl.]; *ha för lite ~* [ofta] be short-handed (under-staffed)
folk|bil [f. gemene man] people's car; [populär] popular car **-bildning 1** [undervisning] adult education **2** [bildningsgrad] standard of general education **-bokföring** national

registration **-dans** folk-dance; folk-dancing; *jfr dans* **-demokrati** people's democracy **-dräkt** national (peasant) costume **-hem,** *~met* [ung.] the People's Home **-hjälte** national hero **-hushållning** national economy **-hälsa** public health **-högskola** folk high-school **-ledare** leader of the people **-lig** *a* [nationell] national; [populär, allmoge- m. m.] popular; [demokratisk] democratic; [folkvänlig] affable **-liv** [gatu-] street life **-livsforskning** ethnology

folklor[**e**] folklore

folk|lynne national character **-massa** crowd [of people] **-mord** genocide **-mun,** *i ~* [folkligt tal] in popular speech **-musik** folk music **-mängd 1** [antal invånare] population **2** [-massa] crowd [of people] **-nöje** popular entertainment (amusement) **-omröstning** popular vote, [referendum] referendum, [plebiscit] plebiscite **-park** people's [amusement] park **-partiet** [ung.] the Liberal Party **-pension** state [retirement] pension **-pensionär** old-age pensioner **-räkning** census [of population] **-rätt,** *allmän ~* [public] international law **-rörelse** popular ([nationell] national) movement

folk|saga folk-tale, legend **-samling** crowd, gathering of people; *det blev (uppstod)* [*en*] *~* a crowd of people collected **-sjukdom** national ([friare] widespread) disease **-skockning** *se -samling* **-skola** elementary school **-skollärare** elementary-school teacher **-skygg** *a* unsociable, retiring; shy [äv. om djur] **-slag** nation, people **-stämning** public feeling **-sång** [national-] national anthem **-talare** popular speaker (orator) **-tandvård** national dental service **-tom** *a* [om gata, lokal o. d.] deserted, .. empty of people; [om trakt o. d.: avfolkad] depopulated **-tro** popular belief **-trängsel** crowd[s [pl.]] [of people] **-täthet** density of population **-universitet** folk university, University Extension Organization **-upplaga** popular edition **-vald** *a* popularly elected **-vandring** [general] migration **-vett** [good] manners [pl.] **-vimmel** throng, [swarming] crowd [of people] **-visa** folk-song, ballad **-välde** democracy **-ökning** increase in (of) [the] population

1 fond [bakgrund] background; *första radens ~* the dress-circle centre

2 fond [kapital] fund **-börs** stock exchange **-emission** bonus (scrip) issue, issue of bonus shares **-era** *tr* fund

fonetik phonetics **fonetisk** *a* phonetic

fontän fountain

forcera *tr* force; [påskynda] speed up **forcerad** *a* [ansträngd] forced, strained; [överdriven] overdone, exaggerated

fordom I *adv* in times past, in days of old **II** *s, från ~* from former (ancient) times

fordon vehicle

fordra *tr* **1** [m. personsubj.]: [begära, kräva] demand; [yrka på] insist [up]on; [göra anspråk på] claim; *~ att ngn lämnar (skall lämna) rummet* insist upon a p.'s leaving (require a p. to leave) the room; *~ räkenskap av ngn* call a p. to account; *jag har 10 kronor (ingenting) att ~ av honom* I have a claim of 10 kronor (no claims [to make]) on him; *~ igen (tillbaka)* demand..back, ask (request) to have..returned **2** [m. saksubjekt: erfordra, tarva] require **fordran** [jfr *fordringar*] **1** [allm.] demand, *på ngn* on a p., *på* [*att få*] for **2** [penning~] claim; *ha en ~ på 100 kronor på (hos) ngn* have a claim on a p. for 100 kronor **fordrande** *a* exacting; [anspråksfull] pretentious **fordras** *itr. dep* [behövas] be needed [osv.], *jfr behövas*

fordringar *pl* **1** [allm.] demands; [anspråk] claims; [vad som erfordras] requirements; *ha stora (för stora) ~ på livet* ask a lot (too much) of life; *ställa stora ~ på ngn (ngt)* make heavy (great) demands on a p. (a th.) **2** [penning~] claims; debts; *jfr fordran 2*

fordringsägare creditor

forehand forehand [äv. slag]

forell trout [pl. lika]

form 1 [allm.] form, [fason, skapnad äv.] shape; [aggregationstillstånd] state; *förlora ~en* lose [its] shape; *ta ~* take shape; *för ~ens skull* for form's sake; *inte vara i (vara ur) ~* be out of (not be in [good]) form; *i aktiv ~* [språkv.] in the active voice; *i bestämd ~* [språkv.] in the definite form; *i bunden ~* [versifierad] in poetry; *hålla på ~en (~erna)* stand on ceremony; *till ~en* in form (shape) **2** [gjut~ o. bildl.] mould; [kok.]: [porslins~] dish, basin, [eldfast] casserole, [bleck~] [baking] tin **forma** *tr* [allm.] form, [gestalta] shape; [isht i [gjut]-form men äv. friare] mould, *till* [i samtl. fall] into; *~ sig* form (shape, mould) itself ([resp.] themselves), *till* into; *jfr utforma*

formalitet formality, form; *~er* [byråkratiskt pedanteri] red tape [sg.]; *det är en ren ~* it is only a matter of form; *utan ~er* without formality (ceremony)

format size **formation** formation

form|bar *a* formable, mouldable **-bröd** tin loaf

formel formul|a [pl. -ae el. -as] **formell** *a* formal; *ett ~t fel* an error of form, a technical error

formera *tr* [vässa] sharpen

form|fulländad *a* .. perfect in form **-givare** designer **-givning** designing; [modell, mönster] design **-lig** *a* [verklig] veritable; [riktig] regular; [uttrycklig] express **-ligen** *adv* [fak-

tiskt] actually, really; [riktigt] regularly; [helt enkelt] simply **-lära** [språkv.] accidence **-lös** *a* [mera eg.] formless, shapeless, [friare] vague **-sak** matter of form, formality
formulera *tr* formulate; [avfatta äv.] draw up, frame; [stilisera] word **formulering** formulation; drawing up, framing; wording **formulär** formu|la [pl. äv. -lae]; [blankett] form
forn *a* [förutvarande] former, earlier; [forntida] ancient **-engelsk** *a o.* **-engelska** *s* Old English **-forskare** archaeologist **-fynd** ancient ([förhistoriskt] prehistoric, [arkeologiskt] archaeological) find **-lämning** [fast fornminne] ancient monument; *~ar* [allm.] ancient remains **-minne** relic (monument) of antiquity (of the past) **-nordisk** *a* Old Norse **-svensk** *a o.* **-svenska** *s* Old Swedish **-tid** [förhistorisk tid] prehistoric times [pl.]; *~ en* [före medeltiden] antiquity; *~ och nutid* past and present **-tida** *a* ancient
fors rapid[s [pl.]], [vattenfallsliknande] cataract; [bildl.] stream **forsa** *itr* rush, race; [friare] gush; *regnet ~de* [*ned*] the rain came down in torrents **-färd** descent of a rapid
forska *itr* search, *efter* for; [vetenskapa] carry on (do) research[-work]; *~ i* inquire into, investigate; *jfr utforska* **forskare** person doing research; [lärd] scholar, [naturvetenskapsman] scientist; [m. spec. uppgift] research-worker **forskarflykt** brain-drain
forskning [vetenskaplig] research[-work]; [ibl.] study, *i* of; [undersökning] investigation, *i* into; inquiry, *i* respecting; *den fria ~en* free inquiry; *~ens frihet* freedom of research
forsknings|resa exploration expedition **-resande** explorer **-resultat** research findings [pl.]
forsla *tr* transport, convey, carry; *~ bort* carry away, remove
1 fort *s* [⚔] fort
2 fort *adv* [i snabbt tempo] fast; [på kort tid] quickly, F quick; [raskt] rapidly, [snabbt] speedily; [snart] soon; *det gick ~* it was quick work; *det går inte så ~ för mig att räkna* I can't count fast (quickly); *låt det gå ~!* mind you are quick about it!; *det går ~ att glömma* it does not take long (a long time) to forget; *gå för ~* [om klocka] be fast; *så ~* [*som*] [konj.] as soon as, directly **forta** *rfl* [om klocka], [*vilja*] *~ sig* [be inclined to] gain
fort|bilda *rfl* continue one's education (training) **-bildning** further education (training) **-bildningskurs** continuation course **-fara** *itr* continue [osv.], *jfr fortsätta* **-farande** *adv* still **-färdig** *a, vara ~* [*av sig*] be quick about things (one's work) **-gå** *itr* go on **-gående** *a* continuing **-körning,** *få böta för ~* be fined for speeding
fort|leva *itr* live on, survive **-planta I** *itr* propagate [äv. bildl.], reproduce **II** *rfl* breed, propagate; [sprida sig] spread **-plantning** breeding, propagation, reproduction; spread **-satt** *a* [fortlöpande] continuous; [återupptagen] resumed; [ytterligare] further; *få ~ hjälp* continue to receive assistance; *ett ~ uppskov* a prolongation of the delay **-skaffningsmedel** [means of] conveyance **-skrida** *itr* proceed; [framskrida] advance, progress **-skridande** *a* progressive, continuous **-sätta** *tr itr* [allm.] continue, [*med*] *ngt* [with] a th., [*med*] *att spela* playing, to play; [ledigare] go (keep) on, [*med*] *ngt* with a th., [*med*] *att spela* playing; *~* [*med*] *ngt* [återuppta] take up a th. again, [fullfölja] carry on (pursue) a th.; *-sätt* [*bara*]*!* go (F carry) on!, go ahead!; *-sätt* [*framåt*]*!* please pass (move) along!; *~ rakt fram* keep straight on; *han -satte sin väg* he went on his way; *~ den här vägen* keep on along this road; *~ med medicinen* go on taking the medicine. — *Jfr fortsatt* **-sättning** continuation, *av (på)* to; *~ (forts.)* [*följer i nästa nummer*] [to be] continued [in our next]; *god ~* [*på det nya året*]*!* [ung.] A Happy New Year!; *i ~en* [vidare] further, [hädanefter] henceforth, in future **-varo** continued existence; [bestånd] survival
forum forum; *rätt ~* proper forum (quarter, place)
forward forward
fosfat phosphate **fosfor** phosphorus **fosforescera** *itr* phosphoresce
fossil *s o. a* fossil
foster f[o]etus; [bildl.] product[ion] **-barn** foster-child **-fördrivning** [criminal] abortion **-land** [native] country **-landsförrädare** traitor [to one's country] **-landskärlek** patriotism, love of one's country **-ländsk** *a* patriotic
fostra *tr* bring up, rear; [alstra] foster, breed **fostran** bringing up [osv.]; fosterage; *fysisk ~* physical training **fostrare** fosterer [äv. bildl.]
fot foot [pl. 'feet', ss. måttsord ibl. 'foot'; äv. friare, t.ex. strump~, bergs~ o.d.]; [på bord, lampa o.d.] stand; *6 ~ och 3 tum* 6 feet 3 inches, 6 foot ([ibl.] feet) 3; *få fast ~ i* gain a firm footing in; *sätta sin ~* [*hos ngn*] set foot [in a p.'s house]; *komma på fötter* [ekonomiskt] get straight, get on to one's feet; [*försätta*] *på fri ~* [set] free (at liberty, at large); *stå på god ~ med ngn* be on an excellent footing with a p.; *på resande ~* on the move; *leva på stor ~* live in a big way; *på stående ~* off-hand, straight (right) off; *till ~s* on foot; [jfr äv. ex. under *ben 2*] **-bad** foot-bath **-beklädnad** footgear, [skodon] footwear **-boll** football; [spelet F

äv.] soccer
fotbolls|match football match **-plan** football ground ([spelplanen vanl.] field) **-spelare** footballer, football player
fot|broms foot-brake; [på cykel] coaster brake **-fäste** foothold, footing [äv. bildl.] **-gängare** pedestrian **-knöl** ankle **-led** ankle joint
foto photo [pl. -s] **-affär** camera shop, photographic dealer's **-album** photo[graph]-album **-ateljé** photographer's (photo[graphic]) studio **-blixt** flash-light **-cell** photo-electric cell
fotogen paraffin [oil], [isht amer.] kerosene **-kamin** [paraffin] oil heater **-lampa** paraffin lamp, [ibl.] oil lamp
foto|graf photographer **-grafera** *tr* photograph; [*låta*] ~ *sig* have one's photograph taken **-grafi 1** photograph; *jfr foto* [o. sms.] **2** [ss. konst] photography **-grafisk** *a* photographic **-kopia** [av handling o. d.] photocopy **-modell** photographer's model **-montage** photomontage **-telegram** phototelegraph
fot|pall footstool **-pump** foot-pump **-riktig** ([ibl.] **-rät**) *a,* ~ *sko* correctly-fitting shoe
fots|bredd foot-breadth; *inte vika en* ~ not budge (yield) an inch **-djup** *a,* ~ *snö* ankle--deep snow
fot|sid *a* [attr.] ..reaching [down] to the (one's) feet **-skrapa** [foot-]scraper **-spår** footprint, footmark; *gå i ngns* ~ follow (walk, tread) in a p.'s footsteps **-steg 1** [steg] step; *höra* [*ljudet av*] ~ hear footsteps **2** [på vagn] footboard; [på bil] running-board **-stöd** foot-rest **-sula** sole of a foot **-svett,** *ha* ~ have sweaty (perspiring) feet [pl.] **-vandra** *itr* walk, F hike **-vandrare** walker, F hiker **-vandring** walking, [utflykt] walking-tour, F hike **-vård** care of the feet; [pedikur] pedicure **-ända** foot[-end]
foxterrier fox-terrier
foxtrot foxtrot
frack dress-coat, F tails [pl.], white tie; [~kostym] dress-suit; *klädd i* ~ in [full] evening dress, F in a white tie **-skjorta** dress shirt
fradga *s* o. *itr rfl* froth, foam
fragment fragment
frakt 1 [last]: [⚓] freight, cargo; [järnvägs~, bil~ o. flyg~] goods [pl.] **2** [avgift]: [⚓ o. flyg.] freight; [järnvägs~, bil~] carriage **frakta** *tr* [⚓] freight; [m. järnväg, bil, flyg] carry, convey; *~bort* [forsla undan] remove
frakt|fritt *adv* [frakt betald] carriage (freight) paid, cost and freight **-gods** [koll.] goods [pl.]; *som* ~ [järnv.] by goods train **-godsexpedition** goods office **-kostnad** freight charge **-sats** freight rate **-sedel** consignment note

fraktur [läk.] fracture
fram *adv* **1** [rum]: **a)** [om rörelse]: [framåt, vidare] on, along, forward; [ut] out; [till platsen (målet)] there; [jfr äv. beton. part. under resp. enkla vb]; *jag måste* ~ *!* I must get through!; *kom* ~*!* a) [ur gömställe, led o. d.] come out! b) [hit] come here!; *ta* ~ take out; *gå längre* ~ go further [forward]; *ända* ~ [dit] all the way there; *ända* ~ *till..* as far as [to]..; *gå (springa* [m. m.]*)* ~ *till* ([resp.] *emot*)..go (run [m. m.]) up to ([resp.] go [etc.] towards)..; ~ *och tillbaka* there and back, [av och an] to and fro; *vara* ~ *och tillbaka* F ['hit och dit'] chop and change; *inte kunna komma vare sig* ~ *eller tillbaka* not be able to go [either] forwards or backwards **b)** [om läge]: [framtill, i förgrunden] forward, in front; [på framsidan] in front **2** [tid], *längre* ~ later on; ~ *emot, se framemot;* ~ *i maj (på hösten)* sometime in May (in the autumn); *långt* ~ *på dagen* late in the day; *till långt* ~ *på natten* until well (far) [on] into the night
fram|axel front axle **-ben** foreleg, front leg **bringa** *tr* bring forth; [skapa] create; [alstra] produce **-bära** *tr, se bära* [*fram*] *o. framföra 1* **-del** forepart, front [part] **-deles** *adv* [längre fram] later on; [i framtiden] in the future **-dra[ga]** *tr itr, se dra* [*fram*] **-emot** *prep,* ~ *kvällen* towards evening **-fart** [härjning[ar]] harrying[s [pl.]], ravaging[s [pl.]] **-flyttning** moving forward [osv.], *jfr flytta* [*fram*]*;* [uppskjutande] postponement **-fot** forefoot; *visa -fötterna* [bildl.] show one's paces, [briljera] show off **-fusig** *a* [påträngande] pushing, aggressive; [oblyg] unblushing **-för I** *prep* **1** [eg.] before, in front of **2** [bildl.]: [före] before, [över] above, ahead of; ~ *allt* above all; *föredra te* ~ *kaffe* prefer tea to coffee **II** *adv* in front **-föra** *tr* **1** [överbringa] convey; deliver [äv. uttala]; [lyckönskan, tack] proffer; [ärende] state; *framför min hälsning till..!* [present] my compliments (my kind regards) to..!; *är det något jag kan* ~ [*till..*]*?* [i telefon o.d.] can I give [..] a message? **2** [uppföra, förevisa] present, produce, [musik] perform **3** [fordon] drive **4** *se föra* [*fram*]
framförallt *adv* above all
fram|förande [sätt att framföra (föredrag o.d.)] delivery; [av musik] performance **-gent** *adv,* [*allt*] ~ ever after, thenceforth; [hädanefter] henceforth **-gå** *itr* [bildl.] be clear (evident), *av* from **-gång** success; *ha* ~ *i..* be successful (succeed, prosper) in.. **-gångsrik** *a* successful **-hjul** front wheel **-hjulsdrift** front-wheel drive **-hålla** *tr* [påpeka] point out, *att* that; call attention to, *att* the fact that; [betona] emphasize, stress, *att* the fact that; ~ *ngt för ngn* point out a th. to a p.; *jfr fram-*

För med **fram-** sammansatta verb jfr äv. vid beton. part. under resp. enkla verb *häva* **-härda** *itr* persist, persevere **-häva** *tr* [låta framträda] bring out, set off; *jfr framhålla* **-ifrån** *adv* from the front

fram|kalla *tr* **1** [frambringa] call (draw) forth, evoke, produce; [åstadkomma] bring about; [förorsaka] cause; [uppväcka] arouse **2** [foto.] develop **-kallning** [foto., framkallande] development, developing **-kasta** *tr, se kasta [fram]* **-komlig** *a* [om väg] passable, trafficable; [om terräng] traversable; [bildl.] practicable **-komma** *itr, se 2 komma [fram]* **-komst** [ankomst] arrival; *frakten betalas vid ~en* freight to be charged forward **-liden** *a, -lidne..* the late.. **-lägga** *tr, se lägga [fram]* **-länges** *adv* forward[s]; *åka ~* [på tåg] ride (sit) facing the engine **-mana** *tr* [frambesvärja] conjure up **-marsch** onward march; advance [äv. bildl.], *mot* towards

framme *adv* **1** [i förgrunden] in front, *vid* at (by); *han står här ~* he is standing [up] here; *långt ~ i salen* well forward in (well to the front of) the hall **2** [framtagen osv., synlig, 'ute'] out; [till hands] ready; *låta [ngt] ligga ~* leave.. about **3** [framkommen, vid målet] there; *när (hur dags) är vi ~?* [vanl.] when do (shall) we get there (arrive [there])?; *nu är vi ~!* here we are! **4** [i spec. bet.]: *hålla sig ~* keep oneself [well] to the fore; *nu har han varit ~ igen* now he has been at work again

fram|på I *prep* **1** [rum] in ([resp.] on) the front part of **2** [tid] *se fram [på]* **II** *adv* in [the] front **-ryckning** advance **-sida** front [side] **-skjutande** *a* projecting; protruding **-skjuten** *a* advanced [äv. ⚔]; [bildl.] prominent **-skrida** *itr* [fortgå] progress, advance **-skriden** *a* advanced; *tiden är långt ~* it is getting late **-skymta** *itr, låta ~ att..* give an intimation that.. **-springande** *a, se -skjutande* **-steg** progress [end. sg.]; *ett ~* a step forward; *göra [stora] ~* make [much (great)] progress **-stegsvänlig** *a* progressive **-stupa** *adv* flat [on one's face], prostrate; *kasta sig ~ i gräset* throw oneself headlong down on [to] the grass **-stycke** front [piece (part)] **-stå** *itr* [visa sig [vara]] stand (come) out, *som* as; [synas] appear **-stående** *a* [bildl.] prominent; [högt ansedd, ypperlig] eminent, distinguished

fram|ställa *tr* **1** [skildra] describe, relate, [livligt skildra, avbilda] portray, [högt.] depict; [ge en bild av] give (present) a picture of; [återge] reproduce **2** [framlägga m. m.] bring (put) forward, propose [m.m.], *jfr 2 komma [med* [obeton.]], *lägga [fram], anföra 2* [m.fl.]; *~ [en fråga] till ngn* ask a p.., put.. to a p. **3** [tillverka] produce, make; [kem. o.d.] prepare **-ställan** *se -ställning 2* **-ställning 1** [beskrivning] description, [redogörelse] statement, report, [avbildning] representation; [version] version; *grafisk ~* graph, diagram **2** [förslag] proposal, *om* for; proposition, *om* regarding, as to; [hemställan] petition, [anhållan, hänvändelse] application, *om* for **3** [tillverkning] production; [kem. o. d.] preparation **-stöt** [⚔] [forward] thrust, drive **-synt** *a* [förutseende] far-seeing, [förtänksam] far-sighted **-synthet** [förutseende] foresight **-säte** front seat **-tand** front tooth

framtid future; *min ~* [framtidsutsikter] my career; *~ens dom* the verdict of posterity; *det får ~en utvisa* time will show; *för ~en* for the (in) future; *för (i) all ~* for all time; *någon gång i ~en* at some future date **framtida** *a* future

framtids|land land of the future **-man** coming man **-plats** position with future possibilities **-utsikter** *pl* future prospects

fram|till *adv* in front, [i främre delen] in the front part **-träda** *itr* **1** [uppträda, visa sig] appear; *~ i radio* broadcast [on the radio] **2** [avteckna sig] stand out **3** *se 3 träda [fram]* **-trädande I** *s* [uppträdande] appearance **II** *a* [viktig] prominent, outstanding, [iögonenfallande, dominerande] conspicuous, salient **-tung** *a* ..heavy at the front **-vagn** [bils] front part of a ([resp.] the) car **-vagnsupphängning** front suspension

framåt I *adv* ahead [äv. bildl.]; along; [vidare] onward[s], forward; *fortsätt ~!* keep straight on!; *gå ~* [göra framsteg, utvecklas] go ahead, progress; *luta sig ~* lean forward **II** *prep* [fram emot] [on] toward[s] **III** *itj* on!, onward!, forward!; *~ marsch!* forward, march! **IV** *a* F, *vara [mycket] ~ [av sig]* be very go-ahead **-anda** go-ahead spirit, push **-böjd** *a..* bent forward; *gå ~* walk with a stoop **-gående** *a* [blomstrande] thriving **-lutad** *a* [om pers.] ..leaning forward; *jfr -böjd* **-skridande** [utveckling], *~[t]* progress **-strävande** *a* [bildl.] pushing, go-ahead

fram|ända front [end] **-över** *adv* forward; *jfr framåt*

franc franc

frank *a* frank, open, straightforward

frankera *tr* [frimärka] stamp **franko** *adv* [portofritt] postage free, post-free

Frankrike France

frans fringe **fransig** *a* [trasig] frayed

fransk *a* French **franska 1** French; *jfr svenska 2* **2** *se franskbröd*

fransk|bröd [vitt bröd] white bread; [småfranska] [French] roll; [långfranska] French loaf **--engelsk** *a* Franco-English; *~ ordbok* French-English dictionary **-fientlig** *a* anti--French; [för andra sms. *jfr äv. svensk-*] **-vänlig** *a* pro-French

frans|man Frenchman; *-männen* [som nation, lag o.d.] the French **fransyska 1** [kvinna]

För med **fram-** sammansatta verb jfr äv. vid beton. part. under resp. enkla verb

Frenchwoman; *jfr svenska 1* **2** [slakt.: oxkött] rump-steak piece **fransäs** [ung.] quadrille
frapp|ant *a* striking; astonishing; [jfr följ.] **-era** *tr* [vara påfallande] strike; [förvåna] astonish
fras [uttryck o. mus.] phrase
frasa *itr* rustle **frasig** *a* crisp
fred peace; *~en i Tilsit* the Peace of Tilsit; *hålla (sluta) ~* keep the (conclude, make) peace; *jag får aldrig vara i ~* I never have any peace; *jag får aldrig vara i ~ för honom* he never gives me any peace; *låt mig vara i ~!* do give me a little peace!; *jfr tillfreds* **freda** *tr* protect, *mot (för)* from, against; *~ sitt samvete* appease one's conscience
fredag Friday; *~en den 8 maj* [adv.] on Friday, May 8th; *förra ~en* last Friday; *i ~s* last Friday; *i ~s för en vecka sedan* a week ago last Friday; *i ~s* [*i*] *förra veckan* on Friday last week; *i ~ens tidning* in Friday's paper; [*vi träffas*] *om (på) ~* .. next Friday; *om (på) ~arna* on Fridays; [*på*] *~ morgon* Friday morning; *på ~* [*om*] *åtta dar (om en vecka)* Friday week **fredagskväll** Friday evening ([senare] night); *en ~* a ([ss. adv.] one, on a) Friday evening (night); *på ~arna* on Friday evenings (nights) **fredagstidning** Friday paper
fred|lig *a* peaceful; *på ~ väg* in a peaceful way **-lös** *a* outlawed; *en ~* an outlaw
freds|duva dove of peace **-fördrag** peace treaty **-förhandlingar** *pl* peace negotiations (talks) **-mäklare** mediator **-pipa** pipe of peace **-pris,** *~et* [Nobels] the [Nobel] Peace Prize **-slut** [conclusion of] peace **-styrka** [numerär] peace-time strength; [trupp] peace-keeping force **-tid,** *i (under) ~* in time[s] of peace **-trevare** peace feeler **-utsikter** *pl* prospects of (outlook [sg.] for) peace **-vilja** will to peace **-villkor** *pl* peace terms **-älskande** *a* peace-loving
fregatt frigate
frejdig *a, med ~t mod* with a bold heart
frek|vens frequency [äv. elektr.] **-vent** *a* frequent, common **-ventera** *tr* [nöjeslokal o.d.] frequent, patronize
frenetisk *a* [om t.ex. bifall] frenzied, frantic; [om iver] phrenetic
fresk fresc|o [pl. -o[e]s]
frest|a *tr itr* **1** [söka förleda, locka] tempt **2** *~ lyckan (ngns tålamod)* try one's fortune (a p.'s patience) **3** *~ på* [vara påfrestande] be a strain, *ngt* on a th. **-are** tempter **-else** temptation; *falla för en frestelse (för ~r)* yield (give way) to temptation
fri *a* free, [ogenerad äv.] free and easy; [öppen, oskymd] open; *jfr ledig 1* [m.ex]; *~ idrott* athletics; *~tt inträde!* entrance (admission) free; *de ~a konsterna* the liberal arts; *~tt* [*simsätt*] free style [swimming]; *bli ~* [lössläppt] be set free (at liberty); *bli (göra sig) ~ från ngt* [befriad från, av med] get rid of a th.; *det står dig ~tt att* [inf.] you are [perfectly] free (at liberty) to [inf.]; *vara ~ från misstankar* be clear of suspicion; *ordet är ~tt* the debate is opened; [*2 000 kr*] *och allting ~tt* .. and all found; *i det ~a* in the open [air]
1 fria I *tr* [frikänna] acquit **II** *rfl, ~ sig från misstankar* clear oneself of suspicion
2 fria *itr* [eg.], *~* [*till ngn*] propose [to a p.]; woo [a p.] [äv. bildl.] **friare** suitor
fri|biljett [free] pass, [teat. o.d. äv.] free (complimentary) ticket **-brottning** all-in (free-style) wrestling
frid peace; [fridfullhet] serenity; [lugn] tranquillity; *jfr 1 ro 1*
fridag free (off) day; [tjänstefolks] day out
frid|full *a* peaceful, serene **-lysa** *tr* [område samt djur, växt o.d.] place .. under protection, preserve; [avspärra] enclose, forbid access to; *-lyst område* a) [naturskyddsområde] nature reserve b) [spärrområde] area enclosed [by order] **-sam** *a* peaceable, placid **-störare** disturber of the peace
frielev free-place scholar
frieri proposal, offer of marriage
frige *tr* **1** [släppa lös] free, set .. free, release, liberate; *~ ngn* [skänka friheten] give a p. his freedom **2** [exportvara o.d.] raise the ban on; [frilista] put .. on the free list; *~ försäljningen av* .. permit the sale of ..
frigid *a* frigid **frigiditet** frigidity
fri|giva *se frige* **-givning** setting free, release, liberation, *jfr frige 1* **-gjord** *a* [fördomsfri] open-minded; [emanciperad] emancipated **-göra I** *tr* [bildl.] liberate, set .. free **II** *rfl* [bildl.: befria sig] free oneself, make (set) oneself free, emancipate oneself **-görelse** [befrielse] liberation; [emancipation] emancipation **-hamn** free port **-handel** free trade **-handsteckning** free-hand drawing **-herre** baron **-herrinna** baroness
frihet freedom, [isht ss. mots. till fångenskap, tvång] liberty; [oberoende] independence; *tankens ~* freedom of thought; *ge ngn full ~ att göra ngt* grant a p. entire liberty to do a th.; *ha full ~ att välja* enjoy full liberty of choice; *skänka ngn ~en* give a p. his freedom; *ta sig ~en att göra ngt* take the liberty of doing a th.; *ta sig ~er mot ngn* take liberties with a p.; *jfr fri- och rättigheter*
frihets|hjälte champion of liberty **-kamp** struggle for liberty **-krig** war of independence **-straff** imprisonment **-älskande** *a* liberty-loving
fri|hjul free wheel **-idrott** athletics **-kalla** *tr* [från plikt o.d.] exempt [äv. ⚔] **-koppla** *tr* [motor] disengage **-kostig** *a* liberal, generous **-kostighet** liberality; generosity
friktion friction **friktionsfri** *a* frictionless

fri|kyrklig *a* Free Church **-känna** *tr* acquit, *från* of **-kännande** *s* acquittal; *yrka* [*på*] ~ plead not guilty **-lans** free-lance **-lista** *tr* free-list, free
frilufts|bad open-air bathe **-dag** [ung.] sports day **-liv** outdoor life **-teater** open-air theatre
fri|läge, *lägga växeln i* ~ put (slip) the gear into neutral **-modig** *a* [käck, öppenhjärtig] frank, open **-murare** freemason, mason **-murarorden** [best. form] the Masonic Order **-måndag,** *hålla (fira)* ~ take a Monday off **-märka** *tr* stamp **-märke** stamp
frimärks|album stamp-album **-automat** stamp-machine **-kassa** petty cash [for stamps] **-samling** stamp collection
fri- och rättigheter *pl* rights and privileges
fri|passagerare unbooked passenger; [⚓] stowaway **-plats** [på teater o.d.] free seat **-religiös** *a* nonconformist
fris [arkit.] frieze
friser|a *tr,* ~ *ngn* do (dress) a p.'s hair **-salong** hairdresser's, barber's shop
frisinnad *a* liberal, broad-minded
frisisk *a* Frisian
frisk *a* **1** [kry, ej sjuk] well [end. pred.]; [[som är] vid god hälsa] healthy; [återställd] recovered; ~ *och kry* hale and hearty; ~*a tänder* sound teeth; *en* ~ [*människa*] a person in health **2** [övriga bet. allm.] fresh; [*en*] ~ *aptit* a keen appetite; *med* ~*a tag* with a will; [*ett glas*] ~*t vatten* [a glass of] cold water **friska I** *tr,* ~ *upp* freshen up [äv. bildl.] **II** *itr, det (vinden)* ~*r i* the wind is getting up **friskbetyg** certificate of health **friskna** *itr,* ~ *till* recover **friskskriva** *tr* declare .. fit **frisksportare** [ung.] physical culturist, [friare] open air type
fri|spark [sport.] free kick **-språkig** *a* outspoken, free-spoken
frist [anstånd] respite, grace; [föreskriven tidrymd] time (period) assigned
fri|stad [bildl.] sanctuary, [place of] refuge **-ställa** *tr,* ~ *arbetskraft* release ([permittera] lay off) manpower (labour)
frisyr style of hairdressing; [konkr.] hair style, coiffure **frisör** hairdresser, barber
fri|ta[ga] *tr* [från skyldighet o.d.] release, exempt; [från ansvar] relieve, *från* of; [från beskyllning] absolve, exonerate **-tid** spare time, leisure [time]; [ledig tid] time off; *på* ~*en* in leisure (off-duty) hours, in one's leisure time (spare time, time off)
fritids|hem [ung.] play centre **-hus** holiday cottage **-kläder** *pl* leisure (casual) wear [sg.] **-område** recreation area (ground) **-sysselsättning** spare-time occupation
fritt *adv* [allm.] freely [osv.]; [efter behag] at will; [avgifts~] free [of charge]; ~ *förfoga över ngt* have a th. at one's own (entire) disposal; *huset ligger* ~ *och öppet* the house commands a free view; [jfr ex. under *ledig 1*]
fri|tänkare free-thinker **-villig I** *a* [allm.] voluntary; [skol. (om läroämne)] optional, [amer.] elective **II** *subst. a* ⚔ volunteer **-villigkår** volunteer corps **-villigt** *adv* voluntarily, of one's own free will
frivol *a* [oanständig] indecent, indelicate
fro|das *itr. dep* thrive, flourish **-dig** *a* luxuriant, exuberant [äv. bildl.]; [om pers. o. djur] fat, plump; *fet och* ~ fat and flourishing
from *a* [gudfruktig] pious; [andäktig] devout, religious; [saktmodig, beskedlig] quiet, gentle; *en* ~ *önskan* a pious hope, an idle wish; ~ *som ett lamm* meek (gentle) as a lamb **-het** piety; gentleness **-ma,** *till* ~ *för..* for the [lasting] benefit (advantage) of.. **-sint** *a* meek
front front [äv. bildl.] **frontalkrock** head-on collision **frontavsnitt** sector [of the front]
1 frossa *s, ha* ~ [köldrysningar] have the shivers; *skaka av* ~ have a shivering fit
2 fross|a *itr* **1** [eg.] gormandize; gorge oneself, *på* with **2** [bildl.], ~ *i..* revel (luxuriate) in.. **-are** glutton, gormandizer; reveller
frossbrytning fit of shivering
frosseri gormandizing
frost frost; [rim~] hoar-frost, white frost **frosta** *tr,* ~ *av* defrost
frost|biten *a* frost-bitten **-fri** *a* frostless, ..free from frosts **-lackerad** *a* crackle-finished **-natt** frosty night **-skadad** *a..* damaged by frost **-skyddsmedel** anti-freeze
frotté terry cloth **frottéhandduk** Turkish (terry) towel **frottera** *tr,* ~ [*sig*] rub [oneself]; ~ *sig med ngn* hobnob (rub shoulders) with a p.
fru [gift kvinna] married woman (lady), [hustru] wife; ~ *Ek* Mrs[.] Ek; *hur mår* ~ *Ek?* [tilltal] how are you [, Mrs. Ek]?; *ja,* ~*n!* [tilltal i butik el. från tjänstefolk] yes, Madam (F Ma'am)!; *är* ~*n hemma?* [till obekant o. t. tjänstefolk] is the lady of the house ([äv.] ~*n i huset*) at home?; *nej,* ~*n är ute* no, Mrs. Ek ([från tjänstefolk] F the missis) is out; ~*arna Ek och Ask* Mrs. Ek and Mrs. Ask
frukost [morgonmål] breakfast; [lunch] lunch; [för ex. *jfr middag 2*] **-bord,** *vid* ~*et* [vid frukosten] at breakfast **-era** *itr* have breakfast, breakfast **-middag** early dinner **-rast** *se lunchrast*
frukt [bot. o. friare] fruit; [koll.] fruit[s [pl.]]; ~*en av* [*hans forskningar*] the result (outcome) of..; *skörda* ~*en av* [*sin möda*] reap the fruits of..; *sätta* ~ set
frukta *tr itr* [allm.] fear, [fasa för] dread; [ledigare] be afraid, *ngn (ngt)* of a p. (of a th.), *att* [inf. vanl.] of [ing-form]; *ja, jag* ~*r*

det! yes, I am afraid so!; ~ *för* [t.ex. ngns liv, säkerhet] fear for

fruktaffär [butik] fruit shop, fruiterer's

fruktan [rädsla] fear, [stark.] dread, *för* of, *för att* [inf.] of [ing-form]; *hysa* ~ *för, se frukta; av* ~ *för att* [*de skulle se honom*] for fear [that].. **fruktansvärd** *a* terrible, dreadful, horrible, [samtl. äv. friare]

frukt|bar *a* [bördig] fertile, rich; [givande o.d.] fruitful, productive **-bärande** *a* [bildl.] *se fruktbar* **-kniv** fruit-knife **-kompott** stewed fruit **-konserver** *pl* tinned (canned) fruit [sg.], [isht hemlagade] fruit preserves **-lös** *a* unavailing, futile, fruitless; *visa sig* ~ prove useless (of no avail) **-odling** fruit-growing; [konkr.] fruit farm **-sallad** fruit salad **-sam** *a* [om kvinna] fertile; [som snabbt förökar sig] fecund, prolific **-smak** fruity taste **-träd** fruit-tree **-trädgård** orchard **-vin** fruit wine **-år,** *gott* ~ year of good fruit crops

fruntimmer woman [pl. women], female

fruntimmers|aktig *a* womanish [isht neds.]; feminine **-göra,** *det är* ~ that is a woman's job **-karl** lady-killer; [för övriga sms. *jfr kvinno-*]

frus|en *a* **1** [om saker] frozen; [frostskadad] frost-bitten; *-et kött* [djupfryst, äv.] refrigerated meat **2** [pers.] chilly; *vara* ~ *av sig* be sensitive to cold, feel the cold

frusta *itr* snort

fryntlig *a* genial, kindly; jovial **-het** geniality, kindliness; joviality

frys [frysbox] freezer

frys|a [*se äv. frusen*] **I** *itr* **1** [till is] freeze **2** [bli frostskadad] get frost-bitten; *potatisen har frusit* the potatoes are frost-bitten **3** [om pers.] be (feel) cold, [mycket starkt] be freezing; *jag* ~*er om händerna* my hands are cold **II** *tr* [matvaror] freeze, refrigerate **III** [med beton. part.] ~ *fast* freeze, *vid* [on] to; *ligga fastfrusen* [om fartyg] be ice-bound; ~ *ned* [matvaror] *se II; rören har frusit sönder* the frost has burst the pipes; ~ *till (igen)* freeze [over]; *tillfrusna hamnar* ice-bound harbours **-box** freezer **-disk** frozen-food display counter (cabinet) **-fack** freezing-compartment **-ning** [av livsmedel] freezing, refrigeration **-punkt** freezing-point **-rum** cold-storage room

fråga I *s* question; [sak, problem äv.] matter, point, problem; ~*n för dagen* the topic (issue) of the day; *det är* [*just*] *det* ~*n gäller, det är* ~*n* that is [just] the point; *vad är det* ~ *om?* a) [vad gäller saken?] what is it all about? b) [vad står på?] what is the matter?, what is up? c) [vad vill ni?] what do you want?; *få* ~*n* [bli förhörd] *på ngt* be tested on a th.; *göra ngn en* ~, [*fram*]*ställa en* ~ *till ngn* ask a p. a question, put a question to a p.; *lösa* ~*n* solve the problem; [*mannen, boken*] *i* ~ ..in question, ..concerned; *han kan komma i* ~ [*som chef*] he is a possible choice..; *det kommer aldrig i* ~ *(på* ~*n)!* [it is] out of the question!, certainly not!; *han kan inte komma i* ~ he is out of the question; *sätta i* ~ [betvivla] question, call.. in question; *i* ~ *om* [beträffande] concerning, with (in) regard to **II** *tr itr* ask, *ngn om ngt* a p. about a th..; [söka svar i (hos)] question; [skol. förhöra] test, *på* on; [absol.] ask [questions]; *får jag* ~ *en (dig* [*om*] *en) sak?* may I ask you a question?; ~ *efter ngn* ask for a p.; ~ *efter en bok* [i bokhandeln] inquire for a book (*jfr efterfråga);* ~ *ngn om vägen* ask a p. the way **III** *rfl* ask oneself, wonder **IV** [med beton. part.] ~ *efter* [bry sig om] *ngt (ngn)* care about a th. (a p.); *jag* ~*r inte efter* [*vad andra tycker*] I don't care (bother about)..; ~ *sig fram* ask one's way; ~ *sig för* inquire, make inquiries, *om ngt* about a th.; ~ *om* [på nytt] ask again, repeat the (one's) question; ~ *ut ngn* question (interrogate) a p.

fråge|formulär questionnaire [fr.], inquiry form **-sats** interrogative sentence ([bisats] clause) **-spalt** [i tidning] Readers' Queries **-sport** quiz **-tecken** question-mark, mark of interrogation

frågvis *a* inquisitive

från [*jfr ifrån*] **I** *prep* **1** [allm.] from; [bort (ned) ~] off; [alltifrån, om tid] since; [se vid. ex. samt under resp. verb, subst., adj. o. adv.]; ~ *och med* ([förk.] *f*[*r*]*.o.m.) den 1 maj* as from (of) May 1st; ~ *och med den dagen* [*var han..*] from that very day..; ~ *och med i dag* as from today, starting today; ~ *och med nu* [*skall jag*] from now on..; *f*[*r*]*.o.m. sid. 10* from page 10 on[wards]; ~ *att ha varit* [*rik blev han fattig*] after having been..; ~ *det jag kom hit* ever since I came here; *börja* ~ *början* begin at the beginning; [*protest*] ~ *ryskt håll* ..on the part of Russia; [*det blåser*] ~ *land* ..off the shore; *gå* ~ *bordet* leave the table **2** [i prep.-uttr. ss. attr., vanl.] of; *hr A.* ~ *Stockholm* Mr A. of Stockholm; *undantaget* ~ *regeln* the exception to the rule; *en vän* ~ *skolåren* an old school-friend **II** *adv* **1** *se till II 3* **2** *se* [*i*]*från* [ss. beton. part. under resp. vb] **-fälle** decease, death **-gå** *tr* [ge upp] give up, [principer] deviate from, [t.ex. åsikt] recede from **-hända** *se avhända* **-känna** *tr,* ~ *ngn* [*auktoritet (originalitet)*] deny a p.'s.. **-se** *tr* leave..out of account, *jfr bortse* [*från*] **-skild** *a* [om makar] divorced **-stulen** *a, han blev* ~ [*sina pengar*] he had..stolen **-stötande** *a* repellent, repulsive; [vämjelig] repugnant **-säga** *rfl* [t.ex. ett uppdrag] decline, [t.ex. ansvar] disclaim

För med **från-** sammansatta verb jfr äv. vid beton. part. [*i*]*från* under resp. enkla verb

från|ta[ga] *tr, se ta [ifrån]* **-träda** *tr* **1** [avgå från] retire from, relinquish **2** [avstå från]: [krav, förmån] waive, [egendom, rättighet] surrender **-varande** *a* **1** [eg.] absent; *de* ~ those absent **2** [bildl.] absent[-minded], preoccupied, [blick] vacant **-varo** absence, *av* of, *från* from
fräck *a* [oförskämd] impudent, insolent, *mot* to; audacious, F cheeky, [vågad] indecent; ~ *i mun* rude, coarse; ~ *lögn* barefaced lie; *det var väl (nästan för)* ~*t!, det var det* ~*aste!* F what cheek! **-het** impudence, insolence, audacity; F cheek, [samtl. end. sg.]; *hans* ~*er* [yttranden] his impudent remarks
fräkn|e freckle **-ig** *a* freckled
frälsa *tr* save, redeem, deliver; *jfr frälst* **frälsare** saviour; *Frälsaren* our Saviour, the Redeemer **frälsarkrans** [⚓] lifebuoy **frälsning** salvation, redemption **Frälsningsarmén** the Salvation Army **frälsningssoldat** Salvationist **frälst** *a* [frikyrkl.], *bli* ~ find salvation, see the light
främja *tr* promote, further; [isht m. saksubj.] foster; [understödja] support **främjande** *s* promotion, furtherance; *till* ~ *av..* for the promotion [etc.] of..
främling stranger, *för* to; [utlänning] foreigner **främlingslegion,** [*franska*] ~*en* the Foreign Legion **främlingspass** alien's passport
främmande I *a* [obekant] strange, unknown, unfamiliar, *för* to; [utländsk] foreign; [andras, t.ex. egendom] other people's; *falla (råka) i* ~ *händer* fall into the hands of strangers; ~ *kropp* [ämne] foreign body; [*fullkomligt*] ~ *människor* [perfect] strangers; *..är mig* ~ [strider mot min natur] ..is alien to me (to my nature) **II** *s* [koll.: gäster] guests [pl.], visitors [pl.], company; *vi fick (det kom)* ~ some people came to see us
främre *a* front, fore; *F*~ *Asien (Orienten)* [ung.] the Middle (Near) East; *F*~ *Indien* India **främst** *adv* [först] first, [längst fram] in front; [om rang, ställning] foremost; [huvudsakligen] principally, chiefly; *se först [och främst]; gå* ~ go first, walk in front; *ligga* ~ [i tävling] lead **främ|sta** *(-ste) a* [förnämsta, bästa] foremost, [viktigaste] chief, principal, [ledande] leading; [första] first, front; ~ *bänk[en]* the front seat; *vår -ste nu levande [författare]* our foremost living..
frän *a* [om lukt, smak] rank, acrid; [skarp] pungent [äv. bildl.]
frände kinsman, [kvinnlig] kinswoman; relative
fräs|a I *itr* hiss [brusa, skumma] fizz; [vid stekning] sizzle, frizzle; ~ [*och spotta*] [om katt] spit, *åt* at; [*han var*] *så arg att han -te* ..hissing with rage **II** *tr* [hastigt steka] fry, frizzle; ~ *smör* heat butter; ~ *upp* [värma upp] fry up
fräsch *a* fresh, fresh-looking; [obegagnad] new, [ren] clean **fräscha** *tr,* ~ *upp* freshen up, [bildl.] refresh, brush up
fräta *tr itr,* ~ [*på*] [ngt] a) [om syra o.d.] corrode, eat into b) [bildl.] gnaw [at], fret; ~ *hål på* eat a hole in; ~*nde ämne* corrosive; ~ *sönder* corrode, eat holes (a hole) in
frö seed, [koll.] seed[s [pl.]]; [bildl. äv.] germ, *till* of; *bilda (sätta)* ~ seed **fröa** *itr rfl,* ~ *sig* run (go) to seed, seed; ~ [*av sig*] shed its ([resp.] their) seed **fröhandel** [butik] seedshop **fröhus** seed-vessel, pericarp
fröjd [glädje] joy, [lust] delight; *en* ~ *för ögat* a delight to the eye; *i* ~ *och gamman* merrily **fröjda** *rfl o.* **fröjdas** *itr. dep* rejoice, *åt (över)* in, at; delight, *åt (över)* in
frök|en [ogift kvinna] unmarried woman; [ung dam] young lady; [lärarinna] teacher; [ss. titel] Miss; *F*~*!* [t. uppasserska] Waitress!, F Miss!; *kan* ~ *säga mig..* could (can) you [please] tell me.. [, Miss]; *lilla* ~ F young lady; *-narna Ek* the Miss Eks; [*ett par*] *äldre -nar* ..elderly spinsters; *F*~ *Ur* [ung.] the speaking clock, [i Engl.] TIM; *F*~ *Väder* [ung.] the telephone weather service
frömjöl pollen
fuffens [knep] trick[s [pl.]], dodge[s [pl.]], [ofog] mischief; *ha något* ~ *för sig* be up to some trick (to mischief)
fuga fugue
fukt [allm.] damp, [väta] moisture **fukta** *tr* moisten, wet; ~ *strupen* wet one's whistle **-fri** *a* [torr] ..free from damp, dry **-ig** *a* damp; [isht ständigt] moist; [råkall] damp, dank; ~*a händer* clammy (moist) hands **-ighet** dampness; moistness; humidity
fuktighetsmätare hygrometer
ful *a* ugly; [alldaglig] plain; [amer. äv.] homely; [vanprydande] unsightly; [föga tilltalande] unattractive; [om väder] nasty, foul; [i moralisk bem.] bad, nasty; ~ *fisk* ugly customer; ~ *gubbe* F dirty old man; ~*a ord* dirty (bad) words; ~ [*o*]*vana* nasty habit; ~*t spratt* nasty (dirty) trick; ~ *i mun* foul-mouthed, coarse, rude **-het** ugliness [etc.] **-ing** [otäcking] rotter
full *a* **1** [fylld o.d.] full, *av (med)* of; [isht bildl.] filled, *av* with; *alldeles* ~ [pred.] full up; ~ *av harm* filled with indignation; *det är (vi har)* ~*t* [fullbelagt, fullsatt] we are full up; *det var* ~*t där* [i rummet] the room was full; *hälla (slå) glaset* ~*t* fill the glass [up]; *klottra* [*väggarna*] ~*a* scribble all over.. **2** [hel, fullständig] full; complete; *på* ~*t allvar* quite seriously; *till* ~ *(min* ~*a) belåtenhet* to my complete satisfaction; *njuta* [*av*] *ngt i* ~*a drag* enjoy a th. to the

full; *~t förtroende* complete confidence; *~t krig* open war; *~ likvid* payment in full; *~t pris* the full price; *med ~ rätt* with perfect justice, quite rightly; *ha ~ tjänst* [i skola] be a full-time teacher; *dussinet ~t* a full (complete) dozen; *månen är ~* the moon is full; *till ~o* in full, to the full, fully. — [Se äv. ex. under resp. huvudord samt *fullt*] **3** [onykter]: [pred.] drunk, [attr.] drunken; F tipsy, [pred.] tight; *supa sig ~* get drunk
fullastad *a* [attr.] fully-loaded
full|belagd *a* full, [pred. äv.] full up **-blod** thoroughbred **-bokad** *a* fully booked, [pred. äv.] booked up **-borda** *tr* [slutföra] complete, finish, [utföra] accomplish, perform, fulfil; *ett ~t faktum* an accomplished fact; *efter ~d gärning* when the deed was done **-bordan** completion; accomplishment **-fjädrad** *a* [eg. o. bildl.] full-fledged, [durkdriven] accomplished, [isht neds.] thorough-paced.. **-följa** *tr* [slutföra] complete, finish; [genomföra] follow out, carry out; [fortsätta [med]] pursue, carry on; [följa upp] follow up **-god** *a* [perfectly] satisfactory, [utmärkt] perfect; [om mynt, vikt] standard; [om vara] sound; *~ kost* a balanced diet; *~a skäl* [very] good reasons **-gången** *a* fully developed **-göra** *tr* [plikt o.d.] perform, discharge; [åtagande o.d.] fulfil; [order o.d.] carry out, execute; *efter -gjort arbete* [*for han*] when his work was done.. **-klottrad** *a* .. scribbled all over **-komlig** *a* **1** [utan brist] perfect **2** [fullständig, absolut] complete, entire; absolute, utter; *en ~ brist på logik* an entire want of logic; [*han är*] *en ~ främling för mig*..an utter (a total) stranger to me; *en ~ skandal* a downright (perfect) scandal **-komlighet** perfection **-komligt** *adv* perfectly [osv.]; [till fullo] fully; [alldeles] quite
full|kornsbröd whole-meal bread **--lastad** [m.fl.] *se fullastad* [m.fl.] **-makt 1** [bemyndigande] authorization; [dokument] power (letter) of attorney; *ge ngn ~ att* [inf.] authorize a p. to [inf.]; *enligt ~* as per power of attorney; *rösta genom ~* vote by proxy **2** [ämbetsmans] [letters [pl.] of] appointment; [isht officers] commission **-matad** *a* [om spannmål] full-eared; [om skaldjur] meaty **-måne** full moon **-mäktig** *s* [valt ombud] delegate; *jfr stadsfullmäktig*
fullo, *till ~, se full 2*
full|packad *a o.* **-proppad** *a, en ~* [*väska*] a .. that is crammed **-riggare** full-rigged ship **-satt** *a* full, [stark.] crowded, packed **-skriven** *a* .. filled with (full of) writing
full|ständig *a* [komplett o.d.] complete, entire, full; [absolut o.d.] perfect, total; *jfr fullkomlig 2; skriva ut ~a namnet* write one's name in full **-ständiga** *tr* complete, make.. complete **-ständighet** completeness **-ständigt** *adv* completely [etc.], *jfr fullkomligt*
fullt *adv* completely, fully, [alldeles] quite; *tro ~ och fast på..* believe firmly in..; *~ upp med* [*pengar*] plenty of..; *arbeta för ~* work full steam; *med radion på för ~* with the wireless on at full blast; *inte ~* [*ett år*] not quite..
full|talig *a* [numerically] complete; *~ publik* full audience **-tecknad** *a, listan är ~* the list is filled [with signatures]; *lånet är -tecknat* the loan is subscribed in full **-träff** direct hit; [*pjäsen blev*] *en verklig ~* ..a real hit **-vuxen** *a* full-grown; *bli ~* grow up **-ända** *tr* **1** [fullborda] complete, finish **2** [fullkomna] perfect, accomplish; *~d skönhet* perfect beauty **-ändning** perfection
fullärd *a* skilled; *vara ~* have served one's apprenticeship **fullödig** *a* sterling; [bildl. äv.]: [äkta] genuine; [fulländad] consummate
fult *adv* in an ugly (unsightly) manner (way), unattractively; [i moralisk bem.] nastily, in a nasty way; *klä sig ~* dress unattractively; *det var ~ gjort* [*av dig*] that was a nasty (bad) thing of you to do
fumla *itr* fumble, *med* with, at **fumlig** *a* fumbling
fundament foundation[s [pl.]] **fundamental** *a* fundamental, basic
fundera *itr* [tänka] think *(på, över* of, about, over [jfr ex.]); [grubbla] ponder *(på, över* over), cogitate *(på, över* on); *~ på* [överväga] *att* [inf.] think of (think about, consider) [ing-form]; *jag skall ~ på saken* I will think the matter over (consider the matter); *det är ingenting att ~ på* it is not worth thinking about (worth considering); *jag har ofta ~t över* [undrat] *varför han..* I have often wondered why he..; *~ ut* think (work) out **fundering,** *~ar* [tankar] thoughts, [idéer] ideas, [teorier] speculations **fundersam** *a* [tankfull] thoughtful, meditative
fungera *itr* **1** [gå riktigt] work, function; [*hissen*] *~r inte* ..is out of order (use), ..is not working **2** [tjänstgöra: om pers.] act, officiate, serve, *som* as **funktion** [allm.] function; [maskins o.d. arbetssätt] functioning, working; *ha en ~ att fylla, fylla en ~* serve a [useful] purpose; *ur ~* out of use (order), not working **funktionalism** functionalism **funktionär** official, functionary; [vid tävling, utställning o.d.] steward
fura [long-boled] pine
furie fury, termagant
furir [gruppbefäl] corporal, [inom flottan] leading seaman
furste prince **furstendöme** principality **furstinna** princess **furstlig** *a* princely
furu [virke] pine[wood], H redwood; [*bord*] *av ~* deal..
fusion fusion, [H äv.] amalgamation, merger

fusk 1 [skol., i spel] cheating, [skol. (gm att skriva av) äv.] cribbing **2** [klåperi] botched (bungled, [hafsverk] scamped) work; *ett ~* a botched [etc.] piece of work **fuska** *itr* **1** [skol., i spel] cheat, [skol. (gm att skriva av) äv.] crib; *~ i kortspel* cheat at cards **2** [klåpa] dabble; *~ med ngt* [slarva] make a mess of a th., [hafsa] scamp a th. **fusklapp** crib
fuskverk *se fusk 2*
futtig *a* [ynklig] paltry; [lumpen] mean; *~a* [*tio kronor*] a paltry..
futurum the future [tense]; *~ exaktum* the future perfect
fux [häst] bay [horse]
fy *itj* phew!, ugh!, [svagare] oh!; [tillrop till talare] shame!; *~ skam!, ~ skäms!* shame on you!, [till barn] naughty, naughty!
fyll|a I *tr* **1** [allm.] fill [äv. friare]; [stoppa full] stuff [äv. kok.]; [fylla upp (helt), fylla ut t.ex. hål] fill up; *~ ett länge känt behov* supply (meet) a long-felt want; *~ sitt ändamål* serve (fulfil) one's purpose; *~ en reservoarpenna* fill (refill) a fountain pen; *~* [bensin] *tanken* fill up [the tank]; *~ vin i* [*glasen*] pour [out] wine into..; *hennes ögon -des av tårar* her eyes filled with tears **2** *när -er du* [*år*]*?* when is your birthday?; *han -de femtio* [*år*] *i går* he was fifty yesterday **II** [m. beton. part.] *~ i* a) [kärl] fill [up] b) [vätska] pour in; *~ i en blankett* fill in (up) a form; *~ igen* [t.ex. hål] fill up, stop [up], [med det som funnits där] fill in; *~ på* a) [kärl] fill [up] b) [vätska] pour [in]; *~ på bensin* [o.d., tanka] fill up **III** *s* F, *ta sig en redig ~* have a good booze
fyllbult boozer **fylleri** drunkenness **fyllerist** drunk, drunken person
fyll|ig *a* **1** [om person] plump, [isht om kvinna] buxom; [om figur, kroppsdel] full, ample **2** [bildl.] full; rich; [om vin] full-bodied **-ning** [allm.] filling [äv. tand~]; [kok.] stuffing, [i pralin o.d.] centre **-tratt** boozer
fynd 1 [det funna] find [äv. bildl.]; *göra ett ~* [gott köp] make a bargain **2** [finnande] finding, [upptäckt] discovery **-ig** *a* [påhittig] inventive; ingenious [äv. om sak]; [rådig] resourceful **-ighet 1** inventiveness, ingenuity; resourcefulness **2** [malm~] [ore] deposit **-ort** *o.* **-plats** finding-place
fyr 1 [fyrtorn] lighthouse; [mindre kustfyr] beacon **2** [eld] fire; *ge ~!* fire!
1 fyra *itr, ~ av* fire, let off, discharge
2 fyra I *räkn* four; *mellan ~ ögon, se öga* [ex.]; *på alla ~* on all fours; *jfr fem* [o. sms.] **II** *s* four [äv. roddsport.]; *~n* [*s växel*] fourth, [the] fourth gear; *jfr femma* **fyrahundraårsjubileum** quatercentenary **fyraveckorssemester** four-week holiday **fyrbent** *a* four-legged [äv. om stol o.d.]
fyr|cylindrig [m.fl. sms.] *jfr fem* [*sms.*] **-dela** *tr* divide.. into four, quarter **-dimensionell** *a* four-dimensional **-dubbel** *a* fourfold, quadruple; *jfr femdubbel* **-dubbla** *tr* multiply..by four, *jfr femdubbla;* quadruple **-faldig** *a* fourfold; *ett ~t leve för..* four ([eng. motsv.] three) cheers for.. **-filig** *a* four-laned, four-lane.. **-fotadjur** quadruped, four-footed animal **-hjulig** *a* four-wheeled, four-wheel.. **-hjulsbroms** four-wheel brake **-händigt** *adv* [mus.], *spela ~* play a duet ([resp.] duets) **-kant** [kvadrat] square, [isht geom.] quadrangle; *tio meter i ~* ten metres square **-kantig** *a* square, quadrangular; *jfr föreg.* **-klöver** *se -väppling* **-ling** quadruplet, F quad **-motorig** *a* four-engined, four-engine..
fyrop *pl* cries of "shame!"
fyr|radig [m. fl. sms.] *jfr äv. fem* [sms.] **-sidig** *a* **1** four-sided **2** [om broschyr o.d.] four-page..
fyrskepp lightship
fyr|spann four-in-hand **-språng**, *i ~* [om häst] at a (at full) gallop **-taktsmotor** four-stroke engine
fyrti[o] *räkn* forty; *jfr fem*[*tio*] [o. sms.] **fyrtionde** *räkn* fortieth **fyrti[o]timmarsvecka** forty-hour week **fyrti[o]wattslampa** forty-watt bulb
fyr|torn lighthouse [tower] **-vaktare** lighthouse-keeper **-verkeri**, *~*[*er*] fireworks [pl.]; *ett ~* a firework (pyrotechnic) display **-verkeripjäs** firework
fyrväppling four-leaf clover; [bildl.: grupp av fyra] quartet[te]
fysik 1 [vetenskap] physics **2** [kroppskonstitution] physique, constitution **fysikalisk** *a* physical **fysiker** physicist
fysio|log physiologist **-nomi** physiognomy
fysisk *a* physical; *~ person* [jur.] natural person
1 få I *hjälpvb* **1** [få tillåtelse att] **a)** [allm.] be allowed (permitted) to; *~r* [vanl.] may, can; *~r inte* [innebärande förbud] must not **b)** [med försvagad bet., isht i hövlighetsfraser]: *be att ~* [inf.] ask to [inf.]; *låt mig ~ göra det* let me do it; *jag ~r (ber att ~) tacka så mycket* [I should like to] thank you very much; *vad ~r det vara (lov att vara)?* [i butik o.d.] what can I do for you?, can I help you [, Sir.. ([resp.] Madam)]? **2** [kunna, ha tillfälle el. möjlighet att] **a)** [allm.] be able to, have an opportunity (a chance) to; *~r* [vanl.] can, [ibl. (m. försvagad bet.) oövers.]; *numera ~r varje barn lära sig läsa* nowadays every child is taught to read; *vi ~r väl se* we'll see [about that] **b)** *~ höra, ~ se, ~ veta* [etc., se resp. verb] **3** [vara tvungen att, nödgas] have to, F have got to; *~r* [vanl.] must; *du ~r ta (lov att ta)* [*en större väska*] you want.., you [will] need

.., you must have..

II *tr* ⌊jfr äv. resp. huvudord⌋ **1** ⌊erhålla o.d.⌋ a) ⌊lyckas få [tag i]⌋ get, obtain b) ⌊mottaga⌋ receive, get, have, ⌊få i present ofta⌋ be given; ~ *avslag* meet with a refusal; ~ *lov, se I 1b o. 3* ⌊ex.⌋ *o. 1 lov* ⌊ex.⌋; ~ *sin lösning* find its solution, be solved; ~ *ro* find peace; ~ *snuva* catch a cold; ~ *tandvärk* get a toothache; ~ *tillträde* be admitted; *kan jag få* ⌊*lite te*⌋*?* can I have..[please]?; *jag ska be att ~ lite frukt* ⌊i butik⌋ I should like (please give me) some fruit; *~r jag* ⌊*boken där*⌋, *är du snäll* will you [please] pass me..; *var kan man ~ detta?* where is this to be had?; *vem har du ~tt den av?* who gave you that?; *vad ~r vi till middag?* what are we having for dinner?, what's for dinner?; *det ska du ~ för!* I'll pay you out for that!; *där fick han!* ⌊det var rätt åt honom!⌋ serves him right! **2** ⌊m. adj. el. ptc. ss. pred.-fylln.⌋, *han har ~tt det bra* [*ekonomiskt*] he is comfortably (well) off; ~ *ngt färdigt* get a th. finished, finish a th.; *han fick benet överkört* his leg was run over **3** ⌊förmå⌋, ~ *ngn till* [*att göra*] *ngt* make a p. do a th., get (bring) a p. to do a th.; ~ *ngn i säng* get a p. to bed

III ⌊med beton. part.⌋ ~ *av* [*sig*] get..off; ~ *bort (dän)* ⌊avlägsna⌋ remove; ~ *ngn fast* get hold of a p., catch a p.; ~ *fram* ⌊ta fram⌋ get..out, *ur* of, produce, *ur* out of; ⌊anskaffa⌋ procure; ⌊framställa⌋ produce; ~ *sin vilja fram, se vilja I* ⌊ex.⌋; ~ *för sig* ⌊*att*..⌋ a) ⌊sätta sig i sinnet⌋ get it into one's head.. b) ⌊inbilla sig⌋ imagine..; ~ *i ngt i*.. get a th. into..; ~ *i ngn ngt* ⌊få att svälja⌋ get a p. to take a th.; ~ *i sig* ⌊tvinga i sig⌋ get..down; ~ *igen* ⌊[lyckas] stänga⌋ [manage to] close; ⌊återfå⌋ get..back; *det skall du allt ~ igen!* I'll pay you back for that, you'll see!; ~ *ihop* ⌊samla⌋ get..together, ⌊isht pengar⌋ collect; ~ *in* get..in; ⌊radio.⌋ get; ~ *in* ⌊ihop⌋ *pengar* collect money; ~ *in* ⌊*varor*⌋ get..; ~ *loss* get..off, ⌊få ur⌋ get..out; ~ *med* [*sig*] bring..[along]; *inte ~ med* ⌊lämna [kvar]⌋ leave..behind; ~ *ngn med sig* ⌊att följa med⌋ get a p. to come along, ⌊på sin sida⌋ get a p. over to one's side; ~ *på* [*sig*] get..on; ~ *tillbaka* get..back; ~ *undan* ⌊ur vägen⌋ get..out of the way; ~ *upp* ⌊[lyckas] öppna⌋ [manage to] open, ⌊t.ex. lock⌋ get..off; ⌊[lyckas] få upp (knut)⌋ [manage to] untie; ⌊kork⌋ get..out, *ur* of; ⌊kunna lyfta⌋ raise, lift; ⌊få uppburen⌋ get...up; ⌊få ur sängen⌋ get..up (out of bed); ⌊kräkas upp⌋ bring up; ~ *upp farten* ⌊komma i gång⌋ get up speed; ~ *ur ngn ngt* get a th. out of a p.; ~ *ut* ⌊eg.⌋ get..out, *ur* of; ⌊t.ex. lön, arv⌋ obtain; ⌊lösa⌋ solve; ~ *ut det mesta möjliga av*.. ⌊utnyttja⌋ make the most of..; ~ *över* ⌊få kvar⌋ have [got]..left (to spare)

2 få *pron. a* few, ⌊i vissa förb.⌋ a few; *blott ~* only a few; *inte så ~* [*vänner*] not (quite) a few [friends]; *några ~* a few; *ytterst ~* [*elever*] very few [pupils], a very small number [of pupils]

fåfäng *a* **1** ⌊flärdfull⌋ vain **2** ⌊gagnlös⌋ vain, ⌊pred. äv.⌋ in vain **fåfänga** ⌊flärd⌋ vanity; *sårad ~* pique

fågel bird; ⌊koll., kok.⌋: ⌊tam~⌋ poultry, ⌊vild~⌋ game birds ⌊pl.⌋; *varken ~ eller fisk* neither fish, flesh nor fowl; *fri som ~n* free as air **-art** species of bird **-bo** bird's nest **-bur** bird-cage **-fri** *a, se fredlös* **-frö** bird-seed **-holk** nesting box **-hund** pointer; setter **-kvitter** [⌊vanl.⌋ the] twitter[ing] (chirping) of birds **-perspektiv** bird's-eye view; *S. i ~* a bird's-eye of S. **-skrämma** scarecrow **-sträck** flight of birds **-sång** [⌊vanl.⌋ the] singing of birds, bird song **-unge** young bird, ⌊ej flygfärdig⌋ nestling **-väg**, *~en* ⌊adv.⌋ as the crow flies **-vän** bird-lover **-ägg** bird's egg

fåll ⌊sömn.⌋ hem

1 fålla *tr* ⌊sömn.⌋ hem

2 fålla *s.* ⌊inhägnad⌋ pen, fold

fåna *rfl* ⌊bete sig fånigt (larvigt)⌋ fool [about], play the fool; ⌊i tal⌋ talk nonsense, drivel

fåne fool, idiot

fång ⌊famnfull⌋ armful [⌊före följ. best.⌋ of]

fånga I *s, ta..till ~* take..prisoner, capture; *ta sitt förnuft till ~* listen to reason **II** *tr* catch, take ⌊båda äv. bildl.⌋; ⌊i fälla⌋ trap; ~ *ngns uppmärksamhet* arrest (catch) a p.'s attention; *jfr äv. fången* **fångdräkt** convict's uniform **fånge** prisoner, captive, ⌊straffånge⌋ convict

fången *a* ⌊fängslad⌋ captured, imprisoned, captive; *hålla ~* keep.. in captivity (..prisoner); *sitta ~* be imprisoned **fångenskap** captivity; ⌊*befria ngn (fly)*⌋ *ur ~en* ..from captivity **fångläger** prison (prisoners') camp, ⌊⚔⌋ P.O.W. camp (⌊förk. för⌋ Prisoner of War camp) **fångst** ⌊byte⌋ catch ⌊äv. bildl.⌋; ⌊vid jakt⌋ bag **fångvaktare** warder, gaoler, jailer **fångvård** treatment of prisoners; ⌊fängelseväsen⌋ prison (penal) system

fånig *a* ⌊dum⌋ silly, stupid; ⌊löjlig⌋ ridiculous **-het** silliness ⌊end. sg.⌋, stupidity; *~er* ⌊dumt prat⌋ nonsense ⌊sg.⌋, drivel ⌊sg.⌋

fåordig *a* taciturn, laconic

får sheep ⌊pl. lika; äv. bildl.⌋; ⌊kött⌋ mutton

fåra *s o. tr* furrow

får|avel sheep-breeding **-hjord** flock of sheep **-kött** mutton **-skalle** F blockhead, num[b]-skull **-skinn** sheepskin **-skinnspäls** sheepskin coat **-skock** flock of sheep **-stek** leg of mutton; ⌊tillagad⌋ roast mutton **-ull** sheep's wool

få|tal minority; *endast ett ~* [*medlemmar*] only a small number [of members]; *i ett ~*

fall in a minority of cases **-talig** *a* [pred.] few [in number] **-taligt** *adv, ~ besökt* poorly attended
fåtölj armchair, easy chair
fä 1 [koll.] cattle [pl.] **2** [lymmel] blackguard, rotter, [drummel, dumbom] oaf, fool
fäbod [ung.] chalet, shack
fäderne, *vara släkt på ~t* be related on the (one's) father's side **fädernegård** ancestral farm, family farm **fäderneslandl** [native] country **fäderneärvd** *a*..handed down from father to son
fägring [poet.] beauty; [blomning] bloom
fähund [lymmel] blackguard, rotter
fäkt|a *itr* **1** [eg.] fence, [friare] fight **2** [bildl.], *~ med armarna* gesticulate [violently] **-are** fencer, swordsman **-ning** fencing, *med, på* with; [strid] fight
fälg *o.* **fälj** [på hjul] rim
fäll fell; [täcke o.d.] skin rug
fäll|a I *s* trap; [isht bildl.] pitfall; *lägga ut en ~ för* set a trap for **II** *tr* ([ibl.] *itr*) **1** [få att falla] fell, [isht jakt.] bring down; [låta falla, t.ex. ankare, bomb] drop; [sänka, t.ex. bom] lower; *~ ett förslag* defeat a proposal; *~ tårar* shed tears **2** [förlora, t.ex. blad, horn, hår] shed, cast, [fjädrar] moult; *~* [*färgen*] [om tyg] lose [its] colour, fade; *färgen -er* the colour runs; *hunden -er* the dog is shedding its hair **3** [avge], *~ ett yttrande* make (let fall) a remark; *jfr 3 dom, utslag 3* [m.fl.] **4** [jur., förklara skyldig] convict, *för* of **III** [med beton. part.] *~ ihop* [fällstol o. d.] fold up; *jfr ~ ned; ~ in*..[*i*] [infoga [i]] let..in[to], insert..[in]; *en infälld bild (karta* [etc.]) an inset; *~ ned* [lock o.d.] shut; [bom, sufflett etc.] lower; [krage] turn down; [paraply o.d.] put down; *~ upp* [lock o.d.] open; [krage] turn up; [paraply] put up; *~ ut* [kem.] precipitate, [bottensats] deposit
fäll|kniv clasp-knife **-ning** [konkr., kem.] precipitate **-stol** folding chair, [utan ryggstöd] camp-stool, [vilstol] deck-chair
fält field [äv. bildl.]; [verksamhets~ äv.] sphere; *i ~* [⚔] in the field **-arbete** field work **-flaska** [⚔] water-bottle, canteen **-flygare** short-service pilot **-herre** commander, general **-kök** field kitchen **-läkare** army surgeon **-marskalk** field marshal **-mässig** *a*..for active service, active-service.. **-post** field post (mail) **-präst** army chaplain **-slag** pitched battle **-spat** [geol.] fel[d]spar **-tjänst** field (active) service **-tjänstövning** [field] manœuvres [pl.] **-tåg** campaign **-uniform** field uniform, battle dress
fängelse prison, gaol, [isht amer.] jail, penitentiary; [fängsligt förvar] imprisonment, *på livstid* for life; *få livstids ~* get a life sentence, be imprisoned for life; *sitta (sätta el. kasta ngn) i ~* be (put a p.) in prison (gaol) **-cell** prison cell **-direktör** prison governor ([amer.] warden) **-håla** dungeon **-präst** prison chaplain **-straff** [term of] imprisonment; *avtjäna ett ~* serve a prison sentence
fängs|la *tr* **1** [sätta i fängelse] imprison, put..in prison; [arrestera] arrest **2** [intaga, tjusa] captivate, fascinate; *~nde* [spännande, intressant] absorbing, arresting, engrossing **-lig** *a, hålla (taga) i ~t förvar* keep in (take into) custody
fänrik second lieutenant, [inom flottan] acting sub-lieutenant, [britt. motsv. inom flyget] pilot officer; [amer.]: [inom armén o. flyget] second lieutenant, [inom flottan] ensign
färd (*jfr färde*) **1** [resa] journey; [till sjöss] voyage; *jfr 1 resa I 1* **2** [bildl.], *vara i* [*full*] *~ med att* [inf.] be busy [ing-form] **färdas** *itr. dep* travel **färde** *s, det är fara på ~* danger threatens
färdig *a* **1** [avslutad, fullbordad] finished, completed, [undangjord] done; [klar, beredd] ready, prepared, *till* for; *~ att användas* ready for use; *få (göra) ngt ~t* a) [avsluta] finish a th., get a th. finished (done) b) [iordningställa] get (make) a th. ready, *till* for; *skriva brevet ~t* finish [writing] the letter; *bli ~ med ngt* finish a th.; *är du ~* [*med arbetet*]*?* have you finished [your work]?; *han är alldeles ~* [berusad el. slut] he is done for, he is finished; *nu är det ~t!* [iron.] here we are!, well, that's that!, [nu börjas det] now we are in for it!; *jfr färdigt* **2** *vara ~* [nära] *att* [inf.] be on the point of [ing-form]; *vara ~ att spricka av nyfikenhet* be bursting with curiosity **-förpackad** *a* pre-packed **-het** [skicklighet] skill, proficiency; [gott handlag] dexterity **-klädd** *a* dressed **-knuten** *a* [attr.] made-up **-kokt** *a* boiled, cooked, [pred. äv.] done, *jfr 2 koka I* **-lagad** *a* [om mat attr.] ready-prepared (-cooked), ready-to-eat **-ställa** *tr* prepare, get..ready **-sydd** *a* [konfektionssydd] ready-made
färdigt *adv, äta ~* finish eating; *låt mig tala ~* let me finish [speaking] **färdigvara** finished product
färd|ledare guide, leader **-skrivare** [bil.] tachograph; [flyg.] flight recorder
färg colour [äv. bildl.]; [målar~] paint; [till färgning] dye; [nyans] shade, tint; [kortsp.] suit; *få ~* [om ansikte] get a colour; *ge ~ åt tillvaron* give zest to life; *vad är det för ~ på (vilken ~ har) bilen?* what colour is the car?; *i vilken ~* [*skall huset målas?*] what colour..?; *gå (passa) i ~ med* match [..in colour]; *röd till ~en* red [in colour] **färga** *tr* colour [äv. bildl.]; [tyg, hår] dye; *duken har ~t* [*av sig*] the dye has come off the cloth; *~ om* re-dye

färg|ad *a* coloured [etc., jfr föreg.]; [*starkt*] ~ [bildl.] [highly] coloured; *de ~e* [som grupp] the coloured people **-band** [för skrivmaskin] [typewriter] ribbon **-bild** colour picture; [för projicering] colour slide (transparency) **-blind** *a* colour-blind **-film** colour film **-fläck** [på kläder o.d.] paint stain **-foto[grafi]** [bild] colour photo[graph] (picture) **-grann** [neds.] gaudy, glaring **-handel** [butik ung.] chemist's [and paint shop] **-klick** daub (splash) of colour ([konkr.] paint) **-krita** coloured chalk, [vax~] [coloured] crayon **-låda** paint-box **-lägga** *tr* colour; [foto.] tint **-lös** *a* colourless [äv. bildl.] **-penna** coloured pencil **-plansch** colour plate, coloured illustration ([för vägg] wall picture) **-prakt** display of colour **-prov** colour sample **-pyts** paint-pot **-rik** *a* richly coloured; colourful [äv. bildl.] **-skala** range of colours **-spruta** paint-sprayer **-stark** *a* colourful [äv. bildl.] **-television** *(färg-TV)* colour television (TV) **-ton** [colour] tone, shade **-äkta** colour-fast, fast, unfadable; [tvättäkta] wash-proof **-ämne** pigment; [för tyg o.d.] dye[-stuff]

färj|a I *s* ferry, [isht mindre] ferry-boat, [tåg~] train-ferry **II** *tr,* ~ *över ngn* ferry a p. across **-förbindelse** ferry-service **-läge** ferry berth

färm *a* [rask] prompt; [t.ex. svar äv.] ready

färre *komp* fewer

färs [av kött] *se köttfärs;* [ss. rätt på fisk o.d.] mousse

färsk *a* [frisk, ej konserverad, saltad e.d. samt bildl.] fresh; [ej gammal] new; *~t bröd* new bread; *av ~t datum* of recent date; *~ potatis* new potatoes **färska** *tr,* ~ *upp* [*bröd*] make . . fresh [in the oven] **-färskvaror** *pl* perishables

Färöarna *pl* the Faroe Islands

fästa I *tr* **1** [eg.]: [fastgöra] fasten, fix, attach, [isht m. lim o.d.] affix, *vid* [i samtl. fall] to; ~ *ihop (igen, till)* fasten up; ~ *ihop* [tillsammans] fasten [etc.] . . together; ~ *upp* put ([m. nålar] pin) up [äv. t.ex. hår]; [binda upp] tie up **2** [bildl.], ~ *blicken på* fix one's eyes on; *vara* [*mycket*] *fäst*[*ad*] *vid* be [very much] attached to; *jfr avseende 2, uppmärksamhet* [m. fl.] **II** *itr* [fastna, häfta] adhere, stick **III** *rfl,* ~ *sig vid ngn* become (get, grow) attached to a p.; ~ *sig vid ngt* pay attention to a th., notice a th.; *det är ingenting att ~ sig vid* it is not worth bothering about **fäste 1** [stöd, tag] hold, [fot~] foothold, footing [samtl. äv. bildl.]; *få* ~ find (get) a hold (a foothold), [få fast fot] get a footing; *hjulen fick inget* ~ the wheels did not grip (bite) **2** [hållare] holder **3** [fästpunkt, anat., bot.] attachment **4** [befästning] stronghold [äv. bildl.]

fäst|folk, *~et* the engaged couple **-ing** tick **-man** fiancé [fr.], sweetheart, young man **-mö** fiancée [fr.], sweetheart, young lady

fästning [⚔] fort[ress]

fästpunkt [point of] attachment

föda I *s* food, [näring äv.] nourishment, [kost äv.] diet; [uppehälle] living; *fast* ~ solid food; *flytande* ~ liquid food, slops [pl.] **II** *tr* **1** *(jfr född)* [sätta till världen] give birth to; ~ [*barn*] bear a child ([resp.] children) **2** [alstra] breed **3** [ge föda åt] feed, [försörja] support, maintain; ~ *upp* [djur] breed, rear, [barn, i bet. 'fostra'] bring up; *han är uppfödd* [har vuxit upp] *på landet* he has grown up in the country **född** *a* born; *Födda* [rubrik] Births; *Fru A.,* ~ *B.* Mrs. A., née B.; *hon är ~ B.* her maiden name was B.; *när är du ~?* when were you born?; *han är ~ blind* he was born blind; *han är ~ svensk* he is a Swede by birth; *han är ~ till talare* he is a born orator

födelse birth; *efter (före) Kristi ~, se* [*efter (före)*] *Kristus* **-annons** announcement in the births column **-attest** birth certificate **-dag** birthday **-datum** date of birth **-kontroll** birth-control **-nummer** birth registration number **-märke** birthmark **-ort** birthplace; [i formulär] place of birth **-år** year of birth; *hans* ~ the year of his birth

födgeni, *ha* ~ have an eye to the main chance, be acquisitive **födkrok** means [pl. lika] of livelihood **födoämne** food [end. sg.]; food-stuff **födsel** birth; [förlossning] delivery; *från ~n* from [one's] birth; *av ~ och ohejdad vana* from long inveterate habit

1 föga *a adv s* [very] little; ~ *bättre än* [*sitt rykte*] only a little (but little) better than . .; ~ *smickrande* not very (hardly) flattering; ~ *trolig* not very likely, not probable

2 föga *s, falla till* ~ yield, submit, *för* to

fögderi [skattedistrikt] tax collection district ([kontor] department)

föl foal; [unghäst] colt, [ungsto] filly

följ|a I *tr* **1** [gå bakom, efter, utmed samt bildl.] follow; [efterträda] succeed; ~ *en ingivelse* act on an impulse; ~ *ngn med blicken* watch a p. closely **2** [ledsaga] accompany [äv. bildl.]; ~ *ngn till tåget (båten* [etc.]*)* see a p. off; *jag -er dig en bit på väg* I will come with you part of the way; *han -de henne* [*en bit på väg*] he went with her . . **II** *itr* follow; [ss. konsekvens el. resultat äv.] ensue, result; [*lyder*] *som -er* . . as follows; *brev -er* letter to follow, [i telegram] writing; *fortsättning -er* to be continued; *döden -de omedelbart* death occurred instantaneously; *det -er av sig självt* it goes without saying, it is self-evident; [*de nackdelar*] *som -er med detta system* . . resulting from (attending) this system **III** [m. beton. part.] ~ *av ngn* see a p. off; ~ *efter* follow, *jfr*

I 1; [förfölja äv.] pursue; ~ *ngn hem* see a p. home; ~ *med* a) [komma med] come ([dit] go) along, *ngn* with a p.; ~ *med ngn* [äv.] accompany a p. b) [hänga med o. d.], [*han talar så fort att jag inte kan*] ~ *med* ..follow him; *han kan inte* ~ *med* [*i klassen*] he cannot keep up with the class; ~ *med sin tid* keep up (move) with the times, be (keep) up to date c) [vara uppmärksam] be attentive d) [bifogas], *se medfölja;* ~ *upp* [fullfölja] follow up; ~ *ngn ut* see a p. out **-aktligen** *adv* consequently, accordingly **-ande** *a* following; ~ *dag* [adv.] [the] next day, [on] the following day; *den* ~ *diskussionen* [*blev*..] the discussion that followed.., the subsequent discussion..; *på* ~ *sätt* in the following way; *på varandra* ~ successive, consecutive; *han berättade* ~ he told us the following story; *i det* ~ [nedan o.d.] below **-as** *itr. dep,* ~ *åt* go together, accompany each other; [uppträda samtidigt] occur at the same time

följd 1 [räcka o.d.] succession, sequence; [serie] series; *en* ~ *av olyckor* a series of accidents; [*fem år (femte året)*] *i* ~ ..in succession **2** [konsekvens] consequence, *för* to; [resultat] result; *ha (få) till* ~ result in; *ha till* ~ *att*.. have the result that..; *till* ~ *av* [på grund av] in (as a) consequence of **-riktig** *a* logical; [konsekvent] consistent **-sjukdom** complication, [läk.] sequel|a [pl. -ae]

följe [svit, uppvaktning] suite; [skara] band; [pack o.d.] gang, crew **-brev** covering (accompanying) letter **-sedel** delivery note **-slagare** *o.* **-slagerska** companion, [uppvaktande] attendant, follower

följetong serial story, serial

fönster window; *stå i fönstret* [om pers.] stand (be) at the window, [om sak] be in the window **-bleck** window-ledge **-glugg** loop-hole, [i snedtak] dormer (attic) window **-karm** window-frame **-kuvert** window-envelope **-lucka** shutter **-nisch** window-recess, window-bay **-plats** [t.ex. på tåg] window-seat **-post** mullion **-putsare** window-cleaner **-ruta** window-pane **-tittare** peeping Tom, voyeur [fr.]

1 för [sjö.] **I** *s* stem, prow; *från* ~ *till akter* from stem to stern; *i* ~*en* at the prow, in the bows **II** *adv,* ~ *om*.. ahead of..; ~ *ut,* ~ *över* ahead

2 för I *prep* [se äv. und. resp. subst., adj., adv., pron. o. vb] **1** [i div. vanl. bet., bl.a. m. innebörden 'i stället för', 'på grund (i betraktande) av', 'till förmån (ibl. skada) el. avsedd för' (*jfr 2)*] for; *ha användning* ~ have use for; *en kalender* ~ [*1914*] a calendar for..; *ett gott minne* ~ [*ansikten*] a good memory for..; *ha smak (svaghet)* ~ have a taste (weakness) for..; *det är tid* ~ *dig att*.. it is time for you to..; *ha öga* ~ have an eye for; *vara berömd* ~ be famous for; *det är bra (trevligt)* ~ *dig* it is good (pleasant) for you; *det blir inte bättre* ~ *det* that won't make it any better; *han är lång* ~ *sin ålder* he is tall for [a boy of] his age; [*det är en stor stad*] ~ *våra förhållanden* ..by our standards; *använda en handduk* ~ *torkning* use a towel for [the purpose[s] of] drying; *arbeta* ~ *ngn (ngt)* work for a p. (a th.); *dö (kämpa)* ~ *sitt land* die (fight) for one's country; *jag får inte* ~ *pappa* father won't let me; [*han får göra vad han vill*] ~ *mig* ..as far as I am concerned; [*vad kan jag*] *göra för dig?* ..do for you?; *det har du ingenting* ~ you won't get paid for that; *köpa* ~ [*hundratals kronor*] buy for..; [*den publik*] *han skriver* ~ ..he writes for; *straffa (tacka)* ~ punish (thank) for **2** [i dativ- och därmed besläktade bet. samt i div. förb.; jfr äv. *1*] to; *berätta (läsa, visa) ngt* ~ *ngn* tell (read, show) a th. to a p., tell [osv.] a p. a th.; ~ *mig* [i mina ögon] to me; *blommorna dör* ~ *mig* my flowers keep dying; *blind (gemensam, outhärdlig, viktig)* ~ blind (common, unendurable, important) to; *en fara (förlust)* ~ a danger (loss) to **3** [uttr. ett genitivförhållande] of; *chef* ~ head of; *vara föremål* ~ be the object of; *priset* ~ [*varan*] the price of..; *tidningen* ~ *i går* yesterday's paper **4** [i vissa tidsuttryck], ~ *fem dagar (en längre tid)* [*framåt*] for the next five days (for a long time to come); [*få men*] ~ *livet* ..for life; ~ *detta, se före* [*detta*]; ~ ..*sedan* ..ago; [*till*] ~ *ett år sedan* [until] a year ago; ~ *länge sedan* long ago; [*middagen*] *är (var) färdig* ~ *länge sedan* ..has (had) been ready for a long time **5** [i div. andra bet. o. förb.]: **a)** ['till försvar (skydd)] mot', 'från' vanl.] from; *dölja (gömma* ..~ *ngn* conceal (hide) .. from a p.; ..*är bra* ~ *huvudvärk* ..is good for headache **b)** ['i fråga om'] about; [*du kan känna dig*] *lugn* ~ *honom*.. easy about him; *oroa sig* ~ *ngn (ngt)* worry about a p. (a th.) **c)** ['medelst' vanl.] by; [*skriva*] ~ *hand* ..by hand; [*jag har köpt det*] ~ *egna pengar*.. with (out of) my own money; [*falla*] ~ *första skottet* ..to the first shot **d)** ['under ledning av' (om studier)] from; *ta lektioner* [*i engelska*] ([*gå och*] *läsa* [*engelska*]) ~ *ngn* take *el.* have lessons [in English] with (from) a p. **e)** ['till [ett pris av]'] at; [*köpa tyg*] ~ *5 kronor metern* ..at 5 kronor a metre; *inte* ~ *det priset* not at that price; [jfr äv. ex. under *1*] **f)** ['såsom' (vid predf.)] as, for [el. utan motsvarighet; se resp. vb ss. *hålla II 6, kalla I* m.fl.] **g)** [i distributiva uttr. o.d.] by, with; *dag* ~ *dag* day by day, every day; *ord* ~ *ord* word for word; *punkt* ~ *punkt* point by point; [*bli sämre*] ~ *varje dag* [*som går*] ..every day; ~ *var gång* [*jag ser*..] each time..; [*var och en*] ~ *sig*.. separately (individually) **h)** ['framför', 'inför']: [eg.] before; [bildl. o. friare] to [för ex. se under *2*]; *gardiner* ~ *fönstren* curtains before the windows; *hålla handen* ~ *munnen* hold one's hand before one's mouth; [*knyta en näsduk*] ~ *ögonen på ngn* ..over a p.'s eyes; *sova* ~ *öppna fönster* sleep with one's windows open **i)** [i uppräkningar], ~ *det femte* in the fifth place, fifthly **j)** ~ *sig själv* by oneself, to oneself; [*han sitter ofta*] ~ *sig själv* ..by himself; *sjunga (tänka)* ~ *sig själv* sing (think) to oneself; [*ha en hel våning*] ~ *sig själv*.. to oneself; *vara* ~ *sig själv* [ensam] be alone

II *konj* [o. i sms. konj.] **1** [ty] for **2** ~ [*att*] [därför att] because; *inte* ~ *att jag* [*hört något*] not that I.. **3** ~ *att* [på det att] so (in order) that; ~ *att produktionen skall kunna ökas måste vi*.. for production to be increased we must.. **4** [*vägen var*] [*allt*]*för smal* ~ *att två bilar skulle kunna mötas* ..too narrow for two cars to pass **5** ~ *så vitt* provided [that]; ~ *så vitt inte* [ofta] unless

III ~ *att* [inf.] **1** [uttr. avsikt] to [inf.], ['i avsikt att' o.d.] in order (so as) to [inf.]; [efter rörelsevb i vissa talesätt ing-form]: *han har gått ut* ~ *att jaga (handla)* he has gone out shooting (shopping) **2** [*allt*] *för (nog) stor* ~ *att* [inf.] too big (big enough) to [inf.] **3** [inskränkande], [*han talar bra*] ~ *att vara utlänning*.. for a foreigner **4** [i övriga fall] for [ing-form; äv. andra prep. jfr *I*], [ibl.] to [inf.]; *misstänkt* ~ *att ha*.. suspected of having..; *jag skäms* ~ *att tala om det* I am ashamed to tell you

IV *adv* **1** [alltför] too; ~ *litet* too little **2** [rumsbet.]: [*gardinen*] *är* ~ ..is drawn; [*luckan (regeln)*] *är* ~ ..is to; *hålla* ~ [*ett skynke*] hold..in front; *stå* ~ [skymma] *ngn* stand in a p.'s way; *sätta* ~ *luckan* put up the shutter. — [Jfr äv. *bomma (stryka)* [*för*] o.d.] **3** [motsats 'emot'] for; [*jag är*] ~ *förslaget* [äv.] ..in favour of the proposal

för|a I *tr* **1** [befordra, förflytta] convey, [bära] carry, [forsla] transport, remove; [ta med sig]: [hit] bring, [dit] take; ~ *glaset* [*till munnen*] raise the glass..; ~ *handen till mössan* touch (put one's hand to) one's cap; ~ *handen över*.. pass (move) one's hand over.. **2** [leda] lead, guide, [ledsaga] conduct, [dit] take, [hit] bring; ~ *ett fartyg* sail (navigate) a vessel; ~ *ett flygplan* fly a plane; *vad -de dig hit?* what brought you here? **3** [hantera, t.ex. pennan] wield **4** H [handla med] deal in **5** [div. bildl. bet.], ~ *förhandlingar* conduct (carry on) negotiations; ~ *ett tillbakadraget liv* lead a retired life; ~ *en politik* pursue a policy. — [Se äv. under resp. subst.] **II** *itr* lead; *det skulle* ~ [*oss*] *för långt* it would carry (take) us too far **III** *rfl* carry oneself **IV** [tr. m. beton. part.] (*jfr I*) ~ *bort* take (lead, carry) ..away ([undan] off), remove; ~ *fram* [en idé, förstärkningar m. m.] bring up; *jfr framföra;* ~ *ihop, se* ~ *samman;* ~ *in* a) [eg.] introduce, take ([hitåt] bring)..in, lead (conduct)..; [varor] import; ~ *ngn in i rummet* take [etc.] a p. into the room; ~ *in handen* put one's hand in b) [friare o. bildl.]: [ofta] introduce; [annons] insert; [i räkenskaper, på en lista m. m.] enter [up], record, *i (på)* in, [inregistrera] register, *i* in; *jfr införa;* ~ *med sig* [eg.] carry (take)..[along] with one, [hitåt] bring: *jfr medföra; han -de oss omkring i slottet (på ägorna)* he took us over the castle (estate); ~ *samman* bring..together; ~ *upp* [skriva upp] enter, post, *på* on; *för upp det på mitt konto (på mig)* put it down to my account; *jfr uppföra;* ~ *ut* [varor] export; ~ *vidare* [skvaller o. d.] pass on; ~ *över* [eg.] convey [etc.]..across; [trupper, varor o. d.] transport; [överflytta] transfer; [bokhåll.] carry over; ~ *över pengar* [till konto o. d.] transfer money; *jfr överföra*

förakt contempt; [överlägset] disdain, [hånfullt] scorn; ~ *för faran* contempt of danger; *hysa* ~ *för ngn* feel contempt for a p.

förakt|a *tr* [ringakta] despise; [försmå] disdain, scorn **-full** *a* contemptuous; disdainful, scornful **-lig** *a* **1** [värd förakt] contemptible; [futtig] paltry, mean **2** *se föraktfull*

föraning *se aning 1*

för|ankra *tr* [allm.] anchor, *vid* to; *fast* ~*d* [djupt rotad] deeply rooted **-ankring** [eg.] anchorage

för|anleda *tr* **1** [förorsaka] bring about; cause, [ge upphov till] occasion, give rise to; *saken -anleder ingen åtgärd* no action will be taken in the matter **2** [förmå], ~ *ngn att* [inf.] cause (induce, lead) a p. to [inf.], make a p. [ren inf.] **-anlåten,** *känna (se) sig* ~ *att* feel called upon to **-anstalta** *tr itr,* ~ [*om*] [göra anstalter för] make arrangements for **-arbete** preparatory work [end. sg.]

förare [av fordon] driver, [av motorcykel o. d.] rider, [av flygplan] pilot

för|arga I *tr* annoy, provoke, vex; *det* ~*r* [*mig*] it annoys [etc.].. **II** *rfl* get annoyed, *över* at (with) **-argad** *a, bli* ~ be put out, be annoyed [etc.], *på ngn* with a p., *över ngt* at a th. **-argas** *itr. dep, se förarga II* **-argelse 1** [förtrytelse] vexation; [förtret] annoyance **2** [anstöt] offence **-argelseväckande** *a* offensive; scandalous; ~ *beteende* disorderly conduct **-arglig** *a* **1** [förtretlig] annoying, provoking; [brydsam] awkward **2** [retsam,

elak] irritating, tantalizing
förarhytt driver's cab ([på tåg] compartment), [på flygplan] cockpit
förband 1 [läk.] bandage; [kompress o.d.] dressing, *första* ~ first-aid bandage **2** ⚔ unit; [flyg.] formation **förbandslåda** first-aid kit
för|banna *tr* curse, damn **-bannad** *a* cursed; [i kraftuttr. vanl.] bloody, damn[ed], [amer.] goddam[n], [svag.] confounded; *bli* ~ [arg] get [[stark.] damned] furious (angry), *på* with **-bannat** *adv* bloody, damn[ed], [svag.] confounded **-bannelse** curse **-barma** *rfl* take pity, [isht relig.] have mercy, *över* on **-barmande** mercy, pity **-baskad** *a* confounded [etc.], *jfr förbannad*
förbehåll reserve, reservation, [klausul] proviso [pl. -s], [inskränkning] restriction, [villkor] condition; *med (under)* ~ [*av*] *att*.. [vanl.] provided that..; *med (under)* ~ *för*.. subject to..
förbe|hålla *tr rfl,* ~ *ngn (sig) ngt* reserve a th. for (to) a p. (oneself); ~ *ngn* [*rätten*] *att*.. reserve a p. the right to [inf.] (of [ing-form]) **-hållen** *a* reserved, *för* for **-hållsam** *a* reserved, reticent; guarded
förbered|a I *tr* prepare, *för (på)* for **II** *rfl* prepare oneself, *för (på, till) ngt (att* [inf.]*)* for a th. ([resp.] for [ing-form]); [göra sig i ordning] get [oneself] ready, *för (till)* for, [*för (till)*] *att* [inf.] to [inf.] **-ande** *a* [t.ex. skola] preparatory; [t.ex. förhandlingar] preliminary **-else** preparation, *för (på, till)* for; ~*r* [inledande åtgärder] preliminaries
förbi I *prep* past, by; *gå (fara* [etc.]*)* ~ [*ngn (ngt)*] [äv.] pass [by].. **II** *adv* **1** [eg.] past, by **2** [slut] over, past, gone, at an end; *den tiden är* ~ [*då*..] the time has gone by.. **3** [trött] done up, all in
förbida *tr, se bida*
förbifart, *i* ~ *en, se förbigående*
förbi|gå *tr* pass..over (by); [strunta i] ignore **-gående,** *i* ~ in passing; *i* ~ [*sagt*] by the way **-gången** *a, bli* ~ [vid befordran] be passed over; *känna sig* ~ feel left out
för|billiga *tr* cheapen **-binda I** *tr* **1** [sår] bandage, dress **2** [förena] join, attach, *med* to; connect, *med* with (to), [isht bildl.] combine, associate, *med* with; *-bunden* [allierad] *med* allied to; *det är -bundet med stor risk* it involves considerable risk **II** *rfl* [förplikta sig] bind (pledge) oneself **-bindelse 1** [allm.] connection, [mellan pers. o. stater äv.] relations [pl.]; [kommunikation] communication[s [pl.]] [äv. ⚔]; [fri kärleks~] liaison, [kortare] love-affair; *daglig (direkt)* ~ daily (direct) service; *diplomatiska* ~*r* diplomatic relations; *kulturella* ~*r* cultural intercourse [sg.]; *få* ~ *med* [telef.] get through to; *stå i* ~ *med* a) [ha kontakt] be in communication (touch, contact) with b) [vara förenad med] be connected with; *sätta ngt i* ~ *med* connect a th. with; *sätta sig (ngn) i* ~ *med* get in (put a p. into) touch with **2** [förpliktelse] engagement, obligation; [revers] bond, [skuld] liability **-bindlig** *a* courteous, [ytligare] suave
förbi|passerande I *a* passing, ..passing by **II** *subst. a* passer-by [pl. passers-by] **-se** *tr* overlook, [avsiktligt] disregard **-seende** oversight; *av* ~ through an oversight
för|bistring confusion **-bittra** *tr,* ~ *livet för någon* embitter a p.'s life **-bittrad** *a* bitter; [ursinnig] furious, *över* about, at, *på* with **-bittring** bitterness, resentment **-bjuda** *tr* [allm.] forbid; [om myndighet o. d.] prohibit, *ngn att* [inf.] a p. from [ing-form] **-bjuden** *a* forbidden; prohibited; *Parkering (Rökning)* ~ No Parking (Smoking) **-blanda** *tr* mix up **-blekna** *itr* fade **-bli[va]** *itr* remain; [*boken*] *var och -blev borta* ..was gone for good [and all] **-blinda** *tr* blind [äv. bildl.] **-bluffa** *tr* amaze, astound, [starkare] dumbfound; *bli* [*alldeles*] ~*d* be [quite] taken aback **-blöda** *itr* bleed to death **-borgad** *a* [dold] hidden, *för* from **-brinna** *itr* burn **-bruka** *tr* [allm.] consume, use; [göra slut på] use up, [krafter] exhaust, [pengar] spend **-brukare** consumer, user **-brukning** consumption **-brukningsartikel** article of consumption **-brylla** *tr* bewilder, perplex, confuse, [svagare] puzzle **-bryta I** *tr* [förverka] forfeit **II** *rfl* offend, *mot* against **-brytare** criminal, [grövre] felon **-brytelse** crime, [grövre] felony **-bränna** *tr* burn up; [sveda] scorch **-bränning** burning; [kem., fys.] combustion **-bränningsmotor** internal-combustion engine **-bud** prohibition, *mot* of, [officiellt] ban, *mot* on **-bund** [mellan stater] alliance, union, league, [förening o. d. äv.] federation; [mellan partier] pact; [stats~] [con]federation; *ingå* ~ *med* enter into an alliance with; *stå i* ~ *med* be allied with
1 förbunden ['---] *a, se binda* [*för*]
2 förbunden [-'--] *a* **1** *se förbinda I* **2** *vara ngn* ~ be obliged to a p.
förbunds|dagen [i Västtyskland] the Federal Diet **-kansler** Federal Chancellor **-republik** federal republic
för|byta *tr, vara som -bytt* be changed beyond recognition **-bytas** *itr. dep* change, be turned, *i (till)* into **-bättra I** *tr* improve; [införa förbättringar på, fullkomna] improve upon; *det* ~*r inte saken* that does not mend matters **II** *rfl o.* **-bättras** *itr. dep* improve **-bättring** improvement; [i standard] amelioration
för|bön intercession, *för* for, *hos* with **-del** advantage [äv. i tennis], *framför* over, *för* to, *med* of; *dra (ha)* ~ *av* benefit (profit) by, derive advantage from; *med* ~ with advantage; *det kan med* ~ *användas* [*i stället för*..]

it may well be used..; *vara till ~ för* be of advantage to; *jfr nackdel*

fördela *tr* distribute, *bland (emellan, på)* among[st]; [uppdela] divide, *i* into; [utsprida] spread; *~ en summa mellan* apportion an amount among; *~ sig* be distributed

fördelaktig *a* advantageous, *för* to, [vinstgivande] profitable, [gynnsam] favourable; *~ dager* favourable light; *~t yttre* prepossessing (attractive) appearance

för|delare distributor **-delning 1** distribution; division [osv.]; assignment; apportionment; *jfr fördela* **2** [⚔] division **-denskull** *adv, se därför 1* **-djupa I** *tr* [allm.] deepen, make..deeper; *~d i* [en bok o.d.] absorbed (engrossed) in **II** *rfl* [tränga in] enter deeply, *i* into; *~ sig i* [studier o. d.] become absorbed (engrossed) in **-djupning** [eg.] depression, hollow, [mindre] dent **-dold** *a* hidden; secret

fördom prejudice [äv. *~ar*]

fördoms|fri *a* unprejudiced, unbias[s]ed **-fritt** *adv* without prejudice (bias) **-full** *a* prejudiced, bias[s]ed

för|drag 1 [avtal] treaty **2** *ha ~ med* show tolerance (forbearance) with **-dra[ga]** *tr* [allm.] bear, stand, [finna sig i äv.] put up with; *inte kunna ~* [äv.] hate **-dragsam** *a* tolerant, forbearing, *mot* towards **-driva** *tr* **1** [eg.] drive away (off) **2** *~ tiden* while away (pass, kill) [the] time **-dröja** *tr* delay, retard, [uppehålla] detain **-dubbla** *tr o.* **-dubblas** *itr. dep* double; redouble **-dunkla** *tr* [förmörka] darken; obscure [äv. bildl.]; [överträffa] overshadow **-dyra** *tr* raise the price of, make..dearer **-dyring** rise (increase) in prices

fördäck foredeck

fördämning *se 1 damm 1*

för|därv [olycka] ruin, [undergång] destruction; *vara ett ~* [demoraliserande] *för* be demoralizing to **-därva** *tr* **1** [mera eg.]: [i grund] ruin, destroy, [skada] damage, injure; [spoliera] spoil **2** [bildl.] taint, vitiate, [moraliskt äv.] corrupt, deprave **-därvad** *a* ruined; corrupt, depraved; *arbeta sig ~* work oneself to the bone; *slå ngn ~* beat a p. to a jelly **-därvas** *itr. dep* be ruined [etc.]; *jfr fördärva;* [om mat] go bad, become tainted

fördärv|bringande *a* fatal, ruinous **-lig** *a* pernicious; [skadlig] injurious, *för* to; destructive, *för ngt* of a th.

för|döma *tr* condemn; [ogilla] blame, censure **-dömd** *a* [eg.] damned; [i kraftuttr.] confounded **-dömlig** *a* reprehensible, ..to be condemned

1 före *s, se skidföre*

2 före I *prep* **1** before, [framom, äv. bildl.] ahead (in advance) of; *fem [minuter] ~ fem* five [minutes] to five **2** *~ detta* ([förk.] *f.d.*): *~ detta ambassadör i..* formerly ambassador in..; [*den*] *~ detta rektorn* [*vid..*] the late headmaster..; *~ detta världsmästare* [sport.] ex-champion **II** *adv* before; *med fötterna (huvudet) ~* feet (head) foremost (first); *jfr äv. 2 komma* [*före*] [m. fl. vb]

före|bild [urtyp] prototype, *för (till)* of; [mönster] pattern, model **-bildlig** *a* [förebildlig] exemplary, model.. **-brå** *tr* reproach, *för* with, *för att* [inf.] for [ing-form]; [klandra] blame **-bråelse** [allm.] reproach; *få ~r* [vanl.] be reproached (blamed) **-bud** [varsel] presage, [yttre tecken] omen, portent, *till* [i samtl. fall] of **-bygga** *tr* [förhindra] prevent, [förekomma] forestall; *~ missförstånd* preclude misunderstanding **-byggande** *a* preventive **-båda** *tr* [varsla] promise, [något ont] portend, forebode **-bära** *tr* plead, allege **-drag** [anförande] talk, [föreläsning] lecture, *över* on; *hålla* [*ett*] *~* give (deliver) a talk [etc.], lecture **-dra[ga]** *tr* **1** prefer, *framför* to **2** [framsäga] deliver, recite; [mus.] execute, render **3** [redogöra för] present **-dragshållare** lecturer **-döme** example; [mönster] model, pattern; *jfr föregå 2* **-dömlig** *a..* worthy of imitation; model.. **-falla** *itr* [synas] seem, appear, *ngn* to a p. **-fintlig** *a* existing **-ge** *o.* **-giva** *tr* pretend, allege **-givande,** *under ~ av* under the pretext of **-gripa** *tr* forestall, anticipate

före|gå *tr* **1** [komma före] precede, *jfr äv. gå* [*före*] **2** *~* [*ngn*] *med gott exempel* set [a p.] a good example **-gående I** *a* previous. preceding; *~ dag* [[adv.] on] the previous day, the day before **II** *s, hans ~*[*n*] his previous life [sg.], his antecedents [pl.] **-gångare** precursor, forerunner; [företrädare] predecessor **-gångsman** pioneer **-havande,** *hans ~n* his doings **-komma I** *tr* **1** [hinna före] forestall; anticipate **2** *se förebygga* **II** *itr* **1** [anträffas] occur, be met with **2** [hända] occur; *se äv. anledning* [ex.] **-kommande** *a* **1** *i ~ fall* [där så är lämpligt] where appropriate **2** [tillmötesgående] obliging, [artig] courteous **-komst** occurrence, presence **-ligga** *itr* [finnas till] exist, be; [finnas tillgänglig] be available, be to hand; *i ~nde fall* in the present (this particular) case **-lägga** *tr* **1** *~ ngn ngt* [till påseende, underskrift o.d.] put (place, lay) a th. before a p., [underställa] submit a th. to a p.; *~ ngn en uppgift* set a p. a task **2** [föreskriva] prescribe; [befalla] order **-läsa I** *itr* [hålla föreläsning] lecture, *i (över)* on **II** *tr itr* [läsa upp] read, *för* to **-läsare** [föredragshållare] lecturer **-läsning** [föredrag] lecture; *gå på ~* go to (attend) a lecture; *hålla ~* lecture, deliver (give) a lecture **-mål** object; *bli (vara) ~ för* a) [förhandlingar o. d.] be the subject of.. b) [intresse o. d.] attract..

för|ena *(jfr förent)* **I** *tr* [allm.] unite, *med* to,

till into; [sammanföra] bring..together; [förbinda] join, connect, [isht bildl.] associate; [kombinera] combine; *vara ~d med* [eg.] be bound up (associated) with; [medföra, t.ex. fara] involve, entail; *~t pronomen, se pronomen* **II** *rfl* unite; [kem. o. friare] combine; [om floder, linjer o. d.] meet, join; *~ sig med* [ansluta sig till] join **-ening 1** [förbindelse] association, union, combination, junction, *jfr förena;* [kem.] compound; *ingå* [kemisk] ~ combine **2** [sällskap] association, society; [polit.] union, league, federation **-eningsliv** society activities [pl.] **-eningslokal** club room (premises [pl.])
för|enkla *tr* simplify **-enlig** *a* consistent, compatible **-ent** *a, Förenta nationerna* ([förk.] *FN)* the United Nations [Organization] ([förk.] U.N.[O.]) [sg.]; *Förenta staterna* the United States [of America] ([förk.] [the] U.S.[A.]) [sg.]
före|sats [avsikt] purpose, intention; *goda ~er* good resolutions **-skrift** [anvisning] direction[s [pl.]], instructions [pl.]; [åläggande] order, command **-skriva** *tr* prescribe **-slå** *tr* propose, suggest **-spegla** *tr, ~ ngn* [*ngt*] hold out to a p. the prospect (promise) of.. **-språkare 1** [böneman] intercessor, pleader, *för* for, *hos* with **2** [förkämpe] advocate, *för* of; spokesman, *för* for **-spå** *tr* [profetera] prophesy; [förutsäga] predict, *ngn ngt* a th. for a p. **-stava** *tr* dictate; *~ ngn eden* administer the oath to a p. **-stå I** *tr* be at the head of, be in charge of, manage **II** *itr* be near ([överhängande] imminent) **-stående** *a* [stundande] approaching, [isht om något hotande] imminent **-ståndare** manager, director, [för institution] superintendent, [för skola] head, principal, *för* [i samtl. fall] of **-ställa I** *tr* **1** [återge] represent **2** *se presentera 1* **II** *rfl* **1** imagine; think of **2** *se presentera 1* **-ställning 1** [begrepp, idé] idea, conception, *om* of **2** [teat. o. d.] performance **-sväva** *tr, det ~r mig* [*att jag har*] I have a dim (vague) recollection ..; [*jag vet inte*] *vad som ~t honom* ..what was in his mind **-sätta** *rfl* [besluta] make up one's mind, [*att göra*] *ngt* to do a th.; [sätta sig i sinnet] set one's mind, *att* [inf.] on [ing-form] **-tag** [allm.] undertaking, [isht svårt] enterprise; [affärs~ o. d.] enterprise, business, company, firm **-ta[ga]** *tr* undertake, carry out, perform, make; *~ sig, se ta* [*sig för*] **-tagare** [nationalekon.] entrepreneur [fr.]; [arbetsgivare] employer **-tagsam** *a* enterprising **-tagsamhet** enterprising spirit, initiative; *fri ~* free enterprise
företags|demokrati industrial democracy **-ekonomi** business economics [vanl. sg.] **-ledare** executive; manager **-ledning** [abstr. o. konkr.] management **-nämnd** works (joint industrial) council
före|tal preface **-te** *tr* **1** [framvisa] show up **2** [anföra] bring forward, adduce **3** [erbjuda] present **-teelse** [allm.] phenomen|on [pl. -a], [friare] fact **-träda** *tr* [representera] represent **-trädare 1** [föregångare] predecessor **2** [för idé o. d.] advocate, upholder **-träde 1** [förmånsställning] preference, priority, *framför* over; *lämna ~ åt trafik från höger* give way to traffic coming [in] from the right **2** [förtjänst] advantage, *framför* over **3** [audiens] audience
företrädes|rätt [förtursrätt] [right of] precedence, priority **-vis** *adv* preferably, [i synnerhet] especially
föreviga *tr* perpetuate, immortalize; [i skämts. bet.] photograph, portray
före|visa *tr* show, demonstrate, *för* to, [offentligt] exhibit **-vändning** pretext, [ursäkt] excuse, *för* for, [undanflykt] evasion; *under ~ av* on the pretext (pretence) of
förfader ancestor, forefather
för|fall 1 decay; [urartning] degeneration **2** [förhinder], *laga ~* lawful (valid) excuse; *utan giltigt ~* without due cause **-falla** *itr* **1** [fördärvas] fall into decay ([om byggnad o.d.] disrepair), [om pers.] go downhill, [moraliskt o. friare] degenerate **2** [bli ogiltig] become invalid; [gå om intet, slopas] come to nothing, be dropped **3** H, *~* [*till betalning*] be (fall, become) due, mature **-fallen** *a* **1** decayed, dilapidated; [om pers.] ..gone downhill, [stark.] depraved **2** [ogiltig] invalid **3** H, *vara ~* [*till betalning*] be due **-fallodag** due day (date), day (date) of maturity **-falska** *tr* falsify, [t. ex. tavla] fake, [namn, sedlar o. d.] forge, [pengar] counterfeit **-falskare** falsifier [etc.]; *jfr föreg.* **-falskning** [förfalskande] falsification, faking, forgery, counterfeiting; [konkr.] imitation, fake, forgery **-fara** *itr* [gå till väga] proceed, *vid* in; [handla] act, *mot* towards **-farande** procedure, proceeding[s [pl.]]; [tekn.] process **-faras** *itr. dep* be wasted; go bad **-faren** *a* experienced, skilled **-fasa** *rfl* be horrified, *över* at **-fatta** *tr* write, compose
författar|e author, writer, *av (till)* of **-inna** author[ess], [woman] writer **-rätt** [author's] copyright **-skap** authorship
för|fattning 1 [statsskick] constitution **2** [stadga] statute **3** *gå i ~ om att* [inf.] take steps (measures) to [inf.] **-fattningsenlig** *a* constitutional; statutory **-fela** *tr* miss; *~ sin verkan* fail to produce the desired effect **-felad** *a* [utan verkan] ineffective, [misslyckad] abortive; *ett -felat liv* a wasted life **-fining** refinement; polish
förfjol, *i ~* [during] the year before last
för|flackning superficiality, shallowness **-flugen** *a, -fluget ord* unguarded (rash) word

-fluten *a* past, [förra] last; *ett -flutet* a past **-flyktigas** *itr. dep* volatilize **-flyta** *itr* pass, go by **-flytta** *tr* move [äv. ~ *sig*], [t.ex. tjänsteman] transfer **-flyttning** removal, transfer **-foga** *itr o.* **-fogande** *s, se disponera 1, disposition 1* **-friska** *rfl* refresh oneself **-friskning** refreshment **-frusen** *a* frost-bitten **-frysa I** *tr, han -frös fötterna* he got his feet frost-bitten **II** *itr* get frozen to death **-frysning** congelation; [kylskada] frost-bite **-fråga** *rfl, se fråga [sig för]* **-frågan** *o.* **-frågning** inquiry, *hos* of, *om* for **-fuska** *tr* bungle, botch

för|fäkta *tr* [en mening o. d.] maintain **-färad** *a, bli ~d över* be terrified (shocked) at (by) **-fäкan** terror, [fasa] horror, [svag.] dismay **-färdiga** *tr* [allm.] make, *av* [out] of

förfärlig *a* terrible, frightful, dreadful, [samtl. äv. friare], F [äv.] awful

förfölj|a *tr* [eg.] pursue, chase; [bildl.] persecute; *-d av otur* dogged by misfortune **-are** pursuer **-else** pursuit; [bildl.] persecution, *mot* of

förför|a *tr* seduce **-are** seducer **-isk** *a* seductive

för|gapa *rfl, ~ sig i* go crazy about (over) **-gasare** carburettor **-gifta** *tr* [allm.] poison **-giftning** poisoning **-gjord** *a, det (allting) är som -gjort* everything seems to be going wrong **-grening** ramification **-gripa** *rfl, ~ sig på* [ngn] do violence to, violate

förgrund foreground; *träda i ~en* come to the front **förgrundsfigur** prominent figure

för|grymmad *a* incensed, [uppbragt] indignant, *på* with, *över* at **-gråten** *a* [om ögon] ..red with weeping; *hon var alldeles ~* she had been crying her eyes out **-grämd** *a* grieved, care-worn **-gylla** *tr* gild [äv. bildl.] **-gyllning** gilding [äv. konkr.] **-gå I** *itr* [om tid] pass [away (by)]; [försvinna] disappear, vanish **II** *rfl, han -gick sig mot* [slog till] *honom* he lost his head and struck ([förolämpade] insulted) him **-gången** *a* past, ..gone by

förgår *se förrgår*

för|gås *itr. dep* [omkomma] perish, [förolyckas] be lost; [*vara nära att*] *~ av* [*nyfikenhet, skratt*] be dying with.. **-gängelse** corruption **-gänglig** *a* perishable, corruptible **-gäta** *tr, se glömma* **-gätmigej** [bot.] forget-me-not **-gäves** *adv o. pred. a* in vain **-göra** *tr* destroy **-hala** *tr* [dra ut på] delay, retard, *genom (med)* by; *~ tiden* draw out the time

förhand 1 [t. ex. veta] *på ~* beforehand; [t. ex. betala, tacka] *på ~* in advance **2** [kortsp.], *ha (sitta i) ~* be the first player

förhanden *adv, se hand* [ex.] **-varande** *a* present

för|handla I *itr* negotiate, *om* about **II** *tr* [överlägga om] deliberate on, discuss **-handlare** negotiator **-handling** [underhandling] negotiation, [överläggning] deliberation; [domstols] proceedings [pl.] **-handlingsbord** negotiating table

förhands|rätt prior right **-tips** advance information [end. sg.] **-visning** preview

för|hasta *rfl* be rash (too hasty) **-hastad** *a* [överilad] rash, [förtidig] premature **-hatlig** *a* hateful, odious, *för* to **-hinder,** *få ~* [vara förhindrad att gå (komma etc.)] be prevented from going (coming [etc.]); *i händelse av ~* in case of impediment **-hindra** *tr* prevent, *från att* [inf.] from [ing-form]

förhistoria previous history **förhistorisk** *a* prehistoric

för|hoppning hope, [förväntning] expectation; *en grusad (sviken) ~* a disappointment; *göra sig ~ar* indulge in expectations, *om* of; *ha (hysa) ~ar om* have (entertain) hopes of; *i ~ om, se [i] hopp [om]* **-hoppningsfull** *a* hopeful; [lovande] promising

förhåll|a *rfl* [bete sig] behave, conduct oneself, act, [förbli] keep, remain; [vara] be [äv. mat.]; *så -er det sig med den saken* that is how matters stand

för|hållande 1 [sakläge, tillstånd] state [of things], conditions [pl.]; *~n* [omständigheter] circumstances; [*verkliga*] *~t är det att..* the fact [of the matter] is that..; *om så är ~t* if that is the case; *under alla ~n* in any case **2** [förbindelse, relationer] relations [pl.], [inbördes ~] relationship; [*fritt*] [kärleks]~ affair; *stå i vänskapligt ~ till* be on friendly terms with **3** [proportion, relation] proportion, [mat.] ratio; *i ~ till* a) in proportion to b) [i jämförelse med] in relation to, compared with **-hållandevis** *adv* proportionately, *jfr äv. jämförelsevis* **-hållningsorder** orders [pl.], instructions [pl.] **-hårdnad** *s* callosity, [läk.] induration

förhänge curtain

för|härda *rfl* harden one's heart **-härdad** *a* hardened; obdurate; [okänslig] callous, *mot* to **-härja** *tr* ravage, lay waste **-härliga** *tr* glorify, exalt **-härskande** *a* predominant; [gängse] prevalent **-häva** *rfl* [brösta sig] plume oneself, *över* on **-häxa** *tr* bewitch; [tjusa] enchant, fascinate **-höja** *tr* [bildl.] heighten, enhance; *~ stämningen* raise the spirits; *-höjt pris* increased price **-hör** examination, [rättsligt] inquiry; [skol]~ test; *anställa (hålla) ~ med ngn* put a p. through an examination **-höra I** *tr* examine; *~* [*ngn på*] *läxan* test [a p. on] the homework **II** *rfl* inquire, *om* about, *hos* of **-inta** *tr* [allm.] annihilate, destroy **-intelse** annihilation, destruction **-irra** *rfl* go astray, get lost **-ivra** *rfl* get carried away **-jaga** *tr* chase (drive).. away; expel **-kalka** *tr o.* **-kalkas** *itr. dep* calcify **-kasta** *tr* reject, repudiate **-kastlig** *a* [klandervärd] reprehensible, [fördömlig] ..to be condemned

för|klara I *tr* **1** [förtydliga] explain, *för* to; [ge förklaring på] account for; *det ~r saken* that accounts for it; *~ bort ngt* explain away a th., make excuses for a th. **2** [tillkännage] declare, [uppge] state; *~ krig mot* declare war on; *~s skyldig* be found guilty, *till* of, *till att* [inf.] of [ing-form] **II** *rfl* explain oneself **-klarad** *a* **1** [avgjord] declared, avowed **2** [*ansiktet var*] *som -klarat* ..as if transfigured (glorified) **-klarande** *a* explanatory; [belysande] illustrative **-klaring 1** [förtydligande] explanation, *av (på, till, över)* of, *till att* why; [tolkning] interpretation; *som ~* in explanation; *ge ~ på* account for; *allting har sin ~* there is a reason for everything **2** [uttalande] declaration, statement **-klarlig** *a* explicable, explainable; [begriplig] understandable; *av lätt ~a skäl* for obvious reasons **-klinga** *itr* die away **-kläda** *tr* disguise, *till* [*prins*] as a..; *~ sig* disguise oneself

förklä[de] 1 apron **2** [pers.] chaperon

för|klädnad disguise **-knippa** *tr* associate **-kolna** *itr* get charred **-komma** *itr* get lost **-kommen** *a* **1** missing, lost **2** *se avsigkommen* **-konstling** artificiality **-korta** *tr* shorten, [avkorta] abridge, cut, [t. ex. ord, upplaga] abbreviate, [bråk] reduce; *~ med 2* cancel 2 **-kortning** shortening [end. sg.], abridg[e]ment, abbreviation, reduction **-kovra** *rfl* improve; *~ sig i engelska* improve one's English

förkrigstiden the pre-war period

för|kroma *tr* chromium-plate **-kroppsliga** *tr* embody, incarnate, personify **-krossad** *a* broken-hearted, [ångerfull] contrite **-krossande** *a* crushing, [t. ex. majoritet] overwhelming; heart-breaking **-krympt** *a* stunted, dwarfed; [fysiol.] abortive **-kunna** *tr* **1** [predika] preach **2** [tillkännage] announce, *för* to, [utropa] proclaim **-kunnelse** preaching

förkunskaper *pl* previous knowledge [sg], *i* of, [grundkunskaper] grounding [sg.], *i* in

för|kyla *rfl* catch [a] cold **-kyld** *a, bli ~* catch [a] cold; *vara litet (mycket) ~* have a slight (bad) cold **-kylning** cold

för|kämpe advocate, champion, *för* of **-känning** feeling **-känsla** presentiment **-kärlek** predilection, partiality; *med ~* preferably **-köp** [av biljett] advance booking

förkörsrätt right of way, *framför* over

för|lag [bok~] publishing firm (house), publisher[s [pl.]]; *utgiven på B:s ~* published by B. **-lama** *tr* paralyse [äv. bildl.]; [bedöva] stun **-lamning** paralysis [end. sg.; äv. bildl.] **-leda** *tr* [locka, narra] entice, inveigle, *till* into **-legad** *a* antiquated, obsolete, [om nyheter o.d.] stale **-liden** *a* [förra] last

för|lika I *tr* reconcile, *med* to (with) **II** *rfl* become reconciled, reconcile oneself, *med* to; [fördra] put up, *med* with **-likas** *itr. dep* [försonas] be reconciled **-likna** *tr* compare, *med* with, *vid* to **-likning** [försoning] reconciliation, [i arbetstvist o. d.] conciliation [end. sg.], [uppgörelse (isht ekon.)] [amicable] settlement, compromise; *ingå (träffa) ~* a) effect a reconciliation b) [uppgörelse] arrive at an amicable settlement, come to terms **-lisa** *itr* be lost ([ship]wrecked) **-lisning** loss, [ship]wreck **-lita** *rfl, ~ sig på* a) [ngn] trust in b) [ngt] trust to, rely on **-litan[de]** confidence; *i ~ på* trusting to; relying on **-ljudas** *itr. dep, det -ljudes* it is reported (rumoured) **-ljugen** *a* false, mendacious **-ljuva** *tr* sweeten, brighten **-lopp 1** [tids] lapse **2** [skeende] course, [händelse~] course of events **-lora** *tr itr* lose, *~ i styrka (värde)* lose force (value); *~ på affären* lose on the bargain **-lorad** *a* lost; *~e ägg* poached eggs; *ge.. ~* give..up for lost; *gå ~* be lost, *för* to **-lossa** *tr* **1** [läk.] deliver **2** [bibl.] redeem **-lossning 1** [läk.] delivery, childbirth **2** [bibl.] redemption **-lov,** *med ~* [*sagt*] if I ([resp.] we) may say so **-lova** *rfl* become engaged, *med* to **-lovad** *a* engaged [to be married], *med* to; *Förlovade* [rubrik] Engagements; *de ~e* the engaged couple **-lovning** engagement; *ingå ~* become engaged

förlovnings|annons announcement in the engagements column **-ring** engagement ring

förlupen *a* runaway; [om kula] stray

förlust [allm.] loss, *för* to, *i (av)* of, *på* [t. ex. transaktion] on (by), [t. ex. 100 kr] of; [av t. ex. livet, tjänsten (ss. straff)] forfeiture; [*det vore*] *ren~* ..a dead loss; *lida stora (svåra) ~er* sustain heavy losses; *sälja (gå) med ~* sell (be run) at a loss; *företaget går med ~* it is a losing company **-bringande** *a* [attr.] ..involving a loss ([resp.] losses), *för* to (for); *vara ~* involve a loss [etc.] **-ig** *a, gå ~ ngt* lose (forfeit) a th.

förlyfta *rfl* overstrain oneself by lifting, *på ngt* a th.

förlåt|a *tr* forgive, *ngn ngt* ([resp.] [*för*] [att-sats]) a p. [for] a th. ([resp.] for [ing-form]); pardon; [ursäkta] excuse; *förlåt!* [för något som man gjort] I'm [awfully] sorry!, [förnärmat] pardon me!; *förlåt* [ss. hövlig fråga o. inledning] excuse (pardon) me; *förlåt att jag..* excuse my [ing-form]; *förlåt, jag hörde inte* [I] beg your pardon [I didn't catch what you said] **-else** forgiveness, *för* for; *be* [*ngn*] *om ~* ask (beg) a p.'s forgiveness; *få ~* be pardoned (forgiven) **-lig** *a* pardonable, excusable

förlägen *a* [generad] embarrassed, [försagd]

shy; [förvirrad] confused; *göra ngn ~* embarrass a p. **-het 1** [känsla] embarrassment; confusion **2** [trångmål] embarrassment, difficulty

för|lägga *tr* **1** locate, place, *till* in; [trupper o. d.] station, billet, *i (vid)* in (at); [flytta] remove, transfer **2** [slarva bort] mislay **3** [böcker] publish **-läggare** [bok~] publisher **-läggning** location; [⚔ konkr. äv.] station, camp **-länga** *tr* lengthen, prolong, [utsträcka] extend **-längning** prolongation; extension **-längningssladd** extension flex ([amer.] cord) **-läning** enfeoffment; [gods] fief, fee **-läst** *a* [over]studious **-löjliga** *tr* ridicule **-löpa** *itr* [avlöpa] pass off, [fortgå] go, proceed **-lösa** *tr* [kvinna] deliver

för|mak 1 [salong] drawing-room **2** [i hjärta] auricle **-man** [överordnad] superior; [arbetsledare] foreman, supervisor

för|mana *tr* [tillhålla] exhort, [tillrättavisa] admonish **-maning** exhortation, admonition **-maningstal** [mild] lecture **-medla** *tr* [som mellanhand] act as [an] intermediary in; *~ nyheter* supply news **-medling** mediation [end. sg.], agency [äv. byrå]; *genom hans ~* through him (his agency) **-mena** *tr* [förvägra] deny **-menande,** *enligt mitt ~* according to my opinion **-ment** *a* supposed, [föregiven] putative **-mer**[**a**] *adv, vara ~ än* be superior to

förmiddag morning; *kl. 11 ~en* ([förk.] *f.m.)* at 11 o'clock in the morning ([förk.] at 11 a.m.); *i ~s* [late] this morning; *på ~en* in the middle of the morning; *jfr vid. eftermiddag*

för|mildra *tr, se mildra; ~nde omständigheter* extenuating circumstances **-minska** *o.* **-minskning** *se minska, minskning* **-moda** *tr* [anta] suppose, [med större visshet] presume; *~ att* [förutsätta] assume (take it) that; *den ~s vara..* it is believed to be.. **-modan** supposition, presumption; *mot ~* contrary to expectation **-modligen** *adv* presumably; *jfr vid. antagligen* **-multna** *itr* moulder [away], decay

förmyndare [jur.] guardian, *för* of; *stå under ~* be under guardianship

för|må I *tr itr* **1** [kunna, orka], *~* [*att*] [inf.] be able to [inf.], be capable of [ing-form]; *jag (du* [osv.]*) ~r (~dde)* [vanl.] I (you [osv.]) can (could) *jfr kunna II, orka;* [*det här är*] *allt vad huset ~r..* all I ([resp.] we) can offer you **2** *~ ngn* [*till*] *att* [inf.] induce (bring) a p. to [inf.] **II** *rfl, ~ sig till att* [inf.] bring (induce) oneself to [inf.], [besluta sig] make up one's mind to [inf.] **-måga 1** power; [prestations~] capacity, *att* [inf.] for [ing-form]; [duglighet] ability; capability, *att* [inf.] of [ing-form]; *ha (sakna) ~ att* [*koncentrera sig* vanl.] be able (be unable) to..; *över min ~* beyond my powers **2** [pers.], *han är en verklig ~* he is a man of great ability; *unga -mågor* young talents

förmån [fördel] advantage; *sociala ~er* social benefits; *till ~ för* for the benefit of **-lig** *a* advantageous, *för ngn* to a p.; [gynnsam] favourable

1 förmäl|a *tr, ryktet -er* [*att*] rumour has it ..; *det -er inte historien* history is silent on this point

2 för|mäla *tr* [gifta] marry, *med* to; *~ sig med* wed **-mälning** marriage, *med* to

för|mäten *a* presumptuous; *vara nog ~ att* make bold (so bold as) to **-mögen** *a* **1** [rik] wealthy, well-to-do, [pred. äv.] well off **2** [i stånd] capable, *till* of; *att* [inf.] of [ing-form] **-mögenhet** [större penningsumma] fortune; [kapital] capital; [privat~] [private] means [pl.]

förmögenhets|förhållanden *pl* financial circumstances **-skatt** property tax

för|mörka *tr* darken [äv. *förmörkas*]*;* [bildl.] cloud; [himlakropp] eclipse **-mörkelse** [astr.] eclipse

förnamn Christian (first) name

för|nedra I *tr* degrade **II** *rfl* demean (degrade) oneself; *~ sig till* [*att gå*] stoop to [going] **-nedring** degradation **-neka I** *tr* [icke erkänna, svika] deny; [icke vidkännas] disown, renounce; *jag kan inte ~ att..* [vanl.] I must admit that.. **II** *rfl, han ~r sig aldrig* he is always the same **-nickla** *tr* nickel[-plate] **-nimbar** *a* perceptible, *för* to **-nimma** *tr* perceive; [känna] feel **-nimmelse** [sinnes~] sensation **-nuft** reason [äv. *~et*]*; sunt ~, sunda ~et* common sense; *jfr vid. under förstånd* **-nuftig** *a* sensible, [resonlig äv.] reasonable **-numstig** *a, se snusförnuftig*

för|nya *tr* [allm.] renew; [upprepa] repeat; [t. ex. förråd] replenish; *~ sig* renew oneself; *~d prövning* re-consideration, fresh trial **-nyelse** renewal; repetition; replenishing **-näm** *a* distinguished, noble; [högdragen] lofty, superior **-nämhet** [nobless] nobility; [högdragenhet] loftiness, superiority; [förfining, stil] distinction, refinement **-nämlig** *a* [ypperlig] excellent, fine **-nämst** *a* [främst] foremost; [ypperligast] finest; [viktigast, attr.] principal, chief **-när** *adv, se und. 2 när* **-närma** *tr* offend; *jfr vid. förolämpa* **-nödenheter** *pl* necessities; [livs~] necessaries **-nöja** *tr, ombyte -nöjer* variety is the spice of life **-nöjd** *a* [belåten] contented, satisfied; *glad och ~* [pred.] happy and content **-nöjelse** [fägnad] amusement **-nöjsam** *a* contented, ..content with little **-nöjsamhet** contentedness, contentment

förolycka|s *itr. dep* [allm.] be lost, [omkomma äv.] lose one's life, [haverera äv.] be wrecked, [om flygplan äv.] crash; *de -de* the victims [of the accident], the casualties

för|olämpa insult, affront; *bli ~d över* be

very much offended at **-olämpning** insult, affront, *mot* to **-ord** [företal] preface, foreword **-orda** *tr* recommend, *hos* to, *till* for

för|ordna *tr* **1** [bestämma] ordain, decree; [testamentariskt] provide, *om* for **2** [utse] appoint, *ngn till förmyndare (rektor)* a p. [to be] guardian (headmaster) **-ordnande** [tjänste~] appointment; *få ~ som rektor* be appointed headmaster **-ordning** ordinance, decree, [stadga] regulation

för|orena *tr* contaminate, pollute; foul [äv. 'osnygga'] **-orening** [-orenande] contamination, pollution, fouling; *~ar* [t. ex. i vatten] a lot of contamination (pollution) [sg.], pollutants **-orsaka** *tr* cause; [föranleda] occasion **-ort** suburb **-ortsbo** suburbanite **-orätta** *tr* wrong, injure; *~d* injured

för|packa *tr* pack; [emballera] wrap [up]; *~d* [t. ex. i snabbköp] prepacked **-packning** [konkr.] pack, package; [t. ex. i snabbköp] prepack[age]; [abstr.] packaging **-passa** *tr* [skicka i väg] send [off]; *~ ngn ur landet* order a p. to leave the country **-pesta** *tr* poison [äv. bildl.]; *~ [rummet]* poison the air in.. **-pliktelse** [åtagande] obligation, engagement, [isht ekonomisk] liability; [skyldighet] duty **-plikt[ig]a** *tr, ~ ngn till att* [inf.] bind (oblige) a p. to [inf.]; *~ sig* bind (engage) oneself, [*till*] *att* [inf.] to [inf.]; *känna sig ~d* feel [in duty] bound (obliged) **-pläga** *tr* [traktera] entertain; *~ med* [traktera med] treat to, [utspisa med] feed (provide) with **-plägnad** food, [⚔ äv.] rations [pl.]; entertainment; [-plägande] feeding; [⚔ äv.] messing

för|post [⚔] outpost **-prickad** *a* marked

för|puppa *rfl o.* **-puppas** *itr. dep* pupate, pass into the chrysalis stage

förr *adv* **1** [förut] before; [*han njöt*] *som aldrig ~* ..as he had never done before; *varken ~ eller senare* at no time before or after **2** [fordom], *~* [*i tiden (världen)*] formerly, in former times (days); *~ om åren* in earlier years; *~ och nu* then and now; *~ hade (var) han..* he used to have (be).. **3** [tidigare] sooner, earlier **4** [hellre] rather, sooner **förr|a** *(förre) a* **1** [förutvarande] former; [tidigare] earlier; [ss. pron.]: *den -e..den senare* the former..the latter; *under ~ hälften* [*av 1800-talet*] in the first half.. **2** [närmast föregående] last; [*i*] *~ veckan* last week

förresten *adv, se* [*för*] *rest*[*en*]

förrgår, *i ~* the day before yesterday; *i ~ morse* on the morning of the day before yesterday

för|ringa *tr* [undervärdera] minimize, belittle, lessen **-ruttna** *itr* putrefy, decompose **-ruttnelse** putrefaction; *stadd i ~* putrescent **-rycka** *tr* [rubba] dislocate, upset; [snedvrida] disturb **-ryckt** *a* [tokig] crazy, mad **-rymd** *a* [om t.ex. fånge] escaped.. **-råa** *tr* coarsen [äv. *-råas*], brutalize **-råd** store [äv. bildl.], stock, supply; [lokal] store[-room], supply depot **-råda** *tr* betray, *åt, för* to; *~ sig* [röja sig] give oneself away **-rädare** traitor, *mot* to **-räderi** treachery, *mot* to; [lands~] treason; *ett ~* an act of treachery ([resp.] treason) **-rädisk** *a* treacherous [äv. bildl.], *mot* to

förrän *konj* [innan] before; *inte ~* [först] not until (till); *det dröjde inte länge ~* it was not long before; *jfr först 2*

förränta *rfl* yield interest, *med* at

förrätt [kok.] first course

förrätta *tr* [t. ex. dop] officiate at; [t. ex. auktion] conduct; [t. ex. bouppteckning] make, [sin andakt] perform; [t. ex. sysslor] discharge, carry out; [*vigseln*] *~des* ..was conducted **förrättning** [konkr. tjänste~] function, [official] duty, office; [kyrkl. äv.] ceremony, service

försagd *a* timid, diffident

försaka *tr* go without, deny oneself; [avsäga sig] give up **försakelse** [umbärande] privation

för|samla *rfl o.* **-samlas** *itr. dep* assemble, gather [together] **-samling 1** assembly; [möte äv.] meeting **2** [kyrkl.]: [menighet] congregation; [socken] parish **-samlingsbo** parishioner **-se I** *tr* provide, furnish; *~dd med* [om sak vanl.] equipped (fitted) with **II** *rfl* [skaffa sig] provide oneself, *med* with; [ta för sig] help oneself, *med* to **-seelse** fault; [jur.] misdemeanour

försegel head-sail

försegla *tr* seal **försegling** [konkr.] seal

försena *tr* delay; *~ sig* be late; *vara ~d* be late (behind time) **försening** delay

försig|gå *itr* [äga rum] take place; [pågå, ske] go (be going) on; [avlöpa] pass (go) off **-kommen** *a* advanced, [nedsätt.] forward; [utvecklad] precocious

för|siktig *a* [aktsam] careful; [förtänksam, klok] cautious, prudent, [vaksam] wary; [ej överdriven] conservative **-siktighet** care[-fulness]; caution, cautiousness, prudence, wariness **-siktighetsåtgärd** precautionary measure; *vidta alla ~er* take every precaution **-siktigtvis** *adv* by way of precaution **-silvra** *tr* silver-plate **-sitta** *tr* [t. ex. tillfälle] lose, miss **-sjunka** *itr, ~ i* [hänge sig åt] lose oneself (become absorbed) in **-skaffa** *tr, se skaffa;* [rendera] bring **-skansa** *rfl* entrench oneself; [bildl.] take shelter **-skingra** *tr* [jur.] embezzle, misappropriate; [*han har*] *~t* .. embezzled money **-skingrare** embezzler **-skingring 1** [jur.] embezzlement, misappropriation, [isht av offentliga medel] malversation **2** [*svenskar*] *i ~en* ..scattered abroad **-skjuta** *rfl* [rubbas] get displaced; [om last o. friare] shift

för|skola [ung.] infant school **-skoleålder** pre-school age **-skollärare** nursery-school teacher

förskon|a *tr,* ~ *ngn från (för) ngt* spare a p. a th. **-ing** [nåd] mercy, forbearance

förskott *s o.* **-era** *tr* advance

förskotts|betalning payment in advance **-vis** *adv* in advance

förskrift copy

förskräck|a *tr* frighten, scare; *bli -t* be (get) frightened [osv.], *över* at; [bestört] get a shock **-else** fright, alarm; [bestörtning] consternation **-lig** *a* frightful, dreadful, F [äv.] awful; [förfärlig] terrible, horrible

för|skrämd *a* frightened, scared; [skygg] timid **-skyllan,** *utan* [*min*] *egen* ~ through no fault of mine

förskärar|e *o.* **-kniv** carving-knife

för|sköna *tr* make..look more beautiful; [skönmåla] make..look better **-slag 1** proposal, *om, till* for; [*om*] *att* [inf.] to [inf.] *el.* for [ing-form]; [råd] suggestion; [plan] scheme, project, *till* for; *väcka* ~ *om ngt (om att* [sats]*)* propose ([parl. o. d.] move) a th. (that..); *på* ~ *av..* on the proposal ([parl. o. d.] motion) of..; *på mitt* ~ on my suggestion; *har du* [*ngt (ngn)*] *på* ~*?* have you..to suggest (..to recommend)? **2** [tjänste~], *upprätta* ~ draw up a nomination list **-slagen** *a* cunning, crafty, artful **-slagsvis** *adv* as a suggestion: [let us] say

för|slappa *tr* [försvaga] *o.* **-slappas** *itr, dep* weaken **-slava** *tr* enslave **-slita** *tr,* ~*s* wear out **-slitning** [abstr.] wear [and tear]; ~*en av..* the wearing out of.. **-slummas** *itr. dep* turn into (become) a slum **-slå** *itr* suffice, *jfr vid. räcka II 1; så det* ~*r* [ordentligt] with a vengeance **-slöa** *tr* make.. apathetic ([håglös] listless) **-slösa** *tr* squander, [*pengar*] *på spel..* in (by) gambling

försmak foretaste, *av* of

för|små *tr* [avvisa] reject, disdain; [förakta] despise **-smädlig** *a* **1** [hånfull] sneering, scoffing **2** *se förarglig 1* **-smädlighet** [yttrande] sneer **-smäkta** *itr* languish, pine [away]; *jag* ~*r av törst* I am fainting with (dying of) thirst **-snilla** [osv.] *se -skingra* [osv.] **-soffa** *se -slöa* **-soffning** apathy, listlessness

försommar early [part of the] summer

för|sona I *tr* **1** [förlika] reconcile, *med ngn (ngt)* with a p. (to a th.) **2** *se sona; ett* ~*nde drag* a redeeming feature **3** [blidka] conciliate **II** *rfl,* ~ *sig* become reconciled, *med ngn* with a p., *med ngt* to a th. **-sonas** *itr. dep* = *försona II* **-soning** [förlikning] reconciliation **-sonlig** *a* conciliatory, placable **-sorg 1** *genom ngns* ~ through [the agency of] a p. **2** *dra* ~ *om* a) [*ngn*] provide for.. b) [*ngt*] see (attend) to.. **-sova** *rfl* oversleep [oneself]

förspel [mus. o. bildl.] prelude; [film.] short [film]

förspill|a *tr* waste, *på* [*att gå*] on [going]; *det är -d möda* it is a waste of energy

försprång start; [erövrat] lead [äv. bild.]; *få* ~ *före ngn* get the start of a p.; *stort* ~ a long start (lead)

först *adv* **1** [först [..och sedan]] first; [först [..men]] at first; *jfr äv. främst* [ex.]; *allra* ~ first of all; *vara* ~ *på platsen* be the first to arrive; ~ *och främst* [till att börja med] first of all, [framför allt] above all; ~ *som sist* [genast] now as well as later, [en gång för alla] once and for all **2** [inte förrän] not until, only; ~ *efter en stund* only after a while; *han kommer* ~ *om en vecka* he won't come for another week; ~ *på kvällen* not until the evening

första *(förste) räkn o. a* first ([förk.] 1st); [begynnelse-] initial; [tidigaste, äldsta] earliest, early; [isht i titlar] principal, chief, head [jfr ex.]; *förste bibliotekarie* principal librarian; *på* ~ *bänk* [i sal o. d.] in the front row; *från* ~ *början* from the very start (beginning); *de* ~ *dagarna* [*var..*] the first few days..; ~*, andra, tredje gången!* [vid auktion] going, going, gone!; ~ *hjälpen* first aid; ~ *klassens varor* first-class goods; ~ *man* [*på kontoret*] head clerk; ~ *sidan* [i tidning] the front page; *förste styrman* first (chief) officer; *vid* ~ *bästa tillfälle* at the first opportunity; *på* ~ *våningen* [bottenvåningen] on the ground ([amer.] first) floor, [en trappa upp] on the first ([amer.] second) floor; *den* ~ *jag mötte* the first one I met; *förste bäste* [vem som helst] the first that comes ([resp.] came) along; *tag* ~ *bästa stol* take the first chair handy; *den* ~ [*i månaden*] [adverbial] on the first [of the month]; *för det* ~ in the first place, for one thing, [vid uppräkning] firstly; *med det* [*allra*] ~ as soon (early) as possible; *jfr femte* [m. sms.], *andra*

för|stad suburb **-stadsbo** suburbanite

första|klassbiljett first-class ticket **-majblomma** May-Day flower **-majdemonstration** May-Day demonstration **-sidesnyheter** *pl* front-page news

för|statliga *tr* nationalize **-statligande** *s* nationalization

förste *se första*

försteg, *ha ett* ~ *framför ngn* have an advantage over a p.

för|stenad *a,* ~ *av fasa* petrified with horror **-stening** petrifaction [äv. konkr.]

först|född *a* first-born **-klassig** *a* first-rate; F tip-top, A 1 **-nämnd** *a* first-mentioned

förstockad *a* [förhärdad] hardened; [trångsynt] hidebound

för|stoppning constipation; *ha* ~ be constipated **-stora** *tr* [äv. ~*upp;* eg. o. foto] enlarge; [optiskt o. bildl.] magnify **-storing** [foto.] enlargement **-storingsglas** magnifying glass

för|strö *tr* divert; [roa] entertain; ~ *sig* divert (amuse) oneself, *med* with; *med att* [inf.] by [ing-form] **-strödd** *a* absent-minded, preoccupied, abstracted

förströelse diversion; [nöje äv.] amusement **-litteratur** light reading

förstuga *se farstu* **förstukvist** porch, [amer.] stoop; [utan tak] front-door landing

för|stulen *a* furtive, stealthy **-stummas** *itr. dep* become (fall) silent; ~ [äv. *bli förstummad*] *av* [*häpnad*] be struck dumb with..

för|stå I *tr* [allm.] understand; [begripa äv.] comprehend, F get; [bli klok på äv.] make out; [få klart för sig] realize, [inse] see; *låta ngn* ~ *att*.. give a p. to understand that..; *låta* [*ngn*] ~ [antyda] intimate (hint) [to a p.]; *å, jag* ~*r!* oh, I see!; [*du stannar här*] ~*r du (har du* ~*tt)?* [ofta]..[do you] see?, ..is that clear?; *du* ~*r väl att*.. you must see (realize) that..; ~ *att* [inf.]: [kunna konsten] know how to [inf.]; *jag* ~*r ingenting* [*av det hela*] I am completely at sea (at a loss); ~*r du mig?* [vad jag säger] do you get me?, do you follow?; ~ *mig rätt!* don't misunderstand me!; ~ *sin sak* know one's job (business); *såvitt jag* ~*r* as (so) far as I understand (can see); *jag -stod på honom att*.. I gathered from him that..; *vad* ~*r du (vad* ~*s) med* [*en*..] what do you understand (what is to be understood) by..?; *ja det* ~*r du väl* [naturligtvis]*!* of course!; *göra sig* ~*dd* make oneself understood **II** *rfl,* ~ *sig på att* [inf.] know (understand) how to [inf.]; ~ *sig på* [*ngt*]*:* [förstå] understand.., [kunna] know about.., [vara kännare av] be a judge of..; *jag* ~*r mig inte på henne* I can't make her out **-ståelig** *a, se begriplig* **-ståelse** understanding; [sympati äv.] sympathy; *ha full* ~ *för* sympathize with **-stående** *a* understanding, sympathetic **-stånd** [tankeförmåga] intellect; [begåvning] intelligence, F brains [pl.]; [förnuft] reason, [vett] sense; [fattningsförmåga] understanding, comprehension; *förlora (vara ifrån)* ~*et* go (be) out of one's senses; *tala* ~ *med ngn* make a p. see reason; *det går över mitt* ~ it is beyond me; [*jag gjorde*] *efter bästa* ~..to the best of my judg[e]ment **-ståndig** *a* intelligent, [förnuftig] sensible; [klok] wise; *vara* ~ *nog att*.. have the intelligence (sense) to..

förstås *adv* of course **förståsigpåare** expert, *på* on, in

för|ställa I *tr* disguise **II** *rfl* dissemble, dissimulate **-stämning** [tryckt stämning] gloom, gloomy atmosphere; *väcka allmän* ~ *i* [*staden*] cast a gloom over.. **-stärka** *tr* strengthen; [isht tekn. samt utöka äv.] reinforce **-stärkare** [ljud~] amplifier **-stärkning** strengthening; reinforcement [äv. ⚔]

förstäv [⚓] stem

för|störa I *tr* [förinta, göra obrukbar] destroy; [tillintetgöra] annihilate; [undanröja] dispose of; [fördärva] ruin [äv. bildl.]; [bildl. ödelägga] wreck; [slösa bort] waste; ~ *nöjet för ngn* spoil (ruin) a p.'s pleasure; ~ *ögonen genom* [*läsning*] ruin one's eyes by..; *se -störd* [härjad] *ut* look worn and haggard **II** *rfl* [slita ut sig] wear oneself out; [bli sjuk] ruin (wreck) one's health **-störas** *itr. dep* be destroyed [osv.]; [långsamt] decay; [totalt] perish **-störbar** *a* destructible, destroyable **-störelse** *o.* **-störing** destruction **-sumlig** *a* [vårdslös] negligent; [pliktförgäten] neglectful, *mot* of **-summa** *tr* [vårdslösa] neglect; [underlåta] leave..undone; [utebli från, försitta] miss; ~ *att* [inf.] fail (omit) to [inf.]; ~ *inte* [*tillfället*] *att höra*..*!* don't miss [the opportunity of] hearing..!; *ta igen det* ~*de* make up for lost ground ([tid] time) **-summelse** neglect [end. sg.]; [underlåtenhet] omission **-supen** *a* [attr.] drunken **-svaga** *tr* weaken; [göra kraftlös] enervate **-svagas** *itr. dep* grow (become) weak[er], weaken **-svar** defence [äv. sport.]; [rättfärdigande] justification, *av, för* [i båda fallen] of; *det svenska* ~*et* [stridskrafterna] the Swedish armed forces [pl.], [försvarsanordningarna] the Swedish defences [pl.]; *ta*.. *i* ~ defend (stand up for)..; *till* ~ *för* in defence ([resp.] justification) of; *till hans* ~ [*kan sägas*] ..in his defence; *säga till sitt* ~ say for oneself **-svara I** *tr* [allm.] defend, [ta i försvar äv.] stand up for; [rättfärdiga] justify; *det kan inte* ~*s* it is indefensible **II** *rfl* defend oneself; [isht i ord] make (put up) a defence **-svarare** defender **-svarlig** *a* **1** [försvarbar] defensible; justifiable **2** [ansenlig] considerable

försvars|advokat counsel for the defence **-beredskap** defensive preparedness **-departement** ministry of defence **-krig** defensive war ([krigföring] warfare) **-lös** *a* defenceless **-minister** minister of defence **-tal** [jur.] speech for the defence; [friare] apology **-vapen** defensive weapon **-väsen** national defence

för|svenska *tr* make..Swedish; ~*d form* Swedish form **-svinna** *itr* [allm.] disappear; [fullständigt el. plötsligt] vanish; [gradvis] fade [away]; [sjappa] make off; *-svinn!* go away!, scram!, [gå ut!] get out!; *värken -svann* the pain passed [off]; *han är -svunnen* he has disappeared; [*boken*] *är -svunnen (har -svunnit)* ..is missing (lost), ..has gone **-svinnande** *s* disappearance; *han var vid* ~*t iklädd*.. when last seen he wore.. **-svåra** *tr* [allm.] make (render)..[more] difficult; [lägga hinder i vägen för] obstruct; *-svårande omständigheter* aggravating circumstances **-syn,** ~*en* Providence; *genom* ~*ens skickelse* by an act of providence, providentially; *låta det gå på Guds* ~ trust to luck (chance) **-synda** *rfl* offend, sin **-syndelse** offence, sin **-synt** *a* [hänsynsfull] considerate, tactful, discreet; [blygsam] modest **-såt** [bakhåll] ambush; [friare] snare, trap; *lägga* ~ *för* lay an ambush (set snares) for **-såtlig** *a* treacherous [t.ex. fråga] tricky

försåvitt *se 2 för II 5*

för|säga *rfl* [förråda sig] give oneself away, say too much; [förråda ngt] let the cat out of the bag **-säkra I** *tr* **1** assure, *ngn om ngt (ngn [om] att..)* a p. of a th. (a p. that..); *han* ~*de att..* he assured me (her [osv.]) that..; *det* ~*r jag!* I promise ([can] assure) you! **2** [assurera] insure, *hos* with; [isht liv~ äv.] assure; ~ *för högt (lågt)* over-insure (under-insure) **II** *rfl* **1** ~ *sig om [ngt]* make sure of..; ~ *sig om att..* make sure that.. **2** [assurera], [*låta*] ~ *sig* insure oneself **-säkran** assurance; [jur.] affirmation **-säkring 1** *se föreg.* **2** [assurans] insurance; [liv~ m. m. äv.] assurance; [brev] policy; *teckna en* ~ [ta] take out an insurance [policy], *på [ngt]* on.., *på [.. kr]* for..

försäkrings|besked [från allmän -kassa] [social] insurance card **-bolag** insurance company **-brev** [insurance] policy **-kassa,** *allmän* ~ [expedition ung.] regional social insurance office **-tagare** policy-holder **-villkor** *pl* terms of insurance

försälj|a *tr* sell **-are** salesman; [säljare] seller **-erska** saleswoman **-ning** sale, sales [pl.]; *lämna till* ~ put up for sale

försäljnings|pris sales (selling) price **-villkor** *pl* terms of sale

för|sämra *tr* deteriorate **-sämras** *itr. dep* deteriorate; get worse; [om t.ex. hälsotillstånd] change for the worse **-sämring** deterioration; change for the worse **-sändelse** [varu~] consignment; [post~, allm.] item of mail **-sänka** *tr* [bildl.], ~ *i [sömn]* throw into..; *-sänkt i [tankar]* lost in..; *-sänkt i djup sömn* [vanl.] fast asleep **-sänkning,** [*goda*] ~*ar* good connections, useful contacts **-sätta** *tr* [i visst tillstånd] put; ~ *i frihet* set free (at liberty)

försök [ansats] attempt, *till (att [inf.])* at (to [inf.]); [experiment] experiment; [prov] trial; *göra (anställa)* ~ make (carry out) experiments; *på* ~ [på prov] on trial **försök|a I** *tr itr* try, [bjuda till] attempt, [bemöda sig] endeavour; *jag ska* ~ I'll try; *försök!* [vanl.] have a try (F a go)!; *han -te flera gånger innan..* he had several tries before..; ~ [pröva] *med vatten* try water; *försök inte [med mig]!* don't try that on [with me]! **II** *rfl,* ~ *sig på ngt (att [inf.])* try one's hand at a th. (at [ing-form])

försöks|anstalt experimental (research) station **-kanin** [bildl.] guinea-pig **-person** subject of an experiment; subject to experiment on **-utskrivning** discharge on trial **-vis** *adv* experimentally, by way of experiment

för|sörja I *tr* [sörja för] provide for; [underhålla] support, keep, maintain; [förse] supply **II** *rfl* earn one's living, *med, genom* by; ~ *sig [själv]* support (keep) oneself **-sörjning** support, maintenance, provision; ~ *med livsmedel* food supply **-sörjningsplikt,** ~ *mot ngn* duty to support a p.

för|ta[ga] I *tr* **1** *se beta[ga] 1* **2** [t. ex. verkan] take away **II** *rfl* overdo it; *han -tar sig inte* he certainly doesn't overwork himself **-tal** *s o.* **-tala** *tr* slander **-teckning** list, *på, över* of **-tegen** *a* reticent, secretive

för|tid, *i* ~ prematurely **-tidig** *a* premature; ~ *död* untimely death **-tidspension** early retirement pension, [för invalider] disablement ([för sjuka] sickness) pension

för|tiga *tr* keep ..secret, conceal, *för ngn [i båda fallen]* from a p.; [*allt annat*] *att* ~ to say nothing of.. **-tjusande** *a* [allm.] charming; [härlig] delightful; [söt, vacker] lovely **-tjusning** [glädje] delight, *över* at; [entusiasm] enthusiasm; [hänförelse] enchantment **-tjust** *a* [glad] delighted, *över* at, *i* with, [*över (åt)*] *att* [inf.] to [inf.]; [stark.] enchanted, *över* with, by; *bli* ~ [intagen] *i* become fond of; *vara* ~ [betagen] *i* be in love with, [tycka om, t.ex. barn, mat] be fond of **-tjäna I** *tr itr* [tjäna]: [isht gm arbete] earn; [allm.] make; *han* ~*r bra* he does well; ~ *mycket (bra)* [*på [ngt] (på att* [inf.])] make a lot of money [by..(by [ing-form])]; ~ *på* [vinna] gain by, [göra förtjänst] make a profit on (by) **II** *tr* [vara värd: allm.] deserve; *det* ~*r att [anmärkas]* it is worth.. **-tjänst 1** [inkomst] earnings [pl.]; [vinst] profit[s [pl.]]; *gå med* ~ run at a profit **2** [merit] merit; [förskyllan] deserts [pl.]; ~*er* [insatser] services, *om* to; *det är* [*inte*] *din* ~ *att..* it is [no (small)] thanks to you that..; *tillskriva sig* ~*en av [ngt]* take the credit for.. [to oneself]; *efter* ~ [förskyllan] according to one's deserts **-tjänstfull** *a* meritorious, creditable **-tjänt** *a, göra sig* ~ *av* deserve **-tona** *itr* fade away **-torkad** *a* [torr] dry; [uttorkad] parched; [skrumpen] wizened **-trampad** *a* [-tryckt] downtrodden **-tret** [förargelse] annoyance, vexation; [obehag] trouble; *vålla ngn* ~ [obehag] get a p. into trouble, do a p. mischief; *till sin* [*stora*] ~ [*såg han*] [much] to his chagrin.. **-treta, -tretlig** *se förarga* [osv.] **-tretlighet** vexation, annoyance

förtroende confidence, *för, till* in; *få* ~*t att* [inf.] be entrusted with the task of [ing-form]; *mista* ~*t för* lose confidence (one's trust) in;

i ~ sagt confidentially speaking; *med ~* confidently **-full** *a* trustful, confiding **-ingivande** *a, vara ~* inspire confidence **-man** [representant] representative **-post** position of trust **-votum** vote of confidence
för|trogen I *a, vara ~ med* [känna till] be familiar with **II** *subst. a* confidant, [om kvinna vanl.] confidante **-trogenhet** familiarity **-trolig** *a* **1** [konfidentiell] confidential **2** [intim] intimate, familiar **-trolla** *tr* [förhäxa] enchant; [förvandla] transform, *till* into; [tjusa] bewitch, fascinate **-trollning** enchantment; bewitchment, fascination; [trollmakt] spell
förtrupp [⚔] advance guard, vanguard
för|tryck oppression; [tyranni] tyranny **-trycka** *tr* oppress; [friare] tyrannize over **-tryckare** oppressor **-tryta** *tr, det -tröt mig* it provoked (annoyed) me **-trytelse** resentment, annoyance, [stark.] indignation, *över* [i samtl. fall] at **-träfflig** *a* excellent, [friare] splendid **-tränga** *tr* [psykol.] *se tränga [bort]* **-tröstan** trust, *på* in; [tillförsikt] confidence **-tröstansfull** *a* hopeful, .. full of confidence **-tröttas** *itr. dep* tire, weary **-tulla** *tr* [tullbehandla] clear.. [in the Customs], examine..for customs purposes; [betala tull för] pay duty on (for); [*har ni något*] *att ~?* ..to declare? **-tullning** [tullbehandling] [customs] clearance; [betalning av tull] payment of duty; [tullformaliteter] customs formalities [pl.] **-tunning** [vätska] thinner
förtur[srätt] priority, *framför* over
för|tvina *itr* [vissna] wither [away], *av* with; [läk.] atrophy **-tvivlad** *a* [olycklig] extremely unhappy; [utom sig] ..in despair, *över ngt (ngn)* at a th. (about a p.); [desperat, hopplös] desperate **-tvivlan** despair; [desperation] desperation, *över ngt* [i båda fallen] at a th.; [missmod] despondency; *med ~s mod* with the courage of despair **-tydliga** *tr* [förklara] make.. clear[er], elucidate **-tydligande** *s* elucidation **-täckt** *a* veiled, covert; *i ~a ordalag* in a roundabout way **-tälja** *tr* tell
förtänksam *a* [försiktig] prudent; [förutseende] wise **-het** forethought, prudence; [förutseende] foresight
för|tära *tr* [äta] eat; [dricka] drink; [bildl.] consume; *han har inte -tärt någonting* he hasn't had anything to eat or drink; *farligt att ~!* [på flaska o. d. vanl.] poison!; *~s av [längtan, eld]* be consumed with.. **-täring** [mat [och dryck]] food [and drink], refreshments [pl.] **-töja** *tr itr* moor, *vid* to; berth; [göra fast] make .. fast, *vid* to **-töjning** mooring **-törna** *tr* anger; [*bli*] *~d* [be] angry (indignant), *på ngn* with a p., *över ngt* about a th. **-underlig** *a* [underlig] strange, odd **-undra** *se förvåna* **-undran** wonder, *över* at **-undras** *itr. dep, se förvåna II* **-unna** *tr* grant, give
förut *adv* [om tid] before; [förr] formerly; [tidigare] previously
förutan *prep, mig ~* without me
förut|beställa *tr* [boka] book, reserve..in advance **-fattad** *a* preconceived; *~ mening* [fördom] prejudice
förutom *prep, se utom 2*
förut|satt *a, ~ att* provided [that] **-se** *tr* foresee, anticipate, [vänta] expect **-seende I** *a* far-sighted, far-seeing; [klok] wise **II** *s* foresight; [förtänksamhet] forethought **-säga** *tr* predict; [isht meteor.] forecast; [förespå] prophesy **-sägelse** prediction; forecast; prophecy **-sätta** *tr* [allm.] presuppose; [anta] presume, assume; *~* [ta för givet] *att* take it for granted that **-sättning** [villkor] condition, prerequisite, *för* [i båda fallen] of; [antagande] assumption, presumption; [kvalifikation] qualification; *under ~ att..* [på villkor att] on condition that.., [förutsatt att] on the assumption that.. **-varande** *a* [förre] former; *jfr vid. före [detta]*
för|valta *tr* [t. ex. kassa] administer, [jur.] hold..in trust; [förestå] manage; [t. ex. ämbete] discharge **-valtare** administrator, [jur.] trustee; manager; [jordbr.] steward, bailiff **-valtning** administration; management; [konkr. stats~] public administration **-vandla** *tr* [omskapa] transform [äv. ⊕], turn; [förbyta äv.] change; [⊕, mat. o. bildl.] convert, *till* [i samtl. fall] into; [till ngt mindre el. sämre] reduce, *till* to **-vandlas** *itr. dep, ~ till* [övergå till] turn (change) into **-vandling** transformation; conversion; reduction, *till* [i samtl. fall] into; [zool. o. bildl.] metamorphos|is [pl. -es] **-vanska** *tr* distort; [t. ex. telegram] garble **-var 1** [jur.] *se fängslig* **2** *i gott (säkert) ~* in safe keeping; *ha* [*ngt*] *i sitt ~* have..in one's charge; *lämna* [*ngt*] *i ~* [*hos ngn (i en bank)*] deposit.. (leave.. for safe-keeping) [with a p. (in a bank)]; *ta* [*ngt*] *i ~* take ..in safe keeping, take care of .. **-vara** *tr* keep **-varing 1** [abstr.] keeping; [jur.] preventive detention (custody) **2** [konkr.] *se effektförvaring*
förvarings|fack *o.* **-box** locker
förvar|na *tr* forewarn **-ning,** *utan ~* without notice
för|veckling complication **-vekligad** *a* emasculate **-vekligas** *itr. dep* become emasculate **-verka** *tr* forfeit **-verkliga** *tr* realize, [t. ex. plan] carry..into effect **-verkligande** *s* realization **-verkligas** *itr. dep* be realized (carried into effect), materialize **-vildad** *a* [om t. ex. ungdom] uncivilized; [biol. (attr.)] ..that has [etc.] run wild **-vildas** *itr. dep (jfr föreg.)* become uncivilized; run wild **-villa I** *tr* [vilseleda] mislead; [förvirra] confuse, bewilder; *~nde* [*lik*] con-

fusingly.. **II** *rfl* lose one's way (oneself) **-villelse** aberration, error **-virra** *tr* [allm.] confuse; [förbrylla] bewilder, perplex, [svag.] puzzle; [bringa ur fattningen] put..out; *göra ngn ~d* confuse [osv.] a p. **-virring** confusion; [oreda] disorder **-visa** *tr* banish, [lands~ äv.] exile; [relegera] expel; *~ [ur riket]* [jur.] deport **-vissa** *rfl. ~ sig om ngt (om att..)* make sure of a th. (that..) **-vissad** *a* [övertygad] convinced, *om ngt (om att..)* of a th. (that..); *ni kan vara ~d om att..* you may rest assured that.. **-vissning** assurance **-visso** *adv* assuredly, certainly **-vittra** *itr* weather, disintegrate; [smulas sönder] crumble [away] **-vrida** *tr* distort; *~ huvudet på ngn* turn a p.'s head **-vränga** *tr* distort **-vuxen** *a* overgrown; [missbildad] deformed **-vålla** *se vålla* **-vållande**, *genom (utan) [hans] eget ~* through his own negligence (through no fault of his [own]) **-våna I** *tr* surprise, astonish; [stark.] amaze; *det ~r mig* [vanl.] I am surprised [osv.]; *bli ~d [över ngt]* be surprised [osv.] [at a th.] **II** *rfl* be surprised [osv.]; [förundras] wonder, *över ngt* [i samtl. fall] at a th.; *det är ingenting att ~ sig över* it is not to be wondered at **-vånande** *a o.* **-vånansvärd** *a* surprising [osv.], *jfr förvåna I* **-våning** surprise, astonishment; amazement

förväg, *i ~* [om tid] in advance, beforehand; [om rum] ahead; *gå (skicka..) i ~* go (send ..) on ahead; *gå [händelserna] i ~* anticipate..

för|vägen *a* over-bold, rash **-vägra** *se vägra* **-välla** *tr* parboil **-vänta** *tr, ~ [sig]* expect; *jfr vid. vänta I* **-väntan** expectation, *på* of; *[lyckas] över [all] ~* ..beyond [all] expectation[s]; *över ~ bra* better than expected **-väntansfull** *a* expectant; ..full of expectation **-väntning** expectation; *ställa stora ~ar på* expect great things from **-världsligas** *itr. dep* become worldly **-värra** *tr* make..worse, aggravate **-värras** *itr. dep* grow worse **-värv** acquisition **-värva** *tr, ~ [sig]* acquire; [t. ex. vänner] make; *surt ~d* hard-earned.. **-värvsarbetande** *a* gainfully employed **-värvsarbete** gainful work; *hon har ~* she has a paid job **-växla** *tr* mix up, confuse **-växling** confusion **-växt** *a, se förvuxen* **-yngras** *itr. dep* rejuvenate; *hon har -yngrats* she looks younger **-yngring** rejuvenation **-yngringskur** rejuvenation treatment **-åldrad** *a* antiquated; [övergiven o. om ord] obsolete; [gammalmodig] out-of-date **-ädla** *tr* **1** ennoble **2** [⊕] work up, [isht metaller] refine, *till* [i båda fallen] into **3** [djur, växter] improve [..by breeding] **-ädling** **1** [⊕] working up, refinement **2** [av djur, växter] improvement [by breeding]

föräktenskaplig *a* premarital

förälder parent

föräldra|hem [parental] home **-lös** *a* orphan; *[hon är] ~* ..an orphan **-möte** [skol.] parent-teacher ([med enbart föräldrar] parents') meeting

föräldrar *pl* parents

för|älska *rfl* fall in love, *i* with **-älskad** *a* ..in love; *~e [blickar]* amorous.. **-älskelse** [kärlek] love, *i* for; [svärmeri] love-affair **-änderlig** *a* variable; [stadd i förändring] changing **-ändra I** *tr* [byta, helt ändra] change, *till* into; [ändra på] alter; *det ~r saken* that alters matters; *han är helt ~d* he is completely changed, he is quite a different man **II** *rfl, se följ.* **-ändras** *itr. dep* change, *till det bättre* for the better; [delvis] alter; *tiderna ~* times are changing **-ändring** change; *vidtaga ~ar* make alterations **-ära** *tr, ~ ngn ngt* make a p. a present of a th. **-äta** *rfl* overeat [oneself]; *~ sig på..* eat too much ([resp.] many).. **-öda** *tr* devastate **-ödelse** devastation; *anställa stor ~* make great havoc; *~ns styggelse* the work of destruction **-ödmjuka** *tr* humiliate; *~ sig* humiliate (humble) oneself **-ödmjukelse** humiliation **-öka** *tr* **1** *se öka I* **2** [fortplanta], *~ [sig]* propagate; *~ sig* [äv.] multiply **-ökning** [fortplantning] propagation **-öva** *tr* commit **-övare** perpetrator, committer

fösa *tr* [driva] drive; [skjuta] shove, push

G

gabardin gabardine
gadd sting
gaffel fork; [sjö.] gaff **-truck** fork-lift truck
gagat jet
gage fee
gagn [nytta] use; [fördel] advantage, benefit; *jfr vid. nytta* **gagna** *tr itr* be of use (advantage), [*ngn (ngt)*] to . .; ~ [*ngns intressen*] serve . .; *vartill ~r det?* what is the use [of it]?
gagn|elig *a* useful [etc.] *jfr nyttig* **-lös** *a* useless, . . of no use **-löst** *adv* to no purpose, in vain
1 gala *itr* crow; [om gök] call
2 gala *s* gala; i [*full*] ~ in gala (full) dress **-föreställning** gala performance
galant I *a* [artig o. d.] gallant **II** *adv* **1** gallantly **2** [förträffligt] capitally, splendidly; *det gick ~* it went off fine **galanteri** [artighet o. d.] gallantry **galanterivaror** *pl* fancy goods
galauniform full dress uniform
gal|en *a* **1** [sinnesrubbad o. friare] mad, crazy; [uppsluppen] wild, *av* with; ~ *i* [*sötsaker*] crazy (mad) about . .; *bli ~* go mad; *det är (var) inte så -et* [dumt] it's not bad **2** [oriktig, på tok] wrong; [orimlig o. d.] absurd
galenpanna madcap, [våghals] dare-devil
galenskap [vansinne] madness; [dårskap] folly; *göra ~er* do crazy things
galet *adv* wrong [etc.] *jfr fel III* [jämte ex.]; *bära sig ~ åt* [bakvänt] be awkward, [oriktigt] set about it [in] the wrong way, [dumt] do a foolish thing; *gå ~* go ([om klocka] be) wrong
galg|e 1 gallows [pl. lika] **2** [klädhängare] [clothes-]hanger **-fågel** gallows-bird **-humor** grim humour; macabre humour
Galiléen Galilee
galjons|bild *o.* **-figur** figure-head
gall|a [vätska] bile; [hos djur o. bildl.] gall **-blåsa** gall-bladder
1 galler [folk] Gaul
2 galler [skydds~ o. d.] grating, [i bur, cell m. m.] bars [pl.]; [spjälverk] lattice[-work], trellis **-fönster** barred window, [finare] lattice [window]
galleri gallery
gallfeber, *reta ~ på ngn* drive a p. mad
Gallien *o.* **gallier** Gaul
gallimatias nonsense, balderdash
gallionsbild *se galjonsbild*
gallisk *a* Gallic
gallr|a *tr itr* [frukt, plantor, träd] thin out, [skog] thin **-ing** thinning [out]
gallsjuk *a* bilious
gall|skrik *s o.* **-skrika** *itr* yell
gallsten gall-stone; *ha ~* have gall-stones **gallstensanfall** attack of biliary colic
gallupundersökning Gallup poll
galning madman
1 galon [tyg] ® 'galon'
2 galon [uniformsband], *~er* braid, lace [båda sg.] **-erad** *a* braided, laced
galopp *s* [ridn.] *o.* **galoppera** *itr* gallop
galosch galosh, [amer.] rubber
galt [zool.] boar
galvan|isera *tr* galvanize **-isk** *a* galvanic
galär galley **-slav** galley-slave
gam vulture
gamling old man ([resp.] woman); *~ar* old folks
gam|mal (*jfr äldre; äldst*) *a* [allm. o. friare] old; [forntida] ancient; [ej längre färsk] stale; *~ och van* practised; *en fem år ~ pojke* a five-year-old boy, a boy of five [years of age]; *den -la goda tiden* the good old times (days) [pl.]; *sedan ~t* of old; *sedan (av) ~t* [*anser man*] for a long time past . ., from of old . .
gammal|dags *a* old-fashioned [äv. omodern] **-dans** old-time dance ([dansande] dancing) **-modig** *a* old-fashioned, [omodern äv.] . . out of fashion (date) **-vals** old-time waltz
gangli|e *o.* **-on** gangli|on [pl. äv. -a]
gangster gangster **-liga** gang
ganska *adv* [tämligen] fairly [end. i förb. m. något positivt]; [stark., mycket] very, quite; [känslobeton.] rather; ['rätt så'] pretty; ~ *mycket (många)* a great deal [osv.], *jfr* [*en hel*] *del;* ~ [*väl*] *mycket* [*folk*] rather a lot [of people]
gap mouth; [hål] gap, opening **gapa** *itr* **1** [öppna munnen] open one's mouth; [hålla munnen öppen] keep one's mouth open **2** [glo] gape **gapande** *a* [om sår] gaping; [om avgrund] yawning; [om mun] [wide] open **gapskratt** roar of laughter, guffaw **gapskratta** *itr* roar with laughter, guffaw
garage garage
garant guarantor, surety **garantera** *tr itr,* ~ [*för*] guarantee, [friare äv.] warrant **garanti** guarantee, *för att* that; [spec. vid lån] security **garantisedel** certificate of guarantee
garde [⚔] guards [pl.] **gardera I** *tr* guard; ~ [vid tippning] *med* [*etta*] cover oneself with . . **II** *rfl* guard oneself
garderob 1 [skrubb] [built-in] wardrobe; [kapprum] cloak-room **2** [kläder] wardrobe **garderobié** cloak-room attendant
gardin curtain; [rull~] blind
gardist guardsman
garn 1 [tråd]: [allm.] yarn; [ull~ äv.] wool; [bomulls~ äv.] cotton **2** [nät] net

garner|a *tr* **1** [kläder o. d.] trim **2** [maträtt] garnish, [tårta] decorate **-ing** [konkr.] **1** trimming **2** garnish, decoration
garnison garrison; *ligga i* ~ be garrisoned
garnisonsstad garrison town
garnityr garniture; [uppsättning] set
garnnystan ball of yarn [etc.] *jfr garn 1*
garv|a *tr* tan **-ad** *a* tanned; [bildl.] hardened, [erfaren] experienced **-are** tanner **-eri** tannery **-syra** tannic acid, tannin
1 gas [fys.] gas; *ge [motorn] mer* ~ step on the gas
2 gas [tyg] gauze **-binda** gauze bandage
gasell gazelle
gas|form, *i* ~ in the form of gas **-klocka** gasometer **-kran** gas-tap, gas-cock **-kök** gas-ring **-mask** gas-mask **-mätare** gas-meter
gasol LPG; ® Calor gas
gaspedal accelerator (throttle) [pedal]
gass heat **gassa I** *itr* be broiling [hot] **II** *rfl,* ~ *sig i solen* bask ([stark.] broil) in the sun **gassig** *a* broiling [hot]
gasspis gas-cooker
1 gast [⚓] man, hand
2 gast [vålnad] ghost **-kramande** *a* hair-raising
gastronom gastronome, gastronomist
gas|ugn gas-oven **-verk** gas-works [pl. lika]
gat|a street; *gammal som* ~*n* as old as the hills; *på* ~*n* in ([amer.] on) the street; [*rum*] *åt* ~*n* front.. **-flicka** street-walker **-hus** [part of] house facing the street **-hörn** street corner **-lykta** street lamp **-läggning** [konkr.] pavement **-sopare** street-sweeper, scavenger **-sten** paving-stone
gatt [⚓]: [sund] narrow inlet, gut
gatu|arbete, ~[*n*] road-work [sg.]; [reparation] street repairs [pl.] **-belysning** street-lighting **-korsning** crossing **-skylt** street sign
1 gavel, *på vid* ~ wide open
2 gavel [på hus] gable
gavott gavotte
ge I *tr* **1** [allm.] give; [skänka äv.] present *(ngn ngt* a p. with a th.), [högtidligare] bestow *(ngn ngt* a th. on a p.); [bevilja, t. ex. ngn anstånd, sitt samtycke äv.] grant, accord; [räcka] hand, [vid bordet] pass; [avkasta] yield; [jfr äv. resp. huvudord]; ~ *ngn ett slag* strike (deal) a p. a blow **2** [teat.] give, perform **3** [kortsp.] deal; *du* ~*r!* it is your deal!
II *rfl* [kapitulera] surrender, [erkänna sig besegrad] yield, [friare, äv. 'ge tappt'] give in; [jfr äv. resp. huvudord]
III [m. beton. part.] ~ *sig av* F be off; [sjappa] make off; *jfr vid. bege [sig av];* ~ *bort* [som present] give; [göra sig av med] give away; ~ *efter för* yield to; ~ *emellan* give.. into the bargain; ~ *ifrån sig* a) [lukt o. d.] emit, give off b) [lämna ifrån sig] give up, surrender; ~ *igen* a) [eg.] give back, return b) [bildl.] retaliate; ~ *sig in på* [ett företag] embark upon, [en diskussion o.d.] enter into; ~ *sig i väg, se* ~ *sig av* [ovan]; ~ *med sig* [avta] abate, subside; ~ *sig på ngn* set about a p.; ~ *till* [*ett skri*] give ..; ~ *tillbaka* [lämna] give back, return; [vid växling], ~ [*ngn*] *tillbaka* give a p. change, *på* for; ~ *upp* give up; ~ *upp ett skrik* give a cry; ~ *ut* [pengar] spend; [tryckalster] publish, issue; ~ *sig ut och fiska* go out fishing; ~ *sig ut för att* [inf.] pretend to [inf.]
gebit province, domain; *jfr område 2*
gedig|en *a* [bildl.] sterling, solid; *-na kunskaper* sound knowledge
gehäng sword-belt; [axel~] baldric
gehör 1 [eg.] ear; *efter* ~ by ear **2** *vinna* ~ [om idé] meet with sympathy
gejser geyser
gelatin gelatin[e] **gelé** jelly [äv. bildl.]
gelik|e [jämlike] equal; *du och dina -ar* you and the likes of you
gem [pappersklämma] paper-clip
gemak [state] apartment, state room
gemen *a* **1** [nedrig, simpel] mean, dirty, low **2** ~*e man* ordinary people [pl.]; *i* ~ in general **-het** [egenskap] meanness, baseness; [handling] piece of meanness **-sam** *a* [allm.] common; [isht förenad] joint; [ömsesidig] mutual; *inte ha något* ~*t* have nothing in common **-samhet** community, *i* [t. ex. intressen] of **-samt** *adv* jointly; *inta middag* ~ dine together **-skap 1** [själslig ~] intellectual fellowship, [samhörighet] solidarity **2** [samfälld besittning] community
gems chamois
gemyt|lig *a* [fryntlig] genial, [godmodig] good-humoured, [trevlig] pleasant; [om sak] cosy **-lighet** geniality, good humour, pleasantness; cosiness
gemål consort
gen *a* short, direct, near **gena** *itr* [ta en genväg] take a short cut
genant *a* embarrassing, awkward, *för* for
genast *adv* at once, immediately
gendriva *tr* refute, confute
genea|log genealogist **-logi** genealogy
genera I *tr* [besvära] trouble, bother; [hindra] hamper; ~*r det* [*Er*], *om jag röker?* do you mind if I smoke? **II** *rfl,* ~ *dig inte* [*för mig*]*!* [äv. iron.] don't mind me! **generad** *a* embarrassed (*över* at)
general general; [inom flyget i Engl.] air chief marshal; *jfr -löjtnant o. -major* **-agentur** general agency **-direktör** director-general **-församling** general assembly
generalisera *tr* generalize
general|konsul consul-general **-löjtnant** lieutenant-general; [inom flyget i Engl.] air marshal **-major** major-general; [inom flyget i

Engl.] air vice-marshal **-repetition** [full-]-dress (final) rehearsal, *på* of **-sekreterare** secretary-general **-stab** general staff **-stabskarta** ordnance map

generation generation **generator** generator

generell *a* general

generositet generosity, liberality **generös** *a* generous, liberal

Genève Geneva

genever hollands, geneva

gengas producer gas, [framställd av trä] wood-gas

gen|gångare ghost, spectre **-gåva** gift in return **-gäld,** *i (till)* ~ in return **-gälda** *tr* repay

geni genius **genial[isk]** *a* [lysande] brilliant; [om saker: fyndig, sinnrik] ingenious **genialitet** [snille] genius

genitiv, ~ [*en*] the genitive; *en* ~ a g.

gen|klang echo; [bildl.] response, sympathy **-ljud** echo, reverberation **-ljuda** *itr* echo, resound, *av* with **-mäla** *tr* reply; [stark.] retort; [invända] object, *mot (på)* to **-mäle** reply, retort

genom I *prep* [se äv. under resp. huvudord] **1** [i rums- o. tidsbet. vanl.] through; [via] via, by way of; *titta in (ut)* ~ [*fönstret*] look in at (out of)..; *kasta ut ngt* ~ [*fönstret*] throw a th. out of.. **2** [angivande förmedlare o. d.] through, [ombud, överbringare] by **3** [uttr. medel]: ['av'] by, ['medelst'] by [means of]; [uttr. orsak]: ['på grund av'] through, owing to, ['tack vare'] by, thanks to; ~ *köp* by purchase **II** *adv, se igenom II* **-arbeta** *tr* [gå igenom grundligt] go through.. thoroughly **-blöt** *a* wet through [end. pred.], soaking wet **-borra** *tr* [om (med) vapen samt bildl.] pierce, [med dolk] stab **-brott,** *demokratins* ~ the full emergence of democracy; *få sitt* ~ [*som författare*] make one's name.. **-bruten** *a, -brutna* [*strumpor*] open-work.. **-driva** *se driva* [*igenom*] **-dränka** *tr* saturate **-dålig** *a* thoroughly bad **-fart** passage; ~ *förbjuden!* no thoroughfare! **-fartsled** through route **-frusen** *a* [om pers., pred.] chilled to the bone **-föra** *tr* carry through (out), [förverkliga] effect, [utföra] accomplish

genom|gripande *a* sweeping, radical; [grundlig] thorough **-gå** *tr, se gå* [*igenom*] **-gående I** *a* [järnv.] through..; [om drag] common; [om fel] general **II** *adv* throughout; [utan undantag] without exception **-gång 1** *vid* ~*en av läxan* [*sade fröken*] on going through the lesson.. **2** [väg igenom] passage **-hederlig** *a* downright honest **-ila** *tr* [bildl.] pass through **-leva** *tr* live (go) through, [uppleva] experience **-lida** *tr* endure, suffer, go through **-läsning** perusal **-marsch** [⚔] march [through], passage **-resa I** *s,* ~ [*genom E.*] journey through [E.] **II** *tr, se resa* [*igenom*] **-skinlig** *a* transparent **-skinlighet** transparency **-skåda** *tr* see through.. **-skärning** [tvärsnitt] cross-section; [*2 cm i*] ~ ..in thickness (diameter) **-slag**[**skopia**] carbon copy **-slagskraft** penetration, ability to penetrate **-snitt 1** [medeltal] average: *i* ~ on an (the) average **2** *se -skärning*

genom|tränga *tr, se tränga* [*igenom*] **-trängande** *a* piercing; *en* ~ *lukt* a penetrating smell **-trött** *a* dog-tired **-tänkt** *a,* [*väl*] ~ well thought-out, [om t.ex. framställning] well-reasoned, [om t. ex. tal] carefully prepared **-våt** *a* wet through [end. pred.], soaking wet, drenched, *av* with

genre genre [fr.] **-bild** genre picture

gen|saga protest **-skjuta** *tr* intercept, [hinna upp] take a short cut and overtake **-strävig** *a* refractory **-svar 1** [genklang] response, sympathy **2** [svar] reply **-sägelse** contradiction; *utan* ~ incontestably

gentemot *prep* [bildl.]: [emot] towards, to, against; [i förhållande till] in relation to; [i jämförelse med] in comparison with

gentil *a* [frikostig] generous; [elegant, 'flott'] fine, stylish, smart

gentleman gentleman

genuin *a* [äkta] genuine; [verklig] real

genus [gram.] gender

genväg short cut; *gå (ta) en* ~ take a short cut

geo|graf geographer **-grafi** geography **-grafisk** *a* geographic[al] **-log** geologist **-logi** geology **-metri** geometry

Georg George

gepäck luggage, bags [pl.]

gerillakrig guer[r]illa war ([krigföring] warfare)

german Teuton **germansk** *a* Germanic

geschäft business [end. sg.]; [jobberi] racket

gesims cornice

gest gesture

gestalt figure; [i roman] character; [väsen] shape; [form] shape, form **gestalta I** *tr* shape, form, mould; [teat.] create **II** *rfl* [utveckla sig] turn out; [arta sig] shape **gestaltning** formation; [roll~] creation; [form o. d.] form, shape

gestikulera *itr* gesticulate

gesäll journeyman

get goat **getabock** he-goat, billy-goat

geting wasp **-bo** wasp's nest **-sting** wasp sting **-svärm** swarm of wasps

get|ost goat's milk cheese **-skinn** [läder] kid

getto ghetto

gevär [spec. ⚔] rifle, [jakt~] gun

gevärs|eld rifle fire **-kolv** rifle butt

Gibraltar sund the Straits [pl.] of Gibraltar

giffel croissant

För med **genom-** sammansatta verb jfr äv. vid beton. part. under resp. enkla verb

1 gift *s* poison [äv. bildl.]; [hos ormar o. d.] venom [äv. bildl.]; [virus] virus
2 gift *a* married, *med* to **gifta I** *tr*, ~ *bort* marry off **II** *rfl* marry, *med ngn* a p., *av kärlek (för pengar)* for love (for money); ~ *om sig* get married again, *med* to **giftasvuxen** *a* marriageable
giftdryck poisoned drink
gifte marriage **giftermål** marriage; *jfr vid. äktenskap* [ex.] **giftermålsbalk** marriage act (code)
giftfri *a* non-poisonous **giftgas** poison gas
giftig *a* poisonous; venomous [äv. 'spydig' o. d.] **giftighet,** ~*er* [i ord] spiteful remarks
giftmord murder by poison
giftorätt right to half of the property held by the other party to the marriage
gifttand [poison-]fang
gigant giant **-isk** *a* giant.., gigantic
gigg gig [äv. ⚓]
gikt gout **-bruten** *a* gouty
giljotin *s o.* **giljotinera** *tr* guillotine
gill *a, se gång I 4* **gilla** *tr* approve of; [tycka bra om] like; *en ~nde blick* a look of approval **gillande** *s* approval
gille 1 [kalas] banquet **2** [skrå] guild
giller trap [äv. bildl.], gin
gille[s]stuga [modern ung.] recreation room
gillra *tr*, ~ *en fälla* set a trap
giltig *a* valid **-het** validity
gin [spritdryck] gin
ginst broom
gips plaster; [miner.] gypsum **gipsa** *tr* [t. ex. tak] plaster; [läk.] put.. in plaster [of Paris] **gipsavgjutning** [konkr.] plaster cast **gipsfigur** plaster-figure **gipsplatta** plasterboard
gir *s o.* **gira** *itr* [sjö.] yaw, sheer; [friare äv. om bil o. d.] turn, swerve
giraff giraffe
girera *tr* [överföra] transfer
girig *a* [snål] avaricious, miserly; [lysten, begärlig] greedy *(efter* for *el.* of) **-buk** miser **-het** avarice; greed[iness]
girland festoon, garland
giro *se bankgiro o. postgiro*
gissa I *tr itr* guess; [sluta sig till] divine; [förmoda] conjecture; *rätt ~t* [av dig]*!* you've guessed right! **II** *rfl*, ~ *sig till* guess
giss|el scourge, [bildl. äv.] curse **-la** *tr* scourge; lash [isht bildl.]
gisslan hostage
gissning guess, conjecture **gissningsvis** *adv* at a guess
gisten *a* [om eka, tunna o. d.] leaky **gistna** *itr* become leaky
gitarr guitar
gitt|a *itr* F, *jag -er inte* [*höra på längre*] I can't be bothered to..
giv [kortsp. o. bildl.] deal **giva** *se ge* **givakt,** *stå i* ~ stand at attention **givande** *a* [vinst~] profitable, [lönande] paying; [bildl.] profitable
givare giver **giv|en** *a* given; [avgjord, säker] clear, evident, [om t. ex. fördel, värde o. d.] decided, definite; *det är -et!* of course!; *ta för -et att..* take it for granted that.. **givetvis** *adv* of course, naturally **givmild** *a* generous, open-handed
gjut|a *tr* **1** [hälla] pour; [tårar] shed **2** [tekn.] cast, [metall o. glas äv.] found; [friare, 'forma'] mould; [*hans rock*] *sitter som -en..* fits like a glove **-eri** foundry **-gods** castings [pl.] **-järn** cast iron **-ning** casting [etc.], *jfr gjuta 2*
glaciär glacier **-älv** glacier-river
glad *a* [uppfylld av glädje] happy, [nöjd] pleased (*över* about, with), [förtjust] delighted (*över* with, at), [svag., vanl. end. pred.] glad (*över* about, *över att* [sats] [that] [sats]); [gladlynt, glättig] cheerful, [sorglös] gay; [uppsluppen, munter] merry; ~ *a färger* gay colours; ~ *jul!* [A] Merry Christmas!; *en ~ överraskning* a pleasant surprise
glada kite
glad[e]ligen *adv* [gärna] willingly; [lätt] easily
gladlynt *a* cheerful; [glad o. vänlig] good-humoured
glam gaiety **-ma** *itr* talk merrily
glans 1 [glänsande yta]: lustre, [sidens o. d.] gloss, [gulds] glitter, [pålagd] polish **2** [sken] brilliance, brightness, [bländande] glare **3** [prakt] splendour, magnificence; [ära] glory, lustre; *skänka ~ åt* lend lustre to; *klara* [*ett prov*] *med ~* come out of.. with flying colours **-full** *a* [bildl.] brilliant **-ig** *a* glossy; [om papper] glazed; [glänsande] lustrous **-is** [ung.] glassy ice **-lös** *a* lustreless, lack-lustre, dull **-nummer** star turn **-period** heyday [end. sg.] **-punkt** highlight
glapp I *s* [-ning, -rum] play **II** *a* loose **glappa** *itr* be loose
glas 1 [ämne o. dricksglas] glass; [dricksglas utan fot äv.] tumbler; [glasruta] pane [of glass]; *ett ~ vin* a glass of wine; [*gjord*] *av ~* ..of glass; *en* [*flaska*] *av glas* [vanl.] a glass.. **2** [sjö.] bell **-artad** *a* glassy **-bit** piece (fragment) of glass **-blåsare** glass-blower **-bruk** glassworks [pl. lika]
glas|era *tr* glaze; [bakverk] ice, frost **-fiber** fibre-glass **-klar** *a..* as clear as glass, limpid **-kupa** [till ost o. d.] glass cover **-målning** [bild] stained-glass picture **-mästare** glazier **-ruta** pane [of glass]
glass ice-cream **-försäljare** ice-cream vendor (seller)
glas|skiva glass-plate; [på bord] glass table-top **-skärva** fragment of glass
glasspinne ice lolly **glasstrut** [ice-cream] cornet ([större] cone)
glasyr glazing; [kok.] icing, frosting
glasögon *pl* spectacles, glasses, [bil~ o. d.]

goggles **-fodral** spectacle case **-orm** cobra
1 glatt *adv* gaily, cheerfully, joyfully; *jfr glad*
2 glatt *a* smooth; [~ o. glänsande] glossy, sleek, shiny; [hal] slippery
gles *a* thin; [om befolkning] sparse; [om vävnad] loose; *~a tänder* teeth with gaps in between **-bygd** thinly (sparsely) populated area **-na** *itr* thin [out], get (become) thin[ner]
gli [eg., koll.] [small] fry [pl.]
glid 1 [skidföre], *det är bra ~* [ung.] it is good snow for skiing **2** [*ungdom*] *på ~* ..going astray **glida** *itr* [om båt, om flygplan o. friare] glide; [över fast yta o. frivilligt] slide; [halka] slip, slide **glidflykt** glide, [om flygplan äv.] volplane; [-flygande] gliding flight
glimma *itr* gleam, [svag.] glimmer, [glittra] glitter, *av* [i samtl. fall] with **glimmer** [miner.] mica **glimra** *itr, se glimma* **glimt** gleam, flash [båda äv. bildl.]; [skymt] glimpse; *en humoristisk ~* [*i ögat*] a humorous twinkle.. **glimta** *itr* gleam, flash; *~ fram* shine forth
gliring gibe, sneer, taunt
glitter glitter, lustre; [julgrans~ o. d.] tinsel [äv. bildl.]; [grannlåt] gewgaws, baubles [båda pl.] **glittra** *itr* glitter, [tindra] sparkle, [om dagg] glisten, *av* [i samtl. fall] with
glo *itr* stare, [dumt] gape, *på* at
glob globe **global** *a* global
glop whipper-snapper, puppy
gloria halo **glorifiera** *tr* glorify
glos|a [ord] word; [vokabel] vocable **-bok** vocabulary
glugg [hål, öppning] hole, aperture
glunkas *itr. dep, det ~* there is a rumour going, *om* about, *om att* that
glupande *a, ~ aptit* ravenous appetite
glupsk *a* greedy, *på (efter)* for *el.* of; ravenous, voracious; [om storätare] gluttonous
glupskhet greed; voracity; gluttony
glåmig *a* pale; [gulblek] sallow
glåpord taunt, jeer, scoff
gläd|ja I *tr* give.. pleasure, *med att* [inf.] by [ing-form]; [stark.] delight; *det -er mig* [*att* +inf. el. sats] I am glad ([stark.] delighted).. **II** *rfl* be glad, *åt (över)* about; rejoice, *åt (över)* at *el.* in; *jag -er mig åt att få träffa honom* I am looking forward to meeting (seeing) him **-jande I** *a* [trevlig] pleasant; [tillfredsställande, t.ex om resultat] gratifying, *för* to **II** *adv, ~ nog* fortunately enough **-jas** *itr. dep, se glädja II*
glädje joy, *över* at; [isht nöje] pleasure, *över* in; [förtjusning] delight, *över* at; [lycka] happiness; [munterhet] mirth; [belåtenhet] satisfaction, *över* at; [nytta] use; *han hade ~ av* [*sina barn*] ..were a delight (a joy) to him; *gråta av ~* weep for joy; *han antog* [*mitt förslag*] *med ~* he gladly accepted.. **-dag** day of rejoicing **-flicka** prostitute **-lös** *a* joyless; cheerless **-rik** *a* ..full of joy, joyful **-strålande** *a* ..beaming with joy **-ämne** subject for (of) rejoicing
gläfs [eg.] yelp, yap **gläfsa** *itr* [eg.] yelp, yap, *på* at
gläns|a *itr* shine [äv. bildl.], glitter, [om t.ex. tårar] glisten, *av (med)* [i samtl. fall] with **-ande** *a* **1** [eg.] shining [etc.]; [om t. ex. ögon] lustrous **2** [bildl.] brilliant, splendid
glänt, [*dörren*] *står på ~* ..is slightly open (is ajar) **glänta I** *itr, ~ på* [*dörren*] open.. slightly **II** *s* glade
glätta *tr* smooth; [polera] polish
glättig *a* [gladlynt] cheerful, [sorglös] gay **-het** cheerfulness, gaiety
glöd 1 [konkr.] live coal, [koll. o. pl. ofta] embers [pl.] **2** [sken] glow; [hetta] heat; [stark känsla] ardour, glow, fervour, [lidelse] passion **glöda** *itr* glow [äv. bildl.] **glödande** *a* glowing, [om metall] red-hot; [om känslor, nit] ardent, fervent; [lidelsefull] passionate **glödga** *tr* make..red-hot **glödhet** *a* [om metall] red-hot; [friare] glowing hot **glödlampa** [electric] bulb
glögg 'glögg', [vin~] mulled wine served with raisins and almonds
glömma I *tr* forget; [ss. vana] be forgetful, *ngt* of a th.; [försumma] neglect; *jfr ~ kvar* [ned.]; *~ bort (av)* forget [..altogether]; *~ kvar* leave.. behind **II** *rfl, ~ sig* [*själv*] forget oneself; *~ sig kvar* stay on **glömsk** *a* forgetful; [disträ o. d.] absent-minded; *~ av* [t. ex. ngns närvaro] oblivious of **glömska 1** [egenskap] forgetfulness; absent-mindedness **2** [förgätenhet] oblivion; *falla i ~* be forgotten, fall into oblivion
gnabb bickering[s [pl.]] **gnabbas** *itr. dep* bicker, [stark.] wrangle, *om* about
gnag|a *itr* gnaw [äv. bildl.]; [smågnaga] nibble, *på ngt* [at] a th. **-are** rodent
gnat nagging, cavilling, carping **gnata** *itr* nag, *på* at, *över* about; cavil, carp, *på, över* at **gnatig** *a, ~* [*av sig*] fretful
gnejs gneiss
gnid|a I *tr itr* rub **II** *itr* [snåla] be stingy, *på* with **-are** miser, skinflint **-ig** *a* stingy, niggardly, miserly
gniss|el squeak[ing] [etc.], *jfr gnissla;* [bildl.] jars [pl.]; *utan ~* [bildl.] without a hitch **-la** *itr* squeak, [om dörr o. d. äv.] creak, ['skrika'] screech
gnist|a spark; [smula, spår]: [av t.ex. sanning] vestige, trace, [av t. ex. förstånd] particle, [av hopp] ray, spark **-ra** *itr* sparkle, *av* with; [*hans ögon*] *~de av vrede* ..flashed with anger
gno I *tr* rub; [m. borste] scrub **II** *itr* [knoga] toil, grind, work [hard], *med* [i samtl. fall] at; [springa] scurry, hurry
gnola *tr itr* hum, [*på*] *ngt* a th.

gnugga *tr* rub; ~ [*sig i*] *ögonen* rub one's eyes
gny I *s* din; [dån] roar[ing]; [buller] noise; [bildl.] grumbling **II** *itr* roar; [yttra missnöje] grumble, *över* at (about)
gnägg|a *itr* neigh, [mindre högt] whinny **-ning** neighing; *en* ~ a neigh (whinny)
gnäll *(jfr gnälla)* **1** squeak[ing], creak[ing] **2** whining, whine, whimpering; grumbling, *över* at (about); [gnat] nagging, *på* at, *över* about **gnälla** *itr* **1** [om dörr o. d.] squeak, creak **2** [jämra sig] whine, [kvida] whimper, *efter* for; [yttra missnöje] grumble *(för el. över ngt* at *el.* about a th.), [klaga] complain *(över ngt* of *el.* about a th.) **gnällig** *a* [om dörr o. d.] squeaky, creaky; [gäll] shrill; [jämrande, missnöjd] whining
gobeläng tapestry
god *(jfr gott)* **I** *a (jfr bra I, bättre I, bäst I)* **1** [allm.] good, [vänlig äv.] kind (*mot* to), [angenäm äv.] pleasant, agreeable, nice, [välsmakande äv.] nice; [gynnsam] favourable; *jfr äv. II 3; i ~an ro* in peace and quiet; *en* ~ [intim] *vän* a great friend; *en* ~ [obeton.] *vän* [*till mig*] a friend of mine; *hålla sig för ~ att göra det* consider it below one's dignity to do it; *de är lika ~a* [iron.] they are just as bad; *var så ~!* a) [här har ni] here you are [, Sir [etc.]]!, [ta för er] help yourself, please!; [ofta utan motsv. i Engl.] b) [ja gärna] you are welcome [to it]!, [naturligtvis] [do,] by all means!, certainly!; *var så ~ och sitt!* [do] sit down, won't you?; *var* [*så*] *~ och stäng dörren!* shut the door, please! **2** [tillräcklig] good; [ansenlig] considerable; *här finns ~ plats* there is plenty of room here **3** [lätt], *det är inte gott att säga* it is hard to say **4** [jur.], ~ *man* [i konkurs] trustee; [i stärbhus] executor
II [subst.] **1** [*föredra*] *det ~a framför det onda* ..good to evil; [*det blir*] *för mycket av det ~a* ..too much of a good thing **2** *gå i ~ för* guarantee **3** *gott* **a)** [allm.] good; *det gjorde gott!* [kändes skönt] that was good!; [*kom ska du få*] *något gott att äta..* something nice to eat; *allt gott* [*för framtiden*] all the best.. **b)** *gott om: ha gott om* [*tid (äpplen)*] have plenty of..; *det är (finns) gott om..* a) [tillräckligt med] there is [osv.] plenty of.. b) [mycket]: [m. subst. i pl.] there are a great many.., [m. subst. i sg.] there is a great deal of.. **4** *se godo*
Godahoppsudden the Cape of Good Hope
god|artad *a* [läk.] non-malignant, benign **-dagspilt** bon vivant [fr.] **-[e]man** *se god I 4* **-het** goodness, [vänlighet] kindness **-hetsfullt** *adv* kindly **-hjärtad** *a* kind-hearted **-känna** *tr* **1** [gå med på] approve, agree to; [gilla, t. ex. förslag] approve of, [om myndighet o. d.] pass; [medge] allow, admit **2** [efter prövning], ~ *ngn* [i examen] pass a p.; *ej* ~ reject, *jfr kugga; bli -känd* [*i examen*] pass [one's examination] **-kännande** *s* approving [osv.]; approbation, approval; admittance **-lynt** *a* good-humoured, good-tempered **-modig** *a* good-natured
godo, [*göra upp saken*] *i* ~ ..amicably, ..in a friendly spirit; *saldo Eder till* ~ balance in your favour; *hålla till ~ med* put up with; *håll till ~!* a) [tag för er!] [please] help yourself! b) [svar på tack] you are welcome!
gods 1 [koll., varor o. d.] goods [pl.]; [last, amer.] freight **2** [lant~] estate, [större] manor **3** [ägodelar] property **4** [material] material
godsaker *pl, se sötsaker*
gods|expedition [lokal] goods (parcels) office **-finka** luggage van, [amer.] baggage car; *jfr -vagn* **-tåg** goods train **-vagn** [goods] wag[g]on; *jfr -finka* **-ägare** landed proprietor, landowner, estate owner
god|ta[ga] *tr* approve [of], accept, [förslag] agree to **-templare** Good Templar **-trogen** *a* confiding, credulous **-tycke 1** [gottfinnande], *efter* [*eget*] ~ at one's [own] discretion **2** [egenmäktighet], [*det*] *rena ~t* pure arbitrariness **-tycklig** *a* [allm.] arbitrary [äv. egenmäktig]; [nyckfull] capricious **-villigt** *adv* arbitrarily, of one's own accord
1 golf [bukt] gulf, *jfr bukt 2*
2 golf [spel] golf **-bana** golf-course **-byxor** *pl* plus-fours
Golfströmmen the Gulf Stream
Golgata Golgotha; [ibl.] Mount Calvary
golv [allm.] floor; [~beläggning] flooring **-bonare** floor-polisher **-brunn** drain **-lampa** standard lamp, floor-lamp **-springa** crevice in the floor **-tilja** floor-board
gom palate **-segel** soft palate
gona *rfl* enjoy oneself, have a good time
gondol [båt] gondola **-jär** gondolier
gonggong gong
gorilla gorilla
gorma *itr* brawl
gossaktig *a* boyish, boy-like **gosse** [allm.] boy, [känslobeton. äv.] lad, [friare äv.] fellow, chap; *jfr pojke* [o. sms.]
got Goth **gotik** Gothic, Gothic style ([epok] period) **gotisk** *a* Gothic
gott I *s* **1** *se god II 3* **2** *se gotter* **II** *adv (jfr bättre II, bäst II)* **1** [allm.] well [osv.], *jfr bra II 1; ~ och väl* [*50 man*] a good..; *lukta* ~ smell nice (good); *sova* ~ sleep soundly; *göra så ~ man kan* do one's best, do what (as best) one can; *så ~ som ingenting* practically nothing **2** [lätt], *det kan jag ~ förstå* I can very well understand that **3** [gärna], *det kan du ~ göra* you can very well do that **gotter** *pl* sweets, [amer.] candy [sg.]
gott|finnande, *efter* [[ditt] *eget*] ~ as you think

best **-göra** *tr* **1** [m. sakobj.]: [ersätta] make up for; [sona] make .. good; [avhjälpa]: [t. ex. fel] redress, [förlust] repair, [skada] make good .. **2** [m. personobj.]: [ersätta], ~ *ngn för ngt* make up to a p. for a th., [för besvär, arbete] recompense ([betala] remunerate) a p. for a th. **-görelse 1** [ersättning]: indemnification, recompense, [betalning] remuneration, [skadestånd] indemnity **2** [avhjälpande] redress, *av* of **-köpsvaror** *pl* cheap articles **-skriva** *tr* H. ~ *ngn ngt* place a th. to a p.'s credit

grabb [pojke] boy, [kille] chap, fellow, [amer.] guy

grace 1 [behag] grace[fulness], charm; [gunst] favour **2** *de tre ~rna* the three Graces

graciös *a* graceful

grad 1 [allm.] degree; [utsträckning] extent; *i hög ~* to a great degree (extent); *i högsta ~* in the highest degree; extremely; *till den ~ blyg att..* shy to such a degree that.. **2** [måttsenhet] degree; *10 ~er kallt (varmt)* 10 degrees centigrade below (above) zero; *i 45 ~ers vinkel* at an angle of 45 degrees; *på 60 ~ers nordlig bredd* at 60 degrees North latitude **3** [rang] rank, grade; *stiga i ~erna* rise in the ranks **-beteckning** [⚔, konkr.] badge of rank **-era** *tr* [indela i grader, klassificera] grade, *efter* according to; [tekn.] graduate **-tal** [temperatur] temperature **-vis I** *adv* by degrees, gradually, step by step **II** *a* gradual

grafik [konst~] graphic art; [gravyr] engraving; [grafiska blad] prints [pl.] **grafisk** *a* graphic

grafit graphite

grafologi graphology

gram gram[me]

grammatik grammar **grammatikalisk** *a o.* **grammatisk** *a* grammatical

grammofon gramophone, [amer.] phonograph **-skiva** [gramophone] record (disc)

gran spruce; fir [för sms. *jfr äv. björk*]; [jul~] Christmas tree

1 granat [miner.] garnet

2 granat [⚔] shell **-eld** shell fire **-kastare** grenade-thrower, [lätt] trench mortar **-skärva** *o.* **-splitter** shell-splinter

granatäpple pomegranate

granbarr spruce-(fir-)needle

grand 1 *~et och bjälken* the mote and the beam **2** [smula], [*inte göra*] *ett skapande*[*s*] *~* .. a mortal thing; *lite*[*t*] *~ (grann)* [t. ex. pengar] just a little

granit granite **-block** granite block

grankott[**e**] spruce-(fir-)cone

grann *a* **1** [berömmande]: [t. ex. om färg] brilliant, [ståtlig, t. ex. om karl] splendid, [t. ex. om röst] magnificent **2** [neds.]: [brokig] gaudy, gay, [prålig] gorgeous

grann|e neighbour **-gård** [bondgård] neighbouring (adjacent) farm

grann|laga *a* [finkänslig] tactful; [hänsynsfull] considerate; [ömtålig (om sak)] delicate **-lagenhet** tactfulness [osv.]; tact; delicacy

grannland neighbouring (adjacent) country

grannlåt, *~[er] a)* [grann utsmyckning] showy decoration [sg.]; [granna kläder o.d.] finery [sg.] b) [granna saker] showy ornaments [pl.], [bjäfs] fripperies [pl.]

grann|skap neighbourhood **-sämja** neighbourliness

granris [koll.] spruce-(fir-)twigs [pl.]

gransk|a *tr* [undersöka] examine; [syna] scrutinize; [utforska] look into; [kontrollera, siffror o. d.] check **-are** examiner, inspector **-ning** examining [osv.]; examination; scrutiny; check-up; *jfr granska*

grapefrukt grapefruit

grassera *itr* [om sjukdom o. d.] be rife (prevalent); [om osed o. d.] run rampant

gratifikation bonus, [ibl.] gratuity

gratin *se gratäng* **gratinera** *tr* bake .. in a gratin-dish; *~d* [*fisk*] .. au gratin [fr.]

gratis *adv* for nothing, free, gratis **-biljett** *se fribiljett* **-erbjudande** free offer

gratul|ation congratulation; *hjärtliga ~er på födelsedagen!* Many Happy Returns [of the Day]! **-era** *tr* congratulate, *till* on; *jfr gratulation* [ex.]

gratäng gratin [fr.]

1 grav *a* [språkv.], *~ accent* grave accent

2 grav *a* [svår, allvarlig] serious

3 grav *s* **1** [för död] grave; [murad] tomb **2** [dike] trench; [grop] pit

gravad *a* [ung.] raw spiced

gravationsbevis [official] certificate of search

gravera *tr* [rista in] engrave, *i (på)* on

graverande *a, ~ omständigheter* aggravating circumstances

grav|fynd burial (grave) find **-häll** grave-slab (-cover) **-hög** burial-mound

gravid *a* pregnant **-itet** pregnancy

gravitetisk *a* grave, solemn

gravkapell [för jordfästning] sepulchral chapel

gravlax [ung.] raw spiced salmon

grav|lik *a, ~ tystnad* deathlike silence **-plats** [begravningsplats] burial-ground; [grav] grave, burial-place **-skrift** epitaph **-sten** gravestone, tombstone, [amer.] marker **-sättning** interment **-vård** [av trä] memorial cross, [av sten] tomb

grav|yr engraving [äv. kopparstick]; [etsning] etching **-ör** engraver

gredelin *a, se lila*

grejor *pl* things, [manicker] gadgets; paraphernalia

grek Greek **grekisk** *a* Greek; [om anletsdrag o. antika förh.] Grecian **grekiska 1** [språk] Greek **2** [kvinna] Greek woman.

— *Jfr svenska* **grekisk-ortodox** *a,* ~*a kyrkan* the Eastern Orthodox (the Greek) Church **Grekland** Greece

gren 1 [allm.] branch; [större träd~] limb, [m. kvistar] bough; [mindre] twig; [förgrening] ramification; [skol.] stream; [del av tävling] event **2** [skrev] crutch **grena** *rfl,* ~ *[ut] sig* branch [out], fork **grensle** *adv* astraddle; astride, *över* of **grenverk** [koll.] branches [pl.]

grep[e] pitchfork, [gödsel~] manure-fork

grepe [handtag] handle

grepp 1 [allm.] grasp, *i (om)* of; [hårdare] grip, *i (om)* of, on, *på (om)* [ämne] on, of; [tag] hold [äv. brottn.]; [fäste] purchase; *ett klokt* ~ a wise move **2** [hand~] manipulation

grev|e count; [i Engl.] earl **-inna** countess **-lig** *a* [attr.] count's ([resp.] earl's).. **-skap 1** [värdighet] countship, [i Engl.] earldom **2** [område] county

griffel [eg.] slate-pencil **-tavla** slate

grift tomb, grave

grill grill; [kylar~] grill[e]

grilla *tr* grill

griller *pl* fads [and fancies], whims

grimas grimace, wry face **-era** *itr* make (pull) faces, grimace

grim|ma halter **-skaft** [av metall] halter-chain, [av läder] halter-strap

grin 1 [flin] grin **2** [gnäll] whine, whining; [gråt] crying **grina** *itr* **1** [flina] grin; [skratta] laugh **2** [gnälla] whine; [gråta] cry

grind [trädgårds~] gate, [liten spjäl~] lattice-door **-stolpe** gate-post

grin|ig *a* **1** [gnällig] whining, whimpering; [kinkig, om barn] fretful **2** [knarrig] grumpy; [kritisk] fault-finding; [petnoga] particular **-olle** cry-baby

grip griffin

grip|a I *tr* **1** [fatta tag i, äv. bildl.] seize, *i [armen]* by.., [tjuv o. d. äv.] capture, catch; ~ *[om] ngt* clasp (grasp, [fastare] clutch, grip) a th.; ~*s av [förtvivlan]* be seized with.. **2** [röra] touch, move, affect **II** *itr,* ~ *efter ngt* grasp (catch, snatch) at a th.; ~ *om ngt, se under I 1* **III** [med beton. part.] ~ *sig an med ngt* set about a th.; ~ *sig verket an* set to work; ~ *fatt [i, på]* catch [hold of]; ~ *in* [bildl.] *se ingripa;* ~ *omkring sig* spread **-ande** *a* [rörande] touching [osv.], *jfr gripa I 2* **-en** *a* **1** seized, *av* [t. ex. oro] with **2** [rörd] touched [osv.], *jfr gripa I 2* **-tång** pincers [pl.]

gris 1 [svin] pig; [kok.] pork; *köpa* ~*en i säcken* buy a pig in a poke **2** [bildl.] pig; [smeks.] sweetie **grisa** *itr,* ~ *ner* [itr.] make the place in a mess **griskotlett** pork chop **griskulting** sucking-pig **grisköt** pork

grissla [zool.] guillemot

gro *itr* [eg.] germinate, sprout; [växa] grow; [bildl.] rankle

grobian boor, churl; [stark.] ruffian

groda 1 [zool.] frog **2** [fel] blunder

grodd [konkr.] germ, sprout

grod|man frogman **-yngel** [koll.] tadpoles [pl.]

grogg whisky ([konjaks~] brandy) and soda, [amer.] F highball **grogglas** [tomt] whisky-tumbler

groll grudge; *jfr agg*

groning germinating [osv.], *jfr gro*

grop pit, [större] hollow; [i väg] hole; [i kind, haka] dimple **gropig** *a* [eg.] ..full of holes; [om väg] ..worn into holes; [om sjö] rough

gross gross [pl. lika]

grossess pregnancy; *i* ~ pregnant

gross|handel wholesale trade ([handlande] trading) **-handlare** *o.* **-ist** wholesale dealer

grotesk *a* grotesque

grott|a cave, [större] cavern **-människa** [förhist.] cave-man, cave-dweller

grov *a* [allm.] coarse; [obearbetad, med ~ yta, ungefärlig, ohyfsad äv.] rough; [tjock äv.] thick; [storväxt] big; [svår, allvarlig] gross; [ohyfsad äv.] rude, *mot* to[wards]; *ett* ~*t brott* a felony, a serious crime; ~ *a* [ansikts]-*drag* coarse (gross) features; *i* ~*a drag* in rough (broad) outline[s]; *ett* ~*t fel* a gross (grave) blunder; *en* ~ [stor, tjock] *karl* a big strong fellow; *en* ~ *lögn* a big lie; ~*a ord* coarse (foul) language [sg.]; ~*a pengar* lots of (F big) money; ~ *röst* gruff (rough) voice; ~ *sjö* heavy sea; ~*a skor* heavy shoes; ~*t smicker* fulsome adulation (flattery); ~*t tyg* rough (coarse) cloth; *bli* ~ [ovettig] become (turn) abusive (rude), *mot* to

grov|arbetare unskilled labourer **-arbete 1** [allm.] heavy work; [grovarbetares] unskilled work (labour) **2** [grövre förarbete] spadework **-göra** *se -arbete* **-het,** ~*er* [otidigheter] coarse (foul, abusive) language [sg.] **-huggare** *se grobian* **-kalibrig** *a* large-calibred(-bored) **-kornig** *a* [bildl.] coarse, gross **-lek** [degree of] coarseness ([tjocklek äv.] thickness); [storlek] size **-lemmad** *a* coarse-limbed **-smed** blacksmith **-sortera** *tr* do the first sorting of **-tarm** colon

grubbel [ängsligt, dystert] brooding, [ideligt] rumination, *över* on, over; [religiöst] obsession; [tungsinne] melancholy **grubbla I** *itr* [fundera] ponder, cogitate; brood, ruminate *(jfr grubbel);* [bry sin hjärna] puzzle [one's head], *på* about **II** *rfl,* ~ *sig fördärvad över [ett problem]* rack one's brains trying to think out.. **grubblande** *a* brooding, cogitative; [tungsint] melancholy

gruff [bråk, gräl] row; *se gräl 1* **gruffa** *itr*

[bråka, träta] make (kick up) a row, squabble, *för, om* about; [knota] grumble
grumla *tr* [eg.] muddy; [t. ex. källa, ngns tanke] make.. turbid; [luften, intryck, vänskap] cloud; [fördunkla] obscure **grumlas** *itr. dep* [eg.] become muddy (turbid; [om luften o. bildl.] clouded), *jfr grumla* **grumlig** *a* [eg.] muddy [äv. om t. ex. färg o. hy], turbid [äv. om t. ex. tankar]; [isht om vätska] cloudy, [om luften o. d.] clouded; [hes] thick
grums [allm.] dregs, [isht i kaffe] grounds, [isht i vin] lees [alla pl.]
grumsig *a* dreggy; *jfr grumlig*
1 grund *s* **1** [underlag] foundation, *till* of; [bildl. äv.] bas|is [pl. -es]; [*de*] *första* ~*erna* the elements; *lägga* ~*en till, se grundlägga;* [*brinna ner*] *till* ~*en* .. to the ground **2** [friare], *i* ~ [fullständigt] entirely; *i* ~*en, i* ~ *och botten* [i själ och hjärta] at heart (bottom), [i alla fall] after all; *gå till* ~*en med ngt* probe a th. right through **3** [mark] ground **4** [skäl] reason, ground[s [pl.]], *till* for; [orsak] cause, *till* of; [bevekelse~] motive; *på* ~ *av* on account of, because of, [till följd av] as a result (consequence) of **5** [princip] principle
2 grund I *a* shallow **II** *s* [grunt ställe] shoal; *gå (stå) på* ~ run (be) aground
grund|a I *tr* **1** [-lägga] found, [affär, tidning äv.] establish; [förmögenhet] lay the foundation of **2** [stödja] base **3** [-måla] ground, prime **II** *rfl* rest, *på* [up]on
grundad *a* [väl~, om t. ex. farhåga] well-founded, [om misstanke äv.] well-grounded
grundare [grundläggare] founder
grund|begrepp fundamental principle **-betydelse** basic meaning, primary sense **-drag** fundamental feature; *Grunddragen av..* [titel] An Outline of.. **-form** [substantivs] common case **-forskning** basic (fundamental) research **-hyra** basic rent
grund|lag [polit.] fundamental ([betr. författningen] constitutional) law; [författning] constitution **-lagsenlig** *a* constitutional
grund|lig *a* [allm.] thorough [äv. om pers.]; [gedigen] solid; [ingående] close; [noggrann] careful; [genomgripande] thorough-going **-lighet** thoroughness [osv.]; solidity, care **-ligt** *adv* thoroughly [osv.], *jfr grundlig;* [fullständigt] completely, utterly
grund|lägga *tr* lay the foundation[s] of; *jfr grunda I 1* **-läggande** *a* fundamental; [om t. ex. princip äv.] basic **-läggare** [skapare] founder **-läggning** [grundande] foundation **-lös** *a* [om t. ex. påstående] groundless; [om t. ex. rykte] baseless; [om t. ex. misstanke] unfounded **-orsak** primary (original) cause **-plåt** nucleus, *till* of **-regel** fundamental (basic) rule **-sats** [princip] principle; [levnadsregel] maxim **-skola** 'grundskola', nine-year compulsory school **-sten** foundation-stone
grund|stöta *itr* run aground **-stötning** grounding
grund|tal [gram.] cardinal number **-tanke** fundamental (basic, leading) idea **-val** foundation; [bildl. äv.] ground-work, bas|is [pl. -es] **-valla I** *s* priming wax **II** *tr* prime.. with wax ([tjära] tar) **-vatten** [i jorden] subsoil water **-ämne** element
grupp [allm.] group; [klunga äv.] cluster; [avdelning] section; [⚔] squad; [flyg.] flight **-arbete** team-work **-biljett** party ticket **-chef** [⚔ -befäl] corporal; squad leader **-era I** *tr* group [..together], *i* into **II** *rfl* group [oneself] **-livförsäkring** group life insurance **-resa** conducted tour
grus gravel [äv. läk.]; *ligga i* ~ [*och spillror*] be in ruins **grusa** *tr* gravel; [bildl., t. ex. ngns förhoppningar] dash, [gäcka] frustrate **grushög** gravel heap **grustag** gravel-pit **grusväg** gravelled road
1 gruva *rfl,* [*gå och*] ~ *sig för (över) ngt* dread (be dreading) a th.
2 gruv|a *s* mine; [kol~ äv.] pit **-arbetare** miner; [kol~ äv.] collier **-distrikt** mining district **-drift** mining **-gas** [metan] methane, fire-damp
gruvlig *a* dreadful, horrible; F awful
gruv|ras falling-in of a ([resp.] the) mine **-stolpe** *o.* **-stötta** pit prop
1 gry *s, det är gott* ~ *i honom* he has [got] grit [in him]
2 gry *itr* dawn [äv. bildl.]
grym *a* cruel, *mot* to; [skoningslös] ruthless **-het** cruelty, *mot* to; [stark.] atrocity; *en* ~ an act of cruelty
grymt|a *itr* grunt **-ning** grunt[ing]
gryn [korn] grain; *jfr havregryn* [o. d. sms.]
gryna *rfl* granulate **grynig** *a* grainy
gryning dawn [äv. bildl.]; *jfr dagning*
gryt [jakt.] earth, burrow
gryt|a pot, [större] cauldron; [av lergods] casserole [äv. maträtt] **-lapp** kettle-holder **-lock** pot-lid
grå *a* grey, [isht amer.] gray; [trist äv.] drab, dull; ~ *av ålder* hoary with age; [för sms. *jfr äv. blå-*] **-aktig** *a* greyish **-blå** *a* grey[ish]-blue **-daskig** *a* dirty grey **-hårig** *a* grey-haired. — [För sms. *jfr äv. blå-*]
gråna *itr* turn (go) grey; ~*d* [åldrad] grey-headed; [om hår] grey, grizzled
grå|sej coal-fish, [amer.] pollack **-skäggig** *a* grey-bearded **-sparv** house-sparrow **-spräcklig** *a* ..speckled grey **-sprängd** *a* grizzled **-sten** granite **-sugga** wood-louse. — [För sms. *jfr äv. blå-*]
gråt [-ande] crying, [tyst äv.] weeping; [tårar] tears [pl.] **gråta** *tr itr* cry, *efter* for, *för* about; [tyst äv.] weep; ~ *av glädje* weep (cry) for joy; ~ *av smärta* cry with pain;

~ *ut* have a good cry **gråtfärdig** *a, vara* ~ be ready to cry **gråtmild** *a* tearful; [sentimental] sentimental

grått *s* grey, [isht amer.] gray; *jfr blått* **gråverk** squirrel [fur]

1 grädda *tr* [i ugn] bake; [plättar] fry

2 grädda *s* [bildl.], *~n av [societeten]* the cream of.. **gräddbakelse** cream cake

grädde cream

grädd|fil sour[ed] cream **-färgad** *a* cream-coloured **-kanna** cream-jug **-tårta** cream gâteau [pl. -x] (cake) **-vit** *a* [attr.] creamy-white, [pred.] creamy white

gräl 1 [tvist] quarrel, [träta] squabble, wrangle; *råka i ~ med ngn* fall out with a p., *om* over **2** [ovett] scolding **gräla** *itr* **1** [tvista] quarrel, [träta] squabble, wrangle **2** [vara ovettig] scold, *på ngn* a p.; *~ över ngt* grumble about (over) a th.

gräll *a* glaring, [om färg äv.] loud

gräl|makare quarrelsome person **-sjuk** *a* quarrelsome

gräm|a I *tr* [vålla sorg] grieve; [förtryta] vex, mortify **II** *rfl* fret, *över* over; *gå och ~ sig* go around fretting **-else** [sorg] grief; [harm] mortification

gränd alley, [by-]lane; [ruskig] slum

gräns [geogr. o. ägo~] boundary; [stats~] frontier; [~område] border[s [pl.]]; [yttersta ~, isht bildl.] limit; [skiljelinje] boundary line; *allting har en ~* there is a limit to everything; *sätta en ~ för* [begränsa] set bounds (limits) to, [stävja] put an end (a stop) to; *hålla sig inom vissa ~er* keep within [certain] limits; *..ligger vid skotska ~en* .. lies on the Scottish border; *[lättsinne] utan ~* boundless..

gräns|a *itr, ~ till* [allm.] border on **-befolkning** border (frontier) population **-bo** borderer **-dragning** [drawing of a] borderline, [åtskillnad] distinction **-fall** [bildl.] borderline case

gränsle *adv, se grensle*

gräns|linje [äv. bildl.] boundary [line], borderline **-lös** *a* boundless, limitless, [bildl. äv.] unbounded **-märke** boundary mark, landmark; [bildl.] *se -linje* **-område** border district; [bildl.] borderland

gräs grass [äv. koll.]; *i ~et* [på ~mattan] on ([bland ~et] in) the grass **-and** mallard, wild duck **-bevuxen** *a* grass-covered(-grown).. **-frö** [koll.] grass-seeds [pl.] **-grön** *a* grass-green **-hoppa** grasshopper; [bibl. samt i Afrika, Asien] locust **-klippningsmaskin** lawn-mower

gräslig *a* [ohygglig, ryslig] shocking, terrible; F [väldig] awful, frightful **-het** shockingness [osv.]; [gräslig sak] shocking [osv.] thing; [ogärning] atrocity

gräs|lök chives [pl.]; [ss. växt] chive **-matta** lawn; [vild] grassy space **-plan** [-matta] lawn; [sport., t. ex. fotb.] grass-pitch **-strå** blade of grass **-torva** turf, sod **-änka** grass widow **-änkling** grass widower

grätten *a* fastidious, *på* about; choos[e]y

gräv|a I *tr itr* [allm.] dig, *efter* for; [böka] grub, *efter* for; [isht om djur] burrow; [rota] rummage, *efter* for **II** [m. beton. part.] *~ bort* remove; *~ fram* dig out [äv. bildl.]; *~ ned* [gömma] bury; *~ ut* [bringa i dagen] excavate **-ling** badger **-maskin** excavator **-ning** digging [osv.], *jfr gräva I;* [isht vetensk.] excavation

gröda crops [pl.]; [skörd] crop

grön *a* green, [oerfaren äv.] callow; [för sms. *jfr äv. blå-*] **-foder** green fodder **-gräs,** *i ~et* on the grass **-göling** green woodpecker; [bildl.] greenhorn **-kål** kale, borecole

Grönköping [ung.] Little Puddleton **Grönland** *o.* **grönländsk** *a* [attr.] Greenland

grön|rätt vegetable course **-sak** vegetable **-saksaffär** greengrocer's [shop] **-saksland** plot of vegetables **-sallad** [växt] lettuce; [rätt] green salad **-siska** siskin **-ska I** *s* [växtlighet] verdure, [gräs] green; [lövverk] greenery; [-het] greenness **II** *itr* [vara grön] be green; [bli grön] turn green **-skande** *a* verdant

grönt *s* **1** [grön färg] green; *jfr blått* **2** [grön|foder, -saker] green-stuff **3** [till prydnad] greenery. —[För sms. *jfr äv. blå-*]

gröpa, *~ ur* hollow (scoop) out

gröpe groats [pl.]

gröt porridge, [av t. ex. ris] pudding; [~lik massa] mush, pulp **-aktig** *a* porridge-like; pulpy, mushy **-ig** *a* **1** *se grötaktig* **2** [otydlig, om röst] thick

grötmyndig *a* pompous, self-important

guano guano; [goja] rubbish

gubbaktig *a* [gubbliknande] old man's..; [senil] senile **gubb|e 1** [pers.] old man; *min [lilla] ~!* [till barn] my [dear] boy! **2** *rita.-ar* draw funny figures **3** [misstag] blunder **4** *den ~n går inte!* that won't wash! **gubbstackare** poor old devil

gubevars *adv* [förstås] of course, [iron.] if you please

gud god, deity; *Gud [Fader]* God [the Father]; *[du milde (store)] Gud!, gode Gud!* Good Lord (Heavens, gracious)!; *tack, gode Gud..!* thanks dear Lord..!; *[tig] för Guds skull!* ..for goodness' (God's, Heaven's) sake!; *Gud vare (ske) lov!* thank God (Heaven, goodness)!; *jfr gudskelov*

guda|benådad *a* [om pers.] divinely gifted **-dryck** nectar **-gåva** divine gift

gudaktig *a, se gudfruktig*

guda|lik *a* godlike **-saga** [divine] myth **-väsen,** *ett ~* a god

gud|barn godchild **-dotter** goddaughter

-far godfather **-fruktig** *a* godfearing, pious **-fruktighet** piety, godliness, devoutness **-inna** goddess **-lig** *a* godly, pious; [neds.] goody[-goody] **-lighet** godliness, piety; goody-goodiness **-lös** *a* godless; [hädisk] profane **-löshet** godlessness [osv.]; [i ord] profanity **-mor** godmother
gudom divinity, deity **-lig** *a* divine [äv. bildl.] **-lighet 1** [gud] divinity, deity **2** [egenskap] divineness
guds|dyrkan worship [of God] **-fruktan** [fromhet] godliness, piety **-förgäten** *a* [om plats] godforsaken **-förnekare** atheist
gudskelov *itj adv* **1** ~ *[att du kom]!* thank goodness (Heaven) [you came]! **2** [lyckligtvis] fortunately **gudsnådelig** *a* sanctimonious; [salvelsefull] unctuous **gudson** godson
gudstjänst [divine] service; [allmännare] worship; *före ~en* before [the] service, before church ([resp.] chapel) **-lokal** place of worship
gul *a* yellow; *~t ljus* [trafik.] amber light; *~a ärter* split peas. — [För sms. *jfr äv. blå-*]
gula yolk **gulaktig** *a* yellowish, yellowy
gulasch 1 [kok.] goulash **2** [pers.] profiteer; spiv
gulblek *a* sallow
guld gold **-armband** gold bracelet **-blond** [om hår] light golden[-coloured]; [om pers.] golden-haired **-bröllop** golden wedding **-bågad** *a* [om t. ex. glasögon] gold-rimmed **-feber** gold fever **-fisk** goldfish **-förande** *a* gold-bearing, auriferous **-galonerad** *a* gold-braided, gold-laced **-glänsande** *a* ..shining like gold **-gruva** gold-mine [äv. inkomstkälla] **-grävare** gold-digger; [-letare] prospector **-gul** *a* [attr.] golden-yellow, [pred.] golden yellow **-halt** gold content, [procentdel] percentage of gold **-kant** gilt edge; [på porslin o. d.] gold rim **-kantad** *a* gilt-edged [äv. om värdepapper] **-klimp** [eg.] [gold] nugget **-klocka** gold watch **-korn** grain of gold; [visdomsord] pearl [of wisdom] **-krona** gold crown [äv. tandläk.] **-medalj** gold medal **-mynt** gold coin (piece); [koll.] gold [coins] **-märke** [sport.] gold badge **-plomb** gold filling
guld|ring gold ring **-smed** goldsmith; [juvelerare vanl.] jeweller **-smidd** *a* gold-laced **-snitt** gilt-edge[s [pl.]]; [endast överkant] gilt top **-tacka** gold bar (ingot) **-våg,** *väga sina ord på ~* weigh every word **-ålder** golden age
gulhyad *a* yellow-skinned
gull|gosse darling, pet; *en lyckans ~* a spoilt darling of Fortune **-regn** [bot.] laburnum **-stol,** *bära ngn i ~* carry a p. in a lady-chair **-viva** cowslip
gulna *itr* become (turn) yellow, yellow; [blekna] fade; *~d av ålder* yellowed with age
gulskiva [foto.] yellow filter **gulsot** jaundice
gulsparv yellow bunting **gult** *s* yellow; *jfr blått* **gulvit** *a* yellow[ish]-white. — [För sms. *jfr äv. blå-*]
gumma old woman; [*seså,*] *min lilla ~!* a) [till t. ex. hustru] ..my pet (dear)! b) [till barn] ..little (young) lady!
gummera *tr* gum
gummi 1 [ämne] rubber; [klibbig substans] gum **2** [rader~] [india-]rubber, [isht amer. o. för bläck] eraser **-boll** rubber ball **-plantage** rubber plantation **-ring** rubber ring ([till cykel o. d.] tyre) **-snodd** elastic (rubber) band **-stövel** rubber (gum) boot **-sula** rubber sole
gump rump
gumse ram
gumstackare poor (wretched) old woman
gung|a I *s* swing **II** *itr* [i gunga o. d.] swing; [på -bräde] seesaw; [i -stol, vagga o. på vågor] rock; [vaja] wave; [om mark o. d., äv. bildl.] totter; [svaja under ngns steg] rock **III** *tr* [pers.] give..a swing; [ett barn på knät o. d.] dandle **-bräde** seesaw **-fly** quagmire [äv. bildl.] **-häst** rocking-horse **-ning** swinging [osv.], *jfr gunga II;* swing, rock **-stol** rocking-chair
gunst [allm.] favour; *stå [högt] i ~ hos ngn* be in high favour with a p. **-ig** *a* [gynnsam] favourable **-ling** favourite
gunås *adv* [minnsann] certainly
gupp 1 [upphöjning] bump, [grop] pit, hole; [i skidbacke] jump **2** [knyck] jolt, jog **guppa** *itr* [på väg] jolt, jog; [på vatten] bob [up and down] **guppig** *a* [om väg] bumpy
gurgelvatten gargle **gurgla I** *tr itr* [eg.] gargle **II** *rfl* gargle [one's throat] **gurgling** [eg.] gargling, gargle
gurka cucumber; [liten] gherkin
Gustav, ~ *[Adolf]* Gustavus [Adolphus]
gustaviansk *a* Gustavian
guvern|ant governess **-ör** governor
gyckel [skoj] play, sport; [skämt] fun; [upptåg] joking, jesting, larking; *driva ~ med, se gyckla [med]* **gyckelmakare** joker, jester, wag
gyckla *itr* [skoja] joke, jest, [håna] jeer, *med, över* [i samtl. fall] at; *~ med ngn* make fun of (poke fun at) a p. **gycklare** [allm.] joker, [yrkesmässig] jester; [neds.] buffoon
gylf fly [of the ([resp.] one's) trousers]
gyllen|e *a* golden; [av guld vanl.] gold **-läder** gilt leather
gymnasial *a* [eg., attr.] 'gymnasium' **gymnasieingenjör** engineer trained at a 'gymnasium' **gymnasieskola** continuation school [on the 'gymnasium' level], *jfr gymnasium* **gymnasist** pupil at a 'gymnasium' **gymnasium** 'gymnasium', [i Engl. ung. motsv.] sixth form [of a grammar school], [i Amer. ung. motsv.] senior high school
gymnast gymnast; [kvinnlig] woman g.

gymnastik [övningar o. d.] gymnastics [vanl. sg.]; [skol. äv.] physical training, F gym; [morgon~ o. d.] exercises [pl.] **-direktör** [-lärare ung.] certified gymnastics instructor **-dräkt** gymnasium (F gym) suit ([dams] tunic) **-lärare** physical training (F gym) master, [ss. idrotts-] games master **-sal** gymnasium, F gym

gymnast|isera *itr* do gymnastics **-isk** *a* gymnastic

gynekolog gynaecologist

gynn|a *tr* favour; [beskydda] patronize; [främja] further, promote **-are 1** [välgörare] favourer [osv.]; [beskyddare] patron **2** [skämts.] fellow, customer **-sam** *a* favourable, *för* to

gyro|kompass [sjö.] gyro-compass **-skop** gyroscope

gytter conglomeration, agglomeration

gyttja mud; [dy] sludge; [blöt, lös] ooze **gyttjebad** mud-bath **gyttjig** *a* muddy; sludgy; oozy; *jfr gyttja*

gyttra I *tr,* ~ *ihop* cluster..together **II** *rfl* get (be) conglomerated (agglomerated) **gyttrig** *a* .. clustered together

gå [se äv. ex. m. 'gå' under resp. subst., adv. m. m.]; *jfr gången*] **I** *itr* **A** [allm. (innebärande rörelse isht i rummet samt friare)] **1** [ta sig fram till fots, promenera (ofta m. motsatsbetoning)] walk; [m. avmätta steg] pace, [m. långa steg] stride, [m. stolta steg] stalk, [m. fasta steg] march, [i sakta mak] stroll; [stiga] step, *åt sidan* to one side; *gå ut och* ~, *se* ~ *ut* [ned.]; *jag har varit ute och* ~*tt* I have been out for (taken) a walk; ~ *till fots* walk, go on foot **2** [fara, ge sig i väg, röra sig samt friare (*jfr äv. B*) vanl.] go; [färdas] travel; [om samfärdsmedel äv.] run, [om fartyg äv.] sail, [regelbundet] ply; [bege sig av] leave, [avgå äv.] depart (*till* for), *se vid. avgå;* [passera] pass; [röra sig äv.] move, [om t. ex. vagn] run; [om maskin o. d.] run, [fungera] work; [vara, t. ex. i tredje klassen, på sitt femte år] be; *nu måste jag* ~ [äv.] now I must be off; *bilen har* ~*tt* [*5 000 mil*] the car has done..; [*klockan*] ~*r rätt (fel)* ..is right (wrong); ~ *och lägga sig* go to bed; [*får jag komma*] *som jag* ~*r och står?* ..just as I am?; ~ *och tigga* go begging; ~ *som* [*underläkare*] be (serve as)..; *han gick från* [*sitt hem kl. 9*] he left..; ~ *i hatt* wear a hat; ~ *i (ur) vägen för ngn* get into (out of) a p.'s way; ~ *med* [*glasögon*] wear..; ~ [*omkring*] *i* [t. ex. trasor, tofflor] go about in; ~ *på* [*föreläsningar*] attend (go to)..; *klockan* ~*r på 12* it is getting on for 12 o'clock **3** [föra, leda]: [om väg, flod o. d.: i viss riktning] run, [till mål] go; [om väg äv. samt om trappa, dörr o. d.] lead

B [spec. bet.] **1** [avlöpa] go [off], pass off, turn out; [låta sig göra] be possible; [lyckas] succeed; [passera, duga] pass; *det* ~*r nog* that will be all right; [*klockan*] ~*r inte att laga* it is impossible to repair..; ~*r de att tvätta?* will they wash?; *det gick* [*i alla fall*]! I [osv.] managed it [anyhow]!; *det gick bra för honom* [i prov o. d.] he got on (did) well; *låt* ~ *för den här gången!* just this once!; *hur det än* ~*r* whatever happens; *hur* ~*r det för honom om..?* what will happen to him if..?; *hur* ~*r det med* [*utfärden*]? what about..? **2** [äga rum, spelas o. d.]: [om idrottstävling] come off, be played [off]; [om pjäs o. d.] be on; *pjäsen gick* [*ett halvt år*] the play ran for.. **3** [säljas]: [~ åt] sell, [t. ex. på auktion] be sold; [bära sig] pay **4** [förflyta] pass, go [by] **5** [vara spridd, om sjukdom, rykte o. d.] be about **6** [rymmas, innehållas] go, *i* into; *det* ~*r* [*två liter*] *i flaskan* the bottle holds.. **7** [sträcka sig] go, extend, [nå] reach **8** ~ *till (på)* [belöpa sig till] amount (come) to

II *tr,* ~ *ed* take an oath; ~ *ärenden* have some jobs to do, [för inköp] go shopping; [om t. ex. springpojke] go errands

III *rfl,* ~ *sig trött* tire oneself out by walking; ~ *sig varm* walk till one is hot

IV [med beton. part. (här ej upptagna uttryck söks under partikeln, t. ex. [*gå*] *lös*)] ~ **an** [passa, gå för sig] do; [vara tillåten] be allowed; [vara möjlig] be possible; *det* ~*r inte an* [vanl.] it won't do; *det* ~*r alltid an att försöka* there is no harm in trying; ~ **av** a) [stiga av] get off; *jfr stiga* [*av*] b) [om plagg] come off c) [brista] break d) [nötas av, om tråd o. d.] wear through e) [om skott] go off f) ~ *av och an på golvet* pace the floor; ~ **bort** a) ~ *bort* [fram] *till* walk [osv.] up to; ~ *bort sig* lose one's way b) [på bjudning] go out, *på middag* to dinner c) [dö] die; *den bortgångne* the deceased d) [om t. ex. fläck] disappear; ~ **efter** a) [om klocka] be slow b) *se hämta I;* ~ **emellan** *se 3 träda* [*emellan*]; ~ **emot** [stöta emot] go ([resp.] run) against.., *jfr* [*stöta*] *emot;* ~ **fram** a) [eg.], ~ *fram till* go [osv.] up to b) [konfirmeras] be confirmed c) [gå till väga] proceed; *jfr äv. fara* [*fram*]; ~ **framför** *se* ~ *före* [ned.]; ~ **för** *sig, se* ~ *an* [ovan]; ~ **förbi** a) [passera förbi] go [osv.] past (by), pass b) [gå om] overtake, [vid tävling] go ahead, *ngn* of a p. [äv. bildl.] c) [hoppa över] pass over; ~ **före** a) [i ordningsföljd] precede b) [om klocka] be [too] fast c) [ha företräde framför] go (rank) before, have priority over; *det där* ~*r inte* **i** *mig!* [jag låter inte lura mig] that won't go down with me!; ~ **ifrån** a) [lämna] leave; [avlägsna sig] get away; [glömma [kvar]] leave..behind; [*tåget*] *gick ifrån mig* [vanl.] I missed.. b) [ge upp] *se frångå;* ~ **igen** a) [sluta sig, om dörr o. d.]

shut [to] b) [spöka] come back c) [upprepa sig] reappear; ~ **igenom** a) [eg.] go [osv.] through, [gå tvärs över] cross; [passera [igenom]] pass b) [genomsyra] pervade c) [behandla] go through, [se igenom] look through, [granska] go over d) [uppleva, [få] utstå] pass (go) through, [svårigheter] experience, [läkarbehandling] go through; [överleva] pull through e) [läxa] go over; [examen] pass f) [antas, godkännas]: [i examen] pass, [om förslag o. d. äv.] be passed; ~ **ihop** a) [sluta sig] close up; [mötas] meet; [förena sig] join b) [passa ihop] agree c) *få det* [inkomster och utgifter] *att* ~ *ihop* make both ends meet; ~ **in** *för* go in for, [t. ex. idé äv.] embrace, adopt; ~ *in i* [klubb o. d.] join, enter; ~ *in på* [t. ex. ämne] enter upon, [t. ex. detaljer] enter (go) into; [samtycka till] *se* ~ *med på;* ~ *in vid teatern* go on the stage; ~ **isär** [eg.] come apart; [om åsikter o. d.] diverge; ~ **med** [göra sällskap, följa] go ([komma] come) along (too, as well); ~ *med ngn* go ([komma] come) [along] with a p.; ~ *med i* [klubb o. d.] join; ~ *med på* [samtycka till] agree (consent) to, [godkänna] approve [of]; [medge] admit, agree; ~ **ned** *(ner)* [allm.] go down; [om himlakropp äv.] set; [om priser, temperatur o. d. äv.] sink, fall; ~ *ned* [*i den* [resp.] *dem*] *(ned i ngt)* [få plats] go into it [resp.] them (into a th.); ~ *ned sig* [*på isen*] go through [the ice]; ~ **om** [passera, äv. bildl.] *se* ~ *förbi;* ~ *om varandra* [om pers. (utan att ses)] pass each other; ~ **omkring** *i huset* walk (go) about the house; [*firman*] *har* ~*tt* **omkull** ..has become (gone) bankrupt; ~ **på** a) [stiga [upp] på] get on b) [fortsätta] go on; [gå framåt] go ahead, [skynda på] make haste c) [om kläder] go on; ~ **samman** *se* ~ *ihop* [ovan]; ~ **till** a) [besöka] go and see, visit b) [försiggå] come about; [hända] happen; [ordnas] be arranged (done); [*visa ngn*] *hur det* ~*r till att sy* ..how to sew; ~ **tillbaka** a) [upphävas, återgå] be cancelled (annulled) b) [minska, avta] recede, decrease c) [försämras, gå utför] deteriorate, decline; ~ **under** [förolyckas]: [om pers.] be ruined, [om fartyg] go down, founder; ~ **upp** a) [i fråga om rörelse uppåt, äv. friare]: [ur säng] get up; [om himlakropp] rise; [om pris o.d.] go up, rise; *det gick upp för mig, att*.. it dawned upon me that.. b) [öppna sig]: [om dörr o. d.] open, come open; [om sjö (is)] break up; [om plagg] rip, tear, *i sömmen* at the seam; [om knut] come undone c) ~ *upp* [*till*], *se uppgå* [*till*] d) ~ *upp i* [vara fördjupad i] be absorbed in e) ~ *upp i* [införlivas med] become merged in f) ~ *upp* [*e*]*mot* [kunna mäta sig med] come up to; *ingenting* ~*r upp* [*e*]*mot*.. [äv.] there is nothing like..; ~ **ur** a) [om pers.]: [fordon] get out [of..]; *jfr stiga* [*av*]*;* [klubb e.d.] leave b) [om fläck] come out, [försvinna] disappear; ~ **ut** *(jfr äv. utgå)* a) [eg. o. friare] ~ *ut* [*och* ~] go [out] for (take) a walk; ~ *ut* [på toaletten] leave the room; ~ *ut skolan* leave ([genomgå] finish) school b) [utlöpa, gå till ända] come to an end, run out, expire; *tiden är utgången* time is up c) [m. prep.]: ~ *ut från* [eg., om t. ex. järnväg o.d.] start out from [äv. bildl., om t.ex. resonemang]; *jfr förutsätta;* [*märka vad det*] ~*r ut på* ..amounts to; [*hans resonemang*] *gick ut på att* [inf.] ..was aimed at [ing-form]; ~ *ut ur rummet* leave the room; *jfr äv.* ~ *ur a); låta* [*sin vrede* o.d.] ~ *ut över* vent.. upon; ~ **vidare** [fortsätta] *i (med)* go on with; ~ **åt** a) [behövas] be needed [osv.], *jfr behövas* b) [ta slut]: [förtäras] be consumed, [förbrukas] be used up c) [säljas] sell d) ~ *åt av skratt* be dying with laughter e) ~ *illa åt ngn* treat a p. harshly; ~ *illa åt* [handskas vårdslöst med] *ngt* handle a th. roughly f) *vad* ~*r det åt dig?* what is the matter with you?; ~ **över** a) [nå högre än] go ([resp.] run, rise, be) above b) [bildl., överstiga]: [t. ex. förstånd] pass, [t. ex. förväntan] surpass, [t. ex. ngns krafter] exceed c) [upphöra] abate, cease; [om smärta, vrede äv.] pass [off] d) [granska o. d.] go over; [syna] look over e) ~ *över i* [t. ex. andra händer, förvandlas till] pass into f) ~ *över till* [friare o. bildl.]: [andra ägare] pass to; [t. ex. annat parti] go over to; [annat yrke (ämne)] pass on to; [byta till] change to; ~ *över till kristendomen* embrace Christianity; [*stormen*] *gick över till orkan*.. turned into a hurricane

gående *a* walking, going [osv.], *jfr gå; en* ~ a pedestrian; *supén serverades vid* ~ *bord* a buffet supper was served

gågata pedestrian street

gång 1 a) [gående [till fots]] walking; [sätt att gå (om levande varelser)] gait, walk; *känna igen ngn på* ~*en* recognize a p. by his way of walking ([på stegen] by his step) **b)** [färd (om fartyg)] run, [gm (i) vatten, is] passage **c)** [rörelse, verksamhet, om maskin o. d.] working, running, motion; [*motorn*] *har* [*en*] *jämn* ~ ..runs smoothly; *få (hålla)* [t. ex. maskin, samtal] *i* ~ get (keep) ..going; *sätta*.. *i* ~ start..; *vara i* ~ be going, [om tåg] be in motion, [om förhandlingar, samtal] be in progress; *vara i full* ~ [om arbete o. d.] be in full swing **d)** [fortgång] progress, [förlopp] course; *allting går sin gilla* ~ things are going on just as usual

2 [väg] path[way], walk; [i o. mellan hus] passage; [i kyrka] aisle

3 [tillfälle, omgång m. m.] time **a)** [ex. i sg.]: *en* ~ a) [allm.] once b) [om framtid] one (some) day c) [ens] even; *en* ~ [*i tiden*

(världen)] [förr] at one time; *en ~ om året (vart tredje år)* once a year (every three years); *en ~ till* once more; *det var en ~* [i saga] once upon a time there was; *en annan ~* [ss. adv.] another time, [om framtid] some other time; *en och annan ~* every now and then; *någon ~* [ibland] once now and then; *någon ~* [*i maj*] some time..; *någon enda ~* once in a while; *varje* ([*för*] *var*) *~* [*jag badar*] each (every) time..; *för en ~s skull* for once; *för den här ~en* for this once; *med en ~* all at once; *på en ~* a) [samtidigt] at a (the same) time b) [i en enda omgång] in one go c) [plötsligt] all at once **b)** [ex. i pl.]: *två ~er* twice; *tre ~er* three times; *två ~er två är..* twice (two times) two is..; *storlek 10×(~er) 15* size 10 by 15

gång|are [sport.] walker **-art** [hästs] pace **-bana** foot-path; *jfr trottoar* **-bar** *a* **1** [framkomlig] negotiable, passable **2** [gällande] current; [lättsåld] saleable **-en** *a* **1** [förfluten] ..gone by; *det -na* the past **2** *långt ~* [om sjukdom o. d.] far advanced **-gata** pedestrian street **-järn** hinge **-spel** [⚓] capstan **-stig** [foot-]path **-trafikant** pedestrian **-tävlan** walking competition **-väg** [public] foot-path

gåpåar|e pusher, go-getter **-aktig** *a* hustling, pushing, go-ahead

går, *i ~* yesterday; *i ~ kväll (morse)* yesterday evening (morning)

gård 1 [kringbyggd plats]: [allm.] yard; [bak~] backyard; *jfr gårdsplan; ett rum åt ~en* a back room **2** [egendom o. d.]: [bond~] farm, [större, herr~] estate

går|dag, *~en* yesterday **-dagstidning** yesterday's paper

gårdfarihandlare [licensed] pedlar

gårds|folk 1 *~et* [innevånarna] the people [pl.] living on the farm **2** [tjänare] farm-hands [pl.] **-hus** back building **-plan** courtyard

gårdvar watch-dog [äv. om pers.]

gås goose [pl. geese]; [äv. bildl.]; *det är som att slå vatten på en ~* it's like water off a duck's back; *det går vita gäss* there are white-caps (white horses) **-hud** [bildl.] goose-flesh **-krås** giblets [pl.] **-leverpastej** pâté de foie gras [fr.] **-marsch,** *gå i ~* walk in single file **-penna** [skrivpenna] quill [pen]

gåt|a riddle, [friare äv.] mystery, puzzle **-full** *a o.* **-lik** *a* mysterious, puzzling

gåva [allm.] gift [äv. bildl.]; [vard.] present; [donation] donation

gåvo|brev deed of gift **-skatt** gift tax

gäck 1 *släppa ~en lös* let oneself go **2** *driva ~ med, se gäckas* [*med*] **gäcka** *tr* [omintetgöra] frustrate, [svika] baffle; *ett ~nde* [*skratt*] a mocking.. **gäckas** *itr. dep, ~ med* [håna] mock (scoff) at, [retas med] trifle with **gäckeri** mockery

gädda pike [pl. äv. lika]

gäl gill; [*djur*] *som andas med ~ar* gill-breathing..

gäld debt[s [pl.]]; *jfr vid. skuld 1* **gälda** *tr* [betala] pay, [sona] atone for **gäldenär** debtor

gäll *a* shrill; [om färg] crude

gäll|a *itr tr* **1** *~* [*för*] [räknas] count, [vara värd] be worth **2** [äga giltighet]: [allm.] be valid, [om mynt o. d.] be current, [vara tillämplig på] apply to, concern; *detta -er* [*för*] [*samtliga fall*] this holds [good] for..; *detta -er också* [*om*] *X.* this is also true of X. **3** [vara av vikt], [*hans ord*] *-er mycket..* have great weight, *hos* with **4** [anses] be regarded, *för (som)* as; pass, *för* for **5** [angå]: [avse] be intended for, be aimed at, [röra] concern; *vad -er saken?* what is it about? **6** [opers.], *det -er liv eller död* it is a matter of life and death; *när det -er* [i nödfall] at a pinch, [i en kritisk situation] in an emergency **-ande** *a* [giltig] valid, *för* for; [om lag o. d. äv.] ..in force; [tillämplig] applicable, *för* to; [rådande] current; *göra ~* [hävda] maintain, assert, claim; *göra ~* [t. ex. sitt inflytande] bring .. to bear, *gentemot* on; *göra sig ~* a) [hävda sig] assert oneself b) [vara framträdande] be in evidence, manifest itself ([resp.] themselves), tell, make itself ([resp.] themselves) felt; [*ålderdomen*] *börjar göra sig ~* ..is beginning to tell

gällen *a* slightly turned

gällock gill-cover

gäms *se gems*

gäng [allm.] gang; [kotteri äv.] set

gäng|a I *s* thread; [*vara*] *ur -orna* [bildl.] F ..off the hooks **II** *tr* thread

gänglig *a* lanky

gängse *a* current, [vanlig] usual

gärd, *en ~ av* [*tacksamhet*] a token of..

gärde [åker] field **gärdsgård** fence **gärdsgårdsstör** fence pole **gärdsmyg** wren

gärna *adv* [villigt] willingly, [med nöje] gladly, with pleasure; [i regel] often; *~ det!, så ~* [*så*]*!* by all means!; *~ för mig!* I have no objection!; *inte ~* [knappast] hardly; *mycket ~!* with pleasure!; *han cyklar ~* [med förkärlek] he likes cycling; *du kan* [*lika*] *~* [*göra det*] you may just as well..; *jag skulle* [*bra*] *~ vilja veta..* I should [very much] like to know..

gär|ning 1 [handling] deed, act, action **2** [verksamhet] work **-ningsman,** *~nen* the perpetrator, [svag.] the culprit

gäsp|a *itr o.* **-ning** *s* yawn

gäst [allm.] guest, *i (vid)* at; [besökande äv.] visitor; [på hotell vanl.] resident; *jfr äv. främmande II 2* [ex.] **gästa** *tr itr* [besöka] visit; *~* [*hos*] *ngn* be a p.'s guest, [vistas hos ngn] stay with a p. as his [osv.] guest **gästabud** feast, banquet

gäst|fri *a* hospitable, *mot* towards (to) **-frihet**

hospitality **-givargård** inn **-rum** spare bedroom, [finare] guest-room **-spel** [teat.] special (guest) performance

göd|a *tr* **1** fatten [up] **2** [m. konstgödning] fertilize **-boskap** beef (fattening) cattle [pl.] **-kyckling** spring chicken, [ibl.] broiler **-ning 1** [-ande] fattening [etc.], *jfr göda* **2** [konkr., se följ. o. *gödsel*] **-ningsmedel** *o.* **-ningsämne** fertilizer

gödsel [naturlig] manure, dung, [konst~] fertilizer[s [pl.]] **-hög** *o.* **-stack** dunghill

gödsla *tr* manure, dung, [konst~] fertilize

gödsling manuring [etc., jfr föreg.]

gök 1 [zool.] cuckoo **2** F [kurre] fellow, bird **-ärt** bitter vetch

göl pool, [liten sjö äv.] mere

göm|ma I *s* hiding-place; *i mina -mor* [lådor, skåp m. m.] in my drawers (cupboards [m. m.]) **II** *tr* **1** [dölja] hide [..away], conceal, *för* from; ~ *ansiktet i händerna* hide (bury) one's face in one's hands **2** [förvara]: [allm.] keep, [spara äv.] save [up], *till (åt)* for **III** *rfl* hide, conceal oneself, *för* from **-me** *o.* **-sle** *o.* **-ställe** hiding-place

göra I *tr itr* [se äv. ex. under resp. subst., adj., pron. el. adv.] **1** [m. konkr. subst. som obj.: tillverka, förfärdiga, allm.] make; ~ *ett porträtt* [o. d. ex.] *se under 2* **2** [m. abstr. subst. som obj.]: a) do [i allm. vid obj. som betecknar mera obestämd verksamhet, tjänst, fördel el. skada el. betecknar resultatet av konstnärligt el. tekniskt framställande] b) make [i allm. i bet. åstadkomma [något nytt], bringa till stånd, skapa o. d., varvid 'göra' + obj. ofta kan utbytas mot enkelt vb] c) [andra vb, se ex.]; ~ *affärer* do business; ~ *ett försök* make an attempt; ~ *ngn den glädjen att* [inf.] give (do) a p. the pleasure of [ing-form]; ~ *ett mål* score a goal; ~ *en paus* pause, have a break; ~ *ett porträtt* do a portrait; ~ *en promenad* go for a walk; ~ *en resa* make a journey; ~ *ngn sorg* cause a p. sorrow **3** [m. neutr. pron. el. adj. som obj. samt i inf.-uttr. av typerna 'ha [ngt] (få) att göra [med]', 'vara att göra': allm.] do, *jfr äv. 6* [ned.]; *det gör man inte* that is not done; *det gör ingenting!* it doesn't matter!; *gör det [Er] något, om..?* will it be all right [with you] if..?; ~ *sitt bästa* do one's best; *vad gör det?* what does it matter?; *vad gör det mig, om..?* what do I care if..?; *ha att* ~ *med* have to do with, deal with; *han har mycket att* ~ [äv.] he is very busy; *vad har du här att* ~? what are you doing here? **4** [m. att-sats som obj.: förorsaka] make, cause; *det gjorde att bilen stannade* that made the car (caused the car to) stop **5** [m. [ack.-obj. o.] obj. predf.: allm.] make; ~ *ngn galen* drive a p. mad; ~ *ngn olycklig* make (render) a p. unhappy; ~ *saken värre* make matters (things) worse; ~ *ngn till general* make a p. a general **6** [i stället för förut nämnt vb vanl.] do [dock ofta utelämnat efter hjälpvb]; [*han reste sig*] *och det gjorde jag också* ..and so did I; [*har du läst läxorna?*] —*Nej, det har jag inte [gjort]* ..No, I haven't; *regnar det? — Ja, det gör det* is it raining? — Yes, it is **7** [utgöra] make; [*två gånger två*] *gör fyra* ..make[s] four **8** [handla, gå till väga, bära sig åt] act, behave, [i ledigare stil] do; [*jag vet inte*] *hur man bör* ~ ..how to act, ..what one ought to do; ~ *fel (rätt)* do wrong (right)

II *rfl* **1** [allm.] make oneself; [låtsas vara] make oneself out to be, pretend to be; ~ *sig förstådd* make oneself understood; ~ *sig besvär att* [inf.] take the trouble to [inf.]; ~ *sig en föreställning om ngt* form a conception of a th.; ~ *sig en förmögenhet* make a fortune **2** [passa, ta sig ut], *han gör sig alltid på kort* he always comes out well [in photographs]; *kudden gör sig bra i soffan* the cushion goes well together with the sofa

III [m. beton. part.] *var skall jag* ~ *av* [*brevet*]? where am I to put..?; ~ *av med* a) [förbruka] spend b) [ta livet av] kill; ~ *sig av med* get rid of; *lätt att* ~ *efter* easily imitated (copied); ~ *ngn emot* cross (thwart) a p.; ~ *fast* fasten, [surra] secure, [förtöja] make..fast, *vid* to; ~ *loss* disengage, loose, [båt] unmoor; *jfr lösgöra I; vad skall jag* ~ *med dig?* what am I to do with you?; ~ *ned* a) [eg.: t.ex. fiende] destroy b) [bildl. t.ex. bok] slash, slate; ~ *om* [på nytt] do ([resp.] make).. over again, [upprepa] do..again; *det gör varken till eller från* it makes no difference [either way]; ~ *sig till* [göra sig viktig, kokettera] show off, [sjåpa sig] be affected; ~ *sig till för ngn* make up to a p.; ~ *undan ngt* get a th. done; *undangjord* [i förväg] done [beforehand (in advance)]; ~ *upp* [betala, enas, klara upp, hämnas] settle; [förslag o.d.] draw up; *vi gjorde upp att* [*resa*] we arranged to..; *det går inte att* ~ *något åt det (honom)* there is nothing to be done about it (with him)

IV *s* [arbete] work, business, job, [besvär äv.] trouble

görande, *hans* ~*[n] och låtande[n]* his doings [pl.]

gördel girdle **-däck** [bil.] radial

görlig *a* practicable, feasible; *för att i* ~*aste mån* [inf.] in order as far as possible to [inf.]

görningen, *det är något i* ~ there is something brewing **göromål** business, work [båda end. sg.]

gös [fisk] pike-perch

1 göt [folk] Geat

2 göt [gjutet järnstycke] casting; [tacka] ingot

Göteborg Gothenburg, Göteborg

götisk *a* Geatish

1 ha I *hjälpvb* [tempusbildande] have; *~r du någonsin sett* [*något liknande*]? did you ever see..?; *du ~r snart glömt det* you will soon have forgotten it; *det ~de jag aldrig trott* I should never have thought it
II *tr* [se äv. ex. m. 'ha' under resp. huvudord] **1** [äga (äv. friare)] **a)** [allm.] have, [ledigare] have got, [mera valt] possess; [inneha, hålla] hold; [hålla sig med, förvara] keep; [bära (t. ex. kläder)] wear; [åtnjuta] enjoy; *vilken färg ~r den?* what colour is it?; *~ rätt (orätt)* be right (wrong); [*det kan*] *vara bra att ~* ..come in handy; *vad ~r du här att göra?* what are you doing here?; *vad ska man ~ det till?* what is it for? **b)** [i vissa förb. m. tids- el. rumsadverbial], *i dag ~r vi* [*fredag*] today is..; *var ~r du handskarna?* where are your gloves?; *där ~r vi tåget* there's the train; *nu ~r jag det!* now I've got it! **2** [få, erhålla] have, [ibl.] get; *vad vill ni ~?* what do you want?, [om förtäring] what will you have?; *jag skulle* [*vilja*] *~* .. I want.., please; I should like..; *här ~r du pengarna* here's the money **3** [förmå, bringa], *~ ngn* [*till*] *att göra ngt* get (make) a p. do a th. **4** [i uttr. som betecknar omständigheter o. d.] (*jfr II 1*), *~ det bra* [gott ställt] be well (comfortably) off; *~ det så bra!* have a good time!; *~* [*det*] *trevligt (roligt)* have a nice time; *så trevligt ni ~* [*det*]! [inrett o.d.] what a nice place you've got!; *hur ~r du det?* how are (F how's) things?, [hur mår du?] how are you?; *~ ledigt* be free, be off duty; *~ lätt att* [inf.] find it easy to [inf.]
III [m. beton. part.] *~ av* [bryta] break [off] ([itu] ..in two); *~ bort* [tappa] lose; [få bort] remove; *jag ~r inget emot*.. I have nothing against..; *~r ni något emot att jag röker?* do you mind my smoking?; *~ för sig* a) *vad ~r du för dig* [gör du]? what are you doing? b) [tro, mena] think, [föreställa sig] have an idea, [inbilla sig] imagine; *~ i* [hälla, lägga i] put..in; *~ kvar* [ha över] have.. left, [ännu ha] still have; *se vid. kvar; ~ med* [*sig*] a) [föra (ta) med sig] have with one, [hit] bring [along], [dit] take along b) *det ~r det goda med sig att*.. it has the advantage that..; *~ på sig* a) [vara klädd i] have..on, wear, b) [vara försedd med], *~r du en penna på dig?* have you got a pencil [on you]? c) [ha till sitt förfogande], *vi ~r bara en dag på oss* we have only one day left; *~ sönder* [t. ex. en vas] break, [t. ex. klänning] tear; *jfr sönder*
2 ha *itj* ha!
Haag the Hague
habegär acquisitiveness
1 hack, *följa ngn ~ i häl* follow hard on (close [up]on) a p.'s heels
2 hack [skåra] notch, cut, mark
1 hack|a 1 [kortsp.] small card **2** [slant], [*tjäna*] *en ~* ..a bit of cash **3** *han går inte av för ~or* he is not just a nobody
2 hack|a I *s* [spetsig] pick [axe]; [bred] mattock; [rens~] hoe **II** *tr* **1** [jord] hoe **2** [i bitar] chop, [fint] mince; *varken ~t eller malet* [bildl.] neither one thing nor the other **3** *~* [*ett*] *hål på* pick a hole in **4** *han ~de tänder* his teeth chattered **III** *itr* **1** *~ i (på)* [eg.] hack at, [om fågel] pick (peck) at; *~ på* [kritisera] nag [at] **2** [stamma, staka sig] stammer, stutter **IV** [m. beton. part.] *~ loss* hack (chop) away; *~ sönder* [t. ex. is] cut (break) up **-else** chaff **-hosta** hacking cough **-ig** *a* **1** [om egg o. d.] jagged **2** [om framställningssätt] stammering, stuttering **-kyckling,** *han är allas ~* everybody is always picking on him **-mat** [bildl.: röra] mess, hash **-spett** woodpecker
hafs [slarv] slovenliness **hafsa** *itr, ~ ifrån sig ngt* scamp a th. **hafsig** *a* slovenly
hage 1 [betes~] enclosed pasture **2** [barn~] play pen **3** *hoppa ~* play hopscotch
hagel 1 [meteor.] hail; *ett ~* a hailstone **2** [bly~] [small] shot, [grövre] buckshot [båda pl. lika] **-bössa** shot-gun, fowling-piece **-skur** shower of hail, hailstorm
hagla *itr* hail
hagtorn hawthorn
haj shark [äv. bildl. om pers.]
haja *itr, ~ till* be startled, start
hak notch, cut, nick
1 haka *s* chin; *tappa ~n* be taken aback
2 haka *tr, ~ av* unhook, [dörr o.d.] unhinge; *~ sig fast* cling, *vid* to; *~ upp sig* a) [om mekanism o. d.] get stuck b) [om pers.], *~ upp sig på* [t. ex. en svår passus] get stuck at; *~ upp sig på småsaker* worry about trifles
hak|e [eg.] hook **-kors** swastika
hak|lapp bib **-rem** chin-strap
hal *a* slippery, [om pers. äv.] sleek, oily; *~ tunga* smooth (glib) tongue; *sätta ngn på det ~a* drive a p. into a corner
hala *tr itr* haul [isht ⚓], pull; *~ ned* haul down; lower [äv. flagga]; *~ ut på tiden med, se förhala*
halka I *s* slipperiness; [*kör försiktigt*] *i ~n* ..on the slippery roads **II** *itr* slip [äv. *~ omkull*]; [slira] skid **halkig** *a* slippery
hall hall; *jfr saluhall* **-bord** hall table
hallon raspberry **-buske** raspberry [bush] **-sylt** raspberry jam
hallucination hallucination

hallå *itj* hallo!, [isht telef.] hullo!, hello!; ~, ~! [i högtalare] attention, please! **-man** [radio.] announcer
halm straw **-gul** *a* straw-coloured **-hatt** straw hat **-stack** straw-stack(-rick) **-strå** straw **-tak** thatched roof
halo halo **-effekt** halo effect
hals 1 [eg.] neck [äv. friare o. bildl.]; [strupe] throat; ~ *över huvud* precipitately, headlong; *ge* ~ raise a cry, [om hund] give tongue; *skrika för (med) full* ~ shout at the top of one's voice; *han fick* [*ett ben*] *i ~n* ..stuck in his throat; *hög (låg) i ~en* high (low) at the neck; *ha ont i ~en* have a sore throat; *falla ngn om ~en* fall on a p.'s neck; *få* [*ngn el. ngt*] *på ~en* be saddled with.. **2** [⚓] tack; *ligga för babords ~ar* be (stand) on the port tack **-band** [smycke] necklace; [för hund] collar **-bloss**, *dra* ~ inhale **-brytande** *a* breakneck.. **-bränna** heartburn **-duk** scarf, [stickad] muffler; [slips] necktie **-fluss** [läk.] tonsillitis **-grop**, [*jag kom*] *med hjärtat i ~en* .. with my heart in my mouth **-hugga** *tr* behead, decapitate **-kota** cervical vertebra **-krås** ruffle, frill **-linning** neckband **-puls-åder** carotid artery **-smycke** necklace, [hängsmycke] pendant **-starrig** *a* obstinate, stubborn
halster gridiron, grill **halstra** *tr* grill
1 halt *s* **1** [t.ex. socker~, metall~] content, [procentdel] percentage **2** [bildl.] substance, [värde] worth
2 halt I *s* [uppehåll] halt **II** *itj* [⚔] halt!, [friare äv.] stop!
3 halt *a* lame **halta** *itr* **1** [eg.] limp, *på* with **2** [bildl.] halt, limp
halv *a* half; *en* ~ [*sida*] half a ..; *~a sidan* half the page; *en och en ~ timme* an hour and a half, one and a half hours; *en och en ~ månad* [vanl.] six weeks; *en ~ gång till så mycket* half as much again; *för (till) ~a priset* at half-price; [*flaggan är*] *på ~ stång* .. at half-mast; *möta ngn på ~a vägen* [bildl.] meet a p. half-way; [*klockan*] *~ fem* at half past four, at four-thirty, [amer.] half after four
halv- half-, [isht vetensk.] semi-; [i sms. m. adj. o. perf. ptc.: betr. attr. resp. pred. form se typex. *halvbesatt*]
halv|a 1 [eg.] half [pl. halves] **2** *en* ~ [*kaffe*] a cup of..; [andra snaps ung.] second glass **-annan** *a, se* [*en och en*] *halv* [*timme, månad*] **-automatisk** *a* semi-automatic **-back** [sport.] half-back **-besatt** *a* [attr.]: *en* ~ [*salong*] a half-filled..; [pred.]: [*salongen*] *är* ~ ..is half filled **-blod** [häst] half-bred; [människa] half-breed **-bra** *a* middling, moderate **-bro[de]r** half-brother **-dager** half-light, twilight **-dagsplats** part-time job **-däck** [⚓ övre akterdäck] quarter-deck **-död** *a* [pred.] half dead, *av* with **-enskild** *a* semi-private
halvera *tr* halve; divide..into halves
halv|femtiden, *vid* ~ [at] about half past four **-fransk** *a*, *~t band* half binding **-gud** demigod **-hög** *a* **1** [om klack o. d.] rather low **2** *med ~ röst* half aloud **-klar** *a* [meteor.] fair **-klot** hemisphere **-lek** [sport.] half **-ligga** *itr* recline **-ljus**, *köra på* ~ drive with dipped ([amer.] dimmed) headlights **-mesyr** half-measure **-måne** half-moon, crescent **-not** [mus.] minim, [amer.] half-note **-officiell** *a* semi-official **-pension** [på hotell o. d.] partial board **-slag** half hitch; *dubbelt* ~ clove hitch **-slummer** drowse **-sova** *itr* be half asleep **-statlig** *a* ..partly owned by the State **-stor** *a* medium[-sized]; *se äv. halvvuxen* **-strumpa** [short] sock **-sula** *tr* sole **-syster** half-sister **-söt** *a* [om vin o. d.] medium sweet
halvt *adv* half; ~ [*om* ~] *lova* give a half-and-half promise
halv|tid 1 [sport.] half-time **2** *arbeta på* ~ have a half(part)-time job **-tidsanställd** *s* half(part)-timer **-timme**, *en* ~ half an hour **-ton** [mus.] semitone **-torr** *a* **1** [allm., attr.] half-dry **2** [om vin] medium dry **-vuxen** *a* half grown-up; ~ [*person*] adolescent **-vägs** *adv* half-way, midway **-år**, [*ett*] ~ six months, [a] half-year; *varje* ~ every six months **-årsränta** half-yearly interest **-årsvis** *adv* every six months, half-yearly **-ädelsten** semiprecious stone **-ö** peninsula **-öppen** *a* [pred.] half open, [på glänt] ajar
hammare hammer
1 hamn 1 [gestalt] guise **2** *se vålnad*
2 hamn [isht mål för sjöresa, ~stad] port; [isht om anläggningen, tilläggsplats] harbour; [bildl. o. poet. äv.] haven; *föra ngt i* ~ [bildl.] carry a th. to a conclusion **hamna** *itr* land [up]; [sluta] end [up]
hamn|arbetare dock worker, docker **-avgift[er** *pl*] harbour dues [pl.] **-kvarter** dock district **-stad** port
hamp|a hemp **-frö** hempseed [äv. koll.]
hamra *tr itr* hammer, beat; ~ *på pianot* pound [on] the piano
hamster [common] hamster **hamstra** *tr itr* hoard **hamstrare** hoarder
han *pers. pron* he; *honom* him; ~, *honom* [om djur äv. o. om sak vanl.] it
hanblomma male (staminate) flower
hand hand; *knuten* ~ [clenched] fist; *~en på hjärtat*, [*tyckte du om det*]? [tell me] honestly, ..; *bära ~ på ngn* lay hands on a p.; *ge ngn en* [*hjälpande*] ~ lend a p. a hand; *ha fria händer* have a free hand; *ha* [*god*] ~ (*inte ha ngn* ~) *med ngn* be (not be) able to manage a p.; *ha ~ om* be in charge of, be responsible for; *skaka* ~ [*med ngn*] shake hands [with a p.]; *ta ~ om* take care (charge)

of; *efter* ~, *se efter I 9; gjord för* ~ hand-made, made by hand; *vara för* ~*en* a) [föreligga] exist b) [vara nära förestående] be [close] at hand; *i första* ~ in the first place, first, [helst] preferably; [*upplysningar*] *i första* ~ ..at first hand, first-hand..; *jfr äv. andra I* [ex.]; *hålla ngn i* ~[*en*] hold a p.'s hand; *ta* [*ngn*] *i* ~ [hälsa] shake hands [with a p.]; *med varm* ~ [gärna] gladly; *bort (upp) med händerna!* hands off (up)!; *ha ngt på* ~ H have an option on a th.; *vara lätt på* ~ be light-handed; *på egen* ~ by oneself; *teckna på fri* ~ do free-hand drawing; *till* ~*a* [på brev] by hand; [*brevet*] *har kommit mig till* ~*a* ..is to hand; *gå ngn till* ~*a* assist a p.; *ha till* ~*s* have handy; [*denna förklaring*] *ligger nära till* ~*s* ..is a very likely one; *under* ~ privately; *ge vid* ~*en* [visa] prove, show, [tyda på] indicate

hand|arbete [sömnad] needlework, [broderi] embroidery; [stickning] knitting; *ett* ~ [konkr.] a piece of needlework [osv.] **-bojor** *pl* handcuffs **-bok** handbook, *i* of; manual **-boll** handball **-broms** handbrake **-duk** towel

handel 1 [varu~] trade; [handlande] trading; [i stort o. ss. näring äv.] commerce; [affärer] business; [isht olovlig] traffic; ~[*n*] *och sjöfart*[*en*] trade and shipping; *driva (idka)* ~ *med* [land, person] trade with, [vara] trade (deal) in; *vara* [*ute*] *(finnas) i* ~*n* be on the market **2** ~ *och vandel* dealings [pl.]

handels|balans balance of trade **-bod** shop, [amer.] store **-bok** ledger, account book **-bolag** -trading company **-departement** ministry of commerce **-fartyg** merchant vessel **-förbindelse,** ~*r* [abstr.] trade (commercial) relations **-gymnasium** higher commercial school **-högskola** school of economics **-idkare** tradesman **-kammare** chamber of commerce **-man** [affärsinnehavare] shopkeeper **-minister** minister of commerce **-resande** commercial traveller **-trädgård** market ([amer.] truck) garden **-vara** commodity

hand|fallen *a* [förbluffad] nonplussed; [rådvill] perplexed, at a loss; [samtl. end. pred.] **-fast** *a* [om pers.] sturdy, hefty **-fat** wash-basin, hand-basin **-flata** palm [of the hand] **-full,** *en* ~ [*jord*] a handful of.. **-gemäng** scuffle, [⚔] hand-to-hand fighting **-gjord** *a* hand-made **-granat** [⚔] hand-grenade **-grepp** manipulation **-griplig** *a* **1** ~*t skämt* practical joke; ~ *tillrättavisning* corporal punishment **2** [påtaglig] palpable, [tydlig] obvious **-gripligheter** *pl, gå* [*över*] *till* ~ come to blows **-gripligt** *adv, gå* ~ *till väga* use physical force **-ha**[**va**] *tr* [[förstå att] sköta] manage; [ha hand om] be in charge of, [förvalta] administer

handicap *el.* **handikapp** *s o.* **handikappa** *tr* handicap **handikappad** *a* handicapped

hand|kanna [för tvättvatten] water-jug **-klappning**[**ar** *pl*] clapping [sg.] [of hands] **-klaver** *se dragspel*

handla *itr* ([ibl.] *tr)* **1** [göra affärer] a) [driva handel] trade, deal, do business, [isht olovligt] traffic, *med* [*en vara*] in.. b) [göra uppköp] shop, do one's shopping, *hos A.* at A.'s; [köpa] buy; *gå* [*ut*] *och* ~ go [out] shopping; ~ *mat* buy food **2** [bete sig] act; do **3** ~ *om* a) [röra sig om] be about, [behandla] deal with b) [gälla] be a question (matter) of

handlag, *ha gott* ~ *med* [*barn*] have a good hand with.., know how to handle..

handlande *s* [handelsman] dealer, [handelsidkare] tradesman, [butiksägare] shopkeeper

hand|led wrist **-leda** *tr* [undervisa] instruct, [vägleda] guide, [i studier o. d.] supervise **-ledare** instructor, [studie~ o. d.] supervisor **-ledning** instruction; guidance; supervision; *jfr -leda*

handling 1 [gärning] action **2** [i bok, pjäs etc.] story, action, [intrig] plot, *i* of **3** [urkund] document; *lägga ngt till* ~*arna* put a th. aside

handlings|frihet freedom (liberty) of action **-kraft** energy **-sätt** conduct

hand|lov[**e**] wrist **-lån** temporary loan **-lägga** *tr* [-hava] handle, [behandla] deal with; ~ *ett mål* hear a case **-löst** *adv* headlong, precipitately **-penning** deposit **-plockad** *a* [utvald] [hand-]picked **-räckning 1** [hjälp] assistance, aid **2** [⚔], *tjänstgöra som* ~ be on fatigue[-duty] **-rörelse** movement of the (one's) hand

handsbredd handbreadth, hand

handskas *itr. dep,* ~ *med* [hantera] handle; [behandla] treat; ~ *vårdslöst med* [*vapen*] play about with..

handsk|e glove, [krag~] gauntlet **-fack** [i bil] glove locker (compartment) **-nummer** size in gloves

hand|skrift [manuskript] manuscript **-skriven** *a* hand-written, ..written by hand **-slag** handshake **-stil** handwriting **-sydd** *a* hand-sewn **-tag 1** [på dörr, väska etc.] handle; [runt] knob **2** *ge ngn ett* ~ [hjälp]. lend a p. a hand **-tryckning,** *ge ngn en* ~ [dusör] give a p. a tip (a gratuity), [muta] grease a p.'s palm **-vändning,** [*det är gjort*] *i en* ~ ..in no time, ..in a twinkling **-väska** handbag

1 hane [allm.] male; [fågel~ ofta] cock; [ss. efterled i sms *jfr ap-, elefant*|*hane*]

2 hane 1 [åld. tupp] cock **2** [på gevär] cock; *spänna* ~*n på* [*geväret*] cock..

hangar hangar **-fartyg** aircraft carrier

hanhund [he-]dog

hanka *rfl,* ~ *sig fram* [manage to] get along

hankatt tomcat
hankig *a* F [pred.] off colour, rotten
hankön [eg.] male sex
hanne *se 1 hane*
hans *poss. pron* his; [om djur o. sak vanl.] its; [för ex. *jfr 1 min*]
Hansan the Hanseatic League
hantel dumbbell
hanter|a *tr* [allm., t. ex. verktyg, vapen] handle; [sköta] manage, [t. ex. maskin] work, [t. ex. yxa] wield; [använda] use; [behandla] treat **-ing 1** [-ande] handling [etc. jfr föreg.] **2** [yrke] trade, business **-lig** *a* handy
hant|langare [allm.] helper, mate, [murar~ spec.] hodman; [bildl. neds.] henchman **-verk** [yrke] trade; [isht hist. samt konst~] craft **-verkare** craftsman, artisan
hantverksutställning arts and crafts exhibition
harang *s o.* **harangera** *tr* harangue
hare hare; [ynkrygg] coward
harem harem **haremsdam** odalisque
harhjärtad *a* chicken-hearted
haricots verts *pl* French (string) beans
harjakt hare-hunt, [jagande] hare-hunting
harkl|a *itr rfl* clear one's throat, hawk **-ing** hawking
harkrank [zool.] crane-fly
harm indignation, [förbittring] resentment, *över ngt* at a th.; [förtret] vexation, annoyance **harma** *tr* fill .. with indignation, [förtreta] vex, annoy **harmas** *itr. dep* [vara upprörd] feel indignant, *på ngn* with a p., *över ngt* at a th. **harmlig** *a* F [förtretlig] annoying
harmlös *a* [oförarglig] inoffensive, innocent
harmoni harmony **harmoniera** *itr* harmonize
harmonisk *a* [allm.] harmonious; [fackl. mus., mat.] harmonic
harmsen *a* [upprörd] indignant, [förbittrad] resentful, [förtretad] vexed
harmynt *a* harelipped **-het** harelip
harnesk [rustning] armour; [bröst~, rygg~] cuirass
harp|a *s* **1** [mus.] harp **2** F [käring] [old] hag **3** [såll] screen **-ist** harpist
harpun *s o.* **harpunera** *tr* harpoon
harsk[l]a *se harkla*
har|skramla rattle **-syra** [wood] sorrel
hart *adv,* ~ *när* [*omöjligt*] well-nigh ..
hartass, *stryka över med ~en* smooth things over
harts resin, [isht stelnat] rosin **hartsa** *tr* rosin **hartsaktig** *a* resinous
harv *s o.* **harva** *tr* harrow
has hock, hough **hasa** *itr tr* [glida] slide; [dra fötterna efter sig] shuffle; ~ *ned* [om strumpa] slip down
hasard *o.* **-spel** gamble; [-spelande] gambling
hasch[isch] hashish, hasheesh
hasp *s o.* **haspa** *tr* hasp
haspla *tr* reel; ~ *ur sig* F spout
hassel hazel; [för sms. *jfr äv. björk-*] **-buske** hazel-bush(-shrub) **-nöt** hazel-nut
hast hurry, haste; *i största (all)* ~ in great haste **hasta** *itr* hasten, hurry **hastig** *a* [snabb] rapid, quick, [skyndsam] hurried; *i ~t mod* unpremeditatedly, [jur.] without premeditation **hastigast** *adv, se under hastigt*
hastighet 1 [fart] speed, [isht vetensk.] velocity; [snabbhet] rapidity [end. sg.]; *högsta* [*tillåtna*] ~ the speed limit; *hålla (köra med) en ~ av* [*80 km/tim*] drive at a rate of ..; *se äv. fart 1* **2** [brådska], *i ~en* [*glömde han* ..] in his hurry ..
hastighets|begränsning speed limit **-mätare** speedometer
hastig|t *adv* rapidly [etc.] *jfr hastig; helt* ~ [plötsligt] all of a sudden; [*läsa igenom ngt*] *som -ast* .. hastily, [flyktigt] .. cursorily **-hastverk,** *ett* ~ [fuskverk] a scamped piece of work
hat hatred, *mot* of; [poet.] hate **hata** *tr* hate
hatfull *a o.* **hatisk** *a* spiteful, rancorous
hatt hat; [på tub o. d.] cap; *hög* ~ top (silk) hat **-affär** hat-shop **-ask** hatbox **-brätte** hat-brim **-hylla** hat-rack **-kulle** crown [of a hat] **-nummer** size in hats
haubits howitzer
hausse boom, rise [in prices]
hav sea; [världs~] ocean; [bildl., av t. ex. ljus] flood; [*ute*] *på öppna ~et (till ~s)* on the open sea; [*vistas*] *vid ~et* .. at the seaside, .. by the sea; [*500 m*] *över ~et* .. above sea level
hava *se 1 ha*
Hawaiiöarna *pl* the Hawaiian Islands
havande *a* [gravid] pregnant **-skap** pregnancy
havanna [cigarr] Havana [cigar]
have|rera *itr* [⚓] be wrecked [äv. friare o. bildl.]; [om flygplan, bil o. d.] crash **-ri** [⚓] [ship]wreck; [flyg~, bil~ o. d.] crash **-rist** [båt] disabled vessel; [flygplan] crashed aircraft
havre oats [vanl. pl.]; [planta] oat **-gryn** [koll.] porridge oats [vanl. pl.] **-[gryns]gröt** [oatmeal] porridge
havs|arm arm of the sea **-botten** bottom of the sea **-bukt** bay, gulf **-djup** depth [of the sea (ocean)] **-fiske** [deep-]sea fishing **-forskning** oceanography **-klimat** coastal ([ö-] insular) climate **-strand** seashore, beach **-vik** bay, [liten] inlet **-yta** surface [of the sea]; [*1000 m*] *över ~n* .. above sea level **-örn** sea-eagle
hebreisk *a* Hebrew, Hebraic **hebreiska** [språk] Hebrew
Hebriderna *pl* the Hebrides
hed moor, [ljung~] heath
heden *a, se hednisk* **-dom** [hednisk tro] heathenism, [gudlöshet] paganism **-hös,**

från (sedan) ~ from time immemorial
heder [ära, hederskänsla] honour, [beröm[-melse]] credit; [-lighet] honesty; *ta ~ och ära av ngn* calumniate ([skriftl.] libel) a p.; [*bestå ett prov*] *med ~* .. with credit; *på ~ och samvete!* [up]on my honour!; *komma till ~s igen* come into favour again **-lig** *a* [ärlig, redbar] honest, [anständig] decent; [hedersam] honourable; *~ belöning* a handsome reward **-lighet** [ärlighet, redbarhet] honesty **-sam** *a se hedrande*
heders|betygelse [mark of] honour **-doktor** honorary doctor **-gäst** guest of honour **-knyffel,** *en riktig ~* a real brick **-känsla** sense of honour **-ledamot** honorary member, *av, i* of **-man,** *en ~* an honest man, F a good old sort **-ord** word of honour; *på ~!* [tro mig!] upon my word! **-plats** [sittplats] seat of honour **-pris** special prize **-sak,** *det är en ~ för mig* I regard it as a point of honour **-skuld** debt of honour
hedervärd *a* honourable
hedning *s o.* **hednisk** *a* heathen, [vanl. före kristendomen] pagan
hedr|a I *tr* honour; *det ~r honom att* [*han*..] it does him credit that.. **II** *rfl* [utmärka sig] distinguish oneself **-ande** *a* [efter hederns bud] honourable; [aktningsvärd] creditable
hej *itj* [hälsning o. utrop] hallo!, [isht amer.] hi [there]!; *~* [*då*]*!* [adjö] bye-bye!; *~ så länge!* so long! **heja I** *itj* [sport.] come on! **II** *itr, ~ på* a) [lag] cheer [on] b) [säga hej åt] say hallo to
hejare *se baddare* **heja[r]klack** cheering section; supporters [pl.] **hejarop** cheer
hejd, *det är ingen ~ på*.. there are no bounds to.. **hejda I** *tr* [stoppa allm.] stop; [m. abstr. obj.: tygla, få under kontroll] check; *~ farten* slow down **II** *rfl* [hålla igen] check oneself
hejdlös *a* [obändig] uncontrollable; [våldsam] violent; [ofantlig] tremendous **hejdlöst** *adv* uncontrollably [etc. jfr föreg.]; F [väldigt] awfully; *ha ~ roligt, roa sig ~* have the time of one's life
hejdundrande *a* F tremendous, [överdådig] slap-up
hektar hectare; *ett (en) ~* [eng. motsv.] 2.471 acres
hektisk *a* hectic
hekto[**gram**] hectogram[me]; *ett ~* [eng. motsv. ung.] 3.5 ounces **-liter** hectolitre; *en ~* [eng. motsv. ung.] 22 gallons
hel *a* **1** [total, odelad] **a)** [översikt av betydelser samt konstr.]: [allm.] whole, [hel och hållen äv.] entire, [full[ständig] äv.] full, complete, [sammanlagd äv.] total; [känslobeton.] quite; *en ~ dag* a whole day; *~a dagen* [adv.] all day [long], all the day, the whole (entire) day; *~a följande dag* the whole of the following day **b)** [ytterligare ex.]: *~a ansvaret* the whole (entire, full) responsibility; *~a beloppet* the full (whole, total) amount; [*det är ju*] *en ~ förmögenhet*.. quite a fortune; *~a tal* whole numbers, integers; *~a tiden* [adv.] all the time, the whole time; *~a året* [adv.] throughout (all through) the year; *det är inte så ~t med* [*kunskaperna*] .. is not as it ought to be; [subst. anv.]: *en ~* [*och två femtedelar*] one..; [*fyra halva är*] *två ~a* ..two wholes; [*vad tycker du om*] *det ~a?* ..it all?; *på det ~a taget* [i stort sett] on the whole, [i allmänhet] in general **2** [ej sönder] whole, [pred. äv.]: [om glas o. d.] unbroken, not broken (cracked); [om plagg o.d.]: [ej slitna] not worn out, [ej sönderrivna] not torn; [utan hål] ..without any holes
hel|a I *tr* [bibl., poet.] heal **II** *s* [första sup ung.] the first glass **-automatisk** *a* [attr.] fully-automatic
helbrägda *a* whole **-görelse** [faith-]healing
hel|butelj [large] bottle **-dagsarbete** full-time job **-fet,** *~ ost* fat cheese **-figur,** *porträtt i ~* full-length portrait **-försäkring,** *~ för motorfordon* comprehensive [motor-]car insurance
helg [kyrkl.] festival; [friare (ledighet)] holiday[s [pl.]] **helga** *tr* [göra helig] sanctify; [hålla helig] keep..holy; [ägna] consecrate; *~t varde ditt namn* [bibl.] hallowed be thy name **helgd** [okränkbarhet] sanctity, [helighet] sacredness; *hålla i ~* hold sacred **helgdag** holiday **helgedom** [helig plats] sanctuary, shrine **helgeflundra** halibut **helgelse** sanctification **helgerån** sacrilege **helgfri** *a, ~dag* weekday, working day
helgjuten *a* [eg.] ..cast in one piece; [bildl. om person] sterling.., [harmonisk] harmonious; [fulländad] consummate
helgon saint [äv. bildl.] **-bild** image [of a saint] **-förklaring** canonization
helhet whole, totality, entirety; [*lösa en fråga, publicera en artikel*] *i sin ~* ..in full, ..in its entirety **helhetsintryck** overall (total) impression
helig *a* [till sitt väsen] holy, [ss. föremål för religiös vördnad] sacred; *Erik den ~e* St[.] (Saint) Eric **-het** holiness; [helgd] sacredness, sanctity
helikopter helicopter
helinackorderad *a, vara ~* have full board and lodging, be a full boarder
hell *itj, ~* [*dig*]*!* hail [to thee]!
hellen Hellene **hellensk** *a* Hellenic
heller *adv* [efter negation] either; [*och*] *inte ~* [äv.] nor, [and] neither; [*jag hade ingen biljett*] *och inte han ~* ..and he hadn't either, ..nor had he, ..[and] neither had he; [*vi hade så det räckte*] *men ~ inte mer*.. but no more; *det har jag* [*ju*] *~ aldrig sagt!* but I never said that!

hel|linne pure linen **-ljus,** *köra på ~* drive with headlights on
hellre *adv* rather, sooner, [ibl.] better; *jag vill ~* [inf.] I would rather (sooner) [inf.]; *jag går* [vanligen] *~ än jag åker* I prefer walking to riding; *~ det än* [*inget*] rather (better) that than ..; *ju förr dess ~* the sooner the better
hel|lång *a* [attr.] full-length **-not** semibreve, [amer.] whole-note **-nykterhet** total abstinence, teetotalism **-nykterist** teetotaller, total abstainer **-omvändning,** *göra en ~* [bildl.] perform a volte-face [fr.] **-pension** full board [and lodging] **-sida** full page **-siden** pure silk
Helsingfors Helsinki
Helsingör Helsingör, Elsinore
hel|skinnad *a, komma (slippa) ~ undan* escape unhurt **-skägg** full beard **-spänn,** *på ~* [om pers.] on tenterhooks
helst I *adv* **1** [företrädesvis] preferably, [isht i förb. m. vb] rather; *jag vill (skulle) ~* [inf.] I would rather [inf.], I [should] prefer to [inf.]; *jag vill allra ~ (~ av allt)* [inf.] I want most of all to [inf.] **2** [i uttr. *som ~*]: *hur som ~* [på vilket sätt som helst] [just] anyhow, in any way, [hur ni vill] however (just as) you like (please); *hur mycket (länge* [etc.]*) som ~* [hur mycket etc. ni vill] as much (as long [etc.]) as you like; [*jag betalar*] *hur mycket (vad) som ~* ..any amount; *han må vara hur rik som ~* however rich he may be; *ingen som ~ anledning* no reason whatever; *när som ~* [at] any time, [när ni vill] whenever you like; *vad som ~* anything, [vad ni vill] anything you like; *var (vart) som ~* anywhere, [var (vart) ni vill] wherever you like; *vem som ~* anybody, [vem ni vill] whoever you like; *vilken som ~* a) [av två] either b) [vilken ni vill] whichever you like; [*vilken buss skall jag ta?*] — *Vilken som ~* ..Any bus; [*du får ta*] *vilka som ~* ..any you like **II** [i konj. förb.], *~ som (när, om)* especially as (when, if)
helt *adv* [fullständigt, alltigenom, i sin helhet, äv. *~ och hållet*] entirely, completely, totally, wholly; [alldeles] quite; *~ eller delvis* wholly or partially; *~ enkelt* [*omöjligt*] simply [impossible]; [*inte förrän*] *~ nyligen* [only] recently; *~ om!* about turn ([isht amer.] face)!
hel|tid, *arbeta på ~* work full-time **-tidsanställd** *a, vara ~* be employed full-time **-timme,** *varje hel*[*- och halv*]*timme* every hour [and half-hour] **-täckande** *a, ~ matta* wall-to-wall carpet
helvete hell [äv. *~t*]; [bildl. äv.] inferno; *ett ~s* [*oväsen*] a hell ([svag.] the very deuce) of a..; *dra (gå) åt ~* go to hell (to the devil, [svag.] to blazes) **helvetesmaskin** infernal machine **helvetisk** *a* hellish; infernal

hel|vit *a* [attr.] whole-white, [pred.] all white **-ylle** all (pure) wool; [*tröja*] *av ~* all-wool (pure-wool)..**-år,** [*prenumerera*] *för ~* ..for a whole year **-årsprenumerant** annual subscriber
hem I *s* home [äv. anstalt]; [bostad äv.] house; *i ~met* [hemma] at home, in one's home **II** *adv* **1** home; *gå ~* go home; *gå ~ till ngn* go to a p.'s home (house, place); *hälsa ~!* remember me to your people! **2** [kortsp.], *gå ~* [i bridge] make one's contract; *ta ~ spelet* [äv. friare] win [the game]; *ta ~ ett stick* make (win) a trick
hem|bageri baker's [shop] **-bakad** *(-bakt) a* home-made **-biträde** servant, maid **-bränning** [olaglig] illicit distilling **-bygd,** *~en* one's native place **-bygdskunskap** [skol. ung.] local geography and history **-bygdsmuseum** [ung.] old homestead museum **-falla** *itr* **1** *~ åt (till)* [t.ex. laster] yield (give way) to, [t. ex. dryckenskap] become addicted to **2** *vara -fallen till straff* incur a penalty **-fridsbrott** [hos mig] violation of the privacy of my home **-frys** home freezer **-färd** home[ward] journey **-föra** *tr, ~ ett pris* carry off a prize; *~ segern* win the day **-förlova** *tr* [⚔] disband, demobilize **-försäkring** householders' comprehensive insurance **-gift** dowry **-gjord** *a* home-made
hem|hjälp home (domestic) help **-ifrån** *adv* from home; *gå (resa) ~* leave home **-inredning** interior decoration **-komst** home-coming, return **-kunskap** domestic science **-känsla** feeling of homeliness **-kär** *a, vara ~* be fond of one's home **-land** native country
hemlig *a* [allm.] secret, *för* from; [dold äv.] concealed, hidden; [[skeende] i smyg äv.] clandestine **-het** secret, [mysterium] mystery; *inte göra någon ~ av* make no secret of; *i* [*all*] *~* secretly, in secret, in secrecy **-hetsfull** *a* [gåtfull] mysterious, [förtegen] secretive **-hålla** *tr* keep..secret, conceal, *för ngn* from a p. **-stämplad** *a*..classified strictly secret
hem|liv home life **-längtan** homesickness; *känna ~* feel homesick **-läxa** homework [end. sg.] **-lös** *a* homeless
hemma *adv* at home [äv. bildl.]; *~* [*hos oss*] [*brukar vi*] at home.., in our home.., *jfr härhemma;* [*du kan bo*] *~ hos oss* ..at our place, ..with us; *~ hos Eks* at the Eks'; *höra (vara) ~ i S., se höra* [*hemma i*]*; vara ~* [hemkommen] be home, be back **-fru** housewife **-gjord** *a* home-made **-hörande** *a, vara ~ i, se höra* [*hemma i*]
hemman homestead, [freehold] farm **hemmansägare** [ung.] yeoman, [friare vanl.] farmer
hemma|plan [sport.] home ground; *spela på*

För med **hem-** sammansatta verb jfr äv. vid beton. part. under resp. enkla verb

~ play at home **-stadd** *a* at home, [obesvärad äv.] at ease [båda end. pred.] **-varande** *a* .. living at home
hemorrojder *pl* h[a]emorrhoids
hem|ort home district, [jur.] domicile **-ortsrätt** domiciliary rights [pl.] **-resa** *s* home journey, [till sjöss] home[ward] voyage **-samarit** 'home samaritan'
hemsk *a* **1** [allm.] ghastly, [ohygglig äv.] gruesome; [fruktansvärd äv.] terrible, [svag.] awful, frightful; [kuslig] uncanny, weird; [dyster] dismal **2** F [förstärkande], *en ~ massa* [*folk*] an awful lot of..
hemskillnad judicial separation
hemskt *adv* F [väldigt] awfully, frightfully
hem|slöjd handicraft **-stad** home town **-ställa** *tr itr* **1** ~ [*hos ngn*] *om ngt* [anhålla] request a th. [from a p.] **2** [föreslå] suggest **-ställan** request; suggestion **-syster** *se -vårdarinna* **-söka** *tr* **1** [härja, o.d.]: [om t.ex. fiende] invade, [om t. ex. sjukdom] afflict, [om t. ex. naturkatastrof] devastate **2** [ss. straff] visit **-sökelse 1** affliction; [katastrof] disaster **2** visitation **-trakt** home district **-trevlig** *a* [ombonad] cosy, snug, [hemlik] homelike **-trevnad** cosiness, homelike atmosphere **-vist** [poet.] abode; [jur.] domicile **-vårdarinna** trained home help **-väg** way home; *på ~en* [*blev jag..*] on my (the) way home.. **-värn** home defence; [konkr.] Home Guard **-vävd** *a* hand-woven **-åt** *adv* homeward[s]; [towards] home
hennes *poss. pron* [fören.] her, [om djur äv. o. om sak vanl.] its; [självst.] hers; [för ex. *jfr vid. 1 min*]
Henrik Henry
heraldik heraldry **heraldiker** heraldist **heraldisk** *a* heraldic
herbarium herbari|um [pl. -a]
herde shepherd [äv. bildl.] **-dikt** pastoral [poem] **-stav** [shepherd's] crook
herdinna shepherdess
hermelin ermine
hermetisk *a* hermetic
heroisk *a* heroic[al] **heroism** heroism
herr *se herre 2* **herravdelning** [gentle]men's department **herravälde** [makt] domination, [styrelse] rule, [välde] dominion, [överhöghet] supremacy, *över* [vanl.] over; [övertag o. behärskning] mastery, [kontroll] control, *över* [vanl.] of
herrcykel man's [bi]cycle
herr|e 1 [mansperson] a) [allm.] gentleman, man [pl. men]; [dams kavaljer] partner b) [i tilltal utan följ. personnamn], *vill min ~ vänta?* would you mind waiting, sir (Sir)?; *mina -ar!* gentlemen! **2** *herr* [titel] a) [allm.] Mr[.]; *tycker herr A. det?* [i tilltal] do you think so, Mr. A.?; *-ar*[*na*] *A. och B.* Mr. A. and Mr. B.; *Herr redaktör!* [i brevbörjan] Sir,; *herr ordförande!* Mr. Chairman! b) [i brevutanskrift o. d.]: *Herr Bo Ek* Mr. ([t. ung pojke] Master) Bo Ek, [t. pers. i högre samhällsställning i Engl. vanl.] Bo Ek, Esq. **3** [i spec. bet.]: [härskare, husbonde] master, [ägare äv.] owner, [i vissa fall] lord; *är -n hemma?* [till tjänstefolk] is Mr. X. (your master) at home?; *-n i huset* the master of the house; *-en till* [*godset A.*] the lord of..; *vara sin egen ~* be one's own master ([om kvinna] mistress); *vara ~ på täppan* rule the roost; *bli ~ över elden* get the fire under control; *vara ~ över situationen* be master of the situation **4** *Herren* ([åld.] *Herran*) the Lord; *H~!* O Lord!; *~ gud!* F Good Heavens (God)!; *ett -ans oväder* dreadful weather; *i (på) många -ans år* for ages [and ages]
herrekipering [butik] gentlemen's outfitting shop
herre|lös *a* ownerless **-säte** country-seat
herrfrisör hairdresser, barber
herrgård [byggnad] country-house, manor[-house]; [gods] country estate, manor **-herrgårdsvagn** [bil] estate car, [isht amer.] station-wagon
herr|konfektion [kläder] men's [ready-made] clothing **-kostym** [man's] suit **-kupé** gentlemen's compartment **--rum** *se herrum* **-skap 1** [äkta makar], *~et Ek* Mr[.] and Mrs[.] Ek; *är ~et hemma?* [till hembiträde o. d.] are Mr. and Mrs. X. at home? **2** [i tilltal t. sällskap av båda könen], *när skall ~et resa?* when are you leaving?; *mitt ~!* ladies and gentlemen! **3** [herrskapsfolk] gentlefolk[s] [pl.] **-strumpa** man's sock **-sällskap,** *i ~* [bland herrar] among gentlemen **-toalett** [gentle]men's lavatory
herrum [i hem ung.] study
hertig duke **-döme** [område] duchy **-inna** duchess **-lig** *a* ducal
hes *a* hoarse **-het** hoarseness
het *a* hot; [om t. ex. längtan äv.] ardent, [om t. ex. böner äv.] fervent; [upphetsad] heated, excited; *~a linjen* the hot line; *~* [klimat]*zon* torrid zone; *bli ~* [brusa upp] lose one's temper; *få det ~t* [*om öronen*] get into hot water
het|a *itr* **1** [benämnas] be called (named); *vad -er han?* [vanl.] what is his name?; *vad -er hon i sig själv?* what was her maiden name?; *allt vad* [*bröd*] *-er* everything in the way of..; *vad -er det* [ordet etc.] *på engelska?* what is that in English? **2** [opers.] a) [lyder, står], *det -er i lagen..* the law says..; *som det -er* as the word is; [*ett brev*] *där det -er (-te) att* ..to the effect that b) [påstås], *det -er* (F *det -s*) *att han är* [*son till*] he is said to be..; [*länder*] *som skall -as vara civiliserade..* which are supposed to be civilized
heterogen *a* heterogeneous

hetlevrad *a* hot-tempered, choleric
hets [ansättande] baiting, [förföljelse] persecution, *mot* of; [uppviglande] agitation, *mot* against; [jäkt] bustle **hetsa** *tr* [jäkta] rush; [egga] bait; [tussa] set; ~ [*upp*] [egga] excite; ~ *upp sig* get excited **hetsig** *a* **1** [häftig, om t. ex. lynne] hot, [om t. ex. dispyt äv.] heated; [hetlevrad] hot-tempered, [lättretad] hot-headed **2** [jäktig] bustling **hetsighet** hotness [etc.]; heat **hetsjakt** [jakt.] hunting, hunt; [bildl., jäkt] rush; *~en efter* [t. ex. nöjen] the chase after; *~ på, se hets* [*mot*]
hett *adv* hotly, ardently [osv.], *jfr het; solen brände ~* the sun burnt hot; *det gick ~ till* [man slogs o. d.] things got pretty rough; [*han kände att*] *det började osa ~* ..the place began to be too hot for him **hetta I** *s* heat, [bildl. äv.] ardour, passion **II** *itr* [vara het] be hot, [alstra hetta] give heat; [*hennes kinder*] *~de* ..were burning; *det ~r i öronen* [*på mig*] my ears are tingling; ~ *upp* heat [äv. bildl.], heat up
hexameter hexameter
hicka I *s o.* **II** *itr* hiccup, hiccough
hierarki hierarchy **hieroglyf** hieroglyph
Himalaya[**bergen**] the Himalayas [pl.]
himla *a* F awful, tremendous **-kropp** celestial body, orb **-valv** vault (canopy) of heaven; *på ~et* in the firmament
him|mel [himlavalv, sky vanl.] sky; [~rike, ~ska makter] heaven; [*o, (du milde)*] *~!* [good] Heavens!; *röra upp ~ och jord* move heaven and earth; [*solen*] *stod högt på -len*.. was high [in the sky (heavens)]; *under Italiens ~* under Italian skies **himmelrike** heaven, paradise
himmels|blå *a* sky-blue, azure **-färd,** *Kristi ~* the Ascension **-färdsdag,** *Kristi ~* Ascension Day **-hög** *a, se skyhög*
himmelsk *a* heavenly, [bildl. äv.] divine
himmels|skriande *a* glaring..; [om t. ex. brott] atrocious **-vid** *a* [bildl.] enormous, immense
hin, *~*[*håle (onde)*] the devil; [*hon är*] *ett hår av ~* ..a devil of a woman
hind hind
hinder [allm.] obstacle, *för* to, [svårighet äv.] impediment, [fördröjande ~ äv.] hindrance; [sport.]: [häck o. d.] fence, hurdle, [dike o. d. äv.] ditch; *det möter inget ~* there is nothing to prevent it; *vara till ~s för ngt* be an obstacle to a th. **-bana** steeplechase course **-löpning** steeplechase, [-löpande] steeplechasing **-sam** *a, vara ~* [till hinders] be a hindrance, *för* to
hindersprövning consideration of impediments
hindra *tr* **1** [förhindra] prevent, [avhålla] keep, restrain, [hejda] stop; *~ ngn* [*i hans strävanden*] check a p..; *det är ingenting som ~r att du*.. there is nothing to prevent you[r] (you from) [ing-form] **2** [vara till hinders för] hinder, [stå el. lägga sig hindrande i vägen för ngt] hamper, obstruct, impede; ~ [*trafiken*] impede (obstruct)..; *låt inte mig ~* [uppehålla] *dig* don't let me detain ([störa] disturb) you
hindu *s o.* **hinduisk** *a* Hindu, Hindoo
hingst stallion
hink [vatten~] bucket, [mjölk~, slask~, skur~] pail [båda m. 'of' framför best.]
1 hinna I *tr itr* **1** [uppnå] reach **2** [nå, komma] reach, get [on]; [*han hade*] *hunnit halva vägen* ..got ([mot den talande] come) half the distance **3** [~ få färdig], ~ [*med*] get.. done (finished) **4** [ha tid] have ([få tid] find, get) [the] time, [lyckas] manage it **5** [komma i tid] [manage to] be in time **II** [m. beton. part. vanl.] [manage to] get [jfr dock ex.]; ~ *fram* arrive [in time]; ~ [*i*]*fatt, se ifatt;* ~ [*med*] *att äta* have time to eat; ~ *med* [*ett arbete*] [manage to] finish..; ~ *med tåget* [manage to] catch the train; ~ *upp* [ifatt] catch..up
2 hinna *s* [allm., tunn] film; [skal, överdrag] skin; [zool. o. bot.] membrane
hipp, *det är ~ som happ* it comes to the same thing
hippa party
hisklig *a* [förskräcklig] horrible, terrifying, [friare o. mera F] frightful, awful
hisna *itr, se hissna*
hiss lift, [amer.] elevator; [byggnads~, varu~ o. d.] hoist **hissa** *tr* **1** [eg.] hoist [up]; [flagga] hoist, run up; ~ *segel* [avsegla] set sail **2** [pers.] toss **hisskorg** lift cage
hissna *itr* feel dizzy (giddy); *~nde* [*höjd, djup*] dizzy (giddy)..
hisstrumma lift shaft (well)
histori|a 1 [skildring el. vetenskap] history; *gå till -en* become (go down in) history **2** [berättelse]: [allm.] story, ['skeppar~' äv.] yarn; *berätta en ~* tell a story, F spin a yarn **3** [sak] thing, affair; *det blir en dyr ~ för honom* it will cost him dear
historie|berättare story-teller **-bok** history book **-forskning** history research **-skrivare** historian, historiographer
historik history, *över* of **historiker** historian
historisk *a* **1** [allm.] historical **2** [märklig] historic
hit *adv* [allm.] here; *kom ~ med* [*boken!*] bring..here!; ~ *och dit* [eg.] to and fro; *ända ~* as far as this (here); *han kom ~* [*i går*] he arrived [here].. **-hörande** *a, alla ~* [*förhållanden*] all the relevant.. **-intills** *adv se hittills* **-om** *prep* on this side [of] **-resa,** *på ~n* on the (my [etc.]) journey here
hitta I *tr* [allm.] find, [träffa på] come (hit)

[up]on, [komma över] come across; [t. ex. guld, olja] strike; *han ~r alltid det rätta ordet* he always knows the right word to say; *~ på* a) [tänka ut] think of, hit [up]on b) [uppfinna] invent c) [dikta ihop] make up **II** *itr* [finna vägen] find ([känna vägen] know) the (my [etc.]) way
hitte|barn foundling **-godsmagasin** lost property office **-lön** reward
hit|tills *adv* up to (till) now, hitherto; [så här långt] so far **-åt** *adv* in this direction, this way
hiva *tr* heave, F [kasta äv.] throw, chuck
hjord herd; [får~ o. menighet] flock **-instinkt** herd instinct
hjort deer [pl. lika]; [hanne]: [kron~] stag, [dov~] buck **-horn** [eg.] deer horn **-hornssalt** hartshorn **-kalv** young deer
hjortron cloudberry, dwarf mulberry
hjortskinn [berett] buckskin
hjul [allm.] wheel, [trissa] castor **hjula** *itr* turn cart-wheels, cartwheel
hjul|axel [på vagn] axle-tree **-bent** *a* bandy-(bow)-legged **-eker** spoke **-nav** hub **-spår** wheel track, [djupare] rut **-ångare** paddle--steamer, [isht amer. äv.] side-wheeler
hjälm [allm.] helmet **-buske** crest
hjälp [allm., äv. om pers.] help, [bistånd äv.] assistance, aid, [understöd] support, relief; [botemedel] remedy, *mot (för)* for; *ge första ~en* [vid olycksfall] administer first aid; *tack för ~en!* thank you for your kind help!; *med ~ av, se tillhjälp; komma ngn till ~* come to a p.'s assistance (aid, [undsättning] rescue); *ta [händerna] till ~* make use of..
hjälp|a I *tr itr* [allm.] help, [bistå äv.] assist, [vara behjälplig äv.] aid; [avhjälpa] remedy; [nytta, tjäna till] avail, be of use (avail); [om botemedel] be effective (good), *mot (för)* for; *det -te inte att gräla på henne* it was no use scolding her; *det kan inte ~s* it cannot be helped; *vad -er det, att jag..?* what is the good (use) of my (me) [ing-form]?; *vill du ~ mig* [ett ögonblick]? just give me a hand, will you? **II** [m. beton. part.] *~ ngn av med* [*rocken*] help a p. off with..; *~ till* help; *~ till med att* [inf.] help me [osv.] [to] [inf. (in [ing-form]); *~ upp* a) [pers.] help..[to get] up b) [bättra på] improve
hjälp|ande *adv, träda ~ emellan* step in to help **-as** *itr. dep* **1** *se hjälpa I* **2** *~ åt* help one another **-klass** remedial class **-lig** *a* passable, tolerable **-lös** *a* helpless **-medel** aid, means [pl. lika] [of assistance]; [botemedel] remedy **-motor** auxiliary engine (motor) **-präst** curate **-reda 1** [pers.] helper, assistant **2** [handbok] guide **-sam** *a* helpful, *mot* to **-station** first-aid station **-sökande** *a* ..seeking relief; *en ~* an applicant for relief **-trupp,** *~er* auxiliary troops **-verb** auxiliary [verb]
hjälte hero **-bragd** heroic deed **-dyrkan** hero worship **-mod** heroism **-modig** *a* heroic
hjältinna heroine
hjärn|a brain; [förstånd o. -substans vanl.] brains [pl.]; *lilla -an* [the] cerebellum; *stora -an* [the] cerebrum **-blödning** cerebral h[a]emorrhage **-hinneinflammation** meningitis **-skakning** concussion [of the brain] **-spöke** figment [of the brain] **-tvätt** brain--washing
hjärt|a heart; *säga sitt ~s mening* speak one's mind; *stå ngns ~ nära* be dear to a p.'s heart; *jag har inte ~ [till] att* [inf.] I haven't [got] the heart to [inf.]; *av hela mitt ~* with all my heart; *i ~t av* [*staden*] in the heart (very centre) of..; *med lätt (tungt) ~* with a light (heavy) heart; [*saken*] *ligger mig varmt om ~t* I have..very much at heart; *ha ngt på ~t* have a th. on one's mind; *lägga* [*en förmaning*] *på ~t* take ..to heart; *tala fritt ur ~t* give one's frank opinion; *kära ~n[d]es!* dear me! **-blad** cotyledon
hjärte|blod life(heart['s])-blood **-god** *a* truly (very) kind-hearted **-lag** [sinnelag] disposition; [hjärta] heart, mind
hjärter [koll., äv. ss. bud] hearts [pl.]; *en ~* a ([resp.] one) heart **-dam** the queen of hearts **-fem** the five of hearts
hjärte|sak, *det är en ~ för mig* I have it very much at heart **-sorg** deep-felt grief; *dö av ~* die of a broken heart **-vän** bosom friend; [hjärtanskär] sweetheart
hjärt|fel [organic] heart-disease **-formig** *a* heart-shaped; [bot.] cordate **-infarkt** infarct of the heart **-klappning** palpitation **-lidande** heart trouble **-lig** *a* cordial, [stark.] hearty, [friare] warm, kind; *~a gratulationer på födelsedagen!* Many Happy Returns [of the Day]!; *~t tack!* thanks very much **-lighet** cordiality, [stark.] heartiness **-lös** *a* heartless **-nupen** *a* [vekhjärtad] sentimental **-pulsåder** aorta **-sjuk** *a* .. suffering from [a] heart-disease **-skärande** *a* heart-rending (-breaking) **-slag 1** [pulsslag] heartbeat **2** [läk.] heart-failure **-slitande** *a, se -skärande* **-transplantation** heart transplant ([-transplantering] transplantation) **-ängslig** *a* nervous and frightened, *över* at
hjäss|a [allm.] crown; top [of the head] **-ben** parietal bone
ho trough, [tvättho] [laundry] sink
hobby hobby **-rum** hobby-room
hockey hockey **-klubba** hockey stick
hojta *itr* shout, yell, hollo
holk 1 [fågel~] nesting box **2** [bot.] calycle
holka *tr, ~ ur* hollow [out]; [gräva ur] dig out; *urholkad* [äv.] hollow, concave
holländar|e Dutchman; *-na* [som nation el. lag o. d.] the Dutch **holländsk** *a* Dutch
holländska 1 [kvinna] Dutchwoman **2**

[språk] Dutch. — *Jfr svenska*
holme islet, [isht i flod] holm[e]
homeo|pat hom[o]eopath[ist] **-patisk** *a* hom[o]eopathic
homo|gen *a* homogeneous **-sexuell** *a* homosexual; *en* ~ a homosexual
hon *pers. pron* she; *henne* her; ~, *henne* [om djur äv. o. om sak vanl.] it
hon|a female, [om vissa hovdjur, elefant m.fl.] cow, [om fåglar ofta] hen; [ss. efterled i sms. *jfr ap-, elefant|hona*] **-blomma** female flower **-katt** she-cat **-kön** [eg.] female sex
honnör 1 [⚔, hälsning] salute; *göra* ~ [*för*] salute **2** [kortsp.] honour
honor|ar fee **-atiores** *pl, stadens* ~ the notabilities of the town **-era** *tr* remunerate, pay; [skuld] pay off, settle
honung honey
honungs|kaka [i bikupa] honeycomb **-len** *a* honeyed; ~ *röst* mellifluous voice
hop I *s* [skara] crowd, [hög] heap; [friare] lot; [*den stora*] ~*en* the multitude; *en hel* ~ [*med*] [*pengar*] a lot (lots, heaps [båda pl.]) of.. **II** *adv, se ihop* **hopa I** *tr* heap (pile) up, [friare o. bildl.] accumulate **II** *rfl* accumulate; [t. ex. om moln] mass, [om snö] drift; [ökas] increase
hopas *itr. dep, se hopa II*
hop|fallen *a, se -skrumpen o. infallen* **-fällbar** *a* folding.., collapsible **-fälld** *a* [attr.] shut-up, [om paraply] closed; *jfr äv. hopslagen* **-kok** concoction, mishmash
1 hopp hope, [förhoppningar ofta] hopes [pl.], *om* of; [förtröstan] trust; *ha* [*gott*] ~ *om att* [inf.] have hopes (every hope) of [ing-form]; *i* ~ *om ett snart svar* hoping to receive an early reply
2 hopp 1 [allm., äv. sport o.d. (*jfr dock 2* ned.) o. bildl.] jump, [språng äv.] leap, [snabbt o. elastiskt äv.] spring, [långt skutt äv.] bound; [dykning på huvudet vanl.] dive **2** [hoppning]: [sport.] jumping, [gymn., över bock o.d.] vaulting **hoppa I** *itr (tr)* jump, leap, spring, bound, dive, *jfr 2 hopp 1;* [isht om fågel, loppa o. d.] hop; ~ *på ett ben* hop [on one leg]; ~ *längdhopp* do the long jump ([ägna sig åt längdhoppning] go in for long jumping) **II** [m. beton. part.] ~ *av* [bildl.] back out, defect, [polit.] seek political asylum; ~ *in* [som ersättare] step in, *för ngn* in a p.'s place; ~ *på ngn* fly at a p.['s throat]; ~ *på* [*ett erbjudande*] jump at.., seize upon..; ~ *till* give a jump, start; ~ *över* [bildl.]: [gå förbi, utelämna] skip, leave out, [ofrivilligt] miss out, forget
hoppas *itr. o. tr. dep* hope, *på* for, [förlita sig] trust [vanl. m. att-sats]; ~ *det bästa* hope for the best
hoppbacke ski jump
hopp|full *a o.* **-ingivande** *a* hopeful
hoppjerka [ung.] drifter
hopplös *a* [allm.] hopeless; desperate
hopprep skipping-rope, [isht amer.] jump rope; *hoppa* ~ skip
hoppsan *itj* whoops!
hop|rafsad *a* [[attr.] ..that has [osv.] been] scrambled together **-sjunken** *a* [pred.] shrunk up, [attr.] shrunken [-up] **-skrumpen** *a* shrivelled, wizened **-slagen** *a* [om bok] closed, [om bord o. d., attr.] folded-up; *jfr äv. hopfälld o. slå* [*ihop*] **-sparad** *a* [attr.] saved-up **-vuxen** *a o.* **-växt** *a, se sammanvuxen*
hor adultery; fornication **hora** *s* whore
hord [allm.] horde
horisont [allm.] horizon; *det går över min* ~ it is beyond me **horisontal** *a* horizontal
hormon hormone
horn [allm.] horn, [hjorts äv.] antler, [signal~ äv.] bugle, [på bil o.d. äv.] hooter; *ha ett* ~ *i sidan till ngn* have [got] one's knife into (have it in for) a p.; *stånga* ~ *en av sig* [bildl.] sow one's wild oats **-artad** *a* horny **-blåsare** horn player, [⚔] bugler **-boskap** horned cattle [pl.] **-bågad** *a,* ~*e glasögon* horn-rimmed spectacles **-hinna** cornea **-musik** brass (horn) music **-uggla** horned owl **-ämne** keratin
horoskop horoscope
hortensia hydrangea
hortonom [trained] horticulturist
hos *prep* [se äv. resp. subst., adj. o. vb] **1** [rumsbet. o. friare]: **a)** [hemma (i tjänst) hos o.d.] at [*jfr ex.*], with; [i personlig tjänsteställning hos o. ibl. äv. annars] to; [*expedit*] ~ *Anderssons* ..at Andersson's; *arbeta* ~ *ngn* work for a p.; [*han bor (äter middag etc.)*] ~ *sin farbror (~ oss)*.. at his uncle's [house (place)] (at our house), ..with his uncle (with us); [*dolken hittades*] ~ [*på*] *honom* ..on him; [*jag har varit*] ~ *doktorn*.. to the doctor; ~ *oss* [i vårt land] in this (our) country; *utgiven* ~.. published by.. **b)** [bredvid] by; [tillsammans med] with; [bland] among **2** [bildl.] **a)** [i samband m. uttr. som anger egenskap, utseende, känsla, o. d.]: [i, inom] in, [in i] into, [över, i det yttre hos] about; [för att uttrycka fel, vana o. d. hos ngn] with; *det finns något* ~ *henne*.. there is something about ([inom] in) her..; [*det vittnar om slarv*] ~ *dem* ..on their part; *värdet* ~ [av] *boken* [*ligger i*..] the value of the book.. **b)** [i en författares verk o.d.] in; [*uttrycket finns*] ~ *Shakespeare* ..in Shakespeare
hospital [lunatic] asylum
hospits hostel; [ibl.] temperance hotel
host|a I *s* cough, coughing **II** *itr (tr)* [eg.] cough; ~ *till* give a slight cough; ~ *upp* cough up, expectorate **-anfall** *o.* **-attack** fit (attack) of coughing
hostia, ~*n* the Host

För med **hop-** sammansatta verb jfr äv. vid beton. part. under resp. enkla verb

hostmedicin cough mixture (syrup)
hot [allm.] threat[s [pl.]], *mot* against, *om* of; [ständigt hot, hotande fara: högt.] menace, *mot* to; *tomt* ~ empty threats **hota** *tr itr* [allm.] threaten, [högt. samt utan följ. inf.] menace, [förestå äv.] be imminent; *det ~r att bli regn* it threatens to (looks like) rain
hotande *a* threatening, menacing, [överhängande] imminent
hotell hotel; ~ *Svea* the Svea Hotel **-direktör** hotel manager **-rum** hotel room **-råtta** F hotel thief **-räkning** hotel bill
hot|else threat, *mot* against; menace, *mot* to; *fara ut i ~r mot ngn* utter threats against a p., menace a p. **-full** *a* threatening, menacing
1 hov [på djur] hoof
2 hov court; *vid ~et* at court **-dam** lady-in--waiting, *hos* to
hovdjur hoofed animal (mammal)
hov|dräkt court dress **-juvelerare,** ~[*n*] *A*. Mr. A., [by appointment] jeweller to H.M. (His Majesty) the King **-leverantör,** [*kunglig*] ~ purveyor to His Majesty the King ([el.] to the court) **-man** courtier **-marskalk** [ung.] marshal of the court **-mästare** [på restaurang] head waiter **-narr** court-jester **-rätt** [ung.] court of [civil and criminal] appeal **-rättsråd** [ung.] justice of appeal
hovsam *a* moderate; [hänsynsfull] considerate
hovslag hoof beat **-are** farrier, blacksmith
hovsorg court mourning
hovtång pincers [pl.]
hu *itj* ugh!, whew!
huckle kerchief
hud [allm.] skin, [på större djur o. tjock avflådd djur~] hide **-flänga** *tr* castigate, scourge **-färg 1** [eg.] colour of the [resp. his etc.] skin, [hy] complexion **2** [färgnyans] flesh--colour **-kräm** skin cream **-lös** *a* **1** [eg.] excoriated, [gm skavning o. d.] galled **2** [bildl.] skinless **-sjukdom** skin (cutaneous) disease
hugad *a*, *~e spekulanter* prospective (intending) buyers
hugenott Huguenot
hugfästa *tr*, ~ [*minnet av*] commemorate
hugg 1 [m. skärande vapen el. verktyg] cut, [m. kniv o. d.] stab, [båda äv. märke]; [slag] blow, stroke, [m. tänder, äv. om fisk] bite; [*med käppen*] *i högsta* ~ ..ready to strike **2** [häftig smärta] stab of pain, twinge **3** [bildl.] blow
hugg|a I *tr itr* **1** [m. vapen el. verktyg] cut, hew, strike; [m. kniv o. d.] stab, *efter ngn* at a p.; [klyva i små stycken] chop; ~ *sten* cut (hew) stone; ~ *ved* chop (cut) wood **2** [m. tänderna o. d.] grab, clutch; [t. ex. om fisk, hund] bite; ~ *tänderna i ngt* sink one's teeth into a th. **3** [friare o. bildl.]: [gripa] catch (seize) [hold of], *i* [t. ex. armen] by; F [stjäla] pinch, snatch; [jfr ~ *till c*]; ~ *i sten* go wide of the mark; *det är -et som stucket* it comes to the same thing **II** *rfl*, ~ *sig i benet* cut one's leg **III** [m. beton. part.] ~ *av* cut off, sever; [i två bitar] chop (cut).. in two; ~ *för sig* a) [ta för sig] help oneself [greedily], *av* to b) [ta grovt betalt] charge stiff prices; ~ *i* [ta i av alla krafter] make a real effort; ~ *ned* [träd] fell (cut down); ~ *till* a) [slå till] deal [m. obj. utsatt i eng.] a blow (cut [etc.]), strike b) [ta grovt betalt] *se* ~ *för sig* c) *det högg till* [*i tanden*] there was a twinge..; ~ *ut* cut out, *ur* of; [skogsv.] cut down, fell, [gallra] thin out
hugg|are 1 [vapen] cutlass **2** [bildl.] *se baddare* **-kubb**[**e**] chopping-block **-orm** viper, adder **-tand** [vass tand äv. orms] fang; [bete] tusk **-värja** rapier
hugskott passing fancy, idea; *jfr äv. nyck*
huj, *i ett* ~ F in a jiffy
huk, *sitta på* ~ squat, sit on one's heels
huka *rfl* crouch [down]
huld *a* [välvillig] benignant, [älskvärd] gracious, [trogen] loyal
hull [vanl.] flesh; *lägga på ~et* put on flesh; *med ~ och hår* whole, entirely
huller om buller *adv*, [*allt ligger*] ~ ..in a mess, ..higgledy-piggledy; *springa* ~ [om varandra] run pell-mell
hulling barb; [på harpun o. d.] fluke
hum, *ha en ~ om latin* have a smattering of Latin
human *a* humane, [hygglig] kind; [om pris] reasonable **-iora** *pl* arts subjects, [klassiska språk o. d.] the humanities **-ism** humanism **-ist** humanist; [studerande] arts student **-istisk** *a* humanistic; *~a fakulteten* the Faculty of Arts **-itet** humanity **-itär** *a* humanitarian
humbug humbug, [pers. äv.] charlatan
humla bumble-bee
humle hops [pl.]; [~planta] hop **-stör** hop--pole [äv. bildl.]
hummer lobster **-burk** tin ([amer.] can) of lobster
humor humour, [sinne för ~] sense of humour **-esk** [litt.] humorous story; [mus.] humoresque **-ist** humorist **-istisk** *a* humorous
humör [lynne] temper, temperament; [sinnesstämning] humour, spirits [pl.], mood; *fatta* ~ [bli ond] bridle up; *tappa ~et* [bli ond] lose one's temper, [bli på miss~] be put out of humour; *hålla ~et uppe* keep up one's spirits; *på dåligt* ~ in low (bad) spirits, [sur, vresig] in a bad temper; *på gott* ~ in high (good) spirits, in a cheerful (good) mood
hund dog, [jakt~ äv.] hound; [han~] male dog; [*få*] *slita* ~ [have to] rough it **-bett** dog-bite **-göra** drudgery **-huvud,** *få bära ~et för ngt* be made the scapegoat for a th.

-kex dog-biscuit **-koja** kennel **-koppel** leash; *se vid. koppel 1* **-käx** *o.* **-käxa** [bot.] *se -loka* **-loka** wild chervil

hundra *räkn* hundred; [*ett*] ~ a hundred; ~ *fem* a (one) hundred and five; *fem* ~ five hundred; *ett tusen ett* ~ a (one) thousand one hundred; *år 196* [adv.] in [the year] 196 (one hundred and ninety-six); *flera* ~ several hundred; *vi var flera* ~ there were several hundreds of us; *några* ~ a few hundred; *ett par* ~ a couple of hundred

hundracka cur, mongrel

hundrade I *s* hundred **II** *räkn* hundredth

hundra[**de**]**del** hundredth [part]; *två* ~*ar* two hundredths; *en* ~*s sekund* a (one, [ibl.] the) hundredth of a second

hundra|faldig *a* hundredfold **-fem** *räkn* a (one) hundred and five **-femte** *räkn* hundred and fifth **-lapp** one-hundred-krona note **-procentig** *a* one-hundred-per-cent..

hundras breed of dog

hundra|tal hundred; *ett* ~ *människor* some hundred people; [*räkna*..] *i* ~ ..by the hundred **-tals** *a,* ~ *människor* hundreds of people **-tusen** *räkn,* [*ett*] ~ a (one) hundred thousand **-årig** *a* hundred-year-old.., [pred.] a (one) hundred years old [osv.], *jfr femårig* **-åring** centenarian **-årsjubileum** *o.* **-årsminne** centenary

hund|skall [[vanl.] the] barking of dogs ([resp.] a dog) **-skatt** [ung.] dog-licence **-släkte,** ~*t* the canine race **-utställning** dog show **-vakt** [⚓] middle watch **-valp** pup[py] **-viol** dog-violet **-väder,** [*ett*] ~ beastly weather **-år** year of hard struggle **-ägare** dog-owner **-öra** dog's ear

hunger [allm.] hunger, *efter* for; [svält äv.] starvation **hungersnöd** famine **hungerstrejk** *s o.* **hungerstrejka** *itr* hunger-strike

hungra *itr* be hungry (starving), [svälta] starve, hunger; *uthungrad* famished, starving; *jag är alldeles uthungrad* F I am simply starving **hungrig** *a* [allm.] hungry, [utsvulten] starving, *efter* for

hunn *o.* **hunner** Hun

hunsa *tr itr,* ~ [*med*] bully, browbeat

hur *adv* **1** [allm.] how, [ibl.] what; ~ *då?* how?; ~ *så?* [varför] why [, then]?; ~ *gammal är han?* how old (what age) is he?; ~ [*sa*]*?* what [did you say]?; ~ *ser han ut?* [-dant utseende har han?] what does he look like?; ~ *är det med honom* [hans hälsa]*?* how is he? **2** [i vissa förb.], ~ .. [*än*] [vanl.] however; ~ *skicklig han än är* however clever he may be; ~ *jag än gör* whatever I may do; *eller* ~, *se under eller;* ~ *som helst, se helst I 2* **-dan** *a,* ~ *är han?* what is he like?; ~*t vädret än blir* whatever weather we may have

hurra I *itj* hurrah!, hurray! **II** *s* cheer, hurrah, hurray; *jfr leve* **III** *itr* hurrah, hurray, cheer; ~ *för ngn* give a p. a cheer; *ingenting att* ~ *för* F nothing to write home about **-rop** cheer

hurtig *a* [rask] brisk, [pigg] lively, [vaken] alert, [käck] dashing **-het** briskness [etc.]; dash

hurts [på skrivbord] pedestal

huru *adv, se hur* **-dan** *a, se hurdan* **-ledes** *adv* how, in what way **-som** *konj* how; [att] that **-vida** *konj* whether

hus 1 [allm.] house, [större] building; [familj] house, family; *gå för fulla* ~ draw crowded houses; *göra rent* ~ [*i* [*skafferiet*]] polish everything off [in ..]; *göra rent* ~ *med* [bildl.] make a clean sweep of; *var har du hållit* ~*?* wherever have you been?; *gå man ur* ~*e* turn out to a man **2** [snigels] shell **husa** housemaid, [som serverar] parlourmaid

husar hussar

hus|behov, *till* ~ [eg.] for household requirements **-bock** house longhorn beetle **-bonde** master **-djur** domestic animal

husera *itr* **1** ~ *i* [hemsöka] infest, [om spöke o. d.] haunt **2** [väsnas] F carry on **husesyn,** *gå* ~ [*i*] [friare] make a tour of inspection [of]

hus|fader head of a ([resp.] the) family **-fluga** [common] housefly **-föreståndarinna** housekeeper **-geråd** [köksredskap (koll.)] household (kitchen) utensils [pl.]

hus|håll household, [domestic] establishment; [-hållning] housekeeping; *sköta* ~*et för ngn* keep house for a p. **-hålla** *itr* **1** keep house **2** [vara sparsam] economize, *med* on **-hållerska** housekeeper **-hållning 1** [eg.] housekeeping **2** [sparsamhet] economizing; economy **-hållningssällskap** [county] agricultural society

hushålls|arbete housework **-maskin** electrical domestic appliance **-papper** crepe paper **-pengar** *pl* housekeeping money (allowance) [båda sg.] **-rulle** kitchen roll **-skola** domestic science school

hus|knut corner of a ([resp.] the) house **-kur** household remedy **-lig** *a* domestic, [intresserad av husligt arbete] domesticated **-lighet** domesticity **-läkare** family doctor **-manskost** homely fare **-mo**[**de**]**r** housewife; [på sjukhus o. d.] matron **-rum** accommodation

husse F master

hussvala house-martin

hustru wife

hus|tyrann domestic tyrant **-undersökning** search **-vagn** caravan, [amer.] [house-]trailer **-vill** *a* homeless **-värd** landlord

hut I *itj,* [*å (vet)*] ~*!* none of your sauce! **II** *s, lära ngn veta* ~ teach a p. manners **huta** *itr,* ~ *åt (till) ngn* give a p. a good dressing-

-down (telling-off)
hutch *se hurts*
hutlös *a* shameless, impudent
huttra *itr* shiver, *av* with
huv [allm.] hood; [för skrivmaskin o. d.] cover; [på penna] cap **huva** hood
huvud [allm.] head, [pers.] brain, [intelligens o. d. äv.] brains [pl.]; [brev~] heading; *jfr äv. piphuvud* [m. fl. sms.]; *han har ett gott ~* he is clever; *han har ~et på skaft* he has got a good head on his shoulders; *ha sitt ~ för sig* [ha sin egen mening] have a will of one's own; *kort om ~et* [dum] stupid; *stiga [ngn] åt ~et* go to the (a p.'s) head; *över ~ taget, se överhuvudtaget* **-affär** [mots. filial] main shop. ([amer.] store) **-ansvar** chief (main) responsibility **-arvinge** principal heir ([kvinnlig] heiress) **-bok** H [general] ledger **-bonad** headgear **-bry,** *göra sig mycket ~* puzzle a great deal, *för* about **-byggnad** main building **-del** main (greater) part **-drag** *se grunddrag* **-form 1** [anat.] shape of the head **2** [-art] principal form **3** [verbs] voice **-förhandling** [jur.] trial **-gata** main street, thoroughfare **-gärd 1** [på säng] bed's head **2** [kudde] pillow **-kontor** head office **-kudde** pillow
huvud|led [trafik.] major road **-lös** *a* [bildl.]: [oförståndig] foolish, [dumdristig] foolhardy **-man 1** [för ätt] head, *för* of **2** [jur. o. H] principal **-näring** [ekon.] principal (chief) industry **-ord** [språkv.] main word, head--word **-person** [litt.] principal (leading) character **-punkt** main (chief) point **-redaktör** editor-in-chief **-roll** principal (leading) part **-räkning** mental arithmetic (calculation) **-sak** main (principal) thing, main question; *i ~* in the main, on the whole **-saklig** *a* principal, main, chief, [första] primary, [väsentlig] essential **-sakligen** *adv* principally [etc. jfr föreg.], mostly **-sallat** [cabbage] lettuce **-sats** [gram.] main (principal) clause **-skål** cranium **-stad** capital, [stor] metropolis, *i* of **-stupa** *adv* [med huvudet före] head first; headlong [äv. bildl.]; [brådstörtat] precipitately **-styrka** [⚔] main body **-svål** scalp **-titel** [-post i budgeten ung.] main section of the budget **-ton** [språkv.] primary stress **-verb** verb, [i sammansatt tempus] main verb **-vikt,** *lägga ~en på (vid) ngt* lay particular (the main) stress on a th. **-väg** main road **-värk** headache **-ämne** chief (principal) subject
hux flux *adv* F all of a sudden
hy [allm.] complexion, [hud] skin
hyacint hyacinth
hybrid I *a o.* **II** *s* hybrid
hyckl|a I *tr* sham, feign, simulate, [*in*]*för* before; *~d fromhet* sham piety; *~t deltagande* pretended sympathy **II** *itr* be hypocritical, [*in*]*för* to **-ande** *a* hypocritical **-are** hypocrite **-eri** hypocrisy
hydda hut; [stuga] cabin, cottage
hydraulisk *a* hydraulic **hydrofor** [tryckbehållare] pressure tank **hydroplan** seaplane, float-plane
hyena hyena [äv. bildl.]
hyfs|a *tr* [snygga upp], *~* [*till*] trim (tidy) up, [manuskript o. d.] touch up **-ad** *a* [pers.] well-behaved, well-mannered **-ning** [skick] [good] manners [pl.]
hygge [avverkning] [timber-]felling; [avverkat område] clearing
hygglig *a* **1** [välvillig, präktig] decent, nice, [snäll] good [osv., *jfr snäll* m. ex.], *mot* to; [väluppfostrad] well-behaved **2** [skaplig] decent; [om pris] fair, reasonable
hygien hygiene **-isk** *a* hygienic
1 hyll|a *s* [eg., allm.] shelf, [möbel m. flera -or] set of shelves, *jfr bokhylla;* [bagage~ o. d.] rack; *lägga ngt på ~n* [äv. bildl.] put a th. on the shelf
2 hylla *tr* **1** [gratulera] congratulate; [hedra] pay tribute to, honour **2** [omfatta, t. ex. åsikt o. d.] embrace, [stödja, t. ex. parti] support
hylle perianth
hyllfack pigeon-hole
hyllning congratulations [pl.], tribute, *för* to; *bringa ngn sin ~* pay one's tribute to a p. **hyllningsgärd** tribute of respect
hyll|papper shelf paper **-remsa** shelf edging; *en ~* a piece of shelf edging
hylsa [allm.] case, [huv, kapsyl] cap
hymn hymn; [friare] anthem
hynda bitch
hyperbel hyperbola
hypermodern *a* ultra-modern **-nervös** *a* extremely nervous
hypnos hypnos|is [pl. -es] **hypnotisera** *tr* hypnotize **hypnotisk** *a* hypnotic **hypnotisör** hypnotist
hypo|kondrisk *a* hypochondriac **-tek** [inteckning] mortgage; [säkerhet] security **-tenusa** hypotenuse **-tes** hypothes|is [pl. -es]
hyra I *s* **1** [för bostad o.d.] rent, [för tillfällig lokal, bil, radio o. d.] hire **2** [⚓]: a) [lön] wages [pl.], pay b) [tjänst] berth; *ta ~* ship, sign articles, *på* on board **II** *tr itr* [förhyra] rent, hire, *jfr I 1; att ~* [rubrik] a) [rum o.d.] to let b) [lösöre, båt o. d.] for (on) hire; *~ in sig hos ngn* take lodgings with a p.; *~ ut* a) [hus o. d.] let, [för lång tid] lease b) [lösöre, båt o. d.] hire out; *~ ut rum* take in lodgers
hyres|bidrag housing (rent) allowance **-fri** *a o.* **-fritt** *adv* rent-free **-gäst** [i våning] tenant; [inneboende] lodger **-hus** block of flats, [amer.] apartment house **-kontrakt** [flerårigt] lease, [kortare] tenancy agreement; [för lösöre] hire contract **-nämnd** rent tribunal **-reglering** rent control **-värd**

landlord

hysa *tr* **1** [eg.] house, accommodate, [ge skydd åt] shelter, [innehålla äv.] contain; ~ *in ngn hos..* find lodgings for a p. with.. **2** [bildl.] entertain, [en mening äv.] hold, [t. ex. en känsla äv.] cherish, [t. ex. respekt] feel, *mot* towards

hyska eye; ~ *och hake* hook and eye

hyss, *ha ~ för sig* be up to mischief

hyss[j] *itj* hush!, shsh! **hyss[j]a** *itr* [ropa hyssj], ~ [*åt*] cry hush [to]

hysteri hysteria, [anfall] hysterics [pl.] **hysterisk** *a* hysteric[al]

hytt [⚓] cabin, [elegantare] state-room; *jfr äv. badhytt o. telefonhytt*

1 hytta *itr, se höta*

2 hytta *s* smelting-house, foundry

hytt|kamrat cabin-mate **-plats** berth

hyva *tr, se hiva*

hyvel 1 [snick.] plane **2** *se rakhyvel* **hyvelbänk** carpenter's bench **hyvelspån** [koll.] shavings [pl.] **hyvla** *tr* plane; ~ *av* [jämna] plane.. smooth

hå *itj* oh!; ~ ~ *jaja!* oh, dear, dear!

håg 1 [sinne] mind; [hjärta] heart; *glad i ~en* in a happy mood; *slå* [*ngt*] *ur ~en* dismiss.. from one's mind **2** [lust] inclination; [önskan] desire **-ad** *a* inclined **-komst** recollection, memory, *av* of **-lös** *a* listless; [oföretagsam] unenterprising; [loj] indolent

hål hole, *på* in; [i tand] cavity; [öppning] aperture; [lucka] gap; *få (klämma* [m. fl.]*) ~ på* [få upp, öppna] get (press [m. fl.]).. open; *han har* [*nött*] *~ på armbågarna* [vanl.] his jacket is out at the elbows

håla 1 [grotta] cave, cavern; [större djurs o. bildl.] den **2** [småstad] hole **hålfotsinlägg** arch support **hålig** *a* [insjunken] hollow **hålighet** [konkr.] cavity, hollow **hålkort** punch[ed] card

håll 1 [riktning] direction; [sida, ställe] quarter, side; *på alla ~* everywhere, [bildl.] on all sides; *på annat ~* in another quarter, elsewhere; [*han gick*] *åt mitt ~* ..my way; [*de gick*] *åt var sitt ~* ..separate ways **2** [avstånd] distance [*jfr ex. under avstånd*]; [*ha ngt*] *på nära ~* ..close at hand **3** [skott~] range **4** [läk.] stitch

håll|a [jfr äv. ex. under resp. subst., adj. o. adv.] **I** *tr itr* [*jfr äv. II o. III*] **1** [i fysisk bem., t. ex. m. handen el. i viss ställning] hold; ~ *huvudet stilla* hold ([längre tid] keep) one's head still; ~ *händerna för öronen* hold ([sätta] put) one's hands to one's ears; ~ [*i*] *ngt* [*åt ngn*] hold a th. [for a p.] **2** [[bi]behålla, ~ i visst skick], ~ *sitt löfte* keep (stick to) one's promise; ~ *farten* keep up the speed; ~ *tiden* [vara punktlig] be punctual; [*affärerna*] *-er stängt ..* are closed; ~ *rent i huset* keep the house tidy

II *tr* [*jfr äv. I*] **1** [försvara] hold **2** [ha, kosta på [sig]] keep; [prenumerera på] take in **3** [avhålla] hold; [framföra]: [t. ex. föredrag] give, deliver, [t. ex. tal äv.] make; [konsert, bröllop] give **4** [om mått o. d.]: [rymma] hold; [innehålla] contain; [mäta] measure **5** [vid vadhållning] bet, *på* on **6** [anse] consider, *ngn för en* [*skurk*] a p. a..

III *itr* [*jfr äv. I*] **1** [vara stark nog]: [bibehållas, vara slitstark, äv. bildl.] last, [om kläder äv.] wear; [om t.ex. rep, spik] hold; [inte spricka] not break; [om is] bear **2** [färdas i viss riktning]: [fortsätta] keep, [ta av] turn; [sikta] aim **3** [stanna, stå stilla] stop **4** ~ *på* **a)** [spara på] hold on to **b)** [hävda]: [t. ex. sin mening] stick to; [t. ex. rättigheter] stand on **c)** [vara noga med] make a point of; ~ [*styvt*] *på* [*punktlighet*] insist on.. **d)** ~ *mycket (styvt) på* [*ngn*] think much of.. **e)** [satsa], ~ *på* [*en häst*] bet on.., back..

IV *rfl* **1** [m. handen], ~ *sig i* [*handtaget*] hold on to.. **2** [i viss ställning] hold oneself; [förbli, vara] keep [oneself]; [förhålla sig] keep, [förbli] remain, stay; ~ *sig väl med* [*ngn*] keep in with.. **3** [behärska sig] restrain oneself **4** [stå sig]: [om t. ex. matvaror] keep, [om väderlek] hold, last **5** [kosta på sig], ~ *sig med bil* keep a car **6** ~ *sig till* [ngt]; [inte lämna] keep (stick) to; [rätta sig efter] follow; [åberopa] go by

V [m. beton. part.] ~ *av* [tycka om] be fond of, [stark.] love; *jfr avhållen;* ~ *efter* [övervaka] *ngn* keep a close check on a p.; ~ *fast* hold [..fast]; ~ *fast i* keep hold of; ~ *fast vid* [bildl.] stick (hold) to; ~ *sig fast i* hold on to; ~ *för öronen* hold one's hands over one's ears; ~ *i* [fast] *ngt* hold a th.; ~ *i sig* [*i* [*räcket*]] hold on [to..]; ~ *i sig* [fortfara] continue; ~ *igen* a) [stängd] keep.. shut ([t. ex. kappa] together) b) [inte släppa efter] hold tight; [bildl.] act as a check; ~ *ihop* a) [tr.]: [samman, eg. o. bildl.] keep.. together, [stängd] *se ~ igen a)* b) [itr.] keep ([inte gå sönder] hold, ['sällskapa'] be) together; ~ *sig inne* keep indoors; ~ *kvar* [få att stanna kvar] keep; [fasthålla] hold; ~ *sig kvar* [manage to] remain; ~ *med ngn* [instämma] agree ([stå på ngns sida] side) with a p.; ~ *på* a) [vara i färd med], ~ *på att skriva* be [[sysselsatt med] busy] writing; ~ *på med* [*ngt*] be busy with.. b) [fortsätta] go (keep) on; [vara] last; [vara i gång] be going c) [vara nära att], ~ *på att* [inf.] be on the point of [ing-form]; *jag höll på att falla* [vanl.] I almost fell; ~ *samman, se ~ ihop;* ~ *till* a) [vistas] be to be found, [om djur] be met with; [bo] live; [vara, hållas] be b) *se ~ igen a);* ~ *undan* [väja] keep out of the way, *för* of; ~ *sig undan* [gömd] keep in hiding (*för* from); [skolka] make oneself scarce;

~ *upp* a) ~ *upp dörren för ngn* [vanl.] open the door to a p. b) [göra uppehåll] pause; [sluta regna] stop raining; ~ *upp* [upphöra] *med* stop, cease, *att röka* smoking; ~ *sig uppe* [inte sängliggande] keep on one's legs; ~ [*modet* o.d.] *uppe* keep up..; ~ *ut* [uthärda] hold out, [inte ge tappt] hold on, persevere; ~ [stå] *ut med* stand

håll|are [allm.] holder **-as** *itr. dep* **1** *låta ngn* ~ let a p. have his [osv.] way **2** [vistas, *se hålla* [*till*]] **-bar** *a* **1** [slitstark] durable; [om födoämnen] non-perishable **2** [som kan försvaras] tenable, [t. ex. teori äv.] valid **-barhet 1** [materials] durability; [födoämnens] keeping qualities [pl.] **2** tenability, validity **-fast** *a* strong, firm **-fasthet** strength, firmness **-hake** [bildl.] hold, *på* on **-ning** [kropps~] carriage; [uppträdande] bearing; [inställning] attitude, *mot* to[wards] **-ningslös** *a* [bildl.] spineless, flabby **-plats** [buss~ osv.] stop; [järnv.] halt **-punkt** bas|is [pl. -es]

hål|remsa punched tape **-slag** perforator, punch **-slev** perforated ladle **-söm** hemstitch[ing] **-timme** [skol.] gap **-väg** gorge, ravine **-ögd** *a* hollow-eyed

hån scorn; [förlöjligande] derision, mockery; *ett* ~ *mot* an insult to **håna** *tr* make fun of, [i ord äv.] scoff at, *för* because of **hånfull** *a* scornful, [om t. ex. skratt äv.] derisive; [om ord] scoffing

hångla *itr* pet, neck, *med ngn* a p.

hån|le *itr* smile scornfully **-leende** *s* scornful smile

hår hair; *det var på ett* ~ *när att han hade blivit dödad* he came within an ace of being killed **håra** *itr*, ~ [*av sig*] shed one's hair

hår|band hair-ribbon **-beklädnad** coat, fur **-beväxt** *a* hairy **-borste** hairbrush

hård *a* [allm.] hard [äv. bildl.]; [sträng äv.] severe, *mot* on, towards; [barsk äv.] harsh, *mot* to; [ljudlig] loud; ~ *konkurrens* severe (keen) competition; *hårt väder* rough weather; *han satte hårt mot hårt* he gave as good as he got **-handskar,** *ta i med* ~*na* [*med*] take strong measures [against] **-het** [allm.] hardness; [stränghet äv.] severity **-hjärtad** *a* hard[-hearted] **-hudad** *a* thick-skinned **-hänt** *a* [omild] rough; [sträng] heavy-handed, *mot* with **-kokt** *a* [om ägg o bildl.] hard-boiled **-na** *itr* harden, become hard[er] **-nackad** *a* stubborn; [t. ex. motstånd äv.] dogged **-smält** *a* indigestible [äv. bildl.] **-stekt** *a* [för mycket stekt] ..too much roasted [osv., *jfr steka I*] **-sövd** *a, vara* ~ be a heavy sleeper **-valuta** hard currency

hår|filt hair-felt **-fin** *a* [tunn] ..[as] fine as a hair; [minimal] subtle **-frisör** hairdresser; [herr- äv.] barber **-frisörska** hairdresser **-fäste** edge of the scalp **-ig** *a* hairy **-klippning** hair-cutting **-klyveri,** ~[*er*] hair-splitting [sg.] **-klämma** hair clip (grip) **-kärl** capillary **-lock** lock [of hair] **-nål** hairpin **-nålskurva** hairpin bend **-piska** queue **-resande** *a* hair-raising **-rör** capillary tube

hårsmån, [*inte*] *en* ~ [*bättre*] [not] a shade (bit).. **hårstrå** hair

hårt *adv* [kraftigt] hard, [strängt] severely; [barskt] harshly; [stadigt] tight; [fast, tätt] firmly; [ljudligt] loud; [mycket] [very] much [resp.] very; *arbeta* ~ work hard; *dra åt* ~ tighten very much; *det känns* ~ [bittert] it feels hard; *ligga (sitta)* ~ lie on a hard bed (have a hard chair); *ta* [*ngt*] ~ [bildl.] take.. very much to heart

hår|test wisp [of hair] **-tork** hair-drier **-uppsättning** [konkr.] coiffure **-vatten** hair-lotion **-växt,** [*ha*] *klen* ~ ..a poor growth of hair

håv bag net; [kyrk~] collection-bag; *gå med* ~*en* [bildl.] fish for compliments **håva** *tr*, ~ *in* [bildl.] rake in

håvor *pl* bounties

häck 1 hedge; *bilda* ~ [bildl.] form a lane **2** [vid -löpning] hurdle

häcka *itr* breed

häckla *tr* **1** hackle **2** [kritisera] cavil

häck|löpare hurdler **-löpning** hurdle-race, [-löpande] hurdle-racing

häckningstid breeding season

häda *tr itr* [äv. ~ *Gud*] blaspheme

hädan *adv, skiljas* ~ depart this life **-efter** *adv* in future, from now on **-färd** departure [from this life] **-gången** *a* departed

häd|else blasphemy **-isk** *a* blasphemous

häft|a I *tr* **1** [bokb.] stitch; *-ad bok* [vanl.] paper-back **2** ~ *fast..vid* fasten..[on] to **II** *itr* **1** [sitta fast] stick, adhere, *vid* to **2** ~ *i skuld* [*till ngn*] be in [a p.'s] debt **häfte** [liten bok] booklet; [frimärks~ osv.] book

häftig *a* **1** [isht om sak]: [våldsam] violent, [lidelsefull äv.] vehement; [hetsig] hot; [intensiv] intense; [hastig] sudden **2** [isht om pers.]: [hetlevrad] hot-headed, [lättretad] quick-tempered **häftighet** [jfr ovan] violence, vehemence; heat; intensity; [häftigt lynne] hot temper, hot-headedness **häftigt** *adv* violently [osv.], *jfr häftig;* [hastigt] quickly

häft|plåster sticking-plaster **-stift** drawing-pin, [amer.] thumbtack

häger heron

hägg bird-cherry

hägr|a *itr* **1** [eg.], *det* ~*r* [*i öknen*] there is a mirage.. **2** [bildl.], [*en bil*] ~*r* [*för mig*] ..is my dream **-ing** mirage

häkta I *s* [small] hook **II** *tr* **1** [fästa] hook; ~ *av* unhook; ~ *på* [*ngt*] hook..on **2** [arrestera] arrest, take..up; *vara* ~*d* be under arrest **häkte** custody; [konkr.] gaol, jail

häktningsorder warrant [of arrest]

häl [anat. o. strump~] heel; [*följa*] *ngn* [*tätt*]

i ~arna.. [close] on a p.'s heels
hälare receiver [of stolen goods], fence **häleri** receiving [stolen goods]
hälft half [pl. halves]; *~en av boken* half [of] the book; *ta ~en var* take half each; *betala ~en var* [äv.] go halves; *~en så stor* [*som..*] half as large [as..]; [*göra ngt*] *till ~en..* by halves
häll 1 [berg~] flat rock **2** [platta] slab, [av sten] stone slab; [på kokspis] top; [i öppen spis] hearth
häll|a I *tr* pour, *ngt i (på)* [*ett kärl*] a th. into..; [slå] throw, *i slasken* down the sink; *~* [*ut*] [spilla] spill; *~ i vin* [*i* [*ett glas*]] pour out wine [into..]; *~ i (upp)* [*te*] *åt ngn* pour out.. for a p. **II** *itr, det -er ned* it is pouring down
hälle|berg rock **-flundra** halibut
häll|regn pouring rain **-regna** *itr, det ~r* it is pouring with rain
hällristning rock-carving
1 hälsa *s* health
2 häls|a *tr itr* **1** [välkomna] greet; [högt.] salute; *~* [*ngn*] *välkommen, ~* [*ngt*] *med tillfredsställelse* welcome.. **2** [säga goddag o. d. vid personligt möte], *~* [*på ngn*] say how do you do ([förtroligare] say hallo) [to a p.], [nicka] nod [to a p.] **3** [skicka hälsning], *~* [*till ngn*] send [a p.] one's compliments ([formellare] respects, [förtroligare] regards, love); *~ dem så hjärtligt* [*från mig*] give them my kindest (best) regards (my love); *~ din fru* [vanl.] please remember me to your wife; *han ~r (låter ~) att..* he sends word that..; *vem får jag ~ ifrån?* a) [anmäla] what name, please? b) [i telefon] what name am I to give? **4** *~ på* [*ngn*] [besöka] call round [on a p.]; [*komma och*] *~ på ngn* come round and see a p. **-ning** [allm.] greeting; [bugning] bow; [nick] nod; [isht ⚔] salute; *~*[*ar*] [som man sänder äv.] compliments [pl.], [förtroligare] regards [pl.], love [sg.]; *hjärtliga ~ar från ..(till..)* [i brevslut] love from.. (kind[est] regards to..) **-ningstal** address of welcome
hälso|brunn spa **-kontroll** health control, [individuell] check-up of one's health **-lära** hygiene **-sam** *a* [sund] healthy; [nyttig, t. ex. om föda] wholesome **-skäl,** *av ~* for reasons of health **-tillstånd,** *hans ~* [the state of] his health **-vådlig** *a* [ohälsosam] unhealthy, [t. ex. om bostad] insanitary **-vård** hygiene; [organisation] health service **-vårdsnämnd** public health committee
hämma *tr* [hejda] check; [hindra] hamper, impede; [psykol.] inhibit; *~ blodflödet* stop (arrest, sta[u]nch) the bleeding
hämna I *tr, se hämnas I* **II** *rfl* [straffa sig], *det kommer att ~ sig om jag..* I will have to pay for it if I.. **hämnas** *dep* **I** *tr* avenge, [isht vedergälla] revenge **II** *itr* avenge (revenge) oneself, *på ngn för ngt* on a p. for a th.
hämnd revenge, [högt.] vengeance **-begär** desire for revenge **-girig** *a o.* **-lysten** *a* vindictive, [re]vengeful
hämning [psykol.] inhibition **hämningslös** *a* uninhibited; [ohämmad] unrestrained
hämpling linnet
hämsko [bildl.] drag, *på* on
hämta I *tr* [eg.]: [allm.] fetch, *ngt åt ngn* a p. a th.; [av ~ vanl.] collect, take away; [bildl.]: [t. ex. upplysningar] get, [t. ex. näring, tröst] draw, derive; [*komma och*] *~* [vanl.] call (come) for; [*låta*] *~* send for; *~ litet luft* get some air; *~ in* [ta in] bring ([utifrån] fetch) in; *~ in försprånget* reduce the lead **II** *rfl* recover, *efter, från* from
hän *adv, vart ska du ~?* where are you going?; *ge sig ~* let oneself go (*se vid. hänge* [rfl.])
händ|a I *itr* happen, [förekomma äv.] occur; [äga rum] take place; *~* [drabba] *ngn* happen to a p.; *det har hänt* [*en olycka*]: [vanl.] there has been..; *det (sådant) -er så lätt* such things happen; *~ vad som ~ vill* come (happen) what may; *det kan* [*nog*] *~ att jag går* I may [perhaps] go; *nåja, det må vara hänt!* all right [, then]! **II** *rfl* happen, chance, come about
händelse 1 [tilldragelse]: [allm.] occurrence; [viktigare] event; [obetydligare] incident **2** [tillfällighet] coincidence; *av en* [*ren*] *~* by [mere] accident (chance); *jag såg .. av en ~* [vanl.] I happened to see.. **3** [fall] case; *för (i) den ~ att* in case; *i ~ av* [*eldsvåda (min död)*] in the event of..; *i alla ~r* at all events, in any case **-förlopp** course of events; [handling] story **-lös** *a* uneventful **-rik** *a* eventful **-vis** *adv, se händelse 2* [ex.]
händig *a* handy **-het** handiness
hänför|a I *tr* **1** *~* [*till*] [allm.] assign [to] **2** [hänrycka] captivate, fascinate **II** *rfl, ~ sig till* [avse] have (bear) reference to; [räknas till] belong to **-ande** *a* fascinating, enchanting, ravishing **-else** rapture, enthusiasm
häng|a I *tr* [allm.] hang; [fritt äv.] suspend **II** *itr* **1** [allm.] hang; [*köttet bör*] *~..* be hung; *~ och dingla (slänga)* hang loose, dangle; *stå och ~* hang about, lounge [about] **2** *det -er på* [beror på] it depends on, [avgörs av] it hinges on **III** *rfl,* [*gå och*] *~ sig* hang oneself **IV** [m. beton. part.] *~ av sig* [*ytterkläderna*] hang up one's things; *~ efter ngn* be running after a p.; *~ fast vid* [bildl.] cling (stick) to; *~ sig fast vid* hang on (cling) to; *~ för* [*ett skynke*] hang..in front; *~ i* [om t. ex. lukt] cling; [arbeta] keep at it; *~ ihop* a) [sitta ihop] stick together; [äga sammanhang] hang together b) [förhålla sig], *så -er det ihop* that is how it is c) *~ ihop med* [bero på] be a consequence of; [höra ihop med] be

bound up with; ~ *med* [*de andra*] keep up with the rest; ~ *på sig* [*ett halsband*] put on..; ~ *sig på ngn* force oneself upon a p.; ~ *samman, se* ~ *ihop;* ~ *upp* hang [up]; ~ *upp sig på* [bildl.]: [fästa sig vid] fasten on, [ta illa upp] take exception to **-ande** *a* [allm.] hanging; [fritt] suspended **-are** [i kläder samt galge] hanger; *se vid. klädhängare* **-björk** weeping birch **-bro** suspension-bridge

hänge catkin

hän|ge *(-giva) rfl,* ~ *sig åt* [allm.] give oneself up to

hängig *a* [krasslig] ..out of sorts

hän|giva *se hänge* [rfl.] **-given** *a* devoted, [tillgiven äv.] affectionate **-givenhet** devotion [äv. hängivelse]; affection

häng|lampa hanging lamp **-lås** padlock **-matta** hammock **-ning** [allm.] hanging

hängselstropp brace-end

hängslen *pl* braces, [amer.] suspenders

häng|smycke pendant **-växt** hanging plant

hän|rycka *se -föra I 2* **-ryckning** rapture; [extas] ecstasy **-seende** respect; *i tekniskt* ~ as regards technique, technically **-skjuta** *tr* refer, submit **-syfta** *itr,* ~ *på* allude to, [anspela på] hint at **-syftning** allusion, *på* to; hint, *på* at

hänsyn [allm.] consideration; regard, [hänseende äv.] respect; [aktning] deference; *ta* ~ *till* a) [beakta] take..into consideration b) [bry sig om] pay attention (regard) to; *av* ~ *till* [av omtanke] out of consideration (regard) for; *med* ~ *till* [beträffande] with (in) regard to, [i betraktande av] in view of

hänsyns|full *a* considerate **-fullhet** considerateness; [hänsyn] consideration **-lös** *a* ruthless; [taktlös] inconsiderate; [ansvarslös] reckless **-löshet** ruthlessness [osv.]

hän|visa *tr* [allm.] refer, *till* to; *vara* ~*d till* [*att använda*] *ngt* be reduced to [using] a th. **-visning** reference **-vända** *rfl,* ~ *sig till ngn* apply to a p., *för* [*att få*] [*upplysningar*] for.. **-vändelse** application, *till* to

häpen *a* amazed, [svag.] astonished, surprised, *över* at **häpenhet** amazement, astonishment, *över* at **häpna** *itr* be amazed [osv.], *jfr häpen* **häpnad** amazement, astonishment

häpnadsväckande *a* amazing, astounding

1 här *s* army, [bildl. äv.] host

2 här *adv* here; [där] there; *den (så, sådan)* ~ *se under den B II, 3 så, sådan;* ~ *bak (bakom* [m. fl.]*)* [ss. adv.] *se härbak, härbakom* [m. fl.]; ~ *bakom mig* here behind me; ~ *i huset (landet)* in this house (country); *damen* ~ this lady; ~ *bor jag* this is where I live; ~ *har du!* [var så god!] here you are!; ~ *har du boken!* here's the book [for you]!; ~ *och där (var)* here and there; *både* ~ *och där* [lite varstans] here, there and everywhere

härad [hist., ung.] hundred **häradsrätt** *se tingsrätt*

här|av *adv* [av denna (den, dessa, dem m. fl.)] of [el. annan prep., *jfr av*] this ([resp.] it, these, them [m. fl.]); [i berättande stil (=därav) vanl.] of [osv.] that ([resp.] those); *på grund* ~ for this reason; ~ *följer att..* [hence (from this)] it follows that.. **-bak** *adv* at the back here **-bakom** *adv* behind this [osv.], *jfr härav;* [bakom här] behind here ([där] there) **-borta** *adv* over here **-bredvid** *adv* beside this [osv.], *jfr härav*

härbärge [husrum] shelter, lodging **härbärgera** *tr* house, [isht pers. äv.] lodge

härd [allm.] hearth; [bildl.] centre, seat, [isht för något dåligt] hotbed, *för* [i samtl. fall] of

härda I *tr* [allm.] harden, *mot* to; [tekn. äv.]: [t.ex. metall, glas] temper, [plast] cure; ~ *ngn* [vanl.] make a p. hardy; ~*d* [motståndskraftig] hardy, [okänslig] hardened **II** *itr,* ~ *ut* endure; ~ *ut med, se uthärda* **III** *rfl* harden oneself, *mot* to **härdig** *a* hardy

här|efter *adv* **1** [om tid]: [framdeles] in future; [efter detta] after this (that), [från denna tid] from now, [senare] subsequently, [efteråt] afterwards, [härpå] then **2** [i enlighet härmed] accordingly **-emot** *adv* towards this, *jfr vid. härav* **-framme** *adv* [härborta] over here **-för** *adv* for this; *jfr vid. härav*

härförare commander, general

här|hemma *adv* at home, [hos mig (oss)] in this house; [här i landet] in this country **-i** *adv* in this; *jfr vid. härav;* [i detta avseende] in this respect; ~ *ligger* [*hemligheten*] in this [fact] lies..; ~ *ligger svårigheten* this is where the difficulty comes in; *jfr äv. däri* [ex.] **-ibland** *adv* among these **-ifrån** *adv* **1** [lokalt] from here; *ut* ~ [ut ur rummet etc.] out of this room [etc.]; *ut* ~*!* [försvinn] get out of here!; *gå (resa* [osv.]*)* ~ leave [here] **2** [från denna osv.] from this; *jfr vid. härav; det är* ~ *han har fått* [*sina idéer*] this is where he has got.. from. — *Jfr äv. därifrån* **-igenom** *adv* **1** [bildl.]: [på så sätt] in this way, by this, thus; [på grund härav] owing to this; [tack vare detta] thanks to this **2** [genom denna osv.] through this; *jfr vid. härav;* [genom här] through here ([där] there) **-inne** *adv* in here ([där] there); ~ *i rummet* here in the room, in this room **-invid** *adv, se härbredvid*

härj|a I *tr* [allm.] ravage, [ödelägga] devastate, lay waste; *se* ~*d ut* look worn and haggard **II** *itr* **1** ~ *i (på, bland)* ravage [osv.], *jfr I* **2** [grassera] rage **-ning,** ~*ar* [allm.] ravages

härjämte *adv* in addition [to this]

här|komst [börd] extraction, birth; [härstamning] descent; [ursprung] origin **-leda I** *tr* [allm., isht språkv.] derive; [deducera] deduce **II** *rfl* **1** [språkv.] derive, be derived **2** *se härröra* **-ledning** [språkv.] derivation

härlig *a* [allm.] glorious; [underbar] wonderful;

[förtjusande] lovely; [skön] delightful; [läcker] delicious; [storartad] magnificent, splendid, grand; *~t!* [bra] fine! **-het 1** [glans o. bibl.] glory; [prakt] splendour **2** *hela ~en* [alltihop] the whole lot (thing)
härma *tr* [allm.] imitate; [förlöjligande o. naturv.] mimic; *~ efter* imitate
härmed *adv* with this; *jfr vid. härav; ~* [med dessa ord] with these words; *~ bifogas* enclosed please find; *~ får jag meddela att..* I hereby wish to inform you that..; *jfr äv. därmed* [ex.]
härmning imitation
härnad war; *dra i ~ mot* [bildl.] take up arms against
här|nedan *adv* [i t. ex. kontrakt] here[in]after **-nedanför** *adv* down below here ([där] there) **-nere** *adv* down here ([där] there); [i våningen under] downstairs here **-nerifrån** *adv* from down here [osv., jfr ovan] **-näst** *adv* [närmast] next; [nästa gång] next time; [sedan] after this
härold herald
härom *adv* **1** [om det] about it; *jfr vid. därav* **2** [*staden ligger*] *norr ~* ..[to the] north from here. — *Jfr äv. därom* [ex.] **-dagen** *adv* the other day **-kring** *adv* [all] round here ([där] there) **-natten** *adv* the other night **-året** *adv* a year or two ago
här|ovan *adv* above **-ovanpå** *adv* on [the] top of this [osv.], *jfr härav;* [i våningen över] in the flat above [this] **-på** *adv* **1** [om tid] *se -efter 1* **2** [på denna osv.] on this; *jfr vid. härav o. därpå* [ex.]
härröra *itr, ~ från* [ha sitt ursprung i] originate (arise, spring) from, [härstamma från] derive from, [förskriva sig från] date from; *~ av* [bero på] be due to
härs *adv, ~ och tvärs* in all directions; *~ och tvärs genom (över)*.. all over..
härsk|a *itr* rule [isht m. personsubj.]; [regera] reign, [vara allenarådande] reign supreme; [råda] prevail, be prevalent; *det ~r* [är, råder] ..[vanl.] there is [etc.] **-ande** *a* [eg.] ruling; [gängse] prevalent; [förhärskande] predominant
härskara host [äv. relig.]
härskar|e ruler; [regent] sovereign, *över* of; [herre] master, *över* of **-inna** ruler, sovereign, mistress; [jfr ovan]
härsken *a* [eg.] rancid
härsk|lysten *a* [attr.] ..with a desire for power; [despotisk] domineering **-lystnad** desire for power; domineeringness
härskna *itr* [eg.] go (become) rancid
härskri war-cry; [bildl.] outcry **härsmakt,** *med ~* by force of arms
här|stamma *itr, ~ från* [vara ättling till] be descended from, [komma från] originate (derive one's origin) from **-stamning** [varelses] descent; [ursprung] origin; [härledning] derivation
här|städes *adv* here **-tappad** *a* [i Sverige] ..bottled in Sweden **-till** *adv* to this; *jfr vid. härav; jfr äv. därtill 1* [ex.] **-under** *adv* under this; *jfr vid. härav;* [under här] under here ([där] there); *~ inbegripes* this includes **-uppe** *adv* up here ([där] there) **-uppifrån** *adv* from up here ([där] there) **-ur** *adv* out of this [osv.], *jfr härav* **-utanför** *adv* outside here ([där] there) **-ute** *adv* out here ([där] there) **-utifrån** *adv* from out here ([där] there) **-utöver** *adv* in addition to this (that, it); *jfr vid. därutöver*
härva skein; [virrvarr] tangle
här|varande *a, ~ myndigheter* the authorities here, the local authorities **-varo** stay here; [närvaro] presence [here] **-vid** *adv* at this; *jfr vid. härav; jfr äv. därvid* [ex.] **-vidlag** *adv* [i detta avseende] in this respect
här|åt *adv* **1** [åt det här hållet] this way, in this direction **2** [åt denna osv.] at this; *jfr vid. härav* **-över** *adv* over this; *jfr vid. härav*
hässja I *s* hay-drying rack **II** *tr, ~ hö* pile hay on drying racks
häst 1 horse; [*sitta*] *till ~* [be] on horseback **2** [gymn.] [vaulting-]horse **3** [schack.] knight **4** *~ar* F [se ex. under *hästkraft*] **-hov** horse's hoof **-hov[sört]** coltsfoot [pl. -s] **-kastanj[e]** horse-chestnut **-kraft** horse-power ([pl. lika]; [förk.] h.p.); *en motor på 50 ~er* a fifty horse-power engine **-krake** jade **-kur** drastic cure **-lass,** *ett ~* [*gödsel*] a cartload [of dung] **-längd** [sport.] length **-minne** phenomenal memory **-rygg,** *på ~en* on horseback **-skjuts** carriage **-sko** horseshoe **-skojare** horse-dealer **-skötare** groom **-sport** equestrian sports [pl.] **-svans** horse's tail; [frisyr] pony-tail
hätsk *a* [hatisk] spiteful, rancorous, *mot* towards; [om t. ex. fiende] implacable **-het** spitefulness, rancour
hätta hood; [barns] bonnet
häva I *tr* **1** [lyfta, slänga] heave **2** [bildl.]: [upp~ t. ex. blockad] raise; [annullera] annul; [bota] cure; *jfr vid. upphäva I 2* **II** *itr, på tå häv!* on your toes rise! **III** *rfl* **1** [lyfta sig] raise oneself [up] **2** [höja och sänka sig] heave **IV** [m. beton. part.] *~ i sig* put away; *~ upp* [*ett skri*] raise..; *~ upp sin röst* open one's mouth; *~ ur sig* come out with
hävd 1 [tradition] custom; [jur. (långvarigt innehav)] prescription; *vinna ~* [om t. ex. bruk] become sanctioned by long usage **2** [jordbr., motsv. van~] cultivation **3** *~er* history [sg.] **hävda I** *tr* [försvara, påstå] assert, maintain; [förfäkta] uphold; [göra gällande] claim, argue **II** *rfl* hold one's own; [göra sig gällande] assert oneself **hävdvunnen** *a* [jur.] prescriptive; [traditionell] ..sanc-

tioned by usage
häv|ert siphon **-stång** lever [äv. bildl.]
häx|a witch, hag [båda äv. käring]; [eg. äv.] sorceress **-eri** witchery, sorcery; [magi] witchcraft **-mästare** wizard
hö hay **-bärgning** [slåtter] hay-making
1 höft, *på en* ~ [på måfå] at random; [på ett ungefär] roughly, approximately
2 höft hip **-hållare** girdle **-led** hip-joint
1 hög *s* **1** [samling] heap, [staplad] pile, *med, av* of; *samla pengar på* ~ accumulate (amass) money; [*ett exempel*] *ur* ~*en* ..at random **2** [grav~] burial-mound
2 hög *(jfr högre I o. högst I) a* **1** [allm.] high; [lång, t. ex. om träd, gestalt] tall; [av imponerande höjd] lofty; [stor]: [t. ex. om belopp] large, [t. ex. om böter] heavy, [t. ex. om anspråk] great; [högt uppsatt om pers. o. rang] eminent, exalted; [högdragen] haughty; [om luft] clear; [om officer] high-ranking; *det är* ~ *tid* [*att jag går*] it is high time [for me to go]; *vid* ~ *ålder* at an advanced age **2** [om ljud]: [högljudd] loud, [mus.] high **-adel,** ~*n* the high nobility, [i Engl. äv.] the peerage
högaffel hay-fork
hög|akta *tr* respect, hold..in high esteem **-aktning** deep respect, high esteem; *Med utmärkt* ~ [i brev] *se högaktningsfullt* [ex.] **-aktningsfullt** *adv* respectfully; *H*~ [i brev] Yours faithfully ([very] truly) **-altare** high altar **-avlönad** *a* [attr.] highly-paid **-borg** [bildl.] stronghold **-djur** [bildl.] VIP, bigwig **-dragen** *a* haughty; [överlägsen] supercilious
högeligen *adv* highly, greatly
hög|er I *a, subst. a o. adv* right; ~ *hand* the (one's) right hand; *på* ~ *hand* [till ~] *ser man*.. on your (the) right you see..; [*hon är*] *hans -ra hand* ..his right-hand man; *på* ~ *sida (-ra sidan)* [*om*] on the right-hand side [of]; *gå på* ~ *sida!* keep to the right!; [*komma*] *från* ~ ..from the right; [*sitta*] *till* ~ *om* ..to the right of; [*göra*] ~ *om* [do a] right turn **II** *s* **1** a) [polit.], ~*n* [allm.] the Right, [ss. parti] the Conservatives [pl.] b) [sport.], *en* [*rak*] ~ a [straight] right **2** *se högerman*
höger|back right [full] back **-handske** right-hand glove **-hänt** *a* right-handed **-inner** inside right **-kurva** right-hand bend **-man** Conservative **-parti** Conservative (right-wing) party **-regel,** *tillämpa* ~*n* give right-of-way to traffic coming from the right **-sida** [i bok] right-hand page **-sko** right[-foot] shoe **-styrd** *a* right-hand driven **-trafik** right-hand traffic **-ytter** outside right
hög|fjäll alp, high mountain **-form,** *vara i* ~ be in great form
hög|färd [allm.] pride, *över* in; [fåfänga] vanity; [inbilskhet] conceit **-färdig** *a* proud, *över* of; vain; conceited; [mallig] stuck-up **-färdsgalen** *a* pompous, ..full of self-importance
hög|förräderi high treason **-gradig** *a* [attr.] high-grade; ~ [*nervositet*] ..of high grade **-halsad** *a* [om kläder] high-necked **-het,** *Ers (Hans) Höghet* Your (His) Highness **-hus** multi-storey ([arkit.] tower) block **-intressant** *a* highly interesting **-klackad** *a* high-heeled **-klassig** *a* high-class **-konjunktur** boom, prosperity **-kvarter** headquarters [sg. el. pl.] **-kyrklig** *a* High Church **-land** highlands [pl.]; *Skotska -länderna* the [Scottish] Highlands **-ljudd** *a* [ljudlig] loud; [högröstad]: [om pers.] loud-voiced, [om t. ex. folkhop] vociferous **-länt** *a* [attr.] upland **-mod** [allm.] pride; [överlägsenhet] arrogance; [högdragenhet] haughtiness **-modern** *a* ultra-modern **-modig** *a* proud, *över* of; arrogant; haughty; *jfr -mod* **-mässa** [prot.] morning service; [katol.] high mass **-oktanig** *a,* ~ *bensin* high-octane petrol **-platå** *se -slätt*
högre I *a* higher [osv.], *jfr 2 hög;* [i rang o. d. äv.] superior, *än* to; [övre] upper; [ledande] high; ~ [högtidligt] *språk* elevated language; *en* ~ *ämbetsman* a high[er]-grade official **II** *adv* higher, more highly [osv.], *jfr högt;* [ganska högt] highly; [mera] more; ~ *stående djur* higher animals; *tala* ~*!* speak louder (up)!; *ingenting önskar jag* ~ [*än*] I desire nothing better..
högrest *a* [reslig] tall
hög|röd *a* [attr.] bright-red, [pred.] bright red **-röstad** *se -ljudd* **-sinnad** *a o.* **-sint** *a* high-minded; [om t. ex. karaktär] noble **-skola** [ung.] institute of advanced studies **-skoleutbildning** university (college) education **-slätt** [high] tableland **-sommar** high summer; *på* ~*en* in the height of the summer **-spänn,** *på* ~ in a state of [high] tension **-spänning** high voltage **-spänningsledning** high-voltage [transmission] line
högst I *a* highest [osv.], *jfr 2 hög;* [attr.]: [om antal, fart m. m. äv.] maximum, [översta äv.] top, topmost, [i makt el. rang] supreme, [yttersta] extreme; ~*a domstolen* the Supreme Court [of Judicature]; [*säljas*] *till* ~*a pris* ..at top price; *på högsta växeln* on top [gear]; *min* ~*a önskan* my greatest wish; *den Högste* the Most High; *det* ~*a* [*jag kan betala*] the [ut]most..; *på det* ~*a* [*förnärmad*] deeply (profoundly).. **II** *adv* **1** highest, most highly [osv.], *jfr högt;* [mest] most; [*när aktierna*] *står* [*som*] ~ ..are at their highest; [*allra*] ~ *upp*[*e*] at the [very] top, *på, i* of **2** [mycket, synnerligen] very, most **3** [inte mer än], ~ *(allra* ~*) 5 personer* 5 people at most (at the very most), [i t. ex. hiss] not more than 5 people; [*det varar*] ~ *en timme*..not more than an hour
högstadi|um, *-et* [i grundskolan] the senior

level (upper forms [pl.]) [of the 'grundskola', *se d. o.*]
högstbjudande *a, den* ~ the highest bidder
hög|stämd *a* high-toned, lofty **-säsong** peak season **-säte,** *sitta i* ~*t* occupy the seat of honour
högt (*jfr högre II, högst II*) *adv* **1** high; [i hög grad, mycket] highly; [högt upp] high up; *tavlan gick* ~ [på auktion] the picture was sold at a high price; *ligga* ~ *med huvudet* lie with one's head high; [*staden*] *ligger* ~ ..stands on high ground; ~ *räknat* at a high estimate; [*solen (termometern, aktien)*] *står* ~ ..is high; [*bildningen*] *står* ~ ..is on a high level; *älska ngn* ~ love a p. dearly **2** [om ljud]: [så det hörs] loud, [högljutt] loudly; [ej tyst, ej för sig själv] aloud; [mus.] high **3** *fem man* ~ five [men] strong
högtalare loud-speaker
högtflygande [om t. ex. planer] ambitious
högtid festival, feast **-lig** *a* [allvarlig] solemn; [stämningsfull] impressive; [ceremoniell] ceremonial **-lighet** solemnity; [fest äv.] ceremony **-lighålla** *tr* celebrate
högtids|dag [fest-] festival day; [*många lyckönskningar*] *på* ~*en (din* ~*)* ..on this great occasion **-dräkt** [afton-] evening dress **-klädd** *a* festively-dressed [attr.]; [i aftondräkt] ..in full (evening) dress **-tal,** ~*et* the main speech
hög|trafik, *vid* ~ at peak hours **-travande** *a* bombastic **-tryck** [meteor. o. ⊕] high pressure; [område] area of high pressure
hög|vakt main guard **-vatten** high water **-vilt** big game **-välvd** *a* high-arched; [om panna] domed **-växt** *a* [allm.] tall **-önsklig** *a, i* ~ *välmåga* in the best of health
höj|a I *tr* ([ibl.] *itr*) [allm. (eg. o. bildl.)] raise; [öka äv.] increase; [isht bildl.] heighten; [förbättra] improve; [främja] promote; ~ *sitt glas (en skål) för* raise one's glass (drink a health) to; ~ *till skyarna* praise to the skies; ~ [*på*] [*en tavla*] put..higher up; ~ *upp* raise, *jfr vid. upphöja; till -da priser* [vanl.] at advanced (increased) prices; *-d över alla misstankar (allt tvivel)* above suspicion (beyond doubt) **II** *rfl* rise, [om t. ex. terräng äv.] ascend, [om pers. äv.] raise oneself; ~ *sig över* [om pers: vara bättre än] be superior to
höjd 1 [allm.] height, [kulle äv.] hill; [abstr., isht geogr., geom. o. astr. äv.] altitude; [längd, t. ex. skorstens] tallness; [nivå] level; [mus.] pitch; [*nå*] *bergets högsta* ~ ..the summit (top) of the mountain; *det är då* ~*en!* that's the limit!; *på* ~*en av..* ⚓ [utanför] off..; *på sin* [*högsta*] ~ [*10 år*].. at the [very] most (utmost) **2** *se -hopp* **3** [himmel], [*en gåva*] *från* ~*en* ..from above (on high) **-flygning** altitude flight ([flygande] flying) **-hopp** high jump ([hoppning] jumping) **-hoppare** high jumper **-led,** *i* ~ vertically **-mätare** altimeter **-punkt** [bildl.] climax; [clou] highlight; [kulmen] height, culmination **-rekord** [sport.] high-jump ([flyg.] altitude) record **-roder** elevator
höjning [höjande] raising [osv.], *jfr höja I;* increase; improvement; [ökning] rise ([amer.] raise), rising, increase **höj- och sänkbar** *a* vertically adjustable
hök hawk
hö|lada hay-barn **-lass** hay-load; [lastad skrinda] loaded hay-cart
hölj|a *tr* [betäcka] cover; [insvepa] wrap [up]; ~ *sig i* wrap oneself in; *-d i dimma (dunkel* [bildl.]*)* shrouded in fog (mystery) **hölje** [omhölje] envelope; [täcke] cover[ing]; [av lådtyp o. d.] case
hölster [pistol~] holster
höna 1 hen; [kok.] chicken; [som efterled i sms. ofta framförställt i eng.], *jfr fasanhöna* **2** [våp] goose [pl. geese]
höns 1 [eg.] fowl, [koll.] poultry [sg.], fowls [pl.], chickens [pl.]; [kok.] chicken; *som yra* ~ like giddy geese **2** [våp] goose [pl. geese] **-avel** poultry-keeping **-buljong** chicken broth **-bur** hen-coop **-gård** [inhägnad] chicken run; [hönseri] poultry-farm **-hjärna,** *ha en riktig* ~ be feather-brained **-hus** poultry-house **-minne,** *ha ett riktigt* ~ have a memory like a sieve **-ägg** hen's egg
hör|a I *tr itr* [eg. o. friare] hear, [få veta äv.] learn, be told [alla äv. *få* ~]; [uppfatta ofta] catch; [lyssna] listen; [ta reda på] find out; [rådfråga] consult. — *Ex.:* **a)** [m. enbart obj.], ~ *musik* listen to music; ~ *radio* listen to the radio, listen in **b)** [m. [obj. o.] inf.], *hon -de honom komma* she heard him come ([honom när (hur) han kom] him coming); *jag har -t sägas att..* I have heard (been told) that..; *få* ~ *talas om* hear of **c)** [m. [obj. o.] prep.-best.], ~ *av ngn att..* learn from (be told by) a p. that..; *har du -t* [*något*] *från honom?* have you heard from him?; ~ *på ngn (ngt)* listen to ([i radio äv.] listen in to) a p. (a th.); *det -s på honom att..* you can tell by (from) his voice that.. **d)** [i pass.], *det -s* [*att han är arg*] you can hear..; [*tala högre,*] *det -s så dåligt* ..I [osv.] can't hear you; *det -des* [*en knackning*] there came (was).. **e)** [i imper.], *hör!* listen!; *hör du,* [*jag tror han ljuger*] you know, ..; *hör du* [*du*], [*är det sant att..*] [look] here (I say), .. **f)** *låta* ~*: låt* ~*!* out with it!; *det låter ju* ~ *sig* [förefaller rimligt] that's quite plausible
II *itr* **1** ~ *till:* a) [om ägande o.medlemskap] belong to b) [vara en av] be one of, [vara bland] be among c) [vara tillbehör till o. d.] go with; *vart hör det här?* [var brukar det ligga (stå)?] where does this go (belong)? **2** ~ *under* [en rubrik o. d.] come under
III [m. beton. part.] ~ *av ngn* hear from a p.;

jag låter ~ av mig [*nästa vecka*] you will hear from me..; ~ *efter* a) [lyssna] listen; [lägga märke till] listen to b) [ta reda på] find out; [fråga] inquire, *hos* of; ~ *sig för* inquire, *om ngt* about a th., *hos* of; ~ *hemma i* belong to; *han hör hemma* [bor] *i S.* he lives in ([härstammar från] hails from) S.; ~ *hit* [höra hemma här] belong here; *det hör inte hit* [till saken] it has got nothing to do with this; ~ *ihop (samman)* belong ([bruka följas åt] go) together; ~ *ihop (samman) med* be connected with, [bruka åtfölja] go with; ~ *på* listen, *ngn (ngt)* to a p. (a th.); ~ *till* a) [tillhöra] belong to, *se vid. II 1;* [*en stuga*] *med allt som hör till* ..and everything that goes with it b) *det hör till* [anses korrekt] it is the right and proper thing; ~ *upp* a) [lyssna] pay attention b) [sluta] cease [osv.], *jfr upphöra*

hör|apparat hearing aid **-bar** *a* audible **-glasögon** hearing-aid glasses **-håll,** *inom (utom)* ~ within (out of) earshot **-lur** [telef.] receiver; [radio.] earphone

hörn corner **hörna** corner [äv. sport.]

hörn|hus corner house **-sten** corner-stone [äv. bildl.] **-tand** canine tooth

hör|sal lecture hall **-samma** *tr* [befallning] obey, [kallelse] respond to

hörsel hearing **-nerv** auditory nerve

hörsägen, *av* ~ by hearsay

hö|skrinda hay-cart **-skulle** hayloft **-snuva** hay-fever

höst autumn [äv. bildl.], [amer. vanl.] fall; ~*en* [the] autumn; ~*en* ([adv.] [*på*] ~ *en*) *1914* the ([adv.] in the) autumn of 1914; [*nu*] *i* ~ this autumn; *i* [nästa] ~ [vanl.] next autumn; *i* ~*as* last autumn; *om (på)* ~*en* (~*arna*) in [the] autumn; [*stanna*] *över* ~*en*.. [for] the [whole] autumn

höstack haystack, hayrick

höst|dag autumn ([höstlik] autumnal) day **-dagjämning** autumnal equinox **-lig** *a* autumn.. **-lik** *a* autumnal **-råg** autumn-sown rye **-termin** autumn term

höta *itr,* ~ *åt ngn* [*med näven*] shake one's fist at a p.

hö|tapp wisp of hay **-tjuga** hay-fork

hövan, *över* ~ [övermåttan] beyond [all] measure, [högeligen] excessively **hövas** *itr. dep* become, *ngn* a p.

hövding [indian~ o. d.] chief, [för stam äv.] headman, [anförare] leader

hövisk *a* [artig] courteous; [ridderlig] chivalrous **-het** courteousness, chivalry

hövl|lig *a* [inte direkt ohövlig] civil, [artig] polite, [belevad] courteous **-lighet** civility, politeness, courteousness, courtesy **-ligt** *adv* civilly [osv.], *jfr hövlig; svara* ~ give a civil reply

hö|volm *(-vålm)* haycock

I

i I *prep* [se äv. under resp. huvudord] **A** [om rumsförh. o. bildl.] **1** [uttr. befintl., äv. friare] **a)** ['inuti', 'inne i', 'inom'] in, ['vid' el. när prep.-uttr. anger en lokal vanl.] at. — [Vid [namn på] större el. t.ex. ens egen stad anv. vanl.] in, [framför mindre stad o. ort f. ö. vanl.] at. — [För prep.-attr. *se under C*]; [*ha plats*] ~ *en bank* ..at (in) a bank; *betala* ~ *kassan* [i butik] pay at the cash-desk; *det var tyst* ~ *rummet* [vanl.] the room was quiet; *promenera* ~ [hit och dit i] *stan* walk about the town **b)** ['på [ytan av]', '[ovan]på' o. d. vanl.] on; *klia sig* ~ *huvudet* scratch one's head; *sitta* ~ *sanden (soffan)* sit on the sand (sofa) **c)** ['från'] from; [*lampan*] *hänger* ~ *taket* ..hangs from the ceiling **d)** ['genom' vanl.] through; [*höra ngt*] ~ *högtalaren*.. over the loudspeaker; *titta* ~ [*kikaren*] look through.. **e)** ['bland'] among **f)** ['kring'] round **g)** ['till'] to; *göra ett besök* ~ [resa till].. pay a visit to.. **h)** [friare]: [i allm.] in, [angivande verksamhet m. m. ofta] at; *5* ~ *15 går 3 gånger* 5 into 15 goes 3 times; ~ *arbete* at work; ~ *frihet* at liberty; ~ *historien* in history; *dra* ~ *repet* pull at the rope **2** [uttr. riktning, rörelse, övergång, förändring vanl.] into, [vid vissa vb] in, [i vissa uttr.] to; ['på'] on; *falla* ~ *vattnet* fall into the water; *knacka* ~ *väggen* knock on the wall; *resultera* ~ result in; *slå* ~ *stycken* smash to bits **3** ['gjord av'] of, [ibl.] in; [*en staty*] ~ *brons*.. in bronze; [*ett bord*] ~ *ek* an oak .. , ..[made] of oak **4** ['medelst'] by, [ibl.] in; [om fart o. d.] at; *betala* ~ *check (kontanter)* pay by cheque (in cash); ~ *full fart* at full speed; ~ *vilken färg* [*målade han huset?*] what colour..?; *hålla ngn* ~ *handen* hold a p. by the (hold a p.'s) hand **5** ['i och för' ofta] on; [*han är här*] ~ *affärer*.. on business **6** ['[på grund] av'], ~ *brist på* for want of; *dö* ~ [*cancer*] die of..; *ligga sjuk* ~ [*influensa*] be down with.. **7** ['i form av' o.d. vanl.] in [*jfr dock 4 ex.*], ['såsom'] as; ~ *högar* [högvis] by heaps; *hur mycket har du* ~ *fickpengar?* how much pocket-money do you get?; *ha* [*20 000*] ~ *lön* have a salary of..; ~ *regel* as a rule **8** ['medlem av' ofta] on; *gå* ~ [*andra klass*] be in..; [*sitta*] ~ *en kommitté* ..on a committee **9** ['angående', 'om'] on; [*uttala sig*] ~ *en fråga*.. on a question **10** ['enligt'], [*ett hus*] *helt* ~ *min smak*.. entirely to my taste **11** [i uttr. av typen 'bra (dålig) i' o. d. vanl.] at; *flitig* ~ *arbetet* diligent at ([med] about) one's work **12** [i uttr. av typen 'kär i' o.d.], *förtjust* ~ fond of; *förälskad (kär)* ~ in love with; *galen* ~ crazy about **13** [i uttr. av typen 'ont i magen' o. d.], *hon är fin* ~ *håret* her hair is nice; *ha ont* ~ *huvudet* have a headache; *jag är trött* ~ *armen* my arm is tired

B [om tidsförh.] **1** [prep.-uttr. svarar på frågan n ä r?]: ['under'] in, ['vid'] at; ['före'] to; ['nästa'] next, ['sista'] last; [i vissa vanl. uttr.] this, to-; [*jfr äv. ex. under C*]; ~ *april* in April; *fem* [*minuter*] ~ *fem* five [minutes] to five; ~ *påsk* at Easter; ~ *höst* this ([näst-kommande vanl.] next) autumn; ~ *natt* [som är el. som kommer] tonight, [som var] last night **2** [prep.-uttr. svarar på frågan hur länge?] for; ~ *månader* for months; *nu* ~ *tio år* [for] the last ([om framtid] next) ten years **3** ['per'], *med en fart av* [*90 km*] ~ *timmen* at the rate of.. an (per) hour

C [i prep.-attr. vanl.] of, [isht efter superl. samt i rent lokal bet.] in; *biskopen (domkyrkan)* ~ *A.* the Bishop (Cathedral) of A.; *en vacker morgon* ~ *april* a ([adv.] on a) fine April morning; *den största staden* ~ *landet* the biggest city in the country; [*han föddes*] *den 5* ~ *månaden* ..[on] the 5th of the month; *glaset* ~ *rutan* the glass in the pane

D [i vissa prep. o. konj. förb.] **1** ~ *och för studier* for the purposes of study; ~ *och för sig* [*säger uttrycket föga*] in itself..; ~ *och för sig* [*utgör åldern inget hinder*] taken by itself.. **2** ~ *och med detta nederlag* [*var allt förlorat*] with this defeat..; ~ *och med att* [så snart som] as soon as **3** *du gjorde rätt* ~ *att hjälpa honom* you were right in helping him **4** ~ *det* [*att*] [konj.] [just] as; ~ *det han sade detta* [*lyfte han på hatten*] [in] saying this..

II *adv, en vas med blommor* ~ a vase with flowers in it; *vill du hälla (slå)* ~ *åt mig?* please pour out some for me!; *häll (slå) inte* ~ [*för mycket!*] don't pour in..!

I *pers. pron* [åld.] = *ni*

iakt|ta[ga] *tr* **1** [eg.] observe, [[uppmärksamt] betrakta vanl.] watch **2** [bildl.] observe; [t. ex. försiktighet] exercise; ~ *försiktighet* [m. m., ofta] = *vara försiktig* [m. m.] **-tagare** observer **-tagelse** observation **-tagelseförmåga** powers [pl.] of observation

ibland I *prep, se bland* **II** *adv* [stundom] sometimes, [då och då] occasionally, now and then, at times

icke *adv* not [m.m.], *se inte* **--angreppspakt** non-aggression pact **-rökare** non--smoker

id [zool.] ide

idag *adv, se* [*i*] *dag*

idas *itr. dep, inte* ~ [*göra*..] [vara för lat] be

too lazy [to do..]; *jfr gitta*
ide winter quarters [pl.]; *ligga i ~* [eg.] hibernate
idé idea, [föreställning äv.] notion, [begrepp äv.] conception; *det är ingen ~!* there is no point in it!; *det är ingen ~ att göra..* it is no good (no use) doing..; *hur har du kommit på den ~n?* what put that idea into your head?
ideal I *s o.* **II** *a* ideal **-isera** *tr* idealize **-isk** *a* ideal, [friare] perfect **-ism** idealism **-ist** idealist **-istisk** *a* idealistic **-itet** idealism **-tillstånd** ideal state (existence)
idé|association association of ideas **-drama** problem play
ideell *a* idealistic
idegran yew[-tree]
idéhistoria [[vanl.] the] history of ideas
idel *a* [om t. ex. avund] sheer, pure; [om t. ex. skvaller] mere, [om t. ex. bekymmer] nothing but; *hon var ~ öra* she was all ears
idelig *a* continual, perpetual; incessant **ideligen** *adv* continually [etc.]
ident|ifiera *tr* identify **-ifiering** identification **-isk** *a* identical **-itet** identity
identitetskort identity card
ideologi ideology
idé|rik *a* ..full of ideas; [friare] inventive **-värld** world of ideas
idiom idiom **idiomatisk** *a* idiomatic
idiot idiot, [ss. skällsord äv.] fool, *jfr dumbom* **-isk** *a* idiotic **-säker** *a* foolproof
idissla *tr itr* **1** [eg.] *~ [födan]* ruminate, chew the cud **2** [bildl.] repeat **idisslare** ruminant
idka *tr* [bedriva] carry on, [utöva] practise; [studier] pursue; [ägna sig åt] devote oneself to, [t. ex. idrott] go in for
idog *a* industrious, [arbetsam] laborious
idol idol, [favorit] great favourite
idrott 1 [koll.] sports [pl.], sport; [fotboll, tennis o. d.] games [pl.]; *[allmän (fri)] ~* athletics **2** *se idrottsgren* **idrotta** *itr* go in for sport [etc.]
idrotts|dag sports day, games day [*jfr idrott*] **-förening** athletic association **-gren** branch of athletics; [kind of] sport; [type of] game; *jfr idrott 1* **-instruktör** coach, trainer **-ledare** sports leader; [arrangör] sports ([resp.] athletics) organizer **-lig** *a* athletic **-man** sportsman, [friidrotts-] athlete **-plats** sports ground (field) **-tävling** athletic contest
idyll idyll; [plats] idyllic spot **-isk** *a* idyllic
ifall *konj* **1** [såvida]: [äv. *~ att*] if, in case; [antag att] supposing [that] **2** [huruvida] if, whether
ifatt *adv, hinna (gå, köra* [etc.]*) ~ ngn* catch up with a p., catch a p. up
ifjol *adv, se [i]fjol*
ifråga *o.* **-komma** *o.* **-sätta** *se fråga I* **-varande** *a, ~ fall* the case in question
ifrån I *prep, se från I; köra* [etc.] *~ [ngn (ngt)]* a) [bort ifrån] drive [etc.] away from.. b) [gm överlägsen hastighet] drive [etc.] ahead of..; *vara ~* [utom] *sig* be beside oneself, *av* with **II** *adv* [borta] away; *kan du gå ~ [en stund?]* can you get away..? — [Se f. ö. beton. part. under resp. vb samt sms. som *varifrån*]
igel leech [äv. bildl.] **-kott** hedgehog
igen *adv* **1** [ånyo] again; *om ~* [en gång till] once more **2** [tillbaka, åter] back **3** [tillsluten, till, ihop o. d.] shut, closed, together, to, down, up. — [Se vid. förb. som *fylla (hålla, knäppa, 2 slå, ta) ~* m. fl.] **-känningstecken** mark of identification **-känntlig** *a* recognizable, *för* to **-mulen** *a* overclouded, overcast
igenom I *prep* through, *se vid. genom I; [hela] dagen (livet) ~* throughout the day (one's life) **II** *adv* through. — [Se f.ö. beton. part. under resp. vb]
iglo[o] igloo
ignorera *tr* ignore, take no notice of
igång *adv, se gång 1 c* **-sättning** start, starting [up]
igår *adv, se går*
ihjäl *adv* to death; [plötsligt] dead; [se f. ö. beton. part. under resp. vb] **-frusen** *a*..frozen to death **-skjuten** *a* ..shot dead
ihop *adv* **1** [tillsammans] together **2** [till en enhet, igen o. d. samt uttr. minskning] up. — [Se vid. förb. som *fälla (fästa, krympa, köra, smälta) ~* samt beton. part. *ihop* o. *samman* under resp. enkla vb; för sms. jfr äv. sms. med *hop* o. *samman*]
ihåg *adv, komma ~* remember, [erinra sig] recollect; [lägga på minnet] bear (keep).. in mind; *kom ~ att skriva!* remember (don't forget) to write!; *jfr minnas*
i|hålig *a* hollow, [bildl. äv.] empty **-hålighet** [det ihåliga] hollowness; emptiness; [hål] cavity, hollow space **-hållande** *a* [om t. ex. köld, applåder] prolonged; [om t. ex. regn] continuous
ihärdig *a* [om pers.] persevering; [trägen] assiduous **-het** perseverance; assiduity
ikapp *adv* **1** [i tävlan], *cykla (segla* [m. fl.]*) ~* have a cycling (sailing [m. fl.]) race; *springa ~* run a race; *springa ~ med ngn* race a p. **2** *se ifatt*
ikläda I *tr, ~ ngn ngt* array (dress) a p. in a th. **II** *rfl* **1** [eg.], *~ sig ngt* array (dress) oneself in a th. **2** [bildl.]: [ansvar] shoulder, [förpliktelse] assume **iklädd** *a* dressed in, wearing
i|kring *prep adv, se omkring o. kring* **-kull** *adv, se omkull* **-kväll** *adv, se kväll*
il [vindil] gust [of wind]; [by] squall
1 ila *itr* [hasta] speed, [vardagligare] hurry, hasten; [rusa] dash
2 ila *opers. itr, det ~r i tänderna [på mig]* I have shooting pains in my teeth
i-land *se industriland*

För med **i-** sammansatta verb jfr äv. vid beton. part. under resp. enkla verb

il|bud [meddelande] express message, *efter* for; [pers.] express messenger **-gods** [koll.] express goods [pl.]; *som* ~ by express **-godsexpedition** [lokal] express office
illa *adv* badly [etc.], *jfr dåligt* [m. ex.]; [i vissa fall, bl. a. ss. predf.] bad; *inte* [*så*] ~*!* not [half] bad!; *en* ~ *använd dag* an ill-spent day; *det kan gå* ~ [*för dig*] [*om du inte*..] you may get into trouble..; *göra* ~ do wrong; *göra ngn* ~ hurt a p.; *man ligger mycket* ~ *i den här sängen* [vanl.] this bed is very uncomfortable; *det luktar (smakar)* ~ it smells (tastes) nasty (bad); *må* ~ [ha kväljningar] feel (be) sick; *det ser* ~ *ut* it looks bad; *hon ser inte* ~ *ut* she is not bad--looking; *sitta* ~ a) [på stol o.d.] sit uncomfortably, [på teater o. d.] have a bad seat b) [om kläder] be ill-fitting; *ta* ~ *upp* take offence; *ta* ~ *upp att* [sats] take it amiss that [sats]; *ta inte* ~ *upp!* don't be offended!; *tala* ~ *om ngn* speak ill of a p.; *om det vill sig* ~ if things are against you [osv.]
illa|luktande *a* nasty-smelling, [stark.] evil--smelling **-mående I** *s* indisposition **II** *a, känna sig* ~ [känna kväljningar] feel sick **-sinnad** *a* [om pers.] ill-disposed; [om handling] malicious **-sittande** *a* [om kläder, attr.] badly-fitting
illdåd *se illgärning*
illeg|al *a* illegal **-itim** *a* illegitimate
iller polecat
ill|fundig *a* [maliciously] cunning, [lömsk] insiduous **-gärning** outrage, wicked (evil) deed **-gärningsman** evil-doer
illistig *a, se illfundig*
illmarig *a* knowing, sly, cunning; [skälmsk] arch
illojal *a* disloyal; [konkurrens] unfair
illtjut F terrific yell
illumination illumination **illuminera** *tr* illuminate [äv. handskrift]
illusion illusion, [villfarelse] delusion **illusorisk** *a* [skenbar] illusory, [inbillad] imaginary
illustr|ation illustration **-atör** illustrator **-era** *tr* illustrate
ill|vilja [groll] spite, [elakhet] malevolence **-villig** *a* [hätsk] spiteful, [elak] malevolent; *jfr äv. illasinnad*
ilmarsch forced march
ilning [av glädje o. d.] thrill, *av* of; [t. ex. i tand] shooting pain
ilsamtal express (urgent) call
ilska [hot] anger, [stark.] rage **ilsken** *a* [ond] angry, [isht amer.] mad, [F o. om djur] savage, [ursinnig] furious; [argsint. äv. om djur] fierce **ilskna** *itr,* ~ *till* fly into a temper (rage)
imit|ation imitation **-atör** imitator; [isht professionell] mimic **-era** *tr* imitate; ~*d* [oäkta, vanl.] imitation [attr.]
imma I *s* mist, steam **II** *itr rfl* [bli immig] become misted over **immig** *a* misty, steamy
immigr|ant immigrant **-ation** immigration **-era** *itr* immigrate, *till* into
immun *a* immune **-itet** immunity
imorgon *se morgon* **imorse** *se morse*
imper|ativ [gram.], ~ [*en*] the imperative; *en* ~ an i. **-ator** imperator [lat.]
imperfekt[um], ~ [*et* [etc.]] the past tense, the past [end. sg.]
imper|ialism imperialism **-ium** empire
impertinent *a* impertinent
imponer|a *itr* impress, *på ngn* a p. **-ande** *a* [allm.] impressive, [om t. ex. storlek, värdighet] imposing [attr.], [om t. ex. antal, siffror] striking, [om t. ex. yttre, egenskaper] commanding
impopulär *a* unpopular, *hos (bland)* with
import [verksamhet] import[ation], [varor] imports [pl.] **-era** *tr* import, *till* into **-förbud** import prohibition **-licens** import licence **-vara** imported article **-ör** importer
impotens impotence **impotent** *a* impotent
impregnera *tr* impregnate; [göra vattentät] waterproof [äv. ~*d*]
impressionism impressionism
improduktiv *a* unproductive
improvis|ation improvisation **-era** *itr tr* improvise, extemporize
impuls impulse **impulsiv** *a* impulsive **impuls|köp** [-köpande] impulse buying; *göra* [*ett*] ~ buy on the impulse
in *adv* [allm.] in; [in i huset o. d.] inside, indoors; *kom (stig)* ~ [*ett tag*]*!* step inside..!; *hit (dit)* ~ in here (there); ~ *i* [vanl.] into; ~ *på, se inpå I;* ~ *till staden* in ([om storstad] up) to town; [se äv. beton. part. under resp. vb] **-ackordera** *tr* board and lodge [äv. *vara* ~*d*] **-ackordering 1** [abstr.] board and lodging **2** [pers.] boarder
inaktuell *a* [förlegad] out of date; [inte aktuell just nu] not contemplated for the present [båda end. pred.]; *jfr aktuell*
inalles *adv,* ~ [*50 kr*] .. in all, .. altogether
in|andas *tr. dep* breathe in, inhale **-andning** breathing in, inhalation; *en djup* ~ a deep breath
inatt *adv, se* [*i*] *natt*
in|avel inbreeding **-bakad** *a* ..included [*jfr äv. inberäkna*] **-begrepp,** ~ *et av* the quintessence of **-begripa** *tr* **1** [innefatta] comprise, [medräkna] include; *jfr äv. inberäkna* **2** *-begripen i* [t. ex. ett samtal] engaged in **-beräkna** *tr* include; [*frakten*] ~*d* .. included, including.. **-bespara** *tr* save **-besparing** saving [end. sg.] **-betala** *tr, se betala* [*in*] **-betalning** payment; [avbetalning] part payment, instalment
inbilla I *tr,* ~ *ngn ngt* make a p. believe a th. **II** *rfl* imagine, fancy; ~ *sig vara (att man är)*

För med **i-** och **in-** sammansatta verb jfr äv. vid beton. part. under resp. enkla verb

något think a great deal of oneself **inbillad** *a* imagined, fancied; [t. ex. om sjukdom] imaginary **inbillning** imagination **inbillningsförmåga** [power of] imagination **inbilsk** *a* conceited, stuck-up **inbilskhet** conceit

in|bindning binding; *till* ~ to be bound **-biten** *a* [t. ex. om ungkarl] confirmed, [t. ex. om rökare, vana] inveterate **-bjuda** *tr* invite, *till* to; *A. har äran* ~ [*Herr X. till middag*] A. requests the pleasure of the company of.. **-bjudan** invitation **-bjudande** *a* inviting, [lockande] tempting **-bjudning** invitation **-blanda** *tr, se blanda* [*i o. in*] **-blandning** [ingripande] intervention; [i andras affärer] interference [end. sg.]

in blanko *adv* in blank

in|blick glimpse, *i* of; insight [end. sg.], *i* into **-bringa** *tr* yield, bring [in] **-bringande** *a* lucrative, profitable **-bromsning** braking; *göra en mjuk* ~ brake gently

inbrott 1 [av tjuv], [*ett*] ~: [på dagen] [an act of] housebreaking, [nattetid] [a] burglary; *göra* ~ *i* [på dagen] break into, [nattetid] burgle **2** [inträdande] setting in; *vid dagens* ~ at daybreak (dawn); *vid nattens* ~ at nightfall

inbrotts|försäkring burglary insurance **-tjuv** housebreaker, [nattlig] burglar

in|bunden *a* **1** [om bok] bound **2** [sluten] uncommunicative **-byggare** *se invånare* **-byggd** *a, se bygga* [*in*] **-byte,** *ta* [*en bil*] *i* ~ trade in.. **-bytesvärde** trade-in value **-bädda** *tr, se bädda* [*in*]

inbördes I *a* [ömsesidig] mutual, reciprocal; ~ *hjälp* reciprocal help; ~ *läge* relative position **II** *adv* mutually, reciprocally; *jfr sinsemellan* **-krig** civil war

indefinit *a* indefinite

in|dela *tr* [allm.] divide [up]; [i underavdelningar] subdivide, [klassificera] classify, *i* into, *efter* according to **-delning** division, subdivision, classification

index index, *för (över)* of **-reglerad** *a* index-tied, index-bound **-tillägg** index increment

indian [American (Red)] Indian **indianbok** Red-Indian story-book **indianhövding** [Red-]Indian chief **indiansk** *a* [American (Red-)]Indian **indiansommar** Indian summer

indicium [tecken] indication, *på* of; [*döma*] *på indicier* ..on circumstantial evidence

Indien India **ind[i]er** Indian

indifferent *a* indifferent; [kem.] neutral

indign|ation indignation **-erad** *a* indignant, *över* at

indigo indigo

indikation indication

indikativ, ~[*en*] the indicative; *en* ~ an indicative

indirekt I *a* [allm.] indirect **II** *adv* indirectly; [på ~ väg] by indirect means

indisk *a* Indian

in|diskret *a* indiscreet, [ogrannlaga] tactless **-diskretion** indiscretion; tactlessness [end. sg.] **-disponerad** *a* [allm.] indisposed; [om sångare] .. out of voice **-disposition** indisposition

individ [allm.] individual, [zool. o. F 'kurre' äv.] specimen **-ualisering** individualization **-ualitet** individuality **-uell** *a* individual

indo|europé *s o.* **-europeisk** *a* Indo-European

indoktriner|a *tr* indoctrinate **-ing** indoctrination

indolens indolence **indolent** *a* indolent

Indonesien Indonesia

in|draga *tr, se dra* [*in*] **-draget** *adv, leva* ~ lead a frugal (retrenched) life **-driva** *tr* [fordringar, skatter] collect, [på rättslig väg] recover **-drivning** collection; recovery

industri industry **-alisera** *tr* industrialize **-alism** industrialism **-arbetare** industrial worker **-ell** *a* industrial **-idkare** industrialist, manufacturer **-land** industrialized country **-semester** [ung.] general industrial holiday

ineffektiv *a* ineffective; [om pers.] inefficient

inemot *prep* [framemot] towards; [nästan] close on, nearly, almost

inexakt *a* inexact, inaccurate

infall 1 [påhitt, idé] idea, [nyck] whim, fancy, [kvickt yttrande] sally; *han fick det ~et att han skulle gå* [*på bio*] he took it into his head to go.. **2** [⚔] invasion, *i* of **infalla** *itr* **1** [inträffa] fall, *på* [*en tisdag*] on.. **2** [inflicka], [*du har fel*], *inföll han* .., he put in **infall|en** *a, -et ansikte* hollow-cheeked face; *-na kinder* sunken (hollow) cheeks

infam *a* infamous, [skändlig] vile

infanteri infantry **infanteriregemente** infantry regiment **infanterist** infantryman

in|fart [infartsled] approach [äv. ⚓]; [infartsport o. d.] entrance [gate]; *förbjuden* ~ [trafik.] no entry **-fartsparkering** [system] park-and-ride system

in|fatta *tr* [kanta] border, [ädelsten o. d.] set; ~ .. *i ram* frame.. **-fattning** [konkr.] border, setting, frame; [jfr föreg.]

infek|tera *tr* infect **-tion** infection **-tionssjukdom** infectious disease

infernalisk *a* infernal

infiltration infiltration **infiltrera** *tr* [eg. o. bildl.] infiltrate

infinitiv, ~[*en*] the infinitive; *en* ~ an infinitive **-märke** [[vanl.] the] sign of the infinitive

infinna *rfl* [visa sig] appear, [inställa sig] put in an appearance, [isht m. följ. prep.-best.] present oneself; ~ *sig vid* [t. ex. begravningen] attend; *jfr inställa II 1—2*

inflamm|ation inflammation **-era** *tr* inflame **-eras** *itr. dep* become inflamed
inflation inflation
infli[c]ka *tr* interpose, put in
influensa influenza, F [[vanl.] the] flu **influera** *tr itr*, ~ [*på*] influence
in|flyta *itr, se flyta* [*in*] **-flytande** [bildl.]: [allm.] influence (*hos* with, *på* on), [inverkan äv.] effect **-flytelserik** *a* influential **-flyttning** moving in, [i ett land] immigration **-foga** *tr* fit.. in, insert **-fordra** *tr* [begära] demand, [hövligare] request, solicit; ~ *anbud på* invite tenders for
inform|ation information [end. sg.] **-ator** [private] tutor, *för* to
informell *a* informal
informera *tr* inform, *om* of
in|fria *tr* redeem, [löfte äv.] fulfil **-fånga** *tr* catch, [rymling o. d. äv.] capture **-fällbar** *a* retractible **-född** *a* native[-born]; *en* ~ *svensk* a native of Sweden **-föding** native
in|för *prep* [se äv. resp. huvudord] **1** [i rumsbet. o. friare]: [allm.] before, [i närvaro av] in the presence of; *stå* ~ [*ett svårt problem*] be brought up against.. **2** [i tidsbet. o. friare]: [omedelbart före] on the eve of, [vid] at, [med..i sikte] at the prospect of; [*full av förväntningar*] ~ *julen* .. at the prospect of Xmas; *stå* ~ *sitt avgörande* be on the eve of settlement **-föra** *tr* [sprida, t. ex. ett nytt mod, en vara] introduce; [påbjuda o. d.] inaugurate, initiate; *jfr vid. föra* [*in*] *o. importera* **-förliva** *tr* [allm.] incorporate; ~ *ngt med* [*sina samlingar*] add a th. to.. **-förpassa** *tr* dispatch, remove, *i* to **-försel 1** *se import* [o. sms.] **2** ~ *i lön* attachment of wages **-förskaffa** *tr* procure **-förskriva** *tr*, ~ *ngt (arbetare)* [*från utlandet*] order a th. (engage workers)..
ingalunda *adv* [förvisso inte] by no means; [inte alls] not at all
inge *tr* **1** [lämna in, skrivelse o. d.] hand in, present **2** [ingjuta] inspire, *ngn* [*mod, förtroende* o.d.] a p. with..; [intala] suggest, *ngn* [*tanken att*..] to a p. ..; [bibringa] convey, *ngn den föreställningen att*.. the [false] idea to a p. that..
ingefära ginger
ing|en (*intet el. inget, inga) obest. pron* [*se äv. nästan* [ex.], *enda* [ex.]; ~ *annan, se 4* ned.] **1** [fören.] no; *jfr äv. ingenting; det kom -a brev i dag* there were no (weren't any) letters today; ~ *dum idé!* not a bad idea!; ~ *människa* [vanl.] nobody; *se äv. 2 vart* [ex.] **2** [självst. utan syftning]: **a)** [om pers.], *ingen, inga* nobody, no one [bägge sg.]; ~ *mer* [*får komma in*] no more people.. **b)** [allm. neutralt], *intet, inget* nothing; *jfr ingenting* **3** [självst. m. underförstått huvudord el. m. partitiv konstr.] none; [..*men*] *hittade -a* (~) ..found none, ..did not find any (one); ~ *av dem har* [*kommit tillbaka*] none of them have (has).., [av två] neither of them has..; *jfr ingenting* **4** ~ *annan* [~ annan människa vanl.] nobody (no one) else; ~ *annan* [*bok*] no other..; ~ *annan (-a andra) av mina vänner har*.. not another of my friends has..
ingen|dera (*intet- el. inget-) obest. pron* [fören. o. självst.]: a) [av två] neither b) [av flera än två] = *ingen*
ingenjör engineer **ingenjörsfirma** engineering firm **ingenjör[s]trupper** *pl* engineers
ingen|stans *adv. o.* **-städes** *adv* nowhere **-ting** *obest. pron* [allm.] nothing; [m. partitiv konstr.] none; ~ *(inget, intet) betydelsefullt* nothing important; ~ *nytt* nothing new, [inga nyheter o. d.] no news; ~ *av detta* none of this; ~ *av hans forna* [*entusiasm*] none of his former..; *det är* ~ *att ha* it is not worth having; *det bevisar* ~ that does not prove anything; *se vid. ex. under betyda, nästan* [m. fl.] **-vart** *adv, se 2 vart* [ex.]
in|gift *a, bli* ~ *i* [*en familj*] marry into.. **-giva** *tr, se inge* **-givelse** [inspiration] inspiration; [idé] impulse, idea **-gjuta** *tr* [bildl.], ~ *nytt liv i ngt* infuse new life into a th.; *jfr inge 2*
ingrediens ingredient
in|grepp 1 [läk.] operation **2** [intrång] encroachment, [ingripande] interference **-gripa** *itr* [bildl.]: [inskrida] intervene, *i* in; [isht hjälpande] step in; [störande] interfere, *i* in; [göra intrång] encroach, infringe, *i* on **-gripande I** *s* [inskridande] intervention, [inblandning] interference **II** *a* radical; [långtgående] far-reaching [attr.] **-grodd** *a* [t. ex. om smuts, fördomar] ingrained, [t. ex. om misstro, motvilja] deeply rooted, [t. ex. om agg] inveterate **-gå** (*jfr gå* [*in*]) **I** *itr* **1** [ankomma] arrive **2** [höra till, vara en del av], ~ *i* be (form) part of, [inbegripas i] be included in; *P.* ~*r i* [tillhör] *laget* [sport.] P. is in the team **II** *tr* [se äv. resp. huvudord]; [stifta, t. ex. förbund o. d.] enter into, [t. ex. överenskommelse o. d.] make **-gående** *a* **1** [ankommande] arriving; [t. ex. om brev, belopp] incoming **2** [bildl.]: [grundlig, t. ex. om förhör, granskning, studium] thorough, [t. ex. om beskrivning] detailed, [uttömmande, t. ex. om samtal, undersökning] exhaustive **-gång 1** [konkr. o. inträde] entrance; *förbjuden* ~! No Admittance! **2** [början] beginning **-hemsk** *a* domestic, home.., [inrikes] inland; *den* ~*a befolkningen* the native population
inhibera *tr* [inställa] cancel, call off
in|hysa *tr, se hysa* [*in*] **-hägna** *tr* enclose **-hägnad** enclosure, [stängsel äv.] fence **-hämta** *tr* **1** [få veta, lära] pick up, learn, [skaffa sig] obtain, *av* [i samtl. fall] from; ~ *kunskaper i* acquire knowledge of; ~ *ngns*

För med **in-** sammansatta verb jfr äv. vid beton. part. under resp. enkla verb

råd ask a p.'s advice **2** *se hämta* [*in*] **-hösta** *tr* [bildl.] reap, win **-ifrån** *prep adv* from inside (within)

initi|al initial **-ativ** initiative **-ativförmåga** power of initiative **-ativtagare** initiator, *till* of **-erad** *a* well-informed, *i* on; initiated, *i* in[to]

injaga *tr,* ~ *fruktan hos ngn* inspire a p. with fear; ~ *skräck hos ngn* strike terror into a p.

injektion injection **injektionsspruta** [för injektion under huden] hypodermic [syringe]

injic[i]era *tr* inject

in|kalla *tr, se kalla* [*in*] **-kallelse** [allm.] summons; [⚔ inkallande] calling up, [amer.] drafting, induction; [jfr följ.] **-kallelseorder** calling-up ([amer.] induction) papers [pl.]

in|kassera *tr* collect; [lösa in] cash **-kasserare** collector **-kassering** collection [of debts]; collecting **-kast 1** [sport.] throw-in **2** [f. mynt o. d.] slot

inklusive *prep* including, inclusive of

inkognito *s adv* incognito

in|kokning [inkokande] preserving [etc.], *jfr 2 koka* [*in*] **-komma** *itr, se 2 komma* [*in*] **-kommande** *a* [om brev, fartyg] incoming

in|kompetens [oduglighet] incompetence, [obehörighet] lack of qualifications **-kompetent** *a* [oduglig] incompetent; [inte kvalificerad] unqualified

inkomst 1 [persons regelbundna ~] income, *av (på)* from; [förtjänst] profit, *av (på)* of; *jag har goda (små)* ~*er* I have a good (a small) income **2** ~[*er*] [intäkter] receipts (*av* from), takings (*av* from), proceeds (*av* of) [samtl. pl.], [statens, kommunens] revenue[s [pl.]] (*av* from) **-bringande** *a, se inbringande* **-källa** source of income ([statlig o. d.] revenue) **-prövning,** [*förmånen utgår*] *utan* ~ .. without an investigation of your [etc.] income **-skatt** income-tax **-tagare** person in receipt of an income **-utjämning** levelling [out] (equalization) of incomes

in|konsekvens [motsägelse] inconsistency; [bristande följdriktighet] inconsequence **-konsekvent** *a* inconsistent; inconsequent

inkorporera *tr* incorporate, *i (med)* in[to]

in|kråm [i bröd] crumb; *se äv. innanmäte* **-kräkta** *itr* encroach, trespass, [tränga [sig] in äv.] intrude, *på* [i samtl. fall] [up]on **-kräktare** encroacher, trespasser, intruder, [jfr föreg.]; [i ett land] invader, *i* of

inkubationstid incubation period

inkvarter|a *tr* accommodate, *hos* with; [⚔] billet, *hos* on; ~ *sig hos ngn* take up one's quarters at a p.'s place; [⚔] billet oneself on a p. **-ing** accommodation; billeting

inkvisition, ~*en* [hist.] the Inquisition

in|köp purchase; *det kostar* [*5 kr.*] *i* ~ the cost price is.. **-köpa** *tr* buy in; *jfr köpa* **-köpspris** cost price **-körning** [av bil, motor] running-in **-körsport** entrance [gate], [öppningen o. bildl.] gateway

in|laga [skrift] petition, memorial **-lagd** *a* [dekorerad] inlaid; *jfr vid. lägga* [*in*] **-land 1** [mots. till kustland] interior **2** *i in- och utlandet* at home and abroad **-lastning** loading **-leda** *tr* **1** [börja] begin, [t. ex. affärsförbindelser, debatt, samtal] open, [t. ex. undersökningar] institute, [t. ex. förhandlingar] open, enter into (upon), [t. ex. ny epok] usher in, [t. ex. angrepp, offensiv] launch; ~ *bekantskap* form an acquaintance **2** *-led oss icke i frestelse* lead us not into temptation. — *Jfr leda* [*in*] **-ledande** *a* [t. ex. om anmärkningar] introductory, prefatory; [förberedande, t. ex. om möte] preliminary, initial **-ledare** [av diskussion] opening speaker **-ledning** [början] beginning, opening; [förord, grundlinjer] introduction **-ledningsvis** *adv* by way of introduction **-levelse** feeling, insight **-lopp 1** [infartsled]: [till hamn o.d.] entrance, *till* of; [från havet] sea-approach, *till* to **2** [flods inflöde] inflow, *i* into

in|låning 1 [allm.] borrowing **2** H deposits [pl.]; [inlånande] receiving..on deposit **-låningsränta** interest on deposits, [räntefot] deposit rate **-låta** *rfl,* ~ *sig i (på)* a) [t. ex. diskussion, tävlan] enter into.. b) [t. ex. affärer] embark (enter) upon.. c) [t. ex. samtal, politik, strid] engage in.. **-lägg 1** [eg.]: [något inlagt] insertion **2** [i diskussion o. d.] contribution, *av ngn* from a p., *i* to **-lägga** *tr* **1** *se lägga* [*in*] **2** [snick. o. konst.] inlay **-läggning 1** putting in [etc.], *jfr lägga* [*in a)*] **2** [konserv[ering]] a) [abstr.] preserving [etc.], *jfr lägga* [*in b)*] b) [konkr.], ~*ar* [*av frukt (grönsaker)*] preserved [etc.] fruits [pl.] (vegetables [pl.]) **3** [snick. o. konst.]: [abstr.] inlaying; [konkr.] inlay **-lämning** *se resgodsinlämning* **-ländsk** *a, se inhemsk* **-lärning** learning, [utantill] memorizing **-lärningsmaskin** teaching machine **-lärningsstudio** [språklaboratorium] language laboratory **-löpa** *itr* **1** [⚓] *se löpa* [*in*] **2** [om underrättelse o.d.] come in (to hand), arrive **-lösa** *tr, se lösa* [*in*] **-lösen** [allm.] redemption; [av check] cashing, [av växel] honouring, payment

in|malningstvång [lantbr.] milling obligation **-marsch** entry **-matning** [⊕] feeding; [vid databehandling] input **-mundiga** *tr* [skämts.] partake of **-muta** *tr* take out a mining-concession(-claim) for **-mönstring** [⚔] enrolment

innan I *konj prep* before; ~ *dess, se dessförinnan* **II** *adv* **1** [tidsbet.] before **2** *se utan* [*och innan*] **-döme** inside, interior [båda sg.] **-fönster** inner window **-för I** *prep* inside, within; [bakom t. ex. disken] behind **II** *adv,* *i* [*rummet*] ~ in.. beyond; [*området*] ~ [dvs. innanför taggtråden].. within the barbed wire **-lår** [av kalv] fillet, [av oxe o. d.] thick flank **-läsning** reading [aloud] **-mäte** [hos djur] entrails, guts, bowels [samtl. pl.] **-till** *adv, se läsa* [*innantill*]

in natura in kind

inne *adv* **1** [rumsförh. o. bildl.]: [allm.] in, [inomhus] indoors; [på bankkonto] deposited, ..on deposit; [i kassan] in hand; [på lager] in stock, on hand; ~ *i* a) [t. ex. huset, bilen] in[side] b) [t. ex. staden, skogen] in; *långt* ~ *i landet* far inland; *längst* ~ *i* [*garderoben*] at the back of..; *vara* ~ *i ngt* [bildl.] be at home (familiar) with a th.; ~ *på gården* in the yard; [se äv. beton. part. under resp. vb] **2** [tidsförh.], *nu är tiden* ~ *att* [inf.] now the time has come to [inf.]; [*den stora dagen*] *var* ~ ..was here (there, had come); *vara* ~ *i maj* have got into May **-bana** *se inomhusbana* **-boende I** *a* [medfödd] inherent **II** *subst. a* [i hyresrum] lodger **-bränd** *a, bli* ~ [i ett hus] be burnt to death in a house **-byggare** *se invånare* **-bära** *tr* [betyda] imply, mean, [föra med sig äv.] involve **-börd** [betydelse] meaning, signification, [innehåll o. räckvidd] purport, *av (i)* [i samtl. fall] of **-fatta** *tr* [innesluta i sig] contain, [inbegripa] include, [bestå av] consist of; [omfatta] embrace **-ha** *tr* hold, be in possession of, possess; [ämbete] hold, occupy **-hav** [ägande] possession, ownership; [mera konkr.] holding **-havare** [t. ex. av mästerskap, värdepapper, ämbete] holder; [besittare] possessor; [ägare] owner, [t. ex. av rörelse] proprietor

inne|håll contents [pl.]; [tanke~, -börd o. procenthalt] content, [huvud~] substance, [lydelse] tenor; [*hennes liv fick*] *nytt* ~ ..a new meaning (purpose) **-hålla** *tr* contain

innehålls|förteckning table (list) of contents, *till* of; index, *till* to (of) **-lös** *a* empty **-rik** *a* [attr.] ..containing a great deal; [omfattande] comprehensive

inneliggande *a* **1** ~ *lager* the stock on (in) hand **2** [bifogad] enclosed

inner [sport.] inside forward **-bana** inside track **-ficka** inside pocket

inner|lig *a* [förtrolig] intimate; [djupt känd] sincere; [hängiven] devoted; [brinnande] fervent **-ligt** *adv* **1** intimately [etc.] **2** [förstärkande] heartily, utterly; ~ *tacksam* deeply grateful

inner|sida inner side; [handens] inside, palm **-slang** inner tube

innerst *adv,* ~ [*inne*] a) [eg.] farthest in, [på den inre sittplatsen] on the inside b) [bildl.] deep down, [i grund och botten] at heart **innersta** *a* [eg.] innermost; *hans* ~ *tankar* his inmost thoughts; *i sitt* ~ in one's heart; *jfr äv. inre II*

inner|stad inner city; *i* ~*en* in the centre **-sula** insole **-tak** ceiling

inne|sluta *tr* enclose; [omge] encompass, encircle; [innefatta] include **-stående** *a* [insatt på bankkonto] deposited; ~ *fordringar* claims remaining to be drawn; ~ [*lön*].. due **-varande** *a* [om tid] present; ~ *år* the current year **-vånare** *se invånare*

innovation innovation

innästla *rfl, se nästla*

inofficiell *a* unofficial, non-official

inom *prep* **1** [rumsförh. o. friare] within; [*han hade knappt*] *kommit* ~ *dörren* ..got inside the door; ~ *industrin* in [the sphere of] industry; ~ *sig* [i sitt inre] inwardly, in one's heart; *styrelsen utser* ~ *sig*.. the board elect among their number.. **2** [tidsförh.]: [~ gränserna för] within; ~ *ett år* in (within) a year; ~ *ett ögonblick* in a moment; ~ *kort* in a short time, shortly **-bords** *adv* **1** [⚓] on board **2** [friare]: ['i kroppen'] inside

inomhus *adv* indoors **-antenn** indoor aerial **-bana** [f. tennis] covered court, [f. ishockey] [indoor] rink

in|ordna *tr* [inrangera] arrange, range; ~ *ngt i* [*ett system*] fit in a th. in..; ~ *sig i* [*samhället*] conform to.. **-pass** interjection; *göra ett* ~ throw in a remark **-piskad** *a* thorough-paced..; out-and-out..; *en* ~ *skojare* an arch rogue **-planta** *tr* [bildl.] implant, *hos ngn* in a p. **-prägla** *tr,* ~ *ngt i minnet* impress a th. [up]on one's mind **-pränta** *tr,* ~ *ngt hos ngn* impress a th. on a p. **-pyrd** *a,* ~ *med damm* thick with dust; ~ *med rök* reeking with smoke **-på I** *prep* **1** [rumsförh.], *våt* ~ *bara kroppen* wet to the [very] skin **2** [tidsförh.], *till långt* ~ [*natten*] until far into.. **II** *adv, för tätt* ~ too close **-ramning** [konkr.] frame; [friare äv.] setting **-rapportera** *tr* report

inre I *a* **1** [rumsförh.]: [längre in belägen] inner; [invärtes, intern] internal; [om diameter] interior; [om mått] inside; ~ *angelägenheter* [lands] domestic *el.* home ([t. ex. förenings] internal) affairs **2** [bildl.]: [andlig] inner, inward, [egentlig] intrinsic; *en* ~ *drift* an impulse from within **II** *subst. a* [innandöme] inside; [persons] inner man; *hela mitt* ~ [*upprördes*] my whole soul (being)..; [*vad hon led*] *i sitt* ~ [vanl.]..inwardly; *jfr äv. innersta* [ex.]

in|reda *tr* fit up, equip, *till* as; decorate, [m. möbler] furnish; [ordna] arrange **-redning 1** [inredande] fitting-up, equipment, decoration, furnishing **2** [konkr.] fittings, [väggfast ~] fixtures [båda pl.] **-redningsarkitekt** interior designer (decorator) **-registrera** *tr* register; ~ *en framgång* score a success **-resetillstånd** [konkr.] entry permit

inrikes I *a* [inländsk] domestic, home, inland **II** *adv* [with]in the country **-departement** ministry of the interior **-flyg,** *~et* [flygbolagen] the domestic airlines [pl.] **-minister** minister of the interior **-politik** domestic politics [pl.] ([resp.] policy) **-politisk** *a, en ~ [debatt]* a.. on domestic policy; *~a [frågor]* ..relating to domestic policy

in|rikta I *tr, se rikta [in]* **II** *rfl, ~ sig på, se [vara] inriktad [på]* **-riktad** *a, vara ~ på att* [inf.] a) [sikta mot] aim at (be bent on) [ing-form] b) [koncentrera sig på] concentrate on [ing-form]; *alla var ~e* [beredda] *på att detta skulle hända* everybody was prepared for that to happen **-ristning** engraving [end. sg.], inscription **-rop** [vid auktion] purchase **-ropning** [på scen o. d.] call, [efter ridåfallet] curtain-call **-rotad** *a* [t. ex. om ovilja, fördom] deep-rooted, [t. ex. om respekt] deep-seated, [t.ex. om vana] inveterate **-ryckning** [⚔ till militärtjänst], *~ sker [den 1 mars]* joining-up takes place.. **-rycknings-dag** calling-up day **-rymma** *tr* [innehålla] contain, [inbegripa] include; *biblioteket är -rymt [i övervåningen]* the library is housed (located).. **-rådan,** *på min ~* on my advice **-rätta I** *tr* **1** [grunda] establish, set up; [skola o. d.] found; [befattning] create **2** [anordna] arrange; *speciellt ~d för ngt* especially constructed (adapted) for a th. **II** *rfl* **1** *~ sig [bekvämt]* settle down.. **2** [anpassa sig] adapt (accommodate) oneself, *efter (för)* to **-rättning 1** [anstalt] establishment **2** [anordning, mekanism] device, appliance, contrivance; F ['manick'] gadget **-rökt** *a* [om pipa; attr.] ..that has been broken in

in|samling [hop-] collection; [penning~] subscription **-sats 1** [lös del i ngt] liner **2** [i spel o. d.] stake[s [pl.]]; [kontant~] deposit **3** [prestation] achievement, [bidrag] contribution; [idrotts~] performance **-sats-lägenhet** [ung.] freehold flat, [amer.] co-operative apartment **-satt** *a* [hemmastadd o. d.] *se under sätta [in c)]* **-se** *tr* see, perceive, [vara på det klara med äv.] realize; *av lätt -sedda skäl* for obvious reasons **-seende** [tillsyn] supervision; *ha ~ [t] över ngt* supervise a th. **-segel** seal

insekt insect, [amer. äv.] bug **insekt[s]bett** insect-bite

insemination insemination **inseminera** *tr* inseminate

in|sida inside, inner side; ['inre'] interior **-sikt 1** [inblick] insight; [kännedom] knowledge, *i (om)* of, [förståelse] understanding, *i* of; *komma till ~ om ngt* realize (see) a th. **2** *~er* [kunskaper] knowledge [end. sg.], *i* of **-siktsfull** *a* [om pers.] well-informed; [t. ex. om ledning] competent

insinu|ant *a* insinuating **-ation** insinuation **-era** *tr itr* insinuate

insistera *itr* insist; *~ på [att ngn kommer* insist on [a p.'s coming]

in|sjukna *itr* fall (be taken) ill, *i* with **-sjungning** recording **-sjunken** *a* sunken

insjö lake **-fisk** freshwater (lake) fish

in|skeppa I *tr* **1** [införa] import..by ship, *i* into **2** [föra ombord] ship, put..on board, [t. ex. trupper äv.] embark, *till* for **II** *rfl* embark, *till* for **-skjuta** *tr itr, se skjuta [in]* **-skrida** *itr* step in, intervene, *för* on behalf of, for, *mot ngt* to prevent a th.; *~ mot* [äv.] take measures against **-skridande** stepping in [etc.]; intervention **-skrift** *o.* **-skription** [allm.] inscription, [på gravsten äv.] epitaph **-skrivning** [i skola, kår o. d.] enrol[l]ment, [⚔ äv.] enlistment, [vid universitet o. d.] registration **-skrivningsområde** [⚔] registration area **-skränka I** *tr* [begränsa] restrict, limit, [minska] reduce, cut [down] **II** *rfl* [minska sina utgifter] economize; *~ sig till* a) [nöja sig med] confine (restrict) oneself to b) [endast röra sig om] be limited (restricted) to **-skränkning** restriction, limitation, reduction [jfr föreg.]; [förbehåll] qualification **-skränkt I** *a* **1** [eg.] restricted [etc.], *jfr inskränka; i ~ bemärkelse* in a limited (narrow) sense **2** [bildl., om pers.] limited, [dum] stupid; [trångsynt] narrow **II** *adv* restrictedly; *leva ~* [sparsamt] lead a frugal life

in|skärning [snitt] incision, [skåra] cut **-skärpa** *tr* [inpränta] inculcate, *hos ngn* in (on) a p., [eftertryckligt framhålla] bring home, *hos ngn* to a p. **-slag 1** [vävn., koll.] weft **2** [bildl.]: [allm.] element; [del, 'nummer' äv.] feature, [drag äv.] strain; [tillsats äv.] contribution **-smickrande** *a* ingratiating; [t. ex. om melodi] seductive **-snöad** *a, bli ~* get (be) snowed up (in)

insolv|ens insolvency **-ent** *a* insolvent

insomna *itr, se somna [in]*

inspek|tera *tr* inspect **-tion** inspection **-tor 1** [-'--] [skol. o. univ.] inspector, *för (vid)* of **2** [--'-] [jordbr.] manager, steward, *på* on (of); [järnv.] station-master **-tris** inspectress **-tör** [allm.] inspector, [kontrollör] supervisor

inspelning [allm.] recording; [film~] production **inspelningsbil** recording van

inspicient stage ([film.] unit) manager

inspir|ation inspiration **-era** *tr* inspire

in|sprutning injection **-spärrad** *a, se spärra [in]*

install|ation installation, inauguration [jfr *installera*] **-atör** electrician, installation engineer **-era** *tr* [allm.] install; [pers. äv.] inaugurate, *i* into; [leda in telefon m. m. äv.] put in, [⊕ äv.] set up; *~ sig* install (settle) oneself

För med **in-** sammansatta verb jfr äv. vid beton. part. under resp. enkla verb

instans [jur.] instance; [myndighet] authority; *gå till högre* ~ carry on the case to a higher court; *i högsta* ~ in the final court of appeal; *i sista* ~ [hand, bildl.] in the last resort
in|steg, *få (vinna)* ~ get (obtain, gain) a footing, *hos* [*ngn*] with .. **-stifta** *tr* [t.ex. orden, pris] institute, [relig. äv.] ordain; [grunda, t. ex. fond] found **-stiftare** instituter; founder
instinkt instinct **instinktiv** *a* instinctive
institu|t [allm.] institute; [t. ex. bank~ o. jur.] institution **-tion** [allm.] institution, [univ.] institute
in|struera *tr,* ~ *ngn i ngt* teach a p. a th.; ~ *ngn* [ge föreskrifter] *att* [inf.] instruct a p. to [inf.] **-struktion 1** [abstr., handledning] instruction; ~[*er*] [föreskrift] instructions, [anvisning] directions [båda pl.] **2** [konkr., skrift, bok] instructions [pl.] **-struktiv** *a* instructive **-struktör** instructor
instrument instrument **-bräda** [på bil] facia [panel], dashboard **-flygning** instrument flight ([flygande] flying) **-tavla** switchboard panel
in|studering [av pjäs o. d.] rehearsal; ~*en av rollen* the studying of the part **-stundande** *a,* ~ [*sommar*] the coming ..
in|ställ|a I *tr* [upphöra med] stop, discontinue, suspend; [inhibera] cancel **II** *rfl* **1** [om pers.]: [isht vid domstol] appear, [t. möte] put in an appearance, turn up **2** [bildl.]: [om sjukdomssymptom] come on, [om känsla] make itself felt; *då -ställer sig* [*frågan*] then .. presents itself **-ställbar** *a* adjustable **-ställd** *a, vara* ~ [beredd] *på ngt* be prepared for a th.; *vara* ~ *på att* [inf.: ämna] intend to [inf.]; *vänligt* ~ favourably disposed **-ställelse** [jur. o. d., allm.] appearance **-ställelseorder** calling-up order **-ställning 1** [reglering] adjustment, adjusting [etc.], *jfr ställa* [*in*] **2** [bildl.] attitude, outlook **-ställsam** *a* ingratiating, [krypande] cringing
1 instämm|a *itr* **1** [bildl., ansluta sig] agree, *i (med)* with, concur, *i* in, *med* with; [*jag*] *-er!* I agree **2** [i t. ex. sång] *se 1 stämma* [*in*]
2 instämma *tr* [jur.] *se 3 stämma II*
in|stämmande I *s* [bifall] agreement, concurrence **II** *a, en* ~ *nick* a nod of assent **-stängd** *a* **1** [eg.] shut ([inlåst] locked) up [pred.] **2** [om luft] stuffy, close **-supa** *tr* **1** [frisk luft o. d.] drink in, inhale **2** [bildl.] imbibe **-svängd** *a* .. curved inwards; ~ *i* [*midjan*] shaped at the .. **-syltad** *a* [F bildl.] mixed up, involved **-syn** [bildl.] [public] control, *i* of **-sändare** [debattinlägg] letter to the press ([till viss tidning] the editor) **-sätta** *tr* **1** ~ *ngn som sin arvinge* make (appoint) a p. one's heir **2** *se sätta* [*in*] **-sättare** [i bank] depositor **-sättning** [i bank] deposition; [insatt belopp] deposit
in|ta[ga] *tr* **1** [plats m. m.]: a) [placera sig i (på), t. ex. sin plats] take b) [försätta sig i, t. ex. liggande ställning] place oneself in c) [[inne]ha, t.ex. en ledande ställning] occupy, hold, have d) [t. ex. ståndpunkt] take up; [*han blev tvungen att*] ~ *sängen* .. take to his bed **2** [⚔ erövra] take, capture **3** [måltid o. d.] have, eat **4** [betaga, fängsla] captivate **5** ~ *s av* [t. ex. beundran, kärlek] be seized (filled) with **6** [mera eg.] *se ta* [*in*] **-tagande** *a* captivating, attractive; charming **-tala** *tr* **1** [bildl.], ~ [inge] *ngn (sig)* [*mod*] inspire a p. with (give oneself) ..; ~ [inbilla] *ngn (sig) ngt* put a th. into a p.'s (one's) head **2** [eg.] *se tala* [*in*]
inte *adv* **1** [allm.] not; ~ [*det*]*?* [verkligen!] no?, really?; ~ *en enda gång* not (never) once; *jag har* ~ (~ *någon) tid* I have no time; *jag vet (visste)* ~ I do not (did not, [ledigare] don't, didn't) know; [*hon är förtjusande,*] ~ *sant?* .. isn't she?; [*han röker,*] ~ *sant?* .. doesn't he?; ~ *tillfredsställande* [*ursäkt*] .. that is [osv.] not satisfactory, *jfr äv. 2;* ~ *för* ~[*t*] not for nothing; ~ *dess mindre,* ~ *heller, se dess 3, heller* **2** [före isht jakande attr. adj. ibl.] in-, un-, non-- [el. omskrivn. m. rel. sats], *jfr 1;* ~ *ätliga* [*svampar*] inedible ..; *en* ~ *avundsvärd* [*lott*] an unenviable ..; *en* ~ *återkommande* [*utgift*] a non-recurring .. **3** [ofta före komp.] no; *det blir* ~ *bättre för det!* it'll be no (none the) better for that! **4** [utan nek. bet. i utrop el. retorisk fråga], *hur skickligt har han* ~ ... how cleverly he has ..!
inteckn|a *tr* [fastighet] mortgage **-ing** [i fastighet] mortgage
integr|ation integration **-era** *tr* integrate **-erande** *a,* ~ *del* integral part **-itet** integrity
intellekt intellect **-uell** *a* intellectual; [själslig, motsats 'fysisk'] mental
intellig|ens [egenskap] intelligence **-enskvot** intelligence quotient **-ent** *a* intelligent, clever
intenden|t [allm. föreståndare] manager; [förvaltare] steward; [vid museum] curator **-tur** [ung.] supply service
intens|ifiera *tr* intensify **-itet** intensity **-iv** *a* intense; [koncentrerad] intensive [äv. jordbr.] **-ivvård** intensive care
interimistisk *a* provisional, temporary
interimskvitto interim receipt
inter|iör [det inre] interior **-jektion** interjection **-mezzo** intermezz|o [pl. -i el. -os], [bildl., t.ex. vid en gräns] incident
intern I *a* internal **II** *s* [internerad på anstalt o.d.] inmate
inter|nationell *a* international **-natskola** boarding school **-nera** *tr* [i fångläger] intern, [på anstalt o.d.] detain, *i (på)* in **-nering** internment; detention **-pellant** questioner, interpellator **-pellation** question, interpellation **-pellera** *tr,* ~ *ngn om ngt* put

För med **in-** sammansatta verb jfr äv. vid beton. part. under resp. enkla verb

a question to a p. about a th. **-punktera** *tr* punctuate **-punktion** punctuation **-punktionstecken** punctuation mark **-rogativ** *a* interrogative **-urban** *a, ~t samtal, se rikssamtal* **-vall** interval **-venera** *itr* intervene **-vention** intervention **-vju** interview **-vjua** *tr* interview

intet *obest. pron* **1** [allm.] *se ingen* **2** [spec. fall]: a) *det tomma ~* empty nothingness b) *gå (göra..) om ~* come (bring..) to naught (nothing) **-sägande** *a* [om fraser o. d.]; [tom] empty, [meningslös] meaningless, [intresselös] uninteresting; [om t. ex. ansikte] expressionless

intill I *prep* **1** [om rum]: [fram till] up to; *alldeles ~* quite close to **2** [om tid] until, up (down) to **3** [om mått o.d.] up to **II** *adv, i rummet ~* in the adjoining room; [*vi bor*] *alldeles ~* ..next door

intim *a* intimate; [om t. ex. vän äv.] close **intimitet** intimacy

in|tolerans intolerance **-tolerant** *a* intolerant **-tonera** *tr* intone; [spela upp] strike up

intransitiv *a* intransitive

intressant *a* interesting **intresse** interest; *..har (är av) stort ~ för mig* ..is of great interest to me; *ha ~ för ngt* take an interest in a th. **intressekontor** personnel welfare department **intresselös** *a* [ointressant] uninteresting, ..without interest **intressent** partner, interested party **intressera I** *tr* interest, *ngn för ngt* a p. in a th.; *det ~r mig mycket (inte)* it is of great (no) interest to me **II** *rfl, ~ sig för..* take an interest in.., be interested in.. **intresserad** *a* interested, *i (av)* in **intressesfär** sphere of interest

intrig intrigue; plot [äv. i roman, drama] **-ant** *a* scheming **-era** *itr* intrigue **-makare** intriguer, schemer

intro|ducera *tr* introduce, *hos* to **-duktion** introduction

in|tryck [bildl.] impression; *ta ~ av..* be influenced by.. **-trång** encroachment, trespass; *göra ~ på (i)..* [vanl.] encroach (trespass) [up]on.. **-träda** *itr* **1** [eg.] *se 3 träda* [*in*] **2** [friare], *~ i en förening* join a society; *~ i ngns ställe* take a p.'s place **3** [bildl.]: [inträffa] set in, [börja] commence, begin, [uppstå] arise, [följa] ensue **-träde 1** entrance, [isht friare] entry; [tillträde] admission; *göra sitt ~ i..* [eg. vanl.] enter.. **2** *se inträdesavgift*

inträdes|ansökan application for admission **-avgift** entrance-fee **-biljett** admission ticket **-prov** entrance examination

inträffa *itr* **1** [hända] happen, occur; [infalla] occur, fall, *på* [*en söndag*] on.. **2** [ankomma] arrive

intui|tion intuition **-tiv** *a* intuitive

in|tyg certificate; [isht av privatpers., utfärdare] testimonial; [skol.] excuse **-tyga** *itr* [skriftligen] certify, attest, [bekräfta] affirm; *härmed ~s att..* [vanl.] this is to certify that.. **-tåg** entry **-täkt**, *~er, se inkomst 2*

in|under I *adv* underneath; *våningen ~* the apartment below **II** *prep* underneath, beneath, below **-uti** *adv prep* inside

in|vagga *tr, ~ ngn i säkerhet* lull a p. into security **-val** election, *i* to

invalid disabled person ([krigs~] soldier) **-iserad** *a* disabled **-itet** disablement, disability

in|vandra *itr* [immigrera] immigrate, *i (till)* into (to) **-vandrare** immigrant **-vandrarverk,** *Statens ~* the National [Swedish] Immigration and Naturalization Board **-vandring** immigration

invasion invasion

in|veckla *tr, ~s (bli ~d) i ngt* get mixed up (embroiled, involved) in a th. **-vecklad** *a* [komplicerad] complicated

invent|arieförteckning inventory **-arier** *pl* effects, movables **-era** *tr, ~* [*lagret*] take stock **-ering** inventory, [lager~] stock-taking

inventiös *a* ingeniously planned ([välinredd] fitted up)

in|verka *itr* have an influence, *på ngt* on a th. **-verkan** influence, action, effect

invest|era *tr* invest **-ering** investment

invid I *prep* by; [utefter] alongside; *alldeles ~ väggen* very close to the wall **II** *adv* close (near) by

in|viga *tr* **1** [byggnad o. d.] inaugurate; [fana o. d.] dedicate; [kyrka] consecrate **2** [installera] consecrate, *till biskop* a bishop **3** [kläder, en ny pipa o. d.]: [bära] wear ([använda] use) .. for the first time **4** *~ ngn i ngt* [göra förtrogen med ngt] initiate a p. into a th.; *~ ngn i* [*en hemlighet*] let (take) a p. into .. **-vigning** inauguration, dedication, consecration; *jfr inviga 1 o. 2* **-vigningsfest** [eg.] inaugural (opening) ceremony; [inflyttningsfest] house-warming [party] **-vignings-tal** inaugural speech

invit [inbjudan] invitation; [vink] hint **-era** *tr* invite, ask

in|vånarantal, [*hela*] *~et* the [total] number of [the] inhabitants **-vånare** inhabitant, [i hus äv.] inmate, [i stadsdel o. d.] resident; *per ~* [äv.] per head **-vända** *tr, jag -vände att..* I objected that..; *jag har inget att ~* [*mot det*] I have no objections [to it]; *vad har du att ~ mot..?* what have you got against..? **-vändig** *a* internal; [om ficka e. d.] inside **-vändigt** *adv* internally; [i det inre] in the interior; [på insidan] [on the] inside **-vändning** objection, *mot* to, against; *göra (komma med) ~ar mot* object to, raise objections to **-vänta** *tr* [avvakta] await; [vänta på] wait for

-värtes *a* [om sjukdom, bruk o. d.] internal **-ympa** *tr* [bildl.] implant, engraft, *ngt hos ngn* a th. in a p.; *jfr ympa* [*in*]
inåt I *prep* toward[s] the interior of; [*ett rum*] *~ gården* ..facing the yard **II** *adv* inward[s]; [*gå*] *längre ~* ..further in **-vänd** *a* [eg.] ..turned inward[s]; introverted, [bildl. äv.] introspective
inälvor *pl* bowels; [djurs] viscera, entrails
iordningställa *tr, se* [*ställa i*] *ordning*
Irak Iraq **irakisk** *a* Iraqi
Iran Iran **iransk** *a* Iranian
iris [anat. o. bot.] iris
Irland Ireland **irländar|e** Irishman; *-na* [som nation el. lag o. d.] the Irish **irländsk** *a* Irish **irländska 1** [kvinna] Irishwoman **2** [språk] Irish
iron|i irony, [hån] sarcasm **-iker** ironist **-isera** *itr, ~ över* speak ironically of **-isk** *a* ironic[al], [hånfull] sarcastic
irra *itr, ~* [*omkring*] wander about
ir|rationell *a* irrational **-reguljär** *a* irregular **-religiös** *a* irreligious **-reparabel** *a* irreparable
irr|färd, *~er* wanderings **-gång** maze
irrit|abel *a* irritable **-ation** irritation **-era** *tr* irritate, [bildl. äv.] annoy; *han ~r mig* [äv.] he gets on my nerves
irr|lära false doctrine, [relig. äv.] heresy **-lärig** *a* heretical
is ice [end. sg]; *~arna är osäkra* the ice is not safe; *vara* [*alldeles*] *under ~en* [moraliskt] have gone under, [ekonomiskt äv.] be down and out **-ande** *a* icy [eg. o. bildl.]; *en ~ köld* [eg.] a biting cold (frost) **-as** *itr. dep, blodet -ades i mina ådror* my blood ran cold **-bark** coating of ice **-belagd** *a* icy, ice-covered **-berg** iceberg **-bergssallad** iceberg lettuce **-bit** piece (lump, bit) of ice **-björn** polar bear **-block** block of ice **-blomma** [på fönster o.d.] ice-fern **-brytare** ice-breaker
iscensättning production; staging; [konkr.] [stage-]setting
ischias sciatica
is|dubb ice-prod **-flak** ice-floe **-fri** *a* ice-free **-gata,** [*halka*] *på ~n* ..on the icy road[s] **-hav,** *Norra (Södra) ~et* the Arctic (Antarctic) Ocean **-hinder** ice obstacle **-hockey** ice-hockey **-hockeyklubba** ice-hockey stick **-ig** *a* icy **-jakt** ice-yacht **-kall** *a* .. [as] cold as ice, ice-cold; [isande] icy [äv. bildl.] **-kyld** *a* [t. ex. om dryck] ice-cooled
islam Islam **-itisk** *a* Islamitic, Islamic
Island Iceland **islandssill** [koll.] Iceland herrings
islossning break-up of the ice
isländsk *a* Icelandic **isländska 1** [kvinna] Icelandic woman **2** [språk] Icelandic **isländning** Icelander
isoler|a *tr* **1** [avskilja] isolate; *han ~r sig* he keeps to himself **2** [fys. ⊕] insulate **-ing 1** [avskildhet] isolation **2** [fys. ⊕] insulation
isotop isotope
ispik [ung.] ice-stick
israelier *s o.* **israel[i]sk** *a* Israeli **israelit** Israelite **israelitisk** *a* Israelitic
istadig *a* restive **-het** restiveness
istapp icicle
ister [flott] lard **-buk** pot-belly
is|tid ice age, glacial period **-täcke** coating of ice; [geol.] ice-sheet
isynnerhet *adv, se* [*i*] *synnerhet*
isär *adv* [åtskils] apart; [ifrån varandra] away from each other; [jfr äv. beton. part. under resp. enkla vb]
isättning [sömn.] insertion
Italien Italy **italienare** *s o.* **italiensk** *a* Italian **italienska 1** [kvinna] Italian woman **2** [språk] Italian. — *Jfr svenska* **italiensk-född** *a* Italian-born; [för andra sms. *jfr äv. svensk-*]
itu *adv* **1** [i två delar] in two, in half; [sönder], *gå (vara) ~* go to (be in) pieces **2** *se ta* [*itu med*]
iver eagerness; [nit] zeal, ardour; *med stor ~* with great zest **ivra** *itr, ~ för* [t. ex. nykterhet] be an eager (a zealous) supporter of **ivrig** *a* eager, keen, [stark.] ardent; [angelägen äv.] anxious; [nitisk] zealous; *bli (vara) ~* [lätt upphetsad] get (be) excited
iögon[en]fallande *a* [framträdande] conspicuous; [slående] striking

J

ja I *itj* ([ibl.] *adv)* **1** [allm.] yes, [artigare] yes, Sir ([resp.] Madam); [ss. utrop] ay [, ay]!; [vid upprop] here!; [uttr. motvilligt medgivande o. undvikande svar] well; [*kommer du?*] — *Ja, jag vet inte ..?* — Well, I don't know **2** [m. försvagad innebörd] well; ~, *då går vi då* well, let's go then; *just det,* ~! that's just it!; ~ [, ~], *jag kommer* [lugnande] all right ([irriterat] yes, yes,) I'm coming! **3** [uttr. en stegring], *trettio, fyrtio,* ~, *femtio* thirty, forty, even (nay) fifty **4** [i förb. m. adv. el. annan itj.], ~ *då!* oh yes!; ~ ~ *män[san]!* to be sure! **II** *s* yes; [vid röstning] aye; *rösta* ~ vote for the proposal; *svara* ~ answer in the affirmative; *säga* ~ *till ngt* agree to a th.

jack [telef.] jack; [stickpropp] plug

jacka jacket

jacketkrona jacket crown

jackett morning-coat, cut-away

jag I *pers. pron* I; *mig* me, [rfl.] myself ([i adverbial m. beton. rumsprep. vanl.] me); ~ *(mig) själv, se under själv; stackars* ~! poor me!; *min fru och* ~ [vanl.] my wife and I ([ibl.] me *el.* myself); *J*~? [vanl.] Me?; *det är* ~ [vanl.] it's me, [telef.] speaking; *han gav mig den* he gave it [to] me; *jag har lärt mig det* I have learnt it; *han tog mig i armen* he took my arm; *en vän till mig* a friend of mine; *kom hem till mig!* come round to my place!; *jag var utom mig* I was beside myself; *jfr äv. sig* **II** *s* [filos.] ego; *hans bättre* ~ his better self

jag|a I *tr* [allm. o. isht om hetsjakt] hunt; [m. gevär ('skjuta')] shoot ([amer. dock] hunt); [friare o. i bet. 'förfölja' äv.] chase; *vara ute och* ~ be out hunting ([resp.] shooting); ~ *efter..* run after (pursue)..; ~ *bort* drive away; ~ *upp* [göra upprörd] upset; *en uppjagad stämning* a heated atmosphere **II** *itr* [ila] drive, chase; [rusa] hurry **-are 1** [krigsfartyg] destroyer **2** [segel] flying jib

jaguar jaguar

jaha *itj* [betänksamt] well; [bekräftande] yes; [jaså] oh I see

jak|a *itr* say 'yes', *till* to **-ande I** *a* affirmative **II** *adv* affirmatively; *svara* ~ reply in the affirmative

1 jakt [⚓] yacht

2 jakt [jagande] hunting, shooting, *jfr jaga I;* [jaktparti] hunt, [resp.] shoot; ~*en efter* [*mördaren*] the hunt for..; *vara på* ~ *efter* [förfölja] be in pursuit of, [söka] be hunting [for], [t. ex. nöjen, en våning] be on the hunt for **-byte** [jägares] bag; [djurs] prey, game, quarry **-flyg** fighters [pl.] **-flygplan** fighter **-gevär** sporting gun; [hagel-] shotgun **-hund** sporting ([amer.] hunting) dog **-mark[er]** hunting-grounds [pl.] **-plan** fighter **-stuga** hunting([resp.] shooting)-box **-tid** hunting ([resp.] shooting) season **-vård** game preservation

jalusi [spjälgardin] Venetian blind

jama *itr* miaow, mew

jambisk *a* iambic

januari January ([förk.] Jan.); *jfr april o. femte*

japan|[es] Japanese [pl. lika] **-[esi]sk** *a* Japanese **-[esi]ska 1** [kvinna] Japanese woman **2** [språk] Japanese. — *Jfr svenska*

jargong jargon; [svada] jabber

jaröst vote in favour, aye

jasmin jasmine

jaspis jasper

jass [m. avledn. o. sms.] *se jazz*

jaså *itj* oh!, indeed!, is that so?, really?; ~, *inte det?* no? **javisst** *itj, se [ja] visst*

jazz jazz; *dansa* ~ dance to jazz, jazz **-balett** jazz ballet **-band** jazz band

jeans *pl* jeans

jeep jeep

jeremiad jeremiad, lamentation

jesuit Jesuit **-[er]orden** the Society of Jesus **-isk** *a* Jesuit, [neds.] Jesuitic[al]

Jesusbarnet the Infant (the Child) Jesus

jet|drift jet propulsion **-motor** jet engine **-plan** jet [plane]

jippo [reklam-] [publicity] stunt; [allsköns] ~*n* ballyhoo [sg.]

jo *itj* ([ibl.] *adv)* **1** [ss. svar på nek. el. tvivlande fråga el. påstående] [oh (why),] yes; [eftertänksamt] well; oh; why **2** [med försvagad innebörd, inledande, anknytande o. d.], ~, *det var [så] sant..* oh, [yes,] that reminds me.. **3** [i förb. m. adv. el. annan itj.], ~ *då!* oh yes!; ~ ~ *män[san]!* to be sure!; [amer.] sure thing!; [se vid. resp. adv. o. itj.]

JO *se justitieombudsman*

jobb job [äv. arbetsplats], work [end. sg.] **jobba** *itr* **1** [arbeta] work, be on the job; [ligga i] go at it **2** [spekulera] speculate **jobbare** *(jfr jobba)* **1** worker **2** speculator, [fastighets~] jobber **jobberi** speculation **jobbig** *a, det är* ~*t* it's hard work

jobspost, [*en*] ~ [a piece of] bad news

jockej *o.* **jockey** jockey

jod iodine

joddla *itr* yodel

Johan[nes] John; *Johannes döparen* St. John the Baptist

jolle [liten roddbåt el. segel~] dinghy; [större (skeppsbåt)] jolly-boat, yawl

joll|er babble, babbling; [småbarns äv.] crow-

ing **-ra** *itr* babble; crow
jolmig *a* mawkish; [fadd] vapid
jon ion
jonglera *itr* juggle **jonglör** juggler
jord 1 [jordklot] earth; [värld] world; *resa runt ~en* go round the world **2** [mark] ground; [jordmån] soil; [mylla, mull] earth; [stoft] dust; *gå under ~en* [bildl.] go underground (under ground) **3** [område] land; *ett stycke ~* a piece of land **4** [elektr. (jordledning)] earth, [amer.] ground **jorda** *tr* **1** [begrava] bury **2** [elektr.] earth, [amer.] ground **jordabalken** the Code of Land Laws
Jordanien Jordan **jordansk** *a* Jordanian
jord|bruk [abstr.] agriculture, farming **-brukare** farmer **-bruksdepartement** ministry of agriculture **-bruksminister** minister of agriculture **-bruksprodukt** agricultural (farm) product **-bruksredskap** agricultural (farming) implement **-bunden** *a* earth-bound **-bävning** earthquake **-egendom** landed property **-fästa** *tr* read the funeral service over **-fästning** funeral service **-glob** [terrestrial] globe **-gubbe** strawberry **-gubbssylt** strawberry jam **-hög** mound
jord|ig *a* [nersmutsad]..soiled with earth **-isk** *a* earthly, terrestrial, [världslig] worldly; *lämna det[ta] ~a* depart this life **-klot** earth; *~et* [äv.] the globe **-lager** earth-layer **-lapp** patch (plot) of ground **-ledning** [elektr.] underground wire; [radio.] earth lead **-mån** [äv. bildl.] soil **-nära** *a* earthy **-nöt** peanut **-skalv** earthquake **-skorpa** [earth] crust **-skred** [äv. bildl.] landslide **-yta** [markyta] surface of the ground; *på ~n* [jordens yta] on the earth's surface **-ärtskocka** Jerusalem artichoke
jota, *inte ett ~* not a jot, not an iota
jour, *ha ~[en]* be on duty **-havande** *a* ..on duty, ..in charge
journal 1 [dagbok, tidning] journal **2** [film.] news-reel **-ist** journalist **-istik** journalism **-istisk** *a* journalistic
jovial[isk] *a* jovial, genial
ju *adv* **1** [bekräftande o. d.] why [först i satsen]; [naturligtvis] of course, [förstås] to be sure, [visserligen] it is true, [som bekant] as we [all] know; *jag har ~ sagt det [flera gånger]* I have said so.., haven't I?; I told you so.., didn't I? **2** [konj.], *~ förr dess (desto) bättre* the sooner the better
jubel [hänförelse] enthusiasm, [triumferande] exultation, [glädjerop] shout[s [pl.]] of joy, *över* at; [munterhet] hilarity **-rop** cry of joy
jubil|ar person celebrating a special anniversary **-era** *itr* celebrate a special anniversary **-eum** [special] anniversary
jubla *itr* [högljutt] shout with joy, [inom sig] rejoice, exult, *över* at (about); *~nde glad* radiantly happy
jude Jew **Judéen** Judaea
jude|fientlig *a* anti-Jewish **-hat** hatred of the Jews **-kvarter** Jewish quarter
jud|endom, *~[en]* Judaism **-inna** Jewess **-isk** *a* Jewish
jugoslav Jugoslav, Yugoslav **Jugoslavien** Jugoslavia, Yugoslavia **jugoslavisk** *a* Jugoslav[ian], Yugoslav[ian]
juice fruit juice
jul Christmas ([förk.] Xmas); *god ~!* [A] Merry Christmas!; [*han kommer*] *i ~* ..at ([denna ~] this) Christmas; *i ~as* last Christmas; *om (på) ~en (~arna)* at Christmas[-time]; [*få ngt färdigt*] *till ~* ..by Christmas; [*vad gav du honom*] *till ~* ..for Christmas **jula** *itr* [tillbringa julen] spend Christmas
jul|afton, *~[en]* Christmas Eve; *~[en] (på ~ [en])* [*var vi..*] on Christmas Eve.. **-dag 1** *~[en]* Christmas Day; [*på*] *~en* [*var vi..*] on Christmas Day.. **2** *~arna* [julhelgen] Christmas **-gran** Christmas tree **-helg** [jul] Christmas; *under ~en* during Christmas ([ledigheten] the Christmas holidays)
juli July; *jfr april o. femte*
julklapp Christmas present
julle *se jolle*
jul|lov Christmas holidays [pl.] **-otta** early service on Christmas Day
julp *se gylf*
jul|ros Christmas flower (rose) **-skinka** [baked] Christmas ham **-stjärna** [bot.] poinsettia **-sång** Christmas carol **-tomte** Father Christmas, Santa Claus [båda äv. *~n*]
jumbo, *komma (bli) ~* come (be) last **-pris** booby prize
jumper jumper
jungfru 1 [ungmö] maid[en]; [kysk kvinna] virgin; *J~ Maria* the Virgin [Mary] **2** [hembiträde] maid[-servant] **3** [⊕] beetle, rammer **-färd** maiden voyage **-kammare** servant's [bed]room **-lig** *a* maidenly; *~ mark* virgin soil **-tal** maiden speech
jungman ordinary seaman
juni June; *jfr april o. femte*
junior *a o. s* junior
juridik law, [ss. vetenskap äv.] jurisprudence; *studera ~* study [the] law **juridisk** *a* [allm.] legal; juridical; [avseende rättsvetenskap] jurisprudential; *den ~a banan* the legal profession; *~ fakultet* faculty of law **juris,** *~ doktor (jur. dr)* Doctor of Laws ([i Engl. förk.] LL.D. [efter namnet]); *~ kandidat (jur. kand.)* [ung.] graduate in Law, [eng. motsv. ung.] Bachelor of Laws ([förk.] LL.B. [efter namnet]); *~ studerande* law student
jurist 1 [praktiserande] lawyer [osv.], *jfr advokat;* [rättslärd] jurist **2** [juris studerande] law student **jury** jury **juryman** juryman, juror

1 just *adv* just; [precis äv.] exactly, precisely; [egentligen, verkligen] really; ~ *i detta (samma) ögonblick* [just] at this (that) moment; *det var* ~ *trevligt!* very nice, indeed!; *ja,* ~ *han!* yes, him!, the very man!; [*varför välja*] ~ *honom?* ..him of all people?; ~ *det* [*, ja*]*!* that's right!

2 just I *a* [regelmässig, äv. rättvis, hederlig] fair; [korrekt] correct; [oklanderlig] irreproachable, [om uppträdande, klädsel] unexceptionable; [pred.: i sin ordning] all right, in order **II** *adv* fair[ly]; correctly [osv.]

juster|a *tr* **1** adjust, [instrument] regulate, set.. right; [mått, vikt] gauge, verify; [protokoll] check, confirm **2** [sport.] injure **-ing 1** adjusting, regulating [osv.], verification **2** [sport.: skada] injury

justitie|departement ministry of justice **-minister** minister of justice **-ombudsman,** ~*nen* ([förk.] *JO*) the Ombudsman, the [Swedish] Parliamentary Commissioner for the Judiciary and Civil Administration **-råd** Justice of the Supreme Court

jute [växt o. fiber] jute **-väv** jute cloth

juvel jewel [äv. bildl.]; [ädelsten] gem **-erare** jeweller **-halsband** diamond necklace **-skrin** jewel-case

juver udder

Jylland Jutland

jäg|are sportsman; [yrkes~ o. bildl.] hunter; [friare äv.] huntsman **-mästare** forest officer

jäk|el devil; *-lar!* damn [it]!, confound it! **-elskap,** *göra ngt på rent* ~ do a th. out of sheer devilment **-la I** *a* blasted, darned, dashed, [stark.] damn[ed], confounded **II** *adv* damn[ed], confoundedly **-lig** *a* [om pers. vanl.] damn[ed] nasty, *mot* to; [om sak vanl.] damn[ed] rotten

jäkt [brådska] hurry, haste; [fläng] bustle, hustle; *storstadens* ~ the rush and tear of the city **jäkta I** *itr* be [always] on the move (go); ~ *inte!* don't rush!, [ta det lugnt] take it easy! **II** *tr* hurry..on; ~ *mig inte!* don't rush me!; ~*d* [hetsad] harried **jäktig** *a* terribly busy, hectic **jäktigt** *adv, ha det* ~ have a terribly busy time of it

jäm|bredd, *i* ~ *med* side by side with, [bildl.] on a level with **-bördig** *a* **1** [jämgod] ..equal in merit, *med* to **2** [av lika god börd] ..equal in birth; [*bli behandlad*] *som* [*en*] ~ ..as an equal **-fota** *adv, hoppa* ~ jump with both feet together

jämför|a *tr* compare, *med* [vid jämförelse] with, [vid liknelse] to; *jämför* ([förk.] *jfr)* ..compare (cp.).., confer (cf.) [lat.] ..; ~*nde* [t. ex. språkforskning] comparative **-bar** *a* comparable **-else** comparison; *anställa (dra upp) en* ~ *mellan..* [äv.] draw a parallel between.. **-elsematerial** material for comparison **-elsevis** *adv* comparatively, [förhållandevis] proportionately, [relativt] relatively **-lig** *a* comparable; [likvärdig] equivalent, *med* to

jäm|gammal *a, se jämnårig* **-god** *a, se jäm*[*n*]*god*

jämka *tr itr* **1** [eg.], ~ [*på*] [flytta] move, shift; ~ *på* [ändra på, justera] adjust **2** [bildl.] **a)** [avpassa] adapt, *efter* to; ~ *på* [t. ex. principer]: [justera] adjust, [modifiera] modify **b)** [slå av på], ~ *något på* [*priset*] knock something off.. **c)** [medla o.d.], ~ *mellan* [*två parter*] mediate between..

jäm|lik *a* equal **-like** equal **-likhet** equality **-likhetssträvanden** *pl* attempts to achieve equality **-likt** *prep* according to

jämmer [jämrande] groaning, moaning; [klagan] lamentation; [elände] misery **-dal** vale of tears **-lig** *a* **1** [eländig, ömklig] miserable, wretched **2** [klagande] mournful, wailing **-rop** wail[ing]

jämn *a* **1** [om yta]: [utan ojämnheter] even, [plan] level, [slät] smooth **2** [likartad, regelbunden] even, regular; [likformig] uniform; [alltigenom lika] equable, [om klimat äv.] steady; [konstant] constant; [kontinuerlig] continuous; *hålla* ~*a steg med* keep in step with, [bildl.] keep pace (even, up) with **3** [om tal, mått o. d., äv. i bet. 'avrundad'] even; *ha* ~*a pengar* have [got] the exact change; *det är* ~*t!* [t. ex. till en kypare] never mind the change! **jämna** *tr* [eg.] level, make.. level (even, smooth); [kanterna på ngt] even up; [klippa jämn, 'putsa'] trim; [bildl., t. ex. vägen för ngn] smooth; ~ *till (ut)* level, make..level; *jfr utjämna* **jäm**[**n**]**god** *a, vara* ~*a* be equal to one another; *vara* ~ *med* be just as good as

jämn|grå *a* ..of an even grey[ness] **-hög** *a* equally high ([resp.] tall [etc.]); [m. alla partier lika höga (om t. ex. en mur)] of a uniform height **-höjd,** *i* ~ *med* on a level with [äv. bildl.]

jämnmod equanimity **jämnmulen** *a, en* ~ *himmel* an entirely overcast sky **jäm**[**n**]**stor** *a* [med alla enheter lika stora] ..of a uniform size; *vara* ~*a* be equal in size **jämnstruken** *a* [medelmåttig] mediocre; [om betyg] uniformly low **jämnt** *adv* **1** even[ly], level, smoothly, regularly [osv.], *jfr jämn 1 o. 2; dela* ~ divide equally; *inte dra* ~ [vara oense] not pull well together **2** [precis] exactly; *jag tror honom inte mer än* ~ I only half believe him; *jfr nätt* [*och jämnt*] **jämnårig** *a* ..of the same age, *med* as; *mina* ~*a* persons of my [own] age

jämra *rfl* [kvida] wail, moan; [stöna] groan; [gnälla] whine; [klaga] complain, *över* [i samtl. fall] about; [beskärma sig] lament, *över* about (over)

jäms *adv,* ~ *med* [i jämnhöjd med] at the level

of; [utmed] alongside [of]
jäm|sides *adv* [eg.] side by side, *med* with; abreast, *med* of; ~ *med* [samtidigt med] contemporaneously with **-spelt** *a* evenly matched **-stor** *se jäm[n]stor* **-ställa** *tr* place.. side by side (on a level, on an equality), *med* with; *vara -ställd med* rank [equal] with; *jfr likställd*
jämt *adv* [alltid] always; ~ [*och ständigt (samt)*], *ständigt och* ~ for ever, [oupphörligt] incessantly, [gång på gång] constantly
jämte *prep* [tillika med] in addition to, together with; [inklusive] including
jämvikt [allm.] balance [äv. bildl.]; [eg. o. fys.] equilibrium; [*vara*] *i* ~ [äv. bildl.] ..[well-]balanced; *bringa ngn ur* ~ [*en*] put a p. off his balance
jämväl *adv* likewise; [även] also
jänta lass
järn iron **-affär** [butik] ironmonger's [shop], [amer.] hardware store **-bruk** ironworks [pl. lika], foundry **-ek** holly **-filspån** *pl* iron filings **-grepp** iron grip **-halt** iron content, percentage of iron **-haltig** *a* [attr.] .. containing iron; ferruginous; [läk. o. isht om källa o. d.] chalybeate **-handel** [butik] *se -affär* **-hård** *a* [bildl.] .. as hard as iron; [attr. äv.] iron **-hälsa** iron constitution **-lunga** [respirator] iron lung **-malm** iron ore **-nätter** *pl* frosty nights **-ridå** [teat.] safety ([polit.] iron) curtain **-skrot** scrap-iron **-spett** iron-bar lever **-spis** iron range **-säng** iron bedstead
järnväg railway, [amer. vanl.] railroad; *resa (skicka) med* ~ go (dispatch) by rail (train)
järnvägs|bank railway embankment **-biljett** railway ticket **-hotell** railway (station) hotel **-knut** junction **-kupé** railway compartment **-linje** railway line **-olycka** railway accident **-resa** railway journey, [amer.] train ride **-spår** railway track **-station** railway station, [amer.] railroad station **-vagn** railway-car[riage], [amer.] railroad car; [godsvagn] railway truck (waggon) **-övergång** railway crossing; [plankorsning] level ([amer.] grade) crossing
järnåldern the Iron Age
järpe hazel-hen, hazel-grouse
järtecken omen, portent, sign
järv wolverine
jäs|a *itr* ferment; *låta* [*degen*] ~ allow..to rise **-ning** fermentation [äv. bildl.]
jäst yeast **-pulver** *se bakpulver* **-svamp** yeast fungus
jätte I *s* giant **II** *a* terrific **-anläggning** giant (mammoth) establishment **-arbete** gigantic (herculean) [piece of] work **-fin** *a* first-rate, smashing **-god** *a* terrifically good **-gryta** [geol.] giant's kettle, pot-hole **-hög** *a* enormously high ([om t. ex. skorsten, träd] tall) **-lik** *a* gigantic, colossal, immense **-steg** giant stride **-stor** *a* gigantic, colossal
jättinna giantess, female giant
jäv challenge, *mot* to; *inlägga* ~ *mot* lodge a challenge to **jäva** *tr* **1** [jur.]: [domare, vittne o. d.] take exception to, [testamente o. d.] challenge **2** [vederlägga] invalidate, [bestrida] contest **jävig** *a* [om vittne o. d.] challengeable; [ej behörig] disqualified
jävla [m. fl.] *se* [*d*]*jävla* [m. fl.]
jökel glacier **-älv** glacier-torrent
jösses *(jössus) itj, se kors II*

kabaré [underhållning] cabaret

kabbelek[**a**] marsh marigold

kabel 1 [elektr.] cable **2** [⚓] hawser

kabeljo dried cod

kabin [passagerares] cabin

kabinett [rum, skåp, regering] cabinet **kabinettsfråga** [förtroendevotum], *ställa ~* demand a vote of confidence

kabyss [⚓] galley, cook-house

kackalorum hullabaloo, row, racket

kackerlacka cockroach, black-beetle

kackla *itr* cackle; [om höna äv.] cluck

kadaver carcass; [ruttnande as] carrion

kader [⚔ o. polit.] cadre

kadett [armé- o. flyg.] cadet; [⚓] naval cadet, midshipman

kafé café; [på hotell o. d.] coffee-room

kaffe coffee; *två ~!* two coffees, please!; *~ utan grädde* black coffee **-bryggare** coffee percolator **-bröd** [koll. ung.] buns and cakes [pl.] **-böna** coffee-bean **-frukost** [ung.] Continental breakfast **-grädde** coffee cream **-kanna** coffee-pot **-kopp** coffee-cup; [kopp kaffe] cup of coffee; [mått] coffee--cupful **-panna** coffee kettle

kaffer Kaffir

kaffe|rast coffee break **-rep** coffee party **-servis** coffee set **-sump** coffee-grounds [pl.]

kaftan [österländsk långrock] caftan

kagge keg, cask

kaj quay; [lossningsplats för fartyg äv.] wharf; [strandgata] embankment

kaja jackdaw, daw

kajak kayak

kajuta cabin; [liten] cuddy

kaka [äv. t. ex. tårta, socker~ o. d.] cake; [små~] biscuit, [amer.] cookie; *~ söker maka* like will to like

kakao [bot.] cacao; [pulver, dryck] cocoa **-böna** cocoa bean

kakel [platta] tile; [koll.] tiles [pl.] **-ugn** [tiled] stove

kakform [för bak] baking tin, cake-tin

kaki [färg o. tyg] khaki

kakté cactaceous plant **kaktus** cactus

kal *a* [mera allm.] bare; [skallig] bald

kalabalik uproar, tumult, affray

kalas [fest] party; [måltid] feast; *betala ~et* [bildl.] pay for the whole show **kalasa** *itr* feast, *på* on; make merry

kalcium calcium

kalender 1 [tidsindelning] calendar **2** *se almanack*[*a*] **3** [årsbok] year-book

kalfaktor batman, officer's orderly

kali potash

kaliber calibre, caliber

kalif caliph, calif

Kalifornien California **kalifornisk** *a* Californian

kalium potassium

1 kalk 1 [bägare] goblet, cup [äv. bildl.]; [nattvards~] chalice **2** [bot.] perianth

2 kalk [kem.] lime; [ss. bergart] limestone; *släckt ~* slaked lime **-brott** lime-stone quarry

kalker|a *tr* **1** [eg.] trace **2** [bildl.] copy **-papper** [genomskinligt] tracing-paper

kalkhaltig *a* limy, calcareous

kalkon turkey **-tupp** turkey-cock

kalksten [bergart] limestone

kalkyl calculation; [kostnads~] cost estimate **-era** *tr itr* calculate; estimate

1 kall *a* **1** [eg.]: [allm.] cold, [sval] cool, [kylig] chilly; *han är ~ om fötterna* his feet are cold **2** [bildl., om t. ex. färg o. pers.] cold, *jfr kallsinnig; hålla huvudet ~t* keep a cool head

2 kall *s* [levnads~] vocation, calling; [livsuppgift] mission in life

kalla I *tr* [benämna] call, *ngn* [*för*] *lögnare* a p. a liar **II** *tr itr* [tillkalla] send for, call [äv. *~ på*]; [officiellt] summon; [utse] appoint; *~ fram ngn* ask a p. to come forward; *~ in* a) [inbeordra] summon b) [⚔] call up, draft **kallad** *a* called [etc.], *jfr kalla; känna sig föga ~* [lämpad] *för* feel unfit for; *så ~* (*s. k.*), *jfr 3 så I 1*

kall|bad [ute] bathe **-blodig** *a* **1** [eg.] cold--blooded **2** [bildl.]: [lugn] cool, [oberörd] indifferent, [orädd] fearless; *~t* [*mord*] ..in cold blood **-brand** gangrene **-dusch** [eg.] cold shower; *det kom som en ~* [bildl.] it was like a dash of cold water

kallelse 1 *~ till* [*möte*] notice (summons) to attend..; *få ~ till professuren i* [*engelska*] be offered the chair of.. **2** *se 2 kall; känna ~ för ngt* feel a call for a th.

kall|jord, *odla på ~* grow outdoors **-na** *itr* get cold; [isht ⊕ o. bildl.] cool **-prat** small talk **-sinnig** *a* [kall] cold, [likgiltig] indifferent **-skuren** *a, -skuret* [subst. ung.] cold buffet dishes [pl.] **-svett** cold sweat (perspiration)

kallt *adv* **1** [bildl.] coldly; [oberört] coolly; [likgiltigt] indifferently **2** *förvaras ~* keep in a cool place

kalops [ung.] Swedish beef stew

kalori calorie

kalott [huvudbonad] skull-cap

kalsonger *pl* [under]pants

kalufs *o.* **kaluv** forelock, [tjock] mane

kalv 1 [djur] calf [pl. calves] **2** [kött] veal **3** *se kalvskinn*

kalv|a *itr* calve **-bräss** sweetbread **-filé** fillet of veal
kalvin|ism Calvinism **-ist** Calvinist
kalv|kotlett veal chop ([benfri] cutlet) **-kött** veal **-lever** calf's liver **-skinn** [bokb.] calf[-skin], calf-leather **-stek** [maträtt] roast veal
kam comb; [på tupp] crest; *skära alla över en ~* treat everyone alike
kamé cameo [pl. -s]
kamel camel; [enpucklig] dromedary
kameleont chameleon [äv. bildl.]
kamelhår camel-hair
kamelia camellia
kamera camera **-konst** art photography; [fotografier] photographs [pl.]
kameral *a* fiscal
kamfer camphor
kamgarnstyg worsted
kamin stove; [el~, fotogen~] heater
kamma *tr* comb, *sig (håret)* one's hair
kammar|e 1 [rum, äv. parl.] chamber **2** [i hjärta] ventricle **-herre** chamberlain **-jungfru** lady's-maid **-musik** chamber music **-tjänare** valet
kamning combing; [frisyr] hair-style
kamomill camomile **-te** camomile tea
kamouflage *se camouflage*
kamp [strid] fight, battle [båda äv. bildl.]; [mödosam] struggle, *om* [*makten*], *för* [*tillvaron*] for..
kampa *itr, se campa* **kampanj 1** [allm.] campaign **2** [arbetsperiod] [working] season
kampare *se campare* **kampera** *itr* camp [[ute] out]; *~ ihop* [bo] share rooms; [hålla ihop] keep together **kamping** *se camping*
kamrat companion; comrade; [arbets~] fellow-worker; [vän] friend; *jfr äv. klass-, lek-, res|kamrat* [m. fl.]; *~ i skolan* schoolfellow **-anda,** [*god*] *~* [[vanl.] a] spirit of comradeship **-lig** *a* friendly; [lojal, bussig] sporting **-skap** [abstr.] comradeship; *jfr -anda*
kamrer accountant; [kontorschef] head clerk
kan *se kunna*
kana I *s* slide; *åka ~* slide **II** *itr* slide
Kanaan Canaan
kanadensare Canadian [äv. kanot] **kanadensisk** *a* Canadian
kanal [byggd] canal; [geogr., tel. o. bildl.] channel; *Engelska ~en* the Channel **-isera** *tr* canalize; [bildl. äv.] channel
kanalje rascal; [skämts. om barn äv.] scamp; [skurk] scoundrel
kanariefågel canary **Kanarieöarna** *pl* the Canary Islands, the Canaries
kancer *se cancer*
kandelaber candelabra
kanderad *a* candied
kandidat 1 [sökande] candidate, *till* for; [uppsatt] nominee **2** [univ.]: [utan examen] undergraduate; [med examen] graduate; *jfr vid. under filosofie, juris* [m. fl.] **kandidatexamen** [ss. grad ung.] bachelor's degree
kandidera *itr* [allm.] come forward as a candidate, *till* for
kanel cinnamon
kanfas canvas; [styv] buckram
kanhända *adv* perhaps, *jfr kanske*
kanin rabbit; [barnspr.] bunny
kanna [kaffe~ o. d.] pot; [grädd~, hand~] jug, [amer.] pitcher; [trädgårds~ o. d.] can; [alla m. 'of' framför följ. best.]
kannibal cannibal **-ism** cannibalism
kannstöpa *itr* talk politics; [friare] theorize, *om* about
1 kanon [rättesnöre o. mus.] canon
2 kanon [⚔] gun; [åld.] cannon **kanonad** cannonade
kanon|båt gunboat **-eld** gunfire
kanon|isera *tr* canonize **-isk** *a* canonical
kanon|kula cannon-ball **-skott** gunshot
kanot canoe [äv. segel~]; [kanadensare] Canadian [canoe]; [kajak] kayak
kanot|a *itr* canoe **-ist** canoeist
kanske *adv* perhaps, maybe; *jag ~ träffar* [*honom i kväll*] I may (might) meet..; *~ vi skulle gå ut?* [förslag] what about going out?; *du skulle ~ vilja hjälpa mig?* would you mind helping me?
kansler chancellor
kansli [vid beskickning] chancellery; [vid ämbetsverk o. d.] secretary's ([vid teater] manager's) office **-biträde** [ung.] junior civil service clerk **-råd** head of a ([resp.] the) division **-språk** officialese, official jargon
kant 1 [allm., ytter~] edge; [bård o. d.] border; [marginal] margin; [på kärl o. hatt] brim; [bröd~] crust; [ost~] rind; [hörn] corner **2** [bildl.], *hålla sig på sin ~* keep oneself to oneself; *komma på ~ med ngn* fall out with a p. **kanta** *tr* [sätta kant på] edge, [sömn.] trim; [utgöra kant vid] line, border
kantarell chanterelle
kantat cantata
kant|band edging, trimming **-ig** *a* angular; [bildl.] abrupt, [tafatt] awkward
kanton canton
kantor cantor, precentor
kant|ra *itr* **1** [⚓] capsize **2** [om vind, opinion] veer **-stött** *a* [om porslin, glas] chipped
kanyl [injektionsnål] injection needle
kaolin kaolin, china-clay
kaos chaos **kaotisk** *a* chaotic
1 kap [udde] cape
2 kap [fångst] capture; *ett gott (fint) ~* a fine haul
1 kapa *tr* [uppbringa] take, capture, F [t. ex. flygplan] hijack
2 kapa *tr* [hugga, skära av]: [⚓, t. ex. master] cut away, [lina] cut; [skogsv.] crosscut
kapabel *a* able, *till* to; capable, *till* of **kapa-**

citet 1 [allm.] capacity **2** [pers.] able man ([resp.] woman)
kapare ⚓ privateer; [flyg.] hijacker
1 kapell [överdrag] cover
2 kapell 1 [kyrka, sido~] chapel **2** [mus.] orchestra **-mästare** conductor
1 kapital *a, ett ~t misstag* a capital (stupendous) error (mistake)
2 kapital *s* [allm.] capital; [mots. ränta] principal; *~et* [kapitalismen] capitalism **-försäkring** endowment assurance **-insats** capital investment **-isera** *tr* capitalize **-ism** capitalism **-ist** capitalist **-stark** *a* ..well equipped with capital **-varor** *pl* capital goods
kapitel [allm.] chapter; [ämne] topic, subject **-rubrik** chapter heading, title
kapitul|ation surrender [end. sg.], capitulation **-era** *itr* surrender, capitulate
kapitäl [arkit.] capital
kapock kapok
kapp *adv, se ikapp*
kappa 1 [dam~, militär~] coat; *vända ~n efter vinden* trim one's sails to every wind **2** [på gardin] pelmet
kapp|as *itr. dep* race, *om* [*ngt*] for..; *~ med* [*ngn*] race.. **-körning** [-körande] racing **-löpning** race, [-löpande] racing, *efter* for; [häst~] [horse-]race [osv.] **-löpningsbana** race-track; [häst~] race-course **-löpningshäst** race-horse
kapprak *a* bolt upright
kapprum cloak-room
kapp|rustning arms race [end. sg.] **-segla** *itr* compete in sailing-(yacht-)races **-segling** sailing-race; [-seglande] sailing-boat racing, [m. större båtar] yacht-racing
kappsäck portmanteau; *se vid. resväska*
kapriciös *a* capricious, whimsical
kaprifol[ium] honeysuckle
kapris [krydda] capers [pl.]
kapsejsa *itr* capsize; [välta] turn over
kapsel capsule **kapsla** *tr* [⊕] enclose
Kapstaden Cape Town
kapsyl [på t. ex. vinbutelj] [bottle] cap, [på t. ex. mjölk-, öl-, läskedrycksflaska] [bottle] top, [skruv~] screw cap **-öppnare** bottle opener
kapten 1 [sjö~ o. sport.] captain **2** ⚔ captain, [inom flottan] lieutenant; [britt. motsv. inom flyget] flight lieutenant
kapun [kok.] capon
kapuschong hood; [på munkkåpa] cowl
kar tub, [större] vat; [bad~] bath [tub]
karaff decanter **karaffin** carafe
karakter|isera *tr* characterize; [vara betecknande för] be characteristic of **-istik** characterization; [karaktärsteckning] character sketch **-istisk** *a* characteristic, typical, *för* of
karaktär [allm.] character; [beskaffenhet] nature, quality; [läggning] disposition; [viljestyrka] will-power **-isera** [m. fl.] *se karakterisera* [m. fl.]
karaktärs|drag characteristic, trait of character **-fast** *a* [attr.] ..of firm character **-lös** *a* ..lacking in character
karamell sweet, [amer.] candy
karantän quarantine
karat carat; *18 ~s guld* 18-carat gold
karavan caravan; [bil~] motorcade
karbad [[varmt] hot] bath
karbid [calcium] carbide
karbin carbine **-hake** snap-hook
karbol[syra] carbolic acid, phenol
karbonpapper carbon-paper, carbon
karburator *se förgasare*
karda *s o. tr* card
kardanaxel propeller shaft
kardborre [växt] burdock; [blomkorg] bur[r] [äv. bildl.], teasel
kardemumma cardamom
kardinal cardinal **-fel** cardinal error
kardiogram cardiogram
karenstid qualifying ([amer.] waiting) period
karg *a* [om jord, landskap] barren; *~ på ord* sparing of words
karies caries [lat.], decay
karikatyr caricature; [politisk skämtteckning] cartoon; [bildl.] travesty **karikatyrtecknare** caricaturist; cartoonist **karikera** *tr* caricature
Karl Charles; *~ den store* Charlemagne
karl man [pl. men], F fellow, chap, [amer.] guy; [*han är inte*] *~ till att* [inf.] ..the man to [inf.]; *som en hel ~* like a man **karlakarl**, *en ~* a real man **karlaktig** *a* manly, [om kvinna] mannish
Karlavagnen the Plough, Charles's Wain, [amer.] the Big Dipper
karlgöra, [*ett*] *~* a man's job
karljohanssvamp cep
karm 1 [armstöd] arm **2** [dörr~, fönster~] frame, case
karmin carmine **-röd** *a* carmine[-red]
karmstol armchair
karneval carnival
karolin [soldat] soldier of Charles XII **karolinsk** *a* Caroline
kaross [vagn] coach **-eri** body, coachwork
karott [fat] deep dish
karp carp [pl. lika]
Karpaterna *pl* the Carpathians
karriär [allm.] career; [befordran] advancement; *i* [*full*] *~* in full career
karsk *a* [oförskräckt] plucky; [morsk] cocky; [självsäker] cocksure
kart [koll.] unripe fruit [sg.] ([bär] berries [pl.])
karta 1 [geogr.] map, *över* of **2** *en ~* [*tryckknappar*] a card of..
Kartago Carthage

kart|blad map-sheet **-bok** atlas

kartell cartel

kart|fodral map-case **-lägga** *tr* map; [bildl.] map out **-läsning** map-reading **-mätare** chartometer, map measurer

kartong 1 [papp] cardboard **2** [pappask] carton **3** [konst.] cartoon

kartotek [kortregister] card index

kart|tecken map symbol **-verk** [bok] atlas

karusell merry-go-round, round-about

karva *tr itr* [tälja] whittle, *i, på* at; [skära] carve, cut

kaschmir [vävnad] cashmere

kasern [⚔] barracks [pl. lika] **-gård** barrack square

kasino casino [pl. -s]

kask [hjälm] helmet

kaskad cascade [äv. av ljus, toner]

kaskoförsäkring ⚓ hull insurance, [bil.] insurance against material damage to a ([resp.] one's) motor vehicle

kasper [teat.], *K~* Punch **-teater** [ung.] Punch and Judy show

Kaspiska havet the Caspian Sea

kassa 1 [pengar] money, funds [pl.]; [fond] fund; *min ~ [tillåter inte..]* my purse..; *ha [500 kr] i ~n* have..available; *vara [stadd] vid [god] ~* be in cash **2** [~kontor o. d. allm.] cashier's office; [~lucka o. d.]: [i varuhus] cash-desk, [på postkontor] counter; [teat. o. d.] box-office **-apparat** cash register **-behållning** cash in hand **-bok** cash-book **-fack** safe-deposit box **-kvitto** [cash] receipt **-rabatt** cash discount **-skåp** safe **-valv** strong-room

kasse [isht av papper] carrier ([amer.] carry) bag, [av nät] string bag

1 kassera *tr* [utrangera] discard, scrap; [underkänna] reject

2 kassera *tr, ~ in* collect; [lösa in] cash

kassett [foto., TV- o. d.] cassette

kassör cashier; [i förening o. d.] treasurer **-ska** [lady] cashier

1 kast [allm.] throw, [ss. idrottsgren] throwing; [med metspö o. d.] cast; [med huvudet] toss, *med* of; *stå sitt ~* take the consequences; *ge sig i ~ med* tackle, [börja tas med] grapple with

2 kast [klass] caste

kasta I *tr* **1** [allm.] throw, F chuck; [häftigt o. vårdslöst] fling; [lätt o. lekfullt (ofta uppåt)] toss; [vräka] hurl; [isht bildl. samt vid fiske] cast; *~ boll* play catch **2** [sömn.] overcast **II** *itr* **1** [om vind] chop about **2** [veter.] abort **III** *rfl* [allm.] throw oneself; *~ sig i [en bil]* jump into..; *~ sig i [vattnet]* plunge into.. **IV** [m. beton. part.] *~ av* throw ([vårdslöst] fling) off; *~ av sig* [t. ex. täcket, kläderna] throw off; *~ sig av och an* toss [about]; *~ bort* throw [osv.] away; [tid] waste; *[det skulle vara] bortkastad tid (bortkastat arbete) att* ..time (work) thrown away to; *~ fram* [fråga, påstående] put in; *han ~de i sig maten* he bolted (gulped down) his food; *~ loss* [⚓] a) [tr.] let go b) [itr.] cast off; *~ sig ned i [en fåtölj]* flop down in..; *~ ned några rader* jot down a few words; *~ om* a) [ändra riktning (ordningen på)]: [om vinden] veer round, [t. ex. två rader] transpose b) [ändra åsikt o. d.] *se sadla [om]*; *~ omkull* a) [eg.] throw ([stark., isht m. saksubj.] knock) .. down (over) b) [bildl.] *se kullkasta; ~ på sig kläderna* fling one's clothes on; *~ till ngn [ngt]* throw [osv.]..to a p.; *~ sig upp på [tåget (cykeln)]* jump on [to]..; *~ upp* [kräkas] vomit; *~ ut* throw [osv.] ..out, *genom* [t. ex. fönster] of; *~ ut [pengar] på* waste (squander) one's.. on; *~ över sig [en kappa]* throw on..; *~ sig över ngn* fall upon a p.

kastanj[e] [äkta] chestnut; [häst~] horse-chestnut

kastanjett castanet

kastby gust [of wind], squall

kastr|at eunuch **-era** *tr* castrate

kastrull saucepan, [stew-]pan

kast|spö casting rod **-söm** overcasting; [stygn] whip-stitch **-vapen** missile

kastväsen, *~det* the caste system

kasus case **-böjning** case declension

kata|falk catafalque **-komb** catacomb

kata|log catalogue, *över* of; [telefon~] directory **-logisera** *tr* catalogue

katapult catapult **-stol** ejection seat

katarakt cataract

katarr catarrh

katastrof [allm.] catastrophe; [t. ex. tåg~, flyg~] disaster **katastrofal** *a* catastrophic, disastrous

kateder [lärares] teacher's ([föreläsares] lecturer's) desk

katedral cathedral

kate|gori category; [klass] class; [grupp] group; [sort] sort; *olika ~er av [skolor* e. d.] various types of.. **-gorisk** *a* categorical; [tvärsäker] dogmatic

katekes catechism

katet, *~erna* the two smaller sides of a right-angled triangle

katod cathode

katolicism Catholicism [äv. *~en*] **katolik** Catholic **katolsk** *a* Catholic

katrinplommon [torkat] prune

katt cat, F puss; [han~] tomcat; *inte en ~ [var där]* not a soul..; *det vete ~en* blowed if I know; *det ger jag ~en [i]* I don't care a damn about that; *du kan ge dig ~en på det* you bet your life; *jfr sjutton 2 o. fan* **katta** she-cat

Kattegatt the Cattegat, the Kattegat

katt|fot [bot.] cat's-foot **-guld** [geol.] yellow

mica **-lik** *a* cat-like, feline **-uggla** tawny owl

kattun calico; [tryckt äv.] cotton print

katt|unge kitten **-öga** [eg.] cat's eye; [på cykel] rear-reflector

kaukasisk *a* Caucasian **Kaukasus** the Caucasus

kausal *a* causal **-sats** causal clause

kautschuk 1 [ämne] rubber, caoutchouc **2** [radergummi] [india-]rubber; [isht amer. o. för bläck] eraser

kav *adv,* ~ *lugn* [spegelblank] dead calm; *det var ~ lugnt* there was a calm

kavaj jacket [äv. udda], coat **-kostym** lounge ([amer. vanl.] business) suit

kavaljer [hist.] cavalier; [gentleman] gentleman; [bords~, dans~] partner

kavalkad cavalcade [äv. bildl.]

kavaller|i cavalry **-ist** cavalryman

kavat *a* [käck] plucky; [morsk] cocky

kaviar caviar[e]

kavla *tr* roll; ~ *ned* [strumpa] roll down, [ärm] unroll; ~ *upp* roll up; ~ *ut* [deg] roll out **kavle** [bröd~] rolling-pin

kax|e [pamp] bigwig; [översittare] bully **-ig** *a* [morsk] cocky; [kavat] plucky; [övermodig] superior

kedja I *s* chain [äv. bildl.]; [i fotboll] forward-line **II** *tr* chain, *vid* to

kedje|brev chain-letter **-hus** link house **-reaktion** chain reaction **-rökare** chain-smoker **-stygn** *o.* **-styng** chain-stitch

kejsardöme empire

kejsar|e emperor **-inna** empress **-snitt** Caesarean section

kejserlig *a* imperial

kel|a *itr,* ~ *med* [smeka] pet, fondle, [skämma bort] pamper, coddle **-gris** pet; [favorit] favourite

kelt Celt **-isk** *a o.* **-iska** *s* [språk] Celtic

kem|i chemistry **-ikalier** *pl* chemicals **-isk** *a* chemical; ~ *tvätt* dry-cleaning **-ist** chemist **-tvätta** *tr* dry-clean

kennel kennels [pl.]

keps [peaked] cap

keram|ik ceramics; [alster] ceramics [pl.], pottery **-isk** *a* ceramic

kerub [änglabarn] cherub

kex *se 1 käx*

KFUK [[vanl.] the] Y.W.C.A. (Young Women's Christian Association) **KFUM** [[vanl.] the] Y.M.C.A. (Young Men's Christian Association)

kidnappa *tr* kidnap

kik|a *itr* [titta nyfiket, i smyg osv.] peep, *på* at; *jfr titta* **-are** binoculars [pl.], [teater~ äv.] opera-glasses [pl.]; [tub för ett öga] telescope

kikhosta whooping-cough **kikna** *itr* choke with coughing, [vid kikhosta] whoop; ~ *av skratt* choke with laughter

kil wedge; [sömn.] gusset

1 kila *tr* [m. kil] wedge [äv. ~ *fast*]

2 kila *itr* [ila o. d.] scamper, [skynda] hurry; *jfr 2 springa; nu ~r jag [i (min) väg]!* now I'll be off!; ~ *hem* be off home; ~ *över [gatan]* pop over..

kille [pojke] boy, [karl] fellow, chap; [amer.] guy

killing kid

kilo kilo [pl. -s]; *ett* ~ [eng. motsv. ung.] 2.2 pounds ([förk.] lb[s].); *[han väger] 70* ~ [äv. (i britt. mått)] ..11 stone **-gram** kilogram[me]; *jfr kilo* **-meter** kilometre, kilometer; *en* ~ [eng. motsv. ung.] 0.62 miles **-watt** kilowatt

kilskrift cuneiform [writing]

kimono kimono [pl. -s]

kimrök lampblack, carbon black

Kina China

kina [farm.] quinine

kind cheek **-ben** cheek-bone

kindergarten *se lekskola*

kind|k[n]ota cheek-bone **-tand** molar

kines Chinese [pl. lika], [spec. vard.] Chinaman; *en* ~ [vanl.] a Chinaman **kinesisk** *a* Chinese **kinesiska 1** [kvinna] Chinese woman **2** [språk] Chinese. — *Jfr svenska*

kinin quinine

kinkig *a* **1** [om pers.]: [fordrande] exacting; [petnoga, kräsen] particular, fastidious; [gnällig] fretful **2** [om sak]: [besvärlig] difficult; [brydsam] awkward; [ömtålig] ticklish, delicate

kiosk kiosk; [tidnings~] news-stand; [gott~] sweet-stall, [amer.] candy stall

1 kippa *itr,* ~ *efter andan* gasp for breath (air)

2 kippa *itr* [om sko] flop about

kirurg surgeon **kirurgi** surgery **kirurgisk** *a* surgical

kisa *itr* [närsynt] peer; ~ *med ögonen mot (på)* ..look at..with screwed-up eyes

kisel [grundämne] silicon **-sten** pebble

kiss F wee-wee **kissa** *itr* F [do a] wee-wee

kisse *o.* **-katt** *o.* **-miss** pussy[-cat]

kista [möbel] chest [äv. sjö~]; [penning~] coffer; [lik~] coffin

kitslig *a* **1** [småaktig] petty; [petig] finical; [överdrivet kritisk] censorious; [nedrig] nasty **2** [om sak]: [svår, besvärlig] difficult

kitt [allm.] cement; [glasmästar~]putty **kitta** *tr* cement; putty

kittel stew-pan, [större] cauldron; [grytliknande] pot; [spec. te~] kettle

kitt|la I *tr* tickle **II** *itr, det ~r i näsan på mig* my nose tickles **-lig** *a* ticklish **-ling** [-ande] tickling; [-lande känsla, klåda] tickling feeling, tickle

kiv quarrel; [~ande] quarrelling, *om* about; *på pin* ~ out of pure (sheer) cussedness, [för att retas] just to tease **kivas** *itr. dep*

[gräla] quarrel, [munhuggas] wrangle, *om* about; [tvista] contend, *om* for
kjol skirt **-linning** waist-band
klabb, *hela ~ et* the whole lot **-före,** *det är ~* [vid skidåkning] the snow is rather wet for skiing
klack [på skodon] heel
klack|a *tr* heel **-järn** heel-iron **-ning** heeling **-ring** signet-ring
1 kladd [utkast] rough copy, *till* of; [koncept] [rough] draft, *till* for, of
2 kladd [kludd] daub, [klotter] scribble **kladda** *itr* [kludda, måla] daub; [klottra] scribble; *~ ner sig* make a mess all over oneself
kladdig *a* [klibbig] sticky; [nedkladdad] smeary; [~t skriven] scribbly; [degig] doughy
klaff flap; [på bord äv.] [drop] leaf [pl. leaves]
klaffa *itr* [stämma] tally, [fungera [bra]] work **klaffbord** folding table
klag|a *itr* **1** [beklaga sig] complain, *över* about, of, *för, hos* to; [knota] grumble, *över* at, over; [högljutt] lament **2** [inkomma med klagomål] lodge a complaint **-an** [klagomål] complaint, *över* about; [ve~] lament[ation], [knot] grumbling, [högljudd] wail[ing] **-ande** *a* complaining [osv.], *jfr klaga 1;* [om röst, ton äv.] plaintive
klago|låt wailing **-mål** complaint; *anföra (framföra) ~ hos ngn mot ngt* lodge a complaint about a th. with a p. **-rop** *o.* **-skri** lamentation[s [pl.]] **-skrift** written complaint **-visa** lamentation
klammer 1 [hakparentes] square bracket; [sammanfattningstecken] brace **2** [häft~] staple
klammeri, *råka i ~ med..* fall foul of..
klampa *itr* [gå tungt] tramp
klamra *rfl, ~ sig fast vid* cling tight on ([bildl.] firmly) to
klan clan
klander 1 [allm.] blame, [stark.] censure, [kritik] criticism **2** [jur.], *anföra ~ mot* protest against **-fri** *a, se oklanderlig* **-värd** *a* blameworthy
klandra *tr* [tadla] blame, censure, find fault with, [kritisera] criticize
klang ring [end. sg.]; [ljud] sound; [av glas] clink; [av klockor] ringing **-full** *a* sonorous **-lös** *a* flat, dull
klapp [smeksam] pat, [lätt slag] tap **klappa** *tr itr* [ge en klapp] pat, [t. ex. på axeln äv.] tap; [smeka] stroke; [knacka] knock; [om hjärta] beat; *~ [i] händerna* clap one's hands
klappjakt battue [fr.]; [bildl.] witch-hunt, *på* for **klappra** *itr* clatter; [om hästhovar] clip--clop; [om tänder] chatter **klappträ** [clothes-]-beater
klar *a* **1** [ljus o. d., tydlig allm.] clear; [om väder äv. samt om t. ex. färg, solsken] bright; [tydlig, om t. ex. språk, svar] plain; [märkbar] distinct; [begriplig] intelligible; [åskådlig] perspicuous; [oförtydbar] pronounced, [om t. ex. motståndare] avowed; *~t besked* exact information; *i (vid) ~t* [bra] *väder* in fair weather; *få ~t för sig, hur..* realize how..; *göra ~t för* [ngn] *se klargöra; ha ~t för sig,* [*vad..*] be clear about (as to)..; *komma (vara) på det ~a med* [*ngt*] realize.. **2** [färdig] ready, *för, till* for; [uppgjord] arranged; [gjord] done; *~t* [*till*].. [telef.] you are through to..; *det är ~t* [fixat] *nu* it's O.K. now; *är du ~* [*med arbetet*]? have you finished [your work]?
klara I *tr* **1** [eg.]: [göra klar] clarify; [strupen] clear **2** [bildl.; *jfr äv. ~ av*]: a) [~ (reda) upp] settle, [ordna äv.] arrange; [lösa, t. ex. problem] solve; [få..gjord] get..done; [gå i land med] manage; [lyckas med, t. ex. en svår uppgift] cope with b) [tåla]: [om pers.] be able to stand ([om sak] to stand up to); *det ska jag nog ~!* I'll take care of that!; *~ sin examen* get through one's exam; *~ en sjukdom (svår situation)* pull through; *~ av* [ordna] clear off, [skuld, räkning äv.] settle [up]; [bli kvitt] get rid of; *~ upp* clear up, *se vid. 2 a* [ovan]; *~ ut, se reda* [*ut*] **II** *rfl* [reda sig, t. ex. bra] manage, get on (by), [t. ex. utan hjälp (missöde)] get along; [bli godkänd i examen] pass; [rädda sig] get off, escape; [vid sjukdom] pull through; *~ sig bra i skolan* do well at school; *~ sig själv* help oneself, [ekonomiskt] fend for oneself
klar|blå *a* [attr.] bright-blue, [pred.] bright blue **-bär** sour cherry **-era** *tr* **1** [ordna] arrange, F fix up **2** [⚓] clear; *~ in (ut)* clear..inwards (outwards) **-göra** *tr* [förklara o. d.] make.. clear, [utreda] elucidate, *för ngn* to a p.; *~ för ngn* [*att (hur)..*] make it clear to a p. .. **-het** (*jfr klar 1)* clearness [osv.], [isht bildl.] clarity; [upplysning] enlightenment, *i, om* on, as to; *bringa ~ i ngt* throw (shed) light on a th.; *få ~ i* [*ngt*] get a clear idea of..
klarinett clarinet
klarlägga *tr, se klargöra*
klar|na *itr* **1** [bli ljus[are]]: [om himlen] clear, [om vädret] clear up, [ljusna] brighten up [äv. bildl.]; [bli klar[are], om läge] become clear[er] **2** [om vätska] clarify, [om kaffe äv.] settle **-synt** *a* clear-sighted; [skarpsynt] perspicacious **-synthet** clear-sightedness; perspicacity
klart *adv* clearly [osv.], *jfr klar;* [avgjort] decidedly, [t. ex. fientlig] openly
klar|tecken [bildl.], *få ~* get the green light (the O.K.) **-vaken** *a* [attr.] wide-awake, [pred.] wide awake **-ögd** *a* [eg.] bright-eyed
klase [allm.] cluster [isht fastsittande]; [isht lös] bunch
klass [allm.] class; [skol.]: [~ avdelning] class,

form, [årskurs] form, [amer. i båda bet.] grade; [~rum] classroom; [rang~] grade, order; *ett första ~ens hotell* a first-class hotel; *åka [i] andra ~* travel (go) second [class] **klassamhälle** class society

klass|anda class spirit **-fördom** class prejudice **-föreståndare** form master

klass|icism classicism [äv. *~en*] **-ificera** *tr* classify **-iker** classic; [forskare] classical scholar **-isk** *a* [eg.]: [antik o. om t.ex. musik] classical; [friare o. t.ex. om mark] classic

klass|kamp class struggle **-kamrat** class--mate

klasskillnad class-distinction

klass|medveten *a* class-conscious **-rum** classroom **--samhälle** *se klassamhälle* **--skillnad** *se klasskillnad*

klatsch [pisksmäll] lash, [ljudlig] crack; [dask] slap **klatscha** *itr tr* **1** [om piska] crack; *~ med piskan* crack one's (the) whip; *~ [till] ngn* slap a p. **2** *~ dit [färg] på ngt* daub (dash)..on a th. **3** *~ med ögonen åt [ngn]* ogle.., make eyes at.. **klatschig** *a* [effektfull, iögonenfallande] striking, [flott] smart, [schvungfull] dashing, [djärv] bold

klausul clause

klav key; [mus. äv.] clef

klavbinda *tr* [bildl.] tie down, [pressen] shackle

klave *se krona [och klave]*

klaver [piano] piano [pl. -s]; *trampa i ~et* put one's foot in it, drop a brick **klaviatur** keyboard

klem|a *itr, ~ med* pamper, coddle **-ig** *a* [veklig] pampered, coddled, effeminate

klen *a* **1** [sjuklig o. d.]: feeble, [ömtålig] delicate, [bräcklig] frail, *till [hälsan]* in..; [svag] weak; [tillfälligt] poorly [pred.] **2** [spenslig], *med ~ kroppsbyggnad* with a slender frame **3** [underhaltig, skral] poor, [svag] feeble; *en ~ [ursäkt]* a poor..; *det är ~t med maten* food is scanty, *jfr klent [beställt]* **-het** [sjuklighet o. d.] feeble [osv.] [state of] health, delicacy, frailty **-modig** *a* faint-hearted, pusillanimous **-modighet** faint-heartedness, pusillanimity

klenod [dyrgrip] article of value; gem, treasure [äv. bildl. om sak o. pers.]

klent *adv* feebly [osv.], *jfr klen; det är ~ beställt med det* [det lämnar mycket övrigt att önska] it leaves much to be desired

klentrogen *a* [skeptisk] incredulous, sceptical **klentrogenhet** incredulity, scepticism

klepto|man kleptomaniac **-mani** kleptomania

kli bran

klia I *itr* itch **II** *tr* scratch **III** *rfl* scratch oneself; *~ sig i huvudet* scratch one's head

klibb|a *itr* [vara klibbig] be sticky (adhesive); [fastna] stick, cling, *på, vid* to **-ig** *a* [allm.] sticky, *av* with; [som fastnar] adhesive; [om vätska] gluey

kliché 1 [boktr.] [printing] block ([isht amer.] plate) **2** [bildl.] cliché [fr.] **klichera** *tr* stereotype, electrotype

1 klick [klump]: [allm.] lump; [mindre smör~] knob; [färg~] daub, smear

2 klick [kotteri] clique, coterie, set

klicka *itr* [om skjutvapen, motor] misfire; [om skott] fail to go off; ['strejka'] go wrong, [om t. ex. minnet] be at fault

klient client **-el** clientele; clients [pl.]

klimakterium climacteric, menopause

klimat climate **-förhållanden** *pl* climatic conditions **-isk** *a* climatic

klimax climax

klimp [allm.] lump; [guld~] nugget; [kok. ung.] dumpling **klimpa** *rfl* get lumpy

1 klinga *s* blade

2 kling|a *itr* [allm.] ring; [ljuda, låta] sound; [genljuda] resound; [om mynt] jingle; [om glas] tinkle, [vid skålande] clink **-ande** *a* ringing; *~ mynt* hard cash

klin|ik clinic; [privat sjukhem] nursing home **-isk** *a* clinical

1 klinka *s* [dörr~] latch

2 klinka *itr tr, ~ [på] piano* strum (tinkle) on the piano

klint [kulle] hill; [bergstopp] peak; [bergbrant] perpendicular hill-side

klipp [m. sax] snip, [film~] cut; [tidnings~] cutting, [amer.] clipping

1 klipp|a I *tr* [allm.] cut; [naglar äv.] pare; [gräs] mow; [får] shear; [biljett] clip; [putsa, t. ex. skägg, häck] trim; *~ till* [mönster o. d.] cut out; *~ till ngn* land (give) a p. one; *~ upp* cut open, slit; *som -t och skuren till [det]* just cut out for..

II *rfl, [låta] ~ sig* [få håret klippt] have one's hair cut

2 klipp|a *s* [berg] rock [äv. bildl.]; [skarpkantig o. brant havs~] cliff **-block** rock **-brant** precipice **-ig** *a* rocky; [om berg] craggy; [om kust] iron-bound; *Klippiga bergen* the Rocky Mountains

klipp|kort [spårväg o. d.] punch-ticket **-ning** [-ande] cutting [osv.], *jfr 1 klippa,* [av håret] hair-cutting

klipp|rev reef of rocks **-spets** crag

klipsk *a* [snarfyndig] quick-(ready-)witted; [förslagen] crafty; *se vid. knipslug*

klirra *itr* jingle; [om glas] clink; [om metall] ring; [om fönster] rattle

klisché *se kliché*

klist|er paste; *råka i -ret* get into trouble (a mess) **klistra I** *tr* paste, [mera allm.] stick **II** [m. beton. part.] *~ fast ngt [på ngt]* paste (stick) a th. on [to a th.]; *sitta [som] fastklistrad vid [TV:n]* be glued to..; *~ igen* stick down; *~ in (upp) frimärken [i [ett album]]* hinge stamps [in..]; *~ upp [en karta] på väv* mount ..on cloth; ~ *över* [*ett hål*] paste something over..

kliva I *itr* [med långa steg] stride, [gravitetiskt] stalk; [stiga] step; [klättra] climb; [trampa] tread; *komma ~nde* come striding along **II** [m. beton. part.] (*jfr äv. stiga II*) ~ *i* [bil] climb ([båt] step) into; *han klev i* [*vattnet*] [*med ena foten*] he went in[to the water]..; ~ *på, se stiga* [*på*]; [*han bara*] *klev på* a) [gick vidare] ..went striding [osv.] ahead b) [steg in] ..walked (marched) in; ~ *upp i ett träd* climb [up] a tree

klo claw; [på gaffel, grep o. d.] prong; *råka i ~rna på* [*procentare*] get into the clutches of..

kloak sewer **-ledning** [main] sewer **-rör** sewer **-system** sewage system

klock|a I *s* **1** [att ringa med o. bot.] bell **2** [ur]: [fick~, armbands~] watch; [vägg~ o. d.] clock; *hur mycket (vad) är ~n?* what is the time?; *~n är ett (halv ett)* it is one [o'clock] (half past twelve); *~n är fem minuter över ett (i ett)* it is five minutes past (to) one; *~n är (börjar bli) mycket* it is (is getting) late; *~n tre (halv tre)* [adv.] at three [o'clock] (half past two) **II** *tr* **1** *~d kjol* bell-shaped skirt **2** [sport.], *han ~des för 10,8* he [was] clocked 10.8 **-are** [ung.] parish clerk and organist; [kyrkomusiker] precentor

klock|armband watch-bracelet **-boj** [⚓] bell-buoy **-kedja** watch-chain **-ren** *a* ..[as] clear as a bell **-slag**, *på ~et* on the stroke **-stapel** [detached] bell-tower

klok *a* [förståndig] wise; [omdömesgill] judicious; [förnuftig] sensible; [förtänksam, försiktig] prudent; [intelligent] intelligent; [nykter, praktisk] hard-headed; [välbetänkt] well-advised; [mots. 'vansinnig'] sane,..in one's senses; *jag blir inte ~ på honom (detta)* I cannot make him (it) out; [*han är*] *inte riktigt ~* ['galen'] F ..not all there **klokhet** [jfr föreg.] wisdom; judiciousness; sense; prudence; intelligence **klokt** *adv* wisely [osv.], *jfr klok; du gjorde ~ (klokare) i att gå* you would be wise to go

klor chlorine **klorid** chloride **kloroform** chloroform **klorofyll** chlorophyll

klosett toilet; [~rum äv.] lavatory

kloss [träklump] block, *jfr byggkloss*

kloster monastery; [nunne~] convent, nunnery **-broder** monk, friar **-gård** cloister garth **-liv** monastic ([resp.] convent) life **-väsen,** *~det* monasticism

1 klot [kula] ball; [glob] globe

2 klot [tyg] sateen; [bokb.] cloth **-band** cloth-binding; *i ~* in cloth

klotrund *a* ..round like a ball; [om pers.] rotund, F tubby

klott|er scrawl, scribble, doodle, [-rande] scrawling [osv.]; [jfr följ.] **-ra** *itr tr* scrawl, [meningslöst som ett barn] scribble; [tankspritt rita figurer] doodle

klubb club

klubba I *s* club; [ordförande~] gavel, hammer; [slickepinne] lolly, lollipop; *jfr bandyklubba* [o. andra sms.]; *föra ~n* act as chairman; *gå under ~n* go under the hammer **II** *tr,* ~ *ned* a) [talare] call..to order b) [förslag] turn down

klubb|lokaler *pl* club premises **-mästare** [vid fester ung.] Master of Ceremonies

klubbslag [vid sammanträde] fall of the gavel (hammer); [vid auktion] blow of the hammer

klucka *itr* **1** [om höns o.d.] cluck **2** [om vätska] gurgle; [om vågor] lap

kludd [dålig målning] daub **kludda** *itr tr,* ~ [*i*] daub; ~ *ner* smudge **kluddig** *a* [om målning] dauby; [fläckig] blotchy

klump 1 lump; [jord~] clod; [klunga] clump **2** *i ~* a) [ihop] in a lump b) [utan åtskillnad] indiscriminately **klumpeduns** clumsy lout **klumpfot** [eg.] club-foot **klumpig** *a* clumsy, [tafatt äv.] awkward

klunga [grupp] group; [skock] bunch

klunk gulp, draught; *en ~* [*kaffe*] a drink ([liten] sip) of.. **klunka** *tr, ~ i sig* gulp.. down, quaff

kluns 1 [klump] lump **2** *se klumpeduns*

klut [huvud~] kerchief; [trasa] rag; [lapp] patch; [segel] sail

kluven *a* split [osv.], *jfr klyva*

klyft|a 1 [bergs~] cleft, [bred o. djup] chasm, [mellan branta klippor] gorge; [bildl.] cleavage, [svalg] gap **2** [apelsin~] segment, [i dagligt tal] piece; [ägg~, äpple~ o.d.] slice; [vitlöks~] clove **-ig** *a* bright, clever, smart, shrewd

klyka [gren~] fork; [år~] rowlock

klys [⚓] hawse[-hole]

klyscha [fras] hackneyed phrase (expression), cliché [fr.]

klyv|a I *tr* [allm.] split, cleave; [skära itu] cut..in two, [dela] divide up; ~ *näbb* bicker **II** *rfl* split **-are** [⚓] jib **-ning** splitting [osv.], *jfr klyva*

klå *tr* **1** [ge stryk, besegra] thrash, beat **2** [pungslå] fleece, cheat **klåda** itch[ing], [retning] irritation **klåfingrig** *a, vara ~* be unable to let things alone

klåpare bungler, botcher, *i* at

klä *(kläda)* [*jfr äv. klädd*] **I** *tr* **1** [iföra kläder] dress, [förse med kläder] clothe; [pryda] attire **2** [beklädа]: [invändigt] line, [utvändigt] face, [t. ex. med blommor] deck; [förse med överdrag] cover; ~ *julgranen* decorate the Christmas tree **3** [passa] suit; become [äv. anstå] **II** *rfl* dress, *jfr ~ på sig; ~ sig* [*själv*] dress oneself; ~ *sig fin* dress up **III** [m. beton. part.] ~ *av ngn* undress a p.; ~ *av sig* undress; ~ *om* [möbler o. d.] re-cover; ~ *om* [*sig*] change, [i mörk kostym o. d.] dress; ~ *på* [barn, docka] dress; ~ *på sig* dress; ~ *på er ordentligt!* put plenty on!; *påklädd* dressed; ~ *ut ngn (sig) till..* dress a p. up ([oneself] up) as a..; *utklädd* dressed up; ~ *över* [möbler o.d.] cover

1 kläcka *itr, det klack till i mig* I started, it gave me a start

2 kläcka *tr* hatch; ~ *ur sig* bring out, [kvickhet] crack

kläda *se klä* **klädd** *a* dressed [osv.], *jfr klä* [inkl. *påklädd* o. *utklädd* under *III*]; *hur ska jag vara ~?* [äv.] what am I to wear? **kläde 1** [tygsort] cloth, [kostymtyg] broadcloth [båda end. sg.] **2** [tygstycke, duk] cloth **klädedräkt** costume; dress [end. sg.] **kläder** *pl* [allm.] clothes; [klädsel] clothing, dress [båda end. sg.]; *jag skulle inte vilja vara i hans ~* I wouldn't [like to] be in his shoes **kläd[es]borste** clothes-brush **klädesplagg** article of clothing

kläd|hängare [galge] [clothes-]hanger; [krok] [coat] peg; [list m. krokar] rack; [ställning] hat-stand **-konto** [i kassabok] clothing-account **-korg** clothes-basket **-loge** [teat.] dressing-room **-nypa** clothes-peg, [amer.] clothespin **-sam** *a* becoming [äv. bildl.], *för* to **-sel 1** [påklädning] dressing **2** [klädedräkt, sätt att klä sig] dress, [högt.] attire **3** [överdrag] covering, [i bil äv.] upholstery **-skåp** wardrobe **-streck** clothes-line

kläm 1 [eg.], *få fingret i ~* get one's finger caught; *komma i ~* get jammed **2** [kraft, energi] force, vigour; [fart o. d.] go, dash

kläm|ma I *s* **1** [för papper o.d.] clip **2** [knipa, trångmål] straits [pl.], scrape; *råka i ~* get into a scrape (fix) **II** *tr. itr* squeeze; [om skodon] pinch; *jag har -t mig [i fingret]* I have squeezed my finger **III** [m. beton. part.] ~ *efter* clamp (crack) down on; [straffa] punish; ~ *fast* [fästa] fix, fasten; [med [pappers]klämma] clip; *sitta fastklämd* [inklämd] sit ([om sak] be) jammed in; ~ *fram* = ~ *ut;* ~ *i med* [melodi] strike up, [hurrarop] give; ~ *sönder* crush (squeeze) [[i bitar] ..to pieces]; ~ *till* F [klå] sock (give)..one; ~ *ut ngt ur..* squeeze a th. out of..; ~ *åt* [bildl.] *se ~ efter*

klämmare *se klämma I 1* **klämmig** *a* [om musik] dashing; [om pers.] smart, .. full of go, [modig] plucky

klämt|a *itr* toll, *i klockan* the bell **-ning** [-ande] tolling; toll [äv. -slag]

klänga I *itr* [klättra] climb [äv. om växt]; *jfr klättra* **II** *rfl* climb; ~ *sig fast vid* cling tight on to **klänge** tendril **klängros** climbing rose, rambler **klängväxt** climber, climbing plant

klänning dress, [vardags~ äv.] frock, [för eftermiddags- och kvällsbruk äv.] gown **klänningstyg** dress material

kläpp [i ringklocka] tongue, clapper

klärvoajans clairvoyance **klärvoajant** *a* clairvoyant; *en ~* a clairvoyant

klättra *itr* climb; [kravla] scramble; ~ *ned* climb down, *från trädet* the tree; ~ *upp i trädet* climb [up] the tree

klös|a *tr* scratch **-as** *itr. dep* scratch, [rpr.] scratch each other

klöv [cloven] hoof

klöver 1 [bot.] clover, trefoil **2** [kortsp.] club [resp.] clubs [pl.]; [*jfr hjärter* m. sms.] **-blad** clover-leaf **-fält** [med gröda] field of clover

klövjehäst pack-horse

knack|a *tr itr* knock, [hårt] rap, [lätt] tap; [om motor] knock; [på skrivmaskin] tap[-tap]; ~ *på* [*dörren*] knock [osv.] at..; *det ~r* there's a knock; ~ *på* [beton.] *hos ngn* knock at a p.'s door; ~ *sönder* break ..to pieces **-ning** [-ande] knocking [osv.]; *en ~ på* [*dörren*] a knock ([resp.] rap, tap) at..; [jfr föreg.]

knagg|lig *a* [om väg o. d.] rough, bumpy; [om t. ex. vers] rugged; ~ *engelska* broken English **-ligt** *adv, det går ~ för honom i skolan* he is pretty weak at school

knaka *itr* creak; [stark.] crack

knal *a, det är ~t med födan* food is rather scarce; *det är ~t med hans kunskaper i engelska* his knowledge of English is not up to much

knall bang; [vid explosion] detonation; [åsk~] crash, [korks] pop; *dö ~ och fall* [segna ned] fall down dead on the spot

1 knalla *itr* [smälla] bang; detonate; crash; pop; *jfr knall*

2 knalla *itr, det ~r [och går]* I am (he is [osv.]) jogging along [pretty well]

knalle [liten höjd] [bare] hillock

knall|effekt sensation, sensational effect **-hatt** [tänd-] percussion cap **-pulver** fulminating powder **-pulverpistol** cap pistol **-röd** *a* vividly red

knapert *adv, ha det ~* be hard up

1 knapp *s* **1** [allm.] button; *jfr krag-, manschett-, skjort|knapp* **2** [knopp] knob **3** [ståndar~] anther

2 knapp *a* scanty; [knappt tillmätt, om t. ex. tid, vikt] short; [mager] meagre; [~t tillräcklig]: [om t. ex. utkomst] bare, [om t. ex. seger] narrow; [inskränkt, om t. ex. levnadsomständigheter] reduced; [kortfattad] brief; [avmätt] reserved, [om rörelser] sparing; [..*är*] *i ~aste laget* ..barely enough (sufficient), ..rather scanty; *en ~ (~a två)* [*liter* m. m.] a little less than one (two)..; *med ~ nöd rädda sig från att drunkna* narrowly escape drowning; *han kom (slapp) undan med ~ nöd* he had a narrow escape; *~t om (med)* = *ont om, se ond II 3 c* **knappa** *tr, ~ av (in) på* [skära ned] reduce, cut down **knappast** *adv, se knappt*

2 **knapphet** scantiness [osv.]; reserve; *jfr 2 knapp;* [brist] shortage, *på* of
knapp|hål buttonhole **-hålssilke** buttonhole silk
knapphändig *a* meagre, scanty; [kortfattad] brief
knapp|nål pin **-nålsbrev** sheet of pins **-nålshuvud** pin-head **-nålsstick** pin-prick
knappt *adv* **1** [otillräckligt o. d.] scantily [osv.], *jfr 2 knapp;* [snålt] sparingly; [fåordigt] curtly; *ha det* ~ be badly (poorly) off; *vinna* ~ win by a narrow margin; *jfr tillmätt o. tilltagen* [ex.] **2** [knappast] hardly, scarcely; [nätt och jämnt] barely; ~ *en* [*liter*], *se* [*en*] *knapp* [*liter*]; *hon är* ~ *15 år* she is scarcely (barely, not quite) 15; ~ *..förrän* hardly (scarcely) .. when
knapra *itr* nibble, *på ngt* [at] a th.; ~ *på* [*ngt*] [mumsa på] munch.. **knaprig** *a* crisp
knark dope **knarka** *itr* take dope, be a dope fiend **knarkare** dope fiend
knarra *itr* [om t. ex. trappa] creak, [om skor äv.] squeak; [om snö] crunch **knarrig** *a* [om pers.] morose, peevish
knastra *itr* crackle; [om grus] crunch
knattra *itr* rattle, [om t.ex. skrivmaskin] clatter
knega *itr* [sträva, slita] toil, [slava] drudge
knekt **1** [soldat] soldier **2** [kortsp.] jack, knave
knep trick; [list] stratagem, ruse **-ig** *a* [slug] artful; [sinnrik] ingenious; [besvärlig] hard, [kvistig] ticklish
knip|a **I** *s* straits [pl.], *jfr vid. klämma I 2* **II** *tr* **1** [nypa] pinch, [m. tång äv.] nip; ~ *av* nip (pinch) off ([itu] .. in two) ; ~ *ihop läpparna* compress one's lips; ~ *ihop ögonen* screw up one's eyes **2** ~ *en applåd* elicit a cheer **III** *itr, om det -er* [bildl.] at a pinch
knippa *s* [rädisor, blommor o. d.] bunch; [sparris] bundle; [ris] fag[g]ot **knippe** **1** *se knippa* **2** [ljus~] pencil
knip|slug *a* knowing, shrewd; [listig] crafty, artful, sly **-tång** [⊕] [end-cutting] pincers (nippers) [pl.]
knittel[**vers**] doggerel [verse]
kniv knife; [rak~] razor **knivblad** blade of a ([resp.] the) knife **knivhugg** stab [with ([om sår] of) a knife] **knivig** *a* [listig] crafty, *jfr knipslug;* [kvistig] ticklish **knivsegg** knife-edge
kniv|skaft handle of a ([resp.] the) knife **-skarp** *a* ..[as] sharp as a razor **-skära** *tr* knife **-sting** *se knivhugg*
knivsudd point of a ([resp.] the) knife; *en* ~ *salt* a pinch of salt
knockout *s* knock-out
knodd bounder
knog work, F fag **knoga** *itr* [arbeta] work, plod, [m. studier] grind away, *med* [i samtl. fall] at; ~ *på* [*en koffert*] lug..
knoge knuckle
knogig *a* fagging; *jfr besvärlig*
knollrig *a* frizzy, [om negerhår] woolly
knop [⚓] knot
knopp **1** [bot.] bud; *skjuta* ~ [*ar*] bud **2** [knapp, kula] knob **3** F [huvud] nob, nut
knoppas *itr. dep* bud **knoppning** budding
1 knorr *se knot*
2 knorr curl; *ha* ~ *på svansen* have a curly tail
knorra *itr* [knota] murmur, [stark.] grumble, *över* at
knot [~ande] murmuring, [stark.] grumbling, *över* at
1 knota *itr, se knorra*
2 knota *s* [ben] bone **knotig** *a* bony, [mager] scraggy; [om träd] knotty
knott gnat; [koll.] gnats
knottrig *a* [skrovlig] granular; [om hud] rough; [om träd] knotty
knubbig *a* plump, [om pers. äv.] chubby
knuff push, shove; [m. armbågen för att väcka uppmärksamhet] nudge; [i sidan] poke, dig **knuffa** *tr (itr)* push, shove; [m. axeln] shoulder, jostle; [m. armbågen] elbow, nudge; [i sidan] poke, dig; ~ *inte på* [*bordet!*] don't jog..!; ~ *sig fram* elbow one's way [along]; ~ *till* push [osv., se ovan]; [äv.] knock (bump, [pers. äv.] push) into **knuffas** *itr. dep,* ~ *inte!* don't push (shove)!
knulla *tr itr* [vulg.] fuck
knussel niggardliness [osv.], [svag.] parsimony, *jfr knusslig* **knussla** *itr* be niggardly [osv.], *jfr knusslig* **knusslig** *a* niggardly, stingy, [isht om pers. äv.] parsimonious, mean
knut **1** [som knytes, äv. friare] knot; *knyta (slå) en* ~ make (tie) a knot, *på* in; *det är just* ~*en* [bildl.] that's just the trouble (point) **2** [hus~] corner **-piska** knout **-punkt** [centrum] centre; [järnvägs~] junction
knyck [ryck] jerk, [svag.] twitch **knycka** **I** *itr* [rycka] jerk; twitch; ~ *på nacken* [högdraget] toss one's head **II** *tr* [stjäla] pinch, [idéer o.d.] lift, crib
knyckla *tr,* ~ *ihop* crumple up; ~ *till* batter
knypp|la *tr itr,* ~ [*spetsar*] make lace **-ling** [-lande] lace-making
knyst, *inte* [*säga*] *ett* ~ not [breathe] a word, *om* about **knysta** *itr (tr), utan att* ~ without breathing a word, [utan att mucka] without murmuring
knyta **I** *tr* **1** [eg.] tie; ~ *nät* make nets **2** ~ *näven* clench ([hotfullt] shake) one's fist, *åt, mot* at **3** [bildl.], ~ *förbindelser* establish (form) connections; ~ *ngn till* [anställa vid] engage a p. with; *hans namn är knutet till* [*uppfinningen*] his name is linked to.. **II** *rfl*

[om kål, sallad] head, heart **III** [m. beton. part.] ~ *fast* tie, fasten, *vid, på* to; ~ *till* [säck o.d.] tie up; ~ *upp* [lossa] untie, [knut o. d. äv.] undo **knyte** bundle, *med* of **knytnäve** fist

knåda *tr* knead [äv. massera]

knåp *se knåpgöra* **knåpa** *itr* [pyssla] potter about ([knoga] plod away), *med* at **knåpgöra** *s* finicky job

knä 1 [mer eg.] knee; [sköte] lap; *~na böj!* knees bend!; [*sitta*] *i ~t på ngn* ..on a p.'s knee (lap); *falla (kasta sig) på ~* [*för..*] fall on one's knees [before..], *jfr knäböja; ligga på ~* be kneeling, *jfr knäböja* **2** [krök] elbow [äv. ⊕] **-byxor** *pl* short trousers; [till folkdräkt o. d.] breeches **-böja** *itr* bend the knee, kneel, [isht relig.] genuflect, *för* [i samtl. fall] to, *inför* before

knäck 1 [spricka] crack; [bildl.: hårt slag] blow; *ta ~en på ngn* nearly kill a p. **2** [karamell] toffee **knäcka** *tr* **1** [eg.]: [spräcka o.d.] crack; [bryta av] break **2** [bildl.]: [pers.] break, ruin, [hälsa] break down; [problem] floor **knäckebröd** crispbread

knä|fall genuflection **-falla** *itr, se* [*falla på*] *knä* **-hund** lap-dog **-led** knee-joint

knäpp 1 [ljud] click, [knyst] sound, [smäll] snap; [finger~] flick **2** [köld~] spell

1 knäppa [smälla m. m.] **I** *tr* **1** ~ [*till*] *ngn på fingrarna* give a p. a flick on the fingers **2** [foto.] snap **3** ~ *nötter* crack nuts **II** *itr,* ~ *med fingrarna* [hörbart] snap one's fingers; ~ *på* [sträng] pluck, [gitarr o. d.] twang

2 knäppa *tr* **1** [m. knapp] button, [m. spänne] buckle; ~ *igen (ihop, till)* [t. ex. rocken] button up; ~ *upp* [t. ex. rocken] unbutton, [knappen] undo **2** ~ [*ihop*] *händerna* clasp (fold) one's hands **3** ~ *av (på)* [t. ex. ljuset, radion] switch off (on) **knäppe** [enklare] clasp, [låsbart] catch

knä|skydd knee-pad, knee-protector **-skål** knee-cap **-stående** *a,* [*skjuta*] *i* ~ [*ställning*] ..in the kneeling position **-svag** *a* ..weak (shaky) in the knees **-veck** hollow of the knee

knöl 1 [ojämnhet] bump; [upphöjning] boss, knob; [utväxt] protuberance; [gikt~] node; [svulst] tumour; [på träd] knob; [rot~] tuber **2** [bildl.] bastard, [svag.] swine **knöla** *tr,* ~ *till* batter **knölig** *a* **1** [ojämn]: [om t. ex. väg] bumpy; [om madrass o. d.] lumpy; [om t. ex. finger, träd] knobbly, knotty; [bot.] tuberous **2** [bildl.] swinish; *en* ~ [*karl*] a bastard of a.. **knölpåk** [vapen] cudgel

ko cow

koagulera *itr* coagulate, clot

koalition coalition

kobbe [skär] islet [rock], rock

kobent *a* knock-kneed

kobolt cobalt **-blå** *a* cobalt-blue [attr.]

kobra [zool.] [Indian] cobra

kock [male] cook

kod *s o.* **koda** *tr* code **kodex 1** [handskrift] cod|ex [pl. -ices; lat.] **2** [lagsamling o. friare] code

koffein caffeine

koffert trunk

kofot [bräckjärn] crowbar, [isht inbrottsverktyg] jemmy, [amer.] jimmy

kofta [stickad] cardigan, [grövre] jacket

kofångare [på bil] bumper

koger quiver

kohandel [polit.], [*en*] ~ [a bit of] horse-trading

koj [⚓ häng~] hammock; [fast ~] *se kojplats; gå (krypa) till ~s* turn in

koja *s* cabin, hut, [usel] hovel

kojplats [⚓] bunk, [sleeping-]berth

kok, *ett ~ stryk* a hiding (thrashing)

1 koka *s* [jord~] clod

2 koka I *tr* [[ngt i] vätska] boil, [i kort spad] stew; [laga [till], t. ex. kaffe o. d., soppa, äv. karameller m. m.] make **II** *itr* [allm.] boil, [sjuda] simmer **III** [m. beton. part.] ~ *ihop* [bildl., t. ex. en historia] concoct; ~ *in* [tr.]: [frukt, grönsaker] preserve, [i glasburk] bottle; *inkokt* [*fisk*] poached cold.., [i gelé] ..in aspic; ~ *upp* a) [itr.] come to the boil b) [tr.] bring.. to the boil; ~ *ur* a) [kött] decoct; *urkokt* [för mycket kokt] overboiled b) [~ ren, t. ex. kastrull] boil out; ~ *över* boil over [äv. bildl.]

kokain cocaine

kokard cockade

kokbok cookery-book, [amer.] cookbook

kokerska [female (woman)] cook

kokett *a* coquettish **-era** *itr* coquet[te]

kok|het *a* boiling (piping) hot **-konst** cookery, culinary art **-kärl** cooking-utensil **-ning** boiling [osv.], *jfr 2 koka*

kokong cocoon

kokos|fett coconut butter (oil) **-flingor** *pl* desiccated coconut [sg.] **-matta** coir mat ([resp.] carpet, [gångmatta] runner) **-nöt** coconut **-palm** coconut palm, coco-palm

kokott cocotte [fr.], demimondaine [fr.]

kok|platta hot-plate **-punkt,** *på ~en* at the boiling-point [äv. bildl.]

koks coke

kok|salt common salt **-vagn** [⚔]field kitchen **-vrå** kitchenette

kol 1 [bränsle]: [sten~] coal [äv. koll.]; [trä~] charcoal; *utbrända* ~ cinders **2** [kem.] carbon

1 kola *s* [hård] toffee, [mjuk] caramel

2 kola *itr,* ~ [*av*] F [dö] kick the bucket, peg out, turn up one's toes

3 kol|a *itr* [⚓ ta in kol] coal, bunker **-box 1** [⚓] [coal-]bunker **2** [lår] coal-box **3** [hink] coal-scuttle

kolchos kolkhoz

kolera [Asiatic] cholera
kolerisk *a* choleric, irascible
kol|fyndighet coal deposit **-gruva** coal-mine, [stor] colliery **-gruv[e]arbetare** collier, [coal-]miner **-halt** carbon content **-hydrat** carbohydrate
kolibri humming-bird
kolik colic **-smärtor** *pl* colicky pains
kolja haddock
kolla *tr* F check; *se vid. kollationera*
kollaps *s o.* **kollapsa** *itr* collapse
kollationera *tr* [motläsa] collate, [jämföra äv.] compare; [räkenskaper] check
kolleg|a [yrkesbroder] colleague; *mina -er* [på kontoret] my fellow-workers **-ial** *a, se kamratlig;* [lojal] loyal **-ium 1** [lärarkår] [teaching-]staff **2** [sammanträde] staff (teachers') meeting
kollekt collection
kollektiv *a o. s* collective **-ansluta** *tr* [grupp] affiliate.. as a body **-avtal** collective agreement **-hus** block of service flats, [amer.] apartment hotel **-trafik** public transport
kolli package; [resgods äv.] piece
kolli|dera *itr* collide, [bildl. äv.] clash **-sion** collision, [bildl.] clash
koll|ra *itr, ~ bort ngn* make a p. mad [osv.], *jfr kollrig;* [förvrida huvudet på ngn] turn a p.'s head **-rig** *a* [tokig] mad, crazy, *av* with; *bli ~* go mad (crazy)
kol|mila charcoal stack (pile) **-mörk** *a* pitch-dark **-mörker** pitch-darkness
kolon [skiljetecken] colon
koloni colony; *jfr skollovskoloni* **-al** *a* colonial **-alvaror** *pl* colonial products (produce [sg.]) **-sation** colonization **-sera** *tr* colonize **-stuga** allotment-garden cottage **-trädgård** allotment [garden]
kolonn column **kolonnad** colonnade
koloratur coloratura [it.; end. sg.] **kolorera** *tr* [eg.] colour **kolorit** [färg] colouring [end. sg.]; [mus.] timbre
kolos [eg.]: [av kol] coal ([av ved osv.] wood [osv.]) fumes [pl.]; *jfr koloxid*
koloss colossus **-al** *a* colossal, [om t. ex. framgång äv.] enormous, tremendous, immense **-alt** *adv* [vanl.] enormously [osv.]
koloxid carbon monoxide **-förgiftning** carbon monoxide poisoning
kolportage [dålig litteratur], *rena ~t* pure trash
kol|stybb [för löparbanor] cinders [pl.] **-svart** *a* coal-black, jet-black **-syra 1** [syra] carbonic acid **2** [gas] carbon dioxide **-syrad** *a, -syrat vatten* aerated water
kolt [för barn] [child's] frock
kol|teckning charcoal-drawing **-trast** blackbird
kolumbarium columbari|um [pl. -a]
kolumn column

kolv 1 [i motor o. d.] piston **2** [på gevär] butt **3** [i lås] bolt **4** [kem.] flask
kolväte hydrocarbon
kombin|ation [sammanställning o. d.] combination **-era** *tr* combine
kombivagn *se herrgårdsvagn*
komedi 1 [lustspel] comedy **2** [förställning] shamming **komedienn** comedienne
komet comet
komfort comfort **-abel** *a* comfortable
komik [något komiskt] comedy, [komisk konst] comic art **komiker** [skådespelare] comic actor **komisk** *a* [komedi-, rolig] comic; [skrattretande] comical
1 komma *s* [skiljetecken] comma; [i decimalbråk] point
2 komm|a I *tr* [föranleda o. d.], *~ [ngn] att* [inf.] a) [vanl.] make.. [ren inf.] b) [förmå] induce (lead).. to [inf.]

II *itr* [*jfr kommande;* jfr äv. ex. med 'komma' el. 'råka' under resp. subst., adv. m. m.] **1** [eg., äv. friare o. bildl.] a) [allm., spec. till den talandes uppehållsort] come b) [till annan plats el. i vissa prep.-uttr., äv. hinna, råka komma, hamna] get c) [anlända äv.] arrive d) [infinna sig, uppträda o. d. äv.] appear, F turn up; [*han (tåget)*] *kom klockan 9..* arrived (came [here], [dit] got there) at 9 o'clock; *tåget skulle ~* [*kl. 12*] the train was due..; [*jag*] *-er genast!* [I'm] coming!; *jag -er inte* [på festen] I'm not going [to go]; *hur långt kom* [hann] *vi* [*i läseboken*] *sist?* how far did we get.. last time?; *när hans tur kom* when it came to (was) his turn; *vart vill du ~?* [vad syftar du på?] what are you driving at?; *kom och hälsa på mig!* come and see me!, look me up!; *kom* [*nu*] *inte och säg, att..* don't say [that].. [now]; *~ springande* [osv.] come running [osv.] along

[m. obeton. prep.] *~ av* [bero på] be due to; *~ från* [*en fin familj*] come of..; *~ i balans* become balanced; *~ i beröring med* get into contact with; *~ i oordning* get into disorder; *~ i säng* get to bed; *~ i tid* be ([hit] come, [dit] get there) in time; *~ med* [ha med sig] bring; [en historia, lögner] come out with, tell; [anmärkning, ursäkter] make; [undanflykter, plan] bring forward; [klagomål] lodge; [nya fakta o. d.] produce, [yppa] reveal; *vad har du att ~ med?* [äv.]: [säga] what have you got to say ([erbjuda osv.] offer [osv.])?; [*det är ingenting*] *att ~ med!* [äv. (visa upp)] ..to make a show of!; *~ på* [*bröllop*] [vanl.] be at a..; *~ på besök* call; *~ på* [resp.] *~ till, se äv. 2 a—b* resp. *2 c* [ned.]; *när jag -er till* [*Lund*] when I get ([till dig] come) to.., [avseende slutmål] when I reach..; *jag -er kanske till* [*London inom kort*] I may be coming ([reser] be going) to..; *~ till* [uppgörelse] come to, [beslut äv. samt t. ex. insikt, slutsats] arrive at; ~ *till nytta* be of use, come in useful; ~ *utom dörren* get outside

2 [spec. betydelser] **a)** ~ *på* [tillfalla]: *hur mycket -er* [blir det] *på var och en?* how much does it come to per head?; *av kostnaderna -er 5% på mig 5%* of the costs are to be borne by me **b)** ~ *på* [uppgå till]: *det kom på* [*10 kr*] it came to.. **c)** [opers.], *det kom till* [*en scen*] there was a..

3 ~ *att* [inf.] **a)** [uttr. framtid], *-er att* [inf.] shall [resp.] will; *se vid. 1 skola I 1 A* **b)** [uttr. försynens skickelse], *han kom aldrig att återvända* [*hem*] he was never to return.. **c)** [småningom] come to [inf.]; [råka] happen to [inf.]; *han kom att slå sönder* [*fönstret*] he broke.. by accident; *jag kom att tänka på* [*att jag..*] it occurred to me..

III *rfl* **1** [tillfriskna] recover, [ledigare] get better, *efter* [sjukdom, vanl.] from **2** [hända o. d.] come about, happen; ~ *sig av* [bero på] come from, be due to; *hur kom det sig, att* [*han..?*] how is it (did it come about) that..? **IV** [m. beton. part.] ~ **an** a) ~ *an på, se bero 1 b* b) *kom an!* come on!; ~ **av**, *se stiga* [*av*]; ~ *av sig* stop [short], [tappa tråden] lose the thread; ~ **bort** [gå förlorad] get (be) lost, [försvinna] disappear; ~ **efter** [följa [efter]] follow, [~ senare] come afterwards; [bli efter] get (fall) behind; ~ **emellan** a) *fingrarna kom emellan* my [osv.] fingers got caught b) [bildl.] intervene; ~ [stöta] **emot** go ([snabbare] run, [häftigare] knock) against (into).., *jfr* [*stöta*] *emot;* ~ **fram** a) [stiga fram]: [hit] come ([dit] go) up, [ur gömställe, led] come out (*ur* of) b) [~ vidare] get on ([igenom] through [äv. telef.]) c) [hinna (nå) fram]: [dit] get there ([hit] here); [anlända] arrive d) [bli synlig] come out, appear; [~ till rätta] turn up e) [bli bekant] come out f) [lyckas], ~ [*sig*] *fram* get on; ~ **för** a) *det kom för mig,* [*att..*] it struck me.. b) ~ *sig för med att* [inf.] bring oneself to [inf.], [besluta sig] make up one's mind to [inf.]; ~ **före** [*ngn*] [eg.] get there ([hit] here) before a p.; [i tid] come before a p.; [vid tävling] get ahead of a p.; ~ **ifrån** a) [med obj.]: [~ bort ifrån] get away from; [bli kvitt] get rid of b) [utan obj.] get away, [bli ledig] get off; ~ **igen** [åter~] *se* ~ *tillbaka* [ned.]; [ännu en gång] come again; ~ **ihop** *sig* fall out, *om* about; ~ **ihåg** *se ihåg;* ~ **in** [allm.] come in; [inträda äv.] enter; [lyckas ~ in] get in; [~ inomhus] come ([resp.] get) indoors; ~ *in i* a) [rum, butik] come ([resp.] get) into, enter b) [skola] be admitted to c) [tidningen (om artikel o. d.)] be inserted in; ~ *in med* a) [anbud, uppgifter] hand in b) [ansökan] make, present; ~ *in på* a) [sjukhus o. d.] be admitted to b) [samtalsämne] get on to; ~ *in vid* [t. ex. posten, filmen] be taken on in; ~ **i väg** get off (away, started); ~ **loss** [om pers., bildl.] get away; ~ **lös** [på fri fot] escape; [om eld] break out; ~ **med** a) [följa], ~ *med ngn* come ([dit] go) [along] with a p. b) [deltaga] join in, *i kriget* the war; ~ *med i* [klubb o.d.] join; *-er du med* [*oss*] *på* [*en promenad*]*?* will you join us in..? c) [hinna med tåg (båt)] catch..; *när allt -er* **omkring** after all; ~ **på** a) [stiga på] get ([resp.] come) on; *se vid. stiga* [*på*] b) [erinra sig] think of, recall c) [upptäcka, t.ex. sammanhanget] find out, discover d) [hitta på] think of; *han kom på* [*en bra idé*] ..struck him e) [överraska] come upon; ~ **till** a) [besöka], ~ *till ngn* come ([dit] go) and see a p. b) [tilläggas] be added; *dessutom -er* [*moms*] *till* in addition there will be.. c) [uppstå] arise, come about; [~ till stånd]: [om institution o. d.] come into existence, [om företag] spring up, [grundas] be established; ~ **tillbaka** return [äv. bildl.], come (go [resp.] get) back; *jag -er snart tillbaka!* I'll soon be back!; ~ **undan** [itr.; undkomma] get off, escape; ~ **upp** [allm.] come up [äv. om växt, fråga, förslag]; [dit upp] go up; [stiga upp] get up (*i* [*flygplan, sadeln*] into..; *i ett träd* a tree); [efter sjukdom] get up; [om idé, modesak] come into vogue; ~ *sig upp* make one's way; ~ *upp* [*i* [*nästa klass*]] be moved up [to..]; ~ *upp i en hastighet av..* reach a speed of..; ~ *upp med* [t. ex. idé, nytt mod] start; ~ **ut** a) [eg.] come ([dit] go) out, *ur* of; [ur gömställe o.d.] emerge, *ur* from b) [om bok o. d.] come out, appear, be published c) [om rykte o.d.] get about; *vad -er det mig* **vid?** what business is it of mine?; ~ **åt** a) [få tag i] get hold of; [nå] reach b) [sätta åt], [*jag vet inte*] *vad som kom åt honom ..* what came over him c) [röra vid, stöta emot] touch d) [få tillfälle] get a chance (an opportunity); ~ **över** a) [eg.] come ([dit] go, [lyckas ~] get) over ([tvärs över, t.ex. flod] across) b) [få tag i] get hold of, [hitta] find, [billigt] pick up c) [bemäktiga sig ngn, om känsla, aning o. d.] come over, seize; [drabba ngn, om t. ex. olycka] come upon d) [övervinna, t.ex. förlust] get over

kommande *a* coming; [om år äv. o. om dagar] ..to come; [framtida] future

kommando command; *lyda* ~ obey orders; *ta* ~*t över* take command of **-brygga** [⚓] [captain's] bridge **-ord** [word of] command

kommater|a *tr itr* put [the] commas in; [förse m. skiljetecken i allm.] punctuate **-ing** placing of commas; punctuation

kommend|ant commandant, *i, på* of **-era** *tr itr* command; ~ *'halt'* give the order 'Halt' **-ering** [förordnande] appointment

kommendör 1 [inom flottan] captain; ~ *av första graden* commodore **2** [av orden] Knight Commander **3** [i Frälsningsarmén]

commissioner **-kapten** commander; *jfr örlogskapten*
komment|ar 1 [allm.], ~[*er*] [skriftlig[a]] notes [pl.], [muntlig[a]] comment[s [pl.]], *till* on **2** [utläggning] commentary, *till* on **-era** *tr* comment on; [förse med noter] annotate
kommersialisera *tr* commercialize **kommersiell** *a* commercial
komminister [ung.] assistant vicar
kommiss|ariat commissioner's office **-arie 1** [utställnings~ o. d.] commissioner **2** [polis~] superintendent
kommission commission
kommitté committee **-ledamot** committee member
kommod wash-stand
kommun [ss. administrativ enhet]: [stads~] municipality, [lands~] rural district; [myndigheterna] local authority
kommunal *a* local [government] [end. attr.] **-skatt** [koll. ung.] local taxes [pl.] **-val** local government election
kommun|block local government union **-fullmäktig** [ung.] [local government] councillor
kommunikation communication
kommunikations|departement ministry of communications **-medel** means [pl. lika] of communication; *allmänna* ~ public services **-minister** minister of communications **-tabell** time-table
kommuniké communiqué [fr.], bulletin
kommunindelning division into local government areas
kommun|ism Communism **-ist** Communist **-istisk** *a* Communist
kommunstyrelse local government administration
kompakt *a* compact; [om mörker äv.] dense
kompani company **-befäl** [pers., koll.] officers [pl.] at company level **-chef** company commander **-officer** company officer
kompanjon partner **-skap** partnership
kompar|ation comparison **-ativ I** *s*, ~[*en*] the comparative; *en* ~ a comparative **II** *a* comparative **-era** *tr* compare
kompass compass **-nål** compass needle
kompendium compendium
kompens|ation compensation **-era** *tr* compensate; [uppväga] compensate [for]
kompet|ens competence; [kvalifikationer] qualifications [pl.] **-ent** *a* competent
kompilera *tr* compile
kompis pal, mate, [amer.] buddy
komplement complement **-färg** complementary colour
komplett I *a* complete **II** *adv* [alldeles] completely, absolutely **-era** *tr* complete; [göra fullständigare äv.] supplement; ~*nde* [upplysningar o.d.] complementary, [tilläggs-] supplementary **-ering** [-erande] completion; [tillägg] complementary addition; [utvidgning] amplification
komplex 1 [psykol.] complex **2** [hus] block
kompli|cera *tr* complicate **-kation** complication **-mang** compliment **-mentera** *tr* compliment, *för* on
komplott plot; *anstifta en* ~ conspire
kompo|nent component **-nera** *tr* [mus.] compose; [friare] put.. together **-sition** composition **-sitör** composer
kom|post compost **-pott** compote, *på* of; [frukt~] stewed fruit **-press** [läk.] compress **-primera** *tr* compress **-promettera** *tr* compromise **-promiss** compromise **-promissa** *itr* compromise, *om* about **-promissförslag** proposed compromise
kon cone; *stympad* ~ frustum [of a cone]
kona [⊕] cone, taper
koncentrat concentrate; [bildl.] epitome **koncentration** concentration **koncentrationsförmåga** power of concentration **koncentrationsläger** concentration camp **koncentrera** *tr* concentrate, *på* on; ~ *sig* concentrate, [fatta sig kort] be short and to the point **koncentrisk** *a* concentric
kon|cept [rough] draft, *till* of; *tappa* ~*erna* [fattningen] lose one's head **-cern** combine, group [of companies] **-cession** concession **-cessiv** *a* concessive **-cis** *a* concise **-densation** condensation **-densera** *tr* condense
kondition [kropps~] condition; *jag är i dålig (god)* ~ I am out of (am in) condition ([sport.] training) **-al** *a* conditional **-alis** the conditional [mood]
konditor pastry-cook, confectioner **konditori** [servering] café; [butik] confectioner's [shop]
kondoleans condolence[s [pl.]] **kondoleansbrev** letter of condolence **kondolera** *tr*, ~ *ngn* condole (express one's condolence[s]) with a p.
kondom contraceptive sheath, condom
kondor condor
konduktör [spårvagns~, buss~] conductor; [järnvägs~] guard, [amer.] conductor
konfekt [choklad~] chocolates; [karameller] bon-bons, sweets [samtl. pl.]; [amer.] candy, candies [pl.]; [blandad] chocolates and sweets [pl.] **-ask** [med innehåll] box of chocolates [and sweets]
konfektion [kläder] ready-made clothing **konfektionssydd** *a* ready-made
konferencié *o.* **konferencier** compère, [isht amer.] master of ceremonies
konfer|ens conference; [sammanträde] meeting **-era** *itr* confer, *om* about, as to
konfession creed **konfessionslös** *a* [om pers. attr.] .. adhering to no creed
konfidentiell *a* confidential

konfirm|and candidate for confirmation **-ation** confirmation **-era** *tr* confirm [äv. H]

kon|fiskera *tr* confiscate **-flikt** conflict **-frontera** *tr, ~ ngn med..* confront a p. (bring a p. face to face) with.. **-fundera** *tr* confuse **-fys** *a* confused, bewildered **-glomerat** [eg.] conglomerate, [bildl.] conglomeration

Kongo [staten o. floden] the Congo **kongolesisk** *a* Congolese

kon|gress conference, [större o. hist.] congress; *~en* [i USA] [the] Congress **-gruens** congruity; [mat.] congruence; [språkv.] concord **-gruent** *a* congruous; [mat.] congruent

konisk *a* [konformig] conical; [mat., t. ex. sektion] conic

konjak brandy, [ibl.] cognac

konjug|ation conjugation **-era** *tr* conjugate

konjunk|tion conjunction **-tiv,** *~* [*en*] the subjunctive [mood]; *en ~* a subjunctive **-tur** [~ läge] state of the market, [~ utsikter] trade outlook; *~er* [~förhållanden] trade conditions **-turutveckling** business (economic) trend (development)

kon|kav *a* concave **-kret** *a* concrete **-kretisera** *tr* make..concrete, concretize

konkurrens competition **konkurrenskraftig** *a* competitive **konkurrent** competitor, *om* for; [friare äv.] rival **konkurrera** *itr* compete, *om* for; *~nde firmor* [äv.] rival firms

konkurs bankruptcy; *gå i (göra) ~* go (become) bankrupt, go into bankruptcy **-bo** *o.* **-massa** bankrupt's estate **-mässig** *a* [ung.] insolvent

konnässör connoisseur, *på* of (in)

konossement bill of lading

konsekutiv *a* consecutive

konsekv|ens [överensstämmelse] consistency; [[på]följd] consequence **-ent I** *a* consistent **II** *adv* consistently; [genomgående] throughout

konselj cabinet meeting; *~en* [statsrådsmedlemmarna] the Cabinet; *i fredagens ~* [*bestämdes det..*] in the meeting of the Cabinet on [last] Friday.. **-president** prime minister

konsert 1 concert; [av solist] recital **2** [musikstycke] concerto [pl. -s] **-era** *itr* give a concert ([resp.] [a series of] concerts) **-förening** concert society **-hus** concert hall **-mästare** leader [of an ([resp.] the) orchestra]

konserv, *~er* tinned ([isht amer.] canned) goods; *se äv. inläggning 2 b*

konserv|atism conservatism **-ativ** *a* conservative **-ator** [av t.ex. tavlor] restorer; [djuruppstoppare] taxidermist **-atorium** academy of music

konserv|brytare *se -öppnare* **-burk** tin, [isht amer.] can; [av glas] preserving-jar **-era** *tr* [bevara, skydda mot förruttnelse] preserve [äv. kok.] *(se vid. lägga* [*in b*]*)*; [restaurera] restore **-ering** preservation, *se äv. inläggning 2 a;* [restaurering] restoration **-eringsmedel** preservative **-fabrik** cannery **-öppnare** tin-opener, [ibl.] can-opener, [amer.] can opener

konsistens consistency; *till ~en* in consistency

konsistori|um 1 [kyrkl.] consistory **2** [univ.], *större (mindre) -et* [ung.] the [University] Senate (Council)

konsol bracket; [arkit.] corbel

konsolidera *tr* consolidate

konsonant consonant **-isk** *a* consonantal

konsortium syndicate

konspir|ation conspiracy, plot **-atör** conspirator, plotter **-era** *itr* conspire, plot

konst 1 [konstnärlig o. teknisk förmåga] art; [skicklighet] skill; [konstverk (koll.)] [works [pl.] of] art; *~en att* [inf.] the art of [ing-form], [förmågan] the ability to [inf.]; *det är ingen ~!* that's easy [enough]!; *det är just ~en!* that's the whole secret [of it]!; *han kan ~en att* [inf.] he knows how to [inf.] **2** *göra ~er* [konststycken] do tricks ([om akrobat] stunts) **-akademi** academy of art (fine arts) **-alster** work of art

konstant *a* constant; [oföränderlig] invariable; [beständig, varaktig] perpetual

konstapel [polis ~] [police] constable

konstatera *tr* [mera eg.]: [fastställa] establish (*att* the fact that), [bekräfta] certify; [iakttaga] notice, [lägga märke till] note, [utröna] find [out], [[på]visa] show; [friare]: [(i yttrande) fastslå] state, [framhålla] call attention to (*att* the fact that); *jag bara ~r faktum* I am merely stating a simple fact

konstellation constellation

konsternerad *a, bli ~* be taken aback

konst|fiber synthetic (artificial) fibre **-färdighet** dexterity, skill **-föremål** object of art **-gjord** *a* artificial **-grepp** [[yrkes]knep] trick [of the trade]; [list] [crafty] device, artifice **-gödsel** artificial manure **-gödsling** artificial manuring **-handel** [butik] art shop ([större] gallery) **-hantverk** [art] handicraft; [föremål (koll.)] art wares [pl.] **-hantverkare** craftsman **-historia** [[vanl.] the] history of art **-historiker** art historian

konstig *a* [underlig] odd, strange, queer; [bisarr] eccentric; [invecklad] intricate; [svår] difficult

konstis artificial ice

konstitu|era *tr* [grunda, inrätta] constitute; [*styrelsen*] *har ~t sig..* has elected its officers **-tion** constitution **-tionell** *a* constitutional

konst|kritiker art critic **-kännare** judge of art **-lad** *a* [affekterad] affected; [tvungen]

forced, [onaturlig] laboured; [artificiell] artificial **-mässig** *a* [konstnärlig] artistic; [skicklig] skilful

konstnär [allm.] artist, [målare äv.] painter **-inna** artist **-lig** *a* artistic **-lighet 1** *~en* [det konstnärliga] *i..* the artistry of (in).. **2** [konstnärligt kunnande] artistry, [förmåga] artistic ability **-skap** [konstnärlighet] artistry

konstnärskrets, *i ~ar* in artists' circles

konst|produkt 1 [mots. natur-] artificial product **2** [~alster] artistic product **-ra** *itr* [krångla, om t. ex. barn] be awkward **-rik** *a* [konstnärlig] artistic

konstruera *tr* [allm.] construct; [göra utkast till äv.] design; [språkv.] construe; [*verbet*] *~s med dativ* .. governs a (the) dative **konstruktion** construction [äv. språkv.], design; [uppfinning] invention **konstruktiv** *a* constructive **konstruktör** constructor; designer; *jfr konstruera*

konst|samlare art collector **-samling** art collection ([offentlig] gallery) **-siden** *o.* **-silke** rayon, artificial silk **-slöjd** *se -hantverk* **-smide** [koll.] art metal work **-stoppning** invisible mending **-stycke** trick; *något av ett ~* something of a feat **-utställning** art exhibition **-verk** work of art **-åkare** figure skater **-åkning** figure skating **-älskare** art-lover

konsul consul **konsulat** consulate

konsulent adviser, consultant **konsult** *se konsulent; jfr konsultativ* **konsultation** consultation **konsultativ** *a* consultative; *~t statsråd* [ung.] minister without portfolio **konsultera** *tr* consult

konsum [butik o. förening] co-op

konsum|ent consumer **-entprisindex** consumer price index **-entupplysning** information for consumers **-era** *tr* consume **-tion** consumption **-tionsförening** [consumers'] co-operative society

kontakt 1 [beröring, förbindelse] contact, [bildl. ofta äv.] touch; *ta (komma i) ~ med* get into contact (touch) with, contact **2** [strömbrytare] switch; [stickpropp] [connecting] plug; [vägguttag] point

kontakt|a *tr, se* [*ta*] *kontakt* [*med*] **-ledning** [elektr.] overhead contact wire, [för trådbuss] trolley-wire **-man** contact [man] **-svårigheter** *pl* difficulty [sg.] in making contacts

kontant I *a* cash; *~ betalning* cash payment, ready money; *mot ~ betalning* for cash, for ready money; *~a medel (pengar)* ready money [sg.]; *per extra ~* for prompt (spot) cash **II** *adv, betala* [*bilen*] *~* pay cash for.., pay for.. [in] cash **kontanter** *pl* ready money [sg.]; *i ~* cash [money] in hand

kon|templativ *a* contemplative **-tenans,** *bevara ~en* keep one's countenance **-tenta,** *~n av..* the gist of..

konteramiral rear-admiral

kontinent continent **-al** *a* continental

kontingent 1 [⚔] contingent **2** [kvot] quota

kontinuerlig *a* continuous; *jfr vid. ständig*

kontinuitet continuity

konto account; [löpande räkning] current account; *skriv (sätt) upp det på mitt ~!* put it [down] to my account!

kontor office; *ha plats på* [*ett*] *~* be employed in (at) an office **-ist** clerk; *hon är ~* [vanl.] she works in an office

kontors|anställd *subst. a* office employee **-chef** head of an ([resp.] the) office, office manager **-landskap** 'office landscape', open-plan office **-materiel** office supplies [pl.] **-personal** office (clerical) staff **-plats** job in an (the) office **-tid** office hours [pl.]

kontoutdrag statement of account

kontra *prep* versus [lat.] **-band** contraband [goods [pl.]] **-bas** contrabass, [basfiol vanl.] double-bass

kontrahent contracting party **kontrahera** *se kontraktera*

kon|trakt 1 [avtal o. d.] contract [äv. kortsp.]; [överenskommelse] agreement; [hyres~] lease **2** [kyrkl.] [[landsbygds~] rural] deanery **-traktera** *tr itr, ~* [*om*] [*ngt*] contract for..

kontrakts|bridge contract bridge **-brott** breach of contract **-enlig** *a* contractual **-prost** [[i landsbygdskontrakt] rural] dean

kontra|mandera *tr* countermand **-märke** check **-order** contrary order **-punkt** counterpoint **-signera** *tr* countersign **-spionage** counter-espionage

kontrast contrast, *mot, till* to **-era** *itr* contrast, *mot* with **-verkan** contrasting effect

kontroll 1 [övervakning o.d.]: a) [övervakande åtgärd] check, check-up, *av (på, över)* on b) [tillsyn, övervakande] control, supervision **2** [[full] behärskning] control, *över* [t. ex. bilen] of **3** [konkr., ~ställe] check-point **-ant** supervisor; controller [äv. sport.] **-besiktning** [av fordon]: [konkr.] vehicle test, [abstr.] vehicle testing **-era** *tr* **1** [granska] check, [en uppgift äv.] verify; [pröva, undersöka] test; [övervaka] supervise **2** [behärska] control **-stämpel** [på silver o. d.] hall-mark **-ör** controller

kontrovers controversy

konträr *a,* [*de är*] *~a motsatser* .. diametrical opposites

kontur outline, [eg. äv.] contour **-teckning** outline drawing

kontusion contusion, bruise

konung king; *vara ~ över* [t. ex. ett stort rike] be king of ([t. ex. ett fritt folk] over)

konungadöme [m. fl. sms.] *se kungadöme* [*m. fl. sms.*] **konungslig** *a* regal; [majestätisk äv.] kingly

konvalescens convalescence **konvalescent** convalescent [patient] **konvalescenthem** convalescent home

konvalje lily of the valley

konven|ans, ~*en* proprieties [pl.], convention; *bryta mot* ~*en* commit a breach of etiquette **-tion** convention **-tionell** *a* conventional

konversation conversation **konversationslexikon** encyclop[a]edia **konversera** *itr tr* converse, *om ngt* about (on) a th.

konver|tera I *tr* [förvandla] convert, *till* into **II** *itr* [relig.] be converted **-tering** conversion **-tit** convert

konvex *a* convex

konvoj convoy **-era** *tr* convoy

konvolut [kuvert] envelope, cover

konvul|sion convulsion **-sivisk** *a* convulsive

koopera|tion co-operation **-tiv** *a* co-operative

koordinera *tr* co-ordinate

kopi|a copy [äv. bildl.]; [avskrift äv.] transcript; [genomslags~] [carbon] copy; [foto. vanl.] print **-era** *tr* copy; [skriva av äv.] transcribe; [foto vanl.] print

kopiös *a* copious, [super]abundant

kopp cup; [ss. mått äv.] cupful; *en* ~ *te* a cup of tea

kopp|a 1 [blemma] pustule, vesicle **2** *-or[na] se smittkoppor* [resp.] *vattenkoppor*

koppar copper; [~slantar] coppers [pl.] **-förande** *a* copper-bearing **-gruva** copper mine **-halt** copper content **-kittel** copper pan [osv., *jfr kittel*] **-malm** copper ore **-orm** [zool.] blindworm **-plåt** sheet copper **-slagare 1** [eg.] copper-smith **2** [pl., bakrus], *ha* ~ have a hangover **-slant** copper **-stick** copperplate [engraving]

koppel 1 [hund~] leash, [för två hundar] couple **2** [⚔] shoulder belt **3** [järnv.] coupler

koppl|a I *tr* **1** [⊕ o. elektr.] couple [up]; [radio., telef.] connect [up (on)] **2** [hund] leash, [två hundar] couple **II** [m. beton. part.] ~ *av* a) [tr., radio o.d.] switch (turn) off; [bildl.]: [avlägsna] remove, [avskeda] dismiss b) [itr., vila] relax; ~ *in* a) [t. ex. elektrisk apparat] plug in b) [anlita] call in; ~ *på* [elektr., radio o. d.] switch (turn) on; ~ *ur* [elektr.] disconnect; [motor.] declutch **-are** [sutenör] procurer **-eri** procuration **-erska** procuress **-ing** [-ande] coupling [osv.], *jfr koppla I 1 o. 2;* [bil.] clutch

kopplings|pedal clutch pedal **-schema** wiring-diagram

koppärrig *a* pock-marked

kopra copra

kor [arkit.] chancel, presbytery, [altarets plats] sanctuary; [grav~] sepulchral chapel

kora *tr* choose, select, *till* as

koral chorale, [psalm] hymn **-bok** hymnal

korall coral **-halsband** coral necklace **-rev** coral reef

koran, *Koranen* the Koran

korean *s o.* **koreansk** *a* Korean

koreografi choreography

korg 1 [allm.] basket, [större, isht matsäcks~] hamper, [för bär o. d. (av spån)] punnet **2** [bildl.], *få* ~*en* be refused **-boll** [ung.] basket-ball **-möbler** *pl* wicker[work] furniture [sg.]

korgosse choir-boy

korgstol wicker[work] chair

korint currant **-kaka** currant cake

kork cork; *dra* ~*en ur [flaskan]* uncork.. **korka** *tr* cork; ~ *igen (till)* cork **korkad** *a* [dum] stupid

kork|dyna cork pillow **-matta** [linoleum-] [piece of] linoleum **-skruv** corkscrew

korn 1 [sädes~, frö] grain; *ett* ~ *av sanning* a grain of truth **2** [sädesslag] barley **3** [på skjutvapen] bead, [⚔ äv.] front sight; *ta fint* ~ take fine sight **4** [bildl. uttr.], *få* ~ *på ngt* [få syn på] get sight ([få nys om] get wind) of a th.; *ta ngt på* ~*et* get a th. to the life **-blixt** flash of heat lightning **-blå** *a* cornflower blue

kornett cornet

korn|gryn barley-grain; [koll.] barley groats [pl.] **-ig** *a* granular, granulous

kornisch [gesims o. gardin~] cornice

korn|knarr corncrake **-mjöl** barley meal

korp [zool.] raven **-gluggar** *pl, upp med* ~*na!* open your eyes!

korporation corporate body **korp[orations]idrott** inter-company athletics

korpral [gruppbefäl] lance-corporal, [inom flottan motsv. närmast yngre] leading seaman, [inom flyget närmast yngre] corporal

korpul|ens stoutness, corpulence **-ent** *a* stout, corpulent

korrekt *a* correct; [felfri] faultless

korrektur proof[s [pl.]], [avdrag] proof-sheet **-läsa** *tr* proof-read, read .. in proof **-läsning** proof-reading

korrespondens|institut correspondence school **-undervisning** postal tuition

korrespond|ent correspondent [äv. till tidning]; [på kontor o. d.] correspondence clerk **-era** *itr* correspond

korridor [allm.] corridor, [på tåg amer.] aisle; [gång] passage; [isht parl.] lobby

korrigera *tr* correct; [revidera] revise

korrosion corrosion

korrugerad *a,* ~ *plåt* corrugated sheet

kor|rumpera *tr* corrupt **-ruption** corruption, graft

kors I *s* cross [äv. bildl.]; [mus.] sharp; [anat.] loins [pl.], [på häst] croup; *lägga armarna (benen) i* ~ fold [el.] cross one's arms (cross one's legs); *sitta med armarna (händerna) i* ~ [bildl.] twiddle one's thumbs **II** *itj,* ~ [*i*

Jesu (jösse) namn [el.] *i alla mina dar]!* well, I never!, I'm blowed! **III** *adv,* ~ *och tvärs* [åt alla håll] in all directions **korsa I** *tr* cross; [skära] intersect; ~ *ngns planer* cross (thwart) a p.'s plans; [*vägarna*] ~*r varandra* (~*s*) ..cross [each other] **II** *rfl* **1** [göra korstecknet] cross oneself **2** [biol.] cross, interbreed

kors|band [post.] **1** [*sända*] *som* ~ [trycksak[er]] ..as printed matter **2** [se följ.] **-bandsförsändelse** [trycksak] item (packet) sent as printed matter **-drag** cross-draught **-eld** cross-fire

korselett corselette **korsett** corset; [av äldre typ] *se snörliv*

kors|farare crusader **-fästa** *tr* crucify **-fästelse** crucifixion **-förhör** cross-examination **-förlamning** [veter.] paraplegia

korsi|kan[are] *s o.* **-kansk** *a* Corsican

kors|lagd *a* crossed; *med* ~*a armar* with folded arms; [*sitta*] *med* ~*a ben* ..cross-legged **-ning** crossing; [biol.]: [abstr. äv.] crossbreeding, [konkr.] cross[breed] **-ord[sgåta]** crossword [puzzle] **-riddare** [korstågs-] crusader **-rygg,** ~*en* the small of the back **-stygn** *o.* **-styng** cross-stitch **-tecken,** *göra -tecknet* make the sign of the cross **-tåg** crusade **-virke** half-timber work **-virkeshus** half-timbered house **-vis** *adv* crosswise **-väg** cross-road; *se äv. vägkorsning*

1 kort *s* **1** [spel~, vy~, visit~ m.m.] card; *sköta (spela) sina* ~ *väl* play one's cards well **2** [foto] photo [pl. -s], picture **3** [sjö~] chart

2 kort I *a* **1** short; [kortfattad, kortvarig äv.] brief; *med* ~*a mellanrum* at short (brief) intervals; [*stanna bara*] *en* ~ *stund* ..[for] a [very] little while; *en* ~ *tid därefter (efteråt)* shortly afterwards; *göra* ~*are* [äv.] shorten, [förkorta äv.] abbreviate; [se vid. ex. under resp. huvudord, t. ex. *drag 2, huvud* osv.] **2** *komma till* ~*a* fail, [dra det kortaste strået] get the worst of it **II** *adv* shortly [isht i tidsuttr.]; [kortfattat vanl.] briefly; [koncist] concisely; *för att fatta mig* ~ to be brief; ~ *sagt* in short, in brief, [friare] to cut a long story short; *..uttalas* ~ ..is pronounced short; ~ *och gott* [helt enkelt] simply; *jfr* ~ *sagt* [ovan] **korta** *tr* shorten; [minska] cut down

kortbrev letter-card

kort|byxor *pl* shorts **-distanslöpare** short-distance runner **-distanslöpning** short-distance run ([löpande] running)

kortege cortège [fr.]; [festtåg] procession

kort|eligen *adv* [kort sagt] in short **-fattad** *a* brief, short **-film** short [film] **-fristig** *a* short-term.. **-het** shortness; *för* ~*ens skull* for brevity's sake; *i* ~ [vanl.] briefly **-klippt** *a* [om pers.], *vara* ~ have close-cropped hair, [snaggad] have (wear) a crew-cut

kort|konst card-trick **-lek** pack [of cards]

kortlivad *a* short-lived

kortregister card index, *över* of

kort|sida short side **-siktig** *a* short-term.. **-skallig** *a* short-headed **-slutning** short circuit

kort|spel 1 [-spelande] playing cards **2** [art] card-game **-spelare** card-player

kort|synt *a* short-sighted **-tänkt** *a* [-synt] short-sighted; [tanklös] thoughtless **-varig** *a* ..of short duration, short; [övergående] transitory **-våg** short wave; *lyssna på* ~ listen to the short-wave [stations] **-växt** *a* short **-ända** short side **-ärmad** *a* short-sleeved

korum [regimental] prayers [pl.] **korus,** *i* ~ in chorus

korv sausage; *varm* ~ hot dog ([koll.] dogs [pl.]) **-gubbe** hot-dog man **-skinn** sausage skin **-spad,** *klart som* ~ as plain as a pike-staff **-stånd** hot-dog stand **-öre,** *inte ha ett* ~ not have a brass farthing

kos, [*gå, (springa* o. d.*)*] *sin* ~ ..away **kosa,** *styra (ställa)* ~*n till (mot, åt)*.. wend (make) one's way towards..

kosack Cossack

kosing, ~[*ar*] dough [sg.]

koskälla cow-bell

kosmetisk *a* cosmetic; ~*a medel* cosmetics

kosmisk *a* cosmic **kosmonaut** cosmonaut

kosmopolit cosmopolitan, cosmopolite

kosmopolitisk *a* cosmopolitan

kospillning cow-dung **kossa** [moo-]cow

kost fare; ~ *och logi* board and lodging (residence)

kost|a *tr itr* cost; [gå (belöpa sig) till] go (amount, run) to; *hur mycket (vad)* ~*r*.. how much (what) does..cost?, how much is..?; *det spelar ingen roll vad det* ~*r* [äv.] money is no object; ~ *vad det* ~ *vill* [bildl.] no matter what the cost (it costs); *det* ~*de mig mycken möda* [äv.] it caused (gave) me a lot of trouble; ~ *på* [beton.] a) [lägga ut, offra] spend, *på ngn (ngt)* on a p. (a th.); ~ *på sig ngt* treat oneself to a th.; *jag kan inte* ~ *på mig*.. I can't afford..; *jfr påkostad* b) [vara påkostande], *det* ~*r på* it is trying ([är ansträngande] a great effort), *att* [inf.] to [inf.] **-bar** *a* [dyrbar] costly; [värdefull] precious

kosthåll fare, diet

kost|lig *a* **1** *se kostbar* **2** [dråplig] priceless **-nad,** ~[*er*] [allm.] cost [sg.], [jur. vanl.] costs [pl.], [utgift[er]] expense[s [pl.]], [utlägg] outlay[s [pl.]], [avgift[er]] charge[s [pl.]]; *för en* ~ *av* at [a cost of]

kostnads|fri *a* ..free of cost ([avgiftsfri] of charge) **-förslag** estimate of cost[s], quota-

tion
kostsam *a* costly, expensive, dear
kostym 1 suit **2** [teat. o. d.] costume; [maskerad~] fancy dress **-bal** fancy-dress (costume) ball **-era** *tr* dress.. up, *till* for
kota [rygg~] vertebr|a [pl. -ae]
kotlett chop, [benfri] cutlet
kotte 1 [eg.] cone **2** [bildl.], *inte en* ~ not a soul
kotteri coterie, set, [neds.] clique
ko|vända *itr* [⚓] veer, wear **-vändning** [⚓] veering, wearing; [bildl.] volte-face **-ögd** *a* cow-eyed
krabat chap, fellow; *din lilla* ~*!* you little beggar (monkey, rascal)!
krabb *a* [⚓] choppy
krabba crab
krafs 1 [klotter] scrawl **2** [skräp] trash, [krimskrams] knick-knacks [pl.] **krafsa** *tr itr* scratch; ~ *ned* [hastigt nedskriva] scrawl, scratch
kraft 1 [allm. (styrka, förmåga, verkan o. d.)]: a) [natur~ o. d.] force b) [förmåga, drivkraft m. m., äv. elektr. o. d.] power c) [[kroppslig el. andlig] styrka] strength [äv. ~*er*] d) [spänst, vigör] vigour; [energi] energy e) [verkan] active influence; ~*erna* [*svek honom*], *hans* ~*er* [*avtog*] his strength..; *pröva sina* ~*er på* try one's strength on, [ge sig i kast med] grapple with; *av alla* ~*er* [så mycket man orkar]: [t. ex. arbeta] with all one's might (strength), [t. ex. springa] for all one is worth, [t. ex. ta i, kämpa] as hard as ever one can; [*han är ännu*] *i sin fulla* ~ ..in his prime; *med förenade* ~ *er* [*lyckades vi*] by our united efforts.. **2** [pers.]: [man] man, [kvinna] woman; [arbetare] worker, [medarbetare] helper, co-operator; *vara den drivande* ~*en* be the driving force (the leading spirit); [*firman osv.*] *har förvärvat*] *nya* ~*er* ..new people **3** [jur.] **a)** [giltighet] force; *äga* ~ hold good, be in force; *träda i* ~ come into force (effect) **b)** *i* ~ *av* by virtue of
kraft|anläggning power plant (station) **-ansträngning** exertion, effort; *göra en* ~ exert oneself, make a real effort, [ta sig samman] pull oneself together **-full** *a* [mäktig, t. ex. om gestalt, härskare] powerful; [effektfull o. d., t. ex. om stil] forcible; [vital, stark] vigorous, strong, [energisk] energetic **-försörjning** power supply
kraftig *a* **1** [kraftfull] powerful, [stark] strong, [livlig, eftertrycklig] vigorous; [våldsam] violent, hard; ~*t bistånd* powerful (vigorous, [friare] active) assistance; *en* ~ *dos* a strong dose; *ett* ~*t nej* an emphatic no **2** [stor, avsevärd, t. ex. förlust, minskning, ökning] great, big, substantial, considerable **3** [stor till växten el. omfånget] big; [stadigt byggd] sturdy, robust; [fetlagd samt om produkt o. utförande] stout; [tjock, tung] heavy [äv. t. ex. om tyg]; ~ *haka* powerful chin; ~ *karl* strapping (robust, hefty) fellow **4** [om mat, måltid]: [bastant] substantial, [närande] nourishing, [fet] rich, ['tung'] heavy
kraftigt *adv* **1** [med kraft, starkt] powerfully [etc.], *jfr kraftig 1;* ~ *byggd* strongly (sturdily) built, sturdy; ~ *verkande* [t. ex. gift] powerful, potent **2** [i hög grad, betydligt] greatly, very much, substantially [etc.], *jfr kraftig 2*
kraft|karl [bildl.] man of action **-källa** source of energy **-ledning** power line **-lös** *a* [svag, klen] weak, feeble, [orkeslös, utmattad] effete; [vanmäktig] powerless, impotent **-mätning** [friare o. bildl.] trial of strength, [tävlan] contest **-prestation** feat [of strength], *av ngn* on a p.'s part **-prov** trial (test) of strength; [jfr föreg.] **-station** *se kraftverk* **-uttryck** oath, curse **-verk** power station (plant) **-åtgärd** strong (energetic, [friare] drastic) measure
krag|e collar **-handske** gauntlet **-knapp** stud **-skyddare** scarf
krake 1 [ynkrygg] coward, [stackare] wretch **2** [häst~] jade, hack
krakel row, brawl, noisy quarrel
krakmandel dessert almond
1 kram *a* [om snö] wet, cloggy
2 kram *s* hug, [smeksam] cuddle **krama** *tr* **1** [trycka, pressa] squeeze **2** [omfamna] hug, embrace, [smeks.] cuddle
kramp [i ben, fot etc.] cramp; *få* ~ [t. ex. i benet] be seized with cramp
krampa cramp[-iron], clamp, dog; [märla, för hänglås o. d.] staple
kramp|aktig *a* [läk. o. t. ex. om gråt] spasmodic, convulsive **-anfall** attack of cramp, spasm **-ryckning** spasm, twitch
kran [vatten~, gas~ etc.] tap, cock, [isht amer.] faucet; [lyft~] crane
kranium skull; [läk.] cranium
krans [blomster~, huvud~, lager~] wreath, garland; [vid begravning] [funeral] wreath; [ringformigt föremål] ring [äv. bakverk]; [krets, ring] circle, ring
kras, *gå i* ~ go to ([stark.] fly into) pieces **krasa** *itr* crunch, scrunch
krasch *s* crash, smash
kraschan grand star [of an order]
kraschlanda *itr* crash-land
krass *a* [lumpen, låg] base, mean, low
krasse [blomster~] nasturtium, Indian cress: [krydd~] garden cress
krasslig *a* [pred.] seedy, out of sorts
krater crater
kratta I *s* [redskap] rake **II** *tr* rake
krav [allm.] demand; [anspråk] claim; [penning~] demand for payment; *jfr fordran, fordringar*

kravaller *pl* riots, disturbances
kravatt [neck]tie
kravbrev demand note, [påminnelse] reminder
kravla *itr* crawl, *sig upp på* up on to
krax|a *itr* croak **-ande** *s* croak[ing]
kreatur [farm] animal; ~ [pl. (nöt~)] cattle [pl.]; *fem* ~ five head of cattle
kreaturs|besättning stock [of cattle]; livestock [end. sg.] **-foder** cattle-feed **-lös** *a*, ~ *t jordbruk* [abstr.] crop farming
kredit 1 ['--] [tillgodohavande] credit; [bokföringsrubrik] Creditor ([förk.] Cr.) **2** [-'-] credit; *köpa på* ~ buy on credit **-era** *tr* H credit **-iv** H letter of credit
kreditivbrev [dipl.] credentials [pl.]
kreditkort credit card
kredit|or creditor **-upplysning** *se soliditetsupplysning* **-åtstramning** credit squeeze
kreera *tr* create
krematorium crematorium, crematory
kremera *tr* cremate
Kreml the Kremlin
kremla Russula [lat.]
kreol *s o.* **kreolsk** *a* creole, Creole
kreti och pleti every Tom, Dick and Harry [sg.]
kretong cretonne
krets [eg. o. friare] circle; [ring äv.] ring; [område] district, *jfr valkrets;* [lokalavdelning o. d.] branch [organization]; [tekn., t. ex. ström~] circuit; *känd i vida* ~*ar* [vanl.] widely known
krets|a *itr* circle, [om fågel äv.] wheel, [sväva] hover; *hans tankar -ade alltid kring* [*arbetet*] ..was always in his thoughts **-gång** cyclic (revolving) motion; [bildl., t. ex. historiens, livets] round; [jfr följ.] **-lopp** [t. ex. blodets] circulation; [t. ex. jordens] revolution; [årstidernas] cycle, return
krev|ad explosion **-era** *itr* explode
kria [written] composition; *jfr uppsats* [äv. för sms.]
kricket cricket **-spelare** cricketer
krig war, [krigföring] warfare; *föra* ~ *mot* make (wage) war on (against); *vara (ligga) i* ~ *med* be at war with
kriga *itr* war, make war, *mot* on (against) **krigare** soldier, [litt. el. åld.] warrior **krigaryrke,** *välja* ~*t* choose the military profession **krigförande** *a* belligerent **krigföring** warfare **krigisk** *a* [om folk, sinnelag o. d.] warlike, martial; [om bragd o. d.] warlike; [om konflikt] military
krigs|byte [trofé] war-trophy; *som* ~ as booty **-domstol** *se -rätt* **-fara** danger of war **-fartyg** warship, man-of-war **-flotta** [sjövapen] navy; [samling fartyg] battle fleet **-fot,** *vara på* ~ *med ngn* [bildl.] have a war on with a p. **-fånge** prisoner of war ([förk.] P.O.W.) **-förklaring** declaration of war **-gud** war-god **-historia** military history **-här** army **-invalid** disabled soldier **-korrespondent** war correspondent **-list** stratagem [äv. bildl.] **-makt,** ~*en* the armed (fighting) forces [pl.] **-man** [vanl.] soldier **-materiel** war equipment **-mål** war aim **-målning** [infödings] war-paint; [dams] heavy make-up **-risk** danger (risk) of war **-rätt** [domstol] court martial; *ställas inför* ~ be court-martialled **-skadestånd** reparations [pl.] **-skola** military academy **-skuld** [ekon.], ~*er* war debts **-skådeplats** theatre of war **-stig,** *på* ~*en* on the war-path [äv. bildl.] **-tid,** *i* ~ in wartime; *i* ~*er* in [times of] war **-tillstånd** state of war **-tjänst** active service; *göra* ~ be on active service **-utbrott** outbreak of war
Krim the Crimea
kriminal F *se -polis* **kriminalitet** crime **kriminalkommissarie** [ung.] detective superintendent **kriminalpolis,** ~*en* the criminal police **kriminalvård** treatment of offenders **kriminell** *a* criminal
krimskrams knick-knacks [pl.]
kring I *prep* **1** [[runt] om vanl.] round, [isht amer.] around; [[i trakten] omkring, äv. friare om tid, mått etc.] [round] about; [omgivande] surrounding; *mystiken* ~ [*försvinnandet*] the mystery surrounding.. **2** [om, angående] about, concerning; *tankar* ~ [*ett ämne*] thoughts on.. — *Jfr omkring I o. 2 om A* **II** *adv, se omkring II* **-byggd** *a* [om gård o. d.] ..surrounded by buildings **-drivande** [m. fl. sms. se äv. under resp. verb med den beton. part. *omkring*] **-flackande** *a*, *föra ett* ~ *liv* [ströva (irra) omkring] lead a wandering life, [resa hit o. dit] travel about **-gå** *tr* [lagen, reglerna] evade, circumvent, [en bestämmelse o. d. äv.] get round; ~*ende rörelse* [⚔] [out]flanking movement; ~*ende svar* evasive answer
kringla 1 [kok.] pretzel; [vete~ ung.] twist bun **2** [på skidstav] disc
kring|liggande *a* [omgivande] surrounding **-resande** *a* travelling, touring, [om teatersällskap o. d. äv.] itinerant **-ränna** *tr* [⚔] surround **-spridd** *a o.* **-strödd** *a* ..scattered about **-stående** *a*, *de* ~ those standing round
krinolin crinoline
kris crisis [pl. crises]
kristall crystal, [glas äv.] cut glass
kristall|isera *tr itr rfl* [äv. ~ *ut sig*] crystallize, *till* into **-klar** *a* crystal-clear **-krona** cut-glass chandelier **-vas** crystal (cut-glass) vase
kristen I *a o.* **II** *subst. a* Christian **kristendom 1** ~[*en*] Christianity **2** [se följ.] **kristendomskunskap** [skol.] religion, [bibelkunskap] scripture **kristenhet,** ~[*en*]

För med **kring-** sammansatta verb jfr äv. vid beton. part. under resp. enkla verb

Christendom
kristid time (period) of crisis
Kristi Himmelsfärdsdag Ascension Day
kristlig *a* [kristen] Christian; [t. ex. om sinnelag] Christlike **kristna** *tr* **1** [omvända] christianize **2** [döpa] christen, *till Bo* Bo **Kristus** Christ; *efter* ~ ([förk.] *e. Kr.)* A.D.; *före* ~ ([förk.] *f.Kr.*) B. C. **Kristusbarnet** the Infant Christ, the Christ-child
krit|a I *s* **1** chalk, [färg~] crayon **2** *ta på* ~ buy on tick; *när det kommer till -an* when it comes to it **II** *tr* chalk; [t. ex. fönster] whiten **-bit** piece of chalk
kriterium criter|ion [pl. -ia], *på* of
kritik [bedömning] criticism; [anmälan] review, [kort] notice; *~en* [kritikerna] the critics, the reviewers [båda pl.]; *få dålig* ~ be unfavourably reviewed; *under all* ~ beneath contempt **kritiker** critic, [anmälare äv.] reviewer **kritiklös** *a* uncritical, [utan urskillning äv.] indiscriminate **kritisera** *tr* **1** [klandra] criticize, find fault with **2** [recensera] review **kritisk** *a* critical, *mot* of
krit|klippa chalk cliff **-pipa** clay-pipe **-vit** *a* .. [as] white as chalk ([i ansiktet] as a sheet)
krock [bil~ o. d.] collision, crash **krocka** *itr tr* **1** [om bil o. d.], ~ [*med*] *ngt* collide with a th., run (crash) into a th. **2** [se följ.] **krock[er]a** *tr itr* [i krocket] roquet; ~ [*bort*] croquet
krocket croquet **-klubba** croquet mallet
krog restaurant; [värdshus o. d.] inn, tavern **-värd** *se krögare*
krok 1 [hake, häng~ , met~ etc.] hook; *nappa på ~en* [bildl.] swallow the bait **2** [krök[ning]] bend, curve; *gå i ~ar* [om väg o. d.] wind
krokan croquembouche [fr.]
krokben, *sätta ~ för ngn* trip a p. up
krokett croquette
kroki [skiss] [rough] sketch
krokig *a* crooked; [i båge] curved, [böjd] bent; [om näsa] hooked; *jfr krokryggig*
krokodil crocodile
krokryggig *a* stooping, bent; *gå* ~ walk with a stoop; *sitta* ~ sit hunched up
krokus crocus
krokväg [omväg] roundabout (circuitous) way; *gå ~ar* [bildl.] use underhand means
krom chromium
kromosom chromosome
kron|a 1 [kunga~, brud~ o. d. samt träd~] crown; [träd~ äv.] [tree-]top; [ljus~ , tak~] chandelier; ~ *eller klave* heads or tails; *spela ~ och klave om ngt* toss for a th.; *sätta ~n på verket* supply the finishing touch; *~n* [staten] the Crown; *vara i ~ns kläder* wear a (the King's) uniform **2** [svenskt mynt] [Swedish] krona [pl. kronor] ([förk.] [Sw.] kr) **-blad** petal **-hjort** red deer

kronisk *a* chronic **kroniskt** *adv* chronically; *vara ~ sjuk* be a chronic invalid
kronofogde [ung.] sheriff
krono|logi chronology **-logisk** *a* chronological **-meter** chronometer
kronoskog crown (state) forest
kron|prins crown prince **-prinsessa** crown princess **-vrak** [ung.] reject **-ärtskocka** [globe] artichoke
kropp body [äv. fys., mat.]; *en konstig ~* [karl] F a queer fellow; *våt inpå bara ~en* wet to the skin; [*darra*] *i hela ~en,* [*ha utslag*] *över hela ~en* [vanl.] .. all over **-kaka** potato dumpling stuffed with chopped pork
kropps|aga corporal punishment **-arbete** manual labour (work) **-byggnad** build **-del** part of the body **-krafter** *pl* physical strength [sg.] **-lig** *a* bodily, physical **-pulsåder,** *stora ~n* the aorta **-rörelse** [motion] physical exercise **-storlek,** [*porträtt*] *i ~* life-size.. **-styrka** physical strength **-ställning** posture **-temperatur** body temperature **-tyngd** weight **-visitation** [personal] search **-visitera** *tr* search **-värme** heat of the body **-övningar** *pl* physical exercises
krossa *tr* crush; [slå sönder] break, shatter [båda äv. bildl.]; [förstöra] wreck
krossår bruise, contusion
krubba manger, crib; [jul~] crib
krucifix crucifix
kruk|a 1 [blom~] pot **2** [pers.] F coward **-makare** potter **-växt** potted plant
krulla *tr rfl* curl **krullig** *a* curly, [om t. ex. negerhår] woolly
krumbukt, *~er* [omsvep] dodges, shuffling [sg.]; *utan ~er* [omsvep]: [vanl.] straight out
krumelur [snirkel] flourish; ['gubbe', figur] doodle **krumsprång** caper, gambol; *göra ~* caper [about], gambol
1 krus [kärl] jar, [m. handtag] jug, [isht vatten~] pitcher; [[öl]sejdel] mug
2 krus [-ande, bildl.] ceremony; [beställsamhet] fuss; [trugande] pressing; *utan* ~ without [any] ceremony, [utan vidare] without [any] more ado **krusa I** *tr rfl* [göra (resp. bli) krusig] curl, crisp; [[om] vattenyta] ripple **II** *tr itr,* ~ [*för varandra*] [iaktta formaliteter] stand on ceremony; ~ [*för*] *ngn* [vara [överdrivet] uppmärksam mot] make a fuss of a p., [ställa sig in hos] make up to a p.
krus|bär gooseberry **-bärsbuske** gooseberry bush **-flor** crape **-hårig** *a* frizzy[-haired]
krusiduller *pl* [superfluous] ornaments; [i skrift] flourishes; [bildl.] frills
krus|ig *a* curly; [isht bot.] curled; [om vattenyta] rippled **-kål** [curled] kale
krustad croustade
krut 1 [gun]powder **2** *ont ~ förgås inte så lätt* ill weeds grow apace **-durk** powder-

-magazine **-gubbe** tough old boy
kry *a* well [end. pred.]; *jfr vid. frisk 1* **krya** *itr,* ~ *på sig* get better, recover; ~ *på dig!* try to get better!
krycka crutch; [käpp~] handle, crook
krydd|a I *s* [växtprodukt] spice [äv. bildl.], [smakförhöjande tillsats] seasoning, flavouring, [bords~] condiment **II** *tr* [isht m. salt o. peppar] season, [isht m. andra kryddor] spice [äv. bildl.] **-hylla** spice-rack **-nejlika** clove **-ost** seed-spiced (clove-spiced) cheese **-peppar** allspice **-växt** aromatic plant, [isht exotisk] spice
krymp|a *tr itr* shrink; ~ *ihop* shrink [up] **-fri** *a* unshrinkable; [-fribehandlad] pre-shrunk **-ling** cripple **-mån,** *beräkna* ~ allow for shrinkage
kryp creepy (crawly) thing (creature); [insekt] insect; [smeks., pyre] mite
kryp|a *itr* crawl, [isht tyst o. försiktigt] creep; ~ *för ngn* [bildl.] cringe (grovel) to a p.; *det -er i mig när jag ser det* it gives me the creeps to see it; ~ *i säng (till kojs)* go to bed; ~ [komma] *fram* come out [äv. bildl.]; ~ *ihop* [t. ex. i soffan] huddle up; *sitta hopkrupen* sit huddled up **-byxor** *pl* crawlers **-eri** cringing [and fawning] [end. sg.] **-fil** slow-traffic ([amer.] creeper) lane **-hål** [bildl.] loophole **-in** [gömställe, hål] nest; [lya] den **-skytt** [jakt.] stalker, [tjuvskytt] poacher; [⚔] sniper
krypta crypt **kryptogam** cryptogam
krysantemum chrysanthemum
kryss 1 [kors] cross; [vid tippning] draw **2** [⚓] a) [segling mot vinden] windward sailing b) [utan bestämd kurs] cruising
kryss|a *itr* **1** [⚓] a) [gå mot vinden] sail (beat) to windward b) [segla omkring, företa långfärd (om turistfartyg o. d.)] cruise **2** ~ *för* [markera] mark [.. with a cross] **-are** cruiser **-ning 1** [långfärd] cruise **2** *se kryss 2*
kryst|a *itr* [v. avföring] strain [at stools] **-ad** *a* [sökt] strained, laboured
kråk|a 1 [fågel] crow **2** [märke] tick **-fötter** *pl* [bildl.] scrawl [sg.] **-spark** [sömn.] feather-stitch **-sång,** *det är det fina i* ~*en* that is [just] the beauty of it
kråma *rfl* prance [about]; [om pers. äv.] strut (swagger) [about]
krång|el [besvär, bråk] trouble, fuss, [svårigheter] difficulties [pl.], [olägenhet] inconvenience; *det är något* ~ *med motorn* there is something wrong with the engine **-la** *itr* **1** [ställa till krångel] make a fuss, [göra svårigheter] make difficulties; [förorsaka besvär] give trouble; [vara obeslutsam] shilly-shally; ~ *sig igenom ngt* get through a th. in one way or other; ~ *till* [t. ex. en fråga]: [röra till] make a mess (a muddle) of, [göra invecklad] complicate **2** ['klicka' o. d.]: [om t. ex. motor, radio] go wrong, [om t. ex. lås, broms] jam; [*magen (motorn)*] ~*r* there is something wrong with.. **-lig** *a* [svår] difficult, hard, [invecklad] complicated; [besvärlig (äv. om pers.)] troublesome; [kinkig] awkward; [dålig, t. ex. om mage, nerver] weak
1 krås, *smörja* ~*et* gorge oneself
2 krås [på kläder] ruffle, frill **-nål** tie-pin
kräft|a 1 [zool.] crayfish, crawfish **2** [läk.] cancer **-fiske** [-fiskande] crayfishing **-gång,** *gå* ~ move backwards **-klo** claw of a crayfish **-sjukdom** [läk.] cancer disease **-skada** [bildl.] canker **-skiva** crayfish party **-svulst** [läk.] cancerous tumour
kräk [stackare] poor thing, [föraktl.] wretch; [knöl] brute, beast
kräkas *dep* **I** *itr* vomit, be sick **II** *tr,* ~ [*upp*] throw up, vomit
kräkla crosier, crozier
kräkning [[anfall] attack of] vomiting
kräl|a *itr* [krypa] crawl; ~ *i stoftet* [bildl.] grovel [in the dust], *för* to **-djur** reptile
kräm [allm.] cream; *jfr sko-, tand|kräm* [etc.]; [maträtt] *se saftkräm*
krämare shopkeeper, tradesman
krämla Russula [lat.]
krämpa ailment
kräng|a I *tr* **1** [vända t. ex. plagg] turn.. inside out **2** [dra, t. ex. tröja över huvudet] force; ~ *av* [*sig*] pull off **II** *itr* [⚓] heel [over]; [slänga, om bil o. d.] sway **-ning** heel[ing], swaying
kränk|a *tr* [skymfa, bryta mot] violate; [överträda, inkräkta på] infringe; [förorätta] wrong, [d:o samt såra] injure; [förolämpa] offend, [stark.] outrage; ~*nde* [förolämpande] insulting, [om tillmäle] abusive **-ning** [jfr föreg.] violation, [t. ex. av rättigheter] infringement, [t. ex. av fördrag] infraction, *av* [i samtl. fall] of; offence, *av* against; outrage, *av* upon
kräpp crêpe [fr.], crepe **kräppapper** crêpe paper **kräppnylon** stretch nylon
kräs|en *a* fastidious, particular; [om smak, publik] discriminating **-lig** *a* [läcker] choice; [överdådig] sumptuous
1 kräva *s* crop, craw
2 kräv|a *tr* **1** *se fordra;* [resa krav på, påkalla] call for; [absolut fordra] exact; [ta i anspråk, t. ex. tid] take **2** ~ *ngn* [*på betalning*] demand payment from a p. **3** *olyckan -de tre liv* the accident claimed (cost) three victims **-ande** *a* [om arbete o. d.] exacting, [svår] arduous, heavy; [påfrestande, t. ex. om tid] trying
krögare [värdshusvärd] innkeeper
krök bend; [av väg, flod o. d. äv.] curve; [sväng] turn **kröka I** *tr* ([ibl.] *itr*) bend, [i båge äv.] curve; ~ [*på*] [t. ex. armen] crook, [t. ex. ryggen] bend **II** *itr rfl* [allm.] bend; [om läpp] curl **krökning 1** [krökande] bending [etc.]; [av läpparna] curl **2** *se krök*

krön [bergs~ o. d.] crest; [allmännare (högsta del)] top **kröna** *tr* **1** [allm.] crown; ~ *ngn till kung* crown a p. king **2** [vikter o. d.] seal .. with a crown

krönika chronicle, [annaler äv.] annals [pl.]; [artikel o. d. över visst ämne] review, column

kröning [kunga~ o. d.] coronation

kub cube

kuban *s o.* **kubansk** *a* Cuban

kubb[e] [hugg~, trä~] block

kubik, *5 i* ~ the cube of 5 **-innehåll** cubic content **-meter** cubic metre

kubisk *a* cubic[al], [kubformig äv.] cubiform

kubism cubism

kuckeliku *itj* cock-a-doodle-doo!

kudd|e cushion, [huvud~] pillow **-var** cushion-([resp.] pillow-)case

kugga *tr* [i tentamen o. d.] fail, F plough; *han blev ~d* he failed (was ploughed)

kugge cog [äv. bildl.]

kuggfråga catch (tricky) question, poser

kugghjul gear-wheel, cog-wheel

kujonera *tr,* ~ *d* [om äkta man] hen-pecked

kuk [vulg.] prick, cock

kukeliku *itj* cock-a-doodle-doo!

kul *a* [lustig] funny, [trevlig] nice, [roande] amusing

1 kula 1 [allm.] ball; [gevärs~] bullet; [bröd~, pappers~ o. d.] pellet; [sten~ (leksak)] marble; *spela* ~ play marbles **2** [sport.]: a) [redskap] shot b) *se kulstötning; stöta* ~ put the shot **3** *börja på ny* ~ start afresh

2 kula [håla] hole; [lya] den [äv. rum]

kulbana [projektils] trajectory

kulen *a* [om dag] raw [and chilly], bleak

kulhål bullet-hole

kuli coolie

kulinarisk *a* culinary

kuling gale; *frisk* ~ strong breeze

kuliss [teat.]: [vägg] side-scene, [sättstycke] set-piece; [bildl.] [false] front; *bakom ~erna* behind the scenes [äv. bildl.]

1 kull *se omkull*

2 kull [av däggdjur] litter, [av fåglar] brood, [friare, t. ex. student~] batch

kullager ball bearing

1 kulle [hatt~] crown

2 kulle hill; [liten] hillock, mound

kullerbytta somersault; [fall] fall

kullersten cobble[-stone]

kullig *a* [om terräng o. d.] hilly

kull|kasta *tr* [t. ex. ngns planer] upset, [t. ex. teori] overthrow **-körning** [störtning m. t. ex. cykel] fall

kullrig *a* [kupig] bulging, convex, [knölig] bumpy, [om stenläggning] cobbled

kulmen culmination, highest point; [höjdpunkt, t.ex. festens] climax; [statist. o.d.] peak

kulminera *itr* culminate, *i* in; reach one's peak ([resp.] climax)

kul|[spets]penna ball pen, ball-point [pen] **-spruta** machine-gun **-sprutegevär** light machine-gun **-sprutepistol** sub-machine--gun **-stötning** putting the shot

kult cult **kultiverad** *a* [t. ex. om smak, språk] cultured, refined, cultivated

kultur 1 [civilisation] civilization, [etnogr. samt [andlig] bildning] culture [båda äv. ~*en*]; [förfining] refinement **2** [jordbr. o. d.] cultivation, [isht trädg. samt bakterie~ etc.] culture; [skogsv.] planting **-ell** *a* cultural **-fientlig** *a* ..[[attr.] which is] inimical (hostile) to culture **-folk** civilized nation **-historia** cultural history; *Europas* ~ the history of European civilization **-minnesmärke** relic of culture, [byggnadsverk o. d. vanl.] ancient (historical) monument **-personlighet** intellectual leader **-sida** [i tidning] cultural page **-växt** cultivated plant

kulvert culvert, conduit

kulör colour; [schattering, isht bildl.] shade

kulört *a* coloured; ~ *lykta* [papperslykta] Chinese lantern

kummel [sten~] cairn, [grav~] barrow

kummin caraway

kumpan [kamrat] companion; [stallbroder] crony; [medbrottsling] accomplice

kund customer; [mera formellt] client; *vara* ~ [handla] *hos A.* shop at A.'s

kunde *se kunna*

kundkrets customers [pl.], clientele

kung king; *gå till ~s* [ung.] apply to the highest authorities; *jfr konung*

kunga|döme monarchy; *jfr -rike* **-familj** royal family **-makt** royal power **-par** King and Queen [m. pred. i pl.], royal couple **-rike** kingdom; ~*t Sverige* the Kingdom of Sweden

kunglig *a* royal, [om makt, glans m. m. äv.] regal; [isht bildl. äv.] kingly; *K~ Majestät (K[ungl]. M[aj]:t)* [regeringen] the [Swedish] Government **-het 1** [abstr.] royalty **2** [pers.] royal personage

kungs|fiskare kingfisher **-fågel** goldcrest **-ljus** mullein **-tiger** Bengal tiger **-väg** [bildl.] royal road **-örn** golden eagle

kun|göra *tr* announce, make .. known, [högt.] notify, proclaim **-görelse** announcement; notification, proclamation

kunna I *tr* [m. subst. obj.: 'känna till', 'behärska', 'ha lärt sig'] know; *han kan flera språk* he knows (is acquainted with, [kan tala] can speak) several languages

II *hjälpvb* [m. utsatt el. underförstådd inf.] **A** *kan* ([resp.] *kunde*) **1** can ([resp.] could) **a)** [uttr. förmåga, 'har kunskap att'], [*jag skall göra*] *allt jag kan* [äv.] .. everything in my power; *jag kan inte mer* [m. fl. ex.] *se under orka; jag skall göra så gott jag kan* I will do my best; *han kan köra bil* [förstår sig på att]

För med **kull-** sammansatta verb jfr äv. vid beton. part. under resp. enkla verb he knows how to drive a car, [är i stånd att] he is capable of driving a car **b)** [uttr. nekad, ifrågasatt el. säker möjlighet], *jag kan inte komma i morgon* I can't (shan't be able to) come tomorrow; *det kan inte vara sant* that can't be true; *kan detta vara sant?* can this be true?; *man kan lätt föreställa sig..* you can (may) easily imagine..; *man kan gifta sig med sin kusin* you can marry your cousin; *boken kan köpas [var som helst]* the book can (is to) be had.. **c)** [uttr. uppmaning], *ni kan behålla resten* you can keep the rest; *nu kan det vara nog* [nu vill jag inte höra mer!] that's enough from you; *du kan väl komma* [vädjande] do come, please! **d)** [i frågor uttr. indignation, förvåning o. d.], *hur kan du vara så dum?* how can you be so stupid?

2 may ([resp.] might) **a)** [uttr. tänkbar men oviss möjlighet, 'kan kanske'], *du kunde ha förkylt dig* you might have caught a cold; *det kan (kunde) [tänkas] vara sant* it may (might) be true; *kan så vara* maybe; *det är så man kan bli [galen] (kan [gråta åt det])* it's enough to make one.. **b)** [uttr. tillåtelse m.m., 'får'], *kan (kunde) jag få [lite mera te]?* may [el. can] (might, could) I have.., please?; *du kan inte få tala med honom* you cannot (can't) speak to him **c)** ['har rätt (goda skäl) att'], *jag tror jag kan säga [att jag har gjort mitt bästa]* I think I may (can) say..; *du kan vara glad [att du inte kom]* you may be glad.. **d)** ['må' samt i förb. m. '[lika] gärna'], *du kan lika gärna [göra det själv]* you may as well..; *hur egendomligt det än kan synas* strange as it may seem; *du kan tro [jag blev glad]* you bet.. **e)** [i avsiktsbisatser], [*hon låste dörren*] *så att ingen kunde komma in..* so that no one might (could) come in

3 [särsk. fall] **a)** [i okunnighetsfrågor] can ([resp.] could), may ([resp.] might); *vem kan det vara?* who can (might) it be?; *vad kan klockan vara?* I wonder what time it is?; *hur kan det komma sig att..?* how is (comes) it that..? **b)** [i uttr. för försäkran] may ([resp.] might), can ([resp.] could); *du kan räkna på mig* you may (can) count on me **c)** ['torde [kunna]'], *boken kan väl kosta..* I should think the book must cost about..; *som man kan se* as you may (can) see; *han kan väl inte vara sjuk* surely he can't be ill **d)** ['brukar', 'har en tendens att' o. d.] will ([resp.] would), can ([resp.] could); *sådant kan ofta hända [i krigstid]* such things will often occur..; *barn kan vara mycket prövande* children can be very trying

B *kunna* [inf.] ([resp.] *kunnat)* ['vara i stånd att' m. m.] be ([resp.] been) able to, ['förstå sig på att' äv.] know ([resp.] known) how to; *inte ~* [äv.] be unable to; *jag kommer att ~ göra det i morgon* I shall be able to (I can) do it tomorrow; *skulle ~* ['kunde' ofta] could ([resp.] might, *jfr A); [jag har gjort] så gott jag [har] ~t..* as well as I could; *skulle ha (hade) ~t [göra]* ['kunde ha [gjort]' ofta] could ([resp.] might, *jfr A)* have [done]

III [m. beton. part.], *jag kan inte med [honom (det)]* I can't stand..

kunnande [kunskap] knowledge; [förmåga] ability, [tillägnad färdighet] proficiency; [skicklighet] skill **kunnig** *a* [som har reda på sig] well-informed ([pred.] well informed), *i* on; [kompetent] competent; [skicklig] clever, *i* at; [yrkesskicklig] skilled, *i* at, in **kunnighet** [kunskaper] knowledge, *i* of; [erfarenhet] experience, *i* of; [[yrkes]skicklighet] skill, *i* at, in; [färdighet] proficiency, *i* in

kunskap knowledge [end. sg.], *i, om* of; *~er (grundliga ~ er) i [ett ämne]* some (a sound) knowledge of..; [jfr äv. ex. under *kännedom*]

kunskapsrik *a* [attr.] well-informed, [pred.] well informed **kunskapstörst** thirst for knowledge

kupa I *s* [skydds ~] shade [äv. lamp ~]; [bi ~] hive **II** *tr* **1** *~ handen* cup one's hand **2** *~ potatis* earth up potatoes

kupé 1 [järnv.] compartment **2** [fordon] coupé

kupera *tr* **1** [stubba]: [svans] dock, [öron] crop **2** [kortsp.] cut **kuperad** *a* [kullig] hilly; [vågig] undulating

kupig *a* [konvex] convex; [om ögon, panna] bulging

kuplett revue (comic) song

kupol dome; [liten] cupola **-formig** *a* domed, dome-shaped

kupong [allm.] coupon; [på postanvisning o. d.] counterfoil, [amer.] stub; [mat ~] voucher

kupp coup; [överrumpling] surprise; *en djärv ~* [äv.] a bold stroke; [*dö*] *på ~en* ..as a result [of it]

1 kur [läk.] cure [äv. bildl.]

2 kur, *göra [ngn] sin ~* pay one's addresses to.., make love to.., court..

kurage pluck; *se vid. 1 mod* [m. ex.]

kuranstalt sanatorium, [vatten ~] hydro [pl. -s]

kurant *a* H [gångbar] sal[e]able; [lättsåld, attr.] ..that sells [osv.] easily

kurator [social ~] [social] ([skol ~] school) welfare officer; [sjukhus ~] almoner

kurera *tr* cure, *för* of

kurfurste elector

kuriositet *o.* **kuriosum** curiosity

kurir courier

kuriös *a* curious, odd, quaint

kurort health resort, [brunns ~] spa

1 kurra *s* F [arrest] clink, quod

2 kurra *itr, det ~ r i magen på mig* my stomach is rumbling

kurragömma, *leka* ~ play hide-and-seek
kurre fellow, chap, [amer.] guy
kurry curry[-powder]
kurs 1 [riktning: ⚓, flyg. o. bildl.] course; [polit. o. d. äv.] tack, [line of] policy; *hålla (styra)* ~ *på (mot)* a) [⚓] steer for, [en hamn] stand in for b) [flyg. o. t. ex. om fotvandrare, äv. i bet. 'sätta ~ på'] steer (head) for **2** H rate, *på* for; *noterad* ~ price (rate) quoted; *stå högt i* ~ be at a premium [äv. bildl.], *hos* with **3** [skol., univ.] course; [övning[skurs] univ.] training-course, class **-bok** text-book, course-book **-fall** H fall (decline) in prices (rates)
kursiv I *s* italics [pl.] **II** *a* [boktr.] italic **-era** *tr* italicize [äv. bildl.]; *~d stil* italics [pl.] **-läsning** [oförberedd] reading without preparation; [flyktig] rapid reading **-stil** italics [pl.]; *med* ~ in italics
kursivt *adv, läsa* ~ read without preparation ([resp.] rapidly, *jfr kursivläsning*)
kurs|notering H official (market) quotation **-plan** curriculum, [isht för visst ämne] syllabus
kurtage brokerage
kurtis flirtation [äv. bildl.] **-era** *tr,* ~ *en flicka* carry on a flirtation (flirt) with ([göra sin kur] court) a girl
kurva [allm.] curve, [[väg]krök äv.] bend; [diagram] graph
kuscha *tr* browbeat, cow
kusin [first] cousin
kusk driver, [isht privat] coachman **kuska** *itr,* ~ *omkring* [*i*] gad (travel) about **kusk-bock** [coach-]box
kuslig *a* [ohygglig] gruesome; [ruskig, om t. ex. kväll] horrible; *jfr hemsk 1*
kust coast; [strand] shore; *bo vid ~en* live on the coast ([för ferier] at the seaside) **-artilleri** coast artillery **-bevakning** [⚓ (abstr.)] coast watching **-försvar** coast[al] defence **-klimat** coastal climate **-remsa** coastal strip **-stad** coastal ([badorts-] seaside) town **-sträcka** stretch of coast **-trakt** coastal region
kut|a *itr* **1** *se* [*gå*] *krokryggig* **2** F [springa], ~ [*i väg*] trot [away] **-ig** *a* [om rygg] bent **-ryggig** *a, se krokryggig*
1 kutter [duv~] cooing [äv. bildl.]
2 kútter [segel~] cutter, [fiske~] vessel
kuttra *itr* coo [äv. bildl.]
kutym usage, custom, practice
kuva *tr* [allm.] subdue; [känslor äv.]: [undertrycka] repress, [betvinga] curb
kuvert 1 [brev~] envelope **2** [bords~] cover **-bröd** [French] roll
kuvös incubator
kvacksalv|a *itr* practise quackery; [bildl., fuska] dabble **-are** quack [doctor]; [fuskare] dabbler

kvadda *tr* [krossa o. d.] smash
kvadrat square; *2 m i* ~ 2 m. square; *3* [*upphöjt*] *i* ~ 3 squared, 3 raised to the second power **-isk** *a* [geom. o. friare] square; [mat.] quadratic **-meter** square metre
kval [lidande] suffering, [pina] torment; [*lida*] *hungerns* [*alla*] ~ ..the pangs of hunger **-full** *a* agonizing; [om död] extremely painful
kvalifi|cera *tr rfl* qualify, *till, för* for **-cerad** *a* qualified, *till, för* for; [om t. ex. arbetskraft] skilled; [om brott] aggravated; ~ [*majoritet*] a two-thirds.. **-kation** [allm.] qualification
kvalitativ *a* qualitative **kvalitet** [allm.] quality, [H äv., i bet. kvalitetsklass] grade
kvalitetsvara superior article
kvalm [kvav luft o.d.] close [osv., jfr följ.] atmosphere **kvalmig** *a* [kvav o. d.] close, suffocating, stifling; [äcklig, om lukt] sickly, nauseous
kvalster mite
kvantitativ *a* quantitative **kvantitet** quantity
kvantum [mängd] quantity, amount
kvar *adv* [på samma plats som förut] [still] there ([resp.] here); [-lämnad] left [behind]; [efter [sig]] behind; [vidare, längre (i förb. m. verb som 'stanna')] on; [i behåll (i förb. med 'vara' o. 'finnas')]: [om institution o. d.] in existence, [om dokument] extant, [bevarad] preserved; [övrig] left, [över, till övers] [left] over, left [over]; [fortfarande] still; [ytterligare] more; *bli (finnas, stanna, vara)* ~ [äv.] remain; *ha* ~ [behålla] keep; *har vi långt ~?* [av vägen] are we [still] far off?; *låta* [*ngt*] *ligga (stå* [m. fl.]) ~ [*där*] leave..[there]; ~ *står i alla fall, att..* there remains in any case the fact that..; —[Jfr äv. beton. part. under resp. verb] **-bliven** *a, -blivna* [*biljetter*].. remaining (left) over (unsold)
kvark curd [cheese], [isht amer.] cottage cheese, [fetare] [fresh] cream cheese
kvar|leva *s* **1** [av mat], *-levorna* the remnants, *av, efter* of **2** [bildl.] remnant, [rest] residue; [gengångare] relic **3** *hans jordiska -levor* his mortal remains **-levande** *a* surviving; *de* ~ the survivors **-liggande** *a* [ej avhämtad] unclaimed **-låtenskap,** *hans* ~ [*uppgår till..*] the property left by him..
kvarn mill **-sten** millstone **-vinge** windmill-sail
kvar|sittare pupil who has [osv.] not been moved up; *bli* ~ [*i trean*] stay down [in the third form] **-skatt** [income] tax arrears [pl.] **-stad,** *belägga med* ~ sequestrate; [fartyg] embargo; [tryckalster] impound **-stå** *itr, se* [*stå*] *kvar*
kvart 1 [fjärdedel] quarter; *en (ett) ~s..* a quarter of a[n].. **2** [~s timme] quarter of an hour; *klockan är en* ~ *över (i) två* it is a quarter past (to) two **3** [mus.] fourth
kvartal quarter [of a ([resp.] the) year]

För med **kvar-** sammansatta verb jfr äv. vid beton. part. under resp. enkla verb

kvartals|skifte beginning of the ([resp.] a) new quarter **-vis** *adv* by the quarter
kvart|er 1 [hus ~] block; [område] district; [neger ~, konstnärs ~ o. d.] quarter **2** [mån ~] quarter **3** [logi] quarters [pl.], [⚔ äv.] billet **-ett** quartet
kvarts [miner.] quartz
kvartsfinal [sport.] quarter-final
kvartslampa ultraviolet lamp
kvartssekel quarter of a century
kvasilitterär *a* pseudo-literary
kvast [eg.] broom; *nya ~ar sopar bäst* new brooms sweep clean **-prick** [⚓] buoy (beacon) with broom **-skaft** broomstick
kvav I *a* close; [instängd äv.] stuffy; [tryckande] oppressive, sultry **II** *s, gå i ~* [⚓] founder, go down
kverul|ant grumbler **-era** *itr* make a fuss
kvick *a* **1** [snabb] quick; [flink äv.] nimble; [livlig, t. ex. om ögon] lively **2** [spirituell, vitsig] witty, [om svar äv.] quick-witted; [~ o. spetsig, t. ex. om replik] smart; *så ~t [av dig]!* how clever [of you]! [äv. iron.] **kvicka** *itr rfl, ~ på (sig)* hurry up
kvick|het 1 [snabbhet] quickness [osv.], *jfr kvick 1* **2** [espri] wit **3** [kvickt uttryck] witticism, joke **-huvud** wit
kvick|na *itr, ~ till* revive, [återfå sansen äv.] come to (round) **-rot** couch[-grass], quitch[-grass] **-silver** mercury, [spec. bildl. äv.] quicksilver **-silverförgiftning** mercurialism, mercurial poisoning **-tänkt** *a* quick-witted, ready-witted; *inte vidare ~* not very clever
kvida *itr* whimper; [klaga] whine
kvig|a heifer **-kalv** cow-calf
kvinn|a woman [pl. women]; *-or* [statist. o.d.] females **-folk 1** [koll.] women [pl.] **2** *ett ~* a woman **-kön,** *~et* the female sex, [kvinnosläktet] womankind **-lig** *a* [jfr äv. sms. på *kvinno-* ned.]; [av el. för ~ t kön] female; [framför yrkesbeteckning vanl.] woman; [typisk el. passande för en kvinna] feminine, [isht om [goda] egenskaper, ~ av sig samt mots. flick-] womanly; [avsedd för kvinnor, t. ex. bilklubb, sysselsättning] women's, ladies' [bägge end. attr.]; [om man neds.] womanish, [stark.] effeminate; *~ läkare* woman (lady) doctor; *~ rösträtt* women's suffrage; *~ ungdom* [koll.] young women (ladies), girls [alla pl.] **-lighet** womanliness, womanhood, *hos* in; femininity
kvinno|bröst female breast **-dräkt** female (woman's) dress **-frid,** *~en [på gatorna] har minskat* women are more often molested.. **-hatare** women-hater **-klinik** women's clinic **-kön** *se kvinnkön* **-linje,** *~n* the female line, the distaff side **-läkare** gynaecologist **-löner** [pl.] wages ([resp.] salaries) for women **-saken** feminism **-sakskvinna** woman advocate of feminism, [rösträttsförkämpe] suffragette **-sjukdom** woman's disease **-tjusare** lady-killer
kvint [mus.: intervall] fifth **-essens** quintessence **-ett** quintet
kvissla [small] pimple, pustule
kvist 1 [på träd o. d.] twig, [mindre] sprig, [isht avskuren ss. prydnad] spray **2** [i virke] knot, knag **kvista I** *tr, ~ [av]* lop, trim **II** *itr, ~ i väg* slip off; *~ över till ngn* pop (nip) over to a p. **kvistfri** *a* clean **kvistig** *a* **1** [om träd o. d.] twiggy, spriggy **2** [om virke] knotty, knaggy **3** [svårlöst o. d.] knotty
kvitt *a* **1** [ej skyldig], *vara ~ [med ngn]* be quits [with a p.] **2** *bli ~ [ngn (ngt)]:* [bli fri från] get rid (quit) of.. **kvitta** *tr* set off, *med, mot* against; *det ~r, det ~r [mig] lika* it's all one (the same) [to me]
kvittens receipt
kvitter chirp [osv.]; [kvittrande] chirping [osv.]; *jfr kvittra*
kvittera *tr itr* [räkning] receipt, [t. ex. belopp] acknowledge, [skriva under] sign; [sport.] equalize; *~s* [på räkning] received with thanks; *~ ut* sign for; [på posten] collect **kvitto** receipt, *på* for; [spårvagns ~] ticket
kvittra *itr* chirp [äv. bildl.]; [eg. äv.] twitter, chirrup
kvot quota; [vid division] quotient **-era** *tr* [fördela i kvoter] allocate.. by quotas
kväka *itr* croak
kväkare Quaker
kvälj|a, *det -er mig* it makes me feel sick, it turns my stomach **-ande** *a* sickening [äv. friare] **-ning,** *~ar* sickness, nausea [båda sg.]; *få (ha) ~ar* be sick
kväll 1 [afton]: [allm.] evening; [senare] night [äv. ss. motsats till 'morgon']; *god ~!* good evening ([vid avsked äv.] night)!; *i ~* this evening, tonight; *om (på) ~en (~arna)* in the evening (evenings); *kl. 10 på ~en* at 10 [o'clock] in the evening (at night); *[på] fredag ~ [skall vi..]* next Friday evening.. **2** *äta ~* [kvällsmat] have supper
kvälla *itr, ~ [fram]* [om vatten] well (gush) forth, *ur* from
kvällningen, *i ~* at nightfall
kvälls|kröken, *på ~* in the evening **-kurs** evening class (course) **-mat** supper **-nyheter** *pl* [i radio] late news **-tidning** evening paper **-vard** supper **-öppen** *a, ha -öppet* be open in the evening
kväsa *tr, ~ [till] ngn* take a p. down
kväv|a *tr* [allm.] choke; [om syrebrist el. rök äv.] suffocate, stifle, [om gas] asphyxiate; [eld el. med t. ex. kudde, kyssar] smother; [gäspning, gråt, skratt] stifle, smother; [hosta, opposition] suppress, [revolt] quell; *vara nära att ~s* be almost choking, *av* with **-ande** *a* [om värme] suffocating, stifling

kväv|e nitrogen **-gas** nitrogen gas
kvävning choking; suffocation, stifling, asphyxiation; smothering; *jfr kväva*
kyckling chicken; [isht nykläckt] chick; [som efterled i sms. ofta] young, *se fasankyckling*
kyffe poky hole, [ruckel] hovel
kyl 1 [kylskåp] fridge **2** *se kylhus*
kyla I *s* **1** [eg.]: [allm.] cold; [svalka] chilliness **2** [bildl.] coldness, [t. ex. i förh. mellan folk] coolness **II** *tr* **1** ~ [*av*] cool [down], chill; ~ *ut* let..get quite cold; [*rummet*] *är utkylt* ..has become quite cold **2** [förfrysa], ~ *ansiktet* get one's face frost-bitten
kylar|e [på bil] radiator **-vätska** anti-freeze
kyl|disk refrigerated display counter (cabinet) **-hus** cold store **-ig** *a* cool, [stark.] cold, [obehagligt ~] chilly **-knöl** chilblain **-skada** frost-bite **-skåp** refrigerator, F fridge **-slagen** *a* [om dryck] slightly warmed, tepid
kyndelsmässa Candlemas
kynne [natural] disposition, temperament; character, nature [äv. om t. ex. landskap]
kypare waiter
kyrk|a church, [sekts o. d.] chapel; *gå i ~n* go to (attend) church ([resp.] chapel) **-bröllop** church wedding **-by** church village **-bänk** pew **-folk** church-goers [pl.]; *jfr kyrk[o]besökare* **-håv** collecting-bag **-klocka 1** church bell **2** [ur] church clock **-lig** *a* **1** [vanl.] church ..; [formellare, t. ex. om myndighet] ecclesiastical **2** *se kyrksam*
kyrkoadjunkt curate
kyrk[o]|besök attendance[s [pl.]] at church **-besökare** [regelbunden] church-goer, [tillfällig] attender at church **-bok** parish register **-bokföra** *tr* [ung.] register
kyrko|fader Father of the Church **-fullmäktig,** ~ *e* [pl., ung.] the vestry [sg.] **-gård** cemetery; [kring kyrka] churchyard **-handbok** service-book **-herde** vicar, rector, [katol.] parish priest, *i* of **-herdeboställe** vicarage, rectory, [katol.] presbytery **-historia** church (ecclesiastical) history **-möte** synod; *-mötet i* [*Nicaea*] the Council of.. **-råd** church council
kyrk|råtta, *fattig som en* ~ poor as a church mouse **-sam** *a, vara* ~ [*av sig*] be a regular church-goer **-torn** church tower **-tupp** church weathercock **-vaktmästare** verger **-värd** churchwarden **-ängel** [[bildl.] chubby-cheeked] cherub
kysk *a* chaste [äv. bildl.] **-het** chastity
kyss kiss **kyssa** *tr* kiss **kyssas** *itr. dep* [rpr.] kiss [each other] **kysstäck** *a* perfectly sweet; [om mun] kissable **kyssäkta** *a* [om läppstift] kiss-proof
kåda resin **kådig** *a* resinous
kåk [ruckel] ramshackle (tumbledown) house, [mindre] hovel, shack
kål 1 cabbage **2** [bildl.], *göra (ta)* ~ *på* nearly kill, F do for **-dolma** [ung.] stuffed cabbage roll **-fjäril** large white **-huvud** [head of] cabbage **-mask** caterpillar **-rot** swede, Swedish turnip **-supare,** *de är lika goda* ~ [*båda två*] they are [both] tarred with the same brush
kånka *itr,* ~ *på ngt* lug a th.
kåpa 1 [munk~] cowl; [kor~] cope **2** [⊕ skydds~] cover; [rökhuv] hood
kår [allm.] body; [⚔ o. dipl.] corps [pl. lika]; *jfr lärarkår* [o. d. sms.]
kår|e 1 [vindil] breeze; [krusning på vatten] ripple **2** [bildl.], *det går kalla -ar efter (längs) ryggen på mig* a cold shiver runs (goes) down my back
kås|era *itr* [muntligt ung.] give a talk, [skriftligt ung.] write a light article, *om (över)* on **-erande** *a* chatty, conversational **-eri** causerie [fr.] **-ör** [i tidning ung.] columnist
kåt *a* randy
kåta [Lapp] cot ([tält~ äv.] tent)
käbbel bickering [osv., jfr följ.] **käbbla** *itr* bicker, wrangle, [gnata] nag; ~ *emot* answer back
käck *a* [klämmig] dashing, [om t. ex. melodi] sprightly; [frimodig] frank; [pigg] bright; [oförskräckt] plucky **käckhet** dashingness [osv.]; dash; pluck
käft 1 ~[*ar*] [käkar, gap] jaws [pl.], [isht hos djur äv.] chaps [pl.]; *håll* ~[*en*]! shut up!; *slå ngn på ~en* hit (punch) a p. in (on) the jaw **2** [på verktyg] jaw **käfta** *itr,* ~ *emot* answer back
kägel|bana skittle-(ninepin-)alley **-formig** *a* conical **-klot** skittle-ball
kägl|a 1 [allm.] cone **2** [i kägelspel] skittle, ninepin; *slå (spela) -or* play skittles (ninepins)
käka I *itr* have some grub **II** *tr* have, *middag* dinner **käkben** jaw-bone **käk[e]** jaw
kälkbacke toboggan-run
kälk|borgare *s o.* **-borgerlig** *a* philistine
kälk|e toboggan, sledge **-åkare** tobogganer, sledger **-åkning** tobogganing, sledging
käll|a [-språng] spring; [flods] source [äv. bildl.]; *varma -or* hot springs; *från säker* ~ from a reliable source
källar|e 1 [förvaringslokal] cellar; [jordvåning] basement **2** *se krog* **-glugg** cellar air-hole **-mästare** restaurant-keeper **-valv** cellar-vault **-våning** basement
käll|flod source **-forskning** original research **-frisk** *a* [om vatten] spring-cool **-skatt** tax at [the] source [of income] **-skrift** [källa] [written] source **-språng** [gushing] spring **-vatten** spring water **-åder** vein of water; [källa] spring
kält nagging, *på* at **kälta** *itr* nag, *på ngn* [at] a p.
kämpa I *itr* ([ibl.] *tr*) [slåss] fight, [bildl. äv.]

contend; [brottas] struggle; ~ *med (mot)* [*svårigheter*] contend with ..; ~ [*e*]*mot* [beton.: bjuda motstånd] offer resistance **II** *rfl,* ~ *sig igenom* fight one's way ([isht bildl.] struggle) through **kämpe 1** [stridsman] warrior **2** [för ~] champion, *för* of
känd *a* **1** [bekant]: [mots. okänd] known; [väl~, attr.] well-known ([pred.] well known), [ryktbar] famous, noted, [beryktad] notorious, *för ngt* [i samtl. fall] for a th.; [välbekant] familiar, *för ngn* to a p.; [*det är*] *en* [*allmänt*] ~ *sak* [äv.] .. a fact familiar to all; *göra sig* ~ *som..* win a reputation as..; *vara illa* ~ [ansedd] be of bad (evil) repute; *vara* ~ *under namnet..* [äv.] go by the name of.. **2** [förnummen] felt; *vårt djupt* ~*a tack* our heartfelt thanks [pl.]
käng|a boot, [amer.] shoe **-snöre** boot-lace, [amer.] shoestring
känguru kangaroo
känn, *ha* [*ngt*] *på* ~ feel .. instinctively
känna I *s, ge till* ~ [meddela o.d.] *se tillkännage; ge sig till* ~ [om pers.] make oneself known, *för ngn* to a p.; [om t. ex. missnöje] manifest itself **II** *tr itr* (*jfr känd*) **1** [förnimma (kroppsligt o. själsligt) i allm.] feel; [pröva] [try and] see; [jfr äv. ex. m. 'känna' under resp. subst.]; ~ *avund (besvikelse)* [m. fl. återges enl. mönstret] be [el.] feel envious (disappointed); ~ *en svag doft* notice a faint scent; ~ *gaslukt* smell gas; *känn* [*efter*] *om* [*kniven är vass*] [try and] see whether..; *känn på* [*den här cigarren*]: [lukta] smell.., [rök] try ..; *jfr kännas* **2** [känna till, vara bekant med] know, *jfr* ~ *till* [ned.]; ~ *ngn till namnet (utseendet)* know a p. by name (sight); *lära* ~ *ngn* [äv.] make a p.'s acquaintance, [småningom] come to know a p.; *vi lärde* ~ *varann* [*i skolan*] [äv.] we became (got) acquainted.. **III** *rfl* feel; [märka [att man är]] feel oneself; ~ *sig kry (trött)* feel well (tired) **IV** [m. beton. part.] [*få*] ~ *av* [t. ex. kölden] feel; *få* ~ *av* [t. ex. arbetslöshet] experience; ~ *efter i sina fickor* search (feel) one's pockets; ~ *efter om* [*dörren är låst*] see if..; ~ *sig för* [eg. o. bildl.] feel one's way, *hos* with; ~ *igen* recognize; ~ *igen sig* [hitta, t. ex. i stad] know one's way about; [*få*] ~ [pröva] *på* [t. ex. motgång] [have to] experience; ~ *på sig* [*att..*] have a (the) feeling..; ~ *till* know, be acquainted with; [veta av (om)] know (have heard) of
kännande *a* feeling; [om t. ex. varelse] sentient **kännarblick,** *med* ~ with the eye of a connoisseur **kännare** [konst~ o. d.] connoisseur, *av* of; [expert] expert, *av, på* on, in
kän|nas *itr. dep* **1** feel; *det -ns inte* I (you [osv.]) don't feel it; *hur -ns det* [*nu*]*?* how do you feel [now]?; *det -ns på lukten* [*att..*] you can tell by the smell.. **2** ~ *vid* [erkänna, t.ex. misstag, barn] acknowledge; *jfr vidkännas*
kännbar *a* [förnimbar] perceptible, [påtaglig] obvious, *för* to; [avsevärd] considerable, [svår] severe, [påkostande] painful, *för* [i samtl. fall] for; [*behovet*] *gör sig* ~*t* .. is making itself felt
känne|dom [kunskap] knowledge, *om* of; [bekantskap] acquaintance, *om* with; *få* ~ *om (om att)* receive information about (that); *med* ~ *om* knowing, with a knowledge of; *bringa till ngns* ~ bring to a p.'s knowledge **-märke** *o.* **-tecken 1** [igenkänningstecken] [distinctive] mark, token **2** [utmärkande egenskap] characteristic, distinctive feature; [symtom] symptom; [tecken] mark, *på* [i samtl. fall] of **-teckna** *tr* characterize, mark
känning 1 [kontakt] touch **2** [smärtsam förnimmelse] sensation of pain; *ha* ~ *av* [*feber*] be troubled by .. **3** [förkänsla] presentiment
känsel [sinne] feeling, perception of touch; *jfr -sinne* **-förnimmelse** tactual sensation, sensation of touch **-nerv** sensory nerve **-sinne** [för värme, köld, smärta] sense of feeling; [för tryck] [sense of] touch **-spröt** feeler, palp
käns|la [allm.] feeling, *för* towards; [sinnesförnimmelse] sensation; [sinne, medvetande] sense; [andlig] sentiment, *av* [*medlidande*] of..; [varm] affection; [förmåga att känna, stark ~] emotion **-lig** *a* [allm.] sensitive, *för* to; [mottaglig för t. ex. drag, motgång, intryck] susceptible, [om kroppsdel] sensible, *för* to; [lättrörd] emotional; [ömtålig] delicate; [känslofull] emotional, [rörande] moving **-lighet** sensitivity, sensitiveness; susceptibility; sensibility, *för* [i samtl. fall] to; emotionality; delicacy; moving quality; [jfr föreg.]
känslo|betonad *a* emotionally tinged, emotive **-full** *a* .. full of feeling, emotional; *jfr vid. -sam* **-liv** emotional life **-lös** *a* [allm.] insensitive, insensible, *för* to; [domnad] numb; [isht själsligt] callous, unemotional; [likgiltig, t. ex. för förebråelser] indifferent, *för* to **-löshet** insensitiveness [osv.]; insensibility; indifference; [jfr föreg.] **-människa** emotional person **-mässig** *a* emotional **-sak** matter of sentiment **-sam** *a* [-full] emotional, [sentimental] sentimental, [stark.] mawkish
käpp [allm.] stick; [tunn, äv. rotting] cane; [stång] rod **-häst** hobby-horse [äv. bildl.] **-rapp** blow with a [resp. the] stick
kär *a* **1** [avhållen] dear, *för* to; [älskad] beloved, *för* by; [kärkommen] welcome; *Käre Herr Ek!* [i brev] Dear Mr. Ek,; [förtroligare] My dear Ek,; *en* ~ *plikt* a pleasant duty, a privilege; [*det är*] *min* ~*aste önskan* .. my dearest (fondest) wish; *det skulle vara mig* ~*t om..* I should be glad if..; *mina* ~*a* my dear

ones **2** [förälskad] in love, *i* with; *bli ~ i* fall in love with
kärande plaintiff; [i brottmål] prosecutor
käresta sweetheart
käring old woman **-aktig** *a* old-womanish **-tand** [bot.] bird's-foot trefoil, babies' slippers [pl.]
kärkommen *a* welcome
kärl vessel; [förvarings~] receptacle, container
kärlek [allm.] ([äv.] *~en*) love, *till* [vanl.] of, for; [tillgivenhet] affection, *till* for; [hängivenhet] devotion, *till, för* [t. ex. studier] to; [lidelse] passion, *till* for; *göra det av ~ till..* do it out of love (affection) for..
kärleks|affär love-affair, romance **-brev** love-letter **-full** *a* [älskande] loving, affectionate, [öm] tender; [hängiven, om t. ex. studium] devoted; [kärlig, om t. ex. blick] amorous **-förbindelse** *o.* **-förhållande** love-affair, liaison **-förklaring** declaration of love **-historia 1** [berättelse] love-story **2** *se -affär o. -förbindelse* **-kval** *pl* pangs of love **-lös** *a* **1** [hårdhjärtad] uncharitable, *mot* to **2** [om t. ex. barndom] loveless **-roman** love-story **-äventyr** amorous adventure
kärlkramp vascular spasm
1 kärna I *s* [smör~] churn **II** *tr, ~ smör* churn, make butter
2 kärn|a I *s* **1** [frukt~]: [i äpple, citrusfrukt] pip; [i melon, russin, druva] seed; [i stenfrukt] stone, [amer.] pit; [i nöt] kernel; *ta ut -orna ur* remove the pips [osv.] from **2** [⊕] core; [fys. o. naturv.] nucle|us [pl. -i] **3** [bildl. (t. ex. av sanning)] core; *~n* [det väsentliga äv.] the essence, *i* of **II** *tr, ~* [*ur*] [äpplen] core; [se vid. *ta ut -orna ur* ovan *I 1*]
kärn|forskning nuclear research **-frisk** *a* [om pers.] thoroughly healthy (sound) **-frukt** pome **-full** *a* [bildl.] vigorous, [mustig] pithy **-fysik** nuclear physics **-gubbe** tough old boy **-hus** core **-klyvning** nuclear fission **-kraftverk** nuclear power station (plant) **-laddning** nuclear charge
kärnmjölk buttermilk
kärn|punkt, *~en i..* the principal (cardinal) point in (of).. **-reaktor** nuclear reactor **-sprängning** *se -klyvning* **-sund** *se -frisk* **-trupper** *pl* picked troops **-vapen** nuclear weapon **-vapenförbud** ban on nuclear weapons, nuclear ban **-ved** *o.* **-virke** heartwood, duramen
käromål [jur.] plaintiff's case
kärr marsh, [myr] swamp, fen
kärr|a 1 [eg.] cart; [drag~, skott~] barrow **2** *se -lass* **-lass** cart-load, barrow-load (*jfr kärra 1*)
kärrmark [marktyp] marshy ground (soil); [område] marsh[land]

kärv *a* [allm.] harsh; [om smak äv.] acrid; [bildl., om språk, humor] rugged, [om pers.] gruff **kärva** *itr* [om motor] bind
kärve [lantbr.] shea|f [pl. -ves]
kärvhet harshness [osv.]; acridity; *jfr kärv*
kärvänlig *a* [öm] affectionate; [överdrivet vänlig] ingratiating
kättarbål stake **kättare** heretic
kätte [lantbr.] pen, [loose] box
kätteri heresy **kättersk** *a* heretical
kätting chain; [ankar~ äv.] cable
1 käx [kaka] biscuit, [amer.] cracker
2 käx [käxande] nagging; persistent asking
käxa *itr* nag, *på* at, *efter, om* for; *~ sig till ngt* get a th. by nagging
kö 1 [biljard~] cue **2** [rad av väntande] queue, file; *bilda ~* form a queue **3** [slutet av trupp] rear **köa** *itr* queue [up], [isht amer.] line up
köbricka queue number (check)
kök 1 [eg.] kitchen **2** [kokkonst] cuisine, cookery **köksa** [assistant female] cook
köks|avfall kitchen-refuse, garbage **-fläkt** kitchen fan **-handduk** kitchen towel **-ingång** kitchen (back) entrance **-mästare** chef [fr.] **-spis** kitchen range, [elektrisk el. gasspis] cooker **-trädgård** kitchen garden **-väg,** *gå ~en* [gm köket] go through the kitchen **-växt,** *~er* [grönsaker] vegetables
köl keel
kölapp queue [number] ticket
köld 1 [eg.]: [allm.] cold; [frost] frost; [kall väderlek] cold weather; [*gå ut*] *i 10 graders ~* ..in 10 degrees below freezing-point **2** [bildl.]: [kylighet] coldness, [likgiltighet] indifference **-grad** degree of cold (frost) **-knäpp** cold spell **-rysning** cold shiver
kölhala *tr* [⚓ för reparation] careen
Köln Cologne
köl|rum bilge **-svin** ke[e]lson **-vatten** wake [äv. bildl.]
kön 1 [allm.] sex **2** [gram.] gender **-lös** *a* sexless; [om fortplantning] asexual
köns|delar *pl, yttre ~* genitals; *jfr -organ* **-drift** sex[ual] instinct **-mogen** *a* sexually mature **-organ** sexual organ; [pl.] *jfr -delar* **-rollsdebatt** debate on the role of the sexes **-sjukdom** venereal disease **-umgänge** [sexual] intercourse
köp [allm.] purchase; *göra ett gott ~* make (get) a good bargain; [*ta varor*] *på öppet ~* ..on a sale-or-return basis; [*till*] *på ~et* [allm.] ..into the bargain, [dessutom] ..in addition, [till och med] even **köpa** *tr* buy [äv. bildl.], purchase, *av ngn* from a p.; *kan jag få ~* [*litet ost?*] I should like [to have]..; *~ in (upp)* buy in (up); *~ upp* [*sina pengar*] spend all.. **köpare** buyer, purchaser **köpcenter** shopping centre
köpe|avtal *o.* **-kontrakt** contract of sale
Köpenhamn Copenhagen

köpenickiad [ung.] hoax
köpe|nskap trade, [handlande] trading **-skilling** *o.* **-summa** purchase-money
köping [ung.] [small] market town
köp|kort H credit card **-kraft** purchasing power **-kurs** [f. värdepapper] bid price, [f. valutor] buying rate **-man** business man, [handlande] tradesman, [grosshandlare] merchant **-mannabana,** *slå in på ~n* go into business **-motstånd** sales (consumers') resistance **-slå** *itr* bargain; [kompromissa] compromise **-stark** *a,* ~ [*publik*] ..with great purchasing power **-tvång,** *utan* ~ with no obligation to purchase
1 kör [sång~] choir, [t. ex. i opera] chorus; [-stycke] chorus; *i* ~ in chorus
2 kör, *i ett* ~ without stopping
kör|a I *tr* **1** [framföra, styra]: [allm., t. ex. fordon] drive, [motorcykel] ride, [t. ex. barnvagn] push; ~ *en motor med (på)* [*bensin*] run an engine on.. **2** [forsla]: [allm.] take, [i bil äv.] drive, [i kärra] cart, [i barnvagn] push, [isht [tyngre] gods] carry, transport **3** [stöta, sticka, stoppa] run, thrust; ~ [*en kniv*] *i ngn* [äv.] stab a p. with.. **4** [jaga], ~ *ngn på porten* turn a p. out **5** [visa], [*filmen*] *har -ts tre veckor*..has run three weeks
II *itr* **1** [allm.] drive, [i (med) bil äv.] motor; [på [motor]cykel] ride; [åka] go, ride, [färdas] travel, *jfr 2 fara I 1; åka I 1;* [om bil äv., om tåg o. d. vanl.] run, go; *skall vi* ~ *nu?* shall we start (set off) now?; *bilen -de rakt på..* the car ran straight into..; ~ *uppför* [*en backe*] *på ettan* take (climb)..in first [gear]; [*han (bilen)*] *kom ~nde* [vanl.] ..came along **2** [kuggas i tentamen o. d.] be ploughed, [inte bli uppflyttad] not be moved up **3** *han kör jämt med* [*sina teorier*] he is always trotting out..
III [m. beton. part.] (*jfr 2 fara II, åka II*) ~ *bort* a) [tr.]: [forsla undan] take [osv.] away; [driva bort] drive (send)..away (off), pack..off; [avskeda] turn..off, dismiss b) [itr.] drive away; ~ *efter, se åka* [*efter*]; ~ *fast* get stuck [äv. bildl.]; *bilen -de fram till* [*trappan*] the car drove up to..; ~ *fram bilen till* [*dörren*] drive the car up to..; ~ *ifatt* catch up with; ~ *ifrån, se ifrån I;* ~ *ihjäl ngn* run over a p. and kill him [osv.]; ~ *ihjäl sig* [dödas i en bilolycka] be killed in a car accident; ~ *ihop* [kollidera] run into one another; ~ *ihop med* run into, collide with; ~ *in* [hö] bring in; [en försening] make up for; [trimma in, en ny bil] run in; [jaga in, t. ex. barn] pack (send) in; ~ *om* [passera] overtake, pass; ~ *omkring* [itr.] drive ([resp.] ride) round; ~ *omkull ngn* knock a p. down; ~ *omkull med cykeln* fall from (off) one's bicycle [while riding]; ~ *på ngn* [kollidera med] run into a p.; ~ *sönder* [t. ex. ett staket] drive ([resp.] ride) into.. and smash it; ~ *sönder sin bil* [vid krock] smash up one's car; *kör till!* all right! O.K.!; ~ *upp* [för körkort] take one's driving test; ~ *upp ngn ur sängen* make a p. get out of bed; ~ [kasta] *ut ngn* turn a p. out [of doors] ([ur rummet] out of the room); ~ *över ngn* [vanl.] run over a p.; *bli överkörd* be (get) run over
kör|bana [på gata] road[way], [amer.] pavement **-fält** [traffic] lane **-fältsmarkering** [linjer] lines [pl.] marking the lanes **-hastighet** speed **-kort** driving (driver's) licence **-ning** [-ande] driving [osv.], *jfr köra;* [körtur o. d.]: [med bil] drive, [mer yrkesmässig] run **-riktningsvisare** [direction] indicator
körsbär cherry
körsbärs|brännvin kirsch[wasser] **-kärna** cherry-stone **-likör** cherry brandy **-sylt** cherry jam **-trä** cherry-wood **-träd** cherry[-tree]
kör|skicklighet driving-skill, [om [motor]cyklist] riding-skill **-skola** *se bilskola*
körsnär furrier
körsång [sjungande] choir-singing; [komposition] chorus, part-song
körtel gland **-sjukdom** glandular disease
kör|tid driving-time, [med [motor]cykel] riding-time, [järnv.] running-time **-trafik** vehicular traffic
körvel [dansk] chervil
körväg [mots. gångväg] road[way], carriageway, [i park o. till privathus] drive
kött [allm.] flesh [äv. bildl.]; [slaktat] meat, *jfr äv. fårkött, kalvkött* [m. fl.]; [frukt~ äv.] pulp; [*mitt eget*] ~ *och blod*.. flesh and blood **-affär** [butik] butcher's [shop] **-bit** [small] piece of meat **-bulle** [Swedish] meat-ball **-ed** gross oath **-extrakt** meat extract **-fat** meat-dish **-färgad** *a* flesh-coloured **-färs** [råvara] minced meat; [beredd, till fyllning] stuffing, forcemeat; [rätt] meat loaf **-gryta** [kärl] stew-pot; [rätt] hotpot, steak casserole; *Egyptens -grytor* the flesh-pots of Egypt
köttig *a* fleshy
kött|kvarn [meat-]mincer **-lös** *a* fleshless; [om t. ex. diet, dag] meatless **-mat** animal food, meat **-rätt** meat course (dish) **-saft** meat juice, gravy **-skiva** slice of meat **-slamsa** scrap of flesh ([av slaktat kött] meat)
kött|slig *a* **1** [egen] own **2** [sinnlig] carnal **-soppa** [meat-]broth **-spad** [meat] stock, gravy **-sår** flesh-wound **-varor** *pl* meat [sg.] **-yxa** [butcher's] chopper **-ätande** *a* [om människor] meat-eating, [om djur] flesh-eating, carnivorous

L

labb [hand] paw, [näve äv.] fist
laber *a* [⚓] light
labil *a* unstable [äv. psykol.]
laborant laboratory worker **laboration** [experiment] laboratory experiment ([övning, skol.] lesson) **laboratorium** laboratory
laborera *itr* **1** [eg.] do laboratory work **2** [bildl.], ~ *med* [arbeta med] work with
labyrint labyrinth [äv. anat.], maze
lack **1** [sigill~] sealing-wax; [lacksigill] seal **2** [fernissa] lacquer, varnish; [till konstföremål] japan **3** [~läder] patent leather
1 lacka *tr* seal [..with sealing-wax]
2 lacka *itr, svetten ~r av honom* he is dripping with sweat (perspiration)
lack|era *tr* lacquer, japan; [naglar o. i bet. fernissa] varnish **-ering** [abstr. o. konkr.]: lacquering [osv., jfr föreg.]; [bil~] paintwork [end. sg.] **-färg** enamel paint, lacquer
lackmus litmus **-papper** litmus-paper
lack|sko patent-leather shoe **-stång** stick of sealing-wax
lada barn
ladd|a *tr* [fylla]: [allm.] load, [skjutvapen äv.] charge; [elektr.] charge; [*stämningen*] *var ~d* ..was charged; ~ *om* reload, [elektr.] recharge **-ning** [abstr.] loading [osv.], *jfr ladda;* [konkr.]: charge, [i skjutvapen äv.] load
la[du]|gård cow-house **-gårdsbesättning** stock of cattle **-gårdskarl** cowman
1 lag [avkok] decoction; [lösning] solution; [spad] liquor; [socker~] syrup
2 lag **1** *se 1 lager 2* **2** [sällskap] company, [krets] set; [sport. o. arbets~] team; [arbetar~] gang; *bryta ~et* be the first to break up; *gå ~et runt* go the round; *ge sig i ~ med ngn* take up with a p.; *ha ett ord med i ~et* have a voice (a say) in the matter; *över ~* [genomgående] without exception, all along the line, [samtliga] all round; *bjuda på* [*öl*] *över ~* stand..all round **3** [ordning], *i (ur) ~* in (out of) order **4** [belåtenhet], *göra (vara) ngn till ~s* please (suit) a p. **5** *i kortaste ~et* rather (a bit) short; [*10 kronor är*] *i mesta (minsta) ~et* ..pretty much (precious little); *i senaste ~et* almost too late, [i sista minuten] only just in time; *vid det här ~et* by now
3 lag [allm.] law; [jur.: antagen av statsmakterna] act; *läsa ~en för ngn* give a p. a lecture; [*det är*] *i ~ förbjudet* ..prohibited by law
1 laga *a* [lagenlig] legal; [giltig, t. ex. skäl] valid; *vinna ~ kraft* gain legal force; *i ~ tid* within the time prescribed [by law], [friare] in due time
2 laga **I** *tr* **1** ~ [*till*] [allm.] make, [gm stekning o. d. äv.] cook; [göra i ordning, t. ex. måltid] prepare; ~ *mat* cook; ~ *maten* do the cooking; *äta ~d mat* eat cooked food[s [pl.]] **2** [reparera] repair, [göra hel igen äv.] mend; [stoppa] darn; [lappa] patch [up]; [tänder] fill **II** *itr,* ~ [*så*] *att..* [se till] see [to it] that.., [ställa om] arrange (manage) it so that..; ~ *att du kommer i tid!* mind you are in time! **III** *rfl,* ~ *sig hem (i väg)* go home (be off)
lagarbete team-work
lag|bok statute-book, code of laws **-brott** breach (violation) of the law; [-brytande] law-breaking **-brytare** law-breaker **-bunden** *a* ..regulated by law; [t. ex. utveckling] ..conformable to law
lagenlig *a* ..according to [the] law
1 lager **1** [förråd] stock, *av, i* of; [varu~] stock-in-trade; [lokal]: [rum] stock-room[s [pl.]], [magasin] warehouse; *ha..på ~* have ..in stock (on hand) **2** [skikt]: [allm.] layer, [av färg äv.] coat; [geol. äv. samt bildl.] strat|um [pl. -a]; *jfr bred* **3** [⊕] bearing
2 lager [bot.] laurel; *vila på sina lagrar* rest on one's laurels **-bärsblad** bay leaf **-krans** [ss. utmärkelsetecken] laurel wreath **-kransa** *tr* crown .. with the laurel wreath **-träd** laurel, bay[-tree]
lag|fara *tr* have..legally ratified ([fast egendom] ..registered) **-fart,** *söka ~ på* [*fastighet*] apply for the registration of one's title to.. **-förslag** [proposed] bill
lagg [kok.] frying-pan; [för våfflor] waffle-iron; *en ~* [*våfflor*] a round of..
lagledare [sport.] manager of a ([resp.] the) team
lag|lig *a* [laga] legal; [erkänd av lagen, t. ex. arvinge, regering] lawful, [t. ex. ägare] rightful **-lott** [ung.] statutory share of inheritance **-lydig** *a* law-abiding **-lös** *a* lawless **-man** [vid hovrätt ung.] president of a ([resp.] the) court of appeal division; [vid tingsrätt]: [i stad] chief magistrate, [på landet ung.] district [court] judge
lagning **1** [reparation] repair[ing]; mending [osv.], *jfr 2 laga I 2* **2** [kok.], ~ *av mat* cooking
lagom **I** *adv* just right; [nog] just enough; [tillräckligt] sufficiently; [*den är*] [*alldeles*] (*just*) ~ *saltad* ..salted just right; *komma precis ~* [i tid] be just in time, [lägligt] come at the right moment; *skrik ~!* don't shout like that! **II** *a* a) [pred.] just right; [nog] enough b) [attr.]: [tillräcklig] adequate, sufficient; [lämplig, passande] fitting, appropriate; *på ~* [*avstånd*] at just the right..; *är det här ~*

[*mycket*]? is this enough (about right)?, [räcker det] will this do?; [*skon*] *är* [*precis*] ~ *åt mig* .. fits me [exactly]; *det är* [*just*] ~ *åt honom* [iron.] it serves him right **III** *s,* ~ *är bäst* [ung.] everything in moderation

lagra I *tr* [förvara] store; [för förbättring]: [vin] leave..to mature, [ost] leave..to ripen **II** *rfl* **1** [geol.] stratify **2** [om t. ex. damm] settle [in layers] **lagrad** *a* [om vin] matured, [om ost] ripe

lag|skipning administration of the law **-stadgad** *a* statutory, ..fixed (laid down) by law **-stiftande** *a* legislative **-stiftning** [konkr.] legislation **-stridig** *a* ..contrary to [the] law; [olaglig] illegal **-söka** *tr,* ~ *ngn* [*för gäld*] sue a p. [for a debt] **-tima** *a,* ~ *riksdag*[*en*] the ordinary session of the Riksdag

lag|tävlan *o.* **-tävling** team competition

lagun lagoon

lag|vigd *a, min* ~*a* my better half **-överträdelse** transgression of the law

laka *tr,* ~ *ur* leach; [kok.] remove the salt from..by soaking

lakan sheet **lakansväv** sheeting

1 lake *se saltlake*

2 lake [zool.] burbot

lakej lackey [äv. bildl.], footman

lakonisk *a* laconic

lakrits liquorice, licorice

lalla *itr* [sluddra] drool

lam *a* [eg. (förlamad)] paralysed; [domnad av ansträngning] stiff; [bildl.]: [föga övertygande] lame, [svag] feeble

lama [zool. o. tyg] llama

lamell [naturv.] lamell|a [pl. -ae]; [bil]: [i koppling] plate, [i kylare] rib, gill; [elektr.] segment, bar

lamm lamb **-kött** [kok.] lamb **-skinn** [berett] lambskin **-stek** [maträtt] roast lamb

lamp|a lamp; [glöd~ vanl.] bulb **-ett** bracket lamp ([m. levande ljus] candlestick) **-hållare** [fattning] electric light socket **-kupa** globe **-skärm** lamp-shade

lam|slå *tr* [allm.] paralyse; *-slagen av* [*skräck*] paralysed with..

land 1 [rike]: [eg.] country; [i högre stil o. mera bildl.] land; [*stad*] *som ligger inne i (inåt)* ~*et* inland.. **2** [fast~] land, [strand] shore; *se (veta) hur* ~*et ligger* [bildl.] see how the land lies; *i* ~ [allm., t. ex. driva, gå, vara] ashore, on shore, [på landbacken] on land; *gå (stiga) i* ~ go ashore; *jfr vid. landstiga; gå i* ~ *med* [bildl.] manage, cope with; *sätta i* ~ put..ashore; *jfr vid. landsätta; på* ~ a) [mots. till sjöss] on shore, ashore b) [mots. i vattnet] on land; *till* ~*s och till sjöss* a) [t.ex. färdas] by sea and land b) [t. ex. strida] on land and sea **3** [jord] land; [trädgårds~] [garden] plot, [m. t. ex. grönsaker, potatis vanl.] patch **4** [landsbygd], *bo (fara* [*ut*]*) på* ~*et* live in (go into) the country **landa** *itr* land [äv. bildl.]

land|backe, *på* ~*n* on land (shore) **-fäste** [bros] abutment **-gång** [konkr. ⚓] gangway, gang-plank **-krabba** F landlubber **-känning,** *få (ha)* ~ come (be) within sight of land; *få* ~ [grundstöta] touch ground **-ning** landing

landnings|bana runway **-plats** [⚓] landing place; [flyg.] landing ground **-sträcka** landing run **-ställ** *se landställ*

landremsa strip of land

lands|bygd country, countryside **-fiskal** *se resp. polismästare, distriktsåklagare o. kronofogde* **-flykt** exile **-flyktig** *a* ..in exile **-flykting** exile **-förrädare** traitor [to one's country] **-förräderi** treason **-förrädisk** *a* treasonable **-förvisa** *tr* exile, expatriate **-hövding** [ung.] [county] governor, *i* of **-kamp** international [match]

landskap 1 [provins] province **2** [natur o. tavla] landscape; [sceneri] scenery

lands|kommun rural district **-lag** [sport.] international team **-man** [från samma land] fellow-countryman, compatriot, *till* [*ngn*] of..; *vad är han för* ~? what nationality is he? **-mål** dialect

Landsorganisationen, ~ *i Sverige* ([förk.] *LO*) the Swedish Confederation of Trade Unions

landsort, ~*en* the provinces [pl.]

landsorts|bo *s o.* **-mässig** *a* provincial

lands|plåga [national] scourge, [friare] nuisance, pest **-sorg** national mourning

land|stiga *itr* [isht ⚔] land, disembark **-stigning** landing, disembarkation

lands|ting [ung.] county council **-tingsman** [ung.] county councillor

land|storm [ung.] veteran reserve **-strykare** tramp **-ställ** [flyg.] undercarriage **-ställe** country house ([mindre]) cottage, [större] residence)

lands|väg main road; *på allmän* ~ on the public highway **-vägsbuss** coach **-ända** part of a ([resp.] the) country

land|sätta *tr* [isht ⚔] land, [från fartyg äv.] disembark **-sättning** landing, disembarkation **-vinning,** ~*ar* [bildl.] achievements, conquests, advances

lang|a I *tr* [räcka från hand till hand] pass.. from hand to hand; [skicka] hand; [kasta] chuck; ~ *hit* [ge mig] ..! let me have..! **II** *tr itr,* ~ [*sprit*] bootleg [alcoholic liquor] **-are** [sprit~] bootlegger; [knark~] dope pusher

langett blanket-stitching

lanolin lanolin

lans lance **-era** *tr* introduce; [göra populär] popularize; [komma upp med t. ex. mod, idé] start, launch **-ett** lancet

lant|arbetare farm worker, agricultural labourer **-befolkning** country (rural) population **-bo** rustic; ~*r* [vanl.] country-people **-bruk, -brukare** [osv.] *se jordbruk, jordbrukare* [osv.] **-egendom** estate

lanterna [⚓] light; [flyg.] navigation (position) light

lant|gård farm **-hushållning** agriculture **-lig** *a* [eg.] rural; [enkel] rustic [äv. neds.]; [landsortsmässig] provincial **-man** farmer **-mätare** [land-]surveyor

lapa *tr itr* [om djur] lap; ~ *luft (sol)* take in some air (bask in the sun)

lapis lunar caustic, nitrate of silver

1 lapp [same] Lapp, Laplander

2 lapp [till lagning] patch; [trasa] cloth; [etikett] label; [bit] piece, bit, scrap **lappa** *tr* [eg.] patch; [laga] mend; ~ *ihop* [äv. bildl.] patch up, repair

lapp|dräkt Lapp costume **-hund** 'lapphund', Lapland dog **-kåta** *se kåta*

Lappland Lapland

lapplisa traffic warden; F [amer.] meter maid

lappländsk *a* Lapland .., Laplandish

lapp|skrivning [improvised] short written test [in class] **-skräddare** repairing-tailor **-verk,** [*ett*] ~ [a piece of] patchwork

lapsk *a* [attr.] Lapp, [pred.] Lappish **lapska** **1** [kvinna] Lapp woman **2** [språk] Lappish

lapsus lapse, slip

larm 1 [oväsen] noise, [buller] din **2** [alarm] alarm; [~signal] alert; *slå* ~ sound the alarm, [bildl.]: [varna] warn, [protestera] raise an outcry **larma I** *itr* make a noise (din); *en ~nde hop* a clamorous crowd **II** *tr* [alarmera] call

1 larv [zool.]: [allm.] larv|a [pl. -ae]; [av t.ex. mal] caterpillar, [av t. ex. skalbaggar] grub; [av flugor] maggot

2 larv [dumheter] rubbish, nonsense **larva I** *itr* [traska] toddle **II** *rfl* [prata dumheter] talk rubbish; [vara dum] be silly; [bråka] play about **larvig** *a* silly

lasarett [general] hospital

lass [last] load; [lastad vagn] loaded cart (*jfr t.ex. hölass); ett* [bil]~ *kol* a lorry-load of coal **lassa I** *tr* load; ~ [*allt arbetet*] *på ngn* load .. on to a p. **II** [m. beton. part.] *se 1 lasta II*

lasso, *kasta* ~ throw the lasso

1 last 1 [eg.]: [skepps~] cargo, freight; [börda] load; *med full* ~ with a full load; *ta in* ~ ship (take in) [a] cargo **2** *falla (ligga)* [*ngn*] *till* ~ [*ekonomiskt*] become (be) a [financial] burden to.. **3** *lägga ngn* [*ngt*] *till* ~ lay .. to a p.'s charge; *låta* [*ngt*] *komma sig till* ~ render oneself guilty of..

2 last 1 [fel o. d.] vice **2** *se 1 last 3*

1 lasta I *tr itr* [allm.] load; [ta ombord] take in; [ta in last] take in cargo; [ha lastförmåga av] carry **II** [m. beton. part.] ~ *av* unload; [bildl.: minska belastningen på] relieve the pressure on; ~ *i (in)* load, *i* into; ~ *om* a) [på nytt] reload b) [till annat transportmedel] transfer, *på (till)* on to; ~ *på* load, *på* on to; ~ *ur* unload

2 lasta *tr* [klandra] blame, *för* for

lastbar *a* vicious, depraved

last|bil lorry, truck, [amer.] truck **-djur** beast of burden **-fartyg** cargo-ship, freighter **-gammal** *a* extremely old **-ning** loading **-rum** [⚓ konkr.] hold **-ångare** cargo-steamer, freighter

lat *a* lazy; [loj] indolent; [sysslolös] idle **lata** *rfl* be lazy, [slöa] laze, idle

latent *a* latent

later *pl* [fasoner] behaviour [sg.], manners; *stora* ~ grand airs

lathund [hjälpreda]: [för översättning] crib, [för räkning] ready-reckoner

latin Latin; *jfr svenska 2* **Latinamerika** Latin America **latinare** [skol.] pupil on the classical line **latinlinje** [skol.] classical line **latinsk** *a* Latin

latitud latitude [äv. bildl.]

latmask [lätting] lazy-bones [pl. lika]

latrin [avträde] latrine

latsida, *ligga på ~n* be idle

lav lichen

lava lava **-ström** lava stream

lavemang enema

lavendel lavender **-blå** *a* lavender-blue

lavett gun-carriage

lavin avalanche **-artad** *a* avalanche-like

lax salmon [pl. lika]

laxera *itr* take a purgative ([svag.] laxative) **laxer[ings]medel** purgative, [svag.] laxative

lax|färgad *a* salmon-coloured **-öring** salmon trout [pl. lika]

le *itr* smile, *åt* at; ~ *mot* [eg.] smile at ([bildl.] [up]on)

1 led *s* [väg] way; [rutt] route; [farled] fairway; [riktning] direction, way

2 led *s* **1** [fog: anat., bot. o. ⊕] joint; [del av finger, tå] phalanx; [*darra*] *i alla ~er* .. in every limb; *ur* ~ [äv. bildl.] out of joint **2** [länk, t.ex. i beviskedja] link; [stadium] stage; [beståndsdel] part **3** [mat.] term **4** [⚔ o. gymn.]: [personer bredvid varandra] rank, [bakom varandra] file; [rad] line, row; *ställa sig bredvid (efter)* [*ngn*] *i ~et* fall in beside (file up behind).. **5** [släkt~] generation; [släktskaps~] degree [of kindred]; [linje] line; *härstamma i rakt nedstigande ~ från* .. be a lineal descendant of..; [*släkt*] *i uppstigande* ~ .. in lineal ascent

3 led *a* **1** [trött], [*vara*] ~ *på (åt)* .. tired (weary, sick) of **2** [ful] ugly **3** [ond] evil; [stygg] nasty, *mot* to

1 leda *s* weariness, *vid* of; [trötthet] boredom;

[avsmak] disgust, loathing; [motvilja] repugnance; *känna* ~ [avsmak] *vid*.. have a loathing for..; [*höra ngt*] *till* ~ ..till one is sick of it

2 leda I *tr itr,* [anat.] ~ [*på*] flex **II** *itr,* ~ *mot* articulate with

3 leda I *tr* [allm.] lead; [anföra äv. samt t. ex. undersökning, förhör] conduct, [⚔] command; [förestå] manage, direct; [ha hand om] be in charge of; [ha överinseende över] superintend; [vägleda] guide; [rikta, t.ex. tankar] direct; [fys. o. elektr.] conduct; [transportera, t. ex. vatten] convey; [härleda, t. ex. ursprung] trace **II** *itr* lead [äv. sport.] **III** [m. beton. part.] ~ *av (bort* [bildl.]) divert; ~ *in* [t. ex. vatten] lay..on, *i* in

ledamot member; [i lärt sällskap o. d.] fellow, *av, i* [i båda fallen] of

led|ande *a* [allm.] leading; [om t. ex. princip] guiding; [fys.] conducting; *de* ~ *inom* [*firman*] those in a leading position within.. **-are 1** [pers.]: [allm.] leader; [anförare] conductor; ~ *av (för)* [*ett företag*] manager (head) of.. **2** [i tidning] leader, editorial **3** [fys.] conductor

ledarskap leadership

led[a]s *itr. dep* be bored, *vid (åt)* with

ledband, [*gå*] *i* ~ [be] in leading-strings

ledbruten *a, känna sig alldeles* ~ be aching all over

ledfyr [⚓] leading light; [bildl.] beacon

ledgångsreumatism rheumatoid arthritis

ledig *a* **1** [fri] a) [om pers.]: free; [sysslolös] unoccupied, idle; [arbetslös] unemployed b) [om tid]: free, ..off; [inte upptagen] leisure.., spare..; *på* [*mina*] ~*a stunder* in my spare (leisure) time; *bli* ~ [*från arbetet*] get off [work (duty)]; *göra sig* ~ take time off; *ha (få)* ~*t från skolan* have (be given) a holiday from school; *hon är* ~ *(har* ~*t) i dag* she has today off, [har sin ~a dag] she has her day off today **2** [obesatt, obebodd] vacant, [om t. ex. sittplats vanl.] unoccupied; [ej upptagen om t. ex. taxi (pred.)] not engaged; [disponibel]: [attr.] spare, [pred.] free; [att tillgå] available; [ss. skylt]: [på taxi] for hire, [på t. ex. toalett] vacant; ~*a platser* [tjänster] vacancies; *är bilen* ~*?* [till taxichauffören] are you free?; *är den här platsen* ~*?, är det* ~*t här?* is this seat free? **3** [otvungen] easy; [bekväm, om t. ex. kläder] comfortable, loose-fitting; ~*a!* [stand] at ease!

ledig|förklara *tr* announce..as vacant **-het 1** [ledig tid] free time, leisure, time off; [semester] holiday **2** [otvungenhet i umgänge] easiness of manner

ledigt *adv* **1** *ha (få)* ~, *se ex. under ledig 1* **2** [med lätthet, allm.] easily; [obehindrat, t. ex. röra sig] freely; [*röra sig*] ~ [otvunget] ..with ease; *sitta* ~ [om kläder] fit comfortably

ledmotiv recurrent theme, leitmotif [ty.]

ledning 1 [skötsel o. d.] management; [ledarskap] leadership; [väg~] guidance; [ledtråd] lead, clue, [sport.] lead; *ta* ~*en* take the lead, [ta befälet] take over command; *med* ~ *av* [*dessa iakttagelser*] guided by..; *under* ~ *av* a) [t. ex. en lärare] under the guidance of b) [mus.] conducted by **2** [koll. om pers.], ~ *en* [inom företag] the management **3** [⊕, elektr., tråd] wire, [grövre] cable; [kraft~ o. telef.] line; [rör] pipe

led|saga *tr* [allm.] accompany; [beskyddande] escort **-sagare** *se följeslagare*

led|sam *a* [långtråkig] boring, tedious; [ointressant] dull; *se vid. tråkig* **-samt** *adv, se tråkigt* **-sen** *a* **1** [sorgsen] sad; [bedrövad] grieved, *över* [i båda fallen] about; [förargad] annoyed, *för (över)* [*ngt*] at (about).., *på* [*ngn*] with..; [besviken] disappointed, *över* at; [sårad] hurt, *över* about; *jag är* ~ [*att jag gjorde det*] I am sorry [I did it]; *jag blir inte* [*alls*] ~ *om* [ofta] I don't mind [a bit] if..; *var inte* ~ [bekymrad] [*för det*]*!* [vanl.] don't worry [about that]! **2** [trött], *se 3 led 1*

leds|na *itr* grow (get) tired, *på* of **-nad** [bedrövelse] distress, sorrow, grief, *över* [i samtl. fall] at; *till min* ~ *hör jag att*.. I hear with regret that..

led|stång handrail **-tråd** clue, *till* to

leende I *a* smiling **II** *s* smile

legal *a* [laglig] legal **-isera** *tr* legalize

legat [testamentsgåva] legacy, bequest

legation legation

legend legend; [uppdiktad historia] myth **-arisk** *a* legendary [äv. bildl.]

legera *tr* alloy **legering** [konkr.] alloy

legion legion **legionär** legionary

legitim *a* legitimate **legitimation 1** [styrkande av identitet] identification; *jfr legitimationskort* **2** [styrkande av behörighet] authorization **legitimationskort** identity (registration) card **legitimera I** *tr* **1** [göra laglig] legitimate **2** [ge behörighet] authorize; ~*d* [*läkare*] [äv.] registered (fully qualified).. **II** *rfl* prove one's identity

legymer *pl* vegetables

leja *tr* hire; [anställa] take on

lejd [garanti] safe-conduct

lejdare [⚓ trappa, repstege] ladder

lejon lion [äv. bildl.] **-gap** [bot.] snapdragon **-hona** *o.* **-inna** lioness **-klo,** *visa* ~*n* show one's mettle **-kula** lion's den **-part,** ~*en* the lion's share **-unge** young lion, lion cub

lek 1 [ordnad] game; [lekande] play; [*arbetet*] *går (är) som en* ~ *för honom*.. is child's play to him; *på* ~ for fun; [*han tar allting*] *på* ~ ..lightly; *vara ur* ~*en* be out of the running **2** [zool.]: [fiskars] spawning; [fåglars] pairing, mating **3** [kort~] pack **leka** *tr itr*

1 [allm.] play [äv. bildl.]; [på lek vara el. utföra] play at; [spela rollen av] act; [*han (det) är*] *inte att ~ med* ..not to be trifled with **2** [zool.]: [om fiskar] spawn, [om fåglar] pair, mate
lekam|en body **-lig** *a* bodily
lek|ande *adv*, [*det går*] ~ *lätt* [it is] as easy as winking (pie) **-boll**, *en ~ för ödet* the sport of Fortune **-full** *a* playful **-kamrat** playmate, playfellow
lek|man layman **-mannamässig** *a* [attr.] lay, amateur
lek|plan playing-field **-plats** [-plan] playground **-sak** toy, plaything **-saksaffär** toyshop **-skola** nursery school, kindergarten **-stuga** [barns] playhouse
lektion lesson [äv. bildl.]; *ge ~er* [*i engelska*] [vanl.] teach [English]; *ta ~er i engelska för* [*ngn*] have English lessons with (from)..
lektor 'lektor'; [skol. äv. ung.] senior master ([kvinnlig] mistress), *i* [*engelska*] of..; [univ. äv.] lecturer **lektyr** reading; [konkr.] reading matter
lem limb; [mans~] male organ **-lästa** *tr* maim, [göra till invalid] cripple
len *a* [mjuk] soft, [slät] smooth
leopard leopard **-hona** leopardess
ler, *de hänger ihop som ~ och långhalm* they stick (cling) together **lera** clay, [sandblandad] loam
ler|gods earthenware, pottery **-golv** earth[en] floor **-gök** [primitive] ocarina **-ig** *a* [-haltig] clayey, loamy; *vara ~* [nersmord] be [all] clayey **-jord** clay[ey] soil **-kruka** crock; [förvaringskärl] earthenware jar **-välling**, [*vägen är*] *en enda ~* ..just a mass of mud
leta I *itr* [allm.] look; [ihärdigt] search, [ivrigt] hunt, *efter* [i samtl. fall] for; [*sådana människor*] *får man ~ efter* .. are not easy to find; ~ *i* [*sina fickor*] *efter* search..for **II** *rfl*, ~ *sig dit* find one's way there **III** [m. beton. part.] ~ *fram* hunt ([gräva] rummage) out, *ur* from; ~ *sig fram* find ([bana sig] make) one's way; ~ *igenom* [t.ex. rum] search, [t. ex. sina tillhörigheter] search through, [gå igenom] ransack; ~ *reda (rätt) på* [try ([lyckas] manage) to] find; ~ *ut* [utvälja] pick out; [ta reda på] find out
lett Latvian; [etnogr.] Lett **lettisk** *a* [geogr.] Latvian; [etnogr.] Lettish **Lettland** Latvia
lev|a I *itr tr* **1** [allm.] live; [vara i livet vanl.] be alive; [existera] exist; [fortleva] survive; *-e* [*konungen*]*!* long live..!; *låta* [*ngn*] *få veta att han -er* lead..a life [of it], [skälla ut] give..what for; ~ [tillbringa] *sitt liv* spend one's life; ~ *ett* [*anständigt*] *liv* lead (live) a.. life; ~ *av (på)* [*ngt*] live on.., [försörja sig genom] live by..; ~ *för dagen* live from day to day **2** [väsnas] be noisy **II** [m. beton. part.] ~ *sig in i* [*ngns känslor*] enter into..; ~ *kvar* [allm.] live on, survive; ~ *med* [*i sällskapslivet*] go about a great deal; ~ *om* [festa] lead a fast life; ~ *upp* a) [tr., festa upp] run through, [förbruka] use up b) [itr.], ~ *upp igen* revive **-ande** *a* [allm.] living; [isht ss. mots. till död]: [pred.] alive, [attr.] living; [bildl.]: [livfull] lively, [stark.] vivid; [naturtrogen] life-like; *göra* [t. ex. skildring, roll] ~ make..live [vb.], [t.ex. tavla] make.. life-like; ~ *blommor* natural (real) flowers; *i ~ livet* in real (actual) life; ~ *ljus* [pl.] candles; *en ~ skildring* a lively (vivid) description; ~ *varelser* living (animate) beings
Levanten the Levant
leve *s* cheer; *utbringa ett* [*fyrfaldigt*] ~ *för* give ([föreslå] call for) four cheers for
levebröd livelihood, living; [yrke] job
lever [anat.] liver
leverans delivery [äv. konkr.] **-tid** time (date) of delivery, delivery time (date)
lever|antör supplier, [stor~] contractor, [isht av livsmedel] purveyor; [avlämnare] deliverer **-era** *tr* [tillhandahålla] supply, furnish, provide, *ngt till ngn* [i samtl. fall] a p. with a th.; [sända] deliver; [prestera] produce
leverfläck liver spot, [friare] mole
leverne [liv] life; *bättra sitt ~* mend one's ways
leverop cheer
leverpastej liver paste
levnad life
levnads|bana career **-förhållanden** *pl* circumstances; *hans ~* the conditions under which he lives **-glad** *a* ..full of vitality (zest [for life]) **-kostnader** *pl* cost [sg.] of living **-kostnadsindex** *se konsumentprisindex* **-standard** standard of living **-vett** good breeding **-villkor** *pl* living conditions **-år** year of [one's] life
levra *rfl* coagulate, clot
lexikon dictionary; [konversations~] encyclop[a]edia
lian liana, liane
Libanon [land] Lebanon **libanes** *s o.* **libanesisk** *a* Lebanese
liberal *a* liberal **-ism** liberalism
Libyen Libya **libysk** *a* Libyan
licens licence; *jfr -avgift* **-avgift** licence fee **-innehavare** licensee
licentiat licentiate; *filosofie ~ (fil. lic.)* Licentiate of Philosophy
1 lid|a *itr* [gå] pass [on]; [framskrida, om tid] draw (wear) on; *ju längre det led* the later it grew; [*han kommer*] *vad det -er* .. sooner or later (in time)
2 lid|a I *itr* [plågas]: [allm.] suffer, *av* from; [ha plågor äv.] be in pain; ~ *av* [ha anlag för (t. ex. svindel)] be subject to; *jag -er* [pinas] *av det* it makes me suffer; *få ~ för* [*ngt*]

have to suffer (pay) for.. **II** *tr* [plågas av] suffer; [uthärda] endure; ~ [*hunger (törst)*] suffer from.. **-ande I** *a* suffering, *av* from; *bli* ~ [*på* [*ngt*]]: [om pers.] be the sufferer (loser) [by..], [om sak] suffer [by..] **II** *s* **1** suffering; [bibl. o.d.] affliction **2** [åkomma] disease
lidelse passion; [hänförelse] fervour **-fri** *a* dispassionate **-full** *a* [allm.] passionate; [om tal] impassioned
lider shed
liderlig *a* [om pers.] lecherous, lewd **-het** lechery, lewdness
lie scythe **-mannen** Death
lier|a *rfl* ally oneself **-ad** *a* connected
lift 1 [skid~ o.d.] lift **2** *få* ~ get a lift **lifta** *itr* hitch-hike **liftare** hitch-hiker
liga [tjuv~ o. d.] gang, [spion~] ring; [fotbolls~ o. d.] league
ligg|a I *itr* **1** lie, [vara i liggande ställning äv.] be lying; [ej stå el. sitta, vila] be lying down; [vara sängliggande] be in bed; [sova, ha sin sovplats] sleep; [vara, befinna sig] be; [vara belägen] be [situated (located)], stand; [vistas] stay; [vara förlagd ⚔] be stationed (quartered); [förvaras] be kept; [hålla sig på plats (om t. ex. hår)] stay in place; [jfr äv. under resp. huvudord ss. *hjärta, process* etc.]; ~ [*sjuk*] be laid up, be ill in bed; [*snön*] *kommer inte att* ~ ..won't stay; *-er du bra* [*så där*]? are you comfortable..?; ~ *länge* [*på morgnarna*] stay in bed late..; [*huset*] *-er nära stationen* ..is close to the station; *var ska (brukar)* [*knivarna*] ~? where do.. go?; ~ *och läsa* lie reading, [i sängen] read in bed; ~ *och sova* be sleeping; ~ *och vila* [lie down and] have a rest; *låta* [*ngt*] ~ [inte röra] leave..alone, [lämna [kvar]] leave..; [m. obet. prep.], [*avgörandet*] *-er hos honom* ..lies (rests) with him; ~ *i* [*influensa*] be down with..; ~ *i Lund* [*och studera* [*språk*]] be [up] at Lund [studying..]; ~ *i* [*samma rum*] sleep in (share)..; *det -er i släkten* it runs in the family; *det -er mycket i det* [bildl.] there is a good deal in that; *man -er bra i den här sängen* this is a comfortable bed [to sleep (lie) in]; ~ [ha samlag] *med* sleep with; *huset -er mellan* [*två sjöar*] the house lies (is situated) between..; ~ [vetta] *mot*.. face..; ~ *på knä* be [down] on one's knees; ~ *på sjukhus*[*et*] be in hospital; ~ *vid universitetet* be at the university; [*staden*] *-er vid floden (kusten)* ..stands on the river (is on the coast); [*rummet*] *-er åt (mot) gatan* ..overlooks the street
2 [om fågelhona], ~ *på ägg* sit [on her eggs]; ~ *och ruva* be brooding
3 [vara tillfrusen] be frozen over
II [m. beton. part.] ~ *av sig* [om pers.] get out of practice; ~ *bi* [⚓] lie to (by); ~ *efter med* be behind (behindhand) with; ~ *efter ngn* [ansätta] keep on at a p., [hålla efter] keep a close check on a p.; ~ *framme* [till bruk o. d.] be out (ready); *låt inte* [*pengarna*] ~ *framme* don't leave.. [lying] about; [*det*] *-er inte för mig* ..is not in my line, [passar mig inte] ..doesn't suit me; ~ *i* [knoga] work hard, be at it; ~ *inne* [⚔] serve; ~ *kvar* [*i sängen*] remain in bed; ~ *kvar* [*över natten*] stay the night; ~ *nere* [om t. ex. arbete] be at a standstill, [om t. ex. fabrik] stand idle; [*här*] *-er vinden på* the wind blows hard..; ~ *bra (illa) till* [om t. ex. hus] be well (badly) situated, [om pers. (i t. ex. tävling)] be well (badly) placed; ~ *bra till för*.. [passa] suit ..well; *det -er illa till för honom* his prospects are none too good; [*ta reda på*] *hur saken -er till* ..how matters stand; *som det nu -er till* as (the way) things are now; *det -er något under* [*det här*] [bildl.] there is something at the bottom of this; ~ *under* [vara underlägsen] be inferior, *ngn* to a p.; [*hans anbud*] *-er under* [*mitt*] ..is lower [than mine]; ~ *ute med* [ha lånat ut] *pengar* have money owing to one; ~ *över* a) [övernatta] stay overnight (the night); [*du kan*] ~ *över här* [*i natt*] ..sleep here tonight b) [vara överlägsen] be superior, *ngn* to a p. c) [ansätta] *se* ~ *efter ngn*
ligg|ande *a* [allm.] lying; [om pers. äv.] reclining; [belägen äv.] situated; [vågrät] horizontal; *bli* ~ a) [om pers.]: [i sängen] remain in bed, [inte kunna resa sig] not be able to rise b) [om sak]: [ligga kvar] remain, [bli kvarlämnad] be left, [inte göras färdig] remain undone, [inte bli avsänd] not be sent off **-are** [bok] register, *för* of; [H äv.] ledger **-dags** *adv, se sängdags* **-plats** *se sovplats* **-stol** [vil-] deck-chair **-sår** bedsore **-vagn** [järnv.] couchette car
ligist hooligan, [amer. äv.] hoodlum
liguster privet
1 lik *s* corpse; [dead] body
2 lik *s* [⚓ tross] bolt-rope
3 lik *a* [attr. *se lika I*] like; [*de är*] *mycket* ~*a* [*varandra*] ..very much alike; *hon är* ~ *honom* she is like him, *till* [*utseendet*] in..; *de är så* ~*a att*.. they are so much alike that..; *vara sig* ~ be the same as ever; [*här*] *är allt sig* ~*t* everything is just the same as ever..; *det är* [*just (så)*] ~*t honom!* it is just like him! **lika I** *a* [pred. *jfr äv. 3 lik*]: [av samma storlek, värde etc.] equal; [om t. ex. antal] even; [samma, likadan] the same; [helt överensstämmande] identical; [likformig, enhetlig] uniform; [*2 plus 2*] *är* ~ *med 4* ..make[s] (is [el.] are, equal[s]) 4; *vara* ~ *mot* [*alla*] treat..alike (the same); *fem* ~ [i spel] five all **II** *adv* **1** [vid verb]: [likadant] in the same way (manner), [uttr. inbördes

jämförelse äv.] alike; [i lika delar] equally **2** [vid adj. o. adv.]: [just] as; [i lika grad] equally; [inte mindre] none the less; [lika mycket] [just] as much, *som* as; ~ .. *som* .. as .. as ..; *han är* ~ *gammal som jag* [vanl.] he is my age; *vi är* ~ *gamla* [vanl.] we are the same age; [*föremålen är*] ~ *stora* [vanl.] .. the same size

lika|berättigad *a, vara* ~ have equal rights, *med* with **-dan** *a* similar, *som* to; .. of the same sort (kind), *som* as; [alldeles lika] the same **-dant** *adv* in the same way; [t. ex. göra] the same **-ledes** *adv, se likaså 1* **-lydande** *a, i två* ~ *exemplar* in duplicate

likartad *a* [liknande] similar, *med* to

lika|sinnad *a* like-minded **-så** *adv* **1** [-ledes] likewise; [också] also; [*hon kom och*] ~ *han* .. so did he **2** *se lika II 2* -[**så**]**väl** *adv* just as well, *som* as

lik|begängelse funeral [ceremony] **-besiktning** post-mortem **-blek** *a* deathly pale

lik|e equal; *söka sin* ~ be matchless (unequalled); *en* [*fräckhet*] *utan* ~ an unparalleled .. **-formig** *a* [enhetlig] uniform; [geom.] similar, *med* to **-giltig** *a* indifferent [äv. om sak], *för* [*ngt*] to ..; [håglös] listless, apathetic; [vårdslös] nonchalant; [oberörd] impassive; [oviktig] unimportant; *det är mig* [*fullkomligt*] ~*t* [*vad du gör*] it is [all] the same to me .. **-giltighet 1** indifference, *för* to; listlessness, apathy; nonchalance; impassiveness; unimportance; *jfr likgiltig* **2** [bagatell] triviality **-het** [isht till utseendet] resemblance, [till art] similarity, *med* to; [jämlikhet samt mat.] equality; *i* ~ *med* [liksom] like, [i överensstämmelse med] in conformity with **-hetstecken** equals sign, equal-sign

lik|kista coffin **-lukt** cadaverous odour

likn|a I *itr* [vara lik] be like, resemble, *ngn* [*till* [*utseendet*]] a p. [in ..]; [se ut som] look like; [brås på] take after **II** *tr,* ~ *vid* compare to **-ande** *a* [likartad] similar; [dylik] .. like that (this); [*skolor*] *och* ~ .. and the like **-else** [jämförelse] simile, [bild] metaphor; [bibl.] parable, *om* of

lik|nöjd *a* listless; [-giltig] indifferent **-rikta** *tr* [elektr.] rectify; [bildl.] standardize **-riktning** rectification; standardization **-sidig** *a* equilateral

liksom I *konj* [framför subst. ord] like; [framför adv. samt inledande fullst. el. förk. sats] as; ~ [*om*] as if; ~ [*även*] as well as **II** *adv* [så att säga] as it were, so to speak, [på något sätt] somehow, F sort (kind) of

lik|ström direct current, D.C. **-ställa** *tr* place .. on an equality **-ställd** *a, vara* ~ *med* be on an equality with

liktorn corn

liktydig *a* [synonym] synonymous; *vara* ~ *med* [bildl.] be tantamount to

lik|tåg funeral procession **-vagn** [begravnings-] hearse **-vaka** vigil

likvid I *s* payment; *se vid. betalning* **II** *a* [tillgänglig], ~*a medel* liquid capital [sg.] **-ation** liquidation **-era** *tr itr* liquidate **-ering** liquidation

likväl *adv* [ändå] yet, still, nevertheless; [i alla fall] all the same

likvärdig *a* equivalent, *med* to

likör liqueur

lila *s o. a* [ljus~] lilac, mauve; [mörk~] purple; [violett] violet; *jfr blått; för sms. jfr blå-*

lilja lily **liljekonvalje** lily of the valley

lilla *a, se liten* **lillan** my [etc.] little girl **lillasyster** my [etc.] little (young[er]) sister **lille** *a, se liten* **lilleputt** Lilliputian

lill|finger little finger **-gammal** *a* old-fashioned, [brådmogen] precocious **-tå** little toe

lim glue **limfärg** distemper **limma** *tr* [hopfoga] glue **limning**, *hon höll på att gå upp i* ~*en* she was going mad

limpa 1 [avlång bulle] loaf [pl. loaves]; [brödsort av rågmjöl] rye bread **2** *en* ~ [*cigarretter*] a carton of ..

lin flax

lin|a rope, [smäckrare] cord; [isht ⚓] line; [stål~] wire; *visa sig på styva* ~*n* show one's paces, [briljera] show off **-bana** [häng~] [aerial] ropeway

lind lime[-tree], [isht poet.] linden

linda I *s* [för spädbarn] swaddling-clothes [pl.]; *kväva .. i sin* ~ [bildl.] nip .. in the bud **II** *tr* [vira] wind; [svepa] wrap; [binda] tie; [t. ex. ett brutet ben] bind up; [spädbarn] swaddle **III** [m. beton. part.] ~ *in* wrap up; ~ *om fingret* tie something round one's finger; ~ *om* [*halsen*] muffle ..; ~ [svepa] *om sig ngt* wrap oneself up in a th.

lindansare [tight-]rope walker

lindra *tr* [nöd, fattigdom] relieve; [smärtor]: mitigate, [verka lugnande [på]] soothe **lindrig** *a* [mild, inte sträng] mild [äv. om sjukdom]; [lätt, inte allvarlig] light; [obetydlig, t. ex. om feber] slight **lindrigt** *adv* mildly [osv.]; ~ *sagt* to put it mildly **lindring** [av smärta, nöd o. d.] relief; [av straff, arbetsbörda] reduction, *i* of

lingon lingonberry, red whortleberry **-sylt** lingonberry [osv.] jam

lingul *a* flax-coloured, [om hår] flaxen

liniment liniment, embrocation

linjal ruler, [⊕] rule

linje [i flertalet bet., äv. bildl.] line; [skol. äv.] side, stream; ~ *5* [trafik.] number 5; [bussarna] *på* ~ *5* .. on route number 5; *den slanka* ~*n* the slim waist-line; *får jag* [*be om*] ~*n* [telef.] can I have an outside line?; *över hela* ~*n* [bildl.] all along the line, [genomgående]

throughout **linjedomare** linesman **linjera** *tr* rule
linka *itr* limp, hobble
linne 1 [tyg] linen **2** [koll.]: [~förråd] linen, [underkläder] underwear, linen **3** [plagg] vest, [natt~] nightdress **-förråd** stock of linen **-skåp** linen cupboard **-väv** linen [fabric]
linning band
linoleum linoleum **linolja** *s* linseed oil
lins 1 [bot.] lentil **2** [opt., anat.] lens
lip, *ta till ~ en* turn on the waterworks **lipa** *itr* [gråta] blubber **lipsill** cry-baby
lirka *itr, ~ med ngn* coax a p., *för att få honom att* [inf.] into [ing-form]
lisa [lindring] relief; [tröst] solace, comfort
lism|a *itr* fawn **-ande** *a* fawning, wheedling, oily **-are** fawner
Lissabon Lisbon
1 list [listighet] cunning; [knep] trick
2 list 1 [kant~] strip **2** [bård] border, edging **3** [trädg.] [narrow] bed ([kant~] border); [gurk~ o.d.] ridge
1 lista *s* [förteckning] list, *på (över)* of
2 lista I *tr, ~ ur ngn ngt* worm a th. out of a p.; ~ [fundera] *ut* find out **II** *rfl, ~ sig in* steal (sneak) in **listig** *a* cunning, sly, [förslagen] smart
lit, *sätta* [*sin*] *~ till* [lita på] put confidence in, [förtrösta på] put one's trust in **lita** *itr, ~ på* [förlita sig på] depend [up]on, [hysa förtroende för] trust, [vara förvissad om] be assured of
Litauen Lithuania **litauisk** *a* Lithuanian
lite *se litet II* **liten** *(litet, lille, lilla, små);* [*jfr litet, mindre, minst, smått* o. resp. huvudord] **I** *a* a) small [vanl. ss. beton. best. till konkr. subst. o. subst. som betecknar antal, pris o. d.] b) little [ss. best. till övr. abstr. subst. samt känslobetonat ss. best. till konkr. subst.] c) [ytterst liten] tiny, minute; [kort] short; [obetydlig] slight, [futtig] petty; *barn lilla,* [*vad gör du!*] my dear child..!; [*tacksam för*] *minsta lilla bidrag* .. the least little contribution; *lilla du!* my dear!; *din lilla (lille) dumbom!* you little fool!; *ett litet glas öl* [*skulle smaka bra*] a drink of beer..; *ett litet sött hus* a pretty little house; *den lilla stackarn* that poor little thing; *är det på det lilla viset?* so that's the way it is
II *subst. a* **1** [*hon väntar*] *en ~* ..a baby; *stackars ~!* poor little thing!; *redan som ~* even as a child **2** *den lilla, se lillan; det lilla som* [*finns kvar*] what little.. **3** *de små* [barnen] the little ones; *stora och små* great and small
litenhet smallness, littleness; *jfr liten*
liter litre; *en ~* .. [ung. motsv.]: [om våtvaror o. frukt] two pints of.., [om torra varor samt amer.] a quart of..; *25 ~ bensin* [ung.]5 1/2 gallons of petrol, [amer.] 6 1/2 gallons of gas[oline] **-butelj** litre bottle
litet I *a, se liten I; jfr II* **II** (F *lite) subst. a o. adv; jfr mindre o. minst* **1** [föga] little; [få] few; *inte* [*så*] *~* [*vin (arg)*] not a little..; *inte* [*så*] *~* [*få*] [*fel*] not a few [faults]; *rätt ~ folk* rather few people; *det vill inte säga så ~!* that's saying a great deal!; *han är inte ~* [*till*] *dum* he is pretty stupid **2** [något, en smula] *(jfr smula I 2)* a little, [i förb. m. subst. äv.] some, [framför adj. o. adv. äv.] somewhat, rather, [obetydligt] slightly; [några få] a few, some; *~* [*mer*] *bröd* some (a little) [more] bread; [*vill du ha*] *~ jordgubbar?* ..some (a few) strawberries?; *~ upplysningar* some (a little) information; *~ rädd* a little (a bit) afraid; *~ då och då* every now and then; *~ av varje* a little (a bit) of everything; *~ var har vi..* pretty well every one of us has..
lito|grafi 1 [metod] lithography **2** [alster] lithograph **-grafisk** *a* lithographic
litteratur literature **-historia** [[vanl.] the] history of literature
litterär *a* literary
liturgi liturgy **liturgisk** *a* liturgical
liv 1 [allm.] life; [livstid] lifetime; [tillvaro äv.] existence; [levnadssätt] way of life, living; *~ och rörelse* bustle, bustling life; *få ~* come to life; *få ~ i* get some life into; *ge ~ åt* [t.ex. rummet, tavlan] give life to, [ingjuta liv i] infuse life into; *ge ~et åt* [föda] give birth to; *hålla ~ i* [*en diskussion*] keep..going; *ta ~et av ngn (sig)* take a p.'s (one's [own]) life; *det tar ~et av honom* that will be the death of him; *springa för* [*brinnande (glatta)*] *~et* run for dear life; *för mitt ~ kan jag inte* [*begripa*] I can't for the life of me..; *i hela mitt ~* all my life; *har du (är)* [*dina föräldrar*] *i ~et?* are..living (alive)?; *med ~ och lust* with gusto (zest); *komma ifrån ngt med ~et* escape from a th. alive; *trött på ~et* tired of living (life); *vara vid ~* be alive **2** [levande varelse] living being, [om pers. äv.] [living] soul **3** [kropp] body; *veka ~et* [nedre bålen] the belly (abdomen); *gå ngn inpå ~et* get close to a p.; *komma ngn inpå ~et* [lära känna] get to know a p. intimately **4** *få sig ngt till ~s* have (get) a th. to eat; [bildl.] be treated to a th. **5** [midja] waist [äv. på plagg]; *vara smal om ~et* have a small (slender) waist **6** [plagg] bodice **7** [oväsen] row, noise, [bråk, uppståndelse] to-do, fuss
liva *tr* [ge liv åt] enliven, animate; *~ upp* liven up **livad** *a* **1** [munter] merry, [uppsluppen] hilarious **2** *vara ~ för* be keen on
liv|aktig *a* lively, [livskraftig] vigorous, [aktiv] active **-boj** life-buoy **-båt** lifeboat **-bälte** lifebelt **-egen** *a, en ~ bonde* a serf **-full** *a* ..full of life, [livlig] lively; [om skildring o. d.] vivid **-försäkra** *tr, ~ ngn* insure a p.'s life

-försäkring life insurance, [life] assurance; *jfr försäkring* [m. ex. o. sms.] **-lig** *a* [allm.] lively; [rörlig] active; [vaken] alert; [om skildring o. d.] vivid; [om debatt] animated; [om efterfrågan] keen; [om förhoppning] sincere; [om intresse] great, keen; [om trafik] heavy, busy **-lighet** liveliness; animation **-ligt** *adv* in a lively (spirited) manner; [ivrigt] keenly; [t.ex. föreställa sig] very well, [t. ex. instämma] heartily **-lina** life-line **-lös** *a* [allm.] lifeless; [uttryckslös] expressionless **-moder** womb, [läk.] uter|us [pl. -i] **-moderinlägg** intra-uterine contraceptive device ([förk.] IU[C]D); ['spiral'] coil **-nära I** *tr* [föda] feed, [försörja] support **II** *rfl* [försörja sig] support oneself

livré livery **-klädd** *a* liveried

liv|rem [waist-]belt **-räddning** [från drunkning] life-saving **-ränta** life annuity **-rätt** favourite dish

livs|elixir elixir of life **-fara** danger to life **-farlig** *a* highly dangerous; [om skada o. d.] grave, [dödlig] fatal **-glädje** joie de vivre [fr.] **-hotande** *a, se -farlig* **-kraft** vital force, vitality **-kraftig** *a* vigorous, robust **-leda** deep depression, weariness of life **-levande** *a* life-like; [om minnen, beskrivning] vivid; [*där stod han*] ~ ..in person **-längd** [om pers.] length of life; [om sak] life **-medel** *pl* provisions; *jfr matvaror* **-medelsaffär** provision merchant's (grocer's) [shop] **-mod** courage to face life **-tecken** sign of life; *han har inte gett något ~ ifrån sig* [bildl.] there is no news from him **-tid** life[time]; *jfr fängelse* **-uppehälle** [uppehållande av livet] maintenance of life, subsistence; [utkomst] living, livelihood **-uppgift** mission (object) in life **-villkor** vital necessity; ~ [levnadsförhållanden] living conditions **-åskådning** outlook on (philosophy of) life

livvakt bodyguard [äv. koll.]

ljud [allm.] sound [äv. *~et*]; [buller] noise; [klang (om instrument)] tone; *inte ge ett ~ ifrån sig* [om pers.] not make (utter) a sound

ljuda *itr* [låta] sound; [höras] be heard; [klinga, skalla] ring; [klämta] toll; [genljuda] resound

ljud|band [för bandspelare] tape **-bang** sonic bang **-barriär** *se -vall* **-bildband** sound film-strip **-dämpare** silencer, [amer.] muffler **-enlig** *a* [språkv.] phonetic **-film** sound film **-förstärkare** amplifier **-isolera** *tr o.* **-isolerad** *a* sound-proof **-lig** *a* [allm.] loud; [om t. ex. örfil] resounding; [om kyss] smacking **-lära** [fonetik] phonetics **-lös** *a* soundless, [utan buller] noiseless **-radio** sound broadcasting **-skrift** sound notation, phonetic transcription **-styrka** volume of sound **-vall,** *passera ~en* break through the sound barrier **-våg** sound-wave

ljuga *itr* lie, *för ngn* to a p.; tell a lie (lies); *~ ihop ngt* make up a th.

ljum *a* [eg. o. bildl.] lukewarm, tepid; [om vind, väder] warm, mild

ljumske groin

ljung heather, [ibl.] ling

ljung|a *itr* [blixtra] flash [äv. bildl.] **-ande** *a, en ~* [våldsam] *protest* a vehement protest

ljus I *s* [allm. o. bildl.] light [äv. *~et*]; [stearin~ o.d.] candle; [snille] shining light; *nu gick det upp ett ~ för mig* now a light has dawned [up]on me; *föra ngn bakom ~et* take a p. in; *leta* [*efter ngt*] *med ~ och lykta* search high and low [for a th.] **II** *a* light; [om dag, klangfärg] clear; [om hy, hår] fair, *se vid. blond;* [om öl] pale; [klar, lysande, äv. bildl.] bright; *mitt på ~a dagen* in broad daylight; *få en ~ idé* get a bright idea (F a brain-wave) **-bild** [lantern] slide **-blå** *a* [eg.]: [attr.] light-(pale-)blue; [pred.] light (pale) blue **-glimt** gleam of light ([bildl.] of hope) **-huvud** [bildl.] genius **-hyad** *a o.* **-hyllt** *a* fair-(clear-)-skinned **-hårig** *a* fair[-haired], blond ([om kvinna] blonde) **-klädd** *a* ..in light-coloured clothes **-krona** chandelier **-känslig** *a* .. sensitive to light **-manschett** candle-(drip-)-ring

ljus|na *itr* **1** [eg.] get (grow) light; [om väder] clear up; [om färg] become light[er] **2** [bildl.]: [om ansiktsuttryck] brighten; [om utsikter] get brighter **-ning 1** [gryning] dawn **2** [bildl.] change for the better **-punkt 1** [lampa] light[ing] point; [strömuttag] socket **2** [bildl.] bright spot **-sken** light **-skygg** *a* [bildl., 'skum'] suspicious, shady **-skylt** electric sign **-stake** candlestick

ljuster fish-spear **ljustra** *tr* spear

ljus|år light-year **-äkta** *a* [attr.] ..that will not fade; ..resistant to light

ljuta *tr, ~ en ögonblicklig död* be killed instantly

ljuv *a* [allm.] sweet; *dela ~t och lett* [*med ngn*] share the ups and the downs [with a p.] **-lig** *a* [härlig] delightful, lovely; [spec. om smak] delicious, [utsökt] exquisite

LO *se Landsorganisationen*

lo [zool.] lynx [pl. äv. lika]

1 lock [hår~] curl; [längre] lock [of hair]; [korkskruvs~] ringlet

2 lock [på kokkärl, låda o. d.] lid; [löst på burk o. d. äv.] cover

3 lock, [*försöka*] *med ~ och pock* ..every means of persuasion

1 locka *rfl, hennes hår ~r sig* her hair curls of itself

2 lock|a *tr itr* [kalla o.d.], ~ [*på*] call; ~ [förleda] *ngn till att* [inf.] entice a p. into [ing-form]; *det ~r mig inte* I am not tempted; [*det låter inte vidare*] *~nde* ..tempting; *~ av ngn ngt, se avlocka; ~ till sig* entice.. to come [to one]; *~ ur ngn ngt* draw a th. out of a p. **-bete** lure [äv. bildl.] **-else** entice-

ment, *för* to; [frestelse] lure; temptation, *till* to; [trollmakt] charm
lockig *a* curly
lockout lockout **lockouta** *tr* lock out
lock|ton call; *~er* [bildl.] siren call [sg.] **-vara** bait to attract customers
lod [byggn.] plummet, [⚓ äv.] lead; [klock~] weight **loda** *itr tr* [⚓ o. bildl.], *~ [djupet]* sound
lodjur lynx [pl. äv. lika]
lod|lina [⚓] lead-(sounding-)line; [gymn.] climbing rope **-linje** vertical line **-rät** *a* vertical; *~a [nyckel]ord* clues down
loft loft; [vind] attic
logaritm logarithm, *för* of **-tabell** table of logarithms
1 loge [tröskplats] barn
2 loge 1 [teat.] box; [kläd~] dressing-room **2** [ordens~] lodge
log|ement [⚔] barrack-room **-era** *itr* lodge
logg log **-bok** log-book
logi [husrum] accommodation, lodging; [konkr.] lodging-house
logik logic **logisk** *a* logical
loj *a* [om pers.] indolent; [håglös] listless; [slö, likgiltig] apathetic
lojal *a* loyal, *mot* to **lojalitet** loyalty
lok engine
lokal *s* premises [pl.]; [rum] room; [sal] hall **-bedövning** local anaesthesia **-färg** [bildl.] local colour
lokali|sera I *tr* **1** [ange platsen för, förlägga] locate, *i (till)* in **2** [begränsa] localize **II** *rfl*, *~ sig på [platsen]* acquaint oneself with.. **-seringspolitik** policy for the distribution of industry **-tet 1** [plats] locality **2** [rum], *~ [er], se lokal*
lokal|samtal local call **-sinne,** *ha dåligt (gott) ~* have no sense of direction (find one's way about easily) **-trafik** [järnv.] suburban services [pl.] **-tåg** local [train] **-vårdare** [städare] cleaner
lokomotiv [railway] engine
lom [zool.] diver
loma *itr, ~ av* slouch away
Lombardiet Lombardy
lomhörd *a* ..[[attr.] who is] hard of hearing
lomma *itr, se loma*
longitud longitude
lopp 1 [löpning] run; [tävling] race; *dött ~* dead heat **2** [flods utsträckning] reaches [pl.] **3** [förlopp], *i det långa ~et* in the long run; *inom ~et av* within; *under dagens ~* during the day **4** [bildl.], *ge fritt ~ åt* [vrede] give vent to
lopp|a flea **-marknad** second-hand market
lord lord
lort [smuts] dirt, [stark.] filth **-gris** [om barn] dirty little thing **-ig** *a* dirty, [stark.] filthy
loss *a adv* loose; off, away; *vara ~ , se lös I 1; gå ~, se lossna; skruva ~* unscrew; [se f.ö. beton. part. under resp. vb] **lossa** *tr* **1** [lösgöra] loose; *~* ([itr.] *~ på)* [band (knut)] untie, undo, [göra lösare] loosen **2** [urlasta] unload **3** [avlossa (skott)] fire **lossna** *itr* come loose; [gå upp (av)] come off, [om t. ex. knut] come undone ([om ngt limmat] unstuck); [om tänder] get loose; [börja bli lös] loosen
Lothringen Lorraine
lots pilot **lotsa** *tr* [⚓ o. friare] pilot; [vägleda] guide
lott [del, öde m. m.] lot; [andel äv.] share; [jord~] allotment, plot; [~sedel] lottery ticket; *dra (kasta) ~ om ngt* draw (cast) lots for a th.; *falla (komma) på ngns ~* fall to a p.'s lot
1 lotta *s* [ung.] member of the Women's Services
2 lott|a *itr tr, ~ om ngt* draw lots for a th.; *~ bort* dispose of.. by lottery **-ad** *a, de sämst ~e* those who are worst off **-dragning** *se -ning* **-eri** lottery **-lös** *a, bli ~* be left without any share **-ning** [[vanl.] the] drawing of lots; *genom ~* by lot **-sedel** lottery ticket
1 lov 1 [ledighet, lovdag] holiday, [ferier] holidays [pl.]; *få ~* get a day [etc.] off **2** [tillåtelse] permission; *får jag ~?* may I?, [vid uppbjudning] may I have the pleasure [of this dance]?; *får det ~ att vara [en cigarr]?* may I offer you..?; *be [ngn] om ~ att få göra ngt* ask [a p.'s] permission to do a th. **3** *få ~* [vara tvungen] *att* have to; *nu får jag ~ att gå* I must be off now **4** [beröm] praise; *Gud ske ~!* thank God!
2 lov 1 [⚓] tack **2** *ta ~en av* surpass
1 lova *tr* **1** [ge löfte [om]] promise; *~ bort sig* [anta inbjudan] accept an invitation **2** [försäkra], *jo, det vill jag ~!* I'll say! **3** [berömma] praise
2 lova *itr* [⚓] luff [the helm]
lovart [⚓], *i ~* to windward
lov|dag holiday **-lig** *a* [tillåten] permissible; [om t. ex. avsikt] lawful; *~ tid* [jakt.] the open season **-ord** praise **-orda** *tr o.* **-prisa** *tr* praise; [stark.] extol **-sång** song of praise **-tal** panegyric **-timme** hour off **-värd** *a* praiseworthy
LP-skiva LP [pl. LPs]
luciafirande Lucia Day celebrations [pl.]
lucka 1 [liten dörr, t. ex. ugns~ o. d.] door; [fönster~] shutter; [tak~ o. ⚓] hatch **2** [öppning] hole, opening; [expeditions~ (disk)] counter; *jfr biljettkontor;* [skepps~] hatch[way]; [tomrum, mellanrum, brist] gap
lucker *a* [om jord] loose **luckra** *tr* loosen
ludd [fjun] fluff; [dun, äv. bot.] down; [på tyg] nap **-ig** *a* fluffy; downy

luden *a* hairy; [bot.] downy
Ludvig [kunganamn] Louis
luff|a *itr* [vara på -en] *o.* **-are** *s* tramp
lufsa *itr* lumber, shamble
1 luft, *en* ~ [*gardiner*] a pair of..
2 luft air; *behandla ngn som* ~ treat a p. as if he [osv.] did not exist; *ge* ~ *åt* [*sin vrede*] give vent to..; *det ligger i* ~ *en* it's in the air
lufta *tr* [kläder o.d.] air
luft|bevakning aircraft warning service **-blåsa** air-bubble **-bro** air-lift **-drag** draught **-fart** air traffic **-flotta** air fleet **-fuktighet** humidity of the atmosphere **-förorening** air pollution ([ämne] pollutant) **-försvar** air defence **-grop** air-pocket **-ig** *a* airy; [lätt, porös] light **-konditionering** air-conditioning **-krig** air war ([krigföring] warfare) **-kuddefarkost** *se svävare* **-kyld** *a* air-cooled **-lager** strat|um [pl. -a] of air **-ombyte** change of air (climate) **-post** airmail **-pump** air-pump **-rör** [bronk] bronch|us [pl. -i] **-rörskatarr** [bronkit] bronchitis **-skepp** airship, [styrbart spec.] dirigible **-skydd** *se civilförsvar* **-slott** *pl* castles in the air (in Spain) **-streck,** *under* [*ett*] [*mildare*] ~ in a..climate **-strid** air battle, aerial combat **-stridskrafter** *pl* aerial forces **-strupe** trache|a [pl. -ae], windpipe **-ström** air current **-tom** *a* ..void of air, airless; [*ett*] ~*t rum* a vacuum **-tryck 1** [meteor.] atmospheric (air) pressure **2** [vid explosion] blast **-tät** *a* airtight, hermetic **-värn** anti-aircraft ([förk.] A.A.) defence[s [pl.]] **-värnskanon** anti-aircraft gun **-värnsrobot** surface-to-air missile **-växling** ventilation
1 lugg 1 [frisyr] fringe; *titta under* ~ *på ngn* look furtively at a p. **2** [-ning], *få* ~ get one's hair pulled
2 lugg [på kläde o. d.] nap, [på sammet o. mattor] pile
lugga *tr,* ~ *ngn* pull a p.'s hair
luggsliten *a* [eg. o. bildl.] threadbare
lugn I *s* [om vatten o. luft] calm; [ro] peace; [ordning] order; [sinnesjämvikt] calm; [fattning] composure; [självbehärskning] self-possession; *i* ~ *och ro* in peace and quiet **II** *a* [om väder o. vatten] calm; [stilla] quiet; [fridfull] peaceful; [ej orolig (om pers., pred.)] easy in one's mind; [ej upprörd] calm; [fattad] composed; [m. bibehållen behärskning] self-possessed; *du kan vara* ~ *för att han klarar det* don't worry, he will manage it; *med* ~*t samvete* with an easy conscience **lugna I** *tr* calm, quiet; [småbarn] soothe; [blidka] appease; [inge tillförsikt] reassure **II** *itr,* ~ *av* [om vind] abate **III** *rfl* calm down; ~ *dig!* [äv.] don't get excited! **lugnande** *a* [om nyhet o.d.] reassuring; [om verkan o.d.] soothing; ~ *medel* [sg.] sedative **lugnt** *adv* calmly [osv.] *jfr lugn II;* [t.ex. svara] with composure; [tryggt] safely; *ta det* ~*!* take it easy!
lukrativ *a* lucrative, profitable
lukt 1 smell, odour; [behaglig] scent; [dålig] bad smell **2** [-sinne] sense of smell **lukta** *tr itr* smell, *på ngt* at a th.
lukt|fri *a o.* **-lös** *a* odourless **-organ** organ of smell **-sinne** sense of smell **-viol** sweet violet **-ärt** sweet pea
lukullisk *a* [om måltid] sumptuous
lull *adv, stå* ~ stand all by oneself
lummig *a* [om t. ex. park] thickly wooded; [lövrik] leafy; [skuggande] shady
lump 1 [trasor] rags [pl.]; [skräp] junk **2** *ligga i* ~*en* [se följ.] **lumpa** *itr* [ligga inkallad] do one's military service **lumpbod** junk-shop
lumpen *a* [småsint] mean, petty; [tarvlig] shabby; [gemen F] dirty; [om uppförande] base **lumpor** *pl* rags **lumpsamlare** rag-and-bone man
lunch lunch, [formellt] luncheon; [för ex. *jfr middag 2*] **luncha** *itr* lunch, have [one's] lunch
lunch|rast lunch-hour **-rum** [i företag] dining-room, lunchroom; [självservering] canteen
lund grove
lung|a lung [äv. bildl.] **-cancer** cancer of the lung, lung cancer **-inflammation** pneumonia **-sjuk** *a* ..suffering from a lung-disease **-säcksinflammation** pleurisy **-tuberkulos** pulmonary tuberculosis
lunk jog-trot [äv. bildl.]; *allt här går i sin vanliga* ~ [som vanligt] things are the same as usual **lunka** *itr* jog (trot) along
luns [F tölp] boor, churl **-ig** *a* clodhopping; [om beteende] uncouth
lunta [bok] tome; [[pappers]packe] bundle of papers
lupp magnifying glass, magnifier
1 lur 1 [horn] horn; [bronsålders~] lur[e] **2** *se hörlur*
2 lur [slummer] F nap
3 lur [bakhåll, försåt], *ligga på* ~ lie in wait, lurk; *stå på* ~ stand in ambush
lura I *itr* [ligga på lur] lie in wait, *på ngn* for a p.; [t. ex. om fara] lurk **II** *tr* [narra, 'skoja'] take..in; [bedraga] deceive; [isht på pengar el. ngt lovat] cheat, swindle, *på* [i båda fallen] out of; [få [till]] fool, hoax, [förleda, locka] entice, *att* [inf., i samtl. fall] into [ing-form]; [gäcka, t. ex. förföljare] elude; [vilseleda] delude, *att* [inf.] into [ing-form]; [överlista] get the better of; ~ *ngn* [*till*] *att* [*skratta*] make a p... **III** [m. beton. part.] ~ *av ngn ngt* [gm bedrägeri] cheat (swindle) a p. out of a th.; ~ *i ngn ngt* [inbilla] delude a p. into believing a th.; ~ *på ngn* [få ngn att köpa] *ngt* trick a p. into buying a th.; ~ *till (åt) sig ngt* secure a th. by trickery **lurifax** sly dog

lurvig *a* [om t. ex. hår] rough; [om t. ex. hund] shaggy

lus louse [pl. lice] **-ig** *a* **1** [full av löss] lousy **2** [sölig] slow, dawdling

lust [böjelse, håg] inclination; [benägenhet] bent, disposition; [åstundan, åtrå] desire; [smak] fancy, liking; [nöje] delight; [glädje] joy; *när ~en faller på honom* when he is in the mood; [*inte*] *ha ~ att* [inf.] [not] feel like [ing-form] (feel inclined to [inf.])

lust|a lust, desire **-betonad** *a* pleasurable **-gas** laughing gas **-gård,** *Edens ~* the Garden of Eden **-hus** summer-house

lustig *a* [rolig] funny; [roande] amusing; [skämtsam] facetious; [löjlig] comic[al]; [konstig] odd **-het,** *säga en ~* say an amusing thing, [vitsa] crack a joke **-kurre** clown, buffoon

lust|jakt yacht **-resa** pleasure-trip **-spel** comedy

1 lut, *ställa..på ~* stand.. slantwise

2 lut [tvättlut] lye

1 luta *s* [mus.] lute

2 luta I *itr* **1** [vara lutande] lean; [slutta] slope; [stå snett] stand aslant; [vila, stöda] recline, rest **2** [tendera] tend, *mot* to; *jag ~r åt den åsikten* [*att*..] I am inclined to believe (think)..; *det ~r nog ditåt* F it looks like it **II** *tr* lean, *mot* against **III** *rfl, ~ sig bakåt (fram*[*åt*]*)* lean back (forward); *~ sig ut* [*genom fönstret*] lean out [of the window]; *~ sig ned* bend down

3 luta *tr* [lutlägga] soak..in lye

lut|ad *a* leaning, [framåt~] ..leaning forward **-ande I** *a* leaning; [om t. ex. tak, handstil] sloping; [framåt~ (om hållning)] stooping **II** *adv, gå ~* walk with a stoop

luteran Lutheran **lutersk** *a* Lutheran

lutfisk stockfish; [maträtt] boiled ling

lutning inclination; [sluttning] slope

luttra *tr* [rena eg. o. bildl.] cleanse, purify; [bildl. äv.] chasten, [förädla] ennoble

luv, *komma (råka) i ~en på varandra* fly at each other['s throats] **luva** [woollen] cap; [topp~] pixie cap

luxuös *a* luxurious

lya lair, hole; den [äv. F (rum)]

lycka [känsla av ~] happiness; [tur] luck; [öde] fortune; [framgång] success; [välgång, välstånd] prosperity; *~ till!* good luck!; *göra ~* [ha framgång] be a success; *till all ~* by [great] good luck **lyck|ad** *a* successful; *ett -at skämt* a good joke; *vara* [*mycket*] *~* be a [great] success **lycka|s** *itr. dep* succeed, [*i*] *att* [inf.] in [ing-form; [om sak äv.] be (prove) a success; [om pers. äv.] manage; *jag -des (det -des mig att) göra det* I managed to do it, I succeeded (was successful) in doing it

lyck|lig *a* [glad o. d.] happy, *över* about, at; [gynnad av lyckan] fortunate; [tursam] lucky; [framgångsrik] successful; [lyckosam] prosperous; [gynnsam] favourable; *~ resa!* pleasant journey!; *i ~aste fall* [vanl.] at best **-ligen** *adv, ~ anländ* safely arrived **-liggöra** *tr* make (render)..happy **-ligt** *adv* happily [etc.], *jfr lycklig; det gick ~* [*den här gången*] it went off all right..; [*komma hem*] *~ och väl* ..safely **-ligtvis** *adv* luckily, fortunately

lycko|bringande *a* [attr.] ..that brings luck **-sam** *a* fortunate; [framgångsrik] successful; *ett ~t* [*nytt år*] a prosperous.. **-slant** lucky penny

lyck|salig *a* [serenely] happy, blissful; [salig] blessed **-sökare** [äventyrare] adventurer, [opportunist] opportunist

lyckt *a,* [*in*]*för (inom, bakom) ~a dörrar* behind closed doors

lyck|träff stroke of luck; *det var en* [*ren*] *~* [*att han svarade rätt*] it was a pure fluke.. **-önska** *tr, se gratulera* **-önskan** *o.* **-önskning** *se gratulation*

1 lyda I *tr* **1** [hörsamma] obey; [t. ex. ngns råd] take, follow **2** [lystra till] answer to **II** *itr, ~ under* [sortera under]: [om t. ex. land] be subject to; [om pers.] belong under; [om sak] be within the competence of

2 lyd|a *itr* [ha en viss lydelse] run, read; *domen löd på* [*2 års fängelse*] the sentence was..; *räkning -ande på* ..bill for.. **-else** [orda-] wording; [*ett brev*] *av följande ~* ..which reads as follows

lyd|ig *a* obedient, *mot* to; [lättledd] docile **-nad** obedience; docility **-stat** [drabantstat] satellite [state]

lyft|a I *tr* **1** lift; [höja, t. ex. armen, huvudet] raise; *~ ankar*[*et*] weigh anchor; *~ av* lift off; *~ bort (undan)* take away **2** [uppbära, t. ex. lön, belopp] draw; [ta ut från konto] withdraw..from one's account **II** *itr* **1** [om flygplan] take off; [om fågel] fly [away] **2** *~ på hatten* raise one's hat, *för ngn* to a p.; *~ på luren* lift the receiver **-kran** [lifting] crane **-ning** [bildl.] elevation

lyhörd *a* **1** [om öra, sinne] keen, sharp; [om pers. (attr.)] ..with a keen (sharp) ear **2** [om rum o.d.], *det är lyhört* [*här*] it is not sound-proof..

lykt|a lantern, [gat-, bil-, signal|lampa o. d.] lamp; *jfr kulört* **-stolpe** lamp-post

lymf|a lymph **-körtel** lymphatic gland

lymmel blackguard, scoundrel **-aktig** *a* blackguardly, scoundrelly

lynch|a *tr* lynch **-ning** lynching

lynne [läggning] temperament, [sinnelag] disposition; [sinnesstämning] humour, mood; *jfr humör* [ex.] **lynnig** *a* temperamental; [nyckfull] capricious

1 lyra [bollkast] throw, [med slagträ] hit;

en hög ~ a high ball
2 lyra [mus.] lyre
lyrik [diktning] lyric poetry; [dikter] lyric poems [pl.], lyrics [pl.] **lyriker** lyric poet **lyrisk** *a* lyric
lys|a *itr tr* **1** [skina] shine; [bländande] glare; [glänsa] gleam; [om t. ex. stjärnor äv.] glitter, twinkle; *lampan -er bra* the lamp gives a good light; ~ *av glädje* beam with joy; *solen -er honom i ögonen* the sun is in his eyes; ~ *med lånta fjädrar* strut in borrowed plumes; ~ *igenom* [om solen] shine ([om färg] show) through; ~ *upp* a) [tr., göra ljus] light up b) [itr., om ansikte o. d.] light up, *av* [*glädje*] with.. **2** [kungöra], *det har -t första gången för dem* the banns have been published for the first time for them **-ande** *a* shining, [klar] bright; [om kropp o.d.] luminous; [bildl. äv.] brilliant; [strålande] radiant; [om framgång] dazzling; [förnäm] distinguished; [om namn] famous; [om föredöme, undantag] shining
lys|e light **-gas** [coal-]gas **-mask** glow-worm **-ning** [[vanl.] the] banns [pl.]; *ta ut* ~ ask to have the banns published **-ningspresent** [ung.] wedding-present **-rör** [elektr.] fluorescent tube
lyssn|a *itr* listen, *efter* for, *på (till)* to; [i smyg] eavesdrop **-are** listener
lysten *a* [glupsk] greedy, *efter (på)* for, of; [girig] covetous, *efter (på)* of
1 lyster *s* [glans] lustre
2 lyst|er *itr. pres, gör vad dig* ~ ! do [exactly] what (as) you like (please)! **-mäte,** *få sitt* ~ *av* [*ngt*] have one's fill of.. **-nad** greediness; [begär] desire
lystr|a *itr,* ~ *till* [*ngt*] pay attention to.., [order] obey.. **-ing** [⚔], ~! attention!
lyte 1 [kroppsfel] [bodily] defect; [missbildning] deformity; [vanställande ~] disfigurement; [skavank] blemish, flaw **2** [brist] failing; [fel] fault; [ofullkomlighet] imperfection
1 lytt *a* [vanför] disabled, crippled
2 lytt *a, se lyhörd 2*
lyx luxury; [överdåd] extravagance; [prakt] magnificence; *leva i* ~ live in the lap of luxury **-artikel** luxury **-begär** craving for luxury **-bil** expensive (luxury) car **-blankett** [ung.] greetings telegram form **-ig** *a* luxurious **-skatt** tax on luxuries
låda 1 box, [större] case, [m. lock o. lås] chest, [bleck~] tin; [drag~] drawer; *jfr brevlåda* [m. fl.]; *en* ~ [*cigarrer*] a box of.. **2** [kok.] dish au gratin
låg *(jfr lägre I, lägst I) a* [allm.] low, [kort, om t.ex. träd, skorsten, äv.] short, [tarvlig o. d. äv.] mean, base; ~*a böter* a small (light) fine
låg|a I *s* flame, [stark.] blaze, [fladdrande] flare; [på gasspis] burner; *gå upp i -or* go up in flames; *stå i ljusan* ~ be all ablaze **II** *itr* blaze, [bildl. äv.] flame; *ett* ~*nde* [*tal*] a fiery..
låg|adel, ~ *n* the lesser (untitled) nobility, [i Engl. äv.] the gentry [pl.] **-anfall** low-flying attack **-avlönad** *a* [attr.] low-paid **-halsad** *a* [om kläder] low-necked **-halt** *a, vara* ~ have one leg shorter than the other **-klackad** *a* low-heeled **-konjunktur** depression, slump **-kyrklig** *a* Low Church **-land** lowland [area] **-länt** *a* low-lying **-lönegrupp** low-wage group **-mäld** *a* low-voiced; [bildl.] quiet, unobtrusive **-sinnad** *a o.* **-sint** *a* base, mean **-sko** shoe **-spänning** low voltage **-stadium,** *-stadiet* [i grundskolan] the junior level (lower forms [pl.]) [of the 'grundskola', *se d.o.*]
lågt *(jfr lägre II, lägst II) adv* low, [m. låg röst äv.] in a low voice; *tavlan gick* ~ [*på auktion*] the picture was sold at a low price..; *ligga* ~ *med huvudet* lie with one's head low; [*staden*] *ligger* ~ ..stands on low ground; [*solen (termometern)*] *står* ~ ..is low; [*bildningen*] *står* ~ .. is on a low level **-flygande** *a* low-flying
låg|trafik, *vid* ~ at off-peak hours **-tryck** [meteor.] depression **-vatten** low water **-växt** *a* short
lån loan [äv. bildl.]; [*ordet*] *är ett* ~ *från engelskan* ..has been borrowed from English; *ge ngn ett* ~ lend a p. money; *tack för* ~*et!* thank you [for the loan]; *jag fick* [*boken*] *till* ~ *s* ..was lent to me **låna** *tr* **1** [få till låns] borrow, *av* from, of; *får jag* ~ [*din telefon*]? may I use..? **2** [låna ut] lend, loan, *åt* to; ~ *sig till* [*ngt*] lend oneself to..; ~ *bort (ut)* lend, *mot* [*ränta*] at..; [*boken*] *är utlånad* [från bibliotek] ..is out [on loan] **lånbibliotek** lending-library **låneansökan** loan application
lång *(jfr längre I, längst I) a* **1** [allm. (*jfr dock 2)*] long, [väl lång, om tal el. skrift] lengthy; *jfr -varig; det tar inte* ~ *tid* [*för honom*] *att* [inf.] it won't take [him] long to [inf.]; [*det tar tre gånger*] *så* ~ *tid*..as long; [se vid. ex. under *långt* samt *dag 1, väg* m. fl.] **2** [om pers., reslig] tall
lång|a ling **-bent** *a* long-legged **-byxor** *pl* long trousers **-distansflygning** long-range flight ([flygande] flying) **-distanslöpare** long-distance runner **-distanslöpning** long-distance run ([löpande] running) **-dragen** *a* [-varig] protracted, lengthy, [-tråkig] tedious **-film** long film, feature **-finger** middle finger **-fingrad** *a o.* **-fingrig** *a* [bildl.] light-fingered **-franska** French loaf **-fredag** Good Friday **-fristig** *a* long-term.. **-färd** *se -resa o. -tur* **-grund** *a* shallow **-hårig** *a* long-haired
långivare lender, granter of a loan
lång|körare, [*filmen*] *har blivit en* ~ ..has

had a [very] long run **-livad** *a* [som lever länge] long-lived; *..blir inte ~* [stannar inte länge] ..won't stay long **-modig** *a* long-suffering, [tålmodig] patient **-panna** roasting pan **-promenad** long walk **-randig** *a* [bildl.] long-winded, prolix **-resa** long journey ([sjö-] voyage) **-rev** long line, bo[u]lter

långsam *a* slow; [gradvis] gradual; [bildl.] *se tråkig* **-het** slowness

lång|sida long side **-sides** *adv,* ~ [*med*] alongside **-siktig** *a* long-term.. **-sint** *a, han är ~* he doesn't forget things easily **-skallig** *a* long-headed **-skepp** [i kyrka] nave **-skjutande** *a* long-range.. **-sluttande** *a* gently sloping **-smal** *a* long [and] narrow **-spelande** *a,* ~ [*grammofon*]*skiva* long-playing record **-sträckt** *a* elongated **-synt** *a* [eg.] long-sighted **-sökt** *a* far-fetched

långt *(jfr längre II, längst II) adv* [i rumsbet.] far [isht i nek. o. fråg. sammanhang samt i förb. m. adv. o. prep.]; a long way (distance) [isht i jak. sammanhang]; [i tidsbet. vanl.] long *(jfr länge);* ['vida'] far; *gå ~* [eg.] walk a long way, [i livet] go far; *det går för ~* [bildl.] that is going too far; *med 5 kronor kommer du inte ~* 5 kronor won't get you very far; *så ~* [*är allt gott och väl*] thus far..; *~ fram*[*me*], *se fram 2, framme 1;* [*huset är*] *~ ifrån (inte på ~ när) färdigt* ..far from [being] completed; *det var inte ~ ifrån att han* [*somnade*] he very nearly..; *~ inne i* [*skogen*] a long way into..; *~ om länge* at [long] last; *det är ~ till* [*jul*] it is a long time to..; *det är inte ~ till* [*jul*] ..is not far off; *~ tillbaka (kvar* [m. fl.]*) se under tillbaka, kvar* [m.fl.]; *~ bättre* far ([mycket] much) better

långtidsprognos long-range forecast

långtifrån *se långt* [*ifrån*]

lång|tradare [lastbil] long-distance lorry ([isht amer.] truck) **-tråkig** *a* very tedious, boring **-tur** long tour (trip [osv.], *jfr 2 tur 2*) **-varig** *a* [allm.] long, [långt utdragen äv.] prolonged, protracted, [om sjukdom] lingering; *jfr -livad* [ex.] **-varighet** [long] duration **-våg** long wave; *jfr kortvåg* [ex.] **-väga** *a, ~ gäster* guests from afar

lån|ord loan-word **-tagare** borrower

1 lår large box, [pack~] [packing-]case

2 lår [anat.] thigh, [slakt.] leg **-ben** thigh-bone, femur **-bensbrott** fractured thigh[-bone] **-benshals** neck of the femur

låring quarter

lås lock, [häng~] padlock; [på väska, armband o. d.] clasp; [*dörren*] *gick i ~* ..locked itself; *gå väl i ~* [bildl.] go without a hitch; *inom ~ och bom* under lock and key **lås|a I** *tr* lock; padlock; clasp; *~ in* lock..up; *~ upp* unlock **II** *rfl,* [*hjulen*] *-te sig* ..got locked **låssmed** locksmith

låt [melodi] tune; [visa] song

1 låt|a *itr* [ljuda, verka] sound, *som* like; *hur -er citatet (melodin)?* how does the quotation read (the melody go)?; *det -er på honom som om* [*han skulle få platsen*] from what he says it seems as if..

2 låt|a I *hjälpvb* a) [tillåta] let, allow, permit b) [laga att] get, make, have, cause, order c) [vid omskr. (i formen *låt*) av imper. 1 pers. pl. av huvudvb.] let; *jfr* [*låta*] *bli (höra)* [m. fl. vb]; *~ ngn* [*göra ngt*] a) [inte hindra] let a p..., [tillåta] allow ([ge lov] permit, [överlåta åt] leave) a p. to.. b) [laga att] get a p. to.., [förmå] make a p..., [säga till] tell ([beordra] order) a p. to..; *~ göra ngt* [laga att ngt blir gjort] have (get) a th. done, [föranstalta] cause a th. to be done, [ge order om] order a th. to be done; *låt oss* [*inte*] *göra* [*det!*] [don't] let us do..!; *~ ngn förstå* [*att*] give a p. to understand..; *~* [*dörren*] *stå öppen* leave..open; *~* [*ngt*] *vara* leave..; *~* [*ngn (ngt)*] *vara* [*i fred*] let (leave)..alone; *låt vara att han är rik, men..* he may be rich but..; *det -er sig göra*[*s*] *(göra sig)* it can be done; *så snart sig göra -er* as soon as possible; *~ sig nöja (nöja sig) med* be content with **II** *tr, ~ sitt liv* lay down one's life

låtsa *tr itr, se låtsas* **låtsad** *a* pretended [osv.], *jfr låtsas;* [hycklad, fingerad] sham..

låtsa|s *tr. itr. dep* pretend, *att (som om)* that; [ss. tr. äv.]: feign, affect, [spela] simulate; *~* [*s*]*om ingenting* behave ([se ut] look) as if nothing had happened; *han -des inte om att..* he didn't show ([nämnde inte] let on) that..; *~ inte om det* [*för honom*]*!* don't let him know!; *inte ~* [bry sig] *om* [*ngn (ngt)*] take no notice of..

lä lee, [skydd mot vinden] shelter; [*sitta*] *i ~* ..on the lee side (the leeward); *i ~ för* [*vinden*] sheltered from..

läck *a* leaky; *springa ~* spring a leak **läcka I** *s* leak; [bildl.] leakage **II** *itr* leak; [rinna ut äv.] run out

läcker *a* delicious; [utsökt (om t. ex. färg)] exquisite; [piffig] dainty **-bit** titbit [äv. bildl.] **-gom** [finsmakare] gourmet **-het** [konkr.] delicacy, dainty

läder leather; *..av ~* [äv.] leather.. **-artad** *a* leather-like, [isht seg] leathery **-hud** [anat.] cutis, derm **-lapp** [zool.] bat **-rem** leather strap ([bälte] belt) **-varor** *pl* leather goods (manufactures); *jfr. äv. skinn-*

läge [allm.] situation [äv. bildl.], position; [plats] site; [tillstånd] state; *jag är inte i det ~t att jag kan* [*hjälpa*] I am not in a position to..

lägenhet 1 [våning] flat, [amer.] apartment; [bostad] dwelling **2** [transportmöjlighet], *med första ~* by the first means of conveyance, [⚓] by the first [available] ship **3** *efter råd och ~* according to one's means

läger 1 [tält~ o.d.] camp; *slå* ~ pitch a camp; *dela sig i två* ~ [bildl.] split into two parties **2** [bädd] bed; [djurs] lair **-eld** camp fire **-plats** camping-ground
lägervall, *ligga i* ~ [obrukad] lie waste, [i förfall] be in a state of decay
lägg [på kalv]: [fram~] fore knuckle, [bak~] hind knuckle; [på oxe]: shin; [på svin]: [fram-~] hand, [bak~] knuckle
lägga I *tr* **1** [placera]: [allm.] put, [större föremål äv.] place, [isht i liggande ställning] lay; [~ till sängs] put..to bed; [mots. resa (om saker)] lay (place) flat; [anbringa (t. ex. förband)] apply; [patiens] play; [*låta*] ~ *håret* have one's hair set; ~ *ägg* lay eggs; ~ *en duk på* [*bordet*] lay ([breda] spread) a cloth on.. **2** [fackl., t.ex. golv] lay. — [Jfr äv. under resp. huvudord] **II** *itr,* ~ *i land, se lägga* [*till*]; *jfr* [*lägga på*] *hull*[*et*] **III** *rfl* **1** [eg.]: [äv. ~ *sig ned*] lie down; [gå till sängs] go to bed; [om sjuk] take to one's bed; [placera sig, t. ex. i bakhåll] place oneself; [ramla] fall; [lägra sig, om damm, dimma] settle; ~ *sig sjuk* take to one's bed **2** [bildl.]: [avta, om t. ex. storm] abate, subside; [gå över] pass off; [om svullnad] go down **3** [frysa]: [om vattendrag] freeze over; [om is] freeze **IV** [m. beton. part.] ~ **an** *med* [skjutn.] present; ~ *an på* [*ngt*] aim at.., [gå in för] go in for..; ~ *an på* [*ngn*] make up to..; ~ **av** [spara, reservera] put aside; *avlagda* [*kläder*] cast-off (discarded)..; ~ **bi** [⚓] lay to; ~ **bort** [ifrån sig] put down (aside, [undan] away); [sluta med] drop, give up; *det är bortlagt att* [inf.] it has become out of date to[inf.]; ~ *sig* **emellan** intervene; ~ **fram** [t.ex. planer, åsikter] put forward; [t.ex. idéer] set out; [t.ex. förslag] submit; ~ **för** *ngn* [*köttet*] help a p. to..; ~ **i** *ettan*[*s växel*] put the ([resp.] a) car in first [gear]; ~ *sig i* [bildl.] *se blanda* [*sig i*]; ~ **ifrån** *sig* put..down, *på* [*bordet*] on.., [undan] put away, [lämna kvar] leave [..behind], [förlägga] mislay; ~ **ihop** [vika ihop] fold [up]; [addera ihop] add up; ~ **in** *(se äv. lägga* [*i*]*)* a) [stoppa o.d. in] put..in, [slå in] wrap up; [t. ex. gas] lay on, install; [t. ex. parkettgolv] put down; [sömn.] take in; ~ *in sig på* [*sjukhus*] go into.. b) [konservera]: [allm.] preserve; [på glas] bottle, [på bleckburk] can, tin; [i salt, ättika etc.] pickle c) [inkomma med, t.ex. protest] enter, lodge; ~ **ned** a) [packa ned] pack; [gräva ned, t. ex. ledning] lay; [sömn.] let down b) [upphöra med, t. ex. verksamhet] discontinue; [inställa, t. ex. drift, järnvägslinje] shut down, [stänga, t. ex. fabrik] close [down] c) [använda, offra, t. ex. pengar, möda, tid] spend, expend; ~ **om** a) [förbinda] bandage, [sår] dress b) [ändra] change, alter; [ordna om] rearrange; [omorganisera] reorganize; ~ **på** a) [posta] post, [amer.] mail b) [pålägga, t.ex. skatter] impose; ~ **till** a) [tr., tillfoga] add; [bidra med] contribute b) [rfl.], ~ *sig till med* [t. ex. glasögon] begin to wear, [t. ex. skägg] grow, [t. ex. bil] buy oneself c) [itr. ⚓]: [förtöja] berth; [landa] land; [anlöpa] call; ~ **undan** [~ bort, reservera] put aside; [spara] put away; ~ *undan till* [*en bil*] save up for..; ~ **under** *sig* subdue, [erövra] conquer, [slå under sig] monopolize; ~ **upp** a) [visa, t.ex. kort, pengar] put down b) [kok.] dish up c) [sömn.]: [korta] shorten; [maskor] cast on d) [hår] dress e) [planlägga]: [t.ex. arbete] organize, plan, [t.ex. program] arrange; ~ **ut** a) [sömn.] let out b) [pengar]: [ge ut] spend, lay out, [betala] pay c) [förklara] interpret d) [bli tjockare] fill out, put on weight e) [⚓] put out (off) f) ~ *sig ut för ngn* [hjälpa] intercede (plead) for a p.
lägg|dags *adv, se sängdags* **-ning** [skaplynne] disposition; [fallenhet] bent, turn, *för, åt* for **-spel** [jig-saw] puzzle
läg|lig *a* opportune, timely; [passande] convenient **-ligt** *adv* opportunely; conveniently; [*du kommer*] ~ [vanl.] ..at the right time
lägra *rfl* [slå läger] camp; [slå sig ned] lie (sit) down; [om t.ex. dimma] settle
lägre I *a* [allm.] lower [osv.], *jfr låg;* [i rang o. d. äv.] inferior, *än* to; *en* ~ *tjänsteman* a subordinate (low[er]-grade) official **II** *adv* lower **lägst I** *a* lowest [osv.], *jfr låg;* [*notera*] ~*a möjliga pris* ..the lowest possible (the minimum) price **II** *adv* lowest; [*man måste räkna med*] ~ *100 kronor* ..100 kronor at the lowest; *jfr f. ö. lågt* **lägstbjudande** *a, den* ~ the lowest bidder
läk|a *tr itr* heal; [*såret*] *är illa -t* ..has healed badly
läkar|arvode doctor's fee **-behandling** medical treatment **-besök** visit to a ([resp.] the) doctor
läkar|e [allm.] doctor; [mera högt.] physician; [*allmänt*] *praktiserande* ~ [general] medical practitioner; *min* ~ [äv.] my medical adviser (F man) **-hjälp,** *tillkalla* ~ call for a doctor **-hus** medical centre **-intyg** doctor's certificate **-recept** [doctor's] prescription **-undersökning** medical examination **-vård** medical attendance (care); *fri* ~ free medical treatment
läkas *itr. dep* heal [[ihop] up]
läkemedel medicament, medicine, drug; [botemedel] remedy
läkkött, *bra* ~ flesh that heals readily
läkt lath; [koll.] laths [pl.]
läktare [inomhus] gallery; [utomhus]: platform, [åskådar~] [grand-]stand
lämmel lemming
lämn|a I *tr* **1** [bege sig ifrån, låta vara, kvar~,

efter~] leave; [överge]: [allm.] abandon, [ge upp] give up, relinquish; [dra sig tillbaka från, t. ex. sin tjänst, politiken] retire from; *låt oss ~ ämnet* let's leave (drop) the subject **2** [ge]: [allm.] give, [låta ngn få äv.] let.. have; [överräcka äv.] hand; [t. ex. kredit, rabatt äv.] grant, allow; [t. ex. förklaring äv.] offer; [t. ex. anbud äv.] make; [t. ex. upplysningar äv.] provide; [t.ex. hjälp äv.] afford; [avlämna] deliver; [överlämna] hand.. over; [avkasta, inbringa] yield **II** [m. beton. part.] ~ *av* [t. ex. varor] deliver; [passagerare] drop; ~ *bort* [lämna ifrån sig] give away; [skicka bort] send out; ~ *ifrån sig* [ge ifrån sig] hand over, [avträda] surrender; ~ *igen, se* ~ *tillbaka;* ~ *in* hand ([skicka] send) in; [skrivelse] give in; [till förvaring] leave; ~ *kvar* [*ngt*] leave.., [oavsiktligt] leave.. behind; ~ *tillbaka* return, [ngt lånat äv.] give back; *jfr ge* [*tillbaka*]; ~ *ut* [t. ex. paket] hand out, [t. ex. varor] deliver; [från förråd o. d.] issue; [dela ut] distribute **-ing** relic, survival, *från* of; *~ar* [konkr.] remains, *av, efter* of; *jfr vid. kvarleva*

lämp|a I *s, -or* gentle persuasion [sg.] **II** *tr* **1** [anpassa] adapt, [rätta] accommodate, [avpassa] suit, [justera] adjust, *efter* [i samtl. fall] to **2** [⚓: omstuva] trim; [hiva] heave **III** *rfl* [passa] be convenient; ~ *sig för* [*ngt*] be suited for.. **-lig** *a* [passande]: [allm.] suitable; [t. ex. behandling äv.] appropriate, [t. ex. uttryck äv.] fitting; [t. ex. ersättning] adequate; [rätt, tillbörlig] proper, fit; [rådlig] advisable; [läglig] opportune, convenient **-lighet** (*jfr -lig*) suitability; appropriateness, fittingness; adequateness; fitness; advisability; opportuneness, convenience

län 'län', administrative province

länd [anat. o. veter.] loin; [på djur äv.] hind-quarters [pl.]

lända *itr,* ~ *till* [*ngt*] lead to..; ~ *ngn till* [*heder*] redound to a p.'s..

länga [rad] range, row

längd 1 [allm.] length; [kropps~, höjd] height; [kropps~ äv.] stature, tallness; [bröd~] flat long-shaped bun; [*en bräda*] *av fem meters* ~ ..of five metres in length; [*sträcka ut sig*] *i hela sin* ~ ..full length; *i ~en* in the end (long run), [med tiden] in the course of time **2** [geogr.] longitude **3** *se -hopp* **-hopp** long jump ([hoppning] jumping) **-hoppare** long jumper **-löpning** [på skidor] long distance racing ([lopp] race) **-mått** long (linear) measure **-riktning,** *i ~en* in the longitudinal direction

länge (*jfr längre II, längst II*) *adv* long [isht i nek. o. fråg. satser], [for] a long time [isht i jak. satser]; *sova* ~ sleep late; [*jag har väntat*] [*både*] ~ *och väl* ..quite a while; [*jag har bott här*] *ganska* ~ ..[for] quite a long time; [*inte*] *på* ~ [not] for a long time; *så* ~ [*du har varit borta*]*!* what a [long] time..!; *än*[*nu*] *så* ~ [*har ingenting hänt*] so far (up to now)..; *så* ~ [*som*] [konj.] as long as, [medan ännu] while; *för* ~ *sedan* a long time ago; [*middagen*] *är färdig för* ~ *sedan* ..has been ready for a long time; *det var* ~ *sedan* [*sist*] [*vi sågs*]*!* it is a long time since..! **-sedan** *adv, se länge* [*sedan*]

längre I *a* longer [osv.], *jfr lång 1—2; en* ~ [ganska lång] *promenad* a longish (rather long) walk; [*jag kan inte stanna*] *någon* ~ *tid* ..for very long **II** *adv* further [äv. friare], farther [vanl. end. om avstånd]; [i tidsbet. vanl.] longer; *jfr äv. långt, länge; du älskar mig inte* ~ [vanl.] you don't love me any more (longer); ~ *bakåt (ned)* further (farther) back (down); ~ *fram* [om tid] later on

längs *prep adv,* ~ [*efter (med)*] along, [~ utmed ⚓] alongside

längst I *a* longest [osv.], *jfr lång 1—2; i det ~a* [så länge som möjligt] as long as possible, [in i det sista] to the very last **II** *adv* [i rumsbet. vanl.] furthest [äv. friare], farthest; [ända] right; [i tidsbet. vanl.] longest; *jfr långt, länge;* ~ *fram* at the very front; ~ *uppe på* [*sidan*] right at the top of..

längta *itr* long, [stark.] yearn, *efter* ([*efter*] *att* [inf.]) [i båda fallen] for (to [inf.]); ~ *efter* [sakna] miss; ~ *bort* long to get (go) away; ~ *hem* [ha hemlängtan] long for home, be homesick **längtan** longing, [stark.] yearning, *efter, till* for **längtansfull** *a* longing, [stark.] yearning

länk 1 [led] link [äv. bildl.] **2** [kedja] chain **länka** *tr,* ~ *fast* chain [..up]

läns *a* [⚓] dry, free from water; *pumpa (ösa)* [*en båt*] ~ pump..dry (bail out..)

1 länsa *tr* **1** *se* [*pumpa (ösa)*] *läns* **2** [tömma] empty, *på* of; [göra slut på] make a clean sweep of

2 länsa *itr* [⚓], ~ [*undan*] run, *för vinden* before the wind; [i storm] scud

läns|bokstav [ung.] county registration letter **-styrelsen** [myndighet] the County Government Board

länstol arm-chair, easy chair

länsväsen [hist.] feudal system

läpp lip; *falla ngn på ~en* be to a p.'s taste **läppja** *itr,* ~ *på* [dryck] sip [at] **läppstift** lipstick

lär *hjälpvb* **1** [sägs o. d.], *han* ~ *sjunga bra* they say he sings well, he is said ([förmodas] is supposed) to sing well **2** [torde], *jag (det)* ~ [*inte*] [inf.] I am (it is) [not] likely to [inf.]

lär|a I *s* **1** [vetenskapsgren] science, [teori] theory; [lärosats] doctrine; [tro] faith; [förkunnelse, undervisning] teaching[s [pl.]] **2** *gå i* ~ *hos ngn* be apprenticed to a p. **II** *tr* **1** [~ andra, undervisa] teach; [undervisa äv.] instruct; ~ *ngn* [*att*] *simma* teach a p. to swim, instruct a p. in swimming; ~ *bort* [*en yrkeshemlighet*] give away..; ~ *upp ngn* teach ([öva upp] train) a p.; ~ *ut..till ngn* let a p. into.. **2** [~ sig] learn [äv. ~ *in*]; *jfr vid. III o.* [*lära*] *känna* **III** *rfl* learn; [snabbt o. isht ifråga om dålig vana o.d.] pick up, *ngt av ngn* [i båda fallen] a th. from a p.; *få* ~ *sig* learn, [undervisas] be taught; ~ [undervisa] *sig själv* teach oneself **-aktig** *a*.. ready (willing) to learn, apt

lärarbefattning teaching post **lärare** [allm.] teacher, *i* [ett ämne] of (in); [skol~ äv.] schoolmaster; [vid kurser o. d. äv.] instructor

lärarhögskola school (institute) of education

lärarinna [woman] teacher; [skol~ äv.] schoolmistress; *jfr lärare* **lärarkår** [vid skola o. d.] teaching-staff; *Sveriges* ~ the teachers [pl.] of Sweden

lärd *a* [allm.] learned; [humanistiskt] scholarly; [naturvetenskapligt] scientific; *gå den ~a vägen* take up an academic career; [subst. a.]: *en* ~ a learned man; a scholar, [resp.] a scientist; *de ~a* [äv.] the learned **lärdom 1** [vetande] learning, scholarship **2** ['läxa'] lesson; *dra (ta)* ~ *av*.. learn from..

lärdoms|grad academic degreee **-prov** test of [one's] learning (one's acquirements)

lärft [linne~] linen; [bomulls~] cotton

lärjunge [eg.] pupil, *i (vid)* [en skola] at (of); [friare o. bibl.] disciple, *till ngn* of a p.

lärka [sky]lark

lärkträd larch[-tree]

lärling apprentice

läro|anstalt educational institution **-bok** textbook, [skolbok äv.] school-book, *i* of **-medel** *pl* textbooks and teaching aids **-mästare** master. [friare] teacher **-rik** *a* instructive **-sats** [trossats-] doctrine, dogma **-spån** *pl, göra sina första* ~ [*i ngt*] acquire one's first knowledge [of a th.] **-stol** [professor's] chair, *i* [ett ämne] of **-säte** seat of learning **-verk,** [*allmänt*] ~ [State] secondary grammar school **-år** year of apprenticeship **-ämne** subject [of instruction]

läs|a I *tr itr* **1** [allm.] read; [framsäga, t. ex. bön] say, [välsignelse] pronounce; ~ [*ngt*] *fel* misread..; ~ *innantill* read, [mots. 'utantill': ur boken osv.] read from the book [osv.]; ~ [*en saga*] *för ngn* read..to a p. **2** [studera] study, [isht univ.] read; ~ [*engelska*] *för ngn* [ta lektioner] take lessons in.. with a p.; ~ *sina läxor* prepare (do, learn) one's homework **3** [undervisa], ~ [*engelska*] *med ngn* [ge lektioner] give a p. lessons in..; ~ *läxor med ngn* help a p. with his [etc.] homework **4** *gå och* ~ [få konfirmationsundervisning] be prepared for one's confirmation **II** [m. beton. part.] ~ *igenom ngt* read a th. through, peruse a th.; ~ *in* [*en kurs, en roll*] learn (study up)..[thoroughly]; ~ *på* [läxa o. d.] prepare; ~ *upp* read [out]; [något inlärt] say, [t.ex. dikt] recite; ~ *ut* a) [~ slut] finish b) [uttala] pronounce c) [förstå], *vad kan man* ~ *ut av det här?* what can you gather from this? **-are 1** [eg.] reader **2** [relig. ung.] pietist **-bar** *a* readable; *jfr äv. läslig o. läsvärd*

läse|bok reader, [isht nybörjarbok] reading-book **-cirkel** book-club **-krets** circle of readers, public **-sal** reading-room

läshuvud, *ha gott* ~ have a good head for study[ing]

läsida lee-side; *på ~n* on the leeward

läska *tr* **1** ~ *sin törst* quench one's thirst; *en ~nde dryck* a refreshing drink; *det ~r med* [*saft*] ..is refreshing; ~ *sig med*.. refresh oneself with.. **2** [m. läskpapper] blot

läskedryck soft drink, [lemonad] lemonade

läskpapper blotting-paper

läs|kunnig *a* ..able to read **-lig** *a* [möjlig att läsa] legible; [tydbar] decipherable **-ning** reading [osv.], *jfr läsa;* [lektyr äv.] reading-matter **-ordning** [schema] timetable

läsp|a *itr* lisp **-ning** lisping; [konkr.] lisp

läsrum reading-room

läst [skom.]: [konkr.] last, [passform] fitting **lästa** *tr,* ~ [*ut*] last

läs|värd *a,* [*mycket*] ~ [very] readable, ..[well] worth reading **-år** [skol.] school year

läte sound; [djurs] call, cry

lätt I *a* **1** [ej tung]: [allm.] light [äv. friare, t. ex. rörlig, tunn samt om t. ex. mat, vin, sömn, musik] ; [lindrig, obetydlig äv.] slight; [svag. äv.] gentle; *en* ~ [*are*] *förkylning* a light (slight) cold; *med* ~ *hand* lightly [äv. bildl.], [varsamt äv.] gently; *ha* [*en*] ~ *sömn* be a light sleeper; *~a tyger* light-weight fabrics; *vara* ~ *på foten* be light of foot, [bildl.] be of easy virtue; ~ *till mods* light of heart **2** [ej svår (mödosam)] easy; [enkel] simple; *det är en* ~ *sak (är* ~*) för mig att..* it is easy (an easy matter) for me to..; *göra det* ~ *för..* make things easy for..; *inte ha det* ~ not have an easy time [of it]; *han har* ~ *för* [*språk*] he has a gift for..; *ha* ~ *för att fatta* be quick on the uptake; *hon har* ~ *för att gråta* she cries easily; *ha* ~ *för att lära (räkna)* be a quick learner (be quick at figures)

II *adv* **1** [ej tungt]: [eg.] light, [ytligt, nätt och jämnt] lightly; [lindrigt osv. (*jfr I 1*)] slightly, gently; [litet] somewhat, a trifle; ~ *klädd, se lättklädd; ta ngt* ~, *ta* ~ *på ngt* take a th. lightly (easily), [bagatellisera] make light of a th. **2** [ej svårt] easily, F easy; *man blir* ~ [*trött, om*..] one gets easily (is apt to get)..; *det går* ~ *att* [inf.], *när..* it is easy to [inf.], when..; *ha det* ~ [m. fl. ex.] *se under I 2; sådant händer* ~ such things happen; *såsom ~ inses* as will readily (easily) be understood, as is obvious; *av ~ begripliga skäl* for obvious reasons

lätt- *se lättarbetad* [betr. attr. o. pred. form]

lätta I *tr* **1** [göra lättare] lighten; [bildl. äv.] unburden, ease, [mildra] relieve; *~ sitt hjärta för ngn* unburden one's mind (heart) to a p.; *känna sig ~d* feel relieved (eased) [in one's mind]; *~ upp* [stämning o. d.] relieve, [humör] liven [up] **2** *~ ankar* weigh anchor **II** *itr* **1** [bli lättare eg.] become (get) lighter, [om pers.] go down in weight; [bildl.] ease; *det ~r* [verkar befriande] it gives [some] relief **2** *~ på ngt* [allm.] *se II;* [lossa på, t. ex. plagg] loosen **3** [lyfta, om dimma] lift; *det ~r [på]* [klarnar] the air is clearing **4** [om fartyg] weigh anchor; [om flyg] take off

lätt|antändlig *a* inflammable **-arbetad** *a* [attr.] ..that is [osv.] easy to work [etc., *jfr bearbeta*], ..that can [osv.] be easily worked [etc.]; [*materialet*] *är -arbetat* ..is easy to work [etc.] **-fattlig** *a* easily comprehensible; [attr. äv.] ..that is [osv.] easy to understand; *jfr vid. -arbetad* **-fotad** *a* [bildl.] loose[-living] **-färdig** *a* [om pers.] loose[-living]; [om t. ex. visa]: [vågad] daring, [oanständig] indecent; [om liv] licentious **-hanterlig** *a* [attr.] ..that is [osv.] easy to handle; *vara ~* be easy to handle **-het** [ringa tyngd] lightness; [ringa svårighet] easiness, [enkelhet] simplicity; [t. ex. att lära sig språk] ease, [t. ex. att uttrycka sig] facility, *att* [inf.] in [ing-form]; *med ~* [ledigt] with ease, easily

lätting idler, lazy brute **lättja** laziness, idleness; [lättjefullhet] indolence **lättjefull** *a* lazy, [loj] indolent

lätt|klädd *a* [tunnklädd] thinly (lightly) dressed; [mer el. mindre oklädd] scantily clad **-köpt** *a* [billig] cheap **-ledd** *a* [pred.] easily led **-lurad** *a* [very] gullible **-läst** *a* [om handstil] [very] legible; [om bok o. d.] very readable **-matros** ordinary seaman **-metall** light metal

lätt|na *itr, se lätta II 1 o. 3* **-nad** [lisa] relief; [mildring] relaxation; [lindring] easing-off [end. sg.]; [minskning] reduction **-retlig** *a* irritable, irascible; [-stött] touchy; [häftig] quick-tempered

lättrogen *a* credulous; *jfr lättlurad*

lätt|rörd *a* emotional, [pred. äv.] easily moved; [känslig] sensitive **-sinne** rashness; irresponsibility; wantonness; [jfr följ.] **-sinnig** *a* **1** [obetänksam] rash, thoughtless; [ansvarslös] irresponsible **2** [-färdig] wanton **-skrämd** *a, vara ~* be easily scared **-skött** *a* [attr.] ..that is [osv.] easy to handle ([om t. ex. lägenhet] to keep tidy); *jfr vid. -arbetad; en ~ plats* an easy post **-smält** *a* **1** [om mat] easily digested; [om bok] very readable **2** [⊕] [easily] fusible **-stött** *a* touchy, hyper-sensitive **-såld** *a* [attr.] ..that is [osv.] easy to sell; *jfr vid. -arbetad; ~a varor* [äv.] goods that sell easily **-sövd** *a, vara ~* be a light sleeper **--trogen** *a, se lättrogen* **-vikt** lightweight **-vindig** *a* [enkel] simple, [slarvig, förhastad] hasty; [ytlig] superficial **-öl** [ljust] light lager [beer]

läx|a I *s* **1** [hem~] homework [end. sg.]; *ha bara en ~* have only one subject for homework; *ha många -or* have a lot of homework **2** [tillrättavisning] lesson; *ge ngn en ~* teach a p. a lesson **II** *tr, ~ upp ngn [ordentligt]* tell a p. off [properly] **-läsning** [hemma] homework

löda *tr* solder; *~ fast* solder .. on

lödder [allm.] lather, [fradga äv.] foam, froth **löddra** *itr rfl* lather **löddrig** *a* lathery, [om häst] lathered, foaming

löd|kolv soldering-iron **-ning** soldering

löfte promise, [högt.] vow, *om* of, *att* [inf.] to [inf.]; *ge ngn ett ~ (få ~) om ngt* promise a p. (be promised) a th.

löftes|brott breach of one's promise **-rik** *a* promising,.. full of promise

lögn lie, falsehood **-aktig** *a* [om historia o. d.] mendacious; [om påstående o.d.] untruthful; *han är ~* he is a liar **-are** liar

löja bleak

löje [leende] smile; [åtlöje] ridicule **-väckande** *a* ridiculous; [jfr vid. följ.]

löjlig *a* ridiculous; [lustig] funny; [komisk] comical; [tokrolig] ludicrous; [orimlig] absurd; *göra en ~ figur* cut a ridiculous figure; *göra sig ~ över..* make fun of.. **-het** ridiculousness [osv.], comicality; absurdity; *~er* [dumheter] absurdities, [nonsens] nonsense [sg.]

löjtnant lieutenant, [inom flottan] sub-lieutenant: [britt. motsv. inom flyget] flying officer; [amer.]: [inom armén o. flyget] first lieutenant, [inom flottan] lieutenant junior grade

lök [kok.] onion, [koll.] onions [pl.]; [blomster~] bulb

lömsk *a* [illistig] wily, sly; [bakslug] disingenuous; [opålitlig] undependable; [förrädisk] treacherous; [försåtlig] insidious

lön 1 [avlöning]: [isht vecko~, oftast kroppsarbetares] wages [pl.], [isht månads~, oftast tjänstemäns o. d.] salary, [mera allm., isht ⚔] pay [end. sg.]; *full ~* full pay **2** [ersättning] compensation, recompense; [belöning] reward **löna I** *tr* [belöna] reward; *det ~r inte mödan* it isn't worth while **II** *rfl* pay; *det ~r sig inte att* [inf.] a) [tjänar ingenting till] it's no use (no good) [ing-form] b) [är inte värt pengarna] it isn't worth it to [inf.] **lönande** *a* [om företag] profitable, [om sysselsättning äv.] remunerative

löne|förhandlingar *pl* wage ([resp.] salary) negotiations **-förhöjning** rise [in (of) wages ([resp.] salary)] **-glidning** wage drift **-grad** [salary] grade **-klass** subdivision [of a ([resp.] the) salary grade] **-stopp** wage-freeze **-sättning** setting of wage ([resp.] salary) rates **-villkor** *pl* wage-conditions, terms as regards salary, *jfr lön*

lönlös *a* [gagnlös] useless, futile; [fruktlös] fruitless

lönn [bot.] maple; [för sms. *jfr äv. björk-*]

lönn|brännare illicit distiller **-dom,** *i* ~ clandestinely **-dörr** secret door **-låda** secret drawer **-mord** assassination **-mörda** *tr* assassinate **-mördare** assassin

lönsparande [sparform] salary-savings system **lönt** *pred. a, det är inte* ~ *att försöka* it is no use (no good) trying **löntagare** wage-earner, salary-earner, *jfr lön;* employee

löp|a I *itr tr* [allm.] run; [sträcka sig äv.] extend; [om rem o. d. äv.] travel, go; [*lånet*] *-er med 6% ränta* ..carries (bears) interest at *6%;* ~ *med skvaller* go around gossiping; *båten -te in* [*i hamnen*] the vessel put into (entered) the harbour; ~ *ut* a) [sticka till sjöss] put [out] to sea, [lämna hamnen] leave the harbour b) [om avtal, tid o. d.] run out, expire c) [skjuta ut, i t. ex. spets] run out, *i* into **II** *itr* [om tik] be on (in) heat **-ande** *a* [regelbundet återkommande] running; [fortlöpande] current; *i* ~ *följd* in consecutive order; ~ *utgifter* running (current) expenses; *jfr band 1 a*

löp|arbana [running-]track **-are 1** [sp allm.] runner; *jfr häcklöpare* [m.fl.] **2**[schack.] bishop

löpe rennet

löpeld, *som en* ~ like wildfire

löp|ning 1 [sport.]: [-ande] running; [lopp] run, [tävling] race **2** [mus.] run **-sedel** [newspaper] placard, [news-]bill

lördag Saturday; *jfr fredag* [o. sms.]

lös I *a* **1** [ej fastsittande el. bunden, fri] loose, [löstagbar] detachable; [rörlig äv.] movable; [separat äv.] separate, single; *en* ~ *hund* an unleashed dog; *gå* ~ [fri] be at large, [om djur i bet. 'röra sig fritt'] roam freely; *vara* ~ [hålla på att lossna] be coming off, [ha lossnat] be (have come) off (loose); *elden är* ~ a fire has broken out, [ss. utrop] [fire,] fire! **2** [ej hård el. fast, ej spänd] loose; [mjuk äv.] soft; [rinnande] running **3** [friare o. i div. uttr.]: [om ammunition o. d.] blank; [om förmodan, påstående, rykte o. d.] baseless, groundless; *på* ~*a grunder* on flimsy grounds; [*köpa en vara*] *i* ~ *vikt* a) [efter vikt] ..loose b) [opaketerad].. unpacketed **II** *adv, gå* ~ *på* [angripa] *ngn (ngt)* attack (go for) a p. (go at a th.); [jfr beton. part. under resp. verb] **lösa I** *tr* **1** [ta (göra) loss, befria]: [mera eg.] *se lösgöra I,* [friare, från förpliktelser o. d.] release **2** [lossa [på]] loose; ~ [*upp*] loosen; [knut o. d. äv.] undo, untie **3** [upplösa], ~ [*upp*] [i vätska] dissolve, [i beståndsdelar] disintegrate **4** [klara upp]: [problem o. d.] solve, [konflikt o. d. vanl.] settle **5** [förvärva, betala, biljett o. d.] take, pay for, [köpa] buy; ~ [*in*] [växel] honour, [skuldförbindelse o. d.] redeem; ~ *in* [check, om bank] pay; ~ *ut* [post., ta ut] get..out [at the post office] **II** *rfl* **1** [i vätska] dissolve **2** [om problem o. d.], ~*a sig* [*av sig*] *själv* solve itself

lös|aktig *a* loose, dissolute **-ande** *a* [avförande] laxative **-bladssystem** loose-leaf system **-drivare** vagrant **-driveri** vagrancy **-egendom** personal property

lösen 1 [lösepenning] ransom; [post.] surcharge **2** [paroll] watchword; password

lösesumma ransom

lös|fläta false plait **-gom** [tandläk.] [dental] plate **-göra I** *tr* [lösa, släppa lös] set..free, [befria] release; [ta loss] detach, unfasten; [kapital o.d.] free, liberate **II** *rfl* [eg.] set oneself free; [bildl.] release oneself **-hår** false hair **-kokt** *a* [om ägg] lightly boiled, soft-boiled **-krage** [loose] collar **-lig** *a* [i vätska] soluble, dissolvable; [om problem o. d.] solvable; [lös] loose **-mynt** *a, vara* ~ be a babbler ([skvalleraktig] a gossip) **-ning 1** [av problem o. d.] solution, *av, på* of, [av gåta äv.] key, *av, på* to **2** [vätska] solution **-nummer** single copy **-näsa** false nose **-ryckt** *a* [fristående, om ord o. d.] disconnected; *jfr rycka* [*loss*] **-släppt** *a* **1** [eg.] *se släppa* [*lös*] **2** [ohämmad] licentious; [uppsluppen] wild; [otyglad] unbridled

löst *adv* [allm.] loosely; [lätt] lightly; [obesämt] vaguely; *gå* ~ *på* [*ett stort belopp*] run into ..; *sitta* ~ [eg.] be ([om kläder] fit) loose; *jfr lös II*

lös|tagbar *a* detachable **-tand** false tooth **-öre** *se -egendom*

löv leaf [pl. leaves], [koll.] leaves [pl.] **löva** *tr* decorate.. with branches of foliage **lövas** *itr. dep* leaf, leave **lövfällning** defoliation

lövgroda tree frog

lövkoja stock

löv|ruska branch [with its leaves on] **-skog** [ung.] deciduous forest **-sprickning** leafing **-såg** fret-saw **-sångare** willow-warbler **-träd** broad-leaf ([årligen lövfällande] deciduous) tree **-verk** foliage

För med **lös-** sammansatta verb jfr äv. vid beton. part. under resp. enkla verb

M

mack® *se bensinstation*
made[i]ra [vin] Madeira
madonna *o.* **-bild** Madonna
madrass mattress **-era** *tr* pad
magasin 1 [förrådshus] storehouse, [lager o. möbel~] warehouse **2** [tidskrift] magazine **-era** *tr* store [up]
magblödning h[a]emorrhage from the stomach, gastric h[a]emorrhage
mage [allm.] stomach; F tummy [äv. barnspr.]; *ha [stor]* ~ [vanl.] be paunchy; *ha dålig* ~ [allm.] have a weak stomach, [ha matsmältningsbesvär] suffer from a bad digestion; *ha ont* [smärtor] *i* ~*n* have a pain in one's stomach; *vara hård (trög) i* ~*n* be constipated; *vara lös i* ~*n* have diarrhoea; *ligga på* ~*n* [vanl.] lie on one's face
mager *a* [inte fet, allm.] lean; [smal, om pers. o. kroppsdelar, vanl.] thin; [bildl. vanl.] meagre; [om t. ex. lön äv.] scanty; [om t. ex. resultat äv.] poor; ~ [halvfet] *ost* low-fat cheese; ~ *stil* [typogr.] lean-face[d] type; *bli* ~, *se magra* **-lagd** *a* [somewhat] thin
mag|grop pit of the stomach **-influensa** gastric influenza
magi magic **magisk** *a* magic
magister 1 [lärare] schoolmaster **2** *filosofie* ~, *se under filosofie; politices* ~, *se under politices* **-examen** [ss. grad ung.] bachelor's (master's) degree
magistrat borough administrators [pl.], body of borough administrators
mag|katarr catarrh of the stomach **-knip** [the] gripes [pl.], stomach-ache
magnat magnate
magnesia magnesia **magnesium** magnesium
magnet 1 magnet **2** [~apparat] magneto [pl. -s] **magnetisera** *tr* magnetize **magnetisk** *a* magnetic **magnetism** magnetism
magnifik *a* magnificent, splendid
mag|plågor *pl* stomach (gastric) pains **-pumpa** *tr, bli* ~*d* have one's stomach pumped out
magra *itr* become (grow) thin[ner], lose flesh; [banta] slim; *han är avmagrad* he has grown thin[ner], he has thinned down
mag|saft gastric juice **-sur** *a* [bildl.] sour-tempered **-syra** acidity of the stomach **-sår** gastric ulcer **-säck** stomach
mahogny mahogany
maj May; *jfr april o. femte*
majestät majesty; *E[de]rs* ~ Your Majesty [m. pred. i 3:e pers. sg.]; *jfr kunglig* **-isk** *a* majestic; [friare] stately
majonnäs mayonnaise
major major; [britt. motsv. inom flyget] squadron leader **majoritet** majority; *vara i* ~ be in [the] majority
majs maize, [amer.] corn **majsena** maizena
majskolv corn-cob; ~*ar* [ss. maträtt] corn on the cob [sg.]
majstång maypole
mak, [*gå*] *i sakta* ~ ..at a leisurely pace
1 maka I *a* [attr.] ..that match [osv.], ..that are [osv.] a pair; *vara* ~ match, be a pair **II** *s* wife
2 maka *tr itr,* ~ *ngt* [flytta] move a th.; ~ *på ngt* [flytta undan] remove a th.; ~ *[på] sig* move [one's position]; ~ *ihop sig* move (press) closer together; ~ *åt sig* [lämna plats] make room
makadam macadam, [road-]metal **makadamisera** *tr* macadamize, metal
makalös *a* matchless, peerless; [ojämförlig] incomparable
makaroner *pl o.* **makaroni** [koll.] macaroni [sg.]
mak|e 1 [en av ett par] fellow **2** [i äktenskap], *[äkta]* ~ husband; *äkta -ar* husband and wife **3** [motstycke] match, equal; *jag har aldrig hört (sett) [på]* ~*n!* well, I never!
maklig *a* [bekväm] easy-going; [långsam] slow, leisurely
makrill mackerel
makt [allm.] power [äv. stat]; [drivande kraft, våld] force; [herravälde] dominion; [[laglig] myndighet] authority; *ingen* ~ *i världen* no power on earth, no human power; *onda* ~*er* the powers of evil; *få* ~ *med (över)* obtain power (ascendancy) over; [om känsla o. d.] take possession of, [överväldiga] get the better of; *ha* ~*en [i sin hand]* be in power; *sätta* ~ *bakom ordet* back up one's words by force; *ha ordet i sin* ~ be eloquent, be a good speaker; *det står inte i min* ~ *att* [inf.] it is not in (is beyond) my power to [inf.]; *med all* ~ with all one's might; *sitta vid* ~*en* be in (hold) power **-balans** balance of power **-havande** *a, de* ~ those in power **-koncentration** concentration of power **-lysten** *a* ..ambitious (greedy) for power **-lystnad** lust for power **-lös** *a* powerless, impotent **-medel** *pl* force [sg.] **-missbruk** abuse of power **-påliggande** *a* [betydelsefull] extremely important; [ansvarsfull; attr.] ..carrying responsibility
makul|atur [pappersavfall] waste paper **-era** *tr* [dokument] cancel, [frimärken o. d.] deface; [t. ex. trycksaker] destroy
mal [insekt] moth
mala *tr itr* **1** [eg., t. ex. säd, kaffe] grind, *till [mjöl]* into..; [kött vanl.] mince **2** ~ *[om (på, med)]* [tjatigt upprepa] *ngt* keep on re-

peating a th.
Malackahalvön the Malay Peninsula
malaj [folk] Malay[an] **-isk** *a* Malayan
malaria malaria
maliciös *a* malicious **malis,** *~en påstår att..* a malicious rumour has it that..
mall [mönster] pattern [äv. rit~]
mallig *a* stuck-up, cocky, snooty
Mallorca Majorca
malm 1 [miner.] ore, [bruten] rock **2** [legering] bronze **-brytning** ore-mining
malmedel anti-moth preparation
malm|fyndighet ore deposit **-förande** *a* ore-bearing **-åder** lode [of ore]
malplacerad *a* [opassande] inappropriate; [illa anbragt] misplaced; *vara ~* [ofta] be out of place
malpåse moth-proof bag
malström maelstrom [äv. bildl.]
malsäkrad *a* moth-proofed
malt malt **-dryck** malt liquor
malva mallow; [färg] mauve
maläten *a* **1** [eg.] moth-eaten **2** [luggsliten] shabby; [avtärd] emaciated, haggard
malör mishap
malört wormwood; *blanda ~ i glädjebägaren* [*för ngn*] mar a p.'s happiness
mamma mother, *till* of, *jfr 2 mor;* F ma, [isht barnspr.] mummy, [amer.] mom, ma **-klänning** maternity dress (frock)
mammon mammon; *den snöda ~* filthy lucre
mammut mammoth
1 man *s* [häst ~ o. d.] mane [äv. friare]
2 man *s* **1** [allm.] man [pl. men]; [besättningsman, arbetare] hand; *män* [statist. o.d.] males; [*en styrka*] *på fyrtio ~* [⚔] ..of forty men; *hans närmaste ~* his right-hand man; *tredje ~* [jur.] third party; *som en ~* [samtliga] to a man; *det sägs ~ och ~ emellan att..* it is whispered that..; *gå under med ~ och allt* go down with all hands; *per ~* per person (head, man) **2** [make] husband
3 man *obest. pron* a) [den talande inbegripen, ofta tills. m. den tilltalade] one, ['vi' ibl.] we b) [[särsk.] den tilltalade inbegripen, isht i talspr., anvisningar o. d.] you c) ['folk'] people, ['de'] they, ['någon'] someone [resp.] anyone d) [återges ofta gm pass. el. opers. konstr.]; *~ vet aldrig* [*vad som kan hända*] you never know (one never knows)..; *förr trodde ~ att* [*jorden var platt*] people used to think (it was formerly thought) that..; *~ påstår att..* it is said (they say) that..
mana *tr* [upp~] exhort, [egga] incite, [uppfordra] call upon; *känna sig ~d* feel called upon; *~ fram* call forth; *~ på* [driva på] urge on
man|bar *a* sexually mature **-byggnad** manor-house, [på bondgård] farm-house
manchester[sammet] corduroy
Manchuriet Manchuria
mandarin 1 [pers.] mandarin **2** [frukt] tangerine, mandarin [orange]
mandat [uppdrag] commission; [fullmakt, från organisation] mandate; [riksdagsmans]: [säte] seat, [~tid] term of office **-fördelning** distribution of seats
mandel almond, [koll.] almonds [pl.]; [anat.] tonsil **-blomma** [stenbräcka] meadow saxifrage **-kvarn** almond grinder **-massa** almond paste, marzipan
mandolin mandolin[e]
mandom manhood
manege [ridbana] ring
maner *el.* **manér** [sätt] manner, fashion; [stil] style; [förkonstling] mannerism
manet jelly-fish
man|fall, *det blev stort ~* [i strid] there were a great many killed **-folk 1** [koll.] men [pl.] **2** *ett ~* a man
mangan manganese
mangel mangle **mangla** *tr* [tvätt o. d.] mangle; [utan obj.] do the mangling
man|grant *adv* in full numbers **-haftig** *a* [karlaktig] manly, [om kvinna] masculine
mani mania, [friare äv.] craze, *på* for
manifest *s* [polit.] manifesto [pl. -s] **manifestation** manifestation **manifestera** *tr* manifest, [ådagalägga] display; *~ sig* [ta sig uttryck] manifest itself
manikyr manicure **-era** *tr* manicure
maning [upp~] exhortation; [varning] admonition; [vädjan] appeal
manipulera *tr itr, ~* [*med*] manipulate; *~ med* [göra fuffens med] juggle with
manke withers [pl.]; *lägga ~n till* put one's shoulder to the wheel
mankemang [fel] fault; [*allt gick*] *utan ~* ..without a hitch
man|kön male sex **-lig** *a* [av mankön] male, [typisk för en man] masculine, male, [isht om goda egenskaper] manly, [viril] virile, [modig] manful; [avsedd för män, t. ex. klubb] men's [end. attr.] **-lighet** manliness, virility **manligt** *adv* like a man, in a masculine (manly [osv.]) way; manfully, *jfr manlig*
manna manna **-gryn** *pl* semolina [sg.]
manna|minne, *i ~* within living memory **-mån,** *utan ~* without respect of persons **-ålder** manhood
mannekäng [pers.] model **-uppvisning** fashion show (parade)
manschett cuff; *darra på ~en* [bildl.] shake in one's shoes **-knapp** cuff-link
mans|dräkt man's dress **-hög** *a* ..as tall as a man **-höjd,** [*nå*] *~* ..the height of a man
manskap [koll.] men [pl.]; [⚓ äv.] crew
mans|kör male choir **-lem** pen|is [pl. -es], male organ **-linje,** *~n* the male line
manspillan loss of men **manstark** *a* numer-

ically strong **mansålder** generation
mantal [ung.] assessment unit of land
mantals|längd register of population **-skriva** *tr rfl, -skriven i* [*Stockholm*] registered (domiciled) in.. **-skrivning** registration [for census purposes]
mantel 1 [plagg] cloak, [kunga~ o. d. samt bildl.] mantle **2** [⊕] jacket
manufaktur|affär draper's shop, [amer.] dry goods store **-varor** *pl* [textil-] drapery [sg.], [isht amer.] dry goods
manus[**kript**] manuscript; [film~] script
manöv|er [allm.] manœuvre [äv. bildl.]; [serie övningar, t. ex. fält~] manœuvre exercise **-rera** *tr itr* manœuvre [äv. bildl.], [fartyg o. d. äv.] steer; [friare]: [sköta] handle, manage; [⊕ styra, reglera] control
mapp [för brev o. d.] folder; [pärm] file
mara [natt~] nightmare [äv. friare]; *ridas av ~n* be hagridden
maratonlopp marathon [race]
mardröm nightmare [äv. bildl.]
mareld phosphorescence [of the sea]
margarin margarine
marginal margin [äv. H o. d. samt bildl.] **-anteckning** marginal note **-skatt** [skattesats] marginal rate of tax
Maria Mary **Marie Bebådelsedag** Annunciation, Lady Day
marig *a* **1** [förkrympt] dwarfed **2** F [svår, t. ex. om problem] knotty, [brydsam, t. ex. om situation] awkward
marin I *s* **1** [⚓ ⚔] navy; *Marinen* [i Sverige] the Swedish Naval Forces [pl.] **2** [konst.] seascape **II** *a* marine; [⚓ ⚔] naval **-ad** marinade **-blå** *a* [attr.] navy-blue, [pred.] navy blue **-era** *tr* marinade
marionett marionette, puppet [äv. bildl.]
marionetteater [eg.] puppet theatre
1 mark [jordyta] ground; [jord[mån]] soil; [-område] land; *ta ~* land; *jämna med ~en* raze [to the ground]; *på svensk ~* on Swedish soil
2 mark [mynt] mark
3 mark [spelmark] counter
markant *a* [påfallande] marked, pronounced, [framträdande] prominent
markatta 1 [zool.] guenon **2** F ['häxa'] bitch
marker|a *tr* [ange, utmärka] mark [äv. vid skjutn.]; [antyda, föreställa] indicate [äv. teat. o. ⚔]; [ange sittplats] reserve; [bildl.: poängtera] emphasize, stress **-ad** *a* [allm.] marked; [utpräglad äv.] pronounced **-ing** marking, [konkr. äv.] mark; indication, indicating [etc.], *jfr markera*
marketenteri canteen; [hist.] sutlery
1 markis [solskydd] awning, sun-blind
2 markis [titel] marquis **-inna** [i Engl.] marchioness, [i andra länder] marquise
marknad 1 [mässa] fair **2** H market
marknads|dag fair day **-föring** marketing **-undersökning** market analysis
mark|personal [flyg.] ground staff **-robot** surface-to-surface missile **-stridskrafter** ground forces **-värdestegring** rise in the value of land **-ägare** property owner, [större] landowner
markör marker
marmelad jam, [av citrusfrukter] marmalade; [konfekt] jelly fruits [pl.]
marmor marble; [*bord*] *av ~* [äv.] marble.. **-brott** marble quarry **-era** *tr* marble **-skiva,** [*bord*] *med ~* marble-topped..
marockan *s o.* **marockansk** *a* Moroccan
Marocko Morocco
marokäng [läder] morocco
marritt nightmare
mars [månadsnamn] March ([förk.] Mar.); *jfr april o. femte*
marsch I *s* march [äv. mus.] **II** [kommandoord] march!; *framåt ~!* forward, march!
marschall link, torch
marsch|era *itr* march; *~ av* march off **-fart** [flyg., bil. o. d.] cruising speed **-färdig** *a* [pred.] ready to march **-takt** marching-step; [mus.] march time
Marseille Marseilles
marsipan marzipan
marskalk 1 [⚔] marshal, [i Engl.] field-marshal **2** [vid bröllop] 'marshal', male attendant of the bride and bridegroom
marskland marsh[land]
marsvin [zool.] guinea-pig
martall dwarfed (stunted) pine[-tree]
marter *pl* torments, tortures **martera** *tr* torment, torture
martyr martyr; *dö som ~ för en sak* die a martyr to a cause **-död,** *lida ~en* suffer martyrdom **-skap** martyrdom
marvatten, *ligga i ~* be water-logged
marxism [äv. *~en*] Marxism **marxist** *s o.* **marxistisk** *a* Marxist
maräng meringue
maser [fys.] maser
1 mask [zool.] worm; [larv] grub, [i kött, ost] maggot; [koll.] worms [etc.; pl.]
2 mask [ansikts~] mask; [teat. o. d.] make-up; *låta ~en falla* throw off one's mask, [bildl.] show oneself in one's true colours
1 maska *itr* **1** [kortsp.] finesse **2** [i arbete] make a pretence of working
2 maska I *s* mesh; [vid stickning] stitch; [löp~] ladder, [amer.] run **II** *tr, ~ av* [stickning o. d.] cast off; *~ upp* [*en strumpa*] repair (mend) a ladder ([resp.] ladders) in..
maskera *tr* [m. mask samt bildl.] mask, [teat.] make.. up; [⚔]: [m. målning o.d.] camouflage, [skydda, t. ex. batteri] mask
maskerad [vanl.] fancy-dress ball; [hist.] masquerade, masked ball **-dräkt** fancy dress

maskering [konkr. samt bildl.] mask, [isht ✕] camouflage; [teat.] make-up
mask|formig *a,* ~*a bihanget* the vermiform appendix **-hål** worm-hole
maskin [allm.] machine; [motor, ång~ o. d.] engine; [skriv~] typewriter; ~*er* [~anläggning] machinery, plant [båda sg.]; *för full* ~ [⚓] at full speed; *arbeta för full* ~ work full steam; *skriva* [*på*] ~ type **-ell** *a* mechanical; ~ *utrustning* machinery, machine equipment **-eri** machinery [äv. bildl.], mechanism; [⚓] engines [pl.] **-gjord** *a* machine-made **-ist** engine-man, [i fastighet] boiler-man; [⚓] engineer **-mässig** *a* mechanical **-rum** [⚓] engine room **-skada** [⚓] engine trouble **-skriva** *tr* type; *låta* ~ [*ngt*] have..typed (typewritten) **-skriverska** typist **-skrivning** typing, typewriting **-skötare** machine--tender, machine-minder
maskopi, *stå (vara) i* ~ *med ngn* be working together (be in collusion) with a p.
maskot mascot
mask|ros dandelion **-stungen** *a* worm-eaten
masksäker *a* [om strumpa] ladderproof
maskulin *a* masculine [äv. om kvinna], virile **-um** [genus] the masculine [gender]; [ord] masculine [noun]
masonit ® masonite
mass|a 1 [fys.] mass **2** [råmaterial, det inre av ngt] substance; [smet] mass; [grötlik, t. ex. pappers~] pulp; [mos] pap **3** [kompakt mängd, t. ex. snö~] mass; [stor ~] bulk **4** [folkhop] crowd [of people]; [pöbel] mob; *den stora* ~*n* the masses [pl.] **5** *en* [*hel*] ~ [mängd] [quite] a lot; *-or av (med)* [*böcker (öl)*] lots (tons, heaps) of..
massage massage
massaindustri pulp industry
massak|er massacre **-rera** *tr* massacre; [lemlästa] cripple
massartikel mass-produced article
massera *tr* massage
massiv I *s* massif **II** *a* [allm.] solid; [stadig, tung äv.] massive
mass|korsband, [*sända*] *som* ~ ..as bulk mail **-medium** mass medi|um [pl. -a] **-mord** wholesale (mass) murder **-tillverkning** mass production **-vis** *adv,* ~ *av (med), se massa 5* [motsv. ex.]
massör masseur **massös** masseuse
mast mast; [flagg~] pole **-topp** mast-head
masugn blast-furnace
masurbjörk masur birch
mat food; [-lagning, kök] cooking, cookery; [måltid] meal; [vivre] board; *en bit* ~ something (a bite) to eat, a snack; ~ *och husrum* board and lodging; ~*en* [middagen] *är färdig* [vanl.] dinner is ready; *jfr 2 laga I 1; efter* ~*en* [måltiderna] after meals; *ha ngn i* ~*en* supply a p. with board; [*dricka vin*] *till* ~*en* ..with one's meal[s] **mata** *tr* [eg. o. ⊕] feed **matarbuss** feeder bus
mat|bit, *en* ~ [måltid] a bite, a snack **-bord** dining-table **-bröd** [plain] bread
match match; [tävling] competition
matdags, *det är* ~ it is time to eat
matematik mathematics [vanl. sg.] **matematiker** mathematician **matematisk** *a* mathematical
materia matter **material** [allm.] material; [byggnads~, rå~ o. d.] materials [pl.]
material|ist materialist **-istisk** *a* materialistic
materie matter **materiel** [t. ex. elektrisk] equipment, [t. ex. skol~ äv.] accessories [pl.]; [t. ex. skriv~] materials [pl.] **materiell** *a* material
mat|fett cooking fat **-frisk** *a, vara* ~ have a good appetite **-förgiftning** food poisoning **-gäst** boarder **-hållning** [kost] food, fare
matiné matinée, afternoon performance
mat|jord [mots. alv] top-soil; *jfr äv. mylla* **-kupong** voucher **-källare** food cellar **-lag** [omgång] sitting **-lagning** cooking; *vara duktig i* ~ be a good cook **-lust** appetite **-mor** mistress **-nyttig** *a* **1** [pred.] suitable as food; [ätlig] edible **2** F [t. ex. om kunskaper] useful **-olja** cooking oil **-ordning** [-tider] mealtimes [pl.]; [kost[håll]] dietary **-os** [unpleasant] smell of cooking (food) **-rast** break for a meal ([resp.] meals) **-recept** recipe **-rester** *pl* [överlevor] [food] scraps, leavings, left--overs
matriarkat matriarchy
matrikel register, roll
matrona matron, matronly woman
matros seaman, [ss. mots. t. lätt~] able seaman; [friare] sailor
mat|rum dining-room **-rätt** dish, [del av meny] course **-sal** dining-room ; [större] dining-hall; [på fabrik o. d.] canteen **-salsmöbel** [möblemang] dining-room suite **-sedel** menu, bill of fare **-servering** *se servering 2* **-servis** dinner service **-silver** table silver **-sked** tablespoon; *en* ~ [*smör*] a tablespoonful [of butter] **-smältning** digestion **-strupe** gullet **-ställe** restaurant, eating--place **-säck** [lunch~] packed lunch, [amer.] box lunch; [smörgåsar] sandwiches [pl.]
1 matt *a* **1** [kraftlös] faint, [svag, klen] weak, feeble [samtl. äv. bildl.]; [om t. ex. debatt] tame, flat, [livlös] lifeless; H [flau] dull **2** [ej blank] matt; [-slipad] frosted; [glanslös]: [om t. ex. färg] dull, [om t. ex. hår] lustreless
2 matt *a,* [*schack och*] ~*!* [check]mate!
1 matta *s* [mjuk ~] carpet; [mindre] rug, [dörr~] mat; *hålla sig på* ~*n* [bildl.] keep in one's right place
2 matta *tr* [göra svag] make..feel weak;

~ [av] [försvaga] weaken, enfeeble **mattas** *itr. dep,* ~ [*av*] [bli matt[are] (svag[are])] become weak[er] [etc.], *jfr 1 matt;* [om färg, glans] fade; [om t. ex. intresse] flag
mattbelagd *a* carpeted
mattblå *a* [attr.] dull-blue, [pred.] dull blue
matte F [mots. 'husse'] mistress
matt|het faintness, weakness [etc.], *jfr 1 matt 1* **-slipad** *a* frosted
mat|varor *pl* provisions, victuals, eatables **-varuaffär** provision-shop **-vrak** glutton, gormandizer **-vrå** dining alcove
mauser[gevär] Mauser rifle
mausoleum mausoleum
maxim maxim **maximal** *a* [attr.] maximum **maximalt** *adv* maximally **maximibelopp** maximum amount **maximum** maxim|um [pl. vanl. -a]
mecenat patron [of the arts [osv.]]
1 med *s* [på kälke, släde o. d.] runner, [på gungstol, vagga] rocker
2 med I *prep* [jfr äv. under resp. huvudord] **1** [allm.] with [t. ex. i bet. 'tillsammans (samtidigt, försedd) med', 'medelst']; [*ordet*] *börjar* ~ *a* ..begins with an a; ~ *alla sina fel* [*är han ändå..*] with ([trots] in spite of) all his faults..; *hon har två barn* ~ [*sin förste man*] she has two children by..; *tala* ~ *ngn* [vanl.] speak to a p.; *vara* ~ *barn* be with child; *en kapplöpning* ~ *tiden* a race against time; [*en man*] ~ *grå kavaj (*~ *halmhatt)* ..in a grey jacket (wearing a straw hat); ~ *dricks* [*blir det*] ..with tips, ..tips included; ~ *föraren* [*var vi fem*] counting (including) the driver..; *en plånbok* ~ [*50 kr.*] a wallet containing..; [*en kommitté*] ~ *fem medlemmar* ..consisting of five members **2 a)** [uttr. sätt i allm.], *skrivet* ~ *blyerts* written in pencil; *jag kommer* ~ *förtjusning* I'll be delighted to come; ~ *en hastighet av* [*60 km*] at a speed (rate) of..; [*likviden erläggs*] ~ *50 kr. i månaden* ..in instalments of 50 kronor per month; ~ *fem minuters mellanrum* at intervals of five minutes; [*tidningen*] *utkommer* ~ *ett nummer i veckan* ..appears once a week; ~ *andra ord* in other words; ~ *hög röst* in a loud voice; ~ *varsamhet* with care, carefully **b)** [betr. [kommunikations]medel, i bet. 'genom' samt betr. mått] by; *betala* ~ *check* pay by [a] cheque; ~ *järnväg* by railway; ~ *post* by (per) post; *börja* ~ *att säga* begin by saying; [*vad menar du*] ~ *det?* ..by that?; *höja* ~ [*10%*] raise by..; *vinna* ~ [*2—1*] win [by].. **3** [angivande släktskap o. jämförelse] to; *förlovad (gift)* ~ engaged (married) to; *lika* ~ equal to **4** [i bet. 'och'] and; ~ *flera* [förk. *m. fl.*] and others; ~ *mera* [förk. *m. m.*] etcetera [förk. etc.], and so on, [och andra saker] and other things; [*herr A.*] ~*familj* ..and [his] family **5** [i partitiv bem. samt i prep.-attr. som kan bytas mot svensk genitiv, t. ex. 'syftet med resan' = 'resans syfte'] of; *en korg* ~ *frukt* a basket of fruit; *avsikten* ~ [*dessa anmärkningar*] the purpose of..; *det bästa* ~ *det* the best thing about it; *felet* ~ *honom* the trouble with him **6** ['i fråga om', 'beträffande'], *nöjd* ~ content with; *noga* ~ particular about (as to); *ha plats (tid)* ~ have room (time) for; *det drog ut på tiden* ~ [*arbetet*] ..took rather a long time; *så var det* ~ *det!* so much for that!; *det är ingen fara* ~ *honom* he is all right; [*en man*] ~ *idéer* ..of ideas; *det är gott* ~ [*en kopp te*] it's nice to have.., [jag tycker om] I do like..; *vad är det för roligt* ~ *det?* what is so funny about that? **7** [i vissa tidsuttr.], *i och* ~*, se i D 2;* ~ *en gång,* ~ *ens* [all] at once; ~ *åren* [*blev han*] over the years.., as the years passed.. **8** [i uttr. m. verbalsubst.], [*ett möte skall hållas*] ~ *början kl. 18* ..commencing at 6 p.m.; ~ *hänvisning till* [åberopande] referring to **9** [i vissa elliptiska uttr.], *hit* ~ [*pengarna*]*!* give me (hand over)..!; *adjö* ~ *dig!* bye-bye!; *tyst* ~ *dig!* be quiet! **10** *från* ([resp.] *till*) *och* ~*, se från I 1* [resp.] *till I 12 b*
II *adv* **1** [också] too, [ibl.] as well, also; [*han är trött på det*] *och* [*det är*] *jag* ~ ..and so am I **2** [ss. beton. part. vid vb; se vid. under resp. vb], *får jag följa* ~ [*dig*]*?* may I come (go) with you (come along)?; *jag håller* ~ [*dig*] *om det* I agree with you there; *kommer du* ~*?* are you coming?
medalj medal **-era** *tr,* ~ *ngn* award a p. a medal **-ong** medallion; [smycke] locket **-utdelning** presentation of medals **-ör** medallist
medan *konj* while, [betecknande mots. äv.] whereas
med|ansvarig *a, vara* ~ share the responsibility **-arbetare** [-hjälpare] collaborator; [i tidning, bokverk o. d.]: [tillfällig] contributor (*i* to), [redaktionsmedlem] member of the staff (*i* of); *från vår utsände* ~ from our special correspondent **-bestämmanderätt** voice, right to be consulted, [i bolag o. d. äv.] [right of] control **-borgare** [isht i republik] citizen, [isht i monarki] subject **-borgarskap** citizenship **-borgerlig** *a* civic, civil; ~ *plikt* civic duty; ~*a rättigheter* civil rights **-brottslig** *a* [pred.] access|ory, -ary **-brottsling** accomplice, [isht jur.] access|ory, -ary
med|dela I *tr* **1** ~ [*ngn*] [underrätta] inform a p., *ngt* of a th.; [ge besked] let a p. know, [skriftligen äv.] send [a p.] a message; ~ *ngn ngt* [äv.]: [delge, t. ex. nyhet] communicate a th. to a p., [isht formellt el. officiellt] notify a p. of a th.; ~ *ngt (att)* [äv.]: [tillkännage] announce ([uppge] state, [inberätta] report) a

th. (that); ~ *sina villkor* state one's terms; *vi ber Er* ~ [*när*..] please let us know (inform us [as to])..; *härmed* ~*s att* [i brev] this is (we beg) to inform you that; *från London* ~*s att* it is reported from London that **2** [ge, lämna] give, [bevilja] grant, [utfärda] issue **II** *rfl* [om pers.] communicate **-delande** [bud[skap]] message [äv. telefon~]; [i högre stil, isht skriftl.] communication; [kort skriftligt] note; [underrättelse] information, news [båda äv. ~*n*]; [tillkännagivande] announcement; [anslag o. [offentligt] i tidning o. d.] notice; [uppgift] statement; [nyhets~ o. d. i tidning] report, [kort notis] notice; *ett* ~ [underrättelse] a piece of information (news); *få* ~ *om* be informed of, learn (hear) about **-delsam** *a* communicative, informative

mede *se 1 med*

medel 1 [sätt, metod] means [pl. lika]; [utväg [ur svårighet]] expedient; [hjälp~] instrument; [bote~, äv. bildl.] remedy, *mot* for (against); [läke~] medicine; [preparat, t. ex. rengörings~] agent *(jfr diskmedel)* **2** ~ [pl.: pengar] means (*till* for), money [sg.], funds

medel|bar *a* indirect, mediate **-distanslöpare** middle-distance runner **-engelska** Middle English **-europeisk** *a,* ~ *tid* Central European time **-god** *a,* ~ *kvalité* medium quality **-hastighet** average speed

Medelhavet the Mediterranean [Sea]

medel|hög *a* ..of medium height **-klass,** ~*en* [vanl.] the middle classes [pl.] **-livslängd** average length of life **-längd** [persons] medium (average) height

medellös *a* ..without (destitute of) means, destitute **-het** lack of means

medel|måtta 1 [*över (under)*] ~*n* ..the average **2** [neds. om pers.] mediocrity **-måttig** *a* [neds.] mediocre, indifferent, middling **-punkt** centre, [bildl. äv.] focus

medelst *prep* by, by means of

medel|stor *a* medium[-sized], middle-sized, ..of medium size **-storlek** medium size **-svensson** the ([resp.] an) average Swede **-svår** [allm.] ..of medium (average) difficulty, moderately difficult **-tal** average, [mat. äv.] mean; *i* ~ on an (the) average **-temperatur** mean temperature **-tid** [hist.], ~*en* the Middle Ages [pl.] **-tida** *a* medi[a]eval **-väg** middle course **-ålder 1** *en man i* ~*n, en* ~*s man* a middle-aged man **2** [genomsnittlig ålder] average age

med|faren *a, illa* ~ [attr.]: [om t. ex. bok, bil] ..that has [osv.] been badly knocked about, [utnött, om plagg] ..that is very much the worse for wear **-född** *a* [isht läk.] congenital, *hos* in; [om talang o. d.] native, innate, inborn; ~*a egenskaper* [biol.] inherited characters **-följa** *tr itr,* ~ [*ngt*] [bifogas] be enclosed [with a th.]; [*räkning*] *-följer* I ([resp.] we) enclose.. **-föra** *tr* **1** [om pers.] *se föra* [*med sig*]; [om tåg, båt]: [passagerare] convey, take, [post o. d.] carry **2** [ha till följd, innebära] involve, [vålla] bring about, [leda till] lead to **-ge** *o.* **-giva** *tr* **1** [erkänna] admit **2** [tillåta] allow, permit **3** [bevilja] grant, accord **-givande** [erkännande] admission; [eftergift] concession; [tillåtelse] permission; [samtycke] consent **-gång** [välgång] prosperity, [framgång] success **-görlig** *a* [foglig] manageable, [resonabel] ..easy to get on with, [tillmötesgående] complaisant **-hjälpare** assistant, helper **-håll** [stöd] support; *få* ~ *hos* be supported by

medicin medicine **medicinalväxt** medical plant **medicinare** medical student **medicine** *a,* ~ *doktor (med. dr)* Doctor of Medicine [i Engl. förk. M.D. efter namnet]; ~ *kandidat (med. kand.)* [ung.] graduate in medicine, [eng. motsv. ung.] Bachelor of Medicine [förk. M.B. efter namnet]; ~ *studerande* medical student **medicinera** *itr* take medicine[s] **medicinflaska** medicine bottle, [liten] phial **medicinsk** *a* medical; ~ *fakultet* faculty of medicine **medikament** medicine, medicament

medio *prep o. s,* ~ *(i* ~ *av) april* in the middle of April, mid April

medit|ation meditation **-era** *itr* meditate

medium [fys. o. spiritistiskt] medium

medkänsla sympathy

medl|a *itr* mediate; [ss. skiljedomare] arbitrate **-are** mediator; [skiljedomare] arbitrator; [förlikningsman] conciliator

medlem member **medlemsavgift** membership fee **medlemskap** membership **medlemskort** membership card, [i parti] party card

medlid|ande pity, compassion, [medkänsla] sympathy; *hysa* ~ *med* feel pity for, pity **-sam** *a* compassionate; [t. ex. om leende] pitying

medling mediation; [skiljedom] arbitration; [förlikning] conciliation; [uppgörelse] settlement, arrangement **medlingskommission** mediation (arbitration) commission

med|ljud consonant **-människa** fellow-creature, fellow-being **-resande,** *de* ~ one's fellow-travellers **-ryckande** *a* [fängslande] captivating, [tändande] stirring **-räkna** *tr, se räkna* [*med*] **-skyldig** *a* accessory, *i* to **-sols** *adv* clockwise, with the sun **-spelare** [sport. o. kortsp.] partner; [teat. o. d.] co-actor, fellow-player **-sökande** fellow-applicant, [t. ämbete o. d.] fellow-candidate, *till* for **-taga** *tr, se ta* [*med*] **-tagen** *a* [utmattad] exhausted; worn out [äv. t. ex. av sorg, sjukdom] **-tävlare** competitor [äv. sport.], rival, *om* for **-verka** *itr* [bidraga] contribute, *i* [t.ex. tidning] to, *till* to (to-

För med **med-** sammansatta verb jfr äv. vid beton. part. under resp. enkla verb

wards); [aktivt delta] take part, *i* [pjäs o. d.] (*vid* [framförande]) in; [hjälpa till] assist, *i (vid), till* in **-verkan** [bistånd] assistance, help; [deltagande] participation **-vetande** consciousness, *om* of **-veten** *a* conscious; [avsiktlig, om t. ex. lögn] deliberate; [självsäker] self-assured; *vara ~ om* be conscious (aware) of **-vetslös** *a* unconscious **-vind** [⚓] fair wind; *ha ~* [eg.] have the wind behind one; [t. ex. om företag] be prospering
medvurst German sausage [of a salami type]
medömkan commiseration; *se äv. medlidande*
megafon megaphone
meja *tr* mow, [säd] cut, reap
mejeri dairy **mejerihantering** dairying **mejerist** dairyman, [chef] dairy manager
mejram marjoram
mejs|el chisel; [skruv~] screw-driver **-la** *tr* chisel
mekanik [lära] mechanics **mekaniker** [t. ex. bil~] mechanic, [flyg~] aircraftman; [konstruktör] mechanician **mekanisera** *tr* mechanize **mekanisk** *a* mechanical [äv. bildl.] **mekanism** mechanism; [anordning] contrivance
melankol|i *s o.* **-isk** *a* melancholy
melass molasses
melerad *a* mixed, mingled
mellan *prep* [isht ~ två] between, [~ flera, 'bland'] among[st]; *titta fram ~* [*molnen (träden)*] peep out from behind..; [*där var*] *~ femtio och sextio personer* .. some fifty or sixty people; *natten ~ den 5 och 6* [*var det..*] on the night of the 5th to the 6th.. **-akt** interval, [amer.] intermission
Mellaneuropa Central Europe **mellaneuropeisk** *a* Central European
mellan|foder interlining **-folklig** *a* international **-färg** intermediate colour **-gärde** diaphragm, midriff **-hand 1** [medlare] intermediary, H middleman; [*gå genom flera*] *-händer* .. middlemen's hands **2** [kortsp.], *sitta i (på) ~* sit in between **-havande** [[ouppklarad] räkning] [outstanding] account; [tvist] difference; *~n* [affärer] dealings, transactions; *göra upp sina ~n med ngn* [affärer o. d.] settle [up] with a p., [tvistigheter] settle one's differences with a p. **-klänning** [ung.] afternoon dress **-kommande** *a* intervening **-komst** intervention **-landning** intermediate landing; *flyga utan ~* fly non-stop **-liggande** *a* intermediate, intervening **-mål** snack [between meals] **-rum** [intervall, isht tids~] interval; [avstånd, t. ex. mellan ord] space, [mer allm. äv.] space [in] between, interspace; [lucka] gap **-skillnad** difference **-slag** [typograf o. d.] space **-spel** interlude **-stadium,** *-stadiet* [i grundskolan] the intermediate level (middle forms [pl.]) [of the 'grundskola', *se d. o.*] **-statlig** *a* [internationell] international **-storlek** medium size **-tid 1** interval; *under ~en* in the meantime, meanwhile **2** [sport.] intermediate time **-ting,** *ett ~ mellan..* something between.. **-vikt** [sport.] middleweight **-våg** [radio.] medium wave; *jfr kortvåg* [ex.] **-vägg** partition [wall] **-öl** medium-strong beer **-öra** middle ear
mellerst *adv* in the middle **mellersta** *a* [attr.] middle, central, [mellanliggande] intermediate; *~ Sverige* Central Sweden; *M~ Östern* the Middle East
melodi [sång] tune, [tongång] melody **melodisk** *a* melodious **melodramatisk** *a* melodramatic
melon melon **-skiva** slice of melon
membran membrane, [telef. o. d.] diaphragm
memo|arer *pl* memoirs **-randum** memorandum **-rera** *tr* memorize, commit.. to memory
1 men I *konj* [allm.] but; *~* [ändå] yet; [emellertid] however; [*nej*] *~ så trevligt!* how nice! **II** *s* [hake] snag; [invändning] but; *inga ~!* no arguing!
2 men *s* [skada] harm, injury; [förfång] detriment; *han kommer att få ~ för livet av* [*misshandeln*] .. will leave a permanent mark on him
mena *tr itr* **1** [åsyfta] mean; [avse] intend, *med* [i båda fallen] by; *~ med* [inlägga i] understand by; [*nej,*] *det ~r du inte!* [är det möjligt?] you don't say [so]!; *vad ~s med..?* [innebär] what is meant by..?, [är meningen med] what does.. mean? **2** [anse] think, *om* of
menageri menagerie [äv. bildl.]
menande *a* meaning, significant
mened perjury; *begå ~* commit perjury **-are** perjurer
menig I *subst. a* [⚔] private **II** *a, ~e man* ordinary people [pl.] **-het** [kyrkl.] congregation; [*den församlade*] *~en* [friare] the assembled people [pl.]
mening 1 [uppfattning o. d.]: [allm.] opinion, [åsikt äv.] view, [tanke äv.] idea, *om* [i samtl. fall] about, of, [betr. sak äv.] on, as to; [*jag har*] *sagt min ~* .. given (stated) my opinion; *säga sin ~ rent ut* speak one's mind **2** [avsikt] intention; [syfte] purpose, object; *det var inte ~en (min ~)* [ursäkt] I didn't mean to; *vad är ~en med det här?* [är det bra för] what is the idea of this?, [vill det här säga] what is all this about?; [*det skedde*] *i bästa ~* .. with the best [of] intentions **3** [innebörd, idé] sense; [betydelse] meaning; *det är ingen ~ med att* [inf.] there is no sense (point) in [ing-form] **4** [sammanhang] context **5** [gram.] sentence; [av flera satser] period
menings|byte [diskussion] debate; [dispyt] controversy, dispute **-frände** sympathizer

-lös *a* meaningless; [oförnuftig] senseless; *det är ~t att gå* [vanl.] there is no sense (point) in going **-skiljaktighet** difference of opinion, *om* about **-utbyte** exchange of views; *se vid. -byte*

men|lig *a* injurious, prejudicial, *för* to **-lös** *a* harmless, [oskyldig äv.] innocent; [naiv] artless; [intetsägande] vapid, [om mat] insipid

menstruation menstruation, menses [pl.]

mental *a* mental **mentalitet** mentality

mental|sjuk *a* mentally deranged **-sjukdom** mental disease **-sjukhus** mental hospital

menuett minuet

meny menu, [matsedel äv.] bill of fare

mer[a] *a adv* [allm.] more; [ytterligare] further, else, besides; [ganska, snarare] rather; *det var ~ bilar* [*än vanligt*] there were more cars.., there was a greater number of cars..; [*det får inte hända*] *någon ~ gång* ..another (a second) time, [mera] ..any more, ..again; [*vill du ha*] [*lite*] *~* [*te*]*?* ..some more [tea]?; *~ hatad än fruktad* more hated ([snarare] hated rather) than feared; [*mycket*] *~ finns det inte* [vanl.] that's [about] all there is; *jag träffade honom aldrig ~* I never saw him again; *ingen ~ än han* [*såg det*] no one [else] besides (except) him..; *var det någon ~ som såg det?* did anybody else see it?; *~ än* [*10 personer*] more than.., [över] upwards of (above)..; *inte mer än* [*10 personer*] no ([högst] not) more than.., [endast] only.., [inte över] not above..; *för inte ~ än ett år sedan* [vanl.] only a year ago; [*han vet*] *mer än väl* ..perfectly (only too) well; [*det är*] *inte mer än rätt*[*vist*] ..only fair **merarbete** extra work (labour)

meridian meridian

merit [kvalifikation] qualification; [plus] recommendation; [förtjänst] merit **-era I** *tr* qualify **II** *rfl* qualify [oneself] **-förteckning** list of qualifications

merkantil *a* commercial

mer|smak, *det ger ~* it whets the appetite **-värdesskatt** value-added tax

1 mes [zool.] tit|mouse [pl. -mice]

2 mes [ryggsäcks~] [rucksack] frame

3 mes [stackare] coward, milksop

mesan [⚓] mizzen, [på tremastad båt vanl.] spanker **-mast** mizzen[-mast]

Mesopotamien Mesopotamia **mesopotamisk** *a* Mesopotamian

mesost whey-cheese

Messias Messiah

mest I *a o. subst. a* [allm.] [the] most [äv. *~ med*]; ['mer än hälften [av]'] most, [attr. äv.] most of; *han fick ~* [*av dem alla*] he got [the] most [of them all] (*jfr II 2*); *där det finns ~* [*med*] [*bilar*] where there are [the] most (is the greatest number of)..; [*det upptar*] [*den*] *~a tiden* ..most of the time; *det ~a av* [*arvet*] most (the greater part) of..; *det ~a* [*av vad*] *som* [*görs*] most of what..; *det* [*allra*] *~a* [*jag kan göra*] the [very] most..; *för det ~a, se II 2* **II** *adv* **1** [allm., äv. superlativbildande] most, the most; *~ beundrad är hon* [*för sin skönhet*] she is most admired..; *hon är ~ beundrad* [*av dem*] she is the most admired..; *en av våra ~ kända* [*författare*] one of our best-known (most well-known).. **2** [för det ~a] mostly, [huvudsakligen äv.] chiefly, mainly, [till största delen äv.] for the most part; [vanligen] generally; *han fick ~* [huvudsakligen] *pengar* he got chiefly money; *som pojkar är ~* just as boys generally are **3** [så gott som] practically

mestadels *adv* mostly; [till största delen] for the most part; [i de flesta fall] in most cases

mestis mestizo [pl. -s]

meta I *tr* angle for **II** *itr* angle, fish

meta|for metaphor **-fysisk** *a* metaphysical

metall metal; [*knapp*] *av ~* [äv.] metal.. **-arbetare** metal-worker **-haltig** *a* metalliferous **-isk** *a* metallic

metallografi metallography **metallurgi** metallurgy **metallvaror** *pl* metal goods

metamorfos metamorphos|is [pl. -es]

metare angler **mete** angling, fishing

meteor meteor **meteorit** meteorite **meteorolog** meteorologist **meteorologi** meteorology **meteorologisk** *a* meteorological

meter 1 metre; [eng. motsv. ung.] yard **2** [versmått] metre **-lång** *a* [attr.] one-metre long **-mått** [konkr.] metre-measure **-system,** *~et* the metric system **-vis** *adv* [per meter] by the metre

met|krok [fish-]hook **-mask** angling-worm

metod [allm.] method; [isht ⊕] process; [friare: 'sätt'] way **-ik** [metodlära] methodology; [metoder] methods [pl.] **-isk** *a* methodical **-ist** Methodist

metrev [fishing-]line

metrik prosody **metrisk** *a* prosodic; [rytmisk] metrical

metropol metropolis

metspö [fishing-]rod

metvurst *se medvurst*

mexikan[are] Mexican **mexikansk** *a* Mexican; *Mexikanska bukten* the Gulf of Mexico

mickel, *M~ räv* Reynard the Fox

middag 1 [tid] noon, [friare] midday; *god ~!* good afternoon!; *i går ~* yesterday at noon **2** [måltid]: [allm.] dinner, [bjudning äv.] dinner-party; *~en är färdig* dinner is ready; *~en var* [*mycket lyckad*] the dinner[-party] was..; [*det är nyttigt*] *att sova ~* ..to have (take) an afternoon-nap; *äta ~* have [one's] dinner, [högt.] dine; *äta ~ ute* [borta; vanl.] dine out; [*dricka öl*] *till ~en* ..at (with one's) dinner; *äta* [*fisk*] *till ~*[*en*] have..for dinner

middags|bjudning dinner-party; [inbjudan] invitation to a ([resp.] the) dinner-party **-bord** dinner-table **-höjd** [astr.] meridian altitude; [bildl.] meridian **-mål** dinner **-tal** speech during dinner **-tid,** *vid ~[en]* a) at dinner-time b) [vid 12-tiden] at noon
midja waist, [markerad] waistline
mid|natt midnight **-nattssolen** the midnight sun **-skepps** *adv* amidships
midsommar midsummer; [ss. helg] Midsummer; *jfr jul* [o. sms.] **-afton** Midsummer Eve; *jfr julafton* **-dag** Midsummer Day; *jfr juldag 1* **-stång** [ung.] maypole
midvinter midwinter
migrän migraine
mikrob microbe
mikro|film microfilm **-fon** microphone, F mike; [på telefonlur] mouthpiece; [telefonlur] receiver **-skop** microscope **-skopisk** *a* microscopical
mil, *en ~* ten kilometres, [eng. motsv. ung.] six miles; *engelsk ~* mile
mila [kol~] [charcoal] stack (pile)
Milano Milan
mild *a* [allm., t. ex. om förebråelse, klimat, ost, sätt] mild; [ej hård, t. ex. om blick, färg, regn] soft; [lindrig, t. ex. om straff] light; [ej sträng, t. ex. om röst, seder] gentle; *~a makter (tid)!, du ~e!* Good gracious! **-het** mildness [osv.], *jfr mild* **-ra** *tr* [lindra]: [allm.] mitigate, [t. ex. straff] reduce, [t. ex. sorg] allay; [göra mildare]: [allm.] soften, [t. ex. uttryck] tone down, [t. ex. stöt] cushion
milis militia **militarism** militarism
militär I *s* **1** [soldat] service man; [isht i armén äv.] soldier; *en hög[re] ~* a high-ranking officer; *bli ~* join the armed forces **2** [koll.], *~en* the military [pl.], [hären] the army **II** *a* military **-isk** *a* [militär-] military; [soldatmässig] soldierly, soldier-like **-läkare** military medical officer **-område** military command [area], [amer.] military district **-tjänst[göring]** military service
miljard milliard, [amer.] billion
miljon million **-affär** transaction involving (amounting to, running into) millions ([resp.] a million) **-del** millionth; *jfr femtedel* **-förmögenhet** fortune running into millions ([resp.] a million) **-stad** town with over a million ([resp.] with millions of) inhabitants **-tals** *a* millions [subst. i pl.], *människor* of people **-är** millionaire
miljö [yttre förhållanden] environment; [omgivning] surroundings [pl.] **-förstöring** pollution of the environment **-ombyte** change of environment (surroundings) **-skadad** *a* .. harmed by one's environment **-vård** environmental control
milliard [osv.] *se miljard* [osv.]
milli|bar millibar **-gram** milligramme **-liter** millilitre **-meter** millimetre
million [osv.] *se miljon* [osv.]
milo, *se militärområde*
milsten *o.* **milstolpe** milestone [äv. bildl.]
milsvitt *adv, ~ omkring* for miles and miles around
mimik facial expressions [pl.]
1 min *(mitt, mina) poss. pron* [fören.] my; [självst.] mine; *Mina damer och herrar!* Ladies and Gentlemen!; *ditt och mitt hem* your home and mine; *i mitt och ~a vänners intresse* in my own interest and that of my friends; *allt mitt är ditt* all that is mine is yours; *jag har gjort mitt* I have done my part (F bit); [*inte kunna skilja på*] *mitt och ditt* .. meum and tuum; [*jag och*] *de ~a* .. my family (my people)
2 min *s* [ansiktsuttryck] expression; [uppsyn] air; [utseende] look; *göra ~er* [grimasera] [*åt ngn*] make (pull) faces [at a p.]; *göra sura ~er* make a wry face; *inte göra* [*någon*] *~ av att gå* make no sign of going; *hålla god ~ i elakt spel* put a good face on it; *inte* [*för*]*ändra en ~* [vanl.] not move a muscle
min|a mine **-bomb** aerial mine
minder|värdig *a* inferior **-värdighet** inferiority **-värdighetskomplex** inferiority complex **-årig** *a* [omyndig] .. under age; [*efterlämna*] *~a barn* .. young children; *~ förbrytare* juvenile delinquent; *~a* [subst. a. vanl.] juveniles **-årighet** minority
mindre I *a* [mots.: 'större' o. d., allm.] smaller; [kortare] shorter; [ringare] less; [mindre betydande] minor; [[ganska] liten] small, [obetydlig] slight, insignificant; *Mindre Asien* Asia Minor; *av ~ betydelse* of less (minor) importance; [*det kostar*] *en ~* [liten] *förmögenhet* .. a small fortune
II *subst. a o. adv* [mots.: 'mera', allm.] less; *där var ~* [färre] *bilar* [*än här*] there were fewer cars ..; [*göra ngt*] *på ~ än en timme* .. in less [time] than (in under) an hour; *ingen ~ än* [*kungen*] no less a person than ..; *ett ~ gott resultat* a less good ([ganska dåligt] a rather unsatisfactory) result; [*det är*] *~ troligt* .. not very likely; *~ välbetänkt* ill-advised, unadvisable
mindrevärdig [osv.] *se mindervärdig* [osv.]
minera I *tr* mine **II** *itr* lay mines
mineral mineral **-fyndighet** mineral deposit **-halt** mineral content **-haltig** *a* [attr.] .. containing minerals
mineralogi mineralogy
mineral|riket the mineral kingdom **-vatten** mineral water
minering mining; [konkr.] mined area
min|fara danger from mines **-fartyg** minelayer **-fält** minefield
miniatyr miniature **-format,** *i ~* in miniature **-målning** [abstr.] miniature-painting;

[konkr.] miniature
minigolf miniature golf
minimal *a* exceedingly small; [om t. ex. skillnad, värde äv.] negligible **minimalt** *adv,* ~ [*road*] very little.. **minimibelopp** minimum amount **minimum** minim|um [pl. -a]
minist|er minister **-erium** *se departement* **-är** ministry
mink mink **-päls** mink coat
minn|as *tr. dep* [allm.] remember; [erinra sig äv.] recollect, recall; *jag har svårt för att* ~ [*namn* vanl.] I have a bad memory for..; *jag -s inte* [har glömt] I forget (have forgotten); *om jag -s rätt (inte -s fel)* if I remember rightly, if my memory serves me right **minne 1** [allm.] memory, [datamaskins äv.] storage (memory) device, store; [hågkomst äv.] recollection, reminiscence; ~*n* [memoarer] memoirs; ~*n från* [*ett långt liv*] recollections (reminiscences) of..; *förlora (tappa)* ~*t* lose one's memory; *jag har inget* ~ *av att jag gjorde det* [vanl.] I can't remember doing (having done) it; *ha (hålla)* [*ngt*] *i* ~*t* keep (bear)..in mind, remember..; *jag har det ännu i friskt (färskt)* ~ it is still fresh in my memory; *lagra i* ~*t* [om datamaskin] store [in the memory]; *återkalla* [*ngt*] *i* ~*t* [erinra sig] recall.., recollect.., bring..back to mind; *ett upp och två i* ~ [vid räkning] one down and two to carry; *lägga.. på* ~*t* [komma ihåg] remember..; *till* ~ [*t*] *av* in memory (remembrance) of; [*måla ngt*] *ur* ~*t* ..from memory **2** [suvenir] souvenir, keepsake
minnes|anteckning memorand|um [pl. äv. -a] **-beta,** *ge ngn en* ~ teach a p. a lesson that he ([resp.] she) won't forget **-god** *a, en* ~ *person* a person with a good memory **-gåva** souvenir, keepsake **-lista** memorand|um [pl. äv. -a]; check ([till inköp] shopping) list **-märke 1** [minnesvård] memorial, monument, *över* to **2** [relik] relic, ancient monument **-rik** *a* ..rich in memories; [oförglömlig] unforgettable **-sten** *o.* **-stod** *se -märke 1* **-utställning** commemorative exhibition **-vård** *se -märke 1* **-värd** *a* memorable, *för* [*ngn*] to..; ..worth remembering
minoritet minority; *vara i* ~ be in the (a) minority
minoritets|parti minority party **-skydd** protection of minorities
minsann I *adv* [sannerligen] certainly, indeed; *det är* ~ [*inte lätt* äv.] that is..to be sure (I can tell you) **II** *itj, jaså,* ~*!* oh, indeed!; oh, is that so?
minsk|a I *tr* [allm.] reduce, *med* by; [skära ned äv.] cut down; [förminska] decrease, lessen, diminish; [sänka] lower; [dämpa] abate; *det* ~*r värdet av*.. it lessens the value of.. **II** *itr* **1** ~ *på, se I* **2** decrease, lessen, diminish; [sjunka] decline, fall, go down; [dämpas, lägga sig] abate; ~ [*5 kilo*] *i vikt* go down..in weight; ~*d efterfrågan* decreasing demand **-as** *itr. dep, se minska II 2* **-ning** reduction, decrease, diminution, *av, i* of, in; [nedskärning] cut, *av* in
minspel facial gestures [pl.]
min|spränga *tr, bli -sprängd* be blown up by mines (a mine) **-spärr** [⚓] mine barrage
minst I *a* [äv. *subst. a, jfr 2 o. 3*] **1** [mots.: 'störst', allm.] smallest; [kortast] shortest; [ringast] least, [obetydligast] slightest; *jag har inte* [*den*] ~*a anledning att..* I haven't the least (slightest) reason to..; ~ *till storleken* smallest in size **2** [mots.: 'mest'] least, the least; [mots.: 'flest'] fewest, the fewest; *han fick* ~ [*pengar*] he got [the] least [money]; *där det finns* ~ [*med*] [*bilar*] where there are fewest.. **3** *det* ~*a du kan göra är att..* the least you can (could) do is to..; [*om han vore*] *det* ~*a* [*till*] *konstnär* ..a real (the least bit of an) artist; [*jag begrep inte*] *det* ~*a* ..a thing **II** *adv* least; [åtminstone] at least; *när man* [*allra*] ~ [*väntar det*] when you least [of all]..; ~ *sagt* to say the least
minsvepning minesweeping
minus I *s* [mat.] minus; [underskott] deficit, deficiency, *på* of; *termometern står på* ~ it is below zero **II** *adv* minus; [med avdrag av] less **-grad** degree of frost (below zero) **-tecken** minus sign
minut 1 minute [äv. del av grad]; *fem* ~*ers promenad* [a] five minutes' walk; *på* ~*en* [*klockan fem*] [at five o'clock] to the minute **2** H, *sälja* [*ngt*] *i* ~ sell..by retail **minuthandel** [osv.] *se detaljhandel* [osv.] **minutiös** *a* meticulous **minutvisare** minute-hand
mirak|el miracle **-ulös** *a* miraculous
misantrop misanthrope **-isk** *a* misanthropic
miserabel *a* miserable, wretched
miss [fel, bom] miss **missa** *tr itr* miss
miss|aktning disrespect, disdain **-anpassad** *a* maladjusted **-belåten** *a* displeased; *jfr -nöjd* **-belåtenhet** displeasure **-bildad** *a* malformed, misshapen **-bildning** malformation; [lyte] deformity **-bruk** [allm.] abuse; [orättmätigt bruk, av t. ex. fullmakt] improper use; [vanhelgande] profanation **-bruka** *tr* [allm.] abuse; [göra missbruk av] put..to an improper (a wrong) use; *detta* ~*de ord* this much-abused word **-brukare** [av alkohol] alcohol abuser, [av narkotika] drug addict **-dådare** malefactor; evil-doer **-fall** miscarriage; *få* ~ have a miscarriage **-foster** abortion, [eg. äv.] monster **-färga** *tr* discolour, stain **-förhållande 1 a)** ~[*n*] [allm.] unsatisfactory state of things [sg.]; [*sociala*] ~*n* ..evils **b)** [olägenhet] inconvenience **2** [disproportion] disproportion, disparity,

incongruity **-förstå** *tr* misunderstand **-förstånd** misunderstanding; *jfr misstag o. missuppfattning* **-grepp** mistake, blunder **-gynna** *tr* treat..unfairly; *~d av lyckan* not favoured by fortune **-gärning** misdeed, outrage **-gärningsman** *se -dådare*

miss|hag displeasure, *med* with; dislike, *med* of **-haga** *tr* displease **-haglig** *a* displeasing; *en ~* [*person (åtgärd)*] an undesirable.. **-handel** maltreatment **-handla** *tr* maltreat, [kroppsligt äv.] handle ..roughly, maul, knock..about **-humör**, *vara i (på) ~* be in a bad (be out of) humour **-hushålla** *itr, ~ med* be uneconomical with **-hushållning** mismanagement **-hällighet** discord, dissension

mission [allm.] mission; *~en* [relig.] missions

missionshus [nonconformist] chapel **missionär** missionary

miss|klä[da] *tr* not become (suit) **-klädsam** *a* unbecoming **-kreditera** *tr* discredit **-krediterande** *a* discreditable, *för* to **-kund** [förbarmande] mercy **-känd** *a* [underskattad] underrated

missköta I *tr* mismanage, *jfr vansköta I;* [försumma] neglect **II** *rfl* neglect oneself [*jfr vansköta II*]

miss|leda *tr* mislead **-ljud** jarring sound, [mus. o. bildl. äv.] discord **-lyckad** *a* [som misslyckats] unsuccessful; [felslagen, förfelad] abortive; *en ~ existens, ett -lyckat företag* a failure; *vara ~* be a failure **-lyckande** failure; fiasco [pl. -s] **-lyckas** *itr. dep* fail, *med* in, *med att* [inf.] to [inf.], in [ing-form]; be (prove, turn out) unsuccessful, *med* in; not succeed [etc.], *jfr lyckas* **-lynt** *a* ill-humoured, [stark.] cross **-mod** down-heartedness, dejection, depression **-modig** *a* down-hearted, dejected, depressed, *för (över)* at **-nöjd** *a* [isht tillfälligt] dissatisfied, [missbelåten] displeased, [isht stadigvarande] discontented **-nöje** dissatisfaction, [missbelåtenhet] displeasure, [djupt o. utbrett] discontent, *över* at; [ogillande] disapproval, *med* of **-pryda** *tr* disfigure **-riktad** *a* misdirected

missroman [ung.] sentimental novel

miss|räkna *rfl, ~ sig på* [t. ex. avståndet] misjudge **-räkning** disappointment, *över* at; *djup (bitter) ~* mortification **--sköta, --stämning, --sämja** *se missköta, missstämning, missämja*

miss|ta *rfl, se missta[ga]* **-tag** mistake, error; [förbiseende] oversight; *av ~* by mistake; *jfr fel I* **-ta[ga]** *rfl* make a mistake, *om (på)* about; be mistaken, be wrong; *om jag inte -tar mig* if I am not mistaken; *~ sig om vägen* take the wrong road; *~ sig på* [felbedöma] be mistaken in, misjudge; *jfr* [*ta*] *fel III*

miss|tanke suspicion; *fatta -tankar mot* begin to suspect; *hysa -tankar mot* suspect; *väcka -tankar* arouse suspicion; *på blotta -tanken (-tankar)* on [mere] suspicion **-tolka** *tr, se -tyda* **-tro I** *tr* distrust; [tvivla på] doubt **II** *s* [se följ.] **-troende** distrust, *till (mot)* of; *hysa ~ till = misstro I* **-troendevotum** vote of censure, *mot* on; *ställa ~* move a vote of c. **-trogen** *a* distrustful; [skeptisk] incredulous, *mot* of **-trogenhet** distrustfulness; incredulity **-trösta** *itr* despair, *om* of **-tröstan** despair, [svag.] despondency **-tycka** *itr tr, om du inte -tycker* if you don't mind; *-tyck inte* [*om*].. don't take it amiss.. **-tyda** *tr* [missförstå] misconstrue, [vantolka] misinterpret

misstämning [feeling of] depression, [misshumör] bad mood

miss|tänka *tr* suspect, *för* of; *jfr -tänkt* **-tänkliggöra** *tr* throw (cast) suspicion on **-tänksam** *a* suspicious, *mot* of **-tänksamhet** suspicion; [egenskap] suspiciousness **-tänkt** *a* **1** suspected, *för* of; [subst. a.]: *en ~* a suspect **2** [tvivelaktig] suspicious; *en ~ figur* a suspicious-looking (shady) character **-unna** *tr* [be]grudge, [avundas] envy **-unnsam** *a* grudging, *mot* towards; [avundsam] envious, *mot* of **-unnsamhet** envy **-uppfatta** *tr* [t. ex. ngns avsikt] misunderstand; [t. ex. ngns yttrande] misapprehend; [t. ex. situationen] misconceive **-uppfattning** misunderstanding; misapprehension; misconception [jfr föreg.] **-visande** *a* [bildl.] misleading, deceptive **-visning** [kompassens] variation, declination **-växt** *s* failure of the crop[s] **-växtår** year of bad crop (harvest)

missämja dissension, discord

missöde mishap, misadventure; *tekniskt ~* technical hitch; *genom ett ~* [en olycklig slump] by mischance

mist mist; [tjocka] fog

mista *tr* lose; [undvara] do without; *~ livet* lose one's life **miste** *adv* wrong; *gå (slå, ta* [m. fl.]) *~, se fel III* [ex.]; *ta ~, se äv. missta[ga]; gå ~ om* miss

mistel mistletoe

mistlur [⚓] fog-horn

misär [nöd] destitution, [armod äv.] penury

mitra mitre

1 mitt *pron, se 1 min*

2 mitt I *s* [allm.] middle, [centrum äv.] centre; *i (på, vid) ~en* in the middle **II** *adv,* [*käppen gick*] *~ av* ..[right] in two; *~ emellan* half-way between; [*sanningen*] *ligger ~ emellan* ..is midway between the two; *~ emellan* [*ögonen*] right between..; *~ emot* just opposite; *~* [*fram*]*för* just in front, *ngt* of a th.; *~ för ögonen på ngn* right before a p.'s eyes; *~ i* in ([vid riktning] into) the [very] middle, *ngt* of a th.; *~ i* [*solgasset*] right in ([vid riktning] into)..; *~ ibland* in the midst of, among; ~ *ibland oss* in our midst; ~ *igenom* [rakt igenom] straight (right) through; [*dela ngt*] ~ *itu* .. into two equal parts, .. in half; [*gå*] ~ *itu* .. [right] in two; ~ *på* in the middle, *ngt* of a th.; ~ *under* [*ngt*] a) [i rumsbet.] immediately (exactly) under ([nedanför] below) .. b) [i tidsbet.] in the middle of ..; ~ *uppe i* a) [i rumsbet.] [right] up in the middle of b) [i tidsbet. o. bildl.] in the middle of; ~ *över* [*ngt*] straight (exactly) above (over) ..; ~ *över* [*gatan*] straight across ..

mitt|bena, *ha* ~ have one's hair parted (have a parting) in the middle **-erst** *adv* in the centre, *i* of **-ersta** *a,* [*den*] ~ [*kullen*] the middle (central) .. **-linje** central (median) line **-punkt** centre **-åt** *adv* [⚔], [*rättning*] ~*!* front! **-över** [o. d. sms.] *se under 2 mitt II*

mixtra *itr,* ~ *med* [knåpa] potter

mjugg, *le i* ~ laugh up one's sleeve

mjuk *a* [allm.] soft, [t. ex. om anslag, handlag] gentle, [mör] tender; [icke stel]: [böjlig] limp, supple, [smidig] lithe, lissom, limber, pliable, pliant [båda äv. eftergiven], flexible [äv. medgörlig]; ~*t* [bok]*band* limp binding; ~ *hatt* [soft] felt hat; *göra* [*vattnet*] ~*t* soften ..

mjuk|a *tr,* ~ *upp* [göra mjuk] make .. soft, soften; ~ *upp* [t. ex. sina muskler] limber up, [göra foglig] soften up **-glass** soft ice-cream **-het** softness [etc.], *jfr mjuk* **-landa** *itr* make a soft landing **-na** *itr* soften, become (grow) soft[er] [etc.], *jfr mjuk* **-ost** soft cheese **-plast** non-rigid plastic

mjäkig *a* [om t. ex. melodi] sloppy, sentimental; [om t. ex. pojke] namby-pamby

1 mjäll *s* dandruff, scurf

2 mjäll *a* **1** [mör, läcker] tender **2** [om hy] transparently (diaphanously) white

mjält|e spleen **-hugg** stitch [in the spleen] **-sjuk** *a* splenetic, [bildl. äv.] melancholic **-sjuka** [bildl.] spleen, [läk.] melancholia

mjärde [fish] trap, wire cage

mjöd mead **-horn** mead horn

mjöl [något söndermalet, t. ex. osiktat ~, ben~] meal, [siktat ~, isht vete~] flour; *ha rent* ([resp.] *inte ha rent*) ~ *i påsen* [bildl.] have nothing to hide ([resp.] be up to some mischief) **-dagg** mildew **-ig** *a* floury; ~ [*potatis*] mealy ..

mjölk milk; *fet (mager, sur)* ~ rich (poor, sour) milk

mjölk|a I *tr* milk **II** *itr* give (yield) milk **-affär** dairy **-aktig** *a* milky **-bar** milk-bar **-droppe** drop of milk

mjölk|e 1 [fisk~] milt, soft roe **2** [bot.] *se mjölkört* **-flaska** [av glas]: milk bottle, [flaska mjölk] bottle of milk; [stor kanna av plåt] milk [transport] can **-ningsmaskin** milking machine **-syra** lactic acid **-tand** milk-tooth **-vit** *a* milky white **-ört** rose bay [willow herb], [amer. äv.] fireweed

mjölnare miller

m. m. [förk.] etc., *se vid. under 2 med I 4*

mo [hed] sandy heath [with pines]

moaré moiré, watered fabric

moatjé [kavaljer, motspelare] partner

mobb mob

mobb|a *tr* [skol.] gang up on, victimize, bully **-n|ing** victimization, bullying

mobil *a o. s* mobile **-isera** *tr itr* mobilize **-isering** mobilization

mocka 1 [kaffe] mocha **2** [skinn] suède [leather] **-jacka** suède [leather] jacket

mockasin moccasin

1 mod [oräddhet] courage, [ibl.] heart [jfr ex.], [kurage] mettle, pluck, nerve; [livs~, sinne] spirits [pl.]; *fatta* ~ take courage (heart); *förlora* ~*et* lose heart (courage), be discouraged; *hålla* ~*et uppe* bear up one's courage (spirits); *med glatt* ~ cheerfully, unhesitatingly; *bli bättre till* ~*s* recover one's spirits; *känna sig väl till* ~*s* feel at ease; *vara vid gott* ~ be in good heart (spirits)

2 mod fashion, vogue, style, ['fluga'] rage, craze; *en* [*målare*] *på* ~*et* a fashionable ..; *komma på* ~*et* become the fashion (fashionable); *komma ur* ~*et* go out [of fashion (vogue)]

modal *a,* ~*t hjälpverb* modal auxiliary

modd slush **moddig** *a* slushy

mode|affär [hattaffär] milliner's shop **-artikel** fashion (fancy) article **-färg** fashionable colour **-hus** fashion house **-lejon** fashion-monger; [sprätt] dandy, fop

modell [allm.] model; [mönster] pattern; [typ, snitt] design, [isht H] style; *sitta (stå)* ~ pose; [*teckna*] *efter* ~ .. from a model; [*teckna*] *efter levande (naken)* ~ .. from life (from the nude)

1 modellera *s* modeller's (modelling) clay; [plastiskt material] plasticine

2 modell|era *tr itr* model **-flyg** flying with model planes **-klänning** model dress (gown) **--lera,** *se 1 modellera*

modenyck whim (vagary) of fashion

moder mother; ~ *jord* Mother Earth; *Guds* ~ the Mother of God; *jfr 2 mor*

moder|at *a* [måttlig] moderate, [skälig] reasonable; ~*a samlingspartiet* the Moderate Coalition Party **-ation** moderation, restraint

moderbolag parent company

moderera *tr* [allm.] moderate

moder|lig *a* [omhuldande] motherly, [som tillkommer en mor] maternal **-lighet** motherliness **-ligt** *adv* in a motherly way; maternally **-lös** *a* motherless; *fader- och* ~ parentless, orphaned

modern *a* [nutida] modern, contemporary; [tidsenlig]: [attr.] up-to-date, [pred.] up to date; [på modet] fashionable **-isera** *tr* modernize **-itet** modernity [end. sg.]; [sak] novelty

moder|näring *se huvudnäring* **-skap** motherhood, maternity **-skapsförsäkring** maternity insurance **-skapspenning** maternity allowance
moders|kärlek maternal (a mother's) love **-mjölk** mother's milk **-mål** mother tongue **-målslärare** *se svensklärare*
mode|sak *se modeartikel* **-skapare** stylist **-tecknare** fashion designer **-tidning** fashion paper **-vara** *se modeartikel* **-visning** fashion display (show)
modfälld *a* discouraged, disheartened, dispirited, *över* at; *göra ngn ~* discourage [etc.] a p. **-het** discouragement, downheartedness
modifi|era *tr* modify **-kation** modification; *en sanning med ~* a qualified truth
modig *a* [allm.] courageous, plucky, [tapper] brave; *det var ~t av dig att göra det* that was a plucky (courageous) thing of you to do
modist milliner, modiste
modlös *a* dispirited, *jfr vid. modfälld*
modul [byggn.] module **-era** *tr* modulate
modus mood
modärn [etc.] *se modern* [etc.]
mog|en *a* [allm.] ripe, [friare, isht bildl., äv.] mature; [*ett*] *-et omdöme* a ripe judg[e]ment; *vid ~ ålder* at a mature age; *~ för* ripe (ready) for; *bli ~, se mogna* **-enhet** ripeness, maturity **-na** *itr* [allm.] ripen, [friare o. bildl.] mature, come to maturity; *~ till man* [bildl.] mature into a man **-nad** ripeness, [isht bildl.] maturity
mohammedan [etc.] *se muhammedan* [etc.]
mojna *itr* [⚓] lull, slacken
mol *adv, ~ allena* entirely (all) alone; *~ still[a], ~ tyst, se molstill[a], moltyst*
mola *itr* [småvärka] ache slightly; *det ~r i tänderna* my teeth are (keep) aching a little; *~nde värk* dull pain
molekyl molecule
moll [mus.] minor; *gå i ~* be in the minor key
mollusk mollusc, mollusk
moln cloud; *gå i ~* pass into [the] clouds (cloud) **-[be]täckt** *a* [pred.] clouded over **-fri** *a* cloudless, ..free from clouds **-ig** *a* cloudy, overcast **-tapp** wisp of cloud **-täcke** cloud-cover; *lättande ~* decreasing cloud
moloken *a* F dejected
mol|still[a] *a* absolutely still; [*stå*] *~* ..stock-still **-tiga** *itr* not say a word **-tyst** *a* absolutely silent
moment 1 [faktor] element, factor; [punkt] point, [t. ex. i studiekurs] item; [stadium] stage, phase; [i lagtext] clause **2** [tidpunkt] moment, instant
moms VAT
monark monarch **monarki** monarchy **monarkisk** *a* monarchical
mondän *a* fashionable
mongol Mongol[ian] **Mongoliet** Mongolia **mongolisk** *a* Mongol[ian]
mono|gam *a* monogamous **-gami** monogamy **-grafi** monograph, *över* on **-gram** monogram
monokel monocle
mono|log monologue, soliloquy **-pol** monopoly; *ha ~ på ngt* have [got] a monopoly of a th. **-polisera** *tr* monopolize **-ton** *a* monotonous
monster *o.* **monstrum** monster
monsun monsoon
montage [film.] montage [end. sg.]
monter show-case, display case
mont|era *tr* [allm.] mount; [t. ex. bil, radio] assemble, put together; *~ in* fix [up], install; *~ ned* dismantle, dismount **-ering** [abstr.] mounting [etc.]; assembly, assemblage **-eringsfärdig** *a* prefabricated **-ör** [allm.] fitter, [t. ex. bil~, radio~] assembler
monument monument **-al** *a* monumental
moped moped **mopedförare** *o.* **mopedist** mopedist, moped rider
mopp *s o.* **moppa** *tr* mop
mops pug **mopsa** *rfl* F be cheeky, *mot* to
1 mor [folk] Moor
2 mor [allm.] mother; *jfr äv. mamma o. moder; ~s dag* Mother's Day; *bli ~* become a mother
moral 1 [etik] ethics [sg. el. pl.], [~uppfattning] morality [end. sg.]; [seder] morals [pl.]; [anda, isht bland trupper] morale [end. sg.] **2** [sens moral] moral, *i* of **-begrepp** moral concept **-isera** *itr* moralize, *över* on **-isk** *a* moral, [etisk] ethical **-kaka** *o.* **-predikan** [moral] lecture, homily
moras [sumpmark] morass, bog
morbro[de]r [maternal] uncle; *jfr farbror*
mord murder, *på* of **-brand** arson; *en ~* an act (a case) of arson **-brännare** incendiary **-drama** [tragic] murder **-försök** attempted murder **-isk** *a* murderous **-kommission** [amer.] homicide squad
morfar [maternal] grandfather, grandpa[pa], F granddad; *~s far (mor) = farfar[s far (mor)]*
morfin morphia, [isht läk.] morphine **-ist** morphinist, morphine addict
morföräldrar, *mina ~* my grandparents [on my mother's side]
morgon *jfr äv. ex. under kväll 1* **1** [mots. 'kväll'] morning, [gryning] dawn **2** *i ~* tomorrow; *tidigt i ~* early tomorrow morning **-bön** morning prayers [pl.] **-dag**, *~en* tomorrow **-kaffe** early morning coffee **-kvisten**, *på ~* in the early morning **-luft** morning air; [*börja*] *vädra ~* [bildl.] begin to see one's chance **-nyheter** [i radio] early

[morning] news ⌈sg.⌉ **-rock** dressing gown **-rodnad** red light of dawn, aurora **-samling** morning assembly **-stund,** ~ *har guld i mund* ⌈ung.⌉ the early bird catches the worm **-tidig** *a, vara* ~ *av sig* be an early riser (bird) **-tidning** morning paper

morisk *a* Moorish, Moresque

morkulla [European] woodcock

mormon *s o.* **mormonsk** *a* Mormon

mormor [maternal] grandmother, grandma[mma], F granny; *~s far (mor)=farfar[s far (mor)]*

morna *rfl* get oneself roused (awake)

morot carrot **morotsfärgad** *a* carroty

morr|a *itr* growl, snarl, *åt* at **-hår** *pl* whiskers **-ning** growl, snarl

morsarv inheritance from one's mother

morse, *i (i går)* ~ this (yesterday) morning

morsealfabet Morse alphabet (code)

morsgris ⌈kelgris⌉ mother's darling; ⌈vekling⌉ milksop

morsk *a* ⌈kavat⌉ self-assured, cocksure, ⌈kaxig, nosig⌉ cocky, stuck-up; ⌈orädd⌉ bold **morska** *rfl,* ~ *upp sig* ⌈fatta mod⌉ pluck up courage

mortel mortar **-stöt** pestle

morän moraine

mos ⌈kok.⌉ mash, ⌈av äpplen⌉ sauce; ⌈mjuk massa⌉ pulp **mosa** *tr o. rfl* pulp

mosaik mosaic **-inläggning** ⌈konkr.⌉ mosaic

mosaisk *a* Mosaic; *~a ⌈församlingen (kyrkogården)⌉* the Jewish.. **mose|bok,** *de fem -böckerna* ⌈vanl.⌉ the Pentateuch ⌈sg.⌉

mosel moselle

mosig *a* ⌈mosad⌉ pulpy

moské mosque

moskit mosquito

Moskva Moscow

mossa moss **mossbelupen** *a* mossy, moss-grown **mosse** bog, moss

moster [maternal] aunt

mot I *prep* ⌈jfr under resp. subst., adj. o. vb⌉ **1** ⌈i fråga om rumsförh.⌉: **a)** ⌈i riktning mot, åt.. till⌉: ⌈allm.⌉ towards; *gränsen* ~ *Finland* ⌈vanl.⌉ the Finnish border; *⌈hålla upp⌉* ~ *ljuset* ..to the light; *ro* ~ *strömmen* row against the current (stream); *rusa* ~ *dörren* dash to the door; *⌈skjuta (kasta sten)⌉* ~ ..at; *tåga* ~.. march towards (⌈i fientligt syfte⌉ on)..; *vara vänd* ~.. ⌈vanl.⌉ face.. **b)** ⌈vid beröring⌉: ⌈allm.⌉ against; *⌈vågorna slår⌉* ~ *stranden* ..on the shore; *⌈stödja huvudet⌉* ~ *handen* ..on (in) one's hand **2** ⌈i fråga om tidsförh.⌉ towards; *se fram* ~ *⌈bättre tider⌉* look forward to.. **3** ⌈i fråga om bemötande o. inställning, ofta efter adj.⌉: ⌈allm.⌉ to, ⌈gentemot äv.⌉ towards; *god (vänlig, grym* ⌈etc.⌉*)* ~ good (kind, cruel ⌈etc.⌉) to; *häftig (tålig, uppriktig)* ~ hot-tempered (patient, honest) with; *skeptisk* ~ *⌈nya metoder⌉* sceptical about..; *sätt* ~ *ngn* manner with a p. **4** ⌈i fråga om förhållanden i övrigt⌉: **a)** ⌈för att beteckna motstånd, fientlighet, motsats, motsättning⌉: ⌈allm.⌉ against; *utmaning* ~ challenge to; *⌈en tablett⌉* ~ *huvudvärk* ..for headache; ~ *⌈bättre vetande (ngns råd)⌉* against.., contrary to.. **b)** ⌈för att beteckna kontrast el. jämförelse vanl.⌉ against, compared to (with); *⌈se ngt⌉* ~ *bakgrunden av* ⌈bildl.⌉ ..in the light of; *⌈det är ingenting⌉* ~ *vad jag sett* ..to what I have seen **c)** ⌈för att beteckna byte el. motsvarighet⌉ for, against, on; *⌈göra ngt⌉* ~ *betalning* ..for money; ~ *kvitto* against [a] receipt; ~ *legitimation* [up]on identification **II** *adv, se emot II*

mot|a *tr* **1** ~ ⌈spärra vägen för⌉ *ngn (ngt)* bar (block) the way for a p. (a th.), ⌈hejda⌉ check (stop) a p. (a th.); ~ *Olle i grind* ⌈ung.⌉ nip the (a) thing in the bud **2** ⌈fösa⌉ drive **-anfall** counter-attack **-anklagelse** countercharge **-arbeta** *tr* ⌈sätta sig upp mot⌉ oppose; ⌈motverka⌉ counteract; ⌈bekämpa⌉ combat; ~ *sina egna intressen* go against one's own interests **-bjudande** *a* repugnant, repulsive, *för* to **-bok** H [customer's] passbook

motell motel

mot|gift antidote, *mot* against, for, to **-gång** adversity, misfortune, bad luck ⌈end. sg.⌉; ⌈bakslag⌉ reverse, set-back **-håll,** *ha (få)* ~ *för ngn* be in (fall into) disfavour with a p.

motig *a* adverse, contrary; *det är ~t* things are not easy **-het** reverse, set-back

motion 1 ⌈kroppsrörelse⌉ exercise **2** ⌈förslag⌉ motion, ⌈lagförslag⌉ bill, *i* on, *om* for; *väcka* ~ propose a motion, introduce a bill **motionera I** *tr* give..exercise **II** *itr* **1** take exercise **2** ⌈väcka förslag⌉ *se [väcka] motion* **motionsgymnastik** keep-fit exercises ⌈pl.⌉

motiv 1 ⌈bevekelsegrund⌉ motive, *för, till* for, of; ⌈skäl⌉ reason, *för* for; cause, *för* of **2** ⌈ämne, grundtanke⌉ motif, *för, till* for, of **-ation** motivation, *för* of **-era** *tr* ⌈utgöra skäl för⌉ give cause for, ⌈rättfärdiga⌉ justify, explain; ⌈ange [sina] skäl för⌉ state [one's] reasons ([one's] motives) for **-ering** ⌈berättigande⌉ justification, explanation, *för* of (for); ⌈angivande av [sina] skäl⌉ statement of [one's] reasons ([one's] motives)

mot|kandidat rival candidate **-lut** ascent; *i* ~ on an ascent (up-grade)

motocross moto-cross, scramble

motoffensiv counter-offensive

motor ⌈förbrännings~⌉ engine; motor **-bränsle** motor fuel **-båt** motor-boat **-cykel** motor cycle, F motor-bike **-cyklist** motor cyclist **-fartyg** motor ship (⌈förk.⌉ M/S, MS) **-fel** engine (motor) fault **-fordon** motor vehicle **-fordonsförsäkring** motor [vehicle] insurance **-förare** motorist, driver

-gräsklippare power lawn-mower **-huv** [på bil] [engine] bonnet, [amer.] hood **-isering** motorization **-ism** motorism, motoring **-stopp** engine (motor) failure (breakdown); *jag fick* ~ the (my) car stalled **-styrka** engine power **-såg** power saw **-tävling** motor race **-väg** motorway, [amer.] expressway **-värmare** engine pre-heater

mot|part opposite party **-pol** antipole **-prestation** [återtjänst] service in return **-revolution** counter-revolution

motsats opposite, contrary, reverse, *mot (till)* of; [motsättning] contrast, *mot (till)* to; [*påstå*] *raka ~en* ..quite (just) the opposite (contrary, reverse); *bilda en (stå i) skarp ~ till ngt* form a sharp contrast to a th.; *i ~ mot (till) mig* [*är han*..] unlike (by contrast with) me..; [*landet*] *i ~ till staden* ..as against (opposed to) the town

mot|satt *a* opposite, contrary, [omvänd] reverse; *i ~ fall* in the contrary case, [i annat fall] otherwise; [*det*] *~a könet* the opposite sex; [*om vi inte hör ngt*] *i ~ riktning* ..to the contrary; *~a sidan* [t. ex. av mynt] the reverse side; [*varandra*] *~a* [*åsikter*] opposed (contradictory).. **-se** *tr* [se fram emot] look forward to, [förutse] expect, [vänta sig] await **-sida,** *~n* the opposite ([sport.] opposing) side **-sols** *adv* anti-clockwise, counter-clockwise **-spelare 1** opponent **2** [teat. o. d.], *ha ngn som (till) ~* play opposite a p. **-spänstig** *a* refractory, recalcitrant, *mot* to **-stridig** *a* conflicting, contradictory **-stycke** counterpart, *till* to, of; *den har inte sitt ~* there is no parallel (counterpart) to it **-stå** *tr, se stå* [*emot*] **-stående** *a* opposite

motstånd 1 [allm.] resistance, [ibl.] opposition; *ge upp ~et* give up one's opposition, surrender; *göra ~ mot* offer resistance to; *utan att möta ~* unopposed **2** [fys.] resistance **-are** opponent, adversary; *vara ~ till ngt* be an opponent of (be opposed to) a th.

motstånds|kraft [power of] resistance, *mot* to, against **-kraftig** *a* resistant, *mot* to, against **-man** member of the resistance **-rörelse** resistance movement

motsvar|a *tr* correspond to, [t. ex. beskrivningen] answer [to]; [uppfylla, t. ex. krav, förväntningar] fulfil, come up to; [vara likvärdig med] be equivalent to; *de ~r inte varandra* [stämmer inte överens] they do not correspond; [*resultatet*] *~r inte arbetet* ..is not proportionate to the work **-ande** *a* [allm.] corresponding, [jämgod, lik äv.] equivalent, analogous, similar **-ighet** [överensstämmelse] correspondence; equivalence; proportionateness [samtl. end. sg.]; [motstycke] counterpart; [*lordmayorns*] *svenska ~* ..opposite number in Sweden; [*ordets*] *närmaste ~* the closest equivalent..; [*jfr motstycke*]

mot|säga *tr* contradict **-sägande** *a* contradictory **-sägelse** contradiction; *utan ~* [oemotsägligen] indisputably **-sätta** *rfl, se sätta* [*sig emot*] **-sättning** [motsatsförhållande] opposition, [fientligt förhållande] antagonism; *stå i ~ mot (till)* be in contrast to, contrast to; *jfr motsats*

mot|ta[ga] *tr, se ta* [*emot*] **-tagande** *s* reception; [isht H] receipt; *vid ~t* H [up]on receipt **-tagare 1** [pers.] receiver, [adressat vanl.] addressee **2** [apparat] receiver **-taglig** *a* [allm.] susceptible, [känslig] sensitive, *för* to; *~ för förkylning*[*ar*] liable to catch colds **-taglighet** susceptibility, sensitiveness; liability [jfr föreg.] **-tagning** [allm.]reception; [*doktorn har*] *~ varje dag* ..surgery (consulting) hours every day; [*rektorn*] *har ~ 10—12* ..receives visitors 10—12

mottagnings|rum [läkares] consulting-room, surgery, [amer.] [doctor's] office **-sköterska** surgery ([hos tandläkare] dental) nurse **-tid** time for receiving visitors; *jfr mottagning*

motto motto; [devis] legend

mot|vallskäring F, [*hon är*] *en riktig ~* ..a very cussed (contradictory) woman **-verka** *tr* [motarbeta] counteract; [hindra] obstruct; [försöka sätta stopp för] countercheck **-verkan** counteraction **-vikt** counterbalance, counterweight, *mot* to; *bilda ~ mot* counterbalance **-vilja** [olust] dislike (*mot* of, for); *få ~ mot* take a dislike to **-villig** *a* reluctant **-villighet** reluctance **-vind** contrary (adverse) wind; *segla i ~* a) [eg.] sail against the wind b) [bildl.] be under the weather **-väga** *tr* [counter]balance **-värn** resistance; *sätta sig till ~* make (offer) resistance, fight back **-åtgärd** counter-measure

moussera *itr, se mussera*

mu *itj* moo! **mua** *itr* moo

1 mucka *tr* F, *~ gräl* pick a quarrel

2 mucka *itr* F [⚔] be demobbed

mudd wristlet

mudd|erverk dredge[r] **-ra** *tr itr* dredge

muff 1 muff **2** [⊕] sleeve, muff

muffin queen cake, [amer.] muffin

mugg mug, cup, [större] jug

Muhammed Mohammed

muhammedan Muslim, Mohammedan **-ism** [äv. *~en*] Islam, Mohammedanism **-sk** *a* Muslim, Mohammedan

mula mule

mulatt mulatto [pl. -s]

mule muzzle

mulen *a* overcast, cloudy; gloomy [äv. bildl.]

mull [allm.] earth, *jfr mylla*

mullbär *o.* **mullbärsträd** mulberry

mullra *itr* rumble, roll, growl

mullvad mole **mullvadshög** molehill **mull-**

vadsskinn [pälsverk] moleskin
mulna *itr* cloud over, become overcast, get cloudy; [bildl.] darken; *det ~r [på (till)]* the sky is clouding over
mul- och klövsjuka foot-and-mouth disease [äv. *~n*]
multilateral *a* multilateral **multiplicera** *tr* multiply, *med* by **multiplikationstabell** multiplication table
multna *itr* moulder (rot) [away]
mulåsna [eg.] hinny, [vanl.] mule
mumie mummy
mumla *tr itr* mumble; [muttra] mutter, murmur; *~ fram* mutter
mummel mumble [etc.], *jfr mumla*
mumsa *itr* munch, *på (i sig) ngt* a th.
mun mouth; *en ~ [vatten]* a mouthful of..; *hålla ~* keep quiet, F shut up; *vara stor i ~ [nen]* talk big; *ta ~nen för full* say too much; *prata bredvid ~ [nen]* let the cat out of the bag; *[jag har det] från hans egen ~* ..from himself; *vara i var mans ~* be [the] common talk, be the talk of the town; *tala i ~ [nen] på varandra* speak at the same time; *med en ~* with one voice, unanimously **-giga** jew's harp **-gipa** corner of one's mouth **-huggas** *itr. dep* wrangle, bicker
municipalsamhälle [ung.] municipality
munk 1 monk **2** [bakverk] doughnut
munkavle [eg.] gag, [bildl.] muzzle; *sätta ~ på ngn* gag (muzzle) a p.
munk|kloster monastery **-kåpa** monk's frock, cowl **-orden** monastic order
munkorg muzzle; *sätta ~ på* muzzle **munläder,** *ha gott ~* have the gift of the gab
mun-mot-mun-metod mouth-to-mouth method **munsbit** mouthful
mun|skänk cupbearer **-spel** mouth-organ **-stycke** [allm.] mouthpiece, [på cigarrett] tip; [löst, för cigarr[ett]] holder **-sår** sore on the lips
munta F oral [exam], [univ.] viva
munter *a* merry, [glättig] cheerful, [uppsluppen] hilarious **-gök** F jolly fellow **-het** merriness, cheerfulness, hilarity
muntlig *a* [allm.] oral; [om t. ex. överenskommelse] verbal; *~ tentamen = munta*
muntra *tr, ~ upp* cheer..[up], exhilarate **-tion** amusement, entertainment
mun|vatten mouthwash **-vig** *a* glib **-väder** idle (empty) talk
mur [allm.] wall
mur|a I *tr* [bygga [av tegel]] build..[of brick]; *~ [en brunn med cement]* wall..; *~ igen (till)* wall ([m. tegel] brick) up **II** *itr* [i sten] carry out (do) masons' ([i tegel] bricklayers') work **-ad** *a* [m. tegel] ..made of brick; *~* [källare o.d.] walled **-are** [tegel~] bricklayer, [isht sten~] mason **-bruk** mortar **-bräcka** [hist.] battering-ram **-gröna** ivy
murken *a* decayed, [stark.] rotten
murkla morel
murkna *itr* decay, rot, get rotten
murmeldjur marmot
murslev trowel
murvel F hack journalist
murverk masonry, [av tegel] brickwork
mus mouse [pl. mice]
musa muse
musch patch, beauty-spot
muselman *se muhammedan*
museum museum, [f. konst äv.] gallery
musicera *itr, vi ~r ibland* we play music sometimes; *det ~des* there was music
musik music; *sätta ~ till ngt* set a th. to music **-al** *(musical)* musical **-alisk** *a* [allm.] musical; *~ akademi* academy of music **-ant** musician **-er** musician **-estrad** bandstand **-film** musical [film] **-kapell** orchestra, band **-kår** band, orchestra **-lektion** music lesson **-liv** musical life **-lärare** music teacher **-nummer** musical item **-stycke** piece of music **-verk** musical composition (work) **-vän** music lover **-öra** musical ear
muskel muscle **-bristning** muscle rupture **-kraft** muscular strength **-sträckning,** *få en ~* get a sprained muscle
muskot nutmeg **-blomma** [krydda] mace
muskulatur musculature, muscles [pl.] **muskulös** *a* muscular
muslim *se muhammedan*
muslin muslin
mussera *itr* sparkle; *~nde* sparkling
mussla [allm.] mussel; [isht ätlig ofta] clam
must 1 [kraft]: [eg.] nutritive juices [pl.], goodness, [bildl.] pith **2** [ojäst fruktsaft] a) [av druvor] must b) [av äpplen] juice, [amer.] [sweet] cider
mustasch moustache
mustig *a* **1** [kraftig, närande] rich **2** [bildl., om t. ex. historia] racy, juicy
1 muta *tr* bribe
2 muta *tr, ~ in* [gruv o. bildl.] *se inmuta*
mut|or *pl* bribes **-system** system of [bribery and] corruption
mutter [⊕] [screw] nut
muttra *itr* mutter; *~* [klaga] *över ngt* grumble about (at) a th.
myck|en *(-et,* F *-e; -na) a o.* **myck|et** (F *-e) adv*

A *mycken, mycket* [i omedelbar anslutning t. följ. sb.]: a) much, [framför eng. sb. i pl.] many b) [en hel del] a great (good) deal of, a great amount (quantity) of, [framför eng. sb. i pl.] a great many, a great (large) number of; [fullt med] plenty (F a [great] lot) of c) [stor] great; *han är för -et barn [för] att* [inf.] he is too much of a child to [inf.]; *[efter] -en diskussion (-et diskuterande)* ..a great deal of (a lot of, much) discussion;

det var -et folk [*på mötet*] there were [a great] many (a lot of) people..; *enormt (ovanligt) -et* [*folk*] an enormous (unusual) number of..; *så -et* [*folk*]! what a lot of..!; *-et havre (aska)* a great deal of oats (ashes); *vara till -en nytta* be of great use

B *mycket* [utan omedelbar anslutning till följ. sb.] **1** [följt av adj. (inkl. ptc.) o. adv.] **a)** [i positiv]: [allm.] very; [framför perf. ptc. med tydligt verbal funktion o. framför vissa eng. pred. adj. (ss. 'afraid', 'alike', 'alone')] [very] much; [stark.]: most, highly, [helt] quite; [*den är*] *-et efterfrågad* ..much in demand, ..in great demand; *den är för -et kokt (stekt)* it has boiled (fried) too long, it is overdone; [*det är*] *-et möjligt (riktigt)* ..quite possible (right) **b)** [i komparativ samt i förbind. 'mycket för'='alltför']: [vanl.] much, [äv.] far, a great (good) deal, F a lot; *så -et bättre* all (so much) the better; *-et färre* [*fel*] far fewer..; *så -et mer (mindre) som* [*han vet det*] the more (less) so as..

2 [i övr. fall]: [allm.] much; [en hel del] a great (good) deal, F a lot; [många [saker]] many [things], [en massa] plenty; *det görs -et* [*för barnen*] much is done..; *han är inte -et till jägare* he isn't much of a hunter; *hon är -et över* [*femtio*] she is well over..; *det är -et hans fel* it is to a great extent his fault; *det är inte -et* [*mer*] *att tillägga* there is little [else] to be added; *det är -et därför som* [*jag går*] it is very much for that reason that..; *jag beklagar -et* [*att*] I very much (I deeply) regret..; [*boken innehåller*] *-et av intresse* ..much (a lot) that is interesting; *han läser just inte -et* he is not much of a reader; *i -et* [i många avseenden] in many respects

för (hur, lika, så) -et: [*två bilar*] *är för -et (en för -et)* ..are too much (is one too many); *en gång för -et* once too often; *koka* [*ngt*] *för -et* boil..too long; *hur -et* [*fick han*] how much..?; *hur -et jag än* [*försöker*] however (no matter how) much..; *lika -et* as much; *lika -et till* as much again; *så -et* [*fick jag inte*] ..as much as that; *det gör inte så -et* [*om han går*] it doesn't matter [very] much..; *så -et är säkert* this much is certain; *så -et du vet det!* and now you know!; *inte så -et som* [*ett öre*] not so much as..; *utan att så -et som svara* without even (so much as) answering

C *myckna, det här -na diskuterandet* all this discussion; *hans -na lärdom* his great learning; *det -na regnandet* the continual rain[ing]; *det -na som finns att se* the many things there are to be seen

myckenhet *se mängd* **mycket** *se mycken*

mygel wangling, fiddling, wire-pulling [*jfr mygla*]

mygg|a [stick~ allm.] mosquito [pl. -[e]s], [knott] gnat, midge **-bett** mosquito-bite **-medel** anti-mosquito preparation

mygl|a *itr* [fiffla] wangle, fiddle, [gå bakvägar, intrigera äv.] use underhand means, pull wires **-are** wangler, fiddler, wire-puller

mylla *s* mould, humus, earth

myller swarm, crowd, throng **myllra** *itr* swarm, *av* with; *jfr vimla*

München Munich

myndig *a* **1**, *bli* ~ come of age; ~ *ålder* majority **2** [befallande] authoritative, commanding, [t. ex. om stämma, ton] peremptory **-het 1** [myndig ålder] majority, full age **2** [*uppträda*] *med* ~ ..with authority **3** [makt] authority, power **4** ~*erna* the authorities **-hetsdag**, *hans* ~ the day on which he comes (came [etc.]) of age **-hetsperson** person in authority

myndling ward

mynn|a *itr*, ~ [*ut*] *i* a) [om flod o. d.] fall into, [om gata o.d.] lead to b) [bildl.] end in; ~ *ut i intet* come to nothing; *var* ~*r* [*floden*] *ut?* where does..discharge itself? **-ing** mouth; [rör~] orifice; [på vapen] muzzle

mynt coin; *utländskt* ~ foreign currency; *slå* ~ *av* [bildl.] make capital [out] of

1 mynta *s* mint

2 mynt|a *tr* coin, mint **-enhet** monetary unit **-fot** monetary standard **-inkast** slot **-samling** collection of coins **-verk** mint **-väsen** monetary system

myr bog, swamp; [geol.] mire

myra ant

myr|malm bog ore **-mark** swamp

myrra myrrh

myr|slok ant-eater **-stack** ant-hill

myrten myrtle **-krona** myrtle wreath

mys|a *itr* smile contentedly **-ig** *a* F [trivsam] [nice and] cosy; [om pers.] sweet, nice

mysk musk **-oxe** musk-ox

mysterium mystery **mysticism** mysticism **mystifiera** *tr* mystify **mystifikation** mystification **mystik** mystery **mystiker** mystic **mystisk** *a* [gåtfull] mysterious; [relig.] mystic[al]

myt myth, *om* of

myteri mutiny; *göra* ~ mutiny

mytisk *a* mythical **mytologi** mythology

1 må *itr* [känna sig] be, feel; *hur* ~*r du?* how are you?; ~ *så gott!* keep well!

2 må *hjälpvb* [uttr. önskan samt medgivande o. d.] may; [uttr. uppmaning o. d.] let; ~ *icke* [uttr. förbud] must ([kansl. o. d.] may) not; *vad som än* ~ *hända* whatever may happen; ~ *han komma!* let him come!; *jag* ~ *säga* [*att*].. I must say..; [*det var vackert*] ~ *du tro!* ..I can tell you!; *det* ~ *vara hänt!* all right!; *det* ~ *vara* [*därmed*] *hur det vill* however that may be; ~ *så vara men*.. admitted, but..; *jfr måtte o. månde*

måfå, *på* ~ at random

måg son-in-law [pl. sons-in-law]
måhända *adv* maybe; *jfr kanske*
1 mål 1 *har du inte ~ i mun?* haven't you got a tongue in your head?; *sväva på ~et* hesitate **2** [dialekt] dialect
2 mål [jur.] case
3 mål [måltid] meal; *ett ~ mat* a meal
4 mål 1 a) [vid skjutn.] mark; [-tavla, ⚔ t. ex. f. bombning] target; *rörligt ~* moving target; *skjuta till ~s på ngt* fire (shoot) at a th. **b)** [i bollspel] goal; *göra [ett] ~* score a goal **c)** [vid kapplöpning o. d.]: finish; [isht vid hästkapplöpning] winning-post; *komma (gå) i ~* come (get) in **2** [bildl.]: goal; [syfte[mål]] aim, purpose, [⚔] objective; [för åtlöje o. d.] butt; *sätta ~et högt* aim high; *skjuta över ~et* overshoot the mark
måla I *tr itr* paint; [bildl. äv.] depict; *~ efter [naturen]* paint from ..; *~t glas* stained glass **II** *rfl* [sminka sig] make [oneself] up **målande** *a* [om stil, skildring] graphic, vivid
målar|e painter **-färg** paint **-konst** [art of] painting **-skola 1** [konkr.] art school **2** [konstriktning] school of painters **-verkstad** [house-]painter's workshop
målbrott, *han är i ~et* his voice is breaking
målbur goal
måler|i painting **-isk** *a* picturesque
målföre voice; *återfå ~t* find one's voice
mål|kvot goal-average **-linje** finishing line; goal-line
mållös *a* [stum] speechless, *av* with
målmedveten *a* purposeful, [ihärdig] single-minded **-het** purposefulness
målning painting; [färg] paint
målskjutning target-shooting
målsman 1 [förmyndare] guardian **2** [förespråkare] advocate, *för* of
mål|snöre tape **-stolpe** goal-post
målsägare [jur.] plaintiff
mål|sättning [mål] aim, purpose, goal **-tavla** target [board]
måltid meal **måltidsdryck** table drink
målvakt goalkeeper
1 mån *s* [grad] degree, [utsträckning] extent; *i någon ~* to some extent, to a certain degree; *i ~ av tillgång* as far as supplies admit
2 mån *a, ~ om* [angelägen om] anxious about, [aktsam med] careful of, [noga med] particular about, [avundsjukt ~ om] jealous of
månad month; *jfr 2 vecka* [ex.]; [*100 kr*] *i ~en (per~)* .. a (per) month
månads|hyra monthly rent **-skifte** turn of the month **-vis** *adv* monthly, by the month
månatlig *a o.* **månatligen** *adv* monthly
månbelyst *a* moonlit
måndag Monday; *jfr fredag* [o. sms.]
månde *hjälpvb, vad ~ detta betyda?* what can (may) this mean?
mån|e moon **-färd** trip to the moon **-förmörkelse** eclipse of the moon
många *obest. pron (jfr mången)* [självst. o. fören.]: a) [allm.] many, [v. eng. sb. i sg.] much [båda isht i fråg. o. nek. sats samt föregångna av 'as', 'so', 'too' el. 'how'] b) [en hel del] a good (great) many, [fören. äv.] a great (large) number of; [en massa] a lot (lots) [[fören.] of]; [talrika] numerous [samtl. oftast i jak. påståendesats]; *~ [anser att]* many (a great number of, a lot of) people ..; *köpte du ~ [böcker]?* did you buy many ..?; *ja, ~* yes, a great many ([quite] a lot); *ganska (rätt) ~* quite a number, quite a lot; *lika ~ [bitar var]* the same number of ..; *så ~ [brev]!* what a lot of ..! **-handa** *a* multifarious; many kinds of
mång|dubbel *a, -dubbla värdet* many times the value **-dubbelt** *adv* [t. ex. öka] many times over **-dubbla** *tr* multiply
mången *(månget mångt;* [pl.] *många* [se d. o.]) *obest. pron* **1** [fören.] many a (an) .. **2** [självst.] **a)** [om pers.] many people [pl.], [i ordstäv o. d.] many a man **b)** *i mångt och mycket* in many respects
mång|fald 1 [allm.] **a)** [stort antal], *en ~ [t. ex. plikter]* a great number of **b)** [mots. 'enhet'] manifoldness **2** [mat.] multiple **-faldig** *a* [mera eg.] manifold; [skiftande] diverse, varied; *~a* [talrika] multitudinous, numerous **-faldiga** *tr* multiply **-fal[dig]t** *adv, se -dubbelt* **-frestare** versatile person **-färgad** *a* multicoloured **-gifte** polygamy **-hörning** polygon **-hövdad** *a* many-headed **-kunnig** *a* all-round, versatile
mång|miljonär multimillionaire **-ordig** *a* verbose, wordy **-sidig** *a* many-sided; all-round **-stämmig** *a* many-voiced
mångt *obest. pron, se mången 2 b* **mångtydig** *a* [attr.] ..having (of) various meanings; [tvetydig] ambiguous
mångård [lunar] halo [pl. -s el. -es]
mångårig *a* [attr.] .. of many years
mån|landning moon landing **-landskap** lunar landscape **-ljus I** *s* moonlight **II** *a* moonlit
månne *adv o.* **månntro** *adv,* [*vad vill han mig*] *~?* .. I wonder; [*är det sant*] *~?* .. do you think?; *se äv. kanske*
mån|projekt lunar project **-raket** moon rocket **-resa** trip to the moon **-sken** moonlight **-skifte** change of the moon **-skott** lunar probe **-skära** crescent **-varv** lunar month
mård *o.* **-skinn** marten
mås gull
måste *hjälpvb, han ~* a) [är (resp. blir) tvungen att] he must, [isht angivande 'yttre tvång'] he has ([resp.] will have) to, he is ([resp.] will be) obliged to, F he has got to

b) [var tvungen att] he had to, he was obliged to, F he had got to, [i indirekt tal] he must; *det ~ du inte* you don't ([om framtid] won't) have (need) to, F you haven't got to; *han har måst [betala]* he has had to (been obliged to)..; *jag ~ [kan inte låta bli att] skratta* I cannot help laughing

mått [allm.] measure, *på* of; [för övr. övers. se ex.]; *~et är rågat!* [jag har fått nog] I've had enough of it!; *hålla ~et* [motsvara förväntningarna] come up to expectations; [*inge*] *ett visst ~ av respekt* ..a certain amount of respect; *ta ~ på ngn* [*till en kostym*] take a p.'s measurements..; *av stora ~* [bildl.] of great proportions; [*gjord*] *efter ~* made to measure; *efter ~et av* [*min förmåga*] as far as..permits; *efter våra ~* by our standards; *i rikt ~* in ample measure

1 måtta *s* moderation; *hålla ~* be moderate; *det är ingen ~ på* [*vad han fordrar*] there is no limit to..; *med ~* moderately; *över ~n, se övermåttan*

2 måtta I *tr*, ~ [*ett slag*] *mot* aim..at **II** *itr* [sikta] take aim, *mot (åt)* at

mått|band measuring-tape **-beställd** *a* ..made to measure, [amer.] custom-made, [attr. äv.] custom

måtte *hjälpvb* **1** [uttr. önskan], ~ *du aldrig* [[*få*] *ångra det!*] may you (I hope you will) never.. **2** [uttr. subjektiv visshet], *han ~ vara sjuk* [*eftersom..*] he must be ill..; *han ~ inte ha hört det* he cannot have heard it

måttenhet unit of measurement

måttfull *a* [allm.] moderate; [sansad] sober

måttfullhet moderation; sobriety; [jfr föreg.]

måttlig *a* [allm.] moderate, [återhållsam] abstemious; [obetydlig] inconsiderable; *det är inte ~t* [*vad han begär*] .. is out of all proportion **måttlighet** moderation **måttlös** *a, se omåttlig*

mått|stock measure, [isht bildl.] standard, gauge, *för (på)* of **-system** system of measurement

mäkla *tr itr* [medla] mediate; ~ *fred* mediate a peace **-re** H broker

mäkta *tr itr*, ~ [*göra*] *ngt* be capable of [doing] a th. **mäktig** *a* **1** [kraftfull] powerful, [känslobeton.] mighty; [väldig, stor] tremendous, immense, huge **2** [om föda] heavy **3** *vara ~* [*en känsla*] be capable of..

mäktighet powerfulness [etc., jfr föreg.]

mängd 1 [kvantum] quantity, amount, [antal] number, [mat.] set ['of' före följ. best.]; *en hel ~, se 'en hel del' und. del 1; i* [*stor*] *~* ([*stora*] *~er)* in [large] quantities ([antal] numbers); *i riklig ~* [vanl.] in abundance **2** *~en* [folket, massan] the crowd **-lära** [mat.] theory of sets

människ|a man [pl. men], [person] person; [mänsklig varelse] human being; *~n* [i allm. bem.] man; *-or* [folk] people; *-orna* [mänskligheten] mankind [sg.]; *vi -or* we humans; *alla -or* [vanl.] everybody, everyone [sg.]; *ingen ~* nobody, no one; *någon ~* somebody, someone, [resp.] anybody, anyone; *en gammal ~* an old person; *gamla -or* old people, [isht amer.] old folks; *vi är inte mer än -or* we are only human; [*hur är han (hon)*] *som ~?* ..as a person?; [*Strindberg*] *som ~* ..the man

människo|boning human habitation **-fientlig** *a* misanthropic **-förakt** misanthropy **-hamn,** [*ett odjur*] *i ~* ..in human shape **-hatare** misanthrope, man-hater **-kropp** human body **-kännare** judge of character (human nature) **-kärlek** humanity, love of mankind, [kristlig ~] charity; [filantropi] philanthropy **-liv** [human] life; *ett helt ~* a whole lifetime **-makt,** *det står inte i ~* it is not humanly possible **-massa** crowd [of people] **-natur,** ~[*en*] human nature **-släkte,** *~t* the human race, mankind

Människosonen the Son of Man

människo|vän humanitarian; philanthropist **-vänlig** *a* humanitarian, humane; philanthropic **-värdig** *a* ..fit for human beings **-ätare** man-eater

mänsklig *a* human; [human] humane **-het 1** [humanitet] humaneness **2** *~en* [människosläktet] mankind

märg 1 [ben~] marrow [äv. bildl.] **2** [bot.] pith **3** [kraft o. mod] pith; [*skriket*] *gick (trängde) genom ~ och ben* [*på mig*] ..pierced my very marrow **-full** *a* marrowy; [bildl. (kärnfull)] pithy **-pipa** marrowbone

märk|a *tr* **1** [förse med märke] mark; *-t med rött* marked in red **2** [lägga märke till] notice, note, [isht avsiktligt] observe; [bli medveten om] become aware of, [inse] perceive; *märk att* [*pluralen..*] note that..; [*skillnaden*] *-s knappt* ..is hardly noticeable; *det -tes* [märkte jag] *inte* I did not notice that; *bland* [*de närvarande*] *-tes* among..we (I) noted (..there were)

märkbar *a* [iakttagbar] noticeable, [skönjbar] discernible, [förnimbar] perceptible; [uppenbar] obvious

märke 1 [allm.] mark; [spår] trace; [fabrikat]: [t. ex. bils] make, [t. ex. kaffes, tobaks] brand; [klubb~ o. d.] badge; *ha ~n efter* [*misshandel*] show marks of..; *sätta ~ för* put a mark against **2** *lägga ~ till* notice; *se äv. märka 2*

märkes|dag red-letter day **-man** man of mark **-varor** *pl* proprietary articles

märk|lig *a* [anmärkningsvärd, framstående] remarkable, notable, [uppseendeväckande] striking; [egendomlig] strange, odd; *det var ~t!* how extraordinary! **-ning** marking, *jfr märka 1* **-värdig** *a* [egendomlig] strange, curious, odd, peculiar; [anmärkningsvärd]

remarkable; *jfr vid. märklig; göra sig* ~ [viktig] make oneself important, put on airs **-värdighet** [egenskap] strangeness [etc.]; *~er* remarkable things
märla [krampa] staple, clincher
märr [sto] mare; [hästkrake] jade
mäsk mash **mäska** *tr* mash
mäss mess, [lokal äv.] messroom
mäss|a I *s* **1** [kyrkl.] mass; *gå i ~n* attend Mass **2** H fair **II** *tr itr* **1** [läsa ~n] say Mass **2** [sjunga liturgiskt, tala entonigt] chant **-bok** missal **-hake** chasuble **-hall** H exhibition hall
mässing brass
mässings|instrument brass instrument; *~en* [i orkester] the brass [sg.] **-musik** brass-band music
mässling measles; *ha ~[en]* be down with the measles
mässuppassare messman
mästar|e [allm.] master; [sport.] champion **-inna** [sport.] [lady] champion
mäster|kupp master-stroke **-lig** *a* masterly **-ligt** *adv* in a masterly way **-lots** senior pilot **-skap** mastership; [sport.] championship **-skytt** crack shot **-stycke** *o.* **-verk** masterpiece
mästra *tr* criticize, find fault with
mät, *ta[ga] i ~, se utmäta 1*
mät|a I *tr itr* measure, *efter (med)* by; *~ ngn med blicken* look a p. up and down; *~ upp (ut)* [ta mått på] measure [up], [mjölk] measure out, [tyg] measure off **II** *rfl, han kan inte ~ sig med..* he cannot match.. **-are 1** [⊕] meter; [instrument] gauge **2** [zool.] geometrid [moth] **-bar** *a* measurable **-instrument** measuring instrument **-ning** [mätande] measuring; *göra ~ar* take (make) measurements **-sticka** measuring-rod, [olje~] dipstick
mätt *a* [attr.] ..who has had enough to eat; *äta sig (bli) ~* have enough to eat, satisfy one's hunger; *han kunde inte se sig ~ på det* he never tired of looking at it; *~ på [intryck]* sat[iat]ed with..
mätt|a *tr* **1** satisfy; *[frukt] ~r inte..* does not fill you **2** [kem.] saturate **-ad** *a* [kem. o. friare] saturated **-nad** [kem. o. friare] saturation **-nadskänsla** feeling of satisfaction
mö [flicka] maid, maiden
möbel [enstaka] piece of furniture; *möbler* furniture [sg.]; *jfr möblemang* **-affär** furniture store (shop) **-snickare** cabinet-maker **-tyg** furnishing fabric
möble|mang furniture [end. sg.]; *ett ~* a suite of furniture **-ra** *tr* [förse med möbler] furnish; [ordna möblerna i] arrange the furniture in **-ring** furnishing
möda [besvär] pains [pl.], trouble; [tungt arbete] labour, toil; *göra sig ~* take pains (trouble); *lönar det ~n?* is it worth while?; *endast med ~ [kunde han]* only with difficulty..
möderne, *vara släkt på ~t* be related on the (one's) mother's side **-arv** maternal inheritance
mödom virginity **mödomshinna** hymen, maidenhead
mödo|sam *a* laborious, difficult **-samt** *adv* with difficulty, laboriously
mödravård maternity welfare, ante- and post--natal care
mög|el mould; [på papper o. d.] mildew **-la** *itr* go (get) mouldy [osv.], *jfr möglig;* [amer.] mould **-lig** *a* mouldy; mildewy; [isht bildl.] musty
möhippa girls' party given for a bride to be [shortly before her wedding]
möjlig *a* possible, [görlig äv.] feasible, practicable; [tänkbar] conceivable; *det är ~t att jag tar fel* I may be wrong; *inom det ~as gräns* within the range of possibility; *i ~aste mån* as far as possible; *[komma undan] lättast ~t* ..in the easiest possible way **-en** *adv* possibly; [kanhända] perhaps; *kan man ~ [träffa..]* is it possible, I wonder, to..; *har du ~ [en krona på dig]?* [vanl.] do you happen to have..? **-göra** *tr* make (render).. possible **-het** possibility, [chans] chance, [utsikt] prospect, *till* of; *inom ~ernas gräns[er]* within the range of possibility
möjligtvis *adv, se möjligen*
mönja I *s* red lead **II** *tr* red-lead
mönster [allm.] pattern; [dekor, utförande äv.] design; [föredöme äv.] model, paragon; *efter ~* from a pattern; *efter mönstret av* on the pattern of **-gill** *a* model [end. attr.], ideal, [om t. ex. uppförande] exemplary **-gård** model farm
mönstr|a I *tr* **1** [förse m. mönster] pattern **2** [granska] inspect, scrutinize; *~ ngn [med blicken]* look a p. up and down **3** [inräkna] muster **4** [⚓ anställa på fartyg] sign (take).. on, ship **5** *~ ut* [kassera] reject, discard **II** *itr* **1** [⚓] sign on, ship; *~ av* sign (be paid) off **2** [⚔ inskrivas] enrol[l] **-ing 1** [granskning] inspection; scrutiny **2** [⚔] *se inskrivning*
mör *a* **1** [om kött, frukt] tender; [om skorpor o. d.] crisp **2** [foglig] meek; *vara ~ i mun* be meek and mild **-bulta** *tr* beat..black and blue; *alldeles ~d [efter åkturen]* aching all over..
mörd|a *tr* murder; [utan obj.] commit a murder (murders); [isht bildl.] kill **-ande** *a* [friare] murderous, [om klimat, slag] deadly; [om t. ex. blick] withering **-are** murderer
mördeg flan pastry
mörk *a* dark; [dyster] sombre, gloomy; *en ~ blick* a black look; *~ choklad* plain chocolate; *det ser ~t ut* [bildl.] things look

bad **-blå** *a* [attr.] dark-blue, [pred.] dark blue **-er** dark[ness]; *-ret faller på* darkness falls; *efter -rets inbrott* after dark; *famla i -ret* grope in the dark **-klädd** *a* ..dressed in dark clothes **-lagd** *a* [om pers.] dark[-haired] **-lägga** *tr* black out **-läggning** black-out **-na** *itr* get (grow, become) dark, darken; *det ~r (börjar ~)* it is getting dark **-rum** dark room **-rädd** *a, vara ~* be afraid of the dark **-ögd** *a* dark-eyed

mörsare [⚔] mortar

mört roach; *pigg som en ~* [as] fit as a fiddle

mössa cap **mösskärm** cap peak

möt|a *tr* [ibl. *itr*]*:* [allm.] meet; [råka på [ngn]] come (run) across, [isht röna] meet with, [t. ex. svårigheter] encounter; [stå inför] face, confront; [*förslaget*] *-tes med gillande* ..was greeted (received) with approval; *om det -er* [*svårigheter*] if there are..; *detta uttryck -er* [*redan hos S.*] this expression occurs..; *~ upp* [samlas] come together, gather **-ande** *a* [t. ex. person]..that one meets, [t. ex. trafik] oncoming.. **-as** *itr. dep* meet; [passera varandra] pass [each other]

möte [allm.] meeting; [isht oväntat] encounter; [avtalat] appointment; [konferens] conference; *stämma ~ med* make an appointment with, arrange to meet; *~ på högsta nivå* summit meeting; *gå* [*okända öden*] *till ~s* go to meet..; *gå (komma) ngn till ~s* [come to] meet a p.

möteslokal [-plats] place of meeting, meeting place; [samlingsrum] assembly (conference) room[s [pl.]]

N

nacka *tr,* ~ *en höna (ngn)* chop a hen's (a p.'s) head off
nackdel disadvantage, drawback; *väga för- och* ~*ar* weigh the pros and cons
nack|e back of the (one's) head; *bryta* ~*n* [*av sig*] break one's neck **-hår** back-hair **-spegel** hand-mirror
nafs, *i ett* ~ [bildl.] in a jiffy **nafsa** *tr itr* snap, *efter* at; ~ *ngn i benet* snap at a p.'s leg; ~ *till (åt) sig* snap up
nafta naphtha **naftalin** naphthalene
nagel [anat.] nail; *bita på (peta) naglarna* bite (clean) one's nails **-band** cuticle **-borste** nail-brush **-fara** *tr* scrutinize . . closely (critically) **-lack** nail-varnish(-polish) **-rot** root of a ([resp.] the) nail **-sax** nail-scissors [pl.]
nagg|a I *tr* [bröd] prick; ~ *i kanten* [göra hack i] notch, nick **II** *itr,* ~ [gnaga] *på ngt* gnaw (nibble) [at] a th. **-ande** *adv,* ~ *god* real (jolly) good
nagla *tr,* ~ *fast* nail ([bildl.] rivet) [. . on], *vid* to; *jfr fastnaglad*
naiv *a* naïve, naive; [troskyldig] ingenuous; [barnslig] childish; [enfaldig] silly **-itet** naïveté, naïvety; naïveness [osv.]
najad naiad
naken *a* naked [äv. bildl.]; [isht konst.] nude; [om rum, vägg äv.] bare **-dansös** nude dancer **-het** nakedness [osv.], *jfr naken;* [isht konst.] nudity
nakterhus binnacle
nalkas *itr. tr. dep* approach, [högt.] draw near; [om tid äv.] come on, be at hand
nalle bear; [leksak] teddy bear
namn name, *på* of; *ha gott* ~ *om sig* have a good name (reputation); *ha* ~ *om sig att vara rik* be reputed to be rich; *skapa sig ett* ~ make a name for oneself; *sätta* ~ *på* [kläder] mark, [bagage] name; *vad (varför) i Guds (herrans, fridens)* ~ *. .?* what (why) on earth . .?; *i sanningens* ~ to be quite honest, to tell the truth; [*känna ngn* [*bara*]] *till* ~*et* . . by name; [*en man*] *vid* ~ *Bo* . . called (named) Bo, . . by (of) the name of Bo; [*kalla ngn*] *vid* ~ . . by his (her [osv.]) name **-byte** change of name
namn|e namesake **-ge** *tr* name **-kunnig** *a* renowned, famous **-lös** *a* nameless **-plåt** name-plate
namnsdag name-day
namnteckning signature
napalmbomb napalm bomb
1 napp [di~] teat, [isht amer.] nipple; [tröst] dummy, comforter, [amer.] pacifier
2 napp [fiske.] bite, [svag. o. bildl.] nibble, *på* at **nappa** *tr itr* [om fisk] bite, [svag. o. bildl.] nibble, *på* at; ~ [*till (åt) sig*] snatch (catch) [up (hold of)], [om hund] snap up; *det* ~*de han på genast* he jumped at it [at once]
nappatag tussle, set-to, [båda äv. bildl.]
nappflaska feeding (baby's) bottle
narciss narciss|us [pl. äv. -i]
narig *a* [om hud] chapped, rough
narkoman drug addict, narcomaniac **narkos** narcos|is [pl. -es]; *ge* [*ngn*] ~ administer an anaesthetic [to a p.] **narkotika** *pl* narcotics, F drugs **narkotikamissbrukare** drug addict **narkotisk** *a* narcotic; ~*a medel, se narkotika*
narr [allm.] fool; *göra* ~ *av ngn* make fun (game) of a p. **narra** *tr, se lura II—III* **narraktig** *a* [löjlig] ridiculous, [fjollig] foolish, silly **narras** *itr. dep* fib, tell fibs (a fib) **narri,** *på* ~ in jest, in (for) fun **narrstreck** trick, practical joke
narv [på läder] grain
nasal *a* nasal **-ljud** nasal [sound] **-ton** [i talet] nasal twang
nate 1 pondweed **2** [våtarv] chickweed
nation 1 [folk] nation **2** [univ.], *Kalmar* ~ [ung.] the Kalmar students' club
national|dag national [commemoration] day **-dräkt** *se folkdräkt* **-ekonomi** economics, political economy **-ekonomisk** *a* economic **-inkomst** national income **-ism** nationalism [äv. ~*en*] **-itet** nationality **-museum** national museum ([för konst] gallery) **-socialism** National Socialism **-sång** national anthem
nationell *a* national
nativitet birth-rate, natality
natrium sodium
natt night [äv. bildl.]; *god* ~*!* good night!; ~*en till* [*söndagen*] [[ss. adv.] on ([under loppet av] during)] the night before . .; ~*en till söndagen* [*kom han*] [vanl.] . . on Saturday night; *i* ~ a) [förliden] last night b) [kommande, innevarande] tonight, to-night c) [nu i ~] this night; *i går* ~ yesterday night; *om (på)* ~*en (nätterna)* at (by) night, in the night[-time], [varje ~] nightly; [*sitta uppe sent*] *om (på) nätterna* . . at night[s]; *stanna över* ~*en* stay overnight (the night)
nattaxa [på buss o. d.] night-service fare
natt|dräkt nightwear, night-attire **-duksbord** bedside table
nattetid *adv* at (by) night, in the night
natt|fack *se servicebox* **-flyg** [trafik] night-flights [pl.]; [plan] night-plane **-frost** night frost **-gäst** guest for the night **-klubb** night-club **-kärl** chamber-pot **-lig** *a* nocturnal; [var natt] nightly; [under natten] . . in the

night **-linne** nightdress, nightgown **-logi** [husrum] accommodation (lodging) for the night **-mangling** [bildl.] all-night negotiations [pl.] **-parkering** [over]night parking

nattrafik night-services [pl.]

natt|ro night's rest, [lugn] peace and quiet at night **-rock** dressing-gown **-skift** night-shift **-skjorta** nightshirt, [barnspr.] nighty **-stånden** *a* [om dryck (attr.)] ..that has (had [osv.]) gone flat by standing overnight **--taxa** *se nattaxa* **--trafik** *se nattrafik* **--tåg** *se nattåg* **-uggla** night-owl [äv. bildl.] **-vak** [-sudd] late hours [pl.] **-vakt 1** [pers.] night-watchman **2** [tjänstgöring] night watch (duty) **-vard,** *~en* the Holy Communion, the Blessed Sacrament **-vardsgång** communion

nattviol 1 [vild] butterfly orchis **2** [odlad] sweet rocket **nattåg** night train

natur [allm.] nature; [läggning o. d. äv.] disposition; [karaktär, art äv.] character; [person[lighet] o. d.] person[ality]; [natursceneri o. d.] [natural] scenery; *~en* [ss. skapande kraft o. d.] nature; [*komma ut i*] *~en* ..the country[side]; *en vacker ~* [omgivning] beautiful scenery, a beautiful landscape; *det ligger i sakens ~* it is in the nature of things; *ute i ~en* out of doors, in the open; *vara försiktig till sin ~ (av ~en)* be wary by nature

natura, *in ~* in kind **naturalisera** *tr* naturalize **naturalistisk** *a* naturalist[ic]

natur|barn child of nature **-behov,** *förrätta sina ~* relieve oneself **-dyrkan** [kärlek till naturen] love of nature

naturell *s* nature, disposition

natur|enlig *a* natural **-folk** primitive people **-forskare** [natural] scientist **-färg** natural colour **-gas** natural gas **-hinder** *pl* [dåligt väder o. d.] adverse weather (climatic) conditions **-historia** natural history **-katastrof** catastrophe, [stark.] cataclysm **-kraft** natural (elemental) force **-kunskap** [ss. skolämne] science; [jfr följ.] **-kännedom** knowledge of nature **-lag** natural law, law of nature

naturlig *a* [allm.] natural; [medfödd äv.] innate, native, [okonstlad äv.] unaffected; [självklar äv.] self-evident, obvious; *av ~a skäl* for natural (obvious) reasons; *ett* [*porträtt*] *i ~ storlek* a life-size.. **-het** naturalness [osv.]; self-evidence

naturligtvis *adv* of course, naturally

natur|liv 1 *~et* [naturens liv ung.] wild life **2** *leva ett ~* lead an outdoor life **-lära** [lärobok] textbook of science **-makt** *se -kraft* **-nödvändig** *a* absolutely necessary **-riket** the natural kingdom **-sceneri,** *~*[*er*] natural scenery [sg.] **-skildring** description of scenery (nature) **-skydd** *se -vård* **-skön** *a* ..of great natural beauty **-skönhet** beauty of nature, natural beauty **-tillgång** natural asset; *~ar* [äv.] natural resources **-trogen** *a* ..true to life, lifelike **-vetare** scientist, [studerande] science student **-vetenskap** [natural] science **-vetenskaplig** *a* scientific **-vård** conservation, preservation of natural amenities **-vårdsverk,** *Statens ~* the National [Swedish] Environment Protection Board

nautisk *a* nautical

nav hub; [propeller~] boss

navel [anat.] navel **-sträng** navel-string

navigation navigation **navigationshytt** chart-room **navigatör** navigator **navigera** *tr itr* navigate

navle *se navel*

naz|ism Nazism **-ist** *s o.* **-istisk** *a* Nazi

Neapel Naples **neapolitansk** *a* Neapolitan

nebulosa nebul|a [pl. -ae]

necessär [rese~] dressing-case

ned *adv* [allm.] down [äv. nere]; [-åt äv.] downwards; [-för trappan] downstairs; *uppifrån och* [*ända*] *~* from top to bottom; [*längst*] *~ på* [*sidan*] at the [very] bottom of..; [se f.ö. beton. part. under resp. vb]

nedan I *s* wane; [*månen är*] *i ~* ..on the wane **II** *adv* below **-för I** *prep* below **II** *adv* [down] below **-nämnd** *a, ~a..* the..mentioned below **-stående** *a* [nedan angiven o. d.] the..[mentioned] below

ned|blodad *a* [m. fl.] *se bloda* [*ned*] [m. fl.] **-bringa** *tr* [minska] reduce **-bruten** *a, vara ~* [bildl.] be broken [down]

neder|börd precipitation; [ofta]: [regn] rainfall, [snö] snowfall **-lag 1** [⚔] defeat [äv. friare] **2** H [lager] stock-in-trade; [magasin] warehouse, depot

nederländare Netherlander; *jfr holländare*

Nederländerna *pl* the Netherlands **nederländsk** *a* [vanl.] Dutch

nederst *adv* at the [very] bottom, *i, på, vid* of **nedersta** *a,* [*den*] *~* [*hyllan*] the lowest (bottom)..; *~ våningen* [vanl.] the ground ([amer.] first) floor

ned|fall, [*radioaktivt*] *~* fall-out **-frysning** refrigeration; [läk. äv.] hypothermia **-fällbar** *a, ~ sits* tip-up seat **-färd** descent; [-resa] journey down **-för I** *prep* down **II** *adv* downwards **-försbacke** downhill slope, descent **-gående** *a* [om solen] setting; *jfr nedåtgående* **-gång 1** [till källare, tunnelbana o. d.] way ([trappa] stairs [pl.]) down **2** [om himlakroppar] setting; [tillbakagång om pris, kultur] decline, [minskning] decrease; *solens ~* sunset **-göra** *tr, se göra* [*ned*] **-görande** *a* [om kritik] scathing, slashing **-hukad** *a, sitta ~* sit crouched (crouching) **-hängande** *a* ..hanging down; [fritt] suspended; [om ljuskrona] pendent

ned|ifrån I *prep, ~* [*gatan*] from ..[down]

För med **ned-** sammansatta verb jfr äv. vid beton. part. under resp. enkla verb below **II** *adv* from below (underneath) **-isad** *a* [över-] .. covered with ice; [geol.] glaciated; [*vingarna*] *var* ~*e* .. had iced up **-kalla** *tr* [bildl.], ~ [*välsignelse*] *över ngn* call down .. on a p. **-kippad** *a* [om sko[r]] down at heel **-komma** *itr,* ~ *med* [*en son*] give birth to .., be delivered of.. **-komst** [förlossning] delivery, confinement **-kämpa** *tr* [motståndare] outfight; [⚔] neutralize, [t. ex. fientligt artilleri] destroy **-låta** *rfl* [täckas] condescend; [förnedra sig] stoop, descend **-låtande** *a* [överlägsen] condescending, patronizing **-låtenhet** condescension, patronizing air **-lägga** *tr, se lägga* [*ned*]

nedre *(nedra) a* lower

nedrig *a* [gemen, simpel] mean, dirty; *en* ~ *beskyllning* a mean (base) accusation; *vilken* ~ *otur!* what rotten luck!; [*han var*] ~ *mot mig* .. horrid (beastly) to me **-het** *se gemenhet*

ned|rusta *itr* disarm, reduce [one's] armaments **-rustning** disarmament, reduction of armaments **-räkning** [inför start] count-down **-rökt** *a* [sotig] sooty; [rökfylld] smoky, smoke-laden **-satt** *a, se sätta* [*ned*] **-skräpning** littering up, making a litter [osv., *jfr skräpa* [*ned*]] **-slag 1** [på skrivmaskin] stroke; *200* ~ [*i minuten*] 200 letters.. **2** [blixt~] stroke of lightning; [⚔ projektils] impact; [sport.: vid hopp o. d.] landing **-slagen** *a* [bildl.], *se -stämd, modfälld* **-slagenhet** *se -stämdhet, modfälldhet* **-slå** *tr, se slå* [*ned*] **-slående** *a* [bildl.] disheartening, depressing, discouraging **-smetad** *a* besmeared **-smord** *a, se -smetad, -smutsad* **-smutsad** *a* very dirty; [om luft, vatten o.d.] polluted, contaminated **-smutsning** [om luft etc.] pollution, contamination **-stigande** *a* [jfr *2 led 5*] **-stigning** descent; [-stigande] descending **-stämd** *a* [bildl.] depressed, low-spirited, dejected; *jfr modfälld* **-stämdhet** [state of] depression (dejection), low-spiritedness; *jfr modfälldhet* **-sättande** *a* [förklenande] disparaging; [om yttrande o. d.] depreciatory **-sättning** [sänkning] lowering, [minskning] reduction

ned|till *adv* at the foot (bottom); [därnere] [down] below **-trappning** de-escalation **-tryckt** *a* [bildl.] depressed, dejected **-tysta** *tr, se tysta* [*ned*] **-vikt** *a* [dubbelvikt], ~ *krage* turn-down collar **-väg,** *på* ~*en* on the (one's) way ([resa] journey) down ([söderut] southwards) **-åt I** *prep* [allm.] down; [längs] [all] down along; [*gå*] ~ *staden* .. down towards town; [*det behövs regn*] ~ *landet* .. in the south of the country **II** *adv* [allm.] downwards; ~ *böj!* [gymn.] downward bend!; *här* ~ [*i våra trakter*] down here ..; *gå gatan* ~ go down the street **-åtgående I** *s, vara i* ~ [om konjunkturer o. d.] be on the down grade (downward trend) **II** *a* [om pris] falling, [om konjunkturer] downward **-ärvd** *a* .. passed on by heredity, hereditary; [traditionell] traditional

negation negation **negativ I** *a* negative **II** *s* [foto.] negative

neger [eg.] Negro, negro, [i USA ofta] colored person

neger|a *tr* negate **-ande** *a* negative

negerbarn Negro child, F piccaninny

negligé negligee **negligera** *tr* [allm.] neglect; [strunta i] ignore

negress Negress, Negro ([i USA ofta] colored) woman **negroid** *a* Negroid

nej I *itj* [äv. adv.] **1** [allm.] no, [artigare] no, Sir ([resp.] Madam)!; ~ *då!* [visst inte] oh, no!, not at all!, [stark.] certainly not! **2** [m. försvagad innebörd] well, [uttr. förvåning o.d.] oh!; ~ [*nu måste jag gå*]*!* well, ..!; ~, [*en sån överraskning*]*!* oh, ..!; ~ *men se..!* why..! **II** *s* no; [avslag] refusal; *rösta* ~ vote against [the proposal]; *tacka* ~ [*till* [*bjudning*]] [vanl.] decline [..] with thanks

nejd district; [grannskap] neighbourhood

nejlika 1 [bot.]: [stor, driven] carnation; [enklare] pink **2** [krydda] clove

nejröst no

nek|a I *itr* [säga nej o. d.], *du* ~*r väl inte,* [*om jag ber dig*] you won't say no, ..; *han* ~*de bestämt till att ha gjort det* he flatly denied having done it; *jfr förneka I* **II** *tr* [vägra] refuse; ~ *ngn sin hjälp* refuse to help a p.; ~ *ngn tillträde* refuse a p. admittance **III** *rfl, han* ~*r sig ingenting* he never denies himself anything **-ande I** *a* [vanl.] negative **II** *adv, svara* ~ reply in the negative **III** *s,* [*dömas*] *mot sitt* ~ .. in spite of one's denial

nekrolog obituary [notice]

nektar nectar [äv. bot. o. bildl.]

neon neon **-ljus** neon light

ner *adv* [o. sms.] *se ned* [o. sms.]

nere *adv* [allm.] down, [deprimerad äv.] depressed, in low spirits; *längst* ~ [*i (på)*], *se nederst;* [*han satt*] *längst* ~ *vid bordet* .. at the very end of the table; *jfr ligga* [*nere*]

nerv nerve; [bildl.: kraft] vigour; *han går mig på* ~*erna* he gets on my nerves **-chock** nervous shock **-ig** *a* [bot.] nerved, nervate[d] **-kittlande** *a* thrilling, breath-taking **-knippe** bundle of nerves [äv. bildl.] **-krig** war of nerves **-lugnande** *a,* ~ *medel* sedative, tranquillizer **-läkare** nerve-specialist, neurologist

nervositet nervousness [osv.], *jfr nervös*

nerv|påfrestande *a* nerve-racking **-sammanbrott** nervous breakdown **-sjuk** *a* neurotic **-spänning** nervous strain **-system** nervous system **-tråd** nerve fibre **-värk** neuralgia

För med **ned-** sammansatta verb jfr äv. vid beton. part. under resp. enkla verb

nervös *a* [allm.] nervous; [tillfälligt orolig] agitated, uneasy; [rastlös] flurried, fidgety; ~ [*av sig*] high[ly]-strung

nes|a ignominy, shame **-lig** *a* [vanärande] ignominious; [skändlig] infamous

netto I *adv* net; *betala* [*per*] ~ *kontant* pay net cash **II** *s, se -avkastning; i rent* ~ net (clear) profit **-avkastning** net yield [osv.], *jfr avkastning*

neuralgi neuralgia **neurasteni** neurasthenia **neuros** neuros|is [pl. -es]

neutral *a* **1** [allm.] neutral **2** [språkv.] neuter **-isera** *tr* neutralize [äv. bildl.] **-itet** neutrality

neutrum neuter; *i* ~ in the neuter

ni *pers. pron* you; *e*[*de*]*r* (*E*[*de*]*r*) you, [rfl.] your|self, [pl.] -selves ([i adverbial m. beton. rumsprep. vanl.] you); [för ex. jfr äv. *jag*]

1 nia *tr,* ~ *ngn* address a p. as 'ni'

2 nia *s* nine; *jfr femma*

nick 1 [allm.] nod **2** [sport.] header **nicka** *itr tr* **1** [allm.] nod, *åt (till) ngn* at (to) a p.; ~ *till* [somna] drop off **2** [sport.] head

nickel nickel **-haltig** *a* nickeliferous

nick|ning [-ande] nodding; *se vid. nick*

niding vandal; [stark.] desperado **nidingsdåd** act of vandalism, outrage

nid|skrift lampoon, libellous pamphlet **-visa** rhymed lampoon, satirical song

nig|a *itr* curts[e]y, *för ngn* to a p. **-ning** curts[e]y; [-ande] curts[e]ying

nihil|ism nihilism **-ist** nihilist

nikotin nicotine **-förgiftad** *a* nicotine-poisoned **-förgiftning** nicotine-poisoning

Nilen the Nile

nimbus nimbus, [bildl. äv.] aura

nio *räkn* nine; *jfr fem* [o. sms.] **nioklassig** *a,* ~ *skola* nine-year school **nionde** *räkn* ninth; *jfr femte* [o. sms.] **nion**[**de**]**del** ninth [part]; *jfr femtedel*

nipper *pl* [enklare] trinkets

nisch niche; *jfr fönsternisch*

1 nit [iver] zeal, [stark.] ardour

2 nit [lott o. bildl.] blank

3 nit [⊕] rivet **nita** *tr,* ~ [*fast*] rivet

nitisk *a* [ivrig] zealous, [stark.] ardent

nitti[**o**] *räkn* ninety; *jfr fem*[*tio*] [o. sms.]

nittionde *räkn* ninetieth **nitton** *räkn* nineteen; *jfr fem*[*ton*] [o. sms.] **nittonde** *räkn* nineteenth; *jfr femte* **nittonhundrafemtiotalet** the nineteen fifties [pl.]; *på* ~ in the [etc.] **nittonhundratalet** the twentieth century; *jfr femtonhundratalet*

nitälskan [nit] zeal; [månhet] concern

niveller|a *tr* level; [öka] level up ([minska] down, [utplåna] away) **-ing** levelling [osv.]

nivå level, [bildl. äv.] standard; *hålla sig i* ~ *med* keep on a level with

Nizza Nice

njugg *a* [knusslig] parsimonious, *med, på* with; [med (på) beröm o. d.] sparing; [knappt tilltagen] scanty

njur|e kidney **-sten** stone in the kidney[s], [läk.] renal calculus

njut|a I *tr* enjoy **II** *itr* enjoy oneself, have a wonderful time; ~ *av ngt (av att resa)* enjoy a th. (travelling) **-bar** *a* [aptitlig] appetizing; [smaklig, äv. bildl.] palatable; [bildl. äv., t. ex. om musik] enjoyable **-ning** enjoyment, pleasure, [stark.] delight

njutnings|lysten *a* pleasure-seeking, pleasure-loving **-lystnad** love of (longing for) pleasure (enjoyment) **-medel** stimulant

Noa[**k**] Noah; ~*s ark* Noah's ark

nobel *a* noble

nobelpris Nobel Prize, *i* [*litteratur*] for.. **-tagare** Nobel Prize winner

nock 1 [byggn.] ridge **2** [⚓]:[gaffel ~] gaff-end, peak; [rå ~] yard-arm

nog *adv* **1** ([ibl. äv.] *a*) [tillräckligt] enough, sufficiently; *han var* [*fräck*] ~ *att* [inf.] he was so.. as to [inf.]; *stor* ~ (~ *stor*) large enough, sufficiently large; *man kan aldrig vara* ~ *försiktig* you (one) can't be too careful; *inte* ~ *med att han vägrade,* [*han t. o. m...*] not only did he refuse,.. **2** [m. svag. bet.: ganska m.m.], *konstigt (lustigt)* ~ [*kom hon*] curiously (funnily) enough..; *naturligt (olyckligt)* ~ [vanl.] naturally (unfortunately); *nära* ~, *se nästan* **3** [förmodligen] probably, very likely; [säkerligen] no doubt, [helt säkert] certainly; [visserligen] to be sure, it is true; *han är* ~ [förmodligen] *snart här* [äv.] I expect (suppose, [amer.] guess) he will soon be here; [*de*] *kommer* ~*!* [helt säkert äv.].. will come all right!; *det skall jag* ~ *ordna!* I'll see to that; *det tror jag* ~ I should think so; *jag vet* ~ [*att han..*] I am well aware..

noga I *adv* [precis o. d.] precisely, exactly; [ingående] closely; [strängt] strictly; [omsorgsfullt] carefully; *akta sig* ~ *för att* [inf.] take great (good) care not to [inf.]; *hålla* ~ *reda på* [*böckerna*] keep a careful (a strict) check on..; *jag vet inte så* ~, [*hur (när)..*] I don't know exactly.. **II** *a* [noggrann] careful, [noggräknad] scrupulous, [kinkig] particular; [petig] meticulous; [fordrande] exacting, *med ngt* [i samtl. fall] about (as to) a th.; *jfr äv. noggrann*

noggrann *a* [omsorgsfull] careful, [samvetsgrann] scrupulous, *med* about; [exakt] accurate; [ingående] close; [sträng] strict **-het** carefulness [osv.]; accuracy

nogräknad *a* particular, [isht moraliskt] scrupulous, *med* about; *se vid. kinkig 1*

nojs *se skoj 1;* [flört] flirting **nojsa** *itr* [skoja] be up to fun; [flörta] flirt

noll *räkn (a, s)* [allm.] nought ([amer.] naught), [på instrument] zero, [isht i telefonnummer] 0 [utt. əu]; *det är* ~ *grader* [Celsius] the thermometer is at zero (freezing-point) **nolla**

[eg.] nought ([amer.] naught); *en* ~ [om pers.] a nobody **nollpunkt** zero [point], [elektr.] neutral [point] **nollställa** *tr* **1** [instrument] set..to zero **2** [likställa], ~ [*personalens löner*] *med marknadens* put..on a par with those on the market **nolltid,** *på* ~ F in no time
nomad nomad **-folk** nomadic people
nomenklatur nomenclature
nominativ, ~[*en*] the nominative; *en* ~ a nominative
nominell *a* nominal **nominera** *tr* nominate
nonaggressionspakt non-aggression pact
nonchal|ans nonchalance; [försumlighet] negligence, [hänsynslöshet] inconsiderateness, [likgiltighet] indifference, [vårdslöshet] carelessness, [bekymmerslöshet] airiness **-ant** *a* nonchalant, negligent, inconsiderate, indifferent, careless, airy [jfr föreg.] **-era** *tr* pay no attention to; [försumma] neglect
nonsens nonsense, rubbish, bosh
noppa I *s* [i tyg] burl, knot **II** *tr* [⊕] burl; [ögonbryn] pluck; [fjädrar] preen
nord *s o. adv* north, *om* of; *jfr Norden, norr* **Nordafrika** [som enhet] North ([norra Afrika] Northern) Africa **nordafrikansk** *a* [attr.] North-African **Nordamerika** North America **nordamerikansk** *a* [attr.] North-American **nordan[vind]** north wind **nordbo** Northerner, [skandinav] Scandinavian **Norden** [Skandinavien] the Scandinavian ([mer officiellt] Nordic) countries [pl.], Scandinavia **nordengelsk** *a* ..in (of, [resp.] from) the north of England **Nordeuropa** the north of Europe, Northern Europe **nordeuropé** *s o.* **nordeuropeisk** *a* [attr.] North-European **Nordirland** [polit.] Northern ([norra Irland] the north of) Ireland
nordisk *a* [allm.] northern; [skandinavisk] Scandinavian, [mer officiellt] Nordic **Nordkap** the North Cape **nordkust** north coast **nordlig** *a* [från el. mot norr, om t. ex. vind, riktning, läge] northerly, [om vind äv.] north; [i norr, t. ex. boende, belägen] northern; ~ *bredd* north latitude **nordligare I** *a* more northerly **II** *adv* farther [to the] north **nordligast I** *a* northernmost **II** *adv* farthest north
nordost I *s* [väderstreck] the north-east **II** *adv* north-east, *om* of **nordostlig** *a* north-east[ern], north-easterly, *jfr nordlig* **nordpol,** ~*en* the North Pole **nordsida** north side **Nordsjön** the North Sea **nordspets** northernmost point ([udde] headland) **nordstjärnan** *o.* **nordstjärneorden** [best. form] the Order of the Northern (Pole) Star **nordsvensk** *a* [attr.] North-Swedish, ..in (of, [resp.] from) the north of Sweden **Nordsverige** the north of Sweden, Northern Sweden **nordvart** *adv* [mot norr] northward[s] **nordväst I** *s* [väderstreck] the north-west **II** *adv* north-west, *om* of **nordvästlig** *a* north-west[ern], north-westerly, *jfr nordlig* **nordvästra** *a* the north-west[ern].., *jfr norra* **nordöst** *se nordost* **nordöstra** *a* the north-east[ern].., *jfr norra*
Norge Norway
norm [måttstock] standard; [rättesnöre] norm; [regel] rule
normal *a* [allm.] normal [äv. bildl.], [genomsnitts-] average, mean **-isera** *tr* normalize, [genomföra enhetlighet i] standardize **-prosa** ordinary prose **-spårig** *a* [järnv.] standard-gauge.. **-storlek** normal (standard) size
normand [hist.] Norman **Normandie** Normandy **normandisk** *a* Norman
normgivande *a* normative
norna Norn
norr I *s* [väderstreck] the north; *rakt i* ~ due north; [*ett rum*] *mot (åt)* ~ ..to the (..facing) north; [*styra*] *åt* ~ ..north (northward[s]) **II** *adv* [to the] north, *om* of; *jfr äv. norr|ifrån, -ut* **norra** *a* [t. ex. sidan] the north, [t. ex. delen] the northern, [framför landsnamn o. d.] the north of, Northern; ~ *halvklotet* the Northern hemisphere; ~ *Skåne (Sverige)* the north of (Northern) Skåne (Sweden)
norr|ifrån *adv* from the north **-läge,** [*hus*] *med* ~ ..facing north **-ländsk** *a* Norrland, ..of N. **-länning** Norrlander **-man** Norwegian **-sken** aurora borealis [lat.]; northern lights [pl.] **-sluttning** north[ern] slope **-streck** [på kompass] North point **-ut** *adv* [åt norr] northward[s], towards [the] north; [i norr] in the north, out north; *resa* ~ go (travel) north **-över** *adv, se norrut*
nors smelt
norsk *a* Norwegian **norska 1** [kvinna] Norwegian woman **2** [språk] Norwegian; [hist.] Norse. — *Jfr svenska* **norskfödd** *a* Norwegian-born; [för andra sms. *jfr äv. svensk-*]
nos 1 [zool.]: [om fyrfotadjur i allm. o. F 'näsa'] nose; [om häst, nötkreatur] muzzle; [om fisk, kräldjur] snout **2** [⊕ spets] nose **nosa** *itr* sniff, smell, *på ngt* [at] a th.
nos|grimma muzzle **-hörning** rhinoceros **-ig** *a* = *näsvis* **-kon** [på rymdraket] nose cone
1 not [fiske.] seine
2 not [mus. (~tecken), anmärkning] note; [fot~] footnote; ~*er* [nothäfte[n]] music [sg.]; *han var med på* ~*erna* [godkände] he fell in with the idea at once
nota 1 [räkning] bill; [isht H] account **2** [lista] list, *på* of
notariatavdelning [i bank] trust (trustee) department **notarie** [recording] clerk
noter|a *tr* [anteckna] note (take) down; [kon-

statera] note; [bokföra] enter, book; [uppge pris på] quote; [sport. o. friare]: [seger] register, record, [framgång, poäng] score **-ing** [-ande] noting down [osv.]; *en* ~ a note, an entry, a quotation, a record, [jfr föreg.]
nothylla music shelf
notis 1 [meddelande o. d.] notice, [i tidning äv.] paragraph, [kortare] [news-]item; [tillkännagivande] announcement **2** *inte ta* ~ *om* take no notice of **-jägare** news-hound
notorisk *a* notorious
not|papper music-paper **-ställ** music-stand **-tecken** [mus.] note
notvarp [fiske.] haul, draught
notväxling [polit.] exchange of notes
nougat [vit] nougat
novell short story
november November ([förk.] Nov.); *jfr april o. femte*
novis novice
nu I *adv* [m. tydlig tidsbet.]: [allm.] now; [vid det här laget] by now, by this time; ~ *genast* at once, immediately; ~ *gällande* [*priser*] ruling (current)..; *den* ~ *levande* [*generationen*] the present.., the..now living; ~ *då (när)* now that, [nu medan] now while; ~ *för tiden, se nuförtiden;* ~ *på* [*söndag*] this [coming]..; *ät* ~*!* [vädjande] do eat!; ~ *är det snart* [*jul*] ..will soon be here; ~ [(här) *kommer han*]*!* here..!; ~ *ringer det!* there goes the bell! **II** *s,* ~*et* the present [time]; *i detta* ~ at this moment; *leva i* ~*et* [för dagen] live for the moment (in the present)
nubb tack ([koll.] tacks [pl.]) **nubba** *tr,* ~ *fast* fasten.. down with tacks **nubbe** snaps [pl. lika]
nucka, [*gammal*] ~ old spinster
nudda *tr itr, se snudda*
nudel noodle
nuförtiden *adv* nowadays, these days; [*ungdomen*] ~ ..of today
nugat nougat
numer[**a**] *adv* [nu] now; *se nuförtiden; jfr nuvarande* [ex.]
numerisk *a* numerical **numerus** number
nummer [allm.] number; [om tidningsupplaga] issue; [sko- o. d.] size; [på program] item, [varieté-] turn **-byrå** [telef.] directory enquiry service **-lapp** [kölapp] queue ticket **-ordning** numerical order **-plåt** number ([amer. vanl.] license) plate **-skiva** [telef.] dial
numrer|a *tr* number; ~*d plats* [vanl.] reserved seat **-ing** numbering
nunna nun **nunnekloster** convent, nunnery
nutid, ~*en* [the] present times [pl.]; ~*ens* [*förhållanden* o. d.] ..of the present day (age); ~*ens* [*människor, ungdom*] ..of today
nutida *a* ..of today, today's; [modern] modern; [tidsenlig (attr.)] up-to-date **nutidsorientering** [ung.]: [upplysning] instruction in ([tävling] quiz on) contemporary life and events
nutria [zool. o. skinn] nutria
nuvarande *a* present; *förre kaptenen,* ~ *överste A.* Captain, now Colonel, A.
ny I *a* [allm.] new; [nutida, modern] modern; [hittills okänd] novel; [förnyad, färsk] fresh; [nyligen inträffad (utkommen) o.d.] recent; [ytterligare] further; *en* ~ [en annan] another [one]; *ett* ~*tt* [annat] *pappersark* a fresh sheet of paper; *den* ~*a generationen* the rising generation; ~*a krafter* renewed (new) strength; *en* ~ [*Napoleon*] a second..; *det* ~*a i* what is new in; *det är något* ~*tt* [(en ny erfarenhet) *för mig att* + inf.] it is a novel (a new) experience..; *vad* ~*tt?* what's the news?, any news?; *jfr ingenting, nyhet; på* ~*tt* once more; ~*are (*~*a) tiden* modern times [pl.]; *den* ~*aste* [senaste] *upplagan* the latest edition **II** *s,* [*månen är*] *i* ~ [tilltagande]..waxing
ny- *se nyanlagd, nyklippt* [betr. attr. o. pred. form]
ny|anlagd *a* **a)** [attr.] recently-built [osv., *jfr anlägga*], newly-built [osv.]; ..[that has [osv.] been] recently (newly) built [osv.] **b)** [pred.], ..*är* ~ ..has been recently (newly) built [osv.], ..has just been built [osv.] **-anländ** *a, se nykommen*
nyans shade, nuance [äv. bildl.] **-era** *tr* [eg.: avtona (färg)] shade off; nuance [äv. friare o. bildl.]
ny|anskaffning new purchase **-anställa** *tr,* ~ *25 man* [i fabrik] appoint (*jfr anställa 3)* 25 new hands **-anställd** *a* [attr.] newly-appointed; *jfr nyanlagd*
Nya Zeeland New Zealand
ny|bakad *a o.* **-bakt** *a* **1** [eg.] new, fresh **2** [bildl., om student: attr.] newly-fledged; *jfr nyanlagd* **-bildad** *a* [attr.] recently-formed; *jfr nyanlagd* **-bildning** new formation **-bliven** *a* [attr.], *en* ~ [*bilägare (mor)*] a person (a woman) who has recently (just) become a.. **-byggare** [allm.] settler **-byggd** *a* [attr.] recently-(newly-)built; *jfr nyanlagd* **-bygge 1** [hus under byggnad] house under construction, [färdigt] new building **2** [koloni] colony **-byggnad** *se nybygge 1* **-början** beginner, *i* at
nyck [hugskott, påfund] fancy; [infall] whim, caprice; [lynneskast] freak
nyckel key **-barn** latch-key child **-ben** collar-bone **-hål** keyhole **-knippa** bunch of keys **-piga** ladybird **-position** key position **-ring** key-ring
nyckfull *a* [allm.] capricious, [om pers. äv.] whimsical; [godtycklig] arbitrary **-het** capriciousness [osv.]
ny|emission, ~ *av aktier* new issue of shares **-fallen** *a,* ~ [*snö*] newly-fallen..

nyfiken *a* curious, *på* about; [neds.] prying; [ivrig] anxious **-het** curiosity; *väcka ngns* ~ arouse a p.'s curiosity; *av ren (brinna av)* ~ out of sheer (be burning with) curiosity

ny|född *a* [attr.] new-born **-förvärv** new (recent) acquisition **-förvärvad** *a* [attr.] newly-acquired (*jfr förvärva), jfr vid. nyanlagd* **-gift** *a* [attr.] newly-married, newly-wedded; *jfr nyanlagd; de* ~*a* the newly-married couple

nyhet 1 [något nytt, ny sak] novelty; [förändring] innovation; *äga* ~*ens behag* have the charm of novelty **2** [underrättelse], ~*[er]* news [sg.], [i tidning] news item[s]; *en [god]* ~ a piece of [good] news; *det var* [är] *en* ~ *för mig* that is new to me; *inga* ~*er är goda* ~*er* no news is good news

nyhets|byrå news agency **-förmedling** news-distribution, news-service **-material** news-matter **-sida** news page **-uppläsare** [i radio o. TV] newscaster **-[ut]sändning** [radio.] newscast

ny|inflyttad *a, i landet* ~*e [personer]* persons who have ([resp.] had) recently moved into the country; ~*e hyresgäster* new tenants **-inskriven** *a* [attr.]: [om elev, medlem o. d.] newly-enrolled, [om student vanl.] newly-registered; *jfr nyanlagd* **-klassicism** neo-classicism **-klippt** *a* [attr.]: [om hår] ..that has [osv.] just been cut (*jfr 1 klippa);* [om pers.] ..who has [osv.] just had his hair cut; [*håret*] *är* ~ ..has just been cut; *jag är* ~ I have just had my hair cut **-kokt** *a* [attr.] freshly-boiled; *jfr nyanlagd* **-komling** [allm.] newcomer, new arrival **-kommen** *a* [attr.] newly-(recently-)arrived (*jfr nyanlagd)*

nykter *a* sober [äv. bildl.], [måttlig] temperate **-het** sobriety, soberness; [avhållsamhet] temperance

nykterhets|förening temperance society **-rörelse** temperance movement

nykterist teetotaller **nyktra** *itr,* ~ *till* become sober

ny|köpt *a* [attr.] recently-(newly-)bought; *jfr nyanlagd;* [*hon var klädd i*] *en* ~ *hatt* .. a hat [she had] just bought **-lagad** *a* [attr., om mat] freshly-made, *jfr nyanlagd* **-lagd** *a* **1** [om ägg: attr.] new-laid **2** [om hår: attr.] ..that has [osv.] just been set

nyligen *adv* recently; [för kort tid sedan] lately; [kort dessförinnan] shortly before

nylon nylon **-strumpa** nylon stocking

nymf nymph

ny|modig *a* modern, [neds.] new-fangled **-modighet** modernity, [neds.] new-fangledness, [båda end. sg.] **-mor[g]nad** *a* [attr.: nyvaknad] newly-awakened [äv. bildl.]; *jfr nyanlagd* **-målad** *a* [attr.] freshly-painted, newly-painted; *jfr nyanlagd; Nymålat!* Wet Paint **-måne** new moon **-nazism** neo-Nazism

nynna *tr itr* hum, [*på*] *ngt* a th.

ny|odling [område] reclaimed land, [i skogsmark] clearing **-orientering** reorientation

nyp pinch **nyp|a I** *s* **1** [*hålla ngt*] *i* ~*n* .. in one's hand **2** *en* ~ [smula, t.ex. mjöl] a pinch of.., [frisk luft] a breath of..; *med en* ~ *salt* [bildl.] with a grain of salt **II** *tr* pinch, nip; *det* [kylan] *-er i skinnet* there is a nip in the air **nyp|as** *itr. dep, -s inte!* don't pinch [me]!

ny|permanentad *a, jag är* ~ I have just had a perm

nypon [frukt] rose hip; [buske] dog-rose

ny|premiär revival **-påstigen** *a, några -påstigna?* [järnv.] any more tickets, please? **-rekrytera** *tr,* ~ *folk* recruit new men

nyromantik neo-romanticism

nys, *få* ~ *om* get wind of

nysa *itr,* ~ [*till*] sneeze

ny|silver [koll. (föremål)] silver-plated articles [pl.]; [*detta är*] ~ ..silver-plated; [*skedar*] *av* ~ silver-plated.. **-skapa** *tr* [t.ex. *värden*] create new..; [omgestalta] recreate; ~*d* [attr.] newly-created **-skapande I** *s,* ~*t av* ..the creating of new.. **II** *a* [om t.ex. fantasi] creative **-skapare** innovator; *en* ~ *av* [*andliga värden*] a creator of new.. **-skapelse** new creation **-skriven** *a, en* ~ *dikt* a new poem

nys|ning [-ande] sneezing; *en* ~ a sneeze

ny|snö newly-fallen snow **-språklig** *a* modern-language..

nyspulver sneezing powder

nyss *adv, han anlände* ~ *(alldeles* ~*)* he arrived just now (only a moment ago); *han har (hade)* ~ *anlänt* he has (had) just arrived

nysta *tr* wind; ~ *av* unwind; ~ *upp* [*ett nystan*] unwind.. **nystan** ball

nystartad *a* [attr.] recently-started, *jfr nyanlagd*

ny|tecknad *a,* ~*e aktier* new shares **-teckning,** ~ *av aktier* subscription for new shares

nyter *a, pigg och* ~ bright and cheery

nytryck reprint

nytt [subst.] *se ny I*

nytta *s* use, good, [fördel] advantage, [varaktig ~] benefit, [vinst] profit; *dra* ~ *av* [*ngt*] benefit (profit) by..; *förena* ~ *med nöje* combine business with pleasure; [*kan jag*] *göra någon* ~*?* ..be of [any] help?; *göra någon* ~ get something done; [*medicinen*] *gör* ~ ..does some good; *vara ngn till stor* ~ be of great use to a p.

nyttig *a* [allm.] useful, [till nytta] ..of use; [hälsosam] wholesome, good **-het** usefulness [end. sg.]; utility [äv. konkr.]

nyttja *tr, se använda 1—2*

nytto|betonad *a* utilitarian, utility.. **-föremål** article for everyday use **-trafik** commercial traffic

ny|utexaminerad *a* [attr.] ..who has just passed his examination **-utkommen** *a, en ~ [bok]* a recent.. **-val** new election **-värdesförsäkring** reinstatement value insurance **-zeeländare** New Zealander

nyår new year; [ss. helg] New Year

nyårs|afton, ~[*en*] New Year's Eve; *jfr julafton* **-dag,** ~[*en*] New Year's Day; *jfr juldag 1* **-löfte** New Year resolution **-vaka,** *hålla ~* see the New Year in

1 nå *itj* [allm.] well!; [överraskning] oh!

2 nå I *tr* reach; [uppnå] attain, [m. viss ansträngning] achieve; *~ sitt slut* come to an end; *han ~ddes av underrättelsen* the news reached him; *jag kan ~s per telefon (på nummer..)* I can be reached by phone (you will find me at number..) **II** *itr* reach; [*kanondånet*] *~dde långt* ..carried far; *han ~r mig till axeln* he comes up to my shoulder; [*gardinen*] *~r till (ned till) golvet* ..reaches (goes) down to the floor

nåd 1 [isht relig.] grace; [barmhärtighet] mercy; [ynnest] favour; *få ~* be pardoned ([om dödsdömd] reprieved); *låta ~ gå före rätt* temper justice with mercy; *söka ~* sue for mercy (pardon); *ge sig på ~ och onåd* surrender unconditionally; *leva på ~er hos ngn* live on a p.'s charity **2** [titel], *Ers ~* [hist.] Your Grace

nådatid grace, respite

nåde *tr* [pres. konjv], *Gud ~ dig, om du..* God help you if you..

nåde|ansökan petition for mercy **-gåva** gift of grace **-stöt,** *ge ngn ~en* put a p. out of his misery

nådig *a* [allm.] gracious, [barmhärtig] merciful; [nedlåtande] condescending

någ|on *(något, några) obest. pron* **a)** ['en eller annan', 'en viss' o. d.] some, some|body, -one, ['en (ett)'] one, a, an, ['ett visst [mått]' o. d.] some, something, ['somliga', 'några stycken' o. d.] some, ['några få'] a few; [samtl. isht i satser m. jak. grundmening] **b)** ['någon (osv.) alls', 'någon (osv.) överhuvudtaget'] any, any|body, -one, -thing, ['en (ett)'] a, an, one; [samtl. isht i nek., fråg. o. villkorliga satser] **c)** *någon (något)* [av två] = *någondera.—Se äv. annan 2—4, annanstans, 2 vart; inte ~, jfr äv. ingen*

A *någon (något)* **I** [fören. (framför subst. adj. o. d. *se III)*]: **a)** some, ['en (ett)'] a, an **b)** any, ['en (ett)'] a, an

[Ex.]: *har du ~* [en] *cigarrett?* have you a cigarette?; *om det skall bli till ~ nytta* if it is to be of any ([åtminstone någon] some) use; *om ~* [ungefär en] *vecka* in about a week

II [med underförstått huvudord samt följt av partitivt prep.-attr. med 'av']: **a)** one; *något av* ['någon del av' vanl.] some of **b)** any, ['en (ett)'] one

[Ex.]: [*har du någon cigarrett?*] — a) [*Ja, jag tror*] *jag har ~ här* ..I have one here b) [*Nej, jag tror inte*] *jag har ~ kvar* ..I have any (one) left; [*varje kväll är det dans på*] *-ot av de större hotellen* ..one [or other] of the big hotels; [*därmed har beviset förlorat*] *-ot* [någon del] *av sin kraft* ..some (something) of its force; *har ~ av pojkarna* [*gått*]? have any of the boys..?; *inte för att han trodde på -ot av vad* [*hon sade*] not that he believed a thing (anything) of what..

III [utan underförstått huvudord el. följt av subst. adj. el. självst. pron.]: *någon* **a)** somebody, someone **b)** anybody, anyone; *något* **a)** something **b)** anything

[Ex.]: *om ~ söker mig* if anybody ([någon viss person] somebody) calls; *om man inte har -ot* [*att säga*] if you haven't got anything..; *jag har -ot viktigt* [*att säga*] I have something important..; [*han vägrade*], *-ot som* [vilket] *förvånade mig* ..which astonished me; *det är -ot som jag* [*aldrig har gjort*] that's something I..

B *några:* **a)** some, ['några människor' vanl.] some people, ['några få'] a few **b)** any, ['några människor alls' vanl.] any people

[Ex.]: *-ra* [*bananer*] *hade han inte* he hadn't got any..; *för -ra* [*få*] *dagar sedan* a few days ago; *-ra av pojkarna kunde* [*inte*] *simma* some of the boys could [not] swim

någon|dera *(något-) obest. pron* [av två vanl.] either; [*från*] *~ sidan* ..either side; *~* [*av er*] [*måste ha sagt det*] one of you..; *har ~ av er* [*sett filmen*]*?* have (has) either ([om flera än två] have any) of you..?; *inte ~, se äv. ingendera* **-sin** *adv* ever; *aldrig ~* never **-stans** *adv o.* **-städes** *adv* [oftast] somewhere [resp.] anywhere; *var ~* where[-abouts] **-ting** *obest. pron* [oftast] something [resp.] anything; *se någon A II o. III* **-vart** *adv, se 2 vart* [ex.]

någorlunda I *adv* fairly, pretty; [*hur mår du?*] — *Jo, ~!* ..Not too bad (Fairly well), thank you! **II** *a* fairly [etc.] good **något I** *obest. pron, se någon A* **II** *adv* [en smula] somewhat, a little, slightly, F a bit, [känslobet.] rather **någotsånär** *adv, se någorlunda* **några** *obest. pron, se någon B*

nål [allm.] needle, [grammofon~ vanl.] stylus; [hår~, knapp~] pin; *sitta som på ~ar* be on pins and needles **nåla** *tr, ~ fast ngt [på (vid)..]* pin a th. on [to..] **nålpengar** *pl* pin-money [sg.] **nålsöga** eye of a ([resp.] the) needle

nåt [⊕ o. ⚓] seam

nåväl *itj* [nå] well!; [då så] all right!

näbb bill, beak; *försvara sig med ~ar och*

klor defend oneself tooth and nail **-gädda 1** [zool.] garfish **2** [bildl.] saucy girl (thing) **-mus** shrew[-mouse]
näckros water-lily
näktergal nightingale
nämligen *adv* **1** [förklarande]: [ty] for, [eftersom] since, [emedan] as; [ser ni] you see; [ofta oöversatt]; *det är* ~ *så (saken är* ~ *den), att*.. the fact [, you see,] is that.. **2** [framför uppräkning el. ss. närmare upplysning om just begagnat ord el. uttryck] namely, [i skrift ofta] viz.; [*bara en man ansågs lämplig*], ~ *X*. .., and that was X.
nämn|a *tr* [omnämna] mention; [säga] say; [uppge] state; *ingen -d och ingen glömd* all included **-are** [mat.] denominator
nämnd [jur. ung.] panel of lay assessors; [utskott] committee, [kommission] commission **nämndeman** [ung.] lay assessor
nämnvärd *a, ingen* ~..no..to speak of (worth mentioning)
nännas *itr. dep* have the heart to [inf.]
näpen *a* nice [äv. iron.], pretty, sweet
näppe, *med nöd och* ~, *se* [*med*] *knapp* [*nöd*] **-ligen** *adv* hardly, scarcely
1 när I *konj* **1** [tempor.] when [osv.], *se då II 1* **2** [kausal] *se då II 2* **II** *adv* **1** [interr.] when; [hur dags] at what time **2** ~ *som helst, se helst I 2*
2 när *adv* [bildl.], *göra ngn för* ~ hurt a p.; *han är inte på långt* ~ [*så rik som jag*] he is nowhere near..; [*alla var närvarande*] *så* ~ *som på två*..but (except) two; *så* ~ [nästan] almost, nearly
1 nära I *a* [allm.] near; [fysisk närhet el. förtrolighet] close; [omedelbar] immediate; *i (inom) en* ~ *framtid* in the near (immediate) future **II** *adv* (i bet. *1* ibl. prep.) **1** [allm.] near, [helt nära] close to; [t. ex. besläktad] nearly, closely; [*hon var*] ~ *döden* ..near [to] death; *hon har* ~ *till tårar* she is always ready to cry; ~ *till hands, se närliggande* [ex.]; *stå någon* ~ be very near (close) to a p.; *jag var* ~ *att falla* I nearly (almost) fell; *jag var* ~ *att säga* [*allt*] I was on the point of telling..; [*julen*] *är* ~ ..is approaching (at hand) **2** [nästan, närapå] almost, nearly
2 när|a *tr* **1** [föda] give nourishment to, feed; [underhålla] support; [t. ex. sin fantasi] nourish; [underblåsa] foment **2** *se hysa 2* **-ande** *a* nourishing
när|belägen *a* ..[situated] near (close) by; adjacent.. **-besläktad** *a* ..closely related (akin) **-bild** close-up **-gången** *a* [näsvis, fräck] impertinent; [fräckt nyfiken] inquisitive; [indiskret] indiscreet; *vara* ~ *mot* take liberties with, annoy **-gångenhet** impertinence; inquisitiveness; indiscretion
närhelst *konj* whenever
närhet 1 [grannskap, trakt] neighbourhood, vicinity **2** [abstr.] nearness
närig *a* [snål] stingy; [girig] grasping
näring 1 [föda] nourishment [äv. bildl.], food; *ge* ~ *åt* [t. ex. ngns förhoppningar] incite, stimulate, [t. ex. ett rykte] lend support to **2** [näringsfång] industry
närings|frihet freedom of trade **-gren** branch of business, industry **-liv** [trade and] industry **-rik** *a* nutritious, ..of high food value **-värde** nutritive (food) value **-ämne** nutritive substance
närliggande *a* **1** [eg.] *se närbelägen* **2** [bildl.], *en* ~ [*lösning*] a..that lies near at hand, an obvious..
närm|a I *tr* bring..nearer (closer) [båda äv. bildl.] **II** *rfl* [allm.] approach; [bildl. gränsa till] border on; ~ *sig 40 år* be getting on for forty; [*mitt arbete*] ~*r sig slutet*..is drawing to[wards] an (its) end **-ande,** ~*n* advances; *ett* ~ [*mellan partierna*] a rapprochement [fr.]..
närmare I *a* nearer; [bildl.]: [om t. ex. bekantskap] closer, [om t. ex. beskrivning] more detailed ([t. ex. undersökning] thorough); [ytterligare] further; *vid* ~ *granskning* on [a] closer examination; ~ [ingående] *kännedom om* an intimate knowledge of **II** *adv* (i bet. *3* äv. *prep.)* **1** [allm.] nearer, [stark.] closer; [bildl. äv.]: [t. ex. granska] more closely, [t. ex. beskriva] more exactly; ~ *bestämt* more exactly, to be precise; *gå* ~ *in på saken* go into [greater] detail; *ta* ~ *reda på ngt* find out more about a th.; [*jag har*] *tänkt* ~ *på saken*..thought the matter over **2** [inemot] close [up]on, [nästan] nearly **3** [prep.] nearer [to], closer to
närmast I *a* nearest; [omedelbar] immediate; [om t. ex. vän] closest; [närmast i ordningen] next; *under de* ~*e (de två* ~*e)* [*dagarna*] during the next few (two)..; *under de* ~*e dagarna efter*.. during the days immediately after..; *inom den* ~*e* [*fram*]*tiden* in the immediate (near) future; *hans* ~*e släktingar* his nearest relations; *mina* ~*e* those nearest to me, my people; *i det* ~*e* almost, nearly **II** *adv* (i bet. *3* äv. *prep.*) **1** [allm.] nearest, [stark.] closest; [bildl., t. ex. ~ berörd] most closely; [närmast i ordningen] next; *tiden* ~ [omedelbart] *före* [*kriget*] the time immediately before..; *var och en är sig själv* ~ every man for himself; *den* ~ *sörjande* the chief mourner **2** [först [och främst]] first of all, in the first place; [i det närmaste] almost **3** [prep.] nearest [to], closest ([resp.] next) to
när|sluta *tr* enclose **-stående** *a* close, intimate **-synt** *a* [eg.] short-sighted **-synthet** short-sightedness **-trafik** [järnv.] suburban services [pl.] **-vara** *itr,* ~ *vid* be present at,

[bevista äv.] attend **-varande** *a* **1** [tillstädes] present; [jfr föreg.]; *de* ~ those present **2** [nuvarande] present; *för* ~ for the present (time being), at present **-varo** presence; *i gästernas* ~ before the guests

näs [landremsa] isthmus, [mindre] neck of land; [udde] foreland

näs|a nose [äv. bildl.]; *stå där med lång* ~ [bli snopen] be pulling a long face; *ha [fin]* ~ *för* [bildl.] have a nose for; *lägga sin* ~ *i, se blanda [sig i]; räcka lång* ~ *åt* cock a snook at; *sätta* ~*n i vädret* [bildl.] put on airs; *tala i* ~*n* talk through one's nose; *stå på* ~*n* [ramla] fall on one's face; *dra ngn vid* ~*n* lead a p. by the nose **-ben** nasal bone **-blod,** *jag blöder* ~ my nose is bleeding **-borr[e]** nostril **-bränna,** *få sig en* ~ get a telling-off **-duk** handkerchief **-rot** [anat.] root of the nose

nässel|feber nettle-rash **-fjäril** small tortoise-shell [butterfly]

nässla nettle

näst I *adv* [allm.] next; *den* ~ [*bästa*] the second..; *den* ~ [*sista*] the..but one **II** *prep* after, next to

1 nästa I *a* next; ~ [*dag*]: [nu följande] next.., [påföljande] the next (following).. **II** *s* neighbour

2 nästa *tr,* ~ *fast* stitch on

nästan *adv* [allm.] almost; [stark.] all but; [praktiskt taget] practically; ~ *aldrig* hardly ever; ~ *ingen mjölk (ingenting)* [*fanns kvar*] hardly any milk (anything)..; ~ *ingen* [självst. om pers.] practically nobody; *jag kan* ~ *inte* [*tro det*] I can hardly..; *det är* ~ [*25 grader*] it is almost (nearly)..

näste nest; [rovfågels] aerie

nästipp tip of the ([resp.] one's) nose

nästla *rfl,* ~ *sig in hos ngn* ingratiate oneself with a p.

näsvis *a* cheeky, saucy, pert, impertinent **-het** cheekiness [osv.], impertinence

nät [allm.] net; [spindels] web; [metalltråds~] wire netting [end. sg.]; [nätverk] network; [elektr.] mains [pl.] **-ansluten** *a* [elektr.] mains-operated **-hinna** [anat.] retina; *ha [en bild] på* ~*n* [bildl.] have..before one's eyes

nätt I *a* **1** [söt] pretty, nice, [fin o. nätt] dainty, [prydlig] neat, [småelegant] dapper; *en* ~ *summa* [iron.] a tidy sum **2** [knapp] scanty **II** *adv* prettily [osv.]; [*jfr I 1* ovan]; ~ *och jämnt* barely, only just; *jfr [en] knapp* [liter] *o. [med] knapp [nöd]*; ~ *opp* [precis] just [about]

nätverk [bildl.] network

näve fist; *en* ~ [*salt*] a handful (fistful) of..; *slå* ~*n i bordet* bang one's fist on the table

näver birch-bark

nöd [nödvändighet] necessity, [nödställd belägenhet] distress; [behov, brist] need, [svag.] want; [armod] destitution; ~*en har ingen lag* necessity knows no law; *det går ingen* ~ *på honom* he has nothing to complain of; *lida* ~ be in want (need); *i* ~ *och lust* for better [or] for worse; *med* ~ *och näppe, se [med] knapp [nöd]*

nöd|bedd *a, vara* ~ require pressing **-broms** emergency brake

nödfall, *i* ~ if necessary; *i yttersta* ~ [*får vi*] if the worst comes to the worst..

nödfallsutväg emergency ([tillfällig] temporary) expedient

nödflagg flag of distress

nödga *tr* [tvinga] compel **nödgas** *itr. dep* be compelled to [inf.], have to [inf.]

nödhamn, *söka* ~ put into a port of refuge

nödhjälpsarbete relief work

nödig *a* [behövlig] ..required

nöd|landa *itr* force-land **-landning** emergency landing **-lidande** *a* necessitous; [utarmad] destitute; *de* ~ those in want **-läge** distress **-lögn** white lie **-mynt** emergency coin ([koll.] money) **-rop** cry of distress ([rop på hjälp] for help); [*han klarade sig*] *med ett* ~ ..by the skin of his teeth **-saka** *tr, se sig* ~*d att* [inf.] find oneself compelled to [inf.] **-signal** distress signal; [per radio] SOS **-ställd** *a, de* ~*a* those in distress **-torft,** *livets* ~ the necessaries [pl.] of life **-torftig** *a* scanty, meagre **-tvång,** [*göra ngt*] *av* ~ ..out of necessity

nödvändig *a* [allm.] necessary, [väsentlig] essential **nödvändiggöra** *tr* necessitate, make..necessary **nödvändighet** necessity **nödvändighetsvara** necessary article

nöd|värn self-defence **-år** year of famine

nöj|a *rfl,* ~ *sig med* be satisfied (content) with; *han -de sig med* [inskränkte sig till] *att gå* he confined himself to going **nöjaktig** *a* satisfactory **nöjd** *a* [tillfredsställd] satisfied; [förnöjd, mots. besviken] content; [belåten] pleased **nöje 1** [glädje] pleasure, [stark.] delight, joy; *mycket* ~*!* have a good time!; *jag har* ~*t att känna* [*din bror*] I have the pleasure of knowing..; *för* ~*s skull* for fun **2** [förströelse] amusement

nöjes|fält amusement park **-liv** [underhållning] [public] entertainments **-lysten** *a* ..fond of amusement **-läsning** light reading **-resa** pleasure-trip **-skatt** entertainment tax

nöjsam *a, se rolig*

nöt [bot.] nut [äv. bildl.]

nöta *tr itr,* ~ [*på*] wear, [gm tummande] rub, [kläder] wear out; ~*s* get worn [osv.]; *tyget tål att* ~ *på* the cloth will stand wear; ~ *av (ut)* wear off (out); ~ *in* [*en läxa*] drill..in

nötboskap [neat] cattle [pl.]

nöthårsmatta cowhair carpet
nötknäppare nutcrackers [pl.]; *en* ~ a pair of nutcrackers
nöt|kreatur *pl* [neat] cattle; *fem* ~ five head of cattle **-kött** beef
nötning wearing [osv.]; [stark.] wear
nöt|skal nutshell **-skrika** jay
nött *a* worn, [om bokband o. d.] rubbed; [bildl.] hackneyed
nötväcka nuthatch

O

o *itj* oh!; ~ *ve!* alas!
oaktat I *prep* notwithstanding **II** *konj* [al]though
o|aktsam *a* careless **-aktsamhet** carelessness **-anad** *a* unsuspected **-angenäm** *a* unpleasant, disagreeable **-angriplig** *a* unassailable **-anmäld** *a* unannounced **-ansenlig** *a* [allm.] insignificant, inconsiderable; [om t. ex. lön] modest, [om t. ex. stuga] humble; [om utseende] plain **-ansenlighet** insignificance, modesty; humbleness [etc.] **-anskaffbar** *a* unobtainable **-anständig** *a* [allm.] indecent **-anständighet** indecency **-ansvarig** *a* irresponsible **-ansvarighet** irresponsibility **-antagbar** *a o.* **-antaglig** *a* unacceptable, inadmissible **-antastlig** *a, se oangriplig;* [okränkbar] inviolable **-anträffbar** *a* unavailable; *han har varit* ~ [*hela dagen*] I (we [osv.]) have been unable to get hold of him.. **-använd** *a* unused; [om kapital o.d.] idle **-användbar** *a* useless; [ej tillämplig] inapplicable
o|aptitlig *a* unappetizing **-artig** *a* impolite **-artighet** impoliteness [end. sg.] **-artikulerad** *a* [otydlig] inarticulate
oas oasis [pl. oases]
o|avbruten *a* uninterrupted, continuous **-avgjord** *a* undecided; *en* ~ *match* a draw **-avgjort** *adv, sluta* ~ end in a draw; *spela* ~ draw **-avhängig** *a* independent **-avhängighet** independence **-avkortad** *a* [eg.] unshortened; [om upplaga o. d.] unabridged; [om lön, semester] unreduced **-avlönad** *a* unpaid **-avsett** *prep* [oberoende av] irrespective of, [frånsett] apart from; ~ *vilka de är* no matter who they are; ~ *om han kommer eller inte* whether he comes or no[t] **-avsiktlig** *a* unintentional **-avslutad** *a* unfinished, uncompleted **-avsättlig** *a* irremovable **-avvislig** *a, ett* ~*t krav* a claim that cannot be refused
o|balanserad *a* unbalanced **-barmhärtig** *a* merciless, [skoningslös] relentless **-barmhärtighet** mercilessness [osv.]
obducera *tr* perform a post-mortem on
obduktion post-mortem
o|beaktad *a* unnoticed; *lämna* ~ disregard **-bearbetad** *a* [om råvaror] raw, [om t. ex. malm, gruva] unworked **-bebodd** *a* uninhabited **-beboelig** *a* uninhabitable **-bebyggd** *a,* ~ *trakt* undeveloped ([obefolkad] uninhabited) area **-befintlig** *a* [om sak] non-existent **-befläckad** *a* [ren] immaculate; [om namn, rykte] unsullied **-befogad** *a* [oberättigad] unwarranted; [grundlös] unfounded **-befolkad** *a* uninhabited **-begagnad** *a* unused; *så gott som* ~ as good as new **-begriplig** *a* incomprehensible, [otydbar] unintelligible, [ofattbar] inconceivable, [oförklarlig] inexplicable **-begriplighet** incomprehensibility [etc.; end. sg.] **-begränsad** *a* unlimited **-begåvad** *a* unintelligent
o|behag [olust] discomfort; [förtret] annoyance; [besvär] trouble; *få* ~ [besvärligheter] get into trouble; *känna* ~ feel ill at ease **-behaglig** *a* [allm.] disagreeable; unpleasant; [otrevlig] nasty; [besvärlig] annoying; [om situation] awkward; ~ *till mods* ill at ease **-behaglighet** disagreeableness [etc.; end. sg.] **-behindrat** *adv* unimpededly; *röra sig* ~ move freely; *tala ett språk* ~ speak a language fluently **-behärskad** *a* [om språk, uppträdande o. d.] uncontrolled; [om person] ..lacking in self-control **-behörig** *a* [allm.] unauthorized; ~*a äga ej tillträde* no admittance **-behövlig** *a* unnecessary
o|bekant I *a* **1** [okänd] unknown, *för* to **2** [med ngn (ngt)] unacquainted, unfamiliar, *med* with; [okunnig] ignorant, *med* of **II** *subst. a* [pers.] stranger **-bekräftad** *a* unconfirmed **-bekväm** *a* [allm.] uncomfortable; [oläglig] inconvenient; ~ *arbetstid* inconvenient working hours **-bekymrad** *a* unconcerned, *om, för* about **-belevad** *a* [ohyfsad] ill-mannered; [oartig] impolite
o|bemannad *a* [om t. ex. raket] unmanned; [om fyr, järnvägsstation o. d.] unattended **-bemedlad** *a* ..without means **-bemärkt** *a* unnoticed; [ringa] humble **-bemärkthet** obscurity **-benägen** *a* [ohågad] disinclined, *för* for; [ovillig] unwilling **-benämnd** *a* [mat.] indenominate **-beroende I** *s* independence **II** *a* independent, *av* of **III** *adv,* ~ *av* independent[ly] of; ~ *av om, se oavsett* [ex.] **-beräknad** *a* [oförutsedd] unforeseen **-beräknelig** *a* [omöjlig att förutsäga] unpredictable; [omöjlig att beräkna] incalculable **-berättigad** *a* [orättvis] unjustified; [grundlös] groundless
o|berörd *a* [bildl.] unmoved, *av* by; [likgiltig] indifferent, *av* to **-besatt** *a* unoccupied; [ledig] vacant **-besegrad** *a* unconquered; [isht sport.] undefeated **-beskrivlig** *a* indescribable, [outsäglig] inexpressible **-beslutsam** *a* irresolute **-beslutsamhet** irresoluteness, irresolution **-besmittad** *a* untainted
o|bestiglig *a* unclimbable **-bestridd** *a* undisputed **-bestridlig** *a* indisputable, [om t. ex. argument] unanswerable **-bestyrkt** *a* unverified; [om avskrift] unattested **-bestånd,** *komma på* ~ become insolvent

-bestämbar *a* [om sak] indeterminable; [om känsla o. d.] indefinable **-bestämd** *a* **1** [icke fastställd] indefinite; [oavgjord] undecided; [obeslutsam] indecisive; [oklar] vague, [om känsla] undefined; *uppskjuta ngt på ~ tid* postpone a th. indefinitely **2** [gram.] indefinite **-beständig** *a* [ostadig] inconstant; [ombytlig] changeable; *lyckan är ~* fortune is fickle **-besvarad** *a* unanswered, [om hälsning] unreturned; *~ kärlek* unrequited love **-besvärad** *a* [ostörd] undisturbed; [otvungen] unconstrained, [nonchalant] free and easy

o|betalbar *a* **1** [ovärderlig] invaluable **2** [dråplig] priceless **-betald** *a* unpaid **-betingad** *a* [ovillkorlig] unconditional; [oinskränkt] absolute; *svara ett obetingat nej* give an unqualified no in reply **-betonad** *a* unstressed **-betvinglig** *a* invincible; [oemotståndlig] irresistible **-betydlig** *a* [allm.] insignificant; [bagatellartad] trifling; [ringa] slight; [liten] small **-betydlighet** insignificance [end. sg.]; [bagatell] trifle **-betänksam** *a* [tanklös] thoughtless, inconsiderate **-betänksamhet** thoughtlessness **-bevakad** *a* unguarded **-bevandrad** *a, ~ i* unconversant (unfamiliar) with **-beveklig** *a* inexorable, implacable, relentless **-bevisad** *a* unproved **-bevittnad** *a* unwitnessed; [om namnteckning] unattested **-beväpnad** *a* unarmed **-bildad** *a* [olärd] uneducated; [okultiverad] uncultured; [ohyfsad] ill-bred **-bildbar** *a* uneducable

objekt object **objektiv I** *s* [vanl., kamera~ o. d.] lens; [opt.] objective **II** *a* [allm.] objective **objektivitet** objectivity, objectiveness **objektsform** objective form

o|bjuden *a* uninvited, unasked, unbidden **-blandad** *a* [eg. o. bildl.] unmixed; [oförfalskad] unadulterated; [outspädd, om drycker] neat

oblat [kyrkl.] [sacramental] wafer

o|blekt *a* unbleached **-blid** *a* [ogunstig] unpropitious; *se ngt med ~a ögon* regard a th. with disfavour **-blidkelig** *a* [obeveklig] inexorable, [oförsonlig] unappeasable

obligation H bond

obligatorisk *a* compulsory

o|blodig *a* [om statskupp o. d.] bloodless; [om offer] unbloody **-blyg** *a* unblushing; *~a priser* shameless prices

oboe [mus.] oboe

o|borstad *a* [eg.] unbrushed, [om skor] uncleaned; [ohyfsad] rough **-botfärdig** *a* impenitent **-botlig** *a* [allm.] incurable; [om skada] irreparable **-brottslig** *a* [om trohet, lydnad] unswerving, [om löfte] inviolable, [om tystnad, neutralitet] strict **-brukbar** *a* unusable **-bruklig** *a* ..[[attr.] that is [osv.]] no longer in use **-bruten** *a* [allm.] unbroken; [om brev] unopened; [om serie] uninterrupted

obs. *o.* **obs!** [förk.] Note, N.B.

obscen *a* obscene **-itet** obscenity

observation observation **observator** [vid observatorium] astronomer **observatorium** observatory **observera** *tr* observe, note, [lägga märke till] notice, [betrakta] watch

obskyr *a* [föga känd] obscure; ['skum'] shady, dubious

obstinat *a* obstinate, stubborn

o|bygd wilderness [sg.], wilds [pl.] **-bäddad** *a* [om säng] unmade **-böjlig** *a* inflexible; [gram.] indeclinable **-bönhörlig** *a* inexorable

ocean ocean, [bildl. äv.] sea **oceanografi** oceanography **oceanångare** [ocean] liner

ocensurerad *a* uncensored

och *konj* and; *~ dylikt, se dylik; ~ så vidare* ([förk.] *osv.)* and so on, and so forth, et cetera ([förk.] etc.); *~ inte heller, se ex. under heller;* [*de gick*] *två ~ två* ..two by two; [*sex meter*] *lång ~ tre meter bred* ..long by three metres wide; *han satt ~ läste en bok* he was (sat) reading a book

ociviliserad *a* uncivilized

ock *adv* also, ..too; *jfr också*

ocker usury, [med varor] profiteering **-hyra** exorbitant rent **-pris** exorbitant price **-ränta** extortionate [rate of] interest

ockr|a *itr* practise usury, profiteer **-are** usurer, money-lender

också *adv* also, ..too, ..as well, [till och med] even; *eller ~* or else; *om ~* even if (though); *..och det gjorde* [beton.] *han ~* ..and so he did; *..och det gjorde han* [beton.] *~* ..and so did he

ockupation occupation **ockupationsmakt** occupying power **ockupationstrupper** *pl* occupation troops **ockupera** *tr* occupy

o. d. [förk.] *se dylik*

odaterad *a* undated

odds odds [pl.]

ode ode

o|definierbar *a* indefinable **-delad** *a* [eg. o. bildl.] undivided; [allmän] universal; [hel] whole; entire; [om bifall] unqualified **-delbar** *a* indivisible **-diplomatisk** *a* undiplomatic **-disciplinerad** *a* undisciplined **-djur** monster

odla *tr* [bruka] cultivate [äv. bildl.]; [frambringa] grow, raise; *~de pärlor* culture[d] pearls; *~ upp ny mark* break new soil **odlare** cultivator, grower, planter **odling** [odlande] cultivation [äv. bildl.]; [av t. ex. grönsaker] growing; [område] plantation; [*andlig*] *~* [kultur] culture **odlingsbar** *a* cultivable

odontologi odontology **odontologie** *a* ..of dental surgery ([förk.] D.S.); *~ studerande* dental surgery student; *jfr teologie*

o|drickbar *a* undrinkable **-dryg** *a* uneconomical **-dräglig** *a* [olidlig] unbearable; *en ~ människa* a[n awful] bore **-duglig** *a* [inkompetent] incompetent, unqualified, [olämplig] unfit[ed], *till* for; incapable, *till* [t. ex. arbete] of; [om sak] useless **-duglighet** incompetence, incapability, unfitness [etc.] **-dygd** [ofog] mischief; [spratt] pranks, tricks [båda pl.] **-dygdig** *a* mischievous, naughty **-dåga** good-for-nothing
odödlig *a* immortal **-göra** *tr* immortalize **-het** immortality
odöpt *a* unbaptized, [utan namn] unchristened
odör bad (nasty) smell (odour)
o|efterhärmlig *a* inimitable **-efterrättlig** *a* [oförbätterlig] incorrigible; [oresonlig] unreasonable; [om förhållanden] insufferable **-egennyttig** *a* disinterested, unselfish **-egentlig** *a* [oriktig, olämplig] improper **-ekonomisk** *a* uneconomic[al] **-emotståndlig** *a* [allm.] irresistible; [överväldigande] overwhelming **-emottaglig** *a* insusceptible, unsusceptible, *för* to **-enig** *a* divided, disunited; *ss. pred. se äv. oense* **-enighet** disunity, disunion, [tvedräkt] dissension, [tvist] quarrel, dispute **-ense** *a, bli ~* disagree, [osams] fall out, *med* with; *vara ~* disagree, differ, *om* about
o|erfaren *a* [allm.] inexperienced, [oövad] unpractised, *i* in **-erhörd** *a* **1** [enastående] unprecedented **2** [allm. förstärkande] enormous, tremendous, immense, F awful, terrific; [ytterlig, t. ex. noggrannhet] extreme **-ersättlig** *a* irreplaceable; [om förlust o. d.] irreparable
o|fantlig *a, se oerhörd 2* **-farbar** *a* [om väg] impassable; [om farvatten] unnavigable **-farlig** *a* [allm. (pred.)] not dangerous; [om t. ex. pers. o. djur äv. (samt om t. ex. kritik, nöje)] harmless, [riskfri] riskless; *en ~ drog* a harmless (an innocuous) drug **-fattbar** *a* incomprehensible, inconceivable, *för* to **-felbar** *a* [felfri] infallible
offensiv *s o. a* offensive
offentlig *a* [allm.] public; [officiell] offical **-göra** *tr* announce, make . . public, [i tryck] publish **-het** [allmän kännedom] publicity; *~en* [allmänheten] the [general] public
offer [relig.: gåva] sacrifice; [uppoffring] sacrifice; [byte, rov] victim, prey; [i krig, olyckshändelse] victim, casualty; *falla ~ för* fall a victim (a prey) to; *trafiken krävde många ~* the road toll was heavy **-lamm** sacrificial lamb
offert H offer, *på* [vid försäljn.] of, [vid köp] for; *lämna en ~* make (submit) an offer
offervilja spirit of self-sacrifice
officer officer, *i* in, *vid* of **officerskår** officers [pl.]
offici|ant officiating clergyman **-ell** *a* official **-era** *itr* officiate
offra I *tr* [relig.] sacrifice, offer [up]; [uppoffra] sacrifice; [satsa] spend; [ägna] devote, *på* to; *~ sitt liv* give (lay down) one's life **II** *rfl* sacrifice oneself, *för* for
offset offset **-tryck** [metod] offset [printing]; *ett ~* an offset [print]
offside *s o. a o. adv* offside
o|fin *a* [taktlös] indelicate, [ohyfsad] ill-mannered, rude, [grov] coarse **-fodrad** *a* unlined **-fog** [pojkstreck, bus] mischief, prank, trick; [oskick] nuisance **-formlig** *a* [formlös] formless, shapeless, [vanskaplig] deformed, [mycket fet] enormously fat **-framkomlig** *a* [om väg] impassable [äv. bildl.] **-frankerad** *a* [om brev] unstamped, unpaid **-freda** *tr* [antasta] molest **-frivillig** *a* involuntary **-fruktbar** *a* [om t. ex. jord] barren, infertile, sterile [äv. bildl.]; [fåfäng, onyttig] unfruitful **-fruktsam** *a* barren, sterile **-frånkomlig** *a* [oundviklig] inevitable **-frälse** *a, de ~ stånden* the commoner estates
ofta *adv* [allm.] often; [upprepade gånger] frequently; *så ~ jag ser honom* whenever (every time) I see him; *allt som ~st* every now and then
o|fullbordad *a* unfinished, uncompleted **-fullgången** *a* [om foster] abortive **-fullkomlig** *a* imperfect **-fullständig** *a* [allm.] incomplete, [bristfällig] imperfect, defective **-färd** [olycka] misfortune; [fördärv] destruction, ruin **-färdstid**, *i ~er* in times of misfortune **-färdig** *a* [lytt] crippled, disabled, [halt] lame **-färgad** *a* [om t. ex. glas] uncoloured; [om t. ex. tyg] undyed; [om skokräm] neutral **-förarglig** *a* harmless, inoffensive **-förbehållsam** *a* [reservationslös] unreserved, [öppenhjärtig] frank, open **-förberedd** *a* unprepared **-förberett** *adv* unpreparedly; [oväntat] unexpectedly **-förbätterlig** *a* incorrigible **-fördelaktig** *a* [allm.] disadvantageous, unfavourable; [om affär] unprofitable; [om utseende] unprepossessing; **-fördragsam** *a* intolerant, *mot* towards, of **-fördröjligen** *adv* without delay, immediately, promptly **-fördärvad** *a* [om t. ex. natur] unspoiled, unspoilt
o|förenlig *a* incompatible, [om t. ex. åsikter] irreconcilable, *med* [i båda fallen] with **-företagsam** *a* unenterprising **-förfalskad** *a* [eg. o. bildl.] unadulterated; [ren] pure, [äkta] genuine **-förfärad** *a* fearless **-förglömlig** *a* unforgettable **-förgänglig** *a* [om minne o. d.] imperishable, [odödlig] immortal
o|förhappandes *adv* [av en slump] accidentally, by chance, [oförmodat] unexpectedly **-förhindrad** *a* [pred.] free, at liberty, *att* [inf.; båda] to [inf.] **-förklarlig** *a* inexplicable,

unaccountable **-förliknelig** *a* [allm.] incomparable; [makalös] matchless, [enastående] unique **-förlåtlig** *a* unforgivable **-förminskad** *a* undiminished, unabated **-förmodad** *a* unexpected **-förmåga** inability, *att* [inf.] to [inf.]; incapability, *till* of, *att* [inf.] of [ing-form] **-förmögen** *a* incapable, *till* of, *att* [inf.] of [ing-form]; unable, *att* [inf.] to [inf.] **-förneklig** *a* undeniable **-förnuftig** *a* unreasonable, [dåraktig] foolish

oförrätt [orätt] wrong, [kränkning] injury, [orättvisa] injustice **oförrätta|d** *a, med -t ärende* without having achieved anything

o|försiktig *a* [ovarsam] incautious; [oklok] imprudent, [vårdslös] careless **-försiktighet** [egenskap] incautiousness, imprudence, carelessness; [handling] imprudence **-förskräckt** *a* [orädd] fearless, [oförfärad] dauntless, [modig] intrepid, [djärv] bold **-förskämd** *a* [allm.] insolent, impudent; [näsvis] impertinent, saucy; [skamlös] shameless **-förskämdhet** [egenskap] insolence, sauciness [etc.]; [handling] impertinence

o|försonlig *a* [allm.] irreconcilable, implacable, [obeveklig] relentless **-försonlighet** irreconcilability [etc.], relentlessness **-förstående** *a, ställa sig ~ inför (till) ngt* take up an unsympathetic attitude towards a th. **-förstånd** [oklokhet] lack of wisdom, [dumhet] foolishness, [omdömeslöshet] want of judg[e]ment, [obetänksamhet] imprudence **-förståndig** *a* [oklok] unwise, [obetänksam] indiscreet, [omdömeslös] injudicious, [dum] foolish **-förställd** *a* [allm.] unfeigned, undisguised **-förstörbar** *a* indestructible, undestroyable **-försvarlig** *a* indefensible, [oursäktlig] inexcusable **-försörjd** *a* ..unprovided for

o|förtjänt *a* [allm.] undeserved; [om värdestegring o. d.] unearned; [om pers.] undeserving, *av* of **-förtruten** *a* [outtröttlig] indefatigable, [trägen] assiduous **-förutsedd** *a* unforeseen, unexpected **-förvanskad** *a, se ofördärvad o. oförfalskad* **-förvitlig** *a* [om uppförande o. d.] irreproachable **-förvållad** *a* [attr.] ..that has [etc.] not been brought about by oneself **-förvägen** *a* [djärv] daring, bold, [våghalsig] reckless **-föränderlig** *a* unchangeable, unchanging **-förändrad** *a* unchanged, unaltered

o|generad *a* [otvungen] free [and easy], unconstrained, [nonchalant] offhand, [oberörd] unconcerned, [fräck] cool **-genomförbar** *a* impracticable, unworkable, unrealizable **-genomskinlig** *a* opaque **-genomtränglig** *a* [om t. ex. skog, mörker] impenetrable [äv. bildl.]; [för ljus, vätska] impervious, impermeable, *för* [i samtl. fall] to **-gift** *a* unmarried, single; *som ~ [var hon]* before her marriage.. **-gilla** *tr* **1** [ej tycka om] disapprove of, dislike, [göra invändningar mot] object to **2** [jur.]: [avslå] disallow, [upphäva] overrule, [t. ex. besvär, talan] dismiss **-gillande I** *s* disapproval; rejection, dismissal; [jfr föreg.] **II** *a* disapproving **-giltig** *a* [allm.] invalid; *göra ~* invalidate; *~ röstsedel* void ballot-paper **-gin** *a* disobliging

ogjor|d *a* undone; *vara ute i -t väder* [bråka i onödan] make a lot of fuss about nothing

o|grannlaga *a* [taktlös] tactless, [indiskret] indiscreet **-graverad** *a* [orörd] intact, untouched **-grumlad** *a* [om t. ex. glädje, lycka] unclouded, [om t. ex. ro] untroubled, [om t. ex. källa] unpolluted **-grundad** *a* [allm.] unfounded

ogräs [allm.] weeds [pl.]; *ett ~* a weed; *rensa ~* weed **-bekämpning** weed control **-medel** weed-killer

o|gudaktig *a* ungodly, impious **-gynnsam** *a* [allm.] unfavourable, *för* for **-gärna** *adv* [motvilligt] unwillingly, [motsträvigt] reluctantly **-gärning** [missdåd] misdeed, [brott] crime, [illdåd] outrage **-gästvänlig** *a* inhospitable **-görlig** *a* [outförbar] impracticable, [omöjlig] impossible

o|hanterlig *a* [om sak] unwieldy; [om person] unmanageable **-harmonisk** *a* inharmonious **-hederlig** *a* dishonest **-hejdad** *a* [mera eg.] unchecked, [om känsloyttringar äv.] unrestrained; *av ~ vana* by force of habit **-hjälplig** *a* [om person] hopeless, *se oförbätterlig;* [om skada, förlust o. d.] irremediable **-hyfsad** *a* [obelevad] ill-mannered, [oborstad] rough, [ohövlig] impolite, [plump] coarse, [tölpaktig] boorish; [om ngns yttre] untidy **-hygglig** *a* [förfärlig] dreadful, frightful, appalling, [hemsk] ghastly, [avskyvärd] atrocious **-hygienisk** *a* unhygienic **-hyra** vermin [pl.; äv. bildl.]

o|hållbar *a* [om ståndpunkt o. d.] untenable, indefensible; [om situation] precarious; [ogrundad] baseless **-hälsosam** *a* [om klimat, område] unhealthy, [om föda] unwholesome, [om bostad] insanitary **-hämmad** *a* [om t. ex. sorg, glädje] unrestrained; [utan hämningar] uninhibited **-hängd** *a* [fräck] impudent, [lymmelaktig] loutish **-hörbar** *a* inaudible **-hövlig** *a* [oartig] impolite, [ohyfsad] uncivil, rude

o|igenkännlig *a* unrecognizable **-igenkännlighet,** [*vanställd*] *till ~* ..past (beyond) recognition **-inlöst** *a* unredeemed, [om check] uncashed **-inskränkt** *a* [om t. ex. förtroende] absolute; [om frihet] unrestricted **-intaglig** *a* [⚔] impregnable **-intressant** *a* uninteresting **-invigd** *a* uninitiated, *i* in[to]

oj *itj* oh!, oh dear!; [vid smärta] ow! **oja** *rfl* moan, *över* about

o|just *a* [oriktig] incorrect; [ofin] unfair **-jämförlig** *a* incomparable **-jämförligt** *adv* incomparably; *den* ~ [*största delen*] by far the.. **-jämn** *a* [allm.] uneven; [skrovlig] rough; [oregelbunden] irregular; [växlande] variable **-jämnhet** [egenskap] unevenness [etc.]; [ojämnt ställe]: [i yta o. d.] irregularity, [i väg] bump **-jävig** *a* [opartisk] unbias[s]ed; [om vittne o. d.] competent

ok yoke [äv. bildl.]

o|kammad *a* dishevelled **-kamratlig** *a* disloyal; [om t. ex. anda] uncomradely **-klanderlig** *a* [allm.] irreproachable; [felfri] faultless **-klar** *a* **1** [eg.]: [otydlig] indistinct; [grumlig] turbid; [om ljus, sikt, färg] dim; [disig] hazy; [om röst] husky **2** [bildl.]: [otydlig] unclear, indistinct; [svårfattlig] obscure; [oredig] muddled **-klok** *a* [oförståndig] unwise, imprudent, [omdömeslös] injudicious, [obetänksam] ill-advised **-klädd** *a* undressed; [om möbel] unupholstered

o|knäppt *a* [om plagg] unbuttoned; [*knappen*] *är* ~ ..is not done up **-kokt** *a* unboiled **-komplicerad** *a* simple, uncomplicated **-konstlad** *a* [oförställd] unaffected **-konventionell** *a* unconventional **-kritisk** *a* uncritical **-kryddad** *a* unseasoned **-kränkbar** *a* inviolable

oktan octane

oktav [mus.] octave

oktober October ([förk.] Oct.); *jfr april o. femte*

o|kultiverad *a* uncultivated; [ohyfsad] unpolished **-kunnig** *a* **1** [ovetande]: [allm.] ignorant, [omedveten] unaware, unconscious, [oupplyst] uninformed, *om* [i samtl. fall] of, *om att*.. that.. **2** [obevandrad, olärd] ignorant, *i* of **-kunnighet** ignorance **-kuvlig** *a* indomitable **-kvalificerad** *a* unqualified **-kvinnlig** *a* unwomanly; [manhaftig] mannish

okväda *tr* abuse, insult **okvädin[g]sord** word of abuse, insult

o|kynne [odygd] mischievousness, mischief; [elakhet] naughtiness; [upptåg] pranks [pl.] **-kynnig** *a* [odygdig] mischievous; [elak] naughty **-känd** *a* [allm.] unknown; [obekant] unfamiliar; [främmande] strange, *för* [i samtl. fall] to **-känslig** *a* [allm.] insensitive, insensible; [utan känsel] numb; [likgiltig] indifferent, [oemottaglig] insusceptible, *för* [i samtl. fall] to

olag, *komma i* ~ get out of order; *hans mage är i* ~ his stomach is upset

o|laga *a o.* **-laglig** *a* unlawful, illegal; *olaga tid* [om jakt, fiske] close season

olat vice

olidlig *a* insufferable

olik *a* [ej påminnande om] unlike, [skiljaktig] different; ~ *ngt* dissimilar to a th.; *det är* ~*t honom* it is unlike him **olika I** *a* [olikartad, skiljaktig] different, [skiftande] varying, [växlande] various; *smaken är* ~ tastes differ; *det är* ~ [varierar] it varies **II** *adv* differently, in different ways; [*de är*] ~ *stora* ..of different sizes

olik|artad *a* heterogeneous; *se olika I* **-het** [eg.] unlikeness [end. sg.]; [skillnad] difference, [skiljaktighet] diversity, divergence **-sidig** *a* [om triangel] scalene

olinjerad *a* unruled

oliv olive **-olja** olive oil **-träd** olive[-tree]; *för sms. jfr äv. björk-*

olja I *s* oil **II** *tr* oil

olje|blandad *a* ..mixed with oil **-borrning** drilling for oil **-bälte** [på vattnet] oil slick **-cistern** oil storage tank **-eldning** oil-heating **-fat** oil drum **-färg** oil-colour **-kakor** *pl* oil cakes **-kanna** oil-can **-ledning** [oil] pipeline **-målning** [abstr. o. konkr.] oil-painting **-raffinaderi** oil refinery **-rock** oilskin coat **-tank** oil tank (cistern) **-utsläpp** discharge of oil **-växt** oil[-yielding] plant

oljig *a* oily, oleaginous

oljud [oväsen] noise

olle sweater

ollon acorn **-borre** cockchafer

o|logisk *a* illogical **-lovandes** *adv* without leave (permission) **-lovlig** *a* [olaglig] unlawful, [förbjuden] forbidden

o|lust 1 [obehag] uneasiness, discomfort, *över (inför)* at; [missnöje] dissatisfaction, *över (inför)* with, at **2** [obenägenhet] disinclination, *för* for **-lustig** *a* [ur humör (pred.)] out of spirits; [nedstämd] low-spirited; [håglös] listless; [illa till mods] uncomfortable; [obehaglig] unpleasant

olycka 1 [ofärd] misfortune; [otur] bad luck; [motgång] adversity, trouble; [bedrövelse] unhappiness; [elände] affliction, misery **2** [missöde] mishap, misfortune; [olyckshändelse] accident; [katastrof] disaster, calamity **3** [om pers.] wretch

o|lycklig *a* [betryckt] unhappy, *över* about; [eländig] miserable; [drabbad av olycka el. otur] unfortunate, unlucky; [beklaglig] unfortunate; [misslyckad] unsuccessful; ~*t misstag* fatal blunder **-lyckligtvis** *adv* unfortunately, unluckily **-lycksalig** *a* [högst olycklig] unhappy, unfortunate; [fördömd] confounded

olycks|bringande *a* fatal, *för* to **-bud** bad news **-bådande** *a* ominous **-fall** accident, casualty **-fallsavdelning** emergency ward **-fallsersättning** accident compensation **-fallsförsäkring** accident insurance **-fågel** unlucky fellow (creature) **-händelse** accident, [lindrigare] mishap

o|lydig *a* disobedient, *mot* to **-lydnad** disobedience

olympiad Olympiad **olympisk** *a,* [*de*] ~*a spelen* the Olympic Games

o|låt [oljud] noise, [missljud] cacophony; [tjut] howling **-lägenhet** [besvär] inconvenience, trouble; [nackdel] drawback, disadvantage; [svårighet] difficulty **-läglig** *a* [olämplig] inopportune; [obekväm] inconvenient; [ovälkommen] unwelcome **-lämplig** *a* [ej passande] unsuitable, unfit[ted]; [malplacerad] ill-timed; [oläglig] inopportune, inconvenient **-lämplighet** unsuitability, unfitness, inconvenience **-ländig** *a* [besvärlig] rough; [ofruktbar] sterile **-läslig** *a* [om handstil o. d.] illegible; [om bok] unreadable **-löslig** *a* [kem. o. bildl.] insoluble

1 om I *konj* **1** [villkorlig]: [allm.] if, ['för den händelse att' äv.] in case, ['antaget att' äv.] supposing, ['förutsatt att' äv.] provided [that]; ~ *så är* if that is the case, if so, in that case; ~ *inte* if not, unless **2** [jämförande], *som* ~ as though (if) **3** [medgivande], *även* ~, ~ *också* even though (if) **4** [frågande, 'huruvida'] whether, if **II** *s* if; *efter många* ~ *och men* after a lot of shilly-shallying

2 om A *prep* [jfr äv. resp. huvudord] **I** [rum] **1** ['omkring'] **a)** [eg.] round, [isht amer.] around; [*ha en halsduk*] ~ *halsen* .. round one's neck; *falla ngn* ~ *halsen* fall on a p.'s neck; *vika* ~ *hörnet* turn [round] the corner **b)** [friare], *jag är kall* ~ *händerna* my hands are cold; *låsa* ~ *sig (ngn)* lock oneself (a p.) in **2** [om läge] of; *norr* ~ .. [to the] north of..

II [tid] **1** ['på', 'under'], ~ *dagen (dagarna)* in the daytime, by day, during the day; [*två gånger*] ~ *dagen* .. a day; ~ *fredagarna* on Fridays; [*det skall vara klart*] *till* ~ *fredag* .. by Friday; ~ *morgnarna* in the morning; *förr* ~ *åren* in former years; *året* ~ all the year round **2** [inom], ~ *ett år* in a year['s time]; *i dag* ~ *sex veckor* six weeks [from] today

III [bildl.] **1** [vid subst. o. vb] **a)** ['angående' o. d.] about, of; *historien* ~ the story about (of); *tala* ~ talk (speak) about (of) **b)** ['över' (ämne o. d.)] on; *en debatt (uppsats)* ~ *ekonomi* a debate (paper) on economics; *föreläsa* ~ lecture on **c)** ['för att få'] for; *en begäran* ~ a request for **d)** ['beträffande'] as to **e)** ['på', om antal, pris m. m.], [*en kontingent*] ~ *400 man* .. of 400 men **2** [vid adj.: se under resp. adj.]

B *adv* [el. beton. part. v. vb (se äv. under resp. verb)] **1** ['omkring'], [*en bok*] *med papper* ~ .. wrapped in paper; *helt (höger)* ~! about (right) turn! **2** ['på nytt'] **a)** *måla* ~ [*en vägg*] repaint.. **b)** *många gånger* ~ many times over; *se äv.* [*om*] *igen* **3** ['på annat sätt'], *göra* ~ re-make

omak [besvär] trouble; [olägenhet] inconvenience; *göra sig* ~*et att* [inf.] take pains to [inf.]

o|maka *a* [eg.] odd ..; [bildl., om t. ex. äkta par] ill-matched **-manlig** *a* unmanly

om|arbeta *tr, se arbeta* [*om*] **-arbetning** [av bok o. d.] revising, revision; [för scenen, filmen] adaptation, recast **-besörja** *tr* attend (see) to, take care of **-bilda** *tr* [omskapa] transform, [omorganisera] reorganize, *till* into; [från grunden] reconstruct **-bonad** *a* [om bostad o. d.] cosy, snug

ombord *adv* on board, aboard; *gå* ~ *på* go on board, board **-varande** *a, alla* ~ all those on board

ombud representative, [ställföreträdare] deputy; *juridiskt* ~ solicitor **ombudsman** [representant] representative, [hos organisation o. d.] secretary

om|byggnad rebuilding; [*huset*] *är under* ~ .. is being rebuilt **-byte** [allm.] change; [utbyte] exchange **-bytlig** *a* [allm.] changeable **-bytlighet** changeableness **-dana** *tr* remodel, transform, [reformera] reform **-daning** remodelling [end. sg.], transformation [etc.] **-debatterad** *a* debated, [omstridd] controversial **-dirigering** diversion

omdöme 1 [omdömesförmåga] judg[e]ment, [urskillning] discernment **2** [åsikt, mening] opinion; *fälla ett* ~ *om ngn (ngt)* give one's opinion on a p. (a th.)

omdömes|gill *a* judicious **-lös** *a* [om pers.] .. lacking in judg[e]ment, [om handling o.d.] injudicious

o|medelbar *a* [direkt] immediate, direct; [naturlig] spontaneous **-medelbarhet** [bildl.] spontaneity **-medgörlig** *a* [oresonlig] unreasonable, [ej tillmötesgående] unco-operative, [obeveklig] unbending, [envis] stubborn **-medveten** *a* unconscious, *om* of

omelett omelet[te]

omen omen, augury

om|famna *tr o.* **-famning** *s* embrace **-fartsled** bypass [road] **-fatta** *tr* **1** [inbegripa] comprise, include, [innehålla] contain; [sträcka sig över] extend over, [täcka] cover **2** [hylla, t. ex. nya idéer] embrace **-fattande** *a* [vidsträckt] extensive, [om t. ex. kunskaper] wide; [vittgående]: [om t. ex. reform] far-reaching, [om t. ex. förändring] sweeping **-fattning** [omfång] extent, [utsträckning] range, [storlek] proportions [pl.], size, [skala] scale

omfång 1 [eg.]: [storlek] size, bulk, dimensions [pl.], [omfattning] extent, [ytvidd] area, [volym] volume, [omkrets] circumference; [rösts] range **2** [bildl.]: [räckvidd] scope, range, extent **omfångsberäkna** *tr* [manuskript] cast off **omfångsrik** *a* [allm.] extensive

omfördela *tr* redistribute

om|ge *tr* surround **-gestalta** *tr* remould **-gift** *a* remarried **-giva** *tr, se omge* **-givning** [t. ex. en stads] surroundings [pl.] ([äv.] ~*ar);*

För med **om-** sammansatta verb jfr äv. vid beton. part. under resp. enkla verb

[trakt] neighbourhood; [miljö] environment; *hans närmaste* ~ those closest to him [pl.] **-gående I** *a,* ~ *svar* reply by return [of post], prompt reply **II** *adv* by return; [friare] promptly **-gång 1** [konkr.]: [uppsättning, sats] set; [hop] batch **2** [abstr.]: [sport. o. d.] round; [tur] turn; [gång] time; *i* ~*ar* [efter varandra] by (in) turns **-gärda** *tr* [eg.] fence (close) .. in; [bildl.] surround **-hulda** *tr* [t. ex. vetenskap o. konst] foster; [t. ex. teori] cherish

omhänderta[ga] *tr* [ta hand om] take care of, look after; [om polis] take .. into custody

omild *a* [om behandling o. d.] harsh, [om klimat] ungenial, [om kritik] severe

omintetgöra *tr* [plan, hopp o. d.] frustrate

o|misskänn[e]lig *a* unmistakable **-mistlig** *a* [oumbärlig] indispensable; [om rättighet o. d.] inalienable

om|kastning [i väderlek, lynne o. d.] sudden change; [i politik, åsikter] reversal; [i vinden] veer; [av ordningen] inversion, [av bokstäver o. d.] transposition **-klädning** change; [av möbler] re-covering **-klädningsrum** dressing-room **-komma** *itr* be killed, die; ~ *av köld* be frozen to death; ~ *genom drunkning* be drowned; *de -komna* the victims **-kostnad,** ~*er* [allm.] cost[s [pl.]]; [utgifter] expense[s [pl.]] **-krets** circumference; *på (inom) en* ~ *av* [*8 meter*] for .. [a]round

om|kring I *prep* [*jfr äv. kring I 1*] **1** [rum, 'kring'] round, about, [isht amer.] around; *runt* ~ around, round about **2** [tid] [round] about, around **3** [ungefär] about **II** *adv* [a]round, [hit och dit] about; *gå* ~ *på gatorna* walk about the streets; *se sig* ~ *i rummet* look [a]round the room; *runt* ~ all [a]round; *när allt kommer* ~ after all **-kull** *adv* down, over

om|kväde refrain, burden **-körning** overtaking; *ej* ~ no overtaking ([amer.] passing) **-lasta** *tr, se lasta [om]* **-ljud** [språkv.] mutation, umlaut [ty.] **-lopp** [allm.] circulation; [astr.] revolution; [*en del rykten*] *är i* ~ .. are going about (are circulating) **-loppsbana** [astr.] orbit **-läggning 1** [omändring] change, alteration, [t. ex. av schema, arbetstid] rearrangement, [omorganisering] reorganization **2** [av sår] bandaging, dressing **-nejd** = *-givning*

omnibus[s] omnibus

om|nämna *tr* mention, *för ngn* to a p. **-nämnande** mention; [*saken är*] *värd ett* ~ .. worth mentioning

o|modern *a* out-of-date .. ([pred.] out of date), unfashionable; [om lägenhet] .. without modern conveniences **-mogen** *a* [allm.] unripe; [bildl.] immature **-moralisk** *a* immoral

omorganisation reorganization

o|mornad *a* sleepy, drowsy **-motiverad** *a* [oberättigad] unjustified, unwarranted; [opåkallad] uncalled-for ..

om|placera *tr, se placera [om]* **-placering** [av t. ex. möbler] rearrangement; [av tjänsteman o. d.] transfer; [av pengar] reinvestment **-plantering** transplanting, transplantation **-prövning** reconsideration; *ta ngt under* ~ reconsider a th. **-redigering** re-editing, [omskrivning] rewriting **-ringa** *tr* surround, hem in

område 1 [geogr.] territory, [mindre] district, area **2** [gebit o. d.] field, sphere, [fack] branch; *på det ekonomiska* ~*t* in the economic field

omröstning vote, voting; *anställa* ~ *om* [*en fråga*] put .. to the vote; *sluten* ~ [secret] ballot

oms sales tax

omsider *adv, [sent]* ~ at [long] last

om|skakad *a* [eg.] shaken; [bildl.] shocked **-skapa** *tr, se skapa [om] o. omdana* **-skola** *tr* retrain **-skolning** retraining **-skriva** *tr* [återge med andra ord] paraphrase; *se äv. skriva [om]* **-skrivning** [förnyad skrivning] rewriting; [återgivande med andra ord] paraphrase, periphras|is [pl. -es]; ~*en med 'do'* the 'do'-periphrasis **-skära** *tr* circumcise

omslag 1 [för bok o. d.] cover; [för paket] wrapper; [läk.] compress **2** [förändring] change

omslagspapper wrapping paper

omsluta *tr* [gripa om] clasp, [omge] surround, [innesluta] enclose, encircle

omsorg 1 [omvårdnad] care, *om* of, [om pers. äv.] for; [ivrig] solicitude, *om* for; *dra* ~ *om ngn* provide (care) for a p. **2** [noggrannhet] care[fulness], [omtanke] attention, [samvetsgrannhet] conscientiousness; [besvär] trouble, pains [pl.] **omsorgsfull** *a* careful; [grundlig] thorough

om|spel [sport.] replay **-spänna** *tr* [bildl., sträcka sig över] cover **-stridd** *a* disputed **-stående** *a, på* ~ *sida* a) [av blankett o. d.] on the back b) [i bok] overleaf **-ställning 1** [ändring, omkoppling] change[-over], switch-over **2** [anpassning i ny miljö] adaptation, adjustment

om|ständighet 1 circumstance; [faktor] factor; *alltefter* ~*erna* according to the circumstances; *han befinner sig efter* ~*erna väl* he is well, considering [the circumstances] **2** [särbet.], *vara i goda (dåliga)* ~*er* [ekonomiska] be well (badly) off; *utan [vidare]* ~*er* [invändningar] without [further] ceremony **-ständlig** *a* [utförlig] circumstantial, detailed, [långrandig] long-winded, [om pers.] ceremonious

om|störta *tr* [bildl.] overthrow, subvert **-störtande** *a,* ~ *verksamhet* subversive activity **-störtning** overthrow, subversion

För med **om-** sammansatta verb jfr äv. vid beton. part. under resp. enkla verb

-svep [omskrivningar] beating about the bush [sg.], circumlocution[s [pl.]], [undanflykter] evasions [pl.]; *göra* ~ beat about the bush; [*säga ngt*] *utan* ~ ..straight out, ..in so many words **-svängning** [plötslig förändring] [sudden] change **-sägning** repetition **-sätta** *tr* **1** [omvandla] convert, transform, turn; ~ *i pengar* turn into cash **2** H [sälja] sell, market; [växel o.d.] renew; *aktierna -sattes till* [*250 kr*] the shares changed hands at.. **-sättning** H turnover, sales [pl.]; [växels] renewal; *livlig* ~ [på börsen] brisk sales **-sättningsskatt** sales tax

om|tala *tr* [meddela] report; [omnämna] mention; *han ~s ännu* [*som*..] he is still spoken of..; *mycket ~d* much discussed; *vara ~d för* [*sin duglighet*] be renowned for..; *jfr äv. tala* [*om*] **-tanke** [omsorg] care, *om* for **-tvistad** *a* disputed **-tyckt** *a* popular, *av* with; *illa* ~ unpopular **-tänksam** *a* [full av omtanke] considerate, *om (mot)* to[wards] **-tänksamhet** consideration, *om (mot)* for **-töcknad** *a* dazed, groggy

o|musikalisk *a* unmusical **-mutlig** *a* incorruptible, unbribable; [obeveklig] uncompromising, inflexible

om|val re-election **-vårdnad** care **-väg** detour, roundabout way; *ta en* ~ make a detour; *på ~ar* [bildl.] by roundabout methods **-välja** *tr* re-elect **-välvning** revolution, upheaval **-vänd** *a* **1** [omkastad] inverted, reverse[d]; [motsatt] converse, opposite; *han var som en* ~ *hand* he had turned round completely **2** [relig. o. friare] converted; *en* ~ [subst. a.] a convert **-vända** *tr* [relig.] convert **-vändelse** conversion **-vänt** *adv* inversely **-värdering** revaluation, reassessment **-värld,** ~*en, ens* ~ the world around [one] **-värvd** *a,* ~ *av lågor* enveloped by (in) flames **-växla** *itr* alternate **-växlande I** *a* **1** [om t. ex. natur, program] varied **2** [alternerande] alternate, alternating **II** *adv* alternately **-växling** [ombyte] change, [förändring] variety, variation; [växling] alternation; *för ~s skull* for a change

o|myndig *a* [minderårig] ..under age; *en* ~ a minor **-myndighet** minority **-måttlig** *a* immoderate, excessive, [isht om dryckesvanor] intemperate **-måttlighet** immoderation, excess, intemperance

omändring change, alteration

o|mänsklig *a* inhuman **-märklig** *a* imperceptible, [osynlig] indiscernible **-märkligt** *adv* [i smyg] stealthily **-mätlig** *a* [allm.] immeasurable **-mättlig** *a* insatiable **-möblerad** *a* unfurnished **-möjlig** *a* impossible; *han brukar inte vara* ~ he is usually very reasonable **-möjliggöra** *tr* make (render) ..impossible **-möjlighet** impossibility **-möjligt** *adv, jag kan* ~ *göra det* I cannot possibly do it

onani masturbation

onaturlig *a* unnatural

ond I *a* (*jfr värre, värst*) **1** [isht i moraliskt hänseende]: [allm.] evil, [elak äv.] wicked, [dålig äv.] bad; ~ *cirkel* vicious circle; ~ *dröm* bad dream **2** [arg] angry, [amer.] mad, *på* with, at, *över* about, at **3** [öm, om del av kroppen] sore, bad

II [mer el. mindre subst.] **1** *den (hin) ~e* the Evil One **2** *det ~a* a) [smärtorna] the pain, the ache b) [om last, omoral o. d.] the evil **3** *ont* **a)** [allm.], *roten till allt ont* the root of all evil; *intet ont anande* unsuspectingly; *det är inget ont i det* there is no harm in that; *jag har inget ont gjort* I have done no wrong; *vad har vi gjort honom för ont?* what harm have we done him? **b)** [plåga, värk] pain, ache; *göra ont* hurt; *det gör mig ont om honom* I am sorry for him; *ha ont* be in pain, suffer; *ha* [*mycket*] *ont i huvudet* have a [bad] headache **c)** *ont om* [knapphet på]: *det är ont om* [*smör*] ..is scarce; *ha ont om..* be short of..

ondgöra *rfl,* ~ *sig över ngt* take offence (be offended) at a th. **ondo,** *av* ~ of evil

ondsint *a* [illvillig] malignant, [argsint] ill-tempered, [elak] ill-natured **ondska** [orättfärdighet] evil, [syndighet] wickedness; [elakhet, illvilja] malice, spite, malignancy **ondskefull** *a* [syndig] wicked; [elak, illvillig] spiteful, malicious, malignant

onduler|a *tr* wave **-ing** waving

o|nekligen *adv* undeniably, certainly, doubtless **-njutbar** *a* unenjoyable

onkel uncle

onormal *a* abnormal

onsdag Wednesday; *jfr fredag* [o. sms.]

ont *se ond II 3*

o|nyanserad *a* ..without nuances **-nykter** *a, se berusad* **-nykterhet** drunkenness **-nyttig** *a* [oduglig] useless, of no use; [gagnlös] futile **-nåd** disfavour, disgrace **-nådig** *a* ungracious **-nämnbar** *a* unmentionable **-nämnd** *a* unmentioned, unnamed **-nödan,** *i* ~ unnecessarily, without [due] cause **-nödig** *a* unnecessary, needless **-ombedd** *a* unasked, uninvited **-omtvistad** *a* undisputed, uncontested **-ordentlig** *a* **1** [om pers.: slarvig] careless **2** [om sak, t. ex. om skick] disorderly **-ordnad** *a* [mera eg.] unarranged, [i oordning] disordered, disorderly, [om hår] dishevelled, [om förhållanden] unsettled **-ordning** [allm.] disorder; *han har* ~ *bland sina böcker* his books are in disorder; *råka i* ~ become disarranged **-organiserad** *a* un-

För med **om-** sammansatta verb jfr äv. vid beton. part. under resp. enkla verb

organized; ~ *arbetskraft* non-union labour **-organisk** *a* inorganic
opal opal **-skimrande** *a* opalescent
o|partisk *a* [allm.] impartial; [neutral] neutral; [fördomsfri] unprejudiced **-passande** *a* [allm.] improper, unbecoming **-passlig** *a* indisposed **-patriotisk** *a* unpatriotic **-pedagogisk** *a* unpedagogic[al]
opera opera; [byggnad] opera-house; *gå på ~n* go to the opera **-sångare** opera-singer
oper|ation operation **-ationsbord** [läk.] operating-table **-atris** *o.* **-atör** operator **-era I** *itr* operate **II** *tr* [läk.] operate on; ~ *bort* remove
operett [klassisk] operetta, light opera, [mera modern] musical comedy
opersonlig *a* impersonal
opie|droppar laudanum drops **-håla** opium den **-rökare** opium smoker
opinion opinion; *den allmänna ~en* public opinion, the general feeling
opinions|möte [ung.] public meeting **-storm** storm of opinion **-undersökning** [public] opinion poll
opium opium; *för sms. se opie-*
o|placerad *a* unplaced **-plockad** *a* [om fågel] unplucked; *ha en gås ~ med ngn* have a bone to pick with a p. **-politisk** *a* unpolitical
opp[e] *adv, se upp[e]*
oppo|nent opponent **-nera I** *itr* [vid disputation] act as opponent ([resp.] opponents) **II** *rfl itr,* ~ *[sig]* object, raise objections, *mot* to
opportunist *s o.* **-isk** *a* opportunist
opposition opposition; *~en* [parl.] the Opposition **oppositionell** *a* oppositional
oppositionsledare leader of the opposition
oppositionsparti opposition party
o|praktisk *a* unpractical **-praktiskhet** unpracticalness **-pris** excessive price **-proportionerlig** *a* disproportionate **-prövad** *a* untried **-psykologisk** *a* unpsychological
optik optics **optiker** optician
optim|ism optimism **-ist** optimist **-istisk** *a* optimistic
optisk *a* optic[al]; ~ *affär* optician's shop; ~ *villa* optical illusion
opus work, production
o|påkallad *a* uncalled-for .., [pred.] uncalled for **-pålitlig** *a* unreliable, untrustworthy **-pålitlighet** unreliability, untrustworthiness **-påräknad** *a* unexpected **-påverkad** *a* uninfluenced
or mite
orakad *a* unshaved, unshaven
orakel oracle **-svar** oracle
orange *s o. a* orange; *jfr blått*
orangeri orangery, [mindre] hothouse
orangutang orang-outang
oratorium [mus.] oratorio [pl. -s]
ord word; [ordstäv] proverb, saying; *hårda ~* harsh words; *stora ~* big words; *det var ~ och inga visor* that was plain speaking; *..är inte rätta ~et* [bildl.] .. is not the word for it; *begära ~et* ask permission to speak; *få ~et* be called upon to speak; *föra ~et* [allm.] do the talking; *ge ngn ~et, lämna ~et åt ngn* call upon a p. to speak; *ha ~ om sig att* [inf.] have the reputation of [ing-form]; *tala ett par ~ med* have a word with; *innan jag visste ~et av* before I knew where I was, F before I could say Jack Robinson; *i ~ och bild* with text and illustrations; *i ~ och handling* in word and deed; *vara stor i ~en* talk big; *med ett ~* in a (one) word; *du kan tro mig på mitt ~* you can take my word for it; *ta till ~a* begin to speak
orda *itr,* ~ *om* talk about, discuss
orda|grann *a* literal **-lag** [vanl.] terms **-lydelse** wording, text; *det har följande ~* it runs as follows
ord|blind *a* word-blind **-bok** dictionary **-byte** dispute
orden [samfund] order; [ordenstecken] decoration, order
ordentlig *a* **1** [mera eg.]: [ordningsam] orderly, methodical, [noggrann] careful, accurate, *med* about, as to; [punktlig] exact; [regelbunden] regular; [välartad] well-behaved; [anständig] decent, nice; [prydlig] neat, [proper] tidy; [välskött] well-kept, well-managed **2** [friare]: [riktig] proper; [rejäl] real, regular, [grundlig] thorough, sound, good; *[jag har fått] en ~ förkylning* ..a terrible cold; *ett ~t mål mat* a square meal **ordentlighet** orderliness [etc.] **ordentligt** *adv* in an orderly [osv.] manner, methodically [etc.], *jfr ordentlig; betala ~* [rejält] pay very well; *skämma ut sig ~* make a proper fool of oneself; *uppför dig ~!* behave yourself!; *bli ~ våt* get thoroughly wet
order 1 [befallning] order, command, [instruktion] instruction, direction; *få ~ [om] att* be ordered (instructed) to; *ge ~ om ngt* order a th.; *lyda ~* obey orders; *på ~ av* by order of **2** H order, *på* for
ord|fattig *a* [attr.] ..with a small vocabulary **-flöde** flow of words **-följd,** *rak (omvänd) ~* normal (inverted) word order **-förande** [v. sammanträde] chairman, [kvinnlig] chair-woman, *vid* at (of); [i förening, domstol o. d.] president, *i* of **-förandeskap** chairmanship, presidency **-förklaring** explanation (definition) of a ([resp.] the) word **-förråd** vocabulary **-hållig** *a* true to one's word
ordin|arie *a* [om tur o. d.] regular; [om tjänst]

permanent; [vanlig] ordinary **-ation** [läk.] prescription **-era** *tr* [läk.] prescribe **-är** *a* [vanlig] ordinary, common, [genomsnittlig] average

ord|klass part of speech **-lek** pun **-lista** glossary, vocabulary

ordna I *tr itr* **1** [ställa .. i ordning] arrange, [amer. äv.] fix, [sina affärer] settle; [dokument o. d.] file; [sortera] sort; [systematisera] classify; [reglera] regulate, [t. ex. sitt liv] order; [i rad] range; ~ *slipsen (sin klädsel)* adjust one's tie (clothes) **2** [ställa om, klara av] arrange, [isht amer. o. F] fix [up]; [reda upp, isht H] settle, straighten out, put .. right; [skaffa] get, find; [ta hand om] see to; [t. ex. tävlingar] organize; ~ [*det*] *så* [*att man kan* ..] arrange things (fix up matters) so ..; ~ *för* [*en tids vistelse*] make arrangements for .. **II** *rfl, det* ~*r sig nog!* that (it) will be all right [, don't you worry]! **III** [med beton. part.] ~ *in, se inordna;* ~ *om* [ändra] rearrange; [ombestyra] arrange; ~ *till* [t. ex. håret el. en liten fest] arrange; ~ *upp* [reda ut] settle [up]

ordnad *a* arranged [etc.]; *jfr ordna I*

ordning 1 [allm.] order; [ordentlighet] orderliness; [snygghet] tidiness; [metod] method, plan; [system] system; [*den*] *allmänna* ~*en* law and order; *bringa* ~ *i* [*ngt*] put (set) .. to rights (in order); *det är ingen* ~ *med (på) honom* he is careless; *jag får ingen* ~ *på det här* I can't get this straight; *hålla* ~ *på* .. keep .. in order; *i laga* ~ in due order; [*det är*] *helt i sin* ~ .. quite in order (quite all right); *i vanlig* ~ as usual; *göra i* ~ [*ngt*] get .. ready (in order), prepare ([isht amer.] fix) ..; *göra sig i* ~ get ready; *ställa i* ~ .. get (put) .. in order; *vara i* ~ [färdig] be ready; [*återgå*] *till* ~*en* .. to the normal state of things **2** [följd] order, sequence, succession; [tur] turn; *den andra i* ~*en* the second

ordnings|betyg order mark **-följd** order, sequence, succession **-makt,** ~*en* [vanl.] the police [pl.] **-man** [i skolklass] monitor **-människa** methodical person **-sinne** feeling for order **-tal** [gram.] ordinal [number]

ordonnans [⚔] orderly

ord|rik *a* [om språk] .. rich in words; [om person] verbose, wordy **-språk** proverb **-språksbok,** *Ordspråksboken* the Book of Proverbs **-stäv** saying **-växling** dispute, altercation

orealistisk *a* unrealistic

o|reda [oordning] disorder, disarray, [förvirring] confusion, [röra] muddle, mess; *ställa till* ~ *i ngt* make a muddle (mess) of a th. **-redig** *a* [förvirrad] confused, [tilltrasslad] entangled, [osammanhängande] incoherent; [oordnad] disorderly **-redlig** *a* dishonest **-regelbunden** *a* irregular; H unsettled, unstable **-regelbundenhet** irregularity; instability [end. sg.] **-regerlig** *a* unruly, ungovernable

o|ren *a* impure, unclean **-rena** *tr* contaminate, pollute, defile **-renhet** impurity, uncleanness **-renlig** *a* uncleanly, dirty, filthy **-renlighet** [egenskap] uncleanliness, [smuts] dirt, filth [samtl. end. sg.]

orera *itr* speechify, spout

o|reserverad *a* unreserved **-resonlig** *a* unreasonable; [envis] stubborn, obstinate; ~*t hat* unreasoning hatred

organ [allm.] organ; [institution] institution; [myndighet] authority, body; [språkrör] mouthpiece, [tidning] newspaper **-isation** organization **-isatorisk** *a* [om t. ex. förmåga] organizing; [om t. ex. skäl] organizational **-isatör** organizer **-isera** *tr* organize **-isk** *a* organic **-ism** organism **-ist** organist, organ-player

orgel organ **-andakt** sacred organ recital **-läktare** organ-loft **-solo** voluntary **-trampare** organ-blower

orgie orgy

oriental Oriental **orientalisk** *a* oriental

Orienten the Orient, the East

orienter|a I *tr* orient[ate]; [informera] inform **II** *rfl* orientate (orient) oneself; [eg.] take one's bearings, *efter* [*kartan*] by (from) .. **III** *itr* [sport.] practise orienteering **-ande** *a* introductory, informatory **-are** [sport.] orienteerer **-ing** [geogr. o. bildl.] orientation; [sport.] orienteering; [information] information **-ingsämne** general subject

origin|al 1 [sak] original; [maskinskrivet huvudexemplar] top copy; *i* ~ in the original **2** [person] eccentric, original **-alitet** originality, eccentricity **-alspråk** original [language] **-alupplaga** first (original) edition **-ell** *a* [ursprunglig, självständig] original; [säregen] eccentric, queer, odd

o|riktig *a* [allm.] incorrect; [orätt, 'galen'] wrong **-riktighet** [det oriktiga] incorrectness; *jfr äv. felaktighet* **-rimlig** *a* [förnuftsvidrig] absurd, preposterous; [oskälig] unreasonable, exorbitant; *begära det* ~*a* ask for the impossible **-rimlighet** [det orimliga] absurdity, preposterousness; exorbitance **-rimmad** *a* unrhymed; ~ *vers* [äv.] blank verse

orka *tr itr,* [*jag, du etc.*] ~*r* (~*de*) [inf.; vanl.] .. can (could) [inf.]; *nu* ~*r jag inte* [*hålla på*] *längre* I cannot go on any longer; *jag* ~*r inte mer* [t. ex. mat] I cannot manage any more; *att du bara* ~*r!* how can you manage?; *han* ~*de inte fram* he could not manage (make) it; ~ *igenom* [bok o. d.] manage to get through; [*det är mer än jag*]

~r med [uthärdar] ..can stand; *jag ~r inte med* [*barnen*] ..are too much for me; *han ~r inte med* [*skolarbetet*] he cannot cope with..; *jag ~r inte med* [*soppan*] I cannot manage..; *jfr äv. gitta*
orkan hurricane
orkeslös *a* feeble, [ålderdomssvag äv.] infirm **-het** feebleness, infirmity
orkester orchestra **-dike** orchestra pit **-musik** orchestral music
orkidé orchid
orm snake **-biten** *a* snake-bitten **-bo** snake's nest **-bunke** fern **-skinn** snakeskin **-tjusare** snake-charmer **-vråk** buzzard
ornament ornament, decoration **-ik** ornamentation, decoration[s [pl.]] **ornat,** *i full ~* wearing ceremonial robes ([kyrkl. äv.] one's vestments)
ornitolog ornithologist
oro 1 [ängslan] anxiety, uneasiness, *för, över* about; [stark.] alarm, *över* at; [motsats t. lugn] disquiet[ude], [rastlöshet] restlessness, [upphetsning] excitement, agitation; [isht politisk o. social] unrest **2** [i ur] balance-wheel
oroa I *tr* [göra ängslig] make..anxious (uneasy), disquiet, [stark.] alarm; [bekymra] worry, trouble; [störa] disturb, bother; [uppröra] agitate; *~nde nyheter* alarming news **II** *rfl, ~ sig för* be (feel) anxious about, worry (be troubled) about, be alarmed at **orolig** *a* [ängslig] anxious, uneasy, disquieted, [stark.] alarmed; [för konstr. *jfr oro 1*]; [om förhållanden] troubled, disturbed, unsettled, unquiet; [rastlös, bråkig] restless, fidgety; [*havet var*] *~t* ..rough; *var inte ~ för det!* [äv.] never fear!, don't worry!
orolighet, *~er* [politiska o. sociala] disturbances **oroselement** [pers.] trouble-maker; [källa t. oro] source of unrest **oroväckande** *a* alarming
orr|e black grouse [pl. lika] **-höna** greyhen **-tupp** blackcock
orsak cause, [skäl äv.] reason, *till* for; *ingen ~!* not at all!, don't mention it!, it is quite all right!, [amer.] you're welcome; *av denna ~* for that reason **orsaka** *tr* cause, occasion
orsakssammanhang causal connection (relation), causality
ort 1 [plats] place; [trakt] locality, district; *på ~ och ställe* on the spot; *på högre ~* in high quarters **2** [gruv.] drift **-namn** place-name
orto|dox *a* orthodox **-grafi** orthography **-pedisk** *a* orthopaedic
orts|befolkning local population **-bo** local resident **-grupp** [dyrortsgrupp] [regional] cost-of-living group
o|rubbad *a* [eg.] unmoved; [om t. ex. förtroende] unshaken; *se äv. bo II 2* **-rubblig** *a* [allm.] immovable, unshak[e]able; [om lugn o. d.] imperturbable; [om beslut o. d.] unyielding, unflinching; [om tro o. d.] unwavering **-rutinerad** *a* inexperienced **-ryggig** *a* [oåterkallelig] irrevocable, *se i övrigt orubblig*
oråd, *ta sig det ~et före att* foolishly take it into one's head to
o|rädd *a* fearless, [pred. äv.] unafraid; intrepid **-räknelig** *a* innumerable
orätt I *a* [felaktig] wrong, incorrect; [förkastlig, orättvis] unjust, unfair, *mot* to **II** *adv* wrong, [isht före perf. ptc.] wrongly; incorrectly [etc.]; *handla ~* do wrong **III** *s* [oförrätt] wrong; *göra ~* do wrong; *göra ngn ~* wrong a p.; *ha ~* be [in the] wrong **-färdig** *a* unjust, unrighteous **-färdighet** [egenskap] unrighteousness; [handling] injustice **-mätig** *a* wrongful **-vis** *a* unjust, unfair, *mot* to **-visa** unfairness [end. sg.], injustice
o|rörd *a* untouched, [ej bortflyttad] un[re]moved; [obruten, hel] intact **-rörlig** *a* immobile, [utan att röra sig äv.] motionless, [omöjlig att röra äv.] immovable
os [unpleasant] smell **osa** *itr* smoke; *det ~r* there is a smell of smoke; *~ ihjäl* suffocate..by smoke
o. s. a. R.S.V.P., *se anhålla*
o|sagd *a* unsaid, unspoken; *det låter jag vara -sagt* I would not like to say **-sammanhängande** *a* [om tal, tankar o. d.] incoherent, disconnected **-sams** *a, bli ~* quarrel, fall out **-sann** *a* untrue, false **-sanning** untruth, [lögn äv.] lie, falsehood; *tala ~* tell lies (a lie) **-sannolik** *a* unlikely, improbable; *det är ~t, att han har* [*gjort det*] he is unlikely to have.. **-sed** [olat] bad habit **-sedd** *a* unseen **-sedlig** *a* immoral **-sedvanlig** *a* unusual, uncommon **-signerad** *a* unsigned **-självisk** *a* unselfish, selfless **-självständighet** lack of independence, dependence on others **-ska-d[a]d** *a* unhurt, unharmed, [om sak] undamaged, intact; *han återvände ~* he returned safe and sound **-skadlig** *a* harmless, innocuous **-skadliggöra** *tr* render..harmless (innocuous) **-skalad** *a* unpeeled **-skarp** *a* [slö] blunt; [suddig] blurred, unsharp **-skattbar** *a* priceless, inestimable, invaluable
o|skick [olat] bad habit, [ofog] nuisance, [dåligt uppförande] misbehaviour, bad manners [pl.] **-skicklig** *a* unskilful, [tafatt] awkward **-skiljaktig** *a* inseparable **-skolad** *a* untrained, unschooled **-skriven** *a* unwritten; *se äv. blad 2* **-skuld 1** [allm.] innocence, [kyskhet] chastity, virginity, [renhet] purity **2** [jungfru] virgin; [oskuldsfull person] innocent **-skuldsfull** *a* innocent, guileless **-skummad** *a* unskimmed; ~

mjölk [äv.] whole milk **-skyldig** *a* [allm.] innocent, [icke skyldig äv.] guiltless, [pred. äv.] not guilty, *till* [i samtl. fall] of; [oförarglig] inoffensive **-skälig** *a* **1** [om djur] dumb, irrational **2** [obillig] unreasonable, [om pris o. d.] excessive, exorbitant **-slagbar** *a* [sport.] unbeatable **-slipad** *a* [om ädelsten o. glas] uncut; [om ädelsten äv. samt bildl.] unpolished; [om verktyg] unground, [om kniv] dull **-släcklig** *a* inextinguishable, unquenchable **-släckt** *a* unextinguished, unquenched; ~ *kalk* quicklime, unslaked lime **-smaklig** *a* unappetizing, unsavoury, [bildl. äv.] distasteful, [stark.] disgusting

o|sminkad *a* [eg.] unpainted; [om sanning] naked, plain, unvarnished **-smyckad** *a* unadorned, plain **-smält** *a* [om föda o. bildl.] undigested **-smältbar** *a* indigestible **-snygg** *a* [ovårdad] untidy, [smutsig] dirty **-sockrad** *a* unsweetened **-spard** *a, ha all möda ~, "inte lämna någon möda ~"* spare no efforts

oss *pron, se vi*

1 ost *s o. adv* [⚓] east; [jfr äv. *nord* o. *norr* m. ex. o. sms. samt *öster*]

2 ost *s* cheese

ostadig *a* [osäker] unsteady, unstable; [ombytlig] changeable; H fluctuating; *~t väder* changeable weather **-het** unsteadiness, instability, changeability; fluctuation[s [pl.]]; [jfr föreg.]

ostafrikansk *a* [o. andra sms. jfr *nord-*]

Ostindien the East Indies [pl.] **ostindisk** *a* East Indian

ost|kaka curd cake **-kant** cheese rind **-kupa** cheese-dish cover

ostlig *a* east[erly]; eastern; *jfr nordlig*

ostraff|ad *a* unpunished **-at** *adv* with impunity

ostron oyster **-bank** oyster-bank

o|struken *a* **1** [om tyg] unironed **2** *ostrukna a* [mus.] A in the small octave **-styrig** *a* unruly, unmanageable **-städad** *a* [om rum] untidy; [bildl.] ill-mannered **-stämd** *a* [mus.] untuned **-stämplad** *a* unstamped, [om frimärke] uncancelled **-störd** *a* undisturbed; [oavbruten] unbroken **-sund** *a* [allm.] unhealthy, [om föda] unwholesome, [ohygienisk] insanitary, [om luft] foul; [bildl.]: [t. ex. om inflytande] unwholesome, [t. ex. om principer] unsound **-svensk** *a* un-Swedish **-sviklig** *a* [om säkerhet o. d.] unerring, [ofelbar] unfailing, [om medel] infallible; [om trohet o. d.] unswerving **-svuren** *a, osvuret är bäst* better not be too certain **-sympatisk** *a* unpleasant, disagreeable **-synlig** *a* invisible **-sårbar** *a* invulnerable

o|säker *a* [allm.] uncertain, *på, om* of, [otrygg] insecure, [riskfull] unsafe, risky; [ostadig] unsteady; [tvivelaktig] doubtful; ~ *existens* precarious existence; H *osäkra fordringar* bad debts; *~t uppträdande* unassured manner; *känna sig* ~ [bortkommen] feel unsure; [*isen*] *är* ~ ..is not safe **-säkerhet** uncertainty, insecurity, unsafeness, riskiness, unsteadiness, doubtfulness; [jfr föreg.] **-säljbar** *a* unsal[e]able **-sällskaplig** *a* unsociable **-sämja** discord, dissension, disagreement **-sökt** *a* [otvungen] natural, spontaneous; ~ *tillfälle* convenient (unsought-for) opportunity **-tacksam** *a* [isht om pers.] ungrateful, *mot* to[wards]; [om uppgift o. d. vanl.] thankless **-tacksamhet** ingratitude, ungratefulness **-tadlig** *a* [oförvitlig] blameless, [oklanderlig] irreproachable **-takt,** *gå i* ~ walk out of step; [*spela*] *i* ~ ..out of time **-talig** *a* innumerable, countless **-tid,** *i* ~ at the wrong moment

o|tillbörlig *a* undue **-tillfredsställande** *a* unsatisfactory **-tillfredsställd** *a* unsatisfied **-tillförlitlig** *a* unreliable **-tillgänglig** *a* inaccessible (*för* [ngn] to), unapproachable (*för* by), [om pers. äv.] reserved **-tillräcklig** *a* [till kvantiteten] insufficient, [till kvaliteten] inadequate **-tillräknelig** *a* ..not responsible (accountable) for one's actions **-tillåten** *a* [förbjuden] forbidden, [mera officiellt] prohibited **-tjänlig** *a* [olämplig] unsuitable; [obrukbar] unserviceable; ~ *till* [*människoföda*] unfit for.. **-tjänst,** *göra ngn en* ~ do a p. a bad turn **-trevlig** *a* [obehaglig] disagreeable, unpleasant, [mera vard.] bad; [förarglig] awkward, annoying **-trevnad** [feeling of] discomfort

o|trogen *a* [t. ex. i äktenskap] unfaithful, [svekfull] faithless, *mot* to; [relig.] unbelieving; *de otrogna* the unbelievers (infidels) **-trolig** *a* [eg.] incredible, unbelievable, [häpnadsväckande] astounding, amazing; *~t men sant* strange but true **-trygg** *a* insecure (*för* against) **-tränad** *a* untrained **-tröstlig** *a* inconsolable, *över* at

otta, *i ~n* early in the morning **ottefågel** [om pers.] early riser (bird) **ottesång** mat[t]ins [pl.]

ottoman [soffa] ottoman, couch

o|tukt [isht bibl.] fornication; *bedriva* ~ have illicit sexual relations, fornicate **-tuktig** *a* [sexually] immoral **-tur** bad luck; ~ *i spel, tur i kärlek* unlucky at cards, lucky in love; *ha* ~ [äv.] be unlucky **-tvetydig** *a* unambiguous, unequivocal, [klar] plain, clear, [uppenbar] unmistakable **-tvivelaktig** *a* undoubted, indubitable **-tvivelaktigt** *adv* undoubtedly [etc.]; no doubt, without [a] doubt **-tvungen** *a* un[con]strained, [ledig äv.] [free and] easy **-tvungenhet** unconstraint, ease **-tydlig** *a* [allm.] indistinct, [om tal äv.] inarticulate, [dunkel äv.] vague **-tyg** [smörja] rubbish, trash; [oting] nuisance **-tyglad** *a* [om t. ex. fantasi] unbridled, [ohämmad äv.] uncontrolled, unrestrained **-tymplig** *a* [klumpig]: [t. ex. om kropp, rörelse] ungainly, [t. ex. om metod] clumsy

o|tålig *a* impatient, *efter* for, *på* with, *över* at **-tålighet** impatience **-täck** *a* [allm.] nasty, *mot* to; [ful, elakartad äv.] ugly; [om t. ex. väder] beastly, rotten **-tämd** *a* untamed **-tänkbar** *a* inconceivable, unthinkable, unimaginable **-tät** *a* [om packning o. d. (attr.)] ..that is (was [etc.]) not tight; [läck] leaky; [dragig] draughty **-törstig** *a, dricka sig* ~ drink one's fill **-umbärlig** *a* indispensable **-undgänglig** *a* [nödvändig] necessary, [oumbärlig] indispensable **-undviklig** *a* unavoidable, [som ej kan undgås] inevitable

o|uppfostrad *a* [ohyfsad] ill-(bad-)mannered **-uppgjord** *a* unsettled **-upphörlig** *a* incessant, [oavbruten äv.] unceasing, continuous, [ständig äv.] continual, perpetual **-upplöslig** *a* [bildl.] indissoluble **-uppmärksam** *a* inattentive, *på (mot)* to; [ej aktgivande äv.] unobservant, *på* of **-uppmärksamhet** lack of attention, inattention, inattentiveness **-uppnåelig** *a* [om t. ex. ideal, mål] unattainable **-uppskuren** *a* [om bok] uncut **-ursäktlig** *a* inexcusable, unpardonable

o|utforskad *a* unexplored **-utförbar** *a* impracticable; [ogörlig äv.] unfeasible, unrealizable **-utgrundlig** *a* [outforsklig, gåtfull] inscrutable, [ofattbar] unfathomable **-uthärdlig** *a* unendurable, [olidlig äv.] unbearable, insupportable **-utplånlig** *a* [om t. ex. märke, skam] indelible, [om t. ex. minne, förflutet] ineffaceable **-utrannsaklig** *a, se outgrundlig* **-utrotlig** *a* ineradicable, inextirpable

outsider [sport o. d.] outsider

o|utslitlig *a* [om tyg o.d. (attr.)] ..that will stand up to any amount of wear; [om energi o. d.] inexhaustible **-utspädd** *a* undiluted **-utsäglig** *a* unspeakable, [obeskrivlig äv.] inexpressible **-uttagen** *a* [om lotterivinst] unclaimed **-uttröttlig** *a* [isht om pers.] indefatigable, [om nit] untiring, [om energi o. d.] tireless **-uttömlig** *a* inexhaustible **-utvecklad** *a* undeveloped; [om pers. (omogen)] immature

oval *s o. a* oval

1 ovan I *prep* above, over **II** *adv* above; *här* ~ above; *som* ~ as above

2 ovan *a* [ej van] unaccustomed, unused, *vid* to; [oövad] unpractised, untrained, [oerfaren] inexperienced; [om t. ex. anblick, uppgift] unfamiliar

ovana 1 [brist på vana] unaccustomedness, *vid* to; want of practice; [bristande förtrogenhet] unfamiliarity, *vid* with **2** [ful vana] bad habit

ovan|för I *prep* above **II** *adv* above, higher (farther *el.* further) up **-ifrån** *adv* from above

o|vanlig *a* [allm.] unusual, [sällsynt äv.] uncommon, rare; [sällan förekommande] infrequent, [exceptionell] exceptional **-vanlighet** unusualness [etc.], infrequency, exceptionality [samtl. end. sg.]; *för* ~ [*en*]*s skull* [just] for once **-vanligt** *adv* unusually [etc.] *jfr ovanlig;* [förstärkande] extremely

ovan|nämnd *a* above[-mentioned] **-på I** *prep* on [the] top of **II** *adv* on [the] top; [i villa o. d.] upstairs; *se flyta* [*ovanpå*] *o. jfr härovanpå*

ovansklig *a* imperishable, everlasting

ovanstående *a,* ~ [*lista*] the above.., the.. above; [*med anledning av*] ~ ..the above

ovarsam *a* [vårdslös] careless

o|vederhäftig *a* [ej trovärdig] untrustworthy, [otillförlitlig] unreliable, [ansvarslös] irresponsible **-vedersäglig** *a* incontrovertible, [obestridlig äv.] incontestable

overall boiler-suit, [för småbarn] zip-suit

o|verklig *a* unreal **-verksam** *a* **1** [sysslolös] idle, [passiv] passive, inactive **2** [utan verkan] inefficacious, ineffective **-verksamhet** idleness, passivity, inaction, inactivity; *jfr overksam 1* **-vetande I** *a, se okunnig* **II** *adv, mig* ~ without my knowledge **-vett** [bannor] scolding; [otidigheter] abuse; *få* ~ get a scolding **-vettig** *a* abusive; *vara* ~ *mot ngn* abuse a p. **-vidkommande** *a* irrelevant, *för* to **-vig** *a* cumbersome, ungainly, clumsy **-viktig** *a* unimportant, insignificant **-vilja** [agg] animosity, *mot* against; [motvilja] repugnance, *mot* to[wards]; [stark.] aversion, *mot* to **-villig** *a* [ej villig] unwilling, [ohågad] reluctant **-villkorlig** *a* unconditional **-villkorligen** *adv* absolutely, necessarily, inevitably **-viss** *a* uncertain (*om ngt* of *el.* about a th.), [tveksam] doubtful **-visshet** [state of] uncertainty, doubt[-fulness] **-vårdad** *a* [om klädsel, hår] dishevelled, [om klädsel äv.] neglected, [om pers.] unkempt, slovenly, [om språk, stil] slipshod, careless

o|väder storm **-väderscentrum** centre of [atmospheric] depression **-vädersmoln** storm-cloud **-välkommen** *a* unwelcome **-vän** enemy; *bli* ~ *med ngn* quarrel (fall out) with a p.; *vara* ~ *med ngn* be on bad terms with a p. **-vänlig** *a* [ej snäll] unkind, [ej välvillig] unkindly, [ej vänskaplig] unfriendly, *mot* [i samtl. fall] to[wards]; [om t. ex. sätt] disobliging **-vänlighet** unkindness [etc.], [jfr föreg.] **-vänskap** enmity **-väntad**

a unexpected **-värderlig** *a* invaluable (*för* to) **-värdig** *a* [allm.] unworthy; [skamlig] shameful, disgraceful **-väsen** [oljud] noise, [bråk] row; *föra* ~ make a noise **-väsentlig** *a* unessential (*för* to), [oviktig äv.] unimportant

oxbringa [kok.] brisket of beef

oxe ox [pl. oxen]; [kok.] beef

oxel Swedish whitebeam

oxeltand molar [tooth], grinder

oxfilé fillet of beef

oxid oxide **-era** *tr itr* oxidize

ox|kött beef **-stek** [kok.] roast beef **-svanssoppa** oxtail soup

ozon ozone **-haltig** *a* ozonic

o|återkallelig *a* irrevocable **-åtkomlig** *a* inaccessible, *för* to; [*bör*] *förvaras* ~ *för barn* to be kept out of children's reach **-ädel** *a* [simpel] ignoble, mean; [om ras] impure; [om metall] base; [om sten] non-precious **-äkta I** *a* [falsk] false, spurious; [imiterad] imitation.., mock..; ~ *barn* illegitimate child **II** *adv*, ~ *sammansatt verb* separable [compound] verb **-äkting** bastard **-ändlig** *a* [allm.] infinite [äv. mat.], [ändlös äv.] endless, interminable; [*och så vidare*] *i det* ~*a* ..ad infinitum [lat.], ..to infinity; [*fortsätta*] *i det* ~*a* ..for ever [and ever] **-ändlighet** infinity, endlessness **-ändligt** *adv* infinitely [etc.] *jfr oändlig;* ~ *liten* [äv.] infinitesimal; ~ *mycket bättre* infinitely better; ~ *många* [*sandkorn*] an infinite number of..; ~ *tacksam* immensely grateful

o|ärlig *a* dishonest, *mot* to[wards] **-ärlighet** dishonesty **-ätbar** *a* uneatable **-ätlig** *a* [om t. ex. svamp] inedible **-även** *a, inte* ~ fairly good, [pred. äv.] not bad **-öm** *a* [om pers.] robust; [hållbar] durable, [härdig] hardy **-övad** *a* [otränad] untrained, [oerfaren] unpractised **-överlagd** *a* [överilad] rash; [ej planlagd] unpremeditated **-överskådlig** *a* [oredig] confused; [ofantlig] immense, vast; [oändlig] boundless; [om följder o. d.] incalculable, [om tid] indefinite **-överstiglig** *a* insurmountable, [bildl. äv.] insuperable; ~ *klyfta* [äv. bildl.] unbridgeable gulf **-översättlig** *a* untranslatable **-överträffad** *a* unsurpassed, *i fråga om* for **-överträfflig** *a* unsurpassable **-övervinn[e]lig** *a* [mera eg.] invincible, [om t. ex. blyghet, motvilja] unconquerable, [om svårighet o. d.] insuperable

P

p, *sätta ~ för..* put a stop to..
pacif|ism pacifism **-ist** pacifist
pack [slödder] rabble, riff-raff
packa I *tr* pack [up]; *~d med folk* crammed (packed, crowded) [with people] **II** [m. beton. part.] *~ ihop sig* [tränga ihop sig] crowd; *~ in* pack up, put in; *~ sig i väg* be off; *~ ner* pack up; *~ upp* unpack
pack|e pack[age]; [bunt] bundle **-is** pack-ice **-lår** [packing-]case **-ning** [konkr.] **1** pack [äv. ⚔]; [bagage] luggage, [isht amer.] baggage **2** [⊕] gasket, packing; [till kran o. d.] washer **-åsna** pack-ass
padda toad
paddel paddle **paddelkanot** paddling canoe **paddla** *itr* paddle
page page, *hos* to **-hår** page-boy hair
paginera *tr* paginate, page
pagod pagoda
paj [allm.] pie; [utan [deg]lock] tart
pajas clown; [friare] buffoon
paket [allm.] parcel, [litet] packet, [större o. amer. samt bildl.] package; *ett ~ cigarretter* a packet ([amer.] a pack) of cigarettes **-avtal** [enhetsavtal] package deal **-cykel** carrier cycle **-era** *tr* packet **-hållare** [luggage] carrier **-inlämning** receiving-office: [post.] parcel counter **-post** parcel post **-resa** [allt-i-ett-resa] package (packaged) tour **-utlämning** delivery-office
pakt pact, treaty
palats palace **-lik** *a* palatial
Palestina Palestine
palett palette, pallet
paletå [light] overcoat, top-coat
palissad [⚔] palisade
paljett spangle, paillette
pall [möbel] stool, [fotstöd] foot-stool **palla** *tr, ~ upp* chock [up], block up
pallra *rfl, ~ sig av* toddle off
palm palm **-blad** palm-leaf **-söndag** Palm Sunday **-vin** palm-wine
palsternacka parsnip
paltbröd blood bread
paltor *pl* rags, duds
pamflett [smädeskrift] lampoon
pamp bigwig, big bug (noise), VIP
pampig *a* magnificent, grand
pampusch overshoe
Panamakanalen the Panama Canal
panamerikansk *a* Pan-American
panegyrik panegyric
panel [eg.] panel[-work], panelling [end. sg.] **-höna** wallflower
panera *tr* breadcrumb
pang *itj* bang!, crack!, pop!
pan|ik panic **-isk** *a* panic; *i ~ förskräckelse* in a panic
pank *a* [pred.] broke, cleaned out
1 panna [kok.]: [allm.] pan, [kaffe~] kettle; [värme~] furnace; [ång~] boiler
2 pann|a forehead; *med rynkad ~* frowning, *se äv. rynka II* **-ben** frontal bone
pann|biff [ung.] hamburger **-kaka** pancake; *det blev ~ av alltihop* [gick i stöpet] it fell flat, it flopped
pannrum boiler room
panoptikon waxworks [pl. lika]
panorama panorama
pansar 1 armour [end. sg.] **2** [zool.] carapace **-förband** armoured unit **-plåt** armour-plate **-skjorta** coat of mail **-värnsvapen** anti--tank weapon
pansra *tr* armour[-plate]
pant pledge, pawn; [i lek] forfeit; *betala ~* [för t. ex. tomglas] pay a deposit; *lämna.. i ~* leave.. as a pledge; *sätta sin heder i ~* pledge one's honour **-bank** pawnshop
panteism pantheism
panter panther
pant|kvitto pawn-ticket **-lek** [game of] forfeits **-lånekontor** pawnbroker's [shop], pawnshop
pantomim pantomime, dumb show
pant|sätta *tr* [i bank] pawn; *vara -satt* be in pawn
papegoja parrot
papiljott curler
papism papism **papist** papist
papp pasteboard; [kartong] cardboard
pappa father, *till* of; F pa[pa], dad, [barnspr.] daddy; *jfr far*
pappask cardboard box
papper [ss. ämne o. koll.]: paper, [brev~] stationery, [omslags~] wrapping paper; *jfr värdepapper; ett ~* a piece of paper; *några ~* [ark] some sheets of paper; *förete sina ~* present one's papers [of identity]
pappers|ark sheet of paper **-avfall** waste paper **-bruk** paper-mill **-exercis** red tape **-handel** [butik] stationer's [shop] **-kasse** paper carrier **-kniv** paper-knife(-cutter) **-korg** waste-paper basket, [amer.] waste-basket; [utomhus] litter-bin **-kvarn** bureaucratic machinery **-lapp** slip of paper **-massa** paper pulp **-munstycke,** [*cigarrett*] *med ~* paper-tipped.. **-påse** paper-bag **-remsa** strip of paper **-servett** paper--napkin **-tillverkning** papermaking **-varor** *pl* paper articles (goods); [skrivmateriel] stationery [sg.]
pappkartong cardboard box

paprika [krydda] paprika
papyrus[rulle] papyr|us [pl. -i]
par 1 [sammanhörande] pair; [två stycken] couple; *ett ~ [handskar (byxor)]* a pair of..; *ett gift ~* a married couple; *~ om ~* in pairs (couples), two by two **2** *ett ~ [några]..* a couple of.., two or three..; *ett ~ hundra kronor* a hundred kronor or so; *om ett ~ dagar* in a day or two, in a few days
para I *tr* **1** [ordna parvis], *~ [ihop]* match, pair [..together] **2** [låta kopulera] mate, pair **II** *rfl* mate, pair
parabel [matem.] parabola
parad 1 [⚔ o. friare] parade **2** [fäkt.] parry, [boxn.] block **3** [paraddräkt ⚔] full dress uniform **-era** *itr* parade
paradis paradise; *~ets lustgård* the Garden of Eden **-dräkt,** *i ~* in one's birthday suit **-fågel** bird of paradise **-isk** *a* paradisiac[al]; heavenly
parad|marsch parade march **-nummer** show-piece
paradox paradox **-al** *a* paradoxical
paraduniform full dress uniform
paraffin [solid] paraffin
para|fras paraphrase **-graf** [numrerat stycke] section, [jur. äv.] paragraph; [i traktat o. d.] article **-grafryttare** bureaucrat
parallell *s o. a* parallel **-klass** parallel class **-ogram** parallelogram
paraly|sera *tr* paralyse **-si** paralysis
paranoia paranoia
parant *a* [elegant] elegant, [flott] chic
paranöt Brazil-nut
paraply umbrella **-fodral** umbrella case **-ställ** umbrella stand
parasit parasite, [om pers. äv.] hanger-on, sponger **-era** *itr* sponge
parasoll parasol, sunshade
paratyfus paratyphoid [fever]
pardon quarter; *utan ~* without mercy
parentes parenthes|is [pl. -es], brackets [pl.]; *sätta..inom ~* put..in brackets (parenthesis); *inom ~ sagt* by the way, incidentally
parera *tr* parry; [avvärja] fend off
parfym *s o.* **-era** *tr* perfume, scent **-flaska** [med parfym] bottle of perfume **-handel** [butik] perfumery [shop]
parhäst, *en ~* a horse of a pair; *hänga ihop som ~ar* be inseparable
pari, *till ~* at par; *under (över) ~* below (above) par
paria pariah, [bildl. äv.] outcast
parikurs par value; *till ~* at par
paris|are 1 [pers.] Parisian **2** [kok.] hamburger **-isk** *a* Parisian **-iska** Parisienne
paritet parity; *i ~ med* on a level (par) with
park park **-era** *tr itr* park; [för kortare uppehåll] wait **-ering** parking; *jfr äv. parkeringsplats*
parkerings|automat parking-meter **-förbud,** *det är ~* parking is prohibited **-hus** multi-stor[e]y car park **-ljus** parking light **-plats** parking-place; [område] car park, [amer.] parking lot; [rastplats vid landsväg] lay-by **-vakt** [för -mätare] traffic warden; [vid -plats] car-park attendant
parkett 1 [teat.] stalls [pl.]; *främre ~* orchestra stalls; *bakre ~* pit **2** [golv] parquet flooring **-biljett** ticket for the stalls **-golv** parquet floor
parlament parliament **-arisk** *a* parliamentary **-arism** parliamentar[ian]ism **-era** *itr* [underhandla] negotiate, parley
parlaments|beslut act of parliament **-byggnad** parliament building; *~en* [i Engl.] the Houses of Parliament [pl.] **-ledamot** member of parliament, M.P.
parlör phrase-book
parnass, *den svenska ~en* the Swedish Helicon
parning mating, pairing **parningsdrift** sexual urge **parningslek** mating dance **parningstid** mating season
parod|i parody, *på* of **-iera** *tr* parody, mimic, travesty **-isk** *a* parodic[al]
paroll [bildl.] watchword, slogan
part [del] portion, share; [jur.] party
parti 1 [del] part [äv. mus.]; [avdelning] section; [av bok] passage **2** H [kvantitet] lot; [varusändning] consignment, parcel, [alla m. 'of' framför följ. best.]; *i ~ och minut* [by] wholesale and [by] retail **3** [polit.] party **4** [spel~] game **5** [gifte] match **6** *ta ngns ~* take a p.'s part (side); *ta sitt ~* make one's choice **-affär** H wholesale-business **-beteckning** party label **-biljett** *se rabattkort*
particip participle
partiell *a* partial **partiellt** *adv* partially; *~ arbetsför* partially disabled
parti|gängare fanatical party man **-handel** wholesale trade (trading)
partikel particle [äv. språkv.]
parti|kongress party conference **-ledare** party leader **-pamp** party bigwig **-politik** party politics **-politisk** *a* party-political **-pris** wholesale price
partisan partisan
partisk *a* partial, bias[s]ed, one-sided **-het** partiality, bias, one-sidedness
partitiv *a* partitive
partitrogen *a* ..loyal to one's party
partitur score
partner partner
party party
parvel little fellow (chap)
parvis *adv* in pairs (couples)
pascha pasha

1 pass *s* **1** [passage] pass **2** [legitimation] passport **3** [jakt., polist. o. d.] beat; *stå på ~* [allm.] be on guard **4** [tjänstgöring] duty; *vem har ~* [*et*] *i kväll?* who is on duty tonight? **5** *så ~ mycket* [så [här] mycket] as much as this; *så ~* [till den grad] *stor att..* so big that..; *komma* [*ngn*] *väl (bra) till ~* come in handy

2 pass *itj* [kortsp.] pass!, none!

3 pass *itj, ~ för den!* that's mine!

passa I *tr itr* **1** ([ibl. äv.] *~ på* [obeton.]) [ge akt på] attend (pay attention) to, [hålla ett öga på] keep an eye on; [[av]vakta] watch for; [se efter] see to, look after; [betjäna] wait upon; *~ telefonen* answer the telephone; *~ tiden* be punctual; *~ på* [utnyttja] *tillfället* take the chance (opportunity); *~ tåget* be in time for the train **2** [vara lagom (avpassad), lämpa sig o. d.] fit [isht om konkr. ting], suit, *efter* [i bägge fallen] to; [vara lämplig] be fit [ting], *till* for; be suitable, *till* for, *för* to; [vara läglig, bekväm äv.] be convenient, [*för*] *ngn* to a p.; [*möbeln*] *~r inte här* ..is out of place here; *det ~r mig utmärkt* it suits me excellently; *de ~r för varandra* they are suited to each other; *han ~r inte för platsen* he is not the man for the post; *den ~r* [går in] *i fickan* it fits into the pocket; *en slips som ~r till* [*kostymen*] a tie that goes well with (matches)..; *han ~r bra till (att vara)* [*lärare*] he is cut out *el.* is the right sort of man for (to be) a.. **3** [vara klädsam] suit, become; [anstå] be becoming (*ngn* for a p.) [osv.], *jfr II 2* **4** [kortsp.] pass **5** [sport.] pass

II *rfl* **1** [lämpa sig] be convenient; *när det ~r sig* when convenient **2** [anstå] be becoming, be fitting; become, *för ngn* a p.; *det ~r sig inte* it is not proper **3** [se upp] look out. —*Jfr passande*

III [m. beton. part.] *~ ihop* a) [itr. eg.] fit [together]; *~ ihop* [om pers.] suit (be well suited to) each other; *~ ihop med* [*ngt*] match..; *det ~r bra ihop med* [*mina planer*] it fits in well with.. b) [tr.] fit.. together; [⊕] joint; *~ in* a) [tr.] fit..in[to] b) [itr.] fit [in]; *~ in på..* apply (be applicable) to..; *~ på* look out; *~ på medan..* take the opportunity while..; *inte ~ på* [se upp] not give attention; *~ till, se avpassa; ~ upp* a) [betjäna] attend, [vid bordet] wait, [*på*] *ngn* on a p. b) *pass upp!* look out!

passabel *a* passable

passadvind trade-wind

passag|e passage; *lämna fri ~* leave the way free **-erare** passenger

pass|ande *a* [lämplig] suitable; fit [isht pred. i bet. 'värdig']; [läglig] convenient, *till* [i samtl. fall] for; [riktig, rätt] appropriate, proper, correct; [tillbörlig] becoming, befitting; *det skulle inte vara ~* [anständigt] it would not be proper; *vara ~* [ägnad, an-, av|passad] *för* be fitted (suited, adapted) for; *det ~* [subst. a.: det korrekta] what is [right and] proper, the [proper] thing **-are** compasses [pl.]; *en ~* a pair of compasses

passbyrå passport office

passer|a *tr itr* **1** *~* [*förbi*] pass [by]; [överskrida] cross; *han ~de* [*de andra löparna*] he overtook.. **2** [hända] happen [osv.], *jfr hända I* **3** [kok.] strain **-sedel** pass

passform [om kläder o. d.] fit

passfoto passport photo[graph]

pass|gång amble **-gångare** ambler

passion passion; *med ~* passionately **passionerad** *a* [entusiastisk] keen, ardent, eager, enthusiastic; [lidelsefull] impassioned; *~ kärlek* passionate love **passionerat** *adv* passionately

passiv I *a* passive; *~ delägare* sleeping partner **II** *s* [språkv.] the passive [voice] **-itet** passivity **-um** *se passiv II*

pass|kontroll [abstr.] examination of passports; [konkr.] passport office

passning 1 [eftersyn] attention, [tillsyn] tending **2** [sport.] pass

passopp attendant, [pojke] page[-boy]

passtvång, *införa ~* make passports compulsory; *avskaffa ~* abolish the need for passports

pastej pie, [liten] patty **-deg** pastry

pastell pastel **-målning** pastel [painting (drawing)], [tavla] pastel [picture]

pastilj *o.* **pastill** pastille, lozenge

pastor [frikyrkl. o. isht om utländska förh.] pastor; *~* [*Bo*] *Ek* [the] Rev. Bo Ek **-al** *s o. a* pastoral **-at** [ung.] parish

pastors|adjunkt curate **-expedition** [ung.] [parish] registrar's office **-ämbete** parish authority

patent patent, *på* for; *ta ut ~* take out a patent **-ansökan** application for a patent **-brev** letters patent [pl.] **-era** *tr* patent, take out a patent for, [patentskydda] protect..by [a] patent **-innehavare** patentee **-kork** patent stopper **-lås** safety (yale, patent) lock **-lösning** patent (ready-made, easy) solution **-medicin** [universalmedicin] nostrum, quack medicine **-rätt** [rättighet] patent right[s [pl.]] **-skyddad** *a* patented **-verk** patent office

paternoster|hiss paternoster elevator **-verk** endless chain conveyor

patetisk *a* [högtravande] highflown; [lidelsefull] passionate; [gripande] pathetic

patiens patience; *lägga ~* play [at] patience

patient patient

patina patina; [bildl. äv.] mellowness

patolog|i pathology **-isk** *a* pathological

patos [lidelse] passion, devotion; [t. ex. deklamatoriskt, falskt] pathos; *socialt ~* passion for social justice
patrask rabble, riff-raff
patriark patriarch **patriarkalisk** *a* patriarchal **patriarkat** patriarchate
patricier *s o.* **patricisk** *a* patrician
patriot patriot **-isk** *a* patriotic
1 patron 1 [godsägare] [country] squire; [husbonde] master **2** [skydds~] patron
2 patron [⚔] cartridge; [för t. ex. kulpenna] refill [cartridge] **-hylsa** cartridge[-case]
patrull patrol; *stöta på ~* meet with opposition, *hos ngn* from a p. **-chef** patrol leader **-era** *tr itr* patrol
paus 1 pause; [uppehåll] break; [teat., radio.] interval **2** [mus.] rest
paviljong pavilion
pedagog [allm.] education[al]ist, [lärare] pedagogue **-ik** pedagogy **-isk** *a* pedagogic[al]; [uppfostrande] educational
pedal pedal
pedant fussy person; pedant **-eri** fussiness; pedantry **-isk** *a* fussy; pedantic
pedikur pedicure, chiropody
pegas Pegasus
pejla *tr itr* **1** [bestämma riktningen till] take a bearing of; [flyg. (med radio)] locate **2** [loda] sound [äv. bildl.]
pek|a *itr* point, *på* at (to), *på att*.. to the fact that..; *gå dit näsan ~r* follow one's nose; *hon får allt vad hon ~r på* her slightest wish is fulfilled; *känna sig utpekad* feel accused; *den utpekade [brottslingen]* the alleged.. **-finger** forefinger, index finger
pekin[g]es[er] pekin[g]ese [pl. lika]
pekoral pretentious (bombastic) trash
pekpinne pointer
pekuniär *a* pecuniary, financial
pelare pillar; [kolonn] column
pelargonia pelargonium
pelar|gång colonnade; [arkad] arcade **-rad** colonnade **-sal** pillared hall
pelikan pelican
pendang counterpart
pendel pendulum **pendeltrafik** shuttle service **pendla** *itr* **1** oscillate, pendulate **2** F [t. ex. om förortsbo] commute **pendling** oscillation, pendulation **pendyl** ornamental clock
penetrera *tr* penetrate
peng [slant] coin, piece of money; [jfr följ.] **-ar** *pl* [koll.] money [sg.]; *kontanta (reda) ~* cash, ready money; *ha ~ till [mat]* have money for..; *förtjäna (göra) stora ~* make big money; *vara utan ~* be penniless (out of cash)
penibel *a* [kinkig] awkward
penicillin penicillin
penis pen|is [pl. -es, F -ises]
penna [allm.] pen; [blyerts~] pencil
pennalism bullying **pennalist** bully
penn|drag stroke of the pen **-fodral** pen[cil]-case **-formerare** pencil-sharpener **-fäktare** scribbler
penning *se peng* **-angelägenhet** money matter **-bekymmer** *pl* financial (pecuniary) worries **-brist** shortage (lack) of money **-dryg** *a* purse-proud **-försändelse** remittance [of money] **-hjälp** pecuniary assistance **-knipa** lack of money; *vara i ~* be hard up **-lotteri** state lottery **-placering** investment [of money] **-politik** monetary policy **-summa** sum [of money] **-värde** money value **-värdeförsämring** depreciation of the value of money **-väsen** [myntsystem] monetary system; [finanser] finances [pl.]
penn|kniv penknife **-skaft** penholder **-skrin** pencil-box **-stump** pencil stump **-teckning** pen-drawing **-vässare** pencil-sharpener
pensé pansy
pensel brush **-drag** stroke of the brush **-föring** brushwork
pension 1 [underhåll] pension; *få (avgå med) ~* get (retire on) a pension **2** [flick~] girls' boarding-school **-at** boarding-house **-era** *tr* pension [off], grant a pension to; *~d* pensioned, [ofta] retired
pensions|avgift pension contribution **-försäkring** [individuell] individual old-age pension insurance **-mässig** *a* pensionable, ..qualified for a pension **-ålder** pensionable (retirement) age
pensionär [pensionstagare] pensioner **pensionärshem** pensioners' home
pensla *tr* paint
pensum task, lesson
penteri *o.* **pentry** [⚓] pantry
peppar pepper; *~, ~!* touch wood!; *dra dit ~n växer!* go to blazes! **-kaka** gingerbread biscuit; *mjuk ~* gingerbread cake **-korn** peppercorn **-mynta** peppermint **-rot** horse-radish
peppr|a *tr itr* pepper, [*på*] *ngt* a th. **-ad** *a* [skarp, pepprig] peppery, hot; *en ~ räkning* a stiff bill
per *prep* **1** [medelst] by; *~ brev* [osv.] by letter [etc.] **2** [i distr. uttr.]: *~ månad* [osv.] a) [varje månad osv.] a (per, [ibl.] the) month [etc.] b) [månadsvis osv.] by the month [etc.]; [*5 kronor*] *~ styck* [äv.] ..apiece, ..each; *~ år* [kansl.] per annum; *~ gång* [varje gång] every (each) time; [åt gången] at a time
perenn *a* perennial
perfekt I *a* perfect **II** *s* the perfect [tense]; *~ particip* past (perfect) participle **-um** *se perfekt II*

perforer|a *tr* perforate **-ing** perforation
pergament parchment, vellum **-band** parchment (vellum) binding **-rulle** roll of parchment
pergola pergola
perifer|i **1** [cirkel~] circumference **2** [utkant, ytterområde] periphery **-isk** *a* peripheral [äv. bildl.]
period period **-isk** *a* periodic; ~ *tidskrift* periodical **-läsning** [skol.] teaching concentrated on certain subjects [for fixed periods] **-supare** periodical drinker **-vis** *adv* periodically
periskop periscope
perma|nent **I** *a* permanent **II** *s* perm **-nenta** *tr* **1** [hår] perm; [*låta*] ~ *sig* have a perm **2** [väg] lay .. with a permanent surface
per|mission leave [of absence], [på längre tid] furlough; *ha* ~ be on leave **-missionssedel** pass **-mittent** [⚔] soldier on leave **-mittera** *tr* **1** [⚔] grant leave to **2** [entlediga (arbetare)] dismiss [temporarily]
perpetuum mobile perpetual motion machine
perplex *a* perplexed
perrong *se plattform*
persed|el [⚔] item of equipment; *-lar* [utrustning] equipment, kit [båda sg.]
pers|er Persian **-ian** Persian lamb
Persien Persia
persienn Venetian blind
persika peach
persilja parsley; *prata* ~ talk rubbish
pers|isk *a* Persian **-iska** **1** [kvinna] Persian woman **2** [språk] Persian. — *Jfr svenska*
person [allm.] person; [nedsätt. äv.] individual; [framstående] personage; ~*er* [vanl.] people; ~*erna* [teat.] the cast [sg.]; *en fullvuxen* ~ an adult (a grown-up) [person]; *en offentlig* ~ a public figure (character); *min ringa* ~ my humble self; *i egen hög* ~ in person; *per* ~ per person, per (a) head, each **-al** staff; [isht mil., på sjukhus o. d.] personnel; *ha för liten* ~ be understaffed; *höra till* ~*en* be on the staff **-alier** *pl* biographical data, personalia **-bevis** [åldersbetyg] birth certificate **-bil** private car **-ifiera** *tr* personify, [ibl.] impersonate; *han är den* ~*de hederligheten* he is honesty personified **-lig** *a* personal; individual; ~*t* [på brev] private; *för min* ~*a del* for my [own] part; ~*t pronomen* personal pronoun; ~*a tillhörigheter* personal *el.* private belongings **-ligen** *adv* personally; ['i egen hög person' äv.] in person **-lighet** personality; [person] personage, figure; *han är en* ~ he has personality **-namn** personal name **-nummer** civic registration number **-skada** personal injury **-tåg** [mots. godståg] passenger train; [mots. snälltåg] ordinary (slow) train
perspektiv perspective; ~*en* [utsikterna] the prospects **-fönster** picture window **-ritning** perspective drawing
Peru Peru **peruan** *s o.* **peruansk** *a* Peruvian
peruk wig **-makare** wigmaker **-stock** [bildl.], *en gammal* ~ an old fog[e]y
pervers *a* perverted **-itet** pervertedness [end. sg.], sexual perversion
pessar diaphragm, pessary, Dutch cap
pessimism pessimism **pessimist** pessimist **pessimistisk** *a* pessimistic
pest plague; [friare äv.] pestilence
pet|a *tr itr* [allm.] pick, poke; ~ *naglarna* clean one's nails; ~ *på ngt* pick (poke) at a th., [röra] touch a th.; ~ *sönder* pick .. to pieces; ~ *till ngt* touch a th.; ~ *ut* [avlägsna] remove **-göra** finicky job **-ig** *a* [pedantisk] finical, finicking, meticulous, pedantic; ~ *handstil* cramped hand
petitess trifle
petition petition, *om* for
petmoj F [telef.] [telephone] dial
petroleum petroleum, mineral oil
pianist pianist, piano-player
piano **I** *s* piano [pl. -s]; *spela* ~ play the piano **II** *adv, ta det* ~*!* steady!, take it easy! **-stol** piano-stool **-stämmare** piano-tuner **-tråd** piano-wire
picka *tr itr* **1** [om fågel]: ~ *på ngt* peck at a th.; ~ *i sig* peck up **2** [om hjärtat] flutter
picknick picnic
pick och pack, *ta sitt* ~ take (gather) one's traps; *han gav sig i väg med* [*allt*] *sitt* ~ he cleared out, bag and baggage
pickolo page[-boy], [amer.] bellboy
pick-up pick-up **--nål** stylus
piedestal pedestal
pietet reverence
pietets|full *a* reverent **-lös** *a* irreverent
pietism pietism **pietist** pietist
piff zest; *det är* [*en viss*] ~ *på henne* she has chic; *sätta* ~ *på maten* give a relish to the food **piffa** *tr,* ~ *upp* smarten up **piffig** *a* chic, smart; *en* ~ *maträtt* a tasty (spicy) dish
piga maid
1 pigg *s* spike; [spets] point
2 pigg *a* **1** brisk, spry; [kvick] spirited; [vaken] alert; *en* ~ *unge* a bright child; ~*a ögon* lively eyes; *känna sig* ~ feel fit **2** *vara* ~ *på ngt* be keen on a th. **pigga** *tr,* ~ *upp* buck up, [muntra upp] cheer up; ~ *upp sig* buck (cheer) up
piggna *itr,* ~ *till* come round
pigg|svin porcupine **-var** turbot
pigment pigment
pik **1** [vapen] pike **2** [bergstopp] peak **3**

[stickord] dig, taunt; *ge ngn en* ~ make a [sly] dig at a p. **pika** *tr* taunt
pikant *a* piquant, [kryddad äv.] spicy
1 pil [träd] willow; [för sms. *jfr björk-*]
2 pil 1 [pilbågs~] arrow; [pilkastnings~] dart; *kasta* ~ play darts **2** [vägvisare] finger-post **-båge** bow
pilgrim pilgrim **pilgrimsfärd** pilgrimage; *göra en* ~ go on a pilgrimage
pil|kastning [spel] darts **-koger** quiver
pilla *itr,* ~ [knåpa] *med ngt* potter at a th.; [f. ö. *se peta*]
piller pill **-ask** *o.* **-burk** pillbox
pilot pilot **-ballong** pilot-balloon
pilsnabb *a* ..swift as an arrow
pilsner [ung.] lager
pilspets arrow-head
1 pimpla *tr itr* [dricka] tipple
2 pimpla *tr itr* [fiske.] jig, *ngt* for a th.
pim[p]sten pumice[-stone]
pina I *s* pain, torment[s [pl.]], suffering **II** *tr* torment, torture; ~ *livet ur ngn* [bildl.] worry the life out of a p.; *en ~nde blåst* a biting (piercing) wind
pinc|ené eye-glasses [pl.] **-ett** tweezers [pl.]
pingla I *s* [small] bell, tinkler **II** *itr* tinkle, jingle
pingpong ping-pong
pingst, ~*[en]* Whitsun[tide], *jfr jul* **-afton** Whitsun Eve, *jfr julafton* **-dag** Whit-Sunday, *jfr juldag 1* **-helg,** ~*en* Whitsun[tide] **-lilja** [white] narcissus **-rörelse,** ~*n* the Pentecostal Movement **-vän** Pentecostalist
pingvin penguin
pinje stone-pine; [för sms. *jfr björk-*]
pinn|e [allm.] peg; [för fåglar] perch; *stel (styv) som en* ~ [as] stiff as a poker; [ved~] stick **-hål,** *komma ett par* ~ *högre* rise a step or two **-soffa** rib-back[ed] settee **-stol** railback chair, Windsor-style chair
pin|oredskap instrument of torture **-sam** *a* painful; [om t. ex. paus äv.] awkward
pion peony
pionjär 1 pioneer **2** [⚔] sapper
1 pip [ljud] peep, cheep; [fågels äv.] chirp; [råttas] squeak **II** *itj* peep!
2 pip [på kärl] spout
1 pipa *itr* [om fåglar] chirp, cheep, [om råttor] squeak; [om vinden] whistle
2 pip|a *s* pipe; [vissel~] whistle; *röka* ~ smoke a pipe; *gå åt ~n* go to pot **-huvud** pipe-bowl
pipig *a* [om röst] squeaky
pip|rensare pipe-cleaner **-skaft** pipe-stem
pipskägg pointed beard
pir pier; [mindre äv.] jetty
pirat pirate **-sändare** pirate transmitter
1 pirog [båt] pirogue
2 pirog [pastej] Russian pasty
pirra *itr, det ~r i magen [på mig]* I have butterflies in the stomach
piruett *s o.* **piruettera** *itr* pirouette
pisk whipping; *få* ~ be whipped
pisk|a I *s* whip **II** *tr itr* **1** whip, [stark.] lash; [prygla äv.] flog; [mattor] beat; ~ *upp ngn* beat up a p. **-rapp** lash, cut with a whip **-snärt** [piskslag] crack
pissa *itr* piss, [mindre vulg.] pee, piddle
pissoar urinal
pistill [bot.] pistil
pistol pistol, F gun **-hölster** holster **-kolv** pistol-butt **-skott** pistol-shot
pistong [⊕] piston
pitt [vard.] cock, prick
pittoresk *a* picturesque
pivot *o.* **pivå** [⊕] pivot
pjoller babble; [struntprat] drivel
pjosk 1 [klemande] coddling, pampering **2** [sjåpighet] effeminacy, softness **pjoska** *itr,* ~ *med ngn* coddle (pamper) a p. **pjoskig** *a* mawkish, effeminate
pjäs 1 [teat.] play **2** [föremål] piece; [⚔] piece **3** [schack.] man [pl. men]
pjäxa [skid~] skiing-boot
placer|a I *tr* **1** [allm.] place; [förlägga, anbringa]: [person äv.] station, [sak äv.] locate; [gäster] seat **2** ~ *pengar* invest money **II** *rfl* **1** [sätta sig] seat oneself; [ställa sig] take one's stand **2** [sport.] ~ *sig som etta* come first; *inte bli ~d* not be placed **III** [m. beton. part.] ~ *om* [allm.] put..in another position; [möbler o. d.] rearrange, shift about; [tjänsteman o. d.] transfer.. to another post; [pengar] re-invest; ~ *ut* [sätta ut] set out **-ing** [allm.] placing [osv.]; *jfr placera I 1;* [om pengar] investment
pladask *adv, falla* ~ come down flop
pladd|er *s o.* **-ra** *itr* babble, prattle
plage beach
plagg garment, article of dress
plagi|at plagiarism **-era** *tr* plagiarize
plakat *s* bill, [större] placard, poster
plakett plaque, [mindre] plaquette
plan I *s* **A** [*-en -er*] **1** [öppen plats] open space, piece of ground, [liten, t. ex. framför hus, äv.] area; [boll~ o. d.] ground, field, [tennis~] court **2** [planritning] plan (*till* for, *of*) **3** [bildl.]: [planering o. d. allm.] plan (*på* for), [avsikt, förslag äv.] scheme, design, project; *äventyrliga ~er* wild schemes; *ha ~er på ngt* plan a th.; *hysa ~er mot* have (harbour) designs on **B** [*-et-*] **1** [[plan] yta] plane, [nivå äv.] level; *ligga i samma ~ som* be on the same level as; *i två* ~ in two planes **2** [flyg~] plane **II** *a* plane, level; ~ *yta* plane surface **-era** *tr* **1** [jämna mark o. d.] level **2** [planlägga] plan, design, project; ~ [göra förberedelser] *för* make preparations for
planet planet **-system** planetary system

planhushållning economic planning

plank 1 ⌈koll.⌉ deals ⌈pl.⌉ **2** ⌈staket⌉ fence, ⌈kring bygge o. d., för affischering⌉ hoarding[s ⌈pl.⌉] **planka** plank, ⌈av furu el. gran⌉ deal

plankstrykare house painter; ⌈kluddare⌉ dauber

plankton plankton

plan|lägga *tr* plan, *jfr vid. planera 2; -lagt mord* premeditated murder **-läggning** planning, design **-lös** *a* planless, unmethodical, ⌈utan mål⌉ aimless, ⌈om t. ex. studier, sökande⌉ random **-löst** *adv* planlessly ⌈etc.⌉, *jfr planlös;* ⌈på måfå äv.⌉ at random **-mässig** *a* methodical, systematic[al] **-ritning** ⌈konkr.⌉ [ground] plan; ⌈konstruktionsritning⌉ plan-drawing

plansch plate, illustration; ⌈vägg-⌉ wall chart **-verk** volume of prints, ⌈m. gravyrer o. d.⌉ collection of engravings

planslipad *a,* ~ ⌈*botten*⌉ ..ground level

planta ⌈allm.⌉ plant, ⌈uppdragen ur frö⌉ seedling, ⌈träd~⌉ sapling **plantage** plantation

plantageägare plantation owner, planter

plantera *tr* plant, ⌈t. ex. häck⌉ set; ~ *..i en kruka* pot..; ~ *in* ⌈djur, växter⌉ transplant, introduce; ~ *om* transplant, ⌈krukväxt⌉ repot **plantering** ⌈konkr.⌉ plantation; ⌈anläggning⌉ park, garden; ⌈liten ~ i stad ofta⌉ square **plantskola** nursery

plask *s o.* **plaska** *itr* splash, plash **plaskdamm** paddling (wading) pool (pond)

plast plastic **-ik 1** ⌈konst.⌉ plastic art **2** ⌈läk.⌉ plastic surgery **-isk** *a* plastic **-påse** plastic bag **-varor** plastic goods

platan 1 plane[-tree], platan **2** ⌈virke⌉ plane wood. — ⌈För sms. *jfr björk-*⌉

platin|a platinum **-era** *tr* platinize

platon[i]sk *a* Platonic

plats 1 ⌈ställe allm.⌉ place, ⌈ort äv.⌉ locality, ⌈'ort och ställe'⌉ spot, ⌈fri ~⌉ open space; ⌈sittplats, mandat⌉ seat; ⌈utrymme⌉ space, ⌈tillräcklig ~⌉ room; *beställa* ~ ⌈t. ex. på bilfärja⌉ book a passage; *få* [*en bra*] ⌈sitt⌉-~ get a [good] seat; *få* ~ *med* find room for; ⌈*hotellet*⌉ *har* ~ *för 100 gäster* ..has accommodation for 100 guests; *lämna* ~ *för* make room for; *lämna* ~ ⌈*för anteckningar*⌉ leave space..; *ta* [*upp*] *stor* ~ take up a great deal of space (room); *var god och tag* ~ please be seated; *tag* ~*!* ⌈järnv.⌉ take your seats, please!; *här på* ~*en* a) ⌈ss. adv.⌉ here, at this place b) ⌈attr.⌉ local..; *representanten på* ~*en* the local agent; *bo på* ~*en* live on the spot; *ställa ngt på sin* ~ put a th. where it belongs; *sätta ngn på* ~ take a p. down; *det vore på sin* ~ *om..* it would not be out of place if.. **2** ⌈anställning⌉ situation, job, place, ⌈befattning⌉ post, position; *få* ~ get a situation (job), *hos* with; *söka* ~ look for a job; *utan* ~ out of a job, unemployed

plats|agent local agent **-ansökan** application for a situation ⌈etc.⌉ *jfr plats 2* **-biljett** seat reservation [ticket] **-sökande I** *a* ..in search of employment **II** *s* applicant [for a situation ⌈etc.⌉ *jfr plats 2*]; ⌈ss. rubrik⌉ situations wanted

platt I *a* flat; ⌈banal äv.⌉ trite, commonplace; ~ *uttryck* platitude **II** *adv* flatly; ~ *intet* just nothing; ~ *omöjligt* quite impossible **platta I** *s* ⌈allm.⌉ plate, ⌈tunn⌉ lamin|a ⌈pl. -ae⌉; ⌈rund⌉ disc, disk, ⌈grammofon~ vanl.⌉ record; ⌈sten~⌉ flag[stone] **II** *tr,* ~ *till (ut)* flatten [out], ⌈valsa ut⌉ laminate **plattform** platform

platt|fot flat-foot **-fotad** *a* flat-footed **-het 1** flatness **2** ~*er* ⌈bildl.⌉ platitudes

plattysk *a o.* **plattyska** *s* Low German

platå plateau, ⌈högslätt äv.⌉ tableland

plebej plebeian **-isk** *a* plebeian, ⌈okultiverad äv.⌉ common, vulgar, low

plenum plenary (full) meeting (session)

pli manners ⌈pl.⌉; *få* ~ *på sig* learn how to carry (bear) oneself

plikt 1 ⌈skyldighet⌉ duty, *mot* towards; ⌈förpliktelse⌉ obligation **2** ⌈böter⌉ fine

plikt|a *tr itr* ⌈jur.⌉ pay a fine; *få* ~ *med livet* pay with one's life **-förgäten** *a* ..forgetful of one's duty, undutiful **-känsla** sense of duty **-skyldig** *a* dutiful **-skyldigast** *adv* dutifully, as in duty bound; ⌈vederbörligen⌉ duly **-trogen** *a* faithful, dutiful, loyal **-tro[gen]het** faithfulness, dutifulness, loyalty **-uppfyllelse** fulfilment of one's duty

plint 1 ⌈byggn.⌉ plinth **2** ⌈gymn.⌉ box

plira *itr* screw up one's eyes, *mot* at

plissé ⌈veckning⌉ pleating; ⌈veck⌉ pleat

plita *itr* ⌈skriva⌉ write busily; ⌈knoga⌉ labour, plod; ⌈knåpa⌉ potter about

plock ⌈småplock⌉ odds and ends ⌈pl.⌉

plocka I *tr itr* ⌈allm.⌉ pick, ⌈samla⌉ gather; ~ *en fågel (ögonbrynen)* pluck a fowl (one's eyebrows); ~ ⌈*äpplen*⌉ pick.. **II** ⌈m. beton. part.⌉ ~ *av* ⌈frukt⌉ pick [off], gather; ⌈t. ex. bord⌉ clear; ~ *bort* remove, take away, pick off; ~ *fram* take out; ~ *ihop* ⌈t. ex. sina tillhörigheter⌉ gather.. together, collect; ~ *ner* take down; ~ *sönder* pick (take)..to pieces; ~ *åt sig* grab

plog plough (⌈amer.⌉ plow)

plog|a *tr itr,* ~ [*vägen*] clear the road **-bill** [plough]share **-fåra** furrow

plomb 1 ⌈tandläk.⌉ filling **2** ⌈försegling⌉ [lead] seal **-era** *tr* **1** fill **2** seal

plommon plum **-stop** bowler (⌈isht amer.⌉ derby) [hat] **-träd** plum-tree

plottra *itr* **1** ⌈småsyssla⌉ potter about; ~ *bort* fritter (trifle) away

plugg 1 ⌈tapp⌉ plug, stopper, ⌈i tunna⌉ tap,

bung **2** F [-ande] swot[ting], cram[ming], grind[ing] **plugga I** *tr*, ~ *igen* plug up **II** *tr itr* F [pluggläsa] swot, grind; ~ *i ngn (sig) ngt* grind (cram) a th. into a p.'s (one's) head **plugghäst** swot[ter], crammer
1 plump *a* coarse, rude, rough
2 plump *s o.* **plumpa** *itr* blot
plumphet coarseness [etc.] *jfr 1 plump;* ~*er* coarse remarks (language [sg.])
plumpudding Christmas [plum] pudding
plumsa *itr* [falla] plop, flop, splash, *i* into
plundr|a *tr* [utplundra] plunder, [råna] rob, [skövla] pillage, loot, *på* of; ~ [*julgranen*] strip.. **-ing** plunder[ing], robbing, pillage, looting [samtl. end. sg.], *jfr plundra o. följ.* **plundringståg** plundering expedition
plunta pocket-pistol, pocket-flask
plural[**is**] *s* the plural; *en* ~ a plural; [*första personen*] ~ ..plural **pluraländelse** plural ending
plus I *s* [tecken] plus **II** *adv* plus, and **-grad** degree above zero **-konto** credit account **-kvamperfekt**[**um**] the pluperfect [tense]
plussig *a* bloated
plustecken plus [sign]
pluto|krat plutocrat **-krati** plutocracy
pluton platoon **plutonsbefäl** [pers., koll.] officers [pl.] at platoon level **plutonsofficer** non-commissioned officer
plym plume
plysch plush **-klädd** *a* plushy
plåg|a I *s* [smärta] pain, [pina] torment, [lidande] affliction; [plågoris] nuisance, plague, [hemsökelse] infliction **II** *tr* [pina] torment, [starkare] torture; [oroa, besvära] worry, harass, [starkare] plague; ~ *livet ur ngn* worry the life out of a p.; *det* ~*r mig* [*att se*..] it hurts me..; ~*d av oro* worried to death; *se* ~*d ut* look pained **-as** *itr. dep* suffer [pain]
plågo|ande tormentor **-läger** bed of pain **-ris** scourge, [svagare] pest, plague
plågsam *a* painful
plån 1 [på tändsticksask] striking surface **2** [skriv-] tablet **-bok** wallet
plåster plaster; *som* ~ *på såret* to make up for it **plåsterlapp** piece of plaster **plåstra** *itr*, ~ *med* doctor; ~ *ihop* patch..up; ~ *om* [sår] dress
plåt 1 [koll.] [sheet-]metal **2** [skiva o. foto.] plate
plåt|burk tin, can **-slagare** sheet-metal worker, plater **-tak** plated roof
pläd [[res]filt] rug; [skotsk schal] plaid
plädera *itr* plead
pläga *itr, se bruka 3* **plägsed** custom
pläter *s o.* **plätera** *tr* plate
plätt 1 [fläck] spot **2** [kok.] small pancake **-järn** *o.* **-lagg** pancake iron
plöj|a *tr* plough ([amer.] plow); ~ *sig fram* force one's way **-ning** ploughing
plös tongue [of a shoe]
plötslig *a* sudden, abrupt **plötsligt** *adv* suddenly, abruptly, all of a sudden; ~ *avbryta* cut..short
P.M. memo [pl. -s]
pock|a *itr*, ~ *på* insist upon; [*frågan*] ~*r på ett svar* ..demands an answer **-ande** *a* [enträgen] importunate, [fordrande] exacting; *ett* ~ *behov* an urgent need
pocketbok paperback, [ibl.] pocket-book
poem poem **poesi** poetry **poet** poet **poetisk** *a* poetic[al]
pointer pointer
pojkaktig *a* boyish **-het** boyishness
pojk|e [allm.] boy, [känslobeton. äv.] lad, [friare äv.] fellow, chap **-klass** boys' class **-lymmel** young rascal (scamp) **-lynne** boy nature **-namn** boy's name **-skola** boys' school **-streck** boyish (schoolboy) prank, lark **-vasker** little fellow, [större] stripling
pokal [isht pris] cup, [f. dryck] goblet
poker poker **-ansikte** poker-face
pokulera *itr, de satt och* ~*de* they sat drinking together
pol pole
polack Pole
polar *a* polar **-forskare** polar explorer **-is** polar ice **-räv** arctic fox
polcirkel polar circle; *norra (södra)* ~*n* the Arctic (Antarctic) circle
polem|ik polemic[s [vanl. sg.]], controversy **-isera** *itr* polemize, carry on a controversy **-isk** *a* polemic[al]
Polen Poland
poler|a *tr* polish **-medel** polish
poliklinik out-patient department
polio polio[myelitis]
1 polis 1 [-myndighet o. koll.] police [pl.] **2** [-man] policeman, police officer, [amer. vanl.] patrolman; F [i Engl.] bobby; *en kvinnlig* ~ a policewoman
2 polis [försäkr.] [insurance] policy
polis|anmälan report to the police **-assistent** [ung.] [police] sergeant; *förste* ~ [chief] inspector **-bil** patrol car **-bricka** policeman's badge **-förhör** police interrogation **-hund** police-dog **-hus** police head-quarters [sg. el. pl.] **-kommissarie** chief [police] superintendent **-konstapel** *se 1 polis 2* **-kontor** [sub-]police-station **-kund** regular offender **-kår** police force **-man** *se 1 polis 2* **-mästare** [police] commissioner
polisonger *pl* whiskers
polis|piket police picket; [bil] police car **-sak,** *om det blir* ~ *av det* if it comes before the police **-spärr** [kedja] police cordon, [vägspärr] road-block **-station** police-station **-syster** police matron **-undersökning** police investigation **-utred-**

ning se *-undersökning*
politices, ~ *magister (pol. mag.)* Master of Political Science (M. Pol. Sc.); *jfr filosofie*
polit|ik politics [sg. el. pl.]; [handlingssätt] policy **-iker** politician **-isk** *a* political
polityr polish, [snick.] French polish
polka polka **-gris** peppermint rock
pollen pollen
pollett check, counter, [gas~] disc (disk) **-era** *tr,* ~ *[bagaget]* have one's luggage labelled (registered), [amer.] check one's baggage **-ering** registering, registration, [amer.] checking
pol. mag. *se politices*
polo polo **-krage** polo (turtle) neck
polonäs polonaise
polsk *a* Polish **polska 1** [kvinna] Polish woman **2** [språk] Polish. — *Jfr svenska*
Polstjärnan the pole-star (North Star)
poly|gam *a* polygamous **-gami** polygamy
polyp 1 [zool.] polyp[e] **2** [läk.] polyp|us [pl. äv. -i]
pomada *s o.* **pomadera** *tr* pomade
pomerans Seville (bitter) orange
Pommern Pomerania
pommes frites *pl* chips, [amer.] French fried [potatoes], French fries
pomp[a] pomp **pompös** *a* [ståtlig] stately; [uppblåst] pompous
pondus authority, [värdighet] dignity
ponera *tr* suppose
ponny pony
ponton pontoon **-bro** pontoon bridge
pop|artist F pop artiste **-konst** F pop art
poplin poplin
poppel poplar; [för sms. *jfr björk-*]
popularisera *tr* popularize **popularitet** popularity **populär** *a* popular, *bland* with
populärvetenskap popular science
por pore
porla *itr* murmur, ripple, purl
pormask blackhead
porno|grafi pornography **-grafisk** *a* pornographic
porr F porno, porn **-film** porno (F blue) film (movie)
porslin [materialet]: china, [äkta ~] porcelain; [koll.]: [hushålls~] china[ware], [finare] porcelain
porslins|affär china shop **-servis** set of china **-tallrik** china plate
port [ytterdörr] [street-(front-)]door, [inkörs~, sluss~] gate [äv. bildl.], [portgång] gateway
portabel *a* portable
portal portal
porter stout, [svagare] porter
portfölj brief-case; *minister utan* ~ minister without portfolio
port|förbjuda *tr,* ~ *ngn* refuse a p. admittance to the house **-gång** gateway, doorway
portier receptionist, reception clerk; [vaktmästare] hall porter
portion 1 [eg.]: [allm.] portion, [ranson] ration **2** [bildl.], *en viss* ~ *sanning* a certain amount of truth; *i små ~er* in small doses **portionera** *tr,* ~ *[ut]* portion **portionsvis** *adv* in portions
portmonnä purse
portnyckel latchkey, front-door key
porto postage **-fri** *a o.* **-fritt** *adv* post-free, ..free of postage **-höjning** increase of postal rates
porträtt [allm.] portrait, [isht foto äv.] picture **-era** *tr* portray **-lik** *a* lifelike **-målare** portrait painter
porttelefon house telephone
Portugal Portugal **portugis** Portuguese [pl. lika] **portugisisk** *a* Portuguese **portugisiska 1** [kvinna] Portuguese woman **2** [språk] Portuguese. — *Jfr svenska*
port|vakt [dörrvakt] porter; [i hyreshus] caretaker **-valv** archway, porch
portvin port [wine]; *rött* ~ tawny port
porös *a* porous, [svampaktig] spongy
pos|e pose, attitude **-era** *itr* pose **-ition** position, *jfr äv. ställning 1*
1 positiv I *a* [allm.] positive; *~t [svar]* affirmative.. **II** *s* [gram.] the positive [degree]
2 positiv *s* [mus. bärbart] barrel-organ **-halare** *o.* **-spelare** organ-grinder
possessiv *a* possessive
post 1 [brev~ o. d.] post, mail [isht amer.]; *sända .. med (per)* ~ post.., mail.., send.. by post (mail) **2** [post[kontor]] post-office; *Posten* [postverket] the Post Office ([förk.] P.O.) **3** H [i bokföring o. d.] item, entry; [belopp] amount; [varuparti] lot; *[betala] i ~er* ..by instalments **4** [⚔ vaktpost] sentry; *stå på* ~ be on guard **5** [befattning] post, appointment
post|a *tr* post, [amer.] mail **-adress** postal address **-anstalt** post-office **-anvisning** [allm.] money order; *hämta pengar på en* ~ cash a money order **-box** post-office box ([förk.] P.O.B. *el.* P.O.Box) **-bud** post messenger
poste restante *adv* poste restante [fr.], [amer.] general delivery
post|expedition [branch] post-office **-expeditör** post-office clerk **-fack** *se postbox* **-flyg** air mail service **-förande** *a* mail-carrying.. **-förbindelse** postal communication **-förskott** cash ([amer.] collect) on delivery ([förk.] C.O.D.); *sända ngt mot* ~ send a th. C.O.D. **-försändelse** postal item **-giro** postal giro service ([konto] account)
postgymnasial *a* [attr.] 'post-gymnasium', *jfr gymnasium*

postgång postal service **postiljon** sorting clerk; [brevbärare] postman, [amer.] mailman
postisch hairpiece, postiche
post|kontor post-office **-kort** [frankerat] postcard, [amer.] postal card **-kupp** [rån] post-office (mail) robbery **-lucka** post-office counter **-mästare** postmaster **-nummer** postcode, [amer.] ZIP code **-orderfirma** mail-order business **-paket** post[al] parcel; *som ~* by parcel post **-röst** postal vote
postskriptum postscript
post|sparbanksbok post-office ([isht amer.] postal) savings-bank book **-stämpel** postmark **-säck** mail-(post-)bag **-taxa** postage rate **-tjänsteman** post-office employee **-tur** [hämtning] collection; [leverans t. adressaten] [post] delivery; *med första ~en* by the first post **-verk,** *Postverket* the Post Office (Postal) Administration **-väsen** postal services [pl.] (system) **-väska** letter-(post-, mail-)bag
potatis potato; [koll.] potatoes [pl.]; *färsk ~* new potatoes **-blast** [avtagen] potato haulm ([växande] tops [pl.]) **-land** potato-field; [m. gröda] field of potatoes **-mjöl** potato flour **-mos** creamed ([vanl. utan tillsats] mashed) potatoes [pl.] **-sallad** potato-salad **-skal** [potato] peel; [avskalade] peelings **-skalare** [redskap] potato-peeler
potens 1 [fysiol.] potency **2** [mat. o. friare] power **potentat** potentate **potentiell** *a* potential
pott pot, pool **potta** [nattkärl] chamber[-pot]
pottaska potash
poäng 1 point, [skol. betygs~] mark, [minus~] point off, minus point; [i kricket] run; *få 20 ~* score twenty; *segra på ~* win on points **2** [udd] point; *fatta (missa) ~en i* [*en historia*] catch *el.* see ([resp.] miss) the point of.. **-beräkning** [sport. o.d.] scoring **-ställning** score **-sätta** *tr* award points
poängtera *tr* emphasize, point out
poängtips treble chance pool
p-piller *se preventivpiller*
PR PR, public relations [pl.]; [reklam] publicity
pracka *tr, ~ på ngn ngt* fob a th. off on a p.
Prag Prague
prakt splendour, [storslagenhet t. ex. i klädsel, inredning] magnificence, [ståt] pomp, [glans] glory **-exemplar,** [*den här plantan är ett*] *riktigt ~* ..real beauty **-full** *a* splendid, magnificent; [prunkande] gorgeous
praktik [allm.] practice; *sakna ~ i (på)* ..lack [practical] experience in..; *i ~en* in practice **praktikant** trainee; *arbeta som ~* work in order to get practical experience
praktisera *tr itr* practise, *jfr äv. praktikant; han har ~t på kontor* he has had office experience; *allmänt ~nde läkare* [ung.] general practitioner **praktisk** *a* [allm.] practical; [rådig] resourceful, [metodisk] business-like; [användbar] useful, [lätthanterlig] handy **praktiskt** *adv* practically; *~ taget* practically
prakt|lysten *a* ..fond of display (splendour) **-pjäs** showpiece
pralin chocolate, [m. krämfyllning] chocolate cream
prassel rustle, rustling **prassla** *itr* rustle
prat [samspråk] talk, chat; [pladder] chatter; [strunt~] twaddle, nonsense; [skvaller] gossip; [*sånt*] *~!* nonsense!; *inget ~* [i klassen]! no talking!; *löst (tomt) ~* idle talk
prata *itr tr* (*jfr äv. tala)* talk, chat, chatter, gossip, *jfr prat; ~ med ngn om ngt* talk to (with) a p. about a th.; *~ bort* [*en timme*] gossip (chat) away..; *~ omkull ngn* talk a p. down
prat|kvarn [pers.] chatterbox **-makare** *o.* **-makerska** [great] talker, chatterbox **-sam** *a* talkative, chatty **-samhet** talkativeness [etc.] **-sjuk** *a, se pratsam* **-stund** chat
praxis practice, [bruk] custom; *det är* [*allmän*] *~* it is the practice
precis I *a* [t. ex. om mått, sätt] precise, [t. ex. om uppgift] exact **II** *adv* exactly, precisely, just; *komma ~* be punctual; [*kom*] *~ klockan 8* ..at eight [o'clock] sharp **-era** *tr* [villkor o. d.] specify; [uttrycka klart] define [..exactly]; *närmare ~t* to be [more] precise **-ion** precision, [punktlighet] punctuality
predestinera *tr* predestinate, predestine [äv. friare]
predik|a *tr itr* preach, *över* on; [hålla straffpredikan] lecture **-an** sermon, *över* on **-ant** preacher **-are,** *Predikaren, Salomos P~* Ecclesiastes
predikat predicate **predikatsfyllnad** complement
predikstol pulpit
preferensaktie preference ([isht amer.] preferred) share **prefix** prefix
pregnant *a* [uttrycksfull] ..packed with meaning, [kärnfull] pithy
preja *tr* [⚓ anropa] hail, [tvinga att stanna] command..to heave to; [bil o. d.] force.. to stop
prejudikat precedent
prekär *a* precarious, *jfr äv. vansklig*
prelat prelate; *~er*[*na*] [koll.] the prelacy
preliminär *a* preliminary **-skatt** preliminary tax
preludium [mus.] prelude
premie [[försäkrings]avgift] premium; [extra utdelning] bonus, [pris] prize **-obligation** premium (lottery) bond
premiera *tr* [prisbelöna] award prizes ([resp.] a prize) to, [belöna] reward; *~d boskap*

prize cattle
premiss premise, premiss, *jfr äv. förutsättning*
premium [skol.] prize
premiär [teat. o. d.] first (opening) night (performance) **-dansös** première danseuse [fr.], first (principal) dancer **-minister** prime minister, premier
prenumer|ant subscriber **-ation** subscription **-era** *itr,* ~ *på* subscribe to, take in
prepar|at preparation **-era** *tr* [[för]bereda] prepare; [⊕] process
preposition preposition
presbyterian *s o.* **presbyteriansk** *a* Presbyterian
presenning tarpaulin
presens the present tense, the present [end. sg.]; ~ *particip* the present participle
present *s* present, gift
present|ation [mera formell ~ o. bildl.] presentation, [i vanl. umgänge] introduction, *för* to **-era** *tr* **1** [föreställa] introduce, *för (i)* to; ~ *sig* introduce oneself **2** [framlägga, förete] present [äv. H] **-kort** gift voucher ([i postbanken] cheque)
president [allm.] president (*i* of, *vid* at), [i högre domstol] Chief Justice **-kandidat** candidate for the presidency **-period** presidency **-val** presidential election
presid|era *itr* preside, *vid* at **-ium** [ordförandeskap] chairmanship; [styrelse] presiding committee
preskribera *tr, bli* ~*d* [om fordran o. d.] be (become) statute-barred; *brottet är* ~*t* the period for prosecution has expired **preskription** limitation **preskriptionstid** period of limitation
press **1** [tidnings~] press **2** [redskap o. d.] press; *gå i* ~ go to press **3** [påtryckning] pressure; [påfrestning] strain; [pressning] press; *utöva* ~ *på ngn* bring pressure to bear [up]on a p. **pressa I** *tr* [allm.] press; [krama] squeeze; ~ *ett pris* force a price down; ~ [*sin röst*] force.. **II** [m. beton. part.] ~ *av ngn* [pengar, ett löfte o. d.] extort..from a p.; ~ *fram* [*en bekännelse*] extort.., *ur* from; ~ *ihop* compress, squeeze ..together; ~ *ned* [t. ex. kläder i en koffert] cram; ~ *upp* [t. ex. fart, priser] force up; ~ *ut ngt ur* press a th. out of; ~ *ut pengar av ngn* blackmail a p. **pressande** *a* [t. ex. värme] oppressive, [t. ex. arbete] arduous
press|byrå press agency **-censur** press censorship **-fotograf** press photographer **-järn** flat iron **-klipp** press cutting ([amer.] clipping) **-konferens** press conference **-ning** pressing [etc.]; *jfr pressa I* **-veck** crease
prestation [arbets~, sport~] performance, [verk, bedrift] achievement **prestationsförmåga** capacity **prestera** *tr* [utföra] perform, do, [åstadkomma] accomplish, achieve; [anskaffa, t. ex. bevis] furnish
prestige prestige
presumtiv *a* presumptive
preten|dent pretender, *på (till)* to; [friare] aspirant **-dera** *itr,* ~ *på ngt* ([*på*] *att* [inf.]) lay claim to a th. (to [ing-form]); ~ *på* [*tronen*] pretend to.. **-tion** pretension **-tiös** *a* [anspråksfull] pretentious; [fordrande] exacting
preussare Prussian **Preussen** Prussia
preventiv *a o. s* preventive **-medel** contraceptive **-piller** contraceptive (birth) pill; *hon har slutat med* ~ she has given up the Pill
prick **1** [punkt o. d.] dot, [fläck] speck, [på tyg, tärning o. d.] spot; [förprickning] mark; [på måltavla] bull's eye; *träffa* [*mitt i*] ~ [bildl.] hit the mark; *sätta* ~*en över i* [bildl.] add the finishing touch; *på* ~*en* to a T, exactly **2** [minus-, sport. o. d.] penalty point **3** [pers.], *en hygglig* ~ a decent fellow **4** ⚓ [flytande] [spar] buoy, [fast] beacon **pricka I** *tr* **1** [t. ex. linje] dot, [m. nål o. d.] prick **2** [träffa] hit **3** [bildl.]: [ge en prickning] censure, [brännmärka] denounce **II** [m. beton. part.] ~ *av* tick (check)..off; ~ *för* mark
prick|fri *a* [sport.] ..without any penalty points; *jfr äv. oklanderlig* **-ig** *a* spotted, [fullprickad] dotted, [tätt ~] spotty **-ning** [bildl.] reproof; [brännmärkning] stigma **-skytt** sharpshooter
prima *a* first-class, first-rate
primadonna prima donna [it.], [på talscen] leading lady, [stjärna] star **primas** [kyrkl.] primate **primitiv** *a* primitive **primtal** prime number **primula** primula **primus,** *han är* ~ he is the top of the class **primus**[**kök**] ® primus [stove] **primär** *a* primary **primör** early vegetable ([resp.] fruit)
princip principle; *av* ~ on principle; *i* ~ [*håller jag med dig*] in principle..; [*en man*] *med* ~*er* ..of principle **-al** [arbetsgivare] employer **-fast** *a* firm **-fråga** question (matter) of principle **-iell** *a* [i princip] ..of (in) principle, [[grund]väsentlig] fundamental; ~ *motståndare till* opponent on principle to; *av* ~*a skäl* on grounds of principle **-iellt** *adv, se* [*av (i)*] *princip;* [*det är*] ~ *oriktigt* ..fundamentally wrong **-lös** *a* unprincipled **-ryttare** stickler for principle **-uttalande** declaration of principle
prins prince **-essa** princess **-korv** [ung.] chipolata sausage
prior prior **-inna** prioress **-iterad** *a* priority.., [isht amer.] preferred **-itet** priority
1 pris **1** [[salu]värde, kostnad allm.] price, [ibl.] cost, [belopp äv.] rate, [begärt ~ äv.]

charge; *hålla för höga ~er* charge too much; *sätta ~ på* [eg.], *se prissätta; falla i ~* fall in price; *till nedsatt ~* at a reduced price; *till ~et av* [bildl.] at the cost of; *till ett ~ av* at the price (rate) of; *till varje ~* at all costs (any price) **2** [belöning] prize; *få första ~et* be awarded the first prize; *ta ~et* [bildl.] be easily first (best) **3** [lov] praise

2 pris 1 [⚓ byte] prize, capture **2** [nypa] pinch; *en ~ snus* a pinch of snuff

pris|a *tr* praise, [hålla lovtal över] eulogize; *~ sig lycklig* count oneself lucky (fortunate) **-belöna** *tr* award a prize ([resp.] prizes) to; *-belönt* [*skrift, tjur* etc.] prize.. **-fall** fall (decline) in (of) prices ([resp.] the price)

pris|ge *o.* **-giva** *tr* [t. ex. åt fienden] give.. up, abandon; *~ ngn (ngt) åt* [*löjet, offentligheten*] expose a p. (a th.) to.. **-höjning** rise (increase) in prices ([resp.] the price) **-klass** price range (class) **-kontroll** price control **-kurant** price-current(-list) **-lapp** [price] ticket (tag) **-lista** H price-list; [sport.] prize list **-läge** price range (level); *i alla ~n* at all prices

prisma prism; [i ljuskrona] pendant

pris|medveten *a* price-conscious **-nedsättning** price reduction **-pall** winners' stand **-skillnad** difference in (of) price[s [pl.]] **-stegring** *se prishöjning* **-stopp** price-freeze; *införa ~* freeze prices **-sänkning** *se prisnedsättning* **-sätta** *tr* fix the price[s [pl.]] of, price **-tagare** prize-winner **-tävlan** *o.* **-tävling** prize competition **-uppgift** H quotation, *på* for; *lämna ~ på* state (give) the price of **-utdelning** distribution of prizes **-utveckling** price trend

privat I *a* private, personal; *för min ~a del* [*gör det detsamma*] as far as I am concerned..; *i det ~a* in private life **II** *adv* privately, in private **-anställd** *a, ~ person* person in private employment **-bil** [private] car **-bruk,** *för ~* for private (personal) use **-ist** [ung.] external candidate **-lektion** private lesson **-liv** private life **-man** *o.* **-person** private person; *som ~* [*är han*] in private [life].. **-praktiserande** *a, ~ läkare* private practitioner **-sekreterare** private secretary **-ägd** *a* privately-owned

privilegi|era *tr* privilege **-um** privilege; [ensamrätt] monopoly

PR-man PR (public-relations) officer

proamerikansk *a* pro-American

problem problem **-atisk** *a* problematic[al]; [tvivelaktig] doubtful **-barn** problem child **-ställning** presentation of a ([resp.] the) problem, problem

procedur [tillvägagångssätt] procedure; [förfarande] process

procent ['per hundra'] per cent ([förk.] p.c., [ofta äv.] %); [-tal] percentage; [*bolagets*] *3 ~s obligationer* ..three-per-cent bonds; *med 10 ~[s] (%) rabatt* at ten per cent (10%) discount; *10% på* [*detta belopp*] ten per cent of..; *få ~ på* [*omsättningen*] get a percentage on... **-are** *se ockrare* **-sats** rate per cent, percentage **-uell** *a* percentage.., ..calculated as a percentage

process 1 [förlopp] process, operation **2** [jur.] lawsuit, action, case, *jfr rättegång; öppna ~ mot* bring an action against; *ligga i ~ med* carry on a lawsuit against, *om* about; *förlora en ~* lose a case; *göra ~ en kort med ngn* [bildl.] make short work of a p.

processa *itr, se* [*ligga i*] *process*

procession procession

producent producer; [odlare] grower **producera** *tr* [allm.] produce, [odla äv.] grow; *~ sig* [framträda] appear **produkt** product [äv. mat.] **produktion** production, [avkastning] yield, [isht jordbr.] produce [end. sg.]

produktions|apparat productive apparatus **-kostnad** cost of production

produktiv *a* productive, [om t. ex. författare] prolific **-itet** productivity

profan *a* profane; [om musik] secular **-era** *tr* profane

professionell *a o. s* professional

profess|or professor, *i* of, *vid* at (in) **-orska** professor's wife; *~n N.* Mrs. N. **-ur** professorship, chair

profet prophet **-era** *tr itr* prophesy, [*om*] *ngt* a th. **-ia** prophecy **-isk** *a* [t. ex. gåva] prophetic, [t. ex. skrift] prophetical

proffs pro [pl. pros] **-boxare** professional boxer

profil profile; [bildl.] personality; [*avbilda*] *i ~* ..in profile (side-face)

profit profit **-begär** love of gain (profit) **-era** *itr* [förtjäna] profit, benefit, *på* by; [utnyttja] take advantage, *på* of **-syfte,** [*göra ngt*] *i* [*rent*] *~* ..for the [mere] sake of profit

prognos [isht läk.] prognos|is [pl. -es], [ekon., meteor.] forecast **-karta** weather chart

program [allm.] programme ([amer.] program), [polit. äv.] platform; [*spela ngt*] *utom ~met* ..extra **-enlig** *a* ..according to [the] programme **-ledare** [konferencier] compère

programmera *tr* programme, [amer.] program; *~d undervisning* programmed instruction **programmerare** programmer **programmering** programming **programpunkt** item on (of) a ([resp.] the) programme

progressiv *a* progressive

projekt project, plan, scheme **-era** *tr* project, plan, design **-il** projectile, [friare] missile **-ion** projection **-or** projector

proklamation proclamation **proklamera**

tr proclaim
prokur|a procuration, proxy **-ist** managing clerk, procuration holder
proletariat proletariat **proletär** *s o. a* proletarian
prolog prologue, *till* to
promemoria memoran|dum [pl. -da, -dums]; *jfr P.M.*
promenad 1 [spatsertur] walk, [flanerande] stroll, [ibl.] promenade; *ta [sig] en ~* go for a walk **2** [~ plats] promenade, [isht strand~] parade **-dräkt** [tailor-made] suit **-sko** walking-shoe
promenera *itr* take a walk (stroll), walk, stroll; promenade; *gå ut och ~ med [hunden]* take..out for a walk; *~ omkring* stroll [about], saunter
promille *(pro mille)* **I** *adv* per thousand (mille, mil) **II** *s, hög ~* [av alkohol ung.] high percentage [of alcohol]
promo|tion [univ.] conferment of doctors' degrees **-vera** *tr* [univ.] confer a doctor's degree (doctors' degrees) on
prompt *adv* [ofördröjligen] promptly, immediately; [ovillkorligen] absolutely
pronom|en pronoun; *förenat possessivt ~* possessive adjective **-inell** *a* pronominal
propaganda propaganda **propagera** *itr* make (carry on) propaganda, *för* for
propedeutisk *a* introductory, preparatory, propaedeutic
propeller propeller **-axel** propeller shaft **-blad** propeller blade
proper *a* [snygg] tidy, neat, [ren[lig]] clean; [skötsam] decent, nice
proportion proportion; *ha sinne för ~er* have a sense of proportion; *i ~en 3 till 1* in the proportion of 3 to 1; *[minska] i samma ~ som ..* in proportion as; *inte alls stå i ~ till ..* be out of all (bear no) proportion to.. **-ell** *a* proportional, proportionate, *mot* to; *~a val* elections on the basis of proportional representation **-erlig** *a* proportionate, [välväxt äv.] shapely; symmetrical
propos *se propå*
proposition [lagförslag] government bill; *framlägga ~* present a bill; *[fram]ställa ~ på ett förslag* put a motion to the vote
propp [avpassad] stopper [äv. f. diskho], [f. badkar o. tvättställ, tapp] plug; [tuss] wad; [elektr.: säkring] fuse [plug]; [blod~] clot; [av öronvax] lump; [öron~ t. hörapparat o. d.] ear-piece **proppa** *tr, ~ ..full* cram, stuff, [äv. bildl.]; *~ i ngn [mat]* cram.. into a p. (*[kunskaper]* .. into a p.'s head); *~ i sig* gorge oneself, *ngt* with a th.; *~ igen [ett hål]* stop up..
proppfull, *se fullpackad* **proppmätt** *a, äta sig ~* gorge oneself, *på* with; *vara ~* F be full up
propsa *itr, ~ på ngt (på att [inf.])* insist on a th. (on [ing-form])
propå [förslag] proposal
prosa prose; *på ~* in prose **prosaisk** *a* prosaic, [torr] unimaginative
proselyt proselyte, convert
proseminarium [ung.] proseminar
prosit *itj* [God] bless you!
prospekt [reklamtryck] prospectus; [hotell- o. d.] brochure
prost dean **-gård** deanery **-inna** dean's wife; *~n N.* Mrs N.
prostitu|erad *a* prostitute; [subst.] prostitute, F tart **-tion** prostitution
protegé protégé, [kvinna] protégée
protein protein
protektion [beskyddarskap] patronage; [beskydd] protection **protektionism** protection[ism] **protektorat** protectorate
protes [arm, öga etc.] artificial arm ([resp.] eye [etc.])
protest protest [äv. H o. sport.], *mot* against; [invändning] objection, *mot* to; *inlägga ~* protest, lodge a protest
protestant *s o.* **-isk** *a* Protestant **-ism** Protestantism
protest|era *itr tr* protest (*mot* against), object (*mot* to); *[låta] ~ en växel* have a bill protested **-möte** protest meeting **-rop** cry of protest
protokoll minutes [pl.], record, [domstols~, riksdags~ o. d.] report of the proceedings; *föra ~ vid [ett sammanträde]* keep the minutes of..; *ta [ngt] till ~et* enter..in the minutes; *utom ~et* off the record **protokoll[s]justering** checking of the minutes
proto|plasma protoplasm **-typ** prototype
prov 1 [allm.] test; [prövning] trial; [examens~] examination; *avlägga ~* [examineras] pass an examination; *bestå ~et* stand the test; [t. ex. anställa ngn] *på ~* on trial; *sätta på ~* put to the test; *ta [en vara] på ~* take..on approval **2** [bevis] proof; *röna ~ på [ngns välvilja]* meet with.. **3** [konkr. isht H]: [varu~] sample, [av tyg etc. med mönster] pattern; [provexemplar] specimen
prov|a *tr itr* [göra prov med] test, [pröva [på], provköra o. d.] try; [grundligt] try out; [kläder, skor] try on; *~ av* test, [ost, vin o. d.] sample, taste **-borrning** trial boring (drilling) **-docka** dummy **-exemplar** specimen, sample; [t. ex. av bok] specimen copy **-filma** *itr* have a [screen] test **-flyga** *tr itr* test, test-fly **-flygare** test pilot
proviant provisions, supplies [båda pl.] **-era** *itr* take in (buy) supplies
provins province; *~en* [landsorten] the provinces [pl.] **-ialläkare** district medical officer **-iell** *a* provincial
provision [agents o. d.] commission

provisor|isk *a* [tillfällig] temporary; ~ *regering* provisional government **-ium** provisional arrangement
prov|karta H sample-(pattern-)card, *på* of **-kollektion** collection of samples **-körning** [av bil o. d.] trial run, [på väg] road test **-ning** testing [etc.], *jfr prova*
provo|cera *tr* provoke, instigate; ~*nde* provocative **-kation** provocation
prov|predikan trial sermon **-rum** fitting-room **-räkning** arithmetic test, [konkr.] test paper **-rör** [kem.] test tube **-rörsbarn** test-tube child **-sitta** *tr* [t. ex. en fåtölj] try out **-skrivning** written test, [konkr.] test paper **-smaka** *tr* taste, sample **-stopp** [för kärnvapen] [nuclear] test ban **-sändning** [radio.] trial transmission **-tjänstgöring** probationary service **-tur** trial trip **-år** [lärares] [teacher's] training year
prudentlig *a* prim, finical
prunk|a *itr* make a fine show, be resplendent **-ande** *a* [lysande] dazzling, [grann] gaudy; [bildl. om stil o. d.] flowery
prut, *utan* ~ without much ado **pruta** *itr* [om köpare] haggle, [köpslå] bargain; [om säljare] reduce (knock something *el.* a little off) the price; ~ *på* [*en vara*] haggle over the price of..; ~ *av på* [*sina fordringar*] reduce..
pryd *a* prudish
pryd|a *tr* adorn; [passa, kläda] become; [*vasen*] *-er sin plats*.. is decorative
pryderi prudishness, prudery
pryd|lig *a* [välvårdad, snygg] neat, trim; [dekorativ] decorative, ornamental **-nad** [dekoration] adornment, decoration; [prydnadssak o. bildl.] ornament
prydnads|sak ornament; [mindre] ~*er* knick-knacks, fancy goods; bric-a-brac [sg.] **-växt** ornamental plant
prygel flogging **prygla** *tr* flog
pryl [allm.] pricker; ~*ar* F things
pryo *se yrkesorientering*
prål ostentation, [grannlåt] finery **pråla** *itr* make a big show, show off **prålig** *a* gaudy **prålighet** gaudiness
pråm barge, [hamn~] lighter **-skeppare** bargeman; lighterman
prång [narrow] passage, [gränd] alley
prångla *itr,* ~ *ut falska pengar* utter counterfeit coin ([sedlar] notes)
prägel [avtryck] impression, [äv. bildl.]; [på mynt samt bildl.] stamp; [drag, anstrykning] touch; [karaktär] character; *sätta sin* ~ *på* leave (set) one's mark on **prägla** *tr* [mynta] coin, mint, [slå [mynt]] strike; [stämpla] stamp [äv. bildl.]; [känneteckna] characterize, mark
präktig *a* [utmärkt] fine, good, splendid, grand; [stadig] stout, [tjock] thick; *en* ~ *förkylning* a proper cold
pränta *tr* write carefully; [texta] print, [dokument o. d.] engross; ~ *in, se inpränta*
prärie prairie
präst clergyman, [isht katol. samt icke-kristen] priest; [grek.-katol.] pope; [frikyrklig samt i Skottl.] minister; *kvinnliga* ~*er* women clergymen; *läsa för* ~*en* be prepared for confirmation **-betyg** *se flyttningsbetyg o. personbevis*
präster|lig *a* clerical, [t. ex. värdighet] priestly **-skap** clergy; [isht katol.] priesthood
präst|gård vicarage, rectory **-krage 1** [eg.] bands [pl.] **2** [bot.] ox-eye daisy **-rock** cassock **-viga** *tr* ordain; *låta* ~ *sig* be ordained **-vigning** ordination
pröva I *tr* [försöka, sätta på prov] try; [grundligt] try out; [undersöka] test; [granska, tentera] examine; [kontrollera [ett räknetal]] check; ~ *ngns tålamod* try a p.'s patience **II** *itr* [tentera] sit for an examination, *i* in **III** *rfl,* ~ *sig fram* feel one's way **IV** [m. beton. part.] ~ *in* [skol.] sit for an entrance examination; ~ *in vid teatern* have an audition; ~ *på* [försöka] try one's hand at, [erfara] experience, [[få] utstå] suffer **prövande** *a* [påfrestande] trying; [granskande] searching **prövning 1** [prov, undersökning] test, trial, examination; [prövande] testing; [t. ex. av fullmakt] investigation; [prövningsprocedur, -tid] probation **2** [hemsökelse] trial, affliction **prövningsnämnd** [för taxeringar] tax appeal board **prövosten** touchstone
P.S. P.S.
psalm [i psalmboken] hymn; [i Psaltaren] psalm **-bok** hymn-book **-vers** stanza of a hymn
psaltare, *Psaltaren* [i Bibeln] Psalms [pl.], the Book of Psalms
pseudonym *s* pseudonym
psyke mentality, psyche **psykedelisk** *a* psychedelic
psyk|iater psychiatrist **-iatri** psychiatry **-iatrisk** *a* psychiatric **-isk** *a* mental
psyko|analys psycho-analysis **-farmaka** *pl* psychopharmacologic[al] drugs **-log** psychologist **-logi** psychology **-logisk** *a* psychological **-pat** psychopath
psykos psychos|is [pl. -es]
psykoteknisk *a* psychotechnical
pubertet puberty
public|era *tr* publish **-ist** publicist, journalist, writer **-itet** publicity
publik I *s* [auditorium] audience; [åskådare] spectators [pl.]; [läsekrets äv.] readers [pl.]; [antal besökare] attendance; [restaurang~ o. d.] guests [pl.], people present; *den breda (stora)* ~*en* [allmänheten] the public at large **II** *a* [allmän] public **-ation** publication

-dragande *a* popular, attractive **-favorit** popular favourite **-frieri** playing to the gallery
puck [ishockey~] puck
puckel hump, hunch **-rygg** hunchback, humpback **-ryggig** *a* hunchbacked, humpbacked
puckla *tr,* ~ *på ngn* pummel a p.
pudding pudding
pudel poodle
puder powder, [kosmetiskt] [face] powder **-dosa** compact **-socker** powdered (icing) sugar **-underlag** [kräm] foundation cream **-vippa** powder-puff
pudra I *tr* powder, [m. socker o. d.] dust **II** *rfl* powder [oneself]
puff 1 [knuff] push; [lätt m. armbågen] nudge **2** [möbel] pouf[fe] **puffa** *tr* [knuffa] push; [lätt m. armbågen] nudge **puffärm** puff[ed] sleeve
puk|a kettle-drum; *-or* [i orkester] timpani [pl. el. sg.]
pulka 'pulka', Laplander's sledge
pullmanvagn Pullman [car]
pullover pullover
pulpet desk **-lock** desk lid
puls pulse; *ta* ~*en på ngn* [läk.] feel a p.'s pulse; *känna ngn på* ~*en* [bildl.] sound a p.
pulsa *itr* trudge, plod, *i* [*snön*] through . .
puls|era *itr* beat, throb, pulsate, pulse **-slag** pulsation **-åder** artery
pulver powder **-isera** *tr* pulverize
puma puma, cougar
pump pump
1 pumpa *tr* pump; ~ *däcken* blow up the tyres; ~ *ngn på* [*en hemlighet*] pump . . out of a p.
2 pumpa *s* **1** [bot.] pumpkin, [amer.] squash **2** [kaffe~] glass flask
pumps *pl* court-shoes, [amer.] pumps
pumpstation pumping-station
pund 1 [myntenhet] pound ([förk.] £); F quid [pl. lika] **2** [vikt] pound, [förk.] lb. [pl. lb[s].] **-sedel** pound note
pung [påse, t. ex. tobaks~] pouch; [t. ex. penning~, isht bibl.] bag; [börs] purse
punga *itr,* ~ *ut med* fork out
pung|djur marsupial **-råtta** opossum **-slå** *tr,* ~ *ngn* fleece a p.
punkt [allm.] point; [skiljetecken] full stop, [amer.] period; [sak, fråga] point, matter; [avdelning] paragraph, [i kontrakt, brev o. d., 'nummer' på program o. d.] item; ~ *för* ~ point by point; *och därmed*~*!* and that's that!; *död* ~ [bildl., dödläge] deadlock; *en öm* ~ [bildl.] a tender spot; *sätta* ~ *för ngt* [bildl.] put a stop to a th.; *låt mig tala till* ~*!* let me have my say! **-era I** *tr* **1** [bilring o. d. samt läk.] puncture **2** [markera med punkter] dot **II** *itr* [om bilring o. d.] be punctured, [m. personsubj.] have a puncture **-ering,** *få* ~ have a puncture (F a flat tyre) **-hus** point block **-lig** *a* punctual **-lighet** punctuality **-skatt** specific (selective) purchase tax **-strejk** selective strike
punsch Swedish (arrack) punch
pupill [anat.] pupil
puppa pup|a [pl. -ae]
pur *a* pure, [bildl. äv.] sheer
puré purée
pur|ism purism **-ist** purist **-itan** puritan, [hist.] Puritan
purjo *o.* **purjolök** leek
purken *a* F [sur] sulky, sullen
purpur purple **-röd** *a* [blåröd] purple, [högröd] crimson, scarlet
1 puss [pöl] puddle, pool
2 puss [kyss] kiss **pussa** *tr* kiss
pussel puzzle, [läggspel] jig-saw puzzle; *lägga* ~ do a jig-saw puzzle
pussig *a* [om ansikte] bloated, puffy
pussla *itr,* ~ *ihop* put together
pust 1 [vind~] breath of air, [stark.] gust **2** *se bälg* **pusta** *itr* [flåsa] puff, [stöna] groan; ~ *ut* take breath
puta *itr,* ~ *med munnen* pout; ~ *ut* [om kläder o. d.] bulge, stick out
puts 1 [rappning] plaster **2** [~medel] polish **3** [renlighet] tidiness **putsa** *tr* **1** [rengöra] clean; [polera] polish; [klippa [ren]] trim; ~ *ett rekord* better a record **2** [rappa] plaster
putslustig *a* droll, comical, funny
puts|medel polish **-ning 1** cleaning [osv., *jfr putsa 1*] **2** [rappning] plastering, [konkr.] plaster
puttefnask [föraktl.] shrimp, [om barn] brat
puttra *itr* **1** [kok.] simmer, [bubbla] bubble **2** [om motor[fordon]] chug
pygmé pygmy
pyjamas pyjamas ([amer.] pajamas) [pl.]; *en* ~ a pair of pyjamas
pynta *tr itr* [smycka] decorate; [göra fint] smarten things up
pyra *itr* smoulder
pyramid pyramid
pyre mite, tiny tot
Pyrenéerna *pl* the Pyrenees **pyreneisk** *a, Pyreneiska halvön* the Iberian Peninsula
pyroman pyromaniac
pys little chap (boy)
pyss|la *itr* busy oneself; *gå och* ~ potter about; ~ *om* nurse **-lig** *a* handy
pyssling [dvärg] manikin; [tomte] pixie
pyton *o.* **-orm** python
pyts bucket, [målar~] pot
pyttipanna [ung.] diced meat, onions, and potatoes mixed and fried
på I *prep* [se äv. under resp. huvudord] **A** [i rumsbet., äv. friare] **1** [uttr. befintl.] **a)**

['ovanpå' m. m. samt framför [namn på] isht mindre ö vanl.] on, ['inom' samt framför [namn på] isht större bekant ö vanl.] in; [styrande ord som betecknar lokal samt m. bet. 'vid' o. d.] at; [*träffa ngn*] ~ *bussen* .. on (in) the bus; ~ *Hamngatan* in ([amer.] on) Hamngatan; ~ *Hamngatan 25* at 25 Hamngatan; ~ *himlen* in the sky; *han har fått det* ~ *hjärnan* he has got it on the brain; *bo* ~ *hotell* stay at a hotel; ~ *jorden* on the earth; *skada sig* ~ *knät* hurt one's knee; ~ *land* on land; ~ *landet* in the country; ~ *sid. 30* on page 30; *slå upp böckerna* ~ *sid 30!* open your books at page 30!; *han hade inga pengar* ~ *sig* he had no money on (about) him; ~ *sjön* on the lake, [till havs] at sea; [*ett*] *hål* ~ *strumpan* a hole in one's stocking; *frukost* ~ *sängen* breakfast in bed; ~ *tavlan* in the picture; ~ *svarta tavlan* on the blackboard; [*köpa ngt*] ~ *torget* .. in the market **b)** [framför subst. som uttr. verksamhet, tillställning o. d. vanl.] at; [framför subst. som uttr. sysselsättning o. d. vanl.] for; *vara* ~ *besök* be on a visit **c)** ['på en sträcka av'] for **d)** [vid ord som anger fastgörande] on to **e)** [i vissa fall] to; *göra ett besök* ~ .. pay a visit to ..

2 [uttr. riktn. el. rörelse] on, ['till'] to; ['i riktn. mot'] at; *gå* ~ *bio* go to the cinema; [*lastfartygen*] *går* ~ *Kina* .. ply the China route; *handeln* ~ *utlandet* the trade with foreign countries; *knacka* ~ *dörren* knock at the door; *peka* ~ [*ngn*] point at ..; *titta* ~ [*ngn*] look at ..; *trycka* ~ *knappen* press the button; *stiga upp* ~ *tåget* get into (on to) the train; [*fara*] [*ut*] ~ *landet* .. into the country

3 ['per'] in; *det går* [*100 pence*] ~ *ett pund* there are .. in a pound

4 ['medelst' vanl.] by; [*han kom*] ~ *cykel* .. on a (by) bike; *skicka* [*ngt*] ~ *posten* send .. by post

B [i tidsbet., äv. friare] **1** [uttr. tidpunkt] at; [isht vid angivande av dag (veckodag)] on; [framför ord som betecknar dygnets delar, årstider samt i vissa uttr.] in; [*de är födda*] ~ *samma dag* .. [on] the same day; ~ *fredag morgon* on Friday morning; *i dag* ~ *morgonen* this morning; ~ *1900-talet* in the 20th century **2** [uttr. tidslängd] **a)** ['under' vanl.] on, [angivande hela tidsavnittet] during; ~ *fritiden* in one's leisure time **b)** ['på en tid av'] for; [*hyra ett hus*] ~ *en månad* .. for a month **c)** ['inom'] in; [*jag kommer*] ~ *minuten* .. in a minute **3** [uttr. ordningsföljd] after; *gång* ~ *gång* time after time

C [i prep.-attr. vanl.] of; ['lydande på'] for; *en check* ~ [*50 kr*] a cheque for ..; *en flicka* ~ *femton år* a girl of fifteen; [*en gädda*] ~ *fem kilo* .. weighing five kilos; *en sedel* ~ *fem pund* a five-pound note

D [i vissa fasta förb.] **1** [m. subst.] **a)** [uttr. sätt, tillstånd m. m. vanl.] in; ['förანledd av' vanl.] at; [*stycket spelades*] ~ *begäran* (~ *hans begäran*) .. by request (at his request); [*göra ngt*] ~ *elakhet* .. out of spite; ~ *engelska* in English; [*säga ngt*] ~ *skoj* .. for a joke **b)** [uttr. exakthet] to; [*summan*] *stämmer* ~ *öret* .. tallies to an öre **2** [m. verb] **a)** [uttr. sysselsättning med] at; [uttr. eftersträvande, tillkallande] for; *arbeta* ~ [*ngt*] work at ..; *ringa* ~ *sköterskan* ring for the nurse **b)** ['med hjälp av'] by; *jag märkte* ~ *hennes ögon att* .. I could tell by her eyes that .. **c)** [ofta utan motsv. i eng.], *lukta (smaka)* ~ *ngt* smell (taste) a th. **3** [m. adj.], *blind* ~ *ena ögat* blind in (of) one eye; *döv* ~ *ena örat* deaf in one ear

II *adv, en burk med lock* ~ a pot with a lid on it; *han rodde* ~ he rowed on, he went on rowing

på|bjuda *tr* [t. ex. skatt, straff] impose; [t. ex. tystnad] command **-brå,** *ha gott* ~ come of good stock **-bud** decree **-byggnad** addition; [konkr.] additional storey **-börja** *tr* begin [osv.], *se börja; ett* ~ *t* [*handarbete*] a .. already begun **-drag,** [*maskinen gick*] *med fullt* .. at full speed; [*polisen arbetar*] *med fullt* ~ .. in full force **-driva** *tr, se driva* [*på*] **-drivare** prompter

på|fallande I *a* striking **II** *adv* strikingly **-flugen** *a* obtrusive **-frestande** *a* trying **-frestning** strain, stress, [prövning] trial **-fund** idea, invention, *jfr påhitt* **-fyllning** [-fyllande] filling up; [en portion till] another helping; [en kopp till] another cup

påfågel peacock [isht tupp]; [höna] peahen

på|följande *a* next, following, ensuing, subsequent **-följd** consequence; [jur.] sanction; *vid* ~ *av* [*straff*] on pain of .. **-föra** *tr,* ~ *ngn* [*skatt*] levy .. on a p. **-gå** *itr* go (be going) on; [fortsätta] continue, [vara] last; [försiggå] be in progress **-gående** *a,* ~ *form* progressive (continuous) form (tense); *under* ~ [*föreställning*] while the .. is in progress **-hitt** [idé] idea, [uppfinning, knep] device, invention, [spratt] trick; [lögn] invention **-hittig** *a* ingenious **-häng** encumbrance, burden

påk thick stick, cudgel

på|kalla *tr* [kräva] call for, claim, demand; ~ *ngns uppmärksamhet* attract a p.'s attention; *av behovet* ~ *d* necessary **-klädd** *a* dressed **-klädning** dressing **-kommande** *a, ett hastigt* ~ *illamående* a sudden indisposition **-kostad** *a* [dyrbar] expensive **-kostande** *a* [påfrestande] trying **-körd** *a,* [*bli*] ~ .. run into ([omkullkörd] knocked

down)
påla I *tr* pile **II** *itr* drive piles
pålaga tax, duty, impost
pål|bro pile-bridge **-byggnad** [ss. bostad] pile-dwelling
påle pole, post, [mindre] pale, stake; [byggn.] pile
pålitlig *a* reliable, [trovärdig] trustworthy **-het** reliability, [trovärdighet] trustworthiness
pålle F gee[-gee], horsey
på|lägg 1 [smörgåsmat: skinka, ost m. m.] ham, cheese [m. m.] **2** [tillägg] extra (additional) charge, [höjning] increase **-lägga** *tr, se lägga [på]* **-läggskalv** [bildl.] [up-and-]-coming young man
på|minna I *tr itr, ~ [ngn] om ngt* a) [få att minnas] remind a p. of a th. b) [fästa uppmärksamheten på] call [a p.'s] attention to a th. c) [varsko] warn a p. of a th.; *påminn mig om att jag skall* [inf.] remind me to [inf.]; *behovet gör sig påmint* the need makes itself felt **II** *rfl* remember, [m. större ansträngning] recollect, recall; *såvitt jag kan ~ mig* as far as I remember; *jfr äv. minnas* **-minnelse 1** [erinran] reminder, *om* of **2** [anmärkning] remark
pånyttfödelse rebirth, regeneration
på|passlig *a* [uppmärksam] attentive; ['vaken'] alert; *vara ~* [ej försitta tillfället] seize the opportunity **-peka** *tr* point out, call attention to **-pekande** [anmärkning] remark, [påminnelse] reminder **-pälsad** *a* [attr.] wrapped-up **-ringning** [telef.] phone call **-räkna** *tr* count upon
påse bag
påseende [granskning] inspection, examination; *sända [varor, böcker] till ~* send.. on approval; *vid första ~t* at the first glance
påsig *a* baggy; *~a [kinder]* puffy..
påsk Easter; *glad ~!* Happy Easter!; *jfr jul* [o. sms.] **påskafton** Easter Eve, *jfr julafton* **påskalamm** paschal lamb **påskdag 1** Easter Day (Sunday), *jfr juldag 1* **2** *~arna* [påskhelgen] the Easter holiday [sg.] **påskhelg**, *~en* Easter
påskina *tr, låta ~* [låta förstå] make pretence of, [antyda] intimate, hint
påsklilja daffodil
på|skrift [utanskrift, t. ex. på brev] superscription, address; [text, t. ex. på etikett] inscription; [etikett, t. ex. på flaska] label; [underskrift] signature **-skynda** *tr* hasten, speed up, [t. ex. sina steg äv.] quicken, [t. ex. förloppet] accelerate, expedite; [stark.] precipitate; [driva på] urge on
påskägg Easter egg
påssjuka mumps
på|stigning [trafik.] boarding, entering **-stridig** *a* obstinate, [envis äv.] stubborn **-stridighet** obstinacy **-struken** *a* F tipsy, tight **-stå** *tr* [säga, yttra] say, [uppge] state, [m. bestämdhet] declare; [göra gällande] allege; [försäkra] assert, [vidhålla] maintain; *jag vågar ~* I venture to say; *det ~s* they say, it is said; *han ~r sig kunna* [inf.] he claims to be able to [inf.] **-stådd** *a* alleged **-stående** [uppgift] statement; [försäkran] assertion **-ståendesats** declarative sentence **-stötning** [påminnelse] reminder
påta *itr* [gräva] poke [about]
på|ta[ga] *rfl, se ta [på sig]* **-taglig** *a* [uppenbar] obvious, evident, apparent, [märkbar] marked; [faktisk] tangible **-tala** *tr* [t. ex. fel, missförhållande] call attention to.. **-tryckning** pressure [end. sg.]; *utöva ~ar på ngn* bring pressure to bear on a p. **-trycknings-grupp** pressure group **-träffa** *tr, se träffa [på]* **-trängande** *a* **1** [om pers., påflugen] obtrusive **2** [om t. ex. behov, fara] urgent, instant **-tvinga** *tr, ~ ngn ngt* force a th. upon a p. **-tår** [ung.] second cup **-tänkt** *a* contemplated
påve pope [äv. bildl.]; *tvista om ~ns skägg* quarrel about nothing **-döme** papacy
på|verka *tr* influence, [isht i yttre bem. t. ex. humöret, hälsan] affect **-verkan** influence; effect **-visa** *tr* [påpeka] point out; [bevisa] prove **-visbar** *a* [möjlig att bevisa] provable; [uppenbar] apparent, obvious
påvlig *a* papal
påökt *s, få ~ [på lönen]* get a rise [in wages ([resp.] salary)]
päls [på djur] fur, coat; [plagg] fur coat; *ge ngn på ~en* [stryk] give a p. a hiding
pälsa *tr, ~ på sig ordentligt* wrap oneself up well
päls|brämad *a* fur-trimmed **-djur** furred animal **-djursuppfödning** fur farming **-foder** fur lining **-fodrad** *a* fur-lined **-handlare** furrier **-jägare** trapper **-mössa** fur cap **-varor** *pl* furs **-verk** fur, [koll.] furs [pl.] **-änger** carpet beetle
pär [i Engl.] peer [of the realm]
pärl|a I *s* pearl; [av glas, trä etc. som ej imiterar äkta] bead; [droppe, t. ex. av dagg] drop; [bildl., om t. ex. konstverk] gem; *äkta -or* real pearls; *odlade (imiterade) -or* culture[d] (imitation) pearls **II** *itr, ~nde skratt* rippling laugh; *~nde viner* sparkling wines **-band** string of pearls ([resp.] beads)
pärlemo[r] mother-of-pearl **-knapp** pearl button
pärl|fiskare pearl-fisher **-halsband** pearl necklace **-höns** guinea-fowl [äv. koll.] **-mussla** pearl oyster; [flod~] pearl mussel **-vit** pearl[y] white
pärm [bok~] cover; [samlings~] file, [f. lösa blad] binder, [mapp] folder
päron pear **-formig** *a* pear-shaped **-trä** pearwood **-träd** pear[-tree]

pärs [prövning] trial, ordeal
pöbel mob **-fasoner** *pl* rowdy behaviour [sg.] **-hop** mob **-upplopp** riot
pöl [vatten~, blod~ o. d.] pool, [[smutsig] vatten~] puddle
pölsa hash [of lungs [etc.]]
pösa *itr* [svälla] swell [up], [jäsa] rise; ~ *av stolthet* be puffed up with pride; ~ *över* [koka över] bubble over **pösig** *a* puffy

Q

quisling quisling

R

rabalder [uppståndelse] commotion; [oväsen] uproar; [tumult] disorder
rabarber [bot. o. kok.] rhubarb
1 rabatt [blomstersäng] flower bed; [kant~] [flower] border
2 rabatt H discount; [nedsättning] reduction; *lämna 20% ~ [på priset]* allow a 20% discount [off the price]
rabatt|era *tr, ~d resa* journey at a reduced rate **-häfte** book of reduced rate tickets **-kort** reduced rate ticket; [klippkort] punch-ticket
rabbi *o.* **rabbin** rabbi
rabbla *tr, ~ [upp]* rattle (reel, patter) off
rabiat *a* rabid, [fanatisk] fanatical; [ursinnig] raving **rabies** rabies
rabulist rabid radical; [uppviglare] agitator
racer racer, [bil (båt osv.) äv.] racing car (boat [osv.]) **-förare** racing driver
racka *itr, ~ ned på [ngn]* run .. down
rackar|e rascal; [skälm] rogue; [skurk] scoundrel **-tyg** mischief **-unge** young rascal, mischievous imp
racket racket, racquet; [bordtennis~] bat
rad 1 [räcka, led] row; [serie] series [pl. lika]; [följd] succession; [antal] number; *tre dagar i (å) ~* three days running (in succession) **2** [i skrift] line; *[börja på] ny ~* [nytt stycke] [start a] fresh paragraph; *skriv ett par ~er till mig* write (drop) me a line **3** [teat.] tier; *[på] första ~en* [in] the dress circle; *andra ~en* the upper circle; *tredje ~en* the gallery **rada** *tr, ~ upp* [ställa i rad[er]] put .. in a row ([resp.] in rows)
radar radar **-skärm** radar screen
rader|a *tr, ~ [bort (ut)]* [sudda ut] erase, rub out; [skrapa bort] scratch out; *~ ut* [utplåna, t. ex. stad] raze **-gummi** [india-]rubber; [isht amer. o. för bläck] eraser
radhus terrace[d] house
radialdäck radial tyre, [isht amer.] belted tire
radiator radiator
radie radius [pl. radii]
radikal I *a* radical; [grundlig] thorough **II** *s* [pers.] radical; [reformivrare] reformer **-ism** radicalism
radio 1 [telegrafi o. telefoni] radio, wireless; [rund~] broadcasting; *Sveriges R~* the Swedish Broadcasting Corporation; *höra ngt i ~* hear a th. on the radio; *[ut]sända i ~* broadcast; *höra (lyssna) på ~* listen in **2** [-mottagare] radio (wireless) [set], receiver
radio|aktiv *a* radio-active; *~ strålning* nuclear radiation; *~t nedfall* fall-out **-aktivitet** radio-activity
radio|antenn aerial **-apparat** radio (wireless) [set] **-grammofon** radiogram[ophone] **-licens** radio licence **-lyssnare** radio listener **-mast** radio (aerial) mast **-mottagare** radio (wireless) [set], receiver **-pejling** direction finding **-pjäs** radio play **-program** radio (wireless) programme **-reportage** [direkt] radio commentary, [bearbetat] radio documentary **-station** radio station **-styrd** *a* radio-controlled **-störning** [gm annan sändare] jamming [end. sg.]; *~ar* [från motorer o. d.] interference [sg.] **-sändare** [apparat] [radio] transmitter; [apparatur] transmitting equipment; [sändarstation] radio station **-telegrafist** radio (wireless) operator
radioterapi radiotherapy
radio|universitet university of the air **-utsändning** broadcast
radium radium **-behandling** radium treatment
radrätt *adv, skriva ~* write straight
raffin|aderi refinery **-era** *tr* refine **-erad** *a* refined [äv. bildl.]; [utsökt] exquisite; [om klädsel, utseende o. d.] elegant; [sinnrik] ingenious
rafflande *a* [hårresande] hair-raising; [nervkittlande] thrilling
rafräschissör scent spray, atomizer
rafsa *itr, ~ ihop [sina saker]* scramble .. together; *~ ihop [ett brev]* scribble down ..; *~ till sig ngt* grab a th.
ragata vixen, termagant
ragg [gethår] goat's hair; [t. ex. björns, hunds] hair; [friare] shaggy hair
raggare 'raggare', member of a gang of youths who ride about in cars
ragg|ig *a* [med ragg] shaggy; [grov] rough; [rufsig] unkempt **-munk** [ung.] potato pancake **-socka** [ung.] thick oversock (skiing-sock)
ragla *itr* stagger, reel
ragoût *o.* **ragu** ragout
raid *se räd*
rak *a* straight; [upprätt] erect, upright; [om ordföljd] normal; *jfr motsats; gå ~a vägen till* go straight to; *på ~ arm* [bildl.] offhand, straight off
1 raka I *s* rake **II** *tr itr* [kratsa] rake
2 rak|a *tr* shave; *~ sig* shave; *[låta] ~ sig* have a shave **-apparat** [-hyvel] safety razor; [elektrisk] shaver, [electric] razor **-blad** razor blade **-borste** shaving-brush
raket rocket; *fara i väg som en ~* be off like lightning **-driven** *a* rocket-propelled, rocket-powered **-vapen** missile [weapon]
rakhyvel safety razor

rakitis rickets [sg. el. pl.]
rak|kniv razor **-kräm** shaving cream
rak|lång *a, falla* ~ fall flat; *ligga* ~ lie stretched out (full length) **-na** *itr* become straight, [om hår] go out of curl **-ryggad** *a* [eg.] straight-backed, upright; [bildl.] upright **-sträcka** straight stretch; straight [äv. sport.]
rakt *adv* [rätt] straight, right, direct; [alldeles] quite; [stark.] absolutely; [helt enkelt] simply; ~ *omöjligt* simply impossible; [*gå*] ~ *fram* ..straight on; *jfr* [*mitt i*] *ansikte*[*t*]; *gå* ~ *på sak* not beat about the bush
rak|tvål shaving soap; *en* ~ a piece of shaving soap **-vatten** after-shave lotion
raljera *itr,* ~ *med ngn* tease a p.
rallare navvy
rally [bil~] [motor] rally
1 ram [infattning] frame [äv. bildl.]; [kant] border; [bildl. äv.]: [omfattning] compass, [utstakat område] field, [gräns] limits, bounds [båda pl.], scope, framework; *sätta inom glas och* ~ frame
2 ram [tass] paw; *suga på* ~*arna* [bildl. svälta] go without food
3 ram *a, se 3 ren* [ex.]
rama *tr,* ~[*in*] frame
ramaskri outcry
ramla *itr* [falla] fall, tumble; [störta ihop] collapse; *jfr äv. falla III*
ramma *tr* ram
ramp [teat.]: [golv~] footlights [pl.]; [tak~] stage lights [pl.] **-feber** stage fright **-ljus** [belysning] footlights [pl.]; [bildl.] limelight
ramponera *tr* [skada] damage; [förstöra] wreck
ramsa string; [barn~] nursery rhyme
ranch ranch
rand 1 [streck o. d.] stripe; [upphöjd, t. ex. på sammet] rib; [strimma] streak **2** [kant] edge; [brädd] brim; [isht större ytas o. bildl.] verge; [gräns[område]] border; *på gravens* ~ on the brink of the grave **-as** *itr. dep* [gry] dawn; [förestå] come **-ig** *a* striped; [om fläsk] streaky; [om t. ex. sammet] ribbed; *den är* ~ *på längden (tvären)* it is striped length-wise (is cross-striped) **-sydd** *a* welted
rang [allm.] rank; [företrädesrätt] precedence; *ha generals* ~ hold the rank of general; *en konstnär av första* ~ a first-rate artist; *stå under (över) ngn i* ~ be below (above) a p. in rank
rangerbangård shunting (marshalling) yard, [amer. äv.] switchyard
ranglig *a* [gänglig] lanky; [rankig] rickety
rang|ordning order of precedence (rank) **-rulla** list concerning order of precedence
rank *a* **1** [om båt] unsteady **2** [om pers.: lång o. slank] tall and slender
1 ranka *s* [klängväxt] creeper; [reva] tendril; [stängel o. d.] stem; [gren] branch
2 ranka *tr* [rangordna] rank
rannsak|a *tr* search; [jur.] try **-an** *o.* **-ning** search; [jur.] trial
ranson *s o.* **ransonera** *tr* ration **ransoneringskort** ration card
ranunkel buttercup
rap|a *itr* belch **-ning** belch
1 rapp *s* **1** [slag] blow; [snärt] lash, [stark.] stroke; [smäll] rap **2,** *i rödaste* ~*et* instantly
2 rapp *a* [allm.] quick; [flink] nimble
rappa *tr* [kalkslå] plaster
rapp|höna *o.* **-höns** partridge
rappning plastering; [konkr.] plaster
rapport report; [redogörelse] account; *avlägga* ~ *om ngt* report on a th. **-era** *tr* report
raps rape **-kaka** rape-cake
rapsodi rhapsody
rar *a* **1** [snäll] nice, [vänlig] kind; [söt] sweet, lovely; [intagande] delightful; [förtjusande] charming **2** [sällsynt] rare **-ing** darling, love **-itet** rarity
1 ras [släkte, härkomst] race; [om djur vanl.] breed; [stam] stock
2 ras [av jord] landslide; [av byggnad] collapse
ras|a *itr* **1** [störta], ~ [*ned*] fall down; [om jord] slide [down]; [störta ihop] collapse; [störta in] cave in **2** [fara fram, om t. ex. barn] romp and play; [om vind o. d.] rage **-ande I** *a* [ilsken] furious [äv. bildl.], *på ngn över ngt* with a p. about (at) a th.; [vred] very angry; *göra ngn* ~ drive a p. mad **II** *adv* F [rysligt] awfully, [hemskt] terribly, [kolossalt] tremendously
ras|blandning mixture of races ([av djur] breeds); [isht av vita o. negrer] miscegenation; [zool.: abstr.] crossbreeding **-diskriminering** racial discrimination
rasera *tr* [eg.]: [riva ned] demolish, [förstöra] destroy, [jämna med marken] raze, [lägga i ruiner] lay..in ruins; [bildl., t. ex. tullmurar] abolish
raseri 1 [ilska] fury, frenzy; [vrede] rage; [vredesmod] anger, wrath **2** [våldsamhet, isht elementens] fury, [stormens] raging **-utbrott** fit of rage
ras|fördom racial prejudice **-förföljelse** racial persecution **-hat** racial (race) hatred **-hund** pedigree dog **-häst** thoroughbred
rask *a* **1** [snabb] quick, fast **2** [frisk], ~ *och kry* hale and hearty
raska *itr,* ~ *på* hurry [up]
rasp 1 [verktyg] rasp **2** [ljud] rasp[ing sound]; [från grammofonskiva] scratch
raspa I *tr* [⊕] rasp **II** *itr* rasp, scratch; *jfr rasp 2*

ras|politik racial (race) policy **-ren** *a* [om pers. o. djur] ..of pure breed
rass|el [skrammel] rattle; [slammer] clatter; [prassel] rustle **-la** *itr* rattle; clatter; rustle; *jfr rassel*
rast [paus] break, [amer.] recess; [vila] rest; [frukost~] break [for lunch] **rasta I** *tr* [motionera] exercise; [hund] air **II** *itr* have a break, rest
rast|lös *a* restless **-löshet** restlessness **-plats** *o.* **-ställe** halting-(resting-)place; [vid vägen för bilister] lay-by, [amer.] emergency roadside parking
rasåtskillnadspolitik policy of racial segregation, [i Sydafrika] apartheid
rata *tr* reject
ratificer|a *tr* ratify **-ing** ratification
rationalisera *tr* rationalize **rationalisering** rationalization **rationell** *a* rational, [vetenskaplig] scientific
ratt [allm.] wheel; [bil., ⚓ o.d. äv.] steering-wheel; [på radio o. d.] knob **ratta** *tr itr* drive
ratt|fylleri drunken driving **-lås** steering-wheel lock **-växel** steering-column gear change
ravin ravine
rayon [textil.] rayon
razzia raid; [m. infångande av brottslingar m. m.] round-up
rea *se realisation, realisera*
reagera *itr* react, *för, på* to **reaktion** [allm.] reaction
reaktions|förmåga ability to react **-tid** reaction time
reaktionär *s o. a* reactionary
reaktor [⊕] [nuclear] reactor
realare [skol.] pupil on the natural sciences line **realexamen** 'realexamen', lower [school] certificate [[själva prövningen] examination] **realgenus** [[vanl.] the] common gender **realia** *pl* [skol. o. d.] life and institutions
realis|ation sale **-ationsvinst** capital gain **-era I** *tr* **1** [sälja till nedsatt pris] sell off **2** [förverkliga] realize, [t. ex. plan] carry out **II** *itr* hold (have) sales
real|ism realism **-istisk** *a* realistic; [nykter] matter-of-fact **-itet** reality
real|linje [skol.] natural sciences line **-lön** real wages [pl.] **-skola** [ung.] junior secondary school **-värde** real value
rebell rebel
rebus picture puzzle, rebus
recens|ent critic, reviewer **-era** *tr* review **-ion** review
recentior new student [äv. kvinnlig]; freshman
recept 1 [läk.] prescription **2** [kok. o. bildl.] recipe, *på* for **-belagd** *a* ..sold (dispensed) [only] on [doctor's] prescription
recep|tion 1 [mottagning] reception **2** [på hotell] reception desk **-tiv** *a* receptive
reciprok *a* reciprocal
recitera *tr* [läsa upp]: [utantill] recite, [från bladet] read [aloud]
reda I *s* [ordning] order; [klarhet] clarity; *det är ingen ~ med honom* he is careless; *få ~ på* [få veta] find out, get to know, learn; *ha ~ på ngt* know a th.; *hålla ~ på* [hålla uppsikt över] look after; [hålla sig à jour med] keep up with; *ta ~ på* a) [utforska] find out b) [finna] find c) [ta hand om] see to; [ta till vara] make use of **II** *a, ~ pengar* ready money, hard cash **III** *tr* **1** [ordna, t. ex. bo, måltid] prepare; [full o. d.] comb; *~ upp* [lösa upp] unravel [äv. bildl.]; *se vid. klara I 2 a; ~ ut* [klarlägga] elucidate, explain; [undersöka] investigate **2** [kok.], *~ [av]* thicken **IV** *rfl, se klara II*
redak|tion 1 [lokal] editorial office[s [pl.]] **2** [personal] editorial staff; editors [pl.] **3** [redigering] editing; [avfattning] wording **-tör** editor; [isht om ansvarig för t. ex. modesida o. d.] feature editor
redan *adv* [allaredan] already; [så tidigt som] as early as; [till och med] even; *han borde vara här ~* he ought to be here by now; *~ dessförinnan* even before that; *~ då jag kom in* [*märkte jag*..] the moment I entered..; *~ följande dag* the very next day; *jag vill ha det ~* [inte senare än] *i morgon* I want it no later than ([till] by) tomorrow; [*han ska i väg*] *~ i morgon* ..tomorrow at the latest; *~* [*så*]*som barn* while (when) still a child, even as a child
redare shipowner
redbar *a* [rättskaffens] upright; [ärlig] honest; [hederlig] honourable; [oförvitlig] irreproachable; [samvetsgrann] conscientious **-het** uprightness; honesty; conscientiousness
redd *s* roadstead; roads [pl.]
rede [bo] nest
rederi [företag] shipping company; [~ bolag] shipowners [pl.]
redig *a* **1** [klar] clear; [tydlig] plain **2** *vara fullt ~* a) [vid full sans] be quite conscious b) [vid sina sinnens fulla bruk] be in full possession of one's senses **3** F ['ordentlig'] *se rejäl 2*
redigera *tr* edit; [avfatta] write
redlös *a* **1** [⚓] disabled **2** [stupfull] blind drunk [pred.]
redning [kok.] thickening [äv. konkr.]
redo *a* [färdig] ready; [beredd] prepared; *var ~!* be prepared!
redo|göra *itr, ~ för ngt* [avlägga räkenskap] account for ([avge rapport] report on) a th., [beskriva] describe (give an account of)

a th.; *närmare* ~ *för*.. give [further] details about.. **-görelse** account, *för* of; report, *för* on **-visa** *tr itr* [resultat o. d.] show; ~ [*för*] *ngt* account for a th. [osv., *jfr -göra*] **-visning** [allm.] account **-visningsskyldig** *a, vara* ~ *för ngt* be under the obligation to render account of a th.

redskap [verktyg] tool, implement, [instrument] instrument [alla äv. bildl.]; [isht hushålls~] utensil; [koll.] equipment, tackle, [isht gymn.] apparatus

reducera *tr* reduce [äv. mat., kem. o. bildl.]; [förminska] diminish; [sänka: t. ex. löner] cut

reduktion reduction; cut; [jfr föreg.]

reell *a* [verklig] real, [faktisk äv.] actual

refer|at [redogörelse] account, report; [översikt] review; [i radio] commentary **-endum** referend|um [pl. äv. -a] **-ens** reference

refer|ensram frame of reference **-ent** reporter **-era I** *tr,* ~ *ngt* report a th. **II** *itr,* ~ *till* [*ngn (ngt)*] refer to..

reflektera I *tr* reflect [äv. bildl.] **II** *itr* [fundera] reflect, *över ngt* [up]on a th.; [tänka] think, *över ngt* about a th.; ~ *på* [överväga] *att* [inf.] think of [ing-form]; ~ *på* [*att köpa*] *ngt* be interested in a th.

reflex [allm.] reflex; [återspegling] reflection, reflexion [äv. bildl.] **-anordning** [på fordon] rear reflector **-band** luminous tape **-ion 1** [fys.] reflection, reflexion **2** [begrundan] reflection; [anmärkning] observation **-iv** *a* [gram.] reflexive **-ljus** reflected light **-rörelse** reflex movement

reform reform; [omdaning] remodelling, [nydaning] reorganization [båda end. sg.]; [förbättring] improvement **-ation** reformation; ~*en* the Reformation **-era** *tr* reform; [omdana] remodel; [nydana] reorganize; [förbättra] improve **-ert** *a, den* ~*a kyrkan* the Reformed Church **-förslag** reform proposal **-ivrare** advocate of reform **-vänlig** *a* ..favourably inclined towards reform

refräng refrain, chorus, burden

refug *o.* **refuge** refuge

refusera *tr* refuse; [förkasta] reject; [avböja] decline

regatta regatta

1 regel [på dörr] bolt

2 regel [allm.] rule; [rättesnöre] criterion; [föreskrift] regulation; *i (som)* ~ as a rule **-bunden** *a* regular; [ordnad] settled **-lös** *a* [tygellös] dissolute **-rätt** *a* regular; [enligt reglerna] ..according to rule (the rules); *en* ~ *utskällning* a proper telling-off

regemente [⚔] regiment

regements|befäl [pers., koll.] officers [pl.] at regimental level, field officers [pl.] **-chef** regimental commander **-läkare** regimental medical officer **-officer** [regimental] officer

regent ruler; [isht ställföreträdande] regent; [härskare] sovereign **-längd** list of monarchs **-skap** [ämbete] regency

reger|a *tr itr* **1** [härska] rule [äv. bildl.]; [styra] govern; [vara kung o. d.] reign; *medan han* ~*de* during his reign **2** [väsnas] make a noise; [domdera] bluster **-ing** [allm.] government; [styrelse] rule; [monarks regeringstid] reign

regerings|beslut government decision **-form** [författning] constitution **-kris** government crisis **-ombildning** reconstruction of the Government **-parti** government party **-rätt,** *Regeringsrätten* the [Swedish] Supreme Administrative Court **-skifte** change of government **-ställning,** *i* ~ in power (office) **-tid** [monarks] reign

regi [teat.] producing, [film.] directing; [*Påsk*] *i B:s* ~ ..produced ([resp.] directed) by B.; *i egen* ~ under private management

regim regime; [ledning] management, [förvaltning] administration

region region **-al** *a* regional

regiss|era *tr* [teat.] produce; [isht film.] direct **-ör** [teat.] producer; [amer. o. film.] director

regist|er register; [förteckning] list; [innehållsförteckning] contents [pl.], [alfabetiskt i bok] index **-rator** registrar **-rera** *tr* [allm.] register **-rering** registration

registrerings|nummer registration number **-skylt** number ([amer.] license) plate

regla *tr* [m. regel] bolt; [låsa] lock

reglemente regulations [pl.]

regler|a *tr* regulate; [normera] regularize; [avpassa] adjust; [fastställa] fix; [göra upp, t. ex. arbetstvist] settle **-ing 1** [-ande] regulating [osv.]; regulation; regularization; adjustment; settlement; [jfr föreg.] **2** *se menstruation*

regn rain [äv. bildl.]; *det ser ut att bli* ~ it looks like rain **regna** *itr* rain [äv. bildl.]; *låtsas som om det* ~*r* take no notice

regn|blandad *a,* ~ *snö* sleet **-båge** rainbow **-bågshinna** iris **-droppe** raindrop **-försäkring** insurance against rain **-ig** *a* rainy **-kappa** raincoat; [enklare] mackintosh, F mac **-mätare** rain-gauge **-skur** shower [of rain]; [häftig] downpour **-skydd** [vid hållplats] shelter; *söka* ~ seek shelter from the rain **-väder** rainy weather

reguladetri [mat.] [the] rule of three

regul|ator regulator **-jär** *a* regular

rehabilitera *tr* rehabilitate

rejäl *a* **1** [pålitlig] reliable, trustworthy; [redbar] honest **2** *en* ~ *förkylning* a nasty cold; *ett* ~*t mål mat* a substantial meal

rek [brev] registered letter; [ss. påskrift] to be registered

reklam [-erande] advertising, publicity [båda end. sg.]; [konkr.] advertisement; *göra* ~

advertise, *för ngt* a th. **-artikel** [vara] special-line article **-ation** [klagomål] complaint; [ersättningsanspråk] claim; [efterlysning] inquiry **-broschyr** leaflet folder **-byrå** advertising agency **-era I** *tr* make a complaint about; put in a claim for; make an inquiry concerning; *jfr reklamation* **II** *itr, se* [*göra*] *reklam* **-erbjudande** special offer **-film** advertising film **-kampanj** advertising campaign **-man** publicity expert, F adman **-pris** bargain price **-tecknare** commercial artist **-trick** advertising trick

rekognos[c]era *tr itr* reconnoitre; ~ *terrängen* explore the ground

rekommend|ation 1 [anbefallning] recommendation **2** [post.] registration **-era** *tr* **1** [anbefalla] recommend **2** [post.], ~*t brev* registered letter

rekonstruera *tr* reconstruct

rekord record [äv. bildl.]; *slå* ~ *i (på)* [*ngt*] beat (break) the.. record; *sätta* ~ set up a record **-artad** *a* record [end. attr.]; unprecedented **-försök** attempt at the record **-hållare** record-holder **-tid** record time

rekreation recreation, [vila] rest **rekreationsort** holiday resort **rekreera** *rfl* seek recreation ([vila] rest); [vila upp sig] rest; [hämta sig] recuperate

rekryt recruit; [värnpliktig] conscript **-era** *tr* recruit [äv. bildl.] **-ering** recruitment, recruiting

rektang|el rectangle **-ulär** *a* rectangular

rektor [vid skola] headmaster, [kvinnlig] headmistress, [isht amer.] principal; [vid institut o. fackhögskolor] principal, director; [vid universitet] rector

rekviem requiem

rekvi|rera *tr* [beställa] order; [skicka efter] send for; [begära, t. ex. hjälp] ask for; [⚔] requisition **-sita** [teat. o. film.] properties [pl.] **-sition** order; [⚔] requisition

rekyl *s o.* **-era** *itr* recoil

relatera *tr* relate, give an account of **relation 1** [redogörelse] account, report **2** [förhållande] relation; [intimare, mellan personer] relationship; ~*er* [förbindelser] connections; *stå i* ~ *till* be related to **relativ** *a* relative [äv. gram.] **relativitetsteori** theory of relativity

releg|ation expulsion **-era** *tr* expel

relevant *a* relevant, *för* to

relief relief [äv. bildl.]

religion religion; [tro] faith, [bekännelse] creed

religions|frihet freedom of religion **-historia** [[vanl.] the] history of religion **-krig** religious war **-kunskap** [skol.] religion **-utövning** religious worship; *fri* ~ freedom of worship

reli|giositet religiousness, religiosity; [fromhet] piety **-giös** *a* religious; [from] pious; [mots. profan] sacred

relik relic **-skrin** reliquary, shrine

reling [⚓] gunwale, rail

relä relay

rem [allm.] strap; [smal läder~] thong; [liv~] belt; [ändlös ~: driv~] belt; ~*mar* [koll.] strapping [sg.]

remi *s* draw

reminiscens reminiscence

remiss 1 [parl. o. d.], *sända på* ~ *till*.. refer to..for consideration **2** [läk.] letter of introduction, [sjukhus~] note of admission **remissa** remittance **remissdebatt** full-dress debate on the budget and the Government's policy **remittera** *tr* refer

remmare [vinglas] rummer

rem[o]uladsås remoulade sauce

remsa [allm.] strip, [avriven] shred; [strimla] ribbon, [telegraf~] tape

1 ren *s* [åker~] headland; [dikes~] ditch-bank; [landsvägs~] verge, [amer.] shoulder

2 ren *s* [zool.] reindeer [pl. lika]

3 ren *a* (ibl. *adv*, jfr slutet) [fri från smuts] clean; [prydlig] tidy, [snygg] neat; [oblandad] pure, [outspädd] neat, [oförfalskad, om matvara o. d.] unadulterated; [bildl.] pure; [oskyldig] innocent; [enbar o. d.] mere, sheer; ~ *choklad* ordinary chocolate; ~*a drag* clear-cut features; *en* ~ *förlust* a dead loss; [*det är*] ~*a* [*rama*] *lögnen* .. a downright (sheer) lie; ~*t samvete* clear conscience; ~*a* [*rama*] *sanningen* the plain (absolute) truth; ~*t spel* fair play; ~ *vinst* net (clear) profit; *göra* ~[*t*], *se rengöra; göra* ~*t* [städa o. d.] clean up; *göra* ~*t hus, se hus 1; skriva* ~ [*t*], *se renskriva*

rena *tr* [allm.] clean; [metall, vätska, blod o. bildl.] purify; [destillera] distil

rendevu *o.* **rendezvous** rendezvous [pl. lika]; [träff] date

rengöra *tr* clean; [tvätta] wash; [skura]: [t. ex. kokkärl] scour, [golv] scrub **rengöring** cleaning [osv., *jfr rengöra*] **rengöringskräm** [för ansiktet] cold cream

ren|het cleanness; [om luft, vatten samt äkthet o. bildl.] purity; [oskuld] innocence **-hjärtad** *a* pure-hearted **-hållning** cleaning; [sophämtning] refuse ([amer.] garbage) collection

renhållnings|arbetare *o.* **-karl** refuse ([amer.] garbage) collector **-verk** public cleansing department

renhårig *a* [ärlig] honest

rening cleaning; [kem. o. bildl.] purification

reningsverk [för avloppsvatten] sewage treatment works [pl. lika], purifying plant

renlav reindeer lichen (moss)

ren|lig *a* cleanly **-lighet** cleanliness **-lärig** *a* orthodox **-odla** *tr* [naturv.] cultivate;

~*d* pure
renommé reputation, repute
renons *a, vara ~ på* [*humor*] be without [any]..
renover|a *tr* renovate **-ing** renovation
rensa *tr* [rengöra] clean; [fisk äv.] gut; [fågel] draw; [bär] pick; [magen o. bildl.] purge; ~ *luften* [bildl.] clear the air; ~ [*bort*] *ogräs* weed; ~ *bort* remove; ~ *ut* [bildl.] weed out
renskriva *tr* make a fair copy of, [på maskin] type [out]
rensning cleaning [osv., *jfr rensa*]
renstek [tillagad] roast reindeer
rent *adv* **1** [eg.] cleanly; *sjunga* ~ keep in tune; *tala* ~ talk properly; *jfr 3 ren* **2** [alldeles] quite, completely, absolutely; ~ *av* [faktiskt] actually, [helt enkelt] simply, [till och med] even; [*det är*] ~ *av en skandal* ..a downright scandal; ~ *ut* plainly, outright; ~ *ut sagt* to put it bluntly; *tala* ~ *ut* speak frankly (one's mind)
rentier *o.* **rentjé** rentier [fr.]
rentvå *tr* [bildl.] clear (*från* of)
renässans **1** [allm.] renaissance **2** ~*en* [hist.] the Renaissance
reorganisera *tr* reorganize
rep rope, [lina] cord, [tross] hawser; *hoppa* ~ skip
repa **I** *s* scratch; [skåra] score **II** *tr* [rispa] scratch; score; ~ [*av*] [stryka av]: [löv] strip off.., [gräs, bär] pluck handfuls of..; ~ *upp* unravel **III** *rfl* [ta upp sig] improve; [tillfriskna] recover (*efter* from)
reparation repair[s [pl.]]; [lagning] mending
reparationsverkstad repair [work]shop, [för bilar ofta] garage **reparatör** repairer, repairman **reparera** *tr* [allm.] repair, [laga] mend, [amer. äv.] fix; ~ *sin hälsa* restore one's health
repertoar repertoire [äv. friare], repertory; [spelplan] programme
repetera *tr* [upprepa] repeat; [gå igenom]: [t. ex. läxa] go through..again, [skol-, studie|ämne] revise; [teat. öva in] rehearse **repetition** repetition; revision; rehearsal; *jfr repetera* **repetitionskurs** refresher course
replik reply, answer; [svar på tal] retort; [teat.] line **-skifte** exchange [of words]
report|age [i tidning o. d.] report; [direktsänt]: [i radio] commentary, [i TV ung.] live transmission; [bearbetat, i radio o. TV] documentary **-er** reporter
representant representative, *för* of; [parl.] member, deputy **-huset** the House of Representatives
representation **1** [polit. o. d.] representation **2** [urval] selection **3** [värdskap] [official] entertainment
representationskostnader *pl* entertainment expenditure [sg.]
represent|ativ *a* representative, [typisk] typical; [representabel] distinguished **-era** **I** *tr* [företräda, motsvara] represent **II** *itr* [utöva värdskap] entertain
repressalier *pl* reprisals
reprimand reprimand, [mindre formellt] rebuke, reproof
repris [omgång] turn, bout; [av pjäs o. film] revival; [av radio-, TV-program o. mus.] repeat, [film o. TV äv.] rerun; *programmet ges i* ~ [*nästa vecka*] there will be a repeat of the programme.. **-tecken** [mus.] repeat [mark]
repro|ducera *tr* reproduce **-duktion** reproduction
repstege rope-ladder
reptil reptile [äv. bildl.]
republik republic **republikan** *s o.* **republikansk** *a* republican
1 res|a **I** *s* **1** [färd]: [allm., isht till lands o. bildl.] journey; [till sjöss] voyage, [över~] crossing; [isht nöjes~] trip; [m. bil] ride, trip; [m. flyg] flight; *-or* [isht längre] travels; *enkel* ~ *kostar* [*50 kr*] the single fare is..; *fri* ~ travelling expenses paid; *lycklig* ~*!* pleasant journey!, bon voyage! [fr.] **2** [jur.: gång], *första* ~*n* the (a, his [osv.]) first offence **II** *itr* [färdas] travel, journey; [m. ortsbestämning vanl.] go; [av~] leave, depart, [på längre resa] set out, *till* [i samtl. fall] for; ~ *i affärer* travel on business; ~ *första klass* travel first class; ~ *kortaste vägen* take the shortest route; ~ *över* [*Atlanten*] cross.. **III** [m. beton. part.] (*jfr äv. 2 fara II*) ~ *bort* go away, *från* from; *han är bortrest* he has gone away; ~ *förbi* go past (by), [passera] pass; ~ *igenom* pass through; *ska du inte* ~ *med* [*mig*]*?* won't you join me?; ~ *tillbaka* travel ([dit] go, [hit] come) back, return
2 resa **I** *tr* ~ [*upp*] [sätta upp] raise [äv. bildl.]; ~ *en stege* put (set) up a ladder; ~ *ett tält* pitch a tent; ~ *på sig* get (stand) up **II** *rfl* **1** [räta upp sig] draw oneself up; [stiga upp] rise, get (stand) up, get on one's feet; ~ *sig* [*upp*] *i sängen* sit up in bed **2** [höja sig] rise, [stark.] tower **3** [om håret] stand on end **4** [göra uppror] rise, revolt
res|ande **I** *s* **1** travel[ling] **2** [resenär] traveller; [passagerare] passenger; [besökande] visitor, tourist; *jfr handelsresande* **II** *a, han är ständigt på* ~ *fot* he is always travelling (always on the move) **-dag** day of travel[ling] ([för avresa] departure) **-dräkt** travelling costume
rese|bidrag contribution towards travelling expenses **-byrå** travel agency **-check** traveller's cheque

reseda mignonette
res[e]ersättning compensation for travelling expenses **reseffekter** *pl* luggage [sg.], [isht amer.] baggage [sg.]
rese|försäkring travel insurance **-grammofon** portable gramophone **-handbok** guide **-kostnad,** ~ *[er]* cost [sg.] of travelling, travelling expenses [pl.] **-kreditiv** traveller's letter of credit **-ledare** guide, tour leader
resenär traveller; [passagerare] passenger
reseradio portable radio
reserv reserve **-ant** dissentient **-at** reserve, national park; [för infödingar] reservation **-ation 1** [gensaga] protest **2** reservation, *jfr vid. förbehåll* **-del** spare part **-däck** [för bil o. d.] spare tyre **-era I** *tr* reserve; [hålla i reserv] keep.. in reserve; [plats]: a) [förhandsbeställa] book b) [belägga] take **II** *rfl* make a reservation **-erad** *a* reserved; [försiktig] prudent; *inta en* ~ *hållning mot ngn* adopt an attitude of reserve towards a p. **-fond** reserve fund **-nyckel** spare key
reservoar reservoir; [cistern] cistern **-penna** fountain-pen
reserv|officer officer of (in) the reserve **-utgång** emergency exit (door)
rese|skildring [bok] travel book **-skrivmaskin** portable typewriter **-stipendium** travelling scholarship
resfeber, *ha* ~ be nervous (jittery) before a ([resp.] the) journey [osv., *se 1 resa I 1*]
resgods luggage, [isht amer.] baggage **-expedition** luggage office **-försäkring** luggage (baggage) insurance **-förvaring** *o.* **-inlämning** [konkr.] left-luggage office, cloak-room, [amer.] checkroom
resid|ens residence; [säte] seat; [isht landshövdings ung.] county governor's house **-era** *itr* reside
resign|ation resignation **-era** *itr* [foga sig] resign oneself, *inför* to; [ge upp] give [it] up **-erad** *a* resigned
res|kamrat travelling companion **-kassa** travelling funds [pl.] **-lektyr** reading on the journey
reslig *a* tall; [lång o. ståtlig] stately
reslysten *a* ..keen on travelling
resning 1 [uppresande] raising **2** [höjd] elevation; [om pers. o. bildl.] stature **3** [uppror] rising, revolt, insurrection **4** [jur.] new trial
resolut *a* [beslutsam] resolute, [rask] prompt, [bestämd] determined, decided **-ion** [allm.] resolution, *om ngt* on a th.
reson reason; *ta* ~ listen to reason, be reasonable
resonans resonance; [bildl.] response, [förståelse] understanding
reson|emang [diskussion] discussion, [samtal] talk, conversation; [tankegång] reasoning **-era** *itr* discuss, talk; reason; [jfr föreg.]; ~ *bort ngt* explain a th. away **-lig** *a* reasonable
respass, *ge ngn respass* dismiss a person, F give a p. the sack
respekt respect; [aktning] esteem, regard; [fruktan] awe; *ha* ~ *med sig* inspire respect **-abel** *a* respectable; [anständig] decent **-era** *tr* [allm.] respect **-ingivande** *a* [attr.] ..that commands respect; [imponerande] imposing; [jfr följ.] **-injagande** *a* awe-inspiring **-ive I** *a* respective **II** *adv* respectively; [*agenten*] *köper* ~ *säljer* ..buys or sells **-lös** *a* disrespectful; [vanvördig] irreverent
respirator respirator
respit respite
res|rutt route **-sällskap 1** [abstr.] company on a journey; *få (göra)* ~ *till* [*Rom*] travel together to.. **2** [konkr.]: a) *se reskamrat* b) [grupp] travelling ([m. reseledare] conducted) party
rest [återstod] remainder, rest; [överskott] surplus; [lämning] relic; [kvarleva] remnant; ~*er* [av mat] leftovers; ~*en* [mat.] the remainder; *för* ~*en* [för övrigt] (*jfr* [*för*] *övrig*[*t*]) besides, furthermore, [vad det anbelangar] for that matter; [*du kan få läsa brevet själv*] *för* ~*en* ..if you like
restaurang restaurant **-vagn** dining-car, diner, [amer.] restaurant car
restaur|era *tr* restore **-ering** restoration
rester|a *itr* remain; ~ *för* [*hyran*] be behindhand with.. **-ande** *a* remaining; *det* ~ the remainder; ~ *skulder* debts still due [to be paid]
restid [åtgående tid] travelling time
rest|lager surplus stock **-längd** list of taxpayers in arrears **-par** odd pair
restrik|tion restriction **-tiv** *a* restrictive
restskatt unpaid tax arrears [pl.]
resultat [allm.] result; [mat.] answer; [verkan] effect; [[slut]följd] consequence; [utgång] outcome; [utbyte] return; *komma till* ~ [t. ex. vid förhandlingar] reach agreement **resultatlös** *a* [fruktlös] fruitless, [utan effekt] ineffective, [fåfäng] vain, futile **resultera** *itr* result
resum|é summary; [av pjäs o. d. vanl.] synopsis **-era** *tr* summarize, sum up
resurs resource; [hjälpmedel, utväg] expedient; ~*er* [penningmedel] means
res|van *a* ..accustomed to travelling **-väg** itinerary, route **-väska** suitcase; [inredd ~] fitted case
resår 1 [spiralfjäder] coil spring **2** [gummiband se följ.] **-band** elastic; *ett* ~ a piece of elastic **-botten** sprung bed (base) **-gördel** roll-on [girdle] **-madrass** spring interior mattress

reta *tr* **1** [framkalla retning] irritate; [kittla] tickle; [stimulera] stimulate; [egga, öka]: [t. ex. nyfikenheten] excite, [aptiten] whet, [ngns begär] rouse; ~ *till* [framkalla] cause **2** [förarga], ~ [*upp*] irritate, annoy, vex; *jfr retas;* ~ *ngn till vrede* exasperate a p.; ~ *inte upp dig* [*på*..]*!* don't work yourself up [about..]! **retas** *itr. dep* tease; ~ *med ngn* tease a p., [skoja med] banter a p. **retfull** *a, se retsam* **rethosta** hacking cough

retirera *itr* retreat; [dra sig tillbaka] retire, withdraw; [ge vika] yield

retlig *a* [lättretad] irritable; [lättstött] touchy; [snar till vrede] irascible **retning** [fysiol.] irritation; [psykol. o. friare] stimulus

retor|ik rhetoric **-isk** *a* rhetorical

retroaktiv *a* retrospective, retroactive

reträtt [⚔ o. bildl.] retreat; *slå till* ~ beat a (the) retreat, retreat **-plats** [bildl.] retirement post

ret|sam *a* irritating; [förtretlig] annoying **-sticka** tease[r]

retur 1 *se 2 tur 2* **2** ~ *avsändaren* return to sender; *vara på* ~ [i avtagande] be decreasing **-biljett** return ([amer.] round-trip) ticket **-match** return match **-nera** *tr* return, send back

retuschera *tr* retouch

reumat|iker *s o.* **-isk** *a* rheumatic **-ism** rheumatism

1 rev [fiske.] fishing-line

2 rev [sand~, klipp~] reef

1 reva *s* [ranka] tendril; [utlöpare] runner

2 reva *s* [rämna] tear, rent, rip

3 reva *tr* [⚓] reef

revansch revenge; *ta* ~ *på ngn för ngt* take [one's] revenge on a p. for a th.

revben rib **revbensspjäll** [slakt.] sparerib; [kok.] ribs [pl.] of pork

revelj [⚔] reveille

revers H *se skuldsedel*

reveter|a *tr o.* **-ing** *s, se rapp|a o. -ning*

revidera *tr* revise; [räkenskaper] audit, [förvaltning] examine; [priser] readjust

revision revision; audit; examination; readjustment; *jfr revidera* **revisionsberättelse** auditor's report **revisor** auditor

revolt revolt **-era** *itr* revolt

revolution revolution **-era** *tr* revolutionize; ~*nde* [epokgörande] revolutionary **-är** *s o. a* revolutionary

revolver revolver, gun

revy review; [teat.] revue, show; *låta* [*gamla minnen*] *passera* ~ review..

revär stripe

Rhen the Rhine **rhenvin** Rhine wine, hock

ribb|a lath; [sport.: vid höjdhopp] bar **-stickad** *a* rib-knitted **-stol** wall bars [pl.]

ricinolja castor oil

rid|a I *itr tr* **1** [eg.] ride [äv. på ngns axlar (knä)]; ~ *i galopp* gallop; ~ [*på*] *en häst* ride (be mounted on) a horse **2** [bildl.], ~ *på ord* quibble; ~ *på principer* stick blindly to principles **II** [m. beton. part.] ~ *in* [en häst, dressera] break [in]; ~ *ut stormen* ride out the storm; ~ *över ett hinder* jump (clear) a fence **-ande** *a,* ~ *polis* mounted police **-byxor** *pl* riding-breeches, [långa] jodhpurs

riddar|e [allm.] knight; ~ *av Strumpebandsorden* Knight of the Garter; *dubba (slå) ngn till* ~ dub a p. a knight, knight a p. **-hus,** *Riddarhuset* the House of the Nobility **-sporre** [bot.] delphinium **-väsen** chivalry

ridder|lig *a* [mera eg.] chivalrous; [bildl.] gallant **-skap** knighthood; ~*et och adeln* [i Sverige] the Nobility

rid|dräkt riding-dress; [dams] riding-habit **-hus** riding-school **-häst** saddle-(riding-)horse **-ning** riding **-spö** riding-whip, horsewhip **-stövel** riding-boot **-tur** ride

ridå curtain [äv. bildl.]

rigg [⚓] rig[ging], tackling **rigga** *tr* [⚓] rig; ~ *av* unrig, untackle

rigorös *a* rigorous, strict, severe

rik *a* [allm.] rich; [mycket förmögen äv.] wealthy; [yppig] exuberant; [om jordmån, fantasi] fertile; *jfr vid. riklig;* ~*t urval av..* wide range (choice) of..; ~ *på* rich in, full of; *bli* ~ get rich, make money; *vi har blivit en erfarenhet* ~*are* we are that much wiser; *de* ~*a* the rich (wealthy)

Rikard Richard

rike [stat] state, country, realm; [kungadöme o. relig.] kingdom; [kejsardöme] empire; [bildl.] realm, domain, sphere; *Sveriges* ~ the Kingdom of Sweden

rikedom 1 [förmögenhet] wealth [end. sg.], fortune, riches [pl.] **2** [abstr.] richness, *på* in; wealth; [ymnighet] abundance; [yppighet] exuberance **rikhaltig** *a* [se följ.] **riklig** *a* [allm.] abundant, ample; [rik] rich; ~*t med* [*mat*] plenty of..; *ge* ~*t med dricks* give a handsome tip

rikoschett *s o.* **-era** *itr* ricochet

riks|arkiv public record office **-bank,** *Sveriges R*~ the [National (Central)] Bank of Sweden

riksdag [institution] riksdag; [session] session of the Riksdag; [friare, t. ex. idrotts~] [national] convention, [annual] congress; [*den svenska*] ~*en* the Riksdag, the Swedish Parliament

riksdags|debatt debate in the Riksdag, parliamentary debate **-hus,** ~*et* the Riksdag (Parliament) building **-ledamot** member of the [Swedish] Riksdag, member of parliament **-man** [se föreg.] **-[manna]val**

general ȇlection
riks|föreståndare regent **-försäkringsverket** the National [Swedish] Social Insurance Board **-gräns** frontier, border **-kansler** chancellor; [i Tyskland, hist.] Chancellor [of the Reich] **-marskalk** Marshal of the Realm **-regalier** *pl* regalia **-röse** mound of stones marking a (the) border **-samtal** trunk call, [amer.] long-distance (toll) call **-språk,** *det engelska (svenska) ~et* Standard English (Swedish) **-teater,** *Riksteatern* [ung.] the National [Swedish] Touring Theatre **-vapen** national coat of arms **-väg** trunk road **-åklagare** Chief Public Prosecutor
rikta I *tr* [vända åt visst håll: allm.] direct; [vapen o. d.] aim, level, point, *mot* [i samtl. fall] at; [⊕ räta] straighten; *~ kritik mot..* level criticism against..; *~ ett brev till..* address a letter to..; *~ in* [eg.: t. ex. kikare o. d.] train (*mot* upon); *~ in sig på, se* [*vara*] *inriktad* [*på*] **II** *rfl* [om pers. (vända sig)] address oneself; [om bok o. d.] be intended, *till* for; [om kritik] be directed
riktig *a* (*jfr äv. 3 rätt 1)* [rätt] right, proper, [felfri] correct; [berättigad] just[ified], [välgrundad] sound; [sann] true; [förstärkande]: [äkta] real, regular, [ordentlig] proper, [sannskyldig] veritable, [fullständig] downright, positive; [ss. efterled i sms. ([t. ex.] *fot~)* se resp. uppslagsord]; [*han är*] *en ~ gentleman* ..quite a gentleman; *han är inte ~* [vid sina sinnens fulla bruk] he is not right in the head; *det är inte ~t mot honom* it is not fair on him; [*de slogs*] *på ~t* [på allvar] ..in earnest **-het** rightness, propriety, correctness, justice, soundness, truth, reality; *jfr riktig*
riktigt *adv* (*jfr äv. 3 rätt II 1)* [korrekt] rightly, correctly, [efter vb ofta äv.] right; [vederbörligen] duly; [förstärkande]: [verkligen] really (F real), [alldeles, ganska] quite, absolutely, [ordentligt] properly, [mycket] very; [något försvagande] fairly [osv., *jfr 3 rätt II 2*]; *jag mår inte ~ bra* I am not feeling quite well; [*saken är*] *inte ~ skött* ..not properly handled; [*det är*] *~ synd* ..a real (really a) pity; *göra* [*en sak*] *~* do ..right
rikt|linje [bildl.], *dra upp ~rna för ngt* lay down the general outlines for a th. **-ning 1** [eg.: håll (allm.)] direction; *i ~ mot..* in the direction of.. **2** [bildl.]: [utvecklingslinje] direction, [linje] line[s [pl.]]; [vändning] turn; [inom konst, politik o. d.]: [rörelse] movement, [skola] school **3** [⊕ uträtning] straightening **-nummer** [telef. ung.] dialling ([amer.] area) code **-pris** *se cirkapris* **-punkt** [⚔] aiming point, point of aim; [bildl.] objective, aim, *för* of

rim rhyme; *utan ~ och reson* without rhyme or reason
rimfrost hoar-frost, rime, white frost
rimlig *a* [skälig] reasonable; [sannolik] probable, likely; [plausibel] plausible **rimlighet** reason[ableness], probability, likelihood; plausibility; *jfr rimlig* **rimligtvis** *adv* [rimligen] reasonably; [sannolikt] quite likely
1 rimma *tr itr* rhyme, *på* with, to; [stämma] agree, tally
2 rimma *tr* [kok.] salt .. [lightly]
rim|smed *o.* **-smidare** rhymester
ring 1 [allm.] ring; [på bil o. d.] tyre, [amer.] tire; [friare äv.] circle, [kring solen o. månen] halo; [sport.] ring; *ställa sig i ~* form a ring (circle) **2** [skol.] *se årskurs*
1 ringa *a* [liten] small, slight, [obetydlig] trifling, insignificant; [om t. ex. tröst] poor; [anspråkslös] humble; *ett ~ antal* a small number; *~ förseelse* slight offence; *av ~ intresse* of little interest; *min ~ person* my humble self; *inte det ~ste tvivel* not the slightest doubt; *av ~ värde* of small value; *ingen ~re än..* no less a person than..; *inte det ~ste* [adv.] not in the least
2 ringa I *tr itr* [allm.] ring, [klämta] toll; *~ ett samtal* make a phone-call; *det -er* [*på dörren*] the door-bell is ringing, there is a ring at the door; *~ på (i) klockan* ring the bell **II** [m. beton. part.] *~ av* ring off; *~ på hos ngn* ring a p.'s door-bell; *~ upp ngn* ring (call) a p. [up]
3 ringa *tr* **1** *~ in* [⚔] surround **2** *~* [*ur*] [sömn.] cut..low; *hon var* [*djupt*] *urringad* she was décolleté[e] [fr.]
ring|akta *tr* [pers.] despise, disdain; [sak] make light of, disregard **-aktande** *a* contemptuous, disdainful **-aktning** contempt, disdain, disregard
ring|blomma pot marigold **-dans** ring dance **-duva** ring-dove **-finger** ring-finger
ringhet smallness, littleness; [yrkes] humbleness, [persons] humble station
ringhörna corner of a ([resp.] the) [boxing] ring
ringklocka bell; [dörrklocka] door-bell
ringla *itr rfl* [om t. ex. väg, kö] wind; [om hår, rök] curl, [om orm äv.] coil
ringledning electric bell installation
ring|lek ring game **-linje** circular line **-mask** ringed worm **-mur** ring-wall
ringning ringing [osv.], *jfr 2 ringa I*
rinn|a I *itr* [allm.] run, [flyta äv.] flow, [strömma äv.] stream; *ögonen -er på honom* his eyes are running (watering) **II** [m. beton. part.] *~ av* flow off; *~ bort* run away; *~ i väg* [om tid] slip away; *sinnet rann på honom* he lost his temper; *~ upp* [om flod o. solen] rise; *floden -er ut i* [*havet*] the river flows into..; *~ ut i sanden* [bildl.] come to

nothing; ~ *över* flow (run) over **-ande** *a* running [osv.], *jfr rinna I*
ripa grouse [pl. lika]
rips [tyg] rep[p], reps
1 ris [pappersmått] ream
2 ris [sädesslag] rice
3 ris 1 [kvistar] twigs [pl.], brushwood, [amer.] slash **2** [till aga] birch[-rod], rod; *få* ~ *(få smaka* ~*et)* get a taste of the birch; *ge ngn* ~ give a p. a birching **risa** *tr* [kritisera] lash **risbastu** birching
ris|fält field of rice **-gryn** [koll.] rice; *ett* ~ a grain of rice **-grynsgröt** [boiled] rice pudding
risig *a* scrubby; *vara* ~ have dry twigs
risk risk, *för* of; *på egen* ~ at one's own risk; *löpa* ~[*en*] *att* [inf.] run the risk of [ing-form]
riska Lactarius [lat.], milk cap
risk|abel *a* risky, [farlig äv.] dangerous, perilous **-era** *tr* risk, *att falla* falling; run the risk of **-fri** *a* safe
ris|knippa bundle of twigs **-koja** brushwood hut **-kvast** besom
risp|a I *s* scratch; [i tyg] rent **II** *tr* scratch; ~ *upp* tear..open **III** *rfl,* ~ *sig i fingret* scratch one's finger **-ig** *a* scratched
1 rista *tr* [skära] carve, cut; ~ *in* [m. nål o. d.] engrave, *i* on
2 rista *tr itr* [skaka] shake
rit rite
rit|a *tr* draw, *med* [*blyerts*] in..; [göra ritning till] design; ~ *av* draw; [kopiera] copy; ~ *upp (ut)* draw **-are** draughtsman, draftsman **-bestick** set of drawing instruments **-bord** drawing-table **-bräde** drawing-board **-ning** drawing, [byggn. äv.] design **-papper** drawing-(design-)paper **-sal** art [class]room **-stift** drawing-pencil
ritt ride, riding-tour
ritu|al *s o.* **-ell** *a* ritual
riva I *tr* **1** [klösa] scratch, [om rovdjur] claw **2** [slita] tear; ~ *hål på* [*kläder*] tear a hole in.., [t. ex. förpackning] tear open.. **3** [t. ex. hus] pull down **4** [m. rivjärn] grate **5** [riva ihjäl] tear..to pieces **II** *itr* [rota] rummage [about]; ~ [*och slita*] *i ngt* tear at a th. **III** *rfl,* ~ *sig i huvudet* scratch one's head **IV** [m. beton. part.] ~ *i* put one's foot down; ~ *itu* tear..in two; ~ *lös (loss)* tear (rip) off; ~ *ned* [eg.] tear down; ~ *ned en vas från* [*hyllan*] knock down a vase from..; ~ *omkull* knock down; ~ *sönder* tear; ~ *upp* [öppna] tear (rip) open; [gata o. d.] take up; [en gammal historia] rake up; ~ *ut ett blad ur* [*en bok*] tear a leaf out of ..; ~ *åt sig* snatch
rival rival, *om* for **-isera** *itr,* ~ *med ngn om ngt* compete (rival) with a p. for a th. **-itet** rivalry, competition
rivande *a* [bildl.] **1** [energisk] go-ahead, pushing **2** [om fart] tearing
Rivieran the Riviera
riv|ig *a, se rivande 1* **-järn** grater; [ragata] shrew **-ning** [rasering] demolition, pulling down **-ningshus** house to be demolished **-start** tearing start
1 ro *s* **1** [vila] rest, [frid] peace, [lugn] repose, [stillhet] stillness; *jag får ingen* ~ *för honom* he gives me no peace; *han gav sig ingen* ~, *förrän..* he would not rest until..; *slå sig till* ~ [eg.] make oneself comfortable, [dra sig tillbaka] settle down **2** [nöje], *för* ~ *skull* for fun
2 ro *tr itr* row; scull; *fara ut och* ~ go out rowing; ~ *hit med pengarna!* hand me the money!
roa I *tr* amuse; [underhålla] entertain; *vara* ~*d av att dansa* like (enjoy) dancing **II** *rfl* amuse oneself
robot [människa] robot; [⚔] [guided] missile **-bas** guided missile base **-plan** robot plane **-vapen** [guided] missile weapon
robust *a* robust, sturdy
rock coat; *vara för kort i* ~*en* be too short, not be up to the mark (job)
rocka ray; [isht ätlig] skate
rock|ficka coat-pocket **-hängare** [galge] coat-hanger; [krok] coat-hook; [i rock] tab **-skört** [delat] coat-tail; [odelat] coat-skirt **-vaktmästare** cloak-room attendant
rodd rowing **roddare** oarsman, rower **roddarlag** [rowing] crew **roddbåt** row[ing]-boat **roddklubb** rowing-club **roddtur** row, pull **roddtävling** rowing-match
rod|er [roderblad] rudder; [hela styrinrättningen o. bildl.] helm; *lyda* ~ answer the helm; *lägga om -ret* shift the helm
rodn|a *itr* [allm.] turn red, redden; [om pers. vanl.]: [av blygsel o. d.] blush, [av t. ex. ilska] flush [up], *av* with; ~ *över ngt* blush at a th. **-ad** [hos sak] redness [end. sg.]; [hos pers.] blush, flush, [jfr föreg.]
rododendron rhododendron
roff|a *tr* rob, *ngt från ngn* a p. of a th.; ~ *åt sig* grab **-eri** robbery
ro|fylld *a* peaceful **-givande** *a* soothing
roja|lism royalism **-list** royalist **-listisk** *a* royalist[ic]
rokoko rococo; ~*n* the Rococo period
rolig *a* [lustig, skojig] funny, [tokrolig] droll; [trevlig] nice, pleasant, jolly; [roande] amusing; *det var* ~*t att få träffa er* [I am] delighted (how nice) to meet you; *det var* ~*t att höra* I am glad to hear [it]; *så* ~*t!* how nice!, [så skojigt] what fun! **rolighetsminister** funny man **roligt** *adv* funnily [osv.], *jfr rolig; ha* ~*t* enjoy oneself, have fun; *ha* ~*t åt..* laugh at..
roll part, role; ~*erna är ombytta* the tables

are turned; *det spelar ingen* ~ it does not matter; *spela en underordnad* ~ [bildl.]: [om pers.] play second fiddle, [om sak] be of secondary importance; *ha spelat ut sin* ~ have had one's day **-besättning** [abstr.] casting; [konkr.] cast **-innehavare** actor [of a part]

rollista cast

Rom Rome

1 rom [fisk~] [hard] roe, spawn

2 rom [dryck] rum

roman [bok] novel; [äventyrs~] romance **-diktning** [prose] fiction **-författare** novelist **-hjälte** hero of a novel **-litteratur** [prose] fiction

romans romance

romansk *a* [om språk, folk] Romance, [om folk äv.] Latin; [arkit.] Romanesque

romant|ik [litt. hist.] romanticism; [friare] romance; ~*en* Romanticism **-iker** romantic; [litt. hist.] Romantic[ist] **-isera** *tr* romanticize **-isk** *a* romantic

romar|e Roman **-inna** Roman lady (woman) **-riket** the Roman Empire

romb rhomb[us] **-oid** rhomboid

romersk *a* Roman; ~*a ringar* [gymn.] flying rings **--katolsk** *a* Roman Catholic

rond [allm.] round, [vakts äv.] beat

rondell [trafik.] roundabout

rop 1 call, cry, [högre] shout; ~ *på* [*hjälp*] call (cry) for.. **2** *komma i* ~*et* become the fashion, [om pers.] become popular **ropa I** *tr itr* call [out], cry, [högre] shout; ~ *efter ngn* call out after a p.; ~ *på ngn* call out to ([tillkalla] call) a p.; ~ *på hjälp* call for help; ~ *till (åt) ngn* call [out] to a p. **II** [m. beton. part.] ~ *an* call; [telef.] call up; [⚔] challenge; [⚓] hail; ~ *in* [*en skådespelare*] give.. a curtain-call; ~ *till* cry out, *av* [t. ex. smärta] with; ~ *ngn till sig* call a p.; ~ *upp* [namn] read out; call over; [jur.] call; ~ *ut* [varor] cry; [meddela] call out, announce; *se äv. utropa*

ror, *sitta (stå) till* ~*s* be at the helm **-gängare** steersman, helmsman **-kult** tiller

rorsman *se rorgängare*

ros [bot.] rose

1 rosa *tr* commend, eulogize

2 rosa *s o. a* rose, pink; *jfr blått o. blå-* **-färgad** *a* rosy, pinkish

rosen|blad rose-leaf **-kindad** *a* rose-cheeked **-knopp** rosebud **-rabatt** bed of roses **-rasande** *a* furious **-röd** *a* rosy, rose-red; *se allt i -rött* see everything through rose-coloured spectacles **-trä** rosewood **-vatten** rose-water

rosett [bot., byggn.] rosette; [prydnad, vanl. knuten] bow, [rosformig] rosette

rosig *a* rosy, rose-coloured

rosmarin rosemary

rossl|a *itr o.* **-ing** *s* wheeze, rattle

1 rost [på järn o. växter] rust

2 rost [⊕] grate, fire-bars [pl.]

1 rosta *itr* rust, get (become) rusty; *gammal kärlek* ~*r inte* old love is not soon forgotten; ~ *sönder* rust away

2 rost|a *tr* roast; [bröd] toast; ~*t bröd* toast **-biff** roast beef

rost|fläck [på järn] rust stain, [på tyg] iron-mould [stain] **-fri** *a* rustless, [om stål] stainless **-färgad** *a* [eg.] rust-coloured; [friare] russet **-ig** *a* rusty **-lager** layer of rust **-skydda** *tr* rust-proof **-skyddsmedel** rust preventive, anti-rust agent

rot root, [bildl. äv.] origin; *dra* ~*en ur* [*ett tal*] extract the root of..; *slå* ~ take (strike) root; *rycka upp ngt med* ~*en* pull up a th. by the roots; [bildl.] uproot (exterminate) a th.; *gå till* ~*en med ngt* get to (at) the root of a th.

1 rota *itr* root, grub, poke, *efter* for; ~ *fram* root (dig) out (up)

2 rota *rfl* root, take (strike) root

rotation rotation, revolution

rot|blöta soaker **-borste** scrubbing-brush

rote [⚔] file; [flyg.] pair of planes

rotel department; [polist.] division

rotera *itr* rotate, revolve, turn

rot|fast *a* [eg.] well-rooted; [bildl.] deep-rooted **-frukt** root vegetable **-fylla** *tr*, ~*en tand* fill the root cavity of a tooth **-fyllning** [tandläk.] root filling **-fäste** root-hold; *få* ~ take root, get a roothold **-knöl** tuber, bulb **-lös** *a* rootless **-mos** mashed turnips [pl.] **-märke** [mat.] radical sign

rot|saker *pl* root vegetables **-skott** root-sucker **-tecken** [mat.] radical sign

rotting rat[t]an, cane **-stol** cane chair

rottweiler rottweiler

rotvälska double Dutch, lingo

rov 1 prey; [byte] booty, spoil[s [pl.]], loot; *ett* ~ *för* [*sinnesrörelse*] a prey to..; *gå ut på* ~ go in search of prey **2** *inte akta för* ~ *att* [inf.] think nothing of [ing-form]

rova 1 [bot.] turnip **2** F [fickur] turnip **3** F *sätta en* ~ fall on one's behind

rov|djur beast of prey; [bildl.] wild beast **-drift** ruthless exploitation **-fågel** bird of prey **-girig** *a* rapacious, ravenous **-girighet** rapacity **-riddare** robber baron

rubb, ~ *och stubb* the whole lot

rubba *tr* ([ibl.] *itr*) [eg.]: [flytta på] move, dislodge, [i nek. sats] budge; [bildl.]: [bringa i oordning] disturb, upset, [ngns förtroende o. d.] shake, [ändra] alter; ~ *ngns planer* upset a p.'s plans; ~ *på* [*sina principer*] modify.. **rubbad** *a* [förryckt] crazy, crack-brained **rubbning** [störning] disturbance; H dislocation; [ändring] alteration

rubel rouble

rubin ruby **-röd** *a* ruby[-red]
rubr|icera *tr* [förse m. rubrik] headline **-ik** [i tidning] headline; [t. ex. i brev o. över kapitel] heading [äv. jur.]; [titel] title
rucka *tr* [en klocka] regulate, adjust; ~ *på, se rubba*
ruck|el [kyffe] hovel, ramshackle house **-lig** *a* [fallfärdig] ramshackle
ruckning regulation, adjustment
ruda crucian [carp]
rudiment rudiment **rudimentär** *a* rudimentary **rudis** *a, vara ~ i ngt* not have the slightest idea about a th.
ruelse contrition, remorse
1 ruff [⚓] cabin
2 ruff *s o.* **ruffa** *itr* [sport.] foul
ruffig *a* **1** [sport.] rough, foul **2** [sjaskig] shabby, [fallfärdig] dilapidated
rufs|a *tr, ~* [*till*] *ngn i håret* ruffle a p.'s hair **-ig** *a* ruffled, dishevelled
rugg|a *itr* [om fågel] moult **-ig** *a* **1** [tovig] matted **2** *se ruskig* **-ning** [om fåglar] moulting
ruin 1 [återstod] ruin **2** [sammanbrott] ruin, destruction; *på ~ens brant* on the verge of ruin **-era** *tr* ruin, bring..to ruin **-erad** *a* ruined, bankrupt **-erande** *adv, verka ~ på..* be ruinous to.. **-hög** heap of ruins **-stad** ruined town
rulad [kok.] roulade, roll
rulett roulette
1 rulla *s* [⚔] list, [civil äv.] roll
2 rulla I *tr itr* roll [äv. ⚓] **II** *rfl* roll; [om blad o. d.] curl [up] **III** [m. beton. part.] *~ ihop* roll up; *~ ihop sig* [om djur] roll (coil) itself up; *~ in* [vagn o. d.] wheel in; *~ in* [*ngn*] *i en filt* roll up (wrap)..in a blanket; *~ ned* [gardin o. d.] pull down; *~ upp* [ngt hoprullat] unroll; [gardin] pull up
rullbana [⊕] roller conveyor
rull|e [allm.] roll; [tråd~ o. film~ o. på metspö] reel **-gardin** blind, [amer.] [window] shade **-ning** roll[ing] [äv. ⚓] **-skridsko** roller-skate **-stensås** boulder-ridge **-stol** wheel (Bath) chair **-trappa** escalator **-tårta** Swiss roll
rulta I *itr* waddle **II** *s* roly-poly
1 rum *s* **1** [bonings~ allm.] room; [uthyrnings~] lodgings [pl.]; [logi] accommodation [end. sg.]; *möblerade ~* [i annons äv.] furnished apartments; *~ att hyra* [rubrik äv.] apartments to let **2** [utrymme] room; *boken får* [*inte*] *~* [*på hyllan*] there is [no] room for the book..; [*500 personer*] *får ~ i salen* the hall will accommodate (hold)..; *få ~ med* find room for; *lämna ~ för ngt* make room for a th.; *lämna ~ för* [t. ex. namnteckning] leave room (space) for..; *ta för stort ~* take up too much room (space) **3** [rymd, rumsbegrepp] space **4** [⚓] hold **5** [i spec. fraser], *i främsta ~met* [framför allt] above all; *komma i första ~met* come first; *äga ~* take place
2 rum *a, i ~ sjö* in the open sea
rumba rumba
rumla *itr, ~* [*om*] be on the spree
rump|a [svans] tail; F [stuss] backside, behind **-hugga** *tr* [bildl.] chop about, cut off, truncate
rums|adverb adverb of place **-brist** shortage of lodgings **-förmedling** [konkr.: för hotellrum o. d.] agency for hotel accommodation; [för uthyrningsrum] accommodation agency **-kamrat** room-mate **-ren** *a* house-trained **-temperatur** room (indoor) temperature
rumstera *itr* rummage [about]
Rumänien R[o]umania
rumän R[o]umanian **-[i]sk** *a* R[o]umanian **-[i]ska 1** [kvinna] R[o]umanian woman **2** [språk] R[o]umanian
run|a rune **-alfabet** runic alphabet
rund I *a* [allm.] round; [knubbig] plump, chubby; *~a* [*sex-*]*ord* four-letter words; *i runt tal* in round numbers **II** *s* ring, circle
rund|a *tr* **1** [göra rund] round; *~ av* round off; *avrundad* [*summa*] round.. **2** [fara (gå) runt] round, [⚓ äv.] double **-bågsstil** Romanesque style **-el** [rund plan] round space, circus; [cirkel] circle **-fråga** inquiry **-huvud** [hist.] Roundhead **-hänt** *a* open-handed **-kindad** *a* round-cheeked **-lagd** *a* plump **-lig** *a, se riklig; en ~ tid* a long time **-radio** broadcasting **-resa** circular tour **-resebiljett** circular (tourist) ticket **-skrivelse** circular [letter] **-smörjning** lubrication, greasing **-tur** sightseeing tour **-vandring,** *en ~ i* [*staden*] a tour of (a walk round)..
runga *itr* resound; *ett ~nde nej* an emphatic no; *ett ~nde skratt* a roar of laughter
run|inskrift runic inscription **-skrift** runic characters [pl.] **-sten** runic stone
runt I *adv* round; *~ om*[*kring*], *se runtom; låta ngt gå ~* [vid bordet] pass a th. round; *gå (irra) ~ på* [*gatorna*] wander about.. **II** *prep* round; *~ hörnet* round the corner; *året ~* all the year round **-om I** *adv* round about, [all] around; *~ i landet* all over the country **II** *prep* [all] round, [all] around **-omkring** *adv o. prep, se runtom*
rus intoxication [äv. bildl.], inebriation [båda end. sg. o. ej m. obest. art.], F [fylla] booze; *ta sig ett ~* get drunk, F have a booze; *under ~ets inflytande* under the influence of drink
1 rusa I *itr* [allm.] rush, dash, [störta] dart **II** *tr, ~ en motor* race an engine **III** [m. be-

ton. part.] ~ *efter ngn* [hämta] rush [etc.] for a p.; ~ *fram till* rush [etc.] up to; ~ *förbi* rush [etc.] past; ~ *i väg* rush [etc.] off; ~ *nedför* [*trappan*] rush [etc.] down..; ~ *upp* start up, spring to one's feet; ~ *upp ur sängen* spring out of bed; ~ *uppför* [*trappan*] rush [etc.] up..

2 rus|a *tr* [berusa] intoxicate, inebriate **-dryck** intoxicant **-drycksförbud** prohibition **-ig** *a* intoxicated, *av* with, by

rusk *se ruskväder*

1 ruska *s* branch, bunch of twigs

2 ruska *tr itr* shake; ~ *liv i ngn* rouse a p.; ~ *om (upp) ngn* [bildl.] stir up a p.; ~ *på sig* shake oneself

ruskig *a* [om väder] nasty; [om pers.]: [frusen] chilly, [olustig] seedy; [illa beryktad] disreputable; [skum] shady; [om pers.: motbjudande] disgusting; [om händelse o. d.]: [hemsk] horrible, gruesome, [kuslig] uncanny; *en ~ historia* an ugly affair

ruskväder nasty (bad, rough) weather

rusning [allm.] rush, *efter* for **rusningstid** rush-hour[s [pl.]]

russin raisin **-kaka** plum cake

rust|a I *tr* [⚔] arm; [utrusta] equip, [isht fartyg] fit out **II** *itr* prepare, *till (för)* for; [⚔] arm; ~ *till krig* arm, prepare for war **III** *rfl* prepare [oneself], *till (för)* for; [⚔] arm [oneself] **IV** [m. beton. part.] ~ *till* [t. ex. en middag] prepare for; ~ *upp* [reparera] repair, do up, [ge ökad kapacitet] expand, improve **-håll,** *stå för ~et* [bildl.] run the catering

rustibus[**s**] lively child

rustik *a* rustic, [om pers. äv.] boorish

rustkammare armoury

rustning 1 [krigsförberedelse] armament **2** *en ~* [pansar] a suit of armour

rut|a I *s* **1** [fyrkant] square; [på TV-apparat] screen **2** [i fönster o. d.] pane **II** *tr* chequer; *-at papper* cross-ruled paper; *-at område* [i gatukors] box junction **III** [m. beton. part.], *inrutad* [*tillvaro*] mapped-out..

1 ruter *s* [kortsp.] diamond [resp.] diamonds [pl.], [*jfr hjärter* m. sms.]

2 ruter *s* go, spirit, pluck; *det är ingen ~ i honom* he has no go in him

rutig *a* checked, [attr. äv.] check..

rutin [förvärvad skicklighet] experience; [vana, slentrian] routine **-erad** *a* experienced **-mässig** *a* routine.., [pred.] a matter of routine **-mässigt** *adv* by routine **-sak** matter of routine

rutsch|a *itr* slide, glide **-bana** switchback; [på lekplats] slide

rutt route, [trafiklinje äv.] service

rutt|en *a* rotten, putrid, [bildl. äv.] corrupt **-enhet** rottenness, rot, corruption, [jfr föreg.] **-na** *itr* rot, putrefy

ruva *itr* sit, brood; [grubbla] brood

rya[**matta**] long-pile rug [of 'rya' type]

ryck [knyck] jerk, [dragning] tug, pull; [sprittning] start, twitch; [bildl.]: [anfall] fit, [nyck] whim, freak

ryck|a I *tr itr* [dra] pull, tug; [häftigare] snatch, jerk, twitch; [slita] tear; ~ *på axlarna åt ngt* shrug one's shoulders at a th. **II** *itr* **1** [opers. spritta], *det -te i mungiporna på honom* there was a twitch round the corners of his mouth **2** [tåga, komma], ~ *närmare* [om t. ex. fienden] close in; ~ *till ngns undsättning* rush to a p.'s help **III** [m. beton. part.] ~*an* [⚔] advance, *mot* against, on; ~ *bort* tear [etc.] ([om döden] snatch) away; ~ *fram* a) [⚔] advance b) [ngt] pull out; ~ *in* [⚔ till tjänstgöring] join up; ~ *in i* [*ett land*] enter.., march (move) into..; ~ *in i ngns ställe* take a p.'s place; ~ *loss (lös)* [ngt] pull (jerk)..loose; ~ *till* [give a] start; ~ *till sig* snatch; ~ *upp* [t. ex. en dörr] pull..open; [väcka] [a]rouse, shake (stir) up, *ur* from; [firma o. d.] put life into; ~ *upp sig* pull oneself together; ~ *ut* [om brandkår o. d.] turn out; [⚔ hemförlovas] be released

ryck|ig *a* [knyckig] jerky **-ning** [ryck] pull, tug, [sprittning] twitch, [nervös äv.] tic **-vis** *adv* [i ryck] by jerks, by fits [and starts]

rygg back; [⚔] rear; *ha ~en fri* keep a line of retreat open; *skjuta ~* [om katt] arch its back; *vända ngn ~en* turn one's back to ([bildl.] on) a p.; *gå bakom ~en på ngn* do things behind a p.'s back; *vi hade vinden i ~en* the wind was behind us; *hålla ngn om ~en* [bildl.] support a p., back a p. up

rygg|a *itr* shrink back; flinch, recoil, *för* from **-fena** dorsal fin **-kota** vertebra [pl. vertebrae] **-märg** spinal marrow **-plåt** [zool.] dorsal plate **-rad** backbone [äv. bildl.], [anat. äv.] spine, spinal (vertebral) column

ryggrads|djur vertebrate **-lös** *a* invertebrate, [bildl. äv.] ..without backbone

rygg|sim backstroke **-skott** [läk.] lumbago **-sköld** [zool.] carapace **-stöd** support for the back; [på stol] back [of a chair]; [bildl.] support **-säck** rucksack **-tavla** back **-värk** backache

ryk|a I *itr* smoke, [bolma] belch out smoke; [ånga] steam, fume; *det -er ur skorstenen* the chimney is smoking **II** [m. beton. part.] ~ *ihop* fly at each other; *det -er in* the chimney is smoking; ~ *på ngn* go for a p.

rykta *tr* dress, groom, curry

rykt|as *opers. dep, det ~ att..* it is rumoured that.. **-bar** *a* [namnkunnig] renowned, [berömd] famous; [allmänt omtalad] celebrated **-barhet** renown, fame, celebrity, [jfr föreg.]

rykte 1 [kringlöpande nyhet] rumour, report,

om of; *~t går att..* rumour has it (there is a rumour) that..; *det kom ut ett ~* a rumour got abroad **2** [allmänt omdöme om ngn (ngt)] reputation; [ryktbarhet] fame, renown; *ha gott ~* [*om sig*] have a good reputation; *ha ~ om sig att* [*vara snål*] have the reputation of.. **ryktessmidare** rumour-monger **ryktesvis** *adv,* [*jag har hört det*] *~ ..*by way of rumour

rymd 1 [världs~] space; [luft] air; *vistas i högre ~er* dwell in the upper regions; *yttre ~en* outer space **2** [~innehåll] capacity **-dräkt** space-suit **-farare** space traveller **-farkost** space-craft **-flygning** space flight **-färd** space flight, space journey **-kapsel** [space] capsule **-mått** cubic measure **-pilot** space pilot **-raket** space rocket **-resa** *se -färd* **-skepp** space-ship **-station** space-station **-ålder** space age

rymlig *a* spacious, roomy, [om t. ex. ficka] capacious, [om samvete] accommodating

rymling fugitive, runaway, escapee

rymma I *itr* [fly] run away, [om fånge o. d.] escape **II** *tr* [kunna innehålla] hold; [ha plats för äv.] have room for; [innefatta] contain; *~ ut, se utrymma* **rymmarstråt,** *på ~* on the run

rymmas *itr. dep, de ryms i salen* there is room for them in the hall; *den ryms i fickan* it goes into the pocket

rymning [ur fängelse o. d.] escape

rynk|a I *s* [i huden] wrinkle, line, pucker; [på kläder] crease **II** *tr itr, ~ pannan* wrinkle [up] one's forehead, [ögonbrynen] pucker [up] (knit) one's brows, [isht ogillande] frown; *~ på näsan åt* turn up one's nose at **III** *rfl* [om tyg] crease **-ig** *a* **1** [om hud] wrinkled **2** [skrynklig] creased

rysa *itr* [av köld] shiver, [av fasa o. d.] shudder, *av* with; *~ till* give a shiver (shudder) **-re** thriller

rysch ruche, frill

rysk *a* Russian **ryska 1** [kvinna] Russian woman **2** [språk] Russian. — *Jfr svenska* **ryskfientlig** *a* anti-Russian **ryskfödd** *a* Russian-born; [för andra sms. *jfr äv. svensk-*]

ryslig *a* [förskräcklig] dreadful, [fasansfull] horrible, [förfärlig] terrible, [samtl. äv. friare]; F awful **-het,** *~er* horrors

rysning shiver, shudder

ryss Russian

ryssja [fiske.] fyke [net]

Ryssland Russia

ryt|a *itr tr* roar, [om pers. äv.] shout, bawl, *åt* at **-ande** *s, ett ~* a roar

rytm rhythm **-isk** *a* rhythmic[al]

ryttar|e rider, horseman **-inna** horsewoman **-staty** equestrian statue **-tävling** horse-riding competition

rytt|eri [⚔] cavalry **-mästare** [cavalry] captain

1 rå *s* [⚓] yard

2 rå *s* [gräns, rågång] boundary

3 rå *s, se rådjur*

4 rå *s* [andeväsen ung.] sprite

5 rå *a* **1** [ej kokt el. stekt] raw **2** [om t. ex. silke] raw, [om t. ex. olja] crude **3** [om väder] raw **4** [om t. ex. skämt] coarse; [brutal] brutal; *den ~a styrkan* brute force

6 rå I *rfl, ~ sig själv* be one's own master **II** [m. beton. part.] *jag ~r inte för det* I cannot help it; *~ med, se orka* [*med*]; *~ om* own, possess; *~ på* be stronger than; *jag ~r inte på honom* [mera eg.] I cannot beat him, [bildl.] I cannot manage him

råbarkad *a* coarse, crude, boorish

råbock roebuck

råd 1 advice, [högt.] counsel [båda end. sg.]; *ett* [*gott*] *~* a piece of [good] advice; *lyda ngns ~* take a p.'s advice; *be ngn om ~ (fråga ngn till ~s)* ask a p.'s advice **2** [medel] means, expedient, [utväg] way [out], [hjälp] resource; *det blir väl ingen annan ~* there will be no [other] alternative; *det blir (är) ingen annan ~ än att han får* [*göra det*] there is nothing for it but to let him..; *han vet alltid ~* he is never at a loss; *jag visste* [*mig*] *ingen levande ~* I was at my wits' end; *finna på ~* find a way **3** [pengar], *jag har inte ~ till (med) det* I cannot afford it **4** [rådsförsamling] council

råd|a I *tr* [ge råd] advise, [högt.] counsel; *jag -er dig att inte* [äv.] I warn you not to; *~ till ngt* advise a th.; *vad -er du mig till?* what do you advise me to do? **II** *itr* **1** [ha makten] rule, [ha övertaget] prevail, *över* over; [disponera] dispose, *över* of; *om jag fick ~* if I had my way; [*omständigheter*] *som jag inte -er över ..*over which I have no control **2** [förhärska] prevail; [om t. ex. mörker] reign; *det -er* [*inget tvivel*] there is.. **-ande** *a* [allm.] prevailing, [gängse äv.] prevalent, current; [förhärskande] predominant; *vara ~* [äv.] prevail; *under ~ förhållanden* in (under) the [existing] circumstances; *den ~* [(=nuvarande) *regimen*] the present..

rådbråka *tr* [bildl., språk] murder; *på min ~de* [*engelska*] in my broken..; *jag känner mig (är) alldeles ~d* [*efter resan*] I am aching (sore) all over..

råd|fråga *tr* consult **-frågning** consultation **-givande** *a* consultative; [om ingenjör o. d.] consulting **-givare** adviser, [högt.] counsellor **-givning** advice **-göra** *itr, ~ med* consult (confer) with

rådhus town hall **-rätt** *se tingsrätt*

rådig *a* resolute **-het** resolution, [sinnesnärvaro] presence of mind

rådjur roe deer [pl. lika]
råd|lig *a* advisable, [klok] wise, prudent, [lämplig] expedient **-lös** *a* perplexed, puzzled, [pred. äv.] at a loss **-löshet** perplexity **-man** [jur.] member of a municipal court **-pläga** *itr,* ~ *om ngt* deliberate [upon, over] a th.; ~ *med ngn om ngt* consult (confer) with a p. on (about) a th. **-plägning** deliberation, consultation, conference **-slag** *se -plägning* **-slå** *itr, se -pläga* **-vill** *a* [villrådig] perplexed, [pred. äv.] at a loss, [obeslutsam] irresolute
råg rye
råga I *tr* heap, pile [up] **II** *s, till* ~ *på allt* to crown it all
råg|ax ear of rye **-bröd** rye bread
råge full (good) measure
råg|mjöl rye flour **-sikt** sifted rye flour
rågummi raw rubber, [till sko] crêpe rubber
rågång boundary [-line]
råhet rawness [etc.], *jfr 5 rå*
råk open channel [in the ice]
1 råka *s* [zool.] rook
2 råka I *tr* [träffa] meet, [stöta ihop med] run (come) across **II** *itr* **1** [händelsevis komma att] happen to; *han* ~*de falla* he happened to fall **2** [komma], ~ *i fara* get into danger; [*bilen*] ~*de i sladdning* ..started skidding; ~ *i händerna på* fall into the hands of; ~ *i vanrykte* fall into disrepute **III** [m. beton. part.] ~ *på ngn* come (run) across a p.; ~ *illa ut* get into trouble; ~ *ut för* [*bedragare*] fall into the hands of..; *jag har* ~*t ut för honom* [*tidigare*] I have come up against him..; ~ *ut för* [*obehag, dåligt sällskap*] get into..; ~ *ut för* [*en olycka*] meet with..; ~ *ut för* [*ett oväder* o.d.] be caught in..; *nu har han* ~*t vackert ut!* now he has got himself into a mess!
råkas *itr. dep* meet
råkost raw food **-diet** raw food diet
råma *itr* moo; bellow [äv. bildl.]
råmärke boundary-mark, land-mark; *inom lagens* ~*n* within the pale of the law
1 rån [bakverk] wafer
2 rån robbery **råna** *tr* rob; ~ *ngn på ngt* rob a p. of a th. **rånare** robber
rån|försök attempted robbery **-kupp** robbery **-mord** murder with robbery
rå|olja crude oil **-siden** raw silk
rått|a rat, [liten] mouse [pl. mice] **-fälla** mouse-trap, rat-trap **-gift** rat-poison **-hål** mouse-hole, rat-hole **-svans** rat's tail; [fläta] pigtail **-äten** *a* ..gnawed by rats (mice)
råvara raw material, primary product
räck|a I *tr* **1** [överräcka] hand, reach, pass; *vill du* ~ *mig saltet* please pass [me] the salt; ~ *ngn handen* give a p. one's hand; ~ *varandra handen* shake hands **2** [nå] reach **II** *itr* **1** [förslå] be enough (sufficient), suffice, *för, till* for; *nu -er det* [äv.] that will do now **2** [vara, hålla på] last **3** [nå] reach, [sträcka sig (om sak)] extend, stretch **III** [m. beton. part.] ~ *fram* hold (stretch) out; [*bilvägen*] *-er inte ända fram* ..does not go all the way; ~ *till, se II 1; få det att* ~ *till* make it do; *han får aldrig tiden att* ~ *till* he never finds enough time; ~ *upp handen* put up one's hand; *han -er inte upp till* [*bordskanten*] he does not reach (come) up to..; ~ *ut handen efter ngt* reach out [with one's hand] for a th.
räcke [på t. ex. balkong] rail; [på trappa]: [inomhus] banisters [pl.], [utomhus] railing
räck|håll, *inom* ~ [*för ngn*] within [a p.'s] reach **-vidd** reach, range, scope
räd raid, *mot* on
rädas *itr. tr. dep,* ~ [*för*] fear (dread)..
rädd *a* [allm.] afraid [end. pred.], *för* of, *för att* to; [skrämd] frightened, scared, *för* of; alarmed; [räddhågad] timid; *vara* ~ *om* [aktsam om] be careful with, [t. ex. sina kläder] take care of, [sparsam med] be sparing with; *var* ~ *om dig!* take care of yourself!
rädd|a I *tr* [allm.] save, [äv.] rescue, *från (ur, undan)* from; [bevara] preserve, *åt* for; ~ *livet på ngn* save a p.'s life; [*hans liv*] *stod inte att* ~ ..was beyond saving **II** *rfl* save oneself, [genom flykt] escape **-are** rescuer, [befriare] deliverer **-håga** timidity **-ning** rescue; [räddande] saving, rescuing, *jfr rädda I;* [frälsning] salvation [äv. t. ex. stads]; [befrielse] deliverance
räddnings|aktion rescue action **-båt** lifeboat **-löst** *adv,* ~ *förlorad* irretrievably lost **-manskap** rescue party **-planka** [bildl.] last resort
rädisa radish
rädsla fear, dread, *för* of
räffla I *s* groove **II** *tr* groove, rifle
räfsa I *s* rake **II** *tr* rake, *ihop* together
räfst inquisition; *hålla* ~ *med ngn* [friare] call a p. to account
räka [allm.] shrimp, [djuphavs ~] prawn
räkel, *en lång* ~ a lanky fellow
räkenskap 1 *avlägga* ~ *för ngt* render an account of a th.; *ställa ngn till* ~ call a p. to account; ~*ens dag* the day of reckoning **2** *föra* ~*er* keep accounts
räkenskaps|skyldighet liability to keep accounts **-år** financial year
räkna I *tr itr* **1** [allm.] count, [företa uträkningar] reckon, [beräkna] calculate; [*hans dagar*] *är* ~*de* ..are numbered; ~*s som* [*omodern*] be regarded as..; ~ *sin ålder från..* date from..; ~ *med ngt* [vänta sig] expect a th., [ta med i beräkningen] allow for a th., [påräkna] count (reckon, calculate) [up]on a th.; [*en motståndare*] *att* ~ *med* ..to be reckoned with; *inte* ~ *så noga med*

ngt not be very particular about a th.; *man* ~*r honom till* [*oppositionen*] he is considered to belong to..; ~*t i francs* in francs; *i pengar* ~*t* in terms of money; *i procent* ~*t* on a percentage basis **2** [mat.] do arithmetic (sums); ~ *ett tal* do a sum **3** [uppgå till] number, [mäta] measure **II** [m. beton. part.] ~ *av* [dra av] deduct, allow for; ~ *efter om det stämmer* check to see if it is right; *jag måste* ~ *efter* I must work it out; ~ *ifrån* [dra av] deduct; [frånse] leave..out of account; ~ *igenom* [kontrollera] check; [kassan] count; ~ *ihop* [t. ex. pengar] count up, [en summa] add up; ~ *med* count [in], include; [*fraktkostnaden*] *medräknad* counting.., including..; ~ *ned* [addera ned] add (sum) up; [inför start] count down; ~ *om* count.. over again, [ett tal] do..again; ~ *upp* [nämna i ordning] enumerate; [pengar] count out; ~ *ut* [beräkna] calculate, work out, [fundera ut] figure out, [förstå] make out; [ett tal] do

räknas *itr. dep, han (det)* ~ *inte* he (that) does not count

räkne|bok [bok att räkna i] sum book; [-lära] arithmetic [book] **-exempel** arithmetical example, [isht skol.] sum **-fel** arithmetical error **-maskin** calculating machine, calculator **-ord** numeral **-snurra** calculating machine, calculator **-sticka** slide-rule **-sätt,** *de fyra* ~*en* the four [fundamental] rules of arithmetic **-tabell** arithmetical table **-tal** sum

räkning [räknande] counting, [i vissa fall] count; [beräkning] calculation; [mat.] arithmetic, [ibl.] figures [pl.]; [nota] bill; [konto] account; *en* ~ *på* [*50 kr.*] a bill for..; *föra* ~ *över ngt* keep an account of a th.; *hålla* ~ *på ngt* keep count of a th.; *tappa* [*bort*] ~*en* lose count; *för egen* ~ H on one's own account; [*behålla ngt*] *för egen* ~ ..for oneself; *för ngns* ~ on a p.'s account (behalf); *för (på) ngns* ~ *och risk* H for account and risk of a p.; [*platsen hålls*] *för hans* ~ ..for him; *ett streck i* ~*en* an unforeseen obstacle; *ta ngt med i* ~*en* take a th. into account; *ta* [*ngt*] *på* ~ buy [a th.] on credit; *vara ur* ~*en* be out of the running

räls rail **-buss** railbus

rämna I *s* [allm.] crack; [i molnen] rent; [bred] gap; [bildl.] split **II** *itr* crack, split, [om tyg] rend, [om molntäcke] part

ränk|er *pl* intrigues, machinations; plots, schemes; *smida* ~ intrigue, plot, scheme **-full** *a* intriguing, scheming **-smidare** intriguer, plotter, schemer

1 ränna *s* [allm.] groove, furrow; [transport~] shoot; [avlopps~] drain; [farled] channel; [liten klyfta] gully

2 ränna I *itr* run; ~ *i vädret* shoot up **II** *tr*, ~ *huvudet i väggen* run one's head against the wall **III** [m. beton. part.] ~ *emot ngt* run into a th.; ~ *in ngt i*.. run a th. into..; ~ *omkring (ute)* [*om kvällarna*] run (gad) about..

rännil rill, rivulet, runnel

rännsten gutter **rännstensunge** guttersnipe

ränsel knapsack, rucksack

ränt|a I *s* interest [end. sg.]; ~ *på* ~ compound interest; *ta 5 % i* ~ charge 5 % interest; *mot* ~ at interest **II** *rfl, se förränta* **-abel** *a* [räntebärande] interest-bearing, [vinstgivande] profitable

ränte|fot *se -sats* **-fri** *a* ..free of interest **-höjning** increase in the rate of interest **-inkomst** income from interest **-räkning** [mat.] computation of interest **-sats** rate [of interest] **-sänkning** reduction in the rate of interest

rät *a* right, [om linje äv.] straight; ~ *vinkel* right angle; *2* ~*a* [i stickning] 2 plain **räta** *tr itr*, ~ [*ut*] straighten [out], make..straight; ~ *på (ut) benen* stretch one's legs; ~ *på (upp) sig* straighten oneself up; ~ *ut sig* [om sak] become straight **rätlin[j]ig** *a* rectilinear **rätsida** right side, face

1 rätt *s* [mat~] dish; [del av måltid] course; *dagens* ~ [på matsedel] today's special

2 rätt *s (jfr rätta I)* **1** [rättighet, det rätta, allm.] right, [rättvisa] justice; *få* ~ [i spådom o. d.] prove (be) right; *ge ngn* ~ admit that a p. is right; *kontraktet ger honom* ~ *till*.. the contract entitles him to..; *göra* ~ *i att lämna landet* be (do) right in leaving (to leave) the country; *du gjorde* ~ *som vägrade* you were right to refuse; ..*och det gjorde han* ~ *i* ..and [he was] quite right too; *göra* ~ *för sig* [göra nytta] do one's share, [betala för sig] pay one's way; *ha* ~ [*i ngt*] be right [about a th.]; *ha* ~ *till ngt* have a right (be entitled) to a th.; *mera än han har* ~ *till* more than his due; *komma till sin* ~ [göra sig själv rättvisa] do oneself justice, [ta sig bra ut] show to advantage; *naturen tog slutligen ut sin* ~ Nature at last claimed her due; *han är i sin fulla (goda)* ~ he is perfectly (quite) within his rights; *med* ~ *eller orätt* rightly or wrongly; *med all (full)* ~ with perfect justice; *med vad* ~? by what right? **2** *få (ta)* ~ *på, se reda I* [ex.] **3** [rättsvetenskap] law **4** [domstol] court [of law (justice)]; *jfr rätta I 2; inför sittande* ~ in open court

3 rätt I *a* [riktig] right, correct; [tillbörlig] proper; [rättmätig] rightful; [sann, verklig] true, real; [rättvis] fair, just; ~ *skall vara* ~ fair is fair; [*det är*] *inte mer än* ~ ..only fair; *det är* ~ *åt honom!* serve[s] him right!; *göra det* ~*a* do what is right (the right thing); *i ordets* ~*a bemärkelse* in the proper sense of the word; *det (han) är den ~e mannen* ⌊vanl.⌋ he is the [very] man; *nu är ~a tiden för* ⌊*ostron*⌋ this is the season for ..; *i ~ tid* in [due] time; *i ~[a] ögonblick[et]* at the right moment

II *adv* **1** ⌊korrekt⌋ rightly, correctly, ⌊efter vb ofta äv.⌋ right; *~ avskrivet intygas* True Copy; *eller ~are [sagt]* or rather; *om jag har förstått ~* ⌊äv.⌋ if I am not mistaken; *går din klocka ~?* is your watch right?; *handla ~* act rightly; *höra ~* hear right; *räkna ~* ⌊antal⌋ count right, ⌊räknetal⌋ do it right; *stava ~* spell correctly; *träffa ~* hit the mark **2** ⌊förstärkande⌋ quite, ⌊något försvagande⌋ fairly, ⌊ganska⌋ pretty, rather; *jfr äv. ganska; jag tycker ~ bra om henne* I quite like her; ⌊*tillställningen var*⌋ *~ [så] misslyckad* .. rather a failure **3** *~ och slätt* simply **4** *~ som (vad) det var* all at once, all of a sudden **5** ⌊rakt⌋ straight, direct, right, *se rakt* ⌊ex.⌋; *sitter hatten ~?* is my hat on straight?; *~ i (åt) norr* due north; *~ över gatan* straight across the street

rätta I *s* **1** *med ~* rightly, justly; *och det med ~* and rightly so; *nu har han funnit sig till ~* now he feels at home; *komma till ~* be found, turn up; *komma till ~ med* a) ⌊pers., få bukt med⌋ manage, handle b) ⌊t. ex. problem⌋ cope with, ⌊t. ex. svårigheter⌋ overcome; *lägga till ~* ⌊eg.⌋ lay (put) .. in order; ⌊klarlägga⌋ make .. clear; *skaffa ngt till ~* find a th.; *ställa allt till ~* put (set) things right; *sätta sig till ~* settle oneself; *tala ngn till ~* bring a p. to reason; *visa ngn till ~* ⌊eg.⌋ show a p. the way, ⌊vägleda⌋ show a p. the way about **2** *[in]för ~* in court, before the court; *stå inför ~* be on (stand) trial; *ställa (föra) ngn inför ~* put a p. on trial

II *tr itr* **1** ⌊korrigera⌋ correct, ⌊ett fel äv.⌋ rectify, ⌊pers. äv.⌋ put .. right; *~ en skrivning* mark a paper; *~ till* a) ⌊t. ex. klädseln⌋ put .. straight, adjust b) ⌊t. ex. fel⌋ put (set) .. right, rectify, correct, ⌊missförhållande o. d.⌋ remedy **2** ⌊avpassa⌋ adjust, *efter* to

III *rfl* **1** correct oneself **2** *~ sig efter* ⌊t. ex. ngns önskningar⌋ comply with, follow, ⌊beslut o. d.⌋ abide by, go by, ⌊order⌋ obey; ⌊andra människor, omständigheterna⌋ accommodate (adapt) oneself to; *nu vet jag vad jag har att ~ mig efter* now I know where I am; *verbet ~r sig efter* ⌊*subjektet*⌋ the verb agrees with ..

rättare ⌊jordbr.⌋ [farm] foreman

rättegång ⌊rannsakning⌋ trial; ⌊process⌋ [legal] proceedings ⌊pl.⌋; ⌊isht civilmål⌋ lawsuit, action; *~en mot X* ⌊brottmål⌋ the trial of X; ⌊*se äv. process 2* ex.⌋

rättegångs|biträde counsel ⌊pl. lika⌋ **-förhandling[ar]** court proceedings ⌊pl.⌋ **-kostnad[er]** law expenses ⌊pl.⌋, ⌊ådömda⌋ court costs ⌊pl.⌋

rätteligen *adv* by right, rightly **rättelse** correction, ⌊i text äv.⌋ emendation; *~r* ⌊rubrik⌋ errata **rättesnöre** guiding rule; *tjäna till ~ för ngn* serve as a guide to a p.

rättfram *a* straightforward, ⌊uppriktig äv.⌋ frank, candid **-het** straightforwardness, frankness, candour

rätt|färdig *a* just, righteous **-färdiga** *tr* justify **-färdiggörelse,** *~ genom tron* justification by faith **-färdighet** justness, justice, righteousness **-haveri** dogmatism **-ighet** ⌊allm.⌋ right; ⌊befogenhet⌋ authority; ⌊sprit⌋ *~er* licence ⌊sg.⌋; *ha ~ till ngt* have a right (be entitled) to a th. **-mätig** *a* ⌊om t. ex. arvinge⌋ rightful, lawful; ⌊om krav o. d.⌋ legitimate **-ning 1** ⌊korrigering⌋ correcting, ⌊av skrivningar äv.⌋ marking **2** ⌊✕⌋ dressing; *~ höger!* right dress!

rättrogen *a* faithful, ⌊friare⌋ orthodox

rättrådig *a* ⌊rättvis⌋ just; ⌊redbar⌋ upright

rätts|anspråk legal claim, *på* to **-begrepp** concept[ion] of justice **-fall** [legal] case **-fråga** issue of law **-gill** *a* valid **-haveri** *se rätthaveri* **-hjälp** legal aid

rätt|sinnad *a o.* **-sinnig** *a* right-minded **-skaffens** *a* honest, upright

rättskipning administration of justice

rättskrivning spelling, orthography

rättskrivnings|fel mis-spelling **-lära** orthography; ⌊lärobok⌋ spelling-book

rätts|kränkning violation of justice **-känsla** sense of justice **-lig** *a* ⌊laglig⌋ legal; ⌊domstols-⌋ judicial; ⌊juridisk⌋ juridical; *på ~ väg* by legal means **-läkare** medico-legal expert **-lära** jurisprudence **-lärd** *a* .. learned in the law; *en ~* a jurist **-lös** *a* .. without legal rights **-medicinsk** *a* medico-legal **-obducent** legal pathologist **-praxis** legal usage **-psykiater** forensic psychiatrist **-sak** [legal] case; *göra ~ av ngt* bring a th. before the (to) court **-sal** court[-room] **-samhälle** community governed by law **-skydd** legal protection **-stridig** *a* unlawful, illegal **-säkerhet** security of life and property

rättstavning spelling, orthography

rätts|tillstånd legal conditions ⌊pl.⌋ **-tjänare** [court] usher **-vetenskap** jurisprudence **-vidrig** *a, se -stridig* **-väsen** judicial system

rätt|vis *a* just, *mot* to; ⌊skälig⌋ fair; ⌊opartisk⌋ impartial; *det ~a i* ⌊*mina krav*⌋ the justice of ..; *det är inte mer än ~t att ..* it is only fair that ..; *vad är en ~ klocka?* what is the right time? **-visa** justice, fairness, impartiality, ⌊jfr föreg.⌋; *~n* ⌊lag o. rätt⌋ justice; *göra ~ åt ngt* do justice to a th.; *överlämna ngn åt ~n (i ~ns händer)* deliver a p. up to (into the hands of) justice **-visekrav,** *det är ett ~ att ..* justice demands that ..

-visligen *adv* in justice **-vänd** *a* ..turned right way round (right side up)
rättänkande *a* right-minded
rätvinklig *a* right-angled
räv fox **-aktig** *a* [bildl.] foxy **-farm** fox farm **-gryt** fox-burrow **-hane** he-fox, male fox **-hona** vixen, she-fox **-jakt** fox-hunting **-lya** *se -gryt* **-sax** fox trap **-skinn** fox-skin, [pälsverk] fox-fur **-spel 1** [spel ung.] fox and geese **2** [bildl.] intriguing **-svans** foxtail, fox-brush **-unge** fox cub
rö reed
röd *a (jfr rött)* red; [hög~] scarlet; *~a armén* the Red Army; *Röda havet* the Red Sea; *~a hund* German measles; *Röda korset* the Red Cross; *den ~a tråden* [bildl.] the main thread; *i dag ~ i morgon död* here today, gone tomorrow; *bli ~* [*i ansiktet*], *se rodna; de ~a* [polit.] the Reds; *se rött* see red; [för sms. *jfr äv. blå-*]
röd|aktig *a* reddish, ruddy **-beta** [red] beetroot ([amer.] beet) **-blommig** *a* **1** [eg.] *jfr blåblommig* **2** [om pers.] florid, [om t. ex. hy äv.] rosy, ruddy **-blond** *a* sandy **-blå** *a* purple, reddish-blue **-brun** *a* russet **-brusig** *a* red-faced.. **-färg** red paint **-gardist** red guard **-glödande** *a* red-hot.. **-glödga** *tr* bring to [a] red heat **-gråten** *a* ..red with weeping **-gul** *a* reddish-yellow **-hake**[**-sångare**] robin [redbreast] **-hårig** *a* red-haired **-ing** [fisk] char[r] **-kantad** *a*, *~e ögon* red-rimmed eyes **-kindad** *a* red-cheeked, rosy-cheeked **-klöver** red clover **-kål** red cabbage
Rödluvan Little Red Riding Hood
röd|lätt *a* ruddy **-lök** [red] onion **-näst** *a* red-nosed **-penna** red pencil **-skinn** red-skin **-spotta** plaice [pl. lika] **-sprit** methylated spirit **-sprängd** *a* bloodshot **-spätta** plaice [pl. lika] **-vin** red wine **-ögd** *a* red-eyed. — *Jfr äv. blå-*
1 röja *tr* [förråda] betray, give away; [yppa] reveal; [avslöja] expose; [visa] show
2 röj|a *tr* [skog] clear; *~ mark* clear land; *~ väg för* [bildl.] clear (pave) the way for; *~ ngn ur vägen* remove a p.; *~ av* clear; *~ undan* [t. ex. hinder] clear away, [pers., hinder] remove; *~ undan på* [*bordet*] clear.. **-ning** clearing
rök smoke; *gå upp i ~* go up in smoke
rök|a I *itr* smoke **II** *tr* smoke, [matvaror äv.] smoke-cure; *~ cigarr (pipa)* smoke a cigar (a pipe); *~ in* [pipa] break in; *~ ned ett rum* fill a room with smoke; *~ upp mycket pengar* spend a lot of money on smoking; *~ upp* [*en cigarrett*] finish.. **-are** smoker; *icke ~* non-smoker **-bomb** smoke-bomb **-bord** [ung.] smoker's table **-else** incense **-eri** smoke-house **-fri** *a* smokeless **-fång** hood **-förbud,** *det är ~* smoking is prohibited **-förgiftning** asphyxiation **-gång** flue **-huv** [på skorsten] cowl, [roterande] chimney-jack **-ig** *a* smoky **-kupé** smoking-compartment, smoker **-lukt** smell of smoke **-ning** smoking; [av matvaror äv.] smoke-curing; *~ förbjuden* no smoking **-pipa** tobacco-pipe **-ring** smoke ring **-rum** smoking-room **-skadad** *a* smoke-damaged **-svamp** puff-ball
rölleka *el.* **röllika** yarrow, milfoil
rön [iakttagelse] observation; [upptäckt] discovery; [erfarenhet] experience **röna** *tr* meet with, [motgång äv.] experience; *~* [*livlig*] *efterfrågan* be in [great] demand; *~ samma öde* suffer the same fate
rönn mountain ash; rowan; [för sms. *jfr äv. björk-*] **-bär** rowanberry
röntga *tr* X-ray
röntgen [~strålar] X-rays **-apparat** X-ray machine **-behandling** X-ray treatment **-bild** X-ray picture **-fotografera** *tr* X-ray **-olog** roentgenologist
rör 1 [lednings~] pipe; [isht ⊕] tube **2** [i radio el. TV] valve, [amer.] tube
rör|a I *s* [allm.] mess; [hoprörd blandning äv.] mishmash, hotchpotch; [virrvarr äv.] jumble, medley, mix-up, [oreda] confusion, muddle; *vara en enda ~* be all in a mess **II** *tr (jfr rörd)* **1** [sätta i rörelse] move, stir; *inte ~ ett finger* not stir a finger **2** [vidröra] touch; [angå] concern; *det rör mig inte* [jag bryr mig inte om det] I don't care **3** [bildl.], *~ ngn till tårar* move a p. to tears **III** *itr*, *~ i gröten* stir the porridge; [*jag vill inte*] *~ i den saken* ..poke into that matter; *~ på benen* stretch one's legs; *han -de på huvudet* he moved his head; *~ på sig* [eg.] move, [motionera] get some exercise **IV** *rfl* **1** move, [absol. o. i nekande uttr. äv.] stir; [motionera] get exercise; *rör dig inte!* don't move!; *han -de sig inte ur fläcken* [äv.] he did not budge; [*inte ett löv*] *-de sig* ..was stirring; *~ sig fritt* move about freely **2** [bildl.], *vad som rör sig i tiden* what is going on in our time; *han har mycket pengar att ~ sig med* he has a lot of money at his disposal; *~ sig med* [*hypoteser*] deal with..; *berättelsen rör sig om..* the story is about (deals with)..; *det rör sig om din framtid* it concerns your future; *det rör sig om* [*stora summor*] ..are involved; *vad rör det sig om?* what is it [all] about? **V** [m. beton. part.] *~ ihop* [kok. o. d.] mix; [bildl.] mix up; *~ om* [*i*] [kok.] stir; *~ om i brasan* stir up the fire; *~ om i* [*byrålådan*] poke about in..; *~ till* [smet] mix; *rör inte till* [*på skrivbordet*] don't mess things up.. **-ande I** *a* touching, moving **II** *prep* [angående] concerning, regarding
rörd *a* **1** [gripen] moved, touched **2** *rört smör*

creamed butter
rörelse **1** [mots. vila] motion; [av levande varelse äv.] movement; *sätta* [*fantasin*] *i ~* stir..; *sätta* [*sinnena*] *i ~* agitate..; *sätta sig i ~* begin to move; [*hela staden*] *är i ~* ..is astir **2** [politisk o. d.] movement **3** [affärs~] business, enterprise **4** *släppa ut* [*ett mynt*] *i ~n* put..into circulation **5** [sinnes~] emotion **-frihet** freedom of movement **-förmåga** ability to move **-hindrad** *a* disabled **-kapital** working capital
rörformig *a* tubular
rörig *a* messy, jumbly; *vad här är ~t!* what a mess (jumble)!
rörledning piping, conduit; [större transportledning] pipeline **rörledningsfirma** plumbing firm
rörlig *a* [flyttbar] movable; [om t. ex. anletsdrag] mobile; [om priser, ränta] flexible; [snabb, äv. psykiskt] agile, nimble, alert; *~t kapital* working capital; *~t liv* active life **-het** *(jfr rörlig)* movability, mobility, flexibility; agility, nimbleness, alertness
rör|läggare *o.* **-mokare** plumber **-socker** cane sugar
rös[e] mound of stones; cairn
röst **1** [stämma] voice; *med hög (låg) ~* in a loud (low) voice **2** [polit.] vote; *lägga ned sin ~* abstain [from voting] **rösta** *itr* vote; *en ~nde* a voter; *jag ~r för att..* I vote [that]..; *~ med slutna sedlar* vote by ballot; *~ om ngt* vote on a th.; *~ på ngn* vote for a p.; [*jfr blankt* m. fl.] **röstberättigad** *a* ..entitled to vote **röstetal** number of votes
röst|läge [vocal] pitch **-längd** electoral register **-ning** voting, vote **-organ** vocal organ **-plikt** compulsory voting **-räkning** [-räknande] counting of votes; *en ~* a count [of votes] **-rätt** [ngns] right to vote; [politisk, kommunal] franchise; *allmän (kvinnlig) ~* universal (woman) suffrage **-rättskvinna** suffragette **-rättsålder** voting age **-sedel** voting-paper, ballot-paper **-skolkare** abstainer **-värvning** canvassing
röt|a **I** *s* rot, [förruttnelse] putrefaction, [förmultning] decay; [bildl.] corruption **II** *tr* rot **-månad,** *~en* the dogdays [pl.] **-sår** ulcer
rött *s* red; *jfr blått*
rötägg [eg.] addled (rotten) egg; [bildl.] bad egg, S rotter
röva *tr* rob, *ngt från ngn* a p. of a th. **rövarband** band (gang) of robbers **rövare** robber; *leva ~* raise Cain
rövar|historia cock-and-bull story **-hövding** robber chief **-kula** robber's den **-pris,** [*jag fick det*] *för ~* [otroligt billigt] ..dirt-cheap (for a song); [*betala*] *~er* [oskäligt mycket] ..exorbitant prices

röveri robbery, brigandage

S

sabbat Sabbath **sabbatsår** sabbatical [year]

sabel sabre

sabla *a o. adv, se jäkla*

sabot|age *s o.* **-era** *tr itr* sabotage **-ör** saboteur

Sachsen Saxony **sachsisk** *a* Saxon

sacka *itr, ~ efter* lag (drop) behind

sackarin saccharin

sadel saddle; *sitta säkert i ~n* [bildl.] be (sit) firmly in the saddle **-gjord** [saddle] girth **-makare** saddler **-plats** [vid kapplöpning] paddock

sadism sadism **sadist** sadist **sadistisk** *a* sadistic

sadla I *tr* saddle **II** *itr, ~ om* [ändra åsikt] change one's mind, [byta yrke] change one's profession [osv. *jfr yrke*]

safari safari

saffran saffron **saffransbröd** saffron[-flavoured] bread

safir *s o.* **-blå** *a* sapphire

saft [natur~] juice; [kokt med socker] fruit-syrup; *~ och vatten* fruit drink [made of fruit-syrup and water]; *jfr äv. apelsinsaft* [etc.]; *pressa (krama) ~en ur* [*en citron*] squeeze [the juice out of]..

saft|a *itr* make fruit-syrup **-ig** *a* juicy [äv. bildl.]; [om växter, bete o. d.] lush **-kräm** [dish made of] fruit-syrup and water thickened with potato flour, 'fruit-syrup cream' **-sås** fruit[-syrup] sauce

saga fairy-tale [äv. friare]; saga; [myt, gudasaga] myth; *berätta en ~ [för mig]!* tell me a story!

sagd *a* said; *~a person* the said person; *se f. ö. säga* [ex.] **sagesman** informant

sago|bok story-book, fairy-tale book **-land** fairyland, wonderland **-lik** *a* fabulous; [fantastisk] fantastic; *en ~ röra* an incredible mess

Sahara the Sahara

sak 1 [konkr.] thing, [föremål äv.] object, article **2** [abstr.]: [omständighet o.d.] thing; [angelägenhet] matter, business [end. sg.], affair, [fråga äv.] question; [~ att kämpa för o. d. samt jur.] cause; [rättsfall] case; *en ~* ['någonting' vanl.] something; *~en* [det, förhållandet o. d.] it, the matter; *den ~en* ['det' vanl.] that; *~er och ting* things; *som ~en ligger till* as things are (matters stand); *~en är den att han..* the fact is that he..; *~en är klar!* that settles it (the matter)!; *vad gäller ~en?* what's it about?; *göra gemensam ~ med ngn* make common cause with a p.; *göra sin ~ bra* do one's job (task) well; *jag ska säga dig en ~* I'll tell you what (one thing); *jag skall tänka på (över) ~en* I'll think it (the matter) over; *det är en annan ~* [hör inte hit äv.] it has got nothing to do with this [matter], [det förändrar saken] that makes all the difference!; *det är en annan ~ med dig* it's different with you; *det är farliga ~er* [*att ge sig in på det*] it is dangerous (a dangerous business)..; *det är [inte] min ~* that's [none of] my business; *det är inte min ~ att döma* it is not for me to judge; *det är din ~ att* [*göra det*] it is up to you to..; *~ samma [var]* no matter [where]; *det är en självklar ~* it is a matter of course; *för den goda ~en[s skull]* for the good of the cause; *han har rätt i ~* essentially he is right; *så var det med den ~en!* so that's that!, so there!; *han är säker på sin ~* he is sure of his point; *till ~en!* [let us come] to the point!

sak|förare [jur.] solicitor, lawyer **-kunnig** *a* expert, competent; *en ~* an expert, a specialist **-kunskap** [-kännedom] expert knowledge **-lig** *a* [nykter o. torr] matter-of-fact; [objektiv] objective; [baserad på fakta] ..based (founded) on facts **-löst** *adv, det kan ~ utgå* it can be safely omitted

sakn|a *tr* **1** [inte ha, vara utan] lack, be without; [m. bibet. av behov] want, be in want of; [lida brist på] be wanting (lacking) in; [*beskyllningen*] *~r grund* ..is without foundation; *huset ~r hiss* there is no lift in the house; *han ~r humor* he has no (is devoid of a) sense of humour; *han ~r ingenting* [intet fattas honom] he lacks for nothing; [*verbet*] *~r infinitiv* ..has no infinitive; *jag ~r ord för att uttrycka..* I am at a loss for (I lack) words with which to express.. **2** [inte [kunna] hitta], *jag ~r mina nycklar* I have lost (can't find) my keys **3** [märka frånvaron av] miss **-ad I** *a* missed; [borta] missing; *~e* [subst.] persons missing **II** *s* **1** *~ efter ngn* regret at a p.'s loss (at the loss of a p.) **2** [brist] want, lack; *vara i ~ av* lack, be without (in want of), *jfr sakna 1* **-as** *itr. dep* [vara borta] be missing

sakrament sacrament

sakregister subject index

sakristia vestry, sacristy

sakta I *a* [svag, lätt] gentle, [dämpad, tyst] soft; [långsam] slow; *i ~ mak* at an easy (a leisurely) pace **II** *adv* gently [osv.]; *~ i backarna!* take it easy!; *gå för ~* [om urverk] be slow; *~ men säkert* slow but sure **III** *tr itr, ~* [*farten*] slow down [äv. *~ av*], slacken [the] speed; *~ stegen* slacken one's pace **IV** *rfl,* [*klockan*] *~r sig* ..is losing

[time]
saktmodig *a* meek, gentle
sal hall; [mat~] dining-room; [salong] drawing-room; [sjukhus~] ward; *allmän ~* public ward
saladjär salad bowl
salamander salamander
saldera *tr o.* **saldo** *s* balance
salicylsyra salicylic acid
salig *a* [bibl.] blessed; [avliden (attr.)] late; *min ~ far* F [om avliden] my poor [old] father; *~ i åminnelse* of blessed memory **-görande** *a* saving **-het** [bibl.] blessedness, [frälsning] salvation; [lycka] bliss
saliv saliva
sallad ([isht bot.] *sallat)* **1** [bot.] lettuce **2** [kok.] salad **salladsbestick,** *ett ~* a pair of salad servers **salladshuvud** lettuce **sallad[s]sås** [salad] dressing
salomonisk *a* Solomonic
salong [i hem] drawing-room, [amer.] parlor; [sällskapsrum ibl.] lounge; *se äv. friser-, teatersalong* [m. fl.] **salongsgevär** small-bore rifle
salpeter saltpetre **-syra** nitric acid
salt *s o. a* salt; *~a bad* [havsbad] sea-bathing [sg.] **salta I** *tr* salt [äv. *~ in*]; [beströ m. salt äv.] sprinkle.. with salt; *~d räkning* stiff bill; *~ in (ned)* [lägga i saltlake] brine **II** *itr, ~ i (på)* [ngt] put salt in (on)..
salt|aktig *a* saltish, salty **-gruva** salt-mine **-gurka** pickled gherkin **-halt** salt content, salinity **-haltig** *a* [attr.] ..containing salt; saline **-kar** [för bordet] salt-cellar **-lake** brine, pickle **-lösning** saline [solution], brine
saltomortal somersault; *göra en ~* turn a somersault, somersault
saltsjö [insjö] salt lake **Saltsjön** [utanför Stockholm] the Saltsjön
salt|ströare salt-shaker **-syra** hydrochloric acid **-vatten** salt water, brine
salu, *till ~* on (for) sale **-bjuda** *tr o.* **-föra** *tr* offer..for sale **-hall** market-hall **-stånd** stall, [isht marknads-] booth, [isht på t. ex. mässa] stand
salut *s o.* **-era** *tr itr* salute
salutorg market place
1 salva [skott~ o. d. samt bildl.] volley
2 salva [till smörjning] ointment, [sår~ o. d. äv.] salve **salvelsefull** *a* unctuous
sam|arbeta *itr* co-operate, work together, [isht litterärt samt polit. (neds.)] collaborate **-arbete** co-operation; collaboration **-arbetsman** collaborator, collaborationist **-arbetsvillig** *a* co-operative
samarit Samaritan; [sjukhjälpare] first-aider
sam|band connection; *i ~ härmed* in this connection; *stå i ~ med* have (bear) a relation to **-beskattning** joint taxation
same Lapp, Laplander
sam|existens co-existence **-fund** society, association, [lärt äv.] academy; [kyrko~] communion **-fälld** *a* [gemensam] joint; [enhällig] unanimous **-färdsel** communications [pl.]; [trafik] traffic **-färdsmedel** means [pl. lika] of communication **-förstånd** [mutual] understanding, [enighet] agreement; *i ~ med* in agreement (accord) with **-hälle** [allm.] society [äv. *~t*]; [ss. social enhet] community; [ort] place; [zool.] colony
samhälls|anda public spirit; *god ~* [äv.] good citizenship **-bevarande** *a* conservative **-debatt** public discussion of social problems **-farlig** *a* ..dangerous to society ([resp.] the community); *vara ~* [äv.] be a public danger **-fientlig** *a* anti-social **-grupp** social group **-klass** class [of society] **-kunskap** civics **-lager** strat|um [pl. -a] of society **-lära** sociology **-nyttig** *a* ..of advantage to society; *~a medborgare* good citizens **-omstörtande** *a* revolutionary, subversive **-orienterande** *a, ~ ämnen* civics **-skick** social order **-ställning** social position **-tillvänd** *a* social-minded
sam|hörighet solidarity, [själsfrändskap] affinity, kinship **-klang** accord, harmony **-kväm** social [gathering]
saml|a *(jfr samlad)* **I** *tr* gather, [isht mer planmässigt] collect; [få ihop] get together; [~ på hög] amass, accumulate; [förena, ena] unite, unify; [stå och] *~ damm* collect dust; *~ många deltagare* attract many participants; *~ frimärken* collect stamps; *~ en förmögenhet* amass a fortune; *~ tankarna* collect (compose) one's thoughts; *~ ihop = samla I; ~ in (upp)* collect **II** *itr, ~ på* [ngt] collect..; *~ till* [ngt] a) [spara] save up for.. b) [lägga ihop] club together for.. **III** *rfl* [eg.] *se samlas;* [bildl.] collect (compose) oneself; [koncentrera sig] concentrate **-ad** *a* collected, [församlad] assembled [etc.] *jfr samla I;* [hel, fullständig] total; *Strindbergs ~e skrifter* the collected (complete) works of Strindberg; *hålla tankarna ~e* keep one's thoughts composed; *i ~ trupp* [all] in a body
samlag sexual intercourse, [isht läk.] coitus, coition, [samtl. end. sg.]; *ett ~* an act of sexual intercourse
samlare collector
samlas *itr. dep* [om pers.] gather, get (come) together, [församlas] assemble, [träffas] meet; [hopas] collect; *~ till* [*en konferens*] meet for..
samlevnad life together, co-existence
samling 1 [abstr.] gathering [etc.] *jfr samla I o. samlas;* [uppslutning] rallying; [polit.] coalition; *~* [*sker*] [*kl. 9*] assembly ([vi ska samlas] we will assemble) at.. **2** [konkr.,

t. ex. av mynt, böcker] collection; [av pers. vanl.] gathering, [grupp] group, [samtl. m. 'of' framför följ. best.]
samlings|lokal [-plats] meeting-place, [-sal] assembly hall, meeting-hall **-plats** meeting-place **-punkt** meeting-point, rallying-point **-pärm** file **-regering** coalition government **-sal** assembly hall
samliv, *äktenskapligt* ~ married life
samma *(samme) a* the same (*som* as); [likadan] similar (*som* to); ~ *dag* the (that) same day; *redan* ~ *dag* that very day; ~ *dag* [*han for*] [on] the day [that]..; *sak* ~ [*var*] no matter [where]; *de är av* ~ *sort (storlek)* they are the same kind (size); [*de är*] *i* ~ *ålder* ..the same age; *på* ~ *gång* at the same time; *på* ~ *sätt* [in] the same way **-ledes** *adv o.* **-lunda** *adv* likewise
samman *adv* together [*jfr ihop, tillsammans;* se f. ö. enkla vb m. beton. part. *samman, ihop* o. sms. m. *samman, hop*] **-biten** *a* resolute, dogged **-blanda** *tr, se blanda ihop (samman)* **-blandning** [förväxling] confusion **-brott** collapse, breakdown; *få ett* ~ [äv.] collapse, break down **-drabbning** [⚔ o. friare] encounter, [bildl., i fråga om åsikter] clash, conflict **-drag** summary, résumé, digest, [isht vetensk.] abstract; *nyheterna i* ~ news summary, the news in brief **-dragande** *a* [äv. ~ *medel*] astringent **-falla** *itr* coincide **-fallande** *a* coincident **-fatta** *tr* sum up, summarize **-fattning** summary [etc.], *jfr -drag* **-fattningsvis** *adv* to sum up **-flöde** [floders] confluence **-foga** *tr* join, put together **-föra** *tr* bring.. together **-gadda** *rfl* conspire, plot **-hang** [samband] connection; [i text] context; [logiskt ~] consistency, coherence; [*han fattade*] *hela* ~*et* ..the whole situation (thing); *i detta* ~ [i samband härmed] in this connection **-hållning** [samhörighet] solidarity; [enighet] unity **-hänga** *itr, se hänga [ihop]* **-hängande** *a* connected, [utan avbrott] continuous **-jämkning** [inbördes] mutual adjustment; [kompromiss] compromise; [utjämning] levelling out **-kalla** *tr* summon, assemble **-komst** meeting, gathering, assembly, [större] convention **-lagd** *a* [total] total, entire; *deras* ~*a inkomster* their incomes taken (added) together **-lagt** *adv* in all **-packad** *a* compact, ..closely packed together **-pressa** *tr* compress, press (squeeze)..together **-räkning** addition; *se äv. rösträkning*
samman|satt *a* [om t. ex. ord, tal, ränta] compound, [av olika beståndsdelar] composite; *vara* ~ *av* [bestå av] be composed (made up) of, consist of **-slagning** uniting, union, [fusion] merger, fusion, amalgamation **-slutning 1** [abstr.] union, combination **2** [förening, sällskap] association, society; [syndikat] combine; [polit.] union, league, federation **-ställa** *tr, se ställa [ihop]* **-ställning** putting together; [av t. ex. antologi, register] compilation; [kombinerande t. ex. av fakta] combination **-stötning** [kollision] collision; [kamp, strid] clash, [⚔] encounter **-svetsad** *a* [bildl.] closely united (knit) **-svuren** *subst. a* conspirator, plotter **-svärja** *rfl* conspire, plot, *mot* [i båda fallen] against **-svärjning** conspiracy, plot **-sättning 1** [-sättande] putting together [etc.], *jfr sätta [ihop]* **2** [det sätt varpå ngt är sammansatt] composition, make-up; [struktur] structure; [kombination] combination **3** [språkv.] compound **-träda** *itr* meet, assemble, [hålla ett möte] hold a meeting **-träde** [committee] meeting; [t. ex. förenings äv.] assembly; [isht parl. o. d.] sitting, session **-träffa** *itr* [råkas] meet; ~ *med ngn* meet a p. **-träffande 1** [möte] meeting **2** [~ av omständigheter] coincidence **-vuxen** *a, han har -vuxna ögonbryn* his eyebrows meet
samme *se samma*
sammelsurium jumble, medley, omnium gatherum
sammet velvet
sammets|klänning velvet dress **-len** *a* velvety
samojed Samoyed
sam|ordna *tr o.* **-ordnad** *a* co-ordinate
sam|råd consultation; *efter* ~ *med A.* [after] having consulted (conferred with) A. **-råda** *itr* consult each other; ~ *med ngn* consult a p.
sams *a, vara* ~ a) [vänner] be [good] friends, be on good terms [with each other] b) [eniga] be agreed, agree, *om ngt* on (about) a th. **samsas** *itr. dep* **1** [enas] agree, *om ngt* on (about) a th. **2** ~ *om* [t. ex. utrymmet] share
sam|skola co-educational (mixed) school **-språk** talk, conversation, [förtroligt] chat **-språka** *itr* talk, converse, [förtroligt] chat **-stämmig** *a* [överensstämmande] ..in accord, concordant, [enhällig] unanimous **-sändning** joint broadcast (transmission)
samt I *konj* and [also], [tillsammans med] [together (along)] with **II** *adv,* ~ *och synnerligen* all and sundry, each and all; *jämt och* ~*, se jämt*
samtal conversation, talk; [telef.] call **samtala** *itr* talk, converse, *om* about
samtals|mätare [telef.] call meter **-ämne** topic [of conversation]; *byta* ~ change the subject; *allmänna* ~*t* [*i staden*] the talk of the town
sam|taxering joint assessment **-tid,** ~*en* a) [vår tid] our age (time) b) [våra (hans

För med **samman-** sammansatta verb jfr äv. vid beton. part. (vanl. *ihop*) under resp. enkla verb

etc.) samtida] our (his [etc.]) contemporaries [pl.] **-tida** *a o. s* contemporary **-tidig** *a* contemporaneous; [i samma ögonblick skeende] simultaneous **-tidigt** *adv* at the same time, *som (med)* as; simultaneously
samtliga *pl. a* [attr. fören.] all the ..; [självst.] all [of them ([resp.] us [etc.])]
sam|trafik joint service (traffic) **-tycka** *itr* consent, assent, agree, *till* [i samtl. fall] to **-tycke** consent, [bifall] assent, [gillande] approval, sanction **-varo** being (time) together; *under vår sista ~* while we were last together **-verka** *itr* co-operate; *allt ~de till att* [inf.] everything conspired (combined) to [inf.]; *~nde* [t. ex. faktorer] concurrent **-verkan** co-operation
samvete conscience; *ha dåligt ~ för ngt* have a bad (guilty) conscience about a th.; *ha gott (rent) ~* have a clear conscience
samvets|agg twinge (prick) of conscience **-betänkligheter** *pl* scruples, compunction [sg.] **-frid,** *ha ~* have a clear conscience **-fråga** delicate (indiscreet) question; [-sak] matter (point) of conscience **-förebråelser** *pl* remorse [sg.], [svag.] compunction [sg.] **-grann** *a* conscientious, [ängsligt] scrupulous **-kval** *pl* pangs (qualms) of conscience, remorse [sg.] **-lös** *a* [föga nogräknad] unscrupulous, unprincipled **-äktenskap** common-law marriage **-öm** *a, ~* [*värnpliktig*] conscientious objector, [förk.] CO [pl. CO's], F conchy, [amer. äv.] draft dodger
samvälde, *Brittiska ~t* the Commonwealth
sanatorium sanatorium
sand *s o.* **sanda** *tr* sand
sandal sandal **-ett** sandal, [utan hälrem] mule
sand|bank sandbank **-botten** sand[y] bottom **-hög** heap (mound) of sand, sand-heap **-ig** *a* sandy **-jord** sandy soil **-korn** grain of sand **-låda** [att leka i] sand-pit **-papper** sandpaper; *ett ~* a piece of sandpaper **-sten** sandstone **-storm** sand-storm **-strand** [sandy] beach **-säck** sandbag **-tag** sand-pit
sandwich canapé, Swedish sandwich
sanera *tr* **1** [t. ex. stadsdel] clear .. of slums; [bildl.] clean up; [finanser o. d.] reorganize, put .. on a sound basis **2** [⚔ avgasa] degas
sanering 1 slum-clearance; cleaning-up; reorganization **2** [⚔] degasification
sanforisera *tr* sanforize
sang [kortsp.] no trumps; *en (två) ~* one (two) no-trumps
sangvinisk *a* sanguine
sanitets|binda sanitary towel **-varor** *pl* sanitary appliances
sanitär *a* sanitary
sank I *s, borra (skjuta) .. i ~* sink; *gå i ~* sink, go down **II** *a* [sumpig, vattensjuk] swampy, marshy, water-logged **-mark** marsh
sankt *a* saint ([förk.] St[.], S.) **-bernhardshund** St. Bernard [dog]
sanktion sanction; *tillgripa ~er* [straffåtgärder] resort to sanctions **-era** *tr* sanction
sann *a* true, *mot* to; [sannfärdig] truthful, veracious; [verklig] real, [äkta] genuine; *ett sant nöje* a [great] treat; *det finns inte ett sant ord* [*i det*] there is not a word of truth ..; *inte sant?, se eller* [*hur*] *b o. c;* [*det var en upplevelse!*] *Ja, inte sant?* .. Yes, wasn't it (don't you think so)?; *det var* [*så*] *sant* [*jag skulle ..*] [oh,] I am forgetting, ..; [apropå] by the way (that reminds me), ..; *så sant jag lever!* as sure as I live **sanna** *tr, ~ mina ord!* mark my word! **sanndröm,** *ha ~mar* have dreams that come true **sannerligen** *adv* [verkligen] indeed, really; [i högre stil] in truth; [förvisso] certainly; *jfr äv. minsann*
sanning truth; [sannfärdighet] veracity; [verklighet] reality, fact; *tala ~* tell (speak) the truth; *~en att säga* [*var jag ..*] to tell the truth ..; *säga ngn några* [*beska*] *~ar, säga ngn ett ~ens ord* tell a p. a few home truths **sanningsenlig** *a* truthful, veracious; [sann] true
sanno|lik *a* probable, [isht pred. äv.] [very] likely; *det är ~t att han kommer* [äv.] he is [very] likely to come **-likhet** probability, likelihood; *efter (med) all ~* in all probability **-likhetskalkyl** [mat.] calculus of probability **-likt** *adv* probably, very (most) likely; *han kommer ~ inte* [äv.] it is not likely he will come
sann|saga true story **-skyldig** *a* veritable, [riktig] regular **-spådd** *a, han blev ~* his prophecies (predictions) came true
sans [medvetande], *förlora (mista) ~en* lose consciousness, become unconscious; *komma till ~* [*igen*] recover one's senses, come round **sansa** *rfl* [lugna sig] calm down
sansad *a* [besinningsfull] sober[-minded]; [vettig] sensible; [modererad] moderate; *lugn och ~* calm and collected (composed) **sanslös** *a* unconscious, senseless
sant *adv* truly; *tala ~* tell the truth
sardell anchovy **sardin** sardine **sardinburk** [burk sardiner] tin of sardines **Sardinien** Sardinia
sarg border, edging; [ram] frame
sarga *tr* lacerate [äv. bildl.], [såra] wound, [illa tilltyga] mangle
sarkas|m sarcasm **-tisk** *a* sarcastic
sarkofag sarcophag|us [pl. vanl. -i]
satan 1 [den onde] Satan, the Devil, Lucifer **2** [i kraftuttr.], *ett ~s oväsen* a bloody row, a (the) devil of a row; *jfr 2 fan 2* **satanisk**

a satanic; devilish; *jfr djävulsk* **sate** devil, fiend, demon
satellit satellite **-stat** satellite state
satin satin
satir satire, *över* on, upon **-isk** *a* satiric[al]
sats 1 [språkv.] sentence, [om t. ex. huvud~ el. bi~ vanl.] clause **2** [log., mat.] proposition **3** [ansats] run, take off; *ta ~* take a run **4** [mus.] movement **5** [uppsättning] set [m. 'of' framför följ. best.] **6** [kok.] batch
satsa I *tr* stake; [riskera] venture; [investera] invest **II** *itr* [i spel] make one's stake[s]; *~ på* [hålla på] bet on
sats|bord [uppsättning bord] nest of tables **-del** component part of a sentence; *ta ut ~arna* [*i en mening*] analyse a sentence **-förkortning** contracted sentence **-lära** syntax
satt *a* stocky, square[-built]
sat|tyg devilry; [ofog] mischief **-unge** [young] imp
satyr satyr
satäng satin
sav sap
savann savanna[h]
sax scissors [pl.]; [större, t. ex. plåt~, trädgårds~] shears [pl.]; *en ~* a pair of scissors [etc.]
saxisk *a* Saxon
saxofon saxophone, F sax
scarf scarf [pl. äv. scarves]
scen [på teater] stage; [del av akt samt bildl., uppträde o. d.] scene; *~en* [teatern] the stage, the theatre; *ställa till en ~* make (create) a scene; *sätta i ~* stage **-arbetare** stage hand, scene-shifter **-ario** scenari|o [pl. -os] **-eri** scenery **-ingång** stage door
sch *itj* [tyst!] sh!, [be] quiet!
schablon [⊕] template, templet; [för målning] stencil; [friare] pattern, model **-avdrag** [i självdeklaration] standard (general) deduction **-mässig** *a* ..made to pattern, stereotyped; [friare] conventional, cut-and-dried, mechanical
schack I *s* **1** [spel] chess **2** [hot mot kungen i schack] check; *hålla .. i ~* [bildl.] keep.. in check **II** *itj* check!; *~ och matt!* checkmate! **schacka** *tr itr* check
schack|bräde chessboard **-drag** move [in chess], [bildl.] move **-matt** *a* checkmate; F [utmattad] exhausted, worn out **-parti** game of chess **-pjäs** chessman
schackra *itr, ~ om ngt* bargain for a th. [äv. bildl.]
schack|ruta chessboard square **-spel 1** [konkr.] chess set **2** [abstr.] chess; [~ande] playing chess **-spelare** chessplayer
schah shah
schakal *se sjakal*
schakt [tekn. o. gruv.] shaft **schakta** *tr* excavate; [t. ex. lös jord] remove [äv. *~ bort*]
schal, schalett *se sjal, sjalett*
schalottenlök shallot
schampo shampoo [pl. -s] **schamponera** *tr* shampoo, give..a shampoo **schamponering[smedel]** shampoo [pl. -s]
schappa *se sjappa*
scharlakans|feber scarlet fever, scarlatina **-röd** *a* scarlet
schas, schasa *se sjas, sjasa*
schatter|a *tr o.* **-ing** *s* [nyans] shade
schatull casket
schavott scaffold **-era** *itr* stand in the pillory
schejk sheik[h]
schema [t. ex. arbets-, rörelseschema] schedule, [t. ex. färg~] scheme, [diagram] diagram; [skol.] timetable, [amer.] schedule **schematisera** *tr* schematize **schematisk** *a* schematic; *en ~ framställning* an outline
schimpans chimpanzee
schism schism, split
schizofreni schizophrenia
schlager [song] hit, popular song; [*baskern*] *är årets stora ~* ..is all the rage this year **-sångare** popular singer
schnauzer schnauzer
Schwarzwald the Black Forest
Schweiz Switzerland **schweizare** Swiss [pl. lika] **schweizerfranc** Swiss franc **schweizerost** Swiss cheese, [emmentaler] Emmenthal, Emmentaler **schweizisk** *a* Swiss **schweiziska** [kvinna] Swiss woman
schvung [fart, kläm] go, dash, pep
schäfer Alsatian
schäslong couch
scooter *se skoter*
scout scout, [pojk~] boy scout, [flick~] girl guide ([amer.] scout)
scripta F script (continuity) girl
se I *tr itr* [eg. o. friare] see; [titta] look; [märka] notice, observe; [uppfatta] perceive; *~s* [synas] be seen, *jfr ses; jag ~r* [*att läsa*] [*utan glasögon*] I can see [to read]..; *jo, ~r du..* well, you see..; *~ bra (illa)* see well (badly), [ha bra (dålig) syn] have a good (bad) eyesight; *jag såg fel (rätt)* [vanl.] I was mistaken (right); *hur man än ~r det* whatever way you look at it; *jag ~r det som* [*min plikt*] I regard it as..; *jag tål inte ~* [*honom*] I can't stand the sight of..; *få* [råka] *~* see, [ngn, ngt äv.] catch sight of; *få (vi får) ~ om..* we will see if..; *vi får ~* [*vad resultatet blir*] we shall see.., time will show..; *det får vi ~* we will see about that; *låt ~ att du inte glömmer* mind you don't forget; *du ska* [*få*] *~ att han kommer* I bet he will come; *~* [*själv*]*!* look [for yourself]!; *där ~r du* [*själv*]*!* there you are!; *~ så, se seså; väl (illa) ~dd* popular (unpopular); *i stort ~tt* [på det hela]

on the whole, [i allmänhet] generally speaking, [nästan] almost; *en ~ende* [mots. blind] a person who can see, a sighted person; *~ efter* look (gaze) after; *jag ~r för mig* [*hur..*] I can visualize (just see)..; *~ gäster (folk) hos sig* have guests; *jag hoppas jag får ~ dig hos mig* I hope you will come and see me; *~ i* [t. ex. lexikon] have a look at *el.* in, consult; *jag ~r i* [*tidningen*] *att* I see from..that; *jag ~r i honom* [*en vän*] I regard him as..; [*man måste*] *~ det i stort*..take a broad view of it; *~ på* [titta på] look at, [ta en titt på] have a look at, [flyktigt] glance at, [uppmärksamt] watch, [länge] gaze (stare) at, [nyfiket, misstänksamt] eye, [inspektera] inspect, look over; *inte ~ på* [fästa sig vid] not mind; *~ på klockan* look at (consult) one's watch; *hur ~r du på* [*saken*]*?* what is your view of..?; *gå ut och ~ på* [*staden*] go and have a look at..; *~ allvarligt (mörkt) på* [*saken*] take a serious (gloomy) view of..; *man ~r på den (på allting) att den är..* you can see (can tell by everything) that it is..; *jag ~r på dig att..* I can tell by your face that..; *~ sig i spegeln* look (have a look) at oneself in the mirror

II [m. beton. part.] *~ efter* [ta reda på] see, *om* if; [leta] look; [övervaka] look after, [passa] mind, have an eye to; *~ fram* [*e*]*mot* look forward to; *~ sig för* look out, take care; *~ igenom* look ([flyktigt] run) through; [granska] revise; *~ ned på* [bildl.] look down on; *~ om* [se till] look after, [beställa om] look to, [sköta om] attend to; *~ sig om* [vända sig] look round; *~ sig om efter* [söka] look about for; *~ sig om (omkring)* [*i staden*] look (have a look) round [the town]; *~ sig om (omkring) i världen* see the world; *~ på* look on; *~ på hur jag gör!* watch how I do it!; *~r man på!* [jo jag tackar jag] I say!; *~ till* a) [se] see, [få syn på] catch sight of; *jag ~r inte mycket till honom* I don't see much of him b) = *se efter* c) [styra om] see to; *~ till att* [*ngt görs*] see [to it] that..; *jfr vid. laga II; ~ upp* a) [titta upp] look up, *från* from; *~ upp till* [beundra] look up to b) [akta sig] look (watch) out, *för* for; [vara försiktig] take care, be careful; *~ upp för* [*steget*]*!* mind..!; *~ upp för dörrarna!* [på tunnelbana] stand clear of the doors!; *~ ut* a) [titta ut] look out b) [ha visst utseende] look, *som* like; *~ ut att* [inf.] look like [ing-form], [verka] seem to [inf.]; *han ~r bra (ingenting) ut* he is good-looking (is nothing [much] to look at); *hur ~r han ut?* what does he look like?; *det ~r slarvigt ut i* [*rummet*] ..makes an untidy impression; *hur ~r det ut i* [*rummet*]*?* what is..like?; *så du (din klänning) ~r ut!* what a state you are (your dress is) in!; *det ~r så (inte bättre) ut* it looks (seems very much) like it; *det ~r ut att bli regn (en vacker dag)* it looks like rain (like being a fine day) c) [välja], *~ ut..* [åt sig] choose (pick out) ..; *jfr utse; ~ över* [se igenom] look over; [gå över] overhaul

seans seance

sebra zebra

sed [bruk] custom, [praxis] practice, [sedvana] usage; *~er* [moral] morals; *~er och bruk* manners and customs

sedan *(sen)* **I** *adv* **1** [därpå] then; [senare] later [on]; [efteråt] afterwards; [efter det] after that; *~ har jag inte sett henne* I haven't seen her since [then] (after that); *det är ett år ~ nu* it is a year ago now **2** F *än sen då?* [iron.] so what? **II** *prep* [alltsedan]: [vid uttr. för tidpunkt] since, [vid uttr. för tidslängd] for; [från] from; *~ dess* since [then]; [*hon är (har varit) sjuk*] *~ i går (ett år)* ..since yesterday (for a year); [*rester*] *~ i går* ..from yesterday **III** *konj* [alltsedan] since; [efter det att] after; [när] when; [*ända*] *~ jag kom hit (reste)* [ever] since I have been here (I left); *det var först ~ jag hade sett den som..* it was not until (was only when) I had seen it that..; *~ han* [*först*] *stängt dörren* [*gick han*] having [first] shut the door.. — *Se 2 för I 4 o. länge* [ex.]

sedel [banksedel] [bank-]note, [amer. äv.] bill; *sedlar* [äv.] paper[-money] [sg.] **-bunt** bundle (wad) of [bank-]notes **-förfalskning** forgery of bank-notes **-omlopp** note circulation

sedermera *adv* [längre fram] later on; [efteråt] afterwards

sedeskildring description of [life and] manners **sedeslöshet** immorality; [förfall] depravity **sedlig** *a* moral; [filos.] ethical **sedlighet** morality **sedlighetsbrott** sexual offence

sed|vana *se -vänja* **-vanlig** *a* customary, [vanlig] usual; [vedertagen] accepted **-vänja** custom, [praxis] practice

seg *a* [allm.] tough, [trögflytande] viscous; [envis] stubborn

segel sail [äv. koll.]; *hissa ~ (seglen)* hoist sail (the sails); *sätta till alla ~* crowd on sail; *gå (segla) för fulla ~* go with all sails set (in full sail) **-båt** sailing-boat, [större] yacht **-duk** sail-cloth **-fartyg** sailing-ship, [mindre] sailing-vessel **-flygning 1** [flygning] sailflying; gliding **2** [färd] sailplane (gliding) flight **-flygplan** sailplane, [glidplan] glider **-garn** twine, [grövre] packthread **-led** fairway, [navigable] channel **-regatta** [yachting] regatta **-sport** yachting **-sällskap** yacht[ing] club **-tur** sailing trip **-yta** sail area

seger ⌈allm.⌉ victory, ⌈sport äv.⌉ win; ⌈besegrande⌉ conquest; ⌈isht bildl.⌉ triumph, success; *vinna* ~ [*över*] win (gain) a victory [over], *jfr vid. segra* **-dag** day of victory **-herre** victor **-rik** *a* victorious **-tåg** triumphal procession (⌈bildl.⌉ progress, march)
seghet toughness; viscosity; stubbornness; *jfr seg*
segla *itr tr* sail ⌈äv. bildl.⌉; ~ *omkring i* ⌈*skärgården*⌉ cruise ..; ~ *på* ⌈*en båt*⌉ run into (collide with) ..; *bli påseglad* be fouled (run into)
seglare ⌈pers.⌉ yachtsman **seglation** ⌈sjöfart⌉ navigation **seglats** ⌈segeltur⌉ sailing tour (trip), ⌈längre sjöresa⌉ voyage **segling 1** ⌈seglande⌉ sailing, ⌈sport~ äv.⌉ yachting **2** ⌈segeltur⌉ sailing tour; ~*ar* ⌈regatta⌉ [yachting] regatta ⌈sg.⌉
seglivad *a, vara* ~ ⌈bildl.⌉ be hard to kill
segment segment
segna *itr,* ~ *till* ⌈*marken*⌉ sink to ..; ~ *död ned* drop down dead
segra *itr* ⌈allm.⌉ win; ⌈vinna seger⌉ be victorious, win (gain) the victory; ⌈isht bildl.⌉ triumph, prevail, *över* ⌈i samtl. fall⌉ over; ~ *eller dö* conquer or die; ~ *i ett slag (en tävling)* win a battle (a competition); ~ *över* ⌈besegra⌉ conquer, ⌈övervinna⌉ overcome, get the better of **segrande** *a* conquering, ⌈om t. ex. lag, sida⌉ winning; ⌈segerrik⌉ victorious **segrare** victor; ⌈i tävling⌉ winner **segrarpall** winner's (⌈resp.⌉ winners') stand
segregation segregation
segsliten *a* ⌈utdragen⌉ long drawn-out
seismograf seismograph
sejdel tankard, ⌈utan lock⌉ mug; *en* ~ *öl* a mug (pint) of beer
sejour ⌈vistelse⌉ stay, sojourn
sekatör pruning shears ⌈pl.⌉; *en* ~ a pair of pruning shears
sekel century **-skifte,** *vid* ~*t* at the turn of the century
sekret *s* ⌈fysiol.⌉ secretion **sekretariat** secretariat[e] **sekreterare** secretary **sekretess** secrecy **sekretessplikt,** *ha* ~ be bound to [observe professional] secrecy **sekretion** ⌈fysiol.⌉ secretion **sekretär** bureau ⌈pl. -x⌉, escritoire
sekt sect
sektion ⌈mat., ⊕⌉ section **sektor** sector; *den statliga* ~*n* the public sector
sekund second; ⌈ögonblick äv.⌉ moment; *på* ~*en* [*klockan fem*] [at five] to the second (F on the dot); ⌈*jag kommer*⌉ *på* ~*en* .. in a second (F a sec) ⌈för ex. jfr vid. ex. und. *minut*⌉ **sekunda** *a* ⌈sämre⌉ second-rate, inferior
sekund|ant *s o.* **-era** *tr* second **-visare** second-hand **-är** *a* secondary; *av* ~ *betydelse* ⌈äv.⌉ of subordinate importance

sela *tr,* ~ [*på*] harness; ~ *av* [*hästen*] unharness the horse **seldon** *pl o.* **sele** harness; ⌈barnsele⌉ reins ⌈pl.⌉; *en* ⌈barn⌉~ a pair of reins
selleri celery; ⌈rot~⌉ celeriac
semafor semaphore
semantik semantics
semester holiday[s ⌈pl.⌉], vacation; *han har (är på)* ~ he is on holiday; ⌈*vart skall du resa*⌉ *på* ~*n?* .. for your holiday? **-ersättning** holiday compensation
semestra *itr* ⌈ha semester⌉ be on holiday; ⌈tillbringa semestern⌉ spend one's holiday
semi|final semi-final **-kolon** semi-colon
seminarium 1 ⌈t. ex. folkskole~⌉ training college **2** ⌈univ.⌉ seminar ⌈äv. personer o. lokal⌉
semit Semite **semitisk** *a* Semitic
semla bun [⌈fylld⌉ filled with cream and almond paste] eaten during Lent
1 sen *adv prep konj, se sedan*
2 sen (*jfr senare, senast*) *a* **1** ⌈mots. tidig⌉ late; *till* ~*a kvällen* until late in the evening; *för* ~ *ankomst* late arrival; *det börjar bli* ~*t* it is getting late **2** *inte vara* ~ *att* ⌈inf.⌉ not be slow (⌈vara redo⌉ always be ready) to ⌈inf.⌉
sena sinew, ⌈anat. äv.⌉ tendon
senap mustard **senapsburk** mustard pot
sen|are I *a* ⌈mots. tidigare⌉ later; ⌈mots. förra⌉ latter; ⌈nyare⌉ [more] recent; ⌈efterföljande⌉ subsequent, ⌈kommande⌉ future; *det blir en* ~ *fråga* that will be a question for later on; *på* ~ *år* ⌈de här åren⌉ in the last few years, ⌈nyligen⌉ in recent years; ⌈se äv. ex. und. *tid*⌉ **II** *adv* later, ⌈längre fram⌉ later on; ⌈efteråt⌉ afterwards; ⌈framdeles⌉ subsequently; ⌈nyligen⌉ more recently; ~ *på* ⌈*dagen*⌉ later [on] in ..; *någon gång* ~ sometime later on, on some future occasion **-ast I** *a* latest; ⌈sist i ordning⌉ last; *de* ~*e dagarnas händelser* the events of the last few days; ⌈*han har varit sjuk*⌉ *de* ~*e veckorna* .. for the last (past) few weeks; ⌈se äv. ex. under *tid*⌉ **II** *adv* **1** ⌈mots. tidigast⌉ latest; ⌈mots. först⌉ last; ⌈så sent som⌉ as late as, only; *jag såg honom* ~ *i* ⌈*London*⌉ the last time I saw him was in ..; ⌈*jag såg honom*⌉ ~ *igår* .. only (as late as) yesterday **2** ⌈inte senare än⌉ at the latest; [*allra*] ~ ⌈*i morgon*⌉ .. at the [very] latest
senat senate **senator** senator
sen|färdig *a* slow **-höst** late autumn
senig *a* sinewy, ⌈om kött äv.⌉ stringy
senil *a* senile **senilitet** senility
senior I *a* senior; ⌈*Bo Ek*⌉ ~ (⌈förk.⌉ *sen.*) .., Senior (Sen., Sr.) **II** *s* ⌈sport.⌉ senior
senkommen *a* ⌈bildl.⌉: ⌈t. ex. framgång⌉ tardy, ⌈t. ex. hjälp⌉ belated
sensation sensation **-ell** *a* sensational

sensmoral, *~ en är..* the moral is..
sensommar late summer **-dag** day in [the] late summer
sensträckning strain of a tendon; [*jag har*] *fått* [*en*] *~* ..strained a tendon
sensuell *a* sensual
sent *adv* late; *gå och lägga sig ~* [ss. vana] keep late hours; *du kommer ~* you are late; *komma för ~ till..* a) [inte passa tiden] be late for.. b) [gå miste om] be (come) too late for..; *komma* [*fem minuter*] *för ~ till tåget* [vanl.] miss the train by..
sentens maxim, sententious phrase
sentimental *a* sentimental; [neds.: om pers.] mawkish
separat I *a* separate; [särskild] special **II** *adv* separately; [*boken sänds*] *~* ..under separate cover **-fred** separate peace
separator separator **separera** *tr itr* separate
september September ([förk.] Sept.); *jfr april o. femte*
serafimerorden [best. form] the Order of the Seraphim
Serbien Serbia **serbokroatiska** [språk] Serbo-Croatian
serenad serenade; *hålla ~ för ngn* serenade a p.
sergeant [plutonsbefäl] sergeant, [inom flottan] petty officer
serie 1 [allm.] series [pl. lika]; [i radio, TV o. d.] serial; [följd, svit] sequence; [uppsättning] range; [av tidskrift] set; [sport.] league; *en ~* [*händelser*] a series (succession) of.. **2** [*tecknad*] *~* comic strip, cartoon **-figur** character in a comic strip **-kopplad** *a* [elektr.] ..connected in series **-krock** multiple collision **-magasin** [m. tecknade serier] comic [paper] **-tillverkad** *a* mass-produced
seriös *a* serious; [högtidlig] solemn
serpentin [pappers~] streamer; [slingring] meander, wind; *gå i ~er* meander, wind
serum serum [pl. äv. sera]
serva *tr itr* [sport.] serve; *vem ~r?* whose serve (service) is it? **serve** serv[ic]e
servera I *tr* [allm.] serve; [bjuda omkring] hand round; [hälla i] pour out; [bildl.] dish (serve) up; *~* [passa upp på] *ngn* wait on a p.; *~ ngn* [*kött*] serve a p. with ([lägga för] help a p. to)..; *~ sig själv* help oneself; *middagen är ~d, det är ~t* dinner is served (ready) **II** *itr* serve (wait) at table **servering 1** [betjäning] service; [uppassning] waiting; [utskänkning] serving **2** [lokal] restaurant; [på järnvägsstation o. d.] refreshment room, buffet
serverings|bord serving table ([på hjul] trolley) **-rum** pantry
servett napkin, serviette **-ring** napkin ring
service service **-box** night-safe, [amer.] night depository **-man** [på bensinstation] petrol station attendant, [amer.] garage man **-station** service station **-yrke** service occupation
servil *a* servile; [fjäskande] cringing
servis [porslin etc.] service, set **servis**[**avgift**] service charge (fee) **servitris** waitress
servitut [jur.] easement
servitör waiter
servobroms servo[-assisted] brake
ses *itr. dep* [råkas] meet, see each other; *vi ~ inte mycket* [*numera*] we don't see much of each other..; *vi ~!* [I'll] see you later!
session session; [friare] meeting
seså *itj* [lugnande] come, come!; there, there!
set set [äv. i tennis]; [i bordtennis o. badminton] game; *ett ~* [*kläder*] a set of.. **-boll** set-ball, game-ball, *jfr set*
setter setter
sevärd *a* ..worth seeing **-het** [konkr.] thing worth seeing; *~erna i* [*staden*] [vanl.] the sights of..; [*det är*] *en* [*verklig*] *~* ..[really] worth seeing
1 sex *räkn* six; *jfr fem* [o. sms.]
2 sex *s* [det sexuella] sex; [för sms. se *sexual-*]
sexa 1 six; *jfr femma* **2** [måltid] light supper
sexfilig *a* six-laned, six-lane.. — [För andra sms. *jfr fem-*]
sexig *a* F sexy
sexsidig *a* six-sided [osv.], *jfr fyrsidig 1—2*
sextant sextant **sextett** sextet[te]
sexti[**o**] *räkn* sixty; [*jfr fem*[*tio*] o. sms.] **sextionde** *räkn* sixtieth **sexti**[**o**]**wattslampa** sixty-watt bulb **sexton** *räkn* sixteen; [*jfr fem*[*ton*] o. sms.] **sextonde** *räkn* sixteenth; *jfr femte* **sextondelsnot** [mus.] semiquaver, [amer.] sixteenth-note
sexual|drift sex[ual] urge **-förbrytare** sex criminal, [jur.] sexual offender **-hygien** sex hygiene **-itet** sexuality **-liv** sex[ual] life **-organ** sexual organ **-undervisning** sex instruction
sexuell *a* sexual, [attr. äv.] sex; *det ~a* sex
sfinx sphinx
s-formig *a* S-shaped
sfär sphere **-isk** *a* spherical
shaker shaker
shampo[**o**] [m. fl.] *se schampo* [m. fl.]
shejk *se schejk*
sheriff sheriff
sherry sherry
Shetlandsöarna *pl* Shetland [sg.], the Shetlands
shingla *tr* [håret] shingle
shoppa *itr* shop; *gå (vara ute) och ~* go (be out) shopping **shoppingvagn** shopping

trolley **shoppingväska** shopping bag
shorts *pl* shorts
si *adv,* [*det görs*] *än ~, än så* ..now this way, now that; *det är lite ~ och så* [inte riktigt bra] it is rather so-so
sia *tr itr* prophesy, *om* of
siamesisk *a* Siamese
siare seer, prophet
Sibirien Siberia **sibirisk** *a* Siberian
sibylla sibyl
siciliansk *a* Sicilian **Sicilien** Sicily
sicksack, *i ~* [in a] zigzag
sid|a 1 [allm.; jfr dock *2*] side; [yta äv.] face; [håll, kant] part; *~ vid ~* side by side; [*det är*] *hans starka ~* ..his strong point; *byta (välja) ~* [i bollspel] change ends (choose one's end); *saken har flera (två) -or* the matter has several aspects (there are two sides to the matter); *han har sina goda -or* he has his good points; *från min ~* [från mig] from my side, [vad mig beträffar] on my part; *från svensk ~ har man*.. the Swedes have.., Sweden has..; [*ha ont*] *i ~n* ..in one's side; *med händerna i ~n* with arms akimbo; *på andra ~n* [*ngt*] on the other side of.., [bortom] beyond..; *han står på vår ~* he is on our side (is with us); *ställa sig på ngns ~* [bildl.] side (take sides) with a p.; *vid ~n av, se bredvid I;* [*det är helt*] *vid ~n om* [*ämnet*] ..beside the mark (point); [*han förtjänar lite*] *vid ~n om* ..on the side; *å ena ~n..å andra ~n* on one hand..on the other hand; *jag å min ~* I for (on) my part; *lägga* [*ngt*] *åt ~n* put..aside (away); [bildl.] put..on one side; *gå åt ~n* step aside; *gå åt ~n för* [*ngn*] make room for.. **2** [i bok] page; *se ~*[*n*] ([förk.] *s*[*id*].) *5* see page (p.) 5
sid|bena, *ha ~* have one's hair parted at the side **-byte** [i bollspel] change of ends
siden silk; ..*av ~* [äv.] silk.. **-band** silk ribbon **-klänning** silk dress **-sko** satin shoe
sid|fläsk [rökt el. saltat] bacon **-led,** *i ~* sideways, laterally. — [*Jfr äv. sido-*]
sido|blick side-long glance (look); *utan ~ar på*.. [bildl.] without glancing at.. **-dörr** side door **-gata** side street, by-street **-linje** [av släkt] collateral branch **-spår** side-track [äv. bildl.] **-vind** side wind **-väg** [biväg] side road, by-road
sid|sim side-stroke **-vagn** side-car
sierska seeress, prophetess
siesta siesta; *hålla ~* take a siesta
siffer|betyg numerical mark **-tips** correct scores pool
siffr|a [allm.] figure; [konkr. äv.] numeral; [enstaka i flersiffrigt tal] digit; [antal] number; *romerska -or* Roman numerals; [*skriva*] *med -or* .. in figures
sifon siphon
sig *rfl. pron* [se äv. under rfl. vb; jfr äv. *2 e* (nedan)] **1** [allm.]: [mask.] himself, [fem.] herself, [neutr.] itself, [pl.] themselves; [bl.a. syftande på pron. 'man' (eng. 'one')] oneself [samtl. äv.: *~ själv*]; *man måste försvara ~* one must defend oneself, you must defend yourself; *han låter ~ behandla*[*s*] *som* [*ett barn*] he lets himself (allows himself to) be treated like.. **2** [spec. fall]: **a)** [i adverbial m. beton. rumsprep. vanl.] him, her, it, them, one; *hon hade inga pengar på ~* she hadn't any money about her **b)** [angivande ägaren], *han tvättade ~ om händerna* he washed his hands **c)** [i ack. m. inf. vanl. omskrivn.], *hon sade (förklarade) ~ vara* [*nöjd*] she said (declared) [that] she was.. **d)** *han bad* [*pojken*] *hjälpa ~* he asked..to help him **e)** [annan konstruktion i eng.], *föreställa (inbilla) ~* imagine, fancy; *känna ~* [*trött*] feel..; *lära ~* learn; *skrynkla ~* crease, get creased; *han gick ~ trött* he walked till he got tired; *tränga ~ in i* force one's way into **f)** [i spec. prep.-förb.], *rädd av ~* [inclined to be] timid; *en typ för ~* a peculiar type; *till höger om ~ har man*.. to one's (your) right one has (you have)..; [*han hade*] *ingenting på ~* ..nothing on; *gå hem till ~* go home; [jfr äv. und. de olika prep. o. se *vare sig*]
sightseeing sightseeing; [tur] sight-seeing tour
sigill seal **-ring** seal ring
signal signal; [ringning] ring; *ge ~* make a signal, [m. signalhorn] sound the horn; *nya ~er* [bestämmelser] new orders (directions); *slå en ~* [*till ngn*] [ringa upp] give a p. a ring **-ement** description, *på* of; *hans ~* the description of him **-era** *tr itr* signal; [m. signalhorn] sound the horn **-flagga** signal flag **-horn** horn **-ist** [⚔] signaller, [i flottan] signalman
signatur signature; [namnförkortning] initials [pl.]; [författarnamn] pseudonym; *fem ~er* [namnförkortningar] five sets of initials; [*svar*] *till ~en 'Ensam'* ..to 'Lonely' **-melodi** signature tune
signatärmakt signatory [power] **signera** *tr* [allm.] sign
sik whitefish
1 sikt [såll]: [allm.] sieve; [grövre för t.ex. grus] screen, riddle; [för hushåll] strainer
2 sikt 1 visibility; *ha fri ~* have a clear view **2** [tidrymd], *på lång ~* on a (the) long view; *arbeta på lång ~* take a (the) long view, plan far ahead
1 sikta *tr* [sålla] sift, pass..through a sieve; [t.ex. grus] screen; [i kvarn] bolt
2 sikta I *tr* [⚓] sight **II** *itr* aim [äv. bildl.], *på (mot, till)* at; *~ med* [*sin revolver*] *på* point..at

sikt|e sight [äv. på skjutvapen]; *ta ~ på* aim at; *få [ngt] i ~* get .. in sight, [⚓] sight .. **-förbättring** improved visibility **-försämring** reduced visibility

sil strainer; [durkslag] colander **sila I** *tr* strain **II** *itr* [om t. ex. vatten, sand] trickle; [om ljus] filter, percolate; *regnet ~r ned* it is steadily pouring down; *ett ~nde regn* a gentle steady rain **silduk** [för silning] straining-cloth

sil[h]uett silhouette; *klippa ~er* make (cut out) silhouettes

silikat silicate **silikonbehandlad** *a* silicone treated **silikos** silicosis

silke silk; *..av ~* [äv.] silk.. **-garn** [m.fl. sms.] *se silkesgarn* [osv.]

silkes|garn silk yarn **-len** *a* silky **-mask** silkworm **-papper** tissue paper **-strumpa** silk-stocking **-tråd** silk filament ([sysilke] thread) **-vantar**, *behandla ngn med ~* [bildl.] treat a p. with kid gloves

sill herring; *inlagd ~* pickled herring **-burk** [burk sill] tin of herrings **-fiske** [-fiskande] herring-fishing **-stim** shoal of herring

silo silo [pl. -s]

siluett *se sil[h]uett*

silver silver; *..av ~* [äv.] silver..; *av (i) förgyllt ~* of silver gilt; [för sms. med *silver-* *jfr* äv. *guld-*] **-bägare** silver goblet **-gran** silver fir **-papper** [folie] tinfoil **-puts** silver polish **-räv** silver fox **-sak** silver article; *~er* [koll.] silver[ware] [sg.] **-slant** silver coin **-vit** *a* [om t. ex. hår] silvery

sim|bassäng swimming-pool, [inomhus] swimming-bath **-byxor** *pl* [swimming] trunks **-dyna** swimming float **-hall** [public] swimming baths [pl. lika] **-hopp** dive, [hoppande] diving **-hoppare** diver **-hud** web; [*försedd*] *med ~* webbed

similismycke imitation ornament

sim|kunnig *a, han är ~* he can swim **-kunnighetsprov** swimming test **-lärare** swimming teacher (instructor)

sim|ma *itr* swim; *~ bra* be a good swimmer; *~ ryggsim* do the back-stroke; *~ i tårar* be bathed in tears **-mare** *o.* **-merska** swimmer

simmig *a* [om t. ex. sås (attr.)] well-thickened; [om blick] hazy

simning swimming

simpel *a* [vanlig] common, ordinary; [enkel] simple; [lumpen] mean, [tarvlig] vulgar **-het** [egenskap] meanness, [handling] mean (base) action; [tarvlighet] vulgarity

sim|skola swimming-school **-sport** swimming **-sätt** swimming style; *fritt ~* free style [swimming] **-tag** stroke [in swimming]; *ta ett ~* swim a stroke **-tävling** swimming competition

simul|ant [isht ⚔] malingerer **-era I** *tr* sham, feign, simulate **II** *itr* [spela sjuk] sham (feign) illness, [isht ⚔] malinger

1 sin *(sitt, sina) poss. pron* a) [fören.]: his; her; its; [syftande på flera ägare] their; [med syftning på 'one'] one's b) [självst.]: his; hers; its [own]; theirs; one's own; *var ~, se 2 var 3; i ~ förtvivlan* [*tog han* ..] in desperation..; *på ~a ställen (håll)* in [some] places, here and there; *i ~om tid* in due [course of] time; *på ~ tid* [förr] formerly; *på ~ tid* [*var han*] in his time..; *någon har glömt kvar ~ väska* somebody has forgotten his bag; *sedan gick vi var och en till sitt* [hem] then each of us went home ([till sin syssla] to our [own] business); [för ex. *jfr vid. 1 min*]

2 sin *s, stå (vara) i ~* be dry **sina** *itr* go dry; [bildl.]: [om t. ex. förråd] give out, run short, [om t. ex. tillgångar] ebb [away]; *~ ut* dry up, run dry; *aldrig ~nde* [*ström*] never-ceasing..

sinekur sinecure

singel [sport.] singles [pl.]; [match] singles match

singla I *tr* [kasta] toss; *~ slant om* toss for; *ska vi ~ slant?* let us toss up! **II** *itr* [om t. ex. löv] float, [om snö] dance; [*lövet*] *~de ned* .. came floating down

singularform singular form

singular[is] *s* the singular; *en ~* a singular; [*första personen*] *~* .. singular

sinka *tr* [fördröja] delay, detain; *~ sig med ngt (med att* [inf.]*)* waste *el.* lose time on a th. (by [ing-form])

sinnad *a* [lagd] minded; [inriktad] disposed; [hågad] inclined, *för* for; *fientligt (vänskapligt) ~* [*nation*] hostile (friendly)..; *allvarligt ~* serious-minded

sinne 1 [fysiol.] sense; *vara från (vid) sina ~n* be out of one's (in one's right) mind *el.* senses; *vid sina ~ns fulla bruk* in full possession of all one's senses (faculties) **2** [själ, håg] mind, [hjärta] heart; [sinnelag] disposition, nature; *ett glatt ~* a cheerful disposition; *~t rinner på honom* he loses his temper; *lätta sitt ~* relieve (unburden) one's mind; *ha ~ för* [känsla för] have a sense of, [ha förståelse för] have a feeling for, [ha blick för] have an eye for; [förstå sig på] have an instinct for; [*man vet inte vad han*] *har i ~t* ..is up to; *ha ont i ~t* mean mischief, [stark.] have evil intentions; [*jag tänkte*] *i mitt stilla ~* ..in my own secret heart; *sätta sig i ~t att* [inf.] set one's mind on [ing-form]; *lägga* [*ngt*] *på ~t* take..to heart; *dyster till ~s* in low spirits; *vara glad (lätt) till ~s* be in a happy mood (be light at heart) **-bild** symbol, emblem, *för* of **-lag** disposition, temperament; *ett glatt ~* a cheerful temperament

sinnes|frid peace of mind **-frånvarande** *a* absent-minded **-förnimmelse** sensation **-förvirrad** *a* distracted **-förvirring** mental aberration **-intryck** sense impression **-lugn** *s* tranquillity (calmness) of mind **-närvaro** presence of mind; *ha ~ nog att* [inf.] have the presence of mind to [inf.] **-rubbad** *a* **1** [mentalt sjuk] mentally disordered **2** F crazy, crack-brained **-rörelse** emotion **-sjuk** [o. sms.] *se mentalsjuk* [o. sms.] **-slö** *a* mentally deficient **-stämning** frame (state) of mind, mood; *i glad ~* in a cheerful mood **-svag** *a* feeble-minded **-tillstånd** state of mind, mental condition **-undersöka** *tr, bli -undersökt, ~s* undergo a mental examination

sinnlig *a* [sensuell] sensual, [köttslig] carnal, [fysisk] physical **-het** [sensualism] sensuality, sensualism

sinnrik *a* ingenious

1 sinom *pron, se 1 sin* [ex.]

2 sinom, *tusen ~ tusen* [*fåglar*] thousands upon (and) thousands of..

sinsemellan *adv* between ([om flera äv.] among) themselves; [*de (vi) är*] *lika (vänner) ~* ..like (friends with) each other *el.* one another

sipp *a* [pryd] prudish

sippa [wild] anemone, windflower

sippra *itr* trickle, [droppvis tränga] ooze; *~ fram* come oozing out; *~ igenom* [*ngt*] percolate [through a th.]; *~ ut* trickle (ooze, [läcka] leak) out, [samtl. äv. bildl.]

sira *tr* [pryda] ornament, decorate

sirap treacle, [golden] syrup, [amer.] molasses

siren [myt. o. larmapparat] siren

sirlig *a* [prydlig] elegant, graceful; [snirklad] ceremonious; [hövisk] courtly

sist I *adv* last; [i slutet] at the end; *han kom* [*allra*] *~* [efterst] he came last [of all]; *ligga ~* [i tävling] be [the] last; *~ i* [*boken, kön*] at the end of..; *~ men inte minst* last but not least; [*det har hänt mycket*] *sedan ~* ..since [the] last time; *till ~* [till slut] finally, in the end, [avslutningsvis] lastly; [*spara ngt*] *till ~* ..to (till) the last; *jfr äv. senast II* **II** *konj* last time **sista** *(siste) a* [allm.] last, [bakerst äv.] back; [senaste] latest; [slutlig] final; *på ~ bänk* [i sal o. d.] in the back row; [*den*] *~ delen* the last ([av två] the latter) part; *de ~ (de två ~) dagarna* the last few (the last two) days; *~ gången* the last ([förra] last) time; *för ~ gången* for the last time; *lägga ~ handen vid..* put (apply) the finishing touches to..; *i ~ hand* last, last of all; *i ~ minuten (stund)* at the [very] last minute (moment); [*det är*] *~ modet* ..the latest fashion; *~ sidan* [i tidning] the back page; *den ~* [*i månaden*] [[ss. adv.] on] the last of the month; *han var den ~ som gick* he was the last [one] to leave; *in i det ~* to the very last. — [Se äv. ex. under *tid*] **sistan** *s, leka ~* play he (tag) **siste** *a, se sista* **sistlid|en** *a* last; *-na vecka* last week **sistnämnd|a** *a* last-mentioned; *den -e* [av två äv.] the latter

sistone, *på ~* lately

sits seat, [på stol äv.] bottom

sitt *pron, se 1 sin*

sitt|a I *itr* **1** [om levande varelser]: [eg.] sit, [inte stå äv.] be sitting; [sitta ned, sätta sig] sit down; [vara, befinna sig] be; *var så god och sitt!* sit down, please!; *~ hemma* be ([stanna] stay, [hålla sig] stick) at home; [*hunden kan*] *~* [*vackert*]..sit up; *få ~* [få sittplats] get ([ha] have) a seat; *~ och läsa* sit (be sitting) reading, [läsa sittande] read sitting down, [hålla på att] be reading; *~ i fängelse* be in prison; *han -er i telefon* he is engaged on the phone; *~ på bank (kontor)* work in a bank (an office) **2** [om sak]: [vara, befinna sig] be, [ha sin plats] be placed, [om t. ex. sjukdom] be located; [hänga] hang; [vara satt] be put ([anbragt] fixed, fitted); [passa (om kläder)] fit; [inte lossna: om t. ex. spik, knapp] hold; [*klänningen*] *-er bra* ..fits well (is a good fit); *den -er i* [*en hållare*] *(på* [*en stång*]*)* it is fixed *el.* fitted in.. (attached to..)

II [m. beton. part.] *~ av* [avtjäna t. ex. straff] serve; *~ av böter* undergo imprisonment for the non-payment of a fine; [*få*] *~ emellan* [bildl.: om pers.] be the sufferer; *~ fast* [ha fastnat] stick, be stuck, [bildl.] have got stuck, *på* [*ett problem*] over..; [vara fastklämd] sit ([om sak] be) jammed (wedged); [vara fastsatt] be fixed, [vara fastklibbad] adhere; [inte lossna] hold; *~ i* a) [om t. ex. skräck] remain; [*fläcken*] *-er i* ..is still there; [*vanan*] *-er i* [*mig*] ..has stuck to me b) *se vara* [*i*]*; ~ ihop* have stuck [together], [vara hopsatt] be put (fastened) together; *~ inne* a) [inomhus] be ([hålla sig] keep, stay) indoors b) [i fängelse] be in prison, F do time c) *~ långt inne* [om t. ex. svar] be a long time coming, [vara svår att få ur ngn] be hard to get out of a p. d) *~ inne med* [t. ex. kunskaper] possess; *~ kvar* a) [inte resa sig] remain sitting (seated); *sitt kvar!* don't get up! b) [vara kvar] remain; *han -er kvar där* he is still [sitting] there; [*vad man lärt sig*] *-er kvar* [*i minnet*] ..sticks [in one's memory] c) [skol.] be kept in; *jfr* [*bli*] *kvarsittare; ~ löst, se und. löst; ~ med i* [*styrelsen*] be a member of..; *~ ned (ner)* [itr.] sit down; *sitt ned så länge* [*och vänta*] take a seat while you wait; *~ på* [vara på] be on, [inte ramla av] keep in place, stay put; *~ sönder* [*en stol*] break ([slita ut] wear out)..by sitting on it; *~ till* [sluta till] fit tight; ~ *uppe* a) [inte lägga sig] sit up; ~ *uppe och vänta på..* sit (wait) up for.. b) [om sak]: [vara uppsatt] be up, [inte glida ner] stay (keep) up, [hållas uppe] be kept up, *med* by; ~ *åt* be tight, [stark.] be too tight; *den -er åt i midjan* it fits close to the waist; ~ *hårt (för hårt) åt* [eg.]: be very (too) tight; *det satt hårt åt innan jag fick* [*pengarna*] it was (I had) a tough job getting..; ~ *över* [arbeta över] work overtime

sitt|ande *a* sitting; *den* ~ *regeringen* the Government in office; *i* ~ *ställning* in a sitting position; *glest (tätt)* ~ *tänder* teeth that are wide apart (are close-set); *bli* ~, *se sitta* [*kvar*] *o. sitta* [*fast*] **-bad**[**kar**] hip-bath, sitz-bath **-ning** [för målare o. d.] sitting **-opp** [örfil] box on the ear **-plats** seat; *salen har* ~ *för* [*1000 personer*] the hall can seat (has seating-capacity for).. **-platsbiljett** [järnv.] seat reservation [ticket]; [på t. ex. stadion] seat ticket **-riktig** *a* ..correctly designed for sitting-comfort **-soffa** settee **-strejk** sit-down strike **-vagn 1** [järnv. ung.] non-sleeper **2** [för barn] push-chair, [amer.] stroller

situation situation; *vara* ~ *en vuxen* be equal to the occasion; *sätt dig in i min* ~*!* put yourself in my place!

sjabbig *a* shabby

sjackra *se schackra*

sjafsig *a* [hafsig] slovenly; [ovårdad] frowzy

sjakal jackal

sjal shawl; [halsduk] scar|f [pl. äv. -ves] **-ett** kerchief **-krage** shawl collar

sjappa *itr* F bolt, make off

sjas *itj* shoo! **sjasa** *tr,* ~ [*bort*] shoo [away]

sjaska *tr,* ~ *ned* make..dirty, soil **sjaskig** *a* [ovårdad] slovenly, [sjabbig] shabby

sjok [t. ex. av tyg, snö] sheet

sju *räkn* seven, *jfr fem* [o. sms.] **sjua** seven; *jfr femma*

sjuda I *itr* seethe [äv. bildl.]; [småkoka] simmer **II** *tr* [⊕ o. kok.] boil

sjuk *a* **1** [eg.] ill [pred.], sick [attr.]; [dålig] unwell [pred.]; [långvarigt sjuk] invalid [attr.]; [om kroppsdel] bad, [om inre organ o. sinne] disordered; *bli* ~ [*i influensa*] fall (be taken) ill [with the flu]; *bli* ~ *are* get worse; *ligga (lägga sig)* ~ [se under resp. vb]; ~ [*av längtan*] *efter..* sick [with longing] for..; *den* ~*a* (~*e*) the sick woman (man), [resp.] the invalid; *en* ~ a sick person, an invalid; [*sköta*] ~*a (de* ~*a)* ..sick people (the sick) **2** [friare]: [osund (t. ex. fantasi)] morbid; [misstänkt] suspicious, shady, [skum] fishy; ~ *humor* sick humour

sjuk|a illness, *jfr sjukdom;* [mani] mania **-anmäla** *tr rfl,* ~ *ngn (sig)* report a p. (report) sick **-anmälan** notification of illness **-besök** [av läkare] visit, sick-call **-betyg** *se sjukintyg* **-bud,** *få* [*ett*] ~ [om läkare] be called to a patient **-bår** stretcher, litter **-bädd** [sjuksäng] sickbed; *ligga på* ~*en* be confined to one's bed; *vid* ~*en* at the bedside **-dag** day of illness **-diet** invalid diet **-dom** illness, [svårare, av bestämt slag] disease [äv. bildl.]; [i inre organ samt mental] disorder; *smittsam* ~ infectious (epidemic) disease **-domsfall** case [of illness] **-ersättning** sickness benefit **-försäkring** health insurance **-gymnastik** physiotherapy **-hem** nursing home **-hjälp** sickness relief **-hus** hospital; *ligga på* ~ be in hospital **-husvård** hospital treatment (care) **-intyg** certificate of illness; [utfärdat av läkare] doctor's certificate **-journal** case record **-kassa** health insurance office; *allmän* ~, *se* [*allmän*] *försäkringskassa* **-ledig** *a, vara* ~ be on sick-leave; [*han har varit*] ~ *en vecka* ..absent for a week owing to illness **-lig** *a* [lidande] sickly, unhealthy; ~*t begär* morbid craving; ~ *fetma* pathological fatness **-lighet** sickliness, [persons vanl.] poor health; morbidity **-ling** sick person, [sjuklig person] invalid **-penning** sickness benefit **-pension** *se förtidspension* **-rum** sick-room **-sal** [hospital] ward **-skriva** *tr* put..on the sick-list **-skötare** male nurse **-sköterska** *o.* **-syster** [sick] nurse; [examinerad] trained nurse; [på sjukhus] hospital nurse **-sköterskedräkt** nurse's uniform **-sköterskeelev** student nurse **-stuga** cottage hospital **-säng** [eg.] sickbed **-vagn** [järnv.] ambulance coach **-vård** [skötsel] nursing, care of the sick; [behandling] medical treatment (attendance); [organisation] medical service **-vårdare** male nurse; [⚔] medical orderly **-vårdsaffär** [ung.] chemist's [shop] **-vårdsartiklar** *pl* sanitary (medical) articles, nursing requisites **-vårdsbiträde** nurse's assistant

sjunde *räkn* seventh; *jfr femte* [o. sms.]

sjung|a *tr itr* sing; ~ *bas (basen i..)* sing bass (the bass part in..); ~ *rent (falskt)* sing in tune (out of tune); [*gå och*] ~ [ta lektioner] take (have) singing lessons; ~ *om* [besjunga] sing [of]; *det -er* [*i mina öron*] there is a singing (buzzing) in..; ~ *in* a) [öva in] practise b) ~ *in* [*ngt*] *på grammofonskiva* record..; ~ *in en grammofonskiva* make a record; ~ *med* join in [the singing]; ~ *ut* [eg. bet.] sing up, [bildl.] speak one's mind

sjunk|a *itr* [allm.] sink; [falla] fall, drop; [gå ned o. gå under] go down; [bli lägre] subside; [minska] decrease; [sätta sig] settle; [*priserna*] *har -it* ..have fallen (gone down, declined); [*temperaturen*] *-er* ..is going down [äv. om feber], ..is falling; ~ *i ngns aktning* sink (go down) in a p.'s estimation; ~ *i pris* go down in price; *låta kaffet* ~ put the coffee to stand (settle); ~*nde tendens* downward tendency (trend); [*båten*] *befinner sig i* ~*nde tillstånd* ..is sinking; ~ *ihop* [falla ihop] collapse; ~ *ned i* [*en stol, gyttjan*] sink into..; ~ *ned död* drop down dead; ~ *undan* [om vatten] sink, subside **-bomb** depth charge (bomb) **-en** *a* [eg.] sunken; *han är djupt* ~ he has sunk very low

sjusovare [pers.] lie-abed **sjutti[o]** *räkn* seventy; *jfr fem[tio]* [o. sms.] **sjuttionde** *räkn* seventieth **sjutton** *räkn* **1** seventeen; *jfr fem[ton]* [o. sms.] **2** [i svordomar], *fy* ~*!* Lord!; *å (för)* ~*!* Good Lord!, well I never!; *ja, för* ~*!* yes, dash (darn) it!, [javisst] you bet!; *vad* ~ *skulle jag göra det för?* why the dickens should I do that?; *jfr katt o. fan* **sjuttonde** *räkn* seventeenth; *jfr femte*

sjutusan, *en* ~ *till karl* a hell of a fellow

sjå, *ett fasligt* ~ a tough job **-are** [hamnarbetare] docker; [stuvare] longshoreman

sjåp|a *rfl* be namby-pamby; [göra sig till] be affected, put it on; ~ *sig för* [*ngn*] crawl to.. **-ig** *a* namby-pamby; [tillgjord] affected

sjåser, sjåsig *se choser, chosig*

själ soul [äv. pers.]; [hjärta] heart; [sinne] mind; [ande] spirit; [*känna*] ~*arnas sympati* ..a spiritual affinity; *två* ~*ar och en tanke* two minds with but one single thought; *vara* ~*en i* be the [life and] soul ([drivande kraften] the moving spirit) of; *lägga in hela sin* ~ *i* put one's heart and soul into; *i* ~ *och hjärta* [innerst inne] in one's heart [of hearts]

själa|glad *a* overjoyed, delighted **-sörjare** [präst] clergyman, priest **-tåget,** *ligga i* ~ be dying **-vandring** transmigration

själfull *a* soulful

Själland Zealand

själlös *a* soulless; [andefattig] dull, vapid; [uttryckslös] vacuous

själs|dödande *a* soul-destroying, overwhelmingly boring **-frånvarande** *a* absent-minded **-frände** kindred soul **-förmögenheter** *pl* mental (intellectual) faculties **-lig** *a* mental; [andlig] spiritual; [psykisk] psychic[al] **-liv** spiritual life; [känsloliv] emotional life **-styrka** strength of mind, fortitude

själv *pron* **1** [*jag (du)*] ~ ..myself (yourself); [*han (hon)*] ~ ..himself (herself); [*den (det)*] ~ ..itself; [*man*] ~ ..oneself, yourself [osv., *jfr 3 man*]; [*vi (ni, de)*] ~*a* ..ourselves (yourselves, themselves); *sig* ~ himself [osv., *se sig*]; *mig* ~ myself, [på check] [pay] self; *ingen mer än jag* ~ nobody but myself; *jag frågade honom* ~ [just honom] I asked him (the man) himself; *hon har pengar* ~ [egna] she has got money of her own; *han kom* ~ [personligen] he came in person; *du ser (hör)* ~ *hur*.. you can see (hear) for yourself how..; *hon syr sina kläder* ~ [vanl.] she makes her own dresses; *jag kan äta* ~ I can eat by myself; [*dumbom!* —] *det kan du vara* ~*!*.. the same to (so are) you!; *du* ~ *då!* what about you (yourself)?; *gå* ~ [*du*]*!* you go [yourself]!; *säg* ~ [*när*]*!* say when!; *tack* ~*!* thank you [beton.]!; *av (för) sig* ~, *se und. av I 4 o. 2 för I 5 j* **2** [adj.], ~*a arbetet* [arbetet i sig] the work itself; ~*a* [blotta] *tanken* the very idea; ~*a[ste] kungen* [t. o. m. kungen] even the king **-aktning** self-respect, self-esteem; *ingen* [*människa*] *med* ~ no self-respecting.. **-antändning** spontaneous combustion, self-ignition **-bedrägeri** self-deception, self-delusion **-behärskning** self-command, self-control **-bekännelse** confession **-belåten** *a* self-satisfied **-beröm** self-praise **-bestämmanderätt** right of self-determination **-betjäning** self-service **-betjäningsaffär** self-service store **-bevarelsedrift** instinct of self-preservation **-deklaration** income tax return **-fallen** *a, se självklar* **-förebråelse** self-reproach **-försvar** self-defence **-försörjande** *a* self-supporting, [om land] self-sufficient; *hon är* ~ [vanl.] she earns her own living **-försörjning** self-support; self-sufficiency **-förtroende** self-confidence, self-reliance; *ha* ~ be self-confident **-förvållad** *a* self-inflicted **-god** *a* self-righteous **-häftande** *a* [self-]adhesive **-hävdelse** self-assertion **-instruerande** *a,* ~*material* self-instructing material **-ironi** irony at one's own expense **-isk** *a* selfish, egoistic

självklar *a* [uppenbar] obvious, [self-]evident; [naturlig] natural; *det är* ~*t* it is a matter of course; *ja, det är* ~*t!* yes, of course!; [*ta allting*] *för* ~*t* ..as a matter of course, ..for granted **-kostnad** prime cost **-kostnadspris** cost price; *till* ~ at cost [price] **-kritik** self-criticism **-känsla** self-esteem **-ljud** vowel **-lockig** *a* [om hår] naturally curly **-lysande** *a* luminous **-länsande** *a* self-bailing **-lärd** *a* self-taught **-mant** *adv* of one's own accord, voluntarily **-medvetande** *s* self-consciousness **-medveten** *a* [säker] self-assured, self-confident **-mord** suicide; *begå* ~ commit suicide **-mordsförsök** attempted suicide; *göra ett* ~ attempt [to commit] suicide **-mördare** suicide **-plågeri** self-torture **-porträtt** self-portrait; ~*av konstnären* portrait of the artist [by himself] **-risk** [försäkr.] excess **-servering** [abstr.] self-service; [konkr.] self-service restaurant **-skriven** *a* [självklar] natural **-spricka** [ung.] chap **-start** self-starter **-studier** *pl* private (individual) studies **-styre[lse]** self-government [äv. skol.], autonomy **-stän-**

dig *a* independent; [egen (attr.)] ..of one's own **-ständighet** independence **-ständighetsförklaring** declaration of independence **-suggestion** auto-suggestion

självs|våld [egensinne] self-will, wilfulness; [okynne (hos barn)] naughtiness **-våldig** *a* self-willed, wilful; naughty

själv|säker *a* self-assured, self-confident; [alltför ~] presumptuous, cocksure **-tvätt** [inrättning] launderette **-uppdragande** *a* [om klocka] self-winding **-uppoffring** self-sacrifice **-verkande** *a* automatic, self-acting **-överskattning** overestimation of oneself (one's abilities) **-övervinnelse,** *det är en stor ~ [för mig] att* [inf.] it takes [me] a lot of will-power to [inf.]

sjätte *räkn* sixth; *ett ~ sinne* a sixth sense; *jfr femte* [o. sms.]

sjö [insjö] lake; [hav samt sjögång o. d.] sea, [liten vattensamling] pool; *~n [Vättern]* Lake..; *tåla (inte tåla) ~n* [om pers.] be a good (bad) sailor; *hoppa i ~n* jump into the water; *jag sitter inte i ~n* [har inte bråttom] I'm in no hurry, [det går ingen nöd på mig] I'm all right; *sätta (få)* [sin båt] *i ~n* launch..(get..launched); *på öppna ~n* on the open sea; *till ~ss* [sjöledes] by sea, [på sjön] at sea; *gå till ~ss* [om pers.] go to sea, become a sailor, [om båt] put (stand) [out] to sea; *ute till ~ss* [out] on the [open] sea **-björn** [sjöman], *en [gammal] ~* an old salt **-bod** boat-house **-botten** [om insjö] bottom of a lake; [havs-] bottom of the sea **-duglig** *a* seaworthy **-fart** navigation; [ss. verksamhet] shipping; *handel[n] och ~[en]* trade and shipping **-folk** [sjömän] seamen [pl.]; [fackligt äv.] mariners [pl.] **-fågel** sea-bird; [jakt.] sea-fowl [pl. lika] **-förklaring** [captain's] protest **-försvar** naval defence **-försäkring** marine insurance **-gräns** territorial limit; [mots. land-] sea boundary **-gräs** seaweed, sea-grass **-grön** *a* sea-green **-gående** *a* sea-going **-gång** high (rough) sea, seaway; *det är svår (ingen) ~* there is a heavy sea (not much of a sea); *när det är ~* when the sea is high **-hjälte** naval hero **-jungfru** mermaid **-kapten** [sea] captain, master [mariner] **-kort** [nautical (marine)] chart **-krig** naval war ([krigföring] warfare) **-krigsskola** naval college **-ledes** *adv* by water **-lejon** sea-lion **-makt** [nation] naval (maritime) power **-man** sailor; [i mera officiellt språk] seaman, mariner

sjömans|krage sailor collar **-präst** seamen's chaplain **-visa** sailor's song

sjö|mil [nautisk mil] nautical mile **-märke** navigation mark, sea-mark **-nöd** distress at sea **-odjur** sea ([i insjö] lake) monster **-officer** naval officer **-olycka** accident ([större] disaster) at sea **-rapport** [väderleks-] weather forecast for sea areas **-reglering** lake storage-capacity regulation **-resa** [sea] voyage; [överresa] crossing **-räddning[stjänst]** sea rescue (coastguard) service **-rövare** pirate **-sida,** *[från] ~n* ..the seaward ([vid insjö] lakeward) side **-sjuk** *a* seasick; *lätt bli ~* [vanl.] be a bad sailor **-sjuka** seasickness **-skum** [miner.] meerschaum **-skumspipa** meerschaum [pipe] **-slag** [⚔] naval (sea) battle **-stjärna** [zool.] starfish **-strid** naval encounter **-stridskrafter** *pl* naval forces **-säker** *a* [om båt] seaworthy **-sänkning** lowering of the surface of a lake **-sätta** *tr* launch **-sättning** launching **-tomt** site ([bebyggd] piece of ground) bordering on the sea ([vid insjö] on a lake) **-tunga** sole **-van** *a, vara ~* be accustomed (used) to the sea **-väg** seaway; *~en* [adv.] by water

ska *se 1 skola*

skabb scabies, itch **skabbig** *a* scabious, mangy [äv. bildl.]

skabrös *a* obscene, scabrous

skad|a I *s* **1** [persons] injury; [saks] damage [end. sg.]; [ont] harm, [lindrigare] mischief; [förfång] detriment, disadvantage; *det är ingen ~ skedd* there is no harm done; *få en [liten] ~ på [sin bil]* get..[slightly] damaged; *få svåra -or* suffer severe injuries ([om sak] damage [sg.]), be seriously injured (hurt, [om sak] damaged); *ta (lida) ~ [av]* [bli lidande] suffer [from], [få skador, om sak] be damaged [by]; *ta ~n igen* make up for it; *tillfoga.. ~* inflict damage (losses) on.., do harm to..; *till [stor] (utan) ~* [men] *för* ..[greatly] to the detriment of (without detriment to).. **2** ['synd'], *det är [stor] ~ att..* it is a [great] pity that..; *se vid. synd 2* [ex.] **II** *tr* [göra illa]: [pers.] injure, [kroppsligen äv.] hurt; [sak] damage; [vara skadlig ;för] be bad for, [till förfång för ofta] harm, do harm to; *~ [sig i] benet* hurt ([stark.] injure) one's leg; *~ sig själv* [bildl.] harm oneself, do oneself harm; *det ~r inte att försöka* there is no harm in trying; *det ~r inte om du frågar* it will do no harm if you ask, [det vore bra] it would be a good thing if you asked **skadad** *a* [om pers. o. kroppsdelar] injured, [pred. äv.] hurt; [om hörsel, syn] impaired; [om sak] damaged; *är han ~?* is he hurt ([stark.] injured)?; *den (de) ~e* the injured

skade|djur noxious animal; [koll.] vermin **-glad** *a* [om t. ex. min] malicious; *vara ~ över [ngt]* take a malicious delight in.. **-glädje** delight over other people's misfortunes, malicious pleasure **-görelse** damage [end. sg.], *på* to

skadeslös *a, hålla [ngn] ~ [för]* indemnify

([gottgöra] compensate)..[for] **skadestånd** damages [pl.]; [polit.] reparations [pl.]; *begära ett ~ på..* claim damages of..; *betala ..i ~* pay..damages

skadestånds|belopp amount of damages [etc.] **-krav** claim for damages [etc.] **-skyldig** *a* ..liable to damages

skade|verkan *o.* **-verkning** [skada] damage [end. sg.]; [skadlig verkan] injurious (harmful, deleterious) effect

skadlig *a* injurious, [farlig äv.] harmful, deleterious, [isht om djur o. naturföreteelser] noxious; [menlig] detrimental, prejudicial, *för* [i samtl. fall] to; [inte bra] bad, *för* for; *det är ~t [för hälsan] att röka* smoking is bad for ([stark.] is injurious *el.* deleterious to) the health **skadskjuta** *tr* wound

skaffa I *tr* [allm.] get, [[in]förskaffa] procure, [anskaffa] provide, [få tag på] get hold of, [få ihop, finna] find, [köpa] buy, *åt ngn* [i samtl. fall] for a p.; [erhålla, inhämta] obtain; [skicka efter] send for; *~ ngn ngt* a) get ([finna] find, [förorsaka, ge] give) a p. a th. b) [förse ngn med ngt] provide a p. with a th.; *~ barn till [världen]* bring children into..; *~ ngn obehag (bekymmer)* get a p. into trouble (cause a p. anxiety); *[hans sätt] ~de honom många ovänner* he made a lot of enemies by..; *~ ur vägen* get..out of the way **II** *rfl* get [oneself], [förskaffa sig] procure [for oneself], [t. ex. kunskaper] acquire, [t. ex. vänner] make; [inhämta, erhålla] obtain; [försäkra sig om, lyckas få] secure; [tillvinna sig] gain, [ådraga sig] contract; [förse sig med] provide oneself with **III** *itr* [göra] do; *då får du med mig att ~!* then you will have me to deal with **IV** [m. beton. part.] *~ bort (undan)* remove, clear away; *~ fram* [anskaffa] get, [åstadkomma] produce; *~ hit* bring.. ([låta skaffa] have..brought) here; *~ igen (tillbaka)* get..back; *~ in* [till affär] get, procure

skafferi larder, [större] pantry

skaf[f]öttes *adv, [ligga] ~* [lie] head to foot (tail)

skaft [på t. ex. redskap, bestick] handle, [på t. ex. paraply, spjut] shaft, [på t. ex. kvast] stick; [stövel~, strump~ o. d.] leg; [bot.] stalk, stem; *~et på [en kniv* m. m.] the handle [osv.] of..; *[kniv] med långt ~* [äv.] long-handled..

Skagerack the Skagerrak

skak|a I *tr itr* shake, *av* with; [om åkdon] jolt; *jag fryser så jag ~r* I'm shivering with cold; *huset ~r när..* the house vibrates when..; *han ~de i hela kroppen* he was trembling all over; *~ på [ngt]* shake..; *han ~r på handen* [är darrhänt] his hand is shaky; *~ på huvudet* shake one's head; *~ på sig* shake oneself **II** [m. beton. part.] *~ av (bort) [snön] [från ngt]* shake..off [a th.]; *~ av [mattan]* shake.., give..a shake; *~ av sig..* shake off.. [äv. bildl.]; *~ fram* [tr.]: [eg.] shake out, *ur* of; [bildl.] produce, find; *~ om [ngt]* shake up.., shake..well; *~om ngn* [eg.] give a p. a shake; *~ sönder* [itr.] get shaken to pieces **-ande** *a* [uppskakande]: [om t. ex. skildring] harrowing, [om t. ex. nyheter] upsetting, distressing

skakel [skalm] shaft

skakig *a* shaky; [om vagn] jolting, jogging

skakning shaking, [enstaka] shake; [av el. i vagn] jolting; [vibration] vibration; [läk.] tremor; *[med] en ~ på huvudet* ..a shake of the head; *komma i ~* start shaking (vibrating)

skal [hårt, på t. ex. nötter, skaldjur, ägg] shell; [mjukt]: [allm.] skin, [isht på citrusfrukter] peel [vanl. end. sg.], [på frö, säd] hull; [avskalade (t. ex. potatis~) koll.] peelings [pl.]; *ett tomt ~* [bildl.] an empty shell

1 skala *s* [i olika bet.] scale; [på radio] [tuning] dial; *[en karta] i ~[n] 1:1000* ..on the scale of 1:1,000; *[göra ngt] i stor ~* ..on a large scale (F in a big way)

2 skala *tr* [t. ex. frukt, potatis, räkor] peel [äv. *~ av*]; [ägg] shell; *~ av barken på (från) trädet* peel the bark off the tree

skalbagg|e beetle; *-ar* [vetensk.] coleoptera

skald poet **skaldekonst** [poesi] poetry; [konsten att dikta] the art of poetry **skaldestycke** piece of poetry, poem

skaldjur shellfish [äv. koll.]

1 skalk [på bröd] crust, [på ost] rind

2 skalk [skälm] rogue, wag; *han har ~en i ögat* he has a twinkle in his eye **-aktig** *a* roguish

1 skall *hjälpvb, se 1 skola*

2 skall *s* barking; [av trumpet] blast; *ge ~* bark **skalla** *itr* [om trumpet o. d.] clang; [om sång, musik] ring out, peal; [eka] resound; *ett ~nde skratt* a roar (peal) of laughter

skalle skull, [vetensk.] crani|um [pl. äv. -a]; [huvud] head, F noddle

skallerorm rattlesnake

skallgång [efter bortsprungen o. d.] search, [efter förbrytare] chase; *gå ~ efter* organize a search ([resp.] chase) for

skallig *a* [flint~] bald, bald-headed

skallra *s o. itr* rattle; *tänderna ~de på honom* his teeth chattered

skalm 1 [skakel] shaft **2** [på glasögon] bow; [på sax] blade

skalp *s o.* **skalpera** *tr* scalp

skalv quake

skam [allm.] shame; [vanära, skamfläck äv.] disgrace, *för* to; [något skamligt] dishonour; *det är ingen ~ att vara [fattig]* there is no disgrace in being..; *dra ~ över ngn* bring disgrace down upon a p.; *känna ~ över* be ashamed of; ~ *till sägandes* [*har jag*..] to my shame I must admit that..; *för ~s skull* in common decency; *få stå där med ~men* be put to shame **-fila** *tr,* [*möbeln*] *är ~d*..is the worse for wear; [*hans anseende*] *är ~t* ..is tarnished **-fläck** stain, blot, *på, i* on; *han är en ~ för* [*sin familj*] he is a disgrace to.. **-känsla** sense (feeling) of shame **-lig** *a* [allm.] shameful; [vanhedrande] disgraceful; [skändlig] infamous, [friare] scandalous; *jfr lumpen* **-lös** *a* shameless; [oblyg] unblushing, [fräck] impudent **-löshet** shamelessness [end. sg.]; impudence; *~er* [yttranden] impudent remarks **-sen** *a* ashamed [end. pred.], *över* of; shamefaced; *vara ~* be ashamed **-vrå,** *stå (ställa) i ~n* stand (put) in the corner

skandal scandal; *detta är* [*en*] *~ (rena ~en)!* this is a disgrace!; *göra (ställa till) ~* cause a scandal, [en scen] make a scene **-isera** *tr* [skämma ut] disgrace **-ös** *a* scandalous; [upprörande] outrageous, [förargelseväckande] offensive

skandinav Scandinavian **Skandinavien** Scandinavia **skandinavisk** *a* Scandinavian

skank shank; *-ar* F [ben] pins

skans 1 [⚔] redoubt, earthwork; [fäste] fortlet **2** [⚓] forecastle, fo'c's'le

skap|a *tr* create, make; [grunda] found; ~ [*sig*] *en förmögenhet* make [oneself] a fortune; ~ *sig* [*en ställning*] gain (obtain)..; *han är som ~d (-t) för det* he is just cut out for it; *han är som ~d (-t) till* [*lärare*] he is a born..; ~ *om* re-create; ~ *om sig till* transform oneself into **-ande** *a* creative; [ibl., om t. ex. aktivitet] constructive **-are** [allm.] creator; [av t. ex. mode el. stil] originator; [grundare] founder **-else** creation, [abstr. äv.] making **-lig** *a* tolerable, passable, F pretty good; not [too] bad [vanl. pred.]; [rimlig, om t. ex. pris] reasonable **-lynne** character, nature **-nad** [gestalt, form] shape, form

skar|a troop, band; [[oordnad] mängd] crowd, body, multitude; [alla m. 'of' framför följ. best.]; *en utvald ~* a select group; *i stora -or* in [large] crowds

skare frozen crust [on the snow]

skarp I *a* [allm.] sharp; [brant] steep; [om smak o. lukt] strong; [om ljud] piercing, shrill; [om ljus, färg o. d.] bright, glaring; [om sinnen] keen, acute; ~ *ammunition* live ammunition; ~ *intelligens (iakttagare)* keen (acute) intelligence (observer); ~ *köld* bitter (biting, piercing) cold **II** *s, ta i på ~en* set about it properly; *säga till* [*ngn*] *på ~en* tell a p. off **-laddad** *a* loaded with live cartridges **-rättare** executioner, hangman **-sinne** acumen, penetration, sharp-wittedness **-sinnig** *a* acute, penetrating, sharp-witted **-slipad** *a* sharpened **-spetsad** *a* [attr.]..with a sharp point **-synt** *a* sharp-sighted [äv. bildl.]; *jfr -sinnig* **-synthet** sharp-sightedness [äv. bildl.]; *jfr -sinne* **-sås** [ung.] rémoulade sauce [fr.]

skarpt *adv* sharply [osv.], *jfr skarp I; skjuta ~* shoot with live ammunition

skarv 1 [fog] joint, [sömn.] seam; [⊕] splice **2** [förlängningsstycke] lengthening-piece **skarva I** *tr itr* [lägga till ett stycke] add a piece, *ngt* to a th.; ~ *ngt* [på längden] lengthen ([på bredden] widen) a th. [by adding a piece]; ~ *ihop* join, [sömn.] piece.. together, [⊕] splice **II** *itr* F [överdriva] exaggerate; [ljuga] draw on one's imagination

skarvsladd extension flex ([amer.] cord)

skat|a magpie **-bo** magpie's nest

skatt 1 [rikedom] treasure [äv. bildl.]; [samlad, undangömd] hoard; *~er* riches **2** [avgift o. d.]: [allm.] tax; [kommunal~ (koll.) ung.] local taxes [pl.], [i Engl. ung.] rates [pl.]; [på vissa varor (tjänster)] duty; *det är ~ på* [*bensin*] there is a tax on.., ..is taxed

skatta I *tr* **1** [plundra], ~ [*ett träd, en planta*] *på frukt* rob (strip)..of its fruit; ~ [*en bikupa*] *på honung* take the honey from.. **2** [värdera, uppskatta] estimate, *till* at; ~ *friheten högre än livet* value freedom more than life; ~ *sig lycklig* count oneself fortunate **II** *itr* **1** [betala skatt] pay taxes, *för inkomst* on an income; *han ~r för* [*30000 kr.*] *om året* he is assessed at..a year **2** [bildl.], ~ *åt förgängelsen* pay the debt of nature

skatte|betalare taxpayer [resp.] rate-payer **-flykt** [undandragande av skatt] tax evasion **-fri** *a* tax-free **-fusk** [fraudulent] tax evasion **-höjning** increase in taxation **-kvitto** [för bil] vehicle excise licence **-lättnad** tax relief **-myndighet,** *~er* tax[ation] authorities **-pliktig** *a* [om pers.] ..liable to tax[ation]; [om varor o. d.] taxable, dutiable **-skolkare** tax evader (dodger) **-sänkning** tax reduction **-tabell** tax table **-tryck** pressure (burden) of taxation

skatt|kammare treasury, [bildl. äv.] store-house **-mas** collector of tax arrears **-mästare** treasurer **-sedel** [ung.] [income-tax] demand note, notice of assessment **-skyldig** *a* ..liable to [pay] tax[es] **-sökare** treasure-hunter

skava *tr itr* [skrapa] scrape; [gnida, riva] [äv. ~ *på*] rub, chafe; ~ *hål på (~ sönder)* ..wear (rub) a hole ([resp.] holes) in..; ~ *av* scrape [off]

skavank [fel] defect, fault; [skönhetsfläck] flaw; [kroppslyte] disability

skavsår sore, chafe

ske *itr* [hända] happen, [inträffa äv.] occur;

[äga rum] take place; [försiggå] go on; [göras, verkställas] be done; *skall ~, kapten!* [vanl.] yes (right, ay ay), Sir!; *det kommer att ~* [*en förbättring*] there will be..; *vad som* [*händer och*] *~r* what is going on (taking place); *bäst som ~r* everything turns out for the best in the end; *nyligen ~dd* recent

sked spoon; *en ~* [*medicin*] a spoonful of..; *ta ~en i vacker hand* [bildl.] make the best of it **-blad** bowl of a spoon

skede period, epoch, era; [[tids]avsnitt] section [of time]; [fas] phase; [stadium] stage

skeende [[händelse]förlopp] course [of events], [fortskridande] development

skela *itr* squint [äv. bildl.], *på* [*ena ögat*] with..

skelett skeleton, [bildl. (stomme) äv.] framework

skelögd *a* squinting, squint-eyed **-het** squint

1 sken 1 [ljus o. d.] light, [starkt, bländande, äv. från eldsvåda] glare; [bildl. (skimmer)] gleam; *~et från* [*brasan*] the light of.. **2** [[falskt] yttre o. d.] semblance, show, appearance[s [pl.]]; [förevändning] pretext, pretence; *ett ~ av* [*sanning*] a semblance (show) of..; *~et bedrar* appearances are deceptive; *ge sig ~ av att vara..* make a show of being.., pretend to be..; *han har ~et emot sig* appearances are against him; *för ~ets skull* for the sake of appearances

2 sken, *falla (råka, sätta av) i ~, se 1 skena; i fullt ~* at top speed

1 skena *itr* bolt; *~* [*i väg*] run away [äv. bildl.]; *en ~nde häst* a runaway horse

2 skena *s* [järnv. o. löp~] rail; [läk.] splint

sken|bar *a* apparent, [attr. äv.] seeming; [illusorisk] illusory **-barligen** *adv* obviously, to all appearances

skenben shin-bone, [läk.] tibi|a [pl. -ae]

sken|bild phantom, shadow **-död I** *s* apparent death, suspended animation **II** *a* ..apparently dead **-helig** *a* [hycklande] hypocritical, [i ord] canting; [gudsnådlig] sanctimonious **-helighet** hypocrisy; cant; sanctimoniousness **-manöver** diversion, feint

skenskarv rail joint

skenäktenskap pro forma marriage

skepnad [gestalt] figure; [vålnad] phantom; *i* [*en tiggares*] *~* in the guise of..

skepp 1 [⚓] ship, [fartyg äv.] vessel **2** [arkit.] nave, [sido~] aisle **skeppa** *tr* ship, send..by ship; *se utskeppa* [osv.] **skeppare** [ship]master, F skipper

skeppar|historia traveller's tale, [sailor's] yarn; *berätta -historier* [äv.] spin a yarn **-krans** [skägg] Newgate fringe

skepps|brott [ship]wreck; *lida ~* be [ship]wrecked **-bruten** *subst. a* shipwrecked man (person [o. d.]), castaway **-bygge** *o.* **-byggnad** [abstr.] shipbuilding **-furnerare** ship['s] chandler **-handel** [butik] ship stores [pl. lika] **-klarerare** shipping-agent **-klocka** ship's bell, watch-bell **-last** cargo, shipload; *en ~* [*vete*] a cargo [osv.] of.. **-läkare** ship's doctor **-mäklare** ship-broker **-präst** chaplain **-redare** shipowner **-skorpa** ship['s] biscuit **-varv** shipbuilding yard, shipyard

skep|sis scepticism **-tisk** *a* sceptical

sketch sketch

skev *a* **1** [vind] warped; [sned] askew [end. pred.] **2** [bildl.] distorted, warped, [oriktig] false **-bent** *a* crooked-legged

skick 1 [tillstånd]: [allm.] condition, state; *i dåligt (gott) ~* [illa resp. väl underhållen] in bad (good) order ([isht om hus] repair); *i färdigt ~* in a finished state; *i sitt nuvarande ~* in its present state (shape); *i skadat ~* damaged; *sätta..i ~* [*igen*] put..in [proper] order [again] **2** [uppförande] behaviour, [sätt] manners [pl.]; *är det ~ och fason*[*er*] [*att..*]*?* do you call it good manners..? **3** *se sed*

skick|a I *tr* [sända] send, *med, per* by; [expediera] forward, dispatch; [vid bordet] pass; [pengar] H remit **II** *rfl* [uppföra sig] behave [oneself] **III** [m. beton. part.] *~ av* send [off], [brev] post, mail; *~ efter* send for; *~ hit* [t. ex. brödet (vid bordet)] pass [me [etc.]]; *~ i väg* send off, *jfr vid. ~ av; ~ med* [*ngt*] send..along (too), [bifoga] H enclose..; *~ med ngn ngt* send a th. with a p.; *~ omkring* send ([vid bordet] pass) round; *~ tillbaka* return, send back; *~ vidare* send ([vid bordet] pass) on **-ad** *a* [lämpad] suited, fitted, *för, till* [i bägge fallen] for **-else** [bestämmelse] dispensation, decree; *ödets ~* [ofta] Fate

skicklig *a* [duktig] clever, skilful; [kunnig] capable; [ledigare ofta äv.] good; *en ~ affärsman* a clever ([knepig] smart) business man; *vara ~ i* [*att göra*] *ngt* be good (clever) at [doing] a th. **-het** cleverness, skilfulness; capability

1 skida 1 [slida] sheath, scabbard **2** [bot.] siliqu|a [pl. -ae]; [på ärter o. bönor] pod

2 skid|a [sport.] ski [pl. äv. lika]; *åka -or* ski, [göra en -tur] go skiing **-backe** ski slope ([för skidhopp] jump) **-bindning** ski binding **-byxor** *pl* ski[ing] trousers **-före,** *det är bra (dåligt) ~* [ung.] the snow is good (bad) for skiing **-hoppare** ski-jumper **-lift** ski-lift **-löpare** skier **-sport** skiing **-spår** ski ([upplagt] skiing) track **-stav** ski stick **-tur** skiing tour **-tävling** skiing competition **-utrustning** ski[ing] equipment **-valla** ski wax **-åkare** skier **-åkning** skiing

skiffer [ler~, olje~] shale; [tak~] slate

skift shift, [arbetslag äv.] gang, [arbetstid äv.] turn **skifta I** *tr* **1** [fördela]: [arv] distribute, [bo, mark] partition **2** [byta] change **II** *itr* [förändra sig, växla] change, alter; [omväxla med varandra] alternate; ~ *i rött* be shot (tinged) with red **skiftande** *a* changing [osv.]; [om tyg o. färg] shot **skiftarbete** shift work **skifte 1** [fördelning]: [av arv] distribution, [av bo, mark] partition **2** *i alla livets ~n* in the ups and downs of life

skiftning [förändring] change; ~ *i rösten* modulation of the voice; [*rött med en*] ~ *i blått* ..tinge of blue **skiftnyckel** adjustable spanner (wrench)

skikt [allm.] layer, [av färg äv.] coat; [geol. äv. samt bildl.] strat|um [pl. -a] **skiktad** *a* stratified

skild *a* **1** [åtskild] separated; [frånskild] divorced **2** ~*a* [olika] different, differing, varying, various; [*de har*] *vitt ~a intressen* ..widely differing interests

skildr|a *tr* describe; [isht livligare] depict; [isht nyktrare] relate; [i stora drag] outline, sketch **-ing** description; depiction; relation; outline, sketch

skilj|a I *tr itr* **1** [av-, åtskilja] separate; [m. våld] sever; *jfr avskilja;* ~ *ngn från* [*hans tjänst*] dismiss a p. from..; ~ *de stridande* [*åt*] separate (part) the combatants; [*en tunn vägg*] *skilde oss åt* we were separated by.. **2** [särskilja] distinguish, [närmare] discriminate, *från* from, *mellan (på)* between; [*de är så lika att jag inte kan*] ~ *dem från varandra* ..distinguish (tell) them from each other; ~ *mellan (på)* [*gott och ont*] tell the difference between.. **II** *rfl* **1** [allm.] part, *från* [pers. (avlägsna sig från)] from, [ngt (sälja o. d.)] with; [vara olik] differ, be different; *jfr skiljas 1* **2** [*låta*] ~ *sig* [*från* [*sin hustru*]] get a divorce [from..] **-aktig** *a* different; [avvikande] divergent **-aktighet** difference; divergence **-as** *itr. dep* **1** part [äv. ~ *åt*]; ~ *ifrån* [lämna] *ngn* [äv.] leave a p.; [*kupong*] *som kan* ~ *ifrån* detachable.. **2** [ta ut skilsmässa] get a divorce **-bar** *a* separable

skilje|dom arbitration; arbitrament, [utslag äv.] award **-domare** [jur.] arbitrator, referee; [tillkallad tredje man] umpire **-man** *se -domare* **-mynt** [token (small)] coin, [koll. äv.] [small] change [sg.] **-märke** distinguishing mark **-tecken** [språkv.] punctuation mark **-väg** cross-road

skillnad [olikhet] difference, *i* [år (pris)] in.., *på, mellan* between.., *på* [två grader (meter m. m.)] of..; [[gjord] åtskillnad] distinction; [skiljaktighet] divergence; *till* ~ *från henne* unlike (in contrast to) her; *känna* ~ *på* [*madeira*] *och* [*portvin*] tell..from..

skilsmässa 1 [äktenskaplig] divorce; *begära (söka)* ~ [jur.] sue for a divorce; *de ligger i* ~ they are seeking a divorce **2** [avsked o. d.] parting; *en lång* ~ [frånvaro] a long separation

skimmer shimmer, glimmer; *se vid. glans 1—2; ett romantiskt* ~ a romantic light; *ett* ~ *av* [*löje (overklighet)*] an air of..

skimra *itr* shimmer, glimmer; *se vid. glänsa, glimma*

skina *itr* shine; [stark.] blaze, [bländande] glare; ~ *av* [*belåtenhet*] beam with..

skingra I *tr* disperse; [t. ex. farhågor, tvivel] dispel; [t. ex. mystiken] clear up, solve, *kring* surrounding, of; ~ *tankarna* divert one's mind (thoughts) **II** *rfl, se skingras* **skingras** *itr. dep* disperse, scatter; [om folkmassa, moln o. d.] be dispersed (scattered)

skinka 1 [kok.] ham; *ugnstekt* [färsk] ~ roast pork **2** [kroppsdel] F buttock

skinn skin; [päls[verk]] fur; [beredd hud] leather; [*kölden*] *bet i ~et* ..was biting (piercing); *hålla sig i ~et* [behärska sig] control oneself, [hålla sig i styr] keep within bounds **skinn|a** *tr* skin, [bildl. äv.] fleece, *på* [belopp] of **-band** full leather binding; ..*i* ~ leather-bound.. **-beredning** dressing of fur skins **-foder** [i t. ex. handväska] leather lining **-fodrad** *a* leather-lined **-fåtölj** leather-upholstered armchair **-jacka** [läderjacka] leather jacket **-klädd** *a* [om t. ex. möbel] leather-upholstered, leather-covered **--och benfri** *a,* ~ *ansjovis* [koll.] skinned and boned tinned sprats [pl.] **-torr** *a* skinny, scraggy

skipa *tr,* ~ *rätt* administer justice; ~ *rättvisa* [rättvist fördela o. d.] see that justice is done

skippa *tr* F [hoppa över] skip; [strunta i] not bother about

skir *a* [om tyg] airy, light; [om t. ex. grönska] tender **skira** *tr* [smör] melt

skiss sketch, [friare äv.] outline, *till* of **-bok** sketch-book **-era** *tr* sketch, [friare] sketch out, outline

skit [exkrementer] shit [äv. om pers.]; [smuts] filth; [skräp] [damned] junk; *prata* ~ talk tripe

skit|a *itr* [vulg.] shit; *det -er jag i* I don't care a damn about that; ~ *ner* dirty [osv.], *se smutsa* [*ned*] **-ig** *a* [vulg.] filthy

skiv|a 1 [platta o. d.] plate, [av trä o. d.] board, [tunn] sheet, [grammofon~] record, disc; [bords~] top, [lös] lea|f [pl. -ves]; *en* ~ *av papp* a piece of board **2** [uppskuren] slice; *skära* [*kött*] *i -or* cut..into steaks **3** [kalas] party **-ad** *a* sliced, ..in slices **-bar** *s* record (disc) bar **-broms** disc brake **-ling** [svamp] agaric **-pratare** [i radio] disc jockey **-spelare** record-player

skjort|a shirt **-blus** shirt blouse ([amer.] waist) **-bröst** shirt-front **-knapp** [påsydd] shirt button; [lös bröstknapp] shirt stud

-pullover knitted shirt **-ärm** shirt-sleeve; *ta av sig i ~ arna* take off one's jacket

skjul [redskaps~ o. d.] shed; [kyffe] hovel

skjuta I *tr itr* **1** [med skjutvapen] shoot [äv. friare]; [ge eld, avfyra] fire; ~ *efter (mot, på) ngn* shoot (fire) at a p.; ~ *[bollen] i mål* shoot .. into the goal; ~ *sig* shoot oneself **2** [flytta] push, [vårdslöst el. stark.] shove; ~ *på* [uppskjuta] *ngt* put off (postpone) a th. **3** ~ *rygg* [om katt] arch its back **4** ~ *ax* form (set) ears; ~ *knopp[ar]* bud; ~ *[nya] skott* put forth [new] shoots, sprout **II** [med beton. part.] ~ *av* [skjutvapen, skott] fire, discharge, [pil] shoot; ~ *fram* a) [tr.], ~ *fram stolen till [brasan]* push the chair up to .. b) [itr.: sticka ut] jut out, protrude, project; ~ *för* [t. ex. lucka] push .. to; ~ *för regeln* [för dörr] bolt the door; ~ *ifrån regeln* [från dörr] unbolt the door; ~ *ifrån sig [ngn (ngt)]* push ([resp.] shove) .. away; ~ *igen* [dörr o. d.] push .. to, [stänga] close, shut; ~ *in* [t. ex. anmärkning] interject, [ss. anföringsvb äv.] put in; ~ *på* push [from behind]; ~ *till* a) [t. ex. dörr] *se ~ igen,* [regel] *se ~ för* b) [bidra med] contribute; ~ *till vad som fattas* make up for the deficiency; ~ *upp* a) [tr. eg.]: [t. ex. dörr] push .. open; [rymdraket] launch b) [tr. bildl.]: [uppskjuta] put off, postpone, [ajournera] adjourn c) [itr.: om växter] shoot [up], spring up; ~ *ut* [om t. ex. udde] jut out; ~ *över [ansvaret] på ngn* shift .. on to a p.

skjut|bana shooting-range, [täckt] shooting-gallery **-dörr** sliding door **-fält** [artilleri~] artillery range **-järnsjournalistik** hard-hitting journalism, [intervjuande] rapid-fire interviewing

skjutsa *tr* [köra] drive; ~ *ngn* [äv.] give a p. a lift

skjut|tävling shooting competition (match) **-vapen** fire-arm **-övning** shooting ([artilleri~] gunnery) practice

sko I *s* **1** [låg~] shoe; [[halv]känga] boot[ee]; **2** [häst~] [horse] shoe **II** *tr* **1** [förse med skor] shoe [äv. häst] **2** [kanta] edge; [förstärka] fortify; [beslå] fit .. with metal **III** *rfl,* ~ *sig* [göra sig oskälig vinst] *på ngns bekostnad* line one's pocket (feather one's nest) at a p.'s expense **-affär** shoe (footwear) shop **-band** shoe-lace, shoe-string **-block** shoe-tree **-borstare** shoeblack, shoe-cleaner **-borste** shoe-brush, boot-brush

skock [[oordnad] mängd] crowd, [[mindre] klunga] group; [av djur] herd, flock; [alla m. 'of' framför följ. best.] **skocka** *rfl o.* **skockas** *itr. dep* crowd (herd, flock) [together], *kring* round; [om moln] mass

sko|don *pl* [boots and] shoes; H footwear [sg.] **-fabrik** [boot and] shoe factory

skog [större] forest [äv. bildl.]; [mindre] wood, [ofta] woods [pl.]; *fälla ~* fell trees; *i ~ och mark* in woods and fields; *det går åt ~en* it is all going wrong (to pieces) **-bevuxen** *a o.* **-ig** *a* forested, wooded, woody **-rik** *a* well-forested [end. attr.], thickly wooded

skogs|arbetare woodman, lumberjack **-brand** forest fire **-bruk** forestry **-bryn** edge of a wood ([resp.] forest) **-dunge** grove **-duva** stock-dove **-fågel** forest bird; [koll.: jakt. o. kok. ung.] game birds [pl.] **-högskola** school (college) of forestry **-plantering** [abstr.] afforestation **-rå** [ung.] siren of the woods **-skola** forester training school **-skötsel** silviculture **-tomt** woodland grounds [pl.] ([obebyggd] building-site) **-trakt** woodland **-vård** forestry **-väg** forest (woodland) road

skogvaktare forester, [amer.] forest ranger

skohorn shoehorn

skoj 1 [skämt] joke, jest; [upptåg] frolic, lark; [[pojk]streck] prank; [ofog] mischief; [bråk] row; [drift] joking; *jfr skämt* [ex.] **2** [bedrägeri] swindle, humbug, F racket; *[det är] rena ~et* .. a proper swindle (fraud, F racket), .. sheer humbug **skoja I** *itr* joke, jest; lark about; play pranks; be up to mischief; be rowdy, *jfr skoj 1;* ~ [driva] *med ngn* kid a p., *jfr vid. skämta* [ex.] **II** *itr tr* [bedraga] cheat, swindle, *på* out of; ~ *till (åt) sig [ngt]* get hold of .. by trickery (cheating, swindling) **skojare 1** [bedragare] cheat[er], swindler, [svag.] trickster; [kanalje] blackguard **2** [skämtare] joker, wag; [skälm, spjuver] rogue **skojig** *a* [lustig, konstig] funny; [trevlig] nice; [skämtsam] facetious

skokräm shoe polish (cream)

1 skola *(skall, skulle)* **I** *hjälpvb* **1 A** [uttr. ren framtid (äv. i indirekt tal efter vb med bet. 'tänka', 'tro', 'yttra', 'hoppas' o. 'frukta')]: *skall o.* F *ska* [= kommer att]: [i första pers.] shall ([äv.] will), [i övriga pers.] will; *skulle* [i första pers.] should ([äv.] would), [i övriga pers.] would; [ofta äv. konstr. m.] be going to, *jfr I 2; det ska bli roligt att träffa dig igen* I shall be glad to meet you again; *det går nog bra, ska ni få se* it will be all right, you will (you'll) see; *vad ska det bli av honom?* what will become of him?; *jag hoppas ni ska trivas här* I hope you will be happy here; *doktorn tror att jag (du, han) snart ska bli frisk* the doctor thinks that I shall (you will, he will) soon recover; *han sade att jag snart skulle bli frisk* he said that I would [i direkt tal 'you will'] soon recover; *jag frågade honom om han skulle komma hem till middag* I asked him if he would be home for dinner; *jag var rädd att vi skulle komma för sent* I was afraid we should (would) be too late; *jag ska träffa honom* ⌈*i morgon*⌉ I shall (I will, I'll) meet him.., I am going to meet him..; *de ska resa* ⌈*nästa vecka*⌉ they will leave.., they are leaving..; *ingen visste vad som skulle hända* nobody knew what would (was going to) happen

B ⌈konditionalt⌉ *skulle* ⌈i förb. m. utsatt el. underförstådd villkorsbisats⌉: ⌈i första pers.⌉ should (⌈äv.⌉ would), ⌈i övriga pers.⌉ would; *det skulle inte förvåna mig om han gifte om sig* I shouldn't (wouldn't) be surprised if he remarried; *det skulle jag* [*inte*] *tro* I should[n't] think so; *jag skulle gärna stanna* [*om jag kunde*] I should (would) gladly stay [if I could]; *om jag varit som du, skulle jag ha vägrat* in your place I should (would) have refused; *utan hans hjälp skulle hon ha drunknat* without his help (but for him) she would have been drowned; *jag skulle kunna göra det* ⌈om jag försökte⌉ I could (should ⌈äv. would⌉ be able to) do it

2 ⌈om något omedelbart förestående el. avsett⌉: *skall (skulle)* ⌈=ämnar (ämnade), tänker (tänkte)⌉ **a)** ⌈allm.: konstr. m.⌉ be going to, ⌈äv.⌉ be about to ⌈=just stå i begrepp att⌉; *jag ska spela tennis i eftermiddag* I'm going to play tennis this afternoon; *jag ska just* [*till att*] *packa* I'm about (just going) to pack; *det såg ut som om det skulle bli regn* it looked as if it were (was) going to rain **b)** ⌈vid rörelseverben 'come', 'go', 'leave' o. äv. vid andra verb: pågående (progressiv) form av huvudverbet⌉; *när ska du resa?* when are you leaving (going)?; *vi ska äta ute i kväll* we are dining out tonight; *ska du stanna över natten?* are you staying the night?

3 ⌈om något på förhand bestämt, enligt program, avtal el. ödets beslut: konstr. m.⌉ be to; *konserten skall äga rum i domkyrkan* the concert is to take place in the cathedral; *om vi skall vara där* ⌈*klockan tre måste vi*⌉ if we are to be there..; *föreställningen skulle börja klockan åtta* the performance was to begin at eight; *tåget (planet) skall komma klockan tio* the train (the plane) is due at ten; *kriget skulle vara mer än fyra år* the war was to last for more than four years

4 A ⌈uttr. subj:s egen vilja, löfte, avsikt⌉: *skall* will; *skulle* would; *jag ska se vad jag kan göra* I will (I'll) see what I can do; *jag ska inte göra om det* I won't (will not) do it again; *vi ska väl gå och hälsa på dem, eller hur?* we will go and see them, won't we?; *jag skulle hellre dö än flytta härifrån* I would (I'd) rather die than move from here; *jag skulle ge vad som helst för att få igen den* I would (I'd) give anything to have it back

B ⌈uttr. annans vilja än subj:s⌉: **a)** ⌈allm.⌉ *skall* shall; *skulle* should; ⌈i villrådighetsfrågor äv. konstr. m.⌉ be to; ⌈för övriga konstr. se ex.⌉; *ska jag öppna fönstret?* shall I open the window?; *du ska få pengarna* you shall have the money; *det ska han få sota för* he shall smart for that; *du skall icke stjäla* ⌈bibl.⌉ thou shalt not steal; *ska vi gå på bio?* shall we go (what about going) to the cinema?; *var ska vi börja?* where shall we (are we to, do we) begin?; *jag vet inte vad jag ska säga* I don't know what to say; *hon frågade om hon skulle posta brevet åt honom* she asked if she should post the letter for him; *jag lovade att han skulle få pengarna* I promised that he should have the money; *han befallde att fångarna skulle friges* he ordered the prisoners to be released (that the prisoners should be released); *hon visste inte om hon skulle skratta eller gråta* she didn't know whether to laugh or cry **b)** ⌈alltid i att-satser efter 'want', 'like', 'tell' o. vanl. äv. efter vissa andra viljeverb: konstr. m. obj. m. inf.⌉; *vad vill du att jag ska göra?* what do you want me to do?; *jag vill inte att du ska vara tillsammans med honom* I don't like (want) you to be together with him; *hon bad mig att jag skulle komma genast* she asked (told) me to come at once; *jag väntade mig inte att du skulle vara här* I didn't expect you to be here

C ⌈uttr. lämplighet och tvång⌉, *skall (skulle):* a) ⌈=bör (borde)⌉ should ⌈i alla pers.⌉, *jfr böra 1 a* b) ⌈=måste⌉: ⌈pres.⌉ must, ⌈impf.⌉ had to; ⌈med negation; =får inte⌉ must not; *du skall inte tala illa om honom* you should not (ought not to) speak ill of him; *han skulle ha varit mer försiktig* he should (ought to) have been more careful; *du skulle ha sett honom* you should have seen him; *varför ska du alltid gräla?* why must you always quarrel?; *ni ska inte föra ett sånt oväsen* you must not make such a noise; *det ska vara en fackman för att (som ska) kunna klara det* it needs an expert to (only an expert could) manage that

5 ⌈uttr. åsikt, förmodan⌉, *skall (skulle)* ⌈=lär, säges (sades), påstås (påstods)⌉: ⌈konstr. m.⌉ be said (supposed) to, *jfr äv. torde; hon skall vara mycket musikalisk* she is said (supposed) to be (they say that she is) very musical; *hon skulle* ⌈enligt vad det påstods⌉ *vara omgift med en amerikanare* she was said (supposed) to be remarried to an American; *skulle det verkligen vara fallet?* I wonder if that is really the case?

6 ⌈i vissa retoriska (sken)frågor⌉: *skall (skulle)* should ⌈i alla pers.⌉; *hur* [*i all världen*] *ska (skulle) jag kunna veta det?* how [on earth] should I know?; *varför skulle hon vara arg på dig?* why should she be angry with you?; *vem skulle han träffa där om inte sin gamle rektor?* who[m] should he meet there but his old headmaster?

7 [i att-satser efter vissa (ofta underförstådda) känslouttryck o. subjektiva omdömen]: *skall (skulle)* should [i alla pers.]; *det är synd att han ska vara så lat* it is a pity that he should be so lazy; *det var tråkigt att detta skulle hända dig* I am sorry (I regret) that this should have happened to you; [*det är konstigt*] *att det ska vara så svårt* [it's strange] that it should be so difficult; *att det skulle gå därhän!* that it should have come to this!

8 [i vissa att-satser föregångna av prep.: konstr. m. obj. m. inf., ibl. äv. ing-form]; *jag längtar efter att skolan ska sluta* I long for school to break up; *vi väntade på att stormen skulle bedarra* we waited for the storm to calm down; *han litar på att jag skall hjälpa henne* he relies on me to help (on my helping) her; *han var angelägen om att hon skulle komma tillbaka* he was anxious for her to return; *det är för kallt för att ni ska bo i tält* it is too cold for you to camp out; *det var för disigt (inte tillräckligt klart) för att vi skulle kunna se bergstoppen* it was too hazy (not clear enough) for us to [be able to] see the mountain peak

9 [i avsikts-, villkors- o. medgivandebisatser]: *skulle* [vanl.] should; *skulle kunna* [äv.] might; [för övriga konstr. se ex.]; *detta säger jag för att du ska veta var jag står* I say this so that you shall (may) know where I stand; *han sänkte rösten för att vi inte skulle höra vad han sade* he lowered his voice so (in order) that we might (should) not hear what he said; *jag lånade honom femtio pund så att han skulle kunna resa på semester* I lent him £50 so (in order) that he might go for a holiday; *han låste in pengarna för att de inte skulle bli stulna* he locked up the money so that it might not ([litt.] lest it should) be stolen; *om* [om meningen är att] *han skall räddas, måste något göras genast* if he is to be saved, something must be done at once; *om* [om händelsevis] *något skulle inträffa, skickar jag ett telegram* if anything should happen, I will (I'll) send a wire; *om* [om mot all förmodan] *jag skulle vinna högsta vinsten, skulle jag resa till Japan* if I were to draw the first prize, I should go to Japan; *om* [tänk om] *vi skulle gå* [*på bio*]*?* suppose we (let's) go..!, what about going..?; *han kommer att göra det, även om det skulle kosta honom en förmögenhet* he will do it, even if (though) it should cost him a fortune

10 [speciella fall], *det ska du säga som aldrig har försökt!* that's easy for you to say who have never tried!; *du skulle bara våga!* you just dare!; *vad ska det här betyda?* what is the meaning of this?; *vad ska det tjäna till?* what is the use (good) of that?; *vad ska det här föreställa?* what is this supposed to be?; *jag skulle* [*egentligen*] *inte få tala om det för dig* I was not supposed to tell you; *naturligtvis skulle det hända just mig* of course it would happen to me of all people

II [med beton. part. o. i sv. utelämnat huvudverb: *skall o. skulle* återges i princip enligt ovan under *I* givna regler; jfr särskilt ex. under *I 2, 4 B o. C*], *jag ska av* [tänker stiga av] *här* I'm getting ([till konduktör] I want to get) off here; *jag ska (skulle) bort (hem, ut)* I'm (I was) going out (home, out); *jag ska in på banken (posten)* I'm going to call in at the bank (post-office); *jag ska i väg nu* I must be off (be going) now; *vad ska jag med det till?* what am I to do with that?; *vad ska du med* [*alla de där grejorna*] *till?* what do you want with..?; [vad tänker du göra med dem?] what are you going to do with..?, [vad ska du ha (använda) dem till?] what do you want.. for?

2 skol|a I *s* school [äv. bildl.]; *~n* the school, [undervisningen] school; *~n slutar* [för terminen] school breaks up ([för dagen] is over [for the day]); *sluta (lämna) ~n* leave school; *i ~n* [*har vi just läst..*] at school..; *gå i ~* [*n*] be at school; *gå i (till) ~n* go to school **II** *tr* **1** [utbilda] train; *~ om* retrain **2** [trädg.] transplant, replant **-arbete** schoolwork, [hemarbete] homework **-avgift** school fee, school fees [pl.] **-barn** [young] school child **-**[**barns**]**bespisning** [måltider] school meals [pl.] **-bok** school-book, [lärobok] textbook **-boksförlag** educational publishing company **-demokrati** democracy in schools **-exempel,** *ett ~ på..* a typical (classic) example of..; [om handling o. d.] an object-lesson in.. **-film** educational film **-flicka** schoolgirl, [amer. äv.] student **-flygplan** training aircraft **-form** type of school **-frukost** school lunch (dinner) **-gång** schooling; [t. ex. obligatorisk ~, avbryta sin ~] school attendance **-gård** playground, [isht mindre] school yard

skolk truancy **skolka** *itr,* ~ [*från skolan*] play truant; ~ *från* [t. ex. skolan, en lektion] shirk; ~ *från arbetet* keep away from one's work, [en dag] take a day off

skol|kamrat schoolfellow, schoolmate **-klass** school class (form) **-kort** [biljett] school-children's season-ticket

skolla thin plate, lamin|a [pl. -ae], [beslag] mount[ing]
skol|leda school fatigue **-lov** [ferier] [school] holidays [pl.] (vacation) **-lovskoloni** holiday camp [for children] **-lärare** schoolmaster, school-teacher **-lärarinna** schoolmistress, school-teacher **-mogen** *a* ..sufficiently mature for [starting] school **-mognadsprov** test of readiness for school attendance **-mål-tid** school meal **-mössa** school cap **-ning** [utbildning] training **-pliktig** *a, ~ålder* compulsory school age **-pojke** schoolboy, [amer. äv.] student **-radio** broadcasting ([program] broadcast) for schools **-reform** school reform **-resa** holiday tour [for school children] **-sal** [klassrum] classroom **-sjuk** *a, vara ~* sham illness so as to stay away from school, malinger **-skepp** training ship **-skjuts** [bil] car for transporting children to school **-stadga** regulations [pl.] for schools **-styrelse** [ung.] local education authority **-tandvård** school dental service **-tid** [år i skolan] school-days [pl.] **--TV** school TV; [program] TV program[me] for schools **-ungdom,** *~[ar]* school children [pl.], [isht om äldre] schoolboys and schoolgirls [pl.] **-upplaga** school edition **-väg** way to school **-väsen** educational system, education **-väs-ka** [school] satchel, school bag **-ålder** school age **-år** school year; [pl. (-tid)] school-days **-ämne** school subject **-överstyrelsen** the Board of Education
skomakare shoemaker
skona *tr* spare, *från ngt* a th.; [vara aktsam om] take care of
skonare *o.* **skonert** schooner
skoning [kant] edge, [på kjol] false hem
skoningslös *a* merciless, unsparing **skon-sam** *a* [mild] lenient; [hänsynsfull] considerate; [barmhärtig] merciful; [varsam] careful
skonsamhet leniency; consideration; mercifulness; care
skopa scoop, [för vätska] ladle, dipper [alla m. 'of' framför följ. best.]; [på mudderverk o. d.] bucket
skorem shoe-lace, shoe-string
skorpa 1 [bakverk] rusk **2** [hårdnad yta] crust
skorpion scorpion
skorpmjöl golden breadcrumbs [pl.]
skorra *itr* **1** [på 'r'] speak with a burr, burr **2** [ljuda strävt] grate, jar, *i [öronen]* on.. **skorrning** [skorrande 'r'] burr
skorsten chimney, [på fartyg o. lok] funnel
skorstenseld chimney fire
skorv [läk.] scurf **skorvig** *a* scurfy
sko|skav chafed (galled) feet [pl.] **-snöre** shoe-lace, shoe-string **-spänne** shoe-buckle **-sula** sole [of a shoe]
skot sheet **skota** *tr, ~ [ett segel]* sheet.. home
skoter [motor-]scooter
skotsk *a* Scottish, Scots; [isht om skotska produkter] Scotch **skotska 1** [kvinna] Scotchwoman **2** [språk] Scotch, Scots
skott 1 [vid skjutning] shot [äv. i fotb.]; [laddning] charge; *få ett ~ i benet* be shot in the leg **2** [på växt] shoot, sprout **3** [⚓] bulkhead
skotta *tr* shovel; *~ igen [en grav]* shovel the earth back into.., fill in..
skottavla target **skottdag** leap-day
skott|e [pers.] Scotchman, Scot, Scotsman; *-arna* [som nation el. lag o. d.] the Scotch
skott|glugg loop-hole **-hål** bullet-hole **-håll** gunshot, range; *inom (utom) ~* within (out of) gunshot (range), *för* of **-kärra** wheel-barrow
Skottland Scotland
skott|linje line of fire [äv. bildl.] **-lossning** [skottväxling] firing, shooting **-pengar** *pl* bounty [sg.] **-spole,** *fara omkring som en ~* dart about like mad **-sår** gunshot wound **-säker** *a* [ogenomtränglig] bullet-proof **--tavla** *se skottavla* **-växling** exchange of shots **-år** leap-year
skovel 1 [för snö, jord o. d.] shovel **2** [i turbin] blade **skovla** *tr* shovel
skrabbig *a* [krasslig] seedy, poorly [båda end. pred.]; [illa medfaren] ramshackle
skraj *a, vara (bli) ~* have got (get) the wind up
skral *a* **1** [underhaltig] poor; [illa medfaren] rickety **2** [krasslig] out of sorts, poorly [båda end. pred.]
skram|la I *s* rattle **II** *itr* rattle; [om mynt] jingle; [om kokkärl o. d.] clatter; *~ med* ..rattle [osv.].. **-mel** [-lande] rattling [osv.]; *ett ~* a rattle [osv.]
skranglig *a* [gänglig] lanky; [rankig] rickety
skrank railing, barrier; [vid domstol] bar **-or** *pl* barriers, limits; *inom lagens ~* within the pale of the law
skrap [skrapande ljud] scraping, scrape **skrapa I** *s* **1** [redskap] scraper **2** [skråma] scratch **3** [tillrättavisning] telling-off **II** *tr itr* scrape; [riva, krafsa] scratch; *~ sig på benet* graze [the skin off] one's leg; *~ av (bort) ngt* scrape away (off) a th.; *~ av fötterna på [fotskrapan]* scrape one's feet well on..; *~ sönder [sig i] ansiktet* get one's face all grazed
skratt laughter; [enstaka ~, sätt att skratta] laugh; [gap~] guffaw; *få sig ett gott ~ åt* ..have a good (hearty) laugh at..; *skaka (tjuta, vrida sig) av ~* shake (roar, be rocking) with laughter; *jag försökte hålla mig för ~* I tried to keep a straight face, I tried not to laugh; *vara full i (av) ~* be ready (fit) to burst [with laughter] **skratta** *itr* laugh, *åt* at; [gap~] guffaw; *~ sig fördärvad*

(sjuk), hålla på att ~ *ihjäl sig* split [one's sides] with laughter, nearly die [of] laughing; ~ *till* give a laugh; ~ *ut ngn* laugh a p. to scorn; ⌈*talaren*⌉ *blev utskrattad* ..was laughed down

skratt|grop dimple **-lust** desire to laugh **-lysten** *a* ⌈attr.⌉ ..that is always ready to laugh **-retande** *a* laughable, droll **-salva** burst (⌈stark.⌉ roar) of laughter **-spegel** distorting mirror

skred *se jordskred, snöskred*

skreva I *s* ⌈klyfta⌉ cleft; ⌈spricka⌉ crevice **II** *itr,* ~ [*med benen*] straddle

skri ⌈människas⌉ scream, shriek, yell; ⌈rop⌉ cry; ⌈ugglans⌉ hoot; ⌈åsnans⌉ bray **skria** *itr* scream ⌈osv.⌉ *se skri* **skriande** *a* ⌈om t. ex. nöd⌉ crying ⌈end. attr.⌉

skribent writer, penman

skrida *itr* ⌈gå långsamt⌉ glide, ⌈gravitetiskt⌉ stalk; ⌈om tid⌉ pass (wear) on; ~ *fram* ⌈om person[er]⌉ march (stride) along

skridsko skate; *åka* ~[*r*] skate, ⌈göra en ~tur⌉ go skating **-bana** skating-rink **-is** ice for skating **-segel** hand-sail **-segling** skate--sailing **-tävling** skating competition **-åkare** skater **-åkning** skating

skrift 1 ⌈mots. tal o. tryck⌉ writing; ⌈skrivtecken⌉ characters ⌈pl.⌉ **2** ⌈handling o. d.⌉ written (⌈tryckt⌉ printed) document; ⌈tryckalster⌉ publication; *den heliga* ~ the [Holy] Scriptures ⌈pl.⌉ **-expert** handwriting expert **-lig** *a* written **-ligt** *adv* in writing **-språk,** ~[*et*] the written language **-ställare** author, writer [of books]

skrik cry, ⌈rop⌉ shout, ⌈tjut⌉ yell, ⌈gällt⌉ scream, shriek; ⌈~ande⌉ shouting ⌈osv.⌉, *jfr skrika; sista* ~*et* ⌈bildl.⌉ the latest fashion

skrik|a *itr tr* **1** ⌈utstöta skrik⌉ cry, call (cry) out, ⌈ropa⌉ shout, ⌈gällt⌉ scream, shriek, ⌈om småbarn⌉ squall, squeal, ⌈gall~⌉ yell; ⌈väsnas⌉ clamour; ~ *sig hes* shout ⌈osv.⌉ oneself hoarse; ~ *av smärta* cry ⌈osv.⌉ (roar) with pain; ~ *till* ⌈beton.⌉ cry out, *av* ⌈*rädsla*⌉ for.. **2** ⌈gnissla⌉ squeak, screech **-ande I** *a* crying ⌈osv.⌉; ⌈om färg⌉ glaring, loud **II** *s* shouting ⌈osv.⌉ **-hals** ⌈om barn⌉ cry-baby **-ig** *a* ⌈om barn⌉ screaming ⌈attr.⌉; ⌈om färg⌉ glaring, loud; ⌈om röst⌉ shrill

skrin box; ⌈för smycken äv.⌉ case

skrinda rack wag[g]on (cart)

skrinlägga *tr* ⌈uppge⌉ give up; ⌈lägga på hyllan⌉ shelve, put..on the shelf

skritt, *i* ~ at a walking pace

skriva I *itr tr* write; ⌈stava äv.⌉ spell; ⌈t. ex. kontrakt, testamente⌉ draw up; ~ *bra (dåligt)* ⌈betr. handstil⌉ write a good (bad, poor) hand; ~ *ren*[*t*] copy out..; ~ [*maskin (på maskin)*] type; ~ ⌈*beloppet*⌉ *med bokstäver* set out..in writing; [*låta*] ~ [*över*] ⌈*gården*⌉ *på sin son* assign..away to (settle..on) one's son; *skriv till henne* ⌈, *att*..⌉ write and tell her..; [*låta*] ~ *sig i* ⌈..*församling*⌉ get registered in.. **II** ⌈m. beton. part.⌉ ~ *av* ⌈kopiera, plagiera⌉ copy; *rätt avskrivet intygas* true (correct) copy certified by; *jfr avskriva;* ~ *in* ⌈bokföra o. d.⌉ enter [up]; ~ *in sitt namn i en bok* inscribe one's name in a book; ~ *in en elev* enter a pupil; ~ *in sig* ⌈på hotell⌉ register, ⌈amer.⌉ check in; ~ *in sig (vara inskriven) vid* ⌈*universitet*⌉ register (be a [registered] student) at..; ~ *om* ⌈på nytt⌉ rewrite; *jfr omskriva;* ~ *på* ⌈t. ex. lista, växel⌉ write one's name on; ⌈etikett o. d. (betr. innehållet)⌉ write on; ⌈skriva sitt namn⌉ sign; ~ *till* ⌈tillägga⌉ add; ~ *under* sign (put) one's name to.., ⌈utan obj.⌉ sign [one's name]; ~ *upp* ⌈anteckna⌉ write (put, set, ⌈ngns namn⌉ take) down; ⌈debitera⌉ put..down, *på ngn* to a p.['s account]; ~ *ut* write out ⌈äv. 'utfärda'⌉, ⌈på maskin⌉ type; ~ *ut ngn* ⌈*från sjukhus*⌉ discharge a p...; ~ *över* ⌈överföra⌉ *se I* ⌈ex.⌉

skriv|biträde clerk **-bok** ⌈skol.⌉ exercise--book **-bord** [writing-]desk, ⌈större⌉ writing--table **-bordsalmanacka** desk calendar **-bordslåda** desk drawer **-bordsunderlägg** writing-pad **-byrå** ⌈maskinskrivningsbyrå⌉ typewriting [and duplicating] agency **-else** [official] letter, [written] communication; ⌈jur.⌉ writ **-eri** writing **-fel** slip of the pen, ⌈på maskin⌉ typing-error **-göromål** *pl* writing-jobs **-hjälp** writing assistance (⌈pers.⌉ assistant) **-kramp** writer's cramp **-kunnig** *a, vara* ~ be able to write, have learnt to write **-maskin** typewriter **-maskinsbord** typewriter desk **-maskinspapper** typing--paper **-ning** ⌈skriftligt prov⌉ written test (⌈för examen⌉ exam[ination]), ⌈uppsats⌉ composition **-stil** script **-underlägg** writing-pad

skrock superstition

skrocka *itr* ⌈om höns⌉ cluck; ⌈om pers.⌉ chuckle

skrockfull *a* superstitious

skrodera *itr* brag, swagger, bluster

skrot ⌈metall~⌉ scrap[-metal], ⌈järn~⌉ scrap--iron; ⌈skräp⌉ refuse, scrap **skrota** *tr,* ~ [*ned*] scrap **skrothög** scrap-heap

skrov body; ⌈djurskelett⌉ carcass

skrovlig *a* rough; ⌈om t. ex. klippa⌉ rugged; ⌈sträv⌉ harsh

skrubb ⌈rum⌉ cubby-hole

skrubb|a *tr* ⌈skura⌉ scrub; ⌈gnida⌉ rub; ⌈skrapa⌉ scrape; ~ ⌈tvätta⌉ *sig* scrub oneself; ~ *sig på benet* scrape (graze, chafe) one's leg **-sår** graze[d place], abrasion

skrud garb, apparel ⌈båda end. sg.⌉; ⌈kyrklig⌉ vestment **skruda** *tr* attire, array, deck..[out]; ~ *sig* attire ⌈osv.⌉ oneself

skrump|en *a* shrivelled[-up]; ⌈hopkrympt⌉

shrunken **-na** *itr* shrivel [up]; shrink
skrupel scruple **-fri** *a* unscrupulous
skruv screw; *ha en ~ lös* [bildl.] have a screw loose; *ta ~* [bildl.] help, take effect
skruv|a I *tr itr* screw; [boll] spin; *~ [på] sig* fidget [about], squirm **II** [m. beton. part.] *~ av* unscrew, screw off; [stänga av] turn off; *~ fast* screw (fasten)..on (tight); *~ i se ~ in; ~ igen* [t. ex. kran] turn off; *~ in* screw ([skruv äv.] drive) in; *~ ned* [gas, radio o. d.] turn down, lower; *~ på* [gas, radio o. d.] turn on; *~ till, se ~ fast; ~ upp* [gas, radio o. d.] turn up; *~ ur* unscrew **-mejsel** screw-driver **-nyckel** spanner, wrench **-städ** vice
skrymma *itr* take up a lot of place (space) **skrymmande** *a* bulky
skrymsla *o.* **skrymsle** nook, [by-]corner; [bildl.] recess
skrymtare sanctimonious person; [hycklare] hypocrite
skrynkelfri *a* creaseproof
skrynkl|a I *s* crease; wrinkle [äv. i huden] **II** *tr* [tyg], *~ [ned (till)], ~ sig* crease, crumple, wrinkle; *~ ihop* crumple up **-as** *itr. dep, se ~ sig* **-ig** *a* creased, crumpled; wrinkled [äv. om hud]
skryt [~ande] boasting, bragging; *tomt ~* an empty boast **skryta** *itr* boast, brag, *över, med* of, about; [*vilja*] *~ med* show off, make a show of; *utan att ~* without boasting **skrytsam** *a* [om pers.] boastful, vainglorious
skrå [hist.] [trade-]guild, craft[-guild]; [friare] fraternity
skrål [~ande] bawling, bellowing, roaring **skråla** *itr* bawl, bellow, roar
skråma scratch, slight wound
skräck terror, [fruktan] fright, dread, [fasa] horror, *för* [i samtl. fall] of; *sätta ~ i ngn* strike a p. with terror **-injagande** *a* terrifying, [fasaväckande] horrifying **-slagen** *a* terror-struck, terror-stricken **-välde** reign of terror, terrorism
skräda *tr* [mjöl] bolt; [malm] pick; *inte ~ orden* [bildl.] not mince matters
skräddar|e tailor **-sydd** *a* tailored, tailor-made, [amer.] custom-made
skrädderi [butik] tailor's shop ([firma] firm, [verkstad] workshop)
skräll crash [äv. bildl.]; [smäll] bang, [brak] clash **skrälla** *itr* [om hornmusik, högtalare] blare; [om fönster] rattle; [om åska] crash **skrälle,** *ett ~ till* [bil (hus osv.)] a ramshackle old.. **skrällig** *a* [musik o. d.] blaring
skräm|ma *tr* frighten, [vard.] scare, [plötsligt] startle; *~ ngn för..* make a p. scared of..; *~ ngn med..* scare (frighten) a p. by..; *låta ~ sig* be intimidated; *~ bort (ihjäl)* frighten *el.* scare..away (to death); *~ upp* [göra rädd] frighten [osv.], intimidate **-sel** fright, alarm **-skott** warning shot; [bildl.: tomt hot] empty menace
skrän yell, howl, [ogillande] hoot; [~ande] yelling [osv.]; [gormande] blustering **skräna** *itr* yell, howl, [ogillande] hoot; [gorma] bluster **skränig** *a* yelling [osv.]
skräp rubbish, trash, junk, [bråte] lumber, [avfall] litter; [dumheter] nonsense
skräp|a *itr,* [*ligga och*] *~ i rummet* [etc.] [lie about and] make the room [etc.] [look] untidy; *~ ned* [itr.] make a litter (mess); *~ ned* [*i*] [*rummet* etc.] litter up..; *nedskräpad* [om rum o. d.] ..littered [all over] with things **-hög** rubbish-heap **-ig** *a* untidy, littered **-rum** lumber-room
skräv|el bragging, bluster, swagger **-la** *itr* brag, bluster, swagger **-lare** braggart, blusterer, swaggerer
skröplig *a,* [bräcklig] frail, infirm; [orkeslös] decrepit; [svag, om hälsa] weak
skubba I *tr* [gnugga] rub, chafe **II** *itr* F [springa] run
skudda *tr, ~ stoftet av sina fötter* shake the dust off one's feet
skuff *s o.* **skuffa** *tr o.* **skuffas** *itr. dep* push, shove [osv.] *se vid. knuff, knuffa*
skugg|a I *s* [mots. ljus] shade [vanl. end. sg.]; [av ett föremål] shadow [äv. bildl.]; *ge (skänka) ~* give (afford) shade; *kasta ~* [eg.] cast (throw) a shadow; [ligga] *i ~n* [*av ett träd*] ..in the shade [of a tree] **II** *tr* **1** [ge skugga åt] shade [äv. konst.] **2** [bevaka] shadow, [isht amer.] tail **-ig** *a* [eg.] shady, shadowy **-rik** *a* very shady **-sida** shady side
skuld 1 [gäld] debt, *på* [*1000 kr*] of..; *~er* [mots. tillgångar] liabilities; *göra ~er (sätta sig i ~)* run (get) into debt; *ha stora ~er hos (till)..* owe..large sums [of money]; *stå i ~ hos (till) ngn* be in debt (indebted) to a p. **2** [fel, förvållande] fault; blame [äv. ansvar]; [brottslighet] guilt; *~en är min* it is my fault, I am to blame; *det är inte hans ~* he is not to blame for it; *ge ngn ~en* [*för ngt*], *kasta (skjuta) ~en* [*för ngt*] *på ngn* lay (put, throw) the blame [for a th.] [up]on a p.; *vara ~ till..* be to blame for.., [orsak till] be the cause of.., [ansvarig för] be responsible for..; *vara utan ~* be blameless
skulderblad shoulder-blade
skuld|fri *a* **1** [utan skulder]..free from debt[s], [om egendom] unencumbered; *göra sig ~* rid oneself of one's debts **2** [oskyldig] guiltless, innocent, blameless **-förbindelse** *se -sedel* **-känsla** sense of guilt [end. sg.] **-medveten** *a* ..conscious of [one's] guilt; [om t. ex. blick] guilty
skuldra shoulder

skuld|satt *a* ..in debt, indebted **-sedel** promissory note, I O U **-sätta** *rfl* run (get) into debt, incur debts; *jfr -satt*
skull, *för fredens* ~ for the sake of peace; *för kylans* ~ [på grund av] on account of (owing to, because of) the cold; *för min* ~ for my sake, [för att göra mig till viljes] [just] to please me, [å mina vägnar] .. on my account; *för min egen* ~ [i eget intresse] in my own interest
1 skulle *hjälpvb, se 1 skola*
2 skulle *s* [hö ~] hay-loft
skulor *pl* swill, pigwash [båda sg.]
skulpt|era *tr itr* [i sten el. trä] carve; [i lera] model; [isht bildl.] sculpture **-ris** sculptress **-ur** sculpture **-ör** sculptor
1 skum *a* **1** [mörk] dark; [halvmörk] darkish, dusky, obscure; [friare (om ögon, föreställning o. d.)] dim, misty **2** [suspekt] shady, suspicious; [illa beryktad] disreputable
2 skum *s* [allm.] foam, [yrande] spray; [fradga] froth [äv. på öl]; [vid kokning o. jäsning] scum **-bad** foam-bath **-gummi** foam--rubber **-ma I** *itr* foam, [fradga] froth **II** *tr* skim [äv. bildl.] **-mjölk** skim[med] milk
skumpa *itr* jog, [om åkdon] joggle
skumplast foam plastic
skumrask, *i* ~*et* [dunklet] in the dark **-affär** shady business
skunk [djur o. pälsverk] skunk
skur shower [äv. bildl.]; [by] squall
skur|a *tr itr* [golv] scrub; [metall o. d.] polish; [göra ren] clean **-borste** scrubbing-brush
skurk scoundrel, villain; [skojare] rascal **-aktig** *a* scoundrelly, villainous **-streck** wicked deed
skur|pulver scouring-powder **-trasa** scouring-cloth
skuta [mindre lastfartyg] small cargo boat; F [båt] boat
skutt *s* [hopp] *o.* **skutta** *itr* leap, bound
skvadron squadron [of cavalry]
skvala *itr* pour; [forsa] gush, rush
skvaller gossip; [skol.] sneaking; [förtal] slander; [sladder] tittle-tattle **-aktig** *a* gossipy, tattling, [som förtalar] slanderous **-bytta** gossip[monger], tale-bearer, [isht skol.] sneak **-kär[r]ing** [old] gossipmonger, F [old] cat **-spegel** window-mirror
skvallra *itr* gossip; [sladdra] tittle-tattle; [sprida ut rykten] tell tales, blab; [skol.] sneak; *han* ~*de för henne* he told her; ~ *om ngt* let on about a th.; ~ *på ngn* report a p., split on (against) a p.
skvalmusik continual [pop] music [on the radio]
skvalp [skvalpande] lapping, ripple; [kluckande] [s]plash **skvalpa** *itr* [om vågor] lap, ripple; [i kärl] splash to and fro; ~ *ut (över)* a) [tr.] spill b) [itr.] splash (slop) over
skvimpa *itr* [i kärl] splash to and fro; *se vid. skvalpa*
skvätt drop; [botten ~] heeltap; [som skvätt ut] splash; *en* ~ [ss. kvantitet] a drop [or two], a few drops **skvätta I** *tr itr* [stänka] splash; squirt **II** *itr* [småregna] drizzle
1 sky *s* **1** [moln] cloud [äv. bildl.]; [dimma, dis] haze **2** [himmel] sky; *skrika i högan* ~ cry to the skies
2 sky *s* [kok.: kött ~] gravy, meat-juice
3 sky *tr* shun; *inte* ~ *någon möda* spare no pains (effort); *inte* ~ [frukta för] *någonting* stick at nothing
skydd protection, *mot (för)* against (from); [mera konkr.] shelter, *mot* against; [betäckning] cover; *söka* ~ seek protection, seek (take) shelter; *söka* ~ *hos ngn* seek protection (take refuge) with a p.; *i* ~ *av mörkret* under [the] cover of darkness; *till* ~ *för* [för att skydda] for the protection of **skydda** *tr* [allm.] protect; shelter [isht mera konkr.]; [värna (t. ex. mot förtal, obehag)] shield; [försvara] defend; [skyla, ge betäckning] cover; [bevaka, [be]trygga] [safe]guard; [bevara] preserve, *mot* [i samtliga fall vanl.] against, *för* from; ~ *s för väta!* keep dry!; *ett* ~ *t läge* a sheltered position; *lagligen* ~ *d* .. protected by law; ~ *nde likhet* [zool.] mimicry; ~ *sig* protect (safe-guard, [mera konkr.] shelter) oneself, *mot (för)* against (from)
skydds|anordning safety device, guard **-helgon** patron saint **-hjälm** protective helmet **-ling** ward, protégé[e [om kvinna]] **-makt** protecting power **-ombud** safety supervisor (officer) **-rum** [air-raid] shelter **-tillsyn** probation **-tull** protective duty **-ängel** guardian angel
sky|drag waterspout **-fall** cloudburst
skyffel 1 [skovel] shovel; [sop ~] dust-pan **2** [trädgårds ~] [thrust-]hoe **skyffla** *tr* **1** [skotta] shovel **2** [ogräs] hoe
skygg *a* [allm.] shy, *för* of; [blyg] timid **skygga** *itr* [rygga] take fright, start; [om häst] ([äv.] ~ *till*) shy, *för* [i samtl. fall] at **skygghet** shyness; timidity **skygglappar** *pl* blinkers [äv. bildl.]
sky|hög *a* extremely high; [friare, om t. ex. priser] sky-high **-högt** *adv* sky-high
skyl shock, stook
skyla *tr* [hölja] cover; [dölja] hide, veil; ~ *sig* cover oneself; ~ *över* cover up [äv. bildl.]
skyldig *a* **1** [som bär skuld] guilty, *till* of; *göra sig* ~ *till* [t. ex. ett brott, ett misstag] commit .., render oneself guilty of ..; *den* ~ *e* the culprit **2** *vara (bli)* ~ *ngn pengar (en förklaring)* owe a p. [some] money (an explanation); *vad (hur mycket) är (blir) jag* ~ *?* what (how much) do I owe [you]?, [vid uppgörelse] how much am I (have I [got]) to

pay [you]?, [på restaurang o. d.] the bill, please!; *se äv. svar 1* [ex.] **3** [förpliktad] bound, obliged **-het** duty, obligation, *mot* towards; *ikläda sig ~er* assume liabilities

skyldra *tr, ~ gevär* present arms

skyll|a *tr itr, ~ ngt på ngn* blame (throw *el.* lay *el.* put the blame on) a p. for a th.; *~ på ngn* throw [etc.] the blame on a p.; *han -er på sjukdom (på att han varit sjuk)* he alleges illness [as an excuse]; *det får du ~ dig själv för* you have yourself to blame (thank) for that; *skyll dig själv!* [det är ditt eget fel] it is your own fault!; *~ ifrån sig* [skjuta skulden på någon annan] throw [etc.] the blame on someone else

skylt [butiks~ o. d.] sign[board]; [dörr~, namn~] plate; [vägvisare] sign-post **skylta** *itr, ligga (stå) och ~* be exposed (exhibited on show); *~ med ngt* put (set) a th. on show, display (expose) a th.; *~ om [i ett skyltfönster]* rearrange a shop-window

skylt|docka [tailor's] dummy **-fönster** shop-window, show-window **-låda** show-case, display-case **-ning** [konkr.] display [of goods], [i skyltfönster] window-display

skymf [förolämpning] insult, affront, [grov] offence; [kränkning] indignity; [neslighet, vanära] ignominy; *han fick (måste) lida den ~en att se..* he had to suffer the indignity of seeing.. **skymfa** *tr* insult, affront; [kränka] outrage **skymflig** *a* [förolämpande] insulting, affronting; [neslig] ignominious; [om t. ex. behandling] outrageous

skym|ma I *tr* block [out]; [fördunkla] dim, obscure; [dölja] conceal, hide; *du -mer mig* you are [standing] in my light **II** *itr* get dark; *det börjar ~* it is getting dark (dusk) **-ning** twilight, dusk; *när ~en faller [på]* when twilight (dusk) sets in

skymt [mera eg.] glimpse; [bildl.: glimt (t. ex. av hopp)] gleam, glimmer; [spår] trace, vestige, [tillstymmelse] suspicion; *[få] se en ~ av..* catch (get) a glimpse of.. **skymta I** *tr* [få en skymt av] catch (have) a glimpse of; [isht bildl. (ana)] glimpse, get a glimmer of **II** *itr* [vara skönjbar]: [svagt o. otydligt] be dimly (indistinctly) to be seen, [glimtvis] be observable (glimpsed) here and there; [visa sig, dyka upp] appear here and there ([emellanåt] occasionally) [äv. bildl.]; *~ fram* peep out, [otydligare] loom

skymundan, *hålla sig i ~* [i undangömdhet] keep oneself out of the way

skynd|a I *itr* [ila, hasta] hasten; [skynda sig, raska på] *se II* **II** *rfl* hurry [up]; hasten; *~ dig [på]!* hurry up!, come on!, make haste!; *jag måste ~ mig* [har bråttom] I am in a hurry; *~ sig med ngt* hurry up about (over) a th. **III** [m. beton. part.] *~ efter (sig efter) ngn* hasten (hurry [up]) after ([för att hämta] for) a p.; *~ emot ngn* hasten to meet a p.; *~ fram (sig fram) [till platsen]* hasten on *el.* along (hurry [up]) to the spot; *~ på* a) [tr.] *~ på ngn* hurry (hustle) a p.; *jfr påskynda* b) [itr.] *se II* **-sam** *a* speedy; [brådskande] quick; [ofördröjlig] prompt

skynke [täckelse] cover[ing]; [omhölje, överdrag] wrapper

skyskrapa skyscraper

skytt shot, marksman **skytte** [[gevärs~] rifle-]shooting **skyttegrav** trench

skyttel [vävn.] shuttle **-trafik** shuttle service; *gå i ~* shuttle

skåda *tr* behold, see

skåde|plats scene [of action] **-spel** play, drama; [bildl.] spectacle **-spelare** actor **-spelerska** actress **-spelsförfattare** playwright, dramatist

skål I *s* **1** [bunke] bowl, [flatare] basin, dish; *en ~ [med]..* a bowl [osv.] of.. **2** [välgångs~] toast; *dricka ngns ~ (en ~ för ngn)* drink [to] a p.'s health (to the health of a p.); *besvara (svara på) en ~* respond to a toast; *föreslå (utbringa) en ~ för ngn* propose a toast to (for) a p. **II** *itj* [to] your health!, here's to you!, F cheers!, skoal! **skåla** *itr* [glas mot glas] clink (touch) glasses; *~* [dricka] *med ngn* drink a p.'s health; *~ för ngn, se skål I 2* [ex.]

skåll|a *tr* scald; *~ sig (händerna [på sig])* scald (burn) oneself (one's hands) **-het** *a* scalding hot

Skåne Scania **skånsk** *a* Scanian

skåp cupboard **-bil** [delivery] van **-supa** *itr* take (have) a drop on the sly

skåra [hugg, rispa] cut, [repa] scratch; [hack] score, notch[ing]

skäck [häst] piebald horse **-ig** *a* piebald

skägg beard; *låta ~et växa* [lägga sig till med ~] grow a beard **-botten,** *ha mörk ~* have a blue chin **-ig** *a* bearded; [orakad] unshaved **-lös** *a* beardless **-strå** hair, bristle **-stubb** [beard-]stubble

skäl 1 [grund m. m. allm.] reason, *till* for, *att* [inf.] to [inf.] *el.* for [ing-form]; [orsak, anledning (jfr dessa ord)] cause, ground[s [pl.]]; [bevekelsegrund] motive; *det vore ~ [i] att* [inf.] it would be advisable (well) to [inf.]; *anföra starka ~ för..* adduce weighty arguments for..; *väga ~en för och emot* weigh the pros and cons; *av det [enkla] ~et* for that [simple] reason **2** [rätt], *göra ~ för sig* [göra nytta] do one's share; [vara värd sin lön] be worth one's salt **-ig** *a* [rimlig] reasonable; [rättvis] fair; [berättigad] legitimate **-igen** *adv* **1** [tämligen] rather, pretty **2** reasonably [osv.]

skäll *se ovett*

1 skälla *s* bell

2 skälla *itr* **1** [om hund] bark, *på* at

2 [om pers.], ~ *på ngn* [okväda] call a p. names, [gräla] abuse a p.; ~ *ut (ner)* [läxa] upp] blow up, scold, tell..off **skällsord** *se okvädin[g]sord*

skälm [spjuver] rogue **skälmaktig** *a o.* **skälmsk** *a* roguish, mischievous; [om blick, leende] arch [attr.]

skälv|a *itr* shake, [stark.] quake; *jfr äv. darra* **-ning** [darrning] tremor; [rysning] thrill

skämd *a* [om frukt] rotten; [om kött, vatten] putrid, tainted **skämma** spoil, mar; ~ *bort* spoil (*med* by), [klema bort] pamper, coddle, *med* with; ~ *ut* disgrace, put..to shame; ~ *ut sig* disgrace oneself **skäm|mas** *itr. dep* **1** [blygas] be (feel) ashamed [of oneself]; *-s du inte?, du borde (skulle)* ~*!* aren't you ashamed of yourself?, you ought to be ashamed of yourself!; ~ *för (över)..* be ashamed of..; *jag -s för honom över min okunnighet* I am ashamed to show him my ignorance **2** become rotten [osv.], *jfr skämd*

skämt joke, jest; [skämtande] joking; ~ *åsido!* joking apart!; *han förstår (tål) inte* ~ he can't take a joke; *på* ~ for a joke, in jest **skämta** *itr* joke, jest, *med* with; ~ *med ngn* [driva med] pull a p.'s leg, [göra narr av] make fun of a p.; ~ *med (om)* [*ngt*] jest about.. **skämtare** joker, jester, wag; [humorist] humorist

skämt|artikel [party] novelty **-historia** funny story, joke **-sam** *a* jocular; [om t. ex. ton] joking, jesting; [ironiskt ~] facetious **-tecknare** cartoonist **-teckning** cartoon

skända *tr* **1** desecrate; [våldtaga] violate **2** [univ. ung.] rag **skändlig** *a* infamous, [nedrig] nefarious; [om t. ex. brott] atrocious **skändlighet** [handling] infamous action (deed), infamy; [våldsdåd] atrocity

1 skänk [matsalsmöbel] side-board

2 skänk [gåva] gift; [*få ngt*] *till* ~*s* [som gåva] ..as a gift (present), [gratis] ..for nothing

skänka *tr* give; [förära] present, *ngn ngt* a p. with a th.; [donera] donate; [t. ex. glädje] afford; [t. ex. glans] lend; ~ *bort* give away; ~ *efter, se efterskänka;* ~ *i, se hälla* [*i*]

skänkel [ben, äv. friare] leg

1 skär *s* [holme] rocky islet, skerry

2 skär *s* **1** [egg] [cutting] edge **2** [skridsko~] edge

3 skär *a* [ljusröd] pink; *för sms. jfr äv. blå-*

skär|a **I** *s* [redskap] sickle **II** *tr itr* cut; [kött] carve; ~ *tänder*[*na*] grind (gnash) one's teeth; ~ [*ngt*] *i trä* carve..in wood; *det skär i öronen* [*på mig*] it jars (grates) upon my ears **III** *rfl* **1** [såra sig] cut oneself; ~ *sig i fingret* cut one's finger **2** [kok.] curdle **3** [gå illa ihop] clash, *mot* [*varandra*] with.. **IV** [m. beton. part.] ~ *av* a) [eg.]: [bort] cut off (away), [itu] cut..in two; *avskurna* [*blommor*] cut.. b) [bildl.] *se avskära;* ~ *ihop* [om motor] seize, jam; ~ *in* [rista in] incise; ~ *till* [sömn.] cut out; ~ *upp* [i skivor] cut up.. into slices; ~ *upp en bok* cut [the pages of] a book **-ande** *a* [bildl.]: [om ljud] piercing, shrill, [t. ex. om dissonans] jarring **-bräde** cutting-board **-böna** French (string) bean

skärgård archipelago [pl. -s] islands and skerries [pl.]; *Stockholms* ~ the Stockholm archipelago ('skärgård')

skärm [allm. äv. bildl.] screen; [skuggande, t. ex. lamp~] shade; [brätte] peak **skärma** *tr,* ~ *av* [t. ex. ljus] screen

skärmaskin cutting machine, [för matvaror] slicer, slicing machine

skärm|bild X-ray picture **-bilda** *tr* X-ray, [i större skala] mass-radiograph **-mössa** peaked cap

skärmytsling skirmish [äv. tvist]

skärning [korsning] intersection, *mellan* [*linjer*] of.. **skärningspunkt** [point of] intersection

skärp belt; [långt knyt~] sash

skärp|a **I** *s* sharpness [osv.], *jfr skarp I;* [tydlighet (hos bild) vanl.] definition; [om t. ex. kyla, kritik] severity; [klarhet] clarity, lucidity; [*framhålla ngt*] *med* ~ ..emphatically **II** *tr* sharpen [äv. bildl.]; [stegra, öka] intensify, increase, [t. ex. motsättningar] accentuate; [t. ex. straff] make..severer; *-ta bestämmelser* more stringent rules; *det -ta läget* the aggravated (tense) situation **III** *rfl* [rycka upp sig] pull oneself together, wake up; [vara uppmärksam; äv. *vara -t*] be on the alert

skärseld purgatory [äv. ~*en*]

skärskåda *tr* [undersöka] examine, view; [syna] scrutinize, scan

skär|slipare knife-grinder **-sår** cut

skärt *s* pink, light red; *jfr blått*

skärtorsdag Maundy Thursday

skärv [penning] mite; *sista* ~*en* the last farthing

skärva [broken] piece (fragment); [splitter] splinter; [isht arkeol.] potsherd

sköka prostitute

sköld shield; [mindre, rund] buckler; [zool.] *se ryggsköld* **-körtel** thyroid gland **-lus** scale insect **-padd** tortoise-shell **-padda** [land~ o. sötvattens~] tortoise; [havs~] turtle

skölj|a *tr* rinse [äv. ~*ur*]; [tvätta samt spola (om vågor)] wash; [läk.] douche; ~ [*sig i*] *munnen* rinse [out] one's mouth; ~ *av* [t. ex. händer] wash; [t. ex. tallrik] rinse; ~ *upp* [tvätta upp] give..a quick wash **-kanna** [läk.] douche **-kopp** finger-bowl **-ning** [konkr.] rinse, wash; [läk.] douche

skön *a* **1** [vacker] beautiful; *de* ~*a konsterna* the [fine] arts **2** [angenäm] nice; [härlig] lovely; ⌈bekväm⌉ comfortable; ⌈ombonad⌉ snug, cosy; *~t!* ⌈bra⌉ fine!; *livet är ~t* life is sweet; *det är ~t att han..* it is a good thing he.. **3** ⌈iron.⌉ nice, fine, pretty **-het** beauty ⌈äv. konkr.⌉

skönhets|drottning beauty queen **-fel** *o.* **-fläck** flaw, blemish **-medel** ⌈kosmetik⌉ cosmetic, beauty preparation **-salong** beauty parlour **-sinne** sense of beauty **-tävling** beauty competition **-vård** beauty culture (⌈behandling⌉ treatment)

skönj|a *tr* ⌈urskilja⌉ discern; descry; ⌈börja se (ana)⌉ begin to see **-bar** *a* discernible, ⌈synbar⌉ visible, ⌈märkbar⌉ perceptible

skön|litteratur [pure] literature; ⌈end. på prosa⌉ fiction **-litterär** *a* ..of pure literature (⌈resp.⌉ of fiction)

skönt *adv* **1** ⌈vackert⌉ beautifully **2** ⌈angenämt⌉ pleasantly; ⌈bekvämt⌉ comfortably; *ha det ~* ⌈bekvämt⌉ be comfortable, ⌈angenämt⌉ have a nice time

skör *a* brittle; ⌈svag, ömtålig⌉ fragile

skörbjugg scurvy, ⌈vetensk.⌉ scorbutus

skörd harvest, ⌈konkr. äv.⌉ crop; *av årets ~* of this year's growth **skörda** *tr* reap; ⌈säd äv.⌉ harvest, ⌈frukt⌉ gather

skörde|fest harvest home **-maskin** reaping-machine, reaper **-tröska** combine-harvester

skört ⌈på rock⌉ skirt, ⌈delat⌉ tail; ⌈på klänning⌉ basque **skörta** *tr, ~ upp* ⌈fästa upp⌉ tuck up; ⌈bedraga⌉ overcharge, fleece; ⌈t. ex. priser⌉ screw (force) up; *bli uppskörtad* F have to pay through the nose

sköt|a **I** *tr* **1** ⌈vårda⌉ nurse; ⌈behandla⌉ treat, ⌈om läkare⌉ attend; ⌈vara aktsam om⌉ be careful with, look after..well; *~ om, se 3* **2** ⌈förestå, leda⌉ manage, ⌈t. ex. hushållet, en affär⌉ run; ⌈handha⌉ conduct; ⌈hantera⌉ handle ⌈äv. bildl.⌉, ⌈maskin o. d.⌉ work, operate; ⌈t. ex. räkenskaper⌉ keep; ⌈inneha (t. ex. en tjänst)⌉ have, hold; ⌈t. ex. sina plikter⌉ discharge; ⌈ha hand om (t. ex. trädgård, ngns affärer)⌉ look after; ⌈utföra, stå för (t. ex. matlagningen)⌉ do; ⌈*kunna*⌉ *~ ett arbete* ..carry on a job; *~ sitt arbete* go about (attend to) one's work; *han -er sitt arbete bra* he does his work well; *sköt du ditt (dina affärer)!* mind your own business! **3** *~* [*om*] ⌈ombesörja⌉ attend (see) to; ⌈ta hand om⌉ take care of, look after; ⌈behandla⌉ deal with; ⌈göra⌉ do; ⌈ha hand om⌉ be in charge of, be responsible for **II** *rfl* **1** ⌈sköta om sig⌉ look after (take care of) oneself **2** ⌈uppföra sig⌉ conduct oneself, ⌈vara skötsam⌉ go (keep) straight; *hur -er* ⌈klarar⌉ *han sig?* how is he doing (getting on)?; *låta ngn ~ sig själv* ⌈göra som han (hon) vill⌉ leave a p. to his (⌈resp.⌉ her) own devices

sköte ⌈knä⌉ lap; ⌈underliv⌉ pudenda ⌈pl.; lat.⌉, ⌈mera vard.⌉ sex[ual parts ⌈pl.⌉]; ⌈bildl.⌉ bosom **-barn** ⌈gunstling⌉ darling, pet

sköt|erska nurse **-sam** *a* ⌈stadgad⌉ steady; ⌈plikttrogen⌉ conscientious **-sel** ⌈vård⌉ care, tending, ⌈av sjuka⌉ nursing; ⌈ledning⌉ management, ⌈t. ex. av hushåll⌉ running, ⌈handhavande⌉ conduct; ⌈tillsyn⌉ attendance

skövla *tr* devastate; ⌈förhärja⌉ ravage; ⌈t. ex. lycka⌉ ruin, wreck

sladd **1** ⌈elektr.⌉ flex, ⌈amer.⌉ cord **2** ⌈bildl.⌉, *komma på ~en* bring up the rear **3** ⌈slirning⌉ skid; *jag fick ~ på bilen* my car skidded **sladda** *itr* ⌈slira⌉ skid

sladder **1** ⌈prat⌉ chatter **2** *se skvaller* **-aktig** ⌈m. fl. sms *se skvaller-*⌉ **-tacka** [old] gossipmonger, F [old] cat

sladdlampa hand lamp

sladdra *itr* **1** ⌈prata⌉ chatter **2** *se skvallra*

sladdrig *a* ⌈slapp⌉ flabby, limp; ⌈om tyg⌉ flimsy

slafs ⌈slarv⌉ sloppiness **slafsa** *itr* ⌈sörpla⌉ gobble; *~ i sig* ⌈*ngt*⌉ gobble up.. **slafsig** *a* ⌈slarvig⌉ sloppy; ⌈om mat⌉ mushy

1 slag ⌈sort⌉ kind, sort; ⌈typ⌉ type; ⌈art⌉ nature, ⌈isht vetensk.⌉ species ⌈pl. lika⌉; *alla ~s bilar, bilar av alla* [*de*] *~* all kinds (sorts) of cars, cars of all kinds (sorts); ⌈*vi har*⌉ *ett ~s* [*nya (röda)*] *blommor* ..a [new (red)] kind of flower; *vad är det för ~s bil?* what kind (sort) of [a] car is it?; *vad för ~?* what?; ⌈*boken*⌉ *är i sitt ~ utmärkt* ..is excellent in its way

2 slag **1** ⌈stöt, hugg⌉ blow ⌈äv. bildl.⌉; ⌈i spel⌉ stroke, ⌈med knytnäven⌉ punch; ⌈stöt⌉ knock; ⌈rapp⌉ lash, cut; *slå ett ~ för..* strike a blow for..; *göra ~ i saken* settle (clinch) the matter, ⌈slå till⌉ bring matters to a head; *i ett ~* ⌈bildl.⌉ all at once; *~ i ~* in quick (rapid) succession **2** ⌈rytmisk rörelse⌉ beat; ⌈⊕ o. ving~⌉ stroke; *~* ⌈pl.⌉: ⌈t. ex. vågornas, hjärtats⌉ beating ⌈sg.⌉, ⌈pendels⌉ oscillation ⌈sg.⌉ **3** ⌈klockslag⌉ stroke; *på ~et tre* on the stroke of three, at three [o'clock] sharp **4** ⌈varv⌉ turn; ⌈tekn.⌉ revolution; *gå ett par ~ runt* ⌈*huset*⌉ take a few turns round..; *vrida om nyckeln två ~* turn the key twice in the lock **5** ⌈tag, stund⌉, *ett ~* ⌈en kort stund⌉ for a moment (a little while), ⌈en tid⌉ for a time; ⌈*vänta*⌉ *ett ~!* ..a moment (bit)! **6** ⌈⚔⌉ battle; *~et vid* ⌈*Lund*⌉ the battle of.. **7** ⌈läk.⌉ apoplexy; *få ~* ⌈vanl.⌉ have a stroke, ⌈bildl.⌉ get (have) a fit **8** ⌈⚓ vändning⌉ tack; ⌈sträcka⌉ board **9** ⌈på kavaj o. d.⌉ lapel, ⌈isht på damplagg⌉ revers ⌈pl. lika⌉; ⌈på byxor⌉ turn-up, ⌈amer.⌉ cuff

slag|a flail **-anfall** apoplectic stroke, fit of apoplexy **-bord** gate-legged table **-däng|a** popular song, ⌈schlager äv.⌉ hit **-en** *a* ⌈besegrad⌉ defeated, beaten; *~ av* ⌈*häpnad*⌉ struck by..; *jfr 2 slå* **-fält** battlefield, battleground **-färdig** *a* ⌈bildl.⌉ quick-witted **-fär-**

dighet [quickness at] repartee, ready wit
slagg [av metall] slag, dross; [av kol o. d.] clinker, cinders [pl.]
slag|kraft [effektivitet] effectiveness **-kraftig** *a* effective **-nummer** hit **-ord** [slogan] catchword, slogan; [kliché] cliché **-regn** pelting rain **-ruta** [eg.] divining-rod, dowsing rod; *gå (leta) med* ~ divine, dowse **-sida** [⚓] list; *få* ~ [begin to] heel over **-skepp** battleship **-skugga** [bildl.] shadow
slags|kämpe fighter; [bråkmakare] rowdy **-mål** fight; [bråk] row; *råka i* ~ *med..* get into a fight with..
slag|trä [i bollspel] bat **-verk 1** [i ur] striking apparatus **2** [mus.] percussion instruments [pl.]; ~*et* [i orkester] the percussion
slak *a* slack; [matt] feeble, weak **slakna** *itr* [eg.] slacken
slakt [slaktande] slaughter [sg.; äv. bildl.] **slakta** *tr* kill, butcher, [i större skala äv.] slaughter, [samtl. äv. bildl.]; ~ *ned* kill, slaughter **slaktare** butcher **slakteri 1** *se slakthus* **2** [slakteri[affär]] butcher's [shop]
slakt|hus slaughter-house **-mask** slaughtering-mask
slalom slalom; [*lära sig att*] *åka* ~ ..do slalom-skiing **-backe** slalom slope **-åkning** slalom-skiing
1 slam [kortsp.] slam
2 slam [bottenfällning] ooze, [gyttja] mud, [sandhaltigt] silt; [kloak~] sludge
slammer clatter, rattle, *av, med* of
slamp|a slut **-ig** *a* sluttish
slamra *itr* [skramla]: [om saker] clatter, rattle; [om pers.] make a clattering (rattling) noise; ~ *med ngt* clatter (rattle) a th.
slamsa 1 [slampa] slut **2** [av t. ex. kött] rag, scrap
1 slang [språkv.] slang
2 slang, *slå sig i* ~ *med* take up with, [börja prata med] get into conversation with
3 slang tube [äv. bil~, cykel~]; [brand~, vatten~] hose **-båge** catapult, [amer.] sling-shot **-lös** *a,* ~*t däck* tubeless tyre
slank *a* slender **-ig** *a* [sladdrig] limp
slant [mynt] coin, [koppar~] copper; ~*ar* [pengar] money [sg.]; [*ge ngn*] *en* ~ ..a few coppers; [*förtjäna*] *en* ~ ..some (a bit of) money; *se (vända) på* ~*en el.* ~*arna* [spara] look at every penny; *vara slagen till* ~ [hjälplös] be completely lost
slapp *a* [slak] slack; [kraftlös] limp; [håglös] listless; [nonchalant] easy-going **slappa** *tr* [avspänna] relax **slappas** *itr. dep,* ~ [*av*] [om t. ex. intresse] relax, weaken, [om t. ex. moral] grow lax, [om t. ex. kontroll] slacken **slapphet** slackness [osv.], *jfr slapp* **slapphänt** *a se släpphänt* **slappna** *itr* slacken, [om t. ex. grepp] loosen; ~ *av* relax
slarv carelessness, [försumlighet] negligence; [*det är*] *ett oförlåtligt* ~ [*av mig*] ..an unforgivable piece of carelessness [on my part]
slarva I *s* careless woman (girl) **II** *itr* be careless [osv., *jfr slarvig*], *med ngt* about a th.; ~ *bort* [förlägga] [go and] lose, [slösa bort] fritter away **slarver** careless fellow; [odåga] good-for-nothing **slarvfel** careless mistake **slarvig** *a* careless, negligent; [hafsig] slovenly
1 slask 1 [slaskväder] slushy weather **2** [slaskande] dabbling, splashing
2 slask [vask] sink
slask|a I *tr,* ~ [*ned*] splash; ~ *ned* [*i badrummet*] make things all wet.. **II** *itr* **1** [blaska] dabble (splash) about **2** *det* ~*r* it is slushy weather, [töar] it is thawing **-hink** slop-pail **-ig** *a* [om väder o. väglag] slushy **-vatten** slops [pl.] **-väder** slushy weather
1 slav [folk] Slav
2 slav slave [äv. bildl.], *under ngt* to a th. **slava** *itr* slave, [friare] drudge **slavdrivare** slave-driver [äv. bildl.] **slaveri** *o.* **slavgöra** [bildl.] slavery **slavhandel** slave-trade; *vit* ~ white-slave traffic **slavinna** [female] slave
1 slavisk *a* Slavonic, [om t. ex. folk äv.] Slavic
2 slavisk *a* [osjälvständig] slavish
slejf [sko~] strap; [ärm~] tab; [rygg~] half-belt **-sko** strap-shoe
slem [anat.] mucus; [sjuklig avsöndring] phlegm **-hinna** mucous membrane **-mig** *a* slimy [äv. bildl.]; [slemhaltig] mucous
slentrian routine; *följa gammal* ~ follow the same old routine
slev [sopp~ o. d.] ladle; *få en släng av* ~*en* [bildl.] get ([om ngt obehagligt] come in for) one's share **sleva** *tr,* ~ *i sig* [*ngt*] shovel down..
slick [skvätt] spot; [klick] dab **slicka** *tr itr* lick [äv. ~ *på*]; ~ *sig om munnen* lick one's lips; ~ *av (ur)* [ren] lick..clean; ~ *i sig* [om katt] lap up **slickepinne** lolly, lollipop
slid|a sheath [äv. bot.]; [anat.] vagin|a [pl. äv. -ae] **-kniv** sheath-knife
slinga [av ngt hoprullat samt t. ex. rör~] coil; [av rök o. d.] wisp; [av väg, flod o. d.] winding; [ögla] loop; [hår~] lock, [rak] strand
sling|erväxt trailer, trailing plant **-ra I** *tr* wind, twine **II** *itr* **1** *se slingra III* **2** [⚓] roll **III** *rfl* [om t. ex. väg, flod] wind; [om växt] trail; [om t. ex. rök] wreathe; [bildl.] try to get round things; ~ *sig om (runt)* [*ngt*] twine (twist) round..; ~ *sig ifrån* [*ngt* (bildl.)] wriggle out of.., dodge (evade, shirk)..; ~ *sig undan* [itr. bildl.] get (dodge) out of it (things) **-rande** *a o.* **-rig** *a* [om t.ex. väg,

flod] winding **-ring 1** [t. ex. vägs, flods] winding, [enstaka] wind **2** [⚓] rolling, [enstaka] roll
1 slinka *s* wench, hussy
2 slinka *itr* [kila] slip, [smyga] slink, steal; ~ *ned* [om mat] go down
slint *s, slå* ~ [misslyckas] fail, go wrong
slinta *itr* slip
slip [⚓] slips [pl.], [bädd äv.] stocks [pl.]
slipa *tr* grind, [glätta] polish [äv. bildl.]; [glas o. ädelstenar] cut **slipad** *a* [bildl.]: [knivig] smart, shrewd; [utstuderad] cunning, artful
sliper [järnv.] sleeper, [amer.] [cross]tie
slipover slipover
slipp|a I *tr itr* **1** a) [äv. ~ *ifrån (undan)*]: [befrias från] be excused from, [undgå] escape, [förskonas från] be spared, *ngt (att gå)* [i samtl. fall] a th. (going); [bli kvitt] get rid of b) [inte behöva] not have to, not need [to]; *du -er inte* [måste] you must (have got to); [*jag gör det inte*] *om jag -er (kan ~)* .. if I can avoid it; *för att* ~ [*besväret*] to save (avoid)..; *för att han skulle* ~ [*besväret gick jag*] in order to spare him..; *kan jag inte få (låt mig)* ~ [*göra det*]! I'd rather not [do it] if you don't mind; *låt mig* ~ *höra* [*eländet*] I don't want to have to listen to..; *slipp* [låt bli] *då!* don't then! **2** [släppas], ~ *över* [*bron*] be allowed to pass.. **II** [m. beton. part.] ~ *fram* [få passera] be allowed to pass; ~ *ifrån, se slippa I 1 a); du -er inte ifrån* [får inte låta bli] [*att göra*] *det* you can't get away from [doing] it; ~ *igenom* get ([släppas] be let, [slinka] slip) through; ~ *in* get in, [släppas in] be let in, be admitted; ~ *lös* get (break) loose, [om eld] break out; ~ *undan* [undkomma] escape; *se vid. slippa I 1 a);* ~ *ut* get ([släppas] be let, [slinka] slip) out, *ur* of; [bli frigiven] be released; *ingen -er ut ur* [*rummet*] nobody is allowed to leave..
slipprig *a* slippery; [bildl.] indecent
slips tie **-hållare** tie holder
slipsten grindstone
slira *itr* [om bil o. d.] skid; [om hjul] spin; [om koppling o. d.] slip **slirig** *a* slippery
sliskig *a* sickly-sweet, sweet and sickly; [sirapslen] sugary; [lismande] oily
slit [arbete] toil, drudgery; ~ *och släp* toil and moil **slita I** *tr itr* **1** [nöta], ~ [*på*] [t. ex. kläder] wear out; *hålla (tåla) att* ~ *på* wear well; *slit och släng* [wear-and-]throw-away **2** [riva] tear; [rycka] pull; [av-] sever, [förtöjningar] part (break) [from] **3** [knoga] toil, work [hard], drudge, *med* [*ngt*] at..; ~ *ont* have a rough time of it; ~ *och släpa* toil and moil **4** ~ [*en tvist*] settle (decide).. **II** *rfl* [om t. ex. djur] break (get) loose, [om båt] break adrift; ~ *sig från..* [om pers.] tear oneself away from.. [äv. bildl.] **III** [m. beton. part.] ~ *av* [sönder] break, [itu] pull..in two, [bort] tear off; ~ *loss (lös)* tear off (loose); ~ *sig lös* tear oneself away; *se vid. slita II;* ~ *sönder* [riva i bitar] tear.. up (to pieces); *söndersliten* [trasig] tattered; ~ *ut* [nöta ut] wear out; ~ *ut sig* wear oneself out **slitage** wear [and tear] **slitas** *itr. dep,* ~ *mellan* [*olika känslor*] be torn between.. **sliten** *a* [allm.] worn, [luggsliten] shabby **slitning 1** [slitage] wear **2** [osämja] discord, friction [båda end. sg.]; dissension
slits [skåra, sprund] slit
slit|sam *a* toilsome, laborious **-stark** *a* hard-wearing; [hållbar] durable **-styrka** wearing qualities [pl.]; [hållbarhet] durability
slockna *itr* go out; ~ *ut* become extinct, [om ätt äv.] die out **slocknad** *a* [attr.] ..that has [etc.] gone out; [utbrunnen] burnt-out; [om t. ex. vulkan] extinct
slogan slogan
slok|a *itr* droop, flag; ~ *med vingarna (öronen)* droop one's wings (ears) **-hatt** slouch-hat **-örad** *a* [bildl.] crestfallen
slopa *tr* [avskaffa] abolish; [uppge] abandon, give up; [utelämna] leave out, skip; [sluta med] discontinue
slott palace; [borg] castle
slotts|fru lady of a palace [osv.], chatelaine **-lik**[**nande**] *a* palatial **-ruin** ruined castle
sludd|er [sluddrigt tal] slurred ([berusads] thick) speech **-ra** *itr* slur one's words; [om berusad] talk thick **-rig** *a* slurred; thick
slug *a* shrewd; [listig] sly, cunning, F deep; [förslagen] crafty; [klipsk] clever **-het** shrewdness [osv.]; cunning
sluka *tr* swallow, [hastigt] bolt, [glupskt] wolf [down], [hungrigt] devour [äv. bildl.]
slum [~ kvarter] slum; ~ *men* the slums [pl.]
slummer slumber; [lur] doze, nap
slump 1 [tillfällighet] chance; ~ *en* [*gynnade oss*] fortune..; ~ *en gjorde att* [*vi träffades*] it so happened (chance so ordained it) that..; *av en* [*ren*] ~ by [mere] chance (accident), by a toss-up; *på en* ~ at random, at haphazard **2** [rest] remnant
slump|a I *tr,* ~ [*bort*] sell off.. [in lots] **II** *rfl* happen, chance; *det* ~ *de sig så att..* it so happened (chanced) that.. **-mässig** *a* random [attr.], haphazard, [attr. äv.] chance
slumra *itr* slumber; [halvsova] doze; [bildl.] be (lie) dormant; ~ *till* doze off **slumrande** *a* slumbering; [bildl.: om t. ex. anlag] dormant
slunga I *s* sling **II** *tr* **1** sling, [häftigt] fling, hurl; ~ *ut* [bildl.] launch, rap out **2** [honung] extract
slup [prakt~] barge; [skeppsbåt o. ång~] launch; [segelfartyg] sloop
slusk[**er**] shabby[-looking] fellow; [buse] ruffian **sluskig** *a* shabby

sluss ⌈passage⌉ lock; ⌈dammlucka o. bildl.⌉ sluice **slussa** *itr tr* ⌈eg.⌉ pass (⌈tr.⌉ pass..) through a lock (⌈resp.⌉ locks)

slut I *s* ⌈allm.⌉ end, ⌈avslutning äv.⌉ termination, ⌈utgång: t. ex. lyckligt⌉ ending, *av, på* ⌈i samtl. fall⌉ of; *~et gott, allting gott* all's well that ends well; *~et [på det hela] blev att han..* the end (upshot) of it [all] was that he..; *efter mötets ~* after the close of the meeting; *när han kände ~et* ⌈döden⌉ *nalkas* when he felt his life was drawing to an end; *få ett ~* come to an end; *få (göra) ~ på* ⌈stoppa⌉ put an end to; *göra ~ på* ⌈konsumera⌉ finish [up], ⌈förbruka (t. ex. förmögenhet)⌉ run through; *göra ~ [med ngn]* break it off [with a p.]; *läsa (skriva* ⌈etc.⌉*) ~* ⌈*ngt*⌉ finish..; *sälja ~ [på]* ⌈*ngt*⌉ sell out..; *ta ~* ⌈upphöra⌉ end, ⌈tryta⌉ give out; ⌈*smöret*⌉ *börjar (håller på att) ta ~* ..is running short; ⌈*arbetet*⌉ *tar aldrig ~* ..will never end; ⌈*smöret*⌉ *har tagit ~ [för oss]* ⌈vi har inget kvar⌉ we have no..[left]; *den andre (femte) från ~et* the last but one (four); *i (vid) ~et [av (på)]* at the end [of]; *på ~et* at (in) the end; *till ~* ⌈till sist⌉ finally, in the end, ⌈äntligen⌉ at last, ⌈avslutningsvis⌉ lastly **II** *a* ⌈tilländalupen⌉ over, ⌈avslutad⌉ at an end, finished; ⌈förbrukad⌉ used up, [all] gone; ⌈slutsåld⌉ sold out; ⌈utmattad⌉ [all] done up; ⌈utsliten⌉ done for; *det är ~ med friden* there will be no more peace; *det är ~ mellan oss* it is all over between us, ⌈vi har brutit⌉ we are through. — *Jfr äv. ex. und. slut I*

sluta A *tr itr* ⌈avsluta[s]⌉ end; finish; ⌈göra färdig⌉ finish [off]; ⌈göra (bli) slut på⌉ bring.. (come) to an end; ⌈avbryta⌉ leave off, [*att*] *läsa* reading; ⌈upphöra [med]⌉ stop, cease; ⌈*boken*⌉ *~r sorgligt* ..has a sad ending; *har du ~t [äta]?* ⌈ätit färdigt⌉ have you finished [eating]?; *vi ~r* ⌈*kl. 3*⌉ we knock off (stop)..; *det har ~t regna* it has stopped (ceased) raining; *~ [att] röka* give up smoking; *han har ~t [hos oss (på firman)]* he has left [us (the firm)]; *~* ⌈upphöra⌉ [*med*] *ngt* ([*med*] *att göra ngt)* stop a th. (stop doing a th.); *~ med* ⌈*piller*⌉ stop taking..; *det ~de med* ⌈*katastrof*⌉ it ended in..; *det ~de med att* ⌈*han..*⌉ the end of it was that..; *~ [upp]!* stop it!; *~ upp med, se ~ [med]* ⌈ovan⌉ **B I** *tr* **1** ⌈tillsluta⌉ close; *~ till* close, shut **2** ⌈uppgöra⌉ conclude, ⌈t. ex. fred äv.⌉ make; ⌈t. ex. förbund⌉ enter into **II** *itr, ~ till* ⌈sitta åt⌉ fit tight[ly], ⌈gå igen⌉ shut tight **III** *rfl* **1** ⌈stänga sig⌉: ⌈om t. ex. dörr⌉ shut, ⌈om t. ex. mussla, blomma⌉ close **2** ⌈ansluta sig⌉, *~ sig till* ⌈*ngn*⌉ attach oneself to.., ⌈förena sig med⌉ join.. **3** ⌈dra slutsats⌉, *~ sig till* ⌈*ngt*⌉ conclude (infer).., *av* from

slut|are ⌈foto.⌉ shutter **-behandla** *tr* ⌈t. ex. fråga⌉ finally settle **-en** *a* ⌈stängd⌉ closed; ⌈förseglad (om t. ex. försändelse)⌉ sealed; ⌈privat (om t. ex. sällskap)⌉ private

slut|föra *tr* ⌈fullfölja⌉ complete, finish **-försäljning** clearance sale; ⌈-försäljande⌉ selling off (out) **-giltig** *a* final, definitive **-kapitel** last (final) chapter **-kläm** ⌈slutpoäng⌉ final point; ⌈sammanfattning⌉ summing-up **-ledning** inference, conclusion, ⌈deduktion⌉ deduction **-lig** *a* final; ⌈ytterst⌉ ultimate, ⌈slutgiltig⌉ definite; *~ skatt* final tax **-ligen** *adv* finally, ⌈till sist⌉ in the end, ultimately, eventually; ⌈äntligen⌉ at last **-likvid** ⌈-betalning⌉ final settlement, payment of balance **-omdöme** final verdict **-punkt** terminal (extreme) point; ⌈-station⌉ termin|us ⌈pl. -i *el.* -uses⌉ **-resultat** final result (outcome) **-sats** conclusion, inference; *dra en ~ av* ⌈*ngt*⌉ draw a conclusion from.., conclude (infer) from.. **-scen** final (closing) scene **-skattesedel** ⌈ung.⌉ final [income tax] demand note **-skede** final stage (⌈fas⌉ phase) **-spurt** ⌈sport.⌉ final spurt ⌈äv. bildl.⌉, finish **-station** termin|us ⌈pl. -i *el.* -uses⌉, ⌈amer.⌉ terminal **-stavelse** final (last) syllable **-steg** ⌈i raket⌉ last stage **-summa** [sum] total, total amount **-såld** *a, vara ~* be sold out, be out of stock

slutt|a *itr* slope, slant; ⌈*marken*⌉ *~r* ..is sloping downwards **-ande** *a* ⌈allm.⌉ sloping; *vara på det ~ planet* ⌈bildl.⌉ be on the downgrade (decline) **-ning** ⌈konkr.⌉ slope

slutvinjett ⌈typogr. o. bildl.⌉ tailpiece

slyna bitch, minx, hussy

slyngel young rascal, ⌈svag.⌉ scamp **-aktig** *a* rascally, ⌈ohyfsad⌉ ill-mannered

1 slå *s* ⌈tvärslå⌉ [cross-]bar, slat; ⌈stegpinne⌉ step

2 slå ⌈jfr äv. ex. under resp. subst.⌉ **I** *tr itr (jfr äv. II)* ⌈tilldela slag samt besegra⌉ beat; ⌈träffa m. (ge) ett slag⌉ strike, hit, smite; ⌈stöta, smälla⌉ knock, bang; ⌈meja⌉ mow; ⌈hälla⌉ pour; ⌈t. ex. knut⌉ tie, make; ⌈t. ex. bro⌉ throw; ⌈telef., ett nummer⌉ dial; *klockan ~r två (två slag)* the clock strikes two; *det slog mig* ⌈föll mig in⌉ it crossed my mind, ⌈frapperade mig⌉ it struck me; *~ ngn i ansiktet* strike (hit, ⌈m. handen äv.⌉ slap, smack) a p. in the face; *~ ngn i huvudet* knock (bang) a p. on the head; *~* ⌈*ngt*⌉ *i golvet* knock..on to the floor; *~* ⌈*en boll*⌉ *i nät* hit (⌈sparka⌉ kick)..into the net; *~ en spik i* ⌈*ngt*⌉ drive (hammer, knock) a nail into..; *jag slog huvudet i* ⌈*när jag föll*⌉ I hurt (bumped) my head..; *~ i dörrarna* slam (bang) the doors; *~ i* ⌈*lexikon*⌉ consult (look up)..; *~ ngn med* ⌈*häpnad*⌉ strike a p. with..; *~ armarna om* ⌈*ngn*⌉ throw (put) one's arms round..; *~* ⌈svepa⌉ *ngt om..* wrap a th. round..; *~ ett rep om..* pass (tie) a rope round..; ~ *ngn till marken* knock a p. down

II *itr (jfr äv. I)* **1** [vara i rörelse]: [om t. ex. hjärta, vågor] beat; [om dörr] be banging; [fladdra (om t. ex. segel)] flap; *regnet ~r mot [fönstret]* the rain is beating against.. **2** [slå an] be a [great] hit

III *rfl* **1** [skada sig] hurt oneself; ~ *sig fördärvad* be seriously injured (hurt); ~ *sig i huvudet (på knät)* hurt *el.* bump one's head (knee) **2** [klappa sig], ~ *sig för sitt bröst* [stoltsera] thump one's chest **3** ~ *sig på* [angripa] attack, affect **4** [bågna] warp, cast

IV [m. beton. part.] *jfr äv. hälla I* [ex.], ~ **an** [ton, tangent] strike; [vara tilltalande] catch on, *på* with; ~ **av** a) [hugga osv. av] knock off, [bryta itu] break..in two; [meja av, gräs] mow, cut; ~ *av askan på [en cigarr]* knock the ash off.. b) [koppla av] switch off c) [pruta], ~ *av på* [t. ex. pris, krav] reduce d) ~ *av sig* [bli duven] get flat (stale); ~ **bort** [hälla] pour ([kasta] throw) away; [bildl.: tankar o. d.] drive (chase) away; ~ **emot** *se stöta [emot]; ~* **fast** [eg.] hammer..on, *på [ngt]* to..; [bildl.] *se fastslå; ~* **i** [t. ex. spik] drive..in; ~ *i vin [i [ett glas]]* pour out wine [into..]; ~ [lura] *i ngn ngt* talk a p. into believing a th.; ~ **ifrån** [koppla från] switch off; ~ *ifrån* [försvara] *sig* defend oneself; [*tyget*] *~r ifrån sig smuts* ..doesn't absorb [the] dirt; ~ **igen** a) [stänga]: [t. ex. bok, dörr] close (shut).. with a bang, [t. ex. lock] bang..down b) [stängas]: [om dörr] shut of itself [with a bang] c) [ge igen] hit (strike) back; ~ **igenom** [göra succé: om pers.] make a name for oneself; ~ **ihjäl** kill; *han slog ihjäl sig* [vanl.] he was killed; ~ **ihop** [händer] clap, [klackar] click.. [together]; [slå igen (t. ex. bok)] close; [fälla ihop]: [t. ex. fällstol] fold [up], [paraply] put down, close; [slå samman] put..together; [blanda ihop] mix..[together]; [förena] join, combine; ~ *sig ihop* [inbördes] join together; ~ *sig ihop [om [en present]]* club together [to buy..]; ~ *sig ihop med [ngn]* join [forces] (associate oneself, [amer.] tie up) with..; ~ **in** a) [hamra in] drive (knock) in b) [slå sönder]: [t. ex. fönster] smash, [t. ex. dörr] batter..down c) ~ [lägga] *in [ngt] [i papper (ett paket)]* wrap up..[in paper (into a parcel)] d) [gå i uppfyllelse] come true; ~ *sig* **lös** [leva om] have one's fling; ~ **ned** [slå omkull (till marken)] knock..down; [driva ned (t. ex. påle)] drive (hammer)..down; [febertermometer] shake [down]; [sina ögon] cast down; [kuva]: [t. ex. uppror] put (beat) down, [t. ex. motstånd] crush, smash; [komma nedfallande] fall, drop; [om fågel] alight; ~ *ned i* [om blixten] strike; ~ *sig ned* [sätta sig] sit (settle) down, [om fågel] settle; [bosätta sig] settle [down]; ~ *dig ned!* [äv.] take a seat!; ~ **om** a) [förändras] change [äv. om väder] b) [kasta om (t. ex. omkopplare)] turn over c) ~ *om [ett papper] [om ngt]* put (wrap).. round [a th.]; ~ **omkull** [tr.] knock..down (over); ~ **på** a) [spika på] nail on b) [koppla på (t. ex. motor)] switch on; ~ *sig på* [ägna sig åt] take up, go in for; ~ **runt** [om t. ex. bil] overturn; ~ **samman** = ~ *ihop;* ~ **sönder** break..[to pieces], [krossa äv.] smash; ~ **till** a) [ge..ett slag] strike, hit; [m. flata handen] slap, smack b) [koppla på (t. ex. motor)] switch on c) [acceptera] take the chance; ~ **tillbaka** a) [t. ex. anfall] beat off, repel b) *se* ~ *igen c;* ~ **under** *sig* monopolize; *se vid. lägga [under sig];* ~ **upp** a) [uppföra, sätta upp] put up, [tält äv.] pitch; [anslag o. d. äv.] stick up b) [fälla upp]: [t. ex. paraply, sufflett] put up, [krage] turn up c) [öppna] open, [t. ex. dörr] throw (fling)..open; ~ *upp [sidan 10] [i boken]* open [the book] at.., [se på] turn to..[in the book]; ~ *upp ett ord i [ett lexikon]* look up a word in.. d) [förlovning] break off e) [komma upp (om lågor)] flare up; [öppnas (om t. ex. dörr)] fly open; ~ **ut** a) [avlägsna] knock out, [t. ex. fönster[ruta]] smash; *han har fått en tand utslagen* he has had a tooth knocked out b) [*hon har*] *utslaget hår..* her hair [hanging] down c) [i boxning] knock out; *utslagen* [ur tävling] eliminated d) [om blomma] come out; [öppna sig] open; [om träd] burst into leaf; *en utslagen [blomma]* a full-blown..; *vara utslagen* [om blomma] be out (in bloom), [om träd] be in leaf e) ~ *väl ut* turn out well

slående *a* [påfallande, träffande] striking

slån[bär] sloe

slåss *itr. dep* fight, *om ngt* [eg.] over a th., [bildl.] for a th.

slåtter hay-making **-maskin** mower

släck|a *tr* [allm.] put out; [bildl. (t. ex. törst)] slake, quench; *ljuset (det) är -t* the light is out **-ning** extinction

släd|e sleigh, [mindre (t. ex. hund~)] sledge; *åka ~* sleigh, go sleighing **-parti** sleighing-outing

slägga 1 sledge[hammer] **2** [sport.]: a) [redskap] hammer; *kasta ~* throw the hammer b) [släggkastning] throwing the hammer

släkt I *s* **1** [ätt] family; *~en [Vasa]* the house of..; *det ligger i ~en* it runs in the family **2** [släktingar] relations [pl.], relatives [pl.]; ~ *och vänner* friends and relations; *ha stor ~* have many relations (a large family) **II** *a* related, *med* to; *jfr vid. besläktad;* ~ *på långt håll* distantly related; *han är ~ med mig* [vanl.] he is a relative of mine

-drag family trait (characteristic)
släkt|e [generation] generation; [ras, stam] race; [naturv.] gen|us [pl. -era] **-forskning** genealogical research **-ing** relation, relative, *till mig* of mine **-kär** *a, vara* ~ have a strong family feeling **-led** [generation] generation **-möte** family gathering **-namn** **1** family name, surname **2** [naturv.] generic name **-skap** relationship; kinship [äv. bildl.] **-tavla** genealogical table, pedigree
slända [troll~] dragon-fly; [dag~] mayfly
släng **1** [sväng] swerve; [knyck] jerk, toss, *med huvudet* of one's head **2** [slag] lash, cut, fling **3** [lindrigt anfall] touch **4** [snirkel] flourish **slänga** **I** *tr* throw, F chuck, sling; [vårdslöst] toss; [häftigt] fling; [kasta bort] throw (chuck) away; ~ *pengar omkring sig* splash one's money about **II** *itr* [svänga] swing; [dingla] dangle; ~ *i dörrarna* slam the doors; ~ *med armarna* fling (wave) one's arms about. — *Jfr kasta IV;* ~ *igen se slå* [*igen*] **slängd** *a,* ~ *i* [*ngt*] clever (good) at..
släng|gunga swing **-ig** *a* [om t. ex. rörelser] loose; [knyckig] jerky **-kappa** [Spanish] cloak **-kyss,** *kasta en* ~ *åt ngn* blow a p. a kiss
slänt [sluttning] slope, [backsluttning] hillside
släp **1** [på klänning] train **2** [släpvagn] trailer; [*pråmarna*] *bildade ett långt* ~ ..were towed in a long row **3** *ha (ta) på* ~ [bogsera] have (take)..in tow **släpa** **I** *tr* [dra] drag, [m. möda el. våld äv.] haul, [längs marken äv.] trail, *ngt efter sig* a th. behind (after) one; [isht bära] lug; ~ *fötterna efter sig* drag one's feet **II** *itr* **1** [om kläder] trail, *i* [*marken*] on **2** ~ *på* [bära på] lug..along, [dra på] drag..along; *gå med* ~*nde steg* shuffle [along] **III** *rfl* drag oneself, [hasa] crawl **IV** [m. beton. part.] ~ *efter* lag [behind]; ~ *fram ngt ur* [*källaren*] drag a th. out of..; ~ *med sig* [*ngt*] drag (lug)..about with one; ~ *ut sig* wear oneself out **släpig** *a* [om t. ex. gång] shuffling; [om t. ex. röst] drawling; [om t. ex. tempo] slow
släppa **I** *tr* [inte hålla fast]: a) [ngt] leave hold of, let go [of] b) [ngn] let..go, [~ lös] let..loose, [frige] set..free, release; [uppge] give up, abandon; *släpp mig!* let me go!; *släpp* [*min hand*]*!* let go [of my hand]!; ~ *hundarna på*.. set the dogs on.. **II** *itr* [om t. ex. färg] come off; [om t. ex. värk] pass off **III** *rfl* [fjärta] let off **IV** [m. beton. part.] ~ *efter* [vara efterlåten] give in; ~ *efter på* [t. ex. ett rep] slacken, loosen, [t. ex. disciplinen] relax, [t. ex. fordringar] reduce; ~ *fram (förbi)* let..pass; ~ *ifrån sig* let.. go, [avhända sig] part with, [avstå från] give up; ~ *igenom* let..through; ~ *ihop* let..come together; ~ *in ngn* [*i*..] let a p. in[to..], admit a p. [into..]; ~ *in* [*luft*] let in..; ~ *lös* [t. ex. fånge] set..free, release; [djur] let (turn)..loose; [koppla lös] unleash; ~ *sig lös* let oneself go; ~ *på* [vatten, ström] turn on; ~ *till* [tillskjuta, t. ex. pengar] contribute, [ställa till förfogande] make.. available; [*få*] ~ *till livet* lose one's life; ~ *upp* [t. ex. ballong] send up, let off, [t. ex. pedal] let..up (rise); ~ *ut* [allm.] let..out (*ur* of); [olja, föroreningar] discharge; [fånge äv.] release; [djur] turn..out; [sätta i omlopp: t. ex. aktier, sedlar] issue; [sömn.] let out
släpphänt *a* [bildl.] easy-going (*med, mot* with), indulgent (*med, mot* towards)
släpvagn trailer, [för spårväg] trailer coach
slät *a* [jämn, allm. (om t. ex. hy, hår, yta)] smooth; [plan] level, plane, [om yta äv.] even, [om mark äv.] flat; [enkel (om t. ex. ring)] plain; *en* ~ *kopp kaffe* [ung.] just a cup of coffee [without anything] **släta** *tr,* ~ [*till*] smooth [down], [plana] flatten; ~ *ut* smooth out; ~ *över* [*ngt*] [bildl.] smooth (gloss) over..
slät|hårig *a* [om hund] smooth-haired **-prick** [⚓] buoy (beacon) without top mark **-rakad** *a* clean-shaven **-stickning** stocking stitch **-struken** *a* [bildl.] mediocre, indifferent
1 slätt **I** *s* plain; [slättland] flat land **II** *adv* [jämnt], *ligga* ~ be smooth
2 slätt *adv* [dåligt], *stå sig* ~ *i* [*konkurrensen*] do (come off) badly in..; *jag hade stått mig* ~ [*utan hjälp*] I would have been badly off..
slätt|bygd *o.* **-land** flat (level) country
slätvar [zool.] brill
slö *a* blunt, dull; [trög] slow, sluggish, [dåsig] drowsy; [håglös] listless, apathetic **slöa** *itr* idle, laze; [lata sig] have a lazy time; *sitta och* ~ be dawdling ([dåsa] drowsing); ~ *till* [*i sitt arbete*] get slack
slödder mob, riff-raff, rabble
slö|fock sleepy-head, dullard **-het** [bildl.] indolence, dullness [osv.], *jfr slö;* [slöhetstillstånd] apathy, lethargy
slöja veil [äv. bildl.]
slöjd handicraft [äv. skol.]; [trä~] woodwork **slöjda** **I** *itr* do handicraft [osv.] **II** *tr* make, [snida äv.] carve
slösa **I** *tr* waste, [vara frikostig med, t. ex. beröm] lavish, *på* [i bägge fallen] on; ~ *bort* waste, squander **II** *itr* be wasteful; ~ *med* [slösa bort] waste, [vara frikostig med] be lavish with ([t. ex. beröm] of), [t. ex. pengar] spend.. lavishly **slösaktig** *a* [oekonomisk] wasteful, extravagant; [frikostig] lavish **slösare** spendthrift, squanderer **slöseri** wastefulness, extravagance; [misshushållning] waste, *med* of
smacka *itr,* ~ [*när man äter*] [ung.] eat noisily; ~ [*med läpparna*] smack one's lips;

~ *med tungan* click one's tongue; ~ *åt* [*en häst*] gee up..
smak [allm.] taste; [viss utmärkande] flavour, [bismak] savour [äv. bildl.]; [smaksinne äv.] sense of taste; ~*en är olika* tastes change (differ); *få* ~ *för* acquire a taste for; *det ger* ~ *åt (sätter* ~ *på)* [*soppan*] it gives a flavour (relish) to..; *ha (ta)* ~ *av*.. have a (take on the) taste of..; *i min* ~ [*är den*..] [according] to my taste (liking)..; *det är en bok i min* ~ that's a book for (to suit) me; *falla ngn i* ~*en* strike (take) a p.'s fancy, please a p.; *den är mild i* ~*en* it has a mild taste; [*äta*] *med god* ~ ..with a relish **smaka** *tr itr* [allm.] taste [äv. ~ *på* o. ~ *av* (beton.)]; *får jag* ~ [*på det*]? let me have a taste [of it]!, let me taste (try) it!; ~ *bra (sött, citron)* taste nice (sweet, of lemon); *det* ~*r ingenting (konstigt)* it has no (a queer) taste; *det* ~*r inte att röka* [*när man är sjuk*] one doesn't feel like smoking..; *hur* ~*r det?* what does it taste (is it) like?; *det* ~*r* [*av*] [*pedanteri*] it smacks of..; *det ska* ~ *gott med (att få)* [*lite te*] ..will be very welcome; *låta sig* [*ngt*] *väl* ~ eat..heartily
smak|bit bit (piece) to taste **-full** *a* tasteful; [elegant] stylish **-lig** *a* [välsmakande] savoury, delicate, [aptitlig] appetizing; ~ *måltid!* [ung.] I hope you will enjoy your meal! **-lös** *a* [allm.] tasteless, [bildl. äv.] ..in bad taste **-löshet** tastelessness; [handling, yttrande osv.] piece of bad taste; ~*er* [tarvligheter] vulgarity [sg.] **-löst** *adv* tastelessly; [*klä sig*] [*mycket*] ~ ..in [very] bad taste **-prov** taste, [bildl.] sample **-sak** matter of taste **-sinne** [sense of] taste **-sätta** *tr* flavour **-ämne** flavouring
smal *a* [ej bred] narrow; [ej tjock] thin; [slank: om t. ex. hand, finger, midja] slender; *lång och* ~ [om pers.] tall and slim; *det är en* ~ *sak för honom* it's quite easy for him; *den* ~*a vägen* [bildl.] the [straight and] narrow way; *hålla sig* ~ keep slim; *vara* ~ *om höfterna* have narrow hips **-ben** [ung.] [lower part of the] shin **-film** sub-standard film **-filmskamera** cine-camera
smal|na *itr* become *el.* get narrower ([tunnare, magrare] thin[ner]); ~ [*av*] narrow, *till* into **-randig** *a* narrow-striped, [om t. ex. kostym] pin-striped **-spårig** *a* [järnv.; attr.] narrow-gauge
smaragd emerald **-grön** *a* emerald-green
smart *a* smart; [slug] sly, sharp
smash smash **smasha** *itr* smash
smatter clatter; rattle; blare, [jfr följ.] **smattra** *itr* [om skrivmaskin o. d.] clatter; [om gevär o. regn] rattle; [om trumpeter ung.] blare
smed smith; [grov~] blacksmith **smedja** smithy, forge, blacksmith's workshop
smek caressing, [kel] fondling; [smekningar] caresses [pl.]
smek|a *tr* caress, [kela med] fondle; ~ *ngn över håret* stroke a p.'s hair **-ande** *a* [bildl.] gentle, soft **-as** *itr. dep* [rpr.] caress each other **-månad** honeymoon **-namn** pet name **-ning** [ömhetsbetygelse] caress, endearment **-sam** *a* caressing, fondling
smet [blandning, äv. kak~] mixture; [pannkaks~ o. d.] batter; [grötlik massa] sticky mass **smeta** *tr itr* daub, [något kladdigt] smear; ~ [*av (ifrån) sig*] make (leave) smears; [om färg] come off; ~ *fast ngt* paste (stick) a th. on, *på* to; ~ *ned* [*ngt*] daub (smear).. [all over]; ~ *ned sig* make a mess all over oneself; ~ *ned sig om händerna* make one's hands all greasy; ~ *på* daub (smear)..on, *på* to **smetig** *a* smeary
smick|er flattery, [inställsamt] blandishment[s [pl.]], blarney; [kryperi] adulation **-ra** *tr* flatter; ~*d över ngt* flattered by a th. **-rande** *a* [allm.] flattering, *för* to **-rare** flatterer
smida *tr* forge, [järn äv.] smith; [hamra ut] hammer out; [bildl. (t. ex. planer)] devise; ~ *medan järnet är varmt* strike while the iron is hot **smide 1** [smidning] forging, smithery **2** [konkr.], ~*n* forgings, [av järn] wrought-iron goods
smidig *a* [böjlig, spänstig] flexible; [om ämne] pliable, pliant; [om t.ex. system] elastic; [vig, rörlig] lithe; [mjuk (om t. ex. övergång, ngns sätt)] smooth and easy; [anpasslig, om pers.] adaptable **-het** flexibility; pliability, pliancy; elasticity; litheness; smoothness; adaptability
smil *s o.* **smila** *itr* smile **smilband,** *dra på* ~*et* smile [faintly] **smilgrop** dimple
smink make-up; [sminkmedel] paint, [rött] rouge; [teat.] grease paint **sminka** *tr* make.. up [äv. teat.]; ~ *sig* make (make oneself) up; ~ *av* [*sig*] take the paint off [one's face] **sminkning** [konkr.] make-up
smisk se *smäll 3* **smiska** *tr, se smälla I 2*
smita *itr* **1** [ge sig i väg] run away (*från* [*ngn*] from..), clear out (*från* [*en plats*] of ..); [försvinna] make off, make oneself scarce; [*föraren*] *smet* [*från olycksplatsen*] ..left the scene of the accident [he had caused]; ~ *från* [t. ex. tillställning] slip away from, [t. ex. arbete] shirk, fight shy of, [t. ex. betalning, skatter] evade, dodge; ~ *ifrån* [beton.] *ngn* give a p. the slip; ~ *in i* [*ett rum*] steal (sneak, slip, slink) into.. **2** [om kläder], ~ *åt* fit tight, be a tight fit **smitning** [trafik.], [*han är åtalad för*] ~ ..leaving the scene of the accident [he has caused]
smitt|a I *s* infection, [isht gm beröring] con-

tagion, [båda äv. bildl.] **II** *tr* infect [äv. bildl.]; *han ~de mig, jag blev ~d av honom* [vanl.] I caught it from him, he gave it to me; *bli ~d* [*av* [*ngn*]] catch an infection [from..]; *~ ned* infect **III** *itr* be infectious, [gm beröring o. om pers.] be contagious, [båda äv. bildl.]; *~ av sig på* [bildl.] infect **-ande** *a* [om t. ex. skratt] infectious **-koppor** *pl* smallpox [sg.]

smitt[o]|bärare [disease] carrier **-fri** *a* non-infectious, non-contagious **-härd** [eg.] centre (source) of infection **-sam** *a* infectious, [bildl. äv. samt gm beröring] contagious, catching

smittämne infectious matter, contagion

smocka I *s* sock, biff **II** *tr, ~ till ngn* sock (biff) a p. [one]

smoking dinner-jacket, [amer.] tuxed|o [pl. -os]; [F o. på bjudningskort] black tie **-skjorta** evening shirt

smolk [ung.] particle of dirt ([damm] dust); *få ~ i ögat* get something in one's eye

smord *a* [bildl.], *det går som* [*om det vore*] *smort* it is going swimmingly (like clockwork)

smuggel [smugglande] smuggling **-gods** smuggled goods [pl.], contraband [goods [pl.]] **-sprit** smuggled (bootleg) liquor

smugg|la *tr itr* smuggle **-lare** smuggler, [isht av spritvaror] bootlegger **-ling** [smugglande] smuggling; *~ar* smuggling [sg.]

1 smul *a* [⚓] smooth

2 smul *s, inte en (ett) ~* not a bit, [framför adj. o. adv. äv.] not the least **smula I** *s* **1** [isht bröd~] crumb [äv. bildl.]; [allmännare] bit, scrap **2** [litet], *en ~* a little, [framför adj. o. adv. äv.] a bit, [en aning] a trifle; [liten bit] a little bit **II** *tr, ~* [*sönder*] crumble [äv. *~ sig*] **smulig** *a* [som smular sig] crumbly, friable

smultron wild strawberry **-färgad** *a* strawberry-coloured

smuss|el hanky-panky, monkey business; [fiffel] cheating **-la I** *itr* practise underhand tricks; [fiffla] cheat; *~ med ngt* [pilla med] fiddle about with a th. on the sly **II** *tr, ~* [*ngt*] *till ngn* slip (pass)..to a p. on the sly (quiet); *~ bort (undan)* [gömma] hide away

smuts dirt, [stark.] filth, [båda äv. bildl.]; [gat~ o. d.] mud; *dra ned (släpa).. i ~en* [bildl.] drag..into the dirt **smutsa** *tr, ~* [*ned*] make..dirty; *~ ned sig* get dirty

smuts|fläck spot (speck) of dirt, smudge **-gris** [om barn] dirty [little] pig **-gul** *a* dirty yellow **-ig** *a* [allm.] dirty, [stark.] filthy, [båda äv. bildl.]; [nedsmutsad (om t. ex. kläder)] soiled; [använd]: [om t. ex. disk] unwashed, [om t. ex. skjorta (pred.)] not clean; *bli ~* get dirty; *lätt bli ~* [om t. ex. material] dirty (soil) easily; *det är ~t på* [*gatorna*] ..are dirty (muddy); *han är ~ i ansiktet (om händerna)* his face is (his hands are) dirty **-kasta** *tr* throw (fling) mud at **-kläder** *pl* dirty linen [sg.]

smutta *itr* sip; *~ på* [dryck] sip [at]..

smycka *tr* adorn [äv. bildl.]; [pryda] ornament; [dekorera] decorate **smycke** piece of jewellery, [enklare] trinket, [m. juveler o. d.] jewel: *~n* [vanl.] jewellery [sg.], jewels

smyckeskrin jewel case (box)

smyg, *i ~* [olovandes] on the sly, on the quiet, [förstulet] furtively, [i hemlighet] secretly; *skratta i ~* laugh up one's sleeve

smyga I *tr* slip **II** *itr rfl* steal, [slinka] slink, [smita] slip, [gå tyst] creep; *~ på tå* creep on tiptoe, tiptoe; *~ sig på* [*ngn*] steal upon.. **smygande** *a* [om t. ex. gång] stealthy, sneaking; [bildl.: om t. ex. sjukdom, gift] insidious

smyg|handel illicit trade (traffic) **-lyssna** [m. fl. sms.] *se tjuvlyssna* [m. fl. sms.] **-röka** *tr itr, ~* [*cigarretter*] smoke..on the sly (quiet) **-supa** *se skåpsupa* **-väg,** *gå ~ar* [bildl.] resort to underhand methods; *på ~ar* by underhand means

små *a, se liten* **-aktig** *a* [trångsynt] petty; [futtig] mean; [petnoga] niggling; [kitslig, om t. ex. kritik] carping **-aktighet** pettiness [osv.]; niggling; carping **-annons** classified (small) advertisement **-barn** baby, infant **-bil** small car; [mycket liten] mini-car **-bildskamera** miniature camera **-bitar** *pl* small pieces (bits) **-blommig** *a* [attr.] ..with small flowers **-borgare** person (member) of the middle-class, bourgeois [fr.; pl. lika] **-borgerlig** *a* [lower] middle-class; bourgeois [fr.; äv. neds.] **-bruk** [konkr.] smallholding **-brukare** smallholder **-bröd** [koll.] fancy biscuits [pl.], [amer.] cookies [pl.] **-djur** *pl* small animals **-fel** small (slight, minor) fault [osv.], *jfr fel I* **-fisk** [koll.] small fish[es] [pl.] **-flicka** little girl **-folk** [koll.; enkelt folk] humble folk, ordinary people [pl.] **-franska** [French] roll **-frysa** *itr* feel a bit chilly **-fågel** [koll.] *o.* **-fåglar** *pl* small birds [pl.] **-företag** small[-scale] enterprise **-företagare** small entrepreneur **-gata** by-street **-gris** piglet **-gräla** *itr* [tvista] have a bit of a (have a little) quarrel; [gnabbas] bicker **-hus** small [self-contained] house **-industri** small[-scale] industry **-kaka** fancy biscuit, [amer.] cookie **-kryp** *pl* [eg.] small creeping things (insects) **-le** *itr* smile, *mot, åt* at **-leende I** *a* smiling **II** *s* [faint] smile **-ljuga** *itr* fib, tell a fib ([resp.] fibs)

småningom *adv,* [*så*] *~* [efter hand] gradually, by degrees, little by little

små|ord *pl* [gram.] particles **-pengar** *pl* small coins; [växel-] [small] change [sg.] **-plock** [koll.]: [småsaker] odds and ends, trifles, [småsysslor] petty jobs [samtl. pl.] **-pojke** little boy **-poster** *pl* [småsummor] small amounts [osv.], *jfr post 3* **-prat** chat, [kallprat] small talk **-prata** *itr* chat; [för sig själv] mumble [to oneself] **-prickig** *a* [attr.] ..with small dots (spots) **-regna** *itr* drizzle **-reparationer** *pl* minor (small) repairs **-rum** *pl* small ([på t. ex. restaurang] separate) rooms **-rutig** *a* [attr.: mönstrad] small-checked **-rätter** *pl* [kok. ung.] fancy dishes **-sak** [liten sak] little (small) thing; [bagatell] trifle, small matter; *~er* [plock] odds and ends **-sinnad** *a o.* **-sint** *a* petty, [om pers. äv.] small-minded **-sjunga** *itr* sing softly, [gnola] hum **-skol[e]lärare** junior-school teacher **-skratta** *itr* chuckle **-skulder** *pl* small (minor, petty) debts **-slug** *a* shrewd **-snål** *a* niggardly, cheese--paring **-sparare** small saver (depositor) **-spik** [koll.] small nails [pl.] **-springa** *itr, hon -springer alltid* she is always half walking, half running **-stad** small town; [landsortsstad] provincial (country) town **-stadsaktig** *a o.* **-stadsbo** *s* provincial **-stadshåla** hole, one-horse town **-stat** small (minor) state **-sten** [koll.] pebbles [pl.] **-stuga** cottage **-stunder** *pl* odd (spare) moments **-summor** *pl* small ([strunt-] trifling) sums **-supa** *itr* tipple **-svära** *itr* utter a few curses **-syskon** *pl* younger (small) brother[s] and sister[s] (brothers [resp.] sisters) **-timmarna** *pl, [fram] på ~* in the small hours [of the morning] **-trevlig** *a* [om pers.] pleasant; [om sak] [nice and] cosy

smått I *a* **1** small [osv.], *jfr liten I* **2** [ibl. adv.], *skriva ~* write small, [ha liten handstil] have a tiny handwriting; *ha det ~, ha ~ om det* be badly (poorly) off, be in straitened circumstances, *jfr vid. ond II 3 c)* **II** *subst. a, allt möjligt ~ och gott* all sorts (a great variety) of [nice little] things; *i ~* [i liten skala] on a small scale, in a small way **III** *adv* **1** [en smula] a little, slightly, somewhat, [nästan] rather, almost **2** *se I 2*

småttingar *pl* small children, kids

små|ungar *pl* small children, kids **-utgifter** *pl* minor (petty) expenses **-vuxen** *a* [kort] short; [liten] small **-vägar** *pl* bypaths **-värka** *itr* ache a little; *jfr mola*

smäcka *itr* F [ljuga] lie [osv.], *jfr ljuga*

smäcker *a* slender

smäda *tr* abuse, revile; [okväda] rail at; [häda] blaspheme **smädelse** abuse, revilement [båda end. sg.]; [hädelse] blasphemy; *~r* defamatory words, abuse [sg.] **smädlig** *a* abusive; [om skrift] libellous

smäkta *itr* languish, *efter* for

smälek ignominy; [vanära] disgrace; *lida ~* suffer (be put to) shame

smäll 1 [knall] bang, slam; [svag.] snap; [av piska] crack; [av kork] pop; [av eldvapen] report; [vid kollision] smash; [vid explosion] detonation **2** [slag: m. handen] smack, slap, [lättare] rap; [m. piska] lash; [stöt] blow, knock **3** [smisk] smacking, spanking; *få ~* get a smacking (spanking), [flera gånger] be smacked (spanked)

smäll|a I *tr* **1** [slå, dänga] bang, knock, *jfr 2 slå I* **2** [smiska] smack, spank, give..a smacking (a spanking); [ngn på fingrarna, stjärten] rap **II** *itr* [om dörr o. d.] bang, slam; [om piska, gevär] crack; [om kork] pop; [om segel o. d.] flap; [om skott] go off; [klappra] clatter; *~ i [dörrarna]* bang (slam)..; *~ med [en piska]* crack..; *~ med fingrarna (tungan)* snap one's fingers (click one's tongue); *det -er lika [högt]* it makes no difference, it is all the same; *det har [plötsligt] -t till och blivit kallt* it has turned cold [all of a sudden] —. *Jfr 2 slå IV* **-fet** *a* enormously fat **-kall** *a* bitingly (bitter) cold; *mitt i ~a vintern* in the depth of winter **-karamell** cracker **-kyss** smack [[på mun] on the lips]

smält|a I *tr itr* **1** melt, [isht [om] metaller] fuse, *till* [i båda fallen] into **2** [mat] digest; [bildl. äv.] stomach, put up with, [komma över] get over **II** [m. beton. part.] *~ bort* a) [tr.] melt b) [itr.] melt away [äv. bildl.]; *~ ihop* a) [förena]: [eg.] melt (fuse)..together, [bildl.] fuse, amalgamate b) [förenas] coalesce, *till* into; [om t. ex. färger, harmoniera] blend c) [minskas] melt [down], [bildl. (om t. ex. förmögenhet)] dwindle [down]; *~ in i [omgivningen]* go well ([om sak äv.] harmonize) with..; *~ samman, se ~ ihop* **-bar** *a* **1** meltable, fusible; [löslig] dissolvable **2** [om mat o. friare] digestible **-punkt** melting--point, [isht metallers] fusing-point

smärgel emery **smärgla** *tr* polish (rub, grind)..with emery

smärre *a* smaller [osv.], *jfr mindre I*

smärt *a* slender, slim

smärt|a I *s* [allm.] pain; [häftig o. kortvarig] pang, twinge [of pain]; [lidande] suffering; [sorg] grief, [bedrövelse] affliction, distress; *ha [svåra] -or* be in [great] pain; *ha -or (svåra -or) i..* have pains (have a severe pain) in.. **II** *tr* [bedröva] grieve, pain **-fri** *a* [eg.] painless

smärting canvas

smärt|sam *a* painful; [stark.] afflicting, grievous **-stillande** *a* pain-relieving; analgesic [äv. *~ medel*]

smör butter; *~ och bröd* bread and butter; *bre[da] ~ på..* butter.., spread butter on..; *gå åt som ~ [i solsken]* go ([säljas] sell) like hot cakes

smör|blomma buttercup **-deg** puff pastry

-dosa butter dish

smörgås 1 *en* ~ [utan pålägg] a slice (piece) of bread and butter, [m. pålägg] a[n open] sandwich; ~ [*ar*] [koll. m. m.] bread and butter [sg.], [m. pålägg] [open] sandwiches [pl.] **2** *kasta* ~ [lek] play ducks and drakes **-bord** smörgåsbord, large mixed hors d'œuvre [fr.] **-bricka** [litet smörgåsbord] [tray with] mixed hors d'œuvre [fr.] **-mat** *se pålägg*

smörj *se stryk*

smörj|a I *s* [skräp] rubbish; muck [äv. 'smuts'] **II** *tr (jfr smord)* **1** ~ [*med fett (olja)*] grease (oil); [rund ~] lubricate; [bestryka] smear, daub; ~ [*in*] *ansiktet med*.. rub one's face with..; ~ *ned, se smeta* [*ned*] *o. smutsa* [*ned*] **2** ~ *ngn* [muta] grease (oil) a p.'s palm **-else** [relig.], *sista* ~*n* extreme unction **-ig** *a* [nedsmord] greasy, smeary; [smutsig] dirty, mucky **-kopp** oil-cup; [för fett] grease-cup **-medel** [⊕] lubricant **-ning** [⊕] lubrication, greasing **-olja** lubricating oil

smör|klick pat ([mindre] dab) of butter **-kniv** butter knife **-papper** grease-proof paper **-sopp** *o.* **-svamp** Boletus luteus [lat.]

snabb *a* [om t. ex. framsteg, ström, växt] rapid, [om t. ex. blick, rörelse] quick, swift, [om t. ex. beslut] speedy, [om t. ex. tåg, löpare] fast, [om t. ex. affär, hjälp] prompt; [~ i vändningarna] nimble, alert; *med* ~*a steg* at a rapid pace; ~*t svar* prompt (speedy, quick) answer; *i* ~ *takt* at a rapid (quick) pace **-fotad** *a* swift-(fleet-)footed **-gående** *a* fast **-het** rapidity, quickness [osv.], *jfr snabb;* [fart] speed **-kaffe** instant coffee **-kurs** rapid course **-köp[saffär]** self-service shop ([amer.] store), [större] supermarket **-telefon** inter-com[munication] telephone ([anläggning] system) **-tänkt** *a* quick-witted, ready-witted

snabel proboscis, [elefants vanl.] trunk

snack *s o.* **snacka** *tr itr, se prat, prata*

snagga *tr* cut (crop)..short; ~*d* [*pojke*].. with his hair cut short (cropped), ..with a crew cut

snappa *tr itr* snatch [äv. ~ *till (åt) sig*], *efter* at; ~ *upp* [en nyhet o. d.] snatch (pick) up, [ett ord o. d.] catch, overhear

snaps [[glas] brännvin] snaps [pl. lika] **-glas** snaps-glass

snar *(jfr snarare, snarast, snart) a* [snabb] speedy, [omedelbar] prompt, [nära förestående] near, immediate

snara [[rep]slinga] snare [äv. bildl.], [giller] gin, [fälla] trap [äv. bildl.]; *lägga ut en* ~ *för*.. set (lay) a trap for..; *fastna i* ~*n* fall into the trap

snar|are *adv* **1** [om tid] sooner **2** [förr, hellre] rather; [närmast] if anything; ~ *rik än fattig* rich rather than poor; *det var* ~ [*20 än 10*] it was nearer.. **-ast I** *a, med det* ~*e* [se följ.] **II** *adv,* ~ *möjligt* as soon as possible, at the earliest possible date (opportunity) **-fyndig** *a* [-tänkt] quick-(ready-)witted; [påhittig] ingenious

snark|a *itr o.* **-ning** *s* snore

snar|lik *a* rather like **-stucken** *a* touchy, [lättretad] short-tempered

snart *adv* soon; [inom kort] shortly, before long; *så* ~ [*som*] [konj.] a) [så fort] as soon as, [genast] directly b) [så ofta] whenever; *så* ~ *som möjligt, se snarast* [*möjligt*]; ~ *nog* a) [alltför ~] only too soon b) [ganska ~] fairly (pretty) soon; *det är* ~ [fort] *gjort* it will soon be done; [*en vecka*] *går* ~ ..will pass in no time; [*så har det varit*] *i* ~ *tio år* .. for nearly ten years

snask [sötsaker] sweets [pl.], [amer.] candy **snaska** *itr tr* **1** [äta sötsaker] eat (munch) sweets; ~ [*på*] *ngt* munch (chew) a th. **2** [äta snaskigt] be messy; ~ *ned*.. make a mess on (of)..; ~ *ned sig* get oneself [all] messy **snaskig** *a* [kladdig, smutsig] messy, dirty; [bildl.: snuskig] smutty, indecent

snatta *tr itr* pilfer, F pinch [end. tr.]; ~ *i butiker* be a shop-lifter ([resp.] shop-lifters [pl.])

snatter [t. ex. ankas] quack[ing], gabble, [bildl. äv.] chatter[ing], jabber[ing]

snatteri pilfering, [i butik] shop-lifting; [jur.] petty larceny

snattra *itr* quack, gabble, chatter, jabber, *jfr snatter*

snava *itr* stumble, trip; *jfr snubbla*

sned I *a* **1** [t. ex. om linje, ögon] oblique, [lutande] slanting, [sluttande] sloping, inclined, [skev] warped, [krokig, vind] crooked, wry, [på snedden] diagonal; *ha* ~ *mun* have a wry mouth **2** F [berusad] tipsy **II** *s, på* ~ obliquely, aslant, askew, awry, *jfr sned I 1;* [på tvären] sideways; [*med hatten*] *på* ~ ..[cocked] on one side; *lägga huvudet på* ~ put one's head on one side **-bena,** *ha* ~ wear one's hair parted on one side

snedda I *tr,* ~ [*av*] [t. ex. hörn] cut..off obliquely; [fasa av] bevel, chamfer **II** *tr itr,* ~ [*över*] [*gatan*] slant across.. **snedden,** *på* ~ obliquely, diagonally

sned|gången *a,* ~ *sko* shoe worn down on one side **-språng** *o.* **-steg** [bildl.] escapade, ['historia'] affair **-streck** slanting line (stroke) **-tak** sloping roof **-ögd** *a* slant-eyed

snegla *itr,* ~ [*på*] ogle; ~ *på*.. [förstulet] glance furtively at..; [vilja ha] have one's eye on..

snett *adv* obliquely; slantingly; askew, awry; diagonally; *jfr vid. sned;* [*hatten*] *sitter* ~ ..is crooked (askew); [*tavlan*] *hänger* ~ ..is slanting (lopsided); [*bo*] ~ *emot (över* [*gatan*

[etc.]]) .. almost opposite; *gå ~ på skorna* wear one's shoes down on one side; *gå ~ över [gatan]* cross .. diagonally, slant across ..; *se ~ på ..* look askance at ..
snibb [hörn] corner; [spets] point; [tipp] tip; [tre~] triangular cloth **-ig** *a* pointed
snick|are [isht inrednings~] joiner, [timmerman] carpenter; [möbel~] cabinet-(furniture-) -maker **-arverkstad** joiner's [etc.] workshop **-eri 1** [abstr. o. koll.] joinery (carpentry) [work], cabinet work, *jfr snickare* **2** [konkr.] *se snickarverkstad o. snickeriarbete* **-eriarbete** [konkr.] piece of joinery (carpentry) [work], piece of cabinet work **-ra** *itr* do joinery (carpentry) [work]
snida *tr* carve **snideri** carving
sniffa *itr tr* sniff, *på* at
snigel slug; [m. snäcka] snail **snigelfart,** *med ~* at a snail's pace
sniken *a* greedy, *efter* for, of; covetous, *efter* of
snilla *tr, ~ undan [pengar]* embezzle ..
snille genius; *han har (är ett) ~* he has (is a man of) genius **snilleblixt** brainwave, flash of genius **snillrik** *a* brilliant
snip|a 1 [båt ung.] gig **2** [grädd~] jug, [sås~] boat **-ig** *a* pointed, [om ansikte o. d.] peaked
snirk|el [spiral, arabesk] scroll, heli|x [pl. äv. -ces] **-lad** *a* scrolled; [bildl.] florid, ornate
snits style, chic; *sätta ~ på ngt* give a th. style **-ig** *a* stylish, chic
snitt [allm.] cut, [isht läk.] incision; [tvär~] section; [bok~] edge **-blomma** cutting ([avskuren] cut) flower
sno I *tr* **1** [hoptvinna] twist, [vira] twine, wind; [snurra] twirl, turn **2** F [knycka] pinch **II** *itr* [fara och flänga] scamper, run **III** *rfl* **1** [linda sig] twist, twine, *om* round; [trassla ihop sig] get twisted (entangled), kink **2** [bildl.: slingra sig] dodge **3** F [skynda sig] get cracking, *jfr äv. skynda II; ~ dig [på]!* make it snappy!, be slippy about it! **IV** [m. beton. part.] *~ ihop* [eg.] twist together; *~* [trassla] *in sig i ngt* get [oneself] entangled in a th.; *~ på, se ovan III 3; ~ åt sig* F grab hold of, pinch
snobb [kläd~] dandy, fop; [högfärdig person] snob, F la-di-da **snobba** *itr, ~ med* [t. ex. hatt] sport, [t. ex. kunskaper] show off **snobberi** dandyism, foppishness; snobbishness, snobbery; *jfr snobb* **snobbig** *a* dandified, foppish, snobbish; *jfr snobb*
snodd cord, string; [t. garnering] braid, lace
snok [zool.] grass snake
snoka *itr* poke, ferret [about], pry, spy; *gå och ~* go prying (F snooping) about; *~ efter* hunt (ferret about) for; *~ igenom* rummage, ransack; *~ upp (reda på, rätt på)* hunt up, ferret out
snopen *a* [besviken] disappointed; [obehagligt överraskad] disconcerted; [flat] blank; [slokörad] crestfallen
snopp [på (av) cigarr] tip; [på ljus] snuff
snoppa *tr* [ljus] snuff; [krusbär o. d.] top and tail, [bönor] string; *~ [av]* [cigarr] cut (snip) [off]; *~ av ngn* snub a p., take a p. down
snor F snot **-ig** *a* snotty[-nosed]
snorkel schnorkel, snorkel
snorkig *a* supercilious, F snooty, cocky
snor|unge *o.* **-valp** [cheeky] brat, snotty--nosed kid
snubbla *itr* [vara nära att falla] stumble, [snava över något äv.] trip; *~ omkull* stumble (trip up) and fall
snubbor *pl, ge ngn ~* give a p. a scolding
snudda *itr, ~ vid* [eg.] brush [against], [skrapa lätt] graze; [bildl.: omtala flyktigt] touch [up]on
snugga *s* cutty, F nosewarmer
snurr|a I *s* **1** [leksak] top, [vind~] windmill, pinwheel **2** *se räknesnurra* **II** *itr tr, ~ [runt]* spin, twirl, [svänga, virvla] whirl, *omkring* [i samtl. fall] round; [kring axel el. punkt] turn, *omkring* on; rotate, revolve, *omkring* round *el.* about; *allting ~r runt för mig* my head is in a whirl (is swimming) **-ig** *a* F [huvudyr] giddy, dizzy; [tokig] crazy
snus snuff [end. sg.] **snusa I** *itr* **1** [tobak] take snuff **2** [nosa, vädra] sniff; [sova] sleep **II** *tr* sniff up
snus|are snuff-taker, snuffer **-brun** *a* snuff--coloured **-dosa** snuff-box **-en** F, *[lite] på ~* [a bit] tipsy, [slightly] fuddled **-förnuftig** *a* [lillgammal] old-fashioned; [förnumstig] would-be wise [end. attr.]
snusk [eg. o. bildl.] dirt[iness], filth[iness]
snusk|a *itr tr, ~ ned, se smutsa [ned]*
snusk[e]pelle F, *din ~!* [till barn] you [dirty] little pig! **snuskig** *a* [eg. o. bildl.] dirty, filthy
snus|näsduk bandan[n]a **-torr** *a* dry-as-dust .. ([pred.] as dry as dust)
snut F **1** [ansikte] mug, [trut] snout **2** F [polis] cop[per] **-fager** *a* pretty[-pretty], [om en man] a bit too good-looking
snuv|a [head] cold; *få (ha) ~* catch (have [got]) a cold [in the head] **-ig** *a, bli (vara) ~, se [få* [resp.] *ha] snuva*
snyfta *itr o.* **snyftning** *s* sob
snygg *a* [prydlig] tidy, neat, [ren] clean; F [vacker o. d.] pretty, nice, fine [samtl. äv. bildl. o. iron.]; [om en man] handsome, good-looking; *jo, det var just ~t!* this is a fine (nice) thing! **snygga** *tr itr, ~ till (upp) sig* make oneself [look] tidy (presentable), [piffa upp sig] smarten (spruce) oneself up; *~ upp* [tr. o. itr.: städa] tidy up, [tr.: ordna till, renovera] do up **snyggt** *adv* tidily [etc.], *jfr snygg; ~* [klädd o.d.] nicely ..
snylt|a *itr* be a (play the) parasite, *på* [up]on

-gäst parasite; [pers. äv.] sponger
snyta *rfl* blow one's nose
snål *a* **1** [allm.] stingy, mean, *mot* towards, *om (på, med)* with; [gnidig] tight[-fisted], [sniken] greedy, [överdrivet sparsam] niggardly, miserly, [knapp] skimpy, scanty; *vara ~ på beröm* be chary (sparing) of [giving] praise **2** [om vind] cutting, biting **snåla** *itr* [vara snål] be stingy (mean), *på (med)* with; pinch and screw; [nödgas leva snålt] stint oneself; *~ in på* [spara] save on, [knappa in] skimp **snålhet** stinginess [etc.] *jfr snål 1;* greed **snåljåp[er]** skinflint, miser **snålskjuts,** *åka ~* [eg.] get a lift, [bildl.] take advantage, *på* of; profit, *på* from **snålt** *adv* **1** stingily [etc.] **2** *det blåser ~* there is a cutting [etc.] wind. — *Jfr snål*
snår thicket, brush **snårig** *a* brushy **snårskog** brushwood
snäck|a [snäckdjur] mollusc; [trädgårds~] heli|x [pl. -ces, äv. -xes]; [skal] shell **-skal** shell
snäll *a* good, [vänlig] kind, [~ och rar] nice, *mot* [i samtl. fall] to; [godhjärtad] kind-hearted; [foglig] good-natured; [väluppfostrad] well-behaved; [hygglig] decent; *~a Bo, [får jag..]?* please Bo, ..?; *~a du [gör det], var ~ och [gör det]* ..[please], will (would) you?, please..; *men ~a du [hur..]!* but my dear [fellow [resp.] girl [etc.]], ..!; *det vore ~t av dig om du ville komma* it would be very kind of you to come **-tåg** fast train, express [train] **-tågstillägg** surcharge for fast (express) train
snärj, *ett fasligt ~* [knog] a tremendous job, [jäkt] a hectic time
snärj|a *tr* [en]snare, entangle, trap, [isht bildl. äv.] catch; *~ in sig* get entangled **-ande** *a* [bildl.] captious, insidious; tricky **-ig** *a* [eg.] tangled; [bildl.]: [arbetsam] laborious; [jäktig] hectic **-igt** *adv, ha det ~* [arbetsamt] have a proper job ([jäktigt] a hectic time of it)
snärt **1** [piskända] lash, thong **2** [lätt slag] flick, [rapp] lash **3** [kläm, sprätt] sting, bite **snärta** **I** *s, se flicksnärta* **II** *itr* crack **snärtig** *a* [om slag] sharp; [om replik o. d.: bitande] cutting
snäs|a **I** *s* [avsnäsning] snub[bing], rebuff, [skrapa] rating, F telling-off **II** *tr, ~ [till] ngn* snap at a p., [åthuta] tell a p. off; *~ av ngn* snap a p. short, snub (rebuff) a p. **-ig** *a* [brysk, ovänlig] snappish, brusque, *mot* to
snäv *a* **1** [stramande] tight, close, [trång, knapp] narrow **2** [kort, ovänlig] stiff, cold
snö snow **snöa** *itr* snow; *det ~r* it is snowing; [vägen] *har ~t igen* ..has been covered (blocked) by snow, ..has been snowed over; *det ~r in* the snow is coming in
snöblanda|d *a, -t regn* rain mixed with snow, sleet **snöblind** *a* snowblind **snöboll** snowball; *kasta ~ på* throw snowballs at, snowball **snöbollskrig** snowball-fight
snöd *a* sordid, vile
snö|djup depth of snow **-driva** snow-drift **-droppe** snowdrop **-fall** snowfall, fall of snow **-flinga** snowflake **-fästning** snow castle **-glopp** sleet; *det är ~* it is sleeting **-gräns** snow-line **-gubbe** snow man **-hinder** snow obstruction **-ig** *a* snowy **-kedja** tyre chain
snöp|a *se kastrera* **-lig** *a* [t. ex. om sorti, nederlag] ignominious, inglorious, [t. ex. om resultat] disappointing, [stark.] deplorable; *få (ta) ett ~t slut* come to a sorry (sad) end
snöplog snow-plough, [amer.] snowplow
snör|a **I** *tr* lace [up]; *~ av* [avskilja]: [eg.] tie off, [bildl.] cut off; *~ av sig (~ upp) skorna* unlace one's shoes; *~ på sig [pjäxorna]* put on.. **II** *rfl* [ha korsett] lace oneself in, wear a corset
snör|e string, [grövre, gardin~ o.d.] cord, [segelgarns~] twine; [f. garnering] braid, [f. snörning] lace; [mål~] tape; *ett ~* a piece of string [etc.] **-hål** eyelet [hole], lace-hole
snöripa ptarmigan, snow grouse [båda lika i pl.]
snör|liv stays [pl.]; [korsett] corset; *ett ~* a pair of stays **-makerier** *pl* [arbeten] passementerie [sg.; fr.], trimmings
snörpa *tr itr* pucker, purse, *ihop* up; *~ på munnen* purse [up] one's mouth
snör|rät *a* ..as straight as an arrow **-sko** laced (lace-up) shoe ([känga] boot) **-stump** piece (bit) of string
snörvla *itr* snuffle, [tala i näsan] speak in a snuffle **snörvling** snuffle
snö|röjning snow-clearance [work] **-sko** snow-shoe **-skoter** snow-scooter **-skottare** snow shoveller (clearer) **-skottning** clearing (shovelling) away [the] snow **-skred** avalanche, snowslide **-slask** [-glopp] sleet, [fall of] wet snow; [sörja] slush **-slunga** rotary snow-plough **-smältning** melting away of [the] snow **-storm** snowstorm, [våldsam] blizzard **-sörja** slush, melting snow **-tillgång,** *~en [är tillräcklig]* the depth of snow.. **-tjocka** snow fog **-täcke** covering of snow; *~ts tjocklek* the depth of snow **-täckt** *a* snow-covered, ..covered with snow, snowy **-vit** **I** *a* snowy, snow-white, ..as white as snow **II** *s, Snövit* [i sagan] Snow White **-yra** snowstorm
so sow
soaré soirée [fr.]
sobel sable **-päls** sable coat

sober *a* sober
social *a* social **-arbetare** social (welfare) worker **-byrå** *(-vårdsbyrå)* social welfare office **-demokrat** social democrat **-demokrati** [äv. *~[e]n*] social democracy **-demokratisk** *a* social democratic **-departement** ministry for social affairs **-försäkring** social (national) insurance **-fall** social case **-grupp** social group (class); *~ I (II* [resp.] *III)* [ung.] [the] upper (middle [resp.] working) class **-hjälp** public (national) assistance; [hjälpbelopp] assistance allowance **-högskola** school of social studies **-isera** *tr* socialize, [förstatliga] nationalize **-isering** socialization; nationalization **-ism** [äv. *~en*] socialism **-ist** socialist **-istisk** *a* socialistic **-kunskap** social knowledge **-minister** minister for social affairs **-styrelsen** the National [Swedish] Social Welfare Board **-vård** social welfare **-vårdare** social worker
societet society; *~en* Society
socio|logi sociology **-logisk** *a* sociological **-nom** graduate from a School of Social Studies, trained social worker
socka sock
sockel base; [lampfattning] socket
socken parish
socker 1 sugar **2** F [sockersjuka] diabetes **-beta** sugar-beet **-bit** lump of sugar **-bruk** sugar-works [sg. el. pl.], sugar-refinery **-dricka** lemonade **-fri** *a* sugarless **-gryn** F [smekord] sweetie, honey, sugar **-halt** sugar-content **-kaka** sponge-cake **-lag** syrup [of sugar] **-piller** sugar-coated pill **-plantage** [sugar-]cane plantation **-rör** sugar-cane **-sjuk** *a* diabetic; *en ~* [subst. a.] a diabetic **-sjuka** diabetes **-skål** sugar basin (bowl) **-ströare** sugar castor (sifter, shaker) **-söt** *a* [t. ex. om leende, röst] sugary **-tång** sugar-tongs [pl.]; *en ~* a pair of sugar-tongs **-vatten** sugar[ed] water **-ärt** sugar pea
sockra I *tr itr, ~ [i (på)]* sugar **II** *rfl* crystallize
soda soda **-vatten** soda[-water]
soff|a sofa; [mindre o. pinn~] settee, [vil~] couch; [t. ex. i järnvägsvagn o. park~] seat **-liggare** [latmask] idler; [valskolkare] abstainer
sofism sophism **sofistikerad** *a* sophisticated **sofistisk** *a* sophistic[al]
soja [sås] soy[a sauce] **-böna** soya[-bean]
sol sun [äv. bildl.] **sola** *rfl* sun oneself [äv. bildl.], bask in the sun[shine]; [bildl.] bask; *ligga och ~ sig* be [lying] sunning oneself [etc.], [solbada] lie sun-bathing
sol|bad sun-bath **-bada** *itr* sun-bathe, take a sun-bath **-belyst** *a* sunlit, sunny **-blind** *a* sun-blind, .. blinded by the sun **-bränd** *a* [brun] sunburnt, sunburned, tanned; *bli ~* get sunburnt, tan **-bränna** sunburn, tan
sold pay; *stå (vara) i ngns ~* [eg. o. friare] be in a p.'s pay
soldat soldier, [menig äv.] private; *bli ~* become a soldier, [värvad] enlist **-visa** soldier's (soldier-)song
sol|dis heat haze **-dräkt** sun suit **-eksem** sun-rash **-energi** solar energy
solenn *a* solemn, ceremonious
sol|fattig *a* [attr.] .. with very little sun[shine], [pred.] not very sunny **-fjäder** fan **-fjäder[s]formig** *a* fan-shaped **-fläck** sun-spot **-förmörkelse** solar eclipse, eclipse of the sun **-gass** blazing hot sunshine **-glasögon** *pl* sun-glasses **-glimt** sun-gleam, glimpse of the sun **-höjd** altitude of the sun
solid *a* [allm.] solid; *~ ekonomi* sound economy; *~a kunskaper i ..* a sound (thorough) knowledge of .. **-arisera** *rfl* fully identify oneself, *med* with; [jfr äv. följ.] **-arisk** *a* loyal, solidary, [jur.] joint and several; *vara ~ med ngn* be loyal to a p. **-aritet** solidarity **-itet** [allm.] solidity **-itetsupplysning,** *~[ar]* credit report (information) [sg.]
solig *a* sunny [äv. bildl.]
solist soloist
solka *tr, ~ [ned]* soil
solkatt reflection of the sun
solkig *a* soiled
sol|klar *a* [uppenbar] .. as clear as daylight, [self-]evident **-klänning** sun dress **-ljus** sunlight **-nedgång** sunset, sundown; *i (vid) ~en* at sunset
solo I *a adv* solo, [mol ensam] alone **II** *s* sol|o [pl. -os, mus. äv. -i]
solochvårare confidence trickster [who obtains money from a woman by false promises of marriage]
sol|olja suntan oil (lotion) **-ros** [common] sunflower **-rök** heat haze **-sida** sunny side [äv. bildl.] **-sken** sunshine; *det är ~* [vanl.] the sun is shining **-skensdag** sunny day; day of sunshine **-skenshistoria** charming little story **-skydd** [i bil] sun shield (visor) **-sting** sunstroke; *få ~* have a sunstroke **-strimma** streak of sunshine **-stråle** sunbeam, ray of sunshine [äv. bildl.] **-system** solar system **-tak** sun-shelter, [på bil] sliding roof **-torka** *tr itr, ~ [ngt]* dry [a th.] in the sun **-uppgång** sunrise; *i ~en* at sunrise **-ur** sundial
solution [gummilösning] rubber solution
solvens solvency **solvent** *a* solvent
solvisare [ur] sundial, [visare] gnomon
som I *rel. pron* **1** [m. syftning på pers. allm.] who ([ss. obj.] whom, F who, [efter prep.] whom), [m. syftning på djur el. sak allm.] which; [i nödvändig rel.-sats ofta] that; [efter 'such' o. oftast efter 'the same'] as; *allt*

(*litet, mycket* [etc.]) ~ all (little, much [etc.]) that; *mer än* ~ *behövs* more than is necessary; *på den tiden* ~.. at the time [when]..; *han var den förste (ende)* ~ *kom* he was the first (the only one) to come (that *el.* who came); *jag var dum* ~ *trodde honom* I was a fool to believe him; [*platsen*] [~] *han bor på* ..where (in which) he is living,.. [that] he is living in; [*vad heter flickan*] [~] *du skriver till?* ..[that (whom, who)] you are writing to?, ..to whom you are writing?; [*det var här (då, på det sättet)*] [~] *jag mötte honom* ..that I met him; *det är en herre* ~ *söker dig* there is a gentleman [wants (who *el.* that wants)] to see you; *det är någon* ~ *knackar på dörren* there is someone knocking (is a knock) at the door; *det är till dig* ~ [*brevet är adresserat*] it is to you that..; *vem var det* [~] *du talade med?* who was that [beton.] you spoke to? **2** [specialfall: övers. ej i vissa förb.] *se 5 vad I, vem 1, vilken 2, helst I 2; vem (vad)* ~ *än* whoever (whatever)

II *konj* **1** [samordnande], *se såväl* **2** [jämförande]: ['såsom [varande]', 'i egenskap av' el. inledande fullst. el. förk. jämförelsebisats] as; ['i likhet med', 'på samma sätt som' (vanl. end. framför subst. ord)] like; [*varför gör du inte*] ~ *jag?* ..as (F like) I do?, ..like me?; *om jag vore* ~ *du* if I were you (in your place); *gör* ~ *du vill* do as you like, have it your own way; *återvända* [*från kriget*] ~ *krympling* return a cripple..; [*överlämna en blomma*] ~ *ursäkt* ..by way of apology; *han är,* ~ *du vet,..* he is, [as] you know,.. **3** [villkorligt], *han lever* ~ [*om*] [*han vore..*] he lives as if (though).. **4** [angivande tid], [*bäst (just)*] ~ when, [just] as, at the very moment [when]; *jfr äv. 3 rätt II 4* **5** [angivande orsak: eftersom] as, since; *rik* ~ *han var* being wealthy

III *adv* **1** [framför superlativ], [*när vattnet är*] ~ *högst* ..at its highest; *när* [*festen*] *pågick* ~ *bäst* right in the middle of..; [*när man är*] ~ *mest (minst) förberedd* ..most (least) prepared; *jfr äv. bäst II* [ex.] **2** [*han reser*] ~ *på måndag* ..on Monday

somlig *pron,* ~[*t*], ~*a* [fören.] some; ~*t (somt)* [självst.] some things [pl.]; ~*a* [självst.] some, some (certain) people

sommar summer; [för ex. *jfr höst*] **-dag** summer day; *en vacker* ~ a fine summer['s] day **-ferier** *pl, se sommarlov* **-gäst** [holiday (summer)] visitor (guest) **-kläder** *pl* summer clothes (F things) **-lik** *a* summery; summer-like **-lov** summer holidays [pl.], vacation; [univ.] long vacation **-morgon** summer['s] morning **-nöje 1** *se -ställe* **2** [ledighet], [*barn*] *på* ~ ..out on their summer holiday[s]; *vara på* ~ [*på västkusten*] spend one's summer.. **-sjuka** summer diarrhoea **-solstånd** summer solstice **-stuga** summer (weekend) cottage **-ställe** place in the country, summer cottage ([större] house) **-stängd** *a* ..closed for the summer **-tid 1** [årstid] summer[time] **2** [framflyttad tid] summer time **3** [förkortad arbetstid] shorter working-hours [in the summer] [pl.]

somna *itr* fall asleep [äv. bildl.], go [off] (drop off) to sleep; *jfr äv. domna;* [*ha svårt att*] ~ ..get to sleep; ~ *ifrån ljuset* go to sleep and leave the light on; ~ *in* a)=*somna* b) [dö] *se avsomna*

son son

sona *tr* [t. ex. brott, synder] atone for, expiate, [t. ex. misstag] redeem, make amends for

sonat sonata

sond [allm., äv. rymd~] probe; [rörformig] tube; [ballong] sounding balloon **-era** *tr* probe, sound; ~ [*möjligheterna*] explore..; ~ *terrängen* [göra sonderingar] reconnoitre [the ground], see how the land lies

son|dotter granddaughter **-hustru** daughter-in-law [pl. daughters-in-law] **-son** grandson

sonor *a* sonorous **-itet** sonority

sop|a *tr itr* sweep [äv. ~ *av*]; ~ [*i*] [*ett rum*] sweep [out].. **-backe** *se -hög* **-bil** refuse lorry, [amer.] garbage [removal] truck **-borste** [dust] brush, [m. längre skaft] broom **-hink** refuse pail (bucket) **-hämtning** refuse ([amer.] garbage) collection **-hög** dustheap, refuse heap **-kvast** broom, [av ris] besom **-maskin** [street-]sweeper, street-sweeping machine **-nedkast** refuse (rubbish, [amer.] garbage) chute

sopor *pl* [avfall] refuse, [amer. vanl.] garbage, [skräp] rubbish, waste [samtl. sg.]; [som sopats ihop] sweepings

sopp bolete

sopp|a 1 soup **2** F *se röra I* **-kött** [f. kokning av soppa] meat for soup **-rötter** *pl* vegetables for soup, pot-herbs **-skål** [soup] tureen **-tallrik** soup-plate

sopran [pers. o. röst] sopran|o [pl. äv. -i]

sop|skyffel dustpan **-station** [förbrännings-] central refuse ([amer.] garbage) disposal plant **-tipp** [refuse ([amer.] garbage)] dump, refuse tip **-tunna** dustbin, [amer.] ash (garbage) can **-vagn** *se sopbil*

sordin sordine, mute; [i piano ofta] damper; *lägga* ~ *på* [*glädjen*] put a damper on..; [*spela fiol (trumpet)*] *med* ~ ..with the mute on

sorg 1 [bedrövelse] sorrow, *över* for; [djup smärta] distress [end. sg.]; grief, *över* for; [~ som drabbat en] affliction; [bekymmer] trouble, worry; *i glädje och* ~ in joy and sorrow (affliction); *bereda (göra) ngn ~* cause a p. sorrow [etc.]; *i ~en (sin ~) över* [*motgången*] in [his [etc.]] distress at..; *till min* [*stora*] *~* [*måste jag..*] to my [great] regret.. **2** [efter avliden: sörjande o. ~dräkt] mourning, [förlust genom dödsfall] bereavement; *anlägga ~* go into mourning, *efter* for **-band** mourning-band **-dräkt** mourning

sorge|barn [problembarn] problem child; [svart får] black sheep **-bud** mournful (sad) news (tidings [pl.]); [om ngns död] *se dödsbud* **-högtid** mourning ceremony **-musik** funeral music **-spel** tragedy

sorg|flor [mourning] crape **-fri** *a* [bekymmerfri] care-free, [ekon. tryggad] ..free from want **-fritt** *adv, leva ~* be comfortably off, live in [ease and] comfort **-fällig** *a* careful, [starkare] conscientious, [ytterst noggrann] scrupulous **-kant** black edge (border), mourning border; [*brev*] *med ~er* black-edged.. **-klädd** *a* ..in (wearing) mourning **-kläder** *pl* mourning [attire] [sg.]

sorg|lig *a* [ledsam, beklaglig] sad, [dyster] melancholy, [tragisk] tragic; [bedrövlig] deplorable, sorry; *ett ~t faktum* a melancholy fact; *han fick ett ~t slut* he came to a sad end; [*det är*] *~t men sant* ..sad but unfortunately true **-ligt** *adv* sadly [etc.]; *~ nog* unfortunately; *det var, ~ att säga, mycket dåligt* it was very bad, I am sorry (I regret) to say **-lustig** *a* tragicomic **-lös** *a* **1** *se sorgfri* **2** [obekymrad] unconcerned, [tanklös] unthinking, thoughtless; [glad] light-hearted, [lättsinnig] happy-go-lucky **-marsch** funeral march **-musik** funeral music **-sen** *a* sad, [sorgmodig] melancholy, mournful, [nedslagen] woeful, rueful, *över* [i samtl. fall] at

sork vole, field-mouse

sorl *s o.* **sorla** *itr* murmur; [porl[a]] purl; *ett sorl av* [*bifall*] a buzz of..

sort 1 [slag] sort, kind; [typ] type; [kvalitet] quality, grade, H [märke] brand; *jfr äv. 1 slag* [ex.]; [*framställa*] *en ny ~s vete* ..a new strain (variety) of wheat; *den ~ens folk är..* people of that (this) kind (sort, type) are..; *den här ~en* [*blommar tidigt*] this type (variety)..; [*apelsiner*] *av bästa ~*[*en*] ..[of the] best (finest) quality, grade A.. **2** [mat.] denomination **-era I** *tr* sort, assort, [efter kvalitet o. storlek äv.] grade, classify, *efter* according to; *~ upp* [*materialet*] sort out (over, through).. **II** *itr, ~ under* a) [lyda under] be subordinate to b) [höra under] belong (come, fall) under **-ering 1** [sorterande] sorting [etc.] **2** *se sortiment*

sorti exit, *från, ur* from

sortiment assortment, range, selection

SOS, *ett ~* an SOS

sot 1 soot; [i motor] carbon; [ss. smuts] grime **2** [på säd] smut, blight

1 sota I *tr* **1** [skorsten o. d.] sweep; [motor] decarbonize **2** [svärta] black[en], [m. bränd kork] cork; *~* [*ned*] [smutsa] soot, make.. sooty (grimy); *~ ned sig (ned sig om händerna)* get oneself (make one's hands) sooty; *~t glas* smoked glass **II** *itr* [alstra sot] smoke, give off soot; [*grytan*] *~r* [*av sig på duken* [etc.]] ..makes the cloth [etc.] sooty

2 sota *itr, få ~ för ngt* smart for a th.

sot|are [pers.] [chimney-]sweep **-eld** chimney-fire **-fläck** smut **-ig** *a* [allm.] sooty; [smutsig] grimy; [sotfläckad] smutty [äv. om säd] **-lucka** soot-door

souschef deputy (vice) chief

souvenir *se suvenir*

sov|a *itr* [eg. o. bildl.] sleep, [vara försänkt i sömn] be asleep; [ta en lur] have a nap (sleep); *~ gott* [djupt] sleep soundly, be sound (fast) asleep; *sov gott!* sleep well!; *han -er oroligt* he is restless in his sleep, [ss. vana] he sleeps restlessly; [*benet*] *-er* ..has gone to sleep (is asleep); *jag har inte kunnat ~ på hela natten* I didn't get any sleep all night; *jag skall ~ på saken* I shall have to sleep on it ([up]on the matter); *~ av sig* [t.ex. rus, ilska] sleep off..; *~ ut* [tillräckligt länge] have enough sleep, *jfr äv. utsövd; ~ över* [*tiden*] oversleep, oversleep oneself **-alkov** bedstead recess

sovel [kött, ost etc.] meat, cheese [etc.]

sovjetisk *a o.* **sovjetrysk** *a* [attr.] Soviet **Sovjetryssland** Soviet Russia **Sovjetunionen** the Soviet Union, the Union of Soviet Socialist Republics ([förk.] U.S.S.R.)

sov|kupé sleeping-compartment **-plats** sleeping-place; [järnv., ⚓] [sleeping-]berth **-platsbiljett** sleeping-berth ticket

sovra *tr* [t. ex. material] sift, sort out

sov|rum bedroom **-sal** dormitory **-stad** dormitory [suburb] **-säck** sleeping-bag **-vagn** sleeping-car **-vagnskonduktör** sleeping-car attendant

spackel 1 [verktyg] putty knife **2** [~färg] putty **spackla** *tr* putty

spad [allm.] liquid, water, liquor; [f. soppor o. såser] stock, [kött~ ofta] broth

spade spade **spader** spade [resp.] spades [pl.], *jfr vid. hjärter* [m. sms.]; *dra en ~* F have a game of cards **spadtag** cut (dig) with a spade

spag[h]etti [koll.] spaghetti [sg.; it.]

1 spak *s* [hand-]lever, [⚓] handspike, [flyg.] [control] stick, control column

2 spak *a* [lätthanterlig] tractable, manageable, [foglig] docile, [ödmjuk] submissive; *bli ~* [spakna] become more tractable [etc.], [mjukna] soften; *få (göra) ngn ~* make a p.

docile [etc.] **spakna** *itr, se [bli] spak*
spaljé [f. växt] trellis, espalier; *bilda ~* [bildl.] form a lane **-träd** trained (trellised) [fruit-]tree, espalier
spalt [typogr.] column; [*komma*] *i ~erna* ..in the papers **spalta** *tr* [klyva] split [up]
spaltfyllnad padding
span|a *itr* [med blicken] gaze, look out, [intensivt] watch, spy out; [speja] scout, [⚔ äv.] reconnoitre **-are** [spejare] scout, [flyg.] observer
Spanien Spain
spaning search [sg.]; [mil., flyg.] reconnaissance; *vara på ~ efter ngt* [bildl.] be on the look-out (the search) for a th. **spanings[-flyg]plan** reconnaissance (scouting) plane, scout
spanjor Spaniard **spanjorska** Spanish woman (lady [etc.]); *jfr svenska*
1 spann [bro~] span
2 spann *se hink*
spannmål corn, [isht amer.] grain; [brödsäd] cereals [pl.] **spannmålsmagasin** granary, grain store, [silo] silo
spansk *a* [eg.] Spanish; *~ peppar, se paprika; ~a sjukan* the Spanish flu **spanska 1** *se spanjorska* **2** [språk] Spanish; *jfr svenska 2*
spanskfödd *a* Spanish-born; [f. andra sms. *jfr svensk-*]
spant [⚓] frame
spar|a *tr itr* **1** [samla, gömma] save, *till* for; [uppskjuta] put off, *till* to, till; *~ till en bil* save up for a car; *ha en ~d slant* have some money saved (put by, laid by) **2** [[in]bespara, t. ex. arbete, tid, ngn ngt] save **3** [vara sparsam] practise economy, be economical, save **4** [hushålla med] economize, *på* on; husband, [*på*] *ngt* a th.; [snåla] be sparing, *på* of; [skona, t. ex. sin hälsa] spare; *~* [*sina ögon*] take care not to strain ..; *~ på* [t. ex. beröm] be sparing (chary) of; *~ på* [*sockret*]*!* go easy on ..!; *~ sig* spare oneself [äv. bespara sig], husband one's strength; *~ ihop* save (lay) up, put (lay) by, *till* [i samtl. fall] for; [hopa] accumulate; *~ in* save; *~ in* [dra in] *på ngt* economize on a th. **-are** saver **-bank** savings-bank **-banksbok** savings[-bank] book (passbook) **-bössa** money-box, savings-box **-gris** piggy bank
spark 1 kick; *få en ~* get kicked; *ge ngn en ~* kick a p., give a p. a kick; *få ~en* get the sack, be (get) fired; *ge ngn ~en* give a p. the sack (the push), fire a p. **2** *se sparkstötting* **sparka I** *tr itr* kick; *~ boll* [vanl.] play football; *bli ~d (~ ngn)* [från jobbet] *se [få* [etc.]] *spark[en]* **II** [m. beton. part.] *~ av* [knäcka av] kick and break; *~ av sig* [*täcket*] kick off one's bedclothes; *~ igen* [*dörren*] kick .. shut; *~ till* [*ngn, ngt*] give .. a kick; *~ upp* [t. ex. dörr] kick .. open **sparkas** *itr. dep* kick, [rpr.] kick each other
sparkasseräkning savings account
spark|byxor *pl* rompers; *en -byxa* a pair of rompers **-cykel** scooter **-stötting** kick-sled, sled with a seat and propelled like a scooter
spar|låga [gas~] low jets [pl.]; [*grytan*] *står på ~* ..is kept on low heat **-pengar** *pl* savings
sparre [tak~] rafter
sparringpartner sparring-partner
sparris [koll.] asparagus [vanl. sg.]
sparsam *a* **1** [ekonomisk] economical; [hushållsaktig] thrifty; [snål] parsimonious; *vara ~ med* [*bränslet*] economize on ..; *vara ~* [*med pengar*] be economical **2** [friare o. bildl.]: [njugg, återhållsam] sparing, chary; [gles] sparse, [knapp] scanty; [sällsynt] rare; *~ med (på)* [t. ex. beröm, ord] sparing (chary) of
sparsamhet economy, thrift; *iakttaga den största ~* practise strict economy **sparsamhetsskäl**, *av ~* for reasons of economy
spartan *s o.* **spartansk** *a* Spartan
sparv sparrow **-hök** sparrow-hawk
spasm spasm **spasmodisk** *a* spasmodic
spastisk *a* spastic
spatel spatula
spatiös *a* spacious, [bostad äv.] roomy
spatser|a *itr* walk, *jfr vid. promenera* **-tur** walk
spatt [hos häst] spavin
spe [förlöjligande] derision, [hån] taunt[s [pl.]]; *göra ~ av ngn* ridicule (mock, gibe) a p.
speaker [utropare, hallåman] announcer, [konferencier] compère
speceriaffär grocer's (grocery) shop ([amer.] store) **specerier** *pl* groceries
special|fall special case **-isera** *tr rfl* specialize, *på, i* in **-ist** specialist, *på* in; [expert] expert, *på* on (in) **-itet** speciality **-klass** special class **-kunskap** specialist knowledge **-skola** special school **-uppdrag** special task (commission, [mission] mission) **-utbildad** *a* specially trained
speci|ell *a* special, especial, particular, *jfr särskild; i vårt ~a fall* [just] in our particular case **-ficera** *tr* specify; [räkning] itemize **-fik** *a* specific **-fikation** specification, *över* of; detailed description, *över* of
spedition [spedierande] forwarding, dispatch, shipping; [jfr vid. följ.] **speditör** forwarding (shipping) agent[s [pl.]]
spe|full *a* [hånfull] mocking, taunting, derisive **-fågel** wag, joker
spegel [allm., äv. bildl.] mirror, [vanl.] looking-glass, glass, [hand~] [hand-]mirror **-bild** reflected image **-blank** *a* [om t. ex. is, sjö] glassy, ..as smooth (bright) as a mirror, [om t. ex. golv, metall] shiny **-bord** console-table **-glas** mirror ([tjockt, slipat] plate) glass **-reflexkamera** reflex camera **-skrift**

mirror writing, reversed script
speg|la I *tr* reflect, mirror **II** *rfl* be reflected (mirrored), [om pers.] look [at oneself] in a mirror (a glass); ~ *sig* [*i ett fönster*] have a look at oneself.. **-ling** reflection
speglosa gibe, jeer, sneer, scoff
spej|a *itr* spy [about (round)], *efter* for, *jfr vid. spana* **-are** [✕] [reconnaissance] scout
spektakel 1 [bråk, oväsen] row, shindy; [elände] nuisance; [skandal] calamity **2** [gyckel, åtlöje], *göra* ~ *av (driva* ~ *med) ngn* make a fool of a p.; *bli till ett* ~ become a laughing-stock **3** F, *se ut som ett* ~ look a fright **spektrum** spectr|um [pl. -a]
spekulant 1 [*hugad*] ~ intending (prospective) buyer (purchaser) **2** [börsspelare] speculator, operator, [neds.] jobber **spekulation** speculation; *på* ~ on (as a) speculation
spekulera *itr* speculate, *över* about (on); [på börs äv.] operate; ~ *på* [*att köpa*] [*ett hus*] contemplate (think of) buying..
spel 1 [mus.] playing **2** [teat. (~sätt)] acting; *stumt* ~ dumb show **3** [sällskaps~, kort~, idrotts~] game [äv. bildl.]; [~ande] playing, [~sätt vanl.] play; [hasard~] gambling; [stick i kort~] trick; ~ *om pengar* playing for money; [*förlora (vinna)*] *på* ~ ..by gambling, [kortsp.] ..at cards; [se äv. ex. und. *6*] **4** [orr~ o. d.] [mating] call **5** [⊕]: [gruv~] winder, [vinsch o. d.] windlass; [spelrum] clearance, play, allowance **6** [spec., isht bildl. uttr.]: *musklernas* ~ the play of the muscles; ~*et är förlorat* the game is up; [*onda makter*] *driver sitt* ~ ..are at work; *ha fritt* ~ have free (full) scope (play [äv. eg.]); *lämna fritt* ~ *åt* [*sina känslor*] give [a] free rein (play) to..; *spela ett högt* ~ [bildl.] play a high (dangerous, hazardous) game; *iaktta* ~*ets regler* play the game; *ha ett finger (sin hand) med i* ~*et* have a hand in it; *stå på* ~ be at stake ([riskeras] in jeopardy); *sätta ngt på* ~ risk (stake) a th., put a th. at stake; [*för*]*sätta.. ur* ~ put..out of the running, eliminate..
spela I *tr itr* **1** [allm.] play [äv. bildl. om t. ex. ljus, fontän]; [visa [film]] show; [~ hasard] gamble; [låtsas vara] pretend, feign; ~ *apa* play the ape; ~ *fiol (piano)* play the violin (the piano); *jfr vid. fiol;* [*Stora Teatern*] ~*r Hamlet i kväll* ..is giving Hamlet tonight; ~ *hjälte* act the hero; ~ [*ett parti*] *kort* play [a game of] cards; ~ *skalor* practise scales; ~ *teater, se teater;* ~ *sjuk* pretend to be ill, feign illness; ~ *för ngn* a) [inför ngn] play to a p. b) [ta lektioner] take music ([resp.] piano [etc.]) lessons from a p.; ~ *med ngn* [ge lektioner åt ngn] give a p. music lessons; ~ *om pengar* play for money; ~ *på* [*en häst*] bet on..; ~ *på lotteri* take part in a lottery (lotteries [pl.]) **2** [om orre o.d.] call **II** [m. beton. part.] ~ *av ngn* [*pengar*] win..off a p.; ~ *in* a) [tr.] ~ *in en film* make (produce) a film; ~ *in ngt* [*på band (på grammofonskiva)*] record a th. b) [itr.: inverka] come into play; ~ *upp* a) [spelläxa] play, *för* to b) [t. ex. en vals] strike up; ~ *upp till dans* strike up for dancing c) [band] play back; ~ *ut* [*ett kort*] lead (play)..; ~ *över* a) [öva] practise b) [överdriva] overdo it
spel|ande *a* playing [etc.]; *de* ~ [subst. a] the players, [teat.] the actors **-are** [allm.] player, [hasard~] gambler, [vadhållare] better **-automat** gambling (slot) machine **-bank** casino [pl. -s] **-bord** [f. kortspel] card-table; [f. hasardspel] gambling (gaming) table **-dosa** music[al] box
spelevink[**er**] [ung.] easy-going [and irresponsible] sort of fellow
spel|film feature film **-hall** amusement hall (arcade) **-håla** gambling-den(-house) **-kort** playing-card **-lektion** music lesson **-man** [folk] musician, [fiolspelare] fiddler **-mark** counter **-plan** [mus., teat.] list of performances, repertory **-regel** rule [of the game] **-rum** [bildl.] scope, play, margin; *fritt* ~, *jfr spel 6* [ex.] **-sal** card ([resp.] roulette) room **-skuld** gambling debt **-vinst** winnings [pl.] **-år** [teat.] theatrical year
spenat spinach
spendera *tr* spend; ~ *mycket på ngn* spend a lot of money on a p., treat a p. handsomely **spendersam** *a* generous, liberal
spene teat, nipple
spenslig *a* slender, [om figur äv.] slight
spenvarm *a* [om mjölk] ..warm from the cow
sperma sperm **spermatozo** spermatozo|on [pl. -a]
1 spets [udd] point [äv. bildl.]; [på reservoarpenna] nib; [ände t. ex. på cigarr, finger, rot, tunga] tip, [[smal]ända] [narrow] end; [topp] apex [äv. geom.]; top, [berg- äv.] peak; *sätta* ~ *på* [mat, dryck] lace; *med musik i* ~*en* headed by a band; *stå* ([resp.] *ställa sig, sätta sig) i* ~*en för ngt* be ([resp.] put oneself) at the head of a th.; *driva saken till sin* ~ carry (drive) matters to an extreme (to extremes)
2 spets [trådarbete], ~[*ar*] lace [end. sg.]; *en* ~ a piece of lace
3 spets [hund] spitz
spetsa *tr* **1** [göra spetsig, ~ till] sharpen, point; ~ *läpparna (munnen)* pout one's lips; ~ *öronen* prick up one's ears [äv. bildl.] **2** [genomborra] pierce; [på nål] pin **3** [sätta piff på] lace
Spetsbergen Spitsbergen
spets|bov arch rogue **-båg**[**s**]**stil** pointed (Gothic) style **-fundig** *a* subtle, [neds.]

quibbling, sophistic[al], hair-splitting **-fundighet** subtlety; quibble ⌈äv. konkr.⌉ **-ig** *a* ⌈allm.⌉ pointed, ⌈vass⌉ sharp, ⌈båda äv. bildl.⌉, ⌈avsmalnande⌉ tapering; ⌈om vinkel o. d.⌉ acute; ⌈bildl. äv.⌉ caustic, sarcastic; *~t berg* peaked mountain; *~ kniv* sharp-pointed knife
spets|krage lace collar **-krås** lace frill
spetsvinklig *a* acute-angled
spett spit
spetälsk *a* leprous; *en ~* ⌈subst. a.⌉ a leper
spetälska leprosy
spex ⌈student~⌉ students' farce (burlesque)
spicken *a* salt, [salt-]cured
spigg stickleback
1 spik *adv, ~ nykter (rak), se spiknykter* ⌈etc.⌉
2 spik *s* nail, ⌈stift, nubb⌉ tack; *slå (träffa) huvudet på ~en* ⌈bildl.⌉ hit the nail on the head **spika** *tr itr* nail, ⌈m. nubb o.d.⌉ tack; *~ fast* fasten .. with a nail (⌈resp.⌉ nails ⌈pl.⌉); nail, *vid* on to; *~ igen* ⌈lock o. d.⌉ nail .. down (⌈dörr o. d.⌉ up); *~ upp* nail .. [up]
spik|huvud head of a nail, nail-head **-hål** nail hole **-nykter** *a* F .. as sober as a judge **-rak** *a* absolutely straight, .. as straight as an arrow **-sko** ⌈sport.⌉ spiked (track) shoe
spilkum bowl, basin
spill waste, wastage, loss, ⌈isht av vätska⌉ spillage, ⌈radioaktivt⌉ fall-out **spilla** *tr itr* **1** ⌈eg.⌉ spill, drop; *spill inte!* take care you don't spill a drop!, don't spill it! **2** ⌈bildl.⌉ waste, lose; *~ ord (tid) på ngt* waste words [up]on (time on *el.* over) a th.; *~ på sig* spill something (⌈kaffe etc.⌉ some coffee ⌈etc.⌉) on one's clothes (over oneself); *~ ut* ⌈*vinet*⌉ spill .. [out], slop ..
spillkråka black woodpecker
spillning 1 ⌈gödsel⌉ dung **2** ⌈avfall⌉ refuse
spillo, *ge* ⌈*ngt*⌉ *till ~* a) ⌈anse förlorad⌉ give .. up [as lost], abandon .. b) ⌈prisge⌉ sacrifice ..; *gå till ~* get (be) lost, go (run) to waste
spillolja waste oil
spillr|a ⌈skärva⌉ splinter; ⌈friare o. bildl.⌉ remnant, remains ⌈pl.⌉; ⌈fragment⌉ fragment; *-or* ⌈av t. ex. flygplan, hus⌉ wreckage, debris, ⌈båda end. sg.⌉
spill|tid wasted (lost) time **-vatten** ⌈överloppsvatten⌉ waste water
spilta stall, ⌈lös ~⌉ [loose] box
spin *se 1 spinn*
1 spindel ⊕ spindle
2 spindel ⌈zool.⌉ spider **-nät** *o.* **-väv** cobweb; spider['s] web
spinett spinet
spinkig *a* [very] thin, slender; *~a ben* spindly (spindled) legs
1 spin[n] ⌈flyg.⌉ spin, spinning dive; *råka i ~* go down in a spin
2 spinn spinning; *ta en gädda på ~* spin a pike **spinna I** *tr itr* ⌈eg. o. friare⌉ spin **II** *itr* ⌈om katt, motor, pers.⌉ purr
spinnaker spinnaker
spinn|are ⌈spinnarfjäril⌉ bombycid **-eri** spinning mill **-fiske** spinning **-rock** spinning wheel **-sidan,** *på ~* on the distaff side **-spö** spinning rod
spion spy; ⌈hemlig agent⌉ secret agent **-age** espionage **-era** *itr* spy, *på* on, *åt* for **-eri** spying; espionage ⌈end. sg.⌉
spira I *s* **1** ⌈topp⌉ spire **2** ⌈trä ~⌉ spar ⌈äv. ⚓⌉, ⌈rundhult⌉ pole **3** ⌈härskarstav⌉ sceptre **II** *itr, ~* [*upp (fram)*] ⌈om frö o. bildl.⌉ germinate, ⌈skjuta skott⌉ sprout [up (forth)], *ur* out of; *~nde kärlek* incipient love; *~nde liv* budding (growing) life
spiral spiral, heli|x ⌈pl. äv. -ces⌉; *jfr äv. livmoderinlägg; gå i ~* turn (wind) spirally **-fjäder** coil (spiral) spring **-trappa** spiral (winding, newel) staircase
spirit|ism spiritualism **-ist** spiritualist **-istisk** *a* spiritualistic **-ualism** spiritualism **-ualitet** ⌈elegans⌉ brilliancy, ⌈fyndighet⌉ wit, ⌈kvickhet⌉ esprit ⌈samtl. end. sg.⌉ **-uell** *a* witty, .. full of wit
spirituosa spirits ⌈pl.⌉, alcoholic liquors ⌈pl.⌉
spis ⌈allm.⌉ stove, ⌈köks~ vanl.⌉ [kitchen] range, ⌈elektrisk, gas~⌉ cooker; ⌈eldstad⌉ [open] fire-place
spisa *tr itr* eat, *jfr äta*
spiselkrans mantelpiece, chimney-piece
spiselvrå chimney-corner, fireside[-corner]
spiskrok poker
spjut 1 spear, ⌈kast~, äv. sport.⌉ javelin, ⌈kort⌉ dart, ⌈pik⌉ pike **2** *se spjutkastning* **-kastare** ⌈sport.⌉ javelin thrower **-kastning** ⌈sport.⌉ [throwing the] javelin **-spets** spear head (point, spike)
spjuver rogue **-aktig** *a* roguish
spjäl|a I *s* lath, ⌈på säng o. d.⌉ bar, ⌈i jalusi vanl.⌉ slat, ⌈i staket⌉ pale; ⌈långt spån⌉ sliver; ⌈läk.⌉ splint **II** *tr* ⌈läk.⌉ splint, put .. into splints **-ka** *tr* **1** ⌈klyva, äv. bildl. o. kem.⌉ split, *i* into **2** ⌈läk.⌉ splint
spjäll ⌈i eldstad⌉ damper; ⌈i maskin⌉ throttle [valve] **-snöre** cord of a damper; register-cord
spjärn, *ta ~* [*med fötterna*] *mot ngt* put one's feet against a th. **spjärna** *itr, ~ emot* ⌈streta emot⌉ offer resistance
splint ⌈flisor⌉ splinters ⌈pl.⌉
split discord, dissension
splits *s o.* **splitsa** *tr* splice
1 splitt[er] *adv, se spritt*
2 splitter *s* splinter **splitterfri** *a* shatterproof; *~tt glas* ⌈äv.⌉ safety glass **splittra I** *s* splinter **II** *tr* shatter, splinter, shiver; ⌈klyva⌉ split; ⌈bildl.⌉ divide (⌈t. ex. tid, krafter⌉ split) [up]; ⌈*han är*⌉ *~d* .. disharmonious **III** *rfl* ⌈eg.⌉

splinter, shiver, split; [bildl.] divide (split) one's energy **splittring** [brist på enhet] lack of conformity, disunion, [söndring] disruption, [tvedräkt] division, split

1 spola *tr itr* [~ vatten o. d.] flush, swill [down], [skölja] rinse, wash [äv. om våg]; [skridskobana] flood; [läk.] syringe; ~ [*på wc*] flush the pan; ~ *av* a) [t. ex. bilen] wash down, flush b) [t. ex. smutsen] swill off

2 spola *tr* [vinda upp på spole] wind, spool, reel [äv. film]; ~ *av* wind off, unspool; ~ *om (tillbaka)* [band, film] rewind **spole 1** [i maskin, f. väv o. d. allm.] bobbin, [symaskins~ äv.] spool; [f. film, [färg]band o. d. tom] spool, [full] reel; [hår~] curler **2** [elektr., radio.] coil **spolformig** *a* spool--shaped, bobbin-shaped; [naturv.] fusiform

spoliera *tr* spoil, wreck, [ödelägga] ruin

spoling stripling, [neds.] whipper-snapper

spolmask roundworm; [läk.] ascarid

spont tongue **-ad** *a, ~e bräder* matchboards

spontan *a* spontaneous

spor spore

sporadisk *a* sporadic, [enstaka] isolated

sporra *tr* [eg. o. bildl.] spur **sporrande** *a* [stimulerande] stimulating **sporre** spur [äv. bildl.] **sporrsträck,** *i* ~ at full speed; post-haste, hotfoot

sport sport; *jfr idrott* [m. sms.] **sporta** *itr* go in for sports (games)

sport|affär sports shop **-artiklar** *pl* sports (sporting) equipment [sg.] (articles, goods) **-bil** sports-car **-dykare** skin diver **-fiskare** angler **-fiske** angling **-flygplan** private (sports) plane **-ig** *a* sporty **-jacka** leisure (casual) jacket, [blazer] sports-jacket **-journalist** sports (sporting) writer **-klädd** *a* ..in sports clothes **-lov** [winter] sports holiday[s [pl.]] **-nyheter** *pl* sports (sporting) news [sg.] **-redaktör** sports editor **-sida** sporting page **-skjorta** sports shirt

sportslig *a* sporting **sportsman** sportsman **sport[s]mässig** *a* sportsmanlike, sporting **sportstuga** [ung.] [week-end (summer)] cottage **sportvagn** [bil] sports-car

spotsk *a* [föraktfull] contemptuous, scornful, [övermodig] arrogant; [stursk] impudent

1 spott [saliv] spittle, saliva

2 spott [hån] scorn; [löje] mockery, derision; ~ *och spe* scorn and derision

spott|a *itr tr* spit, [isht läk.] expectorate; ~ *upp sig* pluck up courage **-kopp** spittoon; [på sjukhus] sputum cup **-körtel** salivary gland **-styver,** [*köpa ngt*] *för en* ~ ..for a song

spov [stor~] curlew, [små~] whimbrel

spraka *itr* [knastra] crackle, [gnistra] sparkle [äv. bildl.]; [om norrsken] flash; *~nde färger* blazing colours

sprallig *a* frolicsome, jolly, frisky

spratt trick, [puts] hoax, prank, practical joke; *spela ngn ett* ~ play a trick [etc.] on a p.

sprattelgubbe jumping jack **sprattla** *itr* flounder, [för att komma loss] struggle, [om småbarn] kick about; [om dansös o. d.] F caper about

sprej *s o.* **spreja** *tr* spray **sprejflaska** atomizer

spret|a *itr* [om ben, bokstäver] sprawl; ~ [*ut*] stick (stand) out; ~ [*ut*] *med* [*fingrarna*] spread.. **-ig** *a* straggling, straggly; ~ *handstil* sprawling hand

sprick|a I *s* crack, [i hud] chap; *jfr äv. rämna I;* [*koppen*] *har en* ~ ..is cracked **II** *itr* **1** crack, [om hud] chap, [brista] break, [sprängas sönder] burst, [rämna] split, *jfr äv. rämna II;* [*äta tills man är*] *nära att* ~ ..ready to burst; ~ *av* [*avund (ilska, nyfikenhet, skratt)*] burst with..; ~ *ut* [om löv o. d.] *se slå* [*ut*] **2** F [bli kuggad] fail, be ploughed **-färdig** *a* [pred.] ready to burst, *av* from

sprida *tr rfl* spread, [t. ex. doft, ljus, vetande, värme äv.] diffuse; [~ ut [sig], skingra [sig]] disperse [äv. om prisma], scatter; [utbreda sig] propagate oneself, *jfr spridd;* ~ *en* [*dålig*] *lukt av..* send out a smell of..; ~ *ljus över ngt* [bildl.] shed light upon a th.; ~ *ett rykte* spread (circulate) a rumour; [*sjukdomen*] *har spritt sig till Europa* ..has reached Europe; ~ *omkring* scatter..about; ~ *ut* [eg.] spread out, [friare] spread, circulate, propagate [jfr äv. ovan] **spridare** [allm.] spreader; [f. vatten] sprinkler; [f. besprutning] sprayer; [av lära o. d.] disseminator, propagator **spridd** *a* [utbredd] spread; [enstaka] isolated, stray, sporadic, [gles] sparse; [kring~] scattered, dispersed; *~a skurar* scattered showers; *på ~a ställen* here and there, in isolated spots (places); *en mycket ~ tidning* a widely-read paper, a paper with a wide circulation; *arten är mycket* ~ the species is widely spread **spridning** *(jfr sprida)* spreading [out] [etc.]; diffusion; propagation; dispersion; [*tidningar*] *med stor* ~ ..with a wide circulation, widely-read..; [*hans böcker*] *fick stor ~ över hela Europa* ..were spread all over Europe

spring [-ande] running [about]; *det är ett* ~ [*av folk*] [*dagen i ända*] there is a stream of people popping in and out..

1 springa *s* [narrow] opening; [t. ex. dörr~] chink; [smal ~, t. ex. i brevlåda] slit, [f. mynt o. d.] slot

2 springa I *itr,* [ibl.] *tr* **1** [löpa] run, [rusa] dash, dart, [kila] scamper; [ta till flykten] run away; [hoppa] jump, spring; *spring till* [*posten med det här*]*!* [äv.] pop round to..!;

~ *lös* [om hund] run off the lead; ~ *100 meter* [sport.] run in the 100 metres; ~ *sin väg* run away, ['sticka'] make off; ~ *benen av sig* run oneself off one's legs; ~ *stan runt efter* [ngt] run about [the] town for..; ~ *efter ngn* [vara efterhängsen] run (be) after a p.; ~ *i affärer* go shopping; *priserna sprang i höjden* prices soared; ~ *på bio (toaletten)* keep running to the cinema (lavatory) **2** [brista] burst [äv. ~ *av*], [gå av] snap, break [in two]; ~ [*i luften*] explode, blow, be blown up; *låta en mina* ~ explode a mine; ~ *i småbitar (stycken)* burst, fly to pieces **II** [m. beton. part.]; [*jfr äv. ex. und. I*] ~ *bort* run away (off), escape; *en bortsprungen hund* a dog that has run away; ~ *efter* a) [bakom] run behind b) [hämta] run for, [run and] fetch; ~ *emot* a) [till mötes] run to meet.. b) [stöta emot] run into (against).., *jfr emot II;* ~ *fatt ngn* catch a p. up, catch up with a p.; ~ *fram* a) [eg.] run (rush) forward (up), *för att* [inf.] to [inf.]; [t. ex. ur gömställe] spring (dart) out, *ur* from b) [friare: om flöde, idé o. d.] spring [forth], *ur* out of; ~ *före* a) [framför] run in front, run ahead, *ngn* of a p. b) [i förväg] run on in front (in advance, ahead); ~ *in* [*i huset*] run into the house, run indoors; ~ *in* [*genom dörren*] run [in]..; ~ *ned* run down ([nedför trappan] downstairs); ~ *ned* [*och handla*] F pop down..; ~ *om* [*ngn (ngt)*] overtake (outrun)..; ~ *omkring i butiker* run in and out of the shops; ~ *på ngn, se* ~ *emot b);* ~ *undan* run out of the way, *för* to avoid; [skyggt] run away, *för* from; ~ *upp* a) [löpa] run up ([uppför trappan] upstairs); [bildl., om pris] jump up, soar b) [resa sig] jump (spring) up; ~ *upp ur sängen* spring out of bed; ~ *över till ngn* run (F pop) over to ([för att hälsa på] to see *el.* and see) a p.

spring|ande *a, den* ~ *punkten* the vital point **-are** [häst] steed, courser; [schack.] knight **-brunn** fountain **-flicka** errand girl **-flod** spring tide **-grabb** *o.* **-pojke** errand (messenger, delivery) boy, messenger

sprinkler sprinkler

sprint key, cotter, [dubb] pin, peg

sprinter sprinter **-lopp** sprint [race]

sprit [alkohol] alcohol, [industriell] spirit[s [pl.]]; [dryck] spirits [pl.], [stark~] liquor, [amer.] hard liquor; *mycket* ~ a great quantity (a lot) of spirits

sprita *tr* [ärter o. d.] shell, pod; [fjäder] strip

sprit|dryck alcoholic liquor (drink); ~*er* [vanl.] spirits **-förbud** prohibition **-halt** alcoholic content **-haltig** *a* spirituous, alcoholic **-kök** spirit stove (heater) **-påverkad** *a* ..under the influence of drink (liquor, alcohol), intoxicated **-restriktioner** *pl* spirits restrictions **-rättigheter** *pl, ha* ~ be fully licensed

spritsa *tr* [t. ex. grädde, deg] pipe

spritsmugglare liquor (spirits) smuggler, [isht amer.] bootlegger

spritt *adv,* ~ [*språngande*] *galen* raving mad; ~ [*språngande*] *naken* stark naked; ~ [*språngande*] *ny* brand new, [attr.] brand-new; ~ *vaken* wide-awake

spritt|a *itr* [t. ex. av glädje] jump, bound, *av* for; [t. ex. av lust] quiver, [t. ex. av otålighet] tremble, *av* with; ~ *av liv* bubble with life; ~ *till (upp)* give a start, start; ~ *upp ur sömnen* start up (be startled) out of one's sleep **-ande I** *a* [melodi] gay and lively, [marschmelodi] rousing **II** *adv,* ~ *glad* exultingly happy

sprittermometer spirit thermometer

sprittning [darrning] quiver, [ryckning] twitch

spritvaror *pl* spirits

spritärter *pl* shelling ([kok.] green) peas

sprudla *itr* bubble; ~ *av liv* bubble over with high spirits (with life); ~ *av kvickhet* sparkle with wit **sprudlande** *a* [om t. ex. fantasi, humör] exuberant; [om kvickhet] sparkling; [om t. ex. vitalitet] ebullient

sprund [på kläder] slit, opening

sprut|a I *s* [hand~] syringe [äv. läk.]; [liten] squirt; [f. besprutning, målning o. d.] sprayer; [rafräschissör] spray, atomizer; [brand~] fire-engine; *få en* ~ [*morfin*] get an injection (F a shot) [of morphine] **II** *tr itr* spurt, spirt, [m. fin stråle] squirt, [~ ut med stor kraft, äv. om val o. d.] spout; [be~] sprinkle, [m. slang] hose; [isht färg samt mot ohyra] spray; ~ *eld* spit ([om drake] breathe) fire; [*hans ögon*] ~*de eld (gnistor)* ..flashed (shot forth) fire; ~ *vatten på ngt* throw (spray) water on ([spola] flush, hose) a th.; ~ *in* inject [äv. läk.], syringe, *i* into **-lackering** [abstr.] spraying, spray painting; [färg] spray paint **-måla** *tr* spray-paint **-pistol** spray gun

språk [allm.] language; [isht litterärt uttryckssätt] style, diction; [tal~] speech; [idiom] idiom; *högre* ~ elevated language (style); *juridiskt (militärt)* ~ legal (military) parlance; *föra ett grovt (hotfullt)* ~ speak rudely (in a threatening manner); [*siffrorna*] *talar sitt tydliga* ~ ..speak for themselves; [*lärare*] *i* ~ ..of languages; *ge (slå) sig i* ~ *med ngn* enter (fall) into conversation with a p.; *ut med* ~*et!* speak up (out)!, out with it! **språka** *itr* talk, speak, *om* about **språkas** *itr. dep,* ~ *vid* talk to each other: *det kan vi* ~ *vid om* [*senare*] we can talk it over..

språk|begåvad *a* [attr.] ..with a gift for languages; *han är mycket* ~ he has a gift for languages **-begåvning** [egenskap] gift for languages **-bruk** usage; *enligt vanligt* ~ [äv.] in everyday language **-fel** linguistic error, solecism; [grövre] blunder **-forskare** philologist **-forskning** philology **-förbistring** confusion of languages (tongues) **-grupp** language group, group of languages **-kunnig** *a, en* [*mycket*] ~ *flicka* a girl with a [good] knowledge of languages; *vara* ~ have a good knowledge of languages **-kunnighet** *o.* **-kunskaper** knowledge [sg.] of languages **-kurs** language course **-känsla** feeling for language, linguistic instinct **-laboratorium** *se inlärningsstudio* **-lektion** language lesson **-lig** *a* linguistic; [filologisk] philological **-lära** grammar **-lärare** *o.* **-lärarinna** language teacher **-område** speech area; *det engelska* ~*t* the English-speaking area **-prov** [prövning] language test **-rör** mouthpiece **-sam** *a* talkative **-svårigheter** *pl* difficulty [sg.] in speaking and understanding [a language] **-undervisning** language teaching **-vetenskap** *se -forskning* **-vetenskaplig** *a* philological; [lingvistisk] linguistic **-vård** preservation of the purity of the language **-öra** *se -känsla* **-övning** linguistic (language) exercise

språng [allm.] jump [äv. bildl.], leap, *jfr 2 hopp 1; i ett* [*enda*] ~ at one [single] bound; *vara på* ~ [i farten] be running about **-bräda** spring-board [äv. bildl.] **-marsch** run; *i* ~ at a run **-segel** [brandsegel] jumping sheet

spräa *tr, se spreja*

spräcka *tr* **1** [allm.] crack [äv. röst]; [plan] spoil; [tarm] burst; [trumhinna] split **2** F [i tentamen] plough

spräcklig *a* speckled, spotted

spräng|a *tr* [allm.] burst; [m. sprängämne] blast, [~ i luften] blow up; [slå sönder, t. ex. dörr] break (force)..open; ~ *banken* [i spel] break the bank; [*hjärtat slår*] *som om det skulle -as* ..as if it were ready to burst; ~ *i luften* blow up; ~ *bort* [m. sprängämne] blast away; ~ *sönder* burst ([m. sprängämne] blast) [[i flera delar] ..to pieces]; [*bron*] *är (var) sönderspängd* ..has been (was) blown up to pieces **-bomb** high-explosive bomb **-laddning** explosive (bursting) charge **-lärd** *a* erudite, very learned **-läsa** *tr itr* F swot **-ning** bursting [osv.], *jfr spränga* **-skott** blast, blasting-discharge **-verkan** explosive (blast) effect **-värka** *itr, det -värker i min tumme* my thumb is throbbing with pain **-ämne** explosive

sprätt 1 [snobb] dandy, fop, [amer.] dude **2** *han sätter* ~ [fart] *på* [*pengarna*] he makes..fly

1 sprätta *tr itr* **1** ~ *dynga (gödsel)* spread manure **2** [knäppa (papperstussar o. d.)] flick (flip), *på* [*ngn*] at.. **3** [stänka] spatter **4** [om höns] scratch

2 sprätta *itr* [vara sprättig], *gå och* ~ strut [about], play the dandy

3 sprätta *tr* [sömn.], ~ *bort* rip off (out); ~ *upp* [söm] rip up; [bok] cut, [kuvert] slit open (up)

sprättig *a* dandified

spröd *a* [allm.] brittle; [om t. ex. sallad] crisp; [ömtålig] fragile

spröjs window-bar

spröt 1 [zool.] antenn|a [pl. -ae], feeler **2** [paraply ~] rib

spurt *s o.* **spurta** *itr* spurt

sputnik sputnik

spy *itr tr* vomit; ~ [*ut*] [eld (rök)] belch forth (out)

spydig *a* malicious, [ironisk] sarcastic, [svag.] ironical **-het** [egenskap] malice; sarcasm; irony; *en* ~ a piece of malice [osv.]; ~*er* [yttranden] malicious [osv.] remarks

spyfluga [zool.] bluebottle, blowfly

spygatt [⚓] scupper

spå *tr itr* **1** [utöva spådom] tell fortunes; ~ *ngn* [*i kort (i handen)*] tell a p. his fortune [by the cards (by the lines of the hand)]; ~ *i händerna* [idka -dom] practise palmistry; *låta* ~ *sig* have one's fortune told [one] **2** [förutsäga] predict, foretell, *ngn ngt* [i båda fallen] a th. for a p. **-dom** [förutsägelse] prediction, prophecy **-gumma** *o.* **-kvinna** *o.* **-käring** [old] fortune-teller **-man** fortune-teller; [siare] prophet

spån [flisa] chip, [tak ~] shingle; [koll.]: [fil ~] filings [pl.], [hyvel ~] shavings [pl.]

spånad [abstr.] spinning

spång foot-bridge, plank

spån|korg chip-basket **-tak** shingled roof

spår 1 [märke]: [allm.] mark; [friare] trace; [fot ~] footstep; [t. ex. efter vagn (djur)] track; [jakt.] print, trail, [lukt] scent, *av, efter* [i samtl. fall] of; [på grammofonskiva] groove, [på band] track; [ledtråd (vid brott)] clue; [bildl. ('tillstymmelse')] trace, vestige; *följa* ~*et* [om hund] follow (keep to) the track (scent), [om polisen] follow up the clue; *sopa igen (utplåna)* ~*en* [*efter sig*] obliterate the (one's) track[s]; *följa ngn i* ~*en* [bildl.] follow in a p.'s footsteps; [*allt*] *gick i de gamla* ~*en* [bildl.]..was in the same old groove; *vara* [*inne*] *på fel* ~ [bildl.] be on the wrong track; *komma..på* ~*en* get on the track of.. **2** [järnv. o. spårv.] track; [skenor] rails [pl.], line **spåra** *tr* [följa spåren av] track, follow the trail of, trace; [friare o. i bet. 'märka'] trace; ~ *upp* track down, trace (ferret) out, [friare o. bildl.] hunt out, [upptäcka] discover; ~ *ur* [om tåg o. d.] leave the rails; [bildl.] go astray; *en urspårad* [*individ*] a failure

spår|hund sleuth-hound, bloodhound [båda äv. bildl.] **-ljusprojektil** tracer [bullet] **-löst** *adv,* [*han försvann*] ~ ..without [leaving] a trace, ..into thin air; *det gick honom* ~ *förbi* [utan att han märkte det] he did not notice it at all **-snö** [new-fallen] snow in which tracks can be followed **-vagn** tram[-car], [amer.] streetcar

spårvagns|förare tram driver **-hall** [tram] depot **-konduktör** tram conductor **-linje** *o.* **-spår** tram-line. [*Jfr äv. buss-*]

spår|vidd gauge, width of track **-väg** tramway, [amer.] streetcar line; *det finns ingen* ~ [*i*..] there are no trams..

spä *tr,* ~ [*ut*] dilute; [blanda] mix

späck lard; [valfisk~] blubber **späcka** *tr* [m. späck] lard; [fylla] stuff; [bildl.] [inter]-lard, stud **späcka|d** *a* larded [osv.]; *en* ~ *plånbok* a bulging (well-lined) wallet; [*ett tal*] *-t med citat* ..studded (interlarded) with quotations

späd *a* [om t. ex. växt, ålder] tender; [om t. ex. gestalt] slender; [ovanligt liten] tiny; [ömtålig] delicate

späda *tr, se spä*

späd|barn infant, baby **-barnsdödlighet** infant mortality **-barnsvård** care of infants **-gris** sucking-pig **-kalv** sucking-calf

spädning [konkr.] dilution

späka *tr rfl,* ~ *köttet (sig)* mortify the flesh

spänd *a* (*jfr spänna I*) [[ut]sträckt] stretched [osv.]; [om rep, muskel] taut; tense [vanl. bildl.]; [nyfiken] curious, [ivrig [att få veta]] anxious to know; *ett spänt förhållande* strained relations [pl.]; [*högt*] ~ *förväntan* eager (tense) expectation; *spänt intresse* intense interest; [*lyssna med*] ~ *uppmärksamhet* ..strained (profound) attention; *i* ~ *väntan* on tenterhooks

spänn 1 [*sätta skidorna*] *i* ~ ..in a ski press **2** *vara på* ~ [om pers.] be in suspense (on tenterhooks); *hålla ngns intresse på* ~ keep a p.'s interest at a high pitch

spänna (*jfr spänd*) **I** *tr* [sträcka [ut] o. d., t. ex. snöre] stretch [äv. om muskel]; [dra åt, t. ex. rep] tighten; [anstränga, t. ex. krafter, röst] strain; *jfr båge;* ~ *en fjäder* tighten a spring; ~ *ngns förväntningar* raise a p.'s expectations; ~ *hanen på ett gevär* cock a gun; ~ *sina krafter* strain every nerve [äv. bildl.]; ~ *sin uppmärksamhet* strain one's attention; fix one's attention intently, *på* on; ~ *ögonen i ngn* fasten (rivet) one's eyes on a p.; *jfr äv. ex. under IV* **II** *itr* [kännas trång, om plagg] be [too] tight **III** *rfl* tense oneself; [anstränga sig] strain (brace) oneself; *spänn dig inte!* [äv.] relax! **IV** [m. beton. part.] ~ *av* [*sig*] unfasten, [ngt fäst m. rem] unstrap, [m. spänne] unbuckle, unclasp; [ta av [sig]] take off; ~ *fast* fasten ([m. rem] strap, [m. spänne] buckle).. on, *vid* to; ~ *fast* [*säkerhetsbältet*] fasten..; ~ *från* [*hästen*] unharness (unhitch) the horse; ~ *för en häst för* [*en vagn*] hitch (put) a horse to..; ~ *om sig, se* ~ *fast;* ~ *på* [*sig*] [skidor (skridskor)] put on, [sabel] buckle (gird) on, [ryggsäck] strap on, [säkerhetsbälte] fasten; ~ *till, se* ~ *åt;* ~ *upp* a) [lossa]: [allm.] undo, unfasten, [m. rem] unstrap, [m. spänne] unclasp, unbuckle b) [paraply, tält] put up; ~ *åt* tighten, pull (draw)..tight[er] **spännande** *a* [fylld av spänning] exciting, thrilling, [stark.] breath-taking; *det skall bli* ~ *att få se (veta)* it will be very interesting to see (know)

spänne clasp, [på skärp] buckle, [för håret] slide, [hårklämma] [hair] clip

spänn|ing [allm. o. elektr.] tension, [i volt] voltage; [⊕] strain, stress; [bildl.]: [allm.] excitement, [oro] suspense; *hållas i* ~ [spänd väntan] be kept on tenterhooks; *vänta med* ~ wait excitedly (eagerly) **-tamp** [buckle-]strap **-vidd** [byggn., flyg.] span

späns *o.* **-band** waist-band

spänst [kroppslig] vigour, physical fitness; [elasticitet, svikt] springiness, [om t. ex. fjäders o. bildl.] elasticity; [vitalitet] vitality **spänsta** *itr* [motionera] take exercise to keep fit **spänstig** *a* [om pers.] vigorous, fit; [om gång] springy; elastic; vital, vivacious; *jfr spänst; med* ~*a steg* with a springy step; *hålla sig* ~ keep fit, keep in [good (physical)] form (trim)

spänta *tr,* ~ *stickor* split wood

spärr 1 [⊕] catch, stop, lock; *jfr spärranordning, spärrhake* **2** [vid in- o. utgång] barrier, [järnv. äv. o. vid flygplats] gate **3** [hinder]: [allm.] barrier, [barrikad] barricade; [polis~ på väg] road-block; H embargo; [för inträde vid läroanstalt] bar

spärr|a I *tr* **1** [allm.] block [up], bar; [stänga för trafik äv.] close, *för* to; ~ *en check* stop [payment of] a cheque **2** [boktr.] space out; *med* ~*d stil* in spaced-out letters **II** [m. beton. part.] ~ *av* [gata (väg)] close, [med t. ex. bockar] block, [med rep] rope off, [med poliskordong] cordon off; [isolera] isolate, shut off; ~ *in* [allm.] shut ([låsa] lock)..up; *de inspärrade* [äv.] those in confinement; ~ *upp munnen (ögonen)* open one's mouth (eyes) wide; ~ *ut* [fingrar (klor)] spread out.. **-anordning** locking (blocking) device **-ballong** barrage (anti--aircraft) balloon **-eld** barrage **-hake** pawl, catch **-vakt** ticket collector

spätta [fisk] plaice [pl. lika]

spö [kvist] twig; [met~] [fishing-]rod; [rid~] horsewhip; [smal käpp] switch; *regnet står som* ~*n i backen* it's pouring [down], F it's raining cats and dogs

spöka *itr* **1** [om en avliden] haunt a place, walk; *det* ~*r här (i huset)* this place (house) is haunted **2** [bildl.], *gå uppe och* ~ [*hela natten*] be up and about..; *det är nog* [*kabelfelet*] *som* ~*r igen* [ligger bakom] it is probably..that is behind it ([ställer till trassel] is causing trouble) again; ~ *till (ut) sig* make a fright (guy) of oneself
spök|e [vålnad] ghost, spectre **-eri** ghosts [pl.]; [-ande] haunting; ~*er* ghostly disturbances **-historia** ghost story **-lik** *a* **1** [eg.] ghostlike, ghostly **2** [kuslig, hemsk] uncanny, weird **-likt** *adv* in a ghostlike [osv.] manner **-rum** haunted room (chamber) **-rädd** *a* ..afraid of ghosts **-skepp** phantom ship **-timme** ghostly (witching) hour
spörja *tr itr* **1** *se fråga II* **2** *det spör*[*j*]*s* [jag undrar] *om*.. I wonder if.. **spörsmål** question; *jfr fråga I; juridiska* ~ legal matters
spöstraff whipping, flogging
stab staff
stabil *a* [i jämvikt] stable; [stadig, säker] solid; [om pers.] steady; *en* ~ *firma* a sound firm **-isator** [⚓ o. flyg.] stabilizer **-isera** *tr rfl* stabilize **-itet** stability
stabschef [⚔] chief of staff
stack [halm~, hö~] stack, rick; [hög] heap, [av t. ex. ved] pile; [myr~] ant-hill
stackare [allm.] poor creature ([stark.] devil); [eländig varelse] [poor] wretch; [krake] weakling; [ynkrygg] weak-kneed creature; [ss. efterled i sms. vanl.] poor..; *den* ~*n!* poor thing (devil)! **stackars** *oböjl. a* poor; ~ *jag (mig)!* poor me!; ~ *föräldrar!* I pity his (her [osv.]) parents!, poor parents!; ~ *liten!* poor little thing!
stackato **I** *s* staccato [pl. -os el. -i; it.] **II** *adv* staccato [it.]
1 stad [allm.] town; [större äv., i Engl. isht m. katedral] city; [i administrativt avseende] borough; ~*en New York* New York City; *Stockholms* ~, ~*en Stockholm* the town (city) of Stockholm; *gamla* ~*en (stan)* the old part of the town; *bo i* ~*en* live in town; *han är* [*inne*] *i* ~*en* he is in town; *mot* ~*en, åt* ~*en till* townwards; *gå ut på stan* go into town
2 stad [kant på tyg] list, selvage
stadd *a, vara* ~ *i utveckling (på flykt)* be developing (fleeing *el.* on the run); *när man är* ~ *på resa* [*bör man*..] when travelling..
stadfäst|a *tr* **1** [dom] confirm; [lag] establish; [förordning] sanction; [fördrag] ratify **2** [relig.: befästa] establish **-else** confirmation; establishment; sanction; ratification
stadg|a **I** *s* **1** [stadighet] steadiness, firmness, stability; [stadgad karaktär] firmness of character **2** [förordning] regulation[s [pl.]], rule, statute; [lag] law **II** *tr* **1** [göra stadig] steady; [bildl.] consolidate **2** [förordna] direct, prescribe; [påbjuda] decree **III** *rfl* [om väder, språkbruk o. pers.] become settled **-ad** *a* **1** [om pers.] steady, staid; [om karaktär] firm; [om rykte] settled **2** [föreskriven] prescribed; *inom* ~ *tid* within the time appointed **-ande** [konkr.] *o.* **-ar** *pl, se stadga I 2*
stadig *a* [säker]: [allm.] steady; [fast] firm [äv. bildl.]; [stabil] stable; [kraftig]: [om t. ex. käpp, sko, tyg] stout, [om måltid] substantial; [grov o. stark: om pers.] sturdy; *ha* ~*t arbete* have regular work; ~ *blick* firm look, steady gaze; ~ [fast] *kund* regular client; ~*t väder* settled weather; *gå med* ~*a steg* walk with a firm step **stadighet** *se stadga I 1* **stadigt** *adv* steadily [osv.], *jfr stadig;* [stadigvarande] permanently; *sitta* ~ [om pers.] be firmly seated, [om sak] be firmly fixed; *stå* ~ stand (be) steady (firm)
stadigvarande *a* permanent; [ständig] constant
stadion stadi|um [pl. ibl. -a]
stadium [allm.] stage; [läk. äv.] stadi|um [pl. -a]; [skede] phase, period
stads|arkitekt municipal architect **-barn** town-(city-)child **-befolkning** urban (town) population **-bibliotek** town library **-bo** town-dweller; [borgare] citizen **-bud** [bärare] porter **-del** quarter of a ([resp.] the) town, district **-fullmäktig** town (city) councillor, [amer.] councilman; ~*e i S.* the S. City Council [sg.]; *jfr kommunfullmäktig* **-hotell** [ung.] principal hotel in a ([resp.] the) town **-hus** town ([i större stad] city) hall **-läkare** town medical officer **-mur** town (city) wall **-plan** town plan **-planering** town-(city-)planning **-port** town (city) gate **-rättigheter** *pl, få* ~ be granted a town charter **-vapen** city arms [pl.]
stafett [sport.] **1** [pinne] baton **2** [gren o. d.] relay; *jfr -löpning* **-löpare** relay runner **-löpning** relay race ([-löpande] racing)
staffage [konst.] figure[s [pl.]] in the landscape; [utsmyckning] ornamental detail[s [pl.]], [teat.] décor [fr.]
staffli easel
stag [lina o. d.]: [⚓] stay, [till tält] guy; [stång av trä el. metall] strut; *gå över* ~ [⚓] go about **staga** *tr* stay
stagn|ation stagnation, stagnancy; [stockning] stoppage **-era** *itr* stagnate, become stagnant
staka **I** *tr* **1** [båt] punt, pole **2** [t. ex. väg] mark; ~ *ut* [t. ex. tomt] stake out (off), [[järn]väg] lay out, [gränser för] mark out **II** *itr* [på skidor] use one's [ski] sticks **III** *rfl* [komma av sig] stumble, *på* over **stake** **1** [stör] stake; [att staka båt med] pole **2** [ljus~] candlestick

staket [av trä] fence, [av metall] railing, paling; [spjäl~] trellis; [av ståltråd] wire fence
stall 1 [byggnad] stable; [för cykel] shed **2** [på stråkinstrument] bridge **-broder** companion, comrade, [neds.] crony **-dräng** stableman, groom
stam 1 [bot. o. språkv.] stem; [träd~] trunk **2** [ätt] family, lineage; [folk~] tribe; [djur~] strain; [*en man*] *av gamla ~men* ..of the old stock ([friare] school) **-bana** [järnv.] trunk (main) line **-fa[de]r** progenitor, [earliest (first)] ancestor **-gäst** regular [frequenter]; habitué [fr.] **-kund** regular customer
1 stamma *itr, se härstamma*
2 stamma *itr* [i tal] stammer, stutter; [t. ex. av osäkerhet] falter; ~ *fram* stammer (falter) out **stamning** stammering, stuttering
stamp 1 [-ande], *se stampning 1* **2** [för prägling] stamp, die
1 stampa *itr tr* **1** [m. fötterna] stamp; ~ [*med foten*] *i golvet* stamp [one's foot] on the floor; ~ *i marken* [om häst] paw the ground; ~ *takten* beat time with one's foot **2** [⚓] pitch; ~ *av* [*sig*] [smutsen o. d.] stamp.. off one's feet; ~ *till* [t. ex. jord] trample ([m. redskap] ram)..down
2 stampa *itr tr* [F pantsätta], ~ [*på*] *ngt* pop a th. **stampen** [F pantbanken], [*min klocka*] *är på ~* ..is at [my] uncle's, ..is in pop
stamp|ning 1 [m. fötterna] stamp; [-ande] stamping, [om häst] pawing **2** [⚓] pitch; [-ande] pitching
stamtavla genealogical table; pedigree [äv. om djur]
standar standard; [friare o. bildl. äv.] banner
standard [norm] standard, [avseende större förh. ofta] standards [pl.]; *höja (sänka) ~en* raise (lower) the standard (level) **-format** standard size **-höjning** [om levnadsstandard] rise in the standard of living **-isera** *tr* standardize **-isering** standardization; [-iserande] standardizing **-mått** standard size **-prov** [skol.] common achievement test **-sänkning** [om levnadsstandard] lowering of the standard of living
stank stench, offensive smell
stanna I *itr* **1** [bli kvar] stay; [*jfr stanna kvar* ned.]; *det ~r oss emellan* this is between you and me; ~ *över natten* stay (F stop) the night **2** [bli stående] stop; [med el. om fordon (avsiktligt)] pull up; ~ *tvärt* stop short; *klockan har ~t* ..has stopped; ~ [bestämma sig] *för*.. decide in favour of..; ~ *i växten* stop growing; ~ *på halva vägen* stop half-way; *det ~de vid hotelser* it got no further than threats **II** *tr* [hejda] stop; [bromsa äv.] bring..to a standstill **III** [m. beton. part.] ~ *av* [allm.] stop, cease; [om samtal o. d.] die down; ~ *borta (hemma)* stay *el.* remain away (at home); ~ *kvar* [allm.] remain, [om pers. äv.] stay [on]; [som rest] be left; ~ *uppe länge* stay up late; ~ *ute* [*i det fria*] stay [out] in the open
stanniol *o.* **-papper** tinfoil
stans *s* [⊕] punch **stansa** *tr,* ~ [*ut*] punch
stansningsmaskin punching machine
stansoperatris puncher, punching machine operator
stapel 1 [hög] pile; [av ved] stack; *jfr klockstapel* **2** [⚓] stocks [pl.]; *gå (löpa) av ~n* be launched; *gå av ~n* [bildl.] come off, take place **3** [fys.] pile **4** [på bokstav] stem **-avlöpning** launching **-bädd** [⚓] slipway, building berth **-vara** staple [commodity]
stapla *tr,* ~ [*upp*] pile [..up]; ~ *ved* stack wood
stappla *itr* **1** [gå ostadigt] totter, stumble, *fram* along; [vackla] stagger **2** [staka sig] falter, stumble
stare starling
stark *a* [allm.] strong [äv. gram.]; [kraftig] powerful; [fast] firm; [slitstark, hållbar] solid, durable, lasting; [frisk] healthy; [friare o. bildl.]: [stor] great, [intensiv] intense, violent; [om ljud] loud; [utpräglad, om t. ex. motvilja] pronounced; ~ *fart* great speed; ~ *feber* high fever; ~ *förkylning* severe (heavy) cold; *~t gift* virulent poison; ~ *hunger* great hunger; ~ *köld* bitter (intense) cold; ~ *storm* severe (hard) gale; ~ *tillströmning* [t. ex. av studerande] large influx; ~ *trafik* heavy traffic **-sprit** [strong] spirits [pl.]; [amer.] hard liquor **-ström** power current
starkt *adv* strongly [osv.], *jfr stark;* ~ *kryddad* highly seasoned
stark|vin dessert wine **-öl** strong beer
1 starr [bot.] sedge
2 starr [läk.], [*grå*] ~ cataract; *grön* ~ glaucoma
starrbliga *itr* gape, stare, *på ngn* at a p.
start start; [avfärd äv.] departure; [flyg.] take-off; *flygande (stående)* ~ [sport.] flying (standing) start
start|a I *itr* start; [flyg.] take off; [bege sig av äv.] set out (off) **II** *tr* start [up]; set.. going; set up **-avgift** entrance-stake **-bana** [flyg.] runway; [för raket] launcher **-förbud** [flyg.], *det råder ~ (~ har utfärdats)* all planes are grounded **-grop** [sport.] starting hole; *ligga i ~arna* [bildl.] be ready to start **-kapital** initial capital **-klar** *a* ..ready to start ([flyg.] take off) **-knapp** *o.* **-kontakt** starter **-linje** starting line **-motor** starting motor **-nyckel** [motor.] ignition key **-raket** booster rocket **-skott** starting shot **-sträcka** [flyg.] starting (take-off) run

stass finery
stat 1 [polit.] state; *~en* the State, [statsmakten] the Government, [i konungadöme, isht jur.] the Crown; *[Förenta] Staterna* the [United] States [sg.]; *i ~ens tjänst* in the service of the State; *Statens järnvägar* the Swedish State railways **2** [ämbetsmannakår] staff **3** [budget] budget; *officer på ~* permanent officer **4** *dra in på ~en* cut down [one's] expenses **-are** [åld.] agricultural labourer receiving allowance (payment) in kind
statera *itr* [teat. o. film.] walk on
station [allm.] station; [järnvägs~ o. buss~ amer. äv.] depot; [telef.] exchange **-era** *tr* station
stations|hus station building **-inspektor** station-master **-samhälle** village around a [railway] station **-vagn** [bil] station wag[g]on
stationär *a* stationary
statist [teat.] walker-on [pl. walkers-on], [isht film.] extra
statistik statistics [data pl., ämne sg.] **statistiker** statistician **statistisk** *a* statistical
stativ stand; [till kamera o. d. äv.] tripod
statlig *a* [statens o. d. vanl.] State..; [isht mots. kommunal] national; [isht mots. privat (om t. ex. befattning)] public; *~a myndigheter* Government authorities; *[företaget] är ~t* ..is run by the State ([statsägt] State-owned); *jfr äv. stats-*
stats- [i sms.] *se ned. o. statlig*
stats|anslag Government (State, public) grant **-anställd I** *a* ..employed in Government (public) service **II** *subst. a* Government (public) employee **-bidrag** State (Government) subsidy (grant) **-chef** head of a (the) State **-fientlig** *a* ..hostile to the State; [samhälls-] subversive **-finanser** *pl* Government finances, finances of the State **-förbund** association of States; [federation] [con]federation; [union] union **-förvaltning** public (State) administration **-hemlighet** State (official) secret **-ingripande** State (Government) interference (intervention) **-institution** Government (State) institution **-kalender** official year-book **-konst** statesmanship, statecraft **-kunskap** political science **-kupp** coup d'état [fr.] **-kyrka** established (State, national) church **-lån** [till staten] Government loan **-lös** *a* stateless **-man** statesman; [politiker] politician **-minister** prime minister, premier **-obligation** Government bond **-råd 1** [minister] cabinet minister, member of the cabinet **2** [konselj] cabinet council **-rättslig** *a* [attr.] ..of (relating to) constitutional law **-sekreterare** under-secretary of State **-skick** constitution **-skuld** national debt **-tjänst** Government (public) service **-tjänsteman** civil (public) servant **-understöd** State (Government) subsidy (grant); [*skola*] *med ~* State-aided..; *en teater med ~* a subsidized theatre **-utgifter** *pl* Government (State) expenditure [sg.] **-utskott** standing committee of supply **-verksproposition** budget and finance bill, budget proposals [pl.] **-välvning** [political] revolution **-ägd** *a* State-owned, Government-owned **-överhuvud** head of a (the) State
statuera *tr, för att ~ ett exempel* as a lesson (warning) to others **status** status, [ställning äv.] standing **statussymbol** status symbol
statuter *pl* regulations, rules, statutes
staty statue **-ett** statuette, figurine
stav 1 [käpp o. d.] staff; [vid stavhopp] pole; [skid ~] ski stick **2** *se stavhopp*
stav|a *tr itr* spell; *~ fel* make a spelling mistake; *hur ~s (~r man [till]) det?* how do you spell it?; *~ av, se avstava; ~ efter* [*ngt*] repeat..word by word **-else** syllable **-fel** spelling mistake
stav|hopp pole-vault, [hoppning] pole-vaulting **-hoppare** pole-vaulter
stavning spelling; [rätt ~ äv.] orthography
stearin candle-grease, [fackl.] stearin **-ljus** candle
steg step [äv. bildl.]; [kliv (äv. bildl.)] stride; [raket~] stage; *med ostadiga ~* with an unsteady gait; [*utvecklingen går framåt med*] *stora ~* ..rapid strides; *ta första ~et* take the first step [äv. bildl.]; *ta ~et fullt ut* [bildl.] go the whole way (length); *ta ut ~en* [gå fortare] step out [better] **stega** *tr, ~* [*upp*] [*en sträcka*] pace (step) [out]..
stege ladder [äv. bildl.]
steglits[a] goldfinch
1 stegra *tr* [t.ex. priser, produktion] increase, raise; [t.ex. nyfikenhet, oro] heighten; [förstärka] intensify; [förvärra] aggravate; *de ~de levnadskostnaderna* the increase [sg.] in expenses (the cost) of living
2 stegra *rfl* [om häst] rear
steg|ring [ökning] increase, rise **-vis I** *adv* [steg för steg] step by step **II** *a* gradual, step-by-step..
stek [allm.] joint; [tillagad vanl.] roast, joint of roast meat; *jfr fårstek* [m. fl.] **stek|a I** *tr* roast; [i ugn äv.] bake; [i stekpanna] fry; [*den är*] *för litet (mycket) -t* ..underdone (overdone) **II** *itr* [om solen] be broiling (scorching) **III** *rfl, ~ sig i solen* be broiling in the sun
stekel [zool.] hymenopt|er[on] [pl. -era]
stek|fat meat dish **-gryta** [meat] roaster **-os** [unpleasant] smell of frying **-panna** frying pan **-spett** spit **-termometer** roasting thermometer **-ugn** [roasting-]oven
stel *a* stiff [äv. bildl.]; [styv] rigid; [kylig, om t. ex. sätt] frigid, strict, [om språk, um-

gänge] formal; [om t. ex. ansiktsuttryck] fixed; ~ *av* [*fasa*] paralysed with..; *vara* ~ *i fingrarna* have stiff fingers **-bent** *a* stiff-legged **-frusen** *a* [om pers.] numb, [pred.] ..stiff with cold **-het** stiffness; rigidity; frigidity, strictness, formality; *jfr stel* **-kramp** tetanus, F lockjaw **-na** *itr* [om kroppsdel o.d.] stiffen, get stiff; [av köld (fasa)] be numbed (paralysed); [om vätska] congeal, coagulate, solidify; *det kom hans blod att* ~ [bildl.] it made his blood run cold; ~ *till* [eg.] get stiff; *han* ~*de till* [*när han såg henne*] he stiffened up..

sten stone, [amer. äv.] rock; [läk. äv.] calcul|us [pl. -i]; [koll.] stones [pl.]; [liten] pebble; [stor] boulder, rock; *en* ~ *har fallit från mitt bröst* it was a load off my mind; *kasta* ~ *på..* throw stones at..; *bygga av* ~ build in stone **stena** *tr* stone

sten|block stone block; [naturligt äv.] boulder **-bock** **1** [zool.] ibex, steinbock **2** [astr.], *Stenbocken* Capricorn **-brott** [stone-]quarry

stencil *s o.* **-era** *tr* stencil; *dra (skriva) en stencil* run off (cut) a stencil

sten|död *a* stone-dead,.. [as] dead as a door-nail **-döv** *a* stone-deaf,.. [as] deaf as a post **-flisa** chip of stone, stone splinter **-frukt** stone fruit, drupe **-gata** paved street **-get** chamois **-gods** stoneware **-golv** stone floor **-hus** stone ([av tegel] brick) house **-hög** heap of stones **-ig** *a* stony **-kast** [avstånd] stone's throw [pl. stone-throws] **-kastning** stone-throwing **-kol** [pit] coal **-kolstjära** coal-tar **-kross** stone crusher **-kula** [leksak] [stone] marble **-lagd** *a* paved; *icke* ~ unpaved **-lägga** *tr* pave **-läggning** [konkr.] pavement **-mur** stone wall

steno|graf shorthand writer, [isht amer.] stenographer; ~ *och maskinskriverska* shorthand typist **-grafera** **I** *tr* take down.. in shorthand **II** *itr* write shorthand **-grafi** shorthand, stenography **-grafisk** *a* shorthand, stenographic **-gram** shorthand note (report)

sten|parti [trädg.] rock-garden, rockery **-platta** slab of stone, [för stenläggning] paving-stone **-rik** *a* **1** [eg.].. full of stones, very stony **2** [bildl.]..made of money **-rös[e]** mound of stones **-skott** flying stone [hitting a motor-car] **-sätta** *tr* [-lägga] pave **-sättning** **1** *se stenläggning* **2** [arkeol.] stone circle ([skeppssättning] ship) **-söta** polypody **-tavla** [bibl.] stone tablet **-trappa** stone stairs ([isht utomhus] steps) [pl.]; *jfr vid. trappa* **-yxa** stone axe **-åldern** the Stone Age **-åldersmänniska** Stone-Age man **-öken** stony desert, [bildl. (om stad) äv.] stone wilderness

stereo|anläggning stereo equipment **-foni** stereophony **-fonisk** *a* stereophonic **-skiva** stereo record **-skop** stereoscope **-skopisk** *a* stereoscopic **-typ** *a* [bildl.] stereotyped

steril *a* sterile; [ofruktbar äv.] barren; [bakteriefri] sterilized **-isera** *tr* sterilize

sterling, *pund* ~ pound sterling

stetoskop stethoscope

steward *o.* **stewart** steward

stia [svin~] [pig-]sty

stick **I** *s* **1** [av nål o. d.] prick; [av t. ex. bi] sting, [av mygga] bite; [av vapen] stab, thrust **2** [kortsp.] trick **3** [konst.] engraving **4** *lämna ngn i* ~ *et* leave a p. in the lurch **II** *adv,* ~ *i stäv mot..* directly contrary to..

stick|a **I** *s* **1** [flisa] splinter; [pinne] stick; *få en* ~ *i fingret* get a splinter in o.'s finger; *mager som en* ~ [as] thin as a rake **2** [strump~] [knitting-]needle **II** *tr* **1** a) [ge ett stick (m. nål o. d.) vanl.] prick; [stinga]: [om t. ex. bi] sting, [mygga] bite; [slakta (gris)] stick b) [köra, stöta] stick; ~ *hål i (på)* prick (make) a hole ([resp.] holes) in, [t. ex. ballong, böld] puncture, prick; ~ [*en kniv*] *i ngn* stick..into a p.; ~ [*en nål*] *i (igenom) ngt* run..into (through) a th.; ~ *sig* prick oneself, *på* on; ~ *sig i fingret* prick one's finger, *på* with **2** [stoppa]: [allm.] put, stick; ['köra'] thrust; [låta glida] slip **3** [sömn.]: [m. stickor] knit [äv. utan obj.]; [vaddera] quilt **III** *itr* **1** [ofta opers.], *det -er i benet (hela kroppen)* [*på mig*] I have twinges of pain in my leg (all over my body); [*röken*] *-er i näsan på mig ..* makes my nose smart (tickle); [*färgen*] *-er i* [fångar] *ögonen ..* strikes (catches) the eye **2** ~ *under stol med, se stol* [ex.] **3** F [kila, ge sig i väg] go (push, [smita] run) off; *stick!* hop it!, scram!; *jag -er (måste* ~*)* [*nu*] I'm (I must be) off..; ~ [*i väg*] *hem* pop (nip) [off] home; ~ *till sjöss* [avsegla] put out to sea **IV** [m. beton. part.] ~ *av mot (från)* stand out against, contrast to; ~ *emellan med* [*ett par ord*] put in..; ~ *fram* [itr.] stick out; [titta fram] peep out; ~ *ihjäl (ned) ngn* stab a p. to death; ~ *till ngn* [*en femma*] slip.. in[to] a p.'s hand; *det stack till i mig* [bildl.] I felt a pang; *det stack till i ögat på mig* there was a sudden pain in my eye; ~ *upp* a) [skjuta upp, synas] stick up (out); [om växt] shoot [up] b) [vara uppnosig] be cheeky; ~ *ut* a) ~ *ut ögonen på ngn* poke out a p.'s eyes b) [itr. skjuta ut] stick (stand, jut) out, protrude; ~ *åt, se* ~ *till*

stick|ande *a* **1** [om känsla] pricking, [smärtande] shooting, [svag.] tingling; [om lukt, smak] pungent; [om blick, ögon] piercing; [om ljus] dazzling; [om sol, hetta] blazing, scorching **2** *komma* ~ *med ngt* come up with a th. **-as** *itr. dep* [om bi] sting; [om mygga] bite; [rivas (om t.ex. ylleplagg)] be prickly **-garn** knitting-yarn **-kontakt** [elektr.]: [-propp] plug; [vägguttag] point **-ling** cutting **-ning 1** [stickande känsla] pricking [osv.] sensation, *jfr stickande 1* **2** [sömn.] knitting [äv. konkr.]; *en* ~ a piece of knitting; ~ *ar* [garnering] stitchings **-ord 1** [gliring] taunt, cutting remark **2** [uppslagsord] head-word, entry **-prov** spot test (check); [konkr.] random sample **-spår** dead end [siding], [anslutnings~] private siding

1 stift [kyrkl.] diocese

2 stift 1 [sprint o.d.] pin; [spik utan huvud] brad; [häft~] drawing-pin; [amer.] thumbtack; [trä~] plug **2** [blyerts~] lead, [reserv~] lead refill; [på reservoarpenna] nib **3** ⊕ [i tändare] flint; [tänd~] plug; [grammofon~] styl|us [pl. äv. -i]

stift|a *tr* **1** [grunda] found; [lagar] institute; [förbund, förening] form **2** [åstadkomma], ~ *fred* conclude (make) peace; *se äv. bekantskap* [ex.] **-are** [grundare] founder; [av t.ex. stipendium] donor **-else** foundation

stiftsstad cathedral city, diocesan capital

stifttand pivot tooth

stig path, [upptrampad] track [båda äv. bildl.]

stig|a I *itr* **1** [gå] step, walk, [trampa] tread; ~ *åt sidan* stand (step) aside **2** [stiga uppåt, höja sig]: [eg.] rise [äv. om t.ex. humör, barometer]; ascend, go up; [om flygplan] climb; [om terräng] climb; ~ *i rang* acquire a higher rank **3** [öka, växa]: [allm.] rise, [om t.ex. efterfrågan, inflytande] grow; *brödet har -it* [*i pris*] bread has gone up [in price] **II** [m. beton. part.] ~ *av* [gå av] get off, [från buss o. d. äv.] alight, [från cykel äv.] dismount; *jag vill* ~ *av* [bli avsläppt] *vid*.. I want to be put down at..; ~ *fram* step forward; *stig* [kom] *in!* [vid knackning] come in!; ~ *in* [*i* [bil o. d.]] get in[to..]; ~ *in i rummet* enter the room; ~ *ned* (*ner*) step down, descend; ~ *ned från* [t.ex. en stege, ett träd] climb down; ~ *på* a) *se* ~ *in* b) [gå på]: [tåg, buss o.d.] get on [into].., board (enter).., [cykel] get on (mount)..; *han steg på* [tog] *tåget i D.* he took the train at D.; ~ *undan* step out of the way; ~ *upp* get up; [kliva upp] get out, *ur* of..; ~ *upp i* [*en vagn*] get [up] into..; ~ *upp på* [*en stege*] get up on (mount)..; ~ *ur tåget* get out of the train, *jfr* ~ *av* [ovan]; ~ *över* [dike o. d.] step across..; [sten, stock] step over.., [gärdesgård] climb over..; ~ *över tröskeln* cross the threshold **-ande** *a* [allm.] rising; [om ålder] advancing; [om t.ex. glädje, vrede] mounting; [om t.ex. betydelse, missnöje] growing; ~ *efterfrågan* growing demand; *med* ~ *intresse* with increasing interest; ~ *skala* ascending scale; ~ *tendens* rising (upward) tendency (trend) **-bygel** stirrup

stigmatisera *tr* stigmatize

stigning rise; [i terräng samt flyg.] ascent, climb; [backe] rise; [ökning] increase

stil 1 [hand~] [hand]writing **2** [boktr.] type; [tryck~] print, characters [pl.]; [*tryckt*] *med liten (stor)* ~ [printed] in small (large) type **3** [framställning, konstart o. friare] style; manner; *i stor* ~ [i stor skala] on a large scale, [vräkigt] in [grand] style; [*något*] *i den* ~ *en* ..like that (in that line); *något i* ~ *med* [*Selma Lagerlöf*] something like (in the same style as)..; *det är* ~ *på henne* she has style **4** [skol.]: [översättningsuppgift] text for translation; [översatt] translation **-art** style; genre [fr.] **-enlig** *a* [tidstrogen] ..in accordance with the style of the period

stilett stiletto [pl. -s]

stilig *a* [elegant] elegant, smart; [vacker] handsome

stil|isera *tr* **1** [avfatta] word, compose, *jfr formulera* **2** [konst. o.d.] stylize, conventionalize **-ist** stylist; *god* ~ master of style, elegant writer **-istisk** *a* stylistic

still *adv, se stilla I* **stilla I** *a adv* [ej upprörd] calm; [stillsam] quiet; [rofylld] tranquil; [orörlig] immovable; [fridfull] peaceful; [svag] gentle; [tyst] silent; *S*~ *havet* the Pacific [Ocean]; [*den*] ~ *veckan* Holy Week; [*var (stå)*] ~*!* [rör dig inte] keep still!, don't move!, [håll dig tyst el. lugn] [be (keep)] quiet!; *ligga (sitta* [osv.]) ~ lie (sit [osv.]) still, [hålla sig ~] keep still (quiet), [inte röra sig] not move (stir); *sitta* ~ [kvar] remain seated; *stå* ~ [inte flytta sig] stand still, not move; [om t.ex. fabrik, maskin] stand (be) idle; [om vatten] be stagnant **II** *tr* [t.ex. hunger, vrede] satisfy; [kuva (t.ex. passion)] subdue; [lindra (t.ex. lidande)] alleviate; [lugna] quiet **stillasittande** *a* [om t. ex. arbete, liv] sedentary **stillastående** *a* [om t. ex. fordon, luft] stationary; [om vatten, liv] stagnant; [om maskin] idle; [orörlig] immobile **stillatigande** *a* silent, quiet

stillbild [film.] still **stilleben** [konst.] still life [pl. still lifes]

stillestånd 1 H [stagnation] stagnation, standstill **2** [vapen~] armistice

still|het stillness, calm; quiet[ness]; tranquillity; peace; *jfr stilla I;* [*det skedde*] *i all* ~ .. quietly; *leva i* ~ lead a quiet life; [*begravningen*] *sker i* ~ .. will be [strictly] private **-na** *itr,* ~ [*av*] [om storm o. d.] calm down **-sam** *a* quiet; [rofylld] tranquil

stil|ren *a* [attr.].. in pure style **-riktning** type ([strömning] trend) of style **-sort** [boktr.] type
stiltje 1 [vindstilla] calm **2** [bildl.] period of calm, lull; [stillestånd] stagnation
stim 1 [fisk~] shoal, school **2** [oväsen] noise **-ma** *itr* **1** [om fisk] shoal **2** [föra oväsen] make a noise, be noisy
stimul|ans [stimulering] stimulation **-antia** *pl* stimulants, stimuli **-era** *tr* stimulate
sting 1 [stick]: [av t. ex. bi] sting, [av mygga] bite, [av nål o. d.] prick; [bildl.] pang **2** ['snärt'] sting, bite, go
stink|a *itr* stink, have a nasty smell, *av ngt* of a th. **-djur** skunk
stinn *a* **1** [övermätt] gorged, stuffed, *av* with **2** [överfull]: [om t.ex. plånbok] bulging; [om mage, juver] distended
stins station-master
stint *adv, se (stirra) ~ på ngn* look (stare) hard at a p.
stipend|iat [isht studie~] holder of a scholarship **-ium** [isht studie~] scholarship; [bidrag] grant, award
stipulera *tr* stipulate
stirr|a I *itr* stare, [drömmande] gaze, *på* [i bägge fallen] at; *~* [se spänt] *på..* fix (rivet) one's eyes upon.. **II** *rfl, ~ sig blind på ngt* [bildl.] let oneself be hypnotized by a th. **-ande** *a* staring; *~ blick* [tom] vacant eye (look)
stjäla I *tr itr* steal [äv. bildl.]; [snatta] pilfer **II** *rfl, försöka ~ sig till* [*litet vila*] try to snatch..
stjälk [bot.] stem, [tjockare] stalk
stjälpa *tr itr* **1** [välta omkull] overturn, tip over; [slå omkull] knock.. over; [vända upp och ned på] turn.. upside down; *får ej ~s!* [på kolli] keep upright!; *~ av* tip, dump, [sopor] shoot **2** [hälla] pour, tip; *~ i sig* gulp down; *~ ur (ut)* [innehåll] pour out, [spilla] spill
stjärn|a star [äv. bildl.]; [militär gradbeteckning] pip; *en uppåtgående ~* a rising star **-baneret** the star-spangled banner; the stars and stripes **-bild** constellation **-fall** [meteor] shooting star **-gosse** 'star-boy', boy who attends on Lucia **-himmel** starry sky (firmament) **-kikare** [astronomic] telescope **-klar** *a* starry, starlit **-skott** *se -fall* **-tydare** astrologer
stjärt [allm.] tail [äv. bildl.]; [på människa] bottom, [bak] behind **-fena** tail-fin
sto mare; [ungt] filly
stock [stam] log; [friare] block; *sova som en ~* sleep like a log (top)
stocka *rfl* stagnate [äv. om trafik]; *det (orden) ~de sig i halsen på honom* he felt a lump (the words stuck) in his throat
stock|holmare Stockholmer, inhabitant ([infödd] native) of Stockholm **-holmska 1** [kvinna] Stockholm woman ([flicka] girl) **2** [språk] Stockholm dialect (talk)
stockning [avbrott] stoppage; [stillastående] standstill, stagnation; *~ i trafiken* traffic jam
stock|ros hollyhock **-vedsbrasa** log-fire
stoff [material] material, *till* for; [innehåll (i bok o. d.)] [subject-]matter; [materia] stuff
stofil odd fish; *gammal ~* old fogey
stoft 1 [damm o.d.] dust **2** [avlidens]: [lik] [mortal] remains, [aska] ashes [båda pl.] **-hydda** [skämts.] body
stoiker *s o.* **stoisk** *a* stoic
stoj [oljud] noise, [larm] uproar, hubbub **stoja** *itr* make a noise, be noisy **stojande** *a* noisy, boisterous
stol chair; [utan ryggstöd] stool; [sittplats] seat; *sticka under ~ med ngt* conceal a th., keep a th. back
stolgång 1 *se avföring* **2** [anat.] anus [lat.]
stolla fool, crazy woman ([resp.] girl) **stolle** fool, crazy fellow **stollig** *a* crazy, cracked, [stark.] mad
stolpe [säng~ , grind~ , lykt~] post; [lednings~ , telefon~ o.d.] pole; [stöd] prop
stolpiller [läk.] suppository
stol[s]|ben chair leg, leg of a (the) chair **-karm** [armstöd] elbow-rest, arm of a (the) chair
stolt *a* proud, *över* of; [ärofull] glorious **-het** pride, *över* in **-sera** *itr* boast, brag, *med, över* of; pride oneself, *med, över* [up]on; *jfr skryta*
stomme frame[work] [äv. bildl.]; [utkast] skeleton
1 stopp I *s el. pred. a* [tilltäppning] stoppage; [stagnation] stagnation; *sätta ~ för ngt* put a stop (an end) to a th.; *säg ~!* [vid påfyllning av glas] say when! **II** *itj* stop!, halt!
2 stopp *s* [stoppat ställe] darn
1 stoppa I *tr* [stanna, hejda] stop; [sätta stopp för] put a stop (an end) to **II** *itr* **1** [stanna] stop, come to a standstill **2** [stå rycken]: [stå emot] stand up, *för* to; [tåla en påfrestning] stand the strain; [hålla] last **3** [förslå], *det ~r inte med* [*100 kr*] ..isn't enough, .. won't suffice
2 stoppa I *tr* **1** [strumpor o. d.] darn, mend **2** [fylla] fill, [proppa] cram; [~ full] stuff; [möbler] upholster; [vaddera] wad; *~* [*fickorna*] *fulla* fill (cram).. **3** [instoppa o. d.] put, ['köra'] thrust, ['sticka'] stick **II** [m. beton. part.] *~ i sig..* [äta] put away..; *~ in* [stoppa undan] tuck (stuff) away, *i* [*ngt*] in[to]..; *~ ned* put (tuck) down; *~ om* a) [möbler] re-upholster b) [t.ex. ett barn]

tuck.. up [in bed]; ~ *på sig ngt* put a th. into one's pocket ([resp.] pockets); ~ *till* [fylla igen (t. ex. hål)] stop [up], fill [up], [täppa till (t. ex. rör)] choke, block up; ~ *undan* stow away; ~ *upp* [djur o. d.] stuff

stoppförbud [trafik.], *det är* ~ waiting is prohibited

stoppgarn darning wool

stopp|gräns stopping limit **-ljus** [på bil] brake (stop) light **-märke** [trafikmärke] stop sign

stopp|ning 1 [lagning] darning, mending **2** [fyllning] stuffing, [möbel~] upholstery [båda äv. konkr.] **-nål** darning-needle

stopp|tecken stop (halt) signal **-ur** stop watch

stor [*jfr större, störst* samt resp. huvudord] *a* **1** [isht konkr.] large [särsk. i bet. rymlig, vidsträckt, i stor skala]; [i ledigare stil vanl.] big; [lång] tall; [isht abstr. samt i bet. framstående, betydande o. d.] great; [storartad] grand; ~*t antal* a large (great) number; *en* ~ *del av* [*eleverna var..*] a large (great) number of..; *en* ~ *del av tiden* a good (great) deal of the time; *till* ~ *del* largely, to a large extent; *en* ~ *familj* a large (big) family; *en* ~ *firma* a big firm; *till min* ~*a förvåning* much to my surprise; *vara till* ~ *hjälp* be a (of) great help, be very helpful; *en* ~ *hund* a big (large) dog; ~*a ingången* the main entrance; *en* ~ *karl* a big ([lång] tall) man (fellow); *en* [*verkligt*] ~ *man* a [truly] great man; *det är* ~*a pengar* that's a lot of money; ~ *publik* a large audience; ~*a sedlar* [i höga valörer] large notes; ~ *summa* [*pengar*] large (big) sum [of money]; *hur* ~ *är den?* how big ([resp.] large) is it?, what size is it?; *i* ~*t sett (i det* ~*a hela)* on the whole, generally speaking; *slå på* ~*t* do the thing in style **2** [vuxen attr.] grown-up; ~*a damen* F quite a [little] lady; *bli* ~ grow up **3** ~ *bokstav* [versal] capital letter **-artad** *a* grand, magnificent, splendid **-belåten** *a* highly satisfied **-blommig** *a* [attr.] ..with large flowers

Storbritannien Great Britain

stor|dia [för projektor] large [film] slide **-drift** large-scale production **-dåd** great (noble, grand) achievement

stor|ebror big brother **-finans,** ~*en* high finance, big business **-främmande** distinguished guests [pl.] **-furste** grand duke **-företag** large-scale (large, big) enterprise **-gods** large landed property (estate) **-gråta** *itr* cry vehemently **-het 1** [egenskap] greatness, grandeur **2** [mat.] quantity **3** [person: berömdhet] celebrity

storhets|tid days [pl.] of glory, [glanstid] palmy days [pl.] **-vansinne** megalomania; delusions [pl.] of grandeur

stor|industri large-scale (big) industry **-jordbruk** [abstr.] large-scale farming, [konkr.] large (big) farm

stork stork **-bo** stork's nest

storkna *itr* choke

stor|kommun [stads~] large municipal (urban) district, [lands~] large rural district **-krig** major war

stor|lek size, [isht vetensk.] magnitude; *upplagans* ~ the number of copies printed; *jag har* ~ *7 i handskar* I take sevens (size 7) in gloves; *skor i* ~ *5* size five shoes; [*porträtt*] *i naturlig* ~ life-size..; *till* ~*en* in size **-ligen** *adv* greatly, very much **-ljuga** *itr* tell thumping lies

storm 1 [hård vind] gale; [stark. (isht m. oväder) samt friare] storm; *halv* ~ strong gale; [*full*] ~ whole gale **2** [⚔ o. bildl.], *ta.. med* ~ take.. by storm **3** [hög hatt] top hat **storma I** *itr, det* ~*r* a gale is blowing, [stark.] a storm is raging; ~ *an (fram) mot* [⚔] assault, make an onset on, [friare] rush at **II** *tr* [⚔ o. friare] storm; [⚔ äv.] assault

stormakt great (big) power

stormande *a* [eg. o. bildl.] stormy, tempestuous; ~ *bifall* a storm of applause; *göra* ~ *succé* be a tremendous success

stormaskig *a* wide-(coarse-)meshed

stormast main mast

storm|by [heavy] squall **-förtjust** *a* absolutely delighted **-ig** *a* [eg. o. bildl.] stormy, tempestuous **-ning** assault, [-ande] storming **-plugga** *itr* swot, *på* for **-rik** *a* immensely (enormously) rich **-steg** [bildl.], *med* ~ by leaps and bounds; *närma sig med* ~ draw nearer apace **-sticka** fusee **-trupp** [⚔] storming (assault) party, storm troop **-varning** gale warning **-vind** gale [of wind], storm; [stormby] squall

stor|ordig *a* magniloquent, [skrytsam äv.] boastful **-politik** top-level (international) politics **-politisk** *a,* ~*a frågor* [political] issues of international importance; ~*t möte* top-level meeting **-rengöring** thorough [house-]cleaning, [ofta: vår~ samt allm.] spring-cleaning **-rutig** *a* [attr.] large-checked, ..with large checks **-rökare** heavy (big) smoker **-segel** main sail **-sinnad** *a o.* **-sint** *a* magnanimous, generous **-sjöfiske** deep-sea fishing **-skojare** big swindler **-skratta** *itr* roar with laughter, guffaw **-skrävlare** big braggart, swaggerer **-slagen** *a* grand, grandiose, magnificent **-stad** big city (town) **-stilad** *a* grand, grandiose

Stor-Stockholm Greater Stockholm

stor|strejk general strike **-städning** *se*

-rengöring
stort *adv* greatly, largely; [i nekande sats vanl.] much; *inte* ~ *mer än* [*ett barn*] little (not much) more than..; *jfr stor 1* [ex.]
stor|tjuv master thief **-trivas** *itr. dep* [om pers.] get on very well, be (feel) very happy **-tvätt** big wash **-tå** big toe **-verk** [bedrift] great achievement **-vilt** big game **-vuxen** *a o.* **-växt** *a* big, [om pers., träd äv.] tall **-ätare** big (heavy) eater, gourmand **-ögd** *a* large-eyed, big-eyed, [t. ex. av förvåning] round-eyed
straff punishment; [isht jur.: vite] penalty; *belägga ngt med* ~ penalize a th., impose a penalty [up]on a th.; ..*är belagt med strängt* ~ the penalty is severe for..; *få sitt* ~ be punished; *till* ~ as a (by way of) punishment **straffa** *tr* punish
straff|arbete [imprisonment with] hard labour; *livstids* ~ penal servitude for life; *två års* ~ two years' hard labour **-bar** *a* punishable, [stark.] penal, [brottslig] criminal; *det är* ~*t att* [inf.] it is an offence to [inf.] **--fånge** *se straffånge* **-lag** criminal (penal) code ([rätt] law) **-predikan** [friare] sermon, lecture; *hålla en* ~ *för ngn* lecture a p., read a p. a lecture **-register** criminal records [pl.] (register) **-ränta** penal interest **-rätt** [lag] criminal (penal) law **-spark** [sport.] penalty [kick]
straffånge convict
stram *a* [spänd, snäv] tight [äv. bildl.]; [friare: sträng] severe, austere; [om pers.]: [reserverad] distant, reserved, [stel] stiff **strama** *itr* [om kläder o. d.] be [too] tight[fitting], *över* [*bröstet*] across..
stramalj canvas [for needlework]
strand shore, [havs~ äv.] seashore, [isht bad~, sand~] beach; [flod~] bank; [*nere*] *vid* ~*en* [äv.] [down] by the waterside **stranda** *itr* [om fartyg] run ashore (aground), be stranded; [bildl. misslyckas] fail, break down
strand|dräkt beach-suit **-ning** [fartygs] stranding; [bildl. (misslyckande)] failure, [t. ex. förhandlingars] break-down **-remsa** strip of shore (beach, river-bank) **-rätt** [rätt att nyttja strand] right to use the beach; [äganderätt] riparian rights [pl.] **-sätta** *tr,* ~ *ngn* [bildl.] put a p. in an awkward situation; *vara -satt* [på pengar] be hard up, be out of money **-tomt** *se sjötomt*
strapats, ~*er* hardships
strass strass, paste
strategi strategy **strategisk** *a* strategic[al]
stratosfär stratosphere
strax *adv* **1** [om tid]: [om en kort stund] directly, in a minute (moment), [snart] presently; [[nu] genast] at once, immediately, instantly, straight (right) away; ~ *efter* [*middagen*] immediately (just) after..; ~ *innan* [*han for*] just before..; [*är du klar?*] — [*Jag*] *kommer* ~*!* ..[I'm] coming in a minute (moment)!, ..I'll come right away!; *jag kommer* ~ *tillbaka* I'll be back in a minute (moment); *klockan är* ~ *2* it is close on two o'clock **2** [om rum], ~ *bredvid (intill)* close by; ~ *efter (bakom)* close [up]on
streber climber, pusher, careerist
streck 1 [penn-, penseldrag o. d.] stroke, [linje o. skilje~] line; [strimma] streak; [tvär~] cross; [på skala] mark; [vid markering] score; *vita* ~ [övergångsställe] pedestrian (street, zebra) crossing [sg.]; *stryka ett* ~ *över* draw a line through; *låt oss dra (stryka) ett* ~ *över det* [bildl.] let us forget it; *ett* ~ *i räkningen* an unforeseen obstacle **2** [rep] cord, line, [för tvätt] [clothes-]line **3** [spratt] trick, prank; *ett fult* ~ a dirty trick **4** *hålla* ~ hold good, be true **strecka** *tr,* ~ *en linje* draw a broken (dashed) line; ~ *för i en bok* mark passages in a book; ~ *under* underline, score
strejk strike **strejka** *itr* **1** [gå i strejk] go on strike, strike; [vara i strejk] be [out] on strike **2** [inte fungera]: [*bilen*] ~*r* ..is out of order; [*bromsarna*] ~*r* ..don't work **strejkande** *a* striking; *de* ~ the strikers, those on strike **strejkbrytare** strike-breaker, [neds.] blackleg, scab
stress stress **-ad** *a* ..suffering from stress, ..under stress **-ande** *a* stressful, ..causing stress
streta *itr* **1** [knoga] work hard, toil, [m. studier o. d.] grind away, *med ngt* [i samtl. fall] at a th.; [mödosamt förflytta sig] struggle; ~ *emot* resist, struggle **2** [spreta, t. ex. om hår] straggle
1 strid *a* [om ström o. d.] swift, rapid; *stritt regn* torrential (lashing) rain
2 strid *s* [kamp] fight [äv. bildl.], fighting [end. sg.], [mera valt] combat; [isht hård o. långvarig] struggle; [isht mellan tävlande] contest; [slag, drabbning] battle; [oenighet, stridighet[er]] contention, strife [bägge end. sg.], [konflikt] conflict, [dispyt] dispute, quarrel; *en* ~ *på kniven* a war to the knife; *en* ~ *på liv och död* a life-and-death struggle; *inre* ~ inward struggle; *i* ~*ens hetta* in the heat of the debate ([gräl] quarrel); *i* ~ *med (mot)* [tvärtemot] contrary (in opposition) to *el.* against; *i* ~ *mot* [regler o.d.] in violation (contravention) of; *det står i* ~ *med (mot)* [*avtalet*] it goes against.., it conflicts with..
strid|a *itr* **1** [kämpa] fight, *om* for; [mera valt o. bildl.] contend; [friare o. bildl. äv.] struggle, strive, battle; [tvista] dispute, quarrel **2** *det -er mot..* it is contrary to (is against, con-

flicts with).. **stridande** *a* **1** fighting [etc.]; *de* ~ [eg.] those fighting, the fighters **2** ~ *mot* [oförenlig med] contrary to, incompatible with **stridbar** *a* [⚔], *i* ~*t skick* in fighting trim; *försätta.. ur* ~*t skick* put.. out of action **stridig** *a* [motstridande] conflicting, contending **stridigheter** *pl* conflicts; [meningsskiljaktigheter] differences, controversies

strids|anda fighting spirit **-beredskap** [⚔] readiness for action **-domare** umpire **-duglig** *a, i* ~*t skick* in fighting trim **-flygare** [jakt~] fighter pilot **-fråga** controversial question (issue) **-gas** war gas **-handling** [⚔] act of warfare **-humör,** *på* ~ in a fighting mood **-krafter** *pl* [military] forces, armed forces **-ledning,** ~*en* the supreme command **-linje** battle line **-lysten** *a* [eg.; pred.] eager to fight; [krigisk] warlike; [isht friare o. bildl.] aggressive, pugnacious **-medel,** *konventionella* ~ conventional weapons **-robot** guided missile with warhead **-rop** war-cry **-spets** warhead **-vagn** tank **-vagnsförband** armoured unit **-vimmel,** *mitt i -vimlet* in the thick of the battle **-yxa** battle-axe; *gräva ned* ~*n* bury the hatchet **-åtgärd** [offensive] action, [facklig] strike (resp. lock-out) action

strigel *s o.* **strigla** *tr* strop

strikt *a* **1** [sträng, noga] strict **2** [i klädsel, uppträdande] sober

stril nozzle, rose, sprinkler **strila** *tr itr* sprinkle; ~*nde regn* gentle (steady) rain; ~ *in* [om ljus] filter in

strimla I *s* strip, shred **II** *tr* [kok.] shred

strimm|a streak, [rand äv.] stripe; [på huden (märke efter slag)] weal; *en* ~ *av hopp* a gleam of hope **-ig** *a* streaked, striped; wealed

strip|a [av hår] wisp [of hair] **-ig** *a* lank

strippa *itr* do a strip-tease, strip-tease

strit [vanl.] cicada

strof [i dikt] stanza, [friare] verse

stropp 1 strap, [på skodon o. d.] loop **2** F [om pers.] stuck-up blighter

strosa *itr, gå och* ~ (~ *omkring)* go mooching about, *på gatorna* the streets

struken *a, en* ~ *tesked* [*socker*] a level teaspoonful [of sugar]

struktur structure; [isht textil.] texture **-rationalisering** structural rationalization **-övning** [språkv.] structure pattern (drill)

struma goitre, struma

strump|a 1 stocking, [socka, herr~] sock; *-or* [koll. äv.] hose [pl.], hosiery [sg.] **2** [glöd~] mantle **-byxor** *pl* [stretch] tights

strumpe|band suspender, [ringformigt (utan hållare) samt amer.] garter **-bandshållare** suspender ([amer.] garter) belt **-bandsorden** [best. form] the Order of the Garter

strump|fot, *i -fötterna, se -läst* **-läst,** [*gå omkring*] *i* ~*en* ..in one's stockinged (stocking) feet; *han mäter* [*1,80*] *i* ~*en* he stands..in his stockings **-sticka** knitting-needle **-stoppning** darning of stockings ([resp.] socks)

strunt [skräp] rubbish, trash; *jfr struntprat;* ~ *i det!* never mind!

strunt|a *itr,* ~ *i* [ej bry sig om] not bother about; *det* ~*r jag* [*blankt*] *i!* I don't care [a bit *el.* a hang]! **-prat** *s o. itj* nonsense, rubbish, bosh **-sak** [bagatell] trifle, trifling matter **-summa** trifle, trifling sum

strup|e [allm.] throat; *jfr luft-, mat|strupe; få ngt i fel (galen)* ~ have a th. go [down] the wrong way **-huvud** laryn|x [pl. vanl. -ges] **-ljud** guttural [sound]

strut [pappers~] cornet, screw (twist) [of paper]; [glass~ o. d.] cone; *en* ~ [*karameller*] [vanl.] a screw of..

struts ostrich **-fjäder** ostrich feather (plume) **-mage,** *ha* ~ have the digestion of an ostrich

strutta *itr* strut, [trippa] trip

stryk beating, thrashing, F licking; *få* ~ get a beating [etc.], be beaten (thrashed), F get licked; *ge ngn* ~ give a p. a beating [etc.], beat a p.; *ful som* ~ [as] ugly as sin

stryka I *tr* **1** [m. handen e. d., smeka] stroke, [gnida] rub; ~ *ngn över* [*håret (kinden)*] [vanl.] pass one's hand over a p.'s..; ~ *sitt skägg (sig om skägget)* stroke one's beard **2** [med strykjärn o. d.] iron **3** [bestryka m. färg o. d.] coat, [måla vanl.] paint; [breda på, t. ex. smör, salva] spread **4** [utesluta, stryka ut (över)] cancel, cut out [äv. bildl.] **5** [avlägsna o. d.], ~ *håret (svetten) ur* [*pannan*] brush one's hair [back] (wipe the perspiration) from..; *se äv.* ~ *bort* **6** [⚓], ~ *segel (flagg)* strike sail (one's colours *el.* one's flag) **II** *itr* **1** [dra [fram], svepa o. d.], [*planet*] *strök över hustaken* ..swept over the roofs **2** ['backa'], ~ *med årorna* back the oars, back water; ~ *på foten* [*för*] [bildl.] give in [to] **III** *rfl,* ~ *sig mot* rub against; ~ *sig över* [*håret*] pass one's hand over one's.. **IV** [med beton. part.] ~ *av* [torka av] wipe; ~ *bort* [t. ex. en hårslinga, en tår] brush away, [torka bort] wipe off; [ta bort] remove; ~ *för ngt* [*med rött*] mark a th. [in red]; ~ *med* [dö] die, perish; ~ *ned* [förkorta] cut down; ~ *omkring på gatorna* [t. ex. om ligor] prowl (roam) the streets; ~ *på* [t. ex. salva] spread; ~ *under* underline, [betona äv.] emphasize, stress; ~ *ut, se* ~ *bort o.* ~ *över;* ~ *över* [t. ex. ett ord] cross (strike) out, cancel

stryk|ande *a, ha* ~ *aptit* have a ravenous appetite; *ha* ~ *åtgång* [om vara] have a rapid sale **-bräde** ironing-board **-fri** *a* non-iron **-järn** iron, flat-iron **-maskin**

ironing machine
stryknin strychnine
stryk|ning 1 [m. handen e. d.] stroke, stroking; [gnidning] rub[bing] **2** [m. strykjärn] ironing **3** [m. färg] coating, [konkr.] coat [of paint] **4** [uteslutning, ut-, överstrykning] cancellation, cancelling; [nedskärning] cut **-rädd** *a* [attr.] ..who is [etc.] afraid of being beaten (thrashed)
stryktips results pool
stryp|a *tr* strangle, throttle; [⊕] throttle, choke **-ning** strangulation, strangling [osv.]
strå straw [äv. koll.]; [hår~] hair; [gräs~] blade of grass; *dra det kortaste ~et* get the worst of it; *dra sitt ~ till stacken* do one's part (bit)
stråk *se stråkväg*
stråkdrag [mus.] stroke of the bow
stråk|e bow; *-ar* [i orkester] strings **-instrument** stringed ([ibl.] bow) instrument
stråkväg thoroughfare, [om landsväg o. friare] highway
strål|a *itr* beam, shine, [om t. ex. ögon] sparkle, *av*.. with..; *~ av hälsa* be radiant with health **-ande** *a* [lysande] brilliant [äv. bildl.]; [*hon är*] *en ~ skönhet* ..a dazzling (radiant) beauty; *~ väder* glorious weather **-behandling** [läk.] radiotherapy
strål|e 1 ray, [av ljus äv.] beam **2** [av vätska, gas e. d.] jet, [mkt fin] squirt **-energi** radiant (radiation) energy **-formig** *a* radiate[d] **-kastare** [rörlig] searchlight; [f. illumination] floodlight [projector]; [teat.] spotlight; [på bil o. d.] headlight; *belysa.. med ~* floodlight.. **-knippe** pencil of rays, beam **-ning** radiation
strålningsskydd protection against radiation
strål|skada damage ([om pers.] injury) caused by radiation **-värme** radiant (radiation) heat
stråt [väg, kosa] way, course
sträck 1 *i* [*ett*] *~* at a stretch; without stopping **2** *ett ~* [*vildgäss*] a flight of..
sträck|a I *s* [allm.] stretch, [avstånd, väg~] distance, [del~] section; *~n* [linjen] [*Stockholm—Åbo*] the route.. **II** *tr* **1** [spänna, tänja] stretch; *~ ..hårt (ordentligt)* stretch.. tight; *~ kölen* [*till en båt*] lay [down] the keel [of a vessel] **2** [för~], *~ en muskel (sena)* pull (stretch) a muscle (a tendon); *~* [*armen*] *ur led* dislocate.., put..out of joint **3** *~ vapen* lay down one's arms **III** *itr, ~ på benen* [äv. i bet. röra på sig] stretch one's legs; *~ på halsen* crane [one's neck]; *~ på sig* [tänja och sträcka] stretch [oneself]; [räta på sig] straighten oneself up, [bildl., av stolthet] be proud of oneself; *sträck på dig!* [stå rak! vanl.] stand straight! **IV** *rfl* **1** [tänja och sträcka] stretch [oneself]; *~ sig efter ngt* reach [out] for a th. **2** [ha viss utsträckning] stretch, range; [isht bildl.] extend; *jag kan inte ~ mig längre än så* that is the furthest I can go **V** [med beton. part.] *~ fram (upp)* [t. ex. handen] put *el.* hold out (up); *~* [läxa] *upp ngn* tell a p. off; *~ ut* a) [tr. räcka ut] put (hold, reach, [tänja] stretch) out; [dra ut, spänna] stretch; [bildl. förlänga] extend; *~ ut sig i* [*gräset*] stretch oneself out (lie down full length) on.. b) [itr. ta ut stegen] step out **-bänk,** *hålla ngn på ~en* [i spänning] keep a p. on tenterhooks **-läsa** *tr* read .. without stopping **-ning** [ut~] extension; [riktning] direction; *få (ådra sig) en ~* [muskel~] pull (stretch) a muscle
1 sträng *a* [hård, omild] severe, [mer F] hard; [stark., obevekligt ~] rigorous; [bestämd, noga] strict, rigid; [bister, allvarlig, om sätt, min e. d.] stern, austere; *lagens ~aste straff* the maximum penalty; *vara ~ mot* be severe ([mot barn] strict) with, be hard on
2 sträng *s* **1** [mus. o. båg~, racket~] string, [harp~ o. bildl. äv.] chord **2** [klock~] bell-pull, bell-wire; *dra i ~en* pull the bell
sträng|eligen *adv, ~ förbjudet* strictly prohibited **-het** severity; rigour; strictness, rigidity; sternness, austerity; *jfr 1 sträng*
stränginstrument string[ed] instrument
strängt *adv* severely [etc.], *jfr 1 sträng; ~ bevakad* closely guarded; *~ hållna (uppfostrade)* [*barn*] ..that have been brought up strictly; *~ taget* strictly speaking
sträv *a* rough, [om smak o. bildl. äv.] harsh; [naturv.] scabrous
sträva *itr* strive; [kämpa] struggle; *~ och arbeta* [äv.] toil; *~ efter att* [inf.] endeavour (strive) to [inf.] **strävan** [åstundan] striving, aspiration (*efter* [båda] for, after), ambition, [mål] aim; [bemödande] endeavour, effort[s [pl.]]
strävhårig *a* [om hund] wire-haired
strävsam *a* [arbetsam] industrious, hard-working, [mödosam] laborious, strenuous
strö *tr* sprinkle, strew; *~ salt på* [*maten*] sprinkle salt on (over)..; *~ omkring* scatter [about]; *~ pengar omkring sig* splash [one's] money about; *~ ut* strew, scatter **ströbröd** bread-crumbs [pl.] **strödd** *a* [[ut]spridd] scattered
strög [huvudgata, flanörstråk] main [fashionable] street, [affärsgata] main shopping street
strökund chance (stray) customer
ström 1 [strömning] current; [vattendrag, ~fåra, flöde] stream [båda äv. bildl.]; *nedför (uppför) ~men* down (up) stream; *en ~ av tårar* a flood of tears; *i en jämn ~* in a constant stream; [*spriten*] *flöt i ~mar* ..flowed freely **2** [elektr.] current; [elkraft]

power **-avbrott** power failure **-brytare** switch **-drag** current **-fåra** stream **-förande** *a* live, [pred. äv.] alive **-förbrukning** power (current) consumption **-kantring** [bildl.] turn of the tide **-krets** circuit **-linjeformad** *a* streamlined **-lös** *a* [elektr.] dead
strömma *itr* stream, [flyta, flöda äv.] flow, run; [stark.] pour; *regnet* ~*de* [*ned*] the rain was pouring down; *tårarna* ~*de* [*ur hennes ögon*] her eyes were streaming with tears; ~*fram* pour out, [flyta fram] flow along; ~ *in* [om vatten o.d.] rush in, flow in; [om t. ex. folk, brev] stream (pour) in; ~ *till* [om vatten o. d.] [begin to] flow; [om folk-[skaror]] come flocking, flock together; ~ *över* overflow
strömming Baltic (small) herring
strömning current [äv. bildl.]
ström|skena contact (conductor) rail **-styrka** [elektr.] current [intensity], amperage **-virvel** eddy, whirl[pool]
strö|sked sugar sifter **-skrift** pamphlet **-socker** granulated sugar, [finare] castor sugar
ströv|a *itr,* ~ [*omkring*] roam, rove, ramble, stroll; ~ *omkring i skogarna* rove the woods; ~ *omkring i* [*staden*] (*på* [*gatorna*]) stroll (ramble) about.. **-tåg** [vandring] ramble, rambling, roaming, roving; excursion [äv. bildl.]
1 stubb *se rubb*
2 stubb [åker~, skägg~] stubble **stubba** *tr,* ~ [*av*] [hår, hästsvans, öron] crop, [hundsvans o. d.] dock **stubbe** stump
stubbåker stubble-field
stubin *o.* **-tråd** fuse
stuck stucco [pl. -s el. -es]
stucken *a* [bildl.] offended, hurt, *över* at
student 1 [studerande] student, [i Engl. äv.] undergraduate **2** *ta* ~*en* pass the 'studentexamen' [jfr d. o.] **-examen** 'studentexamen', higher [school] certificate [[själva prövningen] examination], *jfr äv. examen* **-kår** students' union **-mössa** student's cap
studentska [woman (girl)] student
studer|a *tr itr* study; ~ *historia* study (read) history, be a student of history; ~ *medicin,* ~ *till läkare* study medicine, be a medical student; ~ *in* [*en roll*] study.. **-ande** *s* [univ.] student; *jfr äv. filosofie, juris* [m. fl.]
studie study, *över* of **-besök** visit [for purposes of study] **-bidrag** study grant **-cirkel** study circle **-gång,** *fast* ~ fixed curriculum [of studies] **-handbok** [ung.] students' guide, university handbook **-hjälp** [understöd f. gymnasister etc.] financial aid to those studying at the 'gymnasium' level **-kurs** *se kurs 3* **-lån** study loan **-medel** *pl* [ekonomiskt stöd f. studenter etc.] study allowances ([bidrag] grants) **-rektor** [ung.] director of studies **-resa** study tour **-rådgivning** student guidance **-skuld** study debt **-syfte,** *i* ~ for purposes of study **-tid** time (period) of study
studi|o studio [pl. -s] **-um** study, *av, i* of; *ägna* [*förslaget*] *ett ingående* ~ study.. closely; *i och för -er* for purposes of study
studs *s o.* **studsa** *itr* [om boll] bounce; ~ *tillbaka* rebound, bounce back **studsare** [gevär] sporting rifle **studsning** [studs] bounce
stug|a cottage, [koja] cabin **-sittare** home--bird, stay-at-home
stuka *tr* **1** [skada, ömslå] sprain; ~ [*sig i*] *handleden* sprain one's wrist **2** ~ [*till*] [platta till, t. ex. hatt] batter, knock..out of shape; ~ [*till*] *ngn* [bildl.] take a p. down [a peg]
stulta *itr* [om barn] toddle, [om åldring] stump
stum *a* **1** dumb, [mållös äv.] mute, *av* [i bägge fallen] with; *bli* ~ be struck dumb; *i* ~ *beundran* in mute admiration **2** [om bokstav: ej uttalad] mute, silent **-film** silent [film]
stump [rest] stump **stumpa** [om barn] tiny tot
stund [[kort] tidrymd] while [end. sg.]; [tidpunkt, ögonblick] moment; *stanna en* ~ stay for a while; *kan ni vänta en* ~? could you wait a moment?; *en kort* ~ a short while, a moment; *det dröjer bara en liten* ~ it will only be a moment, it won't be long; *inte en lugn* ~ not a moment's peace; [*han trodde att*] *hans sista* ~ *var kommen* ..this was his last hour; *en* ~*s tystnad* a moment's silence; *för en* ~ *sedan* a [little] while (a few minutes) ago; *i farans (nödens)* ~ in the hour of danger (of need); *i rätta* ~*en* at the right time (moment); *på lediga* ~*er* in one's spare time; *på en* ~ for a while; *adjö på en* ~! so long!; *till min sista* ~ to my dying day
stund|a *itr* approach, draw near **-ande** *a* coming **-ligen** *adv* constantly, incessantly; *dagligen och* ~ all the time, [at] every moment **-om** *adv o.* **-tals** *adv* at times, now and then, sometimes
stup [brant] precipice, steep slope
stup|a *itr* **1** [luta brant] descend abruptly, fall steeply **2** [falla] fall, drop [down]; *nära att* ~ [*av trötthet*] ready to drop [with fatigue] **3** [dö i strid] be killed [in action], fall [in battle]; *de* ~*de* [subst. a] those killed in the war, the fallen **-full** *a* F dead drunk **-ränna** *o.* **-rör** drain-pipe **-stock** block, scaffold
stursk *a* [näsvis] cheeky, saucy; [fräck]

insolent, impudent; [stolt, 'viktig'] uppish, stuck-up

stut [oxe] bullock

stuteri stud[-farm]

stuv remnant; ~*ar* [äv.] oddments

1 stuva *tr* [⚓] stow

2 stuva *tr* [kok. grönsaker o. d.] cook..in white sauce; ~*d potatis* potatoes in white sauce; ~*d spenat* creamed spinach

stuvare *o.* **stuveriarbetare** stevedore

stuvning [vit sås] white sauce; [kött~] stew

styck, [*en krona*] [*per*] ~ ..each,..apiece; *pris per* ~ price each (per unit); [*sälja*] *per* ~ ..by the piece **stycka** *tr* **1** [kött o. d.] cut up; ~ *sönder* cut..into pieces **2** [jord, mark] parcel out

stycke 1 [del, avsnitt o. d.]: [bit] piece; [ibl.] part, [litet äv.] bit [samtl. med 'of' framför följ. best.]; [text~]: [allm.] passage, [som börjar m. ny rad] paragraph; [*vi fick gå*] *ett* ~ [*av vägen*] ..part of the way; *ett gott* ~ [*härifrån*] a fair distance..; *ett gott* ~ *in på* [*1900-talet*] well [on] into..; [*bilen gick bara*] *ett litet* ~ ..a little (short) way; *i* ~*n* [sönder] in pieces, broken; *slå i* ~*n* knock..to pieces **2** [exemplar] **a)** ~*n* ([förk.] *st.*) [isht efter räkneord ofta oöversatt], [H ibl.] pieces ([förk.] pcs.); *fem* ~*n* [*apelsiner*] five [oranges]; *vi var fem* ~*n* there were five of us; *några* ~*n* some, a few **b)** [*en krona*] ~*t* ..each, ..apiece **3** [musik~] piece [of music]; [teater~] play **4** *i många* ~*n* [avseenden] in many respects (ways, things)

styckegods [koll. ⚓] general (mixed) cargo; [järnv.] single consignments [pl.] **styck[e]-vis** *adv* [per styck] by the piece **styckning** [av kött o. d.] cutting-up; [av mark] parcelling [out]

stygg *a* [olydig, isht om barn] naughty; [elak, ovänlig] nasty, *mot* to; [ond] bad, wicked **-else** abomination, *för* to

stygn stitch

stylta stilt

stymp|a *tr* [lemlästa] mutilate, maim **-ning** mutilation, maiming

1 styng [sömn.] stitch

2 styng [stick] *se sting 1*

styr 1 *hålla..i* ~, *hålla* ~ *på* keep..in check (in order), control, [t. ex. sin tunga] curb; *hålla sig i* ~ control (restrain) oneself **2** *se* [*gå*] *överstyr*

styr|a I *tr itr* **1** [[om] fordon, fartyg o. d.] steer; ~ *sina steg hemåt* direct one's steps towards home, make for home; ~ *mot land* stand in [towards land]; ~ *rakt (ned) mot* bear down on; *-d projektil* guided missile **2** [regera] govern, rule; [leda] direct; *de* ~*nde* [*i samhället*] those in power **3** *ha mycket att* ~ [*och ställa*] *med* have many things to attend to; ~ *om* [ordna] see to, arrange, manage; ~ *om att*.. see to it that..; ~ *ut sig* dress up, F rig (get) oneself out **II** *rfl* control oneself; *han kunde inte* ~ *sig av glädje* he couldn't contain himself for joy **-anordning** steering-gear **-automat** [flyg.] automatic pilot **-bar** *a* [⊕] dirigible **-bord I** *s* starboard **II** *adv, hålla dikt* ~ steer hard astarboard

styre 1 [cykel~] handle-bars [pl.] **2** [styrelse] rule

styrelse [konkr.]: [förenings o. d.] committee; [bolags~] board [of directors], directors [pl.]; [företagsledning] management; *sitta* [*med*] *i* ~*n* be on the board ([resp.] committee) **-berättelse** report of the board ([resp.] committee) **-form** form of government, polity **-ledamot** *o.* **-medlem** member of a (the) board ([resp.] committee)

styresman [för anstalt o.d.] director

styr|förmåga manœuvrability **-hytt** [⚓] wheelhouse **-inrättning** steering-gear

styrk|a I *s* **1** [fysisk o. andlig] strength; [kraft] power, force; [spänst] vigour; [intensitet] intensity; [om dryck, lösning] strength; *vindens* ~ the force of the wind; *andlig* ~ strength of mind **2** [trupp] force; [arbets~] [working] staff; [antal, numerär] strength **II** *tr* **1** [göra starkare, befästa] strengthen, confirm; [ge kraft, mod] fortify; *detta -te honom i hans beslut* this strenghtened (confirmed) his decision; *känna sig -t* be fortified **2** [bevisa] prove; [med vittnen] attest, verify; *-t avskrift* attested (certified) copy **III** *rfl* [t. ex. med ett glas] fortify oneself; ~ *sig med en kopp te* have a refreshing cup of tea

styrketår F bracer, stiffener

styr|man [⚓] **1** mate; *förste (andre)* ~ first (second) mate **2** [rorgängare] helmsman **-ning 1** [styrande] steering; *automatisk* ~ automatic control **2** [styrinrättning] steering-gear **-organ** [flyg.] controls [pl.], [i databehandling] control unit **-sel** [stadga, fasthet] firmness, steadiness; [bildl. äv.] stability, ['ryggrad'] backbone **-spak** [flyg.] control column **-stång** [på cykel] handle-bars [pl.]

styv *a* **1** stiff; ~ *bris* fresh breeze; ~ *fjäder* rigid spring **2** [duktig, skicklig], ~ *i* [*matematik, tennis* etc.] good at..

styv|barn stepchild **-bror** stepbrother **-far** stepfather **-mor** stepmother **-moderligt** *adv, vara* ~ *behandlad* be unfairly treated **-morsviol** love-in-idleness, wild pansy

styv|na *itr* stiffen **-nackad** *a* stiff-necked, obstinate **-nad 1** [styvhet] stiffness **2** [styvnadsmaterial] stiffening material (fabric), stiffener; [kanfas] buckram **-sint** *a* stubborn, *jfr styvnackad*

styvt *adv* **1** stiffly; *hålla* ~ *på ngt* (*att* [inf.]) insist on a th. (on [ing-form]) **2** [duktigt], *det var ~ gjort!* well done!

stå I *itr* **1** [vara stående] stand, [inte sitta äv.] stand up; [vara äv.] be; [äga bestånd] last, remain; [vara placerad, t. ex. i bokstavsordning] be placed; [förvaras] be kept; [se äv. under resp. huvudord, ss. *brud, begrepp* m. fl.]; *~ ostadigt* wobble; *nu ~r vi där* [*vackert*]*!* now we are in a fix!; *hur ~r det (spelet)?* what is the score?; *det ~r 2—1* it (the score) is two one; *det ~r en karl (ett bord) där* there is a man (a table) [standing] there; *var ~r* [*kopparna*]*?* where are..?; *låta* [*ngt*] *~* [inte flytta] leave.. [where it is], [inte ta bort, t. ex. ord] leave.. in, keep (retain)..; *~ och läsa* stand (be standing) reading, [läsa stående] read standing up, [hålla på att läsa] be reading; *~ och gapa (hänga)* stand gaping (hang around); *~ tills (så att) man blir trött* get tired with standing; *~ som förstenad av* [*skräck*] be petrified with..; *~ som subjekt i* [*en sats*] function (act) as the subject of..; [*mat*] *~r inte* [*till*] *att få* ..is not to be had, it's impossible to (you can't) get..; *~ efter ngt* aspire to a th.; *~ efter ngns liv* seek a p.'s life; *det är ingenting att ~ efter* [att ha] it's not worth having, [att vara angelägen om] it's not worth while; *~ för* [ansvara för] be responsible for, answer for, [leda, ha hand om] be at the head (in charge) of; *~ för betalningen* pay; *~ för följderna* take (be responsible for) the consequences; *~ för vad man säger* stand by what one has said; [*rummet*] *får ~ för er* [*räkning*] we'll reserve (keep)..for you; *~ i* [*ackusativ*] be in the..; *~ i affär* work in a shop; *~ i brevväxling (kontakt) med..* correspond (be in touch) with..; *~ i vatten till knäna* be up to one's knees in water; *aktierna ~r i* [*100 kr*] the shares are (stand) at..; *ha mycket att ~ i* have many things to attend to, have plenty to do; *~ inför, se inför 1 o. 2* [ex.]; *valet ~r mellan..* the choice lies between..; *uppgift ~r mot uppgift* one statement contradicts the other; *~ på benen* stand on one's legs, [~ upp] stand [up]; *barometern (visaren) ~r på..* the barometer (hand) points to..; *termometern ~r på* [*noll*] the thermometer is at (registers)..; *mitt hopp ~r till..* my hope (trust) is in..; [*allt som*] *~r till förfogande* ..is available; [*vattnet*] *stod honom till knäna* ..came up to his knees; *~ under kontroll* be under control; *~ vid* [*vad man har sagt*] stand by.., keep (stick) to..; *vattnet ~r över..* the water reaches above.. **2** [ha stannat, om klocka] have stopped; [hålla, om tåg o. d.] stop, wait **3** [äga rum] take place **4** [finnas skriven] be [written]; *läsa vad som ~r* [*skrivet*] *om..* read what is written ([i tidning] what they say) about..; *det ~r* [*att läsa*] [*överallt*] you can read it.., it is to be read..; *det ~r i* [*boken*] it is in..; *det ~r i boken att..* the book says that..; *det ~r* [*Björk*] *på dörren* there is..on the door; *han ~r som konstnär* [*i passet*] he is put down as an artist..

II *tr, ~ sitt kast* take the consequences; *~ risken* chance it

III *rfl* [hävda sig] hold one's own (ground); [hålla sig, om mat o.d.] keep; [fortfarande gälla, om teori o.d.] hold good (true), stand; [klara sig] manage; [bestå] last

IV [m. beton. part.] *~ bakom* [*ngt* (bildl.)] be behind..; *~ efter* [vara underlägsen] *ngn* be inferior to a p.; *~ emot* [tr.]: [allm.] resist, withstand; [tåla] stand, [inte skadas av, t. ex. eld] be proof against; *~ fast* [om t. ex. anbud] be firm, stand (hold) good; *~ fast vid* [t. ex. anbud] stand by, hold to, [t. ex. åsikt] stick to, [t. ex. krav] insist on; *~ framme* [till bruk o. d.] be out (ready), [skräpa] be left about; *låt inte* [*skorna*] *~ framme* don't leave..about; *~ för* [*ngn*] [skymma] stand in a p.'s way, [dölja] stand in front [of a p.]; *~ i* [arbeta] work hard, be at it; *arbeta och ~ i* [*hela dagen*] be busy working..; *~ inne* [vara inomhus] be [kept] indoors; [om tåg o. d.] be in; [om pengar] be deposited; *låta* [*pengarna*] *~ inne* leave.. on deposit; *~ kvar* [stanna kvar] remain, stay [on]; *han ~r kvar där* he is still [standing] there; *~* [stanna] *kvar!* stay (remain) where you are!; *jfr vid. und. kvar; vad ~r på?* [hur är det fatt] what's the matter?, F what's up?; *~ på sig* stick to one's guns, [hävda sig] hold one's own (one's ground); *~ på dig!* don't give in!, stick up for yourself!; *hur ~r det till* [*med dig*]*?* [hur mår du] how are you?; *hur ~r det till hemma (med familjen)?* how is your family?; *det ~r bra (illa) till med henne* she is all right (is in a bad way); *det ~r inte rätt till* [*med..*] there is something wrong [with..]; *få ~ tillbaka för* be pushed into the background by; *~ under ngn* [vara underordnad] be subordinate to a p.; *~ upp* [stiga upp, höja sig] rise; *jag ~r inte ut* [*med det*] *längre* I can't stand (bear, put up with) it any longer; *~ ute* [utomhus] be [standing] out (outside); *~ över ngn* [vara överordnad] be a p.'s superior, [vara överlägsen] be superior to a p.; *~ över* [*ngt*] [vara höjd över] be above..; *~ över* [uppskjutas] lie over; *jag ~r över till..* I'll wait till..

stående *a* [allm.] standing; [lodrät, ⊕] vertical; [stillastående, om t. ex. parkerad bil, samt fys.] stationary; *~ fras* set phrase; *högt ~* [utvecklad] highly developed; *bli ~* a) [inte sätta sig] remain standing b) [stanna] stop c) [bli kvarlämnad] be left

ståhej hullabaloo, fuss
stål steel **-borste** wire brush **-fjäder** steel spring **-hjälm** steel helmet **-kant** steel edge **-penna** nib, [fackl.] steel pen **-rörsmöbler** *pl* [steel] tubular furniture [sg.] **-sätta** *rfl* steel (harden) oneself **-tråd** [steel] wire **-trådsnät** wire netting **-ull** steel wool
stånd 1 [växt] plant **2** [salu~] stall, [isht marknads~] booth, [isht på t. ex. mässa] stand **3** [civil ~] [civil] status **4** [samhällsklass] [social] class **5** [hist.: riks~] estate **6** [nivå] height **7** [fysiol.] erection **8** [ställning o. d.], *hålla* ~ hold one's ground (own), hold out, *mot* [*fienden*] against.. **9** [skick o. d.] condition, state; [*vara*] *i gott* ~ ..in good condition (order, repair); *sätta* [*ngt*] *i* ~ put..in[to] repair; *sätta* [*ngn*] *i* ~ *att* [inf.] enable..to [inf.]; *vara i* ~ [*till*] *att* [inf.] be able to [inf.], be capable of [ing-form]; *få till* ~ bring about, [t. ex. uppgörelse] effect, [upprätta] establish; *komma till* ~ come (be brought) about, [äga rum] come off, take place, [förverkligas] be realized; *sätta* [*ngt*] *ur* ~ put (throw)..out of gear; *sätta* [*ngn*] *ur* ~ *att* [inf.] render ..incapable of [ing-form]; *vara ur* ~ *att* [inf.] be incapable of [ing-form], be unable to [inf.] **-aktig** *a* [karaktärsfast] firm; [orubblig] steadfast, constant; [uthållig] persevering **-are** [bot.] stamen **-punkt** standpoint, [synpunkt äv.] point of view; [stadium] state, stage; *vilken* ~ *intar han till..?* what is his position on (attitude towards)..?; *ta* ~, *se ställning 1* [ex.]; *på sakernas nuvarande* ~ in the present state of things
stång [stake, stör o. d.] pole; [horisontal samt i galler o. d.] bar; [räcke] rail; *hålla ngn* ~*en* [bildl.] hold one's own against a p.; [*flaggan är*] *på halv* ~ ..at half-mast
stånga *tr* [buffa] butt; ~ *ihjäl* [*ngn*] gore.. to death **stångas** *itr. dep* butt; [med varandra] butt each other
stång|järn bar iron **-korv** sausage made of meat, lungs and barley **-piska** queue
1 stånka *s* tankard
2 stånka *itr* [flåsa] puff [and blow], breathe heavily; [stöna] groan, *av* with
ståplats, ~[*er*] [~ utrymme] standing room [sg.]; *en* ~ (*fem* ~*er*) standing-room [sg.] for one (for five) **-biljett** standing ticket **-läktare** terrace
ståt pomp; [prakt] splendour **ståta** *itr,* ~ *i* [*fina kläder*] make a display of oneself in..; ~ *med* parade, make a display of **ståthållare** [på kungl. slott] governor **ståtlig** *a* [storslagen] grand, magnificent; [imponerande]: [om person] imposing, [om t. ex. byggnad] stately, impressive; [stilig (om pers.)] fine-looking; [reslig] tall
stäcka *tr* [hejda, omintetgöra] frustrate, foil; [sätta stopp för] put a stop to, cut short
städ anvil
städ|a I *tr* [rengöra] clean, F do, [snygga upp i] tidy [up], [plocka i ordning i (på)] put..straight (in order) **II** *itr* clean up, tidy up, put things straight (in order), *jfr I;* [*gå och*] ~ [yrkesmässigt] go out charring; *vem* ~*r* [gör rent] [*här*]*?* who does the cleaning..?; ~ *i* clean [osv.], *se I; ha* [hålla] [*det*] ~*t i* [*sitt rum*] keep..tidy; ~ *upp i* [*ett rum*] tidy (straighten) up.. **-ad** *a* [bildl.]: [anständig] decent, [om t. ex. uppträdande] proper, decorous; [vårdad] tidy **-erska** cleaner, [städhjälp] charwoman, F char; [på hotell] [chamber]maid; [på båt] stewardess **-firma** cleaning firm **-rock** overall
ställ 1 [ställning] stand, [för disk, pipor m. m.] rack **2** [omgång] set, [av segel] suit
ställ|a I *tr* **1** [placera]: [allm.] put, place, [sätta äv.] set, [i upprätt ställning äv.] stand; [mots. lägga] put..up, place..upright; [ordna t. ex. i storleksordning] place, arrange; ~ [*ngt*] *kallt* put ([förvara] keep)..in a cool place; ~ [*en dörr*] *öppen* [lämna öppen] leave..open; ~ [*ngt*] *i utsikt* hold out the prospect of..; ~ *ngn inför* [*en svårighet*] confront a p. with..; ~ *ngn (vara -d,* ~*s) inför valet mellan..* make a p. (have to) choose between..; *man -s ofta inför den frågan* one is often faced with that question; ~ [*ngt*] *till förfogande* make..available **2** [ställa in] set; ~ *sin klocka* set one's watch (*efter* [*kyrkklockan*] by..), put one's watch right; ~ [*klockan*] *på* [*ringning*] *kl. 6* set..for six o'clock **3** [rikta]: [t. ex. sina steg] direct; [brev, ord äv.] address; ~ *en ansökan till..* make an application to..; ~ *en fråga till* [*ngn*] ask.. a question, put a question to.. **4** [äv. itr.; inrätta, ordna] arrange; *han vet att* ~ *det* [*bra*] *för sig* he knows how to look after himself; ~ *det illa för sig* manage one's affairs badly; *ha det bra -t* [ekonomiskt] be well off **5** [uppställa, t.ex. villkor] make; [lämna, t. ex. garanti] give, furnish
II *rfl* **1** [placera sig] place oneself, take one's stand, station oneself; *ställ dig här!* stand here!; ~ *sig i kö (rad)* queue (line) up; ~ *sig i vägen för ngn* put oneself in a p.'s way; ~ *sig på* [*en stol*] get up on..; *ställ dig på tå!* stand on tiptoe!; ~ *sig upp* stand up, rise **2** [bete sig] behave, act; [vara] be; [*jag vet inte*] *hur jag skall* ~ *mig* ..what attitude (view) to take; ~ *sig skeptisk* [*till..*] take up a sceptical attitude [towards..] **3** [låtsas] pretend; ~ *sig ovetande* pretend ignorance; ~ *sig oskyldig* play the innocent
III [m. beton. part.] ~ *av* [koppla av] switch off; ~ *fram, se sätta* [*fram*]; ~ *för* [*en skärm*] put (place)..in front; ~ *ifrån sig*

put (set)..down, [undan] put away (aside), [lämna, glömma] leave [..behind]; ~ *ihop* [eg.] put..together; [utarbeta, t. ex. antologi, register] compile, *jfr vid. sätta* [*ihop*]; ~ [placera] *ihop ngt med*.. place (put) a th. [side by side] with..; ~ *in* [eg.] put..in; [reglera] adjust, [anpassa] accommodate, *efter* to; *jfr inställa I;* ~ *in* [*radion*] *på en* [*station*] tune in a..; ~ *in sig på ngt* [bereda sig på] prepare [oneself] for a th., [räkna med] count on (expect) a th.; ~ *sig in hos* [*ngn*] ingratiate oneself with..; ~ *om* [placera om] rearrange; [ombesörja]: [skaffa] get, find, [ordna med] arrange, manage; ~ *till* a) ~ *till* [*med*] [anordna] arrange, organize; [sätta i gång med] start, [t. ex. bråk] make, F kick up, [t.ex. oroligheter] create; [vålla] cause, [t. ex. olycka] bring about; ~ *till* [*med*] *fest* get up (give) a party; *vad har du nu -t till* [*med*]? what have you been up to ([gjort] done) now?; ~ *till det* [*illa*] *för sig* get [oneself] into a mess b) ~ *till* [stöka till] make a mess; ~ *till ngt* make a mess of ([bringa i oordning] disarrange) a th.; ~ ~ *undan* [ställa bort o. reservera] put aside; ~ *upp* a) [placera] put..up, [t.ex. schackpjäser] set up, lay out; [ordna, t.ex. i grupper] place, arrange b) [uppbåda]: [t.ex. en armé] set up, raise; [ett lag] put up c) [göra upp]: [t. ex. program, rapport] draw up, [ekvation] form, set up d) [framställa]: [t. ex. teori] put forward, advance, [t.ex. villkor] make; [t.ex. regel] lay down; ~ *upp* [*ngt*] *som sitt ideal (mål)* set..up as one's ideal (make..one's goal) e) [deltaga] take part, join in; ~ *upp mot*.. [i tävling] meet.. f) ~ *upp sig* [placera sig] take one's stand, [⚔] draw up; ~ *upp sig på led (i rad)* line up; ~ *ut* [placera] put..out ([utanför] outside, [utomhus] outdoors); [vaktpost] post, station; [utfärda, t. ex. växel, pass] make out

ställbar *a* adjustable **ställd** *a* [bildl.]: [svarslös] nonplussed, [bragt ur fattningen] disconcerted

ställe 1 place; [plats, fläck äv.] spot; [egendom äv.] estate, [hus äv.] house; [matställe äv.] restaurant; [passus i skrift o. d.] passage; *det* ~ *där* [the place] where; *på* ~*t* [genast] on the spot; *göra på* ~*t marsch* mark time; *på ett (något) annat* ~ in (at) some other place, somewhere else; *på en del (sina)* ~*n* in [some] places, here and there **2** [i uttr. m. prep. 'i']: *i* ~*t* instead, [i gengäld] in return, in exchange, [å andra sidan] on the other hand; *jag skulle inte vilja vara i ditt* ~ *när*.. I wouldn't be in your shoes when..; *sätta någon i sitt* ~ find a substitute; *i* ~*t för* instead of (*att gå* going), [som ersättning] in [the] place of, [såsom] by way of

ställföreträdare deputy, [ersättare] substitute; [representant] representative

ställning 1 [allm.] position [äv. ⚔]; [pose] pose; [situation, läge äv.] situation, [polit. o. jur.] state; [plats] place; [samhälls~ o. affärs~ äv.] standing; [poäng~] score; *hur är* ~*en?* [i spel] what is the score?; *vilken* ~ *tar han till* [*frågan*]? what is his position on (attitude towards)..?; *ta* ~ a) [ha egen uppfattning] take up a definite position, take one's stand b) [bestämma sig] make up one's mind, *i fråga om* [*ngt*] about..; decide, *till* [*ngt*] on..; *ta* ~ *emot (för)*.. take sides against (with)..; *en man i god (hög)* ~ a man of good social (high) position; *i sittande* ~ in a sitting position, [sittande] sitting down; *i min* ~ *som* [*chef*] in my capacity as.. **2** [konkr.]: [ställ] stand; [stomme] frame

ställnings|krig positional war **-steg**, *göra* ~ stand at attention ([med honnör] at the salute) **-tagande** [ståndpunkt] standpoint (*i* [*en fråga*] on..); [inställning] position (*till* on), attitude (*till* towards)

ställverk [järnv.] signal-box

stämband vocal cord **stämd** *a* [inställd], *välvilligt (vänligt)* ~ *mot*.. favourably disposed towards.. **stämgaffel** tuning-fork

1 stämm|a I *s* [röst] voice; [mus.] part, [i orgel] stop; *första (andra)* ~ first (second) part; *sjunga i -or* sing in parts **II** *tr* **1** [mus.] tune; ~ ..*en halv ton högre* pitch..a semitone higher **2** [bibringa viss sinnesstämning o. d.] dispose, make **III** *itr* [gå ihop, överensstämma] correspond, tally; *räkningen -er* the account is correct; *det -er!* F that's correct (right, it)!, quite right!; ~ *med* [*originalet*] be in accordance with.. **IV** [m. beton. part.] ~ *in* a) [falla in], *alla stämde in i sången* all joined (chimed) in the song b) [passa in] apply, be applicable, *på* to; ~ *ned* a) ~ *ned tonen* [bildl.] come down a peg [or two] b) [göra förstämd] depress; ~ *upp* [en sång] break into; [ett skri] set up, raise; [*orkestern*] *stämde upp* [*en melodi*] ..struck up [a tune]; ~ *överens* agree, accord *jfr III* [ovan]

2 stämma *tr itr* [hejda] stem, check

3 stämma I *s* [sammanträde] meeting, assembly **II** *tr* **1** [jur.] summon[s], *inför domstol* to appear before the court; ~ *ngn* [*för*..] sue a p. [for..] **2** ~ *möte med, se und. möte*

1 stämning 1 [mus.] tune; *hålla* ~*en* keep in tune **2** [bildl.]: [sinnes~] mood, temper; [atmosfär] atmosphere; ~*en var hög* there was an atmosphere of gaiety; ~*en var tryckt* there was a feeling of depression; *på börsen råder tryckt* ~ the Exchange is depressed; *sondera* ~*en bland mötesdeltagarna* take the sense of the meeting; *vara i* ~

(den rätta ~en) för.. be in the right mood for..; *i glad (festlig) ~* in high spirits **2 stämning** [jur.] [writ of] summons; *delgiva ngn ~* serve a writ (process) upon a p.; *ta ut ~ mot ngn* cause a summons (writ) to be issued against a p.
stämningsfull *a* ..full of (instinct with) feeling; [gripande] impressive; [högtidlig] solemn **stämnyckel** [mus.] tuning-key
stämpel 1 [verktyg] stamp, [gummi~] rubber stamp **2** [avtryck] stamp, [på guld, silver] hallmark [båda äv. bildl.]; [post~] postmark; [inbränd] brand, mark **-avgift** stamp duty **-dyna** [self-inking] stamp pad **-kort** clocking-in card **-ur** time clock
1 stämpla I *tr* [med stämpel] stamp; mark; [frimärke] cancel; [guld, silver] hallmark; *brevet är ~t [den 3 maj]* the letter is postmarked..; *~ in* [belopp] register **II** *itr, gå och ~* [om arbetslös] go (be) on the dole
2 stämpl|a *itr* [konspirera] plot, conspire, intrigue **-ing** [komplott] plot, intrigue; *~ar* [äv.] conspiracy [sg.]
ständig *a* [oavbruten] constant; continuous; [stadigvarande] permanent; [aldrig sinande] incessant; [oupphörlig] continual; [evig] perpetual; *~ ledamot* life-member; *ett ~t upprepande av..* a never-ceasing repetition of.. **ständigt** *adv* permanently [osv.], *jfr ständig;* always; [jämt och ~] constantly, all the time
stäng|a I *tr itr* [tillsluta] shut, [slå igen, upphöra] close; [med lås] lock; [med regel] bolt; [med slå o. d.] bar; *~ butiken* [för dagen] shut up shop; *[posten] är -d* ..is closed **II** [m. beton. part.] *~ av* shut off [äv. bildl.]; [med stängsel] fence off; [inhägna] fence in; [gata, väg] close, [spärra av] bar, block [up]; [vatten, gas] shut ([vrida av] turn) off; [elström, radio, TV] switch off, [huvudledning, telef.] cut off; [från tjänst o.d.] suspend; *gatan [är] avstängd!* street closed [to traffic]!; *avstängt!* no admission!; *~ igen* [tillsluta], *se I* [ovan]; [t. ex. sommarvilla] shut up; *~ in* [låsa in] shut (lock)..up; [inhägna] hedge..in; *~ in sig* shut (lock) oneself up; *~ till* close, shut; *~ ute* [eg.] shut (lock)..out; [utesluta] exclude; [hindra] debar
stängel stalk, stem; [bladlös] scape
stängnings|dags *s o. adv o.* **-tid** closing-time; *det är ~* [dags att stänga] it is time to close
stängsel fence, fencing; [räcke] rail[ing]; [friare] bar, barrier
stänk [allm.] splash; [droppe] [tiny] drop; [isht av smuts] splash[es [pl.]], spatter; [från vattenfall o. d.] spray; [friare: aning] touch; *ett ~ [regn~]* a drop of rain; *ett ~ [angostura]* a dash of.. **stänka I** *tr* [bestänka] splash, spatter; [svag.] sprinkle [äv. tvätt]; *~ smuts på ngn* spatter a p. with mud; *~ ned* [be]spatter; *bli nedstänkt* [äv.] get splashed all over **II** *itr* [skvätta] splash
stänk|fråga, *ge några -frågor* pop a few questions **-röst** isolated vote **-skydd** [på bil] mudflap **-skärm** [på bil (flygel)] wing; mudguard [äv. på cykel]; [amer.] fender
stäpp steppe
stärbhus [dödsbo] estate [of a deceased person]; [arvingar] heirs [pl.] to the estate [of a deceased person], surviving relatives [pl.]
stärk|a *tr* **1** [styrka] strengthen; [isht kroppsligt] invigorate, brace; [bekräfta] confirm; *för att ~ sin hälsa* for the benefit of one's health; *det -te hans ställning* it consolidated his position; *~ sig* strengthen oneself, brace oneself up; *[känna sig] -t* ..fortified, ..refreshed **2** [m. stärkelse] starch **-ande** *a* strengthening [osv.]; *~ medel* tonic, restorative **-else** starch; [kem.] farina **-elserik** *a* ..rich in starch **-krage** starched collar
stätta stile
stäv [⚓]: [för~] stem; [akter~] stern-post **stäva** *itr* [⚓] head; *~ mot..* bear towards..
stävja *tr* [hejda] check; [undertrycka] suppress; [tygla] restrain
stöd [allm.] support; [stötta] prop, [isht stag] stay; [hjälp äv.] aid; *få ~ [ekonomiskt] av..* be subsidized by..; *ta ~ mot väggen* lean against the wall; *till (som) ~ för* [påstående o. d.] in support (confirmation) of, [minnet] as an aid to **stöda** *tr itr rfl, se stödja* **stödaktion,** *~ för [pundet]* action to support.. **stödd** *a* [allm.] supported, *av (på)* by; *stå ~ mot ngt* lean against a th.
stöddig *a* [om pers.] sturdy, robust, F [mallig] stuck-up; [om måltid] substantial
stödja I *tr* [allm.] support; [luta] rest, lean; [konst o.d.] promote; [grunda] base, found; *~ armbågarna mot bordet* rest one's elbows on the table; *~ en stege mot en vägg* lean a ladder against a wall **II** *itr, han kunde inte ~ på foten* he could not support himself on his foot **III** *rfl* support oneself; [luta sig] lean, rest; *~ sig på* [t. ex. auktoritet, kontrakt] take one's stand on, [t. ex. faktum] base one's opinion on; *~ sig på ngn* [åberopa] cite a p. as one's authority
stödje|förband [m. spjäla] [emergency] splint **-punkt** point of support
stödundervisning remedial teaching
stök [städning] cleaning; [fläng] bustle; [före jul o. d.] preparations [pl.] **stöka** *itr* [städa] clean up; *gå och ~* [pyssla] potter about; *~ till* make a mess [of it]; *~ till i rummet* litter up the room; *~ undan, se göra [undan]*
stökig *a* untidy, messy; *vad här ser ~t ut!*

what a mess there is here!
stöld theft; thieving [end. sg.]; [jur.] larceny; [inbrotts~] burglary; *grov* ~ [ung.] grand larceny **-försäkra** *tr* insure .. against theft ([inbrott] burglary) **-försäkring** insurance against theft ([inbrott] burglary) **-gods** stolen goods [pl.] **-kupp** raid **-säker** *a* thief-proof, [dyrkfri] burglar-proof
stön *s-o.* **stöna** *itr* groan, [svag.] moan
stöp, *gå i ~et* come to nothing, fail **stöpa** *tr* [gjuta] cast, mould; ~ *ljus* make (dip) candles **stöpslev,** *vara (ligga) i ~en* [bildl.] be in the melting-pot
1 stör [zool.] sturgeon
2 stör [stång] pole, stake
1 störa *tr* [bönor, humle] pole
2 stör|a *tr itr* disturb; [tystnad, sömn, ro] break; [avbryta] interrupt; *förlåt att jag stör* excuse my disturbing you; *får jag ~ ett ögonblick?* could you spare me a minute? **-ande I** *a* [bullersam] boisterous, rowdy; [besvärande] troublesome, annoying **II** *adv, uppträda ~* create a disturbance
störböna climbing (pole) bean
störning [allm.] disturbance; [avbrott] interruption; [rubbning (isht läk.)] disorder, derangement; [radio.]: a) [gm annan sändare] jamming [end. sg.] b) *~ar* [från motorer o. d.] interference
störnings|fri *a* [radio.] ..free from interference **-skydd** [radio.] [noise] suppressor **-sändare** jamming station
större *a* larger (bigger; greater [etc.]), *jfr stor; de ~ barnen* the older children; ~ *delen av*.. most of..; *till ~ delen* for the most part, mostly; *ett ~ krig* [relativt stort] a major war; *en ~ summa* [relativt stor] a big (large) sum **störst** *a* largest (biggest; greatest [etc.]), *jfr stor; ~ i världen* biggest in the world; [*den*] *~a delen av*.. most of..; *till ~a delen* for the most part, mostly
stört *adv, ~ omöjligt* absolutely (downright) impossible
stört|a I *tr* [eg.: kasta ned] precipitate, throw; [bildl.: beröva makten] overthrow; ~ *ngn i fördärvet* bring about a p.'s ruin **II** *itr* **1** [falla] fall (tumble, topple) [down], *ned i* into; [om flygplan] crash; [om häst] fall **2** [rusa] rush, dash, dart, [flänga] tear, [skynda] hurry **III** *rfl* [kasta sig] throw oneself, [rusa] rush (dash) [headlong], *i* [i samtl. fall] into; ~ *sig i fördärvet* ruin oneself; ~ *sig på huvudet i* [*vattnet*] plunge headlong into.. **IV** [m. beton. part.] ~ *emot* a) [i riktning mot] rush [etc.] towards b) [anfalla] rush at; ~ *fram* [ut] rush [etc.] out, *ur (från)* of (from); ~ *in* [om tak o.d.] fall in, come down, [om vägg] fall down; ~ *ned* [falla] fall (tumble) down; [rusa] rush [etc.] down; [rasa] come down; ~ *samman* collapse [äv. bildl.]; ~ *upp, se rusa* [*upp*]; ~ *sig över* [t. ex. pers.] throw oneself on, [isht byte] pounce on **-ande** [av regering o. d.] overthrow **-bombare** *o.* **-bombplan** dive-bomber **-dykning** nose (vertical) dive **-flod** torrent **-hjälm** crash helmet **-lopp** [sport.] downhill race **-regn** torrential rain **-regna** *itr, det ~r* it is pouring down **-sjö** heavy sea; [bildl.] torrent **-skur** downpour, drencher; [bildl.] torrent
stöt 1 [slag, törn o.d.] a) [allm.] thrust [äv. fäkt.]; [slag] blow [äv. bildl.]; [knuff] push [äv. bildl.]; shove b) [vid kroppars sammanstötning] shock [äv. elektr., vid jordbävning o. bildl.]; [fys.] impact; [törn, duns] bump c) [skakning hos fordon o.d.] jolt **2** [inbrott] S job **3** *två i ~en* [på en gång] two at a time **stöt|a I** *tr* **1** [allm.] thrust; [slå] knock, bang, bump; [knuffa] push, shove; ~ *huvudet i* [*taket*] bang one's head against..; ~ *tån* stub one's toe **2** [krossa] pound **3** [bildl.] offend, [stark.] shock; [såra] hurt; ~ *och blöta* [t. ex. ett problem] thrash over **II** *itr* **1** [allm.] knock, bump, strike; *mot* [*ngn (ngt)*] against.., into..; ~ *på* [t. ex. motstånd, svårigheter] meet with; ~ *på grund* run aground **2** [om fordon] jolt, bump; [om skjutvapen] kick, recoil **3** [gränsa till (bildl.)], [*tyget*] *-er i rött*.. has a shade of red in it, ..is reddish; *det -er på* [*bedrägeri*] that verges (borders) on.. **III** *rfl* **1** [göra sig illa] hurt (bruise) oneself; ~ *sig på knäet* hurt (bruise) one's knee; ~ *sig mot* [t. ex. bordskanten] bump against **2** [bildl.], ~ *sig med ngn* get on the wrong side of a p.; ~ *sig på ngt* take offence at a th. **IV** [m. beton. part.] ~ *emot* [*ngt*] knock (bump, strike) against a th., *jfr äv. emot II* [för konstr.]; ~ *ihop* [itr.]: [kollidera] knock ([stark.] crash) against (into) each other; [råkas] run across each other, run into each other; ~ *ihop med* [kollidera] run into, collide with; [träffa] run across (into); ~ *ned ngn* [döda m. kniv] stab a p. to death, [m. värja o. d.] cut a p. down; ~ *på* [tr.]: [⚓, t. ex. sandbank, mina] strike; [händelsevis träffa, finna (sak)] come across; [t. ex. fiende, svårighet] meet with; [påminna] remind, [*ngn*] *om* a p. of; ~ *till* [knuffa till] knock (bump) against; *han -te till* [anslöt sig till oss] he joined us; *jfr äv. tillstöta 2;* ~ *undan* thrust (push).. away; ~ *ut* [bildl., utesluta] expel, *ur* from; ~ *ut en båt* push (shove) off a boat
stötande *a* [anstötlig] offensive, [svag.] objectionable, *för* to; [stark.] shocking; *verka ~ på*.. offend ([stark.] shock).. **stötdämpare** shock absorber **stötesten** stumbling-block, *för* to **stötfångare** bumper **stötsäker** *a* shockproof **stött** *a* **1** [om frukt] bruised

2 [bildl.] offended, *över* at (by), *på* with
stötta I *s* prop, support, stay, [stolpe] stanchion, [i docka, mot vägg o. d.] shore; [byggn.] strut **II** *tr* prop (shore) [up] [äv. bildl.]; [friare äv.] support **stöttepelare** [bildl.] mainstay, pillar
stöt|trupp shock troops [pl.] **-vis I** *adv* [m. mellanrum] at intervals, [ojämnt] intermittently, [ryckvis] by fits **II** *a* intermittent, jerky
stövare 'stövare', Swedish Foxhound
stöv|el [high] boot; [som går ovanför knäet] jackboot; *-lar* [isht av gummi äv.] wellingtons **stövelknekt** bootjack **stövelskaft** bootleg **stövla** *itr* trudge **stövlett** bootee
subjekt subject **-iv** *a* subjective, [friare] personal
sublim *a* sublime **-era** *tr* [psykol.] sublimate
subordinationsbrott breach of discipline
subsidier *pl* subsidy [sg.], subsidies
sub|skribent subscriber **-skribera** *itr* subscribe, *på* for, to **-skription** subscription
sub|stans substance, matter **-stantiell** *a* substantial **-stantiv** noun, substantive **-stantivera** *tr* substantivize; *~t adjektiv* adjective used as a noun **-stantivisk** *a* substantival
subtil *a* subtle **-itet** subtlety
sub|trahend subtrahend **-trahera** *tr* subtract **-traktion** subtraction
subtropisk *a* subtropical
subven|tion subsidy, subvention **-tionera** *tr* subsidize
succé success; [om bok, pjäs o. d. äv.] hit; *göra ~* meet with (be a) success **-författare** successful writer
succession succession **successiv** *a* [stegvis] gradual
suck sigh; *dra en djup ~* heave a deep sigh; *dra (utandas) sin sista ~* breathe one's last **sucka** *itr* sigh, *av* with, *efter* for, *över* over, at
Sudan the Sudan
sudd 1 [tuss] wad; [tavel~] duster **2** [suddighet] blur; [kludd] mess, [bläckfläckar o. d.] smudges [pl.] **3** [rummel F] being out binging **sudda I** *itr* **1** [svärta av sig] smudge **2** [måla (kludda)] daub **3** [stryka ut] rub, wipe; *~ ut på [svarta tavlan]* rub (wipe) ..clean **4** [rumla F], *vara ute och ~* be out on the binge **II** [m. beton. part.] *~ bort (ut)* wipe out, [m. radergummi] rub out; *~ ner (till)* smudge [..all over] **suddgummi** *se radergummi* **suddig** *a* [kluddig] smudgy; [otydlig] blurred, indistinct; [oredig] confused; [foto.] fogged, foggy
suffix suffix
suff|lé soufflé [fr.] **-lera I** *tr* prompt **II** *itr* do the prompting **-lett** hood, [amer.] top **-lör** *o.* **-lös** prompter
sug 1 suction **2** *tappa ~en* lose heart **sug|a** *tr itr* suck; *sjön -er* the sea air gives you an appetite; *~ på en pipa* suck at a pipe; *~ på tummen (en karamell)* suck one's thumb (a sweet); *~ sig fast* stick fast, *vid* to; *~ in* [bildl.] drink in, imbibe; *~ till sig, se ~ åt sig; ~ ur* [t. ex. apelsin, sår] suck; *~ ut* [bildl.] suck..dry, [t. ex. arbetare] sweat; *~ ut jorden* impoverish the soil; *~ åt sig* absorb [äv. bildl.], suck up **sugande** *a, ha en ~ känsla i magen* [av hunger, rädsla o. d. samt vid t. ex. flygning] have a sinking feeling **sugen** *a, känna sig ~* [hungrig] feel peckish; *jag är ~ på [en kopp kaffe]* I feel like.. **sugfot** sucker-foot
sugga sow
suggerera *tr* influence, [friare] hypnotize, *till* [i båda fallen] into, [*till*] *att* [inf.] into [ing-form]
suggest|ion suggestion **-iv** *a* suggestive
sug|ning sucking, suction **-rör** [till saft etc.] straw
sukta *itr, ~ efter* long for
sula *s o. tr* sole
sulfa[**preparat**] sulpha drug **sulfat** sulphate
sulfit sulphite
sulning soling
sultan sultan
summ|a sum [äv. bildl.]; *~ [10 kr.]* a total of..; *~ summarum* ..all told **-arisk** *a* summary, [kortfattad äv.] concise
summer buzzer
summer|a *tr, ~ [ihop (ned)]* sum up [äv. bildl.], add up **-ing** [eg.] summation; [bildl.] summary
sump 1 [kaffe~] grounds [pl.] **2** [fisk~] corf **-gas** marsh gas, methane **-ig** *a* swampy, marshy **-mark** swamp, marsh
1 sund *s* sound, strait[s [pl.]]
2 sund *a* [frisk] sound, healthy [äv. om vanor]; [om föda o. d.] wholesome
sunnan[**vind**] south wind
sup [glas brännvin] snaps [pl. lika] **supa** *tr itr* drink, [stark.] booze, tipple; *~ ngn full* make a p. drunk; *~ sig full* get drunk; *~ in, se insupa; ~ upp* drink up, [pengar] drink..away; *~ ur* drink up, empty
supé supper [äv. bjudning], evening meal
supera *itr* have supper
super|lativ I *s* superlative [äv. bildl.], *i ~* in the superlative **II** *a* superlative **-makt** superpower
supinum [eg.] the supine; [motsv. i eng.] past (perfect) participle
supple|ant deputy, substitute **-ment** supplement, *till* to
supporter supporter
suput drunkard, boozer, tippler
sur *a* **1** [mots. söt] sour [äv. bildl.], [syrlig]

acid [äv. kem.]; [butter äv.] surly; *göra livet ~t för ngn* lead a p. a dog's life; *bita i det ~a äpplet* swallow the bitter pill; *det kommer ~t efter* one (you, he [etc.]) will have to pay for it afterwards; *han är ~ på mig för att jag har..* he is cross with me for having..; *vara ~ över ngt* be sore about a th. **2** [blöt] wet, [om mark] waterlogged; [om pipa] foul; [om ved] green

surfing surf-riding **-bräda** surf-board

sur|kart [eg.] *se kart;* [om pers.] F sourpuss **-kål** sauerkraut [ty.] **-mjölk** sour milk **-mulen** *a* sullen, surly

surna *itr* sour, turn [sour]; [*värmen*] *kommer mjölken att ~ ..* sours (turns) the milk

surr hum, buzz; [vinande] whir

1 surra *itr* hum, buzz [osv.], *jfr surr*

2 surra *tr* lash, *vid* to; *~ fast* lash..down

surrealis|m surrealism **-tisk** *a* surrealist[ic]

surrogat substitute

sur|strömming fermented Baltic herring **-söt** *a* sour-sweet

surt *adv* sourly [osv.], *jfr sur; smaka ~* taste sour; *reagera ~* [kem.] give an acid reaction; [bildl.] react in a sour manner, *på* to

sus 1 [vindens] whistling, singing, [svag.] sough[ing], whisper; *det gick ett ~ genom rummet* a murmur (buzz) went through the room **2** *leva i ~ och dus* lead a wild life, live in a whirl of pleasures **susa** *itr* **1** [om vind] whistle, sing [osv.], *jfr sus 1; det ~r i träden* the wind sighs (soughs) through (in) the trees; [*farten var så hög att*] *det ~de om öronen på oss* ..the wind whistled about our ears **2** [om kula o. d.] whistle, whiz[z]; [om fordon o. d.] rush, tear; *~ förbi* whistle (rush, tear) by, whiz[z] past; *~ i väg* rush off **susen** F, *göra ~* [ge resultat] do the trick, settle it **susning** *se sus 1*

suspekt *a* suspicious, [pred. äv.] suspect

suspendera *tr* suspend

sussa *itr* [sova] sleep

sutenör souteneur [fr.], ponce

suterräng *o.* **-våning** basement

suvenir souvenir, keepsake

suverän I *s* sovereign **II** *a* [enväldig] sovereign, supreme; *~t förakt* supreme contempt **suveränitet** sovereignty, supremacy [äv. bildl.]

svabb *s* [⚓] *o.* **svabba** *tr* [⚓] swab

svacka hollow, depression

svada [talförhet] volubility; [ordflöde] torrent of words

svag *a* [allm.] weak; [stark. (ofta medlidsamt el. klandrande)] feeble; [kraftlös, utmattad] faint; [lätt, om t. ex. cigarr[ett], vin, öl] light; [liten, ringa] faint, slight, slender; [otydlig, om ljud] faint, soft; [skral] poor; *~ färg* faint colour; *ett ~t hopp* a faint hope; *det ~a könet* the weaker sex; *~ puls* feeble pulse; *en ~ skiftning* a faint tinge; *~t verb* weak verb; *~ vind* light winds [pl.]; *~ värme* [kok.] low heat; *vara ~ för..* have a weakness for (be fond of)..; *vara ~ i armarna* have got weak arms; *vara ~ i* [*engelska*] be weak in.. **-dricka** small beer **-het** [i olika bet.] weakness **-sint** *a* feeble-minded **-ström** low[-power] current **-synt** *a* weak-sighted

svagt *adv* weakly [etc.], *jfr svag; ~ skär* pale pink; *~ sluttande* gently sloping

svaj, *ligga på ~* [⚓] swing at anchor **svaja** *itr* [⚓] swing; [vaja, om flagga o. d.] float

sval *a* cool [äv. bildl.]

svala swallow

svalg 1 [anat.] throat **2** [avgrund, klyfta] gulf, chasm, abyss [samtl. äv. bildl.]

svalka I *s* coolness, freshness **II** *tr* cool, [uppfriska äv.] refresh; *~ av* cool [off (down)]

svall [av vågor] surge, surging **svalla** *itr* [om vågor] surge, swell; [bildl.]: [om blod] boil, [om känslor o.d.] run high **svallning,** *hans känslor var (råkade) i ~* his passions were roused (he flew into a passion) **svallvåg** [brottsjö] surge; [efter fartyg o. bildl.] [back]wash [end. sg.]

svalna *itr, ~* [*av*] cool [down (off)], become (get) cool[er] [äv. bildl.]

svam|la *itr* ['dilla'] drivel, twaddle, *om* about; [utan sammanhang] ramble, *om* on **-lig** *a* [om tal o. skrift, attr.] drivelling [osv.] **-mel** drivel, twaddle; rambling, *jfr svamla*

svamp 1 [bot.]: [allm.] fung|us [pl. -i el. -uses; äv. läk.]; [isht ätlig] mushroom; *plocka ~* gather (pick) mushrooms **2** [tvättsvamp] sponge **-gummi** sponge rubber **-ig** *a* [mjuk, porös] spongy **-karta** mushroom chart **-plockning** mushrooming **-stuvning** creamed mushrooms

svan swan **-damm** swannery **-esång** swan song

svang, *en mängd rykten kom i ~* a lot of rumours were put about

svankrygg sway-back; *ha ~* be sway-backed

svans tail [äv. bildl.] **svans|a** *itr, gå och ~* swagger [about]; *~ för ngn* fawn on a p. **-kota** caudal vertebra **-lös** *a* tailless **-motor** rear engine

svar 1 answer, reply, [genmäle] rejoinder, [skarpt] retort, [kvickt] repartee, [gensvar] response, *på* [i samtl. fall] to: *~ betalt* reply paid; *aldrig bli ~et skyldig* never be at a loss for an answer; *jag fick inget ~* [*på telefon*] nobody answered [the telephone]; *ge* [*ngn*] *~ på tal* give [a p.] tit for tat **2** *stå till ~s för ngt* be held responsible for a th. **svar|a** *tr itr* **1** answer, reply, [genmäla] rejoin, [högt.] respond, *på* [i samtl. fall] to [jfr dock ex.]; [skarpt el. kvickt] retort, [ohövligt el. näsvist] answer back; [reagera] respond, *med* with, *på* to; [med motåtgärd] counter, *med* with, *med att* [inf.] by [ing-form]; [*jag ringde men*] *det ~de inte*.. there was no answer; *så ~r man inte sin mor!* that's no way to answer your mother!; *han ~de inte ett ord* he did not say a word in reply; [*'Han har gått',*] *~des det*..was (came) the answer; [*det är*] *rätt ~t* that's right; *~ i telefon* answer the telephone (phone); *~* [stå till svars] *inför rätta för ngt* answer for a th. in court; *~ på* [en fråga (ett brev, en annons)] answer, [en hälsning] return, [en skål, en vädjan] respond to; *det kan jag inte ~ på* I can't say **2** *~ för* [ansvara för, ordna] answer (be responsible) for; [garantera] vouch for; [stå bakom] sponsor; *~ för* [*kostnaderna*] stand.. **3** *~ mot* [motsvara] correspond to, *jfr äv. motsvara;* [passa] fit, suit, agree with **-ande** [jur.] defendant; [isht i skilsmässomål] respondent **-omål** answer; *ingå i (avge) ~* [äv. friare] reply to a ([resp.] the) charge

svars|lös *a, vara (stå) ~* be nonplussed, not know what to reply; *göra ngn ~* nonplus a p. **-not** [note in] reply **-porto** return postage **-signal** reply signal **-visit** return visit (call)

svart I *a* black [äv. bildl.]; [dyster] dark; *~a börsen* the black market; *~ färg* black; *Svarta havet* the Black Sea; *stå på ~a listan* be on the black list; *~a tavlan* [skol.] the blackboard; *vara ~ under ögonen* have dark rings round (under) one's eyes; *en ~* a black [man]; *de ~a* the blacks; [för sms. jfr äv. *blå-*] **II** *adv* [olagligt] illegally **III** *s* [färg] black [äv. i schack]; *ha ~ på vitt på* ..have..in black and white; *göra ~ till vitt* prove that black is white; *måla* [skildra] ..*i ~* paint ..in black colours; *se allting i ~* look on the dark side of things; *jfr blått*

svartabörs|affär black-market transaction **-haj** black-marketeer **-handel** black-marketeering

svart|blå *a* blackish-blue; [om hy] livid **-brun** *a* black[ish]-brown **-grå** *a* iron (blackish) grey **-hyad** *a* black-skinned, swarthy **-hårig** *a* [attr.] black-haired; *han är ~* he has black hair **-ing** dark[e]y, blackie **-konst** [magi] black art, necromancy **-lista** *tr* blacklist **-lockig** *a* [attr. om pers.] .. with black, curly hair **-muskig** *a* swarthy **-måla** *tr* paint..black **-na** *itr* blacken, become black; *det ~de för ögonen på mig* everything went black before my eyes **-peppar** black pepper **-sjuk** *a* jealous, *på* of **-sjuka** jealousy **-sjukedrama** crime passionnel [fr.] **-skäggig** *a* black-bearded **-soppa** black [goose-giblet] soup **-vit** *a* [attr.] black-and-white, [pred.] black and white; [om television] monochrome **-ögd** *a* black-eyed. [För sms. jfr äv. *blå-*]

svarv [turning-]lathe **svarva** *tr itr* turn **svarvare** turner **svarvstol** [turning-]lathe

svass|a *itr, ~* [*omkring*] strut about **-ande** *a* [om gång] strutting; [svulstig] grandiloquent

svavel sulphur ([amer. vanl.] sulfur) **-haltig** *a* sulphurous **-syra** sulphuric acid

sweater sweater

1 sveda *s* smart[ing pain]; *ersättning för ~ och värk* damages [pl.] for pain and suffering, smart-money

2 sveda *tr* singe; [förbränna] scorch, burn; [om frost] nip; *lukta svedd* smell burnt

svedja *tr* burn-beat

svek [förräderi] treachery, perfidy, *mot* to; [trolöshet] deceit, guile [end. sg.]; [jur.] fraud **-full** *a* treacherous, perfidious; deceitful, guileful; fraudulent

svensexa bachelor dinner

svensk I *a* Swedish **II** *s* Swede **svenska 1** [kvinna] Swedish woman ([dam] lady, [flicka] girl); *hon är ~* [vanl.] she is Swedish (a Swede) **2** [språk] Swedish; *~n* Swedish; *på ~* in Swedish; *vad heter..på ~?* what is the Swedish for..?, what is..in Swedish?

svensk|amerikan *s o.* **-[-]amerikansk** *a* Swedish-American **--engelsk** *a* [t. ex. ordbok] Swedish-English, [t. ex. förening] Anglo-Swedish, Swedish-British **-fientlig** *a* anti-Swedish **-född** *a* Swedish-born **-het** Swedishness; [kultur] Swedish culture **-lärare** teacher of Swedish, Swedish teacher **-språkig** *a* **1** = *-talande; ~* [*författare*] ..writing (who writes) in Swedish **2** [avfattad på svenska] Swedish, ..in Swedish **3** [där svenska talas, attr.] ..where Swedish is spoken **-talande** *a* Swedish-speaking..; *vara ~* speak Swedish **-undervisning** teaching of Swedish; [*ordna, få*] *~* .. instruction in Swedish

svep sweep; [razzia] raid; *göra ett ~ med* [*strålkastarna*] let.. sweep

svep|a I *tr* [allm.] wrap [up]; [minor] sweep; [tömma (glas o. d.)] F knock back; *~ ett lik* shroud a corpse **II** *itr* sweep **III** [m. beton. part.] *~ fram* [om t. ex. vind] sweep along; [*snöstormen*] *-te fram över landet* ..swept over the country; *~ i sig* [tömma] F knock back; *~ in* a) [tr.] wrap [up]; *~ in sig* wrap [oneself] up b) [itr.] sweep in **-ning** [lik~]: [kläder] grave-clothes [pl.], [lakan] winding sheet, shroud **-skäl** pretext, subterfuge, excuse; *komma med ~* make excuses

Sverige Sweden

svets|a *tr, ~* [*ihop, samman*] weld; [*livet*] *har ~t samman dem* ..has united them closely together **-are** welder **-loppa**

welding spark **-låga** welding flame **-ning** welding
svett sweat, perspiration; [*han arbetade*] *så att ~en lackade (rann)* ..so much that he was dripping with sweat (perspiration); *med ~ och möda* with much toil **-as** *itr.* [ibl. *tr.*] *dep* sweat, perspire; *jag ~ om händerna* my hands are sweaty **-droppe** drop (bead) of perspiration **-drypande** *a* ..dripping ([stark.] streaming) with sweat **-ig** *a* sweaty, sweating, perspiring; *vara alldeles ~* be all in a sweat; *jag är ~ om händerna* my hands are sweaty; *bli ~* begin to sweat (perspire) **-ning** sweating, perspiration **-pärla** bead of perspiration **-rem** sweat-band
svid|a *itr* smart, sting; *det -er i halsen* [*på mig*] [av t. ex. peppar] my throat is burning, [vid förkylning] I have a sore throat; *peppar -er på tungan* pepper bites the tongue; *röken sved i ögonen* [*på mig*] the smoke made my eyes smart **-ande** *a* [eg.] smarting [etc.]; [friare, om t. ex. nederlag] crushing; *med ~ hjärta* with an aching heart
svik|a I *tr* [överge] fail, desert; [i kärlek] jilt; [bedra] deceive, [förråda] betray; *~ ngns förhoppningar* frustrate a p.'s hopes; *~ sitt löfte* break (go back on) one's promise; *~ sin plikt* fail in one's duty **II** *itr* [allm.] fail; [om t. ex. anhängare] fall off (away), [utebli] fail to come (appear) **-ande** *a,* [*med*] *aldrig ~* ..[with] never-failing (unfailing).. **-lig** *a* fraudulent
svikt 1 [fjädring] springiness, [spänst] elasticity, [böjlighet] flexibility **2** [~bräda] spring-board
svikt|a *itr* [böja sig] bend, [ge efter] sag, yield; [under ngns steg] sway up and down; [vackla] totter, [gunga] quake, shake; [om t. ex. tro] waver, [om t. ex. krafter, motstånd] give way, yield **-hopp** [sport.] spring-board diving
svim|ma *itr* faint, swoon; *~ av* faint [away]; *avsvimmad* unconscious **-ning** faint, swoon
svin pig, swine [pl. swine; i sg. vanl. som okvädingsord]; [göd~] hog, porker **-aktig** *a* [om t. ex. pris] beastly; [oanständig] dirty, filthy **-aktighet** beastliness [etc.]; [handling] beastly act; *~er* [i ord] filthy language [sg.] **-aktigt** *adv* beastly; *uppföra sig ~* behave like a swine (beast) **-avel** pig breeding **-borst** pig's bristle
svind|el 1 [yrsel] dizziness, giddiness, [isht läk.] vertigo; *få ~* become (turn, feel) dizzy (giddy) **2** [bedrägeri] swindle, humbug **-la I** *itr* [få yrsel], *det ~r för ögonen* [*på mig*] my head swims, I feel dizzy **II** *tr* [bedra] swindle, cheat **-lande** *a* [om t.ex. höjd] dizzy, giddy; [om pris, lycka o. d.] enormous, tremendous; *i ~ fart* at [a] breakneck speed **-lare** swindler, cheat, humbug
svineri filth[iness], dirtiness
swing [dans o. musik] swing
svinga I *tr itr* swing **II** *rfl* swing [oneself]; *~ sig upp mot skyn* rise into the air
svin|hus pigsty **-kall** *a, det är ~t* it is beastly cold **-kött** pork **-läder** pigskin **-mat** pigwash, hog-wash **-molla** goose-foot [pl. -foots]
svinn waste, wastage, loss **svinna** *itr* [om tid] pass; *längesedan svunna tider* times long past
svinstia pigsty
svira *itr* [rumla] be on the spree (F binge)
sviskon prune
svit [följe, rad rum o. mus.] suite; [serie] succession, [kortsp.] sequence; [efterverkning] after-effect, [följdsjukdom] sequel|a [pl. -ae]
svordom [ed] oath, [förbannelse] curse, [svärord] swear-word; *~ar* [koll.] swearing [sg.]
svull|en *a* swollen, [av inflammation o. d.] tumid, tumefied **-na** *itr,* *~* [*upp*] swell [up] tumefy; *~ igen* swell up **-nad** swelling
svulst [konkr.] swelling, tumour **svulstig** *a* inflated, turgid **svulstighet** [egenskap] inflatedness, turgidity; *~er* bombast [sg.], pomposities
svulten *a* [mycket hungrig] starving, *på* for
svunnen *a, se svinna*
svuren *a* sworn
svåger brother-in-law [pl. brothers-in-law]
svål [fläsk~] [bacon] rind; [huvud~] scalp
svångrem [waist-]belt
svår *a* [att förstå, utföra, uthärda o. d.] difficult, hard; [mödosam] heavy, stiff, F tough; [påfrestande] trying; [brydsam] awkward; [farlig, allvarlig] grave, serious, severe; [⊕: tung, grov] heavy; *ett ~t fall av* [*lunginflammation*] a serious case of..; *i ~are* [allvarligare] *fall* in [more] serious cases; *ett ~t fel* [misstag] a serious (grave) error (mistake); *en ~ frestelse* a sore temptation; *en ~ förkylning* a bad (severe) cold; *vara i* [*en*] *~ klämma (knipa)* be in great straits; *~ köld (~a lidanden)* severe cold (suffering[s]); *ha ~a plågor* be in great pain; *ett ~t prov* a severe test; *en ~ sjukdom (skada)* a serious (severe) illness (injury); *ett ~t slag* [bildl.] a sad blow; *en ~ ställning* a difficult situation; *en ~ tid* hard times; *~ värk* severe pain; *göra det ~t för ngn* make things difficult for a p.; *ha det ~t* [lida] suffer greatly, [slita ont] have a rough time of it, [ekonomiskt] be badly off; *han har ~t för sig* nothing comes easy to him; *ha ~t för* [*engelska*] find..difficult; *ha ~t* [*för*] *att* [inf.] find it

difficult (hard) to [inf.]; *ha ~t [för] att fatta* [vara dum] be slow on the uptake; *vi har ~t att [göra oss en föreställning om..]* [äv.] we can hardly..; *ha ~t för att lära* be slow [to learn]; *han är ~ att ha att göra med* he is difficult to get on with

svår|- [i vissa sms.]: *jfr svåranskaffad* [betr. attr. o. pred. form] **-anskaffad** *a* a) [attr.]: ..that is (was [osv.]) difficult (hard) to obtain [etc., *jfr anskaffa*] b) [pred.]: [*boken*] *är ~* ..is difficult (hard) to obtain [etc.] **-arbetad** *a* [attr.] ..that is [osv.] difficult (hard) to work **-artad** *a* [om sjukdom] malignant, [svag.] bad; [friare] serious, grave **-begriplig** *a* [attr.] ..that is [osv.] difficult (hard) to understand; [svårfattlig] abstruse, obscure **-framkomlig** *a* [om väg o.d.] almost impassable, [om terräng] difficult, rough **-ighet** [allm.] difficulty, *att* [inf.] in ([ibl.] of) [ing-form]; [möda] hardship; [trångmål] straits [pl.]; [besvär] trouble; [olägenhet] inconvenience; [hinder] obstacle **-ligen** *adv* hardly, scarcely

svår|läkt *a* slow-healing; [*såret*] *är ~* ..heals slowly **-läslig** *a* [om handstil] hardly legible, crabbed **-löst** *a* [om problem m.m.; attr.] ..that is [osv.] difficult (hard) to solve **-mod** melancholy; [dysterhet] gloom; [sorgsenhet] sadness **-modig** *a* melancholy, gloomy, sad; [jfr föreg.] **-skött** *a* [attr.] ..that is [osv.] difficult (hard) to handle ([om t.ex. lägenhet] to keep tidy (in order), [om patient] to nurse) **-startad** *a* [attr.] ..that is [osv.] difficult (hard) to start **-tillgänglig** *a* [om plats; attr.] ..that is [osv.] difficult of access; [om pers. (reserverad)] distant, reserved **-tolkad** *a o.* **-tydd** *a* [attr.] ..that is [osv.] difficult (hard) to interpret **-överskådlig** *a* [attr.] ..that is [osv.] difficult (hard) to survey

svägerska sister-in-law [pl. sisters-in-law]

svälja *tr itr* swallow [äv. bildl.]; [stolthet] pocket; *~ gråten (tårarna)* gulp down one's tears

svälla *itr* swell [äv. bildl.]; [om deg] rise; [utvidga sig] expand [äv. bildl.]; *~ ut* swell [out]

svält starvation; [hungersnöd] famine **svälta** *itr* starve, [stark.] famish; *~ ihjäl* starve to death

svält|född *a* [half] starving [äv. bildl.], *på* for; underfed, undernourished **-gräns** hunger line **-kur** starvation cure **-lön** starvation wages [pl.]

svämma *itr, floden ~ de över [sina bräddar]* the river overflowed [its banks]

sväng [krök] turn, bend, [kurva] curve; [*vägen*] *gör en [tvär] ~* ..takes a [sharp] turn, ..turns [sharply]; *vara med i ~en* be out and about a great deal **svänga I** *tr itr* **1** swing; [vifta med] wave; [vända] turn; [svaja] sway; [fys. (som en pendel)] oscillate; [vibrera] vibrate **2** [göra en sväng (vändning)] turn, [i båge] swing, curve; [om vind] change; *~ om hörnet* turn (swing round) the corner; *~ åt höger* turn to the right **II** *rfl* **1** [eg.] swing oneself; [rotera] turn, rotate **2** [göra undanflykter] shuffle, prevaricate **3** *~ sig med [latinska citat]* lard one's speech with (flaunt).. **III** [m. beton. part.] *~ av åt vänster* turn off to the left; *~ av från [vägen]* turn off..; *~ in på [en gata]* turn (swing) into..; *~ om* turn round, [om vind] veer round [äv. bildl.]; [i dans] swing round; *~ om på klacken* turn on one's heel; *~ över till [andra sidan av vägen]* swing over (across) to.. **svängbro** swing bridge **svängd** *a* [böjd] curved, bent **svängdörr** swing[ing] ([roterande] revolving) door **svänghjul** flywheel **svängning** [svängande] swinging; [svängningsrörelse] swing, oscillation; [vibration] vibration; [kring~] rotation, revolution; [variation] fluctuation; [friare: i t.ex. politik] change, shift **svängrum** space, [elbow-]room

svära *tr itr* **1** [gå ed] swear, *på* to, *vid* by **2** [begagna svordomar] swear, curse, *över (åt)* at **3** *~ mot* [inte passa ihop med] clash with

svärd sword **-fisk** sword-fish

svärdotter daughter-in-law [pl. daughters-in-law]

svärds|fäste sword-hilt **-hugg**, *ett ~* a blow with a sword; [märke efter ~] sword-cut **-lilja** iris; *gul ~* yellow flag **-sidan,** *på ~* on the male line

svär|far father-in-law [pl. fathers-in-law] **-föräldrar** *pl* parents-in-law

svärja *se svära*

svärm [t.ex. av bin, människor] swarm; [av fåglar] flight, pack; [alla m. 'of' framför följ. best.] **svärma** *itr* **1** [eg.] swarm, *omkring* round **2** [bildl.], *de satt och ~de [i månskenet]* they sat spooning..; *~ för ngn (ngt)* have a crush on a p. (a passion for a th.) **svärmare 1** [drömmare] dreamer; [idealist] idealist **2** [svärmarfjäril] sphinx-moth, hawk-moth **svärmeri 1** [entusiasm] enthusiasm, [hänryckning] ecstasy **2** [förälskelse] infatuation, [stark.] passion **svärmisk** *a* [drömmande] dreamy, visionary, [romantisk] romantic; [fanatisk] fanatical

svärmor mother-in-law [pl. mothers-in-law]

svärord swear-word

svärson son-in-law [pl. sons-in-law]

svärta I *s* [abstr.] blackness; [färgämne] blacking **II** *tr* blacken [äv. *~ ned* bildl.] **III** *itr,* [*tyget*] *~r av sig* the black colour comes off..

sväv|a *itr* [eg.] float, be suspended; [om fågel]

soar, [kretsa] hover; [hänga fritt] hang; ~ *i fara* be in danger **-ande** *a* floating [osv.]; [obestämd] vague **-are** [⚓] hovercraft

sy *tr itr* sew [äv. på maskin], [kläder vanl.] make; [yrkesmässigt] be a dressmaker (seamstress); ~ *fast (i) en knapp i [rocken]* sew a button on..; ~ *ihop* [reva o. d. samt kir.] sew up; ~ *om* remake **-ateljé** dress--maker's [workshop]

sy|behör *pl* sewing-materials; H haberdashery [sg.] **-behörsaffär** haberdasher's [shop] **-bord** work-table

syd *s o. adv* south; *jfr äv. nord, norr* [m. ex. o. sms.] **-afrikan** *s o.* **-afrikansk** *a* [attr.] South-African **-frukter** *pl* [ung.] fruits from the South **-lig** *a* southerly; south; southern; *jfr nordlig* **-ländsk** *a* southern, ..of the South **-länning** southerner **-ost I** *s* [väderstreck] the south--east; [vind] south-easter, south-east wind **II** *adv* south-east, *om* of **-pol,** ~*en* the South Pole **-staterna** *pl* the Southern ([under amerikanska inbördeskriget] Confederate) States; the South [sg.] **-svensk** [o. andra sms. *jfr nord-*] **-väst I** *s* **1** [väderstreck] the south-west; [vind] south-wester, south-west wind **2** [huvudbonad] sou'--wester **II** *adv* south-west, *om* of

syfilis syphilis

syfta *itr* [sikta, eftersträva] aim, *till* at; ~ *på* [anspela på] allude to, hint at, [avse] have.. in view, [mena] mean; *det* ~*r på mig* it is aimed at me; ~*r du på mig?* are you referring to me?; ~ *tillbaka på ngt* refer [back] to a th. **syfte** [ändamål] purpose, end, [mål] aim, object; ~*t med [hans resa]* the purpose of..; *i vilket* ~*?* to what end?, for what purpose?; *i (med)* ~ *att* [inf.] with a view (an eye) to [ing-form] **syftemål** *se syfte*

sy|förening *o.* **-junta** sewing circle, [amer.] sewing-bee **-korg** work-basket

syl pricker; [skom.] awl; *inte få en* ~ *i vädret* not get a word in edgeways

sylfid sylph

syll [järnv.] sleeper, [amer.] [cross]tie; [byggn.] sill

sylt jam, preserve[s [pl.]] **sylta I** *s* **1** [kok.] brawn, [amer.] headcheese **2** [sämre krog] [third-rate] eating-house **II** *tr itr* **1** [eg.; ofta äv. ~ *in*] preserve **2** [bildl.], ~ *in sig, bli insyltad* [trassla in sig] get [oneself] involved (mixed up), *i* in, *med* with **syltburk** jam-jar, jam-pot; [med innehåll] jar (pot) of jam **syltlök** pickling onion; [syltad lök, koll.] pickled onions [pl.] **syltning** preserving, jam-making [båda end. sg.] **syltsocker** preserving-sugar

sy|lön [dressmaker's (tailor's)] charges [pl.] **-maskin** sewing-machine

symbol symbol; *vara [en]* ~ *för* be a symbol (be symbolic) of, symbolize **-isera** *tr* symbolize **-isk** *a* symbolic[al]

symfoni symphony **-orkester** symphony orchestra

symmetri symmetry **symmetrisk** *a* symmetric[al]

sympat|i [medkänsla o. d.] sympathy, *för* for; ~*er och antipatier* likes and dislikes; *fatta* ~ *för ngn* take [a liking] to a p. **-isera** *itr* sympathize, *med* with **-isk** *a* [trevlig] nice, pleasant, [tilltalande] attractive **-isör** sympathizer

sym[p]tom symptom, *på* of **-atisk** *a* symptomatic, *för* of

syn 1 [~ sinne] [eye]sight; *ha dålig* ~ have a bad eyesight; *få* ~ *på..* catch (get) sight of..; *komma till* ~*es* appear **2** [~ sätt, åskådning] view, *på* of; views [pl.], outlook, *på* [i båda fallen] on **3** [anblick] sight, spectacle **4** [vision] vision; [spökbild] apparition; *se (ha)* ~*er* have visions; *se i* ~*e* [se fel] be mistaken; *bli lång i* ~*en* pull a long face **5** [utseende, sken], *för* ~*s skull* for the sake of appearances; *till* ~*es* [som det ser ut] apparently, [skenbart] seemingly **6** [besiktning] inspection, survey **syna** *tr* [besiktiga] inspect, [granska] examine; [friare] look over; ~ *ngn i sömmarna* look thoroughly into a p.'s affairs

synagoga synagogue

syn|as *itr. dep* **1** [vara synlig] be seen (visible), [visa sig] appear, show; ~ *för blotta ögat* be visible to the naked eye; *fläcken -s inte* the spot does not show; *-s ärret fortfarande?* does the scar still show?; *[huset] -s inte härifrån* ..cannot be seen from here; *det -s [tydligt] att..* it is obvious (evident) that..; ~ *till* appear, be seen; *ingen människa -tes till* nobody was to (could) be seen **2** [framgå] appear **3** [tyckas] appear (seem) [to be]

syn|bar *a* [synlig] visible, *för* to; [märkbar] apparent **-barlig** *a* [uppenbar] obvious, evident, [märkbar] apparent **-barligen** *adv* [uppenbart] obviously, evidently; [av allt att döma] apparently **-bart** *adv* visibly [etc.], *jfr synbar*

synd 1 sin; [överträdelse] trespass [åld. o. bibl.], transgression; *ett* ~*ens näste* a hotbed of sin; *envis som* ~*en* as obstinate as a mule; *[hata ngn] som* ~*en* ..like poison **2** [skada, orätt], *så* ~*!* what a pity (shame)!; *det är* ~ *att [han inte kommer]* it is a pity [that]..; *det är* ~ *och skam* it really is too bad; *jag tycker [det är]* ~ *om henne* [ömkar] I pity ([hyser medkänsla] feel sorry for) her **synda** *itr* sin, [åld. o. bibl.] trespass, transgress; ~ *mot en regel* offend against a rule

synda|bekännelse confession of sin[s]

-bock scapegoat **-fallet** the Fall [of Man] **-flod** flood, deluge; ~*en* [bibl.] the Flood **-förlåtelse** remission (forgiveness) of sins; [isht kyrkl.] absolution
syndare *o.* **synderska** [relig.] sinner; [friare] offender **syndfri** *a* sinless, ..free from sin **syndfull** *a* sinful, ..full of sin **syndig** *a* sinful, [stark.] wicked **syndigt** *adv* **1** sinfully **2** F [oerhört] awfully
syndikalism syndicalism **syndikat** syndicate, combine
syne *se syn 4* **synes** *se syn 1 o. 5*
syn|fel defect of vision, visual defect **-förmåga** [faculty of] vision, [eye]sight **-håll,** *inom (utom)* ~ [with]in (out of) sight, *för* of; *försvinna ur* ~ pass from (go out of) sight **-intryck** visual sensation
synkop [mus.] syncope **-era** *tr* syncopate
synkrets [eg.]: [synfält] field of vision; [horisont] horizon [äv. bildl.]
synkronisera *tr* synchronize; ~*d växellåda* synchromesh gear-box
syn|lig *a* visible, *för* to; [märkbar] perceptible, noticeable; [*lätt*] ~, ~ *vida omkring* conspicuous; *bli* ~ come into sight (view); *vara* ~ [t. ex. i pressen] appear; *hon har inte varit* ~ [*på hela veckan*] I (we [etc.]) have not seen her.. **-minne** visual memory
synner|het, *i* [*all*] ~ [särskilt] [more] particularly (especially), in particular, [framför allt] above all **-lig** *a* [särskild] particular, [e]special; [utpräglad] pronounced; [märklig] singular, extraordinary **-ligen** *adv o.* **-ligt** *adv* [ytterst] extremely, exceedingly, [mycket] very, [ovanligt] extraordinarily, [särskilt] particularly; [e]specially
synnerv optic (visual) nerve
synonym I *a* synonymous **II** *s* synonym, *till* of
syn|organ organ of sight (vision), visual organ **-punkt** point of view, [ståndpunkt] standpoint, attitude; [åsikt] view, idea; *från (ur) juridisk* ~ from a legal point of view **-rand** horizon
syntax syntax
syntes synthes|is [pl. -es] **syntetisk** *a* synthetic
syn|vidd range of vision [äv. bildl.] **-villa** optical illusion **-vinkel** [bildl.] angle, aspect, [synpunkt] point of view, viewpoint
sy|nål [sewing-]needle **-nålsbrev** packet of needles
syra 1 [kem.] acid **2** [syrlig smak] acidity, sourness
syre oxygen **-brist** lack of oxygen
syren lilac **-buske** lilac[-bush]
syrgas oxygen
Syrien Syria **syr[i]er** *s o.* **syrisk** *a* Syrian
syrlig *a* [eg.] sourish, acidulous; [bildl.]: [om t. ex. leende, ton] acid, [om min] sour; ~*a karameller* acid drops
syrsa cricket
sy|saker *pl* sewing things **-silke** sewing-silk
syskon, *ha fem* ~ [bröder och systrar] have five brothers and sisters; *de är* ~ [bror och syster] they are brother and sister **-barn 1** [nevö] nephew, [niece] niece; *jfr brorsbarn, systerbarn* **2** [kusin] cousin **-bädd** common bed ([provisorisk] shake-down) [for several persons] **-krets** circle of brothers and sisters
syskrin work-box
syssel|satt *a* [upptagen] occupied, *med* with, *med att* [inf.] [in] [ing-form]; engaged, *med* in, *med att* [inf.] in [ing-form]; [strängt upptagen] busy, *med* with (over), *med att* [inf.] [with] [ing-form]; [anställd] employed, *vid* [bygge o.d.] on **-sätta I** *tr* [ge arbete åt] employ; [upptaga] occupy, keep.. busy; [*vad skall vi*] ~ *dem med?* [på t. ex. barnbjudning] ..set (give) them to do? **II** *rfl* occupy oneself; busy oneself, *med* with (about), *med att* [inf.] [with] [ing-form] **-sättning** occupation, employment, work; *full* ~ [ekon.] full employment; *ha full* ~ [*med ngt*] have one's hands full [with a th.]; *sakna (inte ha någon)* ~ [allm.] be idle, have nothing to do, [vara arbetslös] be unemployed (out of work)
syssl|a I *s* **1** [göromål] business, work [båda utan pl.]; [i hushåll o. d.] duty; [sysselsättning] occupation; *sköta sina -or* go about one's business (work) **2** [tjänst, befattning]: [högre] office, [lägre] occupation, employment, job **II** *itr* [vara sysselsatt] busy oneself, be busy, occupy oneself; ~ *med* [*porträttmålning*] do..
syssling second cousin
sysslo|lös *a* idle; [arbetslös] unemployed **-löshet** idleness; unemployment **-man** [vid allmän inrättning] manager; [jur.] trustee
system 1 [allm.] system; [friare] method, plan; [nät (av t. ex. kanaler)] network; [vid tippning] perm; *sätta ngt i* ~ make a system of a th. **2** *se systembutik* **-atisk** *a* systematic[al [isht om pers.]], [friare] methodical **-bolag** [bolag] state-controlled company for the sale of wines and spirits **-butik** [State] retail shop selling wines and spirits **-man** [för databehandling] systems engineer (analyst) **-tips** perm[utation]
syster sister [äv. nunna]; [sjuksköterska vanl.] nurse; *systrarna Brontë* the Brontë sisters **-barn** sister's child **-dotter** niece **-fartyg** sister ship **-son** nephew
sytråd sewing-thread
1 så *s* [kärl] tub
2 så *tr itr,* ~ [*ut*] sow [äv. bildl.]
3 så I *adv* **1** [uttr. sätt]: [allm.] so, [sålunda äv.] thus, [på så sätt äv.] like this (that); *herr* ~

och ~ Mr. So-and-so; *hur* ~? [varför] why?; ~ *där (här)* like that (this), in that (this) way *el.* manner; *det förhåller sig* ~, *att*.. the fact is that..; ~ *[där] går det [när man..]* that is what happens..; ~ *hette hon* that was her name; *detta är ett exempel på det (den)* ~ *kallade*.. this is an example of what is called..; *min* ~ *kallade vän* this so-called friend of mine; *är det* ~ *du menar?* is that what you mean?; *den är placerad* ~ *att [man når den]* it is placed in such a manner (way) that..; *han bara säger* ~ he only says that; *om du tar det* ~ if you take it in that way; ~ *är det, det är* ~ that is how it is, [det är rätt] that's it, that's right; *det är* ~ *att*.. the thing (fact) is [that]..; ~ *är det att vara [berömd]* this is what it is like to be..; ~ *är (var) det med det (den saken)!* so that is that!; *är det bra* ~? is it (that) all right?, [tillräckligt] is that enough?; *om* ~ *är* if so, in that case **2** [uttr. grad]: [allm.] so, [framför attr. adj. oftast] such; [framför adj. el. adv. F äv.] that; [vid jämförelse] as; *se äv. gott II 1, lång 1, långt, länge, 2 när, 1 pass 5;* ~ *där en [10 mil]* a matter of..; ~ *där omkring [kl. 7]* round about.., ..or thereabouts; ~ *här varmt är det sällan [i mars]* it is seldom as warm as this (F this warm)..; *jag sjunger inte* ~ *bra* I don't sing very well; *han är klokare än* ~ he is cleverer than that; ~ [beton.] *dum är han inte* he is not as (so) stupid as [all] that (F that stupid); *är det* ~ *nödvändigt?* is it as necessary as [all] that?; [*jag har aldrig sett*] ~ *snälla människor* ..such kind people; [*han är*] *inte* ~ *dum att han flyttar* ..not silly enough to move; [*jag är*] ~ *trött att jag kan dö* ..dead tired, ..tired to death; ~ *dum som han är,* [*är det klart att..*] considering how stupid he is, ..; [*hon är*] ~ *gammal som jag* ..as old as I am **3** [i utrop ofta] how, what; ~ *roligt!* how nice!; ~ *synd (tråkigt)!* what a pity!; ~ *du ser ut!* what a sight you are!; ~ *ja!* [lugnande] there! there!; ~ *där [ja], nu kan vi gå* well, now we can go; ~ *det* ~! [och därmed basta] so (and) that's that!, so there! **4** [sedan, därpå, då o. d.] then, [efter sats som uttr. uppmaning o. d. ofta] and; *gå till höger,* ~ *ser ni*.. turn to the right and you will see..; *om du inte vill,* ~ *slipper du* if you don't want to do it, [then] you needn't

II *konj* **1** [uttr. avsikt], ~ *[att]* so that, in order that; so as to [m. inf.-konstr.] **2** [uttr. följd], ~ *[att]* so that; [och därför] [and] so; *sitta* ~ *att man blir stel* become stiff with (from) sitting; *det är* ~ *[att] man kan bli tokig* it is enough to make one mad

III *pron, i* ~ *fall* in that case, if so; *i* ~ *måtto* to that extent, [såtillvida] in so far; *se äv. 1 sätt 1* [ex.]

sådan (F *sån*) *pron* **1** [fören.] such, [i utrop vanl.] what; *en* ~ *[där (här)] bok* a book like that (this); *en* ~ *bok* [av det slaget] a book of the (that) sort; *en* ~ *[vacker] bok!* what ([ibl.] such) a..book! **2** [självst.: i vissa ställningar (bl. a. ofta i förb. 'sådan att')] such; ~ *är han* that's how he is; ~*a är männen!* that's the way men are!, men are like that!; *ser jag* ~ *ut?* do I look like that?; *han är* ~ *att han kan [göra vad som helst]* he is the sort of man who would..; *arbetet som* ~*t* the work as such; *en* ~ *som han* a man like him; [*jag vill ha*] *en* ~ *[där (här)]* a) [liknande] ..one like that (this) b) [av de där (här)].. one of those (these); *jag har en* ~ *(några* ~*a) hemma* I have one (some) at home; [*jag hälsar inte på*] *en* ~ *där* [neds.] ..a person like that; [*jag vill inte ha*] ~*a [de] där* ..those; [*papperstallrikar?*—] ~*a använder jag inte* ..I don't use them; ~*t händer* these (such) things will happen; ~*t gör man inte* it's [just] not done; [*karameller*] *och* ~*t* ..and suchlike; [*han sade*] *ingenting* ~*t* ..nothing of the kind (sort), ..nothing like that

sådd [sående] sowing; [konkr. o. bildl.] seed

såframt *konj, se såvida*

såg 1 [verktyg] saw **2** *se sågverk* **såga** *tr itr* saw

såg|blad saw-blade **-bock** saw-horse **-spån** [koll.] sawdust **-verk** sawmill

således *adv* [följaktligen] consequently, accordingly; ~ *är vi [överens]* we are then.., thus we are..

såll sieve, [grövre] riddle **sålla** *tr* [eg.] sift, riddle; [bildl.] sift

sålunda *adv* thus, [på detta sätt äv.] in this manner (way, fashion); *jfr således*

sång 1 [sjungande] singing [äv. ss. skolämne], song **2** [sångstycke] song **-are 1** singer **2** [zool.] warbler; *jfr sångfågel* **-bar** *a* singable **-bok** song-book **-erska** [female] singer **-fågel** song-bird, songster **-kör** choir **-lektion** singing lesson **-lärare** *o.* **-lärarinna** singing teacher **-mö** muse **-röst** singing-voice **-stämma** vocal part

såningsmaskin sowing machine

sånär *adv, se 2 när*

såpa soft soap

såp|bubbla soap-bubble; *blåsa -bubblor* blow bubbles **-hal** *a* slippery, greasy **-vatten** [soap-]suds [pl.], soapy water

sår wound [äv. bildl.]; [inflammerat, varigt] sore; [bränn~] burn **såra** *tr* **1** [eg.] wound, injure; *den* ~*de* the wounded person; *de* ~*de* the wounded **2** [kränka] hurt, wound, [förorätta] injure, [stöta] offend

sår|ande *a* wounding, *för* to; [kränkande äv.]

offensive; ~ *ord* cutting words **-bar** *a* vulnerable **-feber** surgical fever **-ig** *a* [betäckt med sår] .. covered with wounds [etc.]; *jfr sår* **-salva** ointment [for wounds ([resp.] sores)] **-skorpa** crust [of a wound], scab

sås sauce, [tunn kött~ äv.] gravy; [sallads~] dressing **-kopp** *se såsskål*

såsom *konj* as; like; *jfr som II 2*

sås|sked gravy-spoon **-skål** sauce-boat, gravy-boat

såt *a, ~a vänner* F great pals

så|tillvida *adv* [i så måtto] so (thus) far; ~ *som* in so far as **-vida** *konj* if, in case, [förutsatt att] provided [that]; ~ .. *inte* [vanl.] unless **-vitt I** *adv* [så långt] as (so) far as; ~ *möjligt* [äv.] if possible **II** *konj, se såvida* **-väl** *konj,* ~ *A som B* A as well as B; ~ *i tal som i skrift* both in the spoken and the written language

säck sack; [mindre] bag; *en* ~ [*potatis*] a sack of.. **säcka** *itr rfl* [om kläder] be baggy; ~ *ihop* collapse, break down **säckig** *a* baggy

säck|löpning sack-race **-pipa** bagpipe, [ofta] bagpipes [pl.]; *blåsa (spela)* ~ play the bagpipes **-pip[s]blåsare** [bag]piper **-väv** sacking, sackcloth

säd [växande o. uttröskad] corn, [isht amer.] grain; [utsäde] seed, grain; [gröda] crops [pl.], [skörd] crop

sädes|ax ear of corn **-cell** [fysiol.] sperm-cell **-fält** [med gröda] field of corn **-skyl** [corn-]shock **-slag** kind of corn, cereal **-vätska** [fysiol.] semen **-ärla** wagtail

säg|a I *tr* say, [omtala, berätta, tillsäga] tell; [betyda] mean, convey; ~ *ngt till (åt) ngn* say a th. to a p., tell a p. a th.; *säg det!* [vem vet?] who knows?; *säg inte det!* [var inte så säker] I wouldn't say that; *var snäll och säg mig..* please tell me..; *säg stopp!* [när jag ska sluta] say when!; *så att* ~ so to say (speak); *om jag får* ~ *det själv* though I say it myself; *får jag* ~ [använda förnamnet] *Anna?* may I call you Anna?; *det kan jag inte* ~ I can't (couldn't) tell; *man kan inte* ~ *annat än att..* it can't be denied that..; *om, låt oss* ~, [*tre dagar*] in, [let us] say, ..; *det må jag* [*då*] ~*!* well, I never!; [*kom snart,*] *ska vi* ~ *i morgon?* ..[shall we] say tomorrow?; *det vill* ~ ([förk.] *dvs.)* that is [to say] ([förk.] i.e.); *vad vill det här* ~*?* what does this mean?; ~ *vad man vill, men hon..* say what you will, but she..; *gör som jag -er* do as I say (tell you); *jag -er då det!* well, I never!; well, well!; *jag bara -er som det är* I am merely stating facts; *var det inte det jag sa?* I told you so!, what did I say (tell you)?; *då -er vi det!* that's settled, then!; all right, then!; *-er du det?* really?, you don't say [so]?; *det -er du bara!* you're only saying that, you don't mean it really; *vad -er du om det?* what do you say to that?; *tänk på vad du -er* [var försiktig] mind your P's and Q's; *vad var det Ni sa?* what did you say?, I beg your pardon?; *det -er inte så mycket* that is not saying much; *det -er en hel del om* [*hans förmåga*] that tells us quite a lot about..; *vem har sagt det?* who said that (so)?; *det -er sunda förnuftet* it's only common sense; *hur -er hunden?* what does the dog say?; *namnet -er mig ingenting* the name conveys nothing to me; *jag har hört ~s att..* I have heard [it said] that..; *han -s vara rik* he is said to be rich; *sagt och gjort* no sooner said than done; *det är för mycket sagt* that is saying too much; *det är inte sagt* [är inte säkert] that's not sure; *som sagt* [*var*] as I said before (told you); *oss emellan sagt* between ourselves (you and me)

II *rfl, hon -er sig vara lycklig* she says she is happy; *det -er sig självt* that goes without saying

III [m. beton. part.] *säg efter mig!* say (repeat) this after me!; ~ *emot* contradict, [isht i nekande o. frågande satser] gainsay; *säg ifrån* [säg till mig etc.] *när..* tell me [etc.] when.., let me [etc.] know when..; *han sade bestämt ifrån att han inte ville göra det* he flatly refused to do it; ~ *ifrån sig, se frånsäga;* ~ *om* a) [upprepa] say.. again, repeat b) *det kan man inte* ~ *något om* [invända mot] no one can say anything about that (can object to that); ~ *till* [befalla] tell, order; ~ *till* [*ngn*] [ge [ngn] besked] tell a p., let a p. know; ~ *till om ngt* [beställa] order ([be om] ask for) a th.; [*om ni önskar något*], *så säg till!..*, say so!; *säg till* [*när det räcker*]*!* say when!; *är det tillsagt?* [vid expediering] are you being attended to [, Sir ([resp.] Madam)]?; *han har ingenting att* ~ *till om* he has no say; *han har en hel del att* ~ *till om* he has a great deal of say (influence); ~ *upp* [anställd vanl.] give.. notice ([hyresgäst vanl.] ..notice to quit); [avtal, abonnemang o. d.] cancel; ~ *upp bekantskapen med ngn* break off relations (one's friendship) with a p.; ~ *upp sig (sin anställning)* give [in one's] notice; ~ *åt ngn att* [inf.] tell a p. to [inf.]

sägandes, *så till* ~ so to say (speak)

sägen legend, myth; *det går en* ~ *att..* there is a legend (tradition) that..

säk|er *a* [förvissad] sure, certain [äv. viss, otvivelaktig], *på (om)* of (about); [alldeles ~, vid påstående o. d.] positive, *på* about; [full av tillförsikt] confident, *på* of; [trygg, riskfri, pålitlig] safe (*för* [t. ex. anfall] from); [utom fara] secure; [stadig] steady; [betryggad] assured; [osviklig] unerring; [efterled i sms. m. bet. 'motståndskraftig'] [-]proof, *jfr stöld-, stöt|säker* [m. fl.]; *~t fotfäste* secure foothold; *ett ~t [göm]ställe* a safe [hiding-]place; *med ~ hand* with a sure (steady) hand; *ett ~t lås* a secure lock; *en ~ seger* a sure (secure) victory; *vara på den -ra sidan* be on the safe side; *en ~ skytt* a sure shot; *ett ~t tecken* a sure sign; *det är [alldeles] ~t* [otvivelaktigt] it is [quite] certain, there is no doubt about it; *det är -rast att du tar [paraply]* you had better take..; *var inte för ~!* don't be too sure (confident)!; *känna sig ~* feel secure (safe); *vara ~ på handen* have a sure (steady) hand; *kan jag vara ~ på det?* can I be sure of that?, [räkna på] may I count upon that?; *är du ~ [på det]?* are you sure (certain, positive) [about that]?; *det kan du vara ~ på (var så ~)* you may be certain (sure), F [you] bet your life, you bet; *jag är ~ på att [hon kommer]* I am certain (sure, positive) that..; *han tog det -ra för det osäkra och..* to be quite sure (to be on the safe side) he.. **-het 1** [visshet] certainty; [trygghet] safety, security; [i uppträdande] [self-]assurance, [self-]confidence; *den allmänna ~en* public safety; *~ till liv och egendom* safety (security) of life and property; *för ~s skull* for safety's sake, to be on the safe side; *föra.. i ~* bring ([värdeföremål] remove) ..to safety (to a safe place); *sätta sig i ~* save oneself; *vara i ~* be safe, be in safety; *med all ~* [säkerligen] certainly, without doubt; *veta med ~* know for certain **2** H security; *lämna ~ för [ett lån]* give (leave) security for..; *låna ut pengar mot ~* lend money on security

säkerhets|bälte safety belt, seat belt **-kedja** [på dörr] door-chain; [på smycke] safety-chain **-lina** [livlina] life-line; [dykares] signalling line **-nål** safety-pin **-skäl,** *av ~* for reasons of security, for security reasons **-tjänst** [mot spioneri o. d.] counter-intelligence, security service **-åtgärd** precautionary measure

säker|ligen *adv* certainly, no doubt, doubtless, *jfr säkert* **-ställa** *tr* guarantee, secure, *jfr säkra*

säkert *adv* [med visshet] certainly, undoubtedly, without [any] doubt, no doubt, [[högst] sannolikt] very (most) likely, probably; [tryggt] safely; [stadigt] securely, firmly, steadily; [*ja*] *~!* certainly!, no doubt!, [isht amer.] sure!; *kom ~!* be sure to come!; *räkna ~ med ngt* count confidently on a th.; *uppträda ~* behave with complete [self-]assurance; *det vet jag [alldeles] ~* I know that for certain; *jag vet inte ~ om..* I am not quite sure (certain) whether..; *han vinner ~* [sannolikt] he is likely to win; *hon är ~* [nog] *ganska ung* she is probably rather young; *han träffas säkrast [mellan 9 och 10]* the surest time to get hold of him is..

säkr|a I *tr* **1** [säkerställa, skaffa] secure, [trygga äv.] guarantee; [t. ex. freden] safeguard, [sin ställning äv.] consolidate **2** [skjutvapen] put.. at safety; [låsa] fasten, secure **II** *rfl* [skydda sig] protect (secure) oneself, *mot* against **-ing 1** [elektr.] fuse **2** [på vapen] safety-catch, safety-bolt

säl seal **-bisam** seal musquash ([amer.] musk-rat)

sälg sallow; [för sms. jfr *björk-*]

sälja *tr itr* [allm.] sell [äv. bildl.]; [marknadsföra] market; [avyttra] dispose of; [jur.: salubjuda] vend; *vi har sålt slut på [denna vara]* we are sold out of..; *~ ut* sell out, *jfr utsåld*

säljakt sealing, seal-hunting

sälj|are seller, [jur. äv.] vendor; [försäljare] salesman **-bar** *a* salable, saleable, marketable **-kurs** [för värdepapper] asked price (quotation), [för valutor] selling rate

säljägare seal-hunter, sealer

säll *a* [lycklig] blissful [äv. bibl.]

sälla *rfl, ~ sig till* join

sällan *adv* seldom, rarely, infrequently; *endast ~* [vanl.] only on rare occasions; *högst ~* very seldom [etc.]; *inte [så] ~* not infrequently, rather often

sälle fellow; *en liderlig ~* a proper rake

sällhet felicity, bliss

sällsam *a* strange, peculiar, singular

sällskap [umgänge] company, society; [tillfällig samling personer] party, company; [följeslagare] companion; [förening] society, association, club; *ett slutet ~* [krets] a private party; *får vi ~?* have we the same way?; *göra ~ med ngn till stationen* go with (accompany) a p. to the station; *jag gjorde henne ~* [eskorterade henne] *hem* I saw her home; *gör ni ~ med oss?* are you coming along (with us)?; *jag hade (fick) ~ med henne (vi hade* [el.] *fick ~)* [*dit*] she and I (we) walked ([reste] travelled) together..; *vi hade (gjorde) ~ till teatern* we went together to the theatre; *ha (gå i) ~* ['hålla ihop'] *med* [*en flicka*] be going out with..; *hålla ngn ~* keep a p. company; *för ~s skull* for company; *komma (råka) i dåligt ~* get into bad company; *i ~ med* together (in company) with **-lig** *a* [sällskaps-] social; [road av sällskap] sociable, companionable

sällskaps|lek party (parlour) game **-liv** [allm.] social life; [societetsliv] society [life]; *delta i ~et* move in society **-människa**

sociable person **-resa** conducted tour **-sjuk** *a, han är så ~* he is very eager for (keen on) company **-spel** party (parlour) game

säll|synt I *a* rare, uncommon, unusual; [*vi hade*] *en ~ otur* ..unusual bad luck **II** *adv* exceptionally; *i ~ hög grad* to an exceptional degree **-synthet** rarity, rareness; [händelse] rare event; [sak] rarity, rare thing; *det hör till ~erna* [*att hon*..] it is a rare thing [for her to..]

säl|skinn sealskin **-skinnspäls** sealskin coat

sälta saltness, salinity

sämja harmony, concord, unity **sämjas** *itr. dep* [enas] agree, *om ngt* on (about) a th.; *jfr samsas*

sämre *a adv* worse; [underlägsen] inferior, *än* to; [absol.: om folk] lower-class, [om varor] inferior, [om nöjeslokal o.d.] disreputable; *bli allt ~* [*och ~*] go from bad to worse

sämskskinn chamois [-leather]

sämst *a adv* worst; *i ~a fall* if the worst comes to the worst; *han är ~ i klassen* [*i engelska*] he is the worst in (is the bottom boy of) the class [in English]; *det ~a* [*av alltsammans*] *var,* [*att*..] the worst [part] of it was..; *de ~ avlönade* the most poorly paid

sänd|a *tr* send, *med, per* by; [försända H äv.] forward, dispatch, [isht m. järnväg, fartyg] consign, ship, [pengar] remit; [radio.] send, [⊕] transmit, [isht program] broadcast;.. *-s i radio och TV* [vanl.] ..will be broadcast and televised **-are** [radio.] transmitter, sender

sändebud [ambassadör] ambassador, [envoyé] envoy; [påvligt] nuncio [pl. -s]

sänder *adv, i ~* [i taget] at a time; [en efter en] one by one; *litet i ~* little by little

sändning 1 [sändande] sending [etc.], *jfr sända* **2** [det som sänds] a) [varuparti] consignment, shipment, [leverans] delivery b) [i radio o. TV] transmission [resp.] broadcast

säng bed [äv. trädgårds~]; [utan sängkläder] bedstead; [barn~] cot; *dela ~* share a bed; *gå i ~ med ngn* go to bed with a p.; *komma i ~* get to bed; *få kaffe på ~en* have [one's] coffee in bed; *ta ngn på ~en* take a p. by surprise; *gå till ~s* go to bed, [om sjuk] take to one's bed; *ligga till ~s* be (lie) in bed; [*sitta*] *vid ngns ~* ..at (by) a p.'s bedside **-dags** *s o. adv* time for (to go to) bed; *vid ~* at bedtime **-fösare** nightcap **-gavel** end of a bed[stead] **-himmel** canopy **-kammare** bedroom **-kamrat** bedfellow **-kant** edge of a bed; *vid ~en* [friare] at the bedside **-kläder** *pl* bedclothes, bedding [sg.] **-liggande** *a, vara ~* be confined to [one's] bed; *bli ~* [tvingas inta sängen] have to take to one's bed **-linne** bed-linen **-läge,** *tvingas inta ~* have to take to one's bed **-matta** bedside rug **-plats** [säng] bed **-rökare,** *vara ~* smoke in bed **-täcke** quilt **-vätare** bed-wetter **-överkast** bedspread, counterpane

sänk|a I *s* **1** [fördjupning] depression, hollow **2** [läk.] sedimentation rate; *ta -an* carry out a sedimentation test, *på ngn* on a p. **II** *tr* **1** [minska, göra (placera) lägre] lower, [priser, skatter o. d. äv.] reduce, [rösten äv.] drop; *~ farten* slow down, reduce speed; *med -t huvud* with [one's] head lowered; *~ ned* sink **2** *~ ett fartyg* sink a ship **III** *rfl* [allm.] descend, [om mark äv.] sink, slope down, *mot* to; [om tystnad, mörker o. d. äv.] fall, *över* on; [bildl. om pers. äv.] lower oneself **sänke** [fiske.] sinker **sänkning** [sänkande] lowering [osv.], *jfr sänka II;* [av pris äv.] reduction

sär|a *tr, ~* [*på*] [skilja [från varandra]] separate, part **-beskattning** individual (separate) taxation **-deles** *adv* [synnerligen] extremely, exceedingly, most **-drag** characteristic, distinctive feature; [egenhet] peculiarity **-egen** *a* [egendomlig] strange, peculiar, odd, singular **-klass,** *stå i ~* be in a class by oneself, be outstanding **-prägel** distinctive stamp (mark, character) **-skild** *a* [speciell] [e]special, particular, [bestämd äv.] specific; [avskild] separate; [egen] ..of one's own; *varje -skilt fall* each separate case; *~ ingång* separate entrance; *jag märkte ingenting -skilt* I did not notice anything particular; *jag har inte något -skilt för mig* I have nothing [in] particular to do **-skilja** *tr* [från-] separate, keep..separate; [åt-] distinguish [between]; [ur-] discern **-skilt** *adv* [speciellt] particularly, [e]specially, [i synnerhet äv.] in particular; *jag ber att ~ få fästa er uppmärksamhet på..* I beg to call your special attention to..; *jag brydde mig inte ~ mycket om det* I did not bother too much about it **-skola** special school [for mentally retarded children] **-skriva** *tr* [i två ord] write ..in two words **-ställning,** *inta en ~* [isht om pers.] hold (be in) an exceptional (a unique) position **-tryck** off-print

säsong season **-arbete** seasonal employment (work)

säte 1 [allm.] seat, [residens äv.] residence, *för* [i bägge fallen] of; [stolsits äv.] bottom; **2** [bakdel] seat

säter seater, [fäbodvall äv.] mountain pasture

1 sätt 1 [vis]: [vanl.] way, [mera valt] manner, [isht viss stil] fashion [end. sg.]; [metod äv.] method; [medel] means [pl. lika]; *hans ~ att undervisa* his method of teaching; *det var då också ett ~!* [indignerat] well, I never!; *på ~ och vis* [i viss mån] in a way; *på alla* [*möjliga*] *(allt) ~, på alla ~ och vis* in every [possible] way; *på annat ~* in another way, [med andra metoder] by other means; *på det ~et* in that (this) way (manner), like that (this); *det var på det ~et som han..* that was how he..; [*om du fortsätter*] *på det ~et* ..at this rate (like this); *jaså, är det på det ~et!* so that's how it is!; *på det ena eller andra ~et (på ett eller annat ~)* somehow [or other]; *på många ~* [avseenden] in many ways (respects); [*reda sig*] *på något ~* ..somehow; [*om jag kan hjälpa till*] *på något ~* ..in any (some) way; *det är på samma ~ med henne* it is the same with her; *på sitt ~* a) in his (her [osv.]) [own] way b) [på ~ och vis] in a way; *var och en på sitt ~* each one after his own fashion; *på så ~* in that way, so; [i utrop] I see; *på vad (vilket) ~?* [vanl.] how? **2** [uppträdande] manner, behaviour; [umgängessätt] manners [pl.]; *hon har ett vinnande ~* she has a winning way [with her]; *det är* [*bara*] *hans ~* it's [only] his way; *vad är det för ett ~?* that's no way to behave; *hans ~ mot..* the way he behaves towards..

2 sätt [omgång, uppsättning] set

sätt|a I *tr* **1** [placera]: [allm.] put, place, set; [i sittande ställning] seat; [fästa, sticka] stick; [sätta stadigt] plant, settle; [ordna] place, arrange; [anbringa] fit, fix; [göra, t. ex. fläckar] make; [se vid. ex. samt under resp. huvudord ss. *bo II 2, eld 1, fråga I, verk 1;* jfr tillämpliga ex. under *ställa 1 o. 2*]; *~* [*ett*] *komma* put a comma; *~ ngn högt* think highly of a p.; *~ friheten högt* value freedom highly; *~ ngn* [*till*] *att göra ngt* set a p. to do a th.; *~* [*ngt*] *för munnen* put..before one's mouth, [dölja med] cover one's mouth with..; *~* [*en båt*] *på grund* run..aground, ground..; *~ nummer på* [*ngt*] number.., [ge ett nummer] give a number to..; *~ skaft på..* put (fix, fit) a handle to..; *~ smak på* [smaksätta] flavour, [ge smak åt] give a flavour to; *~ barn till världen* bring children into the world **2** [satsa] stake; *jag -er* [*en femma*] *på att han vinner* I bet you..[that] he will win **3** [plantera] set, [t. ex. potatis] plant **4** [typogr.] compose, set [up]

II *itr, ~ i sken* bolt; *komma -ande*[*s*] come running (dashing)

III *rfl* **1** [sitta ned] sit down; [ta plats] seat oneself, take a seat; [placera sig] place oneself; [ramla] fall; [om bevingade djur] settle, [om fåglar äv.] perch; *vill du inte ~ dig?* won't you sit down (be seated)?; *sätt dig här!* [come and] sit here!; *~ sig* [*upp*] *i* [*sängen*] sit up in..; *~ sig i bilen (på cykeln)* [*och köra*] get into the car (on the bicycle) [and drive (ride)]; *~ sig* [*upp*] *på* [*cykeln*] mount..; *~ sig vid ratten* take the wheel **2** [bildl., om pers.] put oneself, *i* [*en situation*] in..; *~ sig i respekt* make oneself respected; *~ sig på* [spela översittare mot] *ngn* bully (domineer over) a p.; [se vid. ex. under *rörelse, sinne, skuld* m. fl.] **3** [om saker]: [sjunka] settle; [fastna] stick, *i* [*halsen*] in..

IV [m. beton. part. (jfr äv. under *ställa III*)] *~* **av** [släppa av] put down, F drop; [reservera] set aside; [ge sig i väg] set off; *~* **efter** [*ngn*] run after..; *~ sig* **emot** [*ngn, ngt*] [opponera sig] oppose..; *~* **fast** a) [fästa] fix, fasten; *~ fast ngt i (på)* [*en vägg*] fix (attach) a th. to..; *~ fast ngt med en nål* fasten a th. [on] with a pin, pin a th. on; *~ sig fast* [fastna] stick, get stuck; *det -er sig fast i (på)* [*ngt*] it clings to.. b) [avslöja] catch, [ange] report; *~* **fram** a) [ta fram] put out; [t. ex. mat] put..on the table; [t. ex. stolar] draw up; *~ fram* [*stolar åt gästerna*] bring up.. b) [klocka] put (set)..forward; *~* **för** [t. ex. en skärm] put (place)..in front; *~ för ett hänglås (en lucka)* put up a padlock (a shutter); *~ sig* **före**, *se föresätta; ~* **i** a) [tr.]: [allm.] put in; [t. ex. knapp] sew..on; [t. ex. ett häftstift] apply, [t. ex. tändstift] fit in; [installera] install; *~ i ett foder i* [*ngt*] line..; *~ i ngn* [t. ex. en idé] put..into a p.'s head; *~ i sig* [mat] put away.. b) [itr.: börja, om t. ex. värk] set in, begin; *~* **ihop** [allm.] put..together, [skarva ihop] join [..together]; [kombinera] combine; [författa, komponera] compose, [t. ex. ett program] draw up; *~* [foga] *ihop ngt med..* join a th. on to..; *~* **in** a) [allm.] put..in ([inomhus] inside); [lämna till förvaring] deposit; [installera] install; [investera] invest; *~ in ngt i ngt* [allm.] put a th. in[to] a th.; *~ in bilen* [*i garaget*] put the car in the garage; *~ in pengar på* [*ett konto*] pay money into.. b) [koppla in: t. ex. extra vagnar] put on; [extra personal] put..on; *~ in* [*trupper*] put in.., engage.. c) [orientera o.d.], *~ ngn (sig) in i* [*ngt*] acquaint a p. (oneself) with..; *~* **i väg** set (dash, run) off; *~* **ned** a) [eg.]: [sätta ifrån sig] put (set) down; [placera lägre] put..lower [down] b) [minska] reduce, [sänka, t. ex. anspråk] lower; [försämra, t. ex. hörsel, äv.] impair; [försvaga, t. ex. krafter] weaken; *det -er ned humöret* it makes one depressed; *ha nedsatt hörsel (syn)* have impaired hearing (vision); *~* **om** a) *~ om* [t. ex. ett rep] [*om ngt*] put..round [a th.] b) [plantera om] replant c) [t. ex. en växel] renew d) [typogr.] reset; *~* **på** a) [allm.] put on; [montera på] fit on; *~ på ngt på* [*ngt*] put a th. on.., [montera på] fit a th. on to..; *~ på* [*sig*] [*ngt*] put on.., [säkerhetsbälte] fasten..; [jfr vid. ex. under *klä* [*på*]]; *~ på* [laga] *lite kaffe* make some coffee b) [sätta i gång: t. ex. radio] turn on; *~* **samman,** *se ~ ihop o. samman-*

satt; ~ **till** a) [tillfoga samt kok.] add, *i, till* to b) [satsa, offra, t. ex. tid] devote, spend; [förlora] lose c) [börja, om t. ex. värk] set in, begin; [*han kan vara*] *besvärlig när han -er den sidan till* ..a nuisance when he is like that d) *se tillsätta 2;* ~ **upp** a) [placera o.d.: allm.] put up; [resa, ställa upp äv.] set up; [uppföra äv.] erect; [höja, t. ex. pris äv.] raise; [hänga upp] hang; [placera högre] put..higher [up]; [ordna] place, arrange; [montera] mount; ~ *upp farten* increase (put on) speed; ~ *upp ngt på* [*en hylla*] put a th. up (place a th.) on..; ~ *upp ngn på* [*en lista*] put a p. [down] on..; ~ *upp* [debitera] [*ngt*] *på ngn*[*s räkning*] charge a p. with.. b) [upprätta]: [t. ex. kontrakt] draw up, [t. ex. lista] make [out (up)] c) [teat.: iscensätta] stage, mount d) [etablera, starta: t. ex. tidning, affär] start; ~ *upp en armé* raise (set up, levy) an army; ~ *upp* [*ett* [*fotbolls*]*lag*] get together.. e) [typogr.] set up f) [uppvigla], ~ *upp ngn emot* [*ngn*] stir a p. up against..; ~ *sig upp mot* [*ngn*] set oneself up against..; ~ **ut** a) [ställa ut] put..out ([utomhus] outdoors); [till beskådande] display; [anbringa]: [t. ex. fälla] set, [vaktpost] post, station; [plantera ut] plant (set) [..out] b) [skriva ut]: [t. ex. datum] put down, [t. ex. komma] put; [ange]: [t. ex. på karta] mark, show, [t. ex. namn] give; ~ **åt** [ansätta] pester; ~ *sig* **över** [ignorera] ignore

sätt|are [typogr.] compositor, type-setter **-eri** composing room **-maskin** [typogr.] type-setting (composing) machine, type-setter **-ning 1** [hopsjunkning] settling, subsidence **2** [typogr.] composing; composition; [*skicka ngt*] *till* ~ ..to be set up [in type] **3** [mus.] arrangement

sättsadverb adverb of manner

säv rush

sävlig *a* slow, [maklig äv.] leisurely

söcken, *i helg och* ~ both on weekdays and Sundays **-dag** weekday

söder [jfr *norr* m. ex. o. sms.] **I** *s* [väderstreck] the south; *Södern* the South **II** *adv* [to the] south, *om* of **Söderhavet** the South Pacific **Söderhavsöarna** *pl* the South Sea Islands **södra** *a* the south; the southern; *jfr norra*

sök|a I *tr itr* **1** [leta] look; ~ [*efter*] [leta efter] look ([ihärdigt] search) for; [försöka hitta] try to find; [för ex. se äv. under *leta*]; *den som -er han finner* seek and ye shall find; ~ *hamn* put into port; ~ [*läkare*] *för* [*ngt*] see (consult) a doctor about..; ~ [*tröst*] *hos ngn* turn to a p. for..; *sekreterare -es* [i annons] secretary wanted **2** [vilja träffa] want to see; [försöka träffa] try to get hold of; *vem -s (-er ni)?* who[m] do you want to see?; *det är en herre som -er dig* there is a gentleman to see you; *jag -te dig* [*hela dagen*] I tried to get hold of (get in touch with) you.. **3** [ansöka om, t. ex. anställning, licens] apply for; [stipendium] try (compete) for **4** [*luften*] *-er* ..makes you tired, ..is very relaxing **II** *rfl* **1** ~ *sig till* [uppsöka] seek, [dras till] make for; [ta sin tillflykt till] resort to; ~ *sig till ngn* seek a p.; *folk -er sig till* [*storstäderna*] people [tend to] move to.. **2** ~ *sig* [*ngt*] try to find.. **III** [m. beton. part. (jfr äv. under *leta III*)] ~ *in i (vid)* [*en skola*] apply for admission in (entrance into)..; ~ *upp* [*ngn*] look..up, call on.., go ([resp.] come) to see..; ~ *ut* [utvälja] choose, pick out

sökande [aspirant] applicant, candidate, *till* [*en plats*] for.. **sökare** [foto.] view-finder **sök**[**ar**]**ljus** searchlight, [på t. ex. bil äv.] spotlight **sökt** *a* [långsökt] far-fetched; [tillgjord] affected, artificial, [ansträngd] laboured

söl [senfärdighet] dawdling, loitering; [dröjsmål] delay **söla I** *itr* [masa] dawdle, loiter; [dra ut på tiden] waste time; ~ *med* [*sitt arbete*] dawdle over.. **II** *tr* [smutsa] soil, dirty; ~ *ned, se smutsa* [*ned*] **sölig** *a* **1** [långsam] dawdling, slow **2** *se smutsig*

sölja buckle; [ring] ring

sölkorv dawdler, slowcoach

söm [sömn. o. d.] seam, [kir. äv.] suture; *gå upp i ~marna* come apart at the seams; *utan* ~ seamless **sömlös** *a* seamless, seam-free **sömmerska** [kläd~] dressmaker; [linne~ o. d.] seamstress, [fabriks~] sewer

sömn sleep; *ha god* ~ sleep well; *jag har inte fått någon* ~ [*alls*] [*i natt*] I haven't slept [a wink]..; *falla i* ~ fall asleep, go to sleep; *ligga i sin djupaste (sötaste)* ~ be fast (sound) asleep; *gå i ~en* walk in one's sleep; [vara sömngångare] be a sleep-walker; *under ~en* during sleep; [*väcka ngn*] *ur ~en* ..from his (her [etc.]) sleep; [*gråta sig*] *till ~s* ..to sleep

sömnad sewing, [konkr. äv.] needlework [båda end. sg.]

sömn|drucken *a* ..heavy (drowsy) with sleep **-dryck** sleeping-draught **-gångare** sleep-walker, somnambulist **-ig** *a* sleepy [äv. bildl.]; [dåsig] drowsy; [slö] indolent **-lös** *a* [utan sömn] sleepless; [lidande av sömnlöshet (attr.)] ..suffering from insomnia; *vara* ~ [lida av ~het] suffer from insomnia **-löshet** sleeplessness, [läk.] insomnia **-medel** sleeping medicine, soporific **-pulver** sleeping-powder; *jfr -tablett* **-sjuka** [afrikansk] sleeping-sickness **-tablett** sleeping-tablet **-tuta** great sleeper

sömsmån seam allowance

söndag Sunday; *på sön- och helgdagar* on

Sundays and holidays; *jfr fredag* [o. sms.]

söndags|barn, *han är* [*ett*] ~ he was born on a Sunday ([bildl.] under a lucky star) **-bilaga** Sunday supplement **-bilist** week-end motorist **-klädd** *a* ..[dressed up] in one's Sunday clothes (Sunday best) **-skola** Sunday school

sönder *pred. a o. adv* **1** [sönderslagen, bruten, av o.d.] broken; [i bitar]: [ss. adj.] [all] in pieces, [ss. adv.] [in]to pieces; [itu]: [ss. adj.] in two pieces, [ss. adv.] in two; [söndertiven] torn, [söndernött] worn through; *gå* ~ [brista o. d.] break [[itu] in two], [krossas äv.] smash, [gå av äv.] snap [[itu] in two]; [gå i bitar] go (come, [bildl.] fall) to pieces; [spricka] burst; [rivas sönder (om t. ex. papper)] tear; *ha* ~ [slå (bryta etc.) ~] break..[[i flera delar] to pieces (bits), [itu] in two]; [t. ex. skära i bitar] cut..up (into pieces); [riva ~] tear [..to pieces]; *bita* ~ [bita hål i] bite a hole (holes) in, [krossa (t. ex. en nöt)] crack [..with one's teeth]; *bita* ~ *en tand* break a tooth; *koka* ~ [t.ex. kött] boil..to shreds ([t.ex. frukt] to a mash); *ta* ~ [ta isär] take..to pieces (apart, asunder) **2** [i olag] out of order; [slut (om t. ex. glödlampa)] gone; *gå* ~ go (get) out of order, [stanna, strejka] break down; *ha* ~ damage, [stark.] destroy, ruin. — [Se f. ö. beton. part. under resp. vb] **-bombad** *a* [attr.] bomb-shattered, [pred.] destroyed (wrecked) by bombs **-bränd** *a* [pred.] burnt through; *vara* ~ *av solen* be badly burnt by the sun **-dela** *tr* [kem.] decompose **-delning** [kem.] decomposition **-fall** [bildl. o. fys.] disintegration; [kem.] decomposition **-falla** *itr* [i bitar] fall to pieces; [bildl. o. fys.] disintegrate; [kem.] decompose **-läst** *a* [om bok] battered, tattered

sönd|ra I *tr* [dela] divide; [splittra] disunite, [t. ex. parti] disrupt, break up; *ett* ~*t folk* a divided people **II** *rfl* divide, split [up], *i* into **-rig** *a, se trasig* **-ring** [splittring] division, disunion [end. sg.]; [oenighet] dissension, discord, [schism] schism, split

1 sörja *s* [modd] slush; [smuts] mud; [oreda] mess

2 sörj|a I *tr,* ~ *ngn* [avliden] mourn *el.* [stark.] lament [for] ([sakna] regret the loss of) a p., [bära sorgdräkt efter] wear (be in) mourning for a p.; ~ *ngt* [t.ex. sin förlorade ungdom] regret the loss of a th.; *han -es närmast av maka* [*och barn*] the chief mourners are his wife.. **II** *itr* **1** mourn, grieve; ~ *över* grieve for (over), [sakna, beklaga] regret, [vara ledsen över] be sorry about, grieve at, [bekymra sig över] worry about **2** ~ *för* [se till] see to, [sköta om] take care of, look after, [ta hand om] care for, [dra försorg om, ordna för] provide [for], make provision for; [skaffa äv.] get, find; [göra] do; ~ *för ngns behov* supply a p.'s wants; ~ *för* [*framtiden*] make provision for..; *det (den saken) -er jag för* I'll see (attend) to that; ~ *för att* [*ngt görs*] see [to it] that.. **III** *rfl,* ~ *ihjäl sig* die of grief **-ande** *a* mourning; *de* [*närmast*] ~ [isht vid begravning] the [chief] mourners

sörjig *a* [slaskig] slushy; [smutsig] muddy

sörpla I *tr,* ~ *i sig* [*ngt*] drink ([soppa o. d.] gobble) up..noisily **II** *itr,* ~ [*när man dricker (äter)*] drink (eat) noisily

söt *a* [allm.] sweet; [rar, näpen äv., samt iron.] nice, [förtjusande äv.] lovely; [småvacker äv.] pretty, [amer. äv.] cute; [intagande] charming; [färsk (om t. ex. mjölk)] fresh; ~*t vatten* [i insjö] fresh water **söta** *tr* sweeten **sötaktig** *a* sweetish; [sliskig] sickly-sweet **sötma** sweetness **sötmandel** sweet almond ([koll.] almonds [pl.]) **sötningsmedel** sweetening [agent], sweetener **sötnos** sweetie[pie], honey, [amer.] cutie **sötsaker** *pl* sweets **sötsliskig** *a* sickly-sweet, sweet and sickly; [inställsam] oily, [om t. ex. leende] sugary **sötsur** *a* sour-sweet [äv. bildl.] **sött** *adv* [rart o. d.] sweetly, in a sweet manner; *det smakar* ~ it tastes sweet, it has a sweet taste; *sova* ~ sleep peacefully (soundly) **sötvatten** fresh water **sötvattensfisk** fresh-water fish

söva *tr* **1** put (send, [vagga] lull)..to sleep; [bildl.: sitt samvete] silence; ~*nde musik* sleepy music **2** [läk.], ~ [*ned*], *se bedöva 2*

För med **sönder** sammansatta verb jfr äv. vid beton. part. under resp. enkla verb

T

ta *(taga; jfr tagen o. tas)* **I** *tr itr* take ⌈äv. friare o. bildl.⌉; ⌈ta [med sig] hit, komma med⌉ bring; ⌈ta [med sig] bort, gå [dit] med⌉ take; ⌈ta fast⌉ catch; ⌈lägga beslag på⌉ seize; ⌈få tag i, skaffa⌉ find; ⌈ta sig (t. ex. kopp kaffe, en tupplur) vanl.⌉ have; ⌈sätta på sig (kläder o. d.)⌉ put on; ⌈ta betalt⌉ charge; ⌈träffa⌉ hit; ⌈göra verkan⌉ take effect, ⌈om kniv, såg o. d.⌉ bite; *han kan ~ folk* he knows how to take (tackle) people; *~ gestalt* take shape; *~ ett lån* raise a loan; *~ några stygn* make a few stitches; *han tog det (det tog honom) hårt* that affected him deeply (hit him hard); *~ det inte så noga* don't be so very particular about it; *det tog* ⌈gjorde verkan⌉ it went home; ⌈*bromsen*⌉ *~r inte* ..doesn't work; *vem ~r ni mig för?* who (what) do you think I am?; *~ i (på)* ⌈vidröra⌉ *ngt* touch a th.; *~ ngn i armen* take [hold of] a p. by the arm; *var skall vi ~ pengar ifrån?* where are we to find money?; *~ ngt med gott humör* put up with a th. cheerfully; *det ~r på krafterna* it tells on one's strength; *~ en till mig!* bring one for me!; *jag skall ~ och kila dit* I'll just pop over

II *rfl* **1** ⌈skaffa sig, företa⌉: ⌈t. ex. en ledig dag, en promenad⌉ take, ⌈t. ex. en bit mat, en cigarrett⌉ have **2** ⌈[lyckas] komma⌉ get; *kan du ~ dig* ⌈hitta⌉ *hit?* can you find your way here? **3** ⌈förkovra sig⌉ improve, make progress; ⌈tillfriskna⌉ recover, *efter* from; ⌈om planta⌉ [begin to] grow; ⌈om eld⌉ [begin to] burn up

III ⌈m. beton. part.⌉ *~sig* **an** ⌈*ngn (ngt)*⌉ take care of (see to, attend to)..; *~* **av** a) ⌈tr.⌉: ⌈allm.⌉ take off, remove; ⌈förkorta⌉ shorten; *~ av sig* ⌈klädesplagg, glasögon o.d.⌉ take (⌈dra av⌉ pull) off, *jfr klä* [*av*] b) ⌈itr.⌉: ⌈vika av⌉ turn [off]; *~* **bort** ⌈avlägsna⌉ take away, remove; *~* **efter**.. imitate..; *~* **emot** a) ⌈tr.⌉: ⌈mottaga⌉ receive; ⌈ta hand om⌉: ⌈t. ex. beställning, avgifter o. d.⌉ take; ⌈t. ex. inackorderingar, tvätt⌉ take in; ⌈antaga⌉ accept; ⌈mildra (t. ex. stöt)⌉ moderate; *anmälningar ~s emot av*.. applications may be handed in to.. b) ⌈itr.⌉: ⌈stå i vägen⌉ be in the way, ⌈göra motstånd⌉ offer resistance; *~* **fast** ⌈[in]fånga⌉ catch, ⌈få fast⌉ get hold of, ⌈gripa⌉ seize; *~ fast tjuven!* stop thief!; *~* **fram** *ngt* take out a th., *ur* of; *~ fram* ⌈för att visa upp (t. ex. biljett) äv.⌉ produce, *ur* out of; *~ sig fram* ⌈bana sig väg⌉ get through, ⌈hitta⌉ find one's way; *~* **för** *sig* ⌈servera sig⌉ help oneself, *av ngt* to a th.; *~ sig för* ⌈göra⌉ do, ⌈gripa sig an med⌉ set about; *~* **i** ⌈itr.⌉: ⌈hugga i⌉ go at it, ⌈med händerna⌉ pull away [hard]; ⌈*vinden*⌉ *tog i* ..got up (higher); *~* **ifrån** *ngn*.. ⌈eg.⌉ take..away from a p., ⌈beröva⌉ deprive a p. of..; *~* **igen** ⌈tillbaka⌉ take..back; *~ igen förlorad tid* make up for lost time; *~ igen sig* ⌈återhämta sig⌉ recover, ⌈vila sig⌉ rest [up]; *~* **in** a) ⌈tr.⌉ take (bring) in, ⌈bära in äv.⌉ carry in; ⌈importera⌉ import; ⌈beställa [in]⌉ order [in (up)]; ⌈station i radio o. d.⌉ tune in to; ⌈låta ingå (t. ex. i tidning)⌉ put in, *i* in; *~ in ngn* ⌈ge tillträde⌉ admit a p., *i* ⌈t. ex. förening⌉ [in]to; *vara intagen på sjukhus* be in hospital; *~ in medicin* take medicine; *~ in pengar på ngt* make money by a th.; *~ in vatten* ⌈läcka⌉ let in water b) ⌈itr.⌉, *~ in på hotell (hos ngn)* put up at a[n] hotel (at a p.'s house); *~* **itu** *med ngt* set about a th.; *~ itu med ngn* take a p. in hand; *~* **med** ⌈medföra; äv. *~ med sig*⌉: ⌈föra hit, ha med sig⌉ bring..[along (with one)], ⌈föra bort⌉ take..[along] with one, take.. along; ⌈inbegripa⌉ include; *~* **om** ⌈upprepa⌉ take (say, read ⌈osv.⌉)..[over] again; *~* **på** [*sig*] ⌈t. ex. byxor, skor, glasögon, en min⌉ put on; *~ på sig skulden* take the blame; *~* **till** ⌈börja använda⌉ take to, ⌈begagna sig av⌉ use, ⌈överdriva⌉ exaggerate [things]; *vad skall jag ~ mig till?* what am I to do?, what shall I do?; *vad ~r du dig till?* ⌈klandrande⌉ what are you up to?; *~* **undan** ⌈ta bort⌉ take away; ⌈gömma⌉ put out of the way; ⌈reservera⌉ spare, keep..in reserve; *jfr undanta*[*ga*]; *~* **upp** ⌈*jfr uppta*[*ga*]⌉ a) take (bring) up ⌈äv. bildl.⌉; ⌈ur ficka, kappsäck o. d.⌉ take out, *ur* of; ⌈samla (plocka) upp⌉ gather up, ⌈rotfrukter⌉ lift; ⌈uppbära (avgifter o. d.)⌉ collect; ⌈uppstämma (sång)⌉ strike up; *~ upp en maska* pick up a stitch; *~ upp sig i engelska* improve one's English; *han tog upp sig* ⌈*mot slutet av matchen*⌉ he improved.. b) ⌈öppna (t. ex. paket, konservburk)⌉ open; *~ upp* ⌈lösa upp⌉ *en knut* undo a knot; *~* **ur** take out, *ur* of; ⌈tömma⌉ empty; ⌈avlägsna (t. ex. kärnor, en fläck)⌉ remove; ⌈rensa⌉: ⌈fågel, hare⌉ draw, ⌈fisk⌉ clean, gut; *~* **ut** a) ⌈mera eg.⌉ take (bring) out; ⌈t. ex. en kula, en spik⌉ extract; ⌈få ut⌉ get out, *ur* of b) ⌈friare⌉: ⌈anskaffa, hämta ut (t. ex. pengar på bank o. d.)⌉ [with]draw; ⌈lösa⌉: ⌈problem o. d.⌉ solve, ⌈rebus⌉ make out; *~ ut en melodi på* ⌈*ett instrument*⌉ pick out a tune on..; *~* **vid** ⌈börja⌉ begin, start; ⌈fortsätta, följa⌉ follow [on]; *~* [*illa*] *vid sig* be upset, *av, över* about; *~* **åt** *sig* ⌈känna sig träffad⌉ feel guilty;

[dra till sig]: [t. ex. smuts] attract, [fukt] absorb; [tillskriva sig (t. ex. äran)] take, claim

tabbe blunder, bloomer

tabell table, *över* of

tablett **1** [farm.] tablet; [pastill] pastille, lozenge **2** [liten duk] table mat

tablå **1** tableau [pl. -x] **2** [översikt] schedule, *över* of

tabu **I** *s* taboo [pl. -s] **II** *oböjl. a* taboo

tabulator tabulator; [tangent] tabulator key

taburett **1** [eg.] stool, [antik] tabouret **2** [bildl. (statsrådsämbete)] ministerial post

tack thanks [pl.]; [interjektionellt äv.] thank you; *ja ~!* [som svar på: Vill du ha..?] yes, please!; *nej ~!* no, thank you (thanks)!; *jo ~[, bra]!* thank you [, fine]!; *hjärtligt (mycken) ~ för..* hearty (many) thanks for..; *~ så mycket!* many thanks!, thank you very much!; *Gud vare ~!, ~ och lov!* thank God (Heavens)!; *~ för senast!* [ung.] we had a nice time the other day!; *det är hans ~ för* [*vad jag gjort*] that is how he rewards me for..; *~ för att du kom!* thanks for coming!; *till ~ för* [*hjälpen*] in acknowledgement of..; *~ vare* [*hans hjälp*] thanks (owing) to..

1 tacka *tr itr* thank; *jo jag ~r jag!* well, I say!; well, well!; *~ ja (nej) till ngt* accept (decline) a th. [with many thanks]; *han har dig att ~ för sitt liv* he owes you his life; *ingenting att ~ för!* don't mention it!; *~ för det!* [naturligtvis] of course!; *~ vet jag..* give me..[any day]; *jfr äv. tack* [ex.]

2 tacka *s* [får] ewe

3 tacka *s* [av järn, bly] pig; [av guld, silver] bar, ingot; [av stål] billet

tackel tackle; *~ och tåg* the rigging [sg.]

tackjärn pig-iron

tack|la *tr* [⚓] rig; [sport. o. bildl.] tackle; *~ av* [bli sämre, magra] fall away; *se ganska avtacklad ut* look rather a wreck **-ling** **1** [⚓] rigging **2** [sport.] tackle; [tacklande] tackling

tack|sam *a* grateful (*mot* to), [stark. o. t. ex. mot försynen o. d.] thankful (*för, över* for); *jag vore er mycket ~* I should be very much obliged to you **-samhet** gratitude, *mot* to **-samhetsbevis** mark (token) of gratitude **-samhetsskuld,** *stå i ~ till ngn* owe a debt of gratitude to a p., be indebted to a p. **-samt** *adv, vi har ~ mottagit* [*Ert brev*] we have received..with thanks, we thank you for.. **-sägelse** thanksgiving, thanks [pl.] **-tal** speech of thanks

tadel blame, censure; *utan fruktan och ~* without fear and without reproach **tadellös** *a* faultless; blameless **tadla** *tr* blame, censure

tafatt *a* awkward, gawky

tafs F, *få på ~en* get it hot; [*hon gav*] *honom på ~en* ..it him hot

taft taffeta

tag **1** [grepp] grip, grasp, *om*[*kring*] round; hold [äv. bildl.], *i, om* of; [rörelse]: [sim~, år~, stråkdrag] stroke; [ryck] pull; *släppa ~et* let go; *fatta (gripa, hugga) ~ i* catch (clutch, seize) [hold of]; *få ~ i (på)* get hold of **2** [gång, stund, slag], *försök själv ett ~* have a go (try) yourself; *i första ~et* [i första försöket] at the first try (go); [med detsamma] straight off; *två i ~et* two at a time; [*jag skall resa bort*] *ett ~* ..for a while; *jfr 2 slag 5* **taga** *se ta* **tagas** *itr. dep, se tas*

tagel horsehair

tagen *a* [medtagen] tired out, done up; [rörd] touched, moved

tagg prickle; [biol. oftast] spine; [törn~] thorn; [på ~tråd] barb **taggig** *a* prickly; spiny; thorny; *jfr tagg* **taggsvamp** hedgehog mushroom **taggtråd** barb[ed] wire

tak [ytter~] roof; [inner~] ceiling [äv. bildl. (i bet. maximum)]; [på bil o. d. äv.] top; *ha ~ över huvudet* have [got] a roof over one's head; [*rummet*] *är högt i ~*[*et*] ..has a high ceiling **-dropp** [utomhus] eaves-drop; [i rum] dropping from the ceiling **-fönster** skylight [window] **-krona** chandelier **-lagsfest** treat for the workmen when they have completed the framework for the roof of a new building **-lampa** ceiling lamp **-lucka** roof hatch **-målning** [konst.] ceiling painting (picture) **-panna** [roofing] tile **-papp** roofing-felt **-räcke** [på bil] roof-rack **-ränna** gutter **-stol** roof truss

takt **1** [tempo: mus.] time; [fart] pace, [ibl.] rate; *markera ~en* [mus.] set (mark) the time; *slå ~en* beat time; *gå i ~* keep (walk) in step; *komma ur ~en* [vid marsch] get (fall) out of step, [mus.] get out of time **2** [rytmisk enhet] bar; [versfot] foot **3** [finkänslighet] tact[fulness]; [grannlagenhet] delicacy, discretion **-fast** *a* [om steg] measured; [rytmisk] rhythmic[al]; [*marschera*] *~* ..in perfect time **-full** *a* tactful; discreet **-fullhet** tactfulness; discretion

taktik tactics [vanl. pl.] **taktiker** tactician **taktisk** *a* tactical

takt|känsla **1** [taktfullhet] sense of tact, tactfulness **2** [mus.] sense of rhythm **-lös** *a* tactless **-löshet** tactlessness, want of tact [båda end. sg.] **-pinne** [conductor's] baton

tak|täckare roofer **-ås** [roof] ridge

tal **1** [antal, siffertal] number; [räkneuppgift] sum; *räkna ut ett ~* do (work out) a sum **2** [talande, anförande] speech; [samtal] conversation; *~ets gåva* the gift of speech; *det är ~ om att* [*han skall*] [inf.] there is

[some] talk of [his] [ing-form]; *det har aldrig varit ~ om det* there has never been any question of that; *hålla [ett] ~* make a speech, *för ngn* for (in honour of) a p.; *i ~ och skrift* verbally and in writing; *falla ngn i ~et* interrupt a p.; *på ~ om det* [apropå] by the way; *föra (bringa) något på ~* take (bring) a matter up [for discussion]; *komma på ~* come (crop) up
tala I *tr itr* speak, [prata, konversera] talk; *jfr [hålla] tal; allvarligt ~t* seriously speaking; *~ för* [tala till förmån för] speak for (in favour of); *det är mycket som ~r för* [tyder på] *att han har..* there is a lot that points towards his having (that indicates that he has)..; *~ för sig själv* talk to oneself; [å egna vägnar] speak for oneself; *~ med ngn* speak (talk) to ([om längre o. viktigare samtal] with) a p.; *vem ~r jag med?* [i telefon vanl.] who is speaking?; *det är någon som vill ~ med dig i telefon* you are wanted on the [tele]phone; *låta ~ med sig* listen to reason; *~ om* [samtala om] speak (talk) of ([isht mera ingående] about); [nämna] mention; [hålla föredrag o. d. om] speak on; *det är ingenting att ~ om!* [avböjande] don't mention it!; *för att inte ~ om..* to say nothing of.., not to mention..; *höra ~s om, se höra I b; ~ till* speak (talk) to, [högt.] address **II** *rfl, ~ sig hes* talk oneself hoarse **III** [m. beton. part.] *~ in..[på band]* record..; *~ om* tell, *ngt för ngn* a p. a th. *el.* a th. to a p.; *~ inte om det [för någon]!* don't tell anybody!; *~ ut* [så att det hörs] speak up, [rent ut] speak one's mind; *~ ut [med ngn] om ngt* have (thrash) a th. out [with a p.] **talan 1** [jur.]: [allm.] suit; [kärandes] claim, [svarandes] plea; *föra ngns ~* plead a p.'s cause [äv. bildl.]; *nedlägga sin ~* withdraw one's suit **2** [bildl.], *han har ingen ~* he has no voice in the matter **talande** *a* [uttrycksfull] expressive, [om blick] significant, meaning, [om siffror o. d.] telling, striking; *den ~* [subst. a.] the speaker
talang talent, [natural] gift; *han är en [verklig] ~* he is a [really] talented (gifted) person **-full** *a* talented, gifted
talar|e speaker, [väl ~] orator **-stol** rostr|um [pl. äv. -a], [vid möte o. d. ofta] platform
talas *itr. dep, vi får ~ vid om saken* we must have a talk about it **talesman** spokesman, *för* of (for) **talesätt** locution, set ([ordspråkslikn.] proverbial) phrase
tal|fel speech defect **-film** talking picture, F talkie **-för** *a* talkative, loquacious **-förmåga** faculty (power) of speech
talg tallow, [njur~] suet **-ljus** tallow candle **-oxe** great tit[-mouse]
talja tackle
talk [miner.] talc; [puder] talcum [powder] **talka** *tr* talc
tall [träd] pine[-tree], Scotch pine (fir) **-barr** pine-needle **-kotte** pine-cone
tallrik plate; *en ~ soppa* a plate[ful] of soup
tall|ris pine-twigs [pl.] **-skog** pine forest
tallös *a* numberless; *jfr oräknelig*
talman [parl.] speaker
talong [på biljetthäfte o. d.] counterfoil, [amer.] stub; [kortsp.] stock, talon
talregistreringsapparat recording machine, recorder
tal|rik *a* numerous; *~a* [*vänner* äv.] many.., a great number of.. **-rikt** *adv* numerously; in large (great) numbers
tal|språk spoken language; *det engelska ~et* spoken (colloquial) English **-teknik** speech training **-tratt** mouthpiece **-trängd** *a* talkative, loquacious **-övning,** *~ [ar]* oral ([konversations-] conversation) practice [sg.]
tam *a* tame [äv. bildl.]; *~a djur* [husdjur] domestic animals
tambur hall, [amer.] hallway; [kapprum] cloakroom **tamburin** tambourine
tamponera *tr o.* **tampong** *s* tampon
tand tooth [pl. teeth; äv. på kam, såg m. m.]; [⊕] cog; *borsta tänderna* clean (brush, do) one's teeth; *få tänder* be teething, cut [one's] teeth; *hålla ~ för tunga* keep one's [own] counsel **tanda** *tr* tooth, indent **tandagnisslan,** *gråt och ~* weeping and gnashing of teeth
tand|borste toothbrush **-borstglas** toothbrush glass **-borstning** teeth-brushing
tandem[cykel] tandem [bicycle]
tand|garnityr [tandgård] set of teeth; [protes] denture **-klinik** dental clinic **-kräm** tooth-paste **-kött** gums [pl.] **-läkare** dentist, dental surgeon **-lös** *a* toothless **-pasta** tooth-paste **-petare** toothpick **-protes** denture, dental plate **-rad** row of teeeth **-reglering** correction of irregularities of the teeth **-rot** root of a tooth **-röta** [dental] caries [lat.] **-sköterska** dental nurse **-sten** tartar **-tekniker** dental technician **-utdragning** tooth-extraction **-vård** dental service; [personlig] dental care (hygiene) **-vårdsförsäkring** dental health insurance **-värk,** *ha ~* have [a] toothache **-ömsning** secondary dentition
tangent 1 [mus. o. på skrivmaskin] key **2** [mat.] tangent **tangentbord** [på skrivmaskin] keyboard **tangera** *tr* [mat.] touch, be tangent to; [bildl.] touch [up]on
tango tango [pl. -s]
tanig *a* [mager] thin
tank 1 [behållare] tank **2** [stridsvagn] tank **tanka** *tr itr* [bil] fill up; [itr. (om fartyg, flygplan)] refuel **tankbil** tank lorry ([isht amer.] truck), tanker

tank|e thought; [idé, föreställning äv.] idea, *om, på* of; [åsikt] opinion, *om* about; *det är min* ~ [avsikt] *att* [inf.] I intend to [inf.]; *ha -arna med sig* be alert, keep (have) one's wits about one; *ha fått en dålig* ~ *(dåliga -ar) om..* have [formed] a poor opinion (idea) of..; *jag hade inte en* ~ *på att* [*fly*] it never occurred to me (crossed my mind) to..; *det för (leder)* ~*n till..* it makes one think of..; *gå i sina -ar* be lost in thought; *han gjorde det i -arna* [i fantasin] he did it in imagination; *ha ngt i -arna* have a th. in mind; *med* ~ *på honom* bearing him in mind; *komma på andra -ar* change one's mind; *komma (få ngn) på bättre -ar* think (make a p. think) better of it

tanke|ansträngning mental effort **-arbete** brain work, [tänkande] thought **-diger** *a* [djupsinnig] weighty, profound **-experiment** intellectual experiment **-frihet** freedom (liberty) of thought **-förmåga** capacity for thinking **-gång** [-bana] train (line) of thought **-läsare** thought-reader **-skärpa** acuteness of thought, mental acumen **-ställare,** *det gav oss en* ~ that gave us something to think about **-utbyte** exchange of ideas (thoughts) **-väckande** *a* thought-provoking **-överföring** thought-transference

tankfartyg tanker

tank|full *a* thoughtful, pensive, meditative **-lös** *a* thoughtless; *jfr obetänksam* **-löshet** thoughtlessness

tankning [⚓ flyg.] refuelling; [bil] filling-up [with petrol]

tank|spridd *a* absent-minded **-spriddhet** absent-mindedness **-streck** dash **-ställare** *se tankeställare*

tant aunt; [friare] [kindly old] lady; ~ *Johansson* Mrs. Johansson

tantiem commission on profit, bonus

tape *se tejp*

tapet wallpaper; [vävd o. d.] tapestry; *vara på* ~*en* [bildl.] be on the carpet (tapis [fr.]) **-rulle** roll of wallpaper **-sera** *tr* paper; [med väv o. d.] [hang with] tapestry; ~ *om* repaper **-serare** upholsterer **-sering** paper-hanging

tapir tapir

tapp 1 [i tunna o. d.] tap; [i badkar] plug **2** [till hopfästning] peg; [snick.] tenon **3** [tott, tuss] wisp

1 tappa *tr* [tömma, hälla] tap off, draw [off]; ~ [*vin*] *på buteljer* draw..off into bottles, bottle..; ~ *av* [vätska] draw (run) off; ~ *på vattnet* [*i badkaret*] let (run) the water in[to the bath]; ~ *ur, se* ~ *av;* [tömma behållare o. d. äv.] empty

2 tappa *tr* **1** [låta falla] drop, let.. fall, *i* [t. ex. golvet] [on] to, [vattnet] into **2** [förlora] lose [äv. bildl.]; ~ *huvudet* lose one's head; ~ *bort* lose

tapper *a* brave, courageous, [i högre stil] valiant **-het** bravery, courage, valour **-hetsmedalj** medal for valour (bravery)

tapphål [för tappning] tap[ping] hole **tappning** [av ~] tapping; [dryck] tap

tappt, *ge* ~ give in

tapto, *blåsa* ~ beat (sound) the tattoo

tara tare **tarera** *tr* [kem. o. H] tare

tariff tariff; [över avgifter, taxor osv. äv.] schedule (list) of rates

tarm intestine; ~*ar* [äv.] bowels, F guts **-kanal** intestinal canal **-vred** ileus

tarv [åld.], *förrätta sitt* ~ ease nature **tarva** *tr* require, call for **tarvas** *itr. dep se behövas* **tarvlig** *a* [simpel] vulgar, common; [lumpen] shabby; [billig] cheap; [enkel] homely, frugal **tarvligt** *adv, bära sig* ~ *åt* behave shabbily, *mot* to

tas, *han är inte god att* ~ *med* he is not easy to deal with

taskspelare juggler, conjurer

tass paw; *räcka vacker* ~ [om hund] put out a (its) paw [nicely] **tassa** *itr* patter, pad

tassel, tassla *se tissel, tissla*

tatar Ta[r]tar

tattare [ung.] gipsy[-like vagrant]

tatuera *tr* tattoo **tatuering** tattooing

tavel|galleri picture-gallery **-samling** collection of pictures **-utställning** exhibition of paintings

tavla 1 [målning] picture [äv. bildl.] **2** [anslags~ o. skol.] board; [bibl.] table; [f. inskrift] tablet; [skott~] target

tax dachshund [ty.]

taxa rate, charge; [tabell] list (table) of rates, tariff; [för körning] fare, [för telefonering] fee **taxameter** [taxi]meter **taxera** *tr* **1** [för beskattning] assess.. [for taxes], *till* at; ~ *upp ngn* raise a p.'s assessment **2** [uppskatta] rate, estimate, *till* at **taxering** [för skatt] assessing [of taxes], assessment

taxerings|kalender [ung.] taxpayers' directory **-nämnd** assessment-committee(-board) **-värde** rat[e]able value

taxi taxi, [taxi-]cab **-chaufför** taxi (cab) driver **-station** taxi-rank, cab(taxi-)stand

tbc T.B.; *jfr tuberkulos*

TCO *se tjänsteman* [ex.]

1 te *s* tea [äv. måltid], S char; *dricka (laga)* ~ have (make) tea

2 te *rfl* [förefalla] appear, seem; look [like]

teak [virke] teak[-wood]

teater theatre; [*de tycker om*] *att spela* ~ ..to act; *gå på* ~*n* go to the theatre; *gå in vid* ~*n* go on the stage **-affisch** playbill **-besök,** *ett* ~ a visit to the theatre **-föreställning** theatrical performance, F show **-historia** stage history **-kikare** opera glasses [pl.] **-kritiker** dramatic critic

-pjäs [stage] play **-salong** auditorium **-scen** [theatrical] stage **-sällskap** theatrical (theatre) company **-viskning** stage whisper
teatralisk *a* theatrical
te|bjudning tea-party **-blad** tea-leaf **-burk** tea-caddy **-buske** tea-plant
tecken sign, *på, till* of; [känne~, bevis] mark, [högt.] token, [symptom] symptom, *på* of; [symbol] symbol [äv. mat. o. kem.], *för* of; [signal] signal, *till* for; [skriv~] character; [*det fanns*] *inte ett ~ till liv* ..not a sign (trace) of life; *det är ett gott (dåligt) ~* it is a good sign (a bad sign *el.* omen); *göra* [*ett*] *~ till ngn* make a sign to (motion) a p.; *på* [*ett*] *givet ~* at a given sign (signal); *till ~ på ngt* in token (as a mark) of a th. **-språk** sign-language
teckna I *tr itr* **1** [avbilda] draw, [skissera] sketch, outline; [skildra] describe, delineate; *~ efter* [*modell*] draw from.. **2** [skriva] sign; [*i avvaktan på Ert svar*] *~r vi* ..we are (remain), Dear Sir ([resp.] Sirs),; *~* [*ett*] *abonnemang på ngt* subscribe to a th.; *~ aktier* subscribe for (apply for) shares **3** [ge tecken] make a sign, *till, åt* to **II** *rfl, ~ sig för..* [på en lista] put down one's name (oneself) for..
teckna|d *a, ett vackert -t djur* a finely marked animal; *se äv. film 1 o. serie 2*
tecknare 1 [eg.] drawer, draughtsman **2** [av aktier o.d.] subscriber **teckning 1** [avbildning] drawing; [skiss] sketch; [på djur, växter] markings, lines [båda pl.]; [skildring] description **2** [av aktier o.d.] subscription
tecknings|lektion drawing-lesson **-lista** subscription list **-lärare** drawing-master, art-master **-rätt** H subscription right **-undervisning** teaching of drawing
te|dags *adv* (o. *s*), *vid ~* at tea-time **-fat** saucer; *flygande ~* flying saucer
teg *s* [åkerlapp] [field] allotment
tegel [mur~] brick [äv. ss. ämne], [koll. vanl.] bricks [pl.]; [tak~] tile, [koll.] tiles [pl.]; *lägga ~ på ett tak* tile a roof **-bruk** brick-works [pl. lika]; brickyard **-panna** roofing-tile **-röd** *a* brick-red **-sten** brick, [koll. vanl.] bricks [pl.] **-tak** tile[d] roof **-täckt** *a* tiled
tejp [adhesive (sticky)] tape **tejpa** *tr* [laga m. tejp] mend ([tejpa fast] fasten)..with tape, tape
tekanna tea-pot
teknik [metod] technique; [ingenjörskonst] engineering; [ss. vetenskap äv.] technology **tekniker** technician, [ingenjör] engineer **teknisk** *a* technical; *~ högskola* university of technology **teknokrat** technocrat **teknolog** [student] student of technology **teknologi** technology **teknologie** *oböjl. a* ..of engineering ([förk.] Eng.); *jfr teologie*
teknologisk *a* technological
tekopp teacup; [kopp te] cup of tea
telefon telephone, F phone; *det är ~ till dig* you are wanted on the [tele]phone; *svara i ~* answer the [tele]phone; *tala* [*med ngn*] *i ~* talk (speak) [to a p.] over (on) the [tele]phone **-abonnent** telephone subscriber **-apparat** telephone apparatus **-automat** slot-telephone, [amer.] pay station **-avgift** [för abonnemang] telephone charge (rental); [för samtal] call fee **-avlyssning** telephone (wire) tapping
telefonera *tr itr* telephone, F phone; *~ till ngn* [tele]phone a p., call a p. up, [amer. äv.] call a p.; *~ efter ngn* [tele]phone for a p.; *~ in* send.. by (over the) [tele]phone
telefonhytt call-box **telefonist** [telephone] operator
telefon|katalog telephone directory **-kiosk** [public] call-box, [amer.] telephone booth, pay station **-kö** telephone queue [service] **-ledning** telephone circuit (wire) **-lur** [telephone] receiver **-nummer** telephone number **-påringning** telephone call **-samtal** [påringning] [telephone] call; *vi hade ett långt ~* we had a long conversation over the telephone **-station** telephone exchange (call-office, [isht amer.] [central] office) **-stolpe** telephone pole **-svarare,** [*automatisk*] *~* [telephone] answering machine **-tid** telephone hours [pl.] **-tråd** telephone-wire **-vakt** [telephone] answering service **-väckning,** [*beställa*] *~* [order an] alarm call **-växel** [abonnentväxel] private branch exchange; [konkr.] switchboard
telefoto *se fototelegram*
telegraf telegraph; [~ station] telegraph office **telegrafera** *tr itr* telegraph, F wire, [via undervattenskabel äv.] cable **telegrafering** *o.* **telegrafi** telegraphy **telegrafisk** *a* telegraphic **telegrafiskt** *adv* telegraphically; by telegram [etc.] **telegrafist** telegraphist, telegraph operator; [⚓] radio officer
telegrafstation telegraph office
telegram telegram, F wire; [via undervattenskabel äv.] cable[gram]; [radio~] radio[tele]gram; *~ med betalt svar* reply-paid telegram **-adress** telegraphic address **-blankett** telegram form ([amer.] blank) **-byrå** [nyhetsbyrå] news agency **-remissa** telegraphic remittance
tele|kommunikation telecommunication **-objektiv** telephoto lens
tele|pati telepathy **-printer** teleprinter **-skop** telescope **-station** telephone and telegraph office
Telestyrelsen the [Swedish] Board of Telecommunications **teleteknik** telecommunication **Televerket** the National [Swedish] Telecommunications Administration

television television; [för ex. o. sms. se *TV* o. sms.] **telex** *s o.* **telex[er]a** *tr* telex
telning 1 [skott] sapling **2** [unge] kid
tema 1 theme [äv. mus.] **2** [skol.]: [översättningsuppgift] text for translation into a foreign language; [översatt] translation into a foreign language **3** [gram.], *säga ~t på ett verb* give the principal parts of a verb
tempel temple
temperament temperament; *ha ~* be temperamental **temperament[s]full** *a* temperamental
temperatur temperature; *ta ~en* take one's temperature **-förhöjning** increase of (rise of *el.* in) temperature
temperera *tr* temper [äv. mus.] **tempererad** *a* tempered; [om klimat, zon] temperate
tempo [fart] pace, speed, rate; [takt] temp|o [pl. -i; it.] **tempoarbetare** unskilled (semi--skilled) worker **tempoarbete** [ung.] serial ([på löpande band] assembly-line) production **tempobeteckning** [mus.] tempo marking **temporal** *a* temporal **temporär** *a* temporary **tempus** tense
Temsen the [River] Thames
ten [metal] rod
tendens tendency; [om priser o.d.] trend; *jfr benägenhet* **tendentiös** *a* tendentious, [friare] bias[s]ed, [amer.] slanted
tender [järnv. o. ⚓] tender
tendera *itr* tend, *mot (åt), till* towards, [*till*] *att* [inf.] to [inf.]
tenn tin; [legering för tennföremål] pewter **-fat** pewter dish **-gjuteri** [verkstad] pewter-foundry **-gruva** tin-mine, stannary
tennis tennis; [*mästare*] *i ~* ..at tennis **-bana** tennis court **-boll** tennis ball **-hall** tennis hall **-racket** tennis racket **-tävling** tennis tournament
tenn|saker pewter goods, pewter [sg.] **-soldat** tin soldier
tenor tenor **-stämma** tenor voice; [parti] tenor part
tentakel tentacle, feeler
tentamen [preliminary] examination; *muntlig ~* oral examination, [i Engl. ibl.] viva **tentand** examinee, candidate **tentator** examiner **tentera I** *tr, ~ ngn* examine a p., *i* in, *på* on **II** *itr* [prövas] be examined, *för ngn* by a p.
teo|log theologian **-logi** theology, divinity **-logie** *oböjl. a, ~ doktor (teol. dr)* Doctor of Divinity [i Engl. förk. DD efter namnet]; *~ kandidat (teol. kand.)* [ung.] graduate in divinity, [i Engl. ung.] Bachelor of Divinity [förk. BD efter namnet]; *~ studerande* student of divinity **-logisk** *a* theological
teorem theorem **teoretiker** theorist **teoretisera** *itr* theorize, *om* about **teoretisk** *a* theoretic[al] **teori** theory
teosof theosophist **teosofi** theosophy **teosofisk** *a* theosophical
terapeut therapist **terapeutisk** *a* therapeutic[al] **terapi** therapy
term term
termin 1 [univ., skol. ung.] term, [amer. äv.] semester **2** [tidpunkt] stated (fixed) time, term; [förfallotid] due date
terminal terminal
terminologi terminology
termins|avgift term fee **-betyg** term mark
termit [zool.] termite, white ant
termometer thermometer; *~n står på (visar)..* the thermometer stands at (is at, registers).. **termos[flaska]** vacuum (Thermos ®) flask **termoskanna** vacuum (Thermos ®) jug **termostat** thermostat
terpentin turpentine
terrarium vivarium
terrass *s o.* **terrassera** *tr* terrace
terrier terrier
terrin tureen
territorialvatten territorial waters [pl.] **territoriell** *a* territorial **territorium** territory
terror terror **terrorisera** *tr* terrorize [over] **terrorist** terrorist
terräng ground, country, [isht ⚔] terrain; *kuperad ~* hilly country; *förlora ~* lose ground **-gående** *a, ~ fordon* cross--country vehicle **-löpning** cross-country running ([tävling] run *el.* race)
ters [mus.] third; [fäktn.] tierce
terylene ® terylene
tes thes|is [pl. -es]
te|servis tea-set **-sil** tea-strainer **-sked** tea--spoon; *en ~* [*salt*] a teaspoonful [of salt] **-sort** [kind of] tea
1 test *s* [hår ~] wisp [of hair]
2 test *s* [prov] *o.* **testa** *tr* test
testamentarisk *a* testamentary **testamentariskt** *adv* by will **testamente** will, last will and testament; *Gamla (Nya) Testamentet* the Old (New) Testament; *inbördes ~* [con]joint will; *upprätta sitt ~* make (draw up) one's will **testamentera** *tr, ~ ngt till ngn (ngn ngt)* bequeath a th. to a p., leave a p. a th. **testamentsexekutor** executor [under a ([resp.] the) will]
testbild [i TV] test pattern
testikel testicle
testning testing
te|vagn tea-trolley, tea-waggon **-vatten** water for the tea
teve [m. sms.] *se TV* [m. sms.]
t. ex. [förk.] e. g.; *jfr* [*till*] *exempel*
text text; [bild ~] caption, [äv.] legend; [film ~ vanl.] subtitles [pl.]; [~] *till* ..of; [sång]-*~en* [*är av..*] the words.. **texta** *tr itr* **1** [pränta] engross, [m. tryckbokstäver] write..

in block letters **2** [uttala tydligt] articulate [the words] **textförfattare** author of the text (the words); [till annonstext] copy-writer

textil *a* textile **textilier** *pl* textiles

textil|industri textile industry **-vara** textile; *-varor* [äv.] textile goods

textkritik textual criticism

Themsen the [River] Thames

thinner *se tinner*

thriller thriller

tia ten; [sedel] ten-krona note; *jfr femma*

tibetan *s o.* **tibetansk** *a* Tibetan

1 ticka *s* [svamp] polypor|us [pl. äv. -i]

2 ticka *itr* tick **ticktack** tick-tack

tid time; [ibl.] times [pl.], day[s [pl.]], *jfr ex.;* [[bestämd] tidrymd, period, tidevarv, tidsålder äv.] period; [tidrymd äv.] space of time [end. sg.]; [isht tjänste~, straffperiod] term; [kort] spell, [intervall] interval; [tidsskede o.d. äv.] epoch, age; [bestämd tidpunkt äv.]: [ögonblick] moment, [timme] hour, [datum] date; [årstid äv.] season; [kontors~ o.d.] hours [pl.]; [avtalad ~, t.ex. hos läkare] appointment

Ex.: **A** [utan föreg. prep.] **a)** [i obest. form], *en ~ [kommer, när..]* a time.., [*brukade han..*] at one time..; *långa ~er [kunde han..]* for long periods..; [*resa bort*] *en veckas ~* ..for a week; *~s nog* [*får du veta det*] ..soon (early) enough; *beställa ~ hos* [läkare o.d. vanl.] make an appointment with; [*när jag*] *får ~* ..get (find) time ([tillfälle] an opportunity), *med (till)* [*ngt*] for.., [*till*] *att* [inf.] to [inf.]; *ge sig god ~* allow oneself plenty of time *(med* [*ngt*] for.., *med att* [inf.] to [inf.]); *har du ~ ett slag?* have you [got] a moment to spare?; *ta ~ på* time..; *ta god ~ på sig* take one's time, *med* [*ngt*] (*med att* [inf.]) over.. (over [ing-form]); *det är inte sådana ~er numera* [the] times are not like that nowadays

b) [i best. form], *~en* time, [den nu- resp. dåvarande] the times [pl.], [t.ex. för ngns vistelse] the time (*för* of), [tidpunkten] the time (moment), *för* [*avresan*] for (of)..; *~[en] och rum[met]* time and space; [*jag var sjuk*] *första ~en* ..during the first few days (weeks [etc.]); *gamla ~en* ancient times [pl.]; *den gamla goda ~en* the good old times (days) [pl.]; [*den*] *nya ~en* [hist.] the Modern Age; *den nya ~en* [friare] modern times [pl.]; *den gustavianska ~en* the Gustavian period

B [med föreg. prep.], *efter en ~* after some *el.* a time (a while); *vara efter sin ~* be behind the times; *för en ~ av* [*fem år*] for a period (space) of..; *för en ~ sedan* some time ago; *vara före sin ~* be ahead of one's time[s]; *i ~* in time, *för, till* for, *att* [inf.] to [inf.], *för att* [inf.] for [ing-form]; *i ~ och evighet* for all time [and eternity]; *i ~ och otid* [ideligen] at all times; *inom den närmaste ~en* in the immediate (near) future; *med ~en* in [course of] time, as time goes ([resp.] went) on; *om en liten ~* in a little while; [*springa*] *på ~* ..against time; *det är på ~en att gå* it is about time to leave; *på min ~* ..(*sin ~* [*var han*]..) in my (his) time (day).., [förr i världen] formerly..; *den på sin ~* [*kände arkitekten*] the once (at one time)..; *på (under) Gustav III:s ~* [livstid] in Gustavus III's time ([dagar] day[s]), [period] in (during) the times of Gustavus III; [*göra ngt*] *på kort ~* ..in a short time; [*resa bort*] *på en kort ~* ..for a short time; *på lång ~* [sedan länge] for a long time [past]; *på senare ~, på senaste (sista) ~en* recently, of late, lately; [*det lyckades*] *till en ~* ..for a time (a short period); *under ~en* [in the] meantime, meanwhile; *under ~en* [*1—15 maj*] between..; *gå ur ~en* depart this life; *vid ~en för* [t.ex. sammanbrottet] at the time of; *vid den här ~en* [(nu) *borde du ligga*] ..by now (this time), [*brukar jag..*] at this time..; *vid samma ~* [*i morgon*] at this time..; [*några dagar*] *över ~en* ..beyond (past) the proper time

tidelag sexual intercourse with animals

tide|räkning chronology; [kalender] calendar **-varv** period, epoch, age

tidgivning time signalling ([i radio] announcing)

tidig *a* early; *~are* [föregående äv.] previous, former **tidigt** *adv* early; *~ på morgonen* [*den 3 maj*] [on May 3rd] early in the morning; *tidigare* earlier; at an earlier hour; [förut äv.] previously, formerly; [*hon kommer*] *tidigast i morgon..* tomorrow at the earliest

tid|kontrollur time clock **-krävande** *a* [attr.] ..which takes a lot of time **-lön** time wages [pl.] **-lös** *a* timeless

tidning newspaper, paper; [vecko~] magazine; *det står i ~en* it is in the paper

tidnings|artikel newspaper article **-bilaga** supplement to a (the) paper **-bud** [news]-paper-woman ([resp.] -man, -boy, -girl) **-försäljare** news-vendor **-kiosk** news-stand, [större] book-stall **-man** [vanl.] journalist **-notis** newspaper item (paragraph) **-press** [samtl. tidningar] press **-redaktion** [lokalen] newspaper office **-redaktör** newspaper editor **-[ur]klipp** press cutting, [amer.] clipping

tid|punkt point [of time], moment; *vid ~en för..* at the time of.. **-rymd** period, space of time [end. sg.], *av* of

tids|adverb adverb of time **-anda,** *~n*

the spirit of the time[s] **-begränsning** time-limit **-besparande** *a* time-saving **-bisats** temporal clause **-brist** lack of time **-bunden** *a* [-präglad] ..bearing the stamp of the period **-enhet** unit of time **-enlig** *a* [nutida]: [attr.] up-to-date, [pred.] up to date; [modern] modern **-frist** *se frist* **-fråga,** [*det är bara*] *en* ~ ..a matter of time **-följd** chronological order **-fördriv** pastime; *till* ~ as a pastime **-förlust** loss of time **-inställd** *a,* ~ *bomb* time-bomb **-inställning** [foto.] [[vanl.] the] timing of the exposure, [anordning] shutter setting

tidskrift periodical; [isht teknisk o. vetenskaplig] journal; [isht litterär] review; [lättare] magazine

tidskrivare time recorder

tids|krävande *a, se tidkrävande* **-läge** situation at the time; [*i*] *nuvarande* ~ [at] the present juncture **-rymd** *se tidrymd* **-signal** [i radio] time signal **-skede** epoch **-skildring** picture of the time (age)

tid[s]spillan waste of time

tids|studieman time [and motion] study man **-studier** *pl* time [and motion] studies **-trogen** *a* ..true to the period, faithful **-vinst** gain (saving) of time **-ålder** age, era **-ödande** *a* time-wasting, time-consuming; *jfr äv. tidkrävande*

tidtabell timetable, [amer. äv.] schedule **tidtabellsenligt** *adv,* [*komma*] ~ ..at the scheduled time, ..on schedule **tidtagarur** stop-watch, timer **tidtagning** timekeeping **tidtals** *adv* [ibland] at times; [långa tider] for periods together **tidvatten** tide **tidvattensvåg** tidal wave **tidvis** *adv, se tidtals*

tiga *itr* be (remain) silent, *med* about; keep silent; ~ *med* [*ngt* äv.] keep..to oneself; *tig!* be quiet!, F shut up!; ~ *ihjäl* hush.. up

tiger tiger **-hona** female tiger **-hud** [fäll] tiger-skin **-unge** tiger cub

tigga *tr itr* beg, *av* [*ngn*] of ([*av förbigående*] from)..; ~ [*om*] beg for; *gå och* ~ go begging; ~ *och be ngn om* [*ngt*] beg a p. for.., implore a p. for.. **tiggarbrev** begging letter **tiggare** beggar; mendicant **tiggeri** begging, mendicancy [båda end. sg.] **tiggerska** beggar-woman

tigrerad *a* tigrine **tigrinna** tigress

tik bitch, she-dog

till I *prep* [se äv. ex. m. 'till' under resp. subst., adj. o. vb] **1** [uttr. rumsförh. (äv. friare)] **a)** to; [in i, ut på] into; [mot] towards; [[ned] på] on; [ända till äv.] to the very, [right] up (down) to, as far as [to]; [uttr. läge äv.] on, at; [*dricka vin*] ~ *middagen* ..with one's dinner; *få soppa* ~ *middag* have soup for dinner; *färdas* ~ *fots (lands, sjöss)* travel (go) on foot (by land [resp.] sea); *inbjuda ngn* ~ [*lunch*] invite a p. to..; *resa* [*in*] ~ *staden* travel (go) up to town; *resa* ~ *utlandet* go abroad; *ta av* ~ *höger* turn to the right; *det går tåg* ~ *S.* [*varje timme*] there is a train to S..; *övergå* ~ [*annat ämne*] pass on to.. **b)** [i förb. m. 'ankomma', 'ankomst' o. d.] at, [betr. land o. större stad el. ö] in; *anlända* ~ [*staden (bergets topp)*] arrive at [resp.] in.. (on..), get to.., reach..; *komma* ~ [*ett resultat*] arrive at.. **c)** [i förb. m. vissa uttr. m. bet. 'avgå', 'vara destinerad'] for; *tåget* ~ *S.* the train for S.

2 [uttr. tidsförh.] **a)** [som svar på frågan 'hur länge'] till, until; [ända till] to, up (down) to (till); [m. bibet. av ändamål o. d., uttr. att ngt är bestämt (avsett) till en viss tid] for; *från 9* ~ *12 (1939* ~ *1945)* from 9 to 12 (1939 to 1945); [*dansa*] ~ *långt in på natten* ..until (till) far on into the night; [*har vi mjölk*] ~ *i morgon?* ..for tomorrow?; ~ *en tid* for a (some) time **b)** [som svar på frågan 'när']: [när tiden är inne] at, in; [senast] by; [uttr. att ngt är bestämt till en viss tid] for; [före] before, preceding; [*vigseln är bestämd*] ~ *den 15:e* ..for the 15th; [*du ska vara hemma*] ~ *klockan 4* ..by 4 o'clock; [*han börjar skolan*] ~ *hösten* [i höst] ..this autumn; [*han gav mig presenter*] ~ *jul och* ~ *födelsedagen* ..at Christmas and on my birthday; [*reser du hem*] ~ *jul?* ..for Christmas?; *natten* ~ [*tisdagen*] [ss. adv.] on (during) the night before ..; *läxorna* ~ *torsdag* the homework for Thursday; ~ *dess* [*hade alla kommit*] by then..; [*det skulle vara färdigt*] ~ *i dag* ..by today

3 [jfr äv. *4* ned.; uttr. dativförh. o. friare bet.]: [åt] to, [ibl. oöversatt]; [avsedd för] for; [uttr. föremålet för en känsla, strävan, ett försök o. d.] to, in, on, for, of; *två biljetter* ~ [*Hamlet*] two tickets for..; [*här är ett brev*] ~ *dig* ..for you; *hans kärlek* ~.. his love of..; [*sjunga*] ~ *luta* ..to [the accompaniment of] the lute

4 [jfr äv. *3* ovan; uttr. tillhörighet, förhållande, förbindelse o. d.]: [vanl.] of, [ibl.] to; *höra* ~ belong to [osv.], *jfr höra II 1; han är son* ~ [*en läkare*] he is a (the) son of..; [*författaren*] ~ *boken* ..of the book; *nyckeln* ~ [*skåpet*] the key to ([som tillhör] of)..; [*en vän*] ~ *mig (min bror)* ..of mine (my brother's)

5 [uttr. ändamål, lämplighet el. avsikt]: [allm.] for; [såsom] as, by way of; [*få ngt*] ~ *belöning*.. as a reward; [*ge ngn en fråga*] ~ *besvarande* ..to be answered; *ha X.* ~ *lärare* have X. as a teacher; [*han nickade på huvudet*] ~ *svar* ..by way of [an] answer

6 [uttr. verkan el. resultat] to; ~ *min*

[*fasa*] to my..; ~ *skada för*.. to the detriment of..

7 [uttr. övergång] into, [ibl.] to, for; *förvandla* ~ transform into; *en förändring* ~ *det sämre* a change for the worse

8 [vid predf.]: [oftast utan motsv. i eng.]; [ibl.] as; [se resp. vb ss. *utnämna, välja* m.fl.]; ..*är döpt* ~*N*. ..was christened N.; *detta gjorde honom* ~ [*en berömd man*] this made him..

9 [i fråga om] in; [genom] by; ~ *antalet (kvaliteten)* in number (quality); [*känna ngn*] ~ *namnet (utseendet)*..by name (sight); ~ *yrket* by profession

10 [uttr. jämförelse betr. egenskap] of; *en jätte* ~ *karl* a giant of a fellow; *jfr baddare 1 o. bjässe* [ex.]

11 [uttr. gräns m. m.] **a)** [i samband m. beräkning av summa o. d.] at; *köpa ngt* ~ [*ett pris av*] [*2 kr. kilot*] buy a th. at [the price of].. **b)** [betr. mått] of; [*gardiner*] ~ *en längd av 3 meter* ..of the length of 3 metres **c)** [à], *3* ~ *4 dagar* 3 or (to) 4 days

12 [i vissa förb.] **a)** [~] *att* [inf.] to [inf.], [ibl.] to (for) [ing-form]; [*kulor används*] [~] *att skjuta med* ..for shooting [with], ..to shoot with **b)** ~ *och med (t. o. m.)* up to ([om datum äv.] until) [and including]; [*från 1939*] ~ *och med 1945* [äv.] ..to 1945 inclusive; *jfr ex. under II 3*

II *adv* **1** [ytterligare] more; *en dag* ~ one day more (longer), another day; [*en kopp te*] ~ another..; *köp tre* [*flaskor*] ~*!* buy three more..!; *lika mycket* ~ as much again; *litet* ~ a little more

2 [tillhörande] to it ([resp.] them); [*en ficklampa*] *med batteri* ~ ..and battery [to it *el.* belonging to it]

3 [i vissa förb.], *vi skulle just* [~ *att*] *gå* we were just on the point of leaving; *det gör varken* ~ *eller från* it makes no difference; ~ *och från* [då och då] off and on; *gå* ~ *och från* come and go; ~ *och med* even; *åt byn* ~ towards the village

4 [som beton. part. vid vb se resp. vb]

III [i konj. förb.], ~ *dess* [*att*] till, until

tillag|a *tr, se 2 laga I 1* **-ning** making, [stekning o. d. äv.] cooking [osv.], *se 2 laga I 1;* [av t. ex. måltid] preparation; ~ *av mat* cooking

tillbaka *adv* back; [bakåt] backward[s]; [jfr äv. beton. part. under resp. vb]; *sedan lång tid* ~ *är han*.. for a long time past he has been.. **-dragen** *a* [försynt] retiring, unobtrusive, [reserverad] reserved **-draget** *adv, leva* ~ live in retirement **-gående** *a* retrograde, retrogressive; [bildl. äv.] declining **-gång** [bildl.] retrogression; [nedgång äv.] decline, *i* of **-satt** *a, känna sig* ~ feel slighted **-visa** *tr* [avvisa]: [förslag] reject, [anbud äv.] refuse; [beskyllning] repudiate

till|be[dja] *tr* [isht relig.] worship, [dyrka äv.] adore **-bedjan** worship; adoration **-bedjansvärd** *a* adorable **-bedjare** [beundrare] admirer, adorer, [stark.] worshipper **-behör** *pl* [till bil, dammsugare o. d.] accessories; [för inredning o. maskiner] fittings [båda pl.] **-blivelse** coming into being **-bringa** *tr* spend, *med att* [inf.] [in] [ing-form] **-bringare** jug, [amer.] pitcher **-bud 1** [olycks~], *det var ett allvarligt* ~ there might have been a serious accident **2** [anbud] offer **-byggnad** addition, [konkr. äv.] extension

tillbörlig *a* due; [lämplig] fitting, appropriate; [vederbörlig] proper

till|dela *tr,* ~ *ngn* [*ngt*] allot (assign)..to a p., [utmärkelse] confer (bestow)..on a p., [pris] award a p...; ~ *ngn* [*ett slag (en tillrättavisning)* o.d.] administer ..to a p., [*ett slag* äv.] deal a p..., [*ett straff* äv.] inflict..upon a p. **-delning** [ranson] allowance, ration; [ransonerande] allocation, rationing **-dess** *adv konj, se 2 dess 2* **-dra[ga]** *rfl* **1** [ske] happen, occur; [utspelas] take place **2** [attrahera] attract **-dragande** *a* attractive **-dragelse** occurrence; [viktigare] event

till|erkänna *tr,* ~ *ngn ngt:* [-dela] award a p. a th., [bevilja] grant a p. a th.; ~ [-skriva] *saken* [*en viss vikt*] ascribe (attribute)..to the matter **-falla** *itr,* ~ *ngn* go to a p., [oväntat äv.] fall to a p. (to a p.'s lot) **-fart** [konkr.] *o.* **-fartsväg** approach, access road **-flykt** refuge, *mot, undan* from; [fristad (äv. om bostad)] retreat; [medel, utväg] resort, resource; *ta sin* ~ *till:* [en stad, ett land o. d.] take refuge in, [en pers.] take refuge with, go to..for refuge **-flyktsort** place (haven) of refuge; *jfr tillflykt* **-flöde** [abstr.] inflow, influx [båda äv. bildl.]; [konkr.] feeder stream

tillfoga *tr* **1** [tillägga] add, [bifoga] affix, append **2** [vålla], ~ *ngn ngt* [t. ex. smärta, förlust] inflict a th. upon a p.; cause a p. a th.

tillfreds *adv* satisfied, content, *med* with **-ställa** *tr* satisfy; [pers. äv.] content, [göra till lags] suit, please; [hunger o. d. äv.] appease; [nyck, lust, nyfikenhet] gratify; ~ *ngns anspråk* fulfil a p.'s expectations **-ställande** *a* satisfactory, *för* [*ngn*] to.. **-ställd** *a* satisfied [osv.]; content [end. pred.]; *jfr -ställa* **-ställelse** satisfaction, gratification, *för* to, *över, med* at

till|friskna *itr* recover, *efter, från* from; *han har* ~*t* [äv.] he has got well again **-frisknande** recovering, recovery **-frusen** *a, se frysa* [*till*] **-fråga** *tr* ask, [rådfråga] consult, *om* about, as to **-frågan,** *på* ~ on inquiry; *på* ~ *om orsaken till*.. when

För med **till-** och **tillbaka-** sammansatta verb jfr äv. vid beton. part. under resp. enkla verb

asked the reason for..
tillfyllest *adv* adequately, sufficiently
tillfångata[ga] *tr, se fånga I*
tillfälle [när ngt inträffar] occasion; [kritisk tidpunkt] juncture; [lägligt ~]: [allm.] opportunity, [slumpartat] chance, [*till*] *att* [inf.] to [inf.] *el.* of ([i bet. ~ som lämpar sig till..] for) [ing-form]; *så snart ~ erbjuder sig* when[ever] an opportunity ([resp.] a chance) presents itself (occurs, arises); *begagna ~t* [t. ex. att ta en promenad] take (seize) the opportunity to [inf.]; *få ~* [*till*] *att* [utomhus]-*bada* find *el.* get an opportunity of bathing (to bathe); *gripa ~t, ta ~t i akt* seize the opportunity; *för ~t* [för det särskilda ~t] for the occasion, [nu, [bara] för ögonblicket] for the time being, [för närvarande] at present; [*chefen är ute*] *för ~t* ..just now (at the moment); *vid ~* [*ska jag*..] some time (some day) or other..; *vid det ~t* on that occasion, [vid den tidpunkten] at the time; *vid första* [*bästa*] ~ at the first opportunity
tillfällig *a* [då och då förekommande] occasional; [händelsevis förekommande] accidental, [om t. ex. bekantskap] chance.., [om t. ex. inkomst] incidental; [kortvarig] temporary, [händelsevis tillkommen o. kortvarig] casual; [temporär, övergående] momentary; *~t arbete* casual work; odd jobs [pl.]; *en ~* [*besökare*] a casual ([enstaka] stray).. **tillfällighet** [tillfällig händelse (omständighet)] accidental occurrence; [slump] chance; [slumpartat sammanträffande] coincidence; *av en* [*ren*] ~ by pure chance, by sheer accident, quite accidentally **tillfällighetsdikt** occasional poem **tillfälligt** *adv* [för kort tid] temporarily, [för närvarande] [just] for the time being **tillfälligtvis** *adv* **1** [händelsevis] accidentally, by accident, [av en slump] by chance, [apropå] casually, [oförutsett] incidentally **2** *se tillfälligt*
till|föra *tr* bring (convey [osv.], *jfr föra I 1), ngn ngt* a th. to a p.; ~ [skaffa] *ngt till*.. supply (provide)..with a th. **-förlitlig** *a* reliable, ..to be relied on; *jfr pålitlig* **-förlitlighet** reliability; authenticity
till|förordna *tr* appoint..temporarily **-förordnad** *a,* ~ [*professor*] acting.., ..pro tempore ([förk.] pro tem.) [lat.] **-försel** [-förande] supplying ([av t. ex. frisk luft] supply), *av* [..*till*] of [..to] **-försikt** confidence, *till* in; assurance **-försäkra** *tr,* ~ *ngn* [*ngt*] secure (ensure, guarantee) a p...; ~ *sig* [*ngt*] secure (make sure of).. **-given** *a* **1** attached; [gällande nära släkting] affectionate, loving; [trogen] devoted; *vara ngn mycket* ~ be very attached (devoted) to a p. **2** [i brev], *Din* [*varmt*] *-givne*.. Yours [very] sincerely ([till nära släkting el. vän] affectionately), .. **-givenhet** attachment, [hängivenhet] devotion, devotedness, *för* to; [kärlek] affection, *för* for **-gjord** *a* affected; [konstlad] artificial **-gjordhet** affectation, affected manner
tillgodo *adv, se* [*till*] *godo* **-göra** *rfl* assimilate [äv. bildl.]; [t. ex. undervisningen] profit by **-havande** [för sålda varor o. d.] outstanding account [owing to one]; [i bank o. d.] [credit] balance, *hos, i* with **-kvitto** credit note **-räkna** *rfl, för*.. *~r vi oss ett arvode av kr. 200:* — the fee for..is 200 kr. **-se** *tr* [krav, önskemål o. d.] meet, satisfy; [behov] supply, provide for
till|grepp [stöld] theft; [försnillning] misappropriation **-gripa** *tr* **1** [stjäla] take.. unlawfully, appropriate..for one's own use; [snatta] thieve; [försnilla] misappropriate **2** [bildl.: åtgärd, utväg] resort (have recourse) to
till|gå I *tr, finnas att* ~ be to be had (obtained), be obtainable, *hos* from; *ha* [*ngt*] *att* ~ have [a th.] at one's disposal (at hand) **II** *tr, se gå* [*till b)*] **-gång 1** [tillträde] access, *till* to; *ha ~ till* [*vatten* (*läkare*)] have..at hand; *med ~ till kök* with the use of kitchen **2** [förråd] supply, *på* of; *~ och efterfrågan* supply and demand **3** [tillgångspost] asset; *~ar* [penningmedel] means, [resurser] resources **-gänglig** *a* **1** [om sak]: [som man har tillträde till] accessible, *för* to; [som finns att tillgå (om t. ex. sittplats, resurser)] available, *för* [ngn] to, [ngt] for; [som kan erhållas (t. ex. i butik)] obtainable; [öppen] open, *för* to; *med alla ~a medel* by every available means **2** [om pers.]: [lätt att komma till tals med] easy to approach [end. pred.]; [älskvärd] affable **-gänglighet 1** accessibility; availability **2** approachability [osv.] — *Jfr föreg.*
tillhanda *adv, se* [*till*] *hand*[*a*] **-hålla** *tr,* ~ [*ngn*] [*ngt*]: [förse med] supply (furnish) [a p. with].., [saluföra] sell.. (offer..for sale) [to a p.]
tillhands *adv, se* [*till*] *hand*[*s*]
tillhjälp, *med ~ av* with the aid (assistance, help) of; *med hans ~* by his aid
till|hygge weapon **-håll** haunt, *för* of; [tillflyktsort] retreat, refuge, *för* for **-hålla** *tr* [beordra], *~ ngn att* [inf.] urge a p. to [inf.]
tillhöra *itr* **1** *se höra II 1* **2** *se tillkomma 2* **tillhörande** *a* [som hör till det (dem)] ..belonging to it (them); [därtill passande] ..to match **tillhörig** *a, en mig ~ bok* a book belonging to me **tillhörighet** [konkr.] possession; [private] property [end. sg.]; [*mina (dina* osv.)] *~er* [vanl.] ..belongings
tillika *adv* also, ..too; [dessutom] besides, moreover; ~ *med* together with

tillintet|gjord *a* [bildl.]: [nedbruten] broken [down] [end. pred.]; [förkrossad] [quite] crushed, *av* [*blygsel*] with.. **-göra** *tr* [nedgöra] defeat..completely; [förstöra] destroy, ruin; [förinta] annihilate; [krossa (äv. bildl.)] crush; [planer] frustrate **-görande** *a* destroying [osv.]; destructive; [om blick] withering **-görelse** defeat; destruction, ruin; annihilation; crushing; frustration; *jfr tillintetgöra*

tillit trust, confidence, *till* in; [förlitan äv.] reliance, *till* on **tillitsfull** *a* [förtröstansfull] confident, ..full of confidence; [~ mot andra] confiding, trusting, trustful

till|kalla *tr* send for; ~ [*hjälp* äv.] summon (call in).. **-klippa** [m. fl.] *se klippa* [*till*] [m. fl.] **-knäppt** *a* [bildl.] reserved **-komma** *itr* **1** *se 2 komma* [*till*] **2** ~ [tillhöra] *ngn:* [vara ngns rättighet] be a p.'s due, belong to a p.; [vara ngns plikt] be a p.'s duty; *det -kommer inte mig att* [inf.] it is not for me to [inf.] **-kommande** *a* future; *hans* ~ his wife to-be **-komst** [uppkomst] origin; [tillblivelse] creation; [om stat, politisk rörelse o.d.] rise **-krånglad** *a* complicated, entangled **-kämpa** *rfl* manage to acquire (gain), acquire.. after a struggle

tillkänna|ge *tr* make..known, notify, announce, [öppet, bestämt] declare, proclaim, *för* to; *härmed -ges* [*att*].. this is to give notice.. **-givande** notification, announcement, declaration; [anslag] notice

till|-laga *tr, se 2 laga I 1* **--lagning, --lika** *adv* [m. fl.], *se tillagning, tillika* [m. fl.]

till|mäle [skällsord] word of abuse; ~*n* abuse [sg.]; *grova* ~*n* [äv.] invectives **-mäta** *tr* [tillskriva], ~ *ngt stor betydelse* attach great importance to a th.; ~ *sig äran av ngt* take the credit for a th. to oneself **-mätt** *a* [utmätt] apportioned; *knappt* ~ [t.ex. portion] scanty

tillmötes|gå *tr* [pers.] oblige; [begäran o. d.] comply with, [önskan äv.] meet **-gående I** *a* obliging, [om pers. äv.] accommodating, *mot* to[wards]; F forthcoming **II** *s* [förbindlighet o.d.] obligingness, compliance; *ett* ~ *av* [*ngns önskningar*] a compliance with..; *genom* ~ *från* [*herr A.*] by [the] courtesy ([tillåtelse] kind permission) of..

tillnamn surname, family name

tillnärmelsevis *adv* approximately; *inte* ~ [*så stor som*] ..nothing like..

tillopp influx; [tillflöde äv.] inflow; [konkr.] feeder stream; [av kunder o. d.] run, rush

tillreda *tr* [bereda] prepare; [göra i ordning] get..ready

tillrop call, shout; *glada* ~ joyous acclamation[s [pl.]]

tillryggalägga *tr* cover, do, *på* in

till|råda *tr* advise, recommend, [högt.] counsel **-rådan,** *på min* ~ on my advice **-rådlig** *a* advisable [osv.], *jfr rådlig*

tillräck|lig *a* sufficient; [nog] enough; [~ för ändamålet, om t. ex. kunskaper] adequate; *jfr nog 1* [ex.]; *ett* ~*t antal* a sufficient number; ~*t med* [*tid, mat*] sufficient (enough).. **-ligt** *adv* sufficiently, enough; ~ [*stor* osv.] sufficiently.., ..enough

tillräkna *tr, se tillskriva 2* **tillräknelig** *a* responsible for one's actions [end. pred.], sane **tillräknelighet** responsibility, sanity

tillrätta *adv o.* **-lägga** *tr o.* **-skaffa** *tr, se rätta I 1* **-visa** *tr* rebuke, reprove, censure, [stark.] reprimand **-visning** rebuke, reproof, [stark.] reprimand

tills I *konj* [till dess att] till, until; [ej senare än] by the time **II** *prep* till, until; [[ända] till] up (down) to; ~ *vidare, se vidare 2;* ~ *på torsdag* until (till, [senast] by) Thursday

tillsamman[s] *adv* together; [inalles] altogether, in all; [gemensamt] jointly; [se äv. 'ihop' o. 'samman' ss. beton. part. under resp. vb]; *alla* ~ all together; ~ *har vi* [*10 kr.*] we have..between ([om fler än två] among) us

till|sats 1 [-sättande] addition, adding **2** [ngt inblandat]: added ingredient; admixture [äv. bildl.]; [liten ~ av sprit o. d.] dash, [av kryddor] seasoning **-se** *tr itr, se se* [*till*]

till|skansa *rfl* [unfairly] appropriate..[to oneself]; ~ *sig makten* usurp power **-skjuta** *tr, se skjuta* [*till*] **-skott** [-skjutet bidrag] [additional (extra)] contribution; [-ökning] addition [äv. om pers.] **-skriva** *tr* **1** [eg.], ~ *ngn* write to a p. **2** [tillerkänna], ~ *ngn* [*en dikt (egenskap)*] ascribe (attribute)..to a p.; ~ *sig äran* take the credit to oneself **-skyndan,** *genom ngns* ~ [förvållande] at the instigation of a p.

tillskärare [tailor's] cutter

till|sluta *tr itr, se sluta B I 1 resp. II* **-slutning,** [*förslaget*] *vann en storartad* ~ *från* ..met with enthusiastic support from; *jfr anslutning* **-spetsad** *a, bli* ~ [om läge o.d.] become critical (acute)

tillspillo *adv o.* **-ge** *tr, se spillo*

till|strömning [av vatten] inflow; [av människor] influx, stream; [rusning] rush **-stymmelse** [ansats] suggestion, suspicion [end. sg.], *till* of; *inte en* ~ *till* [*sanning*] not a vestige of.. **-styrka** *tr* support, recommend **-stå** *tr* [bekänna] confess, *för* [*ngn*] to..; [medge] admit, acknowledge

1 tillstånd [tillåtelse] permission, leave; [godkännande] sanction; [bifall] consent; [bemyndigande] authorization, authority; [tillståndsbevis] licence, permit; *med benäget* ~ *av* ..by kind permission of.., by courtesy of..

2 tillstånd [skick] state, condition; *i berusat*

För med **till-** sammansatta verb jfr äv. vid beton. part. under resp. enkla verb

~ in a state of intoxication; *i dåligt* ~ in bad condition; *jfr hälsotillstånd*
tillståndsbevis licence, permit
tillstädes *adv, komma* ~ arrive at the place; *vara* ~ be present
till|ställning entertainment; [fest] party, F do **-stöta** *itr* **1** [ansluta sig] *se stöta* [*till*] **2** [tillkomma, hända] occur, supervene; [om sjukdom] set in
tillsyn supervision, superintendence, oversight; *ha* ~ *över* supervise, superintend, [barn] look after **tillsyningsman** supervisor, *för, över* of
till|säga *tr, se säga* [*till*] **-sägelse 1** [befallning] order[s [pl.]], *om* for; [begäran] demand, *om* for; *utan* ~ without being told **2** [tillrättavisning] rebuke, [stark.] reprimand
till|sätta *tr* **1** *se sätta* [*till*] **2** [utnämna] appoint, [kommitté äv.] set up; [besätta (plats)] fill, appoint somebody to **-sättande** *s* **1** [iblandning] adding, [tillsats äv.] addition **2** [utnämning osv.] appointment; setting up; filling; *jfr föreg.*
till|tag [streck] prank, trick; *ett djärvt* ~ a venture; *ett oförskämt* ~ *av honom* a shameless thing of him to do **-ta**[**ga**] *itr* increase, *i* in; [om t. ex. inflytande] grow; [utbreda sig] spread **-tagande I** *a* increasing [osv.] **II** *s* increasing [osv.]; increase; growth **-tagen** *a, vara knappt* ~ [om tyg o. d.] not be quite enough, [om mat o. d. äv.] be scanty in quantity, be meagre; *vara rikligt* ~ [om t.ex. mat[portion]] be ample in quantity
tilltagsen *a* [företagsam] enterprising; [dristig] bold, daring
till|tal address; [..*begagnas*] *vid* ~ ..when addressing a person; *svara på* ~ answer when [one is] spoken to **-tala** *tr* **1** [eg.] address, speak to **2** [behaga] appeal to; [om pers.] attract, please **-talande** *a* attractive, pleasing, pleasant, [om t.ex. förslag] acceptable, *för* to **-talsnamn** Christian name normally used **-talsord** word (form) of address
till|trasslad *a, se trasslig* **-tro I** *s* [tro] credit, credence; [förtroende, tillit] confidence, *till* in; *vinna* ~ [om rykte o. d.] be believed, *hos* by; gain credence, *hos* with **II** *tr,* ~ *ngn ngt* believe a p. capable of a th. **-träda** *tr* [egendom o. d.] take over [possession of], [arv, egendom] come into [possession of]; ~ *tjänsten* enter [up]on one's duties; ~ *sitt ämbete* take office **-träde 1** [inträde o. d.] entrance, admission, *till* to; [tillåtelse att gå in] admittance; ~ *förbjudet!* [ss. anslag] No Admittance! **2** [-trädande]: [av egendom] entry, *av* into possession of; taking over, *av* of; *vid* ~*t av* [*egendomen (tjänsten) blev han* ..] on taking possession (taking up *el.* over the duties) of.. **-tugg,** [*ett glas öl*] *med* ~ ..with something to eat with it
till|tvinga *rfl* [m. fl.] *se tvinga* [*sig till*] [m. fl.] **-tyga** *tr,* ~ ..[*illa*] treat (handle)..roughly, knock..about; F manhandle **-tänkt** *a* contemplated, proposed; [tillämnad] intended; [planerad] projected
tillvalsämne optional ([amer.] elective) subject
tillvara|ta[**ga**] *tr* [ta hand om] take care (charge) of; [hitta] find; [ngns intressen]: [bevaka] look after, [skydda] protect, safeguard; [utnyttja, t. ex. möjligheter] take advantage of, utilize; *expedition för -tagna effekter* lost property office **-tagande** *s,* ~*t av..* the taking care (charge) of.. [etc.]; *jfr föreg.*
tillvaro existence; [liv] life
tillverk|a *tr* manufacture, make, *av* out of; [framställa] produce, *av* from **-are** manufacturer; maker; producer **-ning** [fabrikation] manufacture, making, production, [per år o.d.] output; [*den är av*] *svensk* ~ [it is] made in Sweden
tillverknings|kostnad cost[s [pl.]] of production **-pris** manufacturer's price
till|vinna *rfl* gain, obtain, secure, [aktning äv.] win **-vita** *tr,* ~ *ngn ngt* charge a p. with a th. **-vitelse** charge, *för* of
tillväga *adv, se* [*till*] *väg*[*a*] **-gångssätt** [mode of] procedure, course of action
till|välla *rfl* usurp, arrogate..to oneself **-växt** growth [äv. bildl.]; [ökning] increase, *i* in; *vara stadd i* ~ be increasing (growing), be on the increase
tillåt|a I *tr* allow, permit; [finna sig i] suffer; [gå med på] consent to; [m. saksubj.] admit (allow) of; *-er ni att jag röker?* do you mind if I smoke?; may I smoke?; *om vädret -er* weather permitting **II** *rfl* permit (allow) oneself; ~ *sig* [ta sig friheten] *att* [inf.] take the liberty to [inf.] (of [ing-form])
tillåtelse permission; [isht om självtagen] leave; *jfr 1 tillstånd; få* ~ *att* [inf.] receive permission to [inf.], be allowed to [inf.] **tillåt|en** *a* allowed, permitted; [laglig] lawful; *jfr tillåtlig; högsta -na hastighet är..* the speed-limit is.. **tillåtlig** *a* allowable, permissible, admissible
tillägg addition; [till avtal o. d. äv.] additional paragraph; [till brev] postscript; [supplement] supplement; [pris~] extra (additional) charge, extra, [järnv.] excess (extra) fare; *till* [i samtl. fall] to; [löne~] increase (rise), *till* of; increment **tillägga** *tr* add, *till* to
tilläggs|avgift surcharge, extra fee **-biljett** supplementary ticket **-pension** supplementary pension **-plats** [⚓] landing-place, [förtöjningsplats] berthing place
till|ägna I *tr,* ~ *ngn* [*en bok*] dedicate..to a p. **II** *rfl* **1** [förvärva, kunskaper o. d.]

acquire; [tillgodogöra sig, t. ex. vad man läser] assimilate, take in **2** [lägga sig till med]: [med orätt] appropriate, [med våld] seize [upon] **-ägnan** dedication **-ämnad** *a* [planerad] intended, [påtänkt] premeditated; *jfr tilltänkt*

tillämp|a *tr* apply, *på* to; [praktiskt ~, t. ex. sina kunskaper, en regel] put..into practice; *~d* [*matematik (kemi* osv.)] applied.. **-lig** *a* applicable, *på* to; [*syntaxen genomgås*] *i ~a delar* ..where applicable **-ning** application, *på* to; *äga* [*sin*] *~* be applicable, *på* to

tilländа *adv, se ända I* **-gången** *a o.* **-lupen** *a* [attr.] ..that has come to an end; [utlupen] expired

till|öka *tr* add to, increase; [göra större] enlarge **-ökning** [-ökande] increasing; enlarging; enlargement [äv. konkr.], *av, i* of; [[på]ökning] increase, *av* of; *vänta ~* [*i familjen*] be expecting an addition to the family **-önska** *tr* wish **-önskan** wish; *med ~ om* [*lycklig resa*] best wishes for..

timechartra *tr* time-charter

tim|förtjänst hourly earnings [pl.] **-glas** hour-glass, sand-glass

timid *a* timid **timiditet** timidity

timjan thyme

timlig *a* temporal; *det ~a* things [pl.] temporal

tim|lärare [ung.] part-time teacher **-lön** hourly wage[s [pl.]]; *få (ha) ~* be paid by the hour

timm|e hour [äv. bildl.]; [lektion äv.] lesson; *jfr minut 1* [ex.]; *en fyra -ars resa* a four hour[s'] journey; [*bli sämre*] *för var ~* [*som går*] ..every hour, ..hourly; [*90 km*] *i ~n* ([*5 kr.*] [*i*] *~n*) ..an hour; [*vänta*] *i* [*flera*] *-ar*.. for [several] hours; *om en ~* [*s tid*] in an hour['s time]; [*betala ngn*] *per ~* ..per (by the) hour

timmer timber, [amer.] lumber **-avverkning** [timber] felling, [amer. äv.] lumbering **-flottare** log-driver **-flotte** [log (timber)] raft **-flottning** log driving; rafting **-huggare** [timber] feller, lumberjack **-man** carpenter **-ränna** flume **-stock** log; *dra ~ar* [snarka] be driving one's hogs to market **-stuga** timbered house, log-cabin

timotej timothy [grass], herd's grass

tim|penning *se timlön* **-plan** timetable, [amer.] schedule

timra I *tr* build (construct) [..of logs (out of timber) **II** *itr* carpenter, do carpentry

timslång *a* ..of an hour's duration, ..lasting an hour

tim|tals *adv o.* **-vis** *adv* [i timmar] for hours [together], for hours and hours **-visare** hour (small) hand

1 tina *s* **1** [laggkärl] tub **2** [fiske~] creel, pot

2 tina *tr itr, ~* [*upp*] thaw [äv. om djupfrysta varor o. bildl.]; [smälta] melt; *hon ~de upp* [blev mer tillgänglig] she became less reserved

tindra *itr* twinkle; [gnistra] sparkle, scintillate

1 ting 1 [domstolssammanträde] [district-court] sessions [pl.], [i Engl. ung.] Assizes, Quarter Sessions [båda pl.] **2** [hist.] thing

2 ting [sak] thing; [föremål äv.] object; [ärende äv.] matter

tinga *tr, ~* [*på*] order [..in advance], bespeak; [reservera] reserve, book; [pers.] engage

tings|hus [district] court-house **-meriterad** *a, ~ jurist* [ung.] law graduate with district-court practice **-rätt** [ung.]: [i stad] municipal ([på landet] district) court **-sal** [district-court] sessions-hall

tinktur tincture

tinne pinnacle, [bergs~ äv.] summit

tinner thinner

tinning temple

tio *räkn* ten; *jfr fem* [o. sms.] **-dubbel** *a* tenfold; *jfr femdubbel* **-kamp** decathlon

tionde I *räkn* tenth; *jfr femte* **II** *s* tithes [pl.]; *ge ~* pay [one's] tithes **tion[de]del** tenth [part]; *jfr femtedel*

tio|pundssedel ten-pound note, F tenner **-tal** ten; *ett par ~* some twenty or thirty; *jfr femti[o]tal* **-tusentals** *a* tens of thousands, *människor* of people

1 tipp [spets] tip, *av (på)* of

2 tipp 1 [avstjälpningsplats] [refuse ([amer.] garbage)] dump **2** [avstjälpningsanordning] tipping device

1 tippa I *tr* [stjälpa [ut]] tip, dump **II** *itr* ([äv.] *~ över*) tip [over]

2 tippa *tr itr* **1** [förutsäga] tip, spot **2** [m. tipskupong] do the [football] pools

1 tippning tipping, dumping

2 tippning [fotbolls~] doing the [football] pools

tippvagn [lastbil] tipper, tipping lorry, [amer.] dump[ing] truck

tips 1 [upplysning] tip, tip-off, *om* about, as to **2** *vinna på ~* [*et*] win on the [football] pools **-kupong** [football] pools coupon **-tolva** *se tolva* **-vinst** [football] pools win (dividend)

tirad tirade

tisdag Tuesday; *jfr fredag* [o. sms.]

tissel, *~ och tassel* [viskande] whispering; [hemlighetsmakeri] hush-hush, [skvaller] tittle-tattle **tissla** *itr, ~ och tassla* [viska] whisper

tistel [bot.] thistle

titel [person~, bok~ o.d.] title; *lägga bort titlarna* drop the titles; *en bok med ~n*.. a book entitled.. **-blad** title-page **-roll** title-

-role **-sida** title-page **-sjuka** fondness (mania) for titles

1 titt *adv,* ~ *och tätt (ofta)* frequently, repeatedly, time and again

2 titt *s* **1** [blick] look, [hastig] glance, [i smyg] peep; *ta [sig] en* ~ *på..* have (take) a look [osv.] at.. **2** [kort besök] call, *hos ngn* on a p.; *tack för* ~*en!* it was kind of you to look me up!

titta I *itr* look, [ta en titt] have a look, [kika] peep, peek, [flyktigt] glance, [oavvänt] gaze, stare, *på* [i samtliga fall] at; *jfr se I* [ex.] **II** *rfl, se se I* **III** [m. beton. part. (*jfr se II*)] ~ *fram* peep out (forth), [synas (om ting)] show; ~ *in* [komma in [och hälsa på]] look (drop) in, *till* [*ngn*] on..; ~ *ut ngn* [närgånget glo på ngn] stare a p. up and down, [ur en lokal] stare a p. out of a ([resp.] the) place; ~ *ut till oss* [*på landet*] come out [into the country] and see us

tittar|e [TV~] viewer **-storm** [i TV; ung.] storm of protest from [TV-]viewers **-tid,** *på bästa* ~ [i TV] during peak viewing hours

titt|hål peep-hole **-skåp** peep-show **-ut,** *leka* ~ play [at] bo-peep

titulera *tr* style, call; ~ *ngn* [*professor*] [äv.] address a p. as..

tivoli amusement park, [amer. äv.] carnival

tjat nagging, *om* about **tjata** *itr* [gnata] nag, *på ngn* [at] a p., *om ngt* about a th. **tjatig** *a* **1** [gnatig] nagging **2** [långtråkig] boring, tedious

tjeck Czech **tjeckisk** *a* Czech **tjeckiska 1** [kvinna] Czech woman **2** [språk] Czech **Tjeckoslovakien** Czechoslovakia **tjeckoslovakisk** *a* Czechoslovak[ian]

tjej F girl, [äldre, 'böna'] bird

tjock *a* thick; [om pers. samt om sak i bet. 'kraftig'] stout; [fet] fat; [tät (t. ex. skog, rök)] dense; *det var* ~*t med folk på gatan* the street was packed with people **tjocka** fog **tjockflytande** *a* thick, viscous, viscid; [om olja] heavy **tjockhudad** *a* thick-skinned [äv. bildl.] **tjockis** fatty **tjocklek** thickness **tjockna** *itr* get (grow, become) thick ([om pers.] fat), thicken **tjockskalig** *a* [om t. ex. nöt, ägg] thick-shelled, [om t. ex. potatis, äpple] thick-skinned, thick-peeled **tjockskalle** fathead, numskull **tjockskallig** *a* [bildl.] thick-headed **tjocktarm** large intestine

tjog score; *fem* ~ [*ägg*] five score [of].. **-tals** *oböjl. a,* ~ [*med*] *människor* scores [subst. i pl.] of people **-vis** *adv* [per tjog] by the score

tjuder tether **tjudra** *tr* tether; ~ *fast* tether up, *vid* to

tjugo *räkn* twenty; *jfr fem*[*tio*] [o. sms.] **tjugonde** *räkn* twentieth; *jfr femte* **tjugon[de]dagen** (*tjugon*[*de*]*dag jul*) Hilarymas [Day]; *jfr juldag 1* **tjugon[de]del** twentieth [part]; *jfr femtedel* **tjugotal** twenty; *jfr femti*[*o*]*tal* [ex.]; *ett* ~ [*meter*] some (about) twenty [metres]

tjur bull **tjura** *itr* sulk, be in a sulk **tjurfäktare** bullfighter **tjurfäktning** bullfighting; *en* ~ a bullfight **tjurig** *a* sulky **tjurighet** sulkiness

tjur|skalle [bildl.] obstinate (pig-headed) fellow **-skallig** *a* pig-headed **-skallighet** pig-headedness

tjusa *tr* charm, enchant, [friare] fascinate, captivate **tjusig** *a* charming, lovely **tjuskraft** charm, power to charm **tjusning** charm, enchantment; fascination

tjut howling; *ett* ~ a howl **tjuta** *itr* howl, [om mistlur] hoot; [gråta] cry

tjuv thie|f [pl. -ves]; [inbrotts~] housebreaker, [nattlig] burglar **-aktig** *a* thievish **-fiske** fish-poaching **-gods** stolen property (goods [pl.]) **-[gods]gömma** place for harbouring ([resp.] harboured) stolen property **-larm** burglar alarm **-liga** gang of thieves **-lyssna** *itr* eavesdrop **-läsa** *tr itr,* ~ [*en bok*] read.. on the sly **-pojke** [young] rogue (rascal) **-pojksaktig** *a* roguish **-pojksstreck** dirty trick **-skytt** [game] poacher **-skytte** [game] poaching **-start** false start **-titta** *itr,* ~ *i* [*en bok*] take a look into..on the sly **-åka** *itr* [på t. ex. buss] steal a ride, be a fare dodger

tjäder capercaillie, capercailzie **-höna** female (hen) capercaillie **-tupp** male (cock) capercaillie

tjäle frost in the ground, ground frost **tjällossning,** ~*en* the breaking up of the frost in the ground, the thawing of the frozen soil **tjälskada** frost-damage

tjäna I *tr itr* **1** [göra tjänst [åt]] serve; ~ *hos ngn* be in a p.'s service; ~ *som (till)..* [betr. abstr. ting (t. ex. förebild, ursäkt)] serve as.., [betr. mera konkr. ting (t. ex. bostad, föda) äv.] do duty as..; *det* ~*r ingenting till* it is [of] no use, it is no good, *att gå (att du går) dit* going (your going) there; *vad* ~*r det till?* what is the use (good) of that? **2** ~ [*sig*] *se förtjäna I* **II** [m. beton. part.] ~ *ihop* [*en summa*] save up..out of one's earnings; [*pensionen kan betraktas som*] *intjänad lön..* salary earned in advance; [*den här rocken*] *har* ~*t ut..* has seen its best days

tjänare servant; *en kyrkans* ~ a minister of the Church **tjänarinna** [maid] servant **tjänlig** *a* [passande, lämplig] suitable, [användbar] serviceable, *till* for

tjänst service; [anställning] place, situation; [befattning] post, [isht stats~] appointment; [ämbete] office; [prästerlig] charge, ministry; *jfr tjänstgöring; erbjuda ngn sina*

~er offer one's services to a p.; *göra ~* do service (serve, do duty), *som* as; [*motorn*] *vägrar att göra ~* ..refuses to work; *göra ngn en ~* do (render) a p. a favour (service); *lämna sin ~* [befattning] resign one's appointment; *vara i ~* be on duty; *vara i ~ hos ngn* be in a p.'s service, be employed by a p.; *stå till ngns ~* be at a p.'s service (disposal); *vad kan jag stå till ~ med?* what can I do for you?; *utom ~en* when off duty; [*han är där*] *å ~ens vägnar* ..on official business

tjänst|aktig *a o.* **-aktighet** *se tjänstvillig, tjänstvillighet* **-duglig** *a* [om pers.] ..fit for service

tjänste|bil official car; [bolags etc.] company car **-bostad** flat ([resp.] house) attached to one's post (job); [högre ämbetsmans] official residence **-brev** official letter **-bruk,** *för ~* for official use **-fel** breach of duty **-flicka** servant [girl], maid **-folk** servants [pl.] **-förmån** [utöver lön] fringe benefit **-grad** rank **-man** [statlig] civil servant, official; [i enskild tjänst] [salaried] employee; [kontorist] clerk; *Tjänstemännens Centralorganisation* ([förk.] *TCO*) The Swedish Central Organization of Salaried Employees **-resa** [i statstjänst] official journey; [affärsresa] business journey **-rum** office[-room] **-ställning** [⚔] official standing **-tid 1** [anställningstid] period of service **2** [kontorstid] office hours **-ålder,** [*befordran går*] *efter ~* ..by seniority [in service] **-år** year of service **-ärende** official matter

tjänst|göra *itr* serve, do duty, *som* as, *på, vid* at ([resp.] in); [om pers. äv.] act (*som* [*tolk*] as..); [vara i tjänst] be on duty, [vid hovet o. d.] be in attendance, *hos* on **-görande** *a* ..on duty, ..in charge, [vid hovet] ..in attendance **-göring** duty; [arbete] work [end. sg.]; *ha ~* be on duty ([vid hovet] in attendance); *inte ha ~* be off duty

tjänstgörings|betyg testimonial, *se betyg 1;* [-intyg] service certificate **-reglemente** service regulations [pl.] **-tid 1** [[daglig] arbetstid] hours [pl.] of duty **2** [anställningstid] period of service

tjänst|ledig *a, vara ~* be on leave [of absence] **-ledighet** leave of absence **-villig** *a* obliging, helpful, [pred. äv.] willing to help **-villighet** obligingness [etc.]

tjära I *s* tar **II** *tr* tar **tjärblomster** catchfly

tjärig *a* tarry

tjärn small lake, mere

tjärpapp [takpapp] [tarred] roofing-felt

toalett 1 [-rum] lavatory; [wc] toilet, W.C.; [på restaurang o. d.] cloak-room, men's (ladies') room, [amer.] washroom; [offentlig] public convenience **2** [klädsel] dress, toilet; *göra ~* dress, make one's toilet; *i stor ~* in full dress **-artikel** toilet requisite **-bord** toilet-table, dressing-table, [amer.] dresser **-papper** toilet-paper **-rum** lavatory; *jfr toalett 1* **-saker** *pl* toilet requisites **-tvål** toilet-soap; *en ~* a piece of toilet-soap

tobak tobacco [äv. bot.], F baccy

tobaks|affär tobacconist's [shop], [amer. äv.] cigarstore **-handlare** [detaljist] tobacconist **-pung** tobacco-pouch **-rök** tobacco-smoke **-rökning** tobacco-smoking; *T~ förbjuden!* No smoking! **-sort** type of tobacco; *-sorter* [äv.] tobaccos **-varor** *pl* tobacco [sg.] [goods]

toffel slipper; *stå under ~n* be hen-pecked

tofs tuft, bunch, [på djur äv.] crest; [på möbler, kläder o. d.] tassel **-lärka** crested lark

toft [⚓] thwart

tok 1 fool, idiot, crazy fellow **2** *gå på ~* go wrong, *för, med* with **toka** fool of a woman (girl), crazy woman (girl)

tokeri [dumhet, galenskap] nonsense, folly; [tokiga upptåg o. d.] foolish pranks **tokig** *a* mad [osv.], [*jfr galen* m. ex.]; [dum, enfaldig] foolish, silly; [löjlig] ridiculous, [tokrolig] funny, comic[al] **tokighet** *se tokeri*

tokigt *adv* **1** madly [osv.], *jfr tokig* **2** *se galet* **tokrolig** *a* funny, comic[al] **tokstolle** *se tok 1;* [galenpanna] madcap

tolerans tolerance [äv. ⊕], *mot* towards **tolerant** *a* tolerant, *mot* towards **tolerera** *tr* tolerate, put up with

tolfte *räkn* twelfth; *jfr femte* **tolftedel** twelfth [part]; *jfr femtedel*

tolk 1 [pers.] interpreter; *göra sig till ~ för* [uttrycka (t. ex. känslor)] voice, give voice to, [förfäkta (t. ex. en åsikt)] advocate **2** [⊕] gauge

1 tolka *itr* [sport.] go ski-joring

2 tolka *tr* [som tolk[are]] interpret; [handskrift] decipher; [återge] render; [översätta] translate; [uttrycka (t. ex. känslor)] express, voice, give expression (voice) to **tolkning** [tolkande] interpreting [osv.], *jfr 2 tolka;* interpretation, decipherment, rendering, translation; [version] version

tolv *räkn* twelve; *klockan ~ på dagen (natten)* [vanl.] at noon (midnight); *jfr fem*[*ton*] [o. sms.] **tolva** twelve; *få en ~* [vid tippning] get twelve correct results, *jfr femma*

tolvfingertarm duodenum

tom *a* empty [äv. bildl. (om t. ex. löften, fraser)], *på* of; [meningslös (om t. ex. prat, hot)] idle; *~ma sidor* blank pages; *en ~ stol* a vacant chair; [*därinne var det*] *tyst och ~t* [avfolkat] ..silent and deserted

t. o. m. [förk.] *se till I 12 b*

tomat tomato **-ketchup** tomato ketchup

tombola tombola

tom|butelj empty bottle **-glas** [koll.] empty bottles [pl.] **-gång** [motor.] idling; *gå på*

~ idle **-het** emptiness [osv.], *jfr tom;* vacancy, vacuity; [bildl. äv.] void **-hänt** *a* empty-handed **-rum** [ej utfylld plats] vacant space (place), [tomhet o. d.] void, vacuity, [lucka] gap, [på blankett] blank space; [fys.] vacuum; [*han har lämnat*] *ett stort ~ efter sig* .. a great blank (a void) behind him

tomt [obebyggd]: [building] site, [isht amer.] lot; [kring villa o. d.] garden, [större] grounds [pl.]

tomte **1** [hus~ ung.] brownie, puck **2** *se jultomte*

tomt|jobbare land speculator **-rätt** site-leasehold right

1 ton [vikt] metric ton, [eng. motsv. (1016 kg)] ton

2 ton [mus. m. m.] tone [äv. bildl.]; [mus. (om viss ton) o. bildl. äv.] note; [färg~ äv.] hue; [fonet.]; [-vikt, tryck] stress, [-höjd] pitch [of the (one's) voice]; *hålla ~en* keep in tune; *ta inte den ~en mot mig!* don't take that tone with me!; *ta sig ~ mot ngn* try to domineer a p.; *det hör till god ~* it is good form **tona I** *itr* [ljuda] sound, ring **II** *tr* [ge färgton åt] tone; [håret] tint; *~ bort* [ljud, bild (i radio o. TV)] fade out **tonande** *a* [ljudande] sounding, ringing; [fonet.] voiced **tonart** [mus.] key **tonfall** intonation; *hans raljanta ~* his rallying tone [of voice]

tonfisk tunny[-fish], [större o. kok.] tuna [pl. tuna[s]]

ton|givande *a* [bildl.], *i ~ kretsar* in leading quarters (circles) **-höjd** pitch

ton|ing toning; [av hår] tinting **-lös** *a* [uttryckslös] toneless; [fonet.] voiceless

tonnage tonnage

tonsill tonsil

tonsur tonsure

ton|sätta *tr* set .. to music **-sättare** composer [of music] **-vikt** stress; [bildl. vanl.] emphasis; *lägga ~*[*en*] *på* stress, put [the] stress on, emphasize

ton|åren, [*en flicka*] *i ~* .. in her teens **-åring** teen-ager

topas topaz

topografi topography

1 topp *itj* done!, agreed!, a bargain!

2 topp *s* **1** [eg.] top; [krön, övre kant] crest; [bergs~ äv.] summit; [spets] pinnacle, peak; *vara på ~en av sin kraft (ryktbarhet)* be at the summit of one's power (at the pinnacle of one's fame); *hissa flaggan i ~* run up the flag; *med flaggan i ~* with the flag aloft **2** [blus] top **3** [adv.] *~* [*tunnor*] *rasande* mad with rage **toppa** *tr* **1** [ta av toppen på] top **2** [stå överst på (t. ex. lista)] top, head **toppform,** *vara i ~* be in top form **topphastighet** top speed **toppig** *a* [spetsig] pointed; [konisk] conical

topp|murkla [edible] morel **-mössa** pointed cap **-möte** summit (top-level) meeting **-prestation** top (record) performance **-rida** *tr* bully **-socker** loaf-sugar **-ventil** [motor.] overhead valve

Tor [myt.] Thor

tordas *itr. dep* [våga] dare [to], *jfr 2 våga*

torde *hjälpv* **1** [uttr. uppmaning] will, [hövligare] will please; *ni ~ observera* you will ([behagade] will please *el.* will kindly, [anmodas] are requested to, [bör] should) observe **2** [uttr. förmodan: uttryckes vanl. genom konstr. m.] probably; *det ~ finnas* [*många som* ..] there are probably ..; *man ~ kunna säga att* it may (can, might, could) probably be said that

tordyvel dor-beetle, dung-beetle

torftig *a* [enkel] plain; [fattig] poor; [knapp, skral] scanty, meagre; [luggsliten] shabby **torftighet** [enkelhet] plainness; [fattigdom] poorness, poverty; [knapphet] scantiness

torg **1** [salu~] market-place, market; *gå på ~et* [för att handla] go to [the] market; *föra till ~s* [bildl.] bring forward **2** [öppen plats] square **-dag** market-day **-föra** *tr* **1** [saluföra] offer .. for sale [in the market] **2** *se* [*föra till*] *torg*[*s*] **-gumma** market-woman **-handel** market trade, marketing

tork **1** [-apparat] drier, dryer **2** *oböjl. s, hänga* [*ut*] *på ~* hang .. out to dry **torka I** *s* [eg.] [spell of] drought, dry weather **II** *tr* **1** [göra torr]: [allm.] dry, [få .. torr äv.] get .. dry, [låta .. torka äv.] let .. dry; [genom t. ex. gnidning äv.] wipe; *~ ansiktet* dry (wipe, mop) one's face; [*om du diskar, så*] *skall jag ~* .. I'll do the drying-up; *~ fötterna* [*på dörrmattan*] wipe one's feet ..; *~ händerna* dry (wipe) one's hands **2** [torka bort], *~ dammet av bordet* wipe the dust off the table; *~ sina tårar* wipe away one's tears **III** *itr* [bli torr] dry, get dry; [om växt äv.] wither away, dry up **IV** *rfl* dry oneself, [torka av sig] wipe oneself [dry]; *~ sig i ansiktet (om händerna), se ~ ansiktet, ~ händerna, under II 1* **V** [med beton. part.] *~ av* [t. ex. fötterna, skorna] wipe; [damma av, bord o. d.] dust; *~ av ansiktet (händerna), se ~ ansiktet, ~ händerna, under II 1; ~ av dammet på ngt* wipe the dust off a th.; *~ bort* a) [tr. (fläck o. d.)] wipe off; *~ bort en tår* dry (brush) away a tear b) [itr.] get dried up, [om vätska äv.] dry up; *~ upp* a) [tr.] wipe (mop) up b) [itr.] dry up, get dry [again]; *~ ut* [om t. ex. flod] dry up, run dry

tork|huv hood hair-drier **-ning** drying, *jfr torka II* **-rum** drying room **-skåp** drying cupboard (cabinet) **-ställ** [för disk] plate rack; [foto.] drying frame **-ugn** [⊕] drying kiln

torn tower, [spetsigt kyrk~] steeple; [klock~] belfry; [schack.] rook, castle **torna,** *~ upp* *sig* pile up [äv. bildl.]

tornado tornado

tornering *o.* **tornerspel** tournament, tourney, joust

tornister [mat~] haversack, canvas field-bag; [foderpåse] feed-bag, nose-bag

torn|spira spire, [kyrktorn] steeple **-svala** [common] swift **-ur** tower-clock

torp crofter's holding ([-stuga] cottage), croft

torpare crofter

torped torpedo **torpedbåt** torpedo-boat

torpedera *tr* torpedo [äv. bildl.] **torpedering** torpedoing

torr *a* dry [äv. bildl.]; [om jord]: [uttorkad] parched, [ofruktbar] arid; [om klimat] torrid; [om löv o. d. vanl.] withered, dead; [bildl. (tråkig) äv.] dull, boring; *på ~a land* on dry land; *han är inte ~ bakom öronen* he is very green; *ha sitt på det ~a* be comfortably off

torr|docka dry dock **-het** dryness; parchedness; aridity; *jfr torr* **-klosett** earth closet **-lägga** *tr* drain, [för att utvinna ny mark] reclaim; [bildl. F] make .. dry **-läggning** drainage; reclamation **-mjölk** powdered (dried) milk

torrolig *a* droll

torr|schamponering dry shampoo **-skaffning** [smörgåsar ung.] sandwiches [pl.] **-skodd** *a* dry-shod

torsdag Thursday; *jfr fredag* [o. sms.]

torsk cod [pl. lika], codfish

tortera *tr* torture **tortyr** torture

torv 1 [geol.] peat; *ta upp ~* dig [out] peat[s] **2** [gräs~] sod, turf **torva 1** [gräs~] [piece (sod) of] turf **2** *den egna ~n* one's own plot of land

torv|mosse peat bog (moor) **-mull** [-strö] peat litter ([till jordförbättring] mulch) **-strö** peat litter **-tak** sod-roof

tota *tr* F, *~ till* [(knåpa ihop) t. ex. ett brev] put together [some sort of] ..

total *a* total, [fullständig äv.] entire, complete, [ytterlig (t. ex. okunnighet) äv.] utter **totalförbud** total prohibition **totalisator** totalizator; F [toto] tote **totalitär** *a* totalitarian **totalkvadda** *tr* smash .. up completely

tova I *s* twisted (tangled) knot **II** *rfl, ~ [ihop] sig* become tangled **tovig** *a* tangled, matted

trad[e] [shipping (sea)] route

tradig *a* [långtråkig] tedious, boring

tradition tradition **traditionell** *a* traditional **traditionsbunden** *a* tradition-bound

trafik traffic [äv. friare ([olaga] hantering)]; [som bedrivs av trafikföretag o. d.] service; *ångaren upprätthåller ~en mellan ..* the steamer maintains the service between ..; *fartyget går i [regelbunden] ~ mellan ..* the vessel runs regularly (plies) between ..

trafikabel *a* trafficable **trafikant** [väg~] road user; [fotgängare] pedestrian; [passagerare] passenger **trafikdelare** [pelare] traffic pillar, [refuge] traffic island **trafikera** *tr* [en bana, ångbåtslinje o. d.]: [om resande] use, frequent, [om trafikföretag] work, operate; [om buss o. d.] run on, ply

trafik|flyg [flygväsen] civil aviation, [flygtrafik] air services [pl.] **-flygare** airline pilot **-flygplan** passenger plane, [större] air liner **-fälla** road trap **-förseelse** traffic offence **-försäkring** third party [motor] insurance **-hinder** traffic obstacle **-led** traffic route **-märke** traffic sign **-olycka** traffic (road) accident **-polis 1** [avdelning] traffic police **2** [konstapel] traffic policeman **-signal** traffic signal (light) **-stockning** traffic jam, congestion of the traffic **-stopp** stoppage (hold-up) in the traffic **-säkerhet** road safety **-vett** traffic sense

tragedi tragedy **tragedienn** tragedienne

traggla *itr* F **1** [käxa] go on, *om* about **2** [knoga], *~ igenom* plod through; *~ om* go through .. again

tragik, *~en* [det tragiska] the tragedy, *i* of **tragikomisk** *a* tragi-comic[al] **tragisk** *a* tragic, [friare äv.] tragical

trakassera *tr* [ansätta, plåga] pester, badger, harass, [förfölja] persecute **trakasseri,** *~ [er]* pestering, badgering, persecution [samtl. sg.]

trakt [område] district, area; [region] region; [grannskap] neighbourhood; *här i ~en* [äv.] in these parts, hereabouts

trakta *itr, ~ efter ..* aspire to ..; *~ efter framgång* [äv.] aim at success; *~ efter ngns liv* seek a p.'s life

traktamente allowance for expenses, subsistence allowance

traktat 1 [fördrag] treaty **2** [skrift] tract

traktera *tr* **1** [förpläga] treat, *med* to **2** [spela] play, [blåsa] blow **traktering** [förplägnad] entertainment [provided]

traktor tractor; [band~] caterpillar

1 trall [spjälgaller] duckboards [pl.]

2 trall [mus.] tune, melody; *den gamla [vanliga] ~en* the same old routine

1 tralla *s* trolley

2 tralla *tr itr* troll, warble

trampa I *tr itr* [kliva omkring] tramp; [gå] walk; [trycka ned (med foten)] tread, [ivrigt o. upprepat] trample; *~ [sin cykel] [uppför backen]* pedal [one's [bi]cycle] ..; *~ vatten* tread water; *~ ngn på tårna* tread on a p.'s toes [äv. bildl.]

II [med beton. part.] *~ ihjäl* trample .. to death; *~ ned* [gräs o. d.] trample [down] ..; *~ till* [t. ex. jorden] tread down .. [and make it firm]; *~ ur* [motor.] declutch, disengage the clutch

III *s* [cykel~ o. d.] pedal; [symaskins~

o. d.] treadle
trampkvarn treadmill [äv. bildl.]
trampolin high-board
trams nonsense, rubbish, drivel, rot
tran train oil, [valfisk~ äv.] whale-oil
trana crane **tranbär** cranberry
trans trance; *vara i ~* be in a trance
transaktion transaction **transformator** transformer **transformera** *tr* transform **transfusion** [blod~] blood transfusion **transistor** transistor **transistorradio** transistor radio **transit** transit **transitera** *tr* pass..in transit **transitiv** *a* transitive **transitogods** [koll.] transit goods [pl.] **transkribera** *tr* transcribe **translator** translator **transmission** transmission **transocean**[**sk**] *a* transoceanic, overseas **transparang** transparency **transpiration** perspiration; [bot.] transpiration **transpirera** *itr* perspire; [bot.] transpire **transplantation** transplantation; [av hud] grafting, [enstaka] graft **transplantera** *tr* transplant; graft **transponera** *tr* [mus.] transpose **transponering** [mus.] transposition
transport 1 [frakt] transport[ation]; conveyance, carriage, [amer. äv.] freight; shipment; *jfr transportera 1* **2** H [överlåtelse] transfer, *på* to **3** H [i bokföring: från föreg. (resp. till nästa) sida el. kolumn] [amount] brought (carried) forward **4** *söka ~* [förflyttning] apply to be transferred **transportabel** *a* transportable, [bärbar] portable **transportera** *tr* **1** [frakta] transport, [gods äv.] convey, carry, [till sjöss o. isht amer.] freight, ship **2** H [överlåta] transfer, *på* to **3** H [belopp (vid bokföring)] bring (carry, *jfr transport 3)* ..forward
transport|fartyg transport vessel (ship), [⚔] troopship **-kostnad** cost[s [pl.]] of transportation, carriage [end. sg.] **-medel** means [pl. lika] of transport
transportör [transportanordning] conveyer, conveyor
trapets 1 [gymn.] trapeze **2** [mat.] trapezi|um [pl. -ums *el.* -a]
trappa I *s* stairs, [isht utomhus] steps [båda pl.]; [inomhus]: [längre äv.] staircase, [bredare o. isht amer.] stairway; [utanför ingången äv.] doorstep[s [pl.]]; *en ~* a flight of stairs ([resp.] steps); [*bo*] *en ~ upp* ..on the first ([amer.] second) floor; [*möta ngn*] *i ~n* [vanl.] ..on the stairs **II** *tr, ~ ned* de-escalate; *~ upp* escalate
trapp|avsats [inomhus] landing **-räcke** [staircase] banisters [pl.] **-steg** step [äv. bildl.] **-stege** step-ladder **-uppgång** staircase, stairs [pl.]
tras|a I *s* **1** [trasigt tygstycke] rag; [remsa] shred; *gå* [*klädd*] *i -or* go about in rags; *känna sig som en ~* feel washed out; *vara våt som en ~* be wringing wet **2** *se dammtrasa o. skurtrasa* **II** *tr, ~ sönder* tear..[in]to rags **trashank** ragamuffin, tatterdemalion **trasig** *a* **1** [söndertrasad] ragged [äv. bildl.], tattered; [sönderriven] torn; [fransig] frayed **2** [sönder] broken **3** [i olag] ..[[attr.] that is] out of order
traska *itr* [lunka] trot, jog, *omkring* around; [mödosamt] plod, trudge
trasmatta rag-rug, rag-mat, rag-carpet
trassel 1 [bomulls~] cotton waste **2** [oreda] tangle [äv. mera konkr.], muddle; [besvär] trouble, bother, [komplikationer] complications [pl.]; *ställa till ~* make a muddle, cause a lot of trouble, [bråka] kick up a fuss **trassla I** *itr, se* [*ställa till*] *trassel* **II** *rfl* [om t. ex. tråd] get entangled **III** [med beton. part.] *~ in sig* [eg.] get oneself entangled, [bildl. (t.ex. i motsägelser)] entangle oneself; *~ till sina affärer* get one's finances into disorder (a muddle) **trasslig** *a* tangled, entangled; [friare] muddled, confused; *han har ~a affärer* his finances are [rather] shaky
trast thrush
tratt funnel, [⊕ äv.] hopper
tratta H draft
trav trot; [*rida*] *i ~* ..at a trot; *hjälpa ngn på ~en* put a p. on the right track, give a p. a start
1 trava *tr, ~* [*upp*] pile (stack) up
2 trav|a *itr* trot; *komma ~nde* come trotting along **-bana** trotting-track (-course)
trave [av böcker, ved o. d.] pile, stack
travers overhead [travelling] crane
travestera *tr o.* **travesti** *s* travesty
travtävling trotting race
tre *räkn* three; *alla goda ting är ~* all good things are three in number; *jfr fem* [o. sms.] **trea** three; *~n*[*s växel*] third, [the] third gear; *jfr femma*
tre|dela *tr* divide..into three; [geom.] trisect **-dimensionell** *a* three-dimensional
tredje *räkn* third ([förk.] 3rd); *för det ~* in the third place, [vid uppräkning] thirdly; *jfr femte o. andra* [m. sms.] **-dag,** *~ jul* the day after Boxing Day **-del** third [part]; *jfr femtedel*
tredska refractoriness **tredskas** *itr. dep* be refractory
tre|dubbel *a* [tre ggr så stor vanl.] treble, [i tre skikt o. d. vanl.] triple, [-faldig] threefold; *betala -dubbla priset* pay treble (three times) the price **-enig** *a* triune **-enighet,** *~en* [teol.] the Trinity **-faldig** *a* threefold; *jfr -dubbel* **-faldighetssöndag** Trinity Sunday **-fasmotor** three-phase motor **-fjärdedelstakt** three-four time **-fot** tripod **-hjuling** three-wheeler; [cykel] tricycle; [bil] tricar **-hundra** [m. fl. sms.] *jfr fem* [sms.]

-kant triangle **-kantig** *a* triangular; ~ *hatt* cocked (three-cornered) hat **-klang** [mus.] triad **-kvartsstrumpa** knee-sock
tremulera *itr* sing with a tremolo
trend trend
tre|stegshopp triple jump; hop, step, and jump **-stegsraket** three-stage rocket **-stjärnig** *a* three-star.. **-tal,** *ett* ~ [grupp om tre] a triad; *jfr femtal*
tretti[o] *räkn* thirty; *jfr fem[tio]* [o. sms.] **trettionde** *räkn* thirtieth; *jfr femte* **trettioårig** *a*, *~a kriget* the Thirty Years' War; *jfr femårig*
tretton *räkn* thirteen; *jfr fem[ton]* [o. sms.] **trettonde** *räkn* thirteenth; *jfr femte* **tretton[de]dagen** [the] Epiphany, Twelfth Day; *jfr juldag 1* **tretton[de]dagsafton,** ~ *[en]* the Eve of Epiphany, Twelfth Night; *jfr julafton*
treudd trident
treva I *itr* grope [about], *efter* for **II** *rfl*, ~ *sig fram* grope one's way [along] **trevande** *a*, ~ *försök* fumbling (tentative) effort **trevare** feeler
trevlig *a* nice, F [glad o. munter] jolly; [angenäm] pleasant, agreeable; [rolig] enjoyable; [sympatisk] attractive; *vi hade mycket ~t* we had a very nice (jolly) time [of it]; *det var just ~t!* a nice story [and no mistake]! **trevnad** comfort [and well-being]
trevåningshus [m. fl. sms.] *jfr fem* [sms.]
triangel triangle [äv. mus.] **triangulär** *a* triangular, triangulate
tribun [estrad o. d.] platform, tribune
tribunal tribunal
tribut tribute
1 trick [kortsp.] odd trick
2 trick [knep] trick, stunt
trikin trichin|a [pl. -ae]
trikolor, *~en* the Tricolour
trikå 1 [tyg] tricot [fr.], stockinet **2** *~er* [plagg] tights, [hudfärgade äv.] fleshings **-varor** knitwear [sg.], hosiery [sg.], knitted goods
trilla I *itr* [rulla] roll; [om tårar äv.] trickle; [ramla] tumble, [falla] fall; *se falla III* **II** *tr*, ~ *piller* make pills
trilling triplet
trilogi trilogy
trilsk *a* [egensinnig] wilful, contrary; [omedgörlig] intractable, [motsträvig] stubborn **trilska** wilfulness [osv.]; intractability **trilskas** *itr. dep* be wilful [osv.]
trim trim; *vara i god* ~ be in good trim; **trimma** *tr* [⚓] trim [äv. om hund]; ~ *[upp] en motor* tune (F soup) up an engine **trimning** trim; [trimmande] trimming [osv.], *jfr trimma*
trind *a* round[-shaped], roundish; [knubbig] chubby, tubby, plump
trio trio [pl. -s; äv. mus.]
1 tripp [short] trip; *ta sig (göra) en* ~ *till* ..go for a trip to..
2 tripp, ~ *trapp trull* [ung.] one, two, three [going down in height]
trippa *itr* trip (go tripping) along
triss|a I *s* trundle; [⊕] pulley; *dra på -or!* go to blazes! **II** *tr*, ~ *upp priset* force up the price
trist *a* [dyster] gloomy, dismal, melancholy, [om förhållanden o. d.] dreary; [sorglig, sorgsen] sad **tristess** gloominess [osv.]; melancholy
triumf triumph **triumfbåge** triumphal arch **triumfera** *itr* triumph; [jubla] exult **triumferande** *a* triumphant, exultant **triumftåg** triumphal procession
triv|as *itr. dep* [känna sig lycklig] be (feel) happy; [ha det bra] get on well; [frodas] thrive; [blomstra] flourish, prosper; *han -s inte i [Sverige]* he isn't happy in.., he doesn't like [being (living) in]..; *jag -s med mitt arbete* my job suits me; *vi -s med varandra* we get on [well] with one another
trivial *a* trivial; [om uttryck o. d.] commonplace **trivialitet** triviality
trivsam *a* pleasant, [om plats äv.] comfortable, cosy, snug; *han är så* ~ [äv.] he is easy to get on with **trivsel** *se trevnad*
tro I *s* **1** belief, *på* in; [friare (mening)] opinion; [tilltro, tillit samt relig. (äv. troslära)] faith, *på* in; *sätta* ~ *till* [ngt] trust, believe, give credit (credence) to; *leva i den ~n att* be convinced that, think that; *handla i god* ~ act in good faith **2** [trofasthet, trohet], *svära ngn* ~ *och lydnad* swear allegiance to a p.

II *tr itr* believe ([äv.] ~ *på, jfr ex. under b);* [anse (*jfr d.o., 1),* förmoda äv.] think, suppose, F reckon, [isht amer.] guess; [föreställa sig] fancy, imagine, [amer. äv.] figure. — Ex. **a)** [utan prep.-best.], *[har han..?]* — *Ja, jag ~r det* ..Yes, I think (believe) so, ..Yes, I think (believe) he has; *det ~r jag* [beton.] *det!* rather!, F not half!; *jag ~r honom inte* [hans utsago] I don't believe him; ~ *ngn vara [ett snille]* believe a p. to be..; *jag kan (kunde [just])* ~ *det!* I dare say!, I am not surprised!; *[det var roligt]*, *må du ~!* .., I can tell you!

b) [med prep.-best.], ~ *ngn om [ngt]* believe ..of a p.; *det hade jag inte -tt om dig* I had not expected that from you; ~ *på* [ngn (ngt)]: [allm.] believe in, [förlita sig på] trust, have faith (confidence) in, [sätta tro till] believe, credit; *jag ~r inte på honom* [hans utsago] I don't believe him; *jfr sätta* ~ *till, under tro I 1*

III *rfl,* ~ *sig vara..* think (believe) that one is.., believe (imagine) oneself to be..; ~ *sig ha (veta)* believe that one has (knows); ~ *sig om* [*ngt*] think (believe) oneself capable of..
troende *a* believing; *en* ~ a believer **trofast** *a* [om kärlek] faithful, [om vänskap] loyal; *en* ~ *vän* [äv.] a true friend **trofasthet** faithfulness, loyalty
trofé trophy
trogen *a* [äv. verklighets~] faithful; [lojal] loyal; *vara ngn (ngt)* ~ be faithful (true) to a p. (a th.) **trohet** fidelity, [trofasthet] faithfulness, loyalty *(jfr trogen), mot* to **trohetsbrott** breach of faith (loyalty) **trohetsed,** *avlägga* ~ take the (one's) oath of allegiance **trohjärtad** *a* true-hearted, [tillitsfull äv.] confiding, [öppenhjärtig äv.] frank
troké trochee **trokeisk** *a* trochaic
trolig *a* [sannolik] probable, likely, [plausibel] plausible; [trovärdig] credible, believable; *det är* ~*t att han kommer* [vanl.] he will probably come; *hålla* [*det*] *för* ~*t,* [*att*] ..think it likely.. **troligen** *adv o.* **troligtvis** *adv* very (most) likely, [very] probably; *han kommer* ~ *inte* [äv.] he is not likely to come
troll troll, [elakt] [hob]goblin; *när man talar om* ~*en, så står de i farstun* talk of the devil and he's sure to appear **trolla** *itr* [eg.] practise witchcraft, conjure; [göra trollkonster] do (perform) conjuring tricks; ~ *bort* spirit (conjure) away; ~ *fram* [eg.] conjure forth; ~ *fram* [*en supé*] produce..as if by magic (from nowhere) **trollbunden** *a* [bildl.] spellbound **trolldom** witchcraft, sorcery
trolleri, ~ [*er*] magic, enchantment
troll|formel magic formula, charm, spell **-karl** [eg.] magician, wizard, sorcerer [samtl. äv. bildl.]; [-konstnär] [professional] conjurer **-konst** [trollkonstnärs o. friare] conjuring trick; ~*er* [magiska handlingar] magic [sg.] **-konstnär** *se -karl* **-kunnig** *a* ..skilled in magic **-kvinna** *o.* **-packa** sorceress, [häxa] witch [äv. bildl.] **-slag,** *som genom ett* ~ as if by [a stroke of] magic **-slända** dragonfly **-spö** *o.* **-stav** magic (magician's) wand
tro|lovad *a, hans (hennes)* ~*e* his (her) betrothed **-lovning** betrothal
trolsk *a* magic[al]; [tjusande] bewitching; [mystisk, hemsk] weird
trolös *a* [svekfull] faithless, unfaithful, disloyal, *mot* to; [förrädisk] treacherous, perfidious, *mot* to[wards] **-het** faithlessness [osv.]; breach of faith
tromb [meteor.] tornado
trombos [läk.] thrombos|is [pl. -es]
tron throne; *störta ngn från* ~*en* dethrone a p. **trona** *itr* be enthroned
tron|arvinge heir to the throne **-avsägelse** abdication **-bestigning** accession [to the throne] **-följare** successor to the throne **-följd** [order of] succession to the throne **-himmel** canopy **-tal** speech from the throne
tropikerna *pl* the tropics, the tropic zone [sg.] **tropikhjälm** sun-helmet, topee **tropisk** *a* tropical, [ibl. (geogr.)] tropic
tropp [⚔ infanteri~] section; [gymn.] squad; [friare] troop **troppa** *itr,* ~ *av* go (move) off
tros|a, *-or* briefs
tros|artikel article of faith, [friare] doctrine **-bekännare,** *främmande* ~ adherent of an alient creed **-bekännelse** [som avlägges] profession (confession) of [one's] faith; [lära] confession; [tro] creed **-frihet** religious liberty **-frände** fellow-believer
troskyldig *a, se trohjärtad*
1 tross [⚔] baggage
2 tross [rep] hawser
trossamfund [religious] community
trossbotten double floor[ing]
tros|viss *a* ..full of implicit faith **-visshet** certainty of belief, assured faith
tro|tjänare *o.* **-tjänarinna,** [*gammal*] ~ faithful old servant
trots I *s* [motspänstighet] obstinacy, *mot* to[wards]; [motstånd] defiance, *mot* of; *i* ~ *av ngt, ngt till* ~ [oaktat] in spite of a th.; [*göra ngt*] *på* ~ ..in (out of) defiance **II** *prep* in spite of, despite, [oaktat äv.] notwithstanding **trotsa** *tr* defy, bid defiance to; [djärvt möta (t. ex. stormen, döden)] brave; *det* ~*r all beskrivning* it is beyond description **trotsig** *a* [utmanande] defiant, [motspänstig] obstinate, *mot* to[wards]; [uppstudsig] refractory; [spotsk] scornful **trotsighet** defiance, obstinacy; refractoriness; scornfulness **trotsålder,** *vara i* ~*n* be at an obstinate age
trottoar pavement, [isht amer.] sidewalk **-kant** kerb, [amer.] curb **-servering** pavement restaurant (café)
trovärdig *a* [om t. ex. vittnesmål] credible; [om pers.] trustworthy; [tillförlitlig] reliable; [*ha ngt*] *från* ~*t håll* ..from a reliable quarter **-het** credibility; trustworthiness; reliability
trubadur troubadour, [hist. äv.] minstrel
trubba *tr,* ~ *av* blunt [äv. bildl.] **trubbig** *a* [oskarp] blunt, [avtrubbad eg. äv.] blunted; *en* ~ *vinkel* an obtuse angle **trubbnos** *o.* **trubbnäsa** snub nose
truck truck
truga *tr,* ~ *ngn* [*att..*] press a p. [to..]; ~ *på ngn ngt* press (force) a th. [up]on a p.; ~ *sig på ngn* force oneself upon a p.
trumbroms drum brake
trumf trump **trumfa I** *itr* [kortsp.] play a trump ([resp.] trumps) **II** [m. beton. part.] ~ [slå] *i ngn ngt* drum a th. into a p.['s

head]; ~ [driva] *igenom* force..through
trumfess ace of trumps
trumhinna ear-drum **trumma I** *s* **1** [mus.] drum; *slå* [*på*] ~[*n*] beat the drum **2** [⊕] [cylinder] drum, barrel **II** *itr tr* drum [äv. bildl.]; [med fingrarna äv.] tap; [om t. ex. regn] beat; ~ *ihop* [*vänner och bekanta*] drum..together, drum up..
trumpen *a* sullen, sulky, glum; morose
trumpet trumpet; *blåsa* [*i*] (*stöta i*) ~ play ([som signal] sound) the trumpet **trumpeta** *itr tr* trumpet [äv. om elefant] **trumpetare** trumpeter **trumpetstöt** trumpet-blast
trum|pinne drumstick **-slagare** drummer **-slagarpojke** drummer-boy **-virvel** drum-roll
trupp troop, [friare äv.] body, band; [⚔] contingent, detachment; [gymn. o. sport.] team; [teat.] troupe; ~*er* [styrkor äv.] forces **-förband** military unit **-revy** review [of troops] **-slag** arm, branch of service **-styrka** [military] force **-transportfartyg** troopship, [troop-]transport
trust trust
1 trut [zool.] gull
2 trut [mun] mouth; *hålla* ~*en* hold one's jaw; *jfr käft 1 o. mun* **truta** *itr,* ~ *med munnen* pout one's lips
tryck 1 [press]: [allm.] pressure, [tonvikt] stress, *på* on; [påfrestning] constraint, strain; [*känna liksom*] *ett* ~ *över bröstet* ..a weight on one's chest; *utöva* ~ *på ngn* put (exert) pressure on a p. **2** [typogr. o. på tyg o. d.]: [konkr.] print, [tryckning] printing; *ge ut i* ~ print, publish; *komma ut i* ~ (*av* ~*et*) appear (come out) in print
tryck|a I *tr itr* **1** [pressa]: [allm.] press, *mot* [t. ex. väggen] against; [krama, klämma] squeeze; [tynga] weigh..down, oppress, press [heavily] upon; ~ [*ngns hand*] shake..; *är det något som -er dig?* have you got anything (something) on your mind?; ~ *en kyss på* [*ngns läppar*] imprint a kiss on..; ~ *ngn till sitt bröst* press ([mera känslobetonat] clasp) a p. to one's bosom; ~ *på en knapp* press (push) a button; *-t* [bildl. o. H] depressed **2** [typogr. samt på tyg o. d.] print; *-es* [påskrift på korrektur] ready for press
II *rfl,* ~ *sig mot* [*en vägg*] press ([tätt intill] flatten) oneself against..
III [m. beton. part.] ~ *av* a) [avbilda genom intryckning] impress b) [typogr.] print ([kopiera] copy) [off] c) [avfyra] fire, [itr. äv.] pull the trigger; ~ *fast* press..on [securely], *på* to; ~ *ihop* [flera föremål] press ([klämma] squeeze)..together; ~ *in* press ([fönsterruta o. d.] push *el.* force) in; ~ *ned* press down; [friare o. bildl.] depress; ~ *om* [bok o. d.] reprint; ~ *upp* press up; ~ *upp en dörr* force a door open
tryckalster publication; ~ [trycksaker] printed matter [sg.] **tryckande** *a* [friare o. bildl.] oppressive, [om väder, luft äv.] sultry, close; [betungande (t. ex. skatter) äv.] heavy
tryckark printed sheet **tryckbokstav** block letter **tryckeri** printing works [pl. lika], [större äv.] printing house; [mots. sätteri] press-room **tryckfel** misprint, printer's error
tryckfrihet freedom (liberty) of the press
tryckfrihetsbrott [ung.] breach of the press law **tryckfrihetsförordning** [ung.] press law
tryck|färdig *a* ..ready for [the] press **-kabin** [flyg.] pressurized cabin **-knapp 1** [för knäppning] press-stud, [isht amer.] snap fastener **2** [strömbrytare] push-button **-kokare** pressure-cooker **-luft** compressed air **-luft[s]borr** pneumatic drill **-luft[s]broms** pneumatic brake
tryckning 1 pressure, [tryckande äv.] pressing, [med fingret o.d.] press **2** [typogr.] printing; [*skicka*..] *till* ~ ..to [the] press
tryck|penna automatic pencil **-press** printing press **-sak** piece of printed matter; ~*er* [äv.] printed matter [sg.] **-stark** *a* [språkv.] stressed, accented **-svag** [språkv.] unstressed, unaccented **-svärta** printer's ink **-år** year of publication
tryffel truffle; [kok.] truffles [pl.]
trygg *a* [säker] secure, safe, *för* from; [full av självtillit] confident, [orädd] dauntless, [självmedveten] assured **trygga** *tr* make.. secure (safe), *för, emot* from; ~ *freden* [garantera] guarantee the peace; *en* ~*d ålderdom* a secure old age **trygghet** security, safety **tryggt** *adv* safely, with safety
tryne [på svin] snout; F [ansikte] mug
tryta *itr* give out, [om förråd o. d. äv.] run short (out); *börja* ~ [förråd äv.] begin to get low ([kroppskrafter] to ebb)
tråckelstygn tacking-stitch **tråckeltråd** tacking-thread **tråckla** *tr* [sömn.] tack; ~*fast* tack on, *på* to
tråd thread [äv. bildl.]; [bomulls~] cotton[-thread]; [för marionetter] string; [metall~] wire, [i glödlampa] filament; [fiber] fibre; *dra i* ~*arna* [dirigera] pull the strings; *tappa* ~*en* [bildl.] lose the thread; *få ngn på* ~*en* [i telefonen] get a p. on the line
tråda *tr,* ~ *dansen* dance
tråd|buss trolley bus **-gardin** net curtain **-lös** *a* wireless **-rulle** [med tråd] reel of cotton, [amer.] spool of thread; [tom] cotton reel, [amer.] spool **-sliten** *a* threadbare **-smal** *a*..[as] thin as a thread **-ända** end of thread ([resp.] cotton, *jfr tråd*)
tråg trough, [flatare] tray
tråka *tr* **1** ~ *ihjäl* (*ut*) *ngn* bore a p. to death **2** [trakassera] pester; [retas med]

tease, *för* about **tråkig** *a* [lång~] boring, tedious; [trist] dreary; [ointressant, enformig] uninteresting, dull; [obehaglig] disagreeable, unpleasant; [beklaglig] unfortunate, [sorglig] sad; *en* ~ [obehaglig] *historia* [vanl.] a nasty business (affair); *det var ganska ~t på bjudningen hos B.* [vanl.] B.'s party was rather dull (boring); *så ~t* [ledsamt]! what a pity (shame)!, that is too bad! **tråkighet** [lång~] boredom, tediousness; *~er* [besvär, obehag] trouble [sg.], troubles **tråkigt** *adv* boringly, tediously [osv.], *jfr tråkig;* ~ *nog* [tyvärr] *måste jag* [*gå*] unfortunately I must..; *ha* ~ have a boring (dull) time **tråkmåns** bore, dry stick

trål trawl **trålare** trawler

tråna *itr* yearn, pine, languish, *efter* for **trånad** yearning, pining, languishing, *efter* for

trång *a* narrow [äv. bildl.]; [om t. ex. byxor] tight-fitting, [om skor] tight; [begränsad] limited; *~a* [*lägenheter*] ..which are too small; *det är ~t i rummet* a) [föga utrymme] there is little space in the room b) [överfullt] the room is crowded (packed); *inom en trängre* [liten] *krets* [with]in a [strictly] limited circle [*jfr familjekrets*] **-bodd** *a, vara* ~ [ha liten bostad] be cramped (restricted) for space [in one's home], [vara många] live in overcrowded conditions **-boddhet** [små bostadsförhållanden] restriction for space; [trängsel] overcrowding **-bröstad** *a* [bildl.] [bornerad] narrow-minded, [intolerant] intolerant, [bigott] bigoted **-mål** [isht ekonomiskt] embarrassment, [friare äv.] straits [pl.]; [nöd[läge]] distress; *råka i* ~ get into straits (F a tight corner) **-synt** *a* [(med små vyer) attr.] ..with a narrow outlook; *jfr -bröstad* **-synthet** [-syn] narrow outlook; [-sinthet] narrow-mindedness, narrowness

trångt *adv, bo* ~, *se* [*vara*] *trångbodd; sitta* ~ [eg.] be cramped, [om flera pers. äv.] sit close together, [om plagg] fit too tight, [bildl. (ekonomiskt)] be hard up, be in a tight corner

trånsjuk *a* [..full of] yearning, pining; [om blick] languishing

1 trä *tr* [trä på (upp)] thread (*på* on), [t. ex. halsband äv.] string; [sticka]: [t. ex. armen genom rockärmen] pass, slip, [t. ex. en nål (ett band) genom ngt] run; ~ *en tråd på en nål* thread a needle [with a piece of cotton]

2 trä *s* wood; [virke] timber, [isht amer.] lumber; [*stolar*] *av* ~ [äv.] wooden..; *ta i ~!* touch wood! **-aktig** *a* [eg.] wood-like; [bildl.]: [smaklös o. d.] woody, [livlös, o. d.] wooden **-ben** wooden leg **-bit** piece (bit) of wood **-bock 1** [ställning] wooden trestle **2** [pers.] dry stick, bore

träck excrement; [djurs] dung

träd tree

1 träda *s* fallow field, lay land; *ligga i* ~ lie fallow [äv. bildl.]

2 träda *tr, se 1 trä*

3 träda I *itr* [stiga] step; [gå] go; [trampa] tread; ~ *i dagen* come to light [äv. bildl.]; ~ *i förbindelse med ngn* enter into communication with a p. **II** [m. beton. part.] ~ *emellan* step (go) between, [ingripa äv.] step in; ~ *fram* [eg.] step (go, [komma] come) forward; [plötsligt] come forth, emerge, *ur* out of; *jfr framträda 1 o. 2;* ~ *in* [eg.] step (go, [komma] come) in, enter; ~ *in i* [*ett rum*] enter..; *jfr inträda 2 o. 3;* ~ *tillbaka* step (go) back; [bildl.] withdraw, retire; ~ *ut* step (go, [komma] come) out (*ur* of), [plötsligt] emerge, *ur* from

trädgård garden, [amer. äv.] yard

trädgårds|arkitekt landscape gardener **-fest** garden party **-gång** garden walk (path) **-land** garden plot **-mästare** gardener **-produkter** *pl* garden produce [sg.] **-redskap** garden tool **-skötsel** gardening, horticulture **-täppa** little garden, garden-patch

träd|krona crown of a (the) tree **-slag** variety (type) of tree **-stam** tree-trunk **-stubbe** tree-stump **-topp** tree-top

träff 1 hit; *skjuta* ~ score a hit **2** [möte (f. två)] rendezvous [pl. lika]; F date; [sammankomst (f. flera)] get-together, gathering

träffa *tr* **1** [möta] meet, [händelsevis] run across; [*jag hoppades*] *att* ~ *honom hemma* ..to find him at home; *~s direktör B.?* can I see Mr. B.?, is Mr. B. in?, [i telefon] can I speak to Mr. B.?; ~ *på* [möta, råka [på]] meet with, [mera händelsevis]: [m. pers.-obj.] run across, [m. sakobj.] come across **2** [isht mots. missa] hit, [isht slå till] strike; *jfr drabba I;* [*när ljudet*] *~r örat* ..strikes the ear **3** [göra, vidtaga (t. ex. ett val, anstalter)] make; ~ [*ett*] *avtal* [komma överens om] come to ([ingå] enter upon) an agreement

träffad *a, känna sig* ~ [skyldig] feel guilty **träffande** *a* [bildl. (om anmärkning, svar o. d.)]: [välfunnen] apposite; apt; [passande] pertinent; *vara* ~ [på kornet] be to the point **träffas** *itr. dep* meet, [händelsevis] chance (happen) to meet; *jfr ses o. träffa 1*

träff|säker *a* [om pers.] ..sure of aim; [bildl. (t. ex. i omdömesförmåga)] sure; *en* ~ *skytt* [vanl.] a good marksman **-säkerhet** [om pers.] precision of aim

träfiberplatta [wood] fibreboard

trägen *a* assiduous, persevering; ~ *vinner* [ordst.] perseverance does it **trägenhet** assiduity, perseverance

trä|hus wooden house **-häst** wooden horse **-karl** [kortsp.] dummy **-kol** charcoal

träl [hist.] bond[s]man, thrall; [bildl.] slave

träla *itr* toil [like a slave ([resp.] slaves)], slave, *med* at **trälbinda** *tr* enslave **träldom** bondage, [isht bildl.] slavery, servitude

trä|massa wood-pulp **-massefabrik** pulp--mill

träna *tr itr* train; [öva sig [i] äv.] practise; [tr. (ss. instruktör) äv.] coach; ~*d* trained, [erfaren] experienced, practised; *jfr öva I o. II* **tränare** trainer; [instruktör] coach

träng [⚔] army service corps

träng|a I *tr* [driva, pressa, trycka] drive, press; [skjuta] push; [tvinga] force; [*fienden*] *-de* [ansatte] *oss från alla håll* ..pressed in upon us on every side

II *itr* **1** [vara trång] be (feel) too tight, [om sko äv.] pinch **2** [bana sig väg o. d.] force one's way; *jfr vid. under III*

III [m. beton. part.] ~ *bort* [psykol.] repress; ~ *fram* [~ in, ~ igenom o. d.] penetrate; ~ *sig fram* [t. ex. genom folkmassan] push one's way forward; ~ *igenom* penetrate [äv. bildl.]; ~ *ihop* [t. ex. en massa människor] crowd (pack)..together; ~ *ihop sig* crowd together; ~ *in* a) [tr.]: ~ *in ngn i ett hörn* press ([osv.], *jfr I*) a p. into a corner b) [itr. o. rfl.]: ~ (~ *sig) in* [*i*..] force one's way in[to..]; *kulan -de in i* [*kroppen*] the bullet penetrated into..; ~ *in i* [sätta sig in i] *ngt* penetrate into a th.; ~ *undan ngn* push a p. aside; ~ *ut ngn* [*i gatan*] force a p. out..; *gasen -de ut* [*genom dörrspringan*] the gas forced its way out..

trängande *a* urgent, pressing **trängas** *itr. dep* [skockas] crowd; [knuffas] jostle one another **trängsel** crowding; [människomassa] crowd, crush, throng; *det råder* ~ *på* [*lärarbanan*]..is overcrowded

trängta *itr* yearn, pine, *efter* for, *efter att* to **trängtan** yearning, pining

träning training; practice; coaching; *jfr träna* **träningsoverall** track suit

träsk fen, marsh; [bildl.] sink **-artad** *a* fen--like, fenny, marshy

trä|sked wooden spoon **-sko** wooden shoe, clog **-slag** sort (kind) of wood; ~ [pl. äv.] woods **-slöjd** woodwork, carpentry **-snitt** woodcut **-sticka** wood splinter

träta I *s* quarrel; *jfr tvist* **II** *itr* quarrel, *om* about **trätgirig** *a* quarrelsome

trä|ull wood-wool **-varuhandlare** timber--merchant **-virke** *se virke*

trög *a* sluggish; [långsam] slow, slack, *i* at; [fys. o. om pers.] inert; [flegmatisk] phlegmatic, languid; [slö] dull; [senfärdig] tardy; *ett* ~*t lås* a stiff lock **-flytande** *a* [tjock-] viscous; [om vattendrag] sluggish **-het** sluggishness; slowness, slackness; inertia; phlegm, languidness; dullness; tardiness; *jfr trög* **-tänkt** *a* slow-witted

tröja sweater; [sport~] jersey; [under~] vest, singlet, [amer.] undershirt

tröska *tr* thresh; ~ *igenom ngt* [bildl.] plough through a th. **tröskel** threshold [äv. bildl.]; [dörr~ äv.] door-step **tröskverk** threshing--machine, thresher

tröst comfort, consolation, [i högre stil] solace, *för* to; *söka* ~ *i glaset* seek consolation in the bottle **trösta I** *tr* comfort, console; [i högre stil] solace **II** *rfl* console oneself, *med* by **trösterik** *a* consoling, ..full of consolation **tröstlös** *a* disconsolate, inconsolable; [hopplös] hopeless, desperate **tröstlöshet** disconsolateness [osv.] **tröstnapp** comforter, dummy

trött *a* tired, [uttröttad] wearied, fatigued, F fagged, [i högre stil] weary, *av* with, by, *av att* [inf.] with (from) [ing-form], *på* of; *arbeta (dansa) sig* ~ work (dance) till one is tired [out]; *jag är* ~ *på* [*honom*] I'm tired (I've had enough) of..; *jag är* ~ [utled] *på hela historien* [stark. äv.] I am sick of (fed up with) the whole thing **trötta** *tr* tire, fatigue, [isht själsligt (tråka ut)] weary **trötthet** tiredness, weariness; fatigue **tröttkörd** *a* [utarbetad] overworked **tröttna** *itr* become (get, grow) tired, *på* [*att göra*] *ngt* of [doing] a th. **tröttsam** *a* tiring, fatiguing, [om pers. äv.] tiresome, wearisome

tsar tsar, czar **tsarinna** tsarina

tu *räkn* two; *ett* ~ *tre* [plötsligt] all of a sudden; *de unga* ~ the young couple; *det är inte* ~ *tal om den saken* there is no question about that; *på* ~ *man hand* in private, privately

tub 1 tube **2** [kikare] telescope

tubba *tr,* ~ *ngn till* [*att begå*] *mened* induce a p. to commit perjury

tuberkel tubercle **tuberkulos** tuberculosis, *i* of **tuberkulös** *a* tuberculous; ~*a förändringar* tubercular changes

tudela *tr* divide..into two [parts] **tudelning** division ([tudelande] dividing) into two [parts]

tuff *a* tough

tugga I *s* [munfull] bite; [vad som tuggas] chew **II** *tr itr* chew, [mat äv.] masticate; [isht om hästar] champ **tuggbuss** quid [of tobacco] **tuggtobak** chewing-tobacco **tuggummi** chewing-gum

tukt discipline; [*hålla ngn*] *i* [*Herrans*] ~ *och förmaning*..in good order (discipline) **tukta** *tr* **1** [hålla i tukt o. lydnad] chastise, discipline; [bestraffa äv.] punish **2** [forma (t. ex. träd, häck)] prune, [träd äv.] lop; ~*d sten* dressed stone **tuktan** chastisement, discipline, correction **tukthus** [(hist.) anstalt] house of correction

tull 1 [avgift] [customs] duty, F customs [pl.]; [bro~, kvarn~ o. d.] toll; *betala* ~ *på* *(för) ngt* pay duty (F customs) on (for) a th.; *belägga.. med hög ~* put (impose) a high (heavy) duty on.. **2** [-myndighet] Customs [pl.]; [-station] custom-house; *passera [genom] ~en* get through (pass [through]) the Customs **-avgift** [customs] duty **-behandla** *tr* clear [..through the Customs], [resgods] examine [..for customs purposes] **-bevakning** customs supervision **-fri** *a* duty-free, ..free of duty **-hus** custom-house **-pliktig** *a* dutiable, ..liable to duty **-station** customs station, custom-house **-taxa** customs tariff **-tjänsteman** customs officer (official) **-verk** Customs [and Excise] Department **-visitation** [av resgods] customs examination

tulpan tulip **-lök** tulip-bulb

tum inch; [*han är*] *en krigare i varje ~* ..every inch a soldier

tumla *itr* [falla] fall, tumble; [leka] romp; [vältra sig] roll; *~ om* romp about **tumlare 1** [zool.] [common] porpoise **2** [glas] tumbler **3** [tork~] tumbler

tumma I *tr itr, ~* [*på*] *ngt* [fingra på (t. ex. hatten)] finger a th., [nöta [på] (t. ex. bok)] thumb a th. **II** *itr, ~ på ngt* a) [överenskomma ung.] shake hands (agree) on a th. b) [jämka på] make modifications in a th. **tumm|e** thumb [äv. på handske o. d.]; *hålla -arna* [*för ngn*] keep one's fingers crossed [for a p.] **tummeliten,** *T~* Tom Thumb **tumsbred** *a* ..an (one) inch broad **tumskruv** thumbscrew; *sätta ~ar på ngn* [bildl.] put the thumbscrews on a p. **tumstock** folding rule

tumult tumult; [rabalder, villervalla] uproar; [oreda] turmoil; [bråk] row; [upplopp] disturbance, riot

tumvante [woollen (fabric)] mitten

tumör tumour

tundra tundra

tung *a* heavy [äv. bildl.]; [klumpig, ohanterlig] unwieldy; [svår] hard; [isht bildl. äv. (t. ex. om stil, arkitektur o. d.)] ponderous, cumbrous; *en ~* [svår] *lott* a hard lot (fate); *~a skatter* heavy (burdensome, oppressive) taxes; *en ~ suck* a deep sigh; *jag känner mig (är) ~ i huvudet* my head feels heavy

tunga 1 [anat. o. friare (t. ex. kok., bot., ⊕)] tongue, [på våg äv.] needle, pointer; [på flagga] tail; [mus.] reed; *vara ~n på vågen* [bildl.] hold the balance, tip the scale; *ha en elak (rapp) ~* have [got] a malicious (quick) tongue **2** [zool.] sole **tungomål** tongue, [språk] language **tungomålstalande** [relig.] speaking with tongues

tungrodd *a* [bildl.]: [trög] heavy, [osmidig (om t. ex. organisation)] unwieldy, [obekväm (om t. ex. kök)] inconvenient

tung|sinne melancholy, gloom **-sint** *a* melancholy, gloomy

tungspets tip of the tongue

tungt *adv* heavily, [ibl. äv. (t. ex. falla, vila *~ på..*)] heavy; *hans ord väger ~ hos..* his words carry weight with..; *~ vägande* [*skäl*] weighty..

tung|vikt heavyweight **-viktare** heavy-weight

tunika tunic

tunn *a* thin; [om dryck] weak, watery; [om rock o. d. äv.] light; *~ tråd* [äv.] fine (slender) thread; *tunt tyg* [äv.] flimsy ([skirt] sheer) material

1 tunna *s* barrel, [mindre] cask; *hoppa i galen ~* make a mistake

2 tunna I *tr, ~* [*ut*] [göra tunnare] make.. thinner, [glesa äv.] thin [out (down)], [späda äv.] dilute **II** *itr, ~ av* grow (get) thinner; [glesna] thin

tunn|band hoop [äv. leksak] **-bindare** cooper, hooper

tunnel tunnel, [isht för fotgängare äv.] subway **-bana** underground [railway], F tube, [amer.] subway, F sub

tunn|flytande *a* thin, very liquid **-klädd** *a* thinly dressed (clad)

tunnland [ung.] acre

tunn|sliten *a* [attr.] ..that is [osv.] worn thin; [trådsliten] threadbare **-sådd** *a* thinly sown, thin-sown; *vara ~a* [bildl.] be few and far between **-tarm** small intestine

tunt *adv* thinly, [ibl. äv. (t. ex. skära ngt)] thin; [glest äv.] sparsely

tupera *tr* [hår] backcomb

tupp cock, [amer. vanl.] rooster **-fjät,** *bara ett* [*par*] *~* [bildl.] only a handbreadth **-kam** [zool.] cock's crest [pl. vanl. cocks' crests] **-kyckling** [eg.] cockerel; [bildl.] cocky young devil **-lur** [little (short)] nap

1 tur [lycka] luck; *ha ~ med sig* [lyckas] be lucky, [bringa lycka] bring luck; *det är ~, att..* it's lucky (fortunate) that..; *som ~ var* luckily; *mera ~ än skicklighet* more good luck than skill

2 tur 1 [ordning, omgång] turn; *i ~ och ordning* in turn, by (in) turns; *jag står i ~* it's my turn, I'm next **2** [resa, utflykt] trip, tour, [kortare äv.] round; [utflykt äv.] excursion; [på cykel, till häst o. d. äv.] ride, [i bil o. d. äv.] drive; [till fots] turn, [spatser~] stroll, walk; [*båten*] *gör fyra ~er dagligen* ..runs four times daily; *~ och retur* there and back; [*en*] *~ och retur* [*Malmö*] a return [ticket] to.. **3** [i dans] figure **tura** *itr o.* **turas** *itr. dep, ~ om* [*med varandra*] *att* [inf.] take it in turn[s] to [inf.]; *~ om med* [*ngn*] take turns with..

turban turban **-klädd** *a* turbaned

turbin turbine **turbinmotor** turbine [engine], turbo-motor

turism tourism
turist tourist **-byrå** travel (tourist) agency **-klass** tourist class **-ort** tourist resort **-säng** folding bed **-väsen** tourism
turk Turk **Turkiet** Turkey **turkisk** *a* Turkish **turkiska 1** [språk] Turkish **2** [kvinna] Turkish woman
turkos turquoise
turlista [tidtabell] timetable
turné tour; *göra en* ~ make a tour **turnera** *itr* tour **turnering** tournament **turnyr** bustle
tur och returbiljett return ([amer.] round-trip) ticket
tursam *a* lucky, fortunate
turturduva turtle-dove
tur|täthet frequency with which trains [etc.] run; [*vissa tider*] *är tågens* ~ *större* ..the trains run more frequently (run at shorter intervals) **-vis** *adv* by (in) turns, in turn
tusan, *för* ~ [*hakar*]*!* hang it!; *en* ~ *till karl* a devil of a fellow
1 tusch 1 [anstrykning samt mus. (anslag), konst. o. fäkt.] touch **2** [mus. (fanfar)] flourish
2 tusch [färg] Indian ink **-penna** felt pen
tusen *räkn* thousand; [*ett*] ~ a thousand; *jag ber* ~ *gånger om förlåtelse!* [I beg] a thousand pardons!; ~ *sinom* ~ thousands and (upon) thousands; *Tusen och en natt* [vanl.] the Arabian Nights; *jfr hundra* [ex.] **tusende I** *s* thousand **II** *räkn* thousandth; *jfr femte* [ex.] **tusen[de]del** thousandth [part]; *jfr hundra*[*de*]*del*
tusen|foting centipede, millipede **-konstnär** Jack-of-all-trades **-kronesedel** *o.* **-lapp** one-thousand-krona note **-sköna** [common] daisy **-tal** thousand; [*på*] ~*et* [år 1000—1100] [in] the eleventh century; *jfr hundratal* [ex.] **-tals** *a* thousands [subst. i pl.], *människor* of people
tuss [av bomull, tråd, tyg o. d.] wad
tussa *tr,* ~ *en hund på* set a dog on to
1 tuta *s* finger-stall
2 tuta *tr itr* [mus.] toot, tootle, *i ett horn* [on] a horn; [m. signalhorn, ångvissla o. d.] hoot; ~ *i ngn* [*ngt*] put..into a p.'s head
tuva [gräs~] tuft (clump) [of grass], tussock; *liten* ~ *välter ofta stort lass* [ung.] little strokes fell great oaks **tuvig** *a* tufty, tussocky
TV *(tv)* television, TV [pl. TVs], F telly [samtl. äv. apparat]; *se (titta) på* ~ watch television (TV, F the telly); *se ngt i* ~ see a th. on television [osv.]; *intern* ~ closed-circuit television **-antenn** television (TV) aerial ([amer. äv.] antenna) **-apparat** television (TV) set (receiver), F telly **-bild** television (TV) picture

tvedräkt dissension, discord; *jfr oenighet*
tve|eggad *a* two-edged, [bildl. äv.] double-edged **-gifte** bigamy **-hågsen** *a* doubtful, uncertain, *om* about; *vara* ~ *om ngt* [äv.] be in two minds about a th.
tveka *itr* hesitate, [vara obeslutsam äv.] be doubtful, be in two minds, *om* about
tvekamp duel [äv. bildl.]
tvekan hesitation; [obeslutsamhet äv.] uncertainty, indecision; [tvivel] doubt; *med* [*viss*] ~ with some hesitation; *utan* ~ without hesitation, [tvivelsutan] without [a] doubt, certainly **tveksam** *a* [tvekande] hesitant, [osäker] doubtful, uncertain, [obeslutsam] irresolute, undecided, *om* about **tveksamhet** hesitation, hesitance, doubtfulness; *jfr tvekan*
tve|stjärt earwig **-talan,** *beslå ngn med* ~ convict a p. of [self-]contradiction **-tydig** *a* [eg.] ambiguous, equivocal; [ekivok, oanständig] indecent; [skum] shady, fishy **-tydighet** ambiguousness [end. sg.], ambiguity; [oanständighet] indecency
tvi *itj,* ~ [*vale*]*!* ugh!
tvilling twin **-bror** twin brother
tvinga I *tr* force, compel, [högt.] constrain; ~ *ngn* [*till*] *att* [inf.] force a p. to [inf.] (into [ing-form]), compel a p. to [inf.], [förmå] make a p. [inf.]; *jfr tvungen* **II** *rfl* force oneself, [*till*] *att* [inf.] to [inf.] (into [ing-form]), [högt.] constrain oneself, [*till*] *att* [inf.] to [inf.] **III** [m. beton. part.] ~ *fram* [*en bekännelse*] *av ngn* extort..from a p.; ~ *i sig* [*maten*] force down..; ~ *på ngn ngt* force a th. upon a p.; ~ *sig på ngn* force oneself upon a p.; ~ *sig till ngt* obtain a th. by force
tvingande *a* [oavvislig] imperative, [trängande] urgent; *ej utan* ~ *skäl* not without urgent (compelling) reasons
tvinna *tr* twine, twist; [silke] throw
tvist [kontrovers] dispute, controversy, [gräl] quarrel, *om* about; *avgöra (bilägga, slita) en* ~ decide (settle) a dispute [osv.] **tvista** *itr* dispute, [gräla] quarrel, *om* about **tvisteämne** subject of contention **tvistig** *a* [diskutabel] disputable, ..open to dispute; [stridig] controversial; [omtvistad] contentious
tvivel doubt, *om* about; *det är inget* ~ *om att..* there is no doubt (question) that..; *utan* ~ [otvivelaktigt] no doubt, without any doubt, undoubtedly **tvivelaktig** *a* doubtful; [diskutabel äv.] dubious, questionable; [misstänkt] suspicious; [skum] shady, fishy
tvivla *itr* doubt; ~ *på* [betvivla] doubt, [misstro (t. ex. sina krafter)] mistrust, have no faith in, [ifrågasätta] call..in question
tvivlande *a* [klentrogen] incredulous; [skeptisk] sceptical **tvivlare** doubter, [relig.

o. d. äv.] sceptic
TV-pjäs television (TV) play **-ruta** [viewing] screen **-tittare** televiewer
tvungen *a* **1** [nödd] forced; *bli (vara) ~ att..* [tvingas] be forced (compelled, [stark.] constrained, [isht av inre tvång] obliged *el.* bound) to.., [få lov att] have to..; *vara så illa ~* be just forced to, have no other choice **2** [stel] forced, [om leende äv.] constrained
TV-värdinna programme hostess
1 två *tr, jag ~r mina händer* [bildl.] I wash my hands of it
2 två *räkn* two; *båda ~* both, *se 2 båda; ~ gånger* twice; *jfr fem* [o. sms.] **tvåa** two, [i spel äv.] deuce; *jfr femma* **tvådelad** *a, ~ [baddräkt]* two-piece..
två|familjshus two-family house **-filig** *a* two-laned, two-lane.. **-färgad** *a* two-coloured, two-colour.. **-hjuling** [vagn] two-wheeler; [cykel] bicycle **-hundra** [m. fl. sms.] *jfr fem* [sms.] **-krona** two-krona piece **-könad** *a* bisexual, hermaphrodite
tvål [ämnesnamn o. koll.] soap; *en ~* a piece of soap **tvåla** *tr, ~ in* soap, rub.. over with soap **-ask** [att förvara tvål i] soap-container **-fager** *a, vara ~* [ung.] be good-looking in a slick way **-flingor** *pl* soap-flakes **-kopp** soap-dish **-lödder** soap-lather
två|manssäng double bed **-motorig** *a* twin-engined, twin-engine..
tvång compulsion, [stark.] coercion; [återhållande, 'band'] constraint, restraint; [våld] force; [nödvändighet] necessity; *[göra ngt] av ~* ..under compulsion (constraint); *genom (med) ~* by compulsion (coercion, force)
tvångs|arbete forced labour **-föreställning** obsession **-förflyttning** compulsory transfer **-läge,** *[befinna sig (vara)] i ~*..in an emergency situation **-mata** *tr* force-feed [äv. bildl.] **-matning** force-feeding **-mässig** *a* compulsory, forced **-sparande** forced saving **-tröja** strait-jacket [äv. bildl.] **-åtgärd** coercive measure
två|plansvilla two-storeyed house **-procentig** [m. fl. sms.] *jfr fem* [sms.] **-radig** *a* [dubbelknäppt] double-breasted; *jfr femradig* **-sidig** *a* two-sided, bilateral **-språkig** *a* bilingual; *jfr äv. femspråkig* **-språkighet** bilingualism **-stavig** *a* two-syllabled, di[s]-syllabic **-taktsmotor** two-stroke engine **-årig** *a* [om växt] biennial; *jfr femårig*
tvär I *s,* [t.ex. *ligga (skära ngt)*] *på ~en* ..crosswise, ..across; *sätta sig på ~en* [bildl., om pers.] become obstinate, become awkward **II** *a* [-t avskuren] square; [brant] sheer, steep, [skarp, oförmodad, om t. ex. krök, vändning] abrupt, sharp, [plötslig] sudden; [kort, ogin] blunt, brusque, abrupt, [isht om svar] curt; [sur, vresig] surly; *säga ett ~t nej* give a flat refusal **-bjälke** cross-beam, transverse beam **-brant** *a* precipitous, sheer, steep **-bromsa** *itr* brake suddenly, jam (slam) on the brakes **-drag** [korsdrag] draught **-gata** cross-road, cross-street; *nästa ~ [till höger]* the next turning.. **-randig** *a* cross-striped
tvärs *adv* **1** *se härs; ~ igenom* [m. fl.], *se -igenom* [m. fl.] **2** [⚓] abeam; *~ om babord* abeam to port **-igenom** *prep adv* right (straight) through ([-över] across)
tvär|slå cross-bar **-snitt** cross-section [äv. bildl.] **-stanna** *itr* stop dead, [om fordon äv.] come to a dead stop **-säker** *a* absolutely sure (certain), positive, F dead certain; [självsäker] cocksure **-säkerhet** [självsäkerhet] cocksureness
tvärsöver *prep adv* straight across
tvärt *adv* squarely; sheer, steeply [osv.], *jfr tvär II;* [genast] at once, immediately, directly, [t. ex. svara äv.] straight off (away); [t. ex. avbryta [sig]] abruptly, suddenly; *svara ~ nej* refuse flatly (bluntly) **-emot I** *prep* quite contrary to **II** *adv* just the opposite **-om** *adv* on the contrary; *det förhåller sig [alldeles] ~* it is [just] the other way round; *..och ~* ..and vice versa [lat.]
tvärvigg grumbler, crusty fellow
tvätt washing, wash, [-inrättning] laundry [samtl. äv. -kläder]; *kemisk ~* dry cleaning ([-inrättning] cleaner's) **tvätta I** *tr* wash; [kemiskt] dry-clean; *~ fönster* clean windows; *~ upp* get..washed, give..a quick wash, wash out **II** *rfl* wash; have a wash; *~ sig [om händerna]* wash one's hands
tvätt|balja wash-tub **-bar** *a* washable **-björn** [zool.] rac[c]oon, coon **-bräde** wash-board
tvätterska [~ [o. strykerska]] laundress; ['tvättgumma'] washerwoman, [amer. vanl.] wash woman
tvätt|fat wash-basin, [amer. äv.] washbowl **-härdig** *a* [-bar] washable, [om tyg, färg] wash-proof, [om färg äv.] fast **-inrättning** ([äv.] *tvätt- och strykinrättning)* laundry; *kemisk ~* dry-cleaning establishment **-kläder** *pl* washing, laundry [båda sg.], clothes (linen [sg.]) to be washed **-klämma** clothes-peg **-korg** clothes-(laundry-)basket **-lapp** face-flannel(-cloth), [isht amer.] washrag **-maskin** washing machine **-medel** [washing] detergent, [i pulverform äv.] washing powder **-ning** washing, laundering; cleaning [äv. kemisk] **-nota** laundry list **-rum** [toalettrum] lavatory, *jfr toalett* **-stuga** [uthus] wash-house, [rum] laundry **-ställ** [väggfast] wash-basin; [kommod] wash-stand **-äkta** *a* [eg.] *se -härdig;* [bildl.]: [sann] true, [genuin] genuine, authentic, [inbiten] out-and-out

1 ty *konj* for; [därför att] because

2 ty *rfl,* ~ *sig till* [*ngn*] [söka skydd hos] turn to..[for protection]

tyck|a I *tr itr* **1** [anse o. d.] think; [hålla före äv.] be of the opinion, *jfr anse 1* [m. ex.]; [inbilla sig äv.] fancy, imagine; *jag -er* [*att*] ..[äv.] it seems to me [that]..; *jag -te jag hörde någon* I thought I heard someone; *-er du inte?* don't you agree (think so)?; *det -er du bara* that is only your imagination; *vad -er du om* [*boken*]*?* how do you like..?; *som du -er!* [ss. svar på fråga] just as you please (like)!; *du -er väl inte illa vara, om jag säger..* I hope you won't mind my saying..

2 ~ *om* [uppskatta o.d. (*jfr äv. omtyckt*)] like ([äv.] ~ *bra om);* [vara förtjust i, hålla av äv.] be fond of, care for, [stark.] love; [finna nöje i] enjoy, appreciate; ~ *om att* [inf.] like (be fond of, enjoy, love) [ing-form]; *jag -er illa om* [*honom*] ([resp.] *om att* [inf.]) I don't like (I dislike).. (resp. ing-form); ~ *bättre (mer) om..än* like..better than, prefer..to

II *rfl,* ~ *sig höra (se)..* think (fancy, imagine) that one hears (sees)..; ~ *sig vara* [*en viktig person*] think [that] one is..; ~ *sig vara något* think oneself somebody

tyck|as *itr. dep* seem; *det kan* ~ *så* it may seem so; *det -s mig som om..* it seems (appears) to me as if (though)..; *vad -s om* [*min hatt*]*?* how do you like..?

tycke 1 [åsikt] opinion; *i mitt* ~ in my opinion, to my thinking (my mind) **2** [smak] fancy, liking; *efter (i) mitt* ~ according to my taste (liking) **3** [böjelse] fancy, inclination, *för* for; *fatta* ~ *för* [*ngn*] take a fancy (liking) to.. **4** [likhet] likeness, resemblance; *ha* [*ett visst*] ~ *av* [*ngn*] bear a [certain] resemblance to.. **tyckmycken** *a* [nogräknad] fastidious, [lättstött] touchy

tyd|a I *tr* [tolka] interpret; ~ [*ut*] [dechiffrera] decipher; [förklara] explain; [lösa] solve; ~ *allt till det bästa* put the best construction on everything **II** *itr,* ~ *på* indicate; [friare] point to; *allt -er på att han har fel* everything points to his being wrong

tydlig *a* [lätt att se, inse, förstå] plain; [klar, om t. ex. kontur, mening] clear, [om t. ex. foto äv.] sharp; [lätt att urskilja, om t. ex. fotspår, stil, uttal] distinct; [markerad] marked; [läslig] legible; [uppenbar] obvious, manifest; [synbar] evident; [uttrycklig] express; ~*a bevis på* [*hans skuld*] distinct proofs of..; *i* ~*a ordalag* in plain terms **tydligen** *adv* evidently, obviously, manifestly, apparently **tydlighet** plainness [osv.], legibility; *jfr tydlig* **tydligt** *adv* [t. ex. skriva, tala, avteckna sig] plainly, distinctly; [t. ex. synas, uttrycka sig] clearly

tydning interpretation; decipherment [end. sg.]; solution; [förklaring] explanation; *jfr tyda I*

tyfon typhoon

tyfus typhoid (enteric) fever

tyg 1 material, *till* for; stuff; [isht H] [textile] fabric, [äv. (isht ylle~)] cloth; ~*er* textiles **2** *allt vad* ~ *en håller* for all one is worth

tygel rein [äv. bildl.]; [bildl. äv.] check; *ge ngn fria tyglar* give a p. a free rein (hand); *hålla* [*ngn*] *i strama tyglar* hold (keep)..in check; *leda* [*en häst*] *vid* ~*n* lead.. by the bridle **-lös** *a* [bildl.]: [otyglad] unrestrained, unbridled; [om levnadssätt äv.] wild; [utsvävande, om pers., liv o. d.] dissolute, licentious **-löshet** lack of restraint (discipline), unbridled behaviour; wildness [osv.], *jfr föreg.*

tygla *tr* [eg.] rein [in]; [bildl.]: [lidelser o. d.] bridle, curb; [otålighet, begär] restrain, check

tyg|sko cloth (textile) shoe **-stycke** [-bit] piece ([rulle] roll) of cloth

tyll [silkes~ o. d.] tulle

tyna *itr,* ~ [*av (bort)*] languish [away], [om pers. äv.] pine (fade) away

tyng|a I *itr* [vara tung] weigh [heavily], *på* [up]on; [trycka] press, *på* [up]on; [kännas tung] be (feel) heavy, *på* to **II** *tr* [trycka ned] **1** [*sorgen*] *-er* [*ned*] *henne..* weighs her down; *-d av* [*skatter*] burdened with..; *-d av* [*år*] weighed down by (with).. **2** [belasta] weight; [minnet m. fakta] burden, load **-ande** *a* heavy; weighty; [betungande]: [om t. ex. skatt] grinding, oppressive; [om uppgift] burdensome

tyngd weight, [stor ~, end. abstr.] heaviness, weightiness, [tungt föremål o. d.] load, [alla äv. bildl.]; [isht fys.] gravity; *en* ~ *har fallit från mitt bröst* a weight (load) has dropped off my mind **-kraft,** ~ [*en*] [the force of] gravity (gravitation) **-lyftning** weight-lifting **-löshet** weightlessness **-punkt** [eg. o. bildl.] centre of gravity; [bildl. äv.] main (central) point

typ type [äv. boktr.], *av* of; [sort o. d. äv.] model; *han är* ~*en för en svensk* he is a typical Swede; *trycka med små (stora)* ~*er* print in small (large) type **-exempel** typical example **-isk** *a* typical, representative, *för* of

typo|graf typographer **-grafi** typography **-grafisk** *a* typographical

tyrann tyrant **tyranni** tyranny **tyrannisera** *tr* tyrannize [over]; [friare] domineer over **tyrannisk** *a* tyrannical; [friare] domineering

tyrolare Tyrolese [pl. lika] **Tyrolen** [the] Tyrol **tyrolerhatt** Tyrolese hat

tysk I *a* German **II** *s* German. — [För sms. *jfr svensk*] **tyska 1** [kvinna] German woman

2 [språk] German. — *Jfr svenska* **Tyskland** Germany

tyst I *a* silent; [~ och stilla, lugn, om t. ex. gata, pers.] quiet; [ljudlös] noiseless; [stum] mute; [stillatigande, om t. ex. samtycke] tacit; ~ *förbehåll* mental reservation; *han är inte ~ ett ögonblick* [vanl.] he can't keep silent (quiet) for a single second; *var ~ [a]!* be quiet!, silence!; [*göra gott*] *i det ~a* ..on the quiet, ..in a quiet way **II** *adv* silently, quietly [osv.], *jfr I;* [t. ex. åse ngt] in silence; [t. ex. gå, tala] softly, quietly; *håll ~!* keep quiet!; *hålla ~ med ngt* keep a th. quiet (to oneself); *tala ~* speak low (in a low voice) **tysta** *tr* silence; ~ [*munnen på*] *ngn* stop a p.'s mouth, make a p. hold his (her) tongue; ~ *ned* [*ngn*] reduce..to silence, silence.., [*ngt*] suppress.., hush..up

tystgående *a* [om maskin o. d.] silent[-running], noiseless **tysthet** [tystnad] silence; [tystlåtenhet] quietness; *i* [*all*] ~ [i hemlighet] in secrecy, secretly, privately **tysthetslöfte** promise of secrecy **tystlåten** *a* [fåordig] taciturn, silent; [förtegen] reticent **tystlåtenhet** taciturnity, silence; reticency; *jfr föreg.* **tystna** *itr* become silent; [om musikinstrument] stop [playing]; [upphöra] cease **tystnad** silence; *~!* [äv.] hush!; *förbigå ngt med ~* pass a th. over in silence **tystnadsplikt** [läkares o. d.] professional secrecy

tyvärr *adv* unfortunately; [ss. itj.] alas!, bad luck!; ~ *kan jag inte* [*komma*] [äv.] I am sorry to say (am afraid) I cannot..; ~ *inte* I am afraid not

tå toe; *gå på ~* walk on one's toes (on tiptoe), tiptoe

1 tåg [rep] rope; [grövre] cable

2 tåg 1 march, [tågande] marching; [festtåg o. d.] procession **2** [järnv. o. d.] train; *byta ~* change trains; [*skicka*] *med ~* [*et*] ..by train; [*äta middag*] *på ~et* ..on the train

1 tåga *s* **1** [lin~ o. d.] filament, fibre **2** *det är ~ i honom* he is tough

2 tåga *itr* march; [i t. ex. demonstrationståg] walk (march) in procession

tåg|förbindelse train service (connection) **-mästare** head guard, [amer.] chief conductor **-olycka** railway accident **-ombyte** change of trains **-ordning** [bildl. ung.] procedure; *Kungl. Maj:ts nådiga ~* [ung.] the slow-coach methods of government departments **-personal** train staff **-resa** train-journey **-sätt** [järnv.], *ett ~ på* [*10 vagnar*] a train of.. **-tid,** *~erna* the times of the trains **-tidtabell** railway timetable ([amer. ofta] schedule) **-urspår[n]ing** derailment [of a (the) train]

tåhätta toe-cap

tåla *tr* [uthärda, fördraga] bear; endure [end. m. personsubj.]; [stå ut med, inte ta skada av, tillåta] stand, [finna sig i] suffer, put up with, tolerate; *jag tål* [*det (honom)*] *inte* I can't bear (stand, put up with)..; *han tål en hel del* [*sprit*] he can hold his liquor; *han tål inte skämt* he can't take a joke; [*saken*] *tål intet uppskov* ..brooks (admits of) no delay; [*det*] *tål att tänka på* ..needs thinking about (over), [förtjänar beaktas] ..is worth considering; [*sådant*] *bör inte ~s* ..ought not to be tolerated; *jag tål* [*vid*] [*fet mat*] ..suits me all right; *jag tål inte* [*vid*] [*att äta*] [*fet mat*] [vanl.]..disagrees with (upsets, doesn't suit) me

tålamod patience; *ha ~* [äv.] be patient; *förlora ~et* lose [one's] patience

tålamods|prov, *ett riktigt ~* a real trial to (of) one's patience **-prövande** *a* trying [to one's patience]

tålig *a* [tålmodig] patient **-het** patience

tålmodig *a* patient; [långmodig] long-suffering **-het** patience; long-suffering

tåls, *ge sig till ~* have patience, be patient

1 tång [verktyg] tongs [pl.]; *en ~ (två tänger)* a pair (two pairs) of tongs

2 tång [bot.] seaweed, tang

tångförlossning forceps delivery

tår 1 [eg.] tear; *hon fick ~ar i ögonen* [the] tears came into her eyes; *brista i ~ar* burst into tears; *rörd till ~ar* moved to tears **2** [skvätt] drop; *en ~ kaffe* a few drops of coffee **tåras** *itr. dep* fill with tears

tår|dränkt *a* [om blick] tearful **-flöde** flood (stream) of tears **-fylld** *a* [eg.] ..filled with tears; [om t. ex. blick, röst] tearful **-gas** tear-gas **-kanal** lachrymal (tear) duct **-körtel** lachrymal (tear) gland **-lös** *a* tearless **-pil** weeping willow

tårt|a cake; [av mör- el. smördeg vanl.] tart **-bit** piece of cake **-papper** cake-doily **-spade** cake-slice

tårögd *a, vara ~* have tears in one's eyes, have one's eyes filled with tears

tåspets tip of the (one's) toe; *jfr tå* **-dans** toe-dance

tåt piece (bit) of string ([grövre] cord)

täck *a* pretty; *det ~a könet* the fair sex

täcka *tr* cover; [i form av [skyddande] lager] coat; [trädg.] cover over (up); [skydda] protect [äv. ⚔]; [fylla, t. ex. ett behov äv.] supply; [isht H] meet; *jfr täckande* [ex.] **täckande,** *till ~ av* [*kostnaderna*] to cover (defray).., in defrayment of..

täckdika *tr* drain **täckdike** covered drain **täckdikning** pipe draining, underdrainage **täcke** cover[ing]; [lager äv.] coating; [säng~] quilt, coverlet, [amer. äv.] comforter **täckelse,** *låta ~t falla från* [*en staty*] unveil .. **täckfjäder** [wing-]covert **täckfärg** [mål.] top (finishing) coat **täckjacka**

quilted jacket **täckmantel,** *under vänskapens ~* under the cloak (guise, mask) of friendship **täcknamn** assumed (cover) name **täckning** covering; H cover; *check utan ~* uncovered cheque **täckt** *a* covered; *~ bil* closed car

tälja *tr itr* [skära] cut; [snida] carve

täljare [mat.] numerator

tälj|kniv sheath-knife **-stenskamin** soap-stone (steatite) stove

tält tent; [större, för cirkus o. d.] marquee

tält|a *itr* **1** [slå upp tält] pitch (put up) one's tent **2** [bo i tält] camp [out] **-duk** canvas **-pinne** tent-peg **-stol** camp-stool **-stång** tent-pole **-säng** camp-bed

tämja *tr* tame; [husdjur äv.] domesticate; [bildl. äv.] curb

tämligen *adv* fairly, moderately, tolerably; [vanl. gillande] pretty; [vanl. ogillande] rather; *jfr 3 rätt II 2*

tänd|a **I** *tr* light; [⊕] *se antända;* [elljus] turn (switch, put) on; *~ eld (en brasa)* make a fire; *~ på (eld på)..* set fire to.., [hus äv.] set..on fire **II** *itr* [fatta eld] catch fire; [om tändsticka] ignite **-ande** *a, den ~ gnistan* [bildl.] the igniting spark **-are** [cigarrett~ o. d.] lighter **-hatt** percussion cap, detonator **-ning** [⊕] ignition; [-ande] lighting [osv.], *jfr tända I* **-ningsnyckel** [motor.] ignition key **-rör** [⚔] fuse **-sticka** match **-sticksask** match-box; [ask tändstickor] box of matches **-stift** [motor.] sparking ([amer.] spark) plug

tänj|a **I** *tr* stretch; *~ ut* [eg.] stretch; [bildl., t. ex. berättelse] draw out, prolong **II** *rfl, ~ [ut] sig* stretch **-bar** *a* [eg.] stretchable; elastic [äv. bildl.]

tänk|a *(jfr äv. tänkt)* **I** *itr* ([ibl.] *tr, jfr äv. II)* think, *på* of *(jfr dock ex. ned.);* [fundera äv.] reflect, *på* on, *jfr fundera* [m. ex.] *o. ~ efter, ned. IV;* [använda sin tankeförmåga, resonera] reason; [förmoda] suppose; [föreställa sig] imagine, *jfr III ned.*[ex.]; [anse äv.] consider, [tro äv.] believe; *tänk, att hon är [så rik]!* [just] to think that she is..!; *tänk bara!* just think (fancy, imagine)!; *[nej (ja)] tänk!* [oh,] I say!; *tänk om du skulle [träffa honom]* supposing (what if, imagine if) you were to..; *[hon är..], kan jag ~ ..,* I shouldn't wonder, .., I daresay; *~ för sig själv* [inom sig] think to oneself; *vad -er du* [är din uppfattning] *om det?* what is your opinion of it [all]?; *var det inte det jag -te!* just as I thought!; *det är (vore) något att ~ på* that's [a thing] worth considering (thinking about); *när jag -er rätt på saken, så är jag..* on second thoughts I am..

II *tr* ([m. inf. el. sats ss. obj.]; *jfr I), ~ [att]* [inf.]: [ämna, avse att] be going (intend, mean, propose, [amer. äv.] aim) to [inf.], [fundera på att] be thinking of [ing-form]; *-er du stanna [hela kvällen]?* are you going (intending) to stay..?, do you intend (mean) to stay..?

III *rfl* **1** [föreställa sig] imagine; [~ ut, t. ex. en annan möjlighet] conceive; *kan ni ~ er [vad som har hänt]?* can you imagine..?, [i bet. 'skulle ni kunna tro'] would you believe..?; *det låter ~ sig* it is conceivable, *att* that; that's quite possible; *jag har -t mig, att [vi skulle* vanl.] my idea is that..; *~ sig [väl] för* think carefully (twice); [äv.] think a (the) matter well over **2** [ämna [bege] sig], *vart har du -t dig [resa]?* where have you thought (did you think) of going [to]?

IV [m. beton. part.] *~ efter* think, reflect, consider; *låt mig ~ efter* [äv.] let me see; *när man -er efter* [äv.] when one comes to think of it; *~ igenom [en sak]* think..out; *jfr genomtänkt; ~ om* do a bit of rethinking, reconsider matters (the matter); *~ ut* [fundera ut] think (work) out, [en plan äv.] conceive, devise; *~ över* think over, consider

tänk|ande **I** *s* thinking [osv.]; [begrundan] meditation, reflection; [filosofi] thought **II** *a* thinking [osv.]; *en ~ människa* [vanl.] a thoughtful (reflecting) man **-are** thinker **-bar** *a* conceivable, imaginable, thinkable; [möjlig] possible; *den enda (bästa) ~a [lösningen]* the only conceivable *el.* thinkable (the best possible)..; *[hans inflytande var] det största ~a* ..the greatest imaginable

tänke|språk maxim, adage, proverb **-sätt** way of thinking; [sinnelag] turn of mind

tänkt *a* [fingerad, ej verklig] imaginary; [påtänkt] contemplated; *ett enbart ~ fall* a purely hypothetical case

tänkvärd *a* ..worth considering, [minnesvärd] memorable

täpp|a **I** *s* [trädgårds~] garden-patch **II** *tr, ~ till (igen)* stop (choke) up, obstruct; *~ till munnen på ngn* [bildl.] shut a p.'s mouth; *jag är -t i näsan* [vanl.] my nose is stopped up

tär|a *tr itr* [förtära] consume; *~ på* [t. ex. ngns krafter] tax.., [t. ex. ett kapital] break into..; *en -ande sjukdom* a wasting disease **täras** *itr. dep* waste away, be wasted away **tärd** *a, se avtärd*

1 tärna [zool.] tern, sea-swallow

2 tärna [brud~] bridesmaid

tärning [spel~] dice [pl.]; [kok.] cube; *~en är kastad* the die is cast **tärningskast** throw [of the dice] **tärningsspel** game of dice; [spelande] dice-playing

1 tät *s* head; *gå i ~en [för..]* head [..], walk (march) at the head [of..]

2 tät *a* **1** [eg., t. ex. om tyg, rader] close;

[svårgenomtränglig, om skog, dimma] thick; [om skog o. dimma äv. samt om t. ex. människomassa o. fys.] dense; [ogenomtränglig för t. ex. luft, vatten] tight, *jfr lufttät, vattentät;* [icke porös el. ihålig] massive, compact; [om snöfall] heavy; *tätt mörker* impenetrable darkness **2** [ofta förekommande] frequent, [upprepad] repeated **3** F [rik] well-to-do **täta** *tr* [täppa till] stop [up]; [göra.. vattentät] make.. watertight; [⊕] pack

tätatät tête-à-tête

tät|bebyggd *a* [attr.] densely built-up **-befolkad** *a* densely populated **-het** closeness [osv.]; density; compactness; impenetrability; frequency; *jfr 2 tät 1—2* **-na** *itr* become (get, grow) dense[r] ([more] compact, thick[er]); [om t. ex. rök, dimma äv.] thicken **-ning 1** [tätande] stopping up [osv.], *jfr täta* **2** [konkr.] tightening material; *jfr packning 2 o. följ.* **-ningslist** [för fönster, dörrar] draught excluder, strip **-ort** [tätbebyggd] densely built-up ([tätbefolkad] populated) area, population centre **-skriven** *a* closely--written **-tryckt** *a* closely (close-)printed

tätt *adv* closely [osv.]; thick[ly]; *jfr 2 tät 1, 2; se 1 titt; hålla* ~ [om båt, kärl] be watertight; *han höll* ~ [tyst] [*med saken*] he kept close [about the whole thing]; *locket sluter* ~ the lid fits tight; *stå* ~ [om träd] stand closely together; ~ *efter* close behind; ~ *intill (invid)* [adv.] close up (by); [prep.] close [up] to..

tätt- [sms.] *se tät-* [sms.]

tätting passerine

tävla *itr* compete, *med* with, *om* for; *detta märke kan* ~ *med* [*vilket som helst* äv.] this brand can stand comparison with.. **tävlan** competition, *om* for; *jfr tävling;* [tävlande, medtävlan] rivalry, emulation; *delta utom* ~ take part without competing **tävlande I** *a* competing, [rivaliserande] rival [båda end. attr.] **II** *subst. a, en* ~ a competitor [resp.] a rival **tävling** competition [äv. pris~], contest [äv. sport.]; [t. ex. i löpning] race; [vanl. mellan två lag] match

tävlings|bana [löparbana] race-track; [hästtävlingsbana] race-course **-bidrag** [competition] entry, [lösning av -uppgift] solution, answer **-bil** racing car **-förare** racing driver (motorist) **-uppgift** [som skall lösas] problem to be solved by the competitors; [vid litterär tävling] subject for a (the) prize--competition

tö thaw **töa** *itr* thaw

töck|en [dimma] mist, [dis] haze [båda äv. bildl.]; [*framtiden*] *är höljd i* ~ ..is shrouded in a mist **-nig** *a* misty, hazy

töffa *itr* [om tåg] puff, [om bil o. motorbåt] chug

töj|a *rfl o.* **-bar** *a, se tänja o. tänjbar*

tölp boor; [drummel äv.] lout **-aktig** *a* boorish; loutish

töm rein; *jfr tygel*

töm|ma *tr* **1** [göra tom] empty; [låda, skåp äv.] clear (turn) out; [brevlåda (post.)] clear; [sitt glas äv.] drain; [*salen*] *-des* ..emptied; ~ *ut* empty [out], [hälla ut] pour out **2** [tappa], ~ *på flaskor* pour into bottles **-ning** emptying [osv.]; [post.] collection; *jfr tömma 1*

tör *hjälpvb* = *torde 2* **tör|as** *itr. dep* **1** [våga] dare [to], *jfr 2 våga* **2** [få lov att], *hur mycket* [*kostar den,*] *om jag -s fråga?* how much.. if I may ask?

törn 1 [stöt] blow [äv. bildl.], bump; [bildl. äv.] shock; *ta* ~ [⚓] bear off **2** [⚓ arbetsskift] watch, [tur] turn **törna** *itr,* ~ *emot* [*ngt*] bump (knock) into (against).., [stark.] crash into..; *jfr* [*stöta*] *emot;* ~ *ihop* collide; ~ *in (ut)* [⚓] turn in (out)

törnbeströdd *a* thorny **törne 1** [tagg] thorn, [mindre] prickle **2** *se törnrosbuske*

Törnrosa the Sleeping Beauty

törn|rosbuske [vild] briar[-bush] **-snår** thorn-brake, thorny thicket **-tagg** thorn, [mindre] prickle

törst thirst, [bildl. äv.] longing, *efter* for, *efter att* [inf.] to [inf.] **törsta** *itr* thirst [äv. bildl.], *efter* for; ~ *ihjäl* die of thirst **törstig** *a* thirsty

tös girl, lass, [poet.] maid

töväder, *det är* ~ a thaw has set in

U

ubåt submarine, [tysk] U-boat
UD *se utrikesdepartement*
udd [allm.] point [äv. bildl.]; [på gaffel o.d.] prong; [bildl. äv.] sting, pungency, bite
udda *a* odd, uneven; ~ *eller jämnt* odd or even; *en* ~ [omaka] *sko* an odd shoe
udd|e [hög, bergig] cape, promontory, head[-land], [låg el. smal] point [of land] **-ig** *a* pointed [äv. bildl.]; [om t. ex. kritik, svar] pungent, biting **-lös** *a* pointless [äv. bildl.]
uggla I *s* owl **II** *itr* F, *sitta uppe och* ~ sit up late **uggleunge** owlet, young owl
ugn oven; [bränn~] kiln; [smält~] furnace
ugns|eldfast *a* oven-proof **-lucka** oven-door **-pannkaka** [ung.] batter pudding **-steka** *tr* roast [..in the oven], [isht potatis, fisk] bake
u-hjälp *(u-landshjälp)* aid to the developing countries
ukas ukase
Ukraina the Ukraine **ukrainare** *s o.* **ukrainsk** *a* Ukrainian
ukulele ukulele
u-land *se utvecklingsland; jfr u-hjälp*
ull wool; [ullbeklädnad] fleece;.. *av* ~ .. [made] of wool, woollen.. **-garn** wool[len] yarn, wool **-hår** [persons] woolly hair; [fårets] wool **-ig** *a* woolly, fleecy **-sax** sheep shears [pl.] **-strumpa** *se yllestrumpa* **-tapp** *o.* **-tott** tuft (flock) of wool
ulster ulster
ultimat|um ultimat|um [pl. -ums *el.* -a]
ultra|konservativ *a* ultraconservative **-kortvåg** [radio.] ultrashort waves [pl.], very high frequency ([förk.] VHF) **-marin** *a o. s* ultramarine **-radikal** *a* ultraradical **-rapid** *a* [attr.] *o. s* slow motion **-violett** *a* ultraviolet
ulv wolf [pl. wolves]; *tjuta med* ~*arna* cry with the pack
umbra umber
umbära *tr* do (go) without **umbärande** privation, hardship **umbärlig** *a* dispensable **umgås** *itr. dep* be a frequent visitor, *hos ngn* at a p.'s house (place); [rpr.] see each other, be together; *ha lätt att* ~ *med folk* find it easy to get on with people, be a good mixer; ~ *i fina kretsar* move (mix) in good society **umgälla** *tr,* [*få*] ~ pay for, suffer (smart) for **umgänge** [förbindelse] relations [pl.], dealings [pl.], intercourse [end. sg.]; [sällskap] company, society; *dåligt* ~ bad (low) company; *intimt (sexuellt)* ~ sexual intercourse; *ha stort* ~ have a great many friends
umgänges|former *pl* forms of [social] intercourse, etiquette [sg.] **-krets** circle of friends [and acquaintances] **-liv** social life **-sätt** manners [pl.]
undan I *adv* **1** [bort] away, [ur vägen] out of the way, [åt sidan] aside; *gå* ~ [väja] get out of the way **2** [fort, raskt], *det går* ~ *med arbetet* the work is getting on fine; *låt det gå* ~*!* make haste! **3** ~ *för* ~ little by little, [en i taget] one by one **II** *prep* from, [ut ur] out of — [Se äv. beton. part. under resp. verb]
undan|be[dja] I *rfl,* ~ *sig* [t. ex. *återval*] decline..; *jag -ber mig* [*sådana uttryck*] kindly spare me.., I won't have.. **II** *-bedjas: blommor -bedes* no flowers by request; *rökning -bedes* no smoking **-dra[ga] I** *tr,* ~ *ngn ngt* withdraw (take away) a th. from a p., deprive a p. of a th. **II** *rfl* [t.ex. sina plikter] shirk, evade **-flykt** [undvikande svar] prevarication, evasion; [svepskäl] subterfuge; [äv.] excuse **-gjord** *a, se göra* [*undan*] **-gömd** *a..* hidden (put) away (out of sight), [plats] secluded, remote **-hålla** *tr,* ~ *ngn ngt* withhold a th. (keep a th. back) from a p. **-manöver** evasive action **-röja** *tr, se 2 röja* [*undan*] **-skymd** *a, se -gömd* **-stökad** *a, se göra* [*undan*]
undan|tag [allm.] exception; *ett* ~ *från regeln* an exception to the rule; ~ *et bekräftar regeln* the exception proves the rule; *med* ~ *av (för)* with the exception of, except,.. excepted **-ta[ga]** *tr* except; *ingen -tagen* nobody excepted **-tagandes** *prep se* [*med*] *undantag* [*av*]
undantags|bestämmelse special stipulation (provision) **-fall,** *i* ~ in exceptional cases **-löst** *adv* without exception, invariably **-tillstånd,** *proklamera* ~ proclaim a state of emergency
undantränga *tr, se tränga* [*undan*]
1 under *s* wonder, marvel, [underverk äv.] miracle, prodigy; ~ *över alla* ~*!* wonder of wonders!; *ett* ~ *av lärdom* a marvel (prodigy) of learning; *göra* ~ [~verk] work (do) wonders, work miracles; *som genom ett* ~ as [if] by a miracle
2 under I *prep* [se äv. under resp. huvudord] **1** [i rumsbet.] under [äv. friare o. bildl. (för att beteckna överhöghet o. d.)]; [nedanför, lägre än] below [äv. bildl.]; [litt. samt i vissa fall] beneath; [*krypa (titta) fram*] ~ *ngt..* from under a th.; *stå* ~ *ngn* [i rang] be (rank) below a p.; *England* ~ *drottning Viktoria* England under Queen Victoria; *ta ngn* ~ *armen* take a p.'s arm; *ett slag* ~ *bältet* [bildl.] a blow below the belt; ~ *havet*

För med **undan-** sammansatta verb jfr äv. vid beton. part. under resp. enkla verb

(havets yta) below sea level; *vara känd ~ namnet..* be known by (go by *el.* under) the name of..; [*5 grader*] ~ *noll* ..below freezing-point (zero); *det är ~ min värdighet* it is beneath me (my dignity); *barn ~ femton år* children under (below) fifteen years of age **2** [i tidsbet. (*jfr 3)*]: **a)** [under loppet av] during, [ibl.] in, in the course of; [svarande på frågan 'hur länge'] for; [äv. andra övers. jfr ex.]; ~ *dagen (kriget)* during the day (the war); [*det regnade oavbrutet*] ~ *fem dagar* ..for five days; ~ *hela sitt* [hans] [*liv*] throughout his.., all his ..; ~ *hans regering*[*stid*] during (in) his reign; ~ *en resa* [*skall man*] while (when) travelling.., on a journey..; ~ *samtalet*[*s gång*] in the course of the conversation; ~ *tiden* in the meantime; ~ *vägen* on the way **b)** ~ *det att* while; ~ *det att han talade* [*skrev han*] while speaking..; *jfr medan* **3** [övriga fall (uttr. beledsagande omständigheter, tillstånd o.d.; jfr äv. ovan *1 o. 2.)*], ~ *allmänt bifall* amid general applause; ~ *förutsättning att* on condition that; ~ *tystnad* in silence, silently **II** *adv* underneath, [nedanför] below

under|agent sub-agent **-arm** forearm **-art** subspecies **-avdelning** subdivision; subsection, subgroup

under|bar *a* wonderful, marvellous; [övernaturlig] miraculous **-barn** infant prodigy, [amer. äv.] wonder child

under|befäl [pers.] *se plutonsofficer* [resp.] *gruppchef* **-bemannad** *a* undermanned **-betala** *tr* underpay **-betyg** mark below the pass standard; *få ~ i* fail (be failed) in **-bjuda** *tr* underbid **-blåsa** *tr* [bildl.] heighten, foment **-byggnad** [äv. eg.] foundation, [byggn. äv.] substructure; [utbildning] grounding **-byxor** *pl* [herr ~] [under]pants, [i trosmodell] briefs; [dam ~] knickers, panties, [trosor] briefs **-bädd** lower bed ([i sovkupé, hytt] berth) **-del** lower part, bottom

underdånig *a* [ödmjuk] humble; [servil] subservient, obsequious **-het** humility; subservience, obsequiousness; [jfr föreg.]

underexponera *tr* under-expose

underfund *adv, komma ~ med* [lista ut] find out, [förstå sig på] understand, make out

under|fundig *a* [illmarig] sly; ~ *humor* subtle humour **-förstå** *tr,* [*predikatet*] *är ~ tt* ..is understood; *detta ~ s (är ~ tt)* [*i avtalet*] this is implied.. **-given** *a* submissive; ~ [*sitt öde*] resigned to.. **-gräva** *tr* undermine, [bildl. äv.] sap **-gå** *tr* undergo; ~ *examen* be examined **-gång** **1** [fall] ruin, fall, [förstörelse] destruction; *världens ~* the end of the world; *dömd till ~* doomed [to destruction] **2** [public] subway, [amer.] underpass

under|görande *a* miraculous, wonder-working **-görare** wonder-(miracle-)worker

underhaltig *a..* below (not up to) standard, inferior, [bristande] deficient

underhand *adv* privately

under|handla *itr* negotiate, *med* with, *om* for; *se äv. underhandling* **-handlare** negotiator **-handling** negotiation, *om* for; *ligga i ~ ar med* be in negotiation (treaty) with, carry on negotiations with **-handsbesked** confidential communication **-havande** *s* man ([pl.] men), dependant, [på gods] tenant **-hud** dermis, subcutis **-huggare** underling, subordinate **-huset** [i Engl.] the House of Commons

under|håll **1** [understöd] maintenance, [tilldömt] alimony; [t.ex. årligt] allowance **2** [iståndhållande] maintenance, upkeep **-hålla** *tr* **1** [försörja] support, maintain **2** [hålla i stånd] maintain, keep up; *väl* ([resp.] *illa*) *-hållen* [*byggnad*] ..in good ([resp.] poor) repair **3** [roa, förströ] entertain, amuse; ~ *sig med ngn* talk (converse) with a p. **-hållande** *a* [roande] entertaining, amusing **-hållning** entertainment **-hållningsbranschen** [teater, film, varieté m.m.] show business, the entertainment business **-hållningsmusik** light music **-hållskostnader** *pl* costs (cost [sg.]) of maintenance (upkeep) **-hållsskyldighet** maintenance obligations [pl.]; ~ *för* [*barn*] duty to support..

under|ifrån *adv* from below (underneath) **-jorden** [myt.] the lower (infernal) regions [pl.], Hades **-jordisk** *a* underground [end. attr.], subterranean; [myt.] infernal **-kant,** [*tilltagen*] *i ~* [rather] on the small ([resp.] short, low) side **-kasta** **I** *tr* subject..to; *~s tortyr* be subjected to torture; *vara ~ d* [förändringar, tull] be subject to..; *tvivel ~ t* open to doubt, doubtful **II** *rfl* [foga sig i] submit to, resign oneself to **-kastelse** submission, resignation, *under* to; [kapitulation] surrender

under|kjol underskirt, petticoat **-klass** lower class; *~en* the lower classes [pl.] **-klassig** *a* lower-class.., [vulgär] vulgar **-kläder** *pl* underclothes, undergarments; H underwear [sg.] **-klänning** slip **-kropp** lower part of the body **-kunnig** *a* [pred.] aware, *om* of; *göra ngn (sig) ~ om* inform a p. (oneself) of **-kuva** *tr* subdue, subjugate **-kyld** *a, -kylt regn* supercooled (freezing) rain **-käk**[**e**] lower jaw **-känna** *tr* not approve of; reject; [elev] fail **-känt,** *få ~* fail, be failed, *i* in

under|lag [grund[val]] foundation, bas|is [pl. -es], [byggn. äv.] bedding **-lakan** bottom sheet

underlig *a* strange, curious; [konstig] odd,

queer; [ofta neds.] peculiar; F funny; *det är inte [så]* ~ *t* [förvånande] it is not to be wondered at (no wonder)
underlighet strangeness [etc.; end. sg.]; oddity, peculiarity **underligt** *adv* strangely [etc.]; ~ *t nog* strange to say, oddly (curiously, strangely) enough
under|liv [lower] abdomen, belly; [könsdelar] genitals [pl.] **-livssjukdomar** *pl* [kvinno-] women's diseases **-lydande** *se underhavande o. underordnad* **-låta** *tr* omit, fail, [försumma äv.] neglect; *han -lät att* [*meddela oss*] he failed to .. **-låtenhet** omission; [att rösta, att betala etc.] failure **-lägg** [t. ex. karott ~, disk ~] mat; [skriv ~] [writing] pad **-lägga** *rfl, se lägga* [*under sig*] **-lägsen** *a* inferior, *ngn* to a p.; *jag är honom* ~ [äv.] I am his inferior **-lägsenhet** inferiority **-läkare** assistant physician ([kirurg] surgeon) **-läpp** lower lip, underlip **-lätta** *tr* facilitate, make.. easy (easier)
under|medvetande subconsciousness **-medveten** *a* subconscious; *det -medvetna* the subconscious [mind] **-mening** hidden meaning **-minera** *tr* undermine, [bildl. äv.] sap **-målig** *a, se -haltig* **-närd** *a* underfed, undernourished **-näring** undernourishment, malnutrition **-officer** *se kompaniofficer* **-ordna I** *tr* subordinate, *under* to **II** *rfl* subordinate oneself, *ngn (ngt)* to a p. (a th.) **-ordnad I** *a* subordinate, *ngn (ngt)* to a p. (a th.) **II** *subst. a* subordinate **-plagg** undergarment; ~ [pl.] *se -kläder* **-plats** [i sovkupé, hytt] lower berth ([brits] bunk) **-pris**, *sälja till* ~ sell at a loss
under|rede [under]frame, [på bil] chassis [pl. lika] **-redsbehandling** [abstr.] undersealing; [konkr.] underseal, underbody seal **-rubrik** subheading **-rätt** lower (inferior) court
under|rätta I *tr,* ~ *ngn om ngt* inform a p. of a th.; [jfr äv. ex. und. *meddela I 1*] **II** *rfl* inform oneself, *om ngt* of (as to) a th.; make inquiries, *om ngt* about a th., *hos ngn* of a p. **-rättelse,** ~ [*r*] information *(om* about, on), [isht mil. o.d.] intelligence (*om* of); [nyhet[er]] news *(om* of) [samtl. end. sg.]; *jfr äv. meddelande; en* ~ a piece of information [etc.] **-rättelsetjänst** [⚔] intelligence [service]
under|sida underside **-skatta** *tr* underrate, underestimate **-skott** deficit, [förlust] loss, *på* [t. ex. *1000 kr*] of..; *jfr äv. brist 1,3* **-skrida** *se -stiga* **-skrift** signature; *förse.. med* [*sin*] ~ sign.. **-skriva** *tr, se skriva* [*under*]
underst *adv* at the bottom, *i* [*lådan* etc.] of..; [lägst] lowest **understa** *a,* [*den*] ~ [*lådan* etc.] the lowest ([av två] the lower).., the bottom..
under|stiga *tr* be (fall) below, fall short of; ~ *nde* [vanl.] below, under, less than **-streckare** [i tidning, ung.] feature article **-stryka** *tr, se stryka* [*under*] **-stundom** *adv* now and then, sometimes, occasionally **-stå** *rfl,* ~ *sig att* dare [to], have the cheek to; ~ *dig inte att röra mig!* don't you [dare] touch me! **-ställa** *tr,* ~ *ngn* [*ett förslag* o. d.] submit..to a p.; ~ *ngt* [t. ex. *ngns beslut*] submit (refer) a th. to..; *jfr äv. underordna*[*d*] **-stöd** [till behövande] relief [payment]; [periodiskt underhåll] allowance; [anslag] subsidy, grant; *leva på* ~ [socialhjälp] live on public (national) assistance **-stödja** *tr* support; [hjälpa äv.] assist, aid, help; [med anslag] subsidize **-såte** subject **-såtlig** *a* [lojal] loyal **-sätsig** *a* stocky, thickset
under|söka *tr* [allm.] examine; [söka utröna] inquire (look) into, investigate **-sökning** examination; [efter-, utforskning] inquiry *(om, i* into), investigation; [prov] test[ing]; *medicinsk* ~ medical examination; *rättslig* ~ judicial (legal) inquiry; *vetenskapliga* ~ *ar* [scientific] research[es]; *vid närmare* ~ on closer examination (inspection) **-teckna** *tr* sign; ~ *d* ([resp.] ~ *de)* I, ([resp.] we,) the undersigned **-trycka** *tr* suppress, [hålla tillbaka äv.] repress, restrain, [kväva] stifle; [underkuva] subdue, oppress **-tröja** vest, [amer.] undershirt **-utvecklad** *a* underdeveloped; ~ *e länder* [äv.] developing countries
undervattens|båt submarine **-kabel** submarine cable **-klippa** *o.* **-skär** sunken (submerged) rock
undervegetation undergrowth
underverk miracle, wonder; *världens sju* ~ the seven wonders of the world; *jfr äv. 1 under*
under|visa *tr itr* [ge undervisning] teach; [handleda] instruct, *i* in; *han* ~ *r i engelska* he teaches ([ger lektioner i] gives lessons in) English **-visning** [lärarverksamhet] teaching; [meddelad] instruction, [isht individuell] tuition; [utbildning] education; *få* ~ *i* [*engelska*] be taught..
undervisnings|anstalt *se läroanstalt* **-väsen** education[al system] **-ämne** school subject
under|värdera *tr, se -skatta* **-årig** *a* ..under age; *vara* ~ [äv.] be a minor
und|falla *itr, låta* ~ *sig* [*en anmärkning*] let slip.. **-fallande** *a* compliant, yielding **-fallenhet** compliancy, complaisance **-fly** *tr* [undvika] avoid; [sky] shun **-flykt** *se undanflykt* **-fägna** *tr,* ~ *ngn med* [*en god middag*] treat a p. to.. **-fägnad** [mat o. dryck] food and drink; [abstr.] entertain-

ment **-gå** *tr* [slippa undan] escape; [skickligt ~] elude, evade; [undvika] avoid; *man kan inte ~ att [bli påverkad]* you can't fail to ..; *jag kunde inte ~ att höra det* I couldn't avoid (help) hearing it **-komma I** *itr* escape, get away **II** *tr* escape from, elude
undra *itr* wonder, *på (över)* at; *jag ~r inte på att han vägrade* I don't wonder [that] he refused; no wonder he refused **undran** wonder, *över* at
undre *a* lower; ~ [*lådan* äv.] the bottom ..; [*den*] ~ *världen* the underworld
und|seende *s* deference, regard; *ha ~* [överseende] *med* have forbearance with **-slippa** *tr itr* escape, *jfr undgå; han lät ~ sig [ett glädjerop]* ..escaped his lips, *jfr äv. undfalla* **-sätta** *tr* [isht mil.] relieve; [rädda] rescue, [litt.] succour **-sättning** relief; rescue; succour; [jfr föreg.]; *komma till ngns ~* come to a p.'s rescue (succour) **-sättningsexpedition** relief expedition **-vara** *tr* do without; dispense with; [avvara] spare **-vika** *tr* avoid, [äv.] keep away from; *jfr äv. undfly o. undgå* **-vikande I** *s* avoidance; *till ~ av [missförstånd]* in order to avoid .. **II** *a* [om t.ex. svar] evasive
ung *a (jfr yngre o. yngst)* young; *som ~ [var han]* as a young man (a youth).., when [he was] young ..; *dö vid ~a år* die young (at an early age); *~ och gammal, ~a och gamla* young and old; *de ~a* the young, [the] young people **-dom 1** [abstr.] youth; *i min ~* in my youth (young days), when I was young **2** [koll.] young people [pl.], youth; *några ~ar* some young people ([unga män äv.] youths); ~ [*en*] *av idag* [the] young people of today; *den studerande ~en* young students, *se äv. skolungdom*
ungdomlig *a* youthful; juvenile **ungdomlighet** youthfulness, youth
ungdoms|bok juvenile book **-brottslighet** juvenile delinquency **-gård** youth centre **-litteratur** juvenile literature **-tid** youth, young days **-vård** youth welfare **-vän**, *en ~ [till mig]* a friend of my youth **-år** *pl* early years; youth [sg.]
ung|e 1 [av djur]: [t. ex. fågel~] young bird; [ss. efterled i sms. se under resp. djurart, t. ex. *ank-, elefant-, katt-, varg|unge* osv.]; *-ar* young [ones]; *föda levande -ar* [fackl.] be viviparous **2** F [barn] kid; [neds.] brat
ungefär I *adv* about; [jfr ex.]; *~ vid min ålder* at about my age; *~ här* somewhere about here; *~ samma sak* [pretty] much the same thing; *~ så här* something like this **II** *s, på ett ~* approximately, roughly
ungefärlig *a* approximate; *vid en ~ beräkning* [äv.] at a rough estimate
Ungern Hungary **ungersk** *a* Hungarian
ungerska 1 [kvinna] Hungarian woman **2** [språk] Hungarian
ung|herre young gentleman **-herrskap** young people [pl.] ([par] couple) **-häst** young horse, colt **-karl** bachelor **-karlsliv** bachelor life; [-stånd] bachelorhood **-karlslya** bachelor's den (flatlet) **-mö** maid[en]; *gammal ~* old maid, spinster
ungrare Hungarian
ungtupp young cock, cockerel
uniform uniform; *jfr äv. fältuniform;* [*officer*] *i ~* .. in uniform, uniformed ..
uniforms|mössa military (dress) cap **-rock** tunic
unik *a* unique
union union **unionist** Unionist
unionsflagga union flag; *~n* [i Engl.] the Union Jack
unison *a* unison **unisont** *adv* in unison
univers|alarvinge sole heir, [jur.] residuary legatee **-almedel** panacea, F cure-all **-ell** *a* universal **-itet** university **-um** universe, [världsalltet] the Universe
unken *a* musty, fusty, [äv.] stale
unna I *tr, ~ ngn ngt* not [be]grudge a p. a th.; *jag ~r honom [pengarna]* I don't grudge him .., [*allt gott*] I wish him ..; *det är dig väl unt!* you are welcome to it!; *inte ~ ngn ngt* [be]grudge a p. a th. **II** *rfl, ~ sig ngt* allow oneself a th.
uns 1 [vikt] ounce **2** [friare], *inte ett ~* not a scrap
upp *adv* **1** [allm.] up; [uppåt äv.] upward[s]; [uppför trappan] upstairs; *hit ~* up here; *högst ~* at the top; *ända ~* right up; *gata ~ och gata ned* up one street and down another; *gå (stiga) ~* [allm.] rise; *gå (stiga) ~ på [buss, tåg]* get up onto (into)..; *hoppa ~ på [bordet]* jump [up] onto ..; *kliva ~ på [en stol]* get on ..; *vända [ngt] ~ och ned* turn .. upside-down, *se äv. uppochnedvänd; ~ med dig!* get up!; *~ med händerna!* hands up! **2** [ut o.d.] out; *hälla ~ [teet]* pour out ..; *~ ur [vattnet]* out of .. **3** [uttr. mots. till det enkla verbets bet.: konstr. m.] un-; *knyta ~* untie; *packa ~* unpack **4** [uttr. eg. öppnande] open, *jfr få [upp]*. — [Se f. ö. beton. part. under resp. vb]
uppass|are [servitör] waiter, [på båt o. flyg] steward **-erska** [servitris] waitress, [på båt o. flyg] stewardess **-ning** [vid bordet] waiting; [allm.] attendance
upp|bjuda *tr, ~ alla [sina] krafter* summon (muster, mobilize) all one's strength **-blanda** *tr, se blanda [upp]* **-blossande** *a* .. flaring up [osv.], *jfr blossa [upp]* **-blåst** *a* **1** *se blåsa [upp]* **2** [bildl.] inflated, *av* with; conceited, F stuck-up **-blött** *a, se blöta [upp]* **-bragt** *a* indignant, angry; [stark.] exasper-

För med **upp-** sammansatta verb jfr äv. vid beton. part. under resp. enkla verb

ated, *över* [*ngt*] [i samtl. fall] at.. **-bringa** *tr* **1** [kapa] capture, seize **2** [skaffa] procure, [pengar äv.] raise **-brott** [allm.] breaking up; [avresa] departure **-brottsorder** [⚔] order[s [pl.]] to march

upp|brusande *a* fiery, hot-tempered **-buren** *a* esteemed; celebrated **-bygga** *tr* [bildl.] edify **-byggelse** edification **-byggelseskrift** religious tract **-bygglig** *a* edifying **-båd** [skara] troop, band; [utskrivet manskap] levy; *ett stort ~ av poliser* a strong force (posse) of policemen **-båda** *tr* **1** [folk] summon, call out; [trupper] levy **2** [krafter] *se uppbjuda* **-bära** *tr* **1** [erhålla, t.ex. lön, pension, ränta] draw; [inkassera] collect, [skatt äv.] levy **2** [lida], *~ klander för ngt* be blamed (censured) for a th. **-börd** [inkassering] collection, [av skatt äv.] levy **-bördstermin** collection period **-bördsverk** *se fögderi*

upp|daga *tr* [upptäcka] discover, [avslöja] reveal, [bringa i dagen] bring.. to light **-dela** *tr, se dela* [*upp*] **-diktad** *a* invented **-drag** [allm.] commission; [uppgift] task; H order; [isht polit.] mission; *enligt ~* [*av*] by direction (order) [of]; *få i ~ att* [inf.] be commissioned (instructed) to [inf.]; be charged with [ing-form]; *ge ngn i ~ (uppdraga åt ngn) att* [inf.] commission (instruct) a p. to [inf.]; *på ~ av* [*en vän*] at the request of..; *på ~ av* [*styrelsen* o. d.] by order of.. **-dra[ga]** *tr, se uppdrag*

uppdriva *tr* [m. fl.] *se driva* [*upp*] [m. fl.]

uppe *adv* **1** [mots. nere]: [allm.] up [äv. uppstigen]; [i övre våningen] upstairs; [upptill] at the top (*på* of), above; *~ i landet* [norrut] up [in the] country; *vara ~* [*hela natten*] sit (stay) up..; *vi var ~ i* [*120 km*] we were doing [as much as].. **2** [öppen] open. —[Jfr äv. beton. part. under resp. vb]

uppe|håll 1 [avbrott, paus] break; [avbrott äv.] interruption; [paus (isht i tal)] pause; *jfr vid. paus;* [järnv., flyg. o. d.] stop, halt, wait; *10 minuters ~* [teat. o. d.] an interval ([amer.] intermission) of ten minutes; *göra* [*ett*] *~* [allm.] stop; halt; [järnv. o.d. äv.] wait; *tåget gör 10 minuters ~* [*i Laxå*] the train stops [osv.] [for] 10 minutes..; *utan ~* without stopping (a stop, pausing), *jfr avbrott 1* **2** [vistelse] sojourn, [kortare] stay **-hålla I** *tr* **1** [fördröja] detain, delay, keep; [låta ngn vänta] keep.. waiting **2** [vidmakthålla, underhålla, t.ex. bekantskap] keep up, maintain; *~ livet* support (sustain) life; *~ trafiken* keep the traffic going **3** [befattning o. d.], *~ professuren* [som vikarie] act as professor; *tjänsten -hålls för tillfället av..* the office is held (occupied) temporarily by.. **II** *rfl* **1** [vistas]: [tillfälligt] stay, stop, *hos* with; [ha sin hemvist] reside **2** [bildl.], *~ sig vid småsaker* dwell [up]on trifles

uppehålls|ort [fast] [place of] residence; [tillfällig] whereabouts [sg. el. pl.] **-tillstånd** residence permit **-väder,** [*mest*] *~* [mainly] dry (fair)

uppehälle living, subsistence; *fritt ~* free board and lodging; *förtjäna sitt ~* earn one's living (livelihood)

uppenbar *a* obvious, manifest; [[själv]klar] evident **uppenbara I** *tr* manifest, make.. evident; [röja] reveal, [yppa] disclose **II** *rfl* reveal oneself, *för* to [äv. relig.]; [visa sig] appear **uppenbarelse 1** [relig.] revelation; [drömsyn] vision **2** [företeelse, varelse] creature **Uppenbarelseboken** [the] Revelation [of St. John the Divine] **uppenbarligen** *adv* obviously [osv.], *jfr uppenbar*

upp|fartsväg drive, approach **-fatta** *tr* apprehend, [höra] catch; [begripa] understand, grasp; [tolka] interpret **-fattning** apprehension; [förstående] understanding; [begrepp] conception, idea, notion, *om, av* of; [tolkning] interpretation; *jfr äv. åsikt; bilda (göra) sig en ~ om ngt* form an opinion (idea) of a th.; *enligt min ~* in (according to) my opinion **-fattningsförmåga** *se fattningsförmåga*

upp|finna *tr* invent; [t. ex. metod] devise, contrive; *jfr hitta* [*på*] **-finnare** inventor **-finning** invention; *ny ~* [äv.] innovation; *jfr påhitt* **-finningsrik** *a* inventive, [fyndig] ingenious **-flugen** *a* [m. fl.] *se flyga* [*upp*] [m. fl.] **-fordra** *tr* **1** [gruv.] haul, hoist; [vatten] draw **2** [uppmana] call upon, *se vid. uppmana;* [befallande] summon **-fordran** call; summons; [jfr föreg.]; *på min enträgna ~* at my urgent request

upp|fostra *tr* bring up; [amer. äv.] raise; [[ut]bilda] educate; *illa (väl) ~d* badly (well) brought up, ill-(well-)bred **-fostran** upbringing; [utbildning o. d.] education **-fostrare** educator **-fostringsanstalt** reformatory **-friska** *tr* [m. fl.] *se friska* [*upp*] [m. fl.] **-friskande** *a* refreshing **-fylla** *tr* **1** [fylla (bildl.), genomtränga] fill; *-fylld av beundran* filled with (full of) admiration **2** *~ jorden* [bibl.] replenish the earth **3** [fullgöra]: [allm.] fulfil, [plikt äv.] perform, [löfte äv.] carry out; [ngns önskningar] comply with, meet; [begäran] grant **-fyllelse** fulfilment; performance; compliance; [jfr föreg.]; *gå i ~* be fulfilled, [äv.] come true **-fånga** *tr* catch; [signaler] pick up; [ljus, ljud] intercept **-fällbar** *a* [attr.]: [om t. ex. säng, klaff] ..that can be raised, [om sits, stol] tip-up **-föda** *tr, se föda* [*upp*] **-födning** [av djur] breeding, rearing, [amer.] raising **-följning** follow-up

uppför I *prep* up **II** *adv* uphill

För med **upp-** sammansatta verb jfr äv. vid beton. part. under resp. enkla verb

upp|föra I *tr* **1** *se föra* [*upp*] **2** [bygga] build, erect **3** [framföra]: [pjäs, opera] perform, present, [musik] perform **II** *rfl* [skicka sig, bära sig åt] behave [oneself]; [uppträda (isht från moralisk synpunkt)] conduct oneself; ~ *sig som* [*en gentleman*] behave like..; ~ *sig väl* behave [well] [resp.] conduct oneself well **-förande** *s* **1** [byggande] building, erection, construction; [*huset*] *är under* ~ ..is being built, ..is under construction **2** [framförande]: [teat. o. mus.] performance, [teat. äv.] production **3** [yttre uppträdande] behaviour; [moraliskt uppträdande] conduct; [*ett*] *dåligt* ~ bad behaviour ([resp.] conduct), misbehaviour [resp.] misconduct **-försbacke** uphill slope, ascent, hill

upp|ge *tr* **1** [allm.] state; [ange, t. ex. namn och adress] give; [påstå] declare; [rapportera] report; *han -gav sig vara*.. he declared himself to be..; ~ *ett pris* state (H quote) a price; ~ *sin ålder till*.. state one's age to be.. **2** *se ge* [*upp*]

uppgift 1 [upplysning; jfr d. o. *3*] information [end. sg.], *om, på* about, on, *angående* as to; [påstående] statement, *över* as to; [officiell] report, *om, på* on; ~*er* [data] data; *närmare* ~*er* further information (particulars); *enligt hans* ~ according to him **2** [åliggande] task, [amer.] assignment; [kall] mission; [t. ex. i livet] object; [skol.]: [skriftligt prov] written exercise ([isht för examen] paper); [mat.] problem; *få i* ~ *att göra ngt* be given (assigned) the task of doing a th.; *han har till* ~ *att* it is his task (business, F job) to; [*mekanismen*] *har till* ~ *att* the purpose of.. is to

upp|giva *tr, se uppge* **-given** *a* [förbi], ~ *av* [*trötthet (sorg)*] overcome by (with).. **-gjord** *a, se göra* [*upp*] **-grävning** digging up; [isht av lik] disinterment, exhumation **-gå** *itr* **1** ~ [belöpa sig] *till* amount to **2** ~ *i, se gå* [*upp e*] **-gång 1** [väg upp] way up; [trapp~] staircase **2** [om himlakroppar] rise, rising; [höjning, om pris o.d.] rise **-göra** *tr, se göra* [*upp*] **-görelse 1** [avtal] agreement, arrangement, settlement; [affär] transaction; *träffa en* ~ come to (make) an agreement **2** [avräkning] settlement [of accounts] **3** [ordväxling] controversy, dispute, [scen] scene

upp|hetsa *tr* [m. fl.] *se hetsa* [*upp*] [m. fl.] **-hetsning** excitement **-hittad** *a* found **-hittare** finder **-hov** origin, [källa] source, [orsak] cause; *ge* ~ *till* give rise (birth) to; *vara* ~ *till*.. be the cause (source, origin) of.., [jfr följ.] **-hovsman** originator, author, [anstiftare] instigator, *till* [i samtl. fall] of **-hällning,** *vara på* ~ *en* be on the decline (wane), be sinking; [om förråd] be running low (short) **-häva I** *tr* **1** [låta höra]: *se häva* [*upp*] **2** [avskaffa] abolish, do away with; [förklara.. ogiltig] declare.. null and void; [annullera] annul, cancel; [avbryta, t.ex. belägring, blockad] raise; [~ verkan av] neutralize **II** *rfl,* ~ *sig till domare* set oneself up as a judge **-hävande** *s* **1** *under* ~ *av* [*höga rop*] raising.. **2** [avskaffande m.m.] abolition; annulment, cancellation; *jfr upphäva I 2*

upp|höja *tr* [allm.] raise; [i rang, makt äv.] exalt; ~ [befordra] *ngn till*.. promote a p...; *x -höjt till 2 (3)* [mat.] x squared (cubed), x raised to the second (third) power **-höjd** *a* **1** [ädel, sublim] elevated, noble, sublime, [om t.ex. värdighet] exalted **2** [om arbete, bokstäver] raised **-höjelse** exaltation; promotion; *jfr upphöja* **-höjning** [konkr.] elevation, rise **-höra** *itr* [sluta]: [allm.] cease, stop; [ta slut äv.] come to an end, end; ~ [*med*] *att* [inf.] cease [ing-form *el.* to inf.], stop [ing-form]; [låta bli] leave off [ing-form]; [isht betr. vana] give up [ing-form]; ~ *att arbeta* stop (cease) work[ing]; [*firman*] *har -hört* ..has closed down, ..no longer exists; [*krisen (ovädret)*] *har -hört* ..is over **-ifrån I** *prep* [down] from **II** *adv* from above; ~ *och ned* from top to bottom

uppiggande *a* [stärkande] bracing; [stimulerande] stimulating; [uppfriskande] refreshing, reviving

upp|jagad *a* [over-]excited, heated **-kalla** *tr* [benämna] name, call, *ngn (ngt) efter*.. a p. (a th.) after.. **-kastning,** ~ *ar* [konkr.] vomit [end. sg.]; *få (ha)* ~ *ar* vomit, be sick **-kok** [bildl.] rehash, *på* of **-komling** upstart, parvenu **-komma** *itr* arise, *av* from; *se vid. uppstå 1* **-komst** [ursprung] origin, [vetensk.] genesis **-käftig** *a* cheeky, saucy **-köp** purchase **-köpare** buyer, purchaser **-körsväg** *se uppfartsväg* **-laddning** ⚔ build-up **-lag** [förråd] stock, store; *jfr upplagsplats* **-laga** edition; [om tidning o.d.]: [utgåva äv.] issue; [spridning] circulation **-lagd** *a, jag känner mig inte* ~ *för att* [inf.] I'm not in the mood for *el.* I don't feel like [ing-form]

upplagsplats storing place, depot, storage-yard

upp|leva *tr* [erfara] experience; [bevittna] witness; *jag hoppas få* ~ [*år 2000*] I hope to live to.. **-levelse** experience **-liva** *tr* **1** *se återuppliva* **2** *se liva* [*upp*] **-livad** *a* [upprymd] exhilarated, ..in high spirits **-livande** *a, se uppiggande* **-livningsförsök** *se återupplivningsförsök* **-lopp 1** [tumult] riot, tumult **2** [sport.] finish **-lupen** *a,* ~ *ränta* interest accrued **-lyftande** *a* elevating, [uppbygglig] edifying

upp|lysa *tr* **1** [eg.] *se lysa* [*upp*] **2** ~ *ngn* *om* [*ngt*] [klargöra] make.. clear to a p., [underrätta] inform a p. of.., [ge upplysning] give a p. information on (about).., enlighten a p. on.. **-lysande** *a* informative; [lärorik] instructive; [förklarande] explanatory **-lysning 1** [eg.] lighting, illumination **2** [bildl.] enlightenment **3** [underrättelse] information [end. sg.]; *en* ~ a piece of information; *en utmärkt* ~ some excellent (an excellent piece of) information; ~*ar* information [sg.], items of information; *närmare* ~*ar* further particulars (information)

upplysnings|arbete [folkbildnings-] educational work **-byrå** inquiry (information) office **-tiden** the Age of Enlightenment **-vis** *adv* by way of information

upp|lyst *a* [bildl.] enlightened **-låta** *tr* [öppna, t.ex. för trafik] open; ~ *ngt åt ngn* put a th. at a p.'s disposal, grant a p. the use of a th. **-läggning** arrangement [äv. kok. konkr.]; [frisyr] coiffure; [organisation] organization; *jfr lägga* [*upp*] **-läsning** reading, recitation **-lösa I** *tr* **1** *se lösa I 2 o. 3* **2** dissolve **3** [skingra, t. ex. familj] break up, [t.ex. möte] disperse, [trupp] disband **II** *rfl* [allm.] dissolve; [kem.] resolve, *i* into; [sönderfalla] decompose; [upphöra] be dissolved; [skingras] disperse, disband, [jfr föreg.] **-lösas** *itr. dep, se -lösa II* **-lösning** [allm.] dissolution, [kem.] resolution; [isht samhälls~] disintegration; [sönderfall] decomposition; breaking up, dispersion, disbandment, *jfr upplösa I, II;* [dramas] denouement, unravelling

upp|mana *tr* exhort; [enträget] urge, request [urgently]; [*de resande*] ~*s att* [inf.] .. are recommended ([urgently] requested) to [inf.] **-maning** exhortation; urgent request; [jfr föreg.]; *på* ~ *av*.. at the request (on the recommendation) of.. **-mjukning** softening [osv.], *se mjuka* [*upp*] **-muntra** *tr* encourage; stimulate **-muntran** encouragement; stimulation

uppmärksam *a* [allm.] attentive, *på, mot* to; [aktgivande] watchful, heedful, *på* of; [iakttagande] observant, *på* of; [*spänt*] ~ intent, *på* [up]on; *göra ngn* ~ *på* .. draw (call) a p.'s attention to.. **-het** [allm.] attention; [artighet äv.] attentiveness; [aktgivande] watchfulness, [iakttagelseförmåga] observation; *fästa (rikta) ngns* ~ *på*.. draw (call, direct) a p.'s attention to..; *fästa* ~ *vid*.. pay attention to..; *väcka* ~, *se* [*väcka*] *uppseende* **-ma** *tr* [lägga märke till]: [allm.] notice; observe; [ha sin uppmärksamhet riktad på] pay attention to

upp|nosig *a* cheeky, saucy **-nå** *tr* [allm.] reach; [ernå] attain, achieve; [t. ex. bestämmelseort, resultat äv.] arrive at **-näsa** snub (turned-up) nose **-näst** *a* snub-nosed

uppochnedvänd *a* [eg. o. bildl.].. [turned] upside-down; [eg. äv.] inverted, reversed; [bildl. äv.] topsy-turvy

upp|odla *tr* [allm.] cultivate; [utveckla] develop **-offra I** *tr* sacrifice, *för* to; [avstå från] give up, forgo; *jfr offra I* **II** *rfl* sacrifice oneself, *för* for **-offrande** *a* self-sacrificing **-offring** sacrifice; *med* ~ *av* .. by sacrificing..

upp-passare [m.fl.] *se uppassare* [m.fl.]

upp|reklamera *tr* boost, puff; ~*d* much-advertised, boosted **-repa** *tr* repeat; [gång på gång ~] reiterate; [mekaniskt eftersäga] echo; [förnya, t.ex. begäran] renew; ~*de gånger* repeatedly, again and again **-repning** repetition; reiteration; renewal **-resa** *rfl* [göra uppror] rise, revolt **-retad** *a* irritated [osv.], *över* [*ngt*] at.., *på* [*ngn*] with..; *jfr reta 2; en* ~ *tjur* an enraged bull **-riktig** *a* [allm.] sincere, [öppen[-hjärtig]] frank, candid, [ärlig] honest, *mot* [i samtl. fall] with; [om t. ex. vän[skap]] true **-riktighet** sincerity; frankness; candour; honesty **-riktigt** *adv* sincerely [osv.], *jfr uppriktig; säg mig* ~ ..! tell me honestly..!; ~ *sagt* [quite] frankly, to be [quite] frank

upp|rinnelse origin, *till* of; *jfr ursprung* **-rop 1** [skol., mil. o. d.] roll-call; calling over [of names]; *förrätta* ~ call the roll, *med* of **2** [vädjan] appeal

uppror 1 [resning o.d.] rebellion, insurrection, [mindre] revolt, *mot* [i samtl. fall] against; *göra* ~ rise [in rebellion]; revolt; rebel **2** [bildl.]: [upphetsning] excitement; [känslornas] agitation, [elementens äv.] commotion, tumult; *råka i* ~ get agitated [osv.], *jfr upprörd* **upprorisk** *a* rebellious [äv. bildl.]; [isht om tal, stämplingar] seditious; *de* ~*a* the insurgents (rebels)

upprors|fana, *höja* ~*n* raise the standard of revolt (rebellion) **-försök** attempt at (attempted) rebellion [osv.], *jfr uppror 1* **-makare** instigator (fomenter) of rebellion **-rörelse** rebellious movement

upp|rusta *itr* ⚔ rearm, increase [one's] armaments **-rustning** ⚔ rearmament; [reparation] repair [end. sg.] **-ryckning** [bildl.] shake-up, shaking-up **-rymd** *a* elated, ..in high spirits; [lätt berusad] tipsy **-räkning** enumeration; *jfr räkna* [*upp*]

upprätt *a adv* upright, erect

upprätt|a *tr* **1** [inrätta, få till stånd] establish, [grunda] found **2** [avfatta] draw up **3** [rehabilitera] rehabilitate; ~ *ngns rykte* restore a p.'s reputation **-else** redress, satisfaction, rehabilitation **-hålla** *tr* [vidmakthålla] maintain, keep up, uphold; [bevara] preserve; ~ *en tjänst* [*som*] hold a post (fill an office) [as]; ~ *trafiken* keep the traffic going

För med **upp-** sammansatta verb jfr äv. vid beton. part. under resp. enkla verb

upp|röjning clearing, [efter t.ex. eldsvåda äv.] clearance; [bildl.] clean-up **-röra** *tr* [bildl.] stir up, agitate; [väcka avsky hos] revolt; [chockera] shock; *jfr -rörd* **-rörande** *a* revolting; shocking [osv.]; [om t.ex. behandling] outrageous **-rörd** *a* [harmsen] indignant; [skakad] agitated; [uppskakad] upset; [upphetsad] excited; [chockerad] shocked; ~ *a tider* troubled times

upp|sagd *a, vara* ~ have had notice [to quit]; *bli* ~ get notice [to quit] **-sats** [skol.] [written] composition; [univ.] paper; [i tidskrift o.d.] article, [större, litterär] essay, *om* [i samtl. fall] on **-satsskrivning,** [*vara duktig i*] ~ ..writing compositions **-satsämne** subject [set] for [a] composition **-satt** *a, en högt ~ person* a person of high station

uppseende [uppmärksamhet] attention, [sensation] sensation; *väcka* ~ attract attention (notice); create a sensation **-väckande** *a* sensational

upp|sikt supervision, superintendence, *över* of; *ha ~ över* [äv.] have charge of, supervise, superintend; *stå under* ~ be under supervision [osv.] **-skakad** *a* upset, [stark.] shocked **-skakande** *a* upsetting, [stark.] shocking **-skatta** *tr* **1** [beräkna o. d.] estimate, [värdera (eg.) äv.] value, *till* [i båda fallen] at **2** [sätta värde på] appreciate; set store by, esteem **-skattning** estimate; valuation, appreciation; [jfr föreg.] **-skjuta** *tr itr, se skjuta [upp]* **-skov** [uppskjutande] postponement, *med* of; [anstånd] respite, *med* [*betalningen*] for..; H [äv.] prolongation, *med* of; *bevilja ngn en månads* ~ grant (allow) a p. a respite (prolongation) of one month; *utan* ~ without delay, promptly **-skrämd** *a* [rädd] frightened [osv.], *jfr skrämma [upp]* **-skuret** *s, se kallskuren* **-skärrad** *a* excited, jumpy **-skörtad** *a, se skörta [upp]*

upp|slag **1** [på byxa] turn-up, [amer.] cuff; [på damplaggs ärm] cuff **2** [idé] idea, [förslag] suggestion, [projekt] project **-slagen** *a* put up [osv.], *jfr slå [upp]*

uppslags|bok reference book; [konversationslexikon] encyclop[a]edia **-ord** headword, [main] entry **-rik** *a*.. full of suggestions, ingenious **-verk** *se -bok* **-ända** clue

upp|sluka *tr* [bildl.] engulf, swallow up; ['fånga'] absorb **-sluppen** *a* [bildl.] exhilarated, ..in high spirits **-sluppenhet** exhilaration; high spirits [pl.] **-snappa** *se snappa [upp]* **-spelt** *a, se uppsluppen* **-spärrad** *a* [attr.] wide-open **-stigen** *a* [uppe], *han är inte* ~ [*ur sängen*] he has not got (is not) up **-stigning** rise, rising; [ur sängen] getting up; [flyg. o. på berg] ascent; [ur havet] emersion **-stoppad** *a* [om djur] stuffed **-struken** *a, -struket hår* brushed-back hair **-sträckning** [bildl.] reprimand, F telling-off **-sträckt** *a* [finklädd].. dressed up **-studsig** *a* refractory, insubordinate, [motspänstig] obstinate **-styltad** *a* stilted, affected

upp|stå *itr* **1** [uppkomma]: [allm.] arise, *av* from; [börja] come into existence, [om t.ex. mod, bruk] appear; [plötsligt] spring (start) up; [som resultat av ngt] result, ensue, *av* from **2** [bibl.] rise, *från de döda* from the dead **-stående** *a, ~ krage* stand-up collar **-ståndelse** **1** [bibl.] resurrection **2** [oro] excitement, stir, F fuss **-ställa** *tr, se ställa [upp]* **-ställning** **1** [anordning] arrangement, disposition **2** ⚔ formation, *på linje* in line; ~ *!* fall in! **-stötning** eructation, belch; *få en ~ (~ ar)* belch **-sving** rise; H boom **-svullen** *a o.* **-svälld** *a* swollen

upp|syn **1** [ansiktsuttryck] countenance, [min] air, [utseende] look **2** *se uppsikt* **-syningsman** overseer, supervisor **-såt** [isht jur.] intent; [avsikt] intention, [föresats] purpose; *utan ont* ~ [äv.] without malice **-såtlig** *a* intentional, wilful **-säga** *tr, ~ ngn tro och lydnad* withdraw one's allegiance from a p.; *jfr säga [upp]* **-sägning** notice [to quit]; *med tre månaders* ~ with three months' notice **-sända** *tr* [bildl.], ~ *böner* offer up prayers **-sättning** **1** [uppättande] putting up [osv.], *jfr sätta [upp]* **2** [teat.] [stage-]setting **3** [sats, omgång] set **-söka** *tr, se söka [upp]*

upp|ta[ga] *tr* **1** [antaga, tillägna sig] adopt; ~ *ngn i* [*en förening*] admit a p. into.., receive a p. as a member of.. **2** [ta i anspråk, fylla] take up; ~ *ngns tid* [äv.] occupy a p.'s time **3** [uppfatta] take; ~ *ngt som ett skämt* take a th. as a joke **4** *se ta [upp]* **-tagen** *a* **1** [sysselsatt] busy, *med att arbeta* working; occupied, engaged; *jag är* ~ [*i kväll*] [bortbjuden o.d.] I am engaged.., [av arbete] I shall be busy.. **2** [besatt] occupied; [sitt]-*platsen är* ~ the seat is taken (occupied); [*det är*] *-taget!* [telef.] [number] engaged!, [amer.] [line] busy!

upp|takt **1** [metr. o. mus.] anacrus|is [pl. -es] **2** [bildl.] beginning, *till* of; prelude, *till* to **-taxera** *tr, se taxera* **-teckna** *tr* [skriva ned] take (write) down; [nedteckna för eftervärlden] record, chronicle **-till** *adv* at the top, *på* of **-trappning** escalation **-träda** *itr* **1** [framträda] appear; make one's appearance; [om skådespelare äv.] act, perform; ~ *offentligt* appear in public; ~ *till försvar för ngn* stand up in defence of a p. **2** [uppföra sig] behave [oneself]; ~ [*bestämt*] *mot*.. act [firmly] against.. **-trädande** **I** *a, de~* the performers (actors) **II** *s* [framträdande] appearance; [uppförande] behaviour, conduct; *fast* ~ firm action **-träde** scene;

ställa till ett ~ make a scene **-tuktelse,** *ta ngn i* ~ take a p. to task, give a p. a lecture
upptåg prank, lark; [skälmstycke] practical joke **upptågsmakare** practical joker
upp|täcka *tr* [allm.] discover; [ngt hemligt] detect; [få reda på] find out; [uppspåra] track down **-täckare** discoverer; detector; *jfr upptäcktsresande* **-täckt** *s* discovery; detection; *jfr upptäcka* **-täcktsfärd** *o.* **-täcktsresa** [exploring] expedition **-täcktsresande** explorer
upp|tända *tr* [bildl.]: [hat] kindle, excite, [kärlek] inspire **-tänklig** *a* imaginable, conceivable; *på alla ~a sätt* [äv.] in every possible way
upp|vaknande *s* awakening [äv. bildl.] **-vakta** *tr* **1** [göra..sin kur] court; [efterhängset] dance attendance upon; [besöka] call on **2** [göra hovtjänst hos] attend upon **-vaktning** **1** [visit]: [[hövlighets-] complimentary ([gratulations-] congratulatory)] call, *för* on; [hovtjänstgöring] attendance, *hos* upon; *göra ngn sin* ~ pay one's respects to a p. **2** [följe] attendants [pl.], gentlemen-([kvinnlig] ladies-)in-waiting [pl.]; [*prins C.*] *med* ~ ..with his suite **-vigla** *tr* stir up; ~ [*ngn*] *till myteri* stir .. to mutiny **-viglare** [agitator] agitator, instigator of rebellion **-vigling** agitation, instigation of rebellion
upp|visa *tr* **1** *se visa* [*upp*] **2** [påvisa] show, [bevisa] prove **3** [visa prov på] present **-visning** [allm.] exhibition, show, [mannekäng~] parade, [t.ex. gymnastik~] display **-väcka** *tr* [bildl.]: [framkalla] awaken [osv., *se väcka 2*]; [t. ex. vrede] provoke; [bibl.] raise, rouse, *från de döda* from the dead **-väg,** *på ~en* on the (one's) way up ([norrut] up north) **-väga** *tr* [bildl.] counterbalance; [ersätta] compensate (make up) for; *mer än* ~ outweigh **-värmning** heating, [svag.] warming; *elektrisk* ~ electric heating **-växande** *a* growing [up]; *det ~ släktet* the rising generation **-växt** growth **-växttid** [ungdomsår] [childhood and] adolescence
uppåt **I** *prep* up to[wards]; ~ *floden* up the river; ~ *landet* [från havet] up country; [norrut] in the north of the country **II** *adv* upwards; *gå* ~ [stiga] ascend, rise **III** *pred. a, vara* ~ [glad] be in high spirits **-gående** **I** *s, vara i (på)* ~ [om priser o. d.] be on the upgrade **II** *a* [om pris] rising, [om konjunkturer] upward **-riktad** *a..* directed ([osv.], *jfr rikta I*) upwards **-strävande** *a* [bildl.] aspiring, ambitious
1 ur *s* [fick ~, armbands ~] watch; [vägg ~ o. d.] clock; *Fröken Ur* [ung.] the speaking clock, [i Engl.] TIM
2 ur *s, i ~ och skur* in all weathers
3 ur **I** *prep* out of; [från] from; ~ *bruk* out of use; ~ *hand i hand* from hand to hand. — [Se äv. under resp. subst. o. vb] **II** *adv* out. — [Se äv. beton. part. under resp. vb]
uraktlåta *tr* omit, fail, [försumma] neglect **uraktlåtenhet** omission, failure, [försummelse] neglect
Uralbergen *pl* the Ural Mountains
uran uranium **-haltig** *a* uraniferous,.. containing uranium
urarta *itr* degenerate, *till* into; [om pers.] become depraved (corrupt)
urban *a* **1** [belevad] urbane **2** [stads-] urban
urbanisera *tr* [skänka stadskaraktär] urbanize
ur|befolkning *se urin[ne]vånare* **-berg** primary (primitive) rock[s [pl.]] **-bild** archetype, prototype, *för* of
urblekt *a* faded; [gm tvätt äv.] washed-out, [pred.] washed out
urbota *a* [ohjälplig] hopeless, [om pers. äv.] incorrigible
urfjäder watch-spring
ur|fånig *a* idiotic; *det är ~t* [äv.] it is too silly for words **-gammal** *a* extremely old; [forn[tida]] ancient
ur|holkad *a, se holka* [*ur*] **-holkning** [fördjupning] hollow, excavation, cavity
urin urine **-blåsa** [urinary] bladder **-era** *itr* urinate, discharge (pass) urine
urin[ne]vånar|e [ab]original inhabitant, aboriginal; *-na* [äv.] the aborigines
urinprov specimen of urine
urklipp [press] cutting, [amer.] clipping
urklippsbok scrap-book
urkoppling [elektr.] interruption; [motor.] declutching
urkraft primitive force; [bildl.] immense power
urkund document, record
urkälla [bildl.] fountain-head, original source, *till, för* of
ur|laddning discharge; explosion, burst, [bildl. äv.] outburst **-lastning** unloading
urmakare [clock and] watch-maker; [butik] watch-maker's [shop]
ur|minnes *a, sedan ~ tid[er]* from time immemorial **-modig** *a* out-of-date, [pred.] out of date; [gammaldags] old-fashioned
urna urn
urpremiär [very] first performance
ur|ringad *a* low-necked; décolleté [fr.] **-ringning** neck-line; décolletage [fr.]
ursinne fury, frenzy; [raseri] rage **ursinnig** *a* furious, *på ngn över ngt* with a p. about (at) a th.; infuriated, frantic
urskilja *tr* [skönja] discern, [isht i förb. 'kunna urskilja'] make out; [särskilja] dis-

För med **upp-** och **ur-** sammansatta verb jfr äv. vid beton. part. under resp. enkla verb

tinguish **urskillning** discernment, discrimination; [omdöme[sförmåga]] judg[e]ment; *utan* ~ [äv.] indiscriminately
urskog prim[a]eval (virgin) forest
urskulda I *tr* excuse, exculpate **II** *rfl* excuse oneself **urskuldande** *a* apologetic
ursprung origin, *till* of; *jfr upphov;* [härkomst] extraction; *leda sitt* ~ *från* derive one's origin from; be derived from; *till sitt* ~ in (by) origin **-lig** *a* **1** original, primitive; *den* ~*a anledningen* the primary cause **2** [naturlig] natural, simple **-ligen** *adv* originally
ur|spårad *a, se spåra* [*ur*] **-spår[n]ing** [eg.] derailment
urståndsatt *a* incapable, *att* [inf.] of [ing-form]
ursäkt excuse; [äv.] apology; *be om* ~ apologize, make [one's] apologies; *be ngn om* ~ ask (beg) a p.'s pardon, apologize to a p.
ursäkta I *tr* excuse, pardon; ~ [*mig*]*!, se förlåt!* [under *förlåta*]*;* ~ *att jag ..* excuse my [ing-form] **II** *rfl* excuse oneself, *med att..* on the grounds that.. **ursäktlig** *a* pardonable, excusable
urtavla dial, clock-face
urtiden, *i* ~ in prehistoric times [pl.]
urtima *a,* ~ *riksdag* extraordinary session of the Riksdag
ur|tråkig *a* extremely dull **-usel** *a* extremely bad, F rotten
ur|val choice, selection, H [äv.] assortment; *det naturliga* ~*et* natural selection; [*dikter*] *i* ~ selected..; *Tegnérs skrifter i* ~ selections from Tegnér **-vattnad** *a* [bildl.; attr.] watered-down; [om färg] watery
urverk works [pl.] of a watch ([resp.] clock); *som ett* ~ like clockwork
ur|vuxen *a o.* **-växt** *a, min kostym är* ~ I have grown out of this suit
uråldrig *a, se urgammal*
USA [[vanl.] the] U.S.[A.] [sg.]
usch *itj* ooh, ugh; ~ *då!* ugh!
usel *a* [allm.] wretched, miserable; [dålig] worthless; [gemen] vile, mean; [klen] [very] poor **uselhet** wretchedness [etc., *jfr usel*]; misery **usling** wretch; [skurk] villain
ut *adv* out; [utomlands] abroad; *stanna veckan* ~ stay the week out (to the end of the week); ~ *och in* in and out; *dag* ~ *och dag in* day in day out; *vända* ~ *och in på ngt* turn a th. inside out; *gå* ~ *på gatan (isen)* go out into the street (on to the ice); *gå* ~ *på restaurang* go to a restaurant; *resa* ~ *på (till)* [*landet*] go [in]to..; ~ *ur* out of. —[Se äv. beton. part. under resp. vb]
utagerad *a, saken är* ~*d* the matter is (has been) settled
utan I *prep* without; [se f.ö. ex. nedan o. under resp. huvudord]; ~ *arbete* out of work; ~ *honom skulle jag* [*aldrig klarat det*] but (were it not) for him I should..; ~ *värde* of no value; *jag klarar mig bra* ~ [*den*] I'll get along without [it]; *vara* ~ [*ngt*] be (go) without.., [sakna] have no.., lack.., [avstå från] do without (dispense with)..; ~ *att han märker (märkte) det* without his *el.* him noticing it
II *adv* outside; ~ *och innan* outside and in[side]; *känna ngt* ~ *och innan* know a th. inside out
III *konj* but; *inte blott..* ~ *även* not only.. but [also]
ut|andas *tr. dep, se andas* [*ut*] *o. suck* **-andning** breathing out, expiration, exhalation
utanför I *prep* outside, [framför t.ex. port äv.] before, in front of; [sjö., angivande position] off; *jfr äv. utom 1* **II** *adv* outside; *lämna (håll) mig* ~*!* [bildl.] leave (keep) me out of it!
utanläxa lesson [to be] learnt by heart
utanordna *tr,* ~ *ett belopp* order a sum [of money] to be paid
utan|på I *prep* outside, on the outside of, [över] on the top of, above, over; *gå* ~ [överträffa] F beat **II** *adv* [on the] outside, [ovanpå] on the top, above **-skrift** address [on the cover ([på kuvert] envelope)] **-till** *adv* by heart
ut|arbeta *tr* [allm.] work out; [t.ex. rapport, svar] prepare, [t.ex. förslag, program] draw up, [t.ex. tal, skrift] compose; [i detalj] elaborate **-arbetad** *a* worn out, overworked **-arbetande** *s,* [*den är*] *under* ~ .. in [course of] preparation,.. being prepared (drawn up [etc.], *jfr utarbeta)* **-arma** *tr* impoverish; [utblotta] pauperize; ~*d* [äv.] destitute
ut|be[dja] *rfl* request, [ivrigt] solicit, *av* of **-betala** *tr* pay [out (down)], disburse **-betalning** payment, disbursement **-betalningskort** [post.] postal cheque [paying-out form] **-bilda** *tr* [allm.] educate; [i visst syfte] train; [undervisa] instruct; ~ *sig för läkaryrket* study (qualify [oneself]) for the medical profession; [*hon är*] ~*d sjuksköterska* .. a trained (qualified) nurse **-bildning** education; training; instruction; *jfr utbilda* **-bildningsanstalt** educational (training) institution **-bildningsdepartement** ministry of education **-bildningsminister** minister of education
ut|bjuda *tr* offer, *jfr bjuda* [*ut*] **-blommad** *a, se blomma* [*ut*] **-blottad** *a* destitute, *på* of **-bombad** *a* bombed-out.., [pred.] bombed out **-breda** *tr* spread ([äv.] ~ *sig);* [utsträcka] extend; *se vid. bre*[*da*] [*ut*] *o. utbredd* **-bredd** *a* spread [etc.], [jfr föreg.]; [*allmänt (vida)*] ~ widely spread, wide-

spread, [om t.ex. bruk äv.] prevailing, general **-bredning** spreading, extension; *jfr utbreda o. sprida*
ut|bringa *tr* [se ex. under *leve o. skål I 2*] **-brista** *itr* [yttra] exclaim, burst out; *jfr brista [ut]* **-brott** [av t.ex. krig, sjukdom] outbreak, *av* of; [vulkans] eruption; [av känslor] outburst **-bryta** *itr* break out **-bränd** *a* burnt-out.., [pred.] burnt out **-bud** [erbjudande] offer; *~et av [varor] har ökat* the offering of..for sale has increased **-buktning** bulge **-byggd** *a* [pred.] built out, *jfr äv. bygga [ut];* [om fönster o.d. äv.] projecting; *-byggt fönster* [äv.] bay window, bow-window **-byggnad** [tillbyggnad] piece built out; [utskjutande del] projection, *jfr äv. utbyggd* [ex.]
ut|byta *tr* exchange, *mot* for; [ömsesidigt äv.] interchange; *~ erfarenheter* compare notes **-byte 1** exchange, [ömsesidigt äv.] interchange; *i ~ mot* in exchange for (against); *få ngt i ~ mot..* [äv.] get a th. instead of.. **2** [behållning] profit, benefit; *ge gott ~* yield a good profit; *ha ~ av* [bildl.] get benefit from **-böling** outsider, stranger
ut|dela *tr, se dela [ut]* **-delning** distribution, dealing out; [av post] delivery; [aktie-] dividend; *extra ~* H [äv.] bonus **-drag** extract, excerpt, *ur* from **-dragen** *a* [lång] drawn-out.., [pred.] drawn out; [långrandig] lengthy **-dragsskiva** sliding leaf, [mindre äv.] [pull-out] slide **-dragssäng** extension bed; [soffa ung.] sofa bed **-dunsta** *tr itr, se dunsta [ut]* **-dunstning** exhalation, transpiration; [lukt] [unpleasant] odour (smell), [från djur o. pers. äv.] [smell of] perspiration [end. sg.] **-död** *a* [utslocknad] extinct; [helt övergiven] dead **-döende** *a, [arten] befinner sig i ~* ..is dying out,.. is on the point of extinction **-döma** *tr* **1** [straff] impose **2** [förklara oduglig] condemn, [förkasta] reject
ute *adv* **1** [rumsbet.]: [allm.] out, [utomhus äv.] out of doors, [utanför äv.] outside, [inte hemma äv.] not in (at home); [utomlands] abroad; *där ~* out there; *vara ~ på havet (landet)* be [out] at sea (in the country); *vara ~ och resa (åka skidor)* be out travelling (skiing). — [Se äv. beton. part. under resp. vb samt sms. ned.] **2** [tidsbet.: slut], *allt hopp är ~* all hope is at an end (is gone); *tiden är ~* [the] time is up; *det är ~ med honom* it is all up with him, F he is [quite] done for **3** [bildl.], *vara illa ~* [i knipa] be in trouble (a bad fix); *vara [för] sent (tidigt) ~* be [too] late (early); *vara ~ för [t. ex. ett missöde]* meet with..; *vara ~ efter [ngn (ngt)]* be after..; *vara ~ [fika] efter ngt* be out for a th.
ute|bana *se utomhusbana* **-bli[va]** *itr* [om pers.] fail to come (appear), stay away, not turn up; [om sak] not be forthcoming, [ej bli av] not (fail to) come off; *~ från* [t.ex. möte] fail to attend; be absent from
utefter *prep* [all] along
ute|gångsförbud [under viss tid] curfew **-liv 1** [friluftsliv] outdoor life **2** [restaurangliv], *leva ~* go out to restaurants **-lämna** *tr* leave out, omit; [förbigå] pass over
utensilier *pl* [redskap o.d.] utensils, [tillbehör] accessories
ute|servering [lokal] open-air café (restaurant), [i park o.d. äv.] tea garden **-sluta** *tr* exclude, [ur förening o. d. äv.] expel, *ur* from; *det ena -sluter inte det andra* the one does not exclude the other; *det är -slutet* it is out of the question **-slutande I** *a* exclusive, sole **II** *adv* solely, exclusively; *~ för din skull* solely for your sake **-stående** *a* **1** *~ gröda* standing (growing) crops [pl.] **2** *~ fordringar* outstanding debts (accounts) **-stänga** *tr, se stänga [ute]*
utexaminerad *a* trained, [fully] certificated; *bli ~ från [handelshögskolan]* graduate from.. **utexperimentera** *tr, se experimentera [ut]*
ut|fall 1 [fäkt.] lunge; ⚔ sortie, sally; [bildl.] attack **2** *se utgång* **3** *[radioaktivt] ~* fall-out **-falla** *itr* **1** [utmynna] fall [out], *i* into **2** [om vinst] go, *på [nummer]* to..; [om pengar] fall (become) due; *lotten -föll med vinst* it was a winning ticket **3** [få en viss utgång] turn out, *jfr äv. avlöpa*
utfart way ([vattenled] passage) out, [ur stad o. d.] main road [out of the town] **utfartsväg** *se utfart*
ut|fattig *a* miserably poor, [utblottad] [quite] destitute, [utan pengar] [absolutely] penniless **-flugen** *a, se flyga* [ex.] **-flykt** [utfärd] excursion, outing, trip, [m. matkorg] picnic **-flytta** *tr itr, se flytta [ut]* **-flyttning** removal, [ur bostad äv.] moving out; [ur landet] emigration **-flöde** [utlopp] flowing out, outflow; [bildl.] emanation **-fodra** *tr, ~ [hästarna] med havre* feed oats to..; *~s med..* be fed ([ensidigt] kept) on.. **-forma** *tr* [ge form åt] design, model, [give final] shape [to]; *jfr utarbeta* **-formning** design, shaping [etc.], [jfr föreg.]
ut|forska *tr* [ta reda på] find out; [undersöka] investigate; [isht land] explore **-fråga** *tr, se fråga [ut]* **-fylla** *tr* fill up, fill **-fällbar** *a* folding, collapsible **-fällning** precipitation; [geol.] deposit, sediment **-färd 1** *se utflykt* **2** [färd ut], *~en [genom skärgården]* the passage (way) out..

ut|färda *tr* [allm.] issue; [t.ex. revers] make out; ~ *en kommuniké* publish a communiqué **-fästa I** *tr* [t.ex. belöning] offer **II** *rfl* engage (pledge) oneself, undertake; [lova äv.] promise **-fästelse** [löfte] promise; pledge; [åtagande] engagement, undertaking

utför I *prep* down **II** *adv* down, downhill; *färdas* ~ descend; *det går* ~ *med honom* [bildl.] he is going downhill

ut|föra *tr* [jfr äv. *föra* [*ut*]] [allm.] perform, execute, [sätta i verket äv.] carry out, [göra äv.] do, make; ~ *ett arbete* do (perform, execute) a piece of work; ~ *ngns befallning* execute a p.'s command; ~ *en beställning* execute (carry out, H [äv.] fill) an order; ~ *musik* perform music; ~ *ett uppdrag* perform (execute) a task (commission, *åt ngn* for a p.) **-förande** *s* **1** [eg. bet.] exportation **2** [verkställande, framförande o.d.] performance, execution [isht konst.], carrying out; *jfr utföra;* [arbete] workmanship, [modell] design **-förbar** *a* practicable, workable, [möjlig äv.] feasible **-förlig** *a* detailed, [fullständig] full, [uttömmande] exhaustive **-förligt** *adv* in [full] detail, fully, at [great] length

utförsbacke downhill slope, descent

utförsel [m. sms.] *se export* [m. sms.]

utförsgåvor, *ha goda* ~ be a good speaker

utförs|löpa *s* downhill track[s [pl.]] **-åkning** [sport.] downhill run (race)

ut|försälja *tr* sell out (off) **-försäljning** sale, clearance sale **-ge** *tr rfl, se ge* [*ut*]*;* ~ *ngn (ngt) för* [*att vara*].. give a p. (a th.) out as (as being)..

utgift expense; ~[*er*] [äv.] expenditure [sg.] **utgiftspost** item of expenditure

ut|giva *tr rfl, se utge o. ge* [*ut*] **-givare** [av bok o.d.] publisher; [*han är*] *ansvarig* ~ [*för denna tidskrift*].. legally responsible [for the publication of this periodical] **-givning** publication; [av sedlar o.d.] issue, emission; [*boken är*] *under* ~ ..in course of publication **-givningsrätt** copyright **-gjuta I** *tr* pour out [äv. bildl.]; [blod, tårar] shed, [vrede] vent, *över* upon **II** *rfl* [sina känslor] pour out (vent) one's feelings; [utbreda sig i tal el. skrift] dilate **-gjutelse 1** [av blod] shedding, effusion **2** [bildl.] effusion **-gjutning** [läk.] extravasation, suffusion **-grävning** [allm.] excavation [äv. arkeol.], digging[-out]

ut|gå *itr* **1** *se gå* [*ur o. ut*] **2** [komma, härstamma] come, issue, emanate, *från, ur* from **3** ~ *från* [förutsättning] start from, act on; *jag -går från* [*att du vet*..] I assume (take it for granted).. **4** [[ut]betalas] be paid, be payable **5** [uteslutas] be excluded ([utelämnas] left out, omitted) **-gående I** *a* outgoing, [⚓ äv.] outward-bound; ~ *post* outgoing mail **II** *s, vara på* ~ [om pers.] be about to leave, [om fartyg] be outward bound **-gång 1** [väg ut] exit, way out; *med* ~ *till trädgården*.. opening [out] on to the garden **2** [slut] end, close; expiration; *före årets* ~ before the end (close) of the year **3** [slut[resultat]] issue, ending; result, outcome **-gången** *a* **1** *se gå* [*ut*] **2** *se utsåld*

utgångs|hastighet initial velocity **-punkt** starting-point, point of departure, *för* for; [bildl. äv.] bas|is [pl. -es], *för* of

ut|gåva edition **-göra** *tr* [bilda]: [allm.] constitute, make; [tillsammans] make up, form, compose; [belöpa sig till] amount to; ~*s* [bestå] *av* consist of **-huggning** [uthuggande] cutting out [etc.], *jfr hugga* [*ut*]*;* [glänta] clearing **-hungrad** *a, se hungra* [ex.] **-husbyggnad** outbuilding **-hyrning** letting [etc.], *jfr hyra* [*ut*]*; till* ~ [om t. ex. båt] for hire, [om t.ex. rum] to let **-hyrningsbyrå** accommodation bureau (agency)

uthållig *a* [fysiskt (attr.)].. with [good] staying power; [ståndaktig] persevering, persistent; [seg] wiry **uthållighet** staying power, perseverance; wiriness; [jfr föreg.]

uthärda *tr* stand, bear, endure; [motstå] withstand, sustain; ~ *jämförelse* stand comparison

uti *prep, se i* **utifrån I** *prep* from **II** *adv* from outside; [från utlandet] from abroad

ut|jämna *tr* **1** [skillnad] level (even) [out], [göra lika] equalize **2** H [konto] balance, settle **3** [meningsskiljaktigheter] straighten out, [stridigheter] settle, [svårigheter] smooth out **-jämning** levelling[-out], equalization [etc.]; [jfr föreg.] **-kant** [av skog] fringe[s [pl.]], [av fält] border, [av stad] outskirts [pl.] **-kast** [bildl.]: [koncept] [rough] draft, [skiss] sketch, *till* of; outline, plan, [konst.] design, *till* for **-kastare** [vakt] chucker-out, [amer.] bouncer **-kik** [pers.] look-out [man]; [utkiksplats] look-out; *hålla* ~ keep a look-out, *efter* for **-kikstorn** look-out [tower ([på byggnad] turret)] **-klassa** *tr* [sport.] outclass **-klipp** *se urklipp* **-klädd** *a* dressed up, F rigged out **-komma** *itr, se 2 komma* [*ut*]

utkomst [uppehälle] living, livelihood, *av* from; *ha (få) sin* ~ earn one's living (livelihood), make a living

ut|kräva *tr, se 2 kräva 1;* ~ *hämnd* take vengeance, *på* upon **-kyld** *a, se kyla II 1* **-kämpa** *tr* fight, [kämpa t. slut] fight out **-körare** delivery man, deliverer; [öl~ äv.] drayman **-körning** [av varor] delivery

utlandet, *från* ~ from abroad, [utländsk äv.] foreign..; *i* ~ abroad; in foreign countries **utlandskorrespondent** [utrikes-] foreign correspondent **utlandssvensk** *s* overseas (expatriate) Swede,

Swede [living] abroad
ut|led[sen] *a* thoroughly tired [etc.], *jfr 3 led 1* **-levad** *a* decrepit; [genom utsvävningar] debauched **-lopp** [-flöde] outflow, discharge; [avlopp] outlet [äv. bildl.]; *ge ~ åt* [*sin vrede*] give vent to.. **-lottning** [av vinst] raffle, *av* for **-lova** *tr* promise; offer **-lupen** *a* [om tid] expired, ..run out **-lysa** *tr* give notice of, advertise, proclaim; *~* [*en tävling*] announce.. **-låning** [-lånande] lending; [lån] loans [pl.] **-låningsränta** interest on a loan (on loans); [räntefot] lending rate
ut|låta *rfl, ~ sig* [uttala sin uppfattning] *om* express one's opinion on (about) **-låtande** *s* [stated] opinion; [sakkunnigas] [formal] report, verdict; *avge ett ~* express (deliver) an opinion, *om* on, about **-lägg** outlay, expenses [pl.], disbursement[s [pl.]]; *kontanta ~* out-of-pocket expenses **-läggning 1** [tolkning o.d.] exposition, interpretation; *~ar* [kommentarer äv.] comments **2** [eg.] laying [out] [etc.], *jfr lägga* [*ut*] **-lämna** *tr, se lämna* [*ut*]; [överlämna] give up, surrender, deliver
utländsk *a* foreign **utländska** foreign woman (lady) **utlänning** foreigner; [isht jur.] alien
ut|lärd *a* skilled.., trained.. **-läsa** *tr, se läsa* [*ut*] **-löpa** *itr, se löpa* [*ut*] **-löpare** [allm.] offshoot [äv. bildl.], [bot. äv.] runner, [bergs äv.] spur **-lösa** *tr* **1** [frigöra]: [tekn.] release [äv. bildl.]; [sätta igång] start, trigger [off] [båda äv. bildl.]; [bildl. äv.: framkalla] provoke **2** *se lösa* [*ut*] **-lösning 1** releasing [etc.], *jfr utlösa 1;* release **2** redeeming; redemption **3** [fysiol.] orgasm
ut|mana *tr* challenge; [trotsa] defy **-manande** *a* challenging, defiant; [om uppträdande] provocative, [eggande äv.] enticing **-maning** challenge **-mattad** *a* exhausted, F fagged out **-mattning** fatigue, exhaustion
utmed *prep* [all] along; *stigen går ~* [*skogen*] the path skirts..
ut|minutera *tr, ~* [*vin och sprit*] sell [wine and spirits] by retail **-mynna** *itr, se mynna* [*ut*] **-måla** *tr* paint, depict, *för* to, *som* as **-märglad** *a* [avtärd] emaciated, [utmagrad] gaunt, haggard
ut|märka I *tr* **1** [känneteckna] characterize, distinguish **2** [märka ut] mark [out], [beteckna] denote **II** *rfl* distinguish oneself, *genom* by **-märkande** *a* characteristic, *för* of; *~ egenskap* characteristic, distinguishing quality **-märkelse** distinction; honour **-märkt I** *a* [allm.] excellent, [ypperlig] superb, first-rate, F capital, splendid **II** *adv* excellently [etc.], *jfr I; må ~* [*bra*] feel fine (first-rate)
ut|mäta *tr* **1** [jur.] distrain upon, levy [a] distress on **2** *se mäta* [*ut*] **-mätning** [jur.] distraint, distress; *göra ~* distrain, *av, hos* upon, *för* for; *jfr äv. utmäta 1* **-mönstra** *tr, se mönstra* [*ut*] **-nyttja** *tr* [tillgodogöra sig] utilize, make use of, [exploatera] exploit; *jfr äv.* [*dra*] *fördel* [*av*] **-nyttjande** *s* utilization, exploitation, *jfr utnyttja* **-nämna** *tr* appoint, *till* [*chef* m.m.] [to be].. **-nämning** appointment **-nötningskrig** war of attrition **-nött** *a* worn-out.., [pred.] worn out; well-worn; *jfr äv. utsliten*
utochinvänd *a* ..turned inside out
utom *prep* (ibl. *konj, jfr 2*) **1** [utanför] outside, out of; [utöver, bortom] beyond; [jfr äv. ex. under *utanför I*]; [*jag har inte*] *varit ~ dörren* ..been out of doors (out); *~* [*all*] *fara* out of danger; *~ allt tvivel* beyond doubt; *bli ~ sig* be beside oneself, *av* with **2** [med undantag av] except, with the exception of, [åld.] save, [ibl.] but; [förutom] besides, in addition to; *alla ~ han..* all except (with the exception of) him.., all but he..; *ingen ~ jag* no one but (except) me; [*där var fyra gäster*] *~* [förutom] *jag* ..besides me; [*hela landet*] *~ Stockholm* ..excluding Stockholm; *vara allt ~* [*tilltalande*] be anything but..; *det var ingenting att göra ~ att lyda* there was nothing for it (nothing to do) but to obey
utombords *adv* outboard, outside **-motor** outboard motor
utomeuropeisk *a* non-(extra-)European
utomhus *adv* outdoors, out of doors; **-antenn** outdoor aerial **-bana** [f. tennis] open-air court, [f. ishockey] [outdoor] rink **-idrott** outdoor sports [pl.]
utom|lands *adv* abroad **-ordentlig** *a* [allm.] extraordinary; [förträfflig] excellent; [ovanlig] exceptional; [ofantlig] extreme **-ordentligt** *adv* extraordinarily [etc.], [jfr föreg.]; [i hög grad äv.] exceedingly **-stående** *subst. a, en ~* an outsider **-äktenskaplig** *a* [om förbindelse] extra-marital, [om barn] illegitimate
utopi utopia, utopian scheme (idea)
ut|pekad *a, se peka* [ex.] **-pinad** *a o.* **-pint** *a* [plågad] tormented, [stark.] excruciated **-plantera** *tr* plant (set) [out], [i rabatt] bed out **-plundra** *se plundra* **-plåna** *tr* [allm.] obliterate, *ur, från* from; efface, blot (wipe) out; [stryka ut ord o.d. äv.] delete, erase; [*hela byn*] *~des* ..was wiped out **-post** outpost, [för-] advanced post **-pressare** blackmailer; [-sugare] extortioner **-pressning** blackmail; extortion; [pressande] pressing ([etc.], *jfr pressa* [*ut*]) out **-präglad** *a* [bildl.] marked, pronounced **-prövning,** [*metoden*] *är under ~* ..is being tried out (tested) **-rangera** *tr* discard, scrap
ut|reda *tr* [undersöka] investigate, [grundligt] analyse; *jfr reda* [*upp o. ut*] **-redning 1** [uppklarande] unravelling, disentanglement;

[undersökning] investigation, analys|is [pl. -es]; [betänkande] report; *under* ~ [äv.] under consideration (deliberation) **2** [kommitté] commission, committee **3** [av dödsbo] winding-up, administration, [av konkurs] liquidation **-rensning** [-rensande] weeding out; [bildl., isht polit.] purge

ut|resa *s* outward journey ([sjö.] passage, voyage) **-resetillstånd** [konkr.] exit permit **-resevisum** exit visa **-riggare** outrigger

utrikes I *a* foreign; [*vistas*] *på* ~ *ort*.. abroad **II** *adv* abroad; ~ *ifrån* from abroad; *resa* ~ go abroad **-departement** ministry for foreign affairs; ~ *et* [i Engl.] the Foreign Office, [i Amer.] the State Department **-korrespondent** *se utlandskorrespondent* **-minister** minister for foreign affairs; ~ *n* [i Engl.] the Secretary of State for Foreign Affairs, [i Amer.] the Secretary of State **-politik** foreign politics [pl.] ([resp.] policy) **-politisk** *a*, ~ [*debatt*].. on foreign policy

ut|rop cry, exclamation **-ropa** *tr* **1** [ropa högt] exclaim, cry (call) out **2** [offentligt förkunna] proclaim, *ngn till* [*kung*] a p... **-ropstecken** exclamation mark, mark of exclamation **-rota** *tr* root out, eradicate, [t. ex. ogräs, social orättvisa] extirpate, [t. ex. råttor] exterminate **-rusta** *tr* equip, [isht fartyg] fit out, [beväpna] arm; [förse] furnish; *vara rikt* ~*d* [begåvad] be richly endowed **-rustning** equipment, outfit

ut|ryckning 1 [efter alarm] turn-out, decampment **2** [hemförlovning] discharge (release) from active service **-rymma** *tr* **1** [lämna]: [isht ⚔] evacuate, [t. ex. hus vanl.] vacate, clear out of **2** [röja ur] clear out **-rymme** [plats, jfr d. o.] space, room, [spelrum äv.] scope **-rymmesbesparande** *a* space-saving **-rymning 1** evacuation, abandonment **2** clearing. — *Jfr utrymma* **-räkning** working (reckoning [etc.], *jfr räkna* [*ut*]) out; [beräkning] calculation; *det är* ~ *(dålig* ~ *) att* [*köpa dyrt*] it is good (bad) policy to..; *det är ingen* ~ [ide] *med att* [inf.] it is no good [ing-form] **-rätta** *tr* [allm.] do; [t. ex. uppdrag] perform, carry out; [åstadkomma] accomplish, achieve **-rättning** [ärende] job, errand; [uppdrag] commission **-röna** *tr* ascertain, find out, *om* whether

ut|saga *o.* **-sago,** *enligt -sago är han*.. he is said to be..; *enligt hans -sago* according to him **-satt** *a* **1** [bildl.: blottställd] exposed, *för* to; *vara* ~ *för*.. [föremål för] be subjected to.., [t.ex. angrepp äv.] be the object of.., [mottaglig för] be liable to.. **2** [bestämd] fixed, appointed; *på* ~ *tid* at the time fixed (appointed time) **3** [utplacerad o.d.] put out [etc.], *jfr sätta* [*ut*] **-schasad** *a, se utsjasad*

ut|se *tr* [välja] choose, *till* [*ledare* etc.] as (to be).., *till* [*en post*] for..; [utnämna] appoint, *ngn till* [*ordförande*] a p... **-seende** [yttre] appearance, [saks äv.] look, [persons vanl.] looks [pl.]; *känna ngn till* ~ *t* know a p. by sight (appearance) **-sida** outside; [fasad] façade; exterior [isht bildl.]

utsikt 1 [överblick] view, [utblick äv.] outlook; [*rummet*] *har* ~ *mot (över) parken*.. looks (opens) on [to] (overlooks) the park; *hålla* ~ keep a look-out **2** [bildl.] prospect, [chans äv.] chance; [framtids]~ *er* [äv.] outlook [end. sg.]; *han har goda* ~ *er att* [inf.] his prospects of [ing-form] are good; *det finns alla* ~ *er (föga* ~*) till*.. there is every prospect (not much chance) of..; *ställa i* ~, *se ställa I 1*

utsikts|lös *a* ..without any prospect of success, [friare] hopeless **-punkt** [utkikspunkt] outlook **-torn** outlook tower, belvedere

ut|sirad *a* ornamented, decorated, [skönt ~ äv.] ornate **-sirning** ornament, ornamentation [end. sg.] **-sjasad** *a* dead-(dog-)tired, [pred. äv.] fagged out **-skeppa** *tr* ship [out]; export [..by sea] **-skeppning** shipment; exportation **-skjutande** *a* [allm.] projecting, [om t.ex. tak] overhanging, [om t.ex. udde] jutting; *jfr utstående* **-skott 1** committee **2** *se utväxt* **-skottsvara** [skadad] damaged ([felaktig] defective) article **-skrivning** writing out [etc.]; transcription; [⚔] conscription; discharge; *jfr skriva* [*ut*] **-skylder** *pl* taxes, *jfr vid. skatt 2* **-skällning** F blowing-up [etc.], *jfr skälla* [*ut*]; wigging **-skänka** *tr* [sprit o. d.] serve..on the premises **-skänkningsrättigheter** *pl, se spriträttigheter*

utslag 1 [hud~] rash, [skin] eruption; *få* ~ break out in a rash **2** [på våg] turn of the scale; [av visare o.d.] deflection, deviation **3** [avgörande] decision, [dom] judg[e]ment [etc], *jfr 3 dom; avkunna (fälla)* [*ett*] ~ give a decision (verdict); pronounce (pass) judg[e]ment; *detta fällde* ~ *et* [bildl.] this decided the matter **4** [yttring] manifestation, [exempel] instance, [bevis] evidence **utslagen** *a, se slå* [*ut*] **utslagsgivande** *a* decisive **utslagsröst,** *ha* ~ have the casting vote **utslagstävling** [sport.] elimination (knock-out) competition

ut|sliten *a* [allm.] worn-out.., [pred.] worn out; ~ *fras* hackneyed phrase **-slocknad** *a* [om vulkan, ätt] extinct **-släpp** [avlopp, utgång] outlet; [tömning] discharge **-smyckning** adornment, ornament [end. konkr.], ornamentation [end. sg.], *jfr smycka* **-socknes** *a* [om pers.] ..from another parish;

en ~ a non-local **-spark** [sport.] goal kick **-spekulerad** *a, se utstuderad* **-spel** [kortsp.] lead; [bildl.] move **-spelas** *itr. dep* take place; be enacted

ut|spisa *tr* feed **-spisning** feeding **-sprida** *tr, se sprida o. sprida* [*ut*] **-språng** projection, [klipp ~ äv.] jut, *på* of **-spädd** *a* diluted **-spädning** dilution **-stakad** *a* [pred.] staked out [etc.], *jfr staka* [*ut*]; [bestämd] determined **-stråla I** *itr* radiate, emanate **II** *tr* [allm.] radiate [äv. bildl.]; [t.ex. ljus] emit; [t.ex. vänlighet] beam forth **-strålning** radiation, emanation

ut|sträcka *tr rfl, se sträcka* [*ut*] **-sträckning** extension; [i tid] prolongation; [vidd] extent [äv. bildl.]; *i stor* ~ to a great (large) extent; *i största möjliga* ~ to the greatest possible extent **-sträckt** *a* [eg.] outstretched, [friare] extended; *ligga* ~ lie stretched (at full length, [spretande] sprawling, [framstupa] prostrated) **-studerad** *a* [raffinerad] studied, [listig] artful, cunning, [inpiskad (attr.)] thorough-paced **-styrd** *a* [pred.] dressed up [etc.], *jfr styra* [*ut*] **-styrsel** [utrustning] outfit; [klädsel] F rig-out **-stå** *tr* [stå ut med] endure, [genomgå] suffer, go through; *se f. ö. stå* [*ut*] **-stående** *a* protruding, projecting, protuberant

utställ|a *tr, se ställa* [*ut*] **-are 1** [på utställning] exhibitor **2** [av värdehandling] drawer **-ning** exhibition, show; [visning] display **-ningsföremål** exhibit **-ningslokal** show-room ([resp.]-rooms)

ut|stöta *tr* [ljud] utter, [suck äv.] give; *se f. ö. stöta* [*ut*] **-suga** *tr, se suga* [*ut*] **-svulten** *a* starved, famished **-svängd** *a* ..curved (bent) out[wards] **-svävande** *a* [liderlig] debauched, dissipated **-svävningar** *pl* debauchery, dissipation [båda sg.]; excesses; [friare] extravagances **-såld** *a* sold-out.., [pred.] sold out, [om bok äv.] ..out of print, [om vara äv.] ..out of stock; *-sålt* [*hus*] [i annons o.d.] full house

ut|säde 1 [sådd] sowing **2** [frö; koll.] seed, seed-corn(-grain) **-sändning** sending out; [radio.] transmission, broadcast **-sätta I** *tr* **1** [blottställa] expose, [underkasta] subject, *för* to; *jfr utsatt 1* **2** [bestämma] fix, appoint; [utfästa, t. ex. belöning] offer; *jfr äv. utsatt 2* **3** *se sätta* [*ut*] **II** *rfl,* ~ *sig för* expose oneself to; [ådraga sig] incur; ~ *sig för* [*risken*] *att* [inf.] run the risk of [ing-form] **-sökt I** *a* exquisite, choice; [utvald] select **II** *adv* exquisitely **-sövd** *a* thoroughly rested; *jag är inte* ~ I haven't had enough sleep

ut|tag 1 [utskärning, hack] notch, indentation **2** [elektr. o.d.] socket, [amer. äv.] outlet, [vägg ~ vanl. (britt.)] [plug] point **3** [penning ~] withdrawal **-tagningstävling** trial [game], trials [pl.]

uttal pronunciation, *av* [ord] of; [persons sätt att tala] accent; *ha bra engelskt* ~ [vanl.] have a good English accent **uttala I** *tr* **1** [ord. o.d.] pronounce; ~ *fel* mispronounce **2** [uttrycka, t.ex. önskan] express **3** [t.ex. dom] pronounce, pass **II** *rfl* express oneself, give (express) one's opinion, *om* on; ~ *sig för* ([resp.] *mot*) [*ngt*] pronounce (declare) oneself in favour of ([resp.] against).. **uttalande** *s* statement, pronouncement **uttalsbeteckning** phonetic notation **uttalsordbok** pronouncing dictionary

uttaxer|a *tr* levy **-ing** levying, levy

utter [zool., skinn, fiskeredskap] otter

ut|tjänad *a o.* **-tjänt** *a* [om sak (attr.)].. which has served its time; [utsliten] worn-out.., [pred.] worn out **-torkad** *a* dried-up.., [pred.] dried up

uttryck [allm.] expression, [talesätt äv.] phrase; [tecken] mark, [bevis] token; *stående* ~ set (stock) phrase; *ge* ~ *åt*.. give expression ([om känsla] vent) to.., *jfr äv. uttrycka I; ta sig (komma till)* ~ *i*..find expression ([om känsla] vent) in..; *som ett* ~ *för* [*min uppskattning*] as a mark (token) of..

uttrycka I *tr* [allm.] express, [om t. ex. blick, gest äv.] show; [t.ex. tankar, känslor äv.] put.. into words; ~ *en önskan* express (utter) a wish; [*jag vet inte*] *hur jag skall* ~ *det* [äv.].. how to put it **II** *rfl* express oneself; *för att* ~ *sig kort* to be brief **uttrycklig** *a* [t.ex. order, önskan] express; [klar, tydlig] explicit, definite **uttryckligen** *adv* expressly [etc., jfr föreg.]

uttrycks|full *a* expressive, ..full of expression; [om t.ex. blick, ord] significant **-lös** *a* expressionless, [om blick, min äv.] vacant **-medel** means [pl. lika] of expression **-sätt** way of expressing oneself, mode of expression

ut|tråkad *a* bored, [pred. äv.] bored to death **-träda** *itr,* ~ *ur* [förening] leave, withdraw (retire) from, resign one's membership of **-träde** withdrawal, retirement **-tröttad** *a* weary, [pred. äv.] tired (fagged) out, *av* with **-tyda** *tr, se tyda I* **-tåg** march out, departure; [bibl.] exodus [end. sg.]

ut|tömma *tr* **1** *se tömma* [*ut*] **2** [bildl.] exhaust, spend; ~ *sina krafter* exhaust oneself, spend one's strength **-tömmande I** *a* exhaustive; [very] thorough, comprehensive **II** *adv* exhaustively; thoroughly **-ur** *prep* out of

ut|vakad *a* ..tired (worn) out through lack of sleep ([av vakande] with watching) **-vald** *a* chosen, select[ed], picked; [utsökt] choice; [utkorad] elect; ~ *kvalitet* choice quality; *den* ~*e* the one chosen; *hans* ~*a* his bride-elect; *några få* ~*a* a select[ed] few **-vandra** *itr* [ur landet] emigrate; [flytta] migrate **-vandrare** emigrant **-vandring** emigration; [friare] migration

utveckla I *tr* **1** [bildl.]: [allm.] develop; [framlägga, klargöra, t. ex. teorier] expound; [ådagalägga] display, show; [frambringa]: [t.ex. elektricitet, värme] generate, [t.ex. rök] emit, give off **2** [eg.] *se veckla* [*ut*] **II** *rfl* [allm.] develop, [växa äv.] grow, *till* into, *från* out of, from

utvecklas *itr. dep, se utveckla II*

utveckling [framåtskridande] development, [isht vetensk.] evolution, [framsteg] progress, [växande] growth

utvecklings|land developing country **-lära** theory (doctrine) of evolution **-stadium** stage of development **-störd** *a* mentally retarded

utverka *tr* obtain, procure, secure

utvidga I *tr* [göra bredare] widen; [bildl.]: [t.ex. sitt inflytande] extend, [t. ex. marknaden] expand; [göra större] enlarge; [tänja ut o. fys.] dilate, distend **II** *rfl* widen [out]; expand; enlarge [etc.; jfr föreg.] **utvidgas** *itr. dep, se utvidga II* **utvidgning** widening; extension, expansion, enlargement; dilation, distension; *jfr utvidga I*

ut|vikning [från ämne] digression **-vilad** *a* [thoroughly] rested **-vinna** *tr* extract, win, *ur* from **-visa** *tr* **1** [visa ut]: a) [allm.] order (send).. out b) [fotb.] order.. off; [i ishockey] send.. to the penalty box c) [ur landet] banish, expel **2** [visa] show; [utmärka] indicate; *det får framtiden* ~ time must (will) show **-visning** ordering out (off), banishment, expulsion; penalty; *jfr utvisa 1* **-visslad** *a, se vissla* [*ut*] **-väg 1** [bildl.] expedient, means [pl. lika], way [out], resource; *jag ser ingen annan* ~ I [can] see no other way out, *än att* [inf.] but to [inf.]; *hitta på en* ~ find a way [out] (some expedient) **2** [eg.] a) [utgående] way out b) *se utresa* **-välja** *tr, se välja* [*ut*]

ut|vändig *a* external, outside **-vändigt** *adv* externally, [on the] outside, outwardly **-värdering** evaluation **-värtes** *a* external, outward **-växla** *tr* exchange **-växling 1** [utbyte] exchange **2** [tekn.] gear[ing]; *liten (stor)* ~ low (high) gear **-växt** [allm.] outgrowth, [knöl] protuberance, [vanprydande] excrescence [äv. bildl.]

utåt I *prep* [uttr. riktn.] [out] towards, [t.ex. landet] out into; [*ett rum*] ~ *gatan*.. facing the street **II** *adv* outward[s]; *längre* ~ further out; [*dörren*] *går* ~ ..opens outwards **-riktad** *a o.* **-vänd** *a* turned (directed) outwards; [bildl. om pers.] extrovert

ut|öka *tr, se öka* **-ösa** *tr* [t. ex. ovett] shower, [t. ex. sin vrede] vent, *över* upon **-öva** *tr* [t.ex. inflytande, makt] exercise, [inflytande äv.] exert, [t.ex. välgörenhet, en konst, yrke] practise, [t.ex. ett hantverk, en [affärs]-verksamhet] carry on

utöver *prep* over and above, beyond

utövning exercise, practice; exertion; *jfr utöva*

uv great horned owl, eagle-owl

uvertyr overture, *till* to

För med **ut**- sammansatta verb jfr äv. vid beton. part. under resp. enkla verb

V

vaccin vaccine **-ation** vaccination **-era** *tr* vaccinate

vack|er *a* **1** beautiful; [söt] pretty [äv. iron.], [amer. (isht om pers. o. plagg)] F cute; [storslagen] fine [äv. iron.]; [tilltalande, trevlig, om t.ex. klänning, dag, bruk] nice [äv. iron.]; *en ~ dag, se dag; [räcka fram] -ra handen (~ tass)* ..the right hand **2** [ansenlig, om t.ex. summa] considerable, good; *det är ~t så!* [it is] pretty good at that!

vackl|a *itr* totter [äv. om sak]; [ragla] reel, stagger; [isht bildl., t.ex. i sin tro] falter, waver, [vara obestämd] vacillate; [skifta, t.ex. om priser] fluctuate **-an** wavering, vacillation; [obeslutsamhet] irresolution, indecision **-ande** *a* tottering [osv., *jfr vackla*]; [obeslutsam] unsettled; *jfr äv. ostadig;* [om hälsa] uncertain, failing

1 vad *s* [på ben] calf [pl. calves]

2 vad *s* [fiske.] seine; *fiska med ~* seine

3 vad *s* [vadhållning] bet, wager; *hålla (slå) ~ [om det]?* shall we bet on it (that)?; *jag slår ~ om [att han..]* I bet you..; *jag slår ~* bet, wager, make a bet; *skall vi slå ~ om [en krona] [med dig]* I'll bet (wager) you..

4 vad *s* [vadställe] ford

5 vad **I** *pron* **1** [interr.] what; *~ (va)?* [hur sa] what?, [artigare] [I] beg your pardon?, pardon?; *~ för en (ett, ena, några)* [fören. o. självst.]: what; [avseende urval] which, [självst. äv.] which one [pl. ones]; *nej, ~ säger du!* really!, you don't say!, well, I never!; *vet du ~!* I'll tell you what!; *[jag vet inte] ~ som hände* ..what happened **2** [rel.: det som] what ([äv.] *~ som); ~ värre är* what is [still] worse; *~ helst (..än)* whatever; *~ som helst, se helst I 2* **II** *adv* how; *~ du är lycklig!* how happy you are!

vada *itr* wade

vadar|e *o.* **-fågel** wader

vadben splint-bone, fibul|a [pl. äv. -ae]

vadd wadding; [bomulls~] cotton wool; [t. fönster, plagg o. d.] padding **-era** *tr* pad [out], wad **-täcke** quilt

vadhållning betting, wagering

vadmal [ung.] frieze, rough homespun

vadställe ford, fordable place

vafalls *adv itj* [I beg your] pardon?

vag *a* vague; [obestämd] undefined, [dimmig] hazy

vagabond vagabond, tramp, vagrant

vagel [läk.] sty[e]

vagg|a **I** *s* cradle [äv. bildl.]; *hans ~ stod i [Lund]* ..was his cradle (the place of his birth, his birthplace) **II** *tr* rock; *~ ..i sömn* rock.. to sleep **III** *itr* rock; [gå vaggande] waddle **-visa** cradle song, lullaby

vagn carriage; [last~ o.d.] wag[g]on, truck, [tvåhjulig kärra] cart; [bil] car; [jfr äv. sms. ss. *barn-, järnvägs-, spår|vagn*] **-makare** carriage-builder

vagns|axel axle of a ([resp.] the) carriage **-hjul** carriage wheel **-last** carriage-(wag[g]on [osv.], *jfr vagn*)-load **-lider** shed for carriages [osv.]

vagnsätt [järnv.], *ett ~ på [20 vagnar]* a train of..

vaja *itr* [om t. ex. flagga] fly, float; [om t.ex. träd] sway

vajer cable, [tunnare] wire

vak hole in the ice

vak|a **I** *s* vigil, night-watch **II** *itr* [hålla vaka] sit up; [ha nattjänst] be on night duty; *~ hos [en patient]* watch by..; *~ över* [övervaka] [keep] watch over **-ande** *a* watching; *jfr vaksam*

vakans vacancy **vakant** *a* vacant

vak|en *a* **1** [ej sovande] awake [end. pred.]; [attr.] waking; *i -et tillstånd* when awake, in the waking state **2** [mottaglig för intryck, om t. ex. sinne] alert, keen; [pigg] bright, F all there [end. pred.]; [uppmärksam] wide-awake; *ha [en] ~ blick för..* have a keen eye for.., be [keenly (thoroughly)] alive to.. **vakenhet** wakefulness; [bildl.] alertness, wide-awakeness **vakna** *itr, ~ [upp]* wake [up], awake **vaksam** *a* vigilant, watchful **vaksamhet** vigilance, watchfulness

vakt **1** watch [äv. ⚓], watching; [isht ⚔] guard, [tjänstgöring äv.] duty; *gå på ~* ⚔ be on guard, be on duty, ⚓ be on watch; *vara på sin ~* [bildl.: vara försiktig] be on one's guard **2** [pers.] guard, [vaktpost] sentry, sentinel **vakta** *tr itr* watch; [bevaka] guard; [t.ex. barn] look after; [hålla vakt] keep guard (watch) **vaktare** watcher; guardian; [fång~] warder

vaktel quail

vakt|havande *a, ~ officer* the officer on duty **-hållning** [bevakning] watch; [vakttjänst] ⚔ guard (⚓ watch) duty **-kur** sentry-box **-mästare** [uppsyningsman] caretaker, [isht amer.] janitor, [i museum] attendant, [i kyrka] verger; [dörrvakt] doorman, porter, [på bio o.d.] commissionaire, attendant; [kypare] waiter **-ombyte** ⚔ changing of the guard (⚓ watch); [avlösning] relief **-parad,** *~en* [styrkan] the guard **-post** sentry, sentinel **-tjänst** guard (⚓ watch) duty

vakuum vacuum **-torka** *tr* vacuum-dry
1 val [zool.] whale
2 val 1 choice; [utväljande äv.] selection; [eget ~, gottfinnande] option; [isht mellan två saker] alternative; *göra (träffa) sitt ~* make one's choice; *vara i ~et och kvalet* be on the horns of a dilemma, be faced with a difficult choice (decision) **2** [gm omröstning] election; [själva röstandet] voting, poll[ing]; [*det blir*] *allmänna ~ ..* a general election; *förrätta ~* hold an election (elections); *förrätta ~et* conduct (preside at) the election; *gå (skrida) till* [allmänna] ~ go to the polls
valack gelding
val|agitation electioneering, election campaign **-bar** *a* eligible, *till* for; *icke ~* ineligible **-barhet** eligibility **-berättigad** *a ..* entitled to vote
valborgsmässoafton the eve of May Day, [ung.] Walpurgis night
val|dag polling (election) day **-distrikt** electoral (voting) area (district, [amer.] precinct)
walesar|e Welshman; *-na* [ss. nation] the Welsh **walesisk** *a* Welsh **walesiska 1** [kvinna] Welsh woman **2** [språk] Welsh
valfisk whale
val|fri *a* optional **-frihet** freedom (liberty) of choice
valfångare whaler, [fartyg äv.] whaling boat
val|förrättning *se 2 val 2* **-hemlighet** secrecy of the polls
valhänt *a* [stelfrusen] numb, benumbed; [bildl.]: [klumpig, om t. ex. försök] clumsy, awkward, [om t. ex. ursäkt] lame; *jag är ~* [eg.] my hands are numb
valk 1 [i huden] callus, callosity; [av fett] roll **2** [hår~] pad
valkampanj election campaign
valkig *a* callous; [om händer äv.] horny
valkrets constituency
valkyria valkyrie
1 vall [upphöjning] bank, [bank] embankment; [fästnings~] rampart, earthwork; [skydds~ o.d.] *se 1 damm 1*
2 vall [betes~] grazing-(pasture-)ground; field
1 valla *tr* [vakta] tend, watch; [*den misstänkte*] *~des* [*på brottsplatsen*] *..*was taken over the scene of the crime
2 valla I *s* [skid~] wax **II** *tr, ~ skidor* wax skis
vall|fart pilgrimage **-färda** *itr* go on (make) a pilgrimage
vallgrav moat, fosse
vallhund shepherd's dog
vallmo poppy **-frö** poppy seed
vallokal polling-station, [amer.] polling place
vallpojke shepherd boy
val|längd *se röstlängd* **-man** voter, elector **-manskår** electorate, constituency **-möte** election meeting **-nämnd** election (electoral) committee
valnöt walnut
valp pup[py], whelp [alla äv. bildl.]; [pojke äv.] cub **valpa** *itr* whelp **valpaktig** *a* puppyish
valplats field [of battle], battlefield
valpsjuka distemper
valross walrus, morse
val|rätt [o. sms.] *se rösträtt* [o. sms.] **-rörelse** electioneering, *jfr valkampanj*
1 vals [dans] waltz
2 vals ⊕: [i kvarn o. d.] roller; [i valsverk] roll; [på skrivmaskin] cylinder, platen
1 valsa *itr* waltz
2 valsa *tr* ⊕, *~* [*ut*] roll [out]
valsedel voting-(ballot-)paper, ballot
valskvarn roller mill
valspråk motto, device
valstrid election campaign (contest)
valsverk ⊕: [verk] rolling-mill; [maskin] laminating ([för papper] pressing) rollers [pl.]
valsätt [polit.] mode of election
valthorn French horn
valurna ballot-box
valuta 1 [myntslag] currency; [utländsk~] [foreign] exchange **2** [värde, vederlag] value; *få* [*god*] *~ för pengarna* get [good] value for one's money **-bestämmelser** *pl* currency ([för utlandsvaluta] foreign exchange) regulations **-handel** exchange dealings [pl.] **-kurs** rate of exchange, exchange rate
valv vault **-båge** arch **-gång** archway, arcade
valör value; [sedel-] denomination
vamp *s o.* **vampa** *tr* [förföra] vamp
vampyr vampire [äv. bildl.]
van *a* practised, experienced, trained; [skicklig] skilled, expert; [förtrogen] accustomed, used, *vid* [*ngt*] to.., [*vid*] *att* [inf.] to [ing-form]; *med ~ hand* with a deft (skilled, practised) hand; *vara ~ att gå* be used to walking
vana [isht omedveten] habit; [isht medveten] practice, [sed[vana]] custom, [vedertaget bruk] usage; [erfarenhet] experience, [färdighet] practice; [förtrogenhet, rutin] accustomedness, *vid* to; *~ns makt* the force of habit ([resp.] custom *el.* long usage); *sin ~ trogen* true to one's [usual] habit, as is ([resp.] was) one's custom (wont); *bli en ~* grow into (become) a habit, grow (become) habitual, *hos* with; *av gammal ~* by [force of] (from long-accustomed) habit; *ha för ~ att* [inf.] have a *el.* be in the habit ([resp.] make

a practice) of [ing-form]

van|art [läggning] vicious disposition ([vana] habit), [stark.] depravation **-artig** *a* vicious, bad

vandal Vandal; [bildl.] vandal **-isera** *tr* vandalize, destroy **-ism** vandalism

vandel [mode of] life; conduct, morals [pl.]; *handel och ~* dealings [pl.], conduct; *föra en hedrande ~* lead a respectable (blameless) life

vandr|a *itr* [gå till fots]: [allm.] walk; [isht fot~] ramble, F hike; [ströva utan mål] wander, roam, rove, stroll, *omkring* about **-ande** *a* walking [osv.]; [kring~] itinerant, ambulatory **-are** [allm.] wanderer; [fot~] walker, rambler, F hiker; [resande] traveller **-arhem** youth hostel **-ing** [allm.] wandering; [utflykt] walking-tour; [fot~] ramble, F hike

vandrings|bibliotek travelling library **-folk** nomad[ic] people **-pris** challenge trophy

vane|bildande *a* habit-forming **-människa** creature of habit

van|frejd [jur. åld.] infamy, loss of civil rights **-för** *a* crippled, disabled **-föreanstalt** home for the disabled **-föreställning** delusion, wrong idea **-förhet** disablement **-heder** disgrace, dishonour **-hederlig** *a* disgraceful, dishonourable **-hedra** *tr* disgrace, dishonour, bring disgrace (shame) upon.. **-hedrande** *a, se vanhederlig* **-helga** *tr* profane, desecrate **-helgande** *s* profanation, desecration; [av kyrkor o.d. äv.] sacrilege **-hävd** neglect, waste; *ligga i ~* lie waste (uncultivated); *råka i ~* fall into neglect, go (run) to waste

vanilj vanilla **-glass** vanilla ice **-socker** vanilla-flavoured sugar **-stång** vanilla pod **-sås** custard sauce

vank, *utan ~ och lyte* without defect or blemish, [bildl. äv.] irreproachable; *utan ~* [fläckfri] without [a] flaw, flawless

vanka *itr, [gå och] ~* saunter, wander

vank|as *itr. dep, det -ades [bullar* (för oss)] we were treated to ..; *det ~ stryk* [för honom] he is in for a thrashing

vankel|mod irresolution, indecision; hesitation; vacillation; [ombytlighet] inconstancy, fickleness **-modig** *a* irresolute, unsettled [in one's mind]; wavering, vacillating; [ombytlig] inconstant, fickle

vanlig *a* a) [bruklig] usual, *hos* with; accustomed, habitual; [sed~] customary, *hos* with b) [vanligen förekommande, vardaglig] ordinary; [gemensam för många] common; [allmän] general; [ofta förekommande] frequent; *mindre ~* less (not very) common; *i ~a fall* in ordinary cases, as a rule; *~a människor* ordinary people; *på ~t sätt* in the ordinary (usual) manner (way); *som ~t* as usual; *[bättre] än ~t..* than usual; *det är det ~a* that's the usual thing **vanligen** *adv* generally, usually; ordinarily, commonly; [i regel] as a rule

vanlighet usualness, frequency; *efter ~en* as usual; *mot ~en* contrary to the ([resp.] his [osv.]) usual practice (rule) **vanligtvis** *adv, se vanligen*

van|lottad *a* badly (unfairly) treated; *vara ~ [av ödet]* have been ill-treated by Fortune **-makt 1** [maktlöshet] powerlessness; impotence; *jfr oförmåga* **2** [medvetslöshet] unconsciousness; *falla i ~* have a fainting-fit, swoon, faint **-mäktig** *a* **1** powerless, impotent; vain; *en ~ vrede* an impotent rage **2** unconscious, fainting — [Jfr föreg.] **-pryda** *tr* disfigure, spoil the look of **-ryktad** *a* ill-famed, notorious, [attr. äv.] ..with a bad reputation **-rykte** disrepute, bad repute, discredit

van|sinne insanity, lunacy; [galenskap] madness; [dårskap] folly; *det vore rena ~t att* [inf.] it would be insane (sheer madness, the height of folly) to [inf.] **-sinnig** *a* [allm.] mad, [tokig] crazy; [läk.] insane; [utom sig] frantic, *av* with; *bli ~* go mad, become insane; *har du blivit ~?* are you out of your mind?; *det vore ~t att.., se [det vore rena] vansinne[t att]; han gör mig ~* he drives me mad (crazy)

van|skapad *a* deformed, malformed, misshapen **-skaplighet** *o.* **-skapnad** malformation, deformity **-skapt** *a, se -skapad*

vansklig *a* [svår] difficult, hard; [riskabel] hazardous, risky; [kinkig]: [brydsam] awkward, [delikat] delicate, ticklish, [om t.ex. ställning] embarrassing **-het** difficulty; riskiness; awkwardness; delicacy, ticklishness

van|sköta I *tr* mismanage, [försumma] neglect, not look after.. properly **II** *rfl* neglect oneself ([sin hälsa] one's health) badly **-skötsel** mismanagement, negligence, neglect **-släktad** *a* degenerate[d] **-släktas** *itr. dep* degenerate **-ställa** *tr* disfigure, deform, deface; [friare] spoil [the look of], mar; [förvrida] distort; [förvränga] misrepresent

vant ⚓ shroud

vant|e glove; [tum~] mitten; *lägga -arna på ..* F lay hands [up]on ..

van|tolka *tr* [wilfully] misinterpret (misconstrue) **-trevnad** discomfort, unpleasant atmosphere **-trivas** *itr. dep* be (feel) uncomfortable (ill at ease); not feel at home, *på en plats* at a place; get on [very] badly (poorly), *med ngn* with a p.; [om djur, växter] not thrive, thrive badly; *jag -trivs med [arbetet]* I am not at all happy in.. **-tro** [vanföreställning, irrlära] false belief, misbelief; [skrock] superstition **-trogen** *a* [irrlärig] misbelieving **-vett** insanity; [besatthet] mania; [galenskap] madness; *se vid. vansinne* **-vettig** *a* mad; *jfr vansinnig* **-vård** *se vanskötsel* **-vårda** *tr, se vansköta* **-vördig** *a* disrespectful; [mot heliga ting] irreverent, *mot* to **-vördnad** disrespect, lack of respect; irreverence, *mot* to[wards] **-ära I** *s* disgrace, dishonour; shame; *dra ~ över [sin familj]* bring disgrace (dishonour, shame) on.. **II** *tr* disgrace, dishonour; *jfr äv. I* [ex.]

vapen 1 weapon; [i pl. (sammanfattande) vanl.] arms [pl.]; *bära (föra) ~* bear (carry) arms; *nedlägga vapnen (sträcka ~)* lay down [one's] arms, surrender; *med ~ i hand* weapon in hand; [m. vapenmakt] by force of arms; *gripa (kalla..) till ~* take up (call.. to) arms **2** [herald.] coat of arms, arms [pl.], [ätts äv.] crest **-bragd** feat of arms **-broder** brother-in-arms [pl. brothers-in--arms]; comrade-in-arms [pl. comrades-in--arms] **-dragare** [bildl.] supporter, partisan **-fabrik** armament (arms) factory **-fri** *a, ~ tjänst* non-combatant duties [pl.]; *~ tjänstepliktig* ['samvetsöm'] conscientious objector [förk. CO (pl. CO's); *jfr samvetsöm*] **-för** *a* ..fit for military service,.. capable of bearing arms **-hus** [church] porch **-lös** *a* unarmed; [värnlös] defenceless **-rock** tunic, [amer.] blouse **-sköld** [herald.] coat of arms **-smedja** armourer's workshop **-stillestånd** armistice; [vapenvila] truce, cessation of hostilities; [tillfälligt] cease-fire **-vägrare** draft resister; *jfr vid. samvetsöm* **-övning,** *~[ar]* training [sg.] in the use of arms

1 var *s* [läk.] pus, matter

2 var *pron* **1** [allm.] **a)** [fören.]: [varje särskild] each, [varenda] every; *~ dag* every (each) day; *~ femte* every fifth; *~ femte dag* every fifth day, every five days; *~ åttonde (fjortonde) dag* every week (fortnight), once a week (a fortnight) **b)** [självst.], *se ~ och en* [ned.]; *[ge dem] ett äpple ~..* an apple each; *lite[t] ~ har vi..* pretty well every one of us has.. **2** *~ och en* a) [fören.], *se varje 1* b) [självst.]: [var och en för sig] each; [varenda en, alla (om pers.)] everyone, everybody, every man (person); *~ och en av..* each of ([alla] every one of)..; *de gick ~ och en till sin plats* [vanl.] they went to their respective places; *vi betalar ~ och en för sig* each of us will pay for himself ([resp.] herself); *[han talade med] ~ och en för sig* ..each individually (separately) **3** *~ sin: vi fick ~ sitt glas* we got a glass each; *vi betalade ~ sin gång* we took it in turns to pay, we took turns in (at) paying; *[de gick] åt ~ sitt håll*..in different directions,..their separate ways; *[de stod] på ~ sin sida av gatan* ..on either side of the street

3 var *adv* **1** [fråg.] where; *~ då (någonstans)?* where?; *~ i all världen [har du varit?]* where on earth (where in the world, wherever).. **2** [andra fall], *~ som helst, se helst I 2; ~ än (helst)* wherever

1 vara A *vb* **I** *itr* [allm.] be; [finnas till äv.] exist; [*jfr äv. 1 få I 1, 2 låta, 2 må* m.fl.]; *hans sätt att ~* his way of behaving; *för att ~ utlänning [är han ..]* for a foreigner..; *för att ~ så ung är du..* considering [that] you are so young you are..; *jag är nervös [i dag]* I am (feel) nervous..; *vi är fem [stycken]* there are five of us; *det är Eva* [sagt i telefon] [this is] Eva speaking; Eva here; *det var bra att du kom [nu]* it's fine you came..; *[under] veckan som var (varit)*..the last (past) week; *hur vore det om vi skulle gå på bio [i kväll]?* what about going to the cinema..?; *om inte han vore (hade varit)* [som hinder] if it were not (had not been) for him, [som hjälp] but for him; *ära vare Gud* glory be to God; *får det ~ [en kopp te]?* would you like..?; *det får (kan) ~ [till senare]* that can wait..; *det får (vi låter det) ~ som det är* we'll leave it as it is (at that); *det kan [så] ~ att han är rik men..* he may be rich, but..; *var ska (brukar) [knivarna] ~?* where do.. go?; *hon är och handlar* she is out (has gone [out]) shopping; *~ från [England]* [om pers.] be from.., [om produkter] come from..; *jag var hos* [hälsade på] *honom* I went to see him; *hur är det med..?* [hur mår] how is ([resp.] are)..?, [hur förhåller det sig med] how (what) about..?; *vad är det med [ljuset?]* what has happened to.., what's the matter with..; *vi är flera om [att dela] [ansvaret]* there are several of us who share..; *man måste ~ två om det (om att [göra det])* that's a job for two (it takes two to..); *vad är den här (ska den här ~) till?* what is this [meant] for?

II *hjälpvb* be; *när (var) är han född?* when (where) was he born?; *bilen är gjord i Sverige (på tjugotalet)* the car was made in S. (in the twenties); *bilen är gjord [för export]* the car is made..; *jag är inbjuden (ombedd) att..* I have been invited (asked) to..; *han är (var) bortrest* he has (had) gone away; *han är utgången* he has gone out, [friare] he is out

III [m. beton. part.; jfr äv. resp. part.] *~ av med* [ha förlorat] have lost, [vara kvitt] have got (be) rid of, [klara sig utan] do (manage) without; *stickproppen är i* the plug is in (connected); *korken (nyckeln) är i* the cork is in the bottle (the key is in the lock); *~ kvar* [stanna] remain, stay

[on]; ~ *med* ⌈deltaga⌉ take part; ⌈närvara⌉ be present, *på (vid)* at; *är* ⌈*böckerna*⌉ *med?* ⌈har vi fått med⌉ have we got..?, ⌈hade du med⌉ did you bring..?; *får jag* ~ *med?* may I join in (⌈göra er sällskap⌉ join you)?; ~ *med sin tid* keep up with the times, be (keep) up to date; *jag var med* ⌈*när det hände*⌉ I was there (present)..; *jag är med i* ⌈*en förening*⌉ I am a member of..; ~ *med om (på)* ⌈samtycka till⌉ agree (consent) to, ⌈gilla⌉ approve of; ~ *med om* ⌈bevittna⌉ see, ⌈uppleva⌉ experience, ⌈genomgå⌉ go (be, live) through; *hur är det med henne?* ⌈hur mår hon⌉ how is she?, how does she feel?; *vad är det med henne?* what's the matter (what's wrong) with her?; ~ *om sig* look after one's own interests, look after number one; ~ *till* exist, be; *den är till för det* that's what it is there (⌈avsedd⌉ meant) for; *stickproppen är ur* the plug is out (disconnected); *nyckeln är ur* the key is not in the lock

B *s* ⌈filos.⌉ existence, being

2 vara *itr* ⌈räcka⌉ last; ⌈pågå⌉ go on, ⌈fortsätta⌉ continue; ⌈hålla, om kläder o.d. äv.⌉ wear; ~ *längre än* ⌈äv.⌉ outlast; *anfallen* ~*de* ⌈*hela natten*⌉ the attacks went on (persisted)..

3 var|a *s* H ⌈artikel⌉ article; product; *-or* ⌈koll. äv.⌉ goods; ⌈handelsvaror⌉ merchandise ⌈sg.⌉

4 vara *s, ta* ~ *på* ⌈ta hand om⌉ take care of, look after; ⌈utnyttja⌉ make use of; *ta sig till* ~ be careful; *ta sig till* ~ *för att* ⌈inf.⌉ beware of ⌈ing-form⌉

5 vara *itr rfl* ⌈om sår o.d.⌉ fester, suppurate

varaktig *a* ⌈långvarig, om t.ex. fred, intryck, vänskap⌉ lasting, enduring; ⌈hållbar⌉ durable; ⌈beständig⌉ permanent **-het** ⌈fortvaro⌉ duration; ⌈hållbarhet⌉ durability; ⌈beständighet⌉ permanence, permanency

varandra *pron* each other, one another; *bredvid* ~ ⌈äv.⌉ side by side; ⌈*de kom*⌉ *efter* ~.. one after the other,.. after one another; ⌈*de träffades*⌉ *tre dagar efter* ~.. on three days running,.. on three successive days; *tätt efter* ~ close upon each other; *byta* ⌈*hattar*⌉ *med* ~ exchange..; *deras förhållande till* ~ their mutual relationship; *jfr varannan II* **varannan I** *räkn* every other (second); ⌈*en gång*⌉ ~ *dag* ⌈äv.⌉..every two days; ~ *vecka* ⌈äv.⌉ every (once a) fortnight **II** *pron, om vartannat* indiscriminately, promiscuously, *jfr huller om buller*

varav *adv* of ⌈etc., *jfr av I*⌉ which ⌈etc.⌉; ~ *kommer det sig att..* why (how) is it that..

var|bildning purulence, suppuration **-böld** boil, ⌈svårare⌉ abscess

var|dag weekday, ⌈arbetsdag äv.⌉ workday; *till* ~*s* ⌈vardagsbruk⌉ for everyday use (⌈om kläder⌉ wear) **-daglig** *a* everyday, ordinary; ⌈banal⌉ commonplace, trivial; ⌈om utseende⌉ plain; ⌈språkv.⌉ colloquial **-daglighet** commonplaceness, triviality; plainness

vardags|klädd *a* ..dressed in everyday (ordinary) clothes **-kläder** *pl* everyday (ordinary) clothes **-lag,** *i* ~ ⌈om vardagarna⌉ on weekdays; ⌈vanligtvis⌉ usually; ⌈till vardagsbruk⌉ for everyday use (⌈om kläder⌉ wear) **-liv** everyday (ordinary) life **-mat** everyday (ordinary) food **-middag** everyday dinner **-människa** ordinary person **-rum** living-room, sitting-room **-språk** everyday language (⌈talat⌉ speech)

vardera *pron* each

varefter *adv* after ⌈etc., *jfr efter I*⌉ which ⌈etc.⌉; ⌈'varpå'⌉ after (on) which, whereupon

varelse being, person; *levande* ~ ⌈äv.⌉ living creature

varemot I *adv* against ⌈etc., *jfr mot*⌉ which ⌈etc.⌉ **II** *konj* while, whereas

varenda *pron* every [single]; ~ [*ste*] *en* every (each) [single] one

vare sig *konj* **1** either; *jag känner inte* ~ *honom eller hans bror* I don't know either him or his brother **2** ⌈antingen⌉ whether; ⌈*han måste gå*⌉ ~ *han vill eller inte..* whether he wants to or not

varest *adv* where

vareviga *a* every single; ~ *en* every single (mortal) one

varför *adv* **1** ⌈interr.⌉ why, for what reason; ~ *det (då)?* why? **2** ⌈rel.⌉ for which reason

varg wolf ⌈pl. wolves⌉; *jag är hungrig som en* ~ ⌈äv.⌉ I could eat a horse **varghona** *o.* **varginna** bitch wolf, she-wolf **vargunge** wolf-cub

varhelst *adv,* ~ [*än*] wherever

vari *adv* in ⌈etc., *jfr i I*⌉ which ⌈etc.⌉; ⌈varest⌉ where

variation variation ⌈äv. mus.⌉

varibland *adv* ⌈om personer⌉ among whom, ⌈om saker⌉ among which

variera *tr itr* vary; ⌈vara ostadig⌉ fluctuate

varieté 1 ⌈föreställning⌉ variety [show], music-hall performance **2** ⌈lokal⌉ variety theatre, music-hall **varietet** variety

varifrån *adv* **1** ⌈interr.⌉ from where, where.. from **2** ⌈rel.⌉ from ⌈etc., *jfr från*⌉ which ⌈etc.⌉

varig *a* purulent, suppurating

varigenom *adv* through ⌈etc., *jfr genom I*⌉ which ⌈etc.⌉; ⌈interr.⌉ in what way, by what means

varje *pron* **1** ⌈fören.⌉: ⌈varje särskild, var och en för sig⌉ each, ⌈varenda⌉ every; ⌈vardera av endast två vanl.⌉ either; ⌈vilken som helst⌉ any; *i* ~ *fall* in any case; *i* ~ *ända* ⌈*av korridoren*⌉ at either end.. **2** ⌈självst.⌉,

lite[t] av ~ a little of everything **-handa** **I** *s* all sorts of things [pl.] **II** *a* various, miscellaneous
varjämte *adv* in addition to (besides) which
varken *konj,* ~.. *eller* neither.. nor; [*stycket är*] ~ *bättre eller sämre än tidigare*.. no better nor worse than before
varlig *a, se varsam*
varm *a* warm, hot; [bildl.] warm, [hjärtlig] hearty, cordial; [glödande] fervent, ardent; *tre grader* ~*t* three degrees above zero (above freezing-point); *bli* ~ *i kläderna* begin to find one's feet; *gå* ~ ⊕ get over-heated, run hot; *hålla ngn* ~ [sysselsatt] keep a p. busy; *tala sig* ~ warm to one's subject; *vara* ~ *om fötterna (händerna)* have warm feet (hands) **-bad** hot bath **-blodig** *a* warm-blooded, [bildl. äv.] hot-blooded, passionate
varmed *adv* with [etc., *jfr 2 med I*] which [etc.]; ~ *kan jag stå till tjänst?* what can I do for you?
varm|gång over-heating **-hjärtad** *a* warm-hearted, generous **-luft** hot air **-rätt** [huvud-] main dish (course) **-vatten** hot water **-vatten[s]kran** hot[-water] tap **-vatten[s]panna** boiler
varna *tr* warn *(för ngn* against a p., *för ngt* of ([ibl.] against) a th., *för att göra ngt* not to do a th., against doing a th.), caution; *han låter sig inte* ~*s (låter inte* ~ *sig)* he refuses to be warned, he will not take warning **varning** warning; caution; ~ *för* [*efterapning (ficktjuvar)!*] beware of..
varnings|märke *o.* **-skylt** [trafik.] warning sign
varom **I** *adv* about [etc., *jfr 2 om A*] which [etc.] **II** *konj,* ~ *icke* and if not, [annars] otherwise
varp **1** [i väv] warp **2** [gruv.] waste rock **3** [not~] haul; [tross] warp **varpa** **I** *s* [vävn.] warping machine **II** *tr* **1** [vävn.] warp **2** ⚓ kedge, warp
varpå´ *adv* on [etc., *jfr på I*] which [etc.]; [tid] after (on) which, whereupon
vars *pron* [rel.] whose, [om djur o. saker äv.] of which
varsam *a* [aktsam] careful, *med* with; [förtänksam] cautious, prudent; [vaksam] wary **-het** care[fulness], caution, prudence, wariness [etc.]
varse *a, bli* ~ [märka] notice, observe, see; [upptäcka] discover, catch sight of; [förnimma] perceive
varsel **1** [förebud] premonitory sign **2** [varskoende] notice
varsko *tr* [underrätta] inform, [förvarna] warn, [*ngn*] *om ngt* a p. of a th.
varsla *tr itr* **1** [vara förebud om], ~ [*om*] [ngt] portend, forebode, presage, augur, be ominous of **2** [varsko], ~ *om strejk* give (serve) notice of a strike
varstans *adv* F, [*det ligger papper*] *lite* ~.. here, there, and everywhere
1 vart *adv* where; ~ *än (helst)* wherever; [*jag vet inte*] ~ *jag skall gå*..where to go; ~ *som helst, se helst I 2*
2 vart *s, jag kommer inte någon (ingen)* ~ I am getting nowhere, I am not getting anywhere; *du kommer ingen* ~ *med* [*sådana metoder*].. will get you nowhere
varthän *adv* where
vartill *adv* to [etc., *jfr till I*] which [etc.]; [*det brott*] ~ *han gjort sig skyldig*.. of which he has rendered himself guilty; ~ *gagnar det?* what is the use [of it]?
vartåt *adv* [interr.] in what ([vid urval] which) direction; [rel.] to [etc., *jfr åt I*] which [etc.]
varu|belåning loan on goods; [konkr.] *se pantlånekontor* **-deklaration** description of goods (merchandise); [förpackningsrubrik]: [innehåll] contents [pl.], [ingredienser] ingredients used **-hiss** goods lift ([amer.] elevator) **-hus** [department (departmental)] store (stores [pl. lika]) **-huskedja** chain of stores, chain (multiple) store organization **-kännedom** knowledge of commodities (merchandise) **-lager** **1** stock[-in-trade]; *förnya sitt* ~ restock [one's goods] **2** [magasin] warehouse
varulv wer[e]wolf [pl. -wolves]
varu|magasin [lager] warehouse **-märke** trade-mark **-mässa** trade fair (exhibition)
varunder *adv* under [etc., *jfr 2 under I*] which [etc.]
varuprov sample; [påskrift på kuvert] by sample-post
varur *adv* out of [etc., *jfr 3 ur I*] which [etc.]
1 varv ⚓ shipyard, shipbuilding yard; [flottans] naval [dock]yard, [amer.] naval shipyard, navy yard
2 varv **1** [[om]gång] turn, round; ⊕ revolution; [vid stickning o. d.] row; [*1000*] ~ *i minuten* ..revolutions per minute **2** [lager, skikt] layer
varvid *adv* at [etc., *jfr 2 vid I*] which [etc.]; [*han snubblade,*] ~ *han föll* .., in doing which he fell
varvräknare ⊕ revolution counter
varv|tal number of revolutions; *komma upp i högre* ~ pick up; [bildl.] really get going **-tals** *adv* [i skikt] in layers
varöver *adv* over [etc., *jfr över I*] which [etc.]; ~ *beklagar du dig?* what are you complaining of?
vas vase
vasall vassal **-stat** vassal state; satellite [state]
vaselin vaseline
vask [avlopp] sink **vaska** *tr* wash

1 vass *a* sharp; [om egg äv.] keen; [spetsig] pointed; [om t.ex. blick, ljud] piercing; ~ *penna* pointed pen; *ha en* ~ *tunga* have a sharp (biting) tongue
2 vass *s* [bot.] [common] reed; [koll.] reeds [pl.] **-bevuxen** *a* reedy, reeded
vassla I *s* whey **II** *rfl* go (get) wheyey
vassrör *o.* **vasstrå** reed
Vatikanen the Vatican
watt watt
vatt|en 1 water; *ta in* ~ [läcka] take in water; *ta sig* ~ *över huvudet* take on more than one can manage, bite off more than one can chew; [*en diamant, en idealist*] *av renaste* ~ ..of the first (purest) water; *lägga.. i* ~ put.. in water; *gå ned på -net* [flyg.] surface, alight on water; [*färdas*] *till lands och* ~ ..by sea and land; [*simma*] *under -net* ..below the surface; *stå under* ~ be under water, be flooded (submerged) **2** [vätska], ~ *i knät* water on the knee; ~ *i lungsäcken* wet pleurisy **3** [urin], *kasta* [*sitt*] ~ pass (make) water, urinate
vatten|behållare water tank; [större] reservoir; [f. varmvatten] boiler **-blåsa** bubble [of water]; [blemma] water-blister **-brist** shortage (scarcity) of water **-bryn,** *i* ~*et* [i strandkanten] at the water's edge, [vid vattenytan] at (on) the surface of the water **-delare** watershed, divide **-drag** watercourse, stream **-droppe** drop of water, water drop **-fall** waterfall; [större] falls [pl.] **-fattig** *a* ..poorly supplied with water; [torr] dry, arid **-färg** water-colour **-förorening** water pollution ([ämne] pollutant) **-försörjning** water supply **-hink** water bucket **-kanna** water-jug([amer.] -pitcher); [för vattning] watering-can **-klosett** water-closet **-konst** [artificial] fountain **-koppor** *pl* chicken-pox [sg.] **-kraft** water power **-kran** water-tap **-kvarn** water-mill **-kyld** *a* water-cooled **-led** *se -väg*
vattenledning water-main, [water-]conduit; *det finns* ~ [i huset] there is water laid on
vattenlednings|rör water-pipe **-vatten** tap water **-verk** waterworks [pl. lika]
vatten|linje ⚓ water-line **-mätare** water-meter **-pass** ⊕ water-level **-puss** *o.* **-pöl** puddle, pool [of water] **-rik** *a* watery; ~ *trakt* well-watered country **-samling** pool [of water] **-sjuk** *a* boggy, fenny, marshy **-skada** water damage, damage by water **-skida** water-ski; *åka -skidor* water-ski **-slang** hose **-spegel** mirror (surface) of the water **-stånd** water-level **-stånds-mätare** ⊕ water-gauge **-stämpel** water-mark
vatten|tillförsel *o.* **-tillgång** water-supply **-torn** water tower **-tät** *a* [om tyg] waterproof; [om kärl] watertight **-väg** waterway; *komma* ~*en* come by water **-yta** surface of water **-ånga** steam **-ödla** newt
vattkoppor *pl, se vattenkoppor*
vattna *tr* water [äv. djur]; [åkerfält äv.] irrigate; [gräsmattor, gator äv.] sprinkle; [m. slang] hose **vattnas** *itr. dep, det* ~ *i munnen på mig* [*när jag*] it makes my mouth water.. **vattnig** *a* watery **vattning** watering; irrigation; sprinkling; *jfr vattna*
vattrad *a* watered, moiré
vattu|skräck rabies; [hos människa äv.] hydrophobia **-sot** dropsy
vattvälling water-gruel
vax wax
vax|a *tr* wax **-artad** *a* waxlike **-blek** *a* waxen, pallid **-böna** wax bean **-docka** wax doll **-duk** oilcloth **-gul** *a* wax-coloured, waxen **-kabinett** waxworks exhibition (museum) **-kaka** honeycomb **-taft** oiled taffeta
wc W.C., toilet, lavatory
ve I *s,* [ngns] *väl och* ~, *se väl I; svära* ~ *och förbannelse över ngn* call down curses on [the head of] a p. **II** *itj,* ~ *dig* [, *om*..]*!* woe betide you [, if..]!; ~ *mig!* woe is me!; *o* ~*!* alas!
veck fold; [i sömnad] pleat; [invikning] tuck; [byx~ o.d.] crease; [i ansiktet] wrinkle, pucker; *bilda* ~ fold; *lägga pannan i* ~ pucker [up] one's brow
1 vecka I *tr* pleat, fold; [pannan] pucker; ~*d kjol* pleated skirt **II** *rfl* fold; crease; [isht om papper] crumple, crinkle
2 vecka *s* week; [*förekomma (utkomma)*] *en gång i* ~*n* ..once a week,.. weekly; [*i*] *förra* ~*n* last week; *om en* ~ in a week['s time]; *i dag om en* ~ this day week, a week from today
veckig *a* creased; [skrynklig] crumpled, crinkled
veckla *tr* wind; wrap; ~ *ihop* fold.. up (together); ~ *in ngt i ngt* wrap a th. [up] in a th.; ~ *upp (ut)* unfold, [t.ex. paket] undo
vecko|dag day of the week **-lön** weekly wages [pl.] **-slut** week-end **-städning** weekly cleaning **-tidning** weekly publication (magazine), weekly
ved wood, [bränsle äv.] firewood **-artad** *a* woody, [bot.] ligneous **-bod** woodshed **-bärare** [sak] wood-holder
veder|bör *opers. itr, den (dem) det* ~ whom[-soever] it may concern, the person (those) concerned **-börande I** *a* the.. concerned; [behörig] the proper (competent, appropriate).. **II** *s* the person ([jur. äv.] party) concerned; [pl.] those concerned, the persons ([resp.] parties) concerned; [*höga*] ~ the authorities [pl.] **-börlig** *a*

due, proper; *på ~t* [säkert] *avstånd* at a safe distance; *med ~t tillstånd* with due permission **-börligen** *adv* duly, properly,.. in due form **-faras** *itr. dep*, *~ ngn* befall (happen to) a p.; *låta ngn ~ rättvisa* do a p. justice **-gälla** *tr* repay, return, requite; [löna] reward, recompense; [hämnas] retaliate, avenge; *~ ont med gott* return good for evil **-gällning** retribution; [gottgörelse] recompense, reward; [hämnd] retaliation;.. *torde återlämnas mot ~* reward offered for the return of.. **-gällningsaktion** retaliatory action **-häftig** *a* **1** reliable, trustworthy **2** H solvent, financially responsible **-häftighet** **1** reliability, trustworthiness **2** H solvency, financial responsibility **-kvicka I** *tr* refresh; invigorate **II** *rfl* refresh [osv.] oneself **-kvickelse** refreshment; invigoration

veder|lag compensation [osv.], *jfr ersättning 1* **-like**, *hans ~* his equal **-lägga** *tr* confute; [gendriva] refute; [dementera] deny, disprove **-läggning** confutation, refutation; disproof **-möda** hardship[s [pl.]] **-sakare** adversary **-stygglig** *a* abominable; [-värdig] execrable **-tagen** *a* [erkänd] adopted, accepted, recognized; [fastställd]: [om sed] established, [om uppfattning] conventional **-vilja** antipathy, *mot* towards, against; repugnance; disgust, *mot* for **-värdig** *a* repulsive, repugnant; [avskyvärd] disgusting, loathsome **-värdighet** [egenskap] repulsiveness [etc., jfr föreg.]

ved|huggare wood cutter (chopper), woodman **-kubb[e]** chopping-block **-lår** firewood bin **-pinne** stick of [fire]wood **-såg** wood saw **-trave** woodpile, stack of [fire]wood (logs) **-trä** log of wood

vegetabilier *pl* vegetables **vegetabilisk** *a* vegetable **vegetarian** vegetarian **vegetarisk** *a* vegetarian **vegetation** vegetation **vegetera** *itr* vegetate

vek *a* [böjlig] pliant, pliable, yielding [äv. bildl.]; [svag] weak; [mjuk] soft; [känslig] gentle, tender; *bli ~* soften, grow soft; *bli ~ om hjärtat* feel one's heart soften, grow tender

veke wick

vek|het weakness [osv.], pliancy; *jfr vek* **-hjärtad** *a* soft-(tender-)hearted

veklagan lamentation, wailing

veklig *a* soft, [omanlig] effeminate; [svag] weak[ly]; [klemig] coddled, delicate

veklighet softness [osv.]; effeminacy; *jfr veklig* **vekling** weakling, effeminate man **vekna** *itr* soften, grow soft (tender)

velig *a* [obeslutsam] irresolute

vellpapp *o.* **wellpapp** corrugated cardboard

weltervikt welter-weight

vem *pron* **1** [interr.] who ([obj.] who[m]); [vilkendera] which [of them]; *~ där?* who is (✕ goes) there?; *~ får jag hälsa från?* [anmäla] what name, please?; [*jag vet inte*] *~ som kom* ..who came; *~s är det?* whose is it? **2** [i allm. rel. pron. o. d.], *~ det än är (vara må)* whoever it may be; *ge det till ~ du vill* give it to who[m]ever you like; *~ som helst, se helst I 2*

vemod sadness, melancholy **vemodig** *a* sad, melancholy

ven vein

Venedig Venice

venerisk *a* venereal

venetian[are] *s o.* **venetiansk** *a* Venetian

ventil **1** [i rum] ventilator, air-regulator **2** ⊕ valve **ventilation** ventilation **ventilera** *tr* **1** ventilate; air **2** [dryfta] debate, discuss **ventilgummi** valve rubber

veranda veranda[h], [amer. äv.] porch

verb verb **verbalsubstantiv** verbal noun

verb|böjning conjugation (inflection) of a verb (of verbs) **-form** verbal form

verifi[c]era *tr* verify **verifi[c]ering** *o.* **verifikation** verification; [kvitto] receipt, voucher

verk **1** [arbete] work, labour; [dåd äv.] deed; [litterärt o. konstnärligt ~] production; *samlade ~* collected works; *i själva ~et* in reality, actually, [faktiskt] as a matter of fact; *sätta.. i ~et* carry out, put.. into execution (effect), put.. in[to] practice, [förverkliga] realize; *gå (skrida) till ~et* go (set) about it **2** [ämbetsverk] [civil service] department **3** [fabrik] works [pl.] **4** ⊕ [i ur] works [pl.]; [mekanism] mechanism

verka *itr* **1** [handla, arbeta] work, act; *~ för..* work for (in behalf of).. **2** [göra verkan] work, act; [*medicinen*] *~de inte..* had no effect,..did not operate (work) **3** [förefalla] seem, appear; *~ barnslig* seem childish; *~ sympatisk* make an agreeable (a pleasing) impression [upon one]; [*vädret*] *~r att bli vackert* ..looks like being nice, it looks as if.. is going to be nice

verkan [resultat] effect, result; [följd] consequence; [kem.] action; [inflytande] influence; [intryck] impression; *göra ~* have (take) effect, be effective; *inte göra* [*någon*] *~* be of no effect; *ha ~ på..* have (produce) an effect upon..

verklig *a* real; [sann, äkta] true, genuine; [sannskyldig: riktig] regular, [förstärkande] veritable; [faktisk] actual; [*det*] *~a förhållandet* the real (actual) state of the case, the [real] facts [pl.], [ofta] the truth; *ett ~t nöje* a true (real) pleasure **verkligen** *adv* really; [isht vid förvåning] actually, indeed; [förvisso] certainly; *nej ~?* really?; *jag hoppas ~* [*att..* äv.] I do [beton.] hope..

verklighet reality; [faktum] fact[s [pl.]], actuality; [sanning] truth; *bli* ~ become a reality, be realized, materialize; *i* ~*en* [i verkliga livet] in real life, [i själva verket] in reality, [faktiskt] as a matter of fact
verklighets|främmande *a* unrealistic **-sinne** realism, sense of reality **-trogen** *a* realistic,.. true to [real] life
verkmästare foreman; [äv.] overseer
verknings|full *a* effective; impressive **-grad** *o.* **-kraft** efficiency
verksam *a* active; [driftig] energetic; [arbetsam] industrious, busy; [verkande] effective, efficacious.; *ta* ~ *del i* [*ngt*] take an active part in..; *vara* ~ *som*.. work as.. **-het** activity, activeness; [handling, rörelse] action; [maskins] operation; [arbete, sysselsättning] work; [fabriks~ o.d.] enterprise, [affärs~ äv.] business; *hålla ..i* ~ [äv.]: [pers.] keep.. working ([maskin o. d.] running); *sätta*.. *i* ~ set..working; *vara i* ~ [om pers.] be at [one's] work, [om sak] be in operation
verksamhets|begär craving for activity **-berättelse** [årsberättelse] annual report **-fält** sphere (field) of activities (action) **-år** H financial year
verkstad workshop; [bil~] garage **verkstadsarbetare** [engine] fitter, mechanic **verkstadsindustri** engineering industry
verk|ställa *tr* carry out, perform; [order] execute; [utbetalning] make; [göra, t.ex. en översättning] do; *jfr utföra* **-ställande I** *a* executive; [*vice*] ~ *direktör* [vice] managing director, [amer.] [vice-]president **II** *s* carrying out, performance; execution **-ställighet** execution; *gå i* ~ be put into effect, be carried out (into effect)
verktyg tool, instrument [äv. bildl.]; [eg. äv.] implement, utensil
verktygs|låda tool-box(-chest)
vermouth *o.* **vermut** vermouth
vers verse; [dikt] poem; *sjunga på sista* ~*en* be on one's last legs
versal capital, capital letter
versbyggnad metrical structure
versform metrical form; *i* ~ [äv.] in metre (verse) **versfot** [metrical] foot **versifiera** *tr* put.. into verse, versify
version 1 version **2** [skol.] text for translation from a ([resp.] the) foreign language; [översatt] translation from [osv.]
vers|lära metrics [sg. *el.* pl.], prosody **-mått** metre **-rad** line of poetry, verse
vertikal *a o. s* vertical **-plan** vertical plane **-vinkel** vertical angle
vespa ® Vespa scooter
vessla weasel, ferret
vestal vestal, vestal virgin
vestibul vestibule, entrance hall; [i hotell ofta] lounge, lobby
veta I *tr* know, [äv.] be aware [of..]; *såvitt (vad) jag vet* as far as I know, to my knowledge, as far as I am aware; *inte såvitt (inte vad) jag vet* [äv.] not that I know; *det vet jag väl!, det måtte jag väl* ~ [*bäst*]*!* I ought to (should) know [best]!; *vet du vad* [*vi gör*], *vi* [*går på bio!*] I (I'll) tell you what, let's..; *få* ~ [få reda på] find out, get to know, learn, [få höra] hear [of (about)], be told [of], [bli upplyst om] be informed of; *man kan aldrig* ~ you never know (can tell), one never knows (can tell); ~ *sig ha* [*vänner*] (*vara* [*försörjd*]) know that one has.. (is..) **II** [m. beton. part.] ~ *av att*.. know that..; ~ *av* [*ngt*] know of.., be aware of.., be acquainted with..; *honom vill jag inte* ~ *av* I won't have anything to do with him; [*sånt flams*] *vill jag inte* ~ *av* I won't have (hear of)..; *där vet man inte av någon vinter* they don't know what winter is there; ~ *med sig* be conscious (aware), *att man är* of being, that one is; ~ *om, se* ~ *av; inte* ~ *till sig av* [*glädje*] be beside oneself with..; ~ *varken ut eller in* be at one's wits' end, be at a loss (not know) what to do
vetande *s* knowledge; [kunskap äv.] learning; *mot bättre*~ against one's better judg[e]ment
vete wheat **-ax** ear of wheat **-bröd** wheat[en] bread, white bread; [kaffebröd] buns [pl.] **-bulle** bun **-mjöl** wheat-flour
vetenskap science; *den humanistiska* ~*en* the humanities, the arts [båda pl.]
vetenskap|lig *a* scientific; [humanistisk] scholarly **-ligt** *adv* scientifically; in a scholarly manner (way)
vetenskaps|akademi academy of sciences **-man** scientist; [humanist] scholar
veteran veteran **-bil** veteran car
veterinär veterinary [surgeon]
veterligen *adv. o.* **veterligt** *adv* as far as is known; *mig* ~ to my knowledge, as (in so) far as I know
vetgirig *a* eager to learn, of an inquiring mind **-het** inquiring mind; [kunskapstörst] thirst (hunger) for knowledge
veto veto; *inlägga* ~ *mot* [*ngt*] put a veto on.., veto..
vetskap knowledge
vett sense; *ha* ~ *att*.. have the [good] sense to..; *vara från* ~*et* be out of one's senses (wits)
vetta *itr,* ~ *mot (åt)* face [on to (on)]
vett|ig *a* sensible, reasonable **-lös** *a* senseless, unreasonable; absurd, wild **-skrämd** *a* ..frightened (scared) out of one's senses (wits); [*han flydde*] ~ [äv.].. in terror (panic) **-villing** madman; *jfr våghals*

vev crank, handle, winch **veva I** *s, i den ~n* [just] at that (the same) moment (time) **II** *itr* turn the handle, *på ngt* of a th.; *~* [*på*] [*positiv*] grind .. **vevaxel** crankshaft **vevstake** [connecting] rod

vi *pers. pron* we; *oss* us, [rfl.] ourselves

via *prep* via, by [way of]

viadukt viaduct

vibration vibration **vibrera** *itr tr* vibrate

vice *a* vice-, deputy; *~ talman* deputy speaker **-konung** viceroy

vice versa vice versa [lat.]

vicevärd landlord's agent, deputy landlord

vichyvatten soda[-water]

vicka *itr* [vara ostadig] wobble, be unsteady; [gunga] rock, sway; *sitta och ~ på stolen* sit tilting (swinging on) one's chair

vicker vetch; [koll.] vetches [pl.]

1 vid *a* wide; [vidsträckt äv.] vast, extensive, [bildl. äv.] broad; [om kläder äv.] loosely-fitting, [ledig] loose, [med mycken vidd] full

2 vid I *prep* **A** [i rumsbet.] **1** [allm.] at; [bredvid] by; [nära] near; [utefter (t.ex. vattendrag o. gränslinje)] on; [inom (t.ex gata)] in; [mot] against; *sitta ~ ett bord* sit at, ([bredvid] by) a table; *uppträda ~ domstolen (rätten)* appear in court; [*ställa sin cykel*] *~ dörren (~* [mot] *ett träd)*.. by the door (against a tree); *staden ligger ~ en flod* the town stands on a river; *vi bor ~ en flod* we live by ([nära] near) a river; *huset ligger (jag bor) ~ en gata* [*nära centrum*] the house is (I live) in a street..; *bo ~ gränsen* live on the border; [*han stoppades*] *~ gränsen* ..at the frontier; *sida ~ sida* side by side

2 [uttr. anställning o.d.]: [inom] in, [på] at, [ss. medlem av kår äv.] on [the staff of]; *vara* [*anställd*] *~* [*en firma*] be employed in (at)..; *han är ~ marinen (polisen)* he is in the Navy (the police); *gå in ~ marinen (polisen)* join *el.* enter the Navy (the police); *undervisa (vara lärare) ~ en skola* teach at (be a teacher at *el.* in) a school; [*han är professor*] *~ universitetet i Lund* ..at (in) the university of Lund; *vara (gå in) ~ teatern* be (go) on the stage

3 ['över'] over; *sitta och prata ~* [*ett glas vin*] sit talking over..; *sitta ~ sina böcker* [*hela dagen*] sit over one's books..; [*koka*] *~ sakta eld* ..over a slow fire

4 [vid ord som betecknar fastgörande] to; *den är fäst (sitter) ~* [*en stång*] it is fastened (attached) to..

5 [med hjälp av] by; *leda (ta) ngn ~ handen* lead (take) a p. by the hand

B [i tidsbet.]: [angivande [samtidig] tidpunkt] at; [äv.] at the time of; [efter] on; [i, under] in, [äv.] during; [omkring] about; [senast vid] by; [i samband med] in connection with; [för] for; [i händelse av] in case of; [*sluta skolan*] *~ aderton* [*år*] ..at [the age of] eighteen; *~ avtäckningen* at ([under] during) the unveiling ceremony; *~ besök i E.* [*bör man..*] when on (when paying) a visit to E..., when visiting E...; *~ hans död* [efter, till följd av] on his death; *~ sin död* [när han dör (dog)] when he dies (died); *~ halka* [när (om) det är halt] when (if) it is slippery; *~ jul (påsk, middagen)* at Christmas (Easter, dinner); *~ kaffet* [när vi drack kaffe] when we were having coffee; [*de betalas*] *~ leverans* ..on delivery; [*vakna*] *~* [*ljudet av*] *musik* ..at ([till] to) the sound of music; *~ meddelandet härom* [*reste han*] on being informed of this..; *~ midnatt* at ([omkring] about, [inte senare än] by) midnight; *~ dåligt väder* in bad weather

C [övriga fall]: [i edsformler] by, [på] [up]on; [uttr. tillstånd] in; *~ Gud* by God; *~ min ära* [up]on my honour; *vara ~ god hälsa* be in good health; *tala ~* talk (speak) to

II *adv* [beton. part.], *den klibbar ~* [*överallt*] it sticks to everything; *sitta ~* [*sitt arbete*] stick to one's work

vida *adv* **1** [i vida kretsar] widely; *~ omkring* far and wide, wide around **2** [i hög grad] far, much; .. by far; *~ bättre* far (much, a good deal) better, better by far; *det överträffar ~*.. it surpasses by far.. **3** *så ~, se såvida; så till ~, se såtillvida*

vidare *a adv* **1** [ytterligare] further; [mera] more; [adv. äv.] further[more], moreover, also, [längre]: [i rum] farther, further, [i tid] longer; *varje ~* [*försök*] every further..; *~ meddelas att*.. it is further[more] reported that..; *se ~* [*sid.5*] see also..

2 *och så ~, se under och; tills ~* [så länge] for the present, for the time being, [tills annat besked ges] until further notice; *utan ~* [resolut] straight off, [genast] at once, [helt enkelt] [quite] simply; [utan varsel] without further notice

3 *ingen (inte någon) ~* [+ subst.] a) [ingen nämnvärd] no.. to speak of b) [ingen särskilt bra] not ([resp.] not a) very good..; *inte ~* [särskilt].. not very (too, particularly)..; [*han är*] *ingen ~ lärare* ..not much of a (not a very good) teacher; [*filmen är*] *inget ~* [*bra*] ..not very (too) good

4 [beton. part. vid vb] on; *flyga ~* fly on, *till* to; *läsa ~* read on, go on reading, continue reading (to read)

vidare|befordra *tr* forward, send on **-befordran** forwarding; *för ~* [*till*] to be forwarded (sent on) [to] **-utbildning** further education (training)

vidbränd *a,* [*gröten*] *är* ~ ..has got burnt
vidd 1 [omfång] width **2** [bildl.]: [omfattning] extent, scope, [räckvidd] range **3** [vidsträckt yta], ~ *er* vast expanses, wide open spaces
vide [buske] osier, [träd] willow
videoband video tape **-spelare** video tape recorder
vidfilm wide-screen film
vidfoga *tr, se bifoga*
vidga I *tr* widen; [göra större]: enlarge, [metall] expand; [spänna ut] dilate; ~ [*sin horisont*] broaden (widen).. **II** *rfl* widen; enlarge, expand; dilate **vidgning** widening; enlargement, expansion, dilation, *jfr vidga I*
vid|gå *tr* own; [bekänna] confess **-hålla** *tr* hold (keep, adhere, stick) to, [åsikt äv.] persist in, [krav] insist on **-hållande** *s* adherence, *av* to; persistence, *av* in; insistence, *av* on **-häftande** *a* adhesive **-hängande** *a,* [*lås*] *med* ~ *nyckel*.. with key attached,.. and key
vidimer|a *tr* attest **-ing** attestation
vidja osier
vid|kommande, *för mitt* ~ [*tänker jag*..] as far as I am concerned.. **-kännas** *tr. dep* **1** *se kännas* [*vid*] **2** [bära, lida], *få* ~ [*kostnaderna*] have to bear..; *få* ~ [*förluster*] have to suffer (sustain)..
vidlyftig *a* **1** [utförlig] circumstantial, detailed, [mångordig] wordy **2** *se omfattande* **3** [tvivelaktig] shady, questionable; [lättfärdig] fast, loose **-het 1** [i tal o. skrift] circumstantiality; wordiness, *jfr vidlyftig 1* **2** ~ *er* [affärer] shady transactions; [eskapader] escapades
vid|låda *tr* be inherent in; be incident (attached) to; *de brister som -låder* [*det*] the defects of (inherent in, incident to, attached to).. **-makthålla** *tr* maintain, keep up **-makthållande** *s* maintenance, keeping up
vidrig *a* **1** disgusting, repulsive, [avskyvärd] loathsome, [förhatlig] obnoxious, odious; [otäck] nasty, horrid **2** [ogynnsam] adverse **-het** [egenskap] disgustingness [osv.], *jfr vidrig 1;* [sak] disgusting [osv.] thing
vid|räkning, ~ *med* [severe] criticism on; *hålla* ~ *med*.. take.. to task **-röra** *tr* touch; [omnämna] touch [up]on
vidskepelse superstition **vidskeplig** *a* superstitious **vidskeplighet** superstition, [egenskap äv.] superstitiousness
vidsträckt *a* extensive, wide, vast; *i* ~ *bemärkelse* in a wide (broad) sense; ~ *inflytande* wide (far-reaching) influence
vidstående *a,* ~ [*sida*] the adjoining..
vidsyn broad outlook (views [pl.]) **vidsynt** *a* **1** [tolerant] broad-minded **2** [framsynt] far-seeing, far-sighted **vidsynthet 1** [tolerans] broad-mindedness **2** [framsynthet] far-sightedness
vid|ta[ga] I *tr* [åtgärder] take; [göra (t.ex. förändringar)] make **II** *itr, se ta* [*vid*] **-tala** *tr,* ~ *ngn* inform a p.; make an arrangement with a p.
vidunder monster **vidunderlig** *a* monstrous; [fantastisk] fantastic
vidvinkelobjektiv wide-angle lens
vidöppen *a* wide open, [attr.] wide-open
Wien Vienna
vietnames Vietnamese [pl. lika]
vift, *vara ute på* ~ be out on the spree (razzle) **vifta** *itr tr* wave; ~ *farväl till ngn* wave farewell to a p.; ~ *på svansen* [om hund] wag its tail; ~ *bort* [*flugor*] whisk away.. **viftning** wave [of the (one's) hand]; [på svansen] wag [of the tail]
vig *a* [smidig] lithe; [rörlig] agile, nimble
viga *tr* **1** [helga, in~] consecrate; ~ *ngn till biskop* consecrate a p. bishop; ~ *sitt liv åt* [*vetenskapen* äv.] dedicate (devote) one's life to.. **2** [samman~] marry; ~ *s vid ngn* be married to a p., marry a p.
vighet litheness, agility, nimbleness, *jfr vig*
vigsel marriage, wedding **-akt** marriage ceremony **-attest** marriage certificate **-ring** wedding-ring
vigvatten holy water
vigör vigour; *vid full* ~ in full vigour
vik bay, [större, havs~] gulf; [mindre] creek, inlet, cove
vika A I *tr* **1** fold; ~ *ett papper i fyra delar* fold a piece of paper into four; ~ *en fåll* turn in a hem **2** [reservera], ~ *en kväll* [*för ett sammanträde*] set aside an evening..; ~ *en plats* reserve ([belägga] mark, [hålla] keep) a seat **II** *itr* [ge vika] yield, give way (in), *för* to; *han vek inte från* [*platsen*] he refused to budge from..; ~ *om hörnet* turn [round] the corner **III** *rfl* [böja sig] bend; *benen vek sig under henne* her legs gave way under her **IV** [m. beton. part.] ~ *av* [*från vägen*] turn off [from the road]; ~ *ihop* fold up; ~ *in på* [*en sidogata*] turn into (down)..; ~ *undan* give way, *för* to; ~ *undan för ett slag* dodge a blow
B *ge* ~ give way (in), [böja sig äv.] yield, submit, *för* to; [falla ihop] collapse; *marken gav* ~ [*under våra fötter*] the ground sank (gave way)..; *inte ge* ~ [äv.] stand firm (fast)
vikande *a* [priser] receding; ~ *konjunkturer* recession [sg.]
vikariat deputyship, post as a substitute (a deputy), temporary post, locum-tenency, *jfr följ.* **vikarie** [lärare] substitute, [ställföreträdare äv.] deputy; [läkare o. präst] locum [tenen|s [pl. -tes]] [lat.] **vikariera** *itr,* ~ *för ngn* substitute (deputize) for a

p., act as a substitute (a deputy) for a p., supply a p.'s place, act as locum tenens for a p., *jfr vikarie* **vikarierande** *a* deputy, [om rektor] acting
vikbar *a* foldable
viking Viking **vikingatiden** the Viking Age **vikingatåg** Viking raid
vikt *s* **1** weight; *specifik* ~ specific gravity; [sälja] *efter* ~ ..by weight; *gå ned (upp) i* ~ lose (put on) weight **2** [betydelse] importance, weight; *fästa stor* ~ *vid ngt* attach great importance (weight) to a th. **-enhet** unit of weight
viktig *a* **1** important, ..of importance; [väsentlig] essential; *en ytterst* ~ [*fråga* äv.] a vital..; *det* ~*aste* [*är att*..] the main (important) thing.. **2** [högfärdig] self-important, [mallig] stuck-up, cocky; *göra sig* ~ give oneself (put on) airs **viktighet** self-importance, cockiness
vila I *s* rest, repose; [uppehåll] pause, interval; *en stunds* ~ a little rest; *i* ~ at rest **II** *tr* rest; ~ *huvudet mot* [*kudden* äv.] repose one's head on.. **III** *itr* rest, *mot* against, *på* on; repose; [om verksamhet] be suspended, be at a standstill; *låta ett arbete* ~ let a job stand over; *saken får* ~ *tills vidare* the matter must rest there for the moment; *här* ~*r*.. here lies..; ~ *ut* take (have) a good rest **IV** *rfl* rest, take a rest
vil|d *a* wild, [otämd äv.] savage, uncivilized, untamed; [om längtan] furious; ~*a blommor (djur)* wild flowers (animals); *i -t raseri* in a frantic rage, in a frenzy of rage; ~*a seder* barbarous customs; ~ *strejk* wildcat strike; *i -t tillstånd* in the wild state, when wild; *Vilda Västern* the Wild West; *bli* ~ [ursinning] become (get) furious; ~ *av glädje* wild (mad, frantic) with joy
vild|basare madcap, harum-scarum **-djur** wild beast
vilde savage
vild|het wildness, savagery **-hjärna** madcap **-inna** female savage **-mark** wilderness **-sint** *a* fierce, ferocious **-sinthet** fierceness, ferocity **-svin** wild boar **-vin** Virginia creeper
vilj|a I *s* will; [önskan] wish, desire; [avsikt] intention; *min sista* ~ [testamente] my last will and testament; *få sin* ~ *fram* have (get) one's own way, have one's will; *av* [*egen*] *fri* ~ of one's own free will; *med bästa* ~ *i världen går det inte* with the best will in the world it is not possible; *med eller mot min* ~ [*måste jag gå*] whether I like it (want to) or not..; *han måste skratta mot sin* ~ he had to laugh in spite of himself; *till -es, se under vilje*
II *tr itr o. hjälpvb* a) [önska] want, wish, desire, [tycka om] like, [vara benägen] care, [finna för gott] choose, [behaga] please; [mena, ämna] mean b) [vara villig] be willing [samtliga med 'to' framför följande infinitiv (vanligen även när infinitiven är underförstådd)]; ~ *ha* [ofta] want; *vill du vara snäll och (skulle du* ~*)* [inf.] [will you] please [inf.], would you mind [ing-form]; *jag vill att du skall göra (gör) det* [önskar] I want you to do it; *vill du ha* [*lite mera te*]? — *Ja, det vill jag* would you like..? — Yes, I would; do you want..? — Yes, I do; *vad vill du* [*att*] *han skall göra?* what do you want (wish) him to do?, what would you like him to do?; *Gud vill att* [*människan skall*] God wills that..; *jag vill inte gärna* I would rather not; *kom när du vill* come when[ever] you like (please, wish); [*gör*] *som du vill* [do] as you like (please, wish); *om Gud vill* ..God willing, ..please God; *han må vara hur* [*envis*] *han vill* however.. he may be; [*vet du*] *vad jag skulle* ~? ..what I should (would) like to do?; *jag skulle* ~ *ha* ..[i butik] I want.., [vid bordet] I should like [to have]..; *jag vill hellre ha* [*te än kaffe*] I would rather have..; *det vill jag hoppas* I do hope so; *vi vill meddela att*.. [i brev] we would (wish to) inform you that..; *jag vill minnas* [*att*..] I seem to remember..; ..*vill jag minnas* ..if I remember rightly; *det vill jag gärna tro* I am quite prepared to believe that; *du (han) tycks inte*~ [*gå*] it seems as if you don't (he doesn't) want to..; *vad vill du ha att dricka?* what will you have (what do you want) to drink?; *vad vill du ha* [*betalt*] *för den?* what do you want (ask) for it?; *boken vill* [*ge en presentation av*..] the purpose of this book is to..; *snöret vill gärna* [*gå av*] the string is apt to..; [*arbetet*] *vill aldrig ta slut*..seems never to end
III *rfl, om det vill sig väl* if all goes well
IV [m. beton. part.] *jag vill* [önskar stiga] *av här* I want to get off here; *han ville inte fram med sanningen* he would not come out with the truth; *det vill till att du skyndar dig* you will have to hurry up; *det vill till att kunna*.. it is a question of being able to..; *det vill mycket till innan han ger upp* it takes a lot to make him give up; ~ *åt ngn* [skada] want to get at a p.
vilje, *göra ngn till* ~*s* do as a p. wants (wishes) **-lös** *a* ..who has no will of his ([resp.] her) own,..who lacks will-power **-löshet** lack of will-power **-stark** *a* strong-willed **-styrka** will-power **-svag** *a* weak-willed
vilk|en *pron* **1** [rel.] a) [självst.]: [m. syftning på pers.] who ([obj.] whom), [m. syft-

ning på djur el. sak} which, {m. syftning på pers., djur el. sak i nödvändig rel.-sats ofta} that; *jfr som I* b) {fören.} which; *-ens, -ets, -as* whose, *jfr vars; dessa pojkar, -a alla (-a båda, av -a tre)* {*är bosatta i..*} these boys, all (both, three) of whom..; *dessa böcker, -a alla* {*är..*} these books, all of which..; *i -et fall* {*han måste*} in which case..

2 {interr.} a) {i obegränsad bet.} what, {självst. om pers.} who ({obj.} who[m]) b) {urval} which, {självst. äv.} which one {pl. ones}; *-ens, -as* whose; *-a böcker* {*har du läst*}? what ({av ett begränsat antal} which) books..?; ~ *är* {vad heter} {*Sveriges största stad*}? what is..?; *-a är* {*de där pojkarna*}? who are..?; {*jag vet inte*} ~ *av dem som kom först* ..which of them came first

3 {specialfall} **a)** ~ *som helst, se helst I 2;* {*res*} ~ *dag du vill* ..any day you like; *-a åtgärder han än må vidta* whatever steps he may take; ~ *av de tre systrarna du än gifter dig med* whichever of the three sisters you marry **b)** {i utrop}, ~ *dag!* what a day!; *-et väder!* what weather!; *-a höga berg!* what high mountains!

vilkendera *pron* which[ever] [{av två äv.} of the two]

1 villa I *s* illusion, delusion; *vara offer för en* ~ be under a delusion **II** *tr,* ~ *bort ngn* confound a p.

2 villa *s* house, villa, {enplans~ ofta} bungalow; {på landet ibl.} cottage **villasamhälle** *o.* **villastad** residential district

villebråd game; {förföljt el. nedlagt} quarry

villervalla confusion, chaos

villfara *tr* comply with, grant

villfarelse error, mistake, delusion; *sväva i den ~n att..* be under the delusion that..

villig *a* willing, {bered~ äv.} ready **-het** willingness, readiness

villkor condition; {köpe~ o.d. ofta} terms; {i kontrakt o.d.} stipulation; *ställa* [*upp*] *som ~ att..* make it a condition that..; *på* [*det*] ~ [*et*] *att..* on condition that.., provided [that]..; *på inga* ~ on no condition [whatever]; {*kapitulera*} *utan* ~ ..unconditionally **villkorlig** *a* conditional; *de fick ~ dom* they were given a conditional (suspended) sentence **villkorsbisats** conditional clause **villkorslös** *a* unconditional

villo|lära *se irrlära* **-spår,** *vara på* ~ be on the wrong track (scent) **-väg,** *leda (föra) ngn på ~ar* lead a p. astray; *råka (komma) på ~ar* go astray

vill|rådig *a* irresolute, *om* as to; *vara ~ om vad man skall göra* be at a loss what to do **-rådighet** irresolution **-sam** *a* confusing, bewildering

vilo|dag day of rest **-hem** rest home **-paus** *o.* **-stund** break, rest

vilse *adv, gå* ~ lose one's way, get lost **-gången** *a o.* **-kommen** *a* lost, {attr. äv.} stray **-leda** *tr* mislead, lead.. astray, {bildl. äv.} deceive

vilstol [folding] deck chair, {av sängtyp} [folding] lounge chair

vilt I *adv* **1** wildly, savagely, furiously; *växa* ~ grow wild **2** ~ *främmande* quite (perfectly) strange **II** *s* game **-handel** {butik} poulterer's, poultry shop

vimla *itr* swarm, *av* with; {överflöda} abound, *av* in, with; teem, *av* with; *det ~r av folk på gatorna* the streets are swarming (teeming, thronged) with people **vimmel** {folk~} throng, [swarming] crowd [of people]

vimmelkantig *a* {yr} giddy, dizzy; {förvirrad} dazed, confused, bewildered

vimpel streamer, ⚔⚓ pennant, pennon

1 vin 1 {dryck} wine **2** {växt} vine

2 vin {vinande} whine, {om pil o.d.} whiz[z], whistle, {om vind äv.} howl, whining, whizzing **vina** *itr* whine, {om pil o.d.} whiz[z], whistle, {om vind äv.} howl **vinande** *a, i ~ fart* at a headlong speed

vin|berg vine-hill **-bergssnäcka** edible (vineyard) snail **-bär,** [*rött (svart)*] ~ [red (black)] currant

1 vind *s* wind; {lätt ~} breeze; *~en har vänt sig* the wind has shifted (veered) {äv. bildl.}; *driva ~ för våg* drift aimlessly, be adrift; *låta ngt gå ~ för våg* leave a th. to take care of itself; *få ~ i seglen* catch the wind, {bildl.} [start to] do well; *ha ~ i seglen* sail with a fair wind, {bildl.} be successful; *vaja för ~en* float in the wind; *hålla upp i ~en* go (keep, sail) near (close to) the wind; *borta med ~en* gone with the wind

2 vind *s* {i hus} attic, {vindsrum äv.} garret; *på ~en* in the attic

3 vind *a* {sned} warped

1 vinda *itr, se skela*

2 vinda I *tr* {linda} wind; ~ *upp* wind up **II** *s* {bot.} bindweed

vindbrygga drawbridge

vindel whorl; {spiral} spiral **-trappa** winding (spiral, newel) staircase

vind|fläkt breath (puff) of air (wind), breeze **-flöjel** weathercock **-il** breeze

vindling {anat.} convolution; {i snäckskal o.d.} whorl

vind|mätare anemometer, wind-gauge **-pust** breath (puff) of air (wind) **-ruta** {på bil} windscreen **-rutespolare** windscreen washer **-rutetorkare** windscreen wiper

vin|druva grape **-druvsklase** bunch ({på vinstock} cluster) of grapes

vinds|kammare attic [room], garret **-kon-**

tor lumber-room (box-room) [in the attic]
vindspel windlass, winch; capstan
vindstilla *a* calm, becalmed **vindstöt** gust [of wind], blast
vindsvåning attic [storey]
vindtygsjacka windproof (weather-proof) jacket, windcheater
vindögd *a* [osv.] *se skelögd* [osv.]
vin|fat [wine-]barrel, [wine-]cask **-flaska** wine bottle; [m. vin] bottle of wine
vingad *a* winged
vinge wing
vingla *itr* [gå ostadigt] stagger, reel; [stå ostadigt] sway, [om möbler] wobble
vinglig *a* staggering, reeling, [om möbler] wobbly, rickety, unsteady
ving|lös *a* wingless **-mutter** ⊕ wing[ed] [screw-]nut **-penna** [wing-]quill, pinion **-slag** wing-stroke, wing-beat, wing-flap
vin|gård vineyard **-handel** [butik] wine-shop, wine-store
vinjett vignette
vink [med handen] wave; [tecken] sign, motion; [antydan] hint; *få en fin ~ om ngt* be gently reminded of a th.; *förstå ~en* take the hint; *ge ngn en ~* drop (give) a p. a hint, hint to a p.; *lyda ngns minsta ~* be at a p.'s beck and call
vinka *itr tr* beckon; motion, *åt* to; [vifta] wave; *~ ngn till sig* beckon a p. to come up to one; *~ adjö åt ngn* wave good-bye to a p.; *~ av ngn* wave a p. off
vinkel angle; [hörn] corner; [vrå] nook; *i rät ~ mot* [*golvet*] at right angles to.., perpendicular to..
vinkel|avstånd angular distance **-ben** side of an angle **-böjd** *a* .. bent at an angle, [rätvinklig] L-shaped **-formig** *a* angular **-hake** ⊕ set-square, triangle **-järn** angle-iron, angle [bar] **-linjal** [T-]square **-rät** *a* perpendicular, *mot* to; *~ mot..* [äv.] at right angles to..
vinkla *tr* [bildl.] angle
vin|källare wine-cellar **-lista** wine-list, wine-card **-löv** vine-leaf
vinna *tr itr* [i strid, tävlan, spel] win; [t. ex. erfarenhet, tid, terräng] gain, *genom, med, på* by; [ha vinst] profit, *på* by; [ha nytta] benefit, *på* from; *~ sitt syfte* achieve one's purpose; *därmed är redan mycket vunnet* much has thus already been gained; *du vinner ingenting med att hota* threats won't get you anywhere; *~ på* [*en affär*] profit (benefit) from *el.* by.., [tjäna pengar] make money on (out of)..; *~ på* [ta in på] *ngn* gain on a p. **vinnande** *a* winning; [intagande äv.] attractive, engaging
vinning gain; profit; *för snöd ~s skull* out of [sheer] greed **vinningslysten** *a* greedy, grasping, covetous, avid, mercenary
vinningslystnad greed, covetousness, avidity **vinningssyfte,** *i ~* for the sake of gain
vinnlägga *rfl, ~ sig om att* [inf.] take [great] pains to [inf.]
vin|press winepress **-ranka** tendril of a vine, grape-vine **-rättigheter,** *ha ~* be licensed to serve wine; *ha vin- och sprit-rättigheter* be fully licensed
vinsch winch **vinscha** *tr, ~* [*upp*] hoist, winch
vinskörd [~ande] grape harvesting; [konkr.] grape (wine) harvest, [årgång] vintage
vinst gain; H profit[s [pl.]]; [avkastning] yield, return[s [pl.]]; [utdelning] dividend; [i lotteri] [lottery] prize; *högsta ~en* the first prize; *ren ~* net profits (proceeds) [pl.]; *ge ~* yield (bring in) a profit; *sälja.. med ~* sell.. at a profit; *på ~ och förlust* at a venture, on speculation **-andel** share of (in) the profits, profit share; [utdelning] dividend **-givande** *a* profitable, remunerative, paying **-lista** lottery [prize-]list **-lott** winning ticket **-marginal** margin of profit, profit margin **-nummer** winning number
vinstock [grape-]vine
vinter winter; *jfr höst* [ex.] **-bonad** *a* ..fit for winter habitation **-dag** winter['s] day **-dvala** winter sleep, hibernation; *ligga i ~* hibernate **-däck** snow tyre **-gata,** *Vintergatan* the Milky Way, the Galaxy **-lig** *a* wintry **-sport** winter sports [pl.] **-tid** winter[time]
vinthund greyhound
vinäger *o.* **vinättika** wine-vinegar
viol violet
violett *s o. a* violet; *jfr blått*
violin violin **violinist** violinist **violoncell** [violon]cello [pl. -s]
vipa lapwing, peewit
vipp, *vara på ~en att* [inf.] be on the point of (be within an ace of) [ing-form]
vippa I *s* **1** puff **2** [bot.] panicle **II** *itr* swing up and down; [t.ex. om plym] wave; *~ på stjärten* wag one's tail **vipport** [garage-dörr] overhead door
vips *itj* pop!; hey presto!; *~ var han borta* he was off like a shot
vira *tr* wind; [för prydnad] wreathe
wire cable; [tunnare] wire
virka *tr itr* crochet
virke wood, timber, [isht amer.] lumber; [bildl.] stuff
virk|ning crocheting, crochet work **-nål** crochet-hook, crochet-needle
virrig *a* muddle-headed, scatter-brained; [oredig, oklar] confused; muddled **virrighet** muddle-headedness, confused state of mind **virrvarr** [förvirring] confusion, [villervalla] muddle, [röra] jumble, [oreda]

mess, tangle; *ett* ~ *av* .. ⌈äv.⌉ a confused (tangled) heap of..

virtuos *s* virtuos|o ⌈pl. -i el. -os⌉ **virtuositet** virtuosity **virtuosmässig** *a* masterly, brilliant

virus virus

virvel whirl, swirl; ⌈ström~⌉ whirlpool, ⌈mindre⌉ eddy **virvelstorm** cyclone; ⌈i tropikerna⌉ tornado, typhoon **virvelvind** whirlwind **virvla** *itr* whirl, swirl, eddy

1 vis *s* way, manner, fashion; *jfr 1 sätt 1*

2 vis *a* wise; sage

1 visa *s* song; ⌈folk~⌉ ballad; ⌈låt äv.⌉ tune, melody, air

2 visa I *tr* (⌈ibl.⌉ *itr)* show; ⌈peka⌉ point, *på* at (to); ⌈ådagalägga äv.⌉ exhibit, display; ⌈be~, ut~ äv.⌉ prove; *kyrkklockan ~r rätt tid (~ de 12.15)* the church clock tells the right time (pointed at 12.15); ⌈*ett kors på kartan*⌉ *~r ruinen* ..indicates the ruin; *~ ngn aktning* pay respect to a p.; *~ ngn på dörren* show a p. the door
II *rfl* show oneself; ⌈framträda⌉ appear; ⌈bli tydlig⌉ become apparent; ⌈synas äv.⌉ be seen; *det ~de sig att* ⌈*beräkningarna var..*⌉ it appeared that..; *det kommer att ~ sig om..* it will be seen whether..; *detta ~de sig vara ogenomförbart* this proved [to be] impracticable
III ⌈m. beton. part.⌉ *~ fram* ⌈förete⌉ show, ⌈lägga fram [till beskådande]⌉ exhibit, display; *~ ngn (ngt) ifrån sig* ⌈av~⌉ dismiss (reject) a p. (a th.); *~ upp* ⌈fram, t.ex. pass⌉ show up, ⌈ta fram⌉ produce; *~ ut ngn* order (send) a p. out

visare ⌈på ur⌉ hand; ⌈på instrument⌉ pointer, indicator, needle

visavi I *s* vis-à-vis ⌈pl. lika⌉ **II** *prep* ⌈mittemot⌉ vis-à-vis, opposite; ⌈beträffande⌉ regarding **III** *adv* vis-à-vis

visbok song-book; book of ballads

visdom wisdom; ⌈klokhet äv.⌉ prudence; ⌈lärdom⌉ learning **visdomstand** wisdom--tooth

vise ⌈bidrottning⌉ queen bee

visent European bison

visera *tr* ⌈pass⌉ visa **visering** visaing; ⌈visum⌉ visa

vishet wisdom **vishetslära** philosophy

vision vision **visionär I** *a* visionary **II** *s* visionary, dreamer

1 visir ⌈ämbetsman⌉ vizier

2 visir visor; *kämpa med öppet ~* ⌈bildl.⌉ play a straightforward game **-skiva** ⌈foto.⌉ focussing (ground) screen

visit call, visit; *avlägga ~ hos ngn* pay a p. a visit, call on a p. **visitation** examination; ⌈kropps~⌉ search; ⌈besiktning⌉ inspection **visitera** *tr* examine; search; inspect; *jfr visitation* **visitkort** [visiting-]card; ⌈amer.⌉ calling card

viska *tr itr* whisper **viskning** whisper

visky whisky, ⌈ibl.⌉ whiskey

visligen *adv* wisely

vismut bismuth

visning showing; demonstration; ⌈före~⌉ exhibition; display; show

visp whisk; ⌈mekanisk äv.⌉ beater; ⌈av ståltråd äv.⌉ whip **vispa** *tr* whip, whisk; ⌈ägg o.d.⌉ beat **vispgrädde** whipped (⌈till vispning⌉ whipping) cream

viss *a* **1** ⌈vanl. pred.: säker⌉ certain, *om, på* of; sure, *om, på* of, about **2** ⌈attr.⌉: ⌈särskild⌉ certain; ⌈bestämd⌉: ⌈om tidpunkt äv.⌉ given; ⌈om summa⌉ fixed; *en ~* ⌈*hr Andersson*⌉ a certain ..; *i ~ mån* to a certain (some) extent, in a certain (some) degree; *i ~a avseenden* in some respects (ways)

visselpipa whistle

vissen *a* faded; ⌈förtorkad⌉ withered; *känna sig ~* feel off colour, feel rotten

visserligen *adv* [it is] true; certainly; to be sure; indeed; *han är ~ duktig, men..* it is true that he is clever, but..

visshet certainty; ⌈tillförsikt⌉ assurance; *få ~ om..* find out.. [for certain]

vissla I *s* whistle **II** *tr itr* whistle; ⌈vina⌉ whiz[z]; *~ på* ⌈*hunden*⌉ whistle to..; *~ ut* hiss, ⌈skådespelare⌉ hiss.. off the stage

vissling whistle; whiz[z]

vissna *itr* fade, wither

visst *adv* certainly, to be sure; ⌈utan tvivel⌉ no doubt; ⌈sannolikt⌉ probably; *helt ~* [most] certainly, no (without a) doubt; *ja ~!* certainly!, of course!, yes, indeed!; *~ inte!* certainly not!, not at all!, by no means!

vistas *itr. dep* stay; ⌈bo⌉ reside, live; ⌈äv.⌉ be **vistelse** stay; ⌈officiellt o. litt.⌉ sojourn; ⌈boende⌉ residence **vistelseort** [place of] residence, permanent residence

visuell *a* visual

visum visa

vit *a* white; *~ bok* ⌈polit.⌉ white book; [*den*] *~a duken* the screen; *en ~* a white [man]; *de ~a* the whites; ⌈för sms. jfr äv. *blå-*⌉

vita ⌈ägg~, ögon~⌉ white, *i* of **vitaktig** *a* whitish

vital *a* vital; ⌈viktig äv.⌉ of vital importance, momentous; ⌈livskraftig⌉ vigorous **vitalitet** vitality; ⌈livskraft⌉ vigour

vitamin vitamin **vitaminbrist** vitamin deficiency **vitaminfattig** *a*..deficient in vitamins **vitaminisera** *tr* vitaminize

vitbeta ⌈foder-⌉ fodder-beet; ⌈socker-⌉ sugar--beet

vitbok 1 ⌈bot.⌉ hornbeam **2** *se vit* [*bok*]

vitbroderi white embroidery on white fabric

vite fine, penalty; *vid ~ av* under penalty of a fine of

vit|glödande *a* [attr.] white-hot, incandescent **-glödga** *tr* bring.. to [a] white heat **-hårig** *a* white-haired **-klöver** white (Dutch) clover **-kål** [white] cabbage **-kålshuvud** [head of] cabbage **-limma** *tr* whitewash. — [För sms. jfr äv. *blå-*]
vitling whiting
vit|lök garlic **-lökskIyfta** clove of garlic **-mena** *tr* whitewash **-mossa 1** [torv~] bog moss **2** [renlav] reindeer moss
vitna *itr* whiten, turn (grow, go) white
vit|peppar white pepper **-rappa** *tr* rough-cast.. with white plaster. — [För sms. jfr äv. *blå-*]
vitriol vitriol **-haltig** *a* vitriolic
vits [ordlek] pun; [kvickhet] joke, jest, [neds.] witticism **vitsa** *itr* make puns ([resp.] a pun); joke, crack jokes ([resp.] a joke) **vitsig** *a* [kvick] witty
vitsippa wood anemone
vitsord [skriftligt betyg] testimonial; [skol.] mark; [amer.] grade **vitsorda** *tr* [intyga] testify to, certify; ~ *att ngn är..* certify that a p. is..
1 vitt *s* white; *jfr blått o. svart III*
2 vitt *adv* widely; ~ *och brett* far and wide; *prata ~ och brett om..* talk (speak) at great length about..; *för så ~, se 2 för II 5* **-bekant** *a* widely known, famous **-berest** *a, vara ~* have travelled a great deal **-berömd** *a* renowned, illustrious
vitter *a* literary
vitterhet belles-lettres [pl.; fr.]
vitt|famnande *a* wide-embracing, comprehensive **-gående** *a* far-reaching; ~ *reformer* [äv.] extensive reforms
vittja *tr, ~ näten* search (go through) and empty the [fishing-]nets
vittna *itr* witness; [intyga] testify, *om* to; [vid domstol äv.] give evidence; ~ *mot (för) ngn* give evidence against (in favour of) a p.; ~ *om* [visa] show
vittne witness; *vara ~ till ngt* be a witness of a th., witness a th.
vittnes|bås witness-box **-börd** testimony, evidence **-förhör** examination (hearing, [av motpartens vittne[n]] cross-examination) of witnesses ([resp.] a witness) **-mål** evidence, testimony
vittomfattande *a* far-reaching, extensive, [studier] comprehensive
vittra *itr* [geol.] weather, decompose; [falla sönder] moulder, crumble [away]
vittsvävande *a, ~ planer* ambitious (vast) plans
vit|tvätt white laundry (linen), whites [pl.] **-varor** *pl* white goods **-varuaffär** linen-draper's [shop]
vivel neevil
vivre board and lodging, keep; *fritt ~* free board and lodging
vokabel vocable, word **vokabelsamling** vocabulary **vokabulär** [ordförråd] vocabulary, [ordlista äv.] glossary
vokal vowel **vokalist** vocalist
volang flounce, [smalare] frill
volfram tungsten, [ibl.] wolfram
volm haycock **volma** *tr* cock
volontär volunteer; H unsalaried clerk
1 volt [elektr.] volt
2 volt [ridn. o. fäkt.] volt[e]; *göra (slå) ~er* [gymn.] turn somersaults
voluminös *a* voluminous **volym 1** volume **2** [bok[band]] volume, [större] tome
votera *itr tr* vote; *jfr rösta* **votering** voting; *jfr omröstning*
votum vote
vov *itj, ~ [~]!* bow-wow! **vovve** bow-wow
vrak wreck [äv. bildl.] **vraka** *tr* reject
vrak|gods wreckage **-plundrare** wrecker **-pris** bargain price; *köpa ngt för ~* buy a th. for a song **-spillror** *pl* wreckage [sg.]
1 vred *s* handle, [runt äv.] knob
2 vred *a* wrathful, irate; [ond] angry, furious, *på* with
vrede wrath, [harm] anger, [ursinne] fury, rage; *låta sin ~ gå ut över ngn* vent one's anger on a p. **vredesmod,** *i ~* in wrath (anger) **vredesutbrott** [out]burst of fury, fit of rage **vredgas** *itr. dep* be (get) angry, become incensed
vresig *a* peevish, cross, sullen, surly **-het** peevishness [osv.], *jfr vresig*
vricka *tr* **1** [stuka] sprain; [rycka ur led] dislocate **2** ⚓ scull **vrickning 1** [stukning] sprain, dislocation **2** ⚓ sculling
vrida I *tr itr* turn; [sno] twist, wind; ~ *händerna* wring one's hands; ~ *tvätt* wring [out] the washing; ~ *och vränga på ngt* twist and turn a th. **II** *rfl* turn; ~ *sig av smärta* writhe in pain **III** [m. beton. part.] ~ *av* twist (wrench) off; ~ *fram klockan* put the clock forward; ~ *om* [*nyckeln*] turn..; ~ *på* [t.ex. kranen] turn on; ~ *till kranen* turn off the tap; ~ *upp klockan* wind up the clock **vridbar** *a* turnable **vriden** *a* **1** [snodd] twisted, contorted **2** [tokig] unhinged **vridmaskin** [för tvätt] wringer **vridscen** revolving stage
vrist instep; [ankel] ankle
vrå corner, nook, cranny
vråk [zool.] buzzard
vrål roar[ing], bawl[ing], bellow[ing] **vråla** *itr* roar, bawl, bellow **vrålapa** howler [monkey]; [bildl.] bawler
vrång *a* [allm.] perverse; [avig] wrong **-bild** distorted picture **-strupe,** *få ngt i ~n* get a th. down the wrong way

väk|a I *tr* **1** [eg.] heave; [kasta] toss, throw **2** [jur.] evict, eject **II** *itr, regnet -er ned* it's (the rain is) pouring down; *snön -er ned* the snow is coming down heavily **III** *rfl, sitta och ~ sig* lounge about **IV** [m. beton. part.] ~ [kasta] *bort* throw away; ~ *omkull* throw.. over; ~ *ut* [*pengar*] throw.. to the winds **vräkig** *a* ostentatious; [flott] flashy, showy; [slösaktig] extravagant **vräkighet** ostentation; flashiness; extravagance **vräkning** [jur.] eviction, ejection

vränga *tr* [vända ut o. in på] turn.. inside out; [för~] distort, twist

vulgär *a* vulgar, common

vulkan volcano **vulkanisera** *tr* vulcanize **vulkanisk** *a* volcanic

vurm passion, craze, mania, fad, *för (på)* for **vurma** *itr, ~ för ngt* have a passion (craze, mania) for a th.

vuxen *a* [full~] adult, grown-up **-undervisning** *o.* **-utbildning** adult education

vy view **-kort** picture postcard

vyss[anlull] *itj* hushaby [baby]! **vyss[j]a** *tr* lull (*i sömn* to sleep)

våd [kjol~] gore; [tapet~] length

våda [fara] danger, peril; *av* ~ by misadventure, accidentally **vådaskott** accidental shot **vådeld** accidental fire **vådlig** *a* [farlig] dangerous; [förskräcklig] dreadful, [förfärlig] terrible, F awful

våffeljärn waffle-iron **våffla** waffle

1 våg [redskap] scale[s [pl.]], [större] weighing-machine; [med skål[ar]] balance

2 våg wave, [bildl. äv.] surge; [dyning] roller; *~orna går höga* the sea runs high

1 våga *tr, ~ håret* wave one's hair

2 våga I *tr itr* dare; [våga sig på o. riskera] venture, [riskera äv.] risk; *~r han* [*gå?*] dare he.., does he dare to..; ~ [ta risken att] *göra ngt* risk (take the risk of) doing a th.; ~ *försöket* take the risk (the chance); ~ *livet* venture (risk, hazard, jeopardize) one's life; *du skulle bara ~!* [just] you dare!, just you try [it]! **II** *rfl, ~ sig fram* [*ur* [*gömstället*]] venture [to come] out [of..]; *~ sig på ngn* [angripa] dare to tackle (attack) a p. **vågad** *a* [djärv] daring, bold, [riskfylld] risky, hazardous; [ekivok] risqué [fr.], indecent

vågarm arm (lever) of a balance

våg|brytare breakwater **-dal** [eg.] trough of the sea (the waves) **-formig** *a, ~ rörelse* wave-like (undulating) movement

våg|hals dare-devil; [äv.] reckless fellow **-halsig** *a* reckless, foolhardy, rash

våg|ig *a* wavy; undulating **-kam** crest of a (the) wave **-längd** [radio.] wavelength

vågrät *a* horizontal, [plan] level

vågrörelse undulation

vågsam *a* risky, hazardous, daring, bold

vågskvalp lapping of the waves, ripple

vågskål scale [of a (the) balance]

våg|spel *o.* **-stycke** bold (daring) venture: [vågsam handling] daring act (deed)

vågsvall surging sea, surging (beating) of the waves

våld [makt] power; [tvång] force, compulsion; [våldsamhet] violence, [övervåld] outrage, [bildl. äv.] violation; *yttre ~* violence; *bruka (öva) ~* use force *el.* violence (*mot* against); [*dömas*] *för ~ mot polis* ..for assaulting a policeman; *göra ~ på* [*sanningen*] violate..; *göra ~ på sig* restrain oneself; *ge sig i ngns ~* give oneself up to a p.; *vara i ngns ~* be in a p.'s power, be at a p.'s mercy; *med ~* by force; *med milt ~* with gentle compulsion **-föra** *rfl, ~ sig på, se* [*bruka*] *våld o.* [*göra*] *våld* [*på*]

våldsam *a* violent, [häftig äv.] vehement; [vild] furious; *~ma ansträngningar* furious efforts; *göra ~t motstånd mot* [*polis*] violently resist.. **-het** violence, vehemence [båda end. sg.], *jfr våldsam*

våldsdåd act of violence, violent deed

våld|ta[ga] *tr* rape **-täkt** rape

vålla *tr* [förorsaka] cause, occasion; [vara skuld till] be the cause of; [åstadkomma äv.] bring about; ~ [bereda] *ngn..* cause (give) a p...

vålm *o.* **vålma** *se volm, volma*

vålnad ghost, phantom, phantasm

vånda agony, torture; [ångest] anguish; [kval] torment **våndas** *itr. dep* suffer agony (agonies), be in agony

våning 1 [lägenhet] flat, [amer.] apartment **2** [etage] stor[e]y, [våningsplan] floor; *på (i) andra ~en* [en trappa upp] on the first ([amer.] second) floor **våningsbyte** exchange of flats

våp goose [pl. geese], silly **våpig** *a* soft

1 vår *poss. pron* [fören.] our; [självst.] ours; *de ~a* our people; *jfr 1 min* [ex.]

2 vår *s* spring, springtime; [*en flicka*] *på 17 ~ar* ..of seventeen summers; *jfr höst* [ex.] **våras** *itr. dep, det ~* [the] spring is coming **vårbruk** spring farming

1 vård [minnes~] memorial, monument

2 vård care, *om* of; [uppsikt äv.] charge, [jur.] custody; *sluten ~* institutional care, [på sjukhus] care of in-patients, hospital treatment; *öppen ~* non-institutional care, care of out-patients; *få god ~* be well looked after, be well cared for; *ha ~* [*en*] *om..* have charge ([the] care) of.. **vårda** *tr* take care of, [se till] look after; [sköta] tend, [sjuka äv.] nurse; [bevara] preserve; *han ~s på sjukhus* he is [being treated] in hospital **vårdad** *a* [om pers. o. yttre]

well-groomed, [om yttre äv.] neat, trim; [om t.ex. språk, stil] polished, refined
vår|dag spring day, day in [the] spring **-dagjämning** vernal equinox
vårdare keeper; [sjuk~] male nurse **vårdarinna** [sjuk~] nurse **vårdfall** [person] person that needs treatment **vårdhem** nursing home **vårdkas[e]** beacon **vårdnad** custody, *om (av)* of **vårdnadshavare** [målsman] guardian
vårdslös *a* careless, *med* with (about); negligent; [försumlig] neglectful, *med* of **vårdslöshet** carelessness; negligence; neglect; *jfr vårdslös*
vårdtecken token
vårdyrke [ung.] social service ([sjukvårdande] nursing) occupation
vår|flod spring flood **-grönska** greenness (verdure) of spring **-lig** *a* [attr.] spring, ..of spring **-lik** *a* spring-like **-lök** [bot.] gagea, yellow star-of-Bethlehem **-råg** spring-sown rye
vårt|a wart **-bitare** [zool.] green grasshopper
vårtermin [i Sverige] spring term
vårtig *a* warty, covered with warts
vårtrötthet spring fatigue
våt *a* wet; [fuktig] damp, moist; *~ av svett* wet with perspiration; *bli ~ om fötterna* get one's feet wet **-stark** *a, ~t papper* wet-strength paper **-varor** *pl* [sprit-] spirits, alcoholic liquors **-värmande** *a, ~ omslag* fomentation
väcka *tr* **1** [göra vaken] wake [.. up], [m. saksubj. äv.] awake; [på beställning vanl.] call; [bildl. rycka upp] rouse; [*ljud som kan*] *~ de döda..* raise (wake, awaken) the dead; *~ ngn till besinning* call a p. to his ([resp.] her) senses; *~ ngn till liv* call a p. back to life, [ur svimning] revive a p.
2 [framkalla]: [allm.] arouse; [uppväcka, t.ex. känslor, äv.] awaken; *~ avund* [*hos ngn*] excite (arouse) [a p.'s] envy; *~ förvåning* cause (arouse) astonishment; *~ minnen* [*till liv*] awaken (arouse, call up) memories
3 [framställa, t.ex. fråga] raise, bring up; *se 2 förslag 1* [ex.], *motion 2 o. åtal*
väckarklocka alarm[-clock]
väckelse [relig.] revival **-möte** revival[ist] meeting **-predikant** revivalist
väckning, *får jag be om ~ kl. 7* will you call me at 7, please
väder 1 weather; *det är dåligt ~* the weather is bad; *vad är det för ~ i dag?* what's the weather like today?, what sort of day is it? **2** [luft] air; [vind] wind; *släppa ~* [en fjärt] break wind **-biten** *a* weather-beaten **-flöjel** *se vindflöjel* **-korn,** *ha gott ~* have a keen scent **-kvarn** windmill
väderlek weather
väderleks|rapport weather forecast (report) **-tjänst** meteorological (weather forecast) service; [byrå] meteorological office, [amer.] weather bureau **-utsikter** *pl* [rapport] weather forecast
väder|satellit weather satellite **-spänning,** *~[ar]* flatulence [sg.] **-streck** point of the compass; *de fyra ~en* [äv.] the [four] cardinal points; *från vilket ~* [*blåser det?*] from which quarter..
vädja *itr* appeal [äv. jur.], *till* to **vädjan** appeal [äv. jur.]; entreaty
vädra *tr itr* **1** [lufta] air, give.. an airing **2** [få väderkorn på] scent [äv. bildl.]; *~ ngt* [få nys om] get wind of a th. **vädring** [luftning] airing; *hänga ut* [*kläder*] *till ~* hang.. out to air
vädur [zool.] ram
väg road; [bildl. vanl.] way; [stig] path; *en timmes ~* [*att gå (köra)*] *härifrån* one hour's walk (drive, ride) from here; *~en till* [*lycka och framgång*] the way (road) to..; *allmän ~* public road; *förbjuden ~* [körväg] no thoroughfare, [genomgång] no passage; *gå den lärda ~en* take up an academic career; *gå (resa) sin ~* go away, leave; *gå ~en rakt fram* go (walk) right on, follow the road; *resa (ta) ~en över* [*Paris*] go via (by way of)..; *vart har hon tagit ~en?* where has she gone?, what's become of her? — [med föreg. prep.]: *i ~* off; *komma i ~, se 2 komma* [*i väg*]; *det kom något i ~en* [*för mig*] [bildl.] something happened [to prevent me]; *stå i ~en för ngn* stand in a p.'s way [äv. bildl.], [skymma] stand in a p.'s light; *något i den ~en* something like that, something of the sort; *vara på ~ till ..*be on one's way to.., [om fartyg äv.] be bound for..; *följa ngn en bit på ~*[*en*] accompany a p. part (a bit) of the way; *stanna på halva ~en* stop half-way; *jag var* [*just*] *på ~ att säga det* I was about (was just going) to say it, [var nära att] I was on the point of saying it; *på elektrisk ~* electrically, by [using] electricity; *inte på långa ~ar* not by a long way; [*hur ska man*] *gå till ~a? ..*set about it (proceed)?; *ur ~en!* get out of the way!, stand aside!; *vid ~en* [vägkanten] on (by) the roadside
väg|a I *tr* weigh [äv. bildl.]; *~ skälen för och emot* weigh (consider) the pros and cons; *~ upp* weigh [out]; [bildl.] *se uppväga* **II** *itr* weigh; *det står och -er* [*mellan..*] it's in the balance [between..]
vägande *a* [bildl.], [*tungt*] *~* [very] weighty, [very] important
väg|anläggning [abstr.] road building (construction) **-arbetare** road worker (mender) **-arbete,** *~*[*n*] road-work [sg.], [reparation]

road repairs [pl.]; ~ [pågår] [på skylt] Road Up, Road under Repair **-bana** roadway **-beläggning** [konkr.] road surface **-bom** [road] barrier **-byggnad** *se väganläggning* **-egenskaper** *pl* [motor.] road-holding qualities, roadability [sg.]

vägg wall; *bo ~ i ~ med ngn* [i rummet intill] occupy the room next to a p.; [i lägenheten intill] live next door to a p.; *köra huvudet i ~en* [bildl.] run one's head against a wall; *ställa ngn mot ~en* [bildl.] put a p. up against a wall; *det är uppåt ~arna [galet]* it's all wrong **-bonad** [wall] hanging **-fast** *a* ..fixed to the wall; *~a inventarier* fixtures **-kontakt** *se -uttag;* [strömbrytare] wall switch **-lus** bug **-målning** wall painting, mural **-uttag** [elektr.] point, wall socket

väg|hyvel *se -skrapa* **-kant** roadside, wayside; [vägren] verge **-korsning** cross-roads [pl. lika], crossing **-krök** bend [of (in) the road] **-kurva** curve [in the road] **-lag** state of the road[s]; *det är dåligt ~* the roads are in a bad state **-leda** *tr* guide, [i studier] supervise, instruct **-ledning** guidance, supervision, instruction **-längd** distance **-märke** road (traffic) sign

vägnar, *[p]å ngns ~* on behalf of a p., on a p.'s behalf

vägnät road network **väg- och vattenbyggnad** road and canal construction, civil engineering

vägra *tr itr* refuse, *ngn ngt* a p. a th.; *det ~des honom (han ~des) att* [inf.] he was refused permission to [inf.] **vägran** refusal

väg|ren 1 [-kant] verge **2** [mittremsa] central reserve **-skrapa** grader, [road] scraper **-skäl** fork [in the road]; *vid ~et* at the cross-roads **-spärr** road block **-sträcka** distance **-trafikförordning** road traffic regulations [pl.] **-undergång** [under annan led] subway, [amer.] underpass **-vett** road sense **-visare 1** [pers.] guide **2** [vägskylt] signpost **-överfart** *o.* **-övergång** [över annan led] viaduct, [amer.] overpass

väja *itr, ~ [undan]* make way *(för* for), give way *(för* to); *~ undan för* [slag] dodge; *~ åt höger* move to the right

väktare watchman; [nattvakt] security officer; *lagens ~* [pl.] the guardians of the law

väl I *s, ~ [och ve]* welfare, well-being

II *adv* **A** [beton.] **1** [bra] well; *~ förfaren* very experienced; *det gick honom ~ [i livet]* he got on well..; *hålla sig ~ med ngn* keep in with a p.; *stå ~ hos ngn* be in a p.'s favour, stand well with a p.; *det vore ~ om..* it would be a good thing if..

2 [uttr. grad], *hon är ~ [något för] ung* she is rather too young; *[gott och] ~ [drygt] en timme* well over one hour, *jfr dryg 2 o. drygt*

3 [andra bet.], *jag önskar det ~ [bara] vore över* I only wish it were over; *när han ~ [en gång] somnat [var han..]* once he had fallen asleep..; *[jag mötte inte henne] men ~ [däremot] hennes bror..* but her brother

4 [vissa förb.], *han hade inte ~ [knappt] slutat förrän..* he had hardly (scarcely) finished when..

B [obeton.] **1** [uttr. förmodan el. förhoppning: förmodligen] probably [osv.], *jfr nog 3* [m. ex.]; *du är ~ inte [sjuk]?* you are not.., are you? ([förmodar jag].., I suppose, [hoppas jag].., I hope); *han får ~ [vänta]* he will have to..; *han är ~ framme nu* he must be there by now; *det är ~ inte möjligt!* surely it is not possible!; *det hade ~ varit [bättre att..]?* wouldn't it have been..?

2 [ss. fyllnadsord i frågor, vanl. oöversatt], *vad är ~ [en dröm]?* what is.. [after all]?

väl- *se typex. välbekant* [betr. attr. o. pred. form]

väl|artad *a* well-behaved **-befinnande** well-being; [god hälsa] health **-behag** pleasure, delight **-behållen** *a* safe and sound, [om sak] in good condition **-behövlig** *a* badly needed **-bekant** *a* [attr.] well-known, [pred.] well known **-belägen** *a* [attr.] well-situated, nicely-situated; *jfr -bekant* **-beställd** *a* **1** well-to-do, wealthy **2** *han är nu ~ kyrkoherde i..* he is now duly installed as vicar of.. **-betänkt** *a* well-advised, judicious **-bildad** *a* [attr.] well-shaped, well-formed; *jfr -bekant* **-boren** *a, -borne herr N.* [på brev ung.] the honourable ([förk.] Hon.) N. **-bärgad** *a* well-to-do, [pred. äv.] well off

välde 1 [rike] empire; *det romerska ~t* the Roman Empire **2** [makt] domination, *jfr herravälde* **väldig** *a* mighty; [enorm] enormous, huge, F awful, terrible, colossal; [vidsträckt] vast, immense

väl|formad *a* shapely; [fras] well-turned; *se vid. -bildad* **-frejdad** *a* irreproachable,.. of irreproachable character **-fägnad** food and drink, [litt.] good cheer

väl|färd welfare **-färdssamhälle** *o.* **-färdsstat** welfare state

väl|född *a* [attr.] well-fed; *jfr -bekant;* [korpulent] plump, stout **-förrättad** *a, efter -förrättat värv [gick han]* his task successfully (satisfactorily) accomplished.. **-försedd** *a* [attr.] well-stocked; well-supplied; *jfr -bekant* **-förtjänt** *a* [om t. ex. vila] well-earned, [om belöning (beröm)] well-merited, [om t. ex. popularitet] well-deserved, [om t. ex. kritik (straff)] rightly-deserved **-grundad** *a* [attr.] well-founded; *jfr -bekant*

väl|gång prosperity, success **-gångsönskningar** *pl* good wishes; *bästa ~!* best wishes!
väl|gärning kind (charitable) deed (action) **-gödd** *a* [om djur (attr. o. pred.)] [well-]-fattened, fat; [om pers. (attr.)] well-nourished, well-fed; *jfr -bekant*
välgörande *a* [barmhärtig] charitable, benevolent; [om sak]: beneficial, [hälsosam] salutary **välgörare** benefactor **välgörarinna** benefactress **välgörenhet** charity **välgörenhetsinrättning** charitable institution
välja *tr itr* **1** choose, *bland* from among, out of; *mellan, på* between; *till* as, for; [noga] select, [~ ut] pick out, *bland* from; [yrke] adopt, take up; *välj!* take your choice!; *~ bort* [skolämne] drop; *~ till* [*ett ämne*] take an additional (extra)..; *~ ut* select, pick out; *jfr utvald* **2** [gm röstning utse] elect; *~ ngn till* [*ordförande*] elect a p..; *~ in ngn i* [*akademin (styrelsen)*] elect a p. to ([a] member of)..; *~ om* re-elect **väljare** elector; voter **väljarkår** electorate
välklädd *a* well-dressed
väl|kommen *a* welcome, *till, i* to **-komna** *tr* welcome **-komsthälsning** welcome **-känd** *a* [attr.] **1** well-known; *jfr -bekant* **2** [ansedd] ..of good repute
välla *itr, ~* [*fram*] *(fram ur..)* well ([strömma] stream, pour, flow, [våldsamt] gush, rush) forth (from.., out of..)
vällevnad luxurious (high) living
välling [på mjöl] gruel
väl|ljud euphony; harmony, melody, melodiousness **-ljudande** *a* euphonious; harmonious; melodious **-lukt** fragrance, sweet smell (scent), perfume **-luktande** *a* sweet-scented, sweet-smelling, fragrant **-lust** sensual pleasure, voluptuousness **-lustig** *a* sensual, voluptuous
väl|makt prosperity **-menande** *a* **1** [om pers.] well-meaning **2** [om råd] *se -ment* **-mening** good intention; *i all (bästa) ~* with the best of intentions **-ment** *a* well-meant, well-intentioned; [äv.] friendly **-mående** *a* **1** [vid god hälsa] healthy; [blomstrande] flourishing; [frodig]: *se -född* **2** [välbärgad] prosperous, [förmögen] wealthy, well-to-do **-måga** **1** [hälsa] good health, well-being; *leva i högönsklig ~* be in the best of health (F in the pink) **2** *se -stånd* **-renommerad** *a* [attr.] well-reputed; [attr. o. pred.] ..of good repute **-riktad** *a* [attr.] well-aimed, well-directed; *jfr -bekant* **-sedd** *a* popular; [om gäst] welcome
välsigna *tr* bless **välsignad** *a* blessed **välsignelse** **1** [eg.] blessing; [uttalad] benediction **2** [glädje], *ha ~ med sig* bring a blessing [in its [osv.] train] **välsignelsebringande** *a* blessed

väl|situerad *a* well-to-do **-skapad** *a* [attr.] well-made; *jfr -bekant; ~e ben* shapely legs; *ett -skapt* [*gossebarn*] a fine healthy.. **-skrivning** [skol.] writing **-skött** *a* [attr.] well-managed, well-conducted, [om t.ex. hushåll] well-run; [om t. ex. händer] well-kept, [om t. ex. tänder] well-cared-for, [om t. ex. yttre] well-groomed; *jfr -bekant* **-smakande** *a* ..pleasant to the taste, palatable, [om rätt] savoury; [läcker] tasty, delicious **-sorterad** *a* [attr.] well-assorted, well-stocked; *jfr -bekant;* [*den här affären*] *är ~* ..stocks a large assortment of goods **-stånd** prosperity, [rikedom] wealth, opulence
vält roller
1 välta *tr* [lantbr.] roll
2 välta *tr itr, se stjälpa*
vältalare orator, good speaker **vältalig** *a* eloquent **vältalighet** eloquence, oratory
vältra I *tr* roll; *~ skulden på ngn* lay (throw) the blame [up]on a p. **II** *rfl, ~ sig i* [*gräset*] roll [over] in..; *~ sig i* [*lyx*] be rolling in..; *~ sig i* [*smutsen*] wallow in..
väluppfostrad *a* [attr.] well-bred, well-mannered; *jfr -bekant*
välva I *tr, ~ stora planer* revolve great plans (projects) **II** *rfl* arch, form a vault
välvd *a* arched, vaulted; [sedd utifrån] dome-shaped
väl|vilja benevolence, goodwill; *hysa ~ mot (för) ngn* be favourably (well) disposed towards a p. **-villig** *a* benevolent, [äv.] kind[ly]; *ställa sig ~ till* [*ett förslag*] be favourably disposed to.. **-vårdad** *a* [attr.] well-kept [osv.], *jfr -skött* **-växt** *a* shapely; *vara ~* have a fine figure
vämjas *itr. dep, ~ vid ngt* be disgusted (nauseated) by a th. **vämjelig** *a* disgusting, nauseating, repugnant **vämjelse** disgust, loathing, nausea, repugnance
1 vän *a* [fager] fair
2 vän *s* friend; *gamle ~!* F old chap!; *en god* [nära] *~* a great (close) friend, *till* of; *en* [*god*] *~ till min bror (till mig)* a friend of my brother's (a friend of mine, one of my friends); *bli* [*god*] *~ med..* make friends with..; *bli* [*goda*] *~ner* become friends
vänd|a I *tr itr* turn; [rikta äv.] direct; [hö] turn over, toss; [~ om (tillbaka)] turn back, [åter~] return; [*var god*] *vänd (v.g.v.)!* please turn over (P.T.O.), [amer. äv.] over; *~ sorgen i glädje* change (turn) sorrow into joy; *~* [*med*] [*bilen*] turn.. round, reverse..; *med ansiktet vänt mot* [*solen*] facing.., with one's face to..; *~ om hörnet* round (turn [round]) the corner; *~ på sig* turn round; *~ på steken* [bildl.] turn (take) it the other way round
II *rfl* turn; [kring en axel äv.] revolve; [om vind] shift, veer; *lyckan -e sig* the (his

[etc.]) luck changed; ~ *sig i sängen* turn over in the bed; ~ *sig till ngn* [~ sig om mot ngn] turn to[wards] a p.; [rikta sig till ngn] address a p., [m. en fråga äv.] approach a p., [för att få ngt] apply to a p.; *inte veta vart man skall* ~ *sig* not know where ([till vem] to whom) to turn

III [m. beton. part.] ~ *om* a) [itr.]: [~ tillbaka] turn back, [åter ~] return b) [tr., t. ex. ett blad] turn [over]..; ~ *sig om* turn, turn round; ~ *upp och ned på* [*ngt*] turn.. upside-down; ~ *ut och in på* [vränga] turn.. inside out, [fickor] turn out..

vänd|bar *a* reversible **-kors** turnstile **-krets** tropic **-ning** turn; [förändring] change; [uttryckssätt]: [fras] phrase, [uttryck] expression, [talesätt] locution; *en* ~ *till det bättre* a change for the better; *ge* [*samtalet*] *en ny* ~ give.. a new turn; *ta en ny (en allvarlig)* ~ take a new (a serious) turn; *vara kvick (snabb) i* ~*arna* be alert (nimble); *vara långsam i* ~*arna* be slow on one's feet; *i en hastig* ~ all of a sudden, in [next to] no time **-punkt** turning-point [äv. bildl.]; [kris] cris|is [pl. -es]

vänfast *a*..attached to one's friends **väninna** girl-friend, woman-friend, [mans äv.] lady-friend

vänj|a I *tr* accustom, habituate, [vid ngt obehagligt] harden, inure, *vid* to; ~ *ngn av med att* [inf.] break a p. of the habit of [ing-form] **II** *rfl* accustom (habituate) oneself, [bli van] grow (get) accustomed, get used, [härda sig] harden (inure) oneself, *vid* to; ~ *sig vid att* [inf.] get into the habit of [ing-form]; *man -er sig snart* you soon get accustomed [osv.] to it; ~ *sig av med att* [inf.] break oneself (get out) of the habit of [ing-form]

vänkrets circle of friends

vänlig *a* kind, *mot* to; [vänskaplig] friendly, *mot* to[wards]; [godhjärtad äv.] kindly; [ss. efterled i sms. ibl.] pro-, *jfr engelskvänlig* **-het** kindness [osv.], *jfr föreg.; visa ngn en* ~ do a p. a kindness

vänort adopted (affiliated) city (town)

vänskap friendship; *fatta* ~ *för ngn* become attached to a p.; *hysa* ~ *för ngn* have a friendly feeling for (towards) a p. **vänskaplig** *a* friendly; amicable; *stå på* ~ *fot med ngn* be on friendly terms with a p. **vänskapsband** bond (tie) of friendship **vänskapsbevis** proof (mark, token) of friendship **vänskapsmatch** friendly [match]

vänster I *a, subst. a o. adv* left; [attr. äv.] left-hand; *jfr höger I* [ex.] **II** *s* [polit.], ~*n* the Left; [sport.], *en* [*rak*] ~ a [straight] left

vänster|back [o. andra sms.] *jfr högerback* [o. andra sms.] **-hänt** *a* left-handed **-man** member of the Left, leftist **-orienterad** *a* [attr.] ..with leftist sympathies; *vara* ~ be left-wing, be a left-wing sympathizer **-parti** left-wing party **-sida** [o. andra sms.] *jfr högersida* [o. andra sms.] **-vriden** *se -orienterad*

vänsäll *a, vara* ~ have many friends

vänta I *itr tr* wait, *på* for; [invänta] await; [förvänta] ([äv.] ~ *sig*) expect, *av* of, from; ~ *litet (ett slag)!* wait a minute (moment) [, please]!; *var god och* ~ [i telefon] hold the line, please; [*inte veta*] *vad som* ~*r en* ..what may be in store for one; *jag* ~*r dem* [*i morgon*] I am expecting them..; *det hade jag inte* ~*t* [*mig*] *av honom* I didn't expect that from (of) him; *det är att* ~ it is to be expected; ~ *med* [*att göra*] *ngt* put off (postpone; defer) [doing] a th.; ~ *på vad som komma skall* wait and see what will happen; ~ *på att.. skall* [inf.] wait for..to [inf.]; *få* ~ have to wait; *låta* [*ngn*] ~ *på sig* keep a p. waiting; [*svaret*] *lät* [*inte*] ~ *på sig* ..was [not] long [in] coming; [*tåget*] *lät (lät inte)* ~ *på sig* ..was overdue (on time)

II *rfl, se ex. under I*

III [m. beton. part.] *tåget* ~*s in* [*kl. 10*] the train is due [in (to arrive)]..; ~ *ut ngn* [tills ngn kommer] wait for a p. to come ([tills ngn går] to go)

väntan waiting; [för~] expectation **väntetid** wait, waiting time, time (period) of waiting

väntjänst friendly turn, act of friendship; *göra ngn en* ~ do a p. a good turn

vänt|rum *o.* **-sal** waiting room

väpna *tr, se beväpna* **väpnare** squire

väppling [bot.] trefoil, clover

1 värd *s* host; [hyres~] landlord; *han var* ~ [vid festen] he did the honours [stod för arrangemangen] he acted as [their [etc.]] host

2 vär|d *a* worth; [värdig] worthy of; [*pjäsen*] *är* ~ *att ses..* is worth seeing; *det är inte mödan -t* it is not worth while; *det är inte -t att gå dit* [är inte lönt] it is not worth [while] (is no use) going there; [är inte tillrådligt] it is not advisable to ([för dig äv.] you had better not) go there

värddjur host

värde value; [isht inre ~] worth; *sätta* [*stort*] ~ *på ngt* attach [great] value (importance) to a th., set [great] store by a th.; *falla (minska, sjunka) i* ~ drop *el.* fall (decrease) in value; [ekon. äv.] depreciate; *stiga (gå upp) i* ~ rise in value, [ekon. äv.] appreciate; *prov utan* ~ H sample[s [pl.]] of no value **-beständig** *a* stable,.. of stable value; [indexbunden] index-tied **-brev** [rek.] registered ([ass.] insured) letter **-full** *a* valuable **-föremål** *se -sak* **-försändelse** [assurerat paket] insured parcel; *jfr -brev*

-handling valuable document **-lös** *a* worthless, valueless, ..of no (without) value **-minskning** depreciation, decrease in value **-papper** security, [obligation] bond, [aktie] share

värdera *tr* **1** [beräkna, taxera, fastställa värdet på] value, estimate [the value of], [på uppdrag] appraise **2** [uppskatta] value, [sätta värde på] appreciate; [högakta] esteem **värderad** *a* valued [osv.], *jfr föreg.* **värdering** valuation; estimation; appraisement, appraisal; *jfr värdera 1* **värderingsman** [official] valuer

värde|sak article (object) of value; *~er* [äv.] valuables **-stegring** increase (rise) in value, appreciation, increment **-sätta** *tr, se värdera* **-sättning** *se värdering*

värdfolk [vid bjudning] host and hostess

värdig *a* **1** worthy; [förtjänt av] worthy of; [passande] fitting **2** dignified; *~ hållning* dignified bearing, dignity **värdigas** *itr. dep* deign to, [nedlåta sig att] condescend to **värdighet 1** [egenskap] dignity, *i* of; *han ansåg det vara under sin ~ att* [inf.] he considered it [to be] beneath him (his dignity) to [inf.] **2** [ämbete o. d.] office, position; [rang] rank **värdigt** *adv* with dignity, in a dignified manner

värdinna hostess; [hyres~, pensionats~] landlady; *jfr flygvärdinna*

värdshus [gästgivargård] inn; [restaurang] restaurant **-värd** innkeeper, landlord

värdskap, *sköta (utöva) ~et* act as host ([om dam] hostess, [om värdfolk] host and hostess), do the honours

värja I *tr* [försvara] defend **II** *rfl* defend oneself, *mot* against; *jag kunde inte ~ mig för intrycket att..* I could not help getting the impression that.. **III** *s* rapier, [fäktn.] épée

värk ache, pain; *~ar* [födslo-] [labour] pains; *reumatisk ~* rheumatic pains **värk|a** *itr* ache; *fingret -er* my finger aches **värkbruten** *a* crippled with rheumatism

värld world; [jord] earth; *en dam av ~* a woman of fashion (the world); *aldrig i ~en!* never!, F not on your life!; *för allt i ~en gör inte det!* for goodness' sake don't do that!; [*jag vill inte såra henne*] *för allt i ~en* ..for the world, ..for anything [in the world]; *vad i all ~en* [*har hänt?*] what on earth.., what ever..; *vem i all ~en..?* who on earth..?, who ever..?; *i hela ~en* all over the world; *komma till ~en* be born, first see the light

världs|alltet the universe **-atlas** atlas of the world **-bekant** *a..* known all over the world, universally known **-berömd** *a* world-famous **-bild** world picture, conception (picture) of the world **-del** part of the world, continent **-erfaren** *o.* **erfarenhet** *se världsvan o. världsvana* **-frånvarande** *a* [attr.].. who is living in a world of his own; absorbed **-frånvänd** *a* detached **-handel** world trade (commerce) **-hav** ocean **-herravälde** world dominion (hegemony) **-historia** world (universal) history; *-historien* [äv.] the history of the world **-historisk** *a* [eg.].. of the history of the world; [av ~ betydelse] historic **-händelse** historic event **-karta** map of the world **-klass,** *i ~* of world (international) caliber **-klok** *a* worldly-wise **-klokhet** worldly wisdom, knowledge of the world **-krig** world war; *första (andra) ~et* the First (Second) World War, [isht amer.] World War I (World War II) **-kris** world crisis **-lig** *a* [mots. till andlig] worldly; [icke kyrklig] secular **-lighet** worldliness; secularity **-ligt** *adv, ~ sinnad* worldly-minded **-makt** world power **-man** man of the world **-medborgare** citizen of the world **-mästare** *o.* **-mästarinna** world champion **-mästerskap** world championship **-omfattande** *a* world-wide **-omsegling** circumnavigation of the earth (world) **-ordning,** *~en* the order of things (the world) **-rekord** world record **-rykte** world fame **-rymden** [outer] space **-stad** [vanl.] metropolis **-utställning** world exhibition (fair) **-van** *a..* experienced in the ways of the world ([sällskaps-] familiar with the ways of society) **-vana** familiarity with (knowledge of, experience in) the ways of the world (of society) **-vishet** *se världsklokhet* **-välde** [-rike] world empire **-åskådning** outlook on (view of) life, philosophy

värma I *tr* warm; [göra het] heat **II** *rfl, ~ sig* warm oneself, get warm

värme warmth; [fys. o. hög] heat; [eldning] heating; [bildl. äv.] fervour; *vid 30° ~* at 30 degrees above zero (freezing point) **-alstrande** *a* heat-producing, calorific **-behandling** [läk.] heat treatment, thermotherapy **-beständig** *a* heat-proof, heat-resistant **-bölja** heat-wave **-element** *se element 2* **-enhet** unit of heat, thermal unit **-flaska** hot-water bottle **-lampa** infra-red lamp **-ledande** *a* heat-conducting **-ledare** heat (thermal) conductor **-ledning 1** [fys.] conduction of heat **2** [anläggning, vanl.] [central] heating **-ledningselement** radiator **-panna** boiler **-platta** hot-plate **-skåp** warming cupboard **-slag** [läk.] heat-stroke

värn [försvar] defence, [beskydd] protection, [skydd] safeguard, shield, *mot* against; [försvarsanläggning] bulwark **värna** *tr itr, ~ [om]* defend, protect, safeguard, *mot* against; shield, *mot* from; *jfr värn* **värnlös** *a* defenceless **värnplikt,** *allmän*

~ compulsory military service; *göra ~ en (sin~)* do one's military service **värnpliktig** *a* ..liable for military service, conscript..; *en ~* a military serviceman, a conscript, [amer.] a draftee **värnpliktsvägrare** *se vapenvägrare* **värnskatt** national defence levy

värp|a I *tr* lay **II** *itr* lay [eggs] **-höna** laying hen, layer **-ning** laying

värre *a adv* worse; [*vi har löst*] *~ problem*.. harder problems; *dess ~* [tyvärr] unfortunately; *det gör bara saken ~* it only makes matters worse, [svårare] it makes things more difficult

värst I *a* worst; *i ~a fall* if the worst comes to the worst; *det är det ~a jag vet* it's a thing I can't stand; I hate it; *det ~a var att*..the worst of it was that.. **II** *adv* [the] worst; *han blev ~ skadad* he got injured [the] worst; [*filmen var*] *inte så ~* [*bra*] ..not very good; *det är jag inte så ~ glad åt* it does not make me any too happy

värv [uppdrag] task; [com]mission; [yrke] profession; [åliggande] duty, function **värva** *tr* [rekrytera] recruit, [⚔ äv.] enlist; *~ ngn för en sak* enlist a p. in a cause; *~ röster* solicit (get, secure) votes **värvning** recruiting; ⚔ recruitment, enlistment; *jfr värva; ta ~* enlist, *vid* in; join the army

väsa *itr* hiss; *~ fram* hiss [out]

väsen 1 a) [[något innersta] natur] essence; [beskaffenhet] nature; [läggning] character, disposition; [person[lighet]] being; *han är saktmodig till sitt ~* he has a gentle disposition **b)** [varelse] being **c)** [ss. efterled i sms. vanl.] system, service, *jfr postväsen, skolväsen* [m.fl.] **2** [oväsen] noise, row; *jfr oväsen, liv 7; mycket ~ för ingenting* a lot of fuss (much ado) about nothing **väsentlig** *a* essential; [betydande äv.] considerable, substantial; *till ~ del* largely, to a considerable extent; *i allt ~t* in all essentials **väsentligen** *adv* essentially [osv.]; *jfr väsentlig* **väsentlighet** [något väsentligt] essential ([osv.], *jfr väsentlig*) thing

väsk|a bag, [hand~] handbag; *se äv. portfölj, resväska, skolväska* **-ryckare** bag-snatcher

väsnas *itr. dep* make a noise (fuss), be noisy

väsning [väsande] hissing; *en ~* a hiss, a hissing sound

vässa *tr* sharpen; [bryna] whet

1 väst *s* [plagg] waistcoat, [äv.] vest

2 väst *s o. adv* west; *jfr väster, nord, norr* [m. ex. o. sms.] **västan** *s o.* **västanvind** west wind, westerly wind **väster** (*jfr norr* [m. ex. o. sms.]) **I** *s* [väderstreck] the west; *Västern* the West, [ibl.] the Occident **II** *adv* [to the] west, *om* of **västerifrån** [o. andra sms.] *jfr norr-* **Västerlandet** the West, [ibl.] the Occident **västerländsk** *a* western, occidental **västerlänning** Westerner, Occidental

Västeuropa [o. andra sms.] *jfr nord-* **västfront,** *~ en* the Western front **Västindien** the West Indies [pl.] **västlig** *a* west[ern]; *jfr nordlig* **västmakterna** *pl* the Western Powers **västra** *a* the west[ern]; *jfr norra* **västtysk** *a* [attr.] *o. s* West-German **Västtyskland** West (Western) Germany

väta I *s* wet; *aktas för ~!* keep (to be kept) dry **II** *tr itr* wet; *~ på (ned) sig* wet oneself, get [oneself] wet

väte hydrogen **vätebomb** hydrogen bomb, H-bomb **vätesuperoxid** hydrogen peroxide **vätgas** hydrogen gas

vätska I *s* liquid; [kropps~] body fluid; [sår~] discharge, serum **II** *rfl,* [*såret*] *~r sig*.. is running (discharging)

väv web; [material] [woven] fabric; [vävnadssätt] weave **väva** *tr* weave **vävare** weaver **vävbom** beam [of a loom] **vävd** *a* woven **väveri** weaving (textile) mill, [fabrik] textile factory **väverska** [woman] weaver

vävnad 1 [vävning] weaving **2** [konkr.] woven fabric; tissue [äv. biol.] **vävnadsindustri** textile industry **vävning** weaving **vävplast** [plastic-]coated fabric **vävsked** [weaver's] reed **vävstol** loom

väx|a I *itr* grow; [öka] increase; [*denna art*] *-er inte i Sverige*.. does not occur in Sweden; *~ ngn över huvudet* [eg.] outgrow a p.; [bildl.] get beyond a p.'s control, become too much for a p.; *vara situationen vuxen* be equal to the occasion

II [m. beton. part.] *det -er bort* it will disappear; *~ fast vid ngt* grow on to a th.; *~ fatt* [*ngn*] catch.. up in height (size); *~ fram* grow (come) up; [bildl. äv.] develop; *~ i* [*ngt*] grow into..; *~ ifrån* [*ngt*] grow out of.., outgrow..; *~ igen* [om sår] heal [up]; [om stig] become overgrown with weeds; *~ ihop* grow together; *~ om* [*ngn*] outgrow..; *~ till sig* [bli vackrare] improve in looks; *flickan har vuxit till sig* she has grown into a pretty girl; *~ upp* grow up, grow; *~ ur* [*sina kläder*] grow out of.., outgrow..; *~ över* overgrow

växande I *a* growing; [ökande] increasing **II** *s* growing, growth; [ökning] increase

väx|el 1 [bank~] bill [of exchange]; *en 3 månaders ~ å* [*500 kr.*] a 3 months' bill for..; *dra en ~ på ngn* draw [a bill] on a p.; *dra -lar på framtiden* count too much on the future **2** [växelpengar] [small] change **3** [på bil] gear; *köra på tvåans ~* drive in second gear **4** [spår~] switch **5** [telef.]

exchange; [~ bord] switchboard
växel|blankett bill[-of-exchange] form **-bruk** [jordbr.] rotation of crops **-kontor** exchange office **-kurs** rate [of exchange] **-låda** gear box **-spak** gear lever, gear shift **-ström** alternating current **-telefonist** switchboard operator **-verkan** interaction, reciprocal action **-vis** *adv* alternately; by turns
växla I *tr* **1** [t.ex. pengar, färg] change; [utbyta, t.ex. ord, ringar] exchange; *kan ni ~ [10 kronor] [åt mig]?* [äv.] can you give me change for..?; ~ *en sedel* cash a note; ~ *mynt till sedlar* change coins into notes **2** [järnv.] shunt, switch **II** *itr* **1** [skifta] vary, [ändra sig] change; [*priserna*] *~r* [för samma vara på olika orter].. vary; [höjs el. sänks oregelbundet].. fluctuate **2** [bil.] change ([isht amer.] shift) gear[s]; ~ *till lägre växel* change to a lower gear; [om tåg] shunt **III** [m. beton. part.] ~ *om* alternate; ~ *ut* exchange **växlande** *a* varying, changing; [vindar] variable; [natur] varied **växling** [växlande] changing; [ombyte] change; [förändring] variation, variety; [utväxling] exchange; [järnv.] shunting; *marknadens ~ar* the fluctuations of the market **växlingsrik** *a* varying, changing; .. full of changes
växt 1 [tillväxt] growth; [ökning] increase; [kropps-] build, figure, shape; [längd] height, stature; *han är liten (stor) till ~en* he is short (tall) of stature **2** [planta] plant; [ört] herb; [svulst] growth, tumour **-cell** plant cell **-familj** plant family **-fett** vegetable fat **-hus** greenhouse, glasshouse **-kraft** growing power **-lighet** vegetation **-press** plant press **-riket** the vegetable kingdom **-värk** growing pains [pl.]
vörda *tr* revere, reverence, venerate; [högakta] respect **vördig** *a, se vördnadsbjudande* **vördnad** reverence, veneration; [aktning] respect; *betyga ngn sin ~* pay reverence (one's respects) to a p. **vördnadsbetygelse** token (mark) of respect (reverence) **vördnadsbjudande** *a* venerable, [friare] imposing **vördnadsfull** *a* reverent[ial], [aktningsfull] respectful **vördnadsvärd** *a* venerable **vördsam** *a* respectful **vördsamt** *adv* respectfully
vört [brewer's] wort **-bröd** rye bread flavoured with [brewer's] wort

X

x-a *tr,* ~ [*över*] [*ett ord*] 'x'..out
xantippa shrew, vixen
xylo|fon xylophone **-graf** xylographer

Y

yla *itr* howl **ylande** *s* howling
ylle wool; [*filt*] *av* ~ [äv.] woollen.. **-garn** *se ullgarn* **-industri** wool[len] industry **-klänning** woollen dress **-strumpa** woollen stocking ([resp.] sock) **-tröja** jersey, sweater **-tyg** woollen cloth (fabric) **-vante** woollen glove ([tum-] mitten) **-varor** *pl* woollens, woollen goods
ymnig *a* [riklig] abundant, [om regn, snöfall äv.] heavy, [om skörd äv.] plentiful; [om tårar] copious; [överflödande] profuse; *i* ~ *t mått* in abundance, abundantly
ymnighet abundance [etc.], profusion **ymnighetshorn** horn of plenty **ymnigt** *adv* abundantly [etc.], *jfr ymnig; förekomma* ~ abound, be abundant (plentiful)
ympa *tr* **1** [trädg.] [en]graft **2** [läk.] inoculate **ympkvist** graft[ing-shoot], scion **ympning** **1** [trädg.] graft[ing] **2** [läk.] inoculation **ympvax** grafting-wax
yngel **1** [eg. (koll.)] fry [vanl. pl.], *jfr grodyngel* **2** [bildl.] brat; [avföda (koll.)] brood **yngla** *itr* [om t.ex. groda] spawn; ~ *av sig* breed
yngling youth, young man, adolescent **ynglingaålder** adolescence
yngre *a* younger; [senare] later; [nyare] more recent; [i tjänsten] junior; *av* ~ *datum* of a later (a more recent) date; *en* ~ [rätt ung] *herre* a youngish gentleman; *han är fem år* ~ *än jag* [äv.] he is my junior by five years **yngst** *a* youngest; [senast] latest; [nyast] most recent
ynkedom pitiableness [etc.], *jfr ynklig*
ynklig *a* [ömklig] pitiable, pitiful; [eländig, usel] miserable, wretched; [jämmerlig] piteous; [futtig] paltry **ynkrygg** coward, funk, [mes] milksop
ynnest favour **-bevis** [mark of] favour
yppa **I** *tr* [röja] reveal, [uppenbara äv.] disclose, [hemlighet o.d. äv.] let out, *för* to **II** *rfl* [erbjuda sig] present itself, [om tillfälle o.d. äv.] arise, turn up; [uppstå] arise, crop up **yppande** *s* revelation, disclosure
ypperlig *a* [utmärkt] excellent, superb; [präktig] splendid; [utsökt] choice; [förstklassig] first-rate.., prime, capital **ypperst** *a* [förnämst] finest, best, most outstanding; [om t.ex. vin] choicest
yppig *a* [om växtlighet] luxuriant, exuberant, lush; [fyllig] buxom, [om figur] full, ample [isht om barm]; *jfr äv. överdådig 1* **-het** luxuriance, exuberance, lushness [etc.]
yr *a* dizzy, giddy, *av* [t.ex. glädje] with, [t.ex. buller] from; *bli* ~ [*i huvudet*] get dizzy (giddy); ~ *i mössan* flurried, flustered, bewildered **yra** **I** *s* **1** [vild framfart] frenzy; [glädje~] delirium [of joy]; *i segerns* ~ in the flush of victory **2** [snö~] snowstorm **II** *itr* **1** rave; [om febersjuk] be delirious; ~ *om ngt* rave about a th. **2** [om snö, sand] whirl (drift) about; [om damm, gnistor] fly; *snön yr* the snow is whirling [etc.] about; ~ *igen* get blocked with [drifting] snow **yrande** *s* **1** raving; delirium **2** whirling [etc.]. — *Jfr yra II*
yrhätta tomboy, madcap
yrka *tr itr,* ~ [*på*] [fordra] demand; [resa krav på] call for, [ss. rättighet] claim; [kräva] insist [up]on; [parl. o.d., t.ex. avslag] move **yrkande** *s* [begäran] demand; claim [äv. jur.]; [parl.] motion
yrke [lärt, konstn.] profession; [inom hantverk o. handel] trade, [hantv. äv.] craft; [sysselsättn.] occupation; [arbete] job; *utöva ett* ~ practise a profession, [resp.] carry on a trade; [*han är*] *advokat till* ~ *t* ..a lawyer by profession
yrkes|arbetare skilled worker **-avund** professional envy **-inspektion** factory inspection **-kvinna** professional woman **-lärare** vocational teacher **-man** [fackman] professional; [hantverk.] craftsman **-musiker** professional musician **-mässig** *a* [t.ex. om förfarande] professional; [t.ex. om trafik] commercial **-orientering,** *praktisk* ~ practical vocational guidance **-rådgivning** *se -vägledning* **-sjukdom** occupational disease **-skada** industrial injury **-skadeförsäkring** industrial injuries insurance **-skicklig** *a* skilled (in one's trade ([resp.] craft)) **-skicklighet** skill in one's trade ([resp.] craft), craftsmanship **-skola** vocational school **-utbildad** *a* skilled, trained **-utbildning** vocational training

-utövning exercise of a profession ([resp.] a trade) **-val** choice of a profession ([resp.] a trade) **-valslärare** careers teacher **-vana** professional experience; [resp.] experience in one's trade **-vägledare** careers officer **-vägledning** vocational guidance

yrsel 1 [svindel] dizziness, giddiness **2** [feberyra] delirium

yr|snö drift snow **-vaken** *a* dazed (drowsy) with sleep **-väder** snowstorm, blizzard

ysta I *tr* [mjölk] curdle; [ost] make **II** *itr* make cheese **III** *rfl* curdle

yster *a* [livlig] frisky, [stojande] romping, [uppsluppen] rollicking, boisterous **-het** friskiness, boisterousness

ystning *(jfr ysta)* **1** cheesemaking **2** curdling

yt|a surface; [areal] area **-behandla** *tr* finish **-beklädnad** facing **-innehåll** [superficial] area **-lig** *a* superficial, [om pers. äv.] shallow; [flyktig, om t. ex. undersökning] cursory **-lighet** superficiality, shallowness **-mått** square measure

ytter [sport.] winger **-bana** outside track **-dörr** outer door, front door **-ficka** outside pocket **-hud** epidermis **-kant** outer (outside) edge **-kläder** *pl* outdoor clothes

ytterlig *a* extreme, [överdriven] excessive, [fullständig] utter **-are I** *a* [vidare] further; [därtill kommande] additional; more **II** *adv* [vidare] further; [i ännu högre grad] additionally; [ännu mera] still more; ~ *två månader* another two months, two months more **-het** extreme; [ytterlighetsåtgärd] extremity; *till* ~ [*förskräckt*] ..in the extreme **-hetsparti** extremist party **-hetsåtgärd** extreme measure; ~*er* [äv.] extremities

ytter|mera *oböjl. a, till* ~ *visso* [ss. ytterligare bekräftelse] to make doubly sure, [dessutom] what is more, into the bargain **-område** fringe area; [förort] suburb [an area] **-rock** overcoat **-sida** outer side; [utsida] outside, exterior **-skär,** *åka* ~ do the outside edge

ytterst *adv* **1** [längst ut] farthest out **2** [i högsta grad] extremely, exceedingly, most **3** [i sista hand] ultimately

yttersta *a* **1** [längst ut belägen] outermost, [längst bort belägen] farthest, remotest; [friare] utmost **2** [sist] last; [om t.ex. orsak] ultimate; *ligga på sitt* ~ be dying, be at death's door **3** [störst, högst] utmost, extreme; *göra sitt* ~ do one's utmost; *kämpa till det* ~ fight to the bitter end; *utnyttja ngt till det* ~ exploit a th. to the utmost

ytter|tak roof **-trappa** steps [pl.], flight of steps; [farstu-] doorstep[s [pl.]]

yttra I *tr* [uttala] utter, [säga] say; [t.ex. sin mening] express **II** *rfl* **1** [uttala sig] express (give) an (one's) opinion, *om* about (on); [ta till orda] speak; ~ *sig över* [*ett förslag*] express one's opinion on.. **2** [visa sig] show (manifest) itself, *i* in; *hur* ~*r sig* [*sjukdomen*]*?* [vanl.] what are the symptoms of..?

yttrande *s* [uttalande] remark, utterance, [anförande] statement; [utlåtande] [expert] opinion, pronouncement *(över, i* on) **-frihet** freedom of speech **-rätt** right of free speech

yttre I *a* **1** [längre ut belägen] outer, [utanför el. utanpå varande äv.] exterior, external, outward, outside; ~ *likhet* outward (external) resemblance; ~ *skada* external injury **2** [utifrån kommande] external; ~ *våld* physical violence

II *subst. a* exterior, [ngns äv.] [external] appearance, [ngts äv.] outside; *till det* ~ outwardly, externally

yttring manifestation, *av* of

ytvidd area

yvas *itr. dep,* ~ *över ngt* pride oneself on a th., be proud of a th.

yvig *a* [om hår o. d.] bushy, [tät äv.] thick

yx|a I *s* ax[e]; [med kort skaft] hatchet; *kasta* ~*n i sjön* [bildl.] throw up the sponge, give up **II** *tr,* ~ *till* rough[-hew] **-hugg** blow of an ([resp.] the) axe **-skaft** axe-handle

Z

zenit *s* zenith

zeppelinare Zeppelin

zigenare gypsy, gipsy **zigenarliv** gypsy life **zigenarspråk** language of the gypsies, Romany **zigenerska** gypsy [woman]

zink zinc **-haltig** *a* zinciferous **-salva** zinc ointment **-vitt** zinc white (oxide)

zon zone, [friare] area **-gräns** zonal boundary; [trafik.] fare stage **-taxa** zone fare system

zoolog zoologist **zoologi** zoology **zoologisk** *a* zoological; ~ *trädgård* zoological gardens [pl.], Zoo

zulu Zulu **-kaffer** Zulu-Kaffir

1 å *s* [small] river, stream, [amer. äv.] creek; *gå över ~n efter vatten* [ung.] take a lot of unnecessary trouble
2 å *prep, se på* [samt ex. under resp. subst.]
3 å *itj* oh!
åberop|a *tr rfl, ~ [sig på] ngn* [hänvisa till] refer to a p. **-ande** *s, under ~ av* with reference to, referring to
åbäka *rfl* [sjåpa sig] make a lot of fuss; [göra sig till] show off
åbäke [om sak] monstrosity; *ditt ~!* you big lump! **åbäk[l]ig** *a* unwieldy
ådagalägga *tr* [lägga i dagen] manifest; [visa] show, display; [bevisa] prove
åder vein **-brock** *o.* **-bråck** varicose vein[s [pl.]] **-förkalkning** arteriosclerosis **-låta** *tr* bleed [äv. bildl.]
ådra I *s* vein **II** *tr* vein, [tekn. (sten, trä) äv.] grain
ådra[ga] I *tr* cause **II** *rfl* [sjukdom] contract, [förkylning] catch; [utsätta sig för] incur; [uppmärksamhet] attract; *~ sig skulder* incur (contract) debts
ådring [konkr.] venation [äv. bot.]
ådöma *tr, ~ ngn [500 kronors] böter* fine a p. [500 kronor]; *~ ngn att [betala skadestånd]* sentence a p. to..
åh *itj* oh! **åhå** *itj* oh!, oho!, I see!
åhöra *tr* listen to, hear; [föreläsning] attend
åhörare hearer, listener; ~ [pl. äv.] audience
åhörarplatser *pl* [public] seats; [på teater o.d.] auditorium [sg.] **åhörarskara** audience
åk|a I *itr tr* **1** [allm.]: [fara] go, [ss. passagerare äv.] ride; [köra] drive; [vara på resa] travel; *~ bil* go by car; *~ buss (tåg)* go (travel) by bus (train); *~ båt* go by boat; *~ en annan väg* take (go *el.* travel by) a different route; *~ gratis* travel free [of charge]; *~ hiss* go by lift; *~ motorcykel* ride a motor cycle; *~ sin väg* leave, go (drive, ride) away; *~ efter häst* go by carriage; *jag fick ~ med honom till [stationen]* he gave me a lift to..; *han -er till [England i morgon]* he will leave for..; [se vidare under resp. subst. o. jfr äv. *2 fara I 1* o. *köra II 1* (ex.)] **2** [glida, halka] slip, glide, slide
II [m. beton. part. (jfr äv. *2 fara II* o. *köra III*)] *~ av* [halka av] slip [etc.] off; *~ bort* [resa] go away; *~ dit* F [bli fast] be (get) caught; *~ efter* a) [itr.] go (drive, ride) behind b) [tr.], *~ efter* [hämta] *ngn* go (drive, ride) and (to) fetch a p.; *~ fast* be (get) caught; *~ förbi* go [etc.] past (by), [passera] pass; *låta ngn [få] ~ med* give a p. a lift; *får jag ~ med?* may I have a lift?; *~ om [ngn]* overtake.., pass..; *~ omkull, se köra III; ~ på ngn* [kollidera med] run into a p.
åkalla *tr* invoke **åkallan** invocation

åkare [åkeriägare] haulage contractor, haulier **åkarhäst** cart-horse **åkdon** vehicle, conveyance
åker [-jord] arable (tilled) land; [-fält] field; *~ och äng* arable and pasture land **-areal** acreage of arable land **-bruk** agriculture, farming
åkeri firm of haulage contractors, road carriers [pl.], hauliers [pl.]
åker|jord *se åker* **-lapp** patch [of arable land] **-senap** field (wild) mustard, charlock **-tistel** creeping thistle **-ärt** field pea
åklag|a *se åtala* **-are** prosecutor; *allmän ~* public prosecutor, [amer.] prosecuting (district) attorney
åkomma complaint
åk|sjuka travel (motion) sickness **-tur** drive, ride; *jfr åka I 1; göra en ~* go for a drive (ride)
ål eel; [havs~] conger[-eel] **åla** *itr rfl* crawl [on one's knees and elbows]
Åland the Åland Islands [pl.]; *~s hav* the Åland Sea
ålder age; *av ~* [sedan gammalt] of old; *i en ~ av 70 år (vid 70 års ~)* at the age of 70; *han är i min ~* he is my age **-dom** old age **-domlig** *a* [gammal] old; [gammaldags] old-fashioned; [föråldrad: om språk o.d.] archaic **-domlighet** ancientness; old-fashionedness; archaism
ålderdoms|hem home for aged (old) people **-krämpa** *se ålderskrämpa* **-svag** *a* decrepit, senile, infirm **-svaghet** decrepitude
ålders|betyg *se personbevis* **-gräns** age limit **-krämpa** infirmity of (ailment due to) old age **-pension** old-age pension
ålderstigen *a* aged
ålderstillägg [ung.] seniority allowance
åldr|ad *a* aged **-as** *itr. dep* age, grow old[er] **-ig** *a* aged **-ing** old man (woman) **-ingsvård** [social and medical] care of old people
åligg|a *itr, ~ ngn* be incumbent [up]on a p.; be a p.'s duty **-ande** *s* [plikt] duty, [skyldighet] obligation, [uppgift] task, [ämbets~] function
ålägg|a *tr* [anbefalla] enjoin, [pålägga, t.ex. en uppgift] impose, *ngn ngt* [i båda fallen] a th. on a p.; [beordra] order, instruct **-ande** *s* injunction, order
åländsk *a* Åland.., ..from Åland **åländning** inhabitant of Åland

åminnelse commemoration; [minne] memory, [hågkomst] remembrance; *till ~ av* in commemoration [osv.] of **-dag** commemoration day
ång|a I *s* [allm.] steam [end. sg.]; [dunst] vapour [end. sg.]; *hålla ~ n uppe* keep up steam [äv. bildl.] **II** *itr tr* steam, *av* [svett] with.. **-are** *o.* **-båt** steamboat; [större] steamer **-båtsbrygga** [steamer] landing-stage, jetty **-båtsförbindelse** steamship service (connection) **-båtslinje** steamship line
ånger repentance, [samvetskval] remorse, [botfärdighet] penitence, *över* for; [ledsnad] regret, *över* at **-full** *a o.* **-köpt** *a* repentant, *över* of; remorseful; penitent, *över* about; regretful
ångest agony, anguish **-fylld** *a*.. filled with agony (anguish), agonized, anguished **-skri** cry of agony (anguish)
ång|fartyg steamship ([förk.] S/S, S.S.) **-färja** steam ferry **-koka** *tr* steam **-kraftverk** steam power station **-maskin** steam-engine **-panna** [steam-]boiler
ångra I *tr* repent, regret, be sorry for; *jag ~ r att jag gjorde det* I regret (repent) doing it **II** *rfl* [känna ånger] regret it, be sorry, repent it; [ändra sig] change one's mind
ångvält steam-roller
ånyo *adv* anew, again
år year — [Ex.]: **a)** [utan föreg. prep.]: [*han dog*] *~ 1967* .. in [the year] 1967; *förra ~et* last year; *hon fyller ~ i morgon* tomorrow is her birthday; *han är tjugo ~* [*gammal*] he is twenty [years old (of age)]; *~et om (runt)* all the year round; *så här ~s* at this time of [the] year; *ett två ~s (två ~ gammalt) barn* a two-year-old child, a child of two **b)** [m. föreg. prep.]: *~ från (för) ~* year by year; [*sista gången*] *för ~et* ..this year; *i ~* this year; *i många ~* for many years [[om framtid] to come]; *med ~en* over the years; *om två ~* in two years[' time]; [*två gånger*] *om ~et* .. a year; [*jag har inte sett henne*] *på ~ och dag* ..for years [and years]; *under ~ens lopp* in the course of time; *vid mina ~* at my age
åra oar; [mindre] scull; [paddel~] paddle
åratal, *i (på) ~* for years [and years]; *sedan ~ tillbaka* for years past
årblad blade of an ([resp.] the) oar
år|gång 1 [av tidning o. d.] year's issue, [spec. bunden] [annual] volume **2** [av vin] vintage **-hundrade** century
årlig *a* annual, yearly **årligen** *adv* annually, yearly, every year
års|avgift [allm.] annual charge; [i förening o. d.] annual subscription **-avslutning** [skol.] breaking-up, *jfr avslutning* **-berättelse** *(-redogörelse)* annual report **-bok** year-book, annual **-dag** anniversary, *av* of **-gammal** *a* [attr.] one-year-old, [pred.] one year old **-inkomst** annual (yearly) income **-klass** age class (group) **-kontrakt** contract by the year **-kort** season-ticket [for a year] **-kull** age group; [t. ex. studenter] batch **-kurs** [skol.] form [[i grundskolan] of the 'grundskola', [i gymnasiet] of the 'gymnasium'], [amer.] grade; [läroplan] curricul|um [pl. äv. -a] **-modell,** *en bil av senaste ~* a car of the latest model **-skifte** turn of the year **-skrift** *se årsbok* **-slut** end of the year **-tid** season, time of the year **-växt,** *~ en* the year's crops [pl.]
årtag stroke [of an ([resp.] the) oar (the oars)]
år|tal date, year **-tionde** decade
årtull rowlock
årtusen[de] millenni|um [pl. äv. -a]; *ett ~* [vanl.] a thousand years
ås [geol. o. byggn.] ridge
åsamka *se ådra[ga]*
åse *tr* [betrakta] watch, [bevittna] witness
åsido *adv* on one side, aside **-sätta** *tr* [inte beakta] disregard, set aside, [försumma] neglect, ignore
åsikt view, opinion, *om* of, about, [om sak äv.] on; *de har olika ~er* they are of different opinions, they hold different views **åsiktsförtryck** suppression of [free] opinion
åsk|a I *s* thunder [äv. bildl.]; *~n har slagit ned i* [*trädet*] the lightning has struck.. **II** *itr, det ~r* it is thundering **-knall** thunderclap **-ledare** lightning-conductor **-moln** thundercloud **-nedslag** stroke of lightning **-skur** thundershower **-vigg** thunderbolt **-väder** thunderstorm
åskåd|a *tr* watch **-are** spectator; onlooker, looker-on [pl. lookers-on] **-arläktare** [på idrottsplats o. d.] [grand-]stand **-lig** *a* [klar] clear, [målande] graphic **-lighet** clarity, graphicness **-ning** outlook; way of thinking **-ningsundervisning** teaching by object-lessons
åsn|a donkey, ass, [bildl. vanl.] ass **-inna** she-ass
åstad *adv* off **-komma** *tr* [få till stånd] bring about; [förorsaka] cause, make; [frambringa] produce, [prestera] achieve, accomplish, [uppnå] attain, effect; [skaffa] procure
åstunda *tr* [önska] desire, [längta efter] long for; [åtrå] covet **åstundan** desire, longing
åsyfta *tr* [allm.] aim at; [ha i sikte äv.] have.. in view; [avse, mena äv.] intend, mean; [hänsyfta på äv.] refer (allude) to; *ha ~d verkan* have (produce) the desired effect
åsyn sight; *i ngns ~* [äv.] in a p.'s presence
åsyna *a, ~ vittne* eyewitness, *till* of

åsätta *tr,* ~ [*en vara*] *ett pris* put a price on..
åt I *prep* [se äv. ex. under resp. huvudord] **1** [om rumsförh.] **a)** [eg.]: [till] to, [[i riktning] mot] towards, in the direction of; ~ *höger* to the right **b)** [föremål för känsla el. åtbörd] at, to; *nicka* ~ *ngn* nod at (to) a p.; *ropa* ~ *ngn* call out to a p.; *skratta* ~ laugh at **2** [uttr. dativförh. vanl.] to; [för ngn[s räkning] vanl.] for; *ge ngt* ~ *ngn* give a th. to a p., give a p. a th.; *köpa ngt* ~ *ngn* buy a th. for a p., buy a p. a th. **3** *två* ~ *gången* two at a time
II *adv, skruva* [etc.] ~ screw [etc.].. tight, tighten; [se äv. beton. part. under resp. vb]
åta[ga] *rfl* [ta på sig] undertake, take upon oneself; [ansvar o.d. äv.] take on, assume; ~ *sig att* [inf.; äv.] engage to [inf.] **åtagande** *s* undertaking, engagement
åtal [av åklagare] prosecution, indictment; [av målsägare] [legal] action; *allmänt* ~ public prosecution; *väcka* ~ *mot* take [legal] proceedings against **åtala** *tr* [om åklagare] prosecute, indict; [om målsägare] bring an action against; *bli (stå)* ~*d för stöld* be prosecuted for theft; *den* ~*de* [vanl.] the defendant **åtalbar** *a* indictable, actionable **åtalseftergift** [ung.] nolle prosequi [lat.]
åtanke, *ha ngn (ngt) i* ~ remember a p. (a th.), bear a p. (a th.) in mind; *komma i* ~ be thought of
åtbörd gesture
åter *adv* **1** [tillbaka] back [again] **2** [ånyo, igen] again, once more; [vid många vb] re- [jfr ex. o. sms. nedan]; ~ *har tre veckor gått* another three weeks have passed; *skolan öppnas* ~ [vanl.] school reopens (will be reopened) **3** [däremot] again, [å andra sidan] on the other hand **-anpassa** *tr* [rehabilitera] rehabilitate **-anpassning** rehabilitation **-anskaffningsvärde** replacement value
åter|berätta *tr* retell; [i ord återge] relate **-besätta** *tr* **1** ⚔ reoccupy **2** [tjänst o. d.] refill **-besök** [hos läkare o. d.] next visit (appointment); *göra ett* ~ make another visit **-betala** *tr* repay, pay back **-betalning** repayment **-blick** retrospect [end. sg.], *på* of; [i bok, film o.d.] flashback, *på* to; *göra en* ~ *på*.. look back upon.., review.. in retrospect **-bud,** *ge (skicka)* ~ a) [om inbjuden] send word ([ringa] phone) to say that one cannot come b) [om en som ger middag, bjudning etc.] cancel a ([resp.] the) dinner (party [etc.]) **-bäring** refund; H rebate; [försäkr.] dividend, bonus **-börda** *tr* restore **-erövra** *tr* recapture, reconquer **-erövring** recapture, reconquest
åter|fall relapse, *i* into **-falla** *itr* **1** relapse, *i (till)* into **2** ~ *på* recoil upon **-finna** *tr* find.. again; [*citatet*] ~*finns på sid. 27* .. is to be found on page 27 **-fordra** *tr* [lån] call in; *se äv. fordra* [*igen*] **-få** *tr* get.. back, recover **-färd** *se -resa* **-föra** *tr* bring.. back **-förena** *tr* reunite **-förening** reunion **-försäkra** *tr* reinsure **-försäkring** reinsurance **-försälja** *tr* resell **-försäljare** [allm.] reseller; [detaljist] retailer **-förvärva** *tr* regain, recover
åter|ge *tr* **1** [tolka] render; reproduce, *i tryck* in print; [framställa] represent **2** [ge tillbaka], ~ *ngn hälsan* restore a p.'s health, restore a p. to health **-givande** *s o.* **-givning** rendering, reproduction, representation **-glans** reflection [äv. bildl.] **-gå** *itr* **1** [återvända] go back, return **2** [gå (skickas) tillbaka] be returned **3** [upphävas] be cancelled (annulled) **-gång 1** [återvändande] return **2** [av köp] cancellation, annulment **-gälda** *tr* [-betala] repay, [gengälda äv.] return, reciprocate
åter|hålla *tr* [hålla tillbaka] restrain, keep back, [undertrycka] suppress **-hållsam** *a* [måttfull] temperate, [i mat o. dryck äv.] abstemious **-hållsamhet** temperance, abstemiousness **-hämta I** *tr* recover **II** *rfl* recover, *efter, från* from **-igen** *adv* again **-införa** *tr* [allm.] reintroduce; [varor] reimport **-insätta** *tr* reinstate, reinstall **-inträda** *itr,* ~ *i tjänstgöring* resume one's duties **-inträde** re-entry, *i* into
åter|kalla *tr* **1** [kalla tillbaka] call.. back, [t.ex. ett sändebud] recall **2** [annullera] cancel, [t.ex. befallning äv.] revoke **-kasta** *tr* [fys.]: [ljus] reflect, [ljud] reverberate **-klang** [bildl.] echo **-klinga** *itr* [bildl.] be re-echoed **-knyta** *tr* renew, resume **-komma** *itr* return [äv. bildl.], come back; [i tanke o. tal] recur **-kommande** *a* [regelbundet] recurrent; *ofta* ~ frequent **-komst** return **-köpa** *tr* repurchase, buy back **-lämna** *tr, se lämna* [*tillbaka*] **-lösa** *tr* redeem **-lösning** redemption **-remittera** *tr* remit.. for reconsideration **-resa** journey back; *på* ~*n* on one's (the) way back
åter|se *tr* see (meet).. again; ~ *varandra* [äv.] meet again **-seende** *s* meeting [again], reunion; *på* ~*!* see you again (later)!, au revoir! [fr.] **-skall** *o.* **-skalla** *se genljud*[*a*] **-sken** reflection **-skänka** *tr* give back; ~ *ngn livet* restore a p. to life **-spegla** *tr* reflect, mirror **-spegling** reflection **-stod** rest, remainder; [lämning] remnant, remains [pl.] **-studsa** *itr* rebound **-stå** *itr* remain, [vara kvar äv.] be left [over]; *det* ~*r att bevisa* it remains to be proved; *det* ~*r mig inget annat än att* [inf.] I have no choice but to [inf.] **-stående** *a* remaining; *hans* ~ *dagar* the rest (remainder) of his days (life) **-ställa** *tr* **1** [försätta i sitt förra tillstånd]

restore **2** [-lämna] replace, return **-ställd** *a, han är alldeles* ~ he has quite recovered **-sända** *tr* send back, return

åter|ta[ga] *tr* **1** [eg.] take back; [-erövra] recapture; [-vinna] recover **2** *se -uppta[ga]* **3** [-kalla] withdraw, cancel **4** [åter ta till orda] resume **-tåg** retreat **-uppbygga** *tr o.* **-uppföra** *tr* rebuild, reconstruct **-uppliva** *tr* [allm.] revive, [drunknad äv.] resuscitate **-upplivningsförsök** attempt (effort) at resuscitation **-upprepa** *tr* repeat [.. again], reiterate **-upprepning** repetition, reiteration **-upprätta** *tr* re-establish; [ge upprättelse åt] rehabilitate **-uppstå** *itr* rise again; [friare] be revived **-uppta[ga]** *tr* resume, take up.. again; ~ *ngt till behandling* [vanl.] reconsider a th. **-upptäcka** *tr* rediscover **-uppväcka** *tr* reawaken, revive

åter|utsända *tr* [radio.] retransmit, [program] rebroadcast **-utsändning** [radio.] retransmission, [av program] rebroadcast **-val** re-election **-verka** *itr* react, have repercussions, *på* on **-vinna** *tr* [eg.] win back; [-få] regain **-visit** return visit **-väg** way back **-välja** *tr* re-elect **-vända** *itr* return, turn (go, come) back **-vändo,** *det finns (ges) ingen* ~ there is no turning (going) back **-vändsgata** cul-de-sac [fr.] **-vändsgränd** blind alley; *råka in i en* ~ [bildl.] reach an impasse (a deadlock) **-växt 1** [eg.] regrowth **2** [bildl.] coming (young) generation

åt|följa *tr* [[be]ledsaga] accompany; [ss. uppvaktande] attend; [följa efter] follow **-gång** [förbrukning] consumption; [avsättning] sale; *jfr strykande* **-gången** *a, illa* ~ [attr.] ..that has [osv.] been roughly treated (handled) **-gärd** measure, [mått o. steg] step, move; *vidta* ~*er* take measures (steps) **-gärda** *tr, det måste vi* ~ [göra något åt] we must do something about it **-görande,** *det skedde utan mitt* ~ it was none of my doing **-hävor** *pl* behaviour [sg.], manners; *utan* ~ without a lot of fuss **-komlig** *a* [som kan nås].. within reach, *för* of **-lyda** *tr* obey **-lydnad** obedience **-löje** ridicule; laughing-stock; *göra sig till ett* ~ make a laughing-stock (a fool) of oneself

åtminstone *adv* [allm.] at least, [minst] .. at the least, [i varje fall] at any rate

åt|njuta *tr* [allm.] enjoy, [erhålla] receive **-njutande** *s* enjoyment; *komma i* ~ *av* benefit by

åtra *rfl* change one's mind, go back on one's word

åtrå I *s* desire, [isht sexuell äv.] lust, *efter* for **II** *tr* desire **-värd** *a* desirable

åt|sittande *a* tight[-fitting] **-skild** *a* separate[d]; *ligga* ~*a* lie apart **-skilja** *tr se skilja I 1, 2* **-skiljas** *itr. dep* part **-skillig** *a* **1** [fören.] a great (good) deal of, [självst.] a great (good) deal **2** ~*a* [flera] several, [fören. äv.]: [många] quite a number of, a great (good) many, [olika] various **-skilligt** *adv* a good deal, considerably **-skillnad,** *göra* ~ *mellan* make a distinction between **-skils** *adv* apart, asunder **-stramning** [av kredit o.d.] squeeze, restraint

åtta I *räkn* eight; ~ *dagar* [vanl.] a week; ~ *dagar i dag* this day [next] week; *jfr fem* [o. sms.] **II** *s* eight; *jfr femma*

åtta|hörning octagon **-sidig** *a* eight-sided, octagonal; *jfr fyrsidig 2* **-timmarsdag** eight-hour [working-]day

åtti[o] *räkn* eighty; *jfr fem[tio]* [o. sms.] **åttionde** *räkn* eightieth

åttonde *räkn* eighth; *var* ~ *dag* every (once a) week; *jfr femte* [o. sms.] **åtton[de]-del** eighth [part]

åverkan damage, *på* to; *göra* ~ *på ngt* do damage to a th., damage a th.

åvila *tr* [vila på] rest (lie) with

åvägabringa *tr* bring about, effect

äck|el 1 nausea; [bildl.] disgust; *känna ~ för* feel sick (nauseated) at **2** [äcklig karl] disgusting fellow **-la** *tr* nauseate, sicken; disgust; *det ~r mig* [äv.] it makes me sick **-lig** *a* [eg.] nauseating, sickening; disgusting

ädel *a* [allm.] noble; [av ~ ras] thoroughbred; *av ~ börd* of noble birth; *ädlare delar* [*i kroppen*] vital parts **-metall** precious metal **-mod** generosity, noble-mindedness; [storsinthet] magnanimity **-modig** *a* generous, noble-minded; [storsint] magnanimous **-ost** blue-veined cheese, blue cheese **-sten** precious stone; [juvel] gem, jewel

ädling noble[man], man of noble birth

äg|a I *s* **1** *-or* estate, property [båda sg.],land[s] **2** *ha.. i sin -o, se II 1; komma i ngns -o* come into a p.'s hands; *vara i ngns -o* be in a p.'s possession **II** *tr* **1** [ha i sin ägo, besitta] possess, [ha] have, [vara personlig ägare till, rå om] own, be the owner (proprietor) of **2** *~ att:* [vara berättigad att] have a (the) right to, [vara skyldig att] have (be required) to **-anderätt** ownership, proprietorship (*jfr ägare), till* of; [besittningsrätt] right of possession; [upphovsrätt] copyright **-are** owner, [isht till restaurang, firma etc.] proprietor **-arinna** owner, proprietress

ägg egg **-cell** [anat.] ovum [pl. ova] **-formig** *a* egg-shaped **--gula** *se äggula* **-kläckning** hatching [of eggs], incubation **-kläckningsmaskin** incubator **-kopp** egg-cup **-ledare** oviduct **-rund** *a* oval **-röra** scrambled eggs [pl.] **-skal** egg-shell **-stanning** baked egg **-stock** ovary **-toddy** egg-nog, egg-flip

äggula [egg] yolk; *en ~* [vanl.] the yolk of an egg **äggvita 1** egg white; *en ~* [vanl.] the white of an egg **2** [ämnet] albumin **3** [sjukdomen] Bright's disease **äggviteämne** protein, [enkelt] albumin

ägna I *tr* devote, *åt* to; *inte ~ en tanke åt..* not give.. a thought; *~ sin tid åt..* devote (give) one's time to..; *~ uppmärksamhet åt* pay attention to **II** *rfl* **1** *~ sig åt* devote oneself to, give oneself up to; [utöva]: [ett yrke] follow, [ett kall] pursue; [slå sig på] take up, go in for **2** *~* [lämpa] *sig för* be suited (adapted) for (to) **ägnad** *a* suited, fitted, *för* for; *~ att väcka oro* calculated ([friare] likely) to cause alarm

ägo *s, se äga I 2* **ägodelar** *pl* property [sg.], possessions **ägor** *pl, se äga I 1*

äkta I *a* **1** [mots. falsk]: [allm.] genuine; [om konstverk] original..; [om silver, pärlor o. d.] real; [uppriktig] sincere; [sann, verklig] true; *~ sammansättning* [gram.] inseparable compound **2** *~ barn (börd)* legitimate child (birth); *~ hälft* F better half; *~ makar* husband (man) and wife, married people; *~ par* [married] couple, husband and wife; *det ~ ståndet* the married state; **II** *tr* marry; [högt.] wed, espouse

äktenskap marriage; *~et* [jur. äv.] matrimony, wedlock; *efter tio års ~* after ten years of married life; *ingå ~ med* marry; *född inom (utom) ~et* born in (out of) wedlock **-lig** *a* matrimonial, conjugal

äktenskaps|annons matrimonial advertisement **-betyg** certificate of marital (matrimonial) capacity **-brott** adultery **-förord** marriage settlement **-löfte** promise of marriage **-skillnad** divorce

äkthet genuineness, originality

äldre *a* older, *än* than; [framför släktskapsord] elder, [amer. vanl.] older; [i tjänst o. d.] senior, *än* to; [tidigare] earlier; [*Sten Sture*] *den ~* .. the Elder; *av ~ datum* of an earlier (of more ancient) date; *en ~* [rätt gammal] *herre* an elderly gentleman; *i ~ tider* in older (ancient) times; [litt.] in olden times

äldst *a* oldest; [framför släktskapsord] eldest, [amer. vanl.] oldest; [av två äv.] older [resp.] elder; [i tjänst o. d.] senior; [tidigast] earliest

älg elk, [amer.] moose **-ko** cow (female) elk **-tjur** bull (male) elk

älsk|a *tr itr* [allm.] love; [tycka om] like, be [very] fond of; [dyrka] adore; [smekas o. d.] make love **-ad** *a* beloved, [pred. äv.] loved; *~e* [*John*]*!* ..darling!, [i brev] my dear.., **-are** lover **-arinna** mistress **-lig** *a* [intagande] lovable; [behaglig] charming, sweet **-lighet** charm, sweetness **-ling** darling, [ss. tilltal äv.] love, [amer.] honey; [käresta] sweetheart; [favorit äv.] pet **-lingsbarn** favourite child; *familjens ~* the pet of the family

älskog love **älskogskrank** *a* lovesick

älskvärd *a* amiable, charming **-het** amiability, charm

älta *tr* [bildl.] go over.. again and again; *~ samma sak* [vanl.] be harping on the same string

älv river

älv|a fairy, elf [pl. elves] **-dans** fairy dance **-drottning,** *~en* the Fairy Queen, Queen Mab **-lik** *a* fairylike

ämbar pail, bucket

ämbete office

ämbets|broder colleague **-lokal** office **-man** [public (Government)] official **-rum** office **-verk** civil service department

ämna I *tr* intend (mean, propose) to, [amer. äv.] aim to; *jfr tänka II* **II** *rfl*, *~ sig hem* intend (mean) to go home; *vart ~r du dig?* where are you going (you off to)?
ämne 1 [material] material **2** [stoff, materia] matter **3** [samtals~, skol~ o. d.] subject; [samtals~ äv.] topic; *hålla sig till ~t* keep to the subject (point)
ämnes|grupp group of subjects (studies) **-lärare** specialist teacher **-namn** material noun **-omsättning** metabolism **-omsättningsrubbning** metabolic disturbance **-val** choice of subject
än I *adv* **1** *se ännu* **2** [också], *om ~* even if, even though; [*ett rum*] *om ~ aldrig så litet* ..however small [it may be], [litt.] ..be it ever so small; *hur mycket jag ~ tycker om honom* however much I like him, much as I..; *när (var) jag ~..* whenever (wherever) I..; *vad (vem) som ~..* whatever (whoever).., [äv.] no matter what (who).. **3** *~ sen då?* well, what of it?, F so what? **4** *~ .. ~..* now.., now..; *bli ~ varm ~ kall* go hot and cold by turns **II** *konj* **1** [efter komp.] than; *äldre ~* older than; [se äv. ex. under *mera*] **2** *se annan 3, annorlunda*
ända I *s* [allm.] end; [spetsig ~] tip; [stump] bit, piece; ⚓ [tåg] rope, bit of rope; F [bakdel] behind, bottom; *nedre (övre) ~n av (på)* [*ngt*] the bottom (top) of..; [*hela*] *dagen i ~* all [the] day long; *gå till ~* come to an end; *vara till ~* be at an end; *falla över ~* tumble (topple) over **II** *tr itr* end **III** *adv* [längst, helt o. d.] right, [så långt som] as far as, [hela vägen] all the way; *han bor ~ bort*[*a*] [*i*..] he lives as far away as..; *~* [*i*]*från början* [äv.] from the very beginning; *~ in i minsta detalj* down to the [very] last detail; *~ in i* [*vår tid*] right (even) up *el.* down to..; *~ sedan dess* ever since then; *~ till* [*jul*] until (till).., [fram till] right up to..; [*resa*] *~ till London* ..as far as (all the way to) London; *~ till*[*s*] *nu* until (till) now, [till våra dagar] down to the present [time]; *~ ut i fingerspetsarna* to the (his [osv.]) very finger-tips
ändalykt, *en sorglig ~* a tragic end
ändamål [allm.] purpose; [ibl.] end; [syfte äv.] object; [avsikt] aim; *~et med* the purpose (object, aim) of; *~et helgar medlen* the end justifies the means; *för detta ~* for this purpose, to this end
ändamåls|enlig *a* ..[well] adapted (suited, fitted) to its purpose, suitable **-lös** *a* purposeless; [gagnlös] useless, ..to no purpose
ändas *itr. dep* end, terminate, *på* in, with
änd|e *se ända I* **-else** ending, suffix, termination **-hållplats** [för buss resp. spårvagn] bus (tram) terminus **-lig** *a* finite, limited **-lös** *a* endless; interminable
ändock *adv, se ändå 1*
ändpunkt terminal point; *jfr ändstation*
ändra I *tr* [allm.] alter; [byta] change; [rätta] correct; *det ~r ingenting i sak* it makes no real (material) difference; *~ en klänning* alter a dress; *~* [*på*] [*ngt*] alter.., [mera genomgripande] change.. **II** *rfl* [förändras] alter, change; [rätta sig] correct oneself; [ändra beslut] change one's mind, [komma på bättre tankar] think better of it, [ändra åsikt äv.] change one's opinion
ändring alteration, change; correction; *jfr ändra I; en ~ till det bättre* a change for the better **ändringsförslag** proposed alteration; [betr. lag o. d.] amendment
änd|station [järnv.] termin|us [pl. äv. -i], terminal [station] **-tarm** rectum
ändå *adv* **1** [likväl] yet, still, [inte desto mindre] nevertheless; [trots allt] all the same, [när allt kommer omkring] after all, [i vilket fall som helst] anyway, anyhow **2** [vid komp.] still, even; *~ bättre* still (even) better **3** [i önskesats] only; *om du ~ vore här!* if only you were here!
äng meadow, [poet.] mead
ängel angel
ängla|kör angelic (heavenly) choir **-lik** *a* angelic
ängsblomma meadow flower
ängsla I *tr* alarm, make..anxious **II** *rfl* be (feel) anxious (alarmed), *för (över)* about; [oroa sig] worry, *för (över)* about (over)
ängslan anxiety; [oro] alarm, uneasiness
ängslas *itr. dep, se ängsla II* **ängslig** *a* [rädd, orolig] anxious, uneasy, *för (över)* about; *var inte ~!* don't worry!, don't be afraid!; *~ av sig* timid, shy
ängs|mark meadow-land; *~er* [äv.] meadows **-ull** cotton-grass
änka widow; [änkenåd] dowager
änke|drottning queen dowager; *~en* [äv.] the Queen Mother **-man** widower **-pension** widow's pension **-stånd** widowhood **-säte** dowager's residence
änkling widower
ännu *adv* **1** [om tid]: [i synnerhet om ngt ej inträffat] yet; [fortfarande] still; [hittills] [as] yet, so far, [så sent som] only, as late as; *är han här ~?* [har han kommit] is he here yet?, [är han kvar] is he still here?; *det har ~ aldrig hänt* it has never happened so far ([as] yet); *~ i denna dag* [up] to this very day; *~* [så sent som] *i går* only yesterday; *~ när han var 90 år* even at the age of ninety; *~ så länge* [hittills] so far, up to now **2** [ytterligare] more; *~ en* one more, [yet] another; *~ en gång* once more **3** [framför komp.] still, even; *~ bättre* still (even) better
äntligen *adv* [till slut] at last; [omsider äv.] at length

äntra I *tr* board **II** *itr* climb
äppel|blom [koll.] apple-blossom[s [pl.]] **-kart** green (unripe) apple ([koll.] apples [pl.]) **-mos** mashed apples [pl.], apple-sauce **-träd** apple[-tree] **-vin** cider
äpple apple
ära I *s* [allm.] honour; [beröm] credit; [berömmelse] glory, renown; *ge (tillskriva) ngn ~n för* [*ngt*] give a p. the credit for.. *det gick hans ~ för när* that wounded (piqued) his pride; *ha ~n att* [inf.] have the honour (pleasure) of [ing-form]; *jag har den ~n* [*att gratulera*]*!* allow me to congratulate you!, [på födelsedag] many happy returns [of the day]!, [isht amer.] happy birthday!; *sätta en (sin) ~ i att* [inf.] make a point of [ing-form]; *dagen till ~* in honour of the day; *till Guds ~* for the glory of God; [*en fest*] *till ngns ~* .. in a p.'s honour **II** *tr* honour; [vörda] venerate, respect
ärad *a* honoured; [aktad] esteemed; *Ert ~e* [*brev*] H your letter, your favour **ärbar** *a* decent, modest **ärbarhet** decency, modesty
äre|betygelse *se hedersbetygelse* **-girig** *a* ambitious **-girighet** ambition[s [pl.]] **-kränkande** *a* defamatory; [i skrift] libellous **-kränkning** defamation; [i skrift] libel **-lysten** *a, se -girig* **-lystnad** *se -girighet* **-lös** *a* infamous **-minne** [minnesmärke] memorial, *över* to
ärende 1 [uträttning] errand; *gå ~n* [om bud] go on errands; *ha ett ~ till stan* have business (something to do) in town; *skicka ngn* [*i*] *ett ~* send a p. on an errand **2** [*filmen*] *har ett ~* [budskap] ..has a message **3** [fråga] matter; [*offentliga (utrikes)*] *~n* .. affairs
äre|port triumphal arch **-rörig** *a* defamatory, slanderous **-vördig** *a* venerable
ärftlig *a* hereditary **-het** [biol.] heredity, [om sjukdom] hereditariness **-hetsforskning** genetic research, genetics **-hetslära** theory of heredity, genetics
ärg verdigris; [konst.] patina **ärga** *itr rfl* become coated with verdigris; get patinated **ärggrön** *a* verdigris green **ärgig** *a* verdigrised; patinated
ärke|biskop archbishop **-biskopsstol** [ämbete] archiepiscopal see **-bov** arch-villain **-fiende** arch-enemy **-hertig** archduke **-nöt** utter fool **-stift** archbishop's diocese, archbishopric **-ängel** archangel
ärla wagtail
ärlig *a* [allm.] honest; [redbar] upright; [hederlig] honourable; [rättvis] fair; *en ~ och bra karl* a good honest [sort of] fellow; *med ~a eller oärliga medel* by fair means or foul; *~t spel (~ strid)* fair play (fight) **ärlighet** honesty; *~ varar längst* honesty is the best policy
ärm sleeve **-foder** sleeve lining **-hål** arm-hole **-linning** wristband **-lös** *a* sleeveless
äro|full *o.* **-rik** *a* glorious
ärr scar; [kopp~] pock-mark; [rispa] scratch **ärra** *rfl o.* **ärras** *itr. dep* scar **ärrig** *a* scarred; [kopp~] pock-marked
ärt *o.* **ärta** pea **ärtbalja** *o.* **ärtskida** [pea] pod; [utan ärtor] [pea] shell **ärtsoppa** pea soup **ärtväxt** leguminous plant
ärva *tr itr* inherit, *av, efter* from; *~ ngn* be a p.'s heir ([resp.] heirs); *~* [ärva pengar] come into money **ärvd** *a* inherited; [medfödd] hereditary
äsch *itj* oh!, pooh!
äska *tr* [anslag, medel o. d.] ask for, demand; *~ tystnad* call for silence
äss ace
ässja forge
ät|a I *tr itr* [allm.] eat; [bruka inta sina måltider vanl.] have (take) one's meals; [om djur (livnära sig på)] feed on; *vi -er* [*frukost* [etc.]] [*kl*. ..] we have (eat) [our] breakfast [etc.] ..; *~ på* [*ngt*] eat (munch) ..; *vad skall vi ~ till* [*middag*]*?* what shall we have for..? **II** [m. beton. part.]; *~ ihjäl sig* gorge oneself to death; *~ upp* eat [up], consume; *jag har -it upp* [*maten*] I have finished my food; *vara uppäten av mygg* be eaten by mosquitoes **-bar** *a* eatable **-barhet** edibility **-lig** *a* edible
ätt family; [kunglig] dynasty; [*den siste*] *av sin ~* ..of his line **ättartavla** genealogy, genealogical table **ättefader** [first] ancestor
ättika vinegar; [kem.] acetum; *lägga in i ~* pickle **ättik[s]gurka** sour pickled gherkin **ättiksprit** vinegar essence **ättiksur** *a*.. [as] sour as vinegar, [isht bildl.] vinegary **ättiksyra** acetic acid
ättling descendant; offspring [pl. lika]
även *adv* [också] also,.. too; [likaledes] ..as well; [till och med] even; *~ om* even if, even though; *inte blott.. utan ~* ..not only.. but also..; *~ du!* you too! **-ledes** *adv* also,.. likewise **-som** *konj* as well as **-så** *adv* also,.. likewise
äventyr 1 adventure **2** [vågsamt företag] hazardous venture (enterprise) **3** [risk], *vid ~ att* [inf.] at the risk of [ing-form] **4** *till ~s* perchance, peradventure
äventyr|a *tr* [sätta på spel] risk, hazard, jeopardize **-are** adventurer **-erska** adventuress **-lig** *a* [allm.] adventurous; [riskabel] venturesome, risky **-lighet** adventurousness [end. sg.]; [riskabelt företag] risky undertaking
äventyrs|film film of adventure **-lust[a]** love of adventure **-lysten** *a* adventure-loving **-roman** story of adventure

ävlan striving[s [pl.]] **ävlas** *itr. dep* strive, *efter* for, after

ö island; [i vissa önamn] isle; *på en ~* in ([liten] on) an island **-bo** islander
öda *tr, se slösa*
1 öde *s* [allm.] fate; [bestämmelse] destiny; *~t* Fate, Destiny, [lyckan] Fortune; *~n* destinies, [levnadsöden] fortunes; *ett grymt ~* a cruel (hard) fate; *skiftande ~n* vicissitudes [of fortune]; *dela ngns ~* share a p.'s fate (lot)
2 öde *a* [allm.] desert, waste; [ödslig] desolate; [övergiven] deserted **-lägga** *tr* [lägga öde] lay .. waste; [förhärja] ravage, devastate; [förstöra] ruin, destroy **-läggelse** laying waste; devastation; ruin, destruction
ödem [o]edema [pl. äv. -ta]
ödemark waste, desert; [vildmark äv.] wilderness
ödes|diger *a* fatal; [olycksbringande] disastrous **-gudinnorna** *pl* the Fates **-mättad** *a* fateful, fatal **-timma** hour of destiny
ödla lizard
ödmjuk *a* humble; meek **ödmjuka** *rfl* humble oneself, *inför* before **ödmjukhet** humility, humbleness; *i all ~* in all humility
ödsla *itr, ~ med* be wasteful with (of); *~ bort* waste, squander; *jfr slösa*
ödslig *a* desolate; [dyster] dreary **-het** desolateness; desolation
ög|a eye; *få upp -onen för* become alive to, [inse] realize; *få -onen på* catch (get) sight of; *ha ~ för* have an eye for; *han har -onen med sig* he keeps his eyes open; *ha ett gott ~ till ngt* have one's eye on (covet) a th.; *ha svaga -on* have a poor eyesight; *hålla ett ~ på* keep an eye on; *kasta ett ~ på* have (take) a look (glance) at; *skämmas -onen ur sig* be thoroughly (dreadfully) ashamed of oneself; *~ för ~* an eye for an eye; *mitt för -onen på [sina vänner]* before the very eyes of .., in full view of ..; *se [döden (faran)] i -onen* look .. in the face, face ..; *se ngt med andras -on* see a th. from other people's point of view; *med blotta ~t* with the naked eye; *mellan fyra -on* in private, privately; *stå ~ mot ~ med* stand face to face with; *det var nära ~t!* that was a narrow escape!
ögla loop, eye
ögna *itr, ~ i ngt* have a glance (look) at a th.; *~ igenom [ett brev]* glance through (over) ..
ögon|blick [allm.] moment; *ett ~!* one moment [please]!, just a moment (minute)!; *vilket ~ som helst* [adv.] [at] any moment; *för ~et* [för tillfället] for the moment (time [being]), [just nu] at present, at the moment, just now; *i första ~et* at the first moment; *i nästa ~* [the] next moment; *i samma ~* at that very moment; *om ett ~, på ~et* in a moment, in an instant; *på ett ~* in the twinkling of an eye **-blicklig** *a* instantaneous; [omedelbar] immediate **-blickligen** *adv* [omedelbart] instantly; immediately; [genast] at once **-blicksbild** [foto.] snapshot
ögon|bryn eyebrow **-frans** [eye]lash **-fägnad,** *[det är] en ren ~* .. a treat for the eyes **-glob** eyeball **-håla** eye-socket **-hår** [eye]lash **-kast** glance; *vid första ~et* at first sight, at the first glance **-lock** eyelid **-läkare** eye specialist, oculist **-mått,** *ha gott ~* have a sure eye; *efter ~* by [the] eye **-märke** aiming point **-sjukdom** eye (ophthalmic) disease **-skenlig** *a* apparent, [tydlig] obvious **-skugga** eye shadow **-sten** [bildl.], *ngns ~* the apple of a p.'s eye **-tjänare** time-server **-vittne** eye-witness **-vrå** corner of the ([resp.] one's) eye
ögrupp group (cluster) of islands
öka I *tr* [allm.] increase, *med* by; [till~, ut~, bidraga till] add to; [utvidga] enlarge; [förhöja (m. saksubj.), t. ex. nöjet, värdet av] enhance **II** *itr* increase; [om vind äv.] rise; *~ [i vikt]* put on weight **ökas** *itr. dep se öka II*
öken desert; [bibl.] wilderness **-artad** *a* desert-like **-folk** desert people **-vind** desert wind
öknamn nickname; *ge .. ~* nickname ..
ökning [allm.] increase, *i* of; addition, *till* to; enlargement, enhancement, *jfr öka I*
ökänd *a* notorious
öl beer; *ljust ~* [äv.] pale ale; *mörkt ~* stout **-burk** [tom] beer-can; [full] can of beer **-butelj** *o.* **-flaska** [tom] beer-bottle; [full] bottle of beer **-glas** beer-glass; [glas öl] glass of beer **-kafé** [ung.] beer-house **-stuga** *se ölkafé*
öm *a* **1** [ömtålig] tender, [känslig] sensitive, [som vållar smärta äv.] sore, aching; *en ~ punkt* a tender (sore) point **2** [kärleksfull] tender, loving **-fotad** *a, vara ~* have tender (sore) feet, be footsore **-het 1** tenderness, soreness **2** tenderness, [tender] affection; *se öm 1, 2* **-hetsbetygelse** proof (token) of affection **-hjärtad** *a* tender-hearted
ömk|a *tr* commiserate, pity **-lig** *a* [ynklig] pitiful, pitiable; [eländig] miserable, wretched
ömm|a *itr* **1** [göra ont] be (feel) tender

(sore) **2** ~ *för* feel [compassion] for **-ande** *a* **1** *se öm 1* **2** [behjärtansvärd], *ett* ~ *fall* a deserving case

ömsa *tr* change; ~ *skinn* [om orm äv.] slough (cast) its skin

ömse *a, på* ~ *håll (sidor)* on both sides, on each (either) side **-sidig** *a* mutual, reciprocal **-sidighet** reciprocity, mutuality

öm|sinnad *a o.* **-sint** *a* tender[-hearted] **-sinthet** tenderness of heart

ömsom *adv,* ~.. ~.. sometimes.., sometimes..; ..and.. alternately

ömtålig *a* a) [eg.]: [om föremål som lätt tar skada] damageable, easily damaged; [lättförstörd, om matvara] perishable; [skör] frail b) [friare o. bildl.]: [klen, bräcklig (om hälsa), kinkig (om t.ex. fråga)] delicate; [känslig] sensitive; ..*är* ~ *för regn (stötar)* ..won't stand rain (being knocked about) **-het** liability to damage; fragility; delicacy; [jfr föreg.]

önska *tr* ([ibl.] *rfl)* [allm.] wish [äv. tillönska]; [~ sig vanl.] wish for; [åstunda] desire; [gärna vilja, vilja ha] want; ~ *att något skall hända* wish [for] something to happen; *jag skulle* ~ [*det stode i min makt*] I wish..; ~ [*sig*] *ngt till födelsedagen* want (wish for) a th. for one's birthday; ~ *sig bort* wish oneself (wish one were) far away

önskan wish, desire; *efter* ~ according to one's wishes, [äv.] as desired; *mot min* ~ against (contrary to) my wishes

önske|dröm [cherished] dream, [mer overklig] pipedream **-lista** list of wishes **-mål** wish, desire; *ett länge närt* ~ a long-felt want **-program** [i radio o. TV] request programme **-tänkande** wishful thinking **-väder** ideal weather

önsk|lig *a* desirable, ..to be desired **-ning** *se önskan* **-värd** *a, se önsklig; icke* ~ undesirable **-värdhet** desirability

öppen *a* [jfr äv. ex. m. 'öppen' under resp. huvudord]: [allm.] open; [vid, om t. ex. utsikt] free; [offentlig, om t. ex. plats] public; [uppriktig] frank, candid; ~ [frimodig] *blick* candid look; *ha* ~ *blick för..* be keenly alive to..; ~ [odlad] *jord* arable land, land under the plough; ~ *omröstning* open voting; ~ *tävlan* public (open) competition; ~ *vård, se 2 vård; ligga* ~ *för alla vindar* be exposed to the winds [from every quarter]; *vara* ~ *mot ngn* be open (frank, candid) with a p. **-het** openness; frankness, candour; *jfr öppen* **-hjärtig** *a* open-hearted, frank, outspoken **-hjärtighet** open-heartedness; *se äv. öppenhet*

öpp|na **I** *tr* [allm.] open; [låsa upp] unlock; [inviga äv.] inaugurate; ~ *för* [*ngn*] open the door for.., let.. in; ~ *affär* [äv.] start a shop (business); *dörren* ~*des av* [*vaktmästaren*] the door was opened by..; [*varuhuset*] ~*s* (~*r*) *klockan 9..* opens at nine o'clock **II** *rfl* [allm.] open; [vidga sig] open out **-ning** **1** [allm.] opening; [hål] aperture, hole, [för luft] vent; [springa] chink, crack, [för mynt] slot; [i mur o. d.] gap, break; [ingång] inlet **2** [avföring] motion

ör|a **1** [hörselorgan] ear; *dra -onen åt sig* become wary; *ha* ~ *(fint* ~*) för musik* have an ear (a good ear) for music; *låna sitt* ~ *åt ngn* lend a p. one's (a willing) ear; *höra dåligt (vara döv) på det högra -at* hear badly with (be deaf in) one's right ear; *vara förälskad (skuldsatt) upp över -onen* be head over heels (be over head and ears) in love (in debt) **2** [handtag] handle; [på tillbringare] ear, lug

öre öre; *utan ett* ~ [*på fickan*] without a penny [in one's pocket], without a bean; *inte värd ett rött* ~ not worth a brass farthing; [*betala*] *till sista* ~*t* ..to the last farthing

Öresund the Sound

örfil box on the ear[s] **örfila** *tr,* ~ [*upp*] *ngn* box a p.'s ears, cuff a p.

örhänge **1** [smycke] ear-ring, [långt] ear-drop, [öronclip] ear-clip **2** [schlager] hit

örlogs|fartyg warship, man-of-war [pl. men-of-war] **-flagg[a]** man-of-war flag, naval flag (ensign) **-flotta** navy **-kapten** lieutenant-commander **-man** *se -fartyg* **-varv** naval [dock]yard, [amer.] naval shipyard, navy yard

örn eagle **-blick** eagle eye **-bo** *se -näste*

örngott *o.* **örngottsvar** pillow-case

örn|näsa aquiline (hook) nose **-näste** aerie, eagle's nest **-unge** eaglet, young eagle

öron|bedövande *a* deafening **-inflammation** inflammation of the ear **-lappsfåtölj** wing chair **-läkare** ear specialist, aurist **-propp** [skydds~] earplug **-sjukdom** disease of the ear, aural disease

ör|ring ear-ring **-snibb** [ear] lobe **-språng** ear-ache

ört herb, plant **örtagård** [bibl.] garden

ös|a **I** *tr* [allm.] scoop; [sleva] ladle; [hälla] pour; ~ *en båt* [*läns*] bale (bail) [out] a boat **II** *itr, det -er ned* it is pouring down, F it's raining cats and dogs **-kar** bailer **-regn** pouring rain, downpour **-regna** *itr* pour, pelt; *jfr ösa II*

öst *s o. adv* east; *jfr öster, nord, norr* [m. ex. o. sms.]; [*spänningen mellan*] ~ *och väst..* East and West **östan** *s o.* **östanvind** east wind, easterly wind **östasiatisk** *a* East Asiatic **Östasien** Eastern Asia **östblocket** the Eastern bloc **öster** (*jfr norr* [m. ex. o. sms.]) **I** *s* [väderstreck] the east; *Östern* the East, the Orient **II** *adv* [to the] east, *om* of **österifrån** [o. andra sms.] *jfr norr* **Österlandet** the East, the Orient **österländsk** *a* oriental, eastern **österlänning** Oriental **österrikare** Austrian **Österrike** Austria **österrikisk** *a* Austrian **Östersjön** the Baltic [Sea] **Östeuropa** [o. andra sms.] *jfr nord-* **östfront,** ~ *en* the Eastern front **östlig** *a* easterly; east; eastern; *jfr nordlig* **östra** *a* the east; the eastern; *jfr norra* **östtysk** *a* [attr.] *o. s* East-German **Östtyskland** East (Eastern) Germany **östzon,** ~ *en* the Eastern Zone

öva I *tr* **1** [t. ex. soldater, sin röst, sitt minne] train, *ngn i ngt (i att* [inf.]) a p. in a th. (to [inf.]); ~ *rekryter* [äv.] drill recruits; ~ *in* [lära in] practise, [roll, pjäs] rehearse; ~ *upp* train; exercise **2** [utöva] exercise **II** *rfl* practise; ~ *sig i att* [inf.] practise [ing-form]; ~ *sig i engelska* practise English **övad** *a* [allm.] practised; trained; [erfaren] experienced

över [se äv. under resp. huvudord] **I** *prep* **1** [i rumsbet., äv. friare] **a)** [allm.] over; [ovanför, högre än] above; [tvärsöver] across; [ned över, ned på] [up]on; [utöver, bortom] beyond [vanl. bildl.]; ~ *bord* [m.fl.] *se överbord* [m.fl.]; ~ *hela* [*jorden, kroppen*] all over..; ~ *hela* [*världen, Sverige* äv.] throughout..; [*5 grader*] ~ *noll* .. above freezing-point (zero); *gå* ~ *gatan* walk across the street, [vanl.] cross the street; *kasta sig* ~ [*ngn*] fall [up]on..; *leva* ~ *sina tillgångar* live beyond one's means **b)** [via] via, [ibl.] by [way of]; [*tåg till*] *London* ~ *Ostende* ..London via Ostend **c)** [för att beteckna överhöghet o.d. vanl.] over; *makt (seger)* ~ power (victory) over; *stå* ~ *ngn* [i rang] be (rank) above a p. **2** [i tidsbet.] **a)** [uttr. tidrymd] over; [*resa bort*] ~ *julen* ..over Christmas; [*bortrest*] ~ *hela sommaren* [äv.].. all through the summer,.. throughout the summer **b)** *klockan är* ~ *fem* it is past ([isht amer. äv.] after) five **3** [mer än] over, more than, above; ~ *5* [*kronor, kilo, år*] over five..; ~ *hälften* [*av*] over (more than) half [of]; ~ *medellängd* over (above) average height **4** [i prep.-attr. uttr. genitivförh.] of; *en biografi* ~ [*Strindberg*] a biography of..; *en karta* ~ *Sverige* a map of Sweden **5** [om, angående] [up]on; *en essä (föreläsning)* ~ an essay (a lecture) on **6** [med anledning av o.d. (i förb. m. vissa adj. o. verb, se äv. dessa) oftast] at; *förtjust (förvånad)* ~ delighted (surprised) at; *lycklig (bekymrad)* ~ happy (worried) about; *rörd* ~ touched by; *stolt* ~ proud of; *undra* ~ wonder at

II *adv* [se äv. beton. part. under resp. enkla verb] **1** over; above; across [*se I* ovan] **2** [slut] over, at an end; [förbi äv.] past **3** [kvar] left, [left] over; *jfr kvar o.* [*till*] *övers*

överallt *adv* everywhere; ~ *där* [*det finns* vanl.] wherever..

över|anstränga I *tr* overstrain, over-exert **II** *rfl* overstrain (over-exert) oneself, overwork [oneself] **-ansträngd** *a* overstrained, [utarbetad] overworked **-ansträngning** overstrain, over-exertion, overwork **-arbeta** *tr* [bearbeta på nytt] revise **-arm** upper [part of the] arm

över|balans, *ta* ~ *en* lose one's balance, overbalance, topple over **-befolkad** *a* overpopulated **-befolkning** [abstr.] overpopulation **-befäl 1** [abstr.] supreme (chief) command **2** [koll.] [commissioned] officers [pl.] **-befälhavare** supreme commander, commander-in-chief **-belasta** *tr* overload [äv. elektr.]; [bildl.] overtax **-betala** *tr* overpay **-betyg** mark above the pass standard **-bevisa** *tr* [jur.] convict; [övertyga] convince, *om* [i båda fallen] of **-bevisning** [jur.] conviction **-bibliotekarie** chief librarian **-bjuda** *tr* **1** [eg.] *se bjuda* [*över*] **2** [bildl.] [try to] outdo, rival **-blick** survey, general view, *över* of **-blicka** *tr* survey, [bilda sig en uppfattning om] take in **-bliven** *a* remaining, left; ~ *mat* [rester] leftovers [pl.]

överbord *adv, falla (lämpa, spolas)* ~ fall (heave, be washed) overboard

över|bringa *tr* [budskap o.d.] deliver, convey **-brygga** *tr* bridge **-byggnad** superstructure [äv. bildl.] **-bädd** upper bed ([i sovkupé, hytt] berth) **-del** top (upper) part **-direktör** [[souschef] deputy] director general **-dos** *s o.* **-dosera** *tr* overdose **-dra** *tr, se -dra*[*ga*] **-drag** [skynke o. d.] cover[ing], [på möbel] cover; [lager av färg o. d.] coat[ing] **-dra**[**ga**] *tr* **1** cover; coat; [jfr föreg.] **2** [konto] overdraw **-dragskläder** *pl* overalls

över|drift exaggeration, [om påstående äv.] overstatement; [ytterlighet] excess; *gå till* ~ go too far, go to extremes, [om pers. äv.] carry things too far **-driva** *tr itr* exaggerate, overdo; [spela över] overdo it **-driven** *a* exaggerated, [till ytterlighet gående] excessive, [omåttlig] extravagant **-drivet** *adv* exaggeratedly; excessively; [jfr föreg.]; ~ [*noga, artig* etc.] too.., over-..

över|dåd 1 [slöseri] extravagance, [lyx] luxury **2** [dumdristighet] foolhardiness, rashness **-dådig** *a* **1** extravagant, luxurious **2** [utmärkt] *se ypperlig* **3** foolhardy, rash; [jfr föreg.] **-däck** upper deck **-dängare,** *han är en* ~ *i* [*matematik* etc.] he is terrifically good at..

överens *adv, vara* ~ [ense] be agreed (in agreement, in accord), agree, *om* on; *komma*

För med **över-** sammansatta verb jfr äv. vid beton. part. under resp. enkla verb

~ *om ngt* agree (come to an agreement) on (about) a th.; *komma [bra]* ~ *med ngn* get on well with a p.; *stämma* ~ agree, accord, [passa ihop äv.] tally, correspond, *med* [i samtl. fall] with; *inte stämma* ~ [äv.] disagree **-komma** *itr, se [komma] överens* **-kommelse** agreement; arrangement; *tyst* ~ tacit understanding; *enligt* ~ by (according to, H [äv.] as per) agreement **-stämma** *itr, se [stämma] överens* [ovan] **-stämmelse** agreement; [t.ex. i känslor] conformity; [motsvarighet] correspondence; *i* ~ *med* [enligt] in accordance with

överexponera *tr* over-expose

över|fall assault, attack **-falla** *tr* assault, attack **-fart** crossing, [-resa äv.] voyage, passage **-flytta** *tr itr, se flytta [över]* **-flyttning** *se -föring*

över|flöd [ymnighet] abundance, profusion, [rikedom] affluence; [övermått] superabundance, superfluity, *på (av)* [i samtl. fall] of; *finnas i* ~ be abundant; *leva i* ~ live in [the lap of] luxury **-flöda** *itr* abound, *av, på* in (with) **-flödig** *a* superfluous, redundant, [onödig äv.] unnecessary, needless; *känna sig* ~ feel unwanted (de trop [fr.]) **-flödssamhälle,** ~ *t* the Affluent Society

över|full *a* overfull, [pred. äv.] too full; [packad] crammed; [om lokal o. d.] overcrowded, crammed **-furir** [gruppbefäl]: [motsv. närmast äldre] corporal, [inom flottan närmast äldre] leading seaman **-färd** *se -fart*

över|föra *tr* **1** [eg.] *se föra [över]* **2** [överflytta, sprida] transfer, transmit; ~ *blod* transfuse blood; ~ *en sjukdom* transmit a disease; *i -förd bemärkelse* in a transferred sense **-föring** [av pengar, arbetskraft] transfer; [av varor, trupper] conveyance, transport[ation]; [av elkraft, radio.] transmission; [av blod] transfusion **-förmyndare** chief guardian **-förtjust** *a* delighted, overjoyed

över|ge *o.* **-giva** *tr* [allm.] abandon, [svika äv.] desert, [lämna äv.] leave, forsake; [ge upp äv.] give up **-given** *a* abandoned, deserted; forsaken **-glänsa** *tr* [bildl.] outshine, eclipse; *jfr äv. överträffa* **-grepp** [övervåld] outrage; [intrång] encroachment; *se äv. kränkning*

över|gå *tr itr, det -går mitt förstånd* it passes (is above) my comprehension; *se äv. gå [över]* **-gående** *a* passing, [tillfällig] temporary, [kortvarig].. of short duration, transient, transitory

övergång 1 [bildl.]: [omställning] change-over; [från ett tillstånd till ett annat] transition; [förändring] change; *jfr gå [över till]* **2** [övergångsställe]: [vid järnväg o. d.] crossing, [för fotgängare] [pedestrian] crossing **3** [övergångsbiljett] transfer [ticket]; *ta* ~ [byta] *till [linje 4]* change to..

övergångs|bestämmelse provisional (temporary) regulation **-biljett** *se övergång 3* **-ställe** *se övergång 2* **-tid** transition[al] period, period (time) of transition **-ålder** [klimakterium] climacteric

över|göda *tr* overfeed, surfeit **-halning 1** [krängning] lurch; *göra en* ~ [give a] lurch **2** [utskällning], *ge ngn en* ~ give a p. a good rating

över|hand, *få (ta)* ~ *[en]* a) [få övertaget] get the upper hand *(över* of), prevail *(över* over) b) [sprida sig] be (become) rampant, spread; *få (ta)* ~*[en] över ngn* [om känsla] get the better of a p.; *[elden] tog* ~ ..got out of control (out of hand) **-het,** ~ *en* the authorities [pl.] **-hetta** *tr* overheat, superheat **-hopa** *tr* load, *se äv. -ösa;* ~ *d med arbete* overburdened with work **-hud** epidermis **-huset** [i Engl.] the House of Lords **-huvud** *s* head, [ledare] chief

överhuvud[taget] *adv* on the whole; [alls] at all

över|hängande *a* [hotande] impending, imminent; [brådskande] urgent **-höghet** supremacy, suzerainty **-hölja** *tr* [bildl.] *se -ösa*

över|ila *rfl* be [too] hasty (rash) **-ilad** *a* rash, hasty **-ilning** rashness, precipitation [båda end. sg.]; *handla i* ~ act rashly **-ingenjör** chief engineer **-inseende** supervision, superintendence **-jordisk** *a* [himmelsk] unearthly, celestial, [översinnlig] ethereal

över|kant [eg.] upper edge (side); *[tilltagen] i* ~ [för stor, lång, hög etc.] rather on the large (long, high etc.) side **-kast** [säng~] bedspread, coverlet **-klaga** *tr* appeal against **-klagande** *s* appeal, *av* against **-klass** upper class; ~ *en* the upper classes [pl.] **-klassig** *a* upper-class.. **-klä[da]** *tr, se klä [över]* **-kläder** *pl* outer garments **-komlig** *a* [om hinder] surmountable; [om pris] reasonable, moderate **-kommando** *se -befäl* **-konstapel** *se polisassistent* **-kropp** upper part of the body **-käk[e]** upper jaw **-känslig** *a* hypersensitive, oversensitive; [allergisk] allergic, *för* to **-körd** *a, se köra [över]*

över|lagd *a* [uppsåtlig] premeditated; *noga* ~ [övertänkt] well considered **-lakan** top sheet **-lasta I** *tr* overload, overburden **II** *rfl* [berusa sig] get intoxicated (drunk) **-leva** *tr itr* survive, [tr. äv.] outlive **-levande** *a* surviving; *de* ~ the survivors **-liggare** [univ.] 'perpetual student' **-lista** *tr* outwit, dupe **-ljudshastighet** supersonic speed **-ljudsplan** supersonic aircraft

överlopps, *till* ~, *se [till] övers* **-gärning** work of supererogation

För med **över-** sammansatta verb jfr äv. vid beton. part. under resp. enkla verb

över|lupen *a* **1** ~ *av* [*besökare*] overrun with..; *jfr äv. överhopa*[*d*] **2** [övervuxen], ~ *av (med)* [*mossa*] overgrown (covered) with.. **-lycklig** *a* overjoyed **-låta** *tr* **1** [överföra] transfer, make over, *ngt till (åt, på) ngn* a th. to a p.; *biljetten får ej ~s* the ticket is not transferable **2** [hänskjuta] leave; *jag -låter åt dig att* [inf.] I leave it to you to [inf.] **-låtelse** transfer, *på (till)* to **-låtelsehandling** deed (instrument) of transfer **-lägga** *itr* confer, *med ngn om ngt* with a p. about a th.; deliberate; ~ *om* [äv.] discuss; *jfr 1 överväga* **-läggning** deliberation, [äv.] discussion

överlägsen *a* [allm.] superior, *ngn* to a p.; [utmärkt] excellent; [högdragen] supercilious; *han är mig* ~ [äv.] he is my superior **överlägsenhet** superiority, *över* to; superciliousness; [jfr föreg.] **överlägset** *adv* in a superior manner; excellently; superciliously; [jfr *överlägsen*]

överläkare [avdelningschef] chief (senior) physician ([kirurg] surgeon); [sjukhuschef] medical superintendent

över|lämna I *tr* [avlämna] deliver [up (over)], [framlämna] hand.. over, [räcka] pass [..over]; [skänka] present, give; [ge upp, t.ex. ett fort] deliver [up], surrender, give.. up; [överlåta] leave; ~ [*ngn, ngt*] *i ngns vård* leave.. in (commit.. to) a p.'s charge; *den saken ~r jag åt dig* I leave that to you; *vara ~d åt sig själv* be left to oneself **II** *rfl,* ~ *sig till (åt) fienden* surrender to the enemy **-lämnande** *s* delivery; presentation; surrender; [jfr föreg.] **-läpp** upper lip **-lärare** *se rektor* **-läsning** [av läxor] preparation **-löpare** deserter, [polit.] defector, renegade

över|makt [i antal] superior numbers [pl.]; [i stridskrafter] superiority in forces, superior force; *kämpa mot ~en* fight against [heavy *el.* great] odds **-man** superior; *finna sin* ~ meet (find) one's match **-manna** *tr* overpower **-mod** [förmätenhet] presumption, overweening pride, arrogance; [våghalsighet] recklessness **-modig** *a* presumptuous, overweening, arrogant; reckless; [jfr föreg.] **-mogen** *a* overripe **-morgon,** *i* ~ the day after tomorrow **-mått** [bildl.] excess, [överflöd äv.] exuberance, superfluity **-måttan** *adv* extremely, beyond measure, excessively **-mäktig** *a* superior; [*smärtan*] *blev henne* ~ ..became too much for her **-människa** superman **-mänsklig** *a* superhuman **-mätta** *tr* surfeit, satiate **-mättnad** surfeit, [leda] satiety

över|natta *itr* stay overnight, stay (spend) the night **-naturlig** *a* supernatural; *i ~ storlek* above life-size **-nog** *adv* more than enough **-ord** *pl* [överdrift] exaggeration; [skryt] boasting, bragging [samtl. sg.] **-ordnad** [*subst.*] *a* superior **-plagg** outer garment **-plats** [i sovkupé, hytt] upper berth ([brits] bunk) **-pris** excessive (exorbitant) price; [*få*] *betala ~ för* be overcharged for **-produktion** over-production

över|raska *tr* surprise; ~ *ngn med att stjäla* surprise (catch) a p. in the act of stealing; *~s av regnet* be caught in the rain; *jfr äv. överrumpla* **-raskning** surprise; *det kom som en ~ för mig* [äv.] it took me by surprise **-resa** crossing, [längre] voyage, passage **-retad** *a* over-excited **-rock** overcoat **-rumpla** *tr* surprise, take..by surprise; ~ *ngn* [äv.] take a p. unawares **-rumpling** surprise; [✕ äv.] surprise attack **-räcka** *tr* hand [over], [skänka] present, *jfr äv. överlämna* **-ränta** *se straffränta* **-rösta** *tr* **1** [*oväsendet*] ~ *de honom (musiken)*.. drowned his voice (the music); ~ *ngn* [skrika högre än] shout a p. down, shout (cry) louder than a p. **2** [i omröstning] outvote

övers, *ha tid (pengar) till* ~ have spare time (money)

över|se *itr,* ~ *med* [*ngt*] overlook.., [se genom fingrarna med] wink (connive) at..; *se äv.* [*ha*] *-seende* [*med*] **-seende I** *a* indulgent, *mot* towards **II** *s* indulgence, *med* with; *ha ~ med* [*ngn*] be indulgent towards.., [*ngt*] overlook.. **-sida** top side, upper side **-sikt** survey, [sammanfattning] outline, summary, *över (av)* [i samtl. fall] of **-siktlig** *a, se -skådlig* **-siktskarta** key map **-sinnlig** *a* supersensual, transcendental

översittare bully; *spela* ~ bully, play the bully; *spela ~ mot ngn* bully (browbeat) a p. **översitteri** bullying

över|skatta *tr* overrate, overestimate **-skattning** overrating, overestimation **-skeppa** *tr* ship..across **-skjutande** *a* [bildl.] surplus, excess **-skott** surplus; H [vinst äv.] profit **-skrida** *tr* [eg., t.ex. gräns] cross; [bildl.]: [t.ex. sina befogenheter] exceed, overstep, [konto] overdraw **-skrift** [till artikel o.d.] heading, caption; [till dikt o.d.] title; [i brev] [form of] address **-skugga** *tr* overshadow [äv. bildl.] **-skyla** *tr* cover [up]; [släta över] gloss over, palliate **-skåda** *tr, se -blicka* **-skådlig** *a* [klar och redig] clear, lucid, [lättfattlig].. easy to grasp **-skådlighet** clearness, lucidity **-sköterska** head nurse

över|slag 1 [förhandsberäkning] [rough] estimate, [rough] calculation, *över* of **2** [elektr.] flash-over **3** [gymn. ung.] somersault **-snöad** *a* ..covered with snow, snowy **-spänd** *a* overstrung, highly-strung [attr.]; eccentric **-spändhet** overstrung state; eccentricity **-spänning** [elektr.] over-

-voltage

överst *adv* uppermost; on top; ~ *på sidan* at the top of the page **översta** *a*, [*den*] ~ [*hyllan, våningen*] the top.., [av två] the upper..; *de* ~ [*grenarna, klasserna*] the upper..; *den allra* ~ [*grenen, hyllan*] the topmost (uppermost)..

överste colonel; [britt. motsv. inom flyget] group captain; ~ *av första graden* brigadier, [amer.] brigadier general; [britt. motsv. inom flyget] air commodore **-löjtnant** lieutenant-colonel; [britt. motsv. inom flyget] wing commander **-präst** high priest

överstig|a *tr* exceed, go (be) beyond (above); *det -er mina krafter* it is beyond my powers

överstycke top, top (upper) piece

överstyr *adv, gå* ~ [om t. ex. firma] go on the rocks, go to rack and ruin; [eg., om t. ex. vagn] overturn, topple over

över|styrelse [national] board **-stånden** *a, det värsta är -ståndet* the worst is over; *få det -ståndet* get it over [with], get through it **-ståthållare** governor **-stökad** *a* [pred.] over [and done with] **-svallande** *a* overflowing, exuberant; ~ *entusiasm* [äv.] an excess of enthusiasm; ~ *glädje* [äv.] rapture

över|svämma *tr* flood, inundate [båda äv. bildl.]; [sätta under vatten äv.] submerge **-svämning** flood, inundation; submersion **-syn** overhaul; *ge* [*bilen*] *en* ~ give.. an overhaul, overhaul.. **-sålla** *tr* strew, cover, *med* with; ~*d* [med t.ex. blommor äv.] starred **-sända** *tr* [sända] send, [pengar] remit; *jfr sända*

över|sätta *tr* translate, *från* from, *till* into; [återge] render; ~ *till* [äv.] turn (put) into **-sättare** translator **-sättning** translation, *till* into; [avfattning] version; [återgivning] rendering **-sättningsbyrå** translation bureau (agency) **-sättningsfel** mistranslation, error in translation **-sättningslitteratur** translated books [pl.] **-sättningsrätt** right of translation

över|ta *tr, se -taga* **-tag** [bildl.] advantage, *över* over; *se äv. överhand* **-taga** *tr* [allm.] take over, [t. ex. ansvaret, befälet äv.] take; [t. ex. praktik, affär] succeed to **-tala** *tr* persuade; *låta* ~ *sig att* [inf.] [let oneself] be persuaded (talked) into [ing-form] **-talig** *a* supernumerary **-talning** persuasion **-talningsförmåga** persuasive powers [pl.] **-tid** overtime; *arbeta på* ~ work overtime **-tidsarbete** overtime work **-tidsersättning** overtime pay (compensation) **-tro** superstition

över|träda *tr* [allm.] transgress; [bryta emot] infringe, trespass against; *se äv. kränka* **-trädelse** transgression; infringement, trespass; [jfr föreg.] **-träffa** *tr* surpass, exceed, [ngn äv.] excel; [besegra] outdo, F beat **-tyga** *tr* convince, *om* of; *ni kan vara* ~*d om att..* you may rest assured that..; ~ *sig om* make sure of, ascertain **-tygande** *a* convincing, [bindande äv.] cogent, conclusive **-tygelse** conviction; *handla efter (mot) sin* ~ act up to (contrary to) one's convictions **-uppsikt** *se -inseende*

över|vaka *tr* [ha tillsyn över] superintend, supervise; ~ [se till] *att..* see [to it] that.. **-vakare** [av villkorligt dömd, jur.] probation officer **-vakning** [jur.] probation; *stå under* ~ be on probation **-vara** *tr* attend, be present at **-vikt 1** [eg.] overweight; [bagage~ äv.] excess luggage ([amer.] baggage); *det är* ~ *på* [*bagaget*] ..is overweight **2** [bildl.] predominance, preponderance; *med tio rösters* ~ with (by) a majority of ten **-vinna** *tr* [allm.] overcome, [besegra äv.] conquer, vanquish, [komma över äv.] surmount, get over **-vintra** *itr* winter, pass the winter, [ligga i ide] hibernate **-vintring** wintering, [i ide] hibernation **-vuxen** *a* overgrown, [äv.] overrun **-våld** outrage; [jur.] assault **-våning** upper floor (storey)

1 överväga *tr* [ta i betraktande] consider; [överlägga med sig själv om] deliberate; [ha planer på] contemplate

2 överväg|a *tr itr* outweigh; [*ja-röster*] *-er..* are in the majority

1 övervägande *s* consideration, deliberation; *ta ngt i (under)* ~ take a th. into consideration; *vid närmare* ~ on [further] consideration

2 övervägande I *a* [förhärskande] predominant; *den* ~ *delen av* the [great] majority of **II** *adv* [huvudsakligen] mainly, chiefly

över|väldiga *tr* overwhelm, overpower [båda äv. bildl.]; *han* ~*des av rörelse (trötthet)* he was overcome by emotion (fatigue); ~*d av sömn* overcome by sleep **-väldigande** *a* overwhelming **-värdera** *tr, se -skatta* **-årig** *a* [över pensionsålder] superannuated; over age [end. pred.]

överända *adv, se* [ex. under] *ända I*

över|ärm upper sleeve **-ösa** *tr,* ~ *ngn med* [t.ex. gåvor, ovett] shower (heap).. upon a p.

övlig *a* [bruklig] usual, customary

övning 1 [end. sg.]: [praktik, vana] practice; [träning] training; ~ *att* [dansa, räkna] practice in [ing-form] **2** [med pl.] exercise; [t. ex. brand-, struktur-] drill; *gymnastiska* ~*ar* gymnastic exercises; ~*ar* [äv.] practice [sg.]

övnings|bil driving-school car, learner's car **-exempel** [-uppgift] exercise; [matem. o. d.] problem **-körning** [m. t. ex. bil] practice driving **-lärare** teacher in a practical subject **-uppgift** [skol.] exercise **-ämne**

[skol.] practical subject

övre *a* upper; [översta äv.] top [end. attr.]

övrig *a* [återstående] remaining [end. attr.]; [annan] other; *det (de)* ~ *a* the rest; *det* ~ *a Europa* the rest of Europe; [*hans uppförande*] *lämnar mycket (intet)* ~*t att önska* ..leaves a great deal (nothing) to be desired; *för* ~ *t* a) [dessutom] besides, moreover b) [i förbigående sagt] incidentally, by the way c) [annars] otherwise d) [vidare] further

övärld [skärgård] archipelago [pl. -s]

3

Appendix

Grevskap i England (förk. i parentes)

Avon
Bedfordshire *(Beds.)*
Berkshire *(Berks.)*
Buckinghamshire *(Bucks.)*
Cambridgeshire *(Cambs.)*
Cheshire *(Ches.)*
Cleveland
Cornwall *(Corn.)*
Cumbria
Derbyshire *(Derby)*
Devon[shire] *(Devon.)*
Dorset[shire] *(Dors.)*
Durham *(Dur.* el. *Durh.)*
Essex *(Ess.)*
Gloucestershire *(Glos.)*
Hampshire *(Hants.)*
Hereford and Worcester
Hertfordshire *(Herts.)*
Humberside
Kent
Lancashire *(Lancs.)*
Leicestershire *(Leics.)*
Lincolnshire *(Lincs.)*
London, Greater
Manchester, Greater
Merseyside
Norfolk *(Norf.)*
Northamptonshire *(Northants.)*
Northumberland *(Northum.)*
Nottinghamshire *(Notts.)*
Oxfordshire *(Oxon.)*
Shropshire *(Salop)*
Somerset[shire] *(Soms.* el. *Som.)*
Staffordshire *(Staffs.)*
Suffolk *(Suff.)*
Surrey *(Sy.)*
Sussex *(Sx.)*
Tyne and Wear
Warwickshire *(War.)*
West Midlands
Wight, Isle of
Wiltshire *(Wilts.)*
Yorkshire *(Yorks.)*

Delstater i USA (förk. i parentes)

Alabama *(Ala.)*
Alaska *(Alas.)*
Arizona *(Ariz.)*
Arkansas *(Ark.)*
California *(Cal.* el. *Calif.)*
Colorado *(Colo.)*
Connecticut *(Conn.)*
Delaware *(Del.)*
District of Columbia *(D. C.)*
Florida *(Fla.)*
Georgia *(Ga.)*
Hawaii
Idaho *(Id.)*
Illinois *(Ill.)*
Indiana *(Ind.)*
Iowa *(Ia.)*
Kansas *(Kan.)*
Kentucky *(Ken.* el. *Ky.)*
Louisiana *(La.)*
Maine *(Me.)*
Maryland *(Md.)*
Massachusetts *(Mass.)*
Michigan *(Mich.)*
Minnesota *(Minn.)*
Mississippi *(Miss.)*
Missouri *(Mo.)*
Montana *(Mont.)*
Nebraska *(Nebr.* el. *Neb.)*
Nevada *(Nev.)*
New Hampshire *(N. H.)*
New Jersey *(N. J.)*
New Mexico *(N. M[ex].)*
New York *(N. Y.*[1]*)*
North Carolina *(N. C.)*
North Dakota *(N. D[ak].)*
Ohio *(O.)*
Oklahoma *(Okla.)*
Oregon *(Ore.* el. *Oreg.)*
Pennsylvania *(Penn.* el. *Pa.)*
Rhode Island *(R. I.)*
South Carolina *(S. C.)*
South Dakota *(S. D[ak].)*
Tennessee *(Tenn.)*
Texas *(Tex.)*
Utah *(Ut.)*
Vermont *(Vt.)*
Virginia *(Va.)*
Washington *(Wash.)*
West Virginia *(W. Va.)*
Wisconsin *(Wis.)*
Wyoming *(Wy.* el. *Wyo.)*

[1] *Jfr N. Y. C.*, New York City.

Normaltider i USA

I Storbritannien tillämpas *Greenwich Mean Time (G. M. T.*, västeuropeisk tid el. 'världstid'), dvs. 1 timme efter den i Sverige rådande medeleuropeiska tiden, som dock följs, när man i Storbritannien tillämpar sommartid (vanl. mars el. april — oktober) och flyttar fram tiden 1 timme.
I USA tillämpas huvudsakligen *Pacific Standard Time (P. S. T.;* omkring Los Angeles), *Mountain Standard Time (M.S.T.;* omkring Denver), *Central Standard Time (C.S.T.;* omkring Chicago) och *Eastern Standard Time (E.S.T.;* i östligaste USA).

Ex. på tidsskillnader: Då klockan i Sverige är 6 e.m., är den i Storbritannien 5 e.m. (vid sommartid 6 e.m.), i New York 12 middag, i Chicago 11 f.m., i Denver 10 f.m. och i Los Angeles 9 f.m.

Mått och vikt i Storbritannien (och USA)

(delvis avrundade värden)

En gradvis övergång till det internationella metersystemet planeras.

Längdmått

inch (in.)	0.083 foot	2,54 cm
foot (ft.)	12 inches	30, 48 cm
yard (yd.)	3 feet	0,914 m
chain (ch.)	22 yards el. 100 links	20,12 m
furlong (fur.)	220 yards el. 10 chains	201,17 m
mile (m.)	1 760 yards	1 609 m

Längdmått till sjöss

fathom	6 feet	1,829 m
cable	100 fathoms (600 el. 608 feet) (Amer. 120 fathoms el. 720 feet)	185 m (Amer. 219 m)
nautical mile	6 080 feet	1 853,2 m
international nautical mile		1 852 m

Ytmått

square inch (sq. in.)	0.007 sq. foot	6,45 cm^2
square foot (sq. ft.)	144 sq. inches	9,29 dm^2
square yard (sq. yd.)	9 sq. feet	0,84 m^2
rood (ro.)	1/4 acre	1 012 m^2
acre (a.)	4 840 sq. yards	40, 47 a
square mile (sq. m.)	640 acres	259 ha (2,6 km^2)

Rymdmått

cubic inch (cu[b]. in.)	0.00058 cu. foot	16,387 cm^3
cubic foot (cu. ft.)	1 728 cu. inches	0,028 m^3
cubic yard (cu. yd.)	27 cu. feet	0,765 m^3
register ton (tonnagemått)	100 cu. feet	2,83 m^3

För våta varor

fluid ounce (fl. oz.)	1/20 pint (Amer. 1/16 pint) el. 1.734 cu. inches (Amer. 1.804 cu. inches)	2,84 cl (Amer. 2,96 cl)
gill (gi.)	5 fl. ounces el. 1/4 pint (Amer. 4 fl. ounces el. 1/4 pint)	1,42 dl (Amer. 1,18 dl)
pint (pt.)	20 fl. ounces el. 4 gills (Amer. 16 fl. ounces)	0,568 1 (Amer. 0,473 1)
quart (qt.)	2 pints	1,136 1 (Amer. 0,946 1)
gallon (gal.)	4 quarts	4,546 l (Amer. 3,785 l el. 0,832 britt. gallon)

För torra varor

peck (pk.)	2 gallons	9.09 l (Amer. 8,81 l)
bushel (bu[sh].)	4 pecks	36.37 l (Amer. 35,24 l)
quarter (qr.)	8 bushels	290.9 l

Viktmått *(Avoirdupois)*

grain (gr.)		64,8 mg
dram (dr.)	27.344 grains	1,772 gr
ounce (oz.)	16 drams	28,35 gr
pound (lb.)	16 ounces	0,454 kg
stone (st.)	14 pounds	6,35 kg
quarter (qr.)	28 pounds (Amer. 25 pounds)	12,7 kg (Amer. 11,3 kg)
hundredweight (cwt.)	112 pounds (Amer. 100 pounds)	50,8 kg (Amer. 45,4 kg)
ton (short, Amer.)	2 000 pounds	907,2 kg
ton (long)	2 240 pounds	1 016 kg

Motsvarande värden för några svenska mått- och viktenheter

1 cm = 0.394 inch	1 cm^2 = 0.155 square inch	1 cm^3 = 0.061 cubic inch
1 m = 1.094 yards	1 m^2 = 1.196 square yards	1 m^3 = 1.308 cubic yards
1 km = 0.621 mile	1 a = 119.6 square yards	
1 mil = 6.21 miles	1 ha = 2.471 acres	
	1 km^2 = 0.386 square mile	

1 cl = 0.352 fluid ounce (Amer. 0.338 fluid ounce)	1 gr = 0.035 ounce
1 l = 1.76 pints el. 0.22 gallon (Amer. 1.057 quarts)	1 hg = 3.5 ounces
1 hl = 22 gallons (Amer. 26.4 gallons)	1 kg = 2.2 pounds
	1 ton = 1.1 short tons (0.984 long ton)

Termometern

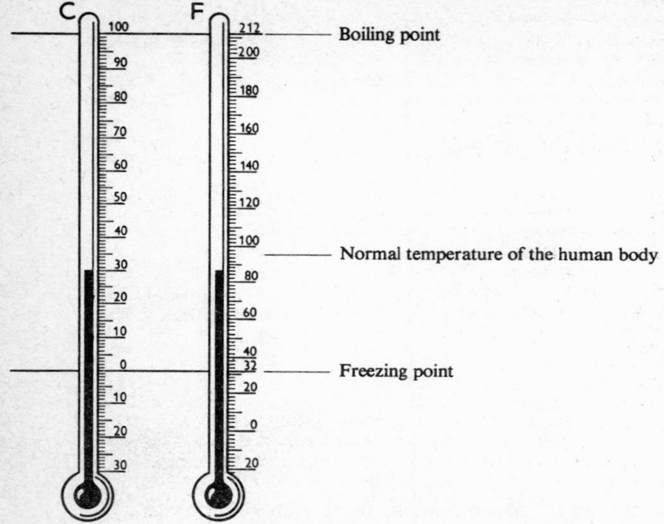

Temperatur anges i USA (liksom fortfarande ofta i Storbritannien) i Fahrenheitsgrader, och motsvarigheten i Celsiusgrader framgår av ovanstående figur och följande exempel

Förvandling från C till F

Ex.

$+20\ °C:\ \frac{9 \times 20}{5} + 32 = +68\ °F$

$-5\ °C:\ \frac{-5 \times 9}{5} + 32 = +23\ °F$

Förvandling från F till C

Ex.

$+68\ °F:\ \frac{(68-32) \times 5}{9} = +20\ °C$

$+23\ °F:\ \frac{(23-32) \times 5}{9} = -5\ °C$

Om man vill förvandla Celsiusgrader till Fahrenheitsgrader, kan man också utgå från att t. ex. +10 °C motsvarar +50 °F; för varje ökning eller minskning med 5 Celsiusgrader får man då lägga till resp. dra ifrån 9 Fahrenheitsgrader:

$+20\ °C:\ 10 + (2 \times 5) = 50 + (2 \times 9) = +68\ °F$

Förvandling från F till C:

$+23\ °F:\ 50 - (3 \times 9) = 10 - (3 \times 5) = -5\ °C$

P. £19.95.